BECK'SCHE STEUERKOMMENTARE

KOENIG
ABGABENORDNUNG

§§ 1 bis 368

Abgabenordnung

§§ 1 bis 368

KOMMENTAR

Herausgegeben von

ULRICH KOENIG

Vors. Richter am Finanzgericht a. D.

Bearbeitet von

Dr. Thilo Cöster
Vors. Richter am Finanzgericht

Dr. Christian Gercke
Richter am Finanzgericht

Dr. Solvejg Glatz
Richterin am Finanzgericht

Dr. Antje Hagena
Richterin am Finanzgericht

Dr. Jan Hahlweg LL. M.
Richter am Finanzgericht

Dr. Jan Haselmann LL. M.
Rechtsanwalt

Dr. Marko Klüger LL. M.
Richter am Finanzgericht

Ulrich Koenig
Vors. Richter am Finanzgericht a. D.

Prof. Dr. Alexander Kratzsch
Rechtsanwalt

Dipl.-Kffr. Maria Pätz MBL
Richterin am Finanzgericht

Ronny Vorbeck LL. M.
Richter am Finanzgericht

Guido Zöllner
Leitender Regierungsdirektor

6., neu bearbeitete Auflage 2026

C.H.BECK

Zitiervorschlag:
Koenig/Bearbeiter § 4 Rn. 12

Abgedruckte Nebengesetze und Verordnungen:
Finanzverwaltungsgesetz (bei § 16 AO)
Steuer-Auskunftsverordnung (bei § 89 AO)
Mitteilungsverordnung (bei § 93a AO)
EU-Amtshilfegesetz (bei § 117 AO)
Verwaltungszustellungsgesetz (bei § 122 AO)
Kleinbetragsverordnung (bei § 156 AO)
VO über die gesonderte Feststellung von Besteuerungsgrundlagen
nach § 180 Abs. 2 der AO (bei § 180 AO)
Einführungsgesetz zur Abgabenordnung (Anhang)

beck.de

ISBN 978 3 406 82744 0

Wilhelmstraße 9, 80801 München
info@beck.de
Satz, Druck und Bindung: Druckerei C.H.Beck Nördlingen
(Adresse wie Verlag)
Umschlag: Druckerei C.H.Beck Nördlingen

myclimate
shape our future

chbeck.de/nachhaltig
produktsicherheit.beck.de

Gedruckt auf säurefreiem, alterungsbeständigem Papier
(hergestellt aus chlorfrei gebleichtem Zellstoff)

Vorwort zur 6. Auflage

Dem Bedürfnis hoher Aktualität entsprechend hatten wir in der Vorauflage angekündigt, den Erscheinungsrhythmus des Werkes zu erhöhen. Es ist uns gelungen, obwohl Gesetzgeber, Rechtsprechung und Verwaltung immer neue Aufgaben für die Autorinnen und Autoren aufgetürmt haben. Zahlreiche Änderungsgesetze, wie das Kreditzweitmarktförderungsgesetz, das Wachstumschancengesetz, das Gesetz zur Förderung des Einsatzes von Videokonferenztechnik in der Zivilgerichtsbarkeit und den Fachgerichtsbarkeiten, das OZG-Änderungsgesetz, das Viertes Bürokratieentlastungsgesetz, die Bekanntmachung zum Zeitpunkt der Datenübermittlung nach § 139b Absatz 13 Satz 1 der Abgabenordnung, das Jahressteuergesetz 2024, das Postrechtsmodernisierungsgesetz, die Bekanntmachung der Neufassung der Abgabenordnung brachten zum Teil erhebliche Änderungen und damit erhöhten Kommentierungsaufwand mit sich. Nicht minder aktiv waren Rechtsprechung und Verwaltung durch unzählige neue Urteile, Beschlüsse, Erlasse und Anordnungen. Trotz der erheblichen Quantität der zu verarbeitenden Informationen sind wir stets bemüht die Qualität der Kommentierung in vollem Umfang aufrecht zu erhalten.

Neben der fortschreitenden Anpassung der Abgabenordnung an die Anforderungen einer digitalen Verwaltung und Gerichtsbarkeit hat der Gesetzgeber auch zahlreiche Folgerungen aus der grundlegenden Reform des Personengesellschaftsrechts umgesetzt. Leider konnte er sich jedoch nicht dazu durchringen, die zivilrechtliche Systematik vollständig und konsequent in das Steuerrecht zu übertragen. Abweichend vom Zivilrecht (BT-Drs. 20/9782, 198) wird im Steuerrecht die fehlende Rechtspersönlichkeit zum zentralen Abgrenzungsmerkmal der Personenvereinigung von der juristischen Person erhoben, um es für die Zurechnung von Wirtschaftsgütern gleich wieder über Bord zu werfen. Zugleich bleibt die Frage, ob Personengesellschaften wegen ihrer eigenen Rechtsfähigkeit als juristische Personen anzusehen sind, auch nach dem MoPeG im Gesellschaftsrecht umstritten. Diese zivilrechtliche Streitfrage hat der Gesetzgeber für das Steuerrecht indes dahingehend entschieden, dass auch rechtsfähige Personenvereinigungen keine eigene Rechtspersönlichkeit besitzen. Wie sich Rechtsprechung und Verwaltung zu aufkommenden Streitfragen positionieren, werden wir mit besonderer Aufmerksamkeit verfolgen.

Der in der Neuauflage berücksichtigte Stand der Gesetzgebung ist der 1.1.2025 unter Berücksichtigung der Neubekanntmachung vom 23.1.2025 (BGBl. 2025 I Nr. 24). Ungeachtet des zugrunde liegenden Gesetzesstandes haben wir uns bemüht, auch die in den letzten Monaten erfolgten Rechtsentwicklungen (zB Verwaltungsanweisungen, Rechtsprechung) noch soweit wie möglich in die Kommentierung aufzunehmen. Um die Qualität der Kommentierung stets zu verbessern, sind wir zudem für Anregungen und konstruktive Kritik besonders dankbar.

In der 6. Auflage ist der Autorenkreis erneut verjüngt worden, um die Kontinuität in der Bearbeitung zu gewährleisten. Wir sind hoch erfreut zwei besonders kompetente Richterinnen, Frau Dr. Glatz und Frau Dr. Hagena, für eine Mitarbeit gewonnen zu haben. Bedauerlicherweise hat Herr Intemann das Werk verlassen, um sich neuen Aufgaben zuzuwenden. Für sein großes Engagement, seine tatkräftige Mitarbeit und die stets angenehme Zusammenarbeit danken wir ihm ganz herzlich und wünschen ihm viel Erfolg für seine weiteren Aufgaben. Dem Verlag C.H.Beck, insbesondere dem steuerrechtlichen Lektorat, namentlich Herrn Julian Schmidt und Frau Carolin Münch, gilt unser besonderer Dank für die enorme Unterstützung, das große Engagement und die stets freundliche Hilfestellung bei der Umsetzung und Fortentwicklung des Werkes.

München im Oktober 2025 *Die Verfasser*

Vorwort zur 6. Auflage

Vorwort zur 1. Auflage

Die Abgabenordnung hat das Ziel, „eine gerechte, gleichmäßige und unbürokratische Besteuerung sicherzustellen“ (BT-Drs. 7/42 292 S. 1). Vor dem Hintergrund dieser vor annähernd 30 Jahren formulierten, an sich eine rechtsstaatliche Selbstverständlichkeit ausdrückenden Zielvorstellung hat sich die AO seitdem zu einer komplexen Rechtsmaterie entwickelt. Ihre Beherrschung gehört zur Kernkompetenz aller, die eine professionelle Berührung zum Steuerrecht haben.

Mit dem hier vorgelegten Kommentar wenden wir uns zwar primär an den Praktiker im Bereich der beratenden Berufe, der Gerichte, der Gemeinden und Finanzverwaltung, prinzipiell aber an jeden Rechtssuchenden, der sein materielles Anliegen auch verfahrensrechtlich erfolgreich durchsetzen will. Unsere Kommentierung beschränkt sich bewusst auf die §§ 1 bis 368 und lässt das Steuerstrafrecht außen vor. Zu den §§ 369 bis 412 AO gibt es in der gleichen Kommentarreihe, in der auch dieses Werk erschienen ist, den Kommentar von *Franzen/Gast/Joecks,* „Steuerstrafrecht“.

Bei der Kommentierung kam es uns darauf an, von der jeweiligen Regelungsvorstellung des Gesetzgebers auszugehen, den Stand der Rechtsentwicklung aufzuzeigen und ggf. kritisch zu hinterfragen. Im Interesse einer auf praktische Bedürfnisse ausgerichteten übersichtlichen und benutzerfreundlichen Darstellung folgt die Struktur der Kommentierung nicht einem rechtspolitisch wünschenswerten oder „optimalen“ Modell, sondern jeweils dem gesetzlichen Wortlaut. Soweit die Abgabenordnung auf andere verfahrensrechtliche Vorschriften wie z. B. die ZPO oder das VwZG verweist, sind diese Regelungen mitkommentiert und zum besseren Verständnis an der jeweiligen Kommentarstelle auch mit abgedruckt. Bei Literaturzitaten wurde im Interesse der Übersichtlichkeit auf eine Vollständigkeit verzichtet. Die Rechtsprechung wurde hingegen, ihrer besonderen Bedeutung für das Steuerrecht entsprechend, möglichst umfassend berücksichtigt.

Grundlage der Kommentierung ist der aktuelle Stand der Gesetzgebung vom 1. März 2004. Berücksichtigt wurden insbesondere die Änderungen der Abgabenordnung durch das Steueränderungsgesetz 2003 vom 15.12.2003 (BGBl. I S. 2645) sowie durch das sog. Steueramnestiegesetz vom 23.12.2003 (BGBl. I S. 2928). Hinsichtlich Schrifttum und Verwaltungsanweisungen wurden in Einzelfällen auch Publikationen nach dem 1. Januar 2004 berücksichtigt.

Hinweise und Anregungen seitens der Leserschaft sind uns ebenso willkommen wie die kritische Begleitung unserer Kommentierungen.

Herzlicher Dank gebührt dem Verlag und seinen Mitarbeitern, unter ihnen insbesondere Herrn *Albert Buchholz* für die zahlreichen Anregungen und die vielfältige kritische Begleitung. Unser ganz besonderer Dank geht an Frau *Stephanie Nöbauer;* sie hat in engagierter, stets liebenswerter Weise die Autoren und Herausgeber vielfältig und hilfreich unterstützt.

München, im März 2004 *Herausgeber und Verfasser*

Inhaltsverzeichnis

Inhaltsverzeichnis

Dritter Teil. Allgemeine Verfahrensvorschriften

Siebenter Teil. Außergerichtliches Rechtsbehelfsverfahren

Achter Teil. Straf- und Bußgeldvorschriften, Straf- und Bußgeldverfahren

Neunter Teil. Schlussvorschriften

Anhang

Abkürzungs- und Literaturverzeichnis

360° eKomm AO .... M. Baum/W. Boochs/H. Brandl/J. Buse/D. Grammes/J. Horstick/A. Kersten/G. Kirch/M. Potowski/H-P. Schmieszek/G. Schneider/M. Szymczak, 360° eKommentar AO

aA .... anderer Ansicht
abgedr. .... abgedruckt
abl. .... ablehnend
ABl. .... Amtsblatt der Europäischen Union
ABl. EG .... Amtsblatt der Europäischen Gemeinschaften
Abs. .... Absatz, Absätze
abschl. .... abschließend
Abschn. .... Abschnitt
abw. .... abweichend
AdV .... Aussetzung der Vollziehung
aE .... am Ende
AEAO .... Anwendungserlass zur Abgabenordnung
AEUV .... Vertrag über die Arbeitsweise der Europäischen Union
ähnl. .... ähnlich
ÄndG .... Änderungsgesetz
aF .... alte Fassung
AfA .... Absetzung für Abnutzung
AG .... Aktiengesellschaft; Amtsgericht
AktG .... Aktiengesetz
allg. .... allgemein
Alt. .... Alternative
AlkStG .... Alkoholsteuergesetz
AmtshilfeRLUmsG ..... Gesetz zur Umsetzung der Amtshilferichtline sowie zur Änderung steuerlicher Vorschriften v. 26.6.2013 (BGBl. 2013 I 1809)
Anders/Gehle ZPO ..... M. Anders/B. Gehle, Zivilprozessordnung, 83. Aufl., München 2025
AnfG .... Anfechtungsgesetz
Anh. .... Anhang
Anl. .... Anlage
Anm. .... Anmerkung
AöR .... Archiv des öffentlichen Rechts (Zeitschrift)
AO .... Abgabenordnung
AO-StB .... AO-Steuerberater (Zeitschrift)
Ap. .... Außenprüfung
ApBetrO .... Apothekenbetriebsordnung
ArbeitnehmerZustVO-Bau .... Arbeitnehmer-Zuständigkeitsverordnung-Bau
Arg. .... Argument
ArGe .... Arbeitsgemeinschaft
Art. .... Artikel
AStG .... Außensteuergesetz
aufgeh. .... aufgehoben
Aufl. .... Auflage
AuftVO .... Verordnung zur Durchführung des § 7 Abs. 3 des Steueranpassungsgesetzes
AufwandSt .... Aufwandsteuer(n)
ausschl. .... ausschließlich

BaföG .... Bundesausbildungsförderungsgesetz
BAG .... Bundesarbeitsgericht
BAGE .... Sammlung der Entscheidungen des BAG
BAnz .... Bundesanzeiger
BauGB .... Baugesetzbuch

Abkürzungs- und Literaturverzeichnis

BayObLG	Bayerisches Oberstes Landesgericht
BB	Betriebs-Berater (Zeitschrift)
BBG	Bundesbeamtengesetz
BeckRS	Beck-Rechtsprechung
BeckVerw	Beck-Verwaltungsanweisung
BerHG	Beratungshilfegesetz
BerlinFG	Berlinförderungsgesetz
Beschl.	Beschluss
betr.	betreffend
BewachVO	Bewachungsverordnung
BewG	Bewertungsgesetz
BFD	Bundesfinanzdirektion
BfF	Bundesamt für Finanzen
BFH	Bundesfinanzhof
BFHE	Sammlung der Entscheidungen des BFH
BFH/NV	Sammlung der amtlich nicht veröffentlichten Entscheidungen des BFH
BFH/NV Beil.	BFH/NV Beilage
BGB	Bürgerliches Gesetzbuch
BGBl. I, II	Bundesgesetzblatt, Teil I bzw. II
BGH	Bundesgerichtshof
BGHSt	Entscheidung des BGH in Strafsachen (zitiert nach Band und Seite)
BGHZ	Entscheidungen des BGH in Zivilsachen (zitiert nach Band und Seite)
BierStG	Biersteuergesetz
BierStV	Biersteuerverordnung
BK	Kahl/Waldhoff/Walter (Hrsg.), Bonner Kommentar zum Grundgesetz (Bonner Kommentar), Loseblatt
BKGG	Bundeskindergeldgesetz
BMF	Bundesministerium der Finanzen
BNotO	Bundesnotarordnung
BörsG	Börsengesetz
Böttcher	R. Böttcher, Gesetz über die Zwangsversteigerung und die Zwangsverwaltung, 7. Aufl., München 2022
BpO	Betriebsprüfungsordnung
BR	Bundesrat
Brandis/Heuermann	Ertragsteuerrecht (Loseblatt), München
BRAO	Bundesrechtsanwaltsordnung
Braun	E. Braun (Hrsg.), Kommentar zur Insolvenzordnung, 10. Aufl., München 2024
BReg	Bundesregierung
BRRG	Beamtenrechtsrahmengesetz
BSG	Bundessozialgericht
BSGE	Sammlung der Entscheidungen des Bundessozialgerichts
BSHG	Bundessozialhilfegesetz
BStBl.	Bundessteuerblatt
BT	Bundestag
Bunjes	J. Bunjes, Umsatzsteuergesetz, 24. Aufl., München 2025
BVerfG	Bundesverfassungsgericht
BVerfGE	Entscheidungen des BVerfG (zitiert nach Band, Seite)
BVerfGG	Bundesverfassungsgerichtsgesetz
BVerwG	Bundesverwaltungsgericht
BVerwGE	Entscheidungen des BVerwG (zitiert nach Band, Seite)
BZRG	Bundeszentralregistergesetz
BZSt	Bundeszentralamt für Steuern
bzw.	beziehungsweise
CpD	Conto-pro-Diverse
DB	Der Betrieb (Zeitschrift)
DBA	Doppelbesteuerungsabkommen
DDR	Deutsche Demokratische Republik

DepotG	Depotgesetz
DGVZ	Deutsche Gerichtsvollzieher-Zeitung
dh	das heißt
diff.	differenzierend
Diss.	Dissertation
DK	Der Konzern (Zeitschrift)
DÖV	Die öffentliche Verwaltung (Zeitschrift)
Driehaus	H.-J. Driehaus (Hrsg.), Kommunalabgabenrecht, Kommentar (Loseblatt), Herne/Berlin
DRiG	Deutsches Richtergesetz
Drs.	Drucksache
DStJG	Deutsche Steuerjuristische Gesellschaft
DStR	Deutsches Steuerrecht (Zeitschrift)
DStRE	Deutsches Steuerrecht Entscheidungsdienst (Zeitschrift)
DStZ	Deutsche Steuerzeitung Ausgabe A
DStZ/B	Deutsche Steuerzeitung Ausgabe B (Eildienst)
Dürig/Herzog/Scholz	G. Dürig/R. Herzog/R. Scholz ua, Kommentar zum Grundgesetz (Loseblatt), München
DVBl.	Deutsches Verwaltungsblatt (Zeitschrift)
DVStB	Verordnung zur Durchführung des Steuerberatungsgesetzes
EAGV	Vertrag zur Gründung der Europäischen Atomgemeinschaft
EB	Empfangsbekenntnis
EDV	Elektronische Datenverarbeitung
EFG	Entscheidungen der Finanzgerichte (Zeitschrift)
EG	Einführungsgesetz; Europäische Gemeinschaft
EGAO	Einführungsgesetz zur Abgabenordnung
EGBGB	Einführungsgesetz zum BGB
EGKSV	Vertrag über die Gründung der Europäischen Gemeinschaft für Kohle und Stahl
EGMR	Europäischer Gerichtshof für Menschenrechte
EGStPO	Einführungsgesetz zur Strafprozessordnung
EGZPO	Einführungsgesetz zur Zivilprozessordnung
EGV	Vertrag zur Gründung der Europäischen Gemeinschaft
EG-VO	Verordnung(en) der Europäischen Gemeinschaft
Ehmann/Selmayr	E. Ehmann/M. Selmayr, Datenschutz-Grundverordnung: DS-GVO, 3. Aufl., München 2024
eID-KarteG	Gesetz über eine Karte für Unionsbürger und Angehörige des Europäischen Wirtschaftsraums mit Funktion zum elektronischen Identitätsnachweis
EigZulG	Eigenheimzulagengesetz
EinigVertr.	Vertrag zwischen der Bundesrepublik Deutschland und der Deutschen Demokratischen Republik über die Herstellung der Einheit Deutschlands – Einigungsvertrag –
Einl.	Einleitung
einschl.	einschließlich
einschr.	einschränkend
EnergieStG	Energiesteuergesetz
EnergieStV	Energiesteuer-Durchführungsverordnung
Engelhardt/App/Schlatmann	H. Engelhardt/M. App/A. Schlatmann, Verwaltungsvollstreckungs-Gesetz, Verwaltungszustellungsgesetz, 13. Aufl., München 2025
Engisch	K. Engisch, Einführung in das juristische Denken, 13. Aufl., Stuttgart 2024
entspr.	entsprechend
ErbSt	Erbschaftsteuer
ErbStDV	Erbschaftsteuer-Durchführungsverordnung
ErbStG	Erbschaftsteuer- und Schenkungsteuergesetz
Erl.	Erläuterung(en)
Erman	B. Grunewald/G. Maier-Reimer/H. P. Westermann (Hrsg.), Handkommentar zum Bürgerlichen Gesetzbuch, 17. Aufl., Köln 2023

EStt .... Einkommensteuer
EStDV .... Einkommensteuer-Durchführungsverordnung
EStG .... Einkommensteuergesetz
etc. .... et cetera
EU .... Europäische Union
EUAHiG .... EU-Amtshilfegesetz
EuGH .... Europäischer Gerichtshof
EMRK .... Europäische Konvention zum Schutz der Menschenrechte und Grundfreiheiten
EUSt .... Einfuhrumsatzsteuer
EUV .... Vertrag über die Europäische Union
evtl. .... eventuell
EWiR .... Entscheidungen zum Wirtschaftsrecht (Zeitschrift)
EWIV .... Europäische Wirtschaftliche Interessenvereinigung
EWIVAG .... Gesetz zur Ausführung der EWG-Verordnung über die Europäische wirtschaftliche Interessenvereinigung (EWIV-Ausführungsgesetz)
EWIV-VO .... Verordnung (EWG) Nr. 2137/85 des Rates vom 25. Juli 1985 über die Schaffung einer Europäischen wirtschaftlichen Interessenvereinigung (EWIV)

f., ff. .... folgend, folgende
FA, FÄ .... Finanzamt, Finanzämter
FamFG .... Gesetz über das Verfahren in Familiensachen und in den Angelegenheiten der freiwilligen Gerichtsbarkeit
FahrlG .... Fahrlehrergesetz
FATCA .... Foreign Account Tax Compliance Act
FB .... Finanzbehörde(n)
FeuerschStG .... Feuerschutzsteuergesetz
FeuerschSt .... Feuerschutzsteuer
FG .... Finanzgericht(e)
FGG .... Gesetz über Angelegenheiten der freiwilligen Gerichtsbarkeit
FGO .... Finanzgerichtsordnung
FM .... Finanzministerium
FVerw. .... Finanzverwaltung
Fn. .... Fußnote
FördG .... Fördergebietsgesetz
FR .... Finanz-Rundschau (Zeitschrift)
Frotscher Insolvenz ..... G. Frotscher, Besteuerung bei Insolvenz, 9. Aufl., Heidelberg 2021
FS .... Festschrift, Festgabe
FVG .... Finanzverwaltungsgesetz
FWBS .... H. Flick/F. Wassermeyer/H. Baumhoff/J. Schönfeld, Außensteuerrecht Kommentar (Loseblatt), Köln

G .... Gesetz
GBl. .... Gesetzblatt
GBO .... Grundbuchordnung
GbR .... Gesellschaft bürgerlichen Rechts
GwG .... Gesetz über das Aufspüren von Gewinnen aus schweren Straftaten (Geldwäschegesetz)
gem. .... gemäß
GenG .... Genossenschaftsgesetz
GesO .... Gesamtvollstreckungsordnung
GewArch .... Gewerbearchiv (Zeitschrift)
GewO .... Gewerbeordnung
GewMB .... Gewerbesteuermessbetrag
GewSt .... Gewerbesteuer
GewStDV .... Gewerbesteuer-Durchführungsverordnung
GewStG .... Gewerbesteuergesetz
GewStHdb .... amtliches Gewerbesteuer-Handbuch
GewStR .... Gewerbesteuerrichtlinien

GG	Grundgesetz
ggf.	gegebenenfalls
glA	gleicher Ansicht
Glanegger/Güroff	P. Glanegger/G. Güroff, Gewerbesteuergesetz, 11. Aufl., München 2023
Glatz	S. Glatz, Abgrenzungsmaßstäbe im Abkommensrecht, 2021
GmbH	Gesellschaft mit beschränkter Haftung
GmbHG	Gesetz betreffend die Gesellschaften mit beschränkter Haftung
GmbHR	GmbH-Rundschau (Zeitschrift)
GmS-OBG	Gemeinsamer Senat der obersten Gerichtshöfe des Bundes
GoB	Grundsätze ordnungsmäßiger Buchführung
Gola/Heckmann	P. Gola/D. Heckmann, Datenschutz-Grundverordnung: DS-GVO, Bundesdatenschutzgesetz: BDSG, 3. Aufl., München 2022
Gosch AO	D. Gosch (Hrsg.), Abgabenordnung Finanzgerichtsordnung (Loseblatt), Bonn
Gräber	F. Gräber, Finanzgerichtsordnung, 9. Aufl., München 2019
grds.	grundsätzlich
GrenzpendlerG	Grenzpendlergesetz
GrESt	Grunderwerbsteuer
GrEStG	Grunderwerbsteuergesetz
GrS	Großer Senat
GrSt	Grundsteuer
GrStG	Grundsteuergesetz
Grüneberg	Grüneberg, Kommentar zum BGB, 84. Aufl., München 2025
GVBl.	Gesetz- und Verordnungsblatt
GVG	Gerichtsverfassungsgesetz
GvKostG	Gerichtsvollzieherkostengesetz
HdbEUWiR	M. Dauses/M. Ludwigs, Handbuch des EU-Wirtschaftsrechts (Loseblatt), München
Heidner	H.-H. Heidner, Treuhandverhältnisse im Steuerrecht, Herne/Berlin 1994
HeimarbeitsG	Heimarbeitsgesetz
HeimG	Heimgesetz
Herdegen	M. Herdegen, Europarecht, 25. Aufl., München 2025
HFR	Höchstrichterliche Finanzrechtsprechung (Zeitschrift)
HGB	Handelsgesetzbuch
HHR	Herrmann/Heuer/Raupach, Einkommen- und Körperschaftsteuergesetz, Kommentar (Loseblatt), Köln
HHSp	Hübschmann/Hepp/Spitaler, Kommentar zur Abgabenordnung und Finanzgerichtsordnung (Loseblatt), Köln
hM	herrschende Meinung
HöfeO	Höfeordnung
Hrsg.	Herausgeber
Hs., HS	Halbsatz
Huber	M. Huber, Anfechtungsgesetz, 12. Aufl., München 2021
HZA, HZÄ	Hauptzollamt, Hauptzollämter
idF	in der Fassung
idR	in der Regel
iErg	im Ergebnis
IFSt	Institut „Finanzen und Steuern" e. V.
INF	Die Information über Steuer und Wirtschaft (Zeitschrift)
insb.	insbesondere
InsO	Insolvenzordnung
InvZulG	Investitionszulagengesetz
iSd	im Sinne des/der
iSe	im Sinne einer/eines
IStR	Internationales Steuerrecht (Zeitschrift)
iSv	im Sinne von
ITZBund	Informationstechnikzentrum Bund
iVm	in Verbindung mit

Jarass/Pieroth .... H. D. Jarass/B. Pieroth, Grundgesetz für die Bundesrepublik Deutschland: GG, 18. Aufl., München 2024
JbFSt .... Jahrbuch der Fachanwälte für Steuerrecht
Jesse .... L. Jesse, Einspruch und Klage im Steuerrecht, 4. Aufl., München 2017
jew. .... jeweils, jeweiliger, jeweilige
JJR .... W. Joecks/M. Jäger/K. Randt, Steuerstrafrecht, 9. Aufl., München 2023
JStG .... Jahressteuergesetz
JurBüro .... Juristisches Büro (Zeitschrift)
jurisPK BGB .... juris PraxisKommentar BGB (Hrsg. Herberger/Martinek/Rüßmann/Weth/Würdinger)
JuS .... Juristische Schulung (Zeitschrift)
JVEG .... Justizvergütungs- und Entschädigungsgesetz
KaffeeStG .... Kaffeesteuergesetz
KaffeeStV .... Kaffeesteuerverordnung
KAG .... Kommunalabgabengesetz
KAGG .... Gesetz über Kapitalanlagegesellschaften
Kap. .... Kapitel
KapESt .... Kapitalertragsteuer
KapGes .... Kapitalgesellschaft
Kapp/Ebeling .... R. Kapp/J. Ebeling, Erbschaftsteuer- und Schenkungsteuergesetz, Kommentar (Loseblatt), Köln
KBV .... Kleinbetragsverordnung
KernbrStG .... Kernbrennstoffsteuergesetz
KG .... Kommanditgesellschaft
KGaA .... Kommanditgesellschaft auf Aktien
KH .... das Krankenhaus (Zeitschrift)
KHG .... Krankenhausfinanzierungsgesetz
KiSt .... Kirchensteuer
KiStG .... Kirchensteuergesetz
Kj. .... Kalenderjahr
Klein .... F. Klein (Hrsg.), Abgabenordnung, 18. Aufl., München 2024
Kluge .... V. Kluge, Das Internationale Steuerrecht, 4. Aufl., München 2000
KO .... Konkursordnung
KÖSDI .... Kölner Steuerdialog (Zeitschrift)
Kopp/Ramsauer .... F. O. Kopp/U. Ramsauer, Verwaltungsverfahrensgesetz, 26. Aufl., München 2025
Kopp/Schenke .... F. O. Kopp/W.-R. Schenke, Verwaltungsgerichtsordnung, 31. Aufl., München 2025
KostO .... Kostenordnung
KraftSt .... Kraftfahrzeugsteuer
KraftStDV .... Kraftfahrzeugsteuer-Durchführungsverordnung
KraftStG .... Kraftfahrzeugsteuergesetz
Krenzler/Herrmann/ Niestedt .... H. Krenzler/C. Herrmann/M. Niestedt, EU-Außenwirtschafts- und Zollrecht (Loseblatt) München
krit. .... kritisch
KSM .... P. Kirchhof/H. Söhn/R. Mellinghoff, Kommentar zum Einkommensteuergesetz (Loseblatt), Heidelberg
KSt .... Körperschaftsteuer
KStDV .... Körperschaftsteuer-Durchführungsverordnung
KStG .... Körperschaftsteuergesetz
KStR .... Körperschaftsteuerrichtlinien
KStZ .... Kommunale Steuerzeitschrift
Kühling/Buchner .... J. Kühling/B. Buchner, Datenschutz-Grundverordnung, Bundesdatenschutzgesetz: DS-GVO/BDSG, 4. Aufl., München 2024
Kummer .... P. Kummer, Wiedereinsetzung in den vorigen Stand, München 2003
KWG .... Kreditwesengesetz

Larenz	K. Larenz, Lehrbuch des Schuldrechts (2 Bde. in 3 Teilbd.), München 1994
LfSt	Landesamt für Steuern
LG	Landgericht
LPartG	Lebenspartnerschaftsgesetz
LSt	Lohnsteuer
LSt-Ap.	Lohnsteueraußenprüfung
LStDV	Lohnsteuer-Durchführungsverordnung
LStR	Lohnsteuer-Richtlinien
LuF	Land- und Forstwirtschaft
LuftRG	Gesetz über Rechte an Luftfahrzeugen
v. Mangoldt/Klein/ Starck	H. v. Mangoldt/F. Klein/C. Starck, Kommentar zum GG, 7. Aufl., München 2018
Maurer/Waldhoff	H. Maurer/C. Waldhoff, Allgemeines Verwaltungsrecht, 21. Aufl., München 2024
mE	meines Erachtens
Meyer-Goßner/Schmitt	L. Meyer-Goßner/B. Schmitt, Strafprozessordnung, 66. Aufl., München 2023
MHH	J. P. Meincke/F. Hannes/M. Holtz (Hrsg.), Erbschaftsteuer- und Schenkungsteuergesetz, Kommentar, 19. Aufl., München 2025
MOG	Gesetz zur Durchführung der gemeinsamen Marktorganisationen
MüKo BGB	Münchener Kommentar zum BGB (14 Bd.), 9. Aufl., München.
MüKo InsO	Münchener Kommentar zur Insolvenzordnung (4 Bd.), 4. Aufl., München
MüKo ZPO	Münchener Kommentar zur ZPO (3 Bd.), 7. Aufl., München
Musil/Weber-Grellet EuropStR	H. Weber-Grellet, Europäisches Steuerrecht, 2. Aufl., München 2022
mwN	mit weiteren Nachweisen
MwStSystRL	Richtlinie 2006/112/EG v. 28.11.2006 (ABl. L 347, 1, ber. ABl. 2007 L 335, 60)
mWv	mit Wirkung vom
MZK	Modernisierter Zollkodex
NATO-Truppenstatut	Abkommen zwischen den Parteien des Nordatlantikvertrags über die Rechtsstellung ihrer Truppen
Nds. KiStRG	Niedersächsisches Kirchensteuerrahmengesetz
Nds. SOG	Niedersächsisches Gesetz über die öffentliche Sicherheit und Ordnung
nF	neue Fassung
NJW	Neue Juristische Wochenschrift (Zeitschrift)
Nr.	Nummer
nrkr.	nicht rechtskräftig
NSH	U. Noack/W. Servatius/U. Haas, GmbH-Gesetz, 24. Aufl., München 2025
nv.	nicht veröffentlicht
NVwZ	Neue Zeitschrift für Verwaltungsrecht
NVwZ-RR	NVwZ-Rechtsprechungs-Report Verwaltungsrecht (Zeitschrift)
NRW	Nordrhein-Westfalen
NWB	Neue Wirtschafts-Briefe für Steuer- und Wirtschaftsrecht (Zeitschrift)
NZB	Nichtzulassungsbeschwerde
OECD-MA	OECD (Organisation for Economic Cooperation and Development)-Musterabkommen
OFD	Oberfinanzdirektion(en)
OHG	Offene Handelsgesellschaft
OLG	Oberlandesgericht
Oppermann	T. Oppermann/C. D. Classen/M. Nettesheim, Europarecht, 10. Aufl., München 2025
OVG	Oberverwaltungsgericht
OWiG	Ordnungswidrigkeitengesetz
OZG	Onlinezugangsgesetz

Paal/Pauly	B. Paal/D. Pauly, Datenschutz-Grundverordnung Bundesdatenschutzgesetz: DS-GVO BDSG, 3. Aufl., München 2021
Pahlke	A. Pahlke, Grunderwerbsteuergesetz, 7. Aufl., München 2023
PartGes	Partnerschaftsgesellschaft
PartGG	Gesetz über Partnerschaftsgesellschaften Angehöriger freier Berufe
PersGes	Personengesellschaft
PostG	Postgesetz
PZU	Postzustellungsurkunde
RAO	Reichsabgabenordnung
RDG	Rechtsdienstleistungsgesetz
RealSt	Realsteuern
RegE	Regierungsentwurf
REITG	Gesetz über deutsche Immobilien-Aktiengesellschaften mit börsennotierten Anteilen
RennwLottG	Rennwett- und Lotteriegesetz
RennwLottSt	Rennwett- und Lotteriesteuer
Rev.	Revision
RFH	Reichsfinanzhof
RFHE	Amtliche Sammlung der Entscheidungen des RFH
RG	Reichsgericht
RGZ	Entscheidungen des Reichsgerichts in Zivilsachen
RIW	Recht der internationalen Wirtschaft (Zeitschrift)
rkr.	rechtskräftig
RL	Richtlinie
Rn.	Randnummer
Römermann	V. Römermann (Hrsg.), Insolvenzordnung, Kommentar (Loseblatt), München
Rosenberg	H. F. Gaul/E. Schilken/E. Becker-Eberhard, Zwangsvollstreckungsrecht, 12. Aufl., München 2010
Rpfleger	Der Deutsche Rechtspfleger (Zeitschrift)
RPflG	Rechtspflegergesetz
Rspr.	Rechtsprechung
RStBl.	Reichssteuerblatt
s.	siehe
S.	Satz, Seite
SachBezV	Sachbezugsverordnung
Sachs GG	M. Sachs (Hrsg.), Grundgesetz, 10. Aufl., München 2024
SB	StiftungsBrief (Zeitschrift)
SBS	P. Stelkens/H. J. Bonk/M. Sachs u. a., Verwaltungsverfahrensgesetz, 10. Aufl., München 2023
Schauhoff/Kirchhain	S. Schauhoff/C. Kirchhain (Hrsg.), Handbuch der Gemeinnützigkeit, 4. Aufl., München 2023
Schaumburg IntStR	H. Schaumburg, Internationales Steuerrecht, 5. Aufl., Köln 2022
SchenkSt	Schenkungsteuer
Schmidt	L. Schmidt (Hrsg.), Einkommensteuergesetz mit Nebengesetzen, 44. Aufl., München 2025
Schmidt GesR	K. Schmidt, Gesellschaftsrecht, 4. Aufl., Köln 2002
Schönke/Schröder	A. Schönke/H. Schröder, Strafgesetzbuch (Kommentar), 30. Aufl., München 2019
Scholz	Scholz (Hrsg.), Kommentar zum GmbH-Gesetz (3. Bd.), 13. Aufl., Köln 2024
SchornsteinfegerG	Schornsteinfegergesetz
SchornsteinfegerVO	Verordnung über das Schornsteinfegerwesen
Schulze/Janssen/Kadelbach	R. Schulze/A. Janssen/S. Kadelbach (Hrsg.), Europarecht, 4. Aufl., Baden-Baden 2020
Schwarz/Pahlke/Keß	B. Schwarz/A. Pahlke/T. Keß, Abgabenordnung/Finanzgerichtsordnung, Kommentar (Loseblatt), Freiburg

SEStEG	Gesetz über steuerliche Begleitmaßnahmen zur Einführung der Europäischen Gesellschaft und zur Änderung weiterer steuerlicher Vorschriften
SGB	Sozialgesetzbuch
SGG	Sozialgerichtsgesetz
SigG	Gesetz zur digitalen Signatur (Signaturgesetz)
sog.	so genannte/n/r/s
SolZ	Solidaritätszuschlag
SolZG	Solidaritätszuschlagsgesetz
St	Steuer/n (in Verbindung mit einem Substantiv)
StaatsR-HdB	J. Isensee/P. Kirchhof (Hrsg.), Handbuch des Staatsrechts der Bundesrepublik Deutschland (Bd. I–VII), 3. Aufl., Heidelberg 2004 ff.
StAnpG	Steueranpassungsgesetz
Staudinger	J. von Staudinger, Kommentar zum Bürgerlichen Gesetzbuch, Berlin/New York
StB	Der Steuerberater (Zeitschrift)
StBerG	Steuerberatungsgesetz
Stbg	Die Steuerberatung (Zeitschrift)
StbJb	Steuerberater-Jahrbuch
StBp	Die steuerliche Betriebsprüfung (Zeitschrift)
std.	ständig/e/r/s
StDÜV	Steuerdaten-Übermittlungsverordnung
StEd	Steuer-Eildienst (Zeitschrift)
Stein/Jonas	F. Stein/M. Jonas (Hrsg.), Kommentar zur Zivilprozessordnung (10 Bd.), 23. Aufl., Tübingen 2020
StEK	Steuererlasse in Karteiform
StGB	Strafgesetzbuch
Stirnberg/Pietsch	M. Stirnberg/W. Pietsch, Aufhebung und Änderung von Steuerverwaltungsakten, Herne/Berlin 2013
StKongrRep	Steuerberaterkongress-Report
Stöber/Rellermeyer	K. Stöber/K. Rellermeyer, Forderungspfändung, 18. Aufl., Bielefeld 2025
Stpfl., stpfl.	Steuerpflicht, Steuerpflichtiger, steuerpflichtig
str.	streitig
Streck KStG	M. Streck, Körperschaftsteuergesetz (Kommentar), 10. Aufl., München 2022
StrEG	Gesetz über die Entschädigung für Strafverfolgungsmaßnahmen
SteuerStud	Steuer und Studium (Zeitschrift)
StRK	Steuer-Rechtsprechung in Karteiform
StromSt	Stromsteuer
StromStG	Stromsteuergesetz
StromStV	Stromsteuer-Durchführungsverordnung
StuB	Steuern und Bilanzen (Zeitschrift)
StuW	Steuer und Wirtschaft (Zeitschrift)
StVA	Steuerverwaltungsakt
StVj	Steuerliche Vierteljahresschrift (Zeitschrift)
StVollzG	Strafvollzugsgesetz
TabStV	Tabaksteuerverordnung
TabSt	Tabaksteuer
TabStG	Tabaksteuergesetz
TGJG	Troll/Gebel/Jülicher/Gottschalk, M. Troll/D. Gebel/M. Jülicher/R. Gottschalk, Erbschaftsteuer- und Schenkungsteuergesetz, Kommentar (Loseblatt), München
Thomas/Putzo	H. Thomas/H. Putzo, Zivilprozessordnung mit Gerichtsverfassungsrecht, 46. Aufl., München 2025
Tipke/Lang	K. Tipke/J. Lang, Steuerrecht, 25. Aufl., Köln 2024
TK	K. Tipke/H. W. Kruse, Abgabenordnung – Finanzgerichtsordnung, Kommentar (Loseblatt), Köln
Tz.	Textziffer

Abkürzungs- und Literaturverzeichnis

ua .... unter anderem
Uhlenbruck .... W. Uhlenbruck/H. Hirte/H. Vallender, Kommentar zur Insolvenzordnung, 16. Aufl., München 2023
UmwG .... Umwandlungsgesetz
UmwStG .... Umwandlungssteuergesetz
unstr. .... unstreitig
unzutr. .... unzutreffend
UR .... Umsatzsteuer-Rundschau (Zeitschrift)
Urt. .... Urteil
USt .... Umsatzsteuer
UStDV .... Umsatzsteuer-Durchführungsverordnung
UStG .... Umsatzsteuergesetz
UStZustV .... Verordnung über die örtliche Zuständigkeit für die Umsatzsteuer im Ausland ansässiger Unternehmer (Umsatzsteuerzuständigkeitsverordnung)
usw. .... und so weiter
uU .... unter Umständen
UVR .... Umsatzsteuer- und Verkehrsteuer-Recht (Zeitschrift)
UZK .... Zollkodex der Union vom 9.10.2013 (ABl. L 269 S. 1)
UZwG .... Gesetz über den unmittelbaren Zwang bei Ausübung öffentlicher Gewalt durch Vollzugsbeamte des Bundes

v. .... von, vom
va .... vor allem
VA .... Verwaltungsakt, Verwaltungsakte
VAG .... Versicherungsaufsichtsgesetz
VerbrauchSt .... Verbrauchsteuer
VerglO .... Vergleichsordnung
5. VermBG .... Fünftes Vermögensbildungsgesetz
VerkehrSt .... Verkehrsteuer
VerschG .... Verschollenheitsgesetz
VersSt .... Versicherungsteuer
VersStDV .... Versicherungsteuer-Durchführungsverordnung
VersStG .... Versicherungsteuergesetz
VerwArch .... Verwaltungsarchiv (Zeitschrift)
VG .... Verwaltungsgericht
vGA .... verdeckte Gewinnausschüttung
VGH .... Verwaltungsgerichtshof
vgl. .... vergleiche
vH .... vom Hundert
Viskorf .... H.-U. Viskorf (Hrsg.), Kommentar zum Grunderwerbsteuergesetz, 21. Aufl., München 2024
VO .... Verordnung
Vogel/Lehner DBA .... K. Vogel/M. Lehner, Doppelbesteuerungsabkommen, 7. Aufl., München 2021
Vollstr. .... Vollstreckung
VollStrA .... Vollstreckungsanweisung
VollzA .... Vollziehungsanweisung
Vorb. .... Vorbemerkung
VSF .... Vorschriftensammlung der Bundesfinanzverwaltung
VSt .... Vermögensteuer
VVG .... Gesetz über den Versicherungsvertrag
VwGO .... Verwaltungsgerichtsordnung
VwVfG .... Verwaltungsverfahrensgesetz
VwVG .... Verwaltungsvollstreckungsgesetz
VwZG .... Verwaltungszustellungsgesetz
VZ .... Veranlagungszeitraum

WaffG .... Waffengesetz
Wassermeyer .... F. Wassermeyer, Doppelbesteuerung, Kommentar (Loseblatt), München

WBSK I	H. J. Wolff/O. Bachof/R. Stober/W. Kluth, Verwaltungsrecht I, 13. Aufl., München 2017
Weber-Grellet	H. Weber-Grellet, Steuern im modernen Verfassungsstaat, Köln 2001
WEG	Wohnungseigentumsgesetz
WG	Wechselgesetz
Winnefeld	R. Winnefeld, Bilanz-Handbuch, 5. Aufl., München 2015
wistra	Zeitschrift für Wirtschafts- und Steuerstrafrecht
Witte	P. Witte (Hrsg.), Zollkodex, 9. Aufl., München 2025
WoPG 1996	Wohnungsbau-Prämiengesetz 1996
WPg	Die Wirtschaftsprüfung (Zeitschrift)
WRV	Weimarer Reichsverfassung
zB	zum Beispiel
ZerlG	Zerlegungsgesetz
ZfZ	Zeitschrift für Zölle und Verbrauchsteuern
Ziff.	Ziffer(n)
ZIP	Zeitschrift für Wirtschaftsrecht und Insolvenzpraxis
ZK	Zollkodex
ZK-DVO	Zollkodex-Durchführungsverordnung
ZKF	Zeitschrift für Kommunalfinanzen
Zöller	R. Zöller, Zivilprozessordnung, 35. Aufl., Köln 2024
ZollKostV	Zollkostenverordnung
ZollVG	Zollverwaltungsgesetz
ZPO	Zivilprozessordnung
ZSteu	Zeitschrift für Steuern & Recht
zT	zum Teil
Zugmaier/Nöcker	O. Zugmaier/G. Nöcker, AO Kommentar online
zust.	zustimmend
ZustVV	Zustellungsvordruckverordnung
zutr.	zutreffend
ZVG	Gesetz über die Zwangsversteigerung und Zwangsverwaltung
ZVI	Zeitschrift für Verbraucher- und Privat-Insolvenzrecht
zzt.	zurzeit

Abgabenordnung (AO)

In der Fassung der Bekanntmachung vom 23. Januar 2025

(BGBl. 2025 I Nr. 24, S. 5)

Einleitung

I. Entstehungsgeschichte; Regelungsmaterien

Entstehungsgeschichte. Die AO geht historisch auf die von **Enno Becker** geschaffene RAO (in Kraft getreten am 23.12.1919, RGBl. I 1919, 1933) zurück (zur Entwicklung der RAO vgl. BT-Drs. VI/1982, 92 f.). Die in der Nachkriegszeit erforderlich gewordene Reform des allg. Abgabenrechts wurde durch einen 1963 vom BMF eingesetzten Arbeitskreis eingeleitet, der 1969 den Entwurf einer neuen AO vorlegte (Heft 13 der Schriftenreihe des BMF). Dieser Entwurf bildete die Grundlage für den in der 6. Wahlperiode des Bundestags eingebrachten, jedoch nicht verabschiedeten Regierungsentwurf einer AO (BT-Drs. VI/1982). Der in der 7. Wahlperiode des Bundestags eingebrachte inhaltsgleiche Entwurf (BT-Drs. 7/79) wurde auf der Grundlage der vom Finanzausschuss vorgeschlagenen Fassung (BT-Drs. 7/4292) verabschiedet. Das als „AO 1977" zum 1.1.1977 in Kraft getretene Gesetz (§ 415 Abs. 1) ist seitdem durch über 100 Änderungsgesetze geändert worden. Die jetzige Gesetzesbezeichnung „Abgabenordnung (AO)" ist durch das JStG 2007 eingeführt worden. 1

Der Name „Abgabenordnung" beruht allein auf historischen Gründen, weil das Gesetz vor allem das allg. StRecht und das StVerfahrensrecht regelt (BT-Drs. VI/1982, 93). Das Ziel bestand in einer Gesamtreform der RAO, um die AO wieder zu einem Mantelgesetz für das allgemeine Abgabenrecht zu machen. Zugleich sollte die Systematik der RAO verbessert und ein gerechter Ausgleich zwischen den Grundsätzen der Rechtssicherheit und der Gleichmäßigkeit der Besteuerung gefunden werden (BT-Drs. VI/1982, 92).

Ein wesentliches Ziel der Gesetzesreform bildete die Vereinheitlichung des Verwaltungsverfahrens (BT-Drs. VI/1982, 94; BT-Drs. 7/4292, 4 f.). Die allgemeinen Verfahrensvorschriften (§§ 78 ff.) sind in großem Umfang an die entspr. Vorschriften des VwVfG angepasst worden; diese Verfahrensangleichung geht freilich in Detailregelungen (zB § 78 Nr. 3) an den Bedürfnissen der Besteuerungspraxis weitgehend vorbei. 2

Regelungsmaterien. Die AO ist ihrer Konzeption nach ein **Mantelgesetz,** welches das allgemeine StRecht und das StVerwaltungsverfahren in einem einheitlichen Gesetzeswerk zusammenfasst. Diese Konzeption ist in der Weise umgesetzt, dass grundlegende Bestimmungen des allg. StRechts (insb. §§ 3 und 5), das StSchuldrecht (§§ 33–77) mit zahlreichen materiell-rechtlichen Regelungen, das StVerfahrensrecht (§§ 78–369) und schließlich das StStraf- und StOrdnungswidrigkeitenrecht (§§ 369–412) in einem Gesetzeswerk zusammengefasst sind. Damit geht der Regelungsinhalt der AO über den eines bloßen Verfahrensgesetzes weit hinaus. Wegen des Regelungsgegenstands der einzelnen Teile der AO wird auf die diesen Teilen jeweils vorangestellten Erl. verwiesen. Nicht in den Regelungsbereich der AO einbezogen wurden das FVG (→ § 16 Rn. 40 ff.) sowie das StBerG. Für den Bereich der **Zollverwaltung** wird die AO durch den UZK verdrängt oder überlagert (→ § 1 Rn. 12). 3

Das **EGAO** (abgedr. im Anhang) enthält Überleitungs- und Anpassungsvorschriften, die insb. die erstmalige Anwendung der einzelnen AO-Vorschriften bzw. der jeweiligen gesetzlichen Änderungen regeln. Der **AEAO** soll eine einheitliche Anwendung der AO durch die FVerw. sicherstellen. Er ist der Rechtsnatur nach eine Verwaltungsvorschrift. Als solche ist der AEAO allerdings keine allgemeine Verwaltungsvorschrift iSd Art. 108 VII 4

GG (BK Art. 108 Rn. 175); er wird vielmehr vom BMF nach Abstimmung mit den Ländern erlassen und fortlaufend aktualisiert. Als norminterpretierende bzw. ermessenslenkende Verwaltungsvorschrift entfaltet der AEAO keine Außenwirkung (→ § 4 Rn. 54 f.). Die **Auslegung** des AEAO erfolgt nach den für die Auslegung von Verwaltungsvorschriften geltenden Grundsätzen (→ § 4 Rn. 53).

II. Verfassungsrechtlicher Rahmen

5 Die **Gesetzgebungskompetenz** des Bundes zum Erlass der AO folgt, soweit sie nicht das StStraf- und Bußgeldverfahren betrifft, aus Art. 108 V 1 GG. Von seiner aus Art. 108 V 2 GG folgenden Gesetzgebungskompetenz hat der Bund keinen Gebrauch gemacht (→ § 1 Rn. 15). Das StStraf- und Bußgeldverfahren (§§ 369 ff.) ist von der Gesetzgebungskompetenz aus Art. 108 V GG nicht umfasst und gehört zur konkurrierenden Gesetzgebungskompetenz des Bundes (Art. 74 I Nr. 1 GG).

6 Die verfassungsrechtlichen Vorgaben für die **materiellrechtlichen** AO-Vorschriften ergeben sich aus den Grundrechten sowie aus dem Rechtsstaats- und Sozialstaatsprinzip (→ § 3 Rn. 49 ff.). Mit der gesetzlichen Regelung des **Besteuerungsverfahrens** (dh des Verwaltungsverfahrens zur Durchführung der Besteuerung) trägt die AO den Geboten des **Rechtsstaatsprinzips,** insb. den Grundsätzen der Gesetzmäßigkeit der Verwaltung (Art. 20 III GG) und des Vorbehalts des Gesetzes, Rechnung. Vor dem Hintergrund des Rechtsstaatsprinzips bestehen Verhaltenspflichten der Stpfl. nur in dem durch die AO gesetzlich umschriebenen Umfang.

7 **Grundrechtsschutz durch Verfahren.** Der Schutz der grundrechtlichen Gewährleistungen ist auch durch eine entspr. Gestaltung des Verwaltungsverfahrens sicherzustellen (Grundrechtsschutz durch Verfahren; vgl. zB BVerfG 14.5.1985 – 1 BvR 370/84, NJW 1984, 244; Wolff FS Scholz, 2007, 977 ff.; umfassend Eckhoff Rechtsanwendungsgleichheit, 200 ff.). Auf dieser Grundlage rechtfertigt sich auch für die AO das Bild einer „kooperativen Verantwortungsgemeinschaft“ von FB und Stpfl., die den Gemeinwohlauftrag der FB mit dem Anspruch der Stpfl. auf angemessene Verfahrensteilhabe (zB durch Rechte auf Informationsteilhabe und -beschaffung) verknüpft (Seer DStjG 2008, 7 (15)). Aus den Grundrechten lassen sich im Regelfall freilich keine Detailregeln über die Ausgestaltung des Verwaltungsverfahrens entnehmen. Das Recht des Verwaltungsverfahrens ist nicht in seiner Gesamtheit iSe „konkretisierten Verfassungsrechts“ aus verfassungsrechtlichen Prinzipien ableitbar; dem Gesetzgeber verbleibt hier ein weiter Spielraum zur Ausgestaltung. Verfassungsgarantiert sind nur elementare, im Hinblick auf die Grundprinzipien der Verfassung und die Wahrung der Grundrechte unverzichtbare Erfordernisse (BVerfG 20.4.1982 – 2 BvL 26/81, NJW 1982, 2425; StaatsR-HdB/Denninger § 113 Rn. 29 ff.: Garantie „elementarer Verfahrensgerechtigkeit“). In jedem Fall sind verfahrensrechtliche Vorschriften im Lichte der jeweiligen grundrechtlichen Positionen auszulegen und anzuwenden; ggf. bedarf es der Korrektur oder Ergänzung im Wege **verfassungskonformer Auslegung** (BVerfG 20.12.1979 – 1 BvR 385/77, NJW 1980, 759 (763 f.)).

8 Die elementaren rechtsstaatlichen Anforderungen an ein Besteuerungsverfahren sind durch die AO-Regelungen durchgängig gewahrt. Zu diesen Anforderungen gehören insb. (vgl. zB Eckhoff Rechtsanwendungsgleichheit, 242 ff.; StaatsR-HdB/Denninger § 113 Rn. 29 ff.)

- die **Unvoreingenommenheit der Amtsträger** (§§ 82, 82) einschl. des Verbots, im Sinne einseitig fiskalischen Denkens zu Unrecht Steuern zu erheben bzw. StErstattungen und StVergünstigungen zu versagen;
- das auf Art. 103 GG beruhende Recht des Beteiligten auf Gehör bzw. **Anhörung** (vgl. §§ 91, 201, 364a; zum Akteneinsichtsrecht → § 91 Rn. 23 und BFH 4.6.2003 – VII B 138/01, BFH/NV 2003, 1356) und damit auf Mitwirkung am Verfahren;
- das Recht auf ausreichende **Begründung** einer Entscheidung, um von gegebenen Rechtsbehelfen sinnvoll Gebrauch machen zu können (→ § 121 Rn. 2);

– die aufgrund Art. 19 IV GG geforderte Kontrolle des Handelns der FVerw. durch das **außergerichtliche Rechtsbehelfsverfahren** (§§ 347 ff.) und den durch die FGO gewährleisteten **gerichtlichen Rechtsschutz.**

Dabei ergeben sich aus der durch **Art. 19 IV GG** garantierten Effektivität des gerichtlichen Rechtsschutzes **Vorwirkungen** bereits **für** das **Verwaltungsverfahren.** Dieses darf nach seiner gesetzlichen Regelung und praktischen Handhabung den gerichtlichen Rechtsschutz weder vereiteln noch unzumutbar erschweren (Sachs GG Art. 19 Rn. 135 mwN). Dieses Gebot ist zB bei der Gewährung einer Wiedereinsetzung in den vorigen Stand (→ § 110 Rn. 3), der Begründungspflicht (→ § 121 Rn. 2) oder der Auslegung und Anwendung der die Einlegung von Rechtsbehelfen regelnden Vorschriften (vgl. etwa → § 357 Rn. 7, 11) zu beachten.

Der Ausschluss von Sanktionen bei Verfahrensverstößen (zB §§ 126, 127) entwertet zwar partiell das Recht des steuerlichen Verwaltungsverfahrens. Er erweist sich jedoch letztlich deshalb als gerechtfertigt, weil das Verfahren kein Selbstzweck, sondern auf die Hervorbringung rechtmäßiger Sachentscheidungen gerichtet ist (→ § 126 Rn. 2, 12; → § 127 Rn. 5).

Unter den grundrechtlichen Bindungen für die Auslegung und Anwendung der AO kommt ferner dem **Gleichbehandlungsgebot** (Art. 3 I GG) besondere Bedeutung zu. In verfahrensrechtlicher Hinsicht haben alle staatlichen Einrichtungen das Gleichbehandlungsgebot zu beachten (BVerfG 5.8.1998 – 1 BvR 472/98, NJW 1999, 207); die FVerw. ist daher nur zur gleichmäßigen (willkürfreien) Anwendung des Verfahrensrechts verpflichtet (zB BFH 26.9.2006 – X R 39/05, BStBl. II 2007, 222 betr. Anwendung des § 363 II 4; vgl. auch Eckhoff Rechtsanwendungsgleichheit, 260 ff.). Art. 3 I GG verlangt ferner auch tatsächliche **Belastungsgleichheit,** die zu einer Verschränkung von materiellem und formellem StRecht führt (→ § 3 Rn. 69 ff.). 9

III. Auslegung der AO

Schrifttum: Birk, Verfassungskonforme Auslegung im Steuerrecht, StuW 1990, 300; Thiel, Probleme bei der Aufhebung oder Änderung von Steuerverwaltungsakten außerhalb des Rechtsbehelfsverfahrens, JbFSt 1977/1978, 97.

Für die Auslegung der AO-Vorschriften gelten die allgemeinen Auslegungsgrundsätze (→ § 4 Rn. 85 ff.). Es kommt zB eine **teleologische Auslegung** (→ § 4 Rn. 98) in Betracht, die auf den Regelungszweck der jeweiligen Verfahrensnorm abhebt (vgl. Birk StuW 1990, 300 (305)). Ebenfalls ist im steuerlichen Verfahrensrecht eine Lückenschließung durch **Analogie** (dazu allg. → § 4 Rn. 116 f.) möglich (FG Münster 4.4.1989 – XII 1660/88 E, EFG 1989, 513; Thiel JbFSt 1977/1798, 97 (103 f.)); die insoweit für steuerbegründende Vorschriften geltenden Auslegungsrestriktionen gelten für verfahrensrechtliche Vorschriften nicht. So hat die Rspr. zB die in § 122 II Nr. 2 aF vorhandene Lücke betr. die Bekanntgabe eines VA an im Ausland ansässige Bevollmächtigte im Wege der Rechtsfortbildung geschlossen (BFH 1.2.2000 – VII R 49/99, BStBl. II 2000, 334). Auch etwaige Gesetzeslücken im Bereich der Korrekturvorschriften sind einer Lückenschließung durch Analogie zugänglich (zutr. Thiel JbFSt 1977, 1798 und JbFSt 1997, 103 f.). 10

In verschiedenen AO-Vorschriften verwendete **Gesetzesbegriffe** sind grds. **einheitlich** auszulegen. Bei einem im Gesetz legal definierten Begriff bedarf ein davon abw. Begriffsverständnis in einer anderen Vorschrift desselben Gesetzes nach Regelungszusammenhang und -zweck und/oder Entstehungsgeschichte einer besonderen Rechtfertigung (BFH 25.11.2002 – GrS 2/01, BStBl. II 2003, 548 betr. den Begriff des StBescheids iSd § 169 I 3 Nr. 1). Im Hinblick auf die Grundrechtsrelevanz des Besteuerungsverfahrens (→ Rn. 7) kann ggf. eine **verfassungskonforme Auslegung** geboten sein.

Zur Auslegung des AEAO → § 4 Rn. 53.

Erster Teil. Einleitende Vorschriften

Vorbemerkung zu §§ 1–32

Der Erste Teil (§§ 1–32) enthält unter der missverständlichen Überschrift „Einleitende Vorschriften“ für die gesamte AO bedeutsame allgemeine Regelungen. Der Anwendungsbereich der AO ergibt sich – entgegen der Überschrift des Ersten Abschnitts – allein aus § 1, während § 2 lediglich die Kollision zwischen völkerrechtlichen Vereinbarungen und innerstaatlichem Recht betrifft. Der Zweite Abschnitt (§§ 3–15) enthält zahlreiche steuerliche Begriffsbestimmungen, die zum Kernbestand des allg. StRechts gehören. Der an sich zentrale Begriff des „Steuerpflichtigen“ wird allerdings außerhalb dieses Abschnitts erst in § 33 definiert. Die Regelungen über die Zuständigkeit im Dritten Abschnitt (§§ 16–29) betreffen teilweise nur einzelne StArten und werden durch Regelungen in EinzelStGesetzen ergänzt.

Erster Abschnitt. Anwendungsbereich

§ 1 Anwendungsbereich

(1) [1] **Dieses Gesetz gilt für alle Steuern einschließlich der Steuervergütungen, die durch Bundesrecht oder Recht der Europäischen Union geregelt sind, soweit sie durch Bundesfinanzbehörden oder durch Landesfinanzbehörden verwaltet werden.** [2] **Es ist nur vorbehaltlich des Rechts der Europäischen Union anwendbar.**

(2) **Für die Realsteuern gelten, soweit ihre Verwaltung den Gemeinden übertragen worden ist, die folgenden Vorschriften dieses Gesetzes entsprechend:**

1. **die Vorschriften des Ersten, Zweiten, Vierten, Sechsten und Siebten Abschnitts des Ersten Teils (Anwendungsbereich; Steuerliche Begriffsbestimmungen; Datenverarbeitung und Steuergeheimnis; Betroffenenrechte; Datenschutzaufsicht, Gerichtlicher Rechtsschutz in datenschutzrechtlichen Angelegenheiten),**
2. **die Vorschriften des Zweiten Teils (Steuerschuldrecht),**
3. **die Vorschriften des Dritten Teils mit Ausnahme der §§ 82 bis 84 (Allgemeine Verfahrensvorschriften),**
4. **die Vorschriften des Vierten Teils (Durchführung der Besteuerung),**
5. **die Vorschriften des Fünften Teils (Erhebungsverfahren),**
6. **§ 249 Absatz 2 Satz 2,**
7. **die §§ 351 und 361 Absatz 1 Satz 2 und Absatz 3,**
8. **die Vorschriften des Achten Teils (Straf- und Bußgeldvorschriften, Straf- und Bußgeldverfahren).**

(3) [1] **Auf steuerliche Nebenleistungen sind die Vorschriften dieses Gesetzes vorbehaltlich des Rechts der Europäischen Union sinngemäß anwendbar.** [2] **Der Dritte bis Sechste Abschnitt des Vierten Teils gilt jedoch nur, soweit dies besonders bestimmt wird.**

Schrifttum: Rößler, Die Eröffnung des Verwaltungsrechtswegs in Kirchensteuersachen, DStZ 1995, 23; Henke/Huchatz, Das neue Abgabenverwaltungsrecht für Einfuhr- und Ausfuhrabgaben ZfZ 1996, 226 ff. und 262 ff.; Giloy, Verfahrensregeln des EigZulG in Konkurrenz zur AO, FR 1999, 125; Jarsombeck, Das geschrumpfte Branntweinmonopol und das Grundgesetz, ZfZ 2001, 218; Heidner, Wirkungsweise von EG-Richtlinien im deutschen Steuerrecht – Wie kommt die 6. EG-Richtlinie ins deutsche Umsatzsteuerrecht?, UR 2003, 69.

Übersicht

A. Allgemeines

I. Regelungsgegenstand des § 1

1 **Regelungsgegenstand.** § 1 regelt allein den **sachlichen Anwendungsbereich** der AO (vgl. dazu Gesetzesbegründung zur ursprünglichen Gesetzesfassung in BT-Drs. VI/1982, 97 f. und BT-Drs. 7/4292, 15). Die in dieser Vorschrift verwendeten Rechtsbegriffe „Steuern", „Realsteuern", „Steuerliche Nebenleistungen" sind in § 3 definiert. Der Wortlaut des § 1 bringt nur unzureichend zum Ausdruck, dass die AO als Verfahrensordnung nicht nur für Steuern und Nebenleistungen, sondern für die **gesamte Verwaltungstätigkeit** im Zusammenhang mit der StVerwaltung gilt.

Durch das StÄndG 2001 wurden § 1 I 2 angefügt und § 1 III 1 geändert. Diese Neuregelungen stellen klar, dass die AO einschl. der die steuerlichen Nebenleistungen betr. Bestimmungen nur vorbehaltlich der vorgreiflichen Bestimmungen des EU-Rechts gilt (vgl. BT-Drs. 14/7341, 37). Insb. den im UZK normierten Regelungen kommt deshalb im Verhältnis zur AO ein Anwendungsvorrang zu (Witte Vor Art. 1 Rn. 39). § 1 I 1 und 2 sowie Abs. 3 wurden durch das AmtshilfeRLUmsG (BGBl. 2013 I 1809) redaktionell angepasst; Abs. 2 Nr. 1 ist durch das G v. 17.7.2017 (BGBl. 2017 I 2541) neu gefasst worden. § 1 II Nr. 6 ist durch das JStG 2020 (BGBl. 2020 I 3096) eingefügt worden; die bisherigen Nr. 6 und 7 sind nunmehr Nr. 7 und 8.

II. Räumlicher und zeitlicher Geltungsbereich der AO

2 Der **räumliche Anwendungsbereich** der AO ist gesetzlich nicht geregelt. Nach dem völkerrechtlichen Territorialitätsprinzip (dazu und zu dem nach Völkerrecht für die Auferlegung von Abgaben geforderten hinreichenden und sachgerechten Anknüpfungspunkt (vgl. BK vor Art. 104a–115 Rn. 44 mwN) kann die AO nur für Rechtsakte im Staatsgebiet der Bundesrepublik gelten. Eine Regelung von Sachverhalten mit **Auslandsberührung** ist damit jedoch nicht ausgeschlossen und durch §§ 2, 117, 370 VI sowie 378 I auch erfolgt (Gosch AO § 1 Rn. 2).

Die Geltung der AO im gesamten Staatsgebiet kann aufgrund besonderer Bestimmungen (zB die früher sog. Ausschlussgebiete gem. Art. 4 I UZK, Freizonen gem. Art. 243 UZK, § 20 ZollVG oder Anschlussgebiete gem. Art. 4 II UZK) modifiziert sein (vgl. Witte Art. 4 Rn. 3). Seit dem 3.10.1990 gehört das Gebiet der früheren DDR zur Bundesrepublik (dazu Art. 97a EGAO).

3 Der **zeitliche Geltungsbereich** der AO ergibt sich zunächst aus § 415 und – für die seit Inkrafttreten der AO ergangenen Änderungsgesetze – aus deren jeweiligen Inkraft-

tretensregelungen. Spezielle Vorschriften zur Überleitung von Verfahren auf AO-Vorschriften ergeben sich aus dem EGAO (abgedr. im Anhang).

B. Sachliche Geltung für Steuern einschl. Steuervergütungen (Abs. 1)

Die AO gilt gem. § 1 I für alle Steuern (vgl. dazu die Definition in § 3) einschl. der StVergütungen, die 4
- durch Bundesrecht oder EU-Recht geregelt und
- durch Bundes- oder LandesFB (zum Begriff § 6 II) verwaltet werden.

Die in § 1 I genannten **StVergütungen** – eine gesetzliche Begriffsdefinition fehlt – zielen auf die Rückgewähr zu Recht entrichteter Steuern. Die StVergütung soll die StBelastung bei Überwälzung oder Mehrfachbesteuerung beseitigen und entlastet denjenigen von der Steuer, der diese (ohne ihr Schuldner zu sein) wirtschaftlich getragen hat (HHSp § 1 Rn. 21; zB VorStÜberschuss gem. § 18 IX UStG). Der StVergütungsanspruch (dazu vgl. näher § 37 Rn. 7) ist ebenso wie der Erstattungsanspruch ein Anspruch aus dem StSchuldverhältnis (§ 37 I). Wer Gläubiger eines StVergütungsanspruchs ist, bestimmen die einzelnen StGesetze (§ 43 S. 1). Gemäß § 155 IV finden auf StVergütungsbescheide die für die StFestsetzung geltenden Vorschriften sinngemäß Anwendung; zu Säumniszuschlägen vgl. § 240 I 2.

StVergütung ist auch das **Kindergeld** (§ 31 S. 3 EStG). Hier gelten – vorbehaltlich spezieller Regelungen in §§ 62–78 EStG – seit der Systemumstellung des Kindergeldrechts anstelle der Vorschriften des SGB X allein die AO-Vorschriften, soweit nicht das Gesetz ausdrücklich auf Vorschriften des Sozialrechts verweist (BFH 26.7.2001 – VI R 163/00, BStBl. II 2002, 174; BFH 31.1.2007 – III B 167/06, BFH/NV 2007, 865, std. Rspr.).

Auf bundesrechtlich geregelte **Prämien, Zulagen** und **Subventionen** findet die AO, 5
da es sich hierbei nicht um Steuern handelt, grds. keine unmittelbare Anwendung (BT-Drs. VI/1982, 98; HHSp § 1 Rn. 23). Insoweit gilt die AO nur, soweit dies ausdrücklich gesetzlich angeordnet ist oder die für StVergütungen geltenden Regelungen der AO für entspr. anwendbar erklärt werden. Das Letztere trifft zu auf die **Wohnungsbauprämie** (§ 8 I WoPG 1996), **Arbeitnehmer-Sparzulage** (§ 14 II 5. VermBG) und die **Investitionszulage** (zB § 14 S. 1 InvZulG 2010).

I. Regelung durch Bundesrecht oder EU-Recht (Abs. 1 S. 1)

Der sachliche Anwendungsbereich der AO erstreckt sich auf die durch Bundesrecht oder 6
EU-Recht geregelten Steuern. § 1 I stellt ausschl. auf die **tatsächliche Regelung** ab (BT-Drs. VI/1982, 98). Fehlt eine solche, so begründet die hierfür gegebene Gesetzgebungskompetenz (zB Art. 105 II GG) für sich allein noch nicht die Anwendbarkeit der AO. Ist andererseits eine tatsächliche Regelung durch den Bund oder EU-Organe trotz fehlender Gesetzgebungskompetenz erfolgt, ist die AO gleichwohl bis zur Nichtigerklärung der betr. Regelung durch das BVerfG oder den EuGH anzuwenden (Gosch AO § 1 Rn. 38); die Fassung des § 1 I soll in dieser Hinsicht Zweifel über die Anwendbarkeit der AO ausschließen (HHSp § 1 Rn. 24, 33; TK § 1 Rn. 16, 24).

1. Regelung durch Bundesrecht

Regelungen durch **Bundesrecht** sind erfolgt bzw. möglich, soweit dem Bund die 7
ausschließliche bzw. konkurrierende Gesetzgebungszuständigkeit (Art. 105 I und II GG) zusteht. Die ausschließliche Gesetzgebungszuständigkeit hat der Bund gem. Art. 105 I GG für
- **Zölle** (Einfuhr- und Ausfuhrabgaben, → § 3 Rn. 89). Die Gesetzgebungskompetenz des Bundes aus Art. 105 I GG läuft allerdings aufgrund der umfassenden Kompetenzen der EU für diesen Bereich weitgehend leer, → Rn. 12 f.;

– **Finanzmonopole.** Ein solches bestand nur noch in Gestalt des durch das BranntweinMonG geregelten **Branntweinmonopols** bis zum 31.12.2017 (BGBl. 2013 I 1650).

8 Der Bund hat ferner aufgrund der von ihm weitgehend ausgeschöpften konkurrierenden Gesetzgebungskompetenz gem. Art. 105 II bzw. Art. 72 II GG Regelungen getroffen für

– Steuern auf Einkommen und Vermögen (EStG, KStG, SolZG – zur Verfassungsmäßigkeit BFH 28.6.2006 – VII B 324/05, BStBl. II 2006, 692; die Vorlage im Normenkontrollverfahren zur Verfassungsmäßigkeit des SolZ hat das BVerfG als unzulässig verworfen, s. zuletzt BVerfG 7.6.2023 – 2 BvL 6/14, FR 2023, 811, GewStG, BewG, GrStG sowie – insoweit abl. zur vollständigen Gesetzgebungskompetenz des Bundes Wernsmann/Spernath FR 2007, 829 – ErbStG),
– Verkehrsteuern (UStG, KraftStG, VersStG, RennwLottG sowie das GrEStG, an dessen bundesrechtlicher Regelung sich durch den im Zuge der Föderalismusreform 2006 eingefügten Art. 105 II a 2 GG nichts geändert hat),
– Verbrauchsteuern (EnergieStG, BierStG, KaffeeStG, TabStG, SchaumwZwStG, StromStG).

Bejaht man ein StErfindungsrecht des Bundes (zB StaatsR-HdB/Wendt § 104 Rn. 27 ff.; zur Problematik Tipke/Lang § 3 Rn. 4 mwN), so würden auch vom Bund neu eingeführte StArten dem Anwendungsbereich des § 1 I unterliegen.

2. Regelung durch EU-Recht

9 Die AO gilt auch für durch **EU-Recht** geregelte Steuern iSd § 3 (zum StBegriff des Gemeinschaftsrechts → § 2 Rn. 25). § 1 I stellt ausschl. auf das Vorhandensein einer tatsächlichen Regelung ab (HHSp § 1 Rn. 33; vgl. auch bereits → Rn. 6), wobei nach den jeweiligen Rechtsquellen des Gemeinschaftsrechts zu differenzieren ist.

10 Die Rechtsquellen des Gemeinschaftsrechts weisen einen dem innerstaatlichen Recht ähnlichen Stufenbau auf. Das sog. **primäre Gemeinschaftsrecht** (dazu zB Oppermann § 6 Rn. 11 ff.; Herdegen Rn. 160 ff.) umfasst zunächst die drei Integrationsverträge (EGV, EAGV, EGKSV) sowie deren spätere Ergänzungen und Änderungen. Seit dem 1.12.2009 gilt die Neufassung des EUV und der AEUV; diese bilden die Grundordnung der Gemeinschaften. Sie werden ergänzt durch ungeschriebenes primäres Gemeinschaftsrecht (allgemeine Rechtsgrundsätze des Gemeinschaftsrechts). Dazu zählen etwa wichtige rechtsstaatliche Prinzipien (Verhältnismäßigkeitsprinzip, Rechtsklarheit, Willkürverbot, Rechtssicherheit) und ferner auch vom EuGH geschaffenes Richterrecht (so zB die unmittelbare Anwendung von EU-Richtlinien in der innerstaatlichen Rechtsordnung, dazu nachfolgend); vgl. zB Schulze/Janssen/Kadelbach § 2 Rn. 1; HHSp § 1 Rn. 26 und HHSp § 4 Rn. 105.

Das sog. **sekundäre Gemeinschaftsrecht** bezeichnet die Rechtsakte der Gemeinschaftsorgane; es handelt sich hierbei um abgeleitetes Recht. Die Gemeinschaftsorgane haben (vgl. Art. 5 EUV, Art. 2 ff. AEUV) eine gegenständlich begrenzte Kompetenz nur für die ihnen durch die Gründungsverträge übertragenen Aufgaben (sog. Prinzip der begrenzten Einzelermächtigung, vgl. zB Oppermann § 6 Rn. 60 ff.; Herdegen Rn. 189 ff.). Auf diesem Prinzip beruht auch der Katalog der **Handlungsformen,** derer sich die Gemeinschaftsorgane zu bedienen haben. Dies sind (vgl. Art. 288 AEUV) EU-VO, Richtlinien, Beschlüsse, Empfehlungen und Stellungnahmen.

Verordnungen des Rates und der Kommission sind Rechtsakte, die allgemeine Geltung haben, in allen ihren Teilen verbindlich sind und unmittelbar in jedem Mitgliedstaat gelten (Art. 288 II AEUV). **Richtlinien** richten sich an die Mitgliedstaaten. Sie sind hinsichtlich des zu erreichenden Ziels verbindlich; den innerstaatlichen Stellen bleibt jedoch die Wahl der Form und der Mittel überlassen (Art. 288 III AEUV; näher zB Herdegen Rn. 177 ff.; TK § 1 Rn. 37; HHSp § 1 Rn. 34 ff.). Unter bestimmten Voraussetzungen kommt den Richtlinien **unmittelbare Wirkung** zu, wenn ein Mitgliedstaat seiner Pflicht zur Umsetzung in innerstaatliches Recht nicht rechtzeitig nachgekommen ist und die Richtlinie nach ihrem Inhalt unbedingt und hinreichend bestimmt ist, um im Einzelfall angewendet zu werden (dazu zB Schulze/Janssen/Kadelbach § 2 Rn. 44 ff.; Oppermann § 6 Rn. 91 ff.). Unter diesen Voraussetzungen kann sich der Einzelne allerdings nur auf ihn **begünstigende** Vorschriften berufen (vgl. Oppermann § 6 Rn. 92 mwN). **Beschlüsse** (Art. 288 IV AEUV) treffen verbindliche Regelungen im Einzelfall. Sie können sich an Einzelne oder Mitgliedstaaten richten (Oppermann § 6 Rn. 95 ff.).

Anwendung der AO. Soweit Regelungsgegenstand einer EU-VO die Erhebung von Steuern einschl. der StVergütungen ist, die durch Bundes- oder LandesFB verwaltet werden, ist die AO anwendbar. Ist eine durch die AO geregelte Materie Regelungsgegenstand einer EU-VO, so kommt dieser gem. Art. 288 II AEUV und Art. 23 I 2 GG ein **Anwendungsvorrang** vor den jeweiligen AO-Vorschriften zu (Oppermann § 6 Rn. 82; TK § 1 Rn. 27). Dies stellt die Neufassung des § 1 I 2 ausdrücklich klar. Der **Umfang** des Anwendungsvorrangs beurteilt sich nach Maßgabe des Gemeinschaftsrechts und der dazu entwickelten **eigenen Auslegungsgrundsätze,** zu Einzelheiten vgl. Oppermann § 8 Rn. 18 ff.; Herdegen Rn. 200 f.; Schön DStjG 1996, 167 (171 ff.). 11

Unionszollkodex. Das in § 1 I angesprochene Recht der Europäischen Gemeinschaften besteht in erster Linie aus dem Gemeinschaftszollrecht. Der aufgrund Art. 26, 95, 133 EGV als EG-VO (VO des Rates Nr. 952/2013 v. 9.10.2013, ABl. EU 2013 Nr. L 269, 1.) ergangene Zollkodex der Union (UZK) fasst die grundlegenden (materiellen und formellen) zollrechtlichen Vorschriften zusammen; er gilt seit dem 1.5.2016 (zum UZK vgl. insb. Witte Zollkodex der Union) und löst damit den zuvor geltenden ZK ab. Weitere Einzelheiten regelt die Durchführungsverordnung (EU) 2015/2447 v. 24.11.2015 (UZK-DVO). Die in Art. 5 Nr. 20 und 21 UZK genannten Einfuhr- und Ausfuhrabgaben sind Steuern iSd AO (vgl. § 3 III). Der UZK enthält zahlreiche eigene Bestimmungen über das Verfahren der Abgabenerhebung und genießt als EU-VO einen Anwendungsvorrang (→ Rn. 11) vor der AO. Da der UZK als grds. abschließende Regelung des Zollverwaltungs- und Zollabgabenrechts zu verstehen und auf größtmögliche einheitliche Rechtsanwendung in der EU ausgerichtet ist, kann die AO nur als nationale Durchführungsvorschrift iSd § 1 UZK anwendbar sein. Die dem Bund gem. Art. 105 I GG zustehende Gesetzgebungskompetenz für Zölle ist aufgrund der im UZK getroffenen Regelungen weitgehend gegenstandslos. 12

AO-Vorschriften können **neben** dem **UZK** angewendet werden (vgl. BT-Drs. 14/7341, 37; HHSp Einf. ZK Rn. 78 ff.; TK § 1 Rn. 28 ff.), wenn

- im Gemeinschaftszollrecht **keine Regelung** getroffen wurde (so zB betr. Haftung, Vollstr., Straf- und Bußgeldvorschriften sowie Organisation der Zollverwaltung; insoweit gelten uneingeschränkt die AO-Vorschriften);
- das Gemeinschaftszollrecht **unvollständig** ist,
- das Gemeinschaftszollrecht auf **nationales** Recht **verweist,**
- den **Mitgliedstaaten** oder ihren Zollbehörden eine **Regelungsbefugnis** hinsichtlich bestimmter Einzelheiten eingeräumt ist oder
- den Zollbehörden ein **Ermessen** bei der Anwendung des Zollrechts eingeräumt ist.

Zu Einzelheiten der vom UZK bzw. der UZK-DVO überlagerten AO-Vorschriften vgl. die vom BMF herausgegeben Synopse betr. der durch den UZK bzw. die UZK-DVO überlagerten Vorschriften (VSF S 03 00) sowie näher HHSp Einf. ZK Rn. 78 ff.; Witte Anhang 4. Zu weiteren Einzelheiten vgl. die Hinweise in den Einzelkommentierungen der jeweiligen AO-Vorschriften.

EU-Richtlinien sind grds. keine Regelung iSd § 1 I. Ihnen kommt prinzipiell keine von § 1 I vorausgesetzte Regelungswirkung zu, weil sie sich direkt nur an die Mitgliedstaaten richten und diese zur Umsetzung verpflichten (→ Rn. 11). Erzeugt jedoch eine Richtlinie ausnahmsweise unmittelbare Wirkung im nationalen Recht und enthält sie eine den Stpfl. begünstigende Regelung (→ Rn. 10), wäre – auch bei entgegenstehendem Bundesrecht – eine § 1 I unterfallende Regelung durch Bundesrecht gegeben (HHSp § 1 13

Rn. 38). Dies wird allerdings im Bereich des StRechts aufgrund der hier zumeist belastenden Regelungen nur selten praktische Bedeutung erlangen. **Beschlüsse** (Art. 288 IV AEUV) können auf nationales StRecht oder auf solche EU-VO einwirken, die die Geltung der AO begründen (HHSp § 1 Rn. 43). Zum Verhältnis des Europarechts zum nationalen StRecht → § 2 Rn. 25 ff.

14 Eine **Verweisung** des nationalen Rechts auf das Gemeinschaftsrecht (zB § 21 II UStG; § 13 BierStG, § 21 TabStG) begründet noch keinen Vorrang des Gemeinschaftsrechts. Die Auslegung des Gemeinschaftsrechts erfolgt in diesem Fall nach den Regeln des verweisenden (nationalen) Rechts (HHSp § 1 Rn. 42; TK § 1 Rn. 26; vgl. auch BFH 3.5.1990 – VII R 71/88, BFHE 161, 260; BFH 13.11.2001 – VII R 88/00, BFH/NV 2002, 301).

3. Landesrechtlich geregelte Steuern

15 Durch Landesrecht geregelte Steuern und insb. die der ausschließlichen Gesetzgebungskompetenz der Länder unterstehenden örtlichen Verbrauch- und AufwandSt (Art. 105 II a 1 GG; → § 3 Rn. 82) unterliegen nicht dem sachlichen Anwendungsbereich der AO. Der Bund könnte zwar insoweit gem. Art. 108 V 2 GG Verfahrensregelungen erlassen, die allerdings nicht das in der AO auch geregelte materielle StRecht umfassen könnten. Aus diesem Grunde und zur Vermeidung von Abgrenzungsschwierigkeiten zwischen Verfahrensregelungen und materiellem StRecht wurde auf eine teilweise Geltungsanordnung der AO für diesen Rechtsbereich völlig verzichtet (BT-Drs. VI/1982, 98).

Vom sachlichen Geltungsbereich der AO ist ferner die **KiSt** ausgenommen, für die die Gesetzgebungsbefugnis gem. Art. 140 GG iVm Art. 137 VI WRV – als eine der Kompetenzzuweisung des Art. 105 II und II a GG vorgehende Sonderregelung – bei den Ländern liegt (vgl. BVerfG 19.8.2002 – 2 BvR 443/01, HFR 2002, 1129 mwN; BFH 28.2.1969 – VI R 163/67, BStBl. II 1969, 419; zweifelnd Dürig/Herzog/Scholz Art. 105 Rn. 54). Das KirchenStRecht der Länder ist daher ebenfalls Landesrecht. In den vorstehenden Rechtsmaterien verweist das Landesrecht in großem Umfang auf die AO (→ Rn. 29 f.).

4. Verwaltung durch Bundes- oder Landesfinanzbehörden

16 § 1 I verlangt über die tatsächliche Regelung durch Bundesrecht oder EU-Recht hinaus, dass die Steuern durch Bundes- oder LandesFB (zum Begriff § 6 II sowie §§ 1 und 2 FVG) verwaltet werden. Die durch Art. 108 I und IV 1 GG abgesteckte Verwaltungskompetenz der BundesFB umfasst die Zölle (dies sind Einfuhr- und Ausfuhrabgaben, vgl. § 3 III), Finanzmonopole, die bundesgesetzlich geregelten VerbrauchSt einschl. der EUSt sowie die Abgaben im Rahmen der EU.

17 Für die übrigen Steuern liegt die Verwaltungskompetenz bei den Ländern, die diese Steuern durch ihre LandesFB verwalten. Die Länder können die Verwaltung der den Gemeinden (Gemeindeverbänden) allein zustehenden Steuern – dies sind die GrSt, GewSt sowie die örtlichen Verbrauch- und AufwandSt (zur Ertragshoheit vgl. Art. 106 VI GG) – gem. Art. 108 IV 2 GG auf die Gemeinden (Gemeindeverbände) übertragen. Von dieser Übertragungsmöglichkeit, die bezüglich der RealSt die Geltung der AO nach Maßgabe des § 1 II zur Folge hat, haben alle Länder mit Ausnahme der Stadtstaaten (vgl. auch Art. 106 VI 3 GG) Gebrauch gemacht. Soweit die Verwaltung der RealSt bei den LandesFB verblieben ist, gilt die AO gem. § 1 I.

II. Anwendungsvorrang des EU-Rechts (Abs. 1 S. 2)

18 Der durch das StÄndG 2001 eingefügte § 1 I 2 (→ Rn. 1) stellt klar, dass die AO nur vorbehaltlich des EU-Rechts anwendbar ist. Die Vorschrift ist lediglich deklaratorischer Natur, weil sich ein Vorrang von EU-VO bereits aus Art. 288 II AEUV ergibt (TK § 1 Rn. 4, 27). Der in § 1 I 2 anerkannte Anwendungsvorrang beschränkt sich auf EU-VO. Deren Regelungsumfang bestimmt sich nicht nach Maßgabe der Auslegung des nationalen Rechts; das Gemeinschaftsrecht folgt vielmehr eigenen Auslegungsregeln (→ Rn. 11).

C. Sachliche Geltung für Realsteuern (Abs. 2)

Allgemeines. § 1 II bestimmt den Anwendungsbereich der AO für RealSt (dies sind die GrSt und GewSt, vgl. § 3 II), soweit ihre Verwaltung kraft Landesrecht (Art. 108 IV 2 GG) den Gemeinden übertragen ist. Die Geltung der in § 1 II aufgeführten AO-Vorschriften dient der Rechtseinheit. Werden die RealSt – so in den Stadtstaaten Berlin, Hamburg und Bremen – von LandesFB verwaltet (Art. 108 II 1 GG), gilt die AO schon aufgrund § 1 I. 19

Die von § 1 II vorausgesetzte **Übertragung** der **Verwaltung** der RealSt **auf Gemeinden** bedarf jeweils eines förmlichen Landesgesetzes (BVerwG 27.1.1995 – 8 C 30/92, BStBl. II 1995, 522 mwN). Eine solche Regelung ist in den alten Bundesländern durchgehend erfolgt; für die neuen Bundesländer vgl. § 46 GrStG. Die Verwaltungszuständigkeit der Gemeinden beschränkt sich auf die Festsetzung und Erhebung der RealSt, während den FÄ als LandesFB (§ 2 I Nr. 3 FVG) die Ermittlung der Besteuerungsgrundlagen sowie die Festsetzung und Zerlegung der StMessbeträge (§§ 17 II 1, 19 S. 2, 20 I Nr. 2 GrStG; §§ 25 II 3, 29 I 1 GewStDV) obliegt. Soweit sich die Zuständigkeit der Gemeinden auf die Festsetzung und Erhebung der RealSt beschränkt, verbleibt insb. die Ermittlung der Besteuerungsgrundlagen und die Zerlegung der StMessbeträge in der Hand der LandesFB. Die Gemeinden haben lediglich ein Recht auf Teilnahme an einer Ap. und keine Befugnis, hinsichtlich der GewSt eine Ap. anzuordnen oder durchzuführen (zu Einzelheiten → § 195 Rn. 19). Den Gemeinden steht hinsichtlich der Festsetzung der GewSt- und GrSt-Messbescheide keine Klagebefugnis (§ 40 II FGO) zu; sie sind zu den entspr. Klage- und Einspruchsverfahren auch nicht hinzuziehen (§ 360 II) bzw. beizuladen (vgl. § 60 II FGO). 20

Anwendbare AO-Vorschriften. Die durch § 1 II angeordnete entsprechende Anwendung der AO umfasst den weit überwiegenden Teil der AO-Vorschriften. **Keine** entsprechende Anwendung finden 21

- §§ 16–29 (Zuständigkeit der FB) und § 32 (Haftungsbeschränkung der Amtsträger)
- §§ 82–84 (Ablehnung und Ausschließung von Amtsträgern und anderer Personen)
- §§ 249–346 (Vollstreckung mit Ausnahme von § 249 II 2)
- §§ 347–368 (außergerichtliches Rechtsbehelfsverfahren) mit Ausnahme von § 351 (Bindungswirkung anderer VA) und § 361 I 2 und III (Auswirkung der Anfechtung von Grundlagenbescheiden auf Folgebescheide).

Der Landesgesetzgeber ist jedoch nicht gehindert, eine über § 1 II hinausgehende Anwendung von AO-Vorschriften anzuordnen (→ Rn. 29 f.).

Für einen Antrag auf **Wiedereinsetzung in den vorigen Stand** wegen Versäumung der Widerspruchsfrist gebietet § 1 II Nr. 3 zwar eine entspr. Anwendung des § 110. § 1 II Nr. 3 dürfte jedoch auf einem Redaktionsversehen beruhen, weil § 1 II Nr. 6 ersichtlich einen Vorrang des Widerspruchsverfahrens nach der VwGO statuiert. Der klare Wortlaut des § 1 II Nr. 3 verbietet indes eine sachgerechte Lösung des offensichtlichen Normenwiderspruchs, sodass hier ein Vorrang der Wiedereinsetzungsregeln des § 70 II iVm § 60 I –IV VwGO vor § 110 anzunehmen ist (HHSp § 1 Rn. 74; TK § 1 Rn. 45; Gosch AO § 1 Rn. 91), obwohl die Wiedereinsetzungsregeln der VwGO (die Antragsfrist beträgt hier lediglich zwei Wochen, vgl. § 60 II VwGO) im Vergleich zu § 110 für die Stpfl. ungünstiger sind. 22

Die Regelungsmaterien der unanwendbaren AO-Vorschriften werden durch die einschlägigen Bestimmungen des Bundesrechts (zB Widerspruchsverfahren gem. §§ 68 ff. VwGO, vorläufiger Rechtsschutzverfahren gem. § 80 VwGO) bzw. des einschlägigen Landesrechts (zB Verwaltungsvollstreckungsgesetze der Länder) ausgefüllt.

D. Sachliche Geltung für steuerliche Nebenleistungen (Abs. 3)

23 § 1 III soll die Anwendung der AO auch auf steuerliche Nebenleistungen (dazu die Legaldefinition des § 3 IV) sicherstellen.

I. Singgemäße Anwendung auf steuerliche Nebenleistungen (Abs. 3 S. 1)

24 § 1 III 1 ordnet die sinngemäße Anwendung der AO-Vorschriften an; dies gilt jedoch nach der Neufassung dieser Vorschrift (→ Rn. 1) nur vorbehaltlich des EU-Rechts.

Steuerliche Nebenleistungen iSd § 1 III 1 können nur Steuern betreffen, auf die gem. § 1 I oder II die AO anzuwenden ist (HHSp § 1 Rn. 81). Dazu gehören nicht die steuerlichen Nebenleistungen im Zusammenhang mit örtlichen Verbrauch- oder AufwandSt. Sofern die Anwendungsvoraussetzungen des § 1 II vorliegen, beurteilen sich auch Rechtsbehelfe gegen steuerliche Nebenleistungen auf RealSt nach Maßgabe des § 1 II Nr. 6 nach der VwGO und nicht nach der AO.

25 Soweit für steuerliche Nebenleistungen vorgreifliche Regelungen des **EU-Rechts** bestehen (so zB die im UZK getroffenen Regelungen für Zinsen, → § 3 Rn. 92), sind die AO-Vorschriften nur ergänzend heranzuziehen. Der in § 1 III 1 ausgesprochene Vorbehalt zugunsten des EU-Rechts ist lediglich deklaratorischer Natur, weil sich ein Vorrang von EU-VO bereits aus Art. 288 II AEUV ergibt (→ Rn. 10 sowie TK § 1 Rn. 4).

Die durch § 1 III 1 angeordnete **sinngemäße** Anwendung der AO-Vorschriften setzt voraus, dass die jeweilige Vorschrift nach ihrem Sinn und Zweck auf steuerliche Nebenleistungen anwendbar ist. Dies trifft insb. auf §§ 118 ff. (VA) und §§ 347 (außergerichtliches Rechtsbehelfsverfahren) zu. Die Frage sinngemäßer Anwendbarkeit stellt sich selbstverständlich nicht, sofern AO-Vorschriften ausdrückliche Regelungen im Hinblick auf steuerliche Nebenleistungen enthalten (so zB §§ 32 Nr. 1, 46 I, 69, 72, 156, 233 S. 2). Gleiches gilt, da steuerliche Nebenleistungen zu den Ansprüchen aus dem StSchuldverhältnis gehören (§ 37 I), ganz allg. für die auf Ansprüche aus dem StSchuldverhältnis bezogenen Vorschriften (so §§ 38, 44 f., 47 f., 226–232).

II. Geltung der §§ 155–217 (Abs. 3 S. 2)

26 Gemäß § 1 III 2 gilt für steuerliche Nebenleistungen der Dritte bis Sechste Abschnitt des Vierten Teils (dh §§ 155–217) nur, soweit dies besonders bestimmt ist. Derartige Bestimmungen enthalten zB § 155 III 2, § 156. Die in §§ 163, 169–171 getroffenen Regelungen gelten ausschl. für Steuern. Für **Zinsen** ordnet § 239 I 1 (1. HS) die Anwendung der für Steuern geltenden Vorschriften an; § 239 I 1 (2. HS) bestimmt für Zinsen eine Festsetzungsfrist von einem Jahr. Nicht abschließend geklärt ist die Anwendbarkeit des § 163 auf Nachforderungszinsen gem. § 233a (→ § 233a Rn. 92).

27 Zur Inanspruchnahme des Haftungsschuldners durch Haftungsbescheid (§ 191 I) für steuerliche Nebenleistungen → § 191 Rn. 34, → § 71 Rn. 19.

E. Anwendung der AO kraft Verweisung

28 Soweit die AO nach § 1 nicht unmittelbar gilt, kann der (Bundes- und Landes-)Gesetzgeber die AO-Vorschriften ganz oder in Teilen für entspr. anwendbar erklären. Von dieser Verweisungsmöglichkeit ist in großem Umfang Gebrauch gemacht worden.

Der **Bund** hat im nichtsteuerlichen Abgabenbereich bestimmte Leistungen (zB Prämien) den für StVergütungen geltenden AO-Regelungen unterstellt (→ Rn. 4 f.).

29 Auch die **Länder** haben, da die AO gem. § 1 I auf die durch Landesrecht geregelten Steuern keine Anwendung findet, im Rahmen ihrer Gesetzgebung in großem Umfang AO-Vorschriften für entspr. anwendbar erklärt. Für die örtlichen Verbrauch- und Auf-

wandSt (vgl. Art. 105 II a 1 GG; zB Zweitwohnungs-, Hunde-, Getränke- oder VergnügungsSt) sowie für Gebühren, Beiträge und Sonderabgaben haben alle Länder mit Ausnahme von Schleswig-Holstein in ihren jeweiligen KAG (zB § 11 Nieders. KAG) eine entspr. Anwendung zahlreicher AO-Vorschriften angeordnet. Kraft dieser Verweisungen sind die jeweiligen AO-Vorschriften als Landesrecht zu qualifizieren (zu Einzelheiten vgl. Driehaus Erl. zu § 12).

Die **Kirchensteuergesetze** der Länder (zB § 8 KiStG Schleswig-Holstein, § 6 Nieder- 30
sachsen KiStRG) enthalten ebenfalls Verweisungen auf die AO (zu Einzelheiten Suhrbier-Hahn Das Kirchensteuerrecht, Stuttgart 1999 S. 186 ff.). Unterschiedlich ausgestaltet ist das Rechtsbehelfsverfahren. In den Ländern Berlin, Brandenburg, Hessen, Niedersachsen, Rheinland-Pfalz, Sachsen-Anhalt und Schleswig-Holstein ist der Widerspruch (§ 68 VwGO) und nachfolgend der Verwaltungsrechtsweg eröffnet (dazu krit. Rößler DStZ 1995, 23). In den übrigen Ländern ist der Einspruch und nachfolgend der Finanzrechtsweg gegeben (→ § 347 Rn. 25).

§ 2 Vorrang völkerrechtlicher Vereinbarungen

(1) **Verträge mit anderen Staaten im Sinne des Artikels 59 Absatz 2 Satz 1 des Grundgesetzes über die Besteuerung gehen, soweit sie unmittelbar anwendbares innerstaatliches Recht geworden sind, den Steuergesetzen vor.**

(2) [1]**Das Bundesministerium der Finanzen wird ermächtigt, zur Sicherung der Gleichmäßigkeit der Besteuerung und zur Vermeidung einer Doppelbesteuerung oder doppelten Nichtbesteuerung mit Zustimmung des Bundesrates Rechtsverordnungen zur Umsetzung von Konsultationsvereinbarungen zu erlassen.** [2]**Konsultationsvereinbarungen nach Satz 1 sind einvernehmliche Vereinbarungen der zuständigen Behörden der Vertragsstaaten eines Doppelbesteuerungsabkommens mit dem Ziel, Einzelheiten der Durchführung eines solchen Abkommens zu regeln, insbesondere Schwierigkeiten oder Zweifel, die bei der Auslegung oder Anwendung des jeweiligen Abkommens bestehen, zu beseitigen.**

(3) **Das Bundesministerium der Finanzen wird ermächtigt, durch Rechtsverordnung mit Zustimmung des Bundesrates Vorschriften zu erlassen, die**

1. **Einkünfte oder Vermögen oder Teile davon bestimmen, für die die Bundesrepublik Deutschland in Anwendung der Bestimmung eines Abkommens zur Vermeidung der Doppelbesteuerung auf Grund einer auf diplomatischem Weg erfolgten Notifizierung eine Steueranrechnung vornimmt, und**
2. **in den Anwendungsbereich der Bestimmungen über den öffentlichen Dienst eines Abkommens zur Vermeidung der Doppelbesteuerung diejenigen Körperschaften und Einrichtungen einbeziehen, die auf Grund einer in diesem Abkommen vorgesehenen Vereinbarung zwischen den zuständigen Behörden bestimmt worden sind.**

Schrifttum: Lehner, Treaty override im Anwendungsbereich des § 50d EStG, IStR 2012, 389; Musil, § 50d Abs. 3 EStG – eine unendliche Geschichte? FR 2012, 149; Jacob, Anti-Treaty-Shopping: Art. 28 DBA-USA vs. § 50d Abs. 3 EStG, JbFSt 2011/2012, 519; Schwenke, Treaty override und kein Ende?, FR 2012, 443; Leisner-Egensperger, Treaty Override bei Einschaltung ausländischer Gesellschaften DStZ 2013, 745; Rust, Internationale Doppelte Nichtbesteuerung, ISR 2013, 241; Ismer/Baur, Verfassungsmäßigkeit von Treaty Overrides, IStR 2014, 421; Ismer/Baur, BVerfG-Vorlage: Tatbestands- und Verfassungsmäßigkeit von § 50d Abs. 9 Nr. 2 EStG 2002/2007/2009 und § 52 Abs. 59a EStG 2009/2013, IStR 2014, 821; Lehner, Keine Verfügung des Parlaments über seine Normsetzungsautorität, IStR 2014, 189; Musil, Treaty Override als Dauerproblem des Internationalen Steuerrechts, IStR 2014, 192; Salzmann, Treaty Overrides auf dem verfassungsrechtlichen Prüfstand, IWB 2014, 226; Jochimsen/Gradl, Normhierarchische Einordnung von Treaty Overrides, IStR 2015, 236; Kube, Staatliches Steuerrecht, Internationales Steuerrecht und Verfassungsrecht, StuW 2015, 134; Gosch, Treaty overriding ist willkommen!, DB 15/16, M5; Frotscher, Treaty Override – causa finita, IStR 2016, 561; Funke, Keine Abwägung im Auswärtigen, DÖV 2016, 833; Haarmann, Ist der Treaty Override nicht doch verfassungswidrig?, BB 2016, 2775; Krüger, Warum ein treaty override nicht verfassungswidrig ist und die möglichen Auswirkungen des BVerfG-Beschlusses, DStZ 2016, 790; Kußmaul/Schwarz, Steuerrechtliche Grundlagen zum Phänomen des treaty overriding, Ubg 2016, 392; Lehner, Treaty Override ist nicht verfassungswidrig, IStR 2016, 217; Roser, Praktische Folgerungen aus dem „Treaty-Override-Beschluss" des BVerfG, WPg 16, 1042; Scherer, Treaty Override und Unionsrecht, IStR 2016, 741; Stöber, Zur verfassungs- und europarechtlichen (Un-)Zulässigkeit von Treaty Overrides, DStR 2016, 1889; Weiss, Der „Treaty Override" vor dem BVerfG, SteuK 2016, 193.

Übersicht

I. Allgemeines

1 § 2 soll klarstellen, dass völkerrechtliche Vereinbarungen, soweit sie innerstaatliches Recht geworden sind, Vorrang vor den innerstaatlichen StGesetzen haben und deshalb allein durch spätere innerstaatliche Gesetze nicht abgeändert werden können (BT-Drs. 7/4292, 15). Die Regelung bewirkt jedoch keinen allg. Vorrang völkervertraglicher Vereinbarungen vor innerstaatlichem Recht (→ Rn. 10 ff.).

II. Verträge mit anderen Staaten über die Besteuerung

2 **Verträge über die Besteuerung.** Die in § 2 angesprochenen Verträge mit anderen Staaten betreffen solche iSd Art. 59 II 1 2. Alt. GG, dh Verträge, die sich auf Gegenstände der Bundesgesetzgebung beziehen (HHSp § 2 Rn. 21). Verträge über die Besteuerung sind alle völkerrechtlichen Verträge, die die Zulässigkeit oder das Ausmaß steuerlicher Eingriffe betreffen (→ § 175a Rn. 3). Der Kreis der damit bezeichneten Verträge ist weit zu fassen (Koch § 2 Rn. 3). Nicht unter § 2 fallen Verwaltungsabkommen iSd Art. 59 II 2 GG (TK § 2 Rn. 6). Soweit sie nicht nur als administrative, sondern als sog. normative Verwaltungsabkommen (dazu Sachs GG Art. 59 Rn. 80 f.) ergehen, können sie dem Rang nach allenfalls Rechtsverordnung sein und gehen demgemäß innerstaatlichen Gesetzen nie vor.

3 **DBA.** Verträge über die Besteuerung iSd § 2 sind in erster Linie solche über die Vermeidung einer Doppelbesteuerung (DBA). Eine internationale Doppelbesteuerung liegt vor, wenn infolge einer Normenkonkurrenz im zwischenstaatlichen Bereich vergleichbare Steuern in zwei (oder mehr) Staaten von demselben Stpfl. für denselben StGegenstand und denselben Zeitraum erhoben werden (Kluge B Rn. 23 ff.). DBA sind bilaterale Verträge zur Vermeidung der Doppelbesteuerung. Den von der Bundesrepublik abgeschlossenen DBA liegt grds. das OECD-MA zugrunde (vgl. dazu die einschlägige Kommentarliteratur, zB Vogel/Lehner DBA und Wassermeyer).

Das BMF veröffentlicht jährlich eine Übersicht über den Stand der DBA und der Verhandlungen über den beabsichtigten Abschluss von DBA (für das Jahr 2025 vgl. BMF 20.1.2025, BStBl. I 2025, 291).

4 **Sonstige zwischenstaatliche Vereinbarungen.** Neben den DBA ist die Bundesrepublik eine Fülle zwischenstaatlicher Vereinbarungen über die Befreiungen von deutschen Steuern eingegangen. Für die Vielzahl von Befreiungen von deutschen Steuern vom Einkommen und von Vermögen wird auf die Zusammenstellung des BMF (zuletzt BStBl. I 2013, 404) über die einschlägigen Vereinbarungen verwiesen. Größere praktische Bedeutung haben die dort im Einzelnen aufgeführten multilateralen Vereinbarungen mit Organi-

sationen und Einrichtungen der Verteidigung, Friedenssicherung und Rüstungskontrolle, insb. das NATO-Truppenstatut (dazu zB HHSp § 2 Rn. 111 ff.; Schaumburg IntStR Rn. 5.42 ff.). Zu den besonders bedeutsamen multilateralen Vereinbarungen zählt insb. das Wiener Übereinkommen v. 18.4.1961 (BGBl. 1964 II 959) über diplomatische Beziehungen sowie ferner das Wiener Übereinkommen v. 24.4.1963 (BGBl. 1964 II 1587) über konsularische Beziehungen (zu diesen Übereinkommen näher HHSp § 2 Rn. 116 ff.; BK vor Art. 114a–115 Rn. 598f; TK § 2 Rn. 11 ff.).

Weitere Verträge mit anderen Staaten über die Besteuerung sind ferner zB – in Bezug auf ihre Relevanz zum Kindergeldrecht – die mit anderen Staaten geschlossenen Sozialabkommen (vgl. Schmidt EStG § 62 Rn. 10) sowie die EU-RL Amtshilfe im StBereich (→ § 117 Rn. 37 ff.).

III. Vorrang vor den Steuergesetzen

1. Allgemeines

Der in § 2 angeordnete Vorrang völkerrechtlicher Vereinbarungen hat nur praktische Bedeutung, wenn der jeweilige völkerrechtliche Vertrag von anderweitigen innerstaatlichen StGesetzen abweicht und deshalb eine **Normenkonkurrenz** vorliegt. Die nach der Gesetzesbegründung (→ Rn. 1) beabsichtigte „Klarstellung" hinsichtlich des Vorrangs völkerrechtlicher Vereinbarungen ist missverständlich und stimmt nicht mit den verfassungsrechtlichen Gegebenheiten überein (→ Rn. 17 ff.). Mit Blick auf die dem internationalen StRecht vorgegebenen völkerrechtlichen Normen ist hinsichtlich ihres Rangs bzw. ihrer Vorrangwirkung in Bezug auf das innerstaatliche Recht wie folgt zu differenzieren: 10

Völkergewohnheitsrecht; allgemeine Rechtsgrundsätze des Völkerrechts. Die allg. Regeln des Völkerrechts sind gem. Art. 25 S. 1 GG Bestandteil des Bundesrechts. Gemäß **Art. 25 S. 2 GG** gehen sie im Rang den förmlichen Gesetzen (dh dem einfachen Bundesrecht und dem gesamten Landesrecht) vor. Insoweit ist § 2 ohne jede Bedeutung. 11

Zu den allg. Regeln des Völkerrechts gehört zum einen das Völkergewohnheitsrecht; es umfasst die Regeln, die auf einer allgemeinen, gefestigten Übung der Staaten beruhen, die in der Rechtsüberzeugung geübt wird, dass dieses Verhalten rechtens sei (BVerfG 5.11.2003 – 2 BvR 1243/03, BVerfGE 109, 13 (27 f. mwN); Jarass/Pieroth Art. 25 Rn. 7). Als Völkergewohnheitsrecht wird man zB anzusehen haben, dass die Besteuerung einer Person einen gewissen Bezug dieser Person zu dem besteuernden Staat voraussetzt (BFH 18.12.1963 – I 230/61 S, BStBl. III 1964, 253; BFH 24.1.2001 – I R 100/99, BFH/NV 2001, 1402; Schaumburg IntStR Rn. 3.14 mwN). Zu den allgemeinen Regeln des Völkerrechts iSd Art. 25 S. 1 GG zählen ferner allg. anerkannte Rechtsgrundsätze des Völkerrechts (BVerfG 10.6.1997 – 2 BvR 1516/96, BVerfGE 96, 68 (86 mwN); Jarass/Pieroth Art. 25 Rn. 8 mwN; Schaumburg IntStR Rn. 3.15).

Für allg. Regeln des Völkerrechts besteht ein **Vorrang des GG.** Sie können nur insoweit Bestandteil der innerstaatlichen Rechtsordnung sein, als sie nicht dem Verfassungsrecht widersprechen (BVerfG 26.3.1957 – 2 BvG 1/55, BVerfGE 6, 309 (363); BVerfG 29.5.1974 – 2 BvL 52/71, BVerfGE 37, 271 (279); Schaumburg IntStR Rn. 3.24). Insb. kann Völkergewohnheitsrecht nicht Art. 59 II 1 GG außer Kraft setzen, wonach der Inhalt eines völkerrechtlichen Vertrags nur aufgrund eines Zustimmungsgesetzes Bestandteil der innerstaatlichen Rechtsordnung wird (BFH 1.2.1989 – I R 74/86, BStBl. II 1990, 4). Spätere Übereinkünfte zwischen den Vertragsstaaten über die Auslegung und Anwendung sowie die tatsächliche Übung bei der Abkommensanwendung sind für die Auslegung eines DBA unverbindlich (Wassermeyer Art. 3 OECD-MA Rn. 79 mwN). Eine Verständigungsvereinbarung oder hierzu ergangene innerstaatliche Verwaltungsanweisungen können keine Änderung des gem. Art. 59 II 1 ergangenen Zustimmungsgesetzes herbeiführen (BFH 25.11.2002 – I B 136/02, BFH/NV 2003, 364 mwN). 12

Der Regelungsbefehl des § 2 kann sich nur auf das sog. **Völkervertragsrecht** erstrecken; zu diesem gehören insb. die DBA (Wassermeyer MA vor Art. 1 Rn. 9). Das Völkervertrags- 13 recht zählt mangels allgemeiner Geltung nicht zu den allgemeinen Regeln des Völkerrechts iSd Art. 25 GG (BVerfG 26.3.1957 – 2 BvG 1/55, BVerfGE 6, 309 (363); BVerfG 25.3.1999 – 2 BvE 5/99, BVerfGE 100, 266 (269 f.)). Etwas anderes gilt nur, sofern das Vertragsrecht gewohnheitsrechtliche Regelungen enthält (Dürig/Herzog/Scholz Art. 25 Rn. 20; Jarass/Pieroth Art. 25 Rn. 6). Der Inhalt des völkerrechtlichen Vertrags erlangt gem. Art. 59 II GG innerstaatliche Geltung aufgrund seiner Transformation durch Zustimmungsgesetz. Völkerrechtliche Vereinbarungen erlangen aufgrund des Zustimmungsgesetzes gem. Art. 59 II 1 GG nur den Rang des Gesetzes, das die Transformation bzw. den Vollzugsbefehl ausspricht.

Ein allg. Vorrang des völkerrechtlichen Vertragsrechts vor den innerstaatlichen StGesetzen besteht nicht. Der Gesetzgeber kann daher das Zustimmungsgesetz auch ggf. ändern oder aufheben oder späteren innerstaatlichen Gesetzen einen Vorrang vor dem Zustimmungsgesetz einräumen (BFH 13.7.1994 – I R 120/93, BStBl. II 1995, 129; HHSp § 2 Rn. 6 und 161; TK § 2 Rn. 2; zum sog. treaty overriding → Rn. 20).

14 Dem **EU-Recht** kommt bereits unabhängig von § 2 ein Vorrang vor innerstaatlichem Recht zu. Die Rechtsordnung der Gemeinschaft ist eigenständig (BVerfG 9.6.1971 – 2 BvR 225/69, BVerfGE 31, 145 (173 f.); TK § 2 Rn. 47 mwN); ihr Vorrang vor dem nationalen Recht folgt aus der gem. Art. 23 I GG erfolgten Übertragung von Rechtsetzungsbefugnissen an die Organe der EU durch den EGV (HHSp § 2 Rn. 22). Bei einer Kollision im Verhältnis zum deutschen Recht kommt dem EU-Recht **Anwendungsvorrang** zu (BVerfG 28.1.1992 – 1 BvR 1025/82, 1 BvL 16/83, 1 BvL 10/91, BVerfGE 85, 191 (204); Jarass/Pieroth Art. 23 Rn. 34; Herdegen Rn. 228 ff.); zur Problematik einer **geltungserhaltenden Reduktion** nationaler Normen, soweit der EuGH eine StVorschrift für gemeinschaftswidrig erachtet, zB Gosch DStR 2007, 1553 (1554 ff. mwN).

2. Vorrangbefehl des § 2

17 **Kein allgemeiner Vorrang des Völkervertragsrechts.** Da § 2 lediglich eine Vorschrift des einfachen Bundesrechts ist, kann sie die durch Art. 59 II 1 GG für das innerstaatliche Recht vorgegebene Ranggleichheit zwischen Völkervertragsrecht (insb. von DBA) und innerstaatlichem Recht (→ Rn. 13) nicht beseitigen. Zur Statuierung eines allg. Vorrangs völkerrechtlicher Vereinbarungen vor innerstaatlichem Recht hätte es einer dem Art. 25 S. 2 GG entspr. Ergänzung des GG bedurft (TK § 2 Rn. 1a; HHSp § 2 Rn. 6; Schwarz/Pahlke/Keß § 2 Rn. 6). Der in § 2 ausgesprochene Vorrangbefehl kann mithin nicht dahin verstanden werden, dass das Völkervertragsrecht ein stets gegenüber innerstaatlichen StGesetzen höherrangiges Recht (lex superior) ist (HHSp § 2 Rn. 195; Wassermeyer DStjG 1996, 151 (152 ff.); TK § 2 Rn. 2).

18 **Völkerrechtsfreundliche Auslegungsregel.** Rechtliche Bedeutung kann § 2 vor dem Hintergrund der ua in Art. 25 GG zum Ausdruck gebrachten „Völkerrechtsfreundlichkeit" des GG (vgl. zB BVerfG 26.3.1957 – 2 BvG 1/55, BVerfGE 6, 309 (362); Sachs Art. 25 Rn. 9 mwN; StaatsR-HdB/Tomuschat § 172 Rn. 4, 27 ff.) nur iSe „völkervertragsrechtlichen Auslegungsregel" (Schaumburg IntStR Rn. 3.26) zukommen: Das Völkervertragsrecht geht, soweit es eine im Vergleich zum innerstaatlichen Recht **speziellere Norm** enthält, dem innerstaatlichen StGesetz vor (Schaumburg IntStR Rn. 3.26; Kluge Rn. 7; HHSp § 2 Rn. 190 ff.; TK § 2 Rn. 2). Allerdings kann bei DBA zumeist eine solche Spezialitätsregel nicht festgestellt werden, weil DBA aufgrund ihrer lediglich kollisionsauflösenden Funktion nicht Inhalt und Reichweite der innerstaatlichen StAnsprüche modifizieren (BFH 28.6.1972 – I R 35/70, BStBl. II 1972, 785 (789); Schaumburg IntStR Rn. 2.4 ff.; Tipke/Lang § 2 Rn. 40). Dies mag es rechtfertigen, die DBA-Regelungen als Sonderregelungen (lex alia) innerhalb eines eigenständigen Regelungssystems zu qualifizieren (HHSp § 2 Rn. 196; Wassermeyer DStjG 1996, 151 (154 f.); Seer IStR 1997, 481 (484)).

19 Der Gedanke der in § 2 angelegten völkerrechtsfreundlichen Auslegung kann den für Rechtssätze derselben Rangstufe geltenden Grundsatz „lex posterior derogat legi priori"

(→ § 4 Rn. 96) nicht verdrängen (vgl. BVerfG 15.12.2015 – 2 BvL 1/12, BVerfGE 141, 1; so aber HHSp § 2 Rn. 198 ff.; Seer IStR 1997, 481 (484 f.); Schaumburg IntStR Rn. 3.26; abl. TK § 2 Rn. 3). Damit geht trotz des Vorrangbefehls des § 2 eine spätere steuergesetzliche Norm der früheren Norm des Abkommensrechts vor. Andererseits geht Abkommensrecht dann vor, wenn es der Regelung des innerstaatlichen StGesetzes nachfolgt oder bereits bei Inkrafttreten des § 2 eine Normenkollision zwischen dem innerstaatlichen StGesetz und dem Abkommensrecht bestanden hat (HHSp § 2 Rn. 200 f.). Dies schließt einen Vorrang des innerstaatlichen StGesetzes – insoweit entgegen dem Vorrangbefehl des § 2 – auch dann nicht aus, wenn ein nachfolgendes innerstaatliches StGesetz ausdrücklich einen Vorrang (dazu nachfolgend) des konkurrierenden innerstaatlichen StGesetzes anordnet (vgl. Seer IStR 1997, 481 (485); TK § 2 Rn. 5).

Treaty overriding. Weder § 2 noch Art. 25 S. 2 und Art. 59 GG schließen es aus, dass **20** der Gesetzgeber die innerstaatliche Verbindlichkeit einer völkervertraglichen Vereinbarung (DBA) durch ein späteres innerstaatliches Gesetz ändert oder gar außer Kraft setzt (sog. treaty overriding; dazu eingehend Vogel/Lehner DBA Grundlagen Rn. 193 ff.; Wassermeyer MA Art. 1 Rn. 9, 12; Kempf DB 2007, 1377). Beispiele hierfür sind etwa § 50d EStG (vgl. Schmidt/Heinicke § 50d Rn. 6; zu § 50d VIII vgl. FG Rheinland-Pfalz 11.10.2007 – 6 K 1611/07, EFG 2008, 385; BFH 25.5.2016 – I R 64/13, BStBl. II 2017, 1185) und § 20 AStG (dazu zB Kluge R Rn. 9 ff.). Wegen des Gebots völkerrechtsfreundlicher Auslegung (→ Rn. 18) muss für einen Vorrang des innerstaatlichen StGesetzes verlangt werden, dass der Gesetzgeber den Vorrang vor dem Abkommensrecht klar zum Ausdruck bringt (Seer IStR 1997, 481 (485); Schaumburg Rn. 3.26; Kluge R Rn. 7). Der darin liegende Eingriff in einen geltenden völkerrechtlichen Vertrag hat – lediglich – völkerrechtliche Wirkung und berechtigt den anderen Vertragspartner ggf. zur Vertragskündigung (vgl. Art. 60 WÜRV). Der Verstoß gegen Völkerrecht hat hingegen keine innerstaatliche Wirkung; er bringt keine Ansprüche des Stpfl. gegen die Bundesrepublik hervor und bewirkt auch nicht die Rechtswidrigkeit des gegen den Stpfl. gerichteten StBescheids (BFH 13.7.1994 – I R 120/93, BStBl. II 1995, 129; Wassermeyer MA Art. 1 Rn. 12 mwN; einschr. TK § 2 Rn. 5a im Hinblick auf einen im treaty override liegenden Verstoß gegen Art. 25 GG; nunmehr auch BFH 10.1.2012 – I R 66/09, DStR 2012, 949; vgl. aber BVerfG 15.12.2015 – 2 BvL 1/12, BVerfGE 141, 1).

IV. Verhältnis zwischen nationalem Steuerrecht und Europäischem Gemeinschaftsrecht

Schrifttum: Voss, Europäisches und nationales Steuerrecht, StuW 1993, 155; Schön, Gemeinschaftskonforme Auslegung und Fortbildung des deutschen Steuerrechts, DStjG 1996, S. 167 ff.; Schick/Märkt, Braucht die EU eine eigene Steuer?, DStZ 2002, 27; Stapperfend, Der Einfluss der Grundfreiheiten und der Diskriminierungsverbote des EG-Vertrags auf die inländische Besteuerung, FR 2003, 165; Carle, Direkte Steuern und Europarecht, KÖSDI 2003, 13583; Laule, Auswirkungen der EuGH-Rechtsprechung auf deutsche Steuervorschriften, IFSt-Schrift Nr. 407, Bonn 2003; Weber-Grellet, Europäisches Steuerrecht, München 2005; Hahn, Gemeinschaftsrecht und Recht der direkten Steuern, DStZ 2005, 433 ff., 469 ff., 507 ff.; Drüen/Kahlker, Die nationale Steuerhoheit im Prozess der Europäisierung, StuW 2005, 171; Lambrecht, Europa- und verfassungsrechtlicher Rechtsschutz jenseits der deutschen Finanzgerichtsbarkeit, StuW 2006, 201; Kokott, Die Beschränkung der zeitlichen Wirkung von EuGH-Urteilen in Steuersachen, NJW 2006, 177 ff.; Grube, Der Einfluss des EU-Beihilfenrechts auf das deutsche Steuerrecht, DStZ 2007, 371; Zorn/Twardosz, Gemeinschaftsgrundrechte und Verfassungsgrundrechte im Steuerrecht, DStR 2007, 2185.

Die **Gesetzgebungshoheit für Steuern** haben die Gemeinschaftsorgane nur in dem **25** ihnen durch die Gründungsverträge übertragenen Umfang. Insoweit gilt (vgl. Art. 5 EUV, Art. 2 ff. AEUV) das Prinzip der begrenzten Einzelermächtigung (vgl. zB Oppermann § 11 Rn. 2; Herdegen Rn. 189 ff.; → § 1 Rn. 10). Der **Steuerbegriff** des **AEUV** ist – ebenso wie der StBegriff des GG (zum verfassungsrechtlichen StBegriff → § 3 Rn. 6) – von dem des § 3 zu unterscheiden. Der im AEUV nicht definierte Begriff der Steuern ist unabhängig von der Qualifizierung im nationalen Recht auf der Grundlage objektiver Merkmale nach Gemeinschaftsrecht auszulegen (vgl. Grabitz/Hilf vor Art. 90 Rn. 1 mwN).

26 **Steuerhoheit der EU; Gemeinschaftssteuern.** Die EU-Mitgliedstaaten haben in nur geringem Umfang ihre StHoheit an die Gemeinschaft übertragen. Die EU hat kein StErfindungsrecht und kann sich nicht aus eigener Kompetenz neue Finanzmittel beschaffen (Oppermann § 11 Rn. 24; BVerfG 12.10.1993 – 2 BvR 2134/92, 2 BvR 2159/92, BVerfGE 89, 155 (194 f.)). Die Einführung sog. **Gemeinschaftssteuern** bedarf gem. Art. 311 III AEUV eines Ratsbeschlusses und entspr. Ratifikation durch die Mitgliedstaaten (Oppermann § 11 Rn. 23 f. und § 17 Rn. 5). Gemeinschaftssteuern sind derzeit von nur marginaler Bedeutung; sie beschränken sich auf die Besteuerung der EU-Bediensteten und die sog. EGKS-Umlage gem. Art. 49 EGKS-Vertrag. Ferner hat der Rat die Kompetenz, im Bereich der Umweltpolitik Vorschriften überwiegend steuerlicher Art zu erlassen (Art. 175 II EGV). Über die Einführung einer eigenen EU-StGesetzgebungshoheit wird seit langem kontrovers diskutiert (vgl. Musil/Weber-Grellet EuropStR, 24 ff.; Schick/Märkt DStZ 2002, 27).

27 **Finanzquellen der EU** sind (vgl. Art. 310 ff. AEUV; Musil/Weber-Grellet EuropStR § 5; Schulze/Janssen/Kadelbach § 30 Rn. 8 f.; Oppermann § 11 Rn. 18 ff.) in erster Linie die sog. Eigenmittel. Nach dem Beschluss des Rates (2000/597/EG, Euratom) über das System der Eigenmittel der EU (v. 29.9.2000, BGBl. 2001 II 795) stehen den Gemeinschaften insb. die Agrarabschöpfungen und Zölle, ferner ein Anteil an der MwSt und am Bruttosozialprodukt der einzelnen Mitgliedstaaten zu. Nicht zu den Eigenmitteln der EU gehören die Zinsen auf Einfuhr- und Ausfuhrabgaben (vgl. Art. 114 UZK). Für diese Zinsen besteht daher eine Ertragshoheit des Bundes, vgl. § 3 V 1.

28 Für (auf Überwälzung auf den Endverbraucher angelegte) **indirekte Steuern** (zum Begriff → § 3 Rn. 86) ergibt sich eine ausdrückliche Verpflichtung zur Harmonisierung aus Art. 113 AEUV. Auf dieser Ermächtigung des „Primärrechts" beruht die Harmonisierung der USt durch die 6. USt-Richtlinie (ersetzt ab 1.1.2007 durch die MwStSystRL) sowie ferner die Harmonisierung spezieller VerbrauchSt des Bundes auf Tabakwaren, Alkohol, alkoholische Getränke und Mineralöl durch die sog. System-Richtlinie (näher Schulze/Janssen/Kadelbach § 30 Rn. 14 ff.; Oppermann § 17 Rn. 24 ff.). Soweit die in Art. 113 AEUV vorgesehene Harmonisierung noch nicht erfolgt ist, sind die Diskriminierungsverbote aus Art. 110–112 AEUV zu beachten (zB Schulze/Janssen/Kadelbach § 30 Rn. 43 ff.).

29 Für **direkte Steuern,** bei denen der StSchuldner typischerweise auch die wirtschaftliche Belastung tragen soll (zum Begriff auch → § 3 Rn. 86), fehlt es an einer im Primärrecht niedergelegten ausdrücklichen Kompetenz des Rates zur Harmonisierung. Diese Steuern sind in der Gesetzgebungszuständigkeit der Mitgliedstaaten verblieben. Die Gemeinschaft kann aufgrund Art. 115 AEUV lediglich Richtlinien zur Rechtsangleichung erlassen. Davon wurde insb. durch Erlass der Fusionsrichtlinie 90/434 (ABl. L 225/1990, 1), der Mutter-Tochter-Richtlinie 90/435 (ABl. L 225/1990, 6) sowie der Zinsrichtlinien RL 2003/48/EG und 2003/49/EG (ABl. L 157/38 und 157/49) Gebrauch gemacht. Die Mitgliedstaaten müssen ihre Befugnisse unter Wahrung des Gemeinschaftsrechts ausüben (EuGH 17.1.2008 – C-37/06, C-58/06, BFH/NV-Beil. 2008, 89 mwN) und sind insb. zur Beachtung der **Grundfreiheiten** (Diskriminierungsverbot, Art. 18 AEUV; freier Warenverkehr, Art. 28 ff. AEUV; Freizügigkeit von Arbeitnehmern, Art. 45 ff. AEUV; Niederlassungsrecht, Art. 49 ff. AEUV; freier Dienstleistungsverkehr, Art. 56 ff. AEUV; freier Kapital- und Zahlungsverkehr, Art. 63 ff. AEUV) verpflichtet (zu Einzelfragen Schulze/Janssen/Kadelbach § 30 Rn. 73 ff.; Stapperfend FR 2003, 165 ff.; vgl. auch die „Checkliste" potenziell EU-rechtswidriger Regelungen zu den direkten Steuern bei Kessler/Spengel DB 2008 Beil. Nr. 2/2008).

30 **Verwaltungshoheit.** Die Verwaltungshoheit für Steuern liegt ausschl. bei den Mitgliedstaaten. Aus dem AEUV ergibt sich keine Kompetenz zur Harmonisierung des StVerfahrensrechts. Dies gilt auch für die Steuern, die durch EU-Richtlinien harmonisiert sind (zur ausnahmsweisen Regelungsbefugnis der Gemeinschaft für verfahrensrechtliche Fragen nach dem Gedanken inhärenter Zuständigkeit – „implied powers" – vgl. Schulze/

Janssen/Kadelbach § 30 Rn. 121 mwN; zu den Grenzen nach deutschem Verfassungsrecht BVerfG 12.10.1993 – 2 BvR 2134/92 ua., BVerfGE 89, 155 (210)). Ebenso werden die der EU zustehenden Abgaben (insb. Einfuhr- und Ausfuhrabgaben) von den nationalen Finanzverwaltungen erhoben. Es gilt, soweit gemeinschaftsrechtliche Normen für den Verwaltungsvollzug fehlen, der Grundsatz der **Verfahrensautonomie** der Mitgliedstaaten (Schulze/Janssen/Kadelbach § 30 Rn. 124; Dauses in HdbEUWiR Rn. 330; Herdegen Rn. 251 ff.). Die nationalen StBehörden haben daher das **nationale StVerfahrensrecht** (in Deutschland die AO) anzuwenden. Verfahrensregelungen für grenzüberschreitende StSachverhalte zur verbesserten Zusammenarbeit der nationalen Finanzverwaltungen in Umsetzung von EU-Recht ergeben sich aus der EU-RL Amtshilfe im StBereich (→ § 117 Rn. 61 ff.) und dem EU-BeitreibungsG, s. hierzu BMF 23.1.2014, BStBl. I 2014, 188 (vgl. Schulze/Janssen/Kadelbach § 30 Rn. 129 ff.; Oppermann § 17 Rn. 38 f.).

Bei der Anwendung ihres nationalen StVerfahrensrechts sind die Mitgliedstaaten zum **31** **loyalen Vollzug** des Gemeinschaftsrechts verpflichtet; das nationale StVerfahrensrecht kann in Fällen mit Gemeinschaftsbezug durch das Gemeinschaftsrecht modifiziert werden. Nach dem sog. **Äquivalenzprinzip** dürfen für Fälle mit Gemeinschaftsrechtsbezug keine ungünstigeren Bedingungen gelten als für rein nationale Sachverhalte. Ferner darf nach dem sog. **Effektivitätsgebot** die Tragweite und die Wirksamkeit des Gemeinschaftsrechts nicht durch die Ausgestaltung des Verfahrensrechts unmöglich gemacht oder übermäßig erschwert werden (Schulze/Janssen/Kadelbach § 30 Rn. 135 mwN).

Bestandskraft gemeinschaftsrechtswidriger VA. Modifikationen des nationalen **32** StVerfahrensrechts können sich dem Gemeinschaftsrecht etwa im Zusammenhang mit der Beseitigung gemeinschaftsrechtswidriger **Begünstigungen** ergeben (zur Rückforderung einer als Beihilfe zu qualifizierenden StErleichterung vgl. Hahn/Suhrbier-Hahn DStZ 2002, 632 ff.; Schulze/Janssen/Kadelbach § 30 Rn. 136; Grube DStZ 2007, 371 (378 f.)). Aus dem Gemeinschaftsrecht kann sich ferner ein Anspruch auf Beseitigung eines bestandskräftigen **belastenden VA** ergeben. Zwar besteht nach Gemeinschaftsrecht wegen des auch hier geltenden allgemeinen Rechtsgrundsatzes der Rechtssicherheit – und damit der Anerkennung einer Bestandskraft von VA – grds. **keine Verpflichtung** der Verwaltungsbehörden **zur Rücknahme** einer Verwaltungsentscheidung (EuGH 13.1.2004 – C-453/00, HFR 2004, 488 Rn. 24 – Kühne & Heitz; EuGH 19.9.2006 – C-392/04, und C-422/04, NVwZ 2006, 1277; EuGH 12.2.2008 – C-2/06, EuZW 2008, 148; BFH 29.5.2008 – V R 45/06, BFH/NV 2008, 1889 mwN; vgl. auch BVerwG 17.1.2007 – 6 C 32/06, NVwZ 2007, 709; Gosch DStR 2005, 413; Drüen/Kahler StuW 2005, 171 (181 ff.); Leonard/Szczekalla UR 2005, 420 ff., HHSp § 130 Rn. 150 ff. alle mwN). **Ausnahmsweise** – wenn auch praktisch wenig bedeutsam – besteht eine solche Verpflichtung allerdings dann, wenn die Behörde nach nationalem Recht (dh §§ 130 f., §§ 172 ff.) zur „Rücknahme“ des VA befugt ist, die Entscheidung infolge eines letztinstanzlichen Urteils des nationalen Gerichts bestandskräftig geworden ist, dieses Gericht seine Vorlagepflicht nach Art. 267 AEUV verletzt hat und sich der Betroffene unmittelbar nach Kenntnis der EuGH-Entscheidung an die nationale Behörde gewandt hat (EuGH 13.1.2004 – C-453/00, – Kühne & Heitz – HFR 2004, 488 Rn. 28; BFH 23.11.2006 – V R 67/05, BStBl. II 2007, 436). Eine Hemmung der Rechtsbehelfsfristen ist daraus indes nicht abzuleiten (→ § 355 Rn. 1); zu § 175 II 2 → § 175 Rn. 69. Zum **Billigkeitserlass** bestandskräftig festgesetzter Steuer bei nachträglich erkanntem Verstoß gegen EU-Recht s. BFH 29.5.2008 – V R 45/06, BFH/NV 2008, 1889.

Auch anderweitige unmittelbare Einwirkungen des primären und sekundären Gemein- **33** schaftsrechts auf Regelungsgegenstände der AO sind denkbar; vgl. die Kommentierung der jeweiligen Einzelvorschriften (vgl. auch die Übersicht der „problematischen“ AO-Normen bei Kessler/Spengel DB 2008 Beil. Nr. 2/2008, 27). Ein Anspruch auf **Akteneinsicht** kraft EU-Rechts besteht nicht (vgl. BFH 4.6.2003 – VII B 138/01, BFH/NV 2003, 1356).

nachträgliche einseitige Abkommensänderung dar (Wassermeyer DBA, Art. 45 DBA Dänemark Rn. 11; TK § 2 Rn. 43j). Zur wirksamen Übernahme des Methodenwechsels in nationales Recht bedarf die Notifikation einer formellen gesetzlichen Grundlage (Wassermeyer DBA, Art. 23 DBA Kanada Rn. 181; Wassermeyer DBA, Art. 45 DBA Dänemark Rn. 11), da anderenfalls die Wahl der Besteuerungsmethode ins freie Belieben der Exekutive gestellt wäre. Demgegenüber stellt eine RVO lediglich ein Gesetz im materiellen Sinne dar. Ihr fehlt die parlamentarische Legitimation.

43 **Vereinbarung der Erweiterung des Kassenstaatsprinzips (Abs. 3 Nr. 2)**

§ 2 III Nr. 2 enthält eine Verordnungsermächtigung für die in zahlreichen DBA enthaltenen Kassenstaatsklauseln (zB Art. 18 IV DBA Niederlande), die regeln, dass das Besteuerungsrecht von Arbeitslohn, der von einer öffentlichen Stelle für eine Tätigkeit im Ausland gezahlt wird, bei Deutschland verbleibt. Der Anwendungsbereich einer abkommensrechtlichen Kassenstaatsklausel bezieht sich nicht nur auf Zahlungen jurPers des öR, sondern nach § 18 III 2 DBA-VG auch auf Sachverhalte, die Inhalt einer Verständigungsvereinbarung zwischen den zuständigen Behörden sind (vgl. Vogel/Lehner DBA Art. 19 MA Rn. 38). § 2 III Nr. 2 soll die Anwendung der Kassenstaatsklausel auch ermöglichen, wenn die Wahrnehmung öffentlicher Aufgaben in privatrechtlicher Organisationsform erfolgt (BT-Drs. 18/9536, 44; vgl. Hörster, NWB 2017, 22). Folglich gilt das Kassenstaatsprinzip des Art. 18 II DBA-VG nicht nur für das Goethe-Institut, den DAAD und die jeweilige deutsch-ausländische Außenhandelskammer, sondern auch für „andere ähnliche Einrichtungen" nach entsprechender Vereinbarung. Die Erweiterung des Kassenstaatsprinzips auf Einrichtungen mit privatrechtlicher Organisationsform ist als im DBA angelegte und damit lediglich ausfüllende Regelung verfassungskonform (ebenso TK § 2 Rn. 43l).

§ 2a Anwendungsbereich der Vorschriften über die Verarbeitung personenbezogener Daten

(1) [1]**Die Vorschriften dieses Gesetzes und der Steuergesetze über die Verarbeitung personenbezogener Daten im Anwendungsbereich dieses Gesetzes gelten bei der Verarbeitung personenbezogener Daten durch Finanzbehörden (§ 6 Absatz 2), andere öffentliche Stellen (§ 6 Absatz 1a bis 1c) und nicht-öffentliche Stellen (§ 6 Absatz 1d und 1e).** [2]**Das Bundesdatenschutzgesetz oder andere Datenschutzvorschriften des Bundes sowie entsprechende Landesgesetze gelten für Finanzbehörden nur, soweit dies in diesem Gesetz oder den Steuergesetzen bestimmt ist.**

(2) [1]**Die datenschutzrechtlichen Regelungen dieses Gesetzes gelten auch für Daten, die die Finanzbehörden im Rahmen ihrer Aufgaben bei der Überwachung des grenzüberschreitenden Warenverkehrs verarbeiten.** [2]**Die Daten gelten als im Rahmen eines Verfahrens in Steuersachen verarbeitet.**

(3) **Die Vorschriften dieses Gesetzes und der Steuergesetze über die Verarbeitung personenbezogener Daten finden keine Anwendung, soweit das Recht der Europäischen Union, im Besonderen die Verordnung (EU) 2016/679 des Europäischen Parlaments und des Rates vom 27. April 2016 zum Schutz natürlicher Personen bei der Verarbeitung personenbezogener Daten, zum freien Datenverkehr und zur Aufhebung der Richtlinie 95/46/EG (Datenschutz-Grundverordnung) (ABl. L 119 vom 4.5.2016, S. 1; L 314 vom 22.11.2016, S. 72; L 127 vom 23.5.2018, S. 2; *L* 47 vom 4.3.2021, S. 35) in der jeweils geltenden Fassung unmittelbar oder nach Absatz 5 entsprechend gilt.**

(4) **Für die Verarbeitung personenbezogener Daten zum Zweck der Verhütung, Ermittlung, Aufdeckung, Verfolgung oder Ahndung von Steuerstraftaten oder Steuerordnungswidrigkeiten gelten die Vorschriften des Ersten und des**

Dritten Teils des Bundesdatenschutzgesetzes, soweit gesetzlich nichts anderes bestimmt ist.

(5) **Soweit nichts anderes bestimmt ist, gelten die Vorschriften der Verordnung (EU) 2016/679, dieses Gesetzes und der Steuergesetze über die Verarbeitung personenbezogener Daten natürlicher Personen entsprechend für Informationen, die sich beziehen auf identifizierte oder identifizierbare**
1. verstorbene natürliche Personen oder
2. Körperschaften, Personenvereinigungen (§ 14a) oder Vermögensmassen.

Schrifttum: Myßen/Kraus, Steuerliches Datenschutzrecht: Verfahrensrechtsanpassung an die Datenschutz-Grundverordnung, DB 2017, 1860; Neun/Lubitzsch, EU-Datenschutz-Grundverordnung – Behördenvollzug und Sanktionen, BB 2017, 15 (38); Erkis, Die neuen steuerlichen Datenschutzrechte im Besteuerungsverfahren, DStR 2018, 161; Kleemann/Kader, EU-Datenschutz-Grundverordnung und Bundesdatenschutzgesetz, DStR 2018, 1091; Kibler/Sandhu, Vorwirkung von EU-Verordnungen am Beispiel der Datenschutz-Grundverordnung, NVwZ 2018, 528; Kühling/Sackmann, Datenschutzordnung 2018 – nach der Reform ist vor der Reform?!, NVwZ 2018, 681; Veil, Datenschutz-Grundverordnung: des Kaisers neue Kleider, NVwZ 2018, 686; Baum, Datenschutz im Steuerverwaltungsverfahren ab dem 25.5.2018: Teil I: Unmittelbare Geltung der DS-GVO und bereichsspezifische Regelungen in der AO, NWB 2017, 3143 u. Teil IV: Außergerichtlicher und gerichtlicher Rechtsschutz in Datenschutzfragen, NWB 2017, 3351; Buchholtz, Grundrechte und Datenschutz im Dialog zwischen Karlsruhe und Luxemburg, DÖV 2017, 837; Krumm, Grundfragen des steuerlichen Datenverarbeitungsrechts, DB 2017, 2182; Binnewies/Bertrand, Anwendbarkeit der Datenschutz-Grundverordnung auf die Aktiengesellschaft im Besteuerungsverfahren, AG 2019, 170.

I. Allgemeines

§ 2a regelt den Anwendungsbereich der Vorschriften über die Verarbeitung personenbezogener Daten im StRecht. Nach Abs. 1 gelten die Vorschriften der AO und der EinzelStG im Anwendungsbereich der AO für die Verarbeitung personenbezogener Daten in StSachen; andere Datenschutzvorschriften des Bundes oder der Länder werden für FinBeh. grds. ausgeschlossen. Abs. 2 erstreckt die datenschutzrechtlichen Regelungen auf die finanzbehördliche Überwachung des grenzüberschreitenden Warenverkehrs. Abs. 3 stellt deklaratorisch klar, dass die Regelung in Abs. 1 keine Anwendung findet, soweit das Recht der EU, insb. der DS-GVO, unmittelbar oder nach Abs. 5 entsprechend gilt. Für die Verarbeitung personenbezogener Daten zum Zweck der Verhütung, Ermittlung, Aufdeckung, Verfolgung oder Ahndung von StStraftaten oder StOrdnungswidrigkeiten gelten nach Abs. 4 grds. die Vorschriften des BDSG. Abs. 5 erstreckt den Geltungsbereich der DS-GVO (VO (EU) 2016/679) auf verstorbene natürliche Personen und Körperschaften, rechtsfähige oder nicht rechtsfähige Personenvereinigungen oder Vermögensmassen. 1

Die DS-GVO v. 27.4.2016 ist mWv 25.5.2018 in Kraft getreten. Ab diesem Zeitpunkt gilt auch § 2a. Die EU-RL 95/46/EG ist außer Kraft gesetzt worden. Zu Einzelheiten der DS-GVO s. Gola DS-GVO, 3. Aufl. 2022. Die Abs. 3 und 5 wurden mWv 1.1.2024 durch Art. 23 KreditzweitmarktförderungsG v. 22.12.2023 (BGBl. 2023 I Nr. 411) geändert.

II. Datenschutzregelungen für Finanzbehörden (Abs. 1)

Satz 1 legt den Anwendungsbereich der datenschutzrechtlichen Vorschriften in der AO und den EinzelStG im Geltungsbereich der AO durch die in § 6 genannten Stellen fest. Dieser wird durch Abs. 3 (→ Rn. 11) eingeschränkt und durch Abs. 5 (→ Rn. 13) erweitert. Bezugspunkt steuerlichen Datenschutzes bildet die **Verarbeitung personenbezogener Daten.** Definitionen der personenbezogenen Daten und des Begriffs der Verarbeitung finden sich in **Art. 4 DS-GVO.** Die **Legaldefinitionen** des Art. 4 DS-GVO sind auch für den StDatenschutz **bindend** (BMF 13.1.2020, BStBl. I 2020, 143 Tz. 8). 2

Verarbeitung personenbezogener Daten. Personenbezogene Daten sind nach Art. 4 Nr. 1 DS-GVO alle Informationen, die sich auf eine identifizierte oder identifizierbare natürliche Person (im Folgenden „betroffene Person“) beziehen (BFH 17.11.2021 – II R 3

43/19, DStR 2022, 937). Dazu gehören sämtliche Daten, Bezeichnungen, Merkmale und Informationen, die einen unmittelbaren und mittelbaren Bezug zu einer natürlichen betroffenen Person aufweisen, wie etwa Name, Alter, Geschlecht, Gesundheitszustand, Familienstand, Anschrift, Bildungsstand, ethnische Herkunft, Staatsangehörigkeit, Religion, Gewerkschafts- oder Vereinszugehörigkeit, Vermögen, Gehalt, Kreditwürdigkeit, Eigentumsverhältnisse (Paal/Pauly DS-GVO Art. 4 Rn. 14), aber auch Fahrtenschreiber, Arbeitszeiterfassungsformulare, Standortdaten, IP-Adressen, Telefonnummern und Fotografien (Gola DS-GVO Art. 4 Rn. 6). Sind Angaben einer bestimmten Person zuzuordnen, liegen personenbezogene Daten vor. Aber auch, wenn der Betroffene nicht namentlich bekannt ist, aber mithilfe von Bezugsdaten ermittelt (identifiziert) werden kann, ist von personenbezogenen Daten auszugehen. Der Schutzbereich der Norm ist weit zu ziehen.

4 **Verarbeitung** ist jeder Vorgang (jede Vorgangsreihe) im Zusammenhang mit personenbezogenen Daten, der mit oder ohne Zuhilfenahme automatisierter Verfahren ausgeführt wird, wie das Erheben, das Erfassen, die Organisation, das Ordnen, die Speicherung, die Anpassung oder Veränderung, das Auslesen, das Abfragen, die Verwendung, die Offenlegung durch Übermittlung, Verbreitung oder eine andere Form der Bereitstellung, der Abgleich oder die Verknüpfung, die Einschränkung, das Löschen oder die Vernichtung (Paal/Pauly DS-GVO Art. 4 Rn. 20).

Satz 1 gilt für die Verarbeitung personenbezogener Daten durch die FB und andere öffentliche und nichtöffentliche Stellen. Datenverarbeitende Stelle ist die FB iSd § 6 II, soweit sie bundesgesetzlich geregelte Steuern verwaltet (§ 1 I); die Gemeinde bei der RealStVerwaltung (§ 1 II Nr. 1).

Verantwortlicher ist nach Art. 4 Nr. 7 DS-GVO die sachlich und örtlich zuständige FB (BMF 13.1.2020, BStBl. I 2020, 143 Tz. 14). Stellen, die nach § 20 III FVG technische Hilfstätigkeiten für die sachlich und örtlich zuständigen FB erbringen, sind nicht „Verantwortliche" iSd Art. 4 Nr. 7 DS-GVO, sondern „Auftragsverarbeiter" iSd Art. 4 Nr. 8 DS-GVO. In den Fällen des § 29a AO bleibt also verantwortliche FB das örtlich zuständige FA und nicht das unterstützende FA. Zu weiteren Einzelheiten vgl. §§ 29b, 29c, 31c; zu den Informationspflichten der FB bei Erhebung personenbezogener Daten s. §§ 32a ff. sowie FG München 19.5.2022 – 15 K 2067/18, EFG 2022, 1249 mwN, Rev. BFH IX R 22/22; FG Niedersachsen 18.3.2022 – 7 K 11127/18, EFG 2022, 816).

5 Satz 2 schließt die Geltung des BDSG und weitere Datenschutzvorschriften des Bundes und der Länder für FB grds. aus, es sei denn, in der AO oder EinzelStG ist deren Geltung ausdrücklich angeordnet. Entsprechende Regelungen finden sich zB in Abs. 4 (→ Rn. 12), § 29b II 2 HS 2 und § 31c I 2 HS 2, III 1. Für öffentliche Stellen, die keine FinBeh. iSd § 6 II sind, sowie für nichtöffentliche Stellen bleibt die subsidiäre Geltung des BDSG (§ 1 II 2 BDSG) hingegen bestehen.

III. Grenzüberschreitender Warenverkehr (Abs. 2)

10 Nach § 2a II 1 gelten die datenschutzrechtlichen Vorschriften der AO auch bei der Verarbeitung personenbezogener Daten, die bei der Überwachung des grenzüberschreitenden Warenverkehrs durch die FB iSd § 6 II Nr. 5 (Zollbehörden) im Rahmen ihrer Aufgaben erfolgt. Hierdurch wird eine Zersplitterung der Datenschutzregeln vermieden. Denn die Überwachung durch die Zollbehörden dient neben fiskalischen auch außersteuerlichen Zwecken (zB der Mitwirkung bei der Durchsetzung bestehender Verbote und Beschränkungen, der außenwirtschaftsrechtlichen Bestimmungen und des Marktordnungsrechts, BT-Drs. 18/12611, 75). Gemäß Satz 2 gilt die Datenverarbeitung als Datenverarbeitung in einem Verfahren in StSachen.

IV. Vorrangige Geltung von EU-Datenschutzregelungen (Abs. 3)

§ 2a III stellt trotz seines Wortlauts lediglich klar, dass die Vorschriften der AO und der StGesetze über die Verarbeitung personenbezogener Daten nur vorbehaltlich des EU-Rechts, insb. der DS-GVO, Anwendung finden (ebenso TK § 2a Rn. 23; BMF 13.1.2020, BStBl. I 2020, 143). Denn eine EU-VO ist kein fremdes Recht, sondern integraler und **vorrangiger** Bestandteil der innerstaatlichen Rechtsordnung (Ehmann/Selmayer Einf. DS-GVO Rn. 81). Demzufolge bedarf die europarechtliche Norm zu ihrer Geltung weder der Übernahme in das nationale Recht, noch wird sie durch abweichende nationale Regelungen verdrängt. Das StDatenschutzrecht besteht angesichts dieser Ausgangslage aus einem Regelungskonglomerat unionsrechtlicher und nationaler Regelungen. Die unmittelbar geltende DS-GVO enthält neben zwingenden Vorgaben vereinzelt Regelungsoptionen, die dem nationalen Gesetzgeber Regelungsfreiräume gewähren (so etwa Art. 6 II – IV DS-GVO; zu weiteren Konkretisierungsmöglichkeiten Ehmann/Selmayer Einf. DS-GVO Rn. 82 ff.). Dies erfordert stets eine Inaugenscheinnahme nationaler Regelungen im Kontext unionsrechtlicher Vorgaben. 11

V. Datenschutz bei Steuerstraftaten und Steuerordnungswidrigkeiten (Abs. 4)

Die Datenverarbeitung zum Zwecke der Verhütung, Ermittlung, Aufdeckung, Verfolgung oder Ahndung von StStraftaten oder StOrdnungswidrigkeiten fällt nicht in den sachlichen Anwendungsbereich der DS-GVO (Art. 2 II d DSVGO), sondern ist Gegenstand der RL (EU) 2016/680. Demzufolge ordnet § 2a IV abw. von § 2a I 2 die Geltung der Vorschriften des Ersten und Dritten Teils des BDSG an, soweit keine anderweitige gesetzliche Regelung getroffen wurde. Abweichende Bestimmungen finden sich insb. in der AO, etwa in §§ 29b ff., §§ 32a ff. und in §§ 483 ff. StPO. Nach seinem Wortlaut erfasst die Anwendungsregelung nicht nur den Bereich der (repressiven) Strafverfolgung, sondern auch für „Zwecke der Verhütung" den präventiven Tätigkeitsbereich der FB. Ob wegen der überwiegend repressiven Zwecke des Abs. 4 auch für die Verhütung ein enges Näheverhältnis zu diesem Tätigkeitsbereich zu fordern ist (so TK § 2a Rn. 27), ist durchaus zweifelhaft. Überzeugender erscheint es, nur solche Tätigkeiten aus dem Anwendungsbereich der Norm auszugrenzen, die keinen Bezug zu Straftaten oder Ordnungswidrigkeiten haben (vgl. ähnlich Gola DS-GVO § 45 Rn. 24). 12

VI. Erweiterter persönlicher Anwendungsbereich (Abs. 5)

Durch Abs. 5 wurde von der Möglichkeit zulässigerweise Gebrauch gemacht, den datenverarbeitungsrechtlichen Schutzbereich auf verstorbene (natürliche) Personen, Körperschaften, PersVereinigungen (§ 14a) und Vermögensmassen zu erstrecken. Der persönliche Anwendungsbereich der DS-GVO beschränkt sich auf die Datenverarbeitung lebender natürlicher Personen (Art. 1 I DS-GVO). § 2a V erweitert diesen Anwendungsbereich durch die Anordnung der entsprechenden Anwendbarkeit (BMF 13.1.2020, BStBl. I 2020, 143 Tz. 6), indem sie die Vorschriften der DS-GVO dem nationalen Recht für den erweiterten Anwendungsbereich einverleibt (Baum NWB 2018, 1522; TK § 2a Rn. 24). Zum postmortalen Datenschutz als Ausfluss des Persönlichkeitsrechts vgl. Spilker DÖV 2015, 54; einschränkend indes BVerfG 24.2.1971 – 1 BvR 435/68, BVerfGE 30, 173 (194). Die Auskunftsrechte des Stpfl. und die Informationspflichten der FB gehen mit dem Tod auf den Gesamtrechtsnachfolger über (§ 45 I 1). Zur Frage der Identifizierbarkeit → Rn. 3. 13

Die Erweiterung des Schutzbereichs auf Körperschaften, rechtsfähige und nicht rechtsfähige PersVereinigungen sowie Vermögensmassen gesteht diesen wie natürlichen Personen einen Bereich informationeller Selbstbestimmung zu (vgl. TK § 2a Rn. 26; FG Münster 11.5.2022 – 9 K 848/20, EFG 2022, 1509, Rev. BFH IX R 26/22). Der Insolvenzverwalter wird auch durch Abs. 5 nicht in den Schutzbereich einbezogen (VG

Schleswig-Holstein 11.4.2022 – 10 A 19/22, ZD 2023, 61). Die rechtsformübergreifende Gestaltung des StDatenschutzes birgt indes in Bezug auf die Rechts- und Leistungsbeziehungen zwischen Gesellschaften und ihren (natürlichen) Gesellschaftern zuweilen schwierige Probleme, da gruppenbezogene Informationen durchaus auch Rückschlüsse auf einzelne betroffene Personen zulassen können (vgl. Kühling/Buchner DS-GVO Art. 4 Nr. 1 Rn. 15 f.).

Zweiter Abschnitt. Steuerliche Begriffsbestimmungen

§ 3 Steuern, steuerliche Nebenleistungen

(1) **Steuern sind Geldleistungen, die nicht eine Gegenleistung für eine besondere Leistung darstellen und von einem öffentlich-rechtlichen Gemeinwesen zur Erzielung von Einnahmen allen auferlegt werden, bei denen der Tatbestand zutrifft, an den das Gesetz die Leistungspflicht knüpft; die Erzielung von Einnahmen kann Nebenzweck sein.**

(2) **Realsteuern sind die Grundsteuer und die Gewerbesteuer.**

(3) [1]**Einfuhr- und Ausfuhrabgaben nach Artikel 5 Nummer 20 und 21 des Zollkodex der Union sind Steuern im Sinne dieses Gesetzes.** [2]**Zollkodex der Union bezeichnet die Verordnung (EU) Nr. 952/2013 des Europäischen Parlaments und des Rates vom 9. Oktober 2013 zur Festlegung des Zollkodex der Union (ABl. L 269 vom 10.10.2013, S. 1, L 287, S. 90) in der jeweils geltenden Fassung.**

(4) **Steuerliche Nebenleistungen sind**

1. **Verzögerungsgelder nach § 146 Absatz 2c,**
2. **Verspätungszuschläge nach § 152,**
3. **Zuschläge nach § 162 Absatz 4 und 4a,**

3a. **Mitwirkungsverzögerungsgelder nach § 200a Absatz 2 und Zuschläge zum Mitwirkungsverzögerungsgeld nach § 200a Absatz 3,**

4. **Zinsen nach den §§ 233 bis 237 sowie Zinsen nach den Steuergesetzen, auf die die §§ 238 und 239 anzuwenden sind, sowie Zinsen, die über die §§ 233 bis 237 und die Steuergesetze hinaus nach dem Recht der Europäischen Union auf zu erstattende Steuern zu leisten sind,**
5. **Säumniszuschläge nach § 240,**
6. **Zwangsgelder nach § 329,**
7. **Kosten nach den §§ 89, 89a Absatz 7 sowie den §§ 178 und 337 bis 345,**
8. **Zinsen auf Einfuhr- und Ausfuhrabgaben nach Artikel 5 Nummer 20 und 21 des Zollkodex der Union,**
9. **Verspätungsgelder nach § 22a Absatz 5 des Einkommensteuergesetzes und**
10. **Kosten nach § 10 Absatz 5 und § 11 Absatz 7 des Plattformen-Steuertransparenzgesetzes.**

(5) [1]**Das Aufkommen der Zinsen auf Einfuhr- und Ausfuhrabgaben nach Artikel 5 Nummer 20 und 21 des Zollkodex der Union steht dem Bund zu.** [2]**Das Aufkommen der übrigen Zinsen steht den jeweils steuerberechtigten Körperschaften zu.** [3]**Das Aufkommen der Kosten im Sinne des § 89 steht jeweils der Körperschaft zu, deren Behörde für die Erteilung der verbindlichen Auskunft zuständig ist.** [4]**Das Aufkommen der Kosten im Sinne des § 89a Absatz 7 steht dem Bund und dem jeweils betroffenen Land je zur Hälfte zu.** [5]**Das Aufkommen der Kosten nach § 10 Absatz 5 und § 11 Absatz 7 des Plattformen-Steuertransparenzgesetzes steht dem Bund zu.** [6]**Die übrigen steuerlichen Nebenleistungen fließen den verwaltenden Körperschaften zu.**

Übersicht

A. Allgemeines

§ 3 definiert den für die AO geltenden StBegriff und bestimmt damit zugleich in der Verbindung zu § 1 den Anwendungsbereich der AO. 1

Rechtsentwicklung. Durch § 3 wurde die Vorgängernorm des § 1 RAO in mehrfacher Hinsicht verändert. § 3 **I** wurde gegenüber § 1 I RAO redaktionell umgestaltet (BT-Drs. VI/1982, 99). Da es für die Einordnung einer Geldleistung als Steuer unbeachtlich ist, ob sie einmalig oder fortlaufend zu erbringen ist, ist der entspr. Zusatz in § 1 I RAO entfallen. Ferner ist der in § 1 I RAO verwendete Begriff „Einkünfte“ wegen seiner Bedeutung für das EStG durch den Begriff „Einnahmen“ ersetzt worden. Schließlich stellt § 3 I zur Anpassung an die Entwicklung der Rspr. des BVerfG ausdrücklich klar, dass die Erzielung von Einnahmen Nebenzweck sein kann. Die in § 3 **II** gegebene Definition der RealSt entspricht § 1 III RAO. § 3 **III** (jetzt § 3 IV) fasst die in der AO geregelten Nebenleistungen zur Vereinfachung der Gesetzessprache unter dem Begriff „steuerliche Nebenleistungen“ zusammen (BT-Drs. VI/1982, 99). § 3 **V** (inzwischen weiter geändert, → Rn. 3, und bei Inkrafttreten der AO 1977 als § 3 IV ergangen) regelt die Frage, welchen Körperschaften das Aufkommen der steuerlichen Nebenleistungen zufließt. Nach dem ursprünglichen Gesetzentwurf sollten den steuerberechtigten Körperschaften neben den Zinsen auch die Verspätungs- und Säumniszuschläge zugewiesen werden (BT-Drs. VI/1982, 99). Im weiteren Gesetzgebungsverfahren beschränkte man diese Zuweisung auf Zinsen (vgl. BT-Drs. 7/4292, BT-Drs. 15, 7/4495, BT-Drs. 1, 7/4664, 2; vgl. auch BFH 29.8.1991 – V R 78/86, BStBl. II 1991, 906). 2

3 Durch das **StÄndG 2001** ist die Vorschrift in erheblichem Umfang geändert worden (vgl. im Einzelnen die Gesetzesbegr. BT-Drs. 14/7341, 37 f.): Der bisherige § 3 I 2, der Zölle und Abschöpfungen den Steuern gleichstellte, wurde aufgehoben. Hierfür war maßgebend, dass der Begriff „Abschöpfungen" durch den Wegfall des vormaligen Abschöpfungserhebungsgesetzes (aufgehoben durch Gesetz v. 20.12.1996, BGBl. 1996 I 2030) entfallen ist. Der Begriff „Zoll" wurde durch den europarechtlichen Begriff „Einfuhr- und Ausfuhrabgaben" (Art. 5 Nr. 20 und 21 UZK; → § 1 Rn. 12) ersetzt; diese werden durch den neu eingefügten § 3 III den Steuern gleichgestellt. Aufgrund des neu gefassten § 3 **IV** (bisher § 3 III) gilt die AO auch für die Zinsen, die nach dem ZK zu erheben sind. Für die Aufkommensberechtigung hinsichtlich der Zinsen auf Einfuhr- und Ausfuhrabgaben iSd Art. 5 Nr. 20 und 21 UZK ist durch die Ergänzung des Abs. 5 (bisher Abs. 4) in S. 2 und 3 klargestellt, dass diese dem Bund zustehen (und damit nicht zu den eigenen Einnahmen der EU gehören, vgl. BT-Drs. 14/7341, 38). Durch das **StVergAbG** wurde § 3 IV um den durch dieses Gesetz neu eingefügten Zuschlag nach § 162 IV ergänzt; diese Regelung ist am 21.5.2003 in Kraft getreten (Art. 14 StVergAbG). Durch das **JStG 2007** wurde § 3 IV abermals dahin geändert, dass dieser Vorschrift auch die Kosten iSd §§ 89, 178 und 178a unterfallen. Ferner wurde § 3 V neu gefasst und die Ertragshoheit für Kosten iSd §§ 89, 178 bestimmt. Diese Regelungen sind am 19.12.2007 in Kraft getreten (Art. 20 I JStG 2007). Durch das **JStG 2009** wurde § 3 IV um die Verzögerungsgelder (§ 146 II c) und durch das **JStG 2010** durch die Verspätungsgelder (§ 22a V EStG) erweitert. Durch das G zur Anpassung der AO an den Zollkodex der Union und zur Änderung weiterer steuerlicher Vorschriften (ZKAnpG) v. 22.12.2014, BGBl. 2014 I 2417 (2419) wird Abs. 3 an den UZK angepasst und verweist auf Art. 5 Nr. 20 und 21 UZK in der jeweiligen Fassung. Abs. 4 und 5 werden redaktionell angepasst. Mit dem G zur Modernisierung des Besteuerungsverfahrens v. 18.7.2016 wurde in Abs. 4 Nr. 4 klargestellt, dass auch „Zinsen nach den StG, auf die die §§ 238 und 239 anzuwenden sind", zu den steuerlichen Nebenleistungen gehören (BT-Drs. 18/7457, 59). Durch das AbzStEntModG v. 2.6.2021 (BGBl. 2021 I 1259) wurde der Anwendungsbereich der steuerlichen Nebenleistungen in Abs. 4 Nr. 4 auf Zinsen, die nach dem Recht der EU auf zu erstattende Steuern zu leisten sind, mWv 9.6.2021 erweitert. In Abs. 5 S. 4 (Kosten eines Vorabverständigungsverfahrens) wurde § 178a durch § 89a VII ersetzt. Durch Gesetz v. 25.6.2021 (BGBl. 2021 I 2056) ist der neu eingeführte Zuschlag zur Bemessungsgrundlage bei Verletzung der Mitwirkungspflichten nach § 12 StAbwG gem. § 162 IVa in Abs. 4 Nr. 3 ab dem VZ 2022 als steuerliche Nebenleistung aufgenommen worden (vgl. Art. 97 § 22 IV EGAO). Abs. 4 Nr. 3a und 10 sowie Abs. 5 S. 5 sind durch Art. 3 Nr. 2 Buchst. b DAC7-UmsG v. 20.12.2022 (BGBl. 2022 I 2730 (2745)) eingefügt worden. Nr. 3a ist erstmals auf Steuern und StVergütungen anwendbar, die nach dem 31.12.2024 entstehen (Art. 97 § 37 II 1 EGAO), jedoch bereits auf früher entstandene Steuern und StVergütungen anwendbar, wenn die entspr. Prüfungsanordnung erst nach dem 31.12.2024 ergangen ist (Art. 97 § 37 III EGAO). Nr. 10 nimmt Kosten nach § 10 V und § 11 VII Plattformen-SteuertransparenzG (PStTG v. 20.12.2022, BGBl. 2022 I 2730) in die Aufzählung der steuerlichen Nebenleistungen mWv 1.1.2023 auf (Art. 97 § 37 I EGAO). Abs. 5 S. 5 ist mWv 1.1.2023 anzuwenden (Art. 97 § 37 I EGAO). Der bisherige S. 5 wird S. 6.

4 **Bedeutung; Anwendungsbereich.** § 3 **I** definiert den für die AO geltenden StBegriff und bestimmt damit zugleich (iVm § 1) den Anwendungsbereich der AO. Unmittelbar gilt § 3 I für alle Steuern, die durch Bundesrecht geregelt sind (§ 1 I). Für die landesrechtlich geregelten örtlichen Verbrauch- und AufwandSt sowie für die KiSt gilt § 3 I aufgrund der Verweisungen in den einzelnen landesgesetzlichen KAG bzw. KiSt-Gesetzen (→ § 1 Rn. 29 f.).

5 Über die **materielle Rechtmäßigkeit** einer Steuer entscheidet in erster Linie das Verfassungsrecht und nicht § 3 I (→ Rn. 6, → Rn. 49 ff.). Der (formale) StCharakter einer Abgabe wird nach den Maßstäben des § 3 I durch eine ihr fehlende Rechtsgrundlage (insb. bei Verstoß gegen Verfassungsrecht) nicht berührt (BFH 8.3.1995 – II R 58/93, BStBl. II

1995, 438 (444) betr. Troncabgabe; TK § 3 Rn. 32). Entscheidend für das Vorliegen einer Steuer im (verfassungs-)rechtlichen Sinne – im Zusammenhang mit der Abgrenzung zu einer anderweitigen Abgabe – ist ihr materieller Gehalt, nicht ihre Bezeichnung (BVerfG 6.11.1984 – 2 BvL 19/83 ua, BStBl. II 1984, 858 (865); BVerwG 19.8.1994 – 8 N 1/93, BVerwGE 96, 272 (277)).

Verfassungsrechtlicher StBegriff. Der in § 3 I verwendete StBegriff ist grds. nicht 6 identisch mit dem Art. 104a ff. GG zugrunde liegenden verfassungsrechtlichen StBegriff. Letzterer knüpft zwar im Wesentlichen an die Begriffsbestimmung des § 3 I an und verwendet ihn als wichtige Auslegungshilfe (so zB BVerfG 7.11.1995 – 2 BvR 413/88 ua, BVerfGE 93, 319 (346 mwN)). Gleichwohl gibt es einen eigenständigen verfassungsrechtlichen StBegriff „im Funktionszusammenhang der bundesstaatlichen Finanzverfassung" (BVerfG 6.11.1984 – 2 BvL 19, 20/83 ua, BVerfGE 67, 256 (282 mwN)), der nach spezifisch verfassungsrechtlichen Gesichtspunkten zu bestimmen ist (Sachs GG vor Art. 104a Rn. 75; BK vor Art. 104a–115 Rn. 360 ff.; TK § 3 Rn. 2); zu den für den verfassungsrechtlichen StBegriff maßgeblichen Vorgaben → Rn. 49 ff. Zum StBegriff des AEUV → § 2 Rn. 25.

B. Steuerbegriff (Abs. 1)

Schrifttum: Waldhoff, Die Zwecksteuer – Verfassungsrechtliche Grenzen der rechtlichen Bindung des Aufkommens von Abgaben, StuW 2002, 285 ff.; Diebold, Der Bausteuerabzug – ein „Steuer"-Abzug ohne Steuer?, DStZ 2002, 252; Diebold, Haftung für den Bausteuerabzug, DStR 2002, 1336; Ebling, Der Steuerabzug bei Bauleistungen, DStR-Beih. 2002, 1 ff.; Kirchhof, Der Grundrechtsschutz des Steuerpflichtigen, AöR 2003, 1 ff.

§ 3 I enthält eine Legaldefinition des StBegriffs und füllt den in § 1 I vorausgesetzten 10 StBegriff aus.

I. Geldleistungen

Dem StBegriff unterfallen nur Geldleistungen, nicht aber Sach- und Dienstleistungen 11 (BVerfG 24.1.1995 – 1 BvL 18/93 ua, BVerfGE 92, 91 (114)). Geldleistungen sind entweder durch Barzahlung mit gesetzlichen Zahlungsmitteln (§ 224 I) oder durch „unbare" Zahlung (Scheck, Banküberweisung, Einzugsermächtigung; vgl. § 224 II, III 1) zu entrichten. Auf Geldleistungen sind auch die Verwendung von StZeichen oder StStemplern gerichtet (BFH 12.10.1951 – II z D 4/51 S, BStBl. III 1951, 207; TK § 3 Rn. 9). Unerheblich ist, ob die Geldleistung einmalig oder fortlaufend erhoben wird (BT-Drs. VI/1982, 99).

II. Öffentlich-rechtliches Gemeinwesen

Die Steuer muss von einem „öffentlich-rechtlichen Gemeinwesen" auferlegt sein. Dies 12 sind alle Arten von juristischen Personen des öffentlichen Rechts, in erster Linie die sog. Gebietskörperschaften (Bund, Länder, Gemeinden und Gemeindeverbände) sowie alle übrigen Körperschaften, Anstalten und Stiftungen des öffentlichen Rechts (TK § 3 Rn. 11; Gosch AO § 3 Rn. 11). Eine Beschränkung dieses Merkmals auf Gebietskörperschaften und Religionsgesellschaften (so HHSp § 3 Rn. 83; BK vor Art. 104a–115 Rn. 377) entspricht zwar im Blick auf die Besteuerungsgewalt den verfassungsrechtlichen Gegebenheiten. Diese Einschränkung ist jedoch für § 3 I mangels Identität mit dem verfassungsrechtlichen StBegriff (→ Rn. 6) ohne Bedeutung (Gosch AO § 3 Rn. 11; TK § 3 Rn. 11).

III. Hoheitliche Auferlegung

Eine Geldleistung ist „auferlegt", wenn der Rechtsgrund der Verpflichtung durch 13 Gesetz, VO oder Satzung von einem öffentlich-rechtlichen Gemeinwesen einseitig und ohne Rücksicht auf den entspr. oder entgegenstehenden Willen des Verpflichteten durch

hoheitlichen Akt gesetzt wird (BFH 3.5.2006 – I R 124/04, BFH/NV 2006, 1729 mwN; BK vor Art. 104a–115 Rn. 376). Die Rechtmäßigkeit der Auferlegung, insb. eine der auferlegenden öffentlich-rechtlichen Körperschaft verfassungsrechtlich zustehende Ertragskompetenz, ist kein Merkmal des § 3 I (Gosch AO § 3 Rn. 12; HHSp § 3 Rn. 185). Keine Steuern sind freiwillige Zuwendungen, zB Spenden, vertraglich übernommene Verpflichtungen oder privatrechtlich geschuldete Entgelte.

IV. Erzielung von Einnahmen

14 Die Steuer muss der „Erzielung von Einnahmen", dh der Deckung des allgemeinen Finanzbedarfs, für die öffentlichen Aufgaben dienen. In der Legaldefinition des § 3 I wird der verfassungsrechtliche Zusammenhang zwischen Einnahmeerzielung und verfassungsrechtlich gebundener Verwendung des StAufkommens für verfassungsgemäße öffentliche Aufgaben nicht hinreichend deutlich (BK vor Art. 104a–115 Rn. 386). Die Einnahmeerzielung kann nach der ausdrücklichen Regelung in § 3 I 1 (2. HS) auch Nebenzweck sein (zu Fiskalzweck- und Lenkungsnormen → Rn. 24 ff.).

15 Eine Steuer liegt nur vor, wenn ihr Aufkommen dem öffentlichen Gemeinwesen endgültig zufällt. Die **Rückzahlbarkeit** einer Abgabe (zB Zwangsanleihe, Konjunkturzuschlag) schließt die StEigenschaft aus (BVerfG 6.11.1984 – 2 BvL 19, 20/83 ua, BVerfGE 67, 256 (283 mwN); BFH 10.2.1984 – III B 40/83, BStBl. II 1984, 454).

16 Auch eine **AbzugsSt** (zum Begriff Rn. 87) erfüllt die Anforderungen des StBegriffs des § 3 I. Als AbzugsSt ist auch die **BauabzugsSt** (§§ 48 ff. EStG) ausgestaltet, die den Regeln der AO unterliegt (Kirchhof EStG § 48 Rn. 2; Ebling DStR-Beih. 2002, 1 ff.; aA Diebold DStZ 2002, 252; Diebold DStR 2002, 1336).

17 Das Tatbestandsmerkmal der Einnahmeerzielung fehlt einzelnen der in § 3 IV aufgeführten **Nebenleistungen** bzw. sonstigen Ungehorsamsfolgen, zB Geldbußen und Geldstrafen (BVerfG 16.6.1954 – 1 PBvV 2/52, BVerfGE 3, 407 (435 f.); TK § 3 Rn. 14; BK vor Art. 104a–115 Rn. 392) oder Zuschläge gem. § 16 REITG (TK § 3 Rn. 14). An der Einnahmeerzielung fehlt es schließlich auch bei der sog. **Erdrosselungssteuer.** Sie zielt aufgrund ihrer Belastungswirkung auf die Unterbindung der stpfl. Tatbestände, ist daher ihrem Zweck nach nicht auf Einnahmeerzielung gerichtet und kann kaum noch als Steuer qualifiziert werden (BVerfG 22.5.1963 – 1 BvR 78/56, BVerfGE 16, 147 (160 ff.); BVerfG 18.1.2006 – 2 BvR 2194/99, BVerfGE 115, 97 (113 ff.); zum Verfassungsverbot erdrosselnder Steuern vgl. HHSp § 4 Rn. 548 ff.; BK vor Art. 104a–115 Rn. 392; Gosch AO § 3 Rn. 19, jeweils mwN).

V. Keine Gegenleistung

18 Steuern sind gem. § 3 I nur Abgaben, die „nicht eine Gegenleistung für eine besondere Leistung darstellen". Dieses Merkmal dient in erster Linie der Abgrenzung zu den Vorzugslasten (Gebühren, Beiträge, → Rn. 39 ff.). Eine Gegenleistung ist auch bei den als steuerlichen Nebenleistungen behandelten (vgl. § 3 IV) Zinsen (§§ 233–237) sowie Kosten (§§ 178, 337–345) vorhanden (→ Rn. 91).

Die Steuer wird ohne Rücksicht auf eine individuell zurechenbare, besondere Gegenleistung erhoben (BVerfG 7.11.1995 – 2 BvR 413/88 ua, BVerfGE 93, 319 (346)). Damit ist die Steuer dem Betroffenen „voraussetzungslos" auferlegt (BVerfG 24.1.1995 – 1 BvL 18/93 ua, BVerfGE 92, 91 (113)), dh unabhängig davon, ob und in welchem Maße das besteuernde Gemeinwesen dem Stpfl. eine „Gegenleistung" gewährt (zB BFH 15.5.2007 – I B 147/06, BFH/NV 2007, 1710). Keine Gegenleistung ist die **Zweckbindung** des StAufkommens, aufgrund derer die Leistung dem Stpfl. mittelbar wieder zugutekommt bzw. das Aufkommen einer bestimmten Steuer gesetzlich bestimmten Zwecken vorbehalten ist (BVerfG 7.11.1995 – 2 BvR 413/88 ua., BVerfGE 93, 319 (348 mwN); BK vor Art. 104a–115 Rn. 383; Sachs GG vor Art. 104a Rn. 84 f.; zur Zwecksteuer eingehend Waldhoff StuW 2002, 285 ff.). Der Kreis der Abgabepflichtigen ist bei den Zwecksteuern

nicht auf solche Personen begrenzt, die einen wirtschaftlichen Vorteil aus dem öffentlichen Vorhaben ziehen (BVerfG 6.12.1983 – 2 BvR 1275/79, BVerfGE 65, 325 (344)); zu den **UMTS-Versteigerungserlösen** eingehend Sachs GG vor Art. 104a Rn. 178 ff.).

VI. Anknüpfung an gesetzliche Leistungspflicht

Steuern sind gem. § 3 I nur solche Geldleistungen, die allen auferlegt werden, auf die „der Tatbestand zutrifft, an den das Gesetz die Leistungspflicht knüpft". Dieses Merkmal bringt die Verknüpfung zwischen dem StBegriff und den Verfassungsgrundsätzen der Gleichmäßigkeit und Gesetzmäßigkeit der Besteuerung (→ Rn. 49 ff.) zum Ausdruck. 19

C. Fiskalische und nichtfiskalische Steuerzwecke (Abs. 1 2. HS)

Schrifttum: Jachmann, Verfassungsrechtliche Grenzen der Besteuerung, Aachen 1996; Kruse, Öko-Steuern und Öko-Abgaben, BB 1998, 2285; Rodi, Bundesstaatliche Kompetenzausübungsschranken für Lenkungssteuern, StuW 1999, 105; Hendler, Gebührenstaat statt Steuerstaat, DÖV 1999, 749 ff.; List, Die Ökobesteuerung und das Grundgesetz, BB 2000, 1216; Jachmann, Ökologie versus Leistungsfähigkeit – Gilt es neue Wege in der Steuerrechtfertigung zu gehen?, StuW 2000, 239; Selmer/Brodersen, Die Verfolgung ökonomischer, ökologischer und anderer öffentlicher Zwecke durch Instrumente des Abgabenrechts, DVBl. 2000, 1153; F. Kirchhof, Die Tauglichkeit von Abgaben zur Lenkung des Verhaltens, DVBl. 2000, 1166; Trzaskalik, Inwieweit ist die Verfolgung ökonomischer, ökologischer und anderer öffentlicher Zwecke durch Instrumente des Abgabenrechts zu empfehlen? Gutachten E zum 63. DJT 2000, München 2000; Bareis/Elser, Anforderungen an Lenkungssteuern und Beurteilung der „ökologischen Steuerreform" aus ökonomischer Sicht, DVBl. 2001, 176; Weber-Grellet, Lenkungssteuern im Rechtssystem, NJW 2001, 3657. P. Kirchhof, Die staatsrechtliche Bedeutung der Steuerreform, JöR 2006, 1 ff.; Kube, Verfassungsrechtliche Problematik der fortgesetzten Erhebung des Solidaritätszuschlags, DStR 2017, 1792; Musil, Verfassungsrechtliche Leitplanken einer Vermögensbesteuerung, DStR 2017, 1903.

Der in § 3 I verwendete StBegriff setzt zwar voraus, dass die Erhebung von Steuern der Erzielung von Einnahmen dient (→ Rn. 14 ff.). Die Einnahmeerzielung kann jedoch, wie § 3 I 2. HS im Anschluss an die Rspr. des BVerfG (zB BVerfG 24.1.1962 – 1 BvR 845/58, BVerfGE 13, 331 (345 f.)) ausdrücklich klarstellt (vgl. BT-Drs. VI/1982, 98 f.), lediglich **Nebenzweck** sein. Steuern (und ebenso auch Gebühren in der Gestalt sog. Lenkungsgebühren; → Rn. 41) können auch nichtfiskalische öffentliche **Förderungs- und Lenkungsziele** verfolgen (zB BVerfG 6.3.2002 – 2 BvL 17/99, BVerfGE 105, 73 (112 f. mwN); BVerfG 7.11.2006 – 1 BvL 10/02, BStBl. II 2007, 192 (202)). Damit wächst die Steuer in Verwaltungsfunktionen, insb. die der staatlichen (Verhaltens-)Lenkung und Risikosicherung hinein (Weber-Grellet NJW 2001, 3657). Diese Instrumentalisierung des StRechts für Lenkungszwecke wird zwar in der Literatur aus – letztlich steuerpolitischen Gründen – äußerst krit. beurteilt und als Hemmschuh einer grundlegenden StVereinfachung angesehen (zB Kirchhof StuW 2006, 3 (16 ff.); Kirchhof AöR 2003, 1 (46 ff.); Jachmann StuW 1998, 193 (200 ff.); Trzaskalik Gutachten DJT 2000, 16 ff., 62 ff.). An dem verfassungsrechtlichen Befund, dass der Gesetzgeber einen weiten Spielraum bei der Auswahl der StQuellen und der Ausgestaltung von StGesetzen hat (→ Rn. 62) und die Steuer „zum zentralen Lenkungsinstrument aktiver staatlicher Wirtschafts- und Gesellschaftspolitik geworden" ist (BVerfG 10.12.1980 – 2 BvF 3/77, BVerfGE 55, 274 (299)), kann indes kein Zweifel bestehen. Freilich wirft der Einsatz des StRechts für Verwaltungszwecke unter begrifflich-systematischen Aspekten des StBegriffs und aus kompetenzrechtlicher Sicht bis heute nicht abschl. geklärte Fragen auf (dazu zB Sachs GG vor Art. 104a Rn. 12 ff. mwN; Kirchhof JöR 2006, 1 (8 ff.)). 24

Fiskalzwecknormen; Lenkungs- bzw. Sozialzwecknormen. Ausgehend von der mit der StErhebung verfolgten Zwecksetzung ist zwischen sog. Fiskalzwecknormen (Lastenausteilungsnormen) und sog. Lenkungsnormen (Sozialzwecknormen) zu unterscheiden. Fiskalzwecknormen verfolgen primär den Zweck, den Finanzbedarf der öffentlichen Haushalte zu decken. Hier steht – der Struktur des StRechts als Lastenverteilungsordnung entspr. – die Belastungswirkung im Vordergrund; sie verlangt die Beachtung des Prinzips der Besteuerung nach der Leistungsfähigkeit (HHSp § 3 Rn. 88; Tipke/Lang § 4 Rn. 20). 25

Lenkungsnormen (Sozialzwecknormen) sind demgegenüber auf den Eintritt bestimmter (nichtfiskalischer) Gestaltungswirkungen gerichtet; dies können zB wirtschafts-, sozial-, kultur-, gesundheits- oder umweltpolitische Ziele sein (vgl. zB BVerfG 10.12.1980 – 2 BvF 3/77, BVerfGE 55, 274 (299); BVerfG 6.11.1984 – 2 BvL 19, 20/83 ua, BVerfGE 67, 256 (278); StaatsR-HdB/Kirchhof § 88 Rn. 54). Das außerfiskalische Förderungs- und Lenkungsziel kann sowohl durch Sonderbelastung eines unerwünschten als auch durch steuerliche Verschonung eines erwünschten Verhaltens erfolgen. Eine trennscharfe **Abgrenzung** beider Normengruppen ist freilich uU problematisch, weil StNormen häufig gleichzeitig Fiskal- und Lenkungszwecken dienen (sog. Mehrfachzwecknormen, vgl. HHSp § 3 Rn. 102 f.; BFH 16.12.2003 – IX R 46/02, BStBl. II 2004, 284 (292); vgl. auch Seer/Drüen GmbHR 2002, 1093 (1098 f.) betr. § 8b II KStG). **Bedeutung** hat die Unterscheidung zwischen Fiskalzweck- und Lenkungsnormen insb. im Hinblick auf den zugrunde zu legenden verfassungsrechtlichen Maßstab (dazu nachfolgend), für die (teleologische) Auslegung der jeweiligen StNormen (→ § 4 Rn. 99) und für die Anwendung des § 40 (→ § 40 Rn. 3).

26 **Verfassungsrechtlich** ist fraglich, ob zu Sondervergünstigungen oder -belastungen führende Lenkungsnormen im Hinblick auf das Gebot der gleichmäßigen Besteuerung nach dem Leistungsfähigkeitsprinzip einer besonderen Rechtfertigung bedürfen (bejahend HHSp § 3 Rn. 98 ff.; StaatsR-HdB/Vogel § 87 Rn. 86; Tipke/Lang § 4 Rn. 85). Das BVerfG (BVerfG 21.6.2006 – 2 BvL 2/99, DStR 2006, 1316; BVerfG 7.11.2006 – 1 BvL 10/02, BStBl. II 2007, 192 (202)) verlangt insoweit ausreichende Gemeinwohlgründe, wobei dem Gesetzgeber hinsichtlich der wirtschaftspolitischen Diagnose und Prognose sowie bei der Wahl sachgerechter Mittel (insb. der sachgerechten Abgrenzung des Kreises der Begünstigten) ein weiter Beurteilungs- und Gestaltungsspielraum zuzubilligen ist. Das nichtfiskalische Ziel muss jedoch ein Mindestmaß an zweckgerechter Ausgestaltung des Vergünstigungstatbestands wahren. Lenkungszweck bzw. -funktion müssen von einer erkennbaren gesetzgeberischen Entscheidung getragen sein und im StGesetz mit hinreichender Bestimmtheit tatbestandlich vorgezeichnet und gleichheitsgerecht ausgestaltet sein (BVerfG 22.6.1995 – 2 BvL 37/91, BStBl. II 1995, 655 (664); BVerfG 7.11.2006 – 1 BvL 10/02, BStBl. II 2007, 192 (202)); zum Leistungsfähigkeitsprinzip → Rn. 76.

27 **Kompetenzrechtlich** verlangt eine steuerrechtliche Regelung, die Lenkungswirkungen in einem nicht steuerlichen Kompetenzbereich entfaltet, keine zur StGesetzgebungskompetenz hinzutretende Sachkompetenz (BVerfG 7.5.1998 – 2 BvR 1991, 2004/95, BVerfGE 98, 106 (118)). Der StGesetzgeber darf jedoch nicht Regelungen herbeiführen, die den vom zuständigen Sachgesetzgeber getroffenen Regelungen widersprechen (BVerfG 7.5.1998 – 2 BvR 1991, 2004/95, BVerfGE 98, 106 (118); dazu Sachs GG vor Art. 104a Rn. 17 f. mwN; Frenz DÖV 1999, 41 ff.; Brüning NVwZ 2002, 33). Dieses Widerspruchsverbot gilt sowohl für die Gesamtkonzeption der vom Sachgesetzgeber getroffenen Regelung als auch für die konkreten Einzelvorschriften (BVerfG 3.5.2001 – 1 BvR 624/00, HFR 2001, 709).

28 **Öko-Steuern.** Die im allgemeinen Sprachgebrauch als sog. Öko-Steuern (UmweltSt) bezeichneten Abgaben (dazu – mit umfassenden Nachw. – zB Weber-Grellet, 108 ff.; Tipke/Lang § 8 Rn. 111 ff.) sind kein steuerrechtlicher Typusbegriff. Sie sind – zB in Gestalt der durch das Gesetz zum Einstieg in die ökologische StReform v. 24.3.1999 (BGBl. 1999 I 378) eingeführten StromSt sowie der Erhöhung der MinöSt – umweltpolitisch motivierte Lenkungsabgaben, die im Vergleich zu sonstigen LenkungsSt keine Besonderheiten aufweisen. An der Rechtsqualität der ökologisch ausgerichteten VerbrauchSt, insb. der StromSt sowie der EnergieSt, als Steuern besteht mit Rücksicht auf ihre dauerhafte Einnahmeerzielung kein Zweifel (TK § 3 Rn. 13; Gosch AO § 3 Rn. 19.1).

D. Abgrenzung der Steuern von anderen Abgaben

Schrifttum: Jakob, Sonderabgaben-Fremdkörper im Steuerstaat?, FS Klein, 1994, 663 ff.; Jachmann, Sonderabgaben als staatliche Einnahmequelle im Steuerstaat, StuW 1997, 299; Hidien, Bundesstaatlicher Finanzausgleich und Sonderabgaben, DÖV 1997, 990; Hendler, Gebührenstaat statt Steuerstaat, DÖV 1999, 749 ff.; Tettinger, Der Kammerbeitrag als Verbandslast, in FS Kruse 2001, 79 ff.; Dziadkowski, Zur Struktur der Spielbankabgabe, UVR 2002, 329 ff.; Schoch, Verfassungsrechtliche Anforderungen an die Erhebung von Sonderabgaben, Jura 2010, 297; Müller-Franken, Die Spielbankabgabe in den finanzrechtlichen Kategorien des Grundgesetzes, DStZ 2012, 506; Thiemann, Die Dogmatik der Sonderabgabe im Umbruch, AöR 2013, 60.

Allgemeines. Das GG gibt keinen abgeschlossenen Kreis nicht-steuerlicher Abgaben vor (BVerfG 6.7.2005 – 2 BvR 2335, 2391/95, BVerfGE 113, 128 (146 f.), std. Rspr.; v. Mangoldt/Klein/Starck Art. 105 Rn. 7; aA Sachs GG vor Art. 104a Rn. 143). Das Vorliegen einer Steuer im (verfassungs-)rechtlichen Sinne bestimmt sich – im Zusammenhang mit der Abgrenzung zu anderweitigen Abgaben – nach dem materiellen Gehalt der jeweiligen Abgabe, nicht nach ihrer Bezeichnung (→ Rn. 5). Für Abgaben, die keine Steuern sind, beurteilt sich die Gesetzgebungskompetenz nach den allg. Regeln der Art. 70 ff. GG und nicht nach denen der bundesstaatlichen Finanzverfassung (Art. 105 ff. GG). Vor dem Hintergrund der in Art. 105 ff. geregelten Einnahmequellen **(Prinzip des StStaats)** und ferner im Interesse der Belastungsgleichheit bedarf es jedoch einer strikten Abgrenzung der Steuern von anderen Finanzierungsabgaben (BVerfG 6.11.1984 – 2 BvL 19, 20/83 ua, BVerfGE 67, 256 (276); BVerfG 7.11.1995 – 2 BvR 413/88, 2 BvR 1300/93, BVerfGE 93, 319 (342); HHSp § 3 Rn. 220). 33

Begrenzungen durch Finanzverfassung. Nichtsteuerliche Abgaben sind nur zulässig, wenn sie den Anforderungen der Begrenzungs- und Schutzfunktion der bundesstaatlichen Finanzverfassung standhalten (BVerfG 6.7.2005 – 2 BvR 2335, 2391/95, BVerfGE 113, 128 (146 f. mwN); vgl. auch Sachs GG vor Art. 104a Rn. 43, 72 f.). Ohne Beachtung dieser Grenze verlöre die grundgesetzliche Finanzverfassung Sinn und Funktion, weil andernfalls unter Umgehung der finanzverfassungsrechtlichen Verteilungsregeln beliebige nichtsteuerliche Abgaben begründet werden könnten (BVerfG 19.3.2003 – 2 BvL 9/98, NVwZ 2003, 715 (716); BVerfG 17.7.2003 – 2 BvL 1/99 ua, BVerfGE 108, 186 (215)). 34

Die Auferlegung nichtsteuerlicher Abgaben ist daher zur Wahrung der Geltungskraft der Finanzverfassung dadurch begrenzt, dass nichtsteuerliche Abgaben einer **besonderen Rechtfertigung** bedürfen und ihre Erhebung der **Belastungsgleichheit** der Abgabepflichtigen Rechnung tragen muss. Ferner berührt die Erhebung nichtsteuerlicher Abgaben den Verfassungsgrundsatz der Vollständigkeit des Haushaltsplans (BVerfG 19.3.2003 – 2 BvL 9/98, NVwZ 2003, 715 (716); BVerfG 17.7.2003 – 2 BvL 1/99 ua, BVerfGE 108, 186 (216)).

I. Sonderabgaben

Begriff. Sonderabgaben sind hoheitlich auferlegte Geldleistungspflichten, denen keine unmittelbare Geldleistung gegenübersteht und die dem Betroffenen eine Geldleistungspflicht „voraussetzungslos" auferlegen (BVerfG 23.1.1990 – 2 BvL 44/86, 1 BvL 48/87, BVerfGE 81, 156 (186 f. mwN)). Daher geraten Sonderabgaben notwendig in Konkurrenz zum verfassungsrechtlich geregelten Institut der Steuer. Der Unterschied zur Steuer liegt darin, dass Sonderabgaben nur von bestimmten Gruppen wegen deren spezieller Verantwortlichkeit für die jeweilige besondere Finanzaufgabe (vgl. BVerfG 24.1.1995 – 1 BvL 18/93 ua, BVerfGE 92, 91 (121)) erhoben werden und das Aufkommen regelmäßig in einen Sonderfonds außerhalb des Haushaltsplans fließt (zB BVerfG 9.11.1999 – 2 BvL 5/95, BVerfGE 101, 141 (148); Tipke/Lang § 3 Rn. 21; Jakob FS Klein, 667 ff.). Über die Rechtsnatur und Zulässigkeit entscheidet weder die gesetzliche Klassifizierung noch die konkrete haushaltsmäßige Behandlung einer Abgabe durch den Gesetzgeber (BVerfG 6.11.1984 – 2 BvL 19, 20/83 ua, BVerfGE 67, 256 (276)). Auch die Einstellung des 35

Aufkommens einer Abgabe in den allgemeinen Haushalt ändert am materiellen Gehalt einer nichtsteuerlichen Abgabe nichts (BVerfG 17.7.2003 – 2 BvL 1/99 ua, BVerfGE 108, 186 (213)).

36 **Verfassungsrechtlich** sind Sonderabgaben – als „seltene Ausnahme" – nur in engen Grenzen zulässig (BVerfG 17.7.2003 – 2 BvL 1/99 ua, BVerfGE 108, 186 (217); BVerfG 9.11.1999 – 2 BvL 5/95, BVerfGE 101, 141 (147 mwN); zu grds. Bedenken gegen die Zulässigkeit von Sonderabgaben Sachs GG vor Art. 104a Rn. 150 ff. mwN). Die Zulässigkeitsvoraussetzungen gelten nur für nationale Sonderabgaben, **nicht** für **gemeinschaftsrechtliche Abgaben** (BFH 28.11.2006 – VII B 54/06, BFH/NV 2007, 381).

Sonderabgaben müssen einen über die bloße Mittelbeschaffung hinausgehenden Sachzweck verfolgen. Im Gesetz muss außer der Belastung mit der Abgabe und der Verwendung des Aufkommens auch die gestaltende Einflussnahme auf den geregelten Sachbereich zum Ausdruck kommen; ihre Kompetenzgrundlage muss sich aus einer Sachgesetzgebungszuständigkeit ergeben (BVerfG 18.5.2004 – 2 BvR 2374/99, BVerfGE 110, 370 (389 mwN)). Die Sonderabgabe darf nur eine vorgefundene homogene Gruppe belasten, wobei zwischen dem mit der Abgabenerhebung verfolgten Zweck und dieser Gruppe eine spezifische Sachnähe (Finanzverantwortung) bestehen muss. Ferner muss zwischen den von der Sonderabgabe bewirkten Belastungen und den mit ihr finanzierten Begünstigungen eine sachgerechte Verknüpfung bestehen. Diese wird durch die „gruppennützige" Verwendung des Abgabenaufkommens im Interesse der Gruppe der Abgabepflichtigen hergestellt; „fremdnützige" Sonderabgaben sind grds. unzulässig (BVerfG 31.5.1990 – 2 BvL 12/88 ua, BVerfGE 82, 159 (180 f.)).

37 Die vorstehenden **Zulässigkeitskriterien** sind **strikt auszulegen und anzuwenden** (BVerfG 31.5.1990 – 2 BvL 12/88 ua, BVerfGE 82, 159 (181)). Dabei hat der Gesetzgeber, da Sonderabgaben grds. nur temporärer Natur sind, in angemessenen Zeitabständen zu prüfen, ob die Entscheidung für die Erhebung der Sonderabgabe wegen veränderter Umstände zu ändern oder aufzuheben ist (BVerfG 31.5.1990 – 2 BvL 12/88 ua, BVerfGE 82, 159 (181)). Der Gesetzgeber hat ferner eine **haushaltsrechtliche Informationspflicht** über Bestand und Entwicklung der Sonderabgaben (BVerfG 18.5.2004 – 2 BvR 2374/99, BVerfGE 110, 370 (389)). Zur Abgrenzung der Steuern von Sonderabgaben vgl. auch Jachmann StuW 1997, 300; zur Typologie der Sonderabgaben vgl. Jakob FS Klein, 663 (673 ff.).

II. Vorzugslasten (Gebühren, Beiträge)

39 Vorzugslasten (als Oberbegriff für Gebühren und Beiträge) verfolgen wie die Steuer einen Finanzierungszweck. Im Gegensatz zur Steuer sind sie jedoch eine Gegenleistung für eine individuelle und konkrete staatliche Leistung und durch ihre Ausgleichsfunktion legitimiert (BVerfG 17.7.2003 – 2 BvL 1/99 ua, BVerfGE 108, 186 (216 f.); BVerfG 7.11.1995 – 2 BvR 1300/93 ua, BVerfGE 93, 319 (344); HHSp § 3 Rn. 270 ff.).

40 **Gebühren** sind öffentlich-rechtliche Geldleistungen, die aus Anlass individuell zurechenbarer öffentlicher Leistungen dem Gebührenschuldner durch eine öffentlich-rechtliche Norm oder sonstige hoheitliche Maßnahmen auferlegt werden und dazu bestimmt sind, in Anknüpfung an diese Leistung deren Kosten ganz oder teilweise zu decken (BVerfG 6.7.2005 – 2 BvR 2335, 2391/95, BVerfGE 113, 128 (146 f. mwN); BVerwG 23.8.1991 – 8 C 37/90, NJW 1992, 2243; WBSK I § 42 Rn. 31 ff.). Dabei ist zwischen Verwaltungs- und Benutzungsgebühren und ferner Verleihungsgebühren (Konzessionsabgaben) zu unterscheiden (zu Einzelheiten vgl. HHSp § 3 Rn. 280 ff.; zum Gebührenbegriff der Kommunalabgabengesetze umfassend Driehaus § 4 Rn. 2a ff. mwN; speziell zu Konzessionsabgaben auch WBSK I § 42 Rn. 44 ff. und TK § 3 Rn. 24). Gebührentatbestände enthalten – bezüglich der Amtshilfe bzw. der Vollstr. – auch die §§ 115, 337 ff. Die Gebührenerhebung der unmittelbaren Staatsverwaltung bestimmt sich nach den jeweiligen Landesgebühren- und Verwaltungskostengesetzen. Eine besondere verfassungsrecht-

liche Stellung genießen die **Rundfunkgebühren** (dazu Sachs GG vor Art. 104a Rn. 113 ff. mwN).

Verfassungsrechtliche Grenzen. Der Unterschied zur Steuer liegt in der mit der Gebühr verbundenen Zweckbestimmung, die Kosten der individuell zurechenbaren öffentlichen Leistung ganz oder teilweise zu decken. Die **Kostendeckung** ist ein legitimer Gebührenzweck (BVerfG 19.3.2003 – 2 BvL 9/98 ua, NVwZ 2003, 715 (716)). Zwischen der Gebühr und dem Wert der besonderen Leistung für den Empfänger muss ein angemessenes Verhältnis bestehen (sog. **Äquivalenzprinzip,** dazu BVerfG 19.3.2003 – 2 BvL 9/98 ua, NVwZ 2003, 715 (716 mwN); WBSK I § 42 Rn. 34; Sachs GG vor Art. 104a Rn. 102). Die auf Kostendeckung gerichtete Höhe der Gebühr ist, weil sie Ausgleich der zur Leistungserbringung erforderliche Kosten ist, in erster Linie am Kostendeckungsprinzip (damit korrespondiert ist das sog. Kostenüberschreitungsverbot) auszurichten (WBSK I § 42 Rn. 35 mwN). Im Tarif müssen die zu entrichtenden Gebühren nach einem sachgerechten Wirklichkeits- oder Wahrscheinlichkeitsmaßstab bemessen werden (WBSK I § 42 Rn. 45 mwN). Gebühren für die Inanspruchnahme staatlicher Leistungen müssen jedoch nicht ausnahmslos einkommensunabhängig ausgestaltet sein, sondern können auch einem **Lenkungszweck** (zB dem der Verhaltenslenkung oder sozialen Zwecken) dienen (BVerfG 19.3.2003 – 2 BvL 9/98 ua, NVwZ 2003, 715 (717); BVerfG 10.3.1998 – 1 BvR 178/97, BVerfGE 97, 332 (346) betr. Staffelung von Kindergartengebühren; vgl. auch Tipke/Lang § 3 Rn. 19 mwN; Hendler DÖV 1999, 749 (753 f.)). 41

Auch für Gebühren gilt die **Begrenzungs- und Schutzfunktion der Finanzverfassung** (→ Rn. 34). Ihre Erhebung verlangt sowohl dem Grunde als auch der Höhe nach eine Rechtfertigung. Ihre Bemessung, insb. die Höhe der Gebühr, bedarf kompetenzrechtlich im Verhältnis zur Steuer einer besonderen unterscheidungskräftigen Legitimation. Damit ist eine Gebührenerhebung in beliebiger Höhe verfassungsrechtlich ausgeschlossen (vgl. im Einzelnen BVerfG 19.3.2003 – 2 BvL 9/98 ua, BVerfGE 108, 1 (15 ff.) betr. hochschulrechtliche Rückmeldegebühr).

Beiträge sind (einmalige) Geldleistungen, die zur vollen oder teilweisen Deckung des Aufwandes einer öffentlichen Einrichtung oder Anlage von denjenigen erhoben werden, denen die Herstellung, Anschaffung oder der Bestand der Einrichtung oder Anlage besondere Vorteile gewährt (BVerfG 20.5.1959 – 1 BvL 1, 7/58, BVerfGE 9, 291 (297 ff.)). Von praktischer Bedeutung sind insb. kommunalrechtliche Beiträge im Zusammenhang mit öffentlichen Einrichtungen (zB § 6 NKAG; zum Beitragsbegriff der Kommunalabgabengesetze Driehaus § 8 Rn. 8 ff.; WBSK I § 42 Rn. 24 ff.) sowie Erschließungsbeiträge gem. §§ 127 ff. BauGB. 42

III. Sonstige Abgaben; Abgaben sui generis

Der Kreis zulässiger Abgaben beschränkt sich nicht auf Steuern, Vorzugslasten und Sonderabgaben. Daneben sind auch andere Abgaben verfassungsrechtlich möglich (→ Rn. 33 ff.). Das BVerfG hat ausdrücklich auch die Abgabe zur **Künstlersozialversicherung** (BVerfG 8.4.1987 – 2 BvR 909/82 ua, BVerfGE 75, 108 (147 ff.)), **Fehlbelegungsabgabe** (BVerfG 8.6.1988 – 2 BvL 9/85 ua, BVerfGE 78, 249 (266 ff.)) und Erstattungen des Arbeitgebers gem. **§ 128 AFG** (BVerfG 23.1.1990 – 1 BvL 44/86 ua, BVerfGE 81, 156 (186 ff.)) für zulässig erklärt. Gewisse Einordnungsschwierigkeiten bereiten die **Sozialversicherungsbeiträge.** Sie sind jedenfalls, weil nicht voraussetzungslos geschuldet und als Sonderlast ausgestaltet, keine Steuern (Sachs GG vor Art. 104a Rn. 124 ff.; BK vor Art. 104a–115 Rn. 459, jeweils mwN). 43

Verbandslasten dienen der Finanzierung der Selbstverwaltungstätigkeit einer öffentlich-rechtlichen Körperschaft (zB Industrie- und Handelskammern, Ärzte-, Rechtsanwalts- oder Arbeitnehmerkammern). Die von den Mitgliedern zu leistenden Zahlungen sind keine Steuern (TK § 3 Rn. 26; HHSp § 3 Rn. 161, 311). Im Übrigen ist str., ob sie als eigenständiger Abgabentypus, dh als Abgabe sui generis (so Tettinger FS Kruse, 79 (89 ff.); 44

Sachs GG vor Art. 104a Rn. 118 ff.), als sonderabgabenähnlich (so v. Mangoldt/Klein/Starck Art. 105 Rn. 17) oder als Beitrag im rechtlichen Sinne (so BVerwG 26.1.1993 – 1 C 33/89, BVerwGE 92, 24 (28); vgl. auch Sachs GG vor Art. 104 Rn. 118 mwN) zu qualifizieren sind. Für die **Spielbankabgabe** (BFH 8.3.1995 – II R 10/93, BStBl. II 1995, 432; vgl. auch Vorlagebeschl. FG Niedersachsen 14.5.2003 – 3 K 264/95, EFG 2004, 445, BVerfG 11.8.2008 – 2 BvL 5/03, HFR 2009, 71, Vorlage unzulässig betr. zusätzliche Spielbankabgabe; eingehend Dziadkowski UVR 2002, 329) sowie die Troncabgabe (dazu BFH 8.3.1995 – II R 58/93, BStBl. II 1995, 438) wird der StCharakter hingegen bejaht.

E. Verfassungsrechtliche Besteuerungsgrundsätze

Schrifttum: Eckhoff, Rechtsanwendungsgleichheit im Steuerrecht, Köln 1999; Kirchhof, Besteuerung nach Gesetz, FS Kruse, 2001, 17 ff.; Hey, Mitteilungspflichten oder Quellenabzug-Maßnahme zur Sicherung von Steueransprüchen, FS 2001, 269 ff.; Karl, Rechtsanwendungsgleichheit und Verwaltungsanweisungen zur Begrenzung der Sachverhaltsermittlung, DStZ 2002, 598; Kirchhof, Der Weg zur verfassungsgerechten Besteuerung, StuW 2002, 185 ff.; Kirchhof, Der Grundrechtsschutz des Steuerpflichtigen, AöR 2003, 1 ff.; Möstl, Verfassungsrechtliche Grenzen der Besteuerung, DStR 2003, 720; Strahl, Die Bedeutung der Grundprinzipien des Steuerrechts für die (Abwehr-)Beratung, KÖSDI 2003, 13833 ff.; Birk, Das Gebot des gleichmäßigen Steuervollzugs und dessen Sanktionierung, StuW 2004, 277 ff.; Kirchhof, Die freiheitsrechtliche Struktur der Steuerrechtsordnung, StuW 2006, 3 ff.; Pezzer, Gleichmäßiger Gesetzesvollzug in der Steuerrechtsordnung, StuW 2007, 101; Tipke, Steuergerechtigkeit unter besonderer Berücksichtigung des Folgerichtigkeitsgebots, StuW 2007, 201; Seer, Der Vollzug von Steuergesetzen unter den Bedingungen der Massenverwaltung, DStjG 2008, 7 ff.

49 Die in § 3 I gegebene Definition des StBegriffs knüpft ausschl. an formale Kriterien an. Unter der Geltung des GG ist die vormals freiheitssichernde Funktion dieser Begriffsbestimmung von den Grundrechten sowie sonstigen verfassungsfundierten Grundsätzen (insb. der Grundsatz der Gesetzmäßigkeit der Besteuerung sowie das Prinzip gleichmäßiger Besteuerung) übernommen worden (vgl. HHSp § 3 Rn. 181 ff.). Insofern hat § 3 I seine Funktion verloren, rechtsstaatliche Grundsätze im StRecht zu verwirklichen (Kruse LB § 2 III 1; BK vor Art. 104a–115 Rn. 352 ff.).

Darüber hinaus unterliegt der StGesetzgeber selbstverständlich weiteren grundrechtlichen Bindungen, so etwa im Hinblick auf den Schutz von Ehe und Familie (Art. 6 GG), die Berufsfreiheit (Art. 12 GG) und Eigentumsgarantie (Art. 14 GG). Für die Einzelheiten wird auf die einschlägige Literatur (Tipke/Lang § 4 Rn. 197 ff.; HHSp § 4 Rn. 521 ff.) verwiesen.

Ungeachtet der verfassungsrechtlichen Vorgaben bleibt die (formale) Eigenschaft einer Steuer iSd § 3 I auch dann erhalten, wenn diese nicht den verfassungsrechtlichen Anforderungen genügt (→ Rn. 5).

I. Gesetzmäßigkeit (Tatbestandsmäßigkeit) der Besteuerung; Bestimmtheitsgebot

50 **Gesetzesvorbehalt.** Die Gesetzesbindung von Regierung und Verwaltung ist ein Hauptelement der formellen Rechtsstaatlichkeit (Art. 20 III GG). Das StRecht wird von der „Idee der primären Entscheidung des Gesetzgebers über die StWürdigkeit bestimmter generell bezeichneter Sachverhalte" getragen und „lebt aus dem Diktum des Gesetzgebers" (BVerfG 10.10.1961 – 2 BvL 1/59, BVerfGE 13, 153 (160); BFH 6.11.1985 – II R 63/83, BStBl. II 1986, 77). Die Auferlegung von StLasten ist dem Gesetz vorbehalten und nur zulässig, sofern und soweit sie durch Gesetz angeordnet ist (sog. Gesetzmäßigkeit oder Tatbestandsmäßigkeit der Besteuerung). Dieser steuerspezifische Gesetzesvorbehalt ist eine notwendige Konsequenz aus der grundrechtserheblichen Belastungswirkung des StGesetzes, die sich schon aus den benannten Grundrechten (zB Art. 6 oder 14 I 2 GG) ergeben kann und jedenfalls aus Art. 2 I GG abzuleiten ist (BVerfG 25.9.1992 – 2 BvL 5/91 ua., BStBl. II 1993, 413 (418)). Der Bürger darf nur aufgrund solcher Rechtsvorschriften zur

Steuer herangezogen werden, die formell und materiell verfassungsgemäß sind und deshalb zur verfassungsgemäßen Ordnung gehören (BVerfG 3.12.1958 – 1 BvR 488/57, BVerfGE 9, 3 (13); BK vor Art. 104a–115 Rn. 477).

Nach dem Grundsatz der Tatbestandsmäßigkeit der Besteuerung können StTatbestände nur durch **förmliches Gesetz oder Satzung** festgelegt werden (BVerfG 23.10.1986 – 2 BvL 7, 8/84, BVerfGE 73, 388 (400); TK § 3 Rn. 34). Insofern ist der Grundsatz der Tatbestandsmäßigkeit der Besteuerung enger als der Grundsatz der Gesetzmäßigkeit der Verwaltung (Art. 20 III GG), dem auch Vorgaben in einer VO genügen. Im StRecht müssen aufgrund des Parlamentsvorbehalts die wesentlichen Tatbestandsmerkmale der Steuer (StSubjekt, StObjekt, StBemessungsgrundlage und StSatz) im förmlichen Gesetz geregelt sein (HHSp § 4 Rn. 61; TK § 3 Rn. 37; FG Niedersachsen 14.3.2001 – 3 K 264/95, EFG 2001, 778 (780)). Das BVerfG hat allerdings bislang offengelassen, ob das Gesetz auch den StSatz bestimmen muss (vgl. BVerfG 17.7.2003 – 2 BvL 1/99 ua, BVerfGE 108, 186 (235)). 51

Der Grundsatz der Gesetz- und Tatbestandsmäßigkeit der StErhebung ist auch von den **Kirchen** im Rahmen der von ihnen erlassenen KiSt-Gesetze zu beachten (BVerfG 19.8.2002 – 2 BvR 443/01, HFR 2002, 1129 mwN; BFH 5.2.2003 – I B 51/02, BFH/NV 2003, 1092 mwN; BVerwG 21.5.2003 – 9 C 12/02, BFH/NV-Beil. 2003, 245; BFH 19.10.2005 – I R 76/04, BStBl. II 2006, 274). Zur Delegation von Rechtsetzungsbefugnissen → Rn. 54 f.

Das Gebot der Gesetzmäßigkeit der Besteuerung wird ergänzt durch den **Grundsatz der Tatbestandsbestimmtheit** und des darin umschlossenen **Gebots der Normenklarheit.** Der StTatbestand – dh die Gesamtheit der in der materiellen StRechtsnorm enthaltenen abstrakten Voraussetzungen einschl. der Rechtsfolge (TK § 3 Rn. 33) – muss nach Inhalt, Gegenstand, Zweck und Ausmaß bestimmt und begrenzt sein (BVerfG 10.10.1961 – 2 BvL 1/59, BVerfGE 13, 153 (160)) und sich vom Bürger erschließen lassen (BVerfG 10.11.1998 – 2 BvR 1057/91 ua., BStBl. II 1999, 182 (191)), sodass der Stpfl. die auf ihn entfallende StLast vorausberechnen kann (BVerfG 23.10.1986 – 2 BvL 7, 8/84, BVerfGE 73, 388 (400)). Auch die StBemessungsgrundlage muss **numerisch bestimmt oder bestimmbar** sein (FG Niedersachsen 14.3.2001 – 3 K 289/95, EFG 2001, 784 (786 mwN); TK § 3 Rn. 37). Aus dem allg. Gesetzesvorbehalt sind für das StRecht jedoch keine steuerrechtsspezifisch strengeren Bestimmtheitsanforderungen zu stellen (Seer, 163 ff.; aA BK vor Art. 104a–115 Rn. 479 ff.). 52

Grundsatz der Normenklarheit. Die Forderung nach einer dem Stpfl. möglichen Vorausberechnung bedeutet nicht, dass jede steuerrechtliche Norm allgemeinverständlich formuliert sein muss (zutr. Kirchhof StuW 2002, 185 (195); Luttermann FR 2007, 17). Das Gebot der Normenklarheit ist erst verletzt, wenn es wegen der Unbestimmtheit nicht mehr möglich ist, objektive Kriterien zu gewinnen, die eine willkürliche Handhabung durch Behörden und Gerichte ausschließen (BVerwG 12.7.2006 – 10 C 9/05, BVerwGE 126, 222 (229) mwN). IdR ist das Gebot der Normenklarheit gewahrt, wenn sich auftauchende Zweifelsfragen mit Hilfe anerkannter Auslegungsregeln beantworten lassen (BVerfG 9.11.1988 – 1 BvR 243/86, BVerfGE 79, 106 (120)). Die Forderung nach „möglichst übersichtlichem, widerspruchsfreiem und verständlichem Recht“ (so BFH 6.9.2006 – XI R 26/04, BStBl. II 2007, 167) rechtfertigt daher unter Berücksichtigung der Erkundigungspflicht der Stpfl. und des reichhaltigen Instrumentariums der Gesetzesauslegung (→ § 4 Rn. 85 ff.) für sich allein kaum die Verfassungswidrigkeit einer StNorm. Soweit eine steuergesetzliche Vorschrift dem Stpfl. (idR sanktionsbewehrte) Handlungspflichten (zB Erklärungs- oder Anzeigepflichten) auferlegt, sind an die Allgemeinverständlichkeit und Bestimmtheit der jeweiligen Norm höhere Anforderungen zu stellen. Hier muss die jeweilige Norm dem Normadressaten möglichst eindeutig klare Pflichten auferlegen; dies rechtfertigt insb. eine streng formale Auslegung gesetzlicher Anzeigepflichtregelungen (vgl. zB BFH 30.10.1996 – II R 69/94, BStBl. II 1997, 85). Besonders hohe Anforderungen an die Tatbestandsbestimmtheit sind zu stellen, sofern die Verletzung der jeweiligen steuer- 53 rechtlichen Vorschrift Strafbarkeitsfolgen nach sich zieht (Kirchhof StuW 2002, 185 (196); BFH 6.9.2006 – XI R 26/04, BStBl. II 2007, 167).

54 Für die FVerw. begründet der steuerrechtliche Gesetzesvorbehalt eine volle Bindung an das Gesetz (sog. **Legalitätsprinzip;** vgl. auch Tipke/Lang § 4 Rn. 152 ff.). Der Gesetzgeber darf die Entscheidung über die Freiheit des Bürgers nicht einseitig in das Ermessen der Verwaltung legen (BVerfG 31.5.1988 – 1 BvR 520/83, BVerfGE 78, 214 (226 mwN)). Der FVerw. ist im Vollzug der StGesetze kein Beurteilungsspielraum eingeräumt. Sie ist insb. zur Erhebung der gesetzlich geschuldeten Steuer verpflichtet (HHSp § 3 Rn. 203 ff.; TK § 85 Rn. 8).

55 **Rechtsverordnungen.** Eine Delegation von Rechtsetzungsbefugnissen auf den VO-Geber ist aufgrund entspr. Ermächtigung (Art. 80 GG sowie die entspr. VO-Ermächtigungen der Landesverfassungen) möglich. Das Regelungsprogramm für eine VO muss gem. Art. 80 I 2 GG nach Inhalt, Zweck und Ausmaß im Gesetz bestimmt werden. Die Bestimmtheitsanforderungen an die gesetzliche Ermächtigung (dazu zB Jarass/Pieroth Art. 80 Rn. 11 ff.; Kirchhof FS Kruse, 17 (26 ff.)) orientieren sich ua an der Intensität des Grundrechtseingriffs der jeweiligen Regelung. Besonders strenge Anforderungen sind an die inhaltliche Bestimmtheit der Ermächtigungsnorm in Eingriffsgesetzes zu stellen (BVerfG 5.3.1958 – 2 BvL 18/56, BVerfGE 7, 282 (302)). Die sich aus Art. 80 I GG ergebenden Grundsätze sind auch für die Landesgesetzgebung verbindlich (BVerfG 23.10.1986 – 2 BvL 7, 8/84, BVerfGE 73, 388 (400); FG Niedersachsen 14.3.2001 – 3 K 289/95, EFG 2001, 784 (786 mwN)).

56 Im **StRecht** sind VO-Ermächtigungen (zB § 51 EStG) nur in **engem Umfang** zulässig. Sie müssen sich auf – freilich praxisrelevante – Detailfragen beschränken (vgl. zB EStDV, GewStDV, UStDV, ErbStDV). Das Parlament hat durch förmliches Gesetz das Wesentliche zu regeln, insb. selbst StSchuldner, StGegenstand, Bemessungsgrundlage und StSatz zu bestimmen (Kirchhof EStG § 51 Rn. 3, 10). Der VO-Geber darf lediglich zu einer Konkretisierung von StTatbeständen ermächtigt werden (FG Niedersachsen 14.3.2001 – 3 K 289/95, EFG 2001, 784 (786); TK § 3 Rn. 37). Ein Gesetz, das eine Steuer einführt und es dem VO-Geber überlässt, das für sie Wesentliche zu bestimmen, verstößt gegen das Rechtsstaatsprinzip (BVerfG 5.3.1958 – 2 BvL 18/56, BVerfGE 7, 282 (302)). Daher liegt ein Verstoß gegen den Grundsatz der Tatbestandsmäßigkeit der Besteuerung vor, wenn dem VO-Geber aufgrund entspr. Ermächtigung die konstitutive Bestimmung des StSatzes überlassen wird (FG Niedersachsen 14.3.2001 – 3 K 289/95, EFG 2001, 784). Zur Mitwirkung des Bundestags beim VO-Erlass (zB § 51 III 2 EStG) sowie zur Handhabung des Zitiergebots (Art. 80 I 3 GG) in der Gesetzgebungspraxis vgl. Kirchhof FS Kruse, 17 (32 ff.) und Kirchhof EStG § 51 Rn. 16.

Häufig erfolgt eine **VO-Änderung** durch den **Gesetzgeber** anstelle der Exekutive; gleichzeitig wird dem VO-Geber eine Änderungsermächtigung erteilt (sog. „Rückkehr zum einheitlichen Verordnungsrang“, zB Art. 38 StÄndG 2001, Art. 13 StVergAbG). Die verfassungsrechtliche Zulässigkeit dieser Praxis ist noch nicht geklärt (zur Problematik vgl. Kirchhof FS Kruse, 17 (30 f.); Kirchhof EStG § 51 Rn. 14 f.).

57 **Satzung.** Die Zuweisung einer durch Satzung auszuübenden Besteuerungsbefugnis (→ § 4 Rn. 12 f.) bedarf einer hinreichend bestimmten Gesetzesgrundlage. Der parlamentarische Gesetzgeber muss die steuerlichen Eingriffe, wenn er sie nicht selbst regelt, zumindest inhaltlich maßgeblich so vorformen, dass der Maßstab für die Auswahl von StGegenstand und Stpfl., die Gestaltung von Bemessungsgrundlage und StSätzen abgeleitet werden kann (BVerfG 1.3.1997 – 2 BvR 1508/95 ua, HFR 1997, 512).

II. Gleichmäßigkeit der Besteuerung

60 Der Gleichheitssatz (Art. 3 I) ist „bereichsspezifisch“ für das StRecht zu konkretisieren (zB BVerfG 22.6.1995 – 2 BvL 37/91, BStBl. II 1995, 655 (660)) und gilt gleichermaßen für **ungleiche Belastungen** – mit dem daraus folgenden Gebot, die Stpfl. rechtlich und

tatsächlich in gleichem Maße zu belasten – und ebenso für **ungleiche Begünstigungen, sodass** auch ein ungleicher Begünstigungsausschluss verboten ist (BVerfG 24.1.2012 – 1 BvL 21/11, BVerfGE 130, 131; BVerfG 21.6.2006 – 2 BvL 2/99, DStR 2006, 1316 jeweils mwN). Gefordert ist sowohl **Rechtsetzungsgleichheit** (iSe gleichheitsgerechten Besteuerungsmaßstabs) als auch **Rechtsanwendungsgleichheit.** Das BVerfG (zB BVerfG 10.2.1987 – 1 BvL 18/81 ua., BVerfGE 74, 182 (199 f.); BVerfG 7.11.2006 – 1 BvL 10/02, BStBl. II 2007, 192 (201 f.)) entnimmt dem Gleichheitssatz einen verbindlichen Grundsatz der **StGerechtigkeit** und damit auch das Prinzip der wirtschaftlichen Leistungsfähigkeit (→ Rn. 75 ff.). Damit eng verknüpft ist das Prinzip der **Folgerichtigkeit,** das den Gesetzgeber zur folgerichtigen Umsetzung der getroffenen Belastungsentscheidung iSd Belastungsgleichheit verpflichtet (→ Rn. 63).

Bei Ungleichbehandlungen vergleichbarer Sachverhalte (bzw. der Gleichbehandlung verschiedenartiger Sachverhalte) beurteilte sich die Wirkungskraft des Gleichheitssatzes nach früherem Verständnis auf der Grundlage eines bloßen Willkürverbots (zB BVerfG 26.9.1978 – 1 BvR 772/78 ua, BVerfGE 49, 189 (209)). Nach der sog. **„neuen Formel"** ergeben sich unterschiedliche Anforderungen an gesetzliche Vorschriften je nach Regelungsintensität und Differenzierungsmerkmalen, wobei die verfassungsrechtlichen Prüfungsanforderungen von einem bloßen Willkürverbot bis zu einer strengen Bindung an Verhältnismäßigkeitserfordernisse reichen (zuletzt BVerfG 7.11.2006 – 1 BvL 10/02, BStBl. II 2007, 192 (201), std. Rspr. Jarass/Pieroth Art. 3 Rn. 17 ff.; HHSp § 4 Rn. 439 ff.). 61

1. Auswahl von Steuerquellen und Ausgestaltung von Steuergesetzen

Der Gesetzgeber hat einen **weiten Spielraum** bei der Auswahl der StQuellen und der Ausgestaltung von StGesetzen (BVerfG 7.11.2006 – 1 BvL 10/02, BStBl. II 2007, 192 (201), std. Rspr.; Sachs GG Art. 3 Rn. 135 und vor Art. 104a Rn. 90). Diese Gestaltungsfreiheit wird – bei evident unsachlicher Differenzierung – durch das Willkürverbot begrenzt (BVerfG 9.7.1969 – 2 BvL 20/65, BStBl. II 1970, 156; BVerfG 5.10.1993 – 1 BvL 34/81, BVerfGE 89, 132 (141 f.); BFH 21.5.1999 – VII R 25/97, BFHE 189, 223). Daneben hat die Auswahl der StQuellen und die konkrete Ausgestaltung der stgesetzlichen Regelungen selbstverständlich anderweitige Grundrechtsbindungen sowie die Vorgaben der Finanzverfassung zu beachten. Der StGesetzgeber kann bei der Erschließung der StQuellen auch Lenkungszwecke verfolgen (§ 3 I 2. HS; → Rn. 24 ff.). Erschließt der Gesetzgeber eine bestimmte StQuelle, ohne eine andere StQuelle auszuschöpfen, so steht der Gleichheitssatz (Art. 3 I GG) dem nicht entgegen (BVerfG 3.5.2001 – 1 BvR 624/00, HFR 2001, 709). 62

Gebot der Folgerichtigkeit. Hat der Gesetzgeber den StGegenstand ausgewählt, hat er diese Entscheidung folgerichtig iSe Belastungsgleichheit umzusetzen (BVerfG 22.6.1995 – 2 BvL 37/91, BStBl. II 1995, 655 (661); BVerfG 7.11.2006 – 1 BvL 10/02, BStBl. II 2007, 192 (202); BVerfG 13.2.2008 – 2 BvL 1/06, DStR 2008, 604; allg. Kirchhof JöR 2006, 1 (29 f. mwN); Kirchhof AöR 2003, 1 (44 ff.); Sachs GG Art. 3 Rn. 98 ff.; krit. zur Beschränkung des Folgerichtigkeitsgebots auf den „Binnenbereich der einzelnen Steuer" Tipke StuW 2007, 201 (205 ff.)); Ausnahmen hiervon bedürfen eines besonderen sachlichen Grundes (BVerfG 7.11.2006 – 1 BvL 10/02, BStBl. II 2007, 192 (202 mwN); vgl. auch BFH 11.6.2003 – IV B 47/03, BStBl. II 2003, 661 mwN betr. Systemwidrigkeit des § 32c II 2 Nr. 2 EStG; Vorlagebeschl. BFH 10.1.2008 – VI R 17/07, DStR 2008, 188 mwN, BVerfG 9.12.2008 – 2 BvL 2/08 ua, BVerfGE 122, 210 betr. § 9 II 1 EStG). Allein der Finanzbedarf des Staates kann ungleiche Belastungen, die durch die konkretisierende Ausgestaltung der strechtlichen Grundentscheidungen eintreten, nicht rechtfertigen (BVerfG 21.6.2006 – 2 BvL 2/99, DStR 2006, 1316 mwN; zur gleichheitswidrigen Privilegierung Dritter vgl. zB Tipke FR 2006, 949 (957) → § 350 Rn. 9). Die Gestaltungsfreiheit des Gesetzgebers ist umso größer, je weniger der StTatbestand nicht gestaltbare Verhältnisse, dh unveränderliche persönliche Lebenssituationen bzw. unausweichliche Gegebenheiten betrifft (BFH 4.2.2002 – VII B 63/01, BFH/NV 2002, 815 mwN). Der 63

Gleichheitssatz verpflichtet den Gesetzgeber schließlich auch, die strechtliche Bemessungsgrundlage realitätsgerecht auszugestalten (zB BVerfG 22.6.1995 – 2 BvL 37/91, BVerfGE 93, 121 (136); BVerfG 7.11.2006 – 1 BvL 10/02, BStBl. II 2007, 192 (203 ff.)).

Mit dem Gebot der Folgerichtigkeit eng verbunden ist das Gebot der **Widerspruchsfreiheit.** Dieses verpflichtet den Gesetzgeber zB, den aus öffentlichen Mitteln gezahlten existenznotwendigen Bedarf auch in entspr. Höhe dem Grundfreibetrag bei der ESt zugrunde zu legen (BVerfG 25.9.1992 – 2 BvL 5/91 ua, BStBl. II 1993, 413 (418 f.)).

2. Typisierung, Pauschalierung; Vereinfachungsnormen

66 Zahlreiche unter dem Oberbegriff der Vereinfachungsnormen (so HHSp § 4 Rn. 451) oder Vereinfachungszwecknormen (so Tipke/Lang § 4 Rn. 130 ff.) bezeichnete strechtliche Regelungen bedienen sich im Interesse der Praktikabilität und Verwaltungsvereinfachung einer Typisierung bzw. Pauschalierung. Typisierungsvorschriften richten ihren Regelungsgehalt vergröbernd an typischen Normalfällen aus und lassen individuelle Besonderheiten unberücksichtigt (zB Festlegung des Ertragsanteils gem. § 22 Nr. 1 S. 3 Buchst. a EStG, dazu BFH 5.6.2002 – X R 1/00, BFH/NV 2002, 1438). Eine Typisierung der rechnerischen Grundlagen erfolgt durch sog. Pauschalierungsvorschriften (zB Werbungskosten-Pauschbetrag, § 9a EStG).

67 **Verfassungsrechtlich** sind Typisierungen bzw. Pauschalierungen grds. zulässig (dazu allg. Jarass/Pieroth Art. 3 Rn. 30 ff., 44 ff.; Eckhoff Rechtsanwendungsgleichheit, 75 ff.). Jede gesetzliche Regelung muss verallgemeinern (BVerfG 21.6.2006 – 2 BvL 2/99, BVerfGE 116, 164 (182)). Der Gesetzgeber darf sich grds. – ohne allen Besonderheiten durch Sondervorschriften Rechnung tragen zu müssen – am Regelfall orientieren und hat vor allem bei der Ordnung von Massenerscheinungen und deren Abwicklung Raum für generalisierende, typisierende und pauschalierende Regelungen (BVerfG 7.11.2006 – 1 BvL 10/02, BStBl. II 2007, 192 (202 mwN); vgl. auch Kirchhof FS Kruse, 17 (19 ff.); eingehend zur Entwicklung der Rspr. des BVerfG BK vor Art. 104a–115 Rn. 505 ff.). Daher darf der Gesetzgeber „einen steuererheblichen Vorgang um der materiellen Gleichheit willen im typischen Lebensvorgang erfassen und individuell gestaltbare Besonderheiten unberücksichtigt lassen"; die gesetzliche Verallgemeinerung muss auf einer möglichst weiten, alle betroffenen Gruppen und Regelungsgegenstände einschließenden Beobachtung aufbauen; daher ist im Tatsächlichen der „typische" Fall **realitätsgerecht** zu erfassen (BVerfG 21.6.2006 – 2 BvL 2/99, BVerfGE 116, 164 (183); BVerfG 7.11.2006 – 1 BvL 10/02, BStBl. II 2007, 192 (202); vgl. auch Kirchhof FS Kruse, 17 (19 ff.); eingehend zur Entwicklung der Rspr. des BVerfG BK vor Art. 104a–115 Rn. 505 ff.); vgl. auch Vorlagebeschl. BFH 10.11.1999 – X R 60/95, BStBl. II 2000, 131, BVerfG 12.5.2009 – 2 BvL 1/00, BVerfGE 123, 111; BFH 23.8.2007 – VI R 74/04, BFH/NV 2007, 2189).

68 **Grenzen** der Typisierung bzw. Pauschalierung ergeben sich aus dem Verhältnismäßigkeitsprinzip; die Typisierung muss zur Vereinfachung geeignet, erforderlich und angemessen sein (HHSp § 4 Rn. 454). Etwaige Härten und Ungerechtigkeiten sind hinzunehmen, wenn die Benachteiligung nur eine kleine Zahl von Personen betrifft und der Verstoß gegen Art. 3 I GG nicht sehr intensiv ist (BVerfG 14.6.1994 – 1 BvR 1022/88, BStBl. II 1994, 909 (916); BFH 6.3.2003 – XI B 76/02, BStBl. II 2003, 523 zu entspr. Zweifeln betr. Typisierung durch § 2 III 2 ff. EStG). Zu beachten ist insb. das **Übermaßverbot.** Ein Verstoß hiergegen ist nur insoweit verfassungsgemäß, als dieser im Einzelfall durch verfassungskonforme Auslegung (→ § 4 Rn. 104 ff.) oder eine Billigkeitsmaßnahme abgewendet werden kann (BFH 5.5.2004 – II R 45/01, BStBl. II 2004, 1036 mwN). Das Übermaßverbot ist verletzt, wenn die Folgen einer schematisierenden Belastung extrem über das normale Maß hinausgehen, das der Schematisierung zugrunde liegt (BFH 5.5.2004 – II R 45/01, BStBl. II 2004, 1036 betr. Bedarfsbewertung). Zum Billigkeitserlass bei etwaigen Härten der Besteuerung → § 227 Rn. 45. **Pauschbeträge** unterliegen grds. keinem fortlaufenden gesetzlichen Anpassungszwang (so zB betr. Behinderten-Pauschbetrag nach § 33b EStG: BFH 20.3.2003 – III B 84/01, BFH/NV 2003, 1164).

3. Rechtsanwendungsgleichheit

Art. 3 I GG verlangt für das StRecht, dass Stpfl. durch ein StGesetz rechtlich und tatsächlich gleich belastet werden (BVerfG 9.3.2004 – BvL 17/02, BStBl. II 2005, 56 (62 mwN); Seer DStjG 2008, 7 (9 ff.)). Das Gebot eines gleichmäßigen Gesetzesvollzugs ist letztlich eine Aufgabe aller drei Staatsgewalten (zutr. Pezzer StuW 2007, 101 ff.). Der Gesetzgeber muss die Stpfl. so ausgestalten, dass jeder Stpfl. auch im **tatsächlichen Belastungserfolg** gleich zur Finanzierung der Staatsaufgaben herangezogen wird. Das materielle StGesetz ist daher in ein normatives Umfeld einzubetten, das die Gleichheit der Belastung prinzipiell gewährleistet. Dieses Postulat wird für die FVerw. insb. durch § 85 näher ausgeformt. Für die Rspr. steht neben der Verpflichtung zur Rechtsanwendungsgleichheit (dazu Sachs GG Art. 3 Rn. 204 ff.) insb. die Aufgabe der Kontinuitätsgewähr (→ § 4 Rn. 69). 69

Strukturelles Vollzugsdefizit. Wirkt sich eine rechtliche Gestaltung des **Erhebungsverfahrens** gegenüber einem Besteuerungstatbestand in der Weise **strukturell gegenläufig** aus, dass der Besteuerungsanspruch weitgehend nicht durchgesetzt werden kann und ist dieses Ergebnis dem Gesetzgeber zuzurechnen, führt die dadurch bewirkte Gleichheitswidrigkeit auch zur Verfassungswidrigkeit der Norm (BVerfG 27.6.1991 – 2 BvR 1493/89, BStBl. II 1991, 654 (665); BVerfG 9.3.2004 – BvL 17/02, BStBl. II 2005, 56 (62 ff.); BVerfG 10.1.2008 – 2 BvR 294/06, DStR 2008, 197 mwN). Bloße Vollzugsmängel bei der StErhebung, die nicht auf strukturell mangelhaften Erhebungsregelungen beruhen, tangieren die Gleichmäßigkeit der Besteuerung indes nicht (BVerfG 9.3.2004 – BvL 17/02, BStBl. II 2005, 56 (62 mwN)). Bei **Sachverhalten mit Auslandsberührung** folgt aus Vollzugsdefiziten, die sich aus den Grenzen nationalstaatlicher Souveränität ergeben, kein Verstoß gegen das Gebot der Gleichmäßigkeit der Besteuerung (BFH 18.11.2005 – II B 23/05, BFH/NV 2006, 612 mwN). Für die **ESt** ist die wirksamste Form gegenwartsnahen Gesetzesvollzugs die **QuellenSt** (BVerfG 10.4.1997 – 2 BvL 77/92, BStBl. II 1997, 518 (519); BFH 16.7.2002 – IX R 62/99, BStBl. II 2003, 74 (79); BVerfG 9.3.2004 – 2 BvL 17/02, BStBl. II 2005, 56 (63); → Rn. 87). 70

Beruht eine StBelastung nahezu allein auf der Erklärungsbereitschaft der Stpfl., weil die Erhebungsregelungen Kontrollen der StErklärungen weitgehend ausschließen, verstößt die StBelastung gegen die verfassungsrechtlich gebotene Lastengleichheit. Eine hinreichende Grundlage für eine strukturell angelegte Ungleichmäßigkeit der Rechtsanwendung ergibt sich auch dann, wenn ein Fehlverhalten bei der Erklärung ohne praktisch bedeutsames Entdeckungsrisiko möglich ist (BVerfG 9.3.2004 – 2 BvL 17/02, BStBl. II 2005, 56 (63 f.); BVerfG 29.8.2006 – 1 BvR 1673/06, HFR 2007, 500). Der Gesetzgeber hat die steuerliche Lastengleichheit durch entspr. Kontrollmöglichkeiten abzustützen, unzulängliche StErklärungen der Stpfl. einem angemessenen Entdeckungsrisiko auszusetzen und damit das Deklarationsprinzip des Veranlagungsverfahrens durch das **Verifikationsprinzip** zu ergänzen (BVerfG 9.3.2004 – 2 BvL 17/02, BStBl. II 2005, 94 mwN; Tipke/Lang § 21 Rn. 6; Hey FS Kruse, 269 ff.; Seer DStjG 2008, 7 (16 f.)). Bedeutung hat das Postulat der Rechtsanwendungsgleichheit im Hinblick auf die durch § 30a nach wie vor bewirkten Vollzugshindernisse (vgl. dazu die Erl. zu § 30a) und zB im Hinblick auf die umstrittene Verfassungsmäßigkeit des § 20 I Nr. 7 EStG (bejahend BFH 7.9.2005 – VIII R 90/04, BStBl. II 2006, 61; bestätigt BVerfG 10.3.2008 – 2 BvR 2077/05, NJW 2008, 2637), des § 23 I 1 Nr. 2 EStG (bejahend BFH 29.11.2005 – IX R 49/04, BStBl. II 2006, 178; nachfolgend BVerfG 10.1.2008 – 2 BvR 294/06, DB 2008, 273) oder des § 1 III GrEStG (bejahend BFH 18.11.2015 – II B 23/05, BFH/NV 2006, 612); zum sog. maßvollen Gesetzesvollzug → § 88 Rn. 33. 71

III. Leistungsfähigkeitsprinzip

In bereichsspezifischer Anwendung des Art. 3 Abs. 1 GG hat das BVerfG (zB BVerfG 10.2.1987 – 1 BvL 18/81 ua, BStBl. II 1987, 240 (245); BVerfG 7.11.2006 – 1 BvL 10/ 75

02, BStBl. II 2007, 192 (201 f.); vgl. auch Sachs GG Art. 3 Rn. 134 mwN) seit jeher dem Gleichheitssatz den Grundsatz der Besteuerung nach der wirtschaftlichen Leistungsfähigkeit entnommen. Jeder Inländer ist je nach seiner finanziellen Leistungsfähigkeit gleichmäßig zur Finanzierung der allgemeinen Staatsaufgaben heranzuziehen (BVerfG 7.11.2006 – 1 BvL 10/02, BStBl. II 2007, 192 (201 f. mwN)). Im Interesse der Lastengleichheit muss darauf abgezielt werden, Stpfl. bei gleicher Leistungsfähigkeit auch gleich hoch zu besteuern **(horizontale StGerechtigkeit);** die Besteuerung höherer Einkommen im Vergleich mit der StBelastung niedriger Einkommen muss (iSe **vertikalen StGerechtigkeit**) angemessen sein (BVerfG 4.12.2002 – 2 BvR 400/98, 2 BvR 1735/00, BStBl. II 2003, 534 (540 mwN)). Die Verankerung des Leistungsfähigkeitsprinzips allein in Art. 3 Abs. 1 GG wird allerdings der Bedeutung dieses Grundsatzes nicht gerecht; er ist vielmehr aus dem Zusammenwirken des Demokratieprinzips, der Freiheitsrechte, der Gleichheitsrechte und des Sozialstaatsprinzips abzuleiten (BFH 9.5.2001 – XI B 151/00, BStBl. II 2001, 552; vgl. auch BK vor Art. 104a–115 Rn. 519 ff.). Zu Abweichungen vom Leistungsfähigkeitsprinzip aufgrund zB wirtschafts- oder sozialpolitisch motivierter Lenkungs- oder Verschonungstatbestände → Rn. 24 ff.

76 Für die Fiskalzwecknormen des **ESt-Rechts** folgt aus dem Leistungsfähigkeitsprinzip das (objektive und subjektive) **Nettoprinzip** (eingehend Vorlagebeschl. BFH 10.1.2008 – VI R 17/07, DStR 2008, 188 mwN BVerfG 9.12.2008 – 2 BvL 2/08 ua, BVerfGE 122, 210 betr. § 9 II 1 EStG; BVerfG 4.12.2002 – 2 BvR 400/98, 1735/00, BStBl. II 2003, 534 (540); eingehend Schmidt EStG § 2 Rn. 10 ff.; HHSp § 4 Rn. 481 ff.; Tipke/Lang § 4 Rn. 113, § 9 Rn. 54 f.). Nach dem **objektiven Nettoprinzip** (§ 2 II EStG) sind Einkünfte nur insoweit einkommensteuerrechtlich zu erfassen, als sie dem Stpfl. nach Abzug der Erwerbseinkünfte verbleiben. Ob das objektive Nettoprinzip im ESt-Recht verfassungsgeboten ist, ist noch offen (zB BVerfG 4.12.2002 – 2 BvR 400/98 ua, BStBl. II 2003, 534 (540)). Ausnahmen von der folgerichtigen Umsetzung der mit dem objektiven Nettoprinzip getroffenen Belastungsentscheidung bedürfen jedenfalls eines besonderen, sachlich rechtfertigenden Grundes (BVerfG 4.12.2002 – 2 BvR 400/98, 2 BvR 1735/00, BStBl. II 2003, 534 (540 mwN); BFH 11.9.2008 – VI R 13/06, BFH/NV 2008, 1933 betr. Abgeordnetenpauschale; Vorlagebeschl. BFH 10.1.2008 – VI R 17/07, DStR 2008, 188 mwN; BVerfG 9.12.2008 – 2 BvL 2/08 ua, BVerfGE 122, 210 betr. § 9 II 1 EStG). Nach dem **subjektiven Nettoprinzip** (§ 2 IV und V EStG), dh der Besteuerung nach der subjektiven Leistungsfähigkeit, werden existenznotwendige private Ausgaben aus der Bemessungsgrundlage ausgeschieden (BVerfG 8.6.2004 – 2 BvL 5/00, BVerfGE 110, 412 (433 f.); vgl. auch zB Vorlagebeschl. BFH 14.12.2005 – X R 20/04, BStBl. II 2006, 312 (323 ff.) betr. Abzugsbegrenzung von Krankenversicherungsbeiträge, dazu BVerfG 13.2.2008 – 2 BvL 1/06, DStR 2008, 604; Vorlagebeschl. BFH 10.1.2008 – VI R 17/07, DStR 2008, 188 mwN; BVerfG 9.12.2008 – 2 BvL 2/08, BVerfGE 122, 210 betr. § 9 II 1 EStG). Die Wirkungskraft des Leistungsfähigkeitsprinzips bei **Lenkungsnormen** ist demgegenüber geringer (vgl. Tipke/Lang § 4 Rn. 85; Weber-Grellet NJW 2001, 3657 (3661 mwN)). Es sind jeweils die Bedeutung des Lenkungszwecks und die Schwere des Verstoßes gegen das Leistungsfähigkeitsprinzip gegeneinander abzuwägen (HHSp § 4 Rn. 448 ff. mwN). Der Belastung mit indirekten Steuern ist im Hinblick auf die verfassungsgeforderte steuerliche Schonung des **Existenzminimums** (dazu zuletzt BVerfG 13.2.2008 – 2 BvL 1/06, DStR 2008, 604 mwN) ggf. durch eine kompensierende Entlastung bei der direkten Besteuerung Rechnung zu tragen (BVerfG 23.8.1999 – 1 BvR 2164/98, NJW 1999, 3478; BVerfG 6.12.2007 – 1 BvR 2129/07, BFH/NV-Beil. 2008, 166).

F. Einteilung der Steuern

81 Die Finanzverfassung des GG statuiert, wie Art. 106 GG zeigt, ein Vielsteuersystem (zur theoretischen Richtigkeit dieses Systems vgl. Tipke/Lang § 8 Rn. 18 und § 4 Rn. 94;

Tipke StRechtsordnung II, 1021 ff.). Die Steuern können nach verschiedenen Ordnungsgesichtspunkten klassifiziert werden:

Nach der **Gesetzgebungshoheit** hat der **Bund** gem. Art. 105 I GG die ausschl. Gesetzgebung über Zölle (sie ist jedoch weitgehend gegenstandslos; → § 1 Rn. 12) und Finanzmonopole (praktisch relevant war nur noch das Branntweinmonopol, → § 1 Rn. 7). Gemäß Art. 105 II GG hat der Bund ferner die konkurrierende Gesetzgebungskompetenz über die übrigen Steuern, wenn das Aufkommen dem Bund ganz oder zum Teil zusteht (dazu Art. 106 I und III GG) oder iSd Art. 72 II GG ein Bedürfnis nach einer bundesgesetzlichen Regelung besteht. Die **Länder** haben die Gesetzgebungsbefugnis, soweit für den Bund die Voraussetzungen einer konkurrierenden Gesetzgebung nicht erfüllt sind oder dieser von seinem Gesetzgebungsrecht keinen Gebrauch macht. Ferner haben die Länder gem. Art. 105 II a 1 GG die ausschl. Gesetzgebungskompetenz für die **örtlichen Verbrauch- und AufwandSt** (vgl. dazu die einschlägige Kommentarliteratur, zB Jarass/Pieroth Art. 105 Rn. 27 ff.); dies sind zB die ZweitwohnungSt (BVerfG 6.12.1983 – 2 BvR 1275/79, BStBl. II 1984, 72; BVerwG 21.3.2007 – 10 BN 4/06, BFH/NV-Beil. 2007, 474 mwN; Kasper DStR 2006, 2005 mwN) und die HundeSt (BVerwG 2.11.2006 – 10 B 4/06, BFH/NV-Beil. 2007, 319 mwN). Die Länder haben ferner gem. Art. 140 GG iVm Art. 137 VI WRV die Gesetzgebungskompetenz für die KiSt (→ § 1 Rn. 15). 82

Nach der **Ertragshoheit,** dh der Verteilung des StAufkommens ist auf der Grundlage des Art. 106 GG zwischen **BundesSt** (Art. 106 I GG; ihr Ertrag steht vollständig dem Bund zu), **LandesSt** (Art. 106 II GG; ihr Ertrag steht vollständig den Ländern zu), **GemeinschaftsSt** (Art. 106 III und IV GG; ihr Ertrag steht Bund und Ländern gemeinsam zu) und **GemeindeSt** (Art. 106 V bis VII GG) zu unterscheiden. Zu den Finanzquellen der EU → § 2 Rn. 27. Zur Differenzierung nach der **Verwaltungshoheit** → § 1 Rn. 16 f. 83

Nach dem **Besteuerungsgegenstand** kann differenziert werden zwischen 84

– **BesitzSt,** die auf Vermögen, Einkommen und Ertrag erhoben werden (Kruse LB § 3 III 3a). Die BesitzSt lassen sich ihrerseits untergliedern in die **PersonenSt** (SubjektSt), für die die jeweils persönlichen Verhältnisse maßgebend sind (Kruse LB § 3 III 2a). Der Gegenbegriff zu den PersonenSt sind die **RealSt** (dazu § 3 II), die auf einzelnen Gegenständen lasten und von demjenigen erhoben werden, dem diese Gegenstände zuzurechnen sind.
– **VerkehrSt** (angesprochen zB in Art. 106 II Nr. 4 GG; vgl. auch § 139 I 2: „besondere Verkehrsteuern"). Sie knüpfen an einen rechtlichen oder wirtschaftlichen Akt, an die Vornahme eines Rechtsgeschäfts oder einen wirtschaftlichen Vorgang oder Verkehrsvorgang an (BVerfG 8.1.1999 – 1 BvL 14/98, BStBl. II 1999, 152 mwN). VerkehrSt sind insb. die GrESt, VersSt, Rennwett und LotterieSt sowie die Spielbankabgabe. Für die AO gehört auch die **USt** gesetzestechnisch zu den VerkehrSt (→ § 169 Rn. 48, → § 172 Rn. 13); die EUSt ist jedoch kraft ausdrücklicher Anordnung (§ 21 I UStG) eine VerbrauchSt.
– **VerbrauchSt** (vgl. Art. 105 II a, 106 I 2 und 108 I GG; ferner zB §§ 23 I, 30, 50, 161, 169 II Nr. 1, 172 I 1 Nr. 1). Sie sind begrifflich WarenSt, die den Verbrauch vertretbarer, regelmäßig zum baldigen Verzehr oder kurzfristigen Verbrauch bestimmter Güter des ständigen Bedarfs belasten (BVerfG 7.5.1998 – 2 BvR 1991, 2004/95, BVerfGE 98, 106 (123 f.)). Erhebungstechnisch werden VerbrauchSt idR bei dem das Verbrauchsgut anbietenden Unternehmen erhoben und sind auf Überwälzung auf den Verbraucher angelegt (BVerfG 7.5.1998 – 2 BvR 1991, 2004/95, BVerfGE 98, 106 (124 mwN); vgl. auch Tipke/Lang § 3 Rn. 33). VerbrauchSt sind zB die EnergieSt, BierSt, BranntweinSt (ab. 1.1.2018 durch AlkSt abgelöst), KaffeeSt, Einfuhr- und Ausfuhrabgaben (→ Rn. 89), TabSt, VergnügungsSt, HundeSt sowie kraft gesetzlicher Anordnung die EUSt (vgl. § 21 I UStG).

85 Nach einer an der individuellen **Leistungsfähigkeit** (bzw. ihren Indikatoren) ausgerichteten Einteilung lassen sich drei Zugriffsphasen der Besteuerung unterscheiden (vgl. Tipke/Lang § 4 Rn. 95 ff.; HHSp § 3 Rn. 369 ff.):

– Steuern auf das **Einkommen (Vermögenszugang).** Sie belasten das am Markt erwirtschaftete Einkommen durch die ESt und KSt einschl. der hierzu erhobenen ZuschlagSt (SolZ und KiSt) und die GewerbeertragSt; ferner die SchSt und ErbSt für den nicht am Markt erwirtschafteten Vermögenszugang durch Schenkungen und Erwerbe von Todes wegen;
– Steuern auf den **Vermögensbestand** durch die GrSt und die vormals erhobene VSt;
– Steuern auf die **Verwendung von Einkommen und Vermögen (Konsum)** durch die VerbrauchSt (zB USt, EnergieSt, KaffeeSt, StromSt, TabSt) und AufwandSt (KraftSt und örtliche AufwandSt) sowie VerkehrSt.

86 Unter dem Gesichtspunkt der **Identität von StSchuldner und StTräger** kann zwischen direkten und indirekten Steuern unterschieden werden. Bedeutung hat diese Unterscheidung vornehmlich in der finanz- und steuerpolitischen Diskussion (Kruse LB I S. 76). Bei **direkten Steuern** (insb. ESt, KSt) sind StSchuldner und StTräger identisch. Die Steuer wird hier unmittelbar bei demjenigen erhoben, den die Steuer wirtschaftlich treffen soll; die Möglichkeit der privatrechtlichen Überwälzung der Steuer auf Dritte (so zB der GrSt im Rahmen eines Mietvertrags) ändert an dieser Klassifikation nichts. **Indirekte Steuern** (insb. USt, VerbrauchSt, Einfuhr- und Ausfuhrabgaben) werden infolge ihrer Anknüpfung an formale Verkehrsvorgänge bzw. formale Verbrauchsakte idR bei anderen Personen als denjenigen erhoben, die sie wirtschaftlich treffen sollen. Diese Steuern werden im Wege des entgeltlichen Güteraustauschs überwälzt. Die Unterscheidung zwischen direkten und indirekten Steuern ist international üblich. Sie liegt auch den in Art. 110 ff. AEUV getroffenen Regelungen zugrunde (→ § 2 Rn. 28 f.).

87 Nach der **Art der StErhebung** kann unterschieden werden zwischen Veranlagungs- und FälligkeitsSt sowie AbzugsSt. Bei **VeranlagungsSt** erfolgt die Festsetzung der Steuer durch StBescheid (§ 155 I). Sie werden fällig mit Ablauf der gesetzlich vorgeschriebenen oder bei der StFestsetzung gesetzten Zahlungsfrist (vgl. Kruse LB § 3 III 5). **FälligkeitsSt** werden kraft Gesetzes fällig, ohne dass es ihrer vorherigen Festsetzung bedarf. Der Stpfl. hat die FälligkeitsSt idR selbst zu errechnen und anzumelden (so zB für die USt einschl. der USt-Vorauszahlungen § 18 I und III 1 UStG; ebenso zahlreiche VerbrauchStG). Ein StBescheid ergeht nur, wenn die FB die Steuer abw. von der eingereichten Anmeldung festsetzen will oder keine StAnmeldung abgegeben wurde (§ 167 I 1). Die Unterscheidung zwischen Veranlagungs- und FälligkeitsSt ist im StStrafrecht von Bedeutung (vgl. Tipke/Lang § 23 Rn. 30 mwN). **AbzugSt** sind im Wege des StAbzugs zu zahlende Steuern. Dazu gehören die LSt (§§ 38 EStG), KapESt (§ 43 EStG), ESt beschränkt Stpfl. (§ 50a EStG) sowie die BauabzugsSt (→ Rn. 16). Diese Form der StErhebung wird auch als **QuellenSt** bezeichnet, weil sie an der „Quelle" bei der Auszahlung erhoben wird. Die abgezogene Steuer wird dem Stpfl. als Vorauszahlung auf die ESt angerechnet (zB § 36 IV EStG). Die QuellenSt vereinfacht die StErhebung erheblich und bietet im Vergleich zu den VeranlagungsSt die wirksamste Gewähr für einen gleichheitsgerechten Vollzug des StGesetzes (→ Rn. 71; zu Möglichkeiten einer QuellenSt im Zusammenhang mit der Besteuerung von Spekulationserträgen vgl. Suhrbier-Hahn DStR 2003, 354 ff.; zur AbgeltungSt vgl. zB Weber-Grellet NJW 2008, 545 mwN).

G. Realsteuern (Abs. 2)

88 Nach der in § 3 II gegebenen und abschließenden Definition sind RealSt die GrSt und GewSt. Damit werden Zweifel, die sich aus der begrifflichen Unschärfe des Begriffs der RealSt ableiten, vermieden (zutr. Gosch AO § 3 Rn. 58.1). Zur Verfassungsmäßigkeit der GewSt zB BFH 18.9.2003 – X R 2/00, BFH/NV 2004, 141 mwN; BVerfG 15.1.2008 – 1

BvL 2/04, BVerfGE 120, 1; zur Verfassungswidrigkeit der GrSt im Hinblick auf Wertverzerrungen zwischen den Einheitswerten in den alten und neuen Bundesländern vgl. BVerfG 10.4.2018 – 1 BvL 11/14, BVerfGE 148, 147; aA noch BFH 4.7.2007 – II B 95/06, BFH/NV 2007, 1829; zur Verfassungsmäßigkeit im Hinblick auf die GrSt-Erhebung für selbstgenutztes Grundvermögen BFH 19.7.2006 – II R 81/05, BFH/NV 2006, 1992; zur verfassungsrechtlichen Bestandsgarantie der RealSt vgl. Sachs GG Art. 105 Rn. 53). Zur Geltung der AO für RealSt vgl. die Erl. zu § 1 II.

H. Einfuhr- und Ausfuhrabgaben (Abs. 3)

Der durch das StÄndG 2001 (→ Rn. 1) neu eingefügte und durch das ZKAnpG neu gefasste Abs. 3 stellt klar, dass auch Einfuhr- und Ausfuhrabgaben nach Art. 5 Nr. 20 und 21 UZK Steuern iSd AO sind (→ Rn. 3). Der in Art. 5 Nr. 20 und 21 UZK verwendete Begriff der „Einfuhr- und Ausfuhrabgaben" wird im AEUV nicht verwendet; diese Begriffe sind eine Zusammenfassung der nach dem Zollrecht in Betracht kommenden Abgaben (HHSp § 1 Rn. 13). 89

§ 3 III ersetzt den vormaligen § 3 I 2, der Zölle und Abschöpfungen als Steuern qualifizierte (dazu BT-Drs. 7/4292, 15). Aufgrund der in § 3 III getroffenen Regelung ist es von nur theoretischem Interesse, ob Einfuhr- und Ausfuhrabgaben bei materieller Betrachtung als Steuern zu qualifizieren sind. Dies wird zumindest für Schutzzölle (Prohibitivzölle) mangels beabsichtigter Einnahmeerzielung zu verneinen sein (HHSp § 3 Rn. 452).

J. Steuerliche Nebenleistungen (Abs. 4)

Schrifttum: Bergkemper, Steuerliche Nebenleistungen (AO 1977), Münster/Hamburg 1992.

Allgemeines. Abs. 4 enthält eine Legaldefinition für den in zahlreichen AO-Vorschriften (§§ 1 III, 3 V 3, 32 Nr. 1, 46 I, 155 III 3, 156, 218 I, 220 II, 240 II) und in EinzelStG (zB § 12 Nr. 3 EStG) verwendeten Begriff der steuerlichen Nebenleistungen. Die Aufzählung des **Abs. 4 ist abschließend** (HHSp § 3 Rn. 471; AEAO zu § 3), sodass zB Zuschläge gem. § 16 REITG nicht erfasst werden (TK § 3 Rn. 93a); demgegenüber führt Nr. 3 Zuschläge nach § 162 IV und IVa ausdrücklich auf. Gemäß § 1 III ist die AO auf steuerliche Nebenleistungen sinngemäß anzuwenden (zu Einzelheiten → § 1 Rn. 23 ff.). 90

Begriff und Rechtsnatur. Steuerliche Nebenleistungen sind Geldleistungen, die im StSchuldverhältnis aufgrund eines besonderen Anspruchsgrundes neben der Steuer geschuldet werden (HHSp § 3 Rn. 473; ähnlich BFH 13.10.1994 – IV R 100/93, BStBl. II 1995, 484). Sie werden zwar im Zusammenhang mit Steuern erhoben, erfüllen jedoch selbst nicht die Merkmale des § 3 I und sind daher **keine Steuern** (Bergkemper S. 34 ff.). Steuerliche Nebenleistungen mit Sanktionscharakter (Verspätungszuschläge, Säumniszuschläge, Zwangsgelder) dienen nicht der Erzielung von Einnahmen, sondern der Ahndung bzw. als Druckmittel bei Pflichtwidrigkeiten oder Ungehorsam (BFH 22.4.1983 – VI R 268/80, BStBl. II 1983, 489; HHSp § 3 Rn. 476 ff.; TK § 3 Rn. 14; zur Rechtsnatur des Zuschlags nach § 162 IV und IVa als Druckmittel eigener Art → § 162 Rn. 82). Als steuerliche Nebenleistung sind nach dem durch das JStG 2009 geänderten § 3 IV auch die Verzögerungsgelder (§ 146 II b, durch das JStG 2009 eingefügt) und die Verspätungsgelder (§ 22a V EStG, durch das JStG 2010 eingefügt) zu behandeln; diese haben ebenfalls Sanktionscharakter. Durch Art. 3 Nr. 2 Buchst. b DAC7-UmsG sind Abs. 4 Nr. 3a und 10 neu eingeführt worden. Nr. 3a ergänzt die Aufzählung um die neuen Mitwirkungsverzögerungsgelder (§ 200a II) und die Zuschläge zum Mitwirkungsverzögerungsgeld (§ 200a III). Nr. 10 nimmt die Kosten nach § 10 V und § 11 VII PStTG in die Aufzählung der steuerlichen Nebenleistungen auf. Gemäß § 10 I PStTG kann das BZSt auf Antrag bei besonderem Interesse des Antragstellers eine Auskunft über das Vorliegen der 91

Voraussetzungen nach § 3 I PStTG bzw. § 5 I PStTG erteilen. Für die Bearbeitung des Antrags erhebt das BZSt gem. § 10 V PStTG eine Gebühr von 5.000 EUR. Ebenso werden im Verfahren zur Feststellung eines freigestellten Plattformbetreibers Bearbeitungsgebühren erhoben (§ 11 VII PStTG).

92 **Zinsen** (§§ 233–237) sind eine laufzeitabhängige Vergütung für die Kapitalnutzung (→ § 233 Rn. 5 mwN) und erfüllen aufgrund dieses Gegenleistungscharakters nicht den StBegriff des § 3 I (BFH 9.10.2002 – V R 81/01, BStBl. II 2002, 887; HHSp § 3 Rn. 477). Ebenso sind auch Kosten (§§ 89, 178, 178a aF, 337–345) eine Gegenleistung für die erbrachte Amtshandlung.

93 **Zinsen iSd UZK.** § 3 IV wurde durch das StÄndG 2001 (→ Rn. 1) dahingehend erweitert (angepasst durch das ZKAnpG), dass auch Zinsen iSd UZK im Zusammenhang mit Einfuhr- und Ausfuhrabgaben (Art. 5 Nr. 20 und 21 UZK) zu den steuerlichen Nebenleistungen gehören und damit nach den AO-Vorschriften zu erheben sind (BT-Drs. 14/7341, 38). Es handelt sich im Einzelnen um Säumniszinsen (Art. 232 I b UZK), nunmehr Verzugszinsen (Art. 114 UZK), Kreditzinsen (Art. 112 II UZK), Erstattungszinsen (Art. 116 VI UZK) und Ausgleichszinsen (Art. 214 III ZK; mit dem UZK entfallen). Für Hinterziehungs-, Prozess- und Aussetzungszinsen gelten mangels entspr. Regelung im UZK die §§ 235–237 AO (str., vgl. Witte vor Art. 112 ff. Rn. 1 mwN). Die Rspr. hat – trotz der abschließenden Aufzählung des § 3 – Zinsen auf zu Unrecht erhobene Antidumpingzölle (EuGH 18.1.2017 – C-365/15, BB 2019, 293; BFH 21.1.2021 – VII B 121/20, BFH/NV 2021, 682) erfasst, sodass nunmehr Nr. 4 folgerichtig klarstellt, dass auch aus dem Unionsrecht abgeleitete Zinsen steuerliche Nebenleistungen sind.

K. Ertragshoheit bei steuerlichen Nebenleistungen (Abs. 5)

94 Der zuletzt durch das ZKAnpG neu gefasste § 3 V (→ Rn. 1) bestimmt die – durch Art. 106 f. GG nicht geregelte – Ertragshoheit hinsichtlich der steuerlichen Nebenleistungen und beseitigt insoweit bestehende Abgrenzungsprobleme.

I. Ertragshoheit bei Zinsen auf Einfuhr- und Ausfuhrabgaben (Abs. 5 S. 1)

95 Gemäß § 3 V 1 steht dem Bund das Aufkommen der Zinsen auf Einfuhr- und Ausfuhrabgaben (Art. 5 Nr. 20 und 21 UZK) zu. Insoweit ist keine Ertragshoheit der EU gegeben, weil der Bund gegenüber der EU mit der Zahlung der Einfuhr- und Ausfuhrabgaben in Vorleistung tritt und Zinsen nicht zu den Einnahmen der EU (Eigenmittel; → § 2 Rn. 27) gehören (BT-Drs. 14/7341, 38).

II. Ertragshoheit bei übrigen Zinsen (Abs. 5 S. 2)

96 Gemäß § 3 V 2 steht das Aufkommen der übrigen Zinsen den jeweils steuerberechtigten Körperschaften zu. Damit folgt die Ertragshoheit bei Zinsen der in Art. 106 GG geregelten StErtragshoheit. Die Zinserträge an den Steuern iSd Art. 106 I und II GG stehen allein dem Bund bzw. allein den Ländern zu; bei den GemeinschaftsSt (Art. 106 III GG) erfolgt eine entspr. Aufteilung. Den **Gemeinden** und **Gemeindeverbänden** steht mangels einer durch Art. 106 III 1 GG eingeräumten StErtragshoheit kein Anteil an den Zinsen zu (str., wie hier HHSp § 3 Rn. 505; TK § 3 Rn. 97 mwN). § 3 V 2 gilt für Erstattungszinsen (§ 236) entspr.; mit diesen Zinsen ist die jeweils steuerberechtigte Körperschaft belastet (HHSp § 3 Rn. 505).

III. Ertragshoheit bei Kosten iSd § 89 (Abs. 5 S. 3)

97 Das Aufkommen der Kosten iSd § 89 steht jeweils der Körperschaft zu, deren Behörde für die Erteilung der verbindlichen Auskunft zuständig ist. Zur Zuständigkeit vgl. die Erl. zu § 89 II.

IV. Ertragshoheit bei Kosten iSd § 89a (Abs. 5 S. 4)

Das Aufkommen der Kosten für ein Vorabverständigungsverfahren gem. § 89a steht dem Bund und den jeweils verwaltenden Körperschaften je zur Hälfte zu (§ 3 V 2). Diese Verteilung des Aufkommens rechtfertigt sich aufgrund der Beteiligung sowohl des BZSt als auch der LandesFB an einem APA (→ § 89a Rn. 1). **98**

V. Ertragshoheit bei den übrigen steuerlichen Nebenleistungen (Abs. 5 S. 5 und 6)

Nach S. 5 steht das Aufkommen der Kosten nach § 10 V und § 11 VII PStTG (→ Rn. 91) zu Recht allein dem Bund zu, da die Gebühren infolge der Bearbeitung durch das BZSt verursacht werden (vgl. auch TK § 3 Rn. 95). Das Aufkommen der übrigen steuerlichen Nebenleistungen steht gem. § 3 V 6 den verwaltenden Körperschaften zu. Die Verwaltungshoheit bestimmt sich nach Art. 108 GG. Durch diese Aufkommensberechtigung soll der Verwaltungsaufwand abgegolten werden, der den verwaltenden Körperschaften durch die Nebenleistungspflichtigen entsteht (TK § 3 Rn. 100). **99**

§ 4 Gesetz

Gesetz ist jede Rechtsnorm.

Vergleichbare Vorschriften: Art. 2 EGBGB; § 12 EGZPO; § 7 EGStPO

Übersicht

A. Allgemeines

1 **Bedeutung.** § 4 stellt im Sinne einer steuerlichen Begriffsbestimmung klar, dass der Begriff „Gesetz“ nicht nur das förmliche Gesetz, sondern jede Rechtsnorm – also insb. auch Verordnungen – umfasst. In diesem Sinne ist der in Vorschriften der AO (zB §§ 110 I, 140, 149 I und II, 185, 220) bzw. dem Anwendungsbereich der AO (dazu § 1) unterliegenden EinzelStG verwendete Begriff „Gesetz“, „Steuergesetz“ oder „gesetzlich“ zu verstehen.

Eine im Rahmen des § 4 vorgeschlagene gesetzliche Normierung allgemeiner Regeln über die Auslegung von StGesetzen und die wirtschaftliche Betrachtungsweise (vgl. den AO-Entwurf in BT-Drs. VI/1982, 99 f.) ist vom Finanzausschuss (BT-Drs. 7/4292, 15 f.) als entbehrlich angesehen worden. Zur Auslegung von StGesetzen → Rn. 85 ff.

2 **Regelungsinhalt.** § 4 zielt im Kern darauf ab, dem Gesetz im formellen Sinne (dh dem in einem förmlichen Gesetzgebungsverfahren zustande gekommenen Willensakt der Gesetzgebungsorgane) jedes **Gesetz im materiellen Sinn** (dh jeden abstrakten und generellen Rechtssatz) gleichzustellen.

B. Regelungsbefehl des § 4

3 **Rechtsnorm** iSd § 4 ist jede Rechtsregel normativen Charakters ohne Rücksicht darauf, ob sie in einem förmlichen Verfahren zustande gekommen und wer ihr Urheber ist (TK § 4 Rn. 1a; vgl. auch WBSK I § 24 Rn. 10). Die in der Rechtstheorie (dazu zB HHSp § 4 Rn. 16 ff.; WBSK I § 24 Rn. 5 ff., jeweils mwN) interessierenden Unterschiede zwischen Rechtsnorm, Rechtssatz (iSd sprachlichen Ausdrucks einer Rechtsregel) und der auf den Entstehungsgrund von Recht bezogenen Rechtsquelle sind für die Anwendung des § 4 ohne Bedeutung (zutr. Gosch AO § 4 Rn. 2).

4 **Formelles und materielles Gesetz.** Gesetz iSd § 4 sind sowohl formelle als auch materielle Gesetze. **Formelle Gesetze** sind die Rechtsnormen, die von den verfassungsrechtlich vorgesehenen Gesetzgebungsorganen in dem verfassungsrechtlich vorgeschriebenen Gesetzgebungsverfahren erlassen wurden (WBSK I § 24 Rn. 36). **Materielles Gesetz** ist jede Rechtsnorm, dh jeder abstrakte und generelle Rechtssatz (WBSK I § 24 Rn. 8). Formelle Gesetze sind idR auch materielle Gesetze; allerdings gibt es auch Gesetze im nur formellen Sinn (so zB Zustimmungsgesetz gem. Art. 59 II 1 oder Feststellung des Haushaltsplans, Art. 110 II 1 GG). Nur materielles Gesetz sind Rechtsverordnungen und Satzungen (→ Rn. 11 ff.).

5 § 4 – als Vorschrift des einfachen Gesetzesrechts – kann die Gleichsetzung von Gesetz und Rechtsnorm nur nach Maßgabe der verfassungsrechtlichen Vorgaben anordnen. Insb. genügt § 4 für sich allein nicht den an eine gesetzliche Regelung zu stellenden grundrechtlichen Anforderungen (HHSp § 4 Rn. 18 f.) und ist daher **verfassungskonform** dahingehend **auszulegen** und anzuwenden, dass eine von Verfassungs wegen geforderte Regelung durch förmliches Gesetz (zum Parlamentsvorbehalt → § 3 Rn. 50 f.) auch von § 4 zu beachten ist. Der Geltungsbefehl des § 4 kann mithin von Verfassungs wegen nur für solche Rechtsnormen gelten, die ihrerseits recht- und verfassungsmäßig sind (HHSp § 4 Rn. 20).

C. Rechtsnormen iSd § 4

9 Gesetz iSd § 4 sind im Einzelnen die folgenden abstrakt-generellen Regelungen:

I. Verfassungsrecht und formelles Gesetz

Rechtsnorm iSd § 4 sind selbstverständlich das Verfassungsrecht (einschl. seiner allgemeinen Rechtsgrundsätze, → Rn. 17 ff.) sowie formelle Gesetze. 10

II. Rechtsverordnungen

Rechtsverordnungen sind sog. Gesetze im materiellen Sinn (Maurer/Waldhoff § 4 Rn. 10; HHSp § 4 Rn. 58). Sie bedürfen einer Ermächtigung durch förmliches Gesetz (dazu Art. 80 GG; zu Einzelheiten siehe die einschlägige Kommentarliteratur zu Art. 80 GG). 11

Im StRecht sind der Delegation von Rechtsetzungsbefugnissen auf den VO-Geber (zur SachBezV vgl. BFH 23.8.2007 – VI R 74/04. BStBl. II 2007, 948) enge Grenzen gesetzt; die wesentlichen Tatbestandsmerkmale der Steuer (StSubjekt, StObjekt, StBemessungsgrundlage und StSatz) müssen im förmlichen Gesetz geregelt sein (→ § 3 Rn. 51, 55).

III. Satzungsrecht

Autonome Satzungen sind Rechtsnormen, die von einer juristischen Person des öffentlichen Rechts (zB Gemeinden, Landkreise, Universitäten) im Rahmen ihrer Autonomie erlassen werden (Maurer/Waldhoff § 4 Rn. 14). Die **Gemeinden** können nach den einzelnen Kommunalabgabengesetzen (zB § 3 NKAG) StSatzungen im Rahmen ihrer Satzungsgewalt erlassen (BVerfG 12.10.1978 – 2 BvR 154/74, BVerfGE 49, 343 (353, 362); zur Spielautomatensteuer zB BVerfG 3.5.2001 – 1 BvR 624/00, NVwZ 2001, 1264; Driehaus § 3 Rn. 3 ff.). 12

Die **korporierten Religionsgemeinschaften** (Art. 140 GG iVm Art. 137 V WRV; dies sind insb. die Evangelische und Katholische Kirche) sind im Rahmen der staatlichen KiSt-Gesetze (→ § 1 Rn. 29 f.) berechtigt, Beschlüsse über die Höhe der zu erhebenden KiSt (sog. Hebesatzbeschlüsse) und KiSt-Ordnungen (zB betr. Beginn und Ende der KiSt-Pflicht) zu erlassen. Diese kirchlichen Regelungen sind autonomes Satzungsrecht der kirchlichen Körperschaften öffentlichen Rechts (BVerfG 19.8.2002 – 2 BvR 443/01, HFR 2002, 1129 mwN); zur Bindung der Kirchen an den Grundsatz der Gesetz- und Tatbestandsmäßigkeit der Besteuerung → § 3 Rn. 51. 13

IV. Gewohnheitsrecht

Gewohnheitsrecht ist ebenfalls eine (ungeschriebene) Rechtsnorm iSd § 4. Es liegt vor, wenn sich in einer bestimmten Rechtsfrage durch ständige Übung ein Rechtsbewusstsein der beteiligten Kreise gebildet hat, dass unzweifelhaft ein entspr. Gebot besteht, und die Gerichte diese Rechtsüberzeugung teilen (BFH 25.6.1984 – GrS 4/82, BStBl. II 1984, 751 (764); BFH 8.12.1993 – II R 61/89, BFH/NV 1994, 374 (376); BFH 11.11.1997 – VII E 6/97, BStBl. II 1998, 121; WBSK I § 25 Rn. 15 ff.). In einer umstrittenen Rechtsfrage scheidet Gewohnheitsrecht mangels allgemeinen Rechtsbewusstseins aus (BFH 25.6.1984 – GrS 4/82, BStBl. II 1984, 751 (764); HHSp § 4 Rn. 159). Seinem **Rang** nach kann sich Gewohnheitsrecht auf sämtlichen Regelungsebenen (Völkerrecht, EU-Recht, Verfassungsrecht, Bundes- und Landesrecht) bilden (HHSp § 4 Rn. 149 ff.; WBSK § 25 Rn. 18). **Rechtsgeltung** kann das Gewohnheitsrecht wegen der erforderlichen autoritativen Festlegung nur aufgrund richterlicher Anerkennung erlangen; eine gefestigte Rspr. hat als solche noch nicht den Charakter von Gewohnheitsrecht (BFH 8.12.1993 – II R 61/89, BFH/NV 1994, 374 mwN). Das Gewohnheitsrecht muss mit höherrangigem Recht (insb. Verfassungsrecht) vereinbar sein. Grds. kann Gewohnheitsrecht auch zur **Derogation** geschriebenen Rechts führen; dies setzt eine lange andauernde Nichtanwendung einer Rechtsnorm und die gemeinsame Rechtsüberzeugung voraus, dass die Vorschrift außer Kraft getreten ist (vgl. WBSK I § 25 Rn. 16 mwN). 15

16 Im **StRecht** kann dem Gewohnheitsrecht wegen der verfassungsgeforderten Gesetzmäßigkeit der Besteuerung (→ § 3 Rn. 50 f.) im Wesentlichen nur eine gesetzesergänzende und lückenfüllende Funktion zukommen. Die Bildung oder Verschärfung von StTatbeständen kraft Gewohnheitsrecht ist ausgeschlossen (BFH 18.2.1959 – II 28/58 U, BStBl. III 1959, 176; Gosch AO § 4 Rn. 13; TK § 4 Rn. 104). Im Übrigen ist jedoch auch im StRecht die Bildung von Gewohnheitsrecht prinzipiell möglich (BVerfG 20.5.1988 – 1 BvR 273/88, BB 1988, 1716); dieses erlaubt ggf. auch die Suspendierung einer an sich gebotenen Besteuerung bzw. Gewährung einer StVergünstigung (Gosch AO § 4 Rn. 13; TK § 4 Rn. 105 mwN). Zur Revisibilität von Gewohnheitsrecht vgl. Gräber FGO § 118 Rn. 13 mwN.

V. Allgemeine Rechtsgrundsätze

Schrifttum: Balmes, Die Bindung des Beraters an Treu und Glauben, AO-StB 2003, 234; Carl, Die Verwirkung im Abgabenrecht DStZ 1988, 529; Fritsch, Die Verwirkung im Steuerrecht NWB F. 2 S. 7555; Hundt-Eßwein, Treu und Glauben im Steuerrecht NWB F. 2 S. 7845; Klein, Die Bindung der Finanzverwaltung an Treu und Glauben, DStR 1985, 391; Spindler, Vertrauensschutz im Steuerrecht, DStR 2001, 725; Thiel, Vertrauensschutz im Besteuerungsverfahren, DB 1988, 1343; v. Groll, Treu und Glauben im Steuerrecht, FR 1995, 814; Pezzer, Vertrauensschutz im Steuerrecht, DStjG 2004; Hey, Schutz des Vertrauens in BFH-Rechtsprechung und Verwaltungspraxis, DStR 2004, 1898.

17 **Allgemeines.** Rechtsnorm iSd § 4 ist auch (ungeschriebenes) Recht in der Gestalt allgemeiner Rechtsgrundsätze, die im Sinne fundamentaler Rechtsnormen unmittelbar aus dem Prinzip der Gerechtigkeit ableitbar sind. Diese Rechtsgrundsätze haben zT Ausdruck in formellen Gesetzen (zB §§ 134, 157, 242 BGB), so insb. der Grundsatz von Treu und Glauben (→ Rn. 25 ff.) und der Verwirkung (→ Rn. 39 ff.) gefunden.

18 **Geltungsgrund** allgemeiner Rechtsgrundsätze kann auch das **Verfassungsrecht** sein; insoweit sind allgemeine Rechtsgrundsätze „konkretisiertes Verfassungsrecht" (Maurer/Waldhoff § 4 Rn. 25). Zentrale Bedeutung – auch im StRecht – kommt insb. dem nur in Teilelementen in Art. 20 III GG verankerten **Rechtsstaatsprinzip** zu. Dieses ist, ggf. auch im Zusammenwirken mit Grundrechten, seinerseits ein allgemeiner Rechtsgrundsatz (Jarass/Pieroth Art. 20 Rn. 29 mwN) und als solcher zugleich verfassungsrechtliche Grundlage insb. für das **Verhältnismäßigkeitsprinzip** (dazu zB Jarass/Pieroth Art. 20 Rn. 80 ff.) und für den Grundsatz der **Selbstbindung der Verwaltung** (→ § 5 Rn. 31).

19 Vornehmlich auf dem Rechtsstaatsprinzip beruht auch das **Vertrauensschutzprinzip** (StaatsR-HdB/Maurer § 79 Rn. 6 ff.; Jarass/Pieroth Art. 20 Rn. 78 f.; zur Bedeutung im StRecht vgl. die Einzelbeiträge in DStjG 2004; Thiel DB 1988, 1343; Spindler DStR 2001, 725), das rechtliche Wirkung gegenüber dem StGesetzgeber (insb. im Zusammenhang mit rückwirkenden Gesetzen, → Rn. 76; zur Problematik der rückwirkenden Rspr.-Änderung → Rn. 67 ff.) entfaltet. Als Grundlage eines Vertrauensschutztatbestands scheiden Erklärungen am Gesetzgebungsverfahren Beteiligter (zB der Bundesregierung oder einzelner Abgeordneter) aus, die nicht mit dem endgültig zustande gekommenen Gesetz übereinstimmen (BFH 25.6.2001 – II B 40/00, BFH/NV 2001, 1378). Zum Vertrauensschutzprinzip im Zusammenhang mit Verwaltungsvorschriften → Rn. 53. Große Bedeutung hat der Vertrauensschutz ferner im Besteuerungsverfahren zB im Zusammenhang mit der Korrektur von StBescheiden und anderen SteuerVA (vgl. §§ 130 f., 174, 176) oder der Bindungswirkung einer verbindlichen Auskunft § 89 bzw. §§ 204 ff.; zur sachlichen Unbilligkeit bei Verstoß gegen das Vertrauensschutzprinzip → § 227 Rn. 22.

Das Vertrauensschutzprinzip setzt – anders als die Rechtsinstitute von Treu und Glauben bzw. der Verwirkung – kein konkretes Rechtsverhältnis voraus; alleiniger Adressat des Vertrauensschutzprinzips ist die FVerw.

1. Treu und Glauben

25 **Allgemeines.** Der allg. Rechtsgrundsatz von Treu und Glauben gilt – obgleich nur in § 242 BGB gesetzlich geregelt – unstr. auch für das StRecht (BFH 9.8.1989 – I R 181/85, BStBl. II 1989, 990; Klein DStR 1985, 391; TK § 4 Rn. 125 ff.). Er gebietet, dass jeder

Beteiligte innerhalb eines bestehenden konkreten StRechtsverhältnisses (→ Rn. 26) auf die berechtigten Belange des Anderen angemessene Rücksicht nimmt. Er enthält eine Inhaltsbegrenzung aller Rechte, Rechtslagen und Rechtsnormen und macht eine überschreitende Rechtsausübung unzulässig (vgl. zB BAG 19.4.1989 – 7 ABR 6/88, DB 1990, 135 mwN). Ausprägung dieses Grundsatzes ist im StRecht zB das Verbot, sich mit seinem eigenen früheren (nachhaltigen) Verhalten nicht in Widerspruch zu setzen (Grundsatz des **„venire contra factum proprium"**; BFH 18.4.2007 – XI R 47/05, BStBl. II 2007, 736; BFH 5.10.2004 – VII R 37/03, BStBl. II 2005, 238; BFH 13.7.1994 – I R 38/93, BStBl. II 1995, 37 (37); BFH 30.7.1997 – I R 7/97, BStBl. II 1998, 33; Gosch AO § 4 Rn. 59, 66; Balmes AO-StB 2003, 234).

Treu und Glauben ist keine nach Tatbestand und Rechtsfolge klar umrissene Rechtsfigur, sondern lediglich eine je für den Einzelfall ausfüllungsbedürftige Richtlinie (BFH 9.8.1989 – I R 181/85, BStBl. II 1989, 990) und kann insb. zur Konkretisierung unbestimmter Rechtsbegriffe beitragen (v. Groll FR 1995, 814). Gegebenenfalls ist zu prüfen, ob Treu und Glauben eine gesetzliche Spezialregelung vorgeht (BFH 9.10.1992 – VI R 97/90, BStBl. II 1993 mwN betr. Anrufungsauskunft gem. § 42e EStG).

Dem **Rang** nach ist der Grundsatz von Treu und Glauben kein den Gesetzen vorrangiges Recht (BFH 24.3.1999 – I R 114/97, BStBl. II 2000, 399 (403); vgl. im Übrigen → Rn. 19). Er ergänzt stets das jeweilig in Betracht kommende gesetzte Recht; sein Rang bestimmt sich nach dem Rang des Rechts, zu dessen Ergänzung er herangezogen wird (BFH 4.10.1983 – VII R 82/80, BFHE 139, 325 (331); TK § 4 Rn. 128; Gosch AO § 4 Rn. 56; vgl. auch BFH 9.8.1989 – I R 181/85, BStBl. II 1989, 990 mwN). Für den Grundsatz von Treu und Glauben gelten folgende Anwendungsvoraussetzungen:

Konkretes Steuerrechtsverhältnis; Adressaten. Die Anwendung von Treu und 26 Glauben kommt nur innerhalb eines bestehenden konkreten StRechtsverhältnisses (StPflicht- oder -schuldverhältnis iSd §§ 33 ff.) in Betracht (BFH 7.7.2004 – X R 24/03, BStBl. II 2004, 975 mwN; v. Groll FR 1995, 814). Nur innerhalb dieses Näheverhältnisses lässt sich eine Verpflichtung zu angemessenem und rücksichtsvollem Verhalten begründen (BFH 9.8.1989 – I R 181/85, BStBl. II 1989, 990; Gosch AO § 4 Rn. 66). Treu und Glauben bieten keine Grundlage dafür, ein Rechtsverhältnis erst zu begründen (Gosch AO § 4 Rn. 72) und sind deshalb nicht anzuwenden, wenn die FB einen Vertrauenstatbestand **Dritten** gegenüber gesetzt hat (TK § 4 Rn. 137 mwN) oder ausschließlich **Regelungen abstrakt-genereller Natur** in Rede stehen (zum Vertrauensschutzprinzip betr. Verwaltungsvorschriften → Rn. 53). Ebenso unterliegt die FVerw. durch Treu und Glauben keiner dem Gesetz vorrangigen Bindung an eine frühere, rechtlich unzutr. Auffassung; dies gilt auch dann, wenn Stpfl. im Hinblick darauf disponiert haben sollten (BFH 24.3.1999 – I R 114/97, BStBl. II 2000, 399 (403); TK § 4 Rn. 136). **Adressaten** der Grundsätze von Treu und Glauben sind Stpfl. und FB gleichermaßen; beide Seiten unterliegen der Verpflichtung zur Rücksichtnahme und Beachtung der Belange des anderen (BFH 7.11.1990 – X R 143/88, BStBl. II 1991, 325). Der Umfang der Pflichtenbindung der Stpfl. ist deshalb geringer, weil nur die FB der Bindung an Gesetz und Recht (Art. 20 III GG) unterliegt (vgl. auch Balmes AO-StB 2003, 234).

Vertrauenstatbestand. Eine durch Treu und Glauben bewirkte Bindung durch eigenes 27 Verhalten setzt voraus, dass der Beteiligte (FB oder Stpfl.) einen von ihm zu verantwortenden Vertrauenstatbestand gesetzt hat. Ein solcher besteht in einem bestimmten Verhalten des einen Teils, aufgrund dessen der andere bei objektiver Beurteilung annehmen kann, jener werde an seiner Position oder seinem Verhalten konsequent und auf Dauer festhalten (BFH 15.12.1999 – XI R 11/99, BFH/NV 2000, 708). Dazu bedarf es jeweils einer Entscheidung im Einzelfall. Der **Intensität** nach muss dieses Verhalten so nachhaltig sein, dass der andere Teil daraus entspr. Schlussfolgerungen ziehen konnte (BFH 25.10.1977 – VII R 5/74, BStBl. II 1978, 274; Gosch AO § 4 Rn. 58). Die **Verdrängung gesetzten Rechts** durch das Vertrauen des Stpfl. in ein bestimmtes Verhalten der FVerw. ist nur gerechtfertigt, wenn dieses Vertrauen in so hohem Maße schutzwürdig ist, dass demgegenüber die Grundsätze der Gesetzmäßigkeit der Verwaltung zurücktreten (BFH 9.8.1989 – I R 181/85, BStBl. II 1989, 990). Treu und Glauben kann der Geltendmachung von StAnsprüchen insb. entgegenstehen, wenn ihr Entstehen auf einem rechtsfehlerhaften Verhalten der FB beruht und bei rechtmäßigem Verhalten nicht entstanden wäre (BFH 29.11.2000 – X R 25/97, BFH/NV 2001, 1013 mwN).

28 Das Vertrauen muss **schutzwürdig** sein (BFH 15.1.1986 – II R 141/83, BStBl. II 1986, 418). Daran fehlt es, wenn die Vertrauensfolge auf eine rechtswidrige Maßnahme gerichtet ist oder wenn sich der Stpfl. bzw. sein Vertreter seinerseits treuwidrig oder widersprüchlich verhält (BFH 7.11.1990 – X R 203/87, BStBl. II 1991, 547; Gosch AO § 4 Rn. 64).

29 Ein Vertrauenstatbestand ist nur beachtlich, soweit er der FB bzw. dem Stpfl. **zurechenbar** ist. Ein behördlich gesetzter Vertrauenstatbestand setzt voraus, dass die FB bzw. der handelnde Beamte im gegebenen Zuständigkeitsrahmen (dazu §§ 16 ff.) gehandelt hat. Handlungen einer unzuständigen FB sind unbeachtlich (BFH 9.10.1992 – VI R 97/70, BStBl. II 1993, 166 (169)). Jedoch kann die FVerw. uU auch durch Handeln eines innerhalb der FB unzuständigen Amtsträgers nach den Regeln der Duldungs- und Anscheinsvollmacht verpflichtet sein (vgl. TK § 4 Rn. 152). Zur Zuständigkeit der FB bei der Erteilung von Auskünften → § 89 Rn. 33. Dem Stpfl. sind auch Handlungen seiner Erfüllungsgehilfen zurechenbar (BFH 7.11.1990 – X R 143/88, BStBl. II 1991, 325; BFH 17.6.1992 – X R 47/88, BStBl. II 1993, 174 (177)).

30 Die Schaffung des Vertrauenstatbestands ist grds. an **keine bestimmte Form** gebunden und kann durch ein Tun, Dulden oder Unterlassen hervorgerufen werden (zur Bindungswirkung durch (fern-)mündliche Auskunft BFH 13.12.1989 – X R 208/87, BStBl. II 1990, 274 (276); vgl. auch TK § 4 Rn. 141).

31 **Einzelne Vertrauenstatbestände.** Keinen Vertrauenstatbestand begründen nur unverbindliche Erklärungen oder schlichte Erläuterungen der FB. Bei **StBescheiden** ist die FB aufgrund des Abschnittsprinzips nicht an eine Rechtsauffassung gebunden, die sie bei vorherigen Veranlagungen vertreten hat; dies gilt auch dann, wenn ein Stpfl. im Vertrauen darauf disponiert hat (zB BFH 5.8.1992 – X R 165/88, BStBl. II 1992, 1048 (1050); BFH 16.2.2006 – X B 126/05, BFH/NV 2006, 1125, std. Rspr.). Der einer StFestsetzung beigefügte Vorbehalt der Nachprüfung verhindert grds. das Entstehen eines für die Bindung an Treu und Glauben notwendigen Vertrauenstatbestands (BFH 14.8.1997 – III B 58/97, BFH/NV 1998, 83).

Ein Vertrauenstatbestand **zugunsten der FB** kann sich auch aus Erklärungen des Stpfl. ergeben, die dieser Dritten – insb. anderen Behörden gegenüber – abgegeben hat (BFH 21.5.1971 – V R 117/67, BStBl. II 1971, 540 (542 f.); aA Thiel DB 1988, 1343 (1344); Gosch AO § 4 Rn. 71; TK § 4 Rn. 155). Willensäußerungen als Organ und in sonstiger Funktion wirken sich innerhalb seines eigenen StRechtsverhältnisses nicht aus (BFH 12.2.2015 – V R 28/14, BStBl. II 2017, 10). Spezieller Vertrauenstatbestbestand ist der auch im StRecht geltende Grundsatz „dolo agit, qui petit, quod statim redditurus est" (arglistig handelt, wer etwas fordert, was sogleich zurückzugeben ist, → § 222 Rn. 48; ferner BFH 26.2.1991 – VII R 77–78/87, BFH/NV 1992, 87).

32 **Dispositionen des Stpfl.** Eine Bindung des FA nach Treu und Glauben setzt voraus, dass der Stpfl. im Vertrauen auf das Verhalten der FB Dispositionen getroffen hat, deren Rückgängigmachung ihm nicht mehr möglich oder zumutbar ist. Diese Dispositionen können allgemeiner – nicht notwendig wirtschaftlicher – Art sein (BFH 29.10.1987 – X R 1/80, BStBl. II 1988, 121 (123 f.)); sie müssen vom Stpfl. vor Verwirklichung des StTatbestands vorgenommen worden sein (BFH 10.4.1991 – XI R 25/89, BFH/NV 1991, 720).

33 **Rechtsfolgen.** Der Grundsatz von Treu und Glauben konkretisiert bzw. beschränkt Rechte oder Pflichten innerhalb eines bestehenden StRechtsverhältnisses. Er kann dieses allenfalls modifizieren und die Geltendmachung einer Forderung oder eines Rechts verhindern (BFH 24.5.1989 – I R 85/85, BStBl. II 1989, 900; BFH 30.7.1997 – I R 7/97, BStBl. II 1998, 33), jedoch StAnsprüche und -schulden grds. nicht zum Entstehen oder

Erlöschen bringen und insb. keine materiell-rechtlich nicht bestehende Stpfl. begründen (BFH 24.5.1989 – I R 85/85, BStBl. II 1989, 900; BFH 8.2.1996 – V R 54/94, BFH/NV 1996, 733; FG Niedersachsen 14.3.2001 – 3 K 289/95, EFG 2001, 784; Ausn.: Verwirkung → § 47 Rn. 17). Große praktische Bedeutung hat der Grundsatz von Treu und Glauben im Zusammenhang mit der Korrektur von StBescheiden (→ § 172 Rn. 26; → § 173 Rn. 99 ff.; → § 174 Rn. 35; → § 175 Rn. 28 f.; → § 176 Rn. 2, 40) sowie der Bindungswirkung einer verbindlichen Zusage (→ § 204 Rn. 65).

Die **FB** ist zB verpflichtet, den Grundsatz von Treu und Glauben im Rahmen ihrer Ermessensausübung (vgl. AEAO zu § 5 Nr. 1) oder bei der Entscheidung über ein Wiedereinsetzungsgesuch (→ § 110 Rn. 32) zu beachten. Ein Verstoß der FB gegen Treu und Glauben kann einen **Erlass** rechtfertigen (→ § 227 Rn. 36).

Ein Verstoß des **Stpfl.** gegen Treu und Glauben kann den Verlust jeglicher Art von Rechtspositionen aus dem konkreten StRechtsverhältnis bewirken. Der Stpfl. kann Ansprüche sowohl aus dem materiellen StRecht wie auch verfahrensrechtliche Rechtspositionen verlieren. So kann die **Geltendmachung von Erstattungsansprüchen** gem. § 37 II aufgrund nichtigen VA verwehrt sein (vgl. BFH 17.6.1992 – X R 47/88, BStBl. II 1993, 174 (177)) oder das berechtigte Interesse auf Feststellung der Nichtigkeit eines VA entfallen (→ § 125 Rn. 39). Im **Einspruchsverfahren** kann ein nochmaliger Einspruch nach Abhilfeentscheidung der FB gegen Treu und Glauben verstoßen (→ § 367 Rn. 46) oder nach einer tatsächlichen Verständigung die Einlegung eines Einspruchs ausgeschlossen sein (→ § 88 Rn. 53; → § 354 Rn. 18).

2. Verwirkung

Allgemeines. Der allgemeine Rechtsgrundsatz der Verwirkung ist eine Ausprägung des im Grundsatz von Treu und Glauben enthaltenen Verbots rechtsmissbräuchlichen Handelns und ein Anwendungsfall des Verbots widersprüchlichen Tuns (venire contra factum proprium); seine Geltung (zu seinem Rang → Rn. 19) auch im StRecht steht außer Frage (vgl. nur BFH 18.4.2007 – XI R 47/05, BStBl. II 2007, 736; BFH 7.7.2004 – X R 24/03, BStBl. II 2004, 975). Verwirkung bedeutet, dass ein Recht dauerhaft nicht mehr ausgeübt werden darf, wenn seit der Möglichkeit, es geltend zu machen, längere Zeit verstrichen ist und besondere Umstände hinzutreten, welche die verspätete Rechtsausübung als Verstoß gegen Treu und Glauben erscheinen lassen (BVerfG 26.1.1972 – 2 BvR 255/67, BStBl. II 1972, 306; BFH 24.10.2006 – I R 90/05, BFH/NV 2007, 849 mwN). Dem **Anwendungsbereich** der Verwirkung unterliegen grds. alle materiellen Rechte und verfahrensrechtlichen bzw. prozessualen Befugnisse (→ Rn. 47). **Adressaten** der Verwirkung sind die Beteiligten eines konkreten StRechtsverhältnisses; in diesem Rahmen gelten die Regeln der Verwirkung – ebenso wie der Grundsatz von Treu und Glauben – gleichermaßen für Stpfl. wie für FB. 39

Voraussetzungen. Verwirkung greift ein, wenn ein Anspruchsberechtigter durch sein Verhalten beim Verpflichteten einen Vertrauenstatbestand dergestalt geschaffen hat, dass nach Ablauf einer gewissen Zeit die Geltendmachung des Anspruchs als illoyale Rechtsausübung empfunden werden muss. Zeitablauf allein führt noch nicht zur Verwirkung (BFH 26.10.2005 – II R 9/01, BFH/NV 2006, 478 mwN). Zu dem Zeitmoment müssen iSe Umstandsmoments weitere Umstände (insb. ein bestimmtes Verhalten des Anspruchsberechtigten) hinzutreten (BFH 27.6.2006 – VII R 34/05, BFH/NV 2006, 2024; BFH 14.10.2003 – VIII R 56/01, BStBl. II 2004, 123; BFH 14.9.1978 – IV R 89/74, BStBl. II 1979, 121). Die Verwirkung setzt tatbestandlich voraus: 40

- die **Kenntnis** des Berechtigten über sein Recht und die **Möglichkeit seiner Ausübung** 41 (Fritsch NWB F. 2 S. 7555 (7557 mwN)). Fehlende Kenntnis bzw. Ausübungsmöglichkeit schließt eine Verwirkung jedoch nur aus, wenn der Berechtigte insoweit keine ihm nach den Umständen des Einzelfalls zumutbaren Handlungen unterlassen hat.
- ein **Zeitmoment,** das allerdings von nur untergeordneter Bedeutung ist. Eine Ver- 42 wirkung kommt nur in Betracht, wenn der Berechtigte das Recht über einen längeren

Zeitraum nicht in Anspruch genommen hat (BFH 14.9.1978 – IV R 89/74, BStBl. II 1979, 121). Zeitablauf und längere Untätigkeit des Berechtigten bewirken für sich allein noch keine Verwirkung (BVerfG 26.1.1972 – 2 BvR 255/67, BStBl. II 1972, 306; BFH 14.10.2003 – VIII R 56/01, BStBl. II 2004, 123). Die zeitliche Begrenzung von Ansprüchen wird zwar in erster Linie durch die Verjährungsvorschriften bewirkt (BFH 14.9.1978 – IV R 89/74, BStBl. II 1979, 121; Fritsch NWB F. 2, 7555, 7557; TK § 4 Rn. 170). Die Verjährungsfristen sind aber für die Beurteilung des Zeitmoments als Anhaltspunkt grds. ungeeignet (BFH 24.6.1988 – III R 177/85, BFH/NV 1989, 351; aA wohl TK § 4 Rn. 173 f.; Carl DStZ 1988, 529 (533)), zumal eine strikte Ausrichtung des Zeitmoments an den Festsetzungsfristen des § 169 auch die den Beginn bzw. das Ende der Festsetzungsfrist hinausschiebenden Regelungen in §§ 170 f. mit zu berücksichtigen hätte.

43 – einen beim Verpflichteten durch das Verhalten des Berechtigten hervorgerufenen **Vertrauenstatbestand** dahingehend, dass er auf die Nichtausübung des Rechts tatsächlich vertraut und sich auf die Nichtgeltendmachung eingerichtet hat (BFH 27.6.2006 – VII R 34/05, BFH/NV 2006, 2024; BFH 14.10.2003 – VIII R 56/01, BStBl. II 2004, 123 mwN). Die FB verwirkt eine Rechtsposition nur, wenn sie durch ein bestimmtes Verhalten beim Stpfl. bei objektiver Betrachtung die Annahme begründet, sie werde den Anspruch nicht oder nicht mehr geltend machen (BFH 27.6.2006 – VII R 34/05, 2006, 2024 mwN). Bloße Untätigkeit bewirkt idR keine Verwirkung (BFH 26.10.2005 – II R 9/01, BFH/NV 2006, 478). Eine über Jahre vom FA vertretene, dem Stpfl. günstige **fehlerhafte Rechtsauffassung** kann für sich keinen Vertrauenstatbestand iSe Bindung an spätere Veranlagungszeiträume begründen (BFH 24.8.1995 – IV R 112/94, BFH/NV 1996, 449; BFH 16.3.1999 – IV B 137/97, BFH/NV 1999, 1188; BFH 19.3.2002 – VIII R 57/99, BStBl. II 2002, 662). Dies gilt auch dann, wenn der FB der Sachverhalt bekannt war und der Stpfl. im Vertrauen hierauf disponiert hat. Dabei ist unerheblich, ob der Stpfl. auf die Rechtmäßigkeit nicht mehr änderbarer StBescheide vertraut hat oder ob für den betr. Besteuerungszeitraum bereits ein StBescheid unter dem Vorbehalt der Nachprüfung ergangen ist (BFH 19.3.2002 – VIII R 57/99, BStBl. II 2002, 662 (666) mwN). Eine **überlange Verfahrensdauer** schafft für sich allein noch keinen Vertrauenstatbestand für den Stpfl. dahingehend, dass die FB den StAnspruch nicht mehr geltend machen will (BFH 8.10.1986 – II R 167/84, BStBl. II 1987, 12; BFH 14.5.1998 – VII B 171/97, BFH/NV 1999, 3; BFH 21.2.2006 – I B 32/05, BFH/NV 2006, 1305 mwN). Die vom Stpfl. hinzunehmende Dauer eines Verfahrens bestimmt sich nach den Umständen des Einzelfalls, insbesondere auch nach dem Verhalten des Stpfl. Auf überlange Verfahrensdauer kann sich nicht berufen, wer selbst nichts zur Abkürzung des Verfahrens beigetragen hat (BFH 6.8.2002 – VIII B 56/02, BFH/NV 2002, 1605). Auch der Verstoß gegen das Gebot wirksamen Rechtsschutzes (Art. 19 IV GG) hat keine Auswirkungen auf den StAnspruch (BFH 16.10.2002 – XI R 41/99, BStBl. II 2003, 179 mwN). Zur überlangen Dauer des Einspruchsverfahrens → § 367 Rn. 56.

44 – eine beim Verpflichteten aufgrund des Vertrauenstatbestands ausgelöste **Vertrauensfolge** dahingehend, dass er tatsächlich auf die Nichtgeltendmachung des Anspruchs vertraut und sich entsprechend eingerichtet hat (BFH 14.9.1978 – IV R 89/74, BStBl. II 1979, 121; BFH 26.10.2005 – II R 9/01, BFH/NV 2006, 478 mwN).

45 – einen – soweit die vorstehenden Tatbestandsmerkmale erfüllt sind – **Verstoß der Rechtsausübung gegen Treu und Glauben** dahingehend, dass dem Verpflichteten die Erfüllung der Verpflichtung billigerweise nicht mehr zugemutet werden kann (BFH 14.9.1978 – IV R 89/74, BStBl. II 1979, 121; BFH 28.11.2001 – X R 23/97, BFH/NV 2002, 614).

46 **Rechtsfolge.** Die Verwirkung hindert die Ausübung eines Rechts bzw. einer Befugnis dauerhaft. Sie lässt nach hM im StR die Wirksamkeit des VA gleichwohl unberührt und führt nicht zum Erlöschen des Rechts bzw. der Befugnis (BFH 13.9.1991 – IV B 105/90,

BStBl. II 1992, 148 mwN; Carl DStZ 1988, 529 (534); nach zutr. Auffassung führt Verwirkung zum Erlöschen des Anspruchs, → § 47 Rn. 17; MüKo BGB § 242 Rn. 388).

Einzelfälle. Eine Verwirkung **materieller Rechte** der **FB** kommt zB in Betracht hinsichtlich der Geltendmachung eines Haftungsanspruchs (BFH 4.7.1979 – II R 74/77, BStBl. II 1980, 126) oder einer Zwangsgeldfestsetzung (→ § 333 Rn. 7). Verwirkung der Möglichkeit zum Erlass eines **GewSt-Messbescheids** wegen einer im ESt-Bescheid zum Ausdruck kommenden Rechtsauffassung ist nur in besonders gelagerten Ausnahmefällen denkbar (BFH 16.4.2002 – X B 201/01, BFH/NV 2002, 1014). Nicht ausreichend ist, dass das FA in einem unter dem Vorbehalt der Nachprüfung ergangenen ESt-Bescheid eine dem Stpfl. günstige Rechtsauffassung angenommen hatte (BFH 19.3.2002 – VIII R 57/99, BStBl. II 2002, 662). **Nach** Ergehen eines **ESt-Bescheids** kann Verwirkung ausnahmsweise dann eintreten, wenn das FA in der Vergangenheit in einer gewerbesteuerrechtlichen Entscheidung die GewSt-Pflicht verneint und für die Folgezeit in der ESt-Veranlagung eine Einkünftequalifizierung als gewerblich unterlassen hat (BFH 7.6.1984 – IV R 180/81, BStBl. II 1984, 780 mwN; FG Baden-Württemberg 22.1.2003 – 13 K 140/01, EFG 2003, 770). Verwirkt werden kann auch der Rückforderungsanspruch auf überzahltes **Kindergeld** (BFH 14.10.2003 – VIII R 56/01, BStBl. II 2004, 123: in Rückforderdungsfällen erfordert der Vertrauenstatbestand ein „besonders eindeutiges Verhalten der Familienkasse"; vgl. auch BFH 27.2.2007 – III B 1/06, BFH/NV 2007, 1120) oder die Befugnis der FB zur Rücknahme eines VA gem. § 130 (vgl. auch TK § 130 Rn. 52). 47

Auch **verfahrensrechtliche Rechtspositionen** können verwirkt werden; so zB das Recht auf Einlegung eines Untätigkeitseinspruchs (§ 355 II), wenn der Einspruchsführer in Kenntnis bzw. schuldhafter Nichtkenntnis einer Rechtsbeeinträchtigung sowie seines Einspruchsrechts von der Einspruchsmöglichkeit für längere Zeit absieht und damit den Eindruck erweckt, von der Einspruchseinlegung absehen zu wollen (→ § 355 Rn. 23; ferner HHSp § 355 Rn. 89; Gräber FGO § 46 Rn. 35). Verwirkt sein kann ferner das Recht des Stpfl. auf Geltendmachung der Unwirksamkeit einer Einspruchsrücknahme (→ § 362 Rn. 31), der Rüge von Verfahrensfehlern im Einspruchsverfahren (→ § 365 Rn. 17) oder der Befugnis, Einwendungen gegen die Zulassung zur StBeraterprüfung zu erheben (dazu BFH 23.3.2000 – VII R 48/99, BStBl. II 2000, 550). Zur Verwirkung des Rechts der FB zur Einspruchsentscheidung bei **überlanger Dauer** des Einspruchsverfahrens → § 367 Rn. 56. Zu weiteren Einzelfällen vgl. Fritsch NWB F. 2, 7555 (7560 ff.). 48

D. Verwaltungsvorschriften

Schrifttum: Vogel, Zur Bindung der Steuergerichte an Bewertungs- und Pauschalierungsrichtlinien, StuW 1991, 254; Gast-de Haan, Zur Bindung der Steuergerichtsbarkeit an typisierende Regelungen in der Verwaltung, FS 75 Jahre RFH-BFH, 1993, 227 ff.; Isensee, Vom Beruf unserer Zeit für Steuervereinfachung, StuW 1994, 1 ff.; Jachmann, Zur Anwendung typisierender Verwaltungsvorschriften im Steuerrecht, StuW 1994, 347; Starck, Wer ist eigentlich für den Erlass der AfA-Tabellen zuständig?, JZ 2001, 132; Erichsen, Verwaltungsvorschriften als Steuerungsnormen und Rechtsquellen, FS Kruse, 2001, 39 ff.; Karl, Rechtsanwendungsgleichheit und Verwaltungsanweisungen zur Begrenzung der Sachverhaltsermittlung, DStZ 2002, 598; Hey, Schutz des Vertrauens in BFH-Rechtsprechung und Verwaltungspraxis, DStR 2004, 1898; Schmitt, Steuervollzug im föderalen Staat, DStjG 2008, 98; v. Eichborn/Bruckermann, Zur Bindung der Gerichte an Verwaltungsvorschriften, DStR 2008, 2095.

Die die Praxis der FVerw. prägenden zahllosen Verwaltungsvorschriften (Richtlinien, Erlasse, Typisierungsvorschriften; dazu Tipke/Lang § 5 Rn. 20 ff.) sind **keine Rechtsnormen iSd § 4.** Sie sind ihrer Rechtsnatur nach abstrakt-generelle Rechtssätze vorgesetzter Behörden gegenüber den nachgeordneten Behörden und damit sog. **Innenrecht.** Ihr Einsatz in der FVerw. dient der Vereinheitlichung und Vereinfachung des Normvollzugs und ist zur Steuerung der massenhaften Verwaltungsverfahren unentbehrlich (Erichsen FS Kruse, 39 (43 ff.)). 51

Verwaltungsvorschriften sind keine Rechtsvorschrift iSd § 120 I (→ § 120 Rn. 10) und enthalten gegenüber den Stpfl. und Gerichten grds. keine Bindungswirkung (zB BFH

26.4.1995 – XI R 81/93, BStBl. II 1995, 754; HHSp § 5 Rn. 189 ff. mwN). Verwaltungsvorschriften mit materiell-rechtlichem Inhalt sind **Gegenstand, nicht** jedoch **Maßstab gerichtlicher Kontrolle** (BVerfG 31.5.1988 – 1 BvR 520/83, BVerfGE 78, 214; BFH 16.11.2005 – VI R 151/00, BStBl. II 2006, 442 mwN).

Ihre **Rechtsgrundlage** finden Verwaltungsvorschriften, soweit sie Bindungswirkung nur im Bereich des erlassenden Verwaltungsträgers bzw. ihm nachgeordneter Behörden entfalten, in der (ungeschriebenen) Organisations- und Geschäftsleitungsbefugnis der Verwaltung (BVerfG 15.7.1969 – 2 BvF 1/64, BVerfGE 26, 338 (396); TK § 4 Rn. 81; Erichsen FS Kruse, 39 (49); SBS § 1 Rn. 192). Soweit Verwaltungsvorschriften über den Kompetenzbereich eines Verwaltungsträgers hinausreichen (sog. intersubjektive Verwaltungsvorschriften, vgl. Erichsen FS Kruse, 39 (48)), bedürfen sie einer gesetzlichen Grundlage. Eine solche ergibt sich aus Art. 108 VII GG (dazu zB Seer BK Art. 108 Rn. 162 ff.; Sauerland DStZ 2007, 668; Schmitt DStjG 2008 99 (110 ff.)). Die Bundesregierung ist hiernach (ggf. mit Zustimmung des Bundesrats) im Interesse der Einheitlichkeit der StErhebung im gesamten Bundesgebiet zum Erlass allgemeiner Verwaltungsvorschriften ermächtigt und hat davon zB durch Erlass der BpO, EStR (mit EStH), ErbStR (mit ErbStH), GewStR, GrStR, LStR (mit LStH), UStAE und VollstrA Gebrauch gemacht. Für andere von den LandesFB im Auftrag des Bundes verwaltete Steuern außerhalb des Regelungsbereichs des Art. 108 VII GG erfolgt zwischen Bund und Ländern aufgrund entspr. Vereinbarung eine gemeinsame Abstimmung über die Verwaltungsvorschriften (vgl. Seer BK Art. 108 Rn. 107 ff.; Starck JZ 2001, 132); dieses Verfahren wird zB für den Erlass der AfA-Tabellen (insoweit abl. zur gegenwärtigen Praxis Starck JZ 2001, 132: Erlass gem. Art. 108 VII GG erforderlich) und den AEAO angewendet. Soweit Verwaltungsvorschriften ausnahmsweise unmittelbare Außenwirkung gegenüber Dritten entfalten, bedarf es ihrer Bekanntgabe (BVerwG 25.11.2004 – 5 CN 1/03, NVwZ 2005, 602).

Ob **EU-Richtlinien** (Art. 288 AEUV) durch eine nationale Verwaltungsvorschrift umgesetzt werden dürfen, ist str. Zwar bleibt jedem Mitgliedstaat die Wahl der Form und der Mittel (Art. 288 III AEUV); für das StRecht wird jedoch im Hinblick auf den Grundsatz der Gesetzmäßigkeit der Besteuerung (→ § 3 Rn. 50 ff.) stets eine Umsetzung der Richtlinie durch Gesetz zu fordern sein (Tipke/Lang § 14 Rn. 12; TK § 4 Rn. 95).

52 Für die **Auslegung** von Verwaltungsvorschriften gelten nicht die für Gesetze geltenden Auslegungsregeln. Bei einer Verwaltungsvorschrift ist allein der ihr von der anweisenden Behörde beigemessene Sinn entscheidend, dh wie sie die Verwaltung verstanden hat oder verstanden wissen wollte. Bezugspunkt der rechtsanwendenden Auslegung durch die Gerichte ist der Gesetzestext; Gerichte dürfen Verwaltungsanweisungen deshalb nicht auslegen, sondern nur darauf überprüfen, ob die Auslegung durch die Behörde möglich ist (BFH 24.11.2005 – V R 37/04, BStBl. II 2006, 466 mwN; Jachmann StuW 1994, 347 (352 f.)). Ausgeschlossen ist insb. eine rechtsanwendende Auslegung oder Rechtsfortbildung zB im Wege der Analogie (BFH 29.11.2001 – IV R 91/99, BStBl. II 2002, 221).

53 **Vertrauensschutz; keine Gleichheit im Unrecht.** Verwaltungsvorschriften (zB BMF-Schreiben, vgl. Manke DStZ 2002, 70) begründen, soweit sich der Stpfl. auf ihre Anwendung im konkreten Fall eingestellt hat, für sich allein grds. keinen Vertrauensschutz (zum Anspruch auf Anwendung der Verwaltungsvorschrift vgl. Hey DStR 2004, 1897 (1902 f.)). Soweit nicht § 176 II einschlägig ist, steht einer **Änderung** der in einer begünstigenden Verwaltungsvorschrift dargelegten Verwaltungsauffassung das Vertrauensschutzprinzip grds. nicht entgegen (BFH 23.10.2003 – V R 24/00, BStBl. II 2004, 89 mwN). Eine Berufung auf die Grundsätze von Treu und Glauben kommt – sofern nicht eine verbindliche Zusage oder Auskunft vorliegt – mangels individuellen Rechtsverhältnisses (→ Rn. 26) nicht in Betracht (BFH 10.2.2005 – IX B 182/03, BFH/NV 2005, 1058 mwN; krit. Hey DStR 2004, 1897 (1903 f.)). Hält man insoweit das verfassungsrechtliche Vertrauensschutzprinzip (→ Rn. 19) für anwendbar (so Hey DStR 2004, 1897 (1903 f.)), kann die durch eine Verwaltungsvorschrift begründete Anwendungserwartung jedenfalls nicht weiter reichen als der Schutz des Vertrauens auf den Fortbestand einer gesetzlichen

Regelung (vgl. BFH 27.6.2007 – II R 39/05, BStBl. II 2007, 783 zur vergleichsweisen Prüfung unter dem Gesichtspunkt der unechten Rückwirkung eines StGesetzes). Erst recht **keine Bindungswirkung** entfalten **rechtswidrige Verwaltungsvorschriften.** Art. 3 I GG gewährt keinen Anspruch auf Anwendung bzw. Beibehaltung einer rechtswidrigen Verwaltungspraxis; es gibt keine „Gleichheit im Unrecht" (zB BFH 13.2.2007 – II B 32/06, BFH/NV 2007, 966; BFH 30.7.2008 – II R 40/06, BFH/NV 2008, 2060, jeweils mwN; → Rn. 54, → § 5 Rn. 32).

Nach Regelungsgegenstand und Bindungswirkung lassen sich die nachfolgenden Typen von Verwaltungsvorschriften unterscheiden.

I. Norminterpretierende Verwaltungsvorschriften

Norminterpretierende Verwaltungsvorschriften (zB Richtlinien, BMF-Schreiben) ent- 54
halten, zB zur Klärung unbestimmter Rechtsbegriffe, innerbehördlich bindende Anweisungen über die Auslegung und Anwendung eines Gesetzes. Sie haben keine Normqualität (BFH 9.7.2003 – I R 48/02, BStBl. II 2004, 425) und stehen konkludent unter dem Vorbehalt einer abw. Gesetzesauslegung durch die Gerichte (BFH 23.10.2003 – V R 48/01, BStBl. II 2004, 196). Diese können die Verwaltungsvorschriften aufgrund Art. 19 IV GG vollinhaltlich auf ihre Vereinbarkeit mit dem Gesetz und der Verfassung überprüfen (BFH 9.12.1999 – III R 74/97, BStBl. II 2001, 311 (314); BFH 13.2.2003 – X R 23/01, BStBl. II 2003, 472; BK Art. 108 Rn. 170 f.; Erichsen FS Kruse, 39 (51 f.)). Den Gerichten kommt daher die Letztentscheidungskompetenz zu. Norminterpretierende Verwaltungsvorschriften entfalten keine Selbstbindung der FB und bei einer rechtlich unzutr. Norminterpretation keine „Gleichheit im Unrecht" zugunsten der Stpfl. (ähnlich BFH 31.10.1990 – I R 3/86, BStBl. II 1991, 610; FG Niedersachsen 27.4.1977 – IV 72/75, EFG 1977, 587; TK § 4 Rn. 84; § 5 Rn. 51; HHSp § 4 Rn. 423 ff. und § 5 Rn. 192 ff.; SBS § 40 Rn. 156). Die Änderung einer Verwaltungsanweisung kann jedoch uU einen Billigkeitserlass rechtfertigen, → § 227 Rn. 25 f.; zu Übergangs- und Anpassungsregelungen aufgrund geänderter BFH-Rspr. → Rn. 68.

II. Ermessenslenkende Verwaltungsvorschriften

Die FVerw. kann ihr eröffnete Ermessensspielräume durch sog. ermessenslenkende Ver- 55
waltungsvorschriften binden und damit eine möglichst einheitliche Ermessensausübung sicherstellen (BFH 11.4.2006 – VI R 64/02, BStBl. II 2006, 642 mwN). Auf der Grundlage des Art. 3 I GG führen diese Verwaltungsvorschriften – soweit rechtmäßig – zu einer Selbstbindung der FVerw. und zudem zu einer Bindung für die Gerichte aus dem Gleichbehandlungsgrundsatz (zB BFH 10.10.2001 – XI R 52/00, BStBl. II 2002, 201; → § 5 Rn. 31 f.). Ermessensrichtlinien müssen sich in den durch das GG und die einfachen Gesetze gesetzten Grenzen für die Ausübung des Ermessens halten und unterliegen insoweit der gerichtlichen Kontrolle (BFH 11.4.2006 – VI R 64/02, BStBl. II 2006, 642). Maßgeblich für die Auslegung der Verwaltungsvorschrift ist nur, wie die Verwaltung sie verstanden hat und verstanden wissen wollte; die gerichtliche Prüfung erstreckt sich nur darauf, ob die Auslegung durch die Behörde möglich ist (BFH 24.11.2005 – V R 37/04, BStBl. II 2006, 466).

Ermessenslenkende Verwaltungsvorschriften eines Bundeslandes entfalten keine Bindungswirkung in einem anderen Bundesland. Insoweit tritt das Gleichbehandlungsgebot und insb. das Gebot der Gleichmäßigkeit der Besteuerung hinter dem **föderativen Prinzip** zurück (BFH 23.7.1985 – VIII R 197/84, BStBl. II 1986, 36; BFH 19.3.2003 – X B 121/01, BFH/NV 2003, 934).

Zur Bindungswirkung der BpO → § 193 Rn. 3.

III. Typisierende bzw. verfahrensvereinfachende und -leitende Verwaltungsvorschriften

56 **Typisierende Verwaltungsvorschriften** (zB AfA-Tabellen, Bewertungs-, Pauschalierungs- und Schätzungsrichtlinien) nehmen eine gewisse Sonderstellung ein. Sie beruhen auf einer sachverständigen Beurteilung und Auswertung zahlreicher repräsentativer Einzeldaten, vereinfachen die Aufklärungstätigkeit der FVerw. durch „antizipierte Sachverhaltsermittlung“, vereinheitlichen den Gesetzesvollzug und dienen bzw. sichern die Gleichmäßigkeit der Besteuerung (BFH 9.7.2003 – I R 48/02, BStBl. II 2004, 425; BFH 2.4.2008 – II R 59/06, BFH/NV 2008, 1124; Kirchhof EStG § 51 Rn. 12; Karl DStZ 2002, 598 (601)). Die terminologische und sachliche Abgrenzung zu den sog. norminterpretierenden Verwaltungsvorschriften (→ Rn. 54) ist im Grundsätzlichen noch nicht befriedigend gelöst (zutr. BK Art. 108 Rn. 172). Eine Parallele finden die typisierenden Verwaltungsvorschriften in den sog. normkonkretisierenden Verwaltungsvorschriften des Verwaltungsrechts (HHSp § 5 Rn. 197; SBS § 1 Rn. 194, § 26 Rn. 32 ff. mwN).

57 Den typisierenden Verwaltungsvorschriften ähnlichen Zwecken dienen Regelungen, deren Gegenstand in erster Linie die Sachverhaltsermittlung im weitesten Sinne betreffen (sog. **verfahrensvereinfachende und -leitende Verwaltungsvorschriften**). Dazu zählen insb. die die Praktikabilität des Bewertungsverfahrens sichernden Bewertungsrichtlinien (dazu zB BFH 21.3.2002 – II R 68/00, BFH/NV 2002, 1281 mwN; BFH 24.5.2005 – II R 2/03, BFH/NV 2006, 29; zur Anteilsbewertung nach dem Stuttgarter Verfahren vgl. BFH 13.4.1994 – II R 57/90, BStBl. II 1994, 505 (507); BFH 8.8.2001 – II R 59/98, BFH/NV 2002, 317; Vogel StuW 1991, 254 (257 ff.)) sowie Pauschalierungs- und Vereinfachungsregelungen (zB BFH 4.5.2006 – VI R 28/05, BStBl. II 2006, 781; BFH 11.12.1997 – III R 214/94, BStBl. II 1998, 292 betr. BMF-Schreiben zu Opfergrenze gem. § 33 II EStG). Besondere verfassungsrechtliche Fragen werfen Verwaltungsanweisungen auf, die die Sachverhaltsermittlung iSe ökonomischen (maßvollen) Gesetzesvollzugs begrenzen; → § 88 Rn. 1 ff.

58 **Außenwirkung.** Im Grundsätzlichen besteht zwar keine rechtliche Bindungswirkung der typisierenden bzw. pauschalierenden Verwaltungsvorschriften gegenüber Gerichten und Stpfl. (vgl. zB BFH 9.12.1999 – III R 74/97, BStBl. II 2001, 311 betr. AfA-Tabellen). Gleichwohl besitzen sie eine gewisse Verbindlichkeit nach außen und sind insoweit auch verfassungsrechtlich zulässig (BVerfG 31.5.1988 – 1 BvR 520/83, BVerfGE 78, 214 (227 ff.); zu Unrecht krit. v. Eichborn/Bruckermann DStR 2008, 2095). Die Rspr. bejaht unter dem Gesichtspunkt der nach außen publizierten Selbstbindung der Verwaltung und im Interesse eines möglichst gleichmäßigen und effektiven Gesetzesvollzugs einen Rechtsanspruch auf eine den Verwaltungsvorschriften entspr. Sachbehandlung (BFH 25.10.1985 – VI R 15/81, BStBl. II 1986, 200; BFH 11.12.1987 – VI R 147/85, BStBl. II 1988, 445 mwN; Jachmann StuW 1994, 347 (353)). Die dem Gesetzgeber für seine Typisierungsbefugnis gezogenen verfassungsrechtlichen Grenzen (→ § 3 Rn. 68) gelten selbstverständlich erst recht für Verwaltungsvorschriften (vgl. auch Eckhoff Rechtsanwendungsgleichheit, S. 112). FB dürfen nicht willkürlich von der Verwaltungsvorschrift erfasste Fälle von der Anwendung ausschließen (BFH 27.10.1978 – VI R 8/76, BStBl. II 1979, 54).

Auch den **Gerichten** gegenüber entfalten typisierende Verwaltungsanweisungen eine gewisse Bindungswirkung (BFH 26.7.1991 – VI R 82/89, BStBl. II 1992, 1000 (1002); BFH 21.10.1999 – I R 68/98, BFH/NV 2000, 891). So kommt zB den amtlichen AfA-Tabellen eine „Vermutung der Richtigkeit“ zu (BFH 19.11.1997 – X R 78/94, BStBl. II 1998, 59; BFH 9.12.1999 – III R 74/97, BStBl. II 2001, 311 (314)). Abweichungen von diesen Regelungen sind nur „aus sachlich einleuchtenden Gründen“ geboten (so BFH 5.5.1994 – VI R 6/92, BStBl. II 1994, 534 (536)). Die gerichtliche Prüfung beschränkt sich auf die Prüfung, ob die jeweilige Verwaltungsvorschrift im Einzelfall zu einer **offensichtlich unzutreffenden Besteuerung** (zB BFH 26.7.1991 – VI R 82/89, BStBl. II 1992, 1000 (1002); BFH 9.12.1999 – III R 74/97, BStBl. II 2001, 311 mwN betr. AfA-Satz für PKW) oder zu einem **Gesetzesverstoß** (insb. Verstoß gegen das Willkürverbot oder den Gleichheitssatz, so BFH 5.5.1994 – VI R 6/92, BStBl. II 1994, 534 (536)) führt, ein sich aufgrund der Verwaltungsvorschrift ergebender (Grundstücks-)Wert **außerhalb jeder** noch vertretbaren **Toleranz** liegt (BFH 2.4.2008 – II R 59/06, BFH/NV 2008, 1124 mwN) oder ob **schwerwiegende Gründe gegen** die **Richtigkeit** (so BFH 9.12.1983 – III R 40/79, BStBl. II 1984, 193 (196); BFH 21.3.2002 – II R 68/00, BFH/NV 2002, 1281) sprechen (vgl. auch HHSp § 5 Rn. 198; Jachmann StuW 1994, 347 (352 f.)). Bei rechtlichen Bedenken gegen eine Verwaltungsanweisung können die Gerichte diese im Interesse der Gleichbehandlung der Stpfl. uU noch für eine Übergangszeit anwenden (zB BFH 6.10.1994 – VI R 136/89, BStBl. II 1995, 184).

Die **Kritik** an dieser Rspr. verweist insb. auf die den Verwaltungsvorschriften fehlende 59
Gesetzesgrundlage und die Einschränkungen des durch Art. 19 IV GG garantierten effektiven Rechtsschutzes (TK § 4 Rn. 91 f.; BK Art. 108 Rn. 174). Damit wird indes der der Verwaltung aufgrund der jeweiligen gesetzlichen Vorschriften – und des ihnen immanenten Vollzugsinteresses – zukommende Beurteilungs- bzw. Typisierungsspielraum verkannt (Isensee StuW 1994, 3 (11 mwN)); die sich daraus ableitende Entscheidungsprärogative der Verwaltung muss – soweit ein im Übrigen rechtmäßiges Handeln vorliegt – im Interesse der Gleichmäßigkeit des Gesetzesvollzugs auch von den Gerichten beachtet werden (Jachmann StuW 1994, 347 (352); HHSp § 4 Rn. 87).

Für die **Auslegung** typisierender Verwaltungsvorschriften gelten nicht die für Gesetze 60
maßgeblichen Auslegungsregeln (→ Rn. 53). Ist zweifelhaft, ob ein bestimmter Fall unter die Verwaltungsvorschrift fällt, so hat die FB über die Anwendbarkeit der (Vereinfachungs-)Regelung zu entscheiden und ggf. deren Inhalt zu erläutern (BFH 21.10.1999 – I R 68/98, BFH/NV 2000, 891 mwN).

E. Richterrecht; Nichtanwendungserlasse

Schrifttum: Jakob/Jüptner, Zur Problematik sogenannter Nichtanwendungsverfügungen im Steuerrecht, StuW 1984, 148; Robbers, Rückwirkende Rechtsprechungsänderung, JZ 1988, 481 ff.; Scholtz, Nichtanwendungserlaß – Nichtanwendungsrechtsprechung – Nichtanwendungsgesetzgebung, FS Klein, 1994, 1041 ff.; Rose, Rückwirkende Steuerrechtsprechung und Steuerplanungssicherheit, Stbg 1999, 401; Kirchhof, Besteuerung nach Gesetz, FS Kruse, 2001, 17 ff.; Lange, Die Nichtanwendung von Urteilen des BFH durch die Finanzverwaltung, NJW 2002, 3657; Wieland, Bedeutung der Rechtsprechung des Bundesfinanzhofs für die Finanzverwaltung, DStR 2004, 1; Voß, Bundesfinanzhof unter Kuratel des Bundesfinanzministeriums?, DStR 2003, 441; Wieland, Bedeutung der Rechtsprechung des Bundesfinanzhofs für die Finanzverwaltung, DStR 2004, 1; Hey, Schutz des Vertrauens in BFH-Rechtsprechung und Verwaltungspraxis, DStR 2004, 1897; Völker/Ardizzoni, Rechtsprechungsbrechende Nichtanwendungsgesetze im Steuerrecht – neue bedenkliche Gesetzgebungspraxis, NJW 2004, 2413; Leisner-Egensperger, Kontinuitätsgewähr in der Finanzrechtsprechung, DStjG 2004, 191 ff.; Söffing, Rückwirkung von Rechtsprechungsänderungen, DStZ 2006, 588; Spindler, Der Nichtanwendungserlass im Steuerrecht, DStR 2007, 1061; Eggesieker/Ellerbeck, Nichtanwendungsprophylaxe der Finanzverwaltung durchkreuzen, DStR 2007, 1427; Fischer, Rückwirkende Rechtsprechungsänderung im Steuerrecht, DStR 2008, 697 ff.

Allgemeines. Das von den Gerichten gesetzte sog. Richterrecht hat nicht die Qualität 64
verselbständigter Rechtsnormen iSd Art. 20 III GG (Sachs GG Art. 20 Rn. 107) und ist **keine Rechtsnorm iSd § 4.** Von zentraler Bedeutung ist die Frage der Bindungswirkung des Richterrechts gegenüber den anderen Staatsgewalten (dazu eingehend HHSp § 4 Rn. 178 ff.). Eine rechtliche Bindung erzeugen finanzgerichtliche Urteile ausschließlich zwischen den Beteiligten (§ 110 I FGO). Der Gesetzgeber kann, weil dieser nicht an Gerichtsentscheidungen gebunden ist, auf ihm missliebige gerichtliche Entscheidungen ohne Weiteres durch **Nichtanwendungsgesetze** reagieren (dazu mit Beispielen Tipke/Lang § 5 Rn. 30; Pezzer DStR 2004, 525; Spindler DStR 2007, 1061) und bedarf hierfür keiner besonderen Rechtfertigung (aA Völker/Adrizzoni NJW 2004, 2413).

Nichtanwendungserlasse. Auch die FVerw. ist nur im Umfang der subjektiven und 65
objektiven Grenzen der Rechtskraft an gerichtliche Entscheidungen gebunden (Voß DStR 2003, 441 (443)). Die FVerw. macht eine allg. Beachtung von BFH-Entscheidungen

in allen gleichgelagerten Fällen von einer **Veröffentlichung** der jeweiligen Entscheidung im **BStBl. II** abhängig (zur Veröffentlichungspraxis der FVerw. und der Verknüpfung mit Nichtanwendungserlassen zB OFD Hannover 26.10.2007, StEd 2008, 46). Die FVerw. kann durch einen sog. Nichtanwendungserlass (er ist Weisung des BMF iSd Art. 108 III 2 iVm Art. 85 III GG, vgl. Wieland DStR 2004, 1) anordnen, dass eine finanzgerichtliche Entscheidung nicht über den Einzelfall hinaus anzuwenden ist (dazu Jakob/Jüptner StuW 1984, 148; Scholtz FS Klein, 1041 (1042 ff.); Lange NJW 2002, 3657; Lange DB 2005, 354; Spindler DStR 2007, 1061; zur Haltung der BReg. BT-Drs. 15/4614). Die allg. Anwendung einer BFH-Entscheidung kann ferner auch durch ihre verzögerte oder ganz unterbliebene Veröffentlichung im BStBl. II behindert werden (dazu Pezzer DStR 2004, 525 (531 f.); Spindler DStR 2007, 1061).

66 Die **rechtliche Zulässigkeit** von Nichtanwendungserlassen ist umstritten. Die BFH-Rspr. ist zwar zur Auslegung und Rechtsfortbildung berufen (→ Rn. 85 ff.), erzeugt jedoch insoweit kein Recht iSd Art. 20 III GG (Wieland DStR 2004, 1; Spindler DStR 2007, 1061 (1064)) und führt keinesfalls zu einer strikten Bindung der FVerw. Das Gebot der Gleichmäßigkeit der Besteuerung (→ § 3 Rn. 50 ff.) sowie das Gewaltenteilungsprinzip (Art. 20 II 2 GG) berechtigen die FVerw. jedoch nur in sachlich begründeten Fällen zur Nichtanwendung (zu weitgehend zB Lange DB 2005, 354 (356)); die „rechtliche Dignität" einer BFH-Entscheidung ist mangels klarer Konturen als Differenzierungskriterium untauglich (aA Pezzer DStR 2004, 525 (530)). Die Herausgabe von Nichtanwendungserlassen verlangt daher äußerste Zurückhaltung (Voß DStR 2003, 441 (444); Spindler DStR 2007, 1061//1064 ff.). Ob für die FVerw. eine generelle **Begründungspflicht** von Nichtanwendungserlassen besteht und ein Verstoß dagegen zur Rechtswidrigkeit des Nichtanwendungserlasses führt (so zB Spindler DStR 2007, 1061 (1064 f.)), erscheint aus staatsorganisationsrechtlicher Sicht fraglich (Wieland DStR 2004, 1 (5)). Die FVerw. ist jedenfalls aus Gründen des effektiven Rechtsschutzes (Art. 19 IV GG) idR verpflichtet, **gegenüber Stpfl.** bei einem auf einen Nichtanwendungserlass gestützten ablehnenden StBescheid einen entspr. **Hinweis** (§ 121) zu geben und die Nichtanwendung einzelfallbezogen zu begründen; es ist ggf. **AdV** zu gewähren (Spindler DStR 2007, 1061 (1065 f. mwN); Lange NJW 2002, 3657; → § 121 Rn. 7, → § 361 Rn. 54). Der Nichtanwendungserlass eröffnet weitere Rechtsbehelfsmöglichkeiten (Völker/Adrizzoni NJW 2004, 2413 (2419 ff.)) und kann – ordnungsgemäße Darlegung, § 116 III 3 FGO, vorausgesetzt – die Revisionszulassung gem. § 115 II Nr. 1 oder 2 FGO rechtfertigen, wenn vom BFH noch nicht berücksichtigte Gesichtspunkte vorgebracht werden (BFH 30.7.2002 – III B 50/01, BFH/NV 2003, 55; BFH 8.11.2007 – IV B 171/06, BStBl. II 2008, 380). Ein sachlich begründeter Nichtanwendungserlass kann keine Amtspflichtverletzung auslösen (Wieland DStR 2004, 1; zurückhaltender Spindler DStR 2007, 1061 (1065 f.)).

Besonders bedenklich ist die mit Nichtanwendungserlassen verbundene Praxis der FVerw., StFestsetzungen nur noch unter dem **Vorbehalt der Nachprüfung (§ 164)** vorzunehmen; die damit meist verbundene Hoffnung der FVerw. auf eine zukünftige (uU rückwirkende) gesetzliche Klärung ist mit dem Postulat der Rechtssicherheit nur schwerlich in Einklang zu bringen (zu Recht krit. Kirchhof FS Kruse, 17 (36); Spindler DStR 2007, 1061 (1065)). Unvereinbar mit den Zielen eines Revisionsverfahrens ist ferner die von der FVerw. zunehmend geübte Praxis, gegen einen für sie ungünstigen Gerichtsbescheid des BFH zunächst mündliche Verhandlung zu beantragen (mit der Folge, dass der Gerichtsbescheid als nicht ergangen gilt, § 121 S. 1 iVm § 90a III FGO), den Kläger sodann klaglos zu stellen und damit eine Veröffentlichung der im Gerichtsbescheid niedergelegten Rechtsauffassung zu verhindern (dazu Christiansen DStR 2005, 1488; Eggesieker/Ellerbeck DStR 2007, 1427 mit zutr. Erwiderung von Schmidt DStR 2007, 1996; vgl. auch Weber DStR 2007, 2298).

67 **Rückwirkende Rechtsprechungsänderung.** Eine rückwirkend verschärfende Änderung der Rspr. zulasten der Stpfl. ist grds. zulässig. Dies ergibt sich aus der der Rspr.

eigenen Aufgabe der Rechtsfortbildung (BVerfG 14.2.1973 – 1 BvR 112/65, BVerfGE 34, 269 (287 f.); BVerfG 16.12.1981 – 1 BvR 898/80 ua, BVerfGE 59, 128 (165 f.); StaatsR-HdB/Maurer § 79 Rn. 145 ff.). Auch der Gesetzgeber setzt, wie § 176 zeigt, eine „rückwirkend" verschärfende Rspr. voraus (BFH 25.6.1984 – GrS 4/82, BStBl. II 1984, 751 (757)). Das Prinzip der Rechtssicherheit hat insoweit zurückzutreten (TK § 4 Rn. 118 mwN).

Zwangsläufig führt diese Rechtslage zu Kollisionen mit dem Gebot des **Vertrauensschutzes** (→ Rn. 19). Ein Stpfl. kann grds. auch durch die Änderung einer feststehenden Rspr. in einer schutzwürdigen Vertrauensschutzposition betroffen sein und darf nicht ohne Weiteres in seinem Vertrauen auf den Fortbestand der ihm – zu Unrecht – eingeräumten Rechtsposition enttäuscht werden (BVerfG 16.12.1981 – 1 BvR 898/80 ua, BVerfGE 59, 128 (165 f.); BVerfG 25.1.1989 – 2 BvR 2058/83, HFR 1989, 395; eingehend zur Problematik einer Bindung der Rspr. an das Vertrauensschutzprinzip Hey DStR 2004, 1897 (1899 ff.); Leisner-Egensperger DStjG 2004, 191 ff.). Die Sicherung des Vertrauensschutzes der Stpfl. im Hinblick auf ihre auf der Grundlage der bisherigen Rspr. getätigten Dispositionen ist in erster Linie **Aufgabe der FVerw.** durch Schaffung von allg. **Übergangs- und Anpassungsregelungen** (BFH 12.1.1989 – IV R 87/87, BStBl. II 1990, 261; BFH 31.7.2002 – X R 39/01, BFH/NV 2002, 1575; Hey DStR 2004, 1897 (1900); Fischer DStR 2008, 697 (701)). Derartige Regelungen sind auch von den StGerichten grds. zu beachten (BFH 25.6.1984 – GrS 4/82, BStBl. II 1984, 751 (757 mwN); vgl. auch Hey DStR 2004, 1897 (1901 f.)). Fehlen entspr. Regelungen, bedarf es ggf. im Einzelfall einer Billigkeitsmaßnahme (BFH 31.10.1990 – I R 3/86, BStBl. II 1991, 610 (614); → § 227 Rn. 37). Auf Billigkeitsgründen beruhende Übergangsregelungen der FVerw. über die Anwendung von BFH-Rspr. können nicht im Anfechtungsverfahren gegen StBescheide, sondern nur im Billigkeitsverfahren berücksichtigt werden (BFH 15.11.2006 – X B 11/06, BFH/NV 2007, 209 mwN). 68

Von der **Rspr. selbst** geschaffene Anpassungs- und Übergangsregelungen (so insb. BFH 17.12.2007 – GrS 2/04, DStR 2008, 545; zB auch BFH 23.2.1979 – III R 16/78, BStBl. II 1979, 455 (457); BFH 20.1.2005 – II B 52/04, BStBl. II 2005, 492) können allenfalls in Ausnahmefällen angezeigt sein; auch kann sich im Einzelfall durch die Rspr. zB durch obiter dictum die Ankündigung einer Rechtsprechungsänderung für die Zukunft anbieten (StaatsR-HdB/Maurer § 79 Rn. 154). Jedenfalls im StRecht ist – entgegen BFH 17.12.2007 – GrS 2/04, DStR 2008, 545 – angesichts der Regelungsdichte und -geschwindigkeit sowie im Hinblick auf Art. 20 III GG für eine „de facto-Normgebung" der Rspr. grds. kein Raum (zutr. Fischer DStR 2008, 697). Keinesfalls besteht für die Rspr. aus Rechtsgründen ein Gebot zum Erlass eigener Anpassungs- und Übergangsregelungen oder gar zur Durchführung eines Anwendungs-Entscheidungsverfahrens (dazu Söffing DStZ 2006, 588). Die Gegenansicht (Spindler DStR 2001, 725 (729); vgl. auch Robbers JZ 1988, 481 (488 f.)) verkennt die der FVerw. insoweit zustehende funktionelle Entscheidungsprärogative. Durch eine in das Ermessen der Verwaltung gestellte Anpassungs- und Übergangsregelung sind Stpfl. aufgrund der Rechtsschutzgarantie des Art. 19 IV GG auch nicht rechtsschutzlos gestellt, zumal dieses Ermessen uU auf null reduziert sein kann (vgl. BFH 23.2.1979 – III R 16/78, BStBl. II 1979, 455 (457)). 69

F. Zeitliche Geltung von Rechtsnormen

Schrifttum: Spindler, Verfassungsrechtliche Grenzen einer Rückwirkung von Steuergesetzen, DStR 1998, 953; Rose, Rückwirkende Steuerrechtsprechung und Steuerplanungssicherheit, Stbg 1999, 401; Kirchhof, Rückwirkung von Steuergesetzen, StuW 2000, 211; Schaumburg, Rückwirkung und Planungssicherheit im Steuerrecht, DB 2000, 1884; Offerhaus, Rückwirkungsprobleme bei § 2a Abs. 3 und 4 EStG in der Fassung des Steuerbeeinigungsgesetzes 1999, DB 2001, 556; Balmes, Rückwirkung im Visier der Finanzrechtsprechung, FR 2001, 392; Seer/Drüen, Vertrauensschutz bei steuerfreien Anteilsveräußerungen, GmbHR 2002, 1093 ff.; Weber-Grellet, Rechtssicherheit im demokratischen Rechtsstaat, StuW 2003, 278; Spindler, Rückwirkung von Steuergesetzen, DStjG 2004, 69 ff.; Hey, Vom Eintreten des Bundesfinanzhofs für mehr Steuerplanungssicherheit, DStR 2007, 1; Hey, Wird die Gesetzesverkündung wieder zum Maß des Vertrauensschutzes?, NJW 2007, 408. Vgl. auch die Schrifttumsnachweise vor → Rn. 17 sowie zu § 176.

I. Allgemeines

74 Die zeitliche Geltung einer Rechtsnorm beginnt mit dem Tage des **Inkrafttretens** (WBSK I 27 Rn. 1 f.; TK § 4 Rn. 12 f.). Ein Gesetz wird mit seiner Verkündung (durch Abdruck im BGBl. und dessen Ausgabe, Art. 82 I 1 und II 2 GG, dazu BFH 6.3.2002 – XI R 81/00, BStBl. II 2002, 503 mwN) rechtlich existent (BVerfG 14.5.1986 – 2 BvL 2/83, BVerfGE 72, 200 (241 mwN)). Das Inkrafttreten des verkündeten Gesetzes bzw. der verkündeten VO ist Teil der normativen Regelung (Jarass/Pieroth Art. 82 Rn. 9 mwN). Es ist grds. zulässig, das Inkrafttreten nach einem bestimmten zukünftigen Ereignis – insb. dem der Verkündung – zu bestimmen (vgl. – betr. Inkrafttreten des JStG 1997 – BFH 6.3.2002 – XI R 81/00, BStBl. II 2002, 503 mwN). Bei Fehlen einer Bestimmung über das Inkrafttreten gilt Art. 82 II 2 GG. Der zeitliche Geltungswille des Gesetzes kann ggf. durch gesetzliche Übergangs- bzw. Überleitungsvorschriften modifiziert sein; zu den Grundsätzen des sog. **intertemporalen Rechts** vgl. BFH 8.11.2006 – X R 45/02, BStBl. II 2007, 574 mwN).

75 Jeder in Kraft getretene Rechtssatz gilt bis zu seinem **Außerkrafttreten** (dazu WBSK I § 27 Rn. 3 ff.). Dieses wird bewirkt durch Zeitablauf, ausdrückliche Aufhebung, Ersetzung, gerichtliche Feststellung der Nichtigkeit durch das BVerfG (zB gem. §§ 31 II, 78 BVerfGG) bzw. – im Falle des § 47 VwGO – durch ein OVG oder aufgrund Derogation kraft Gewohnheitsrecht (→ Rn. 15). Möglich ist schließlich auch ein Außerkrafttreten aufgrund **Funktionslosigkeit** einer Vorschrift (dazu WBSK I § 27 Rn. 10 mwN). Jedoch kann ein Außerkrafttreten nicht allein deshalb angenommen werden, weil eine Norm tatsächlich nicht mehr beachtet wird. Es muss vielmehr ausgeschlossen sein, dass das gesetzte Recht überhaupt noch verwirklicht werden kann (BFH 19.1.1999 – VII R 24/98, BFH/NV 1999, 1049).

Aufgehobene Vorschriften bleiben im Allgemeinen auf Tatbestände und Rechtsverhältnisse anwendbar, die im Geltungszeitraum bestanden haben oder entstanden sind (BFH 8.11.2006 – X R 45/02, BStBl. II 2007, 574 mwN). Eine Ausnahme gilt für Normen, die das BVerfG für nichtig erklärt hat (zB gem. § 31 II 2 und 3 BVerfGG).

II. Rückwirkung

76 **Begriff; Verfassungsrechtliche Grenzen.** Eine Rechtsnorm (zur rückwirkenden Änderung der Rechtsprechung → Rn. 67) entfaltet Rückwirkung, wenn der Beginn ihres zeitlichen Anwendungsbereichs normativ auf einen Zeitpunkt festgelegt ist, der **vor** dem Zeitpunkt liegt, zu dem die Norm gültig geworden ist.

Die verfassungsrechtlichen Grenzen der Rückwirkung (belastender) StGesetze ergeben sich aus dem Rechtsstaatsprinzip (Art. 20 III GG) und den sich daraus abzuleitenden Grundsätzen der Rechtssicherheit und des Vertrauensschutzes. Der Bürger soll darauf vertrauen können, dass die öffentliche Gewalt an sein Verhalten im Nachhinein keine belastenderen Rechtsfolgen knüpfen darf, als sie zum Zeitpunkt seines rechtserheblichen Verhaltens galten (BVerfG 3.12.1997 – 2 BvR 882/97, BVerfGE 97, 67 (78)). Zu den belastenden StGesetzen zählen auch solche, die eine Vergünstigung einschränken oder aufheben (BVerfG 5.2.2002 – 2 BvR 305/93 und 2 BvR 348/93, HFR 2002, 831; BFH 6.11.2002 – XI R 42/01, BStBl. II 2003, 257).

Die Zulässigkeit rückwirkender belastender StGesetze beurteilt der 1. Senat des BVerfG nach den Maßstäben einer echten oder unechten Rückwirkung, während der 2. Senat des BVerfG – in der Sache ähnlich – zwischen der Rückbewirkung von Rechtsfolgen und tatbestandlicher Rückanknüpfung unterscheidet (zB BVerfG 3.12.1997 – 2 BvR 882/97, BVerfGE 97, 67 (78 f.); näher Jarass/Pieroth Art. 20 Rn. 67 ff.; Sachs GG Art. 20 Rn. 132 ff.; Spindler DStR 1998, 953). Im **Investitionszulagenrecht** kann ein Verstoß gegen das Rückwirkungsverbot ausgeschlossen sein, wenn der Gesetzgeber wegen einer von der EU-Kommission festgestellten Unvereinbarkeit einer Beihilfe mit EU-Recht Investitionszulagen rückwirkend absenkt (BFH 12.10.2000 – III R 35/95, BStBl. II 2001, 499; BFH 21.4.2005 – III R 10/03, BStBl. II 2005, 718; Kamps/Fraedrich FR 2005, 969).

Eine **echte Rückwirkung** bzw. **Rückbewirkung von Rechtsfolgen** liegt vor, wenn die Rechtsfolge eines belastenden Gesetzes schon für einen **vor** dem Zeitpunkt der Verkündung der Norm liegenden Zeitpunkt eintreten soll (BVerfG 14.5.1986 – 2 BvL 2/83, BVerfGE 72, 200 (242)). Damit greift das Gesetz rückwirkend in schon abgeschlossene, der Vergangenheit angehörende Sachverhalte ein. Eine solche Rückwirkung ist wegen Verstoß gegen das in Art. 20 III GG verankerte Rechtsstaatsprinzip und insb. gegen die darin umschlossenen Grundsätze des Vertrauensschutzes und der Rechtssicherheit grds. unzulässig, (BVerfG 14.5.1986 – 2 BvL 2/83, BVerfGE 72, 200 (257 ff.); BVerfG 3.12.1997 – 2 BvR 882/97, BVerfGE 97, 67 (78 f. mwN)). Dieses grds. Rückwirkungsverbot gilt nicht nur für die rückwirkende Belastung mit einem neu begründeten StAnspruch, sondern in gleicher Weise für den rückwirkenden Wegfall einer StVergünstigung (BVerfG 10.3.1971 – 2 BvL 3/68, BStBl. II 1973, 431 (435)). 77

Ausnahmsweise ist die echte Rückwirkung mangels eines schutzwürdigen Vertrauens des Bürgers in den ungeschmälerten Fortbestand des geltenden Rechts verfassungsrechtlich **zulässig** (dazu näher BVerfG 25.5.1993 – 1 BvR 1509/91, 1 BvR 1648/91, BVerfGE 88, 384 (404), std. Rspr.; BFH 20.10.2004 – II R 74/00, BStBl. II 2005, 99; Jarass/Pieroth Art. 20 Rn. 70 ff.; Schaumburg DB 2000, 1884 mwN), wenn das geltende Recht unklar und verworren ist, der Bürger nach der rechtlichen Lage in dem Zeitpunkt, auf den der Eintritt der nachteiligen Rechtsfolge vom Gesetz zurückbezogen ist, mit dieser Regelung rechnen musste, die bisherige Regelung ungültig war, zwingende Gründe des Gemeinwohls eine Rückwirkung rechtfertigten, die Rückwirkung keinen bzw. einen nur unerheblichen Schaden verursacht (Bagatellvorbehalt, dazu BVerfG 23.3.1971 – 2 BvL 2/66 ua, BVerfGE 30, 367 (389); BVerfG 14.5.1986 – 2 BvL 2/83, BVerfGE 72, 200 (258 ff.)) oder die alte Rechtslage nach zwischenzeitlicher Änderung der höchstrichterlichen Rspr. wiederhergestellt wird (BVerfG 15.10.1996 – 1 BvL 44, 48/92, BVerfGE 95, 64 (87); dazu Spindler DStR 1998, 953 (956); Spindler DStjG 27 [2004], 69/73 f.).

Der Katalog dieser Ausnahmen ist vom BVerfG bislang nur falltypisch entwickelt worden und nicht erschöpfend (BVerfG 14.5.1986 – 2 BvL 2/83, BVerfGE 72, 200 (258)). Bei Abgabengesetzen liegt eine echte Rückwirkung vor zB bei rückwirkender Begründung der Stpfl. für solche Personen, für die nach bisheriger Rechtslage keine Stpfl. bestand oder für die eine zunächst beschränkte Stpfl. vor dem Gesetzesbeschluss weggefallen war (BVerfG 14.5.1986 – 2 BvL 2/83, BVerfGE 72, 200 (255 ff.)) oder – bei VerkehrSt – durch nachträgliche Erhöhung des StSatzes nach Verwirklichung eines Rechtsgeschäfts.

Unechte Rückwirkung (tatbestandliche Rückanknüpfung). Im Gegensatz zur echten Rückwirkung (Rückbewirkung von Rechtsfolgen) betrifft die „unechte" Rückwirkung (tatbestandliche Rückanknüpfung) nicht den zeitlichen, sondern den sachlichen Anwendungsbereich einer Norm. In diesem Fall treten die Rechtsfolgen eines Gesetzes erst **nach** der Verkündung der Norm ein; deren Tatbestand erfasst jedoch auch Sachverhalte, die bereits vor Verkündung „ins Werk gesetzt worden sind" (BVerfG 3.12.1997 – 2 BvR 882/97, BVerfGE 97, 67 (79 mwN); BVerfG 5.2.2002 – 2 BvR 305/93 und 2 BvR 348/93, HFR 2002, 831; zusammenfassend BFH 16.12.2003 – IX R 46/02, BStBl. II 2004, 284; BFH 14.12.2006 – III R 27/03, BStBl. II 2007, 332). Die unechte Rückwirkung ist **grds. zulässig.** Bei der erforderlichen grundrechtlichen Bewertung sind die allg. rechtsstaatlichen Grundsätze (Vertrauensschutz, Rechtssicherheit, Verhältnismäßigkeit) zu berücksichtigen und mit den gegenläufigen schutzwürdigen Interessen, insb. dem Ausmaß des durch die Gesetzesänderung bewirkten Vertrauensschadens und der Bedeutung des gesetzgeberischen Anliegens für das gemeine Wohl abzuwägen (zB – jeweils mwN – BFH 9.5.2001 – XI B 151/00, BStBl. II 2001, 552 (555); BFH 6.3.2002 – XI R 50/00, BStBl. II 2002, 453; BFH 27.8.2002 – XI B 94/02, BStBl. II 2003, 18). Zulässig ist 78 eine unechte Rückwirkung insb. dann, wenn der Gesetzgeber damit auf veränderte soziale Gegebenheiten reagiert, insb. ein ursprünglich mit einer StBegünstigung verfolgter Zweck wegfällt oder ein seit dem Inkrafttreten des Gesetzes eingetretener Missstand aus Gründen der steuerlichen Belastungsgleichheit beseitigt werden soll (BVerfG 5.2.2002 – 2 BvR 305/93, 2 BvR 348/93, HFR 2002, 831; BFH 24.4.2001 – VII S 6/01, BFH/NV 2001, 1303 betr. Erhöhung der KraftSt ab 1997; BFH 27.8.2002 – XI B 94/92, BStBl. II 2003, 18).

79 **Abgrenzungsfragen; periodische Steuern.** Eine lediglich unechte Rückwirkung liegt nach der Rspr. des BVerfG bei den periodischen Steuern (ESt, KSt) mit Rücksicht auf das hier geltende Annuitätsprinzip vor, wenn das neue belastende Gesetz noch vor Jahresende mit Wirkung auf den Jahresanfang beschlossen wird, weil der StAnspruch bei diesen Steuern erst mit Ablauf des Veranlagungszeitraums entsteht (BVerfG 14.5.1986 – 2 BvL 2/83, BVerfGE 72, 200 (252 f.); BVerfG 3.12.1997 – 2 BvR 882/97, BVerfGE 97, 67 (80)). Hingegen wird eine echte Rückwirkung (Rückbewirkung von Rechtsfolgen) dann angenommen, wenn ein Stpfl. im Vertrauen auf einen Lenkungstatbestand disponiert hat und der Gesetzgeber nach der Disposition abweichende Rechtsfolgen anordnet (BVerfG 3.12.1997 – 2 BvR 882/97, BVerfGE 97, 67 (80); dazu Offerhaus DB 2001, 556 (559)).

Rechtsfolgen. Soweit nach dem obigen ein Verstoß gegen das Rückwirkungsverbot vorliegt, ist die jeweilige Norm zwar grds. – mit der Folge der Vorlagepflicht des Gerichts an das BVerfG gem. Art. 100 I GG – verfassungswidrig. Allerdings kann die Verfassungswidrigkeit der Norm ggf. durch verfassungskonforme Auslegung oder abändernde Lückenausfüllung vermieden werden (so zB BFH 14.12.2006 – III R 27/03, BStBl. II 2007, 332).

80 **Kritik.** Die vom BVerfG derzeit praktizierte unterschiedliche Beurteilung rückwirkender Fiskalzweck- bzw. Lenkungsnormen und insb. die bei den periodischen Steuern am Zeitpunkt der StEntstehung ausgerichtete Betrachtung ist verfehlt (vgl. Vorlagebeschl. BFH 2.8.2006 – XI R 30/03, BStBl. II 2006, 895 und BFH 2.8.2006 – XI R 34/02, BStBl. II 2006, 887 jeweils mwN). Richtiger Anknüpfungspunkt für einen Vertrauensschutz des Stpfl. ist der Zeitpunkt seiner Disposition; Vertrauensgrundlage sind allein die zu diesem Zeitpunkt bestehenden Dispositionsbedingungen und nicht die späteren Verhältnisse im Zeitpunkt der StEntstehung (zutr. Kirchhof StuW 2000, 221 (223)). Erforderlich ist mithin die Ausrichtung der Rückwirkungsproblematik an einem **dispositionsbezogenen Rückwirkungsbegriff** (Tipke/Lang § 4 Rn. 177 f.), wobei maßgebend auf den Zeitpunkt der Gesetzesverkündung – und nicht den vorausgehenden Zeitpunkt des Beschlusses des Änderungsgesetzes im Bundestag abzustellen ist (BFH 2.8.2006 – XI R 34/02, BStBl. II 2006, 887; zust. Hey NJW 2007, 408; aA BFH 8.11.2006 – I R 69, 70/05, BStBl. II 2007, 662). Zur Verwirklichung des Vertrauensschutzes bedarf es im Übrigen seitens der Gesetzgebung in weit stärkerem Maße als bisher differenzierender Übergangsregelungen (zutr. Spindler DStjG 2004, 69 (89 f.)).

Das BVerfG hat nach Überprüfung an seiner Rspr. zum Rückwirkungsverbot, insb. den Fallgruppen der echten und unechten Rückwirkung, festgehalten, vgl. BVerfG 7.7.2010 – 2 BvL 1/03 ua, BVerfGE 127, 31 (Anwendung des § 52 I 2 iVm § 39b III 9 iVm § 34 I und II EStG idF StEntlG 1999/2000/2002 betr. Besteuerung einer 1998 vereinbarten und 1999 ausgezahlten Entlassungsentschädigung nach der Fünftel-Regelung aufgrund Vorlagebeschl. BFH 6.11.2002 – XI R 42/01, BStBl. II 2003, 257; dazu Weber-Grellet DStR 2003, 283 f.; List BB 2003, 761), zur Problematik vgl. ferner BVerfG 7.7.2010 – 2 BvL 14/02, BStBl. II 2011, 76 (betr. Verfassungsmäßigkeit der Verlängerung der Spekulationsfrist bei Grundstücksveräußerungen aufgrund Vorlagebeschl. FG Köln 25.7.2002 – 13 K 460/01, EFG 2002, 1236; BFH 5.3.2001 – IX B 90/00, BStBl. II 2001, 405), BVerfG 7.7.2010 – 2 BvL 2/04 ua, NJW 2010, 3629 (rückwirkende Verlängerung der Spekulationsfrist des § 23 I 1 Nr. 1 S. 1 EStG, Vorlagebeschl. BFH 16.12.2003 – XI R 46/02, BStBl. II 2004, 284; dazu zB Höreth/Schiegl/Zipfel BB 2004, 857), BVerfG 7.7.2010 – 2 BvL 57/06 und 2 BvL 58/06, BVerfGE 127, 31 (rückwirkend verschärfte Besteuerung von Entlassungsentschädigungen aufgrund Vorlagebeschl. BFH 2.8.2006 – XI R 30/03,

BStBl. II 2006, 895 und BFH 2.8.2006 – XI R 30/03, BStBl. II 2006, 895; dazu zB Hey NJW 2007, 408), BVerfG 1 BvL 4/07 (Vorlagebeschl. BFH 19.4.2007 – IV R 59/05, BFH/NV 2007, 2334 betr. § 36 IX GewStG), BVerfG 1 BvL 5/07 (Rückwirkung des § 10a S. 4 GewStG gem. § 36 IX GewStG, Vorlagebeschl. BFH 19.4.2007 – IV R 4/06, BFH/NV 2007, 1780) sowie zahlreicher weiterer Vorlagen der Gerichte bzw. Verfassungsbeschwerden (vgl. die Zusammenstellung von Hey DStR 2007, 1 (2)).

Zur zeitlichen Wirkung von EuGH-Urteilen → § 2 Rn. 34.

G. Auslegung und Rechtsfortbildung im Steuerrecht

Schrifttum: Beisse, Die wirtschaftliche Betrachtungsweise bei der Auslegung der Steuergesetze in der neueren deutschen Rechtsprechung, StuW 1981, 1; Crezelius, Steuerrechtliche Rechtsanwendung und allgemeine Rechtsordnung; Hartmann/Walter, Auslegung und Anwendung von Steuergesetzen; Fischer, Innere Unabhängigkeit und Fiskalinteresse, StuW 1992, 188; Fischer, Die wirtschaftliche Betrachtungsweise, NWB F. 2, 6143 (6147); Fischer, Auslegungsziele und Verfassung, FS Tipke, 1995, 187 ff.; Höhn, Zweck(e) der des Steuerrechts und Auslegung, FS Tipke, 1995, 213 ff.; Hallerbach, Der Einfluß des Zivilrechts auf das Steuerrecht, DStR 1999, 2125; Kobor, Die Auslegung im Erbschaftsteuergesetz; Drüen, Zur Rechtsnatur des Steuerrechts und ihrem Einfluß auf die Rechtsanwendung, FS Kruse, 2001, 191 ff.; P. Fischer, Steuerrechtlicher Typus und rechtsstaatliche Bestimmtheit des Steuergesetzes, DStZ 2000, 885; Mössner, Typusbegriffe im Steuerrecht, FS Kruse, 2001, 161 ff.; Schmidt-Liebig, Indiz und Rechtsanwendung im Steuerrecht bei „verdeckter Gewinnausschüttung“ und „Gewerbebetrieb“ in der neueren BFH-Rechtsprechung, FR 2003, 273; Kanzler, Die „Gesetzesbegründung“ im Steuerrecht, FR 2007, 525; Crezelius, Analogieanweisungen in Steuergesetzen, FR 2008, 889.

Der Gesetzgeber hat im Rahmen der AO bewusst auf eine eigenständige Kodifikation der für StGesetze geltenden Auslegungsgrundsätze verzichtet; dabei wurden die vormals in § 1 III StAnpG normierten Auslegungsgrundsätze und insb. die wirtschaftliche Betrachtungsweise als gesichert betrachtet (→ Rn. 1). 85

I. Auslegung

Das Rechtsstaatsprinzip (Art. 20 III GG) verlangt – selbstverständlich auch im StRecht – für die richterliche Gesetzeskonkretisierung eine methodische, rational überprüfbare Argumentation bei der Begründung einer Entscheidung (BVerfG 14.2.1973 – 1 BvR 112/65, BVerfGE 34, 269 (287)). Für die Auslegung von StGesetzen gelten die von der allgemeinen Rechtslehre entwickelten methodischen Regeln. Verfehlt ist eine rein positivistische Wortlautinterpretation. Besondere praktische Bedeutung kommt der verfassungskonformen und teleologischen Auslegung zu. 86

Die Auslegung einer StRechtsnorm ist Bestandteil der Rechtsanwendung und erfordert mehrere nicht vollständig voneinander zu isolierende Erkenntnisakte. Erforderlich ist zunächst die **Feststellung des Lebenssachverhalts** unter der Frage, ob die jeweiligen gesetzlichen Tatbestandsmerkmale erfüllt sind. Eine klare Trennung zwischen Sachverhalt und Tatbestand, wie sie zB § 38 (→ § 38 Rn. 7 f.) voraussetzt, ist freilich nicht möglich. Vielmehr ist der im Hinblick auf den Tatbestand ermittelte Sachverhalt bereits unter dem Aspekt der Entscheidungserheblichkeit „gefiltert“ und somit schon für den Subsumtionsvorgang rechtlich vorgeformt (HHR Einf. ESt Rn. 670; TK § 4 Rn. 208). Der Lebenssachverhalt ist von der FVerw. (vgl. § 88) und ggf. vom Gericht (§ 76 FGO) von Amts wegen zu ermitteln; es gelten die Regeln des Beweisrechts. Bei der Sachverhaltsfeststellung ist ggf. aufgrund der wirtschaftlichen Betrachtungsweise (→ Rn. 106 ff.) nicht allein auf die formale Rechtsgestaltung, sondern auf den materiellen Inhalt der Gestaltung abzustellen; zu Typusbegriffen → Rn. 90. 87

Im Weiteren bedarf es der Feststellung des **Inhalts** des in Betracht zu ziehenden **Rechtssatzes;** dieser ist ggf. durch Auslegung zu ermitteln. Schließlich erfolgt aus der **Subsumtion** des ermittelten Sachverhalts unter den ermittelten Rechtssatz die Feststellung der sich ergebenden Rechtsfolge.

1. Ziel und Grenzen der Auslegung

88 **Ziel der Auslegung.** Die Gesetzesauslegung ist auf die Ermittlung des normativen Sinns des Gesetzes, insb. auf die Klarstellung seines Sinngehalts gegenüber sich aus dem Wortlaut ergebenden Zweifeln gerichtet (Larenz/Canaris, 139). Dieser (objektive) Sinn kann nur unter Berücksichtigung auch der (subjektiven) Regelungsabsichten und konkreten Normvorstellungen des historischen Gesetzgebers ermittelt werden. Über dieses – objektive und subjektive Momente verbindende – Auslegungsziel (zum Streit zwischen „objektiver" und „subjektiver" Theorie vgl. Larenz/Canaris, 137 ff.; Tipke/Lang § 5 Rn. 42, 69 ff.) besteht heute weitgehende Einigkeit (vgl. TK § 4 Rn. 234 ff.). Insb. ist dies der Standpunkt des BVerfG, wonach für die Auslegung einer Gesetzesbestimmung der in dieser zum Ausdruck kommende **objektivierte Wille des Gesetzgebers** maßgebend ist (zB BVerfG 21.5.1952 – 2 BvH 2/52, BVerfGE 1, 299 (312); BVerfG 9.11.1988 – 1 BvR 243/86, BVerfGE 79, 106 (121)). Dieser Judikatur folgt auch die BFH-Rspr. (zB BFH 10.11.1999 – X R 60/95, BStBl. II 2000, 131 (137); vgl. auch TK § 4 Rn. 234 ff.). Die Ermittlung dieses objektivierten Gesetzeswillens erfolgt mit Hilfe der herkömmlichen Auslegungsmethoden (→ Rn. 94 ff.).

Der **Wille des Gesetzgebers** kann nur insoweit berücksichtigt werden, als er im Gesetz selbst einen hinreichend bestimmten Ausdruck gefunden hat (BVerfG 17.1.1978 – 1 BvL 13/76, BVerfGE 47, 109 (127 mwN), sog. **Andeutungstheorie;** dazu zB TK § 4 Rn. 235 ff.; Woerner DStjG 1982, 23 (33 f.)). Dieser objektivierte Gesetzeswille ist Gegenstand der in Art. 20 III GG für die vollziehende Gewalt und Rspr. angeordneten Bindung an das Gesetz.

89 Die aus Art. 20 III GG herzuleitenden **Grenzen** der Auslegung ergeben sich aus dem möglichen Wortsinn der gesetzlichen Vorschrift, ihrer Systematik und ihrem erkennbaren Sinn (BFH 17.5.2006 – X R 43/03, BStBl. II 2006, 868; Tipke/Lang § 5 Rn. 53 mwN; HHR Einf. ESt Rn. 660; Larenz/Canaris, 166). Die Rspr. darf sich nicht an die Stelle des Gesetzgebers setzen. Aus den verfassungsrechtlichen Bindungen der Rspr. ergibt sich, dass das Gesetz selbst Art und Umfang des Eingriffs zum Ausdruck bringen muss (zum Gesetzesvorbehalt → § 3 Rn. 50 f.). Eine Auslegung gegen den Wortlaut kommt nur unter engen Voraussetzungen dann in Betracht, wenn die Wortlautauslegung zu einem sinnwidrigen Ergebnis führte (BFH 2.6.2005 – III R 15/04, BStBl. II 2005, 828; BFH 26.1.2006 – III R 51/05, BStBl. II 2006, 515). Ausgeschlossen ist eine Auslegung, die dem Gesetz keinen relevanten Regelungsbereich belässt (BFH 1.2.2006 – X B 166/05, BStBl. II 2006, 420 mwN). Die Begründung neuer StNormen im Auslegungswege scheidet aus (Weber-Grellet, 40). Die Finanzgerichte sind im Rahmen und nach Maßgabe gesetzlicher Ermächtigung auch zur **typisierenden Gesetzesauslegung** befugt (BVerfG 31.5.1988 – 1 BvR 520/83, BVerfGE 78, 214; zB betr. Freigrenze steuerfreier Arbeitslohn aus Anlass einer Betriebsveranstaltung: BFH 16.11.2005 – VI R 151/00, BStBl. II 2006, 442 mwN).

2. Auslegungsgegenstand und -ergebnis

90 Gegenstand der Auslegung ist der Gesetzestext. Auch die **Gesetzesüberschrift** kann zur Auslegung herangezogen werden; steht sie in Widerspruch zum Gesetzeswortlaut, geht letztere vor (BFH 11.1.1984 – II R 187/81, BStBl. II 1984, 327). Auslegungsfähig sind selbstverständlich auch verfahrensrechtliche Vorschriften (zur Auslegung der AO-Vorschriften → Einl. Rn. 10). Zur gemeinschaftskonformen Auslegung → § 2 Rn. 32.

91 **Unbestimmte Rechtsbegriffe; Typusbegriffe.** Das StRecht verwendet zahlreiche unbestimmte Rechtsbegriffe (→ § 5 Rn. 14). Für die Auslegung ihres Sinngehalts gelten die allg. Auslegungskriterien (→ § 5 Rn. 16). Im Gegensatz zu dem abstrakt-allgemeinen, durch einzelne Begriffsmerkmale abschließend festgelegten Rechtsbegriff fehlt dem sog. **Typusbegriff** eine in sich abgeschlossene Definition; er ist bis zu einem gewissen Grade offen, so etwa die Begriffe „Gewerbebetrieb", iSd § 15 II EStG (zur Qualifizierung als Typusbegriff zB BFH 15.12.1999 – I R 16/99, BStBl. II 2000, 404), „Unternehmer", „Mitunternehmer" oder „ähnlich" iSd § 13 I Nr. 4 oder § 18 I Nr. 2 S. 2 EStG, „Arbeits-

zimmer“ iSd § 4 V 1 Nr. 6b EStG (dazu BFH 16.9.2004 – VI R 25/02, BStBl. II 2006, 10) oder „wirtschaftliche Einheit“ iSd § 2 BewG (dazu BFH 3.8.2004 – X R 40/03, BStBl. II 2005, 35). Der Typusbegriff wird lediglich durch Merkmale oder repräsentative Leitbilder umschrieben; die Zuordnung des Lebenssachverhalts zu den einzelnen Merkmalen erfolgt in wertender Zuordnung (vgl. Tipke/Lang § 5 Rn. 52; TK § 4 Rn. 395 ff.; Fischer DStZ 2000, 885; Schmidt-Liebig FR 2003, 273 ff.). Derartige Typusbegriffe sind in jeder Rechtsordnung unentbehrlich (WBSK I § 31 Rn. 12 f.; zur verfassungsrechtlichen Zulässigkeit BVerfG 20.5.1996 – 1 BvR 21/96, NJW 1996, 2644). Ihre Ausfüllung unterliegt jedoch rechtsstaatlichen Grenzen; darauf weist die in der Literatur (zB Weber-Grellet, 212 mwN; Mössner FS Kruse, 161 ff.) geübte Kritik an der Rechtsfigur des Typenbegriffs zutr. hin. Vom Rechtsstaatsprinzip gefordert ist eine an der Teleologie des jeweiligen Typusbegriffs ausgerichtete Prüfung, ob die Zuordnung des Sachverhalts durch den Normsinn gerechtfertigt ist. Der auf die Qualifikation des Sachverhalts gerichtete Typusbegriff ist zu unterscheiden von der Typisierung durch den Gesetzgeber (→ § 3 Rn. 67 f.) und ferner von typisierenden Verwaltungsvorschriften (→ Rn. 56). Zu sog. Ähnlichkeitsanweisungen (zB § 8c I 1 und 2 KStG, § 4 V 1 Nr. 4 EStG) eingehend Crezelius FR 2008, 889.

Ausnahme- und Vergünstigungsvorschriften. Für die Auslegung von Ausnahmevorschriften gelten die allg. Auslegungsgrundsätze (zutr. BFH 29.7.2003 – VII R 39, 43/02, BStBl. II 2003, 828). Eine Regel, dass diese Vorschriften eng auszulegen seien, gibt es nicht (Larenz/Canaris, 175 ff.; HHR Einf. ESt Rn. 647; TK § 4 Rn. 224; zweifelnd BFH 29.7.1992 – I R 114/91, BStBl. II 1993, 180 (182 mwN); aA – für eine idR enge Auslegung – zB BFH 2.2.1999 – VII R 18/98, BFH/NV 1999, 1040; BFH 6.12.2001 – V R 43/00, BFH/NV 2002, 736). 92

Im **Auslegungsergebnis** besteht grds. keine Beschränkung auf eine solche zugunsten („pro libertate“) des Stpfl. (Höhn FS Tipke, 213 (214 ff.)). Auch eine Auslegung **zum Nachteil des Stpfl.** („pro fisco“) ist grds. zulässig. Ebenso gibt es keinen allgemeinen Rechtssatz des Inhalts, dass belastende StRechtsnormen zugunsten des Betroffenen eng auszulegen seien (Weber-Grellet, 40 f.; Woerner DStjG 1982, 23/29). 93

3. Auslegungskriterien

Die Gesetzesauslegung orientiert sich herkömmlich an verschiedenen Argumentationsmethoden, die den Bedeutungsgehalt einer Norm iSv Begründungs- und Überzeugungsargumenten nachvollziehbar ableiten (HHR Einf. ESt Rn. 636 mwN) und die, da je für sich allein als Auslegungsmittel unzureichend, miteinander zu verbinden sind („Methodensynkretismus“, vgl. zB WBSK § 28 Rn. 32). Der Feststellung des objektivierten Willens des Gesetzgebers (→ Rn. 88) dienen die Auslegung aus dem Wortlaut (grammatikalische Auslegung), aus dem Zusammenhang (systematische Auslegung), aus den Gesetzesmaterialien und der Entstehungsgeschichte (historische Auslegung) sowie die Auslegung aus ihrem Zweck (teleologische Auslegung); vgl. BFH 17.3.1992 – IX R 55/90, BStBl. II 1993, 17 mwN. Diese Auslegungskriterien sind grds. gleichwertig und ergänzen sich gegenseitig (BVerfG 17.5.1960 – 2 BvL 11/59 ua, BVerfGE 11, 126 (129 ff.); BFH 15.6.1973 – III R 118/70, BStBl. II 1973, 810; Drüen FS Kruse, 191 (208); Kanzler FR 2007, 525 (528 ff.)). Zwischen ihnen besteht keine zwingende Reihenfolge; auch von Verfassungs wegen ist eine bestimmte Auslegungsmethode nicht vorgegeben (BVerfG 30.3.1993 – 1 BvR 1045/89 ua, BVerfGE 88, 145 (166 f.)). Im Sonderfall der verfassungskonformen Auslegung (→ Rn. 104 ff.) erlangt jedoch die Verfassung eine gegenüber den sonstigen Auslegungselementen vorrangige Bedeutung (Sachs GG Einführung Rn. 52). 94

Die **grammatikalische Auslegung** ermittelt den Regelungsgehalt der Norm unter Zugrundelegung ihres jeweiligen Wortsinns. Sie ist Ausgangspunkt jeder Auslegung (TK § 4 Rn. 261). Der mögliche Wortsinn bildet die äußerste Grenze der Auslegung (→ Rn. 92). Jenseits der Wortsinngrenze kann der Bedeutungsgehalt einer Norm nur nach den Regeln der Rechtsfortbildung (→ Rn. 112) erschlossen werden. 95

96 Mit Hilfe der **systematisch-logischen Interpretation** wird der Normsinn aus der Stellung der Vorschrift im jeweiligen gesetzlichen Kontext (Regelungsgefüge, inneres und äußeres System) ermittelt (TK § 4 Rn. 268 f. mwN). Dem liegt die Annahme zugrunde, dass die Rechtsordnung ein sinnvolles Ganzes darstellt und auf innere Widerspruchsfreiheit angelegt ist (BVerfG 14.2.1973 – 1 BvR 112/65, BVerfGE 34, 269 (287)). Maßgebend für die systematisch-logische Interpretation ist jeweils der objektive Norminhalt (→ Rn. 88; zur Bedeutung der Gesetzesüberschrift → Rn. 89). In verschiedenen Vorschriften desselben Gesetzes verwendete Begriffe sind grds. einheitlich auszulegen (BFH 25.11.2002 – GrS 2/01, BStBl. II 2003, 548). Bei einem im Gesetz legal definierten Begriff bedarf ein davon abw. Begriffsverständnis in einer anderen Vorschrift desselben Gesetzes besonderer Rechtfertigung (BFH 25.11.2002 – GrS 2/01, BStBl. II 2003, 548).

Bei der systematisch-logischen Auslegung auftretende Widersprüche oder mehrdeutige Regelungsgehalte sind – sofern verschiedene Normen auf einen Sachverhalt anwendbar sind (allg. zur Kollisionsnorm BVerfG 29.1.1974 – 2 BvN 1/69, BVerfGE 36, 342 (363)) – durch allg. **Kollisionsregeln** (dazu allg. HHSp § 4 Rn. 355 ff.) aufzulösen. Die rangniedere Norm wird durch die ranghöhere Rechtsquelle verdrängt (lex superior derogat legi inferiori; HHSp § 4 Rn. 362); eine speziellere Rechtsnorm hat Vorrang vor der allgemeineren Rechtsnorm (lex specialis derogat legi generali); die historisch jüngere Norm steht bei gleicher Regelungsmaterie über der historisch älteren Norm (lex posterior derogat legi priori; vgl. BVerfG 29.1.1974 – 2 BvN 1/69, BVerfGE 36, 342 (363); BVerwG 10.8.1990 – 4 C 3/90, NVwZ 1991, 673; BVerwG 24.10.1990 – 4 NB 29/90, NVwZ 1991, 1074; zu Einschränkungen dieses Grundsatzes bei einer Kollision einer steuergesetzlichen Norm mit einer früheren Norm des Abkommensrechts → § 2 Rn. 19). Spricht die spätere Regelung ganz oder teilweise nicht denselben Tatbestand an, bleibt jedoch – im Rahmen einer jeweils erforderlichen Einzelbetrachtung – die frühere Spezialnorm durch die spätere generelle Norm unberührt (lex generalis posterior non derogat legi speciali priori; vgl. RFH 22.10.1924 – IV D 4/24, RFHE 14, 265 (268); HHR Einf. ESt Rn. 638).

97 Mit der **historischen Auslegung** kann der Gesetzessinn oder -zweck anhand seiner Entstehungsgeschichte bestimmt werden. Erkenntnisquellen für die Regelungsabsicht bzw. die Normvorstellungen des historischen Gesetzgebers sind insb. die Gesetzesmaterialien (Gesetzesbegründungen, Ausschussberichte, Parlamentsprotokolle) sowie die Entwicklungsgeschichte der Vorschrift (Fischer FS Tipke, 187 (196 ff.); Tipke/Lang § 5 Rn. 69 ff.; Kanzler FR 2007, 525). Äußerungen einzelner am Gesetzgebungsverfahren Beteiligter sind hingegen unbeachtlich (BVerfG 21.5.1952 – 2 BvH 2/52, BVerfGE 1, 299 (312); BFH 5.8.1992 – X R 165/88, BStBl. II 1992, 1048). Mit zunehmendem Alter einer Regelung verlieren die subjektiven Vorstellungen des Gesetzgebers an Gewicht (BVerfG 14.2.1973 – 1 BvR 112/65, BVerfGE 34, 269 (288)). Schon deshalb ist es zutr., dass der Entstehungsgeschichte für die Auslegung nur insofern Bedeutung zukommt, als sie die Richtigkeit einer nach den anderen Auslegungsmethoden ermittelten Auslegung bestätigt oder Zweifel behebt (so zB BVerfG 17.5.1960 – 2 BvL 11/59 ua, BVerfGE 11, 126 (130); vgl. auch Kanzler FR 2007, 525 (528 ff.)).

98 Die **teleologische Auslegung** zielt auf die Einschränkung des Geltungsbereichs einer Norm mit Rücksicht auf ihren Gesetzeszweck gegenüber dem zu weit gefassten Wortlaut (BFH 26.6.2007 – IV R 9/05, BStBl. II 2007, 893). Sie ist eine Auslegung nach dem erkennbaren Zweck und Grundgedanken einer Regelung (Larenz/Canaris, 153 ff.; TK § 4 Rn. 274 ff.). Eine spezielle steuerrechtliche Ausprägung dieser Methode ist die wirtschaftliche Betrachtungsweise (→ Rn. 106 ff.). Bei der Ermittlung des Gesetzeszwecks ist die in § 3 I 2 angelegte Unterscheidung zwischen **Fiskal- und Sozialzwecknormen** zu beachten. Der den steuerbegründenden Merkmalen einer Fiskalzwecknorm innewohnende Finanzierungszweck ist das gesetzgeberische Motiv der Regelung und für sich allein kein geeignetes Auslegungskriterium (Birk StuW 1990, 300 (305); TK § 4 Rn. 278); in Einzelfragen der Ausgestaltung des Besteuerungsanspruchs (zB StVergünstigungen) können jedoch teleologische Gesichtspunkte bedeutsam sein. Maßstab der teleologischen Auslegung

einer StVergünstigungsvorschrift ist der sie prägende Begünstigungszweck (BFH 3.6.1997 – IX R 24/96, BFH/NV 1998, 155). Sozialzwecknormen (Lenkungsnormen) sind unter Zugrundlegung der jeweils intendierten Gestaltungswirkung auszulegen. Auch Vorschriften des StVerfahrensrechts (insb. auch der AO) sind einer teleologischen Auslegung zugänglich (→ Einl. Rn. 10).

4. Verfassungskonforme Auslegung

Schrifttum: Birk, Verfassungskonforme Auslegung im Steuerrecht, StuW 1990, 300.

Die Auslegung aufgrund der vorstehenden Auslegungsmethoden unterliegt Einschrän- **104**
kungen aufgrund der sog. verfassungskonformen Auslegung. Lässt eine Norm unter Berücksichtigung von Wortlaut, Entstehungsgeschichte, Zweck und Gesetzeszusammenhang mehrere Deutungen zu, von denen nur eine zu einem verfassungsgemäßen Ergebnis führt, ist diejenige geboten, die mit dem GG in Einklang steht (zB BVerfG 15.10.1996 – 1 BvL 44, 48/92, BVerfGE 95, 64 (93 mwN); BFH 6.11.2002 – XI R 42/01, BStBl. II 2003, 257; Sachs GG Einführung Rn. 56 mwN). Die verfassungskonforme Auslegung, die insoweit wegen der vorausgesetzten verschiedenen Auslegungsmöglichkeiten **subsidiär** ist (Gosch AO § 4 Rn. 39), bewirkt, dass die Norm in ihrer verfassungskonformen Auslegung nicht verfassungswidrig ist. Die Methoden der Lückenausfüllung können uneingeschränkt eingesetzt werden (BFH 14.12.2006 – III R 27/03, BStBl. II 2007, 332), sodass die verfassungskonforme Auslegung zB auch eine verfassungskonforme (teleologische) Reduktion erfordern kann (zB BVerfG 30.3.1993 – 1 BvR 1045/89 ua, BVerfGE 88, 145 (168); BVerfG 15.10.1996 – 1 BvL 44, 48/92, BVerfGE 95, 64 (91), 93; BFH 12.4.2007 – VI R 53/04, BStBl. II 2007, 536). Dabei ist unerheblich, ob dem subjektiven Willen des Gesetzgebers eine weitergehende als die nach der Verfassung zulässige Gesetzesauslegung eher entsprochen hätte (BVerfG 24.4.1985 – 2 BvF 2/83 ua, BVerfGE 69, 1 (55)). Zur verfassungskonformen Auslegung typisierender Regelungen → § 3 Rn. 68.

Grenzen der verfassungskonformen Auslegung ergeben sich aus Wortlaut und Gesetzes- **105**
zweck. Der Wortlaut einer Vorschrift allein setzt zwar der verfassungskonformen Auslegung keine unübersteigbare Grenze (BVerfG 19.6.1973 – 1 BvL 39/69 ua, BVerfGE 35, 263 (278 f.)), solange nicht der normative Gehalt der Vorschrift neu bestimmt wird (BFH 2.7.2004 – II R 22/02, BFH/NV 2004, 1519). Unzulässig ist eine verfassungskonforme Auslegung aber dann, wenn sie in Widerspruch zu dem klar erkennbaren Willen des Gesetzgebers treten würde (BVerfG 15.10.1996 – 1 BvL 44, 48/92, BVerfGE 95, 64 (93); BFH 2.8.2006 – XI R 34/02, BStBl. II 2006, 887; BFH 14.12.2006 – III R 27/03, BStBl. II 2007, 332) oder der mögliche Wortsinn einer Vorschrift unmissverständlich ist (BVerfG 11.6.1980 – 1 PBvU 1/79, BVerfGE 54, 277 (299); vgl. zB BFH 16.7.2002 – IX R 62/99, BStBl. II 2003, 74 (85) betr. § 23 I 1 Nr. 1b EStG aF). Ein mit Wortlaut und Gesetzeszweck nicht mehr in Einklang zu bringendes Normverständnis überschreitet die Grenzen verfassungskonformer Auslegung, weil sie andernfalls den Willen des Gesetzgebers in sein Gegenteil verkehren würde. Verstößt ein StGesetz gegen die Anforderungen der Gesetzmäßigkeit und Tatbestandsbestimmtheit (→ § 3 Rn. 50 ff.), scheidet eine verfassungskonforme Auslegung ebenfalls aus (BVerfG 8.1.1959 – 1 BvR 425/52, BVerfGE 9, 83 (87); FG Niedersachsen 14.3.2001 – 3 K 264/95, EFG 2001, 778 (783) und FG Niedersachsen 14.3.2001 – 3 K 289/95, EFG 2001, 784 (788)).

5. Wirtschaftliche Betrachtungsweise; Verhältnis von Steuerrecht und Zivilrecht bzw. anderen Rechtsgebieten

Allgemeines. Der steuerliche Eingriff berührt vielfältige wirtschaftliche, ihrerseits durch **106**
das Privatrecht strukturierte Sachverhalte. Für das StRecht besteht daher, zumal es häufig auch an zivilrechtliche Rechtsbegriffe anknüpft (→ Rn. 109), eine besondere Nähe zum Privatrecht. Die sog. wirtschaftliche Betrachtungsweise, deren ausdrückliche gesetzliche Regelung in der AO als entbehrlich angesehen wurde (→ Rn. 1), verlangt, Rechtsnormen

nach ihrem wirtschaftlichen Sinn, dh nach ihrer auf die wirtschaftliche Wirklichkeit gerichteten Bedeutung zu verstehen und fortzubilden (Beisse StuW 1981, 1).

107 Die wirtschaftliche Betrachtungsweise ist eine besondere **teleologische Auslegungsmethode** (Beisse StuW 1981, 1 (3); Weber-Grellet, 208; Hallerbach DStR 1999, 2125 (2128); Fischer NWB F. 2, 6143 (6147); vgl. auch BT-Drs. VI/1982, 100) und Ausdruck der Eigenständigkeit des StRechts (Weber-Grellet, 207). Sie fordert eine „an den spezifischen Regelungszielen einer steuerrechtlichen Regelung und deren eigengesetzlicher Terminologie auszurichtende steuerrechtliche Beurteilung, ob der bewirkte wirtschaftliche Erfolg einen StTatbestand erfüllt" (BVerfG 27.12.1991 – 2 BvR 72/90, BStBl. II 1992, 212). **Voraussetzung** der wirtschaftlichen Betrachtungsweise ist, dass die jeweilige steuerrechtliche Norm ein bestimmtes wirtschaftliches Ergebnis bzw. einen wirtschaftlichen Erfolg erfassen will und nicht lediglich formal an einen bestimmten zB zivilrechtlichen Rechtsakt anknüpft (→ Rn. 110). In §§ 39–42 findet die wirtschaftliche Betrachtungsweise ihre gesetzliche Anerkennung und Ausprägung.

108 **Gegenstand** der wirtschaftlichen Betrachtungsweise ist zum einen die **Beurteilung des Sachverhalts.** Das StRecht verlangt eine autonome (dh an seiner eigenen Teleologie ausgerichtete) Erfassung und Zuordnung des jeweils verwirklichten Sachverhalts. Will ein StTatbestand ein bestimmtes wirtschaftliches Ergebnis bzw. einen wirtschaftlichen Erfolg erfassen, sind die entspr. Wertungsgesichtspunkte auch der Sachverhaltsbeurteilung zugrunde zu legen (BVerfG 27.12.1991 – 2 BvR 72/90, BStBl. II 1992, 212; TK § 4 Rn. 328 ff.; vgl. auch Beisse StuW 1981, 1 (11 f.)). Die wirtschaftliche Betrachtungsweise gilt ebenso für die Auslegung der gesetzlichen StTatbestände. Bezeichnen diese einen wirtschaftlichen Sachverhalt, so ist die Auslegung an entspr. wirtschaftlichen Überlegungen auszurichten.

109 Das StRecht steht naturgemäß in einem besonderen **Näheverhältnis zum Zivilrecht.** Die StTatbestände knüpfen häufig an zivilrechtliche Gestaltungen an. Diese Anknüpfung kann durch Bezeichnung eines in zivilrechtlicher Diktion umschriebenen, jedoch spezifisch steuerrechtlich geprägten Tatbestands – (zB Vermietung und Verpachtung (§ 21 EStG) oder Gewerbebetrieb (§ 15 EStG) – oder aber durch Bezugnahme auf einen zivilrechtlich fest umrissenen Tatbestand – zB Ehegatte (§ 3 Nr. 4 GrEStG) oder Güterstand der Zugewinngemeinschaft (§ 5 ErbStG) erfolgen.

110 Aus der zivilrechtlichen Vorprägung des in einer steuerrechtlichen Vorschrift verwendeten Begriffs folgt noch nicht die Maßgeblichkeit des zivilrechtlichen Bedeutungsgehalts für das StRecht. Zwischen beiden Rechtsgebieten besteht **kein vorgegebenes Rangverhältnis.** Beide Rechtsgebiete sind gleichrangig; sie beurteilen denselben Sachverhalt nur aus einer anderen Perspektive und unter anderen Wertungsgesichtspunkten. Es gilt, da StRecht und Zivilrecht ihrer jeweils eigenen Teleologie folgen, eine „Relativität der Rechtsbegriffe" (zur Bedeutung des Gedankens der „Einheit der Rechtsordnung" in diesem Zusammenhang HHSp § 40 Rn. 19 ff.). Eine Vermutung für die Interpretation eines aus dem Zivilrecht entlehnten Tatbestandsmerkmals einer StRechtsnorm iSd zivilrechtlichen Verständnisses besteht grds. nicht (BVerfG 27.12.1991 – 2 BvR 72/90, BStBl. II 1992, 212; dagegen MHH Einf. Rn. 7 mwN). Daher muss jeweils im Einzelfall durch (teleologische) Auslegung ermittelt werden, ob ein zivilrechtlicher Rechtsbegriff einer StRechtsnorm allein mit seinem zivilrechtlichen Bedeutungsgehalt oder aber lediglich zur Bezeichnung eines eigenen steuerlichen Tatbestands aufgenommen ist (BVerfG 27.12.1991 – 2 BvR 72/90, BStBl. II 1992, 212; Beisse StuW 1981, 1 (13)). Im letzteren Fall erfordert der jeweils in Bezug genommene zivilrechtliche Vorgang – als Folge der autonomen steuerrechtlichen Qualifikation und nicht als Folge einer wirtschaftlichen Betrachtungsweise – eine steuerrechtliche Beurteilung des jeweils herbeigeführten wirtschaftlichen Ergebnisses (BVerfG 27.12.1991 – 2 BvR 72/90, BStBl. II 1992, 212; TK § 4 Rn. 326). Praktischer Anwendungsfall ist zB die Rechtsfigur des grunderwerbsteuerrechtlich einheitlichen Leistungsgegenstands: Hier verbietet sich eine rein formale Ausrichtung der Grunderwerbsteuerpflicht zB nach dem zufälligen Zeitpunkt des tatbestandserfüllenden Rechtsgeschäfts; das StRecht als objektives Recht verlangt vielmehr die Orientierung an einer möglichst gleich-

mäßigen Besteuerung, damit für auf zivilrechtlich unterschiedlichen Wegen erreichbare gleiche wirtschaftliche Ergebnisse nicht unterschiedliche steuerliche Lasten ausgelöst werden (BFH 27.10.1999 – II R 17/99, BStBl. II 2000, 34 mwN; zur Problematik eingehend Viskorf GrEStG § 9 Rn. 160 ff.; Pahlke GrEStG Einf. Rn. 18 ff. und § 9 Rn. 3 ff.; allg. zu den sich für die VerkehrSt ergebenden Folgerungen vgl. auch TK § 4 Rn. 327).

Vergleichbare Grundsätze gelten aufgrund der „Relativität der Rechtsbegriffe" auch für das Verhältnis des StRechts zu anderen Rechtsgebieten. Eine am steuergesetzlichen Regelungszusammenhang ausgerichtete Auslegung ist auch geboten, wenn ein StGesetz durch **Verweisung** auf eine Rechtsnorm eines anderen Rechtsgebiets Bezug nimmt. In diesem Fall ist durch Auslegung zu ermitteln, ob diese Verweisung den in der verwiesenen Norm ausgedrückten Tatbestand aufnimmt oder auf diesen lediglich zur Beschreibung des steuerlichen Tatbestands verweist (zB BFH 27.8.2003 – II R 53/01, BFH/NV 2004, 546). 111

II. Rechtsfortbildung

An die Auslegung kann sich – **außerhalb** des möglichen **Wortsinns** (→ Rn. 92) – die (gesetzesimmanente) Ausfüllung einer **Gesetzeslücke** im Wege der Rechtsfortbildung anschließen. Führt die wortlautgetreue Auslegung zu einem sinnwidrigen Ergebnis, dh einer Divergenz zwischen Gesetzeswortlaut und -zweck, sind die Gerichte zur lückenausfüllenden, (gesetzeswortlaut-)abändernden Rechtsfortbildung berufen (BFH 17.5.2006 – X R 43/03, BStBl. II 2006, 868). Diese gehört (vgl. zB §§ 11 IV und 115 II Nr. 2 FGO) zu den anerkannten Aufgaben und Befugnissen der Gerichte (vgl. etwa BVerfG 14.1.1986 – 1 BvR 209/79, 221/79, BVerfGE 71, 354 (362); BFH 17.5.2006 – X R 43/03, BStBl. II 2006, 868; HHSp § 115 Rn. 146 mwN), berührt jedoch im Hinblick auf das Demokratie- und Rechtsstaatsprinzip in besonderer Weise die Grenzen der Auslegung (Weber-Grellet DStR 1991, 438 (442)). Auslegung und Rechtsfortbildung sind nicht wesensverschieden, sondern nur verschiedene Stufen desselben gedanklichen Verfahrens (Larenz/Canaris, 187). Letztlich ist auch jede Auslegung eine gesetzesimmanente Rechtsfortbildung. Die lückenausfüllende Rechtsfortbildung durch die Rspr. lässt es jedenfalls nicht zu, eine unzweckmäßig erscheinende oder rechtspolitisch kritikwürdige Regelung gegen den Willen des Gesetzgebers zu verfälschen (BFH 24.4.2002 – I R 25/01, BStBl. II 2002, 586). 112

1. Lücke

Eine die Rechtsfortbildung rechtfertigende Gesetzeslücke ist gegeben, wenn das Gesetz – ggf. nach teleologischer Reduzierung des Wortlauts (zB BFH 14.10.2003 – VIII R 32/01, BStBl. II 2004, 359) – eine **planwidrige Unvollständigkeit** des Gesetzes aufweist (Larenz/Canaris, 194; Gosch AO § 4 Rn. 42; aus der Rspr. zB BFH 19.12.2007 – I R 52/07, BStBl. II 2008, 431). Die Regelung muss gemessen an ihrem Zweck unvollständig, dh ergänzungsbedürftig sein; ihre Ergänzung darf nicht einer vom Gesetzgeber beabsichtigten Beschränkung auf bestimmte Tatbestände widersprechen (BFH 26.6.2002 – IV R 39/01, BStBl. II 2002, 697 mwN). An einer Lücke fehlt es bei einem sog. **rechtspolitischen Fehler;** bei diesem erweist sich eine gesetzliche Regelung zwar als rechtspolitisch verbesserungsbedürftig, aber doch nicht – gemessen an der dem Gesetz immanenten Teleologie – als planwidrig unvollständig und ergänzungsbedürftig (BFH 2.6.2005 – III R 15/04, BStBl. II 2005, 828; BFH 26.1.2006 – III R 51/05, BStBl. II 2006, 515; BFH 8.11.2006 – X R 11/05, BFH/NV 2007, 673). Ob eine Regelungslücke oder lediglich ein rechtspolitischer Fehler vorliegt, ist unter Heranziehung des Gleichheitsgrundsatzes zu ermitteln, wobei zur Abgrenzung auf die Wertungen des Gesetzes, insb. seine Entstehungsgeschichte, zurückzugreifen ist (BFH 12.10.1999 – VIII R 21/97, BStBl. II 2000, 220 mwN). Eine Gesetzeslücke kann auch bei einem eindeutigen Gesetzeswortlaut entstehen (BFH 2.7.1997 – I R 32/95, BStBl. II 1998, 176 (179)). 113

114 Bei einer **echten Lücke** ist die gesetzliche Regelung ohne eine ergänzende Erweiterung des Rechtssatzes unanwendbar. Die Lückenschließung erfolgt durch Analogieschluss (dazu → Rn. 116 f.), dh durch Übertragung der für einen anderen ähnlichen Tatbestand vorgesehenen Regelung (Larenz/Canaris, 193 ff.). Bei einer **unechten Lücke** ist die angeordnete Rechtsfolge nach dem Gesetzeszweck auch auf einen nicht geregelten Sachverhalt zu erstrecken. Dabei ist wiederum zwischen einer offenen und einer verdeckten Lücke zu unterscheiden. Bei einer **offenen Lücke** fehlt dem Gesetz eine nach seiner Teleologie zu erwartende Regelung; diese Lücke wird im Wege der Analogie oder der teleologischen Extension geschlossen. Bei einer **verdeckten Lücke** enthält das Gesetz zwar eine dem Wortlaut nach anwendbare Regel, die jedoch nach dem Sinn und Zweck des Gesetzes nicht angewendet werden darf. Diese Lücke wird im Wege der teleologischen Reduktion geschlossen.

2. Lückenausfüllung

115 Die Schließung einer Lücke kann insb. im Wege der Analogie sowie der teleologischen Reduktion bzw. Extension erfolgen (vgl. Larenz/Canaris, 216; BFH 17.5.2006 – X R 43/03, BStBl. II 2006, 868). In seltenen Fällen kommt auch eine Lückenschließung durch Umkehrschluss (dazu TK § 4 Rn. 368 ff.) oder ein Schluss vom Mehr auf das Weniger (argumentum a maiore ad minus, vgl. Gosch AO § 4 Rn. 48) in Betracht.

116 **Analogie.** Eine Lücke kann in der Weise geschlossen werden, dass entweder auf eine für vergleichbare Fälle getroffene Regelung (Gesetzesanalogie) oder auf aus mehreren Regelungen abgeleitete Grundsätze (Rechtsanalogie) zurückgegriffen wird (Larenz/Canaris, 204; Tipke/Lang § 5 Rn. 56 ff.; BFH 24.4.2002 – I R 25/01, BStBl. II 2002, 586). Die Analogie setzt einen vergleichbaren Sachverhalt und eine planwidrige Regelungslücke voraus (BFH 15.7.2004 – III R 19/03, BStBl. II 2005, 82; BFH 25.7.2007 – III R 55/02, BFH/NV 2007, 2404 jeweils mwN). Durch die Analogie wird die für einen Tatbestand vorgesehene Rechtsfolge auf einen nicht geregelten ähnlichen Tatbestand in der vom Gesetz eingeschlagenen Richtung weitergeführt. Dieser Ähnlichkeitsvergleich erfordert eine wertende (teleologische) Betrachtung, ob der Plan der gesetzlichen Regel auf den nicht geregelten Fall erstreckt werden kann (BFH 9.10.1996 – XI R 35/96, BStBl. II 1997, 125; Tipke/Lang § 5 Rn. 56).

117 Im StRecht ist die Analogie **zugunsten** des Stpfl. unstr. möglich (zB BFH 20.10.1983 – IV R 175/79, BStBl. II 1984, 221 (224); Gosch AO § 4 Rn. 44). Dagegen ist die Zulässigkeit einer (steuerverschärfenden) Analogie zum **Nachteil** des Stpfl. umstritten, ihre Zulässigkeit ein Problem des Gesetzes- und Parlamentsvorbehalts (HHSp § 4 Rn. 697 mwN; Sachs GG Art. 20 Rn. 121). Die Problematik beschränkt sich auf die Lückenausfüllung bestehender Gesetzesvorschriften; im Wege der Analogie lassen sich keine völlig neuen Stpfl. begründen (BK vor Art. 104a–115 Rn. 484 mwN). Nach hM wird jedoch auch für die Rechtsfortbildung ein **Analogieverbot** bejaht; im Wege der Rechtsfortbildung sollen über den möglichen Wortsinn des Gesetzes hinaus keine StTatbestände ausgeweitet und keine neuen StTatbestände geschaffen werden dürfen (BVerfG 24.1.1962 – 1 BvR 232/60, BVerfGE 13, 318 (328); BFH 21.7.1999 – I R 141/97, BStBl. II 1999, 832 (834); TK § 4 Rn. 360 mwN). Ein so weitgehender Ausschluss der Analogie ist jedoch mit Rücksicht auf den der Rspr. aufgegebenen Auftrag zur Rechtsfortbildung und die als zulässig angesehene Analogie zugunsten des Stpfl. nicht gerechtfertigt (Tipke/Lang § 5 Rn. 58 ff.; HHSp § 4 Rn. 700 ff.). Daher ist eine **Analogie zulässig,** wenn die Lückenausfüllung der Verwirklichung des Gleichheitssatzes dient und die Lückenfüllung auf der Grundlage des Sinnzusammenhangs der analog angewendeten Vorschrift für den Stpfl. vorhersehbar ist (BFH 20.10.1983 – IV R 175/79, BStBl. II 1984, 221 (224 f.); BFH 24.3.1992 – VII R 39/91, BStBl. II 1992, 956; HHSp § 4 Rn. 702 f.; ähnlich TK § 4 Rn. 362: Gebot folgerichtiger Gesetzesanwendung im Rahmen der vorgegebenen Sachgesetzlichkeit der StAusgestaltung). Eine Beschränkung auf die Zulässigkeit einer zweischneidigen (für bestimmte Stpfl. vorteilhaften, für andere Stpfl.

nachteiligen) Analogie (so Gosch AO § 4 Rn. 46; Beisse StuW 1981, 1 (9)) ist sachlich nicht geboten.

Teleologische Reduktion bzw. Extension. Divergieren Gesetzeswortlaut und Zweck des Gesetzes, kann dies eine teleologische Reduktion rechtfertigen. Sie zielt darauf ab, den Geltungsbereich einer Norm mit Rücksicht auf ihren Gesetzeszweck gegenüber dem zu weit gefassten Wortlaut einzuschränken (BFH 26.6.2007 – IV R 9/05, BStBl. II 2007, 893 mwN; Larenz/Canaris, 210 f.). Dies kommt nur in Betracht, wenn sich das Gesetz – gemessen an seinem Zweck – als planwidrig zu weitgehend erweist (BFH 4.12.2001 – III R 47/00, BFH/NV 2002, 435; BFH 5.11.2002 – IX R 48/01, BFH/NV 2003, 253), Wortlaut und Zweck einer Vorschrift nicht deckungsgleich sind (BFH 21.11.1997 – VI R 93/95, BStBl. II 1998, 208) und der Gesetzeswortlaut nicht auf einer bewussten rechtspolitischen Entscheidung des Gesetzgebers beruht (BFH 26.11.2002 – VI R 68/01, BFH/NV 2003, 842). Diese Anforderungen gelten auch für eine teleologische Extension, die auf die Erweiterung des Gesetzes entspr. dessen weitergehenden Zweck gerichtet ist (zB BFH 7.3.1995 – VII R 84/94, BStBl. II 1995, 557; BFH 5.4.2006 – XI R 1/04, BStBl. II 2006, 682; TK § 4 Rn. 382). 118

§ 5 Ermessen

Ist die Finanzbehörde ermächtigt, nach ihrem Ermessen zu handeln, hat sie ihr Ermessen entsprechend dem Zweck der Ermächtigung auszuüben und die gesetzlichen Grenzen des Ermessens einzuhalten.

Vergleichbare Vorschriften: § 102 FGO; § 40 VwVfG; § 39 I 1 SGB-AT

Schrifttum: Alexy, Ermessensfehler, JZ 1986, 701; Völlmeke, Das Entschließungsermessen beim Haftungsbescheid, DStR 1991, 1001; Hofmann, Der Beitrag der neueren Rechtsprechung des BVerfG zur Dogmatik des Beurteilungsspielraums, NVwZ 1995, 740; Volkmann, Das „intendierte" Verwaltungsermessen, DÖV 1996, 282; Borowski, Intendiertes Ermessen, DVBl. 2000, 149; Wiese/Leingang-Rudolph, Kritische Anmerkungen zur Ergänzung des § 102 FGO im Gesetzentwurf zum StÄndG 2001, DB 2001, 2469; Lange, Ergänzung der Ermessenserwägungen im finanzgerichtlichen Verfahren, DB 2001, 2680; Gersch, Überprüfung von Ermessensentscheidungen, AO-StB 2001, 76; Pump/Leibner, Das Ermessen im Steuerrecht, StBp 2006, 37; Müller, Anfechtung von Ermessensentscheidungen, AO-StB 2006, 184; Kment/Vorwalter, Ermessen und Beurteilungsspielraum, JuS 2015, 193; Helbich, Rechtsfragen der „automatisierten" Ermessensausübung im Steuerrecht, DStR 2017, 574.

Übersicht

A. Allgemeines

1 Entgegen der Überschrift des Zweiten Abschnitts (§§ 3–15) enthält § 5 keine steuerliche Begriffsbestimmung, sondern legt das **Wie** und die **Grenzen** der Ermessensausübung fest. Die Gesetzesfassung sieht wegen der allgemeinen Anerkennung davon ab, als Ermessensgrenze das Übermaßverbot und den Grundsatz der Verhältnismäßigkeit der Mittel zu bezeichnen (BT-Drs. VI/1982, 100).

2 Der **Anwendungsbereich** des § 5 betrifft hauptsächlich VA. Grds. können jedoch auch andere Verwaltungshandlungen am Maßstab des § 5 zu prüfen sein (vgl. auch SBS § 40 Rn. 47 ff.). Auch das sog. Verfahrensermessen, also das bei der Durchführung des Verwaltungsverfahrens auszuübende Ermessen (zB §§ 86 I, 87 II, 91 II, 95 I), unterfällt § 5. Zum Ermessen im EU-Recht vgl. HHSp § 5 Rn. 11 ff.

B. Ermessensermächtigung der Finanzbehörden

3 § 5 enthält keine gesetzliche Ermächtigung der FB zum Handeln nach ihrem Ermessen, sondern setzt eine Ermessensermächtigung nach anderen gesetzlichen Vorschriften voraus. Die grds. Verfassungsmäßigkeit gesetzlicher Ermächtigungen zu Ermessensentscheidungen steht außer Zweifel; jedoch muss die gesetzliche Ermächtigung aufgrund des verfassungsrechtlichen Bestimmtheitsgebots die Kriterien des der Verwaltung überlassenen Entscheidungsspielraums erkennen lassen (Sachs GG Art. 20 Rn. 115; SBS § 40 Rn. 16 ff. jeweils mwN).

I. Begriff des Ermessens

4 Der Rechtsbegriff Ermessen bedeutet die einer Behörde eingeräumte Entscheidungsfreiheit, zwischen mehreren rechtlich zulässigen Entscheidungen die sachgerechte zu wählen (BFH 26.7.1972 – I R 158/71, BStBl. II 1972, 919). Das Ermessen ist (im Rahmen eines konditional verstandenen Normenaufbaus) stets auf der **Rechtsfolgenseite** (zu den Besonderheiten der sog. Koppelungsvorschriften → Rn. 18 f.) angesiedelt; daraus resultiert auch die Bezeichnung als „Rechtsfolgeermessen" oder „Handlungsermessen". Das Maß der durch die gesetzliche Ermächtigung bewirkten Bindung der FB kann unterschiedlichen Umfang haben und ist von der Ausgestaltung der jeweiligen Ermessensermächtigung abhängig.

5 **Entschließungs- und Auswahlermessen.** Manche Ermächtigungsnormen lassen der FB eine Entschließungsfreiheit hinsichtlich des **Ob** einer von ihr zu setzenden Rechtsfolge (so zB die Entscheidung über die Festsetzung eines Verspätungszuschlags gem. § 152 oder die Entscheidung über den Erlass eines Haftungsbescheids gem. § 191 I 1). In diesem Fall liegt es im sog. **Entschließungsermessen** der FB, ob sie eine gesetzlich zulässige Maßnahme ergreift oder unterlässt. Das **Wie** der Maßnahme, dh, welche gesetzlich zulässige Maßnahme in sachlicher und persönlicher Hinsicht ergriffen wird (zB in welcher Höhe der Verspätungszuschlag gem. § 152 festgesetzt oder welcher von mehreren Gesamtschuldnern gem. § 44 in Anspruch genommen wird), obliegt dem sog. **Auswahlermessen** der FB.

Hinsichtlich der Ausübung des Entschließungs- und Auswahlermessens bestehen grds. keine unterschiedlichen Anforderungen. Zumeist werden die für das Entschließungsermessen maßgebenden Ermessenserwägungen gleichzeitig auch für das Auswahlermessen bedeutsam sein (Völlmeke DStR 1991, 1001 (1002)). Die im Einzelnen zu stellenden Anforderungen an die Entscheidung sind letztlich von der jeweiligen Ermessensermächtigung abhängig.

II. Ermessensermächtigung

§ 5 setzt die Ermächtigung der FB zum Handeln nach ihrem Ermessen voraus. In diesem Rahmen hat die FB einen ihrer Eigenverantwortung überlassenen Handlungs- und Entscheidungsspielraum. 6

1. Auslegung als Ermessensnorm

Ob eine Vorschrift ein Ermessen einräumt, ist durch **Auslegung** der Norm nach ihrem Sinn und Zweck zu ermitteln (GmS-OBG 19.10.1971 – GmS-OBG 3/70, BStBl. II 1972, 603 (606)). Ermessensvorschriften finden sich hauptsächlich im **StVerfahrensrecht.** Im **materiellen StRecht** sind Ermessensvorschriften nur vereinzelt anzutreffen (zB § 12 GrEStG), weil eine Verwirklichung des StGesetzes aufgrund des von Verfassungs wegen geltenden Legalitätsprinzips (→ § 3 Rn. 53) nicht in das Ermessen der Verwaltung gestellt werden kann (StaatsR-HdB/Vogel § 87 Rn. 72; HHSp § 5 Rn. 41). 7

Die Ermessensermächtigung kann in der gesetzlichen Vorschrift auf unterschiedliche Weise angesprochen sein; am klarsten ist die ausdrückliche Ermächtigung der FB zum Handeln nach „Ermessen" (zB § 246 S. 1) oder nach „pflichtgemäßem Ermessen" (zB §§ 86, 92 S. 1). Häufig wird die Ermessensermächtigung gesetzestechnisch durch die Begriffe „kann" oder „können" zum Ausdruck gebracht (sog. Kann-Vorschriften, zB §§ 27, 91 II, 94, 95 I, 97, 109, 130, 131, 133, 148, 152 I, 163, 164 I–III, 165, 194 I und II, 217, 221–223, 227, 360 I, 361 II, 364b I). Der Begriff „kann" drückt allerdings uU lediglich eine **Befugnis** der FB aus (zB § 249 I und II). Auch in anderen Formulierungen wie etwa „berechtigt" (zB §§ 31 I, 31a II 1, 99 I 1), „befugt" (zB § 200 III 2) oder „darf" bzw. „dürfen" (zB §§ 88a, 120, 122 III, 213, 261) kann sich eine Ermessensermächtigung eingeräumt sein. 8

Keine Ermessensermächtigung liegt vor, wenn die jeweilige Vorschrift schon nach ihrem klaren Wortlaut als Muss-Vorschrift (zB § 119 I) gefasst ist oder gesetzessprachlich durch vergleichbare Wendungen (zB „haben", § 85) einen Ermessensspielraum der FB ausdrücklich ausschließt. 9

2. Begrenzungen der Ermessensermächtigung; vorgeprägtes bzw. intendiertes Ermessen

Dem Gesetzgeber steht es – in den verfassungsrechtlichen Grenzen (→ Rn. 3) – frei, den der FB eröffneten Entscheidungsspielraum durch nähere Präzisierung der Ermessenermächtigung zu begrenzen. 10

Soll-Vorschriften. Bei den sog. Soll-Vorschriften ist aus der Wendung „soll" (zB §§ 89 S. 1, 91 I, 93 I S. 3, 99 I 2, 197 II, 259 S. 1, 364a I 1) für den Regelfall eine das Ermessen der FB ausschließende Bindung abzuleiten. Hier kann jedoch die FB aus **wichtigem Grund** oder in **atypischen Fällen** (also bei Sachverhalten, die nicht vom Zweck der Vorschrift erfasst werden; vgl. SBS § 40 Rn. 27) von der regelmäßig geforderten Entscheidung abweichen. Die Voraussetzungen für das Vorliegen eines solchen Ausnahmefalls sind gerichtlich voll nachprüfbar (SBS § 40 Rn. 27 mwN). Ein eingeschränktes Ermessen kann auch durch andere Wendungen, zB „kann nur" (vgl. § 192) oder „darf nur" (vgl. §§ 130 II, 131 II, 300 I) zum Ausdruck kommen. 11

Vorgeprägtes bzw. intendiertes Ermessen. Die Ermessensentscheidung kann durch die gesetzliche Ermessensermächtigung vorgeprägt sein; eine solche Vorprägung ist tatbestandlich jeweils an eng begrenzte Voraussetzungen geknüpft, die für den jeweiligen Einzelfall normspezifisch zu ermitteln sind (vgl. zB BFH 4.10.1983 – VII R 168/82, BStBl. II 1984, 118 und BFH 6.10.1998 – VII R 146/97, BFH/NV 1999, 216 betr. § 7 I StBerG; vgl. auch FG Berlin 24.2.2003 – 9 K 9056/00, EFG 2003, 1367 mwN; offen gelassen für Auskunftsverlangen gem. § 93 I: BFH 22.2.2000 – VII R 73/98, BStBl. II 2000, 366; zur Vorprägung des Ermessens bei der Inanspruchnahme von Haftungsschuldnern durch Haftungsbescheid → § 191 Rn. 118). Entscheidet die FB in einem von der 12

Ermessensermächtigung vorausgesetzten Regelfall entspr. der vom Gesetz vorgegebenen Rechtsfolge, hat sie ihr Ermessen auch sachgerecht ausgeübt. Ähnlich, wenn auch in der Sache noch weitergehend, spricht das BVerwG (zB BVerwG 17.1.1985 – 3 C 6/83, BVerwGE 71, 1 (6); BVerwG 25.9.1992 – 8 C 68, 70/90, NJW 1993, 744; SBS § 39 Rn. 69 ff. und § 40 Rn. 28 ff.; Kopp/Schenke § 114 Rn. 21b) von einem sog. intendierten Ermessen (so nunmehr auch BFH 26.6.2007 – VII R 35/06, BStBl. II 2007, 742). Dieses entspricht seiner rechtlichen Struktur nach im Wesentlichen den Soll-Vorschriften (HHSp § 5 Rn. 137; Borowski DVBl. 2000, 149 ff.). Aus der Vorprägung der Ermessensentscheidung ergeben sich für die FB Begründungserleichterungen (→ Rn. 35).

III. Abgrenzung zum unbestimmten Rechtsbegriff

13 Nach herkömmlicher Auffassung ist das Ermessen der Rechtsfolgenseite (im Sinne eines der Behörde eröffneten Spielraums zur eigenverantwortlichen Auswahl der Entscheidung) zuzuordnen. Ein entspr. Entscheidungsspielraum auf der Seite des **gesetzlichen Tatbestands** (iSe „Tatbestandsermessens") besteht nicht. Die gesetzlichen Tatbestandsmerkmale unterliegen aufgrund Art. 19 IV GG der vollständigen gerichtlichen Kontrolle durch die FG. Die diesen durch § 102 FGO auferlegten Beschränkungen finden insoweit keine Anwendung. Diese strikte rechtliche Bindung der FB erstreckt sich gleichermaßen auf „bestimmte" wie – dazu nachfolgend – auf „unbestimmte" Rechtsbegriffe (präziser: Gesetzesbegriffe).

14 **Unbestimmte Rechtsbegriffe** eröffnen eine gewisse Bandbreite von Entscheidungsmöglichkeiten. Zumeist finden sich unbestimmte Rechtsbegriffe auf der Tatbestandsseite der Norm, zB die Begriffe „unbillig" (§§ 163 I, 227, 258, 297), „zwingendes öffentliches Interesse" (§ 30 IV Nr. 5), „Missbrauch von Gestaltungsmöglichkeiten des Rechts" (§ 42 S. 1), „offenbare Unrichtigkeiten" (§ 129 S. 1), „unlautere Mittel" (§ 172 I Nr. 2c).

15 Die Verwendung unbestimmter Rechtsbegriffe ist grds. **verfassungsgemäß.** Allerdings muss die gesetzliche Norm dem aus dem Rechtsstaatsprinzip (Art. 20 III GG) abzuleitenden **Bestimmtheitsgebot** genügen: Die Norm muss hinreichend klar sein und dem Adressaten ermöglichen, sich nach den gesetzlichen Anforderungen richten zu können (Sachs GG Art. 20 Rn. 122 ff.; SBS § 40 Rn. 152 ff., jeweils mwN). Etwa verbleibende Auslegungsprobleme sind unschädlich, sofern sie mit den herkömmlichen Methoden der Gesetzesauslegung zu bewältigen sind (BVerfG 27.11.1990 – 1 BvR 402/87, BVerfGE 83, 130 (145); BVerfG 11.1.1994 – 1 BvR 434/87, BVerfGE 90, 1 (16 f.)).

16 Die **Auslegung** unbestimmter Rechtsbegriffe erfolgt nach den für die Gesetzesauslegung allg. geltenden Regeln (→ § 4 Rn. 85 ff.; → § 4 Rn. 90). Bestimmung des Sinngehalts der Norm, Feststellung der Tatsachengrundlagen und Anwendung des unbestimmten Rechtsbegriffs auf den Einzelfall unterliegen uneingeschränkt der **vollen gerichtlichen Kontrolle** (zB BFH 10.11.1965 – II 9/63 U, BStBl. III 1965, 718; BFH 21.3.1973 – II R 6/67, BStBl. II 1973, 614; TK § 5 Rn. 18; vgl. auch bereits BVerfG 16.10.1957 – 1 BvL 13/56, 46/56, BVerfGE 7, 129 (154)).

17 **Beurteilungsspielraum.** Nach der für das allg. Verwaltungsrecht entwickelten Lehre vom Beurteilungsspielraum wird der Verwaltungsbehörde durch einen unbestimmten Rechtsbegriff unter bestimmten Voraussetzungen ein von den Gerichten nicht weiter überprüfbarer Spielraum eigener Wertung und Entscheidung zuerkannt (eingehend SBS § 40 Rn. 158 ff.). Dies setzt nach der sog. normativen Ermächtigungslehre grds. eine gesetzliche Ermächtigung der Verwaltungsbehörde zur abschließenden Beurteilung voraus (TK § 5 Rn. 22; SBS § 40 Rn. 161; jeweils mwN). Problematisch ist eine behördliche Letztentscheidung mit Blick auf Art. 19 IV GG und die damit reduzierte gerichtliche Kontrolldichte behördlichen Handels. Für das materielle StRecht scheidet ein Beurteilungsspielraum der FB aufgrund des steuerrechtlichen Legalitätsprinzips (→ § 3 Rn. 53) und der allein den FG zugewiesenen Letztentscheidungskompetenz aus (zutr. TK § 5 Rn. 24). Eine Beurteilungsermächtigung ist jedoch aus Gründen des staatlichen Wohls im

Hinblick auf § 106 anzuerkennen (→ § 106 Rn. 3). Ebenso besteht eine Beurteilungsermächtigung im Zusammenhang mit der vor dem Prüfungsausschuss abzulegenden StBeraterprüfung (§§ 35 ff. StBerG; § 10 DVStB). Diese Prüfungsentscheidung ist, soweit sie auf unvertretbaren höchstpersönlichen Urteilen des Prüfers gründet, nicht gerichtlich überprüfbar. Eine gerichtlich uneingeschränkte Kontrolle findet nur im Hinblick darauf statt, ob allgemein gültige Bewertungsgrundsätze beachtet, sachfremde Erwägungen angestellt, zutr. Tatsachen zugrunde gelegt und die für die Prüfung maßgebenden Verfahrensbestimmungen eingehalten worden sind (BFH 3.2.2004 – VII R 1/03, BFH/NV 2004, 740 mwN; vgl. auch Gräber FGO § 102 Rn. 8).

IV. Koppelungsvorschriften

Enthält eine Norm auf der Tatbestandsseite einen unbestimmten Rechtsbegriff und auf der Rechtsfolgeseite eine Ermessensermächtigung, handelt es sich um eine sog. Koppelungsvorschrift (zB §§ 129, 148, 222, 227). Diese weisen an sich keine Besonderheiten auf: Der unbestimmte Rechtsbegriff und das Ermessen sind im Hinblick auf die gerichtliche Kontrolle je nach den für sie gültigen Regeln zu beurteilen (TK § 5 Rn. 25; SBS § 40 Rn. 36). Es ist also im Regelfall eine getrennte Beurteilung des unbestimmten Rechtsbegriffs auf der Tatbestandsseite und der Ermessensausübung auf der Rechtsfolgenseite vorzunehmen, wenn und soweit dem unbestimmten Rechtsbegriff und dem Ermessen ein jeweils für sich eigenständiger Anwendungsbereich verbleibt. 18

Ausnahmsweise kann die Auslegung einer Vorschrift ergeben, dass für die Auslegung des unbestimmten Rechtsbegriffs und die Beurteilung der Ermessensentscheidung **dieselben Kriterien** maßgebend sind. In diesem Fall kann aufgrund der materiellen Verzahnung von Tatbestands- und Rechtsfolgenseite eine **einheitliche Ermessensvorschrift** vorliegen. Teilweise werden – missverständlich – ausschließlich diese einheitlichen Ermessensnormen als „Koppelungsvorschriften" bezeichnet (vgl. SBS § 40 Rn. 39). So ist für § 227 (früher § 131 RAO) davon auszugehen, dass der unbestimmte Rechtsbegriff „unbillig" in den Ermessensbereich hineinragt und zugleich Inhalt und Grenzen der pflichtgemäßen Ermessensausübung bestimmt (GmS-OBG 19.10.1971 – GmS-OBG 3/70, BStBl. II 1972, 603). Unter rechtsdogmatischem Blickwinkel mag diese Behandlung der Koppelungsbegriffe als einheitliche Ermessensvorschrift bedenklich sein (krit. etwa TK § 5 Rn. 27 und TK § 227 Rn. 23). Verfassungsrechtliche Einwände gegen ein solches „tatbestandsloses Ermessen" (so TK § 227 Rn. 23) lassen sich jedoch zumindest im Anwendungsbereich des § 227 deshalb nicht erheben, weil es sich beim Billigkeitserlass nicht um Eingriffsverwaltung, sondern vielmehr um den Verzicht auf einen Eingriff handelt (GmS-OBG 19.10.1971 – GmS-OBG 3/70, BStBl. II 1972, 603). Diese auf den Besonderheiten des § 227 fußende Rechtslage – für §§ 163, 234 II kann insoweit nichts anderes gelten – darf allerdings nicht unbesehen auf andere Koppelungsregelungen übertragen werden (zutr. Gosch AO § 5 Rn. 6; vgl. auch SBS § 40 Rn. 40 mwN). 19

C. Grenzen des Ermessens

§ 5 verpflichtet die FB, ihr Ermessen entspr. dem Zweck der Ermächtigung auszuüben und die gesetzlichen Grenzen des Ermessens einzuhalten (vgl. auch AEAO zu § 5 Nr. 1). Diese Ermessensschranken sind vor dem Hintergrund der Gesetzmäßigkeit der Verwaltung eine Selbstverständlichkeit. Jede Überschreitung der Ermessensgrenzen ist ein Rechtsverstoß (§ 102 I FGO) und stellt ggf. eine Amtspflichtverletzung dar (SBS § 40 Rn. 55 mwN). 20

Ermessensentscheidungen bestehen sachlogisch aus zwei Stufen, wobei

– auf der ersten Stufe zu prüfen ist, ob iSd Beachtung der **äußeren Ermessensschranken** die tatbestandsmäßigen Voraussetzungen (dh die Voraussetzungen und gesetzlichen

Grenzen) für eine Ermessensentscheidung gegeben bzw. eingehalten sind (→ Rn. 21–24) und
– auf der zweiten Stufe zu prüfen ist, ob iSd Beachtung der **inneren Ermessensschranken** die gesetzten Rechtsfolgen dem Zweck der gesetzlichen Ermächtigung entsprechen (→ Rn. 25–33).

Entgegen dem Wortlaut des § 5 sind somit die gesetzlichen Grenzen des Ermessens **vor** der Übereinstimmung der Ermessensentscheidung mit dem Zweck der Ermächtigung zu prüfen.

I. Gesetzliche Grenzen des Ermessens; Ermessensschrumpfung

21 Verstößt eine Ermessensentscheidung gegen den von der jeweiligen Ermächtigungsnorm bzw. sonstigen (zB verfassungsrechtlichen) Vorschriften gesetzten Rahmen, liegt ein sog. **äußerer Ermessensfehler** (Ermessensüberschreitung bzw. -unterschreitung) vor. Es ist darüber hinaus denkbar, dass alle bis auf eine durch die jeweilige Ermessensermächtigung eröffneten Handlungsmöglichkeiten ermessensfehlerhaft sind und damit eine sog. **Ermessensschrumpfung auf null** vorliegt (→ Rn. 24).

1. Ermessensüberschreitung

22 Hält sich die FB nicht im Rahmen der ihr vom Gesetz vorgegebenen Ermächtigung, liegt eine sog. Ermessensüberschreitung vor. Sie ist gegeben, wenn
– die **tatbestandlichen Voraussetzungen** für eine Ermessensentscheidung nicht erfüllt sind oder
– die FB über die gesetzlich vorgesehenen **Rechtsfolgen** hinausgeht.

Eine Ermessensüberschreitung ist nicht gegeben, wenn der FB zB aufgrund einer Verkennung des Sachverhalts oder einer fehlerhaften Subsumtion gar kein Ermessen zusteht und mithin eine gebundene Entscheidung zu treffen war.

2. Ermessensunterschreitung

23 Die von § 5 geforderte Ermessensausübung entspr. dem Zweck der Ermächtigung verlangt, dass überhaupt von der Ermessensermächtigung Gebrauch gemacht wird (BFH 18.12.2001 – VIII R 27/96, BFH/NV 2002, 747). Übt die FB das ihr zustehende Ermessen nicht aus, liegt ein Ermessensfehler in Gestalt einer Ermessensunterschreitung (sog. Ermessensnichtgebrauch) vor (zB BFH 2.11.1994 – VII R 94/93, BFH/NV 1995, 754; BFH 18.12.2001 – VIII R 27/96, BFH/NV 2002, 747). Eine solche liegt auch vor, wenn sich die FB bei ihrer Entscheidung fälschlich für gebunden hält und daher von einer Ermessensausübung absieht (BFH 5.5.1977 – IV R 116/75, BStBl. II 1977, 639; BFH 21.10.1987 – X R 29/81, BFH/NV 1988, 546; TK § 5 Rn. 40), wenn die Ermessenserwägungen **unvollständig** sind (BFH 5.3.1993 – VI R 79/91, BStBl. II 1993, 692) oder wenn die Ermessensentscheidung aufgrund eines nicht vollständig ermittelten bzw. zugrunde gelegten Sachverhalts getroffen wird (Gosch AO § 5 Rn. 13; auch → Rn. 26). Die Umdeutung einer gebundenen Entscheidung in eine Ermessenentscheidung ist ausgeschlossen (§ 128 III).

3. Ermessensreduzierung auf null

24 Der Ermessensspielraum kann uU derart schrumpfen, dass im Einzelfall ausschließlich eine einzige Entscheidungsmöglichkeit rechtmäßig (ermessensgerecht) ist. Eine solche Ermessensreduzierung auf null kann wegen des durch eine Ermessensermächtigung grds. eingeräumten Handlungsspielraums nur in **Ausnahmefällen** in Betracht kommen (zutr. SBS § 40 Rn. 102b). Liegt eine Ermessensreduzierung auf null vor, ist die FB strikt **verpflichtet,** diese ihr nur verbleibende Handlungsmöglichkeit zu wählen (BFH 16.11.2005 – X R 3/04, BStBl. II 2006, 155; BFH 25.11.1997 – IX R 28/96, BStBl. II 1998, 550; zu den Auswirkungen für das finanzgerichtliche Verfahren → Rn. 39). So kann

zB die FB mangels rechtlich zulässiger Entscheidungsalternative zu einem Billigkeitserlass verpflichtet sein (BFH 25.11.1997 – IX R 28/96, BStBl. II 1998, 550). Zur Ermessensschrumpfung aufgrund eines sog. vorgeprägten Ermessens → Rn. 12.

II. Einhaltung des Ermessenszwecks

Soweit die tatbestandlichen Voraussetzungen einer Ermessensermächtigung erfüllt sind, ist das Ermessen entspr. dem Zweck der jeweiligen Ermächtigung auszuüben. Dieser Zweck ist nach den für Gesetze allg. gültigen Auslegungsregeln (→ § 4 Rn. 85 ff.) zu ermitteln. Bezugspunkt des in § 5 genannten Zwecks der Ermächtigung ist nicht nur die jeweilige Ermessensvorschrift, sondern die Gesamtheit der Sätze des geschriebenen und ungeschriebenen Rechts. Insb. sind auch völkerrechtliche Vereinbarungen, EU-Recht und verfassungsrechtliche Rechtssätze, vor allem Grundrechte, zu beachten. 25

Die für den jeweiligen Einzelfall geforderte Einhaltung des Ermessenszwecks setzt ferner voraus, dass die FB ihre Entscheidung aufgrund eines **einwandfrei und erschöpfend ermittelten Sachverhalts** prüft und die nach dem Sinn und Zweck der Ermächtigungsnorm maßgeblichen Gesichtspunkte tatsächlicher und rechtlicher Art berücksichtigt (BFH 23.5.1985 – V R 124/79, BStBl. II 1985, 489; BFH 2.2.1989 – V R 171/83, BFH/NV 1990, 11; BFH 22.6.1990 – III R 150/85, BStBl. II 1991, 864 (866)). Zu der an diese Erfordernisse anknüpfenden Begründungspflicht → Rn. 34. 26

Wird durch die jeweilige Ermessensentscheidung der im vorstehenden Sinne qualifizierte Ermessenszweck verfehlt, liegt ein sog. **innerer Ermessensfehler** (als sog. Ermessensfehlgebrauch oder Ermessensmissbrauch) vor. Dies gilt insb. dann, wenn der FB nicht der Akteninhalt bekannt ist bzw. dieser nicht berücksichtigt wird (BFH 21.5.1985 – VII R 191/82, BStBl. II 1985, 488; FG Köln 17.2.2004 – 13 K 6366/01, EFG 2004, 1280). Die Ermessensentscheidung hätte hier zwar unter anderen tatsächlichen Umständen oder aus anderen Gründen getroffen werden können; im konkreten Fall verstößt jedoch die Ermessensentscheidung aufgrund der tatsächlichen Umstände, Erwägungen oder Motive der FB gegen zwingendes Recht. 27

Im Einzelnen lassen sich folgende Fallgruppen des Ermessensfehlgebrauchs unterscheiden:

1. Verstoß gegen den Zweck der Ermächtigung

Der Zweck der Ermächtigung ist für die jeweilige Vorschrift nach den gängigen Auslegungsmethoden (Wortlaut, systematische Stellung der Vorschrift, Entstehungsgeschichte; → § 4 Rn. 94 ff.) zu ermitteln. Bei der Auslegung der Ermächtigungsvorschrift sind ggf. auch dieser vorgelagerte (insb. verfassungsrechtliche) Rechtsgrundsätze (zB der der Gesetzmäßigkeit und Gleichmäßigkeit der Besteuerung) zu berücksichtigen (Schwarz/Pahlke/Keß § 5 Rn. 25). 28

Ein Ermessensfehlgebrauch kann sich auf der Grundlage der Zielvorstellungen des Gesetzgebers (dh des gesetzlich vorgezeichneten „Entscheidungsprogramms" der FB) und der im Einzelfall maßgeblichen Gesichtspunkte für die Ermessensentscheidung ergeben. So ist zB bei der Anwendung des § 152 II aF hinsichtlich der Höhe eines Verspätungszuschlags von seinem Zweck auszugehen, Stpfl. zur rechtzeitigen Abgabe der StErklärung anzuhalten (BFH 30.4.1987 – IV R 42/85, BStBl. II 1987, 543; zu Einzelheiten vgl. die Erl. zu § 152).

Ermessensfehlerhaft sind vom Zweck der Ermächtigung nicht gedeckte oder rechtsmissbräuchliche (zB Schikane, Willkür; vgl. zB BFH 9.8.1991 – III R 41/88, BStBl. II 1992, 219 (223)) Erwägungen. Unzulässig ist – sofern nicht gesetzlich vorgesehen – auch, die Ermessensausübung unter Verstoß gegen das sog. **Koppelungsverbot** von einem bestimmten Verhalten des Stpfl. abhängig zu machen (Gosch AO § 5 Rn. 20). Bei der einem VA beigefügten Nebenbestimmung folgt dieses Verbot aus § 120 III (→ § 120 Rn. 39 f.).

Die bloße **Unzweckmäßigkeit** einer Entscheidung bzw. der zugrunde liegenden Ermessenserwägungen begründet jedoch für sich noch keinen Ermessensfehlgebrauch.

2. Verstoß gegen Verfassungsrecht und sonstige Rechtsgrundsätze

29 Ein Ermessensfehlgebrauch liegt vor, wenn die Ermessensentscheidung gegen verfassungsrechtliche Bindungen der FB verstößt.

30 Ein Verstoß gegen den **Gleichheitsgrundsatz** (Art. 3 GG) ist gegeben, wenn die FB ohne zureichenden Grund Vergleichbares („wesentlich Gleiches") grundlos („willkürlich", dh ohne „vernünftigen, aus der Natur der Sache sich ergebenden oder sonst wie einleuchtenden Differenzierungsgrund") ungleich oder – umgekehrt – Unvergleichbares gleich behandelt (so die klassische Formel zu Art. 3 I GG, vgl. BVerfG 23.10.1951 – 2 BvG 1/51, BVerfGE 1, 14 (52); BVerfG 20.3.1979 – 1 BvR 111/74, 283/78, BVerfGE 51, 1 (23)). Allerdings verstoßen unterschiedliche Ermessensentscheidungen innerhalb des der FB eingeräumten Wertungsspielraums nicht schon prinzipiell gegen Art. 3 GG (BFH 7.10.1965 – IV 139/65 U, BStBl. III 1965, 700).

31 Die Ermessensbetätigung ist auch an einer von der FB bislang geübten (rechtmäßigen) Ermessenspraxis, die auf der Grundlage des Art. 3 I GG eine sog. **Selbstbindung der Verwaltung** herbeiführt, zu messen (näher TK § 4 Rn. 93; Klein § 5 Rn. 9). Die FB sind insb. an sog. **ermessensbindende Verwaltungsvorschriften** gebunden (für BpO: BFH 10.6.1992 – I R 142/90, BStBl. II 1992, 784; BFH 28.6.2000 – I R 20/99, BFH/NV 2000, 1447 sowie → § 193 Rn. 3; zur Bindungswirkung ermessenslenkender Verwaltungsvorschriften allg. → § 4 Rn. 55; BFH 23.1.2013 – X R 32/08, DStR 2013, 909), soweit die Verwaltungsvorschrift tatsächlich angewendet wird (SBS § 40 Rn. 122). Ermessensbindende Verwaltungsvorschriften sind bei der **gerichtlichen Überprüfung** des Ermessens gem. § 102 FGO zu beachten (BFH 10.6.1992 – I R 142/90, BStBl. II 1992, 784; BFH 28.6.2000 – I R 20/99, BFH/NV 2000, 1447; BFH 11.4.2006 – VI R 64/02, BStBl. II 2006, 642). Die Gerichte haben nur zu prüfen, ob sich die Behörden an die Richtlinien gehalten haben und ob die Richtlinien selbst einer sachgerechten Ermessensausübung entsprechen (BFH 24.11.2005 – V R 37/04, BStBl. II 2006, 466).

Die Selbstbindung der Verwaltung begründet grds. einen **Rechtsanspruch auf Beachtung** durch die FB (BFH 20.10.1999 – X R 69/96, BStBl. II 2000, 259 mwN). Eine Abweichung der FB von einer ermessensbindenden Verwaltungsvorschrift bzw. einer Verwaltungspraxis ist nur zulässig, wenn ein atypischer Sachverhalt oder ein anderweitiger zwingender Sachgrund vorliegt (BFH 20.10.1999 – X R 69/96, BStBl. II 2000, 259; TK § 5 Rn. 50).

Eine ermessensbindende Verwaltungsvorschrift bzw. eine Verwaltungspraxis erzeugt eine Selbstbindung der FVerw. allerdings nur dann, wenn sie **rechtmäßig** ist (BFH 26.2.1975 – I B 96/74, BStBl. II 1975, 449 (451 f.); BVerfG 28.6.1993 – 1 BvR 390/89, NVwZ 1994, 475 (476)). Aufgrund des Vorrangs des Gesetzes besteht für die FB aus Art. 3 I GG keine Verpflichtung, eine rechtswidrige (ermessensfehlerhafte) Verwaltungspraxis fortzuführen (kein Anspruch auf Wiederholung fehlerhaften Handelns und damit auf eine **„Gleichheit im Unrecht"**, BFH 11.1.2006 – II R 12/04, BStBl. II 2006, 615 mwN; BVerfG 28.6.1993 – 1 BvR 390/89, NVwZ 1994, 475 (476); HHSp § 5 Rn. 182, 192 ff.). Eine Selbstbindung scheidet insb. für Verwaltungsvorschriften aus, die eine verfassungsgebotene gleichheitsgerechte Durchsetzung zwingenden Gesetzesrechts (zB materieller StGesetze) unterlaufen (BVerfG 27.6.1991 – 2 BvR 1493/89, BStBl. II 1991, 654 betr. Bankenerlass; vgl. auch BFH 16.7.2002 – IX R 62/99, BFH/NV 2002, 1649). Die FVerw. ist durch Art. 3 I GG nicht gehindert, ihre ständige Verwaltungspraxis und damit ihre Selbstbindung aus sachgerechten Gründen aufzuheben (vgl. auch SBS § 40 Rn. 124).

32 Der **Umfang der Bindungswirkung** von Verwaltungsvorschriften bestimmt sich nicht nach deren Wortlaut, sondern nach Maßgabe ihrer – rechtmäßigen, insb. ermessensfehlerfreien – **praktischen Handhabung** (TK § 4 Rn. 94 und TK § 5 Rn. 50; SBS § 40 Rn. 111). Die Bindungswirkung ist auf ihren konkreten Regelungsgegenstand begrenzt

(vgl. BFH 29.3.2000 – II B 53/99, BFH/NV 2001, 38) und darf durch die Gerichte nicht auf andere Sachverhalte ausgedehnt werden (BFH 28.10.1977 – VI R 194/74, BStBl. II 1978, 151; TK § 4 Rn. 93). Eine Selbstbindung kann ferner nur im Bereich des Verwaltungsträgers eintreten, dessen Behörden entspr. der jeweiligen Verwaltungsvorschrift verfahren. Im Fall der (nicht durch allgemeine Verwaltungsvorschriften iSd Art. 108 VII GG gebundenen) Landesexekutive scheidet daher eine Bindung der FB eines Bundeslandes durch allg. Verwaltungsanweisungen eines anderen Bundeslandes aus (BFH 23.7.1985 – VIII R 197/84, BStBl. II 1986, 36).

Verwaltungsvorschriften können nicht wie Rechtsnormen ausgelegt werden (→ § 4 Rn. 53). Entscheidend ist, wie die FB die Verwaltungsvorschrift verstanden hat und verstanden wissen wollte und wie sie dementsprechend verfahren ist (BFH 27.10.1978 – VI R 8/76, BStBl. II 1979, 54; BFH 21.10.1999 – I R 68/98, BFH/NV 2000, 891; aA Gräber FGO § 102 Rn. 4).

Eine **Abweichung** der FB von einer ermessenslenkenden Verwaltungsvorschrift ist ausnahmsweise zulässig und ggf. sogar geboten, wenn dies die Besonderheiten des Einzelfalls rechtfertigen (HHSp § 5 Rn. 201; TK § 5 Rn. 50) oder die auf der Verwaltungsvorschrift beruhende Verwaltungspraxis rechtswidrig ist.

Ein Ermessensfehlgebrauch ist auch bei sonstigen Verstößen gegen Verfassungsrecht oder 33
sonstige Rechtsgrundsätze gegeben (vgl. auch AEAO zu § 5 Nr. 1), zB bei Verstößen gegen das

– **Verhältnismäßigkeitsprinzip** und die sich daraus ableitenden Gebote der Geeignetheit, Erforderlichkeit und Wahrung des Übermaßverbots (BT-Drs. VI 1982, 100). Unter mehreren möglichen Maßnahmen ist daher diejenige auszuwählen, die zur Erreichung des angestrebten Zwecks **geeignet** ist. Die Maßnahme ist **erforderlich,** wenn es kein milderes Mittel zur wirksamen Erreichung des angestrebten Ziels gibt. Eine danach zulässige Maßnahme darf iSd **Übermaßverbots** nicht außer Verhältnis zum erstrebten Erfolg stehen. Das erfordert im Rahmen der Ermessensbetätigung eine Gesamtabwägung und Gewichtung der jeweils im Einzelfall relevanten Gesichtspunkte und Umstände. Das Verhältnismäßigkeitsprinzip programmiert regelmäßig nicht ein bestimmtes Ergebnis der Ermessensbetätigung, sondern setzt dieser nur (letzte) Grenzen. Insb. legitimiert das Verhältnismäßigkeitsprinzip nicht die FG, ihre eigene Abwägung an die Stelle derjenigen der FB zu setzen (→ Rn. 39);
– Prinzip des **Vertrauensschutzes** (→ § 4 Rn. 19) und des Grundsatzes von **Treu und Glauben** (→ § 4 Rn. 25 ff.);
– Gebot der **Billigkeit** (so zB TK § 5 Rn. 57; AEAO zu § 5 Nr. 1), das jedoch regelmäßig im Gleichheitsgrundsatz und Verhältnismäßigkeitsprinzip aufgeht und aufgrund seiner begrifflichen Weite allenfalls in besonders gelagerten Ausnahmefällen als eigenständige Ermessensschranke anwendbar sein kann (Gosch AO § 5 Rn. 21);
– **Sozialstaatsprinzip** (so TK § 5 Rn. 54); einschlägige Rspr. liegt insoweit nicht vor.

D. Verfahrens- und Rechtsschutzfragen

I. Begründungspflicht und -mängel

Begründungspflicht. Ermessensentscheidungen im Rahmen schriftlicher bzw. schrift- 34
lich bestätigter (§ 121 I) VA erfordern regelmäßig eine Begründung. An die Begründungspflicht (zu ihrer Bedeutung für den Rechtsschutz des Bürgers → § 121 Rn. 1) sind erhöhte Anforderungen zu stellen; ohne substantielle Begründung wäre eine wirksame gerichtliche Kontrolle der Ermessensentscheidungen illusorisch. Es müssen die zum Verständnis der Entscheidung maßgebenden Erwägungen und die Abwägung des Für und Wider der sich gegenüberstehenden Belange erkennbar sein (BFH 3.2.1981 – VII R 86/78, BStBl. II 1981, 493; BFH 18.8.1988 – V R 19/83, BStBl. II 1988, 929).

Das Fehlen der erforderlichen Begründung indiziert einen materiellen Ermessensmangel (Ermessensunterschreitung) und macht einen VA im Regelfall rechtswidrig (fehlerhaft), vgl. zB BFH 30.4.1987 – VII R 48/84, BStBl. II 1988, 170.

Bezugspunkt der Begründungspflicht sind alle im Einzelfall sachverhaltsrelevanten und rechtlich bedeutsamen Gesichtspunkte (→ Rn. 26). Je schwerwiegender der Eingriff ist, desto größere Anforderungen sind an die Sorgfalt der Begründung zu stellen. Maschinell gefertigte Entscheidungsvorschläge und -begründungen sind unschädlich, sofern eine Einzelfallprüfung durch den jeweiligen Amtsträger erfolgt ist (BFH 18.8.1988 – V R 19/83, BStBl. II 1988, 929). Nicht ausreichend ist regelmäßig – abgesehen von den Fällen des vorgeprägten Ermessens, dazu nachfolgend – die bloße Wiedergabe des Gesetzeswortlauts (Schwarz/Pahlke/Keß § 5 Rn. 48) oder die bloße Mitteilung, das Ermessen sei ausgeübt worden. Keiner Darlegung bedürfen die die Ermessensentscheidung nicht tragenden oder nicht erheblichen Gründe.

35 **Begründungserleichterungen.** Keiner Begründung gem. § 121 II Nr. 2 und 3 bedürfen tatsächlich angestellte Erwägungen, die dem Stpfl. ohne Weiteres erkennbar sind oder die nach den Umständen des Einzelfalls nicht geboten sind (BFH 18.8.1988 – V R 19/83, BStBl. II 1988, 929; → § 121 Rn. 15 ff.). Auch die Ausübung des sog. **Verfahrensermessens** (→ Rn. 2) bedarf regelmäßig keiner Begründung (BFH 2.10.1991 – X R 89/89, BStBl. II 1992, 220 (224); SBS § 39 Rn. 74).

Entbehrlich ist eine Begründung auch dann, wenn die Ermessensentscheidung durch die Tatbestandsverwirklichung entspr. der vom Gesetz vorgegebenen Rechtsfolge **vorgeprägt** (intendiert ist (→ Rn. 12). Hier ist eine nähere Begründung der Ermessensausübung nur erforderlich, wenn Anhaltspunkte für das Vorliegen eines Ausnahmefalles (außergewöhnliche Umstände) bestehen (so zB BFH 4.10.1983 – VII R 168/82, BStBl. II 1984, 118 und BFH 6.10.1998 – VII R 146/97, BFH/NV 1999, 216 betr. § 7 I StBerG; BFH 26.6.2007 – VII R 35/06, BStBl. II 2007, 742). Ebenso genügt bei der Anordnung einer Ap. nach § 193 I als Begründung ein Hinweis auf diese Vorschrift (→ § 196 Rn. 50).

36 **Heilung von Begründungsmängeln; Umdeutung.** Die notwendige Begründung einer Ermessensentscheidung kann gem. § 126 I Nr. 2 – ggf. auch im Einspruchs- und Klageverfahren, → Rn. 37 – nachgeholt werden. § 127 ist auf Ermessensentscheidungen nur in Ausnahmefällen anwendbar (→ § 127 Rn. 24). Die Umdeutung eines fehlerhaften ErmessensVA in einen anderen ErmessensVA oder einen gebundenen VA ist grds. möglich; § 128 III steht der Umdeutung nicht entgegen (→ § 128 Rn. 8).

37 **Einspruchsverfahren.** § 5 gilt auch für das Einspruchsverfahren (§ 365 I). Die Einspruchsbehörde ist zur Überprüfung der Ermessensentscheidung unter allen tatsächlichen und rechtlichen Gesichtspunkten berechtigt und verpflichtet (§ 367 II 1; vgl. auch TK § 5 Rn. 74). Sie kann eine eigene Ermessensentscheidung treffen und ggf. auch eigene Zweckmäßigkeitserwägungen anstellen. Im Einspruchsverfahren können unterlassene Ermessenserwägungen **nachgeholt** (vgl. § 126 I Nr. 2) werden (vgl. zB BFH 22.7.1987 – I R 261/83, BFH/NV 1988, 545). Dies gilt auch dann, wenn dem angefochtenen VA eine Ermessensunterschreitung zugrunde liegt oder die Ermessensentscheidung an eine im Einspruchsverfahren geänderte Rechtsgrundlage (BFH 8.11.1994 – VII R 1/93, BFH/NV 1995, 657) angepasst wird. Eine ursprünglich fehlerfreie Ermessensentscheidung ist im Einspruchsverfahren zu überprüfen, wenn hier erstmals neue ermessensrelevante Tatsachen vorgetragen oder neue Umstände bekannt werden; das Ermessen ist in diesem Fall im Einspruchsverfahren erneut auszuüben (BFH 5.3.1993 – VI R 79/91, BStBl. II 1993, 692).

Nach der ab 23.12.2001 geltenden Fassung des § 126 II iVm I Nr. 2 (zur früheren Rechtslage → § 126 Rn. 11) kann die Nachholung einer erforderlichen Begründung bis zum Abschluss der Tatsacheninstanz eines finanzgerichtlichen Verfahrens erfolgen. § 126 II gilt jedoch nicht für die Ergänzung von Ermessenserwägungen; insoweit ist allein § 102 S. 2 FGO anzuwenden (→ Rn. 38 und → § 126 Rn. 12).

II. Überprüfung von Ermessensentscheidungen im gerichtlichen Verfahren

Im gerichtlichen Verfahren bestimmt sich die Überprüfung von Ermessensentscheidungen (zur gerichtlichen Kontrolle unbestimmter Rechtsbegriffe → Rn. 16) nach § 102 FGO. Aufgrund des durch das StÄndG 2001 angefügten § 102 S. 2 FGO kann die FB ihre Ermessenserwägungen bis zum Abschluss der Tatsacheninstanz eines finanzgerichtlichen Verfahrens ergänzen (→ Rn. 41); der ebenfalls durch das StÄndG 2001 geänderte § 126 II enthält eine korrespondierende Regelung für die Heilung von Verfahrens- und Formfehlern. 38

Im Vergleich zu gebundenen VA **begrenzt** § 102 FGO – entgegen seinem irreführenden Wortlaut – die gerichtliche Prüfungs- und Entscheidungskompetenz auf die Ermittlung etwaiger Ermessensfehler (Gräber FGO § 102 Rn. 2). Der Bürger hat bei Ermessensentscheidungen einen Anspruch auf eine ermessensgerechte Berücksichtigung und Würdigung seiner Belange. Dies erfordert insb. eine hinreichende Begründung der Ermessensentscheidung (Gräber FGO § 102 Rn. 16 mwN).

Das FG ist nicht befugt, sein Ermessen an die Stelle des Ermessens der FB zu setzen. Das gilt insb. auch dann, wenn das FG in Fällen der Ermessensunterschreitung eine bislang nicht vorgenommene Ermessensprüfung vornehmen müsste (BFH 5.5.1977 – IV R 116/75, BStBl. II 1977, 639). Da das Gericht sein Ermessen nicht an die Stelle des Ermessens der FB setzen darf, muss die Entscheidung spätestens in der Einspruchsentscheidung begründet werden. Wird diese Begründungspflicht verletzt, ist der VA regelmäßig fehlerhaft (BFH 22.9.1992 – VII R 73–74/91, BFH/NV 1993, 215). 39

Ausnahmsweise kann das FG bei einer **Ermessensreduzierung auf null** (→ Rn. 24) gem. § 101 S. 1 FGO eine Verpflichtung zum Erlass des begehrten VA (zB Billigkeitserlass) aussprechen (BFH 31.3.2004 – X R 25/03, BFH/NV 2004, 1212; BFH 15.10.1998 – IV R 69/97, BFH/NV 1999, 383; BFH 25.11.1997 – IX R 28/96, BStBl. II 1998, 550; Gräber FGO § 101 Rn. 3, jeweils mwN) bzw. die Rechtswidrigkeit eines erledigten ErmessensVA aussprechen (BFH 11.4.2006 – VI R 64/02, BStBl. II 2006, 642). Das Gericht ist jedoch nicht zu einer Spruchreifmachung der Sache (§ 101 S. 1 FGO) in dem Sinne verpflichtet, dass alle denkbaren Entscheidungsalternativen iSe etwaigen Ermessensreduzierung auf null geklärt werden (Gräber FGO § 101 Rn. 3).

Maßgebender Zeitpunkt für die gerichtliche Beurteilung der Ermessenserwägungen ist der der Sach- und Rechtslage im Zeitpunkt der letzten Behördenentscheidung, dh spätestens der Einspruchsentscheidung (BFH 26.7.2005 – VII R 57/04, BStBl. II 2005, 814; BFH 19.1.1999 – X B 112/98, BFH/NV 1999, 904; BFH 5.3.1993 – VI R 79/91, BStBl. II 1993, 692; vgl. auch BFH 20.9.2024 – IX R 24/23, BFH/NV 2025, 186 zum nicht statthaften Einspruchsverfahren; Gräber FGO § 102 Rn. 13 mwN). Da die Ermessensermächtigung der FB – in den gesetzlichen Grenzen – eine Wahlfreiheit einräumt, kann die gerichtliche Kontrolle nur auf den Zeitpunkt der Wahl durch die FB bezogen sein (BFH 26.7.1972 – I R 158/71, BStBl. II 1972, 919). Für die gerichtliche Überprüfung sind ferner die tatsächlichen Verhältnisse maßgebend, die der FB im Zeitpunkt der letzten Ermessensausübung bekannt waren oder bekannt sein mussten (BFH 11.6.1997 – X R 14/95, BStBl. II 1997, 642). Bei einer Veränderung der Sachlage nach diesem Zeitpunkt kann sich bei einem noch nicht vollzogenen VA ggf. die Ingangsetzung eines neuen Verwaltungsverfahrens (zB Antrag nach § 131 I) empfehlen. 40

Die durch **§ 102 S. 2 FGO** zugelassene Ergänzung von Ermessenserwägungen beseitigt lediglich die einer solchen Ergänzung an sich entgegenstehenden **prozessualen** Hindernisse. Die **materiellrechtliche** Zulässigkeit einer Ergänzung beurteilt sich ausschl. nach den jeweils einschlägigen materiellen bzw. verfahrensrechtlichen Vorschriften (HHSp FGO § 102 Rn. 66). 41

§ 102 S. 2 FGO lässt nur eine **Ergänzung** der Ermessenserwägungen im finanzgerichtlichen Verfahren zu; im Revisionsverfahren nachgeschobene Ermessenserwägungen bleiben unberücksichtigt (BFH 25.5.2004 – VIII R 21/03, BFH/NV 2005, 171). Das FG ist nicht verpflichtet, die FB zur Ergänzung aufzufordern (BFH 6.5.2003 – V B 216/02, BFH/NV 2003, 1202). Eine vollständige Nachholung oder Auswechslung der die Ermessensentscheidung tragenden Gründe ist ausgeschlossen (BFH 11.3.2004 – VII R 52/02, BStBl. II 2004, 579; zu weiteren Einzelheiten vgl. Lange DB 2001, 2680; Wiese/Leingang-Ludolph DB 2001, 2469 sowie die einschlägigen Kommentierungen des § 102 FGO).

§ 6 Behörden, öffentliche und nicht-öffentliche Stellen, Finanzbehörden

(1) Behörde ist jede öffentliche Stelle, die Aufgaben der öffentlichen Verwaltung wahrnimmt.

(1a) Öffentliche Stellen des Bundes sind die Behörden, die Organe der Rechtspflege und andere öffentlich-rechtlich organisierte Einrichtungen des Bundes, der bundesunmittelbaren Körperschaften, der Anstalten und Stiftungen des öffentlichen Rechts sowie deren Vereinigungen ungeachtet ihrer Rechtsform.

(1b) Öffentliche Stellen der Länder sind die Behörden, die Organe der Rechtspflege und andere öffentlich-rechtlich organisierte Einrichtungen eines Landes, einer Gemeinde, eines Gemeindeverbandes oder sonstiger der Aufsicht des Landes unterstehender juristischer Personen des öffentlichen Rechts sowie deren Vereinigungen ungeachtet ihrer Rechtsform.

(1c) [1] Vereinigungen des privaten Rechts von öffentlichen Stellen des Bundes und der Länder, die Aufgaben der öffentlichen Verwaltung wahrnehmen, gelten ungeachtet der Beteiligung nicht-öffentlicher Stellen als öffentliche Stellen des Bundes, wenn

1. sie über den Bereich eines Landes hinaus tätig werden oder
2. dem Bund die absolute Mehrheit der Anteile gehört oder die absolute Mehrheit der Stimmen zusteht.

[2] Anderenfalls gelten sie als öffentliche Stellen der Länder.

(1d) [1] Nicht-öffentliche Stellen sind natürliche und juristische Personen, Gesellschaften und andere Personenvereinigungen des privaten Rechts, soweit sie nicht unter die Absätze 1a bis 1c fallen. [2] Nimmt eine nicht-öffentliche Stelle hoheitliche Aufgaben der öffentlichen Verwaltung wahr, ist sie insoweit öffentliche Stelle im Sinne dieses Gesetzes.

(1e) Öffentliche Stellen des Bundes oder der Länder gelten als nicht-öffentliche Stellen im Sinne dieses Gesetzes, soweit sie als öffentlich-rechtliche Unternehmen am Wettbewerb teilnehmen.

(2) Finanzbehörden im Sinne dieses Gesetzes sind die folgenden im Gesetz über die Finanzverwaltung genannten Bundes- und Landesfinanzbehörden:

1. das Bundesministerium der Finanzen und die für die Finanzverwaltung zuständigen obersten Landesbehörden als oberste Behörden,
2. das Bundeszentralamt für Steuern, das Informationstechnikzentrum Bund und die Generalzolldirektion als Bundesoberbehörden,
3. Rechenzentren sowie Landesfinanzbehörden, denen durch eine Rechtsverordnung nach § 17 Absatz 2 Satz 3 Nummer 3 des Finanzverwaltungsgesetzes die landesweite Zuständigkeit für Kassengeschäfte und das Erhebungsverfahren einschließlich der Vollstreckung übertragen worden ist, als Landesoberbehörden,
4. die Oberfinanzdirektionen als Mittelbehörden,
4a. die nach dem Finanzverwaltungsgesetz oder nach Landesrecht an Stelle einer Oberfinanzdirektion eingerichteten Landesfinanzbehörden,

5. die Hauptzollämter einschließlich ihrer Dienststellen, die Zollfahndungsämter, die Finanzämter und die besonderen Landesfinanzbehörden als örtliche Behörden,
6. Familienkassen,
7. die zentrale Stelle im Sinne des § 81 des Einkommensteuergesetzes und
8. die Deutsche Rentenversicherung Knappschaft-Bahn-See (§ 40a Absatz 6 des Einkommensteuergesetzes).

Vergleichbare Vorschriften: § 1 IV VwVfG; § 1 II SGB X

I. Allgemeines

§ 6 definiert die Begriffe der Behörde (Abs. 1), der öffentlichen bzw. nicht-öffentlichen Stelle (Abs. 1a–e) und der FB (Abs. 2). Die Vorschrift ist laufend entspr. der Behördenorganisation von Bund und Ländern geändert worden, zuletzt durch G v. 17.7.2017 (BGBl. 2017 I 2541) und G v. 7.12.2020 (BGBl. 2020 I 2756). Die AO verwendet nur selten den Begriff „Behörde" (§§ 111 ff.), dagegen fast durchgängig den Begriff „Finanzbehörde". Die abschl. Aufzählung in Abs. 2 stellt klar, dass mit FB (nur) die im FVG genannten Bundes- und LandesFB gemeint sind, die mit der Verwaltung der Steuern iSd § 3 befasst sind. In einigen Vorschriften der AO ist konkreter von FA oder HZA die Rede (zB §§ 18–23). Gemeint ist damit die jeweils sachlich und örtlich zuständige FB. Die Begriffsbestimmungen des § 6 gelten überall dort, wo die AO die Begriffe Behörde und FB verwendet; für das StStrafverfahren gilt nach der Spezialvorschrift des § 386 I 2 ein gegenüber § 6 II engerer Begriff; dort sind FB nur das HZA, das FA, das BZSt und die Familienkasse. Verwenden andere Gesetze im Bereich der FVerw. (zB §§ 38, 63 FGO) den Begriff der Behörde, so gilt für deren Bestimmung § 6 I–Ie; § 6 II ist dagegen auf den Anwendungsbereich der AO beschränkt, weil diese Vorschrift nur FB „im Sinne dieses Gesetzes" bezeichnet. Werden Behörden in anderen Gesetzen als FB bezeichnet, ohne in § 6 II genannt zu sein, so sind diese keine FB iSd AO. In Zweifelsfällen kann davon ausgegangen werden, dass mit den in anderen Gesetzen (zB in §§ 40 III, 52 II FGO) als FB bezeichneten Behörden in entspr. Anwendung des § 6 II und bei Auslegung des anderen Gesetzes nach Sinn und Zweck mit FB solche iSd AO gemeint sind. So ist idR im finanzgerichtlichen Verfahren das FA Beklagter (§ 63 I FGO). In § 52 II FGO kann mit FB nur der Beklagte, also idR das FA, eine FB nach § 6 II, gemeint sein. 1

II. Begriff der Behörde (Abs. 1)

Abs. 1 ist eingeführt worden, weil Zweifel bestanden hatten, welche Stellen der öffentlichen Verwaltung den FB gegenüber zur Leistung von Amtshilfe (§§ 111 ff.) verpflichtet waren (BT-Drs. 10/1636, 37). Der Behördenbegriff in § 6 I entsprach lange Zeit der Formulierung des § 1 IV VwVfG. Mit dem G v. 17.7.2017 (BGBl. 2017 I 2541) wurde abw. von § 1 IV VwVfG das Adjektiv „öffentlich" ergänzt und damit klargestellt, dass Behörden öffentliche Stellen sind (BT-Drs. 18/1261, 76). 4

Einen **einheitlichen Behördenbegriff,** der für jedes Verwaltungsverfahren gilt, gibt es nicht. Allg. wird unter Behörde die in den Organismus der Staatsverwaltung eingeordnete, organisatorische Einheit von Personen und sächlichen Mitteln verstanden, die mit einer gewissen Selbständigkeit ausgestattet und dazu berufen ist, unter öffentlicher Autorität für die Erreichung der Zwecke des Staates oder von ihm geforderter Zwecke tätig zu sein (BVerfG 14.7.1959 – 2 BvF 1/58, BVerfGE 10, 20). Mit § 6 wie mit § 1 IV VwVfG wird abw. von diesem allg. Behördenbegriff deutlich gemacht, dass der Behördenbegriff von der Zielrichtung des jeweils den Behördenbegriff verwendenden Gesetzes bestimmt ist, denn beide Gesetze stellen auf die Wahrnehmung der Aufgaben der öffentlichen Verwaltung durch die Behörde nach den Regeln des jeweiligen Gesetzes ab (Behörde im funktionellen Sinn). Entscheidend sind allein Art und Inhalt der ihr obliegenden Tätigkeiten. Deshalb ist 5 weder die Organisationsform der Behörde noch etwa ihre organisationsrechtliche Zuordnung zu einer Körperschaft des öffentlichen Rechts maßgebend (vgl. BFH 25.9.2014 – III R 25/13, BStBl. II 2015, 847 zu Familienkassen). Auch kommt es nicht darauf an, ob das Handeln einer Behörde im Außenverhältnis nicht dem Organ Behörde, sondern einer juristischen Person, etwa den Gebietskörperschaften Bund und Land, zugerechnet wird (HHSp § 6 Rn. 10 ff. mwN).

6 **„Stelle"** iSd § 6 I meint die organisatorische Selbständigkeit der Einheit von Personen und sächlichen Mitteln. Allg. werden die Begriffe (öffentliche) Stelle und Behörde inhaltsgleich verwendet. Öffentliche Stelle und damit Behörde wird definiert als jede vom Wechsel der in ihr tätigen Personen unabhängige, durch Organisationsakt gebildete Einheit, die nach den einschlägigen Zuständigkeitsregelungen die Kompetenz besitzt, unter eigenem Namen nach außen hin aufzutreten und Aufgaben der öffentlichen Verwaltung wahrzunehmen (HHSp § 6 Rn. 13; TK § 6 Rn. 2). Behörden können auch Untergliederungen eines Rechtsträgers sein. So sind zB die FÄ, OFD, LfSt und FM als Untergliederungen der Körperschaft des öffentlichen Rechts „Bundesland" Behörden, weil sie als solche nach außen hin unter ihrer eigenen Bezeichnung in Erscheinung treten und Aufgaben der öffentlichen Verwaltung wahrnehmen; einzelne Abteilungen und Referate und die Amtsträger in Person sind keine Behörden. Etwas anderes gilt, wenn Abteilungen oder ähnl. Organisationsteile als selbständige Einheit auftreten wie dies zB bei Prüfungsausschüssen der Fall sein kann. Behörden können auch natürliche und juristische Personen des Privatrechts sein, sofern sie kraft Beleihung aufgrund eines Gesetzes hoheitlich tätig werden **(Beliehene).** Dazu zählen zB Notare und Gerichtsvollzieher (s. auch BFH 21.4.2022 – V R 26/20, BStBl. II 2022, 599 zur Jägerprüfung). Zu Einzelheiten mit Beispielen für Behörden, Beliehene und Abgrenzungen s. HHSp § 6 Rn. 12 mwN.

7 Die **Wahrnehmung öffentlicher Aufgaben** ist für die Behördeneigenschaft entscheidend. Öffentliche Aufgaben sind alle Angelegenheiten, die nach öffentlich-rechtlichen Normen dem Staat und seinen Einrichtungen zugewiesen sind; sie werden wahrgenommen, wenn die Stelle nach den Grundsätzen der Gewaltenteilung und den daraus resultierenden Zuständigkeitsregeln mit deren Wahrnehmung betraut ist (HHSp § 6 Rn. 14). Die tatsächliche Wahrnehmung öffentlicher Aufgaben wird allg. als Verwaltung mit gesetzesvollziehendem Charakter in Abgrenzung zu Gesetzgebung und Rechtsprechung verstanden (HHSp § 6 Rn. 16). Behörden sind insb. die Gebietskörperschaften (zB Bund, Länder, Gemeinden) und ihre selbständig nach außen auftretenden Untergliederungen, sonstige Körperschaften, Anstalten und Stiftungen des öffentlichen Rechts (zB Berufskammern, öffentlich-rechtliche Versicherungsträger, Rundfunkanstalten, Hochschulen) sowie Gerichte, soweit sie Aufgaben der Gerichtsverwaltung, nicht der Rechtsprechung, wahrnehmen.

III. Öffentliche und nicht-öffentliche Stellen (Abs. 1a–1e)

8 Die Abs. 1a–e sind im Zusammenhang mit dem Inkrafttreten der DS-GVO neu in § 6 eingefügt worden. Die Begriffsbestimmungen hinsichtlich öffentlicher Stellen des Bundes und der Länder sowie nicht-öffentlicher Stellen in den neuen Abs. 1a–e stimmen im Wesentlichen mit dem Wortlaut der Regelungen in § 2 BDSG überein. Die Unterscheidung zwischen öffentlichen und nicht-öffentlichen Stellen ist zB relevant für die allgemeinen Mitteilungspflichten (§ 93a I), im Rahmen der Übermittlung personenbezogener Daten an Mitgliedstaaten der EU (§ 117a III) und bei Verstößen nach Art. 83 der Verordnung (EU) 2016/679 (§ 384 IV).

9 § 6 Ia zählt die **öffentlichen Stellen des Bundes** auf. Dazu gehören Bundesbehörden und Organe der Rechtspflege des Bundes, also Bundesgerichte wie der BFH, das BVerfG und der Generalbundesanwalt, ferner öffentlich-rechtlich organisierte Einrichtungen des Bundes, der bundesunmittelbaren Körperschaften (zB Deutsche Rentenversicherung Bund und Agentur für Arbeit), der Anstalten (zB BaFin und KfW) und Stiftungen des öffent-

lichen Rechts (zB Kulturstiftung des Bundes) und deren Vereinigungen ungeachtet ihrer Rechtsform. Entscheidend ist, dass die Einrichtungen unter der Aufsicht des Bundes stehen.

Zu den **öffentlichen Stellen der Länder** gehören nach § 6 Ib die Landesbehörden und Organe der Rechtspflege, die unter der Aufsicht der Länder stehen wie die Gerichte der Länder und die Staatsanwaltschaften. Daneben zählen zu den öffentlichen Stellen der Länder auch andere öffentlich-rechtlich organisierte Einrichtungen eines Landes, einer Gemeinde oder eines Gemeindeverbandes sowie unter der Aufsicht eines Landes stehende juristische Personen des öffentlichen Rechts sowie deren Vereinigungen ungeachtet ihrer Rechtsform. 9a

Vereinigungen des privaten Rechts von öffentlichen Stellen des Bundes oder der Länder, die Aufgaben der öffentlichen Verwaltung wahrnehmen, gelten nach § 6 Ic 1 per Fiktion als öffentliche Stellen des Bundes, sofern sie über den Bereich eines Landes hinaus tätig werden (Abs. 1c 1 Nr. 1) oder dem Bund die absolute Mehrheit der Anteile oder Stimmen der Vereinigung gehört (Abs. 1c 1 Nr. 2). Ansonsten gelten sie als öffentliche Stellen der Länder (Abs. 1c S. 2). Dies gilt nach § 6 Ic 1 unabhängig davon, ob auch nicht-öffentliche Stellen an der Vereinigung beteiligt sind. 9b

Nicht-öffentliche Stellen werden in Abs. 1d S. 1 legaldefiniert als Rechtsträger, die nicht unter § 6 Ia bis Ic fallen. Beispiele hierfür sind zB Vereinigungen des Privatrechts, an denen der Bund oder die Länder beteiligt sind, die jedoch keine Verwaltungsaufgaben wahrnehmen. Demgegenüber sieht § 6 Id 2 eine Ausnahme für nicht-öffentliche Stellen vor, die hoheitliche Aufgaben der öffentlichen Verwaltung wahrnehmen wie insb. Beliehene (→ Rn. 6). Diese nicht-öffentlichen Stellen sind dann doch als öffentliche Stelle anzusehen. 9c

Gemäß § 6 Ie gelten **kraft Fiktion** öffentliche Stellen des Bundes oder der Länder gleichwohl als **nicht-öffentliche Stellen,** soweit sie als öffentlich-rechtliche Unternehmen am Wettbewerb teilnehmen. Die Regelung ist § 2 V 1 BDSG nachgebildeten, der seinerseits im allgemeinen Datenverarbeitungsrecht das Ziel verfolgt, Wettbewerbsverzerrungen zwischen öffentlichen und privaten Unternehmen in Bezug auf die Verarbeitungsbefugnisse und die Ausnahmen von Betroffenenrechten zu vermeiden (vgl. Paal/Pauly BDSG § 2 Rn. 13). 9d

IV. Begriff der Finanzbehörde (Abs. 2)

Die Verwaltung der Steuern obliegt gem. Art. 108 GG den FB. Jede FB ist zugleich Behörde iSd Abs. 1, weil Abs. 2 die Behördeneigenschaft voraussetzt. Abs. 2 definiert den in der AO fast durchgängig verwendeten Begriff der FB abschl. (BFH 24.1.2025 – IX B 99/24, BFH/NV 2025, 401) und durch **Verweisung auf das FVG** (Näheres → § 16 Rn. 40 ff.). Die in § 6 II aufgezählten Behörden sind jedoch nur insoweit als FB iSd AO tätig, soweit sie mit der StVerwaltung befasst sind (BT-Drs. VI/1982, 105; BFH 31.7.1974 – I B 32/74, BStBl. II 1974, 747). Wird die oberste LandesFB (§ 6 II Nr. 1), das FM, etwa in Berufssachen der StBerater tätig, ist sie insofern nicht als FB, sondern als allg. Verwaltungsbehörde tätig (FG Brandenburg 6.9.1999 – 1 Ko 997/99 KF, EFG 1999, 1246). Keine FB sind zudem solche Behörden, die der FB lediglich Amtshilfe leisten (FG Baden-Württemberg 2.6.1999 – 8 K 411/98, BeckRS 1999, 30876339 betr. Kfz-Zulassungsstelle), Gutachterausschüsse (FG Rheinland-Pfalz 23.11.2023 – 4 V 1295/23, EFG 2024, 92 und FG Rheinland-Pfalz 23.11.2023 – 4 V 1429/23, EFG 2024, 135) sowie Gerichte (BFH 24.1.2025 – IX B 99/24, BFH/NV 2025, 401). 10

§ 6 II Nr. 1 entspricht §§ 1 Nr. 1, 2 I Nr. 1 FVG und benennt als oberste FB des Bundes das BMF und als oberste LandesFB die für die Finanzverwaltung zuständige oberste Landesbehörde (FM bzw. Senatsverwaltung für Finanzen). 11

Die Regelung der Bundesoberbehörde in **§ 6 II Nr. 2** (BZSt, ITZBund und Generalzolldirektion) entspricht § 1 Nr. 2 FVG. Den Aufgabenkreis des BZSt regelt § 5 FVG 11a

(→ § 16 Rn. 58 ff.) und den der Generalzolldirektion § 5a FVG (→ § 16 Rn. 66 f.). Die Aufgaben und Leistungen des durch G v. 7.12.2020 (BGBl. 2020 I 2756) zum 1.1.2021 in eine bundesunmittelbare nichtrechtsfähige Anstalt des öffentlichen Rechts umgewandelten ITZBund sind demgegenüber nicht im FVG, sondern in § 2 ITZBund – UmwandlungsG normiert.

11b **§ 6 II Nr. 3** trägt dem Umstand Rechnung, dass **Rechenzentren,** die Aufgaben der StVerwaltung wahrnehmen, FB sein müssen (vgl. Art. 108 II GG) und die Länder gem. § 2 II FVG ein Rechenzentrum der FVerw. als Behörde einrichten können. Zu LandesFB nach Nr. 3 zählen daneben auch Landesoberbehörden, denen die landesweite Zuständigkeit für Kassengeschäfte und das Erhebungsverfahren einschl. der Vollstreckung nach § 17 II 3 Nr. 3 FVG übertragen worden ist.

11c Den § 2 I Nr. 3 und § 2a FVG entsprechend bestimmen **§ 6 II Nr. 4 und Nr. 4a** als Mittelbehörden die OFD bzw. an ihrer Stelle eingerichtete LandesFB wie zB das Bayerische LfSt.

11d Die Regelung der örtlichen Behörden nach **§ 6 II Nr. 5** entspricht §§ 1 Nr. 3, 2 I Nr. 4 FVG. Überdies können nach § 2 III FVG durch Rechtsverordnung der zuständigen Landesregierung für Kassengeschäfte andere örtliche Landesbehörden zu besonderen LandesFB bestimmt werden.

12 Die ausdrückliche Nennung der **Familienkassen** in **§ 6 II Nr. 6,** deren Stellung § 5 I 1 Nr. 11 FVG bestimmt, ist notwendig, weil sie keine BundesFB sind, sondern nur als solche gelten. Sie führen den im X. Abschn. des EStG geregelten Familienleistungsausgleich durch, sind also für die Festsetzung und Auszahlung des Kindergeldes zuständig (§ 70 I EStG). Organisatorisch sind sie bei den Agenturen für Arbeit angesiedelt; die Bundesagentur für Arbeit stellt dem BZSt zur Durchführung des Familienleistungsausgleichs ihre Dienststellen als Familienkassen zur Verfügung (§ 5 I 1 Nr. 11 FVG). Für die zentrale Bearbeitung von Kindergeldverfahren, bei denen Daten von Kindern mit Behinderung verarbeitet werden, wurde zum 1.2.2022 die Familienkasse Zentraler Kindergeldservice bei der Agentur für Arbeit Sachsen-Anhalt Nord wirksam geschaffen (BFH 17.10.2024 – III R 11/23, BStBl. II 2025, 207; BFH 21.5.2025 – III R 30/24, BFH/NV 2025, 1185). Die Familienkassen gelten nur insoweit als FB, als sie den Familienleistungsausgleich durchführen. In diesem Bereich gilt die AO im vollen Umfang, also auch im Rechtsbehelfsverfahren (BT-Drs. 13/3084, 85).

13 Die in **§ 6 II Nr. 7** benannte **zentrale Stelle iSd § 81 EStG** ist die Deutsche Rentenversicherung Bund (§ 5 I 1 Nr. 18 FVG). Mit der Aufnahme der zentralen Stelle in Abs. 2 wird klargestellt, dass sie FB iSd AO ist, soweit sie im Rahmen der Organleihe Aufgaben nach §§ 79 ff. EStG (Altersvorsorgezulage) wahrnimmt (BT-Drs. 14/7341, 38; BFH 8.7.2015 – X R 41/13, BStBl. II 2016, 525).

14 Die **Deutsche Rentenversicherung Knappschaft-Bahn-See** nimmt im Wesentlichen keine Aufgaben der StVerwaltung wahr. Ihre Aufgaben und Stellung regelt § 5 I 1 Nr. 20 FVG. Sie wird als Träger der knappschaftlichen Rentenversicherung (bis 29.6.2013 Verwaltungsstelle Cottbus) im Wege der Organleihe für das BZSt bei Einzug der einheitlichen Pauschsteuer nach § 40a II EStG (bei sog. Mini-Jobs) tätig (§ 40 VI 1 EStG); insoweit gilt sie als FB und ist als **§ 6 II Nr. 8** in den Katalog der FB aufgenommen worden.

§ 7 Amtsträger

Amtsträger ist, wer nach deutschem Recht

1. **Beamter oder Richter (§ 11 Absatz 1 Nummer 3 des Strafgesetzbuchs) ist,**
2. **in einem sonstigen öffentlich-rechtlichen Amtsverhältnis steht oder**
3. **sonst dazu bestellt ist, bei einer Behörde oder bei einer sonstigen öffentlichen Stelle oder in deren Auftrag Aufgaben der öffentlichen Verwaltung wahrzunehmen.**

Vergleichbare Vorschrift: § 11 I Nr. 2 StGB

Schrifttum: Schröder, Zum Begriff des „Amtsträgers", NJW 1984, 2510; Haft, Freiberufler sind keine Amtsträger, NJW 1995, 1113; Walther, Grundfragen zum Begriff des Amtsträgers, Jura 2009, 421.

I. Allgemeines

§ 7 definiert in Übereinstimmung mit § 11 I Nr. 2 StGB den Begriff des Amtsträgers. 1
Der Begriff hat ua Bedeutung für die Vorschriften über das StGeheimnis (§ 30), die Haftungsbeschränkung (§ 32), die Ausschließung und Ablehnung von Personen in einem Verwaltungsverfahren (§§ 82–84), die Versicherung an Eides statt (§ 95), das Betreten von Grundstücken und Räumen (§ 99), die Kassen-Nachschau (§ 146b), über die Akteneinsicht im Zerlegungsverfahren (§ 187), die Befugnisse der Finanzbehörde (§ 210), im Erhebungsverfahren (§ 224 I) sowie für die Vorschriften über die Strafverschärfung und die Selbstanzeige bei StHinterziehung (§§ 370, 371). Durch § 30 III werden andere Personen für die Wahrung des StGeheimnisses den Amtsträgern gleichgestellt (→ § 30 Rn. 24 ff.); § 371 II Nr. 1c und Nr. 1e schränken für ihren Geltungsbereich den Begriff auf Amtsträger einer FB ein.

Für die Eigenschaft als Amtsträger ist nicht erforderlich, dass die Person im Bereich der 2
FVerw. tätig ist. § 7 stellt nur darauf ab, dass der Amtsträger einen bestimmten dienstrechtlichen Status innehat, in „einem" sonstigen öffentlich-rechtlichen Amtsverhältnis oder sonst bei „einer" Behörde oder öffentlichen Stelle tätig ist; maßgebend ist allein die Stellung des Bediensteten, die in den Nr. 1–3 umschrieben ist (HHSp § 7 Rn. 8; TK § 7 Rn. 3).

II. Deutsches Recht

Ob die in Nr. 1–3 aufgeführten Personen Amtsträger sind, richtet sich nach **deutschem** 5
Recht. Nicht Amtsträger iSd AO ist, wer nach ausländischem oder internationalem Recht Amtsträger ist, wie der Beamte, Angestellte und Richter der EU, der internationalen Gerichtshöfe oder zwischenstaatlicher Einrichtungen. Diese fallen nur dann unter § 7, wenn die Bestellungsgrundlage durch deutsches Recht transformiert oder durch besondere Übereinkunft einbezogen worden ist (TK § 7 Rn. 2 mwN).

III. Beamte und Richter (Nr. 1)

Die Amtsträgereigenschaft nach Nr. 1 knüpft allein an den **formalen Status** des Be- 6
diensteten an. **Beamte** sind diejenigen Personen, die nach den Beamtengesetzen des Bundes und der Länder in ein Beamtenverhältnis auf Lebenszeit, auf Zeit, auf Probe oder auf Widerruf berufen sind (§ 6 BBG sowie die BeamtenG der Länder). Maßgebend ist die förmliche Ernennung, die durch Aushändigung der Ernennungsurkunde erfolgt. Bei unwirksamen Berufungen in das Beamtenverhältnis kommt die Anwendung des § 7 Nr. 3 in Betracht (Schwarz/Pahlke/Keß § 7 Rn. 5; HHSp § 7 Rn. 10). Amtsträger sind die Beamten des Bundes, der Länder, der Gemeinden und anderer juristischer Personen des öffentlichen Rechts, wie zB öffentlich-rechtliche Anstalten und Stiftungen. Amtsträger sind nicht nur die in der FVerw. tätigen Beamten, sondern auch Beamte anderer Behörden, wie etwa Staatsanwälte und Beamte des Bundesgrenzschutzes. Auf die Art der Tätigkeit kommt es nicht an. So sind Beamte auch dann Amtsträger, wenn sie nicht mit der Ausübung hoheitlicher Tätigkeiten betraut sind (TK § 7 Rn. 6 mwN). Keine Amtsträger nach § 7 sind kirchliche Beamte (OLG Karlsruhe 21.9.1988 – 3 Ws 13/88, NJW 1989, 238; OLG Düsseldorf 16.10.2000 – 1 Ws 534/00, NJW 2001, 85); für das StGeheimnis werden sie aber gem. § 30 III Nr. 3 den Amtsträgern gleichgestellt (Klein § 7 Rn. 5; HHSp § 7 Rn. 6; Gosch AO § 7 Rn. 15; vgl. auch TK § 7 Rn. 7: Amtsträger nach Nr. 3; auch → § 30 Rn. 24 ff.). Soldaten sind ebenfalls keine Amtsträger, weil das Soldatenverhältnis kein Beamtenverhältnis ist (vgl. aber § 48 WehrstrafG). Ein Beamtenverhältnis endet durch

Entlassung, Verlust der Beamtenrechte, Entfernung aus dem Beamtenverhältnis nach den Disziplinargesetzen sowie durch Eintritt oder Versetzung in den Ruhestand (§ 21 BeamtStG).

7 **Richter** sind die nach dem DRiG durch Aushändigung der Ernennungsurkunde in ein Richterverhältnis auf Lebenszeit, auf Zeit, auf Probe oder kraft Auftrags berufenen Personen (§ 17 DRiG; §§ 14 f. FGO). Bei unwirksamer Berufung bleibt der Richterstatus so lange bestehen, bis ein Gericht die Unwirksamkeit rechtskräftig festgestellt hat (§ 18 III DRiG). Richter sind wegen der Bezugnahme auf § 11 I Nr. 3 StGB auch die ehrenamtlichen Richter. Amtsträger sind nicht nur die Richter der Finanzgerichtsbarkeit, sondern auch die Richter anderer Gerichtsbarkeiten. Nicht maßgebend ist, dass der Richter Aufgaben der Rspr. wahrnimmt; er ist auch Amtsträger, wenn er bei Gericht oder bei einer Behörde verwaltend tätig ist. Die Tätigkeit braucht nicht hoheitlich zu sein (Schwarz/Pahlke/Keß § 7 Rn. 7). Rechtsreferendare, Rechtspfleger, Gerichtsvollzieher und Schiedsrichter sind keine Richter (TK § 7 Rn. 8 mwN.). Die bei einem Gericht im nichtrichterlichen Dienst tätigen Personen können Amtsträger nach Nr. 2 und 3 sein. Das Richterverhältnis endet durch Entlassung (§§ 21 ff. DRiG – zB bei Erreichen der Altersgrenze) oder richterliche Entscheidung (§ 24 DRiG).

IV. Personen in einem sonstigen öffentlich-rechtlichen Amtsverhältnis (Nr. 2)

10 Für die Amtsträgereigenschaft nach Nr. 2 ist allein der **formale Status** maßgebend. Nr. 2 erfasst Personen, die zu einem Träger öffentlicher Verwaltung aufgrund Bestellung nach den gesetzlichen Regelungen in einem Dienst- oder Amtsverhältnis stehen, ohne Beamte oder Richter zu sein. Das Amt muss dem eines Beamten oder Richters wesensgleich sein, sofern dem Bediensteten Aufgaben des hoheitlichen Geschäftskreises im Bereich der vollziehenden Gewalt übertragen sind; auf die tatsächliche Wahrnehmung von Verwaltungsaufgaben nach außen kommt es nicht an (vgl. HHSp § 7 Rn. 18). In einem solchen Amtsverhältnis stehen vor allem Notare und Notarassessoren (§§ 1, 7 BNotO), Minister (§ 1 BundesministerG), Parlamentarische Staatssekretäre (§ 1 III G über die Rechtsverhältnisse der Parlamentarischen Staatssekretäre), der Wehrbeauftragte (§ 15 I G über den Wehrbeauftragten des Deutschen Bundestages), der Datenschutzbeauftragte (§ 22 IV BDSG) und der Beauftragte für die Unterlagen des Staatssicherheitsdienstes (§ 35 G über die Unterlagen des Staatssicherheitsdienstes der ehemaligen Deutschen Demokratischen Republik). Keine Amtsträger sind Abgeordnete des Bundestags und der Landtage sowie Mitglieder der Kreistage, Stadt- und Gemeinderäte, soweit sie normsetzend tätig sind; soweit sie verwaltend tätig sind, gehören sie zu dem Personenkreis des § 7 Nr. 3 (TK § 7 Rn. 10; Gosch AO § 7 Rn. 16). Abgeordnete haben zwar ein öffentliches Amt inne, da sie aber in einem Repräsentationsverhältnis stehen und normsetzend tätig sind, ist ihr Amt gegenüber dem eines Beamten wesensverschieden (BVerfG 5.11.1975 – 2 BvR 193/74, BVerfGE 40, 296). In einem öffentlich-rechtlichen Amtsverhältnis stehen auch Beliehene (→ § 6 Rn. 6; HHSp § 7 Rn. 22). Verwaltungsangestellte und -mitarbeiter unterfallen Nr. 3. Keine Amtsträger sind Freiberufler wie etwa Rechtsanwälte, StBerater und Wirtschaftsprüfer, die lediglich einer besonderen Berufs- oder Ehrengerichtsbarkeit unterworfen sind (HHSp § 7 Rn. 21; TK § 7 Rn. 10).

V. Personen, die sonst zur Wahrnehmung von Aufgaben der öffentlichen Verwaltung bestellt sind (Nr. 3)

13 Nr. 3 ist ein Auffangtatbestand und erfasst alle Personen, die, ohne nach Nr. 1 oder Nr. 2 Amtsträger zu sein, in einem **öffentlich- oder privatrechtlichen Dienstverhältnis** zu einem Dienstherrn stehen und Aufgaben der öffentlichen Verwaltung wahrnehmen. Anders als bei den in Nr. 1 und 2 genannten Personenkreisen kommt es nicht auf den Status, sondern auf die Art und den Inhalt der wahrgenommenen Tätigkeit an (OLG Hamburg 2.11.1983 – 1 Ss 53/83, NJW 1984, 624; TK § 7 Rn. 12; HHSp § 7 Rn. 24

mwN; aA Schröder NJW 1984, 2510: auch Status maßgebend). Nr. 3 erfasst insb. **Angestellte und Arbeiter** der Behörden und sonstigen öffentlichen Stellen. Auch StHilfspersonen iSd § 217 sind Amtsträger. Die Bestellung kann formlos und sogar stillschweigend erfolgen. Es muss nur klar sein, dass die Aufgaben der öffentlichen Verwaltung bei der Behörde oder sonstigen öffentlichen Stelle oder in deren Auftrag wahrgenommen werden. Eine angemaßte Tätigkeit des Bediensteten begründet die Amtsträgereigenschaft nicht (TK § 7 Rn. 22 mwN; HHSp § 7 Rn. 29).

Behörde ist nach § 6 I jede öffentliche Stelle, die Aufgaben der öffentlichen Verwaltung wahrnimmt (→ § 6 Rn. 4 ff.). **Sonstige öffentliche Stellen** sind behördenähnliche Institutionen, wie Körperschaften des öffentlichen Rechts (Anstalten, Stiftungen), Vereinigungen, Ausschüsse oder Beiräte, die bei der Ausführung von Gesetzen mitwirken, sofern sie wegen der weiten Begriffsbestimmung des § 6 nicht schon Behörde sind. Die als juristische Personen des Privatrechts organisierten Einrichtungen und Unternehmen der öffentlichen Hand sind sonstige öffentliche Stellen, wenn sie bei ihrer Tätigkeit öffentliche Aufgaben wahrnehmen und dabei als „verlängerter Arm" des Staates erscheinen (BGH 3.3.1999 – 2 StR 437/98, wistra 1999, 258). 14

Aufgaben der öffentlichen Verwaltung sind sowohl die hoheitliche Tätigkeit der staatlichen Anordnungs- und Zwangsgewalt als auch die Tätigkeit des Staates im Rahmen der Daseinsvorsorge sowie die wirtschaftlich-fiskalische Tätigkeit (TK § 7 Rn. 13 mwN; HHSp § 7 Rn. 26; Schwarz/Pahlke/Keß § 7 Rn. 12). Der Begriff der öffentlichen Verwaltung ist weit zu verstehen und dient der Abgrenzung zur sonstigen staatlichen Tätigkeit wie Gesetzgebung und Rechtsprechung (Klein § 7 Rn. 4; TK § 7 Rn. 13). Die Tätigkeit kann im Haupt- oder Nebenamt oder ehrenamtlich wahrgenommen werden. Sie braucht nicht nach außen hin in Erscheinung zu treten; deshalb kann auch ein Gutachter oder Referent Amtsträger sein (TK § 7 Rn. 16; zu beauftragten Freiberuflern s. Haft NJW 1995, 1113). Nr. 3 umfasst auch die verwaltende Tätigkeit von Abgeordneten des Bundestags und der Landtage sowie Mitgliedern der Landkreise, Stadt- und Gemeinderäte (→ Rn. 10). Unter Nr. 3 fallen insb. Verwaltungsangestellte, soweit sie nicht lediglich als Hilfskräfte bei öffentlichen Aufgaben mitwirken (AEAO zu § 7 Nr. 3). Keine Amtsträger nach § 7 sind zB Boten, Schreibkräfte, Reinigungskräfte und Fahrer; für das StGeheimnis können sie durch Verpflichtung nach § 30 III Nr. 1 den Amtsträgern gleichgestellt werden (→ § 30 Rn. 24). Amtlich zugezogene Sachverständige sind nach § 30 III Nr. 2 zwecks Wahrung des StGeheimnisses den Amtsträgern gleichgestellt (→ § 30 Rn. 26). Kein Amtsträger ist der im LStVerfahren beteiligte Arbeitgeber (Schwarz/Pahlke/Keß § 7 Rn. 16; s. hierzu auch TK § 7 Rn. 17). Geheimhaltungspflichten ergeben sich für diesen jedoch aus § 39 VIII EStG. 15

§ 8 Wohnsitz

Einen Wohnsitz hat jemand dort, wo er eine Wohnung unter Umständen innehat, die darauf schließen lassen, dass er die Wohnung beibehalten und benutzen wird.

Vergleichbare Vorschriften: § 30 III 1 SGB I

Schrifttum: Ostendorf/Lechner, Wohnsitzverlegung nach Österreich, DB 1998, 799; Kruse, Die Abgabenordnung – ein perfekter Mantel? Praktische Probleme beim Wohnsitz- und Betriebsstättenbegriff, StuW 2003, 344; Schmidt/Peter/Fölmli, Übersiedlung eines inländischen GmbH-Gesellschafters in die Schweiz, IStR 2004, 433; Höreth/Kurz, Arbeitnehmerentsendung ins Ausland, StB 2007, 413; Milatz/Weist, Der „doppelte" Wohnsitz am Beispiel des DBA Deutschland-Schweiz, IWB 2011, 408; Perwein, Die ständige Wohnstätte im Spiegel verbindlicher Auskünfte deutscher Finanzbehörden, IStR 2017, 1020; Kramer, Wohnsitz versus ständige Wohnstätte, DStR 2019, 2573.

I. Allgemeines

1 § 8 definiert den Begriff Wohnsitz, der insb. für die unbeschränkte Stpfl. (§ 1 I EStG) und die örtliche Zuständigkeit (§§ 19 I, 334, 388) Bedeutung erlangt. Der Wohnsitzbegriff dient dabei stets zur Abgrenzung einer bestimmten Personengruppe, zB §§ 10e IV 8, 32 VIII, 38 I Nr. 1, 63 I 3 EStG, § 2 I Nr. 1a ErbStG, § 3a III 4 UStG. Für das Zulagenrecht bestimmt sich der Begriff des Wohnsitzes ebenfalls nach § 8 (BFH 21.3.2003 – III B 123/02, BFH/NV 2003, 944). Die Definition des § 8 zur Auslegung der nationalen Rechtsnormen ist auch maßgeblich, soweit DBA anzuwenden sind (BFH 26.7.1972 – I R 138/70, BStBl. II 1972, 949). Der in DBA verwendete Begriff der ständigen Wohnstätte (Art. 4 II a OECD-MA) weicht zT vom Wohnsitzbegriff iSd § 8 ab, schließt ein gleichzeitiges Vorliegen aber nicht aus (BFH 23.10.1985 – I R 274/82, BStBl. II 1986, 133). Der Begriff der Wohnung im EStG (zB §§ 4 V Nr. 6, 9 I Nr. 4) ist wegen des von § 8 abweichendem Normzwecks nicht mit dem Wohnsitzbegriff identisch. So begründet das kurzzeitig angemietete Hotelzimmer keinen Wohnsitz, aber eine Wohnung iSd EStG (vgl. BFH 25.3.1988 – VI R 207/84, BStBl. II 1988, 706). Auch muss sich der Mittelpunkt der Lebensinteressen nicht am Wohnsitzort befinden (BFH 19.3.1997 – I R 69/96, BStBl. II 1997, 447; BFH 22.8.2007 – III R 89/06, BFH/NV 2008, 351). Zu beachten sind ferner verdrängende Sonderregelungen in internationalen Abkommen, die durch Fiktion die Ansässigkeit bestimmter Personen regeln (zB NATO-Truppenstatut, vgl. FG Baden-Württemberg 31.10.2013 – 7 K 2364/13 ua, EFG 2014, 920). Der Begriff des gewöhnlichen Wohnsitzes in Richtlinien der EU ist grds. ausschl. gemeinschaftsrechtlich zu bestimmen (BFH 11.2.2003 – VII B 244/02, BFH/NV 2003, 833).

II. Wohnsitzbegriff

1. Allgemeines

4 Der steuerrechtliche Wohnsitzbegriff stellt auf die **tatsächliche Gestaltung** ab (BFH 5.11.2001 – VI B 219/00, BFH/NV 2002, 311). Der durch tatsächliches Handeln erzeugte objektive Zustand hat ausschlaggebende Bedeutung (BFH 7.4.2011 – III R 77/09, BFH/NV 2011, 1351). Entscheidend ist der objektive Zustand des Innehabens einer Wohnung unter Umständen, die den Schluss rechtfertigen, dass der Wohnungsinhaber diese Wohnung beibehalten und benutzen wird. Ist dieser Zustand eingetreten, kommt einem entgegenstehenden Rechtsfolgewillen des Stpfl., einen Wohnsitz nicht zu begründen, keine Bedeutung zu (BFH 23.11.1988 – II R 139/87, BStBl. II 1989, 182; VGH Baden-Württemberg 26.5.2006 – 1 S 78/06, BeckRS 2006, 23997). Im Gegensatz zum bürgerlichen Recht ist für die Begründung, Beibehaltung und Aufgabe des Wohnsitzes ein rechtsgeschäftlicher Wille, mithin Geschäftsfähigkeit, nicht erforderlich (vgl. §§ 7, 8 BGB). Deshalb kann ein **beschränkt Geschäftsfähiger** oder **Geschäftsunfähiger** grds. selbständig einen steuerlichen Wohnsitz begründen (Gosch AO § 8 Rn. 1).

Minderjährige Kinder teilen zwar grds., nicht aber zwangsläufig den Wohnsitz des Personensorgeberechtigten und können somit (zB bei Auslandsaufenthalten) einen abweichenden eigenen Wohnsitz haben (abw. § 11 BGB zum zivilrechtlichen Wohnsitz; BFH 22.4.1994 – III R 22/92, BStBl. II 1994, 887; BFH 7.4.2011 – III R 77/09, BFH/NV 2011, 1351; → Rn. 16). Wird das Kind gegen seinen Willen von einem Elternteil ins Ausland verbracht, bleibt der inländische Wohnsitz beim anderen Elternteil bestehen, solange eine Rückkehr zu erwarten ist (FG Köln 10.4.2000 – 2 K 214/00, EFG 2000, 747; BFH 19.3.2002 – VIII R 62/00, BFH/NV 2002, 1146; BFH 19.3.2002 – VIII R 52/01, BFH/NV 2002, 1148). Soweit nach den Umständen nicht feststeht, dass eine Rückkehr ausgeschlossen ist, sprechen ernsthafte Bemühungen des inländischen Elternteils zur Rückführung des Kindes für eine Übergangszeit für eine Rückkehrmöglichkeit (BFH 30.10.2002 – VIII R 86/00, BFH/NV 2003, 464). Mit der Dauer der vergeblichen Bemühungen nimmt ihre indizielle Wirkung für eine Rückkehrmöglichkeit des Kindes ab.

Allerdings darf nicht verkannt werden, dass auch § 8 die Fähigkeit zur Bildung eines **natürlichen Willens** voraussetzt (HHSp § 8 Rn. 12; BFH 22.4.1994 – III R 22/92, BStBl. II 1994, 887). Der Wohnungsinhaber muss daher bewusst über die Wohnung durch Nutzung verfügen und diese Bestimmung auch in Zukunft beibehalten wollen. Auf das Vorliegen eines derartigen Willens ist anhand der äußeren Umstände zu schließen (BFH 9.10.1992 – III R 9/89, BFH/NV 1994, 80). Unerheblich ist die rechtliche Zulässigkeit des Aufenthalts, sodass auch illegal eingereiste Personen einen Wohnsitz begründen können (FG Niedersachsen 30.9.1997 – XV 380/97 Ki, EFG 1998, 377). Die An- und Abmeldung bei der Ordnungsbehörde ist lediglich ein idR wenig bedeutsames Indiz für die Wohnsitznahme und Aufgabe (AEAO zu § 8 Nr. 2; FG Rheinland-Pfalz 24.4.1998 – 4 K 2608/95, EFG 1998, 1182; BFH 22.8.2007 – III R 89/06, BFH/NV 2008, 351).

Mehrfache Wohnsitze des Stpfl. im Inland und/oder Ausland sind möglich (§ 19 I 2; 5
BFH 13.11.2013 – I R 38/13, BFH/NV 2014, 1046; BFH 28.1.2004 – I R 56/02, BFH/NV 2004, 917 mwN). Haupt- und Nebenwohnsitz sind steuerrechtlich gleichwertig (BFH 24.1.2001 – I R 100/99, BFH/NV 2001, 1402; FG Köln 27.6.2002 – 10 K 6348/97, EFG 2002, 1198). Nicht erforderlich ist, dass sich der Mittelpunkt der Lebensinteressen am Ort der Wohnung befindet (BFH 19.3.1997 – I R 69/96, BStBl. II 1997, 447; aA BSG 18.3.2021 – B 10 EG 6/19 R, NZS 2022, 78 zu Doppelwohnsitz). Bei Ehegatten besteht grds. die Vermutung eines gemeinsamen Familienwohnsitzes (BFH 17.5.1995 – I R 8/94, BStBl. II 1996, 2). Diese Vermutung ist insb. dann zerstört, wenn eine Rückkehr des Ehegatten in die gemeinsame Wohnung nicht mehr zu erwarten ist (BFH 29.10.1959 – IV 129/58 S, BStBl. III 1960, 61). Wohnsitz und gewöhnlicher Aufenthalt müssen nicht zusammenfallen.

Beweislast. Die Feststellung und Würdigung der im Einzelfall maßgeblichen Umstände 6
obliegt dem FG und ist revisionsrechtlich nur auf Verstöße gegen Denkgesetze und Erfahrungssätze zu überprüfen (BFH 19.3.1997 – I R 69/96, BStBl. II 1997, 447; BFH 19.9.2013 – III B 53/13, BFH/NV 2014, 38). Die Beweislast für das Vorliegen der wohnsitzbegründenden Tatsachen trägt derjenige, der hieraus eine für sich günstige Rechtsfolge ableitet (Gosch AO § 8 Rn. 12).

2. Wohnung

Grundvoraussetzung eines Wohnsitzes ist das Vorhandensein einer Wohnung. Unter 9
einer Wohnung sind Räumlichkeiten zu verstehen, die objektiv zum dauerhaften Wohnen geeignet und bestimmt sind (BFH 26.2.1986 – II R 200/82, BFH/NV 1987, 301; BFH 22.4.1994 – III R 22/92, BStBl. II 1994, 887). Die Räumlichkeiten müssen eine selbständige Lebensführung ermöglichen, also so ausgestattet sein, dass sie ihren Bewohnern eine dauerhafte Bleibe bieten. Eine einfache Mindestausstattung reicht aus (FG Baden-Württemberg 4.8.2022 – 1 K 2898/21, DStRK 2023, 1; AEAO zu § 8 Nr. 2). Einer nur vorübergehenden oder notdürftigen Unterbringung fehlt die Bestimmung zum dauerhaften Aufenthalt (BFH 4.6.1964 – IV 29/64 U, BStBl. III 1964, 535). Eine **Schlafstelle** in einem Bauwagen, in Geschäftsräumen, bei Verwandten oder im gelegentlich genutzten Hotelzimmer ist deshalb keine Wohnung (FG Niedersachsen 18.4.1977 – IX L 2/76, EFG 1978, 111; BFH 6.2.1985 – I R 23/82, BStBl. II 1985, 331; BFH 25.1.1989 – I R 205/82, BStBl. II 1990, 687). Andererseits ist eine abgeschlossene Wohnung iSd BewG oder das Vorliegen der Voraussetzungen des II. WoBauG nicht erforderlich (AEAO zu § 8 Nr. 3). Unerheblich ist auch, ob die Räume mit eigenen oder fremden Möbeln ausgestattet sind (BFH 14.11.1969 – III R 95/68, BStBl. II 1970, 153). So kann auch ein möbliertes Zimmer, eine Gemeinschaftsbaracke oder ein Jagd- bzw. Ferienhaus als Wohnung dienen (FG Hamburg 18.2.1988 – II 297/85, EFG 1988, 424; BFH 10.11.1978 – VI R 240/74, BStBl. II 1979, 224). Eigene oder gemeinschaftlich zu benutzende sanitäre Einrichtungen und eine Kochgelegenheit dürfen grds. nicht fehlen (FG Baden-Württemberg 3.5.1985 – II (III) 271/82, EFG 1985, 483; RFH 8.1.1937 – III A 218/36, RStBl. 1937, 108; aA Gosch AO § 8 Rn. 15; FG Hessen 12.4.2012 – 3 K 1061/09, EFG 2012, 1718; BFH

10.4.2013 – I R 50/12, BFH/NV 2013, 1909). Deshalb wird ein gemietetes **Hotelzimmer** auch bei langfristiger Nutzung idR keine Wohnung sein (Schmidt EStG § 1 Rn. 21; aA FG Rheinland-Pfalz 24.4.1998 – 4 K 2608/95, EFG 1998, 1182; FG Hamburg 31.1.2013 – 6 K 224/12, BeckRS 2013, 94908; TK § 8 Rn. 5). Ebenso fehlt leeren Räumen die Eignung zum Wohnen (HHSp § 8 Rn. 23). Mobile Wohngelegenheiten, wie Wohnmobil oder Zelt, sind keine Wohnungen (FG Hamburg 13.4.1981 – II 101/80, EFG 1982, 18), anders aber ggf. bei ortsfestem Wohnwagen (FG Niedersachsen 5.2.1986 – IX 452/85, EFG 1987, 170). Unerheblich ist, ob die Unterkunft nach den persönlichen und wirtschaftlichen Verhältnissen angemessen oder standesgemäß ist (Schwarz/Pahlke/Keß § 8 Rn. 5; aA TK § 8 Rn. 5; Gosch AO § 8 Rn. 16; BFH 4.6.1964 – IV 29/64 U, BStBl. III 1964, 535). Eine primitive, den Lebensumständen völlig unangemessene Ausstattung der Wohnung ist jedoch Indiz für eine nicht auf Dauer angelegte Nutzung.

3. Innehaben

12 **Nutzungsmöglichkeit.** Der Wohnungsnutzende muss die Wohnung innehaben, dh, sie muss ihm nach Belieben tatsächlich zur jederzeitigen Nutzung zur Verfügung stehen und zu diesem Zweck bestimmt sein (BFH 24.4.1964 – VI 236/62 U, BStBl. III 1964, 462; BFH 22.4.1994 – III R 22/92, BStBl. II 1994, 887). Einer rechtlich abgesicherten Verfügungsbefugnis (zB Eigentum, Miete) bedarf es nicht, wenngleich diese idR vorliegen wird. Deshalb hat auch der nach Kündigung des Mietvertrages widerrechtlich Nutzende die Wohnung weiterhin inne. Der Wohnberechtigte kann seine Verfügungsmöglichkeit **Mitbenutzern** der Wohnung vermitteln. Demzufolge steht zum Haushalt gehörigen Kindern und dem Ehegatten die Familienwohnung ebenfalls zur Nutzung zur Verfügung (BFH 24.1.1964 – III 252/61, HFR 1965, 80). Das gilt auch für Partner einer nichtehelichen oder gleichgeschlechtlichen Lebensgemeinschaft. Eine gemeinschaftliche Nutzungsmöglichkeit (zB durch Wohngemeinschaft) aller oder einiger Räume reicht aus (Schwarz/Pahlke/Keß § 8 Rn. 8a). Ein lediglich besuchsweiser Aufenthalt genügt für ein Innehaben allerdings nicht (BFH 23.11.2000 – VI R 165/99, BStBl. II 2001, 279; FG Bremen 30.9.1999 – 499064K 1, EFG 2000, 79; FG Niedersachsen 28.5.1997 – IX 173/94, EFG 1997, 1150; vgl. zum Sonderfall eines ledigen Seemanns FG Niedersachsen 23.7.1992 – XI 187/88, EFG 1993, 135; FG Baden-Württemberg 22.7.2008 – 4 K 1296/08, EFG 2008, 1626). Ebenso wenig berechtigt der zwangsweise Aufenthalt (zB geschlossene Anstalt) oder die berufliche Unterbringung einer privaten Pflegekraft im Haus der zu pflegenden Person zur jederzeitigen Nutzung der betreffenden Räumlichkeiten (TK § 8 Rn. 6a; FG Münster 5.11.2021 – 14 K 3682/17 E, DStRE 2023, 837).

13 **Tatsächliche Benutzung als Ausdruck der Zweckbestimmung.** Die Wohnung muss dem Stpfl. dadurch als Bleibe dienen, dass er sich ständig oder doch mit einer gewissen Regelmäßigkeit, wenn auch in größeren Abständen, darin aufhält (BFH 6.3.1968 – I 38/65, BStBl. II 1968, 439; BFH 23.11.1988 – II R 139/87, BStBl. II 1989, 182). Die Dauer sowie Art und Weise der Nutzung müssen erkennen lassen, dass ihr Inhaber durch die Verwurzelung am Wohnort die Wohnung zur längerfristigen Beibehaltung und entspr. Nutzung bestimmt hat (BFH 27.4.1995 – III R 57/93, BFH/NV 1995, 967). So ist das kurzfristige Aufsuchen einer Wohnung zu Überwachungs-, Verwaltungs- oder Geschäftszwecken nicht Ausdruck einer auf Dauer angelegten häuslichen Bleibe (Gosch AO § 8 Rn. 27). Dasselbe gilt, wenn die Wohnung lediglich gelegentlich im Umfang gewöhnlicher Ferienaufenthalte oder bei Geschäftsreisen aufgesucht wird (BFH 23.10.1985 – I R 274/82, BStBl. II 1986, 133; FG Niedersachsen 28.5.1997 – IX 173/94, EFG 1997, 1150), anders jedoch bei regelmäßiger Nutzung anlässlich beruflicher Aufenthalte (FG Saarland 7.11.2000 – 1 K 128/98, EFG 2001, 214; BFH 19.3.2002 – I R 15/01, BFH/NV 2002, 1411).

Eine **Mindestnutzung** oder feste zeitliche Grenze gibt es allerdings nicht (BFH 19.3.1997 – I R 69/96, BStBl. II 1997, 447; BFH 24.7.2018 – I R 58/16, BFH/NV 2019, 104). Eine Wohnung kann insb. nach längerfristigem Aufenthalt weiterhin als Wohnsitz dienen, wenn der Stpfl. diese trotz seines Umzugs ins Ausland weiterhin bereithält und von Zeit zu Zeit nutzt (BFH 23.11.1988 – II R 139/87, BStBl. II 1989, 182). Bei Auslandsaufenthalten von mehr als einem Jahr reichen kurzzeitige Besuche nicht aus (BFH 23.11.2000 – VI R 107/99, BStBl. II 2001, 294; BFH 12.1.2001 – VI R 64/98, BFH/NV 2001, 1231; BFH 26.1.2001 – VI R 89/00, BFH/NV 2001, 1018; FG Nürnberg 13.4.2011 – 7 K 1600/2009, EFG 2012, 146). Maßgeblich sind immer die Gesamtumstände des Einzelfalles, wie zB die Dauer der tatsächlichen Nutzung, Ausstattung und Einrichtung, Anlass des Aufenthalts, Vorhandensein einer Zweitwohnung, Familienstand, persönliche Bindung zum Wohnort (Schmidt EStG § 1 Rn. 23). Aus ihnen muss sich die Bestimmung der Wohnung als einer dauerhaften Bleibe ergeben (BFH 23.11.2000 – VI R 107/99, BStBl. II 2001, 294). Dementsprechend kann die vorübergehende, auch längerfristige Nichtbenutzung einer vollständig eingerichteten Wohnung unschädlich sein, wenn die jederzeitige Rückkehr und Nutzungsmöglichkeit aufrechterhalten wird (BFH 17.5.1995 – I R 8/94, BStBl. II 1996, 2). Eine Vermietung des Hauses für die Dauer des Auslandsaufenthaltes lässt die Nutzungsmöglichkeit entfallen (RFH 24.6.1936 – IV A 29/36, RStBl. 1936, 796; einschr. AEAO zu § 8 Nr. 5).

Familienwohnsitz. Die Nutzungsmöglichkeit einer Wohnung erstreckt sich bei Fami- 14
lien idR auf alle nutzenden Familienangehörigen, unabhängig davon, wem die rechtliche und tatsächliche Verfügungsmacht zusteht. Besteht eine intakte familiäre Beziehung, ist deshalb aufgrund der persönlichen Bindung der Familienmitglieder untereinander zu vermuten, dass ein einmal begründeter gemeinsamer Wohnsitz beibehalten wird, auch soweit ein Mitglied die Wohnung vorübergehend nicht selbst benutzt (BFH 17.5.1995 – I R 8/94, BStBl. II 1996, 2). Dies wird man grds. auch für **nichteheliche Lebensgemeinschaften** sowie gleichgeschlechtliche Lebenspartnerschaften iSd LPartG annehmen können.

Ein **Ehegatte** hat danach seinen Wohnsitz grds. dort, wo seine Familie ständig wohnt 15
(BFH 2.11.1994 – I B 110/94, BFH/NV 1995, 753; FG Köln 27.6.2002 – 10 K 6348/97, EFG 2002, 1198). Diese Annahme ist jedoch nur gerechtfertigt, wenn sich aus den tatsächlichen Umständen die Begründung und künftige Beibehaltung einer gemeinsamen Bleibe entnehmen lässt. Mietet ein im Ausland lebendes Ehepaar gemeinsam eine inländische Wohnung zum Zwecke der Übersiedlung, kann mit dem Einzug eines Ehegatten bereits ein Familienwohnsitz begründet werden, wenn der andere Ehegatte lediglich zur Haushaltsauflösung weiterhin im Ausland verweilt (aA Gosch AO § 8 Rn. 31; zum Sonderfall der Zuzugsbeschränkung des Ehegatten vgl. BFH 3.3.1978 – VI R 195/75, BStBl. II 1978, 372). Dementsprechend behält der die gemeinsame Wohnung verlassende Ehegatte seinen Familienwohnsitz, wenn der Ortswechsel erkennbar nur vorübergehender Natur ist (FG Brandenburg 17.10.1995 – 3 K 1163/94 I, EFG 1996, 191). Dies gilt auch, wenn der zurückbleibende Ehegatte in eine andere Wohnung umzieht, solange darin nicht die Auflösung der Lebensgemeinschaft zum Ausdruck kommt (vgl. RFH 25.1.1937 – III 202/36, RStBl. 1937, 336; HHSp § 8 Rn. 36). Eine Familienwohnung wird jedoch nicht begründet, wenn die Ehegatten getrennte Wohnungen benutzen und sich nur besuchsweise in der Wohnung des anderen aufhalten (BFH 19.11.1989 – VI R 27/86, BStBl. II 1990, 308). Verlässt ein Ehegatte die gemeinsame Wohnung mit der aus den Umständen erkennbaren Absicht nicht zurückzukehren, gibt er seinen Wohnsitz auf (RFH 13.10.1938 – IV B 1/38, RStBl. 1938, 1062; BFH 17.5.1995 – I R 8/94, BStBl. II 1996, 2). Begründet ein Elternteil berufsbedingt im Ausland einen neuen Familienwohnsitz, gibt er hierdurch den gemeinsamen Wohnsitz im Inland auf, auch wenn der andere Elternteil mit den Kindern bis zum Ende des Schuljahres im Inland verbleibt (FG Niedersachsen 25.4.2002 – 16 K 13467/96, EFG 2003, 756; anders bei vorübergehendem Auslandsaufenthalt der Familie FG München 11.1.2010 – 10 K 225/08, BeckRS 2010, 26028611).

Ein **Kind** teilt grds. den Wohnsitz seiner Eltern (BFH 7.4.2011 – III R 77/09, BFH/NV 16
2011, 1351; BFH 20.12.2001 – VI B 123/00, BeckRS 2001, 25000247); vgl. zu mehrfachen Wohnsitzen der Eltern (BFH 25.7.2019 – III R 46/18, BFH/NV 2020, 208). Leben die Eltern getrennt, hat das Kind seinen Wohnsitz bei dem Elternteil, bei dem es tatsächlich

wohnt, auch wenn diesem die Personensorge nicht zusteht (RFH 16.11.1939 – III 252/39, RStBl. 1939, 1209). Aus den Umständen muss sich entnehmen lassen, dass die durch das Kindschaftsverhältnis begründete persönliche und wirtschaftliche Beziehung fortbesteht und das Kind die elterliche Wohnung noch als sein Heim betrachtet. Dies wird man regelmäßig annehmen können, wenn sich das Kind zu Ausbildungszwecken oder berufsbedingt vorübergehend auswärts aufhält, in den Urlaubs- und Krankheitszeiten jedoch in die elterliche Wohnung zurückkehrt (BFH 17.3.1961 – VI 185/60 U, BStBl. III 1961, 298; BFH 23.11.2000 – VI R 107/99, BStBl. II 2001, 294; einschr. FG Nürnberg 14.12.2009 – 7 K 364/2008, BeckRS 2009, 26028710). Steht während des laufenden Ausbildungsjahres fest, dass das Kind nicht mehr als die Hälfte der ausbildungsfreien Zeit in der elterlichen Wohnung verbringen wird, spricht dies für eine Aufgabe des inländischen Wohnsitzes (BFH 21.6.2023 – III R 11/21, BStBl. II 2023, 970). Für die Berechnung, ob ein Kind in den ausbildungsfreien Zeiten überwiegend die elterliche Wohnung nutzt, ist idR auf das Ausbildungs-, Schul- oder Studienjahr abzustellen. Übergangszeiten zwischen den Auslandsaufenthalten von höchstens vier Monaten sind wie ausbildungsfreie Zeiten zu behandeln und dem nachfolgenden Studienjahr zuzuordnen (BFH 20.2.2025 – III R 32/23, BStBl. II 2025, 554). Ob Kinder bei **Auslandsaufenthalten** ihren inländischen Wohnsitz beibehalten, hängt neben der Dauer des Auslandsaufenthalts auch vom Alter des Kindes und dem Zweck des Auslandsaufenthalts sowie weiteren Faktoren ab (BFH 22.11.2011 – III B 154/11, BFH/NV 2012, 375). So kann zB auch bei einer zwölfmonatigen Rundreise der Familie durch Europa der Wohnsitz beibehalten werden (FG Schleswig-Holstein 25.10.2023 – 5 K 7/23, DStRE 2024, 1281). Dient der Auslandsaufenthalt auch zur Annäherung an den heimatlichen Kulturkreis, führt dies insb. bei längerfristiger Abwesenheit und Unterbringung bei Verwandten zu einer Lockerung der familiären Verwurzelung im Inland, sodass der inländische Wohnsitz aufgegeben wird (BFH 22.4.1994 – III R 22/92, BStBl. II 1994, 887; BFH 13.9.2006 – III S 26/06, BFH/NV 2007, 6 mwN); ebenso für Internatsaufenthalt (FG Baden-Württemberg 29.8.2006 – 14 K 239/04, EFG 2007, 202). Das gilt auch für den Fall, dass das Kind sich während der Ferien in der Wohnung der Eltern im Inland aufhält (BFH 27.4.1995 – III R 57/93, BFH/NV 1995, 967; BFH 10.8.1998 – VI B 21/98, BFH/NV 1999, 285; BFH 23.11.2000 – VI R 107/99, BStBl. II 2001, 294; anders jedoch bei gemeinsamem Auslandsaufenthalt mit Mutter und überwiegendem Verbringen der ausbildungsfreien Zeiten im Inland (BFH 28.4.2022 – III R 12/20, BStBl. II 2022, 681; aA bei besuchsweisem Inlandsaufenthalt bei Vater, FG München 29.3.2006 – 10 K 117/04, EFG 2006, 1346; FG Münster 16.6.2011 – 3 K 4816/10 Kg, EFG 2012, 68); bei umfassenden Einreisehindernissen kann Absicht zum Inlandsaufenthalt genügen (vgl. FG Hessen 3.3.2022 – 3 K 673/21, BeckRS 2022, 9757). Der Erwerb der deutschen Staatsangehörigkeit vor einem Schulaufenthalt im Geburtsland der Eltern spricht lediglich für einen insoweit unerheblichen Rückkehrwillen (FG Köln 22.2.2007 – 15 K 3039/04, EFG 2007, 1174; aA FG Niedersachsen 20.4.1999 – VI 621/96 Ki, EFG 1999, 985; vgl. aber auch FG Düsseldorf 18.6.2004 – 18 K 5613/03, EFG 2004, 1638). Ein im Ausland **geborenes Kind** kann bereits mit der Geburt den inländischen (Familien-)Wohnsitz teilen, wenn sich die Mutter nur vorübergehend im Ausland aufhält und das Kind alsbald nach Deutschland gebracht wird. Kann das Kind den Wohnsitz der Eltern im Inland indes aus tatsächlichen oder rechtlichen Gründen längerfristig nicht aufsuchen, begründet es keinen eigenen Wohnsitz im Inland (BFH 7.4.2011 – III R 77/09, BFH/NV 2011, 1351; FG Münster 12.7.2012 – 13 K 2675/10 Kg, EFG 2012, 2125; aA FG Baden-Württemberg 18.11.2008 – 8 K 37/07, EFG 2009, 420).

Bei **volljährigen** Kindern ist die Beibehaltung des elterlichen Wohnsitzes besonders sorgfältig zu prüfen (HHSp § 8 Rn. 40). Bewohnt das Kind eine eigene Wohnung, kann ein Wohnsitz bei den Eltern nur ausnahmsweise fortbestehen (RFH 10.2.1939 – IV B 9/38, RStBl. 1939, 371; Gosch AO § 8 Rn. 33).

4. Umstände, die auf eine künftige Beibehaltung und Benutzung hindeuten

Zeitmoment. Das Innehaben der Wohnung muss unter Umständen geschehen, die auf eine Beibehaltung zur künftigen Nutzung hindeuten. Aus diesem in die Zukunft weisenden Definitionsmerkmal wird allg. gefolgert, dass bereits bei der Wohnsitzbegründung eine nicht nur zeitlich beschränkte Nutzungsmöglichkeit vorhanden sein muss (Klein § 8 Rn. 4). Von einer nur vorübergehenden Nutzung kann idR ausgegangen werden, wenn sie von Anfang an auf weniger als sechs Monate beschränkt wird (vgl. § 9 S. 2; BFH 30.8.1989 – I R 215/85, BStBl. II 1989, 956). Die **Sechsmonatsfrist** des § 9 S. 2 ist als Anhaltspunkt, nicht aber als starre Grenze zu verstehen (BFH 22.8.2007 – III R 89/06, BFH/NV 2008, 351; BFH 20.11.2008 – III R 53/05, BFH/NV 2009, 564). Wird die Absicht langfristiger Nutzung kurze Zeit nach Nutzungsbeginn wegen veränderter Umstände aufgegeben, bleibt für den Zeitraum der tatsächlichen Nutzung ein Wohnsitz bestehen (Gosch AO § 8 Rn. 23). 19

Umstände. Die äußeren Umstände müssen den Schluss zulassen, dass der Wohnungsinhaber die Wohnung auch in Zukunft weiterhin benutzen wird. Der maßgebliche Nutzungswille muss erkennbar anhand der äußeren Gegebenheiten hervorgetreten sein. So sprechen die Fortsetzung des Mietvertrages der vollständig eingerichteten Wohnung, die lediglich kurzfristige berufliche Abordnung und die Pflege der persönlichen Bindungen zum Wohnort für eine Beibehaltung des Wohnsitzes (BFH 23.11.1988 – II R 139/87, BStBl. II 1989, 182). Die Kündigung des Mietverhältnisses, Verkaufsbestrebungen oder die langfristige Vermietung des eigenen Hauses sowie die berufliche und persönliche dauerhafte Neuorientierung führen grds. zur **Wohnsitzaufgabe** (AEAO zu § 8 Nr. 6). Dies gilt auch bei vorübergehender Einlagerung der Möbel im elterlichen Wohnhaus, auch bei mehrfachen besuchsweisen Aufenthalten im Elternhaus. Die künftige Nutzung der Wohnung muss nicht zeitlich unbefristet sein. Vielmehr ist auch bei einer fest umrissenen Nutzungszeit ein Beibehalten der Wohnung erkennbar (zB zweijährige Abordnung, Dauer des Studiums). Die fortbestehende Nutzungsmöglichkeit einer Wohnung reicht indes nicht aus, wenn mit einer Rückkehr erst in einigen Jahren zu rechnen ist (FG Schleswig-Holstein 15.12.1995 – I 824/94, EFG 1996, 553). Andererseits kann auch bei Abwesenheit von über einem Jahr ein Beibehalten und Benutzen der Wohnung anzunehmen sein (FG Münster 18.5.1990 – IV 1458/90 Ki, EFG 1991, 215; BFH 23.11.2000 – VI R 107/99, BStBl. II 2001, 294). Wird die Wohnung aufgegeben, besteht auch dann kein Wohnsitz mehr, wenn in naher Zukunft eine andere inländische Wohnung bezogen werden soll (Gosch AO § 8 Rn. 44; aA BFH 26.7.1972 – I R 138/70, BStBl. II 1972, 949). 20

III. Einzelfälle

Abordnung, die von vornherein befristet ist, führt grds. nicht zur Wohnsitzaufgabe (FG Münster 1.10.1990 – IV 5525/90 Ki, EFG 1991, 215). 23

Ausweisung führt idR zum Verlust des Wohnsitzes, wenn Aufenthaltsverbot voraussichtlich über längeren Zeitraum besteht (FG München 19.12.2003 – 1 K 5019/02, EFG 2004, 637).

Barackenunterkunft. Wohnsitz möglich (BFH 30.8.1989 – I R 215/85, BStBl. II 1989, 956; FG München 22.6.1983 – IX 64/82 L, EFG 1983, 554; anders bei Übergangsheim für Asylbewerber FG Sachsen 30.4.2009 – 1 K 1031/08 (Kg), EFG 2010, 154; FG Münster 1.12.2008 – 5 K 4329/03 Kg, EFG 2009, 495).

DDR-Flüchtling. Mit illegaler Ausreise gibt der Flüchtling grds. seinen Wohnsitz endgültig auf, insb. wenn die politischen Verhältnisse eine baldige Rückkehr unwahrscheinlich erscheinen lassen (BFH 21.3.2003 – III B 123/02, BFH/NV 2003, 944).

Familienwohnsitz. → Rn. 14; FG Hamburg 15.4.1994 – V 61/92, EFG 1994, 730 betr. Zeit zwischen Heirat im Ausland und Bezug der Inlandswohnung des Ehegatten; FG Rheinland-Pfalz 23.7.1968 – II 292/67, EFG 1968, 524 betr. ins Ausland versetzten Soldaten; FG Baden-Württemberg 7.9.1990 – IX K 96/88, EFG 1991, 102 betr. mehrmonatigen Auslandsaufenthalt eines Ehegatten; FG Köln 27.6.2002 – 10 K 6348/97, EFG 2002, 1198, betr. im Ausland wohnende Ehefrau, die Ehemann am inländischen Nebenwohnsitz regelmäßig besucht.

Ferienwohnung ist Wohnsitz, wenn zu der Nutzung als Urlaubsquartier weitere Gründe für dauerhafte Bindung zum Ferienort hinzutreten (BFH 26.2.1986 – II R 200/82, BFH/NV 1987, 301). Wohnsitz bejaht: BFH 4.6.1964 – IV 29/64 U, BStBl. III 1964, 535 bei viermonatiger Nutzung; BFH 23.11.1988 – II R 139/87, BStBl. II 1989, 182 etwa dreimonatige Nutzung des eigenen Hauses am Wohnort der Geschwister; verneint: FG Baden-Württemberg 29.10.2008 – 2 K 1986/07, EFG 2009, 139; BFH 24.4.1964 – VI 236/62 U, BStBl. III 1964, 462 eingeschränkt nutzbares Haus; BFH 6.3.1968 – I 38/65, BStBl. II 1968, 439 kurze Aufenthalte in unregelmäßigen Abständen zu Erholungszwecken; RFH 3.4.1941 – IV B 1/41, RStBl. 1941, 290 Jagdhaus.

Hotelzimmer ist selten Wohnung (aA bei langfristiger Nutzung FG Münster 22.2.1984 – V 2216/83 U, EFG 1984, 636; FG Hamburg 31.1.2013 – 6 K 224/12, BeckRS 2013, 94908).

Kinder. → Rn. 16; FG Bremen 27.7.1989 – II 246/85 K, EFG 1990, 93; FG Köln 25.11.2010 – 10 K 4339/07, EFG 2011, 889 zu Zimmer eines volljährigen ledigen Kindes im Haus der Eltern für gelegentliche Besuche; BFH 25.1.1989 – I R 205/82, BStBl. II 1990, 687 betr. Zimmer im Haus der Schwiegereltern; FG Niedersachsen 23.7.1992 – XI 187/88, EFG 1993, 135 zu ledigem Seemann. Ein sechsjähriges Kind, das zum Zwecke eines auf 9 Jahre angelegten Schulbesuchs zu den Großeltern ins Ausland reist, gibt mit der Ausreise grds. seinen Wohnsitz im Inland auf (BFH 23.11.2000 – VI R 165/99, BStBl. II 2001, 279). Zur Wohnsitzbegründung eines im Ausland geborenen Kindes bei Wohnsitz der Eltern im In- und Ausland vgl. BFH 7.4.2011 – III R 77/09, BFH/NV 2011, 1351; FG Nürnberg 28.9.2005 – III 130/2005, BeckRS 2005, 26018814; kein Wohnsitz bei Rückkehr ins Heimatland wegen fehlender Aufenthaltsgenehmigung (FG Hessen 16.11.2004 – 3 K 1454/04, EFG 2005, 785).

Studenten behalten bei fortbestehendem Kontakt Wohnsitz im Elternhaus (FG Hessen 10.12.1997 – 9 K 726/97, EFG 1998, 882) und begründen idR weiteren Wohnsitz am Studienort (Gosch AO § 8 Rn. 49; aA Schmidt EStG § 1 Rn. 24; FG Baden-Württemberg 18.12.1991 – 12 K 270/90, EFG 1992, 238). Auch bei mehrjährigen Studienaufenthalten im Ausland bleibt der Wohnsitz bestehen, wenn die studienfreie Zeit (5 Monate) überwiegend im Inland verbracht wird (BFH 23.11.2000 – VI R 107/99, BStBl. II 2001, 294; BFH 28.4.2010 – III R 52/09, BStBl. II 2010, 1013; BFH 21.6.2023 – III R 11/21, DStR 2023, 1707).

Wochenendhaus kann Wohnsitz sein (BFH 10.11.1978 – VI R 127/76, BStBl. II 1979, 335: Holzhaus auf einem Laubengrundstück).

Wohnmobil fehlt idR ortsfeste Verbindung (FG Niedersachsen 5.2.1986 – IX 452/85, EFG 1987, 170 Dauermiete auf Campingplatz; FG Hamburg 13.4.1981 – II 101/80, EFG 1982, 18 Standort im Ferienpark).

Zweitwohnung (Standby-Zimmer) einer im Ausland wohnenden Flugbegleiterin für Zwischenaufenthalte im Inland ist auch bei kärglicher Ausstattung regelmäßig Wohnsitz (FG Hessen 13.12.2010 – 3 K 1060/09, EFG 2011, 1133; BFH 12.4.2013 – I R 50/12, BFH/NV 2013, 1909).

§ 9 Gewöhnlicher Aufenthalt

[1]Den gewöhnlichen Aufenthalt hat jemand dort, wo er sich unter Umständen aufhält, die erkennen lassen, dass er an diesem Ort oder in diesem Gebiet nicht nur vorübergehend verweilt. [2]Als gewöhnlicher Aufenthalt im Geltungsbereich dieses Gesetzes ist stets und von Beginn an ein zeitlich zusammenhängender Aufenthalt von mehr als sechs Monaten Dauer anzusehen; kurzfristige Unterbrechungen bleiben unberücksichtigt. [3]Satz 2 gilt nicht, wenn der Aufenthalt

ausschließlich zu Besuchs-, Erholungs-, Kur- oder ähnlichen privaten Zwecken genommen wird und nicht länger als ein Jahr dauert.

Schrifttum: Zabel, Allgemeine Grenzgängerregelungen – grundsätzliches Änderungserfordernis insb. der Qualifikationsmerkmale, DStR 1989, 476; Löffler/Stadler, Der gewöhnliche Aufenthalt (§ 9 AO) des weggezogenen „aktiven Gesellschafters", IStR 2008, 832; Hohler/Laschewski/Laschewski, Die Besteuerung von Abfindungen in Wegzugsfällen, DStR 2016, 2321; Ruiner, Die Grenzgängerregelung in deutschen Doppelbesteuerungsabkommen, IWB 2019, 362.

I. Allgemeines

Gegenstand. § 9 S. 1 und 2 enthalten zwei selbständige Tatbestände, wobei S. 2 lediglich die Begründung des gewöhnlichen Aufenthaltes regelt. Ob ein Aufenthalt fortbesteht oder aufgegeben wird, ist anhand der Kriterien des § 9 S. 1 zu entscheiden. Die zeitlichen Vorgaben in S. 2 wiederum beeinflussen zugleich die Auslegung des Tatbestandes des S. 1. Die Ausnahmeregelung des S. 3 bezieht sich zwar unmittelbar nur auf S. 2, hat aber auch für die Auslegung des gewöhnlichen Aufenthalts allg. Bedeutung (Gosch AO § 9 Rn. 5). 1

Bedeutung. Der gewöhnliche Aufenthalt erweitert als alternatives Merkmal zum Wohnsitzbegriff den jeweiligen gesetzlichen Tatbestand, sodass die vorgesehene Rechtsfolge auch dann eintritt, wenn ein Wohnsitz nicht vorhanden ist. Bedeutung erlangt § 9 insb. für die Begründung der persönlichen Stpfl. nach § 1 I EStG, ferner zB auch für §§ 38 I Nr. 1, 63 I 3 EStG, § 2 I Nr. 1 ErbStG, § 19 (vgl. zum Kindergeldanspruch eines türkischen Staatsbürgers BFH 15.7.2010 – III R 76/08, BFH/NV 2011, 213). Die Definition des gewöhnlichen Aufenthalts ist für die Auslegung des innerstaatlichen Rechts maßgeblich, auch soweit DBA eingreifen. Der in DBA verwendete Begriff des gewöhnlichen Aufenthalts ist vornehmlich anhand der abkommensinternen Zweckrichtung auszulegen (BFH 10.7.1996 – I R 4/96, BStBl. II 1997, 15; FG Köln 2.3.2010 – 15 K 4135/05, EFG 2010, 921). Subsidiär kann auch in diesen Fällen § 9 zur Auslegung herangezogen werden. Zum NATO-Truppenstatut vgl. BFH 9.11.2005 – I R 47/04, BStBl. II 2006, 374 mwN; FG Baden-Württemberg 7.10.2009 – 7 K 98/06, EFG 2010, 743. Zur vergleichbaren Regelung in § 1 Nr. 17 KCanG vgl. KG Berlin 28.5.2025 – 5 ORs 17/25, NStZ-RR 2025, 247. 2

II. Begriff des gewöhnlichen Aufenthaltes (S. 1)

1. Allgemeines

Im Gegensatz zum Wohnsitz kann ein gewöhnlicher Aufenthalt nicht an mehreren Orten gleichzeitig bestehen (BFH 9.2.1966 – I 244/63, BStBl. III 1966, 522). Deshalb wird mit der Begründung eines neuen gewöhnlichen Aufenthalts immer der bisherige aufgegeben (BFH 27.4.2005 – I R 112/04, BFH/NV 2005, 1756). Zumeist wird an einem Wohnsitzort auch der gewöhnliche Aufenthalt begründet, sodass mit der Aufgabe des Wohnsitzes grds. auch der gewöhnliche Aufenthalt endet (BFH 28.8.1968 – I 254/65, BStBl. II 1968, 818; vgl. aber auch BFH 4.6.1975 – I R 250/73, BStBl. II 1975, 708). Allerdings ist diese Rechtsfolge nicht zwangsläufig, da mit dem Verlust der Wohnung (→ § 8 Rn. 1 ff.) nicht zugleich der Aufenthalt beendet sein muss (zB vorübergehende Übernachtung bei Verwandten bis zum Einzug in Neubau, Hotelaufenthalt, Ferienwohnung; vgl. FG Hamburg 12.5.2022 – 5 K 141/18, EFG 2022, 1267). 5

Maßgeblichkeit objektiver Umstände. Der gewöhnliche Aufenthalt knüpft ebenso wie der Wohnsitz an äußere Merkmale an. Demzufolge ist weder das Bewusstsein noch der Wille erforderlich, durch ein nicht nur vorübergehendes Verweilen einen gewöhnlichen Aufenthalt zu begründen. Die verbale Kundgabe eines den äußeren Umständen widersprechenden Rechtsfolgewillens ist unerheblich (TK § 9 Rn. 2). Der Aufenthalt und das Verweilen setzt indes eine handlungsbezogene Willensbetätigung voraus, sodass zwar keine Geschäftsfähigkeit, aber eine **natürliche Willensfähigkeit** erforderlich ist (BFH 3.8.1977 6

– I R 210/75, BStBl. II 1978, 118). So ist die anfängliche Absicht eines zeitlich nur begrenzten Aufenthaltes bei der Auslegung zu berücksichtigen (BFH 30.8.1989 – I R 215/85, BStBl. II 1989, 956; BFH 30.8.1989 – I R 212/85, BFH/NV 1990, 211). Indessen schließt dies die Annahme eines gewöhnlichen Aufenthalts bei zwangsweiser Anwesenheit (zB Strafhaft) nicht aus (BFH 14.11.1986 – VI B 97/86, BFH/NV 1987, 262; KG Berlin 28.5.2025 – 5 ORs 17/25, NStZ-RR 2025, 247). Da allein die tatsächliche Gestaltung maßgebend ist, kommt der polizeilichen An- und Abmeldung – ebenso wie einem Verstoß gegen Aufenthaltsbestimmungen – nur indizielle Bedeutung zu (BFH 12.4.1978 – I R 136/77, BStBl. II 1978, 494).

2. Orts- oder gebietsgebundener Aufenthalt

7 **Adressat** des § 9 kann jede natürliche Person sein, die zur Bildung eines eigenen Willens fähig ist. Kinder können deshalb einen vom Aufenthaltsort der Eltern abweichenden gewöhnlichen Aufenthalt begründen, wenngleich dies die Ausnahme sein dürfte (FG Baden-Württemberg 26.2.1988 – IX K 146/87, EFG 1988, 418). Für Ehegatten sind die Anspruchsvoraussetzungen jeweils gesondert zu prüfen (BFH 14.11.1969 – III R 95/68, BStBl. II 1970, 153). Bei intakter Ehe wird häufig ein gemeinsamer gewöhnlicher Aufenthalt bestehen. Auf juristische Personen und PersGes ist § 9 nicht anwendbar; hier sind die §§ 10 f. einschlägig.

8 **Aufenthalt.** Den gewöhnlichen Aufenthalt hat jemand dort, wo er sich dauernd aufhält. Aufenthalt setzt die körperliche Anwesenheit der Person voraus. Der gewöhnliche Aufenthalt kann folglich nur dort begründet werden, wo jemand auch tatsächlich körperlich anwesend ist. Eine ständige ununterbrochene Anwesenheit ist indes nicht erforderlich, sodass auch bei kurzfristigem Ortswechsel der einmal begründete Aufenthalt nicht beendet wird (BFH 13.7.1962 – VI 100/61 U, BStBl. III 1962, 428; Klein § 9 Rn. 4).

9 **Ort oder Gebiet des Aufenthalts.** Das nicht nur vorübergehende Verweilen einer Person ist stets orts- bzw. gebietsbezogen. Diese Unterscheidung nach Aufenthaltsbereichen ist unbedeutend, da die Anwesenheit in einem Gebiet zugleich jeden darin befindlichen Ort mitumfasst. So entsteht auch dann eine unbeschränkte Stpfl., wenn der Aufenthalt im Inland länger als sechs Monate dauern soll, ein Verweilen an einem bestimmten Ort aber nicht beabsichtigt ist (RFH 9.1.1941 – III e 63/39, RStBl. 1941, 60). Die Art und Größe des maßgeblichen Gebietes richtet sich nach derjenigen Vorschrift, deren Tatbestand an den gewöhnlichen Aufenthalt einer Person anknüpft (Gosch AO § 9 Rn. 27; FG Münster 12.12.2023 – 6 K 514/23 Kg, BeckRS 2023, 51186). So stellt zB § 1 I 1 EStG für die unbeschränkte Stpfl. auf den gewöhnlichen Aufenthalt im Inland und § 19 für die örtliche Zuständigkeit auf den Bezirk des Wohnsitz-FA ab.

3. Langfristige Verweildauer

10 Ein **nicht nur vorübergehendes** Verweilen muss aus den Umständen erkennbar sein. Die äußeren Umstände müssen den Schluss zulassen, dass sich der Normadressat über einen längeren Zeitraum in dem bestimmten Gebiet aufhalten will. Solche Umstände können im Einzelfall insb. der Anlass des Aufenthalts, die persönlichen und beruflichen Beziehungen zum Aufenthaltsort und die zeitlichen Pläne für die Zukunft sein. Von einem nicht nur vorübergehenden Aufenthalt kann idR ausgegangen werden, wenn die geplante Verweildauer mehr als sechs Monate betragen soll (BFH 30.8.1989 – I R 215/85, BStBl. II 1989, 956). Maßgeblich ist anders als bei S. 2 nicht der Zeitraum des tatsächlichen Aufenthalts, sondern die sich aus den Umständen ergebende **beabsichtigte Verbleibensdauer.** Ein tatsächlicher Aufenthalt von wenigen Monaten begründet deshalb einen gewöhnlichen Aufenthalt, wenn er auf längere Zeit angelegt war, aber vorzeitig abgebrochen werden musste (Gosch AO § 9 Rn. 20; BFH 3.8.1977 – I R 210/75, BStBl. II 1978, 118). Umgekehrt wird durch eine Geschäftsreise mit einer beabsichtigten Dauer von drei bis vier Monaten ein gewöhnlicher Aufenthalt nicht begründet, es sei denn, dass wegen einer unvorhergesehenen Verlängerung die tatsächliche Anwesenheitszeit die Dauer des § 9 S. 2

überschreitet. Unerheblich ist, ob der Aufenthalt einen Jahreswechsel einschließt, sich also über zwei Veranlagungszeiträume erstreckt (BFH 19.8.1981 – I R 51/78, BStBl. II 1982, 452).

Die **Sechsmonatsfrist** ist für die Beurteilung im Rahmen des § 9 S. 1 nur eine Richtschnur. Entscheidend ist vielmehr, ob der Stpfl. nach den Gesamtumständen des Einzelfalles den persönlichen und geschäftlichen **Lebensmittelpunkt** dauerhaft ins Inland oder Ausland verlegt hat (BFH 13.7.1962 – VI 100/61 U, BStBl. III 1962, 428). Jedoch wird man bei Zeiträumen von über einem Jahr grds. von der Begründung eines gewöhnlichen Aufenthaltes ausgehen können. Bewegt sich die geplante Verweildauer zwischen sechs Monaten und einem Jahr, ist dem Zweck des Aufenthaltes besondere Bedeutung beizumessen. Die Ausnahmeregelung des § 9 S. 3 ist von ihrem Grundgedanken auch bei der Gesamtabwägung iSd § 9 S. 1 zu beachten, sodass bei den dort genannten privaten Zwecken die Begründung eines gewöhnlichen Aufenthaltes idR ausscheidet.

Unterbrechung des Aufenthalts. Ein durch die tatsächliche Anwesenheit des Stpfl. 11
begründeter gewöhnlicher Aufenthalt kann auch bei einer kurzfristigen Abwesenheit fortbestehen (AEAO zu § 9 Nr. 3). Ob die Abwesenheit zur Aufgabe des gewöhnlichen Aufenthaltes oder lediglich zur unschädlichen Unterbrechung führt, ist nach denselben Kriterien zu entscheiden, die für die Begründung des Aufenthalts maßgeblich sind. Bezweckt die Abreise nach den äußeren Umständen erkennbar die Begründung eines gewöhnlichen Aufenthaltes am neuen Aufenthaltsort, wird damit zugleich der vorherige Aufenthalt aufgegeben. Deshalb stellt die für einen Zeitraum von mehr als sechs Monaten geplante berufliche oder geschäftliche Abwesenheit sowie ein aus privaten Gründen iSd § 9 S. 3 beabsichtigtes Fernbleiben von mehr als einem Jahr im Regelfall nicht nur eine Unterbrechung, sondern eine Beendigung des gewöhnlichen Aufenthaltes dar (BFH 27.4.2005 – I R 112/04, BFH/NV 2005, 1756; HHSp § 9 Rn. 25).

Die äußeren Umstände müssen den Schluss nahelegen, dass der **konkrete Wille** (nicht nur diffuse Wunsch) besteht, innerhalb eines überschaubaren Zeitraums **zurückzukehren** (RFH 28.1.1937 – III A 202/36, RStBl. 1937, 336). Je länger die Abwesenheit dauert, desto stärker müssen die Beziehungen zum ursprünglichen Aufenthaltsort ausgeprägt sein (Gosch AO § 9 Rn. 35). Bei längerfristiger Abwesenheit genügen weder gelegentliche Besuche im elterlichen Haus noch die Unterhaltung eines Postfachs, einer inländischen Versicherung oder die Beibehaltung der deutschen Staatsangehörigkeit (BFH 13.7.1962 – VI 100/61 U, BStBl. III 1962, 428; TK § 9 Rn. 17). Durch eine Abwesenheit von über drei Jahren wird der Rückkehrwille aufgegeben, unabhängig davon, ob der Stpfl. anderweitig einen gewöhnlichen Aufenthalt begründet hat (FG Bremen 27.7.1989 – II 246/85 K, EFG 1990, 93). Die objektive, dauerhafte Verhinderung der Rückkehr führt auch bei geäußertem Rückkehrwunsch zur Beendigung des gewöhnlichen Aufenthaltes (vgl. FG Köln 10.4.2000 – 2 K 214/00, EFG 2000, 747; BFH 23.11.2000 – VI R 165/99, BStBl. II 2001, 279).

III. Dauerhafter Inlandsaufenthalt (S. 2)

Allgemeines. Die Vereinfachungszwecken dienende Sonderregelung des § 9 S. 2 fin- 14
giert allein aufgrund der Verweildauer, also unabhängig von den Umständen des Aufenthaltes iSd § 9 S. 1, rückwirkend einen gewöhnlichen Aufenthalt im Geltungsbereich der AO. Eine gebietsbezogene Beschränkung besteht nicht. Verknüpft eine Norm die Rechtsfolge mit dem gewöhnlichen Aufenthalt in einem bestimmten Gebiet (zB § 19), besteht ein Aufenthalt nach § 9 S. 2 für den Zeitraum des Verbleibens in diesem Gebiet, soweit im Inland insgesamt die Dauer von sechs Monaten überschritten wird (Gosch AO § 9 Rn. 38). Die örtliche Zuständigkeit richtet sich in diesem Fall danach, wo sich der Stpfl. vorwiegend aufhält (→ § 19 Rn. 5). Neben der Ausblendung der Gesamtumstände unterscheidet sich die Vorschrift von § 9 S. 1 auch durch die vorgeschriebene **Rückwirkung.** Bei Überschreiten der Sechsmonatsfrist gilt der gewöhnliche Aufenthalt un-

widerleglich als von Beginn an begründet, auch wenn zunächst nur ein kurzfristiger Verbleib im Inland beabsichtigt war (BFH 22.6.2011 – I R 26/10, BFH/NV 2011, 2001). S. 2 schließt hierdurch eine bei ausschließlicher Anwendung des S. 1 bestehende zeitliche Lücke. Die zeitliche Regelung kann nicht unmittelbar auf die Aufgabe des gewöhnlichen Aufenthaltes übertragen werden (Gosch AO § 9 Rn. 39). Ein Auslandsaufenthalt von mehr als sechs Monaten führt deshalb nicht automatisch zum Verlust des gewöhnlichen Aufenthaltes. Hier ist vielmehr auf die Umstände des Einzelfalles abzustellen (→ Rn. 10).

15 **Langfristiger Inlandsaufenthalt.** Der Aufenthalt im Inland muss zeitlich zusammenhängend mehr als sechs Monate dauern. Zum **Inland** zählen das Hoheitsgebiet der Bundesrepublik Deutschland (also auch Zollausschlussgebiete) einschl. des deutschen Festlandsockels sowie die unter deutscher Flagge fahrenden Schiffe auf hoher See (BFH 13.4.1989 – IV R 196/85, BStBl. II 1989, 614; BFH 12.11.1986 – I R 38/83, BStBl. II 1987, 377). Die Arbeit auf einer Bohrinsel in internationalen Gewässern kann daher keinen gewöhnlichen Aufenthalt begründen (Schmidt EStG § 1 Rn. 31). Für die Erfüllung der Sechsmonatsfrist genügt der tatsächliche Aufenthalt im Inland, gleichviel mit welchen zeitlichen Vorstellungen und unter welchen Begleitumständen dieser begonnen wurde (TK § 9 Rn. 10). Steht der Inlandsaufenthalt fest, ist unerheblich, an welchen konkreten Orten sich der Stpfl. im Inland aufgehalten hat (BFH 7.4.2011 – III R 89/08, BFH/NV 2011, 1324). Ebenso wenig kommt es auf die Freiwilligkeit des fortgesetzten Verbleibens an (BFH 23.7.1971 – III R 60/70, BStBl. II 1971, 758: Krankenhausaufenthalt; BFH 14.11.1986 – VI B 97/86, BFH/NV 1987, 262: Haftaufenthalt).

16 Der Inlandsaufenthalt muss **zeitlich zusammenhängend** mehr als sechs Monate betragen. Mehrere unabhängig voneinander erfolgende Anwesenheitsphasen sind für die Fristberechnung nicht zu addieren. Andererseits berühren kurzfristige Unterbrechungen den auf einem einheitlichen Entschluss basierenden längerfristigen Aufenthalt nicht. Die kurzfristige Abwesenheitszeit wird in die Fristberechnung einbezogen (HHSp § 9 Rn. 35). Ob mehrere unabhängige Aufenthalte oder lediglich kurze Unterbrechungen eines einheitlichen Aufenthaltes anzunehmen sind, ist nach den gesamten objektiven Umständen des Einzelfalles zu entscheiden. Dabei kommt der ursprünglichen Planung des Aufenthaltes, die sich etwa im Anlass des Aufenthaltes, den Gründen für die Abreise oder plötzlich eintretenden Ereignissen widerspiegeln können, maßgebliche Bedeutung zu. So ist regelmäßig von einem einheitlichen Aufenthalt auszugehen, wenn bereits bei der Einreise die Unterbrechung geplant, die Rückkehr nach kurzfristiger Ausreise bereits vorgesehen war. Hingegen endet der Aufenthalt mit der bereits anfänglich oder aufgrund eingetretener Ereignisse erfolgten Ausreise ohne konkrete Rückkehrabsicht (FG München 2.4.2009 – 5 K 760/07, BeckRS 2009, 26027377). Dies gilt auch dann, wenn es später aus anderen Gründen tatsächlich zur erneuten Einreise kommt (Gosch AO § 9 Rn. 48; TK § 9 Rn. 11; aA HHSp § 9 Rn. 35). Vgl. zu einer ausländischen Pflegekraft, die mehrmals im Jahr für zwei Monate zur Berufsausübung einreist, FG Münster 5.11.2021 – 14 K 3682/17 E, BeckRS 2021, 58438.

17 **Kurzfristig** ist eine Unterbrechung, wenn hierdurch der Gesamteindruck eines zusammenhängenden, einheitlichen Aufenthaltes nicht zerstört wird (Deppe StuW 1982, 332 (334)). Eine feste zeitliche Grenze lässt sich nicht ziehen (BFH 22.6.2011 – I R 26/10, BFH/NV 2011, 2001, mwN). Übliche Familienheimfahrten und urlaubsbedingte Abwesenheit werden grds. als kurzfristig anzusehen sein (BFH 4.6.1975 – I R 250/73, BStBl. II 1975, 708). Eine mehrmonatige Unterbrechung zerstört insb. bei vorheriger nur kurzfristiger Anwesenheit regelmäßig die Einheitlichkeit des Aufenthaltes (Schwarz/Pahlke/Keß § 9 Rn. 9a). Im Zweifel ist danach zu fragen, ob durch die Unterbrechung der Mittelpunkt der Lebensinteressen ins Ausland verlagert wird (Gosch AO § 9 Rn. 49).

18 **Rückwirkung.** Wird die nach § 108 iVm §§ 187 ff. BGB zu berechnende Frist von sechs Monaten überschritten, liegt stets und von Anfang an ein gewöhnlicher Aufenthalt vor. Die Frist beginnt mit dem der Einreise nachfolgenden Tag (§ 187 I BGB) und endet nach sechs Monaten mit Ablauf desjenigen Tages, welcher nach seiner Benennung dem

Einreisetag entspricht (§ 188 BGB). Dabei ist unerheblich, ob die Frist lediglich in ein oder zwei Kalenderjahre fällt (BFH 19.8.1981 – I R 51/78, BStBl. II 1982, 452). Mit dem ersten Tag der Frist entsteht die unbeschränkte Stpfl., auch soweit hiervon Stichtagssteuern betroffen sind. Die **Beweislast** für die Überschreitung der Frist und das Vorliegen einer kurzfristigen Unterbrechung trägt derjenige, der aus dem Bestehen eines gewöhnlichen Aufenthaltes Rechtsfolgen für sich herleitet.

IV. Privat motivierter Aufenthalt (S. 3)

Nach § 9 S. 3 ist die Sechsmonatsfrist des S. 2 nicht anzuwenden, wenn ausschl. private Zwecke, wie Besuchs-, Erholungs- oder Kuraufenthalte, Anlass der Inlandsreise sind und diese nicht länger als ein Jahr dauert (FG Köln 22.2.2007 – 15 K 3039/04, EFG 2007, 1174). Damit wird die Sechsmonatsfrist für diese Fälle durch eine Jahresfrist ersetzt. Im Übrigen bleibt die Regelung des § 9 S. 2 anwendbar. Nach Ablauf eines Jahres gilt auch für privat motivierte Aufenthalte ein von Anfang an begründeter gewöhnlicher Aufenthalt. Ändert sich bei geschäftlichen Aufenthalten vor Ablauf der Sechsmonatsfrist der Verbleibensgrund in einen privaten Zweck, verlängert sich die Frist auf ein Jahr (Schwarz/Pahlke/Keß § 9 Rn. 15). Dies gilt hingegen nicht, wenn die Geschäftsreise nach privat veranlasster Unterbrechung fortgesetzt wird und insgesamt länger als sechs Monate dauert (zB Gesamtdauer des Aufenthaltes 9 Monate, unterbrochen durch zweimonatigen Krankenhausaufenthalt). Der Aufenthalt muss ausschl. aus privaten Gründen erfolgen. Eine berufliche oder geschäftliche Mitveranlassung schließt eine Fristverlängerung aus. Allerdings wird man gegenüber den privaten Zwecken völlig unbedeutende anderweitige Aufenthaltsgründe unberücksichtigt lassen können (Gosch AO § 9 Rn. 57). Zu den privaten Gründen iSd § 9 S. 3 zählen neben den dort genannten auch andere ähnliche private Aufenthalte (zB Trainingszwecke bei Amateuren), nicht jedoch Aufenthalte zu geschäftlichen, beruflichen oder zu Ausbildungszwecken. 21

V. Einzelfälle

Für **Ausländer,** die sich zu beruflichen oder geschäftlichen Zwecken im Inland aufhalten, gelten die allgemeinen Grundsätze. Mit der Einreise zu einem auf eine Dauer von mehr als sechs Monaten angelegten Aufenthalt haben sie ihren gewöhnlichen Aufenthalt im Inland (FG Rheinland-Pfalz 10.4.1975 – III 16/75, EFG 1975, 446). Übliche Heimaturlaube, auch soweit sie vor Ablauf der Sechsmonatsfrist beginnen, bleiben unberücksichtigt (FG Baden-Württemberg 23.9.1975 – IV 253/73, EFG 1976, 13). Allerdings besteht zumeist weiterhin eine enge Beziehung zum Heimatland, sodass ungewöhnlich lange Aufenthalte im Ausland gegen einen gewöhnlichen Aufenthalt im Inland sprechen (FG Niedersachsen 18.4.1977 – IX L 2/76, EFG 1978, 111). Zur viermonatigen Abwesenheit eines Gastarbeiters nach fünfmonatigem Arbeitsaufenthalt vgl. BFH 3.8.1977 – I R 210/75, BStBl. II 1978, 118; FG München 2.4.2008 – 9 K 1683/07, BeckRS 2008, 26025030. 24

Asylbewerber begründen während des Asylverfahrens idR keinen gewöhnlichen Aufenthalt nach § 9 S. 1, weil die Umstände zumeist für ein vorübergehendes Verweilen sprechen. Bei einem Aufenthalt von mehr als sechs Monaten greift jedoch § 9 S. 2 ein (BFH 11.9.1987 – III R 148/86, BStBl. II 1988, 14; FG Düsseldorf 15.8.2008 – 18 K 1548/06 Kg, EFG 2009, 418).

Bei **Ehegatten** können sich die Lebensmittelpunkte an unterschiedlichen Orten befinden (vgl. FG Köln 13.10.1982 – XI 194/81 Ki, EFG 1983, 252). Die intakte Ehe ist bei regelmäßiger Rückkehr an den gemeinsamen Aufenthaltsort jedoch ein starkes Indiz für einen einheitlichen gewöhnlichen Aufenthalt (zum Wohnsitz → § 8 Rn. 15).

Grenzgänger, dh Arbeitnehmer, die vom Ausland aus ihre Arbeitsstätte im Inland aufsuchen und nach Arbeitsschluss regelmäßig wieder an ihren Wohnort im Ausland zurückkehren, haben im Inland keinen gewöhnlichen Aufenthalt (BFH 25.1.1989 – I R

205/82, BStBl. II 1990, 687). Die lediglich arbeitstägliche Anwesenheit ist weder zeitlich zusammenhängend noch nicht nur vorübergehend. Dies gilt auch für Unternehmer und Freiberufler (AEAO zu § 9 Nr. 2; BFH 20.4.1988 – I R 219/82, BStBl. II 1990, 701). Einen gewöhnlichen Aufenthalt hat allerdings derjenige, der in erheblichem Umfang im Inland übernachtet und nur ansonsten zu seinem ausländischen Wohnsitz (zB an Wochenenden) zurückkehrt (BFH 25.5.1988 – I R 225/82, BStBl. II 1988, 944; Löffler/Stadler IStR 2008, 832: nicht ausreichend durchschnittlich zwei Übernachtungen pro Woche).

Kinder haben ihren gewöhnlichen Aufenthalt idR dort, wo ihre Eltern leben. Halten sie sich zu Ausbildungszwecken jedoch für einen längeren Zeitraum im Ausland auf, geben sie ihren gewöhnlichen Aufenthalt grds. mit der Ausreise auf. Dies gilt insb. dann, wenn der Auslandsaufenthalt zugleich zu einer Vertiefung der Beziehung zur Sprache und Kultur des aufgesuchten Heimatlandes dient (BFH 22.4.1994 – III R 22/92, BStBl. II 1994, 887). Vgl. zur Kindergeldberechtigung aufgrund gewöhnlichen Aufenthalts FG Rheinland-Pfalz 18.9.2003 – 5 K 1573/01, EFG 2004, 128.

Seemann, der sich für längere Zeit auf hoher See befindet und nur zu Heimaturlauben ins Inland zurückkehrt, hat grds. keinen gewöhnlichen Aufenthalt im Inland, auch wenn er eine inländische Bankverbindung, Postfach und Angehörige im Inland hat (BFH 27.7.1962 – VI 156/59 U, BStBl. III 1962, 429; vgl. auch FG Niedersachsen 23.7.1992 – XI 187/88, EFG 1993, 135 zum Wohnsitz).

Studenten begründen ihren gewöhnlichen Aufenthalt grds. am Studienort. Mit dem Ortswechsel verlagert sich regelmäßig der Lebensmittelpunkt zum Studienort, auch wenn die Semesterferien weiterhin am Wohnort der Eltern verbracht werden (Schwarz/Pahlke/Keß § 9 Rn. 6b; Gosch AO § 9 Rn. 61; aA TK § 9 Rn. 9; Schmidt EStG § 1 Rn. 27; HHSp § 9 Rn. 27). Für im Inland studierende Ausländer folgt dies aus § 9 S. 2, da sie auch die Semesterferien zumeist im Inland verbringen.

§ 10 Geschäftsleitung

Geschäftsleitung ist der Mittelpunkt der geschäftlichen Oberleitung.

Schrifttum: von Busekist, Ort der Geschäftsleitung und missbräuchlicher Einsatz von Auslandsgesellschaften, GmbHR 2006, 132; Dißars, Kriterien zur Bestimmung des Orts der Geschäftsleitung einer Gesellschaft nach § 10 AO, DStZ 2011, 21; Hild, Inlandsgeschäftsleitungsort und Briefkasteneigenschaft der Auslandskapitalgesellschaft eines mittelständischen Unternehmers – Einwendungen aus Beratersicht, BB 2018, 2972; Fedke, Verwaltungssitz und Rechtsfähigkeit inländischer Personengesellschaften bei Auslandsbezug, ZIP 2019, 799.

I. Allgemeines

1 An den Ort der Geschäftsleitung knüpft insb. die unbeschränkte Stpfl. von Körperschaften (§ 1 I KStG), der Umfang der ErbSt-Pflicht (§ 2 I ErbStG) sowie die Regelung über die örtliche Zuständigkeit der FÄ (§§ 18 I Nr. 2, 20) an. Die Begriffsbestimmung ist für zahlreiche weitere Regelungen von Bedeutung (zB §§ 12, 26 II KStG, § 7 I AStG, § 2 VI GewStG, § 38 I Nr. 1 EStG). Ferner gilt der Ort der Geschäftsleitung stets als **Betriebstätte** (§ 12 II Nr. 1), sodass § 10 mittelbar auch bei allen betriebstättenbezogenen Vorschriften Bedeutung erlangen kann. Art. 4 I 1 OECD-MA verweist für die Frage der Ansässigkeit einer Person auf die Begriffsbestimmungen nach innerstaatlichem Recht und damit auch auf § 10. Für den Fall der Geschäftsleitung in beiden Vertragsstaaten stellt Art. 4 III OECD-MA auf den Ort der tatsächlichen Geschäftsleitung ab. Dieser Begriff ist nach Maßgabe der Regelungen des DBA auszulegen (HHSp § 10 Rn. 47). Da der Ort der Geschäftsleitung iSd § 10 sich ebenfalls nach den tatsächlichen Verhältnissen richtet, kann § 10 auch insoweit zur Auslegung mit herangezogen werden (TK § 10 Rn. 11). Über den Ort der Geschäftsleitung ist eine tatsächliche Verständigung zulässig (BFH 22.8.2012 – I B 86/11, BFH/NV 2013, 6).

II. Begriff der Geschäftsleitung

Geschäftliche Oberleitung. Die geschäftliche Oberleitung befindet sich dort, wo der für die Geschäftsführung maßgebende Wille gebildet wird (BFH 23.1.1991 – I R 22/90, BStBl. II 1991, 554; BFH 23.3.2022 – III R 35/20, DStR 2022, 1661). Dies ist der Ort, an dem dauerhaft die für die Geschäftsführung nötigen Maßnahmen von einiger Wichtigkeit angeordnet werden (BFH 17.7.1968 – I 121/64, BStBl. II 1968, 695; FG Baden-Württemberg 12.2.2009 – 3 K 268/00, BeckRS 2009, 26028469). Maßgebend ist das Gesamtbild der im Einzelfall vorliegenden tatsächlichen Umstände (BFH 3.7.1997 – IV R 58/95, BStBl. II 1998, 86; BFH 3.4.2008 – I B 77/07, BFH/NV 2008, 1445; aA Wassermeyer DB 1990, 244). In die Beurteilung sind nur solche Entscheidungen einzubeziehen, die für Rechnung der Person getroffen werden, deren Ort der Geschäftsleitung zu bestimmen ist (BFH 7.12.1994 – I K 1/93, BStBl. II 1995, 175). Aus dem Sitz des Unternehmens (§ 11) allein lassen sich keine Rückschlüsse auf den Ort der Geschäftsleitung ziehen (BFH 21.9.1989 – V R 55/84, BFH/NV 1990, 353). 4

Maßgeblicher Geschäftsführungswille. Entscheidend ist, wo tatsächlich der für die Geschäftsführung maßgebende Wille gebildet wird. Unerheblich ist, wo die getroffenen Entscheidungen ausgeführt oder die Willenserklärungen wirksam werden (FG Niedersachsen 12.12.1969 – I 43/68, EFG 1970, 316; FG München 5.6.2023 – 7 V 94/23, DStRK 2023, 281). Unter **Geschäftsführung** sind die gewöhnlicherweise anfallenden Entscheidungen für den normalen Geschäftsbetrieb, dh die üblichen Aufgaben der gesetzlichen Vertreter juristischer Personen bzw. geschäftsführender Gesellschafter von PersGes zu verstehen. Hierzu gehören die tatsächlichen und rechtsgeschäftlichen Handlungen, die zur laufenden Verwaltung einschl. der Tagesgeschäfte zählen (BFH 7.12.1994 – I K 1/93, BStBl. II 1995, 175; FG Düsseldorf 24.4.2007 – 6 K 4637/03 K G U AO, EFG 2009, 151). Nicht ausreichend ist die selbständige Besorgung nur nebensächlicher Geschäftsangelegenheiten (RFH 2.7.1936 – III A 86/36, RStBl. 1936, 779). Die Festlegung der Grundsätze der Unternehmenspolitik und die Mitwirkung an ungewöhnlichen Maßnahmen bzw. an Entscheidungen von besonderer wirtschaftlicher Bedeutung sind grds. nicht Teil der laufenden Geschäftsführung, soweit nicht dem Geschäftsführer ausnahmsweise im Gesellschaftsvertrag für derartige Entscheidungen eine entsprechende Ermächtigung eingeräumt wird (FG Hamburg 16.4.2010 – 5 K 114/08, EFG 2011, 539; HHSp § 10 Rn. 15). Dies gilt auch für die Überwachung und Kontrolle der Geschäftsleitung sowie einzelne Weisungen oder Maßnahmen, die typischerweise in den Verantwortungsbereich der GmbH-Gesellschafter bzw. des Aufsichtsrats und der Hauptversammlung einer AG fallen (BFH 17.7.1968 – I 121/64, BStBl. II 1968, 695). Zu Konzernstrukturen vgl. FG Düsseldorf 10.8.2023 – 8 K 2364/19 G, DStRE 2024, 1399. 5

Bei **juristischen Personen** kommt es idR auf die Willensbildung des gesetzlichen Vertreters (Geschäftsführer, Vorstand) an (FG Schleswig-Holstein 22.4.2010 – 3 K 66/08, EFG 2010, 1482; FG Baden-Württemberg 3.7.2006 – 3 V 13/05, BeckRS 2006, 26021659; Töben/Lohbeck FS Pöllath+Partners, 229). Eine Vermutung dergestalt, dass die gesetzlichen Vertreter auch tatsächlich die Geschäfte des Unternehmens leiten, besteht jedoch nicht (aA TK § 10 Rn. 3). In Einzelfällen können auch andere Personen als die satzungsmäßig berufenen Geschäftsführer die Leitungsmacht faktisch ausüben. Hierfür kommen insb. beherrschende Gesellschafter einer KapGes, handelsrechtlich bestellte Vertreter (zB Prokuristen), Mitglieder des Aufsichtsrats oder eine ansonsten mit der Geschäftsführung befasste Person in Betracht (RFH 2.7.1936 – III A 86/36, RFHE 39, 305). Von einer **faktischen Geschäftsführung** kann allerdings nur ausgegangen werden, wenn der Dritte die dem Geschäftsführer üblicherweise obliegenden Aufgaben an sich zieht und die Tagespolitik des Unternehmens durch seine Entscheidungen dauerhaft bestimmt (BFH 17.7.1968 – I 121/64, BStBl. II 1968, 695; FG Rheinland-Pfalz 14.3.2005 – 4 K 1590/03, EFG 2005, 981). Zum faktischen Organ vgl. auch K. Schmidt GesR, § 14 III 4. 6

7 **Mittelpunkt.** Jedes Unternehmen hat zur gleichen Zeit nur einen Ort der Geschäftsleitung (Gosch AO § 10 Rn. 27; aA BFH 16.12.1998 – I R 138/97, BStBl. II 1999, 437; BFH 18.12.2002 – I R 92/01, BFH/NV 2003, 964; FG Köln 22.3.2001 – 10 K 2394/93, EFG 2001, 1287; Schwarz/Pahlke/Keß § 10 Rn. 2; TK § 10 Rn. 9). Der Ort der Geschäftsleitung befindet sich dort, wo das Geschäftsführungsorgan bzw. der faktische Geschäftsführer überwiegend tätig wird (FG Niedersachsen 30.4.2010 – 6 K 276/05, BeckRS 2011, 94939). Das ist idR das Geschäftsbüro des Unternehmens (BFH 29.4.1987 – X R 16/81, BFH/NV 1988, 64). Unterhält die Gesellschaft keine Büroräume, kommt die Wohnung des Geschäftsleiters in Betracht (BFH 28.7.1993 – I R 15/93, BStBl. II 1994, 148; BFH 15.7.1998 – I B 134/97, BFH/NV 1999, 372). Auch der dem Geschäftsführer zur Unterkunft bereitgestellte Baucontainer kann im Bauleistungsgewerbe Ort der Geschäftsleitung eines Subunternehmers sein (BFH 16.12.1998 – I R 138/97, BStBl. II 1999, 437). Entscheidend ist stets, an welchem Ort die maßgeblichen Tätigkeiten dauernd ausgeübt werden. Einzelmaßnahmen auf Geschäftsreisen sind für die Ortsbestimmung unerheblich, selbst dann, wenn hierfür ein ständig zur Verfügung stehendes Büro benutzt wird (BFH 23.1.1991 – I R 22/90, BStBl. II 1991, 554; FG Münster 24.5.2004 – 9 K 5177/99, EFG 2004, 1498).

Werden die Geschäfte tatsächlich **von mehreren Orten ausgeführt,** ist der Mittelpunkt der geschäftlichen Oberleitung dort, wo sich die in organisatorischer und wirtschaftlicher Hinsicht bedeutungsvollste Stelle befindet (BFH 21.9.1989 – V R 32/88, BFH/NV 1990, 688; BFH 7.9.1993 – VII B 169/93, BFH/NV 1994, 193; BFH 23.3.2022 – III R 35/20, DStR 2022, 1661). Die Beurteilung ist nach dem Gesamtbild der Verhältnisse zu treffen. Dabei können die verschiedenen Leitungsmaßnahmen je nach Struktur des Unternehmens und Art und Umfang der geschäftlichen Tätigkeit von gänzlich unterschiedlichem Gewicht sein (BFH 29.4.1987 – X R 6/81, BFH/NV 1988, 63; FG Baden-Württemberg 3.7.2006 – 3 V 13/05, BeckRS 2006, 26021659). Ausschlaggebend ist, an welchem Ort nachhaltig und am häufigsten die für die laufende Unternehmenstätigkeit bedeutsamsten Entscheidungen fallen (HHSp § 10 Rn. 42). Hierfür kommt es grds. allein auf die **kaufmännische,** nicht auf die technische Betriebsleitung an (BFH 23.1.1991 – I R 22/90, BStBl. II 1991, 554; einschr. Gosch AO § 10 Rn. 27). Ist die Geschäftsführung auf mehrere Personen verteilt, kommt es auf den Umfang und die Bedeutung der von ihnen tatsächlich ausgeübten Maßnahmen an. Die Einräumung besonderer Befugnisse spricht ebenso wie die Stellung als Gesellschafter-Geschäftsführer für eine herausgehobene Position (RFH 2.7.1936 – III A 86/36, RFHE 39, 305; BFH 7.9.1993 – VII B 169/93, BFH/NV 1994, 193). Kann in besonders gelagerten Ausnahmefällen kein einheitlicher Ort der geschäftlichen Oberleitung bestimmt werden, fehlt eine Geschäftsleitung völlig (FG Düsseldorf 12.9.1964 – I 24/63 K, EFG 1965, 75).

III. Einzelfälle

10 **Asset Backed Securities (ABS).** Zum Begriff s. Häuselmann/Hechter IStR 1999, 33. Der Ort der Geschäftsleitung liegt im Inland, wenn die ausländische Zweckgesellschaft die Tagesgeschäfte nicht selbst abwickelt, sondern hierfür der inländische Organisator zuständig ist (Witzani BB 2000, 2125; Schmid/Danner IStR 2001, 1). Nicht ausreichend ist die bloße Übertragung der Inkassotätigkeit (HHSp § 10 Rn. 27; aA Witzani BB 2000, 2125).

Der **Aufsichtsrat** ist das Kontrollorgan einer KapGes (§ 111 I AktG) und als solches nicht zur Geschäftsführung berufen. Übt der Aufsichtsrat ausnahmsweise entgegen seiner gesetzlichen Aufgabenzuweisung tatsächlich die Leitung des Unternehmens aus, kann das Büro des Aufsichtsrates der Ort der Geschäftsleitung sein (vgl. Schröder StBp 1980, 97).

Eine **Basisgesellschaft** liegt vor, wenn eine KapGes in einem Niedrigsteuerland von einer Person errichtet oder beherrscht wird, die in einem Hochsteuerland ansässig ist, und sich die Tätigkeit der Gesellschaft überwiegend auf andere Staaten als den Sitzstaat erstreckt (HHSp § 42 Rn. 330). Es gelten dieselben Grundsätze wie für beherrschende Gesellschafter (HHSp § 10 Rn. 18). Eine inländische Geschäftsleitung ist anzunehmen, wenn die im Inland ansässigen Gesellschafter die tatsächliche Geschäftsleitung völlig an sich ziehen und nicht nur ihre gesellschaftsrechtlichen Kontroll- und Einspruchsrechte wahrnehmen (TK § 10 Rn. 7).

Bei **Bauunternehmen** liegt der Ort der geschäftlichen Oberleitung dort, wo die Finanzierung, Abwicklung und Organisation der mit der Bauausführung zusammenhängenden Maßnahmen (Auftragsvergabe an Subunternehmer, Koordination des Arbeitseinsatzes von Arbeitnehmern und Maschinen, Rechnungserstellung und Finanzplanung, Entscheidung über Kreditaufnahme) getroffen werden, also grds. nicht am Ort des einzelnen Bauvorhabens (BFH 3.8.1977 – I R 128/75, BStBl. II 1977, 857).

Beherrschender Gesellschafter ist nur dann geschäftlicher Oberleiter der KapGes, wenn er nicht nur seine gesellschaftsrechtliche Kontrollfunktion, Einzelfallweisung und Grundsatzentscheidungen wahrnimmt, sondern die Abwicklung des laufenden Geschäftsverkehrs an sich zieht und dem gesetzlichen Vertreter hierdurch jeglichen eigenen Entscheidungsspielraum nimmt (RFH 3.7.1936 – I A 150/36, RStBl. 1936, 804; Schröder StBp 1980, 97).

Bei einer **Betriebsaufspaltung** ist der Geschäftsleitungsort von Besitz- und Betriebsgesellschaft nicht notwendig identisch (Günkel/Kussel FR 1980, 553).

Holdinggesellschaften nehmen durch die Verwaltung von Beteiligungen an anderen Gesellschaften idR lediglich ihre Gesellschafterrechte wahr. Die gelegentliche Einflussnahme und intensive, auch nachhaltige Kontrolle der Geschäftsleitung bedeutet selbst keine Übernahme der geschäftlichen Oberleitung der beteiligten Unternehmen (HHSp § 10 Rn. 20). Der Ort der Geschäftsleitung der Holdinggesellschaft wird erst dann zur geschäftlichen Oberleitung der Beteiligungsgesellschaften, wenn der laufende Geschäftsgang nicht nur beobachtet, kontrolliert und fallweise beeinflusst wird, sondern die Holdinggesellschaft ständig in die Tagespolitik der Gesellschaften eingreift und dauernd die notwendigen Maßnahmen von einigem Gewicht selbst anordnet (Gosch AO § 10 Rn. 35).

Insolvenzverwalter. Wird das Unternehmen des Schuldners zeitweilig durch den Insolvenzverwalter fortgeführt (vgl. § 156 I 2 InsO), liegt der Ort der geschäftlichen Oberleitung grds. am Geschäftssitz des Insolvenzverwalters (OFD Hannover 27.9.2001, AO-StB 2001, 263).

Management-Vertrag. Die Übertragung der Geschäftsführungsaufgaben auf eine ausländische Gesellschaft mittels eines Management-Vertrages ist für den Ort der geschäftlichen Oberleitung bedeutungslos, wenn tatsächlich das Schwergewicht der geschäftlichen Willensbildung im Inland bei den satzungsgemäßen Geschäftsleitern verbleibt (FG Hamburg 8.10.1986 – I 5/83, EFG 1987, 413; FG Berlin-Brandenburg 28.6.2023 – 11 K 11108/17, DStR 2023, 2715; vgl. auch zu Dienstleistungs- oder Managementgesellschaften BFH 23.3.2022 – III R 35/20, BStBl. II 2022, 844).

Organgesellschaften sind zivil- und steuerrechtlich selbständige Subjekte, sodass die durch die Organschaft eintretende Beherrschungssituation allein nicht zur Übernahme der Geschäftsführung durch den Organträger führt (BFH 9.8.1957 – III 215/56 U, BStBl. III 1957, 341). Organgesellschaften haben deshalb grds. einen eigenen Ort ihrer Geschäftsleitung, der mit dem Ort der Geschäftsleitung des Organträgers zusammenfallen kann, aber nicht zusammenfallen muss (BFH 7.12.1994 – I K 1/93, BStBl. II 1995, 175). Ist die Organgesellschaft derart eingegliedert, dass sie faktisch eine Betriebsabteilung des Organträgers bildet, liegt die geschäftliche Oberleitung beim Organträger (BFH 26.5.1970 – II 29/65, BStBl. II 1970, 759).

Bei **Personengesellschaften** befindet sich der Mittelpunkt der Geschäftsleitung regelmäßig an dem Ort, an dem die zur Vertretung der Gesellschaft befugten Personen (OHG-Gesellschafter, KG-Komplementär) die ihnen obliegende geschäftsführende Tätigkeit entfalten (BFH 29.4.1987 – X R 6/81, BFH/NV 1988, 63; BFH 3.7.1997 – IV R 58/95, BStBl. II 1998, 86; BFH 12.2.2004 – IV R 29/02, BStBl. II 2004, 602).

Bei **Schiffsfracht- und Fuhrunternehmen,** bei denen sich der geschäftsführende Gesellschafter ständig auf Schiffen oder entspr. büromäßig ausgestatteten Kraftfahrzeugen aufhält, mit denen die maßgeblichen Leistungen des Unternehmens erbracht werden, liegt der Ort der Geschäftsleitung in dem Land des überwiegenden Aufenthalts des Schiffes oder Kraftfahrzeuges (vgl. FG Köln 22.6.2001 – 2 K 92/99, EFG 2001, 1332 aufgeh. mangels Anwendbarkeit des § 10; vgl. allg. FG Schleswig-Holstein 22.4.2010 – 3 K 66/08, EFG 2010, 1482). Der Mittelpunkt kann sich auch in den Geschäftsräumen eines ausländischen Korrespondentreeders (oder Managers) befinden (BFH 3.7.1997 – IV R 58/95, BStBl. II 1998, 86; BFH 25.8.1999 – VIII R 76/95, BFH/NV 2000, 300).

Der **Sitz** einer Gesellschaft ist ein durch Rechtsakt beliebig bestimmter Ort, der mit dem Ort der Geschäftsleitung nicht identisch sein muss. Hat die Gesellschaft am Ort des Sitzes zugleich ihre Geschäftsleitung, spricht die Sitzverlegung indiziell auch für eine Verlegung des Ortes der Geschäftsleitung (BFH 7.12.1994 – I K 1/93, BStBl. II 1995, 175). Zur Sitztheorie → § 11 Rn. 4.

Spaltgesellschaften üben ihre Geschäftsleitung grds. dort aus, von wo aus das Restvermögen verwaltet wird (BFH 24.8.1956 – I 57/56 U, BStBl. III 1956, 289; HHSp § 10 Rn. 21).

Vermögensverwaltende Gesellschaften haben ihre Geschäftsleitung idR dort, wo sie ihr Vermögen laufend kontrollieren, pflegen und ggf. umschichten, ihre Finanzgeschäfte erledigen und ihre StErklärungen erstellen (BFH 7.12.1994 – I K 1/93, BStBl. II 1995, 175).

Zweigniederlassungen sind grds. nicht Ort der geschäftlichen Oberleitung, sondern lediglich örtlich begrenzte Geschäftsführung (BFH 8.4.1976 – III R 55/74, BStBl. II 1976, 708).

§ 11 Sitz

Den Sitz hat eine Körperschaft, Personenvereinigung oder Vermögensmasse an dem Ort, der durch Gesetz, Gesellschaftsvertrag, Satzung, Stiftungsgeschäft oder dergleichen bestimmt ist.

Schrifttum: Sedemund, Der BFH verabschiedet sich von der Sitztheorie im Steuerrecht, BB 2003, 1362; Assmann, Die steuerrechtliche Behandlung der Sitzverlegung einer Europäischen Gesellschaft (Societas Europaea – SE), SteuerStud 2006, 131; Wachter, Die englische private limited company im deutschen Steuerrecht, FR 2006, 358; Lüdicke/Eckstein, Identitätswahrende Sitzverlegung im Ausland und deutsche steuerliche Konsequenzen, FS Rödler 2010, 605; Seeger, Die Folgen des „Brexit" für die britische Limited mit Verwaltungssitz in Deutschland, DStR 2016, 1817.

I. Allgemeines

1 Die EinzelStG knüpfen idR alternativ und gleichwertig an den Sitz oder die Geschäftsleitung an, sodass die Rechtsfolgen grds. identisch sind (zB §§ 1 I, 12 KStG, § 2 I Nr. 1d, 2 ErbStG, § 49 I EStG). Subsidiäres Anknüpfungsmerkmal ist der Sitz für die Bestimmung des örtlich zuständigen FA (§ 20 II) sowie für das Besteuerungsrecht nach den meisten DBA, da die Ansässigkeit einer Person iSd Art. 4 I OECD-MA auch an ihrem Sitz begründet sein kann (vgl. HHSp § 11 Rn. 38). Der Begriff des Sitzes iSd § 11 ist im Bereich der USt, insb. des Vergütungsverfahrens, grds. nicht anzuwenden (BFH 22.5.2003 – V R 97/01, BStBl. II 2003, 819; zum Sitz der wirtschaftlichen Tätigkeit im Vorsteuervergütungsverfahren FG Köln 21.8.2008 – 2 K 5044/03, EFG 2009, 1257; HHSp § 11 Rn. 11a). Zum Erlass einer Prüfungsanordnung gegenüber einer nach ausländischem Recht gegründeten KapGes mit statutarischem Sitz im Ausland (BFH 2.3.1999 – I B 132/98, BFH/NV 1999, 1183). Der Sitz begründet anders als die Geschäftsleitung für sich jedoch keine Betriebstätte.

II. Begriff des Sitzes

Statutarischer Sitz. Eine Körperschaft, Personenvereinigung oder Vermögensmasse kann ihren Sitz im Gesellschaftsvertrag, Stiftungsgeschäft, in der Satzung oder ihrer sonstigen Verfassung frei bestimmen (statutarischer Sitz); daher ist auch bis zur Grenze des Rechtsmissbrauchs ein fiktiver Sitz möglich (BayOLG 23.7.1987 – BReg. 3 Z 72/87, NJW-RR 1988, 96; → Rn. 3). Bei juristischen Personen des öffentlichen Rechts ergibt sich der Sitz zumeist durch Gesetz, hoheitlichen Errichtungsakt oder das Statut der Körperschaft (zB § 175 II BRAO). Für Vereine gilt gem. § 24 BGB der Ort, an dem die Verwaltung geführt wird, subsidiär als Sitz. An diese rechtliche Festlegung, zu der juristische Personen und PersGes auch zivilrechtlich verpflichtet sind (vgl. § 57 I BGB, § 23 III Nr. 1 AktG, § 3 I Nr. 1 GmbHG, § 106 II Nr. 2 HGB), knüpft § 11 steuerrechtlich an (FG Sachsen 3.11.2009 – 5 K 784/07, BeckRS 2009, 26029235 HHSp § 11 Rn. 23). Für die Bestimmung des Sitzortes kommt es allein auf den durch Rechtsakt begründeten Sitz an. 2

Fiktiver Sitz. Nach der im Zivilrecht hM kann (Ausnahme: § 5 II AktG) bis zur Grenze des Rechtsmissbrauchs als Sitz auch ein Ort bestimmt werden, an dem weder die Verwaltung geführt wird noch eine betriebliche Aktivität der Gesellschaft stattfindet (OLG Schleswig-Holstein 6.1.1994, DB 1994, 626; Grüneberg BGB § 24 Rn. 2). Steuerrechtlich wird ein fiktiver Sitz gelegentlich als **Scheingeschäft** angesehen (Klein § 11 Rn. 3; vgl. zu Indizien für die Annahme eines Scheinsitzes BFH 31.1.2002 – V B 108/01, BStBl. II 2004, 622). Dabei wird jedoch übersehen, dass die zivilrechtlich wirksame Sitzbestimmung insb. bei Basisgesellschaften zum Zwecke der StErsparnis gerade gewollt ist, also die Voraussetzungen des § 41 II nicht vorliegen (vgl. Gosch AO § 11 Rn. 8). Im Einzelfall kann die Wahl eines fiktiven Sitzes rechtsmissbräuchlich iSv § 42 sein (HHSp § 11 Rn. 26). 3

Doppelsitz. Zivilrechtlich wird die Bildung eines Zweitsitzes von der hM grds. als unzulässig angesehen (vgl. Grüneberg BGB § 24 Rn. 2; aA Katschinski ZIP 1997, 620). Dem ist steuerrechtlich zu folgen, sodass die Begründung eines statutarischen Doppelsitzes nur in Ausnahmefällen zulässig ist (Gosch AO § 11 Rn. 14; TK § 11 Rn. 1a; HHSp § 11 Rn. 23; offengelassen in BFH 28.2.1990 – I R 120/86, BFH/NV 1990, 553). 4

In Sonderfällen (Spaltgesellschaften) kann ein Sitz völlig fehlen (BGH 6.10.1960 – VII ZR 136/59, BGHZ 33, 195). Zur abweichenden Sitzbestimmung nach der **Sitztheorie,** die zur Beurteilung der Stpfl. ausländischer Körperschaften herangezogen wird, vgl. BGH 21.3.1986 – V ZR 10/85, BGHZ 97, 269; BFH 23.6.1992 – IX R 182/87, BStBl. II 1992, 972; EuGH 9.3.1999 – C-212/97, Slg. 1999, 1459; EuGH 5.11.2002 – C-208/00, RIW 2002, 945; BFH 29.1.2003 – I R 6/99, BB 2003, 1210, sowie zum Einfluss der Rspr. des EuGH auf die Sitztheorie s. Forsthoff BB 2002, 318; Göttsche DStR 1999, 1403; Meilicke DB 1999, 627; Sedemund BB 2003, 1362; OLG Hamburg 30.3.2007 – 11 U 231/04, DStR 2007, 868.

Ort der Geschäftsleitung. Das Rangverhältnis des Sitzes zur Geschäftsleitung regeln die EinzelStG. So knüpfen zB § 1 I 1 KStG und § 2 I Nr. 1d ErbStG gleichrangig an den Ort der Geschäftsleitung und den Sitz an (FG München 3.12.1997 – 4 K 744/96, EFG 1998, 836). Lediglich subsidiäre Bedeutung kommt dem Sitz als Anknüpfungspunkt nach § 20 I, II AO zu (Schwarz/Pahlke/Keß § 11 Rn. 4). § 18 IX UStG iVm §§ 59 ff. UStDV enthält eine spezielle Regelung für die USt-Vergütung an nicht im Inland ansässige Unternehmen, wobei die Begriffe der Ansässigkeit und des „Sitzes" richtlinienkonform und nicht entspr. § 11 auszulegen sind (BFH 22.5.2003 – V R 97/01, BStBl. II 2003, 819; Bunjes UStG § 18 Rn. 38). 5

§ 12 Betriebstätte

[1] **Betriebstätte ist jede feste Geschäftseinrichtung oder Anlage, die der Tätigkeit eines Unternehmens dient.** [2] **Als Betriebstätten sind insbesondere anzusehen:**

1. die Stätte der Geschäftsleitung,
2. Zweigniederlassungen,
3. Geschäftsstellen,
4. Fabrikations- oder Werkstätten,
5. Warenlager,
6. Ein- oder Verkaufsstellen,
7. Bergwerke, Steinbrüche oder andere stehende, örtlich fortschreitende oder schwimmende Stätten der Gewinnung von Bodenschätzen,
8. Bauausführungen oder Montagen, auch örtlich fortschreitende oder schwimmende, wenn
a) die einzelne Bauausführung oder Montage oder
b) eine von mehreren zeitlich nebeneinander bestehenden Bauausführungen oder Montagen oder
c) mehrere ohne Unterbrechung aufeinander folgende Bauausführungen oder Montagen
länger als sechs Monate dauern.

Schrifttum: Gummert/Trapp, Der Internet-Server als ertragsteuerliche Betriebsstätte, MMR 1998, 350; Wassermeyer, Die Betriebsstätte – ein in vieler Hinsicht unbekanntes Wesen, FS Kruse, 2001, 589; Pasch/Utescher, Die Telearbeit als Option zur Green Card – die steuerliche Behandlung von Telearbeitsplätzen, BB 2001, 1660; Seltenreich, Inländisches Warenlager ausländischer Gesellschaften – Rechtslage und Gestaltungsmöglichkeiten, IStR 2004, 589; Wassermeyer, Stellungnahme zu dem vorstehenden Beitrag von Kramer über die Frage nach der Relevanz einer Betriebsstätte im Wohnsitzstaat für die Besteuerung im Quellenstaat, IStR 2004, 676; Hidien/Rodenhäuser, Der Rechtsbegriff der mehrgemeindlichen Betriebsstätte (§ 12 AO i. V. m. §§ 28, 30 GewStG) und seine Anwendung auf großtechnische Netzwerke am Beispiel der Telefonkabel des Telefonnetzes der Deutschen Telekom AG, DStZ 2007, 689; Töben/Lohbeck, Körperschaftsteuer und Gewerbesteuer bei inländischen Immobilieninvestitionen ausländischer Objektkapitalgesellschaften, FS Pöllath+Partners, 2008, 211; Lühn, Betriebsstättenbegründung durch Tätigwerden in fremden Räumlichkeiten – neue Entwicklungen in der Rechtsprechung, BB 2009, 700; Siebert/Kindel, Gewerbesteueraufteilung bei Windkraftanlagen-Betreibermodellen, FR 2009, 613; Kahle/Ziegler, Betriebsstättenbegriff – Grundlagen und aktuelle Entwicklungen, DStZ 2009, 834; Wassermeyer, Nochmal: Das Darlehen des ausländischen Mitunternehmers an seine deutsche Personengesellschaft und § 50d Abs. 10 EStG – Kritik an den Ausführungen von Kramer, IStR 2010, 241; Rasch, Aktuelle Entwicklungen bei der Betriebsstättenbegründung – Renaissance des Kommissionärsmodells?, IStR 2011, 6; Tappe, Steuerliche Betriebsstätten in der „Cloud" – Neuere technische Entwicklungen im Bereich des E-Commerce als Herausforderung für den ertragsteuerrechtlichen Betriebsstättenbegriff, IStR 2011, 870; Morlock, Vertreterbetriebsstätte beim sogenannten Kommissionärsmodell, JbFSt 2011/2012, 794; Ditz/Quilitzsch, Aktuelle Entwicklungen im Hinblick auf die Definition der Betriebsstätte, FR 2012, 493; Blumers/Weng, Betriebsstätte bei Einschaltung einer Managementgesellschaft – Anmerkungen zum BFH-Urteil vom 24.8.2011, I R 46/10, DStR 2012, 551; Wichmann, Seminar F: Kommt nach dem „Anstreicher-Beispiel" die „Subunternehmer-Betriebsstätte"?, IStR 2012, 711; Reiser/Cortez, Betriebsstättenbegriff im Wandel – Zur veränderten Bedeutung des Kriteriums der Verfügungsmacht, IStR 2013, 6; Bürkle/Ullmann, Die Betriebsstättendefinition des Art. 5 OECD-Musterabkommen: Aktuelle Änderungen bei Bau- und Montage- sowie Dienstleistungsbetriebsstätten, DStR 2013, 944; Wassermeyer, Abgrenzungsfragen zwischen dem Abkommens- und dem innerstaatlichen Recht, FS Haarmann, 2015, 971; Wassermeyer, Die BFH-Rechtsprechung zur Betriebsstättenbesteuerung vor dem Hintergrund des § 1 Abs. 5 AStG und der BsGaV, IStR 2015, 37; Heggmair/Riedl/Wutschke, Betriebsstätten von Unternehmen der Digital Economy – Eine kritische Analyse der zu erfüllenden Tatbestandsmerkmale für eine Betriebsstätte in der Digital Economy, IStR 2015, 92; Kahle/Baschnagel/Kindich, Aktuelle Aspekte der Ertragsbesteuerung von Server-Betriebsstätten, FR 2016, 193; Kahle/Kindich, Die (unechte) Dienstleistungsbetriebsstätte, IStR 2016, 89; Haase, Betriebsstätte ohne Gewerbebetrieb? – Eine dogmatische Herleitung, StuW 2017, 69; Hinder/Feldhaus, Die digitale Betriebsstätte – Digitalisierung des internationalen Steuerrechts?, GmbHR 2018, R276; Pleil, Die Vertreterbetriebsstätte im Internationalen Steuerrecht, StuW 2018, 272; Beduhn/Staudler, Betriebsstättenbegründung bei Dienstleistungserbringung in fremden Räumen aus Sicht des deutschen Steuerrechts – ein Update, IStR 2019, 561; Meier, Die Geschäftsleitung vermögensverwaltender Immobilien-Personengesellschaften als (inländische) Betriebsstätte – Unterliegen die Einkünfte beschränkt steuerpflichtiger Kapitalgesellschaften damit auch der Gewerbesteuer?, IStR 2019, 491; Fischer, Verrechnungspreise in der digitalisierten Welt – Quo vadis? Teil 3: Betriebsstättenbesteuerung, beck.digitax

2022, 21; Blumers, DBA-Betriebsstätte beim Subunternehmer – Zugleich Anmerkung zu BFH vom 23.3.2022 – III R 35/20, DB 2022, 2304.

Übersicht

A. Allgemeines

I. Entstehungsgeschichte

§ 12 wurde mit der Abgabenordnung 1977 (BGBl. 1976 I 613, ber. BGBl. 1977 I 269) eingeführt und besteht seitdem unverändert fort. Ausweislich der Gesetzbegründung ist § 12 der Vorschrift des § 16 StAnpG nachgebildet (BT-Drs. VI/1982, 103). Als wesentliche Veränderung gegenüber der Vorgängervorschrift setzt § 12 nicht mehr die „Ausübung des Betriebs eines stehenden Gewerbes" voraus, sondern lässt jede Form der „Tätigkeit eines Unternehmens" genügen (vgl. BFH 2.4.2014 – I R 68/12, BStBl. II 2014, 875). Aufgrund der vom Gesetzgeber intendierten Anpassung des Betriebstättenbegriffs „an die neuere Rechtsentwicklung" (BT-Drs. VI/1982, 103) und der damit verbundenen materiellen Änderungen ist im Einzelfall zu prüfen, inwieweit die Rechtsprechungsgrundsätze zu § 16 StAnpG auf § 12 übertragbar sind (Gosch AO § 12 Rn. 3). 1

II. Funktion

Der Betriebstätte kommt sowohl im rein nationalen als auch im internationalen StRecht eine bedeutende Rolle zu. 5

Sie hat die Funktion, unternehmerische Tätigkeiten und Betriebsvermögen örtlich zuzuordnen, damit die Besteuerungstatbestände und das Besteuerungsverfahren an diese Zuordnungen anknüpfen können (BFH 17.9.2003 – I R 12/02, BStBl. II 2004, 396). Dahinter steht der Gedanke, die Besteuerungsmöglichkeit von einer bestimmten Intensität der geschäftlichen Beziehung zum jeweiligen Territorium abhängig zu machen (**Verwurzelungsfunktion,** vgl. auch BFH 21.4.1999 – I R 99/97, BStBl. II 1999, 694). Im nationalen Recht wie auch im Abkommensrecht dient die Betriebstätte als Anknüpfungs- 6 punkt sowohl für die Besteuerung dem Grunde als auch der Höhe nach. So setzt die (inländische) Betriebstätte im Gewerbesteuerrecht (→ Rn. 18 f.) über die sachliche Stpfl. und die gewerbesteuerrechtliche Zerlegung das Äquivalenzprinzip um, indem sie die sachliche Gewerbesteuerpflicht begründet und über den ihr zuzurechnenden Gewerbeertrag den Umfang der Stpfl. bestimmt.

7 Im (innerstaatlichen wie abkommensrechtlichen) internationalen StRecht manifestiert sich über den „Nexus" oder „genuine link" der Betriebstätte das Territorialitätsprinzip. Die Betriebstätte ist Ausdruck (einer Form) der Verwurzelung unternehmerischer Tätigkeit, weswegen sowohl das innerstaatliche StRecht (in Inbound-Konstellationen in § 49 I Nr. 2 Buchst. a EStG und in Outbound-Konstellationen in §§ 34c, 34d Nr. 2 Buchst. a EStG) als auch das Abkommensrecht (in Art. 7 OECD-MA ggf. iVm Art. 23 OECD-MA) für die Gewinnabgrenzung und die Zuweisung des Besteuerungsrechts im Kontext der gewerblichen Einkünfte bzw. Unternehmensgewinne auf die Betriebstätte zurückgreifen (**Abgrenzungsfunktion,** → Rn. 17).

8 Da das deutsche StRecht kein originäres Gewinnabgrenzungsrecht kennt, erfolgt die Gewinnabgrenzung und -zurechnung grds. nach dem Veranlassungsprinzip (BFH 18.12.2024 – I R 45/22, DStR 2025, 1081). Für die Gewinnermittlung der Betriebstätte gelten im Ausgangspunkt die allgemeinen Vorschriften der §§ 4 ff. EStG ggf. iVm § 8 I KStG (vgl. BFH 20.7.1988 – I R 49/84, BStBl. II 1989, 140). Ausgehend von dem auf diese Weise ermittelten und abgrenzten Gewinn ordnet § 1 V AStG eine Korrektur des Betriebstättengewinns an, wenn die Geschäftsvorfälle zwischen der Betriebstätte und dem Rest des Unternehmens derart fremdunüblich in den Betriebstättengewinn eingeflossen sind, dass sie das deutsche StSubstrat gemindert haben. Mit dieser grds. auf jede grenzüberschreitende Betriebstättengewinnabgrenzung anzuwendenden Korrekturvorschrift beabsichtigte der Gesetzgeber, den (ursprünglich dem Abkommensrecht entstammenden) Authorized OECD Approach (AOA) auf sämtliche Fälle der grenzüberschreitenden Betriebstättengewinnabgrenzung zu übertragen (vgl. BeckOK AStG § 1 Rn. 1425). Aufgrund der Ausgestaltung als Korrekturvorschrift und in Ermangelung einer „komplettierten Fiktionskette" (vgl. BFH 18.12.2024 – I R 45/22, DStR 2025, 1081) dürfte dieses Ziel jedoch in den meisten Fällen nicht erreicht werden, sodass es bei der veranlassungsbasierten Gewinnabgrenzung verbleibt.

III. Keine betriebstättenlosen Einkünfte

11 Nach der Rspr. des BFH gibt es prinzipiell **keine betriebstättenlosen gewerblichen Einkünfte** („no floating income"), da jedes Unternehmen zumindest eine am Ort der Geschäftsleitung zu lokalisierende Betriebstätte iSd § 12 II Nr. 1 (→ Rn. 126 ff.) besitzt, der im Zweifel und bei Fehlen einer anderweitigen zusätzlichen Betriebstätte der gesamte Unternehmensgewinn zuzurechnen ist (BFH 19.12.2007 – I R 19/06, BStBl. II 2010, 398; BFH 16.12.2008 – I R 23/07, nv). Damit postuliert der BFH für das nationale Recht faktisch eine Attraktionswirkung der Betriebstätte iSd § 12.

12 Für den (von der Grundaussage des BFH ursprünglich auch nur erfassten) Fall der gewerblichen Einkünfte lässt sich die Verneinung der betriebstättenlosen Einkünfte aus dem Gewerbesteuerrecht ableiten (so auch Wassermeyer IStR 2004, 676; Wassermeyer IStR 2010, 241; Wassermeyer FS Haarmann, 973 (988)). So ergibt sich aus § 7 I iVm § 9 Nr. 3 GewStG, dass der gesamte in die gewerbesteuerliche Bemessungsgrundlage einfließende Gewerbeertrag, der nicht auf die ausländische Betriebstätte entfällt, der- bzw. denjenigen inländischen Betriebstätte(n) zuzuordnen ist, die die sachliche GewStpfl. (vgl. § 2 I GewStG) überhaupt erst begründet bzw. begründen (vgl. BFH 20.12.2017 – I R 98/15, BFHE 260, 169).

13 Obwohl die Betriebstättengewinnabgrenzung nach Art. 7 OECD-MA dem Attraktionsprinzip eine Absage erteilt (vgl. Art. 7 Nr. 12 OECD-MK 2017), hat der BFH seine Rspr. zur Verneinung betriebstättenloser Einkünfte auch auf die abkommensrechtliche Betrieb-

stättengewinnabgrenzung übertragen (BFH 12.6.2013 – I R 47/12, BStBl. II 2014, 770; BFH 11.12.2013 – I R 4/13, BStBl. II 2014, 791; BFH 19.1.2017 – IV R 50/14, BStBl. II 2017, 456; zu Einkünften aus freiberuflicher Tätigkeit BFH 28.10.2009 – I R 99/08, BStBl. II 2011, 1019; eine Relevanz der Attraktivkraft in diesem Zusammenhang ausdrücklich verneinend BFH 18.12.2024 – I R 47/21, DStR 2025, 1013).

Gegen diese Praxis bestehen gewisse systematische Bedenken (vgl. Glatz, Abgrenzungsmaßstäbe im Abkommensrecht, 247 ff.; die Frage für das Abkommensrecht wohl offenlassend Wassermeyer IStR 2004, 676): Sie kehrt das in Art. 7 I OECD-MA angelegte Regel-Ausnahme-Verhältnis faktisch um. Dieses weist das Besteuerungsrecht an den Unternehmensgewinnen grds. dem Ansässigkeitsstaat zu. Dabei setzt der Wortlaut des Art. 7 I 1 OECD-MA für die Grundregelung der Verteilung insb. nicht voraus, dass das Unternehmen im Ansässigkeitsstaat über eine Betriebstätte verfügt. Lediglich wenn das Unternehmen seine Tätigkeit umgekehrt in dem anderen Vertragsstaat durch eine dort gelegene Betriebstätte ausübt, kann der Betriebstättenstaat den dieser Betriebstätte zuzurechnenden Gewinn besteuern. Richtig ist dabei, dass auch das Abkommensrecht kein „floating income" kennt. Die „Verwurzelung" ergibt sich aber grds. aus der Ansässigkeit und nur subsidiär (und in dem durch die Betriebstätte erwirtschafteten Umfang) aus der im anderen Staat befindlichen Betriebstätte. Eine Betriebstätte im Ansässigkeitsstaat setzt Art. 7 I OECD-MA gerade nicht voraus (vgl. insoweit BFH 18.12.2024 – I R 47/21, DStR 2025, 1013). 14

Gleichwohl dürften diese Bedenken – bis auf in den Grenzfällen, in denen die abkommensrechtliche Ansässigkeit nicht an den Ort der Geschäftsleitung anknüpft – im Wesentlichen akademischer Natur sein, wenn der Ansässigkeitsstaat des Unternehmens in den Fällen mit weltweit nur einer einzelnen (Geschäftsleitungs-)Betriebstätte mit dem (Geschäftsleitungs-)Betriebstättenstaat identisch ist. Relevanz behält die Frage lediglich in denjenigen Konstellationen, in denen sich die einzige (operative) Betriebstätte in einem anderen als dem Ansässigkeitsstaat des Stpfl. befindet (vgl. hierzu BFH 7.6.2023 – I R 47/20, BFHE 280, 415, bei dem sich der BFH aber zu der zwischen den Beteiligten unstreitigen Gewinnabgrenzung nicht äußern musste; BFH 18.12.2024 – I R 47/21, DStR 2025, 1013). 15

IV. Verhältnis zu anderen Vorschriften

§ 49 I Nr. 2 Buchst. a EStG; § 34d Nr. 2 Buchst. a EStG. Gemäß § 49 I Nr. 2 Buchst. a EStG zählen zu den inländischen Einkünften, die der beschränkten Stpfl. (§ 1 IV EStG bzw. § 2 I KStG) unterliegen, ua die Einkünfte aus Gewerbebetrieb, für den im Inland eine Betriebstätte unterhalten wird. Gleichsam zählen die durch eine in einem ausländischen Staat belegene Betriebstätte erzielten Einkünfte aus Gewerbebetrieb zu den ausländischen Einkünften iSd § 34d EStG, an die die in § 34c EStG normierten StErmäßigungen (Anrechnung, Abzug) anknüpfen. In beiden Fällen dient die Betriebstätte der Umsetzung des Territorialitätsprinzips für Zwecke der Gewinnabgrenzung. Beide Normen knüpfen an die Betriebstätte iSd § 12 AO an (BFH 29.11.2017 – I R 58/15, BFHE 260, 209 mwN; BFH 19.12.2007 – I R 19/06, BStBl. II 2010, 398); Einschränkungen können sich jedoch durch das Abkommensrecht ergeben (→ Rn. 31 f., → Rn. 159 ff.). 17

Gewerbesteuerrecht. Die sachliche Gewerbesteuerpflicht setzt in **§ 2 I GewStG** eine inländische Betriebstätte voraus („Gewerbebetrieb, soweit für ihn im Inland […] eine Betriebsstätte unterhalten wird"). In Ermangelung einer eigenen Begriffsdefinition greift das Gewerbesteuerrecht auf den Betriebstättenbegriff des § 12 zurück (BFH 3.7.1997 – IV R 58/95, BStBl. II 1998, 86; BFH 22.2.2023 – X R 8/21, BStBl. II 2023, 811). Gleiches gilt spiegelbildlich für den Betriebstättenbegriff im Kürzungstatbestand des **§ 9 Nr. 3 S. 1 GewStG** (BFH 20.7.2016 – I R 50/15, BStBl. II 2017, 230; BFH 20.12.2017 – I R 98/15, DStR 2018, 449). In der Betriebstätte manifestiert sich damit der der Gewerbesteuer 18 als Objektsteuer zugrunde liegende Äquivalenzgedanke, wobei die Betriebstätte der Inanspruchnahme der Infrastruktur einen örtlichen Nexus verleiht.

19 Konsequenterweise knüpft daher auch die **gewerbesteuerrechtliche Zerlegung (§§ 28 ff. GewStG)** im Grundsatz an die Betriebstätte iSd § 12 an (BFH 13.9.2000 – X R 174/96, BStBl. II 2001, 734; BFH 16.12.2009 – I R 56/08, BStBl. II 2010, 492; BFH 5.11.2014 – IV R 30/11, BStBl. II 2015, 601; BFH 15.5.2024 – IV R 21/21, DStRE 2024, 1105). § 28 II 1 GewStG betrifft dabei inhaltlich den Bereich, der früher in § 16 III und IV StAnpG geregelt war (HHSp § 12 Rn. 3).

20 **§ 1 IV, V AStG, BsGaV.** Die den Authorized OECD Approach (AOA) in das nationale Recht umsetzende Betriebstättengewinnkorrekturvorschrift des § 1 V AStG knüpft (trotz des konzeptionellen Ursprungs des AOA im Abkommensrecht) an den innerstaatlichen Betriebstättenbegriff des § 12 an (BeckOK AStG § 1 Rn. 911 mwN). Gegenstand der Korrektur sind dabei die sog. anzunehmenden schuldrechtlichen Beziehungen iSd § 1 IV 1 Nr. 2 AStG, hinter denen sich die Geschäftsvorfälle zwischen dem Unternehmen eines Stpfl. und seiner in einem anderen Staat belegenen Betriebstätte verbergen. Die Einzelheiten des Fremdvergleichsgrundsatzes und dessen einheitlicher Anwendung wie auch die Grundsätze zur Bestimmung des der Betriebstätte für Zwecke des § 1 V AStG zuzuordnenden Dotationskapitals regelt die auf § 1 VI AStG gestützte Betriebsstättengewinnaufteilungsverordnung (BsGaV v. 13.10.2014, BGBl. 2014 I 1603).

21 **§ 138 I, § 90 III, § 162 III und IV.** Die in § 138 I geregelte Anzeigepflicht knüpft an die Eröffnung einer Betriebstätte iSd § 12 an (→ § 138 Rn. 3; Klein § 12 Rn. 2; HHSp § 12 Rn. 6; Gosch AO § 12 Rn. 1). Soweit die Aufzeichnungspflichten des § 90 III über den Geschäftsvorfallbegriff des § 1 IV AStG Betriebstättenbezug aufweisen (vgl. anzunehmende schuldrechtliche Beziehungen iSv § 1 IV 1 Nr. 2 AStG) beziehen sie sich ebenfalls auf Betriebstätten iSd § 12. Kommt der Stpfl. diesen Aufzeichnungspflichten nicht nach, so begründet dies eine besondere Schätzungsbefugnis der StBehörden gem. § 162 III und IV AO (→ § 162 Rn. 77 ff.).

22 **§ 20 II AStG.** Der (hinsichtlich der Vermeidung der Doppelbesteuerung) „abkommensüberschreibenden" Switch-Over-Regelung des § 20 II AStG ist ebenfalls der Betriebstättenbegriff des § 12 (und damit insb. nicht der abkommensrechtliche Betriebstättenbegriff) zugrunde zu legen (vgl. FG Münster 11.11.2008 – 15 K 1114/99 F, EW, IStR 2009, 31).

23 **§ 4 I 4 EStG, § 12 I 2 KStG (Entstrickungsvorschriften).** Daneben knüpfen die Entstrickungsvorschriften des § 4 I 4 EStG und des § 12 I 2 KStG an die Betriebstätte iSd § 12 an (Gosch AO § 12 Rn. 1). Dies gilt ungeachtet der Tatsache, dass es für den tatbestandlich vorausgesetzten Ausschluss oder die Beschränkung des deutschen StRechts hinsichtlich der Veräußerung des entstrickten Wirtschaftsguts auch auf die abkommensrechtliche Zuordnung ankommt (vgl. Gosch KStG § 12 Rn. 113). Denn der Anwendungsbereich der Entstrickungsvorschriften ist nicht auf einen abkommensrechtlich bedingten Ausschluss oder eine entspr. Beschränkung eingeengt (Brandis/Heuermann KStG § 12 Rn. 42; BeckOK EStG § 4 Rn. 671).

24 **Weitere Vorschriften, die an § 12 anknüpfen.** Darüber hinaus ist auch den folgenden Vorschriften der Betriebstättenbegriff des § 12 zugrunde zu legen: **§ 2a EStG** (BFH 17.11.1999 – I R 7/99, BStBl. II 2000, 605; BFH 28.11.2007 – I R 25/07, BFH/NV 2008, 1097; Gosch AO § 12 Rn. 1; HHSp § 12 Rn. 6; BeckOK EStG § 2a Rn. 194; Brandis/Heuermann EStG § 2a Rn. 93; Schmidt EStG § 2a Rn. 12), **§ 4j EStG** (Gosch AO § 12 Rn. 1; HHSp § 12 Rn. 6; aA wohl Schmidt EStG § 4j Rn. 16), **§ 50d X 3 EStG** (HHSp § 12 Rn. 6), **§ 14 I 1 Nr. 2 S. 1 KStG** (BFH 11.7.2023 – I R 36/20, BStBl. II 2024, 419; BFH 11.7.2023 – I R 40/20, BStBl. II 2024, 434; BeckOK AO § 12 Rn. 37).

25 **§ 13.** Für sich allein begründet der ständige Vertreter iSv § 13 noch keine Betriebstätten iSv § 12 (BFH 23.3.2022 – III R 35/20, BStBl. II 2022, 844; Gosch AO § 12 Rn. 5). Während § 12 (über das Kriterium der Verfügungsmacht) eine sachliche Anknüpfung an

eine feste Geschäftseinrichtung oder Anlage erfordert, erfolgt die territoriale Anknüpfung im Fall des § 13 durch die personelle Anknüpfung über den ständigen Vertreter. Lediglich ausnahmsweise, nämlich wenn der Unternehmer (= Auftraggeber) in der Einrichtung des rechtlich selbstständigen Vertreters eigene betriebliche Tätigkeit entfaltet (→ Rn. 86 ff.), ist von dessen (Mit-)Verfügungsmacht über diese Einrichtung und damit einer eigenen Betriebstätte iSd § 12 auszugehen. Der Unternehmer muss daher in Abgrenzung zum ständigen Vertreter die feste Geschäftseinrichtung nicht nur einsetzen können, sondern auch tatsächlich betrieblich einsetzen. Allein durch die Erteilung von Weisungen oder Überwachungsmaßnahmen wird eine Geschäftseinrichtung des Auftragnehmers nicht in die betriebliche Aktivität des Auftraggebers einbezogen (BFH 23.3.2022 – III R 35/20, BStBl. II 2022, 844).

Anders als im Abkommensrecht (vgl. Art. 5 V und VI OECD-MA) ist der ständige Vertreter iSd § 13 damit kein (fingierter) Unterfall der Betriebstätte, sondern ein neben der Betriebstätte existierender selbständiger potenzieller Anknüpfungspunkt für den nationalen Besteuerungszugriff. 26

§ 4 V 1 Nr. 6 S. 1 EStG. Trotz des Bestrebens des Gesetzgebers, mit § 12 eine einheitliche für alle nationalen StGesetze geltenden Betriebstättenbegriff zu schaffen (vgl. BT-Drs. VI/1982, 103), ist der Betriebstättenbegriff des § 4 V 1 Nr. 6 S. 1 EStG nicht begriffsidentisch, sondern weiter als der des § 12. Anders als § 12 setzt die Betriebstätte iRd § 4 V 1 Nr. 6 S. 1 EStG keine (nicht nur vorübergehende) Verfügungsmacht über die genutzte Einrichtung voraus (BFH 23.10.2014 – III R 19/13, BStBl. II 2015, 323). Dieses weitere Betriebstättenverständnis soll einen Gleichlauf mit dem in der Parallelvorschrift des verwendeten Begriffs der „Tätigkeitsstätte" (vor 2014 „Arbeitsstätte", vgl. BFH 12.7.2021 – VI R 1/19, BFH/NV 2022, 19; davor „Beschäftigungsstätte", vgl. BFH 13.9.2000 – X R 174/96, BStBl. II 2001, 734 mwN) zum Zweck der Gleichbehandlung von Arbeitnehmern und von Stpfl. mit Gewinneinkünften sicherstellen (HHSp § 12 Rn. 7). 27

§§ 38, 41 EStG. Während die Definition des inländischen Arbeitgebers, an die die Pflicht zum Lohnsteuerabzug in § 38 I EStG anknüpft, ebenfalls den Betriebstättenbegriff des § 12 zugrunde legt, enthält § 41 II EStG eine bereichsspezifische Begriffsdefinition, die § 12 vorgeht (HHSp § 12 Rn. 7a; vgl. zum abweichenden Begriffsverständnis auch FG Sachsen-Anhalt 16.12.2009 – 2 K 1033/08, BeckRS 2009, 26029541). 28

§§ 43b, 50g EStG. Sowohl § 43b II EStG als auch § 50g III Nr. 5 Buchst. c EStG enthalten eigene bereichsspezifische Betriebstättendefinitionen, die in ihrer Formulierung an den abkommensrechtlichen Betriebstättenbegriff erinnern (Brandis/Heuermann EStG § 43b Rn. 35; BeckOK EStG § 43b Rn. 33 f.; Brandis/Heuermann § 50g EStG Rn. 47; BeckOK EStG § 50g Rn. 58). Da die Normen die Mutter-Tochter-Richtlinie (RL 2011/96/EU, ABl. L 345, 8) bzw. die Zins- und Lizenzrichtlinie (RL 2003/49/EG, ABl. L 157, 49) umsetzen, ist der jeweilige Betriebstättenbegriff zudem im Zweifel richtlinienkonform auszulegen (vgl. zur europarechtlichen Prägung HHSp § 12 Rn. 7a mwN; von einer eigenständigen Definition ausgehend Gosch AO § 12 Rn. 1). 29

Umsatzsteuerrecht. Gleichsam steht der grds. zulässige Rückgriff auf § 12 für Zwecke des Umsatzsteuerrechts unter dem Vorbehalt, dass dies den Vorgaben der Mehrwertsteuer-System-Richtlinie (RL 2006/112/EG, ABl. L 347, 1) entspricht (vgl. hierzu ausführlich HHSp § 12 Rn. 7b). 30

Abkommensrechtliche Betriebstättendefinition (Art. 5 OECD-MA). Der abkommensrechtliche Betriebstättenbegriff entfaltet aufgrund der fehlenden self-executing-Wirkung von Art. 7 I und II OECD-MA (Wassermeyer Art. 7 OECD-MA 2017 Rn. 379, 690) lediglich beschränkende Wirkung (BFH 17.12.1998 – I B 101/98, BeckRS 1998, 30039571 mwN). Im Outboundfall dient er als Anknüpfung für den abkommensrechtlich von der deutschen Besteuerung freizustellenden (dieser Betriebstätte zuzurechnenden) Anteil an den Unternehmensgewinnen, ohne dass es dabei auf die Voraussetzungen des § 12 ankäme. Wechselwirkungen mit § 12 entfaltet der abkommensrechtliche Betriebstättenbegriff im Outboundfall daher lediglich mittelbar über die (Betriebstättenge- 31 winn-)Korrekturvorschrift des § 1 V AStG, die auch für die ausländische Betriebstätte an § 12 anknüpft (→ Rn. 20; vgl. zu abkommensüberschreibenden innerstaatlichen Betriebstättendefinition auch AEAO zu § 12 Nr. 10).

32 Unmittelbare Schrankenwirkung kommt dem abkommensrechtlichen Betriebstättenbegriff hingegen im Inboundfall zu, da er das dem Betriebstättenstaat (nach inländischem Recht unter Anknüpfung an § 12 begründete) abkommensrechtlich zugewiesene Besteuerungsrecht dem Grunde (vgl. Art. 5 OECD-MA) und der Höhe nach (vgl. Art. 7, Art. 10 IV, Art. 11 IV, Art. 12 III, Art. 21 II OECD-MA) bestimmt. Allerdings wird auch dieses ggf. unter den Voraussetzungen des § 1 V AStG korrigiert (vgl. aber § 1 V 8 AStG).

B. Begriff der Betriebstätte (S. 1)

I. Geschäftseinrichtung oder Anlage

36 Als sachlichen Anknüpfungspunkt setzt der Betriebstättenbegriff eine Geschäftseinrichtung oder Anlage voraus. Der **Begriff der Geschäftseinrichtung** ist weit zu verstehen und umfasst jeden körperlichen Gegenstand (Sache) und jede Zusammenfassung von körperlichen Gegenständen (Sachgesamtheit), die geeignet sind, Grundlage einer Unternehmenstätigkeit zu sein (BFH 30.10.1996 – II R 12/92, BStBl. II 1997, 12; BFH 3.2.1993 – I R 80–81/91, BStBl. II 1993, 462; BFH 17.9.2003 – I R 12/02, BStBl. II 2004, 396).

37 Wie die „Definitionserweiterung" iRd Regelbeispiels des § 12 S. 2 Nr. 1 (Betriebstättenbegründung an der Stätte der Geschäftsleitung auch ohne feste Geschäftseinrichtung, → Rn. 122 ff.) verdeutlicht, wird das Begriffsverständnis der Geschäftseinrichtung auch innerhalb des § 12 nicht immer einheitlich gehandhabt. Während die vorstehende Grunddefinition der Geschäftseinrichtung (→ Rn. 36) nur eine Eignung der Sache bzw. Sachgesamtheit verlangt, Grundlage *einer* Unternehmenstätigkeit zu sein, verdeutlicht die Verneinung der *Geschäfts*einrichtungsqualität im Fall der Privatwohnung des Unternehmers, die dem Gedanken der Definitionserweiterung im Kontext des § 12 S. 2 Nr. 1 (→ Rn. 125, → Rn. 129) letztlich zugrunde liegt, dass der Geschäftseinrichtungsbegriff in anderem Kontext deutlich mehr durch Zurechnungselemente aufgeladen wird. Letzteres erscheint indes vielmehr die Frage der Verfügungsmacht bzw. Verwurzelung zu betreffen und sollte nicht mit dem Geschäftseinrichtungsbegriff als sachlichem Anknüpfungspunkt vermengt werden.

38 So dürfte zweifelsfrei sein, dass es sich auch bei der Privatwohnung des Unternehmers als Räumlichkeit grds. um einen Standardanwendungsfall einer Einrichtung oder Anlage (→ Rn. 40) handelt, der eine grds. Eignung beikommt, Grundlage einer Unternehmenstätigkeit (hier: der Geschäftsleitungstätigkeit als Teil der Unternehmenstätigkeit) zu sein. Lediglich die Frage, ob es sich auch um eine *Geschäfts*einrichtung handelt, die abweichend von der allgemeinen Definition nicht nur Grundlage (irgend-)einer Unternehmenstätigkeit ist, sondern dem konkreten Unternehmen vor dem Hintergrund der vorrangigen Privatsphäre dieser Räumlichkeiten auch zuzurechnen ist, macht die „Definitionserweiterung" erforderlich, die iRd Geschäftsleitungsbetriebstätte keine feste Geschäftseinrichtung bzw. Verfügungsmacht verlangt (→ Rn. 129).

39 In dem „Geschäfts"-Präfix manifestiert sich damit bei genauer Betrachtung das Merkmal der Verfügungsmacht. Aus diesem Grund verortet der I. Senat des BFH die Verfügungsmachtprüfung auch im Tatbestandsmerkmal der festen Geschäftseinrichtung (→ Rn. 58). Gerade im Vergleich mit dem Begriff der Anlage darf dem „Geschäfts"-Präfix daher auch kein allzu starker Bezug zu der konkreten Unternehmenstätigkeit abverlangt werden. Vielmehr genügt eine abstrakte Eignung (→ Rn. 36). Für den sachlichen Anknüpfungspunkt ist der Einrichtungscharakter vordergründig.

40 Die Grunddefinition der Geschäftseinrichtung umfasst Räumlichkeiten (zu Gebäuden und einzelnen Räumen vgl. BFH 3.2.1993 – I R 80–81/91, BStBl. II 1993, 462; zu einer Reinigungshalle auf einem Flughafengelände BFH 4.6.2008 – I R 30/07, BStBl. II 2008,

922), abgegrenzte oder abgrenzbare Flächen (vgl. zu einem Lagerplatz RFH 8.10.1941 – VI B 11/41, RStBl 1941, 814; zu landwirtschaftlichen Ackerflächen BFH 2.4.2014 – I R 68/12, BStBl. II 2014, 875) und Anlagen (HHSp § 12 Rn. 8). Eine **trennscharfe Abgrenzung der beiden Begrifflichkeiten „Geschäftseinrichtung" und „Anlage"** ist häufig nur schwer möglich, in der Regel aber auch **nicht erforderlich** (vgl. BFH 3.2.1993 – I R 80–81/91, BStBl. II 1993, 462), da die Anlage als **Unterfall** der Geschäftseinrichtung angesehen wird (HHSp § 12 Rn. 8; TK § 12 Rn. 4; Klein § 12 Rn. 2; BeckOK AO § 12 Rn. 70). Vereinzelt wird die Unterscheidung der Anlage von der Geschäftseinrichtung an einer geringeren Größe oder geringeren räumlichen Ausdehnung und ihrer eher kaufmännischen als technischen Zweckbestimmung festgemacht (TK § 12 Rn. 4; Klein § 12 Rn. 2). Weitere Beispiele für Anlagen (vgl. auch Gosch AO § 12 Rn. 8) sind Kopiergeräte (FG Brandenburg 27.8.1996 – 3 K 1488/95 I, BeckRS 1996, 30827819), Plakatsäulen und Anschlagtafeln (BFH 13.5.1958 – I B 49/58 U, BStBl. III 1958, 379) sowie Automaten (zu Kinderreitautomaten BVerwG 27.10.1998 – 1 C 19/97, NVwZ-RR 1999, 243; für Spielautomaten VG Leipzig 13.6.2002 – 5 A 880/99, GewArch 2002, 479).

Besondere bauliche oder gewerbliche Vorrichtungen sind ebenso wenig erforderlich (vgl. BFH 8.3.1988 – VIII R 270/81, BFH/NV 1988, 735; HHSp § 12 Rn. 9; TK § 12 Rn. 5) **wie eine Eignung** der Geschäftseinrichtung oder Anlage **zum Aufenthalt von Menschen** (BFH 2.4.2014 – I R 68/12, BStBl. II 2014, 875; FG Brandenburg 27.8.1996 – 3 K 1488/95 I, BeckRS 1996, 30827819; HHSp § 12 Rn. 9; TK § 12 Rn. 5; BeckOK AO § 12 Rn. 58). Schließlich steht es der Geschäftseinrichtungsbegründung nicht entgegen, wenn diese **keine selbständige, für sich allein funktionsfähige Einheit** bildet (vgl. BFH 30.10.1996 – II R 12/92, BStBl. II 1997, 12). So können sowohl eine Rohrleitung (BFH 30.10.1996 – II R 12/92, BStBl. II 1997, 12) als auch ein einzelnes Windrad (vgl. FG Thüringen 23.1.2002 – III 250/00, DStRE 2003, 293; Klein § 12 Rn. 4) Geschäftseinrichtungen sein. Gleichsam kann auch jeder einzelne (körperliche) Gegenstand (bspw. Laptop und Orderblock eines Verkäufers im Außendienst, Bauchladen eines reisenden Händlers, vgl. BFH 17.9.2003 – I R 12/02, BStBl. II 2004, 396), der als Grundlage einer Unternehmenstätigkeit geeignet ist, Geschäftseinrichtung sein. Auch der **Einsatz von Personal ist nicht erforderlich** (BFH 30.10.1996 – II R 12/92, BStBl. II 1997, 12). 41

Als **nicht verzichtbar** erweist sich indes das **Merkmal der Körperlichkeit** (HHSp § 12 Rn. 9): Weder im Fall von immateriellen Wirtschaftsgütern noch Rechten (keine Betriebstättenbegründung durch das Halten von ausländischen Kapitalgesellschaftsbeteiligungen, BFH 29.8.1984 – I R 154/81, BStBl. II 1985, 160) ist eine Geschäftseinrichtung oder Anlage zu bejahen. Bei digitalen Geschäftsmodellen ist zu differenzieren: Während der (körperlich existierende) Server an seinem Standort eine Geschäftseinrichtung darstellt (vgl. Frotscher Int. SteuerR Rn. 373; Kahle/Ziegler DStZ 2009, 834 (840); zwischen verschiedenen Serverformen differenzierend Fischer beck.digitax 2022, 21 (26 ff.); Tappe IStR 2011, 870 (871); HHSp § 12 Rn. 43 ff.; Gosch AO § 12 Rn. 48 unter „Internet"), überschreitet die bloß digitale Präsenz in Gestalt einer Internetseite oder eines durch Dritte erfüllten Webhostings nicht die Schwelle zu einer Geschäftseinrichtung oder Anlage iSd § 12 (Gosch AO § 12 Rn. 48; Klein § 12 Rn. 4; TK § 12 Rn. 6; Heggmair/Riedl/Wutschke IStR 2015, 92 (95); Gummert/Trapp MMR 1998, 350 (353)). 42

II. Feste Einrichtung

Vor dem Hintergrund des sehr weiten Begriffsverständnisses der Geschäftseinrichtung und der Anlage hat das Erfordernis der Festigkeit den Zweck, dem Begriff der Betriebstätte Kontur zu verleihen und die Zahl der örtlichen Anknüpfungspunkte in sachgerechter Weise zu begrenzen (BFH 17.9.2003 – I R 12/02, BStBl. II 2004, 396). Das Festigkeitserfordernis untergliedert sich in eine örtliche und eine zeitliche Komponente (HHSp § 12 Rn. 10; Klein § 12 Rn. 2). Beide Komponenten sind indes nicht isoliert zu betrachten, 48 sondern stehen zueinander in Wechselwirkung: So kann eine stark ausgeprägte örtliche Verbindung Indiz für die Bestimmung der Geschäftseinrichtung zu deren Dauerhaftigkeit sein und umgekehrt (BFH 18.12.2024 – I R 47/21, DStR 2025, 1013).

1. Ortsbezogenheit

49 Die Geschäftseinrichtung oder Anlage ist in örtlicher Hinsicht „fest", wenn eine **feste Verbindung zum Erdboden** besteht (BFH 3.2.1993 – I R 80–81/91, BStBl. II 1993, 462; BFH 30.10.1996 – II R 12/92, BStBl. II 1997, 12; BFH 2.4.2014 – I R 68/12, BStBl. II 2014, 875; TK § 12 Rn. 7; HHSp § 12 Rn. 11) bzw. die Geschäftseinrichtung oder Anlage sich **für eine gewisse Dauer an einem bestimmten Ort** befindet (vgl. BFH 9.10.1974 – I R 128/73, BStBl. II 1975, 203; BFH 13.2.1974 – I R 218/71, BFHE 111, 416; Gosch AO § 12 AO). Dabei kann sich die örtliche Fixierung aus mechanischer Verbindung mit der Erde oder aus bloßer Belegenheit an derselben Stelle ergeben (BFH 30.10.1996 – II R 12/92, BStBl. II 1997, 12; BFH 8.3.1988 – VIII R 270/81, BFH/NV 1988, 735).

50 Die feste Verbindung ist unproblematisch gegeben bei Gebäuden oder Gebäudeteilen, die ihrerseits fest im Erdboden verankert sind (BFH 3.2.1993 – I R 80–81/91, BStBl. II 1993, 462). Aber auch die **Transportfähigkeit** der Geschäftseinrichtung oder Anlage steht ihrer Festigkeit nicht grds. entgegen, wenn die **örtliche Verwurzelung eine gewisse Beständigkeit erkennen lässt** (TK § 12 Rn. 9; Gosch AO § 12 Rn. 9; HHSp § 12 Rn. 11). Ein Wechsel des Standorts der Einrichtung ist unschädlich, solange sich der Standort nicht „fortwährend" ändert (HHSp § 12 Rn. 12; vgl. Gosch AO § 12 Rn. 9, 11). So hat der BFH sowohl „leicht auf- und abbaubare Buden oder Zelte" als auch die Aufstellung eines mobilen Verkaufsstandes (Verkaufswagen) auf einem dem Händler für die jeweilige Marktveranstaltung zugewiesenen Platz als „fest" anerkannt (vgl. BFH 9.10.1974 – I R 128/73, BStBl. II 1975, 203). Nicht ausreichend war hingegen die Aufstellung eines Verkaufsstandes auf einem lediglich vierwöchigen Weihnachtsmarkt (BFH 17.9.2003 – I R 12/02, BStBl. II 2004, 396). Ebenfalls verneint wurde die feste Verbindung bei einem Schiff, das bestimmungsgemäß Waren oder Personen befördert (BFH 26.6.1996 – XI R 18/94, BStBl. II 1998, 278; BFH 13.2.1974 – I R 218/71, BFHE 111, 416).

51 Wenngleich der **„Erdboden"** insb. die „Erdoberfläche" umfasst, sind die beiden Begriffe nicht identisch (vgl. Gosch AO § 12 Rn. 9). Daher kann auch eine unterirdisch verlaufende Rohrleitung „feste" Geschäftseinrichtung sein (BFH 30.10.1996 – II R 12/92, BStBl. II 1997, 12; BFH 18.2.2021 – III R 8/19, BStBl. II 2021, 627).

52 Eine **spezialgesetzliche Ausnahme von der örtlichen Festigkeit** sehen **§ 2 I 3 Var. 2 GewStG** und **§ 6 GewStDV** vor. So gestattet es § 2 I 3 GewStG, für die Betriebstätte auf einem in einem inländischen Schiffsregister eingetragenen Kauffahrteischiff auf das Erfordernis der „festen" Einrichtung zu verzichten. § 6 GewStDV fingiert bei Binnen- und Küstenschifffahrtsbetrieben ohne feste örtliche Anlagen oder Einrichtungen eine Betriebstätte am Ort des eingetragenen Heimathafens.

2. Dauerhaftigkeit

53 Neben der örtlichen Komponente weist das Tatbestandsmerkmal der Festigkeit zugleich eine zeitliche Komponente auf, wonach die **Nutzung der Geschäftseinrichtung auf eine gewisse Dauer angelegt** sein muss (RFH 8.10.1941 – VI B 11/41, RStBl 1941, 814; BFH 30.8.1960 – I B 148/59 U, BStBl. III 1960, 468; BFH 7.6.1966 – I B 124/64, BStBl. III 1966, 548; BFH 30.10.1973 – I R 50/71, BStBl. II 1974, 107; BFH 28.8.1986 – V R 20/79, BStBl. II 1987, 162). Von einer derartigen Dauerhaftigkeit ist bei einer nicht lediglich einmaligen, kurzfristigen oder vorübergehenden, aber nicht notwendig ununterbrochenen Nutzung zu Unternehmenszwecken auszugehen (BFH 13.9.2000 – X R 174/96, BStBl. II 2001, 734). Insoweit lassen sich die zu § 16 StAnpG entwickelten Rechtsgrundsätze auch auf § 12 übertragen.

Hintergrund des zeitlichen Kriteriums ist das Konzept der „Verwurzelung" (→ Rn. 6), die nur dann zu bejahen ist, wenn der durch die Unternehmenstätigkeit hergestellte Bezug der Tätigkeit zum Ort ihrer Ausübung auf eine gewisse Dauer angelegt ist (vgl. BFH 19.5.1993 – I R 80/92, BStBl. II 1993, 655). 54

Wenngleich die in **§ 12 S. 2 Nr. 8** für Bauausführungen ausdrücklich geforderte Mindestdauer von sechs Monaten teilweise auch als **„Anhaltspunkt" für die Mindestdauer** im Rahmen des Grundtatbestands der Betriebstätte (§ 12 S. 1) bemüht wurde (vgl. zu § 16 StAnpG BFH 30.10.1973 – I R 50/71, BStBl. II 1974, 107 mwN sowie zu § 12 BFH 19.5.1993 – I R 80/92, BStBl. II 1993, 655; BMF 24.12.1999, BStBl. I 1999, 1076 Tz. 1.1.1.1; HHSp § 12 Rn. 15; Klein § 12 Rn. 7), hat sich die Rspr. bislang nicht zu einer derartigen allgemeinen Mindestdauer positioniert (dies ausdrücklich offenlassend BFH 17.9.2003 – I R 12/02, BStBl. II 2004, 396; HHSp § 12 Rn. 15; für abkommensrechtliche Betriebstätten vgl. jedoch BFH 18.12.2024 – I R 39/21, DStR 2025, 1019). 55

Die **Verneinung einer allgemeinen Mindestdauer** überzeugt insb. vor dem Hintergrund, dass die Benennung einer Mindestdauer in dem Regelbeispiel zu Bauausführungen gerade die Ausnahme und nicht die Regel iRd § 12 ist. Vielmehr ist die Frage der Dauerhaftigkeit für die Zwecke des § 12 S. 1 anhand der Umstände des Einzelfalls (vgl. BFH 9.10.1974 – I R 128/73, BStBl. II 1975, 203; BFH 27.4.1954 – I B 136/53 U, BStBl. III 1954, 179) im Zeitpunkt der Aufnahme der konkreten Tätigkeit in der jeweiligen Geschäftseinrichtung zu bestimmen (auf die Art der Tätigkeit und die Intensität des Ortsbezugs abstellend HHSp § 12 Rn. 16; TK § 12 Rn. 10; Kahle/Ziegler DStZ 2009, 834 (837); vgl. auch BeckOK AO § 12 Rn. 90). Daher steht auch die tatsächlich lediglich für einen kürzeren Zeitraum ausgeübte Tätigkeit der Betriebstättenbegründung (für die Dauer der Ausübung) nicht entgegen, wenn die Tätigkeit ursprünglich auf einen längeren, nicht lediglich vorübergehenden, Zeitraum „angelegt" war (vgl. Gosch AO § 12 Rn. 10). 56

So kann sich die Dauerhaftigkeit bereits aus der **Art der Geschäftseinrichtung** ergeben, wenn diese auf langfristigen Gebrauch für betriebliche Zwecke angelegt ist (vgl. BFH 30.10.1996 – II R 12/92, BStBl. II 1997, 12; BFH 15.5.2024 – IV R 21/21, DStRE 2024, 1105; zur Wechselwirkung der beiden Festigkeitskomponenten vgl. auch BFH 18.12.2024 – I R 47/21, DStR 2025, 1013). Auch im Fall von **mehrmals im Jahr und meist auch an der gleichen Stelle sich wiederholenden Marktveranstaltungen** stehen Unterbrechungen der Dauerhaftigkeit nicht entgegen (RFH 11.10.1939 – VI B 15/39, RStBl 1939, 1095; zum Wochenmarkthändler BFH 9.10.1974 – I R 128/73, BStBl. II 1975, 203; aA für lediglich einmal jährlich stattfindende Weihnachtsmärkte BFH 17.9.2003 – I R 12/02, BStBl. II 2004, 396; zu für Werbeveranstaltungen kurzfristig angemieteten Hotelräumlichkeiten FG München 4.4.2003 – 12 K 2867/96, BeckRS 2003, 16793; ähnlich auch verneinend bei jährlich lediglich für die Dauer von sechs Wochen in einem Wohnwagen ausgeübter Tätigkeit BFH 19.5.1993 – I R 80/92, BStBl. II 1993, 655). Die Nutzung der dem Schiedsrichter am Spielort zur Verfügung stehenden **Schiedsrichterkabine** ist als lediglich vorübergehend anzusehen (BFH 20.12.2017 – I R 98/15, BFHE 260, 169). 57

3. Verfügungsmacht

Der BFH fordert zudem in std. Rspr., dass der Stpfl. über die Geschäftseinrichtung (oder Anlage) „Verfügungsmacht" hat. Ob es sich hierbei um einen Bestandteil des Tatbestandsmerkmals der festen Geschäftseinrichtung (so wohl der I. Senat des BFH, vgl. BFH 3.2.1993 – I R 80–81/91, BStBl. II 1993, 462; BFH 17.9.2003 – I R 12/02, BStBl. II 2004, 396; BFH 29.11.2017 – I R 58/15, BFHE 260, 209; BFH 7.6.2023 – I R 47/20, BFHE 280, 415) oder eine Ausprägung der „dienenden Funktion" der Geschäftseinrichtung für die Unternehmenstätigkeit (vgl. BFH 4.7.2012 – II R 38/10, BStBl. II 2012, 782; BFH 18.9.2019 – III R 3/19, DStR 2020, 920; BFH 23.3.2022 – III R 35/20, BStBl. II 2022, 844) handelt, ist der Rspr. nicht einheitlich zu entnehmen. 58

59 **a) Ursprünge in der Rechtsprechung des RFH.** Seinen Ursprung hat das Erfordernis der Verfügungsmacht in der Rspr. des RFH zu der Vorgängernorm § 16 StAnpG bzw. zu den gleichlautenden Parallelregelungen in § 10 II Landessteuergesetz (RGBl. 1920, 402) oder § 11 II Finanzausgleichsgesetz (RGBl. I 1926, 203), wobei der RFH seinerseits Anleihen bei der Rspr. des Preußischen OVG nahm: So entsprach es bereits der std. Rspr. des RFH, dass die Begründung einer Betriebstätte iSv § 16 StAnpG nicht voraussetzte, dass die betreffenden Räume dem Stpfl. gehörten oder von diesem gemietet waren (vgl. RFH 4.3.1927 – I B 1/27, RStBl. 1927, 112; RFH 19.12.1934 – VI A 230/34, RStBl. 1935, 490; RSH 26.9.1939 – I 272/39, RStBl. 1939, 1227). Er schloss sich dabei der Rspr. des Preußischen OVG (vgl. Preußisches Oberverwaltungsgericht Entscheidungen in Staatssteuersachen Bd. 10, S. 207, Bd. 15, S. 224) an, das es für die Annahme einer Betriebstätte hatte ausreichen lassen, wenn der Unternehmer oder seine Angestellten über den Betriebstättenraum insoweit verfügen konnten, als es zur Ausübung des Gewerbes erforderlich war, dh, um dort diejenigen gewerblichen Handlungen vorzunehmen, zu deren Vornahme die Geschäftseinrichtung bestimmt war (RFH 4.3.1927 – I B 1/27, RStBl. 1927, 112; RFH 19.12.1934 – VI A 230/34, RStBl. 1935, 490). Hieraus entstand das Erfordernis, dass der Unternehmer über die Geschäftseinrichtung jedenfalls eine gewisse, nicht nur vorübergehende Verfügungsgewalt haben musste (vgl. RFH 26.9.1939 – I 272/39, RStBl. 1939, 1227).

60 Die **Geschäftseinrichtung musste eine solche *des Unternehmers*** sein, dh, einen Bestandteil seines Betriebs und somit ein Glied des damals noch von der Betriebstättendefinition vorausgesetzten gewerblichen Unternehmens bilden; sie musste von ihm oder einer der im Gesetzeswortlaut genannten Personen betrieben werden (RFH 4.3.1927 – I B 1/27, RStBl. 1927, 112). Aus diesem Grund verneinte der RFH das Vorliegen einer Betriebstätte in den dem gewerblichen Unternehmer nicht gehörigen Wohnungen seiner reisenden Angestellten und Monteure, in denen die Reisenden geringfügige Bürotätigkeiten ausübten und die Monteure die ihnen zur Verfügung gestellten Werkzeuge sowie einen kleinen Vorrat von Ersatzteilen lagerten, unter Verweis darauf, dass diese „*geringfügige geschäftliche Tätigkeit* im Auftrag und für Rechnung des Unternehmers" aus den Wohnungen *noch* keine *Geschäfts*einrichtung des Unternehmers machte (RFH 26.9.1939 – I 272/39, RStBl. 1939, 1227).

61 In diesem Zusammenhang ist indes zu berücksichtigen, dass die Regelung des **§ 16 II Nr. 2 StAnpG** voraussetzte, dass die sonstige Geschäftseinrichtung **„dem *Unternehmer* zur Ausübung des Gewerbes"** und nicht lediglich (wie iRd **§ 12 AO**) der **„Tätigkeit eines *Unternehmens*"** dient. Während der Referenzrahmen des § 16 StAnpG damit personenbezogen war (dienende Funktion für den Unternehmer oder seinen ständigen Vertreter) ist § 12 AO deutlich objektbezogener, indem er auf die dienende Funktion für das Unternehmen abstellt.

62 Dabei hatte das Kriterium der Verfügungsmacht über die (dem Unternehmer nicht selbst gehörenden oder nicht selbst angemieteten) Räumlichkeiten vor allem auch den **Zweck,** das betreffende **Unternehmen von dem selbständigen Gewerbe eines** für das Unternehmen (in den betreffenden Räumlichkeiten) tätig werdenden **ständigen Vertreters abzugrenzen** (vgl. RFH 19.12.1939 – I 432/38, RStBl. 1940, 25). Wenngleich diese Rechtsprechungslinie vereinzelt Übereinstimmungen mit der späteren Rspr. zu Betriebstätten in den Betriebstätten Dritter (→ Rn. 86 ff.) aufweist, ist sie in Anbetracht der insoweit veränderten Rechtslage als überholt anzusehen (vgl. BFH 30.6.2005 – III R 47/03, BStBl. II 2006, 78; BFH 30.6.2005 – III R 76/03, BStBl. II 2006, 84). Anders als § 12 AO ließ § 16 StAnpG nämlich auch genügen, dass die sonstige Geschäftseinrichtung dem ständigen Vertreter des Unternehmers zur Ausübung des Gewerbes (des Vertretenen) diente.

64 **b) Weiterentwicklung durch den BFH: Erfordernis einer Rechtsposition („selbständiger Nutzungsanspruch").** Auch der BFH übernahm das Erfordernis der Verfügungsmacht in seine Betriebstättenmaßstäbe und entwickelte das Verfügungsmachtkrite-

rium weiter fort. Trotz seiner begrifflichen Nähe ist es **nicht begriffsidentisch mit dem zivilrechtlichen Verständnis von Verfügungsmacht.** Zwar versteht auch der BFH Verfügungsmacht im Sinne der „gegenüber der uneingeschränkten Macht des Eigentümers geminderten tatsächlichen Herrschaft" und leitet daraus ab, dass bloßes Tätigwerden für ein Unternehmen keine Herrschaftsmacht des Unternehmens über die Räume begründet, in denen sich diese Tätigkeit abspielt, stellte dies jedoch unter den Vorbehalt, dass sich die Verfügungsmacht des Unternehmens nicht aus anderen Umständen ergibt (BFH 18.3.1976 – IV R 168/72, BStBl. II 1976, 365).

Verfügungsmacht für die Zwecke der Betriebstättenbegründung kann sich daher aus 65 einer **Rechtsstellung** (zB Eigentum, Gebrauchsrecht) oder aus **anderen Umständen** ergeben (vgl. BFH 29.4.1987 – I R 118/83, BStBl. II 1988, 168). Für die Beantwortung der Frage, was im Einzelnen diese „anderen Umstände" ausmacht, ist in Ermangelung einer abstrakten Definition (vgl. BFH 17.3.1982 – I R 189/79, BStBl. II 1982, 624) auf die von der Rspr. entwickelte Kasuistik zur Verfügungsmacht zurückzugreifen (so auch TK § 12 Rn. 11; vgl. hierzu insb. → Rn. 68 ff.).

Rechtsposition. Im Ausgangspunkt fordert der BFH für die Annahme von nicht nur 66 vorübergehender Verfügungsmacht, dass dem Nutzenden mit der Überlassung der Geschäftseinrichtung oder Anlage eine **Rechtsposition an ihr eingeräumt wird, die ihm ohne seine Mitwirkung nicht mehr ohne weiteres entzogen oder** die ohne seine Mitwirkung nicht ohne weiteres **verändert werden kann** (vgl. BFH 17.3.1982 – I R 189/79, BStBl. II 1982, 624; BFH 8.3.1988 – VIII R 270/81, BFH/NV 1988, 735; BFH 11.10.1989 – I R 77/88, BStBl. II 1990, 166; BFH 17.3.1982 – I R 189/79, BStBl. II 1982, 624; BFH 28.8.1986 – V R 20/79, BStBl. II 1987, 162; vgl. von einem „selbständigen Nutzungsanspruch" sprechend BFH 7.6.2023 – I R 47/20, BFHE 280, 415). Der Verfügungsmachtbegriff ist damit zweigliedrig und spiegelt die beiden Komponenten der Festigkeit wider: Während die Rechtsposition an der Einrichtung die Unternehmenstätigkeit örtlich verwurzelt, gewährleistet das Erfordernis der Unentziehbarkeit ihre zeitliche Verstetigung (Dauerhaftigkeit). Die **bloße Berechtigung zur Nutzung eines Raumes im Interesse eines anderen sowie die bloße tatsächliche Mitbenutzung** eines Raumes begründen für sich genommen noch **keine Betriebstätte** (BFH 11.10.1989 – I R 77/88, BStBl. II 1990, 166). Auch fehlt es an der erforderlichen Rechtsposition, wenn kein **Nutzungsrecht** über bestimmte Räume vereinbart worden ist, das dem Gebrauchsinhaber **mindestens das Recht einräumt, einer Zuweisung anderer als der ihm zur Nutzung überlassenen Räume zu widersprechen** (BFH 17.3.1982 – I R 189/79, BStBl. II 1982, 624). Ein alleiniges Zutrittsrecht ohne Ausschließungsbefugnis (Zutrittsverwehrung oder Einschränkung von Nutzungsrechten der Nutzungsberechtigten) ist nicht ausreichend (BFH 13.9.2000 – X R 174/96, BStBl. II 2001, 734 zu einem Bezirkskaminkehrermeister).

Von dem anfänglichen Erfordernis, wonach sich die Rechtsposition auf **bestimmte** 67 **Räume** beziehen müsse (BFH 17.3.1982 – I R 189/79, BStBl. II 1982, 624; BFH 3.2.1993 – I R 80–81/91, BStBl. II 1993, 462), ist der BFH in späteren Entscheidungen abgerückt (vgl. BFH 14.7.2004 – I R 106/03, BFH/NV 2005, 154; BFH 5.11.2014 – IV R 30/11, BStBl. II 2015, 601). **Ebenso wenig ist erforderlich,** dass die Rechtsposition **ausdrücklich vereinbart** wurde (BFH 14.7.2004 – I R 106/03, BFH/NV 2005, 154) oder die Verfügungsmacht des Betriebstätteninhabers **nach außen hin erkennbar** ist (vgl. BFH 3.2.1993 – I R 80–81/91, BStBl. II 1993, 462 unter Verweis auf RFH 4.3.1927 – I 1/27, RStBl. 1927, 112). Damit hat die Rspr. bei der Ausgestaltung des Kriteriums der Verfügungsmacht ausgehend von dem Erfordernis einer Rechtsposition **zunehmend tatsächliche Umstände in die Betrachtung miteinbezogen.**

c) Ergänzung und Konkretisierung der „anderen Umstände" durch Gedanken 68 **der „Verwurzelung".** Das in std. Rspr. zu einem festen Bestandteil des Betriebstättenbegriffs entwickelte Verfügungsmachtkriterium in Gestalt des Erfordernisses einer Rechtsposition ergänzte der BFH mit seinem Urteil BFH 3.2.1993 – I R 80–81/91, BStBl. II 1993, 462 auch ausdrücklich um den **„Verwurzelungsgedanken“:** Danach ist es für die Annahme einer Betriebstätte letztlich entscheidend, dass eine **bestimmte unternehmerische Tätigkeit durch eine Geschäftseinrichtung mit einer festen örtlichen Bindung ausgeübt** wird. In der örtlichen Bindung muss sich eine gewisse **„Verwurzelung“ des Stpfl. mit dem Ort der Ausübung der unternehmerischen Tätigkeit** ausdrücken (vgl. auch BFH 4.6.2008 – I R 30/07, BStBl. II 2008, 922; BFH 4.7.2012 – II R 38/10, BStBl. II 2012, 782). Letztlich greift die Bezugnahme auf die Verwurzelung der Unternehmenstätigkeit den der Betriebstätte zugrunde liegenden Leitgedanken auf, die Besteuerungsmöglichkeit von einer bestimmten Intensität der geschäftlichen Beziehung zu dem jeweiligen Territorium abhängig zu machen (BFH 21.4.1999 – I R 99/97, BStBl. II 1999, 694; → Rn. 6). Kann die Verfügungsmacht daher nicht aus einer Rechtsposition abgeleitet werden, lässt der BFH als „andere Umstände“ seither eine lediglich **„allgemeine rechtliche Absicherung“** oder eine **dauerhafte tatsächliche Nutzungsbefugnis** ausreichen, **wenn die Verfügungsmacht nicht bestritten wird** (BFH 3.2.1993 – I R 80–81/91, BStBl. II 1993, 462; BFH 10.11.1998 – I B 80/97, BFH/NV 1999, 665; BFH 23.5.2002 – III R 8/00, BStBl. II 2002, 512; BFH 18.3.2009 – III R 2/06, BFH/NV 2009, 1457).

69 Dadurch haben beide Elemente des ursprünglichen Verfügungsmachtbegriffs – die Rechtsposition und die Unentziehbarkeit – eine gewisse **Abmilderung** erfahren: Statt der Rechtsposition genügt eine „allgemeine rechtliche Absicherung“ oder eine „dauerhafte tatsächliche Nutzungsbefugnis“. In der Diktion des III. Senats des BFH entspricht die dauerhafte tatsächliche Nutzungsbefugnis der „Vornahme eigener betrieblicher Handlungen mit einer gewissen Nachhaltigkeit“ (BFH 23.3.2022 – III R 35/20, BStBl. II 2022, 844). Statt der Unentziehbarkeit reicht für die Annahme der Dauerhaftigkeit der Verwurzelung, dass die Verfügungsmacht nicht bestritten wird. Insgesamt rückt damit die rechtliche Absicherung der Verwurzelung in den Hintergrund, während tatsächliche Kriterien an Relevanz gewinnen.

70 Aber auch das bereits abgemilderte Dauerhaftigkeitserfordernis des Nicht-Bestreitens in der Variante der dauerhaften tatsächlichen Nutzungsbefugnis wurde in der jüngsten Rspr. durch einen Katalog von **Indizien und Vermutungen** ersetzt, die die dauerhafte tatsächliche Nutzung bzw. die eigenen betrieblichen Handlungen von gewisser Nachhaltigkeit und damit die Verwurzelung der Unternehmenstätigkeit indizieren. Neben der dauerhaften Überlassung von sog. personenbeschränkten Nutzungsstrukturen (→ Rn. 75 ff.) sind hier va die im Zusammenhang mit Subunternehmern entwickelte Fallgruppe der „fortlaufenden Überwachung vor Ort“ (→ Rn. 92) oder des dem Unternehmen in der Einrichtung zur Verfügung stehenden „sachlichen und personellen Organismus“ (→ Rn. 93) zu nennen.

71 **Allgemeine rechtliche Absicherung und dauerhafte tatsächliche Nutzungsüberlassung als Ausprägung der örtlichen Verwurzelung.** Während die „allgemeine rechtliche Absicherung“ va Konstellationen betrifft, bei denen sich das Nutzungsrecht des Unternehmens von Dritten ableitet (vgl. BFH 3.2.1993 – I R 80–81/91, BStBl. II 1993, 462) und dem Unternehmen gerade keinen „selbständigen Nutzungsanspruch“ iSe Rechtsposition vermittelt, gestattet die Ausprägung der örtlichen Verwurzelung in Gestalt der „dauerhaften tatsächlichen Nutzungsbefugnis“ auch die – in einer mobilen Arbeitswelt zunehmend relevantere – Berücksichtigung tatsächlicher Umstände. Hierbei sind die Gesamtumstände des Einzelfalls in die Tatsachenwürdigung miteinzubeziehen (BFH 18.12.2024 – I R 47/21, DStR 2025, 1013; Kahle/Kindich IStR 2016, 89 (92)).

72 Dabei ist die hinreichend örtliche Verwurzelung durch dauerhafte tatsächliche Nutzungsmöglichkeit **von der bloßen Berechtigung zur Nutzung eines Raumes im Interesse eines anderen sowie der bloßen tatsächliche Mitbenutzung eines Raumes abzugrenzen,** was für sich genommen noch keine Betriebstätte begründet (BFH 11.10.1989 – I R 77/88, BStBl. II 1990, 166; BFH 23.5.2002 – III R 8/00, BStBl. II 2002, 512; BFH 30.6.2005 – III R 47/03, BStBl. II 2006, 78).

Für eine derart hinreichend feste örtliche Verwurzelung durch tatsächliche Nutzungsmöglichkeit lässt es der BFH genügen, wenn letztere **„dauerhaft“** ist (BFH 18.12.2024 – I R 47/21, DStR 2025, 1013; BFH 14.7.2004 – I R 106/03, BFH/NV 2005, 154) und stellt dabei maßgeblich darauf ab, ob das Unternehmen die Einrichtung **„regelmäßig für eigene betriebliche Handlungen“** nutzt (für mehrjährige Wartungsarbeiten an einem Simulationssystem auf einem Stützpunkt der US-Armee bejahend BFH 14.7.2004 – I R 106/03, BFH/NV 2005, 154). Dabei steht es der Verwurzelung **nicht bereits entgegen, dass die dauerhafte Nutzungsmöglichkeit** der für die Leistungserbringung unerlässlichen Räumlichkeiten **nur mittelbar besteht** (BFH 7.6.2023 – I R 47/20, BFHE 280, 415), solange die ausgeübten Tätigkeiten dem fraglichen Unternehmen und nicht dem Mittler als eigene betriebliche Handlungen zuzurechnen sind. Die **Bestimmung und Koordination der maßgeblichen (unternehmerischen) Arbeiten** durch das betreffende Unternehmen zählen zu den **Indizien** für eine entspr. eigenbetriebliche Tätigkeit des Unternehmens in der Einrichtung (vgl. BFH 4.6.2008 – I R 30/07, BStBl. II 2008, 922). 73

Dass es sich bei der Verwurzelung letztlich um die Beantwortung einer **Zurechnungsfrage,** nämlich danach handelt, wessen unternehmerische Tätigkeit in der Einrichtung ausgeübt wird, verdeutlicht BFH 4.6.2008 – I R 30/07, BStBl. II 2008, 922, wonach auch ein mehrjähriges bloßes Tätigwerden in den Räumlichkeiten allein keine Verfügungsmacht zu begründen vermag, wenn nicht zusätzliche Umstände auch auf eine örtliche Verfestigung des Unternehmens an der Einrichtung schließen lassen. In dem konkreten Fall verneinte der BFH die Verwurzelung in den Räumlichkeiten des Auftraggebers unter Verweis auf die fehlende Bestimmung oder Koordination der Betriebsabläufe (dort: Reinigungsarbeiten auf NATO-Flughafen) durch den Auftragnehmer und verglich das bloße Tätigwerden eher mit einer „Personalgestellung“ als einer eigenen betrieblichen Handlung. Weder die Aushändigung von Schlüsseln zu den Räumlichkeiten, in denen die Tätigkeit ausgeübt wurde, noch die Möglichkeit, gemeinschaftliche Umkleide-, Dusch- und Aufenthaltsräume oder den im Aufenthaltsraum vorhandenen Telefon- und Faxanschluss (mit) zu nutzen, stellten eine örtliche Verfestigung begründende „zusätzliche Umstände“ dar (BFH 4.6.2008 – I R 30/07, BStBl. II 2008, 922; BFH 16.5.1990 – I R 113/87, BStBl. II 1990, 983). 74

Ist das **tatsächliche Nutzungsrecht an der Einrichtung nicht als Allein-, sondern als Mitnutzungsrecht** ausgestaltet, ist anhand der Gesamtumstände des Einzelfalls zwischen der „dauerhaften Nutzung der Geschäftseinrichtung“ und einem lediglich „gelegentlichen Mitbenutzungsrecht“ abzugrenzen (BFH 18.12.2024 – I R 47/21, DStR 2025, 1013). Als **Indiz** für ein dauerhaft erteiltes jederzeitiges Nutzungsrecht greift der BFH dabei auf die **dauerhafte Überlassung „personenbeschränkter Nutzungsstrukturen“** zurück. Dahinter verbergen sich Sachen oder Sachgesamtheiten, die durch bestimmte äußere Merkmale (wie bspw. Namensschilder) und bestimmte Vorrichtungen (bspw. durch Schlösser) nur einem beschränkten, aber nach außen klar erkennbaren Personenkreis zur Nutzung zur Verfügung stehen. 75

So kann ein mit Namensschild versehener abschließbarer Spind oder ein entspr. Schließfach zur Aufbewahrung von Werkzeugen bzw. Privatkleidung eines auf einem Flughafengelände selbstständig tätigen Ingenieurs (FG Sachsen 30.11.2017 – 1 K 123/17, FR 2020, 1009, NZB zurückgewiesen durch BFH 9.1.2019 – I B 138/17, IStR 2019, 553; BFH 7.6.2023 – I R 47/20, BFHE 280, 415) oder ein mit dem Firmenschild des Stpfl. beschrifteter abschließbarer Standcontainer (BFH 18.12.2024 – I R 47/21, DStR 2025, 1013) als Indiz für ein dauerhaftes Mitnutzungsrecht und damit für eine hinreichende örtliche Verwurzelung genügen. 76

In diesen Fällen ist es gerade die dauerhaft überlassene personenbeschränkte Nutzungsstruktur, die dem Unternehmen die ortsbezogene Verwurzelung an der Geschäftseinrichtung vermittelt. Wie der BFH dabei jüngst klargestellt hat (BFH 18.12.2024 – I R 47/21, DStR 2025, 1013), ist jedoch **zwischen der (ortsbezogenen) Geschäftseinrichtung und der personenbeschränkten Nutzungsstruktur zu unterscheiden.** Letztere ver- 77 mittelt die Verwurzelung der Unternehmenstätigkeit (vgl. BFH 7.6.2023 – I R 47/20, BFHE 280, 415); in ihr manifestiert sich die dauerhafte (also nicht nur vorübergehende) Verfügungsmacht über die gesamte Einrichtung. Die personenbeschränkte Nutzungsstruktur (Spind, Schließfach, Standcontainer) ist also nicht deckungsgleich mit der Geschäftseinrichtung und bildet daher nicht den Referenzrahmen für die Gewinnzurechnung. Das Gewinnzurechnungssubjekt bleibt die Geschäftseinrichtung.

78 **Bestimmte Räumlichkeiten.** Auch für die tatsächliche Nutzungsmöglichkeit verlangte der BFH – ähnlich wie für die Rechtsposition – zwar, dass sie sich auf bestimmte Räumlichkeiten beziehen müsse (BFH 3.2.1993 – I R 80–81/91, BStBl. II 1993, 462), legte dieses Erfordernis gleichwohl von Anfang an weit aus. Mit der weniger stark ausgeprägten rechtlichen Absicherung der örtlichen Verwurzelung geht reflexartig auch eine Abschwächung der konkreten Objektbezogenheit einher. So ist **die Zuweisung eines für längere Zeit unentziehbaren bestimmten Arbeitsplatzes nicht erforderlich** (BFH 14.7.2004 – I R 106/03, BFH/NV 2005, 154 unter Verweis auf BFH 3.2.1993 – I R 80–81/91, BStBl. II 1993, 462). Die Nutzungsbefugnis braucht sich nicht einmal auf einen bestimmten Raum oder eine bestimmte Fläche zu beziehen, sondern kann auch vorliegen, wenn der Unternehmer **jeweils irgendeinen geeigneten Raum** des Gebäudes oder die wechselnde Teilfläche eines Grundstücks **ständig nutzen darf** (BFH 18.3.2009 – III R 2/06, BFH/NV 2009, 1457 unter Verweis auf BFH 3.2.1993 – I R 80–81/91, BStBl. II 1993, 462). Es genügt, wenn dem Unternehmen zur Vertragserfüllung geeignete Räumlichkeiten zur Verfügung gestellt werden (BFH 14.7.2004 – I R 106/03, BFH/NV 2005, 154; anders wohl noch BFH 16.5.1990 – I R 113/87, BStBl. II 1990, 983). Auch steht es der Annahme einer Betriebstätte **nicht entgegen, wenn dem Unternehmer ein anderer Raum oder eine andere Teilfläche zugewiesen werden kann** (BFH 18.3.2009 – III R 2/06, BFH/NV 2009, 1457 unter Verweis auf BFH 14.7.2004 – I R 106/03, BFH/NV 2005, 154).

79 **Unbestrittene Verfügungsmacht.** Die sich in der dauerhaften tatsächlichen Nutzung zeitigende Verfügungsmacht des Unternehmers über die Räumlichkeiten muss **(tatsächlich) unbestritten** sein. Dies kann sich **auch konkludent** aus einer entspr. Bestimmung und Eignung der bestimmten Räumlichkeiten ergeben (BFH 3.2.1993 – I R 80–81/91, BStBl. II 1993, 462). Eine unbestrittene Verfügungsmacht kann zumindest **aus tatsächlichen Gründen** angenommen werden, wenn der Vertrag, auf dessen Grundlage die Unternehmenstätigkeit bislang in den Räumlichkeiten erbracht worden ist, nicht in der langjährig praktizierten Form hätte fortgesetzt werden können (FG Köln 18.9.2014 – 4 K 1753/11, EFG 2014, 2115, rkr.). Ist die Verfügungsmacht unbestritten, so genügt auch bereits die **mittelbare Verfügungsmacht** (BFH 7.6.2023 – I R 47/20, BFHE 280, 415).

80 Wenngleich es für die unbestrittene Verfügungsmacht grds. erforderlich ist, dass der Unternehmer die betreffende Einrichtung jederzeit oder zumindest zu bestimmten Zeiten aufsuchen kann, ohne dass es eines konkreten Anlasses oder der einzelfallbezogenen Zustimmung einer anderen Person bedarf, ist nicht jede Form von **Zugangsbeschränkung** für die Verwurzelung der Unternehmenstätigkeit schädlich. Beschränken vorhandene personenbezogene Kontrollmaßnahmen dieses Zugangsrecht nicht grds., sondern dienen sie vielmehr lediglich der Durchsetzung militärischer (BFH 14.7.2004 – I R 106/03, BFH/NV 2005, 154) oder anderer (BFH 7.6.2023 – I R 47/20, BFHE 280, 415; FG Sachsen 30.11.2017 – 1 K 123/17, BeckRS 2017, 156525) Sicherheitsinteressen, liegt darin jedenfalls dann kein Bestreiten der Verfügungsmacht, wenn tatsächlich eine Vielzahl von Mitarbeitern des Unternehmens regelmäßig Zugang zu der betreffenden Einrichtung erhält (BFH 14.7.2004 – I R 106/03, BFH/NV 2005, 154).

81 **d) Praxisrelevante Fallgruppen. aa) Betriebstätte in der Privatwohnung des Arbeitnehmers/Homeoffice.** Besondere Relevanz erfährt die Frage der Verfügungsmacht bzw. Verwurzelung, wenn der Arbeitnehmer seiner arbeitsvertraglich geschuldeten Tätigkeit (teilweise) in Räumen seiner Privatwohnung nachgeht. Denn eine Nutzung der

Privatwohnung in der Weise, wie sie für Arbeitnehmer typisch ist, denen der Arbeitgeber es gestattet hat, bestimmte Aufgaben in bzw. von der eigenen Wohnung aus zu erledigen, begründet nach der Rspr. des BFH (BFH 29.4.1987 – I R 118/83, BStBl. II 1988, 168; vgl. BFH 19.6.1963 – I B 103/62, BeckRS 1963, 21007627) kein eigenes Nutzungsrecht und vermittelt damit **keine ohne weiteres unentziehbare Rechtsposition** des Arbeitgebers an den Wohnräumen des Arbeitnehmers.

Zwar dürfte sich die für die Verwurzelung erforderliche **allgemeine rechtliche Absicherung** aus einer ausdrücklichen arbeitsvertraglichen Vereinbarung (in Gestalt einer Heimarbeitsklausel) ergeben können. Das bloße berufliche Abhängigkeitsverhältnis aufgrund der Arbeitnehmerstellung und das damit einhergehende Weisungsrecht des Arbeitgebers genügen indes nicht, um einen einseitigen Entzug der Räumlichkeiten gegen den Willen des Arbeitgebers zu verhindern. Die lediglich tatsächliche Mitbenutzung eines Raumes in der Privatwohnung eines Arbeitnehmers ohne vertragliche Grundlage begründet daher noch keine Verfügungsmacht (BFH 23.5.2002 – III R 8/00, BStBl. II 2002, 512). 82

Aber auch in den Fällen, in denen einer oder mehrere Räume der Wohnung eines Arbeitnehmers aufgrund arbeitsvertraglicher Vereinbarungen für die gewerbliche Tätigkeit des Arbeitgebers genutzt werden und von ihm mit den dafür erforderlichen Einrichtungen ausgestattet worden sind, scheitert die Verwurzelung: Denn auch in diesen Fällen hat der BFH die **jederzeitige Verfügungsmacht des Arbeitgebers** über die Räume als **nicht unbestritten** angesehen, weil selbst ohne tatsächliche Zutrittsverwehrung nicht davon auszugehen sei, dass die Arbeitnehmer den anderen Mitarbeitern jederzeitig uneingeschränkten Zutritt zu den Räumen gestattet hätten (BFH 10.11.1998 – I B 80/97, BFH/NV 1999, 665; ähnlich Pasch/Utescher BB 2001, 1660 (1663)). 83

Ob es auch in den Zeiten der zunehmenden Digitalisierung der Arbeitsprozesse sachgerecht ist, auf ein jederzeitiges uneingeschränktes Zutrittsrecht abzustellen, erscheint indes nicht zwingend. Denn die Frage der Verfügungsmacht betrifft nicht die Zurechnung der Privatwohnung des Arbeitnehmers zu dem Arbeitgeberunternehmen, sondern vielmehr die Verwurzelung des Unternehmens durch die in dieser Wohnung ausgeübte Tätigkeit. Dementsprechend sollte es auch nicht auf die Einflussnahmemöglichkeit auf die Räumlichkeiten, sondern auf die Einflussnahmemöglichkeit auf die in den Räumlichkeiten ausgeübte Tätigkeit ankommen. Inwieweit letztere einen Zutritt zu den Räumlichkeiten voraussetzt, hängt aber von der konkreten dort ausgeübten Tätigkeit ab. 84

Ähnlich erscheint es auch nicht mehr sach- und zeitgerecht, eine Verfügungsmacht über das Homeoffice entspr. der (zur Betriebstättenbegründung in der Betriebstätte eines Dritten ergangenen) Fallgruppe der fortlaufenden Überwachung vor Ort (→ Rn. 92) mit der Argumentation zu verneinen, dass aufgrund des fehlenden Zutrittsrechts keine Überwachung *vor Ort* stattfinden könne. Denn anders als bei einem Subunternehmer unterhält der Arbeitnehmer keinen eigenen Betrieb. Seine berufliche Sphäre ist über sein arbeitsvertragliches Abhängigkeitsverhältnis zwingend in die betriebliche Sphäre seines Arbeitgebers eingebunden. Für eine Zurechnung zu der unternehmerischen Sphäre des Arbeitgebers sollte es daher auch genügen, wenn sich – ggf. auch aus der Ferne – feststellen lässt, dass der Arbeitnehmer seiner Arbeit im Homeoffice *überhaupt* nachgeht. Jedenfalls sollten an die Überwachung im Homeoffice keine höheren Anforderungen als an eine entspr. Überwachung der konkreten Tätigkeit in den Räumlichkeiten des Arbeitgebers gestellt werden. 85

bb) Betriebstätte in den Betriebstätten Dritter. Ebenfalls als sehr praxisrelevant hat sich im Zusammenhang mit dem Verwurzelungskriterium die Fallgruppe der „Betriebstättenbegründung in der Betriebstätte eines Dritten" erwiesen. Diese spielt vor allem in Fällen der **Betriebsverpachtung** sowie beim Einsatz von **Subunternehmern oder Managementgesellschaften** eine Rolle. 86

87 Hier ist zunächst zu berücksichtigen, dass die zu der Frage der Betriebstättenbegründung in den Räumlichkeiten eines ständigen Vertreters ergangene **frühere Rspr. des BFH zu § 16 StAnpG** (vgl. BFH 10.5.1961 – IV 155/60 U, BStBl. III 1961, 317; BFH 14.7.1971 – I R 127/68, BStBl. II 1971, 776; BFH 9.3.1962 – I B 156/58 S, NJW 1962, 1592; BFH 12.10.1965 – I B 282/62 U, BStBl. III 1965, 690, BFH 28.6.1972 – I R 35/70, BStBl. II 1972, 785) **nicht** (auch nicht entspr.) **auf § 12 übertragen werden kann,** da § 16 StAnpG (anders als § 12) die Betriebstätte als eine Geschäftseinrichtung definierte, die dem Unternehmer *oder seinem ständigen Vertreter* zur Ausübung des Gewerbes dient (vgl. BFH 30.6.2005 – III R 47/03, BStBl. II 2006, 78; BFH 30.6.2005 – III R 76/03, BStBl. II 2006, 84).

88 Im Grundsatz führt auch hier die bloße Ausübung der Unternehmenstätigkeit in der Betriebstätte eines Dritten (vgl. zur bloß tatsächlichen Mitbenutzung → Rn. 66) nicht zu einer (Verfügungsmacht über diese fremde Betriebstätte vermittelnden) Verwurzelung des (Haupt-)Unternehmens an diesem Ausübungsort. Weder die Betriebstätte des Pächters (BFH 10.2.1988 – VIII R 159/84, BStBl. II 1988, 653; BFH 10.12.1998 – III R 50/95, BStBl. II 1999, 607, BFH 30.6.2005 – III R 47/03, BStBl. II 2006, 78; BFH 30.6.2005 – III R 76/03, BStBl. II 2006, 84) noch des Subunternehmers (BFH 3.2.1993 – I R 80–81/91, BStBl. II 1993, 462; BFH 23.3.2022 – III R 35/20, BStBl. II 2022, 844) begründen somit grds. Betriebstätten des Verpächters bzw. des (Haupt-)Unternehmers.

89 Dies gilt im Fall der **Verpachtung** (vgl. BFH 30.6.2005 – III R 47/03, BStBl. II 2006, 78; BFH 30.6.2005 – III R 76/03, BStBl. II 2006, 84) selbst dann, wenn die überlassenen Wirtschaftsgüter zum Betriebsvermögen des Verpächters gehören und die Nutzungsüberlassung ein betrieblicher Vorgang ist (BFH 2.3.1990 – III R 24/85, BStBl. II 1990, 756; BFH 23.3.2022 – III R 35/20, BStBl. II 2022, 844; TK § 12 Rn. 15; Gosch AO § 12 Rn. 22). Auch die *Verwaltungs*arbeiten des Verpächters rechnete die Rspr. selbst bei umfassenden Zutritts- und Kontrollrechten grds. der Betriebstätte des Verwaltungssitzes des Verpächters zu und verneint eine Betriebstätte am Ort des Pachtobjekts (BFH 10.2.1988 – VIII R 159/84, BStBl. II 1988, 653 mwN; BFH 10.12.1998 – III R 50/95, BStBl. II 1999, 607; BFH 30.6.2005 – III R 47/03, BStBl. II 2006, 78; BFH 30.6.2005 – III R 76/03, BStBl. II 2006, 84).

90 Entsprechend führt auch das (selbst umfassende) eigenverantwortliche Tätigwerden eines (seinerseits unternehmerisch tätig werdenden) **Subunternehmers** an einem bestimmten Ort allein noch nicht zu einer Verwurzelung des Hauptunternehmens an diesem Ort (BFH 23.3.2022 – III R 35/20, BStBl. II 2022, 844). Das gilt auch, wenn der Hauptunternehmer die Leistung des Subunternehmers wie seine eigene am Markt verkauft und daraus einen Gewinn erzielt (BFH 3.2.1993 – I R 80–81/91, BStBl. II 1993, 462).

91 Vielmehr ist eine Verwurzelung des Unternehmens in der Betriebstätte des Dritten ausnahmsweise nur dann anzunehmen, wenn das Unternehmen **eigene betriebliche Handlungen mit gewisser Nachhaltigkeit vor Ort** in dieser fremden Betriebstätte vornimmt (BFH 14.7.2004 – I R 106/03, BFH/NV 2005, 154; BFH 13.6.2006 – I R 84/05, BStBl. II 2007, 94; BFH 23.3.2022 – III R 35/20, BStBl. II 2022, 844; Blumers DB 2022, 2304 (2306); Reiser/Cortez IStR 2013, 6 (11)).

92 Diese eigene betriebliche (Unternehmens-)Tätigkeitsentfaltung wird beispielsweise bei einer **fortlaufenden Überwachung *vor Ort*** vermutet (BFH 13.6.2006 – I R 84/05, BStBl. II 2007, 94; BFH 23.2.2011 – I R 52/10, BeckRS 2011, 95635; BFH 23.3.2022 – III R 35/20, BStBl. II 2022, 844). Die örtliche Anbindung der Überwachungstätigkeit stellt dabei sicher, dass das (Haupt-)Unternehmen die Räumlichkeiten des Dritten auch für eigene betriebliche Zwecke nutzt. Aus diesem Grund genügt weder die Überwachung des Betriebsablaufs durch den Verpächter per Datenfernübertragung (vgl. BFH 30.6.2005 – III R 47/03, BStBl. II 2006, 78; BFH 30.6.2005 – III R 76/03, BStBl. II 2006, 84) noch die Wahrnehmung der Überwachungstätigkeit aus dem Ausland heraus (vgl. hierzu BFH 23.3.2022 – III R 35/20, BStBl. II 2022, 844 in Abgrenzung gerade auch vom ständigen Vertreter gem. § 13). Die fortlaufende Überwachung vor Ort kann ihrerseits durch die

Personenidentität der Leistungsorgane ersetzt werden (BFH 23.3.2022 – III R 35/20, BStBl. II 2022, 844 unter Verweis auf BFH 23.2.2011 – I R 52/10, BeckRS 2011, 95635 und BFH 18.9.2019 – III R 3/19, DStR 2020, 920; Wichmann IStR 2012, 711 (713); Blumers/Weng DStR 2012, 551 (552 f.)).

Auch kann sich die erforderliche **„Nutzung für eigene betriebliche Zwecke“** aus der **Beschäftigung eigenen Personals vor Ort** (BFH 6.7.1978 – IV R 24/73, BStBl. II 1979, 18 mwN; BFH 23.3.2022 – III R 35/20, BStBl. II 2022, 844 mwN; BFH 3.2.1993 – I R 80–81/91, BStBl. II 1993, 462; BFH 30.6.2005 – III R 47/03, BStBl. II 2006, 78; BFH 30.6.2005 – III R 76/03, BStBl. II 2006, 84) oder daraus ergeben, dass das Unternehmen aufgrund des zur Verfügung gestellten **„sachlichen und personellen Organismus“** in der Lage ist, seiner **unternehmerischen Tätigkeit „operativ“ nachzugehen** (BFH 23.3.2022 – III R 35/20, BStBl. II 2022, 844; BFH 29.11.2017 – I R 58/15, BFHE 260, 209; BFH 24.8.2011 – I R 46/10, BStBl. II 2014, 764). 93

cc) Dienstleistungsbetriebstätte. Im Zuge der zunehmend dienstleistungsbasierten Arbeitswelt kommt auch der Frage nach der Existenz einer Dienstleistungsbetriebstätte, dh nach der Betriebstättenbegründung durch die nicht nur vorübergehende ortsgebundene Erbringung einer Dienstleistung, eine zunehmende praktische Bedeutung zu. Die Rspr. lässt (iRd Prüfung der „dienenden Funktion“ → Rn. 111) das unternehmensbezogene Tätigwerden „an“ einer Geschäftseinrichtung für die Betriebstättenbegründung genügen (BFH 30.10.1996 – II R 12/92, BStBl. II 1997, 12). Dabei muss es sich bei der tätigkeitsgegenständlichen Geschäftseinrichtung (entgegen der eigentlich sehr weiten Begriffsdefinition der Geschäftseinrichtung → Rn. 36) indes nicht lediglich um eine Sache mit der Eignung, Grundlage *einer* Unternehmenstätigkeit zu sein, handeln. Vielmehr setzt ein derartiges Tätigwerden „an“ einer Geschäftseinrichtung letztlich Verfügungsmacht des Unternehmens über die Einrichtung voraus (vgl. zu einer ähnlichen Vermengung des Geschäftseinrichtungsbegriffs mit dem der Verfügungsmacht iRd § 12 S. 2 Nr. 1 → Rn. 37 f., → Rn. 125). 94

Anders als der OECD-MK (vgl. das Anstreicher-Beispiel in Art. 5 Nr. 17 OECD-MK sowie den diesbzgl. Vorbehalt Deutschlands in Art. 5 Nr. 178 OECD-MK) lässt das deutsche Begriffsverständnis daher sowohl iRd § 12 als auch im Abkommensrecht ein bloßes Tätigwerden in, an oder mit einer fremden Einrichtung für die Betriebstättenbegründung ohne zusätzliche Verfügungsmacht nicht ausreichen. **Eine reine Dienstleistungsbetriebstätte kennt das deutsche Recht damit nicht** (Bürkle/Ullmann DStR 2013, 944 (949)). Die einzige (indes gesetzlich kodifizierte) **Ausnahme** von diesem Grundsatz bilden die **Geschäftsleitungsstätte** (→ Rn. 126 ff.) und die **Bauausführungen** bzw. Montagen des § 12 S. 2 Nr. 8 (→ Rn. 149 ff.). 95

Gleichwohl verdeutlicht das von der Rspr. entwickelte Indiz der dauerhaft überlassenen „personenbeschränkten Nutzungsstruktur“ die zunehmende Tendenz des BFH, bei entspr. starker Ausprägung des zeitlichen Elements Abstriche bei der örtlichen Verwurzelung zuzulassen. So hat der BFH hinsichtlich eines zur ausschließlichen und eigenständigen Nutzung überlassenen Schließfaches, in dem die für die unternehmerische Tätigkeit benötigten Werkzeuge während der Zeiträume, in denen nicht mit ihnen gearbeitet wurde, sicher aufbewahrt wurden, die dienende Funktion für die unternehmerische Betätigung bejaht (BFH 9.1.2019 – I B 138/17, IStR 2019, 553). Gleichsam gehen von einem personenbezogenen Spind, welcher der Aufbewahrung der Arbeitskleidung und dem Arbeitsschutz dienender Gegenstände außerhalb der konkreten Einsatzzeiten des Unternehmers dient, sowie einem personenbezogenen Schließfach zur Aufbewahrung privater Gegenstände eine hinreichende dienende Funktion für die unternehmerische Betätigung aus (BFH 7.6.2023 – I R 47/20, BFHE 280, 415). Über die Figur der dauerhaften Überlassung der „personenbeschränkten Nutzungsstruktur“ hat der BFH die Anforderungen an die örtliche Verwurzelung bei Dienstleistungstätigkeiten erheblich herabgesetzt. Damit hängt die Begründung der (Dienstleistungs-)Betriebstätte in diesen Fällen primär 96 davon ab, ob das Nutzungsrecht dauerhaft oder lediglich gelegentlich ist (vgl. zur Wechselwirkung von Verfügungsmacht und örtlicher und zeitlicher Festigkeit BFH 18.12.2024 – I R 47/21, DStR 2025, 1013).

97 **dd) Personengesellschaften.** Die Betriebstätte einer Mitunternehmerschaft vermittelt jedem ihrer Mitunternehmer automatisch eine eigene Betriebstätte (BFH 29.1.1964 – I 153/61 S, BStBl. III 1964, 165; BFH 29.11.2017 – I R 58/15, BFHE 260, 209). Auf die tatsächliche Verfügungsmacht jedes einzelnen Mitunternehmers kommt es dabei nicht an. Denn dient die feste Geschäftseinrichtung der Unternehmenstätigkeit der Mitunternehmerschaft, so dient sie gleichsam der Beteiligung jedes einzelnen Mitunternehmers an der Mitunternehmerschaft (BFH 26.2.1992 – I R 85/91, BStBl. II 1992, 937). Die Mitunternehmerschaft muss sich die Verfügungsmacht ihrer Mitunternehmer wie eine eigene zurechnen lassen (vgl. BFH 2.12.1992 – I R 165/90, BStBl. II 1993, 577) und umgekehrt (vgl. TK § 12 Rn. 13; Gosch AO § 12 Rn. 14; BeckOK AO § 12 Rn. 145; Klein § 12 Rn. 5).

101 **e) Kritische Würdigung des Verfügungsmachtkriteriums.** Es ist erst die (über eine rechtliche oder aber eine tatsächliche „Verwurzelung" der Unternehmenstätigkeit vermittelte) Verfügungsmacht, die aus der festen Einrichtung eine feste *Geschäfts*einrichtung *des konkreten Unternehmens* macht (vgl. BFH 16.5.1990 – I R 113/87, BStBl. II 1990, 983; BFH 18.12.2024 – I R 47/21, DStR 2025, 1013). Das Kriterium der **Verfügungsmacht** und dessen Ergänzung durch den Verwurzelungsgedanken beantworten damit letztlich die **Frage nach der Zurechnung der Einrichtung zum Unternehmen,** allerdings ausschließlich zum Zwecke der territorialen Anknüpfung der „in, an oder durch" die Einrichtung ausgeübten Unternehmenstätigkeit (vgl. BFH 30.10.1996 – II R 12/92, BStBl. II 1997, 12). Ausgangspunkt und Referenzrahmen der dahinterstehenden Zurechnungsfrage ist die Unternehmenstätigkeit.

102 Vor dem Hintergrund dieser Verklammerungsfunktion erscheint es näherliegend, die Frage der **Verfügungsmacht als eine Ausprägung des Tatbestandsmerkmals des „Dienens"** [der Geschäftseinrichtung für die Unternehmenstätigkeit] und nicht hingegen als Bestandteil des Tatbestandsmerkmals der festen Geschäftseinrichtung anzusehen und ihre Prüfung – mit dem III. Senat des BFH (vgl. BFH 23.3.2022 – III R 35/20, BStBl. II 2022, 844) – im Rahmen des Tatbestandsmerkmals der „dienenden Funktion" zu verorten (so wohl auch der II. Senat in BFH 30.10.1996 – II R 12/92, BStBl. II 1997, 12). Denn die dienende Funktion der Geschäftseinrichtung für die Unternehmenstätigkeit verklammert die (örtlich und zeitlich) verfestigte (Geschäfts-)Einrichtung mit der Unternehmenstätigkeit und begründet damit gerade den territorialen Anknüpfungspunkt („genuine link") für den Besteuerungszugriff (vgl. zur abkommensrechtlichen Betriebstätte Glatz, Abgrenzungsmaßstäbe im Abkommensrecht, 23 ff.).

103 Dabei gebieten die veränderten wirtschaftlichen Realitäten der heutigen Unternehmenslandschaft eine **Klarstellung bei den Maßstäben dieser „Verklammerung":** Das Kriterium der Verfügungsmacht entstammt in seinen Ursprüngen einem „Erweiterungsgedanken". Unter der Geltung des § 16 StAnpG sollte sich die Betriebstätte auch auf Einrichtungen erstrecken können, die sich nicht im Eigentum des Unternehmers befanden. Vor dem Hintergrund dieser Entstehungsgeschichte in einer damals noch vorherrschend „industriellen" Unternehmenslandschaft erweist sich das Kriterium der Verfügungsmacht auch heute noch zumeist als unproblematisch gegeben, wenn es sich bei der betreffenden Unternehmenstätigkeit um eine in besonderem Maße ortsgebundene Tätigkeit (Produktion, Vertrieb, etc.) handelt. Denn allein aus wirtschaftlichem Interesse wird das Unternehmen vor dem Hintergrund seiner eigenen Investitionen in die in Rede stehende Einrichtung oder Anlage auf eine rechtliche Absicherung seines Nutzungsanspruchs idR durch die Erlangung einer Rechtsposition bedacht sein (so schon BFH 3.2.1993 – I R 80–81/91, BStBl. II 1993, 462). Dieses wirtschaftliche Eigeninteresse an einer rechtlichen Absicherung (durch eine Rechtsposition oder auch nur in Gestalt einer „allgemeinen rechtlichen

Absicherung") sinkt indes, je weniger ortsgebunden die Unternehmenstätigkeit und je mobiler dadurch das Unternehmen als solches ist. Dies gilt insb. für Dienstleistungsunternehmen. Zugleich verdeutlicht die Rspr. zu dem auf das Kriterium der Verfügungsmacht verzichtenden Auffangtatbestand der Geschäftsleitungsbetriebstätte (§ 12 S. 2 Nr. 1 AO, → Rn. 128), dass das Betriebstättenkonzept auch auf derart örtlich ungebundene Unternehmenstätigkeiten erstreckt werden soll.

In Anbetracht der zunehmend mobileren Unternehmenslandschaft und nicht zuletzt vor dem Hintergrund der Tatsache, dass es sich bei dem Kriterium der Verfügungsmacht nicht um ein ausdrücklich benanntes Tatbestandsmerkmal handelt, erscheint es daher angebracht, das Verfügungsmachterfordernis auf seine im Wortlaut von § 12 angelegte **Verklammerung von Unternehmenstätigkeit und fester Einrichtung durch die dienende Funktion** und den zugrunde liegenden **Verwurzelungsgedanken** zurückzuführen. Danach sollte allein die dauerhafte örtliche Bindung der bestimmten (also der konkreten) unternehmerischen Tätigkeit durch die Geschäftseinrichtung maßgeblich sein, die eine gewisse „Verwurzelung" des Stpfl. (genauer: des Unternehmens) mit dem Ort der Ausübung der unternehmerischen Tätigkeit zum Ausdruck bringt. Die rechtspositionsbasierte Verfügungsmacht ist lediglich als eine Ausprägung, aber im Zeitalter einer insgesamt mobileren Arbeitswelt nicht (mehr) als der Grundfall der Verwurzelung der Unternehmenstätigkeit mit dem Ort ihrer Ausübung anzusehen. 104

Die von der höchstrichterlichen Rspr. entwickelten Maßstäbe, die sich nicht ausdrücklich zu dem Verhältnis von Verfügungsmacht und Verwurzelungsgedanken äußern, aber eine gewisse Gleichrangigkeit der Kriterien suggerieren, geben eine maßgebliche Stützung auf den Verwurzelungsgedanken (bereits jetzt) her. Auch ist der Rspr. insgesamt eine Tendenz zu entnehmen, in zunehmendem Maße auf den Verwurzelungsgedanken abzustellen (BFH 23.3.2022 – III R 35/20, BStBl. II 2022, 844; BFH 7.6.2023 – I R 47/20, BFHE 280, 415; BFH 18.12.2024 – I R 47/21, DStR 2025, 1013). 105

Das unternehmenstätigkeitsabhängige Element dieser verwurzelungsbasierten Verklammerung verdeutlicht zugleich, dass die Anforderungen, die an die Intensität der Verklammerung zu stellen sind, **unternehmensspezifisch** sind. Der für die Betriebstättenbegründung erforderliche Verwurzelungsgrad, also das, was eine feste Einrichtung letztlich zu einer betriebstättenbegründenden *Geschäfts*einrichtung des konkreten Unternehmens macht, hängt von dessen konkreter Unternehmenstätigkeit ab. Je örtlich ungebundener die Unternehmenstätigkeit ihrer Natur nach ist, desto geringer sind die an ihre örtliche Verwurzelung zu stellenden Anforderungen. 106

Eine derartige Betonung der unternehmenstätigkeitsspezifischen Verwurzelung würde dem Betriebstättenbegriff des § 12 zwar wesentlich stärker den **Weg zu einer grds. Anerkennung der Dienstleistungsbetriebstätte** weisen. Dies entspricht aber gerade der Tendenz in der jüngsten höchstrichterlichen Rspr., bei Unternehmen im Dienstleistungsbereich in der personenbeschränkten Nutzungsstruktur (wie einem Spind, einem Schließfach oder aber einem Standcontainer) ein Indiz für die Verwurzelung der (ihrer Natur nach nicht sonderlich ortsgebundenen) Unternehmenstätigkeit in der Geschäftseinrichtung zu sehen (vgl. BFH 7.6.2023 – I R 47/20, BFHE 280, 415; BFH 18.12.2024 – I R 47/21, DStR 2025, 1013). Denn, wenngleich der BFH der personenbeschränkten Nutzungsstruktur lediglich Indizfunktion beimisst, reduziert die Figur die Anforderungen an die örtliche Verwurzelung (bei fehlenden entgegenstehenden Anhaltspunkten) bereits jetzt auf ein Minimum. 107

Ein derartiges Verständnis der Verwurzelung erfasst die unternehmerische Tätigkeit am Ort ihrer tatsächlichen nachhaltigen Ausübung und entspricht der allgemeinen (internationalen) Tendenz, bei dem Besteuerungszugriff einer aktivitätsorientierten Betrachtungsweise den Vorrang vor einer substanzbasierten Betrachtungsweise einzuräumen (vgl. TK § 12 Rn. 46). Diese sich stärker an den tatsächlichen Verhältnissen orientierende Betrachtungsweise ist zugleich weniger gestaltungsanfällig, da sie die Verwurzelung nicht von leicht zu schaffenden, aber für die eigentliche Unternehmenstätigkeit im Grunde eher 108 unbedeutenderen „personenbeschränkten Nutzungsstrukturen" abhängig macht. Denn, wenngleich die eigentliche Unternehmenstätigkeit in den jüngsten Entscheidungen stets ausschließlich in dem Staat ausgeübt wurde, in dem sich die personenbeschränkte Nutzungsstruktur befunden hat, erscheint dies nicht zwingend.

109 Eine Ausuferung des Betriebstättenbegriffs (zur Begrenzungsfunktion des Betriebstättenbegriffs vgl. BFH 17.9.2003 – I R 12/02, BStBl. II 2004, 396) wäre wegen der insoweit nach wie vor **begrenzend wirkenden zeitlichen Komponente** nicht zu befürchten.

III. Bezug zur Tätigkeit des Unternehmens

110 Die Geschäftseinrichtung oder Anlage muss ferner der Tätigkeit eines Unternehmens dienen. Hiervon ist auszugehen, wenn der Unternehmer diese **für eine gewisse Dauer zu unternehmerischen Zwecken benutzt** (BFH 8.3.1988 – VIII R 270/81, BFH/NV 1988, 735; BFH 30.10.1996 – II R 12/92, BStBl. II 1997, 12).

111 Im Allgemeinen ist diese Voraussetzung nur erfüllt, wenn der Unternehmer selbst, seine Arbeitnehmer, fremdes weisungsabhängiges Personal oder Subunternehmer **in oder an der Geschäftseinrichtung tätig werden.** Die Benutzung zu unternehmerischen Zwecken setzt indes nicht notwendig den Einsatz von Menschen voraus, sodass auch vollautomatisch arbeitende Anlagen eine dienende Funktion erfüllen können (BFH 30.10.1996 – II R 12/92, BStBl. II 1997, 12; BFH 13.6.2006 – I R 84/05, BStBl. II 2007, 94; HHSp § 12 Rn. 22). Im Fall dieser vollautomatisch arbeitenden **personallosen Einrichtungen** (bspw. unterirdische Rohrleitungen) kann daher das **Tätigwerden** des Unternehmens **mit der Geschäftseinrichtung ausnahmsweise ausreichen** (BFH 30.10.1996 – II R 12/92, BStBl. II 1997, 12). Befinden sich die vollautomatisch arbeitenden Anlagen in fremden Gebäuden, kann eine Betriebstätte anzunehmen sein, wenn dem Unternehmer vertraglich das Recht eingeräumt worden ist, das Gebäude zu den üblichen Geschäfts- und Arbeitszeiten zu betreten und die anfallenden Wartungsarbeiten an seinen Anlagen vorzunehmen (BFH 25.5.2000 – III R 20/97, BStBl. II 2001, 365 zu Satellitenempfangsanlagen; Reiser/Cortez IStR 2013, 6 (7)).

112 Abweichend von der abkommensrechtlichen Definition des Art. 5 OECD-MA (→ Rn. 159 ff.) liegt der Betriebstättendefinition des § 12 ein **weiter Unternehmensbegriff** zugrunde. Dieser umfasst (anders als noch § 16 StAnpG) nicht lediglich Gewerbebetriebe, sondern **alle Betriebe, die Gewinneinkünfte erzielen** (vgl. BFH 5.12.1990 – I R 94/88, BStBl. II 1991, 287; Wassermeyer FS Kruse, 2001, 589 (596); AEAO zu § 12 Nr. 9; HHSP § 12 Rn. 20; Kahle/Ziegler DStZ 2009, 834 (838); auch Einkünfte aus Vermietung und Verpachtung miteinschließend Gosch AO § 12 Rn. 3; s. aber auch Gosch AO § 12 Rn. 18). Hauptanwendungsfall des Unternehmens ist jedoch weiterhin der Gewerbebetrieb. Dies umfasst insb. auch die **„Erweiterungen" des innerstaatlichen Rechts** (vgl. zur Fiktion des § 15 Abs. 3 EStG BFH 29.11.2017 – I R 58/15, BFHE 260, 209; Gosch AO § 12 Rn. 15; aA TK § 12 Rn. 17) wohl **mit Ausnahme der Betriebsaufspaltung** (BFH 28.7.1982 – I R 196/79, BStBl. II 1983, 77; BFH 17.7.1991 – I R 98/88, BStBl. II 1992, 246; Gosch AO § 12 Rn. 22; TK § 12 Rn. 15; Klein § 12 Rn. 6; siehe aber auch BFH 10.12.1998 – III R 50/95, BStBl. II 1999, 607; BFH 17.11.2020 – I R 72/16, BStBl. II 2021, 484). Daneben werden aber auch Betriebe, in denen der Unternehmer einer selbständigen Tätigkeit nachgeht, und insb. solche der Land- und Forstwirtschaft, von der Regelung des § 12 (und den an diese Betriebstättendefinition anknüpfenden Vorschriften) erfasst (vgl. BFH 2.4.2014 – I R 68/12, BStBl. II 2014, 875; BFH 5.6.1986 – IV R 338/84, BStBl. II 1986, 661; AEAO zu § 12 Nr. 9; HHSp § 12 Rn. 3).

113 Die Betriebstätte muss dabei für sich genommen **nicht sämtliche Voraussetzungen eines Unternehmens** erfüllen. Dies gilt insb. für die Anforderungen für eine Beteiligung am allgemeinen wirtschaftlichen Verkehr (vgl. BFH 3.2.1993 – I R 80–81/91, BStBl. II 1993, 462).

Auch muss sich die dienende Funktion nicht auf die gesamte Unternehmenstätigkeit erstrecken. Es genügt, wenn die Einrichtung nur einem **Teil der unternehmerischen Tätigkeit** des Stpfl. dient (BFH 3.2.1993 – I R 80–81/91, BStBl. II 1993, 462). Die (Be-)Nutzung zu unternehmerischen Zwecken muss **weder einen größeren Umfang noch für das Unternehmen eine besondere Bedeutung** haben. So dient auch eine sichere Aufbewahrung der für die unternehmerische Tätigkeit benötigten Werkzeuge außerhalb der Arbeitszeit (BFH 9.1.2019 – I B 138/17, IStR 2019, 553) oder der privaten Kleidung und persönlicher (Wert-)Gegenstände während der Arbeitszeit (BFH 7.6.2023 – I R 47/20, BFHE 280, 415) der unternehmerischen Betätigung. Auch die Ausübung von **Hilfs- oder Nebentätigkeiten** ist – anders als im Abkommensrecht (→ Rn. 164) – ausreichend (BFH 8.12.1971 – I R 3/69, BStBl. II 1972, 289; HHSp § 12 Rn. 22; TK § 12 Rn. 19; Klein § 12 Rn. 6). 114

Ebenso kann die Unternehmenstätigkeit **nur einem begrenzten Empfängerkreis** gegenüber erbracht werden (vgl. BFH 3.2.1993 – I R 80–81/91, BStBl. II 1993, 462 zu Dienstleistungen gegenüber nur einem Empfänger). 115

Stillgelegte Geschäftseinrichtungen bleiben als Betriebstätte erhalten, so lange sie für unternehmerische Zwecke durch regelmäßige Wartungs- und Pflegearbeiten einsatzbereit gehalten werden (BFH 30.8.1960 – I B 148/59 U, BStBl. III 1960, 468). Keine Betriebstätte wird begründet, wenn die Einrichtung von vornherein nur kurzzeitig zu unternehmerischen Zwecken genutzt werden soll, zB eine vorübergehende Produktionsverlagerung infolge höherer Gewalt (BFH 28.8.1986 – V R 20/79, BStBl. II 1987, 162). 116

Die Anforderungen an den Umfang der betrieblichen Handlungen, die zur Begründung einer Betriebstätte an einem bestimmten Ort erforderlich sind, sind unternehmens(tätigkeits)spezifisch und richten sich nach den Besonderheiten des jeweiligen Betriebs (vgl. Gosch AO § 12 Rn. 18; TK § 12 Rn. 19). Sie sind umso geringer, je mehr sich die eigentliche (gewerbliche oder sonstige betriebliche) Tätigkeit außerhalb einer festen örtlichen Anlage vollzieht (BFH 18.12.1986 – I R 130/83, BFH/NV 1988, 119). 117

Im Zusammenhang mit der „dienenden Funktion" wird zusätzlich betont, dass die Geschäftseinrichtung der Unternehmenstätigkeit **„unmittelbar"** dienen müsse (so auch HHSp § 12 Rn. 21; TK § 12 Rn. 19 f.; Gosch AO § 12 Rn. 20; BeckOK AO § 12 Rn. 82; Klein § 12 Rn. 6): Danach ist erforderlich, dass das Unternehmen die Geschäftseinrichtung zu eigenbetrieblichen Zwecken nutzt, während es für die Annahme einer Betriebstätte nicht genügt, dass die Geschäftseinrichtung bloß einem anderen (Sub-)Unternehmen zur Verfügung gestellt wird und dessen Tätigkeit dient (FG Thüringen 7.7.2015 – 2 K 646/12, IStR 2016, 738; in diesem Sinne wohl auch BFH 30.6.2005 – III R 47/03, BStBl. II 2006, 78; BFH 30.6.2005 – III R 76/03, BStBl. II 2006, 84). Gerade in der jüngeren Rspr. vor allem des II. und III. Senats des BFH wird dabei deutlich, dass sich **hinter dem Unmittelbarkeitserfordernis eigentlich das Erfordernis von tatsächlicher Verfügungsmacht über die Geschäftseinrichtung** (BFH 4.7.2012 – II R 38/10, BStBl. II 2012, 782) oder die Forderung nach einer eigenen unternehmerischen Tätigkeit mit fester örtlicher Bindung verbirgt, in der eine gewisse „Verwurzelung" des Unternehmens mit dem Ort der Ausübung der unternehmerischen Tätigkeit zum Ausdruck kommt (BFH 18.9.2019 – III R 3/19, DStR 2020, 920; BFH 23.3.2022 – III R 35/20, BStBl. II 2022, 844; vgl. auch → Rn. 68). Ob die „Verwurzelung" nur durch solche Komponenten vermittelt werden kann, die einen unmittelbaren Leistungsbezug aufweisen, hat der BFH hingegen bislang offengelassen (vgl. BFH 7.6.2023 – I R 47/20, BFHE 280, 415). 118

C. Einzelne Betriebstätten (S. 2)

Satz 2 enthält eine nicht abschließende Aufzählung („insbesondere", Klein § 12 Rn. 1; BFH 2.4.2014 – I R 68/12, BStBl. II 2014, 875) der Fälle, in denen von einer Betriebstätte 122 auszugehen ist. Während die entspr. Vorgängervorschrift des § 16 II StAnpG eine echte Fiktion enthielt („Als Betriebstätten gelten:“), trägt die Formulierung des § 12 S. 2 („Als Betriebstätten sind insbesondere anzusehen“) eher die Züge eines Regelbeispiels. Entsprechend der **Konzeption eines Regelbeispiels** indizieren die aufgezählten Konstellationen dabei lediglich das Vorliegen einer Betriebstätte (aA TK § 12 Rn. 23, der daher von einem „Regelungsbeispiel“ spricht): Denn auch die in Satz 2 aufgezählten Einrichtungen und Tätigkeiten begründen nur dann eine Betriebstätte, wenn sie **grds. die Voraussetzungen des Satzes 1 erfüllen** (BFH 30.6.2005 – III R 47/03, BStBl. II 2006, 78). Lediglich iRd **Nr. 1 und Nr. 8** suspendiert Satz 2 nach std. Rspr. abweichend von dem Grundtatbestand des Satzes 1 von dem Erfordernis einer festen Geschäftseinrichtung oder Anlage (BFH 28.7.1993 – I R 15/93, BStBl. II 1994, 148; BFH 21.4.1999 – I R 99/97, BStBl. II 1999, 694; BFH 17.9.2003 – I R 12/02, BStBl. II 2004, 396; BFH 30.6.2005 – III R 47/03, BStBl. II 2006, 78). Insoweit spricht der BFH von einer **„Definitionserweiterung“** (BFH 28.7.1993 – I R 15/93, BStBl. II 1994, 148; BFH 29.11.2017 – I R 58/15, BFHE 260, 209).

123 Bemerkenswerterweise handelt es sich bei diesen **Definitionserweiterungen** in Nr. 1 (Stätte der Geschäftsleistung) und Nr. 8 (Bauausführungen und Montagen von einer Dauer von mehr als sechs Monaten) dem Grunde nach um die Sachverhaltskonstellationen, bei denen schon die Fiktion des § 16 II StAnpG („Als Betriebstätten gelten:“) nicht zusätzlich verlangte, dass diese „dem Unternehmer (Mitunternehmer) oder seinem ständigen Vertreter (zum Beispiel einem Prokuristen) zur Ausübung des Gewerbes dienen“ (vgl. § 16 II Nr. 2 StAnpG). So forderte § 16 II Nr. 1 StAnpG für die Begründung einer Betriebstätte nur „die Stätte, an der sich die Geschäftsleitung befindet“ und § 16 II Nr. 3 StAnpG „Bauausführungen, deren Dauer [damals noch] zwölf Monate übersteigen hat oder voraussichtlich übersteigen wird“.

124 Mit seinen Definitionserweiterungen knüpft der BFH damit unausgesprochen an die entspr. Konstellationen unter der Vorgängerregelung an. Anders als bei den Definitionserweiterungen iRd § 12 S. 2 ergab sich diese Differenzierung bei § 16 II StAnpG indes aus dem Wortlaut der Vorschrift.

125 Bei näherer Betrachtung erweist sich der **Verzicht auf das Erfordernis einer festen Geschäftseinrichtung** bzw. Anlage als eine **Ausnahme von dem Verfügungsmachtkriterium.** So wird in den Fällen der Nr. 1 bzw. Nr. 8 die Verwurzelung der unternehmerischen Tätigkeit am Ort ihrer Ausübung durch andere (normspezifische) Umstände fingiert (→ Rn. 128, → Rn. 153).

I. Stätte der Geschäftsleitung (S. 2 Nr. 1)

126 Gemäß § 12 S. 2 Nr. 1 ist insb. die Stätte der Geschäftsleitung als Betriebstätte eines Unternehmens anzusehen.

127 Der **Begriff der Geschäftsleitung** bestimmt sich dabei nach § 10 (Gosch AO § 12 Rn. 30; HHSp § 12 Rn. 26; BeckOK AO § 12 Rn. 170; TK § 12 Rn. 24; Klein § 12 Rn. 10) und ist der Mittelpunkt der geschäftlichen Oberleitung. Hierunter versteht die Rspr. den Ort, an dem der für die Geschäftsleitung maßgebliche Wille gebildet wird und die für die Geschäftsführung notwendigen Maßnahmen von einiger Wichtigkeit angeordnet werden (BFH 20.12.2017 – I R 98/15, BFHE 260, 169 unter Verweis auf BFH 3.7.1997 – IV R 58/95, BStBl. II 1998, 86; → § 10 Rn. 4). Wird die Geschäftsleitung an verschiedenen Orten ausgeübt, ist eine Gewichtung der Tätigkeiten vorzunehmen und der Mittelpunkt der geschäftlichen Oberleitung an der nach dem Gesamtbild der Verhältnisse in organisatorischer und wirtschaftlicher Hinsicht bedeutsamsten Stelle vorzunehmen (BFH 5.11.2014 – IV R 30/11, BStBl. II 2015, 601 mwN; → § 10 Rn. 7).

128 Die Vorschrift enthält damit eine Art **Auffangtatbestand,** der vor allem dann relevant wird, wenn die operative unternehmerische (zumeist Dienstleistungs-)Tätigkeit nicht örtlich verfestigt ausgeübt wird (vgl. BFH 23.3.2022 – III R 35/20, BStBl. II 2022, 844). Da die Geschäftsleitung notwendiger Teil jeder gewerblichen Aktivität ist, **unterhält auch jedes** (gewerbliche, selbständige oder land- und forstwirtschaftliche) **Unternehmen zumindest eine, am Ort der Geschäftsleitung zu lokalisierende Betriebstätte** (BFH 20.12.2017 – I R 98/15, BFHE 260, 169). Ohne anderweitige feste Geschäftseinrichtung, bspw. bei örtlich wechselnder Ausübung der Unternehmenstätigkeit (vgl. zu einem verschiedene inländische Wochenmärkte beschickenden niederländischen Obst- und Gemüsehändler BFH 28.7.1993 – I R 15/93, BStBl. II 1994, 148; zu einem national und international tätigen Fußballschiedsrichter BFH 20.12.2017 – I R 98/15, BFHE 260, 169) ist regelmäßig die **Wohnung des Geschäftsleiters** als Geschäftsleitungsbetriebstätte anzusehen, wenn dort die geschäftliche Planung vorgenommen wird (BFH 20.12.2017 – I R 98/15, BFHE 260, 169). Vor dem Hintergrund der vom BFH angenommenen „Definitionserweiterung", die iRd Nr. 1 von dem Erfordernis einer festen Geschäftseinrichtung suspendiert, ist dabei insb. unschädlich, wenn diese Wohnung dem Privatvermögen zuzuordnen ist (BFH 28.7.1993 – I R 15/93, BStBl. II 1994, 148).

Die angesprochene **„Definitionserweiterung"** erweist sich dabei in Wirklichkeit als **129** eine **Ausnahme von dem Erfordernis** der (durch Rechtsposition oder andere Umstände vermittelten) **Verfügungsmacht:** Auf die Frage, ob das Unternehmen über die Stätte der Geschäftsleitung verfügen kann, kommt es nicht an. In gewisser Weise wird die Verwurzelung der Unternehmenstätigkeit von der Verwurzelung der vom Geschäftsleiter (entweder als Organ oder als Unternehmensträger) in der Stätte der Geschäftsleitung ausgeübten Geschäftsleitungstätigkeit als notwendiger Bestandteil der Unternehmenstätigkeit abgeleitet.

Nach std. Rspr. des BFH ist dieser Geschäftsleitungsbetriebstätte „im Zweifel und bei **130** Fehlen einer anderweitigen zusätzlichen Betriebstätte" der **gesamte Unternehmensgewinn zuzurechnen** (BFH 20.12.2017 – I R 98/15, BFHE 260, 169; TK § 12 Rn. 24; vgl. zu der Verneinung betriebstättenloser Einkünfte → Rn. 11 f.).

Ausnahmsweise kann es vorkommen, dass mehrere Personen, die mit gleichwertigen **131** Geschäftsführungsaufgaben betraut sind, diese nicht von einem gemeinsamen Ort, sondern von verschiedenen Orten aus ausüben. In diesen Fällen liegen **mehrere Geschäftsführungsbetriebstätten** vor (vgl. BFH 5.11.2014 – IV R 30/11, BStBl. II 2015, 601). Fehlt es an anderweitigen (operativen) Betriebstätten, so erscheint es vor dem Hintergrund der gleichwertigen Ausübung der Geschäftsleitung (jedenfalls für Zwecke des innerstaatlichen Rechts) sachgerecht, den Unternehmensgewinn gleichmäßig auf die verschiedenen Geschäftsleitungsbetriebstätten zu verteilen.

II. Zweigniederlassungen (S. 2 Nr. 2)

Von einer Zweigniederlassung iSd Nr. 2 ist auszugehen, wenn die **Niederlassung nach** **132** **§ 13 HGB in das Handelsregister eingetragen** wurde. Denn die Handelsregistereintragung begründet die – durch die schlüssige Darlegung fehlender oder zwischenzeitlich weggefallener Eintragungsvoraussetzungen **widerlegbare** (Gosch AO § 12 Rn. 32; HHSp § 12 Rn. 27) – **Vermutung,** dass das ausländische Unternehmen eine Betriebstätte im Inland unterhält (BFH 30.1.1981 – III R 116/79, BStBl. II 1981, 560; BFH 9.11.1999 – II R 107/97, BFH/NV 2000, 688).

Der dem Handelsrecht (§§ 13 ff. HGB) entstammende **Begriff der Zweigniederlassung** **133** bezeichnet einen räumlich ausgegliederten und mit einer gewissen organisatorischen Selbständigkeit (indes ohne eigene Rechtsfähigkeit) ausgestatteten Bereich des Unternehmens. Die Zweigniederlassung ist vielmehr ein juristisch unselbständiger Bestandteil eines einheitlichen Unternehmens (vgl. FG Nürnberg 27.6.2000 – II 80/2000, BeckRS 2000, 15604; vgl. auch BFH 20.7.1988 – I R 49/84, BStBl. II 1989, 140). Die gewisse organisatorische Selbständigkeit der Zweigniederlassung muss sich – nicht nur im Hinblick auf den Kernbereich der Tätigkeit, sondern auch hinsichtlich der kaufmännischen Organisation und Verwaltung – in einer im Wesentlichen selbständige wirtschaftliche Einheit niederschlagen (HHSp § 12 Rn. 27; Klein § 12 Rn. 11). Es muss eine eigene Buchführung eingerichtet sein und es muss eine eigene Betriebsleitung existieren, die auch nach außen als solche auftritt (vgl. FG Saarland 26.6.1997 – 1 K 99/96, EFG 1997, 1335).

134 Da die **Handelsregistereintragung** der Zweigniederlassung **nicht konstitutiv** wirkt, begründet ein Gebilde, das objektiv die Merkmale einer Zweigniederlassung aufweist, auch ohne Eintragung eine Betriebstätte iSd Nr. 2 (FG Nürnberg 27.6.2000 – II 80/2000, BeckRS 2000, 15604; BeckOK AO § 12 Rn. 178; Gosch AO § 12 Rn. 32).

III. Geschäftsstellen (S. 2 Nr. 3)

135 **Geschäftsstellen** sind Geschäftseinrichtungen, in denen **unternehmensbezogene Tätigkeiten ausgeführt** werden (vgl. BFH 10.5.1989 – I R 50/85, BStBl. II 1989, 755; BFH 17.12.1998 – I B 101/98, BFH/NV 1999, 753). Anders als bei Zweigniederlassungen (→ Rn. 133) decken die in einer Geschäftsstelle wahrgenommenen Aufgaben nicht die gesamte Tätigkeitsbreite der jeweiligen Unternehmenstätigkeit ab. Vielmehr werden in Geschäftsstellen **nur einzelne Teilbereiche der Unternehmenstätigkeit** ausgeübt, die allerdings über unwesentliche Hilfstätigkeiten hinausgehen müssen (vgl. FG Hessen 22.4.1997 – 6 K 6358/91, BeckRS 1997, 30948110; BeckOK AO § 12 Rn. 184; HHSp § 12 Rn. 28; TK § 12 Rn. 26).

136 Dementsprechend muss eine Geschäftsstelle auch nicht geschäftlicher Mittel- oder Ausgangspunkt für die (inländische) Tätigkeit sein. Auch bloße **Kontaktbüros** sind Geschäftsstellen. Gleichsam müssen die zu unternehmerischen Zwecken genutzten Räume auch **keine spezielle Geschäftsausstattung** vorweisen. Die tatsächliche Nutzung als Büro genügt (vgl. BFH 17.12.1998 – I B 101/98, BFH/NV 1999, 753).

137 Ob bei einer Geschäftsstelle (ähnlich wie bei der Stätte der Geschäftsleitung iSd Nr. 1) auf das Erfordernis einer festen Geschäftseinrichtung verzichtet werden kann (eine solche fordernd Gosch AO § 12 Rn. 33; HHSp § 12 Rn. 28; vgl. zu einem auf einem Kreuzfahrtschiff unterhaltenen „Bordreisebüro" FG Hessen 22.4.1997 – 6 K 6358/91, BeckRS 1997, 30948110, aufgehoben durch BFH 19.11.1998 – V R 30/98, BStBl. II 1999, 108) ist höchstrichterlich nicht geklärt.

IV. Fabrikations- oder Werkstätten (S. 2 Nr. 4)

138 **Fabrikations- oder Werkstätten** sind Einrichtungen oder Anlagen, in denen oder durch die (im Fall der Fabrikationsstätte) industrielle oder (im Fall der Werkstätte) handwerkliche Herstellungs- oder Verarbeitungstätigkeiten ausgeführt werden (vgl. TK § 12 Rn. 27; HHSp § 12 Rn. 29). Der Unterschied zwischen Fabrikationsstätten und Werkstätten ist idR nur graduell (TK § 12 Rn. 27). Die Betriebstättenbegründung ist unabhängig von der Produktionsstufe (Vorarbeiten, Zwischenprodukte, Endprodukte), auf der die verrichteten Tätigkeiten ausgeführt werden (Gosch AO § 12 Rn. 34; TK § 12 Rn. 27; Klein § 12 Rn. 13). Auch reine Wartungs- und Reparaturarbeiten werden erfasst (vgl. BFH 17.3.1982 – I R 189/79, BStBl. II 1982, 624; BeckOK AO § 12 Rn. 190; Gosch AO § 12 Rn. 34). Der Unternehmer muss jedoch Verfügungsmacht über die Fabrikations- oder Werkstätte haben (BFH 17.3.1982 – I R 189/79, BStBl. II 1982, 624; Gosch AO § 12 Rn. 34; ebenfalls eine feste Geschäftseinrichtung oder Anlage voraussetzend HHSp § 12 Rn. 29).

V. Warenlager (S. 2 Nr. 5)

139 Kennzeichnend für **Warenlager** ist, dass in diesen Einrichtungen (verkäufliche) Waren aufbewahrt oder aus ihnen Waren verkauft oder ausgeliefert werden (vgl. FG München 24.4.1997 – 7 V 1181/97, EFG 1997, 1482; FG München 2.5.1998 – 1 K 764/96, DStRE 1999, 229; bejahend für Konsignationslager, aus denen heraus Geschäfte erfüllt werden RFH 22.10.1940 – I 137/40, RFHE 49, 271; HHSp § 12 Rn. 30). Hierzu zählen bei-

spielsweise die zu den **Tankstellen** gehörenden Behältnisse für **Mineralölvorräte** (BFH 13.6.2006 – I R 84/05, BStBl. II 2007, 94) oder **Vorratslager** (zu Rohtabakvorräten RFH 4.3.1927 –I B 1/27, RFHE 20, 310).

Dabei genügt es für die Annahme eines Warenlagers nicht, dass sich die Waren des Unternehmers lediglich in der Einrichtung „befinden". Vielmehr muss sich **in der Einrichtung auch die Tätigkeit des Unternehmers und nicht diejenige eines anderen (selbständigen) Unternehmers entfalten** (vgl. zu § 16 StAnpG BFH 16.8.1962 – I B 223/61 S, BStBl. III 1962, 477). Für ein Warenlager muss es sich daher um eine feste Geschäftseinrichtung oder Anlage des Unternehmens handeln, dh, der Unternehmer selbst muss **Verfügungsmacht** über das Warenlager haben (HHSp § 12 Rn. 30; TK § 12 Rn. 28; Gosch AO § 12 Rn. 35; Klein § 12 Rn. 14; verneint für bei dem weisungsgebundenen Spediteur-Lagerhalter eingelagerte Güter BFH 19.6.1963 – I B 103/62, BeckRS 1963, 21007627; idR für Kommissionslager verneinend RFH 24.3.1942 – I 445/40, RStBl. 1942, 714; für die Verwaltung durch einen externen Lagerverwalter verneinend Seltenreich IStR 2004, 589 (590)). Aus diesem Grund sind verpachtete Warenlager ungeachtet der Eigentumsverhältnisse idR auch keine Betriebstätten des Verpächters, sondern nur des Pächters (vgl. BFH 13.6.2006 – I R 84/05, BStBl. II 2007, 94; BFH 30.6.2005 – III R 76/03, BStBl. II 2006, 84; BFH 30.6.2005 – III R 47/03, BStBl. II 2006, 78; BFH 16.8.1962 – I B 223/61 S, BStBl. III 1962, 477). 140

Abkommensrechtlich werden Warenlager gem. Art. 5 IV Buchst. a OECD-MA aus dem Betriebstättenbegriff ausgenommen, wenn die in ihnen ausgeübte Tätigkeit vorbereitender Natur ist oder eine Hilfstätigkeit darstellt (Gosch AO § 12 Rn. 35; → Rn. 164). 141

VI. Ein- oder Verkaufsstellen (S. 2 Nr. 6)

Ein- oder Verkaufsstellen sind Geschäftseinrichtungen oder Anlagen, in denen das Unternehmen seine Ein- oder Verkaufstätigkeit ausübt. Die bloße auf den Ein- oder Verkauf von Wirtschaftsgütern gerichtete Tätigkeit genügt für die Betriebstättenbegründung nicht (BFH 17.9.2003 – I R 12/02, BStBl. II 2004, 396 mwN; bestätigt durch BFH 30.6.2005 – III R 47/03, BStBl. II 2006, 78). Aus diesem Grund kann im Rahmen der Nr. 6 (anders als bei den Regelbeispielen in Nr. 1 und Nr. 8) auch nicht auf das Erfordernis einer festen Geschäftseinrichtung oder Anlage verzichtet werden. Vielmehr muss die Ein- oder Verkaufsstelle **sämtliche Voraussetzung der Grunddefinition der Betriebstätte** (Satz 1) erfüllen (HHSp § 12 Rn. 31; TK § 12 Rn. 29; Gosch AO § 12 Rn. 36; BeckOK AO § 12 Rn. 202; Klein § 12 Rn. 15). 142

Die Rspr. hat derartige Verkaufsstellen im Falle einzelner **an Tankstellen vorhandener Einrichtungen** (BFH 13.6.2006 – I R 84/05, BStBl. II 2007, 94), bei **Verkaufslokalen von Saisonbetrieben** wie Eisdielen oder Skigeschäften (vgl BFH 17.9.2003 – I R 12/02, BStBl. II 2004, 396) oder für **Bäckereifilialen,** in denen von einem Dritten hergestellte Backwaren verkauft werden (FG Brandenburg 12.10.1999 – 3 K 1125/98 I, EFG 2000, 393) bejaht. Auch die **Verkaufswagen auf Wochenmärkten** stellen für die jeweilige Dauer der Märkte Betriebstätten iSv § 12 S. 2 Nr. 6 dar (FG Münster 13.7.2011 – 10 K 2897/08 E, EFG 2012, 308). Im Fall eines lediglich einmal im Jahr vier Wochen lang auf einem Weihnachtsmarkt unterhaltenen Verkaufsstands wird die Schwelle zur Verkaufsstelle mangels hinreichender Festigkeit indes nicht überschritten (BFH 17.9.2003 – I R 12/02, BStBl. II 2004, 396 unter Verweis auf die Begrenzungsfunktion des Betriebstättenbegriffs). 143

Abkommensrechtlich werden Einkaufsstellen (nicht hingegen Verkaufsstellen) gem. Art. 5 IV Buchst. d OECD-MA aus dem Betriebstättenbegriff ausgenommen, wenn die in ihnen ausgeübte Tätigkeit vorbereitender Natur ist oder eine Hilfstätigkeit darstellt (Gosch AO § 12 Rn. 36; → Rn. 164). 144

VII. Stätten der Bodenschatzgewinnung (S. 2 Nr. 7)

145 Die betriebstättenbegründenden **Stätten der Bodenschatzgewinnung** iSd Nr. 7 umfassen nach dem Gesetzeswortlaut Bergwerke, Steinbrüche oder andere stehende, örtlich fortschreitende oder schwimmende Stätten der Gewinnung von Bodenschätzen. **Bodenschätze** sind ungeachtet ihres Wertes (oder ihres Aggregatzustands, vgl. § 3 I BBergG) alle Materialien, die Bestandteil des Erdbodens oder unter diesem verborgen sind (Gosch AO § 12 Rn. 37; BeckOK AO § 12 Rn. 208).

146 Die Bodenschätze selbst begründen keine Betriebstätte. Vielmehr bedarf es einer **aktiven Gewinnung iSe Abbaus der Bodenschätze zu wirtschaftlichen Zwecken der Weiterverarbeitung bzw. Verwertung** (vgl. Klein § 12 Rn. 16; TK § 12 Rn. 30). Weder die Exploration der Bodenschätze noch die bloße Verbringung, bei der die Entnahme der Bodenmaterialien lediglich Nebenzweck ist (vgl. TK § 12 Rn. 30; BeckOK AO § 12 Rn. 208 f.), stellen – unbeschadet einer möglichen Betriebstättenbegründung unter den Voraussetzungen der Nr. 8 (vgl. Gosch AO § 12 Rn. 37; Klein § 12 Rn. 16; AEAO zu § 12 Nr. 8) – Bodenschatzgewinnung dar.

147 Obschon auch die Einrichtungen iSd Nr. 7 **grds. die Voraussetzungen des Satzes 1 erfüllen müssen** (vgl. BFH 30.6.2005 – III R 47/03, BStBl. II 2006, 78; aA möglicherweise BFH 17.9.2003 – I R 12/02, BStBl. II 2004, 396), verdeutlicht die Einbeziehung der örtlich fortschreitenden und insb. der schwimmenden Stätten, dass hier **gewisse Abstriche an die Festigkeit normativ angelegt** sind (von einer „Erweiterung" des Betriebstättenbegriffs sprechend HHSp § 12 Rn. 33). Die örtliche Verwurzelung wird in diesen Fällen über die Gewinnung der im Boden befindlichen Bodenschätze hergestellt (vgl. TK § 12 Rn. 30).

148 Entsprechend der Pipeline-Rspr. (BFH 30.10.1996 – II R 12/92, BStBl. II 1997, 12) kann es auch iRd Nr. 7 (anders als iRd GewSt-Zerlegung nach § 28 II 1 Nr. 3 GewStG) nicht darauf ankommen, ob die Einrichtungen ober- oder unterirdisch, an der Erdoberfläche sichtbar oder nicht sichtbar sind (vgl. FG Düsseldorf 10.9.1991 – 9 K 524/86 BB, EFG 1992, 717; TK § 12 Rn. 31; Gosch AO § 12 Rn. 37).

VIII. Bauausführungen oder Montagen (S. 2 Nr. 8)

149 Wie bereits Nr. 1 enthält auch das Regelbeispiel in Nr. 8 eine „Definitionserweiterung" des Betriebstättenbegriffs des § 12 S. 1, die die Betriebstättenbegründung im Fall einer länger als sechs Monate dauernden Bauausführung oder Montage nicht an das Vorliegen einer festen Geschäftseinrichtung oder Anlage knüpft (vgl. BFH 28.7.1993 – I R 15/93, BStBl. II 1994, 148). Ausdrücklich vom Wortlaut erfasst werden (wie in Nr. 7 → Rn. 147) auch örtlich fortschreitende oder schwimmende Bauausführungen und Montagen (HHSp § 12 Rn. 38; TK § 12 Rn. 34; BeckOK AO § 12 Rn. 258).

150 Der Begriff der **Bauausführung** ist weit auszulegen. Er umfasst Arbeiten aller Art, die zur Errichtung von Hoch- und Tiefbauten im weitesten Sinn ausgeführt werden (vgl. RFH 21.1.1942 – VI B 21/41, RStBl. 1942, 66; BFH 30.10.1956 – I B 71/56 U, BStBl. III 1957, 8; BFH 22.9.1977 – IV R 51/72, BStBl. II 1978, 140; BFH 7.3.1979 – I R 145/76, BStBl. II 1979, 527). Dies umfasst auch Montagearbeiten (sog. **Baumontage,** vgl. BFH 16.5.1990 – I R 113/87, BStBl. II 1990, 983), wenn diese mit der Herstellung von Hoch- und Tiefbauten im weitesten Sinn zusammenhängen (wie bspw. der Einbau von Fenstern und Türen iRd Errichtung eines Gebäudes, BFH 21.10.1981 – I R 21/78, BStBl. II 1982, 241; vgl. auch RFH 2.7.1940 – I 147/40, RStBl. 1940, 668; RFH 21.1.1942 – VI B 21/41, RStBl. 1942, 66; BFH 27.4.1954 – I B 136/53 U, BStBl. III 1954, 179; BFH 7.3.1979 – I R 145/76, BStBl. II 1979, 527). Die bloße Bauaufsicht ohne eigenverantwortliche Erbringung einer eigenen Werkleistung genügt nicht (HHSp § 12 Rn. 36; Gosch AO § 12 Rn. 39, 41). Für die Einstufung als Baumontage unerheblich ist hingegen, ob es sich bei

den Einbauarbeiten um eine vertragliche Hauptleistung oder um eine bloße Nebenleistung zur Lieferung handelt (BFH 21.10.1981 – I R 21/78, BStBl. II 1982, 241).

Dem **Montagebegriff** kommt darüber hinaus aber auch eine von dem Begriff „Bau- 151
ausführungen" losgelöste eigenständige Bedeutung („oder") zu (HHSp § 12 Rn 37; Klein § 12 Rn. 17). Die Montage ist kein Unterfall der Bausausführung. Sofern eine Montage gleichzeitig eine Bauausführung ist („Baumontage"), überschneiden sich die Begriffe nur. Der Montagebegriff kann umgekehrt auch Arbeiten erfassen, die keine Bauausführungen sind (BFH 16.5.1990 – I R 113/87, BStBl. II 1990, 983). Begrifflich wird von der Montage nur das Zusammenfügen oder der Umbau von vorgefertigten Einzelteilen zu einer (einheitlichen) Sache erfasst, sofern diese Arbeiten nicht lediglich untergeordnete Einzelleistungen darstellen, sondern eine gewisse Wesentlichkeitsschwelle überschreiten (BFH 16.5.1990 – I R 113/87, BStBl. II 1990, 983; BFH 13.11.1990 – VIII R 152/86, BStBl. II 1991, 94; BFH 21.4.1999 – I R 99/97, BStBl. II 1999, 694). Nicht umfasst werden dagegen bloße Reparatur- und Instandsetzungsarbeiten (vgl. BFH 27.4.1954 – I B 136/53 U, BStBl. III 1954, 179; HHSp § 12 Rn. 37; TK § 12 Rn. 32; Gosch AO § 12 Rn. 40). Wann eine Arbeitsleistung als wesentlich einzustufen ist, ist eine Tatsachenfrage, die anhand der Verhältnisse des Einzelfalls zu bestimmen ist (BFH 20.1.1993 – I B 106/92, BFH/NV 1993, 404).

Gerade für die Zwecke der Betriebstättengewinnabgrenzung ist die **Montageleistung** 152
dabei (selbst für den Fall einer Lieferung und Montage eng verknüpfenden Montagelieferung) **von der Lieferungsleistung** – und damit der Montagegewinn von dem Liefergewinn – **zu trennen.** Der Gewinn aus der Zulieferung und Inrechnungstellung von Material, das im Zuge der Montage verwendet, dh verbaut wurde, ist nur dann Teil des Betriebstättengewinns, wenn und soweit die Betriebstättenbegründung nicht nur auf der Montage- (Nr. 8), sondern auch auf einer Ein- oder Verkaufsstelle (Nr. 6 → Rn. 142 ff.) fußt und neben der Montage auch der gewinnveranlassende An- und Verkauf von der Betriebstätte abgewickelt wurde (vgl. BFH 13.11.1990 – VIII R 152/86, BStBl. II 1991, 94; bestätigt durch BFH 21.4.1999 – I R 99/97, BStBl. II 1999, 694). Dies entspricht einer veranlassungsbasierten Gewinnabgrenzung, die – weil sie lediglich „Außentransaktionen" betrifft – von der an anzunehmende schuldrechtliche Beziehungen iSd § 1 IV 1 Nr. 2 AStG anknüpfenden Korrektur nach § 1 V AStG (innerstaatliche Umsetzung des Authorized OECD Approach – AOA) unbeeinflusst bleibt.

Sechsmonatsfrist. Die Begründung einer Betriebstätte auf der Grundlage von Bau- 153
ausführungen oder Montagearbeiten setzt voraus, dass die einzelne Bauausführung oder Montage (Buchst. a) oder eine von mehreren zeitlich nebeneinander bestehenden Bauausführungen oder Montagen (Buchst. b) oder mehrere ohne Unterbrechung aufeinander folgende Bauausführungen oder Montagen (Buchst. c) länger als sechs Monate dauern. Dadurch wird die **zeitliche Komponente typisierend zu dem für die Verwurzelung allein maßgeblichen Kriterium** erhoben. Die Verwurzelung der Unternehmenstätigkeit wird mit Ablauf der Sechsmonatsfrist fingiert. Maßgeblich ist nur die **tatsächliche, nicht die geplante Dauer** (HHSp § 12 Rn. 39; Gosch AO § 12 Rn. 45; BeckOK AO § 12 Rn. 264). Auf die Frage, ob das Unternehmen am Tätigkeitsort eine feste Geschäftseinrichtung oder Anlage unterhält, über die es Verfügungsmacht hat, kommt es hingegen nicht an (BFH 16.5.1990 – I R 113/87, BStBl. II 1990, 983; BFH 21.4.1999 – I R 99/97, BStBl. II 1999, 694).

Diese Sechsmonatsfrist **beginnt** nicht bereits mit der Anlieferung der zu montierenden 154
Teile, sondern erst mit der Ankunft der ersten (mit der Durchführung der betreffenden Arbeiten betrauten) Person am Ort der Bauausführung bzw. Montage. Dies gilt auch dann, wenn diese Person zunächst nur Vorbereitungsarbeiten nachgeht oder überprüft, ob die Voraussetzungen für den Beginn der Arbeiten vorliegen (vgl. BFH 21.4.1999 – I R 99/97, BStBl. II 1999, 694; HHSp § 12 Rn. 39; TK § 12 Rn. 37; Gosch AO § 12 Rn. 45).

Die Arbeiten **enden** im Allgemeinen erst mit dem Abschluss der maßgeblichen Arbei- 155
ten. Ist zivilrechtlich eine förmliche Abnahme erforderlich, geschieht dies erst mit der

Abnahme der Arbeiten. Etwas anderes kann dann gelten, wenn der Unternehmer an der Werkabnahme vereinbarungsgemäß nicht mitwirken soll (vgl. BFH 21.4.1999 – I R 99/97, BStBl. II 1999, 694; HHSp § 12 Rn. 39; TK § 12 Rn. 37; Gosch AO § 12 Rn. 45).

156 **Arbeitsunterbrechungen** sind dabei grds. ungeachtet ihrer Dauer (wohl noch aA BFH 21.10.1981 – I R 21/78, BStBl. II 1982, 241; vgl. ebenfalls BFH 8.2.1979 – IV R 56/76, BStBl. II 1979, 479) unschädlich, wenn die Unterbrechung im Betriebsablauf begründet ist (Gosch AO § 12 Rn. 45.1; HHSp § 12 Rn. 39; TK § 12 Rn. 35). Eine derartige **Begründung im Betriebsablauf** kann sich aus technischen Erfordernissen (Trockenzeiten) oder Störungen (Materialmangel, Störungen des Arbeitsfriedens, witterungsbedingte Unterbrechungen) ergeben. Eine nicht betriebstechnische, sondern **in anderen Umständen begründete Unterbrechung** hat zwar – wie auch die betriebstechnischen Unterbrechungen – keine Auswirkungen auf die Existenz der Bauausführungs- oder Montagestelle. Sie **hemmt** indes den für die Betriebstättenbegründung maßgeblichen **Ablauf der Sechsmonatsfrist** jedenfalls dann, wenn die Unterbrechung der Arbeiten nicht nur ganz kurzfristig ausfällt und die mit Arbeiten betrauten Personen von der Bauausführungs- oder Montagestelle abgezogen werden (Gosch AO § 12 Rn. 45.1; HHSp § 12 Rn. 39; TK § 12 Rn. 35). Die Bauausführung oder Montage bleibt indes auch während der Hemmung fortbestehen (vgl. BFH 21.4.1999 – I R 99/97, BStBl. II 1999, 694).

157 Anders als der abkommensrechtliche Betriebstättenbegriff (vgl. zum DBA-Schweiz BFH 21.4.1999 – I R 99/97, BStBl. II 1999, 694; zum DBA-Ungarn BFH 16.5.2001 – I R 47/00, BStBl. II 2002, 846; zum DBA-Luxemburg BFH 19.11.2003 – I R 3/02, BStBl. II 2004, 932; → Rn. 177) gestattet § 12 S. 2 Nr. 8 unter den Voraussetzungen in Buchst. b und c die **Zusammenbetrachtung (= Zusammenrechnung der Fristen)** mehrerer zeitlich nebeneinander bestehender oder ohne Unterbrechung aufeinander folgender Bauausführungen oder Montagen. Die Zusammenrechnung mehrerer nebeneinander bestehender Bauausführungen oder Montagen setzt dabei insb. nicht voraus, dass eine der Bauausführungen oder Montagen für sich genommen mehr als sechs Monate andauert (BFH 16.12.1998 – I R 74/98, BStBl. II 1999, 365; zustimmend HHSp § 12 Rn. 39; Gosch AO § 12 Rn. 44; anders noch die Vorinstanz FG Rheinland-Pfalz 22.7.1997 – 2 K 1378/97, EFG 1998, 1613 unter Verweis auf FG Köln 30.6.1983 – IX 104/80 G, EFG 1984, 187). Eine sich „ohne Unterbrechung" anschließende Bauausführung oder Montage iSv Buchst. c liegt auch noch dann vor, wenn zwischen den beiden Bauausführungen oder Montagen ein nur geringfügiger zeitlicher Zwischenraum (im Allgemeinen von bis zu zwei Wochen) liegt (vgl. BFH 21.4.1999 – I R 99/97, BStBl. II 1999, 694). Gleichsam sind im Fall einer Fristenhemmung wegen nicht technisch bedingter Unterbrechung die Fristen einer weiteren während dieser Zeit auf dem gleichen Territorium hinzutretenden Bauausführung oder Monate mit der „gehemmten" Frist analog § 12 S. 2 Nr. 8 Buchst. c zusammenzurechnen (vgl. BFH 21.4.1999 – I R 99/97, BStBl. II 1999, 694). Darüber hinaus hat der BFH angedeutet, dass auch eine **„missbräuchliche Vertragsaufspaltung"** der Arbeiten auf zwei personenverschiedene sukzessiv tätig werdende Unternehmer zur Vermeidung der Betriebstättenbegründung einer Zusammenrechnung nicht entgegenstünde. Eine derartige Zusammenbetrachtung sei bspw. dann zu erwägen, wenn beide (isoliert kürzer als sechs Monate tätig werdende) Unternehmer von derselben Person beherrscht würden (BFH 24.3.1999 – I B 113/98, IStR 1999, 366).

D. Mehrgemeindliche Betriebstätte

158 Eine Betriebstätte, die sich räumlich auf mehrere Gemeinden erstreckt, wird von § 30 GewStG als mehrgemeindliche Betriebstätte bezeichnet. Voraussetzung ist, dass die Betriebstätte in räumlicher, organisatorischer, technischer und wirtschaftlicher Hinsicht eine Einheit bildet und ihr räumliches Ausdehnungsgebiet auf mehrere Gemeinden entfällt (BFH 16.12.2009 – I R 56/08, BStBl. II 2010, 492). Jeder sich auf mehrere Gemeinden

erstreckende Teil der wirtschaftlichen Einheit muss selbst die Merkmale einer Betriebstätte erfüllen (BFH 8.3.1988 – VIII R 270/81, BFH/NV 1988, 735; BFH 13.9.2000 – X R 174/96, BStBl. II 2001, 734). Zu weiteren Einzelheiten s. die Kommentarliteratur zu § 30 GewStG sowie FG Nürnberg 28.10.2010 – 4 K 1962/2008, EFG 2011, 559.

E. Abkommensrechtlicher Betriebstättenbegriff

Der abkommensrechtliche Betriebstättenbegriff des Art. 5 OECD-MA, dessen Vorbild die Betriebstättenartikel der deutschen Doppelbesteuerungsabkommen nachgebildet sind, ist trotz zahlreicher Übereinstimmungen nicht begriffsidentisch mit dem Betriebstättenbegriff des § 12. **159**

I. Grunddefinition (Art. 5 I OECD-MA) und Negativkatalog (Art. 5 IV OECD-MA)

Der **Begriff der Geschäftseinrichtung** in Art. 5 OECD-MA stimmt mit dem des § 12 übereinein (BFH 7.6.2023 – I R 47/20, BFHE 280, 415; BFH 30.10.1996 – II R 12/92, BStBl. II 1997, 12; BFH 3.2.1993 – I R 80–81/91, BStBl. II 1993, 462). Auch wenn die abkommensrechtliche Betriebstättendefinition die Anlage (als Unterfall der Geschäftseinrichtung, → Rn. 40) nicht ausdrücklich erwähnt, dürfte sich hieraus keine Begriffseinschränkung ergeben. **160**

Auch das **Kriterium der Festigkeit** ist im innerstaatlichen wie im Abkommensrecht **begriffsidentisch** (BFH 18.12.2024 – I R 47/21, DStR 2025, 1013; BFH 7.6.2023 – I R 47/20, BFHE 280, 415; BFH 30.10.1996 – II R 12/92, BStBl. II 1997, 12; BFH 3.2.1993 – I R 80–81/91, BStBl. II 1993, 462). Dabei werden an die zeitliche Komponente der Festigkeit als Ausdruck der Verwurzelung unterschiedliche Anforderungen gestellt. Während für den allgemeinen abkommensrechtlichen Betriebstättenbegriff des Art. 5 I OECD-MA die **Mindestdauer von sechs Monaten** anerkannt wird (BFH 18.12.2024 – I R 39/21, DStR 2025, 1019; BFH 28.6.2006 – I R 92/05, BStBl. II 2007, 100; BFH 19.5.1993 – I R 80/92, BStBl. II 1993, 655), verlangt Art. 5 III OECD-MA für die Bauausführung oder Montage eine ausdrückliche Mindestfrist von zwölf Monaten, die damit doppelt so lang ist wie das innerstaatliche Erfordernis in § 12 S. 2 Nr. 8. Dabei bezieht sich die Mindestfrist nicht lediglich auf die Existenz der Geschäftseinrichtung, sondern auch auf die dortige Ausübung der Unternehmenstätigkeit. **161**

Demgegenüber erweist sich der abkommensrechtliche Betriebstättenbegriff insoweit als enger, als er nicht schon jede der Unternehmenstätigkeit dienende Funktion für eine Betriebstättenbegründung ausreichen lässt, sondern fordert, dass die **Geschäftstätigkeit „durch die Geschäftseinrichtung" ganz oder teilweise ausgeübt** wird (vgl. Wassermeyer OECD-MA 2017 Art. 5 Rn. 10; iErg auch Heggmair/Riedl/Wutschke IStR 2015, 92 (94 f.)). Konsequenterweise sieht daher Art. 5 IV OECD-MA eine Reihe an Ausnahmetatbeständen vor, die ungeachtet des Grundtatbestands nicht zur einer Betriebstättenbegründung führen. Dazu zählen insb. Einrichtungen, in denen lediglich Tätigkeiten vorbereitender Art oder Hilfstätigkeiten ausgeübt werden (vgl. aber auch das von der jüngsten Rspr. vertretene enge Begriffsverständnis der vorbereitenden oder Hilfstätigkeit → Rn. 164). Während diesen im Kontext des § 12 zwar eine „dienende Funktion" beikommen mag, überschreiten sie die insoweit deutlich **höhere Verwurzelungsschwelle** für Zwecke des Abkommensrechts nicht. **162**

Diese grds. Verengung des abkommensrechtlichen Betriebstättenbegriffs wird dadurch verstärkt, dass das **abkommensrechtliche Verständnis der Unternehmenstätigkeit** auf „ihrer Art nach" unternehmerische Tätigkeiten beschränkt ist, die im Wesentlichen einer gewerblichen Tätigkeit iSd § 15 II EStG (bzw. seit der Streichung des Art. 14 OECD-MA, vgl. Art. 3 I Buchst. h OECD-MA, auch einer selbständigen Tätigkeit iSd § 18 EStG) entsprechen (vgl. BFH 28.4.2010 – I R 81/09, BStBl. II 2014, 754; BFH 24.8.2011 – I R **163**

46/10, BStBl. II 2014, 764). Demgegenüber steht die Betriebstätte iSd § 12 allen Unternehmen, die Gewinneinkünfte erzielen, offen und umfasst damit auch insb. die fiktiven innerstaatlichen Erweiterungen des Gewerbebetriebs (§ 15 III Nr. 1 und 2 EStG, §§ 16, 17 EStG), wie nicht zuletzt der Klammerzusatz in § 49 I Nr. 2 EStG verdeutlicht (vgl. BFH 29.11.2017 – I R 58/15, BFHE 260, 209).

164 Die im Abkommensrecht **erhöhten Anforderungen an die Verwurzelung der Unternehmenstätigkeit** mit dem Ort ihrer Ausübung spiegeln sich auch in dem **Negativkatalog des Art. 5 IV OECD-MA** wider: So zeichnen sich sämtliche Ausnahmetatbestände dadurch aus, dass den in den jeweiligen Einrichtungen ausgeübten Tätigkeiten eine im Vergleich zur eigentlichen unternehmerischen Tätigkeit lediglich untergeordnete (vorbereitende oder Hilfs-) Funktion zukommt. Warenlager (Art. 5 IV Nr. 1 OECD-MA) sind ebenso wie Einkaufsstellen (Art. 5 IV Nr. 4 OECD-MA) anders als in § 12 S. 2 Nr. 5 bzw. Nr. 6 vom Betriebstättenbegriff ausgeklammert, wenn es sich bei den zugrunde liegenden Tätigkeiten um Hilfstätigkeiten oder Tätigkeiten vorbereitender Art handelt. Aufgrund des der jüngsten BFH-Rspr. (BFH 18.12.2024 – I R 47/21, DStR 2025, 1013) zu entnehmenden engen Begriffsverständnisses der vorbereitenden und Hilfstätigkeiten dürfte der Anwendungsbereich des Negativkatalogs in der Praxis relativ gering sein, was die abkommensrechtliche Betriebstätte der Betriebstätte iSd § 12 wieder deutlich mehr annähert.

165 Die erhöhten Anforderung an die Verwurzelung dürften auch zur Folge haben, dass die **Anforderungen an das Verfügungsmachtkriterium** im abkommensrechtlichen Kontext konsequenterweise ebenfalls **gesteigert** sind.

166 Zu den internationalen Entwicklungen des Betriebstättenbegriffs vgl. TK § 12 Rn. 46.

II. Regelbeispiele (Art. 5 II OECD-MA)

170 Wie auch § 12 S. 2 enthält auch Art. 5 II OECD-MA einige Regelbeispiele.

171 **Ort der Leitung (Art. 5 II Buchst. a OECD-MA).** Anders als § 12 S. 2 Nr. 1, der an die „Stätte der Geschäftsleitung" anknüpft, spricht das Abkommensrecht vom „Ort der Leitung", obwohl auch das Abkommensrecht an anderer Stelle (iRd Ansässigkeit, vgl. Art. 4 I OECD-MA) durchaus mit dem Begriff der „Geschäftsleitung" operiert. In Ermangelung einer eigenen (abkommensrechtlichen) Definition oder anderweitiger Anhaltspunkte dafür, dass die Vertragsstaaten hier ein von der „Geschäftsleitung" abweichendes Begriffsverständnis zugrunde legen wollten, ist auch insoweit von einer Begriffsidentität der (Geschäfts-)Leitungsbetriebstätte im innerstaatlichen und im Abkommensrecht auszugehen. Ferner dürfte auch die Rspr. des BFH (vgl. BFH 28.7.1993 – I R 15/93, BStBl. II 1994, 1489), wonach die Geschäftsleitungsbetriebstätte von dem Erfordernis einer festen Geschäftseinrichtung bzw. von dem Verfügungsmachtkriterium suspendiert (→ Rn. 122 ff.), ebenfalls auf die abkommensrechtliche Betriebstätte übertragbar sein (Wassermeyer OECD-MA 2017 Art. 5 Rn. 65).

172 Wesentlich mehr Bedenken bestehen gegen eine Übertragung des „No Floating Income"-Gedankens im Sinne einer Verneinung betriebstättenloser Einkünfte auf das Abkommensrecht (→ Rn. 13), wonach die Unternehmensgewinne bei fehlenden anderweitigen Betriebstätten stets vollständig der Geschäftsleitungsbetriebstätte zuzuordnen sein sollen. Denn jedenfalls, wenn sich diese Geschäftsleitungsbetriebstätte nicht im Ansässigkeitsstaat befindet, steht diese Handhabung im Widerspruch zu dem in Art. 7 I OECD-MA angelegten Regel-Ausnahme-Verhältnis der Zuordnung der Besteuerungsrechte. Danach steht das Besteuerungsrecht an den Unternehmensgewinnen im Zweifel (und ungeachtet dessen, ob sich dort überhaupt eine Betriebstätte befindet – diese wird nur im Betriebstättenstaat gefordert –) dem Ansässigkeitsstaat zu.

173 **Zweigniederlassung (Art. 5 II Buchst. b OECD-MA).** Der abkommensrechtliche Begriff der Zweigniederlassung ist identisch mit dem des innerstaatlichen Rechts (§ 12 S. 2 Nr. 2, → Rn. 133; so auch Wassermeyer OECD-MA 2017 Art. 5 Rn. 72).

Geschäftsstelle (Art. 5 II Buchst. c OECD-MA). Der abkommensrechtliche Begriff der Geschäftsstelle stimmt mit dem des § 12 S. 2 Nr. 3 (→ Rn. 135) überein (BFH 17.12.1998 – I B 101/98, BFH/NV 1999, 753; FG Berlin-Brandenburg 2.9.2010 – 9 K 2510/04 B, DStRE 2011, 932; Wassermeyer OECD-MA 2017 Art. 5 Rn. 73). Im Einzelfall kann hier eine Abgrenzung zu der „Hilfsbetriebstätte" nach Art. 5 IV Buchst. e OECD-MA erforderlich sein (Wassermeyer OECD-MA 2017 Art. 5 Rn. 75). 174

Fabrikationsstätte (Art. 5 II Buchst. d OECD-MA) und Werkstätte (Art. 5 II Buchst. e OECD-MA). Gleichsam sind auch die Begriffe der Fabrikations- bzw. der Werkstätte in Art. 5 II Buchst. d und e OECD-MA deckungsgleich mit denen des § 12 S. 2 Nr. 4 (vgl. FG Baden-Württemberg 7.11.1996 – 3 K 54/93, BeckRS 1996, 30856761; Wassermeyer OECD-MA 2017 Art. 5 Rn. 78). 175

Ausbeuten von Bodenschätzen (Art. 5 II Buchst. d OECD-MA). Auch das von Art. 5 II Buchst. e OECD-MA erfasste Ausbeuten von Bodenschätzen ist begriffsidentisch mit seinem innerstaatlichen Pendant in § 12 S. 2 Nr. 7. Der insoweit unterschiedliche Wortlaut („Gewinnung" in § 12 AO vs. „Ausbeutung" in Art. 5 OECD-MA) ist unschädlich (vgl. Wassermeyer OECD-MA 2017 Art. 5 Rn. 81). Ebenfalls ist es für den sachlichen Anwendungsbereich dieses Regelbeispiels unerheblich, dass die abkommensrechtliche Regelung (anders als die innerstaatliche Parallelvorschrift) nicht auch ausdrücklich örtlich fortschreitende oder schwimmende Stätten erfasst. Denn insoweit lassen die zur Abkommensauslegung heranzuziehenden Art. 5 Nr. 14 S. 3 und Nr. 20 OECD-MK auf eine weite Begriffsauslegung schließen (vgl. jedoch zur statischen Abkommensauslegung BFH 16.1.2014 – I R 30/12, BStBl. II 2014, 721). 176

Bauausführungen oder Montagen (Art. 5 III OECD-MA). Im Vergleich zu § 12 S. 2 Nr. 8 AO enger setzt Art. 5 III OECD-MA für die Betriebstättenbegründung durch eine Bauausführung oder Montage eine Mindestdauer von zwölf und nicht lediglich sechs Monaten voraus. Die zu § 12 entwickelten Grundsätze zum Beginn, zum Ende und zur Unterbrechung der maßgeblichen Fristen sind auch iRd Abkommensrecht entspr. anwendbar (BFH 21.4.1999 – I R 99/97, BStBl. II 1999, 694). Jedoch gestattet die abkommensrechtliche Regelung – anders als ihr innerstaatliches Pendant – **keine Zusammenrechnung von technisch und wirtschaftlich voneinander unabhängigen Bauausführungen bzw. Montagen** (vgl. zum DBA-Schweiz BFH 21.4.1999 – I R 99/97, BStBl. II 1999, 694; zum DBA-Ungarn BFH 16.5.2001 – I R 47/00, BStBl. II 2002, 846; zum DBA-Luxemburg BFH 19.11.2003 – I R 3/02, BStBl. II 2004, 932). Eine Zusammenbetrachtung ist allenfalls möglich, wenn und soweit es sich aus rechtlicher Sicht um eine einheitliche Bauausführung oder Montage handelt. Ob zwischen den einzelnen Arbeiten die dafür erforderliche „wirtschaftliche und geographische Einheit" besteht, ist unter Berücksichtigung und Abwägung der Gesamtumstände zu beurteilen (BFH 21.4.1999 – I R 99/97, BStBl. II 1999, 694; vgl. auch Wassermeyer OECD-MA 2017 Art. 5 Rn. 118 mwN). 177

Ein weiterer wesentlicher Unterschied besteht darin, dass der abkommensrechtliche Betriebstättenbegriff den **abhängigen Vertreter** (abzugrenzen vom Makler, Kommissionär oder unabhängigen Vertreter vgl. Art. 5 VI OECD-MA) umfasst und für dessen im „Betriebstättenstaat" ausgeübte Tätigkeiten in Art. 5 V OECD eine abkommensrechtliche Betriebstätte fingiert. Demgegenüber hält das innerstaatliche Recht hierfür in § 49 I Nr. 2 Buchst. a Var. 2 EStG einen eigenen Besteuerungstatbestand bereit, der über den ständigen Vertreter an einen eigens in § 13 geregelten Nexus anknüpft. 178

§ 13 Ständiger Vertreter

[1] Ständiger Vertreter ist eine Person, die nachhaltig die Geschäfte eines Unternehmens besorgt und dabei dessen Sachweisungen unterliegt. [2] Ständiger Vertreter ist insbesondere eine Person, die für ein Unternehmen nachhaltig

1. Verträge abschließt oder vermittelt oder Aufträge einholt oder
2. einen Bestand von Gütern oder Waren unterhält und davon Auslieferungen vornimmt.

Schrifttum: Wassermeyer, Kritische Anmerkungen zur Vertreterbetriebsstätte, SWI 2010, 505; Leisner-Egensperger, Grenzen gesetzlicher Regelungen zum Internationalen Steuerrecht - Am Beispiel des „Ständigen Vertreters“ bei beschränkter Steuerpflicht (§§ 1 Abs. 4, 49 EStG, § 13 AO), IStR 2013, 889; Weber, Organe von Kapitalgesellschaften als ständige Vertreter i. S. d. § 13 AO, IStR 2017, 165.

I. Allgemeines

1 § 13 enthält erstmals eine gesetzliche Definition des ständigen Vertreters. Die in DBA enthaltene Verknüpfung zur Betriebstätte ist in der AO aufgegeben worden. Im deutschen innerstaatlichen Recht begründet ein ständiger Vertreter mithin keine inländische Betriebstätte (BFH 30.6.2005 – III R 47/03, BStBl. II 2006, 78). Der Begriff des ständigen Vertreters ist deshalb unabhängig von § 12 zu bestimmen (BFH 18.12.1990 – X R 82/89, BStBl. II 1991, 395). Nach § 13 ist keine feste Geschäftseinrichtung (TK § 13 Rn. 1; Leisner-Egensperger IStR 2013, 894; krit. Wassermeyer SWI 2010, 508) oder ständige Einrichtung im Inland erforderlich (BFH 23.3.2022 – III R 35/20, DStR 2022, 1661). Andererseits besteht eine enge Parallele zum Betriebstättenbegriff, sodass im Einzelfall die rechtliche Wertung des § 12 für die Auslegung des Begriffs des ständigen Vertreters herangezogen werden kann (BT-Drs. VI/1982, 104; BFH 18.12.1990 – X R 82/89, BStBl. II 1991, 395; Gosch AO § 13 Rn. 1). § 13 ergänzt § 12 als Anknüpfungsmerkmal im Bereich des internationalen StRechts (zB beschränkte Stpfl.) und erzeugt regelmäßig dieselben Rechtsfolgen (anders aber das GewStG, s. § 2 I GewStG).

2 In **DBA** wird hingegen durch den ständigen Vertreter regelmäßig eine Betriebstätte (Art. 5 V, VI OECD-MA) begründet. Die in DBA verwendete Vertreterdefinition ist ähnlich, jedoch erheblich enger. Im Gegensatz zu § 13 verlangen die DBA idR eine Abschlussvollmacht, die der Vertreter gewöhnlich ausübt. Zu den Einzelheiten wird auf die Literatur zu den DBA verwiesen. Für Zwecke innerstaatlichen Rechts, zB die Frage der Begründung einer beschränkten Stpfl. oder des Vorliegens ausländischer Einkünfte, ist ausschl. die Begriffsbestimmung des § 13 anzuwenden.

II. Ständiger Vertreter (S. 1)

1. Person

3 Ständiger Vertreter kann jede natürliche oder juristische Person sein (BFH 14.9.1994 – I R 116/93, BStBl. II 1995, 238). Eine Personenvereinigung ist nur ständiger Vertreter, soweit sie im Rechtsverkehr als solche auftritt, also als Subjekt (Arg. „eine Person“) den Sachweisungen eines Dritten unterliegen kann (ähnl. Schwarz/Pahlke/Keß § 13 Rn. 5; weitergehend Gosch AO § 13 Rn. 4; zur rechtlichen Verselbständigung der GbR s. BGH 29.1.2001 – II ZR 331/00, NJW 2001, 1056); für rechtsfähige Personenvereinigungen iSd § 14a wird dies idR anzunehmen sein. Unerheblich ist, ob die Person im Inland einen Wohnsitz bzw. ihren Sitz oder die Geschäftsleitung hat (RFH 4.3.1927 – I B 1/27, RFHE 20, 310). Allerdings genügt es nicht, dass sich die Person lediglich vorübergehend oder zu gelegentlichen Reisen ins Inland begibt, ansonsten aber vom Ausland aus tätig wird (FG Niedersachsen 28.5.2003 – 11 K 335/99, EFG 2003, 1626). Die Inlandsaufenthalte müssen in einer Häufigkeit vorkommen, die in der Gesamtschau eine ständige, nachhaltige Repräsentanz des Unternehmens bedeutet (Gosch AO § 13 Rn. 4; zB als Arbeitgeber FG Niedersachsen 28.5.2003 – 11 K 335/99, EFG 2003, 1626). Unternehmer und ständiger Vertreter müssen personenverschieden sein, sodass der Unternehmer nicht selbst für das Unternehmen als ständiger Vertreter auftreten kann (BFH 18.12.1990 – X R 82/89, BStBl. II 1991, 395; BFH 23.10.2018 – I R 54/16, BStBl. II 2019, 365). Das **Organ einer juristischen Person** (sowie einer rechtsfähigen Personenvereinigung) kann ebenfalls nicht gleichzeitig deren ständiger Vertreter sein (so zu Recht TK § 13 Rn. 3a; Klein § 13

Rn. 2; aA BFH 23.10.2018 – I R 54/16, BStBl. II 2019, 365; hierzu Bärsch IStR 2019, 511; Bendlinger SWI 2019, 377; Denninger BB 2019, 1320; Werth DB 2019, 1355). Das Organ ist Kopf und Hand der KapGes und setzt als solches den Willen als organschaftlicher und nicht als rechtsgeschäftlicher Vertreter tatsächlich um (Scholz GmbHG § 35 Rn. 23). Deshalb fehlt es an der Personenverschiedenheit zwischen Vertreter und Unternehmen (Leidel IStR 2016, 823; eingehend TK § 13 Rn. 3a). Der Geschäftsführer einer GmbH ist deshalb, soweit er als Organ der KapGes handelt, nicht ständiger Vertreter der KapGes (Schwarz/Pahlke/Keß § 13 Rn. 5a; FG Düsseldorf 16.1.2003 – 15 K 8624/99 K, EFG 2003, 1125 mwN; aA Buciek FS Wassermeyer, 2005, 289; HHSp § 13 Rn. 5a; FG München 28.5.1998 – 7 V 1/98, EFG 1998, 1491; FG Niedersachsen 28.5.2003 – 11 K 335/99, EFG 2003, 1626); dagegen hat der Prokurist keine Organstellung inne (vgl. FG Sachsen 26.2.2009 – 8 K 428/06, BeckRS 2009, 26030220).

2. Geschäftsbesorgung

Die Geschäfte eines Unternehmers besorgt eine Person durch jede Tätigkeit wirtschaftlicher Art für das Unternehmen. Neben dem Abschluss von Rechtsgeschäften und rechtsgeschäftsähnlichen Handlungen genügen auch rein tatsächliche Handlungen (BFH 14.7.1971 – I R 127/68, BStBl. II 1971, 776), nicht jedoch Hilfstätigkeiten von untergeordneter Bedeutung (Gebbers StBp 1989, 78). Die Geschäftsbesorgung durch den Vertreter muss für ein anderes Unternehmen erfolgen (BFH 23.10.2018 – I R 54/16, BStBl. II 2019, 365). Das erfordert in erster Hinsicht ein Tätigwerden im fremden Interesse (Bärsch IStR 2019, 511). Ein gleichzeitig bestehendes Eigeninteresse an der Ausführung der Geschäfte, auch im Rahmen eines eigenen Betriebes, ist unschädlich (BFH 28.6.1972 – I R 35/70, BStBl. II 1972, 785). Nicht jede Erfüllung vertraglicher Pflichten beinhaltet eine Wahrnehmung der Interessen des Unternehmens. Hierfür ist vielmehr eine das Unternehmen **fördernde Aktivität** nötig. So ist der Betriebspächter nur dann ständiger Vertreter, wenn er über seine vertraglichen Pflichten hinaus die wirtschaftlichen Interessen des Verpächters hinsichtlich Erhaltung und Erneuerung der Betriebseinrichtungen wahrnimmt (BFH 12.4.1978 – I R 136/77, BStBl. II 1978, 494; BFH 20.4.2009 – I B 67/08, BeckRS 2009, 25015281). Die Besorgung von Hilfs- und Nebengeschäften gehört ebenfalls hierzu, soweit sie für den eigentlichen Unternehmenszweck unmittelbar förderlich ist (Gosch AO § 13 Rn. 5; HHSp § 13 Rn. 8; aA TK § 13 Rn. 4). Tätigkeiten allgemeiner Art, wie die Ausführung von Überweisungsaufträgen durch Banken oder die Beförderung der Geschäftspost, fördern den Unternehmenszweck nicht unmittelbar. 4

3. Nachhaltigkeit

Die vom Gesetz geforderte Nachhaltigkeit verdeutlicht, dass es sich um eine auf Dauer angelegte, auf einem Gesamtplan basierende und von Wiederholungsabsicht getragene Tätigkeit handeln muss (TK § 13 Rn. 7). Das bloße mehrfache Ausnutzen sich wiederholt bietender Gelegenheiten genügt nicht (Schwarz/Pahlke/Keß § 13 Rn. 7). Hinzutreten muss eine sich durch gewisse Regelmäßigkeit äußernde Planmäßigkeit des Handelns (FG München 10.9.1997 – 7 V 3061/97, DStRE 1998, 177). Deshalb erfüllt auch unter Beachtung der neueren Rspr. (→ Rn. 3) nicht jede grenzüberschreitende Aktivität eines Vorstands oder Geschäftsführers im Tätigkeitsstaat die Merkmale des § 13. Vielmehr bedarf es einer sachlichen oder personellen Inlandspräsenz von einigem Gewicht (BFH 23.10.2018 – I R 54/16, BStBl. II 2019, 365). Zur Vermeidung von Streitigkeiten empfiehlt sich daher eine sorgfältige Dokumentation der Inlandstätigkeiten des Organs (Denninger BB 2019, 1320). Eine feste zeitliche Grenze wie in § 12 S. 2 Nr. 8 besteht nicht (aA Gosch AO § 13 Rn. 8: sechs Monate; FG Sachsen 7.11.2017 – 3 K 61/15, BeckRS 2017, 149347). Nach der Rspr. (BFH 23.10.2018 – I R 54/16, BStBl. II 2019, 365) kommt es für die notwendige Intensität der Inlandstätigkeit darauf an, dass neben der Gesamtdauer der inländischen Aufenthalte insb. auch eine gewisse Regelmäßigkeit vorliegt, sodass etwa eine Person, die über einen längeren Zeitraum hinweg jede Woche oder 5 mehrmals im Monat immer wieder das Inland aufsucht, um Aufträge hereinzuholen oder Auslieferungen vorzunehmen, als ständiger Vertreter anzusehen ist.

4. Weisungsgebundenheit

6 Der ständige Vertreter muss im Rahmen der Geschäftsbesorgung den Sachweisungen des Geschäftsherrn unterliegen (FG Sachsen 26.2.2009 – 8 K 428/06, BeckRS 2009, 26030220). Persönliche oder wirtschaftliche Abhängigkeit ist nicht erforderlich. Ebenso wenig schadet rechtliche Selbständigkeit des Vertreters. Die Sachweisungsbefugnis kann sich aus einem Arbeits- oder Dienstverhältnis oder auch aus anderen schuldrechtlichen Vertragsverhältnissen (zB §§ 662, 675 BGB) ergeben. Ausreichend ist eine auf die konkrete Erledigung der Geschäfte bezogene Weisungsbefugnis, die in jedem Einzelauftrag oder in einer allgemeinen Rahmenvereinbarung begründet sein kann. Auf die zivilrechtliche Wirksamkeit kommt es nicht an, soweit die Vertragsparteien die Vereinbarung als verbindlich ansehen (TK § 13 Rn. 5). Der Vertreter unterliegt den Sachweisungen auch, wenn der Unternehmer seinen Willen lediglich aufgrund wirtschaftlicher oder anderweitiger Abhängigkeit tatsächlich durchsetzen kann (Schwarz/Pahlke/Keß § 13 Rn. 8). Befolgt der Vertreter die Anweisungen freiwillig, ohne hierzu gezwungen zu sein, unterliegt er nicht dem Willen des Unternehmers (aA Gosch AO § 13 Rn. 9).

III. Einzelfälle (S. 2)

7 § 13 S. 2 führt einige besonders bedeutsame Beispiele ständiger Vertretung an. Die Regelung ist nicht abschließend; die hier genannten Einzelfälle dienen nur zur Erläuterung der allgemeinen Vertreterdefinition. Aus diesem Grund müssen die aufgezählten Tätigkeiten jeweils alle tatbestandlichen Voraussetzungen des § 13 S. 1 erfüllen (TK § 13 Rn. 8). Die in S. 2 nicht ausdrücklich erwähnte Sachweisungsabhängigkeit zwingt nicht zu einer unterschiedlichen Begriffsbestimmung. Anders als in § 12 sind sämtliche Beispiele zwanglos unter die allgemeine Definition subsumierbar.

8 Zu dem von **S. 2 Nr. 1** erfassten Personenkreis gehören insb. Abschlussvertreter, die Verträge für Rechnung des Unternehmers und in dessen Namen oder im eigenen Namen abschließen (vgl. FG Hessen 1.11.2007 – 4 K 213/06, BeckRS 2007, 26026053). ZB Handlungsgehilfe (§§ 59, 55 I HGB), Versicherungsagent (BFH 14.7.1971 – I R 127/68, BStBl. II 1971, 776), Linienagenten einer Reederei (BFH 28.6.1972 – I R 35/70, BStBl. II 1972, 785), selbständiger Handelsvertreter (BFH 27.11.1963 – I 335/60 U, BStBl. III 1964, 76), Kommissionär (§ 383 HGB). Daneben werden auch Vermittlungstätigkeiten ohne Abschlussvollmacht erfasst, insb. Vermittlungsgehilfen (§ 75g HGB), Makler (Gebbers StBp 1989, 78).

9 **S. 2 Nr. 2** zählt zu den ständigen Vertretern Personen, die für den Unternehmer Warenlager unterhalten und hiervon Auslieferungen für Rechnung des Unternehmers vornehmen. Bloße Lagerhaltung (§ 416 HGB) oder Auslieferung im Namen des Lagerhalters begründen keine ständige Vertretung (Schwarz/Pahlke/Keß § 13 Rn. 11). Ausstellungsräume stellen keine Auslieferungslager dar.

Einzelfälle. Ständiger Vertreter ist zB auch: Bankier, der die gesamten Finanzgeschäfte des Unternehmens erledigt (TK § 13 Rn. 8); inländische Fluggesellschaft, die bestimmte Strecken für ausländische Gesellschaft fliegt und über einen Poolvertrag abrechnet (Gosch AO § 13 Rn. 12); Produktionsleiter, der die an Subunternehmer vergebenen Arbeiten einteilt und deren Ausführung überwacht (TK § 13 Rn. 8); Restaurantchef als Leiter der gastronomischen Einrichtungen auf einem Schiff (BFH 13.2.1974 – I R 218/71, BFHE 111, 416); Tankstellenpächter (BFH 16.8.1962 – I B 223/61 S, BStBl. III 1962, 477).

§ 14 Wirtschaftlicher Geschäftsbetrieb

[1]Ein wirtschaftlicher Geschäftsbetrieb ist eine selbständige nachhaltige Tätigkeit, durch die Einnahmen oder andere wirtschaftliche Vorteile erzielt werden und die über den Rahmen einer Vermögensverwaltung hinausgeht. [2]Die Absicht, Gewinn zu erzielen, ist nicht erforderlich. [3]Eine Vermögensverwaltung liegt in der Regel vor, wenn Vermögen genutzt, zum Beispiel Kapitalvermögen verzinslich angelegt oder unbewegliches Vermögen vermietet oder verpachtet wird.

Schrifttum: Gosch, Veranstaltung von Trabrennen als steuerpflichtiger wirtschaftlicher Geschäftsbetrieb, BFH/PR 2009, 309; Kühner, Unbeschränkte wirtschaftliche Betätigung für Berufsverbände, DStR 2009, 1786; Wallenhorst, Gemeinnützigkeit: Ist die Geprägetheorie überholt?, DStR 2009, 717; Müller-Thuns/Jehke, Gefährdung der Steuerbefreiung von Berufsverbänden gemäß § 5 Abs. 1 Nr. 5 KStG durch Beteiligung an Kapitalgesellschaften, DStR 2010, 905; Seer/Klemke, Abgrenzung des Betriebes gewerblicher Art vom Hoheitsbetrieb, BB 2010, 2015; Krebbers, Abgrenzung zwischen wirtschaftlichem Geschäftsbetrieb und Vermögensverwaltung, AO-StB 2012, 242; Bierenstiel, Die vermögensverwaltende Personengesellschaft, StBp 2017, 8; Röcken, Der Idealverein mit wirtschaftlichem Geschäftsbetrieb, MDR 2017, 1036; Schienke-Ohletz, Die Beteiligung gemeinnütziger Stiftungen an Unternehmen, BB 2018, 2012; Winheller/Vielwerth, Das mitgliedschaftliche Eigeninteresse an der wirtschaftlichen Betätigung des Vereins als Kernelement des wirtschaftlichen Vereins nach § 22 BGB, DStR 2018, 574.

I. Allgemeines

Gegenstand und Bedeutung. § 14 definiert den wirtschaftlichen Geschäftsbetrieb allg. 1
für alle StArten; verbindender Zweck ist dabei die Beachtung der staatlichen Wettbewerbsneutralität (TK § 14 Rn. 2). In zahlreichen StGesetzen dient er deshalb als Anknüpfungsmerkmal für die Stpfl. des Unternehmensträgers (zB § 5 I Nr. 5 KStG Berufsverbände; § 5 I Nr. 6 KStG, § 3 Nr. 10 GewStG Vermögensverwaltungsgesellschaften; § 5 I Nr. 7 KStG politische Parteien; § 5 I Nr. 9 KStG, § 3 Nr. 6 GewStG steuerbegünstigte Körperschaften; § 5 I Nr. 12 KStG, § 3 Nr. 17 GewStG gemeinnützige Siedlungsunternehmen). Das Vorliegen eines wirtschaftlichen Geschäftsbetriebes führt für die Körperschaft als StSubjekt grds. zu einer begrenzten Abkehr von der ansonsten gewährten StBefreiung, also zu einer partiellen Stpfl. (Ausnahmen: §§ 64 III, 65). Zudem gelten nach § 2 III GewStG die wirtschaftlichen Geschäftsbetriebe (ausgenommen Land- und Forstwirtschaft) der sonstigen juristischen Personen des Privatrechts und der nicht rechtsfähigen Vereine als Gewerbebetriebe (BFH 20.3.2019 – VIII B 81/18, BFH/NV 2019, 712). Ein wirtschaftlicher Geschäftsbetrieb kann Dritter iSd § 171 XV sein (BFH 11.12.2024 – VIII R 24/23, BStBl. II 2025, 504). Über die in den EinzelStG normierte Beschränkung der StBegünstigung entscheidet die FB im Rahmen der Veranlagung der jeweiligen StArt ohne gegenseitige Bindungswirkung (zu den Einzelheiten → § 51 Rn. 21 ff.). Zu wirtschaftlichen Geschäftsbetrieben steuerbegünstigter Körperschaften → § 64 Rn. 1 ff. Anders als bei Körperschaften iSd §§ 51 ff. werden mehrere wirtschaftliche Geschäftsbetriebe anderer StSubjekte nicht als ein einheitlicher Betrieb behandelt. Die Ergebnisse gleichartiger Geschäftsbetriebe können für die Besteuerung jedoch zusammengefasst werden (KStR 4.2; vgl. § 4 VI KStG).

II. Wirtschaftlicher Geschäftsbetrieb (S. 1)

1. Allgemeines

§ 14 definiert den wirtschaftlichen Geschäftsbetrieb durch abschließende Aufzählung der 5
für sein Vorliegen unerlässlichen Merkmale. Fehlt ein Teilstück des gesetzlichen Tatbestandes, liegt kein wirtschaftlicher Geschäftsbetrieb vor. Dies bedeutet allerdings nicht, dass die einzelnen Merkmale stets in gleicher Ausprägung erkennbar sein müssen. In Einzelfällen kann das eine oder andere Tatbestandsmerkmal stark verblassen oder besonders deutlich hervortreten. Gänzlich fehlen darf es jedoch nicht (Roolf DB 1985, 1156; ähnlich TK § 14 Rn. 4; HHSp § 14 Rn. 36: Typusbegriff). Ist der gesetzliche Tatbestand erfüllt, darf das

Vorliegen eines wirtschaftlichen Geschäftsbetriebes nicht von weiteren Voraussetzungen abhängig gemacht werden, wie etwa einer bestimmten Umsatzhöhe (Gosch AO § 14 Rn. 8).

6 **Abgrenzung zum Gewerbebetrieb.** Der Begriff wirtschaftlicher Geschäftsbetrieb unterscheidet sich vom Gewerbebetrieb durch das Fehlen einer Negativabgrenzung zu den anderen Gewinneinkünften, umfasst also auch solche aus Land- und Forstwirtschaft und selbständiger Arbeit (TK § 14 Rn. 5). Ferner ist weder eine Gewinnerzielungsabsicht noch eine Teilnahme am allgemeinen wirtschaftlichen Verkehr erforderlich. Die Begriffsbestimmung für **Betriebe gewerblicher Art** von Körperschaften des öffentlichen Rechts (§ 4 I 1 KStG) entspricht derjenigen des § 14 (Seer DStR 1997, 436). Allerdings ist für erstere eine Tätigkeit von einigem Gewicht erforderlich, die die FB idR bei einem Jahresumsatz von 45.000 EUR annimmt (KStR 4.1; vgl. aber FG Niedersachsen 20.3.2020 – 6 K 18/17, EFG 2020, 1870). Die Rspr. zu Betrieben gewerblicher Art ist folglich auch für § 14 von Bedeutung.

2. Tätigkeit

9 Tätigkeit erfasst jedes wirtschaftliche Verhalten zum Zwecke der Einnahmeerzielung. Insoweit besteht eine inhaltliche Parallele zur Leistung iSd § 3 UStG und der Betätigung iSd § 15 II EStG. Die Tätigkeit kann sowohl in aktivem Tun oder Dulden als auch im Unterlassen bestehen (BFH 30.7.1986 – V R 41/76, BStBl. II 1986, 874; HHSp § 14 Rn. 49; aA Schwarz/Pahlke/Keß § 14 Rn. 4). Unerheblich ist, ob die Tätigkeit gegen ein gesetzliches Verbot oder die guten Sitten verstößt (§ 40; BVerfG 12.4.1996 – 2 BvL 18/93, NJW 1996, 2086). Die Ausübung hoheitlicher Tätigkeiten durch Private im Wege der Beleihung steht der Annahme eines wirtschaftlichen Geschäftsbetriebs nicht entgegen (BFH 21.4.2022 – V R 26/20, BStBl. II 2022, 599; FG Saarland 30.6.2023 – 1 K 1232/21, npoR 2024, 247). Ein Geschäftslokal oder eine besondere Organisation ist nicht erforderlich. Die Tätigkeit muss durch das StSubjekt oder ein zurechenbares Verhalten Dritter bewirkt werden. Deshalb kann die Handlung idR sowohl durch Organe des StSubjektes, durch Arbeitnehmer oder zur Erfüllung eingeschaltete Dritte (sog. Erfüllungsgehilfen) erfolgen (BFH 7.11.1990 – X R 143/88, BStBl. II 1991, 325). Wenngleich ein Auftreten nach außen, also eine **Teilnahme am Markt,** kein eigenständiges Tatbestandsmerkmal und damit nicht erforderlich ist (BFH 21.4.2022 – V R 26/20, BStBl. II 2022, 599), wird eine Teilnahme am Markt regelmäßig zur Erzielung von Einnahmen erforderlich sein. Ob Einzelhandlungen eine Tätigkeit darstellen oder die Körperschaft mehrere wirtschaftliche Geschäftsbetriebe unterhält, richtet sich nach dem Sachzusammenhang der Einzeltätigkeiten (BFH 19.11.2003 – I R 33/02, BFH/NV 2004, 445 zu Sportveranstaltungen). Verschiedenen, ihrer Art nach unterschiedlichen Tätigkeiten fehlt grds. auch dann eine konzeptionelle Zusammengehörigkeit, wenn die Tätigkeiten wirtschaftlich eng miteinander verflochten sind und sich gegenseitig bedingen (BFH 27.3.1991 – I R 31/89, BStBl. II 1992, 103).

3. Selbständigkeit

11 Die Tätigkeit muss selbständig ausgeübt werden. Im Schrifttum wird zumeist auf die inhaltliche Übereinstimmung zu §§ 15 II, 18 EStG, 2 UStG hingewiesen, mithin Selbständigkeit als **persönliche Entscheidungsfreiheit** für die ausgeübte Tätigkeit verstanden (Schwarz/Pahlke/Keß § 14 Rn. 5; TK § 14 Rn. 7; ähnlich HHSp § 14 Rn. 59 ff.). Danach ist selbständig, wer die Tätigkeit auf eigene Rechnung und Gefahr ausübt und dabei Art, Ort und Zeit seiner Tätigkeit weitgehend selbst bestimmen kann (BFH 24.11.1961 – VI 183/59 S, BStBl. III 1962, 37). Maßgeblich ist das Gesamtbild der Verhältnisse unter Berücksichtigung der Verkehrsauffassung. Zu einzelnen Kriterien vgl. BFH 14.6.1985 – VI R 150/82, BStBl. II 1985, 661.

Demgegenüber versteht der BFH (BFH 18.1.1984 – I R 138/79, BStBl. II 1984, 451; BFH 24.1.2019 – V R 63/16, BStBl. II 2019, 392; ebenso Gosch AO § 14 Rn. 25) selbständig zusätzlich als **sachliche Unabhängigkeit** der Betätigung iSe Abgrenzbarkeit von Tätigkeiten im steuerbegünstigten Wirkungsbereich. Eine Tätigkeit ist selbständig, wenn sie nicht mit anderweitigen Betätigungen der Körperschaft dergestalt zusammenhängt, dass ihre Ausübung ohne die anderweitige Betätigung nicht möglich wäre (BFH 15.10.1997 – I R 2/97, BStBl. II 1998, 175). Nicht selbständig sind insb. untergeordnete Hilfstätigkeiten, die im Zusammenhang mit einer Hauptaktivität erbracht werden, quasi als deren Anhängsel anzusehen sind (Lorenz/Steer DB 1983, 2657). Der Verkauf von Ökopunkten, deren Erlangung Ausfluss aus der ideellen Tätigkeit ist, stellt keinen wirtschaftlichen Geschäftsbetrieb dar (BFH 24.1.2019 – V R 63/16, BStBl. II 2019, 392). Die Zuordnung zum ideellen Bereich erfolgt aufgrund des unmittelbaren Sachzusammenhangs zur gemeinnützigen Betätigung.

Kritik. Die Auffassung des BFH überzeugt nicht. Regelungsgehalt des § 14 S. 1 ist unter Berücksichtigung seines Telos die Vermeidung von Wettbewerbsverzerrungen durch ungerechtfertigte StFreistellung. Die Abgrenzung stpfl. von steuerbegünstigter Tätigkeit folgt allg. aus dem Begriff des Geschäftsbetriebes und nicht aus dem Merkmal der Selbständigkeit (vgl. Schmidt EStG § 15 Rn. 125). Eine Notwendigkeit für ein abweichendes Verständnis des in anderen StGesetzen ebenfalls verwendeten Begriffs ist nicht erkennbar. Das Argument, die persönliche Unabhängigkeit spiele bei Körperschaften keine Rolle, versagt, weil der Gesetzgeber ausweislich der Gesetzesbegründung (BT-Drs. VI/1982, 104) gerade diese einheitliche Auslegung durch Einführung der Definition sicherstellen wollte (HHSp § 14 Rn. 61).

4. Nachhaltigkeit

Die selbständige Tätigkeit muss nachhaltig sein. Der Begriff entspricht demjenigen des 15
§ 15 II EStG. Danach ist nachhaltig eine auf Wiederholung angelegte Tätigkeit, die von dem einheitlichen Entschluss getragen wird, durch ihre Wiederholung eine ständige Einnahmequelle zu erschließen (BFH 26.2.1992 – I R 149/90, BStBl. II 1992, 693). Die Wiederholungsabsicht muss nicht bereits konkret alle künftigen Handlungen umfassen. Es genügt vielmehr, wenn die erstmalige Tätigkeit von dem Willen getragen wird, gleichartige oder ähnliche Handlungen bei sich bietender Gelegenheit zu wiederholen oder mehrere aufeinander folgende Handlungen unter Ausnutzen derselben Gelegenheit oder derselben Verhältnisse vorzunehmen (BFH 21.8.1985 – I R 60/80, BStBl. II 1986, 88). Der Entschluss, eine Betätigung wiederholen zu wollen, ist aus **objektiven Umständen** zu entnehmen (BFH 8.2.1996 – IV R 28/95, BFH/NV 1996, 747). Die tatsächliche Wiederholung ist grds. die stärkste Form, eine entspr. Absicht zu offenbaren (BFH 19.11.1985 – VIII R 104/85, BStBl. II 1986, 424). Die einmalige Tätigkeit ist nur nachhaltig, wenn ein Entschluss zur Wiederholung vorlag, dieser aber später aus beliebigen Gründen nicht realisiert wird (BFH 13.12.1995 – XI R 43–45/89, BStBl. II 1996, 232). Fließen aus einer einmaligen Aktivität über längere Zeit Einnahmen, zB Verkauf eines Grundstücks auf Rentenbasis, bewirkt der fortlaufende Geldzufluss keine Nachhaltigkeit der Tätigkeit (BFH 14.11.1963 – IV 6/60 U, BStBl. III 1964, 139). Anders verhält es sich bei Dauerschuldverhältnissen, da sich der einmalige Vertragsschluss durch eine Vielzahl von Einzelakten fortwährend vollzieht (BFH 16.12.1971 – V R 41/68, BStBl. II 1972, 238). Nicht nachhaltig ist idR eine wiederholte Tätigkeit lediglich auf der Beschaffungsseite (BFH 12.7.1991 – III R 47/88, BStBl. II 1992, 143). Zu Einzelheiten vgl. Schmidt EStG § 15 Rn. 17 ff. Eine Abgrenzung zu nur gelegentlicher Tätigkeit hat stets unter Berücksichtigung der Verkehrsanschauung zu erfolgen und dabei den Normzweck, die wirtschaftlichen Geschäftsaktivitäten von einer privaten Vermögenspflege und -erhaltung zu trennen, im Auge zu behalten.

5. Erzielung wirtschaftlicher Vorteile

Durch die Tätigkeit müssen Einnahmen oder andere wirtschaftliche Vorteile tatsächlich 18
erzielt werden. Die Betätigung darf einerseits nicht unentgeltlich erfolgen, muss anderer-

seits keine Gewinne erwirtschaften oder zur Gewinnerzielung geeignet sein (Klein § 14 Rn. 11 f.). Jeder wirtschaftliche Vorteil wird erfasst, sodass eine Unterscheidung zwischen Einnahmen und sonstigen wirtschaftlichen Vorteilen unterbleiben kann. Im Ergebnis entspricht dies dem Einnahmebegriff des § 8 EStG. Danach sind Einnahmen alle Zuflüsse in Geld oder Geldeswert, die dem wirtschaftlichen Geschäftsbetrieb von außen zugeführt werden. Die bloße Einsparung von Ausgaben, die zu keiner objektiven Bereicherung führt, genügt nicht (Schmidt EStG § 8 Rn. 4; aA Gosch AO § 14 Rn. 43). Zu weiteren Einzelheiten wird auf die Kommentarliteratur zu § 8 EStG verwiesen.

19 **Kausalität.** Die wirtschaftlichen Vorteile müssen **durch** die Tätigkeit erzielt werden (TK § 14 Rn. 6). Deshalb entsteht durch die bloße Annahme von Vorteilen kein wirtschaftlicher Geschäftsbetrieb (Gosch AO § 14 Rn. 19). Denn nicht die Entgegennahme von Schenkungen, Erbschaften oder sonstigen Vorteilen ist für die Bereicherung ursächlich, sondern die Handlung des Zuwendenden. Erforderlich ist, dass Tätigkeit und Vorteil durch einen Veranlassungszusammenhang verbunden sind, sich gleichsam gegenseitig bedingen. Hieran fehlt es, wenn freiwillige Leistungen ohne Gegenleistung (Spenden) erbracht werden (BFH 12.9.1990 – I R 65/86, BStBl. II 1991, 258). Dies gilt auch für Mitgliedsbeiträge (§ 8 VI KStG), die der Gesamtheit der Mitglieder ohne Rücksicht auf die konkrete Inanspruchnahme bestimmter Leistungen zugutekommen. Allerdings werden Mitgliedsbeiträge zuweilen als **verdecktes Entgelt** gezahlt (BFH 20.8.1992 – V R 2/88, BFH/NV 1993, 204; BFH 15.10.1997 – I R 2/97, BStBl. II 1998, 175). Im Einzelfall ist eine Aufteilung in Mitgliedsbeitrag und Leistungsentgelt vonnöten (BFH 28.6.1989 – I R 86/85, BStBl. II 1990, 550; → § 64 Rn. 10). An einer kausalen Verknüpfung kann es auch bei staatlichen Zuschüssen fehlen (BFH 30.1.1997 – V R 133/93, BStBl. II 1997, 335). Auf die Verwendung der Einnahmen (zB zu gemeinnützigen Zwecken) oder die Motive des Leistungsempfängers kommt es nicht an (BFH 26.2.1992 – I R 149/90, BStBl. II 1992, 693).

6. Keine Gewinnerzielungsabsicht (S. 2)

21 § 14 S. 2 stellt ausdrücklich klar, dass die Absicht, Gewinn zu erzielen, für einen wirtschaftlichen Geschäftsbetrieb nicht erforderlich ist. Auch Tätigkeiten, die lediglich die Selbstkosten decken, sind wettbewerbsbeeinträchtigend, begründen also einen wirtschaftlichen Geschäftsbetrieb (BFH 27.10.1993 – I R 60/91, BStBl. II 1994, 573). Andererseits erfordert ein wirtschaftlicher Geschäftsbetrieb nicht das Bestehen eines konkreten oder potenziellen Wettbewerbs (BFH 24.6.2015 – I R 13/13, BStBl. II 2016, 971). Freilich entscheidet auch bei wirtschaftlichen Geschäftsbetrieben die Gewinnerzielungsabsicht weiterhin über die Stpfl. erwirtschafteter Überschüsse (HHSp § 14 Rn. 67).

7. Hinausgehen über den Rahmen einer Vermögensverwaltung (S. 3)

22 **Grundsatz.** Die selbständige nachhaltige Tätigkeit darf sich nicht auf eine Vermögensverwaltung beschränken, sondern muss darüber hinausgehen. Die bloße Verwaltung eigenen Vermögens ist nicht wettbewerbsrelevant und wird damit vom Zweck des § 14 nicht erfasst. § 14 S. 3 definiert den Begriff der Vermögensverwaltung nicht, sondern nennt nur einzelne typische Fälle einer Vermögensverwaltung. Das Gesetz benutzt hier eine **Typenbezeichnung.** Die von der Rspr. zur Kennzeichnung der Vermögensverwaltung entwickelten Merkmale können in unterschiedlicher, nicht generell festzulegender Stärke auftreten (TK § 14 Rn. 3 f.). Es kommt insgesamt weniger auf solche einzelnen Merkmale als auf das gesamte Erscheinungsbild an (HHSp § 14 Rn. 69). Die nähere Umgrenzung des aus Erfahrungswerten gewonnenen Typus kann unter Rückgriff auf die ertragsteuerrechtliche Abgrenzung zum Gewerbebetrieb (§ 15 EStG) vorgenommen werden (Gosch AO § 14 Rn. 54; aA Seer DStR 1997, 436). Danach ist Vermögensverwaltung die Nutzung des Vermögens im Sinne einer Fruchtziehung aus zu erhaltenden Substanzwerten. Steht die Ausnutzung substanzieller Vermögenswerte durch Umschichtung im Vordergrund, verhält sich der Stpfl. wie ein Unternehmer, oder tritt die Nutzung des Vermögens hinter

die Bereitstellung einer einheitlichen unternehmerischen Organisation zurück, liegt eine wirtschaftliche Geschäftstätigkeit vor (BFH 25.10.1988 – VIII R 262/80, BStBl. II 1989, 291; BFH 19.2.1997 – XI R 1/96, BStBl. II 1997, 399).

Die **Vermietung und Verpachtung** von unbeweglichem Vermögen ist typische Vermögensverwaltung (§ 14 S. 3), und zwar grds. auch bei Untervermietung einschl. Möblierung (BFH 14.2.1989 – IX R 109/84, BStBl. II 1989, 922). Bei einer langfristigen Vermietung von Räumen und Grundstücken liegt auch dann Vermögensverwaltung vor, wenn wegen der Größe des Bestandes für die Verwaltung eine kaufmännische Organisation erforderlich ist (BFH 12.3.1964 – IV 136/61 S, BStBl. III 1964, 364). Desgleichen führt die Verpachtung eines Vereinsheimes, eines landwirtschaftlichen bzw. gewerblichen Betriebes oder die Überlassung des Anzeigengeschäfts in einer Verbandszeitung grds. nicht zu einem wirtschaftlichen Geschäftsbetrieb (BFH 8.3.1967 – I 145/64, BStBl. III 1967, 373; BFH 4.4.2007 – I R 55/06, BStBl. II 2007, 725; BFH 7.11.2007 – I R 42/06, BStBl. II 2008, 949). Treten zur Vermietung wesentliche Zusatzleistungen hinzu oder weicht die Vermietungsleistung erheblich vom Typus einer auf Dauer angelegten Vermögensnutzung ab, vollzieht sich die Nutzung im Rahmen einer gewerblichen Tätigkeit (zB BFH 27.2.1987 – III R 217/82, BFH/NV 1987, 441: Betrieb eines Wohnheims; BFH 2.3.1990 – III R 89/87, BStBl. II 1990, 1012: Vermietung von Tennisplätzen; BFH 27.11.1991 – II R 100/87, BStBl. II 1992, 563: Vermietung einer Schützenhalle; BFH 6.4.2005 – I R 85/04, BStBl. II 2005, 545: Nutzungsüberlassung medizinischer Geräte; BFH 7.11.2007 – I R 42/06, DStR 2008, 505; Überlassung des Anzeigengeschäfts an Sponsor; BFH 24.10.2017 – II R 44/15, BStBl. II 2018, 358). Die Verwaltung fremden Grundbesitzes und dessen Vermietung für den Eigentümer ist eine selbständige Dienstleistung und keine Vermögensverwaltung (BFH 24.7.1996 – I R 35/94, BStBl. II 1996, 583). 23

Die Vermietung von Betriebsmitteln im Rahmen der **Betriebsaufspaltung** wird ertragsteuerlich als Gewerbebetrieb behandelt (vgl. Schmidt EStG § 15 Rn. 800 ff.). Diese Beurteilung ist auf § 14 übertragbar, sodass ein wirtschaftlicher Geschäftsbetrieb gegeben ist (BFH 21.5.1997 – I R 164/94, BFH/NV 1997, 825; BFH 25.8.2010 – I R 97/09, BFH/NV 2011, 312; FG München 14.11.2005 – 7 K 3705/03, EFG 2006, 285; FG Düsseldorf 17.9.2013 – 6 K 2430/13 K, EFG 2013, 1958; Madl BB 1997, 1126; aA TK § 14 Rn. 11 ff.). Dasselbe gilt für die ertragsteuerrechtlichen Grundsätze zur **Betriebsverpachtung.** Die an sich vermögensverwaltende Verpachtung eines wirtschaftlichen Geschäftsbetriebes im Ganzen bleibt gewerbliche Tätigkeit, wenn die Körperschaft keine Betriebsaufgabe erklärt (Schwarz/Pahlke/Keß § 14 Rn. 9). Entscheidet sich die Körperschaft für die Betriebsaufgabe (§ 16 EStG), sind die stillen Reserven zu versteuern (aA Schauhoff DStR 1996, 360). Die Verpachtung ist fortan Vermögensverwaltung. 24

Wertpapiergeschäfte auf eigene Rechnung gehören selbst in größerem Umfang und einer damit einhergehenden erheblichen Verwaltungstätigkeit im Allgemeinen zur privaten Vermögensvorsorge und -verwaltung. Das gilt auch, wenn die Geschäfte unter Ausnutzung einschlägiger beruflicher Kenntnisse und Erfahrungen erfolgen (BFH 19.2.1997 – XI R 1/96, BStBl. II 1997, 399). An- und Verkauf von Papieren zur Verbesserung der Depotstruktur sowie die Realisierung von Kursgewinnen gehören üblicherweise zur Wertpapierverwaltung (BFH 15.2.1966 – I 95/63, BStBl. III 1966, 274; BFH 30.7.2003 – X R 7/99, BStBl. II 2004, 408). Gelegentliche Spekulationsgeschäfte führen nicht zur Gewerblichkeit (FG Niedersachsen 24.11.1988 – VI 308/87, EFG 1989, 253). Wertpapiergeschäfte gehören daher nur dann zum wirtschaftlichen Geschäftsbetrieb, wenn die Tätigkeit dem Bild entspricht, das nach der Verkehrsauffassung eine gewerbliche Aktivität ausmacht (zB BFH 6.3.1991 – X R 39/88, BStBl. II 1991, 631: Eigenhandel ohne Einschaltung von Banken; FG Hessen 17.8.2018 – 4 V 1131/17, EFG 2018, 1754) oder andere bei einer privaten Vermögensverwaltung ungewöhnliche Verhaltensweisen vorliegen (BFH 4.3.1980 – I R 150/76, BStBl. II 1980, 389). 25

Die **Beteiligung an einer KapGes** ist idR Vermögensverwaltung, selbst bei Halten einer Mehrheitsbeteiligung (BFH 24.3.2021 – V R 35/18, BStBl. II 2021, 657; BFH 26

25.8.2010 – I R 97/09, BFH/NV 2011, 312 mwN; Klein § 14 Rn. 18; Orth FR 1995, 253; FM Brandenburg 22.12.2004, DStR 2005, 290). Mit der Einfügung des § 57 IV ist das Halten von Anteilen an steuerbegünstigten KapGes den steuerbegünstigten Zwecken zugeordnet (→ § 57 Rn. 11). Die Veräußerung einer wesentlichen Beteiligung (§ 17 EStG) ist in diesem Fall Teil der Vermögensverwaltung. Übt der Beteiligte tatsächlich einen entscheidenden Einfluss auf die laufende Geschäftsführung der KapGes aus, soll nach hM in der Beteiligung ein wirtschaftlicher Geschäftsbetrieb liegen (BFH 30.6.1971 – I R 57/70, BStBl. II 1971, 753; Gosch AO § 14 Rn. 69). Dies soll insb. gelten, wenn eine Personalunion auf der Geschäftsführungsebene besteht oder die Einflussnahme durch vertragliche Gestaltungen gesichert ist (Lex DB 1997, 249; Ley KÖSDI 1997, 11291). Dem ist nicht zuzustimmen, da es für die Durchbrechung des **Trennungsprinzips** keine Rechtsgrundlage gibt (Herbert Der wirtschaftliche Geschäftsbetrieb des gemeinnützigen Vereins, Köln 1988, 78 ff.), soweit nicht ein Gestaltungsmissbrauch oder eine Betriebsaufspaltung vorliegt. Ist die beherrschte KapGes lediglich vermögensverwaltend tätig, liegt auch nach hM kein wirtschaftlicher Geschäftsbetrieb vor (so BFH 7.8.2002 – I R 84/01, BB 2003, 995 zur Veräußerung von einbringungsgeborenen Anteilen). Dies gilt ebenso für die typische stille Beteiligung (Schad/Eversberg DB 1986, 2149).

27 Die **Beteiligung an einer PersGes** ist ein wirtschaftlicher Geschäftsbetrieb, soweit die PersGes nicht selbst ausschl. vermögensverwaltend tätig ist (BFH 18.2.2016 – V R 60/13, BStBl. II 2017, 251; FG Niedersachsen 24.11.1988 – VI 308/87, EFG 1989, 253; FG Schleswig-Holstein 30.9.1997 – V 762/97, EFG 1998, 590). Das gilt auch für eine Kommanditbeteiligung, Publikumspersonengesellschaften und atypische stille Beteiligungen (TK § 14 Rn. 11). Bei der Mitunternehmerschaft wird der einzelne Mitunternehmer als Gewerbetreibender behandelt, sodass keine bloße Vermögensverwaltung vorliegt (BFH 27.3.2001 – I R 78/99, BStBl. II 2001, 449 mit krit. Anm. Pezzer FR 2001, 837). Handelt es sich jedoch um eine Kommanditbeteiligung an einer vermögensverwaltenden, aber gewerblich geprägten Personengesellschaft, begründet die tatsächliche Betätigung keinen wirtschaftlichen Geschäftsbetrieb, da die Fiktion des § 15 III Nr. 2 EStG nicht auf § 14 AO durchschlägt (BFH 25.5.2011 – I R 60/10, DStR 2011, 1460 mwN; BFH 18.2.2016 – V R 60/13, BStBl. II 2017, 251; Schauhoff § 7 Rn. 67).

III. Einzelfälle

30 Rspr. alphabetisch geordnet (zu Zweckbetrieben → § 65 Rn. 10):

Abfallbeseitigung und -verwertung (BFH 15.12.1993 – X R 115/91, BStBl. II 1994, 314); Abnahme von Jägerprüfungen (BFH 21.4.2022 – V R 26/20, BStBl. II 2022, 599); Altkleidersammlung (BFH 26.2.1992 – I R 149/90, BStBl. II 1992, 693); Ausgabe von Presseausweisen (BFH 7.5.2014 – I R 65/12, BFH/NV 2014, 1670); Abrechnungsstelle gegenüber Sozialleistungsträgern (BFH 24.2.2021 – XI R 42/19, DStR 2021, 1531); Bandenwerbung (BFH 13.3.1991 – I R 8/88, BStBl. II 1992, 101); Behindertengerechte Ferienanlage (FG Berlin-Brandenburg 8.3.2011 – 5 K 5060/08, EFG 2011, 1750); Beschaffungsstelle – zentraler Einkauf und Weiterverkauf an Mitgliedsverbände (BFH 15.10.1997 – II R 94/94, BFH/NV 1998, 150); Besichtigungsbetrieb (BFH 7.8.1979 – VIII R 95/77, BStBl. II 1980, 633); Betreutes Wohnen – Basisleistungen (BFH 16.12.2009 – I R 49/08, BStBl. II 2011, 398); Cafeteria eines Seniorenzentrums (BFH 24.1.1990 – I R 33/86, BStBl. II 1990, 470); Car-Sharing (BFH 12.6.2008 – V R 33/05, BStBl. II 2009, 221); Darlehens- und Reisevermittlung an Mitglieder (BFH 28.6.1989 – I R 86/85, BStBl. II 1990, 550); Dritte-Welt-Läden (FG Baden-Württemberg 11.2.1998 – 12 K 217/96, EFG 1998, 846); Erholungsheim (BFH 28.10.1960 – III 134/56 U, BStBl. III 1961, 109); Festveranstaltungen der Freiwilligen Feuerwehr (BFH 18.12.1996 – I R 16/96, BStBl. II 1997, 361); Filmproduktion belehrenden Inhalts (BFH 13.8.1986 – II R 246/81, BStBl. II 1986, 831); Gesellige Veranstaltungen (BFH 5.12.1990 – I R 5/88, BStBl. II 1991, 308; FG Rheinland-Pfalz 27.5.2010 – 6 K 1104/09, EFG 2010, 1552); Greenfee

(BFH 9.4.1987 – V R 150/78, BStBl. II 1987, 659); Herausgabe eines Kalenderjahrbuches (BFH 10.5.1955 – I 173/53 U, BStBl. III 1955, 177); Hospiz (BFH 11.2.1997 – I R 161/94, BFH/NV 1997, 625); Inseratengeschäft (BFH 28.11.1961 – I 34/61 U, BStBl. III 1962, 73); Jugendcafé als Kommunikationszentrum (BFH 11.4.1990 – I R 122/87, BStBl. II 1990, 724); Kantine für Mitarbeiter (FG Münster 23.3.2023 – 5 K 2867/20 U, DStRE 2024, 356); Kurse oder Seminare (FG Hamburg 13.12.1984 – II 125/80, EFG 1985, 525); Laborleistungen für Mitglieder (BFH 18.1.1984 – I R 138/79, BStBl. II 1984, 451); Lohnsteuerhilfeverein (BFH 29.8.1973 – I R 234/71, BStBl. II 1974, 60); Müllheizkraftwerk (BFH 27.10.1993 – I R 60/91, BStBl. II 1994, 573); Pfennigbasar (BFH 11.2.2009 – I R 73/08, BStBl. II 2009, 516); Rockkonzert einer politischen Partei (FG Thüringen 23.4.2015 – 1 K 743/12, EFG 2015, 1473); Restauration – Verkauf von Speisen und Getränken auf Festen (BFH 9.11.1988 – I R 200/85, BFH/NV 1989, 342), selbst bei vereinsinternem Verkauf (BFH 21.8.1985 – I R 5/81, BFH/NV 1986, 239); Reitunterricht (BFH 2.10.1968 – I R 40/68, BStBl. II 1969, 43); Rittergut (BFH 20.9.1963 – III 328/59 U, BStBl. III 1963, 532); Tiervermittlung durch Tierschutzverein (FG Baden-Württemberg 18.4.2011 – 14 V 4072/10, BeckRS 2011, 95996); Totalisatorunternehmen (BFH 5.6.2003 – I R 76/01, BStBl. II 2005, 305); Trabrennen (BFH 22.4.2009 – I R 15/07, BStBl. II 2011, 475); Veräußerung von Vorrats-GmbH (BFH 27.6.2017 – IX R 3/17, BFH/NV 2018, 20); Vereinsfest (FG München 26.7.2005 – 6 K 3759/04, EFG 2006, 68); Vermarktung der Werbe- und Übertragungsrechte von Sportveranstaltungen (FG München 5.4.2001 – 7 V 574/01, EFG 2001, 950; zur Überlassung der Vermarktungsrechte FG München 14.11.2005 – 7 K 3705/03, EFG 2006, 285); Vermietung von Standplätzen für Schützenfest (FG Niedersachsen 25.8.1980 – VI Kö 33/76, EFG 1981, 259) bzw. Ausstellungsfläche für Messe (FG Hamburg 15.6.2006 – 2 K 10/05, EFG 2007, 218); Vermietungs-Maklertätigkeit für städtische Sporthallen (BFH 5.8.2010 – V R 54/09, BStBl. II 2011, 191); Verpflichtung zum Tragen von Sportbekleidung eines bestimmten Herstellers (BFH 9.12.1981 – I R 215/78, BStBl. II 1983, 27); Versicherungsleistungen (BFH 15.10.1997 – I R 2/97, BStBl. II 1998, 175); Verwaltungsleistungen (BFH 29.1.2009 – V R 46/06, BStBl. II 2009, 560); Wäscherei eines Krankenhauses (BFH 19.7.1995 – I R 56/94, BStBl. II 1996, 28); Weingut (BFH 15.1.1960 – III 307/57 U, BStBl. III 1960, 131); Werbung auf Sportbekleidung, Werbeanzeigen (BFH 27.3.1991 – I R 30/89, BFH/NV 1992, 412); Werbung durch Verwendung von Freiballonen mit Firmenaufschrift durch Luftsportverein (BFH 1.8.2002 – V R 21/01, BStBl. II 2003, 438); Werbung auf Fahrzeugen (FG Hamburg 10.3.2006 – VII 266/04, EFG 2006, 1624).

§ 14a Personenvereinigungen

(1) **Personenvereinigungen im Sinne dieses Gesetzes und der Steuergesetze sind Personenzusammenschlüsse ohne Rechtspersönlichkeit zur Verfolgung eines gesetzlich zulässigen Zwecks.**

(2) **Rechtsfähige Personenvereinigungen sind insbesondere**

1. Vereine ohne Rechtspersönlichkeit (§ 54 des Bürgerlichen Gesetzbuchs),

2. rechtsfähige Personengesellschaften einschließlich Gesellschaften (§ 705 des Bürgerlichen Gesetzbuchs), Personenhandelsgesellschaften, Partnerschaftsgesellschaften, Partenreedereien und Europäische wirtschaftliche Interessenvereinigungen und

3. Gemeinschaften der Wohnungseigentümer (§ 9a des Wohnungseigentumsgesetzes).

(3) **Nicht rechtsfähige Personenvereinigungen sind insbesondere**

1. Bruchteilsgemeinschaften (§ 741 des Bürgerlichen Gesetzbuchs),

2. Gütergemeinschaften (§ 1415 des Bürgerlichen Gesetzbuchs) und

3. Erbengemeinschaften (§ 2032 des Bürgerlichen Gesetzbuchs).

(4) **Auf nicht rechtsfähige Gesellschaften (§ 740 des Bürgerlichen Gesetzbuchs) sind die für nicht rechtsfähige Personenvereinigungen geltenden Vorschriften mit Ausnahme des § 267 Absatz 1 Satz 1 sinngemäß anzuwenden.**

Schrifttum: Bachmann, Das Gesetz zur Modernisierung des Personengesellschaftsrechts, NJW 2021, 3073; K. Schmidt, Ein neues Zuhause für das Recht der Personengesellschaften – Zum Regierungsentwurf eines MoPeG, ZHR 185 (2021), 16; Wichmann, Bedeutung der Gesamthandschaft für das Ertragsteuerrecht – aus Sicht des Gesetzes zur Modernisierung des Personengesellschaftsrechts (MoPeG), Stbg 2022, 81; Adenauer/Becker, Änderungen durch das Gesetz zur Modernisierung des Personengesellschaftsrechts (MoPeG) – Ein gesellschaftsrechtlicher Überblick, Stbg 2024, 29; Höreth/Stelzer, Steuerliche MoPeG-Anpassungen und Zinsschranke – Wachstumschancengesetz in Teilen umgesetzt, DStZ 2024, 103; Baum, Änderungen der AO im Jahr 2023 – Anpassung des Steuerverfahrensrechts an das MoPeG und Einführung einer Sonderregelung zum Verspätungszuschlags bei der Mindeststeuer, NWB 2024, 658; Hubert, Auswirkungen des MoPeG auf das Steuerrecht, StuB 2024, 127; Mohr/Bolik, Das Kreditzweitmarktförderungsgesetz: Überblick zu Änderungen der Zinsschranke und der steuerlichen Umsetzung des MoPeG, StuB 2024, 121.

I. Allgemeines

1 **Rechtsentwicklung.** § 14a wurde durch Art. 23 des KreditzweitmarktförderungsG v. 29.12.2023 (BGBl. 2023 I Nr. 411) mWv 1.1.2024 neu in die Abgabenordnung eingefügt. Die Aufnahme des § 14a war erforderlich geworden, da das MoPeG v. 10.8.2021 (BGBl. 2021 I 343) das gesamte Personengesellschaftsrecht, insb. die Grundform der PersGes, die GbR, grundlegend umgestaltet und damit an die durch die Anerkennung der Rechts- und Grundbuchfähigkeit der GbR fortentwickelte Zivilrechtsdogmatik im Interesse der Rechtssicherheit und Rechtsklarheit angepasst hatte (Begr. RegE, BT-Drs. 19/27635, 101). Besonderes Augenmerk ist in diesem Zusammenhang auf die Anerkennung der Rechtsfähigkeit der Außen-GbR zu richten, die nach § 705 II BGB von der nicht rechtsfähigen Innen-GbR abzugrenzen ist. Die Neuregelung des Rechts der PersGes beendete zugleich die Theorie der Teilrechtsfähigkeit der „nicht rechtsfähigen Personenvereinigung" und die Annahme, dass das Gesellschaftsvermögen den Gesellschaftern zur gesamten Hand zusteht. Bis zum 31.12.2023 wurde in zahlreichen EinzelStGesetzen der Begriff der „nicht rechtsfähigen Personenvereinigung" auch für oHG, KG (einschl. GmbH & Co. KG), GbR und nicht rechtsfähige Vereine verwendet (TK § 14a Rn. 1).

2 **Bedeutung und Inhalt.** § 14a enthält in **Abs. 1** ab 1.1.2024 eine Legaldefinition der Personenvereinigungen iSd AO und der StGesetze. Die Definition des § 14a gilt für das gesamte StVerfahrensrecht und -schuldrecht der AO und desgleichen für das materielle StRecht, soweit in den EinzelStG nicht hiervon ausdrücklich abgewichen wird (TK § 14a Rn. 1). Die **Abs. 2 und 3** zählen die rechtsfähigen (Abs. 2) und nicht rechtsfähigen Personenvereinigungen (Abs. 3) nicht abschließend auf und grenzen sie zugleich voneinander ab. Die Unterscheidung zwischen rechtsfähigen und nicht rechtsfähigen Personenvereinigungen folgt der durch das MoPeG seit 1.1.2024 geregelten Differenzierung in § 705 II BGB. Eine weitere Gesellschaftsform gibt es nicht (K. Schmidt ZHR 185 (2021), 16). Diese Zweiteilung wirkt sich im StVerfahrensrecht, insb. bei der Bekanntgabe von StVA, dem Rechtsschutz und der Vollstr. von Ansprüchen aus dem StSchuldverhältnis aus. **Abs. 4** enthält eine Anwendungsvorschrift für nicht rechtsfähige Gesellschaften im St- und VollstrVerfahren.

II. Personenvereinigungen (Abs. 1)

4 **Legaldefinition.** § 14a definiert die Personenvereinigungen iSd AO und der StGesetze als Personenzusammenschlüsse ohne Rechtspersönlichkeit. Die Norm erhebt die fehlende Rechtspersönlichkeit „abweichend vom Zivilrecht" (BT-Drs. 20/9782, 198) zum zentralen Abgrenzungsmerkmal der Personenvereinigung von der juristischen Person. Von der Rechtspersönlichkeit zu trennen ist die Rechtsfähigkeit. Mit der Anerkennung der vollen Rechtsfähigkeit der Personenvereinigung muss nicht zugleich die Anerkennung als juristische Person einhergehen (MüKoBGB Vor § 705 Rn. 17). Allerdings ist die Frage, ob

PersGes wegen ihrer eigenen Rechtsfähigkeit als juristische Person anzusehen sind (dafür zB Th. Raiser AcP 1999, 104), auch nach dem MoPeG im Gesellschaftsrecht umstritten (vgl. eingehend jurisPK-BGB § 705 Rn. 57). Diese zivilrechtliche Streitfrage hat der Gesetzgeber für das StRecht indes dahingehend entschieden, dass auch rechtsfähige Personenvereinigungen keine eigene Rechtspersönlichkeit besitzen.

Keine Personenvereinigung iSd § 14a I sind folglich mit eigener Rechtspersönlichkeit ausgestattete Körperschaften (zB AG, GmbH, eingetragener Verein iSd § 21 BGB, wirtschaftlicher Verein iSd § 22 BGB). Dies gilt auch für Ein-Personen-KapGes, da sie über eine eigene Rechtspersönlichkeit verfügen (Schwarz/Pahlke/Keß § 14a Rn. 11; aA Hubert StuB 2024, 127) und deshalb steuerrechtlich nicht als Personenvereinigungen anzusehen sind. Körperschaften des öffentlichen Rechts sind ebenfalls keine Personenvereinigungen im steuerrechtlichen Sinne (Schwarz/Pahlke/Keß § 14a Rn. 10). 5

Gesetzlich zulässiger Zweck. In Abs. 1 werden nur Personenvereinigungen zur Verfolgung eines gesetzlich zulässigen Zwecks erfasst. Diese Einschränkung steht im Widerspruch zu § 40 (so zu Recht TK § 14a Rn. 8). § 40 geht von der Wertneutralität der Besteuerung aus, die auch gegen die Rechtsordnung verstoßende Tätigkeiten steuerlich nicht verschonen will (→ § 40 Rn. 1). So unterliegen nach § 40 auch die Umsätze und Gewinne aus einer verbotenen Betätigung, wie zB Drogenhandel, unabhängig von der Rechtsform des Gewerbebetriebs der Besteuerung. Die Ausgrenzung der „Personenvereinigungen, die einen unzulässigen gesetzlichen Zweck" verfolgen, beseitigt jedoch nicht die materiell-rechtliche Stpfl. (TK § 40 Rn. 8). Sie führt lediglich dazu, dass die tätige Personenvereinigung keine Personenvereinigung iSd § 14a ist. Der Ausschluss aus dem Kreis der Personenvereinigungen iSd § 14a darf indes nicht zu der Entlastung gesetzlicher Verpflichtungen führen. 6

Die Definition des § 14a I begründet selbst weder Stpfl. noch sonstige Verfahrenspflichten (TK § 14a Rn. 4). Ebenso wenig lässt sich § 14a entnehmen, wann eine Personenvereinigung Stpfl. iSd § 33 I ist. Dies entscheidet sich nach materiellen StGesetzen (AEAO zu § 14a Nr. 7).

III. Rechtsfähige Personenvereinigungen (Abs. 2)

§ 14a II zählt in Abgrenzung zu § 14a III einige rechtsfähige Personenvereinigungen exemplarisch („insbesondere") auf. Mit den PersHandelsgesellschaften sind die bedeutendsten rechtsfähigen PersGes (GbR, oHG, KG) in Nr. 2 aufgeführt. Erfasst werden auch in EU-Mitgliedstaaten gegründete PersGes, soweit diese nach dem dortigen Gesellschaftsrecht als rechtsfähig anerkannt werden (Gosch AO § 14a Rn. 11). Die steuerlichen Pflichten der rechtsfähigen Personenvereinigung haben die gesetzlichen Vertreter zu erfüllen (§ 34 I 1). Die Bekanntgabe von Feststellungsbescheiden wegen gesonderter und einheitlicher Feststellung von Besteuerungsgrundlagen hat gegenüber der rechtsfähigen Personenveinigung für und gegen alle Feststellungsbeteiligten (§ 183 I) zu erfolgen. Nur diese ist einspruchsbefugt (§ 352 I Nr. 1a) und im Klageverfahren klagebefugt (§ 48 I Nr. 1 FGO). 9

Nr. 1: Vereine ohne Rechtspersönlichkeit (§ 54 BGB). § 14a II Nr. 1 erfasst unterschiedslos alle Vereine ohne Rechtspersönlichkeit als rechtsfähige Personenvereinigungen. Für Vereine ohne Rechtspersönlichkeit sind nach § 54 I 1 die Vorschriften über den eingetragenen Verein (§§ 24 ff. BGB) entspr. anwendbar, soweit deren Zweck nicht auf einen wirtschaftlichen Geschäftsbetrieb gerichtet ist und sie nicht durch Eintragung in das Vereinsregister Rechtspersönlichkeit erlangt haben. Die Mitglieder eines solchen nicht eingetragenen Idealvereins haften nicht für die Vereinsschulden (Begr. RegE, BT-Drs. 19/27635, 124). Verfolgt der nicht eingetragene Verein jedoch wirtschaftliche Zwecke, dann folgt aus der Verweisung des § 54 I 2 BGB auch für körperschaftlich strukturierte Personenvereinigungen wegen der entspr. Anwendung der Vorschriften über die PersGes eine persönliche Haftung der Mitglieder (Staudinger BGB § 54 Rn. 129). Die Rechtsfähigkeit des nicht eingetragenen Idealvereins ergibt sich aus dem Verweis auf das Vereinsrecht und 10 für den nicht konzessionierten Wirtschaftsverein aus der Verweisung auf § 705 II BGB, wonach die Außen-GbR rechtsfähig ist (Staudinger BGB § 54 Rn. 83 f.). Nach § 1 I Nr. 5 KStG unterliegt der Verein ohne Rechtspersönlichkeit der KStpfl., obwohl auf ihn bei wirtschaftlicher Betätigung die Vorschriften über PersGes entspr. Anwendung finden.

11 **Nr. 2: Rechtsfähige Personengesellschaften (§ 705 BGB).** Zu den rechtsfähigen PersGes zählt Nr. 2 die **GbR** (§ 705 BGB) als den gesetzlichen Grundtyp der rechtsfähigen PersGes. Wenngleich die PersGes als gesetzliches Leitbild der GbR einen auf Dauer angelegten Zusammenschluss vorsieht, werden auch Gelegenheitsgesellschaften nicht generell ausgeschlossen. Die rechtsfähige Gesellschaft entsteht im Verhältnis der Gesellschafter untereinander mit dem wirksamen Abschluss des Gesellschaftsvertrages (Errichtung der Gesellschaft), wenn die Gesellschaft nach dem gemeinsamen Willen der Gesellschafter am Rechtsverkehr teilnehmen soll (BT-Drs. 19/27635, 161). Soweit nicht klar bestimmbar ist, ob eine Teilnahme am Rechtsverkehr vereinbart wurde, enthält § 705 III BGB eine Vermutungsregel, wonach für Gesellschaften, deren Gegenstand der Betrieb eines Unternehmens unter gemeinschaftlichem Namen ist, dass die Gesellschaft nach dem gemeinsamen Willen der Gesellschafter am Rechtsverkehr teilnimmt. Die Registrierung nach § 707 BGB ist freiwillig und keine Voraussetzung der Erlangung der Rechtsfähigkeit. Im Verhältnis zu Dritten entsteht die Gesellschaft, sobald sie mit Zustimmung sämtlicher Gesellschafter am Rechtsverkehr teilnimmt, spätestens aber mit ihrer Eintragung im Gesellschaftsregister (§ 719 I BGB).

12 **Personenhandelsgesellschaften** sind oHG (§ 105 HGB) und KG (§ 161 HGB). Das Recht der GbR ist subsidiär auf die oHG und die KG anwendbar (§ 105 Abs. 3, § 161 Abs. 2 HGB). Eine oHG entsteht spätestens im Verhältnis zu Dritten, sobald sie im Handelsregister eingetragen ist (§ 123 I 1 HGB). Nimmt sie mit Zustimmung sämtlicher Gesellschafter bereits früher am Rechtsverkehr teil, entsteht sie grds. schon dann (§ 123 I 2 HGB). Für KG gilt § 123 HGB entspr. (§ 161 II HGB).

14 Die **Partnerschaftsgesellschaft** ist nach § 1 I PartGG eine Gesellschaft, in der sich Angehörige „Freier Berufe" zur Berufsausübung zusammenschließen können. Angehörige einer Partnerschaft können nur natürliche Personen sein. Auf die Partnerschaft finden, soweit im PartGG nichts anderes bestimmt ist, die Vorschriften des BGB über die Gesellschaft entspr. Anwendung (§ 1 IV PartGG). Für Verbindlichkeiten der Partnerschaft haften den Gläubigern neben dem Vermögen der Partnerschaft die Partner als Gesamtschuldner (§ 8 I 1 PartGG), soweit nicht Haftungsbeschränkungen nach § 8 II–IV PartGG eingreifen.

15 Die **Partenreederei,** der Zusammenschluss mehrerer Personen zur gemeinsamen Verwendung eines Seeschiffes für den Erwerb durch Seefahrt (§ 489 I HGB aF), ist mit Wirkung ab dem 25.4.2013 als Rechtsform abgeschafft, gilt aber nach Art. 71 EGHGB in Altfällen fort.

16 Die **Europäische wirtschaftliche Interessenvereinigung (EWIV)** ist eine auf europäischem Recht (EWIV-VO) basierende inländische Personenvereinigung. Eingeführt durch VO (EWG) 2137/85 v 25.7.1985 (ABl. L 199, 1) dient sie der grenzüberschreitenden Zusammenarbeit ihrer Mitglieder (Art. 3 I EWIV-VO). Diese können unternehmerisch oder freiberuflich tätig sein, während die EWIV selbst keine Gewinnerzielungsabsicht haben darf (Erman BGB Vor § 705 Rn. 7). Nach § 1 EWIVAG finden die Vorschriften der §§ 105 ff. HGB entspr. Anwendung.

17 **Nr. 3: Gemeinschaften der Wohnungseigentümer (§ 9a WEG).** Die Wohnungseigentümergemeinschaft ist als verbandsrechtliche Organisation rechtsfähig. Sie kann Rechte und Sachen erwerben, im Grundbuch eingetragen werden, Verbindlichkeiten eingehen, klagen und verklagt werden. Die Ausgestaltung als Verband lässt jedoch eine Klärung über die Rechtsform der Gemeinschaft vermissen. Die Gemeinschaft ist weder juristische Person noch rechtsfähige PersGes (Erman WEG § 9a Rn. 2). Die Einstufung als „Verband sui generis" (so Schwarz/Pahlke/Keß § 14a Rn. 41) trägt zur Lösung von Zweifelsfragen nicht bei. Auch wenn das Immobilieneigentum den Mitgliedern als Bruch-

teilseigentümern oder als Sondereigentum gehört und nicht dem Verband, wird eher eine Anwendung der Vorschriften über Vereine naheliegen (so Erman WEG § 9a Rn. 2).

IV. Nicht rechtsfähige Personenvereinigungen (Abs. 3)

§ 14a III zählt drei Gemeinschaften als nicht rechtsfähige Personenvereinigungen nicht abschließend auf (AEAO zu § 14a Nr. 2). Als weitere Personenzusammenschlüsse können auch ausländische Rechtsgebilde unter § 14a III fallen, wenn sie weder eine eigene Rechtspersönlichkeit haben noch selbst rechtsfähig sind. Die nicht rechtsfähige Gesellschaft (Innen-GbR) beruht auf einer Parteivereinbarung, durch die das gemeinsame Auftreten entspr. dem gemeinschaftlichen Gesellschafterwillen nach außen ausgeschlossen wird. Sie verfügt wegen § 740 I BGB zwingend über kein Gesellschaftsvermögen; auch nicht über ein Gesamthandsvermögen der Gesellschafter, sodass sie nicht unter Abs. 3 fällt. Zur Anwendungsregelung s. Abs. 4. 20

Für nicht rechtsfähige Personenvereinigungen iSd § 14a III gelten im Verwaltungsverfahren unterschiedliche Rechte und Pflichten. Vgl. zu den Handlungspflichtigen in Bezug auf steuerliche Pflichten § 34; zur Einspruchsbefugnis s. § 352 I Nr. 2 sowie zum VollstrVerfahren § 267 I 1.

Nr. 1. Die **Bruchteilsgemeinschaft (§ 741 BGB)** ist die Grundform eines Personenzusammenschlusses, wenn ein Rechtsobjekt mehreren Personen gemeinschaftlich zusteht. Anders als bei der Gesamthandsgemeinschaft steht der gemeinschaftliche Gegenstand nicht der Gesamthand als Einheit zu, sondern den Teilhabern bruchteilsmäßig. Der Unterschied zur Gesellschaft besteht darin, dass bei der Gemeinschaft kein über die bloße gemeinschaftliche Innehabung eines Rechts hinausgehender Zweck besteht. Die nicht rechtsfähige Bruchteilsgemeinschaft ist nicht Vermögensträger, folglich nicht selbst insolvenzfähig (§ 11 InsO). Gleichwohl werden Bruchteilsgemeinschaften zuweilen als Adressat steuerrechtlicher Normen erfasst (vgl. zB § 2 I 1 UStG nF). 21

Nr. 2. Gütergemeinschaften (§ 1415 BGB) werden nach § 14a III Nr. 2 ebenfalls den nicht rechtsfähigen Personenvereinigungen zugeordnet. Der Güterstand der Gütergemeinschaft entsteht durch ehevertragliche Vereinbarung. Entscheidend für die Gütergemeinschaft ist das gesamthänderisch gebundene, gemeinschaftliche Vermögen beider Ehegatten, das sog. Gesamtgut (§ 1416 BGB), das durch einen oder beide Ehegatten verwaltet wird. Daneben können die Ehegatten jeweils eigene Vermögensmassen (sog. Sondergut, § 1417 BGB und sog. Vorbehaltsgut, § 1418 BGB) innehaben. Die Gütergemeinschaft hat kaum noch praktische Bedeutung. 22

Nr. 3. Erbengemeinschaften (§ 2032 BGB) sind nach § 14a III Nr. 3 auch nicht rechtsfähige Personenvereinigungen. Sind mehrere Erben am Nachlass beteiligt, bilden sie kraft Gesetzes eine Miterbengemeinschaft (§ 2032 I BGB) in Gestalt einer Gesamthandsgemeinschaft (Staudinger BGB Vor § 2032 Rn. 1 ff.). Der Erbengemeinschaft fehlt die eigene Rechtssubjektivität und damit die Partei- bzw Beteiligungsfähigkeit (OVG Bautzen 11.3.2013 – 5 A 751/10, NJW-RR 2013, 1162) und Klagebefugnis (TK § 14a Rn. 22). 23

V. Nicht rechtsfähige Gesellschaften (Abs. 4)

Gemäß § 14a IV finden auf die nicht rechtsfähige Gesellschaft (§ 740 BGB) die für nicht rechtsfähige Personenvereinigungen geltenden Vorschriften sinngemäße Anwendung (mit Ausnahme von § 267 I 1). Zu den steuerrechtlichen Pflichten nicht rechtsfähiger Personenvereinigungen → Rn. 20. 26

Nicht rechtsfähige PersGes dienen den Gesellschaftern zur Ausgestaltung ihres Rechtsverhältnisses untereinander (§ 705 II BGB). Sie sollen nach dem Willen der Gesellschafter nicht am Rechtsverkehr teilnehmen, sondern als reine Innengesellschaften fungieren. Demzufolge zählen zu den nicht rechtsfähigen PersGes neben Innengesellschaften auch stille Gesellschaften (AEAO zu § 14a Nr. 6). Der nicht rechtsfähigen Innen-GbR fehlt die Fähigkeit, Trägerin von Rechten und Pflichten zu sein, sodass ihr auch kein Gesellschaftsvermögen zugeordnet werden kann (Erman BGB § 740 Rn. 5). Sie wird von § 14a folglich nicht als Personenvereinigung erfasst (AEAO zu § 14a Nr. 6).

27 Nach § 14a IV findet die VollstrRegelung des § 267 I 1 keine sinngemäße Anwendung. Demnach genügt im VollstrVerfahren anders als gegen nicht rechtsfähige Personenvereinigungen, die als solche stpfl. sind, für die Vollstr. nicht ein vollstreckbarer VA gegen die nicht rechtsfähige Gesellschaft. Da sie nach § 740 I BGB kein Vermögen hat, liefe eine Vollstr. gegen die nicht rechtsfähige PersGes ohnehin ins Leere. Die Vollstr. kann deshalb nur gegen die Gesellschafter in deren Vermögen erfolgen (TK § 14a Rn. 28).

§ 14b Körperschaften mit Sitz im Ausland

(1) [1]**Ist eine Körperschaft mit Sitz (§ 11) im Ausland und Ort der Geschäftsleitung (§ 10) im Geltungsbereich dieses Gesetzes nach dem Recht des Staates, in dem sie ihren Sitz hat, rechtsfähig, sind Verwaltungsakte an sie zu richten, soweit sie nach den Steuergesetzen Steuerpflichtiger ist.** [2]**Dies gilt auch dann, wenn sie nach inländischem Gesellschaftsrecht mangels Rechtsfähigkeit nicht als juristische Person zu behandeln ist.**

(2) **Auf Körperschaften im Sinne des Absatzes 1 Satz 2 sind die für juristische Personen geltenden Regelungen der §§ 34 und 79 entsprechend anzuwenden.**

(3) **Für die Vollstreckung in das Vermögen einer Körperschaft im Sinne des Absatzes 1 genügt ein an sie gerichteter vollstreckbarer Verwaltungsakt.**

(4) **Die Anteilseigner einer Körperschaft im Sinne des Absatzes 1 Satz 2 haften für die von der Körperschaft geschuldeten Ansprüche aus dem Steuerschuldverhältnis unbeschränkt.**

Schrifttum: Baum, Änderungen der AO im Jahr 2023, NWB 2024, 658; Höreth/Stelzer, Steuerliche MoPeG-Anpassungen und Zinsschranke, DStZ 2024, 103; Hubert, Auswirkungen des MoPeG auf das Steuerrecht, StuB 2024, 127.

I. Allgemeines

1 § 14b enthält für ausländische Körperschaften mit inländischer Geschäftsleitung spezielle Regelungen zur Bekanntgabe (Abs. 1), Vertretung sowie Handlungsfähigkeit (Abs. 2), Vollstr. (Abs. 3) und Haftung (Abs. 4). Sie wurde mWv 1.1.2024 durch G v. 22.12.2023 (BGBl. 2023 I Nr. 411) eingefügt. Durch das JStG 2024 ist die Regelung vor ihrem Inkrafttreten geändert worden, indem in § 14b I 1 der Begriff „Steuerschuldner" durch „Steuerpflichtiger" ersetzt wurde (Art. 16 Nr. 2 JStG 2024 v. 2.12.2024, BGBl. 2024 I Nr. 387). § 14b betrifft anders als § 14a keine Personenvereinigungen, sondern nur ausländische Körperschaften mit inländischer Geschäftsleitung. Dabei greift § 14b I 2 den persönlichen Anwendungsbereich aus der materiell-rechtlichen Regelung des § 8 I 4 KStG auf (BT-Drs. 20/9782, 199). Die Vorschrift unterfüttert die materiell-rechtliche Behandlung ausländischer Körperschaften in verfahrensrechtlicher Hinsicht (Gosch AO § 14b Rn. 2; vgl. zur Beteiligtenfähigkeit einer britischen Limited BFH 13.10.2021 – I B 31/21, DStR 2022, 250).

II. Bekanntgabe von Verwaltungsakten (Abs. 1)

4 § 14b I 1 regelt für rechtsfähige stpfl. Körperschaften mit Sitz im Ausland und Ort der Geschäftsleitung im Inland, dass VA an diese zu richten sind. Ob eine **Körperschaft** iSd § 14b I 1 vorliegt, richtet sich danach, ob die Gesellschaft mit Sitz im Ausland nach dem sog. Rechtstypenvergleich strukturell mit einer deutschen Körperschaft vergleichbar ist (vgl. BFH 20.8.2008 – I R 34/08, BStBl. II 2009, 263). Das hängt davon ab, ob eine Gesamtwürdigung der maßgebenden ausländischen Bestimmungen über die Organisation und Struktur der Gesellschaft ergibt, dass der ausländische Rechtsträger rechtlich und

wirtschaftlich einer inländischen KapGes oder einer juristischen Person des privaten Rechts gleicht. § 14b I 1 knüpft damit letztlich an die inländische Stpfl. iSd § 1 I 1 KStG an (Gosch AO § 14b Rn. 10). Ein Sitz im **Ausland** besteht, wenn die Körperschaft ihren Sitz iSd § 11 nicht im Geltungsbereich der AO hat. Der **Ort der Geschäftsleitung** iSd § 10 muss hingegen im Inland liegen. Auf die rechtliche Beurteilung im Sitzstaat kommt es nicht an. Die **Rechtsfähigkeit,** also die Fähigkeit, Träger von Rechten und Pflichten zu sein, bestimmt sich nach dem Recht des Sitzstaates.

§ 14b I 2 erweitert den Anwendungsbereich auf ausländische Körperschaften, die nach inländischem Gesellschaftsrecht nicht rechtsfähig sind. Nach hM im Zivilrecht ist Rechtsfähigkeit jedoch nicht mit eigener Rechtspersönlichkeit einer juristischen Person gleichzusetzen (→ § 14a Rn. 4), wovon § 14b I 2 jedoch ausgeht. 5

Rechtsfolge der Regelung ist, dass VA, wie zB StBescheide, Zinsbescheide, Prüfungsanordnungen oder Haftungsbescheide, unmittelbar an die Körperschaft als Inhaltsadressat zu richten sind (AEAO zu § 14b Nr. 1), soweit sie nach den StGesetzen Stpfl. ist. Die gegen die Körperschaft festgesetzten Steuern und Nebenleistungen sind auch ihr gegenüber zu vollstrecken (→ Rn. 12). 6

III. Vertretung und Handlungsfähigkeit (Abs. 2)

§ 14b II schreibt für Körperschaften iSd § 14b I 2 die entspr. Anwendung der für juristische Personen geltenden Regelungen der §§ 34, 79 vor. Die ausländischen nicht rechtsfähigen Körperschaften werden verfahrensrechtlich juristischen Personen gleichgestellt. Gem. § 34 II 1 haben bei nicht rechtsfähigen Personenvereinigungen die Mitglieder, Gesellschafter oder Gemeinschafter die Pflichten im StVerfahren zu erfüllen. Dementsprechend gilt für Körperschaften iSd § 14b I 2, dass ihre gesetzlichen Vertreter ihre steuerlichen Pflichten zu erfüllen haben (§ 34 I 1). 8

Die verfahrensrechtliche Handlungsfähigkeit (§ 79 I Nr. 3) erlangt eine juristische Person, Personenvereinigung oder Vermögensmasse durch die in § 34 bezeichneten Personen, also gesetzliche Vertreter oder sonst besonders Beauftragte.

IV. Vollstreckung (Abs. 3)

§ 14b III erfasst nach seinem Wortlaut sowohl Körperschaften, die auch nach deutschem Gesellschaftsrecht rechtsfähig sind, als auch solche, die nicht rechtsfähig sind. Für nach deutschem Gesellschaftsrecht rechtsfähige Körperschaften hätte es dieser Regelung grundsätzlich nicht bedurft, da sie wegen ihrer eigenen Rechtspersönlichkeit stets selbst Vermögensträger und Adressat von VA sind (ebenso Gosch AO § 14b Rn. 12: klarstellende Bedeutung; TK § 14b Rn. 12). Fehlt einer ausländischen Körperschaft nach deutschen Gesellschaftsrecht die Rechtsfähigkeit, wäre eine Vollstr. gegen die Körperschaft direkt unzulässig, da § 267 auf Körperschaften nicht anzuwenden ist. Für eine Vollstr. gegen einen oder alle Gesellschafter bedürfte es eines oder mehrerer Haftungsbescheide und der dazu gehörenden Leistungsgebote (TK § 14b Rn. 12). Diese Lücke schließt Abs. 3 in Anlehnung an § 267 und überbrückt dadurch den Umweg über die Gesellschafter der Körperschaft (BT-Drs. 20/9782, 199; Hubert StuB 2024, 127). Folglich genügt für die Vollstr. gegen eine im Inland stpfl. ausländische Körperschaft, die nach deutschem Gesellschaftsrecht nicht rechtsfähig ist, in deren Vermögen ein vollstreckbarer VA gegen die (nicht rechtsfähige) Körperschaft. Die Vollstr. nach § 14b III erfasst lediglich das der Körperschaft steuerrechtlich zuzuordnende Vermögen, nicht jedoch das Privatvermögen der Gesellschafter (→ § 267 Rn. 2). Die Regelung zielt insb. auf Limiteds mit Sitz im Vereinigten Königreich Großbritannien und Nordirland und Ort der Geschäftsleitung in Deutschland ab (AEAO zu § 14b Nr. 1). 12

V. Haftung (Abs. 4)

16 § 14b IV normiert eine unbeschränkte Haftung der Anteilseigner einer Körperschaft iSd § 14b I 2 für die von der Körperschaft geschuldeten Ansprüche aus dem StSchuldverhältnis. Der steuerschuldrechtliche Haftungsdurchgriff negiert die verfahrensrechtliche Gleichsetzung der nichtrechtsfähigen mit der rechtsfähigen Körperschaft durch die Abs. 1–3 zur umfassenden Durchsetzung schuldrechtlicher Ansprüche, ohne eine originäre Haftung zu begründen (TK § 14b Rn. 14). Die in Abs. 4 angeordnete Rechtsfolge entspricht der zivilrechtlichen Rechtslage, wonach bei im Inland nicht rechtsfähigen Auslandskörperschaften die Haftung nach den Vorschriften über die PersGes zu bestimmen ist (BGH 27.10.2008 – II ZR 158/06, DStR 2009, 59). Der Gesellschafter einer Ein-Personen-Körperschaft haftet unmittelbar. Auf die Haftungsregelung nach dem Recht des Sitzstaates kommt es nicht an (Klein § 14b Rn. 7; Hubert StuB 2024, 127). Anteilseigner sind die jeweiligen Gesellschafter der ausländischen Körperschaft.

§ 15 Angehörige

(1) **Angehörige sind:**

1. der Verlobte,
2. der Ehegatte oder Lebenspartner,
3. Verwandte und Verschwägerte gerader Linie,
4. Geschwister,
5. Kinder der Geschwister,
6. Ehegatten oder Lebenspartner der Geschwister und Geschwister der Ehegatten oder Lebenspartner,
7. Geschwister der Eltern,
8. Personen, die durch ein auf längere Dauer angelegtes Pflegeverhältnis mit häuslicher Gemeinschaft wie Eltern und Kind miteinander verbunden sind (Pflegeeltern und Pflegekinder).

(2) **Angehörige sind die in Absatz 1 aufgeführten Personen auch dann, wenn**

1. in den Fällen der Nummern 2, 3 und 6 die die Beziehung begründende Ehe oder Lebenspartnerschaft nicht mehr besteht;
2. in den Fällen der Nummern 3 bis 7 die Verwandtschaft oder Schwägerschaft durch Annahme als Kind erloschen ist;
3. im Fall der Nummer 8 die häusliche Gemeinschaft nicht mehr besteht, sofern die Personen weiterhin wie Eltern und Kind miteinander verbunden sind.

Vergleichbare Vorschriften: § 20 V VwVfG, § 16 V SGB X, ähnlich § 11 I Nr. 1 StGB

Schrifttum: Fritz/Gramkow, Das Verlöbnis – Darstellung der Rechtsnatur und steuerrechtliche Besonderheiten, StStud 2005, 401; Fuhrmann, Die nichteheliche Lebensgemeinschaft: Neues zum Zivil- und Steuerrecht, KÖSDI 2006, 15171; Wenzel, Aktuelle Entwicklung zur eingetragenen Lebenspartnerschaft im Steuerrecht, Stbg 2011, 314; Gläser/Zöller, Der Begriff der nahestehenden Person, DStR 2015, 497; Bruschke, Mietverträge zwischen nahen Angehörigen, DStZ 2017, 732; Spieker, Der Familienbegriff im Steuerrecht, NZFam 2018, 293.

I. Allgemeines

1 § 15 enthält eine Legaldefinition des Begriffs „Angehörige". Soweit in verfahrensrechtlichen oder materiellen StGesetzen der Angehörigenbegriff verwendet wird, kommt grds. § 15 zur Anwendung. Die in dieser Vorschrift enthaltene Aufzählung ist abschließend. Insbesondere im Hinblick auf den im Verfahrensrecht (zB §§ 82, 101, 103; § 84 II FGO) einschlägigen Schutzzweck, Interessenkonflikte für Angehörige zu vermeiden, bedarf es jedoch einer weiten Auslegung. Eine **analoge Anwendung** ist nicht ausgeschlossen (SBS

§ 20 Rn. 56; BGH 25.1.2000 – VI ZR 64/99, NJW 2000, 1338; aA HHSp § 15 Rn. 9). Für die in § 15 verwendeten zivilrechtlichen Begriffe ist die Rechtslage nach dem BGB maßgeblich. Eine wirtschaftliche Betrachtungsweise kann deshalb weder eine mangelnde zivilrechtliche Wirksamkeit ersetzen noch zur Erweiterung der Begriffsbestimmung führen (BFH 27.11.2018 – V B 72/18, BFH/NV 2019, 202; TK § 15 Rn. 4). Die Verfassungsmäßigkeit des § 15 ist nach Aufnahme der Lebenspartner durch das G zur Anpassung steuerlicher Regelungen an die Rechtsprechung des Bundesverfassungsgerichts v. 18.7.2014, BGBl. 2014 I 1042 nicht mehr zweifelhaft (HHSp § 15 Rn. 8). Der Lebenspartnerschaftsverlobte wurde durch das Gesetz zur Umsetzung des Gesetzes zur Einführung des Rechts auf Eheschließung für Personen gleichen Geschlechts v. 18.12.2018, BGBl. 2018 I 2639 in § 15 I Nr. 1 AO gestrichen.

Keine Anwendung findet § 15, wenn die den Angehörigenbegriff verwendende andere steuerrechtliche Vorschrift eine abweichende Regelung enthält oder aus dem Gesetzeszweck der anderen Norm eine Begrenzung des Personenkreises erkennbar ist. Dies gilt insb. für in anderen Vorschriften verwendete einschränkende Zusätze, zB den Begriff des „nächsten" Angehörigen (§ 58 Nr. 6) sowie die Begriffe Familienangehörige (§ 12 Nr. 1 EStG), Pflegekind (§ 32 I Nr. 2 EStG; BFH 22.2.1991 – VI R 87/88, BFH/NV 1992, 90). Zum Begriff eigene Wohnzwecke iSd § 23 I 1 Nr. 1 S. 3 EStG vgl. BFH 14.11.2023 – IX R 13/23, BStBl. II 2024, 173. Der im Ertragsteuerrecht gebrauchte Begriff des „nahen Angehörigen" für die Anerkennung von schuldrechtlichen Beziehungen oder als Begünstigter von vGA ist von der Rspr. zur Abgrenzung der Einkommensverwendung von der -erzielung entwickelt worden. Er stimmt deshalb mit § 15 nicht überein (BGH 10.1.2023 –1 StR 250/22, NStZ 2023, 298). 2

II. Angehörigenbegriff (Abs. 1)

1. Verlobte (Abs. 1 Nr. 1)

Verlöbnis ist das gegenseitige Versprechen zweier Personen verschiedenen oder gleichen Geschlechts, künftig die Ehe miteinander einzugehen (§ 1353 I 1 BGB). Ein wirksames Versprechen erfordert bei beschränkt Geschäftsfähigen die Einsichtsfähigkeit über die personenrechtlichen Folgen des Verlöbnisses. Keine Angehörigeneigenschaft begründet ein Verlöbnis mangels Wirksamkeit mit einem Verheirateten, Verpartnerten oder Verlobten (Grüneberg BGB Einf. vor § 1297 Rn. 1). Eine nichteheliche Lebensgemeinschaft ohne ernsthaftes Eheversprechen bewirkt kein Verlöbnis, begründet jedoch wegen des Charakters als Verantwortungs- und Einstehensgemeinschaft ein ähnliches Näheverhältnis (BVerfG 17.11.1992 – 1 BvL 8/87, NJW 1993, 643). Ein solches Näheverhältnis bestand auch für **gleichgeschlechtliche Lebenspartner** aufgrund ihrer Gleichstellung durch das G v. 18.7.2014 (BGBl. 2014 I 1042) im Fall des ernstlichen Partnerschaftsversprechens (→ Rn. 1, 7). Mit Einführung der Eheschließung für gleichgeschlechtliche Paare entfällt die Möglichkeit der Verpartnerung, sodass mit Wirkung vom 22.12.2018 das Lebenspartnerschaftsverlöbnis in § 15 I Nr. 1 AO gestrichen wurde (→ Rn. 1). Bisherige Lebenspartnerschaftsverlöbnisse endeten zum 30.9.2017 (Kaiser FamRZ 2017, 1985). Angehörigenstatus kommt nur den Verlobten untereinander, nicht auch den Angehörigen des Verlobten zu (BFH 12.7.1991 – III R 44/89, BFH/NV 1992, 27). Mit der Entlobung endet das Angehörigenverhältnis. 5

2. Ehegatten/Lebenspartner (Abs. 1 Nr. 2)

Vorausgesetzt wird eine nach deutschem Recht rechtsgültig geschlossene Ehe zwischen zwei Personen verschiedenen oder gleichen Geschlechts. Eine anfänglich fehlerhafte Ehe kann nur durch Urteil für die Zukunft aufgehoben werden (§ 1313 BGB). Eine Nichtehe hingegen lässt eine Ehe überhaupt nicht entstehen (zB Trauung mit 15-jähriger Person, zu weiteren Einzelfällen s. Grüneberg Einf. Vor § 1313 Rn. 6). Eine im Ausland oder nach ausländischem Recht geschlossene Ehe ist unter den Voraussetzungen des Art. 13 EGBGB 6 auch im Inland rechtsgültig. Dabei verstößt selbst eine nach deutschem Recht verbotene Mehrehe (§ 1306 BGB) nicht gegen den ordre public (Art. 6 EGBGB), wenn sie nach dem anzuwendenden Heimatrecht der Eheschließenden erlaubt ist (BFH 6.12.1985 – VI R 56/82, BStBl. II 1986, 390). Alle Ehepartner sind folglich Angehörige.

7 **Eingetragene Lebenspartnerschaft.** Nach dem LPartGes vom 16.2.2001 (BGBl. 2001 I 266) konnten Personen gleichen Geschlechts bis zum 30.9.2017 (Art. 3 § 1 G vom 18.12.2018, BGBl. 2018 I 2639, → Rn. 1) eine verbindliche Lebenspartnerschaft begründen, die der Ehe weitgehend angenähert ist (vgl. Kanzler FR 2000, 860). Gemäß § 11 I LPartGes gilt ein Lebenspartner als Familienangehöriger des anderen Lebenspartners, soweit nicht etwas anderes bestimmt ist. Diese Folgerung wurde durch das G zur Anpassung steuerlicher Regelung an die Rspr. des BVerfG v. 18.7.2014 (BGBl. 2014 I 1042) mWv 24.7.2014 auch für den Angehörigenbegriff des § 15 gezogen. Soweit EinzelStG auf § 15 AO verweisen, werden Lebenspartner deshalb auch erfasst. Eingetragene Lebenspartner gehören damit zu den Angehörigen. Seit dem 1.10.2017 (G v. 18.12.2018, BGBl. 2018 I 2639) ist die bürgerliche Ehe auch für gleichgeschlechtliche Paare eröffnet und Lebenspartnerschaften können in Ehen umgewandelt werden (§ 20a LPartG; § 17a PStG). Soweit eine Umwandlung nicht erfolgt, gelten die Regelungen zur Lebenspartnerschaft fort.

Die Rspr. (BFH 30.11.2004 – VIII R 61/04, BFH/NV 2005, 695), wonach die in anderen Staaten anstelle einer eingetragenen Lebenspartnerschaft vorgesehene Eheschließung der Lebenspartnerschaft und nicht der Ehe gleichsteht, ist überholt.

3. Verwandte und Verschwägerte gerader Linie (Abs. 1 Nr. 3)

8 Personen, deren eine von der anderen abstammt, sind in gerader Linie verwandt (§ 1589 I 1 BGB). Hierzu gehören Eltern, Kinder, Großeltern, Enkel, Urgroßeltern, Urenkel usw., nicht Stiefmutter oder Stiefkind (BFH 20.1.2003 – IX B 94/02, BFH/NV 2003, 617). Verwandtschaft wird primär durch die genetische Abstammung begründet, kann aber auch durch die Annahme als Kind entstehen (§ 1754 BGB) oder durch die Vermutung der Vaterschaft (§ 1592 BGB). Durch die **Adoption** eines minderjährigen Kindes erlangt dieses die Rechtsstellung eines ehelichen Kindes (§ 1754 BGB). Es ist fortan mit den Annehmenden in gerader Linie verwandt. Dies gilt selbstverständlich auch für die Verwandten entfernterer Grade (Großeltern, Urgroßeltern). Weitere Folge der Adoption ist das Erlöschen des Verwandtschaftsverhältnisses zu den bisherigen Verwandten (§ 1755 I BGB). Im Fall der Stiefkindadoption erlischt das Verwandtschaftsverhältnis nur zu dem Elternteil und dessen Verwandten, der nicht Ehegatte des Annehmenden ist (§ 1755 II BGB). § 15 II 2 lässt die Angehörigeneigenschaft jedoch fortbestehen. Bei der Annahme Volljähriger erstrecken sich die Rechtswirkungen nicht auf die Verwandten des Annehmenden, sodass dessen Eltern nicht mit dem Angenommenen verwandt sind. Durch **Vaterschaftsanfechtung** kann die gesetzlich begründete Vaterschaft zum nicht biologischen Vater wieder entfallen (vgl. zur Vaterschaftsanfechtung Roth NJW 2003, 3153).

9 **Verschwägert** in gerader Linie sind die in gerader Linie Verwandten eines Ehegatten/Lebenspartners mit dem anderen Ehegatten/Lebenspartner (§ 1590 I BGB). Voraussetzung der Schwägerschaft ist eine gültige Ehe/Lebenspartnerschaft. Zu diesem Personenkreis gehören die Eltern und (Ur-)Großeltern des Ehegatten/Lebenspartners, aber auch dessen alleinige Kinder, sog. Stiefkinder und deren Abkömmlinge. Die Schwägerschaft erstreckt sich nicht auf die Verwandten der Ehegatten/Lebenspartner untereinander, sodass weder die Schwiegereltern noch Stiefkinder untereinander verschwägert sind. Die Schwägerschaft dauert fort, auch wenn die Ehe/Lebenspartnerschaft, durch die sie begründet wurde, aufgelöst ist (§ 1590 II BGB). Vgl. auch → Rn. 21.

4. Geschwister (Abs. 1 Nr. 4)

11 Geschwister sind die Abkömmlinge eines oder beider Elternteile, also gebürtige (Halb-) Schwester und (Halb-)Bruder. Entscheidend ist die genetische Verwandtschaft. Auf die

Ehelichkeit kommt es nicht an (Grüneberg § 1589 Rn. 3). Deshalb sind Kinder ohne gemeinsamen Elternteil (Stiefgeschwister) nicht miteinander verwandt. Die Adoption eines Kindes begründet ein gesetzliches Verwandtschaftsverhältnis zu den Annehmenden und deren Verwandten, sodass adoptierte Kinder den gebürtigen gleichgestellt sind (§ 1754 BGB).

5. Kinder der Geschwister (Abs. 1 Nr. 5)

Kinder der Geschwister (Nichten und Neffen) sind Angehörige der Bezugsperson. Nicht 12 hierzu gehören die Verwandten der nächsten Ordnung (Großnichten, Großneffen). Die Kinder untereinander (Cousins und Cousinen) sind keine Angehörigen iSd § 15 I Nr. 5.

6. Ehegatten der Geschwister und Geschwister der Ehegatten (Abs. 1 Nr. 6)

Die Verwandten eines Ehegatten/Lebenspartners sind mit dem anderen Ehegatten/ 13 Lebenspartner verschwägert (§ 1590 I 1 BGB). Voraussetzung der Schwägerschaft ist eine gültige Ehe/Lebenspartnerschaft. § 15 I Nr. 6 erklärt aus diesem Kreis die Ehegatten/Lebenspartner der eigenen Geschwister und die Geschwister des eigenen Ehegatten/Lebenspartners zu Angehörigen.

7. Geschwister der Eltern (Abs. 1 Nr. 7)

Tanten und Onkel gehören als Geschwister der Eltern ebenfalls zu den Angehörigen. 14

8. Pflegeeltern und Pflegekinder (Abs. 1 Nr. 8)

Der Begriff des Pflegekindes entspricht weitgehend § 32 I Nr. 2 EStG (BFH 9.3.1989 – 15 VI R 94/88, BStBl. II 1989, 680). Das Pflegeverhältnis ist von der Familienpflege iSd § 44 SGB VIII zu unterscheiden (vgl. zu § 27 JWG BFH 17.5.1990 – IV R 14/87, BStBl. II 1990, 1018).

Ein **Pflegeverhältnis** ist ein auf gegenseitiger, emotionaler Zuwendung beruhendes 16 Verhältnis, in dem sich eine oder mehrere Personen aus Verantwortung für eine andere um deren persönliches Wohlergehen sorgen (Gosch AO § 15 Rn. 31; BFH 5.8.1977 – VI R 187/74, BStBl. II 1977, 832). Rechtliche Gestaltungen, behördliche Anordnungen oder das Recht zur Personensorge sind unerheblich (BFH 17.12.1952 – IV 359/52 U, BStBl. III 1953, 74). Ein Pflegeverhältnis entsteht durch tatsächliche Obhut. Sind materielle Interessen bestimmendes Motiv der erzieherischen Sorge und Pflege, begründet dies kein Pflegeverhältnis (sog. Kostkinder; BFH 23.9.1998 – XI R 11/98, BStBl. II 1999, 133). Unschädlich ist grds. der Empfang von Zuschüssen zu den Unterhaltsaufwendungen (BFH 18.7.1985 – VI R 53/82, BStBl. II 1986, 14).

Auf längere Dauer muss das Pflegeverhältnis angelegt sein. Der zeitliche Rahmen muss 17 so bemessen sein, dass familienähnliche Bande entstehen können (Schmidt EStG § 32 Rn. 22; Brockmeyer DStZ 1996, 225: idR 2 Jahre). Einen zeitlichen Mindestzeitraum gibt es nicht, da das Entstehen eines Vertrauensverhältnisses stark vom Alter des Kindes abhängt (einschr. Gosch AO § 15 Rn. 32 idR mehr als 1 Jahr). Ist das Pflegeverhältnis auf Dauer angelegt, schadet die Möglichkeit einer vorzeitigen Beendigung für den Fall einer veränderten Lebenslage nicht (BFH 7.9.1995 – III R 95/93, BStBl. II 1996, 63).

Eine **häusliche Gemeinschaft** besteht, wenn das Pflegekind in den Haushalt der Pfle- 18 geeltern aufgenommen ist (Klein § 15 Rn. 9). Nicht erforderlich ist, dass das Pflege- und Obhutsverhältnis zu den leiblichen Eltern beendet ist (FG Baden-Württemberg 3.6.1987 – VII K 182/84, EFG 1987, 486; anders § 32 I Nr. 2 EStG). Internatsaufenthalte hindern idR nicht eine Haushaltsaufnahme (BFH 5.8.1977 – VI R 187/74, BStBl. II 1977, 832), anders bei dauernder Heimunterbringung (FG Münster 15.1.1996 – 10 K 4147/94 E, EFG 1996, 922).

Eine **Eltern-Kind-Bindung** besteht, wenn die Pflegeeltern in einem familienähnlichen, 19 auf umfassende Betreuung angelegten Verhältnis zu ihrem Pflegekind stehen. Die persönliche Sorge muss in Intensität und Umfang derjenigen gleichen, die üblicherweise einem leiblichen Kind gegenüber erbracht wird (BFH 14.12.1962 – VI 99/62 S, BStBl. III 1963,

124). Hieran fehlt es bei vorübergehender Unterbringung, zB bei Tagesmüttern (Gosch AO § 15 Rn. 34). Ein Altersunterschied wie zwischen Eltern und Kind ist nicht stets erforderlich (Schmidt EStG § 32 Rn. 13; aA TK § 15 Rn. 20; BFH 4.4.1975 – VI R 218/72, BStBl. II 1975, 636). So endet ein über Jahre bestehendes Pflegekindschaftsverhältnis nicht mit Erreichen der Volljährigkeit. Insbesondere bei geistig Behinderten ist der Altersunterschied kein taugliches Abgrenzungskriterium (FG Rheinland-Pfalz 13.12.1978 – I 164/78, EFG 1979, 333; TK § 15 Rn. 21). Nach der Rspr. (BFH 9.2.2012 – III R 15/09, BStBl. II 2012, 739) muss die Behinderung so schwer sein, dass der geistige Zustand des Behinderten dem typischen Entwicklungsstand einer noch minderjährigen Person entspricht.

III. Nachwirkung der Angehörigeneigenschaft (Abs. 2)

22 § 15 II lässt die einmal begründete Angehörigeneigenschaft für bestimmte Fälle fortbestehen, obwohl die zu ihrer Entstehung führenden Voraussetzungen entfallen sind. Mit der Auflösung der rechtlichen Beziehung entfällt nicht zugleich die emotionale Bindung, sodass die Umstände, welche die gesetzliche Grundlage für die Annahme einer Angehörigeneigenschaft bilden, fortwirken.

23 **Nr. 1.** Die Auflösung der Ehe/Lebenspartnerschaft durch Tod eines Ehegatten/Lebenspartners, Scheidung oder gerichtliche Aufhebung der Ehe/Lebenspartnerschaft bewirkt in den Fällen des § 15 I Nr. 2, 3 und 6 nicht den Wegfall der Angehörigenverhältnisse (BFH 20.3.1997 – XI B 135/95, BFH/NV 1997, 638). Dies gilt auch im Fall der erneuten Heirat oder Lebenspartnerschaft (Gosch AO § 15 Rn. 40).

24 **Nr. 2.** Die Adoption eines Minderjährigen führt zum Erlöschen des Verwandtschaftsverhältnisses zu seinen leiblichen Eltern und deren Familienmitgliedern (§ 1755 BGB). § 15 II Nr. 2 negiert diese Wirkung für die bisherigen Angehörigen des Kindes. Nicht erfasst ist der umgekehrte Fall der Aufhebung des Annahmeverhältnisses (§ 1759 BGB). Mit der Aufhebung der Annahme als Kind erlöschen das durch die Annahme begründete Verwandtschaftsverhältnis des Kindes und seiner Abkömmlinge zu den bisherigen Verwandten (§ 1764 II BGB). Die Regelungslücke ist durch analoge Anwendung zu schließen (ebenso HHSp § 15 Rn. 45; aA TK § 15 Rn. 12; Gosch AO § 15 Rn. 42). Eine vergleichbare Situation entsteht durch das Erlöschen des Verwandtschaftsverhältnisses nach erfolgreicher Vaterschaftsanfechtung. Auch in diesem Fall bedarf es einer analogen Anwendung des § 15 II Nr. 2.

25 **Nr. 3.** Die Vorschrift verdeutlicht den Zweck der Nachwirkung, indem es ausdrücklich auf eine weiterhin bestehende emotionale Eltern-Kind-Bindung abstellt. Das Pflegekindschaftsverhältnis bleibt Grundlage für die Angehörigeneigenschaft, solange Pflegeeltern und Pflegekind wie Eltern und Kind miteinander verbunden sind. Die Intensität der Sorge und gegenseitigen Kontakte wird maßgeblich durch das Alter des Kindes bestimmt, sodass gegenseitige Besuche zu familiären Anlässen genügen können. Verlieren sich Eltern und Kind völlig aus den Augen, endet die Nachwirkung.

Dritter Abschnitt. Zuständigkeit der Finanzbehörden

§ 16 Sachliche Zuständigkeit

Die sachliche Zuständigkeit der Finanzbehörden richtet sich, soweit nichts anderes bestimmt ist, nach dem Gesetz über die Finanzverwaltung.

Schrifttum: Söhn, Ertragshoheit, Verwaltungshoheit und Verbandskompetenz, FR 1971, 410; Kirchhof, Besteuerung durch ein unzuständiges Bundesland – Das „Verwaltungsrisiko" bei Steuerverwaltungsakten außerhalb der Verbandskompetenz, FR 1971, 525; Bopp, Die Gebietshoheit der Länder bei der Steuerverwaltung, DStR 1975, 488.

Übersicht

A. Allgemeines

I. Inhalt und Bedeutung der Vorschrift

1. Sachlicher Geltungsbereich

§ 16 regelt die sachliche Zuständigkeit von FB und verweist für deren Bestimmung auf 1 das FVG sowie auf Regelungen in der AO und in den EinzelStG. Die Vorschrift bestimmt die Zuweisung von Aufgaben der FVerw. an FB (§ 6 II) im Anwendungsbereich der AO. Der sachliche Geltungsbereich ist somit in zweierlei Hinsicht durch § 1 I gekennzeichnet. Zum einen erstreckt er sich nur auf die von der AO erfassten Aufgaben der FVerw. (Verwaltung von Steuern einschl. StVergütungen iSv § 1 I). Zum anderen betrifft § 16 nur die zur Erledigung dieser Aufgaben eingerichteten Behörden (Bundes- und LandesFB). Für die den Gemeinden übertragenen Aufgaben bei der Verwaltung von RealSt iSd § 3 II findet § 16 deshalb weder eine direkte noch gem. § 1 II Nr. 1 eine entspr. Anwendung.

2. Grundzüge und Bedeutung der Kompetenzordnung

§ 16 regelt zusammen mit §§ 17–29a die Zuständigkeit der FB (§ 6 II) im Rahmen des 2 Anwendungsbereichs der AO (§ 1). Die Zuständigkeit, auch Kompetenz genannt, ist das Recht und die Pflicht einer Behörde, in dem ihr zugewiesenen Aufgabenkreis tätig zu sein (BFH 26.7.1988 – VII R 194/85, BStBl. II 1989, 3 mwN; TK Vorb. zu §§ 16–29 Rn. 1, § 16 Rn. 3; HHSp § 16 Rn. 5). Die Aufteilung der der FVerw. obliegenden umfassenden StVerwaltung und die Zuweisung näher bezeichneter Aufgaben an verschiedene FB sind durch verfassungsrechtliche Vorgaben und die Notwendigkeit einer effektiven Bewältigung der Gesamtaufgabe begründet. Art. 108 I, II GG teilt die FVerw. in Bundes- und Landesverwaltung und ordnet den Bundes- und LandesFB jeweils bestimmte, umfassende Aufgabenbereiche zu (→ Rn. 4). Die AO knüpft für die Zuständigkeit vorrangig an den Gegenstand der den FB zugewiesenen Aufgaben an (sachliche Zuständigkeit nach § 16). Innerhalb der sachlichen Zuständigkeit unterscheidet sie weiter danach, auf welcher Behördenebene im gestuften Verwaltungsaufbau eine bestimmte Aufgabe erledigt wird (funktionelle oder instanzielle Zuständigkeit, → Rn. 9 f.). Für gebietsgebundene Steuern kann zusätzlich die StBerechtigung des Verbandes – insb. Land, Gemeinde – im Rahmen der sachlichen Zuständigkeit zu beachten sein (verbandsmäßige Zuständigkeit; Einzelheiten str., → Rn. 11). Ist die sachliche Zuständigkeit mehrerer FB gegeben, sind sodann räumliche Gesichtspunkte maßgebend (örtliche Zuständigkeit nach §§ 17–29a). Die Geschäftsverteilung innerhalb einer FB ist keine Frage der Zuständigkeit iSd AO (interne Zuständigkeit, → Rn. 16). In ihrer Systematik führen diese organisationsrechtlichen Regelungen letztlich zur Bestimmung einer einzigen zuständigen Behörde. So entstehen weder Mehrfachzuständigkeiten noch bleiben Zuständigkeitslücken.

3 In positiver Hinsicht begründet die Kompetenzordnung **Handlungsrechte und -pflichten** der zuständigen Behörde, in negativer Hinsicht Handlungsverbote der unzuständigen Behörde (BFH 26.7.1988 – VII R 194/85, BStBl. II 1989, 3 mwN; BFH 25.2.2021 – III R 36/19, BStBl. II 2021, 712; TK § 16 Rn. 1). Die eindeutige Bestimmung der Zuständigkeit schafft sowohl für die FB als auch für den von deren Handeln Betroffenen Rechtssicherheit hinsichtlich der Befugnis zum Tätigwerden der FB im Verwaltungsverfahren. Das in Art. 20 III GG ausgesprochene Gebot der Gesetzmäßigkeit der Verwaltung gebietet die Beachtung der durch Gesetz bestimmten Zuständigkeit **von Amts wegen.** Der Betroffene hat Anspruch auf das Handeln der zuständigen FB. Die Befugnis einer anderen Behörde zu einzelnen Amtshandlungen wie etwa Maßnahmen im Rahmen der **Amtshilfe** gem. §§ 111 ff. muss besonders geregelt sein und ändert an der Zuständigkeit der ersuchenden FB für das gesamte Verwaltungsverfahren nichts. Im **finanzgerichtlichen Verfahren** ist die Klage in den Fällen des § 63 II, III FGO gegen die „zuständige" Behörde zu richten (für die Folgen eines Zuständigkeitswechsels im Laufe des Verwaltungs- und gerichtlichen Verfahrens → Rn. 33).

3. Gesetzesvorbehalt

4 Da die Verwaltung von Steuern ganz überwiegend Eingriffsverwaltung darstellt, muss im Hinblick auf den Gesetzesvorbehalt des Art. 20 III GG die sachliche Zuständigkeit durch ein Gesetz iSv § 4 bestimmt sein (TK § 16 Rn. 11; Gosch AO § 16 Rn. 2). **Verwaltungsanweisungen** reichen hier nicht aus. Im Bereich der FVerw. richtet sich die sachliche Zuständigkeit in erster Linie nach dem FVG (→ Rn. 40 ff.), den ergänzenden Regelungen in der AO und in den EinzelStG sowie nach den auf der Ermächtigung insb. des § 17 II 3 FVG beruhenden Rechtsverordnungen. Nach der Rspr. des BFH braucht über das generelle Erfordernis einer gesetzlichen Regelung im StRecht nicht entschieden zu werden, soweit das FVG eine abschl. Regelung über die sachliche Zuständigkeit enthält und damit ohnehin Vorrang vor hiervon evtl. abw. Verwaltungsanweisungen hat. Es ist nicht zulässig, durch Verwaltungsanweisung die nach der gesetzlichen Regelung den FÄ obliegenden Aufgaben einer anderen FB zu übertragen und damit für eine unbestimmte Vielzahl von Fällen Verwaltungszuständigkeiten der FÄ auszugliedern, weil das FVG als das in Art. 108 II 2 GG genannte BundesG den Aufbau der LandesFB und damit die Aufgabenbereiche der FB abschl. bestimmt (BFH 21.4.1993 – X R 112/91, BStBl. II 1993, 649 für die früheren Großbetriebsprüfungsstellen der OFD, offengelassen für Übertragung im Einzelfall; BFH 21.6.1994 – VIII R 24/92, BFH/NV 1994, 763 für die früheren landwirtschaftlichen Betriebsprüfungsstellen der OFD). Die übergeordnete, weisungsbefugte FB hat weder ein Selbsteintrittsrecht im Einzelfall noch darf die untergeordnete Behörde Aufgaben im Einzelfall übertragen, etwa besonders bedeutsame oder „politisch heikle" Fälle; die übergeordnete Behörde darf nicht als gewillkürte Vertreterin der zuständigen Behörde im Finanzprozess auftreten (BFH 14.5.1968 – II R 31/67, BStBl. II 1968, 586; TK § 16 Rn. 13). Dasselbe gilt hinsichtlich des Aufbaus und der Aufgabenbereiche der BundesFB, die gem. Art. 108 I 2 GG ebenfalls durch das FVG konkretisiert werden. Anders als über die örtliche (§§ 26 S. 2, 27) können FB keine Vereinbarung über die sachliche Zuständigkeit treffen (s. hierzu auch BFH 24.2.2022 – III R 1/21, BFH/NV 2022, 805; BFH 7.7.2021 – III R 21/18, BFH/NV 2021, 1457; BFH 25.2.2021 – III R 36/19, BStBl. II 2021, 712 und BFH 25.2.2021 – III R 28/20, BFH/NV 2021, 1100, jeweils zum Inkasso-Service der Bundesagentur für Arbeit).

II. Arten der Zuständigkeit

1. Sachliche Zuständigkeit

Die sachliche Zuständigkeit betrifft die Zuweisung eines am Gegenstand der Sachaufgabe orientierten Aufgabenkreises an die FB (BT-Drs. VI/1982, 105). Sachaufgabe ist die Verwaltung der Steuern (§§ 1, 3). Da nicht jede FB umfassende Verwaltungsaufgaben wahrnehmen kann, unterteilen die Zuständigkeitsvorschriften die Gesamtaufgabe insb. nach StArten und/oder einzelnen Tätigkeitsbereichen im Rahmen der Verwaltung einer Steuer. Die grundlegende Zuweisung trifft Art. 108 GG. Nach Abs. 1 werden Zölle, Finanzmonopole, bundesgesetzlich geregelte VerbrauchSt einschl. der EUSt, die KraftSt und sonstige auf motorisierte Verkehrsmittel bezogenen VerkehrSt ab dem 1.7.2009 sowie die Abgaben im Rahmen der Europäischen Gemeinschaften durch BundesFB, nach Abs. 2 die übrigen Steuern durch LandesFB verwaltet. Das GG verweist für den Behördenaufbau dieser beiden Behördenzweige – und daraus folgend für die Aufgaben der einzelnen Behörden – auf ein Bundesgesetz, das FVG (→ Rn. 40 ff.). Vorrangige Regelungen der sachlichen Zuständigkeit finden sich in der AO sowie in EinzelStGesetzen (→ Rn. 27 ff.). 8

2. Funktionelle oder instanzielle Zuständigkeit

Die funktionelle oder instanzielle Zuständigkeit ist eine Unterart der sachlichen Zuständigkeit. Sie betrifft die Verteilung von Sachaufgaben desselben Aufgabenkreises auf verschiedene FB im gestuften Verwaltungsaufbau der Bundes- und Landesverwaltung. Die Gesetze weisen einzelnen FB bestimmte Tätigkeitsbereiche zu oder ordnen generell die Leitungs- oder Verwaltungsfunktion innerhalb des Behördenaufbaus an. Regelungen finden sich in der AO und im FVG. ZB bestimmt § 367, dass diejenige FB über den Einspruch zu entscheiden hat, die den angegriffenen VA erlassen hat. Das FVG nennt die verschiedenen Bundes- und LandesFB, strukturiert den Verwaltungsaufbau in oberste Behörde, Ober-, Mittel- und örtliche Behörden auf Bundes- und Landesebene (damit übereinstimmend § 6) und ordnet den jeweiligen Behörden Aufgaben zu. In der Praxis ist neben der Zollverwaltung (§§ 1, 5a, 12 FVG) die den Ländern zugewiesene StVerwaltung von besonderem Gewicht. Für Einzelheiten wird auf → Rn. 40 ff. verwiesen. 9

Die Regelung der funktionellen Zuständigkeit ist abschl.; Einzelaufgaben oder Aufgabenkreise dürfen nicht durch **Verwaltungsanweisung** oder durch **Einzelweisung** abw. von diesen Bestimmungen auf eine andere FB übertragen werden (BFH 14.5.1968 – II R 31/67, BStBl. II 1968, 586; BFH 21.4.1993 – X R 112/91, BStBl. II 1993, 649; BFH 21.6.1994 – VIII R 24/92, BFH/NV 1994, 763). Bestimmt das Gesetz besondere Zuständigkeiten für bestimmte Tätigkeitsbereiche oder die Schaffung von FB für besondere Aufgaben wie etwa ein Rechenzentrum (§ 2 II FVG, § 6 II Nr. 3), so gehen diese Regelungen den allg. Zuständigkeitsvorschriften vor; die vom Grundsatz her zuständige FB verliert insoweit ihre sachliche Zuständigkeit zugunsten der Sonderzuständigkeit der anderen FB. Wegen der Rechtsfolgen bei Verstoß → Rn. 34. 10

3. Verbandsmäßige Zuständigkeit

Begriff. Die gesetzlich nicht geregelte verbandsmäßige Zuständigkeit oder **Verbandskompetenz** betrifft die Zuständigkeit eines steuerberechtigten Verbandes, insb. der Gebietskörperschaften Länder und Gemeinden. FB eines Bundeslandes haben idR nur eine auf ihr eigenes Gebiet begrenzte Verwaltungshoheit und dürfen grds. nicht im Gebiet eines anderen tätig werden; Gemeinden haben keine Kompetenzen im fremden Gemeindegebiet. Zudem knüpft die Ertragshoheit zT an die Zugehörigkeit der handelnden FB zu einer Gebietskörperschaft an. So steht gem. Art. 107 I GG zB das Aufkommen der LandesSt und der Länderanteile am Aufkommen der ESt und der KSt den einzelnen Ländern insoweit zu, als die Steuern von den FB in ihrem Gebiet vereinnahmt werden (örtliches Aufkommen). Den Gemeinden steht gem. Art. 106 VI GG insb. das Aufkommen der GewSt und der GrSt zu. Für die verbandsmäßige Zuständigkeit wird auf den Ort der Verwirk- 11 lichung des steuerbegründenden Tatbestands abgestellt. Sie ist eng verbunden mit der örtlichen Zuständigkeit und knüpft idR an diese an. Bei der erstgenannten wird danach gefragt, ob die FVerw. eines bestimmten Bundeslandes tätig werden darf, bei der zweitgenannten, welche FB innerhalb des Bundesgebiets oder eines Bundeslandes zuständig ist. Aus der verbandsmäßigen Zuständigkeit folgt nicht, dass ein VA nur im Zuständigkeitsbereich des Verbandes wirksam ist; er entfaltet im gesamten Bundesgebiet Wirkung.

12 **Bedeutung für die einzelnen StArten.** In Rspr. und Literatur besteht über die Beachtung der verbandsmäßigen Zuständigkeit und der Wirkung bei deren Verletzung keine Einigkeit. BFH 29.10.1970 – IV R 247/69, BStBl. II 1971, 151 und BFH 23.11.1972 – VIII R 42/67, BStBl. II 1973, 198, jeweils mwN zum Meinungsstand, lehnen das generelle Erfordernis der Beachtung der verbandsmäßigen Zuständigkeit der im Einzelfall handelnden FB mit der Begründung ab, dem Bundesgesetzgeber stehe im Rahmen der Art. 106–108 GG die Abgrenzung der Ertrags- und Verwaltungshoheit frei; die Kompetenz zur Verwaltung jedenfalls von Bundes- und GemeinschaftSt beschränke sich nicht auf die FB des verbandsmäßig zuständigen Bundeslandes, denn es fehle bei der Verwaltung von GemeinschaftSt an der Abgeschlossenheit der FVerw. der Länder nach außen (offen gelassen BFH 14.11.1984 – I R 151/80, BStBl. II 1985, 607; BFH 19.11.2003 – I R 88/02, BStBl. II 2004, 751; BFH 29.6.2015 – III S 12/15, BFH/NV 2015, 1421). Auch Schwarz/Pahlke/Keß (Vor §§ 16–29 Rn. 5 ff.) hält die Rechtsfigur der verbandsmäßigen Zuständigkeit für entbehrlich. Demgegenüber fordern Teile der Literatur die grds. Beachtung der verbandsmäßigen Zuständigkeit (statt vieler Söhn FR 1971, 410; Kirchhof FR 1971, 525, jeweils mwN; Bopp DStR 1975, 488 mwN insb. zu dem in der Rspr. mit unterschiedlichem Inhalt verwendeten Begriff der Verbandskompetenz).) Zutreffend dürfte jedoch die Auffassung des BFH 5.3.1985 – VII R 146/84, BStBl. II 1985, 377 mwN sein, wonach die verbandsmäßige Zuständigkeit zumindest bei **„gebietsgebundenen Steuern“** zu beachten ist, also bei Steuern, bei denen der Ort der Tatbestandsverwirklichung wesentlich ist (so auch TK § 16 Rn. 6 f.; Klein § 17 Rn. 8 f.; HHSp § 16 Rn. 48; FG Niedersachsen 10.3.2021 – 7 K 1/21, EFG 2021, 1161, aufgehoben wegen der vorgelagerten Frage der (fehlenden) Zuständigkeit des BZSt für Ap BFH 20.12.2023 – I R 21/21, BStBl. II 2024, 592). Die – danach zu beachtende – verbandsmäßige Zuständigkeit als besondere Art der sachlichen Zuständigkeit wird der Gebietskörperschaft beigelegt, in deren Gebiet der Sachverhalt verwirklicht wird, an den das Gesetz die Steuer knüpft. Für die GrESt stellt der BFH auf die Ertragshoheit eines Bundeslandes ab und erkennt die verbandsmäßige Zuständigkeit damit an; Maßnahmen eines anderen Landes können den Anspruch des zuständigen Landes nicht berühren (BFH 12.7.1978 – II R 166/75, BStBl. II 1978, 666 zur Ablaufhemmung). Sie ist ferner zu beachten bei der GewSt und der GrSt, da diese auf die Geschäftsleitung des Gewerbebetriebs bzw. auf die Belegenheit des Grundstücks abstellen (für die Wirkung der Nichtbeachtung beim Gewerbesteuermessbetrag → Rn. 34). Auf eine verbandsmäßige Zuständigkeit kommt es dagegen nicht bei der ESt und der KSt an, weil der Gegenstand der Besteuerung, das Einkommen, nicht an den Wohnsitz bzw. den Ort der Geschäftsleitung anknüpft; das Wohnsitz-FA ist deshalb für die Veranlagung zur ESt auch für die Veranlagungszeiträume zuständig, in denen der Stpfl. in einem anderen Bundesland wohnte (BFH 29.10.1970 – IV R 247/69, BStBl. II 1971, 151; BFH 23.11.1972 – VIII R 42/67, BStBl. II 1973, 198; BFH 16.3.2005 – VIII B 87/03, BFH/NV 2005, 1579 mwN; AEAO zu § 16 Nr. 2). Dasselbe gilt für die USt, denn das Aufkommen wird nach Art. 107 GG unabhängig von der Zuständigkeit für deren Verwaltung verteilt. Die verbandsmäßige Zuständigkeit ist für die KraftSt ohne Bedeutung (BFH 5.3.1985 – VII R 146/84, BStBl. II 1985, 377), zumal die KraftSt seit 1.7.2009 vom Grundsatz her dem Bund zusteht (→ Rn. 8; G v. 29.5.2009, BStBl. I 2009, 1170). Soweit die verbandsmäßige Zuständigkeit nach den zuvor genannten Grundsätzen zu beachten ist, ist sie vor der nach § 16 zu bestimmenden sachlichen und der örtlichen Zuständigkeit (§§ 17–29a) zu prüfen. Wegen der Rechtsfolgen bei Verstoß → Rn. 34 ff.

4. Interne Zuständigkeit

Weder zur sachlichen noch gar zur örtlichen Zuständigkeit gehört die interne Zuständigkeit (TK § 16 Rn. 4; Gosch AO § 16 Rn. 3.1). Sie betrifft die Frage nach der innerhalb der sachlich und örtlich zuständigen FB geltenden Geschäftsverteilung und ist durch Verwaltungsanweisungen (Geschäftsordnungen der FÄ) geregelt. Diese bestimmen den für die Erledigung der der FB zugewiesen Aufgaben zuständigen Amtsträger (§ 7). Da es keinen Anspruch auf die Tätigkeit des in der FB zuständigen individuellen Amtsträgers gibt, bedarf es keiner gesetzlichen Regelung der internen Zuständigkeit. Die Verwaltungsanweisungen finden ihre rechtliche Grundlage in der Organisationsgewalt der FVerw., dürfen allerdings nicht inhaltlich gegen Gesetze verstoßen (TK § 16 Rn. 4). 16

B. Bestimmung der sachlichen Zuständigkeit

I. Zuständigkeit gemäß Finanzverwaltungsgesetz (FVG)

§ 16 verweist für den Grundsatz der Zuständigkeitsbestimmung auf das FVG (zu Einzelheiten → Rn. 40 ff.). 19

II. Anderweitige Bestimmung

Außerhalb des FVG und diesem vorgehend finden sich Bestimmungen der sachlichen Zuständigkeit in der AO und in EinzelStGesetzen. Die wichtigsten sind 27

in der AO: 28

- § 89 für die verbindliche Auskunft,
- § 195 für die Ap.,
- § 208 für die StFahndung und Zollfahndung,
- § 249 für die Vollstreckung,
- § 328 für Zwangsmittel im VollstrVerfahren,
- § 367 für das Einspruchsverfahren,
- §§ 386 ff. für das Strafverfahren,
- §§ 409 f. für das Bußgeldverfahren;

in Einzelsteuergesetzen: 29

- § 39 II EStG Zuteilung Identifikationsnummer für LohnStAbzug,
- § 50 IV EStG für Erlass und Pauschbesteuerung bei beschränkter Stpfl.,
- §§ 70, 72 EStG für Festsetzung und Auszahlung von Kindergeld,
- § 7 InvZulG 2010,
- § 14 5. VermBG für die Arbeitnehmer-Sparzulage,
- §§ 4a, 4b WoPG,
- § 11 EigZulG,
- § 27 StBerG.

Ebenso wenig wie aus der sich aus der AO und den EinzelStG ergebenden Aufgabe einer FB darauf geschlossen werden kann, sie habe auch alle zu ihrer Erfüllung erforderlichen **Befugnisse,** kann aus einer verliehenen Befugnis geschlossen werden, eine Maßnahme der FB sei stets ein Handeln im Rahmen der sachlichen Zuständigkeit. Auch **Zweckmäßigkeitserwägungen** vermögen nicht zur Zuständigkeit zu führen (BFH 26.7.1988 – VII R 194/85, BStBl. II 1989, 3). 30

III. Zuständigkeitswechsel, Zuständigkeitsvereinbarung

Wegen des Gesetzesvorbehalts steht die sachliche Zuständigkeit nicht zur Disposition der Beteiligten. Ändert sich die sachliche Zuständigkeit eines FA aufgrund einer Rechtsverordnung iSd § 17 II 3 FVG oder durch Änderung der Bezirksgrenzen etwa im Wege kommunaler Neugliederung, so geht die sachliche Zuständigkeit über. Das zuständig 33 werdende FA wird auch Beteiligter im Finanzprozess (BFH 2.12.2015 – I R 3/15, BFH/NV 2016, 939; BFH 20.8.2014 – I R 43/12, BFH/NV 2015, 306; BFH 18.12.2008 – V R 73/07, BStBl. II 2009, 612 mwN; TK § 16 Rn. 16; HHSp § 16 Rn. 50). Eine Verfahrensfortführung nach § 26 S. 2 ist unzulässig (BFH 20.8.2014 – I R 43/12, BFH/NV 2015, 306), ebenso wie eine Zuständigkeitsvereinbarung entspr. § 27 (vgl. BFH 24.2.2022 – III R 1/21, BFH/NV 2022, 805; BFH 7.7.2021 – III R 21/18, BFH/NV 2021, 1457; BFH 25.2.2021 – III R 36/19, BStBl. II 2021, 712 und BFH 25.2.2021 – III R 28/20, BFH/NV 2021, 1100 jeweils zum Inkasso-Service der Bundesagentur für Arbeit). Vgl. auch → § 18 Rn. 34 für gesonderte Feststellungen.

C. Rechtsfolgen bei Verstoß

34 Die von Amts wegen zu beachtende sachliche Zuständigkeit muss in jedem Stadium des Verwaltungsverfahrens, jedenfalls aber im Zeitpunkt der maßgeblichen Amtshandlung, gegeben sein (FG Baden-Württemberg 27.6.2017 – 4 K 2249/16, FamRB 2018, 108). Die für die Verletzung der Bestimmungen über die örtliche Zuständigkeit geltenden §§ 125 III Nr. 1, 127 sind nicht anwendbar. Daher gelten für Verstöße gegen die sachliche Zuständigkeit die allg. Regelungen über die Nichtigkeit (§ 125 I) und die Rechtswidrigkeit von VA. Ein Verstoß gegen die **sachliche Zuständigkeit** führt nicht stets zur Nichtigkeit. Dies folgt aus §§ 130 II Nr. 1, 172 I 1 Nr. 2 Buchst. b und § 207 III, die in derartigen Fällen ausdrücklich die Aufhebung von – rechtswidrigen – VA erlauben. Im Grundsatz tritt daher **Anfechtbarkeit** ein. Nur besonders schwerwiegende, zu einer schlechterdings unerträglichen Rechtsverletzung führende und offenkundige, dh für einen verständigen Dritten bei Würdigung aller Umstände in ihrer Schwere erkennbare, Fehler haben **Nichtigkeit** zur Folge (BFH 23.4.1986 – I R 178/82, BStBl. II 1986, 880; BFH 15.12.1993 – VIII R 42/90, BStBl. II 1994, 702; BFH 25.2.2021 – III R 36/19, BStBl. II 2021, 712 und BFH 25.2.2021 – III R 28/20, BFH/NV 2021, 1100; TK § 16 Rn. 14 ff.; HHSp § 16 Rn. 52 ff.; für die Begriffe „besonders schwerwiegender Fehler" und „Offenkundigkeit" s. → § 125 Rn. 11 ff.; → § 125 Rn. 21 f.). Die Abgrenzung ist im Einzelfall schwierig. Erlässt die Gemeinde einen kombinierten GewSt-Mess- und GewSt-Bescheid, so liegt kein besonders schwerer Fehler vor, wenn die für den Messbetrag sachlich unzuständige Gemeinde unter Zugrundelegung der abschl. und verbindlich von der sachlich zuständigen FB festgelegten Eingabewerte lediglich die maschinelle Abwicklung und die Bekanntgabe des Messbescheids übernimmt (BFH 23.4.1986 – I R 178/82, BStBl. II 1986, 880). Der Gesetzgeber sieht einen zur Nichtigkeit führenden schweren Fehler zB in einer Ressortverwechslung (BT-Drs. VI/1982, 105). Zur Nichtigkeit führt die Tätigkeit der Behörde eines absolut unzuständigen Verwaltungszweigs. Ein von der für die Erteilung von Gaststättenkonzessionen zuständigen Behörde erlassener StBescheid ist nichtig. Die Entscheidung über die Unbilligkeit der GewSt durch das FA anstelle der Gemeinde ist nichtig (HHSp § 16 Rn. 48 unter Hinweis auf BFH 25.5.1962 – I 129/59 S, BStBl. III 1962, 497). Bei Verstoß gegen die **funktionelle Zuständigkeit** führt ebenfalls nur ein besonders schwerwiegender und offenkundiger Fehler zur Nichtigkeit (HHSp § 16 Rn. 48; Gosch AO § 16 Rn. 18). Soweit früher stets Nichtigkeit angenommen wurde, überzeugte die zuweilen dafür angegebene Begründung, der Stpfl. werde in seinen Rechten verletzt, nicht, denn bei jedem Verstoß gegen Zuständigkeitsregelungen tritt eine Rechtsverletzung ein. Ergibt sich die funktionelle Unzuständigkeit aus der Rechtswidrigkeit der Zuweisung von Aufgaben wegen Verstoßes gegen das FVG (→ Rn. 40 ff.), so folgt daraus die Anfechtbarkeit des VA (BFH 21.4.1993 – X R 112/91, BStBl. II 1993, 649). Der Verstoß gegen die **verbandsmäßige Zuständigkeit** wird als Nichtigkeitsgrund angesehen (TK § 16 Rn. 7, 14; HHSp § 16 Rn. 53; Söhn FR 1971, 410; diff. Kirchhof FR 1971, 525 unter Hinweis auf das in Zweifelsfällen schutzwürdige Vertrauen des Stpfl., nicht doppelt in Anspruch genommen zu werden und das Risiko auf Rückerstattung des zu viel Geleisteten

durch die verbandsmäßig unzuständige Behörde tragen zu müssen). Die für die GewSt zu beachtende verbandsmäßige Zuständigkeit führt bei Verstoß nicht zur Aufhebung des Gewerbesteuermessbetrag, weil die Festsetzung und Mitteilung keine Bindungswirkung für die hebeberechtigte Gemeinde entfaltet (BFH 19.11.2003 – I R 88/02, BStBl. II 2004, 751). Der Verstoß gegen die **interne Zuständigkeit** ist unbeachtlich, hat also weder die Anfechtbarkeit noch die Nichtigkeit des VA zur Folge (BFH 24.11.1988 – V R 123/83, BStBl. II 1989, 344).

Ein **nichtiger VA** ist gem. § 124 III unwirksam. Der Fehler kann weder gem. § 126 geheilt werden noch ist der Fehler gem. § 127 folgenlos (BFH 19.4.2012 – III R 85/11, BFH/NV 2012, 1411). Einer Aufhebung des nichtigen VA bedarf es nicht. Gem. § 125 V kann die FB die Nichtigkeit feststellen; bei einem berechtigten Interesse hat der Stpfl. einen Anspruch auf Feststellung. Eine Aufhebung zur Beseitigung des Rechtsscheins ist in Fällen zweckmäßig, in denen zweifelhaft ist, ob lediglich Anfechtbarkeit oder schon Nichtigkeit vorliegt. **35**

Ist der **VA anfechtbar,** kommt keine Heilung nach § 126 I in Betracht, da die sachliche Unzuständigkeit nicht zu den in § 126 I aufgezählten Verfahrens- und Formfehlern gehört. Wird die im Zeitpunkt des Erlasses des VA sachlich unzuständige FB durch Gesetzesänderung im Nachhinein zuständig, tritt jedoch heilende Wirkung ein (BFH 23.4.1986 – I R 178/82, BStBl. II 1986, 880; BFH 26.2.1987 – IV R 109/86, BStBl. II 1987, 361). § 127 ist bei Nichtbeachtung der sachlichen Zuständigkeit anders als bei einem Verstoß gegen die örtliche Zuständigkeit nicht anwendbar (std. Rspr., vgl. BFH 21.6.1994 – VIII R 24/92, BFH/NV 1994, 763 mwN; BFH 24.2.2022 – III R 1/21, BFH/NV 2022, 805; BFH 7.7.2021 – III R 21/18, BFH/NV 2021, 1457; BFH 25.2.2021 – III R 36/19, BStBl. II 2021, 712; BFH 25.2.2021 – III R 28/20, BFH/NV 2021, 1100; BFH 7.11.2024 – III R 27/23, BFH/NV 2025, 361 und BFH 7.11.2024 – III R 28/23, BFH/NV 2025, 364). Ein unter Verstoß gegen die sachliche Zuständigkeit erlassener rechtswidriger VA kann nach § 130 I, II Nr. 1 zurückgenommen oder nach § 172 I 1 Nr. 2 Buchst. b geändert werden (vgl. auch AEAO zu § 16 Nr. 3). **36**

Anhang: Finanzverwaltungsgesetz (FVG)

I. Allgemeines

Das FVG wurde neu bekannt gemacht durch G v. 4.4.2006 (BGBl. 2006 I 846, 1202) und wird ständig aktualisiert. Die letzte Änderung erfolgte mit G v. 20.12.2022 (BGBl. 2022 I 2730). Das FVG regelt in Ausführung des Art. 108 GG den behördlichen Aufbau der FVerw. und weist den FB und anderen Behörden deren Aufgaben zu. Es bestimmt damit die sachliche Zuständigkeit der Behörden (zu den Grundzügen der Kompetenzordnung → Rn. 2). **40**

Nach Art. 108 GG werden die Zölle und im Einzelnen genannte Steuern von **BundesFB,** die übrigen Steuern im Wesentlichen von **Bundes- und LandesFB** gemeinsam verwaltet. Diejenigen im FVG genannten Behörden, die **FB iSd AO** sind, führt § 6 AO auf. Mit dem FVG wird die Organisationsstruktur der Behörden vorgegeben und die Aufgabenverteilung vorgenommen. Die allg. Vorschriften **(§§ 1–3 FVG)** bestimmen den behördlichen Aufbau der FVerw. und bezeichnen im Wesentlichen die Bundes- und Landesbehörden und deren Leitung. **§§ 4–6 FVG** befassen sich mit den Oberbehörden. Für die Praxis von Bedeutung ist die Aufgabenzuweisung an das BZSt in § 5 FVG, die ständig erweitert und angepasst wird. **§§ 7–10a FVG** betreffen die Mittelbehörden. **§§ 12–17 FVG** sind für die Praxis neben § 5 am wichtigsten, denn sie befassen sich mit den örtlichen Behörden, nämlich den HZÄ und den FÄ. Diese Behörden nehmen umfassende Verwaltungsaufgaben wahr. Die HZÄ verwalten Zölle und andere Abgaben, die Verwaltung der Steuern obliegt den FÄ, soweit sie nicht durch das FVG oder aufgrund des Art. 108 IV 2 GG den Gemeinden/Gemeindeverbänden (zB GewSt mit Ausnahme des Messbetrags, GrSt) übertragen sind. § 17 FVG **41** bestimmt Bezirk, Sitz und Aufgaben der FÄ und hat besondere Bedeutung für die Bestimmung der sachlichen Zuständigkeiten in der StVerwaltung. **§§ 18–21a FVG** treffen Regelungen zum Zusammenwirken von Bundes- und LandesFB und enthalten Verfahrensvorschriften. **§§ 22–27 FVG** betreffen Übergangsregelungen.

II. Die Vorschriften des Finanzverwaltungsgesetzes (FVG)

§ 1 FVG Bundesfinanzbehörden

45 Bundesfinanzbehörden sind
1. als oberste Behörde:
das Bundesministerium der Finanzen;
2. als Oberbehörden:
das Bundeszentralamt für Steuern, das Informationstechnikzentrum Bund und die Generalzolldirektion;
3. als örtliche Behörden:
die Hauptzollämter einschließlich ihrer Dienststellen (Zollämter) und die Zollfahndungsämter.

46 **§ 1 FVG** regelt den Aufbau der FVerw. des Bundes abschließend. Die BundesFVerw. ist seit dem 1.1.2016 zweigliedrig aufgebaut. Oberste Behörde ist das BMF (§ 3 FVG). Die Oberbehörden (BZSt, ITZBund und Generalzolldirektion) bilden keine eigene Stufe, sondern stehen als selbständige Behörden neben den anderen genannten Behörden; sie haben ihre Grundlage in Art. 87 III GG. Die früher als Mittelbehörden in Nr. 3 aF erfassten BFD und das Zollkriminalamt wurden in die durch das G v. 3.12.2015 (BGBl. 2015 I 2178) neu geschaffene Generalzolldirektion (§ 5a FVG) integriert.

§ 2 FVG Landesfinanzbehörden

47 (1) Landesfinanzbehörden sind
1. als oberste Behörde:
die für die Finanzverwaltung zuständige oberste Landesbehörde;
2. Oberbehörden, soweit nach diesem Gesetz oder nach Landesrecht als Landesfinanzbehörden eingerichtet;
3. als Mittelbehörden, soweit eingerichtet:
die Oberfinanzdirektionen; anstelle der Oberfinanzdirektionen können Oberbehörden nach Nummer 2 oder andere nach Landesrecht eingerichtete Mittelbehörden treten;
4. als örtliche Behörden:
die Finanzämter.

(2) [1]Durch Rechtsverordnung der zuständigen Landesregierung kann ein Rechenzentrum der Landesfinanzverwaltung als Teil der für die Finanzverwaltung zuständigen obersten Landesbehörde, als Oberbehörde oder als Teil einer Oberbehörde, die nach Landesrecht als Landesfinanzbehörde nach Absatz 1 Nr. 2 oder 3 eingerichtet ist, als Teil einer Mittelbehörde, als Finanzamt oder als Teil eines Finanzamtes eingerichtet werden. [2]Die Landesregierung kann die Ermächtigung durch Rechtsverordnung auf die für die Finanzverwaltung zuständige oberste Landesbehörde übertragen. [3]Soweit ein Rechenzentrum der Finanzverwaltung eingerichtet ist, können ihm weitere Aufgaben, auch aus dem Geschäftsbereich einer anderen obersten Landesbehörde, übertragen werden.

(3) [1]Durch Rechtsverordnung der zuständigen Landesregierung können für Kassengeschäfte andere örtliche Landesbehörden zu Landesfinanzbehörden bestimmt werden (besondere Landesfinanzbehörden). [2]Absatz 2 Satz 2 ist anzuwenden.

48 **§ 2 FVG** bestimmt den Aufbau der FVerw. des Landes. Im Unterschied zur FVerw. des Bundes ist die LandesFVerw. weiterhin dreigliedrig aufgebaut. Oberste Behörden sind die FM der Länder. Die Länder können Oberbehörden einrichten, solche können die – ggf. landesweit zuständigen – Rechenzentren sein (vgl. § 6 II Nr. 3 AO). Die OFD ist seit dem 1.1.2008 Mittelbehörde der LandesFVerw.; sie nimmt als solche Landesaufgaben wahr (§ 8a FVG). Örtliche Behörden sind die FÄ. Durch die Verordnungsermächtigung des Abs. 2 wird es den Ländern ermöglicht, Rechenzentren als
– Teil der obersten Landesbehörde (FM der Länder),
– als eine nach Landesrecht eingerichteten Oberbehörde oder eines Teils davon,

– als Teil einer Mittelbehörde,
– als Finanzamt oder eines Teils davon

einzurichten.

Abs. 3 erlaubt die Einrichtung von Kassenämtern. Gemeinden sind keine Landesbehörden (TK FVG § 2 Rn. 7).

§ 2a FVG Verzicht auf Mittelbehörden, Aufgabenwahrnehmung durch andere Finanzbehörden

(1) [1]Durch Rechtsverordnung kann auf Mittelbehörden verzichtet werden. [2]Die Rechtsverordnung erlässt für den Bereich von Aufgaben des Landes die zuständige Landesregierung. [3]Die Landesregierung kann die Ermächtigung durch Rechtsverordnung auf die für die Finanzverwaltung zuständige oberste Landesbehörde übertragen. 49

(2) [1]Wird auf Mittelbehörden verzichtet, gehen die diesen zugewiesenen Aufgaben der Landesfinanzverwaltung auf die oberste Behörde nach § 2 Abs. 1 Nr. 1 über. [2]Durch Rechtsverordnung der zuständigen Landesregierung können Landesaufgaben nach Satz 1 einer anderen Landesfinanzbehörde übertragen werden. [3]Die Landesregierung kann die Ermächtigung durch Rechtsverordnung auf die für die Finanzverwaltung zuständige oberste Landesbehörde übertragen.

§ 2a FVG enthält eine Verordnungsermächtigung, die es den Ländern erlaubt, auf die Mittelbehörden (OFD, LfSt) zu verzichten und deren Aufgaben anderen FB zuzuweisen. Dadurch sollen flexiblere Organisationsformen und ein zweistufiger Aufbau der FVerw. der Länder ermöglicht werden. Von der Ermächtigung haben viele Bundesländer Gebrauch gemacht (vgl. Auflistung in TK FVG § 2a Rn. 2). Die bisherigen Aufgaben der Mittelbehörde gehen bei Verzicht auf die oberste Landesbehörde über. 50

§ 2b FVG (weggefallen)

§ 3 FVG Leitung der Finanzverwaltung

(1) [1]Das Bundesministerium der Finanzen leitet die Bundesfinanzverwaltung. [2]Soweit die Bundesfinanzbehörden Aufgaben aus dem Geschäftsbereich eines anderen Bundesministeriums zu erledigen haben, erteilt dieses die fachlichen Weisungen. [3]Fachliche Weisungen, die wesentliche organisatorische Auswirkungen haben, ergehen im Benehmen mit dem Bundesministerium der Finanzen. 52

(2) [1]Die für die Finanzverwaltung zuständige oberste Landesbehörde leitet die Landesfinanzverwaltung. [2]Soweit Landesfinanzbehörden Aufgaben aus dem Geschäftsbereich einer anderen obersten Landesbehörde zu erledigen haben, erteilt diese die fachlichen Weisungen. [3]Fachliche Weisungen, die wesentliche organisatorische Auswirkungen haben, ergehen im Benehmen mit der für die Finanzverwaltung zuständigen obersten Landesbehörde.

§ 3 FVG stellt klar, dass das BMF die FVerw. des Bundes und die FM der Länder die FVerw. der Länder leiten. Diese Behörden sind als oberste Bundes- und Landebehörden den jeweiligen **hierarchisch nachgeordneten Behörden** weisungsbefugt. Die Weisungsbefugnis bezieht sich auf die Aufsicht und Führung in sachlicher, personeller und organisatorischer Hinsicht; Leitung umfasst die Fachaufsicht (Sachleitung), Dienstaufsicht und Organisation (TK FVG § 3 Rn. 2a). Die (Fach-)Aufsicht muss sich an Recht und Gesetz halten. Sie soll ua die einheitliche Gesetzesanwendung in Bund und Ländern gewährleisten. Das geschieht zB durch den Erlass von **Verwaltungsanweisungen** (Art. 108 VII GG zur Zustimmung des Bundesrats) zur Auslegung von Gesetzen oder zur Ausübung von Ermessen. Die obersten Behörden dürfen in ihrem Zuständigkeitsbereich auch Weisungen im Einzelfall erteilen (vgl. TK FVG § 3 Rn. 3 ff. mwN; insb. zu Zusagen und Auskünfte vgl. HHSp FVG § 3 Rn. 10 f.). Dienstaufsicht betrifft den Einsatz von Bediensteten und die Wahrnehmung von Rechten und Pflichten ihnen gegenüber aus den Anstellungsverhältnissen. Durch die Organisation hat die Leitung der FVerw. (auch durch personelle und sächliche Ausstattung) sicherzustellen, dass die FB die ihnen zugewiesenen Aufgaben nach Recht und Gesetz erfüllen können. 53

§ 4 FVG Sitz und Aufgaben der Bundesoberbehörden

(1) Das Bundesministerium der Finanzen bestimmt den Sitz der Bundesoberbehörden, soweit durch Gesetz nichts anderes bestimmt ist. 56

(2) Die Bundesoberbehörden erledigen in eigener Zuständigkeit Aufgaben, die ihnen durch dieses Gesetz, durch andere oder aufgrund anderer Bundesgesetze zugewiesen werden.

(3) Die Bundesoberbehörden erledigen als beauftragte Behörden Aufgaben des Bundes, mit deren Durchführung sie vom Bundesministerium der Finanzen oder mit dessen Zustimmung von dem fachlich zuständigen Bundesministerium beauftragt werden.

57 Das BZSt, das ITZBund und die Generalzolldirektion als Bundesoberbehörden erledigen in eigener Zuständigkeit die Aufgaben des Bundes, die ihnen durch § 5 FVG (BZSt) bzw. § 5a FVG (Generalzolldirektion) oder durch andere Bundesgesetze (zB ITZBund – UmwandlungsG) zugewiesen sind, und als beauftragte Behörden die Aufgaben des Bundes, mit deren Durchführung sie beauftragt werden. Eine Beauftragung der Bundesbehörden zur Durchführung von Aufgaben der Landesverwaltung ist nicht zulässig.

§ 5 FVG Aufgaben des Bundeszentralamtes für Steuern

58 (1) [1] Das Bundeszentralamt für Steuern hat unbeschadet des § 4 Abs. 2 und 3 folgende Aufgaben:

1. die Mitwirkung an Außenprüfungen (§ 19);
2. die Erstattung von Kapitalertragsteuer und von im Wege des Steuerabzugs nach § 50a des Einkommensteuergesetzes erhobener Steuer an beschränkt Steuerpflichtige, soweit die Einkommensteuer oder die Körperschaftsteuer mit dem Steuerabzug abgegolten ist und die beschränkte Steuerpflicht nicht auf § 2 Nummer 2 des Körperschaftsteuergesetzes beruht;

2a. die Entgegennahme der Anträge nach § 1a Absatz 1 Satz 4 des Körperschaftsteuergesetzes und Berücksichtigung des Status der optierenden Gesellschaft in den Verfahren zur Entlastung von deutschen Abzugsteuern (Erstattungen und Freistellungen) auf Grund von Abkommen zur Vermeidung der Doppelbesteuerung;

3. die Entlastung bei deutschen Besitz- oder Verkehrsteuern gegenüber internationalen Organisationen, amtlichen zwischenstaatlichen Einrichtungen, ausländischen Missionen, berufskonsularischen Vertretungen und deren Mitgliedern auf Grund völkerrechtlicher Vereinbarung oder besonderer gesetzlicher Regelung nach näherer Weisung des Bundesministeriums der Finanzen sowie die Durchführung des Besteuerungsverfahrens nach § 18 Absatz 5a des Umsatzsteuergesetzes einschließlich der damit im Zusammenhang stehenden Tätigkeiten für ausländische Missionen, berufskonsularische Vertretungen und deren Mitglieder;
4. die Besteuerung von Investmentfonds und Spezial-Investmentfonds sowie die Feststellung der Besteuerungsgrundlagen von Spezial-Investmentfonds, soweit es nach § 4 Absatz 2 Nummer 2 des Investmentsteuergesetzes zuständig ist. [2] Daneben stellt das Bundeszentralamt für Steuern auf Anforderung den für die Besteuerung von Investmentfonds, Spezial-Investmentfonds oder deren Anlegern zuständigen Landesfinanzbehörden seine Erkenntnisse über ausländische Rechtsformen und ausländisches Recht zur Verfügung;
5. die Ausübung der Funktion der zuständigen Behörde
   a) auf dem Gebiet der steuerlichen Rechts- und Amtshilfe,
   b) bei der Durchführung von Verständigungs- und Schiedsverfahren im Einvernehmen mit der zuständigen obersten Landesfinanzbehörde oder mit der von dieser beauftragten Behörde nach
      aa) den Doppelbesteuerungsabkommen,
      bb) dem Übereinkommen Nr. 90/436/EWG über die Beseitigung der Doppelbesteuerung im Falle von Gewinnberichtigungen zwischen verbundenen Unternehmen (ABl. L 225 vom 20.8.1990, S. 10) in der jeweils geltenden Fassung,
      cc) dem EU-Doppelbesteuerungsabkommen-Streitbeilegungsgesetz vom 10. Dezember 2019 (BGBl. I S. 2103) in der jeweils geltenden Fassung,
      dd) dem BEPS-MLI-Anwendungsgesetz vom 19. Juni 2024 (BGBl. 2024 I Nr. 205) in der jeweils geltenden Fassung und
   c) bei der Durchführung von Vorabverständigungsverfahren nach § 89a der Abgabenordnung, soweit das zuständige Bundesministerium seine Befugnisse in diesem Bereich delegiert;

5a. die Entgegennahme und Weiterleitung von Meldungen nach auf der Grundlage von § 117c der Abgabenordnung ergangenen Rechtsverordnungen und die Durchführung von Bußgeldverfahren in den Fällen des § 379 Absatz 2 Nummer 1b der Abgabenordnung und in den Fällen der auf Grundlage von § 117c Absatz 1 Satz 1 Nummer 5 der Abgabenordnung ergangenen Rechtsverordnung sowie die Auswertung dieser Meldungen im Rahmen der dem Bundeszentralamt für Steuern gesetzlich übertragenen Aufgaben;

5b. die Entgegennahme und Weiterleitung von Meldungen und Auswertungen im Rahmen der nach § 2 des Gesetzes zum automatischen Austausch von Informationen über Finanzkonten in Steuersachen auszutauschenden Informationen und die Durchführung von Bußgeldverfahren nach § 28 des vorgenannten Gesetzes;

5c. die Einstellung von Informationen zu grenzüberschreitenden Vorbescheiden oder Vorabverständigungen über die Verrechnungspreisgestaltung gemäß § 7 Absatz 3 bis 5 des EU-Amtshilfegesetzes in das Zentralverzeichnis der Mitgliedstaaten der Europäischen Union gemäß Artikel 21 Absatz 5 der Richtlinie 2011/16/EU des Rates vom 15. Februar 2011 über die Zusammenarbeit der Verwaltungsbehörden im Bereich der Besteuerung und zur Aufhebung der Richtlinie 77/799/EWG (ABl. L 64 vom 11.3.2011, S. 1) in der jeweils geltenden Fassung sowie die Entgegennahme der von den anderen Mitgliedstaaten der Europäischen Union in das Zentralverzeichnis eingestellten Informationen im Sinne des Artikels 8a der Richtlinie 2011/16/EU und ihre Weiterleitung an die jeweils zuständige Landesfinanzbehörde nach Maßgabe des § 7 Absatz 9 des EU-Amtshilfegesetzes;

5d. die automatische Übermittlung der länderbezogenen Berichte, die dem Bundeszentralamt für Steuern hierzu von den Unternehmen nach § 138a Absatz 6 der Abgabenordnung übermittelt worden sind, an
a) die jeweils zuständige Landesfinanzbehörde,
b) die zuständigen Behörden der Vertragsstaaten der am 27. Januar 2016 unterzeichneten „Mehrseitigen Vereinbarung zwischen den zuständigen Behörden über den Austausch länderbezogener Berichte" (BGBl. 2016 II S. 1178, 1179),
c) die zuständigen Behörden der anderen Mitgliedstaaten gemäß Artikel 8aa der Richtlinie 2011/16/EU sowie
d) die zuständigen Behörden der Drittstaaten, mit denen die Bundesrepublik Deutschland ein Abkommen über den steuerlichen Informationsaustausch geschlossen hat, nachdem ein automatischer Austausch von Informationen vereinbart werden kann;

5e. die Entgegennahme und Weiterleitung
a) der länderbezogenen Berichte, die dem zentralen Verbindungsbüro von den zuständigen Behörden der anderen Mitgliedstaaten gemäß Artikel 8aa der Richtlinie 2011/16/EU übersandt wurden, an die zuständigen Landesfinanzbehörden,
b) der länderbezogenen Berichte im Sinne des § 138a Absatz 2 der Abgabenordnung, die dem zentralen Verbindungsbüro von den zuständigen Behörden der Vertragsstaaten der am 27. Januar 2016 unterzeichneten „Mehrseitigen Vereinbarung zwischen den zuständigen Behörden über den Austausch länderbezogener Berichte" (BGBl. 2016 II S. 1178, 1179) übermittelt wurden, an die jeweils zuständige Landesfinanzbehörde sowie
c) der länderbezogenen Berichte im Sinne des § 138a Absatz 2 der Abgabenordnung, die dem zentralen Verbindungsbüro von den zuständigen Behörden der Drittstaaten, mit denen die Bundesrepublik Deutschland ein Abkommen über den steuerlichen Informationsaustausch geschlossen hat, nach dem ein automatischer Austausch von Informationen vereinbart werden kann, übermittelt wurden, an die jeweils zuständige Landesfinanzbehörde;

5f. die automatische Übermittlung von Informationen zu grenzüberschreitenden Steuergestaltungen gemäß § 7 Absatz 13 des EU-Amtshilfegesetzes sowie die Entgegennahme von Informationen im Sinne des Artikels 8ab der Richtlinie 2011/16/EU gemäß § 7 Absatz 14 des EU-Amtshilfegesetzes;

5g. die Entgegennahme, die Weiterleitung und die Übermittlung von Informationen nach § 9 Absatz 1 bis 3 und die Durchführung der Verfahren gemäß den §§ 10 bis 12 und 25 bis 27 des Plattformen-Steuertransparenzgesetzes;

5h. a) die Entgegennahme der Mindeststeuer-Berichte nach § 75 des Mindeststeuergesetzes und ihre Weiterleitung an die jeweils zuständige Landesfinanzbehörde,
b) die Entgegennahme der Meldungen nach § 3 Absatz 4 des Mindeststeuergesetzes und Weiterleitung an die jeweils zuständige Länderfinanzbehörde sowie
c) die Durchführung von Bußgeldverfahren nach § 98 des Mindeststeuergesetzes;

5i. die Auswertung der Informationen nach den Nummern 5c bis 5h im Rahmen der dem Bundeszentralamt für Steuern gesetzlich übertragenen Aufgaben; Auswertungen der Informationen nach den Nummern 5c bis 5h durch die jeweils zuständige Landesfinanzbehörde bleiben hiervon unberührt;

6. die zentrale Sammlung und Auswertung von Unterlagen über steuerliche Auslandsbeziehungen nach näherer Weisung des Bundesministeriums der Finanzen;

7. bei Personen, die nicht im Geltungsbereich dieses Gesetzes ansässig sind, die Bestimmung des für die Besteuerung örtlich zuständigen Finanzamts, wenn sich mehrere Finanzämter für örtlich zuständig oder für örtlich unzuständig halten oder wenn sonst Zweifel über die örtliche Zuständigkeit bestehen;

8. die Vergütung der Vorsteuerbeträge in dem besonderen Verfahren nach § 18 Abs. 9 des Umsatzsteuergesetzes;
9. auf Grund der Verordnung (EU) Nr. 904/2010 des Rates vom 7. Oktober 2010 über die Zusammenarbeit der Verwaltungsbehörden und die Betrugsbekämpfung auf dem Gebiet der Mehrwertsteuer (ABl. L 268 vom 12.10.2010, S. 1)
   a) die Vergabe der Umsatzsteuer-Identifikationsnummer (§ 27a des Umsatzsteuergesetzes),
   b) die Entgegennahme der Zusammenfassenden Meldungen (§ 18a des Umsatzsteuergesetzes) und Speicherung der Daten,
   c) den Austausch von gespeicherten Informationen mit anderen Mitgliedstaaten;
10. die Erteilung von Bescheinigungen in Anwendung des Artikels 151 der Richtlinie 2006/112/EG des Rates vom 28. November 2006 über das gemeinsame Mehrwertsteuersystem (ABl. L 347 vom 11.12.2006, S. 1, L 335 vom 20.12.2007, S. 60), die zuletzt durch die Richtlinie 2013/61/EU (ABl. L 353 vom 28.12.2013, S. 5) geändert worden ist, in der jeweils geltenden Fassung zum Nachweis der Umsatzsteuerbefreiung der Umsätze, die in anderen Mitgliedstaaten der Europäischen Union an im Geltungsbereich dieses Gesetzes ansässige zwischenstaatliche Einrichtungen, ständige diplomatische Missionen und berufskonsularische Vertretungen sowie deren Mitglieder ausgeführt werden;
11. die Durchführung des Familienleistungsausgleichs nach Maßgabe der §§ 31, 62 bis 78 des Einkommensteuergesetzes. [2] Die Bundesagentur für Arbeit stellt dem Bundeszentralamt für Steuern zur Durchführung dieser Aufgaben ihre Dienststellen als Familienkassen zur Verfügung. [3] Das Nähere, insbesondere die Höhe der Verwaltungskostenerstattung, wird durch Verwaltungsvereinbarung geregelt. [4] Der Vorstand der Bundesagentur für Arbeit kann innerhalb seines Zuständigkeitsbereichs abweichend von den Vorschriften der Abgabenordnung über die örtliche Zuständigkeit von Finanzbehörden die Entscheidung über den Anspruch auf Kindergeld für bestimmte Bezirke oder Gruppen von Berechtigten einer anderen Familienkasse übertragen. [5] Für die besonderen Belange der Personen, die in einem öffentlich-rechtlichen Dienst-, Amts- oder Ausbildungsverhältnis zum Bund stehen oder Versorgungsbezüge nach bundesbeamten- oder soldatenrechtlichen Vorschriften oder Grundsätzen erhalten oder Arbeitnehmer des Bundes oder einer sonstigen Körperschaft, einer Anstalt oder einer Stiftung des öffentlichen Rechts im Bereich des Bundes sind, benennt die Bundesagentur für Arbeit als Familienkasse zentrale Ansprechpartner. [6] Die Familienkassen gelten als Bundesfinanzbehörden, soweit sie den Familienleistungsausgleich durchführen, und unterliegen insoweit der Fachaufsicht des Bundeszentralamtes für Steuern.
12. die Durchführung der Veranlagung nach § 50 Absatz 2 Satz 2 Nummer 5 des Einkommensteuergesetzes und § 32 Absatz 2 Nummer 2 des Körperschaftsteuergesetzes sowie die Durchführung des Steuerabzugsverfahrens nach § 50a Absatz 1 des Einkommensteuergesetzes und nach § 10 des Steueroasen-Abwehrgesetzes; einschließlich des Erlasses von Haftungs- und Nachforderungsbescheiden und deren Vollstreckung;
13. die zentrale Sammlung und Auswertung der von den Finanzbehörden der Länder übermittelten Informationen über Betrugsfälle im Bereich der Umsatzsteuer;
14. die Sammlung, Auswertung und Weitergabe der Daten, die nach § 45d des Einkommensteuergesetzes in den dort genannten Fällen zu übermitteln sind sowie die Übermittlung der Identifikationsnummer (§ 139b der Abgabenordnung) in dem Anfrageverfahren nach § 44a Absatz 2a Satz 3 bis 7 des Einkommensteuergesetzes;

14a. die Sammlung, Auswertung und Bereitstellung der Daten, die nach den §§ 45b und 45c des Einkommensteuergesetzes in den dort genannten Fällen zu übermitteln sind; das Bundeszentralamt für Steuern unterrichtet die Finanzbehörden der Länder über die Ergebnisse der Datenauswertung und stellt den Finanzbehörden der Länder Daten für die Verwendung in Besteuerungsverfahren zur Verfügung;

15. die Koordinierung von Umsatzsteuerprüfungen der Landesfinanzbehörden in grenz- und länderübergreifenden Fällen;
16. das Zusammenführen und Auswerten von umsatzsteuerlich erheblichen Informationen zur Identifizierung prüfungswürdiger Sachverhalte;
17. die Beobachtung von elektronisch angebotenen Dienstleistungen zur Unterstützung der Landesfinanzverwaltungen bei der Umsatzbesteuerung des elektronischen Handels;
18. a) die Weiterleitung der Daten, die nach § 10 Absatz 2a, 2b, 2c und 4b des Einkommensteuergesetzes in den dort genannten Fällen zu übermitteln sind,
    b) die Sammlung, Auswertung und Weitergabe der Daten, die nach § 10a Absatz 5 des Einkommensteuergesetzes in den dort genannten Fällen zu übermitteln sind,

c) die Sammlung, Auswertung und Weitergabe der Daten, die nach § 22a des Einkommensteuergesetzes in den dort genannten Fällen zu übermitteln sind,
d) bei einer Datenübermittlung nach § 22a Absatz 1 des Einkommensteuergesetzes die Prüfung nach § 93c Absatz 4 Satz 1 der Abgabenordnung und die Erhebung des Verspätungsgeldes nach § 22a Absatz 5 des Einkommensteuergesetzes,
e) die Übermittlung der Identifikationsnummer (§ 139b der Abgabenordnung) im Anfrageverfahren nach § 22a Absatz 2 in Verbindung mit § 10 Absatz 2a, 2b, 2c und 4b, § 10a Absatz 5 und § 32b Absatz 3 Satz 1 sowie nach § 52 Absatz 30b des Einkommensteuergesetzes,
f) die Gewährung der Altersvorsorgezulage nach Abschnitt XI des Einkommensteuergesetzes sowie
g) die Durchführung von Bußgeldverfahren nach § 50f des Einkommensteuergesetzes.
[2]Das Bundeszentralamt für Steuern bedient sich zur Durchführung dieser Aufgaben der Deutschen Rentenversicherung Bund, soweit diese zentrale Stelle im Sinne des § 81 des Einkommensteuergesetzes ist, im Wege der Organleihe. [3]Die Deutsche Rentenversicherung Bund unterliegt insoweit der Fachaufsicht des Bundeszentralamtes für Steuern. [4]Das Nähere, insbesondere die Höhe der Verwaltungskostenerstattung, wird durch Verwaltungsvereinbarung geregelt;

19. die zentrale Sammlung der von den Finanzbehörden übermittelten Angaben über erteilte Freistellungsbescheinigungen nach § 48b des Einkommensteuergesetzes und die Erteilung von Auskünften im Wege einer elektronischen Abfrage an den Leistungsempfänger im Sinne des § 48 Abs. 1 Satz 1 des Einkommensteuergesetzes über die übermittelten Freistellungsbescheinigungen;
20. den Einzug der einheitlichen Pauschsteuer nach § 40a Abs. 2 des Einkommensteuergesetzes. [2]Das Bundeszentralamt für Steuern bedient sich zur Durchführung dieser Aufgabe der Deutschen Rentenversicherung Knappschaft-Bahn-See als Träger der knappschaftlichen Rentenversicherung im Wege der Organleihe. [3]Das Nähere, insbesondere die Höhe der Verwaltungskostenerstattung, wird durch Verwaltungsvereinbarung geregelt. [4]Die Deutsche Rentenversicherung Knappschaft-Bahn-See als Träger der knappschaftlichen Rentenversicherung gilt für die Durchführung dieser Aufgabe als Bundesfinanzbehörde und unterliegt insoweit der Fachaufsicht des Bundeszentralamtes für Steuern;
21. für vor dem 1. Juli 2021 ausgeführte Umsätze die Durchführung des Besteuerungsverfahrens nach § 18 Absatz 4c des Umsatzsteuergesetzes in der bis zum 30. Juni 2021 geltenden Fassung einschließlich der damit im Zusammenhang stehenden Tätigkeiten auf Grund von Kapitel XI Abschnitt 1 und 2 der Verordnung (EU) Nr. 904/2010 des Rates vom 7. Oktober 2010 über die Zusammenarbeit der Verwaltungsbehörden und die Betrugsbekämpfung auf dem Gebiet der Mehrwertsteuer (ABl. L 268 vom 12.10.2010, S. 1) sowie für nach dem 30. Juni 2021 ausgeführte Umsätze die Entgegennahme und Weiterleitung von Anzeigen, Umsatzsteuererklärungen und Zahlungen von nicht im Gemeinschaftsgebiet ansässigen Unternehmern in Anwendung der Artikel 360 bis 367 und 369 der Richtlinie 2006/112/EG des Rates in der Fassung von Artikel 2 Nummer 17 bis 19 der Richtlinie (EU) 2017/2455 des Rates vom 5. Dezember 2017 zur Änderung der Richtlinie 2006/112/EG und der Richtlinie 2009/132/EG in Bezug auf bestimmte mehrwertsteuerliche Pflichten für die Erbringung von Dienstleistungen und für Fernverkäufe von Gegenständen (ABl. L 348 vom 29.12.2017, S. 7) einschließlich der mit der Durchführung des Besteuerungsverfahrens nach § 18i des Umsatzsteuergesetzes zusammenhängenden Tätigkeiten auf Grund der Kapitel V und XI der Verordnung (EU) Nr. 904/2010 des Rates in der Fassung von Artikel 1 der Verordnung (EU) 2017/2454 des Rates vom 5. Dezember 2017 zur Änderung der Verordnung (EU) Nr. 904/2010 des Rates über die Zusammenarbeit der Verwaltungsbehörden und die Betrugsbekämpfung auf dem Gebiet der Mehrwertsteuer (ABl. L 348 vom 29.12.2017, S. 1);
22. die Vergabe und die Verwaltung des Identifikationsmerkmals nach den §§ 139a bis 139d der Abgabenordnung;
23. die Bestätigungen nach § 18e des Umsatzsteuergesetzes 1999;
24. den Abruf von Daten aus den nach § 93b der Abgabenordnung in Verbindung mit § 24c Abs. 1 Satz 1 des Kreditwesengesetzes von den Kreditinstituten geführten Dateien und die Weiterleitung der abgerufenen Daten an die zuständigen Finanzbehörden;
25. die Verwaltung der Versicherung- und Feuerschutzsteuer und die zentrale Sammlung und Auswertung der Informationen für die Verwaltung der Versicherung- und Feuerschutzsteuer;
26. *(aufgehoben)*
27. die Erteilung von verbindlichen Auskünften nach § 89 Abs. 2 Satz 3 der Abgabenordnung;
28. die Unterstützung der Finanzbehörden der Länder bei der Verhütung und Verfolgung von Steuerstraftaten mit länderübergreifender, internationaler oder erheblicher Bedeutung sowie bei

Anzeigen nach § 116 Abs. 1 der Abgabenordnung. [2]Das Bundeszentralamt für Steuern hat zur Wahrnehmung dieser Aufgabe alle hierfür erforderlichen Informationen zu sammeln und auszuwerten und die Behörden der Länder über die sie betreffenden Informationen und die in Erfahrung gebrachten Zusammenhänge von Straftaten zu unterrichten;

28a. die Weiterleitung von Mitteilungen nach § 116 Abs. 1 der Abgabenordnung an die zuständigen Finanzbehörden der Zollverwaltung;

28b. die Unterstützung der Finanzbehörden der Länder bei der Ermittlung von Steuergestaltungen, die die Erlangung eines Steuervorteils aus der Erhebung oder Entlastung von Kapitalertragsteuer mit länderübergreifender, internationaler oder erheblicher Bedeutung zum Gegenstand haben; das Bundeszentralamt für Steuern hat zur Wahrnehmung dieser Aufgabe alle hierfür erforderlichen Informationen zu sammeln und auszuwerten und die Behörden der Länder über die sie betreffenden Informationen zu unterrichten;

29. die Durchführung der gesonderten Feststellung der Einlagenrückgewähr nach § 27 Absatz 8 des Körperschaftsteuergesetzes;

29a. Entgegennahme, Verarbeitung und Weiterleitung der Versicherungsdaten bei privaten Krankenversicherungen und privaten Pflege-Pflichtversicherungen nach § 39 Absatz 4a des Einkommensteuergesetzes;

30. Bildung, Speicherung und Bereitstellung elektronischer Lohnsteuerabzugsmerkmale;

31. die zentrale Sammlung der von den Finanzbehörden der Länder übermittelten Daten zu Konzernübersichten (Konzernverzeichnis) sowie die Erteilung von Auskünften daraus im Wege einer elektronischen Abfrage durch die Finanzbehörden der Länder;

32. die zentrale Sammlung der von den Finanzbehörden der Länder übermittelten branchenbezogenen Kennzahlen sowie die Erteilung von Auskünften daraus im Wege einer elektronischen Abfrage durch die Finanzbehörden der Länder.

33. die Registrierung eines Vor-REIT nach § 2 des REIT-Gesetzes;

34. die Zertifizierung von Altersvorsorge- und Basisrentenverträgen nach dem Altersvorsorgeverträge-Zertifizierungsgesetz und die Durchführung von Bußgeldverfahren nach § 13 des Altersvorsorgeverträge-Zertifizierungsgesetzes;

35. die Prüfung der Vollständigkeit und Zulässigkeit von Anträgen auf Vorsteuer-Vergütung für im Inland ansässige Unternehmer in Anwendung von Artikel 18 der Richtlinie 2008/9/EG des Rates vom 12. Februar 2008 zur Regelung der Erstattung der Mehrwertsteuer gemäß der Richtlinie 2006/112/EG an nicht im Mitgliedstaat der Erstattung, sondern in einem anderen Mitgliedstaat ansässige Steuerpflichtige (ABl. EU Nr. L 44 S. 23);

36. die Prüfung nach § 93c Absatz 4 Satz 1 der Abgabenordnung der nach § 10 Absatz 2b des Einkommensteuergesetzes zu übermittelnden Daten sowie bei dieser Datenübermittlung die Festsetzung und Erhebung des Haftungsbetrages nach § 72a Absatz 4 der Abgabenordnung;

37. Ausstellung der Bescheinigung an Unternehmer über die Erfüllung der Voraussetzungen des § 4 Nummer 11b des Umsatzsteuergesetzes;

38. ab 14. Dezember 2010 die Weiterleitung von Anzeigen nach § 9 der Erbschaftsteuer-Durchführungsverordnung an die zuständigen Finanzbehörden der Länder;

39. *(aufgehoben)*

40. für vor dem 1. Juli 2021 ausgeführte Umsätze die mit der Durchführung des Besteuerungsverfahrens nach § 18 Absatz 4e des Umsatzsteuergesetzes in Zusammenhang stehenden Tätigkeiten auf Grund der Kapitel V und XI Abschnitt 2 der Verordnung (EU) Nr. 904/2010 des Rates vom 7. Oktober 2010 über die Zusammenarbeit der Verwaltungsbehörden und die Betrugsbekämpfung auf dem Gebiet der Mehrwertsteuer (ABl. L 268 vom 12.10.2010, S. 1) und die Entgegennahme und Weiterleitung von Anzeigen und Umsatzsteuererklärungen für im Inland ansässige Unternehmer in Anwendung der Artikel 369c bis 369i der Richtlinie 2006/112/EG des Rates in der Fassung des Artikels 5 Nummer 15 der Richtlinie 2008/8/EG des Rates vom 12. Februar 2008 zur Änderung der Richtlinie 2006/112/EG bezüglich des Ortes der Dienstleistung (ABl. L 44 vom 20.2.2008, S. 11) einschließlich der damit zusammenhängenden Tätigkeiten auf Grund von Artikel 17 Absatz 1 Buchstabe d und Artikel 21 Absatz 1 sowie Kapitel XI Abschnitt 2 der Verordnung (EU) Nr. 904/2010 des Rates vom 7. Oktober 2010 über die Zusammenarbeit der Verwaltungsbehörden und die Betrugsbekämpfung auf dem Gebiet der Mehrwertsteuer (ABl. L 268 vom 12.10.2010, S. 1) sowie für nach dem 30. Juni 2021 ausgeführte Umsätze die Entgegennahme und Weiterleitung von Anzeigen, Umsatzsteuererklärungen und Zahlungen von im Inland oder nicht im Gemeinschaftsgebiet ansässigen Unternehmern in Anwendung der Artikel 369c bis 369i und 369k der Richtlinie 2006/112/EG des Rates in der Fassung von Artikel 1 Nummer 11 bis 13 der Richtlinie (EU) 2019/1995 des Rates vom 21. November 2019 zur Änderung der Richtlinie 2006/112/EG des Rates vom 28. November 2006 in Bezug auf Vorschriften für

Fernverkäufe von Gegenständen und bestimmte inländische Lieferungen von Gegenständen (ABl. L 310 vom 2.12.2019, S. 1) einschließlich der mit der Durchführung des Besteuerungsverfahrens nach § 18j des Umsatzsteuergesetzes zusammenhängenden Tätigkeiten auf Grund der Kapitel V und XI Abschnitt 2 und 3 der Verordnung (EU) Nr. 904/2010 des Rates in der Fassung von Artikel 1 der Verordnung (EU) 2017/2454 des Rates vom 5. Dezember 2017 zur Änderung der Verordnung (EU) Nr. 904/2010 des Rates über die Zusammenarbeit der Verwaltungsbehörden und die Betrugsbekämpfung auf dem Gebiet der Mehrwertsteuer (ABl. L 348 vom 29.12.2017, S. 1);

41. die Entgegennahme und Weiterleitung von Anzeigen, Umsatzsteuererklärungen und Zahlungen von im Inland oder nicht im Gemeinschaftsgebiet ansässigen Unternehmern oder von im Auftrag handelnden im Inland ansässigen Vertretern in Anwendung der Artikel 369o bis 369v und 369x der Richtlinie 2006/112/EG des Rates in der Fassung von Artikel 2 Nummer 30 der Richtlinie (EU) 2017/2455 des Rates vom 5. Dezember 2017 zur Änderung der Richtlinie 2006/112/EG und der Richtlinie 2009/132/EG in Bezug auf bestimmte mehrwertsteuerliche Pflichten für die Erbringung von Dienstleistungen und für Fernverkäufe von Gegenständen (ABl. L 348 vom 29.12.2017, S. 7) einschließlich der mit der Durchführung des Besteuerungsverfahrens nach § 18k des Umsatzsteuergesetzes zusammenhängenden Tätigkeiten auf Grund der Kapitel V und XI Abschnitt 3 der Verordnung (EU) Nr. 904/2010 des Rates in der Fassung von Artikel 1 der Verordnung (EU) 2017/2454 des Rates vom 5. Dezember 2017 zur Änderung der Verordnung (EU) Nr. 904/2010 des Rates über die Zusammenarbeit der Verwaltungsbehörden und die Betrugsbekämpfung auf dem Gebiet der Mehrwertsteuer (ABl. L 348 vom 29.12.2017, S. 1);

41a. die Durchführung des Meldeverfahrens für Kleinunternehmer im übrigen Gemeinschaftsgebiet nach § 19a des Umsatzsteuergesetzes;

41b. die Zusammenarbeit mit anderen Mitgliedstaaten nach Kapitel Xa der Verordnung (EU) Nr. 904/2010 des Rates vom 7. Oktober 2010 über die Zusammenarbeit der Verwaltungsbehörden und die Betrugsbekämpfung auf dem Gebiet der Mehrwertsteuer (ABl. L 268 vom 12.10.2010, S. 1) in der jeweils geltenden Fassung;

42. die Einrichtung und Pflege des Online-Zugriffs der Finanzämter auf ATLAS-Ein- und Ausfuhrdaten;

43. die Unterstützung des Bundesministeriums der Finanzen bei der Gesetzesfolgenabschätzung im Steuerrecht;

44. die Sammlung, Sortierung, Zuordnung und Auswertung der ihm nach den §§ 138d bis 138h der Abgabenordnung und § 7 Absatz 14 Satz 2 des EU-Amtshilfegesetzes zugegangenen Mitteilungen über grenzüberschreitende Steuergestaltungen, ihre Weiterleitung an die Generalzolldirektion nach § 138j Absatz 1 Satz 2 der Abgabenordnung, die Information der Landesfinanzbehörden nach § 138i und § 138j Absatz 3 der Abgabenordnung sowie die Unterrichtung des Bundesministeriums der Finanzen über die Ergebnisse der Auswertung nach § 138j Absatz 1 der Abgabenordnung;

44a. die Durchführung des Bußgeldverfahrens in den Fällen des § 379 Absatz 2 Nummer 1e und 1f der Abgabenordnung;

45. die Übermittlung von Daten im Rahmen des automatisierten Datenabrufverfahrens mit den Trägern der gesetzlichen Rentenversicherung in dem in § 151b Absatz 2 Satz 2 des Sechsten Buches Sozialgesetzbuch genannten Fall;

45a. die Durchführung des Besteuerungsverfahrens nach dem Gesetz zur Einführung eines EU-Energiekrisenbeitrags nach der Verordnung (EU) 2022/1854;

46. Mitwirkung bei der Festlegung der Einzelheiten der Risikomanagementsysteme zur Gewährleistung eines bundeseinheitlichen Vollzugs auf dem Gebiet der Steuern, die von den Landesfinanzbehörden im Auftrag des Bundes verwaltet werden;

46a. die Prüfung nach § 7 Absatz 1 Satz 1 und 2 des Gesetzes über steuerrechtliche Maßnahmen bei Erhöhung des Nennkapitals aus Gesellschaftsmitteln, wenn im Zeitpunkt der Antragstellung keine Finanzbehörde nach § 20 der Abgabenordnung für die Besteuerung der ausländischen Gesellschaft nach dem Einkommen örtlich zuständig ist,

46b. die Koordinierung von und Mitwirkung an internationalen Risikobewertungsverfahren im Sinne des § 89b der Abgabenordnung;

47. a) die zentrale Sammlung sowohl der von den Finanzbehörden der Länder nach § 60b der Abgabenordnung übermittelten Daten als auch der Zuwendungsempfänger des Buchstaben b,
    b) für Körperschaften, juristische Personen des öffentlichen Rechts oder öffentliche Dienststellen ohne Sitz im Geltungsbereich des Grundgesetzes, die die Voraussetzungen des § 10b Absatz 1 Satz 2 Nummer 1 oder Nummer 3, Satz 3 bis 6 des Einkommensteuergesetzes erfüllen und nachweislich Zuwendungen von Personen mit Wohnsitz, Aufenthalt, Sitz oder Geschäfts-

leitung im Geltungsbereich dieses Gesetzes erhalten haben, auf Antrag nach amtlich vorgeschriebenem Datensatz durch Datenfernübertragung des Zuwendungsempfängers die Aufnahme in das Zuwendungsempfängerregister für die Zwecke des § 50 Absatz 1 der Einkommensteuer-Durchführungsverordnung,

c) der Abgleich der in den Verfassungsschutzberichten des Bundes und der Länder als „extremistisch" eingestuften Organisationen mit den im Zuwendungsempfängerregister aufgeführten Körperschaften auf die Voraussetzungen des § 51 Absatz 3 der Abgabenordnung und die Mitteilung des Ergebnisses der Prüfung an die zuständige Landesfinanzbehörde,

d) die Bereitstellung für Zwecke des Sonderausgabenabzugs nach § 10b des Einkommensteuergesetzes und der Steuerermäßigung des § 34g des Einkommensteuergesetzes der in § 60b Absatz 2 der Abgabenordnung als automatisiert abrufbare Merkmale der im Zuwendungsempfängerregister geführten Körperschaften, Personenvereinigungen, Vermögensmassen, juristischen Personen des öffentlichen Rechts oder öffentlichen Dienststellen für die Finanzbehörden der Länder und für Dritte,

e) die Erteilung von Auskünften aus der zentralen Sammlung nach Buchstabe a im Wege einer elektronischen Abfrage durch die Finanzbehörden der Länder und durch Dritte;

48. die Wahrnehmung der Aufgaben der Direktauszahlungsbehörde nach § 139e der Abgabenordnung.

[2]Das Bundeszentralamt für Steuern hat Daten, die von ihm oder der zentralen Stelle im Sinne des § 81 des Einkommensteuergesetzes nach § 88 Absatz 4 der Abgabenordnung nicht an die Landesfinanzbehörden weitergeleitet wurden, bis zum Ablauf des 15. Jahres nach dem Jahr des Zugangs der Daten zur Durchführung von Verfahren im Sinne des § 30 Absatz 2 Nummer 1 Buchstabe a und b der Abgabenordnung sowie zur Datenschutzkontrolle zu speichern.

(1a) [1]Soweit durch Absatz 1 Aufgaben der Steuerverwaltung übertragen wurden, ist hiervon auch die Durchführung von Vorfeldermittlungen nach § 208 Absatz 1 Satz 1 Nummer 3 der Abgabenordnung umfasst. [2]Dies gilt nicht für Fälle des Absatzes 1 Satz 1 Nummer 1, 5, 5c bis 5f, 6, 7, 9, 10, 13 bis 17, 19, 22 bis 24, 28, 28a, 28b, 29a bis 34, 36, 38, 42 bis 45, 46 und 46b.

(2) [1]Die vom Bundeszentralamt für Steuern auf Grund gesetzlicher Vorschriften gewährten Steuererstattungen und Steuervergütungen sowie die nach § 44b Absatz 6 Satz 1 bis 3 des Einkommensteuergesetzes erstattete Kapitalertragsteuer werden von den Ländern in dem Verhältnis getragen, in dem sie an dem Aufkommen der betreffenden Steuern beteiligt sind. [2]Kapitalertragsteuer, die das Bundeszentralamt für Steuern anlässlich der Vergütung von Körperschaftsteuer vereinnahmt hat, steht den Ländern in demselben Verhältnis zu. [3]Für die Aufteilung ist das Aufkommen an den betreffenden Steuern in den einzelnen Ländern maßgebend, das sich ohne Berücksichtigung der in den Sätzen 1 und 2 bezeichneten Steuerbeträge für das Vorjahr ergibt. [4]Das Nähere bestimmt das Bundesministerium der Finanzen durch Rechtsverordnung, die der Zustimmung des Bundesrates bedarf.

(3) [1]Die von den Familienkassen bei der Durchführung des Familienleistungsausgleichs nach Absatz 1 Nr. 11 ausgezahlten Steuervergütungen im Sinne des § 31 des Einkommensteuergesetzes werden jeweils von den Ländern und Gemeinden, in denen der Gläubiger der Steuervergütung seinen Wohnsitz hat, nach den für die Verteilung des Aufkommens der Einkommensteuer maßgebenden Vorschriften mitgetragen. [2]Das Bundeszentralamt für Steuern stellt nach Ablauf eines jeden Monats die Anteile der einzelnen Länder einschließlich ihrer Gemeinden an den gewährten Leistungen fest. [3]Die nach Satz 2 festgestellten Anteile sind dem Bund von den Ländern bis zum 15. des dem Zahlungsmonat folgenden Monats zu erstatten. [4]Für den Monat Dezember ist dem Bund von den Ländern ein Abschlag auf der Basis der Abrechnung des Vormonats zu leisten. [5]Die Abrechnung für den Monat Dezember hat bis zum 15. Januar des Folgejahres zu erfolgen. [6]Das Bundesministerium der Finanzen wird ermächtigt, durch Rechtsverordnung mit Zustimmung des Bundesrates das Nähere zu bestimmen.

(4) [1]Die von der zentralen Stelle (§ 81 des Einkommensteuergesetzes) veranlassten Auszahlungen von Altersvorsorgezulagen (§ 83 des Einkommensteuergesetzes) werden nach den für die Verteilung des Aufkommens der Einkommensteuer maßgebenden Vorschriften von den Ländern und Gemeinden mitgetragen, in denen der Gläubiger der Steuervergütung seinen inländischen Wohnsitz hat; bei Gläubigern mit ausländischem Wohnsitz wird der letzte bekannte inländische Wohnsitz zugrunde gelegt. [2]Die sich aus Satz 1 ergebenden Finanzierungsanteile gelten auch, wenn der Wohnsitz nicht nach Satz 1 zugeordnet werden kann. [3]Die zentrale Stelle stellt nach Ablauf des dem Kalendervierteljahr folgenden Monats die Anteile der einzelnen Länder einschließlich ihrer Gemeinden an den zu gewährenden Leistungen fest. [4]Die nach Satz 2 festgestellten Anteile sind dem Bund von den Ländern bis zum 15. des zweiten, dem Kalendervierteljahr folgenden Monats zu erstatten. [5]Das Bundesministe-

rium der Finanzen wird ermächtigt, durch Rechtsverordnung mit Zustimmung des Bundesrates das Nähere zu bestimmen.

(5) [1] An dem Aufkommen der von der vereinnahmten pauschalen Lohnsteuer (§ 40a Abs. 6 des Einkommensteuergesetzes) sind die Länder und Gemeinden, in denen die Steuerpflichtigen ihren Wohnsitz haben, nach den für die Verteilung des Aufkommens der Einkommensteuer maßgebenden Vorschriften zu beteiligen. [2] Nach Ablauf eines jeden Monats werden die Anteile der einzelnen Länder einschließlich ihrer Gemeinden an der vereinnahmten pauschalen Lohnsteuer festgestellt. [3] Die nach Satz 2 festgestellten Anteile sind an die Länder bis zum 15. des darauf folgenden Monats auszuzahlen. [4] Das Bundesministerium der Finanzen wird ermächtigt, durch Rechtsverordnung mit Zustimmung des Bundesrates das Nähere zur Verwaltung und Auszahlung der einheitlichen Pauschsteuer zu bestimmen.

(6) *(aufgehoben)*

(7) [1] Das Aufkommen der in Ausübung der Aufgaben nach Absatz 1 Nummer 12 zugeflossenen Einkommen- und Körperschaftsteuer steht den Ländern und Gemeinden nach den für die Verteilung des Aufkommens der Einkommen- und Körperschaftsteuer maßgebenden Vorschriften zu. [2] Nach Ablauf eines jeden Monats werden die Anteile der einzelnen Länder einschließlich ihrer Gemeinden an den Einnahmen durch das Bundeszentralamt für Steuern festgestellt. [3] Die nach Satz 2 festgestellten Anteile sind an die Länder bis zum 15. des darauf folgenden Monats auszuzahlen. [4] Das Bundesministerium der Finanzen wird ermächtigt, durch Rechtsverordnung mit Zustimmung des Bundesrates das Nähere zur Verwaltung und Auszahlung der Einnahmen in Ausübung der Aufgaben nach Absatz 1 Nummer 12 zu bestimmen.

Das BZSt ist eine Oberbehörde des Bundes (§ 1 Nr. 2 FVG), der Aufgaben ohne **59**
Leitungscharakter übertragen worden sind, deren zentrale Bearbeitung im Interesse gleichmäßiger und effizienter Gesetzesanwendung sowie aus verwaltungsökonomischen Gründen angezeigt ist (vgl. TK § 5 FVG Rn. 1; Gosch AO § 5 FVG Rn. 2). **§ 5 I FVG** führt in Nr. 1–48 im Einzelnen die Aufgaben des BZSt auf; daneben können ihm nach § 4 II, III weitere Aufgaben übertragen sein. Einige für die Praxis bedeutsame Aufgaben sind:

– Nr. 1: Mitwirkung bei den **Ap.** (§ 19 FVG),
– Nr. 5–5h, 44: Verkehr mit ausländischen Behörden auf dem Gebiet der **Rechts- und Amtshilfe** insb. aufgrund von DBA, Amtshilfeabkommen, des EG-BeitreibungsG und § 117 AO,
– Nr. 6: zentrale **Sammlung und Auswertung von Unterlagen** über steuerliche Auslandsbeziehungen (vgl. § 88a AO, auch zur Verfassungsmäßigkeit der Nr. 6 und des § 88a AO). Das BZSt kann insb. Auskunft über ausländische Unternehmen erteilen, die möglicherweise als Domizil- oder Briefkastengesellschaft anzusehen sind (vgl. § 160 AO; BMF 9.9.2019, BStBl. I 2019, 907),
– Nr. 7: bei im Ausland ansässigen Personen die Bestimmung des örtlich zuständigen FA bei **Zuständigkeitsstreitigkeiten** zwischen FÄ oder bei Zweifeln über die örtliche Zuständigkeit, Sonderregelung zu § 28 AO,
– Nr. 11: die Durchführung des **Familienleistungsausgleichs** nach Maßgabe der §§ 31, 62–78 EStG (Kindergeld); die Bundesagentur für Arbeit stellt dem BZSt zur Durchführung dieser Aufgaben ihre Dienststellen als Familienkassen zur Verfügung. Das BZSt hat Leitungs- und Koordinierungsbefugnisse. Die Familienkassen sind gem. § 6 II Nr. 6 AO FB. Für das Verfahren im Bereich der Gewährung des Kindergelds gelten die Vorschriften der AO, soweit die Vorschriften des EStG keine anderweitigen und damit der AO vorgehenden Bestimmungen enthalten. Auch wenn § 5 I 1 Nr. 11 S. 4 die Bundesagentur für Arbeit ermächtigt, von den Vorschriften der AO abweichende örtliche Zuständigkeiten für bestimmte Berechtigtengruppen zu regeln (zB bei Auslandsbezug: BFH 19.1.2017 – III R 31/15, BStBl. II 2017, 642; bei Kindern mit Behinderung: BFH 17.10.2024 – III R 11/23, BStBl. II 2025, 207), erlaubt dies jedoch keine abw. Zuständigkeiten für das Erhebungs- und Festsetzungsverfahren bzw. einzelne Entscheidungen (Grundsatz der Gesamtzuständigkeit), da insoweit die sachliche Zuständigkeit betroffen ist (zur Rechtswidrigkeit der (sachlichen) Zuständigkeitsübertragung auf den Inkasso-Service der Familienkassen: BFH 19.1.2023 – III R 2/22, BStBl. II 2023,

626; BFH 7.4.2022 – III R 33/20, BFH/NV 2022, 824; BFH 24.2.2022 – III R 1/21, BFH/NV 2022, 805; BFH 7.7.2021 – III R 21/18, BFH/NV 2021, 1457; BFH 25.2.2021 – III R 36/19, BStBl. II 2021, 712 und BFH 25.2.2021 – III R 28/20, BFH/NV 2021, 1100),
- Nr. 12: Veranlagung von beschränkt Stpfl. mit bestimmten Einkünften; die (sachliche) Zuständigkeit des BZSt erstreckt sich jedoch nicht auf die Durchführung von Ap. (BFH 20.12.2023 – I R 21/21, BStBl. II 2024, 592),
- Nr. 17: Beobachtung der im **Internet** angebotenen Dienstleistungen für steuerliche Zwecke und Weitergabe der Erkenntnisse an die jeweilige FB,
- Nr. 18: Aufgaben im Zusammenhang mit der Gewährung der **Altersvorsorgezulage** nach Abschn. XI EStG (sog. Riester-Rente); das BZSt bedient sich zur Durchführung dieser Aufgabe der Deutschen Rentenversicherung Bund im Wege der Organleihe, soweit diese zentrale Stelle iSd § 81 EStG ist (→ § 6 Rn. 13),
- Nr. 19: die zentrale Sammlung der von den FB übermittelten Angaben über erteilte **Freistellungsbescheinigungen** nach § 48b EStG und die Erteilung von Auskünften im Wege einer elektronischen Abfrage an den Leistungsempfänger iSd § 48 I 1 EStG über die übermittelten Freistellungsbescheinigungen,
- Nr. 20: der Einzug der einheitlichen **Pauschsteuer nach § 40a II EStG** (sog. Minijob),
- Nr. 22: die Verwaltung und Vergabe von Identifikationsmerkmalen,
- Nr. 24: der Abruf aus den nach § 93b iVm § 24c KWG zu führenden Dateien über Konten- oder Depotverbindungen (vgl. Gesetz zur Förderung der Steuerehrlichkeit v. 23.12.2003, BGBl. 2003 I 2928),
- Nr. 27: Erteilung von **verbindlichen Auskünften** nach § 89 II AO, wenn keine Zuständigkeit nach §§ 17 ff. AO besteht, insb. für Auskunftsersuchen aus dem Ausland,
- Nr. 28–28b, 41b, 44a: Aufgaben bei der Verhütung und Verfolgung von **Straftaten** und **Ordnungswidrigkeiten,**
- Nr. 30: zentrale Sammlung der elektronischen LStAbzugsmerkmale,
- Nr. 31: die zentrale Führung des **Konzernverzeichnisses** (§ 33 BpO) nach einheitlichem Standard,
- Nr. 32: Führung einer zentralen Datenbank über **branchenbezogene Kennzahlen** (§ 37 BpO),
- Nr. 35: Aufgaben bei grenzüberschreitender Mehrwertsteuererstattung.

62 Parallel zu § 208a AO sieht der mit G v. 21.12.2020 (BGBl. 2020 I 3096) neu eingefügte **§ 5 Ia FVG** vor, dass – mit Ausnahme der in Satz 2 genannten Aufgaben – die nach Abs. 1 erfolgte Übertragung von Aufgaben der StVerwaltung auf das BZSt auch die Durchführung von Vorfeldermittlungen nach § 208 I 1 Nr. 3 AO umfasst.

63 **§ 5 II–VII FVG** bestimmen ua, in welchem Verhältnis verpflichtete und berechtigte Gebietskörperschaften an den vom BZSt gewährten StErstattungen und StVergütungen sowie an anderen Auszahlungen und Aufkommen beteiligt sind.

§ 5a FVG Aufgaben und Gliederung der Generalzolldirektion

66 (1) [1]Unbeschadet des § 4 Absatz 2 und 3 leitet die Generalzolldirektion bundesweit die Durchführung der Aufgaben der Zollverwaltung. [2]Sie übt die Dienst- und Fachaufsicht über die Hauptzollämter und Zollfahndungsämter aus. [3]Sie wertet die ihr nach § 138j Absatz 1 Satz 2 der Abgabenordnung vom Bundeszentralamt für Steuern übermittelten Daten über grenzüberschreitende Steuergestaltungen aus, unterrichtet nach § 138j Absatz 2 der Abgabenordnung das Bundesministerium der Finanzen über die Ergebnisse der Auswertung und stellt dem zuständigen Hauptzollamt die zur Durchführung des Besteuerungsverfahrens und des Bußgeldverfahrens erforderlichen Informationen zur Verfügung. [4]Außerdem nimmt die Generalzolldirektion die ihr sonst übertragenen Aufgaben wahr.

(2) [1]Die Generalzolldirektion gliedert sich in Direktionen. [2]Es wird neben der für den Zollfahndungsdienst zuständigen Direktion (Zollkriminalamt) eine für die Aufgaben nach dem Gesetz über das Aufspüren von Gewinnen aus schweren Straftaten (Geldwäschegesetz) zuständige Direktion (Zen-

tralstelle für Finanztransaktionsuntersuchungen) eingerichtet. [3] Für die Aufgaben nach § 1 des Sanktionsdurchsetzungsgesetzes wird eine zuständige Direktion (Zentralstelle für Sanktionsdurchsetzung) eingerichtet. [4] Andere Organisationseinheiten können eingerichtet werden.

(3) [1] Die Zuständigkeiten und Aufgaben der Direktionen und der anderen Organisationseinheiten bestimmt das Bundesministerium der Finanzen. [2] Aufgaben des Zollfahndungsdienstes werden durch das Zollkriminalamt wahrgenommen.

§ 5a I FVG regelt die Aufgaben der zum 1.1.2006 neu errichteten Generalzolldirektion. 67
Die bundesweite Leitung der Zollverwaltung durch die Generalzolldirektion beinhaltet nach § 5a I 2 zum einen die Aufsicht und Führung in personeller und organisatorischer Hinsicht (Dienstaufsicht) und zum anderen die Aufsicht und Führung in sachlicher Hinsicht (Fachaufsicht, ausführlich Gosch AO § 5a FVG Rn. 5 ff.). Die Generalzolldirektion gliedert sich in insgesamt elf Direktionen, zu denen nach § 5 II 2 FVG neben dem Zollkriminalamt (Direktion VIII) auch die Zentralstelle für Finanztransaktionsuntersuchungen (Direktion X) gehört. Mit dem G v. 19.12.2022 (BGBl. 2022 I 2606) wurde die Zentralstelle für Sanktionsdurchsetzung als Direktion XI in die Generalzolldirektion integriert (§ 5a II 3 FVG).

§ 5b FVG Übertragung von Bauaufgaben

[1] Durch Verwaltungsvereinbarung mit dem jeweiligen Land kann der Bund die Leitung und 68
Erledigung seiner Bauaufgaben im Wege der Organleihe Landesbehörden sowie Landesbetrieben, Sondervermögen des Landes und landesunmittelbaren juristischen Personen des öffentlichen Rechts übertragen. [2] Die Verwaltungsvereinbarung muss vorsehen, dass die Landesbehörden die Anordnungen der fachlich zuständigen Bundesbehörde zu befolgen haben.

§ 6 FVG Sitz und Aufgaben der Landesoberbehörde

(1) Die für die Finanzverwaltung zuständige oberste Landesbehörde bestimmt den Sitz der Landes- 71
oberbehörde, soweit durch Gesetz nichts anderes bestimmt ist.

(2) Die Landesoberbehörde erledigt Aufgaben, die ihr nach Maßgabe des § 17 Abs. 3 Satz 1 zugewiesen werden und die ihr sonst übertragenen Aufgaben.

(3) Für die Ernennung und Entlassung des Leiters einer Oberbehörde, die nach § 2 Abs. 1 Nr. 3 anstelle einer Oberfinanzdirektion tritt, gilt § 9a Satz 3 entsprechend.

Als Landesoberbehörde können ua Rechenzentren eingerichtet werden (§ 6 II Nr. 3 72
AO). Sie übernehmen die ihnen nach § 17 III FVG zugewiesenen Aufgaben.

§ 7 FVG Bezirk und Sitz

Die obersten Landesbehörden bestimmen den Bezirk und Sitz der Mittelbehörde, die ihnen jeweils 73
untersteht.

§ 8 FVG *(aufgehoben)*

§ 8a FVG Aufgaben und Gliederung

(1) [1] Die Mittelbehörden leiten die Finanzverwaltung des jeweiligen Landes in ihrem Bezirk. [2] Einer 77
Mittelbehörde kann auch die Leitung der Finanzverwaltung eines Landes für mehrere Oberfinanzbezirke übertragen werden. [3] Die Mittelbehörden können weitere Aufgaben erledigen.

(2) [1] Die Mittelbehörden können sich in eine Besitz- und Verkehrsteuerabteilung und eine Landesbauabteilung oder Landesvermögens- und Bauabteilung gliedern. [2] Außerdem können weitere Landesabteilungen oder andere Organisationseinheiten des Landes eingerichtet werden.

(3) [1] Durch Rechtsverordnung können Aufgaben einer Mittelbehörde für den ganzen Bezirk oder einen Teil davon auf andere Mittelbehörden übertragen werden, wenn dadurch der Vollzug der Aufgaben verbessert oder erleichtert wird. [2] Die Rechtsverordnung erlässt die zuständige Landesregierung. [3] Die Landesregierung kann die Ermächtigung auf die für die Finanzverwaltung zuständige oberste Landesbehörde übertragen.

(4) [1] Die Besitz- und Verkehrsteuerabteilung leitet die Durchführung der Aufgaben, für deren Erledigung die Finanzämter zuständig sind. [2] Außerdem erledigt sie die ihr sonst übertragenen Aufgaben.

78 Die Mittelbehörden der Länder (OFD, LfSt), soweit diese vorhanden sind (→ Rn. 50), leiten ua die FVerw. des Landes in ihrem Bezirk. Für den Begriff der Leitung gelten die Erl. zu → Rn. 53 entsprechend. Die Mittelbehörde darf nur Verwaltungsanweisungen für ihren Bezirk erlassen. In ihrem Bereich soll sie damit für eine gleichmäßige Besteuerung sorgen. Die Leitungsfunktion erlaubt nicht die Tätigkeit der Mittelbehörde im Kreis der den FÄ zugewiesenen Aufgaben. Die Mittelbehörde darf nicht anstelle des FA handeln; dies würde gegen die sachliche Zuständigkeit (funktionelle oder instanzielle Zuständigkeit, → Rn. 9 f.) verstoßen.

§ 9 FVG *(aufgehoben)*

§ 9a FVG Leitung

80 [1] Der Präsident oder die Präsidentin leitet die jeweilige Mittelbehörde. [2] Ihm oder ihr kann auch die Leitung einer Abteilung übertragen werden. [3] Er oder sie wird auf Vorschlag der für die Finanzverwaltung zuständigen obersten Landesbehörde im Einvernehmen mit der Bundesregierung durch die zuständige Stelle des Landes ernannt und entlassen.

§ 10 FVG *(aufgehoben)*

§ 10a FVG Landeskassen

83 [1] Werden oder sind bei einer Mittelbehörde eine oder mehrere Landeskassen errichtet, so kann eine Landeskasse Kassengeschäfte für mehrere Bezirke oder für Teile davon wahrnehmen. [2] Die Landeskassen können unmittelbar dem zuständigen Präsidenten oder der zuständigen Präsidentin unterstellt werden.

§ 11 FVG *(aufgehoben)*

§ 12 FVG Bezirk und Sitz der Hauptzollämter und Zollfahndungsämter sowie Aufgaben der Hauptzollämter

86 (1) Die Generalzolldirektion bestimmt den Bezirk und den Sitz der Hauptzollämter und der Zollfahndungsämter.

(2) Die Hauptzollämter sind als örtliche Bundesbehörden für die Verwaltung der Zölle, der bundesgesetzlich geregelten Verbrauchsteuern einschließlich der Einfuhrumsatzsteuer und der Biersteuer, der Luftverkehrsteuer, der Kraftfahrzeugsteuer, der Abgaben im Rahmen der Europäischen Gemeinschaften, für die zollamtliche Überwachung des Warenverkehrs über die Grenze, für die Grenzaufsicht, für die Bekämpfung der Schwarzarbeit und der illegalen Beschäftigung und für die ihnen sonst übertragenen Aufgaben zuständig.

(3) [1] Das Bundesministerium der Finanzen kann durch Rechtsverordnung ohne Zustimmung des Bundesrates die Zuständigkeit eines Hauptzollamts nach Absatz 2 auf einzelne Aufgaben beschränken oder Zuständigkeiten nach Absatz 2 einem Hauptzollamt für den Bereich mehrerer Hauptzollämter übertragen, wenn dadurch der Vollzug der Aufgaben verbessert oder erleichtert wird. [2] Das Bundesministerium der Finanzen kann die Ermächtigung nach Satz 1 durch Rechtsverordnung auf die Generalzolldirektion übertragen.

86a **§ 12 FVG** enthält die Regelungen zu den örtlichen BundesFB (HZÄ und Zollfahndungsämter). Abs. 2 regelt die sachliche Zuständigkeit der HZÄ. Daneben wirken die HZÄ gem. § 18 FVG bei der Verwaltung der USt mit. Die Zuständigkeit der Zollfahndungsämter sind im ZFdG zu finden. § 12 III FVG ermöglicht die Zentralisierung von Zuständigkeiten bei einer Behörde für den Bereich mehrerer Amtsbezirke. Von dieser Möglichkeit hat das BMF mit der Hauptzollamtszuständigkeitsverordnung (VO 22.11.2022, BGBl. 2022 I 2118) Gebrauch gemacht.

§§ 12a–12d FVG (weggefallen)

§ 13 FVG Beistandspflicht der Ortsbehörden

87 (1) Die Gemeindebehörden, die Ortspolizeibehörden und die sonstigen Ortsbehörden haben den Hauptzollämtern auch neben der in § 111 der Abgabenordnung vorgesehenen Beistandspflicht Hilfe zu leisten, soweit dies wegen ihrer Kenntnis der örtlichen Verhältnisse oder zur Ersparung von Kosten oder Zeit zweckmäßig ist.

(2) Für Hilfeleistungen nach Absatz 1 werden Entschädigungen nicht gewährt.

§§ 14–16 FVG (weggefallen)

§ 17 FVG Bezirk, Sitz und Aufgaben der Finanzämter

(1) Die für die Finanzverwaltung zuständige oberste Landesbehörde bestimmt den Bezirk und den Sitz der Finanzämter. 90

(2) [1]Die Finanzämter sind als örtliche Landesbehörden für die Verwaltung der Steuern mit Ausnahme der Kraftfahrzeugsteuer, der sonstigen auf motorisierte Verkehrsmittel bezogenen Verkehrsteuern, der Zölle und der bundesgesetzlich geregelten Verbrauchsteuern (§ 12) zuständig, soweit die Verwaltung nicht auf Grund des Artikels 108 Absatz 4 Satz 1 des Grundgesetzes den Bundesfinanzbehörden oder auf Grund des Artikels 108 Absatz 4 Satz 2 des Grundgesetzes den Gemeinden (Gemeindeverbänden) übertragen worden ist. [2]Sie sind ferner für die ihnen sonst übertragenen Aufgaben zuständig. [3]Soweit es sich um Aufgaben der Finanzverwaltung handelt und der Vollzug der Aufgaben verbessert oder erleichtert wird, kann die zuständige Landesregierung durch Rechtsverordnung

1. die Zuständigkeit eines Finanzamts oder einer besonderen Landesfinanzbehörde (§ 2 Absatz 3) auf einzelne Aufgaben beschränken,
2. einem Finanzamt oder einer besonderen Landesfinanzbehörde (§ 2 Absatz 3) Zuständigkeiten für die Bezirke mehrerer Finanzämter übertragen oder
3. einer Landesoberbehörde (§ 6) die landesweite Zuständigkeit für Kassengeschäfte und das Erhebungsverfahren einschließlich der Vollstreckung übertragen.

[4]Die Landesregierung kann die Ermächtigung durch Rechtsverordnung auf die für die Finanzverwaltung zuständige oberste Landesbehörde übertragen.

(3) [1]Wenn im Besteuerungsverfahren automatische Einrichtungen eingesetzt werden, können durch Rechtsverordnung der zuständigen Landesregierung damit zusammenhängende Steuerverwaltungstätigkeiten auf ein nach § 2 Abs. 2 eingerichtetes Rechenzentrum übertragen werden. [2]Dieses handelt insoweit für das jeweils örtlich zuständige Finanzamt. [3]Absatz 2 Satz 4 gilt entsprechend.

(4) Auf Grund eines Staatsvertrages zwischen mehreren Ländern können Zuständigkeiten nach Absatz 2 Satz 1 und 2 auf ein Finanzamt, ein nach § 2 Abs. 2 eingerichtetes Rechenzentrum der Landesfinanzverwaltung oder eine besondere Landesfinanzbehörde (§ 2 Abs. 3) außerhalb des Landes übertragen werden.

(5) [1]Das Bundesministerium der Finanzen kann zur Effizienzsteigerung im Verwaltungsvollzug auf Antrag von und im Einvernehmen mit allen unmittelbar betroffenen Ländern durch Rechtsverordnung mit Zustimmung des Bundesrates jeweils Zuständigkeiten nach Absatz 2 Satz 1 eines Landes oder mehrerer Länder auf ein Finanzamt, ein nach § 2 Absatz 2 eingerichtetes Rechenzentrum der Landesfinanzverwaltung oder eine besondere Landesfinanzbehörde (§ 2 Absatz 3) eines anderen Landes übertragen. [2]Absatz 4 bleibt unberührt. [3]Durch die Rechtsverordnung nach Satz 1 kann zugleich die Kostentragung geregelt werden.

§ 17 II FVG führt Art. 108 II iVm Art. 106 I GG aus. Nach diesen Vorschriften sind die LandesFB ua zuständig für die Verwaltung der den Ländern ganz oder teilweise zufließenden Steuern (zB ErbSt, ESt, KSt, USt) sowie für die Verwaltung bestimmter dem Bund zufließender Steuern (zur Ertragshoheit vgl. Art. 106 GG). Die **Verwaltung von Steuern** umfasst alle Aufgaben, die mit der Festsetzung, Erhebung, Vollstr. im weitesten Sinne zusammenhängen. § 17 ordnet diese Aufgaben vom Grundsatz her den FB der untersten Ebene im hierarchischen Verwaltungsaufbau, den FÄ, zu (vgl. BFH 7.11.2024 – III R 27/23, BFH/NV 2025, 361 und BFH 7.11.2024 – III R 28/23, BHF/NV 2025, 364 zur Frage der (partiellen) Übertragung der sachlichen Zuständigkeit im Bereich der GewSt auf die Gemeinden). Die in § 17 FVG bestimmte sachliche Zuständigkeit ist nicht zu verwechseln mit den Befugnissen der FÄ im konkreten Fall oder bei der Verwaltung der Steuern im Allgemeinen. Die Befugnisse der FÄ sind in der AO und in EinzelStGesetzen geregelt. 91

§ 17 II 3, 4 FVG erlaubt die **Konzentration** von Aufgaben auf ein FA bzw. die Einrichtung von FÄ, die über ihre Bezirksgrenzen hinweg Aufgaben mehrerer FÄ wahrnehmen, wenn dies den Vollzug der Verwaltung der Steuern verbessert oder erleichtert (Zuständigkeitskonzentration). Von der Möglichkeit der Zuständigkeitskonzentration ist insb. in Ballungsgebieten Gebrauch gemacht worden. So ist zB die Verwaltung von KSt oder ErbSt auf ein FA für den Bezirk mehrerer FÄ übertragen worden. Daneben ermöglicht § 17 II 3 Nr. 3 die Übertragung der landesweiten Zuständigkeit für Kassengeschäfte 92 und das Erhebungsverfahren einschl. der Vollstreckung auf Landesoberbehörden iSv § 6 (FG Hessen 6.11.2023 – 4 K 644/23, BeckRS 2023, 49371).

93 **§ 17 III FVG** bestimmt, dass eingerichtete **Rechenzentren** (→ Rn. 48, 72) für das zuständige FA tätig werden können.

94 **§ 17 IV FVG** erlaubt nunmehr mittels eines Staatsvertrags eine länderübergreifende Aufgabenkonzentration.

95 **§ 17 V FVG** ermöglicht eine länderübergreifende Zuständigkeitsverlagerung.

§ 18 FVG Verwaltung der Umsatzsteuer

97 [1] Die Hauptzollämter und ihre Dienststellen wirken bei der Verwaltung der Umsatzsteuer nach Maßgabe der für diese Steuer geltenden Vorschriften mit. [2] Sie handeln hierbei für die Finanzbehörde, die für die Besteuerung örtlich zuständig ist.

§ 18a FVG (aufgehoben)

§ 19 FVG Mitwirkung des Bundeszentralamtes für Steuern an Außenprüfungen

99 (1) [1] Das Bundeszentralamt für Steuern ist zur Mitwirkung an Außenprüfungen berechtigt, die durch Landesfinanzbehörden durchgeführt werden. [2] Es kann verlangen, dass bestimmte von ihm namhaft gemachte Betriebe zu einem bestimmten Zeitpunkt geprüft werden.

(2) [1] Das Bundeszentralamt für Steuern bestimmt Art und Umfang seiner Mitwirkung. [2] Die Landesfinanzbehörden machen dem Bundeszentralamt für Steuern auf Anforderung alle den Prüfungsfall betreffenden Unterlagen zugänglich und erteilen die erforderlichen Auskünfte.

(3) [1] Im Einvernehmen mit den zuständigen Landesfinanzbehörden kann das Bundeszentralamt für Steuern im Auftrag des zuständigen Finanzamtes Außenprüfungen durchführen. [2] Das gilt insbesondere bei Prüfungen von Auslandsbeziehungen und bei Prüfungen, die sich über das Gebiet eines Landes hinaus erstrecken.

(4) [1] Ist bei der Auswertung des Prüfungsberichts oder im Rechtsbehelfsverfahren beabsichtigt, von den Feststellungen des Bundeszentralamts für Steuern abzuweichen, so ist hierüber Einvernehmen mit dem Bundeszentralamt für Steuern zu erzielen. [2] Dies gilt auch für die in diesen Fällen zu erteilenden verbindlichen Zusagen nach § 204 der Abgabenordnung. [3] Wird kein Einvernehmen erzielt, kann die Frage dem Bundesministerium der Finanzen zur Entscheidung vorgelegt werden.

(5) [1] Das Bundeszentralamt für Steuern kann verlangen, dass bestimmte von ihm namhaft gemachte Steuerpflichtige, die nach § 193 der Abgabenordnung oder § 5 des Investmentsteuergesetzes der Außenprüfung unterliegen, geprüft werden und Regelungen zur Durchführung und zu Inhalten der Außenprüfung dieser Steuerpflichtigen festlegen. [2] Es wirkt in diesen Fällen an der jeweiligen Außenprüfung mit. [3] Dies gilt insbesondere in Fällen, in denen die Gleichmäßigkeit der Rechtsanwendung in mehreren Betrieben sicherzustellen ist, sowie in den Fällen des Absatzes 3 Satz 2.

100 **§ 19 FVG** konkretisiert die dem BZSt nach § 5 I 1 Nr. 1 FVG zugewiesene Aufgabe der Mitwirkung an Ap. Die Mitwirkung des BZSt hat den Zweck, die **Gleichmäßigkeit der Besteuerung** und die **Einheitlichkeit des Steuervollzugs** durch eine zentralisierte Prüfung sicherzustellen, insb. auch bei Sachverhalten mit Auslandsbezug (so auch Gosch AO § 19 FVG Rn. 1.1; TK § 19 FVG Rn. 1). Die Regelung dient nicht der Überwachung oder Kontrolle der LandesFB (Gosch AO § 19 FVG Rn. 1.1). § 19 I 1 FVG räumt dem BZSt ein **Mitwirkungsrecht an allen Ap.** der LandesFB ein. Zudem kann das BZSt nach § 19 I 2 FVG die Prüfung bestimmter Betriebe zu einem bestimmten Zeitpunkt bzw. nach § 19 V FVG die Prüfung bestimmter Stpfl. verlangen. Art und Umfang der Mitwirkung bestimmt nach § 19 II FVG das BZSt selbst. § 19 III FVG sieht vor, dass das BZSt unter bestimmten Voraussetzungen Ap. selbständig ohne Teilnahme des zuständigen FA durchführen kann. § 19 IV FVG bestimmt das Verfahren, sofern das FA bei der Auswertung oder im Rechtsbehelfsverfahren von den Feststellungen des BZSt abweichen will.

§ 20 FVG Einsatz von automatischen Einrichtungen

101 (1) Die für die Finanzverwaltung zuständigen obersten Landesbehörden bestimmen Art, Umfang und Organisation des Einsatzes der automatischen Einrichtungen für die Festsetzung und Erhebung von Steuern, die von den Landesfinanzbehörden verwaltet werden; zur Gewährleistung gleicher

Programmergebnisse und eines ausgewogenen Leistungsstandes ist Einvernehmen mit dem Bundesministerium der Finanzen herbeizuführen.

(2) [1] Werden Steuern von den Landesfinanzbehörden im Auftrag des Bundes verwaltet, wirken die obersten Finanzbehörden des Bundes und der Länder zur Verbesserung oder Erleichterung des gleichmäßigen Vollzugs der Steuergesetze zusammen. [2] Art, Umfang und Organisation des Einsatzes der automatischen Einrichtung für die Festsetzung und Erhebung der Steuern bedürfen des Einvernehmens des Bundesministeriums der Finanzen. [3] Wird dieses nicht erzielt, kann das Bundesministerium der Finanzen Vorgaben hierzu erlassen, wenn nicht mindestens elf Länder widersprechen. [4] Im Falle von Vorgaben sind die Länder verpflichtet, die für die Umsetzung erforderlichen Voraussetzungen zu schaffen.

(3) [1] Die für die Finanzverwaltung zuständigen obersten Landesbehörden können technische Hilfstätigkeiten durch automatische Einrichtungen der Finanzbehörden des Bundes, eines anderen Landes oder anderer Verwaltungsträger verrichten lassen. [2] Das Bundesministerium der Finanzen kann technische Hilfstätigkeiten durch automatische Einrichtungen der Finanzbehörden eines Landes oder anderer Verwaltungsträger verrichten lassen. [3] Technische Hilfstätigkeiten sind unterstützende Dienstleistungen, insbesondere die Entgegennahme elektronischer Steuererklärungen einschließlich der Authentifizierung des Datenübermittlers, die Bereitstellung des Zugangs zum Abruf von Steuerdaten durch die Steuerpflichtigen, die elektronische Übermittlung von Steuerverwaltungsakten und anderer Mitteilungen und die elektronische Übermittlung von Daten innerhalb der Finanzverwaltung. [4] Die technischen Hilfstätigkeiten der beauftragten Stelle oder Einrichtung sind der sachlich und örtlich zuständigen Finanzbehörde zuzurechnen. [5] In diesen Fällen ist sicherzustellen, dass die technischen Hilfstätigkeiten entsprechend den fachlichen Weisungen der für die Finanzverwaltung zuständigen obersten Behörde oder der von ihr bestimmten Finanzbehörde der Gebietskörperschaft verrichtet werden, die die Aufgabenwahrnehmung übertragen hat.

(4) Das Bundesministerium der Finanzen erstattet dem Haushalts- und dem Finanzausschuss des Deutschen Bundestages jährlich zum 1. März Bericht über den aktuellen Stand und die Fortschritte des Zusammenwirkens von Bund und Ländern nach Absatz 2.

§ 20 FVG regelt das Zusammenwirken von Bundes- und LandesFB beim Einsatz von automatischen Einrichtungen. So obliegt nach **§ 20 I FVG** die Entscheidung über den Einsatz den obersten Landesbehörden mit Zustimmung des BMF. **§ 20 II FVG** enthält Regelungen zum Zusammenwirken der obersten FB des Bundes und der Länder im Fall der Auftragsverwaltung. Den länderübergreifenden Einsatz automatischer Einrichtungen im Hinblick auf technische Hilfstätigkeiten, dh unterstützende Dienstleistungen, ermöglicht **§ 20 III FVG. § 20 IV FVG** statuiert eine jährliche Berichtspflicht des BMF. 101a

§ 20a Druckdienstleistungen für Bundes- oder Landesfinanzbehörden

(1) [1] Das Bundesministerium der Finanzen darf sich zum Drucken und Kuvertieren von schriftlichen Verwaltungsakten im Sinne des § 118 der Abgabenordnung und sonstigen Schreiben im Verwaltungsverfahren nach der Abgabenordnung der Bundesfinanzbehörden und zu deren anschließenden verschlossenen Übergabe an einen Postdienstleister (Druckdienstleistung) nur dann einer nicht öffentlichen Stelle als Auftragsverarbeiter im Sinne des Artikels 4 Nummer 8 der Verordnung (EU) 2016/679 des Europäischen Parlaments und des Rates vom 27. April 2016 zum Schutz natürlicher Personen bei der Verarbeitung personenbezogener Daten, zum freien Datenverkehr und zur Aufhebung der Richtlinie 95/46/EG (Datenschutz-Grundverordnung) (ABl. L 119 vom 4.5.2016, S. 1; L 314 vom 22.11.2016, S. 72; L 127 vom 23.5.2018, S. 2; L 47 vom 4.3.2021, S. 35) in der jeweils geltenden Fassung im Rahmen eines Vertrages bedienen, wenn 102

1. die Druckdienstleistung insoweit weder von der Bundesverwaltung noch durch automatische Einrichtungen der Behörden eines Landes oder eines anderen Verwaltungsträgers in wirtschaftlich vertretbarer Weise geleistet werden kann,
2. geschützte Daten im Sinne des § 30 der Abgabenordnung ausschließlich durch Amtsträger oder nach § 11 Absatz 1 Nummer 4 des Strafgesetzbuchs für den öffentlichen Dienst besonders verpflichtete Personen verarbeitet werden,
3. die zur Erbringung der Druckdienstleistung überlassenen Daten sowie die Protokolldaten nicht für andere Zwecke verarbeitet werden,
4. die Druckdienstleistung im Inland stattfindet,
5. der Auftragsverarbeiter im Rahmen der Artikel 25 und 32 der Verordnung (EU) 2016/679 ein vom Bundesministerium der Finanzen freizugebendes IT-Sicherheitskonzept nach dem Standard des

aktuellen IT-Grundschutzkompendiums des Bundesamtes für Sicherheit in der Informationstechnik erstellt hat,

6. der Auftragsverarbeiter die überlassenen Daten entsprechend der vertraglich festgelegten Frist nach Abschluss der Druckdienstleistung löscht und
7. das Ergebnis der Druckdienstleistung vom Auftragsverarbeiter protokolliert und diese Protokolldaten entsprechend der vertraglich festgelegten Frist an die vom Auftraggeber benannte Stelle übermittelt werden.

[2] Satz 1 gilt für die obersten Finanzbehörden der Länder entsprechend.

(2) Absatz 1 gilt entsprechend, wenn der Auftragsverarbeiter sich eines weiteren Auftragsverarbeiters bedienen will.

§ 21 FVG Auskunfts- und Teilnahmerechte

103 (1) [1] Soweit die den Ländern zustehenden Steuern von Bundesfinanzbehörden verwaltet werden, haben die für die Finanzverwaltung zuständigen obersten Landesbehörden das Recht, sich über die für diese Steuern erheblichen Vorgänge bei den zuständigen Bundesfinanzbehörden zu unterrichten. [2] Zu diesem Zweck steht ihnen das Recht auf Akteneinsicht und auf mündliche und schriftliche Auskunft zu.

(2) Die für die Finanzverwaltung zuständigen obersten Landesbehörden sind berechtigt, durch Landesbedienstete an Außenprüfungen teilzunehmen, die durch Bundesfinanzbehörden durchgeführt werden und die in Absatz 1 genannten Steuern betreffen.

(3) [1] Die in den Absätzen 1 und 2 genannten Rechte stehen den Gemeinden hinsichtlich der Realsteuern insoweit zu, als diese von den Landesfinanzbehörden verwaltet werden. [2] Die Gemeinden sind jedoch abweichend von Absatz 2 nur dann berechtigt, durch Gemeindebedienstete an Außenprüfungen bei Steuerpflichtigen teilzunehmen, wenn diese in der Gemeinde eine Betriebsstätte unterhalten oder Grundbesitz haben und die Außenprüfungen im Gemeindebezirk erfolgen.

(4) Das Bundeszentralamt für Steuern, die Familienkassen, soweit sie den Familienleistungsausgleich nach Maßgabe der §§ 31 und 62 bis 78 des Einkommensteuergesetzes durchführen, und die Landesfinanzbehörden stellen sich gegenseitig die für die Durchführung des § 31 des Einkommensteuergesetzes erforderlichen Daten und Auskünfte zur Verfügung.

(5) Das Bundeszentralamt für Steuern, die Deutsche Rentenversicherung Knappschaft-Bahn-See als Träger der knappschaftlichen Rentenversicherung, soweit sie den Einzug der einheitlichen Pauschalsteuer nach § 40a Abs. 2 des Einkommensteuergesetzes durchführt, und die Landesfinanzbehörden stellen sich gegenseitig die für die Durchführung des § 40a Abs. 6 des Einkommensteuergesetzes erforderlichen Daten und Auskünfte zur Verfügung.

(6) [1] Soweit die dem Bund ganz oder zum Teil zufließenden Steuern von Landesfinanzbehörden verwaltet werden, stellen die Länder den Bundesfinanzbehörden Daten des Steuervollzugs zur eigenständigen Auswertung, insbesondere für Zwecke der Gesetzesfolgenabschätzung, zur Verfügung. [2] Dies gilt unter den Voraussetzungen des § 29c Absatz 1 Satz 1 Nummer 5 der Abgabenordnung auch für nach § 30 der Abgabenordnung geschützte Daten.

(7) [1] Zur Durchführung der Verpflichtungen des Bundeszentralamtes für Steuern nach § 7 Absatz 3 bis 5 des EU-Amtshilfegesetzes stellen die zuständigen Landesfinanzbehörden dem Bundeszentralamt für Steuern die erforderlichen Informationen nach Maßgabe der in § 7 Absatz 7 Satz 2 des EU-Amtshilfegesetzes angeführten praktischen Regelungen der Europäischen Kommission zur Verfügung. [2] Hierzu nutzen die Landesfinanzbehörden das Zentralverzeichnis der Mitgliedstaaten der Europäischen Kommission gemäß Artikel 21 Absatz 5 der Richtlinie 2011/16/EU ab dem Zeitpunkt seiner Bereitstellung.

104 **§ 21 FVG** regelt in den Abs. 1–3 Informationsrechte sowie das Recht auf Teilnahme an Ap, in Abs. 1 und 2 der Bundesländer, soweit es um die Bundesverwaltung von Steuern geht, in Abs. 3 der Gemeinden gegenüber den LandesFB im Hinblick auf RealSt (s. BFH 20.10.2022 – III R 25/21, BStBl. II 2023, 619 zu den Grenzen der Informationsrechte nach § 30 IV Nr. 1). In Abs. 4 ist die Zusammenarbeit zwischen dem BZSt, den LandesFB und den Familienkassen geregelt. Abs. 5 betrifft den Datenaustausch im Zusammenhang mit der pauschalierten Lohnsteuer für Teilzeitbeschäftigte und geringfügig Beschäftigte nach § 40a EStG. Abs. 6 regelt den Datenaustausch im Hinblick auf den StVollzug für Zwecke der länderübergreifenden Sicherung des Gesetzesvollzugs. Der mit G v. 20.12.2016 (BGBl. 2016 I 3000) neu eingefügte Abs. 7 bestimmt, dass die zuständigen LandesFB dem BZSt die notwendigen Informationen für den sich aus § 7 EU-Amts-

hilfegesetz ergebenden Informationsaustausch zwischen den Mitgliedstaaten der EU zur Verfügung stellen.

§ 21a FVG Allgemeine Verfahrensgrundsätze

(1) [1] Zur Verbesserung und Erleichterung des Vollzugs von Steuergesetzen und im Interesse des Zieles der Gleichmäßigkeit der Besteuerung bestimmt das Bundesministerium der Finanzen mit Zustimmung der obersten Finanzbehörden der Länder einheitliche Verwaltungsgrundsätze, Regelungen zur Zusammenarbeit des Bundes mit den Ländern und erteilt allgemeine fachliche Weisungen. [2] Die Zustimmung gilt als erteilt, wenn nicht mindestens elf Länder widersprechen. [3] Initiativen zur Festlegung der Angelegenheiten des Satzes 1 kann das Bundesministerium der Finanzen allein oder auf gemeinsame Veranlassung von mindestens vier Ländern ergreifen. [4] Die Vertraulichkeit der Sitzungen ist zu wahren, wenn nicht im Einzelfall einstimmig etwas anderes beschlossen wurde. [5] Für Beratungen im schriftlichen Verfahren gilt Entsprechendes. **105**

(2) [1] Die oberste Finanzbehörde jedes Landes vereinbart mit dem Bundesministerium der Finanzen bilateral Vollzugsziele für die Steuerverwaltung des Landes auf der Grundlage eines vom Bundesministerium der Finanzen mit Zustimmung der obersten Finanzbehörden der Länder bestimmten Rahmenkatalogs maßgebender Leistungskennzahlen. [2] Die Zustimmung gilt als erteilt, wenn eine Mehrheit der Länder nicht widerspricht.

(3) [1] Die obersten Finanzbehörden des Bundes und der Länder überprüfen regelmäßig die Erfüllung der vereinbarten Vollzugsziele. [2] Hierzu übermitteln die obersten Finanzbehörden der Länder dem Bundesministerium der Finanzen die erforderlichen Daten.

(4) Vereinbarungen nach Absatz 2 sind für die obersten Finanzbehörden des Bundes und der Länder verbindlich.

(5) Die Finanzbehörden der Länder wirken bei der Auswertung von Mitteilungen über grenzüberschreitende Steuergestaltungen nach § 138j Absatz 1 Satz 1 der Abgabenordnung durch das Bundeszentralamt für Steuern mit, soweit Steuern betroffen sind, die von den Ländern oder Gemeinden verwaltet werden.

Die mit Wirkung vom 12.9.2006 eingeführte und durch G v. 14.8.2017 (BGBl. 2017 I 3122) bzw. G v. 21.12.2019 (BGBl. 2019 I 2875) angepasste Vorschrift regelt die Zusammenarbeit des BMF mit den FVerw. der Länder zum Zwecke des verfassungsrechtlich gebotenen gleichmäßigen Gesetzesvollzugs in den Ländern und der effizienten StVerwaltung. Die Bestimmung ermöglicht die Schaffung einheitlicher Verwaltungsgrundsätze (BT-Drs. 16/814, 19). Zum Erfordernis der Geheimhaltung der Sitzungsinhalte s. OVG Berlin-Brandenburg 29.4.2024 – 12 B 1/23, npoR 2025, 32 und OVG Berlin-Brandenburg 17.11.2023 – 12 B 15/22, ZGI 2024, 43. **106**

§§ 22–27 FVG Übergangsregelungen

Die mit G v. 13.12.2008 (BGBl. 2007 I 2897) und v. 3.12.2015 (BGBl. 2015 I 2178) eingeführten Bestimmungen betreffen im Wesentlichen dienstrechtliche Übergangsregelungen und Regelungen für die Personalvertretung, Schwerbehindertenvertretung und Gleichstellungsbeauftragte. Von einem Abdruck wird abgesehen. **107**

§ 17 Örtliche Zuständigkeit

Die örtliche Zuständigkeit richtet sich, soweit nichts anderes bestimmt ist, nach den folgenden Vorschriften.

Vergleichbare Vorschriften: § 3 VwVfG und § 2 SGB X bestimmen die örtliche Zuständigkeit zT inhaltlich wie §§ 18–29.

Schrifttum: Bopp, Die Gebietshoheit der Länder bei der Steuerverwaltung, DStR 1975, 488.

I. Allgemeines

1. Inhalt, Bedeutung und Anwendungsbereich der Vorschrift

Voraussetzung für die örtliche ist die **sachliche Zuständigkeit** (BFH 25.2.2021 – III R 36/19, BStBl. II 2021, 712 und BFH 25.2.2021 – III R 28/20, BFH/NV 2021, 1100). **1**

Nur eine sachlich zuständige FB kann örtlich zuständig sein (→ § 16 Rn. 2). § 17 verweist für die Bestimmung der **örtlichen Zuständigkeit** auf §§ 18–29a sowie auf anderweitige Regelungen in der AO und in EinzelStGesetzen. Die örtliche Zuständigkeit betrifft die Abgrenzung der Aufgabenbereiche von mehreren gleichgeordneten sachlich zuständigen Behörden nach regionalen Gesichtspunkten (BT-Drs. VI/1982, 105) und orientiert sich aus Gründen der Zweckmäßigkeit in erster Linie an der räumlichen Nähe zwischen dem Ort der Verwirklichung des StTatbestands und der FB (BFH 10.6.1999 – IV R 69/98, BStBl. II 1999, 691).

3 Die **besondere Bedeutung** der örtlichen Zuständigkeit folgt aus Art. 107 I GG, wonach das Aufkommen der LandesSt (gem. Art. 106 II GG zB VSt, ErbSt) und der Länderanteil am Aufkommen der ESt und der KSt den einzelnen Ländern insoweit zustehen, als die Steuern von den FB in ihrem Gebiet vereinnahmt werden. Die **Ertragshoheit** knüpft insoweit an die örtliche Zuständigkeit an (BT-Drs. VI/1982, 106). Zu unterscheiden ist die örtliche Zuständigkeit von der **verbandsmäßigen Zuständigkeit.** Letztere ist eine besondere Art der sachlichen Zuständigkeit und nur bei gebietsgebundenen Steuern zu beachten (→ § 16 Rn. 11 f.). Durch die Gebietshoheit der Länder wird die örtliche Zuständigkeit der LänderFB nicht begrenzt (Bopp DStR 1975, 488); die VA einer LandesFB sind auch in einem anderen Bundesland wirksam (BFH 1.9.1987 – VII B 86/87, BFH/NV 1987, 813). Im **finanzgerichtlichen Verfahren** knüpft die Zuständigkeit des Gerichts idR an die örtliche Zuständigkeit der FB an (vgl. §§ 38, 63 FGO, → § 16 Rn. 3; zum Zuständigkeitswechsel s. BFH 19.5.2008 – V B 29/07, BFH/NV 2008, 1501).

4 Die Regelungen über die örtliche Zuständigkeit für die Verwaltung von Steuern betreffen **grundsätzlich alle Teile des StVerwaltungsverfahrens,** also das Festsetzungs-, Erhebungs-, Rechtsbehelfs- und VollstrVerfahren sowie die Anordnung und Durchführung der Ap. (BFH 25.1.1989 – X R 158/87, BStBl. II 1989, 483; BFH 24.4.2014 – IV R 25/11, BStBl. II 2014, 819; BFH 25.2.2021 – III R 36/19, BStBl. II 2021, 712 und BFH 25.2.2021 – III R 28/20, BFH/NV 2021, 1100: **Grundsatz der Gesamtzuständigkeit**). Für Haftungssachen wie den Erlass des Haftungsbescheids gilt dabei aber allein § 24 (BFH 23.7.1998 – VII R 141/97, BFH/NV 1999, 433). Für das StStraf- und das Bußgeldverfahren gelten abw. Bestimmungen (→ Rn. 12). Beim **Übergang der örtlichen Zuständigkeit** geht idR die Gesamtzuständigkeit auf das zuständig gewordene FA über und zwar auch für Zeiträume, in denen es noch nicht zuständig war. Der Übergang betrifft das gesamte Besteuerungsverfahren mit allen seinen Teilen, einschl. des Erhebungsverfahrens gem. §§ 218 ff. (Aufgabe der abw. Rspr. (BFH 12.7.2011 – VII R 69/10, DStR 2011, 1758) durch BFH 19.3.2019 – VII R 27/17, BStBl. II 2020, 31). Zum maßgeblichen Zeitpunkt für die Bestimmung der örtlichen Zuständigkeit → Rn. 16.

2. Gesetzesvorbehalt

5 Es kann letztlich offenbleiben, ob die örtliche Zuständigkeit nur durch Gesetz bestimmt werden darf (zur Problematik des Gesetzesvorbehalts → § 16 Rn. 4), weil mit den §§ 17–29a die örtliche Zuständigkeit gesetzlich geregelt worden ist. Die Notwendigkeit einer gesetzlichen Regelung dürfte sich aus Art. 101 I 2 GG iVm §§ 38, 63 FGO ergeben, wonach die Bestimmung des gesetzlichen Richters in einigen Fällen an die örtliche Zuständigkeit anknüpft (so Gosch AO § 17 Rn. 2). Der Gesetzesvorbehalt schließt eine Zuständigkeitsvereinbarung nach § 27 zwischen FB nicht aus, denn Voraussetzung für den Übergang der Zuständigkeit ist die Zustimmung des Betroffenen, dessen Interessen damit gewahrt sind (→ § 27 Rn. 9). Der Gesetzgeber darf den Zuständigkeitsregelungen zwar Zweckmäßigkeitserwägungen zugrunde legen. Er muss jedoch im Hinblick auf die Zuordnung des StAufkommens durch Art. 107 I GG auf die Länder von Verfassungs wegen sachgerechte Anknüpfungsmerkmale für die Bestimmung des Vereinnahmungsorts wählen; das ist geschehen (BFH 5.3.1985 – VII R 146/84, BStBl. II 1985, 377 für die KraftSt vor dem 1.7.2009; so auch Gosch AO § 17 Rn. 2; TK § 17 Rn. 3; HHSp Vor §§ 16–19 Rn. 26).

3. Begriff der örtlichen Zuständigkeit

Örtliche Zuständigkeit ist die Kompetenz einer FB, als sachlich zuständige Behörde in einem räumlich begrenzten Wirkungsbereich, dh in ihrem Bezirk, tätig werden zu dürfen und zu müssen (s. auch BFH 25.2.2021 – III R 36/19, BStBl. II 2021, 712; BFH 25.2.2021 – III R 28/20, BFH/NV 2021, 1100; BFH 7.11.2024 – III R 27/23, BFH/NV 2025, 361 und BFH 7.11.2024 – III R 28/23, BFH/NV 2025, 364). Die Zuständigkeit für die Verwaltung der Steuern ist vom Grundsatz her auf den Bezirk der FB beschränkt. 6

II. Bestimmung der örtlichen Zuständigkeit

1. Zuständigkeit gemäß §§ 18–29a

§ 17 verweist für die Zuständigkeitsbestimmung auf §§ 18–29a. Die örtliche Zuständigkeit ist nur insoweit innerhalb der AO geregelt, als die Regelungen mehrere oder besonders wichtige Steuern betreffen (BT-Drs. VI/1982, 106). Bestimmt wird die örtliche Zuständigkeit für die gesonderten Feststellungen nach § 180 (§ 18) und für die in der Praxis wichtigsten StArten nach §§ 19–23. Ferner finden sich in §§ 24–29a für alle StArten geltende Bestimmungen zur Ersatzzuständigkeit (§ 24), für den Fall der Mehrfachzuständigkeit (§ 25), über den Zeitpunkt eines Zuständigkeitswechsels (§ 26), über die Möglichkeit der Zuständigkeitsvereinbarung (§ 27), zur Bestimmung der Zuständigkeit bei Zuständigkeitsstreit (§ 28), bei Gefahr im Verzug (§ 29) und zur Unterstützung des örtlich zuständigen FA (§ 29a). Die AO ist damit weitgehend von Einzelregelungen freigehalten; insoweit gelten als „andere Bestimmungen" iSd § 17 vorrangig die Bestimmungen in den EinzelStG sowie vereinzelte Regelungen in der AO außerhalb der §§ 18–29a. 9

2. Anderweitige Bestimmung

§§ 18–29a gelten nur subsidiär, also nur „soweit nichts anderes bestimmt ist". Die wichtigsten besonderen Zuständigkeitsbestimmungen in EinzelStG und außerhalb der §§ 18–29a sind 10

in Einzelsteuergesetzen: 11

- § 35 ErbStG (sinngem. Anwendung der §§ 19 I, 20, wenn der Erblasser zur Zeit seines Todes oder der Schenker zur Zeit der Ausführung der Zuwendung Inländer war; im Übrigen diff. Regelungen für besondere Fälle)
- § 152 BewG für gesonderte Feststellungen
- § 7 InvZulG 2010 (das für die Einkommensbesteuerung oder die einheitliche und gesonderte Feststellung zuständige FA)
- § 11 I EigZulG (das für die Einkommensbesteuerung zuständige FA)
- § 10d IV 3 EStG für den gesondert festzustellenden Verlustvortrag
- § 23 EStG für ein Einfuhr- und Ausfuhrabgaben
- § 37a III EStG bei Pauschalierung der ESt durch Dritte
- § 41a I EStG (das BetriebsstättenFA für die Anmeldung und Abführung der LSt); Besonderheiten gelten für die LSt im Bereich der Bauleistungen mit Auslandsbezug (§ 20a)
- §§ 42d III, 42e, 42f EStG (das BetriebsstättenFA bei Haftung für LSt und für die LSt-Ap.; zu § 42d III EStG s. auch BFH 20.6.1990 – I R 157/87, BStBl. II 1992, 43)
- §§ 44 I 5, 45a I EStG für die Anmeldung und Abführung KapESt
- § 72 EStG für das an Angehörige des öffentlichen Dienstes zu zahlende Kindergeld
- § 14 V 4 KStG Feststellungen iZm Organschaften
- § 16 V UStG für die Beförderungseinzelbesteuerung
- § 21 II UStG (sinngem. Anwendung des § 23 für die EUSt)

– § 15 I Nr. 3 KraftStG iVm § 1 KraftStDV (bei inländischen Fahrzeugen das FA, in dessen Bezirk die Zulassungsbehörde ihren Sitz hat; im Übrigen abw. Regelung für ausländische Fahrzeuge)
– § 1 StromStV für StromSt
– § 17 GrESt (im Grundsatz das LageFA; im Übrigen diff. Regelungen für besondere Fälle)
– § 7a VersStG für die VersSt
– § 10 FeuerschStG für die FeuerschSt
– § 15 RennwLottG für die RennwLottSt

12 **in der AO:**
– § 46 VII bei Pfändung eines Erstattungs- oder Vergütungsanspruchs
– § 89 II für die verbindliche Auskunft
– §§ 130 IV, 131 IV bei Rücknahme oder Widerruf von VA
– § 131 I für die steuerliche Erfassung von Körperschaften, Vereinigungen und Vermögensmassen
– § 195 S. 2, 3 für die Ap.
– § 244 II 2, 3 bei Schuldversprechen, Bürgschaften und Wechselverpflichtungen
– §§ 324, 326 bei dinglichem bzw. persönlichem Arrest
– § 367 I im Einspruchsverfahren (Klein § 17 Rn. 1: sachliche Zuständigkeitsregelung; so auch FG Saarland 15.2.2017 – 2 K 1149/14, EFG 2017, 550)
– § 388 für das StStrafverfahren
– § 409 für das Bußgeldverfahren

13 Richtet sich die örtliche Zuständigkeit für **steuerliche Nebenleistungen** (zB Verzögerungsgelder, Verspätungszuschläge, Zinsen, Säumniszuschläge, § 3 IV) nicht schon nach der Zuständigkeit für die Verwaltung der ihnen zugrunde liegenden Steuer, greift die Ersatzzuständigkeit nach § 24 ein. Dasselbe gilt für den Erlass von Haftungsbescheiden, für die StFahndung und für die Amtshilfe. Beruht die Zuständigkeit auf einem Missbrauch der Gestaltungsmöglichkeiten (§ 42), so ist das FA zuständig, das bei der angemessenen rechtlichen Gestaltung zuständig wäre (BFH 12.6.1986 – VII R 176/83, BFH/NV 1986, 700; BFH 13.8.1985 – VII R 172/83, BStBl. II 1985, 636; Gosch AO § 17 Rn. 15; HHSp § 17 Rn. 19).

3. Maßgeblicher Zeitpunkt

16 Das Vorliegen der örtlichen Zuständigkeit ist von Amts wegen zu beachten. Sie muss in jedem Stadium des Verfahrens gegeben sein, jedenfalls aber im **Zeitpunkt der maßgeblichen Amtshandlung** wie etwa dem Erlass des StBescheids, der Stundungsverfügung oder der VollstrHandlung (BFH 22.9.1989 – III R 227/84, BFH/NV 1990, 568; BFH 24.4.2014 – IV R 25/11, BStBl. II 2014, 819). Für die örtliche Zuständigkeit sind dagegen nicht die Verhältnisse des Veranlagungszeitraums oder des Zeitpunktes der Entstehung der StSchuld maßgebend (BFH 11.12.1987 – III R 228/84, BStBl. II 1988, 230 mwN; BFH 22.9.1989 – III R 227/84, BFH/NV 1990, 568 mwN betr. Zeitpunkt der Veranlagung; BFH 25.1.1989 – X R 158/87, BStBl. II 1989, 483 betr. Zeitpunkt des Erlasses einer Prüfungsanordnung; TK § 17 Rn. 6). Im Falle der **Gesamtrechtsnachfolge** ist vom Grundsatz her für die örtliche Zuständigkeit an die Verhältnisse des Nachfolgers anzuknüpfen; das gilt auch für die Besteuerung für Zeiträume, die vor Eintritt der Gesamtrechtsnachfolge liegen. In den Fällen des **Todes einer natürlichen Person** richtet sich die Zuständigkeit für die Einkommens- und Vermögensbesteuerung (§ 19) aber nach den Verhältnissen des Verstorbenen (→ § 19 Rn. 7; aA TK § 19 Rn. 5a; Klein § 17 Rn. 4). Fallen die Stpfl. und das Anknüpfungsmerkmal für die örtliche Zuständigkeit weg, kommt es auf

die Verhältnisse im Zeitpunkt des Wegfalls des Merkmals an; erst nach dem Tod des Stpfl. verwirklichte Tatbestände können die bis zum Tod begründete örtliche Zuständigkeit für die Einkommensbesteuerung nicht mehr ändern. Eine Gesamtrechtsnachfolge ist auch die Verschmelzung von KapGes und PersGes sowie deren Umwandlung; hier ist § 26 anwendbar (Einzelheiten zur Gesamtrechtsnachfolge FM Nordrhein-Westfalen 20.4.2012, DB 2012, 1596, OFD Magdeburg 15.5.2013, BeckVerw 287728; OFD Niedersachsen 10.5.2012, DStR 2012, 1561). Eine Ausnahme von diesen Grundsätzen enthält § 180 I 1 Nr. 2 Buchst. b, wonach in einzelnen Fällen der **gesonderten Feststellung von Besteuerungsgrundlagen** die Verhältnisse zum Schluss des Gewinnermittlungszeitraums maßgebend sind; hier richtet sich die örtliche Zuständigkeit nach den Verhältnissen am Schluss des Gewinnermittlungszeitraums. Für die ErbSt wird an die Verhältnisse bei Entstehung der Steuer (dazu § 9 ErbStG) angeknüpft (vgl. Gosch AO § 17 Rn. 13). Zum Zuständigkeitswechsel durch Veränderung der für die Zuständigkeit maßgebenden Merkmale s. § 26.

III. Rechtsfolgen bei Verstoß und Rechtsschutz

Rechtswidrigkeit des VA. Der von einer örtlich unzuständigen FB erlassene VA oder die sonstige Maßnahme ist rechtswidrig, denn gem. § 125 III Nr. 1 ist ein VA nicht schon deshalb nichtig, weil die Vorschriften über die örtliche Zuständigkeit nicht eingehalten wurden (vgl. BFH 18.5.1994 – I R 21/93, BStBl. II 1994, 697 mwN). Der zur Rechtswidrigkeit führende Fehler wegen örtlicher Unzuständigkeit kann durch den **Erlass des Einspruchsbescheids** durch die zuständige FB **geheilt** werden (BFH 19.1.2017 – III R 31/15, BStBl. II 2017, 642; FG Niedersachsen 25.7.2014 – 15 V 164/14, EFG 2014, 1838; Klein § 17 Rn. 7; HHSp § 17 Rn. 26; letztlich offen gelassen BFH 25.11.1988 – III R 264/83, BFH/NV 1989, 690). 21

Aufhebung des VA. Ein rechtswidriger VA kann gem. §§ 130, 172 ff. aufgehoben werden. Haben mehrere FÄ in derselben Sache widerstreitende StBescheide erlassen, so ist der Bescheid der unzuständigen FB gem. § 174 aufzuheben (Gosch AO § 17 Rn. 24). 22

Ausschluss der Aufhebung. Gemäß § 127 kann die Aufhebung nicht allein wegen Verstoßes gegen die Zuständigkeitsbestimmungen beansprucht werden, wenn keine andere Entscheidung in der Sache hätte getroffen werden können. Das ist in erster Linie bei gebundenen VA, insb. StBescheiden, der Fall, wenn also dem FA kein Ermessen zusteht (→ § 127 Rn. 15, 24 f.). Bei **Ermessensentscheidungen** (zB Haftungsbescheid hinsichtlich der Auswahl eines Haftenden, Prüfungsanordnung, Erlass) kann grds. nicht angenommen werden, dass keine andere Entscheidung in der Sache hätte getroffen werden können (BFH 18.5.1994 – I R 21/93, BStBl. II 1994, 697; BFH 15.10.1998 – V R 77/97, BFH/NV 1999, 585; BFH 19.4.2012 – III R 85/11, BFH/NV 2012, 1411); es sei denn, es liegt eine Ermessensreduzierung auf null vor (BFH 20.6.1990 – I R 157/87, BStBl. II 1992, 43 mwN; BFH 19.1.2011 – X B 14/10, BFH/NV 2011, 759). § 127 findet auch Anwendung auf Entscheidungen, die auf **Schätzungen** der Besteuerungsgrundlagen beruhen (BFH 25.11.1988 – III R 264/83, BFH/NV 1989, 690; BFH 5.4.2011 – VIII B 179/10, BFH/NV 2011, 1663; aA FG Rheinland-Pfalz 8.10.1990 – 5 K 332/88, EFG 1990, 162 für Vertragsauslegungen unter Hinweis auf die vorzunehmenden Wertungen; HHSp § 17 Rn. 22: § 127 greift nicht ein bei Auslegung von unbestimmten Rechtsbegriffen mit Beurteilungsspielraum; Näheres → § 127 Rn. 24 f.). 23

Eine Besonderheit besteht bei gesonderter Feststellung der Besteuerungsgrundlagen nach **§ 180 I 1 Nr. 2 Buchst. b.** Voraussetzung für die gesonderte Feststellung ist das Auseinanderfallen der örtlichen Zuständigkeit für die Gewinnfeststellung und für die Einkommensbesteuerung. Ist eine Feststellung durchgeführt worden, fallen die Zuständigkeiten jedoch nicht auseinander, muss die gesonderte Feststellung des Gewinns aufgehoben werden, auch wenn die Feststellung materiell-rechtlich zutreffend ist (BFH 11.12.1987 –

III R 228/84, BStBl. II 1988, 230; BFH 9.8.1995 – XI R 109/92, BFH/NV 1996, 404 mwN).

25 **Rechtsschutz.** Die Nichtbeachtung der örtlichen Zuständigkeit ist durch **Anfechtung des VA** im Einspruchs- und Klageverfahren geltend zu machen; das Gericht kann den VA wegen § 127 nur aufheben, wenn es auch die materielle Unrichtigkeit festgestellt hat (BFH 22.9.1983 – IV R 109/83, BStBl. II 1984, 342).

§ 18 Gesonderte Feststellungen

(1) **Für die gesonderten Feststellungen nach § 180 ist örtlich zuständig:**

1. bei Betrieben der Land- und Forstwirtschaft, bei Grundstücken, Betriebsgrundstücken und Mineralgewinnungsrechten das Finanzamt, in dessen Bezirk der Betrieb, das Grundstück, das Betriebsgrundstück, das Mineralgewinnungsrecht oder, wenn sich der Betrieb, das Grundstück, das Betriebsgrundstück oder das Mineralgewinnungsrecht auf die Bezirke mehrerer Finanzämter erstreckt, der wertvollste Teil liegt (Lagefinanzamt),

2. bei gewerblichen Betrieben mit Geschäftsleitung im Geltungsbereich dieses Gesetzes das Finanzamt, in dessen Bezirk sich die Geschäftsleitung befindet, bei gewerblichen Betrieben ohne Geschäftsleitung im Geltungsbereich dieses Gesetzes das Finanzamt, in dessen Bezirk eine Betriebstätte – bei mehreren Betriebstätten die wirtschaftlich bedeutendste – unterhalten wird (Betriebsfinanzamt),

3. bei Einkünften aus selbständiger Arbeit das Finanzamt, von dessen Bezirk aus die Tätigkeit vorwiegend ausgeübt wird,

4. bei einer Beteiligung mehrerer Personen an Einkünften, die keine Einkünfte aus Land- und Forstwirtschaft, aus Gewerbebetrieb oder aus selbständiger Arbeit sind und die nach § 180 Absatz 1 Satz 1 Nummer 2 Buchstabe a gesondert festgestellt werden,

a) das Finanzamt, von dessen Bezirk die Verwaltung dieser Einkünfte ausgeht, oder

b) das Finanzamt, in dessen Bezirk sich der wertvollste Teil des Vermögens, aus dem die gemeinsamen Einkünfte fließen, befindet, wenn die Verwaltung dieser Einkünfte im Geltungsbereich dieses Gesetzes nicht feststellbar ist.

[2] Dies gilt entsprechend bei einer gesonderten Feststellung nach § 180 Absatz 1 Satz 1 Nummer 3 oder § 180 Absatz 2,

5. in den Fällen des § 180 Absatz 1a das Finanzamt, das für den Bescheid örtlich zuständig ist, für den der Teilabschlussbescheid unmittelbar Bindungswirkung entfaltet.

(2) **[1] Ist eine gesonderte Feststellung mehreren Steuerpflichtigen gegenüber vorzunehmen und lässt sich nach Absatz 1 die örtliche Zuständigkeit nicht bestimmen, so ist jedes Finanzamt örtlich zuständig, das nach den §§ 19 oder 20 für die Steuern vom Einkommen und Vermögen eines Steuerpflichtigen zuständig ist, dem ein Anteil an dem Gegenstand der Feststellung zuzurechnen ist. [2] Soweit dieses Finanzamt auf Grund einer Verordnung nach § 17 Absatz 2 Satz 3 und 4 des Finanzverwaltungsgesetzes sachlich nicht für die gesonderte Feststellung zuständig ist, tritt an seine Stelle das sachlich zuständige Finanzamt.**

Vergleichbare Vorschrift: § 3 I 1 und 2 VwVfG

Schrifttum: Iber, Zuständigkeit des Betriebs- oder Tätigkeitsfinanzamts des Erklärungspflichtigen für die Besteuerung des Gesamtobjekts, DB 1991, 2003.

Übersicht

A. Allgemeines

I. Inhalt und Bedeutung der Vorschrift

1 § 18 bestimmt die örtliche Zuständigkeit der FB für die nach § 180 vorzunehmende gesonderte Feststellung der Besteuerungsgrundlagen. Abs. 3 und 4 wurden durch das SteuerbürokratieabbauG dahingehend geändert, dass diese Bestimmungen nicht nur Einkünfte aus freiberuflicher Tätigkeit, sondern seit dem 1.1.2009 alle Einkünfte aus selbständiger Tätigkeit iSd § 18 EStG erfassen. Feststellungen nach § 180 sind auch Feststellungen, die auf der nach § 180 II ergangenen Rechtsverordnung (VO zu § 180 Abs. 2 AO) sowie auf § 179 II 3 beruhen (→ Rn. 5 ff.). Die Bestimmung der Zuständigkeit erfolgt nicht unmittelbar nach § 18, wenn, worauf § 179 I hinweist, Regelungen in **EinzelStG** die gesonderte Feststellung anordnen (→ Rn. 29).

2 Die Zuständigkeitsregelung des § 18 betrifft das gesamte Feststellungsverfahren einschl. der sich auf den Gegenstand der gesonderten Feststellung beziehenden Ap. (BFH 25.1.1989 – X R 158/87, BStBl. II 1989, 483; BFH 17.7.1998 – I B 12/98, BFH/NV 1999, 153), der Erteilung von Zusagen (BFH 12.7.1989 – X R 32/86, BFH/NV 1990, 366) und verbindlichen Auskünften gem. § 89 II 2 iVm § 1 I StAuskV.

3 Ziel des § 18 ist es, durch die **Zuständigkeit** nur **eines FA** für gesonderte Feststellungen widerstreitende Entscheidungen verschiedener FÄ zu vermeiden (BFH 10.6.1999 – IV R 69/98, BStBl. II 1999, 691).

II. Verhältnis zu § 180

1. Bedeutung des § 180 für die örtliche Zuständigkeit

5 Die Anwendung des § 18 setzt die Erfüllung eines Tatbestandes des § 180 oder gleichstehender Vorschriften (→ Rn. 8) voraus. Zunächst ist in Anwendung dieser Vorschriften die Entscheidung über die Notwendigkeit einer gesonderten Feststellung zu treffen, bejahendenfalls richtet sich die örtliche Zuständigkeit für diese Feststellung nach § 18. Die Feststellung von Besteuerungsgrundlagen in einem selbständigen Verfahren (§ 157 II) soll abw. Entscheidungen verschiedener FÄ in derselben StSache vermeiden und ist angeordnet insb. für Besteuerungsgrundlagen, die Bedeutung für mehrere StArten haben, für Fälle mit

Beteiligung mehrerer Stpfl. und in Fällen, in denen der Betriebsort, der Ort der Geschäftsleitung bzw. Ort der Tätigkeit und der Wohnsitz des Stpfl. auseinanderfallen (→ Rn. 8 und § 180). Vom Grundsatz her bestimmt § 18 das dem jeweiligen StTatbestand **orts- oder betriebsnächste FA** als örtlich zuständig im Hinblick darauf, dass dieses FA mit dem für die Besteuerung maßgebenden Sachverhalt am besten vertraut ist, wie zB das LageFA, das BetriebsFA und das BerufsFA (BFH 9.8.1995 – XI R 109/92, BFH/NV 1996, 404 mwN). Der in § 18 in Bezug genommene § 180 hat ferner Bedeutung für die Bestimmung der **sachlichen Zuständigkeit,** weil mit der Anordnung der gesonderten Feststellung für einzelne Besteuerungsgrundlagen diese Teilbereiche aus der umfassenden Verwaltung der Steuer durch das an sich zuständige FA herausgelöst werden (BFH 12.7.1989 – X R 32/86, BFH/NV 1990, 366). So werden gem. § 180 I 1 Nr. 2 Buchst. a „andere Besteuerungsgrundlagen“ in die gesonderte Feststellung einbezogen. Nach § 180 I 1 Nr. 2 Buchst. b sind für die Frage, ob bei Auseinanderfallen des LageFA, des BetriebsFA oder BerufsFA und des WohnsitzFA eine gesonderte Feststellung durchzuführen ist, die Verhältnisse am Ende des Gewinnermittlungszeitraums maßgebend. Damit ist der Anwendungsbereich für die gesonderte Feststellung ausgeweitet worden; die Entscheidung darüber, ob überhaupt eine Feststellung nach diesen Vorschriften durchzuführen ist und auf welche Besteuerungsgrundlagen sie sich bezieht, berührt die sachliche Zuständigkeit. Die örtliche Zuständigkeit richtet sich insoweit nach § 18 und anderen Vorschriften.

6 Feststellungen nach § 180 sind auch die gesonderten Feststellungen bei **Unterbeteiligungen** und **Treuhandverhältnissen** nach § 179 II 3 (FG Hamburg 15.7.1993 – I 222/90, EFG 1994, 150) sowie Feststellungen nach der **VO zu § 180 Abs. 2 AO** (Gosch AO § 18 Rn. 4; HHSp § 18 Rn. 3). Die Verordnung darf für die dort genannten Fälle auch die örtliche Zuständigkeit bestimmen (§ 180 II 2 Nr. 3, § 2 der VO).

7 **Ausnahmen.** Wird gem. § 180 III wegen Beteiligung nur einer im Inland stpfl. Person an den Einkünften oder wegen geringer Bedeutung der Sache von der gesonderten Feststellung abgesehen, gelten die für die Ertragsbesteuerung geltenden §§ 19 und 20 (BFH 6.2.2020 – IV R 6/17, BStBl. II 2021, 17; TK § 18 Rn. 3; HHSp § 18 Rn. 3). Abw. von § 180 wird in sog. Großstadtfällen keine gesonderte Feststellung vorgenommen (§ 19 III).

2. Die wichtigsten Fälle des § 180

8 § 180 sieht für verschiedene Fallgruppen die gesonderte Feststellung von Besteuerungsgrundlagen vor. Dabei wird sowohl an die Art der festzustellenden Besteuerungsgrundlage als auch an die Anzahl der daran beteiligten Personen angeknüpft. Ferner spielen Zweckmäßigkeitsgesichtspunkte eine Rolle. Die für die Praxis bedeutsamsten Fallgruppen sind erfasst in

- **§ 180 I 1 Nr. 1:** Festgestellt werden seit dem 1.1.2025 die **Grundsteuerwerte** nach Maßgabe des BewG. Das sind gem. § 219 BewG diejenigen für inländischen Grundbesitz, und zwar für Betriebe der Land- und Forstwirtschaft (§§ 232 bis 234, 240 BewG) und für Grundstücke (§§ 243 und 244 BewG). Die bis zum 31.12.2024 festgestellten Einheitswerte für inländischen Grundbesitz gem. § 19 BewG aF wurden, nachdem das BVerfG die Vorschriften über die Einheitsbewertung wegen Verstoßes gegen Art. 3 I GG für verfassungswidrig erklärt hat (BVerfG 10.4.2018 – 1 BvL 11/14, 1 BvL 12/14, 1 BvL 1/15, 1 BvR 639/11, 1 BvR 889/12, BVerfGE 148, 147), durch das G v. 26.11.2019 (BGBl. 2019 I 1794) mit Ablauf des Jahres 2024 ersetzt.
- **§ 180 I 1 Nr. 2 Buchst. a:** Festgestellt werden **ertragsteuerpflichtige Einkünfte** ohne Beschränkung auf bestimmte Einkunftsarten sowie andere mit den Einkünften in Zusammenhang stehende Besteuerungsgrundlagen (zB außerordentliche Einkünfte, Sonderausgaben, außergewöhnliche Belastungen), wenn an ihnen **mehrere Personen** beteiligt sind und die Einkünfte diesen steuerlich zuzurechnen sind. Hierzu zählen insb. gewerbliche Einkünfte aus Mitunternehmerschaften und Einkünfte aus Vermietung und Verpachtung bei Grundstücks- oder Erbengemeinschaft. Die gesonderte Feststellung soll

abw. Entscheidungen verschiedener FÄ in derselben StSache für Zwecke der ESt und KSt vermeiden.

- **§ 180 I 1 Nr. 2 Buchst. b:** Festgestellt werden die **Einkünfte aus Land- und Forstwirtschaft, Gewerbebetrieb und freiberuflicher Tätigkeit** iSd § 18 I Nr. 1 EStG (nicht aber Einkünfte aus selbständiger Arbeit iSd § 18 I Nr. 2 und Nr. 3 EStG) bei Beteiligung nur **einer Person,** wenn am Schluss des Gewinnermittlungszeitraums das nach § 18 zuständige FA nicht zugleich WohnsitzFA des Stpfl. ist. Aus Gründen der Zweckmäßigkeit soll das dem Betrieb oder der Tätigkeit ortsnächste FA für die Gewinnermittlung zuständig sein. Für die Frage, ob eine gesonderte Feststellung nach § 180 I 1 Nr. 2 Buchst. b durchzuführen ist, kommt es auf die Verhältnisse am Ende des Gewinnermittlungszeitraums an, auch bei abw. Wirtschaftsjahr und in Rumpfwirtschaftsjahren. Für die sich anschließende Frage der örtlichen Zuständigkeit ist seit dem VZ 2015 auf die aktuellen Verhältnisse im Zeitpunkt der maßgeblichen Amtshandlung abzustellen (§ 180 I 2; → Rn. 32). In sog. **Großstadtfällen** findet keine gesonderte Feststellung statt, vielmehr ist das LageFA, BetriebsFA oder BerufsFA auch für die Einkommensbesteuerung zuständig (§ 19 III).
- **§ 180 Ia:** Festgestellt werden können seit dem 1.1.2023 im Rahmen einer Ap. einzelne für einen Prüfungszeitraum ermittelte und abgrenzbare Besteuerungsgrundlagen (sog. Teilabschlussbescheid), solange ein Prüfungsbericht nach § 202 I 1 noch nicht ergangen ist. Näheres → § 180 Rn. 44a.
- **§ 180 II iVm der VO zu § 180 Abs. 2 AO:** Die gesonderte Feststellung nach dieser Vorschrift dient der Verwaltungsökonomie insb. in den Fällen, in denen zwar keine Beteiligung mehrerer Personen an gemeinsamen Einkünften vorliegt, also keine Feststellung nach § 180 I 1 Nr. 2 Buchst. a durchzuführen ist, jedoch eine Vielzahl von Personen an Wirtschaftsgütern oder an einem Gesamtobjekt beteiligt ist und hieraus Einkünfte erzielt. Durch die gesonderte Feststellung der Besteuerungsgrundlagen werden abw. Entscheidungen der an sich nach den anderen Zuständigkeitsregelungen jeweils zuständigen FÄ bei gleichartigem Sachverhalt vermieden. Festgestellt werden können insb. ertragsteuerpflichtige Einkünfte, wenn die der Einkunftserzielung dienenden **Wirtschaftsgüter, Anlagen oder Einrichtungen** von mehreren Personen betrieben, genutzt oder gehalten werden oder wenn sie mehreren Personen getrennt zuzurechnen sind, es sich bei dem Wirtschaftsgut aber um ein Gesamtobjekt mit gleichartigen Rechtsbeziehungen zu einem Dritten handelt. Letzteres gilt entspr. für nicht zur Einkunftserzielung dienendes Wohnungseigentum, wenn die Feststellung für die Besteuerung oder die Gewährung der Eigenheimzulage von Bedeutung ist (§ 1 I 2). Näheres → § 180 Rn. 45 ff.
- **§ 179 II 3:** Festgestellt werden können Besteuerungsgrundlagen bei **Unterbeteiligungen und Treuhandverhältnissen.** Diese Feststellung stellt eine Zwischenstufe zwischen der eigentlichen Feststellung und der StFestsetzung dar und erfolgt zumeist aus Zweckmäßigkeitsgründen (BFH 5.11.1973 – GrS 3/72, BStBl. II 1974, 414).

B. Bestimmung der örtlichen Zuständigkeit

I. Zuständigkeit des Lagefinanzamts (Abs. 1 Nr. 1)

§ 18 I Nr. 1 betrifft die Feststellung der **Grundsteuerwerte** nach § 180 I 1 Nr. 1 von Betrieben der Land- und Forstwirtschaft, privaten Grundstücken und Betriebsgrundstücken und die gesonderte Feststellung von **Einkünften aus Land- und Forstwirtschaft** nach § 180 I 1 Nr. 2 Buchst. a und Nr. 2 Buchst. b (→ Rn. 8; BFH 9.5.2023 – VI R 12/21, BStBl. II 2023, 850). Die Zuständigkeit des LageFA nach Abs. 1 Nr. 1 kann sich auch aus Bestimmungen in EinzelStG ergeben (→ Rn. 29). Eine gesonderte Feststellung der in 12

Nr. 1 angesprochenen Mineralgewinnungsrechte findet seit Aufhebung der § 19 Abs. 1 Nr. 3 und § 100 BewG aF durch G v. 25.2.1992 (BGBl. 1992 I 297) nicht mehr statt.

13 Die Zuständigkeit nach Nr. 1 richtet sich nach der **Belegenheit des Grundbesitzes** einschl. des land- und forstwirtschaftlichen Grundbesitzes oder bei Erstreckung des Grundbesitzes auf die Bezirke mehrerer FÄ nach der Belegenheit seines wertvollsten Teils. Die Beurteilung, welcher Teil des Grundbesitzes der wertvollste ist, ist auf der Grundlage der Einheitsbewertung (bis 31.12.2024) bzw. Grundsteuerwerte (seit 1.1.2025) nach dem BewG vorzunehmen. Es ist somit der Teil am wertvollsten, auf den der größte Teil am Einheits- bzw. Grundsteuerwert entfällt (TK § 18 Rn. 6; Schwarz/Pahlke/Keß § 18 Rn. 5; HHSp § 18 Rn. 23). Das gilt auch für die Feststellung der Einkünfte aus Land- und Forstwirtschaft (Schwarz/Pahlke/Keß § 18 Rn. 5).

II. Zuständigkeit des Betriebsfinanzamts (Abs. 1 Nr. 2)

14 § 18 I Nr. 2 betrifft die gesonderte Feststellung der **Einkünfte aus Gewerbebetrieb** und die damit im Zusammenhang stehenden anderen Besteuerungsgrundlagen nach § 180 I 1 Nr. 2 Buchst. a und die Feststellung der Einkünfte aus Gewerbebetrieb nach § 180 I 1 Nr. 2 Buchst. b. Die Vorschrift gilt auch für die bis zum Feststellungszeitraum 1997 vorzunehmende Feststellung des **Einheitswerts** für inländische Gewerbebetriebe sowie für Feststellungen nach § 179 II 3 und § 180 II iVm § 2 I der VO zu § 180 Abs. 2 AO (→ Rn. 8). Letztgenannte Vorschrift erklärt die dort in § 1 I erwähnten Wirtschaftsgüter, Anlagen und Einrichtungen zum gewerblichen Betrieb und verweist für die gesonderte Feststellung bei Beteiligung mehrerer Personen auf § 18 I Nr. 2.

15 Die örtliche Zuständigkeit richtet sich nach dem **Ort der Geschäftsleitung** (§ 10) im Inland, dh dem Mittelpunkt der geschäftlichen Oberleitung. Die Geschäftsleitung befindet sich dort, wo der für die Geschäftsleitung maßgebliche Wille gebildet wird (BFH 23.1.1991 – I R 22/90, BStBl. II 1991, 554; Einzelheiten s. § 10 und → § 20 Rn. 8). Befindet sich die Geschäftsleitung nicht im Inland, so wird auf den **Ort der Betriebstätte** (§ 12), bei mehreren Betriebstätten auf den Ort der wirtschaftlich bedeutendsten abgestellt. Als Betriebstätte iSd § 12 kommt hier etwa eine inländische Geschäftsstelle, Fabrikationsstätte oder Verkaufsstelle in Betracht (zu Einzelheiten → § 12 Rn. 1 ff.). Für die Frage, welche von mehreren inländischen Betriebstätten die wirtschaftlich bedeutendste ist, kann auf den Ort der Inlandsleitung, auf den Schwerpunkt der unternehmerischen Tätigkeit oder auf den Umsatz abgestellt werden (Gosch AO § 18 Rn. 16; Schwarz/Pahlke/Keß § 18 Rn. 9). Organisatorisch, wirtschaftlich oder finanziell nicht zusammenhängende Betriebe werden steuerlich getrennt behandelt; in diesem Fall ist für jeden Betrieb eine gesonderte Feststellung durch das BetriebsFA durchzuführen (FG Thüringen 22.9.2011 – 4 K 255/10, DStRE 2012, 1467). Die **stille Gesellschaft,** auch die atypische, hat ihre Geschäftsleitung am Sitz der Geschäftsleitung der Hauptgesellschaft (BFH 15.12.1993 – VIII R 42/90, BStBl. II 1994, 702). Bei **Unterbeteiligungen** (§ 179 II 3) ist idR das BetriebsFA der Hauptgesellschaft zuständig, zumal wenn Hauptgesellschaft und Unterbeteiligung keine getrennte Geschäftsführung haben (FG Hamburg 15.7.1993 – I 222/90, EFG 1994, 150). Im Fall einer **Betriebsaufspaltung** bestimmt sich das nach § 18 I Nr. 1 zuständige BetriebsFA des Besitzunternehmens nach dem Ort der Geschäftsleitung der gewerblichen Grundstücksüberlassung und nicht dem Ort des Betriebsunternehmens (FG Sachsen 16.12.2021 – 8 K 625/21, BeckRS 2021, 51314). **Organgesellschaften** haben idR einen eigenen Ort der Geschäftsleitung (BFH 7.12.1994 – I K 1/93, BStBl. II 1995, 175; → § 20 Rn. 8). Kann eine inländische Betriebstätte nicht festgestellt werden, folgt die örtliche Zuständigkeit aus § 18 II oder aus §§ 24, 29.

16 Befindet sich der Gewerbebetrieb in **Insolvenz** oder **Liquidation,** ist wegen der Regelung des § 26 S. 3 der bisherige Ort der Geschäftsleitung grds. maßgebend (zu Einzelheiten → § 26 Rn. 22). Nach einer **Betriebsaufgabe oder -verlegung** besteht am Ort der ehemaligen Betriebstätte keine Geschäftsleitung mehr, sodass die örtliche Zustän-

digkeit des BetriebsFA entfällt, und zwar auch für vergangene Besteuerungsabschnitte oder Feststellungszeitpunkte (BFH 11.12.1987 – III R 228/84, BStBl. II 1988, 230; aA BFH 25.1.1989 – X R 158/87, BStBl. II 1989, 483 für eine Prüfungsanordnung nach Betriebsaufgabe).

III. Zuständigkeit des Tätigkeitsfinanzamts (Abs. 1 Nr. 3)

§ 18 I Nr. 3 bestimmt die Zuständigkeit für die gesonderte Feststellung bei **selbständiger Tätigkeit** (§ 18 EStG) nach § 180 I 1 Nr. 1, Nr. 2 Buchst. a und Buchst. b (BFH 9.8.1995 – XI R 109/92, BFH/NV 1996, 404 zur Zweckmäßigkeit der gesonderten Feststellung bei Auseinanderfallen von BerufsFA und WohnsitzFA). Die Vorschrift bezog sich bis 31.12.2008 nur auf die Einkünfte aus freiberuflicher Tätigkeit iSd § 18 I Nr. 1 EStG sowie auf die bis 1997 vorzunehmende Feststellung des **Einheitswerts** für freiberufliches Betriebsvermögen und die Tätigkeit des Einnehmers einer staatlichen Lotterie. Die Zuständigkeit bei Erzielung von Einkünften aus selbständiger Arbeit iSd § 18 I Nr. 2–4 EStG, die bei Beteiligung mehrerer Personen auch nach § 180 I 1 Nr. 2 Buchst. a, nicht aber nach § 180 I 1 Nr. 2 Buchst. b festgestellt werden, richtet sich nach der Änderung der Vorschrift durch das SteuerbürokratieabbauG (BGBl. 2008 I 2850) ab 1.1.2009 nicht mehr nach § 18 I Nr. 4, sondern ebenfalls nach Nr. 3 der Vorschrift (vgl. BR-Drs. 547/08, 24). 17

Zuständig ist das FA von dessen Bezirk aus die **Berufstätigkeit vorwiegend ausgeübt** wird, dh, das FA, in dessen Bezirk der Schwerpunkt der Berufstätigkeit liegt (BFH 10.6.1999 – IV R 69/98, BStBl. II 1999, 691 insb. zu Großstadtfällen nach § 19 III 1). Für die Frage des Schwerpunkts einer selbständigen Tätigkeit stellt der BFH vorrangig auf die Höhe des Umsatzes ab (BFH 25.8.2015 – VIII R 53/13, StuB 2016, 563; BFH 27.8.2014 – VIII R 16/13, BeckRS 2015, 95230). Liegt der Schwerpunkt der Tätigkeit im Bezirk des WohnsitzFA, bedarf es für die außerhalb der Wohnsitzgemeinde erzielten Einkünfte keiner gesonderten Feststellung (BFH 16.11.2006 – XI B 156/05, BFH/NV 2007, 401 mwN). Bei haupt- oder nebenberuflicher Tätigkeit eines Selbständigen in seiner Wohnung liegen die Voraussetzungen für eine gesonderten Feststellung nach § 180 I 1 Nr. 2 Buchst. b nicht vor. Lässt sich **kein Ort** der vorwiegenden Berufstätigkeit feststellen, kann § 18 I Nr. 3 keine Zuständigkeitsbestimmung für eine gesonderte Gewinnfeststellung entnommen werden; eine gesonderte Gewinnfeststellung ist in diesem Fall unzulässig (BFH 17.12.2003 – XI R 13/01, BFH/NV 2004, 909 zur Tätigkeit eines Seelotsen). Es bleibt dann bei der Zuständigkeit des WohnsitzFA (Klein § 18 Rn. 18; TK § 18 Rn. 11). Im Übrigen gelten die Ausführungen zur Zuständigkeit des BetriebsFA entsprechend. 18

IV. Zuständigkeit in besonderen Fällen (Abs. 1 Nr. 4)

§ 18 I Nr. 4, der durch das G v. 18.7.2016 (BGBl. 2016 I 1679) redaktionell überarbeitet worden ist, regelt die Zuständigkeit für die gesonderte **Feststellung nach § 180 I 1 Nr. 2 Buchst. a,** für die die Zuständigkeitsbestimmungen der § 18 I Nr. 1–3 nicht eingreifen, dh für die Feststellung anderer Einkünfte als die aus Land- und Forstwirtschaft, Gewerbebetrieb und selbständiger Tätigkeit, an denen mehrere Personen beteiligt sind. Dies sind insb. Einkünfte aus Kapitalvermögen iSd § 20 EStG, aus Vermietung und Verpachtung iSd § 21 EStG und sonstigen Einkünften iSd § 22 EStG. In der Praxis sind die Einkünfte von Grundstücksgemeinschaften, Grundstücksfonds und vermögensverwaltenden PersGes mit einer Vielzahl von Beteiligten besonders bedeutsam. Ohne die hier getroffene Zuständigkeitsbestimmung müsste insb. für jedes von mehreren gemeinsam verwalteten Grundstücken eine gesonderte Feststellung getroffen werden (BT-Drs. VI/1982, 106). 19

1. Abs. 1 Nr. 4 S. 1

20 Anknüpfungspunkt für die Zuständigkeit ist nach § 18 I Nr. 4 S. 1 Buchst. a grundsätzlich der **Ort der Verwaltung** der Einkünfte. Der Ort der Verwaltung ist nach den gleichen Gesichtspunkten wie der Ort der Geschäftsleitung (§ 10) zu bestimmen (Schwarz/Pahlke/Keß § 18 Rn. 14), dh er befindet sich dort, wo die zur Vertretung befugte Person die zur Verwaltung notwendigen Tagesgeschäfte ausführt (HHSp § 18 Rn. 40). Fließen die Einkünfte aus Vermietung und Verpachtung aus nur einem Grundstück, kann vorbehaltlich anderer Angaben der Stpfl. das FA aus Vereinfachungsgründen davon ausgehen, dass die Verwaltung von dem Ort der Belegenheit ausgeht (AEAO zu § 18 Nr. 3). Im Zweifel sollte das FA die Grundstücksverwaltung oder die Stpfl. anhören. Den Angaben von Ehegatten/Lebenspartnern in einer gemeinsamen StErklärung sollte gefolgt werden (Gosch AO § 18 Rn. 28 mwN). Wird ausdrücklich ein an einem anderen Ort ansässiger Verwalter benannt, ist dieser Ort maßgebend. Die Benennung eines Empfangsbevollmächtigten lässt nicht zwingend auf dessen Wahrnehmung der Verwaltung schließen (BayLSt 11.12.2014, StEd 2015, 61). Ist ein inländischer Verwaltungsort nicht feststellbar, so ist nach § 18 I Nr. 4 S. 1 Buchst. b das FA zuständig, in dessen Bezirk sich der wertvollste Teil des Vermögens, aus dem die Einkünfte herrühren, befindet. Für die Beurteilung ist der steuerliche Wert nach dem BewG heranzuziehen.

2. Abs. 1 Nr. 4 S. 2

21 Die Regelungen der Nr. 4 gelten gem. S. 2 entsprechend für die gesonderte Feststellung von sonstigen Vermögen, von Schulden und sonstigen Abzügen nach **§ 180 I 1 Nr. 3.** Nach Wegfall der VSt ab 1997 hat diese Verweisung jedoch nur noch Bedeutung für Altfälle. Auch für die Fälle des § 180 II iVm der **VO zu § 180 Abs. 2 AO** verweist § 18 I Nr. 4 S. 2 für die Zuständigkeit auf die Regelungen des S. 1 und damit primär auf den **Ort der Verwaltung.** § 180 II 2 Nr. 3 erlaubt indes die Regelung der örtlichen Zuständigkeit durch Verordnung. Dies ist mit § 2 der VO zu § 180 Abs. 2 AO erfolgt, der die örtliche Zuständigkeit für bestimmte Fallgruppen, für die eine gesonderte Feststellung durchzuführen ist, näher bestimmt. Gemäß § 2 I der VO zu § 180 Abs. 2 AO ist bei Betrieb, Nutzung oder Haltung von Wirtschaftsgütern, Anlagen oder Einrichtungen, die kraft Fiktion als gewerblicher Betrieb gelten, unter Verweis auf § 18 I Nr. 2 der Ort der Geschäftsleitung oder der Betriebstätte maßgebend. Nach § 2 II der VO zu § 180 Abs. 2 AO ist für die gesonderte Feststellung bei Gesamtobjekten und Wohnungseigentum das nach §§ 19, 20 für die Steuern von Einkommen und Vermögen der natürlichen Personen, Körperschaften, Personenvereinigungen und Vermögensmassen als zuständig zu bestimmende FA des Erklärungspflichtigen zuständig, also derjenigen Person, von der etwa die Planung, Herstellung und Verwaltung des Objekts ausgeht. § 2 III der VO zu § 180 Abs. 2 AO verweist für die USt auf das für den Erklärungspflichtigen, dh denjenigen Unternehmer, der bei einem Gesamtobjekt Umsätze ausführt oder empfängt, zuständige FA. § 2 IV der VO zu § 180 Abs. 2 AO verweist auf die Regelung des § 18 II für die Fälle, in denen sich bei Beteiligung mehrerer Personen die Zuständigkeit nicht nach den zuvor genannten Regelungen bestimmen lässt oder die örtliche und sachliche Zuständigkeit auseinanderfällt. Zur Auslegung des § 2 II der VO zu § 180 Abs. 2 AO und den Unstimmigkeiten der Gesetzessystematik bei der Bestimmung der Zuständigkeit für die gesonderte Feststellung bei Gesamtobjekten s. Iber DB 1991, 2003.

V. Zuständigkeit bei Teilabschlussbescheiden (Abs. 1 Nr. 5)

23 § 18 I Nr. 5, der durch das G v. 20.12.2022 (BGBl. 2022 I 2730) neu eingefügt wurde, steht im Zusammenhang mit dem zeitgleich eingefügten **§ 180 Ia,** wonach einzelne, im Rahmen einer Außenprüfung für den Prüfungszeitraum ermittelte und abgrenzbare Besteuerungsgrundlagen gesondert festgestellt werden können (sog. Teilabschlussbescheid), solange noch kein Prüfungsbericht nach § 202 I ergangen ist. Ziel des § 180 Ia ist es, zu

ausgewählten Besteuerungsgrundlagen frühzeitig Rechtssicherheit zu erlangen (BT-Drs. 20/3436, 89). Die im Teilabschlussbescheid getroffenen Feststellungen zu den einzelnen Besteuerungsgrundlagen sind für den späteren Bescheid (Steuer- oder Feststellungsbescheid) nach § 182 unmittelbar bindend. Für die gesonderte Feststellung nach § 180 Ia ist gem. § 18 I Nr. 5 das FA örtlich zuständig, das auch für den Folgebescheid örtlich zuständig ist.

Gem. Art. 97 § 37 II EGAO ist § 18 I Nr. 5 erstmals auf Steuern bzw. StVergütungen anzuwenden, die nach dem 31.12.2024 entstehen, oder für die nach dem 31.12.2024 eine Prüfungsanordnung nach § 196 bekannt gegeben wurde. Dies gilt entsprechend auch für die gesonderte Feststellung. 24

VI. Zuständigkeit in Fällen mit Auslandsbezug (Abs. 2)

Die Vorschrift greift als Auffangtatbestand in den Fällen ein, in denen eine gesonderte Feststellung mehreren Stpfl. gegenüber vorzunehmen ist und sich die örtliche Zuständigkeit nicht nach § 18 I bestimmen lässt. Besonders gilt dies bei **Sachverhalten mit Auslandsbezug.** Zuständig ist das nach §§ 19, 20 für Steuern vom Einkommen und Vermögen der natürlichen Personen, Körperschaften, Personenvereinigungen und Vermögensmassen als zuständig zu bestimmende FA eines jeden Stpfl., dem ein Anteil an dem Gegenstand der Feststellung zuzurechnen ist. Es können danach mehrere FÄ zuständig sein. Zur Vermeidung der Mehrfachzuständigkeit findet der Prioritätsgrundsatz des § 25 mit der Möglichkeit der anderweitigen Einigung der FÄ Anwendung. § 18 II 1 gilt insb. für die Feststellung von ausländischen Einkünften, an denen im Inland stpfl. Personen beteiligt sind (AEAO zu § 18 Nr. 5), zB bei sog. Abschreibungsgesellschaften, die im Ausland Gebäude errichten und verwalten, oder bei gemeinsam gehaltenen Kapitalvermögen. Bei ausländischen PersGes, an denen inländische Gesellschafter beteiligt sind, ist im Regelfall das LageFA nach § 18 I zuständig, sofern ein entsprechendes Anknüpfungsmerkmal existiert (AEAO zu § 18 Nr. 6). Fehlt ein solches Anknüpfungsmerkmal, ist jedoch für die inländischen Beteiligten ein gemeinsamer Treuhänder oder eine andere die Interessen der Beteiligten wahrnehmende Person bestellt, so ist das FA zuständig, in dessen Bezirk der Treuhänder oder die andere Person ansässig ist (AEAO zu § 18 Nr. 6 Buchst. a). Existiert kein inländischer Treuhänder oder Interessensvertreter, ist das FA zuständig, in dessen Bezirk die Beteiligten mit den insgesamt höchsten Anteilen ansässig sind (AEAO zu § 18 Nr. 6 Buchst. b). Lässt sich im Einzelfall die örtliche Zuständigkeit hiernach nicht bestimmen, so legt die gemeinsame bzw. die fachlich zuständige(n) Aufsichtsbehörde(n) fest, welches der FÄ, in deren Bezirk mindestens ein Beteiligter ansässig ist, zuständig ist (AEAO zu § 18 Nr. 6 Buchst. c). In Zweifelsfällen entscheidet das BZSt nach § 5 I Nr. 7 FVG (AEAO zu § 18 Nr. 6 Buchst. d). Ist das nach § 18 II 1 bestimmte FA für die gesonderte Feststellung zwar örtlich, aufgrund einer Verordnung nach § 17 II 3, 4 FVG aber nicht **sachlich zuständig,** so ist nach § 18 II 2 das sachlich zuständige FA auch örtlich zuständig. Die Vorschrift hat lediglich klarstellende Bedeutung, denn die örtliche setzt die sachliche Zuständigkeit voraus. 25

VII. Anderweitige Bestimmung

Diverse EinzelStG enthalten Bestimmungen über die Erforderlichkeit der gesonderten Feststellung von Besteuerungsgrundlagen und über die örtliche Zuständigkeit. § 18 gilt für diese Feststellungen nicht direkt, sondern bei Verweis mittelbar. Die wichtigsten Regelungen sind: 29

- § 10d IV 3 EStG für den Verlustabzug, zuständig ist das FA nach §§ 19, 20
- § 10e VII EStG für Abzugsbeträge bei zu eigenen Wohnzwecken genutzten Wohnungen
- § 15a IV 1, 3 EStG für den nicht ausgleichs- oder abzugsfähigen Verlust des Kommanditisten

– § 55 V 3, 5 EStG für den im besonderen Fall festzustellenden Teilwert von Grund und Boden
– § 10a S. 6, § 35b II GewStG für den vortragsfähigen Gewerbeverlust, Verweis auf § 22
– § 14 V KStG für Organschaften
– § 18 II AStG für die gesonderte Feststellung von Besteuerungsgrundlagen
– § 8 InvZulG 2010 für die Investitionszulage
– § 2 der VO zu § 180 Abs. 2 AO ist keine anderweitige Bestimmung, sondern eine solche nach § 180 II (Einzelheiten → Rn. 8).

VIII. Maßgeblicher Zeitpunkt

32 Die örtliche Zuständigkeit muss im **Zeitpunkt der Durchführung der gesonderten Feststellung** gegeben sein (FG Münster 6.2.2020 – 5 K 2531/17 F, ZInsO 2020, 1606). Auf die Verhältnisse im Zeitpunkt der Entstehung der Ansprüche aus dem StSchuldverhältnis kommt es nicht an. Für Feststellungszeiträume bis zum 31.12.2014 war abw. von dem allg. Grundsatz für Zwecke der örtlichen Zuständigkeit in den Fällen des § 180 I 1 Nr. 2 Buchst. b auf die Verhältnisse am Ende des Gewinnermittlungszeitraums abzustellen (BFH 21.10.2014 – I R 71/13, BFH/NV 2015, 468). Gemäß § 180 I 2 kommt es seit dem 1.1.2015 im Fall der späteren Aufgabe des Betriebs oder der Verlegung der Geschäftsleitung oder der Betriebstätte in den Bezirk eines anderen FA, auch in den des WohnsitzFA, nunmehr zu einer neuen örtlichen Zuständigkeit nach § 18 I Nr. 1–3 iVm § 26. Allein für die Frage der Notwendigkeit einer gesonderten Feststellung stellt § 180 I 1 Nr. 2 Buchst. b weiterhin auf die Verhältnisse am Ende des Gewinnermittlungszeitraums ab (s. auch → Rn. 8).

IX. Zuständigkeitswechsel, Zuständigkeitsvereinbarung

34 Für den Zuständigkeitswechsel s. § 26 und → Rn. 32, für die Zuständigkeitsvereinbarung vgl. § 27. Eine Zuständigkeitsvereinbarung ist unzulässig, wenn dadurch die Voraussetzungen für die Durchführung einer gesonderten Feststellung entfallen oder geschaffen werden; insoweit ist die sachliche Zuständigkeit berührt. Das gilt besonders für die Feststellung nach § 180 I 1 Nr. 2 Buchst. b (BFH 15.4.1986 – VIII R 325/84, BStBl. II 1987, 195; BFH 12.7.1989 – X R 32/86, BFH/NV 1990, 366). Im Übrigen ist eine Vereinbarung über die Zuständigkeit mit Zustimmung des Betroffenen nach § 27 oder über die Fortführung nicht abgeschlossener Verfahren gem. § 26 S. 2 zulässig. Letzteres bietet sich insb. bei Organschaften an. Die rechtlich zulässige Vereinbarung berechtigt auch zur Ap. (BFH 25.1.1989 – X R 158/87, BStBl. II 1989, 483).

C. Rechtsfolgen bei Verstoß

37 Die Nichtbeachtung der nach § 18 gegebenen örtlichen Zuständigkeit führt idR zur Anfechtbarkeit des VA, nicht zur Nichtigkeit (§ 125 III Nr. 1); in den Fällen der unzweifelhaft vorliegenden Voraussetzungen für eine gesonderte Feststellung ist der Verstoß gegen die Zuständigkeitsbestimmung unter den Voraussetzungen des § 127 unbeachtlich (→ § 17 Rn. 21 ff.; vgl. BFH 29.3.2017 – VI R 82/14, BFH/NV 2017, 1313). Etwas anderes gilt im Fall des § 180 I 1 Nr. 2 Buchst. b, wenn unter Verkennung der örtlichen Zuständigkeit die Voraussetzungen für die Erforderlichkeit der gesonderten Feststellung unzutreffend bejaht oder verneint worden sind, denn dann liegt ein Verstoß gegen die sachliche Zuständigkeit vor (BFH 16.11.2006 – XI B 156/05, BFH/NV 2007, 401; BFH 27.8.2014 – VIII R 16/13, BeckRS 2015, 95230; BFH 25.8.2015 – VIII R 53/13, StuB 2016, 563; FG Thüringen 22.9.2011 – 4 K 255/10, DStRE 2012, 1467). Liegen die Voraussetzungen für die gesonderte Feststellung nicht vor, weil das LageFA, BetriebsFA und BerufsFA sowie das Wohnsitz-FA in Wirklichkeit nicht auseinanderfallen, muss der Feststellungsbescheid

wegen der Bindungswirkung als Grundlagenbescheid für andere StBescheide aufgehoben werden; er leidet an einem unheilbaren Rechtsfehler (BFH 15.4.1986 – VIII R 325/84, BStBl. II 1987, 195; BFH 9.6.2000 – X B 104/99, BFH/NV 2001, 1). Ist unzutr. von der Zuständigkeit nur eines FA ausgegangen worden und wurde die Erforderlichkeit der gesonderten Feststellung deshalb verneint, ist der Folgebescheid rechtswidrig, weil der an sich erforderliche Grundlagenbescheid (vgl. § 155 II) noch nicht ergangen ist. Entscheidet das WohnsitzFA mit Zustimmung des BetriebsFA ohne Erteilung des erforderlichen Feststellungsbescheids, gilt dasselbe (vgl. auch BFH 30.10.1986 – IV R 175/84, BStBl. II 1987, 89; BFH 11.12.1987 – III R 228/84, BStBl. II 1988, 230; BFH 9.8.1995 – XI R 109/92, BFH/NV 1996, 404; TK § 18 Rn. 10; aA Gosch AO § 18 Rn. 34, der abw. von der hM einen Verstoß gegen die sachliche Zuständigkeit verneint).

§ 19 Steuern vom Einkommen und Vermögen natürlicher Personen

(1) [1]**Für die Besteuerung natürlicher Personen nach dem Einkommen und Vermögen ist das Finanzamt örtlich zuständig, in dessen Bezirk der Steuerpflichtige seinen Wohnsitz oder in Ermangelung eines Wohnsitzes seinen gewöhnlichen Aufenthalt hat (Wohnsitzfinanzamt).** [2]**Bei mehrfachem Wohnsitz im Geltungsbereich des Gesetzes ist der Wohnsitz maßgebend, an dem sich der Steuerpflichtige vorwiegend aufhält; bei mehrfachem Wohnsitz eines verheirateten oder in Lebenspartnerschaft lebenden Steuerpflichtigen, der von seinem Ehegatten oder Lebenspartner nicht dauernd getrennt lebt, ist der Wohnsitz maßgebend, an dem sich die Familie vorwiegend aufhält.** [3]**Für die nach § 1 Absatz 2 des Einkommensteuergesetzes und nach § 1 Absatz 2 des Vermögensteuergesetzes unbeschränkt steuerpflichtigen Personen ist das Finanzamt örtlich zuständig, in dessen Bezirk sich die zahlende öffentliche Kasse befindet; das Gleiche gilt in den Fällen des § 1 Absatz 3 des Einkommensteuergesetzes bei Personen, die die Voraussetzungen des § 1 Absatz 2 Satz 1 Nummer 1 und 2 des Einkommensteuergesetzes erfüllen, und in den Fällen des § 1a Absatz 2 des Einkommensteuergesetzes.**

(2) [1]**Liegen die Voraussetzungen des Absatzes 1 nicht vor, so ist das Finanzamt örtlich zuständig, in dessen Bezirk sich das Vermögen des Steuerpflichtigen und, wenn dies für mehrere Finanzämter zutrifft, in dessen Bezirk sich der wertvollste Teil des Vermögens befindet.** [2]**Hat der Steuerpflichtige kein Vermögen im Geltungsbereich des Gesetzes, so ist das Finanzamt örtlich zuständig, in dessen Bezirk die Tätigkeit im Geltungsbereich des Gesetzes vorwiegend ausgeübt oder verwertet wird oder worden ist.** [3]**Hat ein Steuerpflichtiger seinen Wohnsitz oder gewöhnlichen Aufenthalt im Geltungsbereich des Gesetzes aufgegeben und erzielt er im Jahr des Wegzugs keine Einkünfte im Sinne des § 49 des Einkommensteuergesetzes, ist das Finanzamt örtlich zuständig, das nach den Verhältnissen vor dem Wegzug zuletzt örtlich zuständig war.**

(3) [1]**Gehören zum Bereich der Wohnsitzgemeinde mehrere Finanzämter und übt ein Steuerpflichtiger mit Einkünften aus Land- und Forstwirtschaft, Gewerbebetrieb oder freiberuflicher Tätigkeit diese Tätigkeit innerhalb der Wohnsitzgemeinde, aber im Bezirk eines anderen Finanzamts als dem des Wohnsitzfinanzamts aus, so ist abweichend von Absatz 1 jenes Finanzamt zuständig, wenn es nach § 18 Absatz 1 Nummer 1, 2 oder 3 für eine gesonderte Feststellung dieser Einkünfte zuständig wäre.** [2]**Einkünfte aus Gewinnanteilen sind bei Anwendung des Satzes 1 nur dann zu berücksichtigen, wenn sie die einzigen Einkünfte des Steuerpflichtigen im Sinne des Satzes 1 sind.**

(4) **Steuerpflichtige, die zusammen zu veranlagen sind oder zusammen veranlagt werden können, sind bei Anwendung des Absatzes 3 so zu behandeln, als seien ihre Einkünfte von einem Steuerpflichtigen bezogen worden.**

(5) [1]**Durch Rechtsverordnung der Landesregierung kann bestimmt werden, dass als Wohnsitzgemeinde im Sinne des Absatzes 3 ein Gebiet gilt, das mehrere Gemeinden umfasst, soweit dies mit Rücksicht auf die Wirtschafts- oder Verkehrsverhältnisse, den Aufbau der Verwaltungsbehörden oder andere örtliche Bedürfnisse zweckmäßig erscheint.** [2]**Die Landesregierung kann die Ermächtigung auf die für die Finanzverwaltung zuständige oberste Landesbehörde übertragen.**

(6) [1]**Das Bundesministerium der Finanzen kann zur Sicherstellung der Besteuerung von Personen, die nach § 1 Absatz 4 des Einkommensteuergesetzes beschränkt steuerpflichtig sind und Einkünfte im Sinne von § 49 Absatz 1 Nummer 7 und 10 des Einkommensteuergesetzes beziehen, durch Rechtsverordnung mit Zustimmung des Bundesrates einer Finanzbehörde die örtliche Zuständigkeit für den Geltungsbereich des Gesetzes übertragen.** [2]**Satz 1 gilt auch in den Fällen, in denen ein Antrag nach § 1 Absatz 3 des Einkommensteuergesetzes gestellt wird.**

Vergleichbare Vorschrift: § 3 I Nr. 1–3a VwVfG

Schrifttum: Hein, Die Zuständigkeitsregelung nach § 19 Abs. 3 AO 1977, BB 1977, 335.

A. Allgemeines

1 § 19 regelt die örtliche Zuständigkeit für die **Steuer vom Einkommen und Vermögen natürlicher Personen.** Die Zuständigkeit knüpft grds. an den Wohnsitz und nachrangig an den gewöhnlichen Aufenthalt der natürlichen Person an. Die Vorschrift bestimmt ferner die Zuständigkeit bei mehrfachem oder fehlendem Wohnsitz im Inland. Für sog. Großstadtfälle enthält Abs. 3 (ggf. iVm Abs. 4) eine Sonderregelung. Abs. 5 enthält eine Verordnungsermächtigung. Abs. 6 betrifft bestimmte im Ausland wohnende Stpfl.

2 Eine von § 19 **abw. Zuständigkeitsregelung** bei **Bauleistungen** enthält § 20a ua für Unternehmer mit Wohnsitz im Ausland für Steuern vom Einkommen einschl. der durch sie einzubehaltenden LSt für Personen mit Wohnsitz im Ausland (vgl. Erl. zu § 20a). Die Zuständigkeit der für das **Kindergeld** zuständigen Familienkassen richtet sich grundsätzlich nach § 19 I (BFH 19.1.2023 – III R 2/22, BStBl. II 2023, 626; BFH 25.9.2014 – III R 25/13, BStBl. II 2015, 847; BFH 25.9.2014 – III R 25/13, BStBl. II 2015, 847; DA-KG 2024 V.2. Abs. 1 S. 2). Maßgebend sind dabei die Verhältnisse des Kindergeldberechtigten (BFH 19.1.2023 – III R 2/22, BStBl. II 2023, 626 zum Fall der Abzweigung). Für das Kindergeld nach dem BKGG ist gem. § 13 I BKGG die Familienkasse zuständig, in dessen Bezirk der Berechtigte seinen Wohnsitz, nachrangig seinen gewöhnlichen Aufenthalt, hat oder seiner Erwerbstätigkeit nachgeht. Für den Bereich der Abführung von LSt und KapESt gelten zT abw. Zuständigkeitsregelungen (→ § 17 Rn. 11). Eine Besonderheit gilt für die **LSt-Haftung** nach § 42d III EStG. Zuständig ist hier das BetriebsFA des Arbeitgebers, und zwar auch für Nachforderungen gegenüber dem Arbeitnehmer, solange kein ESt-Bescheid ergangen ist (str., vgl. Gosch AO § 19 Rn. 9). Ist der Arbeitnehmer zur ESt veranlagt worden und gebietet deshalb die Ausübung sachgerechten Ermessens, den Arbeitnehmer in Anspruch zu nehmen, ist nicht das BetriebsFA, sondern gem. § 19 das WohnsitzFA zuständig; dieses FA hat einen geänderten ESt-Bescheid zu erlassen (BFH 20.6.1990 – I R 157/87, BStBl. II 1992, 43 auch zur Zuständigkeit bei beschränkt stpfl. Arbeitnehmern; BFH 21.2.1992 – VI R 141/88, BStBl. II 1992, 565; TK § 19 Rn. 3). § 19 findet keine Anwendung für **Haftungsverfahren** wegen ESt oder VSt; die Zuständigkeit bestimmt sich nach § 24 (BFH 23.7.1998 – VII R 141/97, BFH/NV 1999, 433). Über die Verweisung des § 11 I EigZulG gilt § 19 auch für die Verwaltung der **Eigen-**

heimzulage (weitere Beispiele für abw. Bestimmungen und Verweisungen → § 17 Rn. 11).

Nach Wegfall der VSt ab 1997 hat § 19 insoweit nur noch **Bedeutung** für vergangene Zeiträume. 3

§ 19 betrifft das **gesamte Besteuerungsverfahren** einschl. der sich auf den Gegenstand der Besteuerung beziehenden Ap. (BFH 17.7.1998 – I B 12/98, BFH/NV 1999, 153 mwN; → § 17 Rn. 4, → § 18 Rn. 2). Maßgebend sind die Verhältnisse im Zeitpunkt der Veranlagung zur ESt, VSt oder der Anordnung der Ap.; die Zuständigkeit gilt daher auch für VZ oder -zeitpunkte, in denen die örtliche Zuständigkeit noch nicht gegeben war (BFH 25.1.1989 – X R 158/87, BStBl. II 1989, 483). Die Gesamtzuständigkeit geht bei einem Wechsel der örtlichen Zuständigkeit für das gesamte Besteuerungsverfahren über (BFH 21.10.2014 – I R 71/13, BFH/NV 2015, 468; BFH 19.3.2019 – VII R 27/17, BStBl. II 2020, 31; BFH 25.2.2021 – III R 36/19, BStBl. II 2021, 712 und BFH 25.2.2021 – III R 28/20, BFH/NV 2021, 1100; → § 26 Rn. 13; → § 17 Rn. 4). Zu Einzelheiten s. § 26. 4

B. Bestimmung der örtlichen Zuständigkeit

I. Zuständigkeit des Wohnsitzfinanzamts (Abs. 1)

1. Grundsätzliche Bestimmung (Abs. 1 S. 1)

§ 19 I 1 regelt die örtliche Zuständigkeit für die Ertrags- und Vermögensbesteuerung 7
und damit für den in der Praxis zahlenmäßig größten Kreis von Stpfl. Vom Grundsatz her ist die Zuständigkeit des WohnsitzFA gegeben. Die Regelung betrifft die nach § 1 I EStG, § 1 I Nr. 1 VStG unbeschränkt stpfl. Personen (Wohnsitz oder gewöhnlicher Aufenthalt im Inland) und bestimmt die örtliche Zuständigkeit des FA in Anknüpfung an den einzigen – inländischen – **Wohnsitz** (§ 8) oder in Ermangelung eines Wohnsitzes nachrangig an den **gewöhnlichen Aufenthalt** (§ 9) des Stpfl. WohnsitzFA ist das FA, in dessen Bezirk der Stpfl. seinen Wohnsitz oder gewöhnlichen Aufenthalt hat. Zu den Voraussetzungen und Indizien für die Annahme eines Wohnsitzes oder gewöhnlichen Aufenthalts s. Erl. zu → § 8 Rn. 1 ff., → § 9 Rn. 1 ff. Nicht dauernd getrennt lebende Ehegatten haben im Regelfall einen gemeinsamen Wohnsitz, sodass für die Besteuerung beider Ehegatten dasselbe FA zuständig ist. Für die örtliche Zuständigkeit bei getrennt lebenden Ehegatten für die Zusammenveranlagung zur ESt im Trennungsjahr s. OFD Niedersachsen 19.1.2010, StEd 2010, 300. Durch G v. 18.7.2014 (BGBl. 2014 I 1042) wurden Lebenspartner den Ehegatten gleichgestellt (Abs. 1 S. 1 HS 2). Für Einzelheiten → § 15 Rn. 7. Zur Zuständigkeit bei Gesamtrechtsnachfolge durch mehrere Erben mit verschiedenen WohnsitzFÄ vgl. OFD Frankfurt am Main 8.4.1999, AO-Kartei HE § 25 AO Karte 1. Zur örtlichen Zuständigkeit für die Besteuerung verstorbener Personen vgl. OFD Niedersachsen 10.5.2012, DStR 2012, 1561: maßgebend ist das WohnsitzFA der verstorbenen Person, es tritt kein Zuständigkeitswechsel ein (aA TK § 19 Rn. 5a; Klein § 17 Rn. 4). Zur Zuständigkeit für Angehörige der Bundeswehr, des Bundesgrenzschutzes und der Polizei, die in Kasernen untergebracht sind, s. zB OFD Niedersachsen 1.9.2011, StED 2011, 687. § 19 I 1 gilt nicht für unbeschränkt Stpfl., die im Inland keinen Wohnsitz oder gewöhnlichen Aufenthalt haben; für diesen Personenkreis bestimmt § 19 I 3 die örtliche Zuständigkeit. Lässt sich der Ort des gewöhnlichen Aufenthalts im Bezirk eines FA etwa bei nicht sesshaften Personen nicht eindeutig feststellen, ist gem. § 25 das FA der ersten Befassung zuständig.

2. Mehrfacher Wohnsitz (Abs. 1 S. 2)

§ 19 I 2 bestimmt für die Besteuerung des von Abs. 1 S. 1 erfassten Personenkreises die 8
Zuständigkeit bei mehrfachem Wohnsitz des Stpfl. im Inland. Für die Bestimmung des Wohnsitzes als Anknüpfungsmerkmal für die Zuständigkeit ist der Wohnsitz maßgebend, an dem sich der Stpfl. vorwiegend aufhält (1. Alt.). Ist der Stpfl. verheiratet oder in einer

Lebenspartnerschaft und lebt er von seinem Ehegatten oder Lebenspartner nicht dauernd getrennt, ist der vorwiegende Aufenthaltsort der Familie maßgebend (2. Alt.). Die Vorschrift stellt damit pauschalierend auf einen angenommenen gemeinsamen Lebensmittelpunkt ab. Für die Bestimmung des Aufenthaltsorts der Familie ist der Aufenthalt der Kinder in die Betrachtung einzubeziehen (AEAO zu § 19 Nr. 1). Hat eine Familie mehrere Aufenthaltsorte, so kommt es auf den vorwiegenden Aufenthalt an. Die Bestimmung der örtlichen Zuständigkeit nach dem **Familienwohnsitz** gilt auch, wenn die Ehegatten/Lebenspartner die getrennte Veranlagung wählen, zumal diese ein nicht dauerndes Getrenntleben gerade voraussetzt (hM, Schwarz/Pahlke/Keß § 19 Rn. 5). Leben die Ehegatten/Lebenspartner dauernd getrennt, wird auf den Wohnsitz eines jeden Ehegatten/Lebenspartners abgestellt (BFH 25.1.1989 – X R 158/87, BStBl. II 1989, 483). Schwierigkeiten ergeben sich, wenn für den VZ zwar die Voraussetzungen für eine Zusammenveranlagung und die Annahme eines Familienwohnsitzes vorliegen, die Ehegatten/Lebenspartner aber in dem für die Bestimmung der örtlichen Zuständigkeit maßgeblichen Zeitpunkt der Veranlagung im Bezirk verschiedener FÄ dauernd getrennt leben. Da jedes WohnsitzFA für die Besteuerung des jeweiligen Ehegatten/Lebenspartners zuständig ist, liegt nach Auffassung der FVerw. eine Mehrfachzuständigkeit iSd § 25 vor. Es ist das FA zuständig, das zuerst mit der Sache befasst ist, ggfs. bietet sich eine Einigung nach § 25 S. 1 an (OFD Niedersachsen 19.1.2010, StEd 2010, 300; aA TK § 19 Rn. 5).

3. Auslandsbeschäftigte (Abs. 1 S. 3)

9 § 19 I 3 findet für drei Gruppen von Auslandsbeschäftigten und deren Haushaltsangehörige Anwendung, die wegen des Verweises auf Vorschriften des EStG und des VStG zunächst anhand der § 1 II EStG, § 1 II VStG, § 1 III und § 1a II EStG zu bestimmen sind. Liegen die dort aufgestellten Voraussetzungen nicht vor, greift § 19 I 3 nicht ein. Den drei Gruppen von Auslandsbeschäftigten ist mithin das Fehlen eines Wohnsitzes oder gewöhnlichen Aufenthalts im Inland (§ 1 II 1 Nr. 1 EStG, ebenso VStG) sowie das Bestehen eines Dienstverhältnisses zu einer inländischen juristischen Person des öffentlichen Rechts und der Bezug von Arbeitslohn aus einer inländischen öffentlichen Kasse (§ 1 II 1 Nr. 2 EStG, ebenso VStG) gemein. **§ 19 I 3, 1. HS** regelt die Zuständigkeit für die Besteuerung der gem. § 1 II EStG, § 1 II VStG unbeschränkt stpfl. Personen (deutsche Staatsangehörige mit Wohnsitz oder gewöhnlichem Aufenthalt im Ausland, die im Dienstverhältnis zu einer inländischen Person des öffentlichen Rechts stehen und dafür Arbeitslohn aus einer inländischen öffentlichen Kasse beziehen, zB Beamte im auswärtigen Dienst). Zuständig ist das FA, in dessen Bezirk sich die **öffentliche Kasse** befindet. Dasselbe gilt – nur für die Einkommensbesteuerung – gem. **§ 19 I 3, 2. HS, 1. Alt.** für (ausländische) Staatsangehörige, die nach § 1 III EStG auf Antrag als unbeschränkt stpfl. behandelt werden und zudem die Voraussetzungen des § 1 II EStG erfüllen. **§ 19 I 3, 2. HS, 2. Alt.** bestimmt die Zuständigkeit für Personen, die gem. § 1a II EStG fiktiv unbeschränkt stpfl. sind (zu Einzelheiten s. zB Schmidt EStG § 1 Rn. 35 ff., 41 ff.; § 1a Rn. 25 ff.; Schwarz/Pahlke/Keß § 19 Rn. 7 f.; HHSp § 19 Rn. 15). Die Regelung gilt nicht für Beschäftigte bei internationalen Organisationen (Gosch AO § 19 Rn. 14) und deutsche Beschäftigte der EU (Schmidt EStG § 1 Rn. 38). Auf die Art des Dienstverhältnisses (Beamten-, Angestelltenverhältnis) kommt es nicht an; es ist auch ohne Bedeutung, ob der Bedienstete einen diplomatischen oder konsularischen Status innehat (BT-Drs. 13/1558, 176). Erzielen Auslandsbeschäftigte andere Einkünfte als Bezüge aus inländischen öffentlichen Kassen oder liegen die Voraussetzungen des Abs. 1 S. 3, 2. HS aus anderen Gründen, insb. des Einkommensteuerrechts, nicht vor, so gilt für die Zuständigkeit § 19 II. Für die VSt gilt § 19 II für alle beschränkt stpfl. ausländischen Staatsangehörigen.

II. Zuständigkeit bei beschränkter Steuerpflicht und in sonstigen Fällen (Abs. 2)

§ 19 II betrifft hauptsächlich beschränkt stpfl. Personen und ferner solche, die zwar unbeschränkt stpfl. sind, aber im Übrigen nicht die Voraussetzungen des Abs. 1 erfüllen (→ Rn. 9 aE). für die Zuständigkeit kommt es nach Abs. 2 S. 1 in Anlehnung an § 18 I Nr. 1 und Nr. 4 auf die **Lage des Vermögens** des Stpfl. an; befindet sich Vermögen in den Bezirken mehrerer FÄ, ist die Lage des wertvollsten Teils maßgebend (für die Bestimmung des Werts → § 18 Rn. 13). Befindet sich kein Vermögen im Inland, so wird nach Abs. 2 S. 2 an den inländischen Ort angeknüpft, an dem die **Tätigkeit** des Stpfl. im Inland **vorwiegend ausgeübt oder** – nachrangig – **verwertet** wird oder in der Vergangenheit verwertet worden ist (§ 49 I Nr. 3 und Nr. 4 EStG). Hauptanwendungsfälle sind die Tätigkeit ausländischer Künstler und Sportler im Inland, die Verwertung von gewerblichen Schutzrechten oder künstlerischen Urheberrechten im Inland sowie die Tätigkeit von Grenzgänger-Arbeitnehmern (TK § 19 Rn. 8). Lässt sich nicht feststellen, wo eine Tätigkeit vorwiegend ausgeübt oder verwertet wird, gilt für die Zuständigkeit § 24. Haben mehrere FÄ Anlass zu einer Amtshandlung, greift § 25 ein (BFH 3.2.1993 – I R 80–81/91, BStBl. II 1993, 462; Gosch AO § 19 Rn. 17). Zur von § 19 abw. Regelung bei **Bauleistungen** → § 20a Rn. 1 ff. 12

Der mit G v. 21.12.2020 (BGBl. 2020 I 3096) neu eingefügte Satz 3 regelt den Fall des **Wegzugs eines Stpfl. ins Ausland,** der über kein inländisches Vermögen und im Jahr des Wegzugs über keine Einkünfte iSd § 49 EStG verfügt. In diesen Fällen fehlt es regelmäßig an einem inländischen Anknüpfungspunkt für die örtliche Zuständigkeit, da sich diese nach den Verhältnissen im Zeitpunkt der Veranlagung bzw. des Verwaltungshandelns richtet (→ § 17 Rn. 16). § 19 II 3 bestimmt nunmehr, dass es auch nach dem Wegzug bei der Zuständigkeit desjenigen FA bleibt, das nach den zuständigkeitsrelevanten Verhältnissen vor dem Wegzug **zuletzt örtlich zuständig** gewesen ist. 13

III. Zuständigkeit in sog. Großstadtfällen (Abs. 3)

1. Zuständigkeit des Lage-, Betriebs- oder Berufsfinanzamts (Abs. 3 S. 1)

Die Vorschrift führt aus Gründen der Verwaltungsvereinfachung für die Einkommens- und Vermögensbesteuerung abw. von Abs. 1 zu einer **Zuständigkeitsverlagerung** vom WohnsitzFA auf das Lage-, Betriebs- oder BerufsFA iSd § 18 I Nr. 1–3 (→ § 18 Rn. 12 ff.), wenn die Wohnsitzgemeinde – als Großstadt, vgl. aber auch Abs. 5 – in mehrere FA-Bezirke aufgeteilt ist und der Stpfl. mit Einkünften aus Land- und Forstwirtschaft, Gewerbebetrieb und freiberuflicher Tätigkeit nicht im Bezirk des Lage-, Betriebs- oder BerufsFA seinen Wohnsitz oder gewöhnlichen Aufenthalt hat. Abs. 3 S. 1 gilt für die Fälle des § 180 I 1 Nr. 2 Buchst. b und unter den Voraussetzungen des S. 2 auch für Beteiligungen an Gewinneinkünften iSd § 180 I 1 Nr. 2 Buchst. a (→ Rn. 17). Ohne Abs. 3 S. 1 würde gem. § 180 I 1 Nr. 2 Buchst. b die gesonderte Feststellung von Einkünften erforderlich sein, weil Lage-, Betriebs- oder BerufsFA einerseits und das WohnsitzFA andererseits nicht identisch sind; die gesonderte Feststellung ist im Hinblick auf den Wortlaut des § 180 I 1 Nr. 2 Buchst. b nunmehr entbehrlich. Abs. 3 knüpft für die Zuständigkeit an die nach § 18 I Nr. 1–3 zu bestimmende **Zuständigkeit für die (entfallende) gesonderte Feststellung** an. Das gilt auch, wenn der Stpfl. innerhalb eines FA-Bezirks mehrere gleichartige (zwei Gewerbebetriebe) oder verschiedene (ein Gewerbebetrieb und eine Arztpraxis) Tätigkeiten ausübt. Hat der Stpfl. innerhalb der Wohnsitzgemeinde, aber in verschiedenen FA-Bezirken mehrere Betriebe der Land- und Forstwirtschaft oder Gewerbebetriebe oder übt er seine freiberufliche Tätigkeit in mehreren Bezirken aus, so können mehrere FÄ gem. Abs. 3 zugleich für die Einkommens- und Vermögensbesteuerung zuständig sein. Dann ist nach § 25 zu verfahren (AEAO zu § 19 Nr. 3). Die FÄ sollten sich auf die Zuständigkeit des FA einigen, in dessen Bezirk die bedeutsamste Tätigkeit ausgeübt wird. Die danach nicht für die Einkommens- und Ver- 15 mögensbesteuerung zuständigen FÄ haben die Einkünfte gesondert festzustellen. Der Anwendung des Abs. 3 S. 1 steht nicht entgegen, dass der Stpfl. außerhalb der Wohnsitzgemeinde aus weiteren Betrieben oder Tätigkeiten Einkünfte erzielt, die von dem dafür gem. § 18 I Nr. 1–3 zuständigen FA festzustellen sind. Eine nach § 25 zu lösende Mehrfachzuständigkeit ist auch gegeben, wenn der Stpfl. sowohl im Bezirk seines WohnsitzFA als auch in einem anderen FA-Bezirk der Wohnsitzgemeinde die genannten Einkünfte erzielt (vgl. Klein § 19 Rn. 8; TK § 19 Rn. 9 ff.; Gosch AO § 19 Rn. 21 ff.; HHSp § 19 Rn. 24 ff. mit Beispielen; zu weiteren Zweifelsfällen Hein BB 1977, 335; vgl. auch FG Berlin 11.2.1986 – V 248/84, EFG 1986, 586, wonach keine Mehrfachzuständigkeit eintritt, sondern aus Gründen der Verwaltungsökonomie die einmal nach Abs. 3 begründete Zuständigkeit des TätigkeitsFA bestehen bleibt, wenn der Stpfl. später im Bezirk des WohnsitzFA Einkünfte aus Gewerbebetrieb erzielt oder zu erzielen behauptet; BFH 10.6.1999 – IV R 69/98, BStBl. II 1999, 691 zur freiberuflichen Tätigkeit in mehreren FA-Bezirken; BFH 7.9.2000 – III R 39/98, BStBl. II 2001, 116 zum Antrag auf Investitionszulage bei Zuständigkeit mehrerer WohnsitzFÄ).

Beispiel: Der Stpfl. wohnt im Bezirk des FA H-Nord, unterhält einen Gewerbebetrieb im Bezirk H-Mitte, im Bezirk H-Süd betreibt er eine Arztpraxis, im Bezirk des FA Y liegt sein landwirtschaftlicher Betrieb, zudem hat er Einkünfte aus einem Mehrfamilienhaus in Z. Die Einkünfte aus dem landwirtschaftlichen Betrieb, dem Gewerbebetrieb und der freiberuflichen Tätigkeit wären gem. § 180 I 1 Nr. 2 Buchst. b von dem jeweiligen Lage-, Betriebs- und BerufsFA gesondert festzustellen; nicht gesondert festgestellt werden die Einkünfte aus Vermietung und Verpachtung. Von den FÄ der Wohnsitzgemeinde H, nämlich H-Mitte und H-Süd, ist gem. § 19 I 1 eines auch für die Einkommens- und Vermögensbesteuerung zuständig. Befasst sich das FA H-Mitte zuerst mit der Sache oder einigen sich die FÄ dahingehend, so ist dieses FA für die ESt und VSt zuständig (§ 25 S. 1): Die gesonderte Feststellung der Einkünfte aus Gewerbebetrieb unterbleibt, das FA H-Süd stellt die Einkünfte aus freiberuflicher Tätigkeit, das FA Y die Einkünfte aus Land- und Forstwirtschaft gesondert fest. Das zuständige FA H-Mitte entscheidet auch über die Einkünfte aus Vermietung und Verpachtung in Z.

16 **Verlegt** der Stpfl. seinen Wohnsitz aus der Gemeinde weg oder verlagert er seine Tätigkeit bzw. deren Schwerpunkt aus der Wohnsitzgemeinde raus, entfallen die Voraussetzungen des § 19 III mit der Folge, dass ab diesem Zeitpunkt eine gesonderte Feststellung notwendig wird.

Die Anwendung des § 19 III 1 entfällt darüber hinaus, wenn der Stpfl. seinen Betrieb bzw. seine freiberufliche Tätigkeit aufgibt. Bis zur **Betriebsaufgabe** ist das Betriebs-, Lage- oder BerufsFA zuständig, danach gem. § 19 I das WohnsitzFA. Bei gleichzeitigem Wohnsitzwechsel ist das neue WohnsitzFA zuständig, weil sich die Zuständigkeit für die Veranlagung nach den Verhältnissen im Zeitpunkt der maßgeblichen Amtshandlung bestimmt (→ § 17 Rn. 16). Die Zuständigkeit des WohnsitzFA erstreckt sich in zeitlicher Hinsicht grds. auch auf die gesonderte Feststellung zurückliegender VZ (§ 180 I 2; Klein § 19 Rn. 10). Für die Frage, ob in den noch offenen VZ eine gesonderte Feststellung nach § 180 I 1 Nr. 2 Buchst. b erforderlich ist, kommt es auf die Verhältnisse zum Schluss des jeweiligen Gewinnermittlungszeitraums an (→ § 18 Rn. 8, 32). Da dasselbe FA für die ESt-Veranlagung und die gesonderte Feststellung zuständig ist, kann aufgrund geringer Bedeutung die gesonderte Feststellung für die offenen VZ entfallen (AEAO zu § 180 Nr. 4 Abs. 2). HHSp und Schwarz/Pahlke/Keß stellen ihrerseits darauf ab, dass bezogen auf den nach § 180 I 1 Nr. 2 Buchst. b maßgeblichen Zeitpunkt (Schluss des Gewinnermittlungszeitraums) das nach § 19 III zuständige FA sowohl für die ESt als auch für die gesonderte Feststellung zuständig gewesen ist, weshalb eine gesonderte Feststellung nicht durchzuführen ist (Schwarz/Pahlke/Keß § 19 Rn. 14; HHSp § 19 Rn. 28). Klein hält in diesen Fällen aus Zweckmäßigkeitsgründen eine **Zuständigkeitsvereinbarung** (§ 27) auf das (ehemalige) BetriebsFA wegen der größeren Sachnähe für zulässig (Klein § 19 Rn. 11; ebenso wohl HHSp § 19 Rn. 30). Insoweit ist jedoch zu beachten, dass eine Zuständigkeitsvereinbarung gem. § 27 nur insoweit möglich ist, soweit die sachliche Zuständigkeit nicht berührt wird

(→ § 18 Rn. 34; → § 27 Rn. 6). Für den Zeitpunkt des Zuständigkeitswechsels im Übrigen s. § 26.

2. Berücksichtigung der Gewinneinkünfte aus Beteiligungen (Abs. 3 S. 2)

Die Zuständigkeitsregelung des Abs. 3 S. 1 ist nach § 19 III 2 in Großstadtfällen auch auf gesonderte Feststellungen nach § 180 I 1 Nr. 2 Buchst. a anzuwenden, sofern die Einkünfte aus Gewinnanteilen die einzigen Einkünfte des Stpfl. sind. Hat der Stpfl. innerhalb der Wohnsitzgemeinde im Bezirk anderer FÄ weitere Gewinneinkünfte erzielt, so finden die Beteiligungseinkünfte bei der Bestimmung der Zuständigkeit keine Beachtung. Allerdings müssen die anderen Einkünfte „real" sein; die bloße Möglichkeit weiterer (Gewinn-)Einkünfte reicht nicht aus, um die nach Abs. 3 S. 1 begründete Zuständigkeit zu verändern (BFH 23.2.2005 – XI R 21/04, BFH/NV 2005, 1218). Vom Stpfl. erwirtschaftete Überschusseinkünfte und andere außerhalb der Wohnsitzgemeinde erzielte Gewinneinkünfte stehen der Anwendung des Abs. 3 S. 2 nicht entgegen (Gosch AO § 19 Rn. 34). 17

Beispiele: Der Stpfl. wohnt im Bezirk des FA H-Nord, ist an einer OHG mit Sitz im Bezirk des FA H-Mitte beteiligt und erzielt Einkünfte aus nichtselbständiger Arbeit in H-Süd. Zuständig für die ESt und VSt ist das FA H-Mitte; Abs. 3 S. 2 führt nicht zu einem Ausschluss der Zuständigkeitsverlagerung, weil die Einkünfte aus nichtselbständiger Arbeit keine Gewinneinkünfte sind.

Statt der Einkünfte aus nichtselbständiger Arbeit hat der Stpfl. Einkünfte aus einem Einzelunternehmen im Bezirk des FA H-Süd. Zuständig ist das FA H-Süd, weil die Beteiligungseinkünfte nicht die einzigen Gewinneinkünfte sind und deshalb gem. § 19 III 2 nicht berücksichtigt werden.

IV. Zusammenveranlagte Steuerpflichtige (Abs. 4)

Aus Gründen der Verwaltungsvereinfachung werden Stpfl., bei denen die Voraussetzungen für eine Zusammenveranlagung vorliegen (§ 26 EStG, § 14 I Nr. 1 VStG), bei Anwendung des Abs. 3 so behandelt, als hätte nur ein Stpfl. die fraglichen Gewinneinkünfte bezogen. Unerheblich ist, ob bei der ESt Zusammen- oder getrennte Veranlagung gewählt wird. Es kann zu einer Mehrfachzuständigkeit kommen, die nach § 25 zu lösen ist. Im Übrigen gelten für die Zuständigkeitsbestimmung die Anknüpfungspunkte des Abs. 3. 20

Beispiel: Die Eheleute X wohnen im Bezirk des FA K-Mitte. Ehemann Y betreibt im Bezirk K-Nord einen Gewerbebetrieb als Einzelunternehmen, Ehefrau Z im Bezirk K-Süd eine Rechtsanwaltspraxis. Y hat zudem Gewinne aus Beteiligungen an einer OHG im Bezirk K-Mitte. Zuständig sind die FÄ K-Nord und K-Süd (§ 25). Die Einkünfte aus der Beteiligung werden gem. Abs. 3 S. 2 nicht berücksichtigt, weil sie nicht die einzigen Gewinneinkünfte der Ehegatten sind. Hätte Y ausschließlich Einkünfte aus der Beteiligung im Bezirk K-Mitte, wäre das FA K-Süd zuständig. In beiden Fällen sind vom FA K-Mitte die Beteiligungseinkünfte gesondert nach § 180 I 1 Nr. 2 Buchst. a festzustellen.

V. Verordnungsermächtigung (Abs. 5 S. 1 und 2)

Abs. 5 ermöglicht es, aus Gründen der Verwaltungsvereinfachung, in städtischen Ballungszentren und Einzugsbereichen von Großstädten das Gebiet von Wohnsitzgemeinden durch VO zu vergrößern. Innerhalb dieses Gebietes ist dann nach § 19 III und IV zu verfahren. Die Landesregierung kann die Rechtsverordnung selbst erlassen oder die Ermächtigung auf die oberste Landesbehörde (vgl. § 6 II Nr. 1) übertragen. 21

VI. Übertragung der Zuständigkeit bei beschränkter Steuerpflicht (Abs. 6)

Die Verordnungsermächtigung nach § 19 VI ist mit dem JStG 2007 eingeführt und durch das JStG 2009 in seinem Anwendungsbereich erweitert worden. Nach § 49 I Nr. 7 EStG idF des Alterseinkünftegesetzes wurde ab dem VZ 2005 für im Ausland ansässige Personen eine beschränkte Stpfl. bestimmter sonstiger Einkünfte nach § 22 EStG einge- 24 führt. Durch die Ergänzung des § 49 I EStG durch das JStG 2009 – Aufnahme von Renten iSd neugeschaffenen Nr. 10 – war § 19 VI in der Folge zu ändern (BT-Drs. 16/10109, 108). Für diese Fälle kann das BMF mit Zustimmung des BR die örtliche Zuständigkeit regeln (vgl. auch BFH 20.8.2014 – I R 43/12, BFH/NV 2015, 306). Ziel ist eine zentrale Zuständigkeit vergleichbar mit der UStZustV (BT-Drs. 16/2712, 78). Die ESt-Zuständigkeitsverordnung v. 2.1.2009 bestimmt für die VZ 2005 ff. das FA Neubrandenburg als örtlich zuständig (§ 1 EStZustV).

C. Rechtsfolgen bei Verstoß

28 Ein Verstoß gegen § 19 ist **nicht isoliert** anfechtbar, sondern hat als Verstoß gegen die örtliche Zuständigkeit idR die Anfechtbarkeit des darauf beruhenden VA zur Folge. Ein Fehler ist unter den Voraussetzungen des § 127 unbeachtlich (→ § 17 Rn. 21 ff.). Wurde infolge des Verstoßes eine gesonderte Feststellung zu Unrecht durchgeführt oder ist eine gesonderte Feststellung zu Unrecht unterblieben, kommt eine Aufrechterhaltung des VA nach § 127 nicht in Betracht (Gosch AO § 19 Rn. 40; Schwarz/Pahlke/Keß § 19 Rn. 21).

§ 20 Steuern vom Einkommen und Vermögen der Körperschaften, Personenvereinigungen, Vermögensmassen

(1) **Für die Besteuerung von Körperschaften, Personenvereinigungen und Vermögensmassen nach dem Einkommen und Vermögen ist das Finanzamt örtlich zuständig, in dessen Bezirk sich die Geschäftsleitung befindet.**

(2) **Befindet sich die Geschäftsleitung nicht im Geltungsbereich des Gesetzes oder lässt sich der Ort der Geschäftsleitung nicht feststellen, so ist das Finanzamt örtlich zuständig, in dessen Bezirk die Steuerpflichtige ihren Sitz hat.**

(3) **Ist weder die Geschäftsleitung noch der Sitz im Geltungsbereich des Gesetzes, so ist das Finanzamt örtlich zuständig, in dessen Bezirk sich Vermögen der Steuerpflichtigen und, wenn dies für mehrere Finanzämter zutrifft, das Finanzamt, in dessen Bezirk sich der wertvollste Teil des Vermögens befindet.**

(4) **Befindet sich weder die Geschäftsleitung noch der Sitz noch Vermögen der Steuerpflichtigen im Geltungsbereich des Gesetzes, so ist das Finanzamt örtlich zuständig, in dessen Bezirk die Tätigkeit im Geltungsbereich des Gesetzes vorwiegend ausgeübt oder verwertet wird oder worden ist.**

Vergleichbare Vorschrift: § 3 I Nr. 1, 2 und 3b VwVfG

A. Allgemeines

1 **Inhalt der Vorschrift.** § 20 regelt – gem. § 17 vorbehaltlich anderweitiger Bestimmungen in EinzelStG und in der AO – die örtliche Zuständigkeit für die Steuern vom Einkommen und Vermögen von Körperschaften, Personenvereinigungen und Vermögensmassen, dh zur **KSt** und (bis 1996) zur **VSt** (zur Anwendung für PersGes → Rn. 2). Die Vorschrift zeichnet im Wesentlichen die Anknüpfungspunkte des § 19 I–III nach (vgl. auch BT-Drs. VI/1982, 107).

2 **Anwendungsbereich.** Eine von § 20 abw. Zuständigkeitsregelung bei Bauleistungen enthält § 20a ua für Unternehmen mit Sitz im Ausland für Steuern vom Einkommen einschl. der durch sie einzubehaltenden LSt für Personen mit Wohnsitz im Ausland (Einzelheiten und Anwendungsbereich des § 20a s. dort). Durch Verweisung in § 2 II der VO zu § 180 Abs. 2 AO gilt die Zuständigkeit nach § 20 auch für die dort aufgeführten gesonder-

ten Feststellungen. Wird die Körperschaft nach § 3 I Nr. 2 dieser Verordnung etwa bei Erwerbermodellen lediglich als Treuhänderin in Anspruch genommen, gilt grds. § 20 (vgl. jedoch BFH 26.3.1991 – IX R 39/88, BStBl. II 1991, 439, wonach fraglich ist, ob die Übertragung von Zuständigkeiten nach § 17 II 3 FVG auf bestimmte FÄ auch den Fall der Inanspruchnahme einer Körperschaft als Treuhänderin umfasst oder ob es bei der Zuständigkeitsbestimmung des § 20 verbleibt). Für den Bereich der Abführung von KapESt gelten zT abw. Zuständigkeitsregelungen (→ § 17 Rn. 11). Gemäß § 7 I InvZulG 2010 richtet sich auch die Zuständigkeit für die **Investitionszulage** nach § 20, wenn der Anspruchsberechtigte zum Personenkreis des § 20 gehört. Für die USt und GewSt kann nicht auf § 20 zurückgegriffen werden; es gelten insoweit §§ 21 und 22 und zwar auch in den Fällen, in denen nach Landesrecht gem. § 17 II 3 FVG eine Konzentration der Körperschaftsbesteuerung (besondere Bestimmung der sachlichen und örtlichen Zuständigkeit, → § 16 Rn. 92) bei bestimmten FÄ vorgesehen ist (BFH 15.12.1992 – VIII R 42/90, BStBl. II 1994, 702; BFH 26.3.1991 – IX R 39/88, BStBl. II 1991, 439). Die Vorschrift findet keine Anwendung für Haftungsverfahren wegen KSt oder VSt; die Zuständigkeit bestimmt sich vielmehr nach § 24 (BFH 23.7.1998 – VII R 141/97, BFH/NV 1999, 433; BFH 29.11.2006 – I R 103/05, BFH/NV 2007, 1067). § 20 lässt die Zuständigkeit nach § 18 unberührt; gesonderte Feststellungen sind auch bei Beteiligung von Körperschaften von dem nach § 18 zuständigen FA durchzuführen. Kommt es für einen Stpfl. zu unterschiedlichen Zuständigkeiten insb. für gesonderte Feststellungen, für die Veranlagung zur KSt und für die USt, kommt eine Zuständigkeitsvereinbarung nach § 27 in Betracht, soweit nicht die sachliche Zuständigkeit berührt wird.

Die Zuständigkeit betrifft das **gesamte Besteuerungsverfahren** einschl. der Durchführung der Ap. (BFH 17.7.1998 – I B 12/98, BFH/NV 1999, 153; vgl. auch BFH 24.2.2022 – III R 1/21, BFH/NV 2022, 805 und BFH 7.4.2022 – III R 33/20, BFH/NV 2022, 824 zum Grundsatz der Gesamtzuständigkeit sowie → § 17 Rn. 4; aA jedoch BFH 30.7.2020 – VII B 73/20 (AdV), BStBl. II 2021, 127, wonach § 20 III nicht das VollstrVerfahren umfassen soll). Zu weiteren Einzelheiten – insb. zur Verschmelzung und Umwandlung – → Rn. 15 und → § 17 Rn. 16; FM Nordrhein-Westfalen 20.4.2012, DB 2012, 1596. Das nach § 20 zuständige FA entscheidet über alle Besteuerungsgrundlagen (etwa vGA, Veräußerungsgewinne), die nach dem materiellen Recht in den StBescheid eingehen. 3

B. Bestimmung der Zuständigkeit

I. Zuständigkeit bei Geschäftsleitung im Inland (Abs. 1)

1. Personenkreis

§ 20 betrifft alle nach § 1 I KStG unbeschränkt und nach § 2 KStG beschränkt sowie (bis 1996) nach § 1 I Nr. 2, § 2 I Nr. 2 VStG unbeschränkt und beschränkt stpfl. Körperschaften, Personenvereinigungen und Vermögensmassen; der Personenkreis ist deshalb zunächst nach diesen Vorschriften zu bestimmen. In erster Linie sind dies KapGes wie zB AG und GmbH, aber auch ausländische Rechtsformen wie zB Limited, Versicherungsvereine auf Gegenseitigkeit, rechtsfähige und nichtrechtsfähige Vereine, Stiftungen sowie Gewerbebetriebe von juristischen Personen des öffentlichen Rechts. Ebenfalls erfasst sind seit dem 1.1.2022 die nach § 1a KStG optierenden PersGes. § 20 I erfasst diejenigen unbeschränkt stpfl. Personen, die ihre Geschäftsleitung im Inland haben. 7

2. Ort der Geschäftsleitung

Zuständig ist nach Abs. 1 das FA, in dessen Bezirk sich die Geschäftsleitung (im Inland) befindet. Dies ist gem. § 10 der **Mittelpunkt der geschäftlichen Oberleitung** (zu Einzelheiten s. Erl. zu § 10). Die Geschäftsleitung befindet sich dort, wo der für die Geschäftsleitung maßgebliche Wille gebildet wird; das ist idR das Büro des Geschäfts- 8 führers (BFH 23.1.1991 – I R 22/90, BStBl. II 1991, 554 mit weiteren Anhaltspunkten für eine Geschäftsleitung). Hat ein Stpfl. zwei Betriebstätten mit je einer Geschäftsleitung, kommt es auf den Schwerpunkt der Tätigkeit des Geschäftsführers an (vgl. FG Bremen 20.3.1975 – II 98/73, EFG 1975, 384). Bei **Organschaften** kommt es idR auf die Geschäftsleitung der Organgesellschaft an (BFH 9.8.1957 – III 215/56 U, BStBl. III 1957, 341); trifft allerdings der Organträger die wichtigen Entscheidungen im gewöhnlichen Geschäftsverkehr der Organgesellschaft selbst, ist an den Ort der Geschäftsleitung des Organträgers anzuknüpfen (BFH 26.5.1970 – II 29/65, BStBl. II 1970, 759). Im Anwendungsbereich des § 14 V KStG sieht das Gesetz ein Feststellungsverfahren vor, wonach das dem Organträger zuzurechnende Einkommen der Organgesellschaft und damit zusammenhängende andere Besteuerungsgrundlagen von dem für die Organgesellschaft nach § 20 zuständigen FA gesondert und einheitlich festgestellt werden. Im Fall der **Insolvenz oder der Liquidation** kommt es gem. § 26 S. 3 grds. nicht zum Zuständigkeitswechsel (→ § 18 Rn. 16, → § 26 Rn. 22).

II. Zuständigkeit bei Sitz im Inland (Abs. 2)

9 Bei Fehlen einer Geschäftsleitung im Inland knüpft die Zuständigkeit – nachrangig – an den **Sitz** des Stpfl. an; dasselbe gilt, wenn sich der Ort der Geschäftsleitung nicht feststellen lässt. Der Sitz befindet sich gem. § 11 an dem Ort, der durch Gesetz, Gesellschaftsvertrag, Satzung, Stiftungsgeschäft oder dergleichen bestimmt ist (→ § 11 Rn. 1 ff.). Bei mehreren Hauptsitzen im Inland greift § 24 ein; haben mehrere FÄ Anlass zur Amtshandlung, ist die Zuständigkeit nach § 25 zu bestimmen.

III. Zuständigkeit bei Geschäftsleitung und Sitz im Ausland (Abs. 3)

10 § 20 III erfasst die nach § 2 KStG sowie (bis 1996) nach § 2 I Nr. 2 VStG beschränkt stpfl. Körperschaften, Personenvereinigungen und Vermögensmassen; der Personenkreis ist nach diesen Vorschriften zu bestimmen. Geschäftsleitung und Sitz befinden sich im Ausland. Abs. 3 bestimmt wie § 19 II 1 die Zuständigkeit des FA, in dessen Bezirk sich **Vermögen** des Stpfl. oder bei Vermögen in mehreren Bezirken dessen wertvollster Teil befindet (für die Bestimmung des Werts → § 18 Rn. 13). Zur Besteuerung im Bereich der Bauleistungen mit Auslandsbezug s. § 20a.

IV. Nachrangige Zuständigkeit in den Fällen des Abs. 3 (Abs. 4)

11 Befindet sich bei dem der beschränkten Stpfl. unterliegenden Personenkreis kein Vermögen im Inland, so ist das FA zuständig, in dessen Bezirk der Stpfl. die Tätigkeit im Inland vorwiegend ausgeübt oder – nachrangig – verwertet wird oder worden ist. Abs. 4 stimmt inhaltlich mit § 19 II 2 überein. Unter Tätigkeit iSd Abs. 4 ist nur diejenige zu verstehen, die im Inland zu stpfl. Einkünften führt (BFH 3.2.1993 – I R 80–81/91, BStBl. II 1993, 462). Unterhält ein Stpfl. ohne Geschäftsleitung, Sitz oder Vermögen im Inland dort eine Betriebstätte, so wird an diesem Ort die Tätigkeit iSd Abs. 4 ausgeübt. Nach Aufgabe der Tätigkeit oder Verwertung ist der Ort der letzten Tätigkeit oder Verwertung maßgebend. Lässt sich nicht feststellen, wo eine **Tätigkeit vorwiegend ausgeübt oder verwertet** wird bzw. worden ist, gilt für die Zuständigkeit § 24. Haben mehrere FÄ Anlass zu einer Amtshandlung, greift § 25 ein (BFH 3.2.1993 – I R 80–81/91, BStBl. II 1993, 462).

V. Maßgeblicher Zeitpunkt, Zuständigkeitswechsel, Zuständigkeitsvereinbarung

15 Die örtliche Zuständigkeit muss im Zeitpunkt der Amtshandlung (zB bei Erlass des StBescheides oder der Anordnung der Ap.; vgl. BFH 16.7.1986 – I R 78/79, BFH/NV 1987, 326) gegeben sein (→ § 17 Rn. 16). Zur örtlichen Zuständigkeit bei Gesamtrechtsnachfolge, insb. bei Verschmelzung von KapGes und Umwandlung → § 17 Rn. 16. Wird

eine PersGes in eine KapGes umgewandelt, geht ab diesem Zeitpunkt die Zuständigkeit auf das nach § 20 zuständige FA über; dieses wird damit auch für die Veranlagungen für zurückliegende Zeiträume zuständig (FG Nürnberg 27.11.1984 – II 10/82, EFG 1985, 273; zum Zuständigkeitswechsel vgl. § 26). Gemäß § 17 II 3 Nr. 2 FVG können durch Rechtsverordnung den FÄ Zuständigkeiten für die Bezirke mehrerer FÄ übertragen werden. Wird die Besteuerung von Körperschaften, Personenvereinigungen und Vermögensmassen auf bestimmte FÄ konzentriert, so wird dadurch sowohl deren sachliche als auch örtliche Zuständigkeit bestimmt. Eine Zuständigkeitsvereinbarung (§ 27) kann deshalb insoweit nicht getroffen werden (→ § 16 Rn. 33).

C. Rechtsfolgen bei Verstoß

Ein Verstoß gegen § 20 ist **nicht isoliert** anfechtbar, sondern hat als Verstoß gegen die 16
örtliche Zuständigkeit idR die Anfechtbarkeit des darauf beruhenden VA zur Folge; ein Fehler ist unter den Voraussetzungen des § 127 unbeachtlich (→ § 17 Rn. 21 ff.). Werden gem. § 17 II 3 Nr. 1 und 2 FVG KSt-FÄ eingerichtet, so sind diese abw. von § 20 sachlich und örtlich zuständig. Insoweit berührt ein Verstoß deshalb auch die sachliche Zuständigkeit; auch dies führt idR nur zur Anfechtbarkeit (→ § 16 Rn. 34 ff.).

§ 20a Steuern vom Einkommen bei Bauleistungen

(1) [1]**Abweichend von den §§ 19 und 20 ist für die Besteuerung von Unternehmen, die Bauleistungen im Sinne von § 48 Absatz 1 Satz 3 des Einkommensteuergesetzes erbringen, das Finanzamt zuständig, das für die Besteuerung der entsprechenden Umsätze nach § 21 Absatz 1 zuständig ist, wenn der Unternehmer seinen Wohnsitz oder das Unternehmen seine Geschäftsleitung oder seinen Sitz außerhalb des Geltungsbereiches des Gesetzes hat.** [2]**Das gilt auch abweichend von den §§ 38 bis 42f des Einkommensteuergesetzes beim Steuerabzug vom Arbeitslohn.**

(2) [1]**Für die Verwaltung der Lohnsteuer in den Fällen der Arbeitnehmerüberlassung durch ausländische Verleiher nach § 38 Absatz 1 Satz 1 Nummer 2 des Einkommensteuergesetzes ist das Finanzamt zuständig, das für die Besteuerung der entsprechenden Umsätze nach § 21 Absatz 1 zuständig ist.** [2]**Satz 1 gilt nur, wenn die überlassene Person im Baugewerbe eingesetzt ist.**

(3) **Für die Besteuerung von Personen, die von Unternehmen im Sinne des Absatzes 1 oder 2 im Inland beschäftigt werden, kann abweichend von § 19 das Bundesministerium der Finanzen durch Rechtsverordnung mit Zustimmung des Bundesrates die örtliche Zuständigkeit einem Finanzamt für den Geltungsbereich des Gesetzes übertragen.**

Schrifttum: Diebold, Der Bausteuerabzug – ein „Steuer"-Abzug ohne Steuer?, DStZ 2002, 252; Schwenke, Steuerabzug im Baugewerbe: Viel Aufwand um nichts?, BB 2001, 1553; Stickan/Martin, Die neue Bauabzugsbesteuerung, DB 2001, 1441.

A. Allgemeines

Das am 7.9.2001 in Kraft getretene G zur Eindämmung illegaler Betätigung im Bau- 1
gewerbe v. 30.8.2001 (BGBl. 2001 I 2267) führte mit §§ 48 ff. EStG den StAbzug bei Bauleistungen und mit § 20a eine besondere örtliche Zuständigkeit bei **Bauleistungen von im Ausland ansässigen Unternehmern** ein. Die Zuständigkeit nach § 20a ist indes nicht auf den StAbzug beschränkt, sondern betrifft die umfassende Einkommensbesteuerung der im Baugewerbe tätigen Unternehmer (Abs. 1 S. 1) einschl. des LSt-Abzugs

(Abs. 1 S. 2), der grenzüberschreitenden Arbeitnehmerüberlassung im Baugewerbe (Abs. 2) sowie der im Inland beschäftigten ausländischen Arbeitnehmer des Baugewerbes (Abs. 3). **Regelungsziel** des § 20a ist die bessere Erfassung und Besteuerung der im Baugewerbe tätigen Unternehmer durch ein abw. von den Regelungen des §§ 19, 20 zu bestimmendes einziges bundesweit zuständiges FA für Unternehmer und Arbeitnehmer aus dem jeweiligen Staat, das nunmehr die gesamte Besteuerung des Unternehmers vornimmt (BT-Drs. 14/4658 und BT-Drs. 14/6071). Die **zentrale Zuständigkeit** knüpft an die Zuständigkeit für die USt (§ 21) an. Für die Einkommens- und Umsatzbesteuerung des betr. Personenkreises ist nun nur noch ein einziges FA im Bundesgebiet zuständig. Dieselbe Zuständigkeitsbestimmung gilt für die RealSt (§ 22 I 2) sowie für die Einfuhr- und Ausfuhrabgaben und VerbrauchSt (§ 23 II 2). Mit der Einführung des § 20a wurde zugleich die Zuständigkeit der FÄ für die Umsatzbesteuerung der im Ausland ansässigen Unternehmer geändert (§ 21 I). Ferner wurde die UStZustV neu gefasst. Für die im Inland ansässigen Unternehmer, die Bauleistungen erbringen, richtet sich die Zuständigkeit weiterhin nach §§ 19, 20.

2 § 20a betrifft die Einkommensbesteuerung einschl. des LSt-Abzugsverfahrens im gesamten Besteuerungsverfahren. Die Vorschrift ist in ihrem Anwendungsbereich begrenzt auf den Bereich des **Baugewerbes** einerseits und auf im **Ausland** wohnende oder ansässige Unternehmer (natürliche und juristische Personen), die im Inland tätig sind, andererseits. § 20a gilt auch für gesonderte und einheitliche Feststellungen für ausländische PersGes, die im Inland Bauleistungen erbringen, weil das zentral zuständige FA das BetriebsFA ist (BMF 19.7.2022, BStBl. I 2022, 1229 Tz. 98). **Abs. 1** gilt für die im Ausland wohnenden oder ansässigen Unternehmer. **Abs. 2** betrifft die Besteuerung bei Arbeitnehmerüberlassung durch ausländische Verleiher. **Abs. 3** regelt die Zuständigkeit für die Einkommensbesteuerung der von ausländischen Unternehmern im Inland beschäftigten ausländischen Arbeitnehmer. Die Zuständigkeit des § 20a beginnt mit der Anzahlung von Bauleistungen und endet mit der letzten Tätigkeit iSd § 48 EStG (HHSp § 20a Rn. 34 f.).

3 **Steuersystematische Bedenken** werden im Hinblick darauf geltend gemacht, dass das Gesetz den StAbzug bei Bauleistungen nach den §§ 48–48d EStG als Steuer und damit als Abgabenangelegenheit behandelt (zur Problematik s. Diebold DStZ 2002, 252). Verfassungsrechtlich könnte im Hinblick auf Art. 3 I GG bedenklich erscheinen, dass § 20a Sonderregelungen ausschl. für das Baugewerbe eingeführt hat. Da jedoch § 20a nicht nur den StAbzug bei Bauleistungen sowie die damit unmittelbar zusammenhängende Rechtsmaterie (zB Freistellungsbescheinigung, Haftung des Leistungsempfängers) betrifft und, für sich betrachtet, die Regelungen über die örtliche Zuständigkeit keinen rechtlichen Bedenken begegnen, erscheinen verfassungsrechtliche Zweifel nicht durchgreifend. Solche werden vom BFH auch nicht thematisiert (BFH 25.1.2005 – I R 87/04, BStBl. II 2005, 575: die Einführung des § 20a führt ggf. zu einem Wechsel der örtlichen Zuständigkeit und auf Seiten der FB zu einem Beteiligtenwechsel im Klageverfahren).

4 § 20a lässt die Zuständigkeitsvereinbarung mit Zustimmung des Stpfl. nach § 27 unberührt. Ebenso bleibt die Möglichkeit der Zuständigkeitskonzentration nach § 17 II 3 und 4 FVG unberührt (Gosch AO § 20a Rn. 12 f.; HHSp § 20a Rn. 53 f. und 55 f.). Der Fall des § 25 dürfte nur eintreten, wenn über den Staat des Wohnsitzes des Unternehmers bzw. des Ortes der Geschäftsleitung oder des Sitzes des Unternehmens Streit besteht. Die §§ 24, 28, 29 bleiben anwendbar.

B. Bestimmung der Zuständigkeit

I. Besteuerung ausländischer Unternehmen des Baugewerbes (Abs. 1)

1. Einkommensbesteuerung (Abs. 1 S. 1)

Die Einkommensbesteuerung (ESt natürlicher Personen, KSt der Körperschaften, Personenvereinigungen und Vermögensmassen) ausländischer Unternehmer des Baugewerbes erfolgt bei dem FA, das nach § 21 auch für die USt zuständig ist. Eine vergleichbare Regelung enthält § 22 I 2 für RealSt (→ § 22 Rn. 9). Zur Zuständigkeit im Einzelnen s. Erl. zu § 21. Ausländische Unternehmer sind solche, die ihre Geschäftsleitung oder ihren Sitz außerhalb des Geltungsbereichs der AO haben. Zum Wohnsitz des Unternehmers im Ausland → § 19 Rn. 7 f.; zum Ort der Geschäftsleitung oder des Sitzes des Unternehmens im Ausland → § 20 Rn. 8 ff. Probleme ergeben sich, wenn sich von den Anknüpfungspunkten Wohnsitz, Ort der Geschäftsleitung und Sitz nicht alle im In- oder Ausland befinden oder zB der Unternehmer einen Wohnsitz im Inland und einen im Ausland hat. Aufgrund der Verweisung auf § 21 I ist davon auszugehen, dass ein einziger Anknüpfungspunkt im Ausland ausreichend ist (ebenso Gosch AO § 20a Rn. 17; Klein § 20a Rn. 5 und Schwarz/Pahlke/Keß § 20a Rn. 6; s. auch → § 21 Rn. 22). Liegen Wohnsitz, Sitz und Geschäftsleitung im Ausland und führen zu verschiedenen Zuständigkeiten, sollte auf den Ort des Schwerpunkts der unternehmerischen Tätigkeit im Ausland abgestellt werden (Gosch AO § 20a Rn. 21; aA wohl Schwarz/Pahlke/Keß § 20a Rn. 6: einzelne Anknüpfungspunkte müssen ausschließlich im Ausland erfüllt sein). Bei Unklarheiten über das zentral zuständige FA bietet sich eine Zuständigkeitsvereinbarung nach § 27 an (AEAO zu § 20a Nr. 2: Vereinbarung bei nur gelegentlichen oder geringfügigen Bauleistungen oder aus Zweckmäßigkeitsgründen). 7

Die Zentralisierung der örtlichen Zuständigkeit dient nicht nur, aber auch der effektiveren Abwicklung des neu eingeführten StAbzugsverfahrens nach §§ 48–48d EStG (BT-Drs. 14/4658, 9). Die Zuständigkeit gilt für die ausländischen Unternehmer, die **Bauleistungen** iSd § 48 I 3 EStG im Inland erbringen. Als Bauleistungen sind alle Leistungen zu verstehen, die der Herstellung, Instandsetzung oder -haltung, Änderung oder Beseitigung von Bauwerken dienen (BFH 7.11.2019 – I R 46/17, BStBl. II 2020, 552 zur Errichtung einer Freiland-Photovoltaikanlage). Damit entspricht die Definition der Regelung in § 211 I SGB III (zu Einzelheiten, insb. auch zu gemischten Leistungen, s. BMF 19.7.2022, BStBl. I 2022, 1229 Tz. 4 ff.; Schmidt EStG § 48 Rn. 10 ff.). § 20a I stellt in seinem Wortlaut – anders als § 21 – nicht entscheidend auf den Ort des Betriebs des Unternehmens ab. Wird das Unternehmen vom Inland aus betrieben, was der Ausnahmefall sein dürfte, richtet sich die Zuständigkeit nach § 21 I 1. § 20a ist auf die Fälle zugeschnitten, in denen das Unternehmen vom Ausland aus betrieben wird (Wohnsitz bzw. Geschäftsleitung oder Sitz im Ausland). Hier richtet sich die Zuständigkeit nach § 21 I 2. Einzelheiten zur Zuständigkeit ergeben sich aus der UStZustV. Für jeden ausländischen Unternehmer ist danach bundesweit nur ein FA örtlich zuständig (→ § 21 Rn. 16). 8

Die Zuständigkeit für die Einkommensbesteuerung gilt nach dem Wortlaut des § 20a I 1 nur hinsichtlich der **„entsprechenden Umsätze"**, dh die von §§ 19, 20 abw. örtliche Zuständigkeit würde nur hinsichtlich der im Inland erbrachten Leistungen, die Bauleistungen sind, eingreifen. Damit käme es für Unternehmer, die auch andere als Bauleistungen iSd § 48 EStG erbringen, zu einer gespaltenen Zuständigkeit. Dieses Ergebnis steht jedoch bei den im Ausland wohnenden oder ansässigen Unternehmern der mit § 20a gewollten Effektivität entgegen. Deshalb dürfte in derartigen Fällen mit Auslandsbezug die Zuständigkeit einheitlich nach § 20a I 1 zu beurteilen sein (Stickan/Martin DB 2001, 1441 ff.; Schwarz/Pahlke/Keß § 20a Rn. 8; Gosch AO § 20a Rn. 18). Die Zuständigkeit nach Abs. 1 S. 1 betrifft auch den **StAbzug** durch den Leistungsempfänger (§§ 48, 48a EStG; BFH 7.11.2019 – I R 46/17, BStBl. II 2020, 552), die Erteilung der **Freistellungs-** 9

bescheinigung (§ 48b EStG) und des **Haftungsbescheids** (§ 48a III 4 EStG) sowie Annexzuständigkeiten für zB die Festsetzung von Verspätungszuschlägen, Verzögerungsgeld und Säumniszuschlägen, die Ap. und StFahndung etc. (weitere Beispiele HHSp § 20a Rn. 47 ff.). Zur Zuständigkeit für die Erteilung einer verbindlichen Auskunft s. § 89 II. Bei PersGes ist das zentrale FA auch für die einheitliche und gesonderte Feststellung iSd § 18 I Nr. 2 zuständig (BMF 19.7.2022, BStBl. I 2022, 1229 Tz. 98).

2. Lohnsteuerabzugsverfahren (Abs. 1 S. 2)

10 § 20a I 2 schafft – abw. von den §§ 38–42f EStG – eine zentrale und an S. 1 gekoppelte Zuständigkeit für das LSt-Abzugsverfahren. Die ausländischen Unternehmer iSd S. 1 haben für alle von ihnen im Inland beschäftigten inländischen und ausländischen Arbeitnehmer LSt nach den Vorschriften des EStG einzubehalten und abzuführen. Danach ist das für die Steuern bei Bauleistungen zuständige FA auch – einziges – BetriebstättenFA für die LSt iSd § 41a I 1 Nr. 1 EStG.

II. Lohnsteuerabzugsverfahren bei Arbeitnehmerüberlassung (Abs. 2)

13 Abs. 2 betrifft den Fall der gewerbsmäßigen Arbeitnehmerüberlassung durch einen ausländischen Verleiher (Arbeitgeber) an einen in- oder ausländischen Entleiher für den Einsatz des Arbeitnehmers im Inland (§ 38 I 1 Nr. 2 EStG). Die Regelung gilt nur bei Einsatz der überlassenen Person **im Baugewerbe** (Klein § 20a Rn. 10). Für die Verwaltung der LSt gibt es wie im Fall des Abs. 1 S. 2 nur ein BetriebstättenFA. Es ist dasjenige FA zuständig, das auch für die Umsatzbesteuerung des ausländischen Verleihers zuständig ist (zu Einzelheiten → Rn. 7 ff.). Die besondere Zuständigkeitsregelung trägt dem Umstand Rechnung, dass der ausländische Verleiher selbst nicht Bauunternehmer ist und deshalb nicht von der Bestimmung des Abs. 1 erfasst ist (BT-Drs. 14/6017, 21).

III. Einkommensbesteuerung von Arbeitnehmern (Abs. 3)

16 Abs. 3 ermächtigt das BMF, die Zuständigkeit für die Einkommensbesteuerung von Personen, die von ausländischen Unternehmern iSd Abs. 1 und 2 (Bauunternehmer und Verleiher) im Inland beschäftigt werden, abw. von § 19 zu bestimmen. Ausgefüllt wird die Ermächtigung durch die zugleich eingeführte ArbeitnehmerZustVO-Bau. Danach ist für die Einkommensbesteuerung des Arbeitnehmers, der von einem Unternehmer iSd § 20a I oder II im Inland beschäftigt wird und der seinen **Wohnsitz im Ausland** hat, das in § 1 I oder II UStZustV für den Wohnsitzstaat des Arbeitnehmers genannte FA zuständig (§ 1 S. 1 ArbeitnehmerZustVO-Bau); für einen in Polen wohnenden Arbeitnehmer eines in Polen ansässigen Unternehmens gilt eine Sonderregelung. Nach § 1 S. 2 ArbeitnehmerZustVO-Bau ist das FA zuständig, das für seinen Arbeitgeber zuständig ist. Die Zuständigkeit für die Besteuerung des ausländischen Unternehmers zum einen und zum anderen für die von ihm beschäftigten Arbeitnehmer mit Wohnsitz im Inland (es gilt keine Sonderregelung) oder in einem anderen Staat als dem, in dem das Unternehmen ansässig ist, kann demnach auseinander fallen. Da der Gesetzgeber insoweit an den Wohnsitzstaat und nicht wie in Abs. 2 an den Staat des Unternehmers anknüpft, ist dieses Ergebnis offenbar gewollt (s. auch Schwenke BB 2001, 1553; HHSp § 20a Rn. 45 f.).

C. Rechtsfolgen bei Verstoß

19 Ein Verstoß gegen § 20a ist **nicht isoliert** anfechtbar, sondern hat als Verstoß gegen die örtliche Zuständigkeit idR die Anfechtbarkeit des darauf beruhenden VA zur Folge; ein Fehler ist unter den Voraussetzungen des § 127 unbeachtlich (→ § 17 Rn. 21 ff.).

§ 21 Umsatzsteuer

(1) [1]**Für die Umsatzsteuer mit Ausnahme der Einfuhrumsatzsteuer ist das Finanzamt zuständig, von dessen Bezirk aus der Unternehmer sein Unternehmen im Geltungsbereich des Gesetzes ganz oder vorwiegend betreibt.** [2]**Das Bundesministerium der Finanzen kann zur Sicherstellung der Besteuerung durch Rechtsverordnung mit Zustimmung des Bundesrates für Unternehmer, die Wohnsitz, Sitz oder Geschäftsleitung außerhalb des Geltungsbereiches dieses Gesetzes haben, die örtliche Zuständigkeit einer Finanzbehörde für den Geltungsbereich des Gesetzes übertragen.**

(2) **Für die Umsatzsteuer von Personen, die keine Unternehmer sind, ist das Finanzamt zuständig, das nach § 19 oder § 20 auch für die Besteuerung nach dem Einkommen zuständig ist; in den Fällen des § 180 Absatz 1 Satz 1 Nummer 2 Buchstabe a ist das Finanzamt für die Umsatzsteuer zuständig, das nach § 18 auch für die gesonderte Feststellung zuständig ist.**

Vergleichbare Vorschrift: § 3 I Nr. 2 VwVfG

Schrifttum: Kramer, Örtliche Zuständigkeit für die Umsatzbesteuerung von Grundstücksvermietungen, BB 1977, 1144; Schwarz, Umsatzsteuerzuständigkeit für die im Ausland ansässigen Unternehmer, UR 2004, 612; Kaluza/Baum, Örtliche Zuständigkeit bei doppelt ansässigen Kapitalgesellschaften, NWB 2006, Fach 2, 9079.

A. Allgemeines

§ 21 regelt die örtliche Zuständigkeit für die USt. Weitere, § 21 vorgehende Regelungen finden sich insb. im UStG (BT-Drs. VI/1982, 107; → Rn. 27). Abs. 1 S. 1 gilt für die USt der Unternehmer, die ihr Unternehmen vom Inland aus betreiben. Abs. 1 S. 2 ermöglicht für im Ausland ansässige Unternehmer die Bestimmung einer zentralen Zuständigkeit (S. 2); mit der UStZustV wurde die zentrale Zuständigkeit eingeführt. Abs. 2 gilt für die USt der Nichtunternehmer. Wegen des Verweises in §§ 20a, 22 auf § 21 hat die Vorschrift auch Bedeutung für die Steuern vom Einkommen und für RealSt bei Bauleistungen. Die örtliche Zuständigkeit für die USt hat keine Bedeutung für die Ertragshoheit hinsichtlich dieser Steuer, weil deren Aufkommen gem. Art. 107 I 4 GG nicht nach dem Ort der Vereinnahmung zugeteilt wird. 1

§ 21 bestimmt die örtliche Zuständigkeit der FÄ nur für die USt. Für die EUSt gilt § 21 ausdrücklich nicht; die Zuständigkeit richtet sich für diese VerbrauchSt nach § 23 (FG Köln 15.3.1994 – 5 K 1102/88, EFG 1994, 1025). § 21 gilt für sämtliche Formen der Umsatzbesteuerung nach dem UStG, also nicht nur für stpfl. Umsätze nach §§ 1 ff. UStG, sondern auch bei unzulässigem oder zu hohem gesonderten Ausweis der USt (§ 14 II, III UStG) und bei unberechtigtem StAusweis durch Kleinunternehmer (§ 19 I UStG). 2

Die Zuständigkeit betrifft das **gesamte Besteuerungsverfahren** einschl. der Abgabe von Voranmeldungen nach § 18 UStG, der Durchführung der auf die USt bezogenen Ap. (BFH 17.7.1998 – I B 12/98, BFH/NV 1999, 153 mwN; → § 17 Rn. 4) und der USt-Sonderprüfung (→ § 17 Rn. 4; HHSp § 21 Rn. 75 ff.; FG Hamburg 22.6.2005 – II 136/05, NWB 2006, 2434) ebenso wie die Erteilung verbindlicher Auskünfte (Schwarz/Pahlke/Keß § 21 Rn. 2). Für Zuständigkeitswechsel (§ 26) s. auch → § 17 Rn. 4. Für die Haftung gilt allein § 24 (BFH 19.12.2000 – VII R 86/99, BFH/NV 2001, 744 mwN). 3

B. Bestimmung der Zuständigkeit

I. Umsatzsteuer von Unternehmern (Abs. 1)

1. Personenkreis

13 Abs. 1 regelt die Zuständigkeit für die USt der **Unternehmer** (Legaldefinition in §§ 2, 2a UStG). Danach ist Unternehmer, wer eine gewerbliche oder berufliche Tätigkeit selbständig ausübt. Gewerblich oder beruflich ist jede mit Einnahmeerzielungsabsicht nachhaltig ausgeübte Tätigkeit; die Absicht, Gewinn zu erzielen, ist nicht von Bedeutung (§ 2 I UStG). Auch die freiberufliche Tätigkeit und die Vermietung von Grundstücken werden erfasst. Als Unternehmer wird ferner die Person behandelt, die ohne nach § 2 UStG Unternehmer zu sein, im Inland ein neues Fahrzeug liefert, das in das übrige Gemeinschaftsgebiet gelangt (§ 2a UStG). Unternehmer können natürliche und juristische Personen sein. Besonderheiten gelten ua für **Organschaften** nach § 2 II Nr. 2 UStG. Auch bei Betriebsaufspaltung wird eine Organschaft angenommen (BFH 12.8.1993 – V B 230/91, BFH/NV 1994, 277). Danach ist Unternehmer der Organträger bzw. der Besitzer oder die Besitzgesellschaft, obwohl häufig das nach außen gerichtete Verhalten von der Organ- bzw. der Betriebsgesellschaft ausgeht; nur der Organträger bzw. der Besitzer übt eine Tätigkeit iSd § 2 UStG selbständig aus (Schwarz/Pahlke/Keß § 21 Rn. 5; allg. zur Organschaft HHSp § 21 Rn. 150 ff.), wobei die wirtschaftliche Betätigung des Organträgers und der Organgesellschaft ein Unternehmen bilden (UStAE 2.9).

2. Zuständigkeit bei Betrieb des Unternehmens im Inland (Abs. 1 S. 1)

14 Abs. 1 I knüpft für die Zuständigkeit an den Ort an, an dem der Unternehmer im Inland sein Unternehmen **ganz oder vorwiegend betreibt.** Für die Abgrenzung von Inland und Ausland ist auf den Geltungsbereich der AO abzustellen, nicht auf den Inlandsbegriff des UStG. Inland iSd § 21 sind daher zB auch die Freihäfen und die Insel Helgoland (HHSp § 21 Rn. 191). Das Unternehmen umfasst nach § 2 I 2 UStG die gesamte gewerbliche und berufliche Tätigkeit. Die verschiedenen Tätigkeiten des Unternehmers sind als Gesamtheit zu betrachten. Ein Unternehmen wird idR am Ort der Geschäftsleitung iSd § 10 betrieben (BFH 24.4.2014 – IV R 25/11, BStBl. II 2014, 819; BFH 22.12.1998 – VII B 157/98, BFH/NV 1999, 747 mwN; Einzelheiten s. § 10). Dieser Ort muss nicht mit dem Sitz des Unternehmens bzw. dem Ort der Lieferung oder Leistung zusammenfallen (BFH 19.12.2000 – VII R 86/99, BFH/NV 2001, 742; FG Niedersachsen 2.2.2015 – 15 V 207/14, EFG 2015, 740). Das „Betreiben" meint nicht nur die für die Geschäftsleitung bedeutsame Willensbildung, sondern stellt eine nach außen gerichtete Handlung dar. Maßgebend ist demnach der Ort, an dem der Unternehmer seine Leistung anbietet, Aufträge entgegennimmt und Zahlungen an ihn geleistet werden. Hat ein Unternehmer mehrere Betriebe, kommt es auf den Schwerpunkt der Tätigkeit an (hM, BFH 19.12.2000 – VII R 86/99, BFH/NV 2001, 744 mwN, insb. zur Tätigkeit eines Lohnsteuerhilfevereins mit mehreren Beratungsstellen; HHSp § 21 Rn. 178). Auf die Existenz oder den Ort einer Betriebstätte iSd § 12 kommt es nicht an (BFH 11.7.1960 – V 182/58 U, BStBl. III 1960, 376). Der Gewerbetreibende übt seine Tätigkeit idR in seinem Betrieb oder einem Büro, der Freiberufler in seiner Praxis oder Kanzlei aus (TK § 21 Rn. 7). Bei mehreren Niederlassungen knüpft die Zuständigkeit an den Ort an, an dem „vorwiegend" das Unternehmen betrieben wird (§ 21 I 1). Das ist regelmäßig der Ort der Hauptniederlassung, dh der Ort, von dem die Gesamttätigkeit ausgeht (HHSp § 21 Rn. 181). Dabei kommt es nicht zwingend darauf an, an welchem Ort die größten Umsätze erwirtschaftet werden (BFH 19.12.2000 – VII R 86/99, BFH/NV 2001, 742).

15 Eine umsatzsteuerpflichtige **Grundstücksvermietung** wird nicht stets am Ort der Grundstücksbelegenheit ausgeübt, sondern an dem Ort, an dem die Grundstücksverwaltung durch den Eigentümer – etwa an dessen Wohnsitz – oder den Verwalter stattfindet

(TK § 21 Rn. 8; Schwarz/Pahlke/Keß § 21 Rn. 8; FG Hamburg 24.8.2007 – 2 K 215/05, BeckRS 2007, 26024196; aA Kramer BB 1977, 1144: stets Zuständigkeit des LageFA). Legt der Unternehmer nichts anderes dar oder ergeben sich keine anderweitigen Anhaltspunkte für den Ort der Verwaltung, kann davon ausgegangen werden, dass die Verwaltung von dem Ort der Belegenheit des Grundstücks ausgeht (vgl. AEAO zu § 18 Nr. 4).

§ 21 I 1 geht davon aus, dass für jeden Unternehmer nur ein einziges FA zuständig ist, 16 nämlich jenes, in dessen Bezirk er sein Unternehmen ganz oder vorwiegend betreibt (BFH 18.3.1971 – V R 101/67, BStBl. II 1971, 518). Da dies nicht zugleich an zwei Orten geschehen kann, ist eine Mehrfachzuständigkeit und damit die Anwendung des § 25 begrifflich ausgeschlossen (BFH 22.12.1998 – VII B 157/98, BFH/NV 1999, 747). Betreibt ein Unternehmer eine unternehmerische Tätigkeit von **mehreren Orten** aus oder übt er im Rahmen eines Unternehmens **mehrere unternehmerische Tätigkeiten** im Inland aus, ist der Ort maßgebend, an dem er vorwiegend tätig ist, dh an dem der Schwerpunkt der unternehmerischen Tätigkeiten in ihrer Gesamtheit liegt. Für die Beurteilung kann, muss aber nicht zwingend an die Höhe der jeweiligen Umsätze angeknüpft werden (BFH 19.12.2000 – VII R 86/99, BFH/NV 2001, 742; HHSp § 21 Rn. 177). Wird die Tätigkeit an keinem Ort vorwiegend betrieben und lässt sich deshalb die Zuständigkeit nicht sicher bestimmen, greift § 24 ein (BFH 19.12.2000 – VII R 86/99, BFH/NV 2001, 742). Nehmen mehrere FÄ aufgrund unterschiedlicher Beurteilung der Sach- und Rechtslage die Zuständigkeit nach § 21 für sich in Anspruch, ist der Streit nach § 28 zu entscheiden (BFH 22.12.1998 – VII B 157/98, BFH/NV 1999, 747 mwN). Bei **Aufgabe der Tätigkeit** durch den Unternehmer bleibt die Zuständigkeit für die USt erhalten; von der Möglichkeit des § 27 kann Gebrauch gemacht werden (BFH 25.1.1989 – X R 158/87, BStBl. II 1989, 483). Für den Fall der **Insolvenz oder Liquidation** s. § 26 S. 3. Die Zuständigkeit für USt und KSt kann wegen der unterschiedlichen Anknüpfungspunkte auseinanderfallen; es besteht die Möglichkeit der Zusammenfassung gem. § 27.

Bei **Organschaften,** bei der nach § 2 II Nr. 2 S. 1 UStG der Organträger Unternehmer 17 ist, richtet sich die Zuständigkeit nach dem Ort der Geschäftsleitung des Organträgers (→ Rn. 13). Das für den Organträger zuständige FA entscheidet über das Vorliegen einer Organschaft; die für die Organgesellschaften zuständigen FÄ sind an diese Entscheidung gebunden (FG Rheinland-Pfalz 22.5.1973 – II 11/68, EFG 1974, 46; TK § 21 Rn. 6). Befindet sich die Geschäftsleitung des Organträgers im Ausland, gilt gem. § 2 II Nr. 2 S. 4 UStG der bedeutendste Unternehmensteil im Inland, etwa eine Organgesellschaft, als Unternehmer, sodass es nunmehr auf deren inländische Geschäftsleitung ankommt.

3. Zuständigkeit für im Ausland ansässige Unternehmer (Abs. 1 S. 2)

Abs. 1 S. 2 enthält eine **Verordnungsermächtigung** zur Bestimmung einer zentralen 21 Zuständigkeit für im Ausland ansässige Unternehmer. Die Vorschrift ist zuletzt zur Behebung von Anwendungszweifeln mit Wirkung vom 23.12.2001 neu gefasst worden. Mit der Neufassung wurde die zentrale Zuständigkeit auf alle Fälle mit Auslandsbezug erreicht. Von Abs. 1 S. 2 werden nunmehr eindeutig alle Unternehmer erfasst, die Wohnsitz, Sitz oder Geschäftsleitung, also idR den Ort des Betriebs des Unternehmens, im Ausland haben. Für den Wohnsitz des Unternehmers im Ausland → § 19 Rn. 7 f., für den Ort der Geschäftsleitung oder des Sitzes des Unternehmens im Ausland → § 20 Rn. 8 ff. Von der Ermächtigung hat das BMF durch die **UStZustV** Gebrauch gemacht. Danach sind die dort in § 1 I UStZustV aufgeführten FÄ bundesweit für die USt des in dem jeweils zugeordneten Staat ansässigen Unternehmers zuständig, im Übrigen ist das in § 1 II UStZustV genannte FA zuständig. Die Möglichkeiten der Zuständigkeitskonzentration nach § 17 II 3 FVG sowie der Zuständigkeitsvereinbarung nach § 27 bleiben sowohl von der Verordnungsermächtigung als auch von der genannten VO selbst unberührt.

In der Praxis traten auch nach der Neufassung des Abs. 1 S. 2 Zweifelsfragen bei der 22 Abgrenzung der S. 1 und 2 des Abs. 1 auf, insb. in Fällen, in denen zB einer von mehreren Wohnsitzen des Unternehmers oder der Sitz einer KapGes im Ausland lag. Das BMF hat mit dem AEAO zu § 21 aus Gründen der Verwaltungsökonomie handhabbare Regelungen für Fälle getroffen, in denen Anknüpfungspunkte für die Zuständigkeit sowohl im Inland als auch im Ausland bestehen. So ist entspr. dem Wortlaut der Vorschrift klargestellt, dass S. 2 schon dann gilt, wenn auch nur ein Anknüpfungspunkt der gesetzlichen Kriterien Wohnsitz, Sitz oder Geschäftsleitung im Ausland gegeben ist; S. 2 hat daher Vorrang vor S. 1. Die zentrale Zuständigkeit soll unabhängig davon gelten, ob der Unternehmer im Inland einkommen- oder körperschaftstpfl. ist. Bei Auseinanderfallen der Umsatz- und der Ertragsbesteuerung ist zur Vermeidung eines erschwerten Verwaltungsvollzugs durch eine Zuständigkeitsvereinbarung nach § 27 dasjenige FA als zuständig zu bestimmen, das für die Ertragsbesteuerung zuständig ist; etwas anderes gilt aber wegen abw. Bestimmungen in §§ 20a und 22 für Unternehmen des Baugewerbes (AEAO zu § 27 Nr. 3 f.; zur Auslegung des Gesetzeswortlauts s. Schwarz UR 2004, 612; zur Zuständigkeit einer doppelt ansässigen KapGes wie die britische sog. Limited s. Kaluza/Baum NWB 2006 Fach 2 S. 9079). Nach dem AEAO ergibt sich nunmehr bei Anwendung des § 27 die Zuständigkeit für die USt bei Sachverhalten mit Auslandsbezug danach, ob im Inland eine Ertragsbesteuerung stattfinden muss (dann Anknüpfung an die Zuständigkeit für die ESt oder KSt) oder nicht (dann zentrale Zuständigkeit nach der UStZustV).

II. Umsatzsteuer von Nichtunternehmern (Abs. 2)

24 § 21 II wurde durch das G v. 18.7.2016 (BGBl. 2016 I 1679) redaktionell überarbeitet (Integration der vormaligen Klammerverweise und Berichtigung des Verweises auf § 180 I 1 Nr. 2 Buchst. a). Schuldner der USt können auch Personen sein, die keine Unternehmer sind (Aufführung der StSchuldner in § 13a UStG). Besondere Bedeutung in der Praxis hat der innergemeinschaftliche Erwerb eines neuen Fahrzeugs durch einen Nichtunternehmer. Die Zuständigkeit für die USt der Nichtunternehmer bestimmt sich nach §§ 19, 20 (Abs. 2, 1. HS). Wird bei Beteiligung mehrerer Personen an den Einkünften eine gesonderte Feststellung der Einkünfte nach § 180 I 1 Nr. 2 Buchst. a durchgeführt, ist das nach § 18 AO zuständige FA auch für die USt zuständig (Abs. 2, 2. HS); die Gemeinschaft darf aber nicht Unternehmer sein. Soweit die Gemeinschaft selbst Unternehmer ist, richtet sich die Zuständigkeit nach § 21 I (TK § 21 Rn. 15; Schwarz/Pahlke/Keß § 21 Rn. 15). Eine gesonderte Feststellung der Besteuerungsgrundlagen kann auch für die USt durchgeführt werden.

III. Anderweitige Bestimmung

27 Der Regelung des § 21 gehen anderweitige Bestimmungen über die örtliche Zuständigkeit vor. Solche sind zB:

- § 16 V 2, 3 UStG betr. die Beförderungseinzelbesteuerung bei Beförderungen von Personen im Gelegenheitsverkehr mit nicht im Inland zugelassenen Kraftomnibussen und bei Überschreiten der Grenze zum Drittlandsgebiet,
- § 18 IVg UStG betr. Organisationseinheiten der Länder,
- § 22d II UStG betr. Fiskalvertretung,
- § 25d III UStG betr. Haftungsbescheide wegen schuldhaft nicht abgeführter Steuer,
- § 2 III der VO zu § 180 Abs. 2 AO für USt, wenn mehrere Unternehmer im Rahmen eines Gesamtobjekts Umsätze ausführen oder empfangen (→ § 18 Rn. 21),
- § 17 II 3 und 4 FVG bei abw. Bestimmungen durch Rechtsverordnung zur Zuständigkeitskonzentration.

C. Rechtsfolgen bei Verstoß

Ein Verstoß gegen § 21 ist **nicht isoliert** anfechtbar, sondern hat als Verstoß gegen die örtliche Zuständigkeit idR die Anfechtbarkeit des darauf beruhenden VA zur Folge; ein Fehler ist unter den Voraussetzungen des § 127 unbeachtlich (→ § 17 Rn. 21 ff.). 30

§ 22 Realsteuern

(1) [1]**Für die Festsetzung und Zerlegung der Steuermessbeträge ist bei der Grundsteuer das Lagefinanzamt (§ 18 Absatz 1 Nummer 1) und bei der Gewerbesteuer das Betriebsfinanzamt (§ 18 Absatz 1 Nummer 2) örtlich zuständig.** [2]**Abweichend von Satz 1 ist für die Festsetzung und Zerlegung der Gewerbesteuermessbeträge bei Unternehmen, die Bauleistungen im Sinne von § 48 Absatz 1 Satz 3 des Einkommensteuergesetzes erbringen, das Finanzamt zuständig, das für die Besteuerung der entsprechenden Umsätze nach § 21 Absatz 1 zuständig ist, wenn der Unternehmer seinen Wohnsitz oder das Unternehmen seine Geschäftsleitung oder seinen Sitz außerhalb des Geltungsbereiches des Gesetzes hat.**

(2) [1]**Soweit die Festsetzung, Erhebung und Beitreibung von Realsteuern den Finanzämtern obliegt, ist dafür das Finanzamt örtlich zuständig, zu dessen Bezirk die hebeberechtigte Gemeinde gehört.** [2]**Gehört eine hebeberechtigte Gemeinde zu den Bezirken mehrerer Finanzämter, so ist von diesen Finanzämtern das Finanzamt örtlich zuständig, das nach Absatz 1 zuständig ist oder zuständig wäre, wenn im Geltungsbereich dieses Gesetzes nur die in der hebeberechtigten Gemeinde liegenden Teile des Betriebs, des Grundstücks oder des Betriebsgrundstücks vorhanden wären.**

(3) **Absatz 2 gilt sinngemäß, soweit einem Land nach Artikel 106 Absatz 6 Satz 3 des Grundgesetzes das Aufkommen der Realsteuern zusteht.**

A. Allgemeines

Die Vorschrift regelt die örtliche Zuständigkeit bei der Verwaltung von RealSt, soweit sie den FÄ obliegen. RealSt sind gem. § 3 II die GrSt und die GewSt. Deren Aufkommen steht nach Art. 106 VI 1 GG den Gemeinden und nach Art. 106 VI 3 GG in Stadtstaaten den Ländern zu. In den meisten Bundesländern ist die Festsetzung, Erhebung und Beitreibung dieser Steuern gem. Art. 108 IV 2 GG den steuerberechtigten Gemeinden übertragen worden. § 22 gilt nicht für die Tätigkeit der Gemeinden, weil die Vorschrift nicht gem. § 1 II für entspr. anwendbar erklärt ist (→ § 16 Rn. 1). Die sachliche Zuständigkeit der FÄ beschränkt sich weitgehend auf die Festsetzung und Zerlegung der StMessbeträge (§§ 184 und 185). § 22 I enthält in S. 1 die Grundsatzregelung bezüglich der Zuständigkeit für die GrSt und die GewSt; S. 2 trifft eine abw. Regelung für den Gewerbesteuermessbetrag bei Bauleistungen in Fällen mit Auslandsbezug. **Abs. 2** regelt die Zuständigkeit bei voller Verwaltung der Steuern durch die FÄ. **Abs. 3** betrifft die Zuständigkeit in Stadtstaaten, dh in Ländern, in denen keine Gemeinden bestehen (BT-Drs. VI/1982, 107). § 22 regelt die Zuständigkeit abschl. (BFH 15.12.1992 – VIII R 42/90, BStBl. II 1994, 702). Zur Bedeutung der verbandsmäßigen Zuständigkeit bei gebietsgebunden Steuern → § 16 Rn. 12, 34. 1

B. Bestimmung der Zuständigkeit

I. Festsetzung von Realsteuermessbeträgen (Abs. 1)

1. Grundsätzliche Regelung (Abs. 1 S. 1)

6 Abs. 1 S. 1 bestimmt als Grundsatz die örtliche Zuständigkeit für die den FÄ obliegende Festsetzung und Zerlegung von RealSt-Messbeträgen und anderen Maßnahmen nach §§ 184–190, etwa der Bekanntgabe der Messbescheide gegenüber der Gemeinde (BFH 12.11.1992 – XI B 69/92, BStBl. II 1993, 263) und der Gewährung vorläufigen Rechtsschutzes hinsichtlich der Messbeträge. Wegen der Zuständigkeit für Billigkeitsverfahren nach§ 184 II iVm § 163 → § 184 Rn. 25 ff. Die FB bestimmt indes nicht bindend die hebeberechtigte Gemeinde (BFH 9.1.2013 – IV B 64/11, BFH/NV 2013, 512; BFH 7.11.2024 – III R 27/23, BFH/NV 2025, 361; BFH 7.11.2024 – III R 28/23, BFH/NV 2025, 364). Für die GrSt erklärt die Vorschrift das in § 18 I Nr. 1 näher bestimmte **LageFA,** für die GewSt das in § 18 I Nr. 2 näher bezeichnete **BetriebsFA** für zuständig. Letzteres nimmt erforderlichenfalls auch die gesonderte Feststellung der Einkünfte nach § 180 vor. LageFA ist das FA, in dessen Bezirk das Grundstück liegt. BetriebsFA ist das FA, in dessen Bezirk sich die Geschäftsleitung des Gewerbebetriebs befindet. Damit trägt das Gesetz der Ortsnähe des LageFA und des BetriebsFA zu den zu beurteilenden StTatbeständen Rechnung (zu Einzelheiten → § 18 Rn. 12 ff.). Für Reisegewerbetreibende wird gem. § 35a III GewStG auf den Mittelpunkt ihrer gewerblichen Tätigkeit abgestellt (HHSp § 22 Rn. 20; Gosch AO § 22 Rn. 15). § 22 I 1 regelt die Zuständigkeit für die RealSt abschließend. Deshalb ist auch die Zuständigkeit nach § 22 und nicht nach § 20 zu bestimmen, wenn eine Körperschaft ein Grundstück im Betriebsvermögen hält oder ein Gewerbe betreibt. Insbesondere geht die Zuständigkeit bei einer Konzentration der Körperschaftsbesteuerung auf bestimmte FÄ durch Rechtsverordnung nach § 17 II 3 FVG für die RealSt nicht mit über (BFH 15.12.1992 – VIII R 42/90, BStBl. II 1994, 702). Allerdings kann durch Rechtsverordnung nach § 17 II 3 FVG auch die Zuständigkeit für RealSt bestimmten FÄ insb. in Großstädten übertragen werden. Abs. 1 gilt nach seinem Sinn und Zweck auch für den Erlass von Zuteilungsbescheiden nach **§ 190** (→ § 190 Rn. 3; vgl. auch FG München 30.1.2023 – 7 K 2200/18, EFG 2023, 672; HHSp § 22 Rn. 6; TK § 22 Rn. 7; Schwarz/Pahlke/Keß § 22 Rn. 2; aA Gosch AO § 22 Rn. 13, der mit demselben Ergebnis § 24 anwenden will). Zu dem Recht der Gemeinden auf Unterrichtung, Akteneinsicht, mündliche und schriftliche Auskunft und Teilnahme an der Ap. s. § 21 III FVG (→ § 16 Rn. 103).

2. Gewerbesteuer ausländischer Unternehmer und Unternehmen des Baugewerbes (Abs. 1 S. 2)

9 Abs. 1 S. 2 bestimmt für die Festsetzung und Zerlegung des Gewerbesteuermessbetrag nahezu wortgleich mit § 20a I 1 eine zentrale Zuständigkeit. In ihrem Anwendungsbereich ist die Vorschrift begrenzt auf den Bereich des Baugewerbes einerseits und auf im Ausland wohnende oder ansässige Unternehmer und Unternehmen andererseits. Die Zuständigkeit knüpft an die Zuständigkeit für die USt an (zu Einzelheiten s. § 20a und → § 21 Rn. 21 f.). Das für die USt und die Einkommensbesteuerung des betroffenen Personenkreises zuständige FA ist nach der Neuregelung auch für die Verwaltung der GewSt zuständig, soweit sie den FÄ übertragen ist. § 22 I 2 ist über den Wortlaut hinaus anzuwenden. Die Vorschrift betrifft ausdrücklich nur die Zuständigkeit für die Festsetzung und Zerlegung des Gewerbesteuermessbetrag; sie muss aber auch für andere den FÄ obliegende Maßnahmen wie etwa die Zuteilung gelten. Der Messbetrag ist der hebeberechtigten Gemeinde zuzuweisen (§ 184 III).

II. Volle Verwaltung der Realsteuern (Abs. 2)

Abs. 2 hat in den Bundesländern Bedeutung, die die Verwaltung der RealSt nicht gem. Art. 108 IV 2 GG teilweise auf die Gemeinden übertragen haben. In diesen Fällen ist das für den Messbescheid zuständige FA für die umfassende Verwaltung der RealSt zuständig. Die Regelung hat derzeit nur im Bundesland Bremen praktische Bedeutung (BFH 29.6.2015 – III S 12/15, BFH/NV 2015, 1421; Gosch AO § 22 Rn. 20; HHSp § 22 Rn. 26). Zuständig für die Festsetzung, Erhebung und Betreibung ist das FA, zu dessen Bezirk die hebeberechtigte Gemeinde gehört (Abs. 2 S. 1). Im Hinblick auf den Wortlaut des Gesetzes ist zweifelhaft, ob auch in den Fällen des Abs. 1 S. 2 (Bauleistungen mit Auslandsbezug) das FA der hebeberechtigten Gemeinde zuständig ist bzw. bleibt. Wäre dies der Fall, träte die gewünschte Zentralisierung der Zuständigkeiten zumeist nicht ein. Andererseits hängen die verbandsmäßige, also die sachliche Zuständigkeit, und die Ertragshoheit von dem Recht zur Erhebung der GewSt ab. Bei der GewSt ist die verbandsmäßige Zuständigkeit daher zu beachten. Da nur eine sachlich zuständige Behörde auch örtlich zuständig sein kann, ist die Übertragung der örtlichen Zuständigkeit auf ein zentrales FA nicht zulässig, wenn dadurch die verbandsmäßige Zuständigkeit und die Ertragshoheit der hebeberechtigten Gemeinde verletzt würde (→ § 16 Rn. 11 f.). Soweit kein anderweitiges LandesG existiert, ist daher der Ertragshoheit Vorrang vor der verwaltungsökonomischen Zentralisierung einzuräumen, dh sachlich und örtlich zuständig ist das FA der hebeberechtigten Gemeinde. In Gemeinden mit mehreren FA-Bezirken (in Bremen gegeben) gilt Abs. 2 S. 2, wonach im Verhältnis der FÄ zueinander Abs. 1 Anwendung findet; zuständig ist also das LageFA bzw. BetriebsFA. § 22 II unterscheidet in der Verweisung auf Abs. 1 nicht hinsichtlich S. 1 und 2, sodass auch hier fraglich ist, ob in den Fällen des Abs. 1 S. 2 das BetriebsFA oder das zentrale FA für die GewSt zuständig sein soll. Auch hier bleibt das BetriebsFA zuständig. In Großstadtfällen macht im Übrigen die Verweisung auf ein zentral zuständiges FA außerhalb dieser Großstadt keinen Sinn. 12

III. Zuständigkeit in Bundesländern ohne Gemeinden (Abs. 3)

Haben Bundesländer keine Gemeinden, was nur auf Berlin und Hamburg zutrifft, so sind diese Länder nach Art. 106 VI 3 GG hebeberechtigt. Für die Zuständigkeit gilt – weil es keine Gemeinden gibt – sinngemäß Abs. 2, wobei in Berlin und Hamburg mehrere FA-Bezirke bestehen und daher nur S. 2 Bedeutung haben kann (Gosch AO § 22 Rn. 23; TK § 22 Rn. 9; Schwarz/Pahlke/Keß § 22 Rn. 10; HHSp § 22 Rn. 30). Zuständig ist das LageFA bzw. BetriebsFA. Für die Fälle des Abs. 1 S. 2 muss für die GewSt das zu Abs. 2 Gesagte ebenso gelten (→ Rn. 12). 13

IV. Anderweitige Bestimmung

Das BetriebsFA ist nach § 35b II 1 GewStG auch für die Feststellung des vortragsfähigen Gewerbeverlustes nach § 10a S. 2 GewStG zuständig. Insoweit ergänzt § 35b GewStG die Vorschriften des § 22. 14

C. Rechtsfolgen bei Verstoß

Ein Verstoß gegen § 22 ist **nicht isoliert** anfechtbar, sondern hat als Verstoß gegen die örtliche Zuständigkeit idR die Anfechtbarkeit des darauf beruhenden VA zur Folge; ein Fehler ist unter den Voraussetzungen des § 127 unbeachtlich (→ § 17 Rn. 21 ff.; zum Gewerbesteuermessbetrag s. BFH 9.1.2013 – IV B 64/11, BFH/NV 2013, 512; BFH 7.11.2024 – III R 27/23, BFH/NV 2025, 361; BFH 7.11.2024 – III R 28/23, BFH/NV 2025, 364). Ist die sachliche Zuständigkeit berührt, so tritt ebenfalls in den meisten Fällen nur Anfechtbarkeit ein. Das gilt auch bei Verstoß gegen die verbandsmäßige Zuständigkeit 16

(→ § 16 Rn. 34; BFH 19.11.2003 – I R 88/02, BStBl. II 2004, 751). Zum Erlass eines Messbescheides durch die Gemeinde → § 16 Rn. 34.

§ 22a Zuständigkeit auf dem Festlandsockel oder an der ausschließlichen Wirtschaftszone

Die Zuständigkeit der Finanzbehörden der Länder nach den §§ 18 bis 22 oder nach den Steuergesetzen im Bereich des der Bundesrepublik Deutschland zustehenden Anteils an dem Festlandsockel und an der ausschließlichen Wirtschaftszone richtet sich nach dem Äquidistanzprinzip.

1 Die Vorschrift wurde durch G v. 25.7.2014 (BGBl. 2014 I 1266) mit Wirkung vom 1.8.2014 eingeführt und beseitigt Rechtsunsicherheiten bei der Bestimmung der örtlichen Zuständigkeiten außerhalb der 12-Seemeilen-Zone (sog. **Küstenmeer**).

2 Die §§ 18 ff. sowie ergänzende Regelungen in den StGesetzen regeln, welche FB für die Besteuerung jeweils örtlich zuständig ist. Die Zuständigkeit richtet sich dabei grundsätzlich nach dem **Örtlichkeitsprinzip** (Wohnsitz, gewöhnlicher Aufenthalt, Ort der Geschäftsleitung, Ort der Betriebstätte usw.). Es könnte zweifelhaft sein, ob die bislang geltenden Zuständigkeitsregelungen auch für das Gebiet des der Bundesrepublik Deutschland zustehenden Anteils am Festlandsockel bzw. der ausschließlichen Wirtschaftszone gelten. Hier steht zwar der Bundesrepublik Deutschland die Ausübung von Hoheitsrechten zu, soweit dies im Einzelfall gesetzlich geregelt ist. Es fehlte aber im StRecht bis dahin eine Regelung, welche LandesFB im Einzelfall örtlich zuständig ist. Die Neuregelung, die sich an § 137 BundesbergG anlehnt, schafft hier Rechtssicherheit (BT-Drs. 18/1529, 81). Die Zuständigkeitsregelung hat insb. Bedeutung für Anlagen im Seegebiet wie zB Offshore-Windparks, Bohrinseln und Forschungsschiffe.

3 § 22a bestimmt die Zuständigkeit in Ergänzung zu §§ 18–22 und betrifft das Seegebiet der Nord- und Ostsee. Dieses Gebiet ist gemeindefrei. Das gilt aber nicht für die Hochseeinsel Helgoland; sie gehört zum Landkreis Pinneberg und unterfällt der Zuständigkeit des Landes Schleswig-Holstein. Das sog. **Küstenmeer** bis zu maximal 12 Seemeilen ist deutsches Hoheitsgebiet und unterliegt der Zuständigkeit des jeweiligen Bundeslandes. An das sog. Küstenmeer schließt sich seewärts die **ausschließliche Wirtschaftszone** bis maximal 200 Seemeilen an (vgl. Art. 55, 57 des G zu dem Seerechtsübereinkommen der Vereinten Nationen v. 10.12.1982, BGBl. 1994 II 1798), an die sich wiederum die hohe See anschließt. Der **Festlandsockel** umfasst den jenseits des Küstenmeeres gelegenen Meeresboden und -untergrund der Unterwassergebiete bis zu einer Entfernung von 200 Seemeilen (vgl. Art. 76 des G zu dem Seerechtsübereinkommen der Vereinten Nationen v. 10.12.1982, BGBl. 1994 II 1798). In der Nordsee ist die deutsche ausschließliche Wirtschaftszone im Wesentlichen identische mit dem deutschen Festlandsockel. Aufgrund der angrenzenden Wirtschaftszonen der Nachbarstaaten ist die deutsche ausschließliche Wirtschaftszone in der Ostsee demgegenüber deutlich kleiner (Gosch AO § 22a Rn. 8; Schwarz/Pahlke/Keß § 22a Rn. 3). Die ausschließliche Wirtschaftszone und die dort geltenden souveränen Rechte der Anliegerstaaten (zB Ausbeutung, Bewirtschaftung der natürlichen Ressourcen, wissenschaftliche Forschung) bestimmen sich nach dem Seerechtsübereinkommen der Vereinten Nationen. Soweit es für die örtliche Zuständigkeit nach §§ 19–22 auf die Belegenheit ankommt und das Gesetz dafür an einen Ort in der ausschließlichen Wirtschaftszone bzw. auf oder über dem Festlandssockel anknüpft, ist das angrenzende Bundesland zuständig. Das **Äquidistanzprinzip** bedeutet, dass für den Grenzverlauf zwischen zwei oder mehreren Bundesländern auf das Seegebiet hinaus der mittlere Abstand zwischen den Ländern gilt. Eine solche Grenzziehung ist üblich für Flüsse, deren Ufer in verschiedenen Bundesländern verlaufen; Grenze des jeweiligen Anrainerlandes ist die Flussmitte.

Rechtsfolgen bei Verstoß. Ein Verstoß gegen § 22a ist **nicht isoliert** anfechtbar, sondern hat als Verstoß gegen die örtliche Zuständigkeit idR die Anfechtbarkeit des darauf beruhenden VA zur Folge; ein Fehler ist unter den Voraussetzungen des § 127 unbeachtlich (→ § 17 Rn. 21 ff.). 4

§ 23 Einfuhr- und Ausfuhrabgaben und Verbrauchsteuern

(1) **Für die Einfuhr- und Ausfuhrabgaben nach Artikel 5 Nummer 20 und 21 des Zollkodex der Union und Verbrauchsteuern ist das Hauptzollamt örtlich zuständig, in dessen Bezirk der Tatbestand verwirklicht wird, an den das Gesetz die Steuer knüpft.**

(2) [1] **Örtlich zuständig ist ferner das Hauptzollamt, von dessen Bezirk aus der Steuerpflichtige sein Unternehmen betreibt.** [2] **Wird das Unternehmen von einem nicht zum Geltungsbereich des Gesetzes gehörenden Ort aus betrieben, so ist das Hauptzollamt zuständig, in dessen Bezirk der Unternehmer seine Umsätze im Geltungsbereich des Gesetzes ganz oder vorwiegend bewirkt.**

(3) **Werden Einfuhr- und Ausfuhrabgaben nach Artikel 5 Nummer 20 und 21 des Zollkodex der Union und Verbrauchsteuern im Zusammenhang mit einer Steuerstraftat oder einer Steuerordnungswidrigkeit geschuldet, so ist auch das Hauptzollamt örtlich zuständig, das für die Strafsache oder die Bußgeldsache zuständig ist.**

A. Allgemeines

I. Inhalt und Bedeutung der Vorschrift

§ 23 I und III wurden mit dem G v. 23.12.2014 (BGBl. 2014 I 2417) redaktionell an den neuen UZK (Verordnung (EU) NR. 952/2013 v. 9.10.2013, ABl. 2013 L 269, 1) angepasst. Abs. 1 regelt die örtliche Zuständigkeit der HZÄ für die Einfuhr- und Ausfuhrabgaben sowie die VerbrauchSt einschl. der EUSt (§ 21 I 1). Einfuhr- und Ausfuhrabgaben sind Steuern iSd AO (§ 3). Abs. 2 und 3 begründen gleichrangige Zuständigkeiten neben Abs. 1 (BT-Drs. VI/1982, 107). Die besondere **Bedeutung** der örtlichen Zuständigkeit liegt bei § 23 nicht darin, den Ertrag aus den Steuern verschiedenen Gebietskörperschaften zuzuordnen (→ § 17 Rn. 3), denn das Aufkommen steht gem. Art. 106 I GG in aller Regel dem Bund zu. Die Verwaltung soll vielmehr nach räumlichen Gesichtspunkten geordnet sein (Gosch AO § 23 Rn. 2). 1

II. Anwendungsbereich

§ 23 bestimmt – gem. § 17 vorbehaltlich anderweitiger Bestimmungen – die örtliche Zuständigkeit für die von den HZÄ wahrzunehmenden Aufgaben im Anwendungsbereich der AO. Die AO gilt gem. § 1 I für alle Steuern einschl. StVergütungen, die durch Bundesrecht (zB VerbrauchSt) oder EU-Recht geregelt sind und soweit sie durch Bundes- oder LandesFB verwaltet werden, sowie für die gem. § 3 III gleichgestellten Einfuhr- und Ausfuhrabgaben iSd Art. 5 Nr. 20 und 21 UZK (Näheres §§ 1 und 3). Gemäß Art. 108 I 1 GG, § 12 II FVG iVm § 16 sind die HZÄ als örtliche Bundesbehörden sachlich zuständig für die Verwaltung der Zölle, der bundesgesetzlich geregelten VerbrauchSt einschl. der EUSt und der BierSt, der Abgaben im Rahmen der EU sowie der sonst übertragenen Aufgaben; Letztere sind im Wesentlichen Aufgaben nichtsteuerrechtlicher Art (zu Einzelheiten → § 16 Rn. 86). Für Abgaben im Rahmen der EU gilt § 23 zumeist über Verweisungen. Soweit Unionsrecht Regelungen enthält, gehen diese dem nationalen Recht vor. 2

3 **Einfuhr- und Ausfuhrabgaben** sind in Art. 5 Nr. 20 und Nr. 21 UZK definiert. Sie umfassen **Zölle** und andere Abgaben, insb. andere Abgaben mit gleicher Wirkung und Abgaben im Bereich der gemeinsamen Agrarpolitik (Schwarz/Pahlke/Keß § 23 Rn. 2). Seit dem Inkrafttreten des ersten ZK und der ZK-DVO zum 1.1.1994 ist das Zollrecht im Grundsatz unionsrechtlich geregelt. Die Vorschriften der AO bleiben jedoch insoweit anwendbar, soweit sie nicht die im UZK geregelten Themen betreffen. Art. 159 I UZK überlässt im Vergleich zur Vorgängervorschrift im Art. 60 ZK in deutlich geringerem Umfang die Regelung der Zuständigkeit der Zollstellen den Mitgliedstaaten (Witte Art. 60 Rn. 4, 10 ff.). Der organisatorische Aufbau der Zollverwaltung bestimmt sich über § 17 I ZollVG nach dem FVG; die Dienststellen der Zollverwaltung sind Zollbehörden iSd UZK. Sonderregelungen des nationalen Rechts – so wie die auf § 12 III FVG beruhende Verordnung über die Übertragung von Zuständigkeiten auf HZÄ für den Bereich mehrerer HZÄ (BGBl. 2019 I 1781) – sind zu beachten.

5 § 23 regelt zudem die Zuständigkeit für **VerbrauchSt.** So gilt die Vorschrift etwa für die EnergieSt, BierSt, AlkopopSt, KaffeeSt und TabakSt, soweit nicht für einzelne Aufgaben im jeweiligen Gesetz besondere Zuständigkeiten begründet werden (vgl. zB § 1 StromStV; § 1a EnergieStV). Die seit dem 1.7.2014 vom Zoll verwaltete KraftSt ist keine VerbrauchSt, sondern eine AufwandSt.

6 Die Vorschrift bestimmt die Zuständigkeit für die **EUSt,** die gem. § 21 I UStG eine VerbrauchSt ist. Die Zuständigkeitsvorschrift gilt auch für die Haftung für EUSt (FG Köln 15.3.1994 – 5 K 2558/89, EFG 1994, 1027), nicht jedoch für die USt (→ Rn. 8).

7 § 23 betrifft auch die **unionsrechtlichen Abgaben** im Bereich des gemeinsamen Marktordnungsrechts. Die Zuständigkeiten sind national geregelt. §§ 8 II, 12 I des Gesetzes zur Durchführung der gemeinsamen Marktorganisationen (idF des G v. 24.6.2005, BGBl. 2005 I 1847) verweist auf die in der AO für Zölle geltenden Vorschriften und damit auch auf § 23. Der BMF hat auch für diesen Bereich von der Ermächtigung des § 12 III FVG, aus Gründen der Verwaltungsvereinfachung insb. Zuständigkeiten einem HZA für den Bereich mehrerer HZÄ zu übertragen, Gebrauch gemacht.

8 § 23 gilt nicht für andere in dieser Vorschrift nicht genannte Steuern und Abgaben wie zB Ausgleichsabgaben, Garantiemengenabgaben, Erstattungen oder Subventionen nach EU-Recht (Klein § 23 Rn. 3) oder andere Aufgaben der HZÄ nichtabgabenrechtlicher Art. Allerdings kann im Einzelfall bei Fehlen eigenständiger Regelungen eine **Zuständigkeit kraft Sachzusammenhangs** angenommen werden (TK § 23 Rn. 2). Überdies kann es zu einer Anwendung des § 23 über § 12 I 1 MOG kommen, weil Abgaben unter das MOG fallen (Klein § 23 Rn. 3; Schwarz/Pahlke/Keß § 23 Rn. 2). § 23 gilt nicht für die USt, da die Zuständigkeit in § 21 abschl. bestimmt ist (BFH 22.12.1998 – VII B 157/98, BFH/NV 1999, 747; BFH 14.7.2015 – XI B 41/15, BFH/NV 2015, 1445).

9 Die Zuständigkeit betrifft das auf die jeweilige Abgabe bezogene **gesamte Verwaltungsverfahren.** Wie sich aus den drei verschiedenen sachlichen Anknüpfungspunkten für die örtliche Zuständigkeit ergibt, bezieht sich **Abs. 1** in erster Linie auf die Festsetzung von Abgaben, **Abs. 2** auf weitere Maßnahmen wie etwa eine Bewilligung im Zusammenhang mit dem Betrieb eines Unternehmens, **Abs. 3** stellt einen Zusammenhang mit einem StStraf- oder Bußgeldverfahren her; die Vorschrift regelt daher auch sachbezogene Kompetenzen mit (TK § 23 Rn. 3). So ist das nach § 23 zuständige HZA zum Erlass des StBescheids befugt.

III. Hauptzollamt

10 Gemäß § 1 Nr. 3 FVG, § 6 II Nr. 5 sind örtliche BundesFB ua die HZÄ einschl. ihrer Dienststellen (Zollämter). Der BMF bestimmt gem. § 12 I FVG Bezirk und Sitz der HZÄ. Die Bezirke stimmen mit den Gebieten kommunaler Körperschaften (kreisfreie Städte, Gemeinden) überein oder berücksichtigen Besonderheiten wie den Bereich von Freihäfen (zu Einzelheiten → § 16 Rn. 86, ebenso für die Aufgabenverteilung zwischen HZA und

den Dienststellen). Gemäß § 12 III FVG kann der BMF durch Rechtsverordnung die Zuständigkeit eines HZA auf einzelne Aufgaben beschränken oder Zuständigkeiten einem HZA für den Bereich mehrerer HZÄ übertragen. Er hat von der Übertragungsermächtigung insb. im Bereich der gemeinschaftsrechtlichen Abgaben Gebrauch gemacht.

B. Bestimmung der Zuständigkeit

I. Hauptzollamt der Tatbestandsverwirklichung (Abs. 1)

Abs. 1 betrifft seinem Wortlaut nach nur die örtliche Zuständigkeit für die Festsetzung 13 der Einfuhr- und Ausfuhrabgaben und der anderen Abgaben. Er ist indes zu eng gefasst und muss auch für andere im Rahmen des StSchuldverhältnisses zu treffende Maßnahmen wie den Erlass begünstigender VA (zB Zahlungsaufschub § 223, Niederschlagung § 261) gelten. Andernfalls entstünde eine Gesetzeslücke für begünstigende und andere Maßnahmen, wenn der Stpfl. nicht Unternehmer ist und deshalb Abs. 2 nicht eingreift (TK § 23 Rn. 4; aA HHSp § 23 Rn. 20). Die Zuständigkeit nach Abs. 1 knüpft an den Ort der Tatbestandsverwirklichung und damit an den Ort des Entstehens eines StSchuldverhältnisses (§ 38) an. Der Ort ist nach den EinzelStG bzw. dem Gemeinschaftsrecht (§§ 77 ff., 81 f. UZK) zu bestimmen (Gosch AO § 23 Rn. 15 ff.; Schwarz/Pahlke/Keß § 23 Rn. 8, jeweils mit Beispielen). Für das Entstehen der EUSt gelten die Vorschriften für Zölle sinngemäß (§ 21 II 1 UStG).

II. Hauptzollamt des Betriebs des Unternehmens (Abs. 2)

1. Betrieb des Unternehmens im Inland (Abs. 2 S. 1)

Abs. 2 S. 1 begründet eine Zuständigkeit für Einfuhr- und Ausfuhrabgaben und andere 14 Abgaben, die im Rahmen des Betriebs eines Unternehmens entstehen. Die Vorschrift bezieht sich sachlich auf alle zu treffenden Maßnahmen, also auch auf den Erlass von VA, die nicht eine StFestsetzung zum Inhalt haben, und die Durchführung anderer Maßnahmen (→ Rn. 9). Für den Begriff „Unternehmen" kann mangels besonderer Definition auf die Begriffsbestimmung des § 2 I UStG zurückgegriffen werden (Schwarz/Pahlke/Keß § 23 Rn. 12; TK § 23 Rn. 8). Die Zuständigkeit nach dem Ort des Betriebs eines Unternehmens hat insb. Bedeutung für die Durchführung von Ap., wenn zB der Stpfl. im Rahmen seines Unternehmens Waren über verschiedene Zollstellen einführt; hierdurch wird eine einheitliche Zuständigkeit erreicht (BT-Drs. VI/1982, 107). Für den Ort des Betriebs eines Unternehmens kann für den Regelfall auf § 21 I 1 zurückgegriffen werden (→ § 21 Rn. 14 ff.), allerdings ohne die Einschränkung, dass es darauf ankommt, wo der Unternehmer seinen Betrieb ganz oder vorwiegend betreibt. Es kann daher jedes HZA zuständig sein, in dessen Bezirk der Stpfl. eine Betriebstätte unterhält. Ferner gilt – neben Abs. 1 – Abs. 2, wenn der Stpfl. in mehreren Betrieben verbrauchstpfl. Waren herstellt und deshalb nach den EinzelStG schon jeweils eine Zuständigkeit begründet wird; bei mehrfacher Zuständigkeit nach Abs. 2 gilt § 25 (Klein § 23 Rn. 5). Wird das Unternehmen vom Ausland aus betrieben, ist gem. § 23 II 2 der inländische Ort der Betätigung maßgebend. Diese Vorschrift hat kaum praktische Bedeutung, weil sich die Zuständigkeiten in diesen Fällen schon aus Abs. 1 und den EinzelStG ergeben.

2. Betrieb des Unternehmens im Ausland (Abs. 2 S. 2)

Es kommt für die örtliche Zuständigkeit darauf an, in welchem Bezirk der Unternehmer 15 seine Umsätze im Geltungsbereich des G ganz oder vorwiegend bewirkt. Maßgebend dafür ist der Ort des Umsatzes nach den Bestimmungen des UStG. Das Unterhalten einer Betriebstätte im Inland ist nicht erforderlich (BFH 11.7.1960 – V 182/58 U, BStBl. III 1960, 376 ausländischer Berufssportler). Bewirkt der Unternehmer seine Umsätze an mehreren Orten, ist das HZA zuständig, in dessen Bezirk der Unternehmer seine Umsätze überwiegend bewirkt. Dabei kann im Zweifel auf die jeweilige Umsatzhöhe abgestellt werden (Klein § 23 Rn. 5).

III. Hauptzollamt der Straf- oder Bußgeldsache (Abs. 3)

16 Abs. 3 ermöglicht bei zentralisierter Straf- und Bußgeldsachenbearbeitung dem mit der Straf- und Bußgeldsache befassten HZA die gleichzeitige Erledigung des einzelnen Falles auch in steuerlicher Hinsicht (BT-Drs. VI 1982, 107). Die Zuständigkeit für Straf- und Bußgeldsachen richtet sich nach §§ 388–390, 410 I Nr. 1. Der BMF hat mit der Verordnung über die Übertragung von Zuständigkeiten auf HZÄ für den Bereich mehrerer HZÄ (BGBl. 2007 I 202) für einige Bezirke von der Möglichkeit des § 12 III FVG, §§ 387 II, 409 S. 2 Gebrauch gemacht, die Ermittlung von Strafsachen und die Verfolgung und Ahndung von Ordnungswidrigkeiten auf bestimmte HZÄ zu konzentrieren. Diese HZÄ sind sachlich und örtlich zuständig. Abgaben werden im Zusammenhang mit der Straftat oder der Ordnungswidrigkeit geschuldet, wenn der Tat die Entstehung der Abgabenschuld zugrunde liegt (TK § 23 Rn. 11 f.; Gosch AO § 23 Rn. 26 f.).

IV. Mehrfache Zuständigkeit

17 Die nach Abs. 1–3 begründeten Zuständigkeiten stehen gleichrangig nebeneinander. Nach § 25 S. 1, 1. Alt. ist diejenige FB zuständig, die zuerst mit der Sache befasst worden ist. § 25 S. 1, 2. Alt. erlaubt den zuständigen HZÄ eine Einigung darüber, welche Behörde die Verwaltung übernehmen soll. Eine Zustimmung des Stpfl. ist nicht erforderlich, weil anders als im Fall des § 27 nicht eine an sich örtlich unzuständige Behörde die Verwaltung übernimmt (BFH 4.6.1996 – VII B 254/95, BFH/NV 1997, 80). Die gemeinsame Aufsichtsbehörde kann die Zuständigkeit bestimmen.

V. Anderweitige Bestimmung

20 Die EinzelStG und das Gemeinschaftsrecht enthalten eine Vielzahl von besonderen Zuständigkeitsbestimmungen, die dem § 23 vorgehen, insb. die auf § 12 III FVG beruhende Zuständigkeitsverordnung (BGBl. 2007 I 202).

C. Rechtsfolgen bei Verstoß

23 Ein Verstoß gegen § 23 ist **nicht isoliert** anfechtbar, sondern hat als Verstoß gegen die örtliche Zuständigkeit idR die Anfechtbarkeit des darauf beruhenden VA zur Folge; ein Fehler ist unter den Voraussetzungen des § 127 unbeachtlich (→ § 17 Rn. 21 ff.).

§ 24 Ersatzzuständigkeit

Ergibt sich die örtliche Zuständigkeit nicht aus anderen Vorschriften, so ist die Finanzbehörde zuständig, in deren Bezirk der Anlass für die Amtshandlung hervortritt.

Vergleichbare Vorschrift: § 3 I Nr. 4 VwVfG

I. Allgemeines

1 § 24 greift als Auffangtatbestand ein, wenn sich die örtliche Zuständigkeit nicht aus anderen Vorschriften ergibt. Die Vorschrift ist nicht anwendbar, wenn eindeutig mehrfache Zuständigkeiten vorliegen (zB nach § 23 I bis III) oder solche sich nach den Zuständigkeitsvorschriften ergeben können (zB § 19 IV). Diese Fälle sind nach § 25 zu lösen. Kommt die Zuständigkeit verschiedener FB in Betracht, kann wegen der Unaufklär-

barkeit von zuständigkeitsbegründenden Tatsachen diese aber nicht eindeutig festgestellt werden, kann die Zuständigkeit nach § 24 und § 25 bestimmt werden. Übt eine Körperschaft etwa ihre Tätigkeit von drei inländischen Betriebstätten aus und ist nicht klar, an welchem Ort die Tätigkeit vorwiegend iSd § 20 IV ausgeübt wird, kann an den Ort des Anlasses für die Amtshandlung (§ 24) und an die Tatsache der Erstbefassung (§ 25) angeknüpft werden, was in der Praxis regelmäßig auf die Zuständigkeit derselben FB hinauslaufen dürfte. Haben mehrere FÄ Anlass zu Amtshandlungen, gilt insoweit § 25 (BFH 3.2.1993 – I R 80–81/91, BStBl. II 1993, 462). Halten sich mehrere FÄ (oder hält sich keines) für zuständig, gilt § 28. Anders als im Anwendungsbereich des § 24, wo eine Zuständigkeit nach anderen Vorschriften nicht besteht oder sich objektiv nicht klären lässt, ist die Zuständigkeit im Anwendungsbereich des § 28 umstritten oder zweifelhaft. Nicht § 24, sondern § 29 greift ein, wenn sich bei Unaufschiebbarkeit einer Amtshandlung die sich nach anderen Vorschriften ergebende Zuständigkeit nicht sofort eindeutig klären lässt.

II. Bestimmung der Zuständigkeit

1. Anwendungsbereich und Anlass für die Amtshandlung

§ 24 findet Anwendung in allen Angelegenheiten, in denen die sich die Zuständigkeit 5 nicht vorrangig aus den §§ 18–23 oder aus anderen Bestimmungen in EinzelStG oder in der AO ergibt. Die Vorschrift schließt eine etwa bestehende Zuständigkeitslücke. Es soll die FB zuständig sein, in deren Bezirk der Anlass für die Amtshandlung hervortritt. Der Anlass tritt dort hervor, wo eine sachlich und funktionell zuständige FB aufgrund konkreter Anhaltspunkte zuerst erkennt, dass eine Amtshandlung in Betracht kommt (Schwarz/Pahlke/Keß § 24 Rn. 5). Es muss objektiv Anlass für eine Amtshandlung bestehen. Daher ist nicht stets die FB zuständig, die tatsächlich zuerst mit der Sache befasst ist. Eine FB, die nach § 24 zuständig ist, bleibt es auch dann, wenn sie nicht sofort handelt (Schwarz/Pahlke/Keß § 24 Rn. 5; HHSp § 24 Rn. 10). Die Zuständigkeit nach § 24 gilt für die von der FB zu treffende Amtshandlung, an die § 24 die Zuständigkeit knüpft, sowie für alle damit in Zusammenhang stehenden Maßnahmen.

2. Anwendungsfälle

Die Zuständigkeitsbestimmung nach § 24 erfolgt insb. in folgenden Fällen (weitere Bei- 6 spiele s. Gosch AO § 24 Rn. 5 ff. mwN; HHSp § 24 Rn. 12 ff.; Schwarz/Pahlke/Keß § 24 Rn. 3, 6):

- **Fahndungsmaßnahmen** (§ 208 I Nr. 3, Aufdeckung und Ermittlung unbekannter StFälle, AEAO zu § 24 Nr. 1). Ist bereits bekannt, um welche Steuer es geht, greifen §§ 18 ff. ein. Typischer Anwendungsfall ist die Vorfeldermittlung, bei der weder ein bestimmtes StSchuldverhältnis noch der Stpfl. feststeht (BFH 17.3.1992 – VII R 122/91, BFH/NV 1992, 791; BFH 16.5.2013 – II R 15/12, BStBl. II 2014, 225; FG Niedersachsen 30.6.2015 – 9 K 343/14, EFG 2015, 1662; HHSp § 24 Rn. 12). Nach Abschluss der Ermittlungen richtet sich die Zuständigkeit für die Festsetzung der Steuer oder die gesonderte Feststellung der Besteuerungsgrundlagen nach §§ 18 ff. (Gosch AO § 24 Rn. 5).
- **Haftungssachen** (§§ 191, 192). Sonderregelungen gelten für die Haftung im Bereich der LSt und der KapESt (→ § 17 Rn. 11). § 24 gilt insb. für die Haftung für ESt, KSt und USt. Wegen des Sachzusammenhangs ist idR das für den StSchuldner zuständige FA auch für die Haftung zuständig, denn dort tritt im Allgemeinen der Anlass für die Haftung hervor (BFH 23.7.1998 – VII R 141/97, BFH/NV 1999, 433 mwN; BFH 19.12.2000 – VII R 86/99, BFH/NV 2001, 742 zur Haftung für USt; BFH 8.9.2010 – XI R 15/08, BFH/NV 2011, 661; FG Niedersachsen 28.1.2015 – 15 V 208/14, EFG 2015, 750; FG Münster 5.6.2025 – 10 K 713/21, BeckRS 2025, 14587 zur Haftung für USt; AEAO zu § 24 Nr. 1). Die Zuständigkeit bezieht sich nicht nur auf den Erlass des Haftungsbescheids, sondern auch auf die Entscheidung über den Erlass der Haftungs-

schuld oder die Rücknahme des Erlasses (BFH 23.7.1998 – VII R 141/97, BFH/NV 1999, 433).

- **Zuteilung von StMessbeträgen,** wenn nicht – wie hier (→ § 22 Rn. 6) – § 22 für anwendbar gehalten wird. Zuständig ist das LageFA oder BetriebsFA (TK § 24 Rn. 2).
- **Verspätungszuschläge.** Zuständig ist das für den Stpfl. zuständige FA als dasjenige, bei dem die StErklärung abzugeben ist, denn dort tritt der Anlass für die Festsetzung hervor.
- **Internationale Rechts- und Amtshilfe.** Die vom Ausland ersuchte Behörde ist zuständig; wird das BMF um Auskunft ersucht, ist die FB zuständig, die dieses mit der Erledigung des Auskunftsersuchens beauftragt (BFH 20.2.1979 – VII R 16/78, BStBl. II 1979, 268). Bei Erfüllung eines VollstrErsuchens aus dem Ausland ist das FA zuständig, in dessen Bezirk der Drittschuldner seinen (Wohn-)Sitz hat (FG Hamburg 19.6.1986 – IV 222–223/84 N, EFG 1986, 608; HHSp § 24 Rn. 16).
- **Unklärbare Zuständigkeit** in Fällen, in denen sich die Zuständigkeit nach anderen Vorschriften wegen Unaufklärbarkeit von Tatsachen, die für die Bestimmung der Zuständigkeit maßgebend sind, nicht feststellen lässt (BFH 3.2.1993 – I R 80–81/91, BStBl. II 1993, 462 bei Unklärbarkeit der für die Zuständigkeit nach § 20 IV maßgebenden Frage, in welcher potentiellen Betriebstätte im Inland eine Tätigkeit überwiegend ausgeübt wird; BFH 22.12.1998 – VII B 157/98, BFH/NV 1999, 747 für den Fall, dass sich nicht für die Zuständigkeit nach § 21 I 1 klären lässt, von welchem von mehreren Orten ein Unternehmen ganz oder vorwiegend betrieben wird).

III. Rechtsfolgen bei Verstoß

9 Ein Verstoß gegen § 24 ist **nicht isoliert** anfechtbar, sondern hat als Verstoß gegen die örtliche Zuständigkeit idR die Anfechtbarkeit des darauf beruhenden VA zur Folge; ein Fehler ist unter den Voraussetzungen des § 127 unbeachtlich (→ § 17 Rn. 21 ff.). Im Fall von unaufschiebbaren Amtshandlungen kann sich die Zuständigkeit einer nicht nach § 24 AO zuständigen FB aus § 29 AO ergeben (Gosch AO § 24 Rn. 14; HHSp § 24 Rn. 19; Schwarz/Pahlke/Keß § 24 Rn. 7).

§ 25 Mehrfache örtliche Zuständigkeit

[1]Sind mehrere Finanzbehörden zuständig, so entscheidet die Finanzbehörde, die zuerst mit der Sache befasst worden ist, es sei denn, die zuständigen Finanzbehörden einigen sich auf eine andere zuständige Finanzbehörde oder die gemeinsame fachlich zuständige Aufsichtsbehörde bestimmt, dass eine andere örtlich zuständige Finanzbehörde zu entscheiden hat. [2]Fehlt eine gemeinsame Aufsichtsbehörde, so treffen die fachlich zuständigen Aufsichtsbehörden die Entscheidung gemeinsam.

Vergleichbare Vorschriften: § 3 II 1 und 4 VwVfG, § 2 I 1 und 3 SGB X

I. Allgemeines

1 § 25 regelt die Fälle, in denen nach den §§ 18–23 oder vorrangig aus anderweitigen Bestimmungen mehrere FB örtlich zuständig sind. Die an sich bestehende Mehrfachzuständigkeit wird zugunsten der Begründung einer einzigen Zuständigkeit aufgelöst. Damit wird ein nach dem Gesetz bestehender positiver Kompetenzkonflikt vermieden. Es ist die zuerst mit der Sache befasste Behörde zuständig, sofern nicht eine abw. Einigung herbeigeführt oder Bestimmung getroffen wird (BT-Drs. VI/1982, 108). Eine sachliche Teilung der Aufgaben zwischen mehreren zuständigen FB ist zulässig (→ Rn. 6). Bei Mehrfachzuständigkeit kann nach § 27 eine an sich unzuständige Behörde (mit Zustimmung des Betroffenen) für zuständig erklärt werden. Besteht objektiv keine Mehrfachzuständigkeit, sondern nur Streit um die Zuständigkeit, greift § 28 ein. Unberührt von

§ 25 bleibt die Zuständigkeit nach § 29 für unaufschiebbare Maßnahmen. § 24 kann als Auffangtatbestand zur Anwendung kommen, wenn zwar objektiv nur eine Zuständigkeit gegeben ist, diese aber wegen Unaufklärbarkeit der zuständigkeitsbegründenden Tatsachen nicht eindeutig festgestellt werden kann. Werden mehrere FB tätig mit der Folge von widerstreitenden StFestsetzungen gegen den Stpfl., liegt kein Fall der Mehrfachzuständigkeit vor. Die Folgen von Tätigkeiten mehrerer zuständiger oder unzuständiger FB in derselben Sache bestimmt vielmehr § 174.

II. Bestimmung der Zuständigkeit

1. Anwendungsbereich

§ 25 ist anwendbar, wenn eine **eindeutige Mehrfachzuständigkeit** vorliegt. Diese kann sich aus §§ 18–23 ergeben, insb. aus § 18 II, § 19 III und IV und § 23 (→ § 18 Rn. 25; → § 19 Rn. 15, 20; → § 23 Rn. 17). Denkbar ist eine Mehrfachzuständigkeit auch in Anwendung von verschiedenen anderweitigen, den §§ 18–23 vorgehenden Vorschriften in EinzelStG oder in der AO. Eine Mehrfachzuständigkeit kann sich wegen der zu beachtenden Subsidiarität jedoch nicht aus anderweitigen Zuständigkeitsvorschriften einerseits und aus §§ 18 ff. andererseits ergeben. Eine Mehrfachzuständigkeit ergibt sich nicht aus lediglich nachrangig anzuwendenden Vorschriften wie etwa § 19 II im Verhältnis zu § 19 I (Gosch AO § 25 Rn. 5). Eine nach § 25 zu lösende Mehrfachzuständigkeit ist indes gegeben, wenn sich wegen **Unaufklärbarkeit von Tatsachen,** die für die Bestimmung der Zuständigkeit maßgebend sind, die Ersatzzuständigkeit nach § 24 für mehrere FB ergibt (FG Hessen 19.5.2020 – 4 V 540/20, EFG 2021, 178; Einzelheiten und Beispiele → § 24 Rn. 1, 6). § 25 gilt auch bei **beschränkt Stpfl.,** wenn sich die Zuständigkeit nicht eindeutig klären lässt (BFH 3.2.1993 – I R 80–81/91, BStBl. II 1993, 462). Inwieweit § 25 neben § 5 I Nr. 7 FVG Anwendung findet ist unklar, § 25 dürfte dem FVG aber vorgehen (→ Rn. 11). Für die Investitionszulage können mehrere FÄ zuständig sein (→ Rn. 7). Zur Zuständigkeit bei Gesamtrechtsnachfolge und für getrennt lebende Ehegatten im Trennungsjahr → § 19 Rn. 7 und 8 sowie BFH 5.12.2007 – VIII B 79/07, BFH/NV 2008, 732. 5

Die Mehrfachzuständigkeit muss sich auf eine **„Sache“** beziehen, also idR auf die abgrenzbare Verwaltungstätigkeit, die mit einem VA abgeschlossen wird (TK § 25 Rn. 2; HHSp § 25 Rn. 11 f.). Wenn verschiedene „Sachen“ Gegenstände des Verwaltungshandelns sind, kommen auch verschiedene Zuständigkeiten in Betracht wie etwa bei der Festsetzung der ESt und der RealSt-Messbeträge oder bei der StFestsetzung gegenüber dem Stpfl. einerseits und die Inanspruchnahme des Haftenden für diese Steuer andererseits. Es handelt sich um jeweils verschiedene Verfahren und Zuständigkeitsbestimmungen; die Zuständigkeiten können aber im einzelnen Fall zusammenfallen. Als eine „Sache“ können auch Sammelbescheide für verschiedene Gewinnermittlungszeiträume angesehen werden (BFH 10.11.1992 – VIII R 100/90, BFH/NV 1993, 538). Da die jeweilige Zuständigkeit der FB nicht berührt wird, lässt § 25 eine sachliche Teilung der Aufgaben zwischen diesen verschiedenen zuständigen FB zu. Aus verwaltungspraktischen Gründen bieten sich für die einheitliche Bearbeitung verschiedener „Sachen“ Zuständigkeitsvereinbarungen nach § 27 an. 6

2. Zuständigkeit nach der Erstbefassung (S. 1 1. HS)

Nach der Grundregel des § 25 S. 1 HS 1 wird die FB zuständig, die zuerst mit der „Sache“ (→ Rn. 6) befasst ist. **Befasst** ist die FB, wenn sie tatsächliche Ermittlungen führt oder ein Bürger an sie herangetreten ist; ein Tätigwerden nach außen ist nicht erforderlich (Gosch AO § 25 Rn. 10; HHSp § 25 Rn. 13). Die Zuständigkeit der **anderen an sich auch zuständigen FB** entfällt nicht, sie ruht nur (BFH 22.12.1998 – VII B 157/98, BFH/NV 1999, 747; Gosch AO § 25 Rn. 10; HHSp § 25 Rn. 16). Dies folgt aus der diesen FB in § 25 S. 1 HS 2 1. Alt. eingeräumten Möglichkeit der Einigung über die 7

Zuständigkeit; die Zuständigkeit bleibt für die Einigung oder Bestimmung durch die Aufsichtsbehörde bestehen. Sind mehrere FB – etwa in Großstadtfällen nach § 19 III – auch für die Investitionszulage zuständig, ist dasjenige FA das mit der Sache zuerst befasste FA, bei dem der Antrag gestellt wird; der Stpfl. kann für die Antragstellung eines der zuständigen FÄ frei wählen (BFH 7.9.2000 – III R 39/98, BStBl. II 2001, 116). Die Zuständigkeit nach der Erstbefassung gilt auch, wenn sich zunächst die Zuständigkeit aus § 24 ergeben hat, etwa im Fall der Vorfeldermittlungen, dann aber die eigentliche Zuständigkeit erkennbar wird. Hier kommt eine Einigung oder eine Bestimmung nach § 25 S. 1 HS 2 in Betracht (BFH 17.3.1992 – VII R 122/91, BFH/NV 1992, 791). Die Zuständigkeit nach § 25 **endet,** wenn die FB der Erstbefassung entschieden hat (Gosch AO § 25 Rn. 10). Von der Grundregel kann abgewichen werden, wenn die zuständigen Behörden sich auf die Zuständigkeit einer von ihnen einigen (→ Rn. 8) oder wenn aufsichtsbehördlich eine von ihnen für zuständig erklärt wird (→ Rn. 9–11).

3. Zuständigkeit durch Einigung (S. 1 2. HS 1. Alt.)

8 In Abweichung von der Grundregel der Priorität (S. 1 1. HS) können sich die zuständigen FB aus Gründen der Verfahrensökonomie auf die Zuständigkeit einer der zuständigen FB einigen. Es handelt sich dabei nicht um eine Zuständigkeitsvereinbarung nach § 27, weil keine an sich unzuständige Behörde für zuständig erklärt wird. Der Zustimmung des Betroffenen bedarf es nicht (BFH 4.6.1996 – VII B 254/95, BFH/NV 1997, 80; AEAO zu § 25; TK § 25 Rn. 4). Die Vereinbarung kann über Ländergrenzen hinweg erfolgen. Sie ermöglicht auch eine Zuständigkeitsaufteilung nach Sachgebieten (Gosch AO § 25 Rn. 12; Schwarz/Pahlke/Keß § 25 Rn. 7). Die im Ausnahmefall zu beachtende verbandsmäßige Zuständigkeit (→ § 16 Rn. 11 f.) führt insoweit zu keinen Einschränkungen, weil eine sachlich nicht zuständige FB schon nicht iSd § 25 örtlich zuständig sein kann (→ § 17 Rn. 1). Eine Einigung ist nur möglich, solange die FB der Erstbefassung noch nicht in der Sache entschieden hat (Gosch AO § 25 Rn. 12; Schwarz/Pahlke/Keß § 25 Rn. 7). Zur Zuständigkeitsvereinbarung zwischen WohnsitzFA und BetriebsFA über gesonderte Feststellungen nach § 180 I 1 Nr. 2 Buchst. a mit dem Ausschluss der Feststellung nach § 180 I 1 Nr. 2 Buchst. b vgl. BFH 10.11.1992 – VIII R 100/90, BFH/NV 1993, 538. Erforderlich ist die Einigung aller zuständigen Behörden; die Einigung ist kein VA (→ § 27 Rn. 8, 20).

4. Bestimmung durch die Aufsichtsbehörde (S. 1 2. HS 2. Alt.)

9 Die Zuständigkeit einer einzigen FB kann von der gemeinsamen Aufsichtsbehörde der an sich zuständigen FB bestimmt werden. Das gilt jedoch nur so lange wie die FB der Erstbefassung noch nicht in der Sache entschieden oder ihre Tätigkeit abgeschlossen hat (→ Rn. 8). Die Aufsichtsbehörde darf keine an sich unzuständige Behörde als zuständig bestimmen. § 25 begründet kein Selbsteintrittsrecht der Aufsichtsbehörde, weil in diesem Fall die sachliche Zuständigkeit berührt wäre. Die Bestimmung ist ein verwaltungsinterner Organisationsakt (Gosch AO § 25 Rn. 13 mwN). Welche FB (gemeinsame) Aufsichtsbehörde ist, richtet sich nach den Bestimmungen des FVG. Zu entscheiden hat stets die unterste gemeinsame Aufsichtsbehörde. Fachlich zuständige Aufsichtsbehörde der örtlichen FÄ ist idR die OFD; gibt es in einem Land mehr als eine oder keine OFD, entscheidet als nächsthöhere Aufsichtsbehörde das FM des Landes. Aufsichtsbehörde ist für Steuern, die im Auftrag des Bundes verwaltet werden, auch das BMF (Art. 85 iVm Art. 108 GG).

5. Bestimmung durch die Aufsichtsbehörden gemeinsam (S. 2)

10 Gibt es keine gemeinsame Aufsichtsbehörde, so entscheiden die jeweils Aufsichtsbehörden gemeinsam über die Zuständigkeit einer FB. Keine gemeinsame Aufsichtsbehörde gibt es bei einer länderübergreifenden Mehrfachzuständigkeit, wenn die Steuern nicht im Auftrag des Bundes von den Ländern verwaltet werden. In diesen Fällen ist nicht das BMF oberste Aufsichtsbehörde, dies sind vielmehr die FM der Länder. Zweckmäßig ist die Bestimmung durch die Aufsichtsbehörden auf der niedrigsten Hierarchiestufe, also durch

die OFD der Länder (→ Rn. 9). Können sich die Aufsichtsbehörden nicht einigen, bleibt es bei der Zuständigkeit der Erstbefassung.

6. Bestimmung durch das Bundeszentralamt für Steuern

§ 25 gilt wie § 24 auch für beschränkt Stpfl. (BFH 3.2.1993 – I R 80–81/91, BStBl. II 1993, 462; Rn. 5). Im Gegensatz zu § 28 II enthält § 25 keinen Verweis auf § 5 I Nr. 7 FVG. Eine Bestimmung der zur Entscheidung berufenen FB durch das BZSt dürfte daher nicht in Betracht kommen (so auch Gosch AO § 25 Rn. 8; HHSp § 25 Rn. 5; Schwarz/Pahlke/Keß § 25 Rn. 9). Zur Bestimmung der Zuständigkeit für die einheitliche und gesonderte Feststellung der Gewinne ausländischer PersGes, an denen inländische Gesellschafter beteiligt sind, s. AEAO zu § 18 Rn. 6. 11

III. Rechtsfolgen bei Verstoß

Ein **Verstoß** gegen § 25 liegt vor, wenn eine an sich auch zuständige Behörde, die jedoch nicht zuerst mit der Sache befasst ist, ohne abw. Vereinbarung oder Bestimmung oder vor Einigung oder Bestimmung tätig wird. Die Bestimmung der zuständigen FB nach § 25 S. 1 HS 2 bzw. S. 2 kann als **verwaltungsinterner Organisationsakt** (→ Rn. 9) nicht gesondert angegriffen werden. Die Weisung, die eine unzuständige FB als zuständig bestimmt, kann nur als Grund für die Rechtswidrigkeit einer Amtshandlung (VA) wegen Verstoßes gegen die Zuständigkeit geltend gemacht werden. Ein Fehler ist unter den Voraussetzungen des § 127 unbeachtlich (→ § 17 Rn. 21 ff.). 15

§ 26 Zuständigkeitswechsel

[1] Geht die örtliche Zuständigkeit durch eine Veränderung der sie begründenden Umstände von einer Finanzbehörde auf eine andere Finanzbehörde über, so tritt der Wechsel der Zuständigkeit in dem Zeitpunkt ein, in dem eine der beiden Finanzbehörden hiervon erfährt. [2] Die bisher zuständige Finanzbehörde kann ein Verwaltungsverfahren fortführen, wenn dies unter Wahrung der Interessen der Beteiligten der einfachen und zweckmäßigen Durchführung des Verfahrens dient und die nunmehr zuständige Finanzbehörde zustimmt. [3] Ein Zuständigkeitswechsel nach Satz 1 tritt so lange nicht ein, wie

1. über einen Insolvenzantrag noch nicht entschieden wurde,
2. ein eröffnetes Insolvenzverfahren noch nicht aufgehoben wurde oder
3. sich eine Personengesellschaft oder eine juristische Person in Liquidation befindet.

Vergleichbare Vorschriften: § 3 III VwVfG, § 2 II SGB X

A. Allgemeines

Die Vorschrift enthält Bestimmungen über die örtliche Zuständigkeit, wenn sich die für die Zuständigkeit maßgeblichen Umstände im Laufe des Verwaltungsverfahrens ändern und die Zuständigkeit, die im Zeitpunkt der Amtshandlung vorliegen muss, deshalb wechselt. § 26 S. 1 setzt den gesetzlichen Wechsel voraus und knüpft für den Zeitpunkt des Wechsels an die Kenntnis einer der beteiligten FB an. § 26 S. 2 erlaubt aus Zweckmäßigkeitsgründen die Fortführung des begonnenen Verfahrens durch die bisher zuständige FB (BT-Drs. VI/1982, 108). Nach dem mit dem JStG 2008 (BGBl. 2007 I 3150) mit Wirkung zum 29.12.2007 eingeführten S. 3 ist ein Zuständigkeitswechsel im Falle der Insolvenz und der Liquidation ausgeschlossen. § 26 gilt für das gesamte Besteuerungsverfahren einschl. des AdV- und Rechtsbehelfsverfahrens. Ein Zuständigkeitswechsel kann in **jedem Stadium des Verfahrens** eintreten, also auch vor Beginn der Amtshandlung (zB 1

Erlass des StBescheids) oder im Laufe des Einspruchsverfahrens (vgl. §§ 365 I, 367 I 2). In Abgrenzung zu § 26 S. 2 betrifft § 27 die Zuständigkeitsvereinbarung bezüglich eines noch nicht begonnenen Verfahrens und geht daher über § 26 S. 2 hinaus; auch ist die Zuständigkeit des § 27 nicht auf die Fortführung eines gesonderten Verfahrens beschränkt.

B. Bestimmung der Zuständigkeit

I. Anwendungsbereich

6 § 26 trägt dem Umstand Rechnung, dass es für die Bestimmung der örtlichen Zuständigkeit der Behörde für eine Amtshandlung vielfach auf die tatsächlichen Verhältnisse im Zeitpunkt der Amtshandlung ankommt. Die Vorschrift findet Anwendung in allen Bereichen der FVerw., in denen sich im Laufe des Verwaltungsverfahrens die Zuständigkeit ändern kann. Das ist bei **laufend veranlagten Steuern** wie die ESt, KSt, USt, dem GewStMessbetrag, bei bestimmten einmaligen Steuern sowie bei einigen gesonderten Feststellungen der Fall, weil sich der die Zuständigkeit begründende Wohnsitz, der Ort der Geschäftsleitung und der Ort, von dem aus ein Unternehmen betrieben wird, ändern kann. § 26 gilt nicht, wenn die Zuständigkeit auf ein unveränderbares oder zeitpunktbezogenes Merkmal wie zB den Zeitpunkt des Todes (§ 35 ErbStG) abstellt (TK § 26 Rn. 1; HHSp § 26 Rn. 11). Knüpft die Zuständigkeit also – wie zB bei dem GrStMessbetrag oder die Feststellung von Einheitswerten für Grundstücke oder Betriebe der Land- und Forstwirtschaft – an die Belegenheit des StGegenstands oder – wie bei den VerbrauchSt nach § 23 I – an den Ort der Tatbestandsverwirklichung an, kommt eine Änderung der die Zuständigkeit begründenden Umstände naturgemäß nicht in Betracht. Auch die EinzelStG bestimmen zT Zuständigkeiten, die sich nicht ändern können, weil zB für die Zuständigkeit die tatsächlichen Umstände an einem Stichtag maßgeblich sind. § 26 gilt auch bei **Gesamtrechtsnachfolge;** maßgebend sind die Verhältnisse beim Gesamtrechtsnachfolger, auch wenn sich die Besteuerung idR auf den Rechtsvorgänger bezieht (Näheres → § 17 Rn. 16, → § 20 Rn. 15; FG Hamburg 13.4.1989 – II 7/87, EFG 1989, 490; Gosch AO § 26 Rn. 7; s. auch OFD Niedersachsen 10.5.2012, DStR 2012, 1561). Für die Zuständigkeit während eines **Insolvenzverfahrens oder der Liquidation** → Rn. 22 ff.

7 § 26 betrifft nur den Wechsel der örtlichen, **nicht** dagegen den der **sachlichen Zuständigkeit** einschl. der funktionellen und insb. der im Einzelfall zu beachtenden verbandsmäßigen Zuständigkeit (BFH 29.6.2015 – III S 12/15, BFH/NV 2015, 1421; BFH 20.8.2014 – I R 43/12, BFH/NV 2015, 306). Wegen des Gesetzesvorbehalts kann die sachliche Zuständigkeit nur aufgrund eines Gesetzes, das den Übergang genau regelt, auf eine andere Behörde übergehen (→ § 16 Rn. 33). Weil die sachliche Zuständigkeit nicht zur Disposition der FB und des Stpfl. steht, kann insoweit auch keine Vereinbarung nach § 26 S. 2, ein begonnenes Verfahren zu Ende zu führen, getroffen werden (BFH 30.7.1997 – I R 14/97, BFH/NV 1998, 420 mwN). Insofern kann die bisher zuständige Behörde nur im Wege der Amtshilfe tätig werden. § 26 gilt gem. §§ 365 I, 367 I 2 auch im außergerichtlichen **Rechtsbehelfsverfahren,** dh auch im Einspruchsverfahren, kann die Zuständigkeit noch wechseln und es kann eine Zuständigkeitsvereinbarung nach § 26 S. 2 getroffen werden. Dasselbe gilt für das **AdV-Verfahren** und für die **Ap.** (BFH 25.1.1989 – X R 158/87, BStBl. II 1989, 483). Für den Zuständigkeitswechsel während eines **Klageverfahrens** → Rn. 26. Ein Wechsel der Zuständigkeit nach § 26 setzt in jedem Fall voraus, dass bereits eine inländische FB tätig geworden ist (FG Münster 6.2.2020 – 5 K 2531/17 F, DStRE 2020, 1061).

II. Zeitpunkt des Zuständigkeitswechsels (S. 1)

1. Übergang der Zuständigkeit

Zu einem Übergang der örtlichen Zuständigkeit kommt es, wenn sich im Laufe des Verfahrens die für die Zuständigkeit maßgebenden Umstände ändern und eine andere Behörde nach den Vorschriften der EinzelStG oder der AO nunmehr, also im Zeitpunkt der Amtshandlung, zuständig ist (→ § 17 Rn. 16). Die „Umstände" iSd § 26 sind idR nur solche **tatsächlicher Art,** wie etwa der Ort des Wohnsitzes oder der Geschäftsleitung. Ob dagegen die Änderung der örtlichen Zuständigkeit aufgrund eines **Rechtsaktes** (zB eines Gesetzes oder eines anderen Organisationsakts) zu einem Zuständigkeitswechsel nach § 26 führen kann, ist unklar (offen gelassen BFH 5.3.1985 – VII R 146/84, BStBl. II 1985, 377; verneinend FG Hessen 20.2.2024 – 6 K 978/23, BeckRS 2024, 6046 betr. Kindergeld). Wird die Zuständigkeit etwa durch Übertragung von Aufgaben an ein bestimmtes FA gem. **§ 17 II 3 FVG** geändert, findet § 26 trotz Änderung der Zuständigkeit keine Anwendung, weil allein die sachliche Zuständigkeit berührt ist (→ Rn. 7). Werden durch einen Organisationsakt (etwa infolge einer kommunalen Neugliederung) die **Bezirksgrenzen der FÄ** geändert, so tritt indes eine Zuständigkeitsänderung ein, weil insofern eine Neugliederung der Zuständigkeiten nach örtlichen und nicht nach sachlichen Gesichtspunkten durchgeführt wird (ebenso Gosch AO § 26 Rn. 6; Schwarz/Pahlke/Keß § 26 Rn. 4). Der BFH sieht in der Neugliederung auch eine Veränderung der sachlichen Zuständigkeit (BFH 10.11.1977 – V R 67/75, BStBl. II 1978, 310). Die Ansicht des BFH dürfte im Hinblick darauf, dass die FÄ für alle vom Land verwalteten Steuern sachlich zuständig sind, nicht zutr. sein. Da sich in diesen Fällen allerdings nicht, wie § 26 voraussetzt, die zuständigkeitsbegründenden tatsächlichen Umstände ändern, ist § 26 analog anzuwenden (so auch Gosch AO § 26 Rn. 6.1). 10

Ein Übergang der örtlichen Zuständigkeit tritt insb. ein: 11

- bei **Verlegung des Orts der Geschäftsleitung** oder des Orts der Ausübung der Tätigkeit oder bei **Aufgabe des Betriebs** oder der Tätigkeit für gesonderte Feststellungen nach § 18 I Nr. 2 und 3, für die KSt (§ 20 I), die USt (§ 21 I) und den GewStMessbetrag (§ 22 I);
- bei **Verlegung des Wohnsitzes** für die ESt (§ 19 I) und bei Gesamtrechtsnachfolge (→ Rn. 6), auch über Landesgrenzen hinaus.

2. Eintritt und Zeitpunkt des Wechsels

Der Wechsel der Zuständigkeit tritt erst und in dem Zeitpunkt ein, in dem die bislang oder die nunmehr zuständige Behörde von der Veränderung der Umstände und damit von dem Übergang der Zuständigkeit erfährt; der Übergang selbst führt noch nicht zu einem Wechsel. Erforderlich ist die **positive Kenntnis** der die neue Zuständigkeit begründenden Umstände, ein Kennenkönnen oder Kennenmüssen reicht nicht aus (BFH 25.1.1989 – X R 158/87, BStBl. II 1989, 483; BFH 19.5.2008 – V B 29/07, BFH/NV 2008, 1501; BFH 24.4.2014 – IV R 25/11, BStBl. II 2014, 819). Die Kenntnis vom Umzug des Stpfl. allein führt noch nicht zu einem Zuständigkeitswechsel (FG Hessen 26.10.1987 – 7 K 363/83, EFG 1988, 60). Der Wechsel der Zuständigkeit bedarf **keiner förmlichen Entscheidung.** Es reicht aus, dass eine der FB die Kenntnis in den Akten dokumentiert; die andere FB ist unverzüglich zu unterrichten (AEAO zu § 26 Nr. 1). Mit Eingang der Mitteilung entfällt die bisherige Zuständigkeit (BFH 11.12.1987 – III R 228/84, BStBl. II 1988, 230). Erhält die bisher zuständige Behörde zuerst Kenntnis, so hat sie umgehend die Akten zu übersenden (TK § 26 Rn. 4; zur Betriebsaufgabe vgl. aber AEAO zu § 26 Nr. 3: bei Wohnsitzverlegung unter gleichzeitiger Aufgabe des Betriebs sind nur die Personensteuerakten abzugeben, für Betriebsteuern führt das bisher zuständige FA das Verfahren durch, eine Vereinbarung nach § 27 ist ausnahmsweise möglich). Hat die zuständig gewordene Behörde als erste Kenntnis, so hat sie die Akten anzufordern, wenn nicht gem. § 26 S. 2 eine 12

Fortführung des Verfahrens vereinbart wird. Solange keine FB Kenntnis von den Umständen erhalten hat, kann sich der Stpfl. nicht – auch nicht im Finanzprozess – auf den Zuständigkeitswechsel berufen (AEAO zu § 26 Nr. 1).

3. Wirkung des Zuständigkeitswechsels

13 Bei einem Zuständigkeitswechsel geht das Verwaltungsverfahren in dem Stadium auf die zuständig gewordene Behörde über, in dem es sich befindet. Die bisher zuständige FB darf – vorbehaltlich der Vereinbarung nach S. 2 und im Wege der Amtshilfe – nicht mehr tätig werden (BFH 11.12.1987 – III R 228/84, BStBl. II 1988, 230). Wegen der **Gesamtzuständigkeit** geht die Zuständigkeit auch für vergangene Zeiträume, für die die FB noch nicht zuständig war, über (→ § 17 Rn. 4), und zwar auch bei einem Wechsel über Landesgrenzen hinweg (BFH 5.3.1985 – VII R 146/84, BStBl. II 1985, 377; einschränkend FG Düsseldorf 15.3.2019 – 1 K 1433/18 Ki, EFG 2019, 923 betr. KiSt). Wechselt die Zuständigkeit im Laufe des Rechtsbehelfsverfahrens, hat gem. § 367 I 2 1. HS die zuständig gewordene FB den Einspruchsbescheid zu erlassen. Die Klage ist gem. § 63 II Nr. 1 FGO gegen diese FB zu richten (BFH 16.3.2005 – VIII B 87/03, BFH/NV 2005, 1579; BFH 19.3.2019 – VII R 27/17, BStBl. II 2020, 31). Das gilt in Anbetracht des Wortlauts des § 63 II Nr. 1 FGO aber nicht, wenn der Wechsel der Zuständigkeit erst nach Erlass des Einspruchsbescheids eingetreten ist (BFH 24.1.2006 – VI B 98/05, BFH/NV 2006, 805; BFH 19.5.2008 – V B 28/07, BFH/NV 2008, 1451); die Klage ist gegen die FB zu richten, die den Ausgangsbescheid erlassen hat. Ein Einspruchsverzicht ist gem. § 354 II 1 der nach § 26 S. 1 neu oder bei Vereinbarung nach S. 2 der bisher zuständigen FB gegenüber zu erklären. Tritt der Wechsel zwischen Veranlagung und Ap. ein, hat die zuständig gewordene FB die Ap. durchzuführen. Zum Wechsel während des Finanzprozesses → Rn. 26. Weitere Einzelheiten s. OFD Niedersachsen 20.1.2016, BeckVerw 323189. Der Zuständigkeitswechsel betrifft das gesamte Besteuerungsverfahren, einschl. des Erhebungsverfahrens (Aufgabe der abw. Rspr. (BFH 12.7.2011 – VII R 69/10, BFH/NV 2011, 1936) durch BFH 19.3.2019 – VII R 27/17, BStBl. II 2020, 31; Gosch AO § 26 Rn. 4; FG München 19.7.2018 – 13 K 629/17, EFG 2018, 1685).

III. Fortführung des Verfahrens (S. 2)

1. Verwaltungsverfahren

16 Die nach S. 2 erlaubte Fortführung des Verfahrens muss sich auf ein bestimmtes Verfahren beziehen; begonnenes und fortgeführtes Verfahren müssen **identisch** sein. Selbständige, in sich abgeschlossene Verfahren iSd § 26 S. 2 sind die in der AO geregelten Verfahren, so zB das StFestsetzungs-, Feststellungs-, Haftungsverfahren und die Ap. (zur Ap. FG Köln 28.6.1990 – 5 K 800/90, EFG 1991, 110; Schwarz/Pahlke/Keß § 26 Rn. 7; HHSp § 26 Rn. 22) sowie das Verfahren zur Neufestsetzung der Steuer nach Aufhebung des ursprünglichen Bescheids (FG Hamburg 13.2.1984 – VI 85/81, EFG 1985, 3; offen gelassen BFH 19.2.1987 – IV R 143/84, BStBl. II 1987, 412; Gosch AO § 26 Rn. 11; aA TK § 26 Rn. 6); für die Vollstreckung bleibt die FB zuständig, die den vollstreckbaren VA erlassen hat (→ Rn. 13). Ausgenommen sind Straf- und Bußgeldverfahren, für die andere Bestimmungen (§§ 388 ff.) gelten. Jede StArt und jeder Besteuerungszeitraum sind gesondert zu betrachten. Zum Begriff des Verwaltungsverfahrens → § 78 Rn. 7 ff.

2. Fortführung

17 § 26 S. 2 erlaubt die Fortführung des Verfahrens, dh die **Weiterbearbeitung des StFalles für vergangene Zeiträume** durch die bisher zuständige und mit dem Fall vertraute FB, wenn diese nach einem Wechsel der Zuständigkeit nach S. 1 die Zuständigkeit verloren hat. Die Vorschrift ermächtigt nicht, mit einem Verfahren zu beginnen. Das FA darf daher nicht unter Berufung auf die nunmehrige Zuständigkeit eine noch nicht begonnene StVeranlagung für laufende oder vergangene Zeiträume an sich ziehen (BFH 5.3.1985 – VII R 146/84, BStBl. II 1985, 377). Ein Verwaltungsverfahren wird idR

begonnen durch erstes Tätigwerden der Behörde mit **Außenwirkung** mit dem Ziel des Erlasses eines VA oder dem Abschluss eines öffentlich-rechtlichen Vertrags, so etwa mit der Aufforderung zur Abgabe von StErklärungen oder dem Erlass der Prüfungsanordnung für eine Ap.; es endet idR mit der abschließenden Entscheidung (BFH 13.12.2001 – III R 13/00, BStBl. II 2002, 406). Eine bloß vorbereitende Maßnahme oder ein verwaltungsinternes Tätigwerden stellt noch nicht den Verfahrensbeginn dar, ebenso nicht die bloße Antragstellung oder die unaufgeforderte Abgabe der StErklärung durch einen Stpfl. Die Fortführung des Verfahrens muss nicht alle Maßnahmen bis zum Abschluss des Verfahrens umfassen; es kann sich auch auf einzelne Verfahrensabschnitte erstrecken. Der bisher zuständigen und nach § 26 S. 2 zuständig bleibende FB stehen alle Befugnisse im bisherigen Umfang zu.

3. Interessen der Beteiligten

Der Betroffene muss – anders als bei der Zuständigkeitsvereinbarung nach § 27 – nicht zustimmen, denn es wird keine an sich unzuständige FB tätig. Da nach dem Wortlaut des S. 2 eine Fortführung des Verfahrens nur unter „Wahrung der Interessen der Beteiligten" in Betracht kommt, ist der Betroffene anzuhören (hM; HHSp § 26 Rn. 34; TK § 26 Rn. 7; Schwarz/Pahlke/Keß § 26 Rn. 10; aA Gosch AO § 26 Rn. 20: Anhörung im Regelfall). Nach Auffassung der Verwaltung „soll" der Stpfl. lediglich gehört und benachrichtigt werden (AEAO zu § 26 Nr. 2). Die Anhörung kann durch die bisher oder die neu zuständige FB erfolgen (HHSp § 26 Rn. 35; Gosch AO § 26 Rn. 20; Schwarz/Pahlke/Keß § 26 Rn. 10; durch bisher zuständige FB: FG Köln 28.6.1990 – 5 K 800/90, EFG 1991, 110; TK § 26 Rn. 7). Sie muss vor der Übernahme des Verfahrens erfolgen. Für die Interessenlage des Beteiligten gibt es keine allgemeingültigen Annahmen; es ist stets auf die Umstände des Einzelfalles abzustellen (HHSp § 26 Rn. 37; Gosch AO § 26 Rn. 20; FG Baden-Württemberg 23.1.1987 – XIII-V 12/86, EFG 1987, 274). Die Wahrung der Rechte des Stpfl. darf aber nicht wesentlich erschwert werden. Wegen der zu beachtenden Interessen des Betroffenen sind Absprachen zwischen FB oder generelle Anweisungen darüber, dass in bestimmten Fallgruppen die bisher oder die neu zuständige Behörde tätig werden soll, unzulässig (→ Rn. 21). Ob die Interessen der Beteiligten gewahrt sind, ist gerichtlich voll überprüfbar. 18

4. Einfache und zweckmäßige Durchführung des Verfahrens

Die Fortführung kommt nur in Betracht, wenn dies der einfachen und zweckmäßigen Durchführung des Verfahrens dient. Das kann der Fall sein, wenn sich das nunmehr zuständige FA in einen umfangreichen oder rechtlich schwierigen Fall neu einarbeiten müsste, um es lediglich noch zum Abschluss zu bringen, wenn örtliche Besonderheiten maßgebend sind, eine Ap. schon begonnen hat und deren Abbruch und Neubeginn nicht sinnvoll erscheint oder der Stpfl. wichtige Gründe für die Fortführung des Verfahrens anbringt (weitere Gründe OFD Niedersachsen 20.1.2016, BeckVerw 323189). Daher darf auf Gründe der Verfahrensökonomie abgestellt werden. Ob die angegebenen Gründe für die Fortführung des Verfahrens tatsächlich der einfachen und zweckmäßigen Durchführung des Verfahrens dienen, ist gerichtlich voll überprüfbar; die FB haben keinen Beurteilungsspielraum. In Zweifelsfällen kann es sich empfehlen, sicherheitshalber eine nicht an sehr enge Voraussetzungen geknüpfte Vereinbarung nach § 27 zu treffen (Gosch AO § 26 Rn. 19; → § 27 Rn. 10). 19

5. Entscheidung über die Fortführung

Die Entscheidung der bisher zuständigen Behörde, ein Verfahren fortführen zu wollen, wird nach hA als Ermessensentscheidung angesehen (FG Rheinland-Pfalz 8.10.1990 – 5 K 332/88, EFG 1991, 162; HHSp § 26 Rn. 39 mwN; Klein § 26 Rn. 15; Schwarz/Pahlke/Keß § 26 Rn. 12; aA Gosch AO § 26 Rn. 24: nur Ermächtigungsgrundlage für die Vereinbarung). Die Entscheidung ist daher nicht nur hinsichtlich des Vorliegens der Voraussetzungen für eine Verfahrensfortführung überprüfbar, sondern zusätzlich auf Ermessens- 20 fehler. Dieser – doppelte – Prüfungsmaßstab dürfte jedoch nicht von praktischer Bedeutung sein, weil etwa Gründe der Verfahrensökonomie als Voraussetzung für die Fortführung zugleich als sachliche Gründe für die Ermessensausübung herangezogen werden können.

6. Zustimmung der zuständig gewordenen Behörde

21 Die zuständig gewordene Behörde muss der Fortführung des Verfahrens zustimmen. Die Zustimmung muss unverzüglich und vor einer Amtshandlung der bisher zuständigen Behörde eingeholt werden (HHSp § 26 Rn. 40; TK § 26 Rn. 12; FG Rheinland-Pfalz 8.10.1990 – 5 K 332/88, EFG 1991, 162; FG Niedersachsen 25.7.2014 – 15 V 164/14, EFG 2014, 1838; aA Klein § 26 Rn. 12: Zustimmung kann im Hinblick auf § 126 I Nr. 5, II bis zum Abschluss des Einspruchsverfahrens nachgeholt werden). Sie ist ausdrücklich zu erklären (FG Niedersachsen 25.7.2014 – 15 V 164/14, EFG 2014, 1838). Generelle Absprachen über die Fortführung des Verfahrens (insb. des Einspruchsverfahrens) durch die bisher zuständige FB sind mit § 26 S. 2 nicht vereinbar, weil die Interessen der Beteiligten dadurch nicht hinreichend gewahrt werden (FG Baden-Württemberg 23.1.1987 – XIII-V 12/86, EFG 1987, 274; HHSp § 26 Rn. 41; TK § 26 Rn. 12; zT aA Gosch AO § 26 Rn. 20). Die FB können durch die Aufsichtsbehörde angewiesen werden, die Zustimmung bei Vorliegen bestimmter Voraussetzungen oder im Einzelfall zu erteilen (Schwarz/Pahlke/Keß § 26 Rn. 11). Aus Gründen der Rechtssicherheit und der Praktikabilität kann eine einmal getroffene Entscheidung nicht rückgängig gemacht werden (FG Rheinland-Pfalz 8.10.1990 – 5 K 332/88, EFG 1991, 162; HHSp § 26 Rn. 45). Die Zustimmung ist kein VA, sondern ein behördeninterner Vorgang (BFH 11.8.2010 – VI B 143/09, BFH/NV 2010, 2230). Der Stpfl. ist zu benachrichtigen (AEAO zu § 26 Nr. 2).

IV. Ausschluss des Zuständigkeitswechsels (S. 3)

22 S. 3 ist mit dem JStG 2008 (BGBl. 2007 I 3150) mit Wirkung vom 29.12.2007 eingeführt worden. Durch die Beantragung und Eröffnung des **Insolvenzverfahrens** oder den Beginn der **Liquidation** einer PersGes oder einer juristischen Person ergeben sich vom Grundsatz her keine Besonderheiten bei der örtlichen Zuständigkeit. Allerdings kann ein Zuständigkeitswechsel eintreten für diejenigen StArten und in den Fällen, in denen die Zuständigkeit zB an den Ort der Geschäftsleitung anknüpft (§§ 18, 20). Führte der Insolvenzverwalter oder der Liquidator die Geschäfte aus einem anderen FA-Bezirk aus, trat vor Inkrafttreten des S. 3 ein Zuständigkeitswechsel ein. Bis zur Einführung des S. 3 bot sich in der Praxis eine Fortführung des Verfahrens nach § 26 S. 2 an. Allerdings war das nur zur Fortführung eines bestimmten, bereits begonnenen Verfahrens möglich. Der Gesetzgeber sah es als zweckmäßig an, nicht noch kurz vor dem Erlöschen der StPflicht eine andere FB mit einem möglicherweise komplizierten StFall des auslaufenden Unternehmens zu befassen. Auch führte die notwendige Aktenübersendung an das sodann zuständige FA zu Zeitverzögerungen mit der Folge der Versäumung von Fristen und dem Ausfall von Steuern. Durch S. 3 soll erreicht werden, dass die Zuständigkeit in Insolvenz- und Liquidationsfällen bei der bisher zuständigen FB verbleibt (BT-Drs. 16/6290). Dies kann jedoch nur gelten, sofern es zuvor eine zuständige FB gegeben hat (FG Münster 6.2.2020 – 5 K 2531/17 F, DStRE 2020, 1061). Zu den Einzelheiten s. FM Nordrhein-Westfalen 1.9.2016, BeckVerw 331917; OFD Magdeburg 10.8.2010, BeckVerw 242268.

V. Zuständigkeitswechsel im Finanzgerichtsverfahren

26 Kommt es im Lauf des Klageverfahrens zu einem Wechsel der örtlichen Zuständigkeit aufgrund der Änderung tatsächlicher Umstände, bleibt die bisher zuständige FB nach dem Grundsatz der Fortdauer der Gerichtszuständigkeit Beteiligte im Prozess (BFH 21.6.1994 – VIII R 24/92, BFH/NV 1994, 763; BFH 19.5.2008 – V B 29/07, BFH/NV 2008, 1501;

TK FGO § 63 Rn. 9). Tritt jedoch ein Zuständigkeitswechsel infolge kommunaler Neugliederung der Bezirksgrenzen der FÄ ein oder werden aufgrund einen Organisationsakts gem. § 17 II FVG Verwaltungsaufgaben übertragen, wird die nunmehr zuständig FB Beteiligte im Klageverfahren (BFH 21.4.1993 – X R 112/91, BStBl. II 1993, 649; BFH 21.6.1994 – VIII R 24/92, BFH/NV 1994, 763; TK FGO § 63 Rn. 9; HHSp § 26 Rn. 66 ff.). Das gilt nicht, wenn der Zuständigkeitswechsel übersehen wird oder die bisher zuständige FB unzutr. von der Fortführung des Verfahrens gem. § 26 S. 2 durch sie ausgeht (BFH 30.7.1997 – I R 14/97, BFH/NV 1998, 420).

C. Rechtsfolgen bei Verstoß

Gegen § 26 ist verstoßen, wenn die trotz Zuständigkeitswechsel und ohne Abschluss einer Vereinbarung gem. § 26 S. 2 örtlich unzuständig gewordene FB weiter tätig geworden ist oder die Voraussetzungen für eine Vereinbarung nach § 26 S. 2 nicht vorgelegen haben. Die Vereinbarung kann nicht gesondert angegriffen werden. Der Verstoß gegen die Zuständigkeit führt idR nur zur Anfechtbarkeit des darauf beruhenden VA, die allerdings unter den Voraussetzungen des § 127 unbeachtlich sein kann (→ § 17 Rn. 21 ff.). Zur Heilungsmöglichkeit nach § 126 I, II s. FG Niedersachsen 25.7.2014 – 15 V 164/14, EFG 2014, 1838. 28

§ 27 Zuständigkeitsvereinbarung

[1]Im Einvernehmen mit der Finanzbehörde, die nach den Vorschriften der Steuergesetze örtlich zuständig ist, kann eine andere Finanzbehörde die Besteuerung übernehmen, wenn die betroffene Person zustimmt. [2]Eine der Finanzbehörden nach Satz 1 kann die betroffene Person auffordern, innerhalb einer angemessenen Frist die Zustimmung zu erklären. [3]Die Zustimmung gilt als erteilt, wenn die betroffene Person nicht innerhalb dieser Frist widerspricht. [4]Die betroffene Person ist auf die Wirkung ihres Schweigens ausdrücklich hinzuweisen.

Schrifttum: Stier, Die Zuständigkeitsvereinbarungen zwischen Finanzämtern, DB 1966, 201: Tormöhlen/Klepsch, Besteuerungsdefizite durch Zuständigkeitskonflikte, DStZ 2005, 221; Klauza/Baum, Örtliche Zuständigkeit bei doppelt ansässigen Kapitalgesellschaften, NWB 2006 Fach 2, 9079.

I. Allgemeines

§ 27 erlaubt die Vereinbarung einer oder mehrerer örtlich zuständiger FB mit einer **örtlich unzuständigen FB** dahingehend, dass die unzuständige FB die Besteuerung übernimmt; die Zustimmung des betroffenen Stpfl. ist aus Verfassungsgründen erforderlich (BT-Drs. VI/1982, 108). Die Vorschrift wurde durch das G v. 20.11.2019 (BGBl. 2019 I 1626) und G v. 21.12.2020 (BGBl. 2020 I 3096) redaktionell an die Begrifflichkeit der DSGV angepasst (BT-Drs. 19/4674, 290). Die Sätze 2–4 dienen der Vereinfachung des Verfahrens bei Einholung der Zustimmung des Stpfl. Die Vereinbarung bezieht sich auf das **gesamte Besteuerungsverfahren** einschl. der Durchführung der Ap. und des Rechtsbehelfsverfahrens (zu Einzelheiten → § 17 Rn. 4); die Vereinbarung kann sich auch auf einzelne Verfahrensabschnitte beschränken (Gosch AO § 27 Rn. 4). Die Vereinbarung setzt nicht den Beginn eines Verwaltungsverfahrens voraus und ist auch nicht auf das einzelne Verwaltungsverfahren beschränkt (HHSp § 27 Rn. 2). Während nach § 27 eine an sich unzuständige FB zuständig wird, erklärt die Vereinbarung nach § 25 eine von mehreren zuständigen FB für allein zuständig. Die Beauftragung mit der Ap. ist nach dem der Regelung des § 27 vorgehenden § 195 möglich (BFH 27.11.2003 – I B 119, S 11/03, BFH/NV 2004, 756). Die Zuständigkeitsvereinbarung nach § 26 S. 2 gilt nur für die Fortführung eines bereits begonnenen Verfahrens durch die nach einem Zuständigkeits- 1 wechsel unzuständig gewordene FB; § 27 gilt dagegen für einzelne Verfahrensabschnitte oder für das gesamte Verfahren.

II. Bestimmung der Zuständigkeit (S. 1)

1. Anwendungsbereich

6 § 27 ist in den Fällen heranzuziehen, in denen – zumeist aus Gründen der Zweckmäßigkeit – eine nach den Zuständigkeitsvorschriften an sich nicht zuständige FB die Besteuerung übernehmen soll (zum Verhältnis insb. zu der Zuständigkeitsvereinbarung nach § 25 und § 26 S. 2 → Rn. 1). Die Vorschrift gilt gem. § 365 I auch im außergerichtlichen Rechtsbehelfsverfahren, dh das Rechtsbehelfsverfahren kann von einer für die Besteuerung unzuständigen FB durchgeführt werden. § 27 erlaubt ausdrücklich nur die Vereinbarung der **örtlichen Zuständigkeit.** Die sachliche Zuständigkeit einschl. der funktionellen (→ § 16 Rn. 9 f.) und insb. die im Einzelfall zu beachtende verbandsmäßige Zuständigkeit (→ § 16 Rn. 11 f.) darf durch die Zuständigkeitsvereinbarung nicht verletzt werden. Die Zuständigkeit kann nicht etwa auf die Aufsichtsbehörde übertragen werden. Die Vereinbarung darf auch nicht dazu führen, dass die Voraussetzungen für eine gesonderte Feststellung nach § 180 I 1 Nr. 2 Buchst. b geschaffen werden oder entfallen, denn in diesem Fall wäre die sachliche Zuständigkeit berührt (BFH 15.4.1986 – VIII R 325/84, BStBl. II 1987, 195). Dasselbe gilt, wenn Zuständigkeiten nach § 17 II 3 FVG auf bestimmte FB übertragen wurden; eine Rückübertragung im Wege des § 27 ist also ausgeschlossen. Im Übrigen ist – außer bei gebietsgebundenen Steuern – eine Vereinbarung über Ländergrenzen hinweg zulässig (BFH 16.7.1986 – I R 78/79, BFH/NV 1987, 326; FG Thüringen 22.9.2011 – 4 K 255/10, EFG 2012, 894; Schwarz/Pahlke/Keß § 27 Rn. 5; TK § 27 Rn. 4; Gosch AO § 27 Rn. 5; aA FG Rheinland-Pfalz 8.10.1990 – 5 K 332/88, EFG 1991, 162). Nach hM ist § 27 auch im Bereich der GewSt anwendbar (BFH 19.11.2003 – I R 88/02, BStBl. II 2004, 751; Schwarz/Pahlke/Keß § 27 Rn. 4; HHSp § 27 Rn. 12). Eine Vereinbarung ist in allen Fällen zweckmäßig, in denen die Besteuerung auf ein einziges FA konzentriert werden soll oder ein bestimmtes FA orts- oder sachnäher als das örtlich zuständige ist.

7 Als **Anwendungsfälle** kommen insb. in Betracht:

- **Bearbeitung des StFalles für vergangene Zeiträume,** wenn die mit dem Fall vertraute FB etwa durch Wohnsitzwechsel des Stpfl. nicht mehr zuständig ist (BT-Drs. VI/1982, 108). Hier führt die nach einem Zuständigkeitswechsel nunmehr unzuständig gewordene FB ein Verfahren nicht iSd § 26 S. 2 zu Ende, sondern übernimmt im Wege der Vereinbarung das gesamte Besteuerungsverfahren für die vergangenen Zeiträume. § 27 ermöglicht somit eine über die Fortführung eines bereits begonnenen Verfahrens hinausgehende Tätigkeit (HHSp § 27 Rn. 15). Die Vereinbarung kann auch bei Zuständigkeitswechsel nach Betriebsaufgabe und Gesamtrechtsnachfolge zweckmäßig sein oder für die Besteuerung von Organschaften, wenn die Zuständigkeiten für den Organträger und die Organgesellschaft auseinanderfallen (Gosch AO § 27 Rn. 7; HHSp § 27 Rn. 14). Für den Fall der Insolvenz oder der Liquidation ist für die früher übliche Zuständigkeitsvereinbarung nach Einführung des § 26 S. 3 ab 29.12.2007 kein Bedarf mehr (→ § 26 Rn. 22).
- **Unklare Zuständigkeit** (HHSp § 27 Rn. 14b).
- **Außenprüfung.** Die FB können vereinbaren, dass ein unzuständiges FA wegen der Orts- oder Sachnähe die Ap. durchführt (FG Rheinland-Pfalz 6.5.1991 – 5 K 1179/91, EFG 1991, 641). Vgl. auch § 195 S. 2.
- **Auseinanderfallen der Zuständigkeiten** für verschiedene StArten wie zB für die Ertragsteuern und die USt (→ § 21 Rn. 22).
- **StFälle mit Auslandsbezug.** Nach § 21 I 2 und der UStZustV besteht eine zentrale örtliche Zuständigkeit für Unternehmer, die Wohnsitz, Sitz oder Geschäftsleitung außerhalb des Geltungsbereichs der AO haben; die zentrale Zuständigkeit gilt auch für Bau-

leistungen (§ 20a). Diese zentrale Zuständigkeit ist ferner gegeben, wenn ein Stpfl. als Einzelunternehmer im Inland ein Unternehmen betreibt und sowohl im Inland als auch im Ausland einen Wohnsitz hat. In diesen Fällen kann es sachgerecht sein, die Besteuerung bei dem bisher zuständigen FA – und nicht bei dem zentral zuständig gewordenen FA – zu belassen. Es kann zu Gunsten des Stpfl. eine abw. Zuständigkeit nach § 27 vereinbart werden. Aus Gründen der Praktikabilität kann nunmehr jede der als zuständig in Betracht kommende FB iSd S. 1, also auch das zentral zuständige FA, den betroffenen Stpfl. zur Erklärung der Zustimmung dazu, mit dem bisher zuständigen FA eine Zuständigkeitsvereinbarung zu treffen, auffordern. Nach AEAO zu § 27 Nr. 3 ist eine Zuständigkeitsvereinbarung herbeizuführen, wenn die zentrale Zuständigkeit nach § 21 I 2 iVm der UStZustV nicht zweckmäßig ist. Es soll das für die Ertragsteuer zuständige FA insgesamt zuständig sein für Stpfl., die ihr Unternehmen als Einzelunternehmen ausschl. oder überwiegend im Inland betreiben und sowohl im Inland als auch im Ausland einen Wohnsitz haben und bei KapGes mit statutarischem Sitz im Ausland und Geschäftsleitung im Inland, die allein oder überwiegend im Inland unternehmerisch tätig sind (vgl. OFD Magdeburg 13.2.2013, BeckVerw 269529).

– **Bauleistungen** werden nur gelegentlich oder nur von untergeordneter Bedeutung erbracht (AEAO zu § 27 Nr. 4; AEAO zu § 20a Nr. 2; → § 20a Rn. 7).
– **Besteuerung von Amtsangehörigen** (HHSp § 27 Rn. 17; Gosch AO § 27 Rn. 6).

2. Vereinbarung der Finanzbehörden

Über die Bestimmung der an sich (örtlich) unzuständigen FB als zuständig muss zwischen allen beteiligten FB Einvernehmen erzielt sein. Die an sich zuständige FB muss beteiligt sein. Die Vereinbarung muss ausdrücklich getroffen werden. Eine bestimmte **Form** ist nicht erforderlich. Es genügt, wenn das Einvernehmen der an sich zuständigen FB in einem Aktenvermerk festgehalten wird und somit Gewissheit über den Inhalt der Vereinbarung besteht (BFH 10.12.1987 – IV R 53/86, BFH/NV 1988, 752; BFH 13.12.2001 – III R 13/00, BStBl. II 2002, 406; TK § 27 Rn. 6 und 10; HHSp § 27 Rn. 19; Schwarz/Pahlke/Keß § 27 Rn. 6). Ein bloß geduldetes Tätigwerden genügt nicht (BFH 25.1.1989 – X R 158/87, BStBl. II 1989, 483). Der Abschluss einer Vereinbarung kann auch von der Aufsichtsbehörde angewiesen werden (TK § 27 Rn. 8). Die Vereinbarung muss dem betroffenen Stpfl. **bekannt gegeben** werden. Der Stpfl. kann sein Interesse daran, eine Vereinbarung nicht zu treffen, durch Versagung seiner Zustimmung durchsetzen. 8

3. Zustimmung der betroffenen Person

Das Zustimmungserfordernis dient dem Schutz des Stpfl. vor willkürlichen Vereinbarungen. Ferner ist der Verfassungsbestimmung des Art. 101 I 2 GG zu genügen, weil an die örtliche Zuständigkeit idR die Zuständigkeit des FG anknüpft (AEAO zu § 27 Nr. 1). Die Zustimmung bedarf keiner bestimmten **Form** (AEAO zu § 27 Nr. 2). Sie muss ausdrücklich erfolgen. Ein Schweigen bzw. fehlender Widerspruch der betroffenen Person gilt unter den Voraussetzungen des § 27 S. 2–4 als Zustimmung (→ Rn. 13 ff.). Im Übrigen können **Schweigen** oder fehlender Widerspruch für sich jedoch nicht als Zustimmung gewertet werden (BFH 13.12.2001 – III R 13/00, BStBl. II 2002, 406; FG Hamburg 17.6.2014 – 4 K 98/13, BeckRS 2014, 96143). Die Zustimmung steht in freiem Belieben des Stpfl.; sie kann nicht erzwungen werden. Die ausdrücklich erteilte oder nach S. 3 fingierte Zustimmung ist bedingungsfeindlich und kann nur mit Wirkung für die Zukunft widerrufen werden. Der Stpfl. kann die Vereinbarung selbst **anregen.** Eines förmlichen Antrages bedarf es dazu nicht. Wird der Anregung gefolgt, ist eine gesonderte Zustimmung nicht erforderlich (TK § 27 Rn. 11 mwN). Die betroffene Person hat keinen Anspruch auf die Vereinbarung. 9

4. Gründe für die Vereinbarung

10 Nach dem Gesetzeswortlaut ist die Zulässigkeit der Vereinbarung über die Einigung der beteiligten FB und die Zustimmung der betroffenen Person hinaus an keine weiteren Voraussetzungen geknüpft. Es handelt sich allerdings um eine Ermessensentscheidung der beteiligten FÄ („kann", § 5), weshalb das Vorliegen sachlicher Gründe für die Übertragung der örtlichen Zuständigkeit auf eine an sich unzuständige Behörde zu fordern sein dürfte. Umstritten ist, ob die Vereinbarung allein aus Gründen der **Verfahrensökonomie** getroffen werden darf. Dies wird im Hinblick auf den eindeutigen Wortlaut des § 27 abgelehnt, die Vereinbarung müsse sich als Ermessensentscheidung an sachlichen Gründen orientieren (Klein § 27 Rn. 10). TK stellen ebenfalls auf die Qualität der Vereinbarung als Ermessensentscheidung ab, die sich an sachgerechten Kriterien zu orientieren habe; sachgerecht sei jede Entscheidung, die der Verfahrensökonomie diene oder die Erfüllung der den FB obliegenden Aufgaben erleichtere, dies insb. in atypischen Fällen, in denen die Anwendung der Zuständigkeitsvorschriften zu unzweckmäßigen Ergebnissen führe. Von § 27 könne die FB nicht beliebig Gebrauch machen, der Stpfl. könne sich das FA nicht aussuchen (TK § 27 Rn. 7 ff.; HHSp § 27 Rn. 20: legitimer Zweck wie zB Verwaltungsvereinfachung erforderlich). Gosch verweist auf den von § 26 S. 2 abweichenden Wortlaut der Norm und lehnt das Erfordernis weiterer Voraussetzungen ab. Auch sei die Annahme der Rechtswidrigkeit einer nicht der Verfahrensökonomie dienenden Vereinbarung bei Einverständnis aller Beteiligten wenig sachgerecht (Gosch AO § 27 Rn. 12; FG München 15.2.2019 – 8 K 142/17, EFG 2019, 587). Letztlich besteht Einigkeit darüber, dass die Zuständigkeitsvereinbarung nicht beliebig getroffen werden kann. Es widerspricht rechtsstaatlichen Grundsätzen, eine Zuständigkeitsvereinbarung schrankenlos zuzulassen und damit eine willkürliche Zuständigkeitsverlagerung zu ermöglichen. Daran ändert auch das Zustimmungserfordernis nichts, durch das der Stpfl. seine Interessen wahren kann. Jedoch sind angesichts des Wortlauts der Vorschrift keine hohen Anforderungen an die Rechtmäßigkeit der Vereinbarung zu stellen. Es reicht daher jeder sachliche Grund für die Übertragung der Zuständigkeit auf eine an sich örtliche unzuständige FB aus. Der Grund kann sowohl aus Sicht der FVerw. zB in der Verwaltungsökonomie als auch aus Sicht des Stpfl. in einem anerkennenswerten Interesse, nicht von dem an sich zuständigen FA besteuert zu werden, liegen. So kann es etwa unabhängig von einer Verwaltungsvereinfachung zweckmäßig sein, dass der Vorsteher des für ihn zuständigen FA von einem benachbarten FA veranlagt wird.

III. Einholung der Zustimmung der betroffenen Person (S. 2–4)

1. Aufforderung der Finanzbehörde (S. 2)

13 **S. 2–4** dienen der **Vereinfachung des Verfahrens.** Insb. bei StFällen mit Auslandsbezug sollen die Vorschriften ermöglichen, eine schnelle und im Interesse sowohl der beteiligten FB als auch des Stpfl. praktikable Zuständigkeitsvereinbarung herbeizuführen. Aus Gründen der Praktikabilität kann nunmehr jede der als zuständig in Betracht kommende FB iSd S. 1, also auch das nach § 21 I 2 iVm der UStZustV zentral zuständige FA, den Stpfl. zur Erklärung der Zustimmung dazu, mit dem bisher zuständigen FA eine Zuständigkeitsvereinbarung zu treffen, auffordern. Die Vorschrift gilt indes nicht nur in Fällen mit Auslandsbezug, sondern kommt in allen geeigneten Fällen zur Anwendung (BT-Drs. 15/1562, 55). Die – ausdrückliche – Aufforderung zur Zustimmung muss eine den Umständen entspr. **angemessene Frist** (lt. Gosch AO § 27 Rn. 14; Klein § 27 Rn. 9 und HHSp § 27 Rn. 27: idR 1 Monat) zur Erklärung enthalten und der betroffenen Person das für die Besteuerung vorgesehene FA nennen. Sie sollte aus Gründen des Nachweises schriftlich erfolgen. Ist die gesetzte Frist nicht angemessen, läuft keine Frist (Gosch AO § 27 Rn. 14; HHSp § 27 Rn. 27).

2. Fiktion der Zustimmung (S. 3)

S. 3 stellt eine Fiktion der Zustimmung auf, wenn der Stpfl. auf die Aufforderung zur Erklärung der Zustimmung innerhalb der nach S. 2 gesetzten Frist nicht widerspricht. Widerspricht er nicht, gilt die Zustimmung als erteilt und die Zuständigkeitsvereinbarung wird wirksam (BT-Drs. 15/1562, 55). Widerspricht er, ist die Vereinbarung nicht wirksam. Ein nicht ausdrücklich erklärter Widerspruch kann sich wie die nicht ausdrücklich erklärte Zustimmung aus den besonderen Umständen des Einzelfalles ergeben. Nach Eintritt der Zustimmungsfiktion kann der Stpfl. die Zustimmung mit Wirkung für die Zukunft widerrufen (AEAO zu § 27 Nr. 2). 14

3. Belehrung der betroffenen Person (S. 4)

Wegen der Bedeutung des Schweigens auf die Aufforderung zur Erklärung der Zustimmung als Zustimmungsfiktion ist der Stpfl. auf diese Wirkung nach S. 4 ausdrücklich hinzuweisen. Fehlt die Belehrung, tritt im Fall des Schweigens die Fiktion nicht ein. 15

IV. Aufhebung von Zuständigkeitsvereinbarungen

Die Aufhebung einer nach § 17 begründeten Zuständigkeitsvereinbarung ist gesetzlich nicht geregelt. Nach Auffassung des BFH (BFH 12.7.2021 – VI R 13/19, BStBl. II 2021, 839) bedarf die Aufhebung der Vereinbarung – in Abweichung zur Begründung – keiner Zustimmung des Stpfl., wenn diese aufgrund des Entfalls des rechtlichen Grundes für eine abweichende Zuständigkeitsvereinbarung von den beteiligten FB einvernehmlich aufgehoben wird (aA wohl noch FG München 17.11.2015 – 14 K 2326/15, EFG 2016, 521: Zustimmung aller Beteiligten erforderlich). 18

V. Rechtsfolgen bei Verstoß

Ein Verstoß gegen § 27 liegt beispielsweise vor, wenn eine unzuständige FB ohne Vereinbarung mit der zuständigen FB und bzw. oder ohne Zustimmung des Stpfl. tätig geworden ist. Die Vereinbarung ist **kein VA** (TK § 27 Rn. 14 f.; HHSp § 27 Rn. 28; Schwarz/Pahlke/Keß § 27 Rn. 13; aA Gosch AO § 27 Rn. 15). Sie kann daher nicht gesondert angegriffen, sondern nur als Grund für die Rechtswidrigkeit der Amtshandlung wegen Verstoßes gegen die örtliche Zuständigkeit geltend gemacht werden. Der Verstoß kann unter den Voraussetzungen des § 127 unbeachtlich sein (BFH 8.9.2011 – II R 47/09, BFH/NV 2012, 67; BFH 30.11.2016 – V R 48/15, BFH/NV 2017, 265). Die Ablehnung einer vom Stpfl. angeregten Vereinbarung ist ebenfalls kein anfechtbarer VA. Wird allerdings die Vereinbarung oder die ablehnende Entscheidung in Gestalt eines VA getroffen, steht dem Stpfl. dagegen der Rechtsbehelf zu. Sind sowohl die Zuständigkeitsvereinbarung als auch der VA (bei Ermessensentscheidungen) materiell rechtswidrig, ist die Aufhebung nicht nach § 127 ausgeschlossen. Ist die sachliche Zuständigkeit berührt, greift zwar nicht § 127 ein, der Verstoß hat idR aber ebenfalls nur die Anfechtbarkeit zur Folge (zu Einzelheiten → § 16 Rn. 34 ff., → § 17 Rn. 21 ff.). 20

Betrifft die mit Zustimmung des Stpfl. getroffene Vereinbarung zwischen den FB die Zuständigkeit für die RealSt-MB, so hat die Gemeinde – mangels gesetzlicher Grundlage – weder einen Rechtsbehelf gegen die Vereinbarung noch kann sie den Bescheid angreifen (Gosch AO § 27 Rn. 17; Schwarz/Pahlke/Keß § 27 Rn. 13). 21

§ 28 Zuständigkeitsstreit

(1) [1]**Die gemeinsame fachlich zuständige Aufsichtsbehörde entscheidet über die örtliche Zuständigkeit, wenn sich mehrere Finanzbehörden für zuständig oder für unzuständig halten oder wenn die Zuständigkeit aus anderen Gründen zweifelhaft ist.** [2]**§ 25 Satz 2 gilt entsprechend.**

(2) **§ 5 Absatz 1 Nummer 7 des Gesetzes über die Finanzverwaltung bleibt unberührt.**

Vergleichbare Vorschriften: § 3 II 3 und 4 VwVfG, § 3 I 2 und 3 SGB X

I. Allgemeines

1 § 28 trifft eine Regelung für Fälle des **positiven und negativen Kompetenzkonflikts** sowie bei Zuständigkeitszweifeln. Durch die Bestimmung der örtlichen Zuständigkeit durch eine Aufsichtsbehörde soll ein Stillstand der Verwaltung aufgrund von Zuständigkeitsstreitigkeiten vermieden werden. Durch § 28 wird eine örtliche Zuständigkeit nur festgestellt, nicht aber konstitutiv geschaffen (FG Münster 6.2.2020 – 5 K 2531/17 F, DStRE 2020, 1061). Nicht § 28, sondern § 24 ist anwendbar, wenn sich keine Zuständigkeit feststellen lässt. § 25 greift bei eindeutiger Mehrfachzuständigkeit ein. § 29 kann für unaufschiebbare Maßnahmen herangezogen werden, wenn sich die Zuständigkeit nicht sofort eindeutig klären oder nach § 28 bestimmen lässt. Werden mehrere FB mit der Folge widerstreitender StFestsetzungen gegen den Stpfl. tätig, so werden diese in Anwendung des § 174 gelöst.

II. Bestimmung der Zuständigkeit

1. Anwendungsbereich

5 § 28 betrifft die Zuständigkeit bei bestehendem Zuständigkeitsstreit oder bei sonstigen Zuständigkeitszweifeln, wobei – anders als bei § 25 – nur eine Behörde objektiv zuständig ist. Die Vorschrift bestimmt, wer in den Fällen über die Zuständigkeit entscheidet, wenn mehrere FB sich für zuständig oder unzuständig halten oder die Zuständigkeit aus anderen Gründen zweifelhaft ist. Solche Zweifel können als Vorstufe eines Streits die Zuständigkeit an sich betreffen oder sich etwa bei Beantwortung der Frage ergeben, ob bestimmte Amtshandlungen noch zur Fortführung des Verfahrens nach § 26 S. 2 gehören (Schwarz/Pahlke/Keß § 28 Rn. 3).

2. Bestimmung durch die gemeinsame Aufsichtsbehörde (Abs. 1 S. 1)

8 Für die Bestimmung der Zuständigkeit ist die gemeinsame Aufsichtsbehörde der FB, unter denen die Zuständigkeit umstritten ist, zuständig. Die Bestimmung muss sich im Rahmen der Zuständigkeitsvorschriften halten; die Aufsichtsbehörde muss diejenige FB als zuständig bestimmen, die es objektiv ist. So kann sie nicht bestimmen, dass ein nach § 26 nicht mehr zuständiges FA zuständig bleibt (FG Baden-Württemberg 23.1.1987 – XIII-V 12/86, EFG 1987, 274). § 27 darf nicht umgangen werden (HHSp § 28 Rn. 9). Gegebenenfalls hat die Aufsichtsbehörde eine am Zuständigkeitsstreit nicht beteiligte FB für zuständig zu erklären (Gosch AO § 28 Rn. 8). Die **Weisung der Aufsichtsbehörde** begründet keine nach den Zuständigkeitsvorschriften nicht gegebene Zuständigkeit. Die FB – nicht jedoch das FG – ist an die Weisung gebunden. Die (fehlerhafte) Bestimmung führt zur Rechtswidrigkeit der Amtshandlung wegen Verstoßes gegen die örtliche Zuständigkeit und ist im Finanzprozess voll überprüfbar (TK § 28 Rn. 2; HHSp § 28 Rn. 10 und 22; → Rn. 13). § 28 begründet kein Selbsteinstrittsrecht der Aufsichtsbehörde, weil in diesem Fall die sachliche Zuständigkeit berührt wäre. Welche FB (gemeinsame) Aufsichtsbehörde ist, richtet sich nach den Bestimmungen des FVG. Zu entscheiden hat stets die unterste gemeinsame Aufsichtsbehörde (→ § 25 Rn. 9).

3. Bestimmung durch die Aufsichtsbehörden gemeinsam (Abs. 1 S. 2)

9 Gibt es keine gemeinsame Aufsichtsbehörde, so entscheiden die jeweiligen Aufsichtsbehörden gemeinsam über die Zuständigkeit einer FB. Sie sind zur einvernehmlichen Entscheidung verpflichtet (HHSp § 28 Rn. 16; TK § 28 Rn. 4). Keine gemeinsame Aufsichtsbehörde gibt es bei einem länderübergreifenden Zuständigkeitsstreit, wenn die

Steuer nicht im Auftrag des Bundes verwaltet wird und somit nicht auch das BMF Aufsichtsbehörde ist. Zweckmäßig ist die Bestimmung durch die Aufsichtsbehörden der niedrigsten Hierarchiestufe (Näheres → § 25 Rn. 10). Einigen sie sich nicht, müssen sich die obersten FB der Länder einigen.

4. Bestimmung durch das Bundeszentralamt für Steuern (Abs. 2)

Abw. von Abs. 1 entscheidet gem. § 5 I Nr. 7 FVG das BZSt bei einem Zuständigkeits- 10 streit über die örtliche Zuständigkeit für Personen, die nicht im Geltungsbereich der AO ansässig sind.

III. Rechtsfolgen bei Verstoß

Die Weisung der Aufsichtsbehörde ist ein **verwaltungsinterner Organisationsakt** (TK 13 § 28 Rn. 6; HHSp § 28 Rn. 10). Die Weisung, die eine unzuständige FB als zuständig bestimmt, ist daher nicht isoliert anfechtbar, sondern hat als Verstoß gegen die örtliche Zuständigkeit idR die Anfechtbarkeit des darauf beruhenden VA zur Folge; der Fehler ist unter den Voraussetzungen des § 127 unbeachtlich (→ § 17 Rn. 21 ff.).

§ 29 Gefahr im Verzug

[1] Bei Gefahr im Verzug ist für unaufschiebbare Maßnahmen jede Finanzbehörde örtlich zuständig, in deren Bezirk der Anlass für die Amtshandlung hervortritt. [2] Die sonst örtlich zuständige Behörde ist unverzüglich zu unterrichten.

Vergleichbare Vorschriften: § 3 IV VwVfG, § 2 IV SGB X

I. Allgemeines

§ 29 bestimmt die Zuständigkeit bei Dringlichkeit einer Amtshandlung abw. von den 1 §§ 17–28. Diese Zuständigkeitsbestimmungen beziehen sich auf Fälle, die in Bezug auf die Dringlichkeit der Feststellung der örtlichen Zuständigkeit in Zweifelsfällen sowie der von der FB zu treffenden Maßnahmen keinen vom Regelfall abw. Handlungsbedarf notwendig machen. Es sind daneben Fälle denkbar, die **unaufschiebbare Maßnahmen** erfordern (→ Rn. 5). § 29 begründet eine vorübergehende Notzuständigkeit einer sonst nicht zuständigen FB. Anwendungsfälle sind vor allem Fahndungs- und Vollstreckungsmaßnahmen sowie Arrestanordnungen (Gosch AO § 29 Rn. 5; Schwarz/Pahlke/Keß § 29 Rn. 1).

II. Bestimmung der Zuständigkeit

Voraussetzung für die Notzuständigkeit ist das Vorliegen von **Gefahr im Verzug.** Dazu 5 muss eine Sachlage eingetreten sein, bei der ein Schaden eintreten würde, wenn nicht anstelle der zuständigen Behörde eine andere Behörde tätig wird. Eine solche Lage kann bestehen, wenn bei einem Unterlassen der gebotenen Amtshandlung ein Zeitverlust einträte, der mit hoher Wahrscheinlichkeit zur Folge hätte, dass der Zweck der zu treffenden Regelung nicht mehr erreicht werden könnte (Gosch AO § 29 Rn. 10 mwN). § 29 greift ein, wenn entweder die örtliche Zuständigkeit nicht sofort eindeutig zu klären ist oder eine sonst nicht zu bewältigende Notsituation vorliegt; es reicht nicht aus, dass die zuständige Behörde sich am Tätigwerden gehindert sieht oder bewusst nicht tätig wird (BFH 13.12.2001 – III R 13/00, BStBl. II 2002, 406: keine Notzuständigkeit bei Veranlagung zur Steuer; BFH 23.2.2010 – VII R 48/07, BStBl. II 2010, 562: Anmeldung von StAnsprüchen im Insolvenzverfahren; FG Niedersachsen 25.7.2014 – 15 V 164/14, EFG 2014, 1838: keine Gefahr im Verzug bei Veräußerung eines Grundstücks im Zuständigkeitsbereich der Behörde; TK § 29 Rn. 1; Schwarz/Pahlke/Keß § 29 Rn. 3; HHSp § 29 Rn. 9; aA Gosch AO § 29 Rn. 11: objektive Gefährdungslage reicht aus). Die Gefahr muss eine Aufgabe der FVerw. nach § 85 betreffen. Gefährdet sein können Rechte des StBerechtigten, des Stpfl. oder eines anderen Beteiligten (TK § 29 Rn. 2). Hier kommt insb. die konkrete Gefährdung wesentlicher fiskalischer Interessen in Betracht; eine bloße Gefährdung des StAnspruchs iSd § 222 genügt nicht (Gosch AO § 29 Rn. 10; HHSp § 29 Rn. 6).

6 Ebenso wie bei der Bestimmung der Zuständigkeit im Anwendungsbereich des § 24 ist die FB zuständig, in deren Bezirk in Ansehung der Dringlichkeit des Einschreitens objektiv **Anlass für die Amtshandlung** besteht. Der Anlass tritt dort hervor, wo die FB aufgrund konkreter Anhaltspunkte erkennt, dass eine Amtshandlung in Betracht kommt (→ § 24 Rn. 5 f.). Für denselben Sachverhalt, der in Bezirken mehrerer Behörden Anlass zu Amtshandlungen geben kann, können daher mehrere sachlich zuständige Behörden nebeneinander örtlich zuständig sein. § 29 erlaubt keine Ermittlungen – insb. im Rahmen einer StFahndung – „ins Blaue hinein" (Gosch AO § 29 Rn. 12).

7 § 29 begründet die Notzuständigkeit einer an sich örtlich unzuständigen Behörde; diese muss allerdings **sachlich zuständig** sein (→ § 17 Rn. 1). Bei Zuständigkeitsübertragungen auf bestimmte FB nach § 12 III, § 17 II 3, 4 FVG, § 21 I 2 wird § 29 in Anbetracht seines Sinn und Zwecks für die Begründung einer sachlichen (Not-)Zuständigkeit entspr. angewendet werden können (Gosch AO § 29 Rn. 7; Schwarz/Pahlke/Keß § 29 Rn. 2; aA HHSp § 29 Rn. 10). Das erscheint sinnvoll, weil in diesen Fällen die sachliche und örtliche Zuständigkeit eng miteinander verknüpft sind und gerade bei Eilbedürftigkeit des behördlichen Einschreitens schwierige Zuständigkeitsermittlungen zunächst unterbleiben sollen. Der Verstoß gegen die sachliche Zuständigkeit kann hingenommen werden, weil die nicht zuständige FB nur in eng begrenztem Umfang tätig werden darf (→ Rn. 8).

8 Der **Umfang der Zuständigkeit** der nach § 29 zuständigen FB ist begrenzt. Sie muss sich auf die Maßnahmen beschränken, die zur Abwendung der Gefahr im Verzug erforderlich sind; ggf. können vorläufige Maßnahmen ausreichend sein. § 29 gilt nicht für aufschiebbare Maßnahmen. Die Zuständigkeit **endet** in dem Zeitpunkt, in dem die sonst zuständige Behörde Kenntnis von dem Anlass erlangt und nunmehr selbst tätig werden könnte (HHSp § 29 Rn. 14). Die Behörde kann nicht nach § 26 S. 2 mit Zustimmung der sonst zuständigen FB das Verfahren fortführen, ohne dass der Stpfl. zustimmen muss (HHSp § 29 Rn. 13; Gosch AO § 29 Rn. 9; TK § 29 Rn. 3; aA Schwarz/Pahlke/Keß § 29 Rn. 5). Sie wird allerdings ohne Zustimmung des Stpfl. eine begonnene Maßnahme zu Ende führen dürfen. Für die Fortführung des Verfahrens kommt eine Zuständigkeitsvereinbarung nach § 27 in Betracht. Nach § 29 S. 2 ist die sonst zuständige Behörde unverzüglich, also ohne schuldhaftes Zögern, zu **unterrichten,** damit sie das Verfahren weiterführen kann.

III. Rechtsfolgen bei Verstoß

12 Ein **Verstoß** gegen § 29 liegt vor, wenn unzutr. das Vorliegen von Gefahr im Verzug angenommen wird oder wenn sich die Behörde nicht auf die notwendigen Maßnahmen beschränkt hat. Ein unverschuldeter Irrtum ist unschädlich (HHSp § 29 Rn. 18). Ein Verstoß gegen § 29 hat idR die Anfechtbarkeit des darauf beruhenden VA zur Folge; ein Fehler ist unter den Voraussetzungen des § 127 unbeachtlich (→ § 17 Rn. 21 ff.).

§ 29a Unterstützung des örtlich zuständigen Finanzamts auf Anweisung der vorgesetzten Finanzbehörde

[1]Die oberste Landesfinanzbehörde oder die von ihr beauftragte Landesfinanzbehörde kann zur Gewährleistung eines zeitnahen und gleichmäßigen Vollzugs der Steuergesetze anordnen, dass das örtlich zuständige Finanzamt ganz oder teilweise bei der Erfüllung seiner Aufgaben in Besteuerungsverfahren durch ein anderes Finanzamt unterstützt wird. [2]Das unterstützende Finanzamt handelt im

Namen des örtlich zuständigen Finanzamts; das Verwaltungshandeln des unterstützenden Finanzamts ist dem örtlich zuständigen Finanzamt zuzurechnen.

I. Allgemeines

§ 29a wurde durch das G v. 18.7.2016 (BGBl. 2016 I 1679) eingefügt und trat am 23.7.2016 in Kraft. Ziel der Vorschrift ist die Flexibilisierung der Arbeitsorganisation der FVerw. der Länder insb. zur kurzfristigen Reaktion auf einen (ggf. vorübergehenden) veränderten Arbeitsanfall in den FÄ (BT-Drs. 18/7457, 60). Sie ermöglicht zur Entlastung des zuständigen FA, Veranlagungsarbeiten oder sonstige Tätigkeiten im Rahmen des Besteuerungsverfahrens (Festsetzungs-, Erhebungs- und Vollstreckungsverfahren) auf ein oder mehrere – an sich örtlich unzuständige – FÄ temporär und ohne erheblichen bürokratischen Aufwand zu verteilen (s. BT-Drs. 18/7457, 60). § 29a stellt insoweit eine neue Form interner Verwaltungskooperation im StVerfahren dar (HHSp § 29a Rn. 4; TK § 29a Rn. 4). Es besteht **keine Verpflichtung** von der Regelung Gebrauch zu machen (BT-Drs. 18/7457, 60). Die bisher möglichen Maßnahmen, also Abordnung oder Umsetzung von Personal oder die Änderung der Zuständigkeiten durch Landesverordnung, bleiben nach der Gesetzesbegründung ausdrücklich unberührt. Bestehende personalvertretungsrechtliche Regelungen gelten unverändert; eine Beschneidung der Rechte der Personalvertretungen ist insoweit ausgeschlossen (BT-Drs. 18/7457, 60). 1

II. Anordnung der Unterstützung durch ein anderes FA (S. 1)

1. Anordnungsanlass

Gemäß § 29a S. 1 ist die Unterstützungsanordnung ausschließlich zur Gewährleistung eines zeitnahen und gleichmäßigen Vollzugs der StGesetze möglich. Beim zuständigen FA muss eine **Unterstützungsbedürftigkeit** insoweit bestehen, dass ein zeitnaher und gleichmäßiger Vollzug der StGesetze (temporär) nicht durch dieses FA gewährleistet ist. Beide Ziele (Zeitnähe und Gleichmäßigkeit des StVollzugs) müssen kumulativ vorliegen (HHSp § 29a Rn. 13; Schwarz/Pahlke/Keß § 29a Rn. 22; TK § 29a Rn. 8). Die Unterstützungsbedürftigkeit darf für Zwecke des § 29a ausweislich der Gesetzesbegründung nur auf einer vorübergehenden atypischen Situation beruhen (BT-Drs. 18/7457, 60). Ist die ordnungsgemäße und zeitgerechte Erfüllung der gesetzlich zugewiesenen Aufgaben im Besteuerungsverfahren auf Dauer durch das zuständige FA nicht gesichert, muss vom Rechtsträger die Ausstattung des FA mit Sach- und Personalmitteln angepasst oder aber eine abweichende Zuständigkeitsregelung geschaffen werden (Gosch AO § 29a Rn. 20; HHSp § 29a Rn. 16; TK § 29a Rn. 10). In diesem Fall greift § 29a nicht. 4

2. Anordnungsbefugnis, Ermessen

Gemäß § 29a S. 1 wird die Anordnung über die Unterstützung durch ein anderes FA von der **obersten LandesFB** (FM bzw. Senatsverwaltung für Finanzen, → § 6 Rn. 17) oder von der von ihr beauftragten LandesFB getroffen. BundesFB sind nicht anordnungsbefugt. Für sie ebenso wie für andere FB (zB Zollbehörden, Familienkassen, Deutsche Rentenversicherung, → § 6 Rn. 16 ff.) gilt § 29a nicht. 5

Die Unterstützungsanordnung steht im Ermessen („kann", § 5) der obersten LandesFB oder der von ihr beauftragten LandesFB. Im Rahmen ihres **Entschließungsermessens** muss die anordnungsbefugte Behörde die Unterstützungsbedürftigkeit des zuständigen FA (→ Rn. 4) feststellen und beurteilen, ob eine Unterstützung nach § 29a im konkreten Fall sachgerecht und ausreichend ist, die Vollzugsziele (→ Rn. 4) zu wahren oder aber ggf. dauerhafte Maßnahmen (Anpassung der Ausstattung des FA oder strukturelle Reorganisation) erforderlich sind. Bei der Entscheidung, welches andere FA für welche übertragene Aufgabe unterstützend tätig werden soll **(Auswahlermessen),** sind als Auswahlkriterien insb. Ortsnähe, eigene Auslastung des FA sowie besondere Spezialisierung und Synergieeffekte zu berücksichtigen (ebenso Gosch AO § 29a Rn. 16; TK § 29a Rn. 12). Das 6 jeweils unterstützende FA muss dabei die gleiche sachliche Zuständigkeit haben wie das zu unterstützende FA (ebenso HHSp § 29a Rn. 17; Schwarz/Pahlke/Keß § 29a Rn. 27 ff.). § 29a durchbricht temporär lediglich die örtliche Zuständigkeit im Unterstützungsfall.

7 Die Auswahl der übertragenen Aufgaben muss sich nach objektiven Kriterien richten (BT-Drs. 18/7457). Eine „Entleerung" der Zuständigkeit des örtlich zuständigen FA ist unzulässig (HHSp § 29a Rn. 19; TK § 29a Rn. 17). Die Arbeitsverteilung auf die FÄ kann unter den Voraussetzungen des § 29a auch ausschl. automationsgestützt zB in Abhängigkeit von der aktuellen Arbeits- und Personallage der FÄ und der Zahl der eingegangenen StErklärungen festgelegt werden. Der entsprechenden Programmierung muss eine vorweggenommene allgemeingültige Anordnung nach § 29a anhand objektiv nachprüfbarer Kriterien zugrunde liegen, wie zB nach Zeitpunkt des Erklärungseingangs, Anfangsbuchstabe, Vorliegen bestimmter Einkunftsarten usw. Die Fachaufsicht im Einzelfall obliegt weiterhin der Amtsleitung des zuständigen FA.

8 Ein Besteuerungsverfahren kann nach dem Wortlaut des § 29a („ein FA", „Das unterstützende FA") nur auf **ein anderes FA** übertragen werden. Für verschiedene Besteuerungsverfahren eines zuständigen FA können nach § 29a nebeneinander verschiedene FÄ mit der Unterstützung beauftragt werden (BT-Drs. 18/7457, 60). Die anordnungsbefugte LänderFB kann im Rahmen ihrer eigenen Verbandskompetenz (→ § 16 Rn. 11 ff.) ausschließlich die Unterstützung eines anderen FA **desselben Landes** anordnen. Eine ländergreifende Unterstützung durch ein FA eines anderen Landes ist nach § 29a S. 1 unzulässig (ebenso Gosch AO § 29a Rn. 22; HHSp § 29a Rn. 18; Schwarz/Pahlke/Keß § 29a Rn. 32; TK § 29a Rn. 12). Darüber hinaus schließt der Wortlaut des § 29a die Anordnung der Unterstützung durch eine andere FB des Landes oder des Bundes bzw. eine Direktunterstützung durch die oberste LandesFB oder eine Mittelbehörde aus.

3. Form und Inhalt der Anordnung

9 Die Unterstützungsanordnung nach § 29a ist eine **verwaltungsinterne Anweisung,** die gegenüber dem zu unterstützenden und dem unterstützenden FA ergeht. Sie ist kein VA (Schwarz/Pahlke/Keß § 29a Rn. 21a; TK § 29a Rn. 13).

10 Der Stpfl. ist bei Bedarf über die Anordnung nach § 29a zu informieren (BT-Drs. 18/7457, 60). Ein solcher Bedarf ist ausweislich der Gesetzesbegründung (BT-Drs. 18/7457, 60) insb. dann anzunehmen, wenn die Sachbearbeitung im Einzelfall Rückfragen beim Stpfl. erforderlich macht oder wenn der Stpfl. seinerseits Fragen zu seinem StFall stellt. Ebenso ist bei nicht erklärungsgemäßer Veranlagung, bei Ablehnung von Anträgen des Stpfl. oder anderweitigen Eingriffen in die Rechte des Stpfl. ein konkreter Hinweis auf § 29a geboten (Gosch AO § 29a Rn. 31; TK § 29a Rn. 18). Einer Anhörung oder gar Zustimmung des Stpfl. bedarf es nicht (so auch HHSP § 29a Rn. 3; Schwarz/Pahlke/Keß § 29a Rn. 4).

11 Sämtliche Aufgaben in Besteuerungsverfahren können ganz oder teilweise nach § 29a übertragen werden. Für die Ap. ist die Regelung des § 195 S. 2 lex specialis (ausführlicher dazu TK § 29a Rn. 14; aA Gosch AO § 29a Rn. 19.1; HHSp § 29a Rn. 20). Die Unterstützungsanordnung muss den **Anlass** bzw. den **Grund** sowie den **sachlichen und zeitlichen Umfang** der Zuweisung durch die zuweisende Stelle dokumentieren (BT-Drs. 18/7457, 60). Aus der Dokumentation der Ermessensentscheidung muss ersichtlich sein, dass objektive Kriterien für die Anordnung maßgebend waren und kein Fall von Willkür oder Schikane gegeben ist (HHSp § 29a Rn. 24; Schwarz/Pahlke/Keß § 29a Rn. 19).

III. Wirkung (S. 2)

14 Die Regelung des § 29a hat – anders als die Zuständigkeitsvereinbarung gem. § 27 – **keinen Zuständigkeitswechsel** zur Folge. Das örtlich und sachlich zuständige FA bleibt unverändert zuständig; das jeweils unterstützende FA handelt „im Namen und auf Rech-

nung“ des zuständigen FA (BT-Drs. 18/7457, 60). Es muss dabei nach außen erkennbar werden, dass das unterstützende FA für das unterstützte FA tätig wird (kein Handeln „unter dem Namen“ des zuständigen FA, Gosch AO § 29a Rn. 28; HHSp § 29a Rn. 26 ff.). Das Verwaltungshandeln (zB Erlass von VA) des unterstützenden FA wird dem unterstützten FA unmittelbar zugerechnet. Die **Fachaufsicht** im Einzelfall obliegt der Amtsleitung des zuständigen FA (BT-Drs. 18/7457, 60).

Ebenso verbleibt in den Fällen des § 29a die Verantwortlichkeit iSd Art. 4 Nr. 7 DS- **15**
GVO für den **Datenschutz** beim zuständigen FA als datenschutzrechtlich verantwortliche Behörde (BMF 13.1.2020, BStBl. I 2020, 143). Das unterstützende FA ist Auftragsverarbeiter iSd Art. 4 Nr. 8 DS-GVO.

IV. Rechtsschutz

Die Anordnung ist, als rein verwaltungsinterne Maßnahme, **nicht anfechtbar.** Der **18**
Rechtsschutz findet allein gegen das von dem unterstützenden FA im Namen des zuständigen FA vorgenommene Verwaltungshandeln statt. Bei dem originär zuständigen FA ist ggf. ein außergerichtlicher Rechtsbehelf nach § 357 II 1 anzubringen. Aufgrund der Zurechnung des Verwaltungshandelns bleibt das unterstützte FA passiv legitimiert (§ 63 III FGO), weshalb ein finanzgerichtliches Verfahren ebenfalls gegen dieses zu richten ist.

Vierter Abschnitt. Verarbeitung geschützter Daten und Steuergeheimnis

§ 29b Verarbeitung personenbezogener Daten durch Finanzbehörden

(1) **Die Verarbeitung personenbezogener Daten durch eine Finanzbehörde ist zulässig, wenn sie zur Erfüllung der ihr obliegenden Aufgabe oder in Ausübung öffentlicher Gewalt, die ihr übertragen wurde, erforderlich ist.**

(2) [1]**Abweichend von Artikel 9 Absatz 1 der Verordnung (EU) 2016/679 ist die Verarbeitung besonderer Kategorien personenbezogener Daten im Sinne des Artikels 9 Absatz 1 der Verordnung (EU) 2016/679 durch eine Finanzbehörde zulässig, soweit die Verarbeitung aus Gründen eines erheblichen öffentlichen Interesses erforderlich ist und soweit die Interessen des Verantwortlichen an der Datenverarbeitung die Interessen der betroffenen Person überwiegen.** [2]**Die Finanzbehörde hat in diesem Fall angemessene und spezifische Maßnahmen zur Wahrung der Interessen der betroffenen Person vorzusehen; § 22 Absatz 2 Satz 2 des Bundesdatenschutzgesetzes ist entsprechend anzuwenden.**

Vergleichbare Vorschriften: §§ 3, 22 I BDSG

Schrifttum: Baum, Datenschutz im Steuerverwaltungsverfahren ab dem 25.5.2018 – Teil 2: Zulässigkeit der Verarbeitung personenbezogener Daten durch Finanzbehörden, NWB 2017, 3203; Krumm, Grundfragen des steuerlichen Datenverarbeitungsrechts, DB 2017, 2182.

Übersicht

A. Allgemeines

I. Umsetzung der DS-GVO und Regelungsgehalt

1 § 29b wurde durch das G v. 17.7.2017 (BGBl. 2017 I 2541) eingefügt und trat am 25.5.2018 in Kraft. Die Vorschrift dient ebenso wie die Folgevorschriften des Vierten Abschnitts und die Vorschriften des Sechsten und Siebten Abschnitts (§§ 32a–32j) der Umsetzung und Ergänzung der seit dem 25.5.2018 geltenden DS-GVO, die einerseits unmittelbare Geltung in den EU-Mitgliedstaaten entfaltet, andererseits an die Mitgliedstaaten gerichtet Regelungsaufträge und Öffnungsklauseln enthält. Neben den §§ 29b ff. und der DS-GVO sind ua auch das BDSG sowie die Datenschutzgesetze der Länder Teil des steuerdatenschutzrechtlichen Regelungskomplexes (TK § 29b Rn. 1). Die Datenschutzgesetze der Länder gelten dabei nicht für die Verwaltung bundesgesetzlich geregelter Steuern, auch nicht insoweit, als diese von LandesFB verwaltet werden.

2 § 29b normiert – ebenso wie §§ 29c, 31c – Rechtsgrundlagen für die Verarbeitung personenbezogener Daten durch die FB in der AO. § 29b regelt dabei die Datenverarbeitung (einfacher) personenbezogener Daten **(Abs. 1)** bzw. besonderer Kategorien personenbezogener Daten **(Abs. 2).** § 29c erlaubt darüber hinaus in bestimmten Fällen die Weiterverarbeitung von personenbezogenen Daten durch die FB (s. § 29c). § 31c regelt die Verarbeitung besonderer Kategorien personenbezogener Daten durch die FB zu statistischen Zwecken (s. § 31c).

4 Die Vorschrift des § 29b – ebenso wie §§ 29c, 31c, 32a bis 32j – erfährt von vielen Seiten **Kritik.** So wird ua das gegenüber dem Regelablauf verkürzte **Gesetzgebungsverfahren** kritisch gesehen (vgl. ausführlich zB TK § 29b Rn. 4). Allerdings ist von einer Unbeachtlichkeit dieses Verstoßes auszugehen, da der Bundesrat, dem der nach § 76 II GG aufgrund der Beschlussempfehlung des Ausschusses für Arbeit und Soziales vom 31.5.2017 um diverse Vorschriften ergänzte Gesetzesentwurf hätte vorab erneut zugeleitet werden müssen, letztlich dem vom Bundestag beschlossenen Gesetz zugestimmt hat (so auch Krumm DB 2017, 2182 (2188); BK Art. 76 GG Rn. 189 f.; Klein § 29b Rn. 4 f.; TK § 29b Rn. 4; aA Dürig/Herzog/Scholz GG Art. 76 Rn. 117).

5 Darüber hinaus wird auf die missglückte **systematische Verortung** der §§ 29b f. verwiesen. Durch die Nummerierung wird zum einen ein (scheinbarer) Zusammenhang mit den Vorschriften über die Zuständigkeit (bis § 29a) geschaffen. Zum anderen wird der Zusammenhang mit den Datenschutzbestimmungen der §§ 32a ff. durch die Regelungen zum StGeheimnis in §§ 30–31b und der Haftungsbeschränkung für Amtsträger (§ 32) unterbrochen.

6 Teilweise wird vertreten, dass die Vorschrift des § 29b weitgehend überflüssig sei, weil die Regelung zum Datenschutz durch die Regelungen zum StGeheimnis überlagert würde. Insoweit wäre eine Verortung im BDSG vorzugswürdig gewesen, nicht zuletzt auch angesichts der Vielzahl der im Zusammenhang mit den Regelungen zum Datenschutz eingefügten Buchstabenvorschriften (ausführlicher dazu Klein § 29b Rn. 45 ff.).

Nicht zuletzt wird im Zusammenhang mit § 29b auf das unionsrechtliche **Normwiederholungsverbot** verwiesen, da sich § 29b zT auf die inhaltliche Wiedergabe der Vorschriften der DS-GVO beschränkt (vgl. ausführlich dazu HHSp § 29b Rn. 12; Klein § 29b Rn. 48; TK § 29b Rn. 10, 16, 18). Nach Auffassung des BFH genügt § 29b jedoch den Anforderungen der DS-GVO und insb. dem unionsrechtlichen Normwiederholungsverbot (BFH 5.9.2023 – IX R 32/21, BStBl. II 2024, 159; BFH 13.8.2024 – IX R 6/23, BFH/NV 2024, 1433). 7

II. Anwendungsbereich

In **zeitlicher Hinsicht** erstreckt sich der mit Wirkung zum 25.5.2018 in Kraft getretene § 29b auch auf alle zu diesem Zeitpunkt offenen Fälle (so auch BMF 13.1.2020, BStBl. I 2020, 143). 8

Der **personelle Anwendungsbereich** des § 29b erfasst ebenso wie der der Folgevorschriften sowohl (lebende als auch verstorbene) natürliche Personen, Körperschaften und Personenvereinigungen sowie Vermögensmassen, auch wenn diese nicht rechtsfähig sind (§ 2a V). Der unmittelbare Anwendungsbereich der DS-GVO ist demgegenüber gem. Art. 4 Nr. 1 DS-GVO auf natürliche Personen beschränkt (hinsichtlich der Erweiterung des Anwendungsbereichs der DS-GVO s. § 2a V). 9

Der **sachliche Anwendungsbereich** des § 29b erstreckt sich auf die gesamte Verwaltung bundesgesetzlich geregelter Steuern sowie nach § 2a II auch auf Aufgaben der FB bei der Überwachung des grenzüberschreitenden Warenverkehrs. § 29b gilt nicht für die Verarbeitung personenbezogener Daten im Rahmen des steuerlichen Straf- und Ordnungswidrigkeitenrechts. Für die Verarbeitung personenbezogener Daten in diesem Bereich gelten gem. § 2a IV die Vorschriften des Ersten und Dritten Teils des BDSG. 11

B. Verarbeitung personenbezogener Daten (Abs. 1)

I. Unionsrechtliche Grundlagen und Grundsätze

Die DS-GVO enthält in Art. 5 **allgemeine Grundsätze** für die Verarbeitung personenbezogener Daten. Danach ist bei der Verarbeitung personenbezogener Daten neben dem Grundsatz von Treu und Glauben auch der Grundsatz der Rechtmäßigkeit und Transparenz (Art. 5 I Buchst. a DS-GVO), der Grundsatz der Zweckbindung (Art. 5 I Buchst. b DS-GVO), der Datenminimierung (Art. 5 I Buchst. c DS-GVO), der Richtigkeit (Art. 5 I Buchst. d DS-GVO), der Speicherbegrenzung (Art. 5 I Buchst. e DS-GVO) und der Integrität und Vertraulichkeit der erhobenen Daten (Art. 5 I Buchst. f DS-GVO) zu beachten. Der Grundsatz der **Zweckbindung** legt dabei fest, dass personenbezogene Daten nur für festgelegte, eindeutige und legitime Zwecke erhoben werden dürfen. Nach Art. 5 II DS-GVO ist der Verantwortliche (Art. 4 Nr. 7 DS-GVO) für die Einhaltung dieser Grundsätze verantwortlich und muss deren Einhaltung nachweisen können (Rechenschaftspflicht des Verantwortlichen). 15

Unionsrechtliche Grundlage für eine zulässige Verarbeitung (einfacher) personenbezogener Daten bildet **Art. 6 DS-GVO.** Bei Art. 6 I DS-GVO handelt es sich gesetzestechnisch um ein **Verbot mit Erlaubnisvorbehalt** (BMF 13.1.2020, BStBl. I 2020, 143 Tz. 16; BFH 12.12.2023 – IX R 33/21, BStBl. II 2024, 399; Gosch AO § 29b Rn. 2; HHSp § 29b Rn. 9; TK § 29b Rn. 6), dh, die Rechtmäßigkeit der Verarbeitung personenbezogener Daten setzt die Erfüllung mindestens eines in Art. 6 I DS-GVO abschließend aufgelisteten Erlaubnistatbestands voraus. Folgende Erlaubnistatbestände sieht Art. 6 I DS-GVO dabei vor: Einwilligung (Buchst. a), Erforderlichkeit zur Vertragserfüllung (Buchst. b), zur Erfüllung einer rechtlichen Verpflichtung (Buchst. c), zum Schutz lebenswichtiger Interessen der betroffenen oder anderen natürlichen Person (Buchst. d), zur Wahrnehmung von Aufgaben im öffentlichen Interesse oder in Ausübung öffentlicher 16

Gewalt (Buchst. e) und zur Wahrnehmung berechtigter Interessen (Buchst. f). Im Unterschied zu den übrigen Tatbestandsvarianten setzen Art. 6 I Buchst. c und e DS-GVO gem. Art. 6 II, III DS-GVO eine Umsetzung durch Unionsrecht bzw. ins nationale Recht der Mitgliedstaaten voraus. Sie bilden daher keine eigenständigen Erlaubnistatbestände (BeckOK AO § 29b Rn. 4; HHSp § 29b Rn. 10). Mit **§ 29b I** hat der nationale Gesetzgeber versucht, die Öffnungsklausel in Art. 6 II, III DS-GVO für (einfache) personenbezogene Daten umzusetzen und eine auf Art. 6 I Buchst. e DS-GVO basierende **nationale Rechtsgrundlage** zu schaffen (BT-Drs. 18/12611, 77). Zur Kritik an der Vorschrift → Rn. 4.

II. Personenbezogene Daten

20 Der Begriff der personenbezogenen Daten ist in der AO selbst nicht definiert. Vielmehr ist insoweit auf die Legaldefinition des **Art. 4 Nr. 1 DS-GVO** zurückzugreifen (BMF 13.1.2020, BStBl. I 2020, 143 Tz. 8). Gemäß Art. 4 Nr. 1 HS 1 DS-GVO sind unter „personenbezogenen Daten" alle Informationen zu verstehen, die sich auf eine identifizierte oder identifizierbare natürliche Person beziehen. Als identifizierbar wird eine natürliche Person gem. Art. 4 Nr. 1 HS 2 DS-GVO angesehen, die direkt oder indirekt, insb. mittels Zuordnung zu einer Kennung wie einem Namen, zu einer Kennnummer, zu Standortdaten, zu einer Online-Kennung oder zu einem oder mehreren besonderen Merkmalen identifiziert werden kann, die Ausdruck der physischen, physiologischen, genetischen, psychischen, wirtschaftlichen, kulturellen oder sozialen Identität dieser natürlichen Person sind. § 2a V erweitert den Anwendungsbereich des § 29b über Art. 4 Nr. 1 DS-GVO hinaus auch auf Daten von Verstorbenen, von Körperschaften, Personenvereinigungen und Vermögensmassen (→ Rn. 9).

21 Für besondere Kategorien personenbezogener Daten iSd Art. 9 I DS-GVO gilt § 29b II (→ Rn. 53).

III. Verarbeitung

25 In Abweichung zu den bisher in §§ 13 I, 14 I BDSG aF enthaltenen Regelungen unterscheidet § 29b I nicht mehr zwischen den Phasen der Erhebung, Speicherung, Veränderung und Nutzung von Daten, sondern verwendet, der Regelung des Art. 4 Nr. 2 DS-GVO folgend, allgemein den umfassenden Begriff der Verarbeitung (BT-Drs. 18/12611, 77). Gemäß **Art. 4 Nr. 2 DS-GVO** stellt die „Verarbeitung" jeden mit oder ohne Hilfe automatisierter Verfahren ausgeführten Vorgang oder jede solche Vorgangsreihe im Zusammenhang mit personenbezogenen Daten dar wie zB das Erheben, das Erfassen, die Organisation, das Ordnen, die Speicherung, die Anpassung oder Veränderung, das Auslesen, das Abfragen, die Verwendung, die Offenlegung durch Übermittlung, Verbreitung oder eine andere Form der Bereitstellung, den Abgleich oder die Verknüpfung, die Einschränkung, das Löschen oder die Vernichtung. Der Begriff der Verarbeitung ist dabei weit auszulegen (EuGH 7.3.2024 – C-740/22, NVwZ 2024, 653). Es ist unerheblich, ob die Verarbeitung mit Hilfe eines automatischen Verfahrens oder manuell erfolgte (BMF 13.1.2020, BStBl. I 2020, 143 Tz. 11).

26 Unter einem **automatisierten Verfahren** der Datenverarbeitung ist ein Datenverarbeitungsprozess unter Verwendung technischer Hilfsmittel wie zB Computer, Handy oder Kamera zu verstehen (BeckOK Datenschutzrecht DS-GVO Art. 4 Rn. 34; Kühling/Buchner DS-GVO Art. 4 Nr. 2 Rn. 17; Sydow/Marsch DS-GVO Art. 4 Rn. 47). Das **Erheben,** dh Beschaffen, von personenbezogenen Daten kann ua durch StErklärungen, Auskünfte nach § 93, Ap., Anzeigen und Mitteilungen, aber auch durch eigene Recherchen der FB erfolgen (BMF 13.1.2020, BStBl. I 2020, 143 Tz. 12). Das **Offenlegen** personenbezogener Daten meint die (bewusste) Übermittlung, Verbreitung oder eine Form der Bereitstellung dieser Daten; Offenbaren iSd § 30 ist eine Form des Offenlegens (BMF 13.1.2020, BStBl. I 2020, 143 Tz. 13).

IV. Durch Finanzbehörden

FB iSd Vorschrift sind ausschließlich die in § 6 II aufgeführten **Bundes- und LandesFB.** Darüber hinaus richtet sich § 29b gem. § 1 II Nr. 1 auch an **Gemeinden,** soweit diese mit der Verwaltung von RealSt betraut wurden. Für andere öffentliche Stellen (§ 6 Ia –Ic) sowie für nicht-öffentliche Stellen (§ 6 Id, Ie) gilt § 29b nicht, vielmehr gelten für diese neben der DS-GVO und bereichsspezifischen Datenschutzregelungen in der AO und den StGesetzen ggf. das neue BDSG oder das entsprechende Landesrecht (§ 2a I 1; BT-Drs. 18/12611, 77). Für **Auftragsverarbeiter** der FB, die selbst keine FB sind, gelten insb. die Bestimmungen in Art. 28 und 29 DS-GVO, wonach der Auftragsverarbeiter personenbezogene Daten grds. nur auf Weisung der verantwortlichen FB verarbeiten darf, sowie ggf. ergänzend bereichsspezifische Datenschutzregelungen (BT-Drs. 18/12611, 77). Als Auftragsverarbeiter gelten dabei gem. Art. 4 Nr. 8 DS-GVO natürliche oder juristische Personen, Behörden, Einrichtungen oder andere Stellen, die personenbezogene Daten im Auftrag des Verantwortlichen verarbeiten. 30

V. Zulässigkeitsvoraussetzung

§ 29b I erklärt die Verarbeitung von personenbezogenen Daten für zulässig, sofern diese zur Aufgabenerfüllung oder in Ausübung öffentlicher Gewalt erforderlich ist. 33

1. Zur Aufgabenerfüllung

Die Verarbeitung zur Aufgabenerfüllung (§ 29b I, 1. Alt.) stellt einen selbständigen Rechtmäßigkeitsgrund neben der Verarbeitung in Ausübung öffentlicher Gewalt (§ 29b I, 2. Alt.) dar („oder"). Die den FB obliegenden Aufgaben können sich sowohl aus nationalen Rechtvorschriften, also insb. aus der AO (insb. § 85) oder den StGesetzen, als auch aus unionsrechtlichen Vorgaben ergeben (BT-Drs. 18/12611, 77; BFH 5.9.2023 – IX R 32/21, BStBl. II 2024, 159; FG Nürnberg 1.2.2023 – 3 K 596/22, EFG 2023, 604 bestätigt durch BFH 13.8.2024 – IX R 6/23, BFH/NV 2024, 1433). Gemäß § 85 S. 1 haben die FB die Steuern nach Maßgabe der Gesetze gleichmäßig festzusetzen und zu erheben. Sie haben insb. sicherzustellen, dass Steuern nicht verkürzt, zu Unrecht erhoben oder StErstattungen und StVergütungen nicht zu Unrecht gewährt oder versagt werden (§ 85 S. 2). Zu den Voraussetzungen einer zulässigen Weiterverarbeitung personenbezogener Daten im Rahmen der Aufgabenerfüllung der FB s. → § 29c Rn. 14 ff. 34

2. In Ausübung öffentlicher Gewalt

Die Verarbeitung personenbezogener Daten kann nach § 29b I, 2. Alt. ferner rechtmäßig sein, sofern die FB in Ausübung öffentlicher Gewalt Aufgaben wahrnehmen muss, die ihr übertragen worden sind. Das bedeutet, dass die Datenverarbeitung durch die FB im Zusammenhang mit der Wahrnehmung hoheitlicher Aufgaben auf Grundlage rechtlich festgelegter Aufgaben und Befugnisse erfolgt (HHSp § 29b Rn. 23; TK § 29b Rn. 9). Dabei muss im Unterschied zu § 29b I, 1. Alt. die Datenverarbeitung nicht der Erfüllung dieser Aufgaben dienen (HHSp § 29b Rn. 24). § 29b I, 2. Alt. knüpft vielmehr an die Übertragung hoheitlicher Befugnisse an, die sich sowohl aus nationalen Rechtvorschriften, also insb. aus der AO oder den StGesetzen, als auch aus unionsrechtlichen Vorgaben ergeben können (BT-Drs. 18/12611, 77). Zurecht weist HHSp darauf hin, dass eine präzise Abgrenzung zum Anwendungsbereich des § 29b I, 1. Alt. kaum möglich ist; § 29b I, 2. Alt. ist daher wohl als eine Art **Auffangtatbestand** zu verstehen (HHSp § 29b Rn. 24; Schwarz/Pahlke/Keß § 29b Rn. 30). 38

3. Erforderlichkeit

Voraussetzung für die Rechtmäßigkeit der Datenverarbeitung ist unabhängig davon, ob die Datenverarbeitung durch die FB zur Aufgabenerfüllung (§ 29b I, 1. Alt.) oder in Ausübung öffentlicher Gewalt (§ 29b I, 2. Alt.) erfolgt, dass die Datenverarbeitung er- 42 forderlich ist. Der Begriff der Erforderlichkeit ist dabei **EU-rechtlich** zu verstehen und auszulegen (so bereits EuGH 16.12.2008 C-524/06, EuZW 2009, 183 – Huber; FG Nürnberg 1.2.2023 – 3 K 596/22, EFG 2023, 604 bestätigt durch BFH 13.8.2024 – IX R 6/23, BFH/NV 2024, 1433; Gosch AO § 29b Rn. 29; HHSp § 29b Rn. 25; TK § 29b Rn. 9). Die Datenverarbeitung muss einem **konkreten legitimen Zweck** (Erfüllung bzw. Wahrnehmung einer konkreten Aufgabe) dienen und sich auf das für den Zweck der Verarbeitung notwendige Maß beschränken (Datenminimierung nach Art. 5 I Buchst. c DS-GVO, BFH 5.9.2023 – IX R 32/21, BStBl. II 2024, 159). Unzureichend ist eine bloß generelle Eignung zur Aufgabenerfüllung bzw. -wahrnehmung (Klein § 29b Rn. 23; BeckOK AO § 29b Rn. 22; FG Schleswig-Holstein 23.8.2021 – 5 K 42/21, EFG 2022, 1 bestätigt durch BFH 5.9.2023 – IX R 32/21, BStBl. II 2024, 159). Es darf zur beabsichtigten Datenverarbeitung **keine sinnvolle oder zumutbare Alternative** geben, die die Grundrechte der betroffenen Person und insb. den Schutz der personenbezogenen Daten (Art. 7 und 8 EU-Grundrechte-Charta) weniger stark beeinträchtigt und den mit der Datenverarbeitung verfolgten legitimen Zweck in ebenso wirksamer Weise erreichen kann (EuGH 9.11.2010 C-92/09 und C-93/09, EuZW 2010, 939 – Schecke und Eifert; FG Nürnberg 1.2.2023 – 3 K 596/22, EFG 2023, 604 bestätigt durch BFH 13.8.2024 – IX R 6/23, BFH/NV 2024, 1433; FG Schleswig-Holstein 23.8.2021 – 5 K 42/21, EFG 2022, 1 bestätigt durch BFH 5.9.2023 – IX R 32/21, BStBl. II 2024, 159). Die Erforderlichkeit kann bereits dann anzunehmen sein, wenn die Datenverarbeitung eine effizientere Anwendung der einschlägigen Vorschriften ermöglicht (EuGH 16.12.2008 C-524/06, EuZW 2009, 183 – Huber). Die Erforderlichkeit setzt dementsprechend nicht zwingend voraus, dass die Aufgabenerfüllung bzw. -wahrnehmung im Einzelfall ohne die beabsichtigte Datenverarbeitung nicht möglich ist (str.; aA BeckOK AO § 29b Rn. 22; HHSp § 29b Rn. 25; FG Nürnberg 1.2.2023 – 3 K 596/22, EFG 2023, 604 bestätigt durch BFH 13.8.2024 – IX R 6/23, BFH/NV 2024, 1433). Es genügt, dass die FB die ihr obliegenden Aufgaben ohne Verarbeitung der personenbezogenen Daten nicht vollständig, nicht in angemessener Zeit oder nicht in rechtmäßiger Art und Weise erfüllen bzw. wahrnehmen kann (s. auch BeckOK AO § 29b Rn. 22).

43 Anders als bei der Verarbeitung sensibler personenbezogener Daten nach § 29b II (→ Rn. 69) bedarf es nach dem Wortlaut des § 29b I bei der Verarbeitung einfacher personenbezogener Daten **keiner Angemessenheitsprüfung** bzw. Interessensabwägung (so auch HHSp § 29b Rn. 26; aA BeckOK AO § 29b Rn. 22; Gosch AO § 29b Rn. 29; Schwarz/Pahlke/Keß § 29b Rn. 32). Der Hinweis in Art. 6 III 4 DS-GVO, dass das Unionsrecht oder das Recht der Mitgliedstaaten ein im öffentlichen Interesse liegendes Ziel verfolgen und in einem angemessenen Verhältnis zu dem verfolgten legitimen Zweck stehen müssen, betrifft die Ausgestaltung der unionsrechtlichen bzw. nationalen Rechtsgrundlage und nicht die Frage der Rechtmäßigkeit der Datenverarbeitung im Einzelfall (so auch HHSp § 29b Rn. 26).

44 Die Beurteilung der Erforderlichkeit der Datenverarbeitung hat aus **Ex-ante-Sicht** zu erfolgen (BeckOK AO § 29b Rn. 23). Die FB trifft insoweit die objektive Beweislast (Feststellungslast). Sie hat zudem die notwendigen **technischen und organisatorischen Vorkehrungen** dafür zu treffen, dass die Verarbeitung personenbezogener Daten nur in dem für den legitimen Zweck erforderlichen Umfang erfolgt (Art. 25 DS-GVO). Zur Frage der Rechtmäßigkeit der Anforderung ua von Mietverträgen und Nebenkostenabrechnungen durch die FB zur Prüfung von erklärten Einkünften aus Vermietung und Verpachtung s. FG Nürnberg 1.2.2023 – 3 K 596/22 EFG 2023, 604 bestätigt durch BFH 13.8.2024 – IX R 6/23, BFH/NV 2024, 1433.

C. Verarbeitung besonderer Kategorien personenbezogener Daten (Abs. 2)

I. Unionsrechtliche Grundlagen und Grundsätze

Zu den allgemeinen Grundsätzen für die Verarbeitung personenbezogener Daten gem. Art. 5 DS-GVO, insb. dem Grundsatz der **Zweckbindung,** → Rn. 15. 48

Unionsrechtliche Grundlage für eine zulässige Verarbeitung besonderer Kategorien personenbezogener Daten (sog. sensible Daten; vgl. Erwägungsgrund 10 S. 5 DS-GVO; BMF 13.1.2020, BStBl. I 2020, 143 Tz. 10) bildet **Art. 9 DS-GVO.** Gemäß Art. 9 I DS-GVO ist die Verarbeitung dieser Daten grundsätzlich untersagt. Art. 9 II DS-GVO sieht folgende, abschl. aufgezählte Ausnahmetatbestände von dem grundsätzlichen Verarbeitungsverbot vor: Einwilligung (Buchst. a), Wahrnehmung von arbeits- und sozialrechtlichen Rechten und Pflichten (Buchst. b), Schutz lebenswichtiger Interessen bei Einwilligungsunfähigkeit (Buchst. c), zweckgebundene interne Verarbeitung durch bestimmte Organisationen (Buchst. d), offenkundig öffentlich gemachte Daten (Buchst. e), Durchsetzung rechtlicher Ansprüche und Funktionsfähigkeit der justiziellen Tätigkeit der Gerichte (Buchst. f), aus Gründen eines erheblichen öffentlichen Interesses (Buchst. g), für Zwecke der Gesundheitsvorsorge oder Arbeitsmedizin (Buchst. f), im Interesses der öffentlichen Gesundheit (Buchst. i) und für Archiv-, Forschungs- und statistische Zwecke (Buchst. j). In den Fällen des Art. 9 II Buchst. b, g–j DS-GVO sind die Ausnahmen durch Unionsrecht bzw. nationale Regelungen auszugestalten (BT-Drs. 18/12611, 77). Mit **§ 29b II** hat der nationale Gesetzgeber von der in Art. 9 II Buchst. g DS-GVO enthaltenen Öffnungsklausel (Gründe eines erheblichen öffentlichen Interesses) Gebrauch gemacht und eine **nationale Rechtsgrundlage** für die Verarbeitung besonderer Kategorien personenbezogener Daten geschaffen (BT-Drs. 18/12611, 77 f.). 49

II. Besondere Kategorien personenbezogener Daten

Der Begriff der besonderen Kategorien personenbezogener Daten ist in der AO selbst nicht definiert. Vielmehr ist insoweit auf die Legaldefinition des **Art. 9 I DS-GVO** zurückzugreifen (BMF 13.1.2020, BStBl. I 2020, 143 Tz. 10, 19). Danach handelt es sich bei der besonderen Kategorie personenbezogener Daten um Daten, aus denen die rassische und ethnische Herkunft, politische Meinungen, religiöse oder weltanschauliche Überzeugungen oder die Gewerkschaftszugehörigkeit hervorgehen, sowie genetischen Daten (Art. 4 Nr. 13 DS-GVO), biometrischen Daten (Art. 4 Nr. 14 DS-GVO) zur eindeutigen Identifizierung einer natürlichen Person, Gesundheitsdaten (Art. 4 Nr. 15 DS-GVO) oder Daten zum Sexualleben oder der sexuellen Orientierung einer natürlichen Person. Die Aufzählung der besonders geschützten Daten in Art. 9 I DS-GVO ist abschließend (Gosch AO § 29b Rn. 35; Kühling/Buchner DS-GVO Art. 9 Rn. 19), jedoch liegt Art. 9 I DS-GVO ein weites Begriffsverständnis zugrunde, das auch Informationen erfasst, die Rückschlüsse auf die genannten sensiblen Daten zulassen (Gosch AO § 29b Rn. 34; Kühling/Buchner DS-GVO Art. 9 Rn. 22; TK § 29b Rn. 13). **Nicht** zu den besonders geschützten Daten gehören **Finanzdaten** sowie Daten über das **Alter** und das **Geschlecht** (Gola/Heckmann DS-GVO Art. 9 Rn. 22). 53

III. Verarbeitung durch Finanzbehörde

Zu den Tatbestandsmerkmalen „Verarbeitung" und „durch FB" vgl. → Rn. 25 f., 30. 57

IV. Zulässigkeitsvoraussetzung

§ 29b erklärt die Verarbeitung von sensiblen Daten für zulässig, sofern sie aus Gründen eines erheblichen öffentlichen Interesses erforderlich ist und ein überwiegendes Interesse des Verantwortlichen (Art. 4 Nr. 7 DS-GVO) an der Datenverarbeitung vorliegt. Diese 60

Voraussetzungen müssen dabei kumulativ erfüllt sein (FG Nürnberg 1.2.2023 – 3 K 596/22, EFG 2023, 604 bestätigt durch BFH 13.8.2024 – IX R 6/23, BFH/NV 2024, 1433).

1. Aus Gründen eines erheblichen öffentlichen Interesses

61 Im Unterschied zu § 29b I genügt für die Datenverarbeitung sensibler Daten nicht jeder legitime Zweck, vielmehr muss die Datenverarbeitung ein erhebliches, dh ein besonders bedeutendes, öffentliches Interesse zum Ziel haben (BFH 5.9.2023 – IX R 32/21, BStBl. II 2024, 159). Ein solches erhebliches Interesse liegt insb. dann vor, wenn die StGesetze ausdrücklich an sensible Daten anknüpfen wie zB beim Abzug von Werbungskosten, Sonderausgaben oder außergewöhnlichen Belastungen (BT-Drs. 18/12611, 77 f.; BMF 13.1.2020, BStBl. I 2020, 143 Tz. 20; FG Schleswig-Holstein 23.8.2021 – 5 K 42/21, EFG 2022, 1 bestätigt durch BFH 5.9.2023 – IX R 32/21, BStBl. II 2024, 159) oder für die Frage einer möglichen Zusammenveranlagung von Ehegatten (Gosch AO § 29b Rn. 47; HHSp § 29b Rn. 38) bzw. die Religionszugehörigkeit für die Festsetzung von KirchenSt (Baum NWB 2017, 3203 (3206)). Darüber hinaus soll ein erhebliches öffentliches Interesse gegeben sein, wenn die Verarbeitung besonderer Kategorien personenbezogener Daten für die Gesetzesfolgenabschätzung erforderlich ist (BT-Drs. 18/12611, 78).

2. Erforderlichkeit

65 Zur Erforderlichkeit s. bereits → Rn. 42 ff.

3. Überwiegen der Interessen an der Datenverarbeitung

69 Im Unterschied zur Datenverarbeitung einfacher personenbezogener Daten nach § 29b I verlangt § 29b II eine vollständige Verhältnismäßigkeitsprüfung einschl. einer (einzelfallbezogenen) **Interessensabwägung** zwischen den Interessen des Stpfl. an einer restriktiven Verarbeitung seiner sensiblen Daten und den Interessen des Verantwortlichen an der Datenverarbeitung aufgrund eines erheblichen öffentlichen Interesses (zum Zwecke der Besteuerung). Verantwortlicher ist nach Art. 4 Nr. 7 DS-GVO ua die Behörde, die allein oder gemeinsam mit anderen über die Zwecke und Mittel der Verarbeitung von personenbezogenen Daten entscheidet. Der Begriff des „Verantwortlichen" ist dabei weit auszulegen (EuGH 5.12.2023 – C-683/21, DB 2023, 3007; EuGH 5.12.2023 – C-807/21, DB 2023, 3003). Im Regelfall ist dies die sachlich und örtlich zuständige FB (BFH 5.9.2023 – IX R 32/21, BStBl. II 2024, 159; zu FB → Rn. 30).

Wie bereits im Rahmen der Parallelvorschrift des § 22 I Nr. 2 Buchst. a BDSG zurecht darauf hingewiesen wurde (vgl. Gola/Heckmann BDSG § 22 Rn. 37), sind kaum praktische Fälle denkbar, in denen bei Vorliegen eines erheblichen öffentlichen Interesses von einem überwiegenden Individualinteresse auszugehen ist. Vielmehr wird von einem Überwiegen des Interesses der FB an der Verarbeitung sensibler Daten immer dann auszugehen sein, wenn ein StGesetz im Tatbestand unmittelbar an sensible Daten anknüpft (ebenso HHSp § 29b Rn. 41; Schwarz/Pahlke/Keß § 29b Rn. 45).

V. Maßnahmen zur Wahrung der Interessen der betroffenen Person

73 Nach § 29b II 2 HS 1 ist die FB verpflichtet in Fällen der Verarbeitung sensibler Daten angemessene und spezifische Maßnahmen zur Wahrung der Interessen der betroffenen Person zu treffen. Welche Maßnahmen konkret ergriffen werden, überlässt § 29b II 2 den FB. Der in **§ 22 II 2 BDSG** enthaltene, nicht abschließende **Maßnahmenkatalog** wird durch § 29b II 2 HS 2 für entspr. anwendbar erklärt. Bei den dort aufgeführten zehn Maßnahmen handelt es sich um: technisch organisatorische Maßnahmen, die sicherstellen, dass die Verarbeitung gem. DS-GVO erfolgt (Nr. 1), Maßnahmen, die gewährleisten, dass nachträglich überprüft und festgestellt werden kann, ob und von wem personenbezogene Daten eingegeben, verändert oder entfernt worden sind (Nr. 2), Sensibilisierung der an Verarbeitungsvorgängen Beteiligten (Nr. 3), Benennung eines/einer Datenschutzbeauftragten (Nr. 4), Zugangsbeschränkungen zu den personenbezogenen Daten (Nr. 5), Da-

tenpseudonymisierung (Nr. 6), Datenverschlüsselung (Nr. 7), Sicherstellung der Fähigkeit, Vertraulichkeit, Integrität, Verfügbarkeit und Belastbarkeit der Systeme und Dienste (Nr. 8), Evaluationsverfahren (Nr. 9) und spezifische Verfahrensregeln zur Gewährleistung des Datenschutzes bei Übermittlung und Weiterverarbeitung (Nr. 10).

Aufgrund der Besonderheit im StDatenschutz, dass sämtliche geschützte Daten iSd § 30 dem StGeheimnis unterliegen, dessen Verletzung nach § 355 StGB strafbewährt ist, vertritt das BMF die Auffassung, dass sowohl für sensible Daten als auch für die übrigen personenbezogenen Daten das gleiche Datenschutzniveau zu wählen und entsprechende Maßnahmen zu treffen sind, die sich am Schutzniveau für die Verarbeitung sensibler Daten orientieren sollen (BMF 13.1.2020, BStBl. I 2020, 143 Tz. 21; kritisch Schwarz/Pahlke/Keß § 29b Rn. 50). **74**

D. Rechtsfolgen bei Verstoß

Die DS-GVO hält umfangreiche Regelungen zu den Rechten der betroffenen Person (zB Auskunftsrecht in Art. 15 DS-GVO, Informationspflichten der FB in Art. 13 f. DS-GVO, Anspruch auf Datenberichtigung und -löschung nach Art. 16 f. DS-GVO) bereit, die durch die §§ 32a ff. modifiziert und ergänzt werden (zum Ausschluss des Löschungsanspruchs nach Art. 17 DS-GVO bei Vorliegen der Voraussetzungen des § 29b s. FG München 4.11.2021 – 15 K 2687/19, EFG 2022, 1252; FG Berlin-Brandenburg 26.1.2022 – 16 K 2059/21, EFG 2022, 985, Rev. BFH IX R 19/22). **78**

Verarbeitet die FB personenbezogene Daten der betroffenen Person, ohne dass die Rechtmäßigkeitsvoraussetzungen des § 29b I bzw. § 29b II vorliegen, ist die Datenverarbeitung **rechtswidrig.** Die betroffene Person einer rechtswidrigen Datenverarbeitung durch die FB kann **unmittelbar gerichtlich** gegen die verantwortliche FB vorgehen (§ 32i). Ferner steht ihr nach Art. 77 I DS-GVO ein **Beschwerderecht** beim Bundesbeauftragten für den Datenschutz und die Informationsfreiheit als zuständige Aufsichtsbehörde zu. Ein sich ggf. aus Art. 82 DS-GVO ergebender **Schadensersatzanspruch** tritt neben den nationalen Amtshaftungsanspruch aus § 839 BGB iVm Art. 34 GG. Nur im Ausnahmefall hat die rechtswidrige Datenverarbeitung ein Verwertungsverbot zur Folge (Schwarz/Pahlke/Keß § 29b Rn. 56; Gosch AO § 29b Rn. 54). **79**

§ 29c Verarbeitung personenbezogener Daten durch Finanzbehörden zu anderen Zwecken

(1) [1]**Die Verarbeitung personenbezogener Daten zu einem anderen Zweck als zu demjenigen, zu dem die Daten von einer Finanzbehörde erhoben oder erfasst wurden (Weiterverarbeitung), durch Finanzbehörden im Rahmen ihrer Aufgabenerfüllung ist zulässig, wenn**

1. **sie einem Verwaltungsverfahren, einem Rechnungsprüfungsverfahren oder einem gerichtlichen Verfahren in Steuersachen, einem Strafverfahren wegen einer Steuerstraftat oder einem Bußgeldverfahren wegen einer Steuerordnungswidrigkeit dient,**
2. **die gesetzlichen Voraussetzungen vorliegen, die nach § 30 Absatz 4 oder 5 eine Offenbarung der Daten zulassen würden, oder zu prüfen ist, ob diese Voraussetzungen vorliegen,**
3. **offensichtlich ist, dass die Weiterverarbeitung im Interesse der betroffenen Person liegt und kein Grund zu der Annahme besteht, dass sie in Kenntnis des anderen Zwecks ihre Einwilligung verweigern würde,**
4. **sie für die Entwicklung, Überprüfung oder Änderung automatisierter Verfahren der Finanzbehörden erforderlich ist, weil**
   a) **unveränderte Daten benötigt werden oder**

b) eine Anonymisierung oder Pseudonymisierung der Daten nicht oder nur mit unverhältnismäßigem Aufwand möglich ist.

[2]Die Nutzung personenbezogener Daten ist dabei insbesondere erforderlich, wenn personenbezogene Daten aus mehreren verschiedenen Dateisystemen eindeutig miteinander verknüpft werden sollen und die Schaffung geeigneter Testfälle nicht oder nur mit unverhältnismäßigem Aufwand möglich ist,

5. sie für die Gesetzesfolgenabschätzung erforderlich ist, weil

a) unveränderte Daten benötigt werden oder

b) eine Anonymisierung oder Pseudonymisierung der Daten nicht oder nur mit unverhältnismäßigem Aufwand möglich ist,

oder

6. sie für die Wahrnehmung von Aufsichts-, Steuerungs- und Disziplinarbefugnissen der Finanzbehörde erforderlich ist. [2]Das gilt auch für die Veränderung oder Nutzung personenbezogener Daten zu Ausbildungs- und Prüfungszwecken durch die Finanzbehörde, soweit nicht überwiegende schutzwürdige Interessen der betroffenen Person entgegenstehen.

[2]In den Fällen von Satz 1 Nummer 4 dürfen die Daten ausschließlich für Zwecke der Entwicklung, Überprüfung oder Änderung automatisierter Verfahren verarbeitet werden und müssen innerhalb eines Jahres nach Beendigung dieser Maßnahmen gelöscht werden. [3]In den Fällen von Satz 1 Nummer 6 dürfen die Daten nur durch Personen verarbeitet werden, die nach § 30 zur Wahrung des Steuergeheimnisses verpflichtet sind.

(2) **Die Weiterverarbeitung besonderer Kategorien personenbezogener Daten im Sinne des Artikels 9 Absatz 1 der Verordnung (EU) 2016/679 ist zulässig, wenn die Voraussetzungen des Absatzes 1 und ein Ausnahmetatbestand nach Artikel 9 Absatz 2 der Verordnung (EU) 2016/679 oder nach § 29b Absatz 2 vorliegen.**

Vergleichbare Vorschriften: § 23 BDSG

Schrifttum: Myßen/Kraus, Steuerliches Datenschutzrecht: Verfahrensrechtsanpassung an die Datenschutz-Grundverordnung, DB 2017, 1860.

Übersicht

A. Allgemeines

I. Umsetzung der DS-GVO und Regelungsgehalt

§ 29c wurde durch das G v. 17.7.2017 (BGBl. 2017 I 2541) eingefügt und trat am 25.5.2018 in Kraft. Ebenso wie § 29b dient die Vorschrift der Umsetzung und Ergänzung der seit dem 25.5.2018 geltenden DS-GVO (s. hierzu bereits → § 29b Rn. 1). Die Vorschrift, die weitgehend der Regelung in § 23 BDSG entspricht, schafft für FB im Rahmen ihrer Aufgabenerfüllung die nationale Rechtsgrundlage für die **Weiterverarbeitung** personenbezogener Daten (BT-Drs. 18/12611, 78). Mit § 29c soll insoweit von dem durch Art. 6 IV DS-GVO eröffneten Regelungsspielraum Gebrauch gemacht werden, wonach die Mitgliedstaaten nationale Regelungen in Fällen, in denen der Zweck der Weiterverarbeitung nicht mit dem ursprünglichen Zweck vereinbar ist, erlassen dürfen, soweit die nationale Regelung eine „in einer demokratischen Gesellschaft notwendige und verhältnismäßige Maßnahme zum Schutz der in Art. 23 Abs. 1 genannten Ziele darstellt" (BT-Drs. 18/12611, 78). 1

Soweit die tatbestandlichen Voraussetzungen erfüllt sind, kann nach dem Willen des Gesetzgebers die Weiterverarbeitung personenbezogener Daten durch FB auf § 29c gestützt werden, unabhängig davon, ob die Zwecke der Weiterverarbeitung mit den Zwecken, für die die Daten ursprünglich erhoben wurden, nach Art. 6 IV DS-GVO vereinbar sind (BT-Drs. 18/12611, 78; kritisch TK § 29c Rn. 7). 2

§ 29c differenziert dabei – ebenso wie § 29b – zwischen (einfachen) personenbezogenen Daten **(Abs. 1)** und besonderen Kategorien personenbezogener Daten, sog. sensibler Daten **(Abs. 2),** und folgt damit der in der DS-GVO angelegten Differenzierung. 3

Die Zulässigkeit der **Offenbarung** personenbezogener Daten richtet sich wie bisher nach § 30 (BT-Drs. 18/12611, 78). 4

Wegen der generellen **Kritik** an den im Zusammenhang mit der DS-GVO neu eingefügten Vorschriften → § 29b Rn. 4. 5

II. Anwendungsbereich

In **zeitlicher Hinsicht** erstreckt sich der mit Wirkung zum 25.5.2018 in Kraft getretene § 29c auch auf alle zum Zeitpunkt des Inkrafttretens offenen Fälle (so auch BMF 13.1.2020, BStBl. I 2020, 143). 8

Der **personelle Anwendungsbereich** des § 29c erfasst ebenso wie der des § 29b – abw. vom Anwendungsbereich der DS-GVO (→ § 29b Rn. 9) – (sowohl lebende als auch verstorbene) natürliche Personen, Körperschaften und Personenvereinigungen sowie Vermögensmassen, auch wenn diese nicht rechtsfähig sind (§ 2a V). 9

Der **sachliche Anwendungsbereich** des § 29c umfasst – ebenso wie der des § 29b (→ § 29b Rn. 11) – die gesamte Verwaltung bundesgesetzlich geregelter Steuern und Aufgaben der FB bei der Überwachung des grenzüberschreitenden Warenverkehrs, jeweils beschränkt auf die Weiterverarbeitung personenbezogener Daten durch die FB. Für die Weiterverarbeitung personenbezogener Daten im Rahmen des steuerlichen Straf- und Ordnungswidrigkeitenrechts gelten gem. § 2a IV die Vorschriften des Ersten und Dritten Teils des BDSG. 10

B. Weiterverarbeitung personenbezogener Daten (Abs. 1)

I. Personenbezogene Daten

Unter „personenbezogenen Daten" sind gem. **Art. 4 Nr. 1 DS-GVO** alle Informationen zu verstehen, die sich auf eine identifizierte oder identifizierbare natürliche Person 14 beziehen. Abweichend hierzu unterfallen § 29c – ebenso wie § 29b – gem. § 2a V auch die der Identifizierung dienenden Daten von Körperschaften, Personenvereinigungen sowie Vermögensmassen (s. hierzu bereits → Rn. 9). Wegen weiterer Einzelheiten zum Begriff der „personenbezogenen Daten" → § 29b Rn. 20.

II. Weiterverarbeitung

18 Ausweislich der in § 29c I 1 enthaltenen Legaldefinition handelt es sich bei der „Weiterverarbeitung" um die Verarbeitung personenbezogener Daten zu einem anderen Zweck als zu demjenigen, zu dem die Daten (ursprünglich) von einer FB erhoben oder erfasst worden sind. Die Weiterverarbeitung kann dabei durch denselben Amtsträger erfolgen, der die ursprüngliche Verarbeitung iSd § 29b durchgeführt hat, indem zB Daten aus der EStVeranlagung im Rahmen der UStFestsetzung oder für Zwecke der ErbSt oder SchenkSt verwandt werden (vgl. BMF 13.1.2020, BStBl. I 2020, 143 Tz. 26; Gosch AO § 29c Rn. 15).

19 Sofern personenbezogene Daten im Zusammenhang mit der Weiterverarbeitung einem Dritten offenbart werden (sollen), richtet sich die Zulässigkeit dieser Offenbarung nach § 30 IV oder V (BT-Drs. 18/12611, 78).

III. Durch Finanzbehörden

23 FB iSd § 29c sind nur die in § 6 II aufgeführten **Bundes- und LandesFB** sowie gem. § 1 II Nr. 1 **Gemeinden,** soweit diese mit der Verwaltung von RealSt betraut wurden. Wegen weiterer Einzelheiten zum Tatbestandsmerkmal „durch FB" → § 29b Rn. 30.

IV. Im Rahmen ihrer Aufgabenerfüllung

27 Die den FB obliegenden Aufgaben ergeben sich insb. aus § 85 AO und den StGesetzen. Vgl. hierzu auch → § 29b Rn. 34.

V. Weitere Voraussetzungen einer zulässigen Weiterverarbeitung

31 § 29c I 1 Nr. 1–6 regelt **abschließend** die Fallkonstellationen, in denen die Weiterverarbeitung von personenbezogenen Daten rechtmäßig ist (BT-Drs. 18/12611, 78).

1. Dienlichkeit in einem anderen Verfahren (Nr. 1)

32 Die Regelung des § 29c I 1 Nr. 1 entspricht der Offenbarungsbefugnis nach § 30 IV Nr. 1. Die Weiterverarbeitung personenbezogener Daten in einem anderen Verfahren ist danach zulässig, wenn es sich bei dem anderen Verfahren um ein Verwaltungs-, Rechnungsprüfungs- oder Gerichtsverfahren in StSachen (→ § 30 Rn. 130 ff.), ein Strafverfahren wegen einer StStraftat oder ein Bußgeldverfahren wegen einer StOrdnungswidrigkeit (→ § 30 Rn. 156 f.) handelt und die Weiterverarbeitung diesem Verfahren dient. Der Gesetzgeber geht davon aus, dass es sich hierbei um die in der Besteuerungspraxis bedeutsamste Regelung handelt (BT-Drs. 18/12611, 78).

33 Die Weiterverarbeitung personenbezogener Daten **„dient"** der Durchführung eines anderen Besteuerungsverfahrens, wenn die Daten eine Prüfung der in jenem Verfahren relevanten Tatbestandsmerkmale ermöglichen, erleichtern oder auf eine festere Grundlage stellen können (BT-Drs. 18/12611, 79 unter Hinweis auf BFH 29.8.2012 – X S 5/12 (PKH), BFH/NV 2013, 2). Es muss insoweit ein **unmittelbarer funktionaler Zusammenhang** zwischen der Weiterverarbeitung und der Verfahrensdurchführung bestehen (vgl. BFH 16.1.2013 – III S 38/11, BFH/NV 2013, 701 zu § 30 IV Nr. 1; TK § 29c Rn. 12). Der zuständige Amtsträger der FB, die die personenbezogenen Daten erhoben hat, hat insoweit eine **Prognoseentscheidung** zu treffen (BT-Drs. 18/12611, 79). Es ist dabei nicht maßgeblich, ob die personenbezogenen Daten dem für das andere Besteue-

rungsverfahren zuständigen Amtsträger bereits bekannt sind oder ob sich letztlich steuerliche Auswirkungen ergeben (BT-Drs. 18/12611, 79).

Bei jeder Weiterverarbeitung nach Nr. 1 ist nach dem Willen des Gesetzgebers der **Verhältnismäßigkeitsgrundsatz** unter Berücksichtigung der Umstände des Einzelfalls sowie allgemeiner Erfahrungen zu berücksichtigen (BT-Drs. 18/12611, 79). Die Weiterverarbeitung muss dabei dem Zweck der in dem anderen Verfahren bestehenden Kontroll-, Überwachungs- und Ermittlungsaufgaben entsprechen und darf nicht über den zur Erreichung des steuerlichen Zwecks erforderlichen Umfang hinausgehen (BT-Drs. 18/12611, 79). 34

2. Zulässigkeit der Offenbarung nach § 30 IV, V (Nr. 2)

§ 29c I 1 Nr. 2 trägt der besonderen Bedeutung des StGeheimnisses Rechnung (BT-Drs. 18/12611, 79) und gestattet eine Weiterverarbeitung personenbezogener Daten in den Fällen, in denen die **gesetzlichen Voraussetzungen für eine Offenbarung** dieser Daten nach **§ 30 IV und V** vorliegen oder das Vorliegen der Voraussetzungen für die Offenbarung durch das StGeheimnis geschützter Daten zu prüfen ist. Wegen der gesetzlichen Voraussetzungen des § 30 IV, V → § 30 Rn. 115 ff., 271 ff. 37

Die Zulässigkeit einer Weiterverarbeitung personenbezogener Daten zum Zwecke der **Gesetzesfolgenabschätzung** durch eine andere FB durch Offenbarung an jene Behörde bestimmt sich ebenfalls nach § 29c I 1 Nr. 2 iVm § 30 IV Nr. 2c (BT-Drs. 18/12611, 80). Nach § 30 IV Nr. 2c müssen neben der Dienlichkeit zur Gesetzesfolgenabschätzung auch die Voraussetzungen für eine Weiterverarbeitung nach § 29c I 1 **Nr. 5** (→ Rn. 54 ff.) gegeben sein. Ebenso ist die Weiterverarbeitung zur Wahrnehmung von **Disziplinarbefugnissen** anderer Behörden von § 29c I 1 Nr. 2 iVm § 30 IV Nr. 5 erfasst (BMF 13.1.2020, BStBl. I 2020, 143 Tz. 25). 38

3. Interesse der betroffenen Person (Nr. 3)

§ 29c I 1 Nr. 3 erlaubt die Weiterverarbeitung, wenn offensichtlich ist, dass diese im Interesse der betroffenen Person liegt, und kein Grund zu der Annahme besteht, dass sie in Kenntnis des anderen Zwecks ihre Einwilligung verweigern würde. Die Vorschrift stellt insoweit auf eine **hypothetische Einwilligung** ab, was nicht zuletzt vor dem Hintergrund des Art. 4 Nr. 11 DS-GVO (Einwilligung als freiwillig abgegebene Willensbekundung) des Art. 7 DS-GVO (Bedingungen für Einwilligungen) und dem zwischen Bürger und Staat bestehenden Über-/Unterordnungsverhältnis zurecht kritisch gesehen wird (vgl. ausführlich hierzu HHSp § 29c Rn. 22; Schwarz/Pahlke/Keß § 29c Rn. 26, TK § 29c Rn. 15 sowie zur Parallelregelung des § 23 I Nr. 1 BDSG s. Gola/Heckmann BDSG § 23 Rn. 12; Paal/Pauly BDSG § 23 Rn. 7). 41

Das **Interesse** der betroffenen Person an der Weiterverarbeitung muss anhand eines objektiven Bewertungsmaßstabes festzustellen sein; auf die Qualifikation des Interesses (materiell oder immateriell) kommt es nicht an (so Gola/Heckmann BDSG § 23 Rn. 9 zur Parallelregelung des § 23 I Nr. 1 BDSG). 42

Anhaltspunkte für eine Einwilligungsverweigerung liegen insb. dann vor, wenn die betroffene Person bereits vorab entsprechende Äußerungen getätigt hat (HHSp § 29c Rn. 20). 43

Offensichtlichkeit iSd § 29c I 1 Nr. 3 setzt voraus, dass aus Sicht eines durchschnittlich aufmerksamen Bediensteten ohne Weiteres leicht erkennbar ist, dass die Datenverarbeitung im Interesse der betroffenen Person liegt und keine Anhaltspunkte für eine Einwilligungsverweigerung vorliegen (vgl. zur Parallelregelung des § 23 I Nr. 1 BDSG Gola/Heckmann BDSG § 23 Rn. 11). Bei etwaigen Nachteilen müssen die Vorteile klar überwiegen (ebenso BeckOK AO § 29c Rn. 24; sowie zur Parallelregelung des § 23 I Nr. 1 BDSG Gola/Heckmann BDSG § 23 Rn. 10 und Kühling/Buchner BDSG § 23 Rn. 11). 44

4. Erforderlichkeit im Zusammenhang mit automatisierten Verfahren (Nr. 4)

47 Für die Entwicklung, Überprüfung oder Änderung **automatisierter Verfahren** (zum Begriff s. bereits → § 29b Rn. 26) sollen nach dem Willen des Gesetzgebers grds. anonymisierte oder pseudonymisierte Daten verwendet werden (BT-Drs. 18/12611, 79). Ausnahmsweise erlaubt § 29c I 1 Nr. 4 jedoch auch die Weiterverarbeitung personenbezogener Daten, wenn sie für die Entwicklung, Überprüfung oder Änderung automatisierter Verfahren der FB erforderlich ist, weil unveränderte Daten benötigt werden (Buchst. a) oder eine Anonymisierung oder Pseudonymisierung der Daten nicht oder nur mit unverhältnismäßigem Aufwand möglich ist (Buchst. b).

48 Nach Auffassung des Gesetzgebers werden unveränderte Daten iSd § 29c I 1 Nr. 4 **Buchst. a** benötigt, wenn das Erreichen der Programmergebnisse nur auf diesem Weg zuverlässig gewährleistet werden kann (BT-Drs. 18/12611, 79), wie beispielsweise bei der Implementierung neuer Programme (Myßen/Kraus DB 2017, 1860 (1866)).

49 Darüber hinaus kann in Einzelfällen trotz umfangreicher „Neutralisierung" der Daten aus dem Gesamtzusammenhang eine Zuordnung zu einem konkreten StFall möglich sein, zB bei bekannten Konzernen im Zuständigkeitsbereich verhältnismäßig kleiner FA (Myßen/Kraus DB 2017, 1860 (1866)). In einem solchen Fall wären die an eine Pseudonymisierung nach Art. 4 Nr. 5 DS-GVO gestellten Anforderungen, dh die Verarbeitung personenbezogener Daten in der Weise, dass ohne Hinzuziehung zusätzlicher Informationen die personenbezogenen Daten nicht mehr einer spezifischen Person zugeordnet werden können, nicht erfüllbar (BT-Drs. 18/12611, 79), weshalb § 29c I 1 Nr. 4 **Buchst. b** auch für diese Konstellation eine Weiterverarbeitung nicht oder nicht hinreichend pseudonymisierter bzw. anonymisierter Daten zulässt. Voraussetzung ist, dass der Aufwand bei der Anonymisierung oder Pseudonymisierung der Daten **unverhältnismäßig** ist, dh das Interesse der FB an der nichtanonymisierten oder nicht pseudonymisierten Datenverarbeitung und das Schutzbedürfnis der betroffenen Person müssen gegeneinander abgewogen werden. Je höher das Schutzbedürfnis der betroffenen Person ist, umso höher ist der Aufwand, der den FB bei der Anonymisierung oder Pseudonymisierung der Daten unter Berücksichtigung des jeweiligen Stands der Technik zuzumuten ist (BeckOK AO § 29c Rn. 32).

50 Die Weiterverarbeitung personenbezogener Daten ist nach § 29c I 1 Nr. 4 S. 2 für die Entwicklung, Überprüfung oder Änderung automatisierter Verfahren insb. dann **erforderlich,** wenn personenbezogene Daten aus mehreren verschiedenen Dateisystemen eindeutig miteinander verknüpft werden sollen und die Schaffung geeigneter Testfälle nicht oder nur mit unverhältnismäßigem Aufwand möglich ist. Zum Begriff der Erforderlichkeit s. auch → § 29b Rn. 42.

51 **§ 29c I 2** sieht eine strikte **Zweckbindung** vor, dh die Daten dürfen ausschließlich für Zwecke der Entwicklung, Überprüfung oder Änderung automatisierter Verfahren verarbeitet werden. Überdies müssen sie **innerhalb eines Jahres** nach Beendigung der Maßnahme **gelöscht** werden.

5. Erforderlichkeit zur Gesetzesfolgenabschätzung (Nr. 5)

54 Nach dem Willen des Gesetzgebers sollen für die **Gesetzesfolgenabschätzung,** dh für die Ermittlung und Beurteilung der wesentlichen (beabsichtigten und unbeabsichtigten) Auswirkungen von Gesetzesvorhaben (§ 44 I 1, 2 GGO), grds. anonymisierte oder pseudonymisierte Daten verwendet werden (BT-Drs. 18/12611, 79). Ausnahmsweise erlaubt § 29c I 1 Nr. 5 auch die Weiterverarbeitung personenbezogener Daten, wenn sie für die Gesetzesfolgenabschätzung **erforderlich** (zum Begriff der Erforderlichkeit s. auch → § 29b Rn. 42) ist, weil unveränderte Daten benötigt werden (Buchst. a) oder eine Anonymisierung oder Pseudonymisierung der Daten nicht oder nur mit unverhältnismäßigem Aufwand möglich ist (Buchst. b).

55 Nach Auffassung des Gesetzgebers werden unveränderte Daten iSd § 29c I 1 Nr. 5 **Buchst. a** benötigt, wenn die Gesetzesfolgenabschätzung nur auf diesem Weg belastbar

erreicht werden kann (BT-Drs. 18/12611, 79). Darüber hinaus kann in Einzelfällen trotz umfangreicher „Neutralisierung" der Daten aus dem Gesamtzusammenhang eine Zuordnung zu einem konkreten StFall möglich sein (BT-Drs. 18/12611, 79 f.), weshalb § 29c I 1 Nr. 4 **Buchst. b** auch für diese Konstellation eine Weiterverarbeitung nicht oder nicht hinreichend pseudonymisierter bzw. anonymisierter Daten zulässt, sofern der Aufwand bei der Anonymisierung oder Pseudonymisierung der Daten unverhältnismäßig ist (s. hierzu auch → Rn. 49).

Wegen der Weiterverarbeitung personenbezogener Daten zum Zweck der Gesetzesfolgenabschätzung durch eine **andere FB** → Rn. 38. 56

6. Erforderlichkeit für Aufsichts-, Steuerungs- und Disziplinarmaßnahmen sowie Ausbildungs- und Prüfungszwecke (Nr. 6)

§ 29c I 1 Nr. 6 erlaubt die Weiterverarbeitung personenbezogener Daten, sofern sie für die Wahrnehmung von Aufsichts-, Steuerungs- und Disziplinarbefugnissen der FB **erforderlich** (zum Begriff der Erforderlichkeit s. auch → § 29b Rn. 42) ist. Unter **Aufsichts-, Steuerungs-** und **Disziplinarbefugnissen** ist die ganze Bandbreite der Dienst-, Fach- und Rechtsaufsicht der FB zu verstehen (BeckOK AO § 29c Rn. 44). Die Wahrnehmung von Disziplinarbefugnissen **anderer FB** richtet sich nach § 29c I 1 Nr. 2 iVm § 30 IV Nr. 5 (→ Rn. 38). Zur Weitergabebefugnis an Aufsichtsbehörden s. FG Berlin-Brandenburg 9.3.2023 – 16 K 16034/22, BeckRS 2023, 15777, Rev. BFH IX R 11/23; FG Berlin-Brandenburg 26.1.2022 – 16 K 2059/21, EFG 2022, 985, Rev. BFH IX R 19/22. 59

§ 29c I 1 Nr. 6 **S. 2** erlaubt auch die Weiterverarbeitung zu **Ausbildungs- und Prüfungszwecken.** Voraussetzung ist, dass der Weiterverarbeitung nicht überwiegend schutzwürdige Interessen der betroffenen Person entgegenstehen. Insoweit ist in den Fällen des Satzes 2 stets eine **Interessenabwägung** durchzuführen zwischen dem Interesse der FB an der praxisnahen Ausgestaltung der Ausbildungs- und Prüfungsprozesse und dem Interesse der betroffenen Person an der Geheimhaltung seiner Daten (BeckOK AO § 29c Rn. 47; HHSp § 29c Rn. 31; TK § 29c Rn. 20). 60

§ 29c I 3 schränkt die Weiterverarbeitung nach § 29c I 1 Nr. 6 insoweit ein, als diese nur durch Personen erfolgen darf, die nach § 30 zur Wahrung des StGeheimnisses verpflichtet sind. Die Regelung wird durch den parallel eingeführten Offenbarungstatbestand in § 30 IV Nr. 1a ergänzt (BT-Drs. 18/12611, 80; → § 30 Rn. 159). 61

C. Weiterverarbeitung besonderer Kategorien personenbezogener Daten (Abs. 2)

I. Besondere Kategorien personenbezogener Daten

Für Zwecke des § 29c II ist ebenso wie im Rahmen des § 29b II auf die in **Art. 9 I DS-GVO** enthaltene Legaldefinition zu „besonderen Kategorien personenbezogener Daten", auch sensible Daten genannt, zurückzugreifen. Art. 9 I DS-GVO liegt dabei ein weites Begriffsverständnis zugrunde. Wegen der Einzelheiten zum Begriff der „besonderen Kategorien personenbezogener Daten" → § 29b Rn. 53. 65

II. Voraussetzungen einer zulässigen Weiterverarbeitung

Wegen des Begriffs der **„Weiterverarbeitung"** → Rn. 18. 69

Eine Weiterverarbeitung sensibler Daten ist nach § 29c II nur zulässig, wenn neben den tatbestandlichen Voraussetzungen des § 29c I zusätzlich ein **Ausnahmetatbestand des Art. 9 II DS-GVO** (→ § 29b Rn. 49) eingreift oder die **Voraussetzungen des § 29b II** (→ § 29b Rn. 61 ff.) vorliegen. 70

D. Rechtsfolgen bei Verstoß

74 Verarbeitet die FB personenbezogene Daten der betroffenen Person weiter, ohne dass die Voraussetzungen des § 29c I bzw. § 29c II vorliegen, ist die Weiterverarbeitung **rechtswidrig.** Wegen der insoweit bestehenden Rechte der betroffenen Person und Rechtsschutzmöglichkeit s. bereits → § 29b Rn. 78 f.

§ 30 Steuergeheimnis

(1) Amtsträger haben das Steuergeheimnis zu wahren.

(2) Ein Amtsträger verletzt das Steuergeheimnis, wenn er

1. personenbezogene Daten eines anderen, die ihm
a) in einem Verwaltungsverfahren, einem Rechnungsprüfungsverfahren oder einem gerichtlichen Verfahren in Steuersachen,
b) in einem Strafverfahren wegen einer Steuerstraftat oder einem Bußgeldverfahren wegen einer Steuerordnungswidrigkeit,
c) im Rahmen einer Weiterverarbeitung nach § 29c Absatz 1 Satz 1 Nummer 4, 5 oder 6 oder aus anderem dienstlichen Anlass, insbesondere durch Mitteilung einer Finanzbehörde oder durch die gesetzlich vorgeschriebene Vorlage eines Steuerbescheids oder einer Bescheinigung über die bei der Besteuerung getroffenen Feststellungen,
bekannt geworden sind, oder
2. ein fremdes Betriebs- oder Geschäftsgeheimnis, das ihm in einem der in Nummer 1 genannten Verfahren bekannt geworden ist,
(geschützte Daten) unbefugt offenbart oder verwertet oder
3. geschützte Daten im automatisierten Verfahren unbefugt abruft, wenn sie für eines der in Nummer 1 genannten Verfahren in einem automationsgestützten Dateisystem gespeichert sind.

(3) Den Amtsträgern stehen gleich

1. die für den öffentlichen Dienst besonders Verpflichteten (§ 11 Absatz 1 Nummer 4 des Strafgesetzbuchs),
1a. die in § 193 Absatz 3 des Gerichtsverfassungsgesetzes genannten Personen,
2. amtlich zugezogene Sachverständige,
3. die Träger von Ämtern der Kirchen und anderen Religionsgemeinschaften, die Körperschaften des öffentlichen Rechts sind.

(4) Die Offenbarung oder Verwertung geschützter Daten ist zulässig, soweit

1. sie der Durchführung eines Verfahrens im Sinne des Absatzes 2 Nummer 1 Buchstaben a und b dient,
1a. sie einer Verarbeitung durch Finanzbehörden nach Maßgabe des § 29c Absatz 1 Satz 1 Nummer 4 oder 6 dient,
1b. sie der Durchführung eines Bußgeldverfahrens nach Artikel 83 der Verordnung (EU) 2016/679 im Anwendungsbereich dieses Gesetzes dient,
2. sie durch Bundesgesetz ausdrücklich zugelassen ist,
2a. sie durch Recht der Europäischen Union vorgeschrieben oder zugelassen ist,
2b. sie der Erfüllung der gesetzlichen Aufgaben des Statistischen Bundesamtes oder für die Erfüllung von Bundesgesetzen durch die Statistischen Landesämter dient,
2c. sie der Gesetzesfolgenabschätzung dient und die Voraussetzungen für eine Weiterverarbeitung nach § 29c Absatz 1 Satz 1 Nummer 5 vorliegen,

2d. sie der Sicherung, Nutzung und wissenschaftlichen Verwertung von Archivgut der Finanzbehörden durch das Bundesarchiv nach Maßgabe des Bundesarchivgesetzes oder durch das zuständige Landes- oder Kommunalarchiv nach Maßgabe des einschlägigen Landesgesetzes oder der einschlägigen kommunalen Satzung dient, sofern die Beachtung der Vorgaben der §§ 6 und 10 bis 14 des Bundesarchivgesetzes im Landesrecht oder in der kommunalen Satzung sichergestellt ist,

3. die betroffene Person zustimmt,

4. sie der Durchführung eines Strafverfahrens wegen einer Tat dient, die keine Steuerstraftat ist, und die Kenntnisse

a) in einem Verfahren wegen einer Steuerstraftat oder Steuerordnungswidrigkeit erlangt worden sind; dies gilt jedoch nicht für solche Tatsachen, die der Steuerpflichtige in Unkenntnis der Einleitung des Strafverfahrens oder des Bußgeldverfahrens offenbart hat oder die bereits vor Einleitung des Strafverfahrens oder des Bußgeldverfahrens im Besteuerungsverfahren bekannt geworden sind, oder

b) ohne Bestehen einer steuerlichen Verpflichtung oder unter Verzicht auf ein Auskunftsverweigerungsrecht erlangt worden sind,

5. für sie ein zwingendes öffentliches Interesse besteht; ein zwingendes öffentliches Interesse ist namentlich gegeben, wenn

a) die Offenbarung erforderlich ist zur Abwehr erheblicher Nachteile für das Gemeinwohl oder einer Gefahr für die öffentliche Sicherheit, die Verteidigung oder die nationale Sicherheit oder zur Verhütung oder Verfolgung von Verbrechen und vorsätzlichen schweren Vergehen gegen Leib und Leben oder gegen den Staat und seine Einrichtungen,

b) Wirtschaftsstraftaten verfolgt werden oder verfolgt werden sollen, die nach ihrer Begehungsweise oder wegen des Umfangs des durch sie verursachten Schadens geeignet sind, die wirtschaftliche Ordnung erheblich zu stören oder das Vertrauen der Allgemeinheit auf die Redlichkeit des geschäftlichen Verkehrs oder auf die ordnungsgemäße Arbeit der Behörden und der öffentlichen Einrichtungen erheblich zu erschüttern, oder

c) die Offenbarung erforderlich ist zur Richtigstellung in der Öffentlichkeit verbreiteter unwahrer Tatsachen, die geeignet sind, das Vertrauen in die Verwaltung erheblich zu erschüttern; die Entscheidung trifft die zuständige oberste Finanzbehörde im Einvernehmen mit dem Bundesministerium der Finanzen; vor der Richtigstellung soll der Steuerpflichtige gehört werden.

(5) **Vorsätzlich falsche Angaben der betroffenen Person dürfen den Strafverfolgungsbehörden gegenüber offenbart werden.**

(6) [1]**Der Abruf geschützter Daten, die für eines der in Absatz 2 Nummer 1 genannten Verfahren in einem automationsgestützten Dateisystem gespeichert sind, ist nur zulässig, soweit er der Durchführung eines Verfahrens im Sinne des Absatzes 2 Nummer 1 Buchstabe a und b oder der zulässigen Übermittlung geschützter Daten durch eine Finanzbehörde an die betroffene Person oder Dritte dient.** [2]**Zur Wahrung des Steuergeheimnisses kann das Bundesministerium der Finanzen durch Rechtsverordnung mit Zustimmung des Bundesrates bestimmen, welche technischen und organisatorischen Maßnahmen gegen den unbefugten Abruf von Daten zu treffen sind.** [3]**Insbesondere kann es nähere Regelungen treffen über die Art der Daten, deren Abruf zulässig ist, sowie über den Kreis der Amtsträger, die zum Abruf solcher Daten berechtigt sind.** [4]**Die Rechtsverordnung bedarf nicht der Zustimmung des Bundesrates, soweit sie die Kraftfahrzeugsteuer, die Luftverkehrsteuer, die Versicherungsteuer sowie Ein-**

fuhr- und Ausfuhrabgaben und Verbrauchsteuern, mit Ausnahme der Biersteuer, betrifft.

(7) **Werden dem Steuergeheimnis unterliegende Daten durch einen Amtsträger oder diesem nach Absatz 3 gleichgestellte Personen nach Maßgabe des § 87a Absatz 4 oder 7 über De-Mail-Dienste im Sinne des § 1 des De-Mail-Gesetzes versendet, liegt keine unbefugte Offenbarung, Verwertung und kein unbefugter Abruf von dem Steuergeheimnis unterliegenden Daten vor, wenn beim Versenden eine kurzzeitige automatisierte Entschlüsselung durch den akkreditierten Diensteanbieter zum Zweck der Überprüfung auf Schadsoftware und zum Zweck der Weiterleitung an den Adressaten der De-Mail-Nachricht stattfindet.**

(8) **Die Einrichtung eines automatisierten Verfahrens, das den Abgleich geschützter Daten innerhalb einer Finanzbehörde oder zwischen verschiedenen Finanzbehörden ermöglicht, ist zulässig, soweit die Weiterverarbeitung oder Offenbarung dieser Daten zulässig und dieses Verfahren unter Berücksichtigung der schutzwürdigen Interessen der betroffenen Person und der Aufgaben der beteiligten Finanzbehörden angemessen ist.**

(9) **Die Finanzbehörden dürfen sich bei der Verarbeitung geschützter Daten nur dann eines Auftragsverarbeiters im Sinne von Artikel 4 Nummer 8 der Verordnung (EU) 2016/679 bedienen, wenn diese Daten ausschließlich durch Personen verarbeitet werden, die zur Wahrung des Steuergeheimnisses verpflichtet sind.**

(10) **Die Offenbarung besonderer Kategorien personenbezogener Daten im Sinne des Artikels 9 Absatz 1 der Verordnung (EU) 2016/679 durch Finanzbehörden an öffentliche oder nicht-öffentliche Stellen ist zulässig, wenn die Voraussetzungen der Absätze 4 oder 5 und ein Ausnahmetatbestand nach Artikel 9 Absatz 2 der Verordnung (EU) 2016/679 oder nach § 31c vorliegen.**

(11) [1]**Wurden geschützte Daten**

1. einer Person, die nicht zur Wahrung des Steuergeheimnisses verpflichtet ist,
2. einer öffentlichen Stelle, die keine Finanzbehörde ist, oder
3. einer nicht-öffentlichen Stelle

nach den Absätzen 4 oder 5 offenbart, darf der Empfänger diese Daten nur zu dem Zweck speichern, verändern, nutzen oder übermitteln, zu dem sie ihm offenbart worden sind. [2]**Die Pflicht eines Amtsträgers oder einer ihm nach Absatz 3 gleichgestellten Person, dem oder der die geschützten Daten durch die Offenbarung bekannt geworden sind, zur Wahrung des Steuergeheimnisses bleibt unberührt.**

Schrifttum: Bullmer, Zulässigkeit der Verwertung von Steuergeheimnissen in einem Zivilprozess wegen Amtspflichthaftung, BB 1991, 365; Streck/Olbing, Der beim Finanzamt angezeigte Steuerbürger: Auskunftsanspruch contra Steuergeheimnis, BB 1994, 1267; Loose, Steuerliche Berücksichtigung von Umweltlasten und Weitergabe von Erkenntnissen über Verstöße gegen Umweltschutzbestimmungen, FR 1995, 393; Förster, Datenschutz und Steuergeheimnis, DStZ 1995, 621; Loose, Die Rolle der Finanzverwaltung im Insolvenzverfahren nach der Insolvenzordnung, StuW 1999, 20; Heerspink, Schützt das Steuergeheimnis den Denunzianten?, AO-StB 2002, 29; Burkhard, Probleme mit dem Akteneinsichtsrecht im Steuerstrafverfahren, DStR 2002, 1794; Hardtke, Gilt das Steuergeheimnis nach einer Selbstanzeige auch für Beamte?, AO-StB 2003, 98; Pump, ABC der Einzelfragen zum Steuergeheimnis, StBp 2003, 20, 49, 68, 105, 148; Stahl/Demuth, Strafrechtliches Verwertungsverbot bei Verletzung des Steuergeheimnisses – Ein Zwischenruf im Fall Zumwinkel, DStR 2008, 600; Lindwurm, Das Steuergeheimnis nach der mündlichen Verhandlung vor dem FG und dem Strafgericht, AO-StB 2010, 378; Tormöhlen, Die Durchbrechung des Steuergeheimnisses im zwingenden öffentlichen Interesse, AO-StB 2011, 309; Haupt, (Kein) Steuergeheimnis nach dem Finanzgerichtsprozess?, DStR 2014, 1025; Myßen/Kraus, Steuerliches Datenschutzrecht: Verfahrensrechtsanpassung an die Datenschutz-Grundverordnung, DB 2017, 1860.

Übersicht

A. Allgemeines

1 **Zweck der Vorschrift.** Das StGeheimnis bezweckt zum einen den **Schutz der betroffenen Person** vor einer unkontrollierten Weitergabe der im StVerfahren erlangten Kenntnisse über seine geschützten (privaten und beruflichen/geschäftlichen) Daten. Das StGeheimnis bildet dabei das Gegenstück zu den umfassenden Offenbarungs- und Mitwirkungspflichten, die den Stpfl. und anderen zur Mitwirkung verpflichteten Personen durch Gesetz auferlegt sind (BT-Drs. VI/1982, 100). Mit der Gewährleistung des StGeheimnisses wird bezweckt, das Vertrauen der Bürger in die Verschwiegenheit der FB zu sichern. Gleichzeitig soll die Bereitschaft der am StVerfahren Beteiligten gefördert werden, ihre Offenbarungs- und Mitwirkungspflichten umfassend zu erfüllen (BVerfG 17.7.1984 – 2 BvE 11, 15/83, BStBl. II 1984, 634). Neben dem Schutz der Geheimhaltungsinteressen des Einzelnen dient § 30 auch dem Zweck, die **Gleichmäßigkeit der Besteuerung** zu sichern (BVerfG 27.6.1991 – 2 BvR 1493/89, BStBl. II 1991, 654; BFH 8.2.1994 – VII R 88/92, BStBl. II 1994, 552). Die Durchführung des Besteuerungsverfahrens soll durch die Vorschrift nicht erschwert werden (BT-Drs. 7/4292, 17; zu Einzelheiten → Rn. 121). Vielmehr dient § 30 auch der Aufgabe, eine zutreffende Besteuerung zu ermöglichen. Die Vorschrift schützt somit gleichzeitig öffentliche Interessen (Gosch AO § 30 Rn. 5; TK § 30 Rn. 10).

5 **Verfassungsrechtliche Einordnung.** Das StGeheimnis hat zwar nicht den Rang eines Grundrechts, der Schutz der durch § 30 geschützten Daten kann aber gem. Art. 2 I iVm Art. 1 I und Art. 14 GG verfassungsrechtlich geboten sein (BVerfG 17.7.1984 – 2 BvE 11, 15/83, BStBl. II 1984, 634; BFH 17.10.2023 – VII R 19/20, BStBl. II 2024, 619). Er ist Ausfluss des verfassungsrechtlich garantierten Anspruchs des Bürgers auf informationelle Selbstbestimmung (TK § 30 Rn. 6). Der tiefgreifende Einblick, der dem Staat in die persönlichen Verhältnisse des Bürgers durch die Offenbarungs- und Mitwirkungspflichten nach der AO gewährt wird, fordert, dass die so erlangten Informationen nur zweckgerichtet verwendet werden dürfen und ihre Weitergabe nur unter gesetzlich genau definierten Voraussetzungen erfolgen darf. § 30 gewährleistet den verfassungsrechtlich notwendigen Schutz des Bürgers vor einer Zweckentfremdung der durch die Behörden erhobenen Daten und sichert den verfassungsrechtlichen Anspruch des Bürgers auf informationelle Selbstbestimmung (BVerfG 27.6.1991 – 2 BvR 1493/89, BStBl. II 1991, 654; BFH 16.5.2013 – II R 15/12, BStBl. II 2014, 225).

9 Ein Verstoß gegen das StGeheimnis ist gem. § 355 StGB **strafbewehrt.** Damit trägt der Gesetzgeber der besonderen Bedeutung des § 30 Rechnung.

10 § 30 wurde mit G v. 17.7.2017 (BGBl. 2017 I 2541) und G v. 20.11.2019 (BGBl. 2019 I 1626) an die Regelungen der **DS-GVO** angepasst und ist enger gefasst als § 25 BDSG, der die Datenübermittlung durch öffentliche Stellen regelt (BT-Drs. 18/12611, 80) und nachrangig gegenüber § 30 ist (§ 1 II 1 BDSG). Zum Verhältnis von § 30 zur DS-GVO, zum **BDSG,** zu den Vorschriften zur **Amtsverschwiegenheit** und anderen Vorschriften des Datenschutzes vgl. auch Schwarz/Pahlke/Keß § 30 Rn. 9 ff.; TK § 30 Rn. 4 ff.; Gosch AO § 30 Rn 10 ff.; Klein § 30 Rn. 13 ff.

B. Zur Wahrung des Steuergeheimnisses verpflichtete Personen (Abs. 1 und Abs. 3)

Begrenzter Adressatenkreis. § 30 verpflichtet nur Amtsträger (Abs. 1) und ihnen gleichgestellte Personen (Abs. 3), das StGeheimnis zu wahren. Somit hat nur ein fest umschriebener Personenkreis die Verpflichtungen aus § 30 zu beachten. Alle Personen, die weder Amtsträger sind noch ihnen gleichgestellt werden, unterliegen nicht dem StGeheimnis und dürften daher grds. Verhältnisse anderer offenbaren, auch wenn sie ihnen anlässlich eines Verfahrens nach § 30 II bekannt geworden sind (TK § 30 Rn. 46). Allerdings können sich **Geheimhaltungsverpflichtungen** aus anderen Vorschriften (zB § 30 XI, BDSG, Standespflichten der StBerater und Rechtsanwälte) ergeben. Amtsträger müssen die von § 30 geschützten Daten auf Dauer – also auch nach Ausscheiden aus dem Dienst – geheim halten (HHSp § 30 Rn. 29; TK § 30 Rn. 49). 16

I. Amtsträger (Abs. 1)

Zur Wahrung des StGeheimnisses sind alle Amtsträger (→ § 7 Rn. 1 ff.) verpflichtet, wobei es unerheblich ist, bei welcher Behörde oder bei welchem Gericht sie beschäftigt sind. Zu den Amtsträgern gehören insb. **Beamte** und **Richter,** aber auch Minister, Staatssekretäre und Notare. Zu weiteren Einzelheiten vgl. Erläuterungen zu → § 7 Rn. 1 ff. 20

II. Amtsträgern gleichgestellte Personen (Abs. 3)

Nach § 30 III Nr. 1 haben die für den **öffentlichen Dienst besonders Verpflichteten** (§ 11 I Nr. 4 StGB) das StGeheimnis zu wahren. Dies sind Personen, die ohne Amtsträger zu sein, bei einer Behörde oder bei einer sonstigen Stelle die Aufgaben der öffentlichen Verwaltung wahrnehmen oder bei einem Verband oder sonstigen Zusammenschluss, Betrieb oder Unternehmen, die für eine Behörde oder für eine sonstige Stelle Aufgaben der öffentlichen Verwaltung ausführen, beschäftigt oder für sie tätig sind. Weitere Voraussetzung ist, dass die Person auf die gewissenhafte Erfüllung ihrer Obliegenheiten aufgrund eines Gesetzes förmlich verpflichtet wurde. Die Verpflichtung erfolgt nach dem VerpflG (BGBl. 1974 I 469). Es handelt sich dabei um Personen, die selbst keine öffentlichen Aufgaben wahrnehmen, sondern zu ihrer Erfüllung nur Hilfstätigkeiten leisten (Schwarz/Pahlke/Keß § 30 Rn. 21; TK § 30 Rn. 41). Dies sind insb. **Schreib- und Registraturkräfte,** Boten, Hausmeister, Kraftfahrer, Reinigungspersonal, Mitarbeiter von Rechenzentren oder von Unternehmen, die mit der Vernichtung von Akten, der Versendung von Erklärungsvordrucken oder der Erstellung von Statistiken beschäftigt sind. 24

Ausländische Berufsrichter, Staatsanwälte und Anwälte (§ 193 II GVG), die zur Ableistung eines Studienaufenthalts einem Gericht zugewiesen sind, können (nur) auf eigenen Wunsch zur Geheimhaltung besonders verpflichtet werden (§ 193 III GVG). Mit Zustimmung des Vorsitzenden können sie dann bei Beratungen und Abstimmungen anwesend sein. Sie sind den Amtsträgern gem. § 30 III Nr. 1a gleichgestellt und haben daher das StGeheimnis zu wahren. 25

Sachverständige, die amtlich zugezogen wurden, haben das StGeheimnis zu wahren (§ 30 III Nr. 2). Amtlich zugezogen ist ein Sachverständiger nur, wenn er von der FB, dem FG, der Staatsanwaltschaft oder einem anderen Gericht beauftragt wurde (TK § 30 Rn. 43). Der vom Stpfl. zugezogene Sachverständige hat das StGeheimnis dagegen nicht zu wahren, weil er nicht **amtlich** zugezogen wurde (Schwarz/Pahlke/Keß § 30 Rn. 23; TK § 30 Rn. 43). 26

Träger von Ämtern der **Kirchen** und anderer **Religionsgemeinschaften,** die Körperschaften des öffentlichen Rechts sind, werden den Amtsträgern gleichgestellt (§ 30 III Nr. 3). Da die Erhebung der KiSt an die von der FB festgestellten Besteuerungsgrundlagen 27 anknüpft, ist es gerechtfertigt, den Schutz des § 30 auf diese Personen auszudehnen (BeckOK AO § 30 Rn. 42; Klein § 30 Rn. 36). Körperschaften des öffentlichen Rechts sind die Verbände der Katholischen Kirche, die Altkatholische Kirche, die Evangelischen Landeskirchen, die Evangelische Kirche in Deutschland, die Vereinigte Evangelisch-Lutherische Kirche Deutschland und die Jüdischen Kultusgemeinden.

III. Den Amtsträgern kraft besonderer gesetzlicher Regelung gleichgestellte Personen

31 Das StGeheimnis haben neben den Amtsträgern und die ihnen nach Abs. 3 gleichgestellten Personen auch diejenigen zu beachten, die kraft besonderer gesetzlicher Regelung dazu verpflichtet sind. Dazu gehören insb. die Mitglieder des Bewertungsbeirats beim BMF (§§ 64 IV, 66 IV BewG), die Mitglieder der Gutachterausschüsse (§ 67 III BewG), die mit der StStatistik befassten Personen (§ 6 StStatG) und die Bediensteten öffentlicher Archive (§ 6 BArchG).

IV. Nicht dem Steuergeheimnis unterworfene Personen

35 Sind Personen weder Amtsträger noch ihnen nach § 30 III gleichgestellt, müssen sie das StGeheimnis nicht wahren, auch wenn sie Informationen erhalten, die prinzipiell vom StGeheimnis erfasst würden. Daher unterliegen die **Beteiligten** (§ 78) und deren Berater nicht dem StGeheimnis. Auch Personen, die nach § 93 zur Auskunft verpflichtet sind, sowie Zeugen und Zuhörer einer Gerichtsverhandlung sind von § 30 nicht betroffen. Daher kann ein **Zeuge** auch nicht mit Hinweis auf das StGeheimnis die Aussage verweigern (BFH 12.11.1986 – I R 113/83, BFH/NV 1987, 265). Allerdings können sich **Geheimhaltungsverpflichtungen** aus anderen Vorschriften ergeben. Neben § 30 XI (→ Rn. 298 f.) kann sich eine Pflicht zur Geheimhaltung aus vertraglichen Absprachen ergeben. Zudem sind bestimmte Berufsgruppen (zB StBerater und Rechtsanwälte) zur Wahrung des Berufsgeheimnisses verpflichtet (s. § 57 StBerG, § 43a II BRAO). Ein Verstoß gegen diese Geheimhaltungspflichten kann nach § 203 StGB strafbar sein.

36 **LStAbzugsverpflichtete** unterliegen nicht dem StGeheimnis (Klein § 30 Rn. 37). Für sie gilt nach § 39 VIII 2 EStG eine besondere Geheimhaltungspflicht, die den Arbeitnehmer vor der Offenbarung der auf der LStKarte eingetragenen persönlichen Daten schützt. Die für den LStAbzug notwendigen Daten, die nach § 39e EStG gespeichert werden, unterliegen dem StGeheimnis (BFH 18.1.2012 – II R 49/10, BStBl. II 2012, 168).

C. Verletzung des Steuergeheimnisses (Abs. 2)

39 Das StGeheimnis erstreckt sich gem. § 30 II auf **geschützte Daten.** Unter dem Oberbegriff „geschützte Daten" werden nach der Legaldefinition in Abs. 2 zum einen fremde personenbezogene Daten und zum anderen fremde Betriebs- und Geschäftsgeheimnisse erfasst, die in einem der in § 30 II 1 Buchst. a–c genannten Verfahren bekannt geworden sind.

I. Personenbezogene Daten eines anderen (Abs. 2 Nr. 1)

1. Personenbezogene Daten

41 Mit dem G v. 17.7.2017 (BGBl. 2017 I 2541) wurde der bisher verwandte Begriff der „Verhältnisse" durch den Begriff der **„personenbezogenen Daten"** ersetzt. Eine inhaltliche Änderung wurde damit nicht bezweckt (BT-Drs. 18/126111, 81). Vielmehr sollte der Begriff an den Sprachgebrauch der DS-GVO angepasst werden (Myßen/Kraus DB 2017, 1860 (1866)). **Art. 4 Nr. 1 DS-GVO** enthält eine **Legaldefinition** des Begriffs der personenbezogenen Daten. Danach handelt es sich bei den personenbezogenen Daten um

alle Informationen, die sich auf eine identifizierte oder identifizierbare natürliche Person beziehen (Art. 4 Nr. 1 HS 1 DS-GVO). Als identifizierbar wird eine natürliche Person gem. Art. 4 Nr. 1 HS 2 DS-GVO angesehen, die direkt oder indirekt, insb. mittels Zuordnung zu einer Kennung wie einem Namen, zu einer Kennnummer, zu Standortdaten, zu einer Online-Kennung oder zu einem oder mehreren besonderen Merkmalen identifiziert werden kann, die Ausdruck der physischen, physiologischen, genetischen, psychischen, wirtschaftlichen, kulturellen oder sozialen Identität dieser natürlichen Person sind (s. auch EuGH 24.2.2022 – C-175/20, EuZW 2022, 527 – Valsts ieņēmumu dienests). Alles, was aus dem persönlichen, wirtschaftlichen, privaten oder öffentlichen Bereich einer Person bekannt geworden ist, wird vom StGeheimnis geschützt (BT-Drs. 18/12611, 81; AEAO zu § 30 Nr. 1.2). Auf die steuerliche Relevanz der Daten kommt es nicht an (Gosch AO § 30 Rn. 33). Damit erstreckt sich der Schutzbereich des § 30 ua auf Namen, Familienstand, Religionszugehörigkeit, Zahl der Kinder, politische Überzeugung, Art der Lebensführung, sexuelle Orientierung, den Gesundheitszustand sowie auf alle geschäftlichen und beruflichen Aktivitäten einer Person (TK § 30 Rn. 12). Auch die Daten, die nach § 39e EStG für das LStAbzugsverfahren personenbezogen gespeichert werden, unterliegen dem StGeheimnis (BFH 18.1.2012 – II R 49/10, BStBl. II 2012, 168) ebenso wie die vom FA erteilte StNummer oder die vom BZSt erteilte UStIdentifikationsnummer (vgl. Gosch AO § 30 Rn. 34; Schwarz/Pahlke/Keß § 30 Rn. 29). Ferner unterliegt dem StGeheimnis das Verwaltungsverfahren selbst und damit zB, ob und bei welcher FB ein Stpfl. geführt wird, ob ein StFahndungsverfahren oder eine Ap. stattgefunden hat, wer für den Stpfl. im Verfahren aufgetreten ist und welche Anträge gestellt worden sind (BayVGH 11.9.2014 – 67-IVa-13, NVwZ-RR 2015, 81; BT-Drs. 18/12611, 81; AEAO zu § 30 Nr. 1.2). Für die Personenbeziehbarkeit einer Information genügt es, wenn die Angaben vom Informationsempfänger aufgrund von diesem zugänglichen Zusatzwissen mit der betreffenden Person verknüpft werden können (BVerwG 29.8.2019 – 7 C 33/17, NVwZ 2020, 1114). Auf den Wahrheitsgehalt der Daten kommt es nicht an. Auch **falsche Behauptungen** oder **Gerüchte** über eine Person sind geschützt (OVG Nordrhein-Westfalen 18.10.2017 – 15 A 651/14, BeckRS 2017, 133477) und dürfen daher nicht unbefugt bestätigt oder dementiert werden (Schwarz/Pahlke/Keß § 30 Rn. 29; TK § 30 Rn. 13; s. hierzu aber auch § 32f, § 30 IV Nr. 5 Buchst. c → Rn. 243 ff.).

Die Daten müssen einer identifizierten oder zumindest identifizierbaren Person zugeord- 42
net werden können, damit sie in den Schutzbereich der Norm fallen. Daher unterliegen **anonymisierte Daten** nicht dem StGeheimnis (Klein § 30 Rn. 45). Daten, die zu statistischen Zwecken und in anonymisierter Form erhoben werden, können uneingeschränkt offenbart werden (TK § 30 Rn. 12). Dies gilt auch für Richtsätze und Vergleichsdaten, soweit die Zuordnung zu einer identifizierbaren Person nicht möglich ist (BFH 27.10.1993 – I R 25/92, BStBl. II 1994, 210; BFH 17.10.2001 – I R 103/00, BStBl. II 2004, 171).

2. Anderer

Nach § 30 dürfen die persönlichen Daten eines **anderen** nicht unbefugt offenbart 46
werden. Anderer ist jeder, der nicht Amtsträger ist oder einem Amtsträger gleichsteht (TK § 30 Rn. 14). Damit sind nicht nur die personenbezogenen Daten des Stpfl. selbst, sondern auch die Daten von Auskunftspersonen, steuerlichen Beratern oder Anzeigenerstattern von § 30 geschützt (TK § 30 Rn. 14; vgl. auch BFH 15.7.2025 – IX R 25/24, BB 2025, 2261 und FG Düsseldorf 10.8.2022 – 4 K 879/21, EFG 2023, 655, bestätigt durch BFH 8.4.2025 – IX R 27/22, BFH/NV 2025, 1278 jeweils zur anonymen Anzeige). Schutz gewährt das StGeheimnis nicht nur einer lebenden **natürlichen Person.** Auch die Daten von **Verstorbenen** sowie von **Körperschaften,** (rechtsfähigen und nicht rechtsfähigen) **Personenvereinigungen** und **Vermögensmassen** unterliegen gem. § 2a V dem StGeheimnis.

47 Die **eigenen personenbezogenen Daten des Stpfl.** sind ihm gegenüber nicht durch das StGeheimnis geschützt (BFH 7.5.2024 – IX R 21/22, BFH/NV 2024, 1070). Dem Stpfl. ist daher über seine eigenen geschützten Daten uneingeschränkt Auskunft zu erteilen, sofern diese nicht zugleich die personenbezogenen Daten eines Dritten sind (BFH 7.5.2024 – IX R 21/22, BFH/NV 2024, 1070). Begehrt der Stpfl. Auskunft über seine Daten, die die FB über ihn gespeichert hat, kann diese Auskunft daher grds. nicht mit Hinweis auf § 30 verweigert werden (BFH 7.5.2024 – IX R 21/22, BFH/NV 2024, 1070; FG Köln 15.5.2002 – 2 K 1781/99, EFG 2002, 1150; FG Köln 18.12.1997 – 2 K 382/96, EFG 1998, 963). Dies gilt auch für Daten, die ein vormaliger Bevollmächtigter im Zusammenhang mit der Veranlagung des Stpfl. den FB übermittelt hat (FG Niedersachsen 18.3.2022 – 7 K 11127/18, EFG 2022, 816 insoweit bestätigt durch BFH 7.5.2024 – IX R 21/22, BFH/NV 2024, 1070). Zum Auskunftsanspruch s. §§ 32c ff. Auch der **Vertreter** des Stpfl. kann Auskunft verlangen, zumindest soweit seine Vertretungsmacht reicht (TK § 30 Rn. 23). Auskunft ist daher dem steuerlichen Berater, dem Geschäftsführer bzw. Vorstand einer KapGes sowie jedem anderen gesetzlichen oder organschaftlichen Vertreter zu erteilen. Auch dem **Insolvenzverwalter** können die personenbezogenen Daten des Gemeinschuldners offenbart werden, auch soweit es im Falle einer Zusammenveranlagung um die Daten des Ehegatten geht (BFH 28.3.2007 – III B 10/07, BFH/NV 2007, 1182; Loose StuW 1999, 25; BVerwG 25.2.2022 – 10 C 4/20, BVerwGE 175, 62: für den Insolvenzverwalter gilt nichts anderes als für den stpfl. Insolvenzschuldner selbst). Ebenso sind den in §§ 34, 35 genannten Personen die Informationen mitzuteilen, die sie für die Erfüllung ihrer dort aufgeführten steuerlichen Pflichten benötigen. Der **Vertretene** hat Anspruch darauf, dass ihm mitgeteilt wird, welche Dinge Gegenstand der Verhandlungen zwischen FB und Vertreter gewesen sind (TK § 30 Rn. 23).

48 **Erben.** Der Erbe tritt als **Gesamtrechtsnachfolger** uneingeschränkt in die Position des Erblassers ein (TK § 30 Rn. 16). Ihm können daher alle Auskünfte erteilt werden, die auch dem Erblasser hätten erteilt werden können (Klein § 30 Rn. 48; AEAO zu § 30 Nr. 3.3). Bei mehreren Gesamtrechtsnachfolgern steht jedem Einzelnen ein Auskunftsrecht zu, das nicht durch die Miterben beschränkt ist. Die FB darf jedem Miterben daher ohne Zustimmung der übrigen Erben Verhältnisse des Erblassers offenbaren (AEAO zu § 30 Nr. 3.3). Gesamtrechtsnachfolger ist auch ein Zusatzpflichtteilsberechtigter nach § 2305 BGB, dessen Auskunftsbegehren nicht unter Hinweis auf das StGeheimnis zurückgewiesen werden darf (TK § 30 Rn. 16). Dagegen sind **Pflichtteilsberechtigte, Erbersatzanspruchsberechtigte** und **Vermächtnisnehmer** keine Gesamtrechtsnachfolger, sodass ihnen wegen § 30 keine Auskunft erteilt werden darf (Schwarz/Pahlke/Keß § 30 Rn. 31; AEAO zu § 30 Nr. 3.3).

49 **KapGes.** Der Gesellschafter einer KapGes kann keine Auskunft über die Verhältnisse der Gesellschaft verlangen, wenn er nicht gleichzeitig zur Geschäftsführung befugt ist. Denn die KapGes ist für ihre Gesellschafter ein anderer iSd § 30 (LG Nürnberg-Fürth 22.1.2025 – 12 Qs 26/24, wistra 2025, 219. Die FB hat das StGeheimnis auch im Verhältnis der KapGes zu ihren (nicht geschäftsführenden) Gesellschaftern zu wahren (BFH 17.6.1992 – II B 57/91, BFH/NV 1993, 151).

50 **PersGes.** Die PersGes ist für ihre Gesellschafter ein anderer, wenn sie als solche stpfl. ist (TK § 30 Rn. 18). Dies gilt nach § 14a III, IV auch für sonstige Personengesamtheiten. Insoweit darf den Gesellschaftern keine Auskunft über die geschützten Daten der Gesellschaft erteilt werden. Das StGeheimnis gilt nicht gegenüber dem zur **Vertretung** berufenen Gesellschafter; ihm dürfen dementsprechend Auskünfte erteilt werden (Klein § 30 Rn. 50). Da der vertretungsberechtigte Gesellschafter für die PersGes handelt, dürfen ihm auch Informationen über Zeiten zugänglich gemacht werden, zu denen er noch nicht Gesellschafter war (TK § 30 Rn. 18; Schwarz/Pahlke/Keß § 30 Rn. 32).

51 Den **Gesellschaftern** dürfen die Verhältnisse der PersGes aber offenbart werden, soweit sie Gegenstand der **einheitlichen und gesonderten Feststellung** sind (BFH 27.8.1997 – XI R 72/96, BStBl. II 1997, 750; BFH 30.3.2021 – VII B 62/20, BStBl. II

2021, 587). Dies gilt auch dann, wenn streitig ist, ob überhaupt die Voraussetzungen für die Durchführung eines Feststellungsverfahrens gegeben sind (BFH 30.3.2021 – VII B 62/20, BStBl. II 2021, 587). Daher darf einem Mitgesellschafter Einblick in die StAkten zur einheitlichen und gesonderten Feststellung für Zeiträume gewährt werden, in denen er der Gesellschaft angehört (hat) (Gosch AO § 30 Rn. 44; Klein § 30 Rn. 51). Gegenstand der einheitlichen und gesonderten Feststellung sind auch die **Sonderbetriebsausgaben** bzw. Sonderwerbungskosten einzelner Gesellschafter. Ihrer Aufnahme in den Feststellungsbescheid steht das StGeheimnis nicht entgegen (BFH 11.9.1991 – XI R 35/90, BStBl. II 1992, 4; BFH 23.4.1991 – IX R 303/87, BFH/NV 1991, 653). Der Feststellungsbescheid erstreckt sich grds. auch auf das ganze Wirtschaftsjahr, wenn ein **Gesellschafter** im Laufe des Wirtschaftsjahres **ausscheidet oder eintritt** (BFH 15.1.2002 – IX R 21/98, BStBl. II 2002, 309; BFH 29.4.1993 – IV R 107/92, BStBl. II 1993, 666; BFH 28.11.1989 – VIII R 40/84, BStBl. II 1990, 561). Es sind also nicht mehrere Feststellungsbescheide zu erteilen (Klein § 30 Rn. 51; aA Schwarz/Pahlke/Keß § 30 Rn. 32; Gosch AO § 30 Rn. 44). Dem Erlass eines einzigen Feststellungsbescheids steht auch das StGeheimnis nicht entgegen (BFH 29.4.1993 – IV R 107/92, BStBl. II 1993, 666). Allerdings müssen mit Blick auf das StGeheimnis getrennte Feststellungsbescheide erteilt werden, wenn Anhaltspunkte für das Vorliegen von schutzwürdigen Geheimhaltungsinteressen erkennbar sind (BFH 23.4.1991 – IX R 303/87, BFH/NV 1991, 653; BFH 24.11.1988 – IV R 252/84, BStBl. II 1989, 312; BFH 14.9.1978 – IV R 49/74, BStBl. II 1979, 159).

Ein **Ap.-Bericht** kann jedem Gesellschafter übersandt werden, soweit sich die Prüfung **57** auf Zeiträume seiner Zugehörigkeit zur PersGes erstreckt. Einem ausgeschiedenen Gesellschafter muss der Prüfungsbericht insoweit offenbart werden, als es für seine Besteuerung von Bedeutung ist (BFH 11.12.1980 – IV R 127/78, BStBl. II 1981, 457). Die Übersendung eines vollständigen Prüfungsberichts ist nur mit Zustimmung der übrigen Gesellschafter zulässig.

Gesamtschuldner. Im Verhältnis von Gesamtschuldnern untereinander ist das StGe- **58** heimnis irrelevant, weil der Inhalt des sie betreffenden StBescheides nach § 155 III allen bekannt gegeben werden darf (BFH 15.6.2000 – IX B 13/00, BStBl. II 2000, 431; BFH 8.3.1973 – VI R 305/68, BStBl. II 1973, 625). Da jeder Gesamtschuldner von den Verhältnissen des anderen Gesamtschuldners betroffen ist, verstößt eine Offenbarung dieser Verhältnisse nicht gegen das StGeheimnis (TK § 30 Rn. 22; FG Hamburg 22.2.2022 – 2 V 16/21, EFG 2022, 824).

Ehegatten. Zusammenveranlagte Ehegatten sind Gesamtschuldner der ESt. Den Ehe- **59** gatten dürfen die Verhältnisse des anderen Ehegatten ohne Verstoß gegen das StGeheimnis mitgeteilt werden (BFH 15.6.2000 – IX B 13/00, BStBl. II 2000, 431; BFH 8.3.1973 – VI R 305/68, BStBl. II 1973, 625). Ob ein Ehegatte überhaupt stpfl. Einkünfte erzielt hat, ist für die Offenbarungsbefugnis unerheblich (FG Hamburg 16.8.1973 – I 43/73, EFG 1973, 602). Allerdings besteht die Offenbarungsbefugnis nur, soweit die Zusammenveranlagung reicht (TK § 30 Rn. 22). Gegenüber Dritten steht auch dem einkünftelosen Ehegatten der Schutz des StGeheimnisses zu (BFH 10.1.1992 – III R 103/87, BStBl. II 1992, 297). Soll bei jedem Ehegatten eine Ap. durchgeführt werden, ist für jeden Ehegatten gesondert eine **Prüfungsanordnung** zu erlassen. Es ist jedoch zulässig, die Prüfungsanordnungen in einem Schriftstück zusammenzufassen (zu Einzelheiten → § 193 Rn. 48). Der Zusammenfassung steht bei zusammenveranlagten Ehegatten das StGeheimnis nicht entgegen (BFH 12.9.1991 – III R 4/89, BFH/NV 1992, 151; BFH 28.10.1988 – III R 52/86, BStBl. II 1989, 257).

Haftungsschuldner. Der Haftungsschuldner darf über die Verhältnisse, die das Ent- **61** stehen der StSchuld betreffen, für die er haften soll, informiert werden (BFH 13.9.1972 – I R 189/70, BStBl. II 1973, 119). Soweit es für eine angemessene Rechtsverteidigung notwendig ist, kann dem Haftungsschuldner Einsicht in die Akten des StSchuldners gewährt werden. Die Mitteilungsbefugnis erstreckt sich auch auf die Frage, inwieweit die

Vollstr. in das Vermögen des StSchuldners oder anderer Haftungsschuldner zu einem (Miss-)Erfolg geführt hat (Gosch AO § 30 Rn. 39).

62 **Informanten der FB.** Der Name eines Informanten der FB wird vom StGeheimnis geschützt (BFH 9.1.2007 – VII B 134/05, BFH/NV 2007, 1141; BFH 8.2.1994 – VII R 88/92, BStBl. II 1994, 552; aA HHSp § 30 Rn. 43). Unerheblich ist, ob der Informant zur Auskunft verpflichtet war oder freiwillig die FB informiert hatte. Der Stpfl. kann nur die Mitteilung des Namens verlangen, wenn der Schutz seines **allgemeinen Persönlichkeitsrechts** dies gebietet (BFH 8.2.1994 – VII R 88/92, BStBl. II 1994, 552) oder die Voraussetzungen des § 30 V erfüllt sind (TK § 30 Rn. 15). Dies gilt insb. für den Fall, dass der Anzeigenerstatter vorsätzlich falsche Angaben gemacht hat. Dies darf der zuständigen Strafverfolgungsbehörde mitgeteilt werden (OFD Frankfurt am Main 11.12.2008, AO-Kartei HE § 30 AO Karte 7).

II. Fremde Betriebs- und Geschäftsgeheimnisse (Abs. 2 Nr. 2)

66 Nach § 30 II Nr. 2 sind auch Betriebs- und Geschäftsgeheimnisse geschützt. Diese werden allerdings bereits von § 30 II Nr. 1 erfasst, sofern sie bestimmten Personen zuzurechnen sind und daher unter den Begriff der personenbezogenen Daten fallen (TK § 30 Rn. 25). Ein Betriebs- oder Geschäftsgeheimnis liegt vor, wenn eine betriebliche oder geschäftliche Information (Beispiele → Rn. 68) **nicht allgemein bekannt** oder zugänglich ist (vgl. auch § 2 Nr. 1 GeschäftsgeheimnisG sowie zB BFH 17.10.2023 – VII R 19/20, BStBl. II 2024, 619; BFH 17.10.2023 – VII R 28/20, BFH/NV 2024, 886). Der Geheimhaltungswille des Inhabers muss erkennbar sein (BGH 10.7.1963 – I b ZR 21/62, NJW 1963, 2120). Nach § 2 Nr. 1 Buchst. b GeschäftsgeheimnisG muss der Inhaber des Geschäftsgeheimnisses insoweit angemessene Geheimhaltungsmaßnahmen ergreifen. Was insoweit angemessen ist, hängt von der Art des Geschäftsgeheimnisses im Einzelfall und den konkreten Umständen der Nutzung ab (BT-Drs. 19/4724, 24).

67 Eine Differenzierung zwischen Betriebsgeheimnis und Geschäftsgeheimnis ist nicht vorzunehmen. Der Gesetzgeber wollte nur deutlich machen, dass ein umfassender Schutz wirtschaftlich nutzbarer Informationen beabsichtigt ist. Daher sind auch die Geheimnisse von Erfindern und Freiberuflern geschützt.

68 **Beispiele.** Zu den Betriebs- oder Geschäftsgeheimnissen gehören insb. Kundenlisten, Einkaufsbedingungen, Lieferquellen, Kalkulationen, Marktanalysen, Herstellungsverfahren, technisches Know-how jeder Art, Modelle, Absatzwege, Marketingstrategien und Reklameabsichten (BFH 17.10.2023 – VII R 19/20, BStBl. II 2024, 619; BFH 17.10.2023 – VII R 28/20, BFH/NV 2024, 886).

69 Ein Betriebs- und Geschäftsgeheimnis ist **fremd** für alle Personen, die das Geheimnis nicht kennen und die nach dem Willen des Inhabers von der Kenntnis ausgeschlossen sein sollen (Schwarz/Pahlke/Keß § 30 Rn. 36e; TK § 30 Rn. 28).

III. Art des Bekanntwerdens

73 Die personenbezogenen Daten eines anderen und die fremden Betriebs- und Geschäftsgeheimnisse unterliegen nur dem Schutz des StGeheimnisses, wenn sie in bestimmter Art und Weise bekannt geworden sind. Abs. 2 Nr. 1 bestimmt **abschließend,** auf welche Art und Weise die Information dem Amtsträger bzw. einer dem Amtsträger gleichgestellten Person bekannt geworden sein muss, damit das StGeheimnis eingreift (TK § 30 Rn. 30). Sind die Daten in anderer Weise bekannt geworden, stellen sie keine geschützten Daten iSd § 30 II dar, mit der Folge, dass ihrer Weitergabe das StGeheimnis nicht entgegensteht. Dies gilt insb. für Informationen, die ein Amtsträger oder die ihm gleichgestellte Person aus **privatem Anlass** erfahren hat.

1. Verwaltungs-, Rechnungsprüfungs- oder Gerichtsverfahren (Abs. 2 Nr. 1 Buchst. a)

Die personenbezogenen Daten eines anderen und die fremden Betriebs- und Geschäftsgeheimnisse sind durch § 30 geschützt, wenn sie im Rahmen eines Verwaltungsverfahrens, eines Rechnungsprüfungsverfahrens oder eines gerichtlichen Verfahrens in StSachen bekannt geworden sind. Es muss ein **sachlicher Zusammenhang** zwischen diesen Verfahren und dem Bekanntwerden bestehen, wobei es genügt, dass die Kenntnis aus Anlass eines solchen Verfahrens erlangt wird. Die Mitteilung anlässlich eines solchen Verfahrens muss also nicht unmittelbar dem Fortgang dieses Verfahrens dienen. Auch nur **bei Gelegenheit** der amtlichen Tätigkeit erlangte Kenntnisse unterliegen dem StGeheimnis (Gosch AO § 30 Rn. 51.1; Schwarz/Pahlke/Keß § 30 Rn. 41; BeckOK AO § 30 Rn. 67). Daher werden Zufallsfunde (zB bei einer Ap.) von § 30 erfasst (Joecks wistra 1998, 86; TK § 30 Rn. 35). Erkenntnisse, die sich jedermann, auch ohne in dem StVerfahren tätig zu sein, hätte beschaffen können, sowie Erkenntnisse, die sich ein am Verfahren nicht beteiligter Amtsträger heimlich aus den StAkten verschafft, fallen jedoch nicht hierunter (Klein § 30 Rn. 64; Schwarz/Pahlke/Keß § 30 Rn. 41 f.). 76

Verwaltungsverfahren. In Anlehnung an § 9 VwVfG wird unter Verwaltungsverfahren jede nach außen wirkende Tätigkeit einer Behörde verstanden, die auf die Prüfung der Voraussetzungen, die Vorbereitung und den Erlass eines VA gerichtet ist (TK § 30 Rn. 31). Das Verwaltungsverfahren beginnt nicht erst mit Handlungen, die von außen erkennbar sind. Schon die rein **amtsinterne Ermittlung** stellt ein Verwaltungsverfahren dar, sodass dabei erlangte Kenntnisse vom StGeheimnis geschützt werden. 77

Steuersachen. Es muss sich um ein Verwaltungsverfahren in StSachen handeln. Dazu gehören alle Maßnahmen, die zur Festsetzung, Erhebung und Vollstr. von Steuern ergriffen werden. Aber auch die Verfahren zur Festsetzung von Prämien und Zulagen, auf die die für StVergütungen geltenden Vorschriften der AO anzuwenden sind, gehören hierher (TK § 30 Rn. 31; Gosch AO § 30 Rn. 48 mit Bsp.). Ebenso handelt es sich bei der Verwaltung des **Kindergeldes** um eine StSache, sodass die Bediensteten der Familienkassen (Agentur für Arbeit) oder der früher in § 72 EStG genannten Körperschaften, Anstalten und Stiftungen des öffentlichen Rechts, soweit sie mit der Verwaltung des Kindergeldes betraut sind, das StGeheimnis wahren müssen (BFH 16.1.2013 – III S 38/11, BFH/NV 2013, 701; Gosch AO § 30 Rn. 47). Ferner stellen auch die vom BZSt durchzuführenden Verfahren zur Überprüfung und Durchsetzung der Sorgfalts- und Meldepflichten durch Intermediäre nach der FATCA-USA-UmsetzungsVO, dem G zum Austausch von Informationen über Finanzkonten in Steuersachen (FKAustG), dem G über die Meldepflicht und den automatischen Austausch von Informationen meldender Plattformbetreiber in StSachen (PStTG) oder vergleichbaren Regelungen Verwaltungsverfahren in StSachen dar (AEAO zu § 30 Nr. 4.9). 78

Keine Verfahren in StSachen sind zB die Sammlung von Grundstückspreisen nach Maßgabe des BauGB (FG Hamburg 23.6.1981 – III 119/77, EFG 1981, 637), die Durchführung von berufsrechtlichen Verfahren nach § 164a StBerG und das Gewerbeuntersagungsverfahren nach § 35a GewO (Gosch AO § 30 Rn. 50). 79

Rechnungsprüfungsverfahren. Die Rechnungsprüfungsämter kontrollieren auch die Festsetzung und Erhebung von Steuern. Die Mitarbeiter der Rechnungsprüfungsämter, die mit diesen Verfahren betraut sind, haben das StGeheimnis zu beachten. 80

Gerichtliche Verfahren in StSachen finden insb. vor dem FG oder dem BFH statt. Aber auch gerichtliche Verfahren vor dem VG, OVG oder BVerwG sowie dem BVerfG und dem EuGH werden von der Vorschrift erfasst, wenn sie StSachen betreffen (TK § 30 Rn. 33; Gosch AO § 30 Rn. 53; Schwarz/Pahlke/Keß § 30 Rn. 49). Gleiches gilt für Verfahren vor den ordentlichen Gerichten, wobei weder Amtshaftungsverfahren nach § 839 BGB iVm Art. 34 GG und Schadenersatzprozesse zu gerichtlichen Verfahren in StSachen zählen (Gosch AO § 30 Rn. 54; TK § 30 Rn. 69; Klein § 30 Rn. 62). 81

2. Steuerstrafverfahren und Bußgeldverfahren wegen Steuerordnungswidrigkeit (Abs. 2 Nr. 1 Buchst. b)

86 Die in einem StStrafverfahren (s. § 369) oder in einem Bußgeldverfahren wegen einer StOrdnungswidrigkeit (s. §§ 377 ff.) bekannt gewordenen geschützten Daten eines anderen werden nach § 30 II Nr. 1 Buchst. b geschützt. Wegen des erforderlichen **sachlichen Zusammenhangs** zwischen diesen Verfahren und dem Bekanntwerden s. bereits → Rn. 76. Der Schutz erstreckt sich sowohl auf die Ermittlungstätigkeit der FB, der Polizei und der Staatsanwaltschaft als auch auf das gerichtliche Strafverfahren (TK § 30 Rn. 34). Es werden nicht nur die Daten desjenigen geschützt, gegen den sich das Strafverfahren richtet. Alle anlässlich des Strafverfahrens bekannt gewordenen personenbezogenen Daten auch anderer Personen unterliegen dem StGeheimnis (BFH 17.5.1995 – I B 118/94, BStBl. II 1995, 497). Das StGeheimnis beschränkt sich nicht auf Tatsachen, die für die Besteuerung von Interesse sind.

87 **Kein Verfahren** idS ist ein Strafverfahren wegen Subventionsbetrug gem. § 264 StGB oder wegen unerlaubter Hilfeleistung in StSachen (§ 160 I StBerG). Daher darf die StBeraterkammer über den Ausgang eines Verfahrens wegen unerlaubter Hilfeleistung in StSachen informiert werden, falls die Erkenntnisse, die zur Einleitung des Verfahrens geführt haben, nicht in einem Besteuerungsverfahren bekannt geworden sind.

3. Zur Weiterverarbeitung nach § 29c Abs. 1 oder aus anderem dienstlichen Anlass (Abs. 2 Nr. 1 Buchst. c)

91 § 30 II Nr. 1 Buchst. c erweitert den Schutzbereich des StGeheimnisses (TK § 30 Rn. 37). Teilt die FB Daten, die dem StGeheimnis unterliegen, einer anderen Behörde mit, haben die Amtsträger der anderen Behörde das StGeheimnis zu wahren (Klein § 30 Rn. 73). Gleiches gilt, wenn die Vorlage eines StBescheids oder einer Bescheinigung über die bei der Besteuerung getroffenen Feststellungen gesetzlich vorgeschrieben ist. Die freiwillige Vorlage dieser Unterlagen erweitert die Anwendung des StGeheimnisses allerdings nicht (TK § 30 Rn. 37).

92 Mit Wirkung zum 18.12.2019 (G v. 12.12.2019, BGBl. 2019 I 2451) wurde die Weiterverarbeitung nach § 29c I 1 Nr. 4, 5 oder 6 als Anlass des Bekanntwerdens von geschützten Daten in § 30 II Nr. 1 Buchst. c aufgenommen. Der Gesetzgeber wollte damit klarstellen, dass das StGeheimnis auch für diejenigen Amtsträger gilt, denen personenbezogene Daten im Rahmen einer zulässigen Weiterverarbeitung nach § 29c I 1 Nr. 4, 5 oder 6 bekannt geworden sind (BT-Drs. 19/13436, 188). Dies betrifft insb. die Verarbeitung von Daten im Zusammenhang mit finanzverwaltungsinternen Tests von automatisierten Programmen, die Gesetzesfolgenabschätzung sowie die Ausbildung und Schulung (BT-Drs. 19/13436, 188).

IV. Verletzung des Steuergeheimnisses durch Offenbaren oder Verwerten

95 Ein **Offenbaren** ist in jedem (ausdrücklichen oder konkludenten) Verhalten zu sehen, durch die einem anderen geschützte Daten bekannt werden oder bekannt werden könnten (TK § 30 Rn. 51; Schwarz/Pahlke/Keß § 30 Rn. 56). Das Offenbaren iSd § 30 II ist nach Auffassung des Gesetzgebers mit der „Offenlegung durch Übermittlung, Verbreitung oder eine andere Form der Bereitstellung" als Teil der Verarbeitung nach Art. 4 Nr. 2 DS-GVO vergleichbar (BT-Drs. 18/12611, 80; zur Regelung des Art. 4 Nr. 2 DS-GVO s. auch EuGH 24.2.2022 – C-175/20, EuZW 2022, 527 – Valsts ieņēmumu dienests). Es ist unerheblich, auf welche Weise die geschützten Daten weitergegeben werden. Daher kann ein Offenbaren durch mündliche, schriftliche und elektronische Erklärung, durch Gewährung von Akteneinsicht, durch die Übersendung von Akten oder das Liegenlassen von Akten erfolgen (BT-Drs. 18/12611, 80). Ausreichend ist auch ein Verhalten, das sichere Rückschlüsse auf einen bestimmten Erklärungswert zulässt, wie Nicken, Lächeln, Augenzwinkern und Handzeichen (TK § 30 Rn. 52) oder auch ein Unterlassen (BT-Drs. 18/

12611, 80; AEAO zu § 30 Nr. 3.2). Ein **Offenbarungswille** ist nicht erforderlich (TK § 30 Rn. 51; Schwarz/Pahlke/Keß § 30 Rn. 56; aA Schuhmann DStZ 1989, 618).

Bisher nicht bekannt. Ein Offenbaren kann nur vorliegen, wenn die Information bisher nicht bekannt war (BFH 29.4.1993 – IV R 107/92, BStBl. II 1993, 666). Sind die Verhältnisse, die dem StGeheimnis unterliegen, dem Empfänger der Mitteilung bereits bekannt, können sie ihm nicht mehr iSd § 30 offenbart werden. Bekannt sind sie auch, wenn jeder Interessent sich die Informationen ohne größere Schwierigkeiten und Opfer beschaffen könnte (BFH 14.4.2008 – VII B 226/07, BFH/NV 2008, 1295; TK § 30 Rn. 51a). Daher können Informationen, die in einem öffentlichen Register (zB Handelsregister, Melderegister, Grundbuch) eingetragen, amtlich publiziert oder sonst veröffentlicht (zB Telefonbücher, Branchenverzeichnisse, Adressbücher, Internet) sind, nicht mehr offenbart werden (OVG Nordrhein-Westfalen 18.10.2017 – 15 A 651/14, BeckRS 2017, 133477; Gosch AO § 30 Rn. 73). Besitzt der Empfänger der Mitteilung jedoch nur Informationen, deren Wahrheitsgehalt bisher nicht gesichert ist (**Gerüchte** etc.), liegt in deren Bestätigung oder deren Dementi ein Offenbaren iSd § 30 (OVG Nordrhein-Westfalen 18.10.2017 – 15 A 651/14, BeckRS 2017, 133477). 96

Öffentliche Gerichtsverhandlung. Umstritten ist, ob alles das, was Gegenstand einer öffentlichen Gerichtsverhandlung gewesen ist, als allgemein bekannt anzusehen ist, mit der Folge, dass diese Tatsachen nicht mehr offenbart werden können (so TK § 30 Rn. 51a; Gosch AO § 30 Rn. 74; aA BeckOK AO § 30 Rn. 77; Klein § 30 Rn. 83; HHSp § 30 Rn. 124; Schwarz/Pahlke/Keß § 30 Rn. 58; kritisch auch BFH 14.4.2008 – VII B 226/07, BFH/NV 2008, 1295). Allerdings wohnen auch einer öffentlichen Gerichtsverhandlung regelmäßig nur die zur Wahrung des StGeheimnis verpflichteten Amtsträger sowie die zur Verschwiegenheit verpflichteten Prozessbevollmächtigten (Rechtsanwälte, StBerater → Rn. 35) bei, weshalb die in der Gerichtsverhandlung besprochenen Informationen Dritten tatsächlich nicht bekannt werden und auch nicht ohne größere Schwierigkeiten von ihnen (nachträglich) beschafft werden können. Vor diesem Hintergrund erscheint es verfehlt zu fingieren, dass infolge der Öffentlichkeit der Verhandlung die dort erörterten Inhalte allgemein bekannt sind. Etwas anderes gilt jedoch, wenn die Informationen durch in der Verhandlung anwesende Dritte anschließend jedermann zugänglich gemacht werden (Presse, soziale Netzwerke etc.). Will der Stpfl. verhindern, dass seine geschützten Daten bekannt werden, kann er auf die Ausschließung der Öffentlichkeit (§ 52 II FGO) dringen. 97

Auch der Inhalt öffentlich verkündeter **Gerichtsentscheidungen** (§ 104 I FGO, § 169 I 1 GVG) kann nicht als allgemein bekannt angesehen werden. Dementsprechend werden die Entscheidungen der deutschen Finanzgerichtsbarkeit nur anonymisiert veröffentlicht, um mögliche Rückschlüsse auf geschützte Daten der am Gerichtsverfahren Beteiligten zu verhindern (s. auch TK § 30 Rn. 51a, der von einer grds. Entbehrlichkeit der Anonymisierung ausgeht). Zum Spannungsverhältnis zwischen dem StGeheimnis und der Praxis des EuGH, der Urteile idR mit den Namen der Parteien veröffentlicht, s. Haupt DStR 2014, 1025. Das öffentliche Aushängen der **Terminrolle** mit konkreter Bezeichnung der Beteiligten im Gericht verstößt nicht gegen das StGeheimnis (Klein § 30 Rn. 84; Schwaz/Pahlke/Keß § 30 Rn. 62; aA Schnorr StuW 2008, 303). 97a

Behördeninterne Weitergabe. Ein Offenbaren liegt auch in der Weitergabe von geschützten Informationen an andere Mitarbeiter der eigenen Behörde (TK § 30 Rn. 51). Daher kann der Amtsträger oder die ihm gleichgestellte Person durch behördeninterne Weitergabe von geschützten Daten gegen das StGeheimnis verstoßen. Die Weitergabe ist allerdings gerechtfertigt, wenn dies zur Durchführung des Besteuerungsverfahrens notwendig ist (Klein § 30 Rn. 86). Die Weitergabe von Informationen an **andere Behörden** stellt ein unbefugtes Offenbaren dar, soweit ein Rechtfertigungsgrund gem. § 30 IV ff. nicht gegeben ist (BFH 10.2.1987 – VII R 77/84, BStBl. II 1987, 545). 98

Verwerten ist jede Verwendung in der Absicht, aus der Nutzung der geschützten Daten für sich oder andere Vorteile ziehen zu wollen (BT-Drs. 18/12611, 80). Über die DS-GVO hinaus gilt dies nicht nur für die Verwendung personenbezogener Daten, sondern 99

auch für die Verwendung anonymisierter oder pseudonymisierter Betriebs- und Geschäftsgeheimnisse (BT-Drs. 18/12611, 80 f.). Hauptanwendungsfall ist die Verwertung von Informationen für eigene oder fremde **wirtschaftliche** Zwecke (HHSp § 30 Rn. 128). Die Ausnutzung der dem StGeheimnis unterliegenden Erkenntnisse ist aber nicht auf eine wirtschaftliche Verwertung beschränkt. Vielmehr ist die Art der Verwertung unerheblich (BT-Drs. 18/12611, 81). Auch die Verwertung zu wissenschaftlichen oder anderen Zwecken ist untersagt. Diese weite Auslegung rechtfertigt sich aus dem Gesetzeszweck des § 30 (TK § 30 Rn. 54).

100 **Rechtfertigungsgründe.** Nur das **unbefugte** Offenbaren oder Verwerten kann eine Verletzung des StGeheimnisses darstellen. Unbefugt handelt der Amtsträger oder die ihm gleichgestellten Personen, wenn das Offenbaren ohne Rechtfertigungsgrund erfolgt (TK § 30 Rn. 56). Die Rechtfertigungsgründe sind den Abs. 4 ff. zu entnehmen; dabei handelt es sich um eine **abschließende Aufzählung** (zu Einzelheiten → Rn. 115 ff.).

V. Automatisierter Abruf von geschützten Daten (Abs. 2 Nr. 3)

106 Die elektronische Speicherung von **geschützten Daten** (zum Begriff → Rn. 39) in einem **automationsgestützten Dateisystem** birgt die Gefahr, dass allein der automatisierte Zugriff auf diese Daten das Geheimhaltungsinteresse des Betroffenen verletzen kann. Dieser Gefahr trägt § 30 II Nr. 3 Rechnung. Unter einem Dateisystem ist nach der in Art. 4 Nr. 6 DS-GVO enthaltenen Legaldefinition dabei jede strukturierte Sammlung personenbezogener Daten zu verstehen, die nach bestimmten Kriterien zugänglich sind, unabhängig davon, ob diese Sammlung zentral, dezentral oder nach funktionalen oder geografischen Gesichtspunkten geordnet geführt wird. Dateisysteme können grundsätzlich manuell oder automationsgestützt geführt werden. § 30 II Nr. 3 gilt bereits dem Wortlaut nach nur für automationsgestützte Dateisysteme.

107 Um den notwendigen Schutz der in einem automationsgestützten Dateisystem gespeicherten Daten zu gewährleisten, wurde der Schutzbereich des StGeheimnisses dergestalt ausgeweitet, dass bereits der **unbefugte Abruf** der geschützten Daten unzulässig ist; eine Offenbarungs- oder Verwertungshandlung muss nicht hinzutreten (TK § 30 Rn. 55). Dabei gilt als Abruf jede Art des Zugriffs auf gespeicherte Daten zum Zweck der Kenntnisnahme, der Weitergabe oder auch der Vernichtung (TK § 30 Rn. 55). Allerdings ist nach § 30 II Nr. 3 nur ein Abruf im **automatisierten Verfahren,** dh unter Einsatz eines Datenverarbeitungssystems, verboten. Allein der Blick in eine manuell geführte Datei oder Akte unterliegt nicht dem strengeren Schutz des Abs. 2 Nr. 3.

108 Der Datenabruf kann nach § 30 VI **gerechtfertigt** sein (zu Einzelheiten → Rn. 280 ff.).

D. Offenbarungs- und Verwertungsbefugnis (Abs. 4)

I. Allgemeines

115 Das StGeheimnis wird nur durch das **unbefugte** Offenbaren der nach Abs. 2 erlangten Erkenntnisse verletzt. Unbefugt ist jedes Offenbaren, für das kein Rechtfertigungsgrund gegeben ist (Klein § 30 Rn. 80). § 30 IV enthält eine Aufzählung der Rechtfertigungsgründe, die zuletzt mit Wirkung zum 25.5.2018 (G v. 17.7.2017, BGBl. 2017 I 2541) erweitert worden ist. Ergänzt wird Abs. 4 durch die Regelungen der Abs. 5 und 6. Dabei handelt es sich um eine **abschließende** Aufzählung.

116 Ob die tatbestandlichen Voraussetzungen für ein gerechtfertigtes Offenbaren erfüllt sind, ist reine **Rechtsfrage;** es steht also nicht im Ermessen der Behörde, ob ein Rechtfertigungsgrund vorliegt (TK § 30 Rn. 59). Liegen die Voraussetzungen einer Offenbarungsbefugnis vor, hat die Behörde dagegen nach pflichtgemäßem **Ermessen** (§ 5) zu entscheiden, ob sie von dieser Befugnis Gebrauch machen will. Eine Verpflichtung zur Offenbarung besteht grds. nicht (LG Nürnberg-Fürth 8.1.2025 – 18 Qs 27, 28/24, DStR 2025,

798; Schwarz/Pahlke/Keß § 30 Rn. 68 f.; TK § 30 Rn. 59a). Die FVerw. geht davon aus, dass die FB zur Auskunftserteilung verpflichtet ist, wenn die Befugnis zur Offenbarung nach § 30 und gleichzeitig ein Auskunftsanspruch, der für sich allein das StGeheimnis nicht durchbricht, wie zB § 161 StPO, gegeben sind (AEAO zu § 30 Nr. 3.7). Die Entscheidung über die Offenbarung ist ein VA (BFH 25.7.1978 – VII R 77/74, NJW 1979, 735).

Seit dem 25.5.2018 (G v. 17.7.2017, BGBl. 2017 I 2541) erstreckt sich § 30 IV nunmehr ausdrücklich auch auf die **Verwertung** der nach § 30 geschützten Daten. Bereits zuvor war zumindest die Zustimmung des Betroffenen als Grund für eine zulässige Verwertung anerkannt (vgl. 3. Auflage). 117

II. Wegen der Durchführung eines Verfahrens iSd Abs. 2 Nr. 1 Buchst. a und b (Abs. 4 Nr. 1)

1. Grundlagen

Umfang der Offenbarungs- bzw. Verwertungsbefugnis. Die Offenbarung und Verwertung der vom StGeheimnis geschützten Daten ist nach § 30 IV Nr. 1 zulässig, soweit sie der Durchführung eines Verwaltungs-, Rechnungsprüfungs- oder Gerichtsverfahrens in StSachen, eines StStraf- oder StOrdnungswidrigkeitenverfahrens dient. Dient die Offenbarung bzw. Verwertung der Durchführung eines Verfahrens iSd Abs. 2 Nr. 1 Buchst. a und b, ist die Mitteilungsbefugnis nicht auf ein anderes Verfahren desselben Stpfl. beschränkt. Auch die Mitteilung zur Verfahrensdurchführung bei einem anderen Stpfl. ist zulässig (Klein § 30 Rn. 97). Daher kann im Falle der Einbringung nach § 20 UmwStG der StBescheid der aufnehmenden Gesellschaft dem Einbringenden bekannt gegeben werden, weil diesem als Dritten ein eigenes Anfechtungsrecht gegen den StBescheid der aufnehmenden Gesellschaft zusteht (BFH 8.6.2011 – I R 79/10, BStBl. II 2012, 421). Die Bekanntgabe des StBescheids der aufnehmenden Gesellschaft an den Einbringenden dient in diesem Fall der Durchführung eines Besteuerungsverfahrens iSd § 30 IV Nr. 1 (BFH 8.6.2011 – I R 79/10, BStBl. II 2012, 421). Ebenso ist der Kreis der Mitteilungsempfänger nicht beschränkt. Erlaubt ist ein Offenbaren gegenüber anderen Amtsträgern der FB oder anderer Behörden, gegenüber Gerichten und gegenüber Privatpersonen, solange das Offenbaren der Durchführung eines Verfahrens iSd Abs. 2 Nr. 1 Buchst. a oder b dient (Klein § 30 Rn. 97; BFH 23.1.2020 – III R 9/18, BStBl. II 2020, 436 zu den Offenbarungsbefugnissen gegenüber einer an einer Ap. beteiligten Gemeinde; s. hierzu auch BFH 20.10.2022 – III R 25/21, BStBl. II 2023, 619). 121

Dienen. Die Offenbarung oder Verwertung der durch das StGeheimnis geschützten Daten dient der Durchführung eines StVerfahrens, wenn die Daten eine Prüfung der in einem solchen Verfahren relevanten Tatbestandsmerkmale ermöglichen, erleichtern oder auf eine festere Grundlage stellen (BFH 17.10.2023 – VII R 19/20, BStBl. II 2024, 619; BFH 17.10.2023 – VII R 28/20, BFH/NV 2024, 886; BFH 17.10.2023 – VII R 31/20, BFH/NV 2024, 903). Es muss insoweit ein unmittelbarer **funktionaler Zusammenhang** zwischen Offenbarung bzw. Verwertung und Verfahrensdurchführung bestehen (BFH 10.2.1987 – VII R 77/84, BStBl. II 1987, 545; BFH 29.4.2002 – IV B 2/02, BStBl. II 2002, 507; BFH 7.7.2008 – II B 9/07, BFH/NV 2008, 1811; BFH 16.1.2013 – III S 38/11, BFH/NV 2013, 701; BFH 23.1.2020 – III R 9/18, BStBl. II 2020, 436; BFH 17.10.2023 – VII R 19/20, BStBl. II 2024, 619). Dagegen vertritt die FVerw. die Auffassung, dass ein Offenbaren nach § 30 IV Nr. 1 schon gerechtfertigt ist, wenn dies für die Einleitung oder den Fortgang eines StVerfahrens **nützlich** sein könnte (AEAO zu § 30 Nr. 4.1). Diese Auslegung ist abzulehnen (so auch Gosch AO § 30 Rn. 84). Daten, die für ein durchzuführendes Besteuerungsverfahren (unmittelbar) keine Bedeutung haben, dürfen nicht ausgetauscht werden, weil dies nicht der Verfahrensdurchführung dienen würde. Daher ist auch bei der Weitergabe von Akten darauf zu achten, dass nur die Teile übergeben werden, die für die angestrebte Verfahrensdurchführung notwendig sind. Den Akten sind die Teile zu entnehmen, die nicht zur Verfahrensdurchführung benötigt 123 werden (BFH 25.7.1994 – X B 333/93, BStBl. II 1994, 802). Dementsprechend sind auch Auskünfte auf den Teil zu beschränken, der erforderlich ist, um das Besteuerungsverfahren durchführen zu können.

126 **Grundsatz der Verhältnismäßigkeit.** Bei der Entscheidung, ob die durch das StGeheimnis geschützten Daten offenbart werden sollen, ist der Grundsatz der Verhältnismäßigkeit zu beachten (BFH 30.7.2009 – VII B 176/08, BFH/NV 2009, 1959; BFH 7.7.2008 – II B 9/07, BFH/NV 2008, 1811; BFH 23.1.2020 – III R 9/18, BStBl. II 2020, 436; BFH 29.5.2024 – V S 15/22, BFH/NV 2024, 1036). Die Offenbarung muss dem Zweck der in dem anderen Verfahren bestehenden Aufsichts- und Ermittlungsaufgaben entsprechen und darf nicht über den zur Erreichung des steuerlichen Zwecks erforderlichen Umfang hinausgehen (BFH 17.10.2023 – VII R 19/20, BStBl. II 2024, 619; BFH 17.10.2023 – VII R 28/20, BFH/NV 2024, 886). Die durch die Offenbarung oder Verwertung entstehenden Nachteile dürfen nicht in einem groben Missverhältnis zu dem angestrebten steuerlichen Ziel stehen (TK § 30 Rn. 62).

2. Verfahren in Steuersachen

130 Die Offenbarung oder Verwertung der geschützten Daten muss der Durchführung eines Verfahrens in StSachen (hierzu bereits → Rn. 78) dienen. Dabei muss es sich um ein Verfahren handeln, dass **unmittelbar** mit der Besteuerung in Zusammenhang steht. Ein nur mittelbarer Zusammenhang reicht nicht aus (BFH 10.2.1987 – VII R 77/84, BStBl. II 1987, 545; aA Schwarz/Pahlke/Keß § 30 Rn. 73). Neben den originär der StFestsetzung dienenden Verfahren gehört aber auch die Durchsetzung des StAnspruchs im Wege der **Vollstr.** zu den StVerfahren iSd § 30 IV Nr. 1. Daher dürfen zum Zwecke der Pfändung einer Forderung oder bei Antrag auf Eintragung einer Sicherungshypothek und bei Anträgen auf Zwangsverwaltung oder Zwangsversteigerung die Daten mitgeteilt werden, die zur Durchsetzung dieser Ansprüche notwendig sind (BFH 18.7.2000 – VII R 101/98, BStBl. II 2001, 5; BFH 18.7.2000 – VII R 94/98, BFH/NV 2001, 141). Bei einer Forderungspfändung gehört die Angabe, wegen welcher Forderung die Pfändungsverfügung ausgebracht wurde, zum wesentlichen Inhalt der Verfügung, sodass der genauen Bezeichnung der Forderung das StGeheimnis nicht entgegensteht (BFH 18.7.2000 – VII R 94/98, BFH/NV 2001, 141).

131 **Sachverständigen, Zeugen und auskunftspflichtigen Dritten** dürfen die geschützten Daten der betroffenen Person offenbart werden, soweit dies notwendig ist, damit diese Personen sachgerecht ihren Verpflichtungen nachkommen können (TK § 30 Rn. 64).

132 **Hinzuziehung/Beiladung.** Dem im Einspruchsverfahren nach § 360 III 1 Hinzugezogenen können die Verhältnisse des Einspruchsführers offenbart werden. Gleiches gilt für den im StProzess Beigeladenen (BFH 22.11.2000 – II B 105/99, BFH/NV 2001, 619; BFH 20.4.1989 – V B 153/88, BStBl. II 1989, 539; BFH 6.12.1979 – IV B 56/79, BStBl. II 1980, 314). Es dürfen nur die geschützten Daten des Stpfl. offenbart werden, die dem Hinzugezogenen/Beigeladenen im Interesse der Verfahrensdurchführung mitzuteilen sind (BFH 20.4.1989 – V B 153/88, BStBl. II 1989, 539). Bei der Entscheidung über eine einfache Beiladung (§ 60 I) ist – insb. bei ausdrücklichem Widerspruch des Klägers – das Interesse an der Wahrung des StGeheimnisses des Klägers gegenüber dem Interesse des Beizuladenden an der Verbesserung seiner Rechtsposition abzuwägen (BFH 19.9.2013 – V B 78/12, BFH/NV 2014, 72). Zur Wahrung des StGeheimnisses kann im Fall der objektiven Klagehäufung ggf. eine Abtrennung erforderlich sein, wenn sich die Beiladung auf einzelne Klagebegehren beschränkt (BFH 13.2.2018 – IV R 37/15, BFH/NV 2018, 539).

133 **Verfahren anderer Stpfl.** Liegen die Voraussetzungen des § 30 IV Nr. 1 vor, beschränkt sich die Mitteilungsbefugnis nicht auf Verfahren desselben Stpfl. (Klein § 30 Rn. 97, 102). Eine Offenbarung ist auch zulässig, wenn sie der Durchführung des Besteuerungsverfahrens eines **anderen Stpfl.** dient. Daher dürfen nach einem Betriebsübergang die Daten des „Vorbetriebs“ für die Prüfung des Nachfolgebetriebs offenbart werden, weil

dies der Durchführung eines Besteuerungsverfahrens dient (BFH 29.8.2012 – X S 5/12 (PKH), BFH/NV 2013, 2).

Konkurrentenklage. Ferner ist auch Auskunft über die Besteuerung eines als gemeinnützig anerkannten Stpfl. zu erteilen, wenn ein Konkurrent gegen dessen Nichtbesteuerung klagt (BFH 15.10.1997 – I R 10/92, BStBl. II 1998, 63; BFH 29.5.2024 – V S 15/22, BFH/NV 2024, 1036). Die geschützten Daten Dritter sind dabei ohne Verstoß gegen das StGeheimnis zu offenbaren, wenn eine Klage wegen der unzutreffenden Besteuerung eines Konkurrenten vorbereitet werden soll (BFH 18.9.2007 – I R 30/06, BStBl. II 2009, 126; BFH 5.10.2006 – VII R 24/03, BStBl. II 2007, 243; AEAO zu § 30 Nr. 4.6). Ein Anspruch auf die Information über die Besteuerung eines Dritten kann unbeschadet des § 30 bestehen, wenn die Erhebung einer Konkurrentenklage ernstlich in Betracht kommt (BFH 26.1.2012 – VII R 4/11, BStBl. II 2012, 541; Klein § 30 Rn. 109). Aus diesem Grund kann ein Stpfl. vom FA Auskunft darüber verlangen, ob die konkurrierenden Leistungen eines gemeinnützigen Vereins mit einem ermäßigten Umsatzsteuersatz besteuert werden (BFH 26.1.2012 – VII R 4/11, BStBl. II 2012, 541). 133a

Verbindung von Klageverfahren. Der Verbindung mehrerer selbständiger Klageverfahren (§ 73 FGO) unterschiedlicher Kläger steht regelmäßig das StGeheimnis, das auch durch das FG zu wahren ist, entgegen. Nur für den Fall, dass die Voraussetzungen der **Streitgenossenschaft** (§ 59 ZPO) erfüllt sind, ist eine Verbindung der Klageverfahren auch mit Blick auf das StGeheimnis zulässig (BFH 30.7.1997 – II R 33/95, BStBl. II 1997, 626). Gleiches dürfte auch für die Verbindung von Einspruchsverfahren (→ § 365 Rn. 13) gelten. 134

Beigezogene Akten. Zieht das Gericht Akten nach § 86 FGO bei, erstreckt sich das Akteneinsichtsrecht des Beteiligten nach § 78 FGO auch auf diese Akten (BFH 17.10.2001 – I R 103/00, BStBl. II 2004, 171). Dies gilt auch, wenn zum Nachweis der Schätzung die FB auf die StAkten von Vergleichsbetrieben verweist (BFH 17.10.2001 – I R 103/00, BStBl. II 2004, 171; aA BFH 18.12.1984 – VIII R 195/82, BStBl. II 1986, 226). Besteht die Gefahr, dass durch die Beiziehung der Akten das StGeheimnis verletzt werden könnte, darf das Gericht gem. § 86 FGO von der Beiziehung absehen (BFH 17.10.2001 – I R 103/00, BStBl. II 2004, 171). Versehentlich beigezogene Akten, die dem Verfahren nicht dienen können, sind von diesem zurückzusenden; ein Akteneinsichtsrecht besteht insoweit nicht (BFH 10.4.2015 – III B 42/14, BFH/NV 2015, 1102). 135

3. Weitergabe von Daten an andere Finanzbehörden

Die Mitteilungsbefugnis nach § 30 IV Nr. 1 beschränkt sich nicht auf die Weitergabe innerhalb desselben FA. Sind die Voraussetzungen der Nr. 1 erfüllt, dürfen die durch das StGeheimnis geschützten Daten auch an andere Behörden weitergegeben werden (TK § 30 Rn. 66). So dürfen zB den Gemeinden die **StMessbeträge** bekannt gemacht werden. 141

Kontrollmitteilungen. Das StGeheimnis steht der Weitergabe von Kontrollmitteilungen nicht entgegen (BFH 2.4.1992 – VIII B 129/91, BStBl. II 1992, 616; BFH 4.10.2006 – VIII R 54/04, BFH/NV 2007, 190). Das StGeheimnis schützt nicht nur den Stpfl., sondern soll auch die zutreffende Besteuerung absichern. Daher darf § 30 die Ermittlung der Besteuerungsgrundlagen nicht erschweren oder gar verhindern (BT-Drs. 7/4292, 17). Das Ausfertigen von Kontrollmitteilungen bedarf keiner besonderen Rechtsgrundlage, da die FB insoweit als Einheit anzusehen ist (BFH 27.10.1993 – I R 25/92, BStBl. II 1994, 210). Kontrollmitteilungen dürfen auch an ausländische StBehörden versandt werden (BFH 8.2.1995 – I B 92/94, BStBl. II 1995, 358). 142

4. Weitergabe von Daten an andere Behörden

Die FB darf nach § 30 geschützte Daten auch anderen Behörden mitteilen, soweit dies zur Durchführung eines Verfahrens iSd § 30 II Nr. 1 Buchst. a und b notwendig ist. Dies ist insb. der Fall, wenn die Entscheidung der anderen Behörde **Bindungswirkung** gegen- 146 über der FB entfaltet (BVerwG 29.4.1968 – VIII C 61.64, BStBl. II 1969, 304). Ein Offenbaren der durch § 30 geschützten Daten ist ebenfalls zulässig, falls die FB nicht auf anderem Wege in der Lage ist, Angaben des Stpfl. im Besteuerungsverfahren zu überprüfen (TK § 30 Rn. 67). Macht der Stpfl. zB steuermindernde Aufwendungen im Zusammenhang mit Verstößen gegen Umweltschutzbestimmungen geltend, darf die FB der zuständigen Fachbehörde die zur Überprüfung dieser Angaben notwendigen Daten offenbaren (AEAO zu § 30 Nr. 11.7). Die FB hat dabei zu prüfen, ob es ausreichend ist, den Sachverhalt der Fachbehörde in anonymisierter Form vorzutragen (AEAO zu § 30 Nr. 11.7).

147 Ein **Gewerbeuntersagungsverfahren** ist kein StVerfahren iSd § 30 IV Nr. 1, sodass die FB nach dieser Vorschrift der Gewerbeaufsichtsbehörde keine Mitteilung über StRückstände des Betroffenen machen darf (BFH 10.2.1987 – VII R 77/84, BStBl. II 1987, 545). Allein die Tatsache, dass die Gewerbeuntersagung die Aufgaben der FB erleichtert, begründet keinen ausreichenden Zusammenhang mit der Durchführung eines StVerfahrens (TK § 30 Rn. 68). Eine **Offenbarungsbefugnis** besteht jedoch nach § 30 IV Nr. 5 (BFH 29.7.2003 – VII R 39, 43/02, BStBl. II 2003, 828; BFH 10.2.1987 – VII R 77/84, BStBl. II 1987, 545; zu Einzelheiten → Rn. 258).

148 Ein ausreichender Zusammenhang mit der Durchführung eines StVerfahrens besteht bei Mitteilungen an die **Ausländerbehörde** gem. § 62 AuslG sowie an die **Passbehörde** nach §§ 8, 7 PassG, weil diese Mitteilungen die Durchsetzung von StAnsprüchen ermöglichen sollen (TK § 30 Rn. 68).

5. Weitergabe von Daten an Gerichte

151 Dem mit einem StVerfahren betrauten FG, BFH, VG, BVerwG oder BVerfG dürfen die StAkten vorgelegt werden (Klein § 30 Rn. 103). Enthalten die Akten Informationen über einen **Hinweisgeber** (Anzeigenerstatter), sind diese Teile vor Übergabe der Akten an das Gericht zu entfernen (BFH 25.7.1994 – X B 333/93, BStBl. II 1994, 802). Auch der Hinweisgeber ist grds. durch das StGeheimnis geschützt (zu Einzelheiten → Rn. 62). Die StAkten dürfen dagegen nicht einem Zivilgericht übergeben werden, das einen Amtshaftungsfall zu entscheiden hat; ein Amtshaftungsfall ist kein StVerfahren iSd § 30 IV Nr. 1 (TK § 30 Rn. 69).

152 **Insolvenzverfahren.** Die FB ist im Rahmen eines Insolvenzverfahrens berechtigt, diejenigen Informationen, die der angemessenen Interessenwahrnehmung dienen, herauszugeben (Gosch AO § 30 Rn. 99.1). Dazu gehören alle Angaben, die zur Begründung eines Antrags auf Eröffnung des Insolvenzverfahrens oder der Anmeldung der Abgabenforderung zur Tabelle notwendig sind (Gosch AO § 30 Rn. 99.1; Klein § 30 Rn. 108). Zu diesem Zweck dürfen die StForderungen nach Höhe und Grund genau bezeichnet werden.

6. Weitergabe von Daten im Rahmen von Steuerstrafverfahren oder Steuerordnungswidrigkeitenverfahren

156 Die Weitergabe von Daten ist zulässig, wenn sie der Durchführung eines StStrafverfahrens oder eines Bußgeldverfahrens wegen einer StOrdnungswidrigkeit dient. Die Offenbarungsbefugnis ist auf die Weitergabe derjenigen Informationen beschränkt, die zur Ermittlung der StStraftat bzw. StOrdnungswidrigkeit notwendig sind. Enthalten die vorzulegenden Akten weitergehende Informationen, so sind diese Teile auszuheften (TK § 30 Rn. 70).

157 **Allgemeindelikte.** Die Offenbarungsbefugnis erstreckt sich auf Straftaten, die nicht StStraftat sind (zB Urkundenfälschung), soweit das Allgemeindelikt mit der StStraftat in **Tateinheit** (§ 52 StGB) steht (Joecks wistra 1998, 86; TK § 30 Rn. 70; aA Spriegel wistra 1997, 323). Steht das Allgemeindelikt dagegen in **Tatmehrheit** zur StStraftat, ist ein Offenbaren nach § 30 IV Nr. 1 nicht zulässig. Eine Offenbarungsbefugnis kann sich nur aus § 30 IV Nr. 4 oder 5 ergeben. Zum Verwertungsverbot nach § 393 II vgl. BayObLG 18.11.1997 – 3 St RR 227/97, wistra 1998, 117; krit. dazu Joecks wistra 1998, 86.

III. Zur Datenverarbeitung nach § 29c I 1 Nr. 4 oder 6 (Abs. 4 Nr. 1a)

Der durch G v. 17.7.2017 (BGBl. 2017 I 2541) mit Wirkung zum 25.5.2018 eingefügte § 30 IV Nr. 1a lässt die Offenbarung und Verwertung geschützter Daten zu, soweit dies der Verarbeitung personenbezogener Daten für Zwecke der Entwicklung, Überprüfung oder Änderung automatisierter Verfahren der FB nach § 29c I 1 Nr. 4 oder für Zwecke der Wahrnehmung von Aufsichts-, Steuerungs- und Disziplinarbefugnissen der FB oder zu Ausbildungs- und Prüfungszwecken nach § 29c I 1 Nr. 6 dient. Der in **§ 29c I Nr. 4** verankerte grundsätzliche Vorrang der Verwendung anonymisierter bzw. pseudonymisierter Daten für Zwecke der Entwicklung, Überprüfung oder Änderung automatisierter Verfahren ist zu beachten (→ § 29c Rn. 47 ff.). Nur soweit die Verwendung „echter" personenbezogener Daten nach § 29c I Nr. 4 unerlässlich ist, weil unveränderte Daten benötigt werden (Buchst. a) oder eine Anonymisierung bzw. Pseudonymisierung nicht oder nur mit unverhältnismäßigem Aufwand erzielt werden kann (Buchst. b), dürfen geschützte Daten offenbart und verwertet werden. Die mit § 30 IV Nr. 1a erfolgte Ergänzung der Regelung in **§ 29c I 1 Nr. 6** soll insb. sicherstellen, dass den vorgesetzten FB und im Rahmen der Auftragsverwaltung auch dem BMF geschützte Daten offenbart werden dürfen, damit sie ihren Aufsichts- und Steuerungsbefugnissen nachkommen können (BT-Drs. 18/12611, 81 f.). Die Verarbeitung personenbezogener Daten nach § 29c I 1 Nr. 6 ist nur durch zur Wahrung des StGeheimnisses verpflichtete Personen möglich (§ 29c I 3; auch → § 29c Rn. 61). 159

IV. Wegen Bußgeldverfahren der Daten-Aufsichtsbehörde (Abs. 4 Nr. 1b)

Der durch G v. 17.7.2017 (BGBl. 2017 I 2541) mit Wirkung zum 25.5.2018 eingefügte § 30 IV Nr. 1b erlaubt die Offenbarung und Verwertung von geschützten Daten für Zwecke eines Bußgeldverfahrens nach Art. 83 DS-GVO durch die zuständigen Aufsichtsbehörden, die zur Ahndung von Verstößen gegen datenschutzrechtliche Bestimmungen auf die entsprechenden Informationen der FB angewiesen sind (BT-Drs. 18/12611, 82). 160

V. Gesetzlich ausdrücklich zugelassene Offenbarung bzw. Verwertung (Abs. 4 Nr. 2)

Der Offenbarung und Verwertung geschützter Daten steht das StGeheimnis nicht entgegen, wenn die Offenbarung bzw. Verwertung durch Gesetz ausdrücklich zugelassen ist. Die Ermächtigung zur Durchbrechung des StGeheimnisses kann sich nicht nur aus der AO oder anderer StGesetze ergeben; auch außersteuerliche Gesetze können die Durchbrechung rechtfertigen (TK § 30 Rn. 71). Der Gesetzgeber hat in einer Vielzahl von Fällen von dieser Möglichkeit Gebrauch gemacht (→ Rn. 164). 161

Ausdrücklich. Nur ein Gesetz, dass die Durchbrechung des StGeheimnisses ausdrücklich zulässt, bildet einen Rechtfertigungsgrund iSd § 30 IV Nr. 2 (BFH 27.2.2014 – III R 40/13, BStBl. II 2014, 783). Zwar enthält § 30 IV Nr. 2 kein Zitiergebot (BT-Drs. 18/9633, 58; BFH 27.2.2014 – III R 40/13, BStBl. II 2014, 783), sodass die die Durchbrechung des StGeheimnisses rechtfertigende Norm § 30 nicht namentlich aufführen muss (FG Düsseldorf 1.7.1986 – VIII 446/81 AO, EFG 1986, 541). Str. ist, inwieweit sich eine Offenbarungsbefugnis daher auch mittelbar durch **Auslegung** des betreffenden Gesetzes ergeben kann (dafür Klein § 30 Rn. 120; abl. Gosch AO § 30 Rn. 113; Schwarz/Pahlke/Keß § 30 Rn. 90; TK § 30 Rn. 71; OLG Hamm 14.7.1980 – 1 VAs 7/80, NJW 1981, 356). Trotz des fehlenden Zitiergebots ist eine Auslegung des betreffenden Gesetzes allenfalls in engen Grenzen möglich (so auch BFH 27.2.2014 – III R 40/13, BStBl. II 2014, 783). Denn die Offenbarungsbefugnis muss sich der Norm **eindeutig und zweifelsfrei** entnehmen lassen (BT-Drs. 18/9633, 58 f.). Es reicht für eine Offenbarungsbefugnis nach § 30 IV Nr. 2 daher in jedem Fall nicht aus, dass außersteuerliche Normen in ihren Voraussetzungen **allein** an steuerliche Verhältnisse anknüpfen. In einem solchen Fall 162 kann die Fachbehörde keine Auskunft von der FB verlangen, solange die außersteuerlichen Normen nicht ausdrücklich ein Offenbaren erlauben (BFH 10.2.1987 – VII R 77/84, BStBl. II 1987, 545 zu § 35 GewO).

163 **Gesetz.** Umstritten war, welche Qualität das die Offenbarung rechtfertigende Gesetz haben muss. Mit G v. 17.7.2017 (BGBl. 2017 I 2541) hat der Gesetzgeber nunmehr ausdrücklich geregelt, dass eine Durchbrechung des bundesgesetzlich geregelten StGeheimnisses nur durch ausdrückliche Regelung in einem **BundesG** und nicht durch einfache VO oder Landes- bzw. KommunalG angeordnet werden kann (BT-Drs. 18/12611, 82). Das Informationsfreiheitsgesetz (IFG) rechtfertigt keine Durchbrechung des StGeheimnisses, weil § 30 als lex specialis dem Anspruch nach dem IFG vorgeht (BFH 9.1.2007 – VII B 134/05, BFH/NV 2007, 1141; Roth DStR 2008, 434; Klein § 30 Rn. 123).

164 **Einzelfälle.** Zahlreiche Vorschriften sehen eine Durchbrechung des StGeheimnisses vor. Dazu gehören zB: §§ 31, 31a, 31b, 88a, 117 (→ Rn. 167), 184 III, 249 II 2; § 88 III AufenthaltsG, § 197 II 2 BauGB, § 115 BBG, §§ 6 I 1, 16 III 1 Nr. 2 BDSG, §§ 5 II, 10, 10a StBerG, § 21 IV SGB X. Für weitere Beispiele s. AEAO zu § 30 Nr. 7.

167 Auch **ausländischen Behörden,** die für die Verwaltung von Steuern und Zöllen zuständig sind, darf die FB nach § 117 Auskunft geben (BFH 17.9.2007 – I B 30/07, BFH/NV 2008, 51). Die Offenbarungsbefugnis kann sich aus einem **DBA** sowie aus Rechtshilfeabkommen ergeben (BFH 16.11.1999 – VII R 95, 96-98, BFH/NV 2000, 531; BFH 15.2.2006 – I B 87/05, BStBl. II 2006, 616). Die grenzüberschreitende Zusammenarbeit der anderen europäischen StBehörden ist durch das **EU-AmtshilfeG** v. 26.6.2013 (BGBl. 2013 I 1809) umfassend neu geregelt worden. Zum Zwecke der grenzüberschreitenden Zusammenarbeit dürfen nunmehr Daten, die dem deutschen StGeheimnis unterliegen, auch ausländischen StBehörden mitgeteilt werden (→ § 117 Rn. 78).

VI. Durch Unionsrecht vorgeschrieben oder zugelassen (Abs. 4 Nr. 2a)

180 Der durch G v. 17.7.2017 (BGBl. 2017 I 2541) mit Wirkung zum 25.5.2018 neu eingefügte § 30 IV Nr. 2a ermöglicht die Durchbrechung des StGeheimnisses, soweit dies durch EU-Recht, wie zB durch VO (EU-Beihilfeverfahrensordnung, Embargo-VO, Durchführungsbestimmungen oder sonstiges unmittelbar geltendes Recht; s. AEAO zu § 30 Nr. 8), vorgeschrieben oder zugelassen wird. Anders als in § 30 IV Nr. 2 setzt Nr. 2a nicht voraus, dass die Durchbrechung des StGeheimnisses „ausdrücklich" im Unionsrecht zugelassen sein muss (BT-Drs. 18/12611, 82).

VII. Zur Erfüllung statistischer Aufgaben (Abs. 4 Nr. 2b)

185 Der durch G v. 17.7.2017 (BGBl. 2017 I 2541) mit Wirkung zum 25.5.2018 neu eingefügte § 30 IV Nr. 2b soll die Offenbarung und Verwertung von geschützten Daten ermöglichen, soweit dies der Erfüllung der gesetzlichen Aufgaben des Statistischen Bundesamtes, zB nach dem StStatG, dient (BT-Drs. 18/12611, 82). Mit G v. 12.12.2019 (BGBl. 2019 I 2451) wurde Nr. 2b dahingehend ergänzt, dass es auch den Statistischen Landesämtern erlaubt ist, zur Erfüllung von BundesG geschützte Daten zu verwenden. Die Formulierung des § 30 IV Nr. 2b ist jedoch insoweit missglückt, als danach die Durchbrechung des StGeheimnisses für sämtliche durch (Bundes-)G auferlegte Aufgaben der Statistischen Bundes- und Landesämter erlaubt wäre, dh nicht nur für Zwecke der Erstellung von StStatistiken, sondern auch für andere Statistiken oder zu wissenschaftlichen oder historischen Forschungszwecken. Dies soll nach dem Willen des Gesetzgebers aber gerade nicht zulässig sein (BT-Drs. 18/12611, 82). Nach Auffassung von Gosch ist die Regelung des § 30 IV Nr. 2b angesichts des StStatistikG und dem PreisStatG ohnehin entbehrlich (Gosch AO § 30 Rn. 116.5).

VIII. Zur Gesetzesfolgenabschätzung (Abs. 4 Nr. 2c)

Der durch G v. 17.7.2017 (BGBl. 2017 I 2541) mit Wirkung zum 25.5.2018 neu eingefügte § 30 IV Nr. 2c ermöglicht die Durchbrechung des StGeheimnisses zum Zwecke der Gesetzesfolgenabschätzung, sofern die Voraussetzungen des § 29c I Nr. 5 vorliegen (→ § 29c Rn. 54 ff.). § 30 IV Nr. 2c ergänzt insoweit die Weiterverarbeitungsbefugnis in § 29c I Nr. 5. Nach dem Willen des Gesetzgebers hat die Verwendung anonymisierter bzw. pseudonymisierter Daten für die Gesetzesfolgenabschätzung grundsätzlich Vorrang (→ § 29c Rn. 54). Nur soweit die Verwendung „echter" personenbezogener Daten nach § 29c I Nr. 5 unerlässlich ist, weil unveränderte Daten benötigt werden (Buchst. a) oder eine Anonymisierung bzw. Pseudonymisierung nicht oder nur mit unverhältnismäßigem Aufwand erzielt werden kann (Buchst. b), dürfen geschützte Daten offenbart und verwertet werden, jedoch nur insoweit, wie sie der Gesetzesfolgenabschätzung dienen (zum Begriff „dienen" → Rn. 123). 190

IX. Zur Sicherung, Nutzung und wissenschaftlichen Verwertung von Archivgut (Abs. 4 Nr. 2d)

Der durch G v. 16.12.2022 (BGBl. 2022 I 2294) mit Wirkung zum 1.1.2023 neu eingefügte § 30 IV Nr. 2d regelt, unter welchen Voraussetzungen eine Andienung und Abgabe von StAkten und anderen dem StGeheimnis (§ 30) unterliegenden Informationen und Daten an Bundes-, Landes- und Kommunalarchive zulässig ist. Demnach muss die Offenbarung bzw. Verwertung der geschützten Daten der Sicherung, Nutzung und wissenschaftlichen Verwertung von **Archivgut der FB** dienen. Bei Abgabe an Landes- oder Kommunalarchive muss zudem die Beachtung der Vorgaben der §§ 6 und 10 bis 14 des BArchG (betreffen insb. Rechte der betroffenen Personen und Schutzfristen) durch LandesG oder kommunale Satzung sichergestellt sein. 193

X. Zustimmung der betroffenen Person (Abs. 4 Nr. 3)

Das StGeheimnis dient vorrangig dem Schutz **individueller Interessen.** Daher dürfen die geschützten Daten eines anderen mitgeteilt werden, wenn dieser der Offenbarung bzw. Verwertung zugestimmt hat. Die Zustimmung der betroffenen Person muss **vor** der Offenbarung bzw. Verwertung erteilt werden. Eine nachträgliche Zustimmung kann einen Verstoß gegen das StGeheimnis nicht beseitigen (TK § 30 Rn. 109). Sind mehrere betroffen, müssen alle der Offenbarung bzw. Verwertung zustimmen (AEAO zu § 30 Nr. 9). Der Betroffene kann seine Zustimmung auf bestimmte Tatsachen beschränken. Die Verweigerung der Zustimmung darf nicht zulasten des Betroffenen gewertet werden (Klein § 30 Rn. 181; Schwarz/Pahlke/Keß § 30 Rn. 106). Trotz Zustimmung ist die FB bzw. der Amtsträger nicht zur Offenbarung der durch § 30 geschützten Verhältnisse verpflichtet. Es steht im pflichtgemäßen **Ermessen** der Behörde, ob sie von der Zustimmung Gebrauch machen will (BVerwG 3.7.2025 – 10 B 18.24, BeckRS 2025, 20287). Das Ermessen kann zugunsten des Betroffenen reduziert sein, wenn er ein berechtigtes Interesse an der Bekanntgabe hat (BFH 25.4.1967 – VII 151/60, BStBl. III 1967, 572). 196

Form der Zustimmung. Die Wirksamkeit der Zustimmung ist an keine besondere Form gebunden (Klein § 30 Rn. 181). Sie kann mündlich, schriftlich oder konkludent erklärt werden. Eine **konkludente Zustimmung** darf aufgrund des hohen Stellenwerts des StGeheimnisses allerdings nur angenommen werden, wenn sich dem Verhalten ein entsprechender eindeutiger Erklärungsinhalt entnehmen lässt (TK § 30 Rn. 109; Schwarz/Pahlke/Keß § 30 Rn. 181). Eine konkludente Zustimmung liegt zB in der Aufforderung an den Petitionsausschuss eines Parlaments, die Handlungsweise der FB in einem bestimmten Einzelfall zu überprüfen (Klein § 30 Rn. 160). Allein die gesetzliche Verpflichtung, in anderen Verfahren über steuerliche Sachverhalte Auskunft geben zu müssen, lässt nicht den 198

Schluss auf eine generelle Zustimmung des Betroffenen zur Offenbarung der durch § 30 geschützten Verhältnisse zu (BFH 10.2.1987 – VII R 77/84, BStBl. II 1987, 545).

XI. Zur Durchführung eines Strafverfahrens (Abs. 4 Nr. 4)

1. Allgemeines

203 Die FB darf Informationen, die der Durchführung eines Strafverfahrens wegen einer StStraftat dienen, bereits nach § 30 IV Nr. 1 an die zuständigen Behörden bzw. Gerichte weitergeben. Abs. 4 Nr. 4 erweitert die Offenbarungs- und Verwertungsbefugnis für Straftaten, die **keine StStraftat** darstellen. Die Weitergabe der von § 30 geschützten Daten ist jedoch nur unter strengen Voraussetzungen möglich. § 30 IV Nr. 4 bewegt sich im Spannungsfeld des strafrechtlichen Selbstbelastungsverbots, wonach niemand gezwungen werden darf, sich selbst zu belasten (sog. Nemo-tenetur-Grundsatz, BVerfG 13.1.1981 – 1 BvR 116/77, BVerfGE 56, 37), und den im laufenden Besteuerungsverfahren bestehenden umfassenden Offenbarungs- und Mitwirkungspflichten (BT-Drs. 7/4292, 18). Im Besteuerungsverfahren ist der Stpfl. auch zur Offenbarung strafbarer Handlungen verpflichtet, soweit sie für die Besteuerung von Bedeutung sind. Hat der Stpfl. in Erfüllung seiner steuerlichen Mitwirkungspflichten der FB eine Straftat offenbart, sichert das StGeheimnis, dass diese Informationen nicht zu außersteuerlichen Zwecken verwandt werden dürfen. Daher erlaubt Abs. 4 Nr. 4 eine Offenbarung bzw. Verwertung nur, wenn die betroffene Person nicht zur Mitwirkung verpflichtet war. Die Offenbarung bzw. Verwertung von durch das StGeheimnis geschützten Daten ist nach § 30 IV Nr. 4 generell unzulässig, wenn sie der Durchführung eines Bußgeldverfahrens wegen einer außersteuerlichen Ordnungswidrigkeit dienen würde (TK § 30 Rn. 113). Abweichend hiervon hat der Gesetzgeber aber in § 4 V Nr. 10 EStG iVm § 30 IV Nr. 2 und § 31b Offenbarungsbefugnisse für Bußgeldtatbestände geschaffen.

205 **Ermessen.** Liegen die Voraussetzungen für ein befugtes Offenbaren und Verwerten der durch das StGeheimnis geschützten Kenntnisse vor, steht es im Ermessen der FB, ob sie von der Befugnis Gebrauch macht. Eine Pflicht zur Anzeige des Allgemeindelikts besteht nicht (TK § 30 Rn. 117 f.; aA Weyand DStR 1990, 412).

2. Bekanntwerden im Rahmen eines Steuerstrafverfahrens (Abs. 4 Nr. 4 Buchst. a)

208 Wurden die Kenntnisse über eine außersteuerliche Straftat in einem Verfahren wegen einer StStraftat oder einer StOrdnungswidrigkeit bekannt (sog. **Zufallsfund,** AEAO zu § 30 Nr. 10.1), darf die FB die für die Verfolgung des Allgemeindelikts zuständigen Behörden und Gerichte informieren. Dies ist **gerechtfertigt,** weil der Stpfl. in einem solchen Verfahren nicht zur Mitwirkung gezwungen werden kann (Klein § 30 Rn. 187). Offenbart er sich trotz der fehlenden Erzwingbarkeit der Mitwirkungspflicht, ist er nicht schutzwürdig (BT-Drs. 7/4292, 18). Es besteht nicht mehr die Gefahr, dass sich der Stpfl. gegen seinen Willen selbst belastet.

209 **Offenbart und verwertet werden** dürfen nur die Tatsachen, die zweifelsfrei erst im StStraf- bzw. StOrdnungswidrigkeitenverfahren bekannt geworden sind. Alle Kenntnisse, die der Stpfl. noch in Erfüllung einer (vermeintlich) bestehenden Mitwirkungspflicht offenbart hat, unterliegen dem uneingeschränkten Schutz des StGeheimnisses.

210 **Tatmehrheit.** Die beschränkte Offenbarungs- und Verwertungsbefugnis des § 30 IV Nr. 4 erfasst nur Straftaten, die in Tatmehrheit zu einer StStraftat stehen (TK § 30 Rn. 113; Joecks wistra 1998, 89; aA Spriegel wistra 1997, 323). Steht das außersteuerliche Delikt dagegen in Tateinheit zu einer StStraftat, ergibt sich die Offenbarungs- und Verwertungsbefugnis aus § 30 IV Nr. 1 (zu Einzelheiten → Rn. 157).

213 **Keine Offenbarungs- und Verwertungsbefugnis** besteht, wenn der Stpfl. in Unkenntnis der Einleitung des Straf- bzw. Bußgeldverfahrens Tatsachen offenbart hat oder die Tatsachen bereits vor der Einleitung dieser Verfahren bekannt geworden sind. In diesen

Fällen entfällt die Rechtfertigung für die Offenbarungs- und Verwertungsbefugnis, weil der Stpfl. entweder nicht wusste, dass seine Mitwirkung nicht erzwungen werden kann (1. Alt.) oder der Stpfl. zum Zeitpunkt der Offenbarung die Mitwirkung noch nicht verweigern durfte (2. Alt.). Die Offenbarungs- und Verwertungsbefugnis entfällt daher auch, wenn das Strafverfahren tatsächlich bereits eingeleitet wurde, der Stpfl. jedoch nicht ausreichend über seine Rechte belehrt wurde.

Offenbarung durch Stpfl. Nach seinem Wortlaut ist nur die Weitergabe von Informationen, die der **Stpfl.** in Unkenntnis der Einleitung eines Straf- bzw. Ordnungswidrigkeitsverfahrens offenbart hat, unzulässig. Der Wortlaut ist bei zweckentsprechender Auslegung der Regelung zu eng gefasst. Auch die Weitergabe von Informationen, die von anderen Personen stammen, ist unzulässig. Ebenso wie der Stpfl. ist jede andere **betroffene Person** schutzwürdig, denn auch diese Personen können Mitwirkungspflichten treffen, durch deren Erfüllung sie nicht Gefahr laufen dürfen, sich selbst zu belasten (TK § 30 Rn. 114). 216

3. Mitteilung ohne Bestehen einer steuerlichen Verpflichtung oder unter Verzicht auf ein Auskunftsverweigerungsrecht (Abs. 4 Nr. 4 Buchst. b)

Eine Offenbarungs- und Verwertungsbefugnis besteht für alle Kenntnisse, die ohne Bestehen einer steuerlichen Verpflichtung oder unter Verzicht auf ein Auskunftsverweigerungsrecht erlangt worden sind. In diesen Fällen **entfällt die Schutzwürdigkeit** des Betroffenen (TK § 30 Rn. 115). Kenntnisse, die für die Besteuerung erkennbar ohne Belang sind, dürfen offenbart werden, weil sie mangels Bezugs zur Besteuerung nicht aufgrund einer steuerlichen Verpflichtung mitgeteilt worden sein können (TK § 30 Rn. 115). Allerdings kann dies nur gelten, soweit die **Unbeachtlichkeit** dem Stpfl. offenkundig war (Klein § 30 Rn. 201). Zum Schutz des Stpfl. ist ein strenger Maßstab anzulegen. Berücksichtigt man den Schwierigkeitsgrad des StRechts, dürfte die Unbeachtlichkeit einer Information nur in seltenen Fällen einem steuerlichen Laien offensichtlich sein. Bei dem Verzicht auf ein Auskunftsverweigerungsrecht besteht die Offenbarungsbefugnis nur, wenn eine ordnungsgemäße Belehrung der verzichtenden Person erfolgt ist. 220

Ohne Bestehen einer steuerlichen Verpflichtung handelt insb. ein **Anzeigenerstatter** (Denunziant). Macht er vorsätzlich falsche Angaben (Straftat nach § 164 StGB), darf dies der Staatsanwaltschaft mitgeteilt werden, weil er nicht in Erfüllung einer steuerlichen Verpflichtung gehandelt hat – zumindest, wenn die FB ihn nicht zuvor zur Auskunft aufgefordert hatte (BFH 8.2.1994 – VII R 88/92, BStBl. II 1994, 552). 221

Eine Offenbarungsbefugnis besteht nicht nur für den Fall, dass der Betroffene auf sein **Auskunftsverweigerungsrecht** (§§ 101–103) verzichtet hat (so aber TK § 30 Rn. 115). Auch bei Verzicht jeder anderen Person besteht eine Mitteilungsbefugnis (Schwarz/Pahlke/Keß § 30 Rn. 112; Gosch AO § 30 Rn. 128; aA TK § 30 Rn. 115). Das Auskunftsverweigerungsrecht soll **Interessenkonflikte** vermeiden, die durch die Erfüllung der Mitwirkungspflicht der an sich zur Aussage verpflichteten Personen entstehen würde (zu Einzelheiten → § 101 Rn. 1). Entscheidet er sich dennoch zu einer Aussage, ist der dadurch Belastete auch unter Berücksichtigung des StGeheimnisses nicht schutzwürdig. Dass der Belastete auf die Entscheidung des Aussagenden keinen Einfluss hat, rechtfertigt keine teleologische Reduktion des § 30 IV Nr. 4 Buchst. b (so aber TK § 30 Rn. 115), weil das Auskunftsverweigerungsrecht in diesem Fall nicht dem Schutz des Betroffenen vor der Strafverfolgung dienen soll. 222

Die in § 102 I Nr. 3 genannten Personen (Verteidiger, Rechtsanwälte, Notare, StBerater, Ärzte, Apotheker usw.) können wegen der sich aus § 203 StGB ergebenden strafbewährten Geheimhaltungsverpflichtung nicht auf das Auskunftsverweigerungsrecht verzichten. Sie haben jedoch dann kein Auskunftsverweigerungsrecht, wenn sie von der Verpflichtung zur Verschwiegenheit entbunden werden (§ 102 III). 223

XII. Bei Bestehen eines zwingenden öffentlichen Interesses (Abs. 4 Nr. 5)

1. Allgemeines

226 Der **Begriff** des „zwingenden öffentlichen Interesses" weist keine festen Konturen auf (Klein § 30 Rn. 205), sodass die Gefahr besteht, dass das StGeheimnis, je nachdem, was unter diesem Begriff verstanden wird, bis zur Bedeutungslosigkeit ausgehöhlt werden könnte (TK § 30 Rn. 119: Achillesferse des StGeheimnisses). Die Aufnahme eines generalklauselartigen Offenbarungs- und Verwertungsgrundes ist jedoch notwendig, weil eine abschließende Aufzählung der Gründe, die die Durchbrechung des StGeheimnisses rechtfertigen, praktisch nicht möglich ist. Der Begriff des „zwingenden öffentlichen Interesses" sollte **restriktiv ausgelegt werden,** damit eine Aushöhlung des StGeheimnisses vermieden wird (TK § 30 Rn. 121; Tormöhlen AO-StB 2011, 309; Gosch AO § 30 Rn. 134).

227 **Leitlinien der Auslegung.** Die in der Nr. 5 aufgeführten Regelbeispiele stellen **keine abschließende Aufzählung** dar (BVerwG 29.8.2019 – 7 C 33/17, NVwZ 2020, 1114; BVerfG 6.5.2008 – 2 BvR 336/07, HFR 2008, 1278). Sie setzen aber Leitlinien für die Auslegung des Begriffs des „zwingenden öffentlichen Interesses": Nur soweit ein Sachverhalt mit den Regelbeispielen in seiner Bedeutung für das allgemeine Wohl vergleichbar ist, kann eine Offenbarungsbefugnis angenommen werden.

228 **Definition.** Ein zwingendes öffentliches Interesse iSd Nr. 5 kann nur angenommen werden, wenn die Gefahr eines schweren Nachteils für das allgemeine Wohl besteht (BFH 10.2.1987 – VII R 77/84, BStBl. II 1987, 545). Über die in Nr. 5 aufgeführten Beispielsfälle hinaus kann nur in **Ausnahmefällen** ein zwingendes öffentliches Interesse, das die Durchbrechung des StGeheimnisses rechtfertigen kann, angenommen werden (BFH 10.2.1987 – VII R 77/84, BStBl. II 1987, 545; auch → Rn. 256 ff.).

2. Abwehr erheblicher Risiken für die Allgemeinheit (Abs. 4 Nr. 5 Buchst. a, 1. Alt.)

230 § 30 IV Nr. 5 Buchst. a, 1. Alt. wurde durch G v. 17.7.2017 (BGBl. 2017 I 2541) mit Wirkung zum 25.5.2018 ergänzt und erlaubt in Anlehnung an § 23 I Nr. 3 BDSG die Offenbarung geschützter Daten, wenn dies zur Abwehr erheblicher Nachteile für das Gemeinwohl oder einer Gefahr für die öffentliche Sicherheit, die Verteidigung oder die nationale Sicherheit erforderlich ist (BT-Drs. 18/12611, 82). § 30 IV Nr. 5 Buchst. a, 1. Alt. ist generalklauselartig formuliert und setzt voraus, dass der Eintritt der erheblichen Nachteile für das Gemeinwohl bzw. die Gefahr für die öffentliche Sicherheit, die Verteidigung oder die nationale Sicherheit zumindest noch teilweise **abwendbar** ist. Darüber hinaus erfordert das Tatbestandsmerkmal der Erforderlichkeit eine **Abwägung** der Gemeinwohlbelange gegenüber den geschützten Interessen der betroffenen Person (vgl. BeckOK BDSG § 23 Rn. 27; Kühling/Buchner BDSG § 23 Rn. 17).

3. Verbrechen oder vorsätzlich schweres Vergehen (Abs. 4 Nr. 5 Buchst. a, 2. Alt.)

233 Bei **Verbrechen** (§ 12 I StGB) und vorsätzlich schweren Vergehen gegen **Leib oder Leben** oder gegen den **Staat** oder seine Einrichtungen besteht eine Offenbarungsbefugnis. Zu diesen Delikten gehören unstr. alle Straftaten, zu deren Anzeige schon im Planungsstadium nach **§ 138 StGB** jedermann verpflichtet ist (TK § 30 Rn. 123). Eine Beschränkung auf diese Straftaten ist dem Gesetz nicht zu entnehmen (so aber TK § 30 Rn. 123 mit Verweis auf die Entstehungsgeschichte und die Notwendigkeit fester Abgrenzungskriterien). Daher besteht eine Offenbarungsbefugnis auch bei Delikten, die nicht von § 138 StGB erfasst werden (BeckOK AO § 30 Rn. 157; Schwarz/Pahlke/Keß § 30 Rn. 118; Loose FR 1995, 393). Nr. 5 Buchst. a, 2. Alt. ist hinreichend konkret formuliert, auch wenn die Beschränkung der Offenbarungsbefugnis auf die in § 138 StGB erwähnten Straftaten sicherlich mit mehr Rechtssicherheit verbunden gewesen wäre.

Die mit Wirkung zum 25.5.2018 (G v. 17.7.2017, BGBl. 2017 I 2541) erfolgte Ergänzung um die Verhütung derartiger Straftaten ermöglicht nunmehr neben der Offenbarung von geschützten Daten zur Verfolgung der Straftaten auch die Offenbarung zu **präventiven** Zwecken. 235

4. Verfolgung von Wirtschaftsstraftaten (Abs. 4 Nr. 5 Buchst. b)

Wirtschaftsstraftat. Eine gesetzliche Definition des Begriffs „Wirtschaftsstraftat" existiert nicht. In Anlehnung an § 74c GVG lässt sich eine genauere Definition des Begriffs vornehmen (BT-Drs. 7/4292, 18). § 74c GVG regelt die Zuständigkeit der Wirtschaftsstrafkammer beim LG für bestimmte Straftaten. Zu diesen Straftaten, die einen besonderen Bezug zum Wirtschaftsleben aufweisen, gehören ua Geldwäschedelikte, Betrug, Subventionsbetrug, Wechselbetrug, Bankrott, Gläubigerbegünstigung, Computerbetrug, Kredit- und Kapitalanlagebetrug, Untreue, Wucher, sowie Bestechung und Vorteilsgewährung. Bei diesen Straftaten kommt eine Offenbarungsbefugnis in Betracht, wobei allerdings nur schwerwiegende Verstöße eine Offenbarung rechtfertigen können (TK § 30 Rn. 126). Die FB prüft unabhängig von § 74c GVG in jedem Einzelfall, ob eine Wirtschaftsstraftat iSd § 30 IV Nr. 5 Buchst. b vorliegt (AEAO zu § 30 Nr. 11.2.2). 237

Eine Offenbarungsbefugnis besteht darüber hinaus nur, wenn die Straftat geeignet ist, die **wirtschaftliche Ordnung** erheblich zu stören oder das Vertrauen der Allgemeinheit in die **Redlichkeit des geschäftlichen Verkehrs** oder auf die ordnungsgemäße Arbeit der **Behörden** und der **öffentlichen Einrichtungen** erheblich zu erschüttern. Eine solche Bedeutung der Straftat kann sich aus der Zahl der geschädigten Personen und aus der Höhe des verursachten Schadens ergeben (Klein § 30 Rn. 208). Denkbare Fälle sind Insolvenzen, die einen beträchtlichen Schaden verursachen, betrügerische Abschreibungs- und Anlagegesellschaften, die entweder hohe Schäden nach sich ziehen oder von der eine Vielzahl von Personen betroffen sind, sowie bedeutende Bestechungsfälle (Klein § 30 Rn. 208; FG Baden-Württemberg 25.11.2020 – 4 K 1065/19, EFG 2021, 804 hielt einen Schadensumfang von 3,7 Mio. EUR für sich allein nicht ausreichend). 238

Adressat der Mitteilung. Eine Offenbarungs- und Verwertungsbefugnis besteht nur, wenn die Wirtschaftsstraftat **strafrechtlich** verfolgt wird oder verfolgt werden soll. Daher kommt eine Offenbarung nur gegenüber den Strafverfolgungsbehörden bzw. den Strafgerichten in Betracht. 239

5. Richtigstellung in der Öffentlichkeit (Abs. 4 Nr. 5 Buchst. c)

Buchst. c gewährt der Behörde eine Offenbarungsbefugnis, wenn die Offenbarung erforderlich ist, um eine in der Öffentlichkeit verbreitete unwahre Tatsache richtigzustellen, soweit die Tatsache geeignet ist, das **Vertrauen der Allgemeinheit** in die Verwaltung erheblich zu erschüttern (FG Berlin-Brandenburg 24.10.2007 – 7 V 7357/07, EFG 2008, 182; TK § 30 Rn. 131). Ohne eine entsprechende Offenbarungsbefugnis wäre die FB der Behauptung einer unwahren Tatsache in der Öffentlichkeit schutzlos ausgeliefert, weil das StGeheimnis eine Richtigstellung verhindern würde. Insoweit kann man die Vorschrift richtigerweise als eine Art **Notwehrrecht** der FB bezeichnen (Klein § 30 Rn. 212). Von der Vorschrift soll nach den Vorstellungen des historischen Gesetzgebers nur in Ausnahmefällen Gebrauch gemacht werden (BT-Drs. 7/4292, 18). 243

Eine Offenbarungsbefugnis setzt voraus, dass die unwahre Tatsache das Vertrauen der Öffentlichkeit in die Verwaltung erheblich zu erschüttern geeignet ist. Es reicht nicht aus, dass die **Ehre** eines einzelnen Beamten oder das allgemeine Ansehen der FB durch die Verbreitung der unwahren Tatsache beeinträchtigt sein könnte. 244

Das Vertrauen der Öffentlichkeit in die **FVerw.** muss durch die unwahre Tatsachenmitteilung erschüttert werden können, obwohl die Vorschrift allg. von „Verwaltung" spricht (Klein § 30 Rn. 212). Davon ging auch der Gesetzgeber aus (BT-Drs. 7/4292, 18). Auch die Tatsache, dass die Entscheidung über eine Offenbarung von der obersten FB im Einvernehmen mit dem BMF getroffen wird, spricht für eine Beschränkung auf die FVerw. 245

(TK § 30 Rn. 132). Wird durch die Verbreitung einer unwahren Tatsache nur das Vertrauen der Allgemeinheit in die übrige Verwaltung erschüttert, rechtfertigt dies somit nicht, das StGeheimnis nach Buchst. c zu durchbrechen.

246 **Adressat der Mitteilung.** Da das Vertrauen der Allgemeinheit durch die Verbreitung unwahrer Tatsachen in der Öffentlichkeit erschüttert werden könnte, ist die Richtigstellung auch gegenüber der **Öffentlichkeit** und nicht nur gegenüber einzelnen Personen oder Institutionen zulässig (FG Berlin-Brandenburg 24.10.2007 – 7 V 7357/07, EFG 2008, 182).

247 Die **Entscheidungsbefugnis,** ob eine Offenbarung zur Richtigstellung in der Öffentlichkeit erfolgen soll, liegt bei der obersten FB, die ihre Entscheidung im Einvernehmen mit dem BMF zu treffen hat. Bei der Entscheidung über die Offenbarung ist der Grundsatz der Verhältnismäßigkeit zu wahren; die Offenbarung ist auf den zur Richtigstellung erforderlichen Umfang begrenzt (AEAO zu § 30 Nr. 11.2.3).

248 **Rechtliches Gehör.** Der Stpfl. „soll" vor der Entscheidung über die Offenbarung gehört werden. Die Anhörung steht zwar im Ermessen der FB; ihre Ermessensentscheidung ist jedoch stark eingeschränkt, sodass nur in seltenen Ausnahmefällen von der Anhörung abgesehen werden kann (TK § 30 Rn. 134; zur Ermessensermächtigung durch eine Soll-Vorschrift vgl. auch → § 5 Rn. 11). Dem Stpfl. steht nur ein Recht auf Anhörung zu. Widerspricht er der Offenbarung, ist die FB hieran nicht gebunden, sondern hat diese Tatsache lediglich bei seiner Entscheidung zu berücksichtigen.

6. Fälle zwingenden öffentlichen Interesses außerhalb der gesetzlich definierten Regelbeispiele

256 Mit der Aufzählung der Regelbeispiele hat der Gesetzgeber **keine abschließende Regelung** getroffen. Daher kann auch in anderen Fällen eine Offenbarung und Verwertung der durch das StGeheimnis geschützten Daten gerechtfertigt sein. Allerdings müssen die Sachverhalte in ihrer Bedeutung mit denen der Regelbeispiele vergleichbar sein (TK § 30 Rn. 120). Vor dem Offenbaren oder Verwerten hat der Amtsträger zu entscheiden, ob ein Fall des zwingenden öffentlichen Interesses vorliegt. Da es sich hierbei um einen unbestimmten Rechtsbegriff handelt, kann die Entscheidung uneingeschränkt von den Gerichten überprüft werden (keine Ermessensentscheidung).

Eine Offenbarungs- und Verwertungsbefugnis soll ua in **folgenden Fällen** vorliegen:

258 **Gewerbeaufsicht.** Die FB darf der zuständigen Gewerbeaufsichtsbehörde im gewerberechtlichen Untersagungsverfahren Auskünfte erteilen, soweit es sich um Steuern handelt, deren Stpfl. sich auf den Betrieb des Gewerbes gründet (BFH 29.7.2003 – VII R 39, 43/02, BStBl. II 2003, 828; BFH 10.2.1987 – VII R 77/84, BStBl. II 1987, 545; FG Saarland 14.10.1998 – 1 K 318/97, EFG 1999, 146; OVG Münster 6.12.2023 – 4 A 3179/21, BeckRS 2023, 37104; AEAO zu § 30 Nr. 11.4). Dabei ist es ausreichend, wenn die mitzuteilenden Tatsachen iVm anderen Tatsachen geeignet sein können, eine Gewerbeuntersagung zu rechtfertigen. Die FB muss bei der Prüfung die Maßstäbe anlegen, die von den Verwaltungsbehörden und -gerichten aufgestellt worden sind, ein eigenständiges Prüfungsrecht, ob die Voraussetzungen des § 35 GewO erfüllt sind, steht der FB nicht zu (BFH 29.7.2003 – VII R 39, 43/02, BStBl. II 2003, 828). Diese Auffassung ist mit Blick auf die Regelbeispiele grds. kritisch zu sehen (glA TK § 30 Rn. 137). Denn das Gefährdungspotential der Gewerbetreibenden, deren Zuverlässigkeit durch mangelnde Erfüllung ihrer steuerlichen Pflichten in Frage gestellt wird, ist mit den in den Regelbeispielen normierten Fällen nicht vergleichbar.

259 **Schwere Umweltgefährdung.** Erlangt die FB Kenntnisse, die den Verdacht einer schweren Umweltgefährdung iSd §§ 330, 330a StGB rechtfertigen, dürfen die zuständigen Strafverfolgungsbehörden informiert werden (TK § 30 Rn. 139). Falls die FB diese Voraussetzungen nicht aus eigener Sachkenntnis ausreichend beurteilen kann, soll sie den Fall in anonymisierter Form einer sachkundigen Stelle vortragen (AEAO zu § 30 Nr. 11.7).

Disziplinarverfahren. Zur Durchführung eines Disziplinarverfahrens gegen Beamte und Richter dürfen den zuständigen Stellen Mitteilungen gemacht werden (BFH 15.1.2008 – VII B 149/07, BStBl. II 2008, 337; BVerfG 6.5.2008 – 2 BvR 336/07. BB 2009, 1623). Dabei dürfen auch Verhältnisse Dritter offenbart werden, wenn ansonsten die Durchführung des Disziplinarverfahrens nicht möglich wäre (AEAO zu § 30 Nr. 11.8). Gleiches gilt bei Verfehlungen sonstiger Angehöriger der FVerw. (Angestellte, Arbeiter) zur Ergreifung arbeitsrechtlicher Maßnahmen (AEAO zu § 30 Nr. 11.8; vgl. ausführlich Gosch AO § 30 Rn. 137 ff.). 260

Strafverfahren gegen Finanzbeamte. Die Strafverfolgungsbehörden dürfen zur Sicherstellung dienstrechtlicher Maßnahmen gegen einen Beamten die in einem Strafverfahren gewonnenen Erkenntnisse dem Dienstvorgesetzten offenbaren. Daher darf der Dienstvorgesetzte eines Finanzbeamten über dessen StStraftaten informiert werden, auch wenn die Straftaten wegen Verjährung oder wirksamer Selbstanzeige nicht weiterverfolgt werden (BFH 15.1.2008 – VII B 149/07, BStBl. II 2008, 337; Tormöhlen AO-StB 2011, 309). Eine Prüfung, welche dienstrechtlichen Konsequenzen aufgrund der Mitteilung zu erwarten sind, hat nicht zu erfolgen. Für das Recht zur Mitteilung ist ausreichend, dass die dem StGeheimnis unterliegenden Daten für eine dienstrechtliche Prüfung von Belang sein können. § 125c VI BRRG rechtfertigt die Durchbrechung des StGeheimnisses. 261

Parlamentarischer Untersuchungsausschuss. Ein zwingendes öffentliches Interesse an der Offenbarung gegenüber parlamentarischen Untersuchungsausschüssen liegt nur dann vor, wenn der Untersuchungsausschuss im Rahmen politischer Kontrolle zur Aufklärung von bereits abgeschlossenen Sachverhalten handelt. Die Offenbarung darf sich nicht auf solche Informationen erstrecken, deren Weitergabe wegen ihres streng persönlichen Charakters für die Betroffenen unzumutbar ist (BVerfG 17.7.1984 – 2 BvE 11/83, BStBl. II 1984, 634; zu weiteren Einzelheiten vgl. BMF 13.5.1987, AO-Kartei § 30 Karte 13, Nr. 2.2; Klein § 30 Rn. 226 f.). 262

Fragerecht von Abgeordneten. Auch das Fragerecht der Abgeordneten kann im Einzelfall ein zwingendes öffentliches Interesse begründen (BayVGH 11.9.2014, – 67-IVa-13, BayVBl. 2015, 375). Das Informationsinteresse der Abgeordneten ist an den Grundrechten der betroffenen Personen (Recht auf informationelle Selbstbestimmung, allgemeine Persönlichkeitsrecht) zu messen. Soweit parlamentarische Anfragen Auskünfte über die steuerlichen Verhältnisse von Privatpersonen zum Gegenstand haben, wird idR kein überwiegendes Informationsinteresse des Abgeordneten anzunehmen sein (BayVGH 11.9.2014 – 67-IVa-13, BayVBl. 2015, 375). 263

Trotz des durch Art. 5 I 2 GG verfassungsrechtlich gewährleisteten Vermittlungs- und Kontrollauftrages der Presse kann ein **presserechtlicher Auskunftsanspruch** nur im Einzelfall ein zwingendes öffentliches Interesse iSd § 30 IV Nr. 5 begründen. Voraussetzung ist, dass es sich um einen Sachverhalt handelt, an dem ein erhebliches Informationsinteresse der Öffentlichkeit besteht (BVerwG 29.8.2019 – 7 C 33/17, NVwZ 2020, 1114). 264

E. Vorsätzlich falsche Angaben (Abs. 5)

Macht eine betroffene Person vorsätzlich falsche Angaben, darf die FB den Strafverfolgungsbehörden hierüber Mitteilung machen. Die Offenbarungsbefugnis ist gerechtfertigt, weil in einem solchen Fall die betroffene Person nicht schutzwürdig ist. 271

Voraussetzungen. Eine Offenbarungsbefugnis setzt die Mitteilung **vorsätzlich** falscher Angaben gegenüber einer FB voraus. Da die Offenbarungsbefugnis nur gegenüber den Strafverfolgungsbehörden besteht, muss die betroffene Person durch die Mitteilung einen Straftatbestand sowohl in objektiver als auch in subjektiver Hinsicht erfüllen (BFH 8.2.1994 – VII R 88/92, BStBl. II 1994, 552). Ein Strafverfahren muss noch nicht eingeleitet worden sein, damit die FB zur Offenbarung berechtigt ist (AEAO zu § 30 Nr. 12). 272

273 **Anzeige einer falschen Verdächtigung (§ 164 StGB).** Nach § 30 V ist die FB berechtigt, die Strafverfolgungsbehörde darüber in Kenntnis zu setzen, dass sich jemand durch die Mitteilung vorsätzlich falscher Angaben einer falschen Verdächtigung gem. § 164 StGB strafbar gemacht haben könnte (Streck/Olbing BB 1994, 1270). Ist die FB davon überzeugt, dass der Straftatbestand einer falschen Verdächtigung erfüllt ist, steht es in ihrem **Ermessen,** ob sie die Strafverfolgungsbehörden in Kenntnis setzt (OFD Hannover 11.10.2007, AO-Kartei ND § 30 AO Karte 9). Eine Verpflichtung zur Anzeigenerstattung besteht nicht. Einem Auskunftsersuchen der Strafverfolgungsbehörden nach § 161 StPO hat die FB jedoch Folge zu leisten (AEAO zu § 30 Nr. 13.4).

274 Nach § 30 V steht dem zu Unrecht Verdächtigten **kein Anspruch** auf Mitteilung des Anzeigenerstatters zu, weil Abs. 5 nur die Offenbarung gegenüber den Strafverfolgungsbehörden erlaubt. Der zu Unrecht Verdächtigte hat nur einen Anspruch auf fehlerfreie Ermessensentscheidung über seinen Auskunftsantrag (BFH 8.2.1994 – VII R 88/92, BStBl. II 1994, 552). Ein Anspruch auf Auskunftserteilung kann sich aber aus der Verletzung des Persönlichkeitsrechts ergeben (BFH 8.2.1994 – VII R 88/92, BStBl. II 1994, 552).

F. Befugnis zum automatisierten Datenabruf (Abs. 6)

280 **Datenabruf.** Schon der Abruf von geschützten Daten, die in einem Verwaltungsverfahren, einem Rechnungsprüfungsverfahren oder einem gerichtlichen Verfahren in StSachen in einem automationsgestützten Dateisystem gespeichert wurden, ist nur eingeschränkt zulässig. Der Abruf darf erfolgen, soweit er zur Durchführung eines Verfahrens iSd Abs. 2 Nr. 1 Buchst. a oder b notwendig ist (§ 30 VI 1 **HS 1**). Insoweit deckt sich die Befugnis zum Datenabruf mit der Offenbarungsbefugnis des § 30 IV Nr. 1 (Gosch AO § 30 Rn. 154; Klein § 30 Rn. 235). Ferner ist der Datenabruf nach § 30 VI 1 **HS 2** zulässig, wenn er der zulässigen Übermittlung von geschützten Daten durch die FB an die betroffene Person (Art. 4 Nr. 1 DS-GVO) oder einen Dritten (Art. 4 Nr. 10 DS-GVO) dient. Eine solche Übermittlung ist nur zulässig, wenn sie nach § 30 IV oder V bzw. §§ 31, 31a, 31b erfolgt.

281 Geregelt wird nur der Abruf von Daten, die in einem **automationsgestützten Dateisystem** (Art. 4 Nr. 6 DS-GVO) gespeichert sind (hierzu bereits → Rn. 106). Ein mechanischer Zugriff auf Daten, die in einer manuell geführten Datei oder in einer Akte enthalten sind, bleibt von Abs. 6 unberührt (TK § 30 Rn. 143).

282 **Rechtsverordnung.** Nach § 30 VI 2 ist der BMF befugt, durch Rechtsverordnung zu bestimmen, welche technischen und organisatorischen Maßnahmen gegen einen unbefugten Abruf von Daten zu treffen ist. Die Rechtsverordnung bedarf der Zustimmung des Bundesrats, außer sie betrifft nur die KraftSt, die Luftverkehrsteuer, die VersSteuer sowie Einfuhr- und Ausfuhrabgaben und VerbrauchSt, mit Ausnahme der BierSt (S. 4). Bereits am 13.10.2005 ist die VO über den automatisierten Abruf von StDaten (BGBl. 2005 I 3021) in Kraft getreten.

G. Offenbaren im De-Mail-Verkehr (Abs. 7)

283 **Keine Verletzung des StGeheimnisses** liegt vor, wenn beim Versenden im De-Mail-Verkehr eine kurzzeitige automatisierte Entschlüsselung durch den nach § 17 De-Mail-Gesetz akkreditierten Diensteanbieter zum Zweck der Überprüfung auf Schadsoftware und zum Zweck der Weiterleitung an den Adressaten der De-Mail-Nachricht stattfindet. Die Vorschrift steht im Zusammenhang mit dem Ausbau des elektronischen Verkehrs mit Behörden und Gerichten. Die Möglichkeit des elektronischen Rechtsverkehrs soll mit der Vorschrift erleichtert werden. Das StGeheimnis wird dabei nicht verletzt, wenn der

akkreditierte Diensteanbieter aus technischen Gründen eine Entschlüsselung der von § 30 geschützten Daten vornimmt. Die Offenbarungsbefugnis des § 30 VII hat geringe praktische Bedeutung, weil sich der De-Mail-Verkehr in der Praxis nicht durchgesetzt hat. So existiert seit Ende 2024 nur noch ein akkreditierter De-Mail-Diensteanbieter.

H. Automatisierter Datenabgleich (Abs. 8)

Der durch das G v. 17.7.2017 (BGBl. 2017 I 2541) mit Wirkung zum 25.5.2018 neu eingefügte Abs. 8 regelt in Anlehnung an § 10 BDSG aF, unter welchen Voraussetzungen die FB (§ 6 II) ein automatisiertes Verfahren zum Abgleich geschützter Daten einsetzen dürfen (BT-Drs. 18/12611, 83). Danach ist ein automatisierter Datenabgleich zulässig, wenn die Voraussetzungen der Weiterverarbeitung (§ 29c) oder Offenbarung (§ 30 IV, V, VII, X) vorliegen und das Verfahren den Anforderungen der DS-GVO genügt. Weitere datenschutzrechtliche Regelungen zum Abruf geschützter Daten enthält die auf Grundlage des § 30 VI erlassene VO über den automatisierten Abruf von StDaten (BGBl. 2005 I 3021). **286**

J. Auftragsverarbeitung (Abs. 9)

Der durch das G v. 17.7.2017 (BGBl. 2017 I 2541) mit Wirkung zum 25.5.2018 neu eingefügte Abs. 9 regelt den Einsatz sog. Auftragsverarbeiter iSv Art. 4 Nr. 8 DS-GVO durch die FB (§ 6 II) bei der Verarbeitung personenbezogener Daten (Art. 4 Nr. 1 DS-GVO; → Rn. 41 f.) und knüpft damit an Kapitel IV der DS-GVO an. Entspr. der Legaldefinition in Art. 4 Nr. 8 DS-GVO ist unter einem Auftragsverarbeiter jede natürliche oder juristische Person, Behörde, Einrichtung oder andere Stelle zu verstehen, die personenbezogene Daten im Auftrag des Verantwortlichen verarbeitet, wie zB Rechenzentren, Postdienstleister, IT-Service. Auftragsverarbeiter dürfen gem. § 30 IX nur dann von den FB beauftragt werden, wenn im Rahmen der Auftragsverarbeitung ausschließlich solche Personen die geschützten Daten verarbeiten, die zur Wahrung des StGeheimnisses verpflichtet sind, dh Amtsträger (→ § 7 Rn. 20) oder ihnen nach § 30 III gleichgestellte Personen (→ Rn. 24 ff.). **289**

K. Offenbarung besonderer Kategorien personenbezogener Daten (Abs. 10)

Der durch das G v. 17.7.2017 (BGBl. 2017 I 2541) mit Wirkung zum 25.5.2018 neu eingefügte Abs. 10 entspricht der Regelung des § 25 III BDSG und erlaubt die Übermittlung besonderer Kategorien personenbezogener Daten durch die FB (§ 6 II) an öffentliche und nicht-öffentliche Stellen (→ § 6 Rn. 8 ff.), wenn neben dem Vorliegen einer der tatbestandlichen Voraussetzungen der Abs. 4 (→ Rn. 115 ff.) oder 5 (→ Rn. 271 ff.) zusätzlich auch ein Ausnahmetatbestand nach Art. 9 II DS-GVO (→ § 29b Rn. 46) oder nach § 31c vorliegt. **293**

Was unter **„besonderer Kategorien personenbezogener Daten“,** auch sensible Daten genannt, zu verstehen ist, ergibt sich aus der Legaldefinition in Art. 9 I DS-GVO. Danach handelt es sich um Daten über die rassische und ethnische Herkunft, zu politischen Meinungen, zu religiösen oder weltanschaulichen Überzeugungen, zur Gewerkschaftszugehörigkeit, ferner genetische, biometrische oder Gesundheitsdaten sowie Daten zum Sexualleben oder der sexuellen Orientierung. Wegen weiterer Einzelheiten zum Begriff der „besonderen Kategorien personenbezogener Daten“ → § 29b Rn. 53. **294**

L. Zweckbindung offenbarter Daten (Abs. 11)

298 Der durch das G v. 17.7.2017 (BGBl. 2017 I 2541) mit Wirkung zum 25.5.2018 neu eingefügte Abs. 11 entspricht im Grundsatz der Regelung des § 25 I 2, II BDSG (BT-Drs. 18/12611, 83). § 30 XI knüpft an die Offenbarung nach § 30 IV und V an und bestimmt, dass geschützte Daten, die einer Person, die nicht nach § 30 zur Wahrung des StGeheimnisses verpflichtet ist (§ 30 XI 1 Nr. 1), einer öffentlichen Stelle, die keine FB ist (§ 30 XI 1 Nr. 2; → § 6 Rn. 8 ff.), oder einer nicht-öffentlichen Stelle (§ 30 XI 1 Nr. 3; → § 6 Rn. 9c f.) offenbart worden sind, nur zu dem Zweck, zu dem sie nach § 30 IV oder V offenbart worden sind, gespeichert, verändert, genutzt oder übermittelt werden dürfen. Die hierdurch geregelte **Zweckbindung für den Empfänger** der Daten ergibt sich für personenbezogene Daten auch aus Art. 5 I Buchst. b DS-GVO.

299 § 30 XI 2 stellt klar, dass Amtsträger (§ 7) und ihnen gleichgestellte Personen (§ 30 III) als Empfänger offenbarter Daten zur Wahrung des nach § 355 StGB strafbewehrten StGeheimnisses verpflichtet bleiben. Für andere Personen und Stellen richten sich die Sanktionen bei Datenschutzverstößen nach der DS-GVO oder entsprechenden nationalen Strafvorschriften (BT-Drs. 18/12611, 83).

M. Verfahrensfragen; Rechtsbehelfe

I. Bei Ablehnung der beantragten Offenbarung oder Verwertung

305 Die Ablehnung einer beantragten Offenbarung oder Verwertung geschützter Daten stellt einen VA dar (BFH 25.7.1978 – VII R 77/74, NJW 1979, 735), gegen den das Rechtsmittel des Einspruchs (§ 347) gegeben ist. Daneben hat der Antragsteller die Möglichkeit der Dienstaufsichtsbeschwerde und Gegenvorstellung.

II. Bei unbefugter Offenbarung oder Verwertung

309 **Melde- und Benachrichtigungspflicht nach DS-GVO.** Im Fall der unbefugten Offenbarung oder Verwertung personenbezogener Daten hat die verantwortliche FB dies unverzüglich der oder dem Bundesbeauftragten für den Datenschutz und die Informationsfreiheit zu melden (Art. 33 I DS-GVO iVm § 32h). Sofern die Verletzung ein hohes Risiko für die persönlichen Rechte und Freiheiten natürlicher Personen zur Folge hat, ist auch die betroffene Person unverzüglich zu benachrichtigen (Art. 34 I DS-GVO). Die unbefugte Offenbarung oder Verwertung von Betriebs- oder Geschäftsgeheimnissen zieht keine Melde- oder Benachrichtigungspflicht nach Art. 33, 34 DS-GVO nach sich, sofern es sich nicht um personenbezogene Daten handelt. Weitere Informationspflichten und Auskunftsrechte im Zusammenhang mit der Erhebung personenbezogener Daten ergeben sich aus §§ 32a iVm Art. 13 ff. DS-GVO. Gerichtlicher Rechtsschutz wird in diesen Fällen ohne Vorverfahren nach § 32i gewährt.

310 **Unterlassungsanspruch.** Die betroffene Person hat ein subjektiv-öffentliches Recht auf Wahrung des StGeheimnisses (FG Düsseldorf 6.10.1989 – 16 V 190/89 AE (AO), EFG 1990, 43). Dementsprechend steht ihr gem. § 1004 BGB analog iVm § 30 ein Anspruch auf Unterlassung der Weitergabe von durch das StGeheimnis geschützten Daten zu (BFH 29.4.1992 – I B 12/92, BStBl. II 1992, 645; BFH 23.1.2020 – III R 9/18, BStBl. II 2020, 436; BFH 17.10.2023 – VII R 19/20, BStBl. II 2024, 619). Dieser Anspruch ist vor dem FG geltend zu machen (BFH 27.10.1993 – I R 25/92, BStBl. II 1994, 210). Das Rechtsschutzbedürfnis für eine (vorbeugende) Unterlassungsklage liegt vor, wenn der Stpfl. darlegen kann, dass eine Verletzung des StGeheimnisses durch ein bestimmtes, künftig zu erwartendes Handeln einer Behörde bevorsteht und dass ein Abwarten der tatsächlichen Rechtsverletzung unzumutbar ist, weil die Rechtsverletzung dann nicht oder nur schwer-

lich wiedergutzumachen ist (BFH 17.10.2023 – VII R 19/20, BStBl. II 2024, 619; BFH 17.10.2023 – VII R 28/20, BFH/NV 2024, 886 ua jeweils zu § 30 II Nr. 2). Korrespondierend hierzu besteht ein steuerrechtliches **Verwertungsverbot** für unter Verletzung des StGeheimnisses offenbarte Daten (Klein § 30 Rn. 262; TK § 30 Rn. 150; offengelassen BFH 29.8.2012 – X S 5/12 (PKH), BFH/NV 2013, 2).

Einstweilige Anordnung. Vor Weitergabe der geschützten Daten kann die betroffene Person vorläufigen Rechtsschutz im Wege der einstweiligen Anordnung gem. § 114 I FGO erhalten (BFH 17.9.2007 – I B 30/07, BFH/NV 2008, 51; BFH 1.12.1992 – VII B 126/92, BFH/NV 1993, 579). Nach Weitergabe der geschützten Daten ist eine **Leistungsklage,** mit der die Rückgängigmachung der Auskunftserteilung begehrt wird, unzulässig (BFH 23.11.1993 – VII R 56/93, BStBl. II 1994, 356). Die mit der Auskunftserteilung erfolgte tatsächliche Kenntnisnahme durch den Auskunftsempfänger kann nicht mehr rückgängig gemacht werden, sodass das Rechtsschutzinteresse für eine Leistungsklage auf Folgenbeseitigung fehlt (BFH 23.11.1993 – VII R 56/93, BStBl. II 1994, 356). Es kann im Wege der einstweiligen Anordnung oder der Leistungsklage nicht begehrt werden, dass die FVerw. eine (Presse-)Erklärung auf ihrer Internetseite, die von § 30 geschützte Daten enthält, löscht (BFH 14.4.2008 – VII B 226/07, BFH/NV 2008, 1295). 311

Mit der **Feststellungsklage** kann der Stpfl. geltend machen, dass die FB mit der Übermittlung von StDaten an die Gewerbeaufsichtsbehörde im Rahmen eines gewerberechtlichen Untersagungsverfahrens gegen das StGeheimnis verstoßen hat (BFH 10.2.1987 – VII R 77/84, BStBl. II 1987, 545). Das für die Zulässigkeit einer Feststellungsklage notwendige Feststellungsinteresse besteht bereits im Genugtuungsinteresse des Stpfl., das in der (möglichen) Feststellung, das StGeheimnis sei verletzt worden, seinen Ausdruck findet. Für die Zulässigkeit der Feststellungsklage ist es dagegen nicht notwendig, dass sich die rechtliche oder tatsächliche Position des Stpfl. gegenüber der Gewerbebehörde verbessern könnte (BFH 29.7.2003 – VII R 39, 43/02, BStBl. II 2003, 828). Eine Feststellungsklage ist auch zulässig, wenn fraglich ist, ob die FB einem Drittschuldner die Höhe der StSchulden mitteilen durfte (BFH 18.7.2000 – VII R 101/98, BStBl. II 2001, 5; FG Saarland 6.2.2002 – 1 K 316/00, EFG 2002, 654; FG Saarland 14.10.1998 – 1 K 318/97, EFG 1999, 146). 312

Schadensersatz. Wurde das StGeheimnis verletzt, kann die betroffene Person Schadensersatzansprüche gem. § 839 BGB iVm Art. 34 GG gegenüber der Körperschaft, dem der Amtsträger oder die ihm gleichgestellte Person angehört, geltend machen (Gosch AO § 30 Rn. 168). Weitere Anspruchsgrundlage sind §§ 823 II, 831 BGB iVm § 30 und §§ 823 II, 31, 89 BGB iVm § 30, weil § 30 Schutzgesetz iSd § 823 II BGB ist (TK § 30 Rn. 149). Daneben ergibt sich ein Anspruch auf Schadenersatz für materielle und immaterielle Schäden aus Art. 82 DS-GVO. Eine **persönliche** Inanspruchnahme des das StGeheimnis verletzenden Amtsträgers kommt nur in Betracht, wenn dieser als **Privatperson** gehandelt hat (§ 823 II BGB iVm § 30). 315

Straftat. Die Verletzung des StGeheimnisses ist eine Straftat gem. § 355 StGB. Die Straftat wird nur **auf Antrag** verfolgt, wobei nur ein Dienstvorgesetzter oder die betroffene Person antragsberechtigt sind (§ 355 III StGB). Zuständig für die Verfolgung der Straftat ist die Staatsanwaltschaft und nicht die FB, weil es sich nicht (mehr) um eine StStraftat handelt (Klein § 30 Rn. 260). Daneben hat die Verletzung des StGeheimnisses **disziplinarrechtliche** Konsequenzen (TK § 30 Rn. 148). 318

§ 31 Mitteilung von Besteuerungsgrundlagen

(1) [1]**Die Finanzbehörden sind verpflichtet, Besteuerungsgrundlagen, Steuermessbeträge und Steuerbeträge an Körperschaften des öffentlichen Rechts einschließlich der Religionsgemeinschaften, die Körperschaften des öffentlichen Rechts sind, zur Festsetzung von solchen Abgaben mitzuteilen, die an diese Besteuerungsgrundlagen, Steuermessbeträge oder Steuerbeträge anknüpfen.**

[2]Die Mitteilungspflicht besteht nicht, soweit deren Erfüllung mit einem unverhältnismäßigen Aufwand verbunden wäre. [3]Die Finanzbehörden dürfen Körperschaften des öffentlichen Rechts auf Ersuchen Namen und Anschriften ihrer Mitglieder, die dem Grunde nach zur Entrichtung von Abgaben im Sinne des Satzes 1 verpflichtet sind, sowie die von der Finanzbehörde für die Körperschaft festgesetzten Abgaben übermitteln, soweit die Kenntnis dieser Daten zur Erfüllung von in der Zuständigkeit der Körperschaft liegenden öffentlichen Aufgaben erforderlich ist und überwiegende schutzwürdige Interessen der betroffenen Person nicht entgegenstehen.

(2) **[1]Die Finanzbehörden sind verpflichtet, die nach § 30 Absatz 2 Nummer 1 geschützten personenbezogenen Daten der betroffenen Person den Trägern der gesetzlichen Sozialversicherung, der Bundesagentur für Arbeit und der Künstlersozialkasse mitzuteilen, soweit die Kenntnis dieser Daten für die Feststellung der Versicherungspflicht oder die Festsetzung von Beiträgen einschließlich der Künstlersozialabgabe erforderlich ist oder die betroffene Person einen Antrag auf Mitteilung stellt. [2]Die Mitteilungspflicht besteht nicht, soweit deren Erfüllung mit einem unverhältnismäßigen Aufwand verbunden wäre.**

(3) **Die für die Verwaltung der Grundsteuer zuständigen Behörden sind berechtigt, die nach § 30 geschützten Namen und Anschriften von Grundstückseigentümern, die bei der Verwaltung der Grundsteuer bekannt geworden sind, zur Verwaltung anderer Abgaben sowie zur Erfüllung sonstiger öffentlicher Aufgaben zu verwenden oder den hierfür zuständigen Gerichten, Behörden oder juristischen Personen des öffentlichen Rechts auf Ersuchen mitzuteilen, soweit nicht überwiegende schutzwürdige Interessen der betroffenen Person entgegenstehen.**

I. Allgemeines

1 **Zweck der Regelung.** Der durch § 31 zugelassene Informationsaustausch dient der Vermeidung eines mehrfachen Verwaltungsaufwands und damit der Verwaltungsvereinfachung (HHSp § 31 Rn. 5). Die in § 31 aufgeführten öffentlichen Stellen sollen auf die Daten der FB zurückgreifen können, damit sie die zur Festsetzung ihrer Beiträge und Abgaben notwendigen Angaben nicht selbst ermitteln müssen (TK § 31 Rn. 2). Dies rechtfertigt die mit § 31 verbundene Durchbrechung des StGeheimnisses (§ 30). Darüber hinaus soll der Betroffene vor (unnötigen) Mehrfachprüfungen geschützt werden.

II. Mitteilung an Körperschaften des öffentlichen Rechts zum Zwecke der Abgabenfestsetzung (Abs. 1)

9 **Inhalt der Mitteilung.** Abs. 1 zählt abschließend auf, welche vom StGeheimnis geschützten Daten eines anderen mitgeteilt werden dürfen. Nach § 30 I 1 muss sich der Inhalt der Mitteilung auf die Weitergabe von Besteuerungsgrundlagen, StMessbeträgen und StBeträgen beschränken. Zu den Besteuerungsgrundlagen zählen alle tatsächlichen und rechtlichen Verhältnisse, die für die Stpfl. und für die Bemessung der Steuer von Bedeutung sind (§ 199 I). Dazu gehören neben dem zu versteuernden Einkommen auch der Gewinn bzw. der Überschuss einzelner Einkunftsarten, der Umsatz oder die Zuordnung von Einnahmen zu einer bestimmten Einkunftsart (TK § 31 Rn. 2). § 31 I 1 deckt nur die Weitergabe derjenigen Daten, die zu den Besteuerungsgrundlagen, den StMessbeträgen und den StBeträgen gehören. Weitergehende Befugnisse ergeben sich aus § 31 I 3 (→ Rn. 25) und § 31 II (→ Rn. 28 ff.).

13 **Kein Recht zur Akteneinsicht.** Öffentlich-rechtlichen Körperschaften darf keine Akteneinsicht gewährt werden (TK § 31 Rn. 5), was auch die Übersendung von StAkten ausschließt. Ein Recht auf Akteneinsicht kann sich für Gemeinden ggf. aus § 21 III FVG ergeben.

Mitteilung nur zum Zwecke der Abgabenfestsetzung. Die Informationen iSd § 31 I 1 dürfen nur weitergegeben werden, soweit sie für die Abgabenfestsetzung durch die öffentlich-rechtliche Körperschaft notwendig sind. Abgaben sind dabei nicht nur Steuern iSd § 3 I, sondern auch Gebühren (→ § 3 Rn. 40 f.), Beiträge (→ § 3 Rn. 42) und Sonderabgaben (→ § 3 Rn. 35 ff.) wie zB Kammerbeiträge, Kommunal- und Deichabgaben (Schwarz/Pahlke/Keß § 31 Rn. 7). Begehrt eine Körperschaft aus anderen Gründen Auskunft über steuerliche Belange des Stpfl., darf die FB keine Mitteilung machen. Verlangt eine öffentlich-rechtliche Körperschaft zB für Zwecke der Vollstreckung die Mitteilung der Vermögensverhältnisse eines Stpfl., so darf die FB diese Informationen nicht herausgeben (Klein § 31 Rn. 5). 14

Adressat der Mitteilung. Die FB darf jeder Körperschaft des öffentlichen Rechts Besteuerungsgrundlagen, StMessbeträge und StBeträge mitteilen, wenn zur Abgabenfestsetzung an diese Größen angeknüpft wird. 18

Beispiele: Zu den Körperschaften des öffentlichen Rechts gehören insb. Gemeinden, Berufskammern, Deichverbände, Handwerkskammern sowie Industrie- und Handelskammern (HHSp § 31 Rn. 11). Religionsgemeinschaften gehören nur zu den mitteilungsberechtigten Adressaten, wenn sie Körperschaften des öffentlichen Rechts (Art. 140 GG iVm § 137 V WRV) sind. 19

Pflicht zur Mitteilung. Die Entscheidung, ob von der Mitteilungsbefugnis des § 31 I 1 Gebrauch gemacht wird, steht nicht im Ermessen der FB, weil sie zur Mitteilung nach dem eindeutigen Wortlaut der Vorschrift verpflichtet ist (BT-Drs. 14/8221, 19; TK § 31 Rn. 1). 20

Ausnahme von der Mitteilungspflicht (S. 2). Eine Ausnahme von der Mitteilungspflicht besteht nur, wenn deren Erfüllung mit einem unverhältnismäßigen Aufwand verbunden wäre. Da der Gesetzgeber die Übermittlung von Informationen nunmehr ausdrücklich als Pflicht der FB ausgestaltet hat (BT-Drs. 14/8221, 19), ist die FVerw. auch gehalten, ausreichende organisatorische Maßnahmen zur effizienten Erfüllung dieser Pflichten zu treffen. 24

Mitteilung von Namen, Anschriften und festgesetzten Abgaben (S. 3). Mit dem EURLUmsG wurden die Mitteilungsmöglichkeiten für zwei Fallgruppen erweitert. Nach S. 3 **Alt. 1** wurde § 31 I um die Möglichkeit ergänzt, Körperschaften des öffentlichen Rechts Namen und Anschrift ihrer dem Grunde nach beitragspflichtigen Mitglieder mitzuteilen. Die Körperschaften sollen damit in die Lage versetzt werden, ihren Mitgliederbestand überprüfen und bisher unbekannte Beitragspflichtige erfassen zu können (Klein § 31 Rn. 2). Dabei besteht abw. von Satz 1 **keine Mitteilungspflicht,** vielmehr wird die FB nur auf Ersuchen der Körperschaft tätig (TK § 31 Rn. 3). S. 3 **Alt. 2** trägt der Möglichkeit Rechnung, dass die FB von einer anderen öffentlich-rechtlichen Körperschaft mit der Abgabenfestsetzung betraut wurde. In diesem Fall darf die FB nunmehr der Körperschaft Daten über die festgesetzten Abgaben übermitteln, wenn dies zur Erfüllung der öffentlichen Aufgaben erforderlich ist, für die die Körperschaft zuständig ist. 25

Schutzwürdiges Interesse des Betroffenen. Die Mitteilung ist ausgeschlossen, wenn überwiegende schutzwürdige Interessen des Betroffenen entgegenstehen. Allerdings kann auch eine Teilauskunft denkbar sein, weil die Mitteilung nur „soweit" verboten ist, als die Interessen des Betroffenen dem entgegenstehen (Schwarz/Pahlke/Keß § 31 Rn. 13). 26

III. Mitteilung an gesetzliche Sozialversicherungsträger, Bundesagentur für Arbeit und Künstlersozialkassen zum Zwecke der Beitragsfestsetzung (Abs. 2)

Inhalt der Mitteilung. Abs. 2 verpflichtet zur Mitteilung der nach § 30 II Nr. 1 geschützten personenbezogenen Daten, soweit die Daten für die Feststellung der Versicherungspflicht oder für die Festsetzung der Beiträge einschließlich der Künstlersozialabgabe von Bedeutung sind. Die Mitteilung erfasst uU nicht nur die Daten des betroffenen Stpfl., sondern auch die seines Ehepartners (FG Baden-Württemberg 22.4.2016 – 13 K 1934/15, EFG 2016, 1133 mit BFH 18.11.2016 – VII R 14/16, nv). Damit geht der 28

Umfang der Mitteilungsbefugnis nach Abs. 2 über denjenigen des Abs. 1 hinaus, denn die Mitteilungspflicht beschränkt sich nicht auf die Weitergabe von Besteuerungsgrundlagen, StMessbeträgen oder StBeträgen (TK § 31 Rn. 6). Um sicherzustellen, dass diese weiterreichende Mitteilungspflicht nur zweckgerichtet genutzt wird, haben die Adressaten der Mitteilung bei Anfragen zu versichern, dass die gewünschten Angaben zur Beitragsfestsetzung notwendig sind (AEAO zu § 31).

32 Zum Recht auf Akteneinsicht → Rn. 13.

33 **Mitteilung nur zum Zwecke der Feststellung der Versicherungspflicht oder der Beitragsfestsetzung.** Die nach § 30 geschützten Daten dürfen nur weitergegeben werden, wenn sie dazu verwendet werden sollen, die Versicherungspflicht festzustellen oder Beiträge durch die gesetzlichen Sozialversicherungsträger, die Bundesagentur für Arbeit oder der Künstlersozialkasse festzusetzen. Damit wird es den Versicherungsträgern erleichtert, die Versicherungspflicht Selbständiger in der gesetzlichen Rentenversicherung prüfen zu können (BT-Drs. 14/8221, 19). Mitteilungen zum Zwecke der Beitreibung von Beiträgen sind unzulässig (Schwarz/Pahlke/Keß § 31 Rn. 9).

37 **Antrag des Betroffenen.** Der Betroffene hat das Recht, die Weitergabe seiner Daten an die Versicherungsträger zu beantragen. Damit soll es dem Betroffenen ausweislich der Gesetzesbegründung ermöglicht werden, den Versicherungsträgern frühere versicherungspflichtige Einnahmen zugänglich zu machen, die er sonst nicht mehr hätte nachweisen können (BT-Drs. 14/8221, 19).

38 **Adressat der Mitteilung.** Die FB darf den Trägern der gesetzlichen Sozialversicherungen, der Bundesagentur für Arbeit und der Künstlersozialkasse Mitteilungen zum Zwecke der Feststellung der Versicherungspflicht sowie der Beitragsfestsetzung machen. Die Aufzählung ist abschließend. Zu den Trägern der gesetzlichen Sozialversicherung gehören insb. die öffentlich-rechtlichen Träger der Kranken-, Unfall-, Arbeitslosen-, Pflege- und Rentenversicherung. Dies sind zB die Bundesversicherungsanstalt für Angestellte, die Landesversicherungsanstalten der Arbeiter, die Bundesknappschaft sowie die Orts-, Betriebs- und Innungskrankenkassen. Zu weiteren Einzelheiten vgl. TK § 31 Rn. 7 f.

42 **Ausnahme von der Mitteilungspflicht (S. 2).** Die FB ist von der Mitteilungspflicht entbunden, wenn ihre Erfüllung mit einem unverhältnismäßigen Aufwand verbunden wäre (auch → Rn. 24).

IV. Verwendung und Weitergabe von Namen und Anschriften von Grundstückseigentümern (Abs. 3)

46 Die Behörden, die für die Verwaltung der GrSt zuständig sind, dürfen die ihnen bei dieser Tätigkeit bekannt gewordenen Namen und Anschriften von Grundstückseigentümern nach Abs. 3 zur Verwaltung anderer Abgaben sowie zur Erfüllung sonstiger öffentlicher Aufgaben verwenden. Darüber hinaus dürfen die Daten zu diesen Zwecken auch an andere Behörden, Gerichte oder juristische Personen des öffentlichen Rechts weitergegeben werden. Hierfür muss ein Ersuchen der Behörde vorliegen (Schwarz/Pahlke/Keß § 31 Rn. 27). Die Weiterleitung hat zu unterbleiben, wenn überwiegende schutzwürdige Interessen des Betroffenen dem Ersuchen der Behörde entgegenstehen. Trotz des weiten Anwendungsbereichs ist die Vorschrift rechtlich unbedenklich.

§ 31a Mitteilungen zur Bekämpfung der illegalen Beschäftigung und des Leistungsmissbrauchs

(1) [1]**Die Offenbarung der nach § 30 geschützten Daten der betroffenen Person ist zulässig, soweit sie erforderlich sind**

1. für die Durchführung eines Strafverfahrens, eines Bußgeldverfahrens oder eines anderen gerichtlichen oder Verwaltungsverfahrens mit dem Ziel

a) der Bekämpfung von illegaler Beschäftigung oder Schwarzarbeit oder

b) der Entscheidung

aa) über Erteilung, Rücknahme oder Widerruf einer Erlaubnis nach dem Arbeitnehmerüberlassungsgesetz oder

bb) über Bewilligung, Gewährung, Rückforderung, Erstattung, Weitergewährung oder Belassen einer Leistung aus öffentlichen Mitteln,

2. für die Prüfung des Vorliegens oder die Geltendmachung eines Anspruchs auf Rückgewähr einer Leistung aus öffentlichen Mitteln oder

3. für die Prüfung des Vorliegens oder die Geltendmachung eines gesetzlichen Anspruchs auf Schadensersatz aus einer vorsätzlich begangenen unerlaubten Handlung, auf Grund derer eine Leistung aus öffentlichen Mitteln gewährt wurde.

[2]In den Fällen von Satz 1 Nummer 1 Buchstabe b Doppelbuchstabe bb oder Nummer 2 ist die Offenbarung auf Ersuchen der zuständigen Stellen auch zulässig, soweit sie für die Durchführung eines Strafverfahrens wegen einer zu Unrecht erlangten Leistung aus öffentlichen Mitteln erforderlich ist. [3]Die für die Verwaltung einer Leistung aus öffentlichen Mitteln zuständige öffentliche Stelle darf die ihr von Finanzbehörden nach Satz 1 übermittelten Informationen abweichend von § 30 Absatz 11 an die für die Verfolgung einer Straftat hinsichtlich der von ihr bewilligten Leistung zuständige Stelle weiterleiten, wenn dies auch nach den für sie geltenden Vorschriften über die Verarbeitung personenbezogener Daten zu anderen Zwecken zulässig ist.

(2) **[1]Die Finanzbehörden sind in den Fällen des Absatzes 1 verpflichtet, der zuständigen Stelle die jeweils benötigten Tatsachen mitzuteilen. [2]In den Fällen des Absatzes 1 Satz 1 Nummer 1 Buchstabe b und Nummer 2 erfolgt die Mitteilung auch auf Antrag der betroffenen Person. [3]Die Mitteilungspflicht nach den Sätzen 1 und 2 besteht nicht, soweit deren Erfüllung mit einem unverhältnismäßigen Aufwand verbunden wäre.**

A. Allgemeines

Regelungszweck. Die zuletzt durch das JStG 2024 (BGBl. 2024 I Nr. 387) geänderte Vorschrift erlaubt die Durchbrechung des StGeheimnisses (§ 30), um die systematische **Bekämpfung der Schattenwirtschaft** zu erleichtern (BT-Drs. 14/8221, 19). Hierzu gehören insb. die Aufdeckung und Ahndung illegaler Beschäftigung und Schwarzarbeit sowie die Vermeidung der rechtswidrigen Inanspruchnahme von Transferleistungen und Subventionen. Die ursprünglich bestehende Mitteilungsbefugnis ist zu einer Mitteilungspflicht erstarkt (BT-Drs. 14/8221, 19). Die Vorschrift ist verfassungsgemäß (BFH 4.10.2007 – VII B 110/07, BStBl. II 2008, 42; kritisch TK § 31a Rn. 1). 1

B. Mitteilung zur Bekämpfung der illegalen Beschäftigung und des Leistungsmissbrauchs (Abs. 1)

I. Offenbarung der Daten der betroffenen Person zulässig

1. Nach § 30 geschützte Daten der betroffenen Person

Welche Daten der betroffenen Person grds. geschützt sind, bestimmt sich allein nach § 30. Gemäß der Legaldefinition in § 30 II umfassen die geschützten Daten (nunmehr) sowohl personenbezogene Daten iSd § 30 II Nr. 1 wie auch Betriebs- und Geschäftsgeheimnisse iSd § 30 II Nr. 2. § 31a trifft insoweit keine eigenständige Regelung, sondern knüpft unmittelbar an § 30 an. Daher kann auf die Erläuterungen zu § 30 verwiesen werden (→ § 30 Rn. 39 ff.). 11

2. Offenbarung zulässig

15 Abs. 1 spricht zwar nur davon, dass die Offenbarung der durch das StGeheimnis geschützten Daten der betroffenen Person **zulässig** ist, sodass angenommen werden könnte, die Entscheidung über die Weitergabe von Daten stehe im Ermessen der FB. Abs. 2 S. 1 bestimmt jedoch eindeutig, dass die FB zur Mitteilung **verpflichtet** ist.

16 **Adressat der Mitteilung.** Die Vorschrift regelt nicht ausdrücklich, wem gegenüber die FB zur Mitteilung verpflichtet ist. Der Mitteilungsadressat lässt sich nur mit Blick auf den Zweck der Regelung bestimmen (Klein § 31a Rn. 9). Danach sind alle Behörden und Gerichte, die für die Bekämpfung der illegalen Beschäftigung oder des Leistungsmissbrauchs zuständig sind, geeignete Mitteilungsadressaten. Darüber hinaus können allen Behörden und Gerichten, die Entscheidungen im Zusammenhang mit dem Arbeitnehmerüberlassungsgesetz (AÜG) treffen oder über Leistungen aus öffentlichen Mitteln entscheiden, Erkenntnisse übermittelt werden.

20 **Erforderlich.** Die Offenbarung von durch das StGeheimnis geschützten Daten ist nur zulässig, wenn die Offenbarung erforderlich ist, um die illegale Beschäftigung oder einen Leistungsmissbrauch zu bekämpfen. Die FB darf also nicht **generell** Informationen übermitteln. Sie muss zuvor die Erforderlichkeit prüfen. Ein bloß allgemeiner Zusammenhang mit den Fällen des Abs. 1 reicht für eine Mitteilung noch nicht aus. Aus Sicht der FB ist es ausreichend, wenn die ihr vorliegenden Erkenntnisse als geeignet erscheinen, der Bekämpfung der Schwarzarbeit und dem Leistungsmissbrauch zu dienen (BFH 4.10.2007 – VII B 110/07, BStBl. II 2008, 42). Die FB hat daher vor der Mitteilung nicht zu prüfen, ob die fraglichen Daten die Rückforderung einer öffentlichen Leistung (tatsächlich) rechtfertigen (Klein § 31a Rn. 10). Dabei ist die FB auch von sich aus berechtigt, die zuständigen Behörden zu informieren (Spontanauskunft). Ein Auskunftsersuchen einer anderen Behörde ist nicht notwendig (BFH 4.10.2007 – VII B 110/07, BStBl. II 2008, 42).

II. Mitteilungspflicht (Abs. 1 Satz 1 Nr. 1)

24 In den Fällen der Nr. 1 besteht eine Mitteilungspflicht sowohl für die Durchführung eines **Straf-** bzw. **Bußgeldverfahrens** als auch für die Durchführung eines **Verwaltungs-** oder eines **Gerichtsverfahrens.**

1. Illegale Beschäftigung und Schwarzarbeit (Buchst. a)

27 Zur Bekämpfung **illegaler Beschäftigung** und **Schwarzarbeit** ist die FB zur Weitergabe von Daten verpflichtet. Hierzu gehören insb. Verstöße gegen das SchwarzArbG und Verstöße gegen die Bestimmungen über die Verpflichtung zur Zahlung von Sozialversicherungsbeiträgen. Schwarzarbeit leistet gem. § 1 II SchwarzArbG, wer Dienst- und Werkleistungen erbringt oder ausführen lässt, ohne seine sozialversicherungsrechtlichen Melde-, Beitrags- oder Aufzeichnungspflichten als Arbeitgeber, seine steuerlichen Pflichten oder Mitteilungspflichten gegenüber dem Sozialleistungsträger zu erfüllen, oder wer ein stehendes Gewerbe betreibt, ohne in die Handwerksrolle eingetragen zu sein oder wer keine Anzeige nach § 14 GewO über den Beginn einer selbständigen Tätigkeit abgibt. Eine illegale Beschäftigung übt nach § 1 III SchwarzArbG aus, wer als Ausländer oder Ausländerin unerlaubt eine Erwerbstätigkeit ausübt oder wer Arbeitnehmer oder Arbeitnehmerinnen unerlaubt überlässt oder unerlaubt für sich tätig werden lässt und damit zB gegen Maßgaben des MindestlohnG oder sonstige Arbeitnehmerrechte verstößt.

28 Zur **Bekämpfung** der illegalen Beschäftigung und Schwarzarbeit dient die Mitteilung sowohl, um deren laufende oder zukünftige Ausübung zu verhindern, als auch, um einen in der Vergangenheit begangenen Verstoß zu ahnden. Auch die (beabsichtigte) **Ahndung** eines Verstoßes rechtfertigt nunmehr eine Mitteilung, weil die FB ausdrücklich zur Offenbarung von durch das StGeheimnis geschützten Verhältnissen zur Durchführung eines Straf- oder Bußgeldverfahrens verpflichtet ist (Gosch AO § 31a Rn. 26; krit. für den Fall einer fehlenden Wiederholungsgefahr TK § 31a Rn. 5).

2. Arbeitnehmerüberlassungsgesetze (AÜG, Buchst. b Doppelbuchst. aa)

Eine Mitteilungspflicht der FB besteht auch, wenn die Informationen zur Entscheidung über Erteilung, Rücknahme oder Widerruf einer Erlaubnis nach dem AÜG erforderlich sind. Wer einem Dritten gewerbsmäßig Arbeitnehmer zur Erbringung von Arbeitsleistungen überlassen will, bedarf hierzu einer Erlaubnis. Diese kann widerrufen werden, wenn es dem Verleiher an der **steuerlichen Zuverlässigkeit** mangelt. Hierüber hat die FB Auskunft zu geben. Die FB muss ferner auch andere Tatsachen, die ihr im Rahmen des Besteuerungsverfahrens bekannt geworden sind, mitteilen, wenn sie für die fragliche Entscheidung über die Erlaubnis nach dem AÜG erforderlich sind. Dabei hat die FB nicht zu entscheiden, welche Bedeutung die zuständige Behörde der Information im Verfahren über die Erteilung, die Rücknahme oder den Widerruf der Erlaubnis beimessen wird. Die Mitteilung ist bereits zulässig, wenn die Tatsache **geeignet erscheint,** bei der Entscheidung über die Erlaubnis Berücksichtigung zu finden. 31

3. Leistungen aus öffentlichen Mitteln (Buchst. b Doppelbuchst. bb)

Soll eine Entscheidung über die Bewilligung, Gewährung, Rückforderung, Erstattung, Weitergewährung oder Belassen einer Leistung aus öffentlichen Mitteln von der dafür zuständigen Behörde getroffen werden, hat die FB die ihr bekannten Informationen mitzuteilen, soweit dies für die Entscheidung erforderlich ist. Damit soll die Bekämpfung des Leistungsmissbrauchs erleichtert werden. Eine Mitteilungspflicht kann bereits **vor Gewährung** der Leistung bestehen (BT-Drs. 14/8221, 20). 34

Leistung aus öffentlichen Mitteln. Es ist unerheblich, welcher Art die öffentlichen Mittel sind, deren Gewährung bzw. Rückforderung beurteilt werden soll. Damit werden alle Transferleistungen des Staates erfasst. Eine Beschränkung auf Sozialleistungen und Subventionen an Betriebe oder Unternehmen besteht nicht (mehr; so auch BeckOK AO § 31a Rn. 46 ff.; aA TK § 31a Rn. 8). 35

III. Privatrechtliche Rückabwicklung einer Leistung aus öffentlichen Mitteln (Abs. 1 Satz 1 Nr. 2)

Nach § 31a I Nr. 2 besteht eine Mitteilungspflicht auch, wenn ein Anspruch auf Rückgewähr einer Leistung aus öffentlichen Mitteln nicht in einem öffentlich-rechtlichen Verfahren geltend gemacht werden kann, sondern eine **privatrechtliche Rückabwicklung** erfolgt (BT-Drs. 14/8625, 26). Es ist möglich, dass eine Leistung aus öffentlichen Mitteln nur auf privatrechtlichem Wege zurückgefordert werden kann. Für diesen Fall soll gesichert werden, dass den zuständigen öffentlichen Stellen die erforderlichen Informationen von der FB zur Verfügung gestellt werden. Die Mitteilungspflicht ist gerechtfertigt, weil es keinen Unterschied macht, in welcher Form die Leistung aus öffentlichen Mitteln zurückgefordert werden kann. 40

Mit dem JStG 2024 (BGBl. 2024 I Nr. 387) wurde die Nr. 2 dahingehend erweitert, dass nunmehr auch die **vorangehende Prüfung,** ob eine Geltendmachung überhaupt eingeleitet werden soll, weil dies zB aufgrund der wirtschaftlichen Verhältnisse der betroffenen Person von vornherein keinen Erfolg haben würde, erfasst ist (BT-Drs. 20/12780, 158).

IV. Gesetzlicher Schadensersatzanspruch aus unerlaubter Handlung (Abs. 1 Satz 1 Nr. 3)

Die mit dem JStG 2024 (BGBl. 2024 I Nr. 387) neu eingefügte Nr. 3 erfasst die Fälle, in denen Leistungen aus öffentlichen Mitteln aufgrund einer **vorsätzlich begangenen unerlaubten Handlung** des Betroffenen ausgezahlt wurden, die ausgezahlten Leistungen aus öffentlichen Mitteln rechtlich aber nicht zurückgefordert werden können, dem Fiskus aber ein Schadensersatzanspruch (§ 823 BGB) zusteht (BT-Drs. 20/12780, 158). Dabei ermöglicht die § 31a I 1 Nr. 3 sowohl die Offenbarung in den Fällen der Geltendmachung 41 eines Schadensersatzanspruches als auch für Zwecke der **vorangehenden Prüfung,** ob und inwieweit ein solcher Anspruch überhaupt geltend gemacht werden soll.

V. Zu Unrecht erlangte Leistungen aus öffentlichen Mitteln (Abs. 1 Satz 2)

42 Der mit G v. 16.12.2022 (BGBl. 2022 I 2294) neu eingefügte Satz 2 soll der Rechtsklarheit und Rechtssicherheit dienen (BT-Drs. 20/3879, 135). So regelt § 31 I 2 nunmehr ausdrücklich, dass die FB in den Fällen des § 30 I 1 Nr. 1 Buchst. b Doppelbuchst. bb und Nr. 2 nach § 30 geschützte Daten auch für die **Durchführung eines Strafverfahrens** wegen zu Unrecht erlangter Leistungen aus öffentlichen Mitteln (wie zB Leistungen im Zusammenhang mit der Covid-19-Pandemie) offenbaren dürfen. Eine Offenbarung zur Durchführung eines Bußgeldverfahrens ist hingegen nicht zugelassen (so ausdrücklich auch BT-Drs. 20/3879, 135). Mit dieser Regelung soll es den für die Durchführung eines Strafverfahrens zuständigen Stellen ermöglicht werden, dass auch solche für das Strafverfahren relevanten Daten offenbart werden dürfen, die nur bei den FB, nicht aber bei den Bewilligungsstellen vorliegen (BT-Drs. 20/3879, 135).

43 Die Offenbarung nach Satz 2 erfolgt **nicht von Amts wegen,** sondern setzt ein entsprechendes Ersuchen der für das jeweilige Strafverfahren zuständigen Stelle voraus (BT-Drs. 20/3879, 135).

VI. Weiterleitung an Strafverfolgungsbehörden (Abs. 1 Satz 3)

43a Weil die Ermächtigung nach § 31a I 2 aufgrund der Verwendungsbeschränkung des § 30 XI in der Praxis häufig ins Leere lief (BT-Drs. 20/12780, 158), ermächtigt der mit dem JStG 2024 (BGBl. 2024 I Nr. 387) neu eingefügte Satz 3 die für die Verwaltung einer Leistung aus öffentlichen Mitteln zuständige öffentliche Stelle (Bewilligungsbehörde) nunmehr, Informationen über eine zu Unrecht erlangte Leistung aus öffentlichen Mitteln auch dann an Strafverfolgungsbehörden weiterzuleiten, wenn ihnen diese Informationen von FB nach § 31a offenbart worden sind. Erforderlich ist, dass die Bewilligungsbehörde die Informationen nach den für sie geltenden Vorschriften an die Strafverfolgungsbehörden weiterleiten dürfen (BT-Drs. 20/12780, 158).

C. Pflicht zur Mitteilung bzw. Mitteilung auf Antrag der betroffenen Person (Abs. 2)

44 **Mitteilungspflicht.** Nach Abs. 2 S. 1 ist die FB zur Mitteilung verpflichtet, außer die Erfüllung ist mit einem unverhältnismäßigen Aufwand verbunden (Abs. 2 S. 3) Die Entscheidung, ob nach § 30 geschützte Daten offenbart werden, steht somit nicht im Ermessen der FB.

47 **Mitteilungspflicht einschränkend auszulegen.** Der gesetzliche Begriff der Mitteilungspflicht kann so verstanden werden, dass die FB die ihr im StVerfahren bekannt gewordenen Tatsachen von sich aus daraufhin zu überprüfen hat, ob diese Tatsachen anderen Behörden oder Gerichten zur Bekämpfung der illegalen Beschäftigung und des Leistungsmissbrauchs dienen können. Ein solches Verständnis der Mitteilungspflicht ist abzulehnen, weil die FB in diesem Fall in unzulässiger Weise Aufgaben anderer Behörden wahrzunehmen hätten. Für die Aufgabenbereiche, die eine Mitteilung rechtfertigen, ist die FB weder **zuständig** noch sind deren Mitarbeiter insoweit für diese Aufgabenwahrnehmung hinreichend qualifiziert. Darüber hinaus würden die Zuständigkeiten der verschiedenen Behörden in unzulässiger Weise vermischt. Der Begriff der Mitteilungspflicht ist deshalb einschränkend dahingehend auszulegen, dass die FB nur dann zur Mitteilung von Erkenntnissen verpflichtet ist, wenn sich ihre Relevanz für die Bekämpfung der Schattenwirtschaft gleichsam aufdrängt. Sie ist dagegen nicht verpflichtet, die ihr bekannten Informationen im Hinblick auf eine Mitteilungspflicht systematisch aufzubereiten. Die FB ist

auch nicht berechtigt, eine Ap. anzuordnen, um Informationen, die der Bekämpfung der Schattenwirtschaft dienen sollen, zu sammeln. Ermittlungen in diesem Bereich sind weiterhin den dafür originär zuständigen Behörden vorbehalten. Eine Vorschrift, die eine bloße Befugnis zur Durchbrechung des StGeheimnisses trifft, vermag keine neue Aufgabenzuweisung an die FB zu rechtfertigen. Einem **Antrag** der zuständigen staatlichen Institutionen hat die FB allerdings nachzukommen.

Antrag der betroffenen Person. Die FB hat in den Fällen des § 31a I Nr. 1 Buchst. b und der Nr. 2 auf Antrag der betroffenen Person die ihnen vorliegenden Daten mitzuteilen. Stellt der Betroffene einen entsprechenden Antrag, ist die FB nach dem Wortlaut der Vorschrift zur Mitteilung **verpflichtet.** Eine Mitteilungspflicht entfällt nur, wenn ihre Erfüllung mit einem unverhältnismäßigen Aufwand verbunden wäre (Abs. 2 S. 3). **48**

Unverhältnismäßiger Aufwand. Die FB ist von der Erfüllung ihrer Mitteilungspflicht nach Abs. 2 S. 3 entbunden, wenn dies mit einem unverhältnismäßigen Aufwand verbunden wäre. Da der FB die Verpflichtung zur Mitteilung auferlegt ist, hat die FB auch die personellen und organisatorischen Voraussetzungen zu schaffen, um dieser Verpflichtung grundsätzlich nachkommen zu können. Die FVerw. selbst geht daher vom Vorliegen eines unverhältnismäßigen Aufwands nur dann aus, wenn der zur Erfüllung der Mitteilungspflicht erforderliche sachliche, personelle oder zeitliche Aufwand erkennbar außer Verhältnis zum angestrebten Erfolg der Mitteilung steht (AEAO zu § 31a Nr. 1 Abs. 4). **49**

§ 31b Mitteilungen zur Bekämpfung der Geldwäsche und der Terrorismusfinanzierung

(1) **Die Offenbarung der nach § 30 geschützten Daten der betroffenen Person an die jeweils zuständige Stelle ist auch ohne Ersuchen zulässig, soweit sie einem der folgenden Zwecke dient:**

1. **der Durchführung eines Strafverfahrens wegen Geldwäsche oder Terrorismusfinanzierung nach § 1 Absatz 1 und 2 des Geldwäschegesetzes,**
2. **der Verhinderung, Aufdeckung und Bekämpfung von Geldwäsche oder Terrorismusfinanzierung nach § 1 Absatz 1 und 2 des Geldwäschegesetzes,**
3. **der Durchführung eines Bußgeldverfahrens nach § 56 des Geldwäschegesetzes gegen Verpflichtete nach § 2 Absatz 1 Nummer 13 bis 16 des Geldwäschegesetzes,**
4. **dem Treffen von Maßnahmen und Anordnungen nach § 51 Absatz 2 des Geldwäschegesetzes gegenüber Verpflichteten nach § 2 Absatz 1 Nummer 13 bis 16 des Geldwäschegesetzes oder**
5. **der Wahrnehmung von Aufgaben nach § 28 Absatz 1 des Geldwäschegesetzes durch die Zentralstelle für Finanztransaktionsuntersuchungen.**

(2) [1]**Die Finanzbehörden haben der Zentralstelle für Finanztransaktionsuntersuchungen unverzüglich Sachverhalte unabhängig von deren Höhe mitzuteilen, wenn Tatsachen vorliegen, die darauf hindeuten, dass**

1. **es sich bei Vermögensgegenständen, die mit dem mitzuteilenden Sachverhalt im Zusammenhang stehen, um den Gegenstand einer Straftat nach § 261 des Strafgesetzbuchs handelt oder**
2. **die Vermögensgegenstände im Zusammenhang mit Terrorismusfinanzierung stehen.**

[2]**Mitteilungen an die Zentralstelle für Finanztransaktionsuntersuchungen sind durch elektronische Datenübermittlung zu erstatten; hierbei ist ein sicheres Verfahren zu verwenden, das die Vertraulichkeit und Integrität des Datensatzes gewährleistet.** [3]**Im Fall einer Störung der Datenübertragung ist ausnahmsweise eine Mitteilung auf dem Postweg möglich.** [4]**§ 45 Absatz 3 und 4 des Geldwäschegesetzes gilt entsprechend.**

(2a) **Die Finanzbehörden übermitteln der Zentralstelle für Finanztransaktionsuntersuchungen folgende Daten nach Maßgabe des § 31 Absatz 5 des Geldwäschegesetzes im automatisierten Verfahren, soweit dies zur Wahrnehmung der Aufgaben der Zentralstelle für Finanztransaktionsuntersuchungen nach § 28 Absatz 1 Satz 2 Nummer 2 des Geldwäschegesetzes erforderlich ist:**

1. **beim Bundeszentralamt für Steuern die nach § 5 Absatz 1 Nummer 13 des Finanzverwaltungsgesetzes vorgehaltenen Daten,**
2. **bei den Landesfinanzbehörden die zu einem Steuerpflichtigen gespeicherten Grundinformationen, die die Steuernummer, die Gewerbekennzahl, die Grund- und Zusatzkennbuchstaben, die Bankverbindung, die vergebene Umsatzsteuer-Identifikationsnummer sowie das zuständige Finanzamt umfassen.**

(2b) [1] **Wird von der Verordnungsermächtigung des § 22a des Grunderwerbsteuergesetzes zur elektronischen Übermittlung der Anzeige im Sinne des § 18 des Grunderwerbsteuergesetzes Gebrauch gemacht, übermitteln die Landesfinanzbehörden die dort eingegangenen Datensätze nach Maßgabe des § 31 Absatz 5a des Geldwäschegesetzes der Zentralstelle für Finanztransaktionsuntersuchungen zur Wahrnehmung ihrer Aufgaben nach § 28 Absatz 1 Satz 2 Nummer 2 des Geldwäschegesetzes im automatisierten Verfahren.** [2] **Absatz 2 Satz 2 gilt entsprechend.**

(3) **Die Finanzbehörden haben der zuständigen Verwaltungsbehörde unverzüglich solche Tatsachen mitzuteilen, die darauf schließen lassen, dass**

1. **ein Verpflichteter nach § 2 Absatz 1 Nummer 13 bis 16 des Geldwäschegesetzes eine Ordnungswidrigkeit nach § 56 des Geldwäschegesetzes begangen hat oder begeht oder**
2. **die Voraussetzungen für das Treffen von Maßnahmen und Anordnungen nach § 51 Absatz 2 des Geldwäschegesetzes gegenüber Verpflichteten nach § 2 Absatz 1 Nummer 13 bis 16 des Geldwäschegesetzes gegeben sind.**

(3a) [1] **Die Finanzbehörden übermitteln einer Koordinierenden Stelle eines Landes nach § 50c des Geldwäschegesetzes auf Ersuchen Name und Anschrift der bei ihnen geführten Steuerpflichtigen im Sinne des § 2 Absatz 1 Nummer 13, 14 oder Nummer 16 des Geldwäschegesetzes nach Maßgabe des § 55 Absatz 3b des Geldwäschegesetzes, geordnet nach Wirtschaftszweigen und Betriebsgrößenklassen.** [2] **Sammelersuchen sind zulässig.** [3] **Die von den Finanzbehörden an die zuständigen Koordinierenden Stellen nach § 50c des Geldwäschegesetzes übermittelten Daten können von diesen an die zuständigen Aufsichtsbehörden nach § 50 Nummer 9 des Geldwäschegesetzes zur Erfüllung ihrer Aufgaben nach dem Geldwäschegesetz weitergegeben werden.**

(4) **§ 47 Absatz 3 des Geldwäschegesetzes gilt entsprechend.**

Schrifttum: Fenchel, Das Vierte Finanzmarktförderungsgesetz – ein Überblick, DStR 2002, 1355; Marx, Paradigmenwechsel beim Steuergeheimnis, DStR 2002, 1467; v. Frantzki, Bekämpfung der Geldwäsche, AO-Stb 2003, 245; Löwe-Krahl, Der Finanzbeamte als Geldwäschekontrolleur?, PStR 2011, 63.

Übersicht

I. Allgemeines

Regelungszweck. § 31b erlaubt die Weitergabe von Daten, die vom StGeheimnis geschützt werden. Damit handelt es sich um eine Norm iSd § 30 IV Nr. 2, die die Durchbrechung des StGeheimnisses zulässt (vgl. BT-Drs. 18/11555, 169). Die Vorschrift soll der effektiven Bekämpfung der **organisierten Kriminalität,** der Geldwäsche und des Terrorismus, dienen (BT-Drs. 14/8017, 144). Sie ergänzt die bestehenden Mitteilungspflichten von Kreditinstituten und der Finanzmarktaufsichtsbehörden insb. nach dem GwG (Fenchel DStR 2002, 1355). Damit werden die FB stärker in den Informationsverbund zwischen Kreditinstituten, Bundes- und Landeskriminalämtern und Staatsanwaltschaften zur Bekämpfung der Geldwäsche und der Terrorismusfinanzierung eingebunden (Marx DStR 2002, 1467). Die Regelung wurde durch das G v. 3.6.2021 (BGBl. 2021 I 1534) um die Abs. 2a und 2b und zuletzt durch das JStG 2024 (BGBl. 2024 I Nr. 387) um den Abs. 3a erweitert. 1

Kritik. Zurecht kritisch gesehen wird die durch § 31b erlaubte Mitteilung geschützter Daten für Zwecke der Bekämpfung der Geldwäsche und Terrorismusfinanzierung vor dem Hintergrund des **nemo-tenetur-Grundsatzes,** wonach niemand verpflichtet ist, sich selbst zu belasten. Mittelbar löst § 31b diese Folge nämlich gerade aus (Gosch AO § 31b Rn. 33, 35). In § 393, der das Verhältnis des Strafverfahrens zum Besteuerungsverfahren regelt, ist für § 31b keine Ausnahme vom Verwendungsverbot vorgesehen, was grds. für die Fortgeltung des Verwendungsverbots nach § 393 II 1 spricht. Die teilweise vorgeschlagene verfassungskonforme Reduktion des § 31b (TK § 31b Rn. 1b mwN) kommt angesichts des klaren Wortlauts des § 31b nicht in Betracht (Schwarz/Pahlke/Keß § 31b Rn. 4). 3

II. Offenbarungsbefugnisse (Abs. 1)

§ 31b I erlaubt die Weitergabe von Daten, die durch das StGeheimnis geschützt werden, an andere staatliche Stellen, soweit dies den in Nr. 1–5 genannten Zwecken zur Bekämpfung von Geldwäsche und Terrorismusfinanzierung dient. Anders als Abs. 2 und 3 normiert § 30 I **keine Pflicht,** sondern das Recht der FB aufgrund eigenen Ermessens oder auf Ersuchen die dem StGeheimnis unterliegenden Daten an andere Behörden zu übermitteln (BT-Drs. 18/11555, 169). 7

Offenbarung der nach § 30 geschützten Daten. Welche Daten der betroffenen Person grds. geschützt sind, bestimmt sich allein nach § 30. Gemäß der Legaldefinition in § 30 II umfassen die geschützten Daten (nunmehr) sowohl personenbezogene Daten iSd § 30 II Nr. 1 wie auch Betriebs- und Geschäftsgeheimnisse iSd § 30 II Nr. 2. § 31b trifft keine von § 30 abweichende Regelung, sondern knüpft unmittelbar daran an. Daher kann für die Frage, welche Daten nach § 30 geschützt sind, auf die Erl. zu § 30 verwiesen werden. 8

Dienlichkeit für die aufgelisteten Zwecke. Ein „Dienen" iSd Vorschrift ist anzunehmen, wenn ein funktionaler Zusammenhang zwischen der Offenbarung und den in Nr. 1–5 genannten Zwecken besteht, dh die Zweckverfolgung durch die Offenbarung erst ermöglicht oder gefördert wird (Gosch AO § 31b Rn. 18.1: Initiierung oder Förderung; auch → § 29c Rn. 33). 10

Kein Akteneinsichtsrecht. § 31b erlaubt nur die Mitteilung der durch das StGeheimnis geschützten Daten. Ein Recht zur Akteneinsicht für die Strafverfolgungsbehörden ist 12 damit nicht verbunden, denn nur so kann die FB gewährleisten, dass nur die Verhältnisse offenbart werden, die der Durchführung eines Strafverfahrens dienen. § 31b erlaubt lediglich eine punktuelle Durchbrechung des StGeheimnisses (TK § 31b Rn. 5).

1. Durchführung eines Strafverfahrens (Nr. 1)

16 Eine Offenbarungsbefugnis besteht nach § 31b I Nr. 1, sofern die Offenbarung der Durchführung eines Strafverfahrens wegen Geldwäsche oder Terrorismusfinanzierung nach § 1 I und II GwG dient.

17 **Zur Durchführung eines Strafverfahrens dienen.** Die vom StGeheimnis geschützten Daten der betroffenen Person dürfen nur weitergegeben werden, wenn dies der Durchführung eines Strafverfahrens dient (zur Dienlichkeit s. bereits → Rn. 10). Die gesetzliche Formulierung macht zwar nicht hinreichend deutlich, ob eine Offenbarungsbefugnis erst besteht, wenn ein Strafverfahren bereits eingeleitet ist bzw. bereits durchgeführt wird. Jedoch dürfte mit Blick auf Nr. 2, der die Mitteilung von Tatsachen im Vorfeld eines Strafverfahrens ausdrücklich regelt, Nr. 1 dahingehend auszulegen sein, dass ein Strafverfahren bereits eingeleitet sein muss, damit die FB nach Nr. 1 zulässigerweise Informationen weitergeben darf.

19 **Geldwäsche.** § 31b I Nr. 1 definiert die Geldwäsche nicht, sondern nimmt über § 1 I GwG Bezug auf § 261 StGB. Nach § 261 I StGB macht sich derjenige strafbar, der einen Gegenstand, der aus einer rechtswidrigen Straftat (wie zB Diebstahl, Unterschlagung, Erpressung, Betrug oder StHinterziehung) herrührt, verbirgt, in der Absicht, dessen Auffinden, dessen Einziehung oder die Ermittlung von dessen Herkunft zu vereiteln, den Gegenstand umtauscht, überträgt oder verbringt, den bemakelten Gegenstand sich oder einem Dritten verschafft oder ihn verwahrt oder für sich oder einen Dritten verwendet, wenn er dessen Herkunft zu dem Zeitpunkt gekannt hat, zu dem er ihn erlangt hat. Ferner liegt Geldwäsche vor, wenn der Täter Tatsachen verheimlicht oder verschleiert, die für das Auffinden, die Einziehung oder die Ermittlung der Herkunft eines solchen Gegenstandes von Bedeutung sein können (§ 261 II StGB).

21 **Terrorismusfinanzierung.** Nach der von § 31b I Nr. 1 in Bezug genommenen Definition in § 1 II GwG handelt es sich bei der Terrorismusfinanzierung neben der Begehung einer entsprechenden Tat nach § 89c StGB um die Bereitstellung oder Sammlung von Vermögensgegenständen mit dem Wissen oder in der Absicht, dass diese Vermögensgegenstände ganz oder teilweise dazu verwendet werden oder verwendet werden sollen, bestimmte Straftaten (insb. §§ 129a, 129b StGB) zu begehen, dazu anzustiften oder dazu Beihilfe zu leisten.

2. Verhinderung, Aufdeckung und Bekämpfung (Nr. 2)

24 Ergänzend zur Nr. 1 erlaubt § 31b I Nr. 2 die Offenbarung für Zwecke der Verhinderung, Aufdeckung und Bekämpfung von Geldwäsche (→ Rn. 19) oder Terrorismusfinanzierung (→ Rn. 21) außerhalb eines (möglichen) Strafverfahrens.

3. Durchführung eines Bußgeldverfahrens (Nr. 3)

27 Die Offenbarungsbefugnis nach § 31b I Nr. 3 soll die Ahndung von Ordnungswidrigkeiten nach § 56 GwG sicherstellen. § 56 GwG (vormals § 17 GwG aF) wurde im Laufe der Zeit mehrfach modifiziert und umfasst mittlerweile in Abs. 1 und 2 insgesamt 81 verschiedene Bußgeldtatbestände. § 31b I Nr. 3 erlaubt die Offenbarung geschützter Daten, wenn sie der Durchführung eines dieser Bußgeldverfahren gegen einen Verpflichteten nach § 2 I Nr. 13–16 GwG dient (zur Dienlichkeit s. bereits → Rn. 10). **Verpflichtete** nach § 2 I Nr. 13–16 GwG sind Dienstleister für Gesellschaften und Treuhandvermögen bzw. Treuhänder (Nr. 13), Immobilienmakler (Nr. 14), Veranstalter und Vermittler von Glücksspielen (Nr. 15) sowie Güterhändler, Kunstvermittler und Kunstlagerhalter (Nr. 16) und damit Berufsgruppen, die von Fällen von Geldwäsche und Terrorismusfinanzierung der Erfahrung nach besonders betroffen sind (TK § 31b Rn. 2a; Schwarz/Pahlke/Keß § 31b Rn. 37).

4. Treffen von Maßnahmen und Anordnungen (Nr. 4)

Die Offenbarungsbefugnis nach § 31b I Nr. 4 soll die jeweilige Aufsichtsbehörde in die Lage versetzen, ihren gesetzlichen Aufsichtspflichten nach § 51 GwG nachzukommen. Insoweit ermöglicht die Nr. 4 die Offenbarung geschützter Daten, wenn sie der Durchführung einer aufsichtsbehördlichen Maßnahme oder Anordnung nach § 51 II GwG gegenüber Verpflichteten nach § 2 I Nr. 13–16 GwG dient (zur Dienlichkeit s. bereits → Rn. 10). Aufsichtsbehördliche Maßnahmen und Anordnungen nach § 51 II GwG sind solche, die die Einhaltung der im GwG festgelegten Anforderungen sicherstellen, wie zB die Aufforderung zur Erteilung von Auskünften oder die Erteilung von Auflagen, die Vorlage von Urkunden oder sonstigen Unterlagen, die Verwarnung oder – als ultima ratio – die Untersagung der beruflichen Betätigung (Gosch AO § 31b Rn. 30.2). Wegen der Beschränkung des Anwendungsbereichs auf Maßnahmen und Anordnungen gegenüber den nach § 2 I Nr. 13–16 GwG Verpflichteten s. auch → Rn. 27. 30

5. Wahrnehmung von Aufgaben nach § 28 Abs. 1 GwG (Nr. 5)

§ 31b I Nr. 5 ermöglicht die Offenbarung an die Zentralstelle für Finanztransaktionsuntersuchungen für Zwecke der Wahrnehmung ihrer Aufgaben, dh für Zwecke der Erhebung und Analyse von Informationen im Zusammenhang mit Geldwäsche und Terrorismusfinanzierung und der Weitergabe dieser Informationen an die zuständigen inländischen öffentlichen Stellen zum Zwecke der Aufklärung, Verhinderung oder Verfolgung solcher Taten (§ 28 I 1 GwG). Zu den einzelnen Aufgaben der Zentralstelle für Finanztransaktionsuntersuchungen (s. § 28 I 1 2 GwG), die im Hinblick auf § 31b I Nr. 5 von Bedeutung sind s. AEAO zu § 31b Nr. 1. 33

III. Mitteilungspflicht an Zentralstelle für Finanztransaktionsuntersuchungen (Abs. 2)

§ 31b II knüpft unmittelbar an die Offenbarungsbefugnisse nach § 31b I Nr. 1 und 2 an und **verpflichtet** die FB (§ 6 II) als Spezialnorm zu § 44 GwG (BT-Drs. 18/11555, 170) Tatsachen, die auf eine Straftat iSd § 261 StGB (§ 31b II 1 Nr. 1) oder auf die Finanzierung von Terrorismus hindeuten (§ 31b II 1 Nr. 2), der Zentralstelle für Finanztransaktionsuntersuchungen mitzuteilen. Die Mitteilungspflicht ist nicht betragsabhängig (§ 31b II 1). Die Mitteilung hat gem. § 31b II 2 grds. durch elektronische Datenübertragung zu erfolgen. Nur im Störungsfall kann die Mitteilung ausnahmsweise auf dem Postweg erfolgen (§ 31b II 3). Bei Übermittlung auf dem Postweg ist gem. § 31b II 4 iVm § 45 III GwG ein amtlicher Vordruck zu verwenden. Die Mitteilung hat **unverzüglich** zu erfolgen, dh ohne schuldhaftes Zögern (vgl. § 121 I 1 BGB; Gosch AO § 31b Rn. 35). Ein Akteneinsichtsrecht der Strafverfolgungsbehörden lässt sich § 31b II nicht entnehmen (→ Rn. 12). Der in § 31b II 4 enthaltene Verweis auf § 45 IV GwG geht seit dem 1.1.2020 fehl, da die in § 45 IV GwG aF vorgesehene Möglichkeit des BMF, die Form der Meldung durch Rechtsverordnung zu bestimmen, durch G v. 12.12.2019 (BGBl. 2019 I 2602) in § 45 V GwG verschoben worden ist. 37

Kein Anfangsverdacht im strafrechtlichen Sinne. Eine Mitteilung wegen einer Straftat iSd § 261 StGB oder im Zusammenhang mit Terrorismusfinanzierung (§§ 89c, 129a, 129b StGB; → Rn. 21) hat nicht erst zu erfolgen, wenn die der FB vorliegenden Tatsachen einen Anfangsverdacht iSd §§ 152 II, 160 I StGB begründen (Marx DStR 2002, 1467; TK § 31b Rn. 3; BeckOK AO § 31b Rn. 76). Vielmehr reicht es aus, dass **Tatsachen vorliegen,** die auf eine Straftat iSd § 261 StGB bzw. im Zusammenhang mit Terrorismusfinanzierung **hindeuten,** um die Mitteilungspflicht der FB zu begründen (kritisch zur Absenkung der Mitteilungsschwelle Gosch AO § 31b Rn. 35; TK § 31b Rn. 3). Der FB steht ein eigener **Beurteilungsspielraum** bezüglich der Frage zu, ob die ihr vorliegenden Tatsachen tatsächlich auf ein Geldwäschedelikt hindeuten (AEAO zu § 31b Nr. 2.2). Die meldepflichtige FB muss nicht abschl. beurteilen, ob alle Voraussetz- 38 zungen einer Straftat iSd § 261 StGB oder im Zusammenhang mit Terrorismusfinanzierung tatsächlich erfüllt sind; insb. muss nicht feststehen, ob zB eine **Vortat iSd § 261 II StGB** vorliegt (AEAO zu § 31b Nr. 2.2). Auch muss die FB nicht prüfen, ob bereits **Strafverfolgungsverjährung** (§§ 78 ff. StGB) eingetreten ist (Gosch AO § 31b Rn. 36).

39 Die Mitteilungsschwelle ist zwar im Vergleich zu der vor dem 29.11.2011 geltenden Fassung weiterhin deutlich abgesenkt. Dennoch geht die im AEAO vertretene Auffassung der FVerw. (AEAO zu § 31b Nr. 2.2), eine Mitteilung habe schon zu erfolgen, wenn aufgrund der bekannten Tatsachen ein krimineller Hintergrund iSd § 261 StGB nicht ausgeschlossen werden könne, zu weit. Die vorliegenden Tatsachen müssen vielmehr so hinreichend konkret sein, dass sie nach allgemeinen Erfahrungen und beruflichem Erfahrungswissen (BT-Drs. 17/6804, 41) den Verdacht auf ein Geldwäschedelikt zulassen; andernfalls würden die ohnehin schon bedenklich weit und ungenau gefassten tatbestandlichen Voraussetzungen der Vorschrift in den Bereich der reinen Spekulation ausgedehnt. Ob die Voraussetzungen vorliegen, kann nur für jeden Einzelfall gesondert geprüft werden.

40 **Keine Aufgabenzuweisung.** Die Meldepflicht nach § 31b II führt nicht dazu, dass der FB nunmehr die Verfolgung von Geldwäschedelikten oder die Bekämpfung der Terrorismusfinanzierung originär obliegen würde. Weiterhin sind allein die Strafverfolgungsbehörden für die Verfolgung und Ahndung dieser Straftaten zuständig. Daher kann es bei der Meldepflicht nur um die Übermittlung von Tatsachen gehen, die der FB im Rahmen des StVerfahrens bekannt geworden sind. Die FB ist dagegen nicht verpflichtet, Ermittlungen mit dem Ziel durchzuführen, Geldwäschedelikte oder Maßnahmen zur Terrorismusfinanzierung aufdecken zu wollen. Insb. dürfen Ap. nicht zu diesem Zweck angeordnet werden (Klein § 31b Rn. 13; zu Einzelheiten → § 194 Rn. 9).

IV. Mitteilung im automatisierten Verfahren nach § 31 V GwG (Abs. 2a)

41 Der durch das G v. 3.6.2021 (BGBl. 2021 I 1534) mit Wirkung zum 1.7.2021 neu eingefügte Abs. 2a knüpft an die bereits zuvor bestehenden Übermittlungsbefugnisse nach § 31b II an. In Umsetzung der Entscheidung des BVerfG 27.5.2020 – 1 BvR 1873/13, 1 BvR 2618/13, BVerfGE 155, 119 sieht § 31b IIa – korrespondierend zur Datenerhebungsbefugnis der Zentralstelle für Finanztransaktionsuntersuchungen nach **§ 31 V 2 GwG** – nunmehr die Möglichkeit vor, Daten zum elektronischen Abruf bereitzustellen. Durch das Zusammenspiel von § 31 V GwG und § 31b IIa soll die Zentralstelle für Finanztransaktionsuntersuchungen für Zwecke ihrer Aufgabenwahrnehmung nach § 28 I 2 Nr. 2 GwG befähigt werden, **bestimmte Grunddaten** automatisch bei den FB abzurufen, da sich manuelle Auskunftsersuchen bei den FB als äußerst zeitaufwändig (Bearbeitungsdauer von vier Wochen) erwiesen haben (BT-Drs. 19/26966, 96 f., 99). Die nach § 31b IIa zulässige Datenübermittlung im automatisierten Verfahren bezieht sich zum einen auf die beim BZSt nach § 5 I Nr. 13 FVG (→ § 16 Rn. 58) vorgehaltenen Daten (§ 31b IIa Nr. 1) und zum anderen auf die bei den LandesFB gespeicherten Grundinformationen, dh StNummer, Gewerbekennzahl, Grund- und Zusatzkennbuchstaben, Bankverbindung, USt-Identifikationsnummer sowie das zuständige FA (§ 31b IIa Nr. 2).

V. Mitteilung im automatisierten Verfahren nach § 31 Va GWG (Abs. 2b)

42 Mit dem durch G v. 3.6.2021 (BGBl. 2021 I 1534) mit Wirkung zum 1.7.2021 neu eingefügten Abs. 2b wurde in Umsetzung der Entscheidung des BVerfG 27.5.2020 – 1 BvR 1873/13, 1 BvR 2618/13, BVerfGE 155, 119 – korrespondierend zur Datenerhebungsbefugnis der Zentralstelle für Finanztransaktionsuntersuchungen nach § 31 Va GwG – die Möglichkeit zur Übermittlung von **elektronischen Grundstücksveräußerungsanzeigen** iSd § 18 GwG durch die LandesFB geschaffen. Soweit von der VO-Ermächtigung des § 22a GrEStG Gebrauch gemacht wurde, dürfen die LandesFB der Zentralstelle für Finanztransaktionsuntersuchungen für Zwecke ihrer Aufgabenwahrnehmung nach

§ 28 I 2 Nr. 2 GwG im automatisierten Verfahren die eingegangenen Datensätze übermitteln. Dabei handelt es sich insb. um Daten über die Belegenheit und die Eigentumsverhältnisse an dem betr. Grundstück, den Kaufpreis und den Zeitpunkt der Veräußerung (Klein § 31b Rn. 15). Der Gesetzgeber sieht vor, dass die Zentralstelle für Finanztransaktionsuntersuchungen die Verantwortung für das Vorliegen der Voraussetzungen für die Datenerhebung trägt (BT-Drs. 19/26966, 100).

VI. Mitteilungspflicht an die zuständige Verwaltungsbehörde (Abs. 3)

Anknüpfend an die Offenbarungsbefugnisse nach § 31b I Nr. 3 und 4 **verpflichtet** 44
§ 31b III die FB, Tatsachen, die auf eine Ordnungswidrigkeit iSd § 56 GwG eines nach § 2 I Nr. 13–16 GwG genannten Verpflichteten schließen lassen (§ 31b III Nr. 1) oder die Voraussetzung für das Treffen von Maßnahmen und Anordnung nach § 51 II GwG gegenüber diesen Verpflichteten sind (§ 31b III Nr. 2), den zuständigen Verwaltungsbehörden **unverzüglich** (s. hierzu bereits → Rn. 37) mitzuteilen.

Für Zwecke des § 31b III **Nr. 1** reicht es aus, dass eine Ordnungswidrigkeit naheliegt. 45
Die Mitteilung entsprechender Tatsachen setzt keinen Anfangsverdacht im strafrechtlichen Sinn voraus (AEAO zu § 31b Nr. 3.1; auch → Rn. 38 f.). Welche Verwaltungsbehörde die zuständige ist, richtet sich nach § 56 V GwG.

Im Hinblick auf die Mitteilungspflicht nach § 31b III **Nr. 2** müssen es die Anhalts- 46
punkte als hinreichend sicher erscheinen lassen, dass aufsichtsrechtliche Maßnahmen geboten sind (AEAO zu § 31b Nr. 3.2). Welche Verwaltungsbehörde die zuständig ist, richtet sich nach § 50 GwG.

VII. Mitteilung an die Koordinierende Stelle iSd GwG (Abs. 3a)

Der durch das JStG 2024 (BGBl. 2024 I Nr. 387) mit Wirkung zum 6.12.2024 neu 48
eingefügte Abs. 3a soll den bundesverfassungsgerichtlichen Anforderungen an das sog. Doppeltürmodell (BVerfG 24.1.2012 – 1 BvR 1299/05, BVerfGE 130, 151) Rechnung tragen (BT-Drs. 20/12780, 158). § 31b IIIa stellt insoweit das Pendant zum ebenfalls mit Wirkung zum 6.12.2024 neu eingefügten § 55 IIIb GwG dar. Während § 55 GwG in Abs. 3b die sog. Koordinierenden Stellen der Länder befugt, von den zuständigen FB die Mitteilung von Namen und Anschriften zu den durch die Aufsichtsbehörden des Landes nach § 50 Nr. 9 GwG zu beaufsichtigenden Verpflichteten iSd § 2 I Nr. 13, 14 oder 16 GwG, geordnet nach Wirtschaftszweigen und Betriebsgrößenklassen, zu verlangen, enthält § 31b IIIa in Satz 1 die korrespondierende **Verpflichtung der FB,** den Koordinierenden Stellen der Länder die entsprechenden Namen und Anschriften der bei ihnen geführten Verpflichteten iSd § 2 I Nr. 13, 14 oder 16 GwG geordnet nach Wirtschaftszweigen und Betriebsgrößenklassen zu übermitteln. Voraussetzung hierfür ist ein **Ersuchen** der Koordinierenden Stellen, wobei § 31b IIIa 2 ausdrücklich Sammelersuchen für zulässig erklärt. § 31b IIIa 3 stellt darüber hinaus klar, dass die Koordinierenden Stellen der Länder berechtigt sind, die übermittelten Daten an die zuständige Aufsichtsbehörde nach § 50 Nr. 9 GwG weiterzuleiten. Die Weiterleitung der Daten ist dabei jedoch sachlich auf das zur Aufgabenerfüllung nach dem GwG Notwendige beschränkt. Eine abweichende und darüber hinausgehende Informationsweitergabe deckt § 31b IIIa 3 nicht (TK § 31b Rn. 4c). Wer **Koordinierende Stelle der Länder** ist und welche Aufgaben sie hat, soll sich aus dem in § 31b IIIa in Bezug genommenen § 50c GwG ergeben, wobei dieser noch nicht in Kraft getreten ist, sondern erst durch das bislang noch nicht verabschiedete G zur Verbesserung der Bekämpfung von Finanzkriminalität (Entwurf BT-Drs. 20/9648) neu ins GwG aufgenommen werden soll. Die Mitteilungspflicht nach § 31b IIIa läuft daher derzeit ins Leere. Bei den in § 31b IIIa angesprochenen Stpfl. iSd § 2 I GwG handelt es sich um Dienstleister für Gesellschaften und Treuhandvermögen bzw. Treuhänder (Nr. 13), Immobilienmakler (Nr. 14) sowie Güterhändler, Kunstvermittler und Kunstlagerhalter (Nr. 16).

VIII. Verbot der Informationsweitergabe (Abs. 4)

50 § 31b stellt durch den Verweis auf § 47 III GwG klar, dass die FB, wenn sie Kenntnis von einer Meldung nach § 43 I GwG (Geldwäsche-Verdachtsmeldungen) erlangt, diese Information insb. nicht an den betroffenen Stpfl. und seine Vertreter weitergeben darf (BT-Drs. 18/11555, 170). Eine Weitergabe dieser Informationen ist nach § 47 III 2 GwG nur zulässig, wenn die Zentralstelle für Finanztransaktionsuntersuchungen vorher ihr Einverständnis erklärt hat und durch die Weitergabe dieser Informationen der ursprüngliche Zweck der Verdachtsmeldung nicht verändert wird.

51 Ungeachtet des Verbots der Informationsweitergabe dürfen Mitteilungen und Aufzeichnungen gem. § 32 VI GwG für Besteuerungsverfahren und Strafverfahren wegen StStraftaten verwendet werden (AEAO zu § 31b Nr. 4.3).

§ 31c Verarbeitung besonderer Kategorien personenbezogener Daten durch Finanzbehörden zu statistischen Zwecken

(1) [1]**Abweichend von Artikel 9 Absatz 1 der Verordnung (EU) 2016/679 ist die Verarbeitung besonderer Kategorien personenbezogener Daten im Sinne des Artikels 9 Absatz 1 der Verordnung (EU) 2016/679 durch Finanzbehörden auch ohne Einwilligung der betroffenen Person für statistische Zwecke zulässig, wenn die Verarbeitung zu diesen Zwecken erforderlich ist und die Interessen des Verantwortlichen an der Verarbeitung die Interessen der betroffenen Person an einem Ausschluss der Verarbeitung erheblich überwiegen.** [2]**Der Verantwortliche sieht angemessene und spezifische Maßnahmen zur Wahrung der Interessen der betroffenen Person vor; § 22 Absatz 2 Satz 2 des Bundesdatenschutzgesetzes gilt entsprechend.**

(2) **Die in den Artikeln 15, 16, 18 und 21 der Verordnung (EU) 2016/679 vorgesehenen Rechte der betroffenen Person sind insoweit beschränkt, als diese Rechte voraussichtlich die Verwirklichung der Statistikzwecke unmöglich machen oder ernsthaft *beinträchtigen* und die Beschränkung für die Erfüllung der Statistikzwecke notwendig ist.**

(3) [1]**Ergänzend zu den in § 22 Absatz 2 Satz 2 des Bundesdatenschutzgesetzes genannten Maßnahmen sind zu statistischen Zwecken verarbeitete besondere Kategorien personenbezogener Daten im Sinne des Artikels 9 Absatz 1 der Verordnung (EU) 2016/679 zu pseudonymisieren oder anonymisieren, sobald dies nach dem Statistikzweck möglich ist, es sei denn, berechtigte Interessen der betroffenen Person stehen dem entgegen.** [2]**Bis dahin sind die Merkmale gesondert zu speichern, mit denen Einzelangaben über persönliche oder sachliche Verhältnisse einer bestimmten oder bestimmbaren Person zugeordnet werden können.** [3]**Sie dürfen mit den Einzelangaben nur zusammengeführt werden, soweit der Statistikzweck dies erfordert.**

Vergleichbare Vorschriften: § 27 BDSG

Übersicht

I. Allgemeines

1. Inhalt und Bedeutung der Vorschrift

§ 31c wurde mit G v. 17.7.2017 (BGBl. 2017 I 2541) neu eingefügt und trat am 25.5.2018 in Kraft. Die Vorschrift dient – ebenso wie §§ 29b f. und die Vorschriften des Sechsten und Siebten Anschnitts (§§ 32a ff.) – der Umsetzung und Ergänzung der seit dem 25.5.2018 geltenden DS-GVO (→ § 29b Rn. 1). 1

§ 31c, der weitgehend der Regelung in § 27 BDSG entspricht, normiert in **Abs. 1** auf Basis der Öffnungsklausel des Art. 9 II Buchst. j DS-GVO (zu den unionsrechtlichen Grundlagen s. bereits → § 29b Rn. 15 f., 48 f.) eine nationale Rechtsgrundlage für die Verarbeitung besonderer Kategorien personenbezogener Daten zu statistischen Zwecken (BT-Drs. 18/12611, 83 f.). **Abs. 2** schränkt unter Ausnutzung der Öffnungsklausel des Art. 89 II DS-GVO die sich aus Art. 15, 16, 18 und 21 DS-GVO ergebenden Betroffenenrechte ein. Über § 22 I 2 BDSG hinausgehend regelt **Abs. 3** ergänzende Schutzmaßnahmen für die zu statistischen Zwecken verarbeiteten Daten. 2

Als **speziellere Rechtsgrundlage** für die Verarbeitung besonderer Kategorien personenbezogener Daten zu statistischen Zwecken geht § 31c den in §§ 29b II und 29c II geschaffenen nationalen Rechtsgrundlagen für die (Weiter-)Verarbeitung besonderer Kategorien personenbezogener Daten vor. 3

Wegen der generellen **Kritik** an den im Zusammenhang mit der DS-GVO eingefügten Vorschriften s. bereits → § 29b Rn. 4. 4

2. Anwendungsbereich

In **zeitlicher Hinsicht** erstreckt sich der mit Wirkung zum 25.5.2018 in Kraft getretene § 31c auf alle zu diesem Zeitpunkt offenen Fälle. 6

Der **personelle Anwendungsbereich** des § 31c erfasst ebenso wie §§ 29b f. – abw. vom Abwendungsbereich der DS-GVO (→ § 29b Rn. 9) – (sowohl lebende als auch verstorbene) natürliche Personen, Körperschaften und Personenvereinigungen sowie Vermögensmassen, auch wenn diese nicht rechtsfähig sind (§ 2a V). 7

Der **sachliche Anwendungsbereich** des § 31c erfasst nur die Verarbeitung besonderer Kategorien personenbezogener Daten zu statistischen Zwecken im Zusammenhang mit der Verwaltung bundesgesetzlich geregelter Steuern und der Überwachung des grenzüberschreitenden Warenverkehrs (§ 2a II). Für den Bereich des StStrafverfahrens gilt § 31c nicht, da für diesen Bereich gem. § 2a IV die Vorschriften des Ersten und Dritten Teils des BDSG Anwendung finden. 9

II. Verarbeitung für statistische Zwecke (Abs. 1)

§ 31c I 1 erlaubt die Verarbeitung besonderer Kategorien personenbezogener Daten durch die FB auch ohne Einwilligung der betroffenen Person für statistische Zwecke. § 31c I 2 verlangt jedoch, dass angemessene und spezifische Maßnahmen zur Wahrung der Interessen der betroffenen Person ergriffen werden. 13

1. Besondere Kategorien personenbezogener Daten

§ 31c I gilt ausschließlich für die Verarbeitung besonderer Kategorien personenbezogener Daten iSv Art. 9 DS-GVO (sog. sensible Daten; vgl. Erwägungsgrund zu Art. 10 S. 5 15

DS-GVO), wie zB Daten zu der rassischen und ethnischen Herkunft, zur religiösen oder weltanschaulichen Überzeugung etc. Der in **Art. 9 I DS-GVO** enthaltenen Legaldefinition liegt ein weites Begriffsverständnis zugrunde. Wegen der Einzelheiten zum Begriff der „besonderen Kategorien personenbezogener Daten" → § 29b Rn. 53.

16 Die Verarbeitung von nicht unter Art. 9 DS-GVO fallenden personenbezogenen Daten richtet sich entweder unmittelbar nach der DS-GVO (insb. Art. 6 I DS-GVO) oder nach im Einklang mit der Verordnung erlassenen Rechtsgrundlagen des Unions- oder nationalen Gesetzgebers, wie zB die Offenbarungsbefugnis für die Erstellung von Statistiken nach § 30 IV Nr. 2b (BT-Drs. 18/12611, 84).

2. Verarbeitung für statistische Zwecke

19 Ebenso wie § 29b unterscheidet § 31c I nicht zwischen den Phasen der Erhebung, Speicherung, Veränderung und Nutzung von Daten, sondern verwendet – der Regelung des **Art. 4 Nr. 2 DS-GVO** folgend – allgemein den umfassenden Begriff der Verarbeitung, der jeden mit oder ohne Hilfe automatisierter Verfahren ausgeführten Vorgang oder jede solcher Vorgangsreihen im Zusammenhang mit personenbezogenen Daten erfasst. Wegen der Einzelheiten zum Begriff der Verarbeitung iSd Art. 4 Nr. 2 DS-GVO → § 29b Rn. 25 f.

20 § 31c erfasst nur die Verarbeitung für statistische Zwecke. Für andere Zwecke, wie zB wissenschaftliche oder historische Forschungszwecke, ist die Verarbeitung sensibler Daten nicht nach § 31c zulässig (BT-Drs. 18/12611, 84).

3. Durch Finanzbehörden

23 FB iSd § 31c sind nur die in § 6 II aufgeführten **Bundes- und LandesFB** sowie gem. § 1 II Nr. 1 **Gemeinden,** soweit diese mit der Verwaltung von RealSt betraut wurden. Wegen weiterer Einzelheiten zum Tatbestandsmerkmal „durch FB" → § 29b Rn. 30. Für andere öffentliche Stellen iSd § 6 Ia bis Ic sowie nicht-öffentliche Stellen iSd § 6 Id und Ie gilt § 31c nicht (aA Gosch AO § 31c Rn. 5 unter Hinweis auf § 2a I).

4. Erforderlichkeit

26 Voraussetzung für die Rechtmäßigkeit der Datenverarbeitung ist, dass diese erforderlich ist. Die Datenverarbeitung muss insoweit dem konkreten statistischen Zweck dienen, wobei es **keine sinnvolle oder zumutbare Alternative** geben darf (hierzu bereits → § 29b Rn. 42).

5. Erhebliches Überwiegen der Verarbeitungsinteressen

29 Das Erfordernis eines erheblichen Überwiegens der Interessen der Verantwortlichen (Art. 4 Nr. 7 DS-GVO) an der Verarbeitung gegenüber den Interessen der betroffenen Person an einem Ausschluss der Verarbeitung ihrer Daten stellt eine Verschärfung im Vergleich zu den von Art. 9 II Buchst. j DS-GVO grundsätzlich aufgestellten Anforderungen dar (Klein § 31c Rn. 2). Angesichts der allgemeinen Bedeutung von StStatistiken (als Grundlage der politischen und ökonomischen Wirtschaftsbeobachtung und Politikgestaltung, der Gesetzesfolgenabschätzung, von Haushaltsplanungen etc.) und der idR fehlenden Belastung der betroffenen Person durch die Verarbeitung der Daten zu statistischen Zwecken bei Einhaltung sämtlicher Schutzmechanismen ist ein erhebliches Überwiegen der Interessen der Allgemeinheit an der Verarbeitung prinzipiell anzunehmen (ebenso HHSp § 31c Rn. 34; Schwarz/Pahlke/Keß § 31c Rn. 27; TK § 31c Rn. 7).

6. Maßnahmen zur Wahrung der Interessen der betroffenen Person (Satz 2)

33 Die Verpflichtung in § 31c I 2, unter Verweis auf den Maßnahmenkatalog des § 22 II 2 BDSG angemessene und spezifische Maßnahmen zur Wahrung der Interessen der betroffenen Person zu ergreifen, entspricht der Regelung des § 29b II 2, weshalb auf die dortigen Ausführungen verwiesen wird, → § 29b Rn. 73.

III. Beschränkung der Rechte aus der DS-GVO (Abs. 2)

§ 31c II entspricht der Regelung in § 27 II 1 BDSG und schränkt unter Ausnutzung der Öffnungsklausel des **Art. 89 II DS-GVO** bestimmte Rechte der betroffenen Person nach der DS-GVO ein. Dies betrifft das Auskunftsrecht der betroffenen Person nach Art. 15 DS-GVO, das Recht der betroffenen Person auf Berichtigung sie betreffender unrichtiger personenbezogener Daten nach Art. 16 DS-GVO, das Recht der betroffenen Person auf Einschränkung der Verarbeitung nach Art. 18 DS-GVO und das Widerspruchsrecht nach Art. 21 DS-GVO. Die Einschränkung der Betroffenenrechte in Abs. 2 gilt für alle Kategorien personenbezogener Daten (BT-Drs. 18/12611, 84). 37

Die Beschränkung der Rechte aus Art. 15, 16, 18 und 21 DS-GVO greift gem. § 31c II nur insoweit ein, als die Wahrnehmung dieser Rechte die Verwirklichung des Statistikzwecks voraussichtlich unmöglich macht oder ernsthaft beeinträchtigen würde. Die Beschränkung ist allerdings nur in dem Umfang zulässig, wie sie für die Erfüllung des jeweiligen Statistikzwecks notwendig ist. Erforderlich ist insoweit eine **Prognoseentscheidung** („voraussichtlich"), wobei ein umso strengerer Maßstab anzulegen ist, je sensibler die betroffenen Daten sind, dh je mehr sie den Kernbereich der persönlichen Lebensgestaltung betreffen (Gosch AO § 31c Rn. 24; Schwarz/Pahlke/Keß § 31c Rn. 33 f.). 38

IV. Ergänzende Maßnahmen (Abs. 3)

Ergänzend zu den bereits nach § 22 II 2 BDSG erforderlichen Maßnahmen (→ Rn. 33 und → § 29b Rn. 73) sollen zu statistischen Zwecken verarbeitete sensible Daten iSd Art. 9 I DS-GVO nach § 31c III 1 pseudonymisiert oder sogar anonymisiert werden, sobald dies nach dem Statistikzweck möglich ist. Diese Pflicht zur Pseudonymisierung oder Anonymisierung besteht nur dann nicht, wenn berechtigte Interessen der betroffenen Person dem entgegenstehen (§ 31c III 1 aE). 42

Mit der Möglichkeit der **Pseudonymisierung,** dh der Verarbeitung personenbezogener Daten, in der Weise, dass die Daten ohne Hinzuziehung zusätzlicher Informationen nicht mehr einer spezifischen betroffenen Person zugeordnet werden können (Art. 4 Nr. 5 DS-GVO), geht § 31c III über die Regelung der Parallelvorschrift in § 27 III BDSG hinaus, die lediglich die Anonymisierung zulässt (Schwarz/Pahlke/Keß § 31c Rn. 38). Während die Pseudonymisierung reversibel ist, bedeutet die **Anonymisierung** von personenbezogenen Daten, dass der Personenbezug irreversibel aufgehoben wird, mit der Folge, dass die Daten überhaupt nicht mehr einer Person zugeordnet werden können (vgl. Gosch AO § 31c Rn. 26; TK § 31c Rn. 15). 43

Zur Risikominderung und damit Erschwerung der Zuordnung der Daten zu einer betroffenen Person (Plath BDSG § 27 Rn. 18 zur Parallelvorschrift in § 27 III BDSG) sind bis zur Pseudonymisierung oder Anonymisierung die Merkmale gesondert zu speichern, mit denen Einzelangaben über persönliche oder sachliche Verhältnisse einer bestimmten oder bestimmbaren Person zugeordnet werden können (§ 31c III 2). Zusammengeführt werden dürfen die Einzelangaben nur, soweit der Statistikzweck dies erfordert (§ 31c III 3). 44

V. Rechtsfolgen bei Verstoß

Verarbeitet die FB sensible Daten der betroffenen Person, ohne dass die Voraussetzungen des § 31c vorliegen, kann die Verarbeitung dennoch zulässig sein, sofern die Voraussetzungen des § 29b II oder § 29c II vorliegen. 48

Zu den bei **rechtswidriger** Verarbeitung personenbezogener Daten bestehenden Rechten der betroffenen Person und Rechtsschutzmöglichkeiten → § 29b Rn. 78 f. 49

Fünfter Abschnitt. Haftungsbeschränkung für Amtsträger

§ 32 Haftungsbeschränkung für Amtsträger

Wird infolge der Amts- oder Dienstpflichtverletzung eines Amtsträgers

1. eine Steuer oder eine steuerliche Nebenleistung nicht, zu niedrig oder zu spät festgesetzt, erhoben oder beigetrieben oder

2. eine Steuererstattung oder Steuervergütung zu Unrecht gewährt oder

3. eine Besteuerungsgrundlage oder eine Steuerbeteiligung nicht, zu niedrig oder zu spät festgesetzt,

so kann er nur in Anspruch genommen werden, wenn die Amts- oder Dienstpflichtverletzung mit einer Strafe bedroht ist.

Vergleichbare Vorschrift: § 839 II 1 BGB (eingeschränkt vergleichbar)

Schrifttum: Hermes, Schadensersatz bei der Amtspflichtverletzung durch den Finanzbeamten, DStZ 1996, 9; Nacke, Amtshaftung bei fehlerhaftem Verhalten von Finanzbeamten, DStZ 1996, 20; v. Komorowski, Gemeindliche Amtshaftungsansprüche gegen das Land bei Fehlern der Finanzämter im Gewerbe- und Grundsteuerverfahren, DÖV 2002, 67.

I. Allgemeines

1. Inhalt und Bedeutung der Vorschrift

1 § 32 enthält ein Haftungsprivileg für Bedienstete der FVerw. **im Verhältnis zur Anstellungskörperschaft** mit der Folge des weitgehenden Haftungsausschlusses. Die Vorschrift ist keine selbständige Haftungsgrundlage, sondern schränkt die sich aus anderen Vorschriften ergebende Haftung des Amtsträgers bei der Bearbeitung von StSachen ein (AEAO zu § 32). Sie bezieht sich allein auf die dienstrechtliche Haftung des Amtsträgers für Schäden, die der Anstellungskörperschaft durch sein Handeln entstanden sind. Die Haftungsbeschränkung ist durch die Erwägung veranlasst, dass die Tätigkeit der FB in StSachen in besonderem Maße in die Verhältnisse der Bürger eingreift. Das Verhältnis zwischen FVerw. und Bürger ist deshalb Belastungen ausgesetzt, die dadurch gemindert werden, dass die Bediensteten entscheidungsfreudig und auch zugunsten des Stpfl. frei sind von einer engherzigen fiskalischen Einstellung; die Haftungsbeschränkung trägt zur Verbesserung des Klimas bei (BT-Drs. VI/1982, 110). In Anbetracht der Kompliziertheit des StRechts dürfte das Haftungsprivileg aber auch mit der Fürsorgepflicht der Anstellungskörperschaft seinen Bediensteten gegenüber zu begründen sein.

2. Sachlicher Anwendungsbereich

4 Die Vorschrift gilt für das **gesamte Besteuerungsverfahren** im Anwendungsbereich der AO, also insb. für das StFestsetzungs-, StErhebungs- und das VollstrVerfahren. Sie gilt entspr. für das Haftungsverfahren, denn der Haftungsanspruch steht gem. § 37 I dem StAnspruch gleich (hM; BeckOK AO § 32 Rn. 22; Schwarz/Pahlke/Keß § 32 Rn. 3, 14, 17; TK § 32 Rn. 8). Für RealSt, soweit deren Verwaltung den Gemeinden übertragen worden ist, ist § 32 nur anwendbar, wenn die KommunalabgabenG auf die Vorschrift verweisen (§ 1 II Nr. 1; Gosch AO § 32 Rn. 11). Die Vorschrift beschränkt die auf anderen Rechtsgrundlagen beruhende Haftung des Amtsträgers im **Innenverhältnis,** also im Verhältnis zur Anstellungskörperschaft, auf besonders gravierende Fälle der Pflichtverletzung; im Übrigen schließt sie die Haftung aus. Nach dem Wortlaut der Vorschrift ist nicht eindeutig, ob das Haftungsprivileg nur bei unmittelbarer Schädigung der Anstellungskörperschaft durch den Bediensteten eingreift oder auch bei Rückgriff nach einer Amtspflichtverletzung (→ Rn. 9). **Nicht anwendbar** ist § 32 bei Haftung des Amtsträgers oder der Anstellungskörperschaft gegenüber dem Stpfl. Diese Haftung im Außenverhältnis ist in

§ 839 BGB iVm Art. 34 GG geregelt (→ Rn. 7). Auch betrifft die Vorschrift nicht die Haftung der Anstellungskörperschaft als steuerverwaltende Körperschaft oder gar des Amtsträgers gegenüber der steuerberechtigten Körperschaft. Art. 104a V GG bestimmt die Haftung der BundesFB und LandesFB für eine ordnungsmäßige Verwaltung im Verhältnis zueinander und überlässt die Regelungen im Einzelnen einem – bislang nicht erlassenen – Gesetz (BT-Drs. VI/1982, 110). So haftet die LandesFVerw. mangels Rechtsgrundlage zB nicht der Gemeinde gegenüber für einen zu niedrig festgesetzten GewMB, der bei dieser wegen der Bindungswirkung des Messbetrags zu einer zu niedrig festzusetzenden Steuer führt (HHSp § 32 Rn. 32; v. Komorowski DÖV 2002, 67).

3. Grundzüge der Haftung

Haftung im Außenverhältnis. Der Bedienstete hat bei Vorliegen näher bestimmter Voraussetzungen für Verletzungen der dem Bürger gegenüber bestehenden Amtspflichten (→ Rn. 12) einzustehen. Begeht der Amtsträger dem Stpfl. gegenüber vorsätzlich oder fahrlässig eine **Amtspflichtverletzung** und entsteht diesem daraus ein nicht anders (insb. durch Rechtsbehelf) abzuwendender Schaden, so hätte er gem. § 839 I 1 BGB – bei Vorliegen weiterer Voraussetzungen – diesem den Schaden zu ersetzen. Als Amtspflichtverletzung kommt zB die fehlerhafte Bearbeitung einer StSache in Betracht, die zu einer überhöhten Steuer führt und einen Zinsverlust beim Stpfl. nach sich zieht (Einzelheiten Hermes DStZ 1996, 9; Nacke DStZ 1996, 20). Allerdings trifft die Verantwortlichkeit gem. Art. 34 S. 1 GG die Anstellungskörperschaft; sie haftet also dem Stpfl. gegenüber anstelle des Amtsträgers. 7

Haftung im Innenverhältnis. Die Haftung des Amtsträgers im Innenverhältnis gegenüber seiner Anstellungskörperschaft kann durch mittelbare oder unmittelbare Schädigung der Anstellungskörperschaft ausgelöst werden. Begeht der Amtsträger dem Bürger gegenüber eine Amtspflichtverletzung vorsätzlich oder grob fahrlässig und hat die Anstellungskörperschaft den Schaden zu ersetzen **(mittelbare Schädigung),** kann diese gem. Art. 34 S. 2 GG bei dem Amtsträger **Rückgriff** nehmen. Diese – dienstrechtliche – Rückgriffsmöglichkeit ist im Beamtenrecht geregelt. So haben die Beamten des Bundes und der Länder nach § 75 BBG bzw. § 48 BeamtStG bei vorsätzlicher oder grob fahrlässiger Pflichtverletzung dem Dienstherrn den entstandenen Schaden zu ersetzen. Begeht der Beamte dem Dienstherrn gegenüber eine **Pflichtverletzung** und tritt dadurch eine Schädigung ein **(unmittelbare Schädigung),** etwa durch eine zu niedrig festgesetzte Steuer, so haftet er nach denselben dienstrechtlichen Vorschriften. Für angestellte Bedienstete ergibt sich der Rückgriff bzw. die Haftung aus arbeitsrechtlichen Regelungen (zB § 611 BGB) iVm mit dem Arbeitsvertrag. 8

Haftungsprivileg. § 32 begrenzt die Haftung des Amtsträgers im Innenverhältnis, indem dieser bei den in § 32 genannten Verletzungstatbeständen nur dann haftet, wenn die Amts- oder Dienstpflichtverletzung mit Strafe bedroht ist. Dem Wortlaut nach gilt das Haftungsprivileg nur für Fälle der unmittelbaren Schädigung der Anstellungskörperschaft. Dies folgt aus den in § 32 aufgeführten Verletzungstatbeständen, die jeweils eine Beeinträchtigung des StAufkommens voraussetzen. Eine Schadensersatzleistung, die die Anstellungskörperschaft an den Stpfl. oder einen Dritten infolge einer Amtspflichtverletzung des Amtsträgers leisten muss und die zu einer mittelbaren Schädigung führt, wäre nicht vom Wortlaut des § 32 erfasst. **In Rückgriffsfällen ist § 32 analog anzuwenden** (BeckOK AO § 32 Rn. 33; TK § 32 Rn. 1; aA Gosch AO § 32 Rn. 9; HHSp § 32 Rn. 7 ff.; Klein § 32 Rn. 10; Schwarz/Pahlke/Keß § 32 Rn. 19). Ersichtlich soll der Bedienstete bei Pflichtverletzungen im Bereich der StVerwaltung von der Inanspruchnahme für Schäden weitgehend verschont bleiben. Es sind keine Gründe dafür ersichtlich, den Bediensteten nicht auch vor einem Rückgriff der Anstellungskörperschaft zu schützen. Weder für den Bediensteten noch für die Anstellungskörperschaft macht es einen Unterschied, ob die Pflichtverletzung zu einem unmittelbaren oder einem lediglich mittelbaren Schaden bei der Körperschaft führt. Die Gesetzesbegründung, durch das Haftungsprivileg solle der 9

Bedienstete entscheidungsfreudig sein und frei von einer engherzigen fiskalischen Einstellung, kann auch für die Haftungsbeschränkung bei Amtspflichtverletzung durch Festsetzung zu hoher Steuer herangezogen werden. Das Haftungsprivileg erfasst die **gesamte Tätigkeit** des Amtsträgers im Bereich der StVerwaltung (aA Schwarz/Pahlke/Keß § 32 Rn. 20: analoge Anwendung des § 32 nur für den Kernbereich der StVerwaltung). Damit genießen die mit der StVerwaltung befassten Amtsträger ein ähnliches Privileg, wie es durch § 839 II 1 BGB Richtern im Rahmen ihrer Rechtsprechungstätigkeit eingeräumt ist.

II. Voraussetzungen der Haftungsbeschränkung

1. Verletzung der Amts- oder Dienstpflicht

12 § 32 knüpft an eine schuldhaft begangene Amts- oder Dienstpflichtverletzung an. Eine **Amtspflicht** besteht gegenüber Dritten, also insb. gegenüber Stpfl. Eine **Dienstpflicht** besteht gegenüber dem Dienstherrn. Die einzelnen Amts- und Dienstpflichten ergeben sich aus den allg. Grundsätzen des öffentlichen Dienstrechts, aus den Beamtengesetzen, insb. dem Beamtenstatusgesetz, sowie aus Dienstanweisungen. Für nichtbeamtete Bedienstete folgen die Pflichten aus den arbeitsrechtlichen Regelungen. Zu den Amts- und Dienstpflichten gehören vor allem die richtige Anwendung von Gesetzen und Dienstanweisungen, insb. von StGesetzen, die Wahrung des StGeheimnisses, die Beratungs- und Auskunftspflicht und die fehlerfreie Ausübung des Ermessens (Einzelheiten Hermes DStZ 1996, 9; Nacke DStZ 1996, 20).

2. Amtsträger

13 Amtsträger sind die in § 7 genannten Personen, also insb. die mit der StVerwaltung betrauten Beamten und Angestellten. § 32 gilt für jeden und nicht nur für die konkret mit der StSache befassten Amtsträger. Es kommt nicht darauf an, ob der Amtsträger überhaupt, ausschließlich oder schwerpunktmäßig mit den Aufgaben der Abgabenverwaltung betraut ist (VG Arnsberg 14.12.2016 – 2 K 2373/13, BeckRS 2016, 115653; OVG Bautzen 14.5.2001 – 2 BS 133/00, SächsVBl. 2001, 246). Daher kann auch ein Bürgermeister das Haftungsprivileg in Anspruch nehmen (VG Arnsberg 14.12.2016 – 2 K 2373/13, BeckRS 2016, 115653; VG Magdeburg 10.7.2007 – 5 A 442/05, BeckRS 2008, 34147; OVG Bautzen 14.5.2001 – 2 BS 133/00, SächsVBl. 2001, 246), ebenso wie ein Amtsträger, der versehentlich eine „fremde" StAkte oder für die Besteuerung wichtige Unterlagen an sich nimmt und sie für lange Zeit unauffindbar verlegt (HHSp § 32 Rn. 15). Fraglich ist, ob auch die für die Verletzung des StGeheimnisses gem. § 30 III den Amtsträgern gleichgestellten Personen das Haftungsprivileg in Anspruch nehmen können. Dies wird mit der Begründung bejaht, es gebe keinen vernünftigen Grund, die gleichgestellten Personen bei der Haftungsbeschränkung anders zu behandeln (Gosch AO § 32 Rn. 4; TK § 32 Rn. 3). Dagegen wird argumentiert, die gleichgestellten Personen bedürften wegen der typischerweise bei ihnen nicht gegebenen Entscheidungsnot nicht des Privilegs (BeckOK AO § 32 Rn. 44; Klein § 32 Rn. 14; im Ergebnis ebenso HHSp § 32 Rn. 14; Schwarz/Pahlke/Keß § 32 Rn. 6). Der Streit dürfte letztlich kaum praktische Bedeutung haben, weil die StVerwaltung, in deren Rahmen es zu den in § 32 aufgeführten Verletzungstatbeständen kommen kann, in aller Regel von Amtsträgern wahrgenommen wird, also von solchen Personen, die in einem öffentlich-rechtlichen Amtsverhältnis zu der Anstellungskörperschaft stehen.

3. Verletzungstatbestände

14 § 32 nennt die wichtigsten Fälle der Beeinträchtigung des StAufkommens durch fehlerhafte Bearbeitung der StSache. **§ 32 Nr. 1** erfasst auch die Beeinträchtigung durch Stundung, Erlass oder abweichende Festsetzung der Steuer aus Billigkeitsgründen, obwohl die Voraussetzungen dafür nicht vorlagen. „Zu spät" ist eine Steuer oder eine Nebenleistung festgesetzt, erhoben oder beigetrieben, wenn sie keine StZahlung mehr nach sich ziehen

kann, dh wenn zB Festsetzungsverjährung eingetreten ist oder wenn wegen schlechter wirtschaftlicher Situation des Stpfl. die Festsetzung oder Beitreibung zunächst unterbleibt und nach Eintritt des Vermögensverfalls die Steuer nicht mehr gezahlt wird oder nicht mehr beigetrieben werden kann. Maßgebend sind die Umstände des Einzelfalls. Ob eine Steuer zu niedrig festgesetzt ist, richtet sich nach der materiellen und verfahrensmäßigen Rechtslage. Bestätigt das FG eine StFestsetzung, die materiellrechtlich zu niedrig ist, so schließt dies die Annahme einer zu niedrigen Festsetzung iSd § 32 Nr. 1 durch das FA nicht aus, denn das Gericht ist aus prozessualen Gründen gehindert, eine höhere als die im StBescheid festgesetzte Steuer festzusetzen (Verböserungsverbot nach § 96 I 2 FGO; HHSp § 32 Rn. 25). Für **§ 32 Nr. 2, 3** gilt dies entspr., denn auch in diesen Fällen geht es darum, dass das StAufkommen durch eine materiellrechtliche unrichtige Entscheidung beeinträchtigt ist.

4. Kausalität

Die Beeinträchtigung des StAufkommens muss durch die Amts- oder Dienstpflichtverletzung verursacht sein („infolge“). Die Pflichtverletzung muss zumindest mitursächlich für die genannten Geschehensabläufe sein. Sie kann auch bei vorbereitenden Maßnahmen erfolgen, etwa durch Verlegung der StAkten, die eine rechtzeitige StFestsetzung hindert, oder durch fehlerhafte Ermittlungshandlungen (BeckOK AO § 32 Rn. 97; TK § 32 Rn. 9). 15

III. Rechtsfolge

Bei Vorliegen der Voraussetzungen des Haftungsprivilegs kann der Amtsträger von der Anstellungskörperschaft für den Schaden nur in Anspruch genommen werden, wenn die Pflichtverletzung mit einer Strafe bedroht ist, ansonsten ist die Haftung ausgeschlossen. Strafen sind nur Kriminalstrafen. Als Straftaten kommen insb. in Betracht: StHinterziehung zugunsten des Stpfl. (§ 370), StHehlerei (§ 374), Unterschlagung (§ 245 StGB), Untreue (§ 266 StGB), Vorteilsannahme (§ 331 StGB), Bestechlichkeit (§ 332 StGB), Rechtsbeugung (§ 339 StGB), Falschbeurkundung im Amt (§ 348 StGB), Urkundenunterdrückung (§ 274 StGB), Abgabenüberhöhung und Leistungskürzung (§ 353 StGB), Verleitung eines Untergebenen zu einer Straftat (§ 357 StGB). § 32 setzt keine Verurteilung voraus. Mit der Anknüpfung an die Strafbewehrtheit soll der Schweregrad der Pflichtverletzung umrissen werden. Daher ist es unerheblich, ob bei Anklageerhebung zB die Schuldunfähigkeit des Amtsträgers oder die Strafverfolgungsverjährung einer Verurteilung entgegenstehen könnte (Gosch AO § 32 Rn. 21; Schwarz/Pahlke/Keß § 32 Rn. 21; TK § 32 Rn. 12). **Keine bei § 32 vorausgesetzten Straftaten** sind Ordnungswidrigkeiten; das Gleiche gilt für Disziplinarmaßnahmen (AEAO zu § 32). Wird der Amtsträger verurteilt, kann ohne Weiteres von „mit Strafe bedroht“ ausgegangen werden. Ansonsten ist das Verschulden bei Vornahme der Pflichtwidrigkeit sorgfältig zu prüfen (vgl. Klein § 32 Rn. 23 mwN). Liegen die Voraussetzungen vor und greift das Haftungsprivileg nicht ein, hat der Bedienstete den der Anstellungskörperschaft entstandenen Schaden zu ersetzen. Unabhängig von der Haftungsbeschränkung des § 32 kann bei der **Höhe des Schadensersatzanspruchs** uU ein **mitwirkendes Verschulden** der Anstellungskörperschaft nach § 254 BGB zu berücksichtigen sein (ebenso Gosch AO § 32 Rn. 22; TK § 32 Rn. 13; HHSp § 32 Rn. 37). Außerhalb des Anwendungsbereichs des § 32 gelten die allg. dienstrechtlichen Bestimmungen. 18

Sechster Abschnitt. Rechte der betroffenen Person

§ 32a Informationspflicht der Finanzbehörde bei Erhebung personenbezogener Daten bei betroffenen Personen

(1) **Die Pflicht der Finanzbehörde zur Information der betroffenen Person gemäß Artikel 13 Absatz 3 der Verordnung (EU) 2016/679 besteht ergänzend zu der in Artikel 13 Absatz 4 der Verordnung (EU) 2016/679 genannten Ausnahme dann nicht, wenn die Erteilung der Information über die beabsichtigte Weiterverarbeitung oder Offenbarung**

1. die ordnungsgemäße Erfüllung der in der Zuständigkeit der Finanzbehörden liegenden Aufgaben im Sinne des Artikels 23 Absatz 1 Buchstabe d bis h der Verordnung (EU) 2016/679 gefährden würde und die Interessen der Finanzbehörden an der Nichterteilung der Information die Interessen der betroffenen Person überwiegen,

2. die öffentliche Sicherheit oder Ordnung gefährden oder sonst dem Wohl des Bundes oder eines Landes Nachteile bereiten würde und die Interessen der Finanzbehörde an der Nichterteilung der Information die Interessen der betroffenen Person überwiegen,

3. den Rechtsträger der Finanzbehörde in der Geltendmachung, Ausübung oder Verteidigung zivilrechtlicher Ansprüche oder in der der Verteidigung gegen ihn geltend gemachter zivilrechtlicher Ansprüche im Sinne des Artikels 23 Absatz 1 Buchstabe j der Verordnung (EU) 2016/679 beeinträchtigen würde und die Finanzbehörde nach dem Zivilrecht nicht zur Information verpflichtet ist, oder

4. eine vertrauliche Offenbarung geschützter Daten gegenüber öffentlichen Stellen gefährden würde.

(2) **Die ordnungsgemäße Erfüllung der in der Zuständigkeit der Finanzbehörden liegenden Aufgaben im Sinne des Artikels 23 Absatz 1 Buchstabe d bis h der Verordnung (EU) 2016/679 wird insbesondere gefährdet, wenn die Erteilung der Information**

1. die betroffene Person oder Dritte in die Lage versetzen könnte,

a) steuerlich bedeutsame Sachverhalte zu verschleiern,

b) steuerlich bedeutsame Spuren zu verwischen oder

c) Art und Umfang der Erfüllung steuerlicher Mitwirkungspflichten auf den Kenntnisstand der Finanzbehörden einzustellen,

oder

2. Rückschlüsse auf die Ausgestaltung automationsgestützter Risikomanagementsysteme oder geplante Kontroll- oder Prüfungsmaßnahmen zulassen

und damit die Aufdeckung steuerlich bedeutsamer Sachverhalte wesentlich erschwert würde.

(3) **Unterbleibt eine Information der betroffenen Person nach Maßgabe von Absatz 1, ergreift die Finanzbehörde geeignete Maßnahmen zum Schutz der berechtigten Interessen der betroffenen Person.**

(4) **Unterbleibt die Benachrichtigung in den Fällen des Absatzes 1 wegen eines vorübergehenden Hinderungsgrundes, kommt die Finanzbehörde der Informationspflicht unter Berücksichtigung der spezifischen Umstände der Verarbeitung innerhalb einer angemessenen Frist nach Fortfall des Hinderungsgrundes, spätestens jedoch innerhalb von zwei Wochen, nach.**

(5) **Bezieht sich die Informationserteilung auf die Übermittlung personenbezogener Daten durch Finanzbehörden an Verfassungsschutzbehörden, den Bundesnachrichtendienst, den Militärischen Abschirmdienst und, soweit die Sicherheit des Bundes berührt wird, andere Behörden des Bundesministeriums der Verteidigung, ist sie nur mit Zustimmung dieser Stellen zulässig.**

Schrifttum: Myßen/Kraus, Steuerliches Datenschutzrecht: Verfahrensrechtsanpassung an die Datenschutz-Grundverordnung, DB 2017, 1860; Baum, Datenschutz im Steuerverwaltungsverfahren ab dem 25.5.2018 – Teil III: Informationspflichten der Finanzbehörden und Auskunftsrechte der betroffenen Personen, NWB 2017, 3281; Krumm, Grundfragen des steuerlichen Datenverarbeitungsrechts, DB 2017, 2182; Erkis, Die neuen steuerlichen Datenschutzrechte im Besteuerungsverfahren, DStR 2018, 161; Myßen/Kraus, Der Datenschutz in der Finanzverwaltung, FR 2019, 58; Tormöhlen, Die Datenschutz-Grundverordnung – Datenschutzrecht in der Abgabenordnung, AO-StB 2019, 248; Frey/Schwarz/Exner, Schutz des Steuergeheimnisses durch die DS-GVO – Neuartige Auskunftsansprüche bei grenzüberschreitenden Kooperationen von Steuerbehörden, IStR 2019, 797; Armansperg, Datenschutz im Steuerverfahren nach der DSGVO – Anwendungsbereich und Betroffenenrechte, DStR 2021, 453.

I. Allgemeines

Inhalt und Zweck der Vorschrift. § 32a wurde durch das G v. 17.7.2017 (BGBl. 2017 I 2541) eingefügt und trat am 25.5.2018 in Kraft. Die Vorschrift dient ebenso wie §§ 29b, 29c, 31c und die übrigen Vorschriften des Sechsten und Siebten Abschnitts der AO der Umsetzung und Ergänzung der seit dem 25.5.2018 geltenden DS-GVO, mit der auf Gemeinschaftsebene ua ein „gleichmäßiges und hohes Datenschutzniveau für natürliche Personen" gewährleistet werden soll (vgl. Vorbemerkung (10) der DS-GVO). In diesem Zusammenhang enthält die DS-GVO ua in den Art. 13–22 unmittelbar geltende Regelungen (vgl. § 2a Abs. 1) über die Informationspflicht gegenüber der betroffenen Person und deren Rechte auf Auskunft über personenbezogene Daten, auf Berichtigung und auf Löschung sowie über ihr Widerspruchsrecht und die automatisierte Entscheidungsfindung im Einzelfall. Mit den §§ 32a ff. hat der Gesetzgeber von der sich aus Art. 23 I DS-GVO ergebenden Befugnis Gebrauch gemacht (vgl. BFH 17.11.2021 – II R 43/19, BStBl. II 2022, 427; offengelassen BFH 8.4.2025 – IX R 22/22, BFH/NV 2025, 1009) und in Anlehnung an die §§ 32–36 BDSG bereichsspezifische Regelungen zur Einschränkung der Betroffenenrechte im Anwendungsbereich der AO aufgenommen. Die §§ 32a ff. enthalten selbst **keine Informationsrechte** der Betroffenen, sondern nehmen Bezug auf die entsprechenden Vorschriften der DS-GVO (Erkis DStR 2018, 160; kritisch TK § 32a Rn. 2: „Fragment einer Gesamtregelung"). Entsprechend dem geltenden „Regel-Ausnahme-Verhältnis" dürfen die bestehenden Informations- und Auskunftsansprüche der DS-GVO nur insoweit eingeschränkt werden, wie ein konkreter legitimer Grund zur Informationsverweigerung eingreift (Armansperg DStR 2021, 453 (460); Krumm DB 2017, 2182 (2192)). Es ist das Verhältnismäßigkeitsgebot zu beachten mit der Folge, dass eine partielle Beschränkung des Informationsrechts der betroffenen Person einem Totalausschluss vorzuziehen ist (TK § 32a Rn. 9). Eine pauschale Informationsverweigerung scheidet aus (Armansperg DStR 2021, 453 (460)). 1

Im Unterschied zu § 32b, der an Art. 14 DS-GVO anknüpft (s. § 32b), schränkt § 32a die Informationspflichten bei Erhebung personenbezogener Daten bei der betroffenen Person (Art. 13 DS-GVO, → Rn. 9 f.) ein. § 32a regelt in Abs. 1 und 2 neben Art. 13 IV DS-GVO Ausnahmen von den Informationspflichten der FB und in Abs. 3 und 4 von den FB zu ergreifende Maßnahmen bei unterbliebener Informationserteilung. § 32a korrespondiert dabei weitestgehend mit § 32 BDSG, der für den Bereich des BDSG Einschränkungen der Informationspflichten nach Art. 13 DS-GVO regelt. Abweichend von § 32 BDSG sieht § 32a in Abs. 5 in bestimmten Fällen ein Zustimmungserfordernis von Sicherheits- bzw. Nachrichtendiensten vor. 2

Anwendungsbereich. In **sachlicher** Hinsicht erfasst § 32a die Weiterverarbeitung personenbezogener Daten iSd Art. 13 III DS-GVO durch eine FB (§ 6 II), wobei die 3

DS-GVO in **zeitlicher** Hinsicht auch auf alle personenbezogenen Daten Anwendung findet, die vor dem 25.5.2018 erhoben wurden (OVG Lüneburg 20.6.2019 – 11 LC 121/17, ZD 2019, 473; rkr. durch BVerwG 16.9.2020 – 6 C 10.19, ZInsO 2020, 2658; Gosch AO § 32a Rn. 6). Der Anwendungsbereich der DS-GVO ist nicht auf harmonisierte Steuern beschränkt und erfasst auch personenbezogene Daten, die (noch) in Papierform geführten Akten enthalten sind (BFH 7.5.2024 – IX R 21/22, BFH/NV 2024, 1070; BFH 12.3.2024 – IX R 35/21, BStBl. II 2024, 682; BFH 8.4.2025 – IX R 22/22, BFH/NV 2025, 1009). In **personeller** Hinsicht erfasst § 32a – wie auch die Folgevorschriften – (sowohl lebende als auch verstorbene) natürliche Personen, Körperschaften und Personenvereinigungen sowie Vermögensmassen, auch wenn diese nicht rechtsfähig sind (§ 2a V).

II. Informationspflichten nach Art. 13 DS-GVO

9 Art. 13 DS-GVO regelt die Informationspflichten der Verantwortlichen (Art. 4 Nr. 7 DS-GVO), wozu auch die FB gehört, wenn sie personenbezogene Daten direkt bei der betroffenen Person erhebt. Der Begriff der **personenbezogenen Daten** ist in Art. 4 Nr. 1 DS-GVO legaldefiniert und bezeichnet alle Informationen, die sich auf eine identifizierte oder identifizierbare natürliche Person beziehen (→ § 29b Rn. 20). Dem Begriff ist dabei eine weite Bedeutung beizumessen (BFH 8.4.2025 – IX R 22/22, BFH/NV 2025, 1009; BFH 11.3.2025 – IX R 23/22, BFH/NV 2025, 841). Es ist nicht erforderlich, dass die Information für sich genommen die Identifizierung der betreffenden Person ermöglicht (EuGH 7.3.2024 – C-479/22 P, BeckRS 2024, 3655). Unter **Erheben** ist das Beschaffen von personenbezogenen Daten zu verstehen, wenn die erhebende Stelle Kenntnis von den personenbezogenen Daten oder Verfügungsmacht über die Daten erlangt, beispielweise durch die StErklärung, eine Auskunft nach § 93 AO, eine Ap., eine gesetzlich vorgeschriebene Anzeige/Mitteilung oder eine Recherche in Zeitungen oder in elektronischen Medien (BMF 13.1.2020, BStBl. I 2020, 143 Tz. 12).

10 Bei Erhebung dieser Daten ist der betroffenen Person ua der Name und die Kontaktdaten der erhebenden FB sowie der Zweck, für den die personenbezogenen Daten verwertet werden sollen nebst der entsprechenden Rechtsgrundlage mitzuteilen **(Art. 13 I DS-GVO).** Die Vorschrift verpflichtet die FB zu einem **aktiven Tätigwerden** gegenüber der betroffenen Person, um zu gewährleisten, dass diese bereits zum Zeitpunkt der Datenerhebung über deren Zweck sowie über den weiteren Verarbeitungsvorgang unterrichtet wird (Erkis DStR 2018, 160 (164)). **Art. 13 II DS-GVO** erweitert diese Informationspflichten hinsichtlich solcher Informationen, die wichtig sind, um eine faire und transparente Verarbeitung zu gewährleisten. Hierunter fallen zB die Dauer, für die die personenbezogenen Daten gespeichert werden und das Auskunfts- und Beschwerderecht des Betroffenen. Beabsichtigt die FB, die personenbezogenen Daten für einen anderen Zweck weiterzuverarbeiten als den, für den sie erhoben wurden, muss sie nach **Art. 13 III DS-GVO** vor der Weiterverarbeitung über diesen anderen Zweck und alle anderen maßgeblichen Informationen informieren. Eine **Ausnahme** hiervon gilt, wenn und soweit die betroffene Person bereits über die Informationen verfügt **(Art. 13 IV DS-GVO).** Hiervon soll nach Ansicht der FVerw. auszugehen sein, soweit ein allgemeines Informationsschreiben nach § 32d II mit Hinweis auf ein – zB im Internet – veröffentlichtes Merkblatt übermittelt worden ist (BMF 13.1.2020, BStBl. I 2020, 143 Tz. 44; zurecht krit. gesehen von Gosch AO § 32a Rn. 16; TK § 32a Rn. 45).

III. Beschränkung der Informationspflicht nach § 32a Abs. 1 und 2

12 Die in § 32a I und II vorgesehene Beschränkung der Informationspflicht der FB gilt nur für die in **Art. 13 III DS-GVO** genannte Fallgruppe der beabsichtigten **Weiterverarbeitung** personenbezogener Daten für einen anderen Zweck als den, für den die Daten bei der betroffenen Person erhoben wurden. Die Zulässigkeit dieser Beschränkung ergibt sich aus Art. 23 DS-GVO (BFH 17.11.2021 – II R 43/19, BStBl. II 2022, 427). Die Informa-

tionspflichten nach Art. 13 I und II DS-GVO werden nicht durch § 32a eingeschränkt (BT-Drs. 18/12611, 85). Die in § 32a verwendeten Begriffe entsprechen im Übrigen denen des Art. 4 DS-GVO. Danach ist die verantwortliche FB diejenige, die jeweils über die Zwecke und Mittel der Verarbeitung der personenbezogenen Daten entscheidet (Schwarz/Pahlke/Keß § 32a Rn. 14).

1. Gefährdung der ordnungsgemäßen Aufgabenerfüllung der Finanzbehörden (Abs. 1 Nr. 1, Abs. 2)

Nach § 32a I Nr. 1 soll die sich aus Art. 13 DS-GVO ergebende Informationspflicht dann ausgeschlossen sein, wenn durch die Information die ordnungsgemäße Erfüllung der Aufgaben der FB gefährdet würde und die Interessen der FB an der Nichterteilung der Information die Interessen der betroffenen Person überwiegen. Bei der Frage der „Gefährdung" hat die Behörde eine Prognose aus **ex-ante-Sicht** vorzunehmen (Gosch AO § 32a Rn. 12; TK § 32a Rn. 20). Unsubstantiierte Behauptungen genügen nicht (OVG Berlin-Brandenburg 29.4.2024 – OVG 12 B 1/23, BB 2024, 1046). Art. 23 I Buchst. d bis h DS-GVO, auf die Bezug genommen wird, nennt beispielhaft die Verhütung, Ermittlung, Aufdeckung oder Verfolgung von Straftaten oder den Schutz sonstiger wichtiger Ziele des allgemeinen öffentlichen Interesses der Union, zB aus dem StBereich. Wann eine solche Gefährdung vorliegt, wird in **§ 32a II** beispielhaft erläutert. Danach soll von einer Gefährdung nach § 32a I Nr. 1 AO insb. dann auszugehen sein, wenn durch die Erteilung der Information die betroffene Person oder Dritte in die Lage versetzt werden könnten, steuerlich bedeutsame Sachverhalte zu verschleiern (§ 32a II Nr. 1 Buchst. a), steuerlich bedeutsame Spuren zu verwischen (§ 32a II Nr. 1 Buchst. b) oder Art und Umfang der Erfüllung steuerlicher Mitwirkungspflichten auf den Kenntnisstand der FB einzustellen (§ 32a II Nr. 1 Buchst. c) oder Rückschlüsse auf die Ausgestaltung automationsgestützter Risikomanagementsysteme oder geplante Kontroll- oder Prüfungsmaßahmen zuzulassen (§ 32a II Nr. 2) und damit die Aufdeckung steuerlich bedeutsamer Sachverhalte wesentlich erschwert würde. Hierunter fallen ua Mitteilungen an die StFahndung oder an die für StStrafverfahren oder StOrdnungswidrigkeiten zuständigen Stellen, Kontrollmitteilungen oder die Verwendung von Informationen für die Vollstreckung anderer Steuern derselben Person (BMF 13.1.2020, BStBl. I 2020, 143 Tz. 51). Bei der Frage nach den **überwiegenden Interessen der FB** sind die Bedeutung der Information für die betroffene Person, das Gewicht der öffentlichen Aufgabe und die Auswirkungen der Informationserteilung für die Aufgabenerfüllung **einzelfallbezogen** gegeneinander abzuwägen (Schwarz/Pahlke/Keß § 32 Rn. 16). In den Fällen des Abs. 2 ist das Überwiegen der Interessen der FB allerding indiziert (TK § 32a Rn. 27). 14

2. Gefährdung der öffentlichen Sicherheit oder Ordnung oder Nachteile für das Wohl des Bundes oder eines Landes (Abs. 1 Nr. 2)

Die Informationspflicht der FB ist nach § 32a I Nr. 2 weiterhin eingeschränkt, wenn die Erteilung der Information die öffentliche Sicherheit oder Ordnung gefährden oder sonst dem Wohl des Bundes und des Landes Nachteile bereiten würde und – wie bei Nr. 1 – die Interessen der FB an der Nichterteilung der Information überwiegen. Es ist insoweit ein strenger Maßstab anzulegen (BeckOK AO § 32a Rn. 86; Gosch AO § 32a Rn. 13; TK § 32a Rn. 32, 35). Für die Definition der „Gefährdung der öffentlichen Sicherheit und Ordnung" ist auf die aus dem Polizeirecht bekannten Definitionen zurückzugreifen (BeckOK AO § 32a Rn. 87 ff.; Gosch AO § 32a Rn. 13). Danach umfasst die **öffentliche Sicherheit** die Unverletzlichkeit der objektiven Rechtsordnung, der subjektiven Rechte und Rechtsgüter des Einzelnen sowie der Einrichtungen und Veranstaltungen des Staates oder sonstiger Träger der Hoheitsgewalt; die **öffentliche Ordnung** die Gesamtheit jener ungeschriebenen Regeln für das Verhalten des Einzelnen in der Öffentlichkeit, deren Beobachtung nach den jeweils herrschenden Anschauungen als unerlässliche Voraussetzung eines geordneten staatsbürgerlichen Gemeinschaftslebens betrachtet wird (vgl. Gosch AO 16

§ 32a Rn. 13; TK § 32a Rn. 29 ff.). Zum **Wohl des Bundes oder Landes** gehören die äußere oder innere Sicherheit, der Bestand und die Funktionsfähigkeit des Staates selbst oder seine Beziehungen zu anderen Staaten oder supranationalen Organisationen (vgl. Gosch AO § 32a Rn. 13; BeckOK AO § 32a Rn. 96).

3. Beeinträchtigung zivilrechtlicher Ansprüche (Abs. 1 Nr. 3)

17 Die allgemeinen Informationspflichten sind nach § 32a I Nr. 3 ferner dann ausgeschlossen, wenn die FB hierdurch in der **Geltendmachung oder Abwehr zivilrechtlicher Ansprüche** beeinträchtigt wird und keine zivilrechtliche Informationspflicht besteht. Nach Auffassung der FVerw. soll dies ua gegeben sein, wenn die FB in der Abwehr von Amtshaftungsansprüchen, Schadensersatzansprüchen oder Insolvenzanfechtungsansprüchen beeinträchtigt würde (BMF 13.1.2020, BStBl. I 2020, 143, Rn. 48). Hauptanwendungsfall dürften die Auskunftsanträge der Insolvenzverwalter zur Geltendmachung von Insolvenzanfechtungsansprüchen sein (so auch Erkis DStR 2018, 160 (165); HHSp § 32a Rn. 24; krit. BeckOK AO § 32a Rn. 103 ff.). Krit. zur Anwendung des § 32a I Nr. 3 im Zusammenhang mit Amtshaftungsansprüchen: TK § 32a Rn. 40. Eine gerichtliche Geltendmachung der zivilrechtlichen Ansprüche setzt § 32a I Nr. 3 nicht voraus.

4. Gefährdung einer vertraulichen Offenbarung geschützter Daten gegenüber öffentlichen Stellen (Abs. 1 Nr. 4)

18 Eine Informationspflicht ist nach § 32 I Nr. 4 ausgeschlossen, wenn diese eine vertrauliche Offenbarung geschützter Daten gegenüber öffentlichen Stellen gefährden würde. Hierunter sollen solche Fallgruppen einzuordnen sein, in denen die Information zu einer Vereitelung oder ernsthaften Beeinträchtigung des legitimen Verarbeitungszwecks führen würde, etwa wenn die FB über eine mögliche StVerkürzung an Strafverfolgungsbehörden oder die zuständige Sozialbehörde über Anhaltspunkte für einen möglichen Sozialleistungsmissbrauch informieren soll (BT-Drs. 18/12611, 86).

IV. Maßnahmen bei unterbliebener Informationserteilung

1. Vornahme geeigneter Schutzmaßnahmen (Abs. 3)

20 Unterlässt die FB die grds. nach Art. 13 DS-GVO zu erteilende Information aufgrund eines der Ausschlusstatbestände des § 32a I, II, muss sie nach § 32a III **geeignete Maßnahmen** zum Schutz der berechtigten Interessen der betroffenen Person ergreifen. Dies kann in Anlehnung an § 32 II BDSG durch die Bereitstellung der Information für die Öffentlichkeit in leicht zugänglicher Form erfolgen (zB durch Bereitstellung auf einer Webseite der FB, BT-Drs. 18/12611, 86). § 32a III bezieht sich nur auf Abs. 1 und kommt daher nicht zur Anwendung, wenn die Informationserteilung bereits nach Art. 13 IV DS-GVO unterbleibt, weil die betroffene Person bereits über die Information verfügt (BeckOK AO § 32a Rn. 169; Gosch AO § 32a Rn. 220).

2. Nachholung der Information (Abs. 4)

21 Unterbleibt die Informationserteilung nach § 32a I aufgrund eines vorübergehenden Hinderungsgrundes, muss die FB die Information **innerhalb einer angemessenen Frist** nach Wegfall des Grundes, spätestens jedoch innerhalb von zwei Wochen, nachholen (§ 32a IV). Dementsprechend trifft die FB auch die Pflicht zu überwachen, ob und wie lange der jeweilige Hinderungsgrund besteht (TK § 32a Rn. 50). Hiervon kann zB auszugehen sein, wenn die Gefährdungslage nach Nr. 1 mittlerweile entfallen ist oder ein zivilrechtlicher Anspruch erfüllt wurde (Nr. 3, Schwarz/Pahlke/Keß § 32a Rn. 25). Auch hier gilt aber, dass die Informationspflicht wiederum nicht besteht, wenn die betroffene Person bereits Kenntnis von der Information iSd Art. 13 IV DS-GVO hat (TK § 32a Rn. 51).

V. Zustimmungspflicht bei Informationen für bestimmte Sicherheitsbehörden (Abs. 5)

Werden personenbezogene Daten an Verfassungsschutzbehörden, den BND, den MAD oder, soweit die Sicherheit des Bundes berührt ist, an andere Behörden des Bundesministeriums der Verteidigung übermittelt, darf eine Information der betroffenen Person nur mit Zustimmung dieser Stellen erfolgen (§ 32a V). Erfasst ist dabei sowohl die vorherige Zustimmung (Einwilligung iSd § 183 I BGB) als auch die nachträgliche Zustimmung (Genehmigung iSd § 184 I BGB; TK § 32a Rn. 53). 23

VI. Rechtsschutz

Bei sich aus § 32a ergebenden Streitigkeiten über die Informationspflichten der FB bzw. die Rechtmäßigkeit der Beschränkung dieser Pflichten kann die betroffene Person **unmittelbar gerichtlich** gegen die verantwortliche FB vorgehen (§ 32i). Ein außergerichtliches Vorverfahren findet nicht statt (§ 32i IX). Ferner steht ihr nach Art. 77 I DS-GVO ein **Beschwerderecht** bei der/dem Bundesbeauftragten für den Datenschutz und die Informationsfreiheit als zuständige Aufsichtsbehörde zu. 28

§ 32b Informationspflicht der Finanzbehörde, wenn personenbezogene Daten nicht bei der betroffenen Person erhoben wurden

(1) [1]**Die Pflicht der Finanzbehörde zur Information der betroffenen Person gemäß Artikel 14 Absatz 1, 2 und 4 der Verordnung (EU) 2016/679 besteht ergänzend zu den in Artikel 14 Absatz 5 der Verordnung (EU) 2016/679 und § 31c Absatz 2 genannten Ausnahmen nicht,**

1. soweit die Erteilung der Information

a) die ordnungsgemäße Erfüllung der in der Zuständigkeit der Finanzbehörden oder anderer öffentlicher Stellen liegenden Aufgaben im Sinne des Artikel 23 Absatz 1 Buchstabe d bis h der Verordnung (EU) 2016/679 gefährden würde oder

b) die öffentliche Sicherheit oder Ordnung gefährden oder sonst dem Wohl des Bundes oder eines Landes Nachteile bereiten würde

oder

2. wenn die Daten, ihre Herkunft, ihre Empfänger oder die Tatsache ihrer Verarbeitung nach § 30 oder einer anderen Rechtsvorschrift oder ihrem Wesen nach, insbesondere wegen überwiegender berechtigter Interessen eines Dritten im Sinne des Artikel 23 Absatz 1 Buchstabe i der Verordnung (EU) 2016/679 [*ab unbestimmtem Datum:* oder der Finanzbehörden im Sinne des Artikels 23 Absatz 1 Buchstabe e der Verordnung (EU) 2016/679], geheim gehalten werden müssen und deswegen das Interesse der betroffenen Person an der Informationserteilung zurücktreten muss. [2]**§ 32a Absatz 2 gilt entsprechend.**

(2) **Bezieht sich die Informationserteilung auf die Übermittlung personenbezogener Daten durch Finanzbehörden an Verfassungsschutzbehörden, den Bundesnachrichtendienst, den Militärischen Abschirmdienst und, soweit die Sicherheit des Bundes berührt wird, andere Behörden des Bundesministeriums der Verteidigung, ist sie nur mit Zustimmung dieser Stellen zulässig.**

(3) **Unterbleibt eine Information der betroffenen Person nach Maßgabe der Absätze 1 oder 2, ergreift die Finanzbehörde geeignete Maßnahmen zum Schutz der berechtigten Interessen der betroffenen Person.**

Schrifttum: Siehe Literatur zu § 32a.

I. Allgemeines

1 **Inhalt und Zweck.** § 32b wurde durch das G v. 17.7.2017 (BGBl. 2017 I 2541) eingefügt und trat am 25.5.2018 in Kraft. Ebenso wie § 32a schränkt § 32b basierend auf der Befugnis des Art. 23 DS-GVO die sich aus der seit dem 25.5.2018 geltenden DS-GVO ergebenden Informationsrechte der betroffenen Person ein (ausführlicher → § 32a Rn. 1 und BFH 17.11.2021 – II R 43/19, BStBl. II 2022, 427). Im Unterschied zu § 32a betrifft § 32b die Fälle, in denen die personenbezogenen Daten nicht bei der betroffenen Person, sondern bei **Dritten** erhoben werden. Daten die ein (ggf. vormaliger) Bevollmächtigter für den Stpfl. an die FB übermittelt, sind eigene Daten des Stpfl. und unterfallen daher nicht § 32b (BFH 7.5.2024 – IX R 21/22, BFH/NV 2024, 1070). Die Informationspflicht der FB ergibt sich insoweit aus dem umfangreichen Katalog des Art. 14 DS-GVO (→ Rn. 3 ff.). § 32b regelt in **Abs. 1** neben § 14 V DS-GVO und § 31c II Ausnahmen von den Informationspflichten der FB und in **Abs. 3** von den FB zu ergreifende Maßnahmen bei unterbliebener Informationserteilung. In **Abs. 2** sieht § 32b in bestimmten Fällen ein Zustimmungserfordernis von Sicherheits- bzw. Nachrichtendiensten vor. § 32b entspricht im Wesentlichen den Regelungen der **§§ 29, 33 BDSG.** Im Übrigen korrespondiert § 32b mit dem Auskunftsrecht nach § 32c (§ 32c I Nr. 1). Dies ist im Ergebnis sinnvoll, da die Einschränkung der Informationspflichten nur zweckmäßig erscheint, wenn damit auch eine Einschränkung von Auskunftspflichten einhergeht (BeckOK AO § 32b Rn. 20).

2 **Anwendungsbereich.** In **sachlicher** Hinsicht erfasst § 32b die Erhebung und Weiterverarbeitung personenbezogener Daten nach Art. 14 DS-GVO, die bei einer anderen als der betroffenen Person erhoben werden, durch eine FB (§ 6 II), wobei die DS-GVO in **zeitlicher** Hinsicht auch auf alle personenbezogenen Daten Anwendung findet, die vor dem 25.5.2018 erhoben wurden (OVG Lüneburg 20.6.2019– 11 LC 121/17, ZD 2019, 473; rkr. durch BVerwG 16.9.2020 – 6 C 10/19, ZInsO 2020, 2658; Gosch AO § 32b Rn. 6). Der Anwendungsbereich der DS-GVO ist nicht auf harmonisierte Steuern beschränkt und erfasst auch personenbezogene Daten, die (noch) in in Papierform geführten Akten enthalten sind (BFH 7.5.2024 – IX R 21/22, BFH/NV 2024, 1070; BFH 12.3.2024 – IX R 35/21, BStBl. II 2024, 682). In **personeller** Hinsicht erfasst § 32b ebenso wie § 32a – abweichend vom Anwendungsbereich der DS-GVO – (sowohl lebende als auch verstorbene) natürliche Personen, Körperschaften und Personenvereinigungen sowie Vermögensmassen, auch wenn diese nicht rechtsfähig sind (§ 2a V).

II. Informationspflichten nach Art. 14 DS-GVO

3 Art. 14 DS-GVO regelt die Informationspflichten der Verantwortlichen (Art. 4 Nr. 7 DS-GVO), wozu auch die FB gehört, wenn sie personenbezogene Daten nicht bei der betroffenen Person, sondern bei **Dritten** erheben. Der Begriff der **personenbezogenen Daten** ist in Art. 4 Nr. 1 DS-GVO legaldefiniert und bezeichnet alle Informationen, die sich auf eine identifizierte oder identifizierbare natürliche Person beziehen (→ § 29b Rn. 20). Dem Begriff ist dabei eine weite Bedeutung beizumessen (BFH 8.4.2025 – IX R 22/22, BFH/NV 2025, 1009; BFH 11.3.2025 – IX R 23/22, BFH/NV 2025, 841). Es ist nicht erforderlich, dass die Information für sich genommen die Identifizierung der betreffenden Person ermöglicht (EuGH 7.3.2024 – C-479/22 P, BeckRS 2024, 3655). Wer **Dritter** ist, ergibt sich aus Art. 4 Nr. 10 DS-GVO. Unter **Erheben** ist das Beschaffen von personenbezogenen Daten zu verstehen, wenn die erhebende Stelle Kenntnis von den personenbezogenen Daten oder Verfügungsmacht über die Daten erlangt, beispielweise durch die StErklärung, eine Auskunft nach § 93, eine Ap., eine gesetzlich vorgeschriebene Anzeige/Mitteilung oder eine Recherche in Zeitungen oder in elektronischen Medien (BMF 13.1.2020, BStBl. I 2020, 143 Tz. 12).

Gemäß Art. 14 I DS-GVO soll bei Erhebung von personenbezogenen Daten der betroffenen Person ua der Name und die Kontaktdaten der erhebenden FB sowie der Zweck, für den die personenbezogenen Daten verwertet werden sollen nebst der entsprechenden Rechtsgrundlage mitgeteilt werden **(Art. 14 I DS-GVO).** Die Vorschrift verpflichtet die FB zu einem **aktiven Tätigwerden** gegenüber der betroffenen Person (hierzu bereits → § 32a Rn. 10). **Art. 14 II DS-GVO** erweitert diese Informationspflichten hinsichtlich solcher Informationen, die wichtig sind, um eine faire und transparente Verarbeitung zu gewährleisten. Hierunter fallen zB die Dauer, für die die personenbezogenen Daten gespeichert werden und das Auskunfts- und Beschwerderecht des Betroffenen. Überdies soll der betroffenen Person auch mitgeteilt werden, aus welcher Quelle die personenbezogenen Daten stammen und ob es sich dabei ggf. um öffentlich zugängliche Quellen handelt (Art. 14 II Buchst. f DS-GVO). Beabsichtigt die FB, die personenbezogenen Daten für einen anderen Zweck weiterzuverarbeiten als den, für den die Daten erlangt wurden, hat sie nach **Art. 14 IV DS-GVO** der betroffenen Person vor dieser Weiterverarbeitung Informationen über diesen anderen Zweck und alle anderen maßgeblichen Informationen gem. Art. 14 II DS-GVO zur Verfügung zu stellen. Die Informationen sind **innerhalb einer angemessenen Frist,** spätestens aber einen Monat nach Erlangung der Daten zu erteilen **(Art. 14 III Buchst. a DS-GVO).** Sollen die Daten zur Kommunikation mit der betroffenen Person verwendet werden, müssen die Informationen spätestens zum **Zeitpunkt der ersten Mitteilung** an sie mitgeteilt werden **(Art. 14 III Buchst. b DS-GVO).** Falls die Offenlegung an einen anderen Empfänger beabsichtigt ist, müssen die vorgenannten Informationen spätestens zum **Zeitpunkt der ersten Offenlegung** mitgeteilt werden **(Art. 14 III Buchst. c DS-GVO).** 4

Art. 14 DS-GVO enthält in **Abs. 5** selbst einige wichtige **Ausnahmen von der Informationspflicht.** So soll nach Art. 14 V Buchst. a DS-GVO – vergleichbar mit Art. 13 IV DS-GVO – eine Informationserteilung ausscheiden, wenn die betroffene Person bereits über die Information verfügt. Hiervon soll nach Ansicht der FVerw. auszugehen sein, soweit ein allgemeines Informationsschreiben nach § 32d II mit Hinweis auf ein – zB im Internet – veröffentlichtes Merkblatt übermittelt worden ist (BMF 13.1.2020, BStBl. I 2020, 143 Tz. 44; zurecht krit. gesehen von TK § 32b Rn. 11). Dies soll auch dann gelten, wenn die Erteilung der Information sich als unmöglich erweist oder einen unverhältnismäßigen Aufwand erfordern würde (Art. 14 V Buchst. b DS-GVO), wenn die Erlangung oder Offenlegung durch Rechtsvorschriften der Union oder der Mitgliedstaaten, die geeignete Maßnahmen zum Schutz der berechtigten Interessen der betroffenen Person vorsehen, ausdrücklich geregelt ist (Art. 14 V Buchst. c DS-GVO) oder die Daten gem. dem Unionsrecht oder dem Recht der Mitgliedstaaten dem Berufsgeheimnis unterliegen und daher vertraulich behandelt werden müssen (Art. 14 V Buchst. d DS-GVO).

III. Ausschluss der Informationspflicht nach § 32b Abs. 1

1. Gefährdung der ordnungsgemäßen Aufgabenerfüllung oder der öffentlichen Sicherheit und Ordnung (Nr. 1)

§ 32b I 1 Nr. 1 schließt die Informationspflicht aus, soweit die Erteilung der Information die ordnungsgemäße Erfüllung der Aufgaben der FB oder anderer öffentlicher Stellen iSd Art. 23 I Buchst. d bis h DS-GVO gefährden würde (Buchst. a) oder die **öffentliche Sicherheit und Ordnung** gefährdet wäre bzw. die Informationserteilung dem Wohl des Bundes oder des Landes Nachteile bereiten würde (Buchst. b). Die Vorschrift entspricht insoweit den Voraussetzungen des § 32a I Nr. 1 und 2 (Schwarz/Pahlke/Keß § 32b Rn. 4; → § 32a Rn. 14 ff.). Hinsichtlich der Frage der Gefährdung verweist **Abs. 1 S. 2** auf die in § 32a II aufgeführten **Regelbeispiele** (→ § 32a Rn. 14). 6

2. Geheimhaltung aufgrund des Steuergeheimnisses, anderer Rechtsvorschriften oder überwiegenden berechtigten Interessen eines Dritten (Nr. 2)

7 Eine wichtige Ausnahme enthält § 32b I 1 Nr. 2 für die Fälle des **Steuergeheimnisses.** Danach soll die Informationspflicht nicht bestehen, wenn die Daten, ihre Herkunft, ihre Empfänger oder die Tatsache ihrer Verarbeitung nach § 30 oder einer anderen Rechtsvorschrift oder ihrem Wesen nach, insb. wegen der überwiegenden berechtigten Interessen eines Dritten, geheim gehalten werden müssen, wie zB die Erstattung anonymer Anzeigen (vgl. zB BFH 15.7.2025 – IX R 25/24, DStR 2025, 2253). Die Nr. 2 verweist insoweit auf Art. 23 Buchst. i DS-GVO, der den Schutz der betroffenen Person oder die Rechte und Freiheiten anderer Personen nennt. Mit dem Verweis auf andere Rechtsvorschriften werden sowohl Gesetze und Rechtsverordnungen des Bundes und der Länder umfasst (BeckOK AO § 32b Rn. 111; aA HHSp § 32b Rn. 22 und TK § 32b Rn. 17, wonach Gesetze und Rechtsverordnungen der Länder nicht hierunter fallen sollen). Verwaltungsanweisungen sind hiervon nicht umfasst (Gosch AO § 32b Rn. 13).

3. Interessenabwägung

8 § 32b I erfordert bei der Frage nach der Nichterteilung der Information auch eine Interessenabwägung. Anders als bei § 32a I Nr. 1 erfordert § 32b I allerdings keine überwiegenden Interessen der FB. Ausreichend ist vielmehr, dass das Interesse der betroffenen Person an der Informationserteilung zurücktreten muss. Dies wird man aber nicht so verstehen können, dass es nunmehr Aufgabe der betroffenen Person ist, für die Informationserteilung nachzuweisen, dass sein Interesse nicht zurücktritt (HHSp § 32b Rn. 19; TK § 32b Rn. 18; aA Gosch AO § 32b Rn. 14).

4. Datenverarbeitung für Statistikzwecke nach § 31c Abs. 2

9 Neben den unmittelbar in Abs. 1 Nr. 1 und 2 geregelten Ausnahmen verweist § 32a I zudem ausdrücklich auf die für Statistikzwecke in § 31c II vorgesehene Ausnahme, die insoweit neben die Ausnahmen von der Informationspflicht der FB nach Art. 14 V DS-GVO (→ Rn. 5) und § 32b I Nr. 1 und 2 tritt (Gosch AO § 32b Rn. 17).

IV. Zustimmungspflicht bei Weitergabe von Informationen an bestimmte Sicherheitsbehörden, Abs. 2

10 § 32b II enthält in Anlehnung an § 32a V (Schwarz/Pahlke/Keß § 32b Rn. 6) einen Zustimmungsvorbehalt, wenn die FB Informationen an bestimmte nationale Sicherheitsbehörden weiterleitet. Erfasst ist dabei sowohl die vorherige Zustimmung (Einwilligung iSd § 183 I BGB) als auch die nachträgliche Zustimmung (Genehmigung iSd § 184 I BGB; s. auch → § 32a Rn. 23). Die Regelung geht derjenigen in Abs. 1 S. 1 Nr. 1 Buchst. a vor (BT-Drs. 18/12611, 87).

V. Maßnahmen zum Schutz der berechtigten Interessen bei unterbleibender Information, Abs. 3

12 Soweit die Information der betroffenen Person nach Abs. 1 oder 2 unterblieben ist, muss die FB nach Abs. 3 geeignete Maßnahmen zum Schutz der berechtigten Interessen der betroffenen Person unternehmen. Die Vorschrift entspricht § 32a III (→ § 32a Rn. 20 ff.) und kommt nicht zur Anwendung, wenn die Informationserteilung bereits nach Art. 14 V DS-GVO oder § 31c II unterbleibt (s. auch → § 32a Rn. 20). Die Parallelvorschrift des § 33 BDSG sieht in Abs. 2 S. 2 ua vor, dass schriftlich festzuhalten ist, weshalb von der Informationserteilung abgesehen wurde. § 32b enthält keine § 32a IV entsprechende Regelung mit der Folge, dass die Information bei vorübergehenden Hinderungsgründen nicht zwingend innerhalb von zwei Wochen nachgeholt werden muss (so auch Klein § 32b Rn. 4; Gosch AO § 32b Rn. 18; aA TK § 32b Rn. 21 und BeckOK AO § 32b Rn. 130: analoge Anwendung von § 32a IV).

VI. Rechtsschutz

Bei sich aus § 32b ergebenden Streitigkeiten über die Informationspflichten der FB bzw. die Rechtmäßigkeit der Beschränkung dieser Pflichten kann die betroffene Person **unmittelbar gerichtlich** gegen die verantwortliche FB vorgehen (§ 32i). Ein außergerichtliches Vorverfahren findet nicht statt (§ 32i IX). Ferner steht ihr nach Art. 77 I DS-GVO ein **Beschwerderecht** bei der/dem Bundesbeauftragten für den Datenschutz und die Informationsfreiheit als zuständige Aufsichtsbehörde zu. 17

§ 32c Auskunftsrecht der betroffenen Person

(1) **Das Recht auf Auskunft der betroffenen Person gegenüber einer Finanzbehörde gemäß Artikel 15 der Verordnung (EU) 2016/679 besteht nicht, soweit**

1. die betroffene Person nach § 32a Absatz 1 oder nach § 32b Absatz 1 oder 2 nicht zu informieren ist,

2. die Auskunftserteilung den Rechtsträger der Finanzbehörde in der Geltendmachung, Ausübung oder Verteidigung zivilrechtlicher Ansprüche oder in der Verteidigung gegen ihn geltend gemachter zivilrechtlicher Ansprüche im Sinne des Artikels 23 Absatz 1 Buchstabe j der Verordnung (EU) 2016/679 beeinträchtigen würde; Auskunftspflichten der Finanzbehörde nach dem Zivilrecht bleiben unberührt,

3. die personenbezogenen Daten

a) nur deshalb gespeichert sind, weil sie auf Grund gesetzlicher Aufbewahrungsvorschriften nicht gelöscht werden dürfen, oder

b) ausschließlich Zwecken der Datensicherung oder der Datenschutzkontrolle dienen

und die Auskunftserteilung einen unverhältnismäßigen Aufwand erfordern würde sowie eine Verarbeitung zu anderen Zwecken durch geeignete technische und organisatorische Maßnahmen ausgeschlossen ist.

(2) **Die betroffene Person soll in dem Antrag auf Auskunft gemäß Artikel 15 der Verordnung (EU) 2016/679 die Art der personenbezogenen Daten, über die Auskunft erteilt werden soll, näher bezeichnen.**

(3) **Sind die personenbezogenen Daten weder automatisiert noch in nicht automatisierten Dateisystemen gespeichert, wird die Auskunft nur erteilt, soweit die betroffene Person Angaben macht, die das Auffinden der Daten ermöglichen, und der für die Erteilung der Auskunft erforderliche Aufwand nicht außer Verhältnis zu dem von der betroffenen Person geltend gemachten Informationsinteresse steht.**

(4) [1]**Die Ablehnung der Auskunftserteilung ist gegenüber der betroffenen Person zu begründen, soweit nicht durch die Mitteilung der tatsächlichen und rechtlichen Gründe, auf die die Entscheidung gestützt wird, der mit der Auskunftsverweigerung verfolgte Zweck gefährdet würde.** [2]**Die zum Zweck der Auskunftserteilung an die betroffene Person und zu deren Vorbereitung gespeicherten Daten dürfen nur für diesen Zweck sowie für Zwecke der Datenschutzkontrolle verarbeitet werden; für andere Zwecke ist die Verarbeitung nach Maßgabe des Artikels 18 der Verordnung (EU) 2016/679 einzuschränken.**

(5) [1]**Soweit der betroffenen Person durch eine Finanzbehörde keine Auskunft erteilt wird, ist sie auf Verlangen der betroffenen Person der oder dem Bundesbeauftragten für den Datenschutz und die Informationsfreiheit zu erteilen, soweit nicht die jeweils zuständige oberste Finanzbehörde im Einzelfall feststellt, dass**

dadurch die Sicherheit des Bundes oder eines Landes gefährdet würde. [2]Die Mitteilung der oder des Bundesbeauftragten für den Datenschutz und die Informationsfreiheit an die betroffene Person über das Ergebnis der datenschutzrechtlichen Prüfung darf keine Rückschlüsse auf den Erkenntnisstand der Finanzbehörde zulassen, sofern diese nicht einer weitergehenden Auskunft zustimmt.

Schrifttum: Armansperg, Datenschutz im Steuerverfahren nach der DSGVO – Anwendungsbereich und Betroffenenrechte, DStR 2021, 453; Baum, Datenschutz im Steuerverwaltungsverfahren ab dem 25.5.2018, NWB 2017, 3281; Erkis, Die neuen steuerlichen Datenschutzrechte im Besteuerungsverfahren, DStR 2018, 161; Myßen/Krause, Der Datenschutz in der Finanzverwaltung, FR 2019, 58; Poschenrieder, Ein Recht auf Auskunft begründet kein Recht auf Akteneinsicht – Grenzen von Art. 15 DS-GVO im Besteuerungsverfahren, DStR 2020, 21.

I. Allgemeines

1 **Inhalt und Zweck der Vorschrift.** § 32c wurde durch das G v. 17.7.2017 (BGBl. 2017 I 2541) eingefügt und trat am 25.5.2018 in Kraft. Basierend auf der Befugnis des Art. 23 DS-GVO schränkt § 32c das sich aus Art. 15 DS-GVO ergebende Auskunftsrecht der betroffenen Person ein (→ Rn. 4 ff. sowie BFH 17.11.2021 – II R 43/19, BStBl. II 2022, 427). § 32c regelt in **Abs. 1** Ausnahmen vom Auskunftsrecht der betroffenen Person und in **Abs. 2** Anforderungen an den Auskunftsantrag. **Abs. 3** enthält Einschränkungen des Auskunftsrechts für nicht automatisiert gespeicherte Daten. **Abs. 4** verpflichtet die FB, eine ablehnende Entscheidung zu begründen und **Abs. 5** ermöglicht die Information und Prüfung einer ablehnenden Entscheidung durch die/den Bundesbeauftragte/n für den Datenschutz und die Informationsfreiheit. Die entsprechende Vorschrift zu § 32c findet sich in § 34 BDSG.

2 **Anwendungsbereich.** In **sachlicher** Hinsicht erfasst § 32c die Verarbeitung und Übermittlung personenbezogener Daten nach Art. 15 DS-GVO durch eine FB (§ 6 II), wobei die DS-GVO in **zeitlicher** Hinsicht auch auf alle personenbezogenen Daten Anwendung findet, die vor dem 25.5.2018 erhoben wurden (OVG Lüneburg 20.6.2019 – 11 LC 121/17, ZD 2019, 473; rkr. durch BVerwG 16.9.2020 – 6 C 10.19, ZInsO 2020, 2658; Gosch AO § 32c Rn. 5). Der Anwendungsbereich der DS-GVO ist nicht auf harmonisierte Steuern beschränkt und erfasst auch personenbezogene Daten, die (noch) in in Papierform geführten Akten enthalten sind (BFH 7.5.2024 – IX R 21/22, BFH/NV 2024, 1070; BFH 12.3.2024 – IX R 35/21, BStBl. II 2024, 682). In **personeller** Hinsicht erfasst § 32c – abweichend vom Anwendungsbereich der DS-GVO – (sowohl lebende als auch verstorbene) natürliche Personen, Körperschaften und Personenvereinigungen sowie Vermögensmassen, auch wenn diese nicht rechtsfähig sind (§ 2a V).

II. Auskunftsrecht nach Art. 15 DS-GVO

4 In Ergänzung zu den in Art. 13 und 14 DS-GVO vorgesehenen Informationspflichten sieht Art. 15 DS-GVO ein Auskunftsrecht **auf Verlangen** der betroffenen Person vor (s. Sydow/Marsch DS-GVO Art. 15 Rn. 3; Kühling/Buchner DS-GVO Art. 15 Rn. 1). Art. 15 DS-GVO setzt insoweit einen (formlosen) Antrag der betroffenen Person voraus (Art. 12 III DS-GVO; BMF 13.1.2020, BStBl. I 2020, 143 Tz. 64). Eine Begründung des Antrags ist nicht erforderlich, weshalb dem Auskunftsverlangen auch nicht entgegensteht, wenn die betroffene Person ersichtlich keine datenschutzrelevanten Gründe verfolgt (EuGH 26.10.2023 – C-307/22, NJW 2023, 3481 – FT (Copies du dossier médical); BFH 7.5.2024 – IX R 21/22, BFH/NV 2024, 1070; BFH 11.3.2025 – IX R 34/21, BFH/NV 2025, 875). Während Art. 13 und 14 DS-GVO also eine aktive Informationspflicht des Verantwortlichen als eine „Bringschuld" gegenüber der betroffenen Person festlegen, sieht Art. 15 DS-GVO demgegenüber eine „Holschuld" der betroffenen Person vor (Spinder/Schuster DS-GVO Art. 15 Rn. 1).

Nach **Art. 15 I DS-GVO** hat die betroffene Person das Recht, von der FB eine Bestätigung darüber zu verlangen, ob sie betreffende personenbezogene Daten verarbeitet wurden. Ist dies der Fall, hat sie ein Recht auf Auskunft über diese Daten sowie verschiedene weitere Informationen, wie die Verarbeitungszwecke oder die Kategorien personenbezogener Daten, die verarbeitet werden. Bei dem Auskunftsanspruch nach Art. 15 I DS-GVO handelt es sich um einen gebundenen Anspruch (FG München 3.2.2022 – 15 K 1212/19, EFG 2022, 727; BFH 11.3.2025 – IX R 34/21, BFH/NV 2025, 875). Ein Ermessen der FB besteht lediglich hinsichtlich der Form der Auskunftserteilung (§ 32d I). Das Auskunftsrecht nach Art. 15 DS-GVO ist unabhängig davon, inwieweit die betroffene Person bereits über die Daten verfügt (BFH 11.3.2025 – IX R 23/22, BFH/NV 2025, 841; BFH 11.3.2025 – IX R 34/21, BFH/NV 2025, 875). Ebenso wenig kann dem Auskunftsbegehren ein unverhältnismäßiger Aufwand seitens des Verantwortlichen entgegengehalten werden (BFH 14.1.2025 – IX R 25/22, BFH/NV 2025, 543; beachte insoweit aber § 32c III für personenbezogene Daten, die weder automatisiert noch in nicht automatisierten Dateisystemen gespeichert sind). Ein allgemeines Informationsschreiben ohne Bezug zu den konkreten personenbezogenen Daten der betroffenen Person stellt keine Auskunft iSd Art. 15 I DS-GVO dar (BFH 8.4.2025 – IX R 22/22, BFH/NV 2025, 1009). Werden die Informationen an ein Drittland oder eine internationale Organisation übermittelt, hat die betroffene Person nach **§ 15 II DS-GVO** ein Recht auf Unterrichtung über die geeigneten Garantien nach Art. 46 DS-GVO (zB den Einsatz bestimmter Standard-Datenschutzklauseln). Nach **§ 15 III 1 DS-GVO** stellt die FB eine Kopie der personenbezogenen Daten, die Gegenstand der Verarbeitung sind, bzw. in Ausnahmefällen auch (auszugsweise) der Quellen, in denen die personenbezogenen Daten verarbeitet wurden (vgl. zB EuGH 26.10.2023 – C-307/22, NJW 2023, 3481 – FT (Copies du dossier médical); BFH 11.3.2025 – IX R 23/22, BFH/NV 2025, 841; BFH 11.3.2025 – IX R 24/22, BFH/NV 2025, 846; BFH 12.3.2024 – IX R 35/21, BStBl. II 2024, 682), zur Verfügung (s. hierzu und zu den nach **Art. 15 IV DS-GVO** zu schützenden Rechten Dritter BMF 13.1.2020, BStBl. I 2020, 143 Tz. 66). Es besteht jedoch kein Anspruch auf Überlassung von (unentgeltlichen) Kopien in Gestalt von (elektronischen) Doppeln ganzer Akten (FG Düsseldorf 18.8.2022 – 11 K 1730/20 AO, BeckRS 2022, 43913). Im Fall exzessiver Anträge kann der Verantwortliche vielmehr ein angemessenes Entgelt verlangen oder sich weigern, aufgrund des Antrags tätig zu werden (Art. 12 V 2 DS-GVO; s. hierzu auch BFH 12.3.2024 – IX R 35/21, BStBl. II 2024, 682). Durch die Rechtsprechung des EuGH ist zudem geklärt, dass Art. 15 III DS-GVO keinen gegenüber Art. 15 I DS-GVO eigenständigen Anspruch gegen den Verantwortlichen gewährt (EuGH 26.10.2023 – C-307/22, NJW 2023, 3481 – FT (Copies du dossier médical); EuGH 4.5.2023 – C-487/21, NJW 2023, 2253 – Österreichische Datenschutzbehörde; BFH 12.3.2024 – IX R 35/21, BStBl. II 2024, 682). Ein Anspruch auf Abgabe einer eidesstattlichen Versicherung, dass die vom Verantwortlichen erteilte Auskunft zutreffend, richtig und vollständig ist, lässt sich aus Art. 15 DS-GVO nicht herleiten (FG Berlin-Brandenburg 9.4.2025 – 16 K 16077/22, BeckRS 2025, 17160, Rev. IX R 3/25). 4a

Akteneinsichtsrecht. Teilweise wird die Auffassung vertreten, dass sich aus Art. 15 DS-GVO ein grundsätzlicher Anspruch des Stpfl. auf Akteneinsicht ergibt (FG Saarland 3.4.2019 – 2 K 1002/16, EFG 2019, 1217; zustimmend wohl Klein § 32c Rn. 2). Die FVerw. spricht dagegen lediglich davon, dass die Information, wenn dies für zweckmäßig gehalten wird, im Wege der Akteneinsicht erteilt werden kann (BMF 13.1.2020, BStBl. I 2020, 143 Tz. 32). Einem gebundenen Anspruch auf Akteneinsicht bei der FB ist schon aus sprachlichen Gründen zu widersprechen, da sich Art. 15 DS-GVO dem Wortlaut nach nur auf bestimmte personenbezogene Daten bezieht und nicht auf eine allgemeine Einsicht in die Akten. Insoweit ergibt sich aus Art. 15 DS-GVO lediglich ein Auskunftsanspruch und kein Anspruch auf Akteneinsicht (BFH 11.3.2025 – IX R 23/22, BFH/NV 2025, 841; BFH 11.3.2025 – IX R 24/22, BFH/NV 2025, 846; BFH 11.3.2025 – IX R 34/21, 5

BFH/NV 2025, 875; FG Baden-Württemberg 26.7.2021 – 10 K 3159/20, EFG 2021, 1777 (rkr.); Poschenrieder DStR 2020, 21 (23); Erkis DStR 2018, 161 (163); Armansperg DStR 2021, 453 (458); aA unter Verweis auf Art. 15 I Hs. 2, II DS-GVO FG Saarland 3.4.2019 – 2 K 1002/16, EFG 2019, 1217). Die Akteneinsicht stellt vielmehr ein Aliud zum Auskunftsanspruch nach Art. 15 DS-GVO dar und kann daher den Auskunftsanspruch nicht erfüllen (BFH 14.1.2025 – IX R 25/22, BFH/NV 2025, 543; BFH 12.3.2024 – IX R 35/21, BStBl. II 2024, 682; BFH 15.7.2025 – IX R 25/24, BB 2025, 2261). Für das **finanzgerichtliche Verfahren** ergibt sich ein umfassendes Akteneinsichtsrecht aus **§ 78 FGO.** Für eine Anwendung der DS-GVO und insb. Art. 15 DS-GVO im Finanzgerichtsverfahren bleibt kein Raum (BFH 29.8.2019 – X S 6/19, BFH/NV 2020, 25).

III. Ausnahmen von der Auskunftspflicht nach § 32b Abs. 1

6 § 32c I **Nr. 1** verweist auf nicht bestehende Informationspflichten nach § 32a I (→ § 32a Rn. 12 ff.) und § 32b I, II (→ § 32b Rn. 6 ff., 10). Soweit keine Informationspflicht der betroffenen Person besteht, besteht auch kein Auskunftsanspruch. Durch die Rechtsgrundverweise (BeckOK AO § 32c Rn. 51) in § 32a I bzw. § 32b I, II gelten die dort geregelten Einschränkungen gleichermaßen für die Auskunftserteilung (BT-Drs. 18/12611, 88). Der Hinweis auf § 32a I wurde durch das JStG 2020 (BGBl. 2020 I 3036) eingefügt. Hierdurch soll klargestellt werden, dass auch bei von der FB erstellten Auswertungen und Analysen die Ausnahmetatbestände des § 32a zu prüfen sind (BT-Drs. 19/22850, 161). Aus dem Verweis ergibt sich keine Einschränkung der Auskunftspflicht allein für den Fall, dass die betroffene Person bereits über die begehrten Informationen verfügt (BFH 11.3.2025 – IX R 23/22, BFH/NV 2025, 841; BFH 8.4.2025 – IX R 22/22, BFH/NV 2025, 1009). Parallel zu § 32b I ist das Auskunftsrecht der betroffenen Person betreffend anonymer Anzeigen regelmäßig ausgeschlossen (BFH 15.7.2025 – IX R 25/24, BB 2025, 2261).

7 § 32c I **Nr. 2** schließt ein Auskunftsrecht für die Fälle aus, in denen die Auskunftserteilung die FB in der Geltendmachung und Ausübung von oder Verteidigung gegen **zivilrechtliche Ansprüche** beeinträchtigen würde. Die Vorschrift entspricht § 32a I Nr. 3 (→ § 32a Rn. 17). Hiervon sollen vor allem die Auskunftsansprüche von Insolvenzverwaltern zur Geltendmachung von Insolvenzanfechtungsansprüchen nach den §§ 129 ff. InsO umfasst sein (BMF 13.1.2020, BStBl. I 2020, 143 Tz. 48; BeckOK AO § 32c Rn. 63; vgl. auch BVerwG 25.2.2022 – 10 C 4/20, BVerwGE 175, 62; VG Schleswig 11.4.2022 – 10 A 19/22, ZD 2023, 61; FG Berlin-Brandenburg 27.10.2021 – 16 K 11306/19, EFG 2022, 828).

9 Nach § 32c I **Nr. 3** besteht das Auskunftsrecht auch dann nicht, soweit die personenbezogenen Daten nur noch gespeichert werden, weil sie auf Grund gesetzlicher Aufbewahrungsvorschriften nicht gelöscht werden dürfen (Buchst. a) oder ausschließlich dem Zweck der Datensicherung oder der Datenschutzkontrolle dienen (Buchst. b). Mangels gesetzlicher Aufbewahrungsvorschriften in der AO für StAkten bei den FB ist der Anwendungsbereich der Vorschrift fraglich (BFH 7.5.2024 – IX R 21/22, BFH/NV 2024, 1070; BFH 11.3.2025 – IX R 34/21, BFH/NV 2025, 875; Gosch AO § 32c Rn. 13; TK § 32c Rn. 17; die Gesetzesbegründung verweist insoweit lediglich darauf, dass die Regelung in § 34 I Nr. 2 BDSG übernommen wurde, BT-Drs. 18/12611, 88). Die Ausnahme für Zwecke der Datensicherung betrifft vor allem Sicherungskopien und Protokolle (Schwarz/Pahlke/Keß § 32c Rn. 9). Der Datenschutzkontrolle dienen insb. solche Daten, die vom Datenschutzbeauftragten der FB oder von einer mit der Datenschutzaufsicht intern betrauten Stelle der FB gespeichert werden (TK § 32c Rn. 18).

10 Einschränkende Voraussetzung des § 32c I Nr. 3 ist zudem, dass die Auskunftserteilung einen **unverhältnismäßigen Aufwand** erfordern würde sowie eine Verarbeitung zu anderen Zwecken durch geeignete technische und organisatorische Maßnahmen ausgeschlossen ist. Dabei wird man nicht allein darauf abstellen können, welche finanziellen

Auswirkungen die Auskunftserteilung für die betroffene Person haben könnte (Gosch AO § 32c Rn. 15 unter Hinweis auf Art. 14 V Buchst. b DS-GVO). Zu berücksichtigen ist dagegen, ob und in welchem Umfang die betroffene Person Angaben nach § 32c II zur Bezeichnung der personenbezogenen Daten gemacht hat (BeckOK AO § 32c Rn. 100). Die angesprochenen **organisatorischen Maßnahmen** erfordern, dass in der FB der Zugriff auf die Daten sachbezogen organisiert ist und durch entsprechend kontrollierte Zugriffsschranken abgesichert ist (TK § 32c Rn. 20; Gosch AO § 32c Rn. 14). Der Ausschluss der Auskunftspflicht nach § 32c I ist **nicht umfassend,** sondern nur „soweit" einer der Ausschlusstatbestände erfüllt ist (TK § 32c Rn. 13).

IV. Antrag auf Auskunft (Abs. 2)

Im Gegensatz zur Informationspflicht nach Art. 13 und 14 DS-GVO enthält Art. 15 DS-GVO nur die Pflicht der FB zur Reaktion **auf Verlangen** (bereits → Rn. 4). Zur Information ua über das Auskunftsrecht hat das BMF ein allgemeines Informationsschreiben zum Abruf bereitgestellt (BMF 1.5.2018, BStBl. I 2018, 607 unter Tz. 8.). Der Antrag kann formlos gestellt werden und bedarf keiner näheren Begründung (Art. 12 III DS-GVO; EuGH 26.10.2023 – C-307/22, NJW 2023, 3481 – FT (Copies du dossier médical; BFH 7.5.2024 – IX R 21/22, BFH/NV 2024, 1070; BMF 13.1.2020, BStBl. I 2020, 143 Tz. 64). Nach **§ 32c II** soll der Stpfl. in seinem Antrag zwar die personenbezogenen Daten näher bezeichnen. Hieran sollten aber keine überzogenen Anforderungen gestellt werden (Schwarz/Pahlke/Keß § 32c Rn. 4; Baum NWB 2017, 3281 (3285)). Da es sich zudem nur um eine Soll-Vorschrift handelt, kann die Auskunft auch nicht allein unter Hinweis auf eine fehlende Präzisierung abgelehnt werden (BFH 14.1.2025 – IX R 25/22, BFH/NV 2025, 543). Werden auch nach einer Aufforderung durch die FB keine weiteren Anstrengungen zur Präzisierung unternommen, kann sich die FB aber ggf. nach Art. 12 V 2 DS-GVO weigern, die Information zu erteilen (TK § 32c Rn. 10; BMF 13.1.2020, BStBl. I 2020, 143 Tz. 69; FG Düsseldorf 18.8.2022 – 11 K 1730/20 AO, BeckRS 2022, 43913, rkr.). 11

Antragsberechtigung. Antragsberechtigt ist nur die betroffene Person. Dies ist im **Insolvenzfall** des Stpfl. nicht der Insolvenzverwalter. Denn der Auskunftsanspruch geht nicht nach § 80 I InsO in die Verwaltungs- und Verfügungsbefugnis des Insolvenzverwalters über (BVerwG 16.9.2020 – 6 C 10/19, NWB 2020, 2889). Dementsprechend kommt ein Auskunftsrecht des Insolvenzverwalters, jedenfalls wenn er als Dritter handelt und nicht für den Insolvenzschuldner als betroffene Person tätig wird, nicht in Betracht (BVerwG 25.2.2022 – 10 C 4/20, BVerwGE 175, 62; BFH 5.12.2023 – IX B 108/22, BFH/NV 2024, 194; FG Berlin-Brandenburg 27.10.2021 – 16 K 11306/19, EFG 2022, 828; BMF 13.1.2020, BStBl. I 2020, 143 Tz. 64). 11a

V. Einschränkung bei nicht automatisierten Daten (Abs. 3)

Abs. 3 schränkt das Auskunftsrecht für personenbezogene Daten ein, die weder automatisiert noch in nicht automatisierten Dateisystemen gespeichert sind. Die Information ist hier nur zu erteilen, soweit die betroffene Person Angaben macht, die das Auffinden der Daten ermöglichen und der für die Erteilung der Auskunft erforderliche Aufwand nicht außer Verhältnis zu dem von der betroffenen Person geltend gemachten Informationsinteresse steht (BT-Drs. 18/12611, 88). Hierunter fallen insb. **Akten und Aktenansammlungen** sowie ihre Deckblätter, die nicht nach bestimmten Kriterien geordnet sind (BT-Drs. 18/12611, 88 unter Hinweis auf Erwägungsgrund 15 S. 3 DS-GVO). Demgegenüber fallen Papierakten, die zumindest teilautomatisiert verarbeitet werden, nicht unter § 32c III (BFH 12.3.2024 – IX R 35/21, BStBl. II 2024, 682). Bei der vorzunehmenden Abwägung wird man sich an ähnlichen Kriterien wie bei § 32a I Nr. 1 orientieren können (Schwarz/Pahlke/Keß § 32c Rn. 14; → § 32a Rn. 14). 12

VI. Gesetzliche Begründungpflicht (Abs. 4)

13 Lehnt die FB die Auskunftserteilung ab, hat sie dies gegenüber der betroffenen Person zu begründen (s. auch § 121 I), soweit nicht mit der sich hieraus ergebenden Mitteilung der mit der Auskunftsverweigerung verbundene Zweck gefährdet würde (Abs. 4 S. 1). Die Vorschrift soll dem Schutz der Rechte und Freiheiten der betroffenen Person dienen und diese in die Lage versetzen, die Ablehnungsentscheidung nachzuvollziehen und ggf. durch die/den **Bundesbeauftragte/n für den Datenschutz und die Informationsfreiheit** prüfen zu lassen (BT-Drs. 18/12611, 88). Auf die Beschwerdemöglichkeit ist die betroffene Person nach Art. 12 IV DS-GVO hinzuweisen. Durch die Möglichkeit, bei **Zweckgefährdung** von einer Begründung abzusehen, soll vermieden werden, dass die betroffene Person aus der Ablehnungsentscheidung zB Rückschlüsse auf die gespeicherten Daten und den Ermittlungsstand der FB oder der StFahndung ziehen kann (BeckOK AO § 32c Rn. 170). Eine Zweckgefährdung kommt nur für die Fälle des Abs. 1 Nr. 1 und 2 und nicht für die des Nr. 3 in Betracht (Gosch AO § 32c Rn. 21).

15 Mit § 32c IV 2 wird eine **strenge Zweckbindung** für die im Rahmen der Auskunftserteilung übermittelten und zu dessen Vorbereitung gespeicherten Daten angeordnet. Diese Daten dürfen nur für die Auskunftserteilung sowie für Zwecke der Datenschutzkontrolle verarbeitet werden. Für andere Zwecke ist die Verarbeitung nach Maßgabe des Art. 18 DS-GVO einzuschränken. Danach darf eine Verarbeitung nur mit Einwilligung der betroffenen Person oder aus wichtigen öffentlichen Interessen erfolgen (Art. 18 II DS-GVO).

VII. Information an die/den Bundesbeauftragte/n für den Datenschutz und die Informationssicherheit (Abs. 5)

16 Entsprechend der Regelung in § 34 III BDSG ordnet § 32c V 1 an, dass bei unterbliebener Auskunftserteilung im Einzelfall eine Auskunftserteilung an die/den Bundesbeauftragte/n für den Datenschutz und die Informationssicherheit verlangt werden kann. Es handelt sich dabei um einer Art. „Ersatzrecht“ für die direkt erteilte Auskunft (TK § 32c Rn. 27). Die FB kann diese Information nur verweigern, soweit die zuständige oberste FB (dh das BMF nach § 1 Nr. 1 FVG oder das jeweilige LandesFM nach § 2 Nr. 1 FVG) feststellt, dass durch die Auskunft die Sicherheit des Bundes oder eines Landes gefährdet würde. Die/der Bundesbeauftragte für den Datenschutz und die Informationssicherheit prüft im Anschluss, ob die Auskunftsverweigerung rechtmäßig war. Führt diese Prüfung zu dem Ergebnis, dass die Auskunft zu Unrecht nicht erteilt wurde, wirkt die/der Bundesbeauftragte für den Datenschutz und die Informationssicherheit auf die FB ein, damit diese die Auskunft erteilt; eine Weisungsbefugnis steht ihr/ihm nicht zu (BeckOK AO § 32c Rn. 215; Gosch AO § 32c Rn. 26; TK § 32c Rn. 29; aA Klein § 32c Rn. 16; Myßen/Krause FR 2019, 58 (63)). Die sich anschließende Mitteilung der/des Bundesbeauftragten für den Datenschutz und die Informationssicherheit darf nach Abs. 5 S. 2 keine Rückschlüsse auf den Erkenntnisstand der FB zulassen, sofern diese nicht einer weitergehenden Auskunft zustimmt. Damit sind solche Informationen gemeint, die zur Versagung nach § 32c I Nr. 1 iVm § 32b I oder II bzw. zur Versagung nach § 32c I Nr. 2 geführt haben (BeckOK AO § 32c Rn. 221).

VIII. Rechtsschutz

17 Bei sich aus § 32c ergebenden Streitigkeiten über die Auskunftspflichten der FB bzw. die Rechtmäßigkeit der Beschränkung dieser Pflichten kann die betroffene Person **unmittelbar gerichtlich** gegen die verantwortliche FB vorgehen (§ 32i). Ein außergerichtliches Vorverfahren findet nicht statt (§ 32i IX). Neben dem Prüfungsrecht nach § 32 V steht der betroffenen Person nach Art. 77 I DS-GVO auch ein **Beschwerderecht** bei der/dem

Bundesbeauftragten für den Datenschutz und die Informationsfreiheit als zuständige Aufsichtsbehörde zu.

§ 32d Form der Information oder Auskunftserteilung

(1) **Soweit Artikel 12 bis 15 der Verordnung (EU) 2016/679 keine Regelungen enthalten, bestimmt die Finanzbehörde das Verfahren, insbesondere die Form der Information oder der Auskunftserteilung, nach pflichtgemäßem Ermessen.**

(2) **Die Finanzbehörde kann ihre Pflicht zur Information der betroffenen Person gemäß Artikel 13 oder 14 der Verordnung (EU) 2016/679 auch durch Bereitstellung der Informationen in der Öffentlichkeit erfüllen, soweit dadurch keine personenbezogenen Daten veröffentlicht werden.**

(3) **Übermittelt die Finanzbehörde der betroffenen Person die Informationen über die Erhebung oder Verarbeitung personenbezogener Daten nach Artikel 13 oder 14 der Verordnung (EU) 2016/679 elektronisch oder erteilt sie der betroffenen Person die Auskunft nach Artikel 15 der Verordnung (EU) 2016/679 elektronisch, ist § 87a Absatz 7 oder 8 entsprechend anzuwenden.**

Schrifttum: Siehe Literatur zu § 32a.

I. Allgemeines

Inhalt und unionsrechtliche Vorgaben. § 32d wurde durch das G v. 17.7.2017 (BGBl. 2017 I 2541) eingefügt und trat am 25.5.2018 in Kraft. Die Vorschrift dient – wie auch die übrigen Vorschriften des Sechsten und Siebten Abschnitts der AO – der Umsetzung und Ergänzung der seit dem 25.5.2018 geltenden DS-GVO (→ § 32a Rn. 1). § 32d erhält Angaben zur Form der Informations- oder Auskunftserteilung durch die FB, wobei **Abs. 1** allgemeine Vorgaben für die Informations- und Auskunftserteilung tätigt. **Abs. 2** ermöglicht die öffentliche Bereitstellung von Informationen und **Abs. 3** betrifft die elektronische Informations- und Auskunftserteilung. 1

Der **Anwendungsbereich** der Vorschrift erfasst in **sachlicher** Hinsicht alle Informations- und Auskunftsansprüche nach Art. 13 bis 15 DS-GVO. In **zeitlicher** Hinsicht erstreckt sich die Vorschrift auf alle ab dem 25.5.2018 anhängigen Auskunfts- und Informationsverfahren (Gosch AO § 32d Rn. 3). 2

§ 32d I stellt bereits eingangs unmittelbar klar, dass diese Regelung nur gilt, soweit die DS-GVO in Art. 12 bis 15 keine Regelungen enthält. Aufgrund des Anwendungsvorrangs des Unionsrechts (vgl. § 2a III) gehen die gemeinschaftsrechtlichen Vorschriften allgemein den nationalen datenschutzrechtlichen Vorschriften vor. In diesem Zusammenhang enthält vor allem **Art. 12 DS-GVO** Vorschriften über die Modalitäten der Informationserteilung. So soll die verantwortliche Behörde nach Art. 12 I 1 DS-GVO geeignete Maßnahmen treffen, um der betroffenen Person die nötigen Informationen oder Auskünfte in präziser, transparenter, verständlicher und leicht zugänglicher Form in einer klaren und einfachen Sprache zu übermitteln. Die Übermittlung der Information hat nach Art. 12 I 2 DS-GVO schriftlich oder in anderer Form, ggf. auch elektronisch zu erfolgen. Art. 12 III DS-GVO enthält zudem eine Vorgabe hinsichtlich des Zeitraums, innerhalb dessen Informationen nach Art. 15–22 DS-GVO zu erteilen sind. Danach muss die Information **unverzüglich,** spätestens aber innerhalb eines Monats nach Eingang des Antrags zur Verfügung gestellt werden. Diese Frist kann bei besonders komplexen Informationen oder einer Vielzahl von Anträgen auf zwei Monate verlängert werden. Die Informationen sind nach Art. 12 V 1 DS-GVO grds. **unentgeltlich** zur Verfügung zu stellen. Bei offensichtlich unbegründeten oder exzessiven Anträgen kann der Verantwortliche ein angemessenes Entgelt verlangen oder sich weigern, aufgrund des Antrags tätig zu werden (Art. 12 V 2 DS-GVO; s. hierzu auch BFH 12.3.2024 – IX R 35/21, BStBl. II 2024, 682). Zu den Regelungen des Art. 13 3

DS-GVO → § 32a Rn. 9 f.; Art. 14 DS-GVO → § 32b Rn. 3 f. und Art. 15 DS-GVO → § 32c Rn. 4 ff.

II. Ergänzende Formvorschriften des § 32d

4 **Abs. 1** modifiziert für Informationen und Auskünfte die Verfahrensvorgaben der §§ 85 ff. (Gosch AO § 32d Rn. 6). Danach bestimmt die FB, soweit Art. 12–15 DS-GVO keine Vorgaben enthalten, das Verfahren, insb. die Form der Information, nach **pflichtgemäßem Ermessen** (BFH 12.3.2024 – IX R 35/21, BStBl. II 2024, 682: kein Belieben der FA). Bei der Ausübung des Ermessens sind die allgemeinen Grundsätze der Verhältnismäßigkeit der Mittel, der Erforderlichkeit, der Geeignetheit und von Treu und Glauben sowie das Willkürverbot und das Übermaßverbot zu beachten (HHSp § 32d Rn. 7). Den individuellen Erwartungen der betroffenen Person ist hierbei angemessen Rechnung zu tragen (BT-Drs. 18/12611, 89). Die konkreten Regelungen der DS-GVO stellen ermessenslenkende Vorgaben dar, an denen die FB ihre Ermessensausübung auszurichten hat (Gosch AO § 32d Rn. 8; HHSp § 32d Rn. 6). Nur soweit Art. 12–15 DS-GVO keine (abweichenden) Regelungen enthalten (idR Zurverfügungstellung von Kopien der personenbezogenen Daten nach Art. 15 III 1, 3 DS-GVO, vgl. BFH 12.3.2024 – IX R 35/21, BStBl. II 2024, 682), kann die FB, sofern sie es für zweckmäßig hält, Auskunft auch im Wege der **Akteneinsicht** erteilen (BMF 13.1.2020, BStBl. I 2020, 143 Tz. 32; BFH 29.8.2019 – X S 6/19, BFH/NV 2020, 25; FG München 3.2.2022 – 15 K 1212/19, EFG 2022, 727; aA Klein § 32d Rn. 3); hieraus ergibt sich allerdings kein Anspruch des Stpfl. auf Akteneinsicht (→ § 32c Rn. 5; FG Berlin-Brandenburg 4.8.2022 – 16 K 5109/20, EFG 2023, 305). Der FB steht es insoweit auch frei, bei der Informationserteilung auf verschiedene Medien zurückzugreifen, sofern die Information trotzdem präzise und transparent bleibt (TK § 32c Rn. 6; aA HHSp § 32d Rn. 10) und der Stpfl. auf der Basis seiner technischen und sonstigen Möglichkeiten befähigt ist, die Informationen zu lesen und auszuwerten (FG Düsseldorf 1.12.2021 – 4 K 3156/18 AO, EFG 2023, 1051). Die von Art. 12 I 3 DS-GVO ausdrücklich vorgesehene mündliche Form wird durch § 32d I nicht beeinträchtigt (BT-Drs. 18/12611, 89). Dies ist vor allem für telefonische Anfragen bei der FB bedeutsam. Hat der Stpfl. einen Bevollmächtigten iSd § 80 I bestellt, soll die Information oder Auskunft an diesen erteilt werden. Etwas anderes gilt lediglich dann, wenn Anhaltspunkte für einen abweichenden Willen des Stpfl. bestehen, zB wenn dieser die Auskunft selbst direkt bei der FB beantragt hat (BMF 13.1.2020, BStBl. I 2020, 143 Tz. 33). Unabhängig von der gewählten Form ist bei der Auskunfts- oder Informationserteilung immer das StGeheimnis (§ 30) zu wahren.

7 **Abs. 2** ermöglicht es der FB, ihren Informationspflichten nach Art. 13 und 14 DS-GVO auch durch **Bereitstellung der Informationen in der Öffentlichkeit** nachzukommen, soweit hierdurch keine personenbezogenen Daten veröffentlicht werden. Nach der FVerw. soll dies zB durch ein allgemeines Informationsschreiben unter Hinweis auf ein im Internet veröffentlichtes Merkblatt erfolgen können (BMF 13.1.2020, BStBl. I 2020, 143 Tz. 43). Im Hinblick auf Art. 13 IV DS-GVO ist eine enge Auslegung der Vorschrift angezeigt (so auch Gosch AO § 32d Rn. 7). Danach ist die Bereitstellung in der Öffentlichkeit nur dann unionsrechtskonform, wenn der betroffenen Person unmittelbar die Möglichkeit zur Kenntnisnahme oder zum Abruf (zB durch Angabe eines QR-Codes) gegeben wird (Gosch AO § 32d Rn. 7, 28; BeckOK AO § 32d Rn. 60; TK § 32d Rn. 12).

9 Wählt die FB für die Informationsübermittlung die **elektronische Form,** sind nach **Abs. 3** die § 87a VII und VIII entspr. anzuwenden. Die FB hat sich daher eines sicheren Verfahrens zur Informationsübermittlung, wie zB De-Mail, zu bedienen (Myßen/Krause FR 2019, 58 (64)). Hierdurch soll die Authentizität, die Vertraulichkeit und die Integrität des Datensatzes gewährleistet werden. Die betroffene Person hat sich zudem zu authentisie-

ren (BT-Drs. 18/12611, 89). In der Praxis wird dies zB über das ELSTER-Portal erfolgen können (HHSp § 32d Rn. 27; Schwarz/Pahlke/Keß § 32d Rn. 5).

III. Rechtsschutz

Bei sich aus § 32d ergebenden Streitigkeiten über die Form der Auskunfts- und Informationserteilung kann die betroffene Person **unmittelbar gerichtlich** gegen die verantwortliche FB vorgehen (§ 32i). Ein außergerichtliches Vorverfahren findet nicht statt (§ 32i IX). Daneben steht der betroffenen Person nach Art. 77 I DS-GVO auch ein **Beschwerderecht** bei der/dem Bundesbeauftragten für den Datenschutz und die Informationsfreiheit als zuständige Aufsichtsbehörde zu. 13

§ 32e Verhältnis zu anderen Auskunfts- und Informationszugangsansprüchen

[1]Soweit die betroffene Person oder ein Dritter nach dem Informationsfreiheitsgesetz vom 5. September 2005 (BGBl. I S. 2722) in der jeweils geltenden Fassung oder nach entsprechenden Gesetzen der Länder gegenüber der Finanzbehörde ein Anspruch auf Informationszugang hat, gelten die Artikel 12 bis 15 der Verordnung (EU) 2016/679 in Verbindung mit den §§ 32a bis 32d entsprechend. [2]Weitergehende Informationsansprüche über steuerliche Daten sind insoweit ausgeschlossen. [3]§ 30 Absatz 4 Nummer 2 ist insoweit nicht anzuwenden.

Schrifttum: Siehe Literatur zu § 32a.

Der durch das G v. 17.7.2017 (BGBl. 2017 I 2541) eingefügte und am 25.5.2018 in Kraft getretene § 32e regelt das Verhältnis der DS-GVO und der § 2a und §§ 32a ff. zu anderen Informations- und Auskunftsansprüchen. **Satz 1** stellt in diesem Zusammenhang klar, dass die DS-GVO und die §§ 32a–32d nicht durch die **Informationsfreiheitsgesetze** des Bundes oder der Länder umgangen werden können (BT-Drs. 18/12611, 89). Zu den einzelnen Informationsfreiheitsgesetzen s. Gosch AO § 32e Rn. 5. Die Informationsfreiheitsgesetze werden auf diesem Weg materiell-rechtlich modifiziert und in ihren Rechtsfolgen verdrängt (BVerwG 25.2.2022 – 10 C 4/20, BVerwGE 175, 62; BVerwG 9.12.2022 – 10 B 2/22, HFR 2023, 298; OVG Bremen 10.1.2023 – 1 LA 420/21, NVwZ 2023, 931; TK § 32e Rn. 1 spricht insoweit von einer beschneidenden Rechtsfolgenparallelisierung). Dies ist vor allem von Bedeutung, wenn die Informationsfreiheitsgesetze auch fremden Dritten Informationsansprüche gewähren (Gosch AO § 32e Rn. 9). 1

Satz 2 stellt klar, dass weitergehende Informationsansprüche über steuerliche Daten ausgeschlossen sind. Nach **Satz 3** ist die durch § 30 IV Nr. 2 vorgesehene Offenbarungsbefugnis durch Gesetz ausgeschlossen. Hierdurch wird den Informationsfreiheitsgesetzen die Funktion als Rechtsgrundlage für eine zulässige Offenbarung durch die FB gesetzlich abgesprochen (TK § 32e Rn. 13; FG Berlin-Brandenburg 27.10.2021 – 16 K 11306/19, EFG 2022, 828). 3

Für Klagen gegen FB wegen Auskunfts- und Informationsansprüchen, deren Umfang nach § 32e begrenzt wird, ist gem. § 32i II 2 der **Finanzrechtsweg** eröffnet (anders noch BFH 16.6.2020 – II B 65/19, BStBl. II 2020, 622; BVerwG 28.10.2019 – 10 B 21.19, ZIP 2020, 86). Nach Auffassung des BVerwG ergibt sich aus § 32e S. 2, dass der Finanzrechtsweg nur insoweit eröffnet ist, wie sich das Auskunftsbegehren auf „steuerliche Daten" bezieht, mit der Folge, dass für Auskunftsersuchen eines Erben im Hinblick auf Konten, Sparguthaben, Depots und Schließfächer des Verstorbenen der Verwaltungsrechtsweg eröffnet ist (BVerwG 9.12.2022 – 10 B 2.22, NVwZ 2023, 421). 4

§ 32f Recht auf Berichtigung und Löschung, Widerspruchsrecht

(1) [1] **Wird die Richtigkeit personenbezogener Daten von der betroffenen Person bestritten und lässt sich weder die Richtigkeit noch die Unrichtigkeit der Daten feststellen, gilt ergänzend zu Artikel 18 Absatz 1 Buchstabe a der Verordnung (EU) 2016/679, dass dies keine Einschränkung der Verarbeitung bewirkt, soweit die Daten einem Verwaltungsakt zugrunde liegen, der nicht mehr aufgehoben, geändert oder berichtigt werden kann.** [2] **Die ungeklärte Sachlage ist in geeigneter Weise festzuhalten.** [3] **Die bestrittenen Daten dürfen nur mit einem Hinweis hierauf verarbeitet werden.**

(2) [1] **Ist eine Löschung im Falle nicht automatisierter Datenverarbeitung wegen der besonderen Art der Speicherung nicht oder nur mit unverhältnismäßig hohem Aufwand möglich und ist das Interesse der betroffenen Person an der Löschung als gering anzusehen, besteht das Recht der betroffenen Person auf und die Pflicht der Finanzbehörde zur Löschung personenbezogener Daten gemäß Artikel 17 Absatz 1 der Verordnung (EU) 2016/679 ergänzend zu den in Artikel 17 Absatz 3 der Verordnung (EU) 2016/679 genannten Ausnahmen nicht.** [2] **In diesem Fall tritt an die Stelle einer Löschung die Einschränkung der Verarbeitung gemäß Artikel 18 der Verordnung (EU) 2016/679.** [3] **Die Sätze 1 und 2 finden keine Anwendung, wenn die personenbezogenen Daten unrechtmäßig verarbeitet wurden.**

(3) [1] **Ergänzend zu Artikel 18 Absatz 1 Buchstabe b und c der Verordnung (EU) 2016/679 gilt Absatz 2 Satz 1 und 2 entsprechend im Fall des Artikels 17 Absatz 1 Buchstabe a und d der Verordnung (EU) 2016/679, solange und soweit die Finanzbehörde Grund zu der Annahme hat, dass durch eine Löschung schutzwürdige Interessen der betroffenen Person beeinträchtigt würden.** [2] **Die Finanzbehörde unterrichtet die betroffene Person über die Einschränkung der Verarbeitung, sofern sich die Unterrichtung nicht als unmöglich erweist oder einen unverhältnismäßigen Aufwand erfordern würde.**

(4) **Ergänzend zu Artikel 17 Absatz 3 Buchstabe b der Verordnung (EU) 2016/679 gilt Absatz 2 entsprechend im Fall des Artikels 17 Absatz 1 Buchstabe a der Verordnung (EU) 2016/679, wenn einer Löschung vertragliche Aufbewahrungsfristen entgegenstehen.**

(5) **Das Recht auf Widerspruch gemäß Artikel 21 Absatz 1 der Verordnung (EU) 2016/679 gegenüber einer Finanzbehörde besteht nicht, soweit an der Verarbeitung ein zwingendes öffentliches Interesse besteht, das die Interessen der betroffenen Person überwiegt, oder eine Rechtsvorschrift zur Verarbeitung verpflichtet.**

Schrifttum: Siehe Literatur zu § 32a.

I. Allgemeines

1 **Inhalt und Zweck der Vorschrift.** § 32f wurde durch das G v. 17.7.2017 (BGBl. 2017 I 2541) eingefügt und trat am 25.5.2018 in Kraft. Die Vorschrift dient – wie auch die übrigen Vorschriften des Sechsten und Siebten Abschnitts der AO – der Umsetzung und Ergänzung der seit dem 25.5.2018 geltenden DS-GVO (→ § 32a Rn. 1). Die DS-GVO enthält verschiedene Rechte für die betroffene Person, mit denen diese gegen nach ihrer Auffassung unzutreffende Daten vorgehen kann. So kann sie nach **Art. 16 DS-GVO** die unverzügliche Berichtigung unzutreffender oder die Vervollständigung unvollständiger personenbezogener Daten verlangen. **Art. 17 DS-GVO** regelt das sog. „Recht auf Vergessenwerden" (Recht auf Löschung). Danach kann der Stpfl. ua bei der FB die Löschung seiner personenbezogenen Daten verlangen, wenn diese nicht mehr benötigt

werden oder die Daten unrechtmäßig verarbeitet wurden. Zudem enthält **Art. 21 DS-GVO** ein Widerspruchsrecht der betroffenen Person. Erhebt der Stpfl. in den dort geregelten Fällen Widerspruch, darf die FB die Daten nur verarbeiten, wenn sie zwingende Gründe nachweisen kann, die die Interessen, Rechte und Freiheiten des Stpfl. überwiegen, oder wenn dies der Geltendmachung, Ausübung oder Verteidigung von Rechtsansprüchen dient. Darüber hinaus enthält **Art. 18 DS-GVO** verschiedene Tatbestände, in denen der Stpfl. das Recht hat, von der FB eine Einschränkung der Datenverarbeitung zu verlangen. Wichtigster Fall dürfte nach Buchst. a sein, wenn die Richtigkeit der Daten bestritten wird und dies überprüft werden soll. Für diese verschiedenen Rechte enthält die DS-GVO selbst teilweise **Einschränkungen.** So sieht zB Art. 17 III DS-GVO verschiedene Ausnahmen für das Recht auf Löschung vor. Für die FB dürfte insb. die Ausnahme nach Buchst. b interessant sein, dh dass die Daten für die Erfüllung einer rechtlichen Verpflichtung oder zur Wahrnehmung einer Aufgabe im öffentlichen Interesse gespeichert werden (Erkis DStR 2018, 161 (166) spricht in diesem Zusammenhang von einem „stumpfen Schwert" für den Stpfl.).

Die durch die DS-GVO gewährten Rechte auf Berichtigung, Löschung und Widerspruch schränkt § 32f basierend auf der Befugnis des Art. 23 DS-GVO ein. **Abs. 1** betrifft die Verarbeitungseinschränkung des Art. 18 DS-GVO und soll der Rechtssicherheit dienen (BT-Drs. 18/12611, 89). Eine § 32f I entsprechende Vorschrift findet sich nicht im BDSG. Die **Abs. 2–4** betreffen das Löschungsrecht nach Art. 17 DS-GVO und normieren dessen Beschränkung aufgrund unverhältnismäßigen Aufwands (Abs. 2), aufgrund schutzwürdiger Interessen der betroffenen Person (Abs. 3) oder aufgrund vertraglicher Aufbewahrungspflichten (Abs. 4). Den Abs. 2–4 entsprechende Vorschriften finden sich in § 35 BDSG. **Abs. 5** beschränkt das Widerrufsrecht nach Art. 21 DS-GVO und entspricht der Regelung des § 36 BDSG. 2

Anwendungsbereich. § 32f erfasst – mit Ausnahme von Abs. 2, der sich auf nicht automatisierte Datenverarbeitungen beschränkt – sämtliche bei den FB (§ 6 II) gespeicherten personenbezogenen Daten (zum Begriff bereits → § 29b Rn. 20 f.), wobei die Vorschrift in **zeitlicher** Hinsicht auch auf alle personenbezogenen Daten Anwendung findet, die vor dem 25.5.2018 erhoben wurden (OVG Lüneburg 20.6.2019 – 11 LC 121/17, ZD 2019, 473; rkr. durch BVerwG 16.9.2020 – 6 C 10/19, ZInsO 2020, 2658; Gosch AO § 32f Rn. 4). Der Anwendungsbereich der DS-GVO ist nicht auf harmonisierte Steuern beschränkt und erfasst auch personenbezogene Daten, die (noch) in in Papierform geführten Akten enthalten sind (BFH 7.5.2024 – IX R 21/22, BFH/NV 2024, 1070; BFH 12.3.2024 – IX R 35/21, BStBl. II 2024, 682). In **personeller** Hinsicht erfasst § 32f als betroffene Personen – abweichend vom Anwendungsbereich der DS-GVO – (sowohl lebende als auch verstorbene) natürliche Personen, Körperschaften und Personenvereinigungen sowie Vermögensmassen, auch wenn diese nicht rechtsfähig sind (§ 2a V). 3

II. Keine Einschränkung für bestandskräftige VA (Abs. 1)

§ 32f I 1 schränkt das Recht der betroffenen Person ein, nach Art. 16 DS-GVO eine Berichtigung oder Vervollständigung ihrer Auffassung nach unzutreffender Daten zu verlangen. Art. 18 I Buchst. a DS-GVO schreibt in diesem Zusammenhang vor, dass die betroffene Person, wenn die Richtigkeit der Daten von ihr bestritten wird, berechtigt ist, eine Einschränkung der Datenverarbeitung so lange zu verlangen, bis es der FB möglich ist, die Richtigkeit der Daten zu überprüfen. Ein solches Bestreiten muss vom Stpfl. begründet werden, da im Einzelfall nur er über die ausreichende Kenntnis verfügen wird (BeckOK AO § 32f Rn. 31). Liegt ein **bestandskräftiger VA** vor und **lässt sich weder die Richtigkeit noch die Unrichtigkeit der Daten feststellen,** wirkt sich dies nach § 32f I 1 zulasten des Stpfl. aus. Hierdurch soll der Bestandskraft eines VA grundsätzlich Vorrang gewährt werden (BT-Drs. 18/12611, 89; vgl. Tormöhlen AO-StB 2019, 248 (251), wonach das Datenschutzrecht aus Gründen der Verwaltungspraktikabilität an das 4 allgemeine StRecht angepasst wird). Der Berichtigungsantrag des Stpfl. bewirkt dann **keine Einschränkung der Verarbeitung** (TK § 32f Rn. 20; Erkis DStR 2018, 161 (166)). Umfasst werden nicht nur StBescheide, sondern zB auch VA im Rahmen der Vollstreckung (Gosch AO § 32f Rn. 12). Wie man der Gesetzesbegründung entnehmen kann (BT-Drs. 18/12611, 90: „Unabhängig hiervon sind anderen, noch offenen oder künftigen Verfahren die richtigen personenbezogenen Daten zugrunde zu legen."), beschränkt sich die Wirkung auf den **einzelnen Besteuerungszeitraum** und die bereits eingetretene Bestandskraft (TK § 32f Rn. 23).

6 **Dokumentationspflicht.** Liegt eine ungeklärte Sachlage vor, muss die FB diese nach **Abs. 1 S. 2** in geeigneter Weise festhalten. Der entsprechende Hinweis muss so in den Papierakten oder elektronischen Dokumenten aufgenommen werden, dass für zukünftige Bearbeitungen ein Übersehen ausgeschlossen werden kann (BeckOK AO § 32f Rn. 40; vgl. auch TK § 32f Rn. 25: keine Anbringung an versteckter oder leicht übersehbarer Stelle). Außerdem dürfen die bestrittenen Daten nach **Abs. 1 S. 3** nur mit einem Hinweis hierauf verarbeitet werden. Erforderlich ist auch hier, dass ein Non-Liquet-Fall vorliegt (Gosch AO § 32f Rn. 18).

III. Ausschluss des Löschungsanspruchs (Abs. 2–4)

8 Die Abs. 2–4 schränken das Löschungsrecht der betroffenen Person und damit einhergehend die Verpflichtung der FB aus Art. 17 I DS-GVO zusätzlich zu den in Art. 17 III DS-GVO geregelten Ausnahmen ein.

1. Aufgrund unverhältnismäßigen Aufwands (Abs. 2)

8a Der Ausschluss nach § 32f II beschränkt sich auf Fälle **nicht automatisierter Datenverarbeitung** und umfasst insb. Archivierungen in Papierform, analoge Speichermedien wie Mikrofiche, handschriftliche Aufzeichnungen sowie unsortierte Papierakten und Papiersammlungen (zum Begriff TK § 32f Rn. 27; Kühling/Buchner DS-GVO Art. 2 Rn. 17 ff.; Paal/Pauly DS-GVO Art. 2 Rn. 8; aA Gosch AO § 32f Rn. 20). Papierakten, die zumindest teilautomatisiert verarbeitet werden, zählen demgegenüber jedoch nicht zu den Fällen nichtautomatisierter Datenverarbeitung (vgl. BFH 12.3.2024 – IX R 35/21, BStBl. II 2024, 682).

9 Voraussetzung ist, dass die Löschung wegen der besonderen Art der Speicherung nicht oder nur mit unverhältnismäßig hohem Aufwand möglich und das Interesse der betroffenen Person an der Löschung als gering anzusehen ist. Der vertretbare Aufwand bestimmt sich dabei nach dem jeweiligen Stand der Technik und erfasst insb. nicht oder nur mit **unverhältnismäßig hohem Aufwand** veränderbare Datenspeicher (BT-Drs. 18/12611, 90). Ein geringes Interesse an der Löschung kann zB vorliegen, wenn sich die Daten auf einen nicht mehr änderbaren StBescheid beziehen. Ein zu großer Löschungsaufwand liegt beispielsweise vor, wenn die Daten in einem Massenspeicher gespeichert sind, aus dem sie nicht ohne Weiteres entnommen werden können (Klein § 32f Rn. 5). Gleiches gilt, wenn zB BP-Daten auf einem Datenträger abgespeichert wurden und die Löschung einzelner Daten zunächst die Kopie der weiterhin zu speichernden Daten erforderlich machen würde (Tormöhlen AO-StB 2019, 248 (251)). An die Stelle der Löschung tritt in diesen Fällen nach **Abs. 2 S. 2** eine Einschränkung der Verarbeitung. Die entsprechenden Daten sind daher nach Art. 4 Nr. 3 DS-GVO ausreichend zu markieren. Der Ausschlusstatbestand kommt nach **Abs. 2 S. 3** nicht zur Anwendung, wenn die Daten **unrechtmäßig verarbeitet** wurden (Art. 17 I Buchst. d DS-GVO). Die FB ist in diesen Fällen nicht schutzwürdig und kann sich daher auch nicht auf einen unverhältnismäßig hohen Aufwand berufen (BT-Drs. 18/12611, 90).

2. Aufgrund schutzwürdiger Interessen (Abs. 3)

11 Abs. 3 **S. 1** sieht eine Beschränkung zur Wahrung schutzwürdiger Interessen der betroffenen Person vor. Die doppelte Verweisung auf die Vorschriften der DS-GVO ist relativ

unübersichtlich. Die angesprochenen Tatbestände des Art. 17 I DS-GVO beinhalten zum einen, dass die erhobenen Daten für den jeweiligen Zweck nicht mehr notwendig sind (Buchst. a), und zum anderen die unrechtmäßige Datenverarbeitung (Buchst. d). Abs. 3 S. 1 ergänzt in diesem Zusammenhang den Art. 18 DS-GVO dahingehend, dass auch ohne entsprechendes Verlangen der betroffenen Person eine generelle Pflicht der FB zur Einschränkung der Verarbeitung vorliegt, wenn Grund zu der Annahme besteht, dass durch die Löschung schutzwürdige Interessen der betroffenen Person beeinträchtigt würden. Diese Regelung ist notwendig, da die FB nach Art. 17 DS-GVO grundsätzlich verpflichtet ist, nicht mehr erforderliche oder unrechtmäßig verarbeitete Daten zu löschen. An die Stelle der Löschung tritt in diesen Fällen die Einschränkung der Verarbeitung (BT-Drs. 18/12611, 90). **Schutzwürdige Interessen** sind dann beeinträchtigt, wenn die Löschung mittelbar Auswirkungen auf andere personenbezogene Daten oder generell das Besteuerungsverfahren der betroffenen Person hat, insb. weil ohne die zu löschenden Daten die Richtigkeit einer Festsetzung nicht mehr nachvollzogen werden kann (Gosch AO § 32f Rn. 28). Der Gesetzgeber hat die Vorschrift durch das 2. DSAnpUG-EU (BGBl. 2019 I 1626) redaktionell geändert. Vorher enthielt die Vorschrift einen Verweis auf § 32f I und bezog sich dementsprechend nicht auf das Löschungsrecht (BT-Drs. 19/4674, 290).

Die Einschränkung der Verarbeitung bedeutet für die betroffene Person die Möglichkeit zu entscheiden, gegenüber der FB entweder ein Einschränkungsverlangen zu äußern oder von ihrem Löschungsrecht Gebrauch zu machen. Begleitend hierzu sieht Abs. 3 **S. 2** eine **Unterrichtungspflicht** der FB vor, sofern sich die Unterrichtung nicht als unmöglich darstellt oder einen unverhältnismäßigen Aufwand bedeuten würde. Der Gesetzgeber geht daher davon aus, dass es sich nur um eine **vorübergehende Einschränkung der Löschungspflicht** handelt (BT-Drs. 18/12611, 91). Entfällt der Grund für die Beeinträchtigung der schutzwürdigen Interessen, ist eine nachträgliche Löschung der Daten zu veranlassen (TK § 32f Rn. 32; BeckOK AO § 32f Rn. 70). 12

3. Aufgrund vertraglicher Aufbewahrungspflichten (Abs. 4)

Abs. 4 sieht eine Einschränkung des Löschungsrechts für die Fälle vor, in denen der Löschung vertragliche Aufbewahrungsfristen entgegenstehen. Hierdurch soll eine mögliche Pflichtenkollision der FB vermieden werden (BT-Drs. 18/12611, 91). Durch das 2. DSAnpUG-EU (BGBl. 2019 I 1626) wurde der Verweis auf Abs. 2 korrigiert. Die Vorschrift entspricht § 35 III BDSG. Im StRecht dürfte der Anwendungsbereich eingeschränkt sein (TK § 32f Rn. 34; BeckOK AO § 32f Rn. 91). 14

IV. Ausschluss des Widerspruchsrechts, Abs. 5

Nach Abs. 5 besteht das Widerspruchsrecht der betroffenen Person nicht, soweit an der Verarbeitung ein **zwingendes öffentliches Interesse** besteht, das die Interessen der betroffenen Person überwiegt, oder eine **Rechtsvorschrift** zur Verarbeitung verpflichtet. Nach der FVerw. sollen zwingende öffentliche Interessen vor allem in den Fällen des § 30 IV Nr. 5 vorliegen (BMF 13.1.2020, BStBl. I 2020, 143 Tz. 89). Regelmäßig dürften die Grundsätze der Gleichmäßigkeit, Gesetzmäßigkeit und Verhältnismäßigkeit der StFestsetzung die Interessen einer betroffenen Person an der zukünftigen Verarbeitung rechtmäßig erhobener Daten überwiegen (Gosch AO § 32f Rn. 34; BeckOK AO § 32f Rn. 103; aA TK § 32f Rn. 36, wonach stets eine Prüfung und Begründung des Einzelfalls zu erfolgen habe). Als mögliche Rechtsvorschriften, die zur Verarbeitung verpflichten, kommen die §§ 85, 88 (BFH 5.9.2023 – IX R 32/21, BStBl. II 2024, 159; FG Niedersachsen 9.5.2023 – 12 K 228/22, BeckRS 2023, 47171 (rkr.)) oder auch Vorschriften mit entsprechenden Offenbarungspflichten für die FB (zB §§ 31a, 31b AO) in Betracht (BMF 13.1.2020, BStBl. I 2020, 143 Tz. 89). Sofern das Widerspruchsrecht nach § 32f V aus- 16 geschlossen ist, kann die betroffene Person die (zukünftige) Datenverarbeitung durch den Widerspruch also nicht aufhalten (Gosch AO § 32f Rn. 36).

V. Rechtsschutz

20 Bei sich aus § 32f ergebenden Streitigkeiten über den Anspruch auf Berichtigung, Löschung oder Widerspruch kann die betroffene Person **unmittelbar gerichtlich** gegen die verantwortliche FB vorgehen (§ 32i). Ein außergerichtliches Vorverfahren findet nicht statt (§ 32i IX). Ferner steht ihr nach Art. 77 I DS-GVO ein **Beschwerderecht** bei der/dem Bundesbeauftragten für den Datenschutz und die Informationsfreiheit als zuständige Aufsichtsbehörde zu.

§ 32g Datenschutzbeauftragte der Finanzbehörden

Für die von Finanzbehörden gemäß Artikel 37 der Verordnung (EU) 2016/679 zu benennenden Datenschutzbeauftragten gelten § 5 Absatz 2 bis 5 sowie die §§ 6 und 7 des Bundesdatenschutzgesetzes entsprechend.

I. Allgemeines

1 § 32g wurde mit G v. 17.7.2017 (BGBl. 2017 I 2541) neu eingefügt und trat am 25.5.2018 in Kraft. Die Vorschrift dient der Umsetzung der Verpflichtung aus Art. 37 I Buchst. a DS-GVO, wonach im Fall der Datenverarbeitung durch eine Behörde bzw. öffentliche Stelle ein Datenschutzbeauftragter zu benennen ist.

4 § 32g richtet sich in **personeller und sachlicher Hinsicht** ausschließlich an die von FB zu benennenden Datenschutzbeauftragten. Für Datenschutzbeauftrage anderer Behörden und öffentlicher Stellen gelten die Vorschriften des BDSG ggf. unmittelbar.

II. Verweisung auf Regelungen des BDSG

8 § 32g verweist hinsichtlich der Benennung, Stellung und Aufgaben des von den FB zu bestimmenden Datenschutzbeauftragten auf die Regelungen des BDSG (§§ 5 II–V, 6 und 7 BDSG) und erklärt diese für entspr. anwendbar.

1. Benennung des Datenschutzbeauftragten (§ 5 Abs. 2 bis 5 BDSG)

11 Zur Benennung eines Datenschutzbeauftragten enthält bereits Art. 37 DS-GVO detaillierte verbindliche Regelungen, die von § 5 II–V BDSG zum Teil lediglich wiederholt werden. Während § 5 BDSG in den Abs. 2–4 Vorgaben zur Person des Datenschutzbeauftragten macht (insb. ausreichende berufliche Qualifikation und Fachwissen auf dem Gebiet des Datenschutzrechts und der Datenschutzpraxis, § 5 III BDSG), bestimmt § 5 V BDSG in Übereinstimmung mit Art. 37 VII DS-GVO, dass die Kontaktdaten des Datenschutzbeauftragten veröffentlicht und der oder dem Bundesbeauftragten für den Datenschutz und die Informationsfreiheit mitgeteilt werden. Mit **Kontaktdaten** ist nicht die persönliche Anschrift des Datenschutzbeauftragten gemeint. Erforderlich und ausreichend sind vielmehr die Angaben, die eine Erreichbarkeit auf einfachem, direktem und vertraulichem Weg (zB postalisch, telefonisch oder per E-Mail) ermöglichen (Gola/Heckmann DS-GVO Art. 37 Rn. 19). Die namentliche Benennung des Datenschutzbeauftragten ist insoweit nicht erforderlich (ebenso Schwarz/Pahlke/Keß § 32g Rn. 7; Kühling/Buchner DS-GVO Art. 37 Rn. 38; Paal/Pauly DS-GVO Art. 37 Rn. 17; aA BeckOK AO § 32g Rn. 17). Für mehrere Behörden kann unter Berücksichtigung der Organisationsstrukturen und Größe ein gemeinsamer Datenschutzbeauftragter benannt werden (§ 5 II BDSG). Eine bestimmte **Amtszeit** ist gesetzlich nicht vorgegeben, sollte aber vor dem Hintergrund der ordnungsgemäßen Erfüllbarkeit der zugewiesenen Aufgaben nicht zu kurz bemessen wer-

den (Schwarz/Pahlke/Keß § 32g Rn. 3: 2–4 Jahre; Paal/Pauly DS-GVO Art. 37 Rn. 17: 2–4 Jahre; Plath DS-GVO Art. 37 Rn. 61: mindestens 2 Jahre).

2. Stellung des Datenschutzbeauftragten (§ 6 BDSG)

Art. 38 DS-GVO enthält bereits verbindliche Regelungen zur Stellung des Datenschutz- **15** beauftragten, die von § 6 BDSG zum Teil lediglich wiederholt werden. Der Datenschutzbeauftragte wird **weisungsfrei** tätig (§ 6 III 1 BDSG). Er ist frühzeitig in die jeweiligen Verfahrens- und Entscheidungsprozesse einzubinden (§ 6 I BDSG). Ihm sind die für die Erfüllung seiner Aufgaben erforderlichen Ressourcen und der Zugang zu personenbezogenen Daten und Verarbeitungsvorgängen sowie die zur Erhaltung des Fachwissens erforderlichen Ressourcen zur Verfügung zu stellen (§ 6 II BDSG). Der Datenschutzbeauftragte berichtet unmittelbar der Behördenleitung (§ 6 II 2 BDSG). Er ist gem. § 6 V 2 BDSG zur **Verschwiegenheit** über die Identität der betroffenen Person sowie über Umstände, die Rückschlüsse auf die betroffene Person zulassen, verpflichtet. Die Verschwiegenheitspflicht wird in § 6 VI BDSG um ein Zeugnisverweigerungsrecht und ein Beschlagnahmeverbot für Unterlagen über Berufsgeheimnisse ergänzt.

Der Datenschutzbeauftragte kann nur aus wichtigem Grund iSd § 626 BGB abberufen **16** bzw. das Arbeitsverhältnis gekündigt werden (§ 6 IV BDSG). Dieser **besondere Kündigungsschutz** wirkt auch ein Jahr nach dem Ende der Tätigkeit als Datenschutzbeauftragter fort (§ 6 IV 3 BDSG).

3. Aufgaben des Datenschutzbeauftragten (§ 7 BDSG)

Der Datenschutzbeauftragte soll als **interne Kontrollinstanz** die FB bei Überwachung **20** der internen Einhaltung der datenschutzrechtlichen Bestimmungen unterstützen (vgl. Erwägungsgrund 97 der DS-GVO; Kühling/Buchner DS-GVO Art. 37 Rn. 1). Seine Aufgaben ergeben sich aus § 7 I BDSG in Übereinstimmung mit den Regelungen des Art. 39 I DS-GVO. Ihm obliegt danach die Unterrichtung und Beratung der Behörde und der Beschäftigten im Zusammenhang mit der Verarbeitung personenbezogener Daten (Nr. 1), die Überwachung der Einhaltung der datenschutzrechtlichen Vorschriften und die Schulung und Sensibilisierung der an den Verarbeitungsvorgängen beteiligten Beschäftigten (Nr. 2), die Beratung im Zusammenhang mit der Datenschutz-Folgenabschätzung und Überwachung ihrer Durchführung (Nr. 3), die Zusammenarbeit mit der Aufsichtsbehörde (Nr. 4) sowie die Tätigkeit als Anlaufstelle für die Aufsichtsbehörde in mit der Verarbeitung zusammenhängenden Fragen (Nr. 5). Der Datenschutzbeauftragte darf darüber hinaus auch andere Aufgaben und Pflichten wahrnehmen, soweit dies nicht zu einem Interessenskonflikt führt (§ 7 II BDSG).

§ 32h Datenschutzrechtliche Aufsicht, Datenschutz-Folgenabschätzung

(1) [1]**Die oder der Bundesbeauftragte für den Datenschutz und die Informationsfreiheit nach § 8 des Bundesdatenschutzgesetzes ist zuständig für die Aufsicht über die Finanzbehörden hinsichtlich der Verarbeitung personenbezogener Daten im Anwendungsbereich dieses Gesetzes.** [2]**Die §§ 13 bis 16 des Bundesdatenschutzgesetzes gelten entsprechend.**

(2) [1]**Entwickelt eine Finanzbehörde automatisierte Verfahren zur Verarbeitung personenbezogener Daten im Anwendungsbereich dieses Gesetzes für Finanzbehörden anderer Länder oder des Bundes, obliegt ihr zugleich die Datenschutz-Folgenabschätzung nach Artikel 35 der Verordnung (EU) 2016/679.** [2]**Soweit die Verfahren von den Finanzbehörden der Länder und des Bundes im Hinblick auf die datenschutzrelevanten Funktionen unverändert übernommen werden, gilt die Datenschutz-Folgenabschätzung auch für die übernehmenden Finanzbehörden.**

(3) **Durch Landesgesetz kann bestimmt werden, dass die oder der Bundesbeauftragte für den Datenschutz und die Informationsfreiheit für die Aufsicht über die Verarbeitung personenbezogener Daten im Rahmen landesrechtlicher oder kommunaler Steuergesetze zuständig ist, soweit die Datenverarbeitung auf bundesgesetzlich geregelten Besteuerungsgrundlagen oder auf bundeseinheitlichen Festlegungen beruht und die mit der Aufgabenübertragung verbundenen Verwaltungskosten der oder des Bundesbeauftragten für den Datenschutz und die Informationsfreiheit vom jeweiligen Land getragen werden.**

Schrifttum: Krumm, Grundfragen des steuerlichen Datenverarbeitungsrechts, DB 2017, 2182.

I. Allgemeines

1 § 32h wurde mit G v. 17.7.2017 (BGBl. 2017 I 2541) neu eingefügt und trat am 25.5.2018 in Kraft. Die Vorschrift regelt die datenschutzrechtliche Aufsicht und die Datenschutz-Folgenabschätzung und ergänzt insoweit die Regelungen der seit dem 25.5.2018 geltenden DS-GVO zur Datenschutz-Folgenabschätzung (Art. 35 DS-GVO) und der Aufsichtsbehörde (Art. 51 ff. DS-GVO).

4 Die Regelungen des § 32h erfassen in **personeller und sachlicher Hinsicht** ausschließlich die Datenschutzaufsicht über die FB iSd § 6 II (Abs. 1) bzw. die Datenschutz-Folgenabschätzung für von einer FB iSd § 6 II entwickelte automatisierte Verfahren zur Datenverarbeitung (Abs. 2). Gemeinden sind grundsätzlich nicht erfasst (ebenso Gosch AO § 32h Rn. 6; TK § 32h Rn. 4; aA Schwarz/Pahlke/Keß § 32h Rn. 17 unter Hinweis auf § 1 II). Abs. 3 ermöglicht es den Ländern, in bestimmten Fällen die Aufsicht über die Datenverarbeitung im Zusammenhang mit Landes- oder KommunalSt auf die/den Bundesbeauftragten für den Datenschutz und die Informationsfreiheit zu übertragen.

II. Datenschutzaufsicht über Finanzbehörden (Abs. 1)

8 § 32h I bestimmt die für FB (§ 6 II) konkret zuständige Aufsicht über die **Verarbeitung personenbezogener Daten.** Zu den Begrifflichkeiten und den Voraussetzungen einer zulässigen Verarbeitung personenbezogener Daten s. §§ 29b f.

9 Satz 1 sieht eine **zentrale Zuständigkeit** für die Datenschutzaufsicht im Anwendungsbereich der AO des/der Bundesbeauftragten für Datenschutz und die Informationsfreiheit gem. § 8 BDSG vor. Dabei handelt es sich bei der/dem Bundesbeauftragten für den Datenschutz und die Informationsfreiheit um eine oberste Bundesbehörde mit Sitz in Bonn (§ 8 I BDSG). Diese Konzentration der Datenschutzaufsicht gilt sowohl für **Bundes- als auch LandesFB.** Hierdurch soll nach dem Willen des Gesetzgebers sichergestellt werden, dass die Aufsicht immer nach den gleichen Vorgaben erfolgt und der bundesweite Einsatz von Datenverarbeitungsprogrammen einer einheitlichen datenschutzrechtlichen Überprüfung unterliegt (BT-Drs. 18/12611, 91).

10 § 32h I 2 verweist auf die sehr umfangreichen Regelungen des BDSG über die/den Bundesbeauftragten für den Datenschutz und die Informationsfreiheit und insb. auf die dortigen Regelungen zu den Rechten und Pflichten (§ 13 BDSG), den Aufgaben (§ 14 BDSG), dem jährlichen Tätigkeitsbericht (§ 15 BDSG) und den Befugnissen (§ 16 BDSG). Die Befugnisse der/des Bundesbeauftragten für den Datenschutz und die Informationsfreiheit (insb. die umfangreichen Untersuchungs- und Abhilfebefugnisse) erstrecken sich gem. § 16 III 1 Nr. 2 BDSG auch auf personenbezogene Daten, die dem StGeheimnis nach § 30 unterliegen. Die Sanktionsbefugnis der/des Bundesbeauftragten für den Datenschutz und die Informationsfreiheit ist im Anwendungsbereich der AO jedoch insoweit eingeschränkt, als dass eine Festsetzung von Geldbußen gegenüber den FB nicht möglich ist (vgl. § 384a).

11 Zurecht wird die Vorschrift des § 32h I über die allg. **Kritik** an den im Zusammenhang mit der DS-GVO eingeführten Vorschriften (vgl. hierzu bereits → § 29b Rn. 4) hinaus als

verfassungsrechtlich bedenklich im Hinblick auf die Gesetzgebungskompetenz für eine bundeseinheitliche Datenschutzaufsicht gegenüber den LandesFB gesehen (s. hierzu Krumm DB 2017, 2182 (2188 f.); Gosch AO § 32h Rn. 11; HHSp § 32h Rn. 5; Schwarz/Pahlke/Keß § 32h Rn. 6 ff.; TK § 32h Rn. 5).

III. Datenschutz-Folgenabschätzung (Abs. 2)

15 Hat eine Form der Verarbeitung, insb. bei Verwendung neuer Technologien, aufgrund der Art, des Umfangs, der Umstände und der Zwecke der Verarbeitung voraussichtlich ein hohes Risiko für die Rechte und Freiheiten natürlicher Personen zur Folge, so hat vorab eine Abschätzung der Folgen der vorgesehenen Verarbeitungsvorgänge für den Schutz personenbezogener Daten zu erfolgen (Art. 35 I 1 DS-GVO). Eine solche Datenschutz-Folgenabschätzung ist insb. immer dann erforderlich, wenn besondere Kategorien von personenbezogenen Daten (sog. sensible Daten wie zB solche zur ethnischen Herkunft, zu religiösen oder weltanschaulichen Überzeugungen, Gesundheitsdaten, Daten zur sexuellen Orientierung; zum Begriff s. bereits → § 29b Rn. 53) umfangreich verarbeitet werden (Art. 35 III Buchst. b DS-GVO).

16 Die Datenschutz-Folgenabschätzung muss nach Art. 35 VII DS-GVO zumindest eine systematische Beschreibung der geplanten Verarbeitungsvorgänge und der Zwecke der Verarbeitung (Buchst. a), eine Bewertung der Notwendigkeit und Verhältnismäßigkeit der Verarbeitungsvorgänge in Bezug auf den Zweck (Buchst. b), eine Bewertung der Risiken für die Rechte und Freiheiten der betroffenen Person (Buchst. c) und die zur Bewältigung der Risiken geplanten Abhilfemaßnahmen (Buchst. d) enthalten.

17 Gemäß § 32h II obliegt die Datenschutz-Folgenabschätzung nach Art. 35 DS-GVO für ein **automatisiertes Verfahren** (zum Begriff → § 29b Rn. 26) zur Verarbeitung personenbezogener Daten derjenigen **FB, die dieses Verfahren entwickelt hat.** Wird das automatisierte Verfahren von FB anderer Länder oder des Bundes eingesetzt, müssen diese grundsätzlich keine gesonderte Datenschutz-Folgenabschätzung erstellen. Dies betrifft insb. die Entwicklung von IT-Verfahren und Software der StVerwaltung (zB Elster) für den einheitlichen Einsatz durch Bund und Länder nach Art. 8a § 4 I des G v. 14.8.2017 (BGBl. 2017 I 3122, sog. KONSENS-Gesetz). Die von der das Verfahren entwickelnden FB erstellte Datenschutz-Folgenabschätzung gilt allerdings dann **nicht** für die übernehmende FB, wenn diese **spezifische Programmanpassungen** vornimmt und damit das Verfahren im Hinblick auf die datenschutzrelevanten Funktionen nicht unverändert übernimmt (§ 32h II 2).

18 Das Ergebnis der Folgenabschätzung ist nach § 32h II 2 den zuständigen FB der anderen Länder oder des Bundes mitzuteilen.

IV. Übertragung der Datenschutzaufsicht (Abs. 3)

22 § 32h III ermöglicht es, die Aufsicht über die Verarbeitung personenbezogener Daten im Rahmen landesrechtlicher oder kommunaler StGesetze durch LandesG auf die/den Bundesbeauftragten für den Datenschutz und die Informationsfreiheit zu übertragen. Voraussetzung ist, dass die Datenverarbeitung auf **bundesgesetzlich geregelten Besteuerungsgrundlagen** (zB GewStMessbetrag) oder auf **bundeseinheitlichen Festlegungen** (zB einheitliche Datenverarbeitungsprogramme für bundes- und landesrechtliche Steuern) beruht (BT-Drs. 18/12611, 92). Die mit der Aufgabenübertragung verbundenen Verwaltungskosten sind vom übertragenden Land zu tragen.

§ 32i Gerichtlicher Rechtsschutz

(1) [1]**Für Streitigkeiten über Rechte gemäß Artikel 78 Absatz 1 und 2 der Verordnung (EU) 2016/679 hinsichtlich der Verarbeitung nach § 30 geschützter Daten zwischen einer betroffenen öffentlichen Stelle gemäß § 6 Absatz 1 bis 1c**

und Absatz 2 oder ihres Rechtsträgers, einer betroffenen nicht-öffentlichen Stelle gemäß § 6 Absatz 1d und 1e oder einer betroffenen Person und der zuständigen Aufsichtsbehörde des Bundes oder eines Landes ist der Finanzrechtsweg gegeben. [2] Satz 1 gilt nicht in den Fällen des § 2a Absatz 4.

(2) **[1] Für Klagen der betroffenen Person hinsichtlich der Verarbeitung personenbezogener Daten gegen Finanzbehörden oder gegen deren Auftragsverarbeiter wegen eines Verstoßes gegen datenschutzrechtliche Bestimmungen im Anwendungsbereich der Verordnung (EU) 2016/679 oder der darin enthaltenen Rechte der betroffenen Person ist der Finanzrechtsweg gegeben. [2] Der Finanzrechtsweg ist auch gegeben für Auskunfts- und Informationszugangsansprüche, deren Umfang nach § 32e begrenzt wird.**

(3) **[1] Hat die nach dem Bundesdatenschutzgesetz oder nach dem Landesrecht für die Aufsicht über andere öffentliche Stellen oder nicht-öffentliche Stellen zuständige Aufsichtsbehörde einen rechtsverbindlichen Beschluss erlassen, der eine Mitwirkungspflicht einer anderen öffentlichen Stelle oder einer nicht-öffentlichen Stelle gegenüber Finanzbehörden nach diesem Gesetz oder den Steuergesetzen ganz oder teilweise verneint, kann die zuständige Finanzbehörde auf Feststellung des Bestehens einer Mitwirkungspflicht klagen. [2] Die Stelle, deren Pflicht zur Mitwirkung die Finanzbehörde geltend macht, ist beizuladen.**

(4) **Die Finanzgerichtsordnung ist in den Fällen der Absätze 1 bis 3 nach Maßgabe der Absätze 5 bis 10 anzuwenden.**

(5) **[1] Für Verfahren nach Absatz 1 Satz 1 und Absatz 3 ist das Finanzgericht örtlich zuständig, in dessen Bezirk die jeweils zuständige Aufsichtsbehörde ihren Sitz hat. [2] Für Verfahren nach Absatz 2 ist das Finanzgericht örtlich zuständig, in dessen Bezirk die beklagte Finanzbehörde ihren Sitz oder der beklagte Auftragsverarbeiter seinen Sitz hat; § 38 Absatz 3 der Finanzgerichtsordnung gilt entsprechend.**

(6) **Beteiligte eines Verfahrens nach Absatz 1 Satz 1 sind**

1. **die öffentliche oder nicht-öffentliche Stelle oder die betroffene Person als Klägerin oder Antragstellerin,**
2. **die zuständige Aufsichtsbehörde des Bundes oder eines Landes als Beklagte oder Antragsgegnerin,**
3. **der nach § 60 der Finanzgerichtsordnung Beigeladene sowie**
4. **die oberste Bundes- oder Landesfinanzbehörde, die dem Verfahren nach § 122 Absatz 2 der Finanzgerichtsordnung beigetreten ist.**

(7) **Beteiligte eines Verfahrens nach Absatz 2 sind**

1. **die betroffene Person oder die um Auskunft oder Informationszugang ersuchende Person als Klägerin oder Antragstellerin,**
2. **die Finanzbehörde oder der Auftragsverarbeiter als Beklagte oder Antragsgegnerin,**
3. **der nach § 60 der Finanzgerichtsordnung Beigeladene sowie**
4. **die oberste Bundes- oder Landesfinanzbehörde, die dem Verfahren nach § 122 Absatz 2 der Finanzgerichtsordnung beigetreten ist.**

(8) **Beteiligte eines Verfahrens nach Absatz 3 sind**

1. **die zuständige Finanzbehörde als Klägerin oder Antragstellerin,**
2. **die Aufsichtsbehörde des Bundes oder eines Landes, die den rechtsverbindlichen Beschluss erlassen hat, als Beklagte oder Antragsgegnerin,**
3. **die Stelle, deren Pflicht zur Mitwirkung die Finanzbehörde geltend macht, als Beigeladene und**
4. **die oberste Bundes- oder Landesfinanzbehörde, die dem Verfahren nach § 122 Absatz 2 der Finanzgerichtsordnung beigetreten ist.**

(9) [1]**Ein Vorverfahren findet nicht statt.** [2]**Dies gilt nicht für Verfahren nach Absatz 2 Satz 2.**

(10) [1]**In Verfahren nach Absatz 1 Satz 1 haben eine Klage oder ein Antrag aufschiebende Wirkung.** [2]**Die zuständige Aufsichtsbehörde darf gegenüber einer Finanzbehörde, deren Rechtsträger oder deren Auftragsverarbeiter nicht die sofortige Vollziehung anordnen.**

Vergleichbare Vorschriften: § 20 BDSG

Schrifttum: Baum, Datenschutz im Steuerverwaltungsverfahren ab dem 25.5.2018 – Teil IV: Außergerichtlicher und gerichtlicher Rechtsschutz in Datenschutzfragen, NWB 2017, 3351; Myßen/Krause, Der Datenschutz in der Finanzverwaltung, FR 2019, 58.

Übersicht

A. Allgemeines

I. Inhalt und Bedeutung der Vorschrift

§ 32i wurde mit G v. 17.7.2017 (BGBl. 2017 I 2541) neu eingefügt und trat am 25.5.2018 in Kraft. Zuletzt wurde die Vorschrift durch JStG 2020 v. 21.12.2020 (BGBl. 2020 I 3096) geändert. Die Vorschrift dient der Umsetzung der Art. 78 f. DS-GVO und regelt – außerhalb der FGO – den gerichtlichen Rechtsschutz im Zusammenhang mit dem steuerlichen Datenschutzrecht in Form einer Sonderzuständigkeit der Finanzgerichtsbarkeit **(aufdrängende Sonderzuweisung).** § 32i orientiert sich dabei in weiten Teilen an der Regelung des § 20 BDSG, der für den Bereich des BDSG den Verwaltungsrechtsweg eröffnet. 1

§ 32i bestimmt in **Abs. 1–3** die datenschutzrechtlichen Klagen, für die das FG zuständig ist. Die **Abs. 4–10** enthalten Bestimmungen zum Prozessrecht (örtliche Zuständigkeit, Beteiligte), wobei Abs. 9 vorsieht, dass kein Vorverfahren stattzufinden hat. Außerdem haben die Klagen und Anträge iSd Abs. 1 gem. Abs. 10 aufschiebende Wirkung. 2

II. Anwendungsbereich

In **zeitlicher Hinsicht** erstreckt sich der mit Wirkung zum 25.5.2018 in Kraft getretene § 32i auf alle ab dem 25.5.2018 anhängig werdenden Gerichtsverfahren. Eine Übergangsregelung ist nicht vorgesehen. Gleiches gilt für die Informationszugangsansprüche nach § 32e, für die die FG mit Inkrafttreten des § 32i II 2 seit dem 29.12.2020 zuständig sind. Für vor dem 25.5.2018 bzw. im Fall des § 32i II vor dem 29.12.2020 bei den VG anhängig gemachte Gerichtsverfahren bleibt es insoweit bei der vorab begründeten Zuständigkeit 6 der VG (vgl. § 17 I GVG; BFH 16.6.2020 – II B 65/19, BStBl. II 2020, 622; s. auch BeckOK AO § 32i Rn. 15; Gosch AO § 32i Rn. 5; TK § 32i Rn. 2).

7 In **sachlicher und personeller Hinsicht** erfasst § 32i datenschutzrechtliche Klagen der betroffenen Person, der FB sowie der betroffenen öffentlichen und nicht-öffentlichen Stellen. Neben der zuständigen Aufsichtsbehörde (Abs. 1 und 3) kann sich die Klage im Fall des Abs. 2 auch gegen die FB oder deren Auftragsverarbeiter richten. Nicht unter § 32i fallen Klagen gegen ein Finanzgericht (BFH 24.1.2025 – IX B 99/24, BFH/NV 2025, 401). Innerhalb der Zuständigkeit des § 32i entscheidet das Gericht den Rechtsstreit unter allen in Betracht kommenden Gesichtspunkten, dh alle in Betracht kommenden Anspruchsgrundlagen und nicht nur die sich aus der DS-GVO ergebenden sind vom Gericht zu prüfen (BFH 8.6.2021 – II R 15/20, BFH/NV 2022, 34 zum Verbot der doppelten Rechtshängigkeit).

B. Rechtswegzuweisungen

I. Klagen gegen die zuständige Datenaufsichtsbehörde (Abs. 1)

1. Aufdrängende Sonderzuweisung (Satz 1)

11 § 32i I 1 regelt eine aufdrängende Sonderzuweisung zur Finanzgerichtsbarkeit für Streitigkeiten über Rechte gem. Art. 78 I und II DS-GVO hinsichtlich der Verarbeitung von vom StGeheimnis (§ 30) geschützten Daten. Gemäß § 30 II umfasst der Begriff der **geschützten Daten** fremde personenbezogene Daten sowie Betriebs- und Geschäftsgeheimnisse, die in einem der in § 30 I Buchst. a–c genannten Verfahren bekannt geworden sind (zu den Einzelheiten → § 30 Rn. 39 ff.).

12 Der Rechtsschutz nach § 32i I 1 richtet sich dabei **gegen die zuständige Aufsichtsbehörde,** dh gegen die/den Bundesbeauftragte/n für den Datenschutz und die Informationsfreiheit bzw. den/die Landesdatenschutzbeauftragte/n (§ 32h).

13 Nach **Art. 78 I DS-GVO** hat jede natürliche oder juristische Person das Recht auf einen wirksamen gerichtlichen Rechtsbehelf gegen einen sie betreffenden **rechtsverbindlichen Beschluss einer Aufsichtsbehörde** (insb. Untersuchungs- und Abhilfemaßnahmen nach Art. 58 DS-GVO, Ablehnung oder Abweisung von Beschwerden nach Art. 77 DS-GVO). **Betroffen** für Zwecke des § 32i I 1 ist regelmäßig der Adressat eines entsprechenden VA der Aufsichtsbehörde, aber auch Dritte, deren geschützte Rechte hiervon berührt sind (Gola/Heckmann DS-GVO Art. 78 Rn. 10; Kühling/Buchner DS-GVO Art. 78 Rn. 9 f.; Paal/Pauly DS-GVO Art. 78 Rn. 6).

14 **Art. 78 II DS-GVO** regelt den Fall der **Untätigkeitsklage.** Danach hat jede betroffene Person das Recht auf einen wirksamen gerichtlichen Rechtsbehelf, wenn die Aufsichtsbehörde sich nicht mit der Beschwerde nach Art. 77 DS-GVO befasst oder die betroffene Person nicht **innerhalb von drei Monaten** über den Stand oder das Ergebnis der erhobenen Beschwerde in Kenntnis gesetzt wird.

15 Der gerichtliche Rechtsschutz nach § 32i I 1 steht – abw. von der Parallelvorschrift des § 20 I BDSG – nicht nur den **betroffenen Stpfl.,** sondern auch allen betroffenen **öffentlichen Stellen** (§ 6 I–Ic), insb. **FB** (§ 6 II), oder deren Rechtsträgern sowie betroffenen **nicht-öffentlichen Stellen** (§ 6 Id und Ie) zu. § 2a V weitet den Rechtsschutz zudem auf verstorbene Personen, Körperschaften, (rechtsfähige und nicht rechtsfähige) Personenvereinigungen und Vermögensmassen aus.

2. Ausnahme (Satz 2)

18 § 32i I 2 stellt mit Verweis auf § 2a IV klar, dass die aufdrängende Sonderzuweisung zu den FG nach Satz 1 nicht für die Verarbeitung personenbezogener Daten zum Zweck der Verhütung, Ermittlung, Aufdeckung, Verfolgung oder Ahndung von **StStraftaten oder StOrdnungswidrigkeiten** gilt. Es verbleibt in diesen Fällen bei der Anwendung des

Ersten und Dritten Teils des BDSG und damit der Zuständigkeit der Verwaltungsgerichtsbarkeit (vgl. § 20 I BDSG; BFH 7.4.2020 – II B 82/19, BStBl. II 2020, 624).

II. Klagen gegen Finanzbehörden oder Auftragsverarbeiter (Abs. 2)

§ 32i II regelt **in Satz 1** eine aufdrängende Sonderzuweisung zur Finanzgerichtsbarkeit für datenschutzrechtliche Streitigkeiten zwischen der betroffenen Person und den FB (§ 6 II) bzw. deren Auftragsverarbeitern (Art. 4 Nr. 8 DS-GVO, zB Rechenzentrum). Die Vorschrift ist insb. lex specialis zu § 40 II 1 VwGO (BFH 28.6.2022 – II B 92/21, BStBl. II 2022, 535; BFH 28.6.2022 – II B 93/21, BFH/NV 2022, 931). Liegen die Voraussetzungen des § 32i nicht vor, ist gem. § 40 I VwGO der Verwaltungsrechtsweg eröffnet (BFH 24.1.2025 – IX B 99/24, BFH/NV 2025, 401 zur Klage gegen FG auf Auskunft nach Art. 15 DS-GVO). Abs. 2 konkretisiert insoweit **Art. 79 I DS-GVO,** wonach jede betroffene Person ein Recht auf einen wirksamen Rechtsbehelf hat, wenn sie der Ansicht ist, dass die ihr nach der DS-GVO zustehenden Rechte infolge einer nicht im Einklang mit der DS-GVO stehenden Verarbeitung ihrer personenbezogenen Daten verletzt wurden. § 32i II 1 differenziert dabei zwischen Klagen **wegen Verstößen gegen Bestimmungen der DS-GVO** (zB Verstoß gegen Informationspflichten nach Art. 13 f. DS-GVO, §§ 32a f.) und Klagen **wegen der in der DS-GVO enthaltenen Rechte** der betroffenen Person (zB Recht auf Auskunft nach Art. 15 DS-GVO, § 32c AO; Recht auf Berichtigung bzw. Löschung nach Art. 16 f. DS-GVO und Widerspruchsrecht nach Art. 21 DS-GVO, § 32f; zu Schadenersatzansprüchen nach Art. 82 DS-GVO und der Rechtswegspaltung im Zusammenhang mit Amtshaftungsansprüchen nach § 839 BGB iVm Art. 34 III GG s. BFH 28.6.2022 – II B 92/21, BStBl. II 2022, 535 und BFH 28.6.2022 – II B 93/21, BFH/NV 2022, 931; krit. HHSp § 32i Rn. 27). Im Unterschied zu § 32i I kommt es bei Abs. 2 nicht darauf an, dass die verarbeiteten **personenbezogenen Daten** dem StGeheimnis nach § 30 unterliegen. 22

Obgleich eine § 32i I 2 entsprechende Regelung fehlt, ist bei Klagen im Zusammenhang mit der Verarbeitung personenbezogener Daten im Rahmen eines **Straf- oder Ordnungswidrigkeitsverfahrens** der Verwaltungsrechtsweg eröffnet (§ 2a IV; Art. 2 II Buchst. d DS-GVO; BFH 7.4.2020 – II B 82/19, BStBl. II 2020, 624). 23

Ebenso wenig erfasst § 32i II 1 Ansprüche nach dem **IFG** (vgl. zum Auskunftsanspruch des Insolvenzverwalters nach dem IFG BFH 16.6.2020 – II B 65/19, BStBl. II 2020, 622). Vielmehr war – ungeachtet der Regelung des § 32e – insoweit bisher ausschl. der Verwaltungsrechtsweg eröffnet (vgl. BFH 16.6.2020 – II B 65/19, BStBl. II 2020, 622; OVG Nordrhein-Westfalen 13.6.2019 – 15 E 376/19, ZIP 2019, 1630; VG Düsseldorf 7.3.2019 - 29 K 8023/18, ZInsO 2019, 969; VG Berlin 19.12.2019 - 2 K 178/19, VuR 2020, 272). Der mit JStG v. 21.12.2020 (BGBl. 2020 I 3096) neu eingefügte **§ 32i II 2** stellt nunmehr klar, dass der Finanzrechtsweg auch für Streitigkeiten bei Anwendung des § 32e (Auskunfts- und Informationszugangsansprüchen) eröffnet ist. 24

III. Klagen der Finanzbehörden (Abs. 3)

§ 32i III erfasst **Feststellungsklagen der FB** (§ 6 II) wegen des **Bestehens von Mitwirkungspflichten** anderer öffentlicher Stellen (§ 6 I Buchst. a–I Buchst. c) oder nicht-öffentlicher Stellen (§ 6 I Buchst. d–I Buchst. e). Im Unterschied zu Abs. 1 und 2 enthält § 32i III 1 keine ausdrückliche Zuweisung zur Finanzgerichtsbarkeit. Dennoch ergibt sich eine solche bereits aus dem Sachzusammenhang und § 32i IV (so auch Schwarz/Pahlke/Keß § 32i Rn. 37). 28

Die Feststellungsklage nach § 32i III setzt voraus, dass die/der Bundesbeauftragte für den Datenschutz und die Informationsfreiheit bzw. Landesdatenschutzbeauftragte durch einen **rechtsverbindlichen Beschluss** eine Mitwirkung der öffentlichen oder nicht-öffentlichen Stelle ganz oder teilweise untersagt hat (Weisung nach Art. 58 DS-GVO), zB dem Arbeitgeber im Lohnsteuerverfahren, den Rentenversicherungen im Rentenbezugsmitteilungs- 29 verfahren, den Krankenkassen im Zusammenhang mit der Übermittlung der geleisteten Beiträge, den Banken bzw. Kreditinstituten im Zusammenhang mit der AbgeltungSt etc. Der entsprechende Beschluss der Aufsichtsbehörde bindet die FB zwar nicht, dessen Wirkung ist aufgrund des geltenden Rechtsstaatsprinzips jedoch von ihr hinzunehmen (BT-Drs. 18/12611, 93). Aufgrund der möglichen Bußgeldverhängung nach Art. 83 DS-GVO steht den nicht-öffentlichen Stellen, nicht jedoch den öffentlichen Stellen (vgl. § 43 III BDSG) nach § 103 ein **Auskunftsverweigerungsrecht** gegenüber der FB zu (s. dazu auch Baum NWB 2017, 3351 (3355); Schwaz/Pahlke/Keß § 32i Rn. 32).

30 Durch die Klage nach § 32i III wird ein fehlerhafter Beschluss der zuständigen Aufsichtsbehörde weder aufgehoben noch geändert. Auch erfolgt keine Feststellung der Rechtswidrigkeit des Beschlusses. Vielmehr wird lediglich das Bestehen einer konkreten Mitwirkungspflicht der anderen öffentlichen oder nicht-öffentlichen Stelle im Verfahren festgestellt.

31 Über die **notwendige Beiladung** (§ 60 III 1 FGO) der Stelle, deren Pflicht zur Mitwirkung von der FB geltend gemacht wird, stellt **§ 32i III 2** sicher, dass die gerichtliche Entscheidung auch gegenüber dieser Stelle rechtsverbindlich wird (§ 110 I 1 Nr. 1 AO iVm § 57 Nr. 3 FGO).

C. Bestimmungen zum Prozessrecht

I. Anwendung der FGO (Abs. 4)

35 § 32i IV stellt klar, dass die FGO insoweit anwendbar ist, als sich aus den nachfolgenden Absätzen keine abweichenden Regelungen ergeben. Dementsprechend richtet sich die **statthafte Klageart** nach den allgemeinen Grundsätzen (TK § 32i Rn. 12). Umstr. ist die statthafte Klageart bei Klagen nach Art. 15 I bzw. III DS-GVO (Verpflichtungsklage: BVerwG 30.11.2022 – 6 C 10.21, BVerwGE 177, 211; BFH 6.5.2025 – IX R 2/23, BFH/NV 2025, 1147; HHSp § 32i Rn. 30; TK § 32i Rn. 12; allg. Leistungsklage: BFH 5.10.2006 – VII R 24/03, BStBl. II 2007, 243; Kombination aus Anfechtungs-/Verpflichtungs- und allg. Leistungsklage: FG Berlin-Brandenburg 4.8.2022 – 16 K 5109/20, EFG 2023, 305; FG Berlin-Brandenburg 26.1.2022 – 16 K 2059/21, EFG 2022, 985, Rev. IX R 19/22; offen gelassen BFH 12.3.2024 – IX R 35/21, BStBl. II 2024, 682; BFH 12.11.2024 – IX R 20/22, BFH/NV 2025, 191; BFH 11.3.2025 – IX R 23/22, BFH/NV 2025, 841). Der Entscheidung über einen Auskunftsanspruch nach Art. 15 DS-GVO geht eine Prüfung möglicher Ausschluss- und Beschränkungstatbestände voraus, weshalb es sich bei der Entscheidung über das Auskunftsbegehren um einen VA handelt und daher die Verpflichtungsklage statthaft ist (so zuletzt auch BFH 6.5.2025 – IX R 2/23, BFH/NV 2025, 1147). Für eine Verbindung mit der allg. Leistungsklage fehlt das Rechtsschutzbedürfnis, weil davon auszugehen ist, dass bei erfolgreicher Verpflichtungsklage dem Begehren nachgekommen wird (ebenso TK FGO § 40 Rn. 23a). Auch im Rahmen des § 32i gelten die in der FGO geregelten **Klagefristen.** Besonderheiten ergeben sich jedoch, soweit das Vorverfahren nach § 32i IX 1 ausgeschlossen ist (→ Rn. 53).

II. Örtliche Zuständigkeit (Abs. 5)

39 § 32i V bestimmt, welches FG **örtlich zuständig** ist. Für Verfahren nach **§ 32i I 1** und **III** ist nach § 32i V 1 das FG zuständig, in dessen Bezirk die jeweils zuständige Aufsichtsbehörde ihren Sitz hat. Im Regelfall dürfte insoweit das FG Köln zuständig sein, da die/der Bundesbeauftragte für den Datenschutz und die Informationsfreiheit als Aufsichtsbehörde nach § 32h ihren Sitz in Bonn hat (§ 8 I 2 BDSG). Für Verfahren nach **§ 32i II** ist – entspr. der Regelung des § 38 I FGO – gem. § 32i V 2, 1. HS das FG zuständig, in dessen Bezirk die beklagte FB ihren Sitz oder der beklagte Auftragsverarbeiter seinen Sitz hat. Der mit JStG 2022 v. 16.12.2022 (BGBl. 2022 I 2294) neu eingefügte § 32i V 2, 2. HS

bestimmt unter Verweis auf § 38 III FGO, dass sich die örtliche Zuständigkeit des FG nach der Lage des Bezirks und nicht nach dem Sitz der FB bestimmt, sofern sich der Sitz einer FB außerhalb ihres Bezirks befindet. Dies betrifft insb. das FA Wesermünde, das seinen Sitz im Land Bremen hat (vgl. BT-Drs. 20/3879, 135).

Sofern die betroffene Person von ihrem nach Art. 77 DS-GVO eingeräumten Recht auf 40
Beschwerde bei einer Aufsichtsbehörde Gebrauch macht, kann es in der gleichen Angelegenheit zum **Auseinanderfallen der örtlichen Zuständigkeit** kommen, wenn sich die betroffene Person gerichtlich einerseits gegen die Entscheidung der Aufsichtsbehörde (Abs. 1) und andererseits unmittelbar gegen die die personenbezogenen Daten verarbeitende FB oder deren Auftragsverarbeiter (Abs. 2) wendet. Das Gesetz sieht hierfür keine gesonderte Regelung vor, sodass es in einem solchen Fall zu divergierenden Gerichtsentscheidungen kommen kann. Sofern Auftragsverarbeiter im Inland über keinen Sitz verfügen, entscheidet der BFH nach § 39 I Nr. 5 FGO über die örtliche Zuständigkeit (Gosch AO § 32i Rn. 27; HHSp § 32i Rn. 44).

III. Verfahrensbeteiligte (Abs. 6–8)

§ 32i zählt in den Abs. 6–8 die Verfahrensbeteiligten (§ 57 FGO) je nach Art des 44
jeweiligen Rechtsstreits im Einzelnen auf. Für alle Verfahren sehen § 32i VI–VIII jeweils in Nr. 4 den Beitritt der obersten Bundes- oder LandesFB nach § 122 II FGO vor.

Gemäß **§ 32i VI** sind in Verfahren nach § 32i I 1 die (nicht-)öffentliche Stelle oder die 45
betroffene Person Klägerin bzw. Antragstellerin (Nr. 1). Das Verfahren richtet sich gegen die zuständige Aufsichtsbehörde als Beklagte bzw. Antragsgegnerin (Nr. 2). Daneben sind Beiladungen nach § 60 FGO möglich (Nr. 3).

In Verfahren nach § 32i II ist gem. **§ 32i VII** die betroffene Person oder die um 46
Auskunft oder Informationszugang ersuchende Person Klägerin bzw. Antragstellerin (Nr. 1) und die FB oder deren Auftragsverarbeiter Beklagte bzw. Antragsgegnerin (Nr. 2). Ebenso wie nach § 32i VI Nr. 3 kommt nach § 32i VII Nr. 3 die Beiladung nach § 60 FGO in Betracht.

Gemäß **§ 32i VIII** ist in Verfahren nach § 32i III die zuständige FB Klägerin bzw. 47
Antragstellerin (Nr. 1) und die Aufsichtsbehörde, die den Beschluss erlassen hat, Beklagte bzw. Antragsgegnerin (Nr. 2). Außerdem ist in diesen Verfahren die Stelle, deren Pflicht zur Mitwirkung die FB geltend macht, (zwingend) beizuladen (Nr. 3).

IV. Kein Vorverfahren (Abs. 9)

Entsprechend der Regelung des § 20 VI BDSG schließt § 32i IX 1 für sämtliche Ver- 51
fahren nach § 32i I–III – mit **Ausnahme** der Verfahren über Auskunfts- oder Informationszugangsansprüchen nach § 32i II 2 – die Durchführung eines Vorverfahrens aus. Ein ggf. nach §§ 347 ff. eingelegter **Einspruch** ist daher von den FB als **unzulässig** zu verwerfen (Gosch AO § 32i Rn. 34; HHSp § 32i Rn. 60). Dies gilt jedoch nicht, wenn zwar die Voraussetzungen des § 32i IX 1 vorliegen, zugleich das begehrte Ziel aber auch aufgrund anderer rechtlicher Aspekte verfolgt wird; eine erweiterte Auslegung ist insoweit nicht geboten (BFH 11.3.2025 – IX R 34/21, BFH/NV 2025, 875 und BFH 8.4.2025 – IX R 27/22, BFH/NV 2025, 1278 zum Anspruch auf Akteneinsicht).

Ebenso wenig ist die Durchführung des in Art. 77 DS-GVO vorgesehenen Beschwerde- 52
verfahrens bei der zuständigen Aufsichtsbehörde Voraussetzung für den gerichtlichen Rechtsschutz nach § 32i. Für einen Überblick über das Beschwerdeverfahren s. ua Baum NWB 2017, 3351 (3352 f.).

Die Entbehrlichkeit des Vorverfahrens nach § 32i IX 1 führt nicht zu einer Entbehrlich- 53
keit der **vorherigen Antragstellung** bei der Behörde, soweit antragsabhängige Ansprüche wie zB Auskunftsanspruch nach Art. 15 DS-GVO, Einschränkung der Verarbeitung nach Art. 18 DS-GVO, Unterrichtung über Empfänger nach Art. 19 S. 2 DS-GVO und Datenübertragbarkeit nach Art. 20 DS-GVO betroffen sind (BFH 12.11.2024 – IX R 20/22,

BFH/NV 2025, 191; BFH 6.5.2025 – IX R 2/23, BFH/NV 2025, 1147). Allerdings ergeben sich Besonderheiten im Zusammenhang mit der **Klagefrist.** In den Fällen des § 32i IX 1 sind Verpflichtungs- und Anfechtungsklagen **innerhalb von einem Monat nach Bekanntgabe** der ablehnenden Behördenentscheidung zu erheben (§ 47 I FGO), bei fehlender Rechtsbehelfsbelehrung innerhalb eines Jahres seit Bekanntgabe (§ 55 II 1 iVm § 54 I FGO, vgl. auch BFH 6.5.2025 – IX R 2/23, BFH/NV 2025, 1147).

54 Der mit JStG v. 21.12.2020 (BGBl. 2020 I 3096) neu angefügte **Satz 2** enthält für die in § 32i II 2 aufgenommenen **Verfahren über Ansprüche auf Auskunft und Informationszugang** iSd § 32e eine Ausnahmeregelung dahingehend, dass – abweichend von der Grundaussage des § 32i IX 1 – bei diesen Verfahren das außergerichtliche **Vorverfahren nicht ausgeschlossen** ist. Insoweit ist in diesen Fällen eine Klage bei den FG nur zulässig, sofern das Vorverfahren über den außergerichtlichen Rechtsbehelf ganz oder zum Teil erfolglos durchgeführt worden ist (§ 44 I FGO).

V. Suspensiveffekt (Abs. 10)

56 Der Gesetzgeber hat in § 32i X 1 ausdrücklich klargestellt, dass Klagen und Anträge in Verfahren nach § 32i I 1 (Klagen gegen die Aufsichtsbehörde) **aufschiebende Wirkung** haben (BT-Drs. 18/12611, 93). Dies gilt auch für das Revisionsverfahren (§ 121 S. 1 FGO) und die Nichtzulassungsbeschwerde (§ 116 IV FGO).

57 § 32i X 2 verbietet es der zuständigen Aufsichtsbehörde (Bundesbeauftragte für den Datenschutz und die Informationsfreiheit, § 32h), gegenüber einer FB, deren Rechtsträger oder deren Auftragsverarbeitern die sofortige Vollziehung anzuordnen und damit die Suspensivwirkung nach Satz 1 zu umgehen. Der Aufsichtsbehörde steht es jedoch frei, bei Gericht einen **Antrag auf Erlass einer einstweiligen Anordnung** nach § 114 I 2 FGO zu stellen, sofern ein entsprechender Anordnungsgrund gegeben ist (so auch Baum NWB 2017, 3351 (3354); Myßen/Kraus FR 2019, 58 (66); Schwarz/Pahlke/Keß § 32i Rn. 58, TK § 32i Rn. 16; aA Kühling/Buchner BDSG § 20 Rn. 14 im Zusammenhang mit dem gleichlautenden § 20 VII BDSG).

§ 32j Antrag auf gerichtliche Entscheidung bei angenommener Rechtswidrigkeit eines Angemessenheitsbeschlusses der Europäischen Kommission

Hält der oder die Bundesbeauftragte für den Datenschutz und die Informationsfreiheit oder eine nach Landesrecht für die Kontrolle des Datenschutzes zuständige Stelle einen Angemessenheitsbeschluss der Europäischen Kommission, auf dessen Gültigkeit es bei der Entscheidung über die Beschwerde einer betroffenen Person hinsichtlich der Verarbeitung personenbezogener Daten ankommt, für rechtswidrig, so gilt § 21 des Bundesdatenschutzgesetzes.

I. Allgemeines

1 § 32j wurde mit G v. 17.7.2017 (BGBl. 2017 I 2541) neu eingefügt und trat am 25.5.2018 in Kraft. Die Vorschrift dient der Umsetzung des Regelungsauftrags in Art. 58 V DS-GVO und normiert ein spezielles Antragsrecht der Aufsichtsbehörde, im Fall der grenzüberschreitenden Verarbeitung personenbezogener Daten gegen Angemessenheitsbeschlüsse der Europäischen Kommission gerichtlich vorzugehen.

4 In **zeitlicher Hinsicht** erstreckt sich der mit Wirkung zum 25.5.2018 in Kraft getretene § 32j auch auf alle zu diesem Zeitpunkt bereits geltenden Angemessenheitsbeschlüsse der Europäischen Kommission (Art. 45 IX DS-GVO).

5 Der **persönliche und sachliche Anwendungsbereich** des § 32j erfasst sämtliche Angemessenheitsbeschlüsse der Europäischen Kommission, wobei das durch § 32j gewährte Antragsrecht der oder dem Bundesbeauftragten für den Datenschutz und die Informati-

onsfreiheit oder der nach Landesrecht für die Kontrolle des Datenschutzes zuständigen Stelle zusteht.

II. Voraussetzung einer gerichtlichen Entscheidung über Angemessenheitsbeschlüsse

Wenn die/der Bundesbeauftragte für den Datenschutz und die Informationsfreiheit oder die nach Landesrecht für die Kontrolle des Datenschutzes zuständige Stelle einen entscheidungserheblichen Angemessenheitsbeschluss der Europäischen Kommission (Art. 45 DS-GVO) für rechtswidrig hält, hat sie einen entsprechenden **Antrag** auf gerichtliche Entscheidung nach § 21 BDSG zu stellen. Es besteht insoweit **kein Ermessen** (Gosch AO § 32j Rn. 8). 9

Bei den sog. **Angemessenheitsbeschlüssen** nach Art. 45 DS-GVO handelt es sich um Beschlüsse der Europäischen Kommission, in denen diese das generelle Datenschutzniveau von Drittstaaten oder internationalen Organisationen mit Wirkung für die EU beurteilt (Art. 45 III DS-GVO). Bei der Prüfung, inwieweit ein Drittland, ein Gebiet oder ein bestimmter Sektor eines Drittlands oder eine internationale Organisation ein angemessenes Datenschutzniveau bieten, berücksichtigt die Europäische Kommission insb. die in Art. 45 II DS-GVO niedergelegten Kriterien wie Rechtsstaatlichkeit, Existenz und Funktionsweise der Aufsichtsbehörde/n, internationale Verpflichtungen etc. 12

Erforderlich ist, dass die/der Bundesbeauftragte für den Datenschutz und die Informationsfreiheit oder die nach Landesrecht für die Kontrolle des Datenschutzes zuständige Stelle den Angemessenheitsbeschluss für **rechtswidrig** hält. Allgemeine Zweifel an der Rechtmäßigkeit des Beschlusses genügen nicht. Vielmehr muss sich die Rechtswidrigkeit auf konkrete Kriterien des Art. 45 II DS-GVO oder die Verletzung von Unionsgrundrechten (zB Art. 8 der EU-Grundrechte-Charta) beziehen (BeckOK AO § 32j Rn. 22; Gosch AO § 32j Rn. 8). 15

Die Frage der Rechtswidrigkeit des Angemessenheitsbeschlusses muss zudem für die Entscheidung über die Beschwerde einer betroffenen Person hinsichtlich der Verarbeitung personenbezogener Daten (Art. 77 DS-GVO) **entscheidungserheblich** sein. 18

III. Rechtsfolgenverweisung auf § 21 BDSG

Liegen die Voraussetzungen für eine gerichtliche Entscheidung vor, erklärt § 32j abw. vom ansonsten einschlägigen Finanzrechtsweg durch Verweis auf § 21 BDSG den **Verwaltungsrechtsweg** für eröffnet (§ 21 II 1 BDSG). Über den Antrag entscheidet gem. § 21 III BDSG das BVerwG. Hält das BVerwG den Angemessenheitsbeschluss für gültig, stellt es dies in seiner Entscheidung fest; andernfalls legt es die Frage nach der Gültigkeit dem EuGH zur **Vorabentscheidung nach Art. 267 AEUV** vor (§ 21 VI 3 BDSG). 22

Zweiter Teil. Steuerschuldrecht

Vorbemerkung zu §§ 33–77

I. Systematik der §§ 33–77

Der zweite Teil (§§ 33–77) der AO befasst sich unter der Überschrift „Steuerschuldrecht" in vier Abschnitten mit Regelungen, die einen mehr oder weniger starken Bezug zum StSchuldrecht aufweisen. Bei der Definition des Stpfl. handelt es sich um die Bestimmung eines Begriffs, der bereits in den Vorschriften des ersten Teils verwendet wird. Systematisch gehört § 33 deshalb zu den Begriffsbestimmungen des ersten Teils. Die §§ 34–36 regeln die steuerlichen Pflichten der Vertreter, Vermögensverwalter und Verfügungsberechtigten für Handlungsunfähige und in ihrer Verfügungsbefugnis beschränkte Personen. Die Handlungsfähigkeit selbst fällt nicht in den Regelungsbereich dieser Bestimmungen, sondern richtet sich nach § 79. Dieser inhaltliche Bezug lässt es naheliegend erscheinen, die §§ 34–36 dem dritten Teil zuzuordnen (Kruse JbFSt 1976/1977, 47). Eine solche Zuordnung ist jedoch nicht zwingend, da der Betroffene durch die Erfüllung fremder Pflichten nicht zwangsläufig Beteiligter (§ 78) des Verwaltungsverfahrens des Vertretenen und des nicht Verfügungsbefugten wird. 1

Die Vorschriften über das StSchuldverhältnis (§§ 37–50) enthalten neben der Aufzählung der einzelnen Ansprüche aus dem StSchuldverhältnis (§ 37 I) und der Regelung des Erstattungsanspruchs (§ 37 II) weitere Bestimmungen, die inhaltlich das StSchuldverhältnis betreffen. Dies gilt insb. auch für § 47, der mehrere Erlöschensgründe aufzählt, die zumeist im Einzelnen im Erhebungsverfahren geregelt sind. Eine aus systematischen Gründen erforderliche Zuordnung dieser Vorschrift zum Erhebungsverfahren (§§ 218–248) scheidet jedoch aus, da § 47 übergreifend auch das Erlöschen des abstrakten StAnspruchs, der nicht durch Festsetzung konkretisiert ist, regelt (→ § 47 Rn. 2; TK Vor § 33 Rn. 12). 2

Die Vorschriften über die steuerbegünstigten Zwecke (§§ 51–68) passen nicht unmittelbar in den Abschnitt über das StSchuldverhältnis; ihre Zuordnung erscheint jedoch vertretbar. Neben Begriffsbestimmungen, die im ersten Teil normiert sind, enthält der Abschnitt auch Vorschriften über die partielle Stpfl. der Körperschaft (§§ 64 ff.) und eine StFreistellung bei Unterschreiten einer Freigrenze (§ 64 III), die lediglich einen formalen Bezug zur Definition des wirtschaftlichen Geschäftsbetriebs aufweisen. Eine Zuordnung der §§ 51 ff. zum ersten Teil der AO erscheint deshalb nicht zwingend (aA TK Vor § 33 Rn. 11). Der vierte Abschnitt befasst sich mit einem besonderen Anspruch aus dem StSchuldverhältnis, dem Haftungsanspruch und seinen Entstehungsvoraussetzungen. § 77 (Duldungspflicht) gehört systematisch ins VollstrVerfahren. 3

II. Das subjektive öffentliche Recht und das Steuerrechtsverhältnis

1. Das Steuerrechtsverhältnis

Das **StRechtsverhältnis** ist mit dem subjektiven öffentlichen Recht (konkreter „steuerlichen Recht") eng verknüpft. Subjektive Rechte (→ Rn. 7 f.) entstehen zT erst durch die Begründung eines StRechtsverhältnisses, sind jedoch stets in ein solches eingebettet. Ein StRechtsverhältnis geht mit dem Vorhandensein subjektiver steuerlicher Rechte einher. Dabei versteht man unter StRechtsverhältnis die sich aus einem konkreten Lebenssachverhalt ergebenden rechtlichen Beziehungen zwischen StBürger und FB (vgl. Kruse LB § 5 I 1). Es ist ein spezielles Verwaltungsrechtsverhältnis, auf das die allg. Verwaltungsrechtsgrundsätze idR Anwendung finden. Abzugrenzen hiervon ist das allg. Staat-Bürger-Verhältnis, welches zwar rechtlichen Regeln unterliegt, aber mangels Konkretisierung 4 noch kein Rechtsverhältnis begründet (vgl. SBS § 9 Rn. 16; ähnlich TK Vor § 33 Rn. 1). Grundsätzlich unterliegt jeder im Inland wohnende Bürger der unbeschränkten Stpfl. Ein konkretes StRechtsverhältnis wird indes nicht mit jedem vermögens- und einkommenslosen Säugling begründet, sondern erst durch die Erzielung stpfl. Einnahmen, die ihn zur Abgabe einer StErklärung verpflichten. Dementsprechend kann auch nur das Bestehen oder Nichtbestehen eines solchen konkreten StRechtsverhältnisses Gegenstand einer Feststellungsklage sein (vgl. Gräber FGO § 41 Rn. 12 ff.).

5 **Gegenstand des StRechtsverhältnisses** kann jedes Verhalten, jede Aufforderung oder konkretisierte Verpflichtung, also alles sein, was sich auf Rechtsnormen des StRechts gründet oder Ausfluss solcher Normen ist. Dabei ist die im Verwaltungsrecht gelegentlich anzutreffende Unterscheidung zwischen verschiedenen Arten von Rechtsverhältnissen (Moment- bzw. Ad-hoc-Verwaltungsrechtsverhältnis und Dauerrechtsverhältnis; Letztere werden unterschieden in personenbezogene, vermögensbezogene sowie Anstalts- und Benutzungsverhältnisse) für das StRecht ohne Belang. Beteiligte des StRechtsverhältnisses sind auf der einen Seite die durch Akte der Verwaltung in ihren subjektiven Rechten Betroffenen und ihnen gegenüberstehend die jeweiligen Träger der StVerwaltung (Bund, Länder, Gemeinden, öffentlich-rechtliche Religionsgemeinschaften), ggf. in Gestalt der für sie handelnden FB. Rechtswirkungen außerhalb eines konkreten StRechtsverhältnisses bedürfen einer gesonderten gesetzlichen Anordnung (vgl. FG Saarland 16.6.2015 – 1 K 1109/13, EFG 2016, 396; TK Vor § 33 Rn. 3).

2. Das Steuerschuldverhältnis

6 Das **StSchuldverhältnis** ist ein vermögensbezogenes StRechtsverhältnis. Beide Begriffe sind nicht deckungsgleich, sodass ein Umkehrschluss nicht trägt. Das StRechtsverhältnis ist die umfassendere rechtliche Beziehung zwischen dem subjektiv Betroffenen und der FB. Es erfasst nicht nur Ansprüche auf Geldleistungen iSd § 37 I (zum Gegenstand des StSchuldverhältnisses im Einzelnen → § 37 Rn. 5 ff.), sondern auch nicht vermögensbezogene Pflichten, wie zB Auskunftspflichten Nichtbeteiligter nach § 93 oder die Erklärungspflicht des Drittschuldners nach § 316.

3. Subjektive Rechte

7 Das **subjektive steuerliche Recht** des Stpfl. begründet den Anspruch gegenüber der Verwaltung, die für das konkrete StRechtsverhältnis (→ Rn. 4) maßgeblichen Gesetze zu beachten. Diese für die Verwaltung ohnehin bestehende Verpflichtung aus der Bindung an Recht und Gesetz (Art. 20 III GG) erfährt indes eine effektive Kontrolle erst durch die Möglichkeit, das Handeln der Verwaltung gerichtlich überprüfen zu lassen (vgl. Art. 19 IV GG). Das subjektive steuerliche Recht verschafft dem StBürger diese Möglichkeit, indem er ein rechtswidriges Verhalten der Verwaltung, das ihn in seinen eigenen Rechten verletzt, gerichtlich rügen kann. § 40 II FGO konkretisiert die Rechtsschutzmöglichkeit des Art. 19 IV GG und stellt zugleich klar, dass nur der unmittelbar selbst Betroffene, der die Verletzung rechtlich geschützter Interessen geltend machen kann, klagebefugt ist (vgl. Gräber FGO § 40 Rn. 56 f.). Die Beeinträchtigung der eigenen (subjektiven) steuerlichen Rechte ist ebenso Voraussetzung für eine Beschwer iSd § 350 (→ § 350 Rn. 9). Die Verletzung von wirtschaftlichen, politischen, ästhetischen oder sonstigen Interessen genügt nicht (vgl. BFH 12.7.1994 – VII B 102/94, BFH/NV 1995, 229).

8 Die **Bindung der Verwaltung an Recht und Gesetz** begründet für den Bürger kein umfassendes subjektives steuerliches Recht auf Beachtung jedweder Rechtsbindungen der FVerw., sondern nur soweit eine Rechtsnorm die Verwaltung zu einem bestimmten Verhalten verpflichtet und die Einhaltung der Rechtsnorm auch dem Schutz der Interessen des Stpfl. dient. Hiervon kann in Fällen der Eingriffsverwaltung, also der Besteuerung des StBürgers, ausgegangen werden, soweit eine Inanspruchnahme des Stpfl. im Rahmen des StRechtsverhältnisses erfolgt. Dabei ist das subjektive Recht auf die eigene Rechtsbeeinträchtigung bezogen und wird durch diese begrenzt. Wendet ein Stpfl. dagegen ein, dass

seine StLast zu hoch ist, weil ein anderer Stpfl. rechtswidrig nicht oder zu niedrig besteuert wird, steht ihm kein subjektives Recht zur Seite. Die **Nichtbesteuerung Dritter** verletzt idR nur die Rechte der StGläubiger, die von den FB im Interesse der Allgemeinheit wahrzunehmen sind. Eine Verletzung der Rechte eines an dem StSchuldverhältnis nicht beteiligten Dritten kommt nur in Betracht, wenn die Nichtbesteuerung oder zu niedrige Besteuerung gegen eine Norm verstößt, die nicht ausschl. im Interesse der Allgemeinheit, insb. im öffentlichen Interesse an der gesetzmäßigen StErhebung und Sicherung des StAufkommens erlassen wurde, sondern zumindest auch dem Schutz der Interessen einzelner, an dem betreffenden StSchuldverhältnis nicht beteiligter Dritter dient (sog. Schutznormtheorie, vgl. BFH 15.10.1997 – I R 10/92, BStBl. II 1998, 63 mwN).

Grundrechte gewähren als Abwehrrechte Schutz von Freiheit (zB Art. 12 GG) und Eigentum (Art. 14 GG) gegen staatliche Maßnahmen, unabhängig davon, ob es sich um konkrete zielgerichtete Eingriffe oder lediglich beiläufige Beeinträchtigungen handelt (vgl. Maurer/Waldhoff § 8 I 4). Darüber hinaus unterliegt der StGesetzgeber weiteren grundrechtlichen Bindungen, so insb. im Hinblick auf den Schutz von Ehe und Familie (Art. 6 GG) sowie rechtsstaatlichen Grundsätzen, die sich insb. aus dem Grundsatz der Gesetzmäßigkeit der Besteuerung sowie dem Prinzip gleichmäßiger Besteuerung ergeben (zu den verfassungsrechtlichen Besteuerungsgrundsätzen → § 3 Rn. 49 ff.). Diese verfassungsrechtlichen Bindungen hat auch der Gesetzgeber bei der Entscheidung zu beachten, ob und inwieweit er subjektive Rechte gewährt. Lässt sich ein subjektives Recht nicht unmittelbar aus dem Gesetz entnehmen, kann sich ein Abwehrrecht deshalb unmittelbar aus den Grundrechten ergeben. Im StRecht erlangt das Gebot möglichst gleichmäßiger Belastung aller Stpfl. besondere Bedeutung. Es verlangt neben der Gleichheit der normativen Stpfl. auch die Gleichheit bei deren Durchsetzung in der StErhebung (BVerfG 27.6.1991 – 2 BvR 1493/89, BStBl. II 1991, 654 (665); BVerfG 10.1.2008 – 2 BvR 294/06, DStR 2008, 197; zur Rechtsanwendungsgleichheit → § 3 Rn. 69 ff.). 9

Erster Abschnitt. Steuerpflichtiger

§ 33 Steuerpflichtiger

(1) **Steuerpflichtiger ist, wer eine Steuer schuldet, für eine Steuer haftet, eine Steuer für Rechnung eines Dritten einzubehalten und abzuführen hat, wer eine Steuererklärung abzugeben, Sicherheit zu leisten, Bücher und Aufzeichnungen zu führen oder andere ihm durch die Steuergesetze auferlegte Verpflichtungen zu erfüllen hat.**

(2) **Steuerpflichtiger ist nicht, wer in einer fremden Steuersache Auskunft zu erteilen, Urkunden vorzulegen, ein Sachverständigengutachten zu erstatten oder das Betreten von Grundstücken, Geschäfts- und Betriebsräumen zu gestatten hat.**

Schrifttum: Lorenz, Die steuerlichen Rechte und Pflichten des Insolvenzverwalters, StW 2003, 164; Hüttemann, Juristische Personen im Steuerrecht, JÖR 65 (2017), 147.

Übersicht

A. Allgemeines

I. Inhalt und Bedeutung der Vorschrift

1 § 33 definiert den Begriff des Stpfl. durch eine beispielhafte Aufzählung steuerrechtlicher Pflichten. Diese Aufzählung hat keine eigenständige Bedeutung (vgl. BT-Drs. VI/1982, 110). Es handelt sich dabei lediglich um Unterfälle der Generalklausel, die „durch die Steuergesetze auferlegten Verpflichtungen zu erfüllen". Der Begriff des Stpfl. gehört mit den Begriffen „StSchuldverhältnis" (§ 37 I) und „StBescheid" (§ 155) zu den begrifflichen Grundelementen der AO. Dieser Bedeutung werden die lediglich ansatzweise vorhandenen oder unvollständigen gesetzlichen Begriffsbestimmungen nur unzureichend gerecht (→ Rn. 25). Gedankliche Voraussetzung für die Rechtsstellung als Stpfl. ist die Fähigkeit, Träger steuerrechtlicher Rechte und Pflichten zu sein. Diese Rechtsfähigkeit muss für jedes Gebilde vorhanden sein, soweit es als Gläubiger oder Schuldner eines Anspruchs aus dem StSchuldverhältnis auftritt oder herangezogen wird.

II. Steuerrechtsfähigkeit

1. Begriff

2 Der Begriff der StRechtsfähigkeit umschreibt nur einen Teilaspekt des zur allgemeinen Rechtslehre gehörenden Begriffs der Rechtsfähigkeit. (Steuer-)Rechtsfähig ist, wer Zuordnungssubjekt von (steuerrechtlichen) Rechtsnormen, also Träger von (steuerrechtlichen) Rechten und Pflichten sein kann. Rechtsfähigkeit ist ein Wesensmerkmal aller Personen, welches ihnen angeboren ist (natürliche Personen), oder auf Anerkennung durch die Rechtsordnung beruht (juristische Personen/Personenvereinigungen ohne Rechtspersönlichkeit). Bei juristischen Personen gibt der Zusatz „des Privatrechts oder des öffentlichen Rechts" die Quelle der Rechtsfähigkeit an. Wer rechtsfähig ist, kann grds. alle durch ein Gesetz begründeten Rechte und Pflichten innehaben (Vollrechtsfähigkeit). Der auf unterschiedliche Rechtssubjekte zugeschnittene Anwendungsbereich einer Rechtsnorm bedeutet keine Einschränkung der Rechtsfähigkeit, sondern eine inhaltliche Begrenzung der Norm. Soweit die Rechtsordnung einzelnen Gebilden nur für einen Teilbereich die Fähigkeit verleiht, Träger von Rechten und Pflichten zu sein, entstehen teilrechtsfähige Subjekte (zB Wohnungseigentümergemeinschaft, vgl. BFH 25.6.2009 – IX R 56/08, BStBl. II 2010, 202; zur Rechtsfähigkeit der WEG vgl. nunmehr § 9a WEG). Die Zuweisung von Teilrechtsfähigkeit erfolgt zumeist nicht ausdrücklich, sodass zunächst die besondere Zuweisung der jeweiligen Rechte und Pflichten durch Auslegung der Rechtsnorm zu prüfen ist (Klein § 33 Rn. 3).

Wird eine **nicht rechtsfähige Person** oder nicht rechtsfähige **Personenvereinigung** (zB Gesamthandsgemeinschaft in Gestalt ehelicher Gütergemeinschaft, Erbengemeinschaft) von der FB durch VA in Anspruch genommen, ist sie sowohl in dem betr. Einspruchsverfahren beteiligtenfähig (→ § 359 Rn. 3) als auch im anschließenden Klageverfahren prozessfähig (vgl. BFH 27.4.2001 – V B 16/01, BFH/NV 2001, 1286).

3 **Behörden** sind als Organe des jeweiligen rechtsfähigen Verwaltungsträgers nicht selbst rechtsfähig (StaatsR-HdB/Krebs § 69 Rn. 37; Gosch AO § 33 Rn. 49; aA TK § 33

Rn. 31). Zu den vorstehenden Verwaltungsträgern gehören die Gebietskörperschaften, rechtsfähige Körperschaften, Anstalten und Stiftungen des öffentlichen Rechts sowie sonstige Gebilde mit eigenen Verwaltungsbefugnissen. Die Unterscheidung zwischen Verwaltungsträger und Organ erlangt im StVerfahrensrecht keine wesentliche Bedeutung, da die FB als Träger des Verwaltungsverfahrens im Rahmen ihrer gesetzlich begründeten Zuständigkeiten handeln darf und zugleich Beteiligte eines finanzgerichtlichen Verfahrens ist (Gräber FGO § 63 Rn. 1 f.; BFH 13.2.1973 – VII R 76/70, BStBl. II 1973, 502). Zum Begriff der FB vgl. § 6.

2. Natürliche Personen

Wesensmerkmal. Die Rechtsfähigkeit wird dem Menschen nicht vom Gesetzgeber verliehen, sondern ist dem Gesetz vorgegeben (Grüneberg Überbl. vor § 1 Rn. 1). Das den natürlichen Personen ohne Rücksicht auf Herkunft, Geschlecht oder Staatsangehörigkeit innewohnende Wesensmerkmal gilt unbeschränkt auch für die StRechtsfähigkeit (aA TK § 33 Rn. 35). Der Grundsatz, dass alle natürlichen Personen rechtsfähig sind, bedeutet nicht, dass jeder Mensch jedes Recht erwerben und jeder Pflicht unterzogen werden kann. Eine Anzahl von Rechtsnormen enthält inhaltliche Beschränkungen, die ihre Anwendung von bestimmten Merkmalen abhängig macht. Dies hat jedoch keine Auswirkung auf die Rechtsfähigkeit. So bedeutet der Ausschluss natürlicher Personen und von PersGes von der KStpfl. keine Begrenzung ihrer Fähigkeit, Träger von Rechten und Pflichten zu sein, sondern der Anwendungsbereich der Norm weist ihnen diese Rechtsstellung lediglich nicht zu (siehe die Optionsmöglichkeit für PersGes nach § 1a KStG; aA TK § 33 Rn. 35). 4

Dauer. Die Rechtsfähigkeit beginnt mit Vollendung der Geburt und endet mit dem Tod. Mit Eintritt des Todes geht die steuerliche Rechtsstellung durch Gesamtrechtsnachfolge auf den Erben über (§ 45). Der Erbe wird durch Eintritt in die Rechtsposition des Erblassers Stpfl. Bei Verschollenheit regelt § 49 den Todestag. Beschränkungen in der Verfügungsbefugnis des Stpfl. über sein Vermögen, etwa durch Insolvenz oder Betreuung mit Einwilligungsvorbehalt, berühren die Rechtsfähigkeit nicht. Die Verfügungsbeschränkung hat keinen Einfluss auf die Tatbestandsverwirklichung, also die Entstehung des StAnspruchs iSd § 38, sondern wirkt lediglich auf die Verwirklichung des Anspruchs ein (BFH 18.5.1988 – X R 27/80, BStBl. II 1988, 716 (718)). 5

3. Juristische Personen

Die **juristische Person des Privatrechts** ist eine Zusammenfassung von Personen oder Sachen zu einer rechtlich geregelten Organisation mit eigener Rechtspersönlichkeit und der Befähigung, selbst Träger von Rechten und Pflichten zu sein (Grüneberg Einf. vor § 21 Rn. 1). Die Rechtsfähigkeit erwirbt die juristische Person durch Erfüllung normativer Voraussetzungen und konstitutive Registereintragung. Dergestalt entstehen der Idealverein (§ 21 BGB), die AG (§§ 23 ff. AktG), KGaA (§§ 278 ff. AktG), GmbH (§§ 1 ff. GmbHG) und die Genossenschaft (§§ 1 ff. GenG). Demgegenüber erwerben der wirtschaftliche Verein (§ 22 BGB), die Stiftung (§ 80 BGB) und der Versicherungsverein auf Gegenseitigkeit (§ 15 VAG) ihre Rechtspersönlichkeit durch staatliche Konzession. 6

Knüpfen die StGesetze (zB § 1 I KStG) an zivilrechtliche Rechtsgebilde mit eigener Rechtspersönlichkeit an, ist das Bestehen der juristischen Person Tatbestandsmerkmal der Norm (vgl. BFH 25.6.1984 – GrS 4/82, BStBl. II 1984, 751 (757); aA TK § 33 Rn. 44; HHSp § 33 Rn. 33). Die steuerrechtliche Gleichstellung der in Entstehung begriffenen juristischen Person mit der entstandenen Körperschaft entspricht der zivilrechtlichen Rechtslage (vgl. K. Schmidt GesR § 11 IV 2; BFH 8.11.1989 – I R 174/86, BStBl. II 1990, 91).

Vorgründungsgesellschaft. Die Entstehung des Rechtsträgers vollzieht sich in drei Schritten, nämlich durch 7

(1.) den Abschluss des schuldrechtlichen Verpflichtungsgeschäftes, durch das die Parteien die Errichtung einer Gesellschaft vereinbaren,

(2.) den Abschluss des Gesellschaftsvertrages (Satzung), also der nachfolgenden Errichtung des körperschaftlich verfassten Verbandes und

(3.) die Eintragung in das Register.

Mit der schuldrechtlichen Vereinbarung zur Gründung einer Körperschaft entsteht eine GbR, die mit Abschluss des Gesellschaftsvertrages wegen Zweckerreichung endet (sog. Vorgründungsgesellschaft). Es besteht keine Identität oder Gesamtrechtsnachfolge zur sog. Vorgesellschaft. Beteiligt sich die Vorgründungsgesellschaft bereits am wirtschaftlichen Verkehr, wird sie steuerrechtlich wie jede andere rechtsfähige Personenvereinigung behandelt (→ Rn. 15 f.). Sie gehört nicht zu den kstpfl. Gebilden (BFH 20.10.1982 – I R 118/78, BStBl. II 1983, 247). Die Gesellschafter erzielen als Mitunternehmer Einkünfte iSd § 15 I Nr. 2 EStG (Crezelius DStR 1987, 749). Da sich die Vorgründungsgesellschaft von der Vorgesellschaft und der späteren Körperschaft unterscheidet, sind die Rechtsfolgen aus der Tatbestandsverwirklichung zwischen den Gesellschaften nicht zurechenbar (vgl. BFH 5.9.2008 – IV B 1/08, BeckRS 2008, 25013992; zum VorSt-Anspruch FG Rheinland-Pfalz 6.10.1983 – 3 K 219/81, EFG 1984, 318; aA FG Niedersachsen 8.2.2001 – 5 K 99/99, UR 2001, 400 aufgeh. durch BFH 17.1.2002 – V R 64/01, BFH/NV 2002, 1181).

8 **Vorgesellschaft.** Mit der Errichtung der Gesellschaft, also dem Abschluss des Gesellschaftsvertrages, entsteht die sog. Vorgesellschaft als Rechtsträger (anders jedoch im Falle einer Stiftung vgl. K. Schmidt GesR § 7 II 2b; BFH 11.2.2015 – X R 36/11, BStBl. II 2015, 545). Sie untersteht dem Recht der jeweiligen Körperschaft, soweit dieses nicht ausdrücklich die Eintragung voraussetzt. Mit der Eintragung streift die Vorgesellschaft ihre Hülle ab und wandelt sich zur juristischen Person. Vorgesellschaft und juristische Person sind ein und dasselbe Gebilde in unterschiedlichen Entwicklungsstadien (vgl. K. Schmidt GesR § 11 IV 2). Ansprüche und Verpflichtungen der Vorgesellschaft gehen automatisch auf die Körperschaft über, ohne dass es einer besonderen Übertragung bedürfte. Dementsprechend wird die Vorgesellschaft bereits als körperschaftsteuer- und gewerbesteuerrechtsfähig angesehen (zur KSt BFH 14.10.1992 – I R 17/92, BStBl. II 1993, 352; zur GewSt FG Hamburg 28.11.1985 – II 118/83, EFG 1986, 414). Verluste der Vorgesellschaft können von der KapGes vorgetragen werden (vgl. zum Sonderfall der Fortführung nach fehlgeschlagener Gründung FG Hamburg 22.6.1989 – II 100/87, EFG 1989, 594). VorSt aus Leistungen für die Vorgesellschaft stehen mit der Eintragung der Körperschaft zu (FG Rheinland-Pfalz 6.10.1983 – 3 K 219/81, EFG 1984, 318).

9 **Fehlende Registereintragung.** Schlägt die Entstehung der juristischen Person fehl, wird die Vorgesellschaft nach hM rückwirkend grds. als GbR behandelt, also eine KStpfl. verneint (BFH 18.3.2010 – IV R 88/06, BStBl. II 2010, 991; BFH 6.5.1952 – I 8/52 U, BStBl. III 1952, 172; FG Brandenburg 2.7.2003 – 2 K 1666/01, EFG 2003, 1330; HHSp § 33 Rn. 33b). Diese Auffassung verkennt, dass die Vorgesellschaft mit Abschluss des Gesellschaftsvertrages als eigenes Rechtssubjekt entsteht (vgl. TK § 33 Rn. 47: KStpfl.). Die spätere Eintragung ist weder Entstehensvoraussetzung der Vorgesellschaft noch Bedingung für ihre Rechtssubjektivität (vgl. K. Schmidt GmbHR 1988, 89). Zivilrechtlich bleibt die Vorgesellschaft bis zum endgültigen Misslingen der Gründung Träger von Rechten und Pflichten (BGH 24.10.1968 – II ZR 216/66, BGHZ 51, 30; BAG 8.11.1962 – 2 AZR 11/62, NJW 1963, 680). Wird die Eintragung rechtskräftig abgelehnt oder von den Gesellschaftern nicht mehr ernstlich betrieben, erlischt die Vorgesellschaft, soweit keine Liquidation erforderlich ist (BayObLG 18.3.1987 – BReg. 2 Z 8/87, NJW-RR 1987, 812; vgl. auch BFH 2.3.2011 – II R 5/09, BFH/NV 2011, 1147). Während der Abwicklung erzielte Gewinne sind der Vorgesellschaft zuzurechnen (BFH 27.2.1985 – I R 291/83, BFH/NV 1985, 63). Bei fortgesetzter wirtschaftlicher Aktivität wandelt sie sich kraft Rechtsformzwang in eine GbR bzw. OHG um (BGH 9.3.1981 – II ZR 54/80, GmbHR 1981, 114). Die KStpfl. endet erst in diesem Zeitpunkt und entfällt nicht rückwirkend (ebenso Streck KStG § 1 Anm. 9; Wassermeyer DStR 1991, 736; Gosch AO § 33 Rn. 40). Hiervon zu unterscheiden ist der Fall der von Anfang an fehlenden Absicht der

Registereintragung (vgl. FG Hamburg 22.6.1989 – II 100/87, EFG 1989, 594; allg. zur sog. unechten Vorgesellschaft Scholz § 11 Rn. 143).

Beendigung der Körperschaft. Die juristische Person hört mit der Löschung im Handelsregister und Eintritt der Vermögenslosigkeit auf zu existieren, ihre Rechtsfähigkeit endet (NSH GmbHG § 60 Rn. 6; OLG Stuttgart 28.2.1986 – 2 U 148/85, NJW-RR 1986, 836). Die Löschung im Handelsregister hat konstitutive Wirkung (FG Düsseldorf 20.10.1987 – I 279/87 AO, EFG 1988, 214; aA HHSp § 33 Rn. 34). Zur Löschung muss stets auch die Vermögenslosigkeit hinzutreten, um eine Vollbeendigung der KapGes zu bewirken (K. Schmidt GmbHR 1988, 209). Wird die Gesellschaft trotz vorhandenen Vermögens gelöscht, berührt dies ihre Rechtsfähigkeit nicht. Die StRechtsfähigkeit soll demgegenüber auch bei Vermögenslosigkeit erst mit der vollständigen Abwicklung aller steuerlichen Pflichten und Verfahren enden (BFH 15.2.2006 – I B 38/05, BFH/NV 2006, 1049 mwN; ebenso zur gelöschten ausländischen KapGes BFH 28.1.2004 – I B 210/03, BFH/NV 2004, 670; zur Bekanntgabe von VA an juristische Personen → § 122 Rn. 49). Diese Auffassung übersieht, dass die Gesellschaft, auch soweit sie noch Pflichten zu erfüllen hat, vollbeendet ist, also nicht weiter abgewickelt werden kann (vgl. zur Zustellung eines StBescheides OLG Karlsruhe 21.6.1989 – 4 W 126/88, NJW-RR 1990, 100). Zur Erfüllung nachwirkender Handlungspflichten bedarf es der Rechtsfähigkeit der Gesellschaft nicht, sondern nur der Begründung einer Handlungszuständigkeit. Diese lässt sich aus einer analogen Anwendung des § 74 II GmbHG ableiten (vgl. Scholz § 74 Rn. 20 mwN zur gegenteiligen hM). Steuerrechtliche Normen, die eine vom Zivilrecht abweichende Rechtsfähigkeit der juristischen Person begründen, sind nicht ersichtlich (ebenso TK § 33 Rn. 49; Heidner DStR 1992, 206). Die gerichtliche Geltendmachung einer geringeren StFestsetzung berührt das Aktivvermögen nicht, solange das Begehren im Falle des Obsiegens nicht zugleich einen Erstattungsanspruch mit umfasst (Jessen NJW 1974, 2275). 10

Juristische Personen des öffentlichen Rechts werden in rechtsfähige Körperschaften, Stiftungen und Anstalten unterteilt (vgl. § 89 I BGB). Sie entstehen durch staatlichen Hoheitsakt, und zwar idR durch Gesetz oder Staatsvertrag (vgl. eingehend WBS Verwaltungsrecht I § 34 III). Zu den Körperschaften zählen insb. die Gebietskörperschaften (Bund, Länder, Gemeinden usw.), die berufsständischen Organisationen (zB Handwerkskammern, Ärztekammern), Sozialversicherungsträger, Hochschulen, Verbände (zB kommunale Zweckverbände, Deichgenossenschaften). Zu den rechtsfähigen Anstalten gehören ua die Rundfunkanstalten, Sparkassen und Studentenwerke. Öffentliche Stiftungen werden nur selten geschaffen, wie zB die Stiftung Preußischer Kulturbesitz. 11

Durch die **staatliche Schöpfung** erlangt die juristische Person eine eigene Rechtsfähigkeit, die sie auch im StRecht befähigt, Träger von Rechten und Pflichten zu sein (vgl. Seer DStR 1992, 1751/1790 str.). Demzufolge ist trotz des Wortlauts des § 1 I Nr. 6 KStG nicht der Betrieb gewerblicher Art, sondern die juristische Person Subjekt und Schuldnerin der KSt (BFH 13.3.1974 – I R 7/71, BStBl. II 1974, 391; Altehoefer FS L. Schmidt, 677 (679)). § 2 III UStG geht bei der Bestimmung der Unternehmereigenschaft ausdrücklich von der juristischen Person als Zurechnungssubjekt aus (BFH 18.8.1988 – V R 194/83, BStBl. II 1988, 932). Nicht rechtsfähige Untergliederungen einer Körperschaft des öffentlichen Rechts können jedoch teilrechtsfähig sein, etwa zur Durchsetzung eines Erstattungsanspruchs iSd § 37 II (BFH 9.7.1996 – VII R 136/95, BFH/NV 1997, 10).

4. Steuerteilrechtsfähige Zusammenschlüsse

Allgemeines. Neben den von der Rechtsordnung allg. als rechtsfähig anerkannten Personen spricht das StRecht unterschiedlichste Zusammenschlüsse unabhängig von ihrer Organisationsform als Zurechnungssubjekt bestimmter Rechtsnormen an, erklärt sie also für teilrechtsfähig (vgl. aber auch die Definition der rechtsfähigen PersGes in § 14 II BGB sowie § 14a II). Welches Gebilde als Rechtsträger erfasst wird, lässt sich den StGesetzen zumeist nur durch Auslegung entnehmen. So umschreibt der Unternehmerbegriff iSd 14

§ 1 I 1 UStG anders als § 1 I KStG die einzelnen StSubjekte nur allg. (vgl. zum verbraucherrechtlichen Unternehmerbegriff § 14 I BGB).

15 **Dauer.** Beginn und Ende der StRechtsfähigkeit werden durch die Existenz der PersGes oder Vermögensmasse (Zweckvermögen) bestimmt. Unter Zweckvermögen ist die Zusammenfassung von Vermögenswerten zu verstehen, die durch eine dauerhafte Zweckbestimmung gebunden sind (vgl. FG Berlin 1.9.1981 – V 451/79, EFG 1982, 307). **Rechtsfähige PersGes** (GbR, OHG, KG) entstehen mit Abschluss des Gesellschaftsvertrages, auch wenn die Eintragung in das Handelsregister konstitutive Wirkung hat (RG 5.1.1926 – II 153/24, RGZ 112, 280). Für die rechtsfähige PersGes wirkt die fakultative Eintragung in das Gesellschaftsregister nur insoweit konstitutiv, als sie im Verhältnis zu Dritten spätestens mit ihrer Eintragung in das Gesellschaftsregister entsteht (§ 719 I BGB) sowie Voraussetzung für eintragungspflichtige Rechtserwerbe ist (zB § 707a I 2 BGB, § 47 II GBO). Die PersGes erlischt mit Vollbeendigung (aA die hM: Fortwirkung bis zur Abwicklung des StR-Verhältnisses vgl. BFH 12.5.2010 – IV B 19/09, BFH/NV 2010, 1480). Wird die Gesellschaft aufgelöst und liquidiert, ist dies der Zeitpunkt der Verteilung des letzten Aktivvermögens (FG Bremen 29.9.1987 – II 150/82 K und II 151/82 K, EFG 1988, 95; FG Hessen 23.9.2009 – 5 K 1501/07, EFG 2010, 348). Die Löschung im Handelsregister/Gesellschaftsregister hat anders als bei juristischen Personen keine Bedeutung. Tritt Vollbeendigung ohne Abwicklung ein, wie zB durch Fortfall des letzten Mitgesellschafters oder Umwandlung, erlischt das StSubjekt hierdurch (BFH 16.11.1989 – IV R 29/89, BStBl. II 1990, 272). Das Erlöschen der Gesellschaft bewirkt den Verlust der Rechts- und Beteiligtenfähigkeit (BFH 9.2.2011 – IV R 37/08, BFH/NV 2011, 1120). Beteiligtenstellung und Prozessführungsbefugnis gehen nach Vollbeendigung der PersGes auf die durch den Gewinnfeststellungsbescheid beschwerten Feststellungsbeteiligten über (BFH 16.1.1996 – VIII B 128/95, BStBl. II 1996, 426). Ein anhängiges Klageverfahren wird idR nicht unterbrochen (BFH 26.7.1988 – V B 76/88, BFH/NV 1989, 187). Soweit das Erlöschen durch Rechtsnachfolge eintritt, sind anhängige Klageverfahren analog § 239 ZPO unterbrochen (BFH 22.11.1988 – VIII R 90/84, BStBl. II 1989, 326). Die von der hM vertretene fortwirkende StRechtsfähigkeit bis zur vollständigen Abwicklung verkennt, dass nachwirkende Handlungspflichten eines nicht mehr existenten Verbandes deren Fortbestehen nicht begründen können (→ Rn. 10; aA Gosch AO § 33 Rn. 34 mwN).

16 Subjekt der **Einkommensteuer** ist die natürliche Person (§ 1 EStG; vgl. zum Wechsel der Stpfl. BFH 16.3.1994 – I B 155/93, BFH/NV 1994, 852). Personenzusammenschlüsse oder Sachgesamtheiten unterliegen als solche nicht der Stpfl. (vgl. BFH 5.6.1991 – XI R 26/89, BStBl. II 1991, 820 für eine unter Nachlassverwaltung stehende Erbmasse; BFH 10.11.1987 – VIII R 94/87, BFH/NV 1988, 214 für eine Grundstücksgemeinschaft; BFH 25.6.2009 – IX R 56/08, BStBl. II 2010, 202 zur Wohnungseigentümergemeinschaft). Die rechtsfähige PersGes (vormals: Gesamthandsgesellschaft) ist nach std. Rspr. jedoch **Subjekt der Gewinnermittlung,** buchführungspflichtig und Adressat einer Prüfungsanordnung (grundlegend BFH 25.6.1984 – GrS 4/82, BStBl. II 1984, 751 (762); BFH 16.11.1989 – IV R 29/89, BStBl. II 1990, 272). Die partielle StRechtsfähigkeit bezieht sich auf die Feststellung, ob der Tatbestand einer Einkunftsart verwirklicht ist, und die einheitliche Einkünfteermittlung (BFH 3.7.1995 – GrS 1/93, BStBl. II 1995, 617; BFH 18.5.2004 – IX R 83/00, BStBl. II 2004, 898 zur einheitlichen und gesonderten Feststellung einer VermietungsGbR; aA TK § 33 Rn. 68). Verfahrensrechtlich setzt § 179 II die einheitliche Feststellung materiell gemeinschaftlich erworbener Einkünfte voraus. Deshalb war es folgerichtig, der Gesellschaft zur gesamten Hand insofern steuerliche Teilrechtsfähigkeit zuzuweisen. Bei gemeinschaftlicher Betätigung der verbliebenen Gesamthandsgemeinschaften (Erbengemeinschaft, Gütergemeinschaften) führt das Erzielen gemeinschaftlicher Einkünfte nicht automatisch zur Entstehung einer rechtsfähigen PersGes. Hier kommt es darauf an, ob die Betätigung auf einem eigenen Gesellschaftszweck (Rechtsbindungswille, Beitragspflichten, Gesellschaftsvermögen) beruht. Die rechtsfähige PersGes kann wegen ihrer zivilrechtlichen Fähigkeit Träger von Rechten und Pflichten

sein und damit auch steuerrechtlich Rechte und Pflichten erwerben. So kann sie zB Schuldner der pauschalen LSt sein (zur Gesamthandsgemeinschaft vgl. BFH 17.2.1995 – VI R 41/92, BStBl. II 1995, 390). Dies trifft ebenso auf die atypisch stille Gesellschaft (BFH 26.11.1996 – VIII R 42/94, BFHE 182, 101) und gewerblich tätige Bruchteilsgemeinschaften zu (BFH 3.7.1995 – GrS 1/93, BStBl. II 1995, 617; nunmehr auch für nicht gewerbliche Bruchteilsgemeinschaften BFH 18.5.2004 – IX R 49/02, BStBl. II 2004, 929; Geschwendtner DStZ 1998, 335).

Der **Körperschaftsteuer** unterliegen unbeschränkt die in § 1 I KStG abschließend genannten Zusammenschlüsse. Mit Ausnahme von § 1 I Nr. 5 KStG handelt es sich ausschl. um juristische Personen mit voller Rechtsfähigkeit. Betriebe gewerblicher Art von juristischen Personen des öffentlichen Rechts sind nicht selbst teilrechtsfähig. Zuordnungssubjekt ist die Körperschaft des öffentlichen Rechts, soweit sie einen oder mehrere Betriebe gewerblicher Art unterhält (→ Rn. 11). Hierin liegt eine tatbestandliche Beschränkung der Stpfl., die den hoheitlichen Bereich ausnimmt. Die in § 1 I Nr. 5 KStG iVm § 3 KStG erwähnten nicht rechtsfähigen Vereine und Vermögensmassen sind kstpfl., soweit ihr Einkommen nicht bei anderen Stpfl. erfasst wird. Wesensmerkmal des Vereins ist eine auf Dauer angelegte Verbindung einer größeren Anzahl von Personen zur Erreichung eines gemeinsamen Zwecks, die nach ihrer Satzung körperschaftlich organisiert und auf einen wechselnden Mitgliederbestand ausgerichtet ist (RG 18.1.1934 – IV 369/33, RGZ 143, 212). Hierunter fallen nicht: GbR, OHG, KG, auch als kapitalistisch geprägte Publikums-GmbH & Co. KG (BFH 25.6.1984 – GrS 4/82, BStBl. II 1984, 751), und PartGes. Kartelle/Syndikate (Zusammenschlüsse zur Markt- und Wettbewerbsbeeinflussung) besitzen keine einheitliche Organisationsstruktur. Sie können GbR oder nicht rechtsfähiger Verein sein. Organschaft wirkt sich auf die StRechtsfähigkeit der Organgesellschaft nicht aus (vgl. Streck § 15 Anm. 3). Zur Optionsmöglichkeit zur KStpfl. von PersGes s. § 1a KStG. 17

Bei der **Gewerbesteuer** ist der Unternehmer StSchuldner. Als Unternehmer gilt der, für dessen Rechnung das Gewerbe betrieben wird (§ 5 I 2 GewStG). Neben den juristischen Personen (§ 2 II und III GewStG) werden die PersGes ausdrücklich erwähnt (§ 5 I 3 GewStG). Zu den PersGes gehören die GbR, OHG, KG (BFH 9.10.1986 – IV R 235/84, BStBl. II 1987, 124), stille Gesellschaft, Partenreederei (BFH 23.10.1986 – IV R 319/84, BStBl. II 1987, 64), freiberufliche Partnerschaft und die Europäische Wirtschaftliche Interessenvereinigung (§ 5 I 4 GewStG). Der Begriff der PersGes ist nach dem Sinn der gesetzlichen Regelung auf **rechtsfähige PersGes** zu beschränken, da nur sie mit eigenem Vermögen ausgestattete Träger des Gewerbebetriebes sind. Dies gilt für die (atypisch) stille Gesellschaft nicht, da die Einlage des stillen Gesellschafters Vermögen des Geschäftsinhabers wird (vgl. BFH 12.11.1985 – VIII R 364/83, BStBl. II 1986, 311 (317)). Schuldner der GewSt ist dementsprechend der Inhaber des Handelsgeschäftes (BFH 25.7.1995 – VIII R 54/93, BStBl. II 1995, 794). Zur abweichenden sachlichen Stpfl. und Unternehmeridentität (vgl. BFH 6.12.1995 – I R 109/94, BFHE 179, 427). Bei der Bruchteilsgemeinschaft sind die Mitberechtigten stpfl. (BFH 28.10.1993 – IV R 66–67/91, BStBl. II 1994, 463; BFH 10.4.1997 – IV R 73/94, BStBl. II 1997, 569 zur Wohnungseigentümergemeinschaft). Die Fiktion des § 2 II 2 GewStG führt zur Zurechnung des Ertrags und Kapitals der Organgesellschaft beim Organträger. Beide Gesellschaften bleiben als selbständige Unternehmen steuerrechtsfähig (BFH 25.10.1995 – I R 76/93, BFH/NV 1996, 504). 18

Subjekt der **Umsatzsteuer** ist der Unternehmer iSd § 2 UStG (zur Erteilung einer StNummer FG Nürnberg 17.12.2007 – 2 V 1958/2007, DStRE 2008, 1147). Neben den vollrechtsfähigen Personen umfasst der Unternehmerbegriff alle selbständigen Zusammenschlüsse, die nach außen erkennbar am Wirtschaftsleben teilnehmen (Bunjes UStG § 2 Rn. 11). Als Unternehmer erlangen sie unabhängig von ihrer zivilrechtlichen Anerkennung umsatzsteuerliche Teilrechtsfähigkeit. Dies gilt auch für den Nichtunternehmer, soweit er nach § 14 III UStG in Anspruch genommen wird. Maßgebliches Abgrenzungskriterium für die Unternehmereigenschaft ist die Leistungserbringung. Wer die Leistung 19 gegen Entgelt selbständig nach außen erbringt, ist aufgrund der tatsächlichen Betätigung zu entscheiden. Demgemäß sind umsatzsteuerrechtsfähig die PersGes, Vereine (unabhängig von ihrer zivilrechtlichen Rechtsfähigkeit), Bruchteils-, Güter-, und Erbengemeinschaften (BFH 25.3.1993 – V R 42/89, BStBl. II 1993, 729; BFH 1.9.2010 – XI S 6/10, BFH/NV 2010, 2140) sowie Zweckvermögen (zB Stiftungen). Die stille Gesellschaft ist als reine Innengesellschaft nicht selbst StSubjekt, solange diese entgegen ihrem Zweck nicht nach außen auftritt (FG München 6.8.1987 – VI 33/83 AO, EFG 1988, 401).

20 Unternehmenszusammenschlüsse in Form sog. **Arbeitsgemeinschaften** sind zumeist als Innengesellschaften konzipiert (vgl. zur Abgrenzung BFH 7.12.1967 – V 45/65, BStBl. II 1968, 398). Die Beteiligten des Personalverbandes bleiben selbst Subjekt der USt, soweit sie eigene Umsätze erbringen. Ein Mitglied einer Anwaltssozietät kann zB zusätzlich als Insolvenzverwalter oder Testamentsvollstrecker tätig sein (BFH 13.3.1987 – V R 33/79, BStBl. II 1987, 524). Organgesellschaften werden gem. § 2 II Nr. 2 UStG als unselbständige Teile des Organträgers behandelt. StSchuldner ist der Organträger. Das Organ haftet für die USt, die wegen der Organschaft beim Organträger anfallen (§ 73).

Zwangsverwaltung und **Insolvenz** lassen die StRechtsfähigkeit des Gemeinschuldners unberührt (BFH 10.4.1997 – V R 26/96, BStBl. II 1997, 552; BFH 28.6.2011 – XI B 18/11, BFH/NV 2011, 1931).

21 Die **Grunderwerbsteuer** knüpft an den Wechsel des Rechtsträgers für ein inländisches Grundstück durch einen Erwerbsvorgang an (§ 1 GrEStG). StSchuldner sind die Vertragsparteien, der bisherige Eigentümer und/oder der Erwerber sowie bei Änderung des Gesellschafterbestandes die PersGes (§ 13 GrEStG). Die Anknüpfung des gesetzlichen Tatbestandes an zivilrechtliche Vorgänge verdeutlicht, dass die zivilrechtliche Fähigkeit, Rechte an einem Grundstück zu erwerben, zugleich die StRechtsfähigkeit begründet. Hierzu gehören die natürlichen und juristischen Personen sowie PersGes iSd § 14a II (zB GbR, OHG, KG) und Gesamthandsgemeinschaften (eheliche Gütergemeinschaft, Erbengemeinschaft, vgl. BFH 12.2.2014 – II R 46/12, DStR 2014, 850). Der Wechsel im Gesellschafterbestand berührt die Identität des Rechtsträgers nicht. Hierin liegt grds. kein stpfl. Erwerbsvorgang (BFH 9.9.1992 – II R 69/89, BFH/NV 1993, 326). Bei vollständigem Gesellschafterwechsel schuldete die PersGes die GrESt (BFH 12.12.1996 – II R 61/93, BStBl. II 1997, 299). Seit Einführung des § 1 IIa GrEStG durch das JStG 1997 wird auch die wesentliche Änderung des Gesellschafterbestandes tatbestandlich erfasst (vgl. zu Einzelheiten Pahlke GrEStG § 1 Rn. 267 ff.). Bruchteilsgemeinschaften sind nicht teilrechtsfähig.

22 **ErbSt, KraftSt, UZK.** Erbschaftsteuerliche Rechtsfähigkeit setzt zivilrechtliche Erbfähigkeit voraus. Erbfähig ist gem. § 1923 I BGB jeder Mensch. Daneben werden die juristische Person, die rechtsfähige PersGes und Gesamthandsgemeinschaften als erbfähig angesehen (Grüneberg § 1923 Rn. 7). Die Leibesfrucht (§ 1923 II BGB) und die Stiftung (§ 84 BGB) gelten bereits vor ihrer Entstehung als erbfähig. Diese Regelung ist auf sonstige juristische Personen nicht übertragbar. Der BFH sieht unabhängig von der zivilrechtlichen Zuordnung die Gesamthänder und nicht die Gesamthand als StSchuldner an (BFH 14.9.1994 – II R 95/92, BStBl. II 1995, 81; BFH 15.7.1998 – II R 82/96, BStBl. II 1998, 630). Diese Rspr. beachtet die im Vordringen begriffene Lehre von der Rechtssubjektivität der Gesamthand nicht hinreichend (vgl. K. Schmidt GesR § 8 III 2; BGH 29.1.2001 – II ZR 331/00, NJW 2001, 1056; K. Schmidt NJW 2001, 993; BFH 18.9.2001 – V B 227/00, BFH/NV 2002, 158). Die Gesamthand selbst ist deshalb durch die Schenkung bereichert und StSchuldner (BFH 7.12.1988 – II R 150/85, BStBl. II 1989, 237; aA FG Düsseldorf 26.2.1991 – 4 V 464–465/91 A (Erb), EFG 1991, 333). Dies gilt erst recht für die rechtsfähige PersGes iSd § 14a II.

PersGes können als Fahrzeughalter Schuldner der **KraftSt** sein (vgl. BFH 24.7.1963 – II 8/62, HFR 1964, 20). Nach Art. 5 Nr. 4 UZK wird zivilrechtlich teilrechtsfähigen Personenvereinigungen, die im Rechtsverkehr als Person wirksam auftreten können, Zollrechtsfähigkeit zuerkannt. Dazu zählen sowohl die PersGes des HGB als auch die unternehmerisch tätige GbR (vgl. allg. zur Rechtsfähigkeit der GbR BGH 29.1.2001 – II ZR 331/00, NJW 2001, 1056; BVerfG 2.9.2002 – 1 BvR 1103/02, NJW 2002, 3533; TK § 33 Rn. 69).

B. Steuerpflichtiger (Abs. 1)

I. Definition des Steuerpflichtigen

Die gesetzliche Definition wird der Rechtsstellung des Stpfl. in der AO nicht gerecht. Die Aufzählung des Abs. 1 gründet sich einseitig auf die nach den StGesetzen zu erfüllenden Pflichten. Sie blendet die Kehrseite des Pflichtenverhältnisses, Inhaber von Rechten zu sein, vollständig aus. Der Begriff des Stpfl. steht in unmittelbarem Zusammenhang mit der verfahrensrechtlichen Beteiligtenstellung. Sie ist Ausfluss möglicher materieller Rechtspositionen und dient ihrer bestmöglichen Durchsetzung (zum Beteiligtenbegriff vgl. § 78). Dieses im materiellen Recht begründete Anspruchsverhältnis ist wiederum Grundlage für die Begriffsbestimmung des Stpfl. Wie § 37 I zeigt, gehört auch der Gläubiger eines rechtsgrundlos geleisteten StAnspruchs zu den am StSchuldverhältnis materiell Beteiligten. Diese Abgrenzung spiegelt sich auch in der Unterscheidung des § 93 I zwischen Beteiligten und anderen Personen wider. **Stpfl. ist danach,** wer als (möglicher) Beteiligter eines StSchuldverhältnisses die ihm durch die StGesetze auferlegten Pflichten zu erfüllen hat und Rechte beanspruchen kann. Stpfl. kann deshalb auch sein, wer – ggf. auch zu Unrecht – von einer die Drittwirkung (§ 166) begründenden StFestsetzung betroffen ist (BFH 26.8.2021 – V R 13/20, DStR 2021, 2345; Klein § 43 Rn. 2). 25

Steuergesetze idS sind alle Rechtsnormen, die materiell- oder verfahrensrechtliche Regelungen über Steuern (§ 3 I) enthalten. Maßgeblich für die Einordnung als StGesetz ist der Regelungsgehalt der Norm. Es kommt also nicht auf die Bezeichnung oder den Standort der Vorschrift an. 26

II. Die einzelnen Gruppen der Steuerpflichtigen

1. Steuerschuldner

StSchuldner ist derjenige, für den nach den EinzelStGesetzen aufgrund der Verwirklichung des Tatbestandes eine Steuer (§ 3 I) für eigene Rechnung zu leisten ist (§ 43). Die persönliche Entrichtungspflicht ist nicht notwendiges Begriffsmerkmal der Schuldnerschaft (vgl. BFH 13.11.1987 – VI R 4/84, BFH/NV 1988, 566 zur Anrechnung nicht abgeführter LSt). Bei Abzugssteuern wird die Steuer vom Entrichtungspflichtigen (→ Rn. 29) für Rechnung des Schuldners geleistet. Erfüllt der Schuldner die ihm obliegende Leistungspflicht nicht, ist er mit seinem gesamten Vermögen dem Zugriff der VollstrBehörden ausgesetzt (§§ 249 ff.). Zusammenveranlagte Ehegatten sind wie ein Stpfl. zu behandeln. Sie sind Gesamtschuldner der festgesetzten ESt und ihnen obliegt die gemeinsame Erfüllung der StErklärungspflicht, sodass auch ein Verschulden iSd § 173 gegenseitig zuzurechnen ist (BFH 24.7.1996 – I R 62/95, BStBl. II 1997, 115). Die vertragliche Verpflichtung, für die StSchuld eines Dritten einzustehen, begründet kein StSchuldverhältnis (§ 192). 27

2. Haftungsschuldner

Haftungsschuldner ist, wer kraft Gesetzes für die Schuld eines anderen mit seinem eigenen Vermögen einzustehen hat. Der Haftungstatbestand kann sich aus den EinzelStGesetzen (zB § 42d EStG, § 11 GrStG), aus der AO (§§ 69–76) und aus außersteuerrechtlichen Normen (zB § 419 BGB aF, § 128 HGB) ergeben. So haften etwa die Gesellschafter einer gewerblich tätigen GbR analog § 128 HGB für StSchulden der GbR (vgl. K. Schmidt GesR § 60 III; ebenso mit unzutreffender Begründung BFH 27.3.1990 – VII R 26/89, BStBl. II 1990, 939). Das Einstehen für eine fremde Schuld beinhaltet, dass der StSchuldner nicht für eigene Schulden haftet und eine entsprechende Schuld besteht 28

(Akzessorietät). Ein StSchuldner kann für dieselbe StSchuld nicht zugleich Haftender sein und umgekehrt (ebenso TK § 33 Rn. 5; aA FG Hamburg 18.11.2016 – 4 V 142/16, EFG 2017, 182). Der Haftende ist grds. wie der Schuldner mit seinem gesamten Vermögen zur Erfüllung verpflichtet, soweit nicht im Einzelfall Haftungsbeschränkungen (zB §§ 1975 ff. BGB) eingreifen. Schuldner und Haftender werden von der hM als Gesamtschuldner angesehen (vgl. aber → § 44 Rn. 7). Eine vertragliche Verpflichtung Dritter gegenüber der FB, für Leistungen aus dem StSchuldverhältnis einzustehen (§ 48 II), begründet lediglich zivilrechtliche Ansprüche. Der Dritte ist nicht Haftungsschuldner.

3. Steuerentrichtungspflichtiger

29 StEntrichtungspflichtiger ist der Beteiligte des StSchuldverhältnisses, der verpflichtet ist, eine Steuer für Rechnung eines Dritten einzubehalten und abzuführen (vgl. aber BFH 24.3.1998 – I R 120/97, BStBl. II 1999, 3). Die mit der Schuld verbundene Verpflichtung zur Leistung kann durch den Schuldner oder einen Dritten erfüllt werden. Für bestimmte Fälle ist Dritten die Einbehaltung und Abführung der Steuer durch Gesetz (§ 43 S. 2) als eigene Verpflichtung auferlegt worden (zur Verfassungsmäßigkeit vgl. BFH 5.7.1963 – VI 270/62 U, BStBl. III 1963, 468). StSchuldner und Entrichtungspflichtigen verbindet ein zivilrechtliches Schuldverhältnis, welches den Entrichtungspflichtigen befähigt, die Steuer für Rechnung des StSchuldners einzubehalten und abzuführen (vgl. Schmidt EStG § 38 Rn. 10: keine Pflicht, LSt einzubehalten für vom Arbeitnehmer direkt empfangene Trinkgelder). § 34 I 2 begründet keine Entrichtungspflicht iSd § 43 S. 2, da gesetzliche Vertreter usw. keine Dritten sind.

4. Steuererklärungspflichtiger

30 StErklärungspflichtiger ist derjenige, der zur Abgabe einer StErklärung kraft gesetzlicher Anordnung (§§ 149 I 1, 181 II) oder nach Aufforderung durch die FB (§ 149 I 2) verpflichtet ist. Die StErklärungspflicht besteht nur für die in den StGesetzen vorgesehenen StErklärungen, unabhängig davon, ob tatsächlich eine StSchuld entstanden ist. Die Erklärungspflichten der (teil-)rechtsfähigen, nicht handlungsfähigen Stpfl. werden von den Personen iSd §§ 34, 35 erfüllt. § 34 begründet für diese Personen eigene steuerrechtliche Pflichten, deren Verletzung eine Haftungsinanspruchnahme nach § 69 auslösen kann. Die Begründung der Handlungszuständigkeit macht sie nicht zu StErklärungspflichtigen iSd § 33 I (FG Niedersachsen 13.1.1983 – XI 213/82, EFG 1983, 390). Dies hindert die Festsetzung eines Verspätungszuschlages gegen den gesetzlichen Vertreter einer juristischen Person nicht (vgl. BFH 12.12.1990 – I R 92/88, BStBl. II 1991, 384).

5. Zur Sicherheitsleistung Verpflichteter

31 Die Sicherheitsleistung soll den StGläubiger vor der Gefahr des Ausfalls eines (vermeintlich) bestehenden StAnspruchs bewahren. Eine gesetzliche Grundlage, eine Sicherheit durch VA fordern zu dürfen, findet sich sowohl in der AO (zB §§ 109 II, 165 I, 361 II 3), der FGO (zB § 69 II, III) als auch in EinzelStGesetzen (zB Art. 89 UZK). Der Verpflichtung zur Sicherheitsleistung geht idR eine andere Pflicht iSd vorgenannten Alternativen voraus. Die Art der Sicherheitsleistung ist in §§ 241 ff., die Verwertung in § 327 und die Erzwingung in § 336 geregelt.

6. Zur Führung von Büchern und Aufzeichnungen Verpflichteter

32 Hierzu zählen Rechtssubjekte, die kraft Gesetzes Bücher und Aufzeichnungen zu führen haben. Die rechtsgeschäftliche Verpflichtung, die Buchführungspflichten eines Dritten zu erfüllen, fällt nicht unter § 33 I. Gesetzliche Buchführungspflichten ergeben sich aus § 140 iVm außersteuerlichen Normen, insb. aus dem Handels- und Gesellschaftsrecht sowie aus den Berufs- und Betriebsordnungen vieler Gewerbetreibender (im Einzelnen → § 140 Rn. 17 ff.). Daneben begründet § 141 originäre Buchführungspflichten für Betriebsinhaber infolge des Überschreitens bestimmter Größenmerkmale. Weitere Aufzeichnungspflichten schreiben zB § 41 EStG, §§ 8 ff., 17a ff. UStDV vor. Die aus § 154 Verpflichteten

zählen nicht hierzu, da die Aufzeichnungen zur Erteilung einer Auskunft in fremder Sache dienen (aA HHSp § 33 Rn. 18a; AEAO zu § 33 Nr. 1).

7. Zur Erfüllung anderer steuerlicher Pflichten Verpflichteter

Nicht jede durch StGesetz oder Rechtsverordnung auferlegte Verpflichtung macht den Normadressaten zum Stpfl. Aus § 33 II folgt, dass der Verpflichtete zumindest potenziell Schuldner bzw. Gläubiger eines Anspruchs aus dem StSchuldverhältnis (§ 37 I) sein muss. Zu diesem Personenkreis zählen zB gesetzliche Vertreter und Vermögensverwalter (§ 34) sowie Verfügungsberechtigte (§ 35) als mögliche Haftungsschuldner (§ 69) bzw. Duldungspflichtige (§ 77), Anzeigepflichtige (§§ 137 ff.) und der StAufsicht unterliegende Personen (§§ 209 ff.). Weitere steuerliche Pflichten enthalten die Zoll- und VerbrauchStG (zB § 12 TabStG: Verwendung von StZeichen; Art. 158, 170 UZK: Pflicht zur Zollanmeldung). 33

C. Begrenzung des Begriffs des Steuerpflichtigen (Abs. 2)

Durch die generalklauselartige Umschreibung des Stpfl. in § 33 I letzte Alt. wird eine negative Abgrenzung erforderlich. Diese erfolgt in Abs. 2 durch enumerative Aufzählung einzelner Mitwirkungs- und Duldungspflichten. Der dieser Regelung zugrunde liegende Gedanke spiegelt sich in der gesetzlichen Formulierung jedoch nur unvollkommen wider. Zahlreiche Auskunfts-, Anzeige- und Mitwirkungspflichten werden nicht genannt, obgleich sie erkennbar vom Regelungsgehalt des § 33 II erfasst werden. Hier bedarf es der lückenfüllenden Analogie. Stpfl. ist danach nicht, wer lediglich allgemeine verfahrensrechtliche Pflichten in einer fremden StSache zu erfüllen hat, in welcher er nicht selbst (möglicher) Beteiligter des StSchuldverhältnisses ist. Die Pflichterfüllung in fremder StSache ist als alleiniges Abgrenzungskriterium nicht geeignet. Die nach §§ 34, 35 Verantwortlichen werden in fremder StSache tätig. Sie sind gleichwohl Stpfl., weil sie eigene und nicht nur abgeleitete steuerrechtliche Pflichten zu erfüllen haben (BFH 27.6.1989 – VIII R 73/84, BStBl. II 1989, 955). 34

Zu den Pflichten iSd § 33 II gehört auch die Gestattung des Betretens sämtlicher in § 99 I genannten Grundstücke und Räumlichkeiten, die Vorlage von Wertsachen gem. § 100 I, die Anzeigepflichten nach §§ 33, 34 ErbStG und § 18 GrEStG sowie die Mitwirkungspflicht iSd §§ 135, 136.

§ 34 Pflichten der gesetzlichen Vertreter und der Vermögensverwalter

(1) [1] **Die gesetzlichen Vertreter natürlicher und juristischer Personen sowie rechtsfähiger Personenvereinigungen und die Geschäftsführer von Vermögensmassen haben deren steuerliche Pflichten zu erfüllen.** [2] **Sie haben insbesondere dafür zu sorgen, dass die Steuern aus den Mitteln entrichtet werden, die sie verwalten.** [3] **Die Finanzbehörde kann sich an jeden von ihnen wenden.**

(2) [1] **Bei nicht rechtsfähigen Personenvereinigungen haben die Mitglieder, Gesellschafter oder Gemeinschafter die Pflichten im Sinne des Absatzes 1 zu erfüllen.** [2] **Die Finanzbehörde kann sich an jedes von ihnen halten.** [3] **Für nicht rechtsfähige Vermögensmassen gelten die Sätze 1 und 2 mit der Maßgabe, dass diejenigen, denen das Vermögen zusteht, die steuerlichen Pflichten zu erfüllen haben.**

(3) **Steht eine Vermögensverwaltung anderen Personen als den Eigentümern des Vermögens oder deren gesetzlichen Vertretern zu, so haben die Vermögensverwalter die in Absatz 1 bezeichneten Pflichten, soweit ihre Verwaltung reicht.**

Schrifttum: Pump/Fittkau, Kontoleihe – Rechtsfolgen und Haftung des sog. Kontoverleihers, StBp 2007, 138; Siebert, Der Testamentsvollstrecker und das Steuerrecht, ZEV 2010, 121; Steinhauff, Neues zu den steuerlichen Pflichten von Vermögensverwaltern, AO-StB 2015, 250; Roth, Steuerliche Probleme der

Testamentsvollstreckung, NJW-Spezial 2015, 679; Uhländer, Einkommensteuerliche Pflichten des Zwangsverwalters, AO-StB 2017, 194; Drasdo, Rechte und Pflichten des Zwangsverwalters, NJW 2018, 1789.

Übersicht

A. Allgemeines

1 **Gegenstand** der Regelung ist die Begründung eigener steuerrechtlicher Pflichten der gesetzlichen Vertreter, Geschäftsführer, Gesellschafter und der sonstigen aufgrund ihrer kraft Gesetzes eingeräumten Befugnisse für steuerrechtsfähige, aber nicht selbst handlungsfähige Rechtssubjekte Handelnden (BFH 18.4.1991 – IV R 127/89, BStBl. II 1991, 675). § 34 begründet für die bereits zivilrechtlich Handlungspflichtigen eine eigenständige steuerrechtliche Verpflichtung (§ 33 I letzte Alt.), die steuerlichen Pflichten der handlungsunfähigen Rechtssubjekte zu erfüllen (BT-Drs. VI/1982, 111). Die Rechtsstellung der Vertretenen besteht unverändert fort, sodass allein sie Beteiligte des StSchuldverhältnisses sind. Durch die pflichtwidrige Verletzung der auferlegten Pflichten können die Handelnden selbst Beteiligte eines StSchuldverhältnisses als Haftende nach § 69 werden. So kann gegen sie ein Verspätungszuschlag oder Zwangsgeld festgesetzt werden (vgl. FG Berlin 31.7.2000 – 8 K 8873/99, EFG 2000, 1223).

Wer **Handlungsfähigkeit** besitzt, wird durch § 79 normiert (Ebling DStZ 1998, 322; aA HHSp § 34 Rn. 5). § 34 enthält hierzu keine Regelung, sondern setzt die Handlungsfähigkeit der Verpflichteten voraus. Dies schließt es nicht aus, dass selbst handlungsunfähige Personen durch § 34 verpflichtet werden (vgl. zur GmbH & Co. KG BFH 27.6.1989 – VIII R 73/84, BStBl. II 1989, 955).

B. Pflichten der gesetzlichen Vertreter und Geschäftsführer (Abs. 1)

I. Gesetzliche Vertreter natürlicher Personen

2 **Begriff der Vertretung.** Die durch Gesetz begründete Vertretungsmacht für natürliche Personen (insb. §§ 1629, 1626 BGB) unterscheidet sich in Umfang und Wirkung von der rechtsgeschäftlichen Stellvertretung (§§ 164 ff. BGB). Während die Eltern als gesetzliche Vertreter umfassend für das vertretene Kind handeln, also sowohl Rechtsgeschäfte abschließen als auch Wissenserklärungen abgeben oder rein tatsächliche Handlungen (zB Inbesitznahme von Sachen) vornehmen können, bezieht sich die rechtsgeschäftliche Vertretung allein auf die Abgabe von Willenserklärungen und geschäftsähnliche Handlungen (vgl. MüKo BGB § 1629 Rn. 4 f.; Grüneberg Einf. vor BGB § 164 Rn. 1, 3). Gesetzliche Vertretung umfasst grds. **jedes Handeln** für den Vertretenen (aA TK § 34 Rn. 2). Die Rechtsfolgen aus Handlungen des Vertreters treten unmittelbar in der Person des Vertretenen ein. Für Willenserklärungen ergibt sich die Zurechnung aus § 164 I 1 BGB (Grüneberg BGB § 164 Rn. 1). Der Offenheitsgrundsatz als Vorausset-

zung der Zurechnung, dh das erkennbare Handeln im Namen des Vertretenen, ist auch gewahrt, wenn sich ein Handeln für den Vertretenen lediglich aus den Umständen ergibt (§ 164 I 2 BGB). Der zivilrechtliche Streit, ob der Offenheitsgrundsatz auch für die gesetzliche Vertretung durch die Eltern gilt, ist für das StRecht ohne Bedeutung (zu den zivilrechtlichen Auffassungen vgl. MüKo BGB § 1629 Rn. 4). Ein Handeln für den Vertretenen wird sich für die Erfüllung steuerlicher Pflichten regelmäßig aus den Umständen ergeben.

Der **Umfang** der Vertretungsmacht ergibt sich aus der die Vertretungsmacht begründenden gesetzlichen Regelung oder einer hierauf beruhenden gerichtlichen Entscheidung. 3
Die umfassende Vertretungsmacht der Eltern ist für bestimmte Rechtsgeschäfte ausgeschlossen (§§ 1629 II 1, 1795 BGB) und durch Beschluss des Familiengerichts entziehbar (§§ 1629 II 3, 1789 BGB). Zu weiteren Einschränkungen bei höchstpersönlichen Geschäften und Genehmigungsvorbehalten vgl. Grüneberg BGB § 1629 Rn. 4. Die Eltern vertreten das Kind gemeinschaftlich (§ 1629 I 2 BGB). Beide Elternteile sind nur zusammen befugt, für das Kind zu handeln. Dies kann auch durch getrennte, zeitlich nachfolgende Erklärungsabgabe sowie das Handeln eines Elternteils mit Zustimmung des anderen erfolgen. Steuerliche Pflichten sind durch die Eltern gemeinschaftlich zu erfüllen (MüKo BGB § 1629 Rn. 6). Gleiches gilt für Prozesshandlungen (BGH 20.1.1987 – VI ZR 182/85, NJW 1987, 1947). So ist etwa die für das Kind abzugebende StErklärung durch beide Elternteile zu unterzeichnen.

Der **Grundsatz der Gesamtvertretung** gilt nicht unbegrenzt. Zur Entgegennahme einer gegenüber dem Kind abzugebenden Willenserklärung ist jeder Elternteil allein befugt (§ 1629 I 2 BGB). Die Bekanntgabe eines StBescheids an einen Elternteil als gesetzlichen Vertreter genügt (BFH 22.10.1976 – VI R 137/74, BStBl. II 1976, 762). Steht das Sorgerecht nur einem Elternteil zu oder ist ihm die Entscheidungsbefugnis übertragen worden, vertritt dieser das Kind allein (§ 1629 I 3 BGB). Soweit es auf Willensmängel, die Kenntnis oder das Kennenmüssen (zB §§ 130 II Nr. 4, 153) ankommt, ist die Person des Vertreters maßgebend (§ 166 I BGB). Die Kenntnis eines Elternteils genügt. Auch das weitere Verhalten (zB unlautere Mittel iSd § 130 II Nr. 2) einschl. des Verschuldens des gesetzlichen Vertreters ist dem Vertretenen zuzurechnen (BVerwG 16.11.1961 – IV ER 403/61, BVerwGE 13, 181). Der von den Eltern rechtsgeschäftlich bestellte Unterbevollmächtigte ist nicht gesetzlicher Vertreter des Kindes, obgleich dieser das Kind wirksam vertreten kann.

Gesetzliche Vertreter natürlicher Personen sind: 4

Eltern des ehelichen Kindes (§ 1629 BGB). Die Vertretung des Kindes ist Teil der elterlichen Sorge, die den nicht dauernd getrenntlebenden Eltern grds. gemeinsam unbeschränkt zusteht (→ Rn. 3). Leben die Eltern nicht nur vorübergehend getrennt, kann das Sorgerecht auf einen Elternteil übertragen werden (§ 1671 BGB). Dieser vertritt das Kind fortan allein (§ 1629 I 3 BGB). Bei dauerhaftem Getrenntleben sind Entscheidungen von erheblicher Bedeutung im gegenseitigen Einvernehmen der Sorgeberechtigten zu treffen. Zu Entscheidungen in Angelegenheiten des täglichen Lebens ist der Elternteil befugt, bei dem sich das Kind gewöhnlich aufhält (§ 1687 BGB). Die Vertretungsmacht entfällt bei evident pflichtwidrigen Rechtsgeschäften wegen Missbrauchs (BGH 25.3.1964 – VIII ZR 280/62, JZ 1964, 420) und im Falle exorbitanter Vermögensbelastung (BVerfG 13.3.1986 – 1 BvR 1542/84, NJW 1986, 1859 zur Fortführung eines ererbten Handelsgeschäfts in ungeteilter Erbengemeinschaft). Mit Wirkung vom 1.1.1999 enthält § 1629a BGB eine Beschränkung der Haftung auf das bei Volljährigkeit vorhandene Vermögen, vgl. im Einzelnen Behnke NJW 1998, 3078.

Die Mutter des nichtehelichen Kindes ist allein sorge- und vertretungsberechtigt, wenn 5
die Regelung zur elterlichen Sorge nicht eingreift (§ 1626a III BGB). § 1626a BGB geht jedoch für den Regelfall auch für nicht miteinander verheiratete Eltern von einer gemeinsamen elterlichen Sorge aus. Die gemeinsame Sorge steht den Eltern zu, wenn sie eine Erklärung, das Sorgerecht gemeinsam übernehmen zu wollen, abgegeben haben, sie nach

der Geburt heiraten oder das FamG ihnen die elterliche Sorge gemeinsam überträgt (Grüneberg BGB § 1626a Rn. 2).

6 **Das Jugendamt** wird als freiwilliger Beistand (§§ 1712, 1716 S. 2, 1813 I, 1789 II 1 BGB) oder als Amtsvormund (§§ 1786, 1774 I Nr. 4 BGB) tätig. Es überträgt die Ausübung der damit verbundenen Aufgaben seinen einzelnen Bediensteten. Im Rahmen der durch die Übertragung umschriebenen Grenzen ist der jeweilige Bedienstete gesetzlicher Vertreter des Kindes (§ 55 II 1, IV 2 SGB VIII; Grüneberg BGB Einf. vor § 1712 Rn. 2).

7 **Der Vormund** eines Minderjährigen (§§ 1773 ff. BGB). Die Einzelvormundschaft tritt nicht kraft Gesetzes ein, sondern bedarf der Anordnung durch das FamG (§ 1773 BGB; Grüneberg BGB § 1773 Rn. 1, 8). Mit der Bestellung wird der Vormund gesetzlicher Vertreter.

8 **Der Betreuer** für Volljährige, die aufgrund einer psychischen Krankheit oder anderen Behinderung ihre Angelegenheiten (teilweise) nicht besorgen können (§ 1814 BGB). Mit der Bestellung erlangt der Betreuer in dem gerichtlich angeordneten Aufgabenkreis gesetzliche Vertretungsmacht (§ 1823 BGB; Grüneberg BGB § 1823 Rn. 2; BFH 10.5.2007 – VIII B 125/06, BeckRS 2007, 25011820; BFH 28.7.2011 – VIII B 18/11, BFH/NV 2011, 1844). Die Bestellung hat keine Auswirkungen auf die Geschäftsfähigkeit des Betreuten (Grüneberg BGB § 1823 Rn. 4). Jedoch können Willenserklärungen von der Einwilligung des Betreuers abhängig gemacht werden (§ 1825 BGB).

9 **Der Pfleger** als gesetzlicher Vertreter für besondere Angelegenheiten (§§ 1882 ff. BGB). Minderjährige, die unter elterlicher Sorge oder Vormundschaft stehen, bedürfen eines Ergänzungspflegers, soweit die gesetzlichen Vertreter an der Besorgung von Angelegenheiten tatsächlich (zB Krankheit) oder rechtlich (§§ 1629 II, 1809, 181 BGB) verhindert sind. Wegen des Verbots des Selbstkontrahierens (§ 181 BGB) muss bei Rechtsgeschäften mit den Eltern für das Kind ein Pfleger bestellt werden (vgl. BFH 25.4.1995 – IX R 41/92, BFH/NV 1996, 122 – Nießbrauchsbestellung; BFH 17.6.1994 – III R 30/92, BFH/NV 1995, 197 – Darlehensgewährung; BFH 23.4.1992 – IV R 46/91, BStBl. II 1992, 1024 – Mietvertrag; BFH 27.1.1994 – IV R 114/91, BStBl. II 1994, 635 – Unterbeteiligung am Kommanditanteil). Für die Begründung, Änderung und Beendigung des Rechtsverhältnisses ist grds. ein Pfleger erforderlich, nicht jedoch für die Durchführung des Rechtsgeschäfts (vgl. BFH 29.1.1976 – IV R 102/73, BStBl. II 1976, 328). Pflegschaft ist ferner einzurichten für: Abwesende (§ 1884 BGB; vgl. FG Münster 14.6.2000 – 3 K 4243/97, EFG 2000, 1217), Leibesfrucht (§ 1810 BGB), unbekannt Beteiligte (§ 1882 BGB), Sammelvermögen (§ 1883 BGB) und Erben, die im Zeitpunkt des Erbfalls nicht bekannt sind (§ 1960 BGB). Der **Nachlasspfleger** ist gesetzlicher Vertreter der unbekannten Erben zur Sicherung und Erhaltung des Nachlasses (Grüneberg BGB § 1960 Rn. 11). Er ist gem. § 31 VI ErbStG zur Abgabe der StErklärung verpflichtet (FG Münster 7.7.2004 – 3 V 1796/04, EFG 2005, 883). Soweit es auf die Kenntnis vom Erwerb ankommt (§ 170 V Nr. 1), genügt die Kenntnis des Nachlasspflegers (aA BFH 8.3.1989 – II R 63/86, BFH/NV 1990, 444). Diesem obliegt auch die Anzeigepflicht gem. § 30 I ErbStG. Keine gesetzlichen Vertreter, sondern Vermögensverwalter iSd Abs. 3 sind Nachlassverwalter und Testamentsvollstrecker (→ Rn. 34, 37).

10 **Ehegatte** für Geschäfte zur angemessenen Deckung des Lebensbedarfs der Familie (§ 1357 BGB). Die Erfüllung öffentlich-rechtlicher Pflichten wird hiervon nicht erfasst (Schwarz/Pahlke/Keß § 34 Rn. 6). Erklärungen im Rahmen der Zusammenveranlagung können nicht mit Wirkung für und gegen den anderen Ehegatten abgegeben werden. Hierzu bedarf es einer rechtsgeschäftlichen Bevollmächtigung. Verschulden wird jedoch gegenseitig zugerechnet (BFH 24.7.1996 – I R 62/95, BStBl. II 1997, 115). Zur Bekanntgabe genügt die Übermittlung einer Bescheidausfertigung (§ 122 VII 1).

II. Gesetzliche Vertreter juristischer Personen

Organschaftliche Zurechnung. Jedes Rechtssubjekt als Träger von Rechten und Pflichten muss in zurechenbarer Weise am Rechtsverkehr teilnehmen können. Die juristische Person als ein durch die Rechtsordnung geschaffenes Gebilde bedarf deshalb einer oder mehrerer natürlicher Personen, die das rechtsrelevante Wissen, Wollen und Handeln für diese vermitteln. Dieses Handlungsorgan ist kein gesetzlicher Vertreter, sondern steht weitgehend einem gesetzlichen Vertreter gleich (§ 26 BGB; vgl. zur dogmatischen Einordnung K. Schmidt GesR § 10 I 2). Der Begriff des gesetzlichen Vertreters iSd § 34 I erfasst lediglich das **Handlungsorgan,** nicht das Willensbildungsorgan (zB Hauptversammlung) oder Aufsichtsorgan (zB Aufsichtsrat). Das Handeln der Organe ist der juristischen Person als Eigenhandeln zuzurechnen. Dies schließt die Anwendung der §§ 164 ff. BGB auf rechtsgeschäftliches Handeln nicht aus, sodass bei Überschreitung der Vertretungsmacht das Organ persönlich haftet (§ 179 BGB). Wissen und schuldhaftes Verhalten der Organe ist der juristischen Person zuzurechnen (vgl. §§ 31, 89 BGB; vgl. FG Hessen 28.4.2003 – 6 K 982/99, EFG 2003, 1421, mAnm Büchter-Hole). Der Umfang der organschaftlichen Vertretungsmacht ist zumeist unbeschränkt (vgl. aber § 26 I 2 BGB für Vereine beschränkbar). Die Grenze bildet der offensichtliche Missbrauch. Die Organstellung wird durch Wahl zum Vorstand (§ 27 BGB, § 84 AktG, § 24 GenG) oder Bestellung zum Geschäftsführer (§ 46 Nr. 5 GmbHG) begründet (vgl. FG Sachsen-Anhalt 16.11.2000 – 2 K 426/98, EFG 2001, 609; FG Brandenburg 20.2.2002 – 6 K 1177/00, EFG 2002, 656). Eintragung ins Handelsregister ist deklaratorisch (BFH 17.2.1988 – VII R 46/85, BFH/NV 1988, 683). Mit der Löschung der GmbH verliert der Geschäftsführer seine gesetzliche Vertretungsbefugnis (§ 394 FamFG; BFH 28.3.2001 – VII B 213/00, BFH/NV 2001, 1217). Endet die Organstellung durch Abberufung, sind Handlungen des Organs bis zur Eintragung des Erlöschens ins Handelsregister gem. § 15 I HGB zuzurechnen (BGH 1.7.1991 – II ZR 292/90, NJW 1991, 2566). Die Pflichten aus § 34 I entfallen unmittelbar mit Abberufung des Organs, weil es ab diesem Zeitpunkt nicht mehr zur Vertretung der Gesellschaft befugt ist (BGH 8.2.1993 – II ZR 58/92, NJW 1993, 1198). § 15 HGB rechnet aus Gründen des Vertrauensschutzes lediglich das Verhalten des Vertreters ohne Vertretungsmacht dem Vertretenen zu, sodass Vertretungshandlungen des Organs weiterhin wirksam werden. Der Vertrauensschutz bewirkt indes nicht, dass die Pflichtenstellung fortwirkt (vgl. BGH 25.10.2010 – II ZR 115/09, GmbHR 2011, 83; aA TK § 34 Rn. 6, der sich zu Unrecht auf BFH 13.2.1996 – VII R 43/95, BFH/NV 1996, 530 beruft). 11

Gesetzliche Vertreter juristischer Personen sind:

Vorstand des Vereins (§ 26 BGB; BFH 13.3.2003 – VII R 46/02, BStBl. II 2003, 556), der AG (§§ 76 ff. AktG), der Genossenschaft (§§ 24 ff. GenG), der Stiftung (§ 86 BGB); Geschäftsführer der GmbH (§ 35 GmbHG); der Abwickler/Liquidator (§ 269 AktG, § 88 GenG, §§ 69 f. GmbHG, § 48 BGB). Das Handlungsorgan einer Vorgesellschaft unterscheidet sich in der rechtlichen Behandlung nicht von demjenigen der juristischen Person. Die gesetzliche Vertretung ausländischer Gesellschaften bestimmt sich nach dem Recht des ausländischen Staates (vgl. zu weiteren Einzelheiten Zöller § 51 Rn. 1, 6). 14

Juristische Personen des öffentlichen Rechts handeln durch ihre verfassungsmäßig berufenen Vertreter. Hierunter fallen alle Personen, denen durch Organisationsnormen Aufgaben zur eigenverantwortlichen Erledigung übertragen worden sind. Gesetzliche Vertreter sind zB Regierungspräsident, Bürgermeister, Stadtdirektor, Sparkassenvorstand (vgl. zu weiteren Beispielen Grüneberg BGB § 89 Rn. 5 f.).

III. Gesetzliche Vertreter rechtsfähiger Personenvereinigungen und Geschäftsführer von Vermögensmassen

Durch Art. 23 Nr. 5 des KreditzweitmarktförderungsG v. 22.12.2023 (BGBl. 2023 I Nr. 411) wurde § 34 I 1, II 1 mWv 1.1.2024 an die Änderungen des MoPeG v. 21.8.2021 15

(BGBl. 2021 I 3436) und der damit einhergehenden Einführung einer rechtsfähigen Personenvereinigung (§ 14a II) angepasst. Mit der Neuregelung werden nunmehr wie bei juristischen Personen die gesetzlichen Vertreter der rechtsfähigen Personenvereinigungen und nicht mehr deren Geschäftsführer erfasst. **Zur Vertretung** einer OHG ist jeder Gesellschafter befugt, soweit er nicht ausgeschlossen wurde (§ 124 HGB). Gesetzliche Vertreter einer KG sind lediglich die persönlich haftenden Gesellschafter (Komplementäre, § 170 I HGB). Zur Vertretung einer rechtsfähigen GbR sind alle Gesellschafter gemeinschaftlich berufen, soweit der Gesellschaftsvertrag nichts anderes bestimmt (§ 720 I BGB).

§ 34 I erfasst zudem die zivilrechtlich rechtsfähigen Vermögensmassen, die steuerlich als Zurechnungssubjekt bestimmter Rechtsnormen angesprochen werden (→ § 33 Rn. 14 ff.). Auch diese rechtsfähigen Gebilde bedürfen zur Verwirklichung ihres Wirkens einer oder mehrerer handelnder Personen, der Geschäftsführer. **Geschäftsführung** ist die auf Verwirklichung des Gesellschaftszwecks im Innenverhältnis gerichtete Tätigkeit. Sie umfasst neben rein tatsächlichen Maßnahmen auch die Bilanzaufstellung und Rechtsgeschäfte. Die Vertretung ist ein Teilbereich der Geschäftsführung, der das rechtliche Außenhandeln der Gesellschaft betrifft (Michalski GmbHR 1991, 349).

16 **Geschäftsführer** iSd § 34 I sind die von der Vermögensmasse durch Stiftungsgeschäft oder sonstige Verfassung zur Geschäftsführung berufenen Personen. § 34 I knüpft an die gesellschaftsrechtlichen Befugnisse für die Begründung der Pflichtenstellung an (aA TK § 34 Rn. 11; HHSp § 34 Rn. 35).

Soweit für die Erfüllung steuerlicher Pflichten die Vertretungsbefugnis der Geschäftsführer erforderlich ist, kann nur eine Inanspruchnahme der vertretungsberechtigten Geschäftsführer erfolgen. § 34 I bedarf insoweit der teleologischen Reduktion. Die Übertragung einer Pflichtenstellung setzt die rechtliche Befähigung ihrer Befolgung voraus. Fehlt den Geschäftsführern für bestimmte Maßnahmen die Befugnis, bleiben die Mitglieder der Personenvereinigung hierfür verantwortlich (vgl. § 34 III 1 „soweit"; ebenso TK § 34 Rn. 12; Gosch AO § 34 Rn. 15). **Faktische Geschäftsführer,** also nicht ordnungsgemäß als Organ bestellte oder wie ein Organ auftretende Personen, gehören nicht zum Personenkreis des § 34 I (BFH 10.5.1989 – I R 121/85, BFH/NV 1990, 7; zum kommissarischen Vereinsvorsitzenden BFH 20.1.1998 – VII R 80/97, BFH/NV 1998, 814; aA BFH 7.1.2003 – VII B 141/02, BFH/NV 2003, 593; BFH 15.10.1998 – III R 58/95, BStBl. II 1999, 237: jeder, der die Geschäfte tatsächlich führt). Ihnen obliegen die Pflichten der Verfügungsberechtigten (§ 35).

IV. Die zu erfüllenden Pflichten

1. Die einzelnen Pflichten

17 Die Vertreter und Geschäftsführer haben die steuerlichen Pflichten zu erfüllen, die dem handlungsunfähigen Gebilde durch die StGesetze auferlegt werden. Hierzu gehört es ua, Bücher und Aufzeichnungen zu führen (BFH 8.6.1972 – IV R 129/66, BStBl. II 1972, 784), Auskünfte zu erteilen und Nachweise zu erbringen, StErklärungen abzugeben und ggf. zu berichtigen (auch für Zeiträume vor der Bestellung BFH 7.3.2007 – I B 99/06, BFH/NV 2007, 1801), StSchulden des Vertretenen aus dessen Vermögen fristgerecht zu erfüllen, die Vollstr. in das verwaltete Vermögen zu dulden, bei einer Außenprüfung mitzuwirken (BFH 30.9.1987 – IV B 177/86, BFH/NV 1988, 415) und Abzugssteuern für Rechnung eines Dritten einzubehalten und abzuführen (BFH 17.11.1992 – VII R 13/92, BStBl. II 1993, 471; FG Brandenburg 20.2.2002 – 6 K 1177/00, EFG 2002, 656). § 34 I 2 enthält lediglich eine beispielhafte Aufzählung, ohne hierdurch andere Verpflichtungen auszuschließen (BFH 4.3.1986 – VII R 38/81, BStBl. II 1986, 577). Eine Pflicht des Vertreters wird nur begründet, soweit den Vertretenen selbst eine derartige steuerliche Pflicht obliegt. Der Geschäftsführer einer GmbH ist daher nicht verpflichtet, LSt für Zahlungen an einen selbständigen Handelsvertreter einzubehalten. Ebenso wenig treffen den stillen Gesellschafter StErklärungspflichten für die USt oder GewSt, da nur der Inhaber des

Handelsgeschäftes Unternehmer und Gewerbetreibender ist. Nicht erfasst werden **außersteuerliche Pflichten,** wie etwa die Eröffnung des Insolvenzverfahrens zu beantragen oder gesellschaftsrechtliche Treupflichten gegenüber der Gesellschaft. Eine Verpflichtung, von dem an den Vertretenen bekannt gegebenen VA Kenntnis zu nehmen, besteht nicht (aA HHSp § 34 Rn. 45). Hierbei handelt es sich um eine Obliegenheit, deren Verletzung dem Vertretenen zuzurechnen ist. Wissenserklärungen, wie die Erteilung von Auskünften, oder rein tatsächliche Maßnahmen gehören zum Aufgabenbereich des gesetzlichen Vertreters und Geschäftsführers (TK § 34 Rn. 20). Eine Ausnahme besteht nur für höchstpersönliche Geschäfte des Kindes, die einer Vertretung nicht zugänglich sind (Grüneberg BGB § 1629 Rn. 4).

2. Umfang der Pflichten

Unabdingbarkeit. Die Pflichten sind wegen ihres öffentlich-rechtlichen Charakters nicht abdingbar (BFH 13.9.1988 – VII R 35/85, BFH/NV 1989, 139). Der Geschäftsführer einer GmbH kann sich deshalb nicht dadurch entlasten, dass er lediglich formal bestellt und im Innenverhältnis durch den tatsächlichen Geschäftsführer von seinen Verpflichtungen freigestellt wurde (BFH 2.7.1987 – VII R 104/84, BFH/NV 1988, 6). Desgleichen wirken interne Geschäftsverteilungsabreden zwischen mehreren Geschäftsführern nur im Innenverhältnis, sodass jedem von ihnen die Erfüllung der steuerlichen Pflichten in vollem Umfang obliegt (BFH 17.5.1988 – VII R 90/85, BFH/NV 1989, 4). Die Begrenzung der Geschäftsführungsbefugnis kann sich lediglich beim Ausmaß des Verschuldens nach § 69 auswirken (vgl. BFH 13.3.2003 – VII R 46/02, BStBl. II 2003, 556; BFH 9.1.1996 – VII B 189/95, BFH/NV 1996, 589: zugleich zur Haftungsbeschränkung durch eindeutige und schriftliche Regelung). Wird der Geschäftsführer faktisch gehindert, seiner Rechtsstellung gem. zu handeln, muss er sich seine Handlungsfreiheit ggf. gerichtlich erstreiten oder sein Amt niederlegen (BFH 2.7.1987 – VII R 162/84, BFH/NV 1988, 220). Überträgt der Verpflichtete die Geschäftsführung oder die Erfüllung der steuerlichen Pflichten auf einen Dritten, erlischt seine eigene Verantwortung nicht. Er hat durch Aufsichtsmaßnahmen die ordnungsgemäße Pflichtenerfüllung zu gewährleisten (BFH 16.4.1985 – VII R 132/80, BFH/NV 1987, 273). Der Verpflichtete wird auch nicht dadurch befreit, dass bereits andere Personen die Pflichten zu erfüllen hatten (zB ein Vorgeschäftsführer) oder zur Erfüllung der Pflichten geeigneter gewesen wären (BFH 12.5.1992 – VII R 15/91, BFH/NV 1993, 143; FG Baden-Württemberg 6.5.1987 – XII K 14/85, EFG 1987, 591). 18

Begrenzung der Handlungsbefugnis. Die Verpflichtung des Vertreters besteht nur, soweit sie vom Umfang seiner Geschäftsführungs- und Vertretungsbefugnis erfasst wird. Ist der Vertreter durch gerichtliche Verfügungsbeschränkung gehindert, über das Vermögen des Vertretenen zu verfügen, entfällt die Pflicht, Steuern aus den verwalteten Mitteln zu entrichten (vgl. zur Sequestration BFH 17.11.1992 – VII R 13/92, BStBl. II 1993, 471). Gleiches gilt im Falle der Insolvenzeröffnung über das Vermögen des Vertretenen gem. § 80 InsO. Fällt ein Elternteil in Konkurs, endet die Vermögenssorge mit Insolvenzeröffnung (§ 1670 I BGB). Dagegen wirkt sich die Insolvenz des gesetzlichen Vertreters juristischer Personen nicht aus (BFH 26.11.1975 – I R 157/73, BStBl. II 1976, 137). Ermächtigen die Eltern den Minderjährigen zum selbständigen Betrieb eines Erwerbsgeschäfts (§ 112 BGB) oder dazu, ein Arbeitsverhältnis einzugehen (§ 113 BGB), erlischt insoweit ihre Vertretungsmacht. Der partiell geschäftsfähige Minderjährige selbst hat die steuerlichen Pflichten zu erfüllen. 19

Durch das JStG v. 2.12.2024 (BGBl. 2024 I Nr. 387) wurde mWv 6.12.2024 § 34 I 3 angefügt. Danach kann sich die FB an jeden nach Abs. 1 Verpflichteten wenden. Die **Auswahl des Verpflichteten** hat die FB nach pflichtgemäßem Ermessen zu treffen. Dabei hat die FB insb. die Begrenzung der Handlungsbefugnis der Vertreter zu berücksichtigen.

Gesamtvertretung. Sind mehrere Personen zur Vertretung berufen, ist im Zweifel Gesamtvertretungsmacht angeordnet (§ 720 I, § 1629 BGB, § 35 II 2 GmbHG). Grds. ist 20 für jede Maßnahme die Zustimmung aller Vertreter erforderlich. Die Pflichten aus § 34 I treffen die Gesamtvertreter jedoch nicht gemeinschaftlich, sondern jeden einzeln. Der Verpflichtete hat für die zivilrechtlich notwendige Mitwirkung des anderen Vertreters oder Geschäftsführers zu sorgen (BFH 12.5.1992 – VII R 52/91, BFH/NV 1992, 785).

3. Inhalt der Pflichten

21 Die Pflicht des Vertreters entspricht inhaltlich dem, wozu der Vertretene verpflichtet ist, mit der Maßgabe, dass die vermögensbezogenen Pflichten sich gegen das verwaltete Vermögen richten. Die Tilgungsverpflichtung für Steuern erstreckt sich nur auf die verwalteten Mittel (BFH 5.3.1991 – VII R 93/88, BStBl. II 1991, 678). Hierin kommt zum Ausdruck, dass er kein eigenes Vermögen einsetzen muss. Soweit jedoch dem StSchuldner zur Tilgung seiner Schulden die Aufnahme von Krediten zugemutet wird, trifft diese Verpflichtung auch den Geschäftsführer im Rahmen seiner Befugnisse (aA TK § 34 Rn. 22). Demzufolge hat er dafür zu sorgen, dass fällige Forderungen, auch soweit sie gegen ihn gerichtet sind, eingezogen werden, um bestehende Ansprüche zu erfüllen (aA FG Saarland 28.9.1989 – 2 K 241/88, EFG 1990, 206). Der Verpflichtete darf die StSchulden nicht schlechter behandeln als die übrigen Verbindlichkeiten (Grundsatz der anteiligen Tilgung). Hierzu gehört es nicht nur, die Steuern in etwa gleicher Weise bei Fälligkeit zu tilgen wie die Forderungen anderer Gläubiger, sondern auch, für die Erfüllung bereits entstandener, noch nicht fälliger Ansprüche zu sorgen (BFH 3.5.1990 – VII R 108/88, BStBl. II 1990, 767). Diese Pflicht verletzt der Geschäftsführer einer GmbH, wenn er Forderungen der GmbH an sich abtritt oder andere Gläubiger vorweg befriedigt und dadurch die Tilgung bereits entstandener StSchulden unmöglich macht (BVerwG 9.12.1988 – 8 C 13/87, NJW 1989, 1873). Reichen die liquiden Mittel zur Auszahlung der Bruttolöhne nicht aus, sind die eingesetzten Gelder anteilig auf Nettolohn, Steuern und Sozialversicherungsbeiträge zu verteilen (BFH 26.7.1988 – VII R 83/87, BStBl. II 1988, 859; zweifelhaft jedoch BFH 21.10.1986 – VII R 144/83, BFH/NV 1987, 286: zur Lohnzahlung aus privaten Mitteln).

C. Nicht rechtsfähige Personenvereinigungen (Abs. 2)

24 Bei einer nicht rechtsfähigen Personenvereinigung (§ 14a III, Bruchteilsgemeinschaften, Erbengemeinschaften, Gütergemeinschaft usw; BFH 19.8.2004 – II B 22/03, BFH/NV 2005, 156) ist ein Geschäftsführer nicht vorhanden. Aus diesem Grund haben die Mitglieder, Gesellschafter oder Gemeinschafter die Pflichten iSd § 34 I zu erfüllen. Inhalt und Umfang der einzelnen Pflichten entspricht denjenigen der gesetzlichen Vertreter und Geschäftsführer (→ Rn. 17 f.).

Nicht rechtsfähige Vermögensmassen verfügen weder über Mitglieder noch Gemeinschafter. § 34 II 3 stellt deshalb klar, dass diejenigen, denen das Vermögen zusteht, anstelle der Mitglieder/Gemeinschafter die steuerlichen Pflichten zu erfüllen haben.

Die FB kann sich an jedes Mitglied oder jeden Gemeinschafter halten (§ 34 II 2). Bei der Auswahl des Verpflichteten muss die FB ihre Entscheidung nach pflichtgemäßem Ermessen treffen und insb. die Begrenzung der Handlungsbefugnis einzelner Mitglieder oder Gemeinschafter berücksichtigen.

D. Vermögensverwalter (Abs. 3)

25 **Persönlicher Anwendungsbereich.** Die Vermögensverwaltung als Teil der gesetzlichen Vertretung und Geschäftsführungsbefugnis obliegt regelmäßig den Inhabern des Vermögens oder bei handlungsunfähigen Personen deren Vertretern. Tritt eine Beschränkung der Verwaltungsbefugnis durch Gesetz, behördliche oder gerichtliche Anordnung oder letztwillige Verfügung ein, steht die Verwaltungsbefugnis einem Dritten zu. Die **rechts-**

geschäftliche Übertragung der Vermögensverwaltung, insb. durch Treuhandvertrag, kann die Pflichtenstellung nicht begründen (HHSp § 34 Rn. 40; Schwarz/Pahlke/Keß § 34 Rn. 9; BeckOK AO § 34 Rn. 201; aA Klein § 34 Rn. 27; Heidner DB 1996, 1203). Aus dem Wortlaut des Abs. 3 lässt sich anders als noch aus § 104 RAO die Einschränkung des Anwendungsbereichs zwar nicht entnehmen, jedoch aus dem Zweck der Regelung. § 34 I und II verpflichten die natürlichen Personen, die aufgrund Gesetzes oder gerichtlicher Anordnung die mangelnde Handlungsfähigkeit anderer Personen und Vereinigungen gleichsam auszugleichen haben. Sie treten mit einer **eigenständigen Verpflichtung** neben die fortbestehenden Pflichten der Vertretenen. Durch rechtsgeschäftliche Vereinbarung können die auferlegten steuerlichen Pflichten nicht beschränkt werden (TK § 34 Rn. 13; aA Gosch AO § 34 Rn. 20). In den Fällen gesetzlicher oder gerichtlich angeordneter Handlungsbeschränkung ist der Betroffene rechtlich den Handlungsunfähigen gleichgestellt. Demgegenüber liegt bei der rechtsgeschäftlich begründeten Vermögensverwaltung nur in Einzelfällen ein vergleichbarer Ausschluss des Vermögensinhabers vor. Eine Differenzierung zwischen verschiedenen rechtsgeschäftlich begründeten Vermögensverwaltungen lässt sich Abs. 3 nicht entnehmen. Der rechtsgeschäftlich bestellte Vermögensverwalter hat steuerliche Pflichten daher nur zu erfüllen, soweit die Tatbestandsmerkmale des § 35 vorliegen.

Zu den **Vermögensverwaltern** zählen Insolvenzverwalter (§§ 56 f. InsO), vorläufige 26 Insolvenzverwalter bei allgemeinem Verfügungsverbot des Schuldners (§§ 21 f., 25 InsO), Zwangsverwalter (§§ 150 ff. ZVG), Nachlassverwalter (§ 1985 BGB; aA zum Nachlassinsolvenzverwalter Roth ZVI 2014, 45), Testamentsvollstrecker (§§ 2197 ff. BGB), Kanzleiabwickler (§ 55 BRAO, vgl. BFH 29.4.2020 – XI R 18/19, BStBl. II 2020, 620). Hierzu gehören nicht der Vergleichsverwalter (§ 39 VerglO) und der Sachwalter (§§ 91 ff. VerglO). Sie verwalten kein fremdes Vermögen, sondern haben lediglich Prüf- und Überwachungspflichten. Ebenfalls nicht unter Abs. 3 fallen die Liquidatoren (§ 265 AktG, § 66 GmbHG, § 83 GenG, § 146 HGB). Sie sind gesetzliche Vertreter iSd § 34 I (str., vgl. K. Schmidt GesR § 11 V 3b).

Pflichten der Vermögensverwalter. Die Vermögensverwalter haben grds. dieselben 27 Pflichten wie die durch Abs. 1 Verpflichteten. Der Umfang ihrer Pflichten ist durch die ihnen durch Gesetz oder gerichtliche bzw. behördliche Anordnung eingeräumte Verwaltungsbefugnis begrenzt. Maßgebend ist das rechtliche Können, nicht die tatsächliche Handlungsmöglichkeit.

Insolvenzverwalter iSd § 56 InsO treten seit dem 1.1.1999 an die Stelle des Konkurs- 28 verwalters. Ihre Befugnisse und rechtliche Stellung ist mit derjenigen des Konkursverwalters vergleichbar, sodass die bisherige Rspr. zur KO idR übertragbar ist. Mit Eröffnung des Insolvenzverfahrens wird das Verwaltungs- und Verfügungsrecht über das zur Insolvenzmasse gehörige Vermögen des Schuldners ausschl. durch den Insolvenzverwalter ausgeübt (§ 80 I InsO). Demzufolge hat er alle Pflichten des Schuldners zu erfüllen, die diesem ohne Eröffnung des Verfahrens oblägen (BGH 24.5.2007 – IX ZR 8/06, DStR 2007, 1411 zum Veranlagungswahlrecht bei Ehegatten; BFH 15.3.1994 – XI R 45/93, BStBl. II 1994, 600; Uhländer AO-StB 2003, 279; zum Akteneinsichtsrecht BFH 15.9.2010 – II B 4/10, BFH/NV 2011, 2). Dazu gehört auch die Ausübung des Veranlagungswahlrechts für Arbeitseinkommen als Neuerwerb, das in die Insolvenzmasse fällt (BFH 15.3.2017 – III R 12/16, BStBl. II 2018, 789). In der Zeit zwischen Antragstellung und Eröffnung sowie für steuerrechtliche Pflichten, die nicht massebezogen sind, bleibt der Schuldner verpflichtet (BFH 5.3.1991 – VII R 93/88, BStBl. II 1991, 678; → Rn. 31).

Zu den **Pflichten** des Insolvenzverwalters gehört die Rechnungslegung, Bilanzierung 30 und Buchführung (§ 238 HGB iVm § 140 AO), die neben die insolvenzrechtlichen Rechnungslegungspflichten treten (§§ 153 f., 150 InsO; Frotscher Insolvenz, 33 f.). Die StErklärungspflicht bezieht sich unabhängig vom Entstehungszeitpunkt der Steuer auf alle ausstehenden Erklärungen, soweit die Besteuerungsgrundlagen massebezogen sind (BFH 10.10.1951 – IV 144/51 U, BStBl. III 1951, 212; BGH 4.5.1979 – I ZR 127/77, BB

1979, 1007). Für **PersGes** hat er die USt- und GewSt-Erklärung, nicht jedoch die Erklärung zur einheitlichen und gesonderten Gewinnfeststellung abzugeben. Die Abgabe der Gewinnfeststellungserklärung obliegt den Liquidatoren als insolvenzfreie Angelegenheit (BFH 23.8.1994 – VII R 143/92, BStBl. II 1995, 194); nach Ansicht der FVerw. ist für die rechtsfähige PersGes seit dem 1.1.2024 der Insolvenzverwalter auch zur Abgabe der Feststellungserklärung verpflichtet (AEAO zu § 251 Nr. 3.3.1.1). Ist der Schuldner eine natürliche Person, umfasst die Erklärungspflicht die durch die Insolvenzmasse erzielten Einkünfte und steuerlich bedeutsamen Ausgaben sowie die GewSt- und USt-Erklärung (Frotscher Insolvenz, 35, 163). Soweit die Erklärungspflicht reicht, trifft den Verwalter auch die Berichtigungspflicht gem. § 153 I 2 für vom Schuldner eingereichte Erklärungen (HHSp § 34 Rn. 73). **Massearmut** entbindet den Insolvenzverwalter grds. nicht von der Abgabepflicht, da er idR selbst zur Erstellung der Erklärung befähigt ist (BFH 8.8.1995 – VII R 25/94, BFH/NV 1996, 13; BFH 19.11.2007 – VII B 104/07, BFH/NV 2008, 334). Der Insolvenzverwalter hat die StSchulden des Schuldners zu entrichten, soweit er hierzu insolvenzrechtlich befugt ist (§§ 53 ff., 187 ff. InsO). Durch die Abschaffung der früheren Konkursvorrechte des § 61 I KO und die Änderung der Massekosten wird die bisherige Verfügungsbefugnis zugunsten des Fiskus nahezu vollständig eingeschränkt. Die Ausgaben für die Verwaltung und Verwertung der Masse, zu denen auch die StForderungen zählen, sind lediglich sonstige Masseverbindlichkeiten (§ 55 I Nr. 1 InsO). Mit Aufhebung des Insolvenzverfahrens (§ 200 InsO) oder Einstellung mangels Masse (§ 207 InsO) entfällt die Vertretungsbefugnis des Verwalters.

31 Der **vorläufige Insolvenzverwalter** erhält mit Anordnung eines allg. Verfügungsverbots die Verwaltungs- und Verfügungsbefugnis des Schuldners (§ 22 I InsO). Hierdurch wird er zum Vermögensverwalter iSd § 34 III (vgl. allg. Bartone AO-StB 2002, 22). Die steuerlichen Pflichten entsprechen denjenigen des Verwalters im laufenden Insolvenzverfahren (→ Rn. 29). Wird ein vorläufiger Insolvenzverwalter bestellt, ohne dass dem Schuldner ein allg. Verfügungsverbot auferlegt wird, ist der schwache Insolvenzverwalter selbst bei Anordnung eines Zustimmungsvorbehalts kein Vermögensverwalter iSd § 34 I und III, da der Gemeinschuldner seine eigene Verfügungsbefugnis nicht verliert (BFH 26.9.2017 – VII R 40/16, BStBl. II 2018, 772); ebenso der vorläufige Sachwalter im Schutzschirmverfahren iSd § 270b InsO (FG Düsseldorf 12.3.2021 – 14 K 3658/16 H(L), EFG 2021, 1080).

32 Der vorläufige Insolvenzverwalter hat nicht die umfassenden Befugnisse des Insolvenzverwalters und verdrängt nicht die Geschäftsführungsorgane einer insolventen PersGes, soweit dies nicht ausdrücklich angeordnet ist (vgl. BGH 11.4.1988 – II ZR 313/87, BB 1988, 1276). Ihm obliegt die Verwaltung, soweit dies zur Sicherung und Erhaltung der Masse erforderlich ist. Der durch die Schadensabwendungspflicht der Masse bestimmte Umfang der Befugnisse lässt sich nur im Einzelfall bestimmen. Er hängt davon ab, inwieweit die Erreichung des Sicherungszwecks die Übernahme der Verwaltung durch den vorläufigen Verwalter erfordert. Die zusätzliche Anordnung eines allg. Veräußerungsverbots des Schuldners (§ 21 II Nr. 2 InsO) oder die Anordnung, einen Geschäftsbetrieb fortzuführen, verleiht ihm idR eine hinreichende Rechtsmacht, die ihn zum Vermögensverwalter iSd § 34 III werden lässt (vgl. Onusseit/Kunz Insolvenz, 28). Zu den **Pflichten des vorläufigen Insolvenzverwalters** gehört es, StErklärungen und Voranmeldungen abzugeben (BFH 29.4.1986 – VII R 184/83, BStBl. II 1986, 586), die durch die Betriebsfortführung entstandene LSt einzubehalten und abzuführen (Klein § 34 Rn. 28; Heidner DB 1996, 1203), nicht jedoch USt-Vorauszahlungen zu entrichten.

33 **Zwangsverwalter.** Mit Anordnung der Zwangsverwaltung über ein Grundstück geht die Verwaltungs- und Verfügungsbefugnis vom Eigentümer auf den Zwangsverwalter über (§§ 148 II, 146 I iVm § 23 I ZVG). Der Eigentümer bleibt StSchuldner iSd § 33 I (BFH 28.6.2011 – XI B 18/11, BFH/NV 2011, 1931; FG Berlin 25.5.2004 – 5 K 5193/03, EFG 2004, 1483; FG Hamburg 5.5.2006 – 2 K 342/04, EFG 2006, 1798). Neben ihn tritt der Zwangsverwalter als Vermögensverwalter iSd § 34 III (BFH 16.7.1997 – XI R 94/96,

BStBl. II 1997, 670). Zu den von seiner Verwaltungsbefugnis gedeckten Pflichten gehört es, die zur Vorbereitung der Grundstücksbewertung dienenden Angaben zu machen (RFH 14.3.1935 – III A 76/35, RStBl. 1935, 580). Einheitswert- und **GrSt-Bescheide** sind dem Zwangsverwalter zuzustellen, von ihm zu prüfen und erforderliche Rechtsbehelfe einzulegen (RFH 1.9.1939 – III 270/38, RStBl. 1939, 1007; vgl. zu KraftSt-Bescheid BFH 1.8.2012 – II R 28/11, BStBl. II 2013, 131). Die auf die Dauer der Verwaltung entfallenden GrSt sind aus den Nutzungen des Grundstücks zu leisten (§ 156 ZVG) ebenso wie die auf den Überschuss der Zwangsverwaltung entfallende ESt (BFH 10.2.2015 – IX R 23/14, BStBl. II 2017, 367; BFH 7.1.2019 – IX B 79/18, BFH/NV 2019, 257). Mit seiner geänderten Auffassung knüpft der BFH an die Rspr. zum Insolvenzverwalter an, sodass sich an der Entrichtungspflicht des Zwangsverwalters auch nichts ändert, wenn während der Zwangsverwaltung das Insolvenzverfahren über das Vermögen des Schuldners eröffnet wird (BFH 10.2.2015 – IX R 23/14, BStBl. II 2017, 367).

Unterliegen die Umsätze aus der Zwangsverwaltung der **USt,** hat der Zwangsverwalter die Aufzeichnungspflichten iSv § 22 UStG zu erfüllen und für die bewirkten Umsätze USt-Voranmeldungen abzugeben (HHSp § 34 Rn. 83; BFH 18.10.2001 – V R 44/00, BStBl. II 2002, 171). Ist der Eigentümer mit weiteren Tätigkeiten umsatzsteuerpflichtig, trifft diesen eine eigene Erklärungspflicht (FG Schleswig-Holstein 24.9.1986 – IV 76/84, EFG 1987, 151). Unternehmer (StSchuldner) für das gesamte Unternehmen bleibt der Eigentümer. Die Zwangsverwaltung schränkt seine rechtlichen Handlungsmöglichkeiten jedoch zugunsten des Zwangsverwalters ein. Dessen Handlungen werden dem StSchuldner zugerechnet. Demzufolge sind der Zwangsverwalter und Unternehmer jeweils bezogen auf den ihrer Verwaltungsbefugnis unterliegenden Bereich Adressat der USt-Bescheide und einer durchzuführenden Ap. (BFH 23.6.1988 – V R 203/83, BStBl. II 1988, 920; BFH 12.5.1993 – XI R 47/91, BFH/NV 1994, 77; BFH 18.10.2001 – V R 44/00, BStBl. II 2002, 171; Pump/Fittkau DStZ 2005, 821; aA TK § 34 Rn. 27). Die aus der Verwaltungstätigkeit resultierende USt ist vom Verwalter gem. § 155 I ZVG aus den Nutzungen des Grundstücks zu bestreiten (BFH 19.12.1985 – V R 139/76, BStBl. II 1986, 500). Eine Besserstellung des Gläubigers in der Zwangsverwaltung gegenüber dem Insolvenzgläubiger ist nicht gerechtfertigt (s. auch § 156 ZVG; aA TK § 34 Rn. 28).

Der **Testamentsvollstrecker** hat treuhänderisch den Willen des Erblassers auszuführen. **34**
Er ist weder Vertreter oder Beauftragter des Erblassers oder der Erbmasse, sondern aus eigenem Recht tätig. Die rechtliche Stellung ist aber der eines gesetzlichen Vertreters angenähert. Er muss sein Handeln als Testamentsvollstrecker deutlich machen, um nicht selbst verpflichtet zu werden. Die Wirkungen treffen den Erben als Nutznießer des Nachlasses (vgl. Grüneberg BGB Einf. vor § 2197 Rn. 2). Innerhalb seines Aufgabenkreises ist der Testamentsvollstrecker Vermögensverwalter iSd § 34 III. Umfang und Inhalt des Amtes bestimmen sich nach §§ 2203 ff. BGB iVm der letztwilligen Verfügung des Erblassers. Sie kann sich auf die Ausführung einer einzelnen Maßnahme, auf den Nachlass im Ganzen oder einzelne Nachlassgegenstände beziehen und als Dauervollstreckung (§ 2209 BGB) mehrere Jahrzehnte andauern (§ 2210 BGB).

Die **steuerlichen Pflichten** richten sich am Umfang der Verwaltungsbefugnis des **35**
Testamentsvollstreckers aus (HHSp § 34 Rn. 88). Zur Verwaltung des gesamten Nachlasses gehört es, die in der Person des Erblassers entstandenen Pflichten zu erfüllen (zum Akteneinsichtsrecht vgl. FG Berlin-Brandenburg 16.2.2011 – 3 K 3086/08, EFG 2011, 1582). Der Testamentsvollstrecker hat die StErklärungen für in der Person des Erblassers entstandene Steuern abzugeben (FG Baden-Württemberg 12.2.1990 – IV K 23/87, EFG 1990, 400), unrichtige oder unvollständige Erklärungen zu berichtigen (§ 153 I) oder wegen derartiger Steuern eine Außenprüfung zu dulden. Die vor dem Tod des Erblassers entstandenen StSchulden hat er als Nachlassverbindlichkeiten zu erfüllen (TK § 34 Rn. 32) und aus einem gegen ihn gerichteten StBescheid die Vollstr. zu dulden (BFH 30.9.1987 – II R 42/84, BStBl. II 1988, 120). Die StErklärungen für nach dem Erbfall entstandene ESt haben die Erben abzugeben (BFH 29.11.1995 – X B 328/94, BStBl. II 1996, 322). Dem-

entsprechend sind ihnen die StBescheide bekannt zu geben und nur sie sind einspruchsbefugt (BFH 16.12.1977 – III R 35/77, BStBl. II 1978, 383). Zur Vollstr. in den Nachlass wegen **Nachlasserbenschulden** bedarf es auch der Bekanntgabe des StBescheids an den Testamentsvollstrecker (BFH 20.4.1989 – IV R 346/84, BStBl. II 1989, 782). Führt der Testamentsvollstrecker ein Unternehmen des Erblassers fort, treffen ihn auch die nach dem Erbfall entstehenden steuerlichen Pflichten aus der Fortführung des Unternehmens. Er ist verpflichtet, Bücher und Aufzeichnungen zu führen, StErklärungen und Voranmeldungen für den betrieblichen Bereich abzugeben und die Steuern zu bezahlen (HHSp § 34 Rn. 97). Der Erbe bleibt StSchuldner (BFH 16.2.1977 – I R 53/74, BStBl. II 1977, 481). Handelt der Testamentsvollstrecker als Treuhänder des Erben im eigenen Namen, ist er selbst Schuldner der USt (BFH 11.10.1990 – V R 75/85, BStBl. II 1991, 191). Zu den zivilrechtlichen Möglichkeiten der Fortführung vgl. Grüneberg BGB § 2205 Rn. 7 ff. Soweit der Testamentsvollstrecker nicht aufgrund eigener Verwaltungsbefugnis handelt, sondern der Bevollmächtigung durch die Erben bedarf, ergibt sich seine Verpflichtung aus § 35.

36 Für die **ErbSt** normiert § 31 V ErbStG ausdrücklich, dass der Testamentsvollstrecker die ErbSt-Erklärungen abzugeben hat. Die Erklärungspflicht erstreckt sich nur auf Erben und sonstige Nachlassberechtigte (BFH 14.11.1990 – II R 58/86, BStBl. II 1991, 52). Hierzu gehören nicht Personen, denen lediglich schuldrechtliche Ansprüche gegenüber den Erben zustehen (zB Vermächtnisnehmer, Pflichtteilsberechtigte). Der StBescheid ist dem Testamentsvollstrecker mit Wirkung für und gegen die StSchuldner bekannt zu geben (§ 32 I ErbStG), und zwar auch dann, wenn neben dem Erbanfall weitere Erwerbe iSv § 3 I ErbStG erfasst werden. Die **Bekanntgabe** an den Testamentsvollstrecker wirkt nur gegenüber dem Personenkreis, für den er erklärungspflichtig ist, also nicht für lediglich schuldrechtlich berechtigte Personen, soweit er nicht ausnahmsweise auch für diese bestellt ist (TK § 34 Rn. 31). Der Testamentsvollstrecker ist nicht rechtsbehelfsbefugt, da die Erben Träger der Erbmasse sind (vgl. Gluth AO-StB 2002, 206). Er hat für die Begleichung der ErbSt zu sorgen. Erstattungsansprüche der Erben sind befreiend an den empfangszuständigen Testamentsvollstrecker zu leisten (BFH 18.6.1986 – II R 38/84, BStBl. II 1986, 704).

37 Der **Nachlassverwalter** hat anstelle des Erben den Nachlass zu verwalten und die Verbindlichkeiten aus dem Nachlass zu berichtigen (§ 1985 BGB). Er ist als amtlich bestelltes Organ nicht Vertreter der Erben, sondern Vermögensverwalter iSd § 34 III. Die Rechtsstellung des Nachlassverwalters ist der des Testamentsvollstreckers in vielen Fällen vergleichbar. So treffen ihn die Pflichten und Wirkungen der §§ 31 V, 32 I ErbStG (vgl. BFH 11.6.2013 – II R 10/11, BStBl. II 2013, 924). Er hat die Nachlassverbindlichkeiten zu berichtigen und die weiteren in der Person des Erblassers entstandenen steuerlichen Pflichten zu erfüllen (→ Rn. 35). Zur Vollstr. in den Nachlass bedarf es der Bekanntgabe des StBescheids an den Verwalter (Klein § 34 Rn. 37); zum Nachlassinsolvenzverwalter vgl. Roth ZVI 2014, 45.

§ 35 Pflichten des Verfügungsberechtigten

Wer als Verfügungsberechtigter im eigenen oder fremden Namen auftritt, hat die Pflichten eines gesetzlichen Vertreters (§ 34 Absatz 1), soweit er sie rechtlich und tatsächlich erfüllen kann.

Schrifttum: Bruschke, Die Haftung der Vertreter und Verfügungsberechtigten nach § 69 AO – „Geschäftsführerhaftung" (Teil I), StB 2011, 167; Weßeler/Schneider, Die steuerliche Haftung des vorläufigen Insolvenzverwalters mit Zustimmungsvorbehalt nach §§ 35, 69 AO wegen des Widerrufs einer genehmigten Lastschriftbuchung im Einzugsermächtigungsverfahren, ZInsO 2012, 301; Krause/Meier, Fallgruppen zur Haftung von „faktischen" GmbH-Geschäftsführern im Steuerrecht, DStR 2014, 905.

I. Allgemeines

§ 35 ist als **Auffangtatbestand** zu § 34 konzipiert, kann diesen Zweck jedoch nur unzureichend erfüllen. Die alleinige Voraussetzung des Auftretens als Verfügungsberechtigter erfasst alle Personen, aus deren Handeln zu schließen ist, dass sie über fremde Rechte und Vermögenspositionen verfügen können, unabhängig davon, ob die Verfügungen gegenüber dem Rechtsinhaber Bestand haben. Durch den letzten Halbsatz erfährt § 35 jedoch eine bedeutsame Einschränkung. Eine steuerliche Verpflichtung entsteht nur, soweit diese vom Verfügenden rechtlich und tatsächlich erfüllt werden kann. Fehlt die behauptete Verfügungsmacht, mangelt es zumeist auch an der Rechtsmacht zur Erfüllung der steuerlichen Pflichten (HHSp § 35 Rn. 8). 1

II. Verfügungsberechtigter

1. Begriff

Verfügung. Die Berechtigung, über ein Recht zu verfügen, kennzeichnet den Begriff des Verfügungsberechtigten. Eine Verfügung ist ein Rechtsgeschäft, das unmittelbar darauf gerichtet ist, auf ein bestehendes Recht einzuwirken, es zu verändern, zu übertragen oder aufzuheben (BGH 4.5.1987 – II ZR 211/86, BGHZ 101, 24 (26)). Zu den Verfügungen gehört die Veräußerung (Übereignung oder Übertragung eines sonstigen Rechts), die Belastung, die Abtretung, der Erlass, die befreiende Schuldübernahme, die Aufrechnung, die Verpfändung sowie die Begleichung einer Verbindlichkeit (Staudinger BGB § 185 Rn. 12 ff.). Rechtsgeschäfte, durch die ein Anspruch oder eine Leistungspflicht begründet wird, stellen als **Verpflichtungsgeschäfte** keine Verfügungen dar (OVG Schleswig-Holstein 2.9.2010 – 2 KN 1/10, BeckRS 2011, 45383). Die Teilnahme an Kreditverhandlungen reicht deshalb nicht aus (aA BFH 27.11.1990 – VII R 20/89, BStBl. II 1991, 284). **Realakte** (zB Inbesitznahme) sind keine Verfügungen, da lediglich der tatsächliche, nicht der rechtliche Status verändert wird (FG Hessen 29.11.1991 – 4 K 1379/91, EFG 1993, 2). 2

Verfügungsberechtigter ist der Inhaber eines Rechts, etwa der Eigentümer einer Sache, soweit seine Verfügungsmacht nicht ausnahmsweise eingeschränkt ist, und der durch Gesetz, behördliche oder gerichtliche Anordnung oder Rechtsgeschäft zur Verfügung Ermächtigte (BFH 16.3.1995 – VII R 38/94, BStBl. II 1995, 859). Nichtberechtigter ist daher der Schuldner in der Insolvenz (§ 80 InsO), der Erbe im Fall der Testamentsvollstreckung oder der Gesamthandseigentümer, der allein über eine Sache im Gesamthandseigentum verfügt (vgl. MüKo BGB§ 185 Rn. 18 f.). Ein schwacher vorläufiger Insolvenzverwalter ist – auch bei Bestehen eines Zustimmungsvorbehalts – mangels Verfügungsmacht kein Berechtigter iSd § 35 (BFH 27.5.2009 – VII B 156/08, BFH/NV 2009, 1591); anders jedoch ein vorläufiger Sachwalter, wenn er nach Inanspruchnahme des Kassenführungsrechts gem. § 275 II InsO auf seinen Namen ein Anderkonto bei einer Bank eröffnet und sämtliche eingehenden und ausgehenden Zahlungen des Schuldners über dieses Konto abwickelt (BFH 20.2.2024 – VII R 16/21, BStBl. II 2024, 624). 3

Verfügungsgegenstände werden in der Rspr. undifferenziert als Mittel oder Vermögen bezeichnet (BFH 21.2.1989 – VII R 165/85, BStBl. II 1989, 491; ebenso BT-Drs. VI/1982, 111). Da der Begriff des Verfügungsberechtigten an die rechtliche Einwirkungsmöglichkeit nach bürgerlichem Recht anknüpft, können Verfügungsgegenstände nur Sachen und Vermögensrechte oder Rechtsverhältnisse im Ganzen sein (vgl. Staudinger BGB § 185 Rn. 27; BT-Drs. 7/4292, 19; aA TK § 35 Rn. 3; HHSp § 35 Rn. 9). § 39 ordnet jedoch uU abw. vom bürgerlichen Recht Wirtschaftsgüter, also wirtschaftliche Werte aller Art, zu. § 35 erlangt deshalb nur für Verfügungsberechtigte Bedeutung, die über Gegenstände verfügen können, die einem anderen zugeordnet werden (Gmach DStZ 2001, 341/342). Für eigene Wirtschaftsgüter hat nur der Stpfl. iSv § 33 die steuerlichen Pflichten zu erfüllen. 4

2. Auftreten als Verfügungsberechtigter

7 **Verfügungsermächtigung.** Der Tatbestand des § 35 knüpft die Pflichtenstellung nicht an die Verfügungsberechtigung, sondern an das **Auftreten** als Verfügungsberechtigter an. Nur derjenige, der sich im eigenen oder fremden Namen wie ein Verfügungsberechtigter im Rechtsverkehr verhält, wird erfasst. Ob der Auftretende wirksam verfügen kann oder eine Berechtigung nur vorspiegelt, ist unerheblich (BFH 21.5.1969 – I R 8/68, BStBl. II 1969, 539; aA HHSp § 35 Rn. 13; Schwarz/Pahlke/Keß § 35 Rn. 2). Die Einschränkung („soweit") bezieht sich lediglich auf die Rechtsfolge, den Umfang der eigenen Pflichtenstellung, und darf nicht mit den Tatbestandsvoraussetzungen vermengt werden. Dies übersieht die Gegenansicht. Während der Tatbestand aus dem Vorgeben einer allg. Verfügungsmacht abgeleitet wird, bezieht sich die Rechtsfolgenbegrenzung ausschl. auf die Erfüllbarkeit der steuerlichen Pflichten (→ Rn. 13 ff.).

8 **Auftreten** als Verfügungsberechtigter setzt eine Teilnahme am Rechtsverkehr voraus. Ein Dritter muss durch das Verhalten des Auftretenden den Eindruck gewinnen können, er sei zur Verfügung berechtigt (BFH 10.10.1994 – I B 228/93, BFH/NV 1995, 662). Dies ist idR bei einer Verfügung über fremde Sachen oder Rechte gegeben (BFH 16.1.1980 – I R 7/77, BStBl. II 1980, 526). Eine Disposition über fremde Vermögensrechte ist jedoch nicht erforderlich (ebenso Gmach DStZ 2001, 341/342). Es reicht aus, dass sich die Person eine Verfügungsberechtigung anmaßt, etwa sich als Geschäftsführer einer GmbH ausgibt. Ein derartiges **Auftreten im Rechtsverkehr** liegt idR auch vor, wenn Überweisungen veranlasst, Schecks unterschrieben, Forderungen eingezogen, abgetreten oder erlassen, Verbindlichkeiten beglichen, Sachen veräußert oder belastet werden. Aus der Abgabe einer StErklärung/StAnmeldung oder dem Führen von Kreditverhandlungen lässt sich hingegen keine Verfügungsberechtigung entnehmen (aA BFH 13.8.2007 – VII B 20/07, BFH/NV 2008, 10; HHSp § 35 Rn. 11; Klein § 35 Rn. 5). Willenserklärungen zur Begründung einer Verbindlichkeit oder Wissenserklärungen stellen keine Verfügungen dar (vgl. zur StErklärung Ebling DStZ 1998, 322 (324)). Dieses Verhalten lässt nur dann den Schluss auf eine Verfügungsbefugnis zu, wenn der Handelnde sich zugleich als umfassend berechtigter Vertreter geriert (zB Unterzeichnung einer Bilanz als Geschäftsführer oder Prokurist; zum Generalbevollmächtigten vgl. BFH 9.1.2013 – VII B 67/12, BFH/NV 2013, 898; FG Düsseldorf 24.10.2024 – 8 K 1894/20 H, BeckRS 2024, 35216: not. Generalvollmacht).

9 Mit dem Auftreten als **Treuhänder** (zB Sicherungsübereignung oder Verwaltungstreuhand) wird idR keine hinreichende Verfügungsberechtigung behauptet. Mit dem Hinweis auf die treuhänderische Gebundenheit ist dem Dritten erkennbar, dass die uneingeschränkte dingliche Verfügungsmacht gegenüber dem Treugeber schuldrechtlich begrenzt ist. Lässt sich aus den Handlungen des Treuhänders jedoch eine weitergehende Befugnis ableiten, wie zB bei der Fortführung eines Betriebs oder der Veräußerung von Gegenständen, verliert die treuhänderische Bindung ihre Bedeutung (Gosch AO § 35 Rn. 9). Gibt der Treuhänder sich als solcher nicht zu erkennen, ist er zivilrechtlich verfügungsberechtigt und tritt als solcher auf. Auf die Berechtigung im Innenverhältnis kommt es in diesen Fällen nicht an (RFH 6.11.1929 – VI A 1640/29, RStBl. 1930, 24; Schulze zur Wiesche DStR 1968, 755; TK § 35 Rn. 8: über den Sicherungszweck hinausgehende Verfügungsbefugnisse erforderlich; aA AEAO zu § 35 Nr. 3; FG Hessen 29.11.1991 – 4 K 1379/91, EFG 1993, 2).

10 **Außenwirkung.** Ist das Verhalten auf den Rechtskreis des Stpfl. begrenzt, tritt die Person nicht nach außen im Rechtsverkehr auf (Gmach DStZ 2001, 341 (343)). Der Gesellschafter einer GmbH, der sein Weisungsrecht gegenüber den Vertretungsorganen zu einer faktischen Geschäftsführung missbraucht, erweckt nicht den Anschein Verfügungsberechtigter zu sein, soweit nicht die Weisungsabhängigkeit nach außen erkennbar wird (vgl. BFH 26.4.2010 – VII B 194/09, BFH/NV 2010, 1610; aA BFH 24.4.1991 – I R 56/89, BFH/NV 1992, 76). Ebenso wenig genügt ein Auftreten gegenüber dem Rechtsinhaber (FG Hessen 28.5.1974 – VI 56/71, EFG 1974, 494; TK § 35 Rn. 11). Die

Beteiligung am Rechtsverkehr verlangt kein Handeln gegenüber bestimmten Personen (zB Finanzbehörden) oder in steuerlichen Angelegenheiten (BFH 27.11.1990 – VII R 20/89, BStBl. II 1991, 284). Es genügt ein Auftreten gegenüber jedem Dritten (BFH 29.10.1985 – VII R 186/82, BFH/NV 1986, 192).

Im eigenen oder fremden Namen. § 35 stellt das Auftreten im eigenen Namen, also 11
als Nichtberechtigter iSd § 185 BGB oder mit einer Verfügungsermächtigung, dem Auftreten im fremden Namen gleich. Tritt jemand im fremden Namen bei Verfügungsgeschäften auf, finden zivilrechtlich die Regeln der Stellvertretung (§§ 164 ff. BGB) Anwendung. Dies bedeutet, dass auch ein amtlicher Verwalter einer Vermögensmasse (zB Insolvenzverwalter, Testamentsvollstrecker), der vor Beginn seines Amtes über einen Bestandteil des zu verwaltenden Vermögens verfügt, als Verfügungsberechtigter iSd § 35 I auftritt (anders zum schwachen vorläufigen Insolvenzverwalter BFH 27.5.2009 – VII B 156/08, BFH/NV 2009, 1591; Rn. 3). Dies gilt auch für die Fälle der nicht wirksamen Bestellung gesetzlicher Vertreter (vgl. FG Hamburg 6.8.2001 – III 15/01, EFG 2001, 1586). Zu den wichtigsten Fällen des Handelns aufgrund einer Verfügungsermächtigung gehören die Verkaufskommission und die Veräußerung unter Eigentumsvorbehalt stehender Ware (vgl. zu Einzelheiten Staudinger BGB § 185 Rn. 70 ff.).

III. Pflichten

1. Pflichten eines gesetzlichen Vertreters

Der als Verfügungsberechtigter Auftretende hat die Pflichten eines gesetzlichen Ver- 12
treters iSd § 34 I. Das gilt für alle steuerlichen Pflichten des Rechtsinhabers, die während des Bestehens der Verfügungsmacht durch die AO oder die EinzelStG diesem auferlegt werden. Hierzu gehört insb. die Pflicht, Steuern aus Mitteln des Stpfl. zu entrichten, aber auch die Erklärungs-, Auskunfts-, Nachweis-, Berichtigungs-, Buchführungs- und Aufzeichnungspflichten (vgl. zu den möglichen Pflichten → § 34 Rn. 17 ff.). Der Umfang der zu erfüllenden Pflichten beschränkt sich auf den Aufgabenkreis, der sich aus dem Auftreten im Rechtsverkehr ergibt (vgl. Gmach DStZ 2001, 341 (344)). Die Vermutungswirkung, die eine Auferlegung öffentlicher Pflichten rechtfertigt, reicht nur so weit, wie eine Person eine Verfügungsmacht behauptet hat (ähnlich HHSp § 35 Rn. 14; Klein § 35 Rn. 6). Den Lohnbuchhalter, der zugleich für die Auszahlung der Löhne verantwortlich ist, trifft auch die Verpflichtung zur Einbehaltung und Abführung der LSt.

2. Rechtliche und tatsächliche Erfüllungsmöglichkeit

Zurechenbarkeit. Die Rechtsfolge des § 35 erfährt durch den letzten Halbsatz eine 13
bedeutende Einschränkung. Die Pflichtenstellung entsteht nur, soweit der Auftretende die steuerlichen Pflichten tatsächlich und rechtlich erfüllen kann. Öffentliche Pflichten können einer Person nur auferlegt werden, soweit diese aufgrund ihrer Rechtsstellung in der Lage ist, sie zu erfüllen. Anders als die tatbestandlichen Voraussetzungen hängt die Begrenzung der Pflichten nicht allein von der Verfügungsmacht des Verpflichteten ab, sondern davon, ob das Verhalten dem Stpfl. zuzurechnen ist. Steuerliche Pflichten sind vielfach reine Handlungspflichten, deren Erfüllung eine Verfügungsmacht nicht erfordert. Soweit Willenserklärungen abzugeben bzw. Verfügungen erforderlich sind, bedarf es grds. einer entsprechenden **Vertretungs- oder Verfügungsmacht.** Die Vertretungs- und Verfügungsmacht kann durch Gesetz, behördliche oder gerichtliche Anordnung und Rechtsgeschäft begründet werden (BFH 8.12.2010 – VII B 102/10, BFH/NV 2011, 740). Duldungs- und Anscheinsvollmacht stehen der rechtsgeschäftlich erteilten Vertretungsmacht gleich (FG Niedersachsen 9.7.1991 – XI 508/90, EFG 1992, 239; FG Hamburg 26.10.2010 – 3 V 85/10, EFG 2011, 1111). Diese Grundsätze finden auf die Einwilligung (§ 182 BGB) zu Verfügungen entspr. Anwendung (OLG Karlsruhe 10.2.1981 – 14 S 2326/90, NJW 1981, 1278).

14 **Mittelbare Einflussmöglichkeit.** Steuerliche Pflichten können auch dann rechtlich und tatsächlich erfüllt werden, wenn keine Vertretungsbefugnis besteht, die rechtliche Stellung jedoch eine verbindliche Weisung an den Vertreter ermöglicht. Der Mehrheitsgesellschafter einer GmbH kann sowohl durch Einzelweisung an den Geschäftsführer als auch durch dessen Abberufung und die Bestellung eines neuen Geschäftsführers auf die Erfüllung steuerlicher Pflichten hinwirken (BFH 27.11.1990 – VII R 20/89, BStBl. II 1991, 284). Faktische Einwirkungsmöglichkeiten aufgrund wirtschaftlicher Abhängigkeit sind nicht ausreichend (BFH 16.3.1995 – VII R 38/94, BStBl. II 1995, 859). Es bedarf stets einer Rechtsposition, vermöge deren für den Stpfl. zurechenbar gehandelt werden kann.

15 **Bindung im Innenverhältnis.** Die durch § 35 auferlegten steuerlichen Pflichten können durch schuldrechtliche Vereinbarungen nicht abbedungen werden (→ § 34 Rn. 18). Schuldrechtliche Bindungen der nach außen unbeschränkten Verfügungsberechtigung wirken sich auf den Tatbestand des § 35 nicht aus (BFH 8.12.2010 – VII B 102/10, BFH/NV 2011, 740). Sie sind lediglich bei der Beurteilung des Verschuldens iSd § 69 von Bedeutung (Lohmeyer INF 1988, 268). Die dem Prokuristen erteilte Vollmacht kann gegenüber Dritten nicht wirksam eingeschränkt werden (§ 50 HGB), sodass sowohl Beschränkungen des Wirkungskreises auf bestimmte Geschäfte als auch Weisungen, steuerliche Pflichten nicht zu erfüllen, unbeachtlich sind (ebenso Gmach DStZ 2001, 341 (348); aA HHSp § 35 Rn. 19; FG Hamburg 13.8.2012 – 6 V 51/12, BeckRS 2012, 96206). Aus diesem Grund ist auch die schuldrechtliche Bindung des Treuhänders oder Sicherungsnehmers im Innenverhältnis ohne Bedeutung.

Die Pflichten **enden,** wenn der Verfügungsberechtigte nicht mehr als solcher auftritt. Das gilt auch, wenn er rechtlich oder tatsächlich nicht mehr in der Lage ist, die steuerlichen Pflichten zu erfüllen (§ 36).

IV. Einzelfälle

16 Als **Verfügungsberechtigter** tritt nach der Rspr. regelmäßig auf: Generalbevollmächtigter (BFH 11.3.1986 – VII R 124/81, BFH/NV 1987, 69); Faktischer GmbH-Geschäftsführer (BFH 10.5.1989 – I R 121/85, BFH/NV 1990, 7; FG Hamburg 29.3.2017 – 3 K 183/15, EFG 2017, 1225; FG Düsseldorf 24.10.2024 – 8 K 1894/20 H, BeckRS 2024, 35216) aufgrund eines Organvertrags mit Ergebnisabführung (BFH 21.2.1989 – VII R 165/85, BStBl. II 1989, 491); ebenso bei unwirksamer Bestellung oder Abberufung (FG München 18.3.1992 – 3 K 3164/87, EFG 1992, 642); Geschäftsleiter einer inländischen Betriebstätte einer ausländischen GmbH (BFH 10.10.1994 – I B 228/93, BFH/NV 1995, 662); Handlungsbevollmächtigter (BFH 12.5.1987 – VII R 159/84, BFH/NV 1988, 139); Lohnbuchhalter mit Kontovollmacht zur Lohnzahlung (BFH 8.3.1988 – VII R 6/87, BStBl. II 1988, 480); Prokurist (BFH 29.10.1985 – VII R 186/82, BFH/NV 1986, 192; BFH 23.4.2007 – VII B 92/06, DStRE 2007, 1210); Sachwalter mit Befugnis zur Unternehmensfortführung (BFH 13.9.1988 – VII R 35/85, BFH/NV 1989, 139); Strohmann (BFH 13.2.1996 – VII B 245/95, BFH/NV 1996, 657); kommissarischer Vorsitzender eines Vereins (BFH 20.1.1998 – VII R 80/97, BFH/NV 1998, 814).

17 Zu den **Nichtberechtigten** gehört: Bankangestellter, der Überweisungsaufträge oder Schecks nicht einlöst, da das Nichtbefolgen einer Weisung im Auftragsverhältnis keine Verfügung darstellt (aA Wilcke StVj 1990, 146); Gesellschafter, der sich lediglich gegenüber anderen Gesellschaftern oder Organen betätigt (→ Rn. 10; aA BFH 24.4.1991 – I R 56/89, BFH/NV 1992, 76); Rechtsanwälte und StBerater (HHSp § 35 Rn. 18), anders jedoch bei über das Beratungsverhältnis hinausgehenden Verfügungsbefugnissen (FG Berlin 17.1.1989 – V 95/86, EFG 1990, 28); Sachwalter nach § 91 VerglO (FG Niedersachsen 30.10.1981 – XI (VI) 220/80, EFG 1982, 386), anders indes bei eingeräumter Verfügungsbefugnis (BFH 13.9.1988 – VII R 35/85, BFH/NV 1989, 139; BFH 20.2.2024 – VII R 16/21, BStBl. II 2024, 624); Sicherungsnehmer (→ Rn. 9); eine Bank, die sich sämtliche

Forderungen ihres Kunden abtreten lässt und diese zur Tilgung ihrer Darlehensforderung einzieht – ihr fehlt die rechtliche Möglichkeit zur Erfüllung der steuerlichen Pflichten (BFH 16.3.1995 – VII R 38/94, BStBl. II 1995, 859; BFH 8.6.2004 – VII B 363/03, BFH/NV 2004, 1369); ein Berater, der nicht als faktischer Geschäftsführer nach außen auftritt (BFH 12.10.1999 – VII B 54/99, GmbHR 2000, 395); sog. schwacher vorläufiger Insolvenzverwalter (BFH 26.9.2017 – VII R 40/16, BStBl. II 2018, 772).

§ 36 Erlöschen der Vertretungsmacht

Das Erlöschen der Vertretungsmacht oder der Verfügungsmacht lässt die nach den §§ 34 und 35 entstandenen Pflichten unberührt, soweit diese den Zeitraum betreffen, in dem die Vertretungsmacht oder Verfügungsmacht bestanden hat und soweit der Verpflichtete sie erfüllen kann.

I. Allgemeines

Die Regelung enthält einen allg. Rechtsgrundsatz. Pflichten, die während des Bestehens einer Pflichtenstellung entstanden sind, entfallen nicht allein durch die Beendigung des Pflichtenverhältnisses, sondern bestehen fort. Durch die Erwähnung der Verfügungsmacht wird klargestellt, dass die Vorschrift auch für Vermögensverwalter gilt, die im eigenen Namen handeln (Schwarz/Pahlke/Keß § 36 Rn. 2). Das Erlöschen der Rechtsmacht wirkt sich auf die entstandenen Pflichten so lange nicht aus, wie der Verpflichtete sie tatsächlich und rechtlich erfüllen kann. 1

II. Erlöschen der Vertretungs- oder Verfügungsmacht

Mit dem Verlust der Handlungsbefugnis für die in § 34 genannten Personen und Gebilde entstehen keine weiteren steuerlichen Pflichten der Vertreter und Verwalter. Gleiches gilt für die Verfügungsberechtigten iSd § 35, wenn sie als solche nicht mehr nach außen auftreten. Die fehlende Tatbestandsverwirklichung wirkt sich jedoch nur für die Zukunft aus. § 36 stellt dies ausdrücklich klar. Der Wortlaut der Vorschrift ist jedoch ungenau. Nach § 34 entfällt die Pflichtenstellung in vollem Umfang mit Erlöschen der Vertretungsmacht nur im Fall der gesetzlichen Vertretung. Die Abs. 2 und 3 knüpfen dagegen an die Geschäftsführungs- und Verwaltungsbefugnis an (→ § 34 Rn. 24 ff.). Desgleichen ist bei § 35 nicht die Verfügungsbefugnis, sondern das Auftreten als Verfügungsberechtigter Tatbestandsvoraussetzung. 2

Erlöschensgründe. Die Vertretungsmacht erlischt idR durch Eintritt der gesetzlichen Erlöschensgründe, gerichtliche oder behördliche Anordnung, Rechtsgeschäft oder Zweckerreichung. Eine Anscheins- und Duldungsvollmacht entfällt durch Zerstörung des Rechtsscheins bzw. die Beendigung der Duldung (Grüneberg BGB § 172 Rn. 10, 16). Aus denselben Gründen endet die Verfügungsmacht. Entscheidend ist hier jedoch das Auftreten im Rechtsverkehr. 3

Natürliche Personen. Die Vertretungsmacht der Eltern erlischt mit Eintritt der Volljährigkeit oder Tod des Kindes, durch gerichtlichen Entzug (§ 1666 BGB) oder Insolvenz der Eltern (§ 1670 BGB). Der (Wieder-)Eintritt der elterlichen Sorge, Tod des Mündels, Eintritt der Volljährigkeit (§ 1882 BGB) oder Entlassung des Vormundes (§§ 1886 f. BGB) führen zur Beendigung des Vormundschaftsverhältnisses. Die Bestellung eines Betreuers läuft regelmäßig durch Zeitablauf (§§ 302, 300 FamFG), Aufhebung der Betreuung (§ 1908d BGB) oder Tod des Betreuten aus. Mit Eintritt der Volljährigkeit (§ 1918 I BGB), Tod oder Todeserklärung des Pfleglings, Aufhebung der Pflegschaft (§ 1919 BGB), Entlassung des Pflegers (§ 1915 I BGB) oder Zweckerreichung (§ 1918 III BGB) wird die Pflegschaft beendet. 4

Juristische Personen. Die gesetzlichen Vertreter juristischer Personen sind nicht mehr vertretungsbefugt mit Verlust der Organstellung durch Widerruf der Bestellung (§ 27 II 5

BGB, § 84 III AktG, § 38 I GmbHG) oder Zeitablauf (§ 84 I AktG). Wird die Gesellschaft aufgelöst, erfolgt die Abwicklung idR durch die Geschäftsführer (§ 66 GmbHG) und Vorstände (§ 265 I AktG, § 48 I BGB) als Abwickler/Liquidatoren. In dieser Funktion vertreten sie die Gesellschaft weiterhin, soweit nicht anderen Personen die Liquidation übertragen wird. Nach Verteilung des Vermögens und Löschung der Gesellschaft endet die Aufgabe des Liquidators. Mit Eröffnung des Insolvenzverfahrens löst sich die Gesellschaft auf (§ 60 I Nr. 4 GmbHG). Die Vertretungsbefugnis geht von den gesetzlichen Vertretern auf den Insolvenzverwalter über. Das Insolvenzverfahren kann mit der Einstellung mangels Masse oder Schlussverteilung und der Löschung seinen Abschluss finden (§ 207 InsO). Hiermit endet zugleich das Amt des Insolvenzverwalters. Die Nichteröffnung des Insolvenzverfahrens mangels einer die Kosten des Verfahrens deckenden Masse (§ 26 InsO) führt gleichfalls zur Auflösung der GmbH (§ 60 I Nr. 5 GmbHG). Bedarf es wegen völliger Vermögenslosigkeit keiner Abwicklung, endet die Vertretungsbefugnis der Organe mit der von Amts wegen erfolgten Löschung (§ 394 FamFG).

Zur Frage, ob nachwirkende Handlungspflichten die Bestellung eines Nachtragsliquidators notwendig machen → § 33 Rn. 15.

6 **Rechtsfähige Personenvereinigungen.** Die Geschäftsführer rechtsfähiger Personenvereinigungen ohne eigene Rechtspersönlichkeit verlieren ihre Handlungsbefugnis für die Gesellschaft, soweit ihnen die Geschäftsführungs- und Vertretungsbefugnis entzogen wird (§ 715 V, § 720 IV BGB; §§ 11, 124 V HGB), sie als Gesellschafter ausscheiden oder die Vereinigung vollbeendet ist (zur Kündigung der Geschäftsführung s. § 715 VI BGB). Für den Zeitraum der Liquidation bleiben die Geschäftsführer idR als Liquidatoren gesetzliche Vertreter (→ § 34 Rn. 26).

Die **nicht rechtsfähige** Personenvereinigung ist ebenfalls eine Gesellschaft iSd § 705 I BGB. Folglich gilt § 715 V BGB auch für die Beendigung der Geschäftsführung; unanwendbar sind jedoch die Vertretungsregeln (§ 720 BGB), da die nicht rechtsfähige Gesellschaft nicht als solche am Rechtsverkehr teilnimmt.

7 **Vermögensverwalter.** Das Amt der Vermögensverwalter (§ 34 III) endet mit der Entlassung (§ 2227 BGB; Grüneberg BGB § 1985 Rn. 3; § 50 InsO), Aufhebung der Verwaltung, zB wegen Zweckerreichung (§ 1986 BGB) oder Übergang zu einer anderen Verwaltungsform (zur Nachlassinsolvenz § 1988 BGB; zur Nachlassverwaltung, vgl. Grüneberg BGB § 2205 Rn. 3). Zur Berechtigung des Zwangsverwalters nach Beendigung der Verwaltung Rechnungen mit gesondertem StAusweis für Zeiträume der Zwangsverwaltung auszustellen, vgl. BFH 16.7.1997 – XI R 94/96, BStBl. II 1997, 670.

8 **Verfügungsberechtigte.** Entsprechendes gilt für den Verfügungsberechtigten iSd § 35. Maßgeblicher Zeitraum ist die Dauer des erkennbaren Auftretens nach außen. Gibt der Verpflichtete im Rechtsverkehr eindeutig zu erkennen, dass seine Berechtigung entfallen ist, fehlt es fortan an einem Auftreten als Verfügungsberechtigter. Die bloße Untätigkeit lässt idR nicht den Schluss auf die Beendigung des Auftretens zu.

III. Fortbestehende Pflichten

11 Durch § 36 werden keine neuen Pflichten begründet, sondern klargestellt, dass die vor Erlöschen des Vertretungs- und Verfügungsverhältnisses begründeten Pflichten nicht automatisch untergehen. Die Erfüllung der fortbestehenden Pflichten darf nur verlangt werden, soweit der Verpflichtete tatsächlich und rechtlich hierzu in der Lage ist. Dies hat zur Folge, dass mangels Vertretungs- und Verfügungsmacht weder die Abgabe von Willenserklärungen für den früheren Vertretenen noch Verfügungen über Vermögensrechte erzwungen werden können (BFH 17.1.1989 – VII R 88/86, BFH/NV 1990, 71). Hierdurch reduziert sich die Verpflichtung auf die **Abgabe von Wissenserklärungen und Handlungs- und Duldungspflichten,** wie etwa die Duldung der ZwangsVollstr. in Gegenstände des Vertretenen. Das FA kann den Vertreter, der zur Abgabe der StErklärung eines Veranlagungszeitraums verpflichtet war, weiterhin für diesen Zeitraum heranziehen (FG Nürnberg

30.3.2010 – 2 K 1438/2008, BeckRS 2010, 26029613). Dies gilt auch für die Erteilung von Auskünften und die Vorlage von Büchern, Aufzeichnungen und Geschäftspapieren, die der Verpflichtete noch im Besitz hat (TK § 36 Rn. 2). Zivilrechtliche Herausgabeansprüche des Vertretenen werden durch die öffentlich-rechtliche Verpflichtung verdrängt. Ist ihm eine Auskunftserteilung erst nach Einsichtnahme in zurückgegebene Unterlagen möglich, hat er die Pflicht zu erfüllen, soweit ihm eine Einsichtnahme gestattet wird (Schwarz/Pahlke/Keß § 36 Rn. 8). Die schuldhafte Verletzung der fortbestehenden Pflichten kann zur Haftungsinanspruchnahme nach § 69 führen. Dem ehemaligen Vertreter steht wegen der Beendigung des Vertretungsverhältnisses kein Auskunftsverweigerungsrecht zu (HHSp § 36 Rn. 3).

Auswahlermessen. Neben den früheren Vertreter und Verfügungsberechtigten tritt 12
der Stpfl. und ggf. ein neuer Berechtigter iSd §§ 34 f., sodass die FB nach ihrem Ermessen (§ 5) zu entscheiden hat, wen sie zur Erfüllung der Pflichten heranzieht. Die Inanspruchnahme des nach § 36 weiterhin Verpflichteten wird regelmäßig nur dann in Betracht kommen, wenn allein dieser in der Lage ist, die Pflichten zu erfüllen (zB Auskunft über Tatsachen, die nur ihm bekannt sind) oder dem Stpfl. die Erfüllung nur unter unverhältnismäßigem Aufwand möglich ist (Erstellung der StErklärung für die Dauer der Insolvenz).

Zweiter Abschnitt. Steuerschuldverhältnis

§ 37 Ansprüche aus dem Steuerschuldverhältnis

(1) **Ansprüche aus dem Steuerschuldverhältnis sind der Steueranspruch, der Steuervergütungsanspruch, der Haftungsanspruch, der Anspruch auf eine steuerliche Nebenleistung, der Erstattungsanspruch nach Absatz 2 sowie die in Einzelsteuergesetzen geregelten Steuererstattungsansprüche.**

(2) **[1] Ist eine Steuer, eine Steuervergütung, ein Haftungsbetrag oder eine steuerliche Nebenleistung ohne rechtlichen Grund gezahlt oder zurückgezahlt worden, so hat derjenige, auf dessen Rechnung die Zahlung bewirkt worden ist, an den Leistungsempfänger einen Anspruch auf Erstattung des gezahlten oder zurückgezahlten Betrags. [2] Dies gilt auch dann, wenn der rechtliche Grund für die Zahlung oder Rückzahlung später wegfällt. [3] Im Fall der Abtretung, Verpfändung oder Pfändung richtet sich der Anspruch auch gegen den Abtretenden, Verpfänder oder Pfändungsschuldner.**

Schrifttum: Drüen, Steuerliche Erstattungsansprüche des Fiskus, AO-StB 2002, 374; Geschwendtner, Einschränkung der Rückforderung von Kindergeld bei Verwirkung des Anspruchs, BFH-PR 2004, 100; Greite, Rückforderung der trotz Kenntnis des Wegfalls des Kindergeldanspruchs geleisteten Zahlungen, FR 2004, 295; Haase, Erstattungsansprüche des Arbeitgebers bei zu Unrecht abgeführter Lohnsteuer, DStZ 2005, 602; Stögbauer, Zur Bestimmung des Leistungsempfängers eines Rückforderungsanspruchs in einem Mehr-Personen-Verhältnis, HFR 2005, 1147; Schramm, Steuererstattungsanspruch und Nachzahlungspflicht getrennt lebender Ehegatten, NJW-Spezial 2006, 439; Rüsken, Erstattungsanspruch bei zusammen zur Einkommensteuer veranlagten Eheleuten, BFH-PR 2006, 146; Farr, Insolvenzbehaftete Zusammenveranlagung – Ein Hauen und Stechen?, BB 2006, 1302; Stadie, Antragsrecht des Dienstleistungsempfängers zwecks Erstattung rechtsgrundlos gezahlter Umsatzsteuer, UR 2007, 431; Klenk, Änderung der Bemessungsgrundlage und Rückforderung einer Erstattung, UR 2007, 205; Bruschke, Die Erstattung überzahlter Einkommensteuer bei Ehegatten, ZSteu 2009, 193; Schmieszek, Ansprüche aus dem Steuerschuldverhältnis, Stbg 2012, 211.

Übersicht

A. Allgemeines

1 **Inhalt.** § 37 enthält zwei selbständige, nur zufällig in einer Vorschrift zusammengefasste Regelungen. Während § 37 I die Ansprüche aus dem StSchuldverhältnis einzeln aufzählt, normiert § 37 II die materielle Anspruchsgrundlage für den öffentlich-rechtlichen Erstattungsanspruch in seinen beiden Alternativen, den Erstattungsanspruch im engeren Sinne und den Rückforderungsanspruch (vgl. TK § 37 Rn. 10; HHSp § 37 Rn. 4). Nach § 37 II 1 entsteht durch eine rechtsgrundlose Vermögensverschiebung im Rahmen eines StSchuldverhältnisses gegen den Leistungsempfänger ein Anspruch auf Rückgewähr des ohne Rechtsgrund Erlangten. Den Erstattungsanspruch bei anfänglichem Fehlen eines Rechtsgrunds erstreckt § 37 II 2 auf den nachträglichen Wegfall des Rechtsgrunds. Im Fall der Abtretung, Pfändung oder Verpfändung richtet sich der Rückforderungsanspruch nach der Rspr. gegen den Abtretungsempfänger, den Pfandgläubiger und den Pfändungsgläubiger (vgl. BFH 24.1.1995 – VII R 144/92, BStBl. II 1995, 862; BFH 28.9.1999 – VII B 35/99, BFH/NV 2000, 305). Durch die Abtretung tritt ein Wechsel in der Person des materiell Berechtigten ein, sodass der Abtretende, Verpfänder und Pfändungsschuldner nicht Leistungsempfänger sein kann (vgl. BFH 13.2.1996 – VII R 89/95, BStBl. II 1996, 436; BFH 31.8.2000 – VII B 298/99, BFH/NV 2001, 730). Die sich durch das Ausscheiden des Stpfl. aus dem Kreis der Erstattungsverpflichteten ergebenden Schwierigkeiten für die FVerw. beseitigte der Gesetzgeber durch § 37 II 3 (vgl. BT-Drs. 13/901, 160; TK § 37 Rn. 118).

2 **Zeitliche Anwendung.** Der durch Art. 26 JStG 1996 angefügte § 37 II 3 trat am 21.10.1995 in Kraft (Art. 41 JStG 1996). Nach Art. 97 § 1 V EGAO ist die Neuregelung auf alle bei Inkrafttreten anhängigen Verfahren anzuwenden. Dies bedeutet, dass auch für Ansprüche, die vor dem 21.10.1995 abgetreten, verpfändet oder gepfändet wurden, neben dem Leistungsempfänger zugleich der Abtretende, Verpfänder oder Pfändungsschuldner in Anspruch genommen werden kann. Diese nachträgliche Begründung einer materiellen Rückzahlungsverpflichtung zulasten des Stpfl. verstößt gegen das auf dem Rechtsstaatsprinzip beruhende Verbot rückwirkender Einführung belastender Gesetze (ebenso HHSp § 37 Rn. 3; Seer/Drüen StuW 1998, 208; vgl. auch BFH 9.7.1998 – V B 142/97, BFH/NV 1999, 151). Zur Beseitigung des verfassungswidrigen Eingriffs bedarf es der zeitlichen Einschränkung des Anwendungsbereichs durch verfassungskonforme Auslegung (vgl. Streck/Mack/Schwedhelm Stbg 1999, 425). Die Regelung erweitert folglich erst für Abtretungen nach dem 20.10.1995 den Kreis der Erstattungsverpflichteten (FG Berlin 14.5.2004 – 3 K 3425/02, DStRE 2005, 911 mwN). Dies gilt auch für Pfändungen und Verpfändungen, soweit der bisherige materielle Anspruch erweitert wurde (aA HHSp § 37 Rn. 3). Denn auch in diesen Fällen richtete sich der Anspruch allein gegen den Leistungs-

empfänger (TK § 37 Rn. 117; vgl. auch BFH 12.4.1994 – VII B 278/93, BStBl. II 1995, 817).

B. Ansprüche aus dem Steuerschuldverhältnis (Abs. 1)

I. Allgemeines

Das **StSchuldverhältnis** ist das Rechtsverhältnis zwischen zumeist zwei Personen, durch das der Schuldner verpflichtet ist, an den Gläubiger eine steuerrechtliche Leistung zu erbringen (Kruse LB § 5 II). Es entsteht durch die Verwirklichung des steuerlichen Tatbestandes (§ 38). Die Rechtsbeziehungen der Beteiligten sind öffentlich-rechtlicher Natur, deren Inhalt und Bestand nicht zur freien Disposition der Beteiligten stehen (BFH 6.3.1975 – IV R 213/71, BStBl. II 1975, 739). Auch durch Abtretung oder Pfändung verlieren sie grds. nicht ihren öffentlich-rechtlichen Charakter (HHSp § 37 Rn. 7; vgl. aber zum Übergang bei Drittleistung BGH 18.6.1979 – VII ZR 84/78, BGHZ 75, 23). Der auf eine Geldleistung gerichtete materielle Anspruch des Gläubigers (vgl. § 3) ist das Recht, von dem Schuldner das Bewirken der Leistung zu verlangen. Die einzelnen Ansprüche aus dem StSchuldverhältnis sind in § 37 I abschließend aufgezählt (Schwarz/Pahlke/Keß § 37 Rn. 1). Obgleich der Entrichtungspflichtige als Stpfl. Beteiligter eines StSchuldverhältnisses ist, beruht die Zahlungsverpflichtung nicht auf einem materiellen Anspruch iSd § 37 I (BFH 24.3.1998 – I R 120/97, BStBl. II 1999, 3). Die Entrichtungspflicht resultiert aus der gesetzlichen Begründung einer eigenständigen Leistungspflicht zur Erfüllung der materiellen StSchuld bestimmter Dritter (→ § 33 Rn. 29). 5

II. Die einzelnen Ansprüche

Steueranspruch ist der Anspruch des StGläubigers gegen den StSchuldner auf eine Geldleistung iSd § 3 I. Gegen wen sich der StAnspruch richtet, wer also StSchuldner ist, ergibt sich aus den EinzelStGesetzen (→ § 43 Rn. 2 ff.). Kein StAnspruch ist die dem Dritten auferlegte Entrichtungspflicht für Rechnung des StSchuldners (Gosch AO § 37 Rn. 33). Hierzu gehört die Verpflichtung des Arbeitgebers zur Einbehaltung und Abführung der LSt (BFH 15.11.1999 – VII B 155/99, BFH/NV 2000, 547) sowie des Schuldners der Kapitalerträge zur Abführung der KapESt (BFH 24.3.1998 – I R 120/97, BStBl. II 1999, 3; FG Hessen 29.1.1992 – 4 K 4056/87, EFG 1993, 36). Desgleichen gründet der Anspruch auf Rückgewähr insolvenzrechtlich angefochtener Steuern nach § 143 I InsO nicht im StSchuldverhältnis (BFH 27.9.2012 – VII B 190/11, BStBl. II 2013, 109; BFH 12.11.2013 – VII R 15/13, BStBl. II 2014, 359; anders jedoch der nach § 144 I InsO wiederaufgelebte StAnspruch, BFH 14.12.2021 – VII R 15/19, BFHE 274, 515). 6

Steuervergütungsanspruch ist der Anspruch auf Rückzahlung einer rechtmäßig gezahlten Steuer an eine andere Person als den StSchuldner (TK § 37 Rn. 5). Die StVergütung entlastet denjenigen, der die Steuer infolge Überwälzung typischerweise getragen hat (Kruse LB § 5 VI b) oder beseitigt die Belastung durch Mehrfachbesteuerung (HHSp § 37 Rn. 12). Ob der StSchuldner die Steuer auf eigene Rechnung zu Recht gezahlt hat, ist für den Vergütungsanspruch idR unerheblich. Wer Gläubiger eines solchen Anspruchs ist, regeln die EinzelStGesetze. StVergütungsansprüche bestehen sowohl in den VerbrauchSt-Gesetzen (zB § 19 BierStG; § 24 MinölStG (seit 1.8.2006 EnergieStG)) als auch im UStG (zB § 18 IX UStG iVm §§ 59 ff. UStDV). Der Anspruch auf VorSt-Abzug ist – trotz seiner verfahrensrechtlichen Unselbständigkeit – ebenfalls ein Vergütungsanspruch (BFH 24.1.1995 – VII R 144/92, BStBl. II 1995, 862). Auf Zulagen und Prämien sind die für StVergütungen geltenden Vorschriften zumeist entspr. anzuwenden (zB § 15 I EigZulG; § 6 InvZulG 1999; § 14 II 5. VermBG; § 8 I WoPG 1996; § 96 I EStG). Das Kindergeld wird seit dem 1.1.1996 – obgleich es auch zur Familienförderung dient (§ 31 S. 2 EStG) – als StVergütung gezahlt (§ 31 S. 3 EStG). Demzufolge finden die Vorschriften für die 7

StFestsetzung nach § 155 IV sinngemäße Anwendung (BFH 18.12.1998 – VI B 215/98, BStBl. II 1999, 231). Ein europarechtlicher Erstattungsanspruch der deutschen Familienkasse gegen einen ausländischen Leistungsträger ist kein Erstattungsanspruch nach § 37 II (BFH 14.4.2021 – III R 36/20, BStBl. II 2022, 337).

8 **Haftungsanspruch** ist der Anspruch des StGläubigers gegen den Haftungsschuldner, also denjenigen, der kraft Gesetzes für die Schuld eines anderen mit seinem eigenen Vermögen einzustehen hat (→ § 33 Rn. 28). Die Verpflichtung zur Einbehaltung und Abführung von Steuern mit fremden Mitteln ist mangels einer Leistungspflicht aus eigenem Vermögen kein Haftungsanspruch (BFH 24.3.1998 – I R 120/97, BStBl. II 1999, 3). Kein Anspruch aus dem StSchuldverhältnis ist auch der gegen den Anfechtungsgegner bestehende Anspruch auf Duldung der Vollstreckung iSd § 191 (BFH 1.3.1988 – VII R 109/86, BStBl. II 1988, 408).

9 **Anspruch auf steuerliche Nebenleistung** ist der Anspruch auf Zahlung eines Verspätungszuschlags, von Zinsen, Säumniszuschlägen, Zwangsgeldern und Kosten (§ 3 IV). Prozesskosten (BFH 12.7.1999 – VII B 29/99, BFH/NV 2000, 4), Strafen und Geldbußen gehören nicht dazu.

10 **Erstattungsansprüche** sind die Ansprüche auf Rückzahlung einer Geldleistung für deren Behaltendürfen kein Rechtsgrund besteht. Diese können sich aus der AO (§ 37 II, § 272 I 6) oder aus den EinzelStGesetzen ergeben (zB § 36 IV 2 EStG; §§ 44b und 44c EStG; § 20 III GewStG; zu kommunalen Abgaben, vgl. OVG Thüringen 27.3.2006 – 4 EO 87/06, BeckRS 2009, 30606).

C. Der Erstattungsanspruch (Abs. 2)

I. Allgemeines

13 Anders als in der RAO regelt § 37 II den Erstattungsanspruch umfassend (TK § 37 Rn. 9; BFH 22.7.2014 – VII R 38/13, BFH/NV 2014, 1721). Die nach altem Recht vorhandenen Regelungslücken sind hierdurch beseitigt worden. Bei Zahlungen, die im Rahmen eines bestehenden StSchuldverhältnisses zwischen StSchuldner und StGläubiger erfolgt sind, stellt sich der Erstattungsanspruch als umgekehrter Anspruch aus dem StSchuldverhältnis dar (Heindenhain DStR 1990, 301). Fehlt im Zeitpunkt der Leistung eine schuldrechtliche Beziehung, wie zB bei einer fehlgeleiteten Zahlung, entsteht erst mit der Leistung ein ausschl. auf Beseitigung der unrechtmäßigen Vermögensverschiebung gerichtetes StSchuldverhältnis (BFH 22.7.2014 – VII R 38/13, BFH/NV 2014, 1721: zu erschlichenen StErstattungen; BFH 1.3.1974 – VI R 253/70, BStBl. II 1974, 369; Drenseck DStjG 1986, 50 f., 57). Ansprüche auf Rückzahlung von Geldleistungen, die auf **zivilrechtlichen Verpflichtungsgründen** basierten, resultieren hingegen nicht aus einem Schuldverhältnis iSd § 37. Die Inanspruchnahme des Bürgen oder eines sonst für den StAnspruch zivilrechtlich Verpflichteten (§ 192) löst bei rechtsgrundloser Zahlung einen Bereicherungsanspruch nach § 812 BGB aus (Koenig DStR 1991, 633; ebenso bei Überweisung durch Kreditinstitut aufgrund nichtiger Anweisung BGH 30.3.2004 – XI ZR 145/03, BFH/NV Beil. 2004, 386; vgl. auch zur Zahlung des Duldungspflichtigen zur Vermeidung der Zwangsvollstreckung OVG Bautzen 27.9.2023 – 5 A 32/22, BeckRS 2023, 31393; Rev. 9 B 2.24). In Umkehrung der Leistung auf eine zivilrechtliche causa bestimmt sich die Rechtsnatur des Rückzahlungsanspruchs (Drenseck DStjG 1986, 80 f.; TK § 37 Rn. 20; HHSp § 37 Rn. 24). Demzufolge kann die Rückforderung eines vom Insolvenzverwalter zu Unrecht geltend gemachten und erfüllten Rückgewähranspruchs aus einer Anfechtung nach § 143 InsO nicht auf § 37 II AO gestützt werden (BFH 5.9.2012 – VII B 95/12, BStBl. II 2012, 854).

14 **Anwendungsbereich.** § 37 II findet grds. unbegrenzt auf alle öffentlich-rechtlichen Erstattungsansprüche Anwendung, soweit die Vermögensverschiebung im Rahmen eines StSchuldverhältnisses erfolgt oder es hierdurch entsteht (vgl. BFH 1.3.1974 – VI R 253/

70, BStBl. II 1974, 369). Für Erstattungen von Einfuhr- und Ausfuhrabgaben schließen Art. 116 ff. UZK die Anwendung des § 37 II aus (vgl. zum ZK BFH 9.12.2010 – VII R 20/10, BFH/NV 2011, 875; HHSp § 37 Rn. 26; TK § 37 Rn. 14). Zur Erstattung von Steuern nach § 11 II AStG aF vgl. BFH 7.9.2005 – I R 64/04, BFH/NV 2006, 27; zur StErstattung nach Aufhebung eines rechtsstaatswidrigen DDR-StBescheids BFH 17.2.2010 – VII R 41/08, BStBl. II 2011, 4.

II. Leistung ohne rechtlichen Grund

1. Grundlagen

Der Erstattungsanspruch bezweckt die Rückabwicklung zweckgerichteter Vermögens- 15 verschiebungen, soweit für die erlangte Bereicherung kein Behaltensgrund besteht. Dabei unterscheidet § 37 II nicht nach der Richtung der rechtsgrundlosen Vermögensverschiebung. Die Vorschrift erfasst gleichermaßen den Anspruch des Stpfl. auf Erstattung einer Leistung im Rahmen des StSchuldverhältnisses (Erstattungsanspruch im engeren Sinne) und den Anspruch des StBerechtigten auf Rückzahlung einer zu Unrecht erbrachten Geldleistung, den Rückzahlungsanspruch (BFH 13.2.1996 – VII R 89/95, BStBl. II 1996, 436; BFH 15.3.2005 – VII R 5/03, BFH/NV 2005, 1006). Hierdurch ist der im Verwaltungsrecht gewohnheitsrechtlich anerkannte allg. öffentlich-rechtliche Erstattungsanspruch in das StVerfahrensrecht übernommen worden (TK § 37 Rn. 26). Der im Verwaltungsrecht herrschende Streit über die Anwendbarkeit der §§ 812 ff. BGB ist für das StRecht ohne Bedeutung (vgl. zur Unanwendbarkeit des § 817 S. 2 BGB in öffentlich-rechtlichen Rückabwicklungsverhältnissen BVerwG 26.3.2003 – 9 C 4/02, NVwZ 2003, 993). Bei Einführung des § 37 II ist bewusst eine Verweisung auf die zivilrechtlichen Normen unterblieben, sodass eine analoge Anwendung ausscheidet (BFH 19.9.1997 – V B 39/97, BFH/NV 1998, 280; BFH 27.4.1998 – VII B 296/97, BStBl. II 1998, 499). Dabei darf allerdings nicht verkannt werden, dass die Leistungskondiktion des § 812 BGB nach Struktur und Zielrichtung dem Anspruch aus § 37 II entspricht (BFH 30.8.2005 – VII R 64/04, BStBl. II 2006, 353; Koenig DStR 1991, 633).

2. Leistung

Dem Erstattungsanspruch liegt eine **zweckgerichtete** Zuwendung zwischen zwei 16 Rechtssubjekten zugrunde, durch die bewusst eine Vermögensverschiebung herbeigeführt wurde (Koenig DStR 1991, 634; zum bereicherungsrechtlichen Leistungsbegriff vgl. Grüneberg BGB § 812 Rn. 3; BGH 13.7.1972 – II ZR 111/70, BGHZ 58, 179 (184)). Nicht zweckgerichtete Bereicherungen in sonstiger Weise werden mangels Leistung nicht von § 37 II erfasst, sondern sind als Folgenbeseitigungsanspruch geltend zu machen (vgl. andererseits bei Vollstr. gegen den StSchuldner unter Verstoß gegen ein VollstrVerbot BFH 11.4.2001 – VII B 304/00, BStBl. II 2001, 525). Die Vermögensverschiebungen iSd § 37 II beruhen grds. auf Zahlungsvorgängen, sodass eine Bereicherung regelmäßig zweckgerichtet erfolgt, also eine Bereicherung in sonstiger Weise selten sein dürfte. Zu einer Bereicherung **in sonstiger Weise** kann es jedoch durch unberechtigte Eingriffe in das Vermögen Dritter im Wege der Zwangsvollstr. kommen. Pfändet der Vollziehungsbeamte eine beim VollstrSchuldner vorgefundene Sache, verliert der Dritte im Versteigerungstermin mit Zuschlag und anschließender Barzahlung (vgl. § 299 II) sein Eigentum. Der Fiskus hat den an den Dritten herauszugebenden Versteigerungserlös nicht durch eine zweckgerichtete Zuwendung erlangt (vgl. Grüneberg BGB § 812 Rn. 38). Mit der Herausgabe des Versteigerungserlöses entfällt die Tilgungswirkung gegenüber dem StSchuldner (vgl. § 301 II).

3. Auf dessen Rechnung – Erstattungsberechtigter

a) Maßgeblichkeit der Zweckbestimmung. Der Erstattungsanspruch bezweckt die 19 Rückabwicklung der nicht berechtigten Vermögensverschiebung innerhalb der Leistungsbeziehung. Erstattungsberechtigt ist also derjenige, der zweckgerichtet die Zuwendung veranlasst hat. Entscheidend ist nicht der tatsächliche Zahlungsvorgang, sondern die der Zahlung zugrunde liegende Leistungsbeziehung (Koenig DStR 1991, 633). Mit den Worten des § 37 II ist erstattungsberechtigt „derjenige, auf dessen Rechnung die Zahlung bewirkt" wurde. Nicht entscheidend ist, wer den Zahlungsvorgang vollzieht oder aus wessen Vermögen die Zahlung stammt, wer die Zahlung wirtschaftlich trägt, sondern wessen (vermeintliche) Schuld nach dem erkennbaren Willen des Zahlenden im Zeitpunkt der Zahlung getilgt werden soll (BFH 14.12.2021 – VII R 20/18, DStR 2022, 933; BFH 25.7.1989 – VII R 118/87, BStBl. II 1990, 41; BFH 18.2.1997 – VII R 117/95, BFH/NV 1997, 482; TK § 37 Rn. 58; HHSp § 37 Rn. 59). Wessen Schuld getilgt werden sollte, kann sich aus einer **ausdrücklichen Zweckbestimmung** (vgl. BFH 18.8.2020 – VII R 39/19, BFH/NV 2021, 329), zumeist aber aus den **Begleitumständen** der Leistung ergeben. Entscheidend ist, als wessen Leistung sich die Zuwendung bei objektiver Betrachtungsweise aus Sicht des Zuwendungsempfängers darstellt (BFH 30.8.2005 – VII R 64/04, BStBl. II 2006, 353; BGH 4.2.1999 – III ZR 56/98, NJW 1999, 1393). So ist der Arbeitnehmer erstattungsberechtigt, wenn der Arbeitgeber ausdrücklich zahlt, um die StSchuld des Arbeitnehmers zu tilgen und diese später herabgesetzt wird. Aus welchem Grund der Arbeitgeber die Schuld des Arbeitnehmers getilgt hat, ob die Rechtsbeziehung wirksam war und wer im Innenverhältnis zur Lastentragung verpflichtet ist, bedarf nicht der Prüfung. Die FB soll durch § 37 II gerade auch von der Verpflichtung befreit werden, die zivilrechtlichen Beziehungen zwischen dem Schuldner und dem tatsächlich Zahlenden überprüfen zu müssen (BFH 15.11.1999 – VII B 155/99, BFH/NV 2000, 547; BFH 26.10.1995 – VII S 15/95, BFH/NV 1996, 238).

20 **b) Einzelschuldner.** Erstattungsberechtigt ist ausnahmslos derjenige StSchuldner, dessen StSchuld nach dem erkennbaren Willen des Zahlenden getilgt werden sollte (vgl. BFH 26.11.1996 – VII R 49/96, BFH/NV 1997, 537). Als Erstattungsberechtigter kommen neben natürlichen auch juristische Personen und Personenzusammenschlüsse in Betracht, die Subjekt eines StSchuldverhältnisses sein können (→ § 33 Rn. 11). Soweit der Zahlende zugleich als Leistender anzusehen ist, kommt ersichtlich nur eine Person als Erstattungsberechtigter in Betracht. Hierbei handelt es sich zumeist um Fälle der Doppel- bzw. Zuvielleistung oder der Zweckverfehlung. Überweist der StSchuldner die ESt-Vorauszahlung versehentlich ein zweites Mal oder ermäßigt sich die StSchuld nachträglich, kommt als Erstattungsberechtigter lediglich der StSchuldner selbst in Betracht. Ebenso ist zu entscheiden, wenn die Zahlung des Stpfl. fälschlicherweise durch die FB zugunsten eines Dritten verbucht wird. Der Irrtum des FA ist für den erkennbaren Willen, die eigene Schuld zu tilgen, unbeachtlich (TK § 37 Rn. 63). Dies gilt selbst dann, wenn der Stpfl. bei der Überweisung eine falsche StNummer angegeben hat, durch welche die Buchung veranlasst wurde. Der Wille des Zahlenden, seine eigene StSchuld zu tilgen, wird idR aus den weiteren Umständen (Zahlungsbetrag, Tilgungsbestimmung, fehlende Beziehung zum Dritten) erkennbar sein. Desgleichen erfolgen Zahlungen Dritter zur Abwendung von Zwangs- und VollstrHandlungen des FA nicht, um die StSchuld des Stpfl. zu tilgen, sondern wegen der Zwangsmaßnahme (FG Nürnberg 30.1.2007 – II 205/2003, DStRE 2007, 856). Der Dritte ist folglich erstattungsberechtigt (vgl. FG Schleswig-Holstein 12.12.1972 – III 56/72, EFG 1973, 182). Tilgt der Dritte irrtümlich, jedoch zweckgerichtet die StSchuld des Stpfl., entsteht durch die Zahlung kein Erstattungsanspruch des Dritten (FG Berlin-Brandenburg 18.7.2023 – 17 K 1030/22, EFG 2024, 2); es sei denn, er ficht seine ursprüngliche Tilgungsbestimmung erfolgreich an (BFH 19.3.2025 – X R 20/23, DStRK 2025, 208).

21 **c) Leistung auf fremde Schuld (Abzugssteuern).** Bei der Leistung durch Dritte bestimmt sich der Erstattungsberechtigte ebenfalls danach, wessen StSchuld nach dem erkennbaren Willen des Zahlenden getilgt wird. Ausschlaggebend ist, ob der zahlende Dritte bei objektiver Betrachtungsweise ersichtlich zur Tilgung einer fremden Schuld geleistet hat (vgl. bereits BFH 25.9.1963 – I 383/60 U, BStBl. III 1963, 545; BFH

12.5.2016 – VII R 50/14, BStBl. II 2016, 730). So tilgt der Arbeitgeber mit Zahlung der LSt die StSchuld des Arbeitnehmers, dem die anrechenbare LSt bei niedrigerer Festsetzung der ESt zu erstatten ist (BFH 19.12.1960 – VI 92/60 U, BStBl. III 1961, 170; FG Köln 25.9.2003 – 15 K 4262/02, EFG 2004, 234; HHSp § 37 Rn. 61; Drenseck DStjG 1986, 413). Demgegenüber stehen dem Arbeitgeber die StAbzugsbeträge zu, wenn der Arbeitgeber offensichtlich keine Veranlassung hatte, für Rechnung des Arbeitnehmers zu zahlen. Sei es, dass der Arbeitgeber mehr LSt zahlt, als er aufgrund des dem Arbeitnehmer zustehenden Lohnes schuldet, die LSt versehentlich doppelt überweist, LSt für einen ausgeschiedenen Arbeitnehmer weiterzahlt oder LSt abführt, obwohl keine Lohnzahlung erfolgt war (BFH 25.8.2020 – VI B 1/20, BFH/NV 2021, 13; BFH 15.11.1999 – VII B 155/99, BFH/NV 2000, 547; TK § 37 Rn. 67). In allen Fällen bestand keine StSchuld des Arbeitnehmers. Aus Sicht des FA war hierdurch erkennbar, dass der Arbeitgeber nicht für Rechnung des Arbeitnehmers geleistet hat (Koenig DStR 1991, 633). Wird der Arbeitgeber als Haftender in Anspruch genommen, so steht ihm die infolge der Aufhebung des Haftungsbescheids zu erstattende LSt zu. Die Zahlung erfolgt erkennbar zur Tilgung der eigenen Haftungsschuld (BFH 15.2.1963 – VI 3/62 U, BStBl. III 1963, 226). Der Organträger ist Leistungsempfänger, wenn aufgrund irrtümlich angenommener Organschaft die Organgesellschaft auf die StSchuld des Organträgers zahlt (BFH 14.12.2021 – VII R 20/18, DStR 2022, 933).

Beim **KapESt-Abzug** steht ein Erstattungsanspruch dem Gläubiger der Kapitalerträge, 22
also dem StSchuldner zu (§ 44b I EStG bzw. § 37 II AO), auch wenn die Kapitalerträge mangels Überschusserzielungsabsicht nicht stpfl. sind (BFH 31.8.1999 – VIII R 23/98, BFH/NV 2000, 420). Gläubiger iSd § 44a I, II EStG sind bei PersGes stets die Gesellschafter, sodass der einzelne Gesellschafter und nicht die PersGes oder bei Insolvenz der Verwalter erstattungsberechtigt ist (BFH 15.3.1995 – I R 81/93, BFH/NV 1996, 112). Ist KapESt abgeführt worden, obwohl eine Abführungspflicht nicht bestand, oder diese nachträglich entfällt, sind dem Abzugsverpflichteten auf seinen Antrag die StAbzugsbeträge zu erstatten (§ 44b V 2 EStG; BFH 14.7.2004 – I R 100/03, BStBl. II 2005, 31; FG Rheinland-Pfalz 20.10.2020 – 5 K 1511/17, EFG 2021, 107). Zahlt das entrichtungspflichtige Kreditinstitut die KapESt erkennbar aufgrund seiner Entrichtungspflicht, leistet es auf die StSchuld des Gläubigers der Kapitalerträge (BFH 29.1.2015 – I R 11/13, BFH/NV 2015, 950).

Drittleistung aufgrund eigenen Ablösungsrechtes. Zahlt ein gegenüber dem FA 23
nachrangiger Pfändungsgläubiger die StRückstände des gemeinsamen Schuldners, um die Freigabe der gepfändeten Forderung und ihren Übergang nach § 268 III BGB zu bewirken, steht der Erstattungsanspruch aus einer nachträglichen Herabsetzung des StAnspruchs dem StSchuldner zu. Der nachrangige Gläubiger zahlt, um die Forderung durch gesetzlichen Übergang zu erlangen. Diesen Zweck erreicht er durch die Erfüllung der Verpflichtung des StSchuldners gegenüber der FB. Bei Reduzierung der übergegangenen Forderung steht dem Gläubiger in Höhe des Erstattungsanspruchs ein Bereicherungsanspruch gegenüber dem Stpfl. zu (ausführlich Koenig DStR 1991, 633/635 f.; ebenso HHSp § 37 Rn. 60; TK § 37 Rn. 64; Klein § 37 Rn. 62; aA FG Baden-Württemberg 22.11.1977 – II 88/76, EFG 1978, 202). Der Pfändungsgläubiger ist ausnahmsweise erstattungsberechtigt, wenn im Zeitpunkt der Zahlung die StSchuld bereits getilgt war oder die Forderung aus anderen Gründen nicht nach § 268 III BGB übergehen konnte.

Vermögensverwalter. Zuwendungen von gesetzlichen Vertretern oder Vermögens- 24
verwaltern iSd § 34 auf die StSchulden der von ihnen Vertretenen sind grds. Leistungen des StSchuldners. So steht ein späterer Erstattungsanspruch dem Erben zu, wenn der Testamentsvollstrecker mit Mitteln des Nachlasses die ESt-Schuld des Erben tilgt, die aus Einkünften des unter Nachlassverwaltung stehenden Betriebs resultiert (BFH 7.10.1970 – I R 145/68, BStBl. II 1971, 119). Dies gilt auch bei Überzahlung der ErbSt, die aus dem der Testamentsvollstreckung unterliegenden Nachlass bezahlt worden ist. Verfügungsberechtigt und daher empfangs**zuständig** ist jedoch der Testamentsvollstrecker, sodass die

FB nur diesem gegenüber mit befreiender Wirkung erfüllen kann (BFH 18.6.1986 – II R 38/84, BStBl. II 1986, 704).

25 **Scheingeschäft.** Merkmal eines Scheingeschäfts ist der von den Vertragsparteien einverständlich hervorgerufene äußere Rechtsschein mit dem Willen, die mit dem Geschäft verbundenen Rechtsfolgen nicht eintreten zu lassen (vgl. BFH 1.7.1992 – I R 5/92, BStBl. II 1993, 131). Dabei wird der wirkliche Wille gegenüber der FB idR nicht offenbart. Zahlt daher der Alleininhaber eines Betriebs, der in Form einer Scheingesellschaft geführt wird, die StSchulden der vermeintlichen Mitgesellschafter, steht ihnen der Erstattungsanspruch zu, wenn die Einkünfte nach Aufdeckung des Scheingeschäfts ausschl. dem Alleininhaber zugerechnet werden (vgl. BFH 9.12.1959 – II 189/56 U, BStBl. III 1960, 180). Solange der Wille, nicht für Rechnung des Mitgesellschafters zahlen zu wollen, im Verborgenen bleibt, wirkt er sich mangels Erkennbarkeit für den Empfänger der Leistung nicht aus (vgl. BFH 18.2.1997 – VII R 117/95, BFH/NV 1997, 482).

28 **d) Gesamtschuldner. Grundsatz.** § 37 II differenziert nicht zwischen Einzelschuldner oder Schuldnermehrheiten. Deshalb hat auch für Gesamtschuldner die Aussage Gültigkeit, dass derjenige erstattungsberechtigt ist, für dessen Rechnung gezahlt worden ist (BFH 18.2.1997 – VII R 117/95, BFH/NV 1997, 482). Liegt keine ausdrückliche Zweckbestimmung des Zahlenden vor, gestaltet sich die Ermittlung des Willens des tilgenden Gesamtschuldners zuweilen schwierig. Grds. kann jedoch davon ausgegangen werden, dass der Gesamtschuldner mit der Zahlung die für ihn günstigste Vermögenssituation erreichen will. Jeder Gesamtschuldner wird deshalb im Zweifel nur seine eigene Schuld tilgen wollen (BFH 18.8.2020 – VII R 39/19, BFH/NV 2021, 329; BFH 4.4.1995 – VII R 82/94, BStBl. II 1995, 492; BFH 25.7.1989 – VII R 118/87, BStBl. II 1990, 41; Gosch AO § 37 Rn. 146; HHSp § 37 Rn. 63). Er schuldet nach § 44 I 2 zwar die gesamte Leistung, erwirbt aber die Forderung des Gläubigers, soweit im Innenverhältnis ein Ausgleichsanspruch besteht (Koenig DStR 1991, 633 (636); BGH 19.1.2012 – IX ZR 2/11, DStR 2012, 527). Zahlungen Dritter sind als Leistung des Gesamtschuldners anzusehen, für dessen Rechnung der Dritte erkennbar gezahlt hat (BFH 25.7.1989 – VII R 118/87, BStBl. II 1990, 41).

29 Bei der **Zahlung durch mehrere Gesamtschuldner** sind diese Regeln entspr. anzuwenden. Jeder Gesamtschuldner tilgt bei einer Teilleistung seine eigene Schuld. Bei Auskehrung der Gesamtleistung kann jeder Gesamtschuldner den von ihm gezahlten Betrag beanspruchen (BFH 3.6.1976 – III R 40/75, BStBl. II 1976, 605). Vermindert sich die StSchuld nur teilweise, entsteht der Erstattungsanspruch für jeden leistenden Gesamtschuldner im Verhältnis seiner Zahlung zur Ermäßigung der StSchuld (TK § 37 Rn. 75). Für den seltenen Fall einer Zahlung für Rechnung mehrerer oder aller Gesamtschuldner steht jedem Gesamtschuldner, für den geleistet wurde, ein gleicher Anteil am Erstattungsanspruch zu (HHSp § 37 Rn. 63). Übersteigt die Zahlung für Rechnung aller Gesamtschuldner die bestehende StSchuld, gebührt der überschießende Betrag dem tatsächlich Zahlenden, da er insoweit auf eine Nichtschuld geleistet hat (TK § 37 Rn. 78; Koenig DStR 1991, 633). Dies gilt auch, wenn die StSchuld bei Zahlung durch Leistungen anderer Gesamtschuldner bereits erloschen war. Lässt sich für mehrere Zahlungen am selben Tag die Tilgungsreihenfolge nicht ermitteln, ist der übersteigende Betrag an die leistenden Gesamtschuldner im Verhältnis ihrer Leistungsbeiträge zu erstatten (vgl. BFH 25.6.2014 – VII B 210/13, BFH/NV 2014, 1714; aA TK § 37 Rn. 79: gemeinschaftlicher Anspruch). Die durch die Überzahlung entstehende **Mitgläubigerschaft** zwingt nicht zur gemeinschaftlichen Leistung nach § 432 BGB, da die erbrachte Leistung teilbar ist (Grüneberg BGB § 432 Rn. 1). Die Gesamtschuldnerschaft nach § 44 beruht weder auf einer Bruchteils- noch einer Gesamthandsgemeinschaft, sodass sich eine gemeinsame Empfangszuständigkeit nicht aus einer bestehenden Gemeinschaft erschließt (vgl. auch BFH 13.3.1997 – VII R 39/96, BStBl. II 1997, 522).

Treffen StSchuld und **Haftung** zusammen, besteht nach hM ein Gesamtschuldverhältnis (HHSp § 37 Rn. 64; vgl. aber → § 44 Rn. 7). Auch in diesem Fall zahlt der Haftende grds. für eigene Rechnung ausschl. auf die Haftungsschuld (vgl. TK § 37 Rn. 70; BGH 19.1.2012 – IX ZR 2/11, DStR 2012, 527). Zahlt der **Testamentsvollstrecker** aufgrund der Inanspruchnahme als Haftungsschuldner nach § 69, ist bei Herabsetzung der StSchuld er selbst und nicht der Erbe erstattungsberechtigt (vgl. BFH 7.10.1970 – I R 145/68, BStBl. II 1971, 119). 30

e) Ehegatten als Gesamtschuldner. Grundsatz. Beruht die Gesamtschuldnerschaft auf der Zusammenveranlagung von Ehegatten, gelten grds. auch die vorgenannten Regeln (Land DStZ 1988, 307). Es kommt folglich darauf an, für wessen Rechnung die Geldleistung erbracht worden ist (BFH 25.7.1989 – VII R 118/87, BStBl. II 1990, 41; BFH 13.3.1997 – VII R 39/96, BStBl. II 1997, 522). Maßgeblich ist, welche Schuld nach dem erkennbaren Willen des tatsächlich Zahlenden im Zeitpunkt der Zahlung getilgt werden soll (→ Rn. 19; TK § 37 Rn. 81). Besteht eine intakte Ehe, unterstellt die hM dem zahlenden Ehegatten die Absicht, auch auf die StSchuld des anderen Ehegatten zahlen zu wollen (vgl. BFH 22.3.2011 – VII R 42/10, BStBl. II 2011, 607; BFH 15.11.2005 – VII R 16/05, BFH/NV 2006, 648; Schwarz/Pahlke/Keß § 37 Rn. 63; HHSp § 37 Rn. 66; TK § 37 Rn. 81). Dies gilt auch, wenn im Rahmen einer Berichtigung von der Zusammenveranlagung zur getrennten Veranlagung gewechselt wird (BFH 18.2.1997 – VII R 117/95, BFH/NV 1997, 482; FG München 6.2.2003 – 6 V 5552/02, EFG 2003, 742); zur Auslegung einer Tilgungsbestimmung zur Zahlung bei einer besonderen Veranlagung nach § 26c EStG (BFH 18.8.2020 – VII R 39/19, BFH/NV 2021, 329). Der Erstattungsanspruch steht den Ehegatten danach zu gleichen Anteilen zu (einschränkend zu Vorauszahlungen BFH 22.3.2011 – VII R 42/10, BStBl. II 2011, 607; aA FG Hamburg 18.6.1998 – V 171/94, EFG 1998, 1499: Aufteilung entspr. § 268; FG Niedersachsen 26.10.2004 – 13 K 313/02, EFG 2005, 746). 33

Kritik. Eine intakte Lebens- und Wirtschaftsgemeinschaft ist kein zwingendes Indiz für eine Leistung zugunsten beider Ehegatten (ausführlich Koenig DStR 1991, 633 (637)). So hat im Güterstand der Gütertrennung und der Zugewinngemeinschaft grds. jeder Ehegatte für die Steuer aufzukommen, die auf seine Einkünfte entfällt (BGH 20.3.2002 – XII ZR 176/00, NJW 2002, 1570; BGH 31.5.2006 – XII ZR 111/03, NJW 2006, 2623 zur Aufteilung nach Trennung; Gosch AO § 37 Rn. 154). Soweit hiervon im Innenverhältnis durch eine besondere Regelung oder langjährige Übung abgewichen wird, kann gem. § 426 I BGB zwar ein Ausgleich entfallen (vgl. Schramm NJW-Spezial 2006, 439). Diese Interna der ehelichen Gemeinschaft lassen sich aus der schlichten Überweisung der Steuer durch einen Ehegatten regelmäßig nicht entnehmen. Für den zahlenden Ehegatten besteht keinerlei Notwendigkeit für eine Tilgungsbestimmung zugunsten beider Gesamtschuldner. Durch seine eigene Leistung erlischt stets auch die Schuld seines Ehegatten, sodass er ohne Notwendigkeit auf etwaige Ausgleichsansprüche im Innenverhältnis verzichtete (vgl. hierzu BGH 30.9.1987 – IVb ZR 94/86, NJW 1988, 133). So steht der aus einem Verlustrücktrag stammende Erstattungsanspruch im Innenverhältnis allein dem Ehegatten zu, auf den der rücktragsfähige Verlust entfällt (OLG Köln 2.5.1994 – 27 U 23/94, BB 1994, 1409; Arens NJW 1996, 704; Liebelt NJW 1993, 1742; vgl. allg. zum Gesamtschuldnerausgleich zwischen zusammenveranlagten Ehegatten BGH 12.6.2002 – XII ZR 288/00, NJW 2002, 2319). Besonders deutlich wird der Widerspruch zum Willen des Zahlenden, wenn die getrennt lebenden Ehegatten für ein Vorjahr Zusammenveranlagung beantragen und die Trennung bei Tilgung der hieraus folgenden StSchuld durch den die Einkünfte erzielenden Ehegatten dem FA nicht bekannt ist. Mit Scheitern der Ehe und Aufhebung der ehelichen Lebensgemeinschaft ist von einer grundlegenden Veränderung des Gesamtschuldverhältnisses auszugehen (BGH 20.3.2002 – XII ZR 176/00, NJW 2002, 1570). Da es auf die **Erkennbarkeit im Zeitpunkt der Leistung** ankommt, kann sich die spätere Kenntnis der Trennung nicht mehr auf die Bestimmung des Leistungsempfängers auswirken. Ein 34

Erstattungsanspruch aus der Herabsetzung der StSchuld stünde nach hM den Ehegatten nach Köpfen zu. Ein solch sinnwidriges Tun kann jedoch nicht ohne konkrete Anhaltspunkte im Einzelfall vermutet werden. Die hM benachteiligt durch die Vermutung einer abweichenden Vereinbarung iSd § 426 BGB Eheleute ohne Grund gegenüber anderen Gesamtschuldnern. Deshalb erfolgt die Zahlung eines Ehegatten idR auf seine Rechnung und nicht auch zugunsten des anderen Gesamtschuldners (ebenso Land DStZ 1988, 307; Paus FR 1998, 143).

35 **Abzugssteuern.** Liegen besondere Umstände vor, aus denen sich eine Zahlung ausschl. für Rechnung eines Ehegatten ergibt, steht allein diesem Ehegatten der Erstattungsbetrag zu (HHSp § 37 Rn. 67). Leistet ein Dritter auf die StSchuld eines Ehegatten, besteht keine Vermutung der Zahlung für beide Gesamtschuldner. Insb. bei StAbzugsbeträgen erfolgt die Leistung nur für den jeweiligen Ehegatten, weil der Schuldner mit Abführung der Steuer zugleich seine schuldrechtliche Verpflichtung gegenüber dem forderungsberechtigten Ehegatten erfüllen will (BFH 12.3.1991 – VII S 30/90, BFH/NV 1992, 145; TK § 37 Rn. 82). Sind für beide Ehegatten ausschl. StAbzugsbeträge geleistet worden, bestimmt sich die Höhe des Erstattungsanspruchs nach dem Verhältnis der einbehaltenen StAbzugsbeträge (BFH 1.3.1990 – VII R 103/88, BStBl. II 1990, 520; BFH 17.2.2010 – VII R 37/08, BFH/NV 2010, 1078). Die für das Innenverhältnis maßgebliche Zurechnung von Einkünften, Aufwendungen, Freibeträgen etc. ist für die Bestimmung des Erstattungsberechtigten unmaßgeblich. Den Anspruch auf Erstattung überzahlter ESt aufgrund eines **Verlustrücktrags** erwirbt daher nicht derjenige Ehegatte, der den Verlust erwirtschaftet hat, sondern derjenige, der im Verlustrücktragsjahr die Steuer geleistet hatte (BFH 19.10.1982 – VII R 55/80, BStBl. II 1983, 162; BFH 18.9.1990 – VII R 99/89, BStBl. II 1991, 47; Bergmann BB 1992, 894). Nicht der Entstehungsgrund entscheidet über den Erstattungsberechtigten, sondern die Person des Leistenden. Ob ihm das Geld im Innenverhältnis endgültig zusteht, ist eine Frage der Ausgleichspflicht nach § 426 BGB (Koenig DStR 1991, 633 (637)). Wird der Erstattungsanspruch eines Ehegatten gepfändet, muss das FA sich als Drittschuldner an diesen Aufteilungsmaßstäben ausrichten (BFH 13.3.1997 – VII R 39/96, BStBl. II 1997, 522; BFH 13.2.1996 – VII R 89/95, BStBl. II 1996, 436).

4. Erstattungsverpflichteter

38 **a) Erstattungsanspruch im engeren Sinne.** Der **Leistungsempfänger** ist zur Erstattung des ohne Rechtsgrund Erlangten verpflichtet. Beim Erstattungsanspruch im engeren Sinne ist es diejenige öffentlich-rechtliche Gebietskörperschaft oder Religionsgemeinschaft, die den gezahlten Betrag entspr. ihrer Ertragshoheit beanspruchte. In Anspruch zu nehmen ist abw. hiervon die örtlich zuständige Behörde, welche die Steuer zu verwalten hat (HHSp § 37 Rn. 69).

39 **b) Rückforderungsanspruch.** Der Anspruch auf Rückzahlung zu Unrecht erstatteter Steuern oder ausgezahlter Vergütungen richtet sich gem. § 37 II gegen den Leistungsempfänger. **Leistungsempfänger** ist derjenige, der durch die Zahlung eine Vermögensmehrung erlangt hat, zu dessen Gunsten erkennbar gezahlt wurde (BFH 31.8.2021 – VII B 64/20 (AdV), BFH/NV 2022, 5). Dies ist im Regelfall der Inhaber des Kontos, auf welches die Überweisung des Zahlungsbetrags erfolgte (BFH 2.2.1995 – VII R 105/94, BFH/NV 1995, 781; BFH 24.1.1995 – VII R 144/92, BStBl. II 1995, 862); bei Barzahlung oder Scheckhingabe der Empfänger der Zahlungsmittel (BFH 12.4.2000 – VI B 113/99, BFH/NV 2000, 1192). Die Zahlung des **Kindergeldes** auf ein von beiden Ehegatten benanntes Bankkonto erfolgt zugunsten des Berechtigten, und zwar auch dann noch, wenn der berechtigte Ehegatte die Bankverbindung gekündigt hat (BFH 16.3.2004 – VIII R 48/03, BFH/NV 2004, 1218). Ist der Scheckempfänger im Zeitpunkt des Zugangs geschäftsunfähig, tritt weder eine Erfüllung des StVergütungsanspruchs noch eine Bereicherung ein, wenn der Scheck infolge Unterschlagung durch Dritte vom Empfänger nicht eingelöst wird (vgl. BFH 30.4.2001 – VI B 212/99, BFH/NV 2001, 1363). Zahlt die FB einen

Erstattungsbetrag versehentlich an einen Nichtberechtigten aus, ist dieser zur Rückzahlung des Erlangten verpflichtet (BFH 18.6.1986 – II R 38/84, BStBl. II 1986, 704; BFH 6.2.1990 – VII R 97/88, BStBl. II 1990, 671). Anspruchsgrundlage ist auch bei der Rückforderung zu Unrecht ausgezahlter VorSt-Überschüsse § 37 II und nicht § 18 IV UStG (BFH 12.4.1994 – VII B 278/93, BStBl. II 1995, 817). Zahlt die Familienkasse gem. § 74 EStG das Kindergeld nicht an den Anspruchsberechtigten, sondern an einen Dritten (Abzweigungsempfänger) aus, ist der tatsächliche Empfänger der Zahlung zur Rückzahlung verpflichtet (BFH 24.8.2001 – VI R 83/99, BStBl. II 2002, 47; FG Brandenburg 29.8.2001 – 6 K 801/01, EFG 2002, 121); demgegenüber ist der Kindergeldberechtigte Leistungsempfänger, wenn das Kindergeld aufgrund seiner Anweisung an das Kind ausgezahlt wird (BFH 14.4.2021 – III R 1/20, BStBl. II 2021, 700).

Einschaltung Dritter. Werden in den Zahlungsvorgang weitere Personen einbezogen, 40 ist sorgfältig zu prüfen, wessen Vermögen durch die Leistung bereichert wurde. Hat der Dritte nur als **Bote** oder unmittelbarer **Stellvertreter** die Zahlung in Empfang genommen, erfolgt die Leistung an den wirksam Vertretenen (BFH 8.4.1986 – VII B 128/85, BStBl. II 1986, 511; BFH 9.4.1991 – VII B 168/90, BFH/NV 1992, 148; BFH 31.8.2021 – VII B 64/20 (AdV), BFH/NV 2022, 5; FG Niedersachsen 21.4.1998 – VI 398/95, EFG 1998, 1231). Fehlt dem Vertreter (Bote) eine ausreichende Empfangsvollmacht, schließt der Mangel in der Empfangszuständigkeit einen Rückforderungsanspruch gegen den Vertretenen nicht aus, soweit er die Leistung tatsächlich erlangt hat (Drenseck DStjG 1986, 83; aA TK § 37 Rn. 113b; HHSp § 37 Rn. 71). Anderenfalls ist der vollmachtlose Vertreter (Bote) zur Rückzahlung verpflichtet (BFH 30.8.2005 – VII R 64/04, BStBl. II 2006, 353; vgl. auch FG Köln 12.10.1994 – 6 K 103/92, EFG 1995, 354). Das Gleiche gilt für die übliche Zahlungsvermittlung im Bankverkehr. Die **Bank** übermittelt als Zahlstelle lediglich die Leistung, auch wenn der Zahlungseingang auf einem anderen als dem genannten Konto für den genannten Empfänger verbucht wird (FG Saarland 2.10.1985 – II 135/84, EFG 1986, 322). Fallen Empfängerbezeichnung und Kontonummer auseinander, ist die Gutschrift auf dem falschen Konto keine Leistung des Auftraggebers, sondern der Bank (FG Münster 10.11.2006 – 11 K 1162/05 AO, EFG 2007, 558; aA MüKo BGB § 812 Rn. 94). Unterhält der Berechtigte kein Konto bei der Bank, schlägt eine erfolgreiche Durchleitung fehl. Die Bank ist zur Rückzahlung verpflichtet (BFH 28.1.2004 – VII B 139/03, BFH/NV 2004, 762; BFH 6.6.2003 – VII B 262/02, BFH/NV 2003, 1532; FG Rheinland-Pfalz 3.5.2004 – 5 K 2521/02, DStRE 2005, 111 mwN; vgl. zum umgekehrten Fall der Überweisung aufgrund nichtiger Zahlungsanweisung BGH 30.3.2004 – XI ZR 145/03, BFH/NV 2004, 386: Bereicherungsanspruch der Bank gegen Fiskus; zum gekündigten Konto FG Münster 4.4.2008 – 11 K 3186/03 AO, WM 2009, 73). Dem Fehlen eines Kontos steht der Fall einer abgewickelten Bankverbindung grds. gleich (BFH 28.1.2004 – VII B 139/03, BFH/NV 2004, 762). Zahlungen in der Abwicklungsphase des Kontos bereichern den Kontoinhaber, wenn die Bank sie für den Kunden entgegennimmt und abrechnet (BFH 10.11.2009 – VII R 6/09, BStBl. II 2010, 255; BFH 23.10.2012 – VII R 63/11, BFH/NV 2013, 689). Nimmt die Bank nach Erlöschen des Girovertrags Zahlungen entgegen, ist sie nicht mehr Zahlstelle, auch wenn sie die empfangenen Beträge an ihren (ehemaligen) Kunden aufgrund nachvertraglicher Pflichten weiterleitet, sondern durch die Weiterleitung lediglich entreichert (vgl. MüKo BGB § 812 Rn. 148; aA FG Münster 24.3.2011 – 6 K 2439/10 AO, EFG 2011, 1670; BFH 22.11.2011 – VII R 27/11, BStBl. II 2012, 167). Überweist die FB irrtümlich den Erstattungsbetrag auf das Konto eines Nichtberechtigten, ist der Kontoinhaber zur Rückzahlung verpflichtet, wenn er hierdurch von einer Schuld gegenüber der Bank befreit wird (aA FG München 4.4.2001 – 1 K 2653/99, EFG 2001, 942). Verwendet die Bank die Zahlung für eigene Zwecke, weil sie zum Empfang der Zahlung zB aufgrund ihrer Sicherungsrechte berechtigt ist, beruht die Rückführung des Debetsaldos allein auf der Leistungsbeziehung zur Bank, sodass diese zur Rückzahlung an den Überweisenden verpflichtet ist (vgl. MüKo BGB § 812 Rn. 145; vgl. auch FG Sachsen 9.3.2011 – 4 K 2386/07, BeckRS 2011, 96731; BFH 1.12.2011 –

VII R 23/11, BFH/NV 2012, 689). Zahlt die FB auf Anweisung des Berechtigten an einen Dritten, entsteht der Rückgewähranspruch im jeweiligen Leistungsverhältnis, weil die FB gegenüber dem Berechtigten erfüllt hat (BFH 16.3.2004 – VIII R 48/03, BFH/NV 2004, 1218 mwN: Kindergeld; BFH 28.3.2001 – VI B 256/00, BFH/NV 2001, 1117; BFH 13.6.1997 – VII R 62/96, BFH/NV 1998, 143). Dies gilt auch, bei einem Verrechnungsvertrag zum Zwecke der Tilgung der StSchulden eines Dritten (BFH 12.11.1985 – VII R 119/81, BFH/NV 1986, 642). Durch die Weiterleitung des rechtsgrundlos gezahlten Kindergeldes als Barunterhalt tritt kein Wechsel des Leistungsempfängers ein (BFH 9.4.2001 – VI B 271/00, BFH/NV 2001, 1254).

41 Tritt der Dritte **im eigenen Namen** auf, wird durch die Leistung das Vermögen des Dritten berührt, auch wenn er bewusst im wirtschaftlichen Interesse des Berechtigten gehandelt hat. Dementsprechend richtet sich der Rückforderungsanspruch gegen den Strohmann (BFH 22.8.1980 – VI R 102/77, BStBl. II 1981, 44; BFH 27.4.1998 – VII B 296/97, BStBl. II 1998, 499), den mittelbaren Stellvertreter und den Treuhänder (BFH 9.4.1991 – VII B 168/90, BFH/NV 1992, 148). Dasselbe gilt, wenn eine Bank bei der Einziehung einer Forderung nicht lediglich als Zahlstelle fungiert, sondern im eigenen Namen handelt (FG Köln 12.10.1994 – 6 K 103/92, EFG 1995, 354; die neuere Rspr. geht aber im Regelfall davon aus, dass ein Kreditinstitut als Zahlstelle anzusehen ist, TK § 37 Rn. 113c). Zahlt die Organgesellschaft die gegen sie festgesetzte USt, steht nach Aufhebung des StBescheids nicht dem Organträger, sondern ihr selbst der Erstattungsanspruch zu (vgl. BFH 17.1.1995 – VII R 28/94, BFH/NV 1995, 580; BFH 23.8.2001 – VII R 94/99, BStBl. II 2002, 330; aA BFH 31.8.1987 – V B 53/87, BFH/NV 1988, 201).

42 **Abtretung.** Zahlt die FB den Erstattungsbetrag aufgrund einer Abtretung an den Abtretungsempfänger (Zessionar) aus, ist er als Empfänger der ohne Rechtsgrund erfolgten Leistung zur Rückerstattung verpflichtet (BFH 6.6.2000 – VII R 104/98, BStBl. II 2000, 491; BFH 2.8.1988 – VII B 33/88, BFH/NV 1989, 146; Tiedtke FR 1980, 1; HHSp § 37 Rn. 72; Gosch AO § 37 Rn. 176). Die FB vermehrt durch ihre Zahlung zweckgerichtet das Vermögen des Zessionars. Die Vermögensmehrung tritt beim Zessionar unabhängig davon ein, ob zum Zedenten ein StSchuldverhältnis besteht oder lediglich vorgetäuscht war (BFH 27.10.1992 – VII R 44/91, BFH/NV 1993, 344; BFH 22.2.1994 – VII R 129/92, BFH/NV 1994, 447). Dies gilt auch im Fall einer unwirksamen Abtretung (BFH 6.6.2000 – VII R 104/98, BStBl. II 2000, 491; BFH 1.8.1995 – VII R 80/94, BFH/NV 1996, 5), selbst dann, wenn das FA die Unwirksamkeit der Abtretung erkannt hat (BFH 6.12.1988 – VII R 206/83, BStBl. II 1989, 223). Die FB kann trotz erkannter Unwirksamkeit befreiend an den Zessionar leisten (→ § 46 Rn. 40).

43 Diese Grundsätze gelten auch für die **Sicherungsabtretung** (BFH 5.6.2007 – VII R 17/06, BStBl. II 2007, 738 mwN). Auf den Inhalt der Sicherungsabrede und ihren rechtlichen Bestand kommt es nicht an, auch wenn der Zedent im Zeitpunkt der Zahlung zur Einziehung berechtigt ist (HHSp § 37 Rn. 74; aA TK § 37 Rn. 114b; vgl. auch BFH 27.10.1992 – VII R 46/92, BFHE 169, 570 zu § 10 I MOG; BFH 12.4.1994 – VII B 278/93, BStBl. II 1995, 817). Denn die FB leistet wegen der schuldbefreienden Wirkung der Zahlung an den Zessionar, wenn sie den Erstattungsbetrag entspr. den Angaben in der Abtretungsanzeige auf das dort genannte Konto überweist (BFH 5.6.2007 – VII R 17/06, BStBl. II 2007, 738; FG Niedersachsen 7.6.2006 – 5 K 358/05, DStRE 2008, 120; aA Seer/Drüen NJW 1999, 265, die zwischen Sicherungs- und Verwertungsstadium differenzieren). Zahlt sie den Erstattungsbetrag an den Zedenten aus, weil die Abtretung tatsächlich oder vermeintlich unwirksam ist, wird das Vermögen des Zessionars nicht vermehrt, sodass der Zedent als Leistungsempfänger anzusehen ist.

44 **Pfändung.** Durch die Pfändung einer Forderung (§ 829 ZPO) und ihre Überweisung (§ 835 ZPO) erlangt der Pfändungsgläubiger entweder die Forderung an Zahlungs statt zum Nennwert oder lediglich die vom Forderungsrecht abgespaltene Einziehungsbefugnis. Zahlt das FA als Drittschuldner aufgrund des Pfändungs- und Überweisungsbeschlusses, leistet es in beiden Fällen an den Pfändungsgläubiger, um die Forderung zum Erlöschen zu

bringen (BFH 13.2.1996 – VII R 89/95, BStBl. II 1996, 436; BFH 13.3.1997 – VII R 39/96, BStBl. II 1997, 522; BFH 30.8.2005 – VII R 64/04, BStBl. II 2006, 353). Der Pfändungsgläubiger ist auch Leistungsempfänger, wenn der an ihn ausgezahlte Betrag nicht von der Pfändung erfasst wurde oder diese insgesamt unwirksam war (BFH 28.9.1999 – VII B 35/99, BFH/NV 2000, 305). Denn in beiden Fällen wird er durch die rechtsgrundlose Zahlung willentlich bereichert (vgl. BFH 6.2.1990 – VII R 97/88, BStBl. II 1990, 671).

Verpfändung. Durch die vertragliche Bestellung eines Pfandrechts wird der Pfand- 45
gläubiger berechtigt, sich nach Pfandreife (Fälligkeit, § 1228 II 1 BGB) durch die Verwertung des Pfandes (Forderung) zu befriedigen (§§ 1274, 1282, 398 BGB). Zahlt das FA daher nach Fälligkeit des Erstattungsanspruchs an den Pfandgläubiger, geschieht dies zum Zwecke der Tilgung der Verbindlichkeit. Dementsprechend ist der Pfandgläubiger nach Wegfall des Rechtsgrundes oder bei bereits anfänglich nicht bestehendem Anspruch zur Rückzahlung des Erlangten verpflichtet (BFH 30.9.1997 – VII B 120/97, BFH/NV 1998, 281; TK § 37 Rn. 115). **Vor Pfandreife** kann das FA befreiend grds. nur an Gläubiger und Pfandgläubiger gemeinsam leisten (§ 1281 BGB), es sei denn, die Abtretungsanzeige (§ 46 II, VI 3) enthält eine konkrete Zahlungsbestimmung (§ 362 II BGB). Zahlt das FA gleichwohl an den Pfandgläubiger in der irrtümlichen Vorstellung, hierdurch befreit zu sein, ist der Empfänger der Zahlung wegen Zweckverfehlung zur Rückgewähr verpflichtet (zweifelnd noch BFH 12.4.1994 – VII B 278/93, BStBl. II 1995, 817).

c) Abtretender, Verpfänder, Pfändungsschuldner (Abs. 2 S. 3). Der Kreis der 48
Erstattungsverpflichteten ist für den Fall der Abtretung, Pfändung und Verpfändung seit dem 21.10.1995 erweitert worden (→ Rn. 2). Neben dem jeweiligen Leistungsempfänger ist auch der Abtretende (Zedent), Verpfänder und Pfändungsschuldner Schuldner des Rückforderungsanspruchs. Durch § 37 II 3 werden die Genannten nicht zu Leistungsempfängern. Ihre Rückzahlungspflicht beruht gerade auf der fehlenden Eigenschaft, Empfänger der Leistung zu sein (vgl. HHSp § 37 Rn. 77; TK § 37 Rn. 118; Seer/Drüen NJW 1999, 265). Es handelt sich um einen **gesetzlichen Schuldbeitritt** (aA Klein § 37 Rn. 100; Gosch AO § 37 Rn. 183: Haftungstatbestand; ebenso FG Köln 18.12.2002 – 4 K 4737/99, EFG 2003, 498). Eine analoge Anwendung auf Kindergeldberechtigte im Fall der Abzweigung verbietet sich aufgrund des abschließenden Charakters der Regelung (vgl. BFH 24.8.2001 – VI R 83/99, BStBl. II 2002, 47). Ob bei Nichtigkeit eines Pfändungs- und Überweisungsbeschlusses nach § 46 VI die Regelung des § 37 II 3 gegenüber dem Pfändungsschuldner nicht anwendbar ist, erscheint zweifelhaft (so aber FG Berlin 1.7.2004 – 1 K 1232/03, EFG 2004, 1732; ebenso Klein § 37 Rn. 103), da nach der gesetzlichen Regelung das zusätzliche Insolvenzrisiko aufgrund des Rechtsübergangs ohne Einschränkung abgewälzt wird. Leistungsempfänger (Zessionar, Pfand- bzw. Pfändungsgläubiger) und Zedent, Verpfänder bzw. Pfändungsschuldner sind Gesamtschuldner (§ 44 I 1). Bei der Inanspruchnahme eines Gesamtschuldners steht der FB ein Auswahlermessen zu (→ § 44 Rn. 12). Da der Leistungsempfänger der materiell Begünstigte ist, muss die FB ihre Forderung idR zunächst von diesem einfordern (BFH 19.8.2008 – VII R 36/07, DStRE 2008, 1468; BFH 24.1.2012 – VII B 47/11, BFH/NV 2012, 1409; aA FG Berlin-Brandenburg 6.5.2010 – 7 K 42/05, EFG 2010, 1946). Nach erfolgloser Vollstr. oder bei feststehender Zahlungsunfähigkeit ist die Inanspruchnahme des zusätzlichen Schuldners nicht ermessensfehlerhaft (TK § 37 Rn. 119). Die Rückforderung gegenüber dem Zedenten ist auch dann zulässig, wenn die Abtretung formell unwirksam war (aA FG Berlin-Brandenburg 13.4.2010 – 5 K 5253/09, EFG 2010, 1850). Die gesetzliche Regelung begründet ohne Einschränkung einen gesamtschuldnerischen Rückforderungsanspruch allein wegen der Abtretung. Hierdurch sollte gerade das Insolvenzrisiko für den Fiskus verringert werden.

5. Ohne rechtlichen Grund

49 **a) Anfängliches Fehlen des Rechtsgrundes (Abs. 2 S. 1).** Voraussetzung eines jeden Erstattungsanspruchs ist das Fehlen eines die Vermögensverschiebung rechtfertigenden Grundes. § 37 II enthält keine nähere Regelung, wann die Leistung ohne Rechtsgrund erfolgt ist. Aus diesem Grund ist die Bestimmung des Rechtsgrundes in der Literatur seit jeher umstritten.

50 Nach der sog. **materiellen Rechtsgrundtheorie** ist der rechtliche Grund allein in der materiellen Rechtslage begründet (Drenseck DStjG 1986, 64 f.; Hein DStR 1990, 301; TK § 37 Rn. 27; Gosch AO § 37 Rn. 90; ebenso für Abtretung und Pfändung BFH 6.6.2000 – VII R 104/98, BStBl. II 2000, 491 mwN). Die Erstattung der nach materiellem Recht ohne rechtlichen Grund gezahlten Steuer sei jedoch nur dann mit Erfolg durchsetzbar, wenn der StBescheid nach formellem Recht aufgehoben oder geändert werden könne. Die formelle Bestandskraft überlagere die materielle Fehlerhaftigkeit (TK § 37 Rn. 34). Der rechtliche Grund für die Erfüllung eines Anspruchs aus dem StSchuldverhältnis ergebe sich stets nur aus dem Gesetz.

51 Die sog. **formelle Rechtsgrundtheorie** sieht in der die materielle Rechtslage konkretisierenden StFestsetzung den Rechtsgrund für die Vermögensverschiebung. Die Tilgung einer in einem wirksamen StBescheid festgesetzten Steuer sei auch dann nicht ohne rechtlichen Grund erfolgt, wenn der Bescheid nicht der materiellen Rechtslage entspräche. Die dem StGläubiger nach materiellem Recht zustehende Steuer dürfe er erst behalten, wenn sie aufgrund eines VA gegenüber dem Stpfl. festgesetzt worden sei (HHSp § 37 Rn. 31; Schwarz/Pahlke/Keß § 37 Rn. 27 ff.; Kirchhof NJW 1985, 2977; Koenig DStR 1991, 638; Nacke/Peichert DStZ 1996, 207; Grams BB 1997, 70; Söhn FS Kruse, 2001, 239; ebenso BFH 27.7.2021 – V R 3/20, BStBl. II 2022, 155 mwN; BFH 1.6.1995 – V R 144/92, BStBl. II 1995, 867; BFH 19.12.2000 – VII R 69/99, BStBl. II 2001, 353; BFH 12.8.2011 – III B 57/11, BFH/NV 2011, 2004; BFH 14.3.2012 – XI R 6/10, DB 2012, 2026; OVG Lüneburg 18.10.2019 – 9 LA 103/18, NVwZ-RR 2020, 701).

52 **Modifizierte formelle Rechtsgrundtheorie.** Wenngleich der Ansatz beider Theorien völlig unterschiedlich ist, kommen sie in der Praxis zumeist zu gleichen Ergebnissen (vgl. BFH 15.10.1997 – II R 56/94, BStBl. II 1997, 796; BFH 6.2.1996 – VII R 50/95, BStBl. II 1997, 112; BFH 9.2.1993 – VII R 12/92, BStBl. II 1994, 207). Für die verbleibenden Fallgestaltungen kann keine Auffassung eine immer befriedigende Lösung anbieten (HHSp § 37 Rn. 31). So vermag die materielle Rechtsgrundtheorie nicht zu erklären, worin der materielle Rechtsgrund bei der Herabsetzung eines Verspätungszuschlags zu sehen ist. Andererseits führt die formelle Rechtsgrundtheorie für die Abtretung und Pfändung von Erstattungsansprüchen zu erheblichen Schwierigkeiten für die Praxis, da die Abtretung zukünftiger Ansprüche zwar zivilrechtlich möglich, nach § 46 II aber erst nach Entstehung steuerlich wirksam erfolgen kann (vgl. BFH 6.6.2000 – VII R 104/98, BStBl. II 2000, 491). Die ausschlaggebende Bedeutung des Rechtsgrundes liegt darin begründet, dass er die Rechtfertigung für die Neuordnung der beiderseitigen Güterlagen bildet und damit den Grund für das Behaltendürfen der Zahlung (Koenig DStR 1991, 633 (638)). Deshalb bietet die formelle Theorie die überzeugenderen Lösungen. Im Hinblick auf die Bedürfnisse der Praxis genügt für eine Abtretung oder Pfändung nach § 46 die materielle Entstehung des Erstattungsanspruchs und eine mit Sicherheit zu erwartende Konkretisierung durch StFestsetzung (ähnlich HHSp § 37 Rn. 31).

53 **Anfängliches Fehlen.** Der Rechtsgrund fehlt von Anfang an, wenn für die Zahlung kein konkretisierter Anspruch aus dem StSchuldverhältnis bestanden hat, also im Zeitpunkt der Leistung eine entsprechende Festsetzung hierfür nicht existierte. Das ist der Fall bei der Zahlung auf eine nicht existente Schuld infolge Doppel- oder Überzahlung, aber auch infolge Fehlleistung an einen Nichtberechtigten, weil ihm gegenüber keine Leistungsverpflichtung bestand (vgl. BFH 26.11.1996 – VII R 49/96, BFH/NV 1997, 537; FG Düsseldorf 27.3.1998 – 18 K 3597/96 AO, EFG 1998, 974). Gleiches gilt bei Zahlung auf eine

infolge Zahlung eines Dritten, Erlass, Verjährung oder aus anderen Gründen bereits erloschene Schuld. Ein nichtiger VA bildet mangels Wirksamkeit keinen Rechtsgrund (§ 124 III). Zahlungen auf einen unwirksamen StBescheid sind zurückzugewähren, und zwar auch dann, wenn ein materieller Anspruch entstanden ist und die StSchuld noch festgesetzt werden könnte (BFH 29.7.1998 – II R 64/95, BFH/NV 1998, 1455; FG Niedersachsen 17.1.1989 – I 407/88, EFG 1989, 266; Söhn FS Kruse, 2001, 239 (245); ausnahmsweise kann die Geltendmachung des Erstattungsanspruchs durch Treu und Glauben gehindert sein (→ § 4 Rn. 33; BFH 17.6.1992 – X R 47/88, BStBl. II 1993, 174/177). StBescheide bilden keinen Rechtsgrund, wenn die StSchuld zwangsweise unter Verstoß gegen ein VollstrVerbot eingezogen wurde (BFH 11.4.2001 – VII B 304/00, BStBl. II 2001, 525; → Rn. 18).

StAbzugsbeträge werden ohne rechtlichen Grund gezahlt, wenn zB der Arbeitgeber irrtümlich zu hohe LSt-Beträge einbehält und abführt (TK § 37 Rn. 31). Die unrichtige LSt-Anmeldung wirkt als StFestsetzung nur gegenüber dem Arbeitgeber, sodass ein Rechtsgrund für die überhöhte Zahlung gegenüber dem Arbeitnehmer nicht besteht (HHSp § 37 Rn. 38; Schmidt EStG § 41a Rn. 5; aA BFH 12.10.1995 – I R 39/95, BStBl. II 1996, 87). Solange eine StFestsetzung durch ESt-Bescheid nicht erfolgt ist, kann der Arbeitnehmer die Erstattung der überzahlten LSt verlangen (TK § 37 Rn. 31). Der ESt-Bescheid bildet einen neuen Rechtsgrund für die StZahlung, der die Erstattung der LSt ausschließt (BFH 20.7.2005 – VI R 165/01, BStBl. II 2005, 890).

Zahlt der Stpfl. nach Festsetzung, aber **vor Fälligkeit,** erfolgt die Leistung mit Rechts- 54
grund. Wenngleich die FB die Leistung noch nicht fordern durfte, erlischt bei freiwilliger Zahlung der erfüllbare StAnspruch. Die wirksame StFestsetzung bildet den rechtlichen Grund für die Leistung (Nacke/Peichert DStZ 1996, 207; HHSp § 37 Rn. 37; aA TK § 37 Rn. 29). Darum wird auch eine Zahlung trotz Stundung, Zahlungsaufschub oder Aussetzung der Vollziehung nicht ohne Rechtsgrund bewirkt (Gosch AO § 37 Rn. 106; vgl. auch FG Düsseldorf 26.11.1986 – IV 152/82 AO, EFG 1987, 257).

Rückforderungsanspruch. Zahlt die FB eine StVergütung oder Erstattung doppelt 55
oder überhöht aus, fehlt für den überschießenden Betrag der Rechtsgrund. Besonders häufig beruht ein Rückforderungsanspruch auf dem anfänglichen Fehlen eines Rechtsgrundes in den Fällen der Leistung an einen Nichtberechtigten. Missachtet das FA die durch Pfändung und Überweisung übergegangene Einziehungsbefugnis des Pfändungsgläubigers, wird sie durch die Leistung an den Erstattungsberechtigten nicht frei (BFH 6.2.1990 – VII R 97/88, BStBl. II 1990, 671; BFH 1.3.1990 – VII R 103/88, BStBl. II 1990, 520). Das mit dem Erstattungsanspruch verbundene Behaltensrecht ist durch den Beschluss des VollstrGerichts auf den Pfändungsgläubiger überwiesen worden (vgl. FG Baden-Württemberg 9.8.1995 – 2 K 100/93, EFG 1995, 1042). Der Stpfl. ist folglich zur Rückzahlung verpflichtet. Dies gilt auch, wenn der Erstattungsanspruch mehrfach abgetreten wurde oder Abtretung und Pfändung zusammentreffen und das FA die zeitliche Reihenfolge der Verfügungen verwechselt. Mit der ersten wirksamen Abtretung oder Pfändung geht der Anspruch bzw. dessen Einziehungsrecht auf den Dritten über. Eine Zahlung an einen nachrangigen Gläubiger hat deshalb keine befreiende Wirkung und kann zurückgefordert werden (BFH 13.3.1997 – VII R 39/96, BStBl. II 1997, 522). Vgl. zur Rückforderung der Altersvorsorgezulage vom Zulageempfänger BFH 23.8.2023 – X R 9/21, BStBl. II 2023, 1047.

b) Nachträglicher Wegfall eines Rechtsgrundes (Abs. 2 S. 2). Der Rechtsgrund 56
für einen Anspruch aus dem StSchuldverhältnis fällt nachträglich weg, wenn die ursprüngliche StFestsetzung gem. §§ 172 ff., 129 herabgesetzt oder aufgehoben wird (HHSp § 37 Rn. 41). Neben den allgemeinen Änderungstatbeständen führen insb. rückwirkende Ereignisse oder nachträglich ausgeübte Wahl- und Antragsrechte (→ § 38 Rn. 15 ff.) bei einer materiell nicht bestandskräftigen StFestsetzung zu einer späteren Änderung der StFestsetzung. Wird der StBescheid durch Urteil aufgehoben, entfällt mit Rechtskraft der Ent-

scheidung der ursprüngliche Rechtsgrund. Die Änderung der Bemessungsgrundlage nach § 17 UStG führt nicht zum nachträglichen Wegfall des Rechtsgrundes, sondern begründet durch die später eingetretene Sachverhaltsänderung (zB Verminderung des Kaufpreises, Rückabwicklung) einen eigenständigen StTatbestand im Jahr der Berichtigung (vgl. BFH 12.6.1975 – V R 42/74, BStBl. II 1975, 755; BFH 13.11.1986 – V R 59/79, BStBl. II 1987, 226; BFH 25.7.2012 – VII R 56/09, BFH/NV 2013, 413). Eine Rückforderung des abgetretenen VorSt-Erstattungsanspruchs kann deshalb nicht auf § 37 II gestützt werden (vgl. FG München 29.11.2007 – 14 K 1722/06, EFG 2008, 587; FG Berlin-Brandenburg 27.9.2007 – 6 K 5154/04 B, EFG 2008, 102; aA BFH 9.4.2002 – VII R 108/00, BStBl. II 2002, 562; BFH 19.8.2008 – VII R 36/07, BStBl. II 2009, 90; BFH 27.10.2009 – VII R 4/08, BStBl. II 2010, 257). Mit der Berichtigung entfällt weder die materielle Grundlage noch der Rechtsgrund für den damaligen VorSt-Anspruch, sondern der Rückforderungsanspruch wirkt sich auf die StFestsetzung des Veranlagungszeitraums aus, in den die Änderung der Bemessungsgrundlage fällt (BFH 13.11.1986 – V R 59/79, BStBl. II 1987, 226; dies leugnet im Ergebnis BFH 9.4.2002 – VII R 108/00, BStBl. II 2002, 562). Der Anspruch nach § 16 GrEStG auf Aufhebung der StFestsetzung ist ein eigenständiger Anspruch aus dem StSchuldverhältnis iSd § 37 I und kein Erstattungsanspruch nach § 37 II (BFH 15.1.2019 – VII R 23/17, BStBl. II 2019, 329).

57 **Vorauszahlungen** werden aufgrund eigenständiger Vorauszahlungsbescheide geleistet. Durch eine Herabsetzung der Vorauszahlungsschuld entfällt nachträglich der Rechtsgrund für die Leistung (vgl. BFH 30.6.2004 – VII B 257/02, BFH/NV 2005, 3 zum USt-Vorauszahlungsbescheid). Mit Ergehen des JahresStBescheids erledigen sich die Vorauszahlungsbescheide gem. § 124 II auf andere Weise. Demzufolge erlangt der Stpfl. durch eine StFestsetzung, die geringer ist als die Summe der Vorauszahlungen, einen Erstattungsanspruch (vgl. BFH 22.5.1979 – VIII R 58/77, BStBl. II 1979, 639; ebenso für Sondervorauszahlungen nach Festsetzung der Jahressteuer BFH 18.7.2002 – V R 56/01, BStBl. II 2002, 705; anders indes im Fall der Abtretung des Erstattungsanspruchs aus USt-Voranmeldungen vgl. BFH 30.6.2004 – VII B 257/02, BFH/NV 2005, 3; BFH 21.9.2021 – VII R 9/18, BFH/NV 2022, 44 zur USt-Sondervorauszahlung nach § 47 UStDV). Beruht die Erledigung des USt-Vorauszahlungsbescheids auf der Verneinung des VorSt-Anspruchs im JahresStBescheid, entfällt zugleich der Rechtsgrund für die Auszahlung des VorSt-Vergütungsanspruchs (BFH 17.3.2009 – VII R 38/08, BStBl. II 2009, 953). Wird die StFestsetzung später aufgehoben, entbehren sämtliche Zahlungen eines Rechtsgrundes (ebenso bei Eintritt der Festsetzungsverjährung vor Erlass des ESt-Bescheids FG Niedersachsen 20.10.2009 – 15 K 160/09, EFG 2010, 538; FG Rheinland-Pfalz 8.2.2012 – 2 K 2259/10, EFG 2012, 1113). Denn der Vorauszahlungsbescheid lebt nicht wieder auf (BFH 13.2.1996 – VII R 55/95, BFH/NV 1996, 454; FG Nürnberg 30.3.2010 – 2 K 1438/2008, BeckRS 2010, 26029613; FG Niedersachsen 23.6.2011 – 5 K 41/09, DStRE 2011, 1416; BFH 22.5.2012 – VII R 47/11, BStBl. II 2013, 3).

III. Entstehung, Fälligkeit und Umfang des Anspruchs

1. Entstehung

60 Der Erstattungsanspruch entsteht wie alle Ansprüche aus dem StSchuldverhältnis, sobald der Tatbestand verwirklicht ist, an den das Gesetz die Leistungspflicht knüpft (§ 38). Die Erstattungspflicht wird nach § 37 II durch eine Leistung ohne Rechtsgrund ausgelöst. Fehlt der rechtliche Grund bereits im Zeitpunkt der Leistung, entsteht der Erstattungsanspruch mit der Zahlung (BFH 9.7.1996 – VII R 136/95, BFH/NV 1997, 10; BFH 29.7.1998 – II R 64/95, BFH/NV 1998, 1455). Beruht der Erstattungsanspruch auf einem nachträglichen Wegfall des rechtlichen Grundes, gehört die Änderung oder Aufhebung der StFestsetzung zum gesetzlichen Tatbestand, da erst durch die Herabsetzung selbst der Rechtsgrund entfällt (vgl. BFH 12.4.2000 – VI B 113/99, BFH/NV 2000, 1192; aA TK § 37 Rn. 42 als Vertreter der materiellen Rechtsgrundtheorie; → Rn. 50). Der Erstat-

tungsanspruch entsteht in diesem Fall mit der Bekanntgabe des StBescheids (HHSp § 37 Rn. 42). Bei mehrfach geänderter StFestsetzung ist der letzte StBescheid maßgebend. Dabei entsteht nur ein einheitlicher Anspruch, der sich in der Höhe jeweils durch die verschiedenen Festsetzungen verändert (BFH 6.2.1996 – VII R 50/95, BStBl. II 1997, 112). Beruht der Erstattungsanspruch auf einer stattgebenden Entscheidung des FG, entsteht er mit Rechtskraft des Urteils. Soweit der Erstattungsanspruch in den EinzelStGesetzen geregelt ist, richtet sich der Entstehungszeitpunkt nach den Regelungen des jeweiligen Gesetzes (HHSp § 37 Rn. 52; Schwarz/Pahlke/Keß § 37 Rn. 94). Der auf einem **Verlustrücktrag** nach § 10d EStG beruhende Erstattungsanspruch entsteht nicht mit Ablauf des Verlustabzugsjahres, sondern mit Ablauf des Veranlagungszeitraums, in dem der Verlust entstanden ist (BFH 6.3.2002 – XI R 50/00, BStBl. II 2002, 453). Für die Zuordnung von Erstattungsansprüchen zur Insolvenzmasse ist nicht dessen steuerrechtliche Entstehung, sondern die insolvenzrechtliche Begründung zum Zeitpunkt der Eröffnung des Insolvenzverfahrens maßgeblich (BFH 4.5.1993 – VII R 96/92, BFH/NV 1994, 287; BFH 31.5.2005 – VII R 74/04, BFH/NV 2005, 1745). Zahlungen, die auf einem Anderkonto des Insolvenzverwalters eingehen, fallen weder in das Schuldnervermögen noch in die Masse, sondern der Insolvenzverwalter ist Leistungsempfänger (FG Münster 27.4.2021 – 12 K 1505/19 AO, ZInsO 2022, 357; Rev. X R 3/23; FG Köln 13.2.2019 – 4 K 1600/18, EFG 2019, 1068). Hiervon abw. geht die Rspr. **bei der Abtretung,** Pfändung und Verpfändung des Erstattungsanspruchs davon aus, dass er mit Zahlung des materiell nicht geschuldeten Betrags entsteht (BFH 6.6.2000 – VII R 104/98, BStBl. II 2000, 491). Für § 46 genügt daher die materielle Begründung des Erstattungsanspruchs, ohne dass er formell bereits entstanden ist (→ Rn. 52).

2. Fälligkeit

Der **Erstattungsanspruch im engeren Sinne** wird mit seiner Entstehung fällig 61
(§ 220 II 1), soweit der ohne Rechtsgrund erfolgten Zahlung keine wirksame Festsetzung zugrunde lag (BFH 29.7.1998 – II R 64/95, BFH/NV 1998, 1455). Die Fälligkeit tritt also auch mit dem Tag der rechtsgrundlosen Zahlung ein, wenn die Festsetzung nichtig war (BFH 9.7.1996 – VII R 136/95, BFH/NV 1997, 10). Beruht der Anspruch auf der Festsetzung einer Steuer oder steuerlichen Nebenleistung, tritt die Fälligkeit gem. § 220 II 2 nicht vor Bekanntgabe des VA ein, durch den die Steuer (Nebenleistung) festgesetzt, herabgesetzt, aufgehoben oder von einer Steuer freigestellt wird (TK § 37 Rn. 49). Für Erstattungsansprüche aus StAnmeldung ist die Zustimmung der FB erforderlich (§ 168 S. 2), sodass sie erst mit Bekanntgabe der Zustimmung fällig werden (BFH 28.2.1996 – XI R 42/94, BStBl. II 1996, 660). Soweit in den StGesetzen die Fälligkeit einzelner Erstattungsansprüche geregelt ist, gelten diese Vorschriften vorrangig (§ 220 I). Die Fälligkeit überzahlter StVorauszahlungen ergibt sich aus § 36 IV 2 EStG, § 31 I KStG (§ 49 I KStG aF), § 20 III GewStG. Ein durch Urteil entstehender Erstattungsanspruch wird mit Rechtskraft der Entscheidung fällig (BFH 13.1.1987 – VII B 74/86, BFH/NV 1987, 558; → § 220 Rn. 18).

Der **Rückforderungsanspruch** aus einer ohne Rechtsgrund erfolgten Zahlung wird 62
mit seiner Entstehung fällig (§ 220 II 1). Ergibt sich der Anspruch erst aus einem Änderungs- oder Aufhebungsbescheid, tritt die Fälligkeit mit Bekanntgabe des VA ein, soweit die FB nicht eine Zahlungsfrist einräumt (§ 220 II 2).

3. Höhe des Anspruchs

Der Erstattungsanspruch ergibt sich aus der Höhe der ohne Rechtsgrund bewirkten 63
Leistung. Die nicht gerechtfertigte Bereicherung ist vollständig zurückzugewähren. Gegen den Rückforderungsanspruch kann nicht der zwischenzeitlich eingetretene **Wegfall der Bereicherung (§ 818 III BGB)** eingewendet werden (BFH 28.3.2001 – VI B 256/00, BFH/NV 2001, 1117; BFH 16.11.2010 – VII B 120/10, BFH/NV 2011, 405). Der auszugleichende Vermögensvorteil umfasst lediglich den Leistungsbetrag selbst und nicht

Vorteile, die durch die Leistung während der Dauer der Bereicherung erzielt wurden. Für Ansprüche aus dem StSchuldverhältnis gelten jedoch die allgemeinen Verzinsungsregeln (§§ 233 ff.). Nach dem 31.12.1988 entstandene Erstattungsansprüche sind nach § 233a zu verzinsen (Art. 97 § 15 IV EGAO).

IV. Durchsetzung des Erstattungsanspruchs

1. Geltendmachung des Anspruchs

66 **a) Erstattungsanspruch. Antrag.** Über Erstattungsansprüche ist wie bei allen Ansprüchen aus dem StSchuldverhältnis im Rahmen des Festsetzungsverfahrens von Amts wegen zu entscheiden. Eines besonderen Antrags des Stpfl. bedarf es grds. nicht. Ausnahmen ergeben sich zuweilen aus den EinzelStGesetzen (zB § 46 II 8 EStG; vgl. zur Geltendmachung des Erstattungsanspruchs über KapESt nicht stpfl. Personen BFH 19.10.2005 – I R 121/04, BFH/NV 2006, 926). Im Hinblick auf die hemmende Wirkung (§ 171 III) ist die Antragstellung dem Stpfl. jedoch anzuraten. Zur Verwirklichung der Erstattung bedarf es der Festsetzung des Anspruchs durch Bescheid iSd § 218 I (BFH 12.6.1986 – VII R 103/83, BStBl. II 1986, 702). Der StBescheid ist Grundlage der Erstattung, sodass mit Eintritt der Festsetzungsverjährung der Erstattungsanspruch nicht mehr entstehen und durchgesetzt werden kann (HHSp § 37 Rn. 85a; TK § 37 Rn. 99). Als Anspruch aus dem StSchuldverhältnis unterliegt der Erstattungsanspruch der **Zahlungsverjährung** (BFH 30.10.1996 – II R 108/93, BFH/NV 1997, 321; BFH 25.2.1992 – VII R 8/91, BStBl. II 1992, 713). Sie beginnt mit Ablauf des Kalenderjahrs, in dem der Anspruch fällig geworden ist (§ 229 I 1).

67 **Abrechnungsbescheid.** Soweit es um die Erstattung von Steuern geht, erfolgt die Festsetzung durch erstmaligen oder geänderten StBescheid. In der dem StBescheid beigefügten Abrechnungsverfügung weist das FA die anzurechnenden StAbzugsbeträge und Vorauszahlungen sowie den zu erstattenden Betrag aus. Dieser Betrag ist bei Fälligkeit unverzüglich auszuzahlen. Streitigkeiten über die Entstehung, Anrechnung von StAbzugsbeträgen und das Erlöschen des Anspruchs sind durch Abrechnungsbescheid zu entscheiden (BFH 17.9.1998 – I B 2/98, BFH/NV 1999, 440). Beruht der Erstattungsanspruch auf einer rechtsgrundlosen Zahlung, für die auch ein materieller Anspruch nicht besteht, bedarf es keiner Festsetzung. Der Erstattungsanspruch kann durch formlosen Antrag geltend gemacht werden. Erkennt die FB den Anspruch nicht an, hat sie durch Abrechnungsbescheid nach § 218 II zu entscheiden (BFH 30.11.1999 – VII R 97/98, BFH/NV 2000, 412). Im Abrechnungsbescheid ist sowohl über die Entstehung des Erstattungsanspruchs als auch über sein Erlöschen zu befinden (BFH 13.9.1988 – V R 207/83, BFH/NV 1989, 353).

68 **Tilgungswirkung.** Der Erstattungsanspruch erlischt mit wirksamer Zahlung des Erstattungsbetrags. Bei Zahlung durch Giroüberweisung tritt die Tilgungswirkung erst mit der Gutschrift des überwiesenen Betrags auf dem Konto des Gläubigers ein. Dabei trägt grds. der Schuldner das Verlustrisiko der Geldübermittlung (BFH 10.11.1987 – VII R 171/84, BStBl. II 1988, 41). Setzt der Gläubiger durch sein Verhalten erst die Grundlagen für das Verlustrisiko, hat er die Gefahr des Verlustes der Zahlung zu tragen (vgl. § 270 III BGB; BFH 8.1.1991 – VII R 18/90, BStBl. II 1991, 442). Ein solches Verhalten liegt insb. vor, wenn der Erstattungsberechtigte die Änderung seiner Bankverbindung dem FA nicht mitgeteilt hat (FG Hessen 28.6.1993 – 2 K 4907/92, EFG 1994, 3).

69 **Erstattung an Ehegatten.** Sind Ehegatten erstattungsberechtigt, kann das FA grds. nur durch Zahlung an den jeweiligen Anspruchsinhaber schuldbefreiend leisten. Es gelten die allgemeinen Grundsätze (vgl. BFH 8.1.1991 – VII R 18/90, BStBl. II 1991, 442). Abw. hiervon ist für ESt-Erstattungsansprüche zusammenveranlagter Ehegatten in § 36 IV 3 EStG die schuldbefreiende Leistung an einen Ehegatten auch für und gegen den anderen Ehegatten festgeschrieben. Die Regelung hat keinen Einfluss auf die materielle Erstattungsberechtigung (BFH 13.2.1996 – VII R 89/95, BStBl. II 1996, 436; FG Niedersachsen 3.2.1998 – VII 99/97, EFG 1999, 292). Sie bewirkt lediglich die **Erstreckung der**

Tilgungswirkung auf die Ansprüche beider Ehegatten, einerlei an welchen der Ehegatten tatsächlich gezahlt wurde. Demgemäß kann die FB an einen Ehegatten befreiend leisten, auch wenn ausschl. der andere Ehegatte materiell berechtigt ist. Da § 36 IV 3 EStG der Verwaltungsvereinfachung dient, ist die FB in der Auswahl des Ehegatten, an den sie zahlen will, frei. Das von der Rspr. angenommene **Auswahlermessen,** welches in der gesetzlichen Vermutung einer gegenseitigen Einziehungsvollmacht begründet sei (BFH 13.2.1996 – VII R 89/95, BStBl. II 1996, 436; BFH 21.2.2000 – VII B 157/99, BFH/NV 2000, 941; FG Niedersachsen 12.4.2001 – 4 K 330/98, EFG 2001, 901), wird dem Zweck der Norm nicht gerecht. Die Reduzierung des § 36 IV 3 EStG auf eine vermutete Einziehungsvollmacht entspricht weder dem Wortlaut des § 36 IV 3 EStG noch dem Sinn der Regelung. Die Erstreckung der Tilgungswirkung ist – anders als in §§ 851, 407, 370 BGB – nicht von der Kenntnis etwaiger Umstände abhängig. Dem FA soll vielmehr bei zusammenveranlagten Ehegatten gerade die oft schwierige Frage des materiell Erstattungsberechtigten abgenommen werden. Deshalb muss das FA auch an getrennt lebende Ehegatten Erstattungen aus einer Zusammenveranlagung jeweils für und gegen den anderen Ehegatten befreiend leisten können (FG Rheinland-Pfalz 8.2.1988 – 5 K 371/87, EFG 1988, 336; FG Sachsen-Anhalt 24.4.2008 – 1 K 1970/04, EFG 2008, 1554). Genügt es aber, Gründe gegen eine Zahlung an den anderen Ehegatten geltend zu machen, läuft die Norm gerade in problematischen Fällen leer (eingehend Koenig DStR 1991, 633 (637 f.)). So tritt nach hM die schuldbefreiende Wirkung nicht ein, wenn die FB erkennt oder erkennen musste, dass der erstattungsberechtigte Ehegatte mit der Auszahlung an den anderen Ehegatten aus beachtlichen Gründen nicht einverstanden ist (BFH 8.1.1991 – VII R 18/90, BStBl. II 1991, 442; TK § 37 Rn. 85). Solche Gründe sollen vorliegen, wenn die Ehegatten geschieden sind oder getrennt leben (FG Niedersachsen 3.2.1998 – VII 99/97, EFG 1999, 292), der andere Ehegatte bereits verstorben ist (BFH 10.7.2008 – VII B 194/07, BFH/NV 2008, 1802; FG München 21.7.1998 – 13 K 3907/93, EFG 1999, 198), die Aufteilung der StSchulden beantragt (FG Niedersachsen 12.4.2001 – 4 K 330/98, EFG 2001, 901) oder der Erstattungsanspruch eines Ehegatten gepfändet wurde (BFH 13.2.1996 – VII R 89/95, BStBl. II 1996, 436).

Angabe des Erstattungskontos. Eine Leistung hat grds. nur dann schuldbefreiende Wirkung, wenn die Zahlung auf dem von dem Gläubiger bestimmten Konto gutgeschrieben wird (vgl. BFH 5.4.1990 – VII R 2/89, BStBl. II 1990, 719). Eine solche Bestimmung kann durch die Angabe des Erstattungskontos in der StErklärung getroffen werden. Werden dem FA weitere Kontoverbindungen mitgeteilt, kann auf jedes Konto gezahlt werden, es sei denn, der Gläubiger begehrt ausdrücklich Erstattung auf ein bestimmtes Konto (vgl. BFH 21.2.2000 – VII B 157/99, BFH/NV 2000, 941). Zahlt das FA den Erstattungsbetrag abw. hiervon auf ein anderes Konto, tritt keine Tilgungswirkung ein (BGH 5.5.1986 – II ZR 150/85, BGHZ 98, 24/30; BFH 13.6.1997 – VII R 62/96, BFH/NV 1998, 143; FG Düsseldorf 5.5.2010 – 4 K 3880/09 AO, EFG 2011, 1302 zu Ehegatten). 70

b) Rückforderungsanspruch. Festsetzungsverfahren. Der Anspruch der FB auf Rückzahlung einer ohne Rechtsgrund erstatteten Steuer, StVergütung, steuerlichen Nebenleistung oder eines Haftungsbetrags (Rückforderungsanspruch) wird im Festsetzungsverfahren durch Änderung oder Aufhebung der StFestsetzung bzw. des Haftungsbescheids verwirklicht, in dem der Erstattungsanspruch durch den späteren VA reduziert oder aufgehoben wird. Für Zahlungen, die auf keiner Festsetzung oder einer nichtigen Festsetzung beruhen, entsteht der Anspruch mit rechtsgrundloser Zahlung (BFH 18.6.1986 – II R 38/84, BStBl. II 1986, 704). Über die Entstehung des Anspruchs und seine Höhe kann durch Rückforderungsbescheid iSd § 218 I bereits entschieden werden, bevor Streit über den Anspruch entstanden ist (HHSp § 37 Rn. 87). Einer Festsetzung bedarf es jedoch nicht, wenn der Stpfl. den Rückforderungsanspruch freiwillig erfüllt. Entsteht nachträglich Streit über das Erlöschen des Anspruchs, entscheidet das FA durch Abrechnungsbescheid nach § 218 II (BFH 25.2.1992 – VII R 8/91, BStBl. II 1992, 713). 73

74 **Erhebungsverfahren.** Der den Rückforderungsanspruch festsetzende VA ist Grundlage für die Geltendmachung der Rückzahlung des rechtsgrundlos Erlangten. Ohne eine solche Festsetzung kann eine zwangsweise Verwirklichung des Anspruchs grds. nicht erfolgen (FG Brandenburg 11.12.1996 – 1 K 816/94 F, EFG 1997, 711). Für die Vollstr. bedarf es zudem idR der Aufforderung des Schuldners zur Rückzahlung durch Leistungsgebot iSd § 254 (TK § 37 Rn. 127). Die Rückforderung kann in Ausnahmefällen gegen Treu und Glauben verstoßen, insb. wenn ein Anspruch auf alsbaldige Rückgewähr bestünde (vgl. auch FG Köln 30.4.1997 – 6 K 5036/93, EFG 1997, 925; TK § 37 Rn. 131). Es gibt jedoch keinen generellen Vertrauenstatbestand, der eine Rückforderung ausschließt, wenn der Begünstigte die Leistung verbraucht (§ 818 III BGB), eine Vermögensdisposition getroffen hat oder eine längere Bearbeitungsdauer der Rückforderung vorausgeht (BFH 9.2.2004 – VIII B 113/03, BFH/NV 2004, 763; BFH 23.5.2011 – III B 177/10, BFH/NV 2011, 1507). Mit materiellen Einwendungen gegen den Festsetzungsbescheid ist der Stpfl. im Erhebungsverfahren ausgeschlossen (BFH 8.4.1987 – X R 64/81, BFH/NV 1988, 2).

2. Rechtsbehelfe

75 Erstattungsansprüche, die ihre Grundlage in StBescheiden haben, können durch Einspruch gegen den StBescheid verfolgt werden, wenn der Anspruch durch eine zu hohe StFestsetzung gemindert ist. Ist streitig, ob StAbzugsbeträge oder Vorauszahlungen anzurechnen sind oder Tilgungsleistungen nicht berücksichtigt wurden, ist hierüber durch Abrechnungsbescheid zu entscheiden (BFH 17.9.1998 – I B 2/98, BFH/NV 1999, 440). Ein allg. Auskunftsanspruch über das Bestehen eines Erstattungsanspruchs besteht nicht (BFH 14.4.2011 – VII B 201/10, BFH/NV 2011, 1296). Ein Einspruch gegen die dem StBescheid beigefügte Anrechnungsverfügung enthält einen konkludenten Antrag auf Erlass eines Abrechnungsbescheids (BFH 28.4.1993 – I R 123/91, BStBl. II 1994, 147). Der Abrechnungsbescheid genießt gegenüber der Anrechnungsverfügung Vorrang, sodass eine Klage gegen die Anrechnungsverfügung mit Ergehen des Abrechnungsbescheids unzulässig wird (BFH 19.10.1999 – VII B 94/99, BFH/NV 2000, 1096). Gegen den Abrechnungsbescheid sowie die Ablehnung, einen Abrechnungsbescheid zu erlassen, kann der Stpfl. Einspruch (§ 347 I) einlegen und anschließend Anfechtungsklage bzw. im Fall der Ablehnung Verpflichtungsklage erheben (BFH 9.4.1986 – I R 62/81, BStBl. II 1986, 565).

§ 38 Entstehung der Ansprüche aus dem Steuerschuldverhältnis

Die Ansprüche aus dem Steuerschuldverhältnis entstehen, sobald der Tatbestand verwirklicht ist, an den das Gesetz die Leistungspflicht knüpft.

Vergleichbare Vorschriften: § 40 Abs. 1 SGB I

Schrifttum: v. Groll, Zur mittelbaren Tatbestandsverwirklichung im Steuerrecht, StuW 1995, 326; v. Groll, Zu den abgabenrechtlichen Besonderheiten der Wechselwirkung zwischen materiellem Recht und Verfahrensrecht, FR 2007, 540; Dötsch, Subjektive Tatbestandsmerkmale und innere Tatsachen im Rahmen der Einkunftsermittlung, FR 2007, 589; Crezelius, Systeminkonsequenzen und Rückausnahmen, FR 2009, 881; Waldhoff, Struktur und Funktion des Steuertatbestands, FS Spindler, 2011, 853; Halaczinsky, Zeitpunkt der Verwirklichung des grunderwerbsteuerbaren Rechtsvorgangs und Zeitpunkt des Einstehens der Grunderwerbsteuer, UVR 2015, 300.

Übersicht

I. Allgemeines

Blankettnorm. § 38 stellt nicht auf den StAnspruch, sondern auf den inhaltsgleichen Begriff StSchuld ab. Durch die Anknüpfung an die in § 37 aufgezählten Ansprüche aus dem StSchuldverhältnis konnte in § 38 auf eine Begriffsbestimmung verzichtet werden. Die Vorschrift enthält zudem nur eine allg. Umschreibung, wann der jeweilige Anspruch aus dem StSchuldverhältnis entsteht (TK § 38 Rn. 1). Einzelne Tatbestände werden nicht definiert. Diese ergeben sich vielmehr aus den EinzelStG. 1

1. Inhalt und Zweck

Tatbestandsmäßigkeit der Besteuerung. Die Vorschrift ist Ausfluss des Grundsatzes der Gesetzmäßigkeit der Verwaltung. Als Voraussetzung für die Besteuerung wird die Erfüllung des gesetzlichen Tatbestands verlangt. Weder die wirtschaftliche Betrachtungsweise (BFH 3.12.1969 – II 162/65, BStBl. II 1970, 279/283) noch der Grundsatz von Treu und Glauben (VGH Mannheim 7.2.1986 – 14 S 2948/84, NVwZ 1986, 659) können die Begründung eines neuen Tatbestands rechtfertigen. Dies schließt jedoch die Erstreckung des Gesetzes im Wege richterlicher Rechtsfortbildung oder Lückenfüllung durch steuerverschärfende Analogie nicht aus. Die vom BVerfG gezogene Grenze verläuft dort, wo die Gerichte ohne das Vorhandensein einer sich aus Systematik und Sinn des Gesetzes ergebenden Lücke allein unter Berufung auf allgemeine Rechtsprinzipien, die konkrete rechtliche Ableitungen nicht zulassen, oder aus rechtspolitischen Erwägungen neue Rechtsinstitute schaffen (BVerfG 14.2.1973 – 1 BvR 112/65, BVerfGE 34, 269 (292)). Zum steuerverschärfenden Analogieverbot → § 4 Rn. 117. 2

Tatbestandsverwirklichung. Die Ansprüche aus dem StSchuldverhältnis entstehen durch Verwirklichung des im Gesetz (§ 4) geregelten Tatbestands; § 41 I 1 steht dem nicht entgegen (BFH 26.1.2006 – VI R 2/03, BFH/NV 2006, 1045). Dieser kann sich aus einem Gesetz im formellen Sinne oder auch aus Rechtsverordnungen ergeben (BFH 18.2.1992 – VII R 22/90, BFHE 167, 251). Maßgebend ist das zu dem Zeitpunkt geltende Gesetz, zu dem der Stpfl. dessen Tatbestand verwirklicht. Spätere Änderungen des Gesetzes berühren den einmal entstandenen Anspruch nicht mehr (FG Bremen 12.9.1994 – 2 94 073 V 2, EFG 1994, 1062). Da die StSchuld entsteht, sobald die tatbestandlichen Voraussetzungen erfüllt sind, ist die Entstehung **unabhängig vom Verwirklichungswillen** des Stpfl. und des FA (BFH 27.3.1990 – VII R 26/89, BStBl. II 1990, 939; BFH 31.1.2013 – GrS 1/10, BStBl. II 2013, 317). Ein Irrtum über die Rechtsfolgen des verwirklichten Lebenssachverhalts ist unbeachtlich. Auf die Entstehung des StAnspruchs kann auch nicht durch Vereinbarung mehrerer am StSchuldverhältnis Beteiligter Einfluss genommen werden (BFH 5.3.1991 – VII R 58/90, BFH/NV 1992, 1). Dies gilt ebenso für rückwirkende Gestaltungen des Sachverhalts, wie etwa die Rückdatierung von Verträgen. Vom unbeachtlichen Verwirklichungswillen des Stpfl. zu unterscheiden sind subjektive Tatbestandsmerkmale. In diesen Fällen ist das voluntative Element Teil des gesetzlichen Tatbestands. Fehlt es hieran, tritt keine Tatbestandsverwirklichung ein (TK § 38 Rn. 4). 3

2. Ansprüche aus dem Steuerschuldverhältnis

Anwendungsbereich. § 38 knüpft an die in § 37 I aufgeführten Ansprüche aus dem StSchuldverhältnis an. Zu den einzelnen Ansprüchen → § 37 Rn. 6 ff. Die Vorschrift ist trotz der vollständigen Inbezugnahme aller Ansprüche aus dem StSchuldverhältnis nicht auf Ansprüche anzuwenden, für deren Entstehung eine **Ermessensentscheidung** der FB 4 erforderlich ist. Sie entstehen nicht bereits durch Verwirklichung des gesetzlichen Tatbestands, sondern erst mit ihrer Festsetzung durch VA (Klein § 38 Rn. 28). Hierzu gehören Verspätungszuschläge (§ 152), Zwangsgelder (§ 329), Zollzuschläge (§ 32 III ZollVG) und Vorauszahlungen der ertragsabhängigen Jahressteuern (§ 37 I EStG, § 48b KStG, § 19 GewStG). Zur Entstehung von StVorauszahlungen → Rn. 20 f. Das Erfordernis einer Ermessensentscheidung beeinflusst nur dann den Entstehungszeitpunkt, wenn die Ermessensausübung zum anspruchsbegründenden Tatbestand gehört. In Haftungsfällen entscheidet die FB hingegen lediglich über die Inanspruchnahme und Auswahl zwischen mehreren Haftungsschuldnern aufgrund eines kraft Gesetzes entstandenen Haftungsanspruchs (§ 191 I 1; BFH 15.10.1996 – VII R 46/96, BFH/NV 1997, 209). Soweit StVergütungen aus Billigkeitsgründen höher festgesetzt werden (§ 163 I 1), entsteht der Anspruch des Stpfl. mit Bekanntgabe des VA.

II. Tatbestandsverwirklichung

7 **Tatbestand** ist die Gesamtheit der in den materiellen StRechtsnormen enthaltenen abstrakten Voraussetzungen, an deren konkretem Vorliegen (Tatbestandsverwirklichung) das Gesetz den Eintritt der Rechtsfolgen knüpft, also der StAnspruch entsteht (Kruse LB, § 6 II 1). Der Tatbestand ist das abstrakte Spiegelbild des konkreten Lebenssachverhalts, dessen Verwirklichung Besteuerungsobjekt ist (BFH 30.1.1985 – I R 12/82, BStBl. II 1985, 386). Die Tatbestandsmerkmale eines StAnspruchs befinden sich regelmäßig in mehreren Normen verstreut, aus denen sich das StSubjekt, das StObjekt, die Zurechnung, die Bemessungsgrundlage, der StSatz sowie Befreiungen und Erweiterungen ergeben. Zur mittelbaren Tatbestandsverwirklichung als Zurechnungsgrund v. Groll StuW 1995, 326.

8 Vom Tatbestand zu unterscheiden ist der **Sachverhalt.** Er umfasst die Gesamtheit der Tatsachen, die im konkreten Einzelfall vorliegen. Durch Unterordnung des einzelnen Lebenssachverhalts unter den gesetzlichen Tatbestand (Subsumtion) lässt sich die Tatbestandsverwirklichung prüfen. Die Tatsachengrundlage ist für jeden Einzelfall konkret und eindeutig festzustellen. Unsicherheiten im Sachverhalt dürfen weder durch Wahrscheinlichkeitserwägungen noch durch eine wahlweise Feststellung des Besteuerungsgrundes ausgeglichen werden (BFH 11.10.1989 – II R 147/85, BStBl. II 1990, 188). Die Schätzungsbefugnis der FB (§ 162 I 1) bildet hierzu eine Ausnahme. Schätzung ist eine besondere Art der Sachverhaltsaufklärung im Wege freier Beweiswürdigung (BFH 18.5.1993 – VII R 44/92, BFHE 172, 190), die sich nicht nur auf die Höhe von Besteuerungsgrundlagen, sondern auch auf deren Vorliegen beziehen kann (aA TK § 38 Rn. 5; vgl. zum Meinungsstand → § 162 Rn. 33, der sich in der Praxis allerdings kaum auswirken dürfte, da auch die Gegenmeinung das Vorliegen von Besteuerungsgrundlagen aufgrund von Wahrscheinlichkeitserwägungen vermutet).

1. Entstehungszeitpunkt einzelner Steuern

9 **ESt, KSt.** Für die wichtigsten Veranlagungssteuern (ESt, KSt) gilt das Prinzip der Abschnittsbesteuerung. § 38 wird durch die einzelgesetzlichen Regelungen insoweit modifiziert. Der StAnspruch entsteht mit Ablauf des Veranlagungszeitraums, in dem der anspruchsbegründende Tatbestand verwirklicht wird (§ 36 I EStG, § 30 Nr. 3 KStG). Wenngleich das Gesetz auf einen Zeitpunkt für die Entstehung des Anspruchs aus dem StSchuldverhältnis abstellt, darf dies nicht darüber hinwegtäuschen, dass sich der maßgebliche Lebenssachverhalt fortlaufend während des gesamten Besteuerungsabschnitts verwirklicht hat. Zur hierauf beruhenden Differenzierung zwischen echter und unechter Rückwirkung vgl. Kruse FS Tipke, 1995, 277 (284); BVerfG 5.2.2002 – 2 BvR 305/93, BVerfGE 105, 17; BVerfG 25.3.2021 – 2 BvL 1/11, BVerfGE 157, 177; gegen diese Differenzierung BFH 2.8.2006 – XI R 34/02, DStR 2006, 1886; anders dagegen BFH 30.6.2022 – IV R 42/19, DStR 2022, 2259; BFH 25.3.2021 – VIII R 16/18, BStBl. II 2021, 814; vgl. auch BFH 24.2.2022 – III R 9/20, DStR 2022, 1193). Rückwirkende Veränderungen der

bereits entstandenen KSt waren im System der KSt bei Herstellung der Ausschüttungsbelastung angelegt. Gewinnausschüttungen bewirkten nach §§ 27 ff. KStG aF eine rückwirkende Veränderung der bereits entstandenen KSt im Zeitpunkt der Ausschüttung durch die Berücksichtigung der KSt-Minderung (vgl. BFH 18.5.1999 – I R 60/98, BStBl. II 1999, 634). Desgleichen verändert sich die StFestsetzung durch einen Verlustrücktrag nach § 10d EStG rückwirkend. Der hieraus resultierende Erstattungsanspruch entsteht mit Ablauf des Verlustentstehungsjahrs (BFH 6.6.2000 – VII R 104/98, BStBl. II 2000, 491).

LSt, KapESt, GewSt, USt. Für die besonderen Erhebungsformen der Ertragsteuern 10 (zB LSt, KapESt) knüpft das Gesetz abw. vom Ablauf des Veranlagungszeitraums an den Zuflusszeitpunkt der Erträge an (§ 38 II 2 EStG für LSt; § 44 I 2 EStG für KapESt; § 50a V 1 EStG Vergütungen beschränkt Stpfl.; § 48a KStG aF für KapESt). Maßgeblicher Zeitraum für die StVergütung bzgl. Kindergeld ist der Kalendermonat (§ 66 II EStG). Die GewSt-Schuld entsteht mit Ablauf des Erhebungszeitraums (§ 18 GewStG) und die USt mit Ablauf des Voranmeldungszeitraums, in dem die Leistungen ausgeführt bzw. in dem die Entgelte vereinnahmt worden sind (§ 13 I 1 Buchst. a und b UStG). Der Wechsel von der Ist- zur Sollbesteuerung führt nicht zu einer abweichenden Entstehung der USt für die Umsätze der Istbesteuerung (FG Niedersachsen 19.4.2001 – 5 K 244/97, EFG 2001, 1004; BFH 30.1.2003 – V R 58/01, BStBl. II 2003, 817). Die in dem Voranmeldungszeitraum entstandene StSchuld ist nach § 16 I UStG zu ermitteln. Sie stellt jedoch ebenso wie der VorSt-Abzugsanspruch iSd § 16 II UStG lediglich eine unselbständige Besteuerungsgrundlage dar, sodass eine Abtretung der einzelnen Ansprüche ausscheidet (aA FG München 9.4.1986 – III 300/85 AO, EFG 1986, 632: § 16 II UStG stelle eine gesetzliche Tilgungsregel für VorSt-Ansprüche dar). Der Saldo aus der Verrechnung von USt-Schuld und VorSt-Abzugsanspruch entsteht mit Ablauf des jeweiligen Voranmeldungszeitraums (BFH 30.3.1993 – VII R 108/92, BFH/NV 1993, 583; BFH 17.1.2002 – V R 37/00, BStBl. II 2002, 373). Zum VorSt-Rückforderungsanspruch gem. § 17 II UStG vgl. FG München 9.4.1986 – III 300/85 AO, EFG 1986, 632 sowie allg. zum Erstattungsanspruch § 37.

GrSt. Die GrSt entsteht nach § 9 II GrStG mit Beginn des Kalenderjahrs, für das die 11 Steuer festzusetzen ist. Auf die jährliche Entstehung des StAnspruchs hat die dreijährige Hauptveranlagung keinen Einfluss. Die Abschnittsbesteuerung wird durch das Stichtagsprinzip ersetzt.

ErbSt, GrESt. Bei Erwerben von Todes wegen entsteht die ErbSt regelmäßig mit dem 12 Tode des Erblassers (§ 9 I 1 ErbStG) und bei Schenkungen unter Lebenden mit dem Zeitpunkt, in dem die freigebige Zuwendung ausgeführt wird (§ 9 I 2 ErbStG; vgl. zur Entstehung bei Abschluss des Schenkungsvertrags durch vollmachtlosen Vertreter BFH 27.4.2005 – II R 52/02, BStBl. II 2005, 892; zum formunwirksamen Vermächtnis BFH 28.3.2007 – II R 25/05, BStBl. II 2007, 461). Bei Kaufrechtsverhältnissen entsteht die ErbSt erst mit verbilligtem Erwerb des Nachlassgegenstands (BFH 6.6.2001 – II R 76/99, BStBl. II 2001, 605). Für Erwerbsvorgänge, die unter das GrEStG fallen, gilt § 38 mit Ausnahme der Sonderfälle der aufschiebend bedingten und genehmigungsbedürftigen Erwerbe nach § 14 GrEStG. Zur Entstehung von Verbrauchsteuern vgl. Beermann DStZ 1993, 261.

Steuerliche Nebenleistungen. Säumniszuschläge (§ 240) entstehen mit Ablauf des 13 Fälligkeitstages der nicht entrichteten Steuer jeweils für jeden angefangenen Monat der Säumnis (→ § 240 Rn. 19). Für den Entstehungszeitpunkt der Zinsansprüche kommt es auf die Verwirklichung des jeweiligen Zinstatbestands an (vgl. die Erl. zu §§ 233a ff.). So entsteht etwa der Anspruch nach § 233a nicht bereits mit Beginn der Verzinsung, sondern grds. mit der Festsetzung des StAnspruchs (BFH 14.5.2002 – VII R 6/01, BStBl. II 2002, 677).

2. Gestaltungsrechte und Bedingungen

Das StRecht enthält eine Vielzahl von **Wahl- und Antragsrechten,** die es dem Stpfl. 15 gestatten, Einfluss auf die Höhe der StSchuld zu nehmen. Dazu gehören neben der

Inanspruchnahme erhöhter Absetzungen und Sonderabschreibungen etwa auch die Möglichkeit, Sonderausgaben (§ 10 I 1 EStG) einkommensmindernd zu berücksichtigen oder die Veranlagungsart zu bestimmen (zu Beispielen vgl. Weber-Grellet DStR 1992, 1417). Der StAnspruch entsteht mit Eintritt der Tatbestandsverwirklichung in derjenigen Höhe, die sich unter Berücksichtigung des verwirklichten Lebenssachverhalts ergibt. Gestaltungsrechte, deren tatbestandliche Voraussetzungen im Entstehungszeitpunkt des StAnspruchs vorliegen, wirken **rückwirkend** auf den bereits entstandenen Anspruch ein, in dem der Rechtsfolgenausspruch der Norm durch die Ausübung des Wahl- oder Antragsrechts nachträglich verändert wird (BFH 12.7.1989 – X R 8/84, BStBl. II 1989, 957). So bewirkt etwa der Verzicht auf sachliche StBefreiungen (zB § 9 I UStG) eine erweiterte Stpfl. durch die Verbreiterung der Bemessungsgrundlage. Das für einzelne Steuern geltende Stichtagsprinzip schließt die rückwirkende Modifizierung des StAnspruchs infolge Ausübung eines Wahlrechts nicht aus.

16 **Ehegattenwahlrecht.** Ehegatten, die die Voraussetzungen des § 26 I EStG erfüllen, können die Art ihrer Veranlagung wählen. Im Falle der Zusammenveranlagung entsteht die Gesamtschuld (§ 44 I 1) mit Eingang der StErklärung kraft ausdrücklicher Wahl oder Vermutung (§ 26 III EStG), da erst zu diesem Zeitpunkt die Veranlagungsart feststellbar ist (Schwarz/Pahlke/Keß § 44 Rn. 29; Kruse FS Tipke, 1995, 277 (287); HHSp § 38 Rn. 33; HHSp § 44 Rn. 16; TK § 44 Rn. 13). Der mit Ablauf des Veranlagungszeitraums entstandene StAnspruch wird rückwirkend verändert.

17 **Bedingungen,** die als Teil des gesetzlichen Tatbestands (§ 82 III EStDV) oder eines Rechtsgeschäfts, an den das Gesetz die Leistungspflicht knüpft (§ 14 Nr. 1 GrEStG), vorliegen, wirken unmittelbar auf die Entstehung des StAnspruchs ein. Aufschiebend bedingte Erwerbe, Wertzuflüsse oder Leistungen lassen den StAnspruch erst mit Eintritt der Bedingung entstehen. Dies gilt auch für die Genehmigungsbedürftigkeit eines Rechtsgeschäfts (§ 14 Nr. 2 GrEStG; BFH 19.5.1993 – II R 71/92, BStBl. II 1993, 633). Steht eine StBefreiung unter einer auflösenden Bedingung, entfällt die Befreiung mit Bedingungseintritt, der StAnspruch entsteht erst zu diesem Zeitpunkt (TK § 38 Rn. 8; Gosch AO § 38 Rn. 27; aA BFH 30.1.1985 – I R 12/82, BStBl. II 1985, 386).

3. Vorauszahlungen

20 **Bedingte Steuerschuld.** StVorauszahlungen entstehen als eigenständige steuerschuldrechtliche Ansprüche, die durch die Festsetzung der JahresStSchuld auflösend bedingt sind (BFH 13.3.1979 – III R 79/77, BStBl. II 1979, 461; BFH 5.8.1986 – VII R 167/82, BStBl. II 1987, 8; aA Schmidt EStG § 37 Rn. 1: Bedingung soll die Entstehung der StSchuld sein). Mit Entstehung der JahresStSchuld der bewertungsunabhängigen Steuern zum Ende des Veranlagungszeitraums kommt es zu einem Nebeneinander von Vorauszahlungsschuld und JahresStSchuld. Da die Vorauszahlungen die Erhebung der JahresStSchuld sichern soll, verliert der Vorauszahlungsanspruch erst mit Festsetzung in Höhe des zu sichernden Anspruchs seine Funktion. Der Anspruch auf Erstattung überzahlter Vorauszahlungen entsteht deshalb bereits mit Ablauf des Besteuerungsabschnitts und nicht erst mit der Festsetzung der Jahressteuer, da der Überschuss nicht zur Besicherung dient (BFH 6.2.1996 – VII R 116/94, BStBl. II 1996, 557; TK § 38 Rn. 19; aA KSM EStG § 37 Rn. A 17). Dem steht nicht entgegen, dass der Unterschiedsbetrag zwischen der JahresStSchuld und der Summe der anzurechnenden Vorauszahlungen (§ 36 IV EStG; § 20 III GewStG; § 31 I KStG) erst durch Bekanntgabe des StBescheids konkretisiert wird. Diese Vorschriften regeln nicht die Entstehung des Erstattungsanspruchs, sondern dessen Fälligkeit (BVerwG 14.12.1984 – 8 B 112/84, HFR 1985, 483 zur GewSt; BFH 6.2.1990 – VII R 86/88, BStBl. II 1990, 523). Ein etwaiger Erstattungsanspruch ist bereits zu diesem Zeitpunkt abtretbar und (ver-)pfändbar (BFH 26.4.1994 – VII R 109/93, BFH/NV 1994, 839).

21 **Entstehung nach Grund und Höhe.** Für die Entstehung der Vorauszahlungen auf die ertragsabhängigen Jahressteuern ist zu differenzieren. Sie entstehen **dem Grunde nach**

mit Beginn des Kalendervierteljahrs, in dem sie zu entrichten sind, oder mit Begründung der Stpfl. während des Kalenderjahrs (§ 37 I 2 EStG; § 30 Nr. 2 KStG; § 21 GewStG). Die Entstehung **der Höhe nach** vollzieht sich – wie bei Ermessensentscheidungen – durch Festsetzung im Vorauszahlungsbescheid. Die Festsetzung der Vorauszahlungen basiert auf einer Prognoseentscheidung der FB. Sie hat ausgehend von der letzten Veranlagung die anspruchsbegründenden Tatbestände zu berücksichtigen, die voraussichtlich im laufenden Besteuerungsabschnitt verwirklicht werden. Die Bemessung der Vorauszahlungen beruht auf Wahrscheinlichkeitserwägungen auf der Basis der bereits verwirklichten Sachverhalte, sodass erst mit Ausübung der Prognoseentscheidung die Höhe der Vorauszahlungen feststeht (im Ergebnis ebenso BFH 23.6.1993 – X B 134/91, BStBl. II 1994, 38; Kruse FS Tipke, 1995, 277 (285); diff. KSM EStG § 37 Rn. A 9: die jedoch von einer Ermessensentscheidung ausgehen). Etwas anderes gilt für die USt und GrSt. Die USt entsteht mit Ablauf des betreffenden Voranmeldungszeitraums in der durch den Unternehmer selbst zu berechnenden Höhe. GrSt entsteht als Jahressteuer bereits zu Beginn des Kalenderjahrs, sodass bei richtiger Bemessung der Vorauszahlungen lediglich die Fälligkeit geregelt wird.

4. Pauschale Lohnsteuer

Die LSt entsteht gem. § 38 II 2 EStG in dem Zeitpunkt, in dem der Arbeitslohn dem 24
Arbeitnehmer zufließt. Für die pauschale LSt enthält das EStG keine ausdrückliche Regelung. Die §§ 40, 40a, 40b EStG normieren lediglich die Voraussetzungen der Pauschalierung und die Pflicht zur Übernahme der pauschalen LSt durch den Arbeitgeber als neuen StSchuldner. Lässt das FA auf Antrag des Arbeitgebers die Pauschalierung zu, tritt mit der nachfolgenden Pauschalierung eine gesetzliche Schuldübernahme ein (Crezelius BB 1985, 2057 (2061)). Die Schuldübernahme bewirkt keine inhaltliche Änderung der StSchuld, sondern nur eine Auswechslung des StSchuldners. Der Arbeitnehmer als ursprünglicher StSchuldner wird von seiner Verpflichtung frei. Zugleich tritt der Arbeitgeber an die Stelle des bisherigen Schuldners. Der Entstehungszeitpunkt der pauschalen LSt entspricht folglich demjenigen der individuellen LSt-Schuld des Arbeitnehmers, also dem Zeitpunkt des Zuflusses des Arbeitslohns (BFH 6.5.1994 – VI R 47/93, BStBl. II 1994, 715 unter Aufgabe der Rspr. zur Unternehmenssteuer eigener Art; Klein § 38 Rn. 36; aA Gosch BB 1990, 1110: Zeitpunkt der Durchführung der Pauschalierung; Milatz/Bethge BB 1989, 1802: Antragstellung des Arbeitgebers). Soweit die pauschale LSt geringer ist als die individuelle LSt des Arbeitnehmers, erlischt der StAnspruch in Höhe der Differenz. Entfallen die Voraussetzungen der Pauschalierung durch Zahlung einer Gratifikation (vgl. BFH 21.7.1989 – VI R 157/87, BStBl. II 1989, 1032), lebt die ursprüngliche StSchuld mit der Folge des § 42d I 1 EStG wieder auf (BFH 31.3.1995 – VI R 84/94, BFH/NV 1995, 783).

III. Entstehung kraft Gesetzes

Ansprüche aus dem StSchuldverhältnis entstehen kraft Gesetzes in der im Zeitpunkt der 27
Tatbestandsverwirklichung geltenden Fassung. Gesetze, die rückwirkend in Kraft gesetzt werden, verändern den bereits entstandenen StAnspruch, indem die frühere Geltung des Gesetzes fingiert wird. Veränderungen in der Person des StSchuldners, die zwischen dem Zeitpunkt der Tatbestandsbestandsverwirklichung und dem Erlass des rückwirkenden Gesetzes eintreten, sind unbeachtlich (BFH 16.11.1950 – III 117/50 S, BStBl. III 1951, 5). Der einmal entstandene StAnspruch ist unabänderlich, soweit nicht das Gesetz selbst Ausnahmen zulässt (zB §§ 15a, 17 UStG; § 16 GrEStG; § 6 IV AStG). Tatsächliche Geschehensabläufe und eingetretene Rechtswirkungen können nicht wieder beseitigt werden (BFH 10.12.2008 – XI R 1/08, BStBl. II 2009, 1026). Die Beseitigung der Folgen durch Rückgängigmachung des Geschehenen oder Rückbeziehung schuldrechtlicher Rechtsgeschäfte haben keinen Einfluss auf die Vergangenheit und sind deshalb steuerlich unbeachtlich (BFH 23.1.1986 – IV R 335/84, BStBl. II 1986, 623; BFH 15.12.2004 – XI R

45/03, BFH/NV 2005, 1509; zu Verwaltungshandeln mit Rückwirkung vgl. FG Rheinland-Pfalz 30.6.1983 – 3 K 119/83, EFG 1984, 122). Ebenso wenig können Vorgänge für die Besteuerung rückwirkend fingiert werden (vgl. zur fiktiven Einlage BFH 22.6.1967 – I 192/64, BStBl. II 1968, 4). Ein notarieller Nachtragsvermerk nach § 44a II 1 BeurkG führt nicht zur rückwirkenden Veränderung des Auslegungsergebnisses der Vertragsurkunde, insb. nicht zum Wiederaufleben eines beendeten Gewinnabführungsvertrages (BFH 13.7.2022 – I R 42/18, DStR 2022, 2615). Knüpft das StGesetz für den Eintritt der Rechtsfolge an die **zivilrechtliche Wirksamkeit** eines Rechtsgeschäfts an, ist die zivilrechtliche Rückwirkung auch steuerlich zu beachten. Dies gilt etwa für die vormundschaftliche Genehmigung (einschr. BFH 1.2.1973 – IV R 49/68, BStBl. II 1973, 307: Genehmigung muss unverzüglich beantragt und in angemessener Frist erteilt werden; vgl. auch BFH 5.3.1981 – IV R 150/76, BStBl. II 1981, 435/438 zu § 108 III BGB; BFH 25.7.1984 – II R 81/82, BStBl. II 1984, 771 aufsichtsbehördliche Genehmigung), die Ausschlagung einer Erbschaft (§ 1953 BGB) und die Anfechtung eines Rechtsgeschäfts (§§ 119, 123 BGB). So lässt die Anfechtung eines Grundstückskaufvertrags mit anschließender Rückabwicklung den Anspruch auf GrESt (§ 1 I 1 GrEStG) wieder entfallen, sofern die Beteiligten nicht den Ersatztatbestand des § 1 II GrEStG erfüllen (BFH 27.1.1982 – II R 119/80, BStBl. II 1982, 425).

Knüpft der gesetzliche Tatbestand jedoch an den **wirtschaftlichen Gehalt,** also den Vollzug des Rechtsgeschäfts an, beeinflusst die rückwirkende Unwirksamkeit die Entstehung des StAnspruchs nicht (Kruse LB, § 6 III 4). Dies gilt auch bei entschuldbarem Irrtum über die steuerlichen Folgen eines Rechtsgeschäfts. Die rückwirkende Aufhebung und Rückabwicklung des Rechtsgeschäfts kann jedoch einen Anspruch auf abweichende StFestsetzung begründen (§ 163 I; vgl. RFH 17.7.1930 – VI A 829/29, RStBl. 1930, 633). Werden mündliche Vereinbarungen zu Beweiszwecken oder zur Feststellung des streitig gewordenen Sachverhalts schriftlich fixiert, liegt hierin lediglich die Bestätigung des bereits wirksam geschlossenen Rechtsgeschäfts (BFH 23.4.1975 – I R 234/74, BStBl. II 1975, 603). Eine kurzfristige Rückbeziehung wird von der Rspr. zugelassen, wenn mit ihr kein steuerlicher Vorteil erstrebt wird (BFH 18.9.1984 – VIII R 119/81, BStBl. II 1985, 55; FG Niedersachsen 20.10.1993 – XIII 287/89, EFG 1994, 507).

28 **Steuer- und Satzungsklauseln.** Durch StKlauseln soll die Entstehung eines StAnspruchs ausgeschlossen werden. Es handelt sich um Vertrags- oder Satzungsklauseln, die die Gültigkeit des Vertrags oder einzelner Bestimmungen vom Eintritt/Nichteintritt bestimmter steuerlicher Folgen abhängig machen. Derartige Klauseln finden häufig in Satzungen von KapGes zur Vermeidung verdeckter Gewinnausschüttungen Anwendung (nach der Rspr. lässt sich eine vGA durch Satzungsklauseln nicht vermeiden, BFH 29.4.1987 – I R 176/83, BStBl. II 1987, 733; BFH 29.5.1996 – I R 118/93, BStBl. II 1997, 92; vgl. auch Seeger StVj 1992, 249; aA Döllerer DStR 1980, 398). Die Klauseln werden zivilrechtlich als echte Bedingungen iSd §§ 158, 159 BGB (Flume DB 1970, 77) oder als eine unechte Gegenwartsbedingung beurteilt (TK § 41 Rn. 53). Sie sind **steuerlich unwirksam** (L. Schmidt JbFSt 1979/1980, 314; HHSp § 41 Rn. 141 ff.; aA Kruse LB, 124; Meyer-Arndt JbFSt 1979/1980, 297; Flume DB 1970, 77). Dem Stpfl. steht einerseits die Gestaltung des steuerlichen Sachverhalts zu. Andererseits hat er die Folgen seines Verhaltens auch bei unklarer Rechtslage zu tragen. Die rückwirkende Gestaltung des StAnspruchs ist ausgeschlossen (BFH 20.9.1999 – III R 33/97, BStBl. II 2000, 208; → § 41 Rn. 26 ff.).

1. Tatsächliche Verständigung

31 Da der Anspruch aus dem StSchuldverhältnis kraft Gesetzes entsteht, kann er grds. nicht durch Vereinbarung zwischen der FB und dem Stpfl. geändert werden. Eine vertragliche Vereinbarung über die Befreiung von der GewSt ist nichtig (BVerwG 5.6.1959 – 7 C 83.57, BVerwGE 8, 329; BVerwG 21.10.1983 – 8 C 174/81, NJW 1984, 2113; vgl. auch BFH 20.7.2010 – IX R 23/09, BStBl. II 2011, 218). Umgekehrt ist auch eine Ausweitung der Stpfl. privatrechtlich unwirksam (BGH 14.4.1976 – VIII ZR 253/74, BGHZ 66, 199).

Von den Vereinbarungen über den StAnspruch sind zulässige einverständliche Absprachen zwischen FA und Stpfl. über schwierig oder nicht aufzuklärende **Sachverhalte** zu unterscheiden (sog. tatsächliche Verständigung; vgl. zum Inhalt und Umfang → § 88 Rn. 47 ff.).

2. Festsetzung der Steuerschuld

Die Entstehung des StAnspruchs ist Voraussetzung für seine Festsetzung. Diese wiederum konkretisiert die StSchuld und macht sie damit erfüllbar. Umgekehrt ist die Entstehung jedoch nicht von der Festsetzung abhängig, sodass der rechtmäßige VA lediglich die materielle Rechtslage bestätigt (BFH 6.2.1990 – VII R 86/88, BStBl. II 1990, 523). Diese in § 3 II StAnpG enthaltene Regelung hat der Gesetzgeber wegen ihrer Selbstverständlichkeit nicht in § 38 aufgenommen, ohne dass dadurch eine Änderung eintreten sollte (BT-Drs. VI/1982, 113; aA Kirchhof NJW 1985, 2977). Ein rechtswidriger StBescheid, der eine höhere als die gesetzlich entstandene StSchuld festsetzt, wirkt in Höhe seines rechtswidrigen Anteils konstitutiv, da die FB ohne materielle Rechtsgrundlage eine Zahlungsverpflichtung begründet hat. Wenngleich die materielle Rechtslage darüber entscheidet, wie die StSchuld durch VA zu konkretisieren ist, wird der StAnspruch erst durchsetzbar, wenn er durch StBescheid festgesetzt wurde (Söhn FS Kruse, 1995, 239 (245)). Der StBescheid bildet folglich grds. den Grund für das Behaltendürfen der Leistung. Er verhindert nach Eintritt der Bestandskraft zudem den Rückgriff auf das materielle Recht (str.; → § 37 Rn. 49 ff.). 32

IV. Bedeutung der Entstehung

Die Frage nach dem Entstehungszeitpunkt der StSchuld stellt sich nicht nur für den Zeitpunkt der erstmaligen Festsetzung, sondern auch für eine Vielzahl weiterer materiell-rechtlicher Folgen. Die Entstehung der Schuld hat Bedeutung für den Übergang durch Gesamt- (§ 45) und Einzelrechtsnachfolge. So wird die Abtretung eines Anspruchs aus dem StSchuldverhältnis erst wirksam, wenn sie nach Entstehung des Anspruchs der FB angezeigt wird (§ 46 II). Ein Pfändungs- und Überweisungsbeschluss darf nicht erlassen werden, bevor der Anspruch entstanden ist (§ 46 VI). Die Haftung des Betriebsübernehmers für bestimmte Steuern des Veräußerers hängt vom Zeitpunkt der Entstehung dieser Steuern ab (§ 75 I 1). Für eine wirksame Aufrechnung genügt es, dass die Hauptforderung, gegen die der Stpfl. aufrechnet, erfüllbar, also entstanden ist (§ 226 I AO iVm § 387 BGB). Der Beginn der Frist für die Festsetzungsverjährung knüpft an den Ablauf des Kalenderjahrs an, in dem die Steuer entstanden ist (§ 170 I). Für die zeitliche Abgrenzung der Verjährungsregelung nach altem und neuem Recht ist gem. Art. 97 § 10 EGAO allein die Entstehung des StAnspruchs und nicht die Festsetzung maßgeblich (BFH 21.7.1993 – X R 113/91, BFH/NV 1994, 221). 35

Insolvenzverfahren. Von der Entstehung der Forderung ist ihre Begründetheit iSv § 38 InsO zu unterscheiden. Vor der Eröffnung des Insolvenzverfahrens begründete StForderungen an den Gemeinschuldner sind nach § 38 InsO als Insolvenzforderungen aus der Masse zu befriedigen. Später begründete Forderungen richten sich entweder gegen das insolvenzfreie Vermögen oder als sonstige Masseverbindlichkeiten iSd §§ 53, 55 InsO gegen die Insolvenzmasse (BFH 14.2.1978 – VIII R 28/73, BStBl. II 1978, 356). Als begründet wird eine Forderung schon dann angesehen, wenn – etwa weil aufschiebend bedingt – im Zeitpunkt der Insolvenzeröffnung zu ihrer Entstehung noch ein ungewisses künftiges Ereignis fehlt (BFH 27.8.1975 – II R 93/70, BStBl. II 1976, 77), spätestens aber dann, wenn der Eintritt der Tatbestandsverwirklichung bei Insolvenzeröffnung derart gesichert ist, dass er als unausweichlich anzusehen ist (BFH 21.9.1993 – VII R 68/92, BFH/NV 1994, 521). Der **ESt-Anspruch** wird regelmäßig dadurch begründet, dass im Laufe des Veranlagungszeitraums die Einzelnen für die Höhe des Jahreseinkommens maßgebenden Besteuerungsmerkmale erfüllt werden. Dies hatte etwa zur Folge, dass jene ESt, die auf Verwertungsmaßnahmen des Insolvenzverwalters entfiel, als nachkonkursliche Insolvenzkosten zu beurteilen 36 war (BFH 11.11.1993 – XI R 73/92, BFH/NV 1994, 477; nunmehr: sonstige Masseverbindlichkeit). Nach denselben Grundsätzen muss auch der Zeitpunkt der insolvenzrechtlichen Entstehung, dh die Zugehörigkeit zur Insolvenzmasse eines steuerrechtlichen Vergütungs- oder Erstattungsanspruchs des Gemeinschuldners beurteilt werden (BFH 6.10.2005 – VII B 309/04, BFH/NV 2006, 369; BFH 1.4.2008 – X B 201/07, BFH/NV 2008, 925).

§ 39 Zurechnung

(1) **Wirtschaftsgüter sind dem Eigentümer zuzurechnen.**

(2) **Abweichend von Absatz 1 gelten die folgenden Vorschriften:**

1. **[1]Übt ein anderer als der Eigentümer die tatsächliche Herrschaft über ein Wirtschaftsgut in der Weise aus, dass er den Eigentümer im Regelfall für die gewöhnliche Nutzungsdauer von der Einwirkung auf das Wirtschaftsgut wirtschaftlich ausschließen kann, so ist ihm das Wirtschaftsgut zuzurechnen. [2]Bei Treuhandverhältnissen sind die Wirtschaftsgüter dem Treugeber, beim Sicherungseigentum dem Sicherungsgeber und beim Eigenbesitz dem Eigenbesitzer zuzurechnen.**
2. **[1]Wirtschaftsgüter, die mehreren zur gesamten Hand oder einer rechtsfähigen Personengesellschaft zustehen, werden den Beteiligten oder Gesellschaftern anteilig zugerechnet, soweit eine getrennte Zurechnung für die Besteuerung erforderlich ist. [2]Rechtsfähige Personengesellschaften gelten für Zwecke der Ertragsbesteuerung als Gesamthand und deren Vermögen als Gesamthandsvermögen.**

Schrifttum: Hoffmann, Zur Frage des Übergangs des wirtschaftlichen Eigentums bei Ankaufsrecht der Käufer und gleichzeitigem Andienungsrecht der Verkäufer beim Verkauf eines GmbH-Anteils, GmbHR 2007, 54; Rau, Zeitpunkt des Übergangs des wirtschaftlichen Eigentums bei girosammelverwahrten Aktien; Kapitalertragsteuer bei Leerverkäufen über den Dividendenstichtag, DStR 2007, 1192; Hahne, Zeitpunkt des Übergangs des wirtschaftlichen Eigentums bei girosammelverwahrten Aktien – Erwiderung zum Beitrag von Rau, DStR 2007, 1192, DStR 2007, 1196; Rau, Zeitpunkt des Übergangs des wirtschaftlichen Eigentums bei girosammelverwahrten Aktien – Kurze Rückerwiderung zum Beitrag von Hahne, DStR 2007, 1196, DStR 2007, 1198; Wagner, Übergang des wirtschaftlichen Eigentums im Fall der Einräumung von Ankaufs- und Andienungsrechten (Call- und Put-Optionen), Der Konzern 2007, 199; Kempermann, Wirtschaftliches Eigentum und Realisationszeitpunkt, StJB 2008/2009, 243; Lüdenbach/Hoffmann, Wirtschaftliches Eigentum und bilanzielle Ertragsrealisierung bei rechtsunwirksamen Geschäften, DB 2009, 861; Englisch, Wirtschaftliches Eigentum beim Kauf girosammelverwahrter Aktien, FR 2010, 1023; Schmid, Das wirtschaftliche Eigentum an Forderungen, DStR 2010, 145; Schmidt-Naschke/Hempelmann, Steuerneutrale disquotale Spaltung und Nutzung des Instituts des wirtschaftlichen Eigentums – Zur Vollkonsolidierung von Unternehmensteilen in mehreren IFRS-Konzernabschlüssen, DStR 2010, 301; Müller/Wangler, Voraussetzungen für ein steuerlich beachtliches Treuhandverhältnis, DStR 2010, 1067; Schmid, Das wirtschaftliche Eigentum an Forderungen und das „limited-recourse"-Darlehen, DStR 2011, 794; Eicke/Philipp, Wirtschaftliches Eigentum an Forderungen in ABS-Transaktionen, NWB 2011, 1611; Bruns, Gibt es eine Vervielfachung des wirtschaftlichen Eigentums bei Leerverkäufen?, DStZ 2011, 676; Sistermann/Beutel, Spaltung und Begründung von wirtschaftlichem Eigentum – Gestaltungsmöglichkeiten nach dem Entwurf des Umwandlungssteuer-Erlasses vom 2.5.2011, DStR 2011, 1162; Schüppen, Auswirkungen der Begründung einer doppelnützigen Treuhand (wirtschaftliches Eigentum; Verlust), JbFSt 2012, 248; Brandis, Sog. cum/ex-Geschäfte: Übergang des wirtschaftlichen Eigentums, FS Gosch, 2016, 37; Schmich/Schnabelrauch, Die steuerliche Behandlung der „strukturierten" Wertpapierleihe, GmbHR 2017, 224.

Übersicht

A. Allgemeines

I. Inhalt

Die Vorschrift regelt die materiell-rechtliche Frage der Zurechnung von Wirtschaftsgütern zu StSubjekten. Verfahrensrechtliche Wirkung entfaltet sie folglich nicht (BFH 6.9.1995 – II R 128/91, BFH/NV 1996, 197). Abs. 1 enthält das Grundprinzip der Zurechnung nach Maßgabe des bürgerlichen Rechts. Das StRecht folgt für den Regelfall der privatrechtlichen Zuordnung (HHSp § 39 Rn. 7). Hiervon abw. bestimmt § 39 II eine Zurechnung allein nach steuerlichen Aspekten. Dieser Ausnahmetatbestand ist Ausdruck der wirtschaftlichen Betrachtungsweise (BT-Drs. VI/1982, 113; BFH 22.9.1982 – II R 61/80, BStBl. II 1983, 179; TK § 39 Rn. 1). Die von der privatrechtlichen Zuordnung abw. Zurechnung ist aus verfassungsrechtlicher Sicht nicht zu beanstanden (BVerfG 16.12.1970 – 1 BvR 210/68, BStBl. II 1971, 381). 1

II. Anwendungsbereich

§ 39 gilt grds. uneingeschränkt für alle StArten und Subventionen, auf welche die Vorschriften der AO Anwendung finden. Der in der Ausnahmevorschrift des § 39 II enthaltene Gedanke der **wirtschaftlichen Betrachtungsweise** verhindert jedoch idR eine Anwendung des Ausnahmetatbestands, wenn die materielle Regelung für die Besteuerung an bürgerlich-rechtliche Vorgänge anknüpft oder die Norm ausdrücklich auf Vorschriften des Zivilrechts verweist (vgl. HHSp § 39 Rn. 13). So berücksichtigen die Vorschriften des VollstrRechts grds. allein die zivilrechtliche Rechtsposition (vgl. §§ 262 I 3, 265; Klein § 39 Rn. 4). Materielle Tatbestände, deren Verwirklichung von förmlichen Akten des Privatrechts abhängt, finden sich vor allem in VerkehrStGesetzen. Bei diesen StArten ist in jedem Einzelfall zu prüfen, ob die materielle Norm die wirtschaftliche Betrachtungsweise zulässt (BFH 11.4.1967 – II 118/64, BStBl. III 1967, 539). § 39 ist deshalb idR nicht anzuwenden auf die GrESt (vgl. BFH 23.10.1974 – II R 87/73, BStBl. II 1975, 152; BFH 14.12.1988 – II B 134/88, BFH/NV 1990, 59; BFH 16.3.2022 – II R 24/20, BFH/NV 2022, 1196) und auf Tatbestände des ErbStG (BFH 15.10.1997 – II R 68/95, BStBl. II 1997, 820; BFH 25.1.2001 – II R 39/98, BFH/NV 2001, 908; vgl. auch Gebel BB 2004, 537). Auch das UStG knüpft für den VorSt-Abzug an die formale Rechnungsausstellung mit USt-Ausweis an, sodass eine hiervon abweichende Zurechnung nicht in Betracht kommt (FG Saarland 4.11.1994 – 1 K 152/94, EFG 1995, 351; Gosch AO § 39 Rn. 29). Zum UmwStG vgl. Sistermann/Beutel DStR 2011, 1162. 2

Speziellere Norm. Soweit in EinzelStGesetzen spezielle Zurechnungsregelungen enthalten sind, wird § 39 hierdurch verdrängt. Für den Bereich der Gewinnermittlung verweist § 5 I EStG als lex specialis zu § 39 II auf die Grundsätze ordnungsmäßiger Buchführung, die daher vorrangig anzuwenden sind (TK § 39 Rn. 11; Groh BB 1996, 1486). Desgleichen enthält § 92 BewG eine eigenständige, vorgehende Verteilungsregelung zwi- 3 schen Grundstück und Erbbaurecht (BFH 14.1.1987 – II R 208/84, BFH/NV 1988, 148). Auch im Zollrecht findet § 39 keine Anwendung (Gosch AO § 39 Rn. 28; Klein § 39 Rn. 5: geringe Bedeutung). Ebenso ist § 39 im europäischen Gemeinschaftsrecht nicht anzuwenden (vgl. FG Hessen 5.2.1973 – B VII 28/72, EFG 1973, 386). Zuweilen enthalten DBA eigenständige Zurechnungsvorschriften, die dann als Sonderregelung vorgehen (vgl. Flick/Wassermeyer DB 1972, 113). Fehlt es an einer eigenständigen Zuordnungsnorm im DBA, können Wirtschaftsgüter dem inländischen wirtschaftlichen Eigentümer zugerechnet werden (BFH 21.5.1971 – III R 125–127/70, BStBl. II 1971, 721; vgl. auch BFH 20.1.1999 – I R 69/97, BStBl. II 1999, 514; TK § 39 Rn. 6).

B. Zurechnungsgrundsatz (Abs. 1)

I. Wirtschaftsgüter

6 § 39 regelt ausschl. die Zurechnung von **Wirtschaftsgütern.** Nicht erfasst wird die Zurechnung von Einkünften (BFH 27.1.1993 – IX R 269/87, BStBl. II 1994, 615; HHSp § 39 Rn. 29). Einkünfte erzielt derjenige, der den gesetzlichen Tatbestand auf eigene Rechnung verwirklicht, mithin selbst die Einkünfte bezieht (vgl. BFH 30.3.1999 – VIII R 19/98, BFH/NV 1999, 1325; BFH 13.5.1980 – VIII R 128/78, BStBl. II 1981, 299). Im Regelfall wird indes nur derjenige, der wirtschaftlich über ein Wirtschaftsgut verfügen kann, hiermit Einkünfte erzielen können (vgl. Lang/Seer FR 1992, 637). So erzielt Einkünfte aus Kapitalvermögen grds. der Gläubiger der verzinslichen Kapitalforderung (BFH 7.7.2011 – IX R 11/10, BFH/NV 2011, 2023). Die Zurechnung von Umsätzen iSd UStG ist ebenfalls nicht Regelungsgegenstand (TK § 39 Rn. 18).

7 Der **Begriff** des Wirtschaftsguts stimmt mit demjenigen des EStG überein (HHSp § 39 Rn. 16; Klein § 39 Rn. 8). Wirtschaftsgüter sind sowohl Gegenstände (Sachen, Rechte) und Tiere iSd §§ 90 ff. BGB als auch bloße vermögenswerte Vorteile einschl. tatsächlicher Zustände und konkreter Möglichkeiten, die nach der Verkehrsauffassung einer selbständigen Bewertung zugänglich sind und deren Erlangung sich ein Kaufmann etwas kosten lässt (BFH 7.8.2000 – GrS 2/99, BStBl. II 2000, 632). Der handelsrechtliche Begriff des Vermögensgegenstands deckt sich inhaltlich mit dem des Wirtschaftsguts (BFH 26.11.1998 – IV R 52/96, BStBl. II 1999, 547). Nutzungsvorteile werden anders als Nutzungsrechte nicht als Wirtschaftsgüter angesehen (BFH 26.10.1987 – GrS 2/86, BStBl. II 1988, 348; Schmidt EStG § 5 Rn. 100).

II. Zurechnung

8 **Zweck.** Die Zurechnung eines Wirtschaftsguts dient im StRecht der Feststellung, bei welcher Person das Wirtschaftsgut wertmäßig zu erfassen ist und bei wem sich grds. die Belastungen und Nutzungen des Vermögensgegenstands wirtschaftlich auswirken (vgl. TK § 39 Rn. 2). Die Zuordnung entscheidet über die mit dem Wirtschaftsgut verknüpften steuerlichen Folgen, insb. wer Schuldner der durch den Vermögensgegenstand ausgelösten Steuern ist (vgl. BVerfG 16.12.1970 – 1 BvR 210/68, BStBl. II 1971, 381). Unter Zurechnung iSd § 39 ist deshalb die steuerrechtliche Zuordnung in persönlicher Hinsicht zu verstehen (BFH 4.10.1990 – X R 148/88, BStBl. II 1992, 211; BFH 25.11.1997 – VIII R 29/94, BStBl. II 1998, 257; HHSp § 39 Rn. 7). Eine Zurechnung für ein Rechtssubjekt schließt eine zeitpunktbezogene abweichende Zurechnungsentscheidung zu einem anderen Rechtssubjekt aus (BGH 28.7.2021 – 1 StR 519/20, NJW 2022, 90; BFH 2.2.2022 – I R 22/20, BStBl. II 2022, 324).

9 **Einheitlichkeit.** Die Zurechnung eines Wirtschaftsguts kann idR für alle StArten nur einheitlich erfolgen. Wird ein Vermögensgegenstand bei der Einheitsbewertung dem Betriebsvermögen des Unternehmers zugerechnet, gilt diese Zuordnung auch für die GewSt (FG Hamburg 10.11.1965 – II 10/64, EFG 1966, 188) und die ESt des Stpfl. (FG

Berlin 3.11.1987 – V 228/83, EFG 1988, 369). Eine abw. Zuordnung desselben Wirtschaftsguts bei verschiedenen StArten kann nur kraft ausdrücklicher gesetzlicher Anordnung erfolgen (FG Baden-Württemberg 12.12.1979 – VII 89/76, EFG 1980, 346). Ebenso schließt die Zurechnung des Wirtschaftsguts zu einer Person die gleichzeitige Zuordnung zu einer anderen Person aus. Bei der anteiligen Zuordnung des Wirtschaftsguts zu mehreren Berechtigten darf die Summe der Anteile dementsprechend ein Ganzes nicht überschreiten (TK § 39 Rn. 15).

III. Eigentümer

Wirtschaftsgüter sind dem zivilrechtlichen Eigentümer zuzurechnen. Das StRecht folgt 10
damit in erster Linie der zivilrechtlichen Zuordnung von Vermögensgegenständen (BFH 7.7.1992 – VIII R 54/88, BFH/NV 1988, 331). Die Begriffe Wirtschaftsgut und Eigentum passen indes nur zusammen, soweit es um die dingliche Berechtigung an Sachen geht (vgl. Grüneberg BGB § 903 Rn. 2). Eigentum in § 39 I ist daher allg. als **zivilrechtliche Berechtigung** absoluter Herrschaftsmacht über den Vermögensgegenstand zu verstehen (Klein § 39 Rn. 13; Heidner DB 1996, 1203). Folglich sind Sachen dem Eigentümer, Rechte dem Rechtsinhaber, Forderungen dem Gläubiger und Gesellschaftsanteile dem Gesellschafter als dinglich Berechtigten zuzurechnen (vgl. BFH 26.6.1990 – VIII R 81/85, BStBl. II 1994, 645; TK § 39 Rn. 20). Die zivilrechtliche Berechtigung erfasst – wegen des weiten Begriffsverständnisses der Vorschrift – auch virtuelle Währungen (BFH 14.2.2023 – IX R 3/22, BStBl. II 2023, 571).

C. Abweichende Zurechnung bei wirtschaftlichem Eigentum (Abs. 2)

I. Wirtschaftliches Eigentum (Abs. 2 Nr. 1 S. 1)

Die mit der zivilrechtlichen Rechtsposition verbundene Herrschaftsmacht über das Wirt- 13
schaftsgut kann durch tatsächliche oder rechtliche Gestaltungen weitgehend ausgehöhlt sein (vgl. BFH 12.12.1973 – II R 29/69, BStBl. II 1974, 251). Dieser Erkenntnis folgt § 39 II Nr. 1 S. 1 und rechnet das Wirtschaftsgut abw. von der Regelzuordnung des Privatrechts steuerlich demjenigen zu, der den wirtschaftlichen Wert des Wirtschaftsguts uneingeschränkt für sich gebrauchen kann (HHSp § 39 Rn. 7; TK § 39 Rn. 21). Die steuerrechtliche Zurechnung beruht auf wirtschaftlichen Maßstäben, ohne die Eigentumsverhältnisse zu beeinflussen, insb. wird kein eigenständiger steuerrechtlicher Eigentumsbegriff geschaffen (Heidner DB 1996, 1203).

1. Definition des wirtschaftlichen Eigentums

Die Begriffsbestimmung des § 39 II Nr. 1 S. 2 knüpft im Anschluss an das Leasing-Urteil 14
(BFH 10.7.1980 – IV R 144/66, BStBl. II 1970, 264) an die tatsächliche Herrschaft über ein Wirtschaftsgut an, mittels dessen ein anderer als der zivilrechtlich Berechtigte den im Wirtschaftsgut verkörperten wirtschaftlichen Wert unter Ausschluss des Eigentümers vollständig bzw. nahezu vollständig aufzehren kann. Entscheidend ist danach, ob nach dem **Gesamtbild der Verhältnisse** ein anderer eine – zumeist auch rechtlich abgesicherte – Position innehat, die es ihm ermöglicht, den zivilrechtlichen Eigentümer dauerhaft derart auszuschließen, dass seinem Herausgabeanspruch bei dem für die gewählte Gestaltung typischen Verlauf zumindest tatsächlich keine nennenswerte praktische Bedeutung zukommt (vgl. BFH 27.2.1991 – XI R 14/87, BStBl. II 1991, 628; BFH 12.9.1991 – III R 233/90, BStBl. II 1992, 182; BFH 28.7.1993 – I R 88/92, BStBl. II 1994, 164).

Tatsächliche Herrschaft über das Wirtschaftsgut ist kein Rechts-, sondern ein tatsäch- 15
liches Verhältnis. **Besitz** ist die tatsächliche Herrschaft einer Person über eine Sache (§ 854 I BGB). Sie kann auch mittelbar durch einen Besitzmittler ausgeübt werden (§ 858 BGB; vgl. BFH 6.8.1971 – III R 89/68, BStBl. II 1972, 28). So führt die kurzfristige

Vermietung einer für die Nutzungsdauer unkündbar geleasten Sache nicht zum Verlust des wirtschaftlichen Eigentums beim Leasingnehmer. Für den Erwerb der tatsächlichen Herrschaft über ein Wirtschaftsgut ist deshalb nicht der Abschluss eines auf die Übertragung des rechtlichen Eigentums gerichteten zivilrechtlichen Vertrags und der dingliche Vollzug dieser Vereinbarung notwendig, sondern nur die Erlangung des Gewahrsams (vgl. BFH 15.2.2001 – III R 130/95, BFH/NV 2001, 1041). Für unkörperliche Gegenstände entfaltet das Merkmal der tatsächlichen Herrschaft keine Bedeutung.

16 **Ausschluss des Berechtigten.** Der bürgerlich-rechtlich Berechtigte muss von der Einwirkung auf das Wirtschaftsgut ausgeschlossen sein. Von Einwirkungen ausgeschlossen ist der Eigentümer insb., wenn er die Sache nicht wegnehmen, zerstören, beschädigen oder benutzen darf (vgl. Grüneberg BGB § 903 Rn. 6). Davon kann grds. ausgegangen werden, wenn der Nutzende ein **Recht zum Besitz** hat. Entscheidend ist das Gesamtbild der Verhältnisse im jeweiligen Einzelfall (BFH 10.12.1998 – III R 61/97, BStBl. II 1999, 859; BFH 15.7.1997 – VIII R 56/93, BStBl. II 1998, 152). Ein schuldrechtlich oder dinglich Nutzungsberechtigter hat jedoch idR kein wirtschaftliches Eigentum an dem ihm zur Nutzung überlassenen Wirtschaftsgut, es sei denn, es stehen ihm für die gesamte Nutzungsdauer Substanz und Ertrag zu (vgl. BFH 13.10.2016 – IV R 33/13, BStBl. II 2018, 81). Der Übertragbarkeit der formalen Rechtsstellung als Rechtsinhaber kommt nur eingeschränkte Bedeutung zu, soweit hierdurch die Befugnis des Nutzenden nicht berührt wird (vgl. BFH 5.5.1983 – IV R 43/80, BStBl. II 1983, 631; TK § 39 Rn. 24). Zwar ist Kennzeichen der Eigentümerstellung, dass dieser mit der Sache nach Belieben verfahren darf, insb. durch Übereignung, Eigentumsaufgabe, Belastung, Veränderung, Verbrauch, Vernichtung oder Benutzung. Die Übertragung auf einen anderen Rechtsinhaber verliert jedoch ihr wirtschaftliches Gewicht, wenn auch der neue Berechtigte von jeder Einwirkung auf die Sache ausgeschlossen ist oder über das Recht im Wesentlichen nur durch Übertragung oder Belastung verfügen kann (BFH 18.7.2001 – X R 15/01, BStBl. II 2002, 278; BFH 18.7.2001 – X R 23/99, BStBl. II 2002, 281). Die nachträgliche Unwirksamkeit schuldrechtlicher Vereinbarungen berührt den Übergang des wirtschaftlichen Eigentums nicht, wenn die Beteiligten die wirtschaftlichen Folgen des Rechtsgeschäfts nicht rückgängig machen (BFH 17.2.2004 – VIII R 28/02, BStBl. II 2005, 46).

17 **Kennzeichen wirtschaftlichen Eigentums.** Der wirtschaftlich Berechtigte kann idR über das Wirtschaftsgut in seiner wirtschaftlichen Substanz verfügen. Das ist der Fall, wenn ihm eine dem Vollrecht angenäherte Rechtsposition (Anwartschaftsrecht) zukommt, über die er frei verfügen kann (BFH 10.3.1988 – IV R 226/85, BStBl. II 1988, 832; BFH 3.8.1988 – I R 157/84, BStBl. II 1989, 21). Dem Rechtsinhaber steht grds. die uneingeschränkte Dispositionsbefugnis über sein Recht zu. Neben der Übertragung durch Abtretung kann er inhaltlich auf das Recht einwirken, insb. durch Veränderung und Belastung (vgl. BFH 26.1.2011 – VIII R 14/10, BFH/NV 2011, 1512 zu **Kapitalforderungen**). Der wirtschaftliche Eigentümer trägt grds. das Risiko des zufälligen Untergangs, ihm stehen die Wertsteigerungen zu (BFH 30.5.1984 – I R 146/81, BStBl. II 1984, 825; BFH 15.12.1999 – I R 29/97, BStBl. II 2000, 527). Aus diesem Grund verbleibt das wirtschaftliche Eigentum an einer Forderung beim Forderungsverkäufer, wenn er weiterhin mit dem Bonitätsrisiko belastet ist (BFH 26.8.2010 – I R 17/09, DStR 2010, 2455). Er trägt idR die Lasten der Sache und er erhält die Erträge (BFH 28.9.1995 – IV R 34/93, BFH/NV 1996, 314; BFH 25.1.1996 – IV R 114/94, BStBl. II 1997, 382; BFH 24.9.1991 – VIII R 349/83, BStBl. II 1992, 330). Die Merkmale müssen kumulativ zusammentreffen, wenngleich sie vielfach nicht vollständig und gleichmäßig stark ausgeprägt sind (vgl. BFH 12.4.2000 – X R 20/99, BFH/NV 2001, 9; BFH 15.12.1999 – I R 29/97, BStBl. II 2000, 527; BFH 12.9.1991 – III R 233/90, BStBl. II 1992, 182).

18 **Nicht ausreichend** sind Verfügungsbeschränkungen in einzelnen Beziehungen (zB durch Testamentsvollstreckung oder Vorerbschaft) oder schuldrechtliche Vereinbarungen iSd § 137 S. 2 BGB (vgl. BFH 26.3.1987 – IV R 20/84, BStBl. II 1987, 561; BFH 4.2.1998 – XI R 35/97, BStBl. II 1998, 542); die Übertragung von Nutzen und Lasten

ohne Übergang der Verlustgefahr (BFH 7.8.1979 – VIII R 153/77, BStBl. II 1980, 181; BFH 16.5.1995 – VIII R 18/93, BStBl. II 1995, 714); die bloße Teilhabe am Veräußerungserlös (BFH 4.2.1998 – XI R 35/97, BStBl. II 1998, 542); die tatsächliche Nutzungsmöglichkeit aufgrund eines persönlichen Näheverhältnisses zum Eigentümer (FG Niedersachsen 19.1.1994 – XII 85/90, EFG 1994, 785), auch wenn sie durch schuldrechtliche Vereinbarung abgesichert ist (vgl. BFH 5.7.2018 – VI R 67/15, BStBl. II 2018, 798 zum Sondernutzungsrecht; BFH 29.3.2007 – IX R 14/06, BFH/NV 2007, 1471 zum Dauerwohnrecht; vgl. zu einem Sonderfall FG Hamburg 8.5.2002 – II 107/01, EFG 2002, 1212: Eigentum der Eltern mit obligatorischem Wohnrecht auf Lebenszeit der Kinder); die Bebauung eines Grundstücks mit Duldung des Eigentümers (BFH 11.12.1987 – III R 188/81, BStBl. II 1988, 493); Verfügungsmöglichkeit aufgrund unwiderruflicher Vollmacht, wenn die Folgen der Rechtsgeschäfte den Vertretenen treffen (BFH 27.9.1988 – VIII R 193/83, BStBl. II 1989, 414); die Übernahme der Anschaffungskosten des Wirtschaftsguts unter gleichzeitiger Vereinbarung eines aufschiebend bedingten Übertragungsanspruchs (BFH 4.2.1998 – XI R 35/97, BStBl. II 1998, 542).

Dauerhaft. Der Eigentümer muss idR für die gesamte gewöhnliche Nutzungsdauer der 19
Sache von der Einwirkung ausgeschlossen sein. Das ist der Fall, wenn dem Eigentümer kein oder nur ein wirtschaftlich bedeutungsloser Herausgabeanspruch zusteht (BFH 1.10.1997 – X R 91/94, BStBl. II 1998, 203; BFH 22.11.1996 – VI R 77/95, BStBl. II 1997, 208). Hiervon kann grds. ausgegangen werden, wenn der Eigentümer die entschädigungslose Herausgabe erst nach wirtschaftlichem oder technischem Verbrauch der Sache durchsetzen kann (BFH 10.7.1980 – IV R 144/66, BStBl. II 1970, 294). Eines Ausschlusses für die gesamte Nutzungsdauer bedarf es nicht, wenn die Sache speziell auf die Bedürfnisse des Nutzers zugeschnitten ist, sodass eine wirtschaftlich sinnvolle anderweitige Nutzung oder Verwendung durch den Eigentümer oder Dritte nicht möglich erscheint (BFH 15.2.2001 – III R 130/95, BFH/NV 2001, 1041). Dies gilt auch, wenn dem Nutzenden bei Beendigung des Nutzungsverhältnisses gegen den rechtlichen Eigentümer ein Entschädigungsanspruch in Höhe des **Verkehrswerts** zusteht (BFH 11.6.1997 – XI R 77/96, BStBl. II 1997, 774; BFH 4.2.1998 – XI R 35/97, BStBl. II 1998, 542; BFH 29.4.2008 – VIII R 98/04, BStBl. II 2008, 749). Ist lediglich ein Teil des Verkehrswerts als Entschädigung vereinbart, wird der Eigentümer nicht dauerhaft ausgeschlossen (BFH 18.7.2001 – X R 69/00, BFH/NV 2002, 171; BFH 8.4.2003 – IX R 1/01, BFH/NV 2003, 1171). Es reicht hingegen nicht aus, dass die tatsächliche Herrschaft lediglich auf unbestimmte Zeit, nicht aber für die gewöhnliche Nutzungsdauer bestehen soll (BFH 12.4.2000 – X R 20/99, BFH/NV 2001, 9). So begründet ein für die Lebensdauer des Nutzenden bestelltes Wohnungsrecht grds. kein wirtschaftliches Eigentum des Nutzungsberechtigten (FG Münster 26.3.1997 – 12 K 3591/94 F, EFG 1999, 653; FG Schleswig-Holstein 23.7.2001 – V 24/99, EFG 2001, 1419). Die Kündbarkeit des Vertrags durch den Nutzenden berührt nicht den dauerhaften Ausschluss des Eigentümers von der Einwirkung auf das Wirtschaftsgut (aA BFH 14.2.2001 – X R 82/97, BStBl. II 2001, 440).

Wirtschaftliche Mitberechtigung ist in der Weise möglich, dass eine Personenmehr- 20
heit gemeinsam den zivilrechtlichen Eigentümer auf Dauer von der Nutzung ausschließen kann. Die Mitberechtigten untereinander sind zur gemeinschaftlichen oder anteiligen Nutzung berechtigt. Zudem kann wirtschaftliches Eigentum an ideellen Miteigentumsanteilen begründet werden (BFH 28.8.1974 – I R 18/73, BStBl. II 1975, 166; BFH 30.11.1984 – III R 121/83, BStBl. II 1985, 451; BFH 26.2.1987 – IV R 106/83, BFH/NV 1987, 497; BFH 16.12.1992 – X R 15/91, BFH/NV 1993, 411; HHSp § 39 Rn. 20). Errichtet die Ehefrau auf eigene Rechnung und Gefahr ein Gebäude auf einem Grundstück, das im ideellen Miteigentum des Ehemannes steht, soll hierdurch wirtschaftliches Eigentum am Gebäude begründet werden, wenn ein Anspruch auf Entschädigung des hergestellten Gebäudeteils nach Beendigung der Nutzung besteht (BFH 14.5.2002 – VIII R 30/98, BStBl. II 2002, 741; Ausgleichsanspruch verneinend BFH 29.4.2008 – VIII R 98/04, BStBl. II 2008, 749). Wirtschaftliches Miteigentum neben dem zivilrechtlich Alleinberech-

tigten ist nicht möglich, weil dem wirtschaftlich Mitberechtigten die Möglichkeit fehlt, den Eigentümer vollständig von der Einwirkung auf das Wirtschaftsgut auszuschließen (vgl. auch BFH 19.5.2004 – III R 29/03, BStBl. II 2005, 77; aA BFH 27.11.1996 – X R 92/92, BStBl. II 1998, 97; BFH 18.7.2001 – X R 111/96, BFH/NV 2002, 173; TK § 39 Rn. 28: Miteigentümerschaft zwischen rechtlichem und wirtschaftlichem Eigentümer). Ein Entschädigungsanspruch in Höhe eines Anteils am Verkehrswert sichert lediglich eine wertmäßige Beteiligung, nicht jedoch die tatsächliche Mitherrschaft über das Wirtschaftsgut (vgl. für Anbau an die im Miteigentum stehende Wohnung BFH 7.3.2001 – X R 147/97, BFH/NV 2001, 1235; aA BFH 18.7.2001 – X R 15/01, BStBl. II 2002, 278; BFH 14.5.2002 – VIII R 30/98, BStBl. II 2002, 741). Zum Ausgleichsanspruch muss eine Rechtsposition hinzutreten, vermöge deren der zivilrechtliche Eigentümer während der Nutzung von der Einwirkung ausgeschlossen werden kann.

2. Einzelfälle

23 **a) Abbauberechtigungen.** Vorkommen von Sand, Kies und anderen Bodenschätzen (vgl. BFH 28.10.1982 – IV R 73/81, BStBl. II 1983, 106) werden erstmals zu Wirtschaftsgütern, wenn der Eigentümer über sie verfügt, indem er den Bodenschatz zu verwerten beginnt. Hiervon ist auszugehen, wenn der Bodenschatz in den Verkehr gebracht wird, dh, wenn mit seiner Aufschließung begonnen wird oder mit ihr zu rechnen ist (BFH 1.7.1987 – I R 197/83, BStBl. II 1987, 865). Verwertet der Eigentümer das Vorkommen durch Verpachtung des Mineralgewinnungsrechts, steht das wirtschaftliche Eigentum am Wirtschaftsgut dem Pächter zu, wenn dieser berechtigt ist, das Wirtschaftsgut unter Ausschluss des Grundstückseigentümers bis zu dessen Erschöpfung auszubeuten (BFH 22.7.1960 – III 242/59 S, BStBl. III 1960, 420). Das ist insb. der Fall, wenn das Abbaurecht durch eine beschränkte persönliche Dienstbarkeit gesichert ist (BFH 8.11.1989 – I R 46/86, BStBl. II 1990, 388), die Ausbeute der Vorkommen ohne vorherige Zustimmung des Eigentümers einem Dritten überlassen werden kann (BFH 13.9.1989 – II R 121/86, BStBl. II 1989, 963) und das unwiderrufliche Recht zur Ausbeute des gesamten Vorkommens eines Grundstücks eingeräumt wurde (BFH 8.3.1974 – III R 150/72, BStBl. II 1974, 504; BFH 25.7.2012 – I R 101/10, BStBl. II 2013, 165: für Inhaber des Rechts, bergfreie Vorkommen auszubeuten und sich gehobene Bodenschätze anzueignen).

24 **b) Anwartschaften. Begriff.** Der Erwerb eines Rechts vollzieht sich in einem zeitlich gestreckten mehraktigen Tatbestand. Anfänglich besteht idR lediglich eine rechtlich ungesicherte Aussicht auf einen Erwerb. Diese Vorstufe zum Erwerb eines Rechts wird allg. als Anwartschaft bezeichnet. Verdichtet sich der Grad rechtlicher Sicherheit mit dem Fortschreiten des Erwerbsvorgangs, sodass der Veräußerer die Rechtsposition des Erwerbers nicht mehr einseitig zerstören kann, besteht ein Anwartschaftsrecht (BGH 30.4.1982 – V ZR 104/81, BGHZ 83, 395; BFH 4.7.2007 – VIII R 68/05, BStBl. II 2007, 937). Tritt neben die gesicherte Rechtsposition die tatsächliche Sachherrschaft, ist das Wirtschaftsgut stets dem Erwerber als wirtschaftlichem Eigentümer zuzurechnen (ähnlich BFH 15.3.1973 – VIII R 90/70, BStBl. II 1973, 591). Im Einzelfall kann wirtschaftliches Eigentum bereits bei einem graduell geringeren Maß an Rechtsmacht des Erwerbers anzunehmen sein. Eine durch ein notariell beurkundetes Verkaufsangebot erlangte Option auf den Erwerb von Aktien begründet jedoch idR noch kein wirtschaftliches Eigentum des potenziellen Erwerbers (BFH 4.7.2007 – VIII R 68/05, BFH/NV 2007, 2192). Vgl. zur Call-Option BFH 19.12.2007 – VIII R 14/06, BStBl. II 2008, 475; Übertragung eines Kommanditanteils unter Einräumung wechselseitiger Call- und Put-Optionen FG Münster 8.4.2025 – 15 K 421/21 G,F, EFG 2025, 1080, Rev. BFH IV R 10/25.

25 **Bedingter Erwerb.** Der Eigentumserwerb kann durch die Einfügung einer Bedingung zeitlich gestreckt werden, wie es § 455 BGB beim Erwerb einer beweglichen Sache unter Eigentumsvorbehalt vorsieht. Erfüllt der Vorbehaltskäufer die vertraglichen Pflichten, insb. seine Zahlungspflicht, kann er den Eigentümer von der Einwirkung auf die Sache aus-

schließen. Er ist sowohl gegen Zwischenverfügungen (§ 161 I BGB) als auch gegen Herausgabeansprüche gesichert (§ 986 BGB). Mit dem Kauf der Vorbehaltsware hat der Käufer sie als eigenes Betriebsvermögen zu aktivieren (BFH 3.8.1988 – I R 157/84, BStBl. II 1989, 21). Vergleichbare Rechtspositionen entstehen bei Sicherungsrechten, wenn die Rückzahlung des Kredits zur auflösenden Bedingung der Rechtsübertragung gemacht wurde (→ Rn. 63 f.).

Grundstückserwerb. Die Rechtsstellung des Erwerbers erstarkt zu einem Anwartschaftsrecht, wenn nach Abschluss des Grundstückskaufvertrags der Eintragungsantrag des Auflassungsempfängers beim Grundbuchamt eingeht (vgl. Grüneberg BGB § 925 Rn. 24). Durch die Pflicht zur Einhaltung der zeitlichen Reihenfolge kann ein später eingehender Antrag nicht mehr berücksichtigt werden (BGH 12.5.1989 – V ZR 10/88, BGHZ 106, 108). Unabhängig vom Eintragungsantrag ist der durch eine Vormerkung gesicherte Auflassungsempfänger vergleichbar abgesichert (BGH 30.4.1982 – V ZR 104/81, BGHZ 83, 395). Erwirbt ein Mieter das angemietete Grundstück, ist ihm mit Eintragung der Auflassungsvormerkung das Wirtschaftsgut zuzurechnen (FG Nürnberg 18.4.2000 – I 193/97, EFG 2000, 791). Der Übergang des wirtschaftlichen Eigentums wird bei Grundstücksgeschäften zumeist auf den Zeitpunkt vorverlegt, zu dem der Erwerber den vertragstreuen Veräußerer von der Einwirkung auf das Wirtschaftsgut ausschließen kann (vgl. BFH 15.5.1953 – IV 519/52 U, BStBl. III 1953, 198; BFH 18.10.1968 – III 96/64, BStBl. II 1969, 199; BFH 17.1.1972 – GrS 10/70, BStBl. II 1972, 700). Hiervon ist auszugehen, wenn aufgrund des notariellen Kaufvertrags **Besitz, Gefahr, Nutzen und Lasten** auf den Erwerber übergegangen sind (BFH 17.2.2004 – VIII R 26/01, BStBl. II 2004, 651; BFH 12.10.2006 – II R 26/05, BFH/NV 2007, 386 mwN; vgl. zur Ausübung eines Vorkaufsrechts ohne sofortigen Besitzübergang FG Köln 20.9.2017 – 4 K 801/14, EFG 2018, 6). Die Möglichkeit, den Übergang von Nutzen und Lasten durch Zahlung des Kaufpreises herbeizuführen, genügt noch nicht (BFH 27.9.2001 – X R 67/00, BFH/NV 2002, 327); ebenso wenig die vertragliche Rückbeziehung des Gefahrübergangs (BFH 6.12.2018 – X R 11/17, BFH/NV 2019, 622). Ein dem Käufer vertraglich eingeräumtes Rücktrittsrecht schließt den Übergang des wirtschaftlichen Eigentums nicht aus (BFH 25.1.1996 – IV R 114/94, BStBl. II 1997, 382). Der Besitz verbunden mit dem Anspruch auf Eigentumsübergang kann im Einzelfall auch ohne nachfolgenden Eigentumserwerb ausreichen, insb. wenn die Weiterveräußerung mit oder ohne Durchgangserwerb erfolgt (BFH 15.3.1973 – VIII R 90/70, BStBl. II 1973, 591). Verbleiben Besitz, Gefahr, Nutzen und Lasten auch nach Eigentumsübergang beim Veräußerer, rechtfertigt dies grds. keine von § 39 I abweichende Zurechnung (BFH 12.4.2000 – X R 69/98, BFH/NV 2000, 1331). Denn der frühere Eigentümer nutzt das Grundstück nunmehr als Fremdbesitzer aufgrund eines schuldrechtlichen Nutzungsverhältnisses (Miete, Pacht; BFH 18.5.2006 – III R 25/05, DStR 2006, 1359). 26

Ungesicherte Vorstadien. Für eine vom zivilrechtlichen Eigentum abw. Zurechnung genügt es nicht, dass der Abschluss eines Kaufvertrags erst beabsichtigt ist, entsprechende Vorverträge abgeschlossen wurden oder dem Kaufanwärter ein bindendes Angebot unterbreitet oder Optionsrecht eingeräumt wurde (BFH 10.6.1988 – III R 18/85, BFH/NV 1989, 348; BFH 6.12.2018 – X R 11/17, BFH/NV 2019, 622; FG Niedersachsen 13.11.1996 – XII (IX) 484/94, EFG 1997, 335). Dies gilt auch, wenn in einem Anwartschaftsvertrag der Abschluss eines Kaufvertrags mit nachfolgender Eigentumsverschaffung für einen späteren Zeitpunkt ausdrücklich vorgesehen ist (FG Rheinland-Pfalz 14.5.1997 – 1 K 2325/96, EFG 1997, 1115). Hingegen kann ein unwiderrufliches Verkaufsangebot genügen, wenn der Empfänger zur Weiterveräußerung des Grundstücks berechtigt ist und dem Veräußerer im Gegenzug ein zinsloses Darlehen in Höhe des Kaufpreises gezahlt wird (vgl. FG Düsseldorf 15.12.1994 – 15 K 14/90 F, EFG 1995, 550). Erwerbsoptionen sind grds. nur dann geeignet, die Annahme wirtschaftlichen Eigentums zu begründen, wenn nach dem typischen und für die wirtschaftliche Beurteilung maßgeblichen Geschehensablauf tatsächlich mit einer Ausübung des Optionsrechts gerechnet werden kann, es sei 27 denn, neben dem Ankaufsrecht steht dem Verkäufer auch ein Andienungsrecht, eine sog. Doppeloption, zu (BFH 11.7.2006 – VIII R 32/04, BStBl. II 2007, 296).

Aufschiebende Bedingungen (§ 158 BGB) machen den Eintritt der Rechtswirkungen vom Eintritt der Bedingung abhängig. Zivilrechtlich wird der Vertrag erst mit Bedingungseintritt wirksam. Wirtschaftliches Eigentum erlangt der Erwerber während des Schwebezustands grds. nicht (BFH 22.7.2008 – IX R 74/06, BStBl. II 2009, 124). Wird der Erwerber während des Schwebezustands wirtschaftlich dem Eigentümer gleichgestellt (Übergang von Besitz, Gefahr, Nutzungen und Lasten) und ist eine Rückabwicklung insoweit ausgeschlossen, kann wirtschaftliches Eigentum zeitlich befristet vorliegen. Rechtsbedingungen, dh gesetzliche Wirksamkeitserfordernisse (behördliche Genehmigungen), fallen nicht in den Anwendungsbereich des § 158 BGB (vgl. MüKo BGB § 158 Rn. 54). Die Erwähnung derartiger Rechtsbedingungen führt nicht zu einem vertraglich vereinbarten Schwebezustand. Tritt die Bedingung ein, ist das Rechtsgeschäft zivilrechtlich von Anfang an wirksam (vgl. BGH 25.9.1952 – IV ZR 80/52, NJW 1952, 1330; vgl. aber BFH 25.6.2008 – IV R 3/07, BStBl. II 2010, 182; FG Düsseldorf 31.5.2011 – 6 K 1587/09 K, GmbHR 2012, 53; keine steuerrechtliche Rückwirkung BFH 29.5.2009 – IX B 23/09, BeckRS 2009, 25015362).

Unwirksame Kaufverträge gewähren grds. keine gesicherte Rechtsposition. Hieran ändert auch § 41 I nichts (vgl. BFH 17.7.2007 – IX R 2/06, BFH/NV 2007, 2248; FG Köln 1.4.2009 – 10 K 2898/08, EFG 2010, 230; aA TK § 39 Rn. 26; FG Köln 22.3.2001 – 10 K 5696/97, EFG 2001, 1209). Die für § 39 erforderliche gesicherte Rechtsposition verschafft § 41 nicht. In Ausnahmefällen kann wirtschaftliches Eigentum anzunehmen sein, wenn die Beteiligten die Nichtigkeit kurzfristig durch Auflassung und Eintragung heilen (§ 313 S. 2 BGB) oder den Mangel des schuldrechtlichen Vertrags durch erneuten (konkludenten) Vertragsschluss beseitigen (vgl. BFH 17.2.2004 – VIII R 28/02, BStBl. II 2005, 46; BFH 17.2.2004 – VIII R 26/01, BStBl. II 2004, 651; BFH 27.10.1967 – VI R 127/66, BStBl. II 1968, 142). Nach der Rspr. spricht die Unwirksamkeit als Beweisanzeichen gegen die Ernsthaftigkeit der Vereinbarung (BFH 22.7.2008 – IX R 61/05, BFH/NV 2008, 2004). Allerdings soll die Formunwirksamkeit der Übertragung eines Gesellschaftsanteils im Wege einer Einlage unschädlich sein (BFH 24.1.2012 – IX R 69/10, BFH/NV 2012, 1099).

28 An **Wertpapieren** erlangt der Erwerber wirtschaftliches Eigentum ab dem Zeitpunkt, von dem ab er nach dem Willen der Vertragspartner über die Wertpapiere verfügen kann. Das ist idR der Fall, wenn Besitz, Gefahr, Nutzungen und Lasten, insb. die mit Wertpapieren gemeinhin verbundenen Kursrisiken und -chancen sowie Gewinnbezugs- und Stimmrechte, auf den Erwerber übergegangen sind (BFH 2.2.2022 – I R 22/20, BStBl. II 2022, 324; BFH 15.12.1999 – I R 29/97, BStBl. II 2000, 527; BFH 22.7.2008 – IX R 74/06, DStR 2008, 1921; BFH 22.7.2008 – IX R 74/06, BStBl. II 2009, 124; vgl. auch BFH 29.11.1982 – GrS 1/81, BStBl. II 1982, 272, zu Wertpapierpensionsgeschäften). Dies gilt sowohl für börsliche als auch für außerbörsliche Geschäfte (BFH 2.2.2022 – I R 22/20, BStBl. II 2022, 324). Mehrfaches wirtschaftliches Eigentum, also eine Vervielfältigung des wirtschaftlichen Eigentums an der gleichen Aktie, ist nicht möglich (FG Köln 19.7.2019 – 2 K 2672/17, BB 2020, 666). Wertpapierleihe (= Sachdarlehen iSd § 607 BGB) führt idR nicht zu einer vom zivilrechtlichen Eigentum abweichenden Zurechnung (vgl. BFH 18.8.2015 – I R 88/13, BStBl. II 2016, 961 auch zur ausnahmsweise abweichenden Zurechnung auf den Verleiher; FG Hamburg 24.11.2011 – 6 K 22/10, DStRE 2012, 1426; FG Niedersachsen 24.4.2025 – 6 K 86/22, BeckRS 2025, 15896; aA Schmid/Mühlhäuser BB 2001, 2609, die das Regel-Ausnahme-Verhältnis verkennen). Trägt bei einem Wertpapierdarlehen der Darlehensnehmer die Kurschancen und -risiken der überlassenen Wertpapiere, so spricht dies gegen einen Verbleib des wirtschaftlichen Eigentums beim Darlehensgeber (BFH 29.9.2021 – I R 40/17, DStR 2022, 482). Zur Unterbeteiligung an Aktien vgl. BFH 1.8.2012 – IX R 6/11, BFH/NV 2013, 9.

Bei Kauf eines **Geschäftsanteils an einer GmbH,** wenn der Erwerber alle mit der Beteiligung verbundenen wesentlichen Rechte ausüben kann (insb. Gewinnbezugsrecht, Stimmrechtsausübung zumindest im Innenverhältnis BFH 17.2.2004 – VIII R 26/01, BStBl. II 2004, 651; BFH 17.2.2004 – VIII R 28/02, BStBl. II 2005, 46, BFH 26.1.2011 – IX R 7/09, BStBl. II 2011, 540). Diese Rechte müssen im Konfliktfall auch durchsetzbar sein (BFH 25.5.2011 – IX R 23/10, DStR 2011, 1895). Dies gilt ebenso für den Erwerb einer Beteiligung an einer AG (BFH 7.7.2011 – IX R 2/10, BStBl. II 2012, 20). Ein an einem KapGes-Anteil Unterbeteiligter ist nur dann wirtschaftlicher Eigentümer, wenn er nach dem Inhalt der getroffenen Abrede alle mit der Beteiligung verbundenen wesentlichen Rechte (Vermögens- und Verwaltungsrechte) ausüben und im Konfliktfall effektiv durchsetzen kann (BFH 18.5.2005 – VIII R 34/01, BStBl. II 2005, 857; BFH 8.11.2005 – VIII R 11/02, BStBl. II 2006, 253; BFH 24.1.2012 – IX R 69/10, BFH/NV 2012, 1099; vgl. zu mehrstufigem Unterbeteiligungsverhältnis BFH 23.11.2022 – I R 36/19, BFH/NV 2023, 557).

c) Gebäude auf fremdem Grund und Boden. Wesentliche Bestandteile. Die auf einem fremden Grundstück errichteten Gebäude werden mit der Verbindung idR wesentliche Bestandteile des Grundstücks und gehen hierdurch in das Eigentum des Grundstückseigentümers über (§§ 93, 94, 946 BGB). Das Gebäude ist gem. § 39 I grds. dem Grundstückseigentümer zuzurechnen (BFH 22.5.2007 – IX R 22/06, BFH/NV 2007, 1836). Abw. vom Zivilrecht kann der Bauherr wirtschaftlicher Eigentümer des Gebäudes sein, wenn der Grundstückseigentümer für die gewöhnliche Nutzungsdauer von der Einwirkung auf das Gebäude ausgeschlossen ist (§ 39 II Nr. 1). Das ist anzunehmen, wenn ihm aufgrund eines besonderen Nutzungsrechts für die voraussichtliche Nutzungsdauer des Gebäudes Substanz und Ertrag zustehen (BFH 21.5.1992 – X R 61/91, BStBl. II 1992, 944). Nicht ausreichend ist die vollständige Finanzierung der im eigenen Namen durchgeführten Baumaßnahme (BFH 27.11.1996 – X R 92/92, BStBl. II 1998, 97) oder das Einverständnis des Grundstückseigentümers mit der Errichtung des Bauwerks (BFH 11.12.1987 – III R 188/81, BStBl. II 1988, 493; BFH 20.5.1988 – III R 151/86, BStBl. II 1989, 269). Ist das Gebäude nach Ablauf der voraussichtlichen Nutzungsdauer wirtschaftlich nicht verbraucht, ist der Nutzungsberechtigte wirtschaftlicher Eigentümer, wenn er einen Anspruch auf Ersatz des vollen Verkehrswerts des Gebäudes gegen den Grundstückseigentümer hat (BFH 18.7.2001 – X R 15/01, BStBl. II 2002, 278; BFH 18.7.2001 – X R 27/00, BFH/NV 2002, 168; BFH 18.7.2001 – X R 16/99, BFH/NV 2002, 322; BFH 27.6.2006 – IX R 63/04, BFH/NV 2006, 2225). Ein Entschädigungsanspruch kann vertraglich oder gem. §§ 951, 818 BGB begründet sein. Dabei ist der **Entschädigungsanspruch nach § 951 BGB** nicht unproblematisch, da er lediglich auf den objektiven Wertzuwachs (Verkehrswert) im Zeitpunkt der Gebäudeerrichtung abzielt und damit nicht stets dem Verkehrswert des zurückfallenden Gebäudes entspricht. An Wertsteigerungen ist der Anspruchsberechtigte mit Ausnahme der Fälle enttäuschter Erwartung späteren Erwerbs grds. nicht beteiligt (Grüneberg BGB § 951 Rn. 16 f.; vgl. andererseits BFH 18.7.2001 – X R 111/96, BFH/NV 2002, 173 zum Ersatzanspruch nach Scheitern einer nichtehelichen Lebensgemeinschaft). Die tatsächliche Herrschaft als Testamentsvollstrecker und Verwalter über das Vermögen des nicht befreiten Vorerben verbunden mit der Stellung als Nacherbe gewährt indes eine gegenwärtige gesicherte Rechtsposition (BFH 18.9.2003 – X R 21/01, BFH/NV 2004, 306; aA FG Köln 20.12.2000 – 4 K 6707/94, EFG 2001, 1505). 31

Scheinbestandteile. Errichtet der Bauherr ein Gebäude auf fremdem Grund und Boden, wird er selbst zivilrechtlicher Eigentümer des Bauwerks, wenn er es in Ausübung eines ihm zustehenden dinglichen Rechts (zB Erbbaurecht, Nießbrauch, Grunddienstbarkeit) an dem fremden Grundstück erbaut hat (§ 95 I 2 BGB). Dies gilt ebenso für eine nur zu vorübergehenden Zwecken erfolgte Verbindung des Bauwerks mit dem Grund und Boden (vgl. Grüneberg BGB § 95 Rn. 2). Dem Bauherrn ist das Gebäude nach § 39 I 32 zuzurechnen (BFH 21.5.1992 – X R 61/91, BStBl. II 1992, 944). Ein Scheinbestandteil liegt nicht vor, wenn der Erbauer bei Errichtung des Baus den Willen hat, das Bauwerk bei Beendigung des Vertragsverhältnisses in das Eigentum seines Vertragspartners übergehen zu lassen (BFH 22.5.2007 – IX R 22/06, BFH/NV 2007, 1836).

33 **d) Leasing und Mietkauf. Leasing** ist ein atypischer Mietvertrag (vgl. BGH 14.12.1989 – IX ZR 283/88, NJW 1990, 1113), der je nach Vertragsgestaltung Elemente von Geschäftsbesorgung und Darlehen bzw. Kauf in sich aufnimmt. Ein Leasingvertrag liegt vor, wenn der Leasinggeber eine Sache oder Sachgesamtheit dem Leasingnehmer gegen ein in Raten zahlbares Entgelt zum Gebrauch überlässt; Gefahr für Untergang und Beschädigung sowie Haftung für Instandhaltung und Sachmängel trifft allein den Leasingnehmer (Grüneberg BGB Einf. vor § 535 Rn. 37). Zivilrechtlich werden zwei Grundformen unterschieden: Finanzierungsleasing und Operatingleasing.

34 **Finanzierungsleasing** (Begriff s. Grüneberg BGB Einf. vor § 535 Rn. 39) wird mit längerer Fest- bzw. Grundmietzeit vereinbart, die zumeist wahlweise mit Verlängerungs- oder Kaufoption ausgestaltet ist. Der Mietzins für die unkündbare Grundmietzeit ist so bemessen, dass der Leasingnehmer durch die Ratenzahlung den Kaufpreis einschl. aller Kosten, Zinsen, Kreditrisiko und Gewinn vergütet (Vollamortisation). Das Leasinggut ist dem Leasingnehmer zuzurechnen, wenn sich bei einem Leasingverhältnis betriebsgewöhnliche Nutzungsdauer des Leasinggegenstands und die Grundmietzeit annähernd decken (BFH 10.7.1980 – IV R 144/66, BStBl. II 1970, 264; BFH 1.10.1970 – V R 49/70, BStBl. II 1971, 34). In diesem Fall kann der Leasingnehmer bei Erfüllung seiner Verpflichtungen den Leasinggeber bis zur völligen Abnutzung des Wirtschaftsguts wirtschaftlich betrachtet von der Einwirkung ausschließen (TK § 39 Rn. 67; Klein § 39 Rn. 30). Ist die betriebsgewöhnliche Nutzungsdauer länger als die Grundmietzeit und steht dem Leasinggeber nur ein Andienungsrecht zu, wird der Leasingnehmer nicht wirtschaftlicher Eigentümer (BFH 21.12.2017 – IV R 56/16, BFH/NV 2018, 597) anders indes, wenn ihm ein Recht auf Mietverlängerung oder Kauf zusteht und bei Ausübung dieser Optionen nur noch ein geringer Mietzins oder ein wirtschaftlich nicht ins Gewicht fallender Kaufpreis zu entrichten ist (BFH 9.12.1999 – III R 74/97, BFH/NV 2000, 658; BFH 15.2.2001 – III R 130/95, BFH/NV 2001, 1041). Dabei muss mit der Ausübung des Optionsrechts aufgrund der vertraglichen Gestaltungen vernünftigerweise zu rechnen sein (BFH 8.8.1990 – X R 149/88, BStBl. II 1991, 70; BFH 9.12.1999 – III R 74/97, BStBl. II 2001, 311). Eine Kauf- oder Mietverlängerungsoption ist umso wahrscheinlicher, je geringer die wirtschaftliche Leistung für die erlangte Gegenleistung ausfällt, insb. wenn der Kaufpreis nur einen Bruchteil des Restwerts des Wirtschaftsguts ausmacht (ähnlich TK § 39 Rn. 67). Auf die Nutzungsüberlassung von Filmrechten sind die für Leasingverträge entwickelten Grundsätze nur eingeschränkt übertragbar (BFH 14.4.2022 – IV R 32/19, BStBl. II 2022, 832).

35 **Immobilienleasing** ist eine besondere Form des Finanzierungsleasings mit längerer Vertragsdauer, bei der der Leasinggeber als Bauherr dem Leasingnehmer nach Ablauf der Vertragszeit eine vormerkungsgesicherte Kaufoption einräumt (Grüneberg BGB Einf. vor § 535 Rn. 41). Die Grundsätze für das Mobilienleasing gelten entspr. (vgl. BFH 10.12.1998 – III R 61/97, BStBl. II 1999, 390; BFH 14.2.2001 – X R 82/97, BStBl. II 2001, 440; zur ertragsteuerlichen Behandlung vgl. BFH 28.2.2001 – I R 51/00, BStBl. II 2001, 645 mwN; FG Niedersachsen 15.3.2007 – 10 K 104/01, EFG 2007, 1836; BFH 2.6.2016 – IV R 23/13, BFH/NV 2016, 1433).

36 **Spezialleasing.** Ist der Leasinggegenstand auf die speziellen Anforderungen und Verhältnisse des Leasingnehmers zugeschnitten, sodass eine wirtschaftlich sinnvolle anderweitige Nutzung oder Verwendung nach Beendigung der Mietzeit nicht möglich erscheint, kommt dem Verhältnis von Grundmietzeit und betriebsgewöhnlicher Nutzungsdauer keine besondere Bedeutung zu (BFH 10.7.1980 – IV R 144/66, BStBl. II 1970, 264; BFH 30.11.1989 – IV R 97/86, BFH/NV 1991, 432; BFH 15.2.2001 – III R 130/95, BFH/NV 2001, 1041).

Operatingleasing ist durch eine unbestimmte oder sehr kurze Grundmietzeit gekennzeichnet. Die Kündigung ist jederzeit oder zu erleichterten Bedingungen möglich. Diese Leasingvariante wird idR für solche Wirtschaftsgüter gewählt, deren zeitliche Einsatzdauer beim Leasingnehmer völlig unbestimmt ist und ein späterer Erwerb ungewiss ist. Steuerrechtlich ist der Leasinggegenstand dem zivilrechtlichen Eigentümer zuzurechnen (HHSp § 39 Rn. 202; vgl. FG Münster 15.6.2011 – 6 K 5167/06 E,G, BB 2011, 2353). 37

Mietkauf ist ein Mietvertrag, bei dem der Vermieter dem Mieter das Recht einräumt, innerhalb einer bestimmten Frist die Sache zu einem vorher bestimmten Preis unter vollständiger oder teilweiser Anrechnung des Mietzinses zu kaufen (Grüneberg BGB Einf. vor § 535 Rn. 30). Vertragsgestaltungen (überhöhter Mietzins, fester Übernahmepreis, überwiegende Anrechnung des Mietzinses) zielen idR auf einen anschließenden Verkauf der Mietsache ab. Der Mieter ist als wirtschaftlicher Eigentümer anzusehen, wenn er vernünftigerweise keine andere Wahl hat, als von seinem Ankaufsrecht Gebrauch zu machen, sodass der Mieter von Anbeginn an daran interessiert ist, Eigentum zu erwerben (BFH 8.8.1990 – X R 149/88, BStBl. II 1991, 70). Unerheblich ist, aus welcher Vertragsbedingung sich der wirtschaftliche Sachzwang (zB Mietzins, Optionsentgelt) ergibt (HHSp § 39 Rn. 150). Die bloße Absicht, nach Ablauf der Mietdauer die Sache an den Mieter zu veräußern, genügt nicht (TK § 39 Rn. 71; Klein § 39 Rn. 32). Eine Zurechnung auf den Mieter wird nicht dadurch ausgeschlossen, dass während der Mietdauer Gefahr, Gewährleistung und Instandhaltung (§§ 536–539 BGB) typischerweise beim Vermieter liegen (vgl. BFH 12.9.1991 – III R 233/90, BStBl. II 1992, 182). Ebenso wenig ist stets die vollständige Anrechnung des Mietzinses erforderlich. Entscheidend ist, ob nach dem Gesamtbild der Verhältnisse der Kauf der Mietsache wirtschaftlich zwingend erscheint (vgl. FG Saarland 5.10.1990 – 1 K 163/89, EFG 1991, 103). 38

e) Miete/Pacht. Der Mietvertrag ist ein schuldrechtlicher, entgeltlicher Gebrauchsüberlassungsvertrag (wie Pacht), aufgrund dessen der Mieter unmittelbarer Fremdbesitzer wird (vgl. § 868 BGB). Mieter erlangen durch die Nutzungsberechtigung, auch wenn der Vertrag auf unbestimmte Zeit abgeschlossen ist, grds. kein wirtschaftliches Eigentum (vgl. BFH 8.6.1995 – IV R 67/94, BFH/NV 1996, 101; BFH 9.12.1999 – III R 74/97, BFH/NV 2000, 658; FG Niedersachsen 13.5.1993 – II 367/91, EFG 1994, 308). Als wirtschaftlicher Eigentümer wird der Mieter nur angesehen, wenn er nach dem Nutzungsvertrag verlangen kann, dass ihm das zur Nutzung überlassene Wirtschaftsgut nach Ablauf der Mietzeit (nahezu) unentgeltlich bzw. unter voller Anrechnung des Mietzinses zum Marktpreis übertragen wird (sog. Mietkauf) oder die dauerhaft überlassene Mietsache nach dem Tod des Vermieters auf ihn übergehen soll (BFH 14.2.2001 – X R 82/97, BStBl. II 2001, 440). Ausnahmsweise kann bei kurzlebigen Wirtschaftsgütern ein befristeter Mietvertrag, nach dessen Ablauf das Wirtschaftsgut technisch oder wirtschaftlich abgenutzt ist, wirtschaftliches Eigentum entstehen lassen (BFH 2.6.1978 – III R 4/76, BStBl. II 1978, 507). 41

f) Mietereinbauten. Einrichtungen oder Einbauten, die der Mieter auf eigene Kosten mit der Mietsache verbunden hat, sind vom Mieter als selbständiges Wirtschaftsgut zu aktivieren, wenn es sich um Betriebsvorrichtungen oder Scheinbestandteile handelt (BFH 11.12.1987 – III R 191/85, BStBl. II 1988, 300; BFH 28.7.1993 – I R 88/92, BStBl. II 1994, 164). Zivilrechtlicher Eigentümer der **Scheinbestandteile** (§ 95 BGB) ist der Mieter (ebenso TK § 39 Rn. 79). Wird die Einrichtung durch den Einbau **wesentlicher Bestandteil** der Mietsache (§§ 946, 93, 94 BGB), teilt sie das rechtliche Schicksal des Grundstücks (BFH 20.11.2003 – III R 4/02, BStBl. II 2004, 305 zu Heizkörpern; BFH 11.1.2024 – IV R 24/21, BFH/NV 2024, 769). In diesem Fall sind die Einbauten dem Mieter zuzurechnen, wenn diesem bei Vertragsende ein Anspruch auf Entschädigung in Höhe des Restwerts der Einbauten (vgl. § 547a BGB) zusteht (BFH 11.6.1997 – XI R 77/96, BStBl. II 1997, 774; BFH 4.2.1998 – XI R 35/97, BStBl. II 1998, 542; Klein § 39 42

Rn. 34). Ein Anspruch auf Entschädigung kann mit Ausnahme von Wohnraummietverträgen wirksam abbedungen werden; hier verbleibt es bei der Zurechnung nach § 39 I.

43 **g) Nießbrauch. Dingliches Recht.** Durch die Bestellung eines Nießbrauchs wird eine Sache (§ 1030 BGB), ein übertragbares Recht (§ 1068 BGB) oder ein Vermögen (§ 1085 BGB) in der Weise dinglich belastet, dass derjenige, zu dessen Gunsten die Belastung erfolgt, berechtigt ist, die Nutzungen der Sache zu ziehen. Mit dem Recht zum Besitz der Sache (§ 1036 I BGB) und der Fruchtziehung im Rahmen ordnungsmäßiger Bewirtschaftung (vgl. § 1039 BGB) entsteht auch die Pflicht, die Sache in ihrem wirtschaftlichen Bestande zu erhalten (§ 1041 BGB) und die öffentlichen und privaten Lasten (§ 1047 BGB) zu tragen. Der Nießbrauch als abstrakt dingliches Recht entsteht durch Rechtsgeschäft zwischen Eigentümer und Nießbraucher (sog. Zuwendungsnießbrauch). Überträgt der Eigentümer hingegen sein Eigentum auf einen Dritten mit einem zu seinen Gunsten bestellten Nießbrauch, geht die dingliche Berechtigung ohne das zurückbleibende Recht zur Nutzungsziehung über (sog. Vorbehaltsnießbrauch).

44 **Zurechnung.** Da der Nießbraucher weder berechtigt ist, die Sache umzugestalten, wesentlich zu verändern (§ 1037 BGB), zu belasten oder zu veräußern, noch die Verschlechterung oder die Gefahr des Untergangs der Sache zu tragen hat, kann er den Eigentümer nicht von der Einwirkung auf das Wirtschaftsgut ausschließen. Deshalb ist der Nießbraucher idR **nicht wirtschaftlicher Eigentümer** (BFH 24.6.2004 – III R 50/01, BStBl. II 2005, 80; BFH 26.10.1999 – X B 40/99, BFH/NV 2000, 563; BFH 16.12.1988 – III R 113/85, BStBl. II 1989, 763). Dies gilt nicht nur für den zugewendeten Nießbrauch, sondern auch im Falle der Übertragung unter dinglicher Vorbehaltung des Nutzungsrechts (vgl. BFH 26.11.1998 – IV R 39/98, BStBl. II 1999, 263; BFH 28.7.1999 – X R 38/98, BStBl. II 2000, 653; vgl. ebenso zum **Wohnungsrecht** BFH 29.3.2007 – IX R 14/06, BFH/NV 2007, 1471 mwN, soweit kein Anspruch auf Entschädigung in Höhe des Verkehrswerts des Gebäudes besteht; BFH 28.3.2007 – IX R 37/05, BFH/NV 2007, 1891; BFH 29.3.2012 – II B 65/11, BFH/NV 2012, 1094). Die schuldrechtliche Erweiterung des Nießbrauchs auf die Befugnis zur Belastung des Wirtschaftsguts hat keine dingliche Wirkung, weil hierdurch der Wesenskern des Rechts verändert würde (Grüneberg BGB Einf. vor § 1030 Rn. 4). Werden vertraglich diese Beschränkungen des Nießbrauchsrechts mit schuldrechtlicher Wirkung abbedungen, verbleibt die dinglich unbeschränkte Verfügungsmacht und das wirtschaftliche Eigentum beim zivilrechtlich Berechtigten (vgl. BFH 2.8.1983 – VIII R 15/80, BStBl. II 1983, 736). Werden Wirtschaftsgüter des Betriebsvermögens eines Gewerbebetriebs unter Vorbehaltsnießbrauch übertragen unter Fortführung der gewerblichen Tätigkeit durch den Vorbehaltsnießbraucher, liegt darin keine unentgeltliche Übertragung des Gewerbebetriebs (BFH 29.1.2025 – X R 35/19, DStR 2025, 946).

45 **Verfügungsbefugnisse.** Der Nießbraucher kann neben dem Nutzungsrecht mit weiteren selbständigen Befugnissen ausgestattet werden. Hierdurch ist seine Stellung im Einzelfall derjenigen des zivilrechtlichen Eigentümers stark angenähert. So kann dem Nießbraucher im Innenverhältnis das wirtschaftliche Ergebnis einer Verfügung zustehen, zu deren Vornahme er ermächtigt (§§ 183, 185 BGB) wird. Der Vorbehaltsnießbraucher kann sich ein uneingeschränktes durch Auflassungsvormerkung gesichertes Rücknahmerecht vorbehalten (vgl. Ehlig DStR 1996, 1629; HHSp § 39 Rn. 137 ff.; vgl. auch FG München 18.10.1996 – 8 K 1927/92, EFG 1997, 774). In diesen Fällen geht das wirtschaftliche Eigentum auf ihn über (ebenso TK § 39 Rn. 59). Nicht ausreichend ist, dass während der Dauer des Nießbrauchs die Veräußerung nur mit Zustimmung des Nießbrauchers möglich ist und bei Zuwiderhandeln sowie bei Zwangsvollstreckung in das Grundstück ein Rücknahmerecht besteht (BFH 28.7.1999 – X R 38/98, BStBl. II 2000, 653; zur Rückforderung im Falle des Vorversterbens vgl. FG Niedersachsen 20.6.2007 – 2 K 562/05, EFG 2007, 1584; aA Ehlig DStR 1996, 1629; vgl. allg. zu schuldrechtlichen Veräußerungsverboten BFH 26.11.1998 – IV R 39/98, BStBl. II 1999, 263). Ebenso

hindert die schuldrechtliche Berechtigung zum Rückerwerb im Regelfall nicht den Übergang des wirtschaftlichen Eigentums auf den Erwerber (BFH 25.8.1993 – XI R 6/93, BStBl. II 1994, 23; BFH 25.1.1996 – IV R 114/94, BStBl. II 1997, 382). Errichtet der Nießbraucher auf eigene Kosten ein Gebäude auf dem Nießbrauchsgrundstück, geht es als wesentlicher Bestandteil in das Eigentum des Grundstückseigentümers über. Dem Nießbraucher steht jedoch ein Aufwendungsersatzanspruch (§ 951 BGB) zu, der verbunden mit seiner dauerhaften Nutzungsberechtigung zu wirtschaftlichem Eigentum am Gebäude führen kann (vgl. BFH 18.7.2001 – X R 15/01, BStBl. II 2002, 278; BFH 24.7.1991 – II R 81/88, BStBl. II 1991, 909; BFH 24.6.2004 – III R 50/01, BStBl. II 2005, 80).

Nießbrauch lässt sich auch an **Gesellschaftsanteilen** einer PersGes oder KapGes be- 46
gründen. Ob der Nießbraucher durch die Bestellung zum Mitunternehmer wird, richtet sich danach, ob er Unternehmerrisiko trägt und Initiative entfalten kann. Ein Nießbrauchsvermächtnis, welches auf eine Gewinnbeteiligung ohne Anteil an den stillen Reserven beschränkt ist, führt nicht zur Mitunternehmerschaft (BFH 16.5.1995 – VIII R 18/93, BStBl. II 1995, 714; vgl. auch BFH 1.3.1994 – VIII R 35/92, BStBl. II 1995, 241). Der Vorbehaltsnießbraucher bleibt (wirtschaftlicher) Eigentümer der Gesellschaftsanteile, wenn er nach der vertraglichen Vereinbarung alle wesentlichen mit der Beteiligung verbundenen Rechte ausüben und durchsetzen kann (BFH 24.1.2012 – IX R 51/10, BStBl. II 2012, 308). Zum Vorbehaltsnießbrauch an einem GmbH-Anteil BFH 20.9.2024 – IX R 5/24, BFH/NV 2025, 71; BFH 28.1.1992 – VIII R 207/85, BStBl. II 1992, 605; FG Münster 14.1.2003 – 7 K 2638/00 E, EFG 2003, 690: Zuwendungsnießbrauch; FG Niedersachsen 19.3.2002 – 1 K 178/97, EFG 2002, 957. Nießbrauchsbestellung führt grds. nicht zur Beendigung einer Betriebsaufspaltung (BFH 1.10.1996 – VIII R 44/95, BStBl. II 1997, 530). Zur entgeltlichen Ablösung eines Nießbrauchs BFH 11.2.2025 – IX R 14/24, DStR 2025, 1084.

II. Einzelne Zurechnungsfälle (Abs. 2 Nr. 1 S. 2)

Die im Gesetz beispielhaft aufgeführten Fallgruppen haben keine eigenständige Bedeu- 49
tung. Soweit im Einzelfall die Voraussetzungen des § 39 II Nr. 1 S. 1 nicht erfüllt sind, verbleibt es trotz des Treuhandverhältnisses oder Eigenbesitzes bei der Regelzurechnung. So begründet etwa die tatsächliche Sachherrschaft allein (Besitz) keine dauerhaft gesicherte Rechtsposition gegenüber dem Eigentümer (vgl. § 985 BGB). Das Sicherungseigentum ist ein fiduziarisches Rechtsverhältnis (Treuhand). Es hätte deshalb neben den Treuhandverhältnissen keiner besonderen Erwähnung bedurft.

1. Treuhandverhältnisse

a) Zivilrechtliche Grundlagen. Überschießende Außenmacht. Der Treuhandver- 50
trag ist im bürgerlichen Recht nicht als eigenständiger Vertragstypus geregelt. Die Rechtsbeziehungen in Treuhandverhältnissen können daher vielschichtig ausgestaltet sein (BFH 27.1.1993 – IX R 269/87, BStBl. II 1994, 615; BFH 1.12.2010 – IV R 17/09, BStBl. II 2011, 419; Gernhuber JuS 1988, 355). Sie kommen zB als Auftrag oder Geschäftsbesorgung iSd § 675 BGB (BGH 11.2.1960 – VII ZR 206/58, BGHZ 32, 67; BFH 20.1.1999 – I R 69/97, BStBl. II 1999, 514), Innengesellschaft (OLG Düsseldorf 14.1.1982 – 6 U 185/81, DB 1982, 536) oder Sicherungsvertrag (vgl. BGH 13.1.1994 – IX ZR 2/93, NJW 1994, 861) vor. Allen Treuhandverhältnissen ist jedoch gemeinsam, dass der Treugeber dem Treuhänder Vermögensrechte (zB Eigentum, Forderungen) überträgt oder ihm im Außenverhältnis eine (unbeschränkte) Rechtsmacht einräumt, zugleich aber im Innenverhältnis die Rechtsmacht des Treuhänders nach Maßgabe der schuldrechtlichen Treuhandvereinbarung einschränkt (Grüneberg BGB § 903 Rn. 33; MüKo BGB § 675 Rn. 99). Der Treuhänder kann über das Treugut gegenüber Dritten im eigenen Namen und aus eigenem Recht frei verfügen (vgl. § 137 BGB). Im Innenverhältnis ist er schuldrechtlich

gebunden (BFH 12.4.1978 – II R 149/73, BStBl. II 1978, 422; BFH 15.7.1997 – VIII R 56/93, BStBl. II 1998, 152; BFH 20.1.1999 – I R 69/97, BStBl. II 1999, 514).

51 **Erscheinungsformen.** Die rechtsgeschäftliche Treuhand wird unterschieden nach dem **Interesse** an der Treuhand in: eigennützige Sicherungstreuhand (→ Rn. 63) und fremdnützige Verwaltungstreuhand (Heidner DB 1996, 1203); nach der **Rechtsstellung** des Treuhänders in: unechte Treuhand (Ermächtigungs- und Vollmachtstreuhand) und echte Treuhand (fiduziarische Vollrechtsübertragung). Im Falle der Vereinbarung einer fiduziarischen Vollrechtstreuhand wird der Treuhänder zivilrechtlich Inhaber des von ihm zu verwaltenden Vermögensgegenstands (vgl. BGH 11.2.1960 – VII ZR 206/58, BGHZ 32, 67). Ein derartiges Treuhandverhältnis kann zB auch für einen Gesellschaftsanteil zwischen dem Inhaber des Anteils als Treuhänder und dem Treugeber mit der Maßgabe geschlossen werden, die Rechte aus der Beteiligung nur unter Beachtung der Treuhandvereinbarung auszuüben (vgl. Heidner Rn. 7; K. Schmidt GesR § 61 III 2; BGH 5.11.1953 – IV ZR 95/53, NJW 1954, 190). Der dingliche Rechtsübergang kann im Fall der Vollrechtstreuhand erfolgen als Übertragungstreuhand durch die Abtretung der Beteiligung vom Treugeber an den Treuhänder, als Erwerbstreuhand durch Erwerb der Beteiligung seitens des Treuhänders für Rechnung und im Auftrag des Treugebers von einem Dritten und als Vereinbarungstreuhand, wenn ein Berechtigter mit einem Dritten (Treugeber) vereinbart, sein Vermögensrecht für diesen künftig als Treuhänder zu halten (vgl. K. Schmidt GesR § 61 III 2; Schaub DStR 1995, 1634; FG Niedersachsen 3.11.1998 – VI 429/92, EFG 1999, 523).

52 **Abgrenzung.** Der unmittelbare Stellvertreter handelt im fremden Namen mit unmittelbarer Wirkung für den Vertreter, ist also kein Treuhänder, der im eigenen Namen handelt (vgl. Grüneberg BGB Einf. vor § 164 Rn. 6; TK § 39 Rn. 32). Der mittelbare Stellvertreter tritt im eigenen Namen auf, handelt aber für fremde Rechnung. Rechtsgeschäftliche Handlungen des Treuhänders erfolgen in mittelbarer Stellvertretung. Der vorgeschobene Treuhänder ist zugleich auch **Strohmann,** wenn die Treuhandvereinbarung gegenüber dem Dritten nicht aufgedeckt wird (vgl. BFH 29.4.1997 – VII R 44/96, BFH/NV 1997, 712). Rechtsgeschäfte des Strohmannes sind idR keine Scheingeschäfte, aber ggf. wegen Gesetzesumgehung nichtig. Den Strohmann treffen auch die Rechtsfolgen aus seiner Betätigung, soweit der Tatbestand an die formale Rechtsstellung oder das Auftreten nach außen anknüpft (vgl. BFH 13.2.1996 – VII B 245/95, BFH/NV 1996, 657; BFH 28.1.1999 – V R 4/98, BStBl. II 1999, 628).

53 **b) Steuerrechtliche Voraussetzungen. Allgemeines.** § 39 gilt uneingeschränkt für alle Arten von Treuhandverhältnissen. Der Abschluss eines zivilrechtlich wirksamen Treuhandvertrags und dessen steuerrechtliche Anerkennung lässt sich nur anhand der vereinbarten Rechte und Pflichten der Vertragsparteien beurteilen (vgl. BFH 15.7.1997 – VIII R 56/93, BStBl. II 1998, 152). Die mit der Eigentümerstellung verbundene Verfügungsmacht muss nach der schuldrechtlichen Vereinbarung im Innenverhältnis eindeutig dergestalt beschränkt sein, dass die Ausübung der Rechtsmacht nach außen vom Willen des Treugebers abhängt (BFH 20.1.1999 – I R 69/97, BStBl. II 1999, 514; BFH 5.11.2003 – X R 34/02, BFH/NV 2004, 610), sodass sich das rechtliche Eigentum als leere Hülle erweist (BFH 4.5.2022 – I R 19/18, BFH/NV 2022, 1210). Wesentliches Kriterium für eine rein formale Rechtsposition des Treuhänders ist ua die **Weisungsbefugnis** des Treugebers und die entsprechende Weisungsgebundenheit des Treuhänders (vgl. BFH 25.6.1984 – GrS 4/82, BStBl. II 1984, 751; BFH 24.11.2009 – I R 12/09, BStBl. II 2010, 590). Hinzutreten muss idR die Verpflichtung des Treuhänders zur jederzeitigen Rückgabe des Treuguts (BFH 15.7.1997 – VIII R 56/93, BStBl. II 1998, 152 mwN). Die jederzeitige Rückgabeverpflichtung kann bei sog. doppelter Treuhand auch durch die Vereinbarung der Herausgabe des Übererlöses an den Treugeber ersetzt werden (vgl. BFH 4.5.2022 – I R 19/18, BFH/NV 2022, 1210). Das Treuhandverhältnis muss dem Treugeber gewissermaßen die Herrschaft über das Treugut vermitteln (BFH 27.1.1993 – IX R

269/87, BStBl. II 1994, 615; BFH 3.12.1991 – IX R 155/89, BStBl. II 1992, 459), und zwar nicht nur absprachegemäß, sondern auch beim tatsächlichen Vollzug (BFH 4.5.2022 – I R 19/18, BFH/NV 2022, 1210). Ist die schuldrechtliche Vereinbarung im Innenverhältnis zivilrechtlich unwirksam, fehlt grds. auch die Beherrschbarkeit des Treuhandverhältnisses durch den Treugeber (vgl. FG Köln 21.4.2005 – 10 K 1336/00, EFG 2005, 1195; FG München 27.10.1992 – 13 K 594/92, EFG 1993, 314; einschr. Klein § 39 Rn. 64: nur soweit der Treunehmer Kenntnis hat; aA unter Hinweis auf § 41 AO BGH 6.9.2012 – 1 StR 140/12, DStRE 2013, 38; BFH 25.4.2006 – X R 57/04, BFH/NV 2006, 1819; TK § 39 Rn. 34). Nicht hinreichend ist die bloße Bezeichnung der Rechtsbeziehungen als Treuhandverhältnis (BFH 20.1.1999 – I R 69/97, BStBl. II 1999, 514; BFH 4.12.2007 – VIII R 14/05, BFH/NV 2008, 745). Die Vereinbarung eines Treuhandentgelts kann ein Anzeichen für das Vorliegen eines Treuhandverhältnisses sein (BFH 4.5.2022 – I R 19/18, BFH/NV 2022, 1210).

Beteiligter eines Treuhandverhältnisses kann jedes Rechtssubjekt (natürliche, juristische Personen, PersGes) sein, das fähig ist, Träger von Rechten und Pflichten zu sein (weitergehend TK § 39 Rn. 38). Denn nur dieses kann im Rechtsverkehr wirksam auftreten. Grds. zulässig ist auch eine Treuhandvereinbarung zwischen einer KapGes und ihren Gesellschaftern zB zum Zwecke des Erwerbs der Gesellschaftsanteile einer GmbH durch die KapGes (BFH 28.2.2001 – I R 12/00, BStBl. II 2001, 468). Dies gilt auch für den umgekehrten Fall des Treuhänder-Gesellschafters (vgl. FG Mecklenburg-Vorpommern 16.3.1999 – 2 K 129/97, EFG 1999, 581). Allerdings kann eine KapGes ihr Nennkapital nicht als Treuhänderin der Gesellschafter halten. Die Beherrschung der KapGes durch die Gesellschafter beruht auf der gesellschaftsrechtlichen Ordnung, ist also nicht Ausfluss einer Treuhandvereinbarung (BFH 29.1.1975 – I R 135/70, BStBl. II 1975, 553; vgl. auch FG Niedersachsen 3.11.1998 – VI 429/92, EFG 1999, 523). Minderjährige Treugeber bedürfen für den Abschluss eines Treuhandvertrags mit einem Elternteil eines Ergänzungspflegers (§§ 1629 II, 1795 BGB; vgl. im Ergebnis ebenso FG München 25.2.2002 – 13 K 3958/99, EFG 2002, 757; BFH 14.10.2003 – VIII R 22/02, BFH/NV 2004, 620). 54

Gegenstand des Treuhandvertrags können neben beweglichen Sachen einschl. Tieren auch Grundstücke (aber wegen Sicherungsgrundschuld unüblich) sein; ferner sind Sachgesamtheiten (zB Warenlager), Anwartschaftsrechte auf Eigentumserwerb und Wertpapiere taugliche Treugüter (vgl. Grüneberg BGB § 930 Rn. 22). Forderungen, auch Forderungsmehrheiten und Rechte, sowie Gesellschaftsanteile können ebenso treuhänderisch gehalten werden. 55

Nachweis der Treuhänderschaft. Ein Treuhandverhältnis ist nur anzuerkennen, wenn es im Vorhinein klar und eindeutig vereinbart und zum anderen vereinbarungsgemäß durchgeführt worden ist (BFH 4.12.2007 – VIII R 14/05, BFH/NV 2008, 745; FG Düsseldorf 18.12.2023 – 8 K 868/23 E, StB 2024, 227). Aus den Gesamtumständen muss zweifelsfrei erkennbar sein, dass der Treuhänder in dieser Eigenschaft – und nicht für eigene Rechnung – tätig geworden ist (BFH 15.7.1997 – VIII R 56/93, BStBl. II 1998, 152 mwN; BFH 14.3.2012 – IX R 37/11, BStBl. II 2012, 487). Treuhandverträge können grds. formfrei, also auch mündlich oder konkludent vereinbart werden. Der (Treuhand-)Auftrag, der auf Beschaffung eines Grundstücks abzielt, ist grds. in notarieller Form zu vereinbaren (BGH 8.11.1984 – III ZR 132/83, NJW 1985, 730; ebenso die Abtretung oder Unterbeteiligung an einem KapGes-Anteil BFH 11.5.2010 – IX R 19/09, BStBl. II 2010, 823). Andererseits kann der Treuhandvertrag zur Gründung einer GmbH unter treuhänderischer Übernahme der Anteile formfrei abgeschlossen werden (vgl. NSH GmbHG § 15 Rn. 26; vgl. FG Köln 15.8.2007 – 4 K 1873/04, EFG 2007, 1765 zu § 54 EStDV). Schriftform ist wegen der Beweislastregel des § 159 stets ratsam (vgl. zu Einzelheiten → § 159 Rn. 12). 56

Zur **vertragsgemäßen Durchführung** gehört nicht nur die vollständige und rechtzeitige Umsetzung der vertraglichen Hauptpflichten (BFH 1.12.2010 – IV R 17/09, BStBl. II 2011, 419; zur Treuhand zwischen Ehegatten BFH 14.3.2012 – IX R 37/11, 57

BStBl. II 2012, 487). Besondere Bedeutung kommt auch der Erkennbarkeit der Treuhand gegenüber der FB zu. Hieran fehlt es insb., wenn eine vertragliche Gestaltung gewählt wird, die der Verschleierung der Treuhandvereinbarung dient. Treuhänderisches und eigenes Vermögen sind klar getrennt zu halten (FG Hessen 2.2.1983 – X 148/82, EFG 1983, 565; FG Köln 14.5.1998 – 9 K 3553/96, EFG 1998, 1345; FG Rheinland-Pfalz 6.7.2010 – 6 K 1912/09, BeckRS 2011, 95670). So dürfen finanzielle Treuhandmittel auch nicht zeitweise für eigene Zwecke verwendet werden (vgl. FG Münster 26.4.1995 – 10 K 456/95 E, EFG 1996, 102). Das Treuhandvermögen ist grds. in der Buchführung und in der Bilanz als solches auszuweisen (FG Niedersachsen 3.11.1998 – VI 429/92, EFG 1999, 523; TK § 39 Rn. 40; Klein § 39 Rn. 65). Deshalb ist ein Treuhandverhältnis idR nicht anzuerkennen, wenn das Treugut in der Bilanz des Treuhänders nicht eindeutig kenntlich gemacht wird (BFH 10.6.1987 – I R 149/83, BStBl. II 1988, 25). Die zunächst fälschliche Behandlung des Treuhandvermögens in der laufenden Buchführung schadet bei richtiger bilanzieller Behandlung nicht (BFH 28.2.2001 – I R 12/00, BStBl. II 2001, 468; aA FG Niedersachsen 3.11.1998 – VI 429/92, EFG 1999, 523). Nicht bilanzierende Treugeber haben der StErklärung ein Anlageverzeichnis beizufügen, aus dem sich die Behandlung des Treuhandvermögens ergibt (Heidner DStR 1989, 305 (307)).

60 **c) Zurechnung des Treuguts.** Das Treuhandvermögen ist dem Treugeber zuzurechnen. Dies gilt unabhängig von der Erscheinungsform der Treuhand (→ Rn. 51). Die Vereinbarungstreuhand ist steuerrechtlich zunächst nicht anerkannt worden, weil hierin ein Verstoß gegen den sachenrechtlichen Publizitätsgrundsatz und eine Gläubigerbenachteiligung gesehen werden (vgl. BFH 25.9.1968 – I 52/64, BStBl. II 1969, 18 (24); BFH 18.9.1984 – VIII R 119/81, BStBl. II 1985, 55). Nach § 39 II Nr. 2 geht es indes gerade nicht um die Zurechnung der Eigentümerstellung auf den Treugeber mit dinglicher Wirkung, sondern um rein schuldrechtliche Beziehungen, deren Inhalte bei wirtschaftlicher Betrachtung eine Zurechnung ausnahmsweise erlauben (vgl. BFH 1.10.1992 – IV R 130/90, BStBl. II 1993, 574; HHSp § 39 Rn. 247 ff.; Schwarz/Pahlke/Keß § 39 Rn. 2; Heidner DStR 1989, 305). Die ältere Rspr. ist deshalb überholt (BFH 15.7.1997 – VIII R 56/93, BStBl. II 1998, 152). Zur Erwerbstreuhand vgl. BFH 24.5.1977 – IV R 47/76, BStBl. II 1977, 737; BFH 14.10.2003 – VIII R 22/02, BFH/NV 2004, 620.

61 **Einkünftezurechnung.** Dem Treugeber ist nicht nur das Treugut, sondern auch die hiermit erzielten Einkünfte sind ihm zuzurechnen (BFH 24.5.1977 – IV R 47/76, BStBl. II 1977, 737; BFH 20.1.1999 – I R 69/97, BStBl. II 1999, 514). Die Einkünftezurechnung ist keine Folge des § 39 II Nr. 1, sondern resultiert aus der Verwirklichung des Einkünftetatbestands durch den Treugeber. Ist Gegenstand des Treuhandvertrags der Gesellschaftsanteil an einer PersGes, ist der Treugeber selbst Mitunternehmer, wenn er die für die Mitunternehmerinitiative erforderlichen Stimm-, Kontroll- und Widerspruchsrechte durch den Treuhänder ausübt und zugleich das alleinige Mitunternehmerrisiko trägt (BFH 16.5.1995 – VIII R 18/93, BStBl. II 1995, 714; BFH 21.4.1988 – IV R 47/85, BStBl. II 1989, 722). Sind über einen Treuhänder mehrere Treugeber Mitunternehmer, ist der Gewinnanteil des Treuhänders auf die Treugeber aufzuteilen (BFH 13.3.1986 – IV R 204/84, BStBl. II 1986, 584; vgl. auch BFH 18.8.1997 – IX B 29/97, BFH/NV 1998, 416). Einer gesonderten Feststellung bedarf es nicht bei der treuhänderischen Beteiligung an einem steuerrechtlichen Einzelunternehmen (BFH 1.10.1992 – IV R 130/90, BStBl. II 1993, 574). Ebenso sind Zinserträge auf einem Notaranderkonto dem Treugeber zuzurechnen (BFH 30.1.1986 – IV R 125/83, BStBl. II 1986, 404). Korrespondierend hierzu werden die Aufwendungen des Treuhänders in Erfüllung der Treuhandvereinbarung dem wirtschaftlich belasteten Treugeber als eigene Ausgaben zugerechnet (vgl. BFH 23.8.1956 – IV 400/55 U, BStBl. III 1956, 302; FG Hessen 8.2.1993 – 4 K 6216/91, EFG 1994, 397).

62 **d) Einzelfälle.** Zur Einkünftezurechnung hat die Rspr. zahlreiche Einzelfälle entschieden:

– Steuerrechtliche Anerkennung einer Vereinbarungstreuhandschaft an einem GmbH-Anteil (BFH 15.7.1997 – VIII R 56/93, BStBl. II 1998, 152);
– Zurechnung eines Teilgeschäftsanteils aufgrund einer Quotentreuhand (BFH 6.10.2009 – IX R 14/08, BStBl. II 2010, 460);
– fremdnütziger Treuhandkommanditist ist kein Mitunternehmer, auch nicht bei Unterbeteiligung an einem anderen Kommanditanteil (BFH 12.10.1999 – VIII R 67/98, BFH/NV 2000, 427);
– Zurechnung einer typischen stillen Beteiligung am Unternehmen des Treuhänders auf den Treugeber (BFH 9.10.2000 – I B 60/00, BFH/NV 2001, 482);
– zur Feststellungsfrist für Ergänzungsbescheid, durch den der Treuhänder in das Verfahren einbezogen werden soll (BFH 13.7.1999 – VIII R 76/97, BStBl. II 1999, 747);
– zur einheitlichen und gesonderten Feststellung bei Treuhandverhältnissen (BFH 10.11.1994 – IV B 64/93, BFH/NV 1995, 565);
– Treugeber als wirtschaftlicher Inhaber einer Kapitalforderung erzielt die Einkünfte aus Kapitalvermögen (BFH 20.1.1999 – I R 69/97, BStBl. II 1999, 514);
– Testamentsvollstrecker handelt als Treuhänder im Interesse und für Rechnung der Erben (BFH 30.11.1989 – I R 19/87, BStBl. II 1990, 246);
– Treugeber ist nicht am Vermögen der Gesamthand iSv §§ 5, 6 GrEStG beteiligt (BFH 8.8.2000 – II B 134/99, BFH/NV 2001, 66; BFH 12.1.2022 – II R 16/20, BFH/NV 2022, 999).

Steuerrechtliche Anerkennung einer Vereinbarungstreuhandschaft an einem GmbH-Anteil (BFH 15.7.1997 – VIII R 56/93, BStBl. II 1998, 152); Zurechnung eines Teilgeschäftsanteils aufgrund einer Quotentreuhand (BFH 6.10.2009 – IX R 14/08, BStBl. II 2010, 460); fremdnütziger Treuhandkommanditist ist kein Mitunternehmer, auch nicht bei Unterbeteiligung an einem anderen Kommanditanteil (BFH 12.10.1999 – VIII R 67/98, BFH/NV 2000, 427); Zurechnung einer typischen stillen Beteiligung am Unternehmen des Treuhänders auf den Treugeber (BFH 9.10.2000 – I B 60/00, BFH/NV 2001, 482); zur Feststellungsfrist für Ergänzungsbescheid, durch den der Treuhänder in das Verfahren einbezogen werden soll (BFH 13.7.1999 – VIII R 76/97, BStBl. II 1999, 747); zur einheitlichen und gesonderten Feststellung bei Treuhandverhältnissen (BFH 10.11.1994 – IV B 64/93, BFH/NV 1995, 565); Treugeber als wirtschaftlicher Inhaber einer Kapitalforderung erzielt die Einkünfte aus Kapitalvermögen (BFH 20.1.1999 – I R 69/97, BStBl. II 1999, 514); Testamentsvollstrecker handelt als Treuhänder im Interesse und für Rechnung der Erben (BFH 30.11.1989 – I R 19/87, BStBl. II 1990, 246); Treugeber ist nicht am Vermögen der Gesamthand iSv §§ 5, 6 GrEStG beteiligt (BFH 8.8.2000 – II B 134/99, BFH/NV 2001, 66).

2. Sicherungseigentum

Eigennützige Treuhand. Die Sicherungsübereignung, durch welche dinglich unbe- 63
schränktes Eigentum beim Sicherungsnehmer begründet wird, gehört wie der Eigentumsvorbehalt, die Sicherungszession und die Sicherungsgrundschuld zu den Fällen der Sicherungstreuhand (vgl. Grüneberg BGB § 903 Rn. 35). Die aus dem Eigentumserwerb erlangte Rechtsmacht wird im Innenverhältnis durch einen schuldrechtlichen Sicherungsvertrag zumeist in der Weise beschränkt, dass eine Verwertung erst bei Verstoß gegen die Zahlungsverpflichtungen des Sicherungsgebers zulässig ist (vgl. Grüneberg BGB § 903 Rn. 33, Grüneberg BGB § 930 Rn. 13 ff.). Es handelt sich um eine eigennützige Treuhand, durch die der Sicherungsnehmer Eigenbesitzer wird (Grüneberg BGB § 872 Rn. 1). Die Übereignung des Sicherungsguts kann nach §§ 925, 929–931 BGB erfolgen. Da die Sicherungsübereignung häufig als Alternative zur Verpfändung gewählt wird, um dem Sicherungsgeber den unmittelbaren Besitz am Sicherungsgut zu erhalten, tritt an die Stelle des Besitzübergangs die Sicherungsabrede als Besitzmittlungsverhältnis iSd § 930 BGB (vgl. MüKo BGB § 930 Rn. 38; Serick BB 1974, 285).

64 **Zurechnung.** Nach § 39 II Nr. 1 S. 2 ist Sicherungseigentum im Regelfall dem Sicherungsgeber zuzurechnen. Die gesetzliche Regelung geht dabei vom Normalfall des Sicherungsvertrags aus, durch den die Rechtsmacht des zivilrechtlichen Eigentümers idR bis zur Verwertungsreife nahezu vollständig ausgeschlossen ist (vgl. FG Hamburg 24.9.1987 – II 133/84, EFG 1988, 475). Mit Eintritt der **Verwertungsreife** entfällt diese Bindung, sodass das Wirtschaftsgut nunmehr dem Sicherungsnehmer zuzurechnen ist. Darf der Sicherungsnehmer das Wirtschaftsgut von Anfang an, ohne Eintritt bestimmter vom Sicherungsgeber zu beeinflussender Umstände verwerten, ist das Sicherungsgut dem Sicherungsnehmer zuzurechnen (TK § 39 Rn. 50; vgl. auch BFH 20.1.1999 – I R 69/97, BStBl. II 1999, 514; BFH 13.11.2024 – I R 3/21, BeckRS 2024, 43658). Erfolgt die Bestellung eines Erbbaurechts zur Absicherung eines Darlehens unter gleichzeitiger Bestellung eines Wohnrechts für den Erbbaurechtsverpflichteten, steht ihm wirtschaftlich auch das Erbbaurecht zu. Übereignet der Sicherungsgeber bei auflösend bedingter Sicherungsübereignung sein Anwartschaftsrecht auf Rückfall des Eigentums, geht hierdurch das wirtschaftliche Eigentum auf den Erwerber über (FG Baden-Württemberg 31.8.1994 – 12 K 96/91, EFG 1995, 146). Durch die schuldrechtliche Abrede einer Verfügungsbeschränkung (§ 137 S. 2 BGB) erwirbt der Begünstigte kein wirtschaftliches Eigentum (FG Hessen 2.2.1983 – X 66/82, EFG 1983, 482). Für die sicherungsweise Abtretung eines Rechts (Forderung) gelten dieselben Grundsätze (BFH 11.3.1982 – IV R 46/79, BStBl. II 1982, 542). Das Sicherungseigentum entspricht in seinen Wirkungen einem besitzlosen Pfandrecht, sodass die Zurechnung bei Pfandrechtsbestellung den gleichen Regeln folgt (vgl. BFH 17.12.1959 – IV 201/56 S, BStBl. III 1960, 68).

3. Eigenbesitz

65 Eigenbesitzer ist gem. § 872 BGB, wer die tatsächliche Gewalt über die Sache mit dem Willen ausübt, sie wie eine ihm gehörende zu beherrschen. Nicht erforderlich ist, dass sich der Besitzwille auf einen rechtmäßigen Erwerb stützt. Der Dieb kann daher Eigenbesitzer sein (Grüneberg BGB § 872 Rn. 1). Eigenbesitz kann als unmittelbarer und als mittelbarer Alleinbesitz oder Mitbesitz begründet werden. Steuerrechtlich kommt der Beispielsalternative „Eigenbesitz" praktisch keine eigenständige Bedeutung zu (vgl. BFH 12.4.2000 – X R 20/99, BFH/NV 2001, 9; BFH 24.6.2004 – III R 50/01, BStBl. II 2005, 80). Aus der Begründung des Eigenbesitzes lässt sich lediglich die Willensrichtung desjenigen ableiten, der die tatsächliche Sachherrschaft ausübt. Zu der Frage, ob er die Sachherrschaft dauerhaft aufgrund eines ihn berechtigenden Rechtsverhältnisses ausüben und damit den zivilrechtlich Berechtigten für die gewöhnliche Nutzungsdauer von der Einwirkung ausschließen kann, besagt bloßer Eigenbesitz nichts. So ist etwa der Sicherungseigentümer von Beginn an Eigenbesitzer, aber nicht wirtschaftlicher Eigentümer. Andererseits kann der Mieter als Fremdbesitzer im Einzelfall auch wirtschaftlicher Eigentümer sein (vgl. BFH 2.6.1978 – III R 4/76, BStBl. II 1978, 507).

III. Zurechnung bei Gesamthandsgemeinschaften (§ 39 Abs. 2 Nr. 2)

1. Gesamthandsgemeinschaften

68 § 39 II Nr. 2 ist durch Art. 23 Nr. 6 KreditzweitmarktförderungsG v. 22.12.2023 (BGBl. 2023 I Nr. 411) mWv 1.1.2024 an die gesetzliche Neugestaltung des Personengesellschaftsrechts durch das MoPeG v. 10.8.2021 (BGBl. 2021 I 3436) angepasst worden. Die durch den BGB-Gesetzgeber als Zweckschöpfung für unterschiedliche Bereiche (Schuldrecht, Familienrecht, Erbrecht) geschaffene Gesamthand ist durch die Reform des Personengesellschaftsrechts aufgegeben worden, sodass die gesetzlich uneinheitlich geregelte Gesamthand weitgehend an Bedeutung verloren hat. Eine einheitliche Figur der Gesamthand hatte der Gesetzgeber ohnehin nicht geschaffen (MüKo BGB § 705 Rn. 297). Gemeinsam ist allen Gesamthandsgemeinschaften die Zusammenfassung der Vermögensgegenstände, die der jeweiligen Personenmehrheit als solcher zuzuordnen sind, zu einem

einheitlichen Sondervermögen (MüKo BGB § 705 Rn. 298; K. Schmidt GesR § 8 III 1b). Die Gesamthänder sind am Gesamthandsvermögen als einem Inbegriff von Sachen und Rechten im Ganzen und ungeteilt berechtigt. Das Recht der Gesamthänder, über ihren „Anteil“ an den einzelnen zum Gesamthandsvermögen gehörenden Gegenständen zu verfügen, ist ausgeschlossen (MüKo BGB § 705 Rn. 298). Keinem steht ein Teilrecht an dem Inbegriff oder an einzelnen Gegenständen der Gesamthand zu. Demgegenüber ist die Verfügung über den Anteil am Gesamtgut unterschiedlich geregelt (vgl. hierzu MüKo BGB § 705 Rn. 299). Von diesem traditionellen Grundverständnis geht § 39 II Nr. 2 aus und rechnet die einzelnen Wirtschaftsgüter den an der Gesamthand beteiligten Personen wie Bruchteilseigentum zu, soweit die Gesamthand nicht selbst als StSubjekt erfasst wird. Hiervon zu unterscheiden ist die zivilrechtlich und steuerrechtlich rechtsfähige Personenvereinigung iSd § 14a II. Anders als Gesamthandsgemeinschaften besitzen rechtsfähige Personenvereinigungen die Fähigkeit, selbst Vermögensträger zu sein. Gleichwohl ordnet § 39 II Nr. 2 S. 1 unterschiedslos für Wirtschaftsgüter, die der gesamten Hand oder einer rechtsfähigen PersGes zustehen, eine anteilige Zurechnung auf die Beteiligten der Personenvereinigung an, soweit eine getrennte Zurechnung für die Besteuerung erforderlich ist. Hierdurch wird die bis zur Neuordnung des Personengesellschaftsrechts geltende Zurechnungsregelung inhaltlich fortgeschrieben. Satz 2 regelt zudem, dass die rechtsfähigen PersGes für Zwecke der Ertragsbesteuerung als Gesamthand und das Gesellschaftsvermögen als Gesamthandsvermögen gelten.

Zu den **Gesamthandsgemeinschaften** zählen nunmehr lediglich die Erbengemeinschaft (§ 2032 I BGB) und die Gütergemeinschaft (§ 1419 I BGB). Die in § 14a III Nr. 1 genannte Bruchteilsgemeinschaft gehört nicht dazu. Eine Aufzählung der rechtsfähigen Personenvereinigungen enthält § 14a II.

2. Anteilige Zurechnung

§ 39 II Nr. 2 regelt die Zurechnung von einzelnen Wirtschaftsgütern, die einer gesamt- 69
händerischen Bindung unterliegen oder einer rechtsfähigen PersGes gehören. Schlägt die Bildung einer Gesamthand zivilrechtlich fehl, scheidet eine anteilige Zurechnung aus (FG Düsseldorf 12.6.1985 – VIII 162/80 F, EFG 1986, 11). Demgegenüber ist für rechtsfähige PersGes – bei Anwendung der Lehre von der fehlerhaften Gesellschaft – die Gesellschaft nach Vollzug des Vertrags sowohlnach innen wie auch nach außen als wirksam anzusehen, soweit die zur rechtlichen Mangelhaftigkeit führenden Wertungsgrundsätze dies zulassen (Erman BGB § 705 Rn. 165). **Zurechnungsobjekt** ist in beiden Fällen das einzelne Wirtschaftsgut (FG Hamburg 1.10.2009 – 6 K 45/07, EFG 2010, 425). Die Zuordnung erfasst nicht den Anteil an der Gesamthand, also dem Inbegriff an Sachen und Rechten insgesamt. **Zurechnungssubjekt** sind die an der Gesamthandsgemeinschaft bzw. rechtsfähigen PersGes beteiligten Personen (BFH 4.10.1990 – X R 148/88, BStBl. II 1992, 211; BFH 10.7.1996 – X R 103/95, BStBl. II 1997, 678; BFH 27.7.2004 – IX R 20/03, BStBl. II 2005, 33; zum wirtschaftlichen Eigentum an einem PersGes-Anteil vgl. BFH 1.3.2018 – IV R 15/15, BStBl. II 2018, 539). Dies gilt auch, soweit eine KapGes Beteiligter einer Gesamthandsgemeinschaft ist (HHSp § 39 Rn. 295 ff.; TK § 39 Rn. 84). Erbt eine KapGes als Miterbe einer Erbengemeinschaft, sind die Wirtschaftsgüter der Gesamthand ihr als Betriebsvermögen anteilig zuzurechnen (vgl. BFH 24.3.1993 – I R 131/90, BStBl. II 1993, 799).

Zurechnungsquote. § 39 II Nr. 2 behandelt die Gesamthand für steuerliche Zwecke 70
wie eine Bruchteilsgemeinschaft (BFH 11.3.1992 – II R 157/87, BStBl. II 1992, 543). Die Zurechnung erfolgt deshalb anteilig im Verhältnis der Berechtigung am Gesamthandsvermögen. Die Beteiligungsquote ist unter Rückgriff auf die zivilrechtlichen Vorschriften für die Gesamthand und die ggf. maßgeblichen Willenserklärungen und Verträge der Beteiligten zu ermitteln (TK § 39 Rn. 97). Das bedeutet zB, dass in Gütergemeinschaft lebende Ehegatten am Gesamtgut je zur Hälfte beteiligt sind (BFH 11.1.1962 – V 186/59 U, BStBl. III 1962, 150) und ein einer Erbengemeinschaft gehörendes Grundstück in dem

Umfang Betriebsvermögen der PersGes ist, in dem die am Unternehmen beteiligten Erben daran berechtigt sind (BFH 6.2.1987 – III R 203/83, BStBl. II 1987, 423; zur Einbringung BFH 2.4.2008 – IX R 18/06, BStBl. II 2008, 679).

71 **Personengesellschaft.** Der Einheitswert des Betriebsvermögens wird ebenso wie das jeweilige Wirtschaftsgut einer PersGes den Gesellschaftern grds. nach dem Verhältnis zugerechnet, in dem die Mitgliedschaftsrechte der einzelnen Beteiligten in allen ihren vermögensmäßigen Beziehungen zueinander stehen (BFH 24.6.1981 – III R 49/78, BStBl. II 1982, 2; BFH 11.3.1992 – II R 157/87, BStBl. II 1992, 543). Die Wertverhältnisse der einzelnen Anteile spiegeln sich einerseits in den Kapitalkonten als der Beteiligung an der Vermögenssubstanz wider. Andererseits findet die Ertragsstärke eines Unternehmens mangels bilanziellen Ausweises eines originären Geschäftswerts ebenso wie stille Reserven keinen Anhaltspunkt in der Summe aller Kapitalkonten. Ein über dem reinen Substanzwert liegender Ertragswert ist deshalb zusätzlich auf die Gesellschafter idR nach dem maßgeblichen Gewinnverteilungsschlüssel zu verteilen (vgl. BFH 31.1.1996 – II R 9/93, BStBl. II 1996, 181). Der Einheitswert ist auf die Gesellschafter nach dem so ermittelten Anteil am Gesamtvermögen im Verhältnis ihrer Beteiligung zuzurechnen (BFH 3.11.1993 – II R 96/91, BStBl. II 1994, 88).

72 **Negatives Kapitalkonto.** Verbleibt einem Kommanditisten, der seine Einlage geleistet hat, auch nach Hinzurechnung der auf ihn entfallenden Anteile an den stillen Reserven und an einem evtl. vorhandenen nicht bilanzierten Geschäftswert ein negatives Kapitalkonto, ist ihm grds. kein Anteil am Einheitswert zuzurechnen (BFH 31.1.1996 – II R 9/93, BStBl. II 1996, 181; aA Beiser DStZ 1991, 68). Dies gilt selbst dann, wenn der nicht zur Einlage verpflichtete Komplementär weder am Vermögen noch an den stillen Reserven der KG beteiligt ist (BFH 11.3.1992 – II R 157/87, BStBl. II 1992, 543). Entsteht durch die Addition von negativem Kapitalkonto und stillen Reserven eine positive Summe, ist diese für die Zurechnung maßgeblich (FG Köln 20.3.1986 – V 73/81 BB, EFG 1986, 438). Ein negativer Einheitswert kann dem Kommanditisten auch insoweit zugerechnet werden, soweit die geleistete Einlage durch Entnahmen zurückgeflossen ist oder die Hafteinlage die Pflichteinlage des Kommanditisten übersteigt (vgl. BFH 26.3.1997 – II R 22/94, BFH/NV 1997, 744).

3. Erforderlichkeit für die Besteuerung

73 Eine getrennte Zurechnung nach Bruchteilen ist nicht in jedem Fall durchzuführen, sondern nur, soweit die einzelnen Gesamthänder bzw. Beteiligten und nicht die Gesamthand bzw. die rechtsfähige PersGes selbst Subjekt der Besteuerung ist (vgl. BFH 11.4.1967 – II 118/64, BStBl. III 1967, 539; TK § 39 Rn. 87). Soweit eine getrennte Zurechnung für die Besteuerung nicht erforderlich ist, bleibt es bei der Regelzurechnung (BFH 26.4.2012 – IV R 44/09, DStR 2012, 1497). Ob die Gesamthand bzw. PersGes als solche stpfl. ist, richtet sich nach den einzelnen StGesetzen.

74 **Besteuerung der Gesamthand/PersGes.** Die Gesamthandsgemeinschaft/PersGes wird für zahlreiche StArten als Stpfl. behandelt. Sie ist StSchuldnerin, und ihr ist der StBescheid als Adressatin bekanntzugeben, der zugleich als Titel zur Vollstr. in das Gesamthandsvermögen/Gesellschaftsvermögen ausreicht (§ 267). Betreibt die Gesamthandsgemeinschaft ein Unternehmen, ist sie StSchuldnerin der GewSt (§ 5 I 3 GewStG) und USt (BFH 25.3.1993 – V R 42/89, BStBl. II 1993, 729). Soweit ein inländisches Grundstück aus dem Gesamthandsvermögen ausscheidet, schuldet sie die GrESt; ebenso bei vollständigem Gesellschafterwechsel, § 1 II a iVm § 13 Nr. 6 GrEStG (so bereits zum alten Recht BFH 12.12.1996 – II R 61/93, BStBl. II 1997, 299). Ferner können PersGes als Fahrzeughalter Schuldner der KraftSt sein (vgl. BFH 24.7.1963 – II 8/62, HFR 1964, 20). Für Zwecke der GrSt bedarf es ebenfalls keiner Aufteilung (BFH 22.2.2001 – II B 39/00, BStBl. II 2001, 476). Trotz der Erbfähigkeit der Gesamthandsgemeinschaft sieht der BFH für die ErbSt allerdings die Gesamthänder und nicht die Gesamthand als StSchuldner an (BFH 14.9.1994 – II R 95/92, BStBl. II 1995, 81; vgl. zur Kritik → § 33 Rn. 22). Das

Erhebungsverfahren ist nicht Teil der Besteuerung (BFH 9.5.2007 – XI R 2/06, BFH/NV 2007, 1622).

Besteuerung der Gesamthänder/Gesellschafter. Bei der ESt und KSt ist der einzelne Gesamthänder/Gesellschafter StSubjekt. Ihm sind die Wirtschaftsgüter des Gesamthandsvermögens abw. von der zivilrechtlichen Zuordnung anteilig zuzurechnen (vgl. BFH 18.5.2004 – IX R 83/00, BStBl. II 2004, 898: Mietvertrag zwischen GbR und Gesellschafter), sodass der Mietvertrag zwischen der GbR und dem Gesellschafter nur insoweit anzuerkennen ist, als er auf die Anteile der anderen Gesellschafter entfällt (BFH 16.11.2021 – IX B 37/21, BFH/NV 2022, 115; ebenso zu Gesellschafterdarlehen BFH 27.11.2024 – I R 19/21, BStBl. II 2025, 501). Die Veräußerung eines 50 %-Anteils an einer vermögensverwaltenden PersGes steht folglich der anteiligen Veräußerung der im Gesamthandsvermögen stehenden Grundstücke gleich (BFH 28.11.2002 – III R 1/01, BStBl. II 2003, 250). Entspr. war für die VSt zu verfahren (BFH 15.3.1995 – II R 25/91, BFH/NV 1995, 1046). Wirtschaftsgüter einer Erbengemeinschaft, die dem Gewerbebetrieb eines Gesamthänders zur Nutzung überlassen werden, sind entspr. seiner Beteiligung deshalb Betriebsvermögen (vgl. BFH 29.10.1991 – VIII R 51/84, BStBl. II 1992, 512). Davon ist auch auszugehen, wenn der Gesellschafter einer vermögensverwaltenden PersGes seinerseits Mitglied einer nicht gewerblich tätigen PersGes ist, die der anderen PersGes ein Wirtschaftsgut zur Nutzung überlässt. Nach § 39 II Nr. 2 überlässt in diesem Fall der Gesellschafter einen seiner Beteiligung entsprechenden Teil des Wirtschaftsguts zur Nutzung (BFH 26.1.1978 – IV R 160/73, BStBl. II 1978, 299; BFH 25.4.1985 – IV R 36/82, BStBl. II 1985, 622; BFH 18.5.1995 – IV R 125/92, BStBl. II 1996, 5). Ebenso sind die Anteilsrechte für Zwecke der Besteuerung von Veräußerungsgewinnen gem. § 17 EStG den Gesellschaftern nach § 39 II Nr. 2 anteilig zuzurechnen, wenn Anteile an einer KapGes zum Gesellschaftsvermögen einer vermögensverwaltenden PersGes gehören (vgl. zum Gesamthandsvermögen BFH 7.4.1976 – I R 75/73, BStBl. II 1976, 557; BFH 13.7.1999 – VIII R 72/98, BStBl. II 1999, 820). Der entgeltliche Erwerb eines Anteils an einer Erbengemeinschaft führt nicht zur anteiligen Anschaffung eines zum Gesamthandsvermögen der Erbengemeinschaft gehörenden Grundstücks. 75

Gewerblich tätige PersGes. Abw. hiervon ist eine getrennte Zuordnung auf die Gesellschafter einer gewerblich tätigen PersGes nach der Rspr. nicht erforderlich (vgl. Schmidt EStG § 15 Rn. 160 ff.). Die PersGes ist zwar nicht Subjekt der Einkommensbesteuerung, aber Subjekt der Gewinnerzielung (BFH 7.4.1987 – IX R 103/85, BStBl. II 1987, 707; BFH 20.11.1990 – VIII R 15/87, BStBl. II 1991, 345) und als solche StRechtssubjekt bei der Feststellung der Einkunftsart und der Einkünfteermittlung (BFH 25.6.1984 – GrS 4/82, BStBl. II 1984, 751; BFH 2.9.1985 – IV B 51/85, BStBl. II 1986, 10). § 39 II Nr. 2 wird, soweit es um die Zurechnung von Wirtschaftsgütern geht, durch § 15 I Nr. 2 EStG verdrängt (BFH 25.2.1991 – GrS 7/89, BStBl. II 1991, 691; BFH 28.11.2002 – III R 1/01, BStBl. II 2003, 250). Das Ergebnis der Tätigkeit wird den Gesellschaftern als Anteil am Gewinn oder Überschuss zugerechnet. Dazu bedarf es keiner Zurechnung der einzelnen Geschäftsvorfälle oder Wirtschaftsgüter an die Gesellschafter (BFH 16.6.1994 – IV R 48/93, BFHE 175, 109; BFH 23.10.1986 – IV R 352/84, BStBl. II 1988, 128). Andererseits ist im Einzelfall auch hier eine anteilige Zurechnung der Wirtschaftsgüter erforderlich, soweit etwa eine vom Stpfl. gebildete Rücklage nach § 6b III EStG auf Wirtschaftsgüter übertragen wird, die zum Gesamthandsvermögen einer PersGes gehören, an der er als Mitunternehmer beteiligt ist (BFH 25.4.1985 – IV R 83/83, BStBl. II 1986, 350). Ebenso bestimmt § 7a VII EStG, dass erhöhte Absetzungen und Sonderabschreibungen nur anteilig für diejenigen Beteiligten vorzunehmen sind, die die Tatbestandsvoraussetzungen erfüllen (BFH 13.7.1993 – VIII R 85/91, BStBl. II 1994, 243). Für Sonderabschreibungen nach dem FördG ist die PersGes selbst Zurechnungssubjekt (BFH 27.7.2004 – IX R 20/03, BStBl. II 2005, 33). 76

Einkünftezurechnung. § 39 II Nr. 2 lässt lediglich die anteilige Zuordnung der Wirtschaftsgüter auf die Gesamthänder zu. Auf die Zurechnung von Einkünften, Geschäfts- 77 vorfällen, Tätigkeiten oder Verfahrenshandlungen findet die Regelung keine Anwendung (vgl. Gast-de Haan DStZ 1992, 292; BFH 2.9.1992 – XI R 21/91, BStBl. II 1993, 668; BFH 2.4.2008 – IX R 18/06, BFH/NV 2008, 1235). Die materielle Tatbestandsmäßigkeit einer Norm bleibt unverändert. Insb. gestattet § 39 II Nr. 2 nicht, die Veräußerung einer gesamthänderischen Beteiligung an einem Grundstück in die Veräußerung dieses Grundstücks umzuqualifizieren (BFH 4.10.1990 – X R 148/88, BStBl. II 1992, 211; BFH 10.7.1996 – X R 103/95, BStBl. II 1997, 678). Desgleichen können Grundstücksveräußerungen durch eine vermögensverwaltende PersGes nicht nach § 39 II Nr. 2 anteilig den einzelnen Gesellschaftern zugerechnet werden (BFH 2.9.1992 – XI R 21/91, BStBl. II 1993, 668; vgl. auch zur Einbringung eines Grundstücks BFH 6.10.2004 – IX R 68/01, BStBl. II 2005, 324). Ebenso führt der entgeltliche Erwerb eines Anteils an einer Erbengemeinschaft nicht zur anteiligen Anschaffung eines zum Gesamthandsvermögen der Erbengemeinschaft gehörenden Grundstücks (BFH 26.9.2023 – IX R 13/22, BStBl. II 2025, 78). Anderweitige Zuordnungsregelungen werden hierdurch indes nicht ausgeschlossen. **Gewerblicher Grundstückshandel** kann nach Auffassung des BFH auch vorliegen, wenn die sog. Drei-Objekt-Grenze durch Grundstücksverkäufe einer vermögensverwaltenden GbR und solche des Gesellschafters überschritten wird. Die ertragsteuerlichen Tatbestände (§ 15 I EStG, § 2 GewStG) erfassen den Gesellschafter, nicht die Gesellschaft oder den Betrieb, als StSubjekt, sodass durch eine wertende Gesamtwürdigung eine Zusammenrechnung sämtlicher Aktivitäten erfolgen kann (BFH 3.7.1995 – GrS 1/93, BStBl. II 1995, 617). Ein Mietvertrag zwischen einer GbR und einem ihrer Gesellschafter ist steuerrechtlich nicht anzuerkennen, wenn und soweit diesem das Grundstück anteilig zuzurechnen ist (BFH 16.11.2021 – IX B 37/21, BFH/NV 2022, 115). Zur Zurechnung der Gesellschaftsaktivitäten aufgrund Gestaltungsmissbrauchs → § 42 Rn. 63.

§ 40 Gesetz- oder sittenwidriges Handeln

Für die Besteuerung ist es unerheblich, ob ein Verhalten, das den Tatbestand eines Steuergesetzes ganz oder zum Teil erfüllt, gegen ein gesetzliches Gebot oder Verbot oder gegen die guten Sitten verstößt.

Schrifttum: Bergkemper, Kosten der Strafverteidigung als Werbungskosten, FR 2008, 235; Geuenich, Abzugsfähigkeit von Strafverteidigungskosten auf Grundlage einer Honorarvereinbarung, BB 2008, 655; Drüen, Zum Betriebsausgabenabzug von Geldbußen, DB 2013, 1133; Hermenns/Sendke, Steuerliche Behandlung des Verfalls von Wertersatz, FR 2014, 550; Krüger, Die steuerliche Abzugsfähigkeit von Kartellbußen – ungeklärte Fragen?, DStR 2016, 895; Schönfeld/Haus/Bergmann/Erne, Geldbußen von Bundeskartellamt und Kommission wegen Kartellverstößen sind abzugsfähig, DStR 2017, 73.

I. Allgemeines

1. Gegenstand und Zweck der Vorschrift

1 **Belastungsgleichheit.** Die gesetzliche oder gesellschaftliche Missbilligung persönlichen Verhaltens steht der Besteuerung nicht entgegen (vgl. HHSp § 40 Rn. 16). Die Besteuerung blendet grds. außersteuerliche Wertungen aus, denn sie ist **wertungsindifferent** (BFH 28.11.1977 – GrS 2–3/77, BStBl. II 1978, 105). Das StRecht nimmt selbst keinen Anstoß, wenn ein Verhalten rechtliche oder sittliche Grundwerte oder Normen verletzt, sondern knüpft allein an das tatsächliche Geschehen und dessen wirtschaftliche Folgen an (BR-Drs. 23/71, 114; BFH 15.5.1973 – VIII R 153/70, BStBl. II 1973, 814). Damit dient § 40 auch der StGerechtigkeit, alle Bürger nach Maßgabe ihrer persönlichen Leistungsfähigkeit gleichermaßen zu belasten (Selmer JuS 1997, 83; Müller-Franken StuW 1997, 3 (19); HHSp § 40 Rn. 16). Denn die Leistungsfähigkeit einer Person wird nicht durch die Unsittlichkeit oder Unrechtmäßigkeit der Betätigung beeinflusst (vgl. BFH 26.10.2021 – IX R 5/21, BStBl. II 2022, 403: wertneutrale Besteuerung).

2 **Fiskalzwecknormen.** § 40 ist Ausdruck der wirtschaftlichen Betrachtungsweise (Schwarz/Pahlke/Keß § 40 Rn. 1; TK § 40 Rn. 1). Die Maßgeblichkeit des wirtschaftli-

chen Gehalts eines Verhaltens bedeutet einerseits, dass sich der Stpfl. nicht mit Erfolg auf die Gesetz- oder Sittenwidrigkeit seines Tuns berufen kann, um der Besteuerung zu entgehen. Andererseits darf der Gesetzes- oder Sittenverstoß grds. nicht zur Versagung steuerlicher Begünstigungen führen (BFH 7.11.1989 – VII R 115/87, BStBl. II 1990, 251). Uneingeschränkt findet dieses Prinzip auf Fiskalzwecknormen Anwendung. Dies sind diejenigen Vorschriften, die anknüpfend an die wirtschaftliche Leistungsfähigkeit des Einzelnen, ausschl. dazu dienen, den notwendigen Finanzbedarf des Staates zu decken (Tipke/Lang § 4 Rn. 20). Neben den steuerbegründenden Tatbeständen gehören hierzu selbstverständlich auch die das Leistungsfähigkeitsprinzip verwirklichenden Abzugsbeträge, wie zB Werbungskosten und Betriebsausgaben (HHSp § 40 Rn. 17).

Sozialzwecknormen. Der StGesetzgeber verwendet das StRecht vielfach als sozial-, 3 wirtschafts- oder kulturpolitisches Lenkungsinstrument. StTatbestände werden häufig nicht mehr aus fiskalischen Gründen geschaffen, sondern zur Steuerung des Verhaltens in gesellschaftspolitisch erwünschte Bahnen (Tipke/Lang § 4 Rn. 21). Steuerverschonende Sozialzwecknormen schaffen StVergünstigungen, deren Anwendungsbereich durch den Gesetzeszweck motiviert und begrenzt wird. Gesetz- oder sittenwidrigem Handeln, das erkennbar mit dem Normzweck nicht in Einklang zu bringen ist, kann die Begünstigung indes nicht zugutekommen (Gosch AO § 40 Rn. 9). Die Versagung der Begünstigung für derartiges Handeln darf jedoch nicht dazu verleiten, einen von § 40 bewusst nicht gewollten Automatismus einzuführen, der sitten- und gesetzwidriges Verhalten per se von der Gewährung einer StBegünstigung ausschließt (so aber Tipke/Lang § 5 Rn. 94; aA HHSp § 40 Rn. 18 f.; Fischer StuW 1979, 347 (355 f.)). Nur das dem Normzweck zuwiderlaufende Verhalten darf nicht in den Genuss der StVerschonung kommen (FG Niedersachsen 17.4.1997 – V 617/96, EFG 1997, 1111; aA BFH 2.6.1999 – X R 84/97, BStBl. II 1999, 598). Der gemessen an der Teleologie des Gesetzes zu weit gefasste Wortlaut der jeweiligen Sozialzwecknorm ist einschr. auszulegen bzw. auf den Anwendungsbereich zu reduzieren, der dem Gesetzeszweck entspricht (vgl. einerseits BFH 28.11.1977 – GrS 2–3/77, BStBl. II 1978, 105: Abzugsfähigkeit der Unfallkosten trotz verkehrswidrigen Verhaltens; andererseits BFH 31.5.1995 – X R 245/93, BStBl. II 1995, 875: Ausschluss des § 10e EStG für materiell baurechtswidrige Wohnungen; BFH 26.10.2021 – IX R 5/21, BStBl. II 2022, 403). Der Einwand, eine teleologische Reduktion des § 40 komme mangels Gesetzeslücke nicht in Betracht, geht fehl, da die teleologische Interpretation der Norm keine Regelungslücke voraussetzt (so aber TK § 40 Rn. 6). Mit dem einer Sozialzwecknorm beigelegten Telos setzt der Normgeber den Maßstab ihrer Auslegung (vgl. Tipke StuW 1976, 162). Ein hierbei auftretender Normwiderspruch ist wegen des Postulats der Einheit der Rechtsordnung zu vermeiden (Engisch, 162).

Die **Einheit der Rechtsordnung,** als ein von Gesetzgeber und Rspr. anzustrebendes 4 übergeordnetes Prinzip, vermag eine generelle Unanwendbarkeit sozialpolitisch motivierter StRechtsnormen bei gesetzwidrigem und unsittlichem Verhalten nicht zu rechtfertigen. So können Normwidersprüche zwar nicht bestehen bleiben, da ein Verhalten, das von einer Norm als geboten und von einer anderen als verboten angesehen wird, augenscheinlich von niemandem verlangt werden kann (Engisch, 162). Dabei macht es keinen Unterschied, welcher rechtlichen Unterordnung die einander widersprechenden Normen angehören. Außersteuerliche Normen, die erkennbar im Wertungszusammenhang mit StRechtsvorschriften stehen, sind für die Auslegung und ein widerspruchsfreies Zusammenspiel der Rechtsordnung ebenso wie steuerrechtliche Vorschriften zu berücksichtigen (HHSp § 40 Rn. 25). Die Besteuerung verbotenen oder unsittlichen Verhaltens durchbricht aber die Einheit der Rechtsordnung nicht (TK § 40 Rn. 4). Sitten- und gesetzwidriges Verhalten genießt auch im bürgerlichen Recht (§§ 134, 138 BGB) keinen Rechtsschutz (BGH 6.5.1965 – II ZR 217/62, BGHZ 44, 1 (6)). Wegen der vom bürgerlichen Recht abweichenden Zweckrichtung des Abgabenrechts bedeutet das für das StRecht nicht die Entlassung aus der Stpfl., sondern wie § 40 ausdrücklich klarstellt, die **vollständige Einbeziehung** in die Besteuerung. Dies gilt im Grundsatz auch für die Gewährung von

StVergünstigungen. StVergünstigungen basieren nicht auf dem allgemeinen Gebot gesetzmäßigen und sittlichen Verhaltens (vgl. EuGH 2.8.1993 – C-111/92, HFR 1993, 682). Intendiert eine StBegünstigung nur die Förderung materiell gesetzmäßigen Handelns, ist der Normwiderspruch zu § 40 nach den allgemeinen Regeln (zB die speziellere Norm geht der allgemeineren vor; die spätere Norm geht der früheren vor) zu lösen (vgl. Engisch, 162 f.; BVerwG 4.7.1986 – 4 C 31/84, BVerwGE 74, 315 (323)).

2. Verhältnis zu anderen Vorschriften

7 **Verhältnis zu § 41.** Verstößt ein Rechtsgeschäft gegen die guten Sitten oder ein gesetzliches Verbot, ist es grds. gem. §§ 134, 138 BGB nichtig. Unwirksame Rechtsgeschäfte entfalten keine Rechtswirkungen und wären daher auch steuerlich unbeachtlich. Missachten die Beteiligten die fehlende rechtliche Bindung und vollziehen sie die Vereinbarung gleichwohl, ignoriert § 41 die zivilrechtliche Unwirksamkeit und knüpft allein an den wirtschaftlichen Gehalt des Verhaltens an. Die Rechtsfolgeanordnung des § 41 entspricht derjenigen des § 40. § 41 stellt lediglich klar, dass auch die eintretende zivilrechtliche Unwirksamkeit für die Besteuerung unbeachtlich ist (ähnlich HHSp § 40 Rn. 10). Da keine der beiden Normen den Anwendungsbereich der anderen Norm vollständig abdeckt, liegt kein Spezialitätsverhältnis, sondern Normenkonkurrenz vor (HHSp § 40 Rn. 10; Schwarz/Pahlke/Keß § 40 Rn. 3; aA TK § 40 Rn. 12). Die Rechtsfolgen ergeben sich regelmäßig aus § 41 (Klein § 40 Rn. 4).

8 **Verhältnis zu § 160.** § 40 enthebt den Stpfl. nicht seiner Mitwirkungspflicht. Begehrt er den Abzug steuermindernder Ausgaben, so besteht auch für ein gesetz- oder sittenwidriges Verhalten die Darlegungspflicht iSd § 160. Der Stpfl. muss sich strafrechtlich nicht selbst belasten (§ 393).

9 **Verhältnis zu anderen Vorschriften.** Soweit die § 4 V Nr. 8, § 9 V, § 12 Nr. 4 EStG, § 10 Nr. 3 KStG eine Abzugsfähigkeit von Geldstrafen und -bußen als Betriebsausgaben oder Werbungskosten verneinen, gehen sie § 40 als Sonderregelungen vor (Gosch AO § 40 Rn. 16; Klein § 40 Rn. 10). Dies gilt auch für das Abzugsverbot für Bestechungs- und Schmiergelder nach § 4 V Nr. 10 EStG (Schmidt EStG § 4 Rn. 608).

§ 40 verstößt nicht gegen das GG. Die Vorschrift gewährleistet den aus dem allgemeinen Gleichheitssatz fließenden Grundsatz der Belastungsgleichheit. Dabei liegt in der steuerlichen Belastung des rechtswidrig Erlangten kein Wertungswiderspruch zum Strafrecht, namentlich zur Einziehung gem. § 73 StGB. In der unzureichenden Durchsetzbarkeit von StAnsprüchen aus strafbarem Verhalten liegt kein Gleichheitsverstoß (krit. Tipke/Lang § 5 Rn. 92). Die mangelnde Verwirklichung des gesetzlichen Anspruchs beruht nicht auf strukturellen Mängeln der gesetzlichen Vorschriften, sondern auf der mangelnden Rechtstreue der Stpfl. (vgl. BVerfG 12.4.1996 – 2 BvL 18/93, DStRE 1997, 273).

Die **Auslegungsgrundsätze** der §§ 133, 157 BGB, insb. der Grundsatz der gesetzeskonformen Auslegung, dh einer Auslegung, die nicht zur Unwirksamkeit einer Vereinbarung führt, sind auch bei der Vertragsauslegung für steuerrechtliche Zwecke zu befolgen. § 40 steht dem nicht entgegen (BFH 28.9.2022 – II R 32/20, BStBl. II 2023, 255).

3. Anwendungsbereich

10 § 40 gilt für alle StArten und Ansprüche aus dem StSchuldverhältnis iSd § 37 I. Die Regelung ist folglich auch auf Verbrauchsteuern anwendbar. Für Zölle und die EUSt findet § 40 aufgrund des spezielleren Art. 83 II UZK iVm § 21 II UStG keine Anwendung mehr (Klein § 40 Rn. 7). Soweit Art. 83 IIa UZK bei vorschriftswidriger Einfuhr von Falschgeld, Suchtstoffen und psychogenen Stoffen vom Entstehen einer Zollschuld und EUSt absah, wurde von § 40 abgewichen und unnötigerweise der Grundsatz der Einheit der Rechtsordnung durchbrochen (vgl. zur vorausgehenden EuGH-Rspr. Widmann UR 1989, 10). Nach Auffassung des EuGH entsteht auch für die unerlaubte Lieferung von Betäubungsmitteln keine USt (EuGH 5.7.1988 – C-289/86, UR 1989, 309; EuGH 29.6.2000 – C-455/98, UR 2000, 379; zu Recht aA Weiß UR 1989, 311).

II. Gesetz- und sittenwidriges Handeln

1. Verhalten

Der Begriff des Verhaltens bezieht sich unterschiedslos auf reine Tathandlungen (Tun, Dulden, Unterlassung), geschäftsähnliche Handlungen und Rechtsgeschäfte, soweit hierdurch einzelne Teilstücke (Merkmale) oder der Tatbestand eines StGesetzes ganz erfüllt wird (TK § 40 Rn. 11; unklar Gosch AO § 40 Rn. 29). Demgegenüber betrifft § 41 nur einen Ausschnitt rechtlich bedeutsamen Verhaltens, die unwirksamen Rechtsgeschäfte. Die weite Fassung ist erforderlich, weil eine Vielzahl von Tatbeständen für die Besteuerung zumindest auch an ein tatsächliches Verhalten anknüpfen. So beruht etwa die Erzielung von Einkünften auf einer Fülle von Handlungen, die sowohl tatsächlicher als auch rechtsgeschäftlicher Natur sind (zB Mieteinkünfte durch Abschluss eines Mietvertrags, Überlassung des Mietobjekts und Entgegennahme des Mietzinses). 13

2. Gesetzes- oder Sittenverstoß

Ein Verhalten, das gegen ein gesetzliches Gebot bzw. Verbot oder gegen die guten Sitten verstößt, wird für die Besteuerung in gleicher Weise berücksichtigt wie gesetzmäßiges und sittlich einwandfreies Handeln (BFH 28.2.2002 – V R 19/01, BStBl. II 2003, 950). Auf die Art des Gesetzes- oder Sittenverstoßes kommt es nicht an. Hierdurch ist die FB der zumeist schwierigen Prüfung enthoben, ob ein Verhalten sittenwidrig ist, gegen ein gesetzliches Gebot oder Verbot verstößt und welche Rechtsfolgen dieser Verstoß auslöst (TK § 40 Rn. 13). Unerheblich ist daher, ob das Verhalten zur Nichtigkeit nach § 134 BGB führt, einen Straftatbestand erfüllt, eine bloße Ordnungsvorschrift verletzt, lediglich relative oder schwebende Unwirksamkeit des Rechtsgeschäfts bewirkt. Mieteinnahmen sind zB auch dann zu erfassen, wenn der Mietzins unter Ausnutzung einer Zwangslage in auffälligem Missverhältnis zur Vermieterleistung steht (vgl. § 138 II BGB). Der Grad der Rechtswidrigkeit und die Schwere der Schuld sind für die Besteuerung unerheblich (BFH 28.11.1977 – GrS 2–3/77, BStBl. II 1978, 105). 14

3. Rechtsfolgen

Tatbestandsmäßigkeit. § 40 begründet allein nicht die Stpfl. gesetz- und sittenwidrigen Verhaltens, sondern verhindert lediglich eine Ausgrenzung aus den vorhandenen StTatbeständen. Voraussetzung für die Besteuerung ist auch bei Anwendung des § 40, dass ein entsprechender StTatbestand erfüllt ist. So bestimmt sich die ertragsteuerliche Behandlung von rechtswidrig erlangten Vermögensvorteilen danach, ob die Einnahmen im Rahmen einer Einkunftsart iSd § 2 I EStG zufließen (FG Baden-Württemberg 28.10.1976 – III 181/75, EFG 1977, 170; FG München 29.8.1984 – IX 69/84 E, EFG 1985, 71). Die Einbeziehung unrechtmäßigen Verhaltens blendet nicht das sog. **erwerbssichernde Nettoprinzip,** also den Abzug von Betriebsausgaben und Werbungskosten aus (FG Baden-Württemberg 7.3.2007 – 13 K 9/07, EFG 2007, 925; HHSp § 40 Rn. 36). Aufwendungen für rechtswidrig erzielte Einnahmen sind deshalb einkünftemindernd zu berücksichtigen (BFH 23.2.1951 – IV 81/50 S, BStBl. III 1951, 77; TK § 40 Rn. 17). Dabei spielt es keine Rolle, ob auch oder nur die Betriebsausgaben bzw. Werbungskosten dem Unwerturteil schädlichen Verhaltens unterfallen. Die Kosten eines Verkehrsunfalls auf dem Weg zur Arbeitsstätte sind daher abzugsfähig, auch wenn der Unfall durch bewusste Missachtung von Verkehrsvorschriften (zB erheblich überhöhte Geschwindigkeit) verursacht wurde (BFH 28.11.1977 – GrS 2–3/77, BStBl. II 1978, 105; FG Düsseldorf 11.10.2000 – 9 K 4215/99 E, BeckRS 2000, 21013056). Eine wertende Differenzierung des Verhaltens unter Berücksichtigung des § 12 Nr. 2 EStG lässt sich mit § 40 nicht vereinbaren (Offerhaus BB 1979, 667 (671); Döllerer BB 1984, 545). Allerdings kann der berufliche Veranlassungszusammenhang gelöst bzw. unterbrochen sein, wenn der Unfall durch eine Trunkenheitsfahrt verursacht wurde (BFH 6.4.1984 – VI R 103/79, BStBl. II 1984, 434; aA Tiedtke FR 1978, 493). 15

16 **Unanwendbarkeit.** Knüpft ein EinzelStGesetz ausdrücklich oder nach seinem Regelungszweck an die zivilrechtliche Wirksamkeit eines Rechtsgeschäfts an, wird die allgemeine Regelung des § 40 verdrängt. Vgl. zB zum Erfordernis eines rechtswirksamen Kaufangebots iSd § 1 I Nr. 6 GrEStG BFH 6.9.1989 – II R 135/86, BStBl. II 1989, 984 (s. auch Pahlke § 1 Rn. 225 zur zivilrechtlichen Einordnung). Ein Verstoß gegen die guten Sitten wirkt sich dort aus, wo der steuerliche Tatbestand selbst an sittliche Grundwerte anknüpft. Außergewöhnliche Belastungen erwachsen zwangsläufig, wenn sich der Stpfl. ihnen aus sittlichen Gründen nicht entziehen kann (§ 33 II EStG). ZB zur Unterhaltsgewährung in einer eheähnlichen Gemeinschaft (BFH 30.7.1993 – III R 38/92, BStBl. II 1994, 442; anders noch BFH 18.7.1980 – VI R 193/78, BStBl. II 1980, 693).

17 **Verfahrensfragen.** Die FB ist zur Ermittlung des unter § 40 fallenden Sachverhaltes von Amts wegen verpflichtet (§ 88 I). Umgekehrt treffen den Stpfl. steuerliche Mitwirkungs- und Erklärungspflichten (§§ 90, 140–154). Die Mitwirkungspflicht ist begrenzt, soweit sich der Stpfl. selbst strafbaren Verhaltens bezichtigen müsste (§ 393 I 2). Die FVerw. ist berechtigt, für Einkünfte aus unrechtmäßigen und unsittlichen Handlungen Vorauszahlungen festzusetzen (BFH 23.6.1967 – VI B 38/67, BStBl. III 1967, 659). Gewähren die Beteiligten die wirtschaftlichen Vorteile aus dem ungesetzlichen Verhalten zurück, gelten die allgemeinen Regeln zur Rückgängigmachung steuerlich relevanter Sachverhalte (→ § 175 Rn. 49 ff.).

4. Einzelfälle

20 Der **ESt** unterliegen standeswidrige **Erfolgshonorare** eines Rechtsanwalts (BFH 15.10.1981 – IV R 77/76, BStBl. II 1982, 340) oder durch **Erpressung** erlangte Rechtsanwaltshonorare (FG Münster 12.9.2008 – 6 K 676/04 E, EFG 2009, 466). **Geldbußen,** Ordnungs- und Verwarnungsgelder sind grds. nicht abzugsfähig (zu Einzelheiten vgl. Schmidt EStG § 4 Rn. 604). **Geldstrafen** sind gem. § 12 Nr. 4 EStG grds. nicht abzugsfähig (BFH 14.4.1986 – IV R 260/84, BStBl. II 1986, 518), es sei denn, sie werden von einem ausländischen Gericht unter Abweichung von wesentlichen Grundsätzen der deutschen Rechtsordnung verhängt (BFH 31.7.1991 – VIII R 89/86, BStBl. II 1992, 85). Im Falle der **Insolvenz** verliert der Stpfl. nicht die Befugnis, zurechenbare Aufwendungen als Betriebsausgaben abzuziehen (BFH 3.2.2016 – X R 25/12, BStBl. II 2016, 391). **Mieteinnahmen,** die gegen die Mietpreisbindung verstoßen oder sittenwidrig überhöht sind (vgl. BFH 24.11.1972 – III R 20/72, BStBl. II 1973, 109; BFH 15.5.1973 – VIII R 153/70, BStBl. II 1973, 814), unterliegen der ESt. Ebenso verhält es sich mit Einkünften aus **Prostitution,** Bordellbetrieb, Animiertätigkeit als Bardame (BFH 28.11.1969 – VI R 128/68, BStBl. II 1970, 185; BFH 28.7.2017 – X S 2/17 (PKH), BFH/NV 2017, 1629; Brezing NJW 1984, 1598 insb. zur Frage der Einkünfteart) sowie Einkünften aus Telefonsex (BFH 23.2.2000 – X R 142/95, BStBl. II 2000, 610). **Rechtsanwaltskosten** für die Verteidigung in **Straf- und Bußgeldsachen** sind bei beruflicher Veranlassung Werbungskosten (BFH 17.8.2011 – VI R 75/10, DStR 2011, 2235; BFH 22.7.1986 – VIII R 93/85, BStBl. II 1986, 845; BFH 21.6.1989 – X R 20/88, BStBl. II 1989, 831 zu außergewöhnlichen Belastungen). Rechtsverfolgungskosten für ein Disziplinarverfahren sind wegen des besonderen Rechts- und Pflichtenstatus grds. Werbungskosten (BFH 10.1.2024 – VI R 16/21, BStBl. II 2024, 442). **Schadensersatz aus Delikt** (§ 823 BGB), der aus betrieblichen Vorgängen resultiert, ist als Betriebsausgabe abzugsfähig. Die Bildung von Rückstellungen ist grds. zulässig (BFH 3.7.1991 – X R 163/87, BStBl. II 1991, 802). **Schmier- oder Bestechungsgelder** sind nur noch in Ausnahmefällen abzugsfähig (vgl. Schmidt EStG § 4 Rn. 607 ff.). Einkünfte aus **Schwarzarbeit** unterliegen der ESt (FG Nürnberg 28.4.1976 – V 232/75, EFG 1976, 453). **Schwarzbauten,** die unter Verstoß gegen materielles Baurecht errichtet wurden, also nicht genehmigungsfähig sind, können nicht nach § 10e EStG, dem EigZulG oder mit einer Investitionszulage gefördert werden (BFH 31.5.1995 – X R 245/93, BStBl. II 1995, 875; BFH 8.2.1980 – III R 104/78, BStBl. II 1980, 474); dagegen kann ein baurechtswidrig errichtetes Gartenhaus auch zu

eigenen Wohnzwecken iSd § 23 I Nr. 1 EStG genutzt werden (BFH 26.10.2021 – IX R 5/21, BStBl. II 2022, 403). Eine Baugenehmigung ist bei materiell ordnungsgemäßen Bauten nicht erforderlich (FG Niedersachsen 17.4.1997 – V 617/96, EFG 1997, 1111). Einkünfte aus **unerlaubter** oder ungenehmigter **Tätigkeit,** wie **unerlaubter Hilfe in StSachen** (FG Köln 14.1.1981 – X (VIII) 630–631/77 U, E, EFG 1981, 635), **Schwarzhandel** mit Devisen (BFH 4.10.1956 – IV 61/56 U, BStBl. III 1956, 336), **Rauschgifthandel** (FG Köln 3.12.1985 – II K 50/83, EFG 1986, 350; FG Baden-Württemberg 31.7.1997 – 6 K 70/93, EFG 1998, 286; BFH 6.4.2000 – IV R 31/99, BStBl. II 2001, 536), **Wertpapiergeschäfte** eines Bankangestellten auf eigene Rechnung zulasten der Bank (BFH 3.7.1991 – X R 163/87, BStBl. II 1991, 802) sind als gewerbliche Tätigkeiten zu erfassen. Werbungskosten wegen **doppelter Haushaltsführung** sind auch abzugsfähig, wenn ein Ausländer seinen Arbeitsaufenthalt durch Vorspiegelung von Asylgründen ermöglicht (BFH 16.12.1983 – VI R 93/81, BStBl. II 1984, 271). Werbungskosten für Verlust aus einem illegalen Geldwechselgeschäft sind steuerl. abzugsfähig (FG Hessen 11.3.2019 – 9 K 593/18, EFG 2019, 689). Illegal genutzte Wirtschaftsgüter können notwendiges Betriebsvermögen sein (vgl. BFH 9.2.2006 – VIII B 52/05, BFH/NV 2006, 1155).

USt. Verbotene **Arzneimittellieferungen** sind trotz des Gesetzesverstoßes umsatzsteu- 21
erpflichtig (FG Münster 26.1.1966 – Vu 554–556/63, EFG 1966, 390). Verbotswidrige **Ausfuhr** lässt VorSt-Anspruch und USt-Befreiung nach § 4 Nr. 1 UStG nicht entfallen (TK § 40 Rn. 18; EuGH 2.8.1993 – C-111/92, UR 1994, 47). Selbständige **Prostituierte** erbringen steuerbare Umsätze iSd § 1 I Nr. 1 UStG (BFH 4.6.1987 – V R 9/79, BStBl. II 1987, 653). **Video-Peep-Show** unterliegt ermäßigtem StSatz nach § 12 II Nr. 7b UStG (FG Düsseldorf 10.1.1989 – I K 165/88 U, EFG 1989, 259). Verbotene **Glücksspiele** sind steuerfrei, wenn eine Befreiung auch für staatlich genehmigte Glücksspiele besteht (EuGH 11.6.1998 – C-283/95, UR 1998, 384; zu ungenehmigter Lotterie BFH 2.4.2008 – II R 4/06, BFH/NV 2008, 1276).

Sonstige. Körperschaften, die gegen die Rechts- oder Sittenordnung verstoßen, sind 22
nicht gemeinnützig, da sie nicht die Allgemeinheit fördern. § 51 I verdrängt § 40 (BFH 13.7.1994 – I R 5/93, BStBl. II 1995, 134; TK § 40 Rn. 20). Die Befreiung nach **§ 3 Nr. 5 KraftStG** für Krankenfahrzeuge entfällt nicht bei verkehrsrechtlichen Verstößen (BFH 7.11.1989 – VII R 115/87, BStBl. II 1990, 251). **Sonderabschreibungen** nach § 3 ZRFG aF (vgl. FG Hamburg 8.7.1988 – II 5/86, EFG 1988, 603).

§ 41 Unwirksame Rechtsgeschäfte

(1) [1] **Ist ein Rechtsgeschäft unwirksam oder wird es unwirksam, so ist dies für die Besteuerung unerheblich, soweit und solange die Beteiligten das wirtschaftliche Ergebnis dieses Rechtsgeschäfts gleichwohl eintreten und bestehen lassen.** [2] **Dies gilt nicht, soweit sich aus den Steuergesetzen etwas anderes ergibt.**

(2) [1] **Scheingeschäfte und Scheinhandlungen sind für die Besteuerung unerheblich.** [2] **Wird durch ein Scheingeschäft ein anderes Rechtsgeschäft verdeckt, so ist das verdeckte Rechtsgeschäft für die Besteuerung maßgebend.**

Schrifttum: Spindler, Der „Gesamtplan" in der Rechtsprechung des BFH, DStR 2005, 1; Roser, Die Auslegung sog. „alternativer Missbrauchsbestimmungen", FR 2005, 178; Heerspink, Strafe aufgrund zutreffender Steuererklärung?, AO-StB 2006, 51; Heine, Gestaltungsmissbrauch bei der Grunderwerbsteuer, INF 2006, 866; Heuermann, Verträge zwischen nahen Angehörigen und zivilrechtliche Unwirksamkeit, StBp 2006, 355; Heuermann, Simulation im Steuer- und Zivilrecht, DB 2007, 416; Heuermann, Irritationen über einen alten Rechtsgrundsatz – Verträge zwischen nahe stehenden Personen ohne zivilrechtliche Wirksamkeit?, DB 2007, 1267; Heuermann, Scheindarlehen als mittelbare Grundstücksschenkung, HFR 2007, 208; Spilker, Steuerliche Beurteilung einer rechtsmangelbehafteten Anteilsübertragung, FR 2009, 891; Lüdenbach/Hoffmann, Wirtschaftliches Eigentum und bilanzielle Ertragsrealisierung bei rechtsunwirksamen Geschäften, DB 2009, 861; Tiedtke/Möllmann, Ernsthaftigkeit von Vereinbarungen zwischen nahen Angehörigen, BB 2009, 1737; Hoffmann, Rechtsunwirksame Übertragung von GmbH-Anteilen, GmbH-StB

2009, 145; Spiegelberger, Rechtsmissbräuchlicher Gesamtplan bei der Kettenschenkung, FS Spindler 2011, 809; Piltz, Zum Irrtum über Steuerfolgen, FS Spindler 2011, 693; Offerhaus, Der „Gesamtplan" – eine zulässige Rechtsfigur im Steuerrecht?, FS Spindler 2011, 677; Wollweber, Der Steuerirrtum – Zu den Rechtsfolgen steuerlicher Fehlvorstellungen bei Vertragsschluss, FS Streck 2011, 275; Kulosa, Verträge zwischen nahen Angehörigen, DB 2014, 972.

Übersicht

A. Allgemeines

I. Inhalt und Bedeutung der Vorschrift

1 § 41 kann der im StRecht allg. geltende Grundsatz entnommen werden, dass nicht die zivilrechtliche Wirksamkeit von Rechtsgeschäften, sondern die tatsächliche Gestaltung des Sachverhalts steuerrechtlich maßgebend ist (vgl. BFH 6.4.1993 – VIII R 68/90, BStBl. II 1993, 825). Das Abstellen auf die tatsächlichen Gegebenheiten ist Ausfluss der wirtschaftlichen Betrachtungsweise (HHSp § 41 Rn. 11). Wenngleich der Wortlaut nur die zivilrechtliche Unwirksamkeit erfasst, lässt sich die Regelung auch auf vermeintlich unwirksame Vereinbarungen übertragen, die von den Beteiligten nicht vollzogen werden. Knüpft der gesetzliche Tatbestand unmittelbar an das Rechtsgeschäft an, gilt dies allerdings nur, wenn der Eintritt des wirtschaftlichen Ergebnisses Teil der gesetzlichen Regelung ist (Schwarz/Pahlke/Keß § 41 Rn. 8; TK § 41 Rn. 3; vgl. auch BFH 19.7.1989 – II R 83/85, BStBl. II 1989, 989; BFH 22.7.1997 – VIII R 12/96, BStBl. II 1997, 761). Eine Erstreckung der Norm auf außerhalb des Wortlauts liegende Sachverhalte kann allein der Hinweis auf die wirtschaftliche Betrachtungsweise nicht rechtfertigen (FG Rheinland-Pfalz 23.2.2011 – 2 K 1903/09, EFG 2012, 63; FG Schleswig-Holstein 28.11.2019 – 1 K 88/16, BeckRS 2019, 39599).

2 **Steuerschuldrechtliche Norm.** § 41 wirkt unmittelbar auf den StAnspruch ein. Der StAnspruch entsteht nach dem Grundgedanken des § 41 ohne Rücksicht auf die Wirksamkeit des Rechtsgeschäfts so, wie die Beteiligten den Sachverhalt tatsächlich verwirklichen (§ 38). Lassen die Vertragsparteien ein unwirksames Rechtsgeschäft gegen sich gelten, in dem sie es wirtschaftlich vollziehen, entsteht der StAnspruch mit Erfüllung des StTatbestandes. Deshalb ist der Abschluss eines unvollständig beurkundeten, nach §§ 311b, 125 BGB formunwirksamen Kaufvertrags über ein Grundstück als die für die Berechnung der Spekulationsfrist des § 23 I Nr. 1 EStG maßgebende Veräußerung anzusehen, wenn der Vertrag wirtschaftlich vollzogen wird (BFH 15.12.1993 – X R 49/91, BStBl. II 1994, 687). Erträge fließen auch zu, wenn der Schuldner zur Zahlung nicht verpflichtet ist, die vermeintliche Verpflichtung aber aus anderen Gründen erfüllt (BFH 22.7.1997 – VIII R

13/96, BStBl. II 1997, 767). Der einmal erfüllte steuerliche Tatbestand wird durch die einverständliche Rückabwicklung des unwirksamen Rechtsgeschäfts nicht beseitigt (vgl. zur verdeckten Gewinnausschüttung BFH 29.5.1996 – I R 118/93, BStBl. II 1997, 92).

Keine Korrekturvorschrift. Die verfahrensrechtliche Umsetzung der steuerschuldrechtlichen Folgen unwirksamer Rechtsgeschäfte und Scheinhandlungen regelt § 41 anders als noch § 5 V StAnpG nicht. Eine Aufhebung oder Änderung des StBescheids hat unter den Voraussetzungen des § 175 I 1 Nr. 2 zu erfolgen (BFH 26.3.1991 – VIII R 315/84, BStBl. II 1992, 472). Diese Vorschrift setzt indes ein steuerlich rückwirkendes Ereignis voraus, das nicht stets in der Rückabwicklung eines Rechtsgeschäfts zu sehen ist (→ § 175 Rn. 49 ff.). Tritt die Unwirksamkeit lediglich ex nunc ein, fehlt es bereits an einer vollständigen Beseitigung der zivilrechtlichen Rechtsfolgen. Die Rückabwicklung ist bloße Erfüllung des nur für die Zukunft wirkenden Rückgewährschuldverhältnisses und lässt den StAnspruch nicht rückwirkend entfallen (BFH 3.2.1988 – I R 399/83, BStBl. II 1988, 416; TK § 41 Rn. 6; aA BFH 26.3.1991 – VIII R 315/84, BStBl. II 1992, 472). Der spätere Entschluss der Beteiligten, die einander gewährten Leistungen aus einem als wirksam behandelten Rechtsgeschäft wegen seiner Unwirksamkeit wieder zurückzugewähren, beseitigt ebenfalls nicht den einmal entstandenen StAnspruch. Denn der für die Entstehung des StAnspruchs maßgebliche tatsächliche Vollzug kann nicht rückwirkend rückgängig gemacht werden (BFH 25.4.2006 – X R 57/04, BFH/NV 2006, 1819). Bedeutung kommt § 41 iVm § 175 deshalb grds. nur zu, wenn die Unwirksamkeit des Rechtsgeschäfts ex tunc eintritt und der steuerliche Tatbestand nicht ausschl. an den durch das Rechtsgeschäft herbeigeführten tatsächlichen Vorgang anknüpft (TK § 41 Rn. 6). 3

II. Anwendungsbereich

§ 41 gilt grds. für **alle Steuern** (TK § 41 Rn. 8; Klein § 41 Rn. 2). Die zu § 5 V StAnpG ergangene gegenteilige Rspr., die eine Anwendung auf laufend veranlagte Steuern generell ausschloss, ist infolge der geänderten Formulierung des § 175 I 1 Nr. 2 überholt (vgl. BFH 17.8.1967 – IV R 80/67, BStBl. II 1968, 93; BFH 16.2.2006 – XI B 35/05, BFH/NV 2006, 913). Der Streit hat im Übrigen auch kaum praktische Bedeutung. Der Anwendungsbereich des § 41 I 1 wird insb. für laufend veranlagte Steuern durch den Verweis des § 41 I 2 auf abw. Regelungen in den EinzelStGesetzen eingeschränkt (vgl. BFH 26.3.1991 – VIII R 315/84, BStBl. II 1992, 472; → Rn. 31 f.). Im Rahmen der Zurechnung nach § 39 findet § 41 ebenfalls Anwendung (BFH 17.2.2004 – VIII R 28/02, BStBl. II 2005, 46; BFH 17.2.2004 – VIII R 26/01, BStBl. II 2004, 651; BFH 24.1.2012 – IX R 69/10, BFH/NV 2012, 1099; FG Münster 10.10.2005 – 13 V 1792/05 E, EFG 2006, 49). Wirtschaftliches Eigentum trotz Formunwirksamkeit beim Erwerb von GmbH-Anteilen soll im Rahmen des § 17 EStG anzunehmen sein (BFH 4.12.2007 – VIII R 14/05, BFH/NV 2008, 745; → § 39 Rn. 28). 4

Verträge zwischen nahen Angehörigen sowie zwischen KapGes und beherrschendem Gesellschafter werden von der Rspr. grds. nur anerkannt, wenn sie auch zivilrechtlich wirksam abgeschlossen werden (BFH 17.2.1998 – IX R 30/96, BStBl. II 1998, 349; BFH 24.7.1996 – I R 115/95, BStBl. II 1997, 138). Der wirtschaftliche Vollzug allein begründet nach Auffassung des BFH kein hinreichendes Indiz für die Ernstlichkeit der Verträge, sodass § 41 insoweit unanwendbar sei (vgl. näher → Rn. 21 ff.). 5

B. Unwirksame Rechtsgeschäfte (Abs. 1)

I. Maßgeblichkeit wirtschaftlicher Vorgänge (Abs. 1 S. 1)

§ 41 I befasst sich mit Rechtsgeschäften, die von Anfang an unwirksam sind und solchen, deren Unwirksamkeit nachträglich eintritt, aber auf den Beginn zurückwirkt. Vereinzelt wird § 41 (iVm § 175 I 1 Nr. 2) als Generalnorm verstanden, die alle Ereignisse erfasst, die 8 steuerlich dergestalt in die Vergangenheit zurückwirken, die eine Anpassung der steuerlichen Folgen an den geänderten Sachverhalt erforderlich erscheinen lassen (BFH 26.3.1991 – VIII R 315/84, BStBl. II 1992, 472). Diese Auffassung ist abzulehnen. Sie lässt sich mit dem Wortlaut der Vorschrift nicht vereinbaren (Gosch AO § 41 Rn. 27). Die Rückgewähr nach ex nunc eintretender Unwirksamkeit lässt die Vermögenszuordnung für die Vergangenheit unberührt (→ Rn. 3).

9 Ein **Rechtsgeschäft** besteht aus einer oder mehreren Willenserklärungen, die allein oder iVm anderen Tatbestandsmerkmalen, die gewollte Rechtsfolge herbeiführen. Die Willenserklärung, also die Äußerung eines auf die Herbeiführung einer Rechtswirkung gerichteten Willens, ist notwendiger Bestandteil eines jeden Rechtsgeschäfts (Grüneberg BGB Einf. v. § 116 Rn. 1). § 41 I gilt sowohl für einseitige und mehrseitige Rechtsgeschäfte als auch für empfangsbedürftige wie nicht empfangsbedürftige Willenserklärungen (TK § 41 Rn. 13). Auf **rechtsgeschäftsähnliche Handlungen,** also auf einen tatsächlichen Erfolg gerichtete Erklärungen, ist § 41 I entspr. anzuwenden. Realakte (Tathandlungen) werden anders als in Abs. 2 nicht erfasst (BFH 26.1.2006 – VI R 2/03, BFH/NV 2006, 1045). Zu zivilrechtlichen Einwendungen und Einreden, wie dem Leistungsverweigerungsrecht vgl. BFH 22.7.1997 – VIII R 72/95, BFH/NV 1998, 295.

1. Unwirksamkeit

10 Die Regelung behandelt alle Fallgruppen fehlerhafter Rechtsgeschäfte (BFH 26.3.1991 – VIII R 315/84, BStBl. II 1992, 472). Dies gilt auch für solche, bei denen sich die Unwirksamkeit aus der mangelnden Rechtsfähigkeit eines Beteiligten ergibt (BFH 5.9.2023 – IV R 24/20, DStR 2023, 2490). § 41 I 1 kann deshalb nicht über ein noch nicht abgeschlossenes Rechtsgeschäft hinweghelfen (BFH 26.1.2006 – VI R 2/03, BFH/NV 2006, 1045). Unwirksam ist ein Rechtsgeschäft im Falle seiner Nichtigkeit ebenso wie bei relativer und schwebender Unwirksamkeit sowie nach erfolgreicher Anfechtung. Alle Arten der Unwirksamkeit sind steuerlich gleichermaßen unbeachtlich, soweit die Beteiligten das wirtschaftliche Ergebnis eintreten lassen (vgl. BFH 5.11.1986 – II R 237/85, BStBl. II 1987, 225; TK § 41 Rn. 14; Schwarz/Pahlke/Keß § 41 Rn. 12, 18 → Rn. 19).

11 **Nichtigkeit** ist der umfassendste Unwirksamkeitsgrund. Die Wirkungen des Rechtsgeschäfts treten von Anfang an insgesamt nicht ein. Diese Rechtsfolge wirkt absolut, also für und gegen jedermann. Die bedeutendsten Fälle nichtiger Rechtsgeschäfte sind die Willenserklärungen Geschäftsunfähiger (§ 105 BGB), der bekannte geheime Vorbehalt (§ 116 S. 2 BGB), das Scheingeschäft (§ 117 BGB), die Scherzerklärung (§ 118 BGB), die Formnichtigkeit (§ 125 BGB), gesetz- und sittenwidrige Geschäfte (§§ 134, 138 BGB) und die Anfechtung (§ 142 BGB). Zu weiteren Nichtigkeitsfällen vgl. Grüneberg BGB Vor § 104 Rn. 29. Verfügungen des Schuldners zum Nachteil der Insolvenzmasse sind nichtig (§ 81 InsO).

12 **Relative Unwirksamkeit** sieht das Zivilrecht vor, wenn Verfügungen über ein Recht erfolgen, obgleich zum Schutz anderer Personen Verfügungsverbote bestehen. Gegenüber dieser Personengruppe ist das Rechtsgeschäft unwirksam, gegenüber anderen Personen aber wirksam. So ist die Verfügung bei Verstoß gegen gesetzliche oder behördliche Veräußerungsverbote (§§ 135, 136 BGB) oder bei vormerkungswidriger Verfügung (§§ 883 II, 888 BGB) relativ unwirksam.

13 **Schwebend unwirksame Rechtsgeschäfte** sind bis zur Nachholung eines Wirksamkeitserfordernisses unwirksam, danach aber rückwirkend von Anfang an wirksam. Das Rechtsgeschäft tritt mit seiner Vornahme in einen Schwebezustand, der andauert, bis das fehlende Erfordernis nachgeholt wird oder endgültig ausfällt. Ist die Nachholung unmöglich, schlägt der Schwebezustand in Nichtigkeit um. Hauptanwendungsfälle schwebend unwirksamer Rechtsgeschäfte sind die Verträge von Minderjährigen (§ 108 I BGB), von Vertretern ohne Vertretungsmacht (§ 177 I BGB) sowie die Verträge, die einer Genehmigung des Vormundschaftsgerichts bedürfen (§ 1829 I BGB).

Anfechtbare Rechtsgeschäfte sind zunächst gültig. Erst mit erfolgreicher Ausübung des Anfechtungsrechts wird das Rechtsgeschäft von Anfang an unwirksam (§ 142 I BGB). Eine Anfechtung ist insb. bei Irrtum (§ 119 BGB), falscher Übermittlung (§ 120) und bei Täuschung sowie Drohung (§ 123 BGB) zulässig. Hierzu gehören nicht die Anfechtung nach dem AnfG und der InsO. 14

Das Fehlen oder der **Wegfall der Geschäftsgrundlage** führt nicht zur Unwirksamkeit des Rechtsgeschäfts, sondern zur Anpassung des Vertrags an die veränderten Verhältnisse oder zur Rückabwicklung des Vertrags nach Ausübung eines Rücktritts- oder Kündigungsrechts (vgl. BGH 8.2.1984 – VIII ZR 254/82, NJW 1984, 1746). Die Rückabwicklung infolge Rücktritts lässt die Rechtswirkungen für die Vergangenheit unberührt (Gosch AO § 41 Rn. 37; TK § 41 Rn. 48). 15

Die Vereinbarung einer **Bedingung** bewirkt ebenfalls grds. nicht die Unwirksamkeit des Rechtsgeschäfts. Lediglich der Eintritt der Rechtsfolgen ist bis zum Eintritt oder Ausfall der Bedingung in der Schwebe (§ 158 BGB; BFH 3.2.1988 – I R 399/83, BStBl. II 1988, 416). Die Rückbeziehung der Rechtswirkungen des Bedingungseintritts hat lediglich schuldrechtliche Wirkung (§ 159 BGB; BFH 30.5.1990 – I R 41/87, BStBl. II 1991, 588). Die Rückgewähr ist nicht Folge eines nichtigen Rechtsgeschäfts, sondern vertraglicher Anspruch infolge des Bedingungseintritts (Grüneberg BGB § 159 Rn. 1). § 41 I greift trotz schuldrechtlicher Rückbeziehung für die Zeit vor Bedingungseintritt nicht ein (Schmidt JbFSt 1979/80, 314 (321); aA HHSp § 41 Rn. 102; Gosch AO § 41 Rn. 37). Dieser Fall unterscheidet sich in seiner wirtschaftlichen Auswirkung idR nicht von der Ausübung eines Rücktrittsrechts. Folglich bleiben die steuerlichen Folgen für die Vergangenheit bestehen. Für den Rücktritt vom Vertrag wird wegen des Rückabwicklungsverhältnisses § 41 überwiegend ebenfalls nicht angewandt (BFH 3.2.1988 – I R 400/83, BFH/NV 1989, 399; aA HHSp § 41 Rn. 105 ff.). Die Vereinbarung einer unmöglichen aufschiebenden Bedingung führt zur Nichtigkeit des Rechtsgeschäfts (Grüneberg BGB Vor § 158 Rn. 11). 16

2. Eintritt und Fortbestand des wirtschaftlichen Ergebnisses

Die Unwirksamkeit des Rechtsgeschäfts ist steuerlich nur unerheblich, soweit und solange die wirtschaftlichen Folgen und die bürgerlich-rechtlichen Verpflichtungen auseinanderfallen. Zeitlich sind die Rechtsfolgen des § 41 I auf die Dauer des Abweichens beschränkt. Den nur teilweisen Vollzug des nichtigen Vertrags erfasst das Gesetz mit dem Wort „soweit". Das von Anfang an unwirksame Rechtsgeschäft entfaltet deshalb steuerliche Wirkung nur im Umfang seines tatsächlichen Vollzugs. Die Ausübung des Anfechtungsrechts lässt die Wirksamkeit des Vertrags rückwirkend entfallen. Lassen die Beteiligten das wirtschaftliche Ergebnis gleichwohl bestehen, ist die eingetretene Nichtigkeit steuerlich unbeachtlich (Schwarz/Pahlke/Keß § 41 Rn. 28). Erst die vollständige tatsächliche Rückabwicklung des nichtigen Rechtsgeschäfts lässt die eingetretenen Rechtsfolgen auch steuerlich entfallen (BFH 17.2.2004 – VIII R 28/02, BStBl. II 2005, 46). Die einvernehmliche Bekundung rückabwickeln zu wollen, zeitigt deshalb erst Rechtswirkung, wenn der Wille in die Tat umgesetzt wird (BFH 10.7.1996 – II B 139/95, BFH/NV 1997, 61). Tritt die Unwirksamkeit nur mit Wirkung für die Zukunft ein, beseitigt die Rückabwicklung des Schuldverhältnisses die eingetretenen Rechtsfolgen steuerlich nicht (→ Rn. 3). 19

3. Einzelfälle

Einkünftezurechnung aufgrund unwirksamer Abtretung eines Urheberrechts (BFH 9.1.1964 – IV 93/62 U, BStBl. III 1964, 206); Einkünftezurechnung trotz nichtiger Wertpapierübereignung (BFH 18.12.1986 – I R 52/83, BStBl. II 1988, 521); formunwirksamer Kaufvertrag als maßgebliche Veräußerung iSd § 23 EStG (BFH 15.12.1993 – X R 49/91, BStBl. II 1994, 687); **Mitunternehmerschaft** trotz formunwirksamen Gesellschaftsvertrags (BFH 1.7.2010 – IV R 100/06, BFH/NV 2010, 2056; BFH 3.3.1998 – VIII B 62/97, BStBl. II 1998, 401); Anerkennung eines unwirksamen Mietverhältnisses (BFH 20

21.10.1997 – IX R 57/96, BStBl. II 1998, 108); Abfindungszahlungen an weichende Erben bei unwirksamem Erbverzicht (BFH 5.11.1998 – IV R 32/98, BStBl. II 1999, 57); Besteuerung bei formnichtigen **Verfügungen von Todes wegen** (BFH 12.12.1973 – II R 130/71, BStBl. II 1974, 340; BFH 28.3.2007 – II R 25/05, BStBl. II 2007, 461); ErbSt für teilweise vollzogenes, unwirksames Testament (BFH 7.10.1981 – II R 16/80, BStBl. II 1982, 28; FG Düsseldorf 27.4.1988 – 4 K 175/84 Erb, EFG 1988, 581; BFH 15.3.2000 – II R 15/98, BStBl. II 2000, 588); **GrESt** aufgrund eines vollzogenen, nicht beurkundeten Maklervertrags (BFH 10.11.1976 – II R 95/71, BStBl. II 1977, 166; BFH 7.12.1999 – II B 64/99, BFH/NV 2000, 746); GrESt bei unvollständig beurkundetem Grundstückskaufvertrag (BFH 19.7.1989 – II R 83/85, BStBl. II 1989, 989; BFH 10.7.1996 – II B 139/95, BFH/NV 1997, 61); keine GrESt bei nicht beurkundetem Gesellschaftsvertrag (BFH 18.3.2005 – II R 19/02, BFH/NV 2005, 1368); nur nach § 41 oder § 42 AO zu beachtende Unwirksamkeit rechtfertigt nicht die Anwendung des § 16 II Nr. 2 GrEStG (BFH 29.6.2016 – II R 14/12, BFH/NV 2017, 1); **Haftung** für LSt bei illegalem, vollzogenem Leiharbeitsverhältnis (BFH 2.4.1982 – VI R 34/79, BStBl. II 1982, 502); **USt** für Rückverpachtung landwirtschaftlichen Anwesens trotz zunächst unwirksamen Verkaufs an Verpächter (BFH 6.12.1979 – V R 87/72, BStBl. II 1980, 279); keine Ausdehnung des **VersStG** auf versicherungsfremde Leistungen (BFH 16.12.2009 – II R 44/07, BStBl. II 2010, 1097).

4. Verträge zwischen nahen Angehörigen

21 **Zivilrechtliche Wirksamkeit.** Nach std. Rspr. ist für Vereinbarungen zwischen Angehörigen und sonstigen einander nahestehenden Personen die Einhaltung der zivilrechtlichen Wirksamkeitserfordernisse (zB Formvorschriften, Genehmigung) Voraussetzung für deren steuerliche Anerkennung. Die Verträge müssen von Anfang an wirksam sein (BFH 17.2.1998 – IX R 30/96, BStBl. II 1998, 349; BFH 16.12.1998 – X R 139/95, BFH/NV 1999, 780; aA für die USt BFH 5.3.1992 – V R 36/87, BFH/NV 1993, 61). Genehmigungen wirken steuerlich grds. nicht zurück (BFH 16.12.1997 – VIII R 38/94, BStBl. II 1998, 339). Der tatsächliche Vollzug der Vereinbarung muss hinzutreten, genügt für sich allein indes nicht (BFH 5.9.2007 – IX B 250/06, BFH/NV 2007, 2233). Die Beachtung der zivilrechtlichen Formerfordernisse und die Kriterien des Fremdvergleichs bilden indes lediglich Beweisanzeichen im Rahmen einer Gesamtbetrachtung (BFH 6.3.2007 – IX R 38/05, BFH/NV 2007, 1281; BFH 11.5.2010 – IX R 19/09, BStBl. II 2010, 823). Sie dient als Teilstück des Fremdvergleichs sowohl zur Abgrenzung des privaten vom betrieblichen/beruflichen Bereich bzw. vom Bereich der Einkunftserzielung als auch zur Abgrenzung privater Vorgänge, die steuerlich begünstigt sind (BFH 22.4.1998 – X R 163/94, BFH/NV 1999, 24; BFH 16.12.1998 – X R 139/95, BFH/NV 1999, 780 mwN). Der BFH wendet dieselben Grundsätze auch auf Verträge zwischen PersGes und Angehörige eines beherrschenden Gesellschafters sowie zwischen KapGes und ihren beherrschenden Gesellschaftern oder ihnen nahestehenden Personen an (BFH 18.12.1990 – VIII R 1/88, BStBl. II 1991, 911; BFH 24.7.1996 – I R 115/95, BStBl. II 1997, 138).

22 **Verhältnis zu § 41.** Das Grundanliegen der Rspr., eine sachgerechte Abgrenzung wirtschaftlicher Vorgänge zum Zwecke der Beurteilung ihrer steuerlichen Berücksichtigungsfähigkeit, ist notwendig und berechtigt (ebenso HHSp § 41 Rn. 32). Denn infolge der zwischen Angehörigen oder nahestehenden Personen typischerweise fehlenden Interessengegensätze besteht die Gefahr des steuerlichen Missbrauchs zivilrechtlicher Gestaltungsmöglichkeiten (vgl. BVerfG 7.11.1995 – 2 BvR 802/90, BStBl. II 1996, 34 mwN). Eine sachgerechte Abgrenzung lässt sich jedoch nicht nur bei vollständigem Ausschluss des § 41 auf Verträge zwischen nahen Angehörigen erreichen (→ Rn. 23). Der von der Rspr. gewählte dogmatische Ansatz der teleologischen Reduktion des § 41 I ist deshalb verfehlt (ähnlich Gosch AO § 41 Rn. 28; TK § 41 Rn. 28).

23 **Indizwirkung.** Die zivilrechtliche Unwirksamkeit eines Vertrags lässt nach der Rspr. den Schluss zu, dass die vereinbarten schuldrechtlichen Verpflichtungen nicht ernst ge-

meint sind (BFH 23.10.1996 – I R 71/95, BStBl. II 1999, 35). Dahinter steckt die Vermutung, dass der äußerliche Vollzug idR nicht auf den endgültigen Eintritt des wirtschaftlichen Ergebnisses abzielt (Schwarz/Pahlke/Keß § 41 Rn. 45). Denn der Mangel der Wirksamkeit birgt die Gefahr der jederzeitigen Rückforderung in sich. Fremde Personen werden daher idR bestrebt sein, zivilrechtliche Wirksamkeitserfordernisse zu erfüllen. Dies schließt es indes nicht aus, unwirksame Verträge, deren Ungültigkeit nicht erkannt wurde, oder deren Unwirksamkeit rückwirkend beseitigt wird, der Besteuerung zugrunde zu legen, soweit aus anderen Umständen, insb. aus dem tatsächlichen Vollzug der Vereinbarung, auf die Ernstlichkeit geschlossen werden kann (vgl. BFH 3.12.1996 – I R 121/95, BFH/NV 1997, 265; BFH 7.6.2006 – IX R 4/04, DStRE 2006, 1372). Die Vermutung der nur scheinbaren Leistung durch unmittelbare Rückgewähr der zuvor empfangenen Zahlungsmittel oder bei äußerlich nicht eindeutigem Wechsel der Vermögenszuordnung (zB das Oderkonto) lässt sich durch wirksame Verträge nicht beseitigen. Wenngleich die zivilrechtliche Bindung die Rückforderung der erbrachten Leistung grds. ausschließt, wird sich der Empfänger im intakten Näheverhältnis hierauf idR nicht berufen. Maßgebende Bedeutung ist daher dem tatsächlichen Vollzug einer Vereinbarung beizumessen (TK § 41 Rn. 32). Der Erfüllung zivilrechtlicher Wirksamkeitserfordernisse kommt lediglich Indizwirkung für die Ernstlichkeit zu (vgl. Ruppe DStjG 1, 12; FG Saarland 13.9.2005 – 1 K 62/01, BeckRS 2005, 26018752). Die Indizwirkung mangelnder Wirksamkeit kann dabei in der Gesamtschau aller Umstände stark verblassen (vgl. Koenig INF 1996, 97). Dies gilt insb. dann, wenn sich die Beteiligten um die Wirksamkeit der Verträge bemüht haben (BFH 17.9.1992 – I R 89/91, BStBl. II 1993, 141; FG Niedersachsen 19.10.1999 – 6 K 4/97, EFG 2000, 649; aA BFH 31.10.1989 – IX R 216/84, BStBl. II 1992, 506). Können die Nichtigkeitsfolgen vollzogener Verträge (zB bei PersGes und Arbeitsverträgen) nur ex nunc geltend gemacht werden, unterscheidet sich bereits die zivilrechtliche Wirkung nicht von wirksamen Rechtsverhältnissen (Grüneberg BGB Vor § 104 Rn. 36). Die Forderung wirksamer Verträge missachtet hierbei die Grundsätze des Beweisrechts (andererseits Seeger DStR 1998, 1339: Beweiserleichterung). Zu weiteren Einzelheiten aus der Rspr. vgl. Schmidt EStG § 4 Rn. 520 „Angehörige/Angehörigenverträge".

5. Steuerklauseln

Begriff. StKlauseln sind Vertragsbestimmungen, die auf die Rechtswirkungen oder den Vertragsinhalt einwirken, wenn sich herausstellt, dass die steuerlichen Folgen des Rechtsgeschäfts nach Ansicht der zuständigen Stelle (FA, FG) von denjenigen abweichen, von denen die Parteien bei Vertragsschluss einvernehmlich ausgingen. Um eine spezielle Form der StKlausel handelt es sich, wenn die Regelung in die Satzung einer KapGes aufgenommen wird (sog. Satzungsklauseln; → § 38 Rn. 28). Hierdurch soll erreicht werden, dass sämtliche Einzelverträge der KapGes auch ohne ausdrückliche Erwähnung einer StKlausel unterliegen (TK § 41 Rn. 60). Vertragsbestandteil wird eine solche Bestimmung indes nicht automatisch, sondern erst infolge einer Einigung der Vertragsparteien über ihre Einbeziehung (vgl. Tipke NJW 1968, 868). 26

Steuerrechtliche Wirkungen. Der Gesetzgeber hielt eine ausdrückliche gesetzliche Regelung nicht für erforderlich. Die Lösung der durch StKlauseln aufgeworfenen Probleme und Streitfragen sollte der Rspr. überlassen werden (BT-Drs. VI/1982, 95 f.). Die Rspr. hat sich erst vereinzelt und nicht abschließend mit der steuerrechtlichen Anerkennung von StKlauseln befasst (vgl. BFH 24.8.1961 – IV 352/59 U, BStBl. III 1962, 112; BFH 14.8.1975 – IV R 30/71, BStBl. II 1976, 88; BFH 14.12.1982 – VIII R 54/81, BStBl. II 1983, 315). Im Hinblick auf den Zweck einer StKlausel, nachteilige Folgen bestehender Rechtsunsicherheit oder -ungewissheit zu vermeiden, kann sie jedenfalls nur dann berücksichtigt werden, wenn sie der FB rechtzeitig offenbart wird (BFH 24.11.1992 – IX R 30/88, BStBl. II 1993, 296; Flume DB 1970, 77 (80)). 27

In der Literatur sind die **zivilrechtliche Einordnung** und ihre steuerliche Anerkennung umstritten. Dabei wird die steuerrechtliche Wirkung zumeist mit der zivilrechtlichen 28

Einordnung verknüpft (vgl. Zenthöfer DStZ 1987, 185; aA TK § 41 Rn. 55). StKlauseln werden zivilrechtlich entweder als auflösende Bedingung iSd § 158 II BGB (so Flume DB 1970, 77; HHR Einf. Rn. 712 mwN) oder als unechte Gegenwartsbedingung angesehen (so TK § 41 Rn. 53; Zenthöfer DStZ 1987, 185 (189 f.) mwN). Steuerrechtlich werden sie überwiegend für wirksam gehalten (so Meyer-Arndt JbFSt 1979/1980, 297; Balmes DStZ 1993, 620; Gosch AO § 41 Rn. 60; aA Schmidt JbFSt 1979/1980, 314; Klein § 175 Rn. 162). Unabhängig vom unterschiedlichen dogmatischen Ansatz der Auffassungen besteht jedoch weitgehende Einigkeit darüber, dass die Rechtswirkungen von StKlauseln nicht weitergehen können als bei Anwendung der allgemeinen Grundsätze über das Unwirksamwerden von Rechtsgeschäften (vgl. HHSp § 41 Rn. 141; HHR Einf. Rn. 713). So ergibt sich für **laufend veranlagte Steuern** idR aus den Vorschriften der EinzelStGesetze, dass eine Anpassung an den veränderten Sachverhalt nicht rückwirkend, sondern im Veranlagungszeitraum der Änderung zu erfassen ist (HHSp § 41 Rn. 142). Ebenso lassen sich Tathandlungen (Entnahmen, Einlagen) nicht durch rechtsgeschäftliche Vereinbarungen auslöschen (einschr. TK § 41 Rn. 58). Dasselbe gilt für die Zurechnung von Einkünften (HHSp § 41 Rn. 145; aA FG Düsseldorf 22.10.1987 – XV 221/83 E, EFG 1988, 307). Der durch StKlauseln entstehende Rückgewähranspruch lässt eine verdeckte Gewinnausschüttung nicht wieder entfallen, sondern begründet eine Einlageforderung der KapGes (BFH 29.5.1996 – I R 118/93, BStBl. II 1997, 92). Demgemäß wird grds. nur bei Einmaltatbeständen eine steuerliche Rückwirkung von StKlauseln in Betracht kommen (ebenso Gosch AO § 41 Rn. 64).

II. Abweichende Regelung in Steuergesetzen (Abs. 1 S. 2)

31 **Grundsatz.** Das speziellere Gesetz geht nach allg. Regeln der Norminterpretation der generellen Vorschrift vor. § 41 I 2 nimmt diesen Grundsatz auf und schreibt einen allg. Vorrang einzelsteuergesetzlicher Regelungen fest. Das ist immer dann der Fall, wenn eine Norm die zivilrechtliche Wirksamkeit des bei der Subsumtion zu erfassenden Sachverhalts ausblendet oder sie umgekehrt die Wirksamkeit eines Rechtsvorgangs zum Tatbestandsmerkmal erhebt. Eine Vorschrift, deren Tatbestand allein auf die Verwirklichung tatsächlicher Vorgänge abstellt, geht deshalb § 41 I vor. Die Nichtigkeit des Rechtsgeschäfts als Ursache der Rückabwicklung beeinflusst die Rechtsfolge dieser Normen nicht (Gosch AO § 41 Rn. 18). So schließt § 11 I EStG im Bereich der Überschusseinkünfte und der Gewinnermittlung nach § 4 III EStG eine rückwirkende Änderung aufgrund einer Rückzahlung zugeflossener Einnahmen aus. Der Rückfluss kann erst mit Wirkung für den Veranlagungszeitraum berücksichtigt werden, in dem er durchgeführt worden ist (BFH 13.10.1989 – III R 30/85, BStBl. II 1990, 287). Als tatsächliche Vorgänge können auch **Entnahmen** und **Einlagen** nicht mit steuerlicher Wirkung rückgängig gemacht werden (BFH 2.8.1983 – VIII R 15/80, BStBl. II 1983, 736; BFH 25.4.2006 – X R 57/04, BFH/NV 2006, 1819). Gleiches gilt für die Übertragung des wirtschaftlichen Eigentums (BFH 18.9.1984 – VIII R 119/81, BStBl. II 1985, 55). Die USt besteuert die tatsächliche Leistungserbringung in Erwartung der Gegenleistung, nicht die vertragliche Leistungsverpflichtung (BFH 5.3.1992 – V R 36/87, BFH/NV 1993, 61). § 15 I 1 Nr. 2 EStG geht § 41 vor, wenn neben einem unwirksamen Gesellschaftsvertrag die Grundsätze zur fehlerhaften Gesellschaft anzuwenden sind (BFH 10.8.2010 – VIII R 44/07, BFH/NV 2011, 20; zu § 159 I 1 vgl. BFH 6.10.2009 – IX R 14/08, BStBl. II 2010, 460).

32 Die **Grundsätze ordnungsgemäßer Buchführung** und Bilanzierung schließen die steuerliche Rückwirkung laufender Geschäftsvorfälle weitgehend aus, da es für die Gewinnrealisierung nicht auf die Wirksamkeit der Rechtsgeschäfte ankommt (HHSp § 41 Rn. 54). Für die Richtigkeit der Bilanz ist der Erkenntnisstand des Kaufmanns bei Aufstellung der Bilanz maßgeblich (BFH 23.5.1984 – I R 266/81, BStBl. II 1984, 723). Deshalb bleibt die Vermögensaufstellung auch dann richtig, wenn sich nach ihrer Aufstellung herausstellt, dass ein Rechtsgeschäft unwirksam geworden ist (BFH 17.11.1987 –

VIII R 348/82, BStBl. II 1988, 430). Die Bilanz kann weder berichtigt noch geändert werden (BFH 26.3.1991 – VIII R 315/84, BStBl. II 1992, 472; aA Kottke DStR 1982, 549; Barth BB 1989, 746). Fiktionen und Pauschalierungen blenden die Wirksamkeit kausaler Rechtsgeschäfte vollständig aus (zB §§ 44 II, 13a EStG).

Ist umgekehrt die zivilrechtliche Wirksamkeit einer Vereinbarung Tatbestandsmerkmal eines StGesetzes, findet § 41 I auch keine Anwendung (vgl. zum Gewinnabführungsvertrag bei Organschaft BFH 30.7.1997 – I R 7/97, BStBl. II 1998, 33). Dies gilt ebenfalls, soweit die StGesetze an statusbegründende Rechtsakte, wie die Gründung einer juristischen Person, anknüpfen (BFH 2.12.1970 – I R 122/68, BStBl. II 1971, 187). Weitgehende Sonderregelungen enthält auch das GrEStG (vgl. § 16 GrEStG). Andererseits werden insb. StTatbestände, deren Rechtsfolgen auf einem einmaligen punktuellen Ereignis beruhen, wie der Veräußerung des Betriebs (§§ 14, 16, 18 III EStG), durch die Rückabwicklung des unwirksamen Rechtsgeschäfts verändert (vgl. BFH 19.7.1993 – GrS 2/92, BStBl. II 1993, 897). Haftet ein Dritter für die StSchuld, beeinflusst § 41 I durch die Entstehung oder den Wegfall der StSchuld zugleich den akzessorischen Haftungsanspruch (BFH 2.4.1982 – VI R 34/79, BStBl. II 1982, 502). Soweit eine Haftung auf zivilrechtlichen Bestimmungen beruht, findet § 41 I indes keine Anwendung.

C. Scheingeschäfte und Scheinhandlungen (Abs. 2)

I. Allgemeines

§ 41 II stellt klar, dass die gem. § 117 I BGB nichtigen Scheingeschäfte für die Besteuerung unerheblich sind (BVerfG 26.6.2008 – 2 BvR 2067/07, NJW 2008, 3346). Diese auf dem Grundgedanken der wirtschaftlichen Betrachtungsweise basierende Rechtsfolge entspricht § 41 I, da die Beteiligten das wirtschaftliche Ergebnis ihrer zum Schein abgegebenen Willenserklärungen nicht eintreten lassen wollen (BFH 27.6.2006 – IX R 25/05, BFH/NV 2007, 657). Setzen die Vertragsparteien die Vereinbarung später aufgrund eines Sinneswandels tatsächlich um, fehlt es wegen der erneuten Vornahme (§ 141 I BGB) an den Begriffsmerkmalen eines Scheingeschäfts. Die erneute Vornahme wirkt nicht rückwirkend, sondern erst ex nunc (TK § 41 Rn. 65). Anders als § 41 I erfasst Abs. 2 nicht nur Rechtsgeschäfte, sondern auch Scheinhandlungen. 35

II. Unmaßgeblichkeit von Scheingeschäften (Abs. 2 S. 1)

1. Scheingeschäft

Begriff. Ein Scheingeschäft liegt vor, wenn die Parteien einverständlich zwar den äußeren Schein eines Rechtsgeschäfts hervorrufen, die mit dem Geschäft verbundenen Rechtsfolgen aber nicht eintreten lassen wollen (BFH 29.9.2022 – V R 29/20, BFH/NV 2023, 348; BFH 1.7.1992 – I R 5/92, BStBl. II 1993, 131; BGH 7.11.2006 – 5 StR 164/06, HFR 2007, 597). Kennzeichnend für das Scheingeschäft ist das beiderseitige **Fehlen eines Rechtsbindungswillens** in Bezug auf die Scheinerklärung (Grüneberg BGB § 117 Rn. 3). Die Unverbindlichkeit der Erklärung ist allen Beteiligten bewusst und wird von ihnen gewollt. Bei Gesamtvertretung genügt die Kenntnis eines Vertreters, dass der Vertragsgegner seine Erklärung nur zum Schein abgeben wollte, soweit nicht Vertreter und Geschäftsgegner zur Täuschung des Vertretenen kollusiv zusammenwirken (BGH 1.6.1999 – XI ZR 201/98, DStR 1999, 1327). 36

Indizien. Ob ein Scheingeschäft vorliegt, lässt sich idR nur schwer feststellen, da die Beteiligten häufig mit Täuschungsabsicht handeln, ihren wirklichen Willen also verschweigen werden. Kenntnis und Bindungswille sind anhand des Vertragsinhalts, der hieraus resultierenden wirtschaftlichen und rechtlichen Folgen sowie der tatsächlichen Durchführung der Vereinbarung zu ermitteln (vgl. BFH 21.10.1988 – III R 194/84, BStBl. II 1989, 216). Dabei kommt der vollständigen Umsetzung des Vertrags wesentliche Bedeutung zu 37

(BFH 7.11.2006 – IX R 4/06, BStBl. II 2007, 372: Scheindarlehen als mittelbare Grundstücksschenkung). So ist ein Mietverhältnis nicht ernstlich gewollt, wenn der Vermieter dem Mieter die Miete im Vorhinein zur Verfügung stellt oder die Miete nach Eingang auf seinem Konto alsbald wieder an den Mieter zurückzahlt, ohne hierzu aus anderen Rechtsgründen verpflichtet zu sein (BFH 28.1.1997 – IX R 23/94, BStBl. II 1997, 655; BFH 17.12.2002 – IX R 23/00, BFH/NV 2003, 612). Anders bei Tilgung der Miete aus Unterhaltsleistungen, die vom Vermieter zT freiwillig, zT aufgrund gesetzlicher Unterhaltsverpflichtung gewährt wurden (BFH 28.1.2003 – IX R 53/00, BFH/NV 2003, 768). Die **Feststellungslast** für den fehlenden Bindungswillen trägt derjenige, der aus der Nichtigkeit Rechtsfolgen herleitet (FG Niedersachsen 27.6.1991 – II 177/90, EFG 1992, 195, FG München 28.1.2021 – 3 K 1983/17, EFG 2021, 923).

38 **Abgrenzung.** Erkennt der Erklärungsempfänger den Scheincharakter der Willenserklärung nicht, ist das Rechtsgeschäft nichtig, wenn die Erklärung in der Erwartung abgegeben wird, der Mangel der Ernstlichkeit werde nicht verkannt (§ 118 BGB). Diese sog. **Scherzerklärung** und das misslungene Scheingeschäft werden nicht unmittelbar von § 41 II erfasst. Die Regelung ist jedoch wegen des vergleichbaren Sachverhalts analog anzuwenden (TK § 41 Rn. 72; Schwarz/Pahlke/Keß § 41 Rn. 55; aA Klein § 41 Rn. 44). Soll der Erklärungsempfänger die Erklärung hingegen ernst nehmen, liegt ein geheimer Vorbehalt vor, der die Wirksamkeit des Rechtsgeschäfts unberührt lässt (§ 116 S. 1 BGB). § 41 greift insoweit nicht ein. Die Erklärung ist lediglich dann nichtig, wenn der Erklärungsempfänger den Vorbehalt kennt (§ 116 S. 2 BGB). Die aus diesem Grund nichtigen Rechtsgeschäfte sind analog § 41 II steuerlich unbeachtlich (TK § 41 Rn. 65).

39 Ein Scheingeschäft liegt auch nicht vor, wenn der von den Parteien erstrebte Erfolg die Gültigkeit des Rechtsgeschäfts voraussetzt (BGH 5.7.1993 – II ZR 114/92, NJW 1993, 2609; BFH 10.2.1988 – X R 16/82, BStBl. II 1988, 640; BFH 20.1.2009 – IX R 34/07, BStBl. II 2009, 532). Dies gilt typischerweise für **Umgehungsgeschäfte,** durch die eine als hinderlich empfundene gesetzliche Regelung vermieden werden soll. Die Rechtsfolgen aus dem vereinbarten Rechtsgeschäft sind ernsthaft gewollt, um hierdurch den Tatbestand des StGesetzes zu umgehen (BFH 1.7.1992 – I R 5/92, BStBl. II 1993, 131; FG Düsseldorf 17.10.2024 – 9 K 443/21 F, BeckRS 2024, 35217 zur verdeckten Treuhand). § 42 und § 41 II schließen sich gegenseitig aus (BFH 12.7.1991 – III R 47/88, BStBl. II 1992, 143). Der aus steuerlichen Gründen ungewöhnlich oder atypisch gestaltete Vertrag ist daher kein Scheingeschäft, sondern allenfalls Gestaltungsmissbrauch (BFH 9.11.1994 – XI R 61/93, BFH/NV 1995, 659). Die dingliche Übertragung von Vollrechten bei gleichzeitiger schuldrechtlicher Beschränkung im Innenverhältnis im Interesse des Übertragenden (sog. Treuhandgeschäfte) erfolgt nicht zum Schein (vgl. BFH 21.9.2004 – IX R 5/03, BFH/NV 2005, 498). Der mit dem Treuhandgeschäft verfolgte Zweck lässt sich nur erreichen, wenn die vereinbarten Rechtsfolgen tatsächlich eintreten (offen gelassen BFH 11.12.2002 – X R 57/01, BFH/NV 2003, 473). Eine Beschränkung der Rechtsmacht im Innenverhältnis fällt nicht in den Anwendungsbereich des § 117 I BGB (Grüneberg BGB § 117 Rn. 5). Deshalb ist auch das **Strohmanngeschäft** idR ernstlich gewollt und steuerrechtlich zu beachten (vgl. BFH 28.1.1999 – V R 4/98, BStBl. II 1999, 628; BFH 2.3.2004 – III B 114/03, BFH/NV 2004, 1109). Dem steht grds. auch die Kenntnis des Vertragspartners von der Strohmanneigenschaft nicht entgegen. Will allerdings der Strohmann die mit dem Geschäft verbundenen Rechtsfolgen auch im Außenverhältnis nicht übernehmen und hat der Vertragsgegner hiervon Kenntnis, liegt ein nichtiges Scheingeschäft vor (BGH 22.10.1981 – III ZR 149/80, NJW 1982, 569; BFH 31.1.2002 – V B 108/01, BStBl. II 2004, 622; BFH 10.11.2010 – XI R 15/09, BFH/NV 2011, 867; BFH 20.10.2016 – V R 36/14, BFH/NV 2017, 327).

40 **Einzelfälle.** Kann bei Verträgen zwischen nahestehenden Personen aus den äußeren Umständen auf eine nicht ernstliche Vereinbarung geschlossen werden, spricht dies für den Abschluss eines Scheinvertrags. So werden unbedeutende Hilfeleistungen unter Familienangehörigen idR nicht Gegenstand eines entgeltlichen Vertrags sein (BFH 27.10.1978 – VI

166/76, BStBl. II 1979, 80). Dies gilt ebenso für Vereinbarungen von Geschwistern mit ihrer Mutter über Hausmeistertätigkeiten (FG Baden-Württemberg 23.5.1979 – V 206/74, EFG 1980, 76) und für Mietverträge, wenn der Mietzins nicht endgültig im Vermögen des Vermieters verbleibt (BFH 19.12.1995 – IX R 85/93, BStBl. II 1997, 52; zu Unterstützungszahlungen im Rahmen eines Mietverhältnisses BFH 27.7.2004 – IX R 73/01, BFH/NV 2005, 192; vgl. andererseits FG Düsseldorf 16.1.1997 – 14 K 3706/96 E, EFG 1997, 413). Werden Betriebsvorrichtungen vom Vermieter eingebaut, jedoch im Mietvertrag ausgenommen, ohne hierzu eine eigenständige Regelung zu treffen, kann darin ein Scheingeschäft liegen, weil wirtschaftlich ein Teil des Mietpreises auf die Betriebsvorrichtungen entfällt (BFH 11.1.2024 – IV R 24/21, DStR 2024, 1178). Wird der Kaufpreis eines Grundstückskaufvertrags niedriger beurkundet als tatsächlich vereinbart, um GrESt zu hinterziehen, ist das beurkundete Geschäft gem. § 117 I BGB nichtig (HHSp § 41 Rn. 165). Ein Darlehensvertrag, der tatsächlich keine Darlehensverbindlichkeit begründen soll, ist mangels Hauptleistungspflicht unwirksam (BFH 29.6.2009 – I B 57/09, BFH/NV 2009, 1804). Wird die Identität des Geschäftspartners verheimlicht, kann ein Scheingeschäft vorliegen (FG Baden-Württemberg 16.12.1992 – 14 K 37/91, EFG 1993, 349). Gleiches gilt bei Verschleierung einer Lieferkette (FG Hamburg 29.10.1996 – II 118/96, EFG 1997, 508). Zur Gründung von Scheinfirmen eingehend Meyer-Sievers/Opitz/Kuntze BB 1997, 757; FG Hamburg 29.10.1996 – II 118/96, EFG 1997, 508.

Kein Scheingeschäft liegt hingegen vor, wenn die Beteiligten lediglich einen unzutreffenden Rechtsgrund vorspiegeln oder die Art des Geschäfts falsch bezeichnen (BFH 10.2.1988 – X R 16/82, BStBl. II 1988, 640). Die Veräußerung eines wertlosen GmbH-Anteils zum Kaufpreis von 1 DM ist idR tatsächlich gewollt (FG Düsseldorf 12.10.1995 – 14 K 2198/93 E, EFG 1996, 55). Die Option zur Stpfl. gem. § 9 UStG des zahlungsunfähigen Grundstücksveräußerers ist keine Scheinerklärung (BFH 6.6.1991 – V R 70/89, BStBl. II 1991, 866). Die Zahlung geschuldeter Mitgliedsbeiträge als Spende an den Dachverband mit der Auflage, diese an den nicht zum unmittelbaren Spendenempfang befugten Verein weiterzuleiten, ist kein Schein-, sondern idR ein Umgehungsgeschäft (BFH 28.4.1987 – IX R 7/83, BStBl. II 1987, 814).

2. Scheinhandlung

Scheinhandlungen sind **Realakte,** die nur dem äußeren Anschein nach eine Sachverhaltsgestaltung bewirken. Die mit der Tathandlung verbundenen Sachverhaltsänderungen sind nicht gewollt und werden alsbald rückgängig gemacht. Sind hieran mehrere Personen beteiligt, wirken die Beteiligten bewusst und gewollt in Verwirklichung eines Gesamtplans, also einverständlich zusammen (BFH 28.1.1997 – IX R 23/94, BStBl. II 1997, 655). Das Zusammenwirken mehrerer Personen ist aber nicht Voraussetzung einer Scheinhandlung. So kann die zum Schein erfolgte Begründung, Beibehaltung oder Aufgabe eines Wohnsitzes, die vorgetäuschte Einlage oder Entnahme von Geldmitteln sowie die scheinbare Selbstnutzung einer Wohnung durch den Stpfl. allein bewirkt werden. **41**

Als Scheinhandlung hat die Rspr. angesehen: sofortige Rückzahlung des vereinbarten und ausgezahlten Aushilfslohns (BFH 5.12.1990 – I R 5/88, BStBl. II 1991, 308); Zahlung des Mietzinses und unmittelbare Rückgewähr (BFH 28.1.1997 – IX R 23/94, BStBl. II 1997, 655; FG München 24.1.2005 – 1 K 1783/02, BeckRS 2005, 26017870); Übergabe eines Wohnanwesens und Rückvermietung (FG Nürnberg 15.12.1997 – IV 224/96, EFG 1998, 1128); dagegen nicht die Option zur USt (BFH 16.3.1993 – V R 54/92, BStBl. II 1993, 736).

III. Verdecktes Rechtsgeschäft (Abs. 2 S. 2)

Das Scheingeschäft dient häufig zur Täuschung über das in Wahrheit von den Beteiligten gewollte (verdeckte) Geschäft. Das durch das Scheingeschäft verdeckte Rechtsgeschäft ist zivilrechtlich wirksam (§ 117 II BGB), soweit die allgemeinen Gültigkeitsvoraussetzungen **42**

(Form, keine Sittenwidrigkeit) erfüllt sind. Deshalb ist das verdeckte Geschäft auch für die Besteuerung maßgebend (§ 41 II 2). Das gilt für Scheinhandlungen entspr. (Schwarz/ Pahlke/Keß § 41 Rn. 54). Auf Realakte und einseitige Willenserklärungen findet zwar § 117 BGB keine Anwendung. Wird die willensgetragene Handlung jedoch in die Tat umgesetzt, verwirklicht sie den Tatbestand des StGesetzes (§ 38). So leistet der Strohmann durch eine Lieferung seines Hintermannes nicht selbst, sondern der tatsächlich die Leistung Bewirkende ist Unternehmer iSd UStG (BFH 15.9.1994 – XI R 56/93, BStBl. II 1995, 275; zur Täuschung im Rahmen des Belegnachweises bei innergemeinschaftlichem Erwerb BFH 17.2.2011 – V R 30/10, BStBl. II 2011, 769; zur Zurechnung von Einkünften vgl. FG Düsseldorf 24.9.1999 – 18 K 405/95 E, EFG 2000, 7). Ist das verdeckte Geschäft unwirksam, kann es der Besteuerung nur zugrunde gelegt werden, soweit die Beteiligten das wirtschaftliche Ergebnis gleichwohl eintreten lassen (§ 41 I). Das verdeckte Geschäft ist nicht bereits deshalb unwirksam, weil es eine StHinterziehung ermöglichen soll (BGH 23.2.1983 – IV a ZR 187/81, NJW 1983, 1843). Allerdings kann das Geschäft gegen ein gesetzliches Verbot oder die guten Sitten verstoßen (vgl. Grüneberg BGB § 117 Rn. 8).

§ 42 Missbrauch von rechtlichen Gestaltungsmöglichkeiten

(1) [1]**Durch Missbrauch von Gestaltungsmöglichkeiten des Rechts kann das Steuergesetz nicht umgangen werden. [2]Ist der Tatbestand einer Regelung in einem Einzelsteuergesetz erfüllt, die der Verhinderung von Steuerumgehungen dient, so bestimmen sich die Rechtsfolgen nach jener Vorschrift. [3]Anderenfalls entsteht der Steueranspruch beim Vorliegen eines Missbrauchs im Sinne des Absatzes 2 so, wie er bei einer den wirtschaftlichen Vorgängen angemessenen rechtlichen Gestaltung entsteht.**

(2) [1]**Ein Missbrauch liegt vor, wenn eine unangemessene rechtliche Gestaltung gewählt wird, die beim Steuerpflichtigen oder einem Dritten im Vergleich zu einer angemessenen Gestaltung zu einem gesetzlich nicht vorgesehenen Steuervorteil führt. [2]Dies gilt nicht, wenn der Steuerpflichtige für die gewählte Gestaltung außersteuerliche Gründe nachweist, die nach dem Gesamtbild der Verhältnisse beachtlich sind.**

Schrifttum: Mack/Wollweber, § 42 AO – Viel Lärm um nichts?, DStR 2008, 182; Michel, Anwendungsbereich des § 42 AO bei einer Anteilsveräußerung vor Liquidation einer Kapitalgesellschaft, FR 2008, 448; Fischer, Überlegungen zu § 42 AO i. d. F. des JStG 2008, FR 2008, 306; Drüen, Der Missbrauch von rechtlichen Gestaltungsmöglichkeiten aus der Sicht der Finanzverwaltung, AO-StB 2009, 209; Spindler, § 42n. F. – was hat sich geändert?, StbJb 2008/2009, 39; Englisch, Verbot des Rechtsmissbrauchs – ein allgemeiner Rechtsgrundsatz des Gemeinschaftsrechts?, StuW 2009, 3; Heintzen, Die Neufassung des § 42 AO und ihre Bedeutung für grenzüberschreitende Gestaltungen, FR 2009, 599; Jebens, Einwendungsmöglichkeiten gegen Gesamtplan-Besteuerungen, BB 2009, 2172; Demleitner, Das Verhältnis von § 42 AO zu spezialgesetzlichen Missbrauchsvorschriften, AO-StB 2010, 174; Jebens, Müssen die Gesamtplan-Tatbestandsmerkmale wegen divergierender Auffassungen im BFH gesetzlich fixiert werden?, BB 2010, 2025; Hey, Spezialgesetzgebung und Typologie zum Gestaltungsmissbrauch, DStjG 2010, 139; Horlemann, § 4 Abs. 4a EStG – Bekämpfung rechtsmissbräuchlicher Gestaltung?, DStR 2010, 726; Seer, Gestaltungsmissbrauch und Gestaltungsfreiheit im Steuerrecht, DStjG 2010, 1; Wendt, § 42 AO vor dem Hintergrund der Rechtsprechung, DStjG 2010, 117; Spiegelberger, Rechtsmissbräuchlicher Gesamtplan bei der Kettenschenkung, FS Spindler 2011, 809; Niehus/Wilke, Zur Anwendung der Gesamtplanrechtsprechung in Ausgliederungsfällen (Teil I), SteuK 2011, 225; Offerhaus, § 42 AO und der „Gesamtplan", FR 2011, 878; Fischer, Kein Gestaltungsmissbrauch bei Verkauf und Wiederkauf von Wertpapieren – Eine Nachlese, FS Spindler 2011, 619; Wäger, Rechtsmissbrauch und Qualifikationskonflikt im Umsatzsteuerrecht, DStR 2011, 49; Gabel, Spezielle Missbrauchsnormen und der allgemeine Gleichheitssatz, StuW 2011, 3; Offerhaus, Der „Gesamtplan" – eine zulässige Rechtsfigur im Steuerrecht?, FS Spindler 2011, 677; Wilke, Fraus legis europaea – § 42 AO im Unionsrecht, UR 2011, 925; Renner, Aktuelles zur Einkunftszurechnung bei Zwischenschaltung von Kapitalgesellschaften, DStZ 2011, 274; Füllbier, Wertpapierleihgeschäfte als Missbrauch von rechtlichen Gestaltungsmöglichkeiten i. S. d. § 42 AO?, BB 2012, 1769; Schönfeld, Missbrauchsvermeidung und Steuervergünstigungen im Lichte des Europarechts, IStR 2012, 215; Birnbaum, Die Auswirkungen der aktuellen BFH-Entscheidungen auf die Frage des Gestaltungsmissbrauchs in Erbschaft- und Schenkungsteuerfällen, DStZ 2013, 18; Brandenberg, Abschied vom Gesamtplan – neuer Betriebsbegriff, DB 2013, 17; Hey,

Grenzen steuerlicher Gestaltungsfreiheit – Verhältnis des § 42 AO zu speziellen Missbrauchsvorschriften, DStR-Beih. 2014, 8; Kraft, Ökonomische und Internationale Aspekte des Verhältnisses allgemeiner zu speziellen Missbrauchsklauseln – Betriebswirtschaftliche und Internationale Aspekte des Verhältnisses allgemeiner zu speziellen Missbrauchsklauseln, DStR-Beih. 2014, 14; Chiu, Die Steuerumgehung i. S. d. § 42 AO, 2015; Hüttemann, Steuerrechtsprechung und Steuerumgehung, DStR 2015, 1146; A. Müller, § 42 AO – eine schwierige Verfahrensvorschrift, AO-StB 2016, 50; Binnewies/Zapf, Gestaltungsmissbrauch durch die Veräußerung kurz zuvor unentgeltlich erworbener Anteile, GmbHR 2017, 1257; Kreft, Missbrauch rechtlicher Gestaltungsmöglichkeiten durch Zwischenschaltung eines Ehegatten beim gewerblichen Grundstückshandel, DB 2018, 224; Meier, Das Verhältnis von § 42 AO zu spezialgesetzlichen Missbrauchsverhinderungsvorschriften am Beispiel der (kapitalistischen) Verschmelzung einer Gewinn- auf eine Verlustgesellschaft, DStR 2019, 2231; Lindermann, Gestaltungsgrenzen des Dividendenstrippings nach § 42 AO im Lichte des europäischen Missbrauchsverbots, DStR 2019, 1549; Jordan, Kein Gestaltungsmissbrauch bei Verschmelzung einer Gewinn- auf eine Verlustgesellschaft, NWB 2019, 251; Drüen, Ein neuer Missbrauchsbegriff im deutschen Internationalen Steuerrecht?, ISR 2020, 98.

Übersicht

A. Allgemeines

I. Überblick

Dogmatische Bedeutung. Verbietet ein Gesetz das Erreichen eines bestimmten Erfolges oder knüpft es an den Erfolgseintritt eine belastende Rechtsfolge, wird vielfach versucht, denselben oder einen in seinen wirtschaftlichen Auswirkungen vergleichbaren Erfolg mit Hilfe anderer rechtlicher Gestaltungsformen herbeizuführen. Diese Umgehung der 1 belastenden Wirkung von Gesetzen erfolgt im StRecht, um der Verpflichtung zur Zahlung einer Geldleistung ohne Gegenleistung (§ 3 I) zu entkommen, einerlei ob durch Vermeidung der Tatbestandserfüllung der Anspruchsnorm oder Erschleichung der Tatbestandsvoraussetzungen einer StBefreiungs- oder Ermäßigungsnorm. Hierin unterscheidet sich die StUmgehung nicht von der allg. Gesetzesumgehung. Sie ist ein kodifizierter **Unterfall des allgemeinen Umgehungsverbots.** Nun kann nicht bereits jedes Rechtsgeschäft, das die Steuer vermeidet oder eine besonders geringe steuerliche Belastung nach sich zieht, als Gestaltungsmissbrauch angesehen werden. Denn es steht jedermann frei, seinen Lebensbereich so zu gestalten, dass er die Steuer vermeidet oder den StAnspruch minimiert (BFH 12.9.1995 – IX R 54/93, BStBl. II 1996, 158; BFH 9.7.1997 – VIII B 40/97, BFH/NV 1998, 23; BFH 10.8.2011 – I R 45/10, DStR 2011, 2283). Die zulässige StVermeidung bleibt folgenlos. Wird der wirtschaftliche Erfolg, an den das StGesetz für die Besteuerung anknüpft, jedoch erreicht, indem nicht der Weg, aber das Ziel der gesetzlichen Regelung entspricht, wird der unangemessene Umweg zum Missbrauch von Gestaltungsformen des Rechts. Anders als beim Scheingeschäft ist der Erfolgseintritt beim Umgehungsgeschäft gewollt, sodass § 41 nicht eingreift. Umgekehrt kann der Besteuerung auch nicht eine fiktive, für den Stpfl. günstigere Sachverhaltsgestaltung unter Hinweis auf § 42 zugrunde gelegt werden (FG Schleswig-Holstein 19.11.2002 – 5 K 203/01, EFG 2003, 325; BFH 3.3.2010 – I B 102/09, BFH/NV 2010, 1131: keine Umkehrung des Missbrauchsgedankens).

2 **Methodischer Ansatz.** Über den Anwendungsbereich des § 42 besteht weitgehend Einigkeit. Streitig ist, auf welchem rechtlichen Weg man zur Entstehung des StAnspruchs gelangt (ausf. HHSp § 42 Rn. 155 ff.). Nicht zu folgen ist der Ansicht, die jede Umgehung durch Auslegung erfassen will (vgl. zB Walz Steuergerechtigkeit und Rechtsanwendung 1980, 224; Danzer Die Steuerumgehung 1981, 83; Weber-Grellet Steuern im modernen Verfassungsstaat 2001, 222; ebenso ausdrücklich BT-Drs. 16/9290, 115). Kann die StNorm durch extensive Auslegung zur Anwendung gebracht werden, fehlt es an einer erfolgreichen Umgehung; der Versuch ist misslungen. Bei Umgehungsgeschäften führt Auslegung gerade nicht zum Erfolg, weil sie vom möglichen Wortsinn des StGesetzes nicht erfasst werden (vgl. BFH 19.5.1993 – I R 124/91, BStBl. II 1993, 889 (890); BFH 9.7.1997 – VIII B 40/97, BFH/NV 1998, 23). Der mögliche Wortsinn des Gesetzes bildet die Grenze der Auslegung (BFH 17.5.2000 – I R 19/98, BStBl. II 2000, 619; BFH 10.11.1999 – X R 60/95, BStBl. II 2000, 131).

3 Einer **Analogie** zur umgangenen StNorm ist der Vorzug zu geben (hM, Tipke StbJb 1972/73, 78; Meßmer StbJb 1978/79, 247; Kirchhof StuW 1983, 173; HHSp § 42 Rn. 217 ff. mwN; BFH 13.2.1980 – II R 18/75, BStBl. II 1980, 364; aA Sachverhaltsfiktion: Crezelius DB 2001, 2214; TK § 42 Rn. 11; Söffing BB 2004, 2777). Dabei ist es unerheblich, ob man die steuerverschärfende Analogie grds. für unzulässig hält (vgl. BFH 9.7.1997 – VIII B 40/97, BFH/NV 1998, 23 mwN) oder ein Analogieverbot negiert (vgl. BFH 20.10.1983 – IV R 175/79, BStBl. II 1984, 221; sowie zum Meinungsstreit Tipke StRechtsordnung § 29 Rn. 4.121 und § 7 Rn. 4.3 mwN zu beiden Auffassungen). Zweck des § 42 ist es gerade, die sich durch die begrenzte Auslegungsfähigkeit von Gesetzen eröffnenden planwidrigen Lücken für den Sonderfall der StUmgehung zu schließen (vgl. BT-Drs. 16/9290, 115). Die gesetzliche Regelung selbst erweitert den Anwendungsbereich der umgangenen Norm so, dass auch die unangemessene Rechtsgestaltung miterfasst wird. Der Gesetzgeber hat die steuerverschärfende Analogie jedenfalls im Regelungsbereich des § 42 gebilligt.

II. Anwendungsbereich (Abs. 1 S. 3)

4 **Steuerarten.** § 42 gilt uneingeschränkt für alle StArten sowohl im Bereich der unbeschränkten als auch der beschränkten Stpfl. (BFH 29.10.1997 – I R 35/96, BStBl. II 1998, 235; BFH 24.5.2000 – II B 74/99, BFH/NV 2001, 162; BFH 20.3.2002 – I R 38/00,

BStBl. II 2002, 819; BFH 16.7.2003 – IX B 60/03, BFH/NV 2003, 1461 zum FördG). Im internationalen StRecht findet § 42 Anwendung, soweit für den materiellen Anspruch auf Normen des nationalen Rechts verwiesen wird oder deutsches StRecht zur Auslegung der Regelung ergänzend heranzuziehen ist. In diesem Bereich gehen jedoch vielfach spezielle Auffang- und Ersatztatbestände der allg. Missbrauchsregelung vor (→ Rn. 85). Unionsrechtlich sind nach dem Grundsatz des Verbots des Rechtsmissbrauchs rein künstliche, jeder wirtschaftlichen Realität bare Gestaltungen, die allein zu dem Zweck erfolgen, einen StVorteil zu erlangen, verboten (BFH 16.6.2015 – XI R 17/13, BStBl. II 2015, 1024). Dementsprechend kann zur Vermeidung der StUmgehung der Vorschriften des EU-Rechts grds. auf § 42 zurückgegriffen werden (BFH 9.7.1998 – V R 68/96, BStBl. II 1998, 637; BFH 11.4.2013 – V R 28/12, BFH/NV 2013, 1638; vgl. Klein § 42 Rn. 32). Desgleichen unterliegen kommunale Abgaben der Missbrauchskontrolle des § 42 AO (BVerwG 24.2.2010 – 9 C 1/09, NVwZ 2010, 910). Die durch das JStG 2008 eingeführte Neuregelung gilt mit Wirkung vom 1.1.2008 (Art. 97 § 7 EGAO).

Normenkonkurrenz. Nach **Abs. 2 aF** war der Missbrauchstatbestand lediglich dann nicht anwendbar, wenn seine Anwendbarkeit gesetzlich ausdrücklich ausgeschlossen war. Diese durch das StÄndG 2001 (BGBl. 2001 I 3794) mit Wirkung vom 23.12.2001 (Art. 39 I) angefügte Regelung war eine Reaktion auf die Rspr. des BFH (BT-Drs. 14/6877, 52), wonach § 42 durch spezielle Missbrauchstatbestände generell verdrängt wird, also auch insoweit, als Sachverhalte zu beurteilen sind, die von der Spezialnorm nicht mehr unmittelbar erfasst werden (BFH 15.12.1999 – I R 29/97, BStBl. II 2000, 527) bzw. § 42 unter Rückgriff auf den Normzweck des spezielleren Gesetzes einschränkend auszulegen ist (BFH 19.1.2000 – I R 94/97, BStBl. II 2001, 222). Dieses Ziel erreichte § 42 II aF nur unvollständig (zweifelnd bereits Crezelius DB 2001, 2214). Die Rspr. schränkte den Anwendungsbereich des § 42 I insb. dadurch ein, dass es den allg. Missbrauchstatbestand im Lichte der Spezialregelung, also gleichgerichtet auslegte, und einen weitergehenden Anwendungsbereich regelmäßig ausschloss (vgl. instruktiv BFH 31.5.2005 – I R 74/04, BStBl. II 2006, 118 zu § 50d EStG; BFH 20.3.2002 – I R 63/99, BStBl. II 2003, 50). Der allg. Missbrauchstatbestand „mutierte" in diesen Fällen zu einer leeren Hülle. Mit § 42 I 3 AO verfolgt der Gesetzgeber sein ursprüngliches Anliegen der uneingeschränkten Normenkonkurrenz zwischen speziellerem und allg. Missbrauchstatbestand ausdrücklich weiter (→ Rn. 15). 5

Das mit der Neuregelung verfolgte Anliegen des Gesetzgebers ist verständlich, da die Regelung einzelner Missbrauchstatbestände dem gestalterischen Erfindungsreichtum jeweils nur hinterherhinken kann. Spezialgesetzliche Tatbestände werden häufig geschaffen, um als StUmgehung erkannte typische Gestaltungen (zB § 50c EStG, § 8 IV KStG, § 9 II UStG, § 1 I Nr. 5–7, II, IIa, III GrEStG) sicher und zweifelsfrei zu erfassen (FG Hamburg 24.1.1989 – I 358/85, EFG 1989, 557). Sie verdrängen nach **juristischer Methodik** die allg. Missbrauchsregelung nur im Umfang ihrer eigenen Tatbestandsmäßigkeit (BFH 9.6.2021 – I R 52/17, DStRE 2022, 151; BFH 7.2.2024 – I R 8/19, BFH/NV 2024, 759; Viskorf DStR 1988, 208; AEAO zu § 42 Nr. 1; aA TK § 42 Rn. 31; BFH 20.3.2002 – I R 63/99, BStBl. II 2003, 50 mwN; BFH 26.4.2018 – IV R 33/15, DStR 2018, 1491). War der Tatbestand der Spezialvorschrift nicht erfüllt, verblieb es auch bisher schon bei der Anwendbarkeit der allg. Regel (str.; vgl. allg. zum methodischen Ansatz Kramer Juristische Methodenlehre, 2019, 81 ff.; FG Mecklenburg-Vorpommern 2.5.2001 – 1 K 209/00, EFG 2001, 909; aA BFH 13.12.1989 – I R 118/87, BStBl. II 1990, 474; FG Mecklenburg-Vorpommern 17.7.2001 – 1 K 290/97, EFG 2001, 1496). Der spezialgesetzliche Ersatztatbestand will nicht neue Freiräume oder Ungleichheiten schaffen, sondern die Verwirklichung der normativen Belastungsgleichheit erleichtern. Durch die Neuregelung hat der Gesetzgeber eindeutig und hinreichend klar zum Ausdruck gebracht, dass er diesem – von der Rspr. teilweise geleugneten methodischen Ansatz – folgt. Eine Auslegung des nachrangig anwendbaren allg. Missbrauchstatbestands im Korsett des Spezialtatbestands entspricht nicht dem gesetzgeberischen Willen, scheidet nunmehr folglich aus (aA hM 6

→ Rn. 15; vgl. zum Sonderfall des Missbrauchs der Missbrauchsregelung BFH 9.6.2021 – I R 52/17, DStRE 2022, 151). Die Verneinung einer missbräuchlichen Gestaltung ist indes auch in diesen Fällen nicht ausgeschlossen. Im Verhältnis zum allg. StGesetz stellt § 42 AO ohnehin die speziellere Regelung dar (vgl. zu § 5 I EStG BFH 14.4.2011 – IV R 36/08, BFH/NV 2011, 1361).

III. Verfassungsmäßigkeit

7 **Die Gleichmäßigkeit der Besteuerung** als Ausformung des allg. Gleichheitssatzes (Art. 3 GG) im StRecht ist die Grundlage der StGerechtigkeit. Sie ist sowohl durch den Gesetzgeber bei der Schaffung gleichmäßig belastender StTatbestände zu beachten (BVerfG 29.10.1999 – 2 BvR 1264/90, BStBl. II 2000, 155; BVerfG 22.6.1995 – 2 BvL 37/91, BStBl. II 1995, 655), als auch durch die StVerwaltung bei deren Durchsetzung in der StErhebung (BVerfG 27.6.1991 – 2 BvR 1493/89, BStBl. II 1991, 654). Gesetzgeber, Verwaltung und Rspr. sind deshalb verpflichtet, einem Missbrauch der Vertragsgestaltung zur Vermeidung der steuerlichen Belastungsgleichheit entgegenzuwirken. Bei der Normsetzung besteht die Möglichkeit, an missbrauchsanfällige Lebenssachverhalte strenge Anforderungen zu stellen (BVerfG 17.1.1957 – 1 BvL 4/54, BVerfGE 6, 55 (84); BVerfG 14.4.1959 – 1 BvL 23/57, BVerfGE 9, 237 (245); BVerfG 24.1.1962 – 1 BvL 32/57, BVerfGE 13, 290 (316); BVerfG 26.11.1964 – 1 BvL 14/62, BVerfGE 18, 257 (269 f.)). Dies gilt nicht nur für vom Gesetzgeber zu normierende Tatbestände, sondern auch für ihre Auslegung und Anwendung durch die Rspr. (vgl. BVerfG 24.1.1962 – 1 BvR 232/60, BVerfGE 13, 318 (329)). Die verfassungsrechtliche Aufgabe, StUmgehung zu bekämpfen, wird einerseits durch die erhöhten Anforderungen an Vertragsverhältnisse im persönlichen Näheverhältnis, andererseits durch die Erfassung unangemessener Rechtsgestaltungen gem. § 42 verwirklicht. Mit § 42 erfüllt der Gesetzgeber daher seinen verfassungsmäßigen Auftrag.

8 Das **Gebot hinreichender Bestimmtheit** steuergesetzlicher Tatbestände wird durch § 42 nicht verletzt (Klein § 42 Rn. 16). Der Tatbestand der Regelung ist zwar generalklauselartig und weitgehend offen formuliert. Versuche der Rspr., § 42 zu konkretisieren, sind vielfach kritisiert worden (vgl. zB Meßmer StbJb 1979/80, 163 (225); Fischer DB 1996, 644; Gosch AO § 42 Rn. 23). Gleichwohl ist die Notwendigkeit einer nicht zu restriktiven Regelung unter Verwendung unbestimmter Rechtsbegriffe vom Gesetzgeber früh erkannt (RStBl. I 1934, 1401; BT-Drs. VI/1982, 114) und in der Literatur gebilligt worden (Becker RAO § 5 Rn. 2; TK § 42 Rn. 21). Das Bestimmtheitsgebot verbietet dem Gesetzgeber die Verwendung ausfüllungsfähiger und ausfüllungsbedürftiger Begriffe nicht (BVerfG 24.1.1962 – 1 BvL 32/57, BVerfGE 13, 290 (316); BVerfG 24.1.1962 – 1 BvR 845/58, BVerfGE 13, 331 (345)). Diese Aufgabe hat die Rspr. trotz vielfältiger Kasuistik in hinreichendem Maße geleistet.

IV. Strafbarkeit

9 Das Strafrecht sanktioniert die StUmgehung als solche nicht (BFH 1.2.1983 – VIII R 30/80, BStBl. II 1983, 534; HHSp § 42 Rn. 61; Tiedemann NJW 1980, 1557). Strafbar ist – wie etwa § 370 I zeigt – lediglich die Verletzung von Erklärungspflichten (Klein § 370 Rn. 41; BFH 14.12.2000 – II B 123/99, BFH/NV 2001, 738). Mit der rechtzeitigen umfassenden Offenbarung des steuerlich relevanten Sachverhalts ermöglicht der Stpfl. die Festsetzung des entstandenen StAnspruchs (Klein § 370 Rn. 44). Hierzu gehört es allerdings auch, dass die Umstände, die zur Beurteilung des Gestaltungsmissbrauchs erforderlich sind, auch soweit sie sich auf Sachverhalte mit Auslandsberührung beziehen, vollständig dargelegt werden (vgl. OLG Düsseldorf 26.8.1988 – 3 Ws 512/88, wistra 1989, 72). Bei der Zwischenschaltung einer KapGes im niedrig besteuernden Ausland müssen nicht nur die Vertragsbeziehungen, sondern auch die Beteiligungsverhältnisse wahrheitsgemäß offen-

gelegt werden (vgl. BGH 27.1.1982 – 3 StR 217/81, wistra 1982, 108; LG Frankfurt 28.3.1996 – 5/13 KLs 94 Js 36385/88, wistra 1997, 152).

B. Tatbestandsvoraussetzungen (Abs. 1 S. 1)

I. Gestaltungsmöglichkeiten des Rechts

StGesetze knüpfen für die Umschreibung des gesetzlichen Tatbestands teils mittelbar, teils unmittelbar an Rechtsinstitute, Rechtsfiguren und Sachverhaltsumstände tatsächlicher und rechtlicher Art an. Hieraus entsteht einerseits die Möglichkeit der StVermeidung durch vernünftige ausweichende Gestaltung (→ Rn. 21), andererseits die Neigung zur StVermeidung durch Umgehung des StGesetzes mittels Missbrauchs rechtlicher Gestaltungsmöglichkeiten (→ Rn. 18 ff.). Gestaltungsmöglichkeiten des Rechts eröffnet vor allem das durch die Vertragsfreiheit gekennzeichnete bürgerliche Schuldrecht, aber auch das übrige Zivilrecht. Erfasst werden einseitige und zweiseitige Rechtsgeschäfte (Verträge) sowie rechtsgeschäftsähnliche Handlungen, einerlei, ob sie obligatorische oder dingliche Wirkung entfalten. Eine Begrenzung auf das bürgerliche Recht enthält § 42 indes bewusst nicht (BT-Drs. VI/1982, 114), sodass auch Gestaltungsmöglichkeiten des öffentlichen Rechts erfasst werden (vgl. BFH 16.10.1986 – VII R 144/84, BFH/NV 1987, 329). Das StRecht gehört als Teilgebiet des öffentlichen Rechts ebenfalls hierzu. Demgemäß kann grds. auch durch eine missbräuchliche Inanspruchnahme steuerrechtlicher Wahl- und Gestaltungsrechte das StGesetz umgangen werden (vgl. BFH 20.12.1991 – VI R 32/89, BStBl. II 1992, 695; aA FG Münster 14.3.2007 – 10 K 3380/04 E, EFG 2007, 1024). 11

II. Umgehung des Steuergesetzes

Steuergesetz ist jedes formelle und materielle Gesetz, dazu gehören auch Rechtsverordnungen und Satzungen auf dem Gebiet des StRechts (vgl. § 4). § 42 AO verwirft grds. nur solche Gestaltungen, die eine Umgehung des im Zeitpunkt der Gestaltung geltenden StGesetzes darstellen (BFH 1.3.2005 – VIII R 25/02, BStBl. II 2005, 436). Künftige StGesetze können mit dem Zeitpunkt ihres Inkrafttretens umgangen werden. Die Einführung oder Änderung eines StGesetzes wirkt auch auf bereits seit Längerem bestehende Verträge ein. Die bisher zulässige Gestaltung kann sich hierdurch in eine unangemessene verwandeln, soweit man auf eine Missbrauchsabsicht verzichtet (BFH 1.2.2000 – IX B 154/99, BFH/NV 2000, 945). Auf kommunale Abgaben findet § 42 entspr. Anwendung (vgl. VG Bayreuth 30.12.2018 – B 4 K 17.474, BeckRS 2018, 50195). 12

Wirtschaftlicher Vorgang. Ein belastendes StGesetz kann nur umgangen werden, wenn der vom Gesetzeszweck erfasste wirtschaftliche Erfolg auf verschiedenen rechtlichen Gestaltungen beruhen kann, von denen mindestens eine nicht dem Wortlaut der Norm unterfällt (vgl. BFH 21.7.1994 – V R 102/92, BFH/NV 1995, 741; BFH 25.1.1994 – IX R 97/90, BStBl. II 1994, 738; BFH 17.11.1999 – I R 11/99, BStBl. II 2001, 822). Die Diskrepanz zwischen Normzweck und Wortlaut besteht für die StBefreiung oder StErmäßigung in umgekehrter Richtung. Die rechtliche Gestaltung erfüllt den Wortlaut des Tatbestands, obgleich nach dem Zweck der verwirklichte wirtschaftliche Vorgang die Begünstigung nicht verdient (vgl. BFH 28.11.1990 – X R 109/89, BStBl. II 1991, 327; BFH 3.2.1993 – I B 90/92, BStBl. II 1993, 426; BFH 27.7.1999 – VIII R 36/98, BStBl. II 1999, 769; BFH 7.3.2001 – X R 192/96, BStBl. II 2002, 126). 13

Statusbegründende Rechtsakte. Knüpft die gesetzliche Regelung auch nicht mittelbar an einen wirtschaftlichen Vorgang oder Erfolg an, sondern übernimmt sie Rechtsgeschäfte, statusbegründende Rechtsakte oder sonstige Rechtsverhältnisse in den eigenen Tatbestand ohne Rücksicht auf die wirtschaftlichen Folgen, ist eine Umgehung ausgeschlossen. So ist die Gründung einer KapGes auch dann der Besteuerung zugrunde zu legen, wenn sie ausschl. dem Zweck dient, die StBelastung insgesamt zu senken (vgl. BFH 14

25.6.1984 – GrS 4/82, BStBl. II 1984, 751). Die gesellschaftsrechtliche Unterscheidung und Entstehungsvoraussetzungen einzelner Kooperationsformen sind stets für das StRecht maßgeblich, wenn die StRechtsfolge an die Gesellschaftsform anknüpft (vgl. BFH 29.10.1986 – I R 318/83, BStBl. II 1987, 310). Dasselbe gilt für familienrechtliche Beziehungen, wie Kindschaftsverhältnisse (zB § 32 I Nr. 1 EStG), Verwandtschaft (zB § 15 ErbStG) oder die Ehe (zB § 26 EStG). So ist das Kindschaftsverhältnis auch dann maßgeblich, wenn es lediglich auf der gesetzlichen Vermutung der Vaterschaft beruht (§ 1591 BGB) oder durch Adoption entstanden ist. Die Motivation einer rechtswirksam geschlossenen Ehe ist unerheblich, auch wenn sie allein zum Zweck der StErsparnis erfolgt (zB Heirat des langjährigen Lebensgefährten bei lebensgefährlicher Erkrankung im Hinblick auf Besteuerung der Erbschaft).

III. Vorrang des Einzelsteuergesetzes (Abs. 1 S. 2)

15 Klar abgrenzbare Missbrauchsgestaltungen werden aus Gründen der Rechtssicherheit, der Normenbestimmtheit und leichteren Anwendbarkeit zumeist in speziellen Tatbeständen der EinzelStG erfasst (→ Rn. 6). Ist der Tatbestand einer solchen Regelung erfüllt, bestimmen sich die Rechtsfolgen gem. § 42 I 2 nach jener Vorschrift. Diese für alle Gesetze geltende Selbstverständlichkeit wird erst im Zusammenhang mit der nachfolgenden Regelung in S. 3 verständlich, wonach der StAnspruch beim Vorliegen eines Missbrauchs iSd Abs. 2 so entsteht, wie er bei einer den wirtschaftlichen Vorgängen angemessenen rechtlichen Gestaltung entsteht. Diese Normenkonkurrenzregelung soll das Verhältnis zwischen der Anwendbarkeit des allg. Missbrauchstatbestands und einer einzelsteuergesetzlichen Missbrauchsregelung klären, wenn und soweit diese tatbestandlich nicht erfüllt ist (vgl. BT-Drs. 16/9290, 116). Nach der gesetzgeberischen Intention soll dem EinzelStG weder eine Abschirmwirkung in Bezug auf die Anwendbarkeit des § 42 I 1 zukommen noch der von der Rspr. bislang angenommene Wertungsvorrang der speziellen Missbrauchsnorm bestehen (vgl. BT-Drs. 16/9290, 116; Osterloh-Konrad, 87 f.; → Rn. 6). Greift die speziellere Norm tatbestandlich nicht ein, findet § 42 I 1 Anwendung. Eine inhaltliche Vorprägung auf den intendierten Zweck der Spezialregelung findet nicht statt (aA allerdings die bisherige Rspr. BFH 13.12.1989 – I R 118/87, BStBl. II 1990, 474; BFH 23.10.1996 – I R 55/95, BStBl. II 1998, 90; BFH 20.3.2002 – I R 63/99, BStBl. II 2003, 50; BFH 12.7.2012 – I R 23/11, DStR 2012, 2058).

IV. Missbrauchsdefinition (Abs. 2)

17 § 42 II 1 enthält erstmals eine gesetzliche Definition des Gestaltungsmissbrauchs. Ein Missbrauch liegt vor, wenn durch die Wahl einer unangemessenen rechtlichen Gestaltung, die nicht auf beachtlichen außersteuerlichen Gründen beruht, ein gesetzlich nicht vorgesehener StVorteil eintritt. Die Legaldefinition entspricht im Wesentlichen der in der Rspr. verwendeten Umschreibung des Missbrauchstatbestands (vgl. BT-Drs. 16/9290, 115). Eine Konkretisierung, leichtere Handhabbarkeit der Regelung oder inhaltliche Änderung, insb. Verschärfung des allg. Missbrauchstatbestands ist durch die Definition nicht erfolgt (ebenso Geerling/Gorbauch DStR 2007, 1703).

1. Unangemessene Gestaltung

18 Gestaltungsmissbrauch setzt eine rechtliche Gestaltung voraus, die den wirtschaftlichen Vorgängen nicht gerecht wird, weil sie unangemessen ist. Der eine Umgehung bewirkende gekünstelte Umweg missbraucht die unterschiedlichen Gestaltungsformen des Rechts. Ein Missbrauch liegt nach std. Rspr. deshalb vor, wenn eine rechtliche Gestaltung gewählt wird, die zur Erreichung des angestrebten wirtschaftlichen Ziels unangemessen ist, der StMinderung dienen soll und durch wirtschaftliche oder sonst beachtliche außersteuerliche Gründe nicht zu rechtfertigen ist (vgl. BFH 21.1.1999 – IV R 96/96, BFH/NV 1999, 1033; BFH 27.7.1999 – VIII R 36/98, BStBl. II 1999, 769; BFH 19.8.1999 – I R 77/96,

BStBl. II 2001, 43; BFH 19.10.1999 – IX R 39/99, BStBl. II 2000, 224; BFH 17.11.1999 – I R 11/99, BStBl. II 2001, 822 mwN). Unerheblich ist, ob ein wirtschaftlicher Grund nicht ersichtlich ist (BFH 17.1.1991 – IV R 132/85, BStBl. II 1991, 607) oder als nicht beachtlich angesehen wird (BFH 7.7.1998 – VIII R 10/96, BStBl. II 1999, 729). Bezugspunkt der Unangemessenheit ist die **rechtliche Gestaltung,** nicht das wirtschaftliche Verhalten der Beteiligten. Wirtschaftliche Unvernunft führt bei angemessener Rechtsgestaltung nicht zum Rechtsmissbrauch (BFH 30.11.1989 – IV R 97/86, BFH/NV 1991, 432; BFH 16.1.1992 – V R 1/91, BStBl. II 1992, 541).

Unangemessen ist allg. eine rechtliche Gestaltung, die verständige Parteien in Anbetracht des wirtschaftlichen Sachverhalts, insb. des erstrebten wirtschaftlichen Ziels, als unpassend nicht wählen würden (BFH 1.2.2001 – IV R 3/00, BFH/NV 2001, 829; BFH 19.8.1999 – I R 77/96, BStBl. II 2001, 43). Da die Rechtsordnung bestrebt ist, für alle wirtschaftlichen Vorgänge möglichst einfache Gestaltungsformen zur Verfügung zu stellen, ist grds. der einfachste rechtliche Weg der angemessene. Unangemessene Rechtsgestaltungen sind hingegen umständlich, kompliziert, schwerfällig, gekünstelt, unpraktikabel usw. (BFH 27.7.1999 – VIII R 36/98, BStBl. II 1999, 769; BFH 13.12.1995 – X R 261/93, BFH/NV 1996, 90; BFH 10.11.1993 – I S 9/93, BFH/NV 1994, 684). Sie verschleiern das tatsächlich Gewollte, indem sie durch die komplizierte Gestaltungsform den Blick auf das wirtschaftliche Ziel versperren. Verträge und Vereinbarungen heben sich in ihren Wirkungen teilweise oder gänzlich wieder auf, sodass der wirtschaftliche Erfolg erreicht, aber nicht ohne Weiteres erkannt werden kann. 19

Ungewöhnlich oder unüblich darf nicht mit unangemessen gleichgesetzt werden (vgl. HHSp § 42 Rn. 234 ff.; TK § 42 Rn. 44). Der Umstand, dass der Stpfl. seine Verhältnisse in einer Weise gestaltet, die nicht allg. üblich ist, rechtfertigt allein nicht die Annahme der Unangemessenheit (BFH 16.3.1988 – X R 27/86, BStBl. II 1988, 629). Allerdings lässt sich aus einer den allg. üblichen Rechtsgepflogenheiten widersprechenden Gestaltungsform ein Indiz für eine unangemessene Gestaltung entnehmen. Eine gegensätzliche Indizwirkung belegen beachtliche wirtschaftliche Gründe, die den gewählten Weg erklären (vgl. TK § 42 Rn. 70). 20

Steuervermeidung. Der Stpfl. ist bei der rechtlichen Gestaltung wirtschaftlicher Vorgänge grds. frei. Er darf seine rechtlichen Verhältnisse so gestalten, dass sich eine möglichst geringe StLast ergibt (BFH 29.11.1982 – GrS 1/81, BStBl. II 1983, 272; BFH 23.10.1996 – I R 55/95, BStBl. II 1998, 90; BFH 7.7.1998 – VII R 10/96, BStBl. II 1999, 729). Die Motivation, Steuern zu sparen, lässt die Gestaltung nicht unangemessen werden, und zwar auch dann, wenn sie im Wesentlichen hierdurch begründet ist (FG Niedersachsen 4.2.1997 – I 44/92, EFG 1997, 810; BFH 3.2.1998 – IX R 38/96, BStBl. II 1998, 539). Beruht die Gestaltung jedoch allein auf der StErsparnis, ohne dass ein wirtschaftlicher oder sonstiger beachtlicher Zweck erkennbar ist, spricht dies für die Unangemessenheit (vgl. BFH 27.7.1999 – VIII R 36/98, BStBl. II 1999, 769; BT-Drs. 16/9290, 115). Wählt der Stpfl. einen vom StGesetz vorgezeichneten Weg, scheidet § 42 idR aus (BFH 19.5.2004 – III R 18/02, BStBl. II 2004, 980). 21

Steuervorteil. Missbrauch von Gestaltungsmöglichkeiten kann bei einer steuerlich nachteiligen Sachverhaltsverwirklichung nicht entstehen. Das Gesetz setzt einen erstrebten steuerlichen Vorteil voraus, der gerade durch die unangemessene Gestaltung erzeugt wird, also von der gesetzlichen Regelung für diese Sachverhaltsgestaltung nicht beabsichtigt ist. Im Vergleich zu der durch den gesetzlichen Tatbestand entstehenden steuerlichen Belastung bzw. Vergünstigung begründet die unangemessene Gestaltung bei Anwendung des StGesetzes keine bzw. eine geringere StLast (Klein § 42 Rn. 67). Vergleichsmaßstab ist die steuerliche Belastung bei angemessener und unangemessener Gestaltung. In die Vergleichsbetrachtung sind lediglich die unmittelbaren StFolgen des umgangenen StTatbestands einzustellen. Sonstige StTatbestände oder StArten bleiben außer Betracht. Ob in die Vergleichsbetrachtung mehr als ein Veranlagungszeitraum einzubeziehen ist, richtet sich nach den Rechtsfolgen des materiellen StGesetzes. Unerheblich ist, ob der StVorteil beim Stpfl. 22

oder einer anderen Person eintritt. Bestehen zwischen der begünstigten Person und dem Stpfl. weder wirtschaftliche noch persönliche Beziehungen, spricht dies gegen das Erstreben eines StVorteils und damit gegen eine unangemessene Gestaltung.

2. Missbrauch

24 **Umgehungsabsicht.** Ob die unangemessene Gestaltung zweckgerichtet auf die StUmgehung erfolgt sein muss, § 42 deshalb ein Handeln in Missbrauchsabsicht erfordert, ist in Literatur und Rspr. umstritten (TK § 42 Rn. 61; Paus DStZ 1992, 124; Kottke DB 1995, 1836; aA HHSp § 42 Rn. 264 ff.). Die Rspr. prüft zumeist ein subjektives Tatbestandsmerkmal „finaler StUmgehung" (BFH 6.3.1985 – II R 240/83, BStBl. II 1985, 494; BFH 28.1.1992 – VIII R 7/88, BStBl. II 1993, 84; BFH 3.12.1992 – V R 23/89, BFH/NV 1994, 279; BFH 7.7.1998 – VIII R 10/96, BStBl. II 1999, 729), ohne die Absicht positiv im Wege des Indizienbeweises festzustellen (vgl. aber BFH 5.2.1992 – I R 127/90, BStBl. II 1992, 532). Vielmehr geht sie bei einer den wirtschaftlichen Verhältnissen unangemessenen Gestaltung von einer **tatsächlichen Vermutung** für die Missbrauchsabsicht aus, wenn für die Gestaltung wirtschaftliche oder sonst beachtliche Gründe fehlen (BFH 28.1.1992 – VIII R 7/88, BStBl. II 1993, 84; BFH 7.7.1998 – VIII R 10/96, BStBl. II 1999, 729). Der objektive, auf Umgehung gerichtete Tatbestand indiziert die Missbrauchsabsicht (BFH 10.11.1983 – IV R 62/82, BStBl. II 1984, 605; BFH 10.9.1992 – V R 104/91, BStBl. II 1993, 253). Für die praktische Rechtsanwendung ist dieser Streit von untergeordneter Bedeutung, da die gegensätzlichen Auffassungen nur in Einzelfällen zu unterschiedlichen Ergebnissen führen (Klein § 42 Rn. 75).

25 **Objektiver Tatbestand.** StUmgehung erfordert entspr. ihrer systematischen Stellung als Unterfall der Gesetzesumgehung keine Missbrauchsabsicht (vgl. Kramer, 158; Grüneberg BGB § 134 Rn. 28; MüKo BGB § 134 Rn. 18; BGH 19.12.1968 – VII ZR 83, 84/66, BGHZ 51, 255; BGH 23.6.1971 – VIII ZR 166/70, BGHZ 56, 285; BGH 15.1.1990 – II ZR 164/88, BGHZ 110, 47; BAG 6.11.2003 – GS 1/59, BAGE 10, 65; BAG 10.5.1962 – 5 AZR 452/61, BAGE 13, 129; BAG 19.5.1982 – 5 AZR 466/80, BAGE 39; 67; zur StUmgehung EuGH 12.7.1988 – 138 und 139/86, Slg. 1988, 3937 Rn. 20 ff.). Denn das Verbot der Gesetzesumgehung oder StUmgehung knüpft an die Geltung des umgangenen Gesetzes, an dessen Durchsetzbarkeit an (vgl. auch Weber-Grellet, 224). Dies ergibt sich aus der unmittelbaren Verknüpfung des § 42 mit der Entstehung des StAnspruchs iSd § 38 (ebenso HHSp § 42 Rn. 264 ff.). Die von der Gegenmeinung beschworene Wortlautinterpretation ist nicht zwingend. Sie verwirklicht den Zweck der Vorschrift, StBelastungsgleichheit herzustellen, nur unvollkommen und führt hierdurch zu neuen Ungereimtheiten. Subjektive Umstände wie Gutgläubigkeit, Rechtsunkenntnis, Unerfahrenheit oder Ungeschicklichkeit lassen deshalb § 42 nicht entfallen, wenn die objektiven Umstände eine unangemessene Gestaltung ergeben (BFH 1.6.1989 – V R 74/87, BFH/NV 1990, 131; BFH 23.2.1989 – V B 60/88, BStBl. II 1989, 396). Vertragliche Gestaltungen können sich durch die Änderung der Rechtslage nachträglich als unangemessen herausstellen, da es – ohne Missbrauchsabsicht – nicht auf den Zeitpunkt des Vertragsschlusses ankommt (vgl. BFH 1.2.2000 – IX B 154/99, BFH/NV 2000, 945; aA TK § 42 Rn. 7).

3. Außersteuerliche Gründe

26 Ist die gewählte Gestaltung durch außersteuerliche Gründe motiviert, die nach dem Gesamtbild der Verhältnisse beachtlich sind, liegt ein Missbrauch von Gestaltungsmöglichkeiten nicht vor. Diese als Tatbestandsmerkmal aufgenommene – vom Stpfl. zu beweisende – Veranlassungs- bzw. Motivlage ist seit Langem in der Rspr. als Rechtfertigung für eine steuermindernde Gestaltung anerkannt (BFH 14.1.2003 – IX R 5/00, BStBl. II 2003, 509; BFH 25.8.2009 – IX R 60/07, BStBl. II 2009, 999; → Rn. 34). Außersteuerliche Gründe können in der Person des Stpfl. oder den wirtschaftlichen Umständen begründet sein. Eine zivilrechtlich wirksame Vermögenszuordnung durch dingliche Übertragung von Gegen-

ständen, Einräumung von Gesellschaftsbeteiligungen (FG Düsseldorf 18.6.2007 – 17 K 923/05 F, EFG 2007, 1696), die Übertragung haftungsrechtlicher Verantwortung, die Vermeidung außersteuerlicher Rechtsfolgen (BFH 18.12.1996 – XI R 12/96, BStBl. II 1997, 374) oder der tatsächliche Eintritt einer wirtschaftlichen Belastung können als außersteuerliche Gründe die Gestaltung rechtfertigen. Ertragsteuerliche Gründe sind für die umsatzsteuerliche Gestaltung unbeachtlich (BFH 9.11.2006 – V R 43/04, BStBl. II 2007, 344). Ob die Gründe beachtlich sind, ist durch die Gerichte im Rahmen einer Gesamtabwägung der gesamten Umstände des Einzelfalls zu beurteilen.

C. Rechtsfolge (Abs. 1 S. 3)

Analogie. Bei einem Missbrauch von Gestaltungsmöglichkeiten entsteht der StAnspruch nach § 42 I 3 entspr. dem verwirklichten wirtschaftlichen Gehalt, den die angemessene Gestaltung offenkundig werden ließe (BFH 13.10.1992 – VIII R 3/89, BStBl. II 1993, 477). Die steuerliche Rechtsfolge, die bei wortgetreuer Anwendung der unangemessenen Gestaltung einträte, wird negiert. An ihre Stelle tritt die Besteuerung, die dem Normzweck der umgangenen steuerlichen Regelung entspricht. § 42 I 3 schleust die unangemessene Gestaltung in den Anwendungsbereich der umgangenen Vorschrift, in dem er die Rechtsfolge der materiellen StNorm auch bei missbräuchlicher Gestaltung auslöst (ebenso HHSp § 42 Rn. 285 ff.; aA TK § 42 Rn. 14: Sachverhaltsfiktion). Lässt sich die unangemessene Gestaltung unter verschiedene angemessene Rechtsfolgen subsumieren, ist die für den Stpfl. günstigste Regelung anzuwenden, soweit sich der Stpfl. nicht ausdrücklich für einen anderen Weg entscheidet (TK § 42 Rn. 50). Ist der verwirklichte Sachverhalt nur in Teilbereichen missbräuchlich gestaltet, bedarf es auch lediglich insoweit einer Korrektur (vgl. BFH 1.3.2005 – IX R 70/03, BFH/NV 2005, 1245: finanzierter Grundstückskauf durch nicht fremdüblichen Darlehensvertrag erfasst allenfalls den Darlehensanspruch). 28

Steueranspruch. Die Beurteilung des Sachverhalts erfolgt nicht einheitlich für alle StArten gemeinsam, sondern zweckbezogen für jeden StAnspruch gesondert. Die ertragsteuerliche Beurteilung einer Gestaltung als rechtsmissbräuchlich rechtfertigt deshalb nicht zugleich die Annahme eines Gestaltungsmissbrauchs bei der GrESt (BFH 30.11.1955 – II 35/54 U, BStBl. III 1956, 28). Allerdings sind Wechsel- und Folgewirkungen des Rechtsmissbrauchs in einem Veranlagungszeitraum auch für andere Veranlagungszeiträume oder StArten zu berücksichtigen (HHSp § 42 Rn. 264 ff.). § 42 tritt grds. nur dem gegenüber ein, der aus der missbräuchlichen Gestaltung einen Vorteil zieht (BFH 10.8.2004 – I B 2/04, BFH/NV 2005, 239 mwN). 29

Keine Doppelbelastung. § 42 I 3 bezweckt die ausschl. Besteuerung des wirtschaftlichen Erfolgs der unangemessenen Gestaltung. Eine kumulative Besteuerung aufgrund des tatsächlich verwirklichten Sachverhalts ist unzulässig (BFH 10.6.1992 – I R 105/89, BStBl. II 1992, 1029; BFH 3.2.1993 – I B 90/92, BStBl. II 1993, 426). Ist die Steuer bereits festgesetzt worden, muss der StBescheid aufgehoben oder geändert werden. Eine Korrektur kann, soweit die Steuer materiell bestandskräftig festgesetzt wurde, nach § 174 erfolgen, soweit die unangemessene Gestaltung mehrfach berücksichtigt worden ist (aA TK § 42 Rn. 52: § 175 I 1 Nr. 2). Setzt das FA die Steuer aufgrund der zivilrechtlichen Gestaltung niedriger fest, ist der StBescheid nach § 173 I zu berichtigen, wenn die Tatsachen, die den Missbrauchsvorwurf begründen, erst nachträglich bekannt werden (BFH 19.12.1996 – V R 14/96, BFH/NV 1997, 743). Zur Anrechnung ausländischer Steuer, die auf im Inland nach § 42 erfasste Einkünfte entfällt, vgl. BFH 1.4.2003 – I R 39/02, BStBl. II 2003, 869. 30

§ 42 I 3 wirkt sich nicht auf die **zivilrechtliche Wirksamkeit** der Gestaltung aus (BFH 6.3.1996 – II R 38/93, BStBl. II 1996, 377). Die wirksame, unangemessene Gestaltung ist auch steuerlich zu beachten, soweit sie nicht die Entstehung des StAnspruchs betrifft. Der 31 vollständige Gesellschafterwechsel einer grundbesitzenden GbR wirkt sich bei der Bekanntgabe des StBescheids auf den Adressaten aus, auch wenn nicht der Gesellschafterwechsel, sondern der wirtschaftlich gewollte Grundbesitzerwerb der GrESt unterliegt (BFH 12.12.1996 – II R 61/93, BStBl. II 1997, 299). Die Unwirksamkeit der zivilrechtlichen Gestaltung hindert andererseits nicht die Annahme eines Rechtsmissbrauchs, wenn die materielle StNorm lediglich an den wirtschaftlichen Gehalt einer Regelung anknüpft (vgl. BFH 29.10.1986 – I R 202/82, BStBl. II 1987, 308; GrESt entsteht grds. nur bei zivilrechtlich wirksamen Verträgen, BFH 23.11.2011 – II R 64/09, BStBl. II 2012, 355).

D. Beweislast

34 Der Stpfl. hat im Rahmen seiner Mitwirkungspflicht den Sachverhalt, der für die Beurteilung des § 42 erforderlich ist, vollständig und wahrheitsgemäß darzulegen (§ 90 I 2). Lässt sich der Sachverhalt nicht abschließend klären, bleiben insb. einzelne Tatsachen für das Vorliegen der Anspruchsvoraussetzungen zwischen den Beteiligten streitig, trägt die FB grds. die Feststellungslast (BFH 4.8.1987 – V B 16/87, BStBl. II 1987, 756; BFH 26.7.1995 – I R 78/93, BFH/NV 1996, 383). Eine allg. Vermutung für die Annahme eines Rechtsmissbrauchs bei unüblichen rechtlichen Gestaltungen gibt es nicht (BFH 13.7.1989 – V R 8/86, BStBl. II 1990, 100). Hieran hat auch die Neufassung durch das JStG 2008 nichts geändert. § 42 II 2 hat indes die Beweislast leicht zulasten des Stpfl. verschoben. Behauptet der Stpfl., die zivilrechtliche Gestaltung beruhe auf vernünftigen wirtschaftlichen Gründen, obliegt ihm – wie bisher – die Darlegungs- und auch die Beweislast dafür, welcher Grund im Einzelnen für die Gestaltung ursächlich war und wie sich dies wirtschaftlich auswirken sollte (vgl. BFH 29.10.1987 – V B 109/86, BStBl. II 1988, 96; Klein § 42 Rn. 81). Im Zweifel hat nunmehr der Stpfl. auch zu beweisen, dass der behauptete Grund eine vernünftige wirtschaftliche Wirkung entfalten konnte (vgl. zur alten Rechtslage BFH 29.10.1987 – V B 110/86, BFH/NV 1989, 203). Ob es sich um einen beachtlichen Grund handelt, ist eine dem Beweis nicht zugängliche rechtliche Beurteilung (BFH 19.1.1994 – XI R 57/90, BFH/NV 1994, 668).

35 Für bestimmte Fallgestaltungen geht die Rspr. von einem Erfahrungssatz aus, der eine **tatsächliche Vermutung** begründet, dass die Gestaltung der StUmgehung diente (BFH 28.1.1992 – VIII R 7/88, BStBl. II 1993, 84). Vermutet wird, dass derjenige, der eine Gesellschaft im niedrig besteuernden Ausland zwischenschaltet, mit der Zwischenschaltung ausschl. die Umgehung der Besteuerung im Inland verfolgt (BFH 5.3.1986 – I R 201/82, BStBl. II 1986, 496). Eine Beweiserleichterung für eine StUmgehung besteht auch für die Einschaltung von Zwischenvermietern zur Erlangung des VorSt-Abzugs (BFH 4.8.1987 – V B 16/87, BStBl. II 1987, 756; BFH 22.6.1989 – V R 34/87, BStBl. II 1989, 1007) und für die Zwischenschaltung der Obergesellschaft bei einer doppelstöckigen PersGes (BFH 25.2.1991 – GrS 7/89, BStBl. II 1991, 691). Der Stpfl. kann die tatsächliche Vermutung durch die Darlegung entkräften, dass der Streitfall vom typischen, die Vermutungswirkung auslösenden Fall, entscheidend abweicht, weil etwa für die Gestaltung beachtliche wirtschaftliche und sonstige außersteuerliche Gründe maßgeblich waren (BFH 28.1.1992 – VIII R 7/88, BStBl. II 1993, 84).

E. Einzelfälle

I. Einkommensteuer

1. Vereinbarungen zwischen nahen Angehörigen

38 **a) Vorrang des Drittvergleichs.** Bei Verträgen zwischen nahen Angehörigen kann wegen des regelmäßig fehlenden Interessengegensatzes aus der rechtsgeschäftlichen Bindung allein nicht sicher geschlossen werden, dass die vereinbarten Leistungen nicht ledig-

lich auf familiärer Grundlage basieren (vgl. BFH 17.1.1991 – IV R 132/85, BStBl. II 1991, 607). Um für solche Vermögensverschiebungen eine sachgerechte Abgrenzung erreichen zu können, wird für die Anerkennung derartiger Verträge neben der zivilrechtlichen Wirksamkeit verlangt, dass die Vereinbarung im Vorhinein klar und eindeutig getroffen wird (BFH 7.11.2000 – VIII R 16/97, BStBl. II 2001, 186). Inhalt und Durchführung müssen dem entsprechen, was unter Fremden üblich ist (BFH 21.11.2000 – IX R 73/97, BFH/NV 2001, 594). Erst wenn sich die Verträge als fremdvergleichsgerecht erweisen, bewegt sich die Gestaltung im Anwendungsbereich des § 42 (vgl. BFH 19.10.1999 – IX R 39/99, BStBl. II 2000, 224). Desgleichen ist die subjektive Zurechnung von Einkünften zunächst anhand des maßgeblichen StTatbestands zu prüfen (vgl. Tipke/Lang § 9 Rn. 150 ff.; Schmidt EStG § 15 Rn. 745 ff.; Schmidt StKongrRep 1977, 67; Meyer-Koppitz DStZ 1996, 267; Groh DB 2000, 1433). Beruht eine Gewinnverteilungsabrede nicht auf gesellschaftsrechtlichen Erwägungen, liegt in der vertraglichen Abweichung eine steuerlich nicht zu beachtende Einkommensverwendung des tatsächlich Berechtigten (BFH 24.7.1986 – IV R 103/83, BStBl. II 1987, 54). Entspricht die subjektive Zurechnung den allg. ertragsteuerlichen Grundsätzen, kann eine hiervon abweichende Zurechnung dem Grunde und der Höhe nach nur noch nach § 42 erfolgen (BFH 28.1.1992 – VIII R 7/88, BStBl. II 1993, 84; BFH 6.12.1995 – I R 40/95, BStBl. II 1997, 118). So kann ein Rechtsmissbrauch vorliegen, wenn die Gewinnverteilung in einer KapGes, an der nahe Angehörige beteiligt sind, entgegen der gesetzlichen Regel in einem deutlichen Missverhältnis zur Höhe der Geschäftsanteile steht (BFH 4.2.2005 – VIII B 185/02, BFH/NV 2005, 1258).

b) Vermietung und Verpachtung. Der Vorwurf missbräuchlichen Verhaltens setzt 39
zumeist bei der Möglichkeit an, Art und Weise der Erfüllung von Unterhaltsverpflichtungen zu gestalten (§ 1612 II 1 BGB). So steht es den Eltern grds. frei, die Mittel der Unterhaltsgewährung (Barunterhalt, Naturalunterhalt) zu wählen (Grüneberg § 1612 Rn. 10). Erkennt man die freie Unterhaltsbestimmung steuerrechtlich an, eröffnet sich ein erheblicher **Gestaltungsspielraum** (vgl. Spindler DB 1997, 643; Drosdzol FR 1999, 83). Gleichwohl wird die freie Wahl der Art der Unterhaltsgewährung zu Recht anerkannt (BFH 19.10.1999 – IX R 39/99, BStBl. II 2000, 224; BFH 17.12.2002 – IX R 58/00, BFH/NV 2003, 750; FG Niedersachsen 16.7.1997 – XII 332/94, EFG 1997, 1517; vgl. auch Pezzer DStR 1995, 1898; Drenseck FR 1988, 337). Die Vermietung einer Wohnung an ein unterhaltsberechtigtes Kind ist aus diesem Grund nicht missbräuchlich, wenn der Mietzins aus dem gewährten Barunterhalt beglichen wird. Dies gilt selbst dann, wenn der Mietzins unmittelbar mit dem Barunterhalt verrechnet wird (BFH 19.10.1999 – IX R 30/98, BStBl. II 2000, 223; BFH 19.10.1999 – IX R 80/97, BFH/NV 2000, 429; BFH 17.12.2002 – IX R 18/00, BFH/NV 2003, 749). Den Eltern eines unterhaltsberechtigten Kindes kann die möglichst günstige Gestaltung ihrer steuerlichen Verhältnisse nicht versagt werden (BFH 9.7.1998 – V R 68/96, BStBl. II 1998, 637). Ließe man die Vermietung an unterhaltsberechtigte Kinder indes nicht zu, schlösse man die jedem Stpfl. auch sonst mögliche Nutzung negativer Einkünfte aus VuV aus. Denn auch die Gegenmeinung käme nicht zum Gestaltungsmissbrauch, wenn die Eltern die Wohnung fremdvermieteten und das Kind eine entsprechende Wohnung von Dritten anmietete. Die gegenteilige ältere Rspr. ist durch die neueren Entscheidungen überholt (zur neueren Rspr. ausführlich Heuermann BB 2003, 1465).

Einzelfälle aus der Rspr. Gestaltungsmissbrauch liegt nicht vor, wenn der Stpfl. zum 40
Barunterhalt verpflichtet ist, zugleich eine Wohnung an seine Mutter vermietet und diese den Mietzins teilweise aus den Unterhaltszahlungen leistet (BFH 19.12.1995 – IX R 85/93, BStBl. II 1997, 52; FG Düsseldorf 10.2.2003 – 7 K 2264/00 E, EFG 2003, 743: Begründung eines Mietverhältnisses und Erhöhung der Barleistung aufgrund dauernder Last des Mietzinses). Ebenso verhält es sich bei Vermietung an geschiedene, unterhaltsberechtigte Ehegattin (BFH 16.1.1996 – IX R 13/92, BStBl. II 1996, 214). Dies gilt auch, wenn der Stpfl. eine Wohnung an seine unterhaltsberechtigte Tochter und ihren Ehemann

vermietet (BFH 28.1.1997 – IX R 27/95, BStBl. II 1997, 599) oder das Kind die Miete aus eigenen Mitteln (Erträgen oder Vermögen) zahlen kann (BFH 9.9.1997 – IX R 43/96, BFH/NV 1998, 316; BFH 22.4.1997 – IX R 52/95, BFH/NV 1997, 663; FG Niedersachsen 16.7.1997 – XII 332/94, EFG 1997, 1517; aA FG Baden-Württemberg 11.2.1998 – 12 K 19/98, EFG 1998, 949). Unschädlich ist es, dass die Miete aus den Zinserträgen einer zuvor von den Eltern geschenkten Kapitalanlage finanziert wird (BFH 23.2.1994 – X R 131/93, BStBl. II 1994, 694; aA FG Berlin 17.1.2001 – 6 K 6129/98, EFG 2001, 1046 für Finanzierung mit mittels Geldschenkung, aufgeh. durch BFH 17.12.2002 – IX R 26/01, BFH/NV 2004, 1378). Verkauft ein Elternteil seinem Kind ein Einfamilienhaus, stundet die durch eine Hypothek gesicherte, verzinsliche Kaufpreisforderung ohne Tilgungsvereinbarung und vermietet der Sohn das übertragene Haus auf 30 Jahre an die Mutter, ist dies nicht rechtsmissbräuchlich (BFH 26.11.1996 – IX R 51/94, BFH/NV 1997, 404; FG Baden-Württemberg 21.6.2005 – 4 K 250/01, EFG 2005, 1943); desgleichen bei Übertragung des Eigentums an einer von zwei Eigentumswohnungen auf einen nahen Angehörigen verbunden mit gleichzeitiger wechselseitiger Vermietung (BFH 12.9.1995 – IX R 54/93, BStBl. II 1996, 158; BFH 14.1.2003 – IX R 5/00, BStBl. II 2003, 509: wechselseitige Nutzung der Häuser, wobei der vermietende Sohn das ihm überlassene Haus unentgeltlich bewohnt). Bestellen Eltern ihrem minderjährigen Kind ein schuldrechtliches Nutzungsrecht an einem fremdvermieteten Einfamilienhaus, sind die Einkünfte aus VuV dem Kind zuzurechnen. § 42 steht dem nicht entgegen (BFH 25.4.1995 – IX R 41/92, BFH/NV 1996, 122). Der Abschluss eines Mietvertrags nach vorangegangener Bestellung oder Aufgabe eines unentgeltlichen dinglichen Nutzungsrechts verstößt grds. nicht gegen § 42 (BFH 17.12.2003 – IX R 60/98, BStBl. II 2004, 646; BFH 15.2.2005 – IX R 16/04, BFH/NV 2005, 1008); erst recht nicht, wenn das Nutzungsrecht lediglich zur Sicherung des Mietverhältnisses dient und nicht tatsächlich ausgeübt wird (BFH 31.8.2000 – IX B 72/00, BFH/NV 2001, 309 mwN); ebenso für Grundstücksübertragung gegen wiederkehrende Leistung (BFH 10.12.2003 – IX R 12/01, BStBl. II 2004, 643; BFH 10.12.2003 – IX R 41/01, BFH/NV 2004, 1267) oder zu entgeltlichem Erwerb eines Wohnrechts an bereits genutztem Gebäude (BFH 17.8.2005 – IX R 69/03, BFH/NV 2006, 489). Die Vermietung einer Wohnung an Angehörige ist nicht bereits deshalb missbräuchlich, weil diese nur in geringem Umfang genutzt wird (FG Niedersachsen 27.6.1991 – II 177/90, EFG 1992, 195; aA für Nutzung zu Besuchszwecken FG Rheinland-Pfalz 6.6.1997 – 3 K 2649/92, EFG 1998, 364). Vermietet die Ehefrau eine von ihr erworbene Wohnung zu fremdüblichen Bedingungen an ihren Ehemann, der sie im Rahmen doppelter Haushaltsführung nutzt, ist der Verlust aus VuV auch dann anzusetzen, wenn die Ehefrau die Zins- und Tilgungsleistungen nur aufgrund zusätzlicher freiwilliger Zuwendungen ihres Ehemannes erfüllen kann (BFH 11.3.2003 – IX R 55/01, BFH/NV 2003, 1106; aA FG Köln 23.8.2001 – 7 K 8104/97, EFG 2001, 1501). Ein Ehegatten-Mietverhältnis ist nicht missbräuchlich, wenn der Mieter-Ehegatte die Miete von seinem betrieblichen Konto auf ein dem Vermieter-Ehegatten allein zuzurechnendes Mietkonto überweist und sein betriebliches Konto mit Einlagen von einem Gemeinschaftskonto der Ehegatten auffüllt (BFH 22.7.2025 – VIII R 23/23, BFH/NV 2025, 1283, sehr weitgehend – wobei der BFH lediglich ein Scheingeschäft prüft).

41 **Missbräuchlich** ist nach der Rspr. insb., wenn die Parteien der Grundstücksübertragung durch gegenläufige Rechtsgeschäfte auf der Nutzungsebene erreichen, dass es nach der wirtschaftlichen Substanz der Vereinbarungen nicht zu einer entgeltlichen Nutzung des Übertragenden kommt (BFH 17.12.2003 – IX R 56/03, BStBl. II 2004, 648); so etwa beim entgeltlichen Verzicht der Eltern auf die Einräumung eines dinglich gesicherten Wohnungsrechts verbunden mit der langfristigen Vermietung der Wohnung (BFH 25.7.1995 – IX R 66/93, BFH/NV 1996, 123). Ebenso die unentgeltliche, zeitlich befristete Nießbrauchsbestellung an einem Grundstück der Eltern zugunsten ihres Kindes, das sie anschließend zurückmieten (BFH 18.10.1990 – IV R 36/90, BStBl. II 1991, 205; ebenso FG Baden-Württemberg 13.12.2016 – 11 K 2951/15, EFG 2017, 965; vgl. jedoch

zur zeitlich befristeten Übertragung der Mieteinkünfte durch unentgeltliche Bestellung eines befristeten Nießbrauchsrechts zugunsten der minderjährigen Kinder BFH 20.6.2023 – IX R 8/22, BFH/NV 2023, 1308). Dies ist auch der Fall, wenn die Mutter ihrem Sohn eine Wohnung schenkt und der Sohn ihr die Wohnung unter Einräumung eines Nießbrauchs oder Wohnrechts vermietet (FG Baden-Württemberg 31.1.1996 – 5 K 100/93, EFG 1997, 175), bei Übertragung des Hauses unter Rückvermietung und Begründung einer dauernden Last in Höhe der Miete (BFH 15.12.2005 – IX B 176/05, BFH/NV 2006, 943), bei Aufgabe eines dinglichen Wohnrechts unter gleichzeitiger Begründung einer dauernden Last und Abschluss eines Mietvertrags (BFH 17.12.2003 – IX R 56/03, BStBl. II 2004, 648). Ein Mietvertrag zwischen Eltern und Kind ist missbräuchlich, wenn die Eltern das Haus auf das Kind übertragen und sich einen dinglich jederzeit durchsetzbaren Anspruch auf Einräumung eines lebenslangen unentgeltlichen Wohnrechts vorbehalten (FG Niedersachsen 20.6.1995 – VII 405/94, EFG 1996, 447); ebenso für Mietvertrag über ein Haus, für das der Mutter im Kaufvertrag ein lebenslängliches, entgeltliches Wohnrecht eingeräumt und dessen Erwerb mit Mitteln eines von der Mutter gewährten Darlehens finanziert wurde (FG Münster 19.2.2002 – 1 K 734/00 F, EFG 2002, 737). Räumen Eltern ihrem Kind ein befristetes Nutzungsrecht an einem fremdvermieteten Haus ein, soll darin ein Gestaltungsmissbrauch liegen, wenn sich das Kind die Mieteinnahmen auf seinen Unterhaltsanspruch anrechnen lassen muss (FG Köln 16.12.1991 – 1 K 4876/89, EFG 1992, 400; zweifelhaft). Dies soll auch gelten bei Abschluss eines Leihvertrags zwischen Eltern und ihrem minderjährigen Kind, um ihm die Mieteinnahmen aus einer Wohnung zufließen zu lassen (FG Münster 7.11.1996 – 3 K 5606/94/E, EFG 1997, 411). Erwirbt die Tochter von ihren Eltern ein Zweifamilienhaus und vermietet sie es anschließend an diese unter Ausschluss des Kündigungsrechts für die Dauer von 20 Jahren, liegt darin kein Missbrauch (aA FG München 13.8.1997 – 1 K 3563/94, EFG 1998, 305; vgl. BFH 17.12.2003 – IX R 30/99, BFH/NV 2004, 1271; BFH 17.12.2003 – IX R 8/98, BFH/NV 2004, 939). Die Vermietung einer Einliegerwohnung zur Betreuung des Enkelkindes an die ortsansässigen Großeltern stellt eine Umgehung iSd § 42 dar (BFH 14.1.1992 – IX R 33/89, BStBl. II 1992, 549). Zu wechselseitigen Mietverhältnissen s. BFH 9.10.2013 – IX R 2/13, BFH/NV 2014, 950; FG Münster 20.1.2010 – 10 K 5155/05 E, DStRE 2011, 213 und → Rn. 68.

c) Einkünfteverlagerung und Schaffung einkünftemindernder Tatbestände. Die Facetten der in der Rspr. behandelten Fälle sind vielfältig. Gemeinsam ist den Sachverhalten, dass durch die zivilrechtliche Gestaltung Einkunftsquellen auf Angehörige verlagert, die steuerliche Erfassung bestimmter Vermögensmehrungen verhindert oder steuermindernde Aufwendungen geschaffen werden. Durch die Gestaltung wird stets die Gesamtsteuerbelastung der Beteiligten gesenkt. Diese Auswirkung allein lässt die Gestaltung nicht missbräuchlich werden (BFH 9.7.1998 – V R 68/96, BStBl. II 1998, 637). Es bedarf vielmehr der Feststellung, dass der von der StNorm bezweckte Erfolg auch Gestaltungen dieser Art im Ergebnis steuerlich erfassen will (BFH 1.2.2000 – IX B 154/99, BFH/NV 2000, 945). **44**

Langfristige **Darlehensverträge** mit Kindern werden auch dann nicht als rechtsmissbräuchlich angesehen, wenn das Darlehen aus zuvor von den Eltern geschenkten Geldbeträgen gewährt wird und die Zinsen für den Unterhalt der Kinder verwendet werden (BFH 19.2.2002 – IX R 32/98, DStR 2002, 1344; vgl. auch BFH 16.3.1977 – I R 213/74, BStBl. II 1977, 414; zweifelhaft, da eigene Einnahmen des Kindes voll auf seinen Unterhaltsanspruch anzurechnen sind). Schenkt ein Elternteil dem minderjährigen Kind einen Geldbetrag, der nunmehr dem anderen Elternteil als verzinsliches Darlehen gewährt wird, dessen Zinsen als Werbungskosten bei den Einkünften aus VuV geltend gemacht werden, liegt hierin eine unangemessene Gestaltung (BFH 26.3.1996 – IX R 51/92, BStBl. II 1996, 443; anders dagegen BFH 19.2.2002 – IX R 32/98, BStBl. II 2002, 674, wenn die Kinder das von der Mutter geschenkte Geld zur Darlehensgewährung an den **45**

Vater verwenden). Gleiches gilt für eine Veräußerung des Grundstücks unter gleichzeitiger Schenkung eines Geldbetrags, mit dem der Kaufpreis teilweise verrechnet wird (BFH 10.10.1991 – XI R 1/86, BStBl. II 1992, 239). Bei Abschluss eines Grundstückskaufvertrags mit zugleich vereinbarter Rückschenkung des Kaufpreises ist § 42 grds. erfüllt (BFH 27.10.2005 – IX R 76/03, BStBl. II 2006, 359; zu weitgehend FG Baden-Württemberg 25.7.2005 – 10 K 267/02, EFG 2006, 181). Bei Grundstücksveräußerung gegen Darlehensgewährung ohne Tilgung unter Rückvermietung des Hauses ist der in Höhe der Miete gezahlte Darlehenszins nicht als Werbungskosten abzugsfähig (vgl. FG Nürnberg 21.5.2010 – 4 K 821/2009, BeckRS 2010, 26029358). Der Kauf eines Hauses unter Verrechnung des Kaufpreises mit einem gleichzeitig von den Eltern gewährten Darlehen, dessen Rückzahlung auf einen Zeitpunkt gestundet wird, den die Darlehensgeber voraussichtlich nicht erleben werden, kann rechtsmissbräuchlich sein (BFH 3.12.1991 – IX R 142/90, BStBl. II 1992, 397). Die Schenkung eines Geldbetrags und eine spätere darlehensweise Rückgewähr an den Schenker führt jedoch nicht zwangsläufig zum Gestaltungsmissbrauch (vgl. BFH 18.12.1990 – VIII R 1/88, BStBl. II 1991, 911). Übernahme einer privaten Verbindlichkeit durch eine vermögensverwaltende PersGes im Zusammenhang mit der Einbringung eines Grundstücks ist nicht unangemessen (BFH 18.10.2011 – IX R 15/11, DStR 2011, 2347).

46 Erwirbt der Stpfl. Aktien zT kreditfinanziert und veräußert er diese, um die Rückzahlungsverpflichtung erfüllen zu können, nach Ablauf der Spekulationsfrist an seine Ehefrau, beruht der entstandene **Veräußerungsverlust nach § 17 EStG** nicht auf einer unangemessenen Gestaltung (BFH 10.11.1998 – VIII R 28/97, BFH/NV 1999, 616). Rechtsmissbräuchlich ist jedoch die Aufstockung eines Geschäftsanteils an einer insolvenzgefährdeten GmbH auf insgesamt 25 %, wenn die Fortführung des Unternehmens nicht beabsichtigt war (FG Düsseldorf 28.2.1997 – 18 K 7568/92 E, EFG 1998, 113; FG Niedersachsen 31.10.2001 – 9 K 400/96, EFG 2002, 552) oder bei Veräußerungen an die Ehefrau zum Zwecke der Vermeidung der Rechtsfolgen des § 17 EStG (FG Münster 29.9.1997 – 1 K 1018/97 E, EFG 1998, 115; BFH 14.6.2005 – VIII R 37/03, DStRE 2006, 117; vgl. FG Baden-Württemberg 29.9.2004 – 12 K 72/02, EFG 2005, 712 bei Verlustrealisierung); ebenso bei Veräußerung und zeitgleichem Neuerwerb (FG Rheinland-Pfalz 5.2.2009 – 4 K 1394/05, EFG 2009, 729). Verdeckte Einlagen des Stpfl., die im Zusammenhang mit Aktienübertragungsverträgen und der Differenz zwischen einem überhöhten Kaufpreis und dem Kurswert der Aktien stehen, sind nicht als nachträgliche Anschaffungskosten zu berücksichtigen und können eine unangemessene rechtliche Gestaltung darstellen (FG Münster 14.6.2022 – 2 K 1552/19 E, BeckRS 2022, 16691). Schenkung von Aktien an die minderjährigen Kinder mit teilweiser unmittelbarer nachfolgender Veräußerung ist nur dann missbräuchlich, wenn der Verkauf der Aktien vor Schenkung bereits feststand (BFH 17.4.2018 – IX R 19/17, BFH/NV 2018, 1081). Zur steuerlichen Verlustgenerierung durch Schaffung eines neuen Anteils an einer KapGes mittels Kapitalerhöhungsbeschluss mit hohem Aufgeld und anschließender Weiterveräußerung an den Ehepartner (BFH 3.5.2023 – IX R 12/22, BStBl. II 2023, 964). Zur Wertpapierleihe über den Dividendenstichtag vgl. FG Niedersachsen 24.4.2025 – 6 K 86/22, BeckRS 2025, 15896.

47 Die **Anschaffung** eines Wirtschaftsguts, das für den betrieblichen Einsatz des Stpfl. bestimmt ist, durch sein minderjähriges, einkommens- und vermögensloses Kind, von dem er das Wirtschaftsgut mietet, stellt eine unangemessene Gestaltung dar (BFH 17.1.1991 – IV R 132/85, BStBl. II 1991, 607). Grundstücksveräußerung durch Gesellschafter an GbR und Zahlung des Kaufpreises aus den von den Gesellschaftern zuvor erbrachten Bareinlagen erfolgt nicht missbräuchlich (FG Köln 20.4.2005 – 5 K 625/00, EFG 2006, 781; BFH 2.4.2008 – IX R 18/06, DStR 2008, 1131: kein Anschaffungsvorgang).

48 **Zwischenschaltung von Gesellschaften.** Ein Durchgriff durch die KapGes ist grds. unzulässig, es sei denn, es liegt eine von der Rspr. anerkannte Fallgruppe vor (vgl. zu den Fallgruppen BFH 16.2.2022 – X R 3/19, DStR 2022, 2552). Überträgt ein Handelsvertreter einen Teil seiner Tätigkeiten auf eine von ihm und seiner Ehefrau gegründete GmbH, deren Geschäftsführer er und seine Frau sind, liegt darin grds. kein Gestaltungsmissbrauch. Dies gilt jedenfalls dann, wenn der Handelsvertreter bei den übertragenen Tätigkeiten nicht im eigenen Namen, sondern als Vertreter der GmbH auftritt (BFH 15.10.1998 – III R 75/97, BStBl. II 1999, 119). Zwischenschaltung einer KG beim Kauf von GmbH-Anteilen kann missbräuchlich sein (FG Hamburg 23.3.2007 – 2 K 147/05, BeckRS 2007, 26023534); zur Einkünfteverlagerung bei doppelstöckiger PersGes vgl. BFH 22.6.2006 – IV R 56/04, BStBl. II 2006, 838; zum Zwecke der Verlustrealisierung gem. § 17 EStG vgl. BFH 29.5.2008 – IX R 77/06, BStBl. II 2008, 789.

Spekulationsverluste werden nicht schon deshalb missbräuchlich verursacht, weil die 49
veräußerten Wertpapiere kurze Zeit später erneut erworben werden (BFH 25.8.2009 – IX R 60/07, BStBl. II 2009, 999; BFH 25.8.2009 – IX R 55/07, BFH/NV 2010, 387; aA FG Hamburg 9.7.2004 – VII 52/02, EFG 2004, 1775; FG Schleswig-Holstein 14.9.2006 – 5 K 286/03, EFG 2007, 192 bei Rückerwerb sämtlicher Aktien am Folgetag). Die Zwischenschaltung einer Grundstücksschenkung zwischen Ehegatten zur Vermeidung einer Spekulationsbesteuerung ist missbräuchlich (BFH 12.7.1988 – IX R 149/83, BStBl. II 1988, 942). Die unentgeltliche Übertragung eines Grundstücks an einen Dritten, der das Grundstück innerhalb der Spekulationsfrist des § 23 I 1 Nr. 1 Satz 1 EStG veräußert, stellt ungeachtet der zeitlichen Nähe zwischen Übertragung und Weiterveräußerung grds. keinen Gestaltungsmissbrauch dar (BFH 23.4.2021 – IX R 8/20, BStBl. II 2021, 743).

LuF. Die Inanspruchnahme der StBegünstigung nach § 13a EStG stellt grds. keinen Gestaltungsmissbrauch dar, es sei denn, die Einkünfteverlagerung dient ausschließlich der StVermeidung (vgl. FG Niedersachsen 6.3.2007 – 13 K 362/04, BeckRS 2007, 26023750).

2. Besteuerung des Arbeitslohns

Die Ausübung steuerlicher Wahlrechte, die Nutzung steuerlicher Vorteile durch gesetz- 51
liche Pauschalierungsmöglichkeiten und die Ausschöpfung von StFreibeträgen oder StFreiheiten steht jedem Stpfl. grds. uneingeschränkt zu (vgl. zum Veranlagungswahlrecht BFH 19.5.2004 – III R 18/02, BStBl. II 2004, 980). Wird der Sinn der steuerlichen Begünstigung durch die Aufsplitterung einheitlicher Lebenssachverhalte oder widersprüchlichen Verhaltens verfehlt, neigt die Rspr. auch in diesen Fällen zur Annahme eines Gestaltungsmissbrauchs. Wechselt zB ein Stpfl. ausschl. im LSt-Ermäßigungsverfahren von degressiven Absetzungen nach § 7 V EStG zu den erhöhten Absetzungen nach § 7b EStG, um sodann im Veranlagungsverfahren wieder degressive Absetzungen geltend zu machen, liegt hierin eine rechtsmissbräuchliche Inanspruchnahme des § 39a I Nr. 6 EStG (BFH 7.4.1987 – IX R 41/86, BFH/NV 1987, 714; eher widersprüchliches Verhalten). Eine missbräuchliche Ausnutzung von steuerlichen Vorteilen liegt nicht allein deshalb vor, weil der Arbeitgeber nach Ablauf des Kalenderjahrs die zunächst vorgenommene LSt-Pauschalierung rückgängig macht (BFH 26.11.2003 – VI R 10/99, BStBl. II 2004, 195); ebenso bei Kürzung des Bruttolohns unter gleichzeitiger Vereinbarung der Zahlung einer freiwilligen Internet- und Wegepauschale mit LSt-Pauschalierung (BFH 1.8.2019 – VI R 32/18, BStBl. II 2020, 106); vgl. zum Ankauf eines Handys vom ArbN durch den ArbG zwecks uneingeschränkter, kostenfreier Nutzungsüberlassung BFH 23.11.2022 – VI R 49/20, BFH/NV 2023, 373. Ist jedoch der Wechsel der Besteuerungsart (Übergang vom LSt-Abzug nach LSt-Karte zur LSt-Pauschalierung nach § 40a EStG oder umgekehrt) allein durch die Ausnutzung von Freibeträgen und die Kumulation der Vorteile der Besteuerungsarten veranlasst, ist im Übergang ein Gestaltungsmissbrauch zu sehen (BFH 20.12.1991 – VI R 32/89, BStBl. II 1992, 695). Dies gilt auch, wenn der Arbeitgeber ein Beschäftigungsverhältnis dadurch aufspaltet, dass er seine eigenen Arbeitnehmer über eine eigens hierfür gegründete KapGes entleiht, um § 40a EStG anwenden zu können (FG Münster 10.2.1994 – 3 K 6464/91 L, EFG 1995, 220). Ungünstige StKlassenwahl und getrennte Veranlagung bei Insolvenz des

zahlungspflichtigen Ehegatten ist rechtsmissbräuchlich (FG Baden-Württemberg 21.4.2011 – 2 K 4920/08, EFG 2012, 523).

Die Vereinbarung eines Gehalts unterhalb der marktüblichen Vergütung oder der teilweise **Gehaltsverzicht** ist steuerlich anzuerkennen und für sich genommen kein Missbrauch iSd § 42 (BFH 25.11.1993 – VI R 115/92, BStBl. II 1994, 424; anders jedoch gem. § 32 IV 9 EStG bei Verzicht auf Weihnachtsgeld zur Erhaltung des Kindergeldanspruchs; vgl. FG Baden-Württemberg 7.2.2002 – 2 K 293/00, EFG 2002, 770; BFH 11.3.2003 – VIII R 16/02, BStBl. II 2003, 746). Der Verzicht auf eine Tantiemenforderung gegen Zahlung einer steuerfreien Abfindung (§ 3 Nr. 9 EStG) oder einer steuerbegünstigten Entschädigung für entgangene Einnahmen (§ 24 Nr. 1a EStG) anlässlich der Auflösung des Arbeitsverhältnisses soll keine unangemessene Gestaltung sein (FG Hamburg 15.8.1989 – I 69/86, EFG 1990, 162; zweifelhaft). Vgl. zur Überlassung von Aktien an Arbeitnehmer iSd § 19a VIII EStG (BFH 4.4.2001 – VI R 173/00, BStBl. II 2001, 677). Mietet der Arbeitgeber einen Raum im Haus des Arbeitnehmers, den er ihm als Mitarbeiterbüro überlässt, ist der Abschluss eines Mietvertrags anstelle der Zahlung eines pauschalen Aufwandsentgelts jedenfalls dann nicht rechtsmissbräuchlich, wenn die Anmietung betrieblich erforderlich war (BFH 19.10.2001 – VI R 131/00, BFH/NV 2002, 262; vgl. auch FG Düsseldorf 23.11.2001 – 8 K 7672/00 E, EFG 2002, 173).

3. Beeinflussung des Zuflusszeitpunkts

52 **Zulässige Gestaltung.** Für Einkünfte, deren Ermittlung nach dem Zu- und Abflussprinzip (§§ 4 III, 8, 9, 11 EStG) erfolgt, eröffnet sich ein gewisser Gestaltungsspielraum. Maßgebend ist grds. der Übergang der wirtschaftlichen Verfügungsmacht. Auf die Fälligkeit und den Zeitraum der wirtschaftlichen Zugehörigkeit kommt es nicht an. Werden durch Vorauszahlungen oder Vorleistungen Progressionsvorteile oder die zeitlich beschränkte Geltung von belastenden Normen ausgenutzt, liegt hierin idR keine unangemessene Gestaltung (BFH 8.6.1994 – X R 26/92, BStBl. II 1994, 930; BFH 5.5.1994 – VI R 100/93, BStBl. II 1994, 643; BFH 11.11.2009 – IX R 1/09, BStBl. II 2010, 746: Fälligkeitsänderung einer Abfindungszahlung; Seer DStR 1987, 603). Leistet der Stpfl. ohne rechtliche Verpflichtung vor oder kumuliert er Ausgaben für mehrere Zeiträume, fehlt es bereits an einer besonderen Gestaltung des Rechts, die unangemessen sein könnte. Hier ist lediglich die Handhabung einer vernünftigen zivilrechtlichen Gestaltung unangemessen, indem der Zahlungszeitpunkt vom Stpfl. willkürlich gewählt ist oder kein Bezug zum wirtschaftlichen Hintergrund besteht (TK § 42 Rn. 116). Der bewusst verzögerten Antragstellung auf Reisekostenerstattung zur Nutzung der StFreiheit nach § 3 Nr. 13 EStG neben einem Werbungskostenabzug im Vorjahr kann nicht durch § 42, sondern durch eine zweckgerichtete Auslegung des § 9 EStG begegnet werden (vgl. zur willkürlichen Zahlung von KiSt BFH 22.11.1974 – VI R 138/72, BStBl. II 1975, 350; zur freiwilligen Vorauszahlung von Nachzahlungszinsen BFH 7.11.2001 – XI R 24/01, BStBl. II 2002, 351; BFH 16.10.2002 – XI R 51/01, BFH/NV 2003, 597; aA FG Köln 25.7.2001 – 14 K 4463/00, EFG 2002, 2). Ebenso ist die unternehmerische Entscheidung über den Ankauf von Umlaufvermögen auch dann steuerlich zu akzeptieren, wenn der Vorrat für mehrere Jahre gedeckt wird (vgl. FG Niedersachsen 14.7.1989 – XIII 126/87, EFG 1990, 98). Keine missbräuchliche Gestaltung liegt bei Zahlung einer Vorabverwaltungsgebühr vor Einführung der Abgeltungsteuer vor (BFH 24.2.2015 – VIII R 44/12, BStBl. II 2015, 649).

53 **Rechtsmissbrauch.** Die Grenze ist dort überschritten, wo der wirtschaftliche Gehalt der Leistung durch die rechtliche Gestaltung (zeitweise) aufgehoben wird (ebenso Schmidt EStG § 11 Rn. 30 „Barzahlung"). Dies kann der Fall sein, wenn der Arbeitslohn für einen größeren Zeitraum vorausgezahlt wird und anschließend dem Arbeitgeber als zinsloses Darlehen zurückfließt. Dagegen nicht bei Honorarvorauszahlung ohne darlehensweise Rückgewähr (FG Rheinland-Pfalz 29.1.1988 – 6 K 195/85, EFG 1988, 641). Vertraglich vereinbarte Vorleistungen wurden von der Rspr. wegen des fehlenden wirtschaftlichen

Gehalts der Vereinbarung zumeist in den sog. Bauherrenmodellen nicht anerkannt (vgl. BFH 11.8.1987 – IX R 163/83, BStBl. II 1989, 702 sowie → Rn. 59). Die Vereinbarung einer Gebühr für treuhänderische Verwaltung und Haftung ist rechtsmissbräuchlich, wenn die Gegenleistung (Verwaltung) sich auf einen 30-jährigen Zeitraum erstreckt und die Haftungsrisiken erst nach diesem Zeitraum eintreten können (BFH 23.9.1986 – IX R 113/82, BStBl. II 1987, 219). Die Verletzung der Sperrfrist des § 73 GmbHG zur Vermeidung eines Eintritts einer Gesetzesverschärfung soll rechtsmissbräuchlich sein (BFH 4.10.2006 – VIII R 7/03, DStR 2006, 2168).

Abweichendes Wirtschaftsjahr. Legt eine Personen-Obergesellschaft ohne branchen- 54
spezifische oder sonst plausible Gründe ihr Wirtschaftsjahr in der Weise fest, dass dieses einen Monat vor dem Wirtschaftsjahr der Personen-Untergesellschaft endet und tritt hierdurch eine einjährige StPause ein, so liegt darin ein Missbrauch von Gestaltungsmöglichkeiten des Rechts (BFH 18.12.1991 – XI R 40/89, BStBl. II 1992, 486; BFH 16.12.2003 – VIII R 89/02, DStRE 2004, 1017 zur Betriebsaufspaltung); anders, wenn dadurch die Entstehung eines Rumpfwirtschaftsjahrs vermieden wird (BFH 9.11.2006 – IV R 21/05, DStRE 2007, 673); missbräuchliche Festlegung bei dreitägigem Wirtschaftsjahr (FG München 29.6.2006 – 6 K 712/04, EFG 2006, 1489).

Zur Beeinflussung einer **gewerbesteuerlichen Dauerschuld** (BFH 6.2.1991 – I R 55
101/88, BStBl. II 1991, 851; BFH 8.12.2003 – I B 122/03, BFH/NV 2004, 810; FG Hamburg 10.2.2006 – I 47/02, EFG 2006, 1353) und von Einheitswerten (BFH 6.3.1985 – II R 240/83, BStBl. II 1985, 494). Die vorzeitige Ablösung von Verbindlichkeiten zur Vermeidung einer Dauerschuld ist nicht rechtmissbräuchlich, auch wenn das Erlöschen durch Schuldübernahme gegen Forderungsabtretung bewirkt wird (FG München 28.10.2002 – 7 K 570/01, EFG 2003, 373).

4. Sonstige Fallgruppen

Arbeitszimmer. Die Begrenzung des Werbungskostenabzugs gem. § 9 V iVm § 4 V 58
Nr. 6b S. 3 EStG kann die Unangemessenheit eines seit längerem bestehenden Mietvertrags bewirken, wenn er in seinen Wirkungen zu einer Umgehung der neu eingeführten Vorschriften führt (BFH 1.2.2000 – IX B 154/99, BFH/NV 2000, 945). So etwa bei Aufwendungen für die von der Ehefrau gemietete ideelle Hälfte eines Arbeitszimmers im gemeinsamen EFH (FG Schleswig-Holstein 8.10.1999 – III 99/99, EFG 2001, 640).

Bauherrenmodelle. Beteiligte eines Bauherrenmodells oder gewerblichen Immobilien- 59
fonds sind grds. als Erwerber und nicht als Bauherren eines bebauten Grundstückes anzusehen (vgl. BFH 18.9.1985 – II B 24–29/85, BStBl. II 1985, 627). Alle an den Anbieter geleisteten Aufwendungen, die auf den Erwerb des Grundstücks mit dem bezugsfertigen Gebäude gerichtet sind, stellen deshalb Anschaffungskosten dar (BFH 14.11.1989 – IX R 197/84, BStBl. II 1990, 299). Die Vereinbarung zusätzlicher Provisionen und Gebühren für in gesonderten Verträgen vereinbarte Dienstleistungen (zB Mietgarantie, Treuhänderleistung) können nicht als Werbungskosten abgezogen werden (BFH 8.5.2001 – IX R 10/96, BFH/NV 2001, 1326; BFH 29.10.1985 – IX R 107/82, BStBl. II 1986, 217). Eines Rückgriffs auf § 42 bedarf es hierfür grds. nicht. Jedenfalls ist die künstliche Aufsplittung in verschiedene Einzelleistungen zur Schaffung abzugsfähiger Werbungskosten eine unangemessene Gestaltung (BFH 28.6.2001 – IV R 40/97, BFH/NV 2001, 1336 zu Eigenkapitalvermittlungsprovisionen eines gewerblichen Immobilienfonds; BFH 24.2.1987 – IX R 114/82, BStBl. II 1987, 810 zu überhöhten Provisionen; FG Köln 9.9.2010 – 10 K 4059/07, EFG 2011, 329).

Betriebsaufspaltung. Verpachtet eine KG ihr gesamtes Unternehmen an eine KapGes, 60
deren Anteile der Kommanditistin der Besitz-KG gehören, liegt in der Vereinbarung des Einstimmigkeitsprinzips bei der PersGes kein Gestaltungsmissbrauch, obgleich hierdurch die für eine Betriebsaufspaltung notwendige personelle Verflechtung verhindert wird (BFH 7.12.1999 – VIII R 50/96, BFH/NV 2000, 601; aA Gosch StBp 1997, 54; Meier FR 1992, 676; Weber-Grellet DStR 1984, 618). Die entgeltliche Übertragung sämtlicher

Grundstücke der Besitzgesellschaft und der Anteile an der Betriebsgesellschaft auf die Söhne ist rechtsmissbräuchlich, wenn der Veräußerungserlös vom Vater teilweise zurückgeschenkt wird (FG Baden-Württemberg 22.2.2011 – 8 K 60/06, DStRE 2012, 1375, aufgeh. durch BFH 22.10.2013 – X R 14/11, BStBl. II 2014, 158).

61 Ein **Damnum** ist als vorausgezahlter, laufzeitabhängiger Zins wirtschaftlich ein Teil der jährlichen Zinsbelastung (so zu § 10e EStG BFH 20.10.1999 – X R 69/96, BStBl. II 2000, 259). Für den Werbungskostenabzug kommt es nicht auf die wirtschaftliche Zuordnung, sondern auf den Abfluss der Zinsen an (BFH 5.5.1994 – VI R 100/93, BStBl. II 1994, 643). Die Vereinbarung eines Damnums ist grds. nicht missbräuchlich. Dies gilt auch für einen Vorauszins von 7 % der Darlehenssumme bei Festschreibung eines Nominal-Zinssatzes für zwei Jahre (BFH 8.6.1994 – X R 26/92, BStBl. II 1994, 930). Bei einer Laufzeit von fünf Jahren lässt die FVerw. ein Abgeld von 5 % zum Abzug zu (BMF 20.10.2003, BStBl. I 2003, 546). Wird das Damnum bereits vor der Auszahlung des Darlehens geleistet, muss die Vorausleistung auf sinnvollen wirtschaftlichen Erwägungen beruhen (BFH 3.2.1987 – IX R 85/85, BStBl. II 1987, 492; BFH 13.12.1983 – VIII R 64/83, BStBl. II 1984, 426).

62 **Kaufpreisaufteilung.** Eine von den Vertragsparteien vorgenommene Kaufpreisaufteilung ist grds. nicht missbräuchlich, auch wenn hierdurch steuerliche Vorteile entstehen (FG Berlin 28.12.2006 – 1 B 1091/06, EFG 2007, 866; BFH 18.1.2006 – IX R 34/05, BFH/NV 2006, 1634). Der Kaufpreisaufteilung ist indes nicht zu folgen, wenn nennenswerte Zweifel an der Sachgerechtheit der Aufteilung vorliegen (FG Münster 22.9.2022 – 8 K 2748/20 E, BeckRS 2022, 31483; FG Niedersachsen 24.2.2021 – 9 K 116/19, DStRE 2022, 139). Nach dieser Zuordnungsentscheidung richtet sich auch der Aufteilungsmaßstab der Schuldzinsen bei einem gemischt-genutzten Grundstück (BFH 1.4.2009 – IX R 35/08, BStBl. II 2009, 663). Diese Grundsätze gelten auch bei der Veräußerung von Gesellschaftsanteilen (FG Rheinland-Pfalz 23.2.2011 – 2 K 1903/09, EFG 2012, 63). Zur GrESt → Rn. 97.

Kettengeschäfte. Gewähren sich Bauherren reihum Darlehen iSv § 17 II BerlinFG, die sich in der Höhe und den Bedingungen entsprechen, führt die unangemessene Gestaltung zur Versagung der Vergünstigung (BFH 31.7.1984 – IX R 3/79, BStBl. II 1985, 33); ebenso bei wechselseitiger Vergabe von Darlehen, vgl. BFH 28.11.1990 – X R 109/89, BStBl. II 1991, 327. Finanziert ein Unternehmen ein Bauvorhaben mittels Eigenkapital und durch Inanspruchnahme eines steuerbegünstigten Berlin-Darlehens, verstößt die seinerseitige Vergabe eines Berlin-Darlehens an einen anderen Bauherren nicht gegen § 42 (BFH 7.3.2001 – X R 192/96, BStBl. II 2002, 126). Veräußern die Gesellschafter einer KapGes die Gesellschaftsanteile ringweise im Gesellschafterkreis zum Zwecke der Verlustnutzung, ist dies nicht rechtsmissbräuchlich (BFH 7.12.2010 – IX R 40/09, BStBl. II 2011, 427). Bei ringweiser Vermittlung von Lebensversicherungen wird auch bei wechselseitiger Weitergabe der Provision eine sonstige Leistung erbracht (BFH 20.1.2009 – IX R 34/07, BStBl. II 2009, 532).

63 **Gewerblicher Grundstückshandel.** Die Veräußerung von Grundstücken im Rahmen steuerfreier Vermögensverwaltung (Ausnahme: § 23 EStG) kann in eine gewerbliche, stpfl. Betätigung umschlagen. Die Vermeidung der Stpfl. ist Motiv zahlreicher zivilrechtlicher Gestaltungen, die durch Einschaltung Dritter oder Zwischenschenkungen zumeist auf die sog. Drei-Objekt-Grenze abzielen. Die Einschaltung von nahen Angehörigen in Grundstücksgeschäfte kann in unterschiedlichen Sachverhaltsgestaltungen zur Umgehung führen (vgl. BFH 15.3.2005 – X R 39/03, BStBl. II 2005, 817 zu möglichen Sachverhaltskonstellationen). Wird die einem Angehörigen geschenkte Wohnung durch diesen kurze Zeit später veräußert, kann in der Schenkung ein Gestaltungsmissbrauch liegen, sodass der Wohnungsverkauf dem Schenker zuzurechnen ist (BFH 6.8.1998 – III R 227/94, BFH/NV 1999, 302; BFH 17.10.2002 – X B 13/02, BFH/NV 2003, 162). Die Veräußerung von Objekten unter Zwischenschaltung einer Gesellschaft kann zur Stpfl. aufgrund abweichender Zurechnung nach § 42 führen. Dies gilt jedenfalls, wenn die von der zwischen-

geschalteten Gesellschaft aufgewendeten Mittel für den Kaufpreis ganz oder zu einem erheblichen Teil vom Stpfl. selbst stammen oder im Wesentlichen erst aus dem Verkaufserlös für den Weiterverkauf der Wohnungen aufgebracht werden müssen (BFH 12.7.1991 – III R 47/88, BStBl. II 1992, 143; BFH 4.3.1993 – IV R 28/92, BFH/NV 1993, 728; BFH 25.4.1996 – VIII B 50/95, BFH/NV 1996, 746; BFH 18.3.2004 – III R 25/02, BStBl. II 2004, 787); ebenso bei Zwischenschaltung einer nahestehenden Person (BFH 10.7.2019 – X R 21–22/17, BFH/NV 2020, 177). Die Rechtsform der zwischengeschalteten Gesellschaft ist unerheblich (BFH 17.6.1998 – X R 68/95, BStBl. II 1998, 667). Ist die Gesellschaft nicht funktionslos, sondern entfaltet eine eigene wirtschaftliche Tätigkeit, greift § 42 AO grds. nicht ein (BFH 17.3.2010 – IV R 25/08, BStBl. II 2010, 622).

Rücklage. Die nachträgliche Erhöhung einer Ansparrücklage nach § 7g EStG ist nicht missbräuchlich, wenn die Investition im Zeitpunkt der Rücklagenbildung noch objektiv möglich und durchführbar ist (FG Düsseldorf 18.11.2002 – 7 K 7626/00 E, EFG 2003, 440). Steht indes fest, dass Investitionen wegen Betriebsaufgabe nicht mehr erfolgen, wird eine Rücklagenbildung als missbräuchlich angesehen (FG Schleswig-Holstein 10.4.2000 – V 358/99, EFG 2000, 1061). Derartigen Gestaltungen ist mE besser durch Restriktion des Tatbestandes zu begegnen. Eine wiederholte Rücklagenbildung für ein bestimmtes Wirtschaftsgut, ohne tatsächliche Vornahme der betreffenden Investition, stellt keinen Gestaltungsmissbrauch dar (FG Köln 1.6.2005 – 7 K 3186/04, EFG 2005, 1413).

Schuldzinsen. Der Stpfl. ist grds. in seiner Entscheidung frei, ob er die Anschaffungs- 64
kosten eines beruflich/betrieblich genutzten Wirtschaftsguts aus eigenen oder mit fremden Mitteln finanziert. Die Entscheidung zugunsten der Fremdfinanzierung ist auch dann nicht rechtsmissbräuchlich, wenn der Stpfl. den Erwerb durch eigene Mittel bestreiten könnte (BFH 20.6.2000 – VIII R 57/98, BFH/NV 2001, 28). Dies gilt auch, wenn der Unternehmer dem Betrieb zur Tilgung privater Verbindlichkeiten Geldbeträge entnimmt und anschließend betriebliche Aufwendungen fremdfinanziert (vgl. BFH 11.11.1998 – XI R 80/95, BFH/NV 1999, 770; aA FG Niedersachsen 19.10.2006 – 16 K 483/05, BeckRS 2006, 26022078 für den Fall der Verlagerung eines Darlehens in die Vermietungssphäre). Wird durch eine Einmalzahlung der Schuldzinsen ihre Abzugsfähigkeit als Werbungskosten vorgezogen, liegt keine unangemessene Gestaltung vor, wenn die Zusammenballung auf wirtschaftlich nachvollziehbaren Gründen beruht (FG Düsseldorf 21.2.2002 – 10 K 5523/96 E, EFG 2002, 840; → Rn. 52). Die Finanzierung eines auf steuerfreie Vermögenszuwächse angelegten Wertpapiergeschäfts mit Fremdmitteln ist auch dann nicht missbräuchlich, wenn die Schuldzinsen den erzielbaren Überschuss nahezu aufzehren (BFH 8.7.2003 – VIII R 43/01, BFH/NV 2003, 1638; FG Niedersachsen 2.10.2001 – 13 K 66/96, EFG 2002, 141). Allg. zur steuerlichen Anerkennung des sog. Zwei- und Mehr-Konten-Modells vgl. BFH 8.12.1997 – GrS 1–2/95, BStBl. II 1998, 193. Als Reaktion hierauf hat der Gesetzgeber durch § 4 IV a EStG ab 1.1.1999 den Schuldzinsenabzug begrenzt (vgl. Schmidt EStG § 4 Rn. 522 ff.). Die kurzfristige Zuführung von Fremdgeldern zur Vermeidung von Überentnahmen nach § 4 IV a EStG erfüllt den Tatbestand des § 42 AO (BFH 21.8.2012 – VIII R 32/09, BStBl. II 2013, 16).

Spendenabzug. Werden einem Sportverein geschuldete Mitgliedsbeiträge als „Spen- 65
den“ an einen Dachverband mit der Maßgabe gezahlt, dass dieser die Mitgliedsbeiträge an den zum unmittelbaren Spendenempfang nicht befugten Sportverein weiterleitet, so handelt es sich um einen Missbrauch von Gestaltungsmöglichkeiten des Rechts, der dem Spendenabzug nach § 10b EStG entgegensteht (BFH 28.4.1987 – IX R 7/83, BStBl. II 1987, 814). Stellt eine Stiftung dem Zahlenden einen in ihr Vermögen gezahlten Betrag in engem zeitlichen Zusammenhang mit diesem Vorgang als verzinsliches Darlehen zur Verfügung, hindert dies den Spendenabzug nicht (BFH 26.4.2023 – X R 4/22, BStBl. II 2023, 1037).

Steuerbegünstigter Veräußerungsgewinn. Die Aufnahme eines Sozius in ein Einzel- 66
unternehmen mit anschließender Veräußerung eines Mitunternehmeranteils (sog. Zwei-Stufen-Modell) stellt einen Gestaltungsmissbrauch dar, wenn entweder die Zeit

zwischen Abschluss der beiden Verträge zur Erprobung des Eintretenden unzureichend ist oder bereits bei Abschluss des ersten Vertrags feststeht, dass es zur Aufstockung der Beteiligung kommen wird (BFH 16.9.2004 – IV R 11/03, BStBl. II 2004, 1068; FG Rheinland-Pfalz 16.1.2007 – 2 K 1228/04, EFG 2007, 937; FG Hamburg 25.11.2009 – 5 K 102/07, DStRE 2010, 823; BFH 17.10.2006 – XI B 28/06, BFH/NV 2007, 391 bei Rückbeziehung der zweiten Anteilsveräußerung auf den Zeitpunkt der Gründung; kein Gestaltungsmissbrauch bei Probezeit von mind. einem Jahr BFH 26.3.2009 – VIII B 54/08, BFH/NV 2009, 1117). Abgeltung des Gewinns aus kurzfristiger Anteilsveräußerung bei Tonnagebesteuerung ist bei kurzer Mitunternehmerschaft nicht missbräuchlich (BFH 22.6.2017 – IV R 42/13, DStR 2017, 2653).

67 **Verlustrealisierung.** Die Veräußerung einer wertgeminderten Forderung aus einem Gesellschafterdarlehen unter Nennwert und die hierdurch eintretende Verlustrealisierung im Sonderbetriebsvermögen stellt nicht deshalb einen Gestaltungsmissbrauch dar, weil die Liquidität der veräußernden Gesellschaft auch steuerneutral hätte verbessert werden können (BFH 1.3.2005 – VIII R 5/03, BFH/NV 2005, 1523). Demgegenüber soll die Einbringung einer nahezu wertlosen Forderung im Zuge der Begründung einer stillen Gesellschaft rechtsmissbräuchlich sein (FG Saarland 15.7.2003 – 1 K 347/00, EFG 2003, 1430; im Ergebnis ebenso ohne Rückgriff auf § 42 BFH 26.10.1999 – X B 40/99, BFH/NV 2000, 563). Die Veräußerung nahezu wertloser Aktien ist auch bei den Erlös übersteigenden Veräußerungskosten zwecks Realisierung eines Veräußerungsverlustes nicht unangemessen (BFH 12.6.2018 – VIII R 32/16, BStBl. II 2019, 221). Zum sog. Bondstripping vgl. FG Baden-Württemberg 4.5.2022 – 4 K 2907/17, BeckRS 2022, 36731; FG Nürnberg 30.3.2022 – 3 K 1470/19, EFG 2022, 1681, Rev. BFH VIII R 9/22; BFH 30.11.2022 – VIII R 30/20, BStBl. II 2023, 638; BFH 16.3.2023 – VIII R 36/19, BFH/NV 2023, 808.

Versicherungsbeiträge. Der Abschluss einer Kapitalversicherung auf das Leben eines Angehörigen eines Gesellschafters durch die PersGes kann betrieblich veranlasst sein. In einem solchen Fall steht dem Abzug der Risikoprämienanteile als Betriebsausgabe § 42 nicht entgegen (BFH 3.3.2011 – IV R 45/08, BStBl. II 2011, 552). Versicherungsbeiträge, die an einen zur Unternehmensgruppe gehörenden Rückversicherer geleistet werden, sind als Betriebsausgaben abzugsfähig (BFH 15.2.2012 – I R 19/11, DStR 2012, 745).

Wahlrechte. Eine wiederholte widersprüchliche Ausübung von Wahlrechten zum Zwecke der Vereitelung der StErhebung ist missbräuchlich (BFH 15.7.2004 – III R 66/98, BFH/NV 2005, 186; FG Baden-Württemberg 21.4.2011 – 2 K 4920/08, EFG 2012, 523: StKlassenwahl und getrennte Veranlagung). Die nachträgliche Wahl der getrennten Veranlagung nach Eröffnung eines Insolvenzverfahrens zur Schaffung eines Erstattungsanspruchs des nicht insolventen Ehegatten ist grds. kein Gestaltungsmissbrauch (vgl. BFH 30.8.2012 – III R 40/10, BFH/NV 2013, 193; FG Baden-Württemberg 11.6.2008 – 2 K 73/06, EFG 2008, 1511; FG Münster 4.10.2012 – 6 K 3016/10 E, EFG 2013, 97).

68 **Wechselseitige Vertragsverhältnisse.** Die wechselseitige Vermietung von Arbeitszimmern oder Wohnungen, die Überkreuzbeschäftigung der Ehefrauen oder auch die gegenseitige Anstellung der Ehegatten in ihren Gewerbebetrieben zur Ausnutzung von Pauschbeträgen, Umgehung von Abzugsbeschränkungen und Schaffung von Abzugstatbeständen ist idR wirtschaftlich unsinnig, allein aus steuerlichen Gründen zur Vermeidung des tatbestandlichen Erfolgs motiviert und daher unangemessen (vgl. BFH 19.6.1991 – IX R 134/86, BStBl. II 1991, 904; BFH 25.1.1994 – IX R 97/90, BStBl. II 1994, 738; BFH 7.3.2001 – X R 192/96, BStBl. II 2002, 126; FG Münster 30.5.1996 – 8 K 1043/93 E, EFG 1996, 985); ebenso wechselseitige Darlehensverträge (FG Köln 22.2.2007 – 10 K 1875/03, EFG 2007, 918; BFH 29.8.2007 – IX R 17/07, BFH/NV 2008, 426). Zu den Mitwirkungspflichten des Stpfl. gehört es, dem FA die Wechselseitigkeit des Vertragsverhältnisses offenzulegen (FG München 3.6.1998 – 1 K 333/96, DStRE 1998, 644). Zur wechselseitigen Veräußerung einer GmbH-Beteiligung vgl. BFH 20.9.2022 – IX R 18/21, BStBl. II 2023, 315.

Zinsen. Die Berücksichtigung von Stückzinsen als negative Einnahmen iSd § 20 II Nr. 3 EStG scheitert an § 42, wenn bereits im Zeitpunkt des Erwerbs feststeht, dass bis zur Veräußerung zu Beginn des Folgejahres unter Einbeziehung der Vermögensebene ein Verlust eintreten wird. Der erstrebte Vermögensvorteil ist allein durch die StFreiheit aufgrund der Freibetragsregelung in § 20 IV EStG motiviert (BFH 27.7.1999 – VIII R 36/98, BStBl. II 1999, 769). Der Verkauf aller Anteile an einer GmbH zwecks Vermeidung einer Versteuerung des Liquidationserlöses nach § 20 I Nr. 2 EStG ist rechtsmissbräuchlich, wenn die GmbH im Zeitpunkt der Veräußerung faktisch beendet ist und der mit dem Erwerber der Anteile vereinbarte Kaufpreis durch Übernahme der Darlehensverbindlichkeiten der Gesellschafter gegenüber der GmbH zu entrichten ist (BFH 7.7.1998 – VIII R 10/96, BStBl. II 1999, 729). Zur geringfügigen Beteiligung an einer KG zur Erlangung der Kürzung nach § 9 Nr. 1 S. 2 GewStG vgl. FG Düsseldorf 18.6.2007 – 17 K 923/05 F, EFG 2007, 1696. Die Einlösung von Zinsscheinen sog. Tafelpapiere über ausländische Banken zur Vermeidung der KapESt **(Zinsabschlag)** auf Veranlassung inländischer Kreditinstitute erfolgt nicht missbräuchlich (BFH 17.2.2010 – I R 85/08, BStBl. II 2011, 758). 69

II. Körperschaftsteuer

1. Verdeckte Gewinnausschüttung

Ob eine einkommenswirksame Vermögensminderung den Begriff der verdeckten Gewinnausschüttung (vGA) erfüllt, ist durch eine am Zweck der Vorschrift orientierte Auslegung unter Berücksichtigung des Fremdvergleichs zu ermitteln (vgl. allg. zum Zweck Pezzer Die verdeckte Gewinnausschüttung, 1986). Im Anwendungsbereich der vGA bedarf es keines Rückgriffs auf § 42, da der unbestimmte Rechtsbegriff ohne größere Einschränkung durch den Wortlaut des § 8 III 2 am Normzweck orientiert werden kann (vgl. BFH 18.5.1999 – I B 140/98, BFH/NV 1999, 1516). In der Vermeidung einer vGA durch Vereinbarung eines Genussrechts ohne Recht auf Liquidationserlös liegt kein Gestaltungsmissbrauch, wenn der Alleingesellschafter unmittelbar zuvor aufgrund der wirtschaftlichen Lage der KapGes auf eine Darlehensforderung verzichten muss (BFH 19.1.1994 – I R 67/92, BFHE 173, 399). Zinsen aus eigenkapitalersetzenden Darlehen sind nicht als vGA zu erfassen, da die Finanzierungsentscheidung des Gesellschafters grds. nicht auf einer unangemessenen Gestaltung beruht (BFH 5.2.1992 – I R 127/90, BStBl. II 1992, 532). 70

2. Mantelkauf

Unter Mantelkauf wird der Kauf einer vermögenslosen, nicht mehr betriebenen Körperschaft verstanden, die sich nach dem Erwerb mit neuem Unternehmensgegenstand wirtschaftlich betätigt. Der Erwerb des inhaltsleeren Mantels dient idR der Ausnutzung angesammelter Verluste. Die Rspr. verhinderte zunächst die Verlustübertragung mit der Forderung nach wirtschaftlicher Identität zwischen verlusterzielender und verlustverwendender Person. Sie gab diese Einschränkung jedoch später auf und verneinte zugleich einen Gestaltungsmissbrauch (vgl. BFH 29.10.1986 – I R 202/82, BStBl. II 1987, 308; FG Münster 11.11.2005 – 9 K 6277/03 K, F, EFG 2006, 899). Das Merkmal der wirtschaftlichen Identität führte der Gesetzgeber daraufhin durch § 8 IV KStG idF des StReformG 1990 ein. Der Normzweck, lediglich den identitätswahrenden Verlustabzug zuzulassen, ist bei Anwendung des § 42 zu berücksichtigen. Bei Sachverhalten, die im Zusammenhang mit einem Mantelkauf stehen, kann § 42 ebenfalls eingreifen. Dies ist zB der Fall, wenn vor Inkrafttreten des § 8 IV KStG zugleich mit dem Verlustmantel einer GmbH eine gegen diese gerichtete nicht mehr werthaltige Forderung erworben wurde. Die allein aus Gründen der StMinderung erfolgte Abtretung der Forderung ist rechtsmissbräuchlich, sodass sie wie ein Forderungsverzicht des Gläubigers der GmbH zu behandeln ist (BFH 1.2.2001 – IV R 3/00, BFH/NV 2001, 829; anders dagegen BFH 11.12.2018 – VIII R 21/15, BFH/NV 2019, 542). Ob ein Mantelkauf verbunden mit dem Erwerb einer 71

Forderung zugunsten einer nahestehenden Person unter Nennwert die Annahme einer vGA infolge des Rechtsmissbrauchs rechtfertigt, ist zweifelhaft (vgl. BFH 30.1.2002 – I R 13/01, BFH/NV 2002, 1172; so aber FG Schleswig–Holstein 17.4.2002 – I 883/96, EFG 2002, 1142). Zum Mantelkauf mit Abtretung einer Forderung, auf die gegen Besserungsschein verzichtet wird, vgl. BFH 12.7.2012 – I R 23/11, DStR 2012, 2058.

3. Ausschüttungen

72 Das sog. Schütt-aus-Hol-zurück-Verfahren stellt grds. keinen Missbrauch von Gestaltungsmöglichkeiten dar. Das gilt auch dann, wenn sich die Anteilseigner einer GmbH auf eine von den Beteiligungsverhältnissen abweichende (inkongruente) Gewinnausschüttung verständigen, um dadurch einem der Anteilseigner einen Verlustabzug zu ermöglichen, und dieser die an ihn ausgeschütteten Gewinne wieder inkongruent einlegt (BFH 19.8.1999 – I R 77/96, BStBl. II 2001, 43; BFH 27.5.2010 – VIII B 146/08, BFH/NV 2010, 1865; aA BMF 17.12.2013, BStBl. I 2014, 63). **Inkongruente Gewinnausschüttungen** sind steuerrechtlich grds. anzuerkennen, wenn sie auf einem zivilrechtlich wirksam zustande gekommenen Ausschüttungsbeschluss beruhen (BFH 19.8.1999 – I R 77/96, BStBl. II 2001, 43; BFH 28.6.2006 – I R 97/05, DStR 2006, 1938; BFH 4.12.2014 – IV R 28/11, BFH/NV 2015, 495 zur inkongruenten Gewinnverteilung im Vorfeld einer Anteilsveräußerung; BFH 13.3.2018 – IX R 35/16, BFH/NV 2018, 936 zu einem Vorabgewinnverteilungsbeschluss anlässlich einer Anteilsveräußerung; zur inkongruenten (gespaltenen) Gewinnverwendung s. BFH 28.9.2021 – VIII R 25/19, DStR 2022, 140; vgl. ferner FG Münster 30.6.2021 – 13 K 272/19 G, F, EFG 2021, 1615). Dabei ist ein punktuell satzungsdurchbrechender Beschluss über eine inkongruente Vorabausschüttung, der von der Gesellschafterversammlung einstimmig gefasst worden ist und von keinem Gesellschafter angefochten werden kann, als zivilrechtlich wirksamer Ausschüttungsbeschluss der Besteuerung zugrunde zu legen (BFH 28.9.2022 – VIII R 20/20, DStR 2022, 2606; aA BMF 17.12.2013, BStBl. I 2014, 63).

4. Sonstige Fallgestaltungen

73 Die **Gewinnthesaurierung** einer Genossenschaft oder eines Vereins und deren Verwendung für Investitionen widerspricht nicht dem Zweck der StBefreiung des § 5 I Nr. 14 KStG, sodass die Rücklagenbildung keinen Gestaltungsmissbrauch darstellt (BFH 11.2.1998 – I R 26/97, BStBl. II 1998, 576).

74 **Umwandlung.** Die im UmwStG geregelten Missbrauchstatbestände verdrängen § 42 AO (so FG Münster 25.10.2006 – 1 K 538/03 F, EFG 2007, 722; BFH 20.5.2010 – IV R 74/07, BStBl. II 2010, 1104: offen gelassen; vgl. aber → Rn. 5 f.). Der Wechsel der Gesellschaftsform allein ist grds. nicht missbräuchlich (BFH 14.2.2007 – II R 66/05, BFH/NV 2007, 1587). Die Einbringung von Mitunternehmeranteilen einschl. des damit zusammenhängenden Sonderbetriebsvermögens (Grundstücke) gem. § 20 UmwStG zu Buchwerten in eine KapGes ist kein Missbrauch iSd § 42, der zur Aufdeckung der stillen Reserven in den Grundstücken führt, wenn die KapGes alsbald aus der Mitunternehmerschaft gegen Abfindung ausscheidet (BFH 19.5.1993 – I R 124/91, BStBl. II 1993, 889). Die zinslose Darlehensgewährung einer KapGes an ihrer Enkelgesellschaft ist nicht deshalb missbräuchlich, weil die von der Enkelgesellschaft erzielten Zinsen zur Verlustverrechnung genutzt werden, um den Untergang der Verluste infolge einer geplanten Verschmelzung zu vermeiden (FG München 29.8.2000 – 7 K 4456/98, EFG 2000, 1426; BFH 17.10.2001 – I R 97/00, BFH/NV 2002, 240; vgl. auch FG Schleswig-Holstein 23.2.2005 – 2 K 54/02, EFG 2005, 926 zu Übernahmeverlust infolge der Verschmelzung einer konkursreifen GmbH auf den Alleingesellschafter). Kein Missbrauch liegt vor bei Verschmelzung zur Erhaltung der fiktiven indirekten StAnrechnung nach § 26 II KStG 1999 (FG München 29.7.2019 - 7 K 2025/16, EFG 2019, 1997). Soll durch die Übertragung von einbringungsgeborenen Anteilen an einer inländischen Tochtergesellschaft auf eine ausländische Muttergesellschaft allein die Entstehung eines Veräußerungsgewinns nach § 21 I UmwStG

aF vermieden werden, ist dies missbräuchlich (FG Baden-Württemberg 20.6.2017 - 6 K 2976/13, BeckRS 2017, 140315). Zum Gestaltungsmissbrauch bei Gestaltung im sog. Bulle-Bär-Modell (gegenläufige Zertifikate) vgl. FG Berlin-Brandenburg 12.12.2024 - 8 V 8129/24, EFG 2025, 440; Beschwerde eingel., BFH X B 15/25 (AdV).

Börsenklausel. § 50c EStG 1987/1990 verdrängte nach der Rspr. die allg. abgabenrechtliche Missbrauchsvorschrift des § 42. Das gilt auch bei Geschäften „über die Börse" iSd sog. Börsenklausel in § 50c VIII 2 EStG 1987/1990 aF (BFH 15.12.1999 – I R 29/97, BStBl. II 2000, 527; BFH 30.7.2002 – III B 50/01, BFH/NV 2003, 55; FG Hessen 30.8.2005 – 4 K 2557/99, EFG 2006, 277; BFH 20.11.2007 – I R 85/05, BFH/NV 2008, 551; Unfried DStR 2000, 993; Fischer FR 2000, 451; BMF 6.10.2000, BStBl. I 2000, 1392 und → Rn. 5). 75

Betriebe gewerblicher Art. Weder die Zusammenfassung von mehreren verlustbringenden Eigenbetrieben in einer privatrechtlichen KapGes noch die Einlage einer Beteiligung an einer GmbH, die Gewinne erwirtschaftet, ist rechtsmissbräuchlich iSd § 42 (BFH 14.7.2004 – I R 9/03, DStR 2004, 2052; BFH 22.8.2007 – I R 32/06, DStR 2007, 1954). Auf die Reihenfolge der Einbringung kommt es nicht an (ebenso Storg/Vierbach BB 2003, 2098). 76

Einlagen in das Gesellschaftsvermögen. Leistet ein Gesellschafter Beiträge in das Gesellschaftsvermögen, um eine Bürgschaftsinanspruchnahme zu verhindern, liegt darin keine unangemessene Gestaltung (BFH 20.7.2018 – IX R 5/15, BStBl. II 2019, 194). 77

III. Internationales Steuerrecht

1. Außensteuerrecht

Rangverhältnis. § 1 AStG ordnet für bestimmte Fälle die Einkünfteberichtigung für Stpfl. an, die Geschäftsbeziehungen zu einer nahestehenden Person im Ausland unterhalten (vgl. BFH 29.11.2000 - I R 85/99, BFH/NV 2001, 833). Dabei ist die jeweils neben der Anwendung des § 1 AStG weitergehende Rechtsfolge einer konkurrierenden Norm ebenfalls anzuwenden (vgl. Brandis/Heuermann AStG § 1 Rn. 2). Die Regelung der Idealkonkurrenz mit anderen Vorschriften lässt nicht nur ertragsteuerliche Spezialvorschriften, sondern auch allg. Bestimmungen der AO, also auch § 42, konkurrierend anwendbar bleiben. Dem steht insb. § 42 I 2 nicht entgegen, da die Öffnungsklausel des § 1 AStG gerade die konkurrierende Anwendung anderer Missbrauchsregeln erlaubt. Hauptanwendungsgebiet des AStG ist die Besteuerung bei Beteiligung an einer ausländischen Zwischengesellschaft nach §§ 7–14 AStG. Die von der ausländischen Zwischengesellschaft erzielten Zwischeneinkünfte werden so behandelt, als ob sie zum frühestmöglichen Zeitpunkt ausgeschüttet worden wären. Sieht man in der Einschaltung der ausländischen Zwischengesellschaft einen Gestaltungsmissbrauch, würde dieser bereits zu einer abweichenden Zurechnung der Einkünfte auf die Gesellschafter führen. Hieraus ergibt sich ein **logischer Vorrang** des § 42 (BFH 10.6.1992 – I R 105/89, BStBl. II 1992, 1029; BFH 23.10.1991 – I R 40/89, BStBl. II 1992, 1026). Beruht die Einschaltung einer ausländischen Zwischengesellschaft auf einer missbräuchlichen Gestaltung, ist die Rechtsbeziehung zur Zwischengesellschaft grds. in der Weise zu neutralisieren, dass an ihre Stelle die dahinterstehenden Gesellschafter treten (BFH 19.1.2000 – I R 94/97, BStBl. II 2001, 222). Die Prüfung des Gestaltungsmissbrauchs hat sich am Normzweck der §§ 7 ff. AStG auszurichten (BFH 10.6.1992 – I R 105/89, BStBl. II 1992, 1029). Daher ist das bloße Erzielen von Einkünften aus passivem Erwerb für sich genommen nicht rechtsmissbräuchlich, sondern löst nur die Hinzurechnungsbesteuerung aus. Auch das aufeinander abgestimmte Ausschüttungsverhalten einer Unternehmensgruppe zur Optimierung des steuerlichen Ergebnisses ist nicht missbräuchlich (BFH 7.9.2005 – I R 118/04, BStBl. II 2006, 537). Für die Annahme einer StUmgehung bedarf es zusätzlicher Umstände, die eine Einschaltung der Gesellschaft als missbräuchlich erscheinen lassen. Diese Fälle dürften 78 allerdings ausgesprochen selten vorkommen und sich im Wesentlichen auf die Einschaltung von Basisgesellschaften beschränken (vgl. HHSp § 42 Rn. 330 ff.).

79 **Basisgesellschaften.** Die Zwischenschaltung von KapGes als Basisgesellschaften (Domizilgesellschaften) im niedrig besteuernden Ausland erfüllt den Tatbestand des § 42, wenn für ihre Zwischenschaltung in bestimmte Rechtsgestaltungen wirtschaftliche oder sonst beachtliche Gründe fehlen (vgl. BFH 5.3.1986 – I R 201/82, BStBl. II 1986, 496; BFH 20.3.2002 – I R 38/00, BStBl. II 2002, 819; BFH 23.10.2002 – I R 39/01, BFH/NV 2003, 289; FG Münster 19.7.2005 – 14 K 420/00, BeckRS 2005, 26018686). Eine angemessene Gestaltung setzt voraus, dass die KapGes eine eigene wirtschaftliche Betätigung entfaltet, insb. eigene wirtschaftliche Ziele verfolgt werden, die sich durch eine Beteiligung am wirtschaftlichen Verkehr dokumentieren (ebenso TK § 42 Rn. 102; HHSp § 42 Rn. 326 ff.). Bloße Repräsentationsaufgaben genügen ebenso wenig wie das bloße Halten von Wertpapieren (BFH 29.7.1976 – VIII R 41/74, BStBl. II 1977, 261) oder Beteiligungen an verbundenen Unternehmen (BFH 24.2.1976 – VIII R 155/71, BStBl. II 1977, 265). Dagegen kann in dem nicht unbedeutenden Beteiligungserwerb an in- und ausländischen KapGes eine wirtschaftliche Betätigung liegen (BFH 29.7.1976 – VIII R 116/72, BStBl. II 1977, 268). Eine eigene aktive erwerbswirtschaftliche Betätigung ist nicht unbedingte Voraussetzung, wenngleich durch sie die Entfaltung einer eigenwirtschaftlichen Tätigkeit am deutlichsten wird. Es genügt vielmehr auch eine passive Vermögensverwaltung mit eigenem wirtschaftlichen Risiko (BFH 19.1.2000 – I R 94/97, BStBl. II 2001, 222). Bei gemischten Tätigkeiten ist einheitlich zu entscheiden, ob mit der Gesamttätigkeit eigenständige wirtschaftliche Ziele verfolgt werden (BFH 28.1.1992 – VIII R 7/88, BStBl. II 1993, 84). Werden weder Arbeitnehmer beschäftigt noch Büroräume unterhalten, spricht dies indiziell gegen ein eigenes Unternehmerrisiko (BFH 6.12.1995 – I R 40/95, BStBl. II 1997, 118). Dies gilt auch, wenn die gesamten Umsätze ausschl. durch eine inländische Niederlassung einer ausländischen KapGes ausgeführt werden (FG Saarland 7.11.2000 – 1 K 128/98, EFG 2001, 214), soweit nicht durch die inländische Tätigkeit der Ort der Geschäftsleitung begründet wird (BFH 19.3.2002 – I R 15/01, BFH/NV 2002, 1411). Werden im Inland erzielte Einnahmen zur Vermeidung inländischer Steuer durch eine ausländische KapGes durchgeleitet, greift § 42 auch dann ein, wenn es sich bei dem Sitzstaat der ausländischen KapGes nicht um ein Niedrigsteuerland handelt (BFH 20.3.2002 – I R 38/00, BStBl. II 2002, 819; anders bei Vorliegen wirtschaftlicher Gründe BFH 31.5.2005 – I R 74/04, BStBl. II 2006, 118). Kein Missbrauch bei Zwischenschaltung einer niederländischen B. V., die im Inland Grundbesitz vermietet (BFH 17.11.2004 – I R 55/03, DStRE 2005, 580).

§ 42 steht der Anwendung des § 34c III EStG nicht entgegen, sodass eine tatsächlich gezahlte ausländische Steuer bei der Ermittlung der nach § 42 zugerechneten Einkünfte abzuziehen ist, soweit sie auf diese Einkünfte entfällt (BFH 1.4.2003 – I R 39/02, BStBl. II 2003, 869). Werden dem Stpfl. aber Ausschüttungen einer inländischen GmbH, die von einer in rechtsmissbräuchlicher Weise zwischengeschalteten ausländischen Gesellschaft bezogen wurden, gem. § 42 zugerechnet, dann kann er eine von dieser Gesellschaft auf die Weiterausschüttung an eine weitere zwischengeschaltete ausländische Gesellschaft gezahlte ausländische Steuer nicht gem. § 34c III EStG 1997 abziehen (BFH 2.3.2016 – I R 73/14, BStBl. II 2016, 887). Zur Frage des Missbrauchs in Fällen der Bauabzugssteuer (§ 48 IV Nr. 1 EStG) bei Zahlung an inaktive ausländische Domizilgesellschaft vgl. BFH 9.6.2022 – IV R 4/20, BStBl. II 2022, 721.

80 **Outsourcing.** Durch die Auslagerung einzelner Tätigungen auf KapGes, die im niedrig besteuernden Ausland ansässig sind, lassen sich steuerliche Vorteile erzielen. § 42 missbilligt diese Verlagerung innerhalb eines Konzerns nicht grds. Erfolgt die Verlagerung einer Vermietungstätigkeit von der Stiftung auf die KapGes aber ausschl. zu dem Zweck, das Entstehen positiver inländischer Einkünfte aus VuV bei der Stiftung zu vermeiden, um eine endgültige StErsparnis zu erzielen, ist die Gestaltung unangemessen (BFH 27.8.1997 – I R 8/97, BStBl. II 1998, 163; anders bei eigenwirtschaftlicher Funktion der Zwischengesell-

schaft BFH 17.11.2004 – I R 55/03, DStRE 2005, 580). Die Beteiligung einer inländischen KapGes an einer gemeinschaftsrechtlich geförderten Gesellschaft in den irischen Dublin Docks ist nicht rechtsmissbräuchlich, wenn die Managementgesellschaft die Wertpapiergeschäfte im Ausland durch eigene Entscheidungsträger abwickelt und hierdurch eine eigene wirtschaftliche Betätigung entfaltet (BFH 19.1.2000 – I R 117/97, BFH/NV 2000, 824; BFH 25.2.2004 – I R 42/02, BStBl. II 2005, 14).

Wegzugsbesteuerung. Dient die entgeltliche Abtretung einer verzinslichen Forderung 81
an eine im Ausland ansässige Person dazu, das Fortbestehen wesentlicher wirtschaftlicher Interessen im Inland und als Folge hiervon den Eintritt der erweiterten beschränkten Stpfl. zu vermeiden, ist die Abtretung rechtsmissbräuchlich (BFH 8.7.1998 – I R 112/97, BStBl. II 1999, 123). Gestaltungsmissbrauch kann anzunehmen sein bei Beteiligung einer ausländischen Stiftung an einer vermögensverwaltenden PersGes zum Zwecke der anfänglichen Verlustzurechnung und späteren StFreiheit des Aufgabegewinns (FG Baden-Württemberg 30.3.2011 – 4 K 1723/09, DStRE 2012, 315; BFH 13.5.2013 – I R 39/11, BFH/NV 2013, 1284).

2. Doppelbesteuerungsabkommen

Rechtsgeschäfte zur Erlangung der Vorteile von DBA können, soweit sie zivilrechtlich 84
wirksam und nach allgemeinen Grundsätzen steuerlich anzuerkennen sind, sich als Missbrauch von Gestaltungsmöglichkeiten des Rechts darstellen. Die Umgehung wird zuweilen durch die Einschaltung ausländischer Gesellschaften zur Erlangung einer StErmäßigung oder StBefreiung versucht (sog. treaty shopping). Durch das StMBG ist ab Veranlagungszeitraum 1994 § 50d I a EStG eingeführt worden, um für Einkünfte aus Kapitalvermögen eine solche missbräuchliche StErmäßigung oder StBefreiung auszuschließen (vgl. hierzu Schmidt EStG § 50d Rn. 30 ff.). § 50d I a EStG geht ebenso wie spezielle Missbrauchsklauseln in DBA dem allg. § 42 vor, verdrängt ihn aber nur im Umfang des eigenen Anwendungsbereichs (FG Köln 27.4.2006 – 2 K 7004/01, EFG 2007, 594; TK § 42 Rn. 107; aA Vogel StuW 1985, 369; BFH 29.1.2008 – I R 26/06, BStBl. II 2008, 978). Der BFH ging auch bisher von einem Nebeneinander von DBA und § 42 aus (vgl. BFH 1.7.1992 – I R 6/92, BStBl. II 1993, 222; BFH 6.12.1995 – I R 40/95, BStBl. II 1997, 118). § 42 ist auch auf beschränkt Stpfl. anzuwenden (BFH 29.10.1997 – I R 35/96, BStBl. II 1998, 235; BFH 20.3.2002 – I R 38/00, BStBl. II 2002, 819). Zur missbräuchlichen Inanspruchnahme des Schachtelprivilegs des DBA-Luxemburg 1958/2009 durch eine KGaA, die sich einer wirtschaftlich weitgehend funktionslosen Luxemburger Tochtergesellschaft bedient, mit der sie durch mehrere kurzfristig hintereinandergeschaltete Rechtsakte (Gesellschafterdarlehen, Darlehensverzicht, Gewinnausschüttung) „künstlich" Dividenden erzeugt vgl. BFH 18.12.2024 – I R 12/21, DStRE 2025, 777 (785).

Einzelfälle. Die dingliche Absicherung einer Darlehensforderung durch Zession hypo- 85
thekarisch (in den Niederlanden gelegene Grundstücke iSd Art. 4 III DBA-Niederlande) gesicherter Forderungen ist nicht deshalb rechtsmissbräuchlich, weil hierdurch die vom inländischen Darlehensgläubiger erzielten Zinsen sowohl in den Niederlanden als auch im Inland steuerfrei waren (BFH 17.11.1999 – I R 11/99, BStBl. II 2001, 822). Gestaltungsmissbrauch liegt vor, wenn eine ausländische Muttergesellschaft funktionslose Tochtergesellschaften zwischenschaltet, um hierdurch eine höhere Erstattung einbehaltener Kapitalertragsteuern gem. Art. 6 I DBA-Großbritannien iVm § 50d I EStG zu erlangen (BFH 23.10.2002 – I R 39/01, BFH/NV 2003, 289; FG Köln 13.3.2001 – 2 K 1298/95, EFG 2001, 693; BFH 23.10.2002 – I R 39/01, BFH/NV 2003, 289). Kein Gestaltungsmissbrauch iSd § 50d I a EStG liegt vor bei Dividendenausschüttungen einer inländischen Tochtergesellschaft im Hinblick auf den Anspruch auf KapESt-Erstattung (FG Köln 28.4.2010 – 2 K 1564/08, EFG 2010, 2004).

IV. Umsatzsteuer

§ 42 ist bei der USt bereichsspezifisch iSd Missbrauchs-Rspr. des EuGH auszulegen (BFH 29.9.2022 – V R 29/20, DStR 2023, 33 mwN). Dies erfordert die Feststellung, dass die Umsätze bei Anwendung der einschlägigen Vorschriften einen StVorteil begründen, dessen Gewährung dem mit diesen Bestimmungen verfolgten Ziel zuwiderlaufen und objektive Anhaltspunkte ersichtlich sind, dass mit den Umsätzen auch ein StVorteil bezweckt wird (vgl. EuGH 21.2.2006 – C-255/02, DStR 2006, 420).

1. Option zur Umsatzsteuerpflicht in Insolvenzfällen

86 Die Veräußerung eines Grundstücks ist grds. steuerfrei (§ 4 Nr. 9a UStG). Verzichtet der Veräußerer auf die StFreiheit der Grundstückslieferung (§ 9 UStG), wird dem erwerbenden Unternehmer hierdurch der VorSt-Abzug ermöglicht (vgl. BFH 6.6.1991 – V R 70/89, BStBl. II 1991, 866). Die Ausnutzung der gesetzlichen Wahlmöglichkeit als solche ist nicht rechtsmissbräuchlich, zumal es für die Inanspruchnahme des VorSt-Abzugs auf die Verhältnisse in der Person des Erwerbers ankommt (BFH 8.9.1994 – V R 27/93, BFH/NV 1995, 743). Ist der Veräußerer insolvent, fällt der Fiskus mit seiner USt-Forderung aus, obgleich dem Erwerber aufgrund der Option der VorSt-Anspruch eingeräumt wird. Diese Verfahrensweise widerspricht nach Ansicht des BFH dem Regelungssystem des UStG, wenn nach der gewählten Gestaltung eine Erhebung der USt beim Leistenden von vornherein ausgeschlossen ist (BFH 6.6.1991 – V R 70/89, BStBl. II 1991, 866; aA Reiß UR 1992, 42). Ein **Missbrauch** durch den Erwerber wird deshalb angenommen, wenn der Leistungsempfänger den vereinbarten Kaufpreis einschl. USt dem Veräußerer nicht auszahlt, sondern mit eigenen notleidenden Gegenforderungen verrechnet (vgl. BFH 23.9.1993 – V R 3/93, BFH/NV 1994, 745; BFH 7.3.1996 – V R 14/95, BStBl. II 1996, 491) oder durch Übernahme von auf dem Grundstück lastenden Grundschulden begleicht (FG Niedersachsen 6.6.1989 – V 356/88, EFG 1989, 657; vgl. ferner FG Schleswig-Holstein 23.10.1996 – IV 162/93, EFG 1997, 573). Durch verzögerte Rechnungsanforderung wird die Vollstr. der USt verhindert (FG Münster 8.3.2007 – 5 K 1992/03 U, BeckRS 2007, 11346); dagegen nicht bei Insolvenz des Veräußerers und Kaufpreiserfüllung durch Übernahme von Verbindlichkeiten (BFH 27.3.2003 – V R 33/02, BFH/NV 2003, 1224). Dies gilt jedoch nicht, wenn der Veräußerer die geschuldete USt nicht abführt oder abführen kann, obwohl der Erwerber den vollen Kaufpreis geleistet hat (BFH 18.6.1993 – V R 6/91, BStBl. II 1993, 854). Dieser Rspr. wird entgegengehalten, dass § 42 nicht die Durchsetzbarkeit des StAnspruchs betreffe und nicht jedwede Bereicherung auf Kosten des Fiskus verhindern solle (TK § 42 Rn. 158). Dabei wird indes übersehen, dass das kollusive Zusammenwirken von Veräußerer und Erwerber oder die Option auf Veranlassung des Erwerbers erst den VorSt-Anspruch entstehen lässt (aA Bunjes UStG § 9 Rn. 30: Missbrauch nur durch Veräußerer möglich). Wirkt der Erwerber nicht maßgeblich auf die Willensbildung des Veräußerers ein, kann für eine missbräuchliche Option lediglich auf die Verhältnisse des Veräußerers abgestellt werden (vgl. FG Niedersachsen 3.9.1992 – V 569/87, EFG 1993, 268; FG Münster 21.1.1992 – 15 K 6665/90 U, EFG 1992, 564; FG Saarland 12.1.1993 – 1 K 13/92, UR 1994, 192). Der Verzicht auf die StBefreiung ist jedoch nicht bereits deshalb unangemessen, weil die Option insgesamt zu einer geringeren USt-Belastung durch Vermeidung der Berichtigung nach § 15a UStG führt. Bei einem Entgelt unter dem Selbstkostenpreis liegt keine unangemessene Preisgestaltung iSd § 42 vor (FG Münster 9.10.2018 - 5 K 1440/15 U, BeckRS 2018, 48879).

87 Der Verzicht auf die StFreiheit bei **Zwangsversteigerung** des Grundstücks ist nicht missbräuchlich, wenn der Erwerber kein Gläubiger des VollstrSchuldners war und das Entgelt für die Grundstückslieferung bar beglichen hat (BFH 16.3.1993 – V R 54/92, BStBl. II 1993, 736; BFH 29.4.1993 – V R 93/89, BFH/NV 1994, 510; vgl. BFH 16.12.2003 – VII R 42/01, HFR 2004, 955). Seit 1.1.1993 gilt gem. § 18 VIII UStG iVm § 51 I UStDV das Abzugsverfahren für die USt (vgl. Bunjes UStG § 9 Rn. 30 aE).

Der wirksame **Widerruf** des Verzichts auf eine StBefreiung stellt auch dann keinen Missbrauch von Gestaltungsmöglichkeiten dar, wenn eine Bank die gewählte Stpfl. rückgängig macht, weil der Leistungsempfänger in Konkurs gefallen ist und das FA mit der Rückforderung der VorSt ausfällt (BFH 11.8.1994 – XI R 57/93, BFH/NV 1995, 170). 88

2. Einbeziehung Dritter zur Erlangung des Vorsteuerabzugs

Gestaltungen, die zu einer **Verlagerung des VorSt-Abzugs** von einem – etwa wegen § 15 II Nr. 1 UStG – nicht vorsteuerabzugsberechtigten Unternehmer auf eine andere Person führen, bergen den Anschein des Missbrauchs in sich (vgl. zur Zwischenvermietung → Rn. 90). Demgegenüber wird die Vermietung eines Wirtschaftsguts durch den Arbeitnehmer an den Arbeitgeber idR wirtschaftlich motiviert sein (vgl. FG Baden-Württemberg 11.11.2005 – 9 K 168/04, EFG 2006, 445). 89

Die Rspr. sieht die **Zwischenvermietung,** insb. von Wohnraum, als Missbrauch von Gestaltungsmöglichkeiten an, wenn die Begründung des Zwischenmietverhältnisses nicht auf wirtschaftlich vernünftigen oder sonst beachtlichen Gründen beruht (vgl. BFH 15.12.1983 – V R 169/75, BStBl. II 1984, 388; BFH 23.2.1989 – V B 60/88, BStBl. II 1989, 396; BFH 14.5.1992 – V R 12/88, BStBl. II 1992, 931). Keine beachtlichen wirtschaftlichen Gründe liegen vor bei Bestehen einer Mietausfallbürgschaft (BFH 4.8.1987 – V B 16/87, BStBl. II 1987, 756), Ausschaltung von Mieterbelangen (BFH 18.12.1991 – V R 120/87, BFH/NV 1992, 574), Überwälzung des Erstvermietungs- und Mietausfallrisikos (BFH 15.12.1983 – V R 112/76, BStBl. II 1984, 388; BFH 26.2.1987 – V R 1/79, BStBl. II 1987, 521; BFH 29.10.1987 – V B 61/87, BStBl. II 1988, 45), Arbeitsvereinfachung (BFH 29.11.1984 – V R 38/78, BStBl. II 1985, 269; BFH 29.10.1987 – V B 109/86, BStBl. II 1988, 96), Renditeerwägungen (BFH 29.6.1990 – V B 135/89, BFH/NV 1991, 278; BFH 11.11.1991 – V B 54/91 und V B 55/91, BFH/NV 1992, 347), Reparaturkostenrisiko bei Globalvermietung von 50 Wohnungen (BFH 15.5.1997 – V R 21/95, BFH/NV 1997, 912) sowie bei öffentlich gefördertem Wohnungsbau (BFH 13.11.1997 – V R 32/95, BFH/NV 1998, 630). Die VorSt-Berichtigung nach § 15a UStG kann nicht durch Fortsetzung eines Zwischenmietvertrags vermieden werden (BFH 12.6.1997 – V R 36/95, BStBl. II 1997, 589). Zur Zwischenschaltung einer ausländischen Domizilgesellschaft vgl. FG München 28.7.2011 – 14 K 300/08, DStRE 2012, 1331. 90

Beim sog. **Sparkassenmodell** schaltet ein Kreditinstitut bei der Erstellung eines Betriebsgebäudes eine Gesellschaft ein, die das Gebäude auf einem vom Kreditinstitut erworbenen Grundstück errichtet und anschließend unter Verzicht auf die StFreiheit an das Kreditinstitut vermietet. Eine missbräuchliche Gestaltung ist anzunehmen, wenn die eingeschaltete Gesellschaft nach den wirtschaftlichen Verhältnissen nicht selbst zur Finanzierung der Baumaßnahmen in der Lage ist und zu diesem Zweck das Kreditinstitut der Gesellschaft ein zinsloses Darlehen gewährt (BFH 18.12.1996 – XI R 12/96, BStBl. II 1997, 374; BFH 30.3.2000 – V R 105/98, BFH/NV 2000, 1368; BFH 9.11.2006 – V R 43/04, BStBl. II 2007, 344). 91

Für **Mietverträge mit Angehörigen** gelten dieselben Grundsätze (ebenso für Mietvertrag zwischen GmbH und Gesellschafter, FG Niedersachsen 30.6.2005 – 5 K 796/01, EFG 2005, 1813). Der vermietende Angehörige muss aus seinem Vermögen und Einkommen, einschl. der zugeflossenen Miete, die wirtschaftlichen Lasten der Mietsache dauerhaft tragen können. Die Vermietung einer Arztpraxis zwischen Ehegatten ist deshalb rechtsmissbräuchlich, wenn der Mieter-Ehegatte sich in nicht unwesentlichem Umfang an den Aufwendungen der Mietsache beteiligen muss. Der Vermieter-Ehegatte wird gewissermaßen allein aus steuerlichen Gründen vorgeschaltet, weil der Mieter wirtschaftlich so gestellt ist, als ob er selbst den Gegenstand angeschafft hätte (BFH 16.1.1992 – V R 1/91, BStBl. II 1992, 541; BFH 10.9.1992 – V R 104/91, BStBl. II 1993, 253; BFH 28.1.1993 – V R 46/90, BFH/NV 1994, 62; BFH 16.3.2000 – V R 9/99, BFH/NV 2000, 1254). Wendet der Praxisinhaber dem Vermieter-Ehegatten hingegen vor Erwerb der Mietsache 92 ausreichend Vermögen (zB durch Schenkung) zu, welches es ihm ermöglicht, die Lasten aus eigener wirtschaftlicher Kraft zu tragen, ist die Vermietung grds. anzuerkennen (BFH 4.5.1994 – XI R 67/93, BStBl. II 1994, 829). Ist die Geldschenkung nur durch Aufnahme eines Kredits finanzierbar, für dessen Rückzahlung das vermietete Grundstück als Sicherheit dient, fehlt es an einer hinreichenden wirtschaftlichen Trennung (BFH 15.4.1999 – V R 85/98, BFH/NV 1999, 1389). Diese Grundsätze gelten auch, wenn Ärzte in einer Praxisgemeinschaft arbeiten und ihre Ehefrauen einzeln oder gemeinsam als Vermieter auftreten, und zwar auch dann, wenn den Mietern nicht alle Vermieter-Ehegatten gegenüberstehen und umgekehrt (BFH 14.1.1999 – V B 156/97, BFH/NV 1999, 989). Bei wechselseitiger Vermietung von Arztpraxen zwischen Arztehegatten kommt es für die Annahme eines Missbrauchs nicht auf die eigene wirtschaftliche Lastentragung des Vermieters an (BFH 25.1.1994 – IX R 97/90, BStBl. II 1994, 738). Die Vermietung der ideellen Hälfte des Arbeitszimmers zwischen Ehegatten ist wirtschaftlich unangemessen (FG München 8.10.2008 – 10 K 1573/07, EFG 2009, 153). Die Vermietung eines Pkw, der nicht dem unmittelbaren Familienbedarf dient, ist nicht rechtsmissbräuchlich (BFH 29.9.2022 – V R 29/20, DStR 2023, 33).

3. Umgehung bei Durchschnittsbesteuerung

93 Durch die Pauschalierung der USt und VorSt mit denselben vH-Sätzen nach § 24 UStG entsteht idR für den Landwirt keine USt-Zahllast. Dieser finanzielle Vorteil wächst mit der Höhe der ausgeführten Umsätze (vgl. Bunjes UStG § 24 Rn. 2). Ein zusätzlicher VorSt-Abzug ist durch die Pauschalierung ausgeschlossen. Andererseits darf der Leistungsempfänger die vom Landwirt in Rechnung gestellte USt selbst abziehen. Hierdurch ergeben sich insb. durch Einschaltung naher Angehöriger Gestaltungsmöglichkeiten zur Erhöhung der steuerlichen Vorteile, ohne dass die vom UStG vorgesehene Wertschöpfung tatsächlich eintritt. Eine solche missbräuchliche Gestaltung liegt vor, wenn ein Viehhändler, der Vieh vor dem Weiterverkauf bei einem Landwirt kurzzeitig mästen lassen will, es an den Landwirt verkauft, um es anschließend wieder zurückzukaufen (BFH 9.7.1998 – V R 68/96, BStBl. II 1998, 637; vgl. auch FG Hessen 28.6.1988 – 6 V 1599/88, EFG 1989, 87). Die Vereinbarung eines überhöhten Entgelts stellt keinen Missbrauch dar (BFH 23.7.2019 – XI B 29/19, BFH/NV 2019, 1363).

94 In der Vorschaltung eines nahen Angehörigen zur Erlangung des **StAbzugsbetrags** nach § 19 III UStG aF sah der BFH keine unangemessene Gestaltung, da die Regelung gerade eine Begünstigung der Kleinunternehmer bezweckte (BFH 13.7.1989 – V R 8/86, BStBl. II 1990, 100; BFH 14.5.1992 – V R 56/89, BStBl. II 1992, 859; BFH 14.7.1992 – V R 10/88, BFH/NV 1993, 136). Dies gilt nicht jedoch bei Vorschaltung minderjähriger Angehöriger (BFH 21.11.1991 – V R 20/87, BStBl. II 1992, 446; zweifelhaft, da Minderjährigkeit weder Unternehmereigenschaft ausschließt noch sachliche Unterscheidung zu anderen Angehörigen rechtfertigt). Die Aufspaltung einer unternehmerischen Tätigkeit zur mehrfachen Inanspruchnahme des § 19 UStG ist unzulässig, § 42 findet keine Anwendung (BFH 11.7.2018 – XI R 26/17, DStR 2018, 2575). Die Inanspruchnahme des § 19 UStG durch jeden Ehegatten für ihr eigenes Unternehmen ist grds. nicht missbräuchlich, es sei denn, Umsätze werden planmäßig aufgespalten und künstlich zwischen den Unternehmen verlagert, um so die Kleinunternehmergrenze für eine wirtschaftlich einheitliche Tätigkeit zu erhöhen (FG Münster 8.4.2025 – 15 K 2500/22 U, EFG 2025, 900).

V. Grunderwerbsteuer

97 **Grundbesitzverwaltende PersGes.** § 1 I GrEStG löst nach seinem Wortlaut keine Stpfl. aus, wenn Grundbesitz in eine PersGes eingebracht und nachfolgend deren „Gesellschaftsanteile" veräußert werden (vgl. BFH 7.6.1978 – II R 112/71, BStBl. II 1978, 605). Der BFH sah in dieser Gestaltung schon früh einen Missbrauch iSd § 42 für den Fall des vollständigen Austauschs aller Gesellschafter einer PersGes (vgl. BFH 13.2.1980 – II R 18/

75, BStBl. II 1980, 364; BFH 4.3.1987 – II R 150/83, BStBl. II 1987, 394; BFH 31.7.1991 – II R 17/88, BStBl. II 1991, 891; BFH 6.3.1996 – II R 38/93, BStBl. II 1996, 377). Diese Rspr. konnte jedoch durch Zurückbehalten eines Zwerganteils oder die Gründung einer GmbH & Co. KG, deren Komplementärin in der KG verblieb, leicht unterlaufen werden (vgl. BFH 9.9.1992 – II R 69/89, BFH/NV 1993, 326; BFH 22.10.2003 – II R 59/01, BFH/NV 2004, 367; eingehend Pahlke GrEStG § 1 Rn. 268 ff.). Diese unbefriedigende Rechtslage änderte der neu eingeführte § 1 II a GrEStG für Rechtsgeschäfte nach dem 31.12.1996 (geändert durch StEntlG 1999). Hierdurch wird die Übertragung von Anteilen an einer PersGes, in deren Vermögen inländischer Grundbesitz vorhanden ist, grds. der GrESt unterworfen (vgl. Pahlke GrEStG § 1 Rn. 273 ff.; BFH 11.9.2002 – II B 113/02, BStBl. II 2002, 777; FG Münster 12.10.2004 – 8 K 5451/01, EFG 2005, 302). Die ältere Rspr. ist für Altfälle aber weiterhin anwendbar (vgl. BFH 25.6.2003 – II R 55/00, BFH/NV 2003, 1345). Im Anwendungsbereich des § 1 II a und III GrEStG wird § 42 AO verdrängt. Dies gilt aber nicht für die von diesen Regelungen nicht erfassten Fälle, in denen ein mit einem Grundstück der Personengesellschaft verknüpfter Gesellschaftsanteil übertragen wird (BFH 29.5.2011 – II B 133/10, BFH/NV 2011, 1539). Zur Übertragung von Aktien einer grundbesitzhaltenden Domizilgesellschaft als Gestaltungsmissbrauch vgl. FG Münster 27.6.2000 – 8 K 1858/95 GrE, EFG 2002, 1106). Aufteilung des Gesamtkaufpreises auf Grundstück und mitverkaufte Mobilien kann missbräuchlich sein (FG Münster 14.11.2019 - 8 K 168/19 GrE, EFG 2019, 1995).

Gestaltung von Mitgliedschaftsrechten. Die Mitgliedschaft an einer GbR kann **98**
durch Gesellschaftsvertrag unterschiedlich ausgestaltet werden. Führt die rechtliche Ausgestaltung dazu, dass die Mitgliedschaft wirtschaftlich einem Wohnungs- bzw. Teileigentum gleichkommt, kann die Übertragung des Mitgliedschaftsrechts einen Gestaltungsmissbrauch darstellen. Dies ist dann der Fall, wenn zum Vermögen der Gesellschaft Wohnungs- oder Teileigentumsrechte gehören und der einzelne Gesellschaftsanteil jeweils untrennbar mit einem bestimmten Wohnungseigentum verknüpft ist (BFH 10.5.1989 – II R 86/86, BStBl. II 1989, 628; BFH 25.3.1992 – II R 46/89, BStBl. II 1992, 680; BFH 2.2.1994 – II R 84/90, BFH/NV 1994, 824; BFH 8.10.2003 – II R 36/01, BFH/NV 2004, 366; BFH 1.12.2004 – II R 23/02, BFH/NV 2005, 721). Die Unangemessenheit wird noch verstärkt, wenn der Gesellschafter durch einseitige Erklärung (zB Kündigung oder Auflösung der Gesellschaft) seine Gesellschafterstellung ohne Weiteres in einen Anspruch auf Eigentumsübertragung an diesem Grundstück umwandeln kann (BFH 7.2.2001 – II R 35/99, BFH/NV 2001, 1144).

Entgeltsverlagerungen. Werden mit dem Grundstück weitere Gegenstände unter Ver- **99**
einbarung von Einzelpreisen veräußert, kann in der unangemessenen Verschiebung des Preisgefüges zugunsten der nicht GrESt-belasteten Gegenstände ein Gestaltungsmissbrauch liegen, der zur verhältnismäßigen Neuverteilung der Gesamtleistung führt (BFH 17.6.1998 – II R 35/96, BFH/NV 1998, 1527).

Zum Gestaltungsmissbrauch bei Erwerb eines Grundstücks im förmlichen Umlegungsverfahren vgl. FG Münster 10.3.2022 – 8 K 2620/19 GrE, EFG 2022, 866, Rev. BFH II R 14/22; s. auch zu Erschließungsbeiträgen BayVGH 27.7.2016 – 6 B 15.1833, BeckRS 2016, 50130.

VI. Erbschaft- und Schenkungsteuer

§ 42 ist ausnahmslos auch im Erbschaft- und Schenkungsteuerrecht anzuwenden. Durch **102**
die zivilrechtlichen Gestaltungen (zB Rückbeziehung, Vermögensübertragungen) sollen zumeist die Freibeträge mehrfach, die unterschiedlichen Bewertungsmaßstäbe oder sonstige StVorteile ausgenutzt werden (FG Düsseldorf 6.9.2006 – 4 K 6867/04 Erb, EFG 2006, 1844; Einbringung eines Wertpapierdepots zur Ausnutzung des § 13a ErbStG; vgl. auch BFH 9.11.2005 – II B 163/04, BFH/NV 2006, 554). Da der Ausgleichsanspruch des

überlebenden Ehegatten beim Zugewinnausgleich nicht der ErbSt (§ 5 I 1 ErbStG) unterliegt, konnte mit Vereinbarung der Zugewinngemeinschaft und der zivilrechtlich zulässigen rückwirkenden Festlegung des Ermittlungszeitpunkts des Anfangsvermögens, zB auf den Tag der Eheschließung, die Höhe der stpfl. Erbmasse gestaltet werden (vgl. Kapp/Ebeling ErbStG § 5 Rn. 30). Der BFH erkannte die Rückbeziehung der vereinbarten Zugewinngemeinschaft auf den Tag der Eheschließung mit der Folge der Freistellung des vollen Zugewinnausgleichs an (BFH 12.5.1993 – II R 37/89, BStBl. II 1993, 739). Die Vorinstanz (FG Düsseldorf 18.1.1989 – 4 K 412/83 Erb, EFG 1989, 581) sah in der Rückbeziehung der Güterstandsvereinbarung keinen Gestaltungsmissbrauch, obwohl der Zugewinn tatsächlich nur zT während des Bestehens der Zugewinngemeinschaft entstanden ist, wenn für die abweichende Regelung außersteuerliche Gründe vorliegen. Diese Rspr. ist nunmehr durch Änderung des § 5 I ErbStG idF des StMBG überholt.

103 Eine StUmgehung wird seit jeher für den Fall der sog. **Kettenschenkung** angenommen (vgl. BFH 14.3.1962 – II 218/59 U, BStBl. III 1962, 206; BFH 13.10.1993 – II R 92/91, BStBl. II 1994, 128 aufhebend FG Münster 7.3.1991 – 3 K 8178/88 Erb, EFG 1991, 737). Diese besteht zumeist in der Schenkung eines Vermögensteils an die Kinder und eines weiteren Teils an den Ehegatten, der das erworbene Vermögen sodann an die Kinder weiterschenkt (vgl. zur Schenkung unter Angehörigen allg. Werdich DStR 1995, 677). Veräußert der Vermächtnisnehmer an die unter Betreuung stehende Erblasserin sein Grundstück, die den Kaufpreis im Wesentlichen mit dem Vermächtnisvermögen begleicht, um im Todesfall durch den Ansatz des geringeren Grundstückswerts Erbschaftsteuer zu sparen, liegt hierin eine unangemessene Gestaltung iSd § 42 (vgl. BFH 24.5.2000 – II B 74/99, BFH/NV 2001, 162). Eine disquotale Einlage in die Kapitalrücklage einer KGaA stellt für sich keine unangemessene rechtliche Gestaltung dar (FG Hamburg 15.10.2024 – 3 K 134/22, BeckRS 2024, 35316; Rev. II R 32/24).

VII. Sonstiges

106 **Investitionszulage.** Erwirbt eine durch den Vater des beherrschenden Gesellschafters eines Unternehmensgeflechts neugegründete KapGes Investitionsgüter, die an die vom Sohn beherrschten Gesellschaften verleast werden, um hierdurch eine Begrenzung der Investitionszulage zu vermeiden, stellt dies keinen Missbrauch rechtlicher Gestaltungsmöglichkeiten dar (BFH 27.2.1997 – III R 119/90, BFH/NV 1997, 619). Kein Missbrauch liegt vor durch Vermietung an die Mutter der Gesellschafterin und Rückvermietung an diese (BFH 22.8.2007 – III R 3/06, BFH/NV 2008, 345).

107 **Kindergeld.** Der Verzicht des Kindes auf eine ihm zustehende Sonderzuwendung, um dadurch die kindergeldrechtliche Einkünftegrenze zu unterschreiten, ist gem. § 32 IV 9 EStG unbeachtlich (vgl. iErg. auch FG Baden-Württemberg 7.2.2002 – 2 K 293/00, EFG 2002, 770; BFH 11.3.2003 – VIII R 16/02, BStBl. II 2003, 746).

Vorläufigkeitsvermerk. Ein Vorläufigkeitsvermerk wegen Überprüfung der Überschusserzielungsabsicht umfasst auch die Annahme eines Gestaltungsmissbrauchs (FG Hessen 27.11.2019 - 9 K 505/18, EFG 2020, 237).

§ 43 Steuerschuldner, Steuervergütungsgläubiger

[1]Die Steuergesetze bestimmen, wer Steuerschuldner oder Gläubiger einer Steuervergütung ist. [2]Sie bestimmen auch, ob ein Dritter die Steuer für Rechnung des Steuerschuldners zu entrichten hat.

Schrifttum: Heuermann, Was ist eigentliche eine Entrichtungssteuerschuld?, StuW 2006, 332; Heuermann, Entrichtungspflicht – Steuerpflicht – Grundpflicht?, FR 2013, 354; Bruschke, Steuer-, Steuerentrichtungs- und Haftungsschuldner bei der Versicherungsteuer, UVR 2017, 85.

I. Allgemeines

Die AO verzichtet auf eine Definition der am StSchuldverhältnis Beteiligten. Sie verweist für die Begriffe des StSchuldners, StVergütungsgläubigers und StEntrichtungspflichtigen auf die EinzelStGesetze. Neben der Definition des Stpfl. durch § 33 kommt § 43 keine eigenständige Bedeutung zu. Demgemäß hat sie nur deklaratorischen Charakter (Klein § 43 Rn. 1; BeckOK AO § 43 Rn. 1; aA TK § 43 Rn. 1; Gosch AO § 43 Rn. 1). Die Person des StGläubigers wird vorausgesetzt und für Zwecke der Aufrechnung fiktiv erweitert, § 226 IV. Nach der Gesetzesbegründung ist StSchuldner derjenige, der die Steuer zu entrichten, der für sie mit seinem Vermögen einzustehen hat und an den die FB sich im Beitreibungsverfahren halten kann (BT-Drs. VI/1982, 114). 1

II. Steuerschuldner, Gläubiger einer Steuervergütung (S. 1)

Steuerschuldner ist derjenige Stpfl., der den Tatbestand verwirklicht, an den das Gesetz die Leistungspflicht knüpft (§ 38). Er schuldet die in seiner Person entstandene Steuer (Schwarz/Pahlke/Keß § 43 Rn. 10). Ihn trifft die Verpflichtung, die Steuer selbst oder durch Dritte zu entrichten oder ein anderer Beteiligter des StRechtsverhältnisses ist verpflichtet, die Steuer für seine Rechnung abzuführen (FG Hessen 29.1.1992 – 4 K 4056/87, EFG 1993, 36). Beschränkungen in der Verwaltungs- und Verfügungsmacht, die zB durch Eröffnung des Vergleichs- oder Insolvenzverfahrens, Anordnung der Nachlassverwaltung eintreten, lassen die Stellung als StSchuldner unberührt (BFH 18.5.1988 – X R 27/80, BStBl. II 1988, 716; BFH 10.4.1997 – V R 26/96, BStBl. II 1997, 552; BFH 19.1.2023 – III R 44/20, BStBl. II 2024, 559 auch, soweit ESt gegenüber Insolvenzverwalter als Vertreter der Masse festgesetzt wird). In Ausnahmefällen bestimmen einzelne StGesetze (so zB § 5 II 2 FeuerschStG) eine Person als StSchuldner, die die tatbestandlichen Voraussetzungen für die Entstehung der StSchuld nicht selbst verwirklicht hat (Gosch AO § 43 Rn. 5). 2

Abgrenzung. Der StSchuldner unterscheidet sich von dem umfassenderen Begriff des Stpfl. (§ 33). Während StSchuldner nur sein kann, wen die vermögensrechtliche Schuldverpflichtung trifft, ist Stpfl. auch, wem nicht vermögensrechtliche Rechte zustehen oder Pflichten obliegen (vgl. zum Stpfl., gegenüber dem eine Steuer zu Unrecht festgesetzt worden ist, BFH 26.8.2021 – V R 13/20, DStR 2021, 2345: → § 33 Rn. 25). Demzufolge kann die Stellung des StSchuldners auch nachträglich entfallen, wenn sich zB durch einen Verlustrücktrag die bisherige StSchuld auf null reduziert (vgl. TK § 43 Rn. 4). Die wirtschaftliche Belastung trifft bei direkten Steuern (zB ESt) den StSchuldner selbst. Kann der StSchuldner die StLast auf einen anderen abwälzen, wie dies bei indirekten Steuern (zB USt) der Fall ist, sind StTräger und StSchuldner nicht identisch. 3

Einzelfälle. Die Tatbestände der EinzelStGesetze enthalten sehr vielfältige Umschreibungen der StEntstehung und damit des StSchuldners. Die Verweisung der Kommunalabgabengesetze erstreckt sich grds. auch auf § 43 (vgl. VG Greifswald 5.5.2010 – 3 A 1061/07, BeckRS 2010, 147895; VG Osnabrück 7.5.2008 – 1 A 44/08, BeckRS 2008, 38810). Zahlreiche Gesetze bestimmen den StSchuldner jedoch ausdrücklich. Danach ist Schuldner der ESt der ESt-Pflichtige (§ 36 IV EStG), der LSt der Arbeitnehmer (§ 38 II 1 EStG), der KapESt der Gläubiger (§ 44 I EStG), der Abzugssteuer der beschränkt Stpfl. (§ 50a V 2 EStG), der GewSt der Unternehmer oder die PersGes (§ 5 I GewStG), der USt der Unternehmer (§ 13a UStG), der ErbSt der Erwerber und ggf. der Schenker (§ 20 I ErbStG), der GrSt grds. der Eigentümer (§ 10 I GrStG), der GrESt alle Erwerbsbeteiligten (§ 13 Nr. 1 GrEStG), der KraftSt der Fahrzeughalter (§ 7 Nr. 1 KraftStG). Schuldner der KSt ist die nach § 1 I KStG stpfl. Körperschaft, Personenvereinigung oder Vermögensmasse. Zollschuldner ist nach Art. 5 Nr. 19, 77 III UZK der Anmelder sowie die Person, in deren Auftrag die Zollanmeldung abgegeben wird. Zum StSchuldner bei der Entstehung 4 von EnergieSt durch Verbringen zu gewerblichen Zwecken (§ 15 EnergieStG), vgl. FG München 7.7.2011 – 14 K 3565/08, BeckRS 2011, 96230.

5 **Gläubiger einer Steuervergütung** ist derjenige Beteiligte des StSchuldverhältnisses, dem ein StVergütungsanspruch zusteht. Ein Anspruch auf StVergütung entsteht, wenn eine vom StSchuldner geleistete Steuer einer anderen Person, idR dem StTräger zu erstatten ist (→ § 37 Rn. 7). Neben den VerbrauchStGesetzen (zB § 22 TabStG, § 16 KaffeeStG) enthält auch das UStG (§§ 15, 18 III 1, V Nr. 3 S. 3, IX UStG, § 59 UStDV) Vergütungsansprüche. Die steuerlichen Regelungen zur Förderung bestimmter Personengruppen ordnen eine entsprechende Anwendung der Vorschriften über die StVergütung an (zB § 14 II 1 5. VermBG) oder fingieren eine StVergütung (zB § 31 S. 3 EStG). Der Sache nach handelt es sich um Subventionsnormen. Verfahrensrechtlich ist die StVergütung zum Teil als eigenständiger Anspruch (zB § 36b EStG Vergütung von KSt), zum Teil als unselbständige Ermittlungsgrundlage für die Festsetzung (§ 16 II UStG) ausgestaltet. In der Insolvenz wird die steuerliche Verknüpfung durch das Insolvenzrecht verdrängt (vgl. zur Aufrechnung mit VorSt BFH 21.9.1993 – VII R 119/91, BFH/NV 1994, 9).

III. Steuerentrichtungspflichtiger (S. 2)

6 Die dem StSchuldner grds. selbst obliegende Verpflichtung, die Steuer für eigene Rechnung sowie auf eigene Gefahr und Kosten an die FB zu leisten, ist in bestimmten Fällen auf den Schuldner einer Geldleistung (zuweilen als Vergütungsschuldner bezeichnet, vgl. FG München 7.4.2010 – 7 V 508/10, EFG 2010, 1375) übertragen worden. Der Entrichtungspflichtige ist nicht StSchuldner (BFH 24.3.1998 – I R 120/97, BStBl. II 1999, 3). Dieser ist vielmehr anstelle des StSchuldners kraft Gesetzes verpflichtet, die Steuer für Rechnung des StSchuldners zu entrichten. Wer das im Einzelfall ist, legen die StGesetze fest. Zum Entrichtungspflichtigen bestimmen §§ 38 III 1, 41a I EStG den Arbeitgeber für die LSt, § 44 I 1 und 3 EStG den Schuldner der Kapitalerträge bzw. die auszahlende Stelle für die KapESt, § 50a V EStG den Schuldner der Aufsichtsratsvergütungen und anderer an beschränkt Stpfl. gezahlter Vergütungen, § 51 UStDV den Leistungsempfänger, § 7 I 3 VersStG den Versicherer für die Versicherungssteuer. Die KiStG der Länder geben dem Arbeitgeber für die Lohnkirchensteuer die Entrichtungspflicht auf.

Der StEntrichtungspflichtige nimmt mit der Berechnung und Einbehaltung der Steuer Aufgaben der FVerw wahr (BAG 30.4.2008 – 5 AZR 725/07, DB 2008, 2600). Gleichwohl wird ihm die mit der StEntrichtungspflicht verbundene **Kostenlast,** Leistungsgefahr und regelmäßig zusätzlich begründete Haftung entschädigungslos auferlegt. So treffen ihn auch im Falle der nicht oder nicht rechtzeitigen Einrichtung einer Zahlung die Säumnisfolgen (§ 240), obwohl der Entrichtungspflichtige die zu zahlende Steuer nicht selbst schuldet (vgl. BFH 13.1.2000 – VII R 91/98, BStBl. II 2000, 246). Dies ist verfassungsrechtlich jedoch nicht zu beanstanden. Der Eingriff ist nicht derart gravierend, dass die Pflichten nur gegen Entschädigung hätten auferlegt werden dürfen (vgl. BVerfG 29.11.1967 – 1 BvR 175/66, BVerfGE 22, 380 KapESt; BVerfG 26.1.1977 – 1 BvL 7/76, NJW 1977, 891; für LSt; BVerfG 17.2.1977 – 1 BvR 33/76, BVerfGE 44, 103 für KiSt; zweifelnd TK § 43 Rn. 8).

IV. Steuergläubiger

7 Neben dem StSchuldner ist der StGläubiger am StSchuldverhältnis beteiligt. Die AO erwähnt den StGläubiger lediglich in § 226 IV, ohne ihn zu definieren. **StGläubiger** ist diejenige Gebietskörperschaft, der die Steuer oder ein Anteil hieran materiell zusteht. Die materielle Berechtigung (Ertragshoheit) wird für den Bund und die Länder durch Art. 106 und 107 GG geregelt. Hiervon zu unterscheiden ist das Recht, für den materiell Berechtigten die Erfüllung des StAnspruchs verlangen zu dürfen (Verwaltungshoheit, Art. 108 GG). Für die Gemeinschaftssteuern (Art. 106 III GG) weicht die Ertragshoheit von der Verwaltungshoheit ab (→ § 3 Rn. 83).

§ 44 Gesamtschuldner

(1) [1]**Personen, die nebeneinander dieselbe Leistung aus dem Steuerschuldverhältnis schulden oder für sie haften oder die zusammen zu einer Steuer zu veranlagen sind, sind Gesamtschuldner.** [2]**Soweit nichts anderes bestimmt ist, schuldet jeder Gesamtschuldner die gesamte Leistung.**

(2) [1]**Die Erfüllung durch einen Gesamtschuldner wirkt auch für die übrigen Schuldner.** [2]**Das Gleiche gilt für die Aufrechnung und für eine geleistete Sicherheit.** [3]**Andere Tatsachen wirken nur für und gegen den Gesamtschuldner, in dessen Person sie eintreten.** [4]**Die Vorschriften der §§ 268 bis 280 über die Beschränkung der Vollstreckung in den Fällen der Zusammenveranlagung bleiben unberührt.**

Schrifttum: Bartone, Die Gesamtschuld im Steuerrecht – Auswirkungen und Maßnahmen im jeweiligen Verfahrensstadium, AO-StB 2003, 13; Bruschke, Die Gesamtschuldnerschaft bei der Grunderwerbsteuer, UVR 2003, 168; Schramm, Steuererstattungsanspruch und Nachzahlungspflicht getrennt lebender Ehegatten, NJW-Spezial 2006, 439; Schulenburg, Steuer- und zivilrechtliche Fragen bei der Scheidung von Ehegatten, FR 2007, 127; Kamps, Gesamtschuldnerschaft von Ehegatten für Aussetzungszinsen im Fall einer Folgeaussetzung?, AO-StB 2007, 133; Witt, Interner Ausgleich zwischen zusammen veranlagten Eheleuten, DStR 2007, 56; Binnewies/Wollweber, Die Verjährung von Innenausgleichsansprüchen bei steuerlicher Gesamtschuld, ZEV 2008, 517; Thietz-Bartram, Die dolosen Gesamtschuldner in der USt-Kette bzw. im USt-Karussell, DB 2013, 418.

I. Allgemeines

Die Gesamtschuld ist dadurch gekennzeichnet, dass der Gläubiger die Leistung von 1
jedem Schuldner nach seinem Belieben ganz oder teilweise fordern kann, diese aber insgesamt nur einmal beanspruchen darf. Die auf § 421 BGB zurückgehende Begriffsbestimmung hat § 44 aufgenommen. Sie kommt im Wortlaut der Norm aber nur unzureichend zum Ausdruck. Die Berechtigung des Gläubigers, die geschuldete Leistung von jedem der Gesamtschuldner ganz oder zum Teil fordern zu können, lässt sich der Regelung nicht entnehmen. Insoweit kann auf die Legaldefinition des § 421 BGB zurückgegriffen werden (BFH 23.11.1993 – VII R 32/93, BFH/NV 1994, 46). An die Stelle des zivilrechtlichen Beliebens tritt im öffentlichen Recht die ermessensgebundene Entscheidung. Die in § 44 vorhandene Lücke entstand infolge Streichung des § 47 II Entwurf einer AO 1974 (BT-Drs. VI/1982, 24) zum Zwecke der Entflechtung der schuldrechtlichen und verfahrensrechtlichen Regelung (BT-Drs. 7/4292, 19). Inhaltlich entspricht § 44 im Wesentlichen § 7 I, II und IV 1 StAnpG, der die Regelungen in §§ 114, 115 RAO ablöste. Für die Aufteilung der StSchuld in VollstrFällen wird auf die §§ 268–280 verwiesen.

II. Gesamtschuldner (Abs. 1)

1. Grundlagen der Gesamtschuld

Die Gesamtschuld berechtigt den Gläubiger, sein Leistungsinteresse bei mehreren 2
Schuldnern zu befriedigen. Er hat gegen mehrere Schuldner eine im Wesentlichen inhaltsgleiche Forderung, die sich wegen ihrer rechtlichen Selbständigkeit bis zu einem gewissen Grad unabhängig voneinander entwickeln können (§ 44 II 2). Die einzelnen Schuldverhältnisse sind innerlich dergestalt verbunden, dass diese zu einem Schuldverhältnis höherer Ordnung (BGH 14.7.1966 – VIII ZR 229/64, BGHZ 46, 14) und zu einer Tilgungsgemeinschaft zusammenfinden. Dabei ist weder erforderlich, dass die Forderungen auf demselben Entstehungsgrund beruhen, noch eine völlige Identität zwischen Leistungsinhalt und -umfang besteht (vgl. MüKo BGB § 421 Rn. 6). Entscheidendes Strukturelement der Gesamtschuld ist die **Gleichstufigkeit der Verpflichtungen** (BGH 28.11.2006 – VI ZR 136/05, NJW 2007, 1208; BGH 29.6.1989 – IX ZR 175/88, BGHZ 108, 179 (183); MüKo BGB § 421 Rn. 13). Hieran fehlt es in Fällen der akzessorischen Schuldverknüpfung (Grüneberg BGB Vor § 420 Rn. 10). Bei ihr stehen Hauptforderung und Neben-

forderung nebeneinander, die beide auf die Befriedigung desselben Gläubigerinteresses gerichtet sind. Die Hauptforderung bestimmt den Anspruchsinhalt und -umfang. Die akzessorische Schuld orientiert sich im Wesentlichen hieran. Besteht zwischen den Forderungen keine Gleichrangigkeit, entsteht eine Gesamtschuld nicht (sog. unechte oder scheinbare Gesamtschuld), da der Gläubiger nicht nach seinem Belieben zwischen den Schuldnern wählen kann. Die Haftungsschuld wird im Verhältnis zur StSchuld gelegentlich als unechte Gesamtschuld bezeichnet (BFH 27.3.1968 – II 98/62, BStBl. II 1968, 376). Die hM nimmt trotz Akzessorietät eine Gesamtschuld an (BFH 8.8.1991 – V R 19/88, BStBl. II 1991, 939; TK § 44 Rn. 5; HHSp § 44 Rn. 13; Schwarz/Pahlke/Keß § 44 Rn. 10; aA zu Recht Klein § 44 Rn. 7; zu der hier vertretenen gegenteiligen Auffassung → Rn. 7).

3 **Steuerliche Hilfs- oder Nebenpflichten** werden nicht in das Gesamtschuldverhältnis einbezogen. Eine gesamtschuldnerische Verknüpfung kann sich nur auf Zahlungspflichten beziehen. Daher sind Mitwirkungspflichten der Beteiligten, Auskunfts- und Vorlagepflichten, Anzeige-, Buchführungs-, Aufzeichnungs- und Erklärungspflichten jeweils nur von dem Betroffenen zu erfüllen. Die Erfüllung der Hilfspflicht durch einen Verpflichteten befreit die anderen Stpfl. nicht. So darf die FB für denselben Sachverhalt Auskunft von mehreren Personen einholen. Für zusammen zu veranlagende Ehegatten besteht gem. § 25 III 2 EStG die Verpflichtung zur Abgabe einer gemeinsamen StErklärung. Hierbei handelt es sich nicht um eine Gesamtschuld, sondern eine **gemeinschaftliche Schuld,** also eine Verpflichtung, die im Zusammenwirken der Schuldner zu erbringen ist und von der FB erzwungen werden kann (vgl. allg. Grüneberg BGB Vor § 420 Rn. 7; BFH 9.4.1987 – IV R 192/85, BStBl. II 1987, 540; TK § 44 Rn. 23). Umgekehrt begründet das Gesamtschuldverhältnis kein Recht auf Akteneinsicht eines Gesamtschuldners in die Verwaltungs- und Gerichtsakten des anderen Gesamtschuldners (BFH 12.2.2001 – II B 59/00, BFH/NV 2001, 1271).

2. Gesamtschuldfälle

6 Das Gesetz regelt die drei wichtigsten Fallgruppen der Gesamtschuld selbst. Für eine Erweiterung um gesetzlich nicht ausdrücklich genannte Gesamtschuldfälle bedarf es der Feststellung des alle Fallgruppen verbindenden Strukturelements, der Gleichstufigkeit der Schuldverhältnisse. Das bedeutet, dass eine Verbindung der Gesamtschuldner untereinander in der Weise vorliegen muss, dass die Leistung des einen dem anderen zugutekommen soll (Larenz Schuldrecht AT, § 37 I). Die in der Gleichstufigkeit zum Ausdruck kommende schuldrechtliche Ausgleichsproblematik ist zwar steuerrechtlich ohne Bedeutung, da der Rückgriffsanspruch zivilrechtlicher Natur ist. Soweit sich aber aus dem Inhalt der schuldrechtlichen Verpflichtungen ein Rangverhältnis in der Weise ergibt, dass dies auch für den Gläubiger zu beachten ist, kann auch steuerrechtlich kein Gesamtschuldverhältnis angenommen werden.

7 **Zusammentreffen von Haftung und Schuld.** Der Wortlaut des § 44 I schließt eine Gesamtschuldnerschaft zwischen StSchuldner und Haftenden nicht aus (so bereits BT-Drs. VI/1982, 115), ordnet sie indes auch nicht ausdrücklich an. Eine Gesamtschuld entsteht deshalb nicht. Denn soweit ein Gesamtschuldverhältnis nicht durch Gesetz bestimmt und auch nicht durch Vertrag ausdrücklich vereinbart wird, bedarf es zusätzlich zu den in § 421 BGB beschriebenen Voraussetzungen einer Gleichstufigkeit zwischen den für die Begründung einer Gesamtschuld in Betracht kommenden Verpflichtungen (BGH 28.11.2006 – VI ZR 136/05, NJW 2007, 1208; aA die hM im StR → Rn. 2). StSchuld und Haftungsschuld sind zwar zumeist auf dasselbe Gläubigerinteresse ausgerichtet. Die Leistungsidentität genügt aber für sich allein nicht, um eine Gesamtschuld zu begründen (MüKo BGB § 421 Rn. 10). Die neben der Leistungsidentität erforderliche Gleichstufigkeit fehlt, wenn ein Schuldner vorrangig zur Erfüllung verpflichtet ist und der andere nur hinzutritt, um das Risiko der Illiquidität des näher Verpflichteten zu decken. Hieran mangelt es auch bei der akzessorischen Haftungsschuld, die mit einer von der FB zu beachtenden Nachrangigkeit

ausgestattet ist (BGH 22.10.1992 – IX ZR 244/91, NJW 1993, 585 (586); BGH 19.1.2012 – IX ZR 2/11, DStR 2012, 527, der allerdings durch § 44 eine gesetzliche Anordnung annimmt). Die Haftungsschuld kann nur entstehen, soweit eine StSchuld entstanden ist und besteht regelmäßig nur, soweit die StSchuld selbst noch besteht (Gast-de Haan DStjG 9, 159 (165)). So wirkt sich das Erlöschen der StSchuld durch Erlass oder Eintritt der Zahlungsverjährung auch auf die Haftung aus (§ 191 V Nr. 2; anders jedoch bei Eintritt der Zahlungsverjährung nach Erlass des Haftungsbescheids BFH 11.7.2001 – VII R 28/99, BStBl. II 2002, 267). Dies gilt ebenso für die Festsetzungsverjährung der StSchuld (§ 191 V Nr. 1). Teilzahlungen des StSchuldners, die nach Bestandskraft des Haftungsbescheids erfolgen, führen idR zu einem teilweisen Widerruf des Haftungsbescheids nach § 131 I (BFH 12.8.1997 – VII R 107/96, BFH/NV 1998, 371; Schwarz/Pahlke/Keß § 44 Rn. 10; TK § 44 Rn. 20). Diese materielle Abhängigkeit der Haftungsschuld wird verfahrensrechtlich durch die **subsidiäre Inanspruchnahme des Haftungsschuldners** verstärkt. Mit der Gesamtschuld sind diese Wirkungen nicht zu vereinbaren (vgl. § 44 II 3). Die hM übersieht zudem, dass der StSchuldner mit seiner Leistung niemals die Haftungsschuld erfüllt. Die indirekte Tilgungswirkung der Akzessorietät entspricht nicht der Erfüllung einer Gesamtschuld (vgl. MüKo BGB § 421 Rn. 18; Klein § 44 Rn. 7; aA TK § 44 Rn. 5; HHSp § 44 Rn. 8; Gosch AO § 44 Rn. 10). Dementsprechend erlangt die FB eine Zahlung auf einen Haftungsanspruch nur als Insolvenzgläubiger im Falle der Insolvenz des Haftenden (BGH 19.1.2012 – IX ZR 2/11, DStR 2012, 527; aA BFH 23.9.2009 – VII R 43/08, BStBl. II 2010, 215). Zum Verhältnis Haftungs- und StSchuld in Bezug auf Säumniszuschläge vgl. BFH 25.2.1997 – VII R 15/96, DStR 1997, 1324; zu § 13c UStG BFH 21.11.2013 – V R 21/12, DStR 2014, 528. Hat der Haftungsschuldner StHinterziehung oder StHehlerei begangen, wird die Akzessorietät zwar eingeschränkt (§ 191 V 2). Dies rechtfertigt jedoch nicht die Annahme einer Gleichrangigkeit. In Ausnahmefällen entsteht eine Gesamtschuld zwischen StSchuldner und Haftungsschuldner allerdings aufgrund gesetzlicher Anordnung (zB § 42d III 1 EStG). Dieser gesetzlichen Anordnung hätte es indes nicht bedurft, wenn generell zwischen Haftungs- und StSchuld eine Gesamtschuld entstehen würde.

Mehrere Steuerschuldner. StSchuldner (§ 43) werden zu Gesamtschuldnern, wenn 8 ihnen nebeneinander dieselbe Leistung aus dem StSchuldverhältnis obliegt. Eine solche Leistungsidentität wird begründet, wenn mehrere Personen gemeinschaftlich den Tatbestand erfüllen, an den das Gesetz die Schuldentstehung knüpft. Dabei kommt es nicht darauf an, ob der gesetzliche Tatbestand gleichgerichtet verwirklicht wird oder die Personen unterschiedliche Handlungsbeiträge leisten, die erst gemeinsam zur Tatbestandsverwirklichung führen, sofern die für jede Person durch ihren Handlungsbeitrag entstandene Schuld sich auf dieselbe Leistungspflicht richtet (Schwarz/Pahlke/Keß § 44 Rn. 8). So verhält es sich zB bei Schenker und Erwerber bei der SchenkSt/ErbSt (BFH 13.5.1987 – II R 189/83, BStBl. II 1988, 188; BFH 8.11.2023 – II R 22/20, BStBl. II 2024, 731), Erwerber und Veräußerer eines Grundstücks bei der GrESt (BFH 28.1.1987 – II R 131/84, BFH/NV 1988, 597; FG Münster 6.11.2002 – 8 K 6457/98 GrE, EFG 2003, 258), mehreren Rechnungsausstellern iSd § 14 III UStG (FG Düsseldorf 25.6.2003 – 5 K 5868/99 U, EFG 2004, 227), Zedent und Zessionar eines Erstattungsanspruchs (FG Berlin-Brandenburg 8.12.2010 – 2 K 2286/06 B, EFG 2011, 1232). Einer ausdrücklich im Gesetz angeordneten Gesamtschuldnerschaft bedarf es nicht, wenngleich zahlreiche Gesetze entsprechende Regelungen enthalten (zB § 20 I, II ErbStG; § 13 Nr. 1, 2, 5 GrEStG). Bezieht sich demgegenüber die Leistungspflicht auf unterschiedliche Teile der Hauptschuld, liegt keine Gesamtschuld vor. Der gemeinsame Erwerb eines Grundstücks zur ideellen Hälfte führt deshalb zu Teilschulden (BFH 5.11.1958 – II 166/57 U, BStBl. III 1959, 98). Ebenso bei gesetzlicher Teilschuldbestimmung (FG Hamburg 4.11.1994 – VII 102/94, EFG 1995, 595).

Steuerliche Nebenleistungen auf Gesamtschulden entstehen grds. nur in der Person 9 des Gesamtschuldners, der den Tatbestand selbst verwirklicht (vgl. etwa § 240 IV 1; BFH

28.11.1991 – IV R 96/90, BFH/NV 1992, 506 zu Aussetzungszinsen). Für **Säumniszuschläge** begrenzt das Gesetz die Leistungspflicht mehrerer säumiger Gesamtschuldner ausdrücklich auf den Betrag einer Einzelschuld (§ 240 IV 2). Dieser Rechtsgedanke ist auch auf **Zinsen** (§§ 233a, 234, 235, 237) und das Zusammentreffen von Zinsen und Säumniszuschlägen übertragbar (Schwarz/Pahlke/Keß § 44 Rn. 16). Dadurch ist jedoch nicht ausgeschlossen, dass eine Gesamtschuld durch gemeinsame Tatbestandsverwirklichung auch für steuerliche Nebenleistungen entstehen kann (vgl. zu Aussetzungszinsen BFH 18.6.1997 – X B 25/97, BFH/NV 1997, 829; zu Hinterziehungszinsen FG Hessen 28.1.2009 – 3 K 107/05, BeckRS 2009, 26028718; zweifelhaft jedoch für Aussetzung eines Folgebescheids, wenn AdV des Grundlagenbescheids lediglich einen Ehegatten betrifft, so aber FG Münster 28.6.2005 – 2 K 3890/01, EFG 2006, 316; BFH 22.5.2007 – X R 26/05, BFH/NV 2007, 1817; zu Säumniszuschlägen BFH 6.2.1990 – VII R 48/87, BFH/NV 1991, 3). Sind bei der Vollstr. gegen Gesamtschuldner Gebühren nur einmal zu erheben, trifft sie die Verpflichtung gesamtschuldnerisch (§ 342 II 2). Der gegenüber zusammenveranlagten Ehegatten einheitlich festgesetzte **Verspätungszuschlag** begründet eine Gesamtschuld, da der Zuschlag durch die gemeinsame Festsetzung entsteht (BFH 19.5.1987 – VIII R 39/83, BStBl. II 1987, 590; TK § 44 Rn. 7a). Die Festsetzung eines einheitlichen Verspätungszuschlags rechtfertigt sich aus der gemeinschaftlichen Verpflichtung der Ehegatten zur Abgabe einer gemeinsamen StErklärung (→ Rn. 3).

10 **Mehrere Haftungsschuldner.** Nach § 44 I sind auch Gesamtschuldner Personen, die nebeneinander für dieselbe Leistung haften, also für die Erfüllung einer fremden StSchuld mit dem eigenen Vermögen einzustehen haben. Haftungsschulden können auf Vorschriften der AO, der EinzelStGesetze und außersteuerlichen Normen beruhen, die nach § 191 Grundlage eines Haftungsbescheids sind. Zu den möglichen Haftungsvorschriften → § 191 Rn. 56. Eine gesamtschuldnerische Tilgungsgemeinschaft entsteht zwischen mehreren Haftenden aufgrund gemeinsamer Tatbestandsverwirklichung (zB bei Mittätern einer StHinterziehung, § 71; gemeinsame Pflichtverletzung durch mehrere Vertreter, § 69; BFH 12.1.2011 – XI R 11/08, BStBl. II 2011, 477). Dies gilt ebenso beim Zusammentreffen der Haftung aus privatrechtlichen und steuerrechtlichen Vorschriften, auch wenn die Zivilrechtsnorm selbst keine gesamtschuldnerische Haftung anordnet (TK § 44 Rn. 9). Da der Rechtsgrund der Haftung nicht entscheidend ist, entsteht auch eine gesamtschuldnerische Haftung bei Verwirklichung unterschiedlicher Haftungstatbestände (BFH 22.9.1992 – VII R 73–74/91, BFH/NV 1993, 215; HHSp § 44 Rn. 12). Wer sich rechtsgeschäftlich neben einem Haftenden ebenfalls zur Begleichung der Steuern eines anderen verpflichtet, ist zwar Gesamtschuldner iSd § 421 BGB. Eine Inanspruchnahme kann jedoch nur nach bürgerlichem Recht erfolgen, sodass § 44 I nicht anwendbar ist (Schwarz/Pahlke/Keß § 44 Rn. 22; aA TK § 44 Rn. 9).

Danach haften zB gesamtschuldnerisch Gesellschafter einer GbR, OHG oder KG für betriebliche Steuern (§ 721 BGB; BFH 21.6.1995 – II R 7/91, BFH/NV 1996, 71), Miterben für Nachlassverbindlichkeiten (BFH 28.3.1973 – I R 100/71, BStBl. II 1973, 544), sofern die Erbengemeinschaft nicht selbständiger Rechtsträger ist (BFH 29.11.1972 – II R 42/67, BStBl. II 1973, 372), Betriebsübernehmer und Geschäftsführer (BFH 22.9.1992 – VII R 73–74/91, BFH/NV 1993, 215), mehrere Geschäftsführer (BFH 7.3.1995 – VII B 172/94, BFH/NV 1995, 941).

11 **Zusammen zu veranlagende Personen.** Nach Wegfall der VSt sind nur noch Ehegatten nach §§ 26, 26b EStG zusammen zu einer Steuer zu veranlagen. Die Gesamtschuld entsteht mit Eingang der StErklärung bei ausdrücklicher Wahl der Zusammenveranlagung oder kraft Vermutung gem. § 26 III EStG (Klein § 44 Rn. 8; Schwarz/Pahlke/Keß § 44 Rn. 28; Gosch AO § 44 Rn. 17; Kruse FS Tipke, 1995, 277 (287); str.). Erst zu diesem Zeitpunkt ist die Veranlagungsart feststellbar. Der mit Ablauf des Veranlagungszeitraums entstandene StAnspruch wird rückwirkend verändert. Unerheblich ist der Zeitpunkt der Festsetzung, da die StSchuld bereits früher entsteht (aA FG Rheinland-Pfalz 2.7.1984 – 5 K 121/83, EFG 1985, 50). Die **Gegenansicht** (HHSp § 44 Rn. 16), nach der die Gesamt-

schuld mit Tatbestandsverwirklichung auflösend bedingt durch Wegfall der Voraussetzungen für die Zusammenveranlagung entsteht, überzeugt nicht. § 26b EStG berührt weder die subjektive Stpfl. des einzelnen Ehegatten noch die von jedem selbst herbeigeführte Tatbestandsverwirklichung (Schmidt EStG § 26b Rn. 2). Demzufolge entsteht der StAnspruch gegen jeden Ehegatten getrennt. Erst die Wahl (Vermutung) der Zusammenveranlagung führt zu einer materiellen Verbindung der Einzelansprüche, die die Annahme einer Tilgungsgemeinschaft rechtfertigt. Wird die Wahl nachträglich wirksam geändert, entfällt die Gesamtschuld rückwirkend. Der Antrag auf getrennte Veranlagung ist unwirksam, wenn der beantragende Ehegatte keine steuerlich relevanten Einkünfte erzielt (BFH 10.1.1992 – III R 103/87, BStBl. II 1992, 297; vgl. auch BGH 12.6.2002 – XII ZR 288/00, NJW 2002, 2319; BGH 25.6.2003 – XII ZR 161/01, BB 2003, 2033 jeweils zum zivilrechtlichen Anspruch auf Zustimmung zur Zusammenveranlagung). Die Aufteilung der Steuer beseitigt die Gesamtschuld dem Grunde nach nicht, wirtschaftlich treten aber die Wirkungen von Teilschulden ein (BFH 12.1.1988 – VII R 66/87, BStBl. II 1988, 406). Eine Gesamtschuld entsteht auch für die KiSt, soweit diese demselben Gläubiger zusteht. Anders bei konfessionsverschiedenen Ehegatten (vgl. BFH 8.5.1991 – I R 26/86, BFHE 164, 573). Die für zusammen zu veranlagende Ehegatten festgesetzten Vorauszahlungen sind Gesamtschulden.

3. Rechtsfolgen

Jeder Gesamtschuldner schuldet die gesamte Leistung (§ 44 I 2). Bis zur vollständigen Tilgung bleiben sämtliche Schuldner verpflichtet (§ 421 S. 2 BGB). Die Verbindung mehrerer Einzelforderungen zur Gesamtschuld dient allein der Verminderung des Ausfallrisikos des Fiskus. Sie eröffnet der FB ein **Auswahlermessen,** Teilleistungen von mehreren Schuldnern oder die gesamte Leistung von nur einem Schuldner zu fordern (BFH 13.5.1987 – II R 189/83, BStBl. II 1988, 188). Demgegenüber wird ein Entschließungsermessen nicht begründet. Ob eine Verpflichtung zur Durchsetzung des Anspruchs besteht, richtet sich nach dem Inhalt der Einzelforderung. Für StAnsprüche verbleibt es deshalb auch gegenüber Gesamtschuldnern bei der gesetzlichen Verpflichtung der vollständigen Geltendmachung. Das sich aus § 191 I ergebende Entschließungsermessen für die Inanspruchnahme von Haftungsschuldnern bleibt ebenso erhalten (BFH 14.3.1989 – VII R 152/85, BStBl. II 1990, 363; TK § 44 Rn. 29; aA Klein § 44 Rn. 12). 12

Ermessensgrundsätze. Für die Ausübung des Ermessens gelten die allgemeinen Grundsätze. Der Zweck der Gesamtschuld, die vollständige Befriedigung des Gläubigers zu erreichen, eröffnet der FB jedoch einen weiten Spielraum bei der Auswahl des Schuldners (BFH 4.3.2005 – VII B 154/04, BFH/NV 2005, 1240 zum Ermessen bei StStraftätern). Eine Inanspruchnahme ist daher grds. ermessensgerecht, auch wenn der Gesamtschuldner im Innenverhältnis nicht verpflichtet ist, keinen Ausgleich erlangen kann oder aufgrund seiner wirtschaftlichen Situation stärker belastet wird als die anderen Schuldner (BFH 19.7.1962 – V 268/59, BeckRS 1962, 21008286; BFH 28.2.1973 – II R 57/71, BStBl. II 1973, 573; BFH 2.10.1986 – VII R 28/83, BFH/NV 1987, 349). Zögert die FB jedoch bei der Inanspruchnahme eines Gesamtschuldners schuldhaft so lange, bis dieser zahlungsunfähig ist, ist der dadurch verhinderte Ausgleich im Innenverhältnis zu berücksichtigen (vgl. BFH 16.5.1962 – II 67/61 U, BStBl. III 1962, 315). Eine Einschränkung in der Reihenfolge der Inanspruchnahme ergibt sich lediglich aus § 219, wonach die FB grds. den StSchuldner vor dem Haftenden in Anspruch nehmen muss (BFH 22.9.1992 – VII R 73–74/91, BFH/NV 1993, 215; → Rn. 7). **Interne Vereinbarungen** zwischen den Gesamtschuldnern müssen bei der ermessensgerechten Auswahl grds. nicht berücksichtigt werden. Bei der GrESt ist jedoch zunächst der Erwerber heranzuziehen, wenn dieser im Kaufvertrag die Steuer übernommen hat, und der Veräußerer erst dann, wenn die Steuer vom Erwerber nicht zu erlangen ist (BFH 12.5.1976 – II R 187/72, BStBl. II 1976, 579; FG Münster 6.11.2002 – 8 K 6457/98 GrE, EFG 2003, 258). Bei Bereicherungssteuern muss sich die FB vorrangig an den Bereicherten halten, dh an den Beschenkten oder Erben 13

(BFH 29.11.1961 – II 282/58 U, BStBl. III 1962, 323; BFH 1.7.2008 – II R 2/07, BStBl. II 2008, 897; vgl. auch BFH 27.3.1968 – II 98/62, BStBl. II 1968, 376). Zum Auswahlermessen zwischen Entrichtungspflichtigen und Haftenden (BFH 18.11.2021 – V R 24/20, BFH/NV 2022, 624).

14 **Ausgleich im Innenverhältnis.** Die Ausgleichspflicht der Gesamtschuldner im Innenverhältnis bestimmt sich ausschl. nach bürgerlichem Recht (BGH 22.10.1992 – IX ZR 244/91, NJW 1993, 585; Sonnenschein NJW 1980, 257). Im Falle der Zusammenveranlagung von Ehegatten zur ESt schuldet jeder Ehegatte im Innenverhältnis den Anteil der Gesamtschuld, der seinem prozentualen Anteil an der Summe der Steuer bei getrennter Veranlagung entspricht (BGH 6.12.1978 – IV ZR 82/77, BGHZ 73, 29 (38)). Soweit sich aus dem zwischen den Gesamtschuldnern bestehenden Rechtsverhältnis oder anderen Umständen kein Ausgleichsmaßstab entnehmen lässt, sind sie gem. § 426 I 1 BGB zu gleichen Teilen verpflichtet (vgl. allg. zum Ausgleichsumfang und weiteren Einzelheiten Grüneberg BGB § 426 Rn. 7 ff.). Zahlt in ständiger Übung stets der eine Ehegatte die im Wege der Zusammenveranlagung festgesetzte Steuer, kann daraus grds. der Schluss gezogen werden, dass er die Steuer auch im Innenverhältnis allein tragen soll (BGH 20.3.2002 – XII ZR 176/00, NJW 2002, 1570; BFH 15.1.2003 – II R 23/01, BStBl. II 2003, 267; zur Aufteilung nach Trennung BGH 31.5.2006 – XII ZR 111/03, NJW 2006, 2623). Der Organträger kann bei bestehendem Ergebnisabführungsvertrag regelmäßig keinen Ausgleich von der Organgesellschaft fordern (vgl. BGH 1.12.2003 – II ZR 202/01, BB 2004, 175).

III. Materiell-rechtliche Wirkungen (Abs. 2)

1. Gesamtwirkung von Erfüllung und Erfüllungssurrogaten (Abs. 2 S. 1 und 2)

18 Da die FB die Leistung nur einmal beanspruchen darf, muss die Erfüllung durch einen Gesamtschuldner auch für die übrigen Schuldner befreiend wirken (§ 44 II 1). Mit vollständiger Leistungsbewirkung erlischt die StSchuld gegenüber der FB, sodass eine Festsetzung oder Inanspruchnahme anderer Gesamtschuldner ausgeschlossen ist (BFH 29.2.2012 – II R 19/10, BStBl. II 2012, 489). Die Gesamtwirkung tritt im Umfang der Erfüllung ein. Für den nach Teilleistungen verbleibenden Restbetrag entscheidet die FB nach ihrem Ermessen über die Inanspruchnahme der Gesamtschuldner (BFH 8.8.1991 – V R 19/88, BStBl. II 1991, 939). **Erfüllung** ist das Bewirken der geschuldeten Leistung, das die Schuldtilgung herbeiführt (vgl. § 362 I BGB). Die auf Geld gerichteten Ansprüche aus dem StSchuldverhältnis (§ 37 I) werden durch Zahlung des geschuldeten Betrags erfüllt (vgl. § 224). Anders als im Zivilrecht (§ 422 I 2 BGB) hat die Hinterlegung der geschuldeten Leistung keine Tilgungswirkung (HHSp § 44 Rn. 27). **Aufrechnung** durch die FB oder einen Schuldner lässt den StAnspruch mit Wirkung für alle Gesamtschuldner erlöschen (§ 44 I 2). Dies gilt ebenso für eine geleistete Sicherheit, sodass die FB keine weitere Besicherung verlangen kann. Die StSchuld erlischt nicht durch Sicherheitsleistung (FG Bremen 8.5.1990 – II 28/81 K, EFG 1991, 292). Erstattet die FB die Leistung ohne Rechtsgrund an einen oder mehrere Gesamtschuldner, entsteht nur gegen den jeweiligen Leistungsempfänger ein Erstattungsanspruch (TK § 44 Rn. 22; Gosch AO § 44 Rn. 23). Dies gilt auch, wenn die Steuer infolge eines materiell unzutr. Änderungsbescheids zunächst formell rechtmäßig herabgesetzt wird, da die tatsächliche Leistung nur gegenüber dem jeweiligen Empfänger wirkt (BFH 29.2.2012 – II R 19/10, BStBl. II 2012, 489).

2. Andere Tatsachen (Abs. 2 S. 3)

19 Andere Tatsachen wirken unabhängig davon, ob die Schuld dadurch erlischt, nur für und gegen den Gesamtschuldner, in dessen Person sie eintreten (§ 44 II 3). Der hierin zum Ausdruck kommende **Grundsatz der Einzelwirkung** beruht auf der Selbständig-

keit der Forderungen trotz bestehender Tilgungsgemeinschaft. Die Forderung gegen den einzelnen Schuldner kann sich deshalb unterschiedlich entwickeln. Einzelwirkung entfalten danach die übrigen Erlöschensgründe der AO, insb. Erlass (§ 227), abweichende StFestsetzung (§ 163) und Verjährung (§§ 169 ff., 228 ff.). Anders als beim Erlass aus persönlichen Billigkeitsgründen liegt dem Erlass aus sachlichen Gründen regelmäßig eine Sachlage zugrunde, die personenunabhängig den gesamten Anspruch erfasst. In einem solchen Fall hat jeder Gesamtschuldner Anspruch auf Erlass der Steuer, sodass eine Inanspruchnahme insgesamt ausscheidet. Dies gilt nicht, wenn die Sachgründe nur in der Person eines Gesamtschuldners vorliegen (zB Erlass von Säumniszuschlägen wegen Zahlungsunfähigkeit). Die Verjährungsfristen laufen gegenüber jedem Gesamtschuldner unabhängig voneinander (BFH 15.12.1989 – VI R 151/86, BStBl. II 1990, 526; BFH 25.4.2006 – X R 42/05, DStRE 2006, 1155). Dies gilt auch für Umstände, die zur Hemmung oder Unterbrechung der Verjährung führen (BFH 8.12.1981 – VII R 105/78, BStBl. II 1982, 226; BFH 9.3.1990 – VI R 87/89, BStBl. II 1990, 608). StHinterziehung und leichtfertige StVerkürzung führen zu einer deliktsbezogenen Verlängerung der Festsetzungsfrist (§ 169 II 2, 3), dh eine personenbezogene Differenzierung entfällt (TK § 44 Rn. 19). Fälligkeit (§ 220), Leistungsgebot (§ 254), Stundung (§ 222), Zahlungsaufschub (§ 223), Niederschlagung (§ 261), VollstrAufschub (§ 258) sowie AdV (§ 361 II) entfalten nur Einzelwirkung gegenüber dem Gesamtschuldner, in dessen Person die Umstände eintreten (FG Münster 28.6.2005 – 2 K 3890/01, EFG 2006, 316). Auf die Verwirkung kann sich nur der Schuldner berufen, der sich auf das ihm gegenüber vertrauensbegründende Verhalten der FB eingerichtet hat (BFH 24.6.1988 – III R 177/85, BFH/NV 1989, 351). Verschulden oder Säumnis eines Gesamtschuldners ist den anderen Schuldnern nicht zuzurechnen (aA BFH 24.7.1996 – I R 62/95, BStBl. II 1997, 115: Verschuldenszurechnung zwischen Ehegatten bei § 173).

3. Verfahrensrechtliche Wirkungen

Die Einzelansprüche sind grds. in gesonderten Bescheiden festzusetzen (HHSp § 44 20
Rn. 42). Eine Ausnahme hiervon begründet § 155 III lediglich für Stpfl., die eine Steuer als Gesamtschuldner schulden (vgl. FG Baden-Württemberg 9.3.2006 – 8 K 144/02, EFG 2006, 1127). Für eine analoge Anwendung auf Haftungsgesamtschuldner oder Haftungs- und StSchuldner fehlt es an einer planwidrigen Regelungslücke (aA TK § 44 Rn. 32; Gosch AO § 44 Rn. 32; vgl. aber BFH 28.1.1983 – VI R 35/78, BStBl. II 1983, 472). Gegenüber StGesamtschuldnern kann die FB wahlweise Einzelbescheide oder zusammengefasste Bescheide erlassen (BFH 24.11.1988 – IV R 232/85, BFH/NV 1989, 782). In den Einzelbescheiden bedarf es keines Hinweises darauf, ob und welcher Gesamtschuldner daneben in Anspruch genommen wurde (BFH 28.6.1984 – IV R 204–205/82, BStBl. II 1984, 784). Die bestandskräftige Festsetzung der Steuer oder Haftungsschuld gegen einen Gesamtschuldner begründet keine Bindungswirkung gegenüber den anderen Schuldnern. Ihnen gegenüber kann die Steuer/Haftungsschuld abw. festgesetzt werden (FG Rheinland-Pfalz 26.3.1987 – 3 K 14/86, EFG 1987, 428). **Rechtsbehelfsbefugt** ist nur der Gesamtschuldner, der selbst Adressat des VA ist. Verfahrensrechtliche Erklärungen eines Gesamtschuldners (zB Einspruch, Rücknahme, Rechtsmittelverzicht) wirken nicht für oder gegen die übrigen Schuldner. Denn das Entstehen einer Gesamtschuld begründet weder eine Gesamtvertretungsmacht, noch berührt es die Selbständigkeit der Forderungen und StSubjekte, sondern bewirkt lediglich eine materielle Tilgungsgemeinschaft (BFH 12.2.2007 – XI B 123/06, BFH/NV 2007, 1152). Bei zusammenveranlagten Ehegatten billigt die Rspr. allerdings jedem Ehegatten wegen der gemeinsamen StFestsetzung zu, Einwendungen auch gegen die Ermittlung der Einkünfte des anderen Ehegatten zu erheben (BFH 27.11.1984 – VIII R 73/82, BStBl. II 1985, 296). Eine Hinzuziehung oder Beiladung des nicht am Verfahren beteiligten Gesamtschuldners ist nicht notwendig, da die Entscheidung ihnen gegenüber nicht einheitlich ergehen muss (BFH 12.5.1992 – VIII R 33/88, BFH/NV 1992, 793; BFH 18.5.2006 – II B 28/04, BFH/NV 2006, 1849;

krit. Schmidt EStG § 26b Rn. 25). In Ausnahmefällen kann Beiladung auch ermessensfehlerhaft sein (BFH 16.3.2001 – II B 83/00, BFH/NV 2001, 1275). Die Rechtskraft eines Urteils erstreckt sich nur auf die am Verfahren beteiligten Gesamtschuldner (vgl. § 425 II BGB).

4. Aufteilung der Gesamtschuld (Abs. 2 S. 4)

21 Ehegatten, die zusammen zur ESt veranlagt worden sind, können beantragen, dass die Vollstr. gegen jeden von ihnen auf die nach Maßgabe der §§ 269–278 aufgeteilte Einzelschuld beschränkt wird (§ 268). Die Verweisung in § 44 II 4 hat lediglich deklaratorische Wirkung. Durch die Aufteilung werden die Wirkungen der Gesamtschuld weitgehend aufgehoben (BFH 12.1.1988 – VII R 66/87, BStBl. II 1988, 406). Die Erfüllung der Gesamtschuld durch Zahlung wirkt entgegen § 44 II 1 nicht mehr für andere Gesamtschuldner, sondern nur für den Leistenden. Gleiches gilt für StAbzugsbeträge und getrennt festgesetzte Vorauszahlungen auf die StSchuld (§ 276 VI). Gegen den einzelnen Gesamtschuldner kann nur noch wegen der auf ihn entfallenden Beträge vollstreckt werden (§ 278). Eine Aufrechnung durch die FB führt wie die Vollstr. zu einer unfreiwilligen Tilgung der Schuld. Aus diesem Grund ist die Aufrechnung im Rahmen des § 278 als VollstrMaßnahme anzusehen (BFH 12.6.1990 – VII R 69/89, BStBl. II 1991, 493). Die Tilgungswirkung der Aufrechnung für alle Gesamtschuldner entfällt rückwirkend, soweit nach Einleitung der Vollstr. aufgerechnet wurde, auch wenn die Aufteilung erst später beantragt wird (§ 276 II). Säumniszuschläge, Zinsen und Verspätungszuschläge gelten für Zwecke der Aufteilung als rückständige Steuer, die aufzuteilen ist, auch soweit die zugrunde liegende StSchuld nicht mehr besteht (BFH 30.11.1994 – XI R 19/94, BStBl. II 1995, 487). Bei der Aufteilung der steuerlichen Nebenleistungen ist der Beitrag des jeweiligen Gesamtschuldners zur Tatbestandsverwirklichung zu berücksichtigen. Säumniszuschläge, die einem nicht säumigen Gesamtschuldner zugerechnet werden, sind daher aus sachlichen Billigkeitsgründen zu erlassen (vgl. TK § 44 Rn. 21).

§ 45 Gesamtrechtsnachfolge

(1) [1]**Bei Gesamtrechtsnachfolge gehen die Forderungen und Schulden aus dem Steuerschuldverhältnis auf den Rechtsnachfolger über. [2]Dies gilt jedoch bei der Erbfolge nicht für Zwangsgelder.**

(2) [1]**Erben haben für die aus dem Nachlass zu entrichtenden Schulden nach den Vorschriften des bürgerlichen Rechts über die Haftung des Erben für Nachlassverbindlichkeiten einzustehen. [2]Vorschriften, durch die eine steuerrechtliche Haftung der Erben begründet wird, bleiben unberührt.**

Schrifttum: Hagen, Steuer- und zivilrechtliche Aspekte der Gesamtrechtsnachfolge durch Erbfall, StBp 2003, 332; Müller-Franken, Gesamtrechtsnachfolge durch Erbfall und einkommensteuerliche Verluste, StuW 2004, 109; Laule/Bott, Nochmals: Vererbbarkeit von Verlustvorträgen, DStR 2005, 497; Hageböke/Heinz, Verlustübergang im Wege der Gesamtrechtsnachfolge bei Umwandlungen, DStR 2005, 2054; Müller, Der Erbgang im Verfahrensrecht, AO-StB 2006, 18; Halaczinsky, Rechte und Pflichten des Gesamtrechtsnachfolgers bei nachträglich aufgedeckten Erbschaft- und Schenkungsteuersachverhalten, DStR 2006, 828; Rudisch, Vererbbarkeit von Verlustvorträgen an Nichtehegatten weiterhin möglich? – Überlegungen für eine vorausschauende Steuerplanung, DB 2006, 976; Vogt, Vererbung steuerrechtlicher Positionen, DStR 2007, 1373; Birnbaum, Keine Vererbung von Verlusten, DB 2008, 778; Wacker, Wegfall des Verlustabzugs im Erbfall, JbFSt 2008/2009, 660; Hartman, Die Einrede der Dürftigkeit des Nachlasses im Steuerrecht, ZEV 2009, 324; Leitzen, Die „partielle Gesamtrechtsnachfolge" und der Übergang von Steuerverbindlichkeiten, DStR 2009, 1853; Billig, Einkommensteuer für das Todesjahr des Erblassers als Nachlassverbindlichkeit des Erben, UVR 2012, 61; Kobor, Einkommensteuerschulden des Erblassers als Nachlassverbindlichkeit gem. § 10 Abs. 5 Nr. 1 ErbStG, FR 2012, 1075; Dusch, Die Dürftigkeitseinrede für Nachlassschulden im Steuerrecht, DStR 2013, 844.

Übersicht

A. Gesamtrechtsnachfolge (Abs. 1)

I. Begriff der Gesamtrechtsnachfolge

1 Das StRecht regelt keine Tatbestände, die eine Gesamtrechtsnachfolge nach sich ziehen, sondern lediglich deren steuerrechtliche Folgen. Voraussetzungen und Eintritt der Gesamtrechtsnachfolge richten sich nach bürgerlichem und zuweilen nach öffentlichem Recht (vgl. OLG Hamm 20.12.1979 – 15 W 238/78, NJW 1980, 843). Dementsprechend knüpft § 45 an den **zivilrechtlichen Subjektwechsel** an. Gesamtrechtsnachfolge ist hiernach der Übergang der gesamten Rechtsstellung, insb. des Vermögens als Ganzes auf eine oder mehrere Personen (MüKo BGB § 1922 Rn. 192). Der Gesamtrechtsnachfolger wird neuer Schuldner für die Gläubiger des Erblassers. Dies gilt unabhängig davon, ob der Rechtsnachfolger des Erblassers Alleinerbe oder Miterbe ist. Auch der Miterbe wird mit dem Erbfall neuer Schuldner (Staudinger BGB Vor §§ 1967 ff. Rn. 32 f.). Der Übergang vollzieht sich durch einen einheitlichen Vorgang, ohne dass es einer gesonderten Übertragung bedarf. Die Einzelrechtsnachfolge bezieht sich dagegen auf ein einzelnes Recht. Es muss, auch wenn eine Mehrheit von Rechten übertragen werden soll (Sachgesamtheit), jedes Recht nach den für sie geltenden Vorschriften einzeln übertragen werden. Bei der Gesamtrechtsnachfolge geht das Vermögen als Ganzes kraft Gesetzes auf den Rechtsnachfolger über (BFH 21.3.1969 – VI R 208/67, BStBl. II 1969, 520). Dem steht nicht entgegen, dass die Wirkung der Universalsukzession zT nur durch Rechtsgeschäft herbeigeführt werden kann. Es wird auch nicht stets das Gesamtvermögen des Rechtsträgers erfasst. So kennt das Umwandlungsrecht die totale oder partielle Gesamtrechtsnachfolge durch Abschluss eines Rechtsgeschäfts (K. Schmidt GesR § 12 IV 3).

2 Die **Fälle der Gesamtrechtsnachfolge** sind gesetzlich abschließend geregelt (BFH 12.1.2011 – XI R 11/08, BStBl. II 2011, 477). Vertraglich kann daher eine Universalsukzession nicht wirksam vereinbart werden, wo sie vom Gesetz nicht vorgesehen ist (Larenz AT § 13 V b). Gesamtrechtsnachfolge ist gesetzlich angeordnet bei der Erbfolge (§ 1922 I BGB) einschl. der Nacherbfolge (§ 2139 BGB) und der Fiskalerbschaft (§ 1936 BGB; vgl. BFH 7.3.2006 – VII R 12/05, BStBl. II 2006, 584), Vereinbarung der Gütergemeinschaft durch Ehevertrag (§ 1416 BGB), Anfall des Vermögens eines aufgelösten Vereins oder einer Stiftung an den Fiskus (§§ 46, 88 BGB), bei der Verschmelzung (§§ 2 ff. UmwG), bei der Spaltung (§§ 123 ff. UmwG; dagegen keine Gesamtrechtsnachfolge bei Ausgliederung gem. § 123 III UmwG, vgl. BFH 23.3.2005 – III R 20/03, BStBl. II 2006, 432; BFH 10.3.2023 – X B 70/22, BFH/NV 2023, 719) in Form der Aufspaltung des gesamten Vermögens auf mehrere Nachfolger oder in Form der Abspaltung durch Überführung eines Teils des Vermögens auf einen anderen und bei der Vermögensübertragung (§§ 174 ff. UmwG; FG Köln 12.4.2011 – 13 K 3136/04, EFG 2011, 2014). Nach hM zählt hierzu auch der Zuwachs des Anteils eines ausscheidenden Gesellschafters am Gesellschaftsvermögen an die übrigen Gesellschafter (§ 712 I BGB, § 738 S. 1 BGB aF) sowie der Erwerb eines Anteils durch einen neu eintretenden Gesellschafter unter Verminderung der Anteile der bisherigen Gesellschafter (Larenz AT § 13 V b; TK § 45 Rn. 5; vgl. auch FG

Münster 18.5.2017 - 5 K 2174/14 U, EFG 2017, 1210). Dabei wird das Gesellschaftsvermögen lediglich als ein gemeinschaftliches Vermögen der Gesellschafter angesehen. Billigt man jedoch der Gesamthandsgesellschaft Subjektqualität zu, ist sie selbst Trägerin des Gesellschaftsvermögens (→ § 33 Rn. 22). Durch die An- und Abwachsung findet folglich kein Rechtsübergang statt, sondern lediglich eine Veränderung des Wertanteils des Einzelnen (K. Schmidt GesR § 45 II 5; ebenso Schwarz/Pahlke/Keß § 45 Rn. 14).

3 **Keine Gesamtrechtsnachfolge** findet statt, wenn ein Rechtsübergang nicht erfolgt, wie bei Ausschlagung der Erbschaft (§ 1953 I BGB; BFH 27.4.2005 – X B 117/04, BeckRS 2005, 25008046), oder wenn dingliche Einzelübertragungen erforderlich sind, auch soweit sie sich schuldrechtlich auf Vermögensinbegriffe beziehen, wie bei einem Vermächtnis (§ 2174 BGB; BFH 6.3.1975 – IV R 213/71, BStBl. II 1975, 739; BFH 15.6.2011 – XI R 10/11, BFH/NV 2011, 1722), bei Erbschaftskauf (§ 2371 BGB), bei vertraglicher Vermögensübernahme (§ 419 BGB aF), bei Erwerb eines Handelsgeschäfts unter Lebenden (§ 25 HGB; BFH 11.4.1991 – V R 86/85, BStBl. II 1991, 729), bei Auflösung einer PersGes durch Realteilung (BFH 17.2.1994 – VIII R 13/94, BStBl. II 1994, 809), bei Sacheinlage eines Betriebs oder Teilbetriebs (BFH 14.10.1992 – I R 17/92, BStBl. II 1993, 352; K. Schmidt GesR § 20 II 3a) sowie bei Übertragung eines Handelsgeschäfts von der Erbengemeinschaft auf eine personenidentische PersGes (BFH 26.9.1991 – V R 7/87, BFH/NV 1992, 344). Der identitätswahrende Formwechsel erfolgt kraft gesetzlichen Rechtsformzwangs zwischen GbR, oHG und KG oder kraft Rechtsgeschäfts (§ 202 I Nr. 1 UmwG). Das Rechtssubjekt besteht in neuer Rechtsform fort, sodass eine Übertragung von Rechten nicht erforderlich ist (K. Schmidt GesR § 12 IV 2). Einen Fall partieller Rechtsnachfolge (Sonderrechtsnachfolge) regelt § 4 HöfeO, wonach der Hof als Teil der Erbschaft unmittelbar auf den Hoferben übergeht (BFH 26.3.1987 – IV R 20/84, BStBl. II 1987, 561; FG Niedersachsen 14.6.1990 – II 322/87, EFG 1991, 105).

II. Materielle Folgen (Abs. 1 S. 1)

1. Übergang von Forderungen und Schulden

4 Mit Verwirklichung des Tatbestands der Gesamtrechtsnachfolge gehen die Forderungen und Schulden, also alle beiderseitigen Ansprüche aus dem StSchuldverhältnis auf den Rechtsnachfolger über (§ 45 I 1). Der Rechtsnachfolger tritt **unverändert** in die Rechtsposition seines Vorgängers ein und wird hierdurch selbst Gläubiger und Schuldner. Dies bedeutet zumeist, aber nicht zwangsläufig, wie der Fall der Gütergemeinschaft zeigt, die Befreiung des Rechtsvorgängers von der Verbindlichkeit (Grüneberg BGB § 1437 Rn. 1). Ein Übergang von Forderungen und Schulden findet statt, soweit der Anspruch durch Tatbestandsverwirklichung seitens des Rechtsvorgängers entstanden ist (§ 38). Auf die Festsetzung oder Fälligkeit des entstandenen Anspruchs kommt es nicht an (HHSp § 45 Rn. 23). Der Anspruch geht in der Gestalt über, die er im Zeitpunkt der Rechtsnachfolge erfahren hatte. Stundung, AdV, Zahlungs- und VollstrAufschub wirken auch gegenüber dem Nachfolger. Die Frist für die Zahlungsverjährung läuft ohne Unterbrechung weiter. Hemmung und Unterbrechung gegenüber dem Vorgänger muss der Nachfolger gegen sich gelten lassen. Erlöschenstatbestände, wie die vom Erblasser unmittelbar vor seinem Tod abgesandte Aufrechnungserklärung, treten in der Person des Nachfolgers ein (vgl. § 130 II BGB). Vereinigen sich durch die Gesamtrechtsnachfolge Haftungs- und StSchuld in einer Person, erlischt die Haftungsschuld (aA Schwarz/Pahlke/Keß § 45 Rn. 6: Haftungsschuld bleibt bestehen; dies widerspricht dem Grundsatz, dass Haftung und Schuld für dieselbe Verbindlichkeit sich ausschließen; zum Übergang einer Haftungsschuld vgl. FG Baden-Württemberg 11.5.2006 – 3 K 153/05, EFG 2006, 1229). Fällt durch die Rechtsnachfolge eine Gesamtschuld in einer Person zusammen, verwandelt sich diese in eine Einzelschuld (FG Baden-Württemberg 18.8.1988 – VI K 168/85, EFG 1989, 268). Bei zusammenveranlagten Ehegatten soll der überlebende Ehegatte als Gesamtrechtsnachfolger eine

Aufteilung der Steuern beantragen können, soweit die Gesamtschuld fortbesteht (so BFH 17.1.2008 – VI R 45/04, BStBl. II 2008, 418; der BFH erklärt indes nicht, wieso trotz Vereinigung der Schuld in einer Person eine Gesamtschuld fortbestehen kann; insofern geht auch der Verweis auf Art. 6 GG fehl, zumal dem Ehegatten wie jedem Erben die Ausschlagung zur Verfügung steht).

2. Eintritt in die materielle Rechtsposition

Gesamtrechtsnachfolge wird von der hM als Nachfolge in die **gesamte Rechtsposition** 5
des Vorgängers verstanden, soweit nicht das Recht wegen seines höchstpersönlichen Charakters der Übertragung unzugänglich ist (BFH 25.8.1983 – IV R 99/80, BStBl. II 1984, 31; BFH 18.11.2004 – V R 66/03, BFH/NV 2005, 710). Dem liegt die Vorstellung zugrunde, dass zivilrechtlich mit dem Übergang des Vermögens als Ganzes der Eintritt in die gesamte Rechtsposition verbunden ist (BFH 21.3.1969 – VI R 208/67, BStBl. II 1969, 520). Dementsprechend hat der Rechtsnachfolger alle Besteuerungstatbestände, soweit sie nicht höchstpersönlicher Natur sind, gegen sich gelten zu lassen, insb. auch die steuerlichen Hilfspflichten zu erfüllen (Schwarz/Pahlke/Keß § 45 Rn. 25).

Die Gegenauffassung beschränkt den Regelungsgehalt des § 45 I 1 auf den Übergang der Ansprüche aus dem StSchuldverhältnis und lässt eine Zurechnung von Besteuerungsmerkmalen nur zu, soweit hierfür eine spezifische Rechtsgrundlage besteht (Ruppe DStjG 10, 45 (55)).

Maßgeblichkeit der Einzelsteuergesetze. Betrachtet man den Hauptfall der Gesamt- 6
rechtsnachfolge, regelt § 1922 I BGB lediglich den Übergang des Vermögens und selbst dies nur unvollkommen, da auch Vermögensrechte, wie Nießbrauch (§ 1061 BGB) oder das Recht auf Leibrente (§ 759 I BGB), unvererblich sein können (Meincke DStjG 10, 19 (29)). So beruht die Aussage, der Rechtsnachfolger tritt in die gesamte Rechtsposition ein, im Wesentlichen auf einer Gesamtschau der zivilrechtlichen Regelung (vgl. zB § 673 BGB). Diese Aussage lässt sich auf das StRecht übertragen. Der Rechtsnachfolger tritt in die Rechtsposition seines Vorgängers ein, soweit nicht aufgrund des Charakters der übergehenden Rechte und Pflichten oder wegen abweichender gesetzlicher Regelungen ein Übergang ausgeschlossen ist. Im Zweifel bedarf es daher stets der Klärung, ob ein Übergang mit der materiellen oder verfahrensrechtlichen Regelung vereinbar ist (im Ergebnis ebenso Ruppe DStjG 10, 45 (55); HHSp § 45 Rn. 25; BFH 17.12.2007 – GrS 2/04, DStR 2008, 545). Die Ergebnisse beider Auffassungen dürften sich kaum unterscheiden. Durch die Gesamtrechtsnachfolge gehen daher nicht nur bereits entstandene Ansprüche über, sondern auch anspruchsbegründende und -vernichtende Merkmale, ebenso wie Ermäßigungen und Vergünstigungen sowie steuerliche Hilfspflichten, soweit sie nicht wegen ihrer **höchstpersönlichen Natur** unlösbar mit der Person des Rechtsvorgängers verknüpft sind (BFH 11.11.1971 – V R 111/68, BStBl. II 1972, 80; BFH 15.6.2011 – XI R 10/11, BFH/NV 2011, 1722). Die steuerlichen Pflichten, die sich auf die Besteuerungszeiträume des Rechtsvorgängers beziehen, resultieren aus der Rechtsnachfolge. So ist der Erbe zur Auskunft über die Verhältnisse des Erblassers, zur Abgabe der ESt-Erklärung (BFH 10.2.2021 – IV R 38/19, BFH/NV 2021, 1037) oder zur Duldung einer Betriebsprüfung (BFH 15.6.2022 – X B 87/21 (AdV), BFH/NV 2022, 1162: FG Hessen 10.5.2023 – 8 K 816/20, DStRE 2024, 1195) verpflichtet, weil durch Rechtsnachfolge die StSchuld auf ihn übergegangen ist. Das Erlöschen und die anschließende Neubegründung der steuerlichen Nebenpflichten ist eine durch § 45 I 1 nicht begründbare, gekünstelte Konstruktion, da es sich nicht um höchstpersönliche Verpflichtungen handelt (aA TK § 45 Rn. 15). **Antrags- und Wahlrechte** gehen auf den Rechtsnachfolger über (BFH 25.8.1983 – IV R 99/80, BStBl. II 1984, 31). Besitzzeiten und Verbleibensvoraussetzungen des Rechtsvorgängers wirken grds. fort (BFH 10.4.1984 – VIII R 218/79, BStBl. II 1984, 734; BFH 24.3.1992 – VIII R 48/90, BStBl. II 1993, 93).

Bei der **ESt** und **KSt** endet mit dem Tod bzw. Untergang des Rechtsvorgängers dessen 7
Stpfl. Der in der Person des Rechtsvorgängers verwirklichte ESt-Anspruch geht trotz seines

späteren Entstehens (§ 36 I EStG) unmittelbar auf den Nachfolger über (Schmidt EStG § 25 Rn. 16; aA TK § 45 Rn. 2). Für die Ermittlung des Anspruchs sind allein die durch den Rechtsvorgänger verwirklichten Tatbestände und dessen persönliche Besteuerungsmerkmale maßgeblich. Bei der Gewinnermittlung durch Bestandsvergleich ist zur Ermittlung des bisherigen Jahresergebnisses eine Zwischenbilanz aufzustellen (HHSp § 45 Rn. 26). In die Einnahmeüberschussrechnung sind die bis zum Ende der Stpfl. zu- und abgeflossenen Werte einzustellen. **Nachträgliche Einkünfte** sind dem Rechtsnachfolger gem. § 24 Nr. 2 EStG als eigene Einkünfte zuzurechnen und beeinflussen das Einkommen des Vorgängers nicht (BFH 24.1.1996 – X R 14/94, BStBl. II 1996, 287). § 24 Nr. 2 EStG enthält lediglich eine Sonderregelung für die abweichende Zurechnung nachträglich zugeflossener Einkünfte, sodass die Rechtsnatur der Zahlung, zB die Einkunftsart, weiterhin nach den durch Nachfolge übergegangenen Merkmalen zu bestimmen ist (Heinicke DStjG 10, 99). Geht ein Betrieb, Teilbetrieb oder der Anteil eines Mitunternehmers an einem Betrieb über, ändert sich hierdurch nicht die Eigenschaft als Betriebsvermögen. Dem Rechtsnachfolger steht es nunmehr frei, selbst gewerbliche Einkünfte durch Fortführung des Betriebs zu erzielen. Er ist dabei an die Werte des Vorgängers gebunden (§ 6 III 2 EStG). Dies gilt auch für die Gewinnermittlungsart, Bewertungs- und Abschreibungsmethoden sowie das Wahlrecht zwischen Betriebsverpachtung und -aufgabe (BFH 12.3.1992 – IV R 29/91, BStBl. II 1993, 36).

8 Für **Wirtschaftsgüter des Privatvermögens,** die zur Einkünfteerzielung verwendet werden, ist gem. § 11d EStDV die Absetzung für Abnutzung nach Maßgabe der Verhältnisse des Vorgängers fortzuführen (BFH 4.9.1990 – IX R 197/87, BStBl. II 1992, 69). Der Rechtsnachfolger darf zudem den Verlust aus der letzten Veranlagung des Erblassers in dessen frühere Veranlagungen zurücktragen (§ 10d EStG). Demgegenüber beinhaltet die Rechtsnachfolge nicht die Zurechnung der Besteuerungsgrundlagen des Erblassers beim Erben, sodass Verluste des Erblassers vom Erben weder im Wege des Verlustausgleichs noch des Verlustvortrags und -rücktrags bei der eigenen Einkommensermittlung abgezogen werden dürfen (Ruppe DStjG 10, 45 (90 ff.) mwN; BFH 17.12.2007 – GrS 2/04, DStR 2008, 545; die ältere Rspr. ist hierdurch überholt). Dies gilt erst recht, wenn er mit den Verlusten des Erblassers wirtschaftlich nicht belastet wird (BFH 5.5.1999 – XI R 1/97, BStBl. II 1999, 653; aA FG Schleswig-Holstein 21.6.2002 – III 79/02, EFG 2002, 1295; FG München 6.3.2002 – 11 V 342/02, EFG 2002, 673). Die Begünstigung des § 10e EStG bzw. des EigZulG ist nicht personenbezogen, sodass der Rechtsnachfolger, soweit er selbst die Voraussetzungen erfüllt, die Abzugsbeträge geltend machen kann (Schmidt EStG § 10e Rn. 29; FG Brandenburg 22.6.2005 – 4 K 498/03, BeckRS 2005, 26021723 zum FördG; FG Rheinland-Pfalz 20.1.2005 – 4 K 1213/02, EFG 2005, 694 zu StBeratungskosten; kein Abzug einer Spende des Erblassers beim Erben BFH 21.10.2008 – X R 44/05, BFH/NV 2009, 375; FG Sachsen-Anhalt 24.7.2024 – 1 K 903/21, EFG 2025, 853, Rev. X R 23/24 zu § 10f EStG; FG Berlin-Brandenburg 18.12.2023 – 15 K 15045/23, DStRK 2024, 159, Rev. X R 3/24 zur wohnungswirtschaftlichen Verwendung gem. § 92a I 1 Nr. 1 EStG). Zum Realsplitting vgl. BFH 12.11.1997 – X R 83/94, BStBl. II 1998, 148. Der Kindergeldanspruch iSd § 62 EStG geht wegen seines personenbezogenen Charakters nicht über (vgl. zB § 1 II BKGG); anders jedoch der Rückforderungsanspruch (vgl. FG Thüringen 26.4.2006 – III 135/04, EFG 2006, 1852; BFH 12.10.2011 – III B 56/11, BFH/NV 2012, 178). Trotz der Zurechnung einzelner Besteuerungsmerkmale erzielt der Rechtsnachfolger Einkünfte und ist StSchuldner, weil er selbst den Tatbestand verwirklicht, an den das Gesetz die Leistungspflicht knüpft (§ 38). Dies gilt auch, soweit Nachlassverwaltung oder Testamentsvollstreckung angeordnet ist (BFH 5.6.1991 – XI R 26/89, BStBl. II 1991, 820).

9 Für die **GewSt** fingiert § 2 V 1 GewStG die Einstellung des Gewerbebetriebs durch den bisherigen Unternehmer, wenn der Betrieb im Ganzen auf einen Rechtsnachfolger übergeht. Auf den Rechtsnachfolger geht zwar die GewSt-Schuld des Vorgängers über, der Gewerbebetrieb als Besteuerungsobjekt jedoch nicht (BFH 14.1.1965 – IV 173/64 S,

BStBl. III 1965, 115). Dem Rechtsnachfolger steht nicht der Verlustabzug nach § 10a GewStG zu (BFH 7.12.1993 – VIII R 160/86, BStBl. II 1994, 331). Bei bloßem Rechtsformwechsel endet die sachliche Stpfl. nicht, da keine Gesamtrechtsnachfolge vorliegt (BFH 11.8.1993 – III R 83/89, BFH/NV 1994, 263).

Bei der **USt** gehen die den StAnspruch begründenden Merkmale auf den Gesamtrechtsnachfolger über. Er schuldet die durch die unternehmerische Tätigkeit des Rechtsvorgängers entstandene und noch entstehende USt. Für den begonnenen Voranmeldungszeitraum muss er eine StAnmeldung abgeben und dabei allein die Verhältnisse des Rechtsvorgängers berücksichtigen. Maßgeblich ist zB, ob dieser den ermäßigten StSatz (zB § 12 Nr. 6 UStG) in Anspruch nehmen konnte oder nach vereinbarten bzw. vereinnahmten Entgelten versteuert hat (BFH 30.7.1986 – V R 101/79, BFH/NV 1986, 771). Der Rechtsnachfolger hat auch die Berichtigungen nach § 17 UStG durchzuführen und ggf. für bereits erbrachte Leistungen noch Rechnungen mit gesondertem USt-Ausweis auszustellen bzw. zu korrigieren. Unerheblich ist, ob der Rechtsnachfolger Unternehmer ist, da ihm diese Rechte und Pflichten aus übergegangener Pflichtenstellung zustehen. Für die Zeit nach Eintritt der Gesamtrechtsnachfolge kommt es auf die Verhältnisse des Rechtsnachfolgers an (BFH 10.4.1997 – V R 35/96, BFH/NV 1997, 908 zu § 19 UStG). Die Unternehmereigenschaft ist handlungsbezogen („ausübt"), endet mit Einstellung der Tätigkeit und ist deshalb nicht vererblich (BFH 19.11.1970 – V R 14/67, BStBl. II 1971, 121). 10

Das Antragsrecht für die Gewährung kraftfahrzeugsteuerrechtlicher Vergünstigungen für Schwerbehinderte nach § 3a III 1 KraftStG steht nach dem Tod des Berechtigten seinen Erben zu (BFH 10.2.2021 – IV R 38/19, BFH/NV 2021, 1037; FG Nürnberg 18.8.2023 – 6 K 230/23, BeckRS 2023, 53763, Rev. IV R 16/24).

Steuerliche Nebenleistungen, insb. Zinsen, Verspätungs- und Säumniszuschläge, gehen – mit Ausnahme von Zwangsgeldern im Falle der Erbfolge (§ 45 I 2) – ebenfalls auf den Rechtsnachfolger über (BFH 22.1.1993 – III R 92/89, BFH/NV 1993, 455; BFH 23.9.2009 – XI R 56/07, BFH/NV 2010, 12). Für die Berechnung zeitbezogener Nebenleistungen ist auf den gesamten Zeitraum abzustellen. Die Rechtsnachfolge beendet oder unterbricht den Zinslauf nicht (BFH 28.11.1991 – IV R 96/90, BFH/NV 1992, 506). 11

3. Zwangsgelder bei Erbfolge (Abs. 1 S. 2)

Tritt die Gesamtrechtsnachfolge im Wege der Erbfolge ein, geht die Verpflichtung zur Zahlung von Zwangsgeld nicht über (§ 45 I 2). Das Zwangsgeld gehört zu den Zwangsmitteln, mit denen ein VA durchgesetzt werden soll, der eine bestimmte Verhaltenspflicht statuiert (§ 328). Das Zwangsmittel richtet sich gegen das persönliche Verhalten des Stpfl. (vgl. § 334). Diese personenbezogene Ausrichtung des Zwangsgelds schließt einen Übergang aus. Hieraus erklärt sich zugleich die Beschränkung auf die Rechtsnachfolge durch Erbfolge. Erfüllt der Erbe die auf ihn übergegangene Pflicht ebenfalls nicht, kann die FB auch gegenüber dem Erben nunmehr Zwangsmittel anwenden. § 45 I 2 ist als Ausnahmetatbestand grds. nicht analogiefähig. Eine Anwendung auf Säumnis- und Verspätungszuschläge scheidet bereits wegen der auch vermögensbezogenen Elemente aus. Die Gesamtrechtsnachfolge für sich stellt keinen sachlichen Billigkeitsgrund dar (vgl. VGH München 29.11.2024 – 4 ZB 24.1226, ZKF 2025, 46). Ein Erlass kommt jedoch bei sachlichen Billigkeitsgründen, die bereits zu Lebzeiten des Erblassers bestanden, in Betracht (BFH 22.1.1993 – III R 92/89, BFH/NV 1993, 455). 12

III. Verfahrensrechtliche Folgen

Bekanntgabe gegenüber Rechtsnachfolger. Der Gesamtrechtsnachfolger tritt grds. auch in die verfahrensrechtliche Stellung des Vorgängers ein. Dies gilt sowohl für die Verfahrensrechte und -pflichten sowie für die übergegangenen Ansprüche als auch für die hiermit zusammenhängenden steuerlichen Nebenpflichten (→ Rn. 13). Demzufolge hat die StFestsetzung nach Übergang der StSchuld gegenüber dem Rechtsnachfolger zu 13 erfolgen (FG Baden-Württemberg 13.11.2002 – 2 K 114/00, EFG 2003, 307). Der VA ist an den Gesamtrechtsnachfolger zu richten (BFH 25.11.1987 – II R 227/84, BStBl. II 1988, 410). Ein an eine nicht mehr existierende Person adressierter Bescheid ist nichtig (BFH 21.10.1985 – GrS 4/84, BStBl. II 1986, 230; BFH 25.1.2006 – I R 52/05, BFH/NV 2006, 1243). Der Gesamtrechtsnachfolger ist im VA namentlich unter Hinweis auf das Nachfolgeverhältnis zu bezeichnen (BFH 29.3.1972 – II S 12/71, BStBl. II 1972, 502). Bei Testamentsvollstreckung kann die StFestsetzung für vom Erblasser bereits verwirklichte Sachverhalte auch gegenüber dem Testamentsvollstrecker erfolgen (BFH 30.9.1987 – II R 42/84, BStBl. II 1988, 120). Zu weiteren Einzelheiten der Bekanntgabe bei Gesamtrechtsnachfolge vgl. AEAO zu § 122 Nr. 2.12, 2.13 sowie die Kommentierung zu → § 122 Rn. 1 ff.

14 **Fristen, Wahl- und Gestaltungsrechte.** Wahl- und Gestaltungsrechte gehen auf den Rechtsnachfolger über, soweit diese weder ausgeübt sind, noch widerrufen oder abgeändert werden können (BFH 25.8.1983 – IV R 99/80, BStBl. II 1984, 31). Vom Rechtsvorgänger verbindlich abgegebene Verfahrenserklärungen einschl. der Ausübung von Wahl- und Gestaltungsrechten wirken auch gegenüber dem Rechtsnachfolger. Das Recht zur Wahl der Veranlagungsart geht auf den Erben über.

Schlägt der Ehegatte die Erbschaft nach dem verstorbenen Ehegatten aus, so ist zur Zusammenveranlagung die Zustimmung des Erben erforderlich (BFH 13.11.1979 – VIII R 193/77, BStBl. II 1980, 188; aA Schmidt EStG § 26 Rn. 23 mwN: Wahlrecht behält Ehegatte).

Fristen, insb. zur Festsetzungsverjährung, laufen unverändert weiter. Eine durch den Vorgänger begangene StHinterziehung oder leichtfertige StVerkürzung bewirkt eine Fristverlängerung (§ 169 II 2; Klein § 45 Rn. 9); die vom Erben mangels Berichtigung gem. § 153 I begangene StHinterziehung verlängert die Festsetzungsfrist nicht zusätzlich (BFH 21.6.2022 – VIII R 26/19, DStR 2022, 2314). Auf die Kenntnis oder das Verschulden des Rechtsnachfolgers kommt es nicht an. Unterbrechung und Hemmung der Verjährungsfrist wirken auch gegenüber dem Nachfolger. § 171 XII enthält eine spezielle Ablaufhemmung bei Gesamtrechtsnachfolge durch Erbfall.

15 **Rechtsbehelfsverfahren.** Die gegenüber dem Stpfl. bestandskräftige StFestsetzung muss auch der Gesamtrechtsnachfolger gegen sich gelten lassen (§ 166). Für noch nicht bestandskräftige VA geht die Rechtsbehelfsbefugnis auf den Rechtsnachfolger über (BFH 12.12.2008 – IV B 121/08, BFH/NV 2009, 604). Dieser ist anstelle des Vorgängers notwendig hinzuzuziehen (BFH 30.7.1987 – IV R 44/85, BFH/NV 1989, 502). Die Rechtsbehelfsfrist läuft unverändert fort (vgl. für dingliche VA § 353). Ein anhängiges Einspruchsverfahren wird mit dem Gesamtrechtsnachfolger fortgesetzt. Durch Eintritt der Rechtsnachfolge wird das Einspruchsverfahren nicht unterbrochen (Kruse DStjG 10, 1 (15); für das Klageverfahren vgl. aber § 155 FGO iVm §§ 239 ff. ZPO). Die Einspruchsentscheidung ist an den Gesamtrechtsnachfolger zu richten (BFH 21.7.1987 – IX R 80/83, BFH/NV 1988, 213). Für die dem Rechtsvorgänger gewährte AdV schuldet der Gesamtrechtsnachfolger bei erfolglosem Einspruchsverfahren Aussetzungszinsen (BFH 28.11.1991 – IV R 96/90, BFH/NV 1992, 506). Ein gegenüber dem Nachfolger ohne Bekanntgabe wirkender StBescheid darf erst nach Erlass eines neuen Leistungsgebots vollstreckt werden (§ 254 I 3).

B. Erbenhaftung (Abs. 2)

16 § 45 II überträgt die zivilrechtliche Haftungsbeschränkung des Erben für Nachlassverbindlichkeiten auf die aus dem Nachlass zu entrichtenden Schulden. Hierdurch wird für den Hauptfall der Gesamtrechtsnachfolge, den Erbfall, der Grundsatz des unbeschränkten Einstehenmüssens für die nach § 45 I übergegangenen StSchulden eingeschränkt. Der Erbe ist zur Schuldtilgung nur in dem Umfang verpflichtet, wie er nach den Vorschriften des

bürgerlichen Rechts über Nachlassverbindlichkeiten haftet (vgl. BFH 22.8.2018 – II R 51/15, BStBl. II 2020, 662).

I. Beschränkung des Einstehenmüssens auf das Nachlassvermögen (Abs. 2 S. 1)

Erbe ist derjenige, auf den das Vermögen des Erblassers im Wege der Erbfolge übergegangen ist (§ 1922 I BGB). Erbfähig sind natürliche und juristische Personen (vgl. §§ 2101 II, 84 BGB) sowie Personenzusammenschlüsse, die selbst Träger von Rechten und Pflichten sein können, wie PersGes und nicht rechtsfähige Vereine. Unerheblich ist, ob der Erbe aufgrund gesetzlicher (§§ 1924 ff. BGB) oder gewillkürter (§§ 1937, 1941 BGB) Erbfolge berufen ist. Zu den Erben gehören auch der Ersatzerbe nach Wegfall des Erstberufenen (§ 2096 BGB) sowie der Vor- und Nacherbe (§ 2100 BGB). Keine Erben sind der Vermächtnisnehmer (§ 1939 BGB), der durch eine Auflage Bedachte (§ 1940 BGB), der Pflichtteilsberechtigte (§ 2303 BGB) und der Erbschaftskäufer (§§ 2371 ff. BGB). 17

Erbenhaftung. Die Erben haben für die aus dem Nachlass zu entrichtenden Schulden einzustehen. Aus dem Nachlass zu entrichten sind Schulden, wenn der Gläubiger seine Forderung gegen den Nachlass erheben kann, also das ererbte Vermögen zur Schuldtilgung einzusetzen ist. § 1967 I BGB bezeichnet sie als Nachlassverbindlichkeiten. Für sie haftet der Erbe grds. unbeschränkt, aber beschränkbar. Dies bedeutet, dass er nach Erbschaftsannahme mit der Erbmasse und seinem übrigen Vermögen für die Schulden einzustehen hat. Allerdings steht dem Erben das Recht zu, seine Haftung auf den Nachlass zu beschränken. Diese Haftungsbeschränkung tritt ein mit Anordnung der Nachlassverwaltung (§§ 1975 ff. BGB) und Eröffnung des Nachlassinsolvenzverfahrens (vgl. § 1975 BGB iVm § 315 InsO). Können bei geringem Nachlass diese Verfahren mangels einer kostendeckenden Masse nicht durchgeführt werden, verbleiben dem Erben die Unzulänglichkeitseinreden der §§ 1990, 1992 BGB (vgl. FG Baden-Württemberg 11.5.2006 – 3 K 153/05, EFG 2006, 1229; VGH München 29.11.2024 – 4 ZB 24.1226, ZKF 2025, 46). Die Einreden bewirken ebenso eine Haftungsbeschränkung auf den Nachlass. Zur Befriedigung des Gläubigers muss er die Nachlassgegenstände herausgeben. Nach Durchführung eines Aufgebotsverfahrens können dem ausgeschlossenen oder verspäteten Gläubiger die Einreden aus §§ 1973, 1974 BGB entgegengehalten werden. In bestimmten Fällen verliert der Erbe jedoch sein Beschränkungsrecht (§§ 1994, 2005 f. BGB). 18

Zu den **Nachlassverbindlichkeiten** zählen die Erblasserschulden, die Erbfallschulden und die Nachlasserbenschulden, wobei letztere Schulden mit doppeltem Haftungsgrund sind, also nicht zu einer Haftungsbeschränkung führen (vgl. MüKo BGB § 1967 Rn. 16). **Erblasserschulden** sind die vom Erblasser herrührenden Schulden, also Verbindlichkeiten, die im Zeitpunkt des Erbfalls schon in der Person des Erblassers begründet waren, soweit sie nicht mit dem Tod erloschen sind (Grüneberg BGB § 1967 Rn. 2). Hierzu gehören die in der Person des Erblassers bereits entstandenen Ansprüche aus dem StSchuldverhältnis mit Ausnahme der Zwangsgelder (§ 45 I 2), wie zB die anteilige ESt des Todesjahres (BFH 4.7.2012 – II R 15/11, BStBl. II 2012, 790). Begründet sind ferner die Ansprüche, deren Tatbestände der Erblasser verwirklicht hat, die aber erst nach dem Erbfall entstehen (HHSp § 45 Rn. 63). Mit der Bildung stiller Reserven oder steuerfreier Rücklagen begründet der Erblasser nicht die zukünftig hierauf entfallende Ertragsteuer (BFH 5.7.1978 – II R 64/73, BStBl. II 1979, 23). 19

Erbfallschulden sind Verbindlichkeiten, die aus Anlass des Erbfalls und in Bezug auf den Nachlass entstehen (BFH 14.3.1996 – IV R 9/95, BStBl. II 1996, 310), folglich allein durch den Erblasser veranlasst sind (FG Münster 24.9.2019 – 12 K 2262/16, EFG 2019, 1887). Hierbei handelt es sich um Ansprüche, die erst mit Eintritt des Todes oder danach entstehen. § 1967 II BGB nennt die Verbindlichkeiten aus Pflichtteilsrechten, Vermächtnissen und Auflagen. Neben den Beerdigungskosten rechnen hierzu auch die Kosten der Nachlasspflegschaft und Nachlassverwaltung. Die aus dem Erbfall resultierende **ErbSt** (§§ 9 I, 20 ErbStG) zählt ebenso zu den Erbfallschulden (BFH 20.1.2016 – II R 20

34/14, BStBl. II 2016, 482; BFH 28.4.1992 – VII R 33/91, BStBl. II 1992, 781). Fließen dem Erben nachträgliche Einkünfte gem. § 24 Nr. 2 EStG zu, sind ihm diese als Stpfl. bei seiner ESt-Veranlagung zuzurechnen, auch soweit Testamentsvollstreckung oder Nachlassverwaltung angeordnet ist. Die hierauf entfallende ESt stellt eine Erbfallschuld in Form der Nachlassverwaltungskosten dar (BFH 24.1.1996 – X R 14/94, BStBl. II 1996, 287; Siegmann/Siegmann StVj 1993, 337 (344)). Zur ESt für einen Aufgabegewinn, der bereits durch den Erblasser verursacht wurde, vgl. FG Düsseldorf 24.11.2023 – 3 K 645/21 KV, EFG 2024, 1949, Rev. VII R 37/23; anders jedoch bei Aufgabegewinn für rückwirkend erklärte Aufgabe durch Erben BFH 10.5.2023 – II R 3/21, BStBl. II 2024, 374.

21 Als **Nachlasserbenschulden** bezeichnet man Verbindlichkeiten, die der Erbe bei der Verwaltung des Nachlasses durch eigenes Handeln begründet hat (MüKo BGB § 1967 Rn. 17). Die im Gesetz nicht erwähnte Schuld beruht auf einem doppelten Haftungsgrund, sodass neben der Verpflichtung des Nachlasses eine Eigenschuld des Erben entsteht. Die Beschränkung des Erben auf den Nachlass läuft in diesem Fall leer, da der Gläubiger durch Rückgriff auf den zweiten Schuldgrund in das übrige Vermögen des Erben vollstrecken kann. Für Ansprüche aus dem StSchuldverhältnis, die als Nachlasserbenschulden etwa bei der Fortführung eines zum Nachlass gehörenden Betriebs durch den Erben entstehen, muss der Erbe mit seinem gesamten Vermögen einstehen (BFH 28.4.1992 – VII R 33/91, BStBl. II 1992, 781). Eine Nachlasserbenschuld entsteht jedoch nur dann, wenn die Verpflichtung durch ein Handeln des Erben oder zurechenbares Dritthandeln begründet wird. Hieran fehlt es, soweit die dem Erben zuzurechnenden Einkünfte aus der Tätigkeit eines Nachlasspflegers, Testamentsvollstreckers oder Nachlassverwalters stammen, weil deren Handeln dem Erben zivilrechtlich nicht zuzurechnen ist (MüKo BGB § 1967 Rn. 24; BFH 10.11.2015 – VII R 35/13, BStBl. II 2016, 372). Steuerlich verbleibt es in diesem Fall zwar bei einer Zurechnung der Einkünfte beim Erben, der zugleich Schuldner der ESt ist. Durch die Verweisung des § 45 II 1 auf zivilrechtliche Haftungsbeschränkungen gehört die ESt-Schuld des Erben – wie bei nachträglich zufließenden Einkünften iSd § 24 Nr. 2 EStG – allein zu den Nachlassverbindlichkeiten (vgl. FG Rheinland-Pfalz 14.10.2015 – 2 K 1760/14, EFG 2016, 122). Die Schuldnerstellung des Erben lässt für sich noch nicht den Schluss zu, dass er mit seinem gesamten Vermögen einstehen muss (BFH 11.8.1998 – VII R 118/95, BStBl. II 1998, 705 mwN; aA HHSp § 45 Rn. 46). Abfallentsorgungsgebühren, Abwassergebühren, Straßenreinigungsgebühren und Grundsteuern, die nach dem Tod des Erblassers entstehen, sind Eigenverbindlichkeiten des Erben (OVG Münster 27.2.2001 – 9 B 157/01, NVwZ-RR 2001, 596) und zugleich Nachlasserbenschulden, soweit sie im Rahmen ordnungsgemäßer Verwaltung des Nachlasses anfallen (Staudinger BGB § 1967 Rn. 121).

22 **Miterben** haften für gemeinschaftliche Nachlassverbindlichkeiten gesamtschuldnerisch (§ 2058 BGB). Die gesetzlichen Möglichkeiten der Haftungsbeschränkung stehen auch den Miterben zu (vgl. § 2062 BGB). Bis zur Teilung des Nachlasses hat jeder Miterbe zudem das Recht, eine Befriedigung aus seinem Vermögen, das er außer seinem Nachlassanteil besitzt, zu verweigern (§ 2059 I BGB). Nach Teilung des Nachlasses tritt in bestimmten Fällen ausnahmsweise Bruchteilshaftung ein (§ 2060 BGB).

23 **Verfahren.** Die Beschränkung der Erbenhaftung und die Erhebung der Unzulänglichkeitseinreden sind nicht im StFestsetzungsverfahren oder gegen das Leistungsgebot, sondern im VollstrVerfahren durch formlose Erklärung gegenüber der FB geltend zu machen (BFH 11.8.1998 – VII R 118/95, BStBl. II 1998, 705; BFH 14.7.2016 – IX B 142/15, BFH/NV 2016, 1453). Ein Vorbehalt, um sich im VollstrVerfahren wirksam auf die Beschränkung der Haftung berufen zu können, ist wegen der fehlenden Verweisung des § 265 auf § 780 ZPO weder im StBescheid oder beim Leistungsgebot erforderlich noch erreichbar (BFH 24.6.1981 – I B 18/81, BStBl. II 1981, 729; FG Baden-Württemberg 11.5.2006 – 3 K 153/05, EFG 2006, 1229). Dies bedeutet zugleich, dass die FB aus den unbeschränkten VA wegen Nachlassverbindlichkeiten nicht in das freie Vermögen des

Erben vollstrecken darf, wenn die Haftungsbeschränkung eingetreten ist (BFH 12.7.1983 – VII R 31/82, BStBl. II 1983, 653).

II. Unbeschränkte Haftung des Erben (Abs. 2 S. 2)

Durch Eintritt der Gesamtrechtsnachfolge im Wege der Erbfolge wird der Erbe selbst 24
StSchuldner und nicht Haftender im steuerrechtlichen Sinn. Er muss nicht mit eigenem Vermögen für fremde StSchulden einstehen, sondern hat für die übergegangenen (also eigenen) StSchulden einzustehen. Der Erbe kann als StSchuldner nicht zugleich Haftender sein (→ § 33 Rn. 28). Gleichwohl bestimmt § 45 II 2 etwas missverständlich, dass die Vorschriften, durch die eine steuerrechtliche Haftung der Erben begründet wird, unberührt bleiben. Da sich die Regelung nach ihrer systematischen Stellung auf § 45 II 1 bezieht, kann sie nur bedeuten, dass die Beschränkung des Einstehenmüssens auf den Nachlass nicht gilt, wenn den Erben (bei fehlender Schuldnerschaft) die steuerrechtliche Haftung für die auf ihn übergegangenen StSchulden träfe (HHSp § 45 Rn. 83). Der Erbe verliert durch die tatbestandliche Verwirklichung der Haftungsnorm als StSchuldner die Beschränkungsmöglichkeit nach § 45 II 1 (vgl. auch Siegmann/Siegmann StVj 1993, 337 (340)). Haftungsnorm ist jede Vorschrift, aufgrund derer die FB einen Haftungsbescheid erlassen dürfte (vgl. § 191). Der Haftungsumfang richtet sich nach der jeweiligen Haftungsvorschrift. So haftet der Erbe für alle im Unternehmen des Erblassers begründeten Verbindlichkeiten unbeschränkt, wenn er das Unternehmen unter der bisherigen Firma länger als drei Monate fortführt (§ 27 I iVm § 25 HGB). Eine Fortführung durch den Erben erfolgt allerdings nicht, soweit vor Ablauf von drei Monaten Nachlassverwaltung angeordnet oder ein Testamentsvollstrecker tätig wird (MüKo BGB § 1967 Rn. 43). Minderjährige Miterben haften bei Fortführung des Unternehmens durch die Eltern ohnehin nur bis zum Umfang des ererbten Vermögens (BVerfG 13.5.1986 – 1 BvR 1542/84, NJW 1986, 1859; zur Haftungsbeschränkung nach § 1629a BGB vgl. BFH 1.7.2003 – VIII R 45/01, BStBl. II 2004, 35). Nach dem Wortlaut entfällt die Beschränkung nur für nach dem Erbfall verwirklichte Haftungstatbestände („der Erben begründet wird"). Für Haftungstatbestände, in denen die Haftungsschuld durch die Gesamtrechtsnachfolge untergeht, weil sie sich mit der StSchuld vereint hat, ist § 45 II 2 analog anzuwenden.

§ 46 Abtretung, Verpfändung, Pfändung

(1) **Ansprüche auf Erstattung von Steuern, Haftungsbeträgen, steuerlichen Nebenleistungen und auf Steuervergütungen können abgetreten, verpfändet und gepfändet werden.**

(2) **Die Abtretung wird jedoch erst wirksam, wenn sie der Gläubiger in der nach Absatz 3 vorgeschriebenen Form der zuständigen Finanzbehörde nach Entstehung des Anspruchs anzeigt.**

(3) [1]**Die Abtretung ist der zuständigen Finanzbehörde unter Angabe des Abtretenden, des Abtretungsempfängers sowie der Art und Höhe des abgetretenen Anspruchs und des Abtretungsgrundes auf einem amtlich vorgeschriebenen Vordruck anzuzeigen.** [2]**Die Anzeige ist vom Abtretenden und vom Abtretungsempfänger zu unterschreiben.**

(4) [1]**Der geschäftsmäßige Erwerb von Erstattungs- oder Vergütungsansprüchen zum Zweck der Einziehung oder sonstigen Verwertung auf eigene Rechnung ist nicht zulässig.** [2]**Dies gilt nicht für die Fälle der Sicherungsabtretung.** [3]**Zum geschäftsmäßigen Erwerb und zur geschäftsmäßigen Einziehung der zur Sicherung abgetretenen Ansprüche sind nur Unternehmen befugt, denen das Betreiben von Bankgeschäften erlaubt ist.**

(5) **Wird der Finanzbehörde die Abtretung angezeigt, so müssen Abtretender und Abtretungsempfänger der Finanzbehörde gegenüber die angezeigte Abtretung gegen sich gelten lassen, auch wenn sie nicht erfolgt oder nicht wirksam oder wegen Verstoßes gegen Absatz 4 nichtig ist.**

(6) [1] **Ein Pfändungs- und Überweisungsbeschluss oder eine Pfändungs- und Einziehungsverfügung dürfen nicht erlassen werden, bevor der Anspruch entstanden ist.** [2] **Ein entgegen diesem Verbot erwirkter Pfändungs- und Überweisungsbeschluss oder erwirkte Pfändungs- und Einziehungsverfügung sind nichtig.** [3] **Die Vorschriften der Absätze 2 bis 5 sind auf die Verpfändung sinngemäß anzuwenden.**

(7) **Bei Pfändung eines Erstattungs- oder Vergütungsanspruchs gilt die Finanzbehörde, die über den Anspruch entschieden oder zu entscheiden hat, als Drittschuldner im Sinne der §§ 829, 845 der Zivilprozessordnung.**

Schrifttum: Stögbauer, Zu den Voraussetzungen für eine wirksame Abtretung von Ansprüchen aus dem Steuerschuldverhältnis, HFR 2005, 292; Best/Ende, Fallstrick: § 46 Abs. 4 AO – Abtretung von Steuererstattungsansprüchen an Steuerberater, DStR 2007, 595; Grönwoldt, Abtretung von Steuererstattungsansprüchen – Alternativen, insbesondere im Lichte des Insolvenzrechts, DStR 2007, 1058; Sedemund/Schreiber, Abtretung des Körperschaftsteuerguthabens: Möglichkeiten, Hindernisse und Auswege, DB 2009, 697; Krömker, Angaben zum Abtretungsgrund in einer Anlage zur Abtretungsanzeige, AO-StB 2014, 175; Clausnitzer/Stumpf, Pfändung und (Sicherungs-)Zession steuerlicher Erstattungs- und Vergütungsansprüche, BB 2015, 1377.

Übersicht

A. Allgemeines

1 Nach § 46 können Forderungen des Stpfl. ohne Mitwirkung und Willen des StGläubigers abgetreten, verpfändet und gepfändet werden. Der öffentlich-rechtliche Erstattungsanspruch ist als Vermögensbestandteil des Stpfl. grds. frei verfügbar. Die Voraussetzungen des Anspruchsübergangs bzw. der Pfandrechtsbegründung richten sich im Grundsatz nach dem Zivilrecht. Abtretung und Verpfändung werden steuerrechtlich jedoch erst wirksam, wenn die weiteren Voraussetzungen des § 46 erfüllt sind (BFH 25.9.1990 – VII R 114/89, BStBl. II 1991, 201). Entspr. § 409 I 1 BGB wird im Gegenzug das Vertrauen der FB auf die Wirksamkeit der Abtretung geschützt (→ Rn. 39 f.). § 46 betrifft nur Ansprüche aus dem StSchuldverhältnis, die sich gegen den StGläubiger richten, wie das Erfordernis der Anzeige auf amtlich vorgeschriebenem Vordruck belegt. Nicht erfasst werden bloße Umbuchungen aufgrund Anweisung oder infolge Verrechnungsvertrags (FG Münster 8.4.2008 – 11 K 6309/02 AO, EFG 2008, 1597). Die Abtretung des USt-Anspruchs durch den

leistenden Unternehmer gem. § 27 XIX 3 UStG unterliegt nicht den Beschränkungen des § 46 (FG Münster 1.7.2021 – 5 K 3578/18 AO, EFG 2021, 1856). Der prozessuale Kostenerstattungsanspruch gegen die FB hat seine Grundlage hingegen nicht im StSchuldverhältnis (BFH 12.7.1999 – VII B 29/99, BFH/NV 2000, 4). Privatrechtliche Ansprüche gegen den Fiskus und Ansprüche des Staates unterliegen nicht diesen Beschränkungen (Schwarz/Pahlke/Keß § 46 Rn. 3).

B. Zulässigkeit der Abtretung, Pfändung und Verpfändung (Abs. 1)

Ansprüche aus dem StSchuldverhältnis, soweit sie sich gegen den StGläubiger richten, sind grds. durch Abtretung übertragbar, verpfändbar und im Wege der Zwangsvollstreckung pfändbar. Erfasst werden alle öffentlich-rechtlichen Erstattungs- und Vergütungsansprüche des Stpfl., die ihre Grundlage im StSchuldverhältnis haben (HHSp § 46 Rn. 9). Zur Unpfändbarkeit des Kindergeldanspruchs vgl. BFH 7.7.1987 – VII R 97/84, BFH/NV 1988, 14. Stehen Körperschaften des öffentlichen Rechts für ihre Betriebe gewerblicher Art derartige Forderungen gegen den Fiskus zu, unterliegen auch sie den Beschränkungen des § 46. 4

Der **Erstattungsanspruch** des Stpfl. ist das Recht, Rückzahlung einer ohne rechtlichen Grund bewirkten Leistung zur Erfüllung von Ansprüchen aus dem StSchuldverhältnis vom StGläubiger zu verlangen. Er kann sich aus den EinzelStGesetzen oder der AO ergeben (vgl. Lenke/Widera DB 1985, 1367; → § 37 Rn. 10). Hierzu zählen zB Ansprüche auf Erstattung überzahlter Vorauszahlungen zur ESt oder KSt (§ 36 I, IV EStG, § 49 KStG), wegen Erlöschens der ErbSt aus besonderem Grund (§ 29 ErbStG) oder Rückzahlung von GrESt wegen Rückgängigmachung des Erwerbsvorgangs (§ 16 GrEStG; BFH 26.8.1992 – II R 120/89, BStBl. II 1993, 58). Dagegen ist der KSt-Anrechnungsanspruch als unselbständiger Teil des Anrechnungsverfahrens nicht selbständig abtretbar (BFH 6.2.1996 – VII R 116/94, BStBl. II 1996, 557). Der LSt-Erstattungsanspruch des Arbeitnehmers aus dem vom Arbeitgeber durchgeführten LSt-Jahresausgleich (§ 42b EStG) rechnet ebenfalls zu den Ansprüchen iSd § 46 (TK § 46 Rn. 36; aA HHSp § 46 Rn. 139; Klein § 46 Rn. 5). Er richtet sich gegen den StGläubiger, für den der Arbeitgeber den LSt-Jahresausgleich als Teil des LSt-Abzugsverfahrens durchführt (Schmidt EStG § 42d Rn. 5; BFH 28.4.1961 – VI 301/60 U, BStBl. III 1961, 372). Die Erstattung steuerlicher Nebenleistungen beruht häufig auf Zinsansprüchen des Stpfl. aus §§ 233a, 236, erfasst aber auch Kostenerstattungsansprüche iSd §§ 178, 337 ff. Ansprüche auf Erstattung von Prozesskosten nach §§ 135 ff. FGO fallen indessen nicht unter § 46 I (HHSp § 46 Rn. 10; BFH 12.7.1999 – VII B 29/99, BFH/NV 2000, 4). 5

Der **StVergütungsanspruch** ist das Recht des Vergütungsgläubigers, aufgrund besonderer gesetzlicher Grundlage vom Fiskus Zahlung einer vom StSchuldner materiell geschuldeten Steuer an sich zu verlangen. Vergütungsansprüche finden sich zumeist bei den Verbrauchsteuern und Zöllen. Zu ihnen gehören auch der KSt-Vergütungsanspruch nach §§ 36b I 1, 36d I, 36e EStG, der Anspruch auf den Überschuss der VorSt über die USt nach §§ 16 II, 18 III UStG (BFH 30.3.1993 – VII R 108/92, BFH/NV 1993, 583), dagegen nicht der Anspruch auf Anrechnung der KSt (BFH 6.2.1996 – VII R 116/94, BStBl. II 1996, 557) und der sich aus § 15 UStG ergebende VorStAnspruch (BFH 24.3.1983 – V R 8/81, BStBl. II 1983, 612; FG Nürnberg 11.10.2005 – II 426/2003, EFG 2006, 1139; BFH 16.1.2007 – VII R 4/06, BStBl. II 2007, 747). Auf Prämien- und Zulagen-Ansprüche, die den Vergütungsansprüchen gleichgestellt sind, wie zB § 8 I WoPG 1996, § 6 InvZulG 1999, § 15 I 1 EigZulG, ist § 46 ebenfalls anzuwenden (BFH 13.10.1987 – VII R 166/84, BFH/NV 1988, 416; zur Energiepreispauschale s. AG Aschaffenburg 7.11.2022 – 654 IK 298/21, NZI 2022, 944). 6

Für die **Abtretung durch den StGläubiger** gilt § 46 nicht. Hieraus folgt kein generelles Abtretungsverbot für den Fiskus, sondern die unbeschränkte Anwendung der Grund- 7 sätze der §§ 398 ff. BGB (BFH 5.9.1989 – VII R 33/87, BStBl. II 1989, 1004; Grüneberg BGB § 398 Rn. 2; TK § 46 Rn. 1a). Allerdings ist eine Abtretung öffentlich-rechtlicher Ansprüche häufig nach § 400 BGB ausgeschlossen (vgl. zum StAnspruch RG 21.12.1931 – VIII 349/31, RGZ 135, 25). So kann die FB den StAnspruch nicht zum Zwecke des Inkassos auf Privatpersonen übertragen oder durch Factoringgeschäfte verwerten (HHSp § 46 Rn. 17). Demzufolge bedarf auch die Abtretung des StAnspruchs zwischen Hoheitsträgern grds. einer besonderen gesetzlichen Ermächtigung (im Ergebnis ebenso Stober JuS 1982, 742). Bei gesetzlichem Forderungsübergang (§ 412 BGB) wandelt sich der hoheitliche Anspruch in eine privatrechtliche Forderung um (BGH 18.6.1979 – VII ZR 84/78, NJW 1979, 2198). § 400 BGB steht dem nicht entgegen (RG 21.12.1931 – VIII 349/31, RGZ 135, 25).

C. Wirksamkeitsvoraussetzungen

10 Die Abtretung und Verpfändung von Ansprüchen aus dem StSchuldverhältnis erfolgt nach der bürgerlich-rechtlichen Regelung, wird jedoch gem. § 46 durch weitere Voraussetzungen überlagert und vervollständigt. § 46 setzt die **zivilrechtliche Regelung** voraus, bezieht sie als Teil der Gesamtregelung mit ein, sodass die §§ 398 ff., 1280 ff. BGB zu berücksichtigen sind, soweit sie nicht durch § 46 verdrängt werden (ähnlich TK § 46 Rn. 16; Schwarz/Pahlke/Keß § 46 Rn. 2; BFH 22.3.1994 – VII R 117/92, BStBl. II 1994, 789). Die Abtretung und Verpfändung wirkt auf den öffentlich-rechtlichen Charakter des Anspruchs nicht ein, sondern lässt lediglich die Gläubigerstellung übergehen bzw. ein Pfandrecht entstehen (BFH 29.6.1978 – VI R 20/77, BStBl. II 1978, 608). § 46 ist mit dem GG vereinbar (BVerfG 16.6.1983 – 1 BvR 371, 372/83, NJW 1983, 2435).

11 Die **Abtretung** ist ein formfreier Vertrag zwischen dem bisherigen Gläubiger (Zedent) und dem neuen Gläubiger (Zessionar), durch den die Forderung auf den Zessionar übergeht (§ 398 S. 1 BGB). Mit der formgerechten Anzeige des Vertrags tritt der Zessionar an die Stelle des Zedenten (§ 398 S. 2 BGB iVm § 46 II AO). Hiervon zu unterscheiden ist die dem FA mitgeteilte Ermächtigung eines Dritten, die Leistung für den Gläubiger in Empfang zu nehmen, etwa durch Mitteilung des Bankkontos eines Dritten (BFH 8.4.1986 – VII B 128/85, BStBl. II 1986, 511). Durch die Leistung an den Dritten wird die FB von ihrer Verpflichtung gegenüber dem Gläubiger befreit (§ 362 II BGB). Mangels Forderungsübergang findet § 46 keine Anwendung. Abzugrenzen ist ferner das Rechtsinstitut der Anweisung (vgl. hierzu Grüneberg BGB § 783 Rn. 4). Durch eine Zahlungsanweisung wird die FB nicht verpflichtet, an den Anweisungsempfänger zu zahlen (AEAO zu § 46 Nr. 8). § 407 I BGB findet keine Anwendung, soweit der abgetretene Anspruch durch geänderte StFestsetzung verändert wird (FG Niedersachsen 8.12.2004 – 9 K 506/00, EFG 2005, 578); zum Verrechnungsvertrag FG Münster 8.4.2008 – 11 K 6309/02 AO, EFG 2008, 1597.

12 Die **Verpfändung** ist die vertragliche Bestellung eines Rechts, das den Pfandgläubiger berechtigt, sich nach Pfandreife durch die Verwertung des Pfandes (Forderung) zu befriedigen (§§ 1274, 1282, 398 BGB). Die Verpfändung einer Forderung ist nur wirksam, wenn der Gläubiger sie dem Schuldner anzeigt (§ 1280 BGB, § 46 II, VI 3 AO). Abtretung und Verpfändung müssen voll wirksam sein. Gutgläubiger Erwerb von Erstattungsansprüchen oder Pfandrechten ist ausgeschlossen (Bornhaupt BB 1978, 1398; Grüneberg BGB § 405 Rn. 1).

13 **Mehrfache Abtretung und Verpfändung.** Durch die erste wirksame Abtretung tritt ein Wechsel in der Gläubigerstellung ein. Jeden späteren Abtretungsvertrag schließt der Zedent als Nichtberechtigter (BFH 5.10.2004 – VII R 37/03, BStBl. II 2005, 238). Die Verfügung kann nur nach Genehmigung durch den Zessionar wirksam werden (§ 185 II BGB). Für die zeitliche Reihenfolge kommt es nicht auf den Vertragsschluss, sondern auf den Zugang der Anzeige, die Wirksamkeit der Abtretung an (TK § 46 Rn. 38). Dem-

gegenüber können an einer Forderung mehrere Pfandrechte bestehen, da die Verpfändung nicht die Gläubigerstellung übergehen, sondern lediglich ein Sicherungsrecht entstehen lässt. Bei mehrfachen Verpfändungen ist auch die später angezeigte Pfandrechtsbestellung dinglich wirksam. Zur Einziehung der Forderung ist jedoch nur derjenige befugt, dessen Pfandrecht als erstes begründet wurde (§ 1290 BGB). Maßgeblich ist der Zeitpunkt des Zugangs der Verpfändungsanzeige. Über die Rangfolge der Pfandrechte muss die FB durch Abrechnungsbescheid nach § 218 II entscheiden (RFH 27.1.1930 – II A 705/30, RStBl. 1931, 129). Die Verpflichtung kann ggf. auch durch Hinterlegung erfüllt werden (vgl. § 372 BGB).

Künftige Erstattungs- und Vergütungsansprüche, dh noch nicht entstandene Ansprüche, sind abtretbar und verpfändbar (vgl. BFH 12.7.1999 – VII B 29/99, BFH/NV 2000, 4 zur Abtretung des prozessualen Kostenerstattungsanspruchs nach § 398 BGB). Erforderlich ist nur, dass die Entstehung der Forderung bei Abtretung möglich erscheint und die abgetretene Forderung so konkret benannt ist, dass im Zeitpunkt ihres Entstehens die Einbeziehung in die Abtretung bestimmbar ist (Grüneberg BGB § 398 Rn. 11, 14; Grüneberg BGB § 1273 Rn. 1). Bei Abtretung aller künftigen Erstattungsansprüche ist zweifelsfrei erkennbar, dass jeder nach Vertragsabschluss entstandene Anspruch erfasst wird (Grüneberg BGB § 398 Rn. 15; BFH 12.7.2001 – VII R 19, 20/00, BStBl. II 2002, 67; Klein § 46 Rn. 7; Schwarz/Pahlke/Keß § 46 Rn. 24; aA TK § 46 Rn. 7). Zur Vorausabtretung von LSt-Erstattungsansprüchen bei Gehaltsabtretung vgl. BFH 4.12.1979 – VII R 29/77, BStBl. II 1980, 488. Die Abtretung und Verpfändung wird jedoch nur wirksam, wenn sie der FB jeweils **nach Entstehung** jedes einzelnen Anspruchs angezeigt wird (→ Rn. 17). Hierin liegt die eigentliche Schwierigkeit einer Abtretung aller künftigen Ansprüche. Die Pfändung noch nicht entstandener Ansprüche ist unwirksam (§ 46 VI 2). 14

I. Anzeige der Abtretung (Abs. 2)

Rechtsnatur. Die Anzeige der Abtretung und Verpfändung in der vorgeschriebenen Form ist **materielle Wirksamkeitsvoraussetzung,** bis zu deren Erfüllung die Abtretung absolut, dh gegenüber jedermann, unwirksam ist. Sie ist einseitige, empfangsbedürftige Willenserklärung, die mit Zugang bei der zuständigen FB wirksam wird (BGH 30.11.1977 – VIII ZR 26/76, NJW 1978, 642). Die Anzeige ist wie jede formbedürftige Willenserklärung auslegungsfähig, wobei der aus den Umständen außerhalb der Urkunde ermittelte Wille in der Urkunde einen, wenn auch unvollkommenen Ausdruck gefunden haben muss (ähnlich TK § 46 Rn. 23; FG Hessen 16.6.2011 – 11 K 758/09, BeckRS 2011, 96593). Bei der Einbeziehung jeglicher Umstände, insb. auch der unbeabsichtigten Falschbezeichnung, kommt der Zweck des Formerfordernisses nicht zur Geltung (vgl. BGH 17.12.1985 – KZR 4/85, NJW-RR 1986, 724; BFH 25.9.1990 – VII R 114/89, BStBl. II 1991, 201; HHSp § 46 Rn. 25). Der zulässige Inhalt der Anzeige und die daraus für die Wirksamkeit erforderlichen Angaben ergeben sich aus dem Gesetzeszweck. Fehlende oder falsche Angaben zu unzulässigen Fragen berühren die Wirksamkeit der Anzeige nicht. 17

Anzeige des Gläubigers. Der (Alt-)Gläubiger hat die Abtretung anzuzeigen. Die Willenserklärung muss vom Gläubiger abgegeben und mit seinem Willen in den Verkehr gebracht worden sein. Dazu ist erforderlich, dass die Anzeige an den Erklärungsempfänger gerichtet ist und an diesen mit Wissen und Willen des Gläubigers auf den Weg gebracht wurde (FG Berlin 24.6.1991 – VIII 163/89, EFG 1992, 103). Zur Übermittlung der verkörperten Willenserklärung kann sich der Gläubiger eines Boten bedienen. Reicht der Zessionar den auch vom Zedenten unterschriebenen amtlichen Vordruck ein, kann grds. davon ausgegangen werden, dass sich der Zedent des Zessionars zur Übermittlung als Boten bedient hat (BFH 22.3.1994 – VII R 117/92, BStBl. II 1994, 789). Weist der Bote seine Berechtigung nicht nach, darf die FB die Anzeige unverzüglich zurückweisen (§ 174 BGB; MüKo BGB § 174 Rn. 2). Ferner ist auch bei verkörperten Willenserklärungen **Stellvertretung zulässig.** Der Vertreter ist Aussteller der Urkunde, weil er eine eigene 18

Willenserklärung abgibt (Grüneberg BGB § 126 Rn. 9). Handelt der Vertreter ohne Vertretungsmacht, ist die Anzeige grds. nichtig und nicht genehmigungsfähig (§§ 180 S. 1, 174 BGB). War die FB mit der Handlung des vollmachtlosen Vertreters einverstanden oder hat sie die Anzeige durch ihn nicht beanstandet, obgleich sie den Mangel der Vertretungsmacht erkennen konnte, kann das schwebend unwirksame Rechtsgeschäft rückwirkend durch Genehmigung wirksam werden (§§ 180 S. 2, 177 I BGB; BFH 22.3.1994 – VII R 117/92, BStBl. II 1994, 789). Den Schwebezustand kann die FB durch Erklärungsverlangen gegenüber dem Vertretenen beenden (§ 177 II BGB).

19 **Zugang.** Die Abtretung ist nach Entstehung des Anspruchs anzuzeigen (BFH 21.12.2021 – VII R 5/19, BStBl. II 2022, 484). Eine vor Entstehung angezeigte Abtretung wird nicht mit Entstehung des Anspruchs wirksam (BFH 6.2.1996 – VII R 116/94, BStBl. II 1996, 557). Die FB soll sich nicht schon vor der Entstehung des Anspruchs mit dessen Abtretung befassen müssen (BR-Drs. 23/71, 171). Allein maßgebend ist der Zeitpunkt des Zugangs der Anzeige bei dem zuständigen FA. Die Abgabe des Vordrucks bei einer örtlich oder sachlich unzuständigen Behörde bewirkt keinen Zugang. Zugegangen ist die Anzeige erst, wenn die verkörperte Willenserklärung (amtlicher Vordruck) im Original so in den Bereich der zuständigen FB gelangt, dass diese vom Inhalt der Erklärung Kenntnis nehmen kann (RG 24.2.1932 – V 342/31, RGZ 135, 247 (252); BGH 27.10.1982 – V ZR 24/82, NJW 1983, 929; FG Köln 5.6.2003 – 15 K 1708/01, EFG 2004, 133: Beweislast Stpfl.). Die Kenntnisgabe durch Übermittlung des amtlichen Vordrucks per Telefax genügt (BFH 8.6.2010 – VII R 39/09, BStBl. II 2010, 839). Darüber hinaus lässt die FVerw. zu Recht auch die Übermittlung einer eingescannten Anzeige per E-Mail zu (AEAO zu § 46 Nr. 7).

20 **Entstehung.** Erstattungsansprüche entstehen im Zeitpunkt der ohne Rechtsgrund bewirkten Leistung, bei späterem Wegfall des Rechtsgrunds mit dem Wegfall, durch Überzahlung von StVorauszahlungen mit Ablauf des für die StFestsetzung maßgeblichen Zeitraums oder mit späterer Überzahlung (BFH 6.2.1990 – VII R 86/88, BStBl. II 1990, 523; BFH 26.4.1994 – VII R 109/93, BFH/NV 1994, 839; FG Niedersachsen 4.6.2003 – 6 K 872/00, EFG 2003, 1433). Endet die Stpfl. während des Veranlagungszeitraums, entsteht der Erstattungsanspruch trotz Streichung des § 25 II EStG mit dem Ende der Stpfl. (vgl. Schmidt EStG § 25 Rn. 16). Ändert sich der Erstattungsbetrag nach Abtretung oder Verpfändung durch Verlustrücktrag nach § 10d EStG, wird der Erhöhungsbetrag nicht erfasst. Der Anspruch entsteht mit Ablauf des Verlustentstehungsjahres und wird durch die Wahl des Abzugsjahres konkretisiert (BFH 6.6.2000 – VII R 104/98, BStBl. II 2000, 491). Erst danach kann eine Abtretung wirksam angezeigt werden (App FR 1985, 15). Erstattungszinsen nach § 233a entstehen nicht fortlaufend während des Zinszeitraums, sondern erst mit der StFestsetzung, die zu dem zu verzinsenden Unterschiedsbetrag führt (BFH 14.5.2002 – VII R 6/01, BStBl. II 2002, 677; FG Baden-Württemberg 1.12.2000 – 9 K 319/00, EFG 2001, 249; aA Siegert DStR 2000, 46: Beginn).

II. Form und Inhalt der Anzeige (Abs. 3)

1. Angaben auf amtlichem Vordruck (Abs. 3 S. 1)

23 **a) Amtlich vorgeschriebener Vordruck.** Die Anzeige hat auf amtlich vorgeschriebenem Vordruck zu erfolgen. Der Vordruckzwang bezweckt zum einen, den Zedenten vor unüberlegten Abtretungen, solchen zu unangemessenen Bedingungen oder an unseriöse Zessionare zu schützen (BFH 25.6.1985 – VII R 195/82, BStBl. II 1985, 572). Darüber hinaus soll die einheitliche Gestaltung des amtlichen Vordrucks die schnelle Abwicklung der Erstattungsanträge durch EDV-gerechte Aufbereitung der Buchungsanweisungen erleichtern (BT-Drs. 7/2852, 47). Der verwendete Vordruck muss deshalb demjenigen inhaltlich und äußerlich entsprechen, der amtlich vorgeschrieben ist (Vordruckmuster sind abgedr. im AEAO Anl. zu § 46 Nr. 6; BStBl. I 1998, 630). Der Verwendung eines amtlich hergestellten oder von der FB ausgegebenen Vordrucks bedarf es nicht. Vielmehr genügen

auch privat hergestellte Ablichtungen, Nachdrucke oder Computerausdrucke, die dem amtlichen Vordruck entsprechen (FG Niedersachsen 30.11.2009 – 9 K 73/07, EFG 2010, 540; Mink DB 1994, 702; Klein § 46 Rn. 19; Schwarz/Pahlke/Keß § 46 Rn. 41). Zu verwenden ist die jeweils aktuelle Fassung des Vordrucks. Der Gebrauch älterer Muster ist jedoch unschädlich, da auch diese stets dem Schutz- und Bearbeitungszweck des § 46 III entsprachen (BFH 16.11.1993 – VII R 23/93, BFH/NV 1994, 598). Veränderungen gegenüber dem amtlich vorgeschriebenen Muster sind grds. unschädlich, soweit sie die äußere Gestaltung betreffen, es sei denn, hierdurch werden die mit dem Vordruck verfolgten Zwecke beeinträchtigt (BFH 26.11.1982 – VI R 205/81, BStBl. II 1983, 123; BFH 26.9.1995 – VII R 29/95, BFH/NV 1996, 385). Demzufolge sind Bearbeitungshinweise und bereits vorgedruckte Ankreuzungen grds. unschädlich (FG Berlin 25.3.1981 – II 191/80, EFG 1982, 110; FG Hessen 29.11.1985 – 2 K 118/85, EFG 1986, 210; Gosch AO § 46 Rn. 27; aA HHSp § 46 Rn. 29). **Inhaltliche Änderungen,** insb. über den amtlichen Text hinausgehende Ergänzungen, sinnentstellende Hinweise oder fehlende Angaben, die zur Bearbeitung zwingend erforderlich sind, widersprechen regelmäßig dem Zweck der Vordruckverwendung (TK § 46 Rn. 22). Notariell beurkundete, zu Protokoll des Gerichts oder zur Niederschrift der FB gegebene Erklärungen genügen zwar regelmäßig dem Schutzzweck, nicht jedoch der Bearbeitungserleichterung (HHSp § 46 Rn. 30; Klein § 46 Rn. 19; aA TK § 46 Rn. 29).

b) Inhalt. § 46 III legt die essenziell notwendigen Angaben im Einzelnen fest. Fehlende Angaben können nicht nachgeholt werden (BFH 25.9.1990 – VII R 114/89, BStBl. II 1991, 201; BFH 5.10.2004 – VII R 37/03, BStBl. II 2005, 238). Die Anzeige ist jedoch wie jede Willenserklärung auslegungsfähig. Es gelten die allg. Auslegungsregeln. Dabei hat sich die Auslegung an den für die Vordruckverwendung maßgeblichen Zwecken (→ Rn. 23) auszurichten (HHSp § 46 Rn. 25). Eine Auslegung unter Einbeziehung des Gesamtverhaltens einschl. aller Nebenumstände kommt deshalb nur insoweit in Betracht, als der aus den Umständen außerhalb der Urkunde ermittelte Wille in der Urkunde einen, wenn auch unvollkommenen Ausdruck gefunden hat (→ Rn. 17; ähnlich TK § 46 Rn. 23; BFH 7.5.1982 – VI R 49/79, BStBl. II 1982, 685). Zulässig ist eine Bezugnahme auf dem Vordruck beigefügte oder für die FB leicht zugängliche Anlagen (FG Köln 1.7.1992 – 6 K 3601/89, EFG 1993, 194). 24

Abtretender und **Abtretungsempfänger** müssen so genau bezeichnet sein, dass sich ihre Identität verwechslungsfrei ergibt (BFH 13.11.2001 – VII R 107/00, BStBl. II 2002, 402). Bestehen keine Zweifel über die Identität, schaden ungenaue oder unvollständige Angaben nicht (FG Hamburg 25.2.2011 – 2 V 8/11, DStRE 2012, 191). Die **Art des abgetretenen Anspruchs** ist so genau zu charakterisieren, dass er aufgrund der Angaben bestimmbar ist (Gosch AO § 46 Rn. 33). Neben der Benennung der StArt (ESt/LSt oder USt/VorSt) ist der Erstattungszeitraum kenntlich zu machen. Die Abtretung eines ESt-Erstattungsanspruchs umfasst idR auch die Beträge, die sich aus der Anrechnung von KapESt und KSt ergeben, sowie jene in der Veranlagung mit festgesetzten Steuern, wie zB SolZ, KiSt (HHSp § 46 Rn. 35). 25

Die **Höhe** des Anspruchs muss nicht beziffert sein, wenn eine Abtretung des gesamten Anspruchs erkennbar ist. Ohne nähere Angaben kann ggf. von einer Abtretung in voller Höhe ausgegangen werden (BFH 16.11.1993 – VII R 23/93, BFH/NV 1994, 598). Die betragsmäßige Bezeichnung der Abtretungshöhe ohne nähere Erläuterung spricht für eine Teilabtretung, kann aber auch die unzutr. Angabe der Gesamthöhe sein (Schwarz/Pahlke/Keß § 46 Rn. 39). Im Zweifel ist im Hinblick auf den Schutzzweck des § 46 III bei Bezifferung von einer Teilabtretung auszugehen. 26

Der **Abtretungsgrund** hat zumindest schlagwortartig den schuldrechtlichen Lebenssachverhalt zu kennzeichnen (BFH 13.11.2001 – VII R 107/00, BStBl. II 2002, 402; BFH 29.7.2005 – VII B 340/04, BFH/NV 2005, 1969). Er kann sich auch aus den sonstigen Angaben im Vordruck erschließen, wie zB Abtretung an ein Inkassobüro (ebenso Klein 27

§ 46 Rn. 16; aA FG Niedersachsen 7.9.2000 – 5 K 671/96, EFG 2001, 120). Anhand der mitgeteilten Tatsachen muss entschieden werden können, ob die Abtretung sicherungshalber, zum geschäftsmäßigen Erwerb oder aus anderen Gründen erfolgt (BFH 28.9.2011 – VII R 52/10, BStBl. II 2012, 92; BFH 25.9.1990 – VII R 114/89, BStBl. II 1991, 201). Einer genauen Bezeichnung des der Abtretung zugrunde liegenden Verpflichtungsgeschäfts bzw. einer Darlegung des Bestehens eines materiellen Anspruchs bedarf es nicht (BFH 13.11.2001 – VII R 107/00, BStBl. II 2002, 402). Allerdings genügt das bloße Ankreuzen des Feldes „Sicherungsabtretung" nicht (BFH 28.9.2011 – VII R 52/10, BStBl. II 2012, 92). Lässt sich dem Vordruck oder den beigefügten Anlagen nicht entnehmen, ob eine Abtretung oder Verpfändung angezeigt wird, ist die Anzeige unwirksam. Dies gilt auch, wenn Angaben zum geschäftsmäßigen Erwerb gem. § 46 IV 1 fehlen (BFH 5.10.2004 – VII R 37/03, BStBl. II 2005, 238). Die Art des dinglichen Rechtsgeschäfts hat wegen der zT unterschiedlichen Rechtsfolgen wesentliche Bedeutung.

2. Unterschrift (Abs. 3 S. 2)

28 Zedent und Zessionar müssen die Abtretungsanzeige als Aussteller mit vollem Familiennamen unterschreiben (§ 126 I BGB). Anfangsbuchstaben (Paraphe) genügen nicht (BFH 2.10.1986 – VII R 58/83, BFH/NV 1987, 482). Die Verwendung mechanischer Hilfsmittel (Stempel, Faksimile etc.) ist unzulässig (BGH 25.3.1970 – VIII ZR 134/68, NJW 1970, 1078). Das Unterschriftenerfordernis schließt eine Stellvertretung nicht aus. Unterschreibt der Vertreter mit seinem Namen, muss das Vertretungsverhältnis in der Urkunde zum Ausdruck kommen (RG 5.1.1926 – II 153/24, RGZ 96, 286 (289)). Der Vertreter darf auch mit dem Namen des Vertretenen unterzeichnen (BGH 3.3.1966 – II ZR 18/64, BGHZ 45, 193). Wegen des Schutzzwecks der Abtretungsanzeige muss im Vertretungsfall sichergestellt sein, dass der Gläubiger bei Vollmachtserteilung vom Inhalt des Vordrucks Kenntnis nehmen konnte (BFH 26.11.1982 – VI R 205/81, BStBl. II 1983, 123). Die Möglichkeit der Kenntnisnahme ist in geeigneter Weise, zB durch Erklärung in der Vollmachtsurkunde, nachzuweisen (TK § 46 Rn. 31). Treten Ehegatten ihre Erstattungsansprüche ab, ist die Unterschrift desjenigen Ehegatten erforderlich, dem der Anspruch materiell zusteht (BFH 13.3.1997 – VII R 39/96, BStBl. II 1997, 522).

3. Rechtsfolgen

29 Durch die wirksame Abtretung tritt der neue Gläubiger an die Stelle des ursprünglich Berechtigten (§ 398 S. 2 BGB). Eine aufgrund fehlender formgerechter Anzeige unwirksame Abtretung (BFH 7.4.2025 – V B 7/24, BFH/NV 2025, 710) lässt sich nicht aufgrund von Treu und Glauben als wirksam behandeln (so aber FG Baden-Württemberg 25.4.1986 – IX 560/81, EFG 1986, 531; FG Hessen 24.2.1994 – 13 K 4708/92, EFG 1994, 774; offengelassen BFH 5.10.2004 – VII R 37/03, BStBl. II 2005, 238). Die steuerlichen **Mitwirkungspflichten** des Zedenten werden hiervon nicht berührt, da sie wegen ihres höchstpersönlichen Charakters nicht übertragbar sind (BFH 21.3.1975 – VI R 238/71, BStBl. II 1975, 669). Der Zedent bleibt also weiterhin verpflichtet, bei der Ermittlung des Sachverhalts mitzuwirken, StErklärungen abzugeben sowie Bücher und Aufzeichnungen zu führen (TK § 46 Rn. 57).

30 **Rechte des Zessionars.** Ob der Zessionar mit dem Übergang der Gläubigerstellung lediglich befugt ist, seinen Anspruch im Rahmen des Erhebungsverfahrens eigenständig zu verfolgen (so BFH 23.3.2005 – III R 20/03, BStBl. II 2006, 432; BFH 9.4.1986 – I R 62/81, BStBl. II 1986, 565; HHSp § 46 Rn. 75; AEAO zu § 46 Nr. 4) oder auch das StFestsetzungsverfahren zu betreiben, war lange str. (vgl. auch TK § 46 Rn. 56). Richtigerweise wird man differenzieren müssen. Mit der Abtretung geht der Erstattungs- oder Vergütungsanspruch so über, wie er materiell entstanden ist. Für die Entstehung des Anspruchs kommt es nicht auf die Festsetzung oder Fälligkeit an. Demzufolge beschränkt eine unzutr. StFestsetzung nicht den Anspruchsübergang, sondern stellt lediglich ein verfahrensrechtliches Hindernis zur Durchsetzung des StAnspruchs dar (vgl. BFH 15.10.1997

– II R 56/94, BStBl. II 1997, 796). Die durch eine zu hohe StFestsetzung gesetzwidrige Verkürzung des Erstattungsanspruchs greift unmittelbar in die Rechtsstellung des Zessionars ein. Denn das auf den Zessionar mit der übergegangenen Forderung verbundene Recht, seinen Anspruch durchzusetzen, wird durch den StBescheid beschnitten.

Der Zessionar ist nicht befugt, den Antrag auf Veranlagung zu stellen, außergerichtliche und gerichtliche Rechtsbehelfe einzulegen (BFH 27.1.1993 – II S 10/92, BFH/NV 1993, 350 mwN; BGH 27.3.2008 – VII ZB 70/06, NJW 2008, 1675 unter Aufgabe der gegenteiligen Rspr.). Die Abtretung, Verpfändung oder Pfändung des Erstattungsanspruchs erfasst nur den Zahlungsanspruch im Erhebungsverfahren und berührt das Festsetzungsverfahren nicht (AEAO zu § 46 Nr. 4; Klein § 46 Rn. 41; FG Niedersachsen 8.12.2010 – 3 K 227/10, EFG 2011, 850). **Gestaltungs- und Wahlrechte,** wie zB Wahl der Veranlagungsart, Inanspruchnahme erhöhter Absetzungen, Option zur Stpfl., stehen weiterhin allein dem Zedenten zu. Adressat des StBescheids ist ausschl. der Zedent (Gosch AO § 46 Rn. 60; TK § 46 Rn. 58). Drittwirkungen eines VA zwingen nicht zur Bekanntgabe des Bescheids an den Dritten (vgl. § 166). Auf ein bereits anhängiges Rechtsbehelfsverfahren hat die Abtretung keinen Einfluss (vgl. §§ 265 II, 325 ZPO). Ein Beteiligtenwechsel findet nicht statt. Da der VA über die StFestsetzung und das diese betreffende Urteil nach der hier vertretenen Auffassung dem Zessionar gegenüber Rechtskraft entfaltet, ist dieser notwendig beizuladen (FG Baden-Württemberg 21.10.1974 – VI 223/73, EFG 1975, 78; aA BFH 15.3.1990 – V B 174/89, BFH/NV 1991, 246; BFH 28.4.1998 – VII B 228/97, BFH/NV 1999, 43). Demgegenüber ist eine notwendige Beiladung des Zessionars zum Verfahren des Zedenten über die Auszahlung des bestandskräftig festgesetzten Erstattungsanspruchs (§ 218 II 2) nicht zulässig (BFH 9.4.1986 – I R 62/81, BStBl. II 1986, 565; BFH 4.2.2005 – VII R 54/04, BFH/NV 2005, 1173).

Die **Verpfändung** bewirkt nicht den Übergang der Forderung, sondern lässt lediglich 31 ein Pfandrecht entstehen, das den Pfändungsgläubiger erst nach Eintritt der Pfandreife zur Einziehung der Forderung berechtigt. Der Schuldner kann nur noch an ihn befreiend leisten (§ 1282 I 1 BGB). In diesem Stadium ist er auch berechtigt, den Anspruch gerichtlich und außergerichtlich durchzusetzen, sodass die Ausführungen zur Abtretung sinngemäß anzuwenden sind.

III. Geschäftsmäßiger Erwerb von Erstattungs- oder Vergütungsansprüchen (Abs. 4)

1. Geschäftsmäßiger Erwerb (Abs. 4 S. 1)

Der geschäftsmäßige Erwerb von Erstattungs- oder Vergütungsansprüchen zum Zwecke 34 der Verwertung auf eigene Rechnung führt grds. zur Nichtigkeit der Abtretung (§ 46 IV 1; BFH 13.10.1983 – VII R 146/82, BStBl. II 1984, 183; BFH 7.1.2003 – VII B 186/02, BFH/NV 2003, 446). **Erwerb** ist jede Erlangung der Gläubigerstellung durch Übergang der Forderung. Beschränkungen im Innenverhältnis (zB Inkassozession) wirken sich auf den Erwerb des Vollrechts nicht aus (vgl. BFH 16.10.1990 – VII R 118/89, BFH/NV 1990, 89). Die bloße Ermächtigung zur Einziehung und Empfangnahme der Leistung (§§ 185, 362 II BGB), auch bei Angabe des Kontos des Dritten gegenüber der FB, bewirkt dagegen keinen Übergang der Gläubigerstellung, selbst dann nicht, wenn die Ermächtigung unwiderruflich ist. Eine unwirksame Abtretung kann in eine Einziehungsermächtigung umgedeutet werden (BGH 16.3.1987 – II ZR 179/86, NJW 1987, 3121; nicht hingegen in eine Zahlungsanweisung: FG Baden-Württemberg 1.12.1982 – X 363/81, EFG 1983, 388).

Geschäftsmäßig handelt, wer die Tätigkeit in Wiederholungsabsicht selbständig ausübt 35 (BFH 13.10.1994 – VII R 3/94, BFH/NV 1995, 473). Der Entschluss, eine Betätigung wiederholen zu wollen, ist aus den gesamten objektiven Umständen des Einzelfalls zu entnehmen (BFH 8.2.1996 – IV R 28/95, BFH/NV 1996, 747). Die Absicht, Forderungen wiederholt zu erwerben, lässt sich idR aus dem Treffen organisatorischer Vorkehrungen (zB Entwurf eines Abtretungsformulars) ableiten, ohne dass sie Voraussetzung für die Annahme der Geschäftsmäßigkeit sind (BFH 30.8.1988 – VII R 149/85, BFH/NV 1989, 210). Demzufolge kann bereits die einmalige Abtretung in Wiederholungsabsicht erfolgen. Geschäftsmäßigkeit ist insb. anzunehmen, wenn innerhalb eines kurzen Zeitraums eine Vielzahl von Erwerbsfällen vorliegt (BFH 13.10.1994 – VII R 3/94, BFH/NV 1995, 473: vier Abtretungen innerhalb eines Jahres). Mehrere Abtretungsanzeigen beruhen nicht zwangsläufig auf mehreren Erwerbsfällen, da die Anzeige erst nach Entstehung des jeweiligen Anspruchs erfolgen kann (BFH 4.2.2005 – VII R 54/04, BStBl. II 2006, 348). Ohne Bedeutung ist das Verhältnis der Zahl der Abtretungen zur Anzahl der Beratungsfälle.

2. Sicherungsabtretung (Abs. 4 S. 2 und 3)

36 Das Verbot des geschäftsmäßigen Erwerbs von Erstattungs- und Vergütungsansprüchen gilt nicht im Fall der Sicherungsabtretung. Die in S. 2 geregelte generelle Ausnahme vom Verbot des geschäftsmäßigen Erwerbs ist jedoch überflüssig, da sie durch S. 3 wieder eingeschränkt wird. Danach dürfen nur Unternehmen, die nach § 32 KWG befugt sind, Bankgeschäfte zu betreiben, geschäftsmäßig zur Sicherung abgetretene Forderungen erwerben und einziehen (BFH 23.10.1985 – VII R 196/82, BStBl. II 1986, 124 mwN; Schwarz/Pahlke/Keß § 46 Rn. 55).

Abgrenzung. Ob eine Abtretung zur Sicherung, zur Erfüllung oder erfüllungshalber erfolgt, lässt sich nicht immer eindeutig bestimmen (FG Mecklenburg-Vorpommern 15.12.2004 – 1 K 692/02, DStRE 2006, 630: Gesamtumstände maßgeblich). Denn in allen Fällen erlangt der Zessionar im Außenverhältnis die volle Gläubigerstellung. Lediglich im Innenverhältnis unterscheiden sich die Befugnisse des Neugläubigers. Bei der **Sicherungsabtretung** ist der Zessionar auf den vereinbarten Sicherungszweck ähnlich der Befugnis eines Pfandgläubigers beschränkt (Grüneberg BGB § 398 Rn. 20). Das fiduziarische Rechtsverhältnis ist durch die Sicherungszweckabrede gekennzeichnet, die dem Zessionar die Verwertung der abgetretenen Forderung grds. erst erlaubt, wenn eine Befriedigung aus dem fälligen, zu sichernden Anspruch versagt (BFH 13.10.1983 – VII R 146/82, BStBl. II 1984, 183). **Erfüllungshalber** abgetretene Forderungen sind hingegen vorrangig zu verwirklichen, um hierdurch die Tilgung des ursprünglichen Anspruchs herbeizuführen. Soll die abgetretene Forderung vom Abtretungsempfänger unmittelbar zur Tilgung des gesicherten Anspruchs verwendet werden, spricht dies deshalb für eine Abtretung erfüllungshalber (BFH 3.2.1984 – VII R 72/82, BStBl. II 1984, 411). Ausnahmsweise kann auch in diesem Fall eine Sicherungsabtretung angenommen werden, wenn der Sicherungszweck aus den Gesamtumständen erkennbar im Vordergrund steht. Hierfür ist erforderlich, dass der Abtretende seine Einflussmöglichkeiten auf das Schicksal der abgetretenen Forderung im Wesentlichen behält. Wird dem Zessionar die alleinige Befugnis eingeräumt, über die Einlegung von Rechtsbehelfen gegen die den Erstattungsanspruch betreffenden VA zu entscheiden, begibt sich der Zedent weitgehend seiner Verfügungsmacht über den Anspruch (BFH 21.2.1989 – VII R 7/86, BFH/NV 1989, 555). Für eine Abtretung erfüllungshalber spricht schließlich auch, wenn der Abtretungsempfänger nach Einziehung des gesamten Erstattungsanspruchs lediglich den die zu sichernde Forderung übersteigenden Betrag auskehren soll (HHSp § 46 Rn. 63). Beim echten und unechten Factoring erfolgt die Abtretung nicht (nur) sicherungshalber (Lenke/Widera DB 1985, 1367; allg. zum Rechtsinstitut Grüneberg BGB § 398 Rn. 38 ff.). Zur Abgrenzung sind aber stets die gesamten Umstände der Vertragsbeziehungen und deren wirtschaftlicher Gehalt heranzuziehen (BFH 3.2.1984 – VII R 72/82, BStBl. II 1984, 411).

D. Schutzwirkung der Anzeige (Abs. 5)

39 **Anzeige des Gläubigers.** § 46 V schützt das durch die Abtretungsanzeige des Gläubigers erzeugte Vertrauen der FB, dass die Forderung abgetreten ist, während sie ihm tatsächlich noch zusteht. Die Regelung entspricht § 409 I 1 BGB. Erforderlich ist eine wirksame Anzeige des Gläubigers. Sie fehlt zB, wenn der Vordruck ohne Willen des Ausstellers an die FB gelangt oder lediglich eine Erklärung des (Schein-)Zessionars erfolgt (BFH 22.3.1994 – VII R 117/92, BStBl. II 1994, 789; ebenso bei fehlender Vertretungsmacht FG Baden-Württemberg 29.1.2008 – 1 K 98/04, EFG 2008, 750). Ist die Abtretungsanzeige vom Abtretenden bzw. dessen Vertreter nicht unterschrieben oder ist dessen Unterschrift gefälscht, mangelt es an einer Erklärung des Gläubigers (BFH 19.3.2009 – VII B 45/08, BFH/NV 2009, 1236). Eine wirksame Anzeige setzt als rechtsgeschäftsähnliche Handlung zudem Handlungsfähigkeit (§ 79) voraus (vgl. Grüneberg BGB § 409 Rn. 3). Die Mitteilung Geschäftsunfähiger löst die Schutzwirkung des § 46 V deshalb nicht aus (im Ergebnis ebenso HHSp § 46 Rn. 72). Eine Abtretungsanzeige kann analog § 409 II BGB wirksam nur mit Zustimmung des Neugläubigers zurückgenommen werden (FG Hessen 20.7.2006 – 6 K 528/02, BeckRS 2006, 26022223).

Wirkung. Abtretender und (Schein-)Gläubiger können gegenüber der FB nicht einwenden, dass die Abtretung nicht oder nicht wirksam erfolgt ist. Dem Scheingläubiger steht kein Anspruch zu, auch nicht aufgrund der Schutzwirkung zugunsten des Schuldners (BFH 1.8.1995 – VII R 80/94, BFH/NV 1996, 5). Die FB kann jedoch befreiend an ihn leisten, muss es aber nicht. Dabei greift die Schutzwirkung nach der Rspr. auch ein, wenn das FA die Nichtigkeit hätte erkennen können oder davon ausgeht, dass die Abtretung nicht wirksam erfolgt sein könnte (BFH 24.4.2006 – VII B 322/05, BFH/NV 2006, 1442; BFH 6.12.1988 – VII R 206/83, BStBl. II 1989, 223; FG Hessen 13.1.2006 – 5 K 982/04, BeckRS 2006, 26021165; krit. Klein § 46 Rn. 24; TK § 46 Rn. 40; FG Berlin-Brandenburg 13.4.2010 – 5 K 5253/09, EFG 2010, 1850: Prüfungspflicht des FA). § 46 V soll gerade von der Pflicht zur Prüfung der Rechtslage und den Folgen einer falschen Entscheidung befreien (BFH 25.9.1990 – VII R 114/89, BStBl. II 1991, 201). Der **Schutz entfällt** lediglich, wenn die fehlende Berechtigung des Scheingläubigers offen zutage tritt, also positive Kenntnis vorliegt (vgl. BFH 5.6.2007 – VII R 17/06, BStBl. II 2007, 738, ausdrückliche Mitteilung des Leistungsempfängers im Fall der Sicherungsabtretung). Dies muss auch gelten, wenn die FB grob fahrlässig in Unkenntnis bleibt. Die Zahlung an den Zessionar hat keine befreiende Wirkung, wenn zB die Abtretungsanzeige formlos erfolgt oder der Anspruch erst erhebliche Zeit nach Anzeige entstehen kann. Ob die Schutzwirkung des § 46 V eingreift, hängt nicht von einer Ermessensentscheidung der FB ab (Klein § 46 Rn. 24; aA TK § 46 Rn. 41; HHSp § 46 Rn. 73a). Beruft sich die FB gegenüber dem Abtretenden (materiell Berechtigten) nicht auf die befreiende Wirkung, steht ihr ein Rückforderungsanspruch gegen den Scheingläubiger zu (BFH 6.12.1988 – VII R 206/83, BStBl. II 1989, 223). 40

E. Pfändung

Zur Befriedigung eines materiellen Anspruchs kann und muss sich der Gläubiger des staatlichen Zwangs bedienen. Der Staat greift durch hoheitlichen Akt im Wege der Zwangsvollstreckung auf das Schuldnervermögen zu. Zum Schuldnervermögen gehören auch die Erstattungs- und Vergütungsansprüche iSd § 37. Dementsprechend geht § 46 I von der Pfändbarkeit dieser Ansprüche aus, ohne das Verfahren zur Zwangsvollstreckung selbst zu regeln. § 46 VI und VII setzen die allg. Vorschriften voraus (vgl. insb. §§ 803 ff. ZPO) und modifizieren sie nach den Bedürfnissen der FVerw. (vgl. BFH 1.6.1989 – V R 1/84, BStBl. II 1990, 35). Auf vertragliche Pfandrechte (Verpfändung) findet § 46 II–V sinngemäße Anwendung (§ 46 VI 3). 43

I. Pfändung im Zivilrechtsweg (Abs. 6)

Pfändungsbeschluss. Die Pfändung als Beschlagnahme des Anspruchs erfolgt durch einen Beschluss des VollstrGerichts (§ 828 ZPO), der auf Antrag des Gläubigers ergeht. 44

Der Beschluss enthält ein an den Schuldner (Stpfl.) gerichtetes Verfügungsverbot und ein an den Drittschuldner (FB, § 46 VII) gerichtetes Zahlungsverbot (vgl. § 309 für Pfändungen durch die FB). Die Pfändung bewirkt die öffentlich-rechtliche Verstrickung der Forderung mit der Folge eines relativen Veräußerungsverbots. Zugleich entsteht ein Pfandrecht des Gläubigers, soweit seine eigene Forderung besteht und die gepfändete Forderung dem Schuldner zusteht. Damit der Pfändungsbeschluss wirksam wird, muss er der FB zugestellt werden (§ 829 III ZPO). Die Zustellung des Beschlusses an ein unzuständiges FA, auch bei Weiterleitung an das zuständige FA, lässt ihn nicht wirksam werden (FG Baden-Württemberg 20.10.2004 – 13 K 68/01, EFG 2005, 82: zu falscher Bezeichnung).

45 **Inhalt.** Im Beschluss sind der Gläubiger, der Schuldner, die Forderung des Gläubigers, die vollstreckt wird, die Kosten des Pfändungsbeschlusses und die Anordnung der Pfändung unter Angabe der zu pfändenden Forderung einschl. des Drittschuldners zu bezeichnen. Dabei ist die Forderung des Schuldners gegen den Drittschuldner so bestimmt zu benennen, dass ihre Identität zweifelsfrei festgestellt werden kann (BFH 1.6.1989 – V R 1/84, BStBl. II 1990, 35). Ebenso muss der Drittschuldner (FB) unverwechselbar bezeichnet sein, um die sich aus dem Beschluss ergebenden Verpflichtungen erfüllen zu können (FG Düsseldorf 24.3.1982 – XIII/IV 239/79 S, EFG 1982, 576; FG Baden-Württemberg 20.10.2004 – 13 K 68/01, EFG 2005, 82). Bei der Auslegung des Pfändungsbeschlusses ist auf den objektiven Wortsinn des Beschlusses abzustellen, wobei der Inhalt einer Vorpfändung (§ 845 ZPO) mit herangezogen werden kann (HHSp § 46 Rn. 95). Teilpfändungen müssen ausdrücklich angeordnet sein (BGH 22.1.1975 – VIII ZR 119/73, NJW 1975, 738).

46 **Pfandverwertung** der Forderung erfolgt wahlweise durch Überweisung der Forderung zur Einziehung oder an Zahlungs statt zum Nennwert (§ 835 ZPO). Mit der Überweisung durch Beschluss des VollstrGerichts erlangt der Gläubiger die Ermächtigung zu allen der Befriedigung dienenden Maßnahmen (zB Empfangnahme der Leistung, Aufrechnung, vgl. § 836 ZPO). Bei mehrfacher Pfändung kann das FA sich durch Hinterlegung befreien. Auf Verlangen eines Gläubigers, dem die Forderung überwiesen wurde, muss hinterlegt werden (§ 853 ZPO).

47 **Erlass.** Nach § 46 VI darf ein Pfändungs- und Überweisungsbeschluss nicht erlassen werden, bevor der Anspruch entstanden ist. Ein vor Anspruchsentstehung (→ Rn. 20) erlassener Beschluss ist nichtig. Erlassen (= existent) ist der Beschluss, wenn er aus dem inneren Bereich des Gerichts mit Willen des zuständigen Spruchkörpers herausgelangt ist (BGH 10.11.2011 – VII ZB 55/10, DB 2012, 228; BVerwG 26.1.1994 – 6 C 2/92, NVwZ 1994, 1206; BFH 24.7.1990 – VII R 62/89, BStBl. II 1990, 946; OLG Frankfurt 12.3.1974 – 20 W 486/73, NJW 1974, 1389; aA Klein § 46 Rn. 36: Weggabe in den Geschäftsgang zum Zwecke der Beförderung). Bei Vorpfändung aus vollstreckbarer Urkunde ist Zustellung an den Drittschuldner maßgeblich (BGH 10.11.2011 – VII ZB 55/10, DB 2012, 228). Die Nichtigkeit eines vor Entstehung existenten Beschlusses wird nicht durch die nach Anspruchsentstehung erfolgte Zustellung behoben (HHSp § 46 Rn. 98).

48 **Rechtsfolgen.** Mit dem Überweisungsbeschluss wird der Gläubiger ermächtigt, sein Pfändungspfandrecht durch Einziehung der Forderung zu verwerten. Die Forderung bleibt wie bei der Verpfändung im Schuldnervermögen. Der Gläubiger ist nicht berechtigt, einen Antrag auf Veranlagung zu stellen oder Rechtsbehelfe zur Durchsetzung seines Anspruchs einzulegen (BFH 18.8.1998 – VII R 114/97, BStBl. II 1999, 84: vgl. aber BFH 22.11.1991 – VI R 118/88, BStBl. II 1992, 326; aA LG Berlin 4.7.1994 – 81 T 290/94, NJW 1994, 3303; Behr/Spring NJW 1994, 3259; vgl. zur zivilrechtlichen Durchsetzung der Erklärungspflicht durch den VollstrGläubiger BGH 12.12.2003 – IXa ZB 115/03, DStR 2004, 1618). Der Pfändungsgläubiger ist daher nicht befugt, gegen den StBescheid des VollstrSchuldners Einspruch einzulegen, Klage zu erheben oder in die prozessuale Rechtsstellung des VollstrSchuldners einzutreten (vgl. BFH 21.3.1975 – VI R 238/71, BStBl. II 1975, 669; BFH 25.4.1978 – VII R 2/75, BStBl. II 1978, 464). Er kann deshalb auch nicht zum Rechtsbehelfsverfahren des Stpfl. hinzugezogen werden (FG Baden-Würt-

temberg 1.12.1982 – X 363/81, EFG 1983, 388; FG Düsseldorf 2.3.2007 – 18 K 4115/06 AO, BeckRS 2007, 26024783), getrennte Veranlagung der Eheleute (BFH 18.1.1996 – VII B 259/95, BFH/NV 1996, 453) oder die Änderung oder Berichtigung eines wirksam ergangenen StBescheids beantragen (BFH 19.12.1960 – VI 92/60 U, BStBl. III 1961, 170). Im Übrigen gelten die Ausführungen zu → Rn. 30 sinngemäß. Für Streitigkeiten über die Wirksamkeit des Pfändungs- und Überweisungsbeschlusses, insb. die Bestimmbarkeit von gepfändeter Forderung und Drittschuldner, und die daraus resultierende Auskunftspflicht (§ 836 III ZPO) ist der Zivilrechtsweg gegeben (FG Niedersachsen 28.9.1979 – VI 343/79, EFG 1980, 191). Das FA kann hierüber nicht durch Abrechnungsbescheid nach § 218 II entscheiden, sondern muss Erinnerung nach § 766 ZPO erheben (FG Niedersachsen 11.2.1983 – VII 505/82, EFG 1983, 389; TK § 46 Rn. 11; aA BFH 14.7.1987 – VII R 72/83, BStBl. II 1987, 802; BFH 12.7.2001 – VII R 19, 20/00, BStBl. II 2002, 67).

II. Finanzbehörde als Drittschuldner (Abs. 7)

Drittschuldner ist grds. der materiell Verpflichtete, also nicht das FA, sondern der **49**
erstattungspflichtige StGläubiger. Deshalb fingiert § 46 VII wegen der größeren Sachnähe die Drittschuldnerstellung der FB, die über den Anspruch entschieden oder zu entscheiden hat. Ein Wechsel in der örtlichen Zuständigkeit hat keinen Einfluss auf die Wirksamkeit der erfolgten Pfändung (FG Sachsen 18.9.2018 – 6 K 1287/17, BeckRS 2018, 31157). Mit Zustellung des Beschlusses ist der Drittschuldner verpflichtet, auf Verlangen des Gläubigers Auskunft zu erteilen (§ 840 I ZPO). Das StGeheimnis steht der Auskunftspflicht nicht entgegen (§ 30 IV Nr. 2).

§ 47 Erlöschen

Ansprüche aus dem Steuerschuldverhältnis erlöschen insbesondere durch Zahlung (§§ 224, 224a, 225), Aufrechnung (§ 226), Erlass (§§ 163, 227), Verjährung (§§ 169 bis 171, §§ 228 bis 232), ferner durch Eintritt der Bedingung bei auflösend bedingten Ansprüchen.

Schrifttum: Hartmann, Die Festsetzungsverjährung als Erlöschungsgrund nach § 47 AO, DStZ 2003, 154; von Groll, Zu den abgabenrechtlichen Besonderheiten der Wechselwirkung zwischen materiellem Recht und Verfahrensrecht, FR 2007, 540.

I. Allgemeines

Gegenstand der Regelung. § 47 definiert nicht allg. die Voraussetzungen, unter denen **1**
Ansprüche aus dem StSchuldverhältnis (§ 37 I) erlöschen, sondern zählt einige wichtige Erlöschenstatbestände nicht abschließend auf. Die tatbestandlichen Voraussetzungen sowie der sachliche Anwendungsbereich für die Ansprüche iSd § 37 I sind den einzelnen Erlöschenstatbeständen zu entnehmen. So können etwa steuerliche Nebenleistungen nicht durch abweichende Festsetzung gem. § 163 erlöschen. Da auch Erstattungs- und Vergütungsansprüche zu den Ansprüchen aus dem StSchuldverhältnis gehören, ist § 47 sowohl auf die Ansprüche der FB als auch auf diejenigen des Stpfl. gegen die FB anzuwenden. Für das Erlöschen der Zollschuld wird § 47 durch die speziellen Regelungen in Art. 124 UZK verdrängt (vgl. Klein § 47 Rn. 1).

Begriff und Folgen des Erlöschens. Erlöschen bedeutet, dass das StSchuldverhältnis **2**
beendigt wird und wegfällt. Der nach Maßgabe des § 38 entstandene materielle, und der durch rechtswidrigen VA darüber hinausgehend festgesetzte Anspruch geht unter, ist folglich nicht mehr existent. Davon unberührt bleiben die weiteren Pflichten aus dem StRechtsverhältnis (Kruse LB, 185; FG Hessen 16.6.2011 – 11 K 758/09, BeckRS 2011, 96593). § 47 erfasst sowohl den **abstrakten StAnspruch** iSd § 38 als auch den durch StFestsetzung konkretisierten, der Zahlungsverjährung unterliegenden Anspruch (HHSp § 47 Rn. 4; TK § 47 Rn. 1; aA Gosch AO § 47 Rn. 2). Der Eintritt der Festsetzungs-

verjährung hat nur schuldtilgende Wirkung, soweit eine Festsetzung unterblieben ist. Hingegen lassen Zahlung und Zahlungsverjährung das StSchuldverhältnis untergehen, wenn der StAnspruch wirksam festgesetzt wurde, also eine konkrete Zahlungsverpflichtung besteht (vgl. BFH 29.7.1998 – II R 64/95, BFH/NV 1998, 1455). Soweit § 47 auf den abstrakten StAnspruch iSd § 38 abstellt, kommt es nicht darauf an, ob und in welcher Höhe dieser Anspruch durch StBescheid festgesetzt worden ist (BFH 6.2.1996 – VII R 50/95, BStBl. II 1997, 112). Hiervon zu unterscheiden ist das Recht der FB, eine Leistung zu fordern, also der durch StBescheid **konkretisierte Anspruch.** Der Wegfall dieses schuldrechtlichen Anspruchs setzt seine Entstehung durch Festsetzung, nicht aber seine Fälligkeit voraus (FG Düsseldorf 26.11.1986 – IV 152/82 AO, EFG 1987, 257; Söhn FS Kruse, 2001, 239 (242); aA FG Köln 20.6.2000 – 8 K 8121/98, EFG 2000, 974). Zahlt der Stpfl. einen höheren Betrag als die festgesetzte Steuer, entsteht in Höhe des übersteigenden Betrags ein Erstattungsanspruch, und zwar auch soweit die Leistung dem abstrakten, noch existenten Anspruch entspricht (Söhn FS Kruse, 2001, 239 (247); aA BFH 6.2.1996 – VII R 50/95, BStBl. II 1997, 112; Schwarz/Pahlke/Keß § 47 Rn. 14). Die Mehrleistung darf die FB weder fordern, noch hat sie ein Recht, die überhöhte Zahlung zu behalten. Ebenso wenig hat die Zahlung schuldtilgende Wirkung. Rechtsgrund für die Leistung ist der den StAnspruch konkretisierende VA (→ § 37 Rn. 52). StBescheide, die durch Eintritt der Festsetzungsverjährung erloschene Ansprüche festsetzen, sind rechtswidrig (BFH 11.2.1987 – II R 176/84, BStBl. II 1987, 320; vgl. aber für andere Erlöschensgründe BFH 15.3.1995 – I R 56/93, BStBl. II 1995, 490). Wird der VA bestandskräftig, begründet er konstitutiv die Zahlungspflicht und die Berechtigung für das Behaltendürfen der Leistung, auch soweit der StAnspruch materiell nicht besteht. Nach dem Erlöschen wirkt der im StBescheid konkretisierte Anspruch als Rechtsgrund für die empfangene Leistung fort. Ein erloschener Anspruch kann ggf. neu begründet werden, nicht jedoch wiederaufleben (BFH 27.7.2021 – V R 3/20, BStBl. II 2022, 155; aA TK § 47 Rn. 23).

II. Erlöschensgründe

5 Die Erlöschensgründe werden in § 47 nur unvollständig benannt. Es gibt einige weitere Gründe, durch die das StSchuldverhältnis beendigt werden kann. Aus den in Bezug genommenen Tatbeständen lässt sich Zeitpunkt und Wirkung des Erlöschens nicht immer entnehmen. Insoweit muss – wie für die nicht genannten Tatbestände – auf allgemeine Rechtsgrundsätze des BGB zurückgegriffen werden.

1. Erlöschenstatbestände des § 47

6 Die **Zahlung** erfolgt als privatrechtlicher Vorgang, wenngleich Grund und Wirkung öffentlich-rechtlicher Natur sind (BFH 10.11.1987 – VII R 171/84, BStBl. II 1988, 41). Demzufolge ergibt sich die Erfüllungswirkung für Zahlungen der FB und des Stpfl. aus den §§ 362 ff. BGB (TK § 47 Rn. 4; aA Klein § 47 Rn. 3). Die §§ 224, 225 regeln lediglich, wie Zahlungen zu erbringen sind sowie deren Tilgungsreihenfolge bei unzureichender Zahlung für mehrere Ansprüche. Die fiktiven Zahlungszeitpunkte des § 224, die für die Berechnung von Zinsen und Säumniszuschlägen maßgebend sind, müssen deshalb nicht mit dem Zeitpunkt der Schuldtilgung übereinstimmen (HHSp § 47 Rn. 18). Die Zahlung unter Vorbehalt der Rückforderung hindert den Eintritt des Erlöschens nicht (BGH 6.4.2022 – 1 StR 466/21, BFH/NV 2022, 895). Bei Barzahlung bewirkt der Schuldner die Leistung durch Übereignung der Zahlungsmittel gem. §§ 929 ff. BGB. Bei Zahlung durch Scheck tritt Erfüllung erst mit Gutschrift auf dem Konto ein (Grüneberg BGB § 364 Rn. 9). Erfolgt die Schuldtilgung durch Banküberweisung, erlischt der Anspruch ebenfalls mit der Gutschrift auf dem **richtigen** Konto des Gläubigers (BFH 8.1.1991 – VII R 18/90, BStBl. II 1991, 442; zur Erfüllungswirkung bei Zahlung an Insolvenzschuldner: FG Berlin-Brandenburg 3.12.2013 – 13 K 13092/12, BeckRS 2014, 94688). Bei Angabe eines bestimmten Kontos, hat die Überweisung auf ein anderes Konto des Gläubigers idR keine

Tilgungswirkung (BGH 5.5.1986 – II ZR 150/85, BGHZ 98, 30). Der Schuldner trägt grds. die Verlustgefahr (§ 270 BGB). Tritt der Verlust allerdings durch vom Gläubiger zurechenbar verursachte Gefahren ein, wie etwa bei unterlassener Mitteilung der Auflösung des zuvor angegebenen Erstattungskontos, kann er den verlorenen Betrag nicht noch einmal verlangen (BFH 10.11.1987 – VII R 171/84, BStBl. II 1988, 41; FG Thüringen 10.4.2003 – II 315/02, EFG 2003, 1354 zur Angabe einer falschen Bankleitzahl). Bei zusammenveranlagten Ehegatten wirkt die Auszahlung an einen von ihnen grds. auch für und gegen den anderen (§ 36 IV 3 EStG). Dies gilt allerdings nur so lange, wie das FA nicht erkennt oder erkennen muss, dass der materiell berechtigte Ehegatte mit einer Auszahlung an den anderen Ehegatten nicht einverstanden ist (BFH 8.1.1991 – VII R 18/90, BStBl. II 1991, 442; vgl. aber zur Kritik → § 37 Rn. 69). Entrichtet ein Gesamtschuldner die StSchuld in vollem Umfang, erlischt sie auch gegenüber den anderen Gesamtschuldnern (BFH 8.11.2023 – II R 22/20, BStBl. II 2024, 731).

Beim **SEPA-Lastschriftverfahren** erlischt der Anspruch mit vorbehaltloser Gutschrift 7
beim Gläubiger (Grüneberg BGB § 362 Rn. 11; TK § 47 Rn. 4; abw. Schwarz/Pahlke/Keß § 47 Rn. 23). Bei **elektronischer Zahlung** mit Benutzung einer PIN oder durch Geldkarte tritt Erfüllung nach der endgültigen Gutschrift ein (Grüneberg BGB § 362 Rn. 12). Für ErbSt- und VSt-Schulden lässt § 224a eine Tilgung uU durch die Hingabe von Kunstgegenständen an Zahlungs statt (§ 364 I BGB) zu. Kommt ein Vertrag zustande, erlischt die StSchuld am Tag der Eigentumsübertragung (§ 224a III). Der Zusatz „unter Vorbehalt bzw. ohne Anerkennung einer Rechtspflicht" zu zahlen, beeinflusst die Tilgungswirkung der Leistung nicht (BFH 14.5.1986 – VII B 159/85, BFH/NV 1986, 681). Bei mehreren Ansprüchen tritt bei unzureichender Gesamtzahlung die Erfüllungswirkung bei derjenigen Schuld ein, die nach § 225 zur Tilgung heranzuziehen ist.

Aufrechnung ist die wechselseitige Tilgung zweier sich gegenüberstehender Forderun- 8
gen durch einseitige Willenserklärung, die für sich keinen VA darstellt (BFH 2.4.1987 – VII R 148/83, BStBl. II 1987, 536). Voraussetzungen und Wirkung der Aufrechnung bestimmen sich weitgehend nach §§ 387 ff. BGB (§ 226 I). Durch eine wirksame Aufrechnungserklärung gelten die Forderungen, soweit sie sich decken, als in dem Zeitpunkt als erloschen, in dem sie sich erstmals aufrechenbar gegenüberstanden (§ 389 BGB). Zum Aufrechnungsvertrag → Rn. 15.

Der **Erlass** wird in § 47 als Oberbegriff für die abweichende StFestsetzung (§ 163) und 9
den Erlass von Zahlungsansprüchen (§ 227) verwendet. Die Entscheidung über eine abweichende StFestsetzung ist Grundlagenbescheid für die StFestsetzung (BFH 26.2.1991 – IX R 95/88, BStBl. II 1991, 572) und bewirkt mit ihrer Bekanntgabe das Erlöschen des materiellen StAnspruchs. Bei bereits erfolgter StFestsetzung ist diese gem. § 175 I Nr. 1 zu ändern. Mit Aufhebung des Grundlagenbescheids entsteht der StAnspruch rückwirkend in ursprünglicher Höhe (BFH 5.2.1975 – I R 85/72, BStBl. II 1975, 677). Im Erhebungsverfahren kann das StSchuldverhältnis durch Erlass gem. § 227 beendet werden. Der Erlass setzt die Entstehung der Ansprüche aus dem StSchuldverhältnis voraus (BFH 22.6.1990 – III R 150/85, BStBl. II 1991, 864; aA HHSp § 47 Rn. 32; Schwarz/Pahlke/Keß § 47 Rn. 33). Mit Bekanntgabe des VA fällt der StAnspruch weg. Die Billigkeitserstattung iSd § 227 HS 2 ist kein Erlöschenstatbestand, sondern lässt einen neuen Anspruch entstehen (Schwarz/Pahlke/Keß § 47 Rn. 33).

Die **Verjährung** ist Erlöschensgrund sowohl im Festsetzungsverfahren (§§ 169–171) als 10
auch im Erhebungsverfahren (§§ 228–232). Mit Eintritt der Festsetzungsverjährung verliert die FB die Befugnis zur Konkretisierung des abstrakten, materiellen StAnspruchs durch Erlass eines StBescheids. Der Anspruch erlischt, soweit er noch nicht festgesetzt ist (HHSp § 47 Rn. 34). Ab Eintritt der Festsetzungsverjährung entspricht die festgesetzte Steuer in diesem Fall dem materiell noch bestehenden StAnspruch (FG Hessen 26.9.2005 – 2 V 4602/03, BeckRS 2005, 26021550). Mit Verjährung eines Teils des StAnspruchs ist der StBescheid nicht mehr rechtsfehlerhaft (vgl. v. Groll StuW 1993, 312; vgl. andererseits aber → § 177 Rn. 13 ff.: materieller Fehler im Zeitpunkt der StFestsetzung). Die Zahlungsver-

jährung gewährt nicht nur ein Leistungsverweigerungsrecht, sondern lässt den StAnspruch ebenfalls wegfallen (§§ 47, 232; BFH 18.11.2003 – VII R 5/02, BFH/NV 2004, 1057). § 232 erstreckt die Erlöschenswirkung zugleich auf die vom Hauptanspruch abhängigen Zinsen.

11 Der **Eintritt der Bedingung** lässt auflösend bedingte Ansprüche erlöschen. Dieser Tatbestand ist zumeist bei Ansprüchen aus dem Zoll- und Verbrauchsteuerrecht anzutreffen. § 50 I geht als lex specialis § 47 vor. § 29 ErbStG nennt ebenfalls Erlöschensfälle durch Bedingungseintritt, zB Rückforderung eines Geschenks wegen Notbedarfs (§ 528 I BGB). **Vorauszahlungen** entstehen als eigenständige steuerschuldrechtliche Ansprüche, die durch die Festsetzung der Jahressteuerschuld auflösend bedingt sind. Tilgung der Vorauszahlungsschuld bewirkt allein deren Untergang (BFH 13.3.1979 – III R 79/77, BStBl. II 1979, 461). Die Jahressteuerschuld erlischt erst durch die Anrechnung der Vorauszahlungen (BFH 4.6.1981 – VIII B 31/80, BStBl. II 1981, 767), nicht durch Eintritt der Zahlungsverjährung des Vorauszahlungsbescheids (vgl. BVerwG 19.3.2009 – 9 C 10/08, NVwZ 2009, 848). Übersteigen die Vorauszahlungen die StSchuld, entsteht ein Erstattungsanspruch. Ist die Festsetzung der Jahressteuerschuld wegen Eintritts der Festsetzungsverjährung unzulässig, kann die Bedingung nicht mehr eintreten, sodass der materielle Vorauszahlungsanspruch als Rechtsgrund fortbesteht (i Erg. ebenso TK § 37 Rn. 17; HHSp § 47 Rn. 39; → § 37 Rn. 57). Wird trotz Verjährung ein StBescheid erlassen, fällt die Vorauszahlungsschuld durch Eintritt der Bedingung weg (BFH 13.2.1996 – VII R 55/95, BFH/NV 1996, 454).

2. Weitere Erlöschensgründe

14 Die **Befriedigung durch Vollstreckung** gehört zu den nicht in § 47 genannten Erlöschenstatbeständen. Soweit die Verwertung nicht bereits als Zahlung gilt (§§ 296 II, 301 II), tritt Erfüllung idR durch Empfangnahme des Verwertungserlöses ein, zB Einlösung gepfändeter Schecks, Einziehung einer gepfändeten Forderung (Schwarz/Pahlke/Keß § 47 Rn. 48).

15 Der **Aufrechnungsvertrag** hat verfügenden Charakter und lässt die zur Verrechnung gestellten Forderungen erlöschen. Die Voraussetzungen der einseitigen Aufrechnungserklärung brauchen nicht vorzuliegen. Es genügt, dass die Vertragsparteien über ihre Forderung verfügen können (Grüneberg BGB § 387 Rn. 20). Mit wirksamem Abschluss des Vertrags fallen die Forderungen im Umfang ihrer Verrechnung weg (BFH 11.12.1984 – VIII R 263/82, BStBl. II 1985, 278). Auch wenn der Aufrechnungsvertrag nicht in jeder Hinsicht den §§ 387 ff. BGB unterliegt, erlöschen die Forderungen idR rückwirkend (OLG Frankfurt 8.5.1998 – 24 U 111/96, WM 1998, 2343). Hiervon zu unterscheiden sind schuldrechtliche Verrechnungsvereinbarungen, die einer oder beiden Vertragsparteien eine Aufrechnungsbefugnis unter Abbedingung einzelner Aufrechnungsvoraussetzungen einräumen. Die wechselseitigen Forderungen erlöschen durch Ausübung der Aufrechnungsbefugnis in dem Zeitpunkt, in dem sie sich aufrechenbar gegenübergetreten sind (vgl. MüKo BGB § 387 Rn. 51; abw. Schwarz/Pahlke/Keß § 47 Rn. 46).

16 Durch die **Anrechnung** von Vorauszahlungen und Abzugsbeträgen (LSt, KapESt, KSt) wird die ESt-Schuld getilgt (§ 36 II, IV EStG). Die Abführung der jeweiligen Abzugsbeträge bewirkt lediglich die Erfüllung der Abzugssteuerschuld.

Der StAnspruch erlischt ferner bei **Zwangsgeldern** durch Tod des Stpfl. (Klein § 47 Rn. 10), Verwendung von StZeichen (§ 12 TabStG), **Konfusion,** dh Vereinigung von Forderung und Schuld in einer Person zB durch Erbanfall (§ 1936 BGB; BFH 7.3.2006 – VII R 12/05, BStBl. II 2006, 584; anders bei Fiskalerbschaft in Bezug auf den Duldungsbescheid BFH 24.4.2024 – VII R 57/20, BStBl. II 2024, 706; ebenso zu Haftungsbescheiden FG Münster 24.1.2023 – 7 V 2136/22, EFG 2023, 449) und **Vollbeendigung** einer juristischen Person (OVG Greifswald 18.10.2024 – 1 LZ 2/19 OVG, BeckRS 2024, 33709; TK § 47 Rn. 10; Klein § 47 Rn. 11). Beim Bewirken der Leistung durch Dritte (§ 48) erlischt der Anspruch aus denselben Gründen (BFH 6.8.2024 – VII R 32/22, BStBl. II 2024, 818).

Die **Verwirkung** begründet als typischer Fall der unzulässigen Rechtsausübung wegen widersprüchlichen Verhaltens für schuldrechtliche Ansprüche eine dauerhafte Einwendung, die zur Vernichtung, also dem Erlöschen des Anspruchs führt (Grüneberg BGB § 242 Rn. 96; aA BFH 11.11.2020 – XI R 11/18, BStBl. II 2021, 415; BFH 13.9.1991 – IV B 105/90, BStBl. II 1992, 148; TK § 47 Rn. 16; vgl. zur Verwirkung von Verfahrensrechten BFH 5.5.2003 – II B 1/03, BFH/NV 2003, 1142). Entgegen der hM im StRecht kann allein mit dem Hinweis auf die dogmatische Verankerung der Verwirkung im Grundsatz von Treu und Glauben eine lediglich rechtsbegrenzende Wirkung nicht begründet werden. Führt die von Amts wegen zu berücksichtigende Einwendung zur dauernden Inhaltsleere des subjektiven Rechts, ist es materiell weggefallen und nicht nur dessen Durchsetzung ausgeschlossen. Ein verwirkter Anspruch aus dem StSchuldverhältnis kann folglich nicht mehr erfüllt werden (zu den Voraussetzungen der Verwirkung vgl. BFH 14.10.2003 – VIII R 56/01, BStBl. II 2004, 123 mwN).

3. Sachverhalte, die kein Erlöschen bewirken

Niederschlagung (§ 261) ist das vorläufige Absehen von VollstrMaßnahmen. Der StAnspruch erlischt erst durch Eintritt der Zahlungsverjährung oder andere Erlöschenstatbestände. 20

Die **Sicherheitsleistung,** auch durch Hinterlegung (§ 242), ist nicht Erfüllung der Schuld, sondern reines Sicherungsmittel (anders aber § 378 BGB). Der Anspruch erlischt erst, wenn die Sicherheit zur Tilgung verwertet wird.

Rückwirkende Ereignisse, soweit sie steuerlich zu berücksichtigen sind, führen nicht zum Erlöschen des zunächst entstandenen Anspruchs, sondern verändern den Anspruch mit rückwirkender Kraft. Dieser entsteht in der durch das rückwirkende Ereignis modifizierten Form (→ § 38 Rn. 17; BFH 10.10.1996 – III R 94/93, BFHE 181, 458; Schwarz/Pahlke/Keß § 47 Rn. 53; aA HHSp § 47 Rn. 50).

Zustimmung zu einem Insolvenzplan führt auch dann nicht zum Erlöschen der Ansprüche aus dem StSchuldverhältnis, wenn der Plan einen (Teil-)Erlass der Ansprüche vorsieht (BFH 8.3.2022 – VI R 33/19, BFHE 275, 493). Anders bei Restschuldbefreiung nach irischem Recht FG Düsseldorf 23.2.2024 – 10 K 534/23 G, U, EFG 2024, 713.

III. Rechtsbehelfe bei Streitigkeiten über das Erlöschen

Streitigkeiten über das Erlöschen des StAnspruchs sind in einem gesonderten Verfahren durch **Abrechnungsbescheid** (§ 218 II) zu entscheiden (BFH 4.2.1997 – VII R 50/96, BStBl. II 1997, 479; Leistungsklage bis zur Bestandskraft des Abrechnungsbescheides unzulässig, BFH 12.12.2023 – VII R 60/20, BFH/NV 2024, 638). Gegen den Abrechnungsbescheid sind Einspruch und Anfechtungsklage gegeben (Feststellungsklage unzulässig, FG Berlin-Brandenburg 17.4.2024 – 16 K 16094/23, IStR 2024, 699). Zum Verhältnis Anrechnungsverfügung und Abrechnungsbescheid vgl. BFH 15.4.1997 – VII R 100/96, BStBl. II 1997, 787 einerseits; FG Niedersachsen 13.7.2006 – 11 K 12314/02, EFG 2006, 1716 andererseits. Nach Erlöschen der Leistung darf weder ein Leistungsgebot ergehen noch die Vollstr. betrieben werden. Eine begonnene Vollstr. ist einzustellen (§ 257 I Nr. 3). Einwendungen gegen den zu vollstreckenden VA (zB Festsetzungsverjährung, materielle Einwendungen) sind im VollstrVerfahren ausgeschlossen (§ 256). Erlöschensgründe, die den zu vollstreckenden VA nicht berühren (zB Zahlung, Erlass), können unmittelbar gegen die Vollstr. eingewendet werden (HHSp § 47 Rn. 63). 21

§ 48 Leistung durch Dritte, Haftung Dritter

(1) **Leistungen aus dem Steuerschuldverhältnis gegenüber der Finanzbehörde können auch durch Dritte bewirkt werden.**

(2) **Dritte können sich vertraglich verpflichten, für Leistungen im Sinne des Absatzes 1 einzustehen.**

Vergleichbare Vorschriften: § 267 I BGB

I. Allgemeines

1 Die Vorschrift kodifiziert in Abs. 1 die schon bisher für zulässig gehaltene Erfüllung von Ansprüchen aus dem StSchuldverhältnis durch Dritte (vgl. BFH 25.9.1952 – V Z 54/52 S, BStBl. III 1952, 281). Dabei beruht § 48 I auf dem allgemeinen Gedanken, dass der Gläubiger idR nur an der Schuldtilgung, nicht aber an der Person des Leistenden interessiert ist. Die Regelung ist deshalb nicht anwendbar, wenn der Schuldner in Person zu leisten hat (vgl. § 267 I 1 BGB). Im Hinblick auf § 192 II räumt Abs. 2 ausdrücklich die Möglichkeit ein, sich vertraglich zu verpflichten, für die StSchulden eines anderen einzustehen (BT-Drs. 7/4292, 19). § 48 II war neben Art. 195 ZK anwendbar (BFH 14.12.2021 – VII R 61/20, BFH/NV 2022, 614); für Zollschulden gilt nunmehr Art. 109 UZK (FG Düsseldorf 11.11.2020 – 4 K 1109/19 Z, BeckRS 2020, 38146; Klein § 48 Rn. 1).

II. Leistungen durch Dritte (Abs. 1)

2 **Leistungen aus dem StSchuldverhältnis** sind Handlungen, die den Leistungserfolg, also die Tilgung des Anspruchs bewirken. Der Dritte ist in der Auswahl der Leistungshandlung nicht beschränkt. Neben der Zahlung in bar oder durch Überweisung steht ihm auch die Aufrechnung zu, soweit die Voraussetzungen des § 226 AO iVm § 387 BGB erfüllt sind (HHSp § 48 Rn. 9; TK § 48 Rn. 3). So kann der Dritte mit Erstattungsansprüchen des StSchuldners, die ihm abgetreten wurden, und nach vertraglicher Abbedingung der Gegenseitigkeit mit eigenen Ansprüchen aufrechnen oder einen Aufrechnungsvertrag mit den FB schließen (→ § 47 Rn. 14). Durch Dritte erfüllbar sind alle Ansprüche aus dem StSchuldverhältnis (§ 37 I), die dem StGläubiger (Bund, Länder, Gemeinden, Religionsgemeinschaften) zustehen. Dies sind neben dem StAnspruch auch der Haftungsanspruch, der Anspruch auf steuerliche Nebenleistung einschl. Zwangsgelder und Kosten sowie der Rückforderungsanspruch. Auf Geldstrafen oder -bußen ist § 48 nicht anwendbar (Schwarz/Pahlke/Keß § 48 Rn. 5). Es handelt sich weder um Ansprüche iSd § 37 I, noch sind sie wegen § 258 II StGB der Erfüllung durch Dritte zugänglich. Ebenfalls nicht erfasst werden die weiteren Pflichten aus dem StRechtsverhältnis, wie zB die Erklärungs- und Auskunftspflichten (Klein § 48 Rn. 1). Auf die Rückforderung von Prämien und Zulagen kann § 48 I analog angewendet werden.

3 **Gegenüber der FB** sind die Leistungen zu erbringen. Wenngleich die geschuldete Leistung grds. an den Gläubiger zu bewirken ist, entspricht die Erwähnung der FB der Terminologie der §§ 224 ff. Die FB ist zur Empfangnahme der Leistung befugt, sodass mit der Annahme der Leistung diese gegenüber dem Gläubiger bewirkt wird.

4 **Dritter** ist, wer nicht selbst am StSchuldverhältnis beteiligt ist. Dritter ist nicht, wer als Vertreter oder Erfüllungsgehilfe des Schuldners leistet sowie derjenige, der seine eigene Verpflichtung erfüllt (HHSp § 48 Rn. 6). Ob in Erfüllung einer eigenen Schuld geleistet wurde, bestimmt sich nach dem Willen des Leistenden, wie ihn der Gläubiger verstehen durfte (BFH 25.7.1995 – VII R 71/94, BFH/NV 1996, 92). Der Gesamtschuldner oder Haftende kann demgemäß durch klare Tilgungsbestimmung gegenüber der FB sowohl allein als Dritter oder als Schuldner leisten (Schwarz/Pahlke/Keß § 48 Rn. 6). Ebenso ist eine doppelte Tilgungsbestimmung möglich, wonach zugleich die eigene und die fremde Verpflichtung erfüllt werden sollen (BGH 23.2.1978 – VII ZR 11/76, BGHZ 70, 389 (396)). Eine nachträgliche Änderung der Tilgungsbestimmung durch den Dritten wirkt sich nicht auf den Zahlungsgrund aus (FG Berlin-Brandenburg 18.7.2023 – 17 K 1030/22, EFG 2024, 2). Ficht der Dritte seine Tilgungsbestimmung wirksam an, entfällt diese

rückwirkend wegen Nichtigkeit, sodass er sein Recht zur Tilgungsbestimmung erneut ausüben kann (BFH 19.3.2025 – X R 20/23, DStRK 2025, 208).

Rechtsfolgen. Der Anspruch aus dem StSchuldverhältnis erlischt mit Bewirken der Leistung (BFH 18.2.1986 – VII R 8/81, BStBl. II 1986, 506). Ebenso erlöschen die für den Gläubiger bestellten Sicherheiten (BGH 22.10.1975 – VIII ZR 80/74, DB 1975, 2432). In Ausnahmefällen leistet der Dritte zur Erhaltung eigener Rechtspositionen, insb. gem. §§ 268, 1142, 1143, 1150, 1223 II, 1224, 1249 BGB. Hier führt die Tilgung nicht zum Erlöschen, sondern die Forderung geht kraft Gesetzes (§ 412 BGB) mit allen Nebenrechten (§ 401 BGB) auf den Dritten über. Die öffentlich-rechtliche Forderung verwandelt sich mit dem Übergang in einen privatrechtlichen Anspruch (BGH 18.6.1979 – VII ZR 84/78, BGHZ 75, 23 (25)). 5

III. Vertragliche Verpflichtung Dritter (Abs. 2)

Neben dem unmittelbaren Bewirken der Leistung kann der Dritte (→ Rn. 4) sich auch zunächst nur schuldrechtlich verpflichten, für die Tilgung der Ansprüche aus dem StSchuldverhältnis (→ Rn. 2) eines anderen einstehen zu wollen. Die privatrechtliche Verpflichtung des Dritten tritt als selbständiger Verpflichtungsgrund neben das fortbestehende öffentlich-rechtliche StSchuldverhältnis. In der vertraglichen Ausgestaltung sind die Beteiligten frei, sodass die Verpflichtung selbständig oder akzessorisch, gleichstufig oder nachrangig, zeitlich und umfangmäßig begrenzt oder unbegrenzt ausgestaltet werden kann. 6

Als **vertragliche Verpflichtungsgründe** sind insb. zu erwähnen: Bürgschaft (§ 765 BGB), Schuldversprechen (§ 780 BGB), Garantievertrag (auch iVm Bürgschaft, vgl. Grüneberg BGB Vor § 765 Rn. 16 ff.), Schuldbeitritt (sog. kumulative Schuldübernahme), Anweisung (§ 783 BGB), auch in Form der Hingabe eines Wechsels durch den StSchuldner. Der annehmende Dritte ist verpflichtet, den Wechsel bei Verfall zu zahlen (Art. 28 I WG). Ein Vergleich (§ 779 BGB) scheidet idR aus, da es grds. an einem Nachgeben des StGläubigers fehlen wird. Vom gesetzlich nicht geregelten Schuldbeitritt zu unterscheiden ist die befreiende Schuldübernahme (§§ 414 ff. BGB). Diese kann die FB nicht wirksam vereinbaren, weil der Fiskus den StSchuldner nicht aus den bestehenden Verpflichtungen entlassen darf (HHSp § 48 Rn. 14; OVG Berlin-Brandenburg 20.11.2023 – 10 B 7/23, BeckRS 2023, 39682). Durch die Schuldübernahme träte jedoch der Dritte an die Stelle des StSchuldners.

Rechtsfolge. Mit Abschluss des schuldrechtlichen Vertrags entsteht ein zivilrechtlicher Anspruch des StGläubigers gegen den Dritten, dessen Inhalt sich nach der vertraglichen Vereinbarung richtet. Dieser Anspruch tritt neben die fortbestehende Verpflichtung des StSchuldners. Die Inanspruchnahme des Dritten richtet sich nach den Vorschriften des bürgerlichen Rechts (→ § 192 Rn. 1 ff.).

§ 49 Verschollenheit

Bei Verschollenheit gilt für die Besteuerung der Tag als Todestag, mit dessen Ablauf der Beschluss über die Todeserklärung des Verschollenen rechtskräftig wird.

I. Allgemeines

Für Personen, deren Ableben ungewiss ist, bedarf es einer Regelung über die Folgen der Ungewissheit. Diese Regelung enthält das Verschollenheitsgesetz (VerschG) mit Sondervorschriften für Verschollenheitsfälle aus Anlass des Krieges 1939 bis 1945 (BGBl. 1951 I 59 (63)). Danach können Verschollene im Aufgebotsverfahren für tot erklärt werden. Die Todeserklärung begründet die Vermutung, dass der Verschollene in dem im Beschluss des Amtsgerichts festgestellten Zeitpunkt gestorben ist (§ 9 I 1 VerschG). Für nicht tot erklärte Verschollene wird vermutet, dass sie bis zum Zeitpunkt gelebt haben, in dem im Falle der 1

Todeserklärung der Tod festzustellen wäre (§ 10 VerschG). Abweichend von § 9 I 1 VerschG fingiert § 49 für den Fall der Todeserklärung den Zeitpunkt der Rechtskraft des Beschlusses als steuerlich maßgeblichen Todestag. Hierdurch wird verhindert, dass eine Rückabwicklung bereits abgeschlossener StFälle bis zum zivilrechtlich festgestellten Todestag erfolgen muss.

II. Begriff der Verschollenheit

2 Eine Person ist verschollen, wenn ihr Aufenthalt während längerer Zeit unbekannt ist, ohne dass Nachrichten darüber vorliegen, ob sie in dieser Zeit noch gelebt hat oder gestorben ist, sofern nach den Umständen hierdurch ernstliche Zweifel an ihrem Fortleben begründet werden (§ 1 I VerschG). Derartige Umstände liegen insb. vor, wenn die Person durch ein Ereignis in Lebensgefahr (zB Schiffsuntergang, Flugzeugabsturz, Expeditionen) geraten und seither verschollen ist. Eine gesetzliche Verschollenheitsvermutung aufgrund Zeitablaufs besteht nicht (OLG Düsseldorf 5.7.2011 – 3 Wx 55/11, MDR 2011, 1046). Verschollenheit liegt nicht vor, wenn der Tod nach den Umständen nicht zweifelhaft ist, sondern lediglich der Zeitpunkt seines Eintritts (§§ 1 II, 39 VerschG). Hier gilt der tatsächliche bzw. gerichtlich festgestellte Todeszeitpunkt (BFH 26.6.1953 – III 127/52 S, BStBl. III 1953, 237; FG Nürnberg 29.7.1955 – I 86–89/55, EFG 1956, 22). Wird der Verschollene für tot erklärt, gilt er für die gesamte Besteuerung bis zum **Eintritt der Rechtskraft** des Beschlusses als **lebend.** Sein Ehegatte gilt bis zu diesem Zeitpunkt als mit ihm verheiratet, danach als verwitwet, sodass grds. auch die Voraussetzungen der Zusammenveranlagung vorliegen (BFH 17.12.1953 – IV 305/53 U, BStBl. III 1954, 78). Geht der Ehegatte während dieser Zeit eine neue Lebensgemeinschaft ein, wird es aber idR an einer fortbestehenden Lebens- und Wirtschaftsgemeinschaft mit dem Verschollenen fehlen (FG Düsseldorf 1.10.1970 – IX 127/68 E, EFG 1971, 133). Ebenso ist der Verschollene für die Einkünftezurechnung bis zur Rechtskraft weiter als Gesellschafter einer PersGes zu behandeln (BFH 24.8.1956 – I 9/55 U, BStBl. III 1956, 310). Keine Auswirkung hat § 49 auf zivilrechtliche Vorfragen, wie etwa die Erbfähigkeit des Verschollenen in der Zeit zwischen festgestelltem Todeszeitpunkt und Rechtskraft des Beschlusses. Hier verbleibt es bei der Maßgeblichkeit des Zivilrechts (BFH 21.9.1956 – III 30/56 U, BStBl. III 1956, 373). Zu Billigkeitsmaßnahmen s. FM Niedersachsen 25.11.1980, FR 1981, 44.

3 **Fehlende Todeserklärung.** Die Todeserklärung erfolgt bei Vorliegen der Voraussetzungen auf Antrag. Antragsberechtigt ist grds. jeder, der ein rechtliches Interesse an der Todeserklärung hat, § 16 II c VerschG (vgl. BGH 14.5.1965 – IV ZB 490/64, BGHZ 44, 83 zum Antragsrecht des Sozialversicherungsträgers). Unterbleibt eine Todeserklärung wegen des bewussten Antragsverzichts des Ehegatten, geht die hM für die Besteuerung von einer unbegrenzten Lebensvermutung aus (TK § 49 Rn. 4; Schwarz/Pahlke/Keß § 49 Rn. 6). Diese Auffassung widerspricht dem Regelungsgehalt des § 49, der wie bereits die Vorgängervorschrift des § 3 IV StAnpG erkennbar lediglich den Fall der Todeserklärung erfasst, indem der festgestellte Todeszeitpunkt für Zwecke der Besteuerung hinausgeschoben wird. Zivilrechtlich stellt § 10 VerschG unter Bezugnahme auf die Fristen des § 9 VerschG nur eine begrenzte Lebensvermutung auf. Nach Ablauf dieses Zeitraums muss derjenige, der sich auf das Fortleben des Verschollenen beruft, dieses beweisen, umgekehrt derjenige, der aus dem Ableben Rechte ableitet, den Eintritt des Todes beweisen (vgl. Staudinger VerschG § 10 Rn. 7). Von dieser Rechtslage ist auch für Zwecke der Besteuerung auszugehen. Die Wahl der Zusammenveranlagung setzt folglich nach Entfallen der Lebensvermutung iSd § 10 VerschG den Beweis des Fortlebens des Verschollenen voraus (aA EStR 174 I 4; HHSp § 49 Rn. 7).

§ 50 Erlöschen und Unbedingtwerden der Verbrauchsteuer, Übergang der bedingten Verbrauchsteuerschuld

(1) **Werden nach den Verbrauchsteuergesetzen Steuervergünstigungen unter der Bedingung gewährt, dass verbrauchsteuerpflichtige Waren einer besonderen Zweckbestimmung zugeführt werden, so erlischt die Steuer nach Maßgabe der Vergünstigung ganz oder teilweise, wenn die Bedingung eintritt oder wenn die Waren untergehen, ohne dass vorher die Steuer unbedingt geworden ist.**

(2) **Die bedingte Steuerschuld geht jeweils auf den berechtigten Erwerber über, wenn die Waren vom Steuerschuldner vor Eintritt der Bedingung im Rahmen der vorgesehenen Zweckbestimmung an ihn weitergegeben werden.**

(3) **Die Steuer wird unbedingt,**

1. **wenn die Waren entgegen der vorgesehenen Zweckbestimmung verwendet werden oder ihr nicht mehr zugeführt werden können. [2]Kann der Verbleib der Waren nicht festgestellt werden, so gelten sie als nicht der vorgesehenen Zweckbestimmung zugeführt, wenn der Begünstigte nicht nachweist, dass sie ihr zugeführt worden sind,**
2. **in sonstigen gesetzlich bestimmten Fällen.**

I. Allgemeines

Zweck. Die VerbrauchStGesetze gingen bis zum Systemwechsel am 1.1.1993 (→ Rn. 2) vom Institut der bedingten StSchuld aus. Die Steuer entstand idR mit der Entfernung der Ware aus dem Herstellerbetrieb oder mit ihrer dortigen Verwendung. Wurden die Waren jedoch bestimmten steuerbegünstigten Zwecken zugeführt, wie dies der Fall ist bei Ausfuhr, Versendung in einen anderen Herstellerbetrieb oder Zuführung zu einer bestimmten Verwendung (zB Entnahmen zur Probe, Verheizen von Mineralöl), hätte die bereits entrichtete Steuer wieder vergütet werden müssen. Um dieses aufwändige Verfahren zu vermeiden, verknüpfte man die StEntstehung mit einer auflösenden Bedingung. Während des Schwebezustandes, also bis zum Eintritt oder dem Ausfall der Bedingung, trat die Fälligkeit der Steuer nicht ein (zB § 6 I MinöStG aF). 1

Anwendungsbereich. Das in den VerbrauchStGesetzen (TabStG, BierStG, SchaumwZwStG, KaffeeStG) zunächst verwendete System der bedingten StSchuld (→ Rn. 1) hat seine Bedeutung inzwischen verloren. Durch das Verbrauchsteuer-Binnenmarktgesetz (BGBl. 1992 I 2150) ist das deutsche VerbrauchStRecht zum 1.1.1993 grundlegend umgestaltet und an die Vorgaben des zur StHarmonisierung in den Mitgliedstaaten der EG ergangenen Gemeinschaftsrechts, insb. die sog. Systemrichtlinie 92/12/EWG (ABl. EG 1992, Nr. 76, 1, geändert ABl. EG 1992, Nr. 390, 124) angepasst worden (vgl. Beermann DStZ 1993, 257). Das Rechtsinstitut der bedingten Steuer wurde durch die StAussetzung ersetzt. Danach entsteht die Steuer erst, wenn die verbrauchsteuerpflichtigen Waren aus einem zugelassenen StLager oder einer gesetzlich geregelten Beförderung in den freien Verkehr gelangen oder dem Verfahren der StAussetzung unrechtmäßig entzogen werden (vgl. zu Einzelheiten Jatzke BB 1993, 41). Für vor dem 1.1.1993 entstandene Verbrauchsteuern gilt das bisherige Recht fort, sodass hierauf auch § 50 uneingeschränkt anwendbar bleibt. Da nunmehr jedoch keines der VerbrauchStG mehr eine Regelungslücke enthält, kam die Anwendung des § 50 AO zunächst nur noch im Branntweinsteuerrecht in Betracht. Diese mögliche Anwendung des § 50 AO im Branntweinsteuerrecht fiel indes mit Außerkrafttreten des BranntwMonG zum 31.12.2017 ebenfalls weg (ebenso Schwarz/Pahlke/Keß § 50 Rn. 2). Mangels aktuellen Anwendungsbereichs wird wegen der Einzelheiten der bisherigen Rechtslage auf die 3. Aufl. verwiesen. 2

Dritter Abschnitt. Steuerbegünstigte Zwecke

§ 51 Allgemeines

(1) [1]**Gewährt das Gesetz eine Steuervergünstigung, weil eine Körperschaft ausschließlich und unmittelbar gemeinnützige, mildtätige oder kirchliche Zwecke (steuerbegünstigte Zwecke) verfolgt, so gelten die folgenden Vorschriften.** [2]**Unter Körperschaften sind die Körperschaften, Personenvereinigungen und Vermögensmassen im Sinne des Körperschaftsteuergesetzes zu verstehen.** [3]**Funktionale Untergliederungen (Abteilungen) von Körperschaften gelten nicht als selbstständige Steuersubjekte.**

(2) **Werden die steuerbegünstigten Zwecke im Ausland verwirklicht, setzt die Steuervergünstigung voraus, dass natürliche Personen, die ihren Wohnsitz oder ihren gewöhnlichen Aufenthalt im Geltungsbereich dieses Gesetzes haben, gefördert werden oder die Tätigkeit der Körperschaft neben der Verwirklichung der steuerbegünstigten Zwecke auch zum Ansehen der Bundesrepublik Deutschland im Ausland beitragen kann.**

(3) [1]**Eine Steuervergünstigung setzt zudem voraus, dass die Körperschaft nach ihrer Satzung und bei ihrer tatsächlichen Geschäftsführung keine Bestrebungen im Sinne des § 4 des Bundesverfassungsschutzgesetzes fördert und dem Gedanken der Völkerverständigung nicht zuwiderhandelt.** [2]**Bei Körperschaften, die im Verfassungsschutzbericht des Bundes oder eines Landes als extremistische Organisation aufgeführt sind, ist widerlegbar davon auszugehen, dass die Voraussetzungen des Satzes 1 nicht erfüllt sind.** [3]**Die Finanzbehörde teilt Tatsachen, die den Verdacht von Bestrebungen im Sinne des § 4 des Bundesverfassungsschutzgesetzes oder des Zuwiderhandelns gegen den Gedanken der Völkerverständigung begründen, der Verfassungsschutzbehörde mit.**

Schrifttum: Hüttemann, Der neue Anwendungserlass zum Abschnitt „Steuerbegünstigte Zwecke", DB 2012, 250; Köster, Gemeinnützigkeitsrechtliche Neuerungen auf Grund der Änderungen des Anwendungserlasses zur AO (AEAO), DStZ 2012, 195; Schauhoff/Kirchhain, Was bringt der neue AO-Anwendungserlass für gemeinnützige Körperschaften?, DStR 2012, 261; Förster, Immer Ärger mit den Nachweisen – Verfahrensprobleme bei grenzüberschreitenden Spenden, DStR 2013, 1516; Nolte, Entwicklungen bei der Mittelverwendungsrechnung gemeinnütziger Organisationen, DStR 2014, 1350; von Wedelstädt, Die Änderungen des AEAO im Rahmen seiner Neubekanntmachung durch das BMF-Schreiben vom 31.1.2014, DB 2014, 742; Hüttemann, Gemeinnützigkeitsrecht als organisationsbezogener Fördertatbestand – Funktion, Stand und Reformfragen, FR 2016, 969; Hüttemann, Rechtsfragen der sozialen Verantwortung von Vereinen und Stiftungen, DB 2016, 429; Hüttemann, Anmerkungen zum geänderten Anwendungserlass zur Gemeinnützigkeit, DB 2016, 1338; Hüttemann, Stiftungs- und gemeinnützigkeitsrechtliche Rahmenbedingungen der Vermögensanlage steuerbegünstigter Stiftungen, WM 2016, 625; Möhlenbrock/Obermair, Die wirtschaftliche Tätigkeit gemeinnütziger Körperschaften – Ist das Gemeinnützigkeitsrecht noch zeitgemäß?, FR 2016, 975; Nolte, Die gemeinnützige Körperschaft zwischen Umsatzsteuer- und Gemeinnützigkeitsrecht, DStR 2016, 19; Weitemeyer/Kamp, Zulässigkeit politischer Betätigungen durch gemeinnützige Organisationen, DStR 2016, 2623; Weitemeyer/Klene, Notwendige Weiterentwicklung des Gemeinnützigkeitsrechts, DStR 2016, 937; Fritz, Aktuelle Finanzrechtsprechung zum Gemeinnützigkeits- und Spendenrecht, DStZ 2017, 190; Hüttemann, Empfiehlt es sich, die rechtlichen Rahmenbedingungen für Gründung und Tätigkeit von Non-Profit-Organisationen übergreifend zu regeln?, NJW-Beil. 2018, 55; Hüttemann/Stollenwerk, Gemeinnütziger Journalismus in den USA und in Deutschland, StuW 2018, 384; Fischer, Gemeinnützigkeit und Zeitgeist, DStR 2018, 1394; Olbing, Steuerfolgen von Stiftungsgestaltungen, DB 2018, 2897; Röcken, Praktische Anforderungen an die Satzungsgestaltung aus gemeinnützigkeitsrechtlicher Sicht, ZStV 2018, 225; Ronge, Die Behandlung von US Foundations mit steuerlichem Inlandsbezug, BB 2018, 1371; Seeger/Brox/Leichinger, Abgrenzung eines Erwerbsstrebens in der Wohlfahrtspflege, DStR 2018, 2002; Blumers, Die Gefahren besonderer Stiftungsstrukturen bei Unternehmensträgerstiftungen, DB 2019, 2426; Engel, Die Gemeinnützigkeit im Lichte der neuen Rechtsprechung des Bundesfinanzhofes in Sachen „Attac", ZStV 2019, 130; Hornung/Vielwerth, Wie viel Politik verträgt das Gemeinnützigkeitsrecht?, DStR 2019, 1497; Hüttemann/Schauhoff, Umsatzsteuerbefreiungen für Sozial- und Bildungseinrichtungen, DStR 2019, 1601; Kohlepp, Rechtsprechung zum Gemeinnützigkeitsrecht 2017/2018, DStR 2019, 129; Musil, Die Entwicklung des Gemeinnützigkeitsrechts in der AO – 100 Jahre Geschichte und Zukunftsperspektiven, StuW 2020, 171; Reich, Die unternehmensverbundene Doppelstiftung auf dem Prüfstand - Gemischte Stiftung als Rechtsformalternative, DStR 2020, 265; Zimmermann/Raddatz, Die Entwicklung des Stiftungsrechts 2019, NJW 2020, 517; Härtling/Tolksdorf, Besteuerung in- und ausländischer Familienstiftungen aus deutscher Sicht, IStR 2023, 717; Leisner/Özkan, Steuerprivilegierung gemeinnütziger staatsentlastender Tätigkeiten, DB 2023, 2649.

I. Allgemeines

1. Zweck der Steuervergünstigung

Entlastung des Staates. Private Initiativen betätigen sich seit jeher auf verschiedenen Gebieten staatlichen Wirkens. Sie unterstützen und entlasten den Staat durch ihre Arbeit von Vorsorgeaufgaben, wie die Förderung der Bildung und des Gesundheitswesens. Aufgaben auf den Gebieten der Jugendpflege und Behindertenfürsorge sowie des Umwelt- und Naturschutzes werden von ihnen genauso erfüllt wie die Ausbildungs- und Wissenschaftsförderung. Besondere Bedeutung kommt den privaten Institutionen durch die Tätigkeiten der Wohlfahrtspflege zu. Ohne den privaten Altruismus auf diesem Gebiet wäre ein moderner Wohlfahrtsstaat nicht, jedenfalls nicht in dem vorhandenen Maße, denkbar. Gemeinnützige Tätigkeiten leisten einen Beitrag zur staatlichen Aufgabenerfüllung und verwirklichen daneben die für jedes Gemeinwesen wünschenswerte Förderung des Gemeinwohls (vgl. Hammer StuW 2001, 19 (23) zugleich als Gebot austeilender StGerechtigkeit). Der Staat wird von notwendigen, mindestens zweckdienlichen Aufgaben entlastet (vgl. Gemeinnützigkeits-Gutachten, BMF-Schriftenreihe Heft 40, 215; Hey StuW 2000, 467). Dies ist Anlass und Rechtfertigung für eine Förderung gemeinnütziger Betätigung durch den Gesetzgeber. Die Förderung erfolgt zum einen durch die StBefreiung gemeinnütziger Körperschaften und die Gewährung weiterer steuerlicher und außersteuerlicher Vergünstigungen (zB § 12 II Nr. 8 UStG, § 3 Nr. 26 EStG, Befreiung von Gebühren und Kosten; vgl. näher Thiel/Eversberg DB 1990, 290). Zum anderen werden Spenden an gemeinnützige Körperschaften durch Abzug von der StBemessungsgrundlage des Spenders begünstigt und dadurch die Spendenbereitschaft erheblich angeregt. 1

Rechtfertigung. Die steuerliche Begünstigung gemeinnütziger Einrichtungen rechtfertigt sich aus der zweckgerichteten Mittelverwendung ausschl. für Aufgaben, die ansonsten dem Gemeinwesen zur Last fallen würden (ebenso TK Vor § 51 Rn. 4). Der Staat müsste in weit größerem Umfang Steuern einsetzen, als dies durch die StBegünstigungen geschieht (Seer DStjG 2003, 11 (21 ff.)). Das Aufkommen aus der Besteuerung ideell tätiger Körperschaften wäre sehr begrenzt, da allein die Vermögensverwaltung und wirtschaftliche Geschäftsbetriebe (Zweckbetriebe) dem Tatbestand der Einkommenserzielung unterfallen. Am finanziell bedeutenderen Spendenaufkommen beteiligt sich der Fiskus lediglich mit dem individuellen StAnteil des Spenders. Die StBegünstigung ist daher auch fiskalisch sinnvoll (Hey StuW 2000, 467). 2

Abgrenzung. Vorstehende Rechtfertigungsgründe bilden die Grundlage und den Maßstab für die Abgrenzung der steuerbegünstigten Zwecke von den nichtbegünstigten Betätigungen. Der Verzicht auf Eigennutz im Dienst der Allgemeinheit und im Dienst am Nächsten, also die selbstlose Förderung des Gemeinwohls und nicht die individuelle Selbstverwirklichung und Geselligkeit in Form kollektiver Freizeitgestaltung, ist förderungswürdig (Gemeinnützigkeits-Gutachten, BMF-Schriftenreihe Heft 40, 348; Lang StbJb 1988/89, 251 (258 ff.)). Im geltenden Gemeinnützigkeitsrecht kommen diese Grundgedanken nur sehr unzureichend zum Ausdruck. Bereits vor Verabschiedung des VereinsFG (BGBl. 1989 I 2212) wurden die Unstimmigkeiten und Abgrenzungsschwierigkeiten zwischen begünstigten und nichtbegünstigten Zwecken allg. beklagt (BT-Drs. 11/4176, 8). Danach sind die Unstimmigkeiten zur Regel geworden. Besonders problematisch ist die undifferenzierte, uferlose Ausdehnung in den Freizeitbereich und die hierdurch verstärkte Schieflage im Spendenabzugsrecht. Durch die Abzugsmöglichkeit von Spenden in Höhe von (ab 1.1.2007) 20 % des Gesamtbetrags der Einkünfte des Spenders fördert der Staat die 3 in Vereinen organisierte Freizeitbetätigung weit stärker als das Tragen familiärer Lasten, insb. die Aufwendungen für den Kindesunterhalt (Birk StuW 1989, 212 (218); Tipke StuW 1989, 165 (167); krit. auch Däubler NJW 2003, 3319).

2. Bedeutung der Vorschrift

7 Die Vorschrift bestimmt den Begriff der steuerbegünstigten Zwecke. Zugleich wird klargestellt, dass die §§ 52–68 gelten, wenn ein anderes Gesetz eine StVergünstigung wegen der Verfolgung steuerbegünstigter Zwecke gewährt (BT-Drs. VI/1982, 116). Die Rechtsfolgen aus der Anerkennung der Gemeinnützigkeit einer Körperschaft enthalten die EinzelStGesetze. Die §§ 52–68 regeln hierzu die allg. Voraussetzungen der StBegünstigung einheitlich für mehrere StArten. Die steuerbegünstigten Zwecke decken sich nach der Neuregelung durch das Gesetz zur weiteren Stärkung des bürgerschaftlichen Engagements (→ § 52 Rn. 1) nunmehr mit denjenigen des Spendenabzugsrechts (§ 10b EStG; § 9 I Nr. 2 KStG). Mitgliedsbeiträge sind jedoch weiterhin nur beschränkt abzugsfähig (§ 10b I 2, 8 EStG; vgl. BFH 28.9.2022 – X R 7/21, DStR 2022, 2664). Mitgliedsbeiträge und Spenden an politische Parteien lässt § 10b II EStG zum Abzug zu, obwohl diese Vereinigungen keine gemeinnützigen Zwecke iSd § 52 verfolgen.

II. Steuervergünstigung (Abs. 1)

1. Steuerbegünstigte Zwecke (S. 1)

8 **Steuervergünstigung in Einzelsteuergesetzen.** Einzelne materielle StGesetze enthalten StBefreiungen und Vergünstigungen zugunsten von Körperschaften, die ausschl. und unmittelbar gemeinnützige, mildtätige oder kirchliche Zwecke selbstlos verfolgen. § 51 S. 1 stellt klar, dass sich in diesen Fällen die allg. Voraussetzungen einheitlich nach den Vorschriften des Dritten Abschnitts richten. Lediglich für gemeinnützige Siedlungsunternehmen sind weiter die Vorschriften des Reichssiedlungsgesetzes und die Bodenreformgesetze der Länder maßgebend (vgl. § 5 I Nr. 12 KStG; Abschn. 15 KStR). Materielle StVergünstigungen enthalten zB § 5 I Nr. 9 KStG; § 3 Nr. 6 GewStG; § 13 I Nr. 16b, 17 ErbStG; §§ 3 I Nr. 3b; 4 Nr. 6 GrStG; §§ 4 Nr. 16, 17a, 17b, 18, 20, 21, 22a, 23, 24, 25; 4a; 12 II Nr. 8 UStG; § 28 Nr. 2 RennwLottG.

9 Die unmittelbaren ertragsteuerlichen Vergünstigungen sind für die gemeinnützigen Körperschaften relativ unbedeutend. Für den nichtwirtschaftlichen, ideellen Bereich fehlt es ihnen an einer Gewinnerzielungsabsicht. Weder Mitgliedsbeiträge (§ 8 V KStG) noch Spenden gehören zu den stpfl. Einkünften. Die StBefreiung wirkt sich daher nur für die Erträge aus der Verwaltung eigenen Vermögens (§ 64 iVm § 14), Erträge aus den Zweckbetrieben (§ 64 iVm §§ 65–68) sowie für wirtschaftliche Geschäftsbetriebe aus, soweit sie die Besteuerungsgrenze von 45.000 EUR nicht überschreiten (§ 64 III). Bedeutsamer für die gemeinnützigen Körperschaften und das StAufkommen sind hingegen der Spendenabzug (§ 10b EStG, § 9 I Nr. 2 KStG), die StSatzermäßigung bei vollem VorStAbzug (§ 12 II Nr. 8 UStG) und die steuerfreien Vermögenszuwendungen an gemeinnützige Körperschaften gem. § 13 I ErbStG (Schauhoff Einl. Rn. 46 ff.). Zur Haftung nach § 10b IV 2 EStG vgl. BFH 10.9.2003 – XI R 58/01, BStBl. II 2004, 352. Die Anerkennung eines Vereins als gemeinnützig hat Indizwirkung dafür, dass er in das Vereinsregister eingetragen werden kann (BGH 16.5.2017 – II ZB 7/16, NJW 2017, 1943). Zur Gebührenbefreiung vgl. BVerwG 27.9.2017 – 6 C 34/16, NVwZ 2018, 671.

12 **Tatbestandliche Voraussetzungen.** Die steuerbegünstigte Tätigkeit wird von den §§ 51 ff. durch vier Merkmale näher bestimmt:

a) es müssen steuerbegünstigte, nämlich gemeinnützige (§ 52), mildtätige (§ 53) oder kirchliche (§ 54) Zwecke verfolgt werden,
b) diese Zwecke sind ausschließlich (§ 56),
c) unmittelbar (§ 57) und
d) selbstlos (§§ 52 I, 53, 54 I, 55, 61) zu verfolgen.

§ 58 enthält jedoch zahlreiche Durchbrechungen der Unmittelbarkeit, Selbstlosigkeit und Ausschließlichkeit. Die Definition der Selbstlosigkeit in § 55 I enthält eine weitere Einschränkung der Ausschließlichkeit, da lediglich nicht in erster Linie eigenwirtschaftliche Zwecke verfolgt werden dürfen. Dies gilt auch für wirtschaftliche Geschäftsbetriebe (§ 64). Sie schließen die Anerkennung als steuerbegünstigte Körperschaft nicht aus, sondern lassen – mit Ausnahme von Zweckbetrieben (§§ 65–68) – eine partielle Stpfl. entstehen.

Neben diese Merkmale müssen für eine Anerkennung der Gemeinnützigkeit weitere Voraussetzungen treten. Die steuerbegünstigte Tätigkeit muss von einer Körperschaft iSd § 51 I S. 2 ausgeübt werden, aus deren Satzung, dem Stiftungsgeschäft oder der sonstigen Verfassung (§§ 60, 61) die Verwirklichung der steuerbegünstigten Zwecke hinreichend sicher zu entnehmen ist. Die tatsächliche Geschäftsführung (§ 63) muss den Satzungsbestimmungen entsprechen (§ 59). Verfolgt eine Körperschaft mehrere Zwecke, müssen sämtliche Tätigkeiten diese Voraussetzungen erfüllen (BFH 28.11.1990 – I R 38/86, BFH/NV 1992, 90; BFH 4.4.2007 – I R 76/05, BStBl. II 2007, 631).

Dauer. Nimmt die Körperschaft ihre entspr. der Satzung zu erfüllende steuerbegünstigte Tätigkeit auf, erfüllt sie die Voraussetzungen für die Anerkennung der Gemeinnützigkeit. Eine sofortige Aufnahme scheidet zuweilen mangels hinreichender Sach- und Finanzmittel aus, sodass es vorbereitender Handlungen bedarf (sog. Anlaufphase). Sind diese vorbereitenden Handlungen bereits ernsthaft auf die Erfüllung eines steuerbegünstigten satzungsmäßigen Zwecks gerichtet und hierzu objektiv geeignet, erfüllt die Körperschaft bereits zu diesem Zeitpunkt die tätigkeitsbezogenen Voraussetzungen der StBefreiung (BFH 23.7.2003 – I R 29/02, BStBl. II 2003, 930). Die Vorbereitungsphase darf einen angemessenen Zeitraum nicht überschreiten. Stellt die Körperschaft ihre steuerbegünstigte Tätigkeit vollständig ein, **endet** hiermit ihre StBegünstigung (BFH 16.5.2007 – I R 14/06, DStR 2007, 1438). Ebenso wird man der Körperschaft auch eine Abwicklungsphase einräumen müssen, wenn innerhalb dieses Zeitraums trotz Beendigung der eigentlichen steuerbegünstigten Tätigkeit die Geschäftsführung noch auf die Erfüllung der steuerbegünstigten Zwecke gerichtet ist (vgl. Becker/Meining FR 2006, 686). Eine reine vermögensmäßige Abwicklung genügt indes nicht (vgl. BFH 16.5.2007 – I R 14/06, DStR 2007, 1438), da die reine Vermögensverwaltung kein begünstigter Zweck ist. Mit der Einstellung der begünstigten Tätigkeit infolge Insolvenz endet die StBegünstigung (BFH 16.5.2007 – I R 14/06, BStBl. II 2007, 808). 13

2. Körperschaften (S. 2)

Subjekt einer StBegünstigung iSd §§ 52–68 kann nur eine Körperschaft sein (§ 51 I 1). Für die Begriffsbestimmung der Körperschaft knüpft § 51 I 2 an das KStG an. Danach gehören gem. § 1 I KStG zu den unbeschränkt kstpfl. Körperschaften, Personenvereinigungen und Vermögensmassen insb. die rechtsfähigen und nichtrechtsfähigen Vereine (mWv 1.1.2024: Vereine ohne Rechtspersönlichkeit (§ 54 BGB, geänd. durch das G. zur Modernisierung des Personengesellschaftsrechts (MoPeG v. 10.8.2021, BGBl. 2021 I 3436)), Stiftungen (vgl. zur nicht rechtsfähigen Stiftung des privaten Rechts BFH 29.1.2003 – I R 106/00, BFH/NV 2003, 868), KapGes, Erwerbs- und Wirtschaftsgenossenschaften sowie Betriebe gewerblicher Art von juristischen Personen des öffentlichen Rechts. Bei **Betrieben gewerblicher Art** ist nach der Rspr. Subjekt der KSt die Körperschaft des öffentlichen Rechts selbst (BFH 13.3.1974 – I R 7/71, BStBl. II 1974, 391; BFH 4.9.2002 – I R 42/01, BFH/NV 2003, 511; aA Tipke/Lang § 11 Rn. 11.29). Die StBegünstigung knüpft gleichwohl allein an die von ihr unterhaltenen Betriebe gewerblicher Art an (vgl. BT-Drs. 7/4292, 20; AEAO zu § 51; vgl. hierzu Hey StuW 2000, 467). KapGes, wie die GmbH, werden bei großem Kapitaleinsatz und der Notwendigkeit flexibler Entscheidungsstrukturen bevorzugt (zur gemeinnützigen GmbH vgl. Grabau DStR 1994, 1032; Theißen/Daub INF 1994, 277; Weitemeyer ZGR 2022, 627; Witzheller ZErb 2024, 247 und 281). Da die juristische Person bereits mit ihrer Entstehung (sog. 15

Vorgesellschaft) kstpfl. ist, kann sie auch in diesem Stadium die StBegünstigung erlangen (→ § 33 Rn. 7; BFH 14.10.1992 – I R 17/92, BStBl. II 1993, 352).

Nicht zu den Körperschaften zählen neben natürlichen Personen auch PersGes (zur Verfassungsmäßigkeit der Begrenzung FG Niedersachsen 15.5.2003 – 5 K 6/01, EFG 2003, 1502). Dieser Personenkreis soll nicht die hinreichende Gewähr dafür bieten, selbstlos, ausschließlich und unmittelbar gemeinnützige Zwecke zu verfolgen (vgl. TK Vor § 51 Rn. 2). Dies gilt indes auch für die kstpfl. nichtrechtsfähige Stiftung, wenn das Vermögen einer natürlichen Person zugewendet wurde und die Erträgnisse von dieser zweckentsprechend einzusetzen sind (vgl. allg. zur nichtrechtsfähigen Stiftung BFH 29.1.2003 – I R 106/00, BB 2003, 993; FG Köln 15.8.2000 – 13 K 7617/96, EFG 2001, 39). Demzufolge dürfte auch die nichtrechtsfähige Stiftung nicht Subjekt der StBegünstigung iSd §§ 52 ff. sein. Entsprechend wird die Beschränkung in der Literatur zu Recht kritisch gesehen (vgl. TK Vor § 51 Rn. 2 mwN). Besondere Schwierigkeiten weist dabei die Abgrenzung zwischen nichtrechtsfähigem Verein (jetzt: Verein ohne Rechtspersönlichkeit) und PersGes auf, da eine Unterscheidung nur anhand der typischen Gesamtstruktur erfolgen kann (vgl. K. Schmidt GesR § 25 I 2). Ausnahmen enthalten § 4 Nr. 16 UStG und § 4 Nr. 6 GrStG für den Betrieb eines Krankenhauses. Angesichts der durch das MoPeG erfolgten umfassenden Anerkennung von Personenvereinigungen als rechtsfähig entfällt zusehends eine trennscharfe Abgrenzung zu den von §§ 52–68 stbegünstigten Körperschaften. Zu fragen ist deshalb, ob sich (de lege ferenda) aus Gründen der Gleichbehandlung nicht auch PersGes als gemeinnützige Subjekte qualifizieren können sollten.

16 **Ausländische Körperschaften,** die weder Geschäftsleitung noch Sitz im Inland haben, waren grds. von der StVergünstigung ausgeschlossen (§ 5 II Nr. 2 KStG aF; BFH 18.4.1975 – III B 24/74, BStBl. II 1975, 595; vgl. HHSp Vor §§ 51 Rn. 72 ff.). Diese Rechtsfolge verstieß gegen die Kapitalverkehrsfreiheit (Art. 56 EG), sodass auch für beschränkt stpfl. europäische Körperschaften die StBefreiung des § 5 I Nr. 9 KStG anzuwenden ist (EuGH 14.9.2006 – C-386/04, DStR 2006, 1736; vgl. nunmehr den durch JStG 2009 (BGBl. 2008 I 2794) entspr. ergänzten § 5 II Nr. 2 KStG). Dabei ist auch für im Ausland ansässige Körperschaften allein das (innerstaatliche) deutsche Recht Beurteilungsmaßstab für die Gemeinnützigkeit (vgl. BFH 15.9.2010 – X R 33/08, BStBl. II 2011, 637; BFH 18.8.2022 – V R 15/20, BFH/NV 2023, 288; zur Vereinbarkeit mit Gemeinschaftsrecht vgl. FG Münster 25.10.2023 – 13 K 2542/20 K, F, EFG 2024, 352). Das Gemeinschaftsrecht erfordert nicht, den Gemeinnützigkeitsstatus ausländischen Rechts anzuerkennen (BFH 20.12.2006 – I R 94/02, DStR 2007, 438; BFH 25.10.2016 – I R 54/14, BStBl. II 2017, 1216). Für nicht dem Gemeinschaftsrecht unterliegende Körperschaften gilt § 5 II Nr. 2 KStG unverändert. Da diese Personenvereinigungen nicht der deutschen StAufsicht unterliegen, ist die Differenzierung sachlich gerechtfertigt iSd Art. 3 GG (BFH 3.8.1983 – II R 20/80, BStBl. II 1984, 9), denn die staatliche Begünstigung ist begründet in der Entlastungswirkung gemeinnützigen Handelns für staatliche Aufgabenerfüllung (→ Rn. 2 f.). Ausnahmsweise enthalten einzelne DBA (zB USA) eine gegenseitige Gewährung der Begünstigung. Die Betätigung inländischer Körperschaften im Ausland ist grds. begünstigungsfähig (→ § 52 Rn. 29 f.).

3. Funktionale Untergliederungen (S. 3)

17 **Selbständige Untergliederung.** § 51 S. 3 fingiert die steuerrechtliche Unselbständigkeit von zivilrechtlich selbständigen, funktionalen Untergliederungen gemeinnütziger Körperschaften. Hierdurch wird verhindert, dass die Besteuerungsgrenze des § 64 III, die Zweckbetriebsgrenze gem. § 67a I und die nach den EinzelStGesetzen gewährten Freibeträge (§ 24 KStG, § 11 I 3 GewStG) von einer gemeinnützigen Körperschaft mehrfach beansprucht werden können, indem sie ihre Abteilungen, etwa als nicht eingetragene Vereine (§ 1 I Nr. 5 KStG), zivilrechtlich verselbständigt (BT-Drs. 11/5582, 31). Um eine Untergliederung handelt es sich, wenn – unbeschadet der zivilrechtlichen Gestaltung – eine verbandsmäßige Eingliederung in die gemeinnützige Körperschaft vorliegt. Hierzu ist

erforderlich, dass entweder die Mitgliedschaft in der Untergliederung zugleich eine Mitgliedschaft in der Hauptkörperschaft begründet oder die Untergliederung selbst Mitglied der übergeordneten Körperschaft ist (Klein § 51 Rn. 10). Zudem müssen beide Körperschaften rechtlich dergestalt verbunden sein, dass zwischen ihnen ein Über- und Unterordnungsverhältnis besteht. Hieran fehlt es bei Zusammenschlüssen von mehreren Körperschaften zur Verfolgung gemeinsamer partieller Interessen (zB auf Teilgebieten der Entwicklungshilfe) oder zur Wahrnehmung und Koordinierung gleichgerichteter Interessen (zB Dach- und Spitzenorganisationen). Bei fehlender Einflussmöglichkeit der Hauptkörperschaft scheidet eine Über-/Unterordnung aus.

Abteilung. Satz 3 erfasst nur funktionale Untergliederungen, die im Gesetz als Abteilungen bezeichnet werden. Auf selbständige gebietsbezogene Verbände (zB Landes-, Bezirks- oder Ortsgruppen) einer überregionalen Körperschaft ist die Regelung nicht anwendbar (Gosch AO § 51 Rn. 63). Um eine funktionale Untergliederung handelt es sich, wenn eine auf den gemeinsamen Hauptzweck gerichtete und seiner Art nach vergleichbare Betätigung von verschiedenen Teilen der Hauptkörperschaft ausgeübt wird, wie zB die verschiedenen Sparten eines Sportvereins. Hiervon unberührt bleiben Ausgliederungen, die eine vollständige Trennung zwischen der Körperschaft und dem abgespaltenen Teil bewirken. Hier fehlt es an der Verfolgung eines gemeinsamen Zwecks. 18

III. Auslandsbetätigung (Abs. 2)

Die Einführung des Abs. 2 ist die unmittelbare Reaktion auf die Entscheidung des EuGH 14.9.2006 – C-386/04, DStR 2006, 1736 in Sachen Stauffer. Der EuGH sah in der Versagung der StBefreiung für eine gemeinnützige Körperschaft einen Verstoß gegen die Kapitalverkehrsfreiheit, weil diese allein an die Belegenheit des Sitzes der gemeinnützigen Einrichtung anknüpfte. Gleichzeitig wies der EuGH darauf hin, dass die Definition steuerbegünstigter Zwecke und deren Beschränkung auf Zwecke mit Inlandsbezug europarechtlich unbedenklich ist. Die Neuregelung dient der Begrenzung der StBegünstigung für Tätigkeiten mit strukturellem Inlandsbezug (vgl. RegE zu Art. 10 Nr. 4; BR-Drs. 545/08). Sie ist ab dem 1.1.2009 anzuwenden (Art. 97 § 1d II EGAO; FG Bremen 8.6.2011 – 1 K 63/10 (6), DStRE 2012, 1321). 19

1. Ausländische Zweckverwirklichung

Gemeinnützige, kirchliche und mildtätige Zwecke, die ausschl. im Ausland verwirklicht werden, sind nunmehr nur noch steuerbegünstigt, wenn dadurch unmittelbar natürliche Personen, die ihren Wohnsitz oder ihren gewöhnlichen Aufenthalt im Geltungsbereich der AO haben (Bevölkerung Deutschlands) gefördert werden oder das Ansehen der Bundesrepublik Deutschland im Ausland gefördert wird (Inlandsbezug). Die personenbezogene Beschränkung der Förderungswürdigkeit ausländischer Zweckverwirklichung ist erfüllt, soweit die Förderung der Bevölkerung Deutschlands unmittelbar zugutekommt. Dies gilt auch, soweit sich der Inländer zu diesem Zweck im Ausland aufhält (AEAO zu § 51 Nr. 7). Fraglich ist hingegen, ob auch lediglich die mittelbare Förderung eines Inländers genügt. Hier dürfte es zu schwierigen Abgrenzungsproblemen kommen. Erkennbar nicht geregelt wurde der Aspekt der quantitativen Begrenzung des geförderten Personenkreises (→ § 52 Rn. 19). Dementsprechend ist für die Verfolgung mildtätiger oder kirchlicher Zwecke die Förderung eines offenen Personenkreises weiterhin nicht Voraussetzung (ebenso RegE zu Art. 10 Nr. 4; BR-Drs. 545/08). 20

2. Bevölkerung Deutschlands

Hierzu zählen alle natürlichen Personen, die unabhängig von ihrer Staatsangehörigkeit, ihrer Nationalität, Herkunft, Religion, ihrem Geschlecht oder gesetzeskonformen Verhalten sich dauerhaft und rechtmäßig in Deutschland aufhalten, folglich ihren Wohnsitz (§ 8) oder gewöhnlichen Aufenthalt (§ 9) im Inland haben. Auf die Staatsangehörigkeit der geförderten Person kommt es nicht an (FG Berlin-Brandenburg 28.6.2018 – 9 K 11080/ 21

17, EFG 2019, 793). So bleibt etwa die Förderung im Inland lebender Ausländer, von Integrationsprojekten oder der Bewahrung kultureller Vielfalt und Identität weiterhin begünstigt. Die Förderung von Personen mit inländischem Wohnsitz, die sich vorübergehend im Ausland aufhalten, wird ebenfalls erfasst. Durch die Anknüpfung an Personen, die der unbeschränkten StPflicht iSd § 1 I 1 EStG unterliegen, werden indes auch unbeschränkt stpfl. deutsche Staatsangehörige iSd § 1 II, III EStG, die im Ausland leben, ohne sachlichen Grund regelmäßig von der Begünstigung ausgegrenzt. Juristische Personen oder Personenvereinigungen gehören ebenso nicht hierzu. Dies führt sinnwidriger Weise dazu, dass ein international tätiger Spendensammelverein zur Förderung inländischer Körperschaften nicht mehr begünstigt ist.

3. Förderung des Ansehens

22 Die Verwirklichung steuerbegünstigter Zwecke im Ausland ist auch dann begünstigt, wenn durch die Förderung ausländischer Personen das Ansehen der Bundesrepublik Deutschland im Ausland gefördert wird. Das Erfordernis der positiven Rückwirkung des staatlichen Erscheinungsbildes im Ausland wird mit dem besonderen Interesse des Staates an diesen Gemeinwohlaufgaben, die zur Entlastung des Staatshaushaltes beitragen, gerechtfertigt (vgl. RegE zu Art. 10 Nr. 4; BR-Drs. 545/08). Die Regelung ist indes viel zu unbestimmt und in der praktischen Handhabung durch die Verwaltung völlig untauglich (Klein § 51 Rn. 19; Hüttemann DStR 2008, 1061; Geserich DStR 2009, 1173). Abgesehen von dem hiervon ausgehenden politischen Signal (vgl. hierzu Bundesverband deutscher Stiftungen, www.stiftungen.org) staatlichen Desinteresses für die Nöte anderer ist die Ausfüllung des unbestimmten Rechtsbegriffs der Förderung des Ansehens der Bundesrepublik Deutschland äußerst schwierig. Neben den unproblematischen Fällen deutscher Kultureinrichtungen, internationaler Entwicklungs- und Katastrophenhilfe sowie deutscher Forschungseinrichtungen im Ausland treten zahlreiche Zweifelsfälle auf. Unklar bleibt, ob das einzelne in Nepal privat betriebene Waisenhaus oder ein Schulaustauschprojekt mit Sri Lanka das Ansehen Deutschlands fördert. Verlangt man für die Anerkennung eine positive Aufnahme und Förderung durch staatliche Stellen im Ausland oder eines größeren Anteils der Bevölkerung, dürfte insb. kleineren Projekten die Förderungswürdigkeit künftig versagt bleiben. Geht man (richtigerweise) davon aus, dass jede deutsche Hilfsmaßnahme, die der ausländischen Bevölkerung zugutekommt, zugleich ein Beitrag zur Völkerverständigung und oftmals der Mildtätigkeit ist, fördert jedes Projekt zugleich auch das Ansehen Deutschlands. Satz 3 liefe letztlich leer.

FVerw. und Rspr. lassen für eine Ansehenssteigerung grds. ohne besonderen Nachweis ausreichen, dass die Körperschaft sich personell, finanziell, planend, schöpferisch oder anderweitig an der Förderung gemeinnütziger und mildtätiger Zwecke im Ausland beteiligt (Indizwirkung; AEAO zu § 51 Nr. 7). Dabei bedarf es keiner spürbaren oder messbaren Auswirkung auf das Ansehen Deutschlands im Ausland. So reicht eine finanzielle Beteiligung einer inländischen Forschungseinrichtung an internationalen Aktivitäten ebenso aus wie die finanzielle Unterstützung einer ausländischen gemeinnützigen Einrichtung durch eine inländische Privatperson (BFH 22.3.2018 – X R 5/16, BStBl. II 2018, 651: Spende für Bau einer Kirche).

IV. Verfassungs- und ausländerfeindliche Bestrebungen (Abs. 3)

23 Die durch das JStG 2009 eingeführte Ergänzung stellt klar, dass die Förderung und Verfolgung verfassungs- und ausländerfeindlicher Ziele kein steuerbegünstigter Zweck sein kann (vgl. RegE zu Art. 10 Nr. 4; BR-Drs. 545/08). Absatz 3 soll insb. diejenigen Körperschaften von der StBegünstigung ausschließen, deren Zweck und/oder Tätigkeit gegen die freiheitlich demokratische Grundordnung, den Bestand oder die Sicherheit des Bundes oder eines Landes gerichtet ist, der erheblichen Beeinträchtigung der Funktionsfähigkeit staatlicher Einrichtungen dient oder dem Gedanken der Völkerverständigung, wie

zB bei ausländerextremistischen Spendensammelvereinen, zuwiderläuft (vgl. AEAO zu § 51 Nr. 9). Die Körperschaft darf weder nach ihrer Satzung noch bei ihrer tatsächlichen Geschäftsführung Bestrebungen iSd § 4 BVerfSchG fördern (Jäschke DStR 2009, 1669). Grundgesetzschädigende und ausländerfeindliche Zweckverfolgung diente bereits nach der bisherigen einhelligen Auffassung (→ § 52 Rn. 14) nicht dem Gemeinwohl, sodass die Ergänzung lediglich eine deklaratorische Klarstellung enthält (ebenso Bundesverband deutscher Stiftungen, www.stiftungen.org). Die Vorschrift ist verfassungsgemäß (BFH 5.9.2024 – V R 36/21, BStBl. II 2025, 26).

Die objektive Feststellungslast für die Tatsachen, aus denen sich die Gemeinnützigkeit ergibt, trägt grds. die Körperschaft (BFH 28.10.2004 – I B 95/04, BFH/NV 2005, 160). Die negative Tatsache, im Rahmen der tatsächlichen Geschäftsführung nicht gegen die Wertordnung des GG zu verstoßen, führt erst dann zur Darlegungslast der Körperschaft, wenn die FB konkrete Anhaltspunkte dafür vorträgt, dass dies der Fall ist (BFH 11.4.2012 – I R 11/11, BStBl. II 2013, 146). Hierzu kann allerdings bereits die Erwähnung durch die Verfassungsschutzbehörde ausreichen (FG Baden-Württemberg 5.3.2018 – 10 K 3622/16, BeckRS 2018, 14376). Die Prüfung, ob eine Körperschaft nach ihrer Satzung oder bei ihrer tatsächlichen Geschäftsführung Bestrebungen iSd § 4 BVerfSchG fördert oder dem Gedanken der Völkerverständigung zuwiderhandelt, hat eigenständig und ohne eine die Leistungen der Körperschaft für das Gemeinwohl einbeziehende Abwägung zu erfolgen, sodass keine Gesamtwürdigung mit der Folge einer Anerkennung (auch) extremistischer Körperschaften als gemeinnützig vorzunehmen ist (BFH 5.9.2024 – V R 36/21, BStBl. II 2025, 26; BFH 5.9.2024 – V R 15/22, BStBl. II 2025, 72).

Für Körperschaften, die im Verfassungsschutzbericht als extremistische Organisation eingestuft werden, wird nach S. 2 widerlegbar vermutet, dass sie nicht gemeinnützig sind. Dies ist nur der Fall, wenn die Körperschaft dort ausdrücklich als extremistisch bezeichnet wird, nicht aber wenn die Körperschaft nur als Verdachtsfall oder sonst beiläufig Erwähnung findet (BFH 14.3.2018 – V R 36/16, BStBl. II 2018, 422; vgl. auch BFH 5.9.2024 – V R 36/21, BStBl. II 2025, 26 zu der erforderlichen Prüfung, ob die in dem Verfassungsschutzbericht genannten Umstände einer Bundes- oder Landesorganisation als jeweils selbständigem StSubjekt zuzurechnen sind). In Verdachtsfällen bleibt es bei der allg. Prüfung der Gemeinnützigkeit. Insoweit genügt zwar nicht jegliche Erwähnung im Verfassungsschutzbericht, jedoch reichen idR bereits konkrete Hinweise, die auf eine extremistische Einstellung hindeuten. So macht eine Vereinigung sich extremistische Äußerungen auf einer Internetseite zu eigen, wenn es die fremde Internetadresse auf der eigenen Internetseite verlinkt, ohne sich klar und unmissverständlich vom fremden Inhalt zu distanzieren (vgl. BFH 11.4.2012 – I R 11/11, DStR 2012, 1222).

V. Verfahrensfragen

§ 60a hat mWv 29.3.2013 die bisherige Verwaltungspraxis durch Einführung eines Verfahrens zur gesonderten Feststellung der satzungsmäßigen Voraussetzungen abgelöst. Wegen der sich daraus ergebenden Verfahrensfragen → § 60a Rn. 1 ff. 24

§ 52 Gemeinnützige Zwecke

(1) [1]**Eine Körperschaft verfolgt gemeinnützige Zwecke, wenn ihre Tätigkeit darauf gerichtet ist, die Allgemeinheit auf materiellem, geistigem oder sittlichem Gebiet selbstlos zu fördern.** [2]**Eine Förderung der Allgemeinheit ist nicht gegeben, wenn der Kreis der Personen, dem die Förderung zugute kommt, fest abgeschlossen ist, zum Beispiel Zugehörigkeit zu einer Familie oder zur Belegschaft eines Unternehmens, oder infolge seiner Abgrenzung, insbesondere nach räumlichen oder beruflichen Merkmalen, dauernd nur klein sein kann.** [3]**Eine Förderung**

der Allgemeinheit liegt nicht allein deswegen vor, weil eine Körperschaft ihre Mittel einer Körperschaft des öffentlichen Rechts zuführt.

(2) [1]**Unter den Voraussetzungen des Absatzes 1 sind als Förderung der Allgemeinheit anzuerkennen:**

1. **die Förderung von Wissenschaft und Forschung;**
2. **die Förderung der Religion;**
3. **die Förderung des öffentlichen Gesundheitswesens und der öffentlichen Gesundheitspflege, insbesondere die Verhütung und Bekämpfung von übertragbaren Krankheiten, auch durch Krankenhäuser im Sinne des § 67, und von Tierseuchen;**
4. **die Förderung der Jugend- und Altenhilfe;**
5. **die Förderung von Kunst und Kultur;**
6. **die Förderung des Denkmalschutzes und der Denkmalpflege;**
7. **die Förderung der Erziehung, Volks- und Berufsbildung einschließlich der Studentenhilfe;**
8. **die Förderung des Naturschutzes und der Landschaftspflege im Sinne des Bundesnaturschutzgesetzes und der Naturschutzgesetze der Länder, des Umweltschutzes, einschließlich des Klimaschutzes, des Küstenschutzes und des Hochwasserschutzes;**
9. **die Förderung des Wohlfahrtswesens, insbesondere der Zwecke der amtlich anerkannten Verbände der freien Wohlfahrtspflege (§ 23 der Umsatzsteuer-Durchführungsverordnung), ihrer Unterverbände und ihrer angeschlossenen Einrichtungen und Anstalten;**
10. **die Förderung der Hilfe für politisch, rassistisch oder religiös Verfolgte, für Flüchtlinge, Vertriebene, Aussiedler, Spätaussiedler, Kriegsopfer, Kriegshinterbliebene, Kriegsbeschädigte und Kriegsgefangene, Zivilbeschädigte und Behinderte sowie Hilfe für Opfer von Straftaten; Förderung des Andenkens an Verfolgte, Kriegs- und Katastrophenopfer; Förderung des Suchdienstes für Vermisste, Förderung der Hilfe für Menschen, die auf Grund ihrer geschlechtlichen Identität oder ihrer geschlechtlichen Orientierung diskriminiert werden;**
11. **die Förderung der Rettung aus Lebensgefahr;**
12. **die Förderung des Feuer-, Arbeits-, Katastrophen- und Zivilschutzes sowie der Unfallverhütung;**
13. **die Förderung internationaler Gesinnung, der Toleranz auf allen Gebieten der Kultur und des Völkerverständigungsgedankens;**
14. **die Förderung des Tierschutzes;**
15. **die Förderung der Entwicklungszusammenarbeit;**
16. **die Förderung von Verbraucherberatung und Verbraucherschutz;**
17. **die Förderung der Fürsorge für Strafgefangene und ehemalige Strafgefangene;**
18. **die Förderung der Gleichberechtigung von Frauen und Männern;**
19. **die Förderung des Schutzes von Ehe und Familie;**
20. **die Förderung der Kriminalprävention;**
21. **die Förderung des Sports (Schach gilt als Sport);**
22. **die Förderung der Heimatpflege, Heimatkunde und der Ortsverschönerung;**
23. **die Förderung der Tierzucht, der Pflanzenzucht, der Kleingärtnerei, des traditionellen Brauchtums einschließlich des Karnevals, der Fastnacht und des Faschings, der Soldaten- und Reservistenbetreuung, des Amateurfunkens, des Freifunks, des Modellflugs und des Hundesports;**
24. **die allgemeine Förderung des demokratischen Staatswesens im Geltungsbereich dieses Gesetzes; hierzu gehören nicht Bestrebungen, die nur be-**

stimmte Einzelinteressen staatsbürgerlicher Art verfolgen oder die auf den kommunalpolitischen Bereich beschränkt sind;

25. die Förderung des bürgerschaftlichen Engagements zugunsten gemeinnütziger, mildtätiger und kirchlicher Zwecke;

26. die Förderung der Unterhaltung und Pflege von Friedhöfen und die Förderung der Unterhaltung von Gedenkstätten für nichtbestattungspflichtige Kinder und Föten;

27. die Förderung wohngemeinnütziger Zwecke; dies ist die vergünstigte Wohnraumüberlassung an Personen im Sinne des § 53. [2] § 53 Nummer 2 ist mit der Maßgabe anzuwenden, dass die Bezüge nicht höher sein dürfen als das Fünffache des Regelsatzes der Sozialhilfe im Sinne des § 28 des Zwölften Buches Sozialgesetzbuch; beim Alleinstehenden oder Alleinerziehenden tritt an die Stelle des Fünffachen das Sechsfache des Regelsatzes. [3] Die Hilfebedürftigkeit muss zu Beginn des jeweiligen Mietverhältnisses vorliegen.

[2] Sofern der von der Körperschaft verfolgte Zweck nicht unter Satz 1 fällt, aber die Allgemeinheit auf materiellem, geistigem oder sittlichem Gebiet entsprechend selbstlos gefördert wird, kann dieser Zweck für gemeinnützig erklärt werden. [3] Die obersten Finanzbehörden der Länder haben jeweils eine Finanzbehörde im Sinne des Finanzverwaltungsgesetzes zu bestimmen, die für Entscheidungen nach Satz 2 zuständig ist.

Schrifttum: Dehesselles, Gemeinnützige Körperschaften in der Insolvenz, DStR 2008, 2050; Fischer, Überlegungen zur Fortentwicklung des steuerlichen Gemeinnützigkeitsrechts, FR 2008, 752; Hüttemann, Die steuerliche Förderung gemeinnütziger Tätigkeiten im Ausland – eine Frage des „Ansehens"?, DB 2008, 1061; Nacke, Das Gesetz zur weiteren Stärkung des bürgerlichen Engagements, DStZ 2008, 445; Tiedtke/Möllmann, Gemeinnützigkeit und Europäische Grundfreiheiten, DStZ 2008, 69; Lehr, Wenn „Fördervereine" weniger fördern sollen, DStR 2010, 795; Volkmann/Wittke, NPO 2.0 – Internetspendenportale, virtuelle Marktplätze und Online-Fördernetzwerke auf dem Prüfstand des Gemeinnützigkeitsrechts, BB 2010, 859; Kirchhain, Privatnützige Zuwendungen gemeinnütziger Körperschaften, FR 2011, 640; Zimmermann, Aktueller Überblick über das deutsche Stiftungsrecht, NJW 2011, 2931; Droege, Europäisierung des Gemeinnützigkeitsrechts – Der offene Steuerstaat im europäischen Gemeinwohlverbund, StuW 2012, 256; Joisten/Vossel, Karneval im Steuerrecht, FR 2013, 57; Hüttemann, Steuerliche Gemeinnützigkeit und politische Betätigung, DB 2015, 821; Weitemeyer/Kamp, Zulässigkeit politischer Betätigungen durch gemeinnützige Organisationen, DStR 2016, 2623; Bruschke, Förderung der Allgemeinheit im Gemeinnützigkeitsrecht, DStR 2017, 2416; Strotkemper/Krüsmann, Rheinischer Karneval und der BFH: Gratwanderung zwischen Brauchtum und Kommerz, DStZ 2017, 232; Urban, Aktive Kulturförderung als Gemeinnützigkeit zweiter Klasse, DStZ 2018, 22; Wallenhorst/Wallenhorst, Zur gemeinnützigen Mittelverwendung: Das Ende der „Geldscheintheorie", DStR 2018, 851; Bagger von Grafenstein/Feldgen, Fördert eSport die Allgemeinheit? Aufnahme des eSports als gemeinnützigen Zweck im Rahmen des § 52 Abs. 2 Nr. 21 AO sowie ausgewählte Fragestellungen der Besteuerung von eSportlern, DStZ 2019, 326; Engel, Die Gemeinnützigkeit im Lichte der neuen Rechtsprechung des Bundesfinanzhofes in Sachen „Attac", ZStV 2019, 130; Hüttemann, Kein allgemeinpolitisches Mandat für gemeinnützige Körperschaften, DB 2019, 744; Jäschke, Die ertragsteuerliche Behandlung von Servicegesellschaften im gemeinnützigen Unternehmensverbund, DStR 2019, 2668; Leisner-Egensperger, Politische Betätigung auf dem Minenfeld des Gemeinnützigkeitsrechts, NJW 2019, 964; Schauhoff/Danz, Wettbewerbsschutz und Gemeinnützigkeit im Ertrag- und Umsatzsteuerrecht am Beispiel der Verbraucherberatung, DStR 2019, 23; Löhr, Quo vadis Neue Wohngemeinnützigkeit?, WuM 2024, 11; Hüttemann/Schauhoff, So bitte nicht – Änderungsbedarf an der geplanten Gemeinnützigkeitsreform im JStG 2024 und im Steuerfortentwicklungsgesetz, DB 2024, 1982; Kirchhain/Unger, Änderungen im Gemeinnützigkeitsrecht erster Akt – zweiter Akt folgt wohl nicht mehr sogleich, DStR 2024, 2785; s. auch Schrifttum zu § 51.

Übersicht

A. Allgemeines

1 Das Gesetz zur weiteren Stärkung des bürgerschaftlichen Engagements v. 10.10.2007 (BGBl. 2007 I 2332) hat neben der Neufassung des Katalogs der gemeinnützigen Zwecke insb. eine Vereinheitlichung und Anhebung des steuerlichen Spendenabzugs mit Wirkung zum 1.1.2007 gebracht (Art. 97 § 1d EGAO, § 52 XXIV b EStG). Durch das JStG 2020 (BGBl. 2020 I 3096) wurde der Katalog der gemeinnützigen Zwecke um einige Zwecke (zT klarstellend) ergänzt und in Teilbereichen mWv 29.12.2020 (Art. 50 I JStG 2020) erweitert. Die Förderung wohngemeinnütziger Zwecke, also die vergünstigte Wohnraumüberlassung an Personen iSd § 53, ist mWv 1.1.2025 durch das JStG 2024 v. 2.12.2024 (BGBl. 2024 I Nr. 387) in den Katalog der gemeinnützigen Zwecke aufgenommen worden (§ 52 II 1 Nr. 27).

I. Gegenstand der Vorschrift

2 § 52 I 1 definiert die gemeinnützigen Zwecke durch den unbestimmten Rechtsbegriff der Förderung der Allgemeinheit und das Merkmal der Selbstlosigkeit. An welches Werteverständnis die steuerliche Gemeinnützigkeit mit dem ausfüllungsbedürftigen Begriff der Allgemeinheit anknüpft, bleibt weitgehend offen (vgl. Lang StuW 1987, 221 (231 f.)). Die im Katalog des Abs. 2 aufgeführten Beispiele lassen keine einheitlichen Gemeinwohlwerte erkennen, sondern verwischen eher die Gemeinwohlkriterien, da auch die kollektive Befriedigung privater Bedürfnisse (insb. Nr. 4) als förderungswürdig angesehen wird. In den nachfolgenden Sätzen erfolgt lediglich eine Negativabgrenzung, die nur einzelne Teilaspekte des ausfüllungsbedürftigen Begriffs anspricht. § 52 I 2 zielt auf die Abgrenzung des zu fördernden Personenkreises und scheidet hierdurch die eigennützige Zweckverfolgung aus. Die bezweckte Förderung im Interesse der Allgemeinheit, also des Gemeinwohls, lässt sich dem Wortlaut der Norm nur bedingt entnehmen.

II. Verhältnis zu anderen Vorschriften

5 Die in § 51 definierten steuerbegünstigten Zwecke werden durch § 52 inhaltlich näher umschrieben, soweit es sich um gemeinnützige Zwecke handelt. Dabei verfolgt eine Körperschaft nur dann gemeinnützige Zwecke, wenn ihr Tun auch selbstlos ist. Die Legaldefinition der Selbstlosigkeit enthält § 55.

6 **Spendenabzug.** Durch das G v. 10.10.2007 (→ Rn. 1) wurde die Spendenabzugsfähigkeit vereinheitlicht und in die EinzelStG übernommen. § 10b I EStG enthält eine unmittelbare Verknüpfung der Spendenabzugsfähigkeit mit den begünstigten Zwecken der §§ 52

–54 für gemeinnützige Stpfl. iSd § 5 I Nr. 9 KStG. Begrenzt bleibt der Kreis der Begünstigten für die Abzugsfähigkeit von Mitgliedsbeiträgen.

B. Selbstlose Förderung der Allgemeinheit (Abs. 1)

I. Förderung auf materiellem, geistigem oder sittlichem Gebiet (Abs. 1 S. 1)

Eine Körperschaft verfolgt nicht durch jegliche Förderung der Allgemeinheit gemeinnützige Zwecke. Ihre Tätigkeit muss auf die Förderung auf materiellem, geistigem oder sittlichem Gebiet abzielen (§ 52 I 1). Es besteht kein Rangverhältnis zwischen den Alternativen. Die Körperschaft kann zugleich mehrere oder nur einzelne Gebiete abdecken. Eine Förderung auf **materiellem** Gebiet ist auf die Verbesserung der finanziellen Ausstattung, der wirtschaftlichen Versorgung, allgemein des körperlichen Lebensstandards gerichtet (HHSp § 52 Rn. 42). Hierzu zählen etwa die finanzielle Unterstützung der Jugend- und Altenhilfe, die Förderung des öffentlichen Gesundheits- und Wohlfahrtswesens, die Entwicklungshilfe sowie die mildtätige Unterstützung Hilfsbedürftiger. Auf **geistigem** Gebiet erfolgt eine Förderung, die sich auf das denkende, erkennende Bewusstsein des Menschen bezieht, dessen Erkenntnisfähigkeit verbessert, zum Verständnis des Seins beiträgt oder die verstandesmäßige Wahrnehmung erweitert. Dies geschieht insb. durch eine Förderung der Wissenschaft und Forschung, Bildung und Erziehung, Kunst und Kultur (vgl. auch BFH 23.11.1988 – I R 11/88, BStBl. II 1989, 391 zur Friedensförderung als Teil der Völkerverständigung). Sittlichkeit ist der Inbegriff dessen, was in einer Gesellschaft für gut, anständig und richtig gehalten wird. Das **Sittliche** betrifft ethisch-moralische Wertbegriffe der Bevölkerung in Bezug auf Verhalten und Gesinnung jedes Einzelnen. Hierzu zählt zB die Förderung der Religion. 9

Fördern beinhaltet eine auf Entwicklung gerichtete Betätigung, die jemandem hilft, unterstützt, begünstigt oder seine Lage in irgendeiner Weise verbessert (Gosch AO § 52 Rn. 20). Es setzt ein eigenes Handeln der Körperschaft durch ihre Organe und/oder Mitglieder voraus (BFH 23.10.1991 – I R 19/91, BStBl. II 1992, 62). Vorbereitungshandlungen, die unmittelbar auf die Förderung der Allgemeinheit gerichtet sind, werden bereits erfasst, da weder der Beginn der Förderung noch ein Erfolgseintritt erforderlich sind (vgl. BFH 13.12.1978 – I R 39/78, BStBl. II 1979, 482 (484); BFH 23.7.2003 – I R 29/02, BStBl. II 2003, 930). Die Tätigkeit muss die Förderung der Allgemeinheit zweckgerichtet verfolgen, ohne dass dies ausnahmslos für alle (Hilfs-)Mittel gilt, mit denen der Zweck gefördert werden soll (BFH 8.10.1975 – II R 24/70, BStBl. II 1976, 129). Die Maßnahmen müssen objektiv geeignet sein, die Allgemeinheit zu fördern. Die Absicht oder Annahme der Mitglieder der Körperschaft, die Allgemeinheit zu fördern, genügt nicht, wenn die Tätigkeit objektiv gemeinschädlich ist. 10

Förderung der Allgemeinheit. Die Förderung der Allgemeinheit umschreibt den der Regelung innewohnenden Grundgedanken der Gemeinnützigkeit. Dabei handelt es sich um einen unbestimmten, ausfüllungsbedürftigen Begriff, dem ein bestimmtes Werteverständnis beizulegen ist. Die Rspr. geht von der Einbeziehung einer Vielzahl von Werten aus, die dem allgemeinen Besten zu nutzen bestimmt sind. Als prägende Faktoren werden angesehen: die verfassungstragenden Grundlinien des GG, die sozialethischen und religiösen Prinzipien, die geistige und kulturelle Ordnung, die Forschung, Wissenschaft und Technik, die vorhandene Wirtschaftsstruktur, die wirtschaftlichen und sozialen Verhältnisse und die Wertvorstellungen und Anschauungen der Bevölkerung (BFH 13.12.1978 – I R 39/78, BStBl. II 1979, 482 (485); BFH 31.5.2005 – I R 105/04, BFH/NV 2005, 1741). Ein Rangverhältnis zwischen den einzelnen Werten besteht nicht (Gosch AO § 52 Rn. 30). Dies führt letztlich dazu, dass ein extensives, immer weiter ausuferndes Gemeinnützigkeitsrecht entsteht (Lang StuW 1987, 221 (231); Seer DStjG 2003, 11 (28)). 11

Der Begriff Förderung der Allgemeinheit entspricht inhaltlich der Regelung des § 17 II StAnpG, der verlangte, dass die Tätigkeit dem allgemeinen Besten nutzt. Was das allgemeine Beste, also das Gemeinwohl oder Wohl der Allgemeinheit (Art. 14 III 1 GG) ist, lässt sich deshalb vorrangig den in der Verfassung eines demokratischen Gemeinwesens verankerten Grundprinzipien (zB Grundrechte, Sozialstaatsprinzip) entnehmen. Die Regelungen über die Gesetzgebungshoheit (zB Art. 74 Nr. 11a GG) gehören nicht hierzu (HHSp § 52 Rn. 27). Auf die Anschauungen der Mehrheit der Bevölkerung kommt es grds. nicht an (str.). Eine feste, allgemeinkundige Grundüberzeugung in der Bevölkerung kann als Indiz für die Frage nach dem Nutzen einer Tätigkeit für das Gemeinwohl zu berücksichtigen sein (BFH 13.12.1978 – I R 39/78, BStBl. II 1979, 482 (486)). Als Förderung der Allgemeinheit sind daher solche Bestrebungen nicht anzuerkennen, die sich gegen die freiheitlich demokratische Grundordnung (BFH 11.4.2012 – I R 11/11, BStBl. II 2013, 146) oder gegen verfassungsrechtlich garantierte Freiheiten richten (BFH 16.10.1991 – I B 16/91, BFH/NV 1992, 505; BFH 5.9.2024 – V R 36/21, BStBl. II 2025, 26–). Gleiches gilt für einen Verstoß gegen den Gleichheitssatz. Ein Verein, der entgegen Art. 3 III GG die wesensmäßige Gleichheit aller Menschen in Abrede stellt, ist daher mangels Förderung der Allgemeinheit nicht als gemeinnützig einzustufen (BFH 17.5.2017 – V R 52/15, BStBl. II 2018, 218).

12 **Auslandsbetätigung.** Eine Förderung der Allgemeinheit setzte nach der bis 2009 geltenden Gesetzeslage nicht voraus, dass die Fördermaßnahmen unmittelbar den Bewohnern oder Staatsangehörigen Deutschlands zugutekommen (vgl. Hüttemann/Helios DB 2006, 2481). Die Förderungszwecke konnten auch ausnahmslos oder jedenfalls ganz überwiegend im Ausland erfüllt werden, da eine Begrenzung auf das Inland gesetzlich nicht vorgesehen war (Thömmes/Nakhai DB 2005, 2259; BFH 20.12.2006 – I R 94/02, DStR 2007, 438). Durch das JStG 2009 wurde mit Wirkung ab 1.1.2009 (Art. 97 § 1d II EGAO) durch § 51 II eine Begrenzung auf inländische Zweckverwirklichung bzw. vom Inland ausgehende internationale Förderungsmaßnahmen eingeführt (→ § 51 Rn. 21 ff.).

14 **Ambivalentes Handeln.** Aktivitäten erfüllen vielfach mehrfache Zwecke. Ihre Auswirkungen sind zumeist vielschichtig und können für das Gemeinwohl sowohl förderlich als auch zugleich schädlich sein. Solche Maßnahmen fördern die Allgemeinheit nur, wenn die negativen Auswirkungen für das Gemeinwohl im Rahmen einer Gesamtbetrachtung geringer als die positiven, also zu vernachlässigen sind (Gosch AO § 52 Rn. 41). Dies bezieht sich sowohl auf die Anzahl der ungünstig Betroffenen im Verhältnis zu allen Betroffenen als auch auf den durch die Tätigkeit bewirkten Nutzen und Schaden für das Gemeinwohl (vgl. ähnlich TK § 52 Rn. 9). Ob eine Maßnahme gemeinwohlschädigend wirkt, lässt sich vornehmlich anhand der grundgesetzlich und einfachgesetzlich festgeschriebenen Ziele beurteilen (HHSp § 52 Rn. 31, 34). Stehen die satzungsmäßigen Ziele und ihre Verwirklichung nicht mit dem GG im Einklang, wird die Allgemeinheit nicht gefördert (BFH 29.8.1984 – I R 215/81, BStBl. II 1985, 106; BFH 27.9.2001 – V R 17/99, BStBl. II 2002, 169). Dies gilt auch bei Eingriffen in Grundrechte anderer Personen (BFH 16.10.1991 – I B 16/91, BFH/NV 1992, 505). Im Zweifel ist eine Abwägung zwischen förderndem und förderungsschädlichem Verhalten vorzunehmen (HHSp § 52 Rn. 47; TK 52 Rn. 9; offengelassen in BFH 27.9.2018 – V R 48/16, BStBl. II 2019, 790; vgl. aber BFH 5.9.2024 – V R 15/22, BStBl. II 2025, 72: keine wertende Gesamtbetrachtung bei einer in einem Verfassungsschutzbericht als „extremistisch" aufgeführten Körperschaft).

15 Die **Bekämpfung staatlicher Vorhaben** und Maßnahmen mit verfassungsmäßigen Mitteln (etwa die Erzeugung und Nutzung der Kernenergie) schließt die Gemeinnützigkeit jedoch nicht aus, soweit die Aktivität ihrerseits die Bewahrung grundgesetzlich geschützter Werte bezweckt (BFH 29.8.1984 – I R 203/81, BStBl. II 1984, 844). Denn auch staatliches Handeln beinhaltet häufig eine Abwägung verschiedener schützenswerter Interessen (Umweltschutz gegen Verkehrsplanung oder Arbeitsplatzsicherung). Verstößt die Körperschaft durch ihr Verhalten gegen Gesetze, die dem Schutz des Einzelnen oder der Allgemeinheit dienen, fördert sie nicht hinreichend das Gemeinwohl (BFH 29.8.1984 – I R 215/81, BStBl. II 1985, 106; BFH 27.9.2001 – V R 17/99, BStBl. II 2002, 169). Nicht

jeder gewaltfreie Widerstand (zB Sitzblockaden), jede Gesetzesübertretung (zB Verkehrsordnungswidrigkeiten) oder die Nichtbefolgung polizeilicher Anordnungen infiziert die Gesamttätigkeit, sondern nur bei Verstößen von einigem Gewicht (vgl. zu Sitzblockaden BVerfG 11.11.1986 – 1 BvR 713/83, NJW 1987, 43: Gesamtwürdigung unter Berücksichtigung aller Umstände).

Die steuerliche Begünstigung **umweltschädigender Aktivitäten,** deren Nutzen für die Allgemeinheit nicht klar überwiegt, verstößt gegen das Verbot der Förderung von Umweltbeeinträchtigungen (vgl. hierzu Sachs GG Art. 20a Rn. 34). Deshalb ist insb. der Lärm und Schadstoffe emittierende Motorsport keine die Allgemeinheit fördernde Aktivität. Der Umweltschutz ist als Staatsziel grundgesetzlich durch Art. 20a GG gewährleistet und deshalb wertend in eine Abwägung einzubeziehen (ähnlich Seer DStjG 2003, 11 (31)). Art. 20a GG ist auch für die Rspr. unmittelbar anwendbares Recht (TK § 52 Rn. 9; aA BFH 29.10.1997 – I R 13/97, BStBl. II 1998, 9; vgl. aber auch BFH 5.8.1992 – X R 165/88, BStBl. II 1992, 1048 mwN; FG Hessen 29.10.1996 – 4 K 1842/94, EFG 1997, 514). 16

Politische Zwecke. Die Förderung der Allgemeinheit braucht nicht wertneutral zu sein. Die Betätigung kann auf einer bestimmten religiösen, politischen, weltanschaulichen oder sozialen Einstellung beruhen. Soweit die Beeinflussung der politischen Meinungsbildung der Vermittlung der Ziele der Körperschaft dient, kann diese sich auch zu tagespolitischen Fragestellungen äußern (BFH 23.11.1988 – I R 11/88, BStBl. II 1989, 391; AEAO zu § 52 Nr. 16). Die kritische öffentliche Information und Diskussion, um ein nach § 52 II begünstigtes Anliegen der Öffentlichkeit und auch Politikern nahezubringen, steht der Förderung der Allgemeinheit nicht entgegen (BFH 18.8.2021 – V B 25/21 (AdV), BStBl. II 2021, 931). Tritt die Förderung einer Partei oder einer (partei-)politischen Meinung jedoch in den Vordergrund, werden keine gemeinnützigen Zwecke verfolgt, sondern als Mittel zur Durchsetzung politischer Zwecke benutzt (BFH 9.2.2011 – I R 19/10, BFH/NV 2011, 1113; BFH 14.3.1990 – I B 79/89, BFH/NV 1991, 485; BFH 10.1.2019 – V R 60/17, BStBl. II 2019, 301). Dies gilt auch für die Durchsetzung weltanschaulicher oder religiöser Grundhaltungen (vgl. FG Hessen 28.10.1982 – IV 303/79, EFG 1983, 196: Jugendsekte; BFH 26.1.1973 – III R 40/72, BStBl. II 1973, 430; BFH 17.5.2017 – V R 52/15, BStBl. II 2018, 218: Freimaurerloge). Wer in erster Linie politische Zwecke durch Einflussnahme auf politische Willensbildung und Gestaltung der öffentlichen Meinung verfolgt, fördert nicht die Allgemeinheit (BFH 10.1.2019 – V R 60/17, BStBl. II 2019, 301; BFH 10.12.2020 – V R 14/20, BStBl. II 2021, 739; Verfassungsbeschwerde BVerfG 1 BvR 697/21; zust. Hüttemann DB 2019, 744). Daher darf weder ein politischer Zweck als alleiniger und ausschließlicher oder als überwiegender Zweck in der Satzung festgelegt sein noch die Vereinigung mit ihrer tatsächlichen Geschäftsführung ausschließlich oder überwiegend einen politischen Zweck verfolgen (BFH 18.8.2021 – V B 25/21 (AdV), BStBl. II 2021, 931). So kann selbst eine nur geringfügige allgemein-politische Betätigung gemeinnützigkeitsschädlich sein, wenn die politische Betätigung losgelöst von gemeinnützigen Zwecken erfolgt, also als eigenständiger Zweck verfolgt wird (FG Köln 19.5.1998 – 13 K 521/93, EFG 1998, 1665; FG Düsseldorf 9.2.2010 – 6 K 1908/07 K, EFG 2010, 1287). 17

II. Allgemeinheit (Abs. 1 S. 2)

Intention der Norm. § 52 I 2 enthält keine Legaldefinition der Allgemeinheit. Danach ist eine Förderung der Allgemeinheit nicht gegeben, wenn der Kreis der Personen, dem die Förderung zugutekommt, fest abgeschlossen ist oder infolge seiner Abgrenzung dauernd nur klein sein kann. Die Intention des Gesetzgebers, die Begünstigung exklusiver Kreise oder von Sonder- bzw. Gruppeninteressen als nicht gemeinwohlfördernd auszuschließen, lässt sich der gesetzlichen Umschreibung nur unvollkommen entnehmen. Durch die Anknüpfung an die Zahl der geförderten Personen wird verdeckt, dass nicht die Quantität, sondern die Qualität der verfolgten Ziele über die Gemeinnützigkeit einer Tätigkeit ent- 18 scheidet. Die Allgemeinheit wird demnach gefördert, wenn die Tätigkeit der Körperschaft im Interesse der Allgemeinheit liegt, also dem Gemeinwohl nützt (Lang StuW 1987, 221 (233)). Dieser Ansatz entspricht den Bemühungen der Rspr. bei der im Gemeinwohlinteresse liegenden Förderung eines kleinen Personenkreises, diesen als Ausschnitt der Allgemeinheit anzusehen (BFH 13.12.1978 – I R 39/78, BStBl. II 1979, 482 (485); BFH 26.5.2021 – V R 31/19, BStBl. II 2021, 835). Verlangte man hingegen eine Förderung der Mehrheit des Volkes, müsste sowohl kleinen örtlich begrenzt tätigen oder leistungsschwachen Vereinen als auch Projekten, die naturgemäß nur eine kleine Zahl von Personen betrifft (Erforschung einer seltenen Erbkrankheit), die Gemeinnützigkeit versagt werden. Aus der Förderung einer großen Personenzahl lässt sich umgekehrt nicht auf eine Förderung im Interesse des Gemeinwohls schließen.

19 **Fest abgeschlossener Kreis.** Ob eine Begrenzung des Kreises der Geförderten gemeinnützigkeitsschädlich ist, kann nur im Einzelfall beantwortet werden. Maßgebliche Bedeutung erlangt dabei der Gesetzeszweck, altruistische Aktivitäten zu fördern. Ist der Kreis der Begünstigten fest abgeschlossen oder kann er infolge seiner Abgrenzung nach bestimmten Merkmalen nur dauerhaft klein sein, indiziert dies, dass die Förderung vornehmlich Gruppen- oder Sonderinteressen dient. Die Bestimmung des begünstigten Personenkreises anhand festgelegter Merkmale schließt eine gemeinnützige Betätigung jedoch grds. nicht aus (vgl. BFH 20.12.2006 – I R 94/02, DStR 2007, 438: Beschränkung auf die Jugend eines Staates oder einer Stadt; Felix FR 1961, 236). Dies gilt auch, wenn der Kreis der tatsächlich Betroffenen dauerhaft klein sein wird, eine Förderung jedoch im Interesse der Allgemeinheit liegt (zB die Förderung schwer vermittelbarer Langzeitarbeitsloser einer kleineren Gemeinde; vgl. BFH 26.4.1995 – I R 35/93, BStBl. II 1995, 767). Die finanziellen Mittel eines Vereins erfordern eine sachliche und personelle Begrenzung seiner Arbeit. Dies gilt im Übrigen auch für die zeitliche und gegenständliche Beschränkung der Tätigkeit. Kommt die Förderung vornehmlich Nichtmitgliedern zugute, legt das altruistische Verhalten eine gemeinnützige Betätigung nahe (Lang StuW 1987, 221 (234)). Die geringe Anzahl der Förderer, strenge Aufnahmeregeln und ihre feste zahlenmäßige Begrenzung sind dabei unschädlich (unzutr. FG Hamburg 8.12.1997 – II 98/95, EFG 1998, 916). Fördert die Körperschaft hingegen ausschließlich Mitglieder, schließt ein fest abgeschlossener oder nach abstrakten Merkmalen bestimmter dauerhaft kleiner Personenkreis eine gemeinnützige Betätigung aus (BFH 13.12.1978 – I R 36/76, BStBl. II 1979, 492; BFH 1.2.2022 – V R 1/20, BStBl. II 2022, 629 zu einem Betriebskindergarten).

22 **Hohe Mitgliedsbeiträge.** Die Rspr. lässt regelmäßig die Förderung einer großen Anzahl von Personen (Mitgliedern) oder die potenzielle Beitrittsmöglichkeit genügen, auch wenn die Betätigung auf die Befriedigung eigener Freizeitinteressen ausgerichtet ist. Begrenzt der Verein hingegen die Mitgliederzahl durch hohe Aufnahmegebühren, Umlagen und/oder Beiträge, fehlt es wegen der Exklusivität der Mitglieder an einer Förderung der Allgemeinheit (BFH 26.5.2021 – V R 31/19, BStBl. II 2021, 835). Mehrere Vereinsabgaben sind in ihrer jährlichen Gesamtwirkung zu betrachten. Hierbei sind zinslose Aufnahmedarlehen in Höhe des jährlichen Zinsverlustes (bzw. Refinanzierungskosten) zu berücksichtigen (BFH 13.11.1996 – I R 152/93, BStBl. II 1998, 711). Der Erwerb einer Beteiligung an der Betreiber-KG des Vereins belastet das Mitglied in Höhe des bei Austritt zu erwartenden Veräußerungsverlustes und der jährlichen Zinsaufwendungen (BFH 23.7.2003 – I R 41/03, BFH/NV 2004, 104; FG Münster 22.1.2001 – 9 K 1222/97 K, EFG 2001, 613). Spenden, die allgemein erwartet und üblicherweise auch gezahlt werden, wozu sich die Mitglieder folglich faktisch verpflichtet fühlen, sind in die Gesamtbelastung einzubeziehen, da es an der für Spenden begriffsnotwendigen Freiwilligkeit fehlt (BFH 22.3.1995 – X B 285/94, BFH/NV 1995, 963; vgl. aber BFH 13.8.1997 – I R 19/96, BStBl. II 1997, 794: kein faktischer Zahlungszwang, wenn Mitgliedschaft bei Nichtzahlung bestehen bleibt). Nach Auffassung der FVerw. (AEAO zu § 52 Nr. 1.1) ist die Erhebung von Mitgliedsabgaben unschädlich, wenn die Beiträge und Umlagen durchschnittlich 1.440 EUR pro Mitglied und Jahr und die Aufnahmegebühr 2.200 EUR pro

Mitglied nicht überschreiten. Zusätzlich soll der Verein für konkrete Investitionsvorhaben alle 10 Jahre pro Mitglied eine Investitionsumlage von 7.200 EUR verlangen dürfen, die das Mitglied in gleichen Jahresraten leisten kann. Eine Zahlungsverpflichtung von 4.800 DM im Eintrittsjahr 1990 für Neumitglieder schließt die Allgemeinheit noch nicht aus (BFH 13.8.1997 – I R 19/96, BStBl. II 1997, 794; BFH 20.1.1982 – I R 256/78, BStBl. II 1982, 336: Aufnahmegebühr von 2.000 DM; vgl. auch BFH 13.12.1978 – I R 64/77, BStBl. II 1979, 488; anders bei einem im Eintrittsjahr zu entrichtenden Nutzungsentgelt von mindestens 8.900 DM, FG Brandenburg 20.8.2002 – 2 K 1046/01, EFG 2002, 1355); monatliche Schulgebühren zwischen 950 EUR und 1.450 EUR begrenzen die Schulplätze einer Privatschule auf Wohlhabende (BFH 26.5.2021 – V R 31/19, BStBl. II 2021, 835). Krit. zur Abgrenzung nach Mitgliedsbeiträgen TK § 52 Rn. 11; Wallenhorst DStR 1997, 479; vgl. auch Fischer FS Offerhaus, 597 (611).

Einzelfälle. Der Kreis der Begünstigten ist nach der Rspr. fest abgeschlossen oder dauerhaft klein bei Zugehörigkeit zu einer Familie oder einem Familienverband (RFH I Aa 355/29, RStBl. 1929, 571), zur Belegschaft eines Unternehmens (BFH 28.6.1989 – I R 86/85, BStBl. II 1990, 550), zu einem Traditionsverband (BFH 31.10.1963 – I 320/61 U, BStBl. III 1964, 20), bei einem Orden, der seine Lehre ausschließlich Mitgliedern angedeihen lässt (BFH 13.12.1978 – I R 36/76, BStBl. II 1979, 492), bei Abhängigkeit der Mitgliedschaft von der Zugehörigkeit zu einer nicht steuerbegünstigten Körperschaft (BFH 5.8.1992 – X R 165/88, BStBl. II 1992, 1048); Förderung von Investitionsvorhaben von Betrieben eines bestimmten Gebietes (FG Saarland 21.8.1981 – I 74–75/78, EFG 1982, 214); Unterbringung von Kunstwerken in privaten, der Allgemeinheit nicht zugänglichen Räumlichkeiten (BFH 23.2.2017 – V R 51/15, BFH/NV 2017, 882). Nicht dagegen die Auszubildenden einer Körperschaft des öffentlichen Rechts (FG Niedersachsen 23.10.1986 – II 539/84, EFG 1987, 339). 25

III. Mittelzuführung (Abs. 1 S. 3)

Führt eine Körperschaft ihre Mittel einer Körperschaft des öffentlichen Rechts zu, fördert sie nicht bereits hierdurch die Allgemeinheit. Da nicht sämtliche Aufgaben einer öffentlich-rechtlichen Körperschaft in Form einer Gebietskörperschaft gemeinnützig sind, ist durch die bloße Überlassung von finanziellen Mitteln nicht sichergestellt, dass ausschließlich gemeinnützige Zwecke verfolgt werden (Gosch AO § 52 Rn. 28; HHSp § 52 Rn. 85; Hey StuW 2000, 467; s. auch § 55 I Nr. 4 S. 2). Dies gilt insb. für Aufgaben der Eingriffsverwaltung. Soweit hoheitliche Aufgaben auf juristische Personen des Privatrechts übertragen werden (sog. Eigenbetriebe), bleibt es bei der Ausübung hoheitlicher Gewalt (BFH 23.10.1996 – I R 1/94, BStBl. II 1997, 139). Siehe auch BMF 27.12.1990, BStBl. I 1991, 81; Theobald BB 1985, 1911. 26

C. Beispielskatalog (Abs. 2)

I. Unter den Voraussetzungen des Abs. 1 (Einleitungssatz)

Der Einleitungssatz des § 52 II stellt klar, dass die nachfolgend aufgezählten Förderungsarten nicht per se darauf gerichtet sind, die Allgemeinheit auf materiellem, geistigem oder sittlichem Gebiet zu fördern. Es ist in jedem Fall positiv festzustellen, ob die jeweilige Sportart, Forschungstätigkeit oder Entwicklungshilfe die weiteren Voraussetzungen des § 52 I erfüllt (Bauer FR 1989, 61 (65); BFH 26.5.2021 – V R 31/19, BStBl. II 2021, 835). Man denke nur an die Genforschung zum Zwecke des Klonens menschlicher Embryonen oder an Fälle der Auftragsforschung zugunsten eines Auftraggebers (Ausnahme: § 68 Nr. 9). Betätigungen, bei denen der Schaden für die Allgemeinheit im Hinblick auf den allgemeinen Nutzen nicht nur gering ist, wie etwa bei der Verursachung erheblicher Umweltverschmutzung und Lärmbelästigung, dienen nicht dem allgemeinen Besten 27

(→ Rn. 10). Die steuerliche Begünstigung derartiger Aktivitäten kann zu gravierenden Wertungswidersprüchen führen (vgl. BFH 5.8.1992 – X R 165/88, BStBl. II 1992, 1048).

II. Die einzelnen Beispiele (Abs. 2 Nrn. 1–25)

28 Die beispielhafte Aufzählung in § 52 II ist grds. abschließend (zur Öffnungsklausel → Rn. 67). Dies gilt auch für die in Nr. 23 aufgeführten Freizeitaktivitäten. Andere Freizeitbeschäftigungen sind nur dann förderungswürdig, wenn sie die Voraussetzungen des § 52 I in entsprechender Weise erfüllen, wie die in Nr. 23 genannten (BFH 14.9.1994 – I R 153/93, BStBl. II 1995, 499). Die Problematik des Beispielskatalogs liegt in seiner Unabgestimmtheit zu den Grundsätzen des § 52 I begründet. Auch die Neuregelung zum 1.1.2007 (→ Rn. 1) hat insofern keine Verbesserung gebracht. Die Auflistung förderungswürdiger Zwecke soll als Orientierungshilfe veranschaulichen, was nach den Wertvorstellungen des Gesetzgebers der Förderung der Allgemeinheit dient. Eine Ableitung der Wertvorstellungen ist nach der bewussten Aufnahme einzelner Freizeitbetätigungen (auch im Wandel der Zeit) mit erheblichen Schwierigkeiten verbunden (vgl. Tipke StuW 1989, 165). Fehlende Gemeinschädlichkeit oder wünschenswerte Lebensführung bedeuten nicht zugleich Gemeinnützigkeit. Worin die selbstlose Förderung der Allgemeinheit auf materiellem, geistigem oder sittlichem Gebiet etwa bei der Ausübung des Hundesports oder des Modellflugs liegt, lässt sich der Gesetzesbegründung (BT-Drs. 11/5582, 24 ff.) nicht entnehmen.

1. Förderung von geistigen und sittlichen Betätigungen (Abs. 2 Nr. 1, 2, 5, 7)

29 **Wissenschaft und Forschung (Nr. 1).** Wissenschaft und Forschung bedingen sich. Forschung ist jede Tätigkeit, die mit wissenschaftlichen Methoden zu neuen Ergebnissen der Erkenntnis im Dienste der Wahrheitsfindung zu gelangen sucht (vgl. BFH 1.10.2012 – III B 128/11, BFH/NV 2013, 29). Ähnlich umschreibt das BVerfG den Begriff der Wissenschaft als alles, was nach Inhalt und Form als ernsthafter, planmäßiger Versuch zur Ermittlung der Wahrheit anzusehen ist (BVerfG 17.8.1956 – 1 BvB 2/51, BVerfGE 5, 85 (146 f.)). Zur wissenschaftlichen Arbeit gehört, dass die Erkenntnisse von der Methodik her nachprüfbar und nachvollziehbar sind (BFH 30.3.1976 – VIII R 137/75, BStBl. II 1976, 464). Daher sind Astrologie und politische Heilslehren keine Wissenschaft (TK § 52 Rn. 19). Die Veröffentlichung wissenschaftlicher Erkenntnisse durch sog. wissenschaftliches Editieren in der Weise, dass in einem umfangreichen Peer-Review-Verfahren Forschungsergebnisse bewertet und der Veröffentlichung als Open-Access-Publikation zugänglich gemacht werden, fördert die Wissenschaft (BFH 12.5.2022 – V R 37/20, BStBl. II 2022, 603). Die der Wissenschaft und Forschung immanente Suche nach neuen Erkenntnissen ist ein besonderes staatliches Anliegen im Interesse des Gemeinwohls. Bestimmte Forschungsmethoden und -ziele können auch gemeinwohlschädlich sein, insb. bei völkerrechtlicher Ächtung (zB Entwicklung biologischer Kampfstoffe). Dies gilt nicht allgemein für die Wehrforschung (aA FG Köln 23.5.1996 – 13 K 2330/90, EFG 1997, 706).

30 **Auftragsforschung** zugunsten einzelner Auftraggeber erfolgt nicht selbstlos und unmittelbar im Interesse der Allgemeinheit, unabhängig davon, ob die Forschungsergebnisse exklusiv dem Auftraggeber zur Verfügung gestellt werden (vgl. BFH 30.11.1995 – V R 29/91, BStBl. II 1997, 189; BFH 4.4.2007 – I R 76/05, DStR 2007, 1121; Olbertz DStZ 1996, 531; Wegehenkel BB 1985, 116; zum Technologietransfer s. auch Viehbeck BB 1985, 2038). § 68 Nr. 9 enthält jedoch für die Auftragsforschung bestimmter Einrichtungen eine Zweckbetriebsfiktion (→ § 68 Rn. 18 ff.; vgl. hierzu BFH 26.9.2019 – V R 16/18, BFH/NV 2020, 38). Zur Drittmittelforschung s. Lang/Seer BB 1993, 262; FG Berlin 4.9.2006 – 8 K 8390/02, EFG 2007, 291. Projektträgerschaften, dh Forschungsförderung gegenüber Dritten im Auftrage des Förderers durch den Projektträger, ist keine unmittel-

bare Forschungsförderung des Projektträgers (FG Köln 11.12.1990 – 2 K 406/86, EFG 1991, 574).

Religion (Nr. 2). Wesenselement der Religion ist der Glaube an die Eingliederung des Einzelnen in einen jenseitigen, durch wissenschaftliche Erkenntnisquellen nicht erschöpfend zu erklärenden Zusammenhang. Die überweltliche Macht kann in einer persönlichen oder unpersönlichen Gottheit oder in der Wirksamkeit einer überweltlichen Kausalität bestehen. Religion ist zwar nicht auf christliche oder europäische Glaubensrichtungen beschränkt (BFH 13.12.1978 – I R 39/78, BStBl. II 1979, 482 (485)). Die vertretenen Anschauungen dürfen aber nicht denen des abendländischen Kulturkreises oder der allgemeinen Wertordnung des GG widersprechen (BFH 31.5.2005 – I R 105/04, BFH/NV 2005, 1741; BVerfG 8.11.1960 – 1 BvR 59/56, BVerfGE 12, 1). Die Errichtung eines Gottesstaates, die Einführung der Scharia oder die Negierung der Grund- oder Menschenrechte ist mit der abendländischen Kultur nicht vereinbar (vgl. FG Sachsen 11.1.2011 – 2 K 1429/10, EFG 2011, 1675). Vor dem Hintergrund von Art. 3 GG und den im Gemeinnützigkeitsrecht zu berücksichtigenden Wertvorstellungen erscheint es jedoch mit Blick auf Religionsgemeinschaften auch des abendländischen Kulturkreises als problematisch, wenn darin Frauen aktive Organisations-, Ordinations- und Repräsentationsrechte verweigert werden. Gleiches gilt bzgl. Einschränkungen des Rechts auf sexuelle Selbstbestimmung (Art. 2 I GG). Es erscheint fraglich, ob die Eigenschaft als Religionsgemeinschaft darüber hinweghelfen kann, dass ihre Strukturen – überträge man sie in den „säkulären Bereich" – aufgrund der Nichtvereinbarkeit insb. mit Art. 3 GG den Anforderungen der Gemeinnützigkeit nicht gerecht würden. Das Verhalten der Körperschaft muss insgesamt eine Gewähr für ihre Rechtstreue bieten (BVerfG 19.12.2000 – 2 BvR 1500/97, NJW 2001, 429 (431)). Die Förderung der Religion erfolgt idR durch Religionsgesellschaften iSd Art. 140 GG iVm 137 WRV, ist ihnen jedoch nicht vorbehalten. Die rechtliche Gleichstellung von Religionsgesellschaften und Weltanschauungsgemeinschaften (Art. 137 VII WRV, 4 I GG) lässt nicht den Schluss zu, dass Letztere stets auch die Religion fördern. Weltanschauung beschränkt sich zur Erklärung der Sinnfrage auf innerweltliche Bezüge (BVerwG 27.3.1992 – 7 C 21/90, NJW 1992, 2496). Die dem Staat auferlegte weltanschauliche Neutralität und weitgehende verfassungsrechtliche Gleichstellung von Religion und Weltanschauung bewirkt jedoch nach der Rspr., dass neben religiösen Zwecken auch weltanschauliche begünstigt sind (BFH 23.9.1999 – XI R 66/98, BStBl. II 2000, 533; zweifelhaft; vgl. FG Hessen 16.6.2008 – 4 K 3773/05, EFG 2009, 1356). Zur Verbreitung esoterischer Lebensweisheiten vgl. FG Baden-Württemberg 4.2.1988 – X K 196/85, EFG 1988, 270. Sog. Jugendreligionen oder Sekten, die eine Weltverbesserungsideologie mit Totalitätsanspruch verfolgen, zumeist verbunden mit der Anerkennung einer umstrittenen autoritären Führergestalt, fördern weder eine Religion noch die Allgemeinheit auf geistigem oder sittlichem Gebiet (BFH 26.2.1992 – I R 47/89, BFH/NV 1992, 695). Zur Scientology-Vereinigung → Rn. 65. 31

Kunst (Nr. 5) entzieht sich einer allgemeingültigen Definition. Was Kunst ist, bestimmt sich weder nach Mehrheitsauffassungen noch dem Anstandsgefühl des Normalbürgers (vgl. auch FG Schleswig-Holstein 14.12.1989 – II 502/89, EFG 1990, 257). Eine bestimmte Stilrichtung, Niveauhöhe oder inhaltliche Gestaltung werden nicht vorausgesetzt. Als begriffliche Richtschnur kann die Umschreibung des BVerfG herangezogen werden: „Das Wesentliche der künstlerischen Betätigung ist die freie schöpferische Gestaltung, in der Eindrücke, Erfahrungen, Erlebnisse des Künstlers durch das Medium einer bestimmten Formensprache zu unmittelbarer Anschauung gebracht werden. Alle künstlerische Tätigkeit ist ein Ineinander von bewussten und unbewussten Vorgängen, die rational nicht aufzulösen sind. Beim künstlerischen Schaffen wirken Intuition, Phantasie und Kunstverstand zusammen; es ist primär nicht Mitteilung, sondern Ausdruck und zwar unmittelbarster Ausdruck der individuellen Persönlichkeit des Künstlers" (BVerfG 24.2.1971 – 1 BvR 435/68, BVerfGE 30, 173 (189)). Kunst bezieht sich auf alle Arten künstlerischen Schaffens (zB Musik, Malerei, Bildhauerei, Tanz, Literatur etc.). Sie schließt Parodie, 32

Persiflage und Karikatur ein (BVerfG 25.3.1992 – 1 BvR 514/90, BVerfGE 86, 1 (9)). Ebenso die Straßenkunst, wie Straßentheater, Scherenschnitte (BVerwG 9.11.1989 – 7 C 81/88, BVerwGE 84, 71) und Volkskunst (TK § 52 Rn. 25). Die Grenze zur Nicht-Kunst kann nur im Einzelfall gezogen werden. So schließen pornografische Elemente und Vulgär- oder Fäkalsprache die Annahme von Kunst nicht von vornherein aus (BVerfG 27.11.1990 – 1 BvR 402/87, BVerfGE 83, 130 (138)). Gleichwohl sind Pornografie und bloße Obszönitäten keine Kunst. Das Präsentieren des nackten Körpers allein stellt keine Form des Straßentheaters oder Aktionskunst dar (OVG Münster 18.6.1996 – 5 A 769/95, DÖV 1996, 1052). **Zauberei** ist Fingerfertigkeit und nicht Ausdruck schöpferischer Gestaltung (BFH 2.8.1989 – I R 72/87, BFH/NV 1990, 146). Zum Kunstbegriff vgl. auch Boochs DStZ 1985, 576; Müller-Dott BB 1987, 1227.

33 **Kultur (Nr. 5)** ist weiter als der Kunstbegriff und umfasst die Gesamtheit der geistigen und künstlerischen Ausdrucksformen eines Volkes. Hierzu zählen neben der Kunst ua auch Wissenschaft und Technik, Sprache, Philosophie, Ethik und Religion. Die Förderung der Pflege und Erhaltung von kulturellen Werten, zB Kunstdenkmälern, Archiven und Büchereien mit Schriftsammlungen von allgemeinem Interesse, wissenschaftlichen, historischen oder künstlerischen Sammlungen in Museen, dient gemeinnützigen Zwecken. Zur Kulturförderung s. Thiel/Eversberg DB 1991, 118.

34 **Bildung und Erziehung (Nr. 7)** lassen sich nicht strikt voneinander trennen. **Bildung** ist Teil der Erziehung. Sie kann als Erwerb vielseitiger Kenntnisse verbunden mit der Ausbildung des Urteilssinns zur geistigen und inneren Vervollkommnung des Menschen verstanden werden. Bildung trägt damit zur geistigen, sittlichen und charakterlichen Formung im Interesse der Allgemeinheit bei. Hierzu gehört nicht nur die Allgemeinbildung, sondern auch die berufliche Bildung (BFH 26.3.1992 – IV R 34/91, BStBl. II 1993, 20), ebenso die Prüfertätigkeit bei Staatsprüfungen (BFH 23.6.1988 – IV R 21/86, BStBl. II 1988, 890) und die Erwachsenenbildung (BFH 10.3.1976 – II R 163/70, BStBl. II 1976, 469) einschließlich der Studentenhilfe. Steuerbegünstigte Einrichtungen können zB private Schulen (vgl. zu uU fehlender Förderung der Allgemeinheit bei (zu) hohen Mitgliedsbeiträgen → Rn. 10), Ersatzschulen (s. AEAO zu § 52 Nr. 5 S. 1), Ergänzungsschulen (s. AEAO zu § 52 Nr. 5 S. 2), Volkshochschulen und auch Freiwilligenagenturen sein, die Menschen für eine unentgeltliche Tätigkeit bei steuerbegünstigten Körperschaften qualifizieren und an diese vermitteln (TK § 52 Rn. 27). Politische Bildung ist gemeinnützig, soweit auf der Grundlage der Normen und Vorstellungen einer rechtsstaatlichen Demokratie politische Wahrnehmungsfähigkeit und politisches Verantwortungsbewusstsein geschaffen und gefördert werden soll (BFH 23.9.1999 – XI R 63/98, BStBl. II 2000, 200). Nicht dagegen, wenn mit der Vermittlung von Bildungsinhalten (partei-)politische Agitation und Indoktrination zur Durchsetzung einer bestimmten Gesinnung verbunden ist (vgl. BFH 10.1.2019 – V R 60/17, BStBl. II 2019, 301: Einsatz politischer Bildung, um die politische Willensbildung und die öffentliche Meinung im Sinne eigener Auffassungen zu beeinflussen). Völlige Wertneutralität ist nicht erforderlich (ebenso TK § 52 Rn. 27).

35 Unter **Erziehung** ist die planmäßige Tätigkeit zur körperlichen, geistigen und charakterlichen Formung junger Menschen zu verstehen. Sie erfasst alle Bestrebungen, Vorgänge und Tätigkeiten, die den Entwicklungsvorgang beeinflussen (BFH 22.4.1997 – IV R 26/96, BStBl. II 1997, 650). Eine Beurteilung der Erziehungsinhalte und -methoden hat nicht zu erfolgen, soweit damit nicht gegen die Rechtsordnung verstoßen oder zu gesetzeswidrigem Verhalten verleitet wird.

2. Förderung von Gesundheit, Lebensschutz und Wohlfahrtswesen (Abs. 2 Nr. 3, 9, 11, 12, 27)

36 Das **öffentliche Gesundheitswesen (Nr. 3)** hat die Erhaltung und Förderung der Gesundheit der Bürger zur Aufgabe (BFH 7.3.2007 – I R 90/04, DStR 2007, 938). Dies geschieht sowohl durch die Verhinderung und Bekämpfung von epidemischen Krankheiten und Seuchen einschließlich der Tierseuchen als auch durch Lebensmittelüberwachung,

Unfallverhütung, Arbeitsschutz, Bekämpfung des Missbrauchs von Alkohol, Nikotin und Drogen und die Förderung der Volksgesundheit (zB Vorsorgemaßnahmen, Schuluntersuchungen, Zahnpflegeschulungen). Dazu gehört auch die Information der Bevölkerung über die Verhinderung und Bekämpfung von Krankheiten, soweit dies nicht im Wesentlichen zur politischen Beeinflussung erfolgt (BFH 18.8.2021 – V B 25/21 (AdV), BStBl. II 2021, 931). Die Hilfe in individuellen Krankheitsfällen gehört nicht dazu (vgl. BFH 6.2.2013 – I R 59/11, BStBl. II 2013, 603 zu Krankenhauslabor; BFH 27.11.2013 – I R 17/12, BStBl. II 2016, 68 zu Rettungsdienst). Kostenlose Heilfürsorge Bedürftiger oder seelische Begleitung Schwerstkranker (zB Hospizhilfe) ist Förderung des Wohlfahrtswesens (→ Rn. 40). Zur Abgabe von Kurmitteln durch ein Kurmittelhaus vgl. FG Niedersachsen 23.7.1974 – VI Kö 10/74, EFG 1974, 588.

Wohlfahrtswesen (Nr. 9) umfasst jede Maßnahme, die der allgemeinen Fürsorge hilfs- 37
bedürftiger Menschen dient (Wohlfahrtspflege). Der Begriff der Wohlfahrtspflege wird in § 66 II als Sorge für notleidende oder gefährdete Menschen zum Wohle der Allgemeinheit definiert. Es handelt sich um einen Unterfall der Mildtätigkeit (§ 53). Zu den Tätigkeitsbereichen gehören ua die Altenhilfe, Jugendpflege, Familienhilfe, Kranken-, Suchtkranken- und Behindertenhilfe sowie die Hilfe für Asylbewerber. Im Kern handelt es sich um die gesamten Maßnahmen der Sozialhilfe nach SGB XII (öffentliche Fürsorge). Die Wohlfahrtspflege wird weitgehend von den Verbänden der freien Wohlfahrtspflege und ihren zahlreichen Mitgliedsorganisationen wahrgenommen. Der Verweis im Gesetzestext auf § 23 UStDV und die darin aufgeführten amtlich anerkannten Verbände (→ § 66 Rn. 5) geht mittlerweile ins Leere, da § 23 UStDV durch das Gesetz zur weiteren steuerlichen Förderung der Elektromobilität und zur Änderung weiterer steuerlicher Vorschriften v. 12.12.2019 (BGBl. 2019 I 2451, BGBl. 2020 I 597, BGBl. 2021 I 97) aufgehoben worden ist. Diese sich aus einer weiteren Fassung der Steuerbefreiungen in § 4 Nr. 18 UStG ergebende Folgeänderung hat jedoch keinen Einfluss auf die definitionsgemäße Einordnung der bislang amtlich anerkannten Verbände der freien Wohlfahrtspflege unter Nr. 9. Es sind darüber hinaus Einrichtungen von Nr. 9 erfasst, die vergleichbare Maßnahmen wie die Verbände der freien Wohlfahrtspflege entfalten. Hierzu gehören auch die mildtätige Zwecke verfolgenden Körperschaften. Einzelne Einrichtungen der Wohlfahrtspflege werden in § 68 Nr. 1a aufgezählt. Die Beschaffung und Überlassung von Wohnraum an Personen iSd § 53 dient der Wohlfahrtspflege (BFH 24.7.1996 – I R 35/94, BStBl. II 1996, 583; vgl. nunmehr § 52 II 1 Nr. 27). Körperschaften, die schwer vermittelbare Personen, wie zB Suchtkranke, Arbeitsentwöhnte oder Behinderte, zum Zwecke der Eingliederung in den normalen Arbeitsprozess arbeitstherapeutisch beschäftigen und berufs- und sozialpädagogisch betreuen, handeln gemeinnützig (BFH 26.4.1995 – I R 35/93, BStBl. II 1995, 767).

Lebensrettung (Nr. 11) dient der Erhaltung menschlichen Lebens durch Bergung von 38
Personen aus Notlagen, zumeist in besonderen Gefahrengebieten (FG Berlin-Brandenburg 7.2.2012 – 6 K 6086/08, EFG 2012, 1088BFH 27.11.2013 – I R 17/12). Neben der Rettung im Inland im Gebirge (Bergwacht), aus Seenot (Deutsche Gesellschaft zur Rettung Schiffbrüchiger) oder an Badeseen (DLRG) zählt hierzu auch die Hilfe im Ausland nach Naturkatastrophen (THW).

Feuer-, Arbeits-, Katastrophen- und Zivilschutz sowie Unfallverhütung (Nr. 12) 39
dienen als Teil des öffentlichen Gesundheitswesens (Nr. 3) und der Lebensrettung (Nr. 12) der Förderung der Allgemeinheit.

Die Förderung der **Wohngemeinnützigkeit (Nr. 27)** wurde mWv 1.1.2025 durch 39a
das JStG 2024 v. 2.12.2024 (BGBl. 2024 I Nr. 387) eingeführt. Die Wohngemeinnützigkeit umfasst die vergünstigte Überlassung von Wohnraum an begünstigte Personen iSv § 53; angesichts ihrer Zweckrichtung sollten die Voraussetzungen der Förderung jedoch gleichermaßen im Fall einer unentgeltlichen Wohnraumüberlassung gegeben sein (vgl. Kirchhain/Unger DStR 2024, 2785). Eine vergünstigte Wohnraumüberlassung liegt vor, wenn der Mietzins entweder dauerhaft unter der marktüblichen Miete liegt oder lediglich

die tatsächlichen Aufwendungen einschließlich der regulären steuerlichen Abschreibungen deckt und keinen Gewinnaufschlag einschließt (BT-Drs. 20/12780, 166). Ein Abstandsgebot enthält Nr. 27 nicht. Bei den Mietern muss es sich um Personen iSv § 53 handeln, also um persönlich Bedürftige, die infolge eines körperlichen, geistigen oder seelischen Zustandes auf die Hilfe anderer angewiesen sind, und/oder um finanziell hilfebedürftige Personen. Die für die Annahme einer finanziellen Hilfebedürftigkeit maßgeblichen Bezüge dürfen nicht höher sein als das Fünffache des Regelsatzes der Sozialhilfe iSd § 28 SGB XII (seit dem 1.1.2024 für Alleinstehende 563 EUR, für ein Paar je Partner 506 EUR und für Kinder und Jugendliche zwischen 357 EUR und 471 EUR); beim Alleinstehenden oder Alleinerziehenden tritt an die Stelle des Fünffachen das Sechsfache des Regelsatzes. Darüber hinaus erfasst Nr. 27 eine vergünstigte oder unentgeltliche Wohnraumüberlassung an Menschen in besonderen wirtschaftlichen Notlagen iSv § 53 Nr. 3; für einen Ausschluss dieser Personen aufgrund einer teleologischen Reduktion (so Kirchhain/Unger DStR 2024, 2785) besteht angesichts des umfassenden Verweises auf § 53 im Anschluss an dessen Ergänzung um Nr. 3 – und damit vor Einführung von Nr. 27 – durch das Vierte BürokratieentlastungsG v. 23.10.2024 (BGBl 2024 I Nr. 323) kein Anlass (vgl. BeckOK AO § 52 Rn. 366). Innerhalb der Systematik des Gemeinnützigkeitsrechts führt die eingeführte Wohngemeinnützigkeit zu Verwerfungen, da Gewinne aus der Wohnraumvermietung grds. zum vermögensverwaltenden Bereich zählen und nach § 5 I Nr. 9 KStG und § 3 Nr. 6 GewStG (ohnehin) steuerfrei sind, Verluste aus vermögensverwaltenden Tätigkeiten sich indes schädlich auf die Steuerbegünstigung auswirken. Da bei Entgeltlichkeit der Vermietung eine Zuordnung zum ideellen Bereich ausscheidet, müssten Verluste jedenfalls angesichts der in Nr. 27 verankerten Gemeinnützigkeit der Tätigkeit als unschädlich behandelt werden (vgl.Kirchhain/Unger DStR 2024, 2785).

3. Förderung gesellschaftlicher Gemeinschaftsaufgaben (Abs. 2 Nr. 4, 16–20)

40 **Jugendhilfe (Nr. 4)** soll junge Menschen in ihrer individuellen und sozialen Entwicklung fördern und dazu beitragen, Benachteiligungen zu vermeiden oder abzubauen, Eltern bei der Erziehung beraten und unterstützen, Kinder und Jugendliche vor Gefahren für ihr Wohl schützen und dazu beitragen, positive Lebensbedingungen für junge Menschen und ihre Familien sowie eine kinder- und familienfreundliche Umwelt zu erhalten oder zu schaffen (§ 1 III SGB VIII). Zur Jugendhilfe gehören neben der außerschulischen Jugendbildung und Jugendsozialarbeit (zB Jugendtreffs) auch Angebote der Familienbildung, Erziehungsberatung, Einrichtungen zur Aufnahme von Kindern und Jugendlichen in Notsituationen sowie die Eingliederungshilfe für seelisch behinderte Kinder und Jugendliche (zu weiteren Leistungen der Jugendhilfe vgl. § 2 II SGB VIII).

41 **Altenhilfe (Nr. 4)** soll Schwierigkeiten, die durch das Alter entstehen, zu verhüten, zu überwinden oder zu mildern suchen und alten Menschen die Möglichkeiten erhalten, am Leben in der Gemeinschaft teilzunehmen (§ 71 I SGB XII). Zur Altenhilfe zählen Formen des betreuten Wohnens (Altenwohnungen mit angegliederten Sozialeinrichtungen, Altenheime), Altenpflege, Veranstaltungen oder Einrichtungen, die der Geselligkeit, Unterhaltung, Bildung oder den kulturellen Bedürfnissen alter Menschen dienen (vgl. im Einzelnen § 71 II SGB XII).

42 **Verbraucherberatung (Nr. 16)** und Verbraucherschutz fördern jegliche Bestrebungen und Maßnahmen, den Konsumenten von Waren und Dienstleistungen gegen Übervorteilung zu schützen. Dabei umfasst Verbraucherschutz als umfassender Begriff zugleich die Verbraucherberatung (BFH 26.8.2021 – V R 5/19, DStR 2021, 2895). Verbraucher sind gegenüber Anbietern von Waren und Dienstleistungen infolge mangelnder Fachkenntnis, fehlender Informationen und zumeist unzureichender Erfahrung unterlegen. Dieses Defizit durch fachliche (Einzel-)Beratung, Warenprüfungen und Rechtsberatung weitestgehend auszugleichen, um lauteren Wettbewerb und sachgerechte Vertragsabschlüsse zu ermöglichen, ist iSd Allgemeinheit. Individuelle Verbraucherberatung gegen Entgelt kann im

Rahmen eines steuerbegünstigten Zweckbetriebs erfolgen (BFH 26.8.2021 – V R 5/19, DStR 2021, 2895).

Fürsorge für (ehemalige) **Strafgefangene (Nr. 17)** soll den Rückfall von (ehemaligen) Strafgefangenen vermeiden und ihre Resozialisierung fördern. Der Straftäter soll durch Hilfestellung auf Dauer in Beruf, Arbeit und Gesellschaft eingegliedert und befähigt werden, ein Leben ohne Straftaten zu führen. Strafgefangenenfürsorge dient damit neben der Allgemeinheit auch dem Opferschutz. 43

Förderung der **Gleichberechtigung** von Frauen und Männern **(Nr. 18)** dient der Verwirklichung verfassungsrechtlicher Ziele (Art. 3 II GG), also dem Gemeinwohl. Hierzu gehören alle Maßnahmen, die dem Abbau von Diskriminierungen zulasten von Frauen oder Männern bezwecken, etwa durch die Verbesserung der Vereinbarkeit von Familie und Erwerbstätigkeit, Beseitigung von beruflichen Benachteiligungen oder die Aufdeckung bestehender Ungleichbehandlungen. 44

Förderung des Schutzes von **Ehe und Familie (Nr. 19)** dient ebenso wie die Förderung der Gleichberechtigung der Durchsetzung verfassungsrechtlicher Grundwerte (Art. 6 GG). Als gesamtgesellschaftliche Aufgabe dienen sie der Allgemeinheit. Der Schutz gleichgeschlechtlicher Ehen sowie davor bestehender eingetragener Lebenspartnerschaften sind vom Förderzweck der Norm umfasst; dies gilt auch für die Förderung gleichgeschlechtlicher Lebenspartnerschaften mit Kindern oder des Verhältnisses von (nichtehelichen) Kindern zu ihren biologischen Eltern (TK § 52 Rn. 42). 45

Förderung der **Kriminalprävention (Nr. 20)** dient der Bekämpfung von Kriminalität und damit dem Schutz der körperlichen und materiellen Beeinträchtigung des Einzelnen (vgl. allg. Ostendorf ZRP 2001, 151). 46

4. Förderung des Denkmal-, Natur- und Tierschutzes (Abs. 2 Nr. 6, 8, 14)

Denkmalschutz (Nr. 6) verfolgt den Schutz von historisch bedeutsamen Boden-, Bau- und Kulturdenkmälern. Hierzu gehört auch die Pflege von Denkmälern, an deren Erhaltung und Wiederherstellung ein öffentliches Interesse besteht. Denkmalschutz trägt zur Bewahrung des kulturellen Erbes eines Volkes bei und ist damit auch Kulturförderung. Die Denkmalseigenschaft erlangt ein Objekt durch nationale oder supranationale Anerkennung (zB als Weltkulturerbe, Baudenkmal iSd landesrechtlichen Denkmalschutzgesetze). Die Förderung der Pflege von Objekten, die im Eigentum von Privatpersonen stehen, schließt Gemeinnützigkeit nicht aus. 47

Naturschutz (Nr. 8) ist Umweltschutz (vgl. § 1 BNatSchG, BGBl. 2009 I 2542). **Umweltschutz** dient der Bewahrung der natürlichen Lebensgrundlagen sowohl des Menschen als auch tierischen und pflanzlichen Lebens. Natürliche Lebensgrundlagen sind alle nicht durch den Menschen geschaffene Voraussetzungen, die das Leben jedes Wesens bedingen. Dies bedeutet nicht, dass die durch den Menschen veränderten Bestandteile der Natur, wie zB kultivierte Landschaften, ausgenommen sind. Zum Umweltschutz zählen somit die Reinhaltung von Luft, Wasser und Boden, die Erhaltung der natürlichen Artenvielfalt von Pflanzen und Tieren sowie der klimatischen Bedingungen (vgl. Sachs GG, Art. 20a Rn. 27 ff.; BFH 20.3.2017 – X R 13/15, BStBl. II 2017, 1110). Diesem Zweck dienen auch der Immissionsschutz, einschl. des Lärm- und Strahlenschutzes oder Maßnahmen zur Erhaltung der Ozonschicht, der Abfallbeseitigung und die Förderung des Umweltbewusstseins der Bevölkerung (HHSp § 52 Rn. 156, 158), nicht hingegen der Tierschutz (Nr. 14), also der Schutz einzelner Tiere vor vermeidbaren Leiden (vgl. BFH 23.10.1991 – I R 19/91, BStBl. II 1992, 62: Information über die biologisch-dynamische Wirtschaftsweise als Förderung des Umweltschutzes). **Landschaftsschutz** bezweckt die Bewahrung bestimmter geografischer Gebiete mit ihren durch die Natur geprägten Eigenarten vor Veränderungen (insb. durch menschliche Eingriffe), der Erhaltung ihrer ökologischen Vielfalt und des natürlichen Gleichgewichts. Landschaftsschutz und **Landschaftspflege** ist Teil des Umweltschutzes. Küsten- und Hochwasserschutz gehört gleichfalls zu den gemeinnützigen Aufgaben (→ Rn. 65). Zum Naturschutz und zur 48

Landschaftspflege gehört auch die Ausübung der Jagd (vgl. BFH 21.4.2022 – V R 26/20, BStBl. II 2022, 599). Die Bindung des Jagdrechts an die Pflicht zur Hege und die strenge Reglementierung der Jagdausübung begründen eine dem Gemeinwohl verpflichtete naturschützende Tätigkeit (vgl. BVerfG 13.12.2006 – 1 BvR 2084/05, NVwZ 2007, 808). Dies gilt auch für Angelvereine im Hinblick auf die Pflicht zur Hege und Pflege des Fischbestandes unter Einhaltung der einschlägigen Schonzeiten in Verbindung mit Maßnahmen zum Schutz und zur Reinhaltung der Gewässer (vgl. AEAO zu § 52 Nr. 2.4 S. 1).

48a Mit der Erweiterung der **Nr. 8** um den **Klimaschutz** durch das JStG 2020 (→ Rn. 1) sollte der durch den Umwelt- und Naturschutz bereits weitgehend erfasste Schutzzweck (vgl. BFH 20.3.2017 – X R 13/15, BStBl. II 2017, 1110) besonders hervorgehoben und voll umfänglich einbezogen werden (BR-Drs. 503/1/20, 139). Klimaschutz ist ein Sammelbegriff für Maßnahmen, die der globalen Erwärmung entgegenwirken und mögliche Folgen abmildern oder verhindern sollen. So hat das neu eingeführte Bundes-Klimaschutzgesetz gem. § 1 S. 1 KSG den Zweck, zum Schutz vor den Auswirkungen des weltweiten Klimawandels die Erfüllung der nationalen Klimaschutzziele sowie die Einhaltung der europäischen Zielvorgaben zu gewährleisten. Der Schutzzweck erfasst jedoch nicht nur großtechnische Maßnahmen zur Verminderung der Treibhausemissionen, sondern jegliche Handlungen, die dazu beitragen, die globale Erwärmung zu begrenzen. Dazu gehören neben aktiven Schutzmaßnahmen, wie der Aufforstung von Wäldern, der Renaturierung von Mooren und der Stadtbegrünung, auch die Aufklärung und Förderung emissionsarmen Verhaltens jedes Individuums, etwa beim Energieverbrauch, beim Konsumverhalten oder der Nutzung von Verkehrsmitteln (vgl. Bericht des Finanzausschusses BT-Drs. 19/25160, 200), wie etwa Car-Sharing-Vereine (vgl. Hüttemann DB 2021, 72; abl. BFH 12.6.2008 – V R 33/05, BStBl. II 2009, 221).

49 **Tierschutz (Nr. 14)** sind Bestrebungen zum Schutz des Lebens und der angemessenen Behandlung von Tieren als Individuen. Tierschutz ist ein von Art. 20a GG erfasstes Staatsziel. Die mit dem Tierschutz verbundene Aufklärung fördert die Allgemeinheit auf sittlichem Gebiet, da der Bevölkerung verdeutlicht wird, dass das Töten von Tieren ohne einsichtigen Grund sowie die unnötige Zufügung von Schmerzen und Leiden eine für Lebewesen unwürdige Behandlung ist (Massentierhaltung, Kastenstand, unnötige Tierversuche). Rechtsgrundlage: Tierschutzgesetz (BGBl. 2006 I 1206). Zur entgeltlichen Vermittlung von Tieren vgl. FG Baden-Württemberg 18.4.2011 – 14 V 4072/10, BeckRS 2011, 95996; zum Verkauf von Übungsmunition durch Jagdverein FG Münster 17.9.2020 – 5 K 2437/18 U, MwStR 2020, 994.

5. Förderung der internationalen Verständigung und Hilfe (Abs. 2 Nr. 10, 13, 15)

50 **Hilfe für Menschen (Nr. 10),** die durch staatliche, politische oder sonstige Zwangsmaßnahmen, Gewalt, Kriege oder existenzgefährdende Notlagen veranlasst wurden, ihre Heimat vorübergehend oder auf Dauer zu verlassen, dient der Allgemeinheit, da die Unterstützung von Flüchtlingen, Vertriebenen und Verfolgten die materielle und geistige Eingliederung dieser Personen in die Gesellschaft fördert. Die Verminderung von Konfliktpotenzial durch Integrationsförderung ist im Interesse jedes Gemeinwesens, da hierdurch das gedeihliche Zusammenleben unterschiedlicher Kulturen, Religionen und Rassen gefördert wird. Ebenfalls begünstigt ist die Hilfe für Zivilbeschädigte und behinderte Menschen sowie für Opfer von Straftaten (→ Rn. 65); ferner die Förderung des Andenkens an Verfolgte, Kriegs- und Katastrophenopfer sowie der Vermisstensuchdienste.

50a Durch das JStG 2020 (→ Rn. 1) ist das Wort „rassisch" durch „rassistisch" ersetzt worden. Diese Änderung vollzieht die wissenschaftliche Entwicklung des letzten Jahrhunderts nach, die eine Unterteilung von Menschen in Rassen ablehnt. Diese wissenschaftliche Erkenntnis wird in einigen Bevölkerungsteilen nicht akzeptiert, sodass **Rassismus** in Deutschland durchaus verbreitet ist (vgl. Bericht des Finanzausschusses BT-Drs. 19/25160, 200). Die ausdrückliche Nennung rassistischer Benachteiligung soll deshalb sicherstellen, dass diejenigen, die mit ihrem Engagement Rassismus als gesellschaftliches Problem gezielt bekämpfen, gefördert werden. Wenngleich Rassismus zumeist mit der Benachteiligung ethnischer Gruppen assoziiert wird, hat sich ein allgemein anerkannter Rassismusbegriff bisher nicht herausgebildet. Demzufolge erscheint es sinnvoll, die im internationalen Übereinkommen zur Beseitigung jeder Form von Rassendiskriminierung vom 7.3.1966 (BGBl. 1969 II 961) verwendete Definition zugrunde zu legen. Danach bezeichnet der Ausdruck „Rassendiskriminierung" jede auf der Hautfarbe, der Abstammung, dem nationalen Ursprung oder dem Volkstum beruhende Unterscheidung, Ausschließung, Beschränkung oder Bevorzugung, die zum Ziel oder zur Folge hat, dass dadurch ein gleichberechtigtes Anerkennen, Genießen oder Ausüben von Menschenrechten und Grundfreiheiten im politischen, wirtschaftlichen, sozialen, kulturellen oder jedem sonstigen Bereich des öffentlichen Lebens vereitelt oder beeinträchtigt wird.

Ferner ist **Nr. 10** durch das JStG 2020 (→ Rn. 1) um die Förderung der Hilfe für **50b**
Menschen, die aufgrund ihrer **geschlechtlichen Identität** oder ihrer **geschlechtlichen Orientierung** diskriminiert werden, ergänzt worden. Durch die ausdrückliche Erwähnung im Zweckkatalog soll die gesellschaftliche Anerkennung aller geschlechtlichen Identitäten bzw. geschlechtlichen Orientierungen gefördert werden (vgl. Bericht des Finanzausschusses BT-Drs. 19/25160, 200). Die Ergänzung hat weitgehend klarstellende Bedeutung, da auch bereits bisher die Bekämpfung der Diskriminierung aufgrund geschlechtlicher Identität oder Orientierung und die Hilfe für derart Diskriminierte gemeinnützig war.

Völkerverständigung (Nr. 13) oder allg. die Förderung internationaler Gesinnung **51**
und der Toleranz trägt zur Entwicklung und Stärkung freundschaftlicher Beziehungen zwischen den Völkern und dadurch zur Friedenssicherung und internationalen Entspannung bei. Hierzu zählen alle Maßnahmen, die eine Begegnung der Angehörigen verschiedener Völker, des gegenseitigen Kennen- und Verstehenlernens und der Entwicklung zwischenmenschlicher Beziehungen fördern, zur Wissenserweiterung über andere Völker und ihre Kulturen beitragen sowie die Einsicht in die Notwendigkeit einer friedlichen Koexistenz der Völker stärken (FG Niedersachsen 16.7.2003 – 6 K 69, 70/00, EFG 2003, 1654 zugleich zur Abgrenzung zu mildtätigen Zwecken). Friedensförderung ist Teil der Völkerverständigung. Gelegentliche Stellungnahmen zu tagespolitischen Themen sind hierbei unvermeidlich (BFH 23.11.1988 – I R 11/88, BStBl. II 1989, 391). Förderung des Schüler- und Jugendaustausches, von Städtepartnerschaften sowie die Vermittlung deutschen (ausländischen) Kulturgutes im (In-)Ausland dienen der Völkerverständigung (HHSp § 52 Rn. 169). Fremdenverkehr kann auch zum Verständnis fremdländischer Kulturen beitragen, erfolgt jedoch stets eigennützig. Zum Nachweis über Zuwendungen für Hilfe im Ausland bei Katastrophenfällen, vgl. § 50 IV 1 Nr. 1 EStDV.

Entwicklungszusammenarbeit (Nr. 15) (vgl. Art. 208 AEUV, statt vormals „Ent- **52**
wicklungshilfe") umfasst sowohl die den Entwicklungsländern als auch die der hilfsbedürftigen Bevölkerung gewährten Unterstützungen (finanzielle Hilfe, Sachzuwendungen, technische Hilfe) zum wirtschaftlichen, kulturellen und sozialen Aufbau. Die Förderung entwicklungsbedürftiger Länder liegt im Interesse Deutschlands und wird als eine öffentliche Aufgabe von bedeutendem Rang für die gesamte Völkergemeinschaft angesehen. Die finanzielle Hilfe kann in der Gewährung von zinsgünstigen Krediten oder Geldzuschüssen (zB zinslose Existenzgründer-Darlehen an peruanische Landarbeiter), Sachzuwendungen in Form von Nahrungsmitteln, Medikamenten und Investitionsgütern und technische Hilfe durch (Aus-)Bildungs- und Beratungshilfe sowie Arbeitsleistungen (Aufbau von Schulen, beruflichen Ausbildungsgängen, Vermittlung von technischem Wissen) erbracht werden. Die Förderungswürdigkeit ist nicht auf den Kreis staatlich geförderter Entwicklungsländer begrenzt. Die Unterstützung totalitärer Staaten, die gegen die anerkannten Regeln der Völkergemeinschaft verstoßen, liegt nicht im Interesse der Allgemeinheit. Dies hindert jedoch nicht eine Unterstützung hilfsbedürftiger Bevölkerungskreise solcher Staaten.

6. Freizeitbetätigungen (Abs. 2 Nr. 21, 22, 23)

53 Für die aufgezählten Freizeitaktivitäten gelten ebenfalls die einschränkenden Voraussetzungen des § 52 I (→ Rn. 27; ebenso Gmach FR 1995, 89). Hieraus folgt eine Vielzahl von Problemen. Ungeklärt ist zunächst wie Freizeitvereine als Hort kollektiver Selbstverwirklichung die Allgemeinheit auf materiellem, geistigem oder sittlichem Gebiet fördern sollen. Der Gesetzgeber ist jedoch offensichtlich von einer Förderung der Allgemeinheit ausgegangen. Allerdings lässt die Gesetzesbegründung die gesetzgeberischen Wertungsmaßstäbe nicht erkennen (BT-Drs. 11/5582, 24 ff.). Die Aufzählung sollte auf Gesichtspunkte von Umwelt und Naturschutz, Wissenschaft und Forschung sowie auf das traditionelle Brauchtum zurückzuführen sein (BT-Drs. 11/5582, 56). Eine Zuordnung der einzelnen Freizeitbetätigungen zu diesen Zwecken ist jedoch nahezu unmöglich (ebenso TK § 52 Rn. 55 ff.). Orientiert sich das Förderungsniveau an den genannten Aktivitäten, muss zwangsläufig die Frage nach den sachlichen Auswahlkriterien folgen. Was macht die Soldaten- und Reservistenbetreuung förderungswürdig, die von Zivildienstleistenden, Entwicklungs- oder Katastrophenhelfern nicht? Das Fehlen sachlich nachvollziehbarer Differenzierungskriterien lässt die Auswahl willkürlich erscheinen. Aus Gründen der **Gleichbehandlung** (Art. 3 GG) hat deshalb eine Erweiterung der in § 52 II Nr. 23 genannten Freizeitaktivitäten auf andere Betätigungen zu erfolgen. Die Ausdehnung des Anwendungsbereichs auf alle sinnvollen Freizeitbeschäftigungen lässt sich jedoch mit der zum Teil starken Begrenzung auf konkrete Bereiche nicht vereinbaren, sodass nur Freizeitaktivitäten einzubeziehen sind, die hinsichtlich der ihre steuerrechtliche Förderung rechtfertigenden Merkmale mit den im Katalog des § 52 II Nr. 4 aF AO (jetzt: Nr. 23) genannten Freizeitgestaltungen identisch sind (BFH 14.9.1994 – I R 153/93, BStBl. II 1995, 499).

54 **Sport (Nr. 21)** wird allg. als körperliche Ertüchtigung, zumeist durch Leibesübungen, verstanden, der insb. als Leistungs- und Wettkampfsport nach einem strengen Regelwerk auszuüben ist. Während bei der sportlichen Betätigung die Spielhaftigkeit Nebenzweck sein kann, tritt die körperliche Aktivität beim Spiel in den Hintergrund. Spiel ist die zweckfreie Beschäftigung aus Freude an ihr selbst zum Zeitvertreib. Die Grenze zwischen Spiel und Sport ist fließend (vgl. Arndt/Immel BB 1987, 1153; FG Niedersachsen 8.9.1998 – VI 366/94, EFG 1998, 1667). Die Rspr. geht von einem extensiven Sportbegriff aus, der jede im allgemeinen Sprachgebrauch als Sport bezeichnete körperliche Betätigung erfasst, auch wenn lediglich eine körperlich gute Konstitution zur Ausübung vorausgesetzt, aber nicht erreicht werden kann (BFH 29.10.1997 – I R 13/97, BStBl. II 1998, 9: Motorsport; BFH 2.9.1986 – VII K 13/85, BFHE 147, 565: Lenkdrachen). Auch wenn der Gesetzgeber nicht dem Vorschlag der Kommission zur Prüfung des Gemeinnützigkeitsrechts, den Sport aus dem Beispielskatalog zu streichen, gefolgt ist, bedeutet dies nicht, dass am Erfordernis der körperlichen Ertüchtigung als Definitionsmerkmal des Sports nicht mehr festgehalten wird (vgl. BMF-Schriftenreihe, Heft 40, 127 ff.; Isensee DStjG 2003, 79; Klein § 52 Rn. 82). Nur so wird die Einbeziehung des Schachspiels mittels Fiktion in den Sport verständlich. Andere **Spiele** (Skat, Bridge, Go, Tischfussball) gehören deshalb nicht zum Sport (BFH 12.11.1986 – I R 204/85, BFH/NV 1987, 705; zu Turnierbridge s. einerseits BFH 9.2.2017 – V R 69/14, BStBl. II 2017, 1221; andererseits BFH 9.2.2017 – V R 70/14, BStBl. II 2017, 1106; FG Hessen 23.6.2010 – 4 K 501/09, BeckRS 2010, 26029518 zu Drehstangen-Tischfussball). Dies gilt auch für den Hundesport (AEAO zu § 52 Nr. 2). Automobilmotorsport und Motorflugsport dienen nicht der körperlichen Ertüchtigung (vgl. Bauer FR 1989, 61 (70); BFH 23.7.1969 – I R 168/66, BFHE 96, 108; aA BFH 29.10.1997 – I R 13/97, BStBl. II 1998, 9). Zweifelhaft deshalb auch: Angelsport, Schießsport (aA BFH 17.2.2000 – I R 108/98, BFH/NV 2000, 1071; Klein § 52 Rn. 82), Dart, Billard, Ballonfahren, Bowling. IPSC-Schießen ist desgleichen keine gemeinnützige sportliche Betätigung (AEAO zu § 52 Nr. 7; Klein § 52 Rn. 82; aA BFH 27.9.2018 – V R 48/16, BStBl. II 2019, 790). Die mit dem dynamischen Schießen verbundene körperliche Ertüchtigung tritt eindeutig hinter die gemeinschädliche Förderung der Fertigkeiten mit

dem Umgang von Waffen zurück. So werden Waffenmodelle verwendet, die auch bei Polizei, Militär und Sicherheitsbehörden als Dienstwaffen zum Einsatz kommen. Es ist nicht im Interesse der Allgemeinheit, dass Personen unter dem „Deckmantel" des Sports in den Besitz von Waffen gelangen und damit die potenzielle Gefährdung der Bevölkerung erhöht wird. Denn nicht jede gefährliche Tätigkeit dient, bloß weil sie nicht verboten ist, auch zugleich dem Allgemeinwohl (aA FG Berlin-Brandenburg 9.4.2019 – 8 K 8242/15, EFG 2019, 1055). Da nicht zu erwarten ist, dass die Rspr. den einmal eingeschlagenen Weg wieder verlässt, bedarf es eines gesetzlichen Ausschlusses derartiger Tätigkeiten von der Gemeinnützigkeit.

Dem **„eSport"** in Gestalt des sportwettkampfmäßigen Spielens von Video- bzw. Computerspielen, insb. auf Computern und Konsolen, nach festgelegten Regeln fehlt es überwiegend an einer eigenmotorischen, sportartbestimmenden Bewegung, sodass kein Sport vorliegt (Fischer npoR 2020, 61, aA Bagger von Grafenstein/Feldgen DStZ 2019, 326). Zudem überwiegt bei der Ausübung des eSports regelmäßig der Freizeitcharakter (vgl. hierzu die Definition des eSports auf der Internetseite des ESBD (https://esportbund.de/esport/was-ist-esport/)). **54a**

Der Förderung des **bezahlten Sports** fehlt die Selbstlosigkeit, weil die eigenwirtschaftlichen Zwecke des Vereins und der Spieler im Vordergrund stehen. Ausnahmen ergeben sich aus § 58 Nr. 9 und § 67a. **55**

Zu der Feststellung, dass eine Betätigung als Sport anzusehen ist, muss die Förderung der Allgemeinheit iSd § 52 I hinzutreten. Aus der Aufnahme des Sports in den Beispielskatalog des § 52 II kann ebenso wenig wie bei anderen Aktivitäten per se auf die Gemeinnützigkeit geschlossen werden (vgl. Fischer FS Offerhaus, 597). Dies gilt insb. für die mit der Sportausübung verbundenen nachteiligen Folgen für die Allgemeinheit (→ Rn. 10; Arndt/Immel BB 1987, 1153; TK § 52 Rn. 45; FG Hessen 29.10.1996 – 4 K 1842/94, EFG 1997, 514; aA BFH 29.10.1997 – I R 13/97, BStBl. II 1998, 9).

Der **Heimatgedanke (Nr. 22)** beinhaltet die Förderung der Heimatpflege und Heimatkunde. Mit der Erhaltung und Weitergabe der einer regionalen Landschaft eigentümlichen Sprache, geschichtlichen und kulturellen Tradition und ihrer besonderen Lebensformen trägt die Förderung des Heimatgedankens zur Pflege nationaler Identität bei; auch soweit es sich um Gebiete handelt, die außerhalb des Bundesgebietes liegen. Dies darf nicht mit den Bestrebungen zur „Rückführung fremden Staatsgebietes", der Förderung rechtsnationaler Gesinnung verbunden mit Fremdenfeindlichkeit und der Ideologisierung des Heimatgedankens verwechselt werden (TK § 52 Rn. 52). Derartige Bestrebungen stehen in Widerspruch zu völkerrechtlich verbindlichen Verträgen Deutschlands mit den östlichen Nachbarstaaten. Die Förderung des Heimatgedanken erfolgt insb. durch Trachten- und Brauchtumspflege, zB Weitergabe alter Volksweisen und -tänze, Sitten und Gebräuche, Herausgabe von Heimatschriften, Unterhaltung von Heimatmuseen. Hierzu zählt auch die Unterstützung von Schulen bei der Vermittlung der Heimatkunde. Durch das JStG 2020 (→ Rn. 1) ist der Zweck der Heimatpflege und -kunde um die **Ortsverschönerung** erweitert worden. Hierdurch soll die ehrenamtliche Verfolgung dieses Zwecks erleichtert und Zweifel am Umfang des begünstigten Zwecks beseitigt werden (vgl. Bericht des Finanzausschusses BT-Drs. 19/25160, 200). Welche Maßnahmen der Ortsverschönerung dienen, lässt sich der Gesetzesbegründung nicht entnehmen. Nach Auffassung des Gesetzgebers umfasst der Verschönerungsaspekt jedenfalls auch grundlegende Maßnahmen für die Verbesserung der örtlichen Lebensqualität im Dorf oder im Stadtteil (vgl. Bericht des Finanzausschusses BT-Drs. 19/25160, 201). Erfasst werden etwa Müllsammelaktionen, Pflanzaktionen zur Begrünung des öffentlichen Raums, das Aufstellen von Bänken oder auch die Beleuchtung örtlicher Sehenswürdigkeiten zur Adventszeit sowie jegliche soziale Projekte zur Verbesserung des mitmenschlichen Zusammenhalts und Umgangs. Die kommunale Wirtschaftsförderung ist nicht umfasst (TK § 52 Rn. 52). Zu örtlichen Verschönerungsvereinen vgl. schon bisher OFD Frankfurt 27.10.1995, BeckVerw 122537. Siehe auch → Rn. 58 (Fremdenverkehrs-Verbände). **56**

57 **Tierzucht (Nr. 23)** ist die planmäßige Paarung von Tieren zur Erzeugung von Nachkommen mit bestimmten erblichen Eigenschaften und/oder Merkmalen. Die Zuchtziele für landwirtschaftliche Nutztiere werden von Wirtschaftlichkeitsaspekten und Verbraucherwünschen bestimmt und diejenigen der Liebhaberrassen durch Fragen der Ästhetik. Ergebnis dieser Züchtungen ist die Verminderung der Artenvielfalt auf die wirtschaftlichste Rasse oder das vermeintlich schönste Rassemerkmal. Dies belegt das Aussterben unzähliger Haustierrassen und die Anzüchtung nicht artgerechter Eigenschaften und Merkmale bei Haus- und Kleintieren. Die zur Rechtfertigung der Gemeinnützigkeit angeführten Begründungen, Kleintierzuchtvereine seien oftmals die einzigen Garanten für die Existenz der Art- und Rassenvielfalt, entsprechen nicht der Realität (vgl. BT-Drs. 11/1334, 4; vgl. auch BFH 19.12.2007 – I R 15/07, BStBl. II 2011, 475 zu Pferderennen als Zweckbetrieb der Tierzucht). Den Nachweis, welche gefährdeten Tierarten durch Tierzuchtvereine vor dem Aussterben gerettet wurden, ist der Gesetzgeber auch schuldig geblieben. Zudem darf bezweifelt werden, ob eine besonders schöne Fellzeichnung oder die Länge des Kaninchenohrs die Allgemeinheit auf geistigem, sittlichem oder materiellem Gebiet fördern (vgl. zutr. TK § 52 Rn. 59). Züchtungen zur Erhaltung und Rückzüchtungen zur Verbreiterung der Artenvielfalt liegen im Interesse der Allgemeinheit. Die FVerw. verlangt bei Tierzuchtvereinen eine strenge Prüfung der Selbstlosigkeit (AEAO zu § 52 Nr. 5).

58 **Pflanzenzucht** ist die Schaffung neuer Kulturpflanzensorten, die den besonderen Standortverhältnissen oder den veränderten Anbaumethoden und Ansprüchen des Menschen angepasst sind. Pflanzenzüchtung ist angewandte Genetik, die besonders zeitaufwändig und kostenintensiv ist. Sie wird deshalb häufig industriell betrieben, insb. beim Einsatz von Gentechnik. Die ua angestrebte Erhaltung von Reinheit und Leistung vorhandener Sorten, die erhöhte Krankheitsresistenz oder die Neuzüchtung einer Kultursorte liegt im Interesse der Allgemeinheit. Die gewerbliche Pflanzenzucht verfolgt jedoch vorrangig eigenwirtschaftliche Zwecke. Obst- und Gartenbauvereine fördern die Pflanzenzucht (AEAO zu § 52 Nr. 4).

59 **Kleingärtnerei.** Nach § 1 I Bundeskleingartengesetz (BGBl. 1983 I 210) ist ein Kleingarten ein Garten, der dem Nutzer zur nichterwerbsmäßigen gärtnerischen Nutzung, insb. zur Gewinnung von Gartenbauerzeugnissen für den Eigenbedarf, und zur Erholung dient und in einer Kleingartenanlage liegt. Die Zweckbestimmung des Kleingartens nach der Legaldefinition des Bundeskleingartengesetzes belegt eine ausschließliche Nutzung im Eigeninteresse des Kleingärtners. Hierin liegt keine selbstlose Förderung im Interesse der Allgemeinheit (ebenso TK § 52 Rn. 60). Kleingärtnervereine werden gleichwohl regelmäßig als gemeinnützig anerkannt (FG München 17.12.1968 – II 141/67, EFG 1969, 330; OFD Köln 6.12.1984, BeckVerw 123075 mit Mustersatzung).

60 **Traditionelles Brauchtum,** einschl. des Karnevals, der Fastnacht und des Faschings sind Kulturförderung, wenn die Brauchtumspflege im Mittelpunkt der Betätigung steht. Hieran bestand für die Narrenzünfte der alemannischen Fastnacht auch bisher kein Zweifel. Bei Karneval und Fasching unterstellt der Gesetzgeber eine überwiegende Brauchtumspflege, obwohl dies nicht den tatsächlichen Gegebenheiten entsprechen dürfte. Eine Einbeziehung anderer Geselligkeitsvereine (Burschenschaften, Landjugendvereine, Schützenvereine), die daneben auch Brauchtumspflege betreiben, lässt sich hierdurch aber nicht rechtfertigen (ebenso Klein § 52 Rn. 103, aber: Brauchtumspflege soll bei Schützenvereinen überwiegen).

61 **Soldaten- und Reservistenbetreuung.** Die Betreuung aktiver und ehemaliger Wehrdienstleistender und Berufssoldaten durch Beratung, sinnvolle Freizeitangebote oder Hilfe beim Übergang in das Zivilleben ist nach Auffassung der FVerw. gemeinnützig (AEAO zu § 52 Nr. 7). Das besondere Betreuungsbedürfnis besteht va für infolge von Kampfhandlungen bei Auslandseinsätzen traumatisierte Soldatinnen und Soldaten (TK § 52 Rn. 62). Die Absicht, Vereinigungen von Mitgliedern der früheren Waffen-SS oder ähnlicher Vereinigungen nicht zu fördern (s. BT-Drs. 11/5582, 37), kommt im Gesetz indes nicht zum Ausdruck. Die Verfolgung grundgesetzwidriger Ziele unter dem Deckmantel der Betreu-

ung lässt jedoch die Gemeinnützigkeit entfallen (→ Rn. 14). Traditions- und Kameradschaftspflege unter ehemaligen Wehrmachts- oder Bundeswehrangehörigen ist nicht gemeinnützig (BFH 31.10.1963 – I 320/61 U, BStBl. III 1964, 20).

Amateurfunken. Die FVerw. erkennt Amateur- und CB-Funkvereine als gemeinnützig 62
an (FM Saarland 18.11.1996, DStR 1996, 1973). Worin jedoch beim Amateurfunken die geistige Förderung der Allgemeinheit liegt, lässt sich nicht erkennen. Amateurfunker frönen einem privaten Hobby. Die Aufnahme in § 52 II Nr. 23 steht im eklatanten Widerspruch zu den Voraussetzungen des § 52 I.

Durch das JStG 2020 (→ Rn. 1) wird die Aufzählung in **Nr. 23** um den **Freifunk** 62a
erweitert. Unter Freifunk werden nichtkommerzielle Initiativen gezählt, die sich dem Aufbau und Betrieb eines freien Funknetzes widmen, das aus selbstverwalteten lokalen Computernetzwerken besteht (vgl. Bericht des Finanzausschusses BT-Drs. 19/25160, 200). Zu den Zielen gehören die Förderung lokaler Kommunikation, ein möglichst dezentraler Aufbau, Anonymität und Überwachungsfreiheit. Die Förderung des Aufbaus einer freien Kommunikationsinfrastruktur, um jedermann den freien Zugang zu Informationen und Kommunikation zu verschaffen, dient der Allgemeinheit (Hüttemann DB 2021, 72).

Modellflug. Die Förderung des Modellflugs trägt nach Auffassung des BFH dazu bei, 63
technische Kenntnisse und handwerkliches Können zu erlangen und zu bewahren, die für die wirtschaftliche Entwicklung Deutschlands von erheblicher Bedeutung sind (BFH 14.9.1994 – I R 153/93, BStBl. II 1995, 499; zweifelhaft). Diesen Zwecken (Bau von Miniaturmodellen) in gleicher Weise dienende Aktivitäten werden ebenfalls als gemeinnützig anerkannt, zB Modellbau, Modellsport (BFH 21.12.1994 – I R 10/94, BFH/NV 1995, 1045), Minicar-Rennen (FG Baden-Württemberg 10.11.1994 – 6 K 10/92, EFG 1995, 337), Drachenflug (FM Sachsen 18.3.1997, DStR 1997, 867) sowie Schiffs-, Auto-, Eisenbahn- und Drachenflugmodelle (AEAO zu § 52 Nr. 10).

Hundesport besteht vornehmlich im Abrichten von Hunden für bestimmte Einsatz- 64
zwecke (vgl. eingehend Gemeinnützigkeits-Gutachten, BMF-Schriftenreihe Heft 40, 137 f.). Eine Förderung der Allgemeinheit auf sittlichem oder geistigem Gebiet kann allenfalls in der Ausbildung von Katastrophen- und Rettungshunden sowie von Blindenhunden gesehen werden. Mit Hundesport hat dies allerdings weniger zu tun. Zur alten Rechtslage ist die Gemeinnützigkeit verneint worden (BFH 13.12.1978 – I R 2/77, BStBl. II 1979, 495).

7. Förderung des demokratischen Staatswesens, des bürgerlichen Engagements und der Friedhofspflege (Abs. 2 Nr. 24, 25, 26)

§ 52 II **Nr. 24,** der als Nr. 3 aF durch das Gesetz zur Änderung des Parteiengesetzes ua 65
Gesetze (BGBl. 1983 I 1577) eingeführt wurde, ist dem aufgehobenen § 49 I EStDV aF nachgebildet. Die dort enthaltene Umschreibung der Förderung staatspolitischer Zwecke beinhaltet auch die Förderung einer oder mehrerer politischer Parteien. Politische Parteien begründen, fördern und aktivieren die politische Willensbildung des Volkes und repräsentieren diesen Willen durch ihre gewählten Mandatsträger. Die Förderung politischer Parteien dient damit auch der Förderung des demokratischen Staatswesens. Gleichwohl umfasst § 52 II Nr. 24 nicht die Parteienförderung. Dies lässt sich der Entstehungsgeschichte der Norm und § 55 I Nr. 1 entnehmen (TK § 52 Rn. 53a). Die Neuordnung durch das Gesetz vom 10.10.2007 (→ Rn. 1) sollte insofern keine Erweiterung bringen (vgl. BT-Drs. 16/5400, 26; s. jedoch Hüttemann DB 2007, 2053).

Was das demokratische Staatswesen ausmacht, lässt sich aus den Grundprinzipien der Verfassung ableiten. Hierzu gehören ua der Schutz grundrechtlich gewährleisteter Freiheiten, wie die Meinungs-, Presse-, Informations- und Versammlungsfreiheit, also Toleranz gegenüber der Meinung des Andersdenkenden und die Förderung der Meinungspluralität, sowie die Bewahrung des Mehrparteiensystems, des demokratischen Parlamentarismus, der Gewaltenteilung und des Rechts- und Sozialstaats. Dies kann etwa durch politische Aufklärung und Bildung der Bevölkerung, aber auch durch die Errichtung und Erhaltung von

Zentren, welche die Auswirkungen und Gräuel totalitärer Staaten dokumentieren, geschehen. Die mit der gemeinnützigen Betätigung unvermeidbar verbundene Beeinflussung der politischen Meinungsbildung ist unschädlich (BFH 29.8.1984 – I R 203/81, BStBl. II 1984, 844). Eine darüber hinausgehende, für die Gemeinnützigkeit schädliche Beeinflussung liegt aber vor, wenn politische Zwecke durch Einflussnahme auf politische Willensbildung und Gestaltung der öffentlichen Meinung verfolgt werden (vgl. BFH 10.1.2019 – V R 60/17, BStBl. II 2019, 301).

Ausdrücklich ausgenommen sind Bestrebungen, die nur bestimmte Einzelinteressen staatsbürgerlicher Art verfolgen oder die auf den kommunalpolitischen Bereich beschränkt sind. Die Förderung von Einzelinteressen geschieht idR nicht selbstlos, sondern zur Erlangung eigener wirtschaftlicher oder immaterieller Vorteile. Dem völligen Ausschluss des kommunalen Bereichs liegt die Annahme einer häufigen Vermischung persönlicher Interessen und politischer Betätigung zugrunde (vgl. v. Wallis DStZ 1983, 135). § 52 II Nr. 24 ist verfassungsgemäß, auch soweit kommunale **Wählervereinigungen** von der Begünstigung ausgeschlossen werden (aA zu § 52 II Nr. 3 FG Baden-Württemberg 18.11.1993 – 6 K 69/91, EFG 1994, 446; vgl. aber BVerfG 29.9.1998 – 2 BvL 64/93, HFR 1999, 46: Ausschluss kommunaler Wählervereinigungen von der StBefreiung nach § 5 I Nr. 7 KStG verstößt gegen das Recht auf Chancengleichheit).

66 **Förderung des bürgerschaftlichen Engagements (Nr. 25) zugunsten gemeinnütziger Zwecke.** Bürgerschaftliches Engagement ist der soziale und Gemeinwohl fördernde freiwillige, persönliche Einsatz von Bürgern zur Erreichung gemeinsamer Ziele. Steuerbegünstigt ist damit nicht nur die unmittelbare Verfolgung gemeinnütziger Zwecke, sondern ganz allg. die Stärkung des Bewusstseins für die Notwendigkeit des persönlichen Einsatzes aus altruistischen Beweggründen (Hüttemann DB 2007, 2053). Die Verdeutlichung der gesellschaftlichen Bedeutung des Ehrenamtes, der Freiwilligenarbeit, des sozialen Engagements für Mitmenschen ist zentraler Zweck der Begünstigung. Die Einrichtung muss hierzu weder andere steuerbegünstigte Körperschaften materiell unterstützen noch ist sie auf eine bestimmte Form der Förderung beschränkt. Vielmehr kann dies durch Aufklärung, Vermittlung ehrenamtlich Tätiger, Spendenaufrufe oder ähnliche Betätigungen erfolgen.

66a Die Förderung der Unterhaltung und **Pflege von Friedhöfen** und Gedenkstätten nicht bestattungspflichtiger Kinder und Föten **(Nr. 26)** ist durch das JStG 2020 (→ Rn. 1) als Reaktion auf das Urteil des FG Münster 19.2.2018 – 13 K 3313/15 F, EFG 2018, 897) neu in den Katalog der steuerbegünstigten Zwecke aufgenommen worden. Die Friedhofsverwaltung einschließlich -pflege obliegt grds. der öffentlichen Hand, die dabei die Aufgaben des Bestattungswesens als hoheitliche Aufgabe wahrnimmt (zB § 13 I Niedersachsen BestattG). Soweit eine private Körperschaft die Friedhofsverwaltung, einschließlich der Pflege und Unterhaltung des Friedhofsgeländes und seiner Baulichkeiten übernimmt, kann diese Betätigung nunmehr als gemeinnützig anerkannt werden. Die Regelung fördert darüber hinaus Organisationen, die die Unterhaltung von Gedenkstätten für sog. „Sternenkinder" übernehmen, die nach dem jeweiligen Landesbestattungsgesetz nicht bestattet werden können, als einen Ort der Trauer für die betroffene Familie.

8. Nachträgliche Anerkennung des Zwecks (Abs. 2 S. 2, 3)

67 Durch Streichung des Wortes „insbesondere" ist der Katalog steuerbegünstigter Zwecke anders als nach früherer Regelung nicht mehr per se erweiterungsfähig. Aus diesem Grund eröffnen S. 2 und 3 die nachträgliche Anerkennung solcher Zwecke, die die Voraussetzungen des § 52 I erfüllen, jedoch nicht unter den Katalog des § 52 II 1 Nr. 1–25 fallen. Anzuerkennen sind – wie bisher – solche Zwecke, die der Gemeinwohlförderung in vergleichbarer Weise wie die Katalogzwecke dienen.

Zuständig für die Anerkennung neuer steuerbegünstigter Zwecke ist jeweils eine von den obersten Finanzbehörden der Länder bestimmte Stelle (zB OFD). Durch die Entscheidungskonzentration wird eine möglichst bundesweite, einheitliche Anerkennungspraxis ermöglicht. Eine länderdifferenzierende Entscheidungspraxis lässt sich mit dem bundesweiten Geltungsanspruch der AO nicht vereinbaren (aA FG Köln 17.10.2013 – 13 K 3949/09, EFG 2014, 484). Trotz des Wortlauts der Regelung („kann") wird der FVerw. kein Ermessen oder Beurteilungsspielraum eingeräumt, sondern lediglich eine besondere Verwaltungskompetenz ausdrücklich zugewiesen (ebenso Hüttemann DB 2007, 2053). Das Gemeinnützigkeitsrecht ist trotz der Regelung in der AO als materielles StRecht gebundenes Recht und keiner Ermessensregelung zugänglich (BFH 9.2.2017 – V R 70/14, BStBl. II 2017, 1106). Lehnt die FB die Anerkennung eines neuen steuerbegünstigten Zweckes ab, kann die hierdurch betroffene Körperschaft die gerichtlich voll überprüfbare Entscheidung durch Verpflichtungsklage angreifen.

D. ABC der gemeinnützigen Zwecke

Abfallbeseitigung vermindert die Gefahr der Verbreitung von Krankheiten und der 68
Verunreinigung der Natur. Hierdurch dient sie dem öffentlichen Gesundheitswesen und Umweltschutz. Gewerbliche Abfallbeseitigung erfolgt nicht selbstlos. Kommunale Abfallbeseitigung in der Rechtsform einer GmbH ist stpfl. wirtschaftliche Betätigung (BFH 15.12.1993 – X R 115/91, BStBl. II 1994, 314). Vgl. auch „Hoheitsaufgaben".

Abmahnvereine fördern den lauteren Wettbewerb durch Verfolgung von Wettbewerbsverstößen. Vorrangige Motivation ist in vielen Fällen aber die Erlangung der mit dem Abmahnen verbundenen Abmahngebühren, sodass keine selbstlose Tätigkeit vorliegt (zum Rechtsinstitut der Abmahnung vgl. Vogt NJW 1995, 2819).

ADAC verfolgt keine gemeinnützigen Zwecke (Klein § 52 Rn. 64). Ortsclubs, die eine ordentliche Mitgliedschaft von der Mitgliedschaft im ADAC abhängig machen, fördern lediglich Gruppeninteressen (BFH 5.8.1992 – X R 165/88, BStBl. II 1992, 1048).

Akupunktur-Vereine, die sich mit den Grundlagen und der Verbreitung der Akupunktur befassen, fördern Forschung und angewandte Wissenschaft. Dies gilt ebenso für die Erforschung von Naturheilverfahren, zB Homöopathie.

Alkoholmissbrauch: Bekämpfung des Drogenmissbrauchs, auch von Alltagsdrogen wie Alkohol und Nikotin, ist Förderung des öffentlichen Gesundheitswesens (BFH 6.6.1951 – III 69/51 U, BStBl. III 1951, 148). Die Verhinderung des generellen Konsums durch Kinder und Jugendliche dient dem Jugendschutz.

Altenhilfe → Rn. 41 sowie → § 68 Rn. 4.

Amateurfunk → Rn. 62.

Angelvereine (Fischereivereine) üben eine dem Gemeinwohl verpflichtete, naturschützende Tätigkeit aus, denn sie unterliegen der Pflicht zur Hege und Pflege des Fischbestandes unter Einhaltung der einschlägigen Schonzeiten in Verbindung mit Maßnahmen zum Schutz und zur Reinhaltung der Gewässer (vgl. AEAO zu § 52 Nr. 2.4 S. 1) (ebenso mit Ausnahme des Wettfischens TK § 52 Rn. 30; Klein § 52 Rn. 48).

Aquarien- und Terrarienkunde sollen nach Auffassung der FVerw. die Tierzucht fördern (OFD Erfurt 28.11.1996, DStR 1997, 116). Zweifelhaft, → Rn. 57.

Arbeitslosigkeit: Die Bekämpfung der Arbeitslosigkeit durch Berufsbildungsmaßnahmen, Beratung und/oder therapeutische Betreuung von Arbeitslosen oder die Förderung der wissenschaftlichen Ursachenforschung von Arbeitslosigkeit ist gemeinnützig (FG Niedersachsen 2.6.1983 – VI 584/82, EFG 1984, 45). S. auch „Beschäftigungsgesellschaften".

Arbeitsmedizinischer Dienst fördert das öffentliche Gesundheitswesen. Selbstlosigkeit fehlt jedoch, wenn die Körperschaft ausschließlich durch Darlehen ihrer Gründungsmitglieder finanziert ist und dieses Fremdkapital satzungsgemäß tilgen und verzinsen muss (BFH 26.4.1989 – I R 209/85, BStBl. II 1989, 670). Vgl. aber § 55 Rn. 24 sowie HHSp § 52 Rn. 260.

Arbeitsschutz ist als Teil der Unfallverhütung Förderung des öffentlichen Gesundheitswesens. → Rn. 36.

Astrologie ist eine pseudo-wissenschaftliche Methode, die aus Lauf und Stellung der Sterne Schicksal und Charaktereigenschaften herleitet. Die Ergebnisse beruhen nicht auf objektiv nachprüfbarer Methode, sondern sind willkürlich. Astrologie dient keinen gemeinnützigen Zwecken (FG Schleswig-Holstein 22.3.1996 – I 535/92, EFG 1996, 940).

Atomenergie: Die Bekämpfung der Erzeugung und Nutzung der Kernenergie mit verfassungsmäßigen Mitteln dient dem Umweltschutz (BFH 29.8.1984 – I R 203/81, BStBl. II 1984, 844).

Auftragsforschung → Rn. 30.

Baudenkmal s. Denkmalschutz.

Behinderte: Die Beschäftigung von Behinderten zur Vorbereitung auf eine Tätigkeit auf dem freien Arbeitsmarkt dient der Förderung der freien Wohlfahrtspflege (BFH 23.2.2012 – V R 59/09, BStBl. II 2012, 544). Behindertenwerkstätten sind Zweckbetriebe.

Bergwacht → Rn. 38.

Berufsbildung ist ein Teilbereich der Bildung (BFH 26.3.1992 – IV R 34/91, BStBl. II 1993, 20).

Berufsgenossenschaft dient den Interessen ihrer Mitglieder, ist aber als Berufsverband iSv § 5 I Nr. 5 KStG steuerfrei.

Berufssport: Die Förderung des bezahlten Sports ist nicht gemeinnützig, da sowohl Vereine als auch Spieler eigenwirtschaftliche Zwecke verfolgen. Vgl. aber §§ 58 Nr. 9, 67a.

Beschäftigungsgesellschaften sind idR nicht gemeinnützig. Die Beschäftigung von (Langzeit-)Arbeitslosen sowie die Schaffung von Arbeitsplätzen ist Teil jeder eigennützigen wirtschaftlichen Betätigung. Liegt das Schwergewicht der Tätigkeit auf der beruflichen Qualifizierung, Umschulung oder der sozialen Betreuung, werden gemeinnützige Zwecke verfolgt (vgl. AEAO § 64 Nr. 13). Lohnaufträge einer arbeitstherapeutischen Beschäftigungsgesellschaft sind Zweckbetrieb (BFH 26.4.1995 – I R 35/93, BStBl. II 1995, 767).

Bestattungen zu Selbstkosten erfolgen nicht zwangsläufig selbstlos. Sie dienen auch keinen gemeinnützigen Zwecken (BFH 20.7.1988 – I R 244/83, BFH/NV 1989, 479). Die Förderung der Feuerbestattung und der Friedhofskultur zum Zwecke der Verringerung des Flächenbedarfs ist gemeinnützig (BFH 14.12.1978 – I R 122/76, BStBl. II 1979, 491). Zum Unterhalt einer Trauerhalle auf dem Friedhof für Vereinsmitglieder vgl. FG Münster 19.2.2018 – 13 K 3313/15 F, EFG 2018, 897.

Beteiligungsgarantiegemeinschaften zur Erhaltung und Entwicklung des mittelständischen Handwerks erfüllen vorrangig privatwirtschaftliche Zwecke. Wirtschaftsförderungsgesellschaften sind gem. § 5 I Nr. 18 KStG von der KSt befreit (hierzu Oppermann DB 1994, 1489; BFH 3.8.2005 – I R 37/04, BStBl. II 2006, 141).

Bildung → Rn. 34.

Billard wird nach hM als Sportart betrachtet, und zwar Pool- und Carambole-Billard (FG Köln 17.10.2013 – 13 K 3949/09, EFG 2014, 484). Zweifelhaft, → Rn. 54.

Blindenfürsorge ist gemeinnützig, → Rn. 37.

Bonsai fördert nach Ansicht der FVerw. die Pflanzenzucht (OFD Erfurt 28.11.1996, DStR 1997, 116); zweifelhaft, da nicht die Zucht, sondern der Beschnitt und die kunstvolle Formung von Pflanzen im Vordergrund steht.

Brauchtum → Rn. 60.

Bridge ist mangels körperlicher Ertüchtigung kein Sport. Keine Analogie zu Schach (aA BFH 9.2.2017 – V R 70/14, BStBl. II 2017, 1106), → Rn. 54.

Briefmarkensammeln s. Sammeltätigkeit.

Bürgerinitiative kann je nach Art des verfolgten Zwecks gemeinnützig sein, soweit deren Aktivitäten nicht gegen die Rechtsordnung verstoßen, → Rn. 14.

Bürgernetzvereine, die die Datenkommunikation durch das entgeltliche Anbieten von Zugängen zu Kommunikationsnetzwerken fördern, dienen idR eigenwirtschaftlichen Zwecken der Zugangsberechtigten. Betreibt der Verein hingegen ein Netzwerk zum

Zwecke der Ausbildung und Fortbildung, fördert er die Bildung und Erziehung (s. auch zum Freifunk → Rn. 62a). S. auch Internet-Vereine.

Burschenschaften sind studentische Verbindungen, die der eigennützigen Förderung ihrer Mitglieder dienen. Soweit Brauchtumspflege betrieben wird, ist sie Nebenzweck zur Geselligkeit (AEAO zu § 52 Nr. 12).

Campingplätze werden grds. nicht selbstlos betrieben (AEAO zu § 52 Nr. 8).

CB-Funk ist dem Amateurfunken gleichzustellen. → Rn. 62.

Country- und Westernvereine fördern lediglich die Geselligkeit ihrer Mitglieder; keine Vergleichbarkeit mit Karnevals-, Fastnacht- und Faschingsvereinen (AEAO zu § 52 Nr. 12).

Dart ist wettkampfmäßig betrieben ein Sport (OFD Hannover 25.7.1994, DStR 1994, 1578; vgl. zur VergnügungsStpfl. für elektronisches Dartspiel OVG Thüringen 22.9.2008 – 3 KO 247/04, DÖV 2009, 254).

Demokratisches Staatswesen → Rn. 65.

Denkmalpflege und -schutz → Rn. 47.

Denksport ist mangels körperlicher Betätigung kein Sport.

Drachenflug-Vereine sind gemeinnützig (AEAO zu § 52, Tz. 10; s. aber → Rn. 63).

Drogenmissbrauch s. Alkoholmissbrauch.

Eheanbahnung ist nicht gemeinnützig (BFH 28.8.1968 – I 242/65, BStBl. II 1969, 145).

Ehrenmal: Die Errichtung und Pflege von Ehrenmalen und Gedenkstätten für Opfer von Krieg, Gewaltherrschaft, Verfolgung und Katastrophen fördert die Allgemeinheit auf sittlichem Gebiet → Rn. 50.

Eislaufen ist sportliche Betätigung; ebenso Inlineskaten, Eishockey (FG Bremen 12.11.2008 – 2 K 28/08 (1), EFG 2010, 527; aufgeh. durch BFH 18.8.2011 – V R 64/09, HFR 2012, 784 aus anderen Gründen).

Entwicklungshilfe → Rn. 52.

Erholung: Einrichtungen zur Förderung der allgemeinen Erholung verfolgen keine gemeinnützigen Zwecke, es sei denn, sie kommt einem besonders schützenswerten Personenkreis zugute, wie Hilfsbedürftigen, Jugendlichen (vgl. BFH 22.11.1972 – I R 21/71, BStBl. II 1973, 251). Die Verbindung von Erholung und sportlicher Betätigung ist keine ausschließliche Förderung des Sports (BFH 30.9.1981 – III R 2/80, BStBl. II 1982, 148).

Erwachsenenbildung → Rn. 34.

Erziehung → Rn. 35.

Esoterik: Die Verbreitung esoterischer Lebensweisheiten fördert nicht die Religion (vgl. FG Baden-Württemberg 4.2.1988 – X K 196/85, EFG 1988, 270; AEAO zu § 52 Nr. 6).

Fallschirmsportverein fördert den Sport (BFH 25.7.1996 – V R 7/95, BStBl. II 1997, 154); ebenso Gleitschirmfliegerverein.

Fasching, Fastnacht → Rn. 60.

Feuerbestattung s. Bestattungen.

Feuerschutz dient der Allgemeinheit. Feuerwehrvereine verfolgen daher grds. gemeinnützige Zwecke (OFD Frankfurt 11.12.1996, DB 1997, 205).

Film- und Fotoclubs dienen der kollektiven Freizeitgestaltung. Ein sachlicher Differenzierungsgrund zum Amateur-/CB-Funken ist nicht erkennbar.

Flüchtlingsfürsorge ist gemeinnützig (→ Rn. 50).

Flugrettung dient der Rettung aus Lebensgefahr (vgl. FM Baden-Württemberg 12.12.1988, DStR 1989, 255; Rn. 38). Zur Unterhaltung eines Flughafens vgl. aber BFH 21.8.1974 – I R 81/73, BStBl. II 1975, 121.

Flugsport wird wegen Förderung des Sports für gemeinnützig gehalten (BFH 21.8.1985 – I R 60/80, BStBl. II 1986, 88). Unzutr. → Rn. 54.

Fördervereine sind gemeinnützig, soweit die Voraussetzungen des § 58 Nr. 1 erfüllt sind.

Forschung → Rn. 29; zum Betrieb einer Solaranlage FG Hamburg 29.8.2007 – 5 K 145/05, EFG 2008, 100.

Freikörperkultur ist vornehmlich auf eine der Erholung dienende Freizeitgestaltung ausgerichtet. Ein FKK-Verein, der auch die Förderung des Sports bezweckt, handelt nicht ausschließlich gemeinnützig (BFH 30.9.1981 – III R 2/80, BStBl. II 1982, 148).

Freimaurerloge fördert nicht die Allgemeinheit (BFH 26.1.1973 – III R 40/72, BStBl. II 1973, 430).

Freizeitvereine fördern lediglich die privaten Hobbys ihrer Mitglieder. Die Rspr. erkennt Freizeitvereine als gemeinnützig an, soweit ihre Aktivitäten mit den Wesensmerkmalen der in § 52 II Nr. 4 genannten Betätigungen identisch sind (→ Rn. 28, 54).

Fremdenverkehrsverbände verfolgen, auch soweit sie überregional tätig werden, vorrangig die wirtschaftlichen Interessen ihrer Mitglieder (OFD Cottbus 10.9.1996, FR 1996, 763).

Friedensförderung ist ein Mittel der Völkerverständigung (BFH 23.11.1988 – I R 11/88, BStBl. II 1989, 391).

Friedhofspflege kann Kulturförderung oder Denkmalpflege sein, soweit es sich um historisch bedeutsame Grabstätten handelt; im Übrigen fehlt idR die Selbstlosigkeit, s. Bestattungen.

Gesangvereine fördern Kunst und Kultur. Ähnlich wie bei Sportvereinen dürfte oftmals die Verwirklichung eines privaten Hobbys im Vordergrund stehen.

Geselligkeit wird auch in Vereinen stets eigennützig betrieben (OFD Erfurt 28.11.1996, DStR 1997, 116). Gesellige Zusammenkünfte gemeinnütziger Körperschaften sind unschädlich, wenn sie im Vergleich zu der steuerbegünstigten Tätigkeit von untergeordneter Bedeutung sind (§ 58 Nr. 8; vgl. BFH 11.3.1999 – V R 57/96, BStBl. II 1999, 331).

Gesundheitswesen → Rn. 36.

Gleichberechtigung: Das Eintreten für die Gleichberechtigung dient der Verwirklichung verfassungsrechtlicher Ziele (Art. 3 II GG), also dem Gemeinwohl.

Golfclub als Förderung des Sports gemeinnützig (BFH 13.8.1997 – I R 19/96, BStBl. II 1997, 794). Vgl. eingehend Spindler FS Offerhaus, 315; → Rn. 54.

Hallenbau: Ist der Bau einer Halle zur Überlassung an andere steuerbegünstigte Körperschaften der alleinige Zweck einer Körperschaft, verfolgt sie nicht ausschließlich gemeinnützige Zwecke (aA Herbert BB 1991, 178; vgl. auch § 58 Nr. 4).

Heimatvereine → Rn. 56. Zu Freizeitwinzervereinen vgl. AEAO zu § 52 Nr. 13.

Heimkehrerfürsorge ist mildtätige Unterstützung Hilfsbedürftiger.

Heimstättenwesen ist gemeinnützig, soweit sie der mildtätigen Fürsorge für Hilfsbedürftige iSd § 53 dient. Siehe „Wohnungsvermietung".

Hobby s. Freizeitvereine.

Hoheitsaufgaben, die mittels einer KapGes ausgeübt werden, sind grds. nicht begünstigt (vgl. BFH 24.11.1976 – II R 99/67, BStBl. II 1977, 213; Gosch AO § 52 Rn. 28; HHSp § 52 Rn. 28; aA FG Hamburg 5.3.1986 – II 144/83, EFG 1986, 516; TK § 52 Rn. 4; BFH 27.11.2013 – I R 17/12, BStBl. II 2016, 68). Die verfassungsrechtliche Pflicht der öffentlichen Hand, das staatliche Gemeinwohl zu fördern, ist Wesensmerkmal der öffentlich-rechtlichen Körperschaft. Sie bedarf lediglich dort einer steuerlichen Begünstigung, wo die Körperschaft mit ihren Betrieben gewerblicher Art stärker belastet wird als vergleichbare Körperschaften des privaten Rechts (dazu näher Hey StuW 2000, 467).

Homosexualität: Das Eintreten für den Abbau von gesellschaftlicher Diskriminierung Homosexueller ist gemeinnützig (Art. 3 III GG). Bekämpfung von Aids durch Aufklärung fördert das öffentliche Gesundheitswesen, → Rn. 46; vgl. auch FG Berlin 25.6.1984 – VIII 182/83, EFG 1985, 146.

Hundesport → Rn. 64.

Internationale Gesinnung fördert die Völkerverständigung. → Rn. 51.

Internetvereine verfolgen gemeinnützige Zwecke, wenn der Umgang mit den neuen Medien ausschließlich durch Schulungen und Bereitstellung von Informationsmaterial gefördert wird (AEAO zu § 52 Nr. 3). Bei Überlassung des Zugangs zur privaten oder geschäftlichen Nutzung an Mitglieder und Nichtmitglieder fehlt es regelmäßig an der Selbstlosigkeit (AEAO zu § 52 Nr. 3).

Jugendhilfe → Rn. 44. Präventionsräte, die durch gezielte Öffentlichkeitsarbeit und Aufklärung insb. Kinder und Jugendliche davor schützen wollen, straffällig zu werden, fördern die Jugendhilfe und Erziehung (OFD Hannover 3.11.1997, DB 1997, 2407).

Jugendsekten sind grds. nicht gemeinnützig. Sie fördern nicht die Allgemeinheit auf sittlichem oder geistigem Gebiet, sondern verfolgen regelmäßig eine Weltverbesserungsideologie mit Totalitätsanspruch. Hierzu gehört ua auch die Anerkennung einer umstrittenen autoritären Führergestalt, das Fördern eines missionarischen Sendungsbewusstseins der Anhänger der transzendentalen Meditation, die Verfolgung fester Gruppenstrukturen und gruppenspezifischer Rituale, durch welche eine psychische Abhängigkeit des Einzelnen begründet werden soll (BFH 26.2.1992 – I R 47/89, BFH/NV 1992, 695). Vgl. in Bezug auf das „Universelle Leben" FG Nürnberg 24.3.1998 – I 260/94, EFG 1998, 975.

Kameradschaftspflege ist weder Soldaten- oder Reservistenbetreuung noch traditionelle Brauchtumspflege, sondern Geselligkeit zum Zwecke der Bewahrung von Erinnerungen an die gemeinsame Dienstzeit (BFH 31.10.1963 – I 320/61 U, BStBl. III 1964, 20). Zur Förderung der Kameradschaft als Streben nach Verbundenheit der Vereinsmitglieder vgl. BFH 11.3.1999 – V R 57/96, BStBl. II 1999, 331 sowie → § 59 Rn. 4.

Kapitalbeteiligungsgesellschaften sind nicht selbstlos tätig. Bürgschaftsbanken (Kreditgarantiegemeinschaften) sind gem. § 5 I Nr. 17 KStG von der KSt befreit.

Karneval → Rn. 60.

Katastrophenschutz ist gemeinnützig → Rn. 39.

Kindergärten sind begünstigte Zweckbetriebe (§ 68 Nr. 1b) im Rahmen der Erziehung und Jugendhilfe.

Kleingärtnerei → Rn. 59.

Kleintierzucht → Rn. 57.

Kochclub ist als Geselligkeitsverein nicht gemeinnützig (OFD Erfurt 28.11.1996, DStR 1997, 116).

Kommunale Infrastruktur vgl. BMF 20.12.1990, BStBl. I 1991, 19.

Kommunale Kinos können zur Kulturförderung beitragen (FM Mecklenburg-Vorpommern 6.4.1993, DB 1993, 1060).

Kommunalpolitische Zwecke: Bestrebungen zur Förderung des demokratischen Staatswesens, die sich auf den kommunalpolitischen Bereich beschränken, sind nicht begünstigt (§ 52 II Nr. 3 HS 2).

Kongresshalle: Der Betrieb einer Kongresshalle zum Zwecke kultureller Veranstaltungen ist nicht gemeinnützig (BFH 19.6.1974 – I R 14/72, BStBl. II 1974, 664).

Konzerte einer kultur- oder kunstfördernden Körperschaft sind Zweckbetriebe (§ 68 Nr. 7).

Kosmetikvereine sind nicht gemeinnützig (OFD Erfurt 28.11.1996, DStR 1997, 116).

Krankenhauswäscherei ist nur begünstigt, soweit es sich um eine Selbstversorgungseinrichtung iSd § 68 Nr. 2 handelt (BFH 19.7.1995 – I R 56/94, BStBl. II 1996, 28; → § 68 Rn. 6).

Kreditgarantiegemeinschaften (Bürgschaftsbanken) sind gem. § 5 I Nr. 17 KStG von der KSt befreit.

Kriegsgräberfürsorge ist Pflege des Andenkens an Kriegsopfer → Rn. 50.

Kriegsopfer: Hilfe für Kriegsopfer, -hinterbliebene, -beschädigte und Kriegsgefangene ist gemeinnütziger Zweck. Dies gilt auch für die Fürsorge für politisch, rassistisch oder religiös Verfolgte, Flüchtlinge, Vertriebene und Opfer von Straftaten (→ Rn. 50; ebenso TK § 52 Rn. 33).

Küstenschutz wird vorwiegend von der öffentlichen Hand betrieben (Rechtsgrundlage: BGBl. 1988 I 1055). Die Förderung des Küstenschutzes ist gemeinnütziger Zweck.

Kultur → Rn. 33.

Kunst. Zur Kunst allg. → Rn. 32.

Lärmbekämpfung fördert den Tier- und Umweltschutz, dient zugleich dem öffentlichen Gesundheitswesen (Rechtsgrundlage: Bundes-Immissionsschutzgesetz, BGBl. 2013 I 1274).

Landschaftsschutz → Rn. 48.

Literatur → Rn. 32.

Marketing-Club: Nicht gemeinnützig (vgl. FM Bayern 24.2.1984, DStR 1984, 337).

Meditation: Verbreitung der Meditation fördert für sich allein nicht die Allgemeinheit auf geistigem oder sittlichem Gebiet. Vgl. aber BFH 20.1.1972 – I R 81/70, BStBl. II 1972, 440; FG Düsseldorf 9.5.1989 – 16 K 28/82 U, EFG 1990, 2.

Minicar-Sport wird dem Modellflug gleichgestellt (FG Baden-Württemberg 10.11.1994, EFG 1995, 337).

Modellbau ist mit Modellflug identisch (BFH 14.9.1994 – I R 153/93, BStBl. II 1995, 499).

Modellflug → Rn. 63.

Motorsport wird als Sport angesehen (BFH 29.10.1997 – I R 13/97, BStBl. II 1998, 9). Vgl. auch → Rn. 14, 54.

Musik ist eine Ausdrucksform der Kunst (→ Rn. 32). Private Musikschulen fördern die Bildung und Erziehung (FG Köln 25.2.2021 – 10 K 1622/18, EFG 2021, 1167, aufgeh. durch BFH 28.9.2022 – X R 7/21, BStBl. II 2023, 178 aus anderen Gründen). Entgeltlicher Musikunterricht ist Zweckbetrieb. Zu Country-Musikvereinen vgl. AEAO zu § 52 Nr. 12.

Naturschutz → Rn. 48.

Paintball ist kein Schießsport, sondern ein mit Waffen ausgeübtes Bewegungsspiel (FG Niedersachsen 8.9.1998 – VI 366/94, EFG 1998, 1667). Der Gebrauch von Waffen gegenüber Menschen – auch in spielerischer Form – fördert nicht die Allgemeinheit auf sittlichem oder geistigem Gebiet (AEAO zu § 52 Nr. 7; FG Rheinland-Pfalz 19.2.2014 – 1 K 2423/11, DStRE 2015, 294).

Pferdezucht → Rn. 57. Pferderennvereine werden von der FVerw. grds. als tierzuchtfördernd anerkannt (vgl. OFD Düsseldorf 24.6.2005, BeckVerw 123191; AEAO zu § 64 Nr. 35; zweifelhaft).

Pflanzenzucht → Rn. 58.

Politische Zwecke → Rn. 17.

Reiseveranstalter sind grds. nicht gemeinnützig (OFD Erfurt 28.11.1996, DStR 1997, 116).

Reit- und Fahrverein fördert nach hM den Sport (FG Niedersachsen 18.9.1981 – VI 511/79, EFG 1982, 320).

Religion → Rn. 31. Mit dem bloßen Aufruf an die Mitglieder, sich politisch völlig neutral zu verhalten und deshalb nicht zu wählen, verstößt die Religionsgemeinschaft der Zeugen Jehovas nicht gegen die Pflicht zur Verfassungs- und Rechtstreue (BVerfG 19.12.2000 – 2 BvR 1500/97, NJW 2001, 429 (433)). Aus einem religiös begründeten Verbot der Teilnahme an politischen Wahlen lässt sich das Fehlen einer hinreichenden Loyalität gegenüber dem Staat nicht begründen (vgl. Müller-Volbehr NJW 1997, 3358; aA BVerwG 26.6.1997 – 7 C 11/96, NJW 1997, 2396). Keine Gemeinnützigkeit bei Bekenntnis artgemäßer Ungleichheit von Menschen und Bejahung des Lebenskampfs verschiedener Arten (BFH 31.5.2005 – I R 105/04, BFH/NV 2005, 1741). Gewaltbereite Strömungen des Islam, wie etwa der dschihadistische Salafismus, wenden sich gegen die abendländische Kultur und sind deshalb nicht gemeinnützig.

Reservistenbetreuung → Rn. 61.

Rettung von Schiffbrüchigen und Ertrinkenden ist gemeinnützig → Rn. 38. Zu Flugrettungsdiensten vgl. Schwarz/Pahlke/Keß § 52 Rn. 30.

Rundfunkvereine sind wegen Förderung der Volks- und Berufsbildung gemeinnützig, soweit es sich um Trägervereine für den nichtkommerziellen lokalen Rundfunk handelt (OFD Frankfurt 27.9.1995, FR 1995, 873; OFD Hannover 11.3.2002, StEd 2002, 235).

Sammeltätigkeit jeglicher Art (zB Briefmarken, Münzen, Autogramme) erfolgt im Interesse des Sammlers und nicht uneigennützig.

Saunavereine sind nicht gemeinnützig. Die Förderung der eigenen Gesundheit ist kein fremdnütziger Zweck (OFD Erfurt 28.11.1996, DStR 1997, 116).

Schach gilt als Sport. Die Fiktion des § 52 II Nr. 2 S. 2 ist nicht analogiefähig. Ob eine Förderung der Allgemeinheit auf geistigem Gebiet vorliegt, ist zweifelhaft, da wie bei anderen Spielen (Skat, Bridge, Go) die Befriedigung eigener Interessen durch geselligen Zeitvertreib im Vordergrund steht. Der Ausschluss vergleichbarer Betätigungen ist unter dem Blickwinkel des Art. 3 GG nicht gerechtfertigt (Arndt/Immel BB 1987, 1153; vgl. auch FG Schleswig-Holstein 23.10.1998 – II 809/95, EFG 1999, 50). FVerw. bejaht Gemeinnützigkeit.

Schützenvereine → Rn. 60.

Schulfördervereine fördern die Erziehung und Jugendhilfe. Dies gilt auch für Vereine zur Betreuung von Schülern innerhalb eines festen Zeitrahmens (sog. verlässliche Grundschule). Die Betreuung gegen Entgelt (Mitgliedsbeiträge) ist Zweckbetrieb (OFD Düsseldorf 11.11.1996, DB 1996, 2364). Zu Spenden an gemeinnützige Privatschulen (FM Niedersachsen 15.2.1990, DB 1990, 763).

Scientology ist keine Religionsgemeinschaft und fördert nicht die Religion. Die religiösen und weltanschaulichen Lehren dienen als Vorwand für die Verfolgung wirtschaftlicher Ziele (BAG 22.3.1995 – 5 AZB 21/94, NJW 1996, 143 (147); FG Hamburg 4.10.1995 – V 186/93, NVwZ 1998, 107; FG Münster 25.5.1994 – 15 K 5247/87 U, EFG 1994, 810; zur ausländischen Rspr. vgl. Abel NJW 1999, 331 (336)). Zur Anerkennung einer Religionsgemeinschaft als Körperschaft des öffentlichen Rechts vgl. BVerfG 19.12.2000 – 2 BvR 1500/97, NJW 2001, 429.

Selbsthilfegruppen, insb. von Alkohol- und Drogenabhängigen, Kranken, Elterngruppen behandlungsbedürftiger Kinder, sind gemeinnützig. Zu Selbsthilfegruppen alleinstehender Menschen vgl. aber OFD Münster 24.6.1994, DStR 1994, 1233 – zweifelhaft angesichts der zunehmenden und keinesfalls nur individuellen, sondern auch gesellschaftlichen Problematik von Vereinsamung und Einsamkeit, gerade bei älteren Menschen.

Seuchenbekämpfung ist Förderung des öffentlichen Gesundheitswesens. → Rn. 36.

Skat ist weder Förderung des Brauchtums noch Sport, sondern ein Geselligkeitsspiel, das in erster Linie der Freizeitgestaltung der beteiligten Spieler dient (FG Schleswig-Holstein 23.10.1998 – II 809/95, EFG 1999, 50; BFH 17.2.2000 – I R 108/98, BFH/NV 2000, 1071).

Soldatenbetreuung → Rn. 61.

Sport. Rspr. und FVerw. erkennen auch Sportarten an, die keine oder nur unwesentliche körperliche Trainingseffekte bewirken. Die körperliche Ertüchtigung zum Zwecke der Gesundheitsförderung wird nur formal zur Begriffsbestimmung herangezogen. Ob eine Sportart tatsächlich die Allgemeinheit iSd § 52 I fördert, wird nicht gesondert geprüft (zu Recht krit. Isensee DStjG 2003 79). Vgl. hierzu zunächst → Rn. 54. Als gemeinnützig werden anerkannt: Dart (OFD Hannover 25.7.1994, DStR 1994, 1578), Golf (BFH 13.8.1997 – I R 19/96, BStBl. II 1997, 794), Motorsport (BFH 29.10.1997 – I R 13/97, BStBl. II 1998, 9, zu Recht aA Seer DStjG 2003, 11 (31) wegen der Gefährdung anderer Gemeinwohlziele). Grillsportverein fördert nicht den Sport (FG Baden-Württemberg 7.6.2016 – 6 K 2803/15, EFG 2017, 1).

Sporthilfe-Fördervereine zur finanziellen Unterstützung von Leistungssportlern werden von der FVerw. als gemeinnützig anerkannt, wenn die Fördermittel nach einheitlichen Richtlinien unter Berücksichtigung der finanziellen Situation des Sportlers zum Ausgleich der Aufwendungen für die sportliche Betätigung gewährt werden (FM Thüringen 25.4.1996, DStR 1996, 921).

Staatsbürgerliche Zwecke → Rn. 65.

Staatspolitische Zwecke → Rn. 65.

Strafgefangenenfürsorge → Rn. 44. **Straftatenvorbeugung** durch Vereine, die mittels gezielter Öffentlichkeitsarbeit und durch Modellprojekte insb. Kinder und Jugendliche davor schützen wollen, straffällig zu werden, dient gemeinnützigen Zwecken.

Studentenhilfe (→ Rn. 34) dient der freien Wohlfahrtspflege. Zum Mensabetrieb durch Studentenwerk (BFH 11.5.1988 – V R 76/83, BStBl. II 1988. 908); Wohnungsvermietung an Studenten (BFH 24.7.1996 – I R 35/94, BStBl. II 1996, 583); nicht dagegen Studentenverbindungen.

Suchdienst für Vermisste ist gemeinnützig (→ Rn. 50).

Tanzsport ist Sport, soweit er leistungs- und turniermäßig betrieben wird. Tanzstunden zur geselligen Unterhaltung der Vereinsmitglieder gehören nicht dazu.

Technisches Hilfswerk fördert den Zivilschutz (vgl. THWG vom 22.1.1990, BGBl. 1990 I 118).

Theater ist Zweckbetrieb iSd § 68 Nr. 7.

Tierschutz, → Rn. 49

Tierseuchenbekämpfung, → Rn. 36. Rechtsgrundlage: Tierseuchengesetz (BGBl. 2018 I 1938).

Tierzucht → Rn. 57.

Tischfußballspiel ist kein Sport, sondern Geschicklichkeitsspiel. Dient der Unterhaltung und Freizeitbeschäftigung und nicht der Förderung der Allgemeinheit (BFH 12.11.1986 – I R 204/85, BFH/NV 1987, 705).

Toleranz-Förderung gegenüber fremden Kulturen und Religionen trägt zur Völkerverständigung bei (→ Rn. 51).

Traditionsvereine verfolgen keine gemeinnützigen Zwecke, s. „Kameradschaftspflege".

Umweltschutz → Rn. 48.

Unfallverhütung ist Teil des öffentlichen Gesundheitswesens (→ Rn. 46). Die Förderung der Verkehrssicherheit dient der Unfallverhütung (Klein § 52 Rn. 64).

Verbraucherberatung → Rn. 43.

Verfolgte s. „Kriegsopfer".

Vertriebenenorganisationen, die eine Wiedervereinigung mit den Vertreibungsgebieten anstreben, verfolgen keine gemeinnützigen Zwecke (FG Hamburg 12.5.2004 – VII 287/01, EFG 2004, 1878). Siehe auch → Rn. 41.

Völkerverständigung → Rn. 51.

Volksbildung umfasst auch die politische Bildung (BFH 23.9.1999 – XI R 63/98, BStBl. II 2000, 200; Rn. 34; zu Privatschulen s. BFH 26.5.2021 – V R 31/19, BStBl. II 2021, 835).

Volkshochschulen dienen der Volksbildung; USt-Befreiung nach § 4 Nr. 22b UStG verlangt Betätigung ohne Gewinnstreben (BFH 21.4.2022 – V R 48/20, DStR 2022, 930).

Wandervereine dienen ausschließlich der geselligen, gemeinsamen Freizeitbetätigung. Die FVerw. erkennt sie gleichwohl als gemeinnützig an. Bewirtschaftete Hütten von Wandervereinen sind wirtschaftliche Geschäftsbetriebe (OFD Koblenz 2.12.1987, DB 1988, 86).

Wirtschaftsförderung: Die Förderung von Investitionsvorhaben von Betrieben eines bestimmten Gebietes ist nicht gemeinnützig (BFH 3.8.2005 – I R 37/04, BStBl. II 2006, 141; BFH 21.5.1997 – I R 38/96, BFH/NV 1997, 904; BFH 26.5.2021 – V R 31/19, BStBl. II 2021, 835).

Wissenschaft → Rn. 29.

Wohlfahrtspflege → Rn. 37.

Wohnungsvermietung an Hilfsbedürftige fördert die Jugendhilfe, Altenhilfe und das Wohlfahrtswesen (BFH 24.7.1996 – I R 35/94, BStBl. II 1996, 583). Auch → Rn. 37a.

Yoga-Psychologie dient nicht gemeinnützigen Zwecken (vgl. BFH 9.7.1986 – I R 14/82, BFH/NV 1987, 632: offengelassen).

Zauberei ist nicht gemeinnützig, da keine Kunst, sondern Spiel, Artistik, angewandte Fingerfertigkeit (BFH 2.8.1989 – I R 72/87, BFH/NV 1990, 146).

Zivilschutz ist gemeinnütziger Zweck → Rn. 39.

Zoologische Gärten und Tierparks sollen den Natur- und Tierschutz fördern (FM Thüringen 30.8.1994, DStR 1994, 1691). Zweifelhaft, krit. auch TK § 52 Rn. 37.

§ 53 Mildtätige Zwecke

Eine Körperschaft verfolgt mildtätige Zwecke, wenn ihre Tätigkeit darauf gerichtet ist, Personen selbstlos zu unterstützen,

1. die infolge ihres körperlichen, geistigen oder seelischen Zustands auf die Hilfe anderer angewiesen sind oder

2. deren Bezüge nicht höher sind als das Vierfache des Regelsatzes der Sozialhilfe im Sinne des § 28 des Zwölften Buches Sozialgesetzbuch; beim Alleinstehenden oder Alleinerziehenden tritt an die Stelle des Vierfachen das Fünffache des Regelsatzes. [2] Dies gilt nicht für Personen, deren Vermögen zur nachhaltigen Verbesserung ihres Unterhalts ausreicht und denen zugemutet werden kann, es dafür zu verwenden. [3] Bezüge im Sinne dieser Vorschrift sind

a) Einkünfte im Sinne des § 2 Abs. 1 des Einkommensteuergesetzes und

b) andere zur Bestreitung des Unterhalts bestimmte oder geeignete Bezüge,

aller Haushaltsangehörigen. [4] Zu berücksichtigen sind auch gezahlte und empfangene Unterhaltsleistungen. [5] Die wirtschaftliche Hilfebedürftigkeit im vorstehenden Sinne ist bei Empfängern von Leistungen nach dem Zweiten oder Zwölften Buch Sozialgesetzbuch, des Wohngeldgesetzes, bei Empfängern von Leistungen nach § 27a des Bundesversorgungsgesetzes oder nach § 6a des Bundeskindergeldgesetzes als nachgewiesen anzusehen. [6] Die Körperschaft kann den Nachweis mit Hilfe des jeweiligen Leistungsbescheids, der für den Unterstützungszeitraum maßgeblich ist oder mit Hilfe der Bestätigung des Sozialleistungsträgers führen. [7] Auf Antrag der Körperschaft kann auf einen Nachweis der wirtschaftlichen Hilfebedürftigkeit verzichtet werden, wenn auf Grund der besonderen Art der gewährten Unterstützungsleistung sichergestellt ist, dass nur wirtschaftlich hilfebedürftige Personen im vorstehenden Sinne unterstützt werden; für den Bescheid über den Nachweisverzicht gilt § 60a Absatz 3 bis 5 entsprechend oder

3. deren wirtschaftliche Lage aus besonderen Gründen zu einer Notlage geworden ist. [2] Als besondere Gründe gelten insbesondere Katastrophen, die durch Erlass des Bundesministeriums der Finanzen oder einer obersten Finanzbehörde der Länder festgestellt wurden. [3] In diesen Fällen reicht es für den Nachweis der Hilfebedürftigkeit aus, wenn die durch die Katastrophe entstandene Notlage sowie die Mehraufwendungen glaubhaft gemacht werden.

Schrifttum: Seeger/Brox/Leichinger, Abgrenzung eines Erwerbsstrebens in der Wohlfahrtspflege, DStR 2018, 2002; Beuthien, Sind drittnützige Vereine nichtwirtschaftlich? Zum Verhältnis von Vereinsrecht und Gemeinnützigkeitsrecht, DStR 2019, 1822; van Holt, Die Darstellung der wohlfahrtpflegerischen Gesamtsphäre in der Praxis, DStR 2019, 781.

I. Allgemeines

Rechtsentwicklung. § 53 S. 1 regelt die wirtschaftlichen Grenzen einheitlich in Anlehnung an den Sozialhilfe-Regelsatz ohne Berücksichtigung von Sonderbedarf, wodurch 1 in § 66 die Definition Minderbemittelter entfallen konnte (BT-Drs. VI/1982, 116f.). Durch G v. 24.12.2003 (BGBl. 2003 I 2954) und v. 27.12.2003 (BGBl. 2003 I 3022) wurde die Verweisung an die Änderung des Sozialhilferechts angepasst und Abs. 2 mWv 1.1.2005 erweitert. Mit G zur Stärkung des Ehrenamts (BGBl. 2013 I 556) ist mWv 1.1.2013 (Art. 12 I EhrenamtsstärkungsG) die Feststellung und der Nachweis der wirtschaftlichen Hilfebedürftigkeit erleichtert worden. Art. 11 Nr. 4a des AmtshilfeRLUmsG enthält mWv 1.1.2014 redaktionelle Änderungen. Nr. 3 wurde mWv 1.1.2025 durch Art. 3 des Vierten BürokratieentlastungsG (BGBl. 2024 I Nr. 323) eingefügt.

2 **Bedeutung der Vorschrift.** Die mildtätige Unterstützung Hilfsbedürftiger gehört zum Kernbereich der den Sozialstaat entlastenden Förderung des Gemeinwohls (TK § 53 Rn. 1). § 53 enthält die Begriffsbestimmung der mildtätigen Zwecke und legt damit die Voraussetzungen der StBegünstigung für die selbstlose Unterstützung anderer Personen fest. Durch die Verweisung der §§ 66 III, 68 Nr. 1a auf den Personenkreis des § 53 wirkt sich die Begriffsdefinition auf die Zweckbetriebseigenschaft für Einrichtungen der Wohlfahrtspflege, Heime und Mahlzeitendienste aus. Ebenso nehmen § 4 Nr. 16 UStG und § 3 Nr. 20c GewStG, § 3 Nr. 11 EStG auf § 53 Nr. 2 Bezug (vgl. BFH 9.12.2020 – XI B 22/20, BFH/NV 2021, 661 zu § 4 Nr. 16 UStG). Die Verfolgung mildtätiger Zwecke ist selbständiger Begünstigungstatbestand, nicht bloß unvermeidbarer Reflex eines anderen verfolgten Zwecks, sodass bei Verfolgung mehrerer Zwecke alle begünstigt sein müssen (BFH 18.8.2022 – V R 15/20, BFH/NV 2023, 288). Für die StBegünstigung ist es jedoch unerheblich, ob die Körperschaft gemeinnützige und/oder mildtätige Zwecke verfolgt (FG Berlin 6.10.2003 – 8 K 8844/99, EFG 2004, 316). Auswirkungen ergeben sich auch nicht für den Spendenabzug, da Zuwendungen zur Förderung aller steuerbegünstigten Zwecke iSv §§ 52–54 insgesamt bis zu 20% des Gesamtbetrags der Einkünfte oder 4 Promille der Summe der gesamten Umsätze und der im Kalenderjahr aufgewendeten Löhne und Gehälter abzugsfähig sind. Die Abgrenzung der förderungswürdigen Zwecke hat hierdurch keine Bedeutung mehr (HHSp § 53 Rn. 10). Verfolgt die Körperschaft nach der Satzung gemeinnützige Zwecke, müssen andere Zwecke (zB mildtätige) in der Satzung eindeutig bezeichnet werden (BFH 1.2.2022 – V R 1/20, BStBl. II 2022, 629). Dies erfordert nicht unbedingt die Nennung des Begriffs mildtätig (HHSp § 53 Rn. 12).

II. Selbstlose Unterstützung

1. Allgemeines

5 Mildtätige Zwecke werden durch die uneigennützige Unterstützung hilfsbedürftiger Menschen verfolgt. Die Verbände der freien Wohlfahrtspflege dienen mit ihren Einrichtungen iSd § 68 Nr. 1a (Alten-, Altenwohn-, Pflege- und Erholungsheime, Mahlzeitendienste) regelmäßig diesen Zwecken (→ § 68 Rn. 4; FG Berlin 23.3.2004 – 7 K 7175/02, EFG 2004, 1338). Mildtätige Aktivitäten können auch im Ausland oder für das Ausland erfolgen. Ob eine ausländische Körperschaft mildtätige Zwecke verfolgt, ist nach nationalem Recht zu bestimmen (BFH 18.8.2022 – V R 15/20, BFH/NV 2023, 288). Zur Mildtätigkeit muss die selbstlose (§ 55), ausschließliche (§ 56) und unmittelbare (§ 57) Zweckverfolgung hinzutreten. Unmittelbarkeit der Tätigkeit erfordert, dass die Leistung der Körperschaft den in § 53 bezeichneten Personen selbst direkt zugutekommt (BFH 18.3.2004 – V R 101/01, BStBl. II 2004, 798; BFH 17.2.2010 – I R 2/08, BStBl. II 2010, 1006; BFH 16.12.2009 – I R 49/08, BStBl. II 2011, 398). Die Selbstlosigkeit entfällt nicht bereits deshalb, weil die mildtätigen Leistungen nicht unentgeltlich gewährt werden (RFH 18.12.1937 – VI a 24/37, RFHE 43, 38). Das Entgelt darf sich jedoch nicht iSd „do ut des“ am Wert der erbrachten Leistung orientieren (AEAO zu § 53 Nr. 2; FG Düsseldorf 28.10.2019 – 6 K 94/16 K, EFG 2020, 301; BFH 1.2.2022 – V R 1/20, BStBl. II 2022, 629). Eine Abgabe zu Selbstkosten ist nicht mit Selbstlosigkeit zu verwechseln, da Selbstkosten auch die gewinnabhängigen Gehaltsbestandteile der Geschäftsführung umfassen (BFH 20.7.1988 – I R 244/83, BFH/NV 1989, 479). Das Entgelt hat sich deshalb

vorrangig an der wirtschaftlichen Lage der Hilfsbedürftigen auszurichten (vgl. auch HHSp § 53 Rn. 18).

Fest abgeschlossener Personenkreis. § 53 verlangt anders als § 52 nicht die Förderung der Allgemeinheit (RFH 20.1.1940 – VI a 96/39, RStBl. 1940, 190). Hieraus lässt sich jedoch kein sachlicher Unterschied zwischen beiden Vorschriften ableiten. Die gemeinnützige Förderung der Allgemeinheit ist bereits aus finanziellen oder regionalen Gründen immer auch auf eine bestimmte Personengruppe beschränkt. Entscheidend ist nicht die Anzahl der Begünstigten, sondern die Uneigennützigkeit der Betätigung (→ § 52 Rn. 18 f.). 6

2. Hilfe infolge körperlichen, geistigen oder seelischen Gebrechens (Nr. 1)

Die Hilfsbedürftigkeit in § 53 Nr. 1 muss die Folge des körperlichen, geistigen oder seelischen Zustandes des Unterstützten sein. Wodurch dieser Zustand hervorgerufen wurde, etwa durch Krankheit, Unfall oder eine angeborene Behinderung, ist unerheblich. Es kommt ebenso nicht darauf an, ob die Hilfsbedürftigkeit dauerhaft oder für längere Zeit besteht. Begünstigt sind auch Hilfsleistungen (zB häusliche Pflege), die wegen einer kurzzeitigen krankheitsbedingten Behinderung erforderlich sind. Wirtschaftliche Bedürftigkeit der nach § 53 Nr. 1 unterstützten Personen ist nicht erforderlich (BFH 2.12.1955 – III 99/55 U, BStBl. III 1956, 22). Dies kann jedoch nur gelten, soweit der Schwerpunkt der Leistung auf der betreuenden Fürsorge liegt (vgl. FG Berlin 6.10.2003 – 8 K 8844/99, EFG 2004, 316). In Betracht kommen zB Pflege und Betreuung für Kranke, Behinderte und Alte (BFH 8.6.2011 – XI R 22/09, DStR 2011, 1659: Leistungen im Rahmen des betreuten Wohnens; BFH 19.3.2013 – XI R 45/10, DStR 2013, 1329), Betreuung von Süchtigen, Telefonseelsorge, Gesprächskreise psychisch Erkrankter, Haus-Notruf-Dienst (BFH 1.12.2010 – XI R 46/08, DStR 2011, 362), Fahrdienst (BFH 15.9.2011 – V R 16/11, BFH/NV 2012, 354), Essen auf Rädern. Zu den Aktivitäten des „Blaues Kreuz in Deutschland e. V.“, vgl. www.blaues-kreuz.de. Bei materieller Unterstützung muss die wirtschaftliche Bedürftigkeit iSd § 53 Nr. 2 hinzutreten. Denn auf mildtätige Hilfe materieller Art ist nur angewiesen, wer wirtschaftlich nicht in der Lage ist, die Leistung mit eigenen Mitteln zu erlangen (ähnlich HHSp § 53 Rn. 32; TK § 53 Rn. 3). Bei Personen, die das 75. Lebensjahr vollendet haben, unterstellt die FVerw. körperliche Hilfsbedürftigkeit (AEAO zu § 53 Nr. 4; zutr. aA FG Schleswig-Holstein 21.10.1992 – IV 530/92, EFG 1993, 347). Die Hilfsbedürftigkeit von Kindern entfällt nicht dadurch, dass sie sich in der Obhut der Sorgeberechtigten befinden (HHSp § 53 Rn. 25). Die Betreuungs- oder Pflegemöglichkeit durch Angehörige hat ebenso wie bei Erwachsenen keinen Einfluss auf die Hilfsbedürftigkeit. 7

3. Allgemeine wirtschaftliche Hilfsbedürftigkeit (Nr. 2)

Grundsätze. Den Personenkreis der materiell Bedürftigen legt § 53 Nr. 2 fest, indem er an die Regelsätze der Sozialhilfe anknüpft. Unterstützt werden können Personen, deren Bezüge das Vierfache, bei Alleinstehenden oder Haushaltsvorständen (ab 1.1.2014 Alleinerziehenden) das Fünffache des Regelsatzes der Sozialhilfe nicht übersteigen. Die Erhöhung des Vervielfältigers für Alleinstehende (den Haushaltsvorstand/Alleinerziehende) soll pauschal den Mietaufwand abgelten. Seit dem 1.1.2011 ist der aufgrund der Rspr. des BVerfG (BVerfG 9.2.2010 – 1 BvL 1/09, BVerfGE 125, 175) neu ermittelte Regelsatz iSd § 27a SGB XII iVm der Anlage zu § 28 SGB XII maßgebend, soweit die Länder nicht eine abweichende Festsetzung nach § 29 SGB XII vornehmen. Danach gliedern sich die Regelsätze entspr. der sechs Regelbedarfsstufen auf, die zwischen Alleinstehenden und Partnerschaften, der Führung eines eigenen und der Zugehörigkeit zu einem fremden Haushalt sowie Erwachsenen, Jugendlichen und Kindern differenzieren. Zuschläge wegen Mehrbedarfs für Personen über 60 Jahren, für Erwerbsunfähige, für werdende Mütter (§ 30 SGB XII) oder für Blinde und Behinderte (§ 30 SGB XII) sind nicht zu berücksichtigen. Die Grenze nach Nr. 2 bestimmt sich nach der Höhe der zusammengerechneten und 10 vervielfachten Regelsatzbeträge aller Haushaltsangehörigen. Übersteigen die Bezüge der Haushaltsangehörigen diese Höchstgrenze, gehören sie nicht zum begünstigten Personenkreis. Die Körperschaft muss die wirtschaftliche Hilfsbedürftigkeit der Empfänger überprüfen und nachweisen (BFH 28.10.1960 – III 134/56 U, BStBl. III 1961, 109; BFH 21.9.2016 – V R 50/15, BStBl. II 2017, 1173). Die Hilfsbedürftigkeit muss im Zeitpunkt der Hilfeleistung vorliegen.

13 **Bezüge (Nr. 2 S. 4)** sind zunächst alle Einkünfte iSd § 2 I EStG. Dazu gehören die stpfl. Einkünfte in voller Höhe, auch soweit sie wegen bestehender Verpflichtungen nicht zur Bestreitung des Unterhalts verwendet werden können (BFH 5.8.1977 – VI R 187/74, BStBl. II 1977, 832). Zu den Bezügen zählen aber auch andere zur Bestreitung des Unterhalts bestimmte oder geeignete Zuflüsse aller Haushaltsangehöriger. Erhaltene und zu beanspruchende Unterhaltsansprüche sind zu berücksichtigen (AEAO zu § 53 Nr. 6). Nicht anzurechnen sind deshalb Bezüge, die zweckgebunden wegen eines besonderen Bedarfs zufließen (BFH 22.7.1988 – III R 253/83, BStBl. II 1988, 830). Zu den anrechenbaren Bezügen gehören insb. alle Einnahmen, die nicht im Rahmen der steuerrechtlichen Einkunftsermittlung erfasst werden (BFH 22.7.1988 – III R 175/86, BStBl. II 1988, 939), also nicht steuerbare oder steuerfreie Einnahmen (zB §§ 3, 3b EStG), pauschal besteuerter Arbeitslohn, steuerfreie Anteile der Versorgungsbezüge nach § 19 II EStG (HHSp § 53 Rn. 39), der Leibrentenanteil, der über den Ertragsanteil hinausgeht abzüglich des Werbungskostenpauschbetrages, durch den Sparer-Pauschbetrag freigestellte Einnahmen, Wohngeld, Kindergeld, Unterhaltszahlungen sowie Zulagen und Prämien.

14 **Nicht anzurechnende Bezüge** sind Einnahmen aus Aufwendungsersatz, Erziehungsgeld (BFH 24.11.1994 – III R 37/93, BStBl. II 1995, 527), zweckgebundene Sozialhilfeleistungen (insb. §§ 31 ff. SGB XII). Die Bezüge sind insgesamt um 180 Euro im Kalenderjahr zu vermindern, wenn nicht höhere Aufwendungen, die in wirtschaftlichem Zusammenhang mit den entsprechenden Einnahmen stehen, nachgewiesen werden (BFH 8.5.1992 – III R 66/90, BStBl. II 1992, 900).

15 **Verwendung eigenen Vermögens (Nr. 2 S. 2).** Unabhängig von der Höhe der Bezüge sind Personen wirtschaftlich nicht bedürftig, wenn ihr Vermögen zur nachhaltigen Verbesserung ihres Unterhalts ausreicht und ihnen zuzumuten ist, es dafür zu verwenden. Für die Beurteilung der Zumutbarkeit kommt es neben der Höhe auch auf die Art des Vermögens an. Die Verwendung von Vermögensgegenständen, deren erzielbare Verwertungserlöse nur einen Bruchteil ihres Wertes erreichen, sowie die Verwendung von Hausrat oder Einzelstücken von besonderem persönlichen Wert, kann grds. nicht verlangt werden. Dies gilt auch für die Veräußerung des selbstgenutzten Einfamilienhauses (vgl. BVerwG 5.12.1991 – 5 C 60/88, NJW 1992, 1402). Anhaltspunkte bieten sowohl die Rspr. zu § 33a I 2 EStG als auch die Sozialhilfegrundsätze gem. § 90 SGB XII; s. auch EStR 33a.1 II; AEAO zu § 53 Nr. 9. Die Beleihung des Vermögens ist als Verwertungsform in Betracht zu ziehen (BFH 11.4.1990 – I B 75/89, BFH/NV 1991, 109). Bei der Zumutbarkeit handelt es sich um einen gerichtlich überprüfbaren unbestimmten Rechtsbegriff.

16 **Unterhaltsleistungen (Nr. 2 S. 4).** S. 4 nahm bis zum 31.12.2012 Leistungen der Sozialhilfe und Unterhaltszahlungen, ohne die ein Sozialhilfeanspruch bestünde, in gleicher Höhe von der Bezügeermittlung aus. Für Personen, die unter diese Regelung fielen, bedurfte es daher einer Ermittlung der wirtschaftlichen Hilfsbedürftigkeit unter Berücksichtigung der anderweitigen Bezüge. Diese in der Praxis schwierige und nur mit unverhältnismäßigem Aufwand zu bewältigende Prüfung ist entfallen (vgl. Schauhoff/Kirchhain FR 2013, 301). Es sind sämtliche gezahlten und empfangenen Unterhaltsleistungen zu berücksichtigen. Maßgeblich ist allein die tatsächlich erfolgte Zuwendung (HHSp § 53 Rn. 46). Ob bestehende Ansprüche nicht verwirklicht werden bzw. können, ist unerheblich. Bei unterhaltsberechtigten Kindern ist auf die Einkommens- und Vermögensverhältnisse der Eltern abzustellen (RFH 31.5.1938 – VI A 62/37, RStBl. 1938, 597; FG Köln 19.1.2017 – 13 K 1160/13, EFG 2017, 1378; vgl. abw. zu minderjährigen Müttern AEAO zu § 53 Nr. 6). Ein Heimbewohner, dessen Pflegekosten ganz oder zT vom Sozialamt

übernommen werden, ist stets wirtschaftlich hilfsbedürftig. Gegenüber Selbstzahlern mit Bezügen in gleicher Höhe sind mildtätige Zuwendungen mangels Bedürftigkeit nicht begünstigt. Ein sachlicher Grund für die unterschiedliche Behandlung ist nicht erkennbar.

Nachweis der wirtschaftlichen Hilfebedürftigkeit (Nr. 2 S. 5). Die Körperschaften 17
müssen grds. nachweisen, dass ihre Leistungen tatsächlich an wirtschaftlich hilfsbedürftige Personen iSd Nr. 2 erbracht werden. Hierzu ist im Regelfall durch entspr. Unterlagen zu belegen, dass die Höhe der Einkünfte und Bezüge sowie das Vermögen der unterstützten Personen innerhalb der Grenzen des § 53 liegen. Die hierzu notwendige Berechnung unter Vorlage erforderlicher Bescheinigungen übersteigt mangels hinreichender Informationen vielfach die Möglichkeit der mildtätigen Körperschaft. Aus diesem Grund wird die wirtschaftliche Hilfebedürftigkeit bei Empfängern der in Nr. 2 S. 5 genannten Leistungen gesetzlich vermutet (Hüttemann DB 2013, 774; AEAO zu § 53 Nr. 11). Eine Einkünfte- und Bezügeermittlung sowie eine Vermögensberechnung kann auch bei Zweifeln im Einzelfall nicht verlangt werden.

Nachweisführung (Nr. 2 S. 6). Der Nachweis kann für die Bezieher von in Nr. 2 S. 5 genannten Leistungen durch Vorlage einer Kopie des Leistungsbescheids oder einer Bestätigung des Sozialleistungsträgers erbracht werden. Der Empfangszeitraum des Leistungsbescheids muss vom Unterstützungszeitraum abgedeckt sein. Eine erleichterte Nachweisführung durch andere Mittel sieht das Gesetz nicht vor (aA Roth SteuK 2013, 136).

Nachweisverzicht (Nr. 2 S. 7). Auf den Nachweis der wirtschaftlichen Hilfebedürftigkeit der unterstützten Personen kann für bestimmte Unterstützungsleistungen gänzlich verzichtet werden. Die Vereinfachungsregelung soll Einrichtungen bei Erbringung typischer Hilfe für Bedürftige den Nachweis der mildtätigen Zweckverfolgung erleichtern (vgl. BR-Drs. 17/12123, 22: Entlastung von überflüssiger Bürokratie). Ein Nachweisverzicht kommt in Betracht, wenn aufgrund der besonderen Art der gewährten Unterstützungsleistung davon auszugehen ist, dass diese nur von wirtschaftlich Bedürftigen nachgefragt wird. Maßgeblich ist, ob aus der Art und Qualität der Leistung, den Umständen der Leistungsgewährung und dem örtlichen Umfeld der Einrichtung gefolgert werden kann, dass die Leistung typischerweise ausschließlich dem begünstigten Personenkreis zugutekommt (ebenso Hüttemann DB 2013, 774; Schauhoff/Kirchhain FG 2013, 301). Die gesetzliche Formulierung „sichergestellt" ist verunglückt und bedarf im Hinblick auf den Zweck des Gesetzes insoweit der einschränkenden Auslegung. Die vom Gesetz begünstigte Art der gewährten Unterstützungsleistung erbringen regelmäßig Einrichtungen, die kostenlos Essen, Kleidung oder Möbel an Bedürftige verteilen, wie Suppenküchen und Tafeln, Kleider- und Möbelkammern (AEAO zu § 53 Nr. 12). Unschädlich ist, wenn vereinzelt unerkannt auch nicht hilfebedürftige Personen die Leistung in Anspruch nehmen (Schauhoff/Kirchhain FG 2013, 301).

Die Befreiung von der Nachweispflicht erfolgt auf **Antrag** der Körperschaft. Der Antrag ist an keine Form gebunden. Schriftform ist zu empfehlen, da die detaillierte Darlegung der maßgeblichen Kriterien für die Typizität der Leistungserbringung erforderlich ist.

Die Nachweispflicht entfällt erst mit Erlass eines **Befreiungsbescheides.** Der Bescheid entfaltet, soweit keine Geltungsdauer bezeichnet ist, grds. zeitlich unbegrenzt Bindungswirkung. Sie entfällt automatisch entspr. § 60a III–V bei Änderung der maßgeblichen Rechtsnormen und durch Erlass eines Aufhebungsbescheides. Bei Vorliegen der Tatbestandsvoraussetzungen hat das FA die Befreiung auszusprechen. Die Erteilung der Befreiung steht nicht im Ermessen (ähnlich Schauhoff/Kirchhain FG 2013, 301). Gegen die Versagung der Befreiung ist Verpflichtungsklage gegeben.

4. Besondere wirtschaftliche Hilfebedürftigkeit (Nr. 3)

Besondere Notlagen (Nr. 3). Nr. 3 betrifft im Gegensatz zu der allgemeinen wirt- 18
schaftlichen Hilfebedürftigkeit nach Nr. 2 eine besondere wirtschaftliche Hilfebedürftigkeit infolge von besonderen Gründen, zu denen zB Katastrophenereignisse zählen. In diesen Fällen soll eine Hilfe möglichst schnell und unbürokratisch erfolgen können (BT-Drs. 20/

13015, 99). Ein besonderer Grund gem. Nr. 3 ist insb. in den durch das BMF oder die obersten Finanzbehörden der Länder festgestellten Katastrophenfällen gegeben (Nr. 3 S. 2). Mit Bezug auf die vorherige, an Notlagen anknüpfende Regelung in Nr. 2 S. 3 aF sind hierunter zB Terrorakte, Kriegseinwirkungen, Unfälle und Krankheiten genannt worden (HHSp § 53 Rn. 47). Infolge des besonderen Grundes muss eine wirtschaftliche Notlage vorliegen. Eine solche besteht zB bei durch eine Naturkatastrophe oder Kriegseinwirkungen bedingten Mehraufwendungen für die Beseitigung von Schäden oder die Durchführung von Renovierungsarbeiten. Soll die gesetzliche Neuregelung die mit ihr beabsichtigte schnelle und unbürokratische Hilfe gewährleisten, darf das Vorliegen einer Notlage indes nicht mit Blick auf noch nicht erfüllte Ansprüche gegen Dritte (Versicherungen) verneint werden (vgl. hierzu Kirchhain/Unger DStR 2024, 2785). Die Vermögens- und Bezugsgrenzen der Nr. 2 gelten bei einer Notlage iSv Nr. 3 nicht (BT-Drs. 20/13015, 99). Zur Nachweisführung ist gem. Nr. 3 S. 3 eine Glaubhaftmachung (§ 294 I ZPO) der durch die Katastrophe verursachten Notlage und der dadurch verursachten Mehraufwendungen ausreichend; eine Beweisführung ist mithin nicht erforderlich (BeckOK AO § 53 Rn. 79). Diese Voraussetzungen werden vor allem in Katastrophenfällen wie Überschwemmungen, Erdbeben, Wirbelstürmen, etc, erfüllt sein.

§ 54 Kirchliche Zwecke

(1) **Eine Körperschaft verfolgt kirchliche Zwecke, wenn ihre Tätigkeit darauf gerichtet ist, eine Religionsgemeinschaft, die Körperschaft des öffentlichen Rechts ist, selbstlos zu fördern.**

(2) **Zu diesen Zwecken gehören insbesondere die Errichtung, Ausschmückung und Unterhaltung von Gotteshäusern und kirchlichen Gemeindehäusern, die Abhaltung von Gottesdiensten, die Ausbildung von Geistlichen, die Erteilung von Religionsunterricht, die Beerdigung und die Pflege des Andenkens der Toten, ferner die Verwaltung des Kirchenvermögens, die Besoldung der Geistlichen, Kirchenbeamten und Kirchendiener, die Alters- und Behindertenversorgung für diese Personen und die Versorgung ihrer Witwen und Waisen.**

Schrifttum: Wilms, Glaubensgemeinschaften als Körperschaften des öffentlichen Rechts, NJW 2003, 1083; Risch, Konstanz und Wandel des Rechts der kirchlichen Stiftungen, ZSt 2006, 21; Baldauf, Umgestaltung der Besteuerung kirchlicher Betriebe und Einrichtungen: Einschränkung der Unternehmereigenschaft nach § 2 Abs. 3 UStG a. F. und Einordnung von Betätigungsfeldern in die Systematik des neuen § 2b UStG, DStZ 2019, 302 (344).

I. Allgemeines

1 Die Vorschrift erläutert den Begriff der kirchlichen Zwecke. Eine eigenständige Regelung kirchlicher Zwecke neben der gemeinnützigen Förderung der Religion war erforderlich, da die Tätigkeiten der Kirchen nicht uneingeschränkt als gemeinnützig angesehen wurden. So betonte der RFH, dass eine Tätigkeit, welche die Kirchen fördere, einen Nutzen für die Allgemeinheit vermissen lasse (RFH 26.1.1921 – I A 221/20, RStBl. 1922, 156). Eine Unterstützung von Religionsgemeinschaften wäre daher nur im Rahmen ihrer eigenen gemeinwohlfördernden Aktivitäten, insb. durch die Förderung der Religion (§ 52 II Nr. 1), zulässig gewesen, und zwar auch nur soweit § 58 Nr. 1 die mittelbare Förderung gestattet. § 54 begünstigt demgegenüber die Förderung bestimmter Religionsgemeinschaften durch andere Körperschaften als solche (BFH 31.5.2005 – I R 105/04, BFH/NV 2005, 1741).

II. Kirchliche Zwecke (Abs. 1)

2 **Subjektförderung.** § 54 I knüpft mit der Definition der kirchlichen Zwecke nicht an die Förderung bestimmter Religionsgemeinschaften an, die den Status von Körperschaften

des öff. Rechts haben. Die Vorschrift erfasst vielmehr (Förder-)Körperschaften, die kirchliche Zwecke verfolgen, indem sie (dritte) Körperschaften, bei denen es sich um öffentlich-rechtlich organisierte Religionsgemeinschaften handeln muss, fördern (BFH 22.3.2018 – X R 5/16, BStBl. II 2018, 651). Kirchliche Zwecke werden durch die selbstlose (§ 55), unmittelbare (§ 57) und ausschließliche (§ 56) Förderung einer Religionsgemeinschaft verwirklicht, die als Körperschaft des öffentlichen Rechts anerkannt ist. Die genannten Religionsgemeinschaften sind die durch die Unterstützung begünstigten Körperschaften. Sie selbst werden mit ihrem ideellen Bereich steuerlich nicht erfasst oder freigestellt, mit Ausnahme der wirtschaftlichen Betätigung durch die Betriebe gewerblicher Art (vgl. § 1 I Nr. 6 KStG, § 3 Nr. 20a GewStG, § 13 I Nr. 16a ErbStG, § 3 I 1 Nr. 4 GrStG). Ein Anspruch auf allg. Abgabenfreiheit lässt sich jedoch aus Art. 4 GG nicht herleiten (Hammer Steuer- und Gebührenbefreiungen der Kirchen, Handbuch des Staatskirchenrechts der Bundesrepublik Deutschland, 1994, Band I, 1065; Weides Die Religionsgemeinschaften im Steuerrecht, FS der Rechtswissenschaftlichen Fakultät zur 600-Jahr-Feier der Universität zu Köln, 1988, 885 (886 f.); BFH 13.8.1986 – II R 246/81, BStBl. II 1986, 831).

Körperschaft des öffentlichen Rechts. Die geförderte Religionsgemeinschaft muss 3
im Zeitpunkt der Zuwendung den Status einer Körperschaft des öffentlichen Rechts haben (Art. 140 GG iVm Art. 137 V WRV). Aufgrund dieses Status gilt ihre Förderung automatisch als gemeinwohlorientiert und eine Einzelfallprüfung ist daher nicht erforderlich (TK § 54 Rn. 1). Ausländische kirchliche Gemeinschaften fallen nicht unter § 54 (BFH 22.3.2018 – X R 5/16, BStBl. II 2018, 651); eine Förderung ausländischer Religionsgemeinschaften kann jedoch nach §§ 52 ff. erfolgen. Die Anerkennung kann auf Verleihung oder dauernder Verwaltungsübung beruhen (BFH 4.5.1983 – II R 180/79, BStBl. II 1983, 484). Das Verleihungsverfahren und die hierfür zuständige Stelle regelt das Landesrecht (Art. 137 VIII WRV). Allgemein zu den öffentlich-rechtlichen Religionsgemeinschaften vgl. BVerfG 14.5.1986 – 2 BvL 19/84, BVerfGE 72, 278 (289); Weides, 887 ff. **Private Religionsgemeinschaften** sind von der Vergünstigung des § 54 ausgeschlossen, sodass ihnen eine Förderung nur gem. §§ 52, 58 Nr. 1 zuteil wird, soweit sie selbst religiöse oder sonstige gemeinnützige Zwecke verfolgen. Die Benachteiligung der privaten Religionsgemeinschaften beruht auf einer sachlich gerechtfertigten Differenzierung. Art. 3 GG wird durch die speziellere Regelung des Art. 140 GG iVm Art. 137 V WRV verdrängt (BVerfG 4.10.1965 – 1 BvR 498/62, BVerfGE 19, 129). Den öffentlichen Religionsgemeinschaften kommt einerseits aufgrund der von ihnen wahrgenommenen religiösen Interessen für das öffentliche Leben und die staatliche Rechtsordnung eine gesamtgesellschaftliche Bedeutung zu (BVerwG 14.8.1992 – 8 C 67/91, BVerwGE 90, 320/326; Hammer, 1068). Ihre eigene StBefreiung impliziere andererseits, dass sie kraft ihres Selbstverständnisses, ihrer Praxis, Tradition und Lehre hinreichende Gewähr dafür bieten, dass ihre Tätigkeit auf gemeinnützige Ziele in ihrem eigenen wie im säkularen Bereich ausgerichtet seien (vgl. Gemeinnützigkeits-Gutachten, BMF-Schriftenreihe Heft 40, 360). Diese Annahme – die einem Zirkelschluss gleichkommt – gebietet indes auch mit dem das Gemeinnützigkeitsrecht prägenden Blick auf verfassungsrechtliche Vorgaben und die Wertvorstellungen der (modernen) Gesellschaft – insb. was „Tradition und Lehre" anbelangt – eine fortwährende Prüfung. Mit der Entscheidung über die Zuerkennung der Rechtsform iSd Art. 140 GG iVm 137 WRV soll der Staat seine ihm zustehende Kontrollfunktion ausüben (krit. Willms NJW 2003, 1083 (1088)). Die Verknüpfung steuerlicher Vergünstigungen mit dem Status einer Körperschaft des öffentlichen Rechts wird als verfassungsgemäß erachtet (HHSp § 54 Rn. 28; TK § 54 Rn. 1). In der Begrenzung der Förderung zugunsten inländischer Körperschaften des öffentlichen Rechts wird kein Verstoß gegen Europarecht gesehen (TK § 54 Rn. 4). Ob die reflexhaft erscheinende Schlussfolgerung, wonach die Zuerkennung einer Rechtsform die staatliche Kontrollfunktion (in ausreichendem Maß) erfülle, allgemeine Geltung beanspruchen kann, dürfte nicht zuletzt angesichts der zahlreichen bekannt gewordenen Fälle von Missbräuchen durch

Amtsträger und der schleppenden, vielfach ohne Konsequenzen bleibenden Aufarbeitung diskussionswürdig sein.

6 **Kirchliche Zwecke.** Der Begriff der kirchlichen Zwecke geht über den der religiösen Zwecke hinaus, weil nicht die Religionsausübung, sondern eine die Religionsausübung gewährleistende Institution gefördert wird. Dies umfasst den gesamten Bereich kirchlichen Wirkens, vom Kultus- und Verkündigungsbereich bis zum Organisations- und Verwaltungsbereich der Kirchen (vgl. VG Aachen 3.8.2007 – 7 K 155/07, BeckRS 2007, 26491). Als Förderer kommen in Betracht zB Kirchenbauvereine, Priesterseminare, kirchliche Unterstützungskassen und Stiftungen zur Versorgung von Geistlichen. Auch die Verwaltung kirchlichen Vermögens und die Übernahme von Bauaufgaben für eine öffentlich-rechtliche Kirche gehören zu den kirchlichen Zwecken (BFH 24.7.1996 – I R 35/94, BStBl. II 1996, 583). Betätigt sich die Religionsgemeinschaft außerhalb ihres körperschaftlichen Bereichs mit selbständigen Verbandsformen des Privatrechts (zB Deutscher Caritasverband e. V.), unterliegen diese Organisationen den allgemeinen Vorschriften des Gemeinnützigkeitsrechts (vgl. OVG Nordrhein-Westfalen 16.1.2004 – 9 A 4608/02, NVwZ-RR 2004, 396; VG Aachen 28.3.2014 – 7 K 181/12, BeckRS 2014, 50343). Durch ihre Unterstützung werden keine kirchlichen Zwecke verfolgt (HHSp § 54 Rn. 26, 27; OVG Nordrhein-Westfalen 14.12.2006 – 9 A 2477/04, BeckRS 2007, 20618 zu kirchlicher Zusatzversorgungskasse).

III. Einzelne Zwecke (Abs. 2)

7 Die Aufzählung der einzelnen Zwecke ist nur beispielhaft. Kirchliche Zwecke sind zB die Durchführung von Kirchentagen (OFD Düsseldorf 1.7.1982, DB 1982, 1596), Ausbildung von Geistlichen in Priesterseminaren (RFH 19.4.1941 – VI A 29/41, RStBl. 1941, 317), die Unterstützung bei der Besoldung und Versorgung von Priestern (RFH I A 162/21, RFHE 9, 178), Zuschüsse an die Witwen der Geistlichen durch eine Stiftung bis zur Höhe staatlicher Versorgungsbezüge (RFH 4.3.1943 – VI A 37/42, RStBl. 1943, 267), die Erteilung von Religionsunterricht und die Vermittlung religiösen Wissens in kirchlichen Akademien (BFH 14.11.1958 – III 303/56 S, BStBl. III 1959, 81), Förderung der Missionsarbeit, auch soweit sie im Ausland ausgeübt wird (HHSp § 54 Rn. 30), die Verwaltung kirchlichen Vermögens (BFH 24.7.1996 – I R 35/94, BStBl. II 1996, 583). Nicht dagegen entgeltliche Veranstaltungen wie Kirchturmbesteigung und Kirchenbesichtigungen (RFH 25.10.1938 – VI A 7/38, RStBl. 1938, 1189), die Unterhaltung von konfessionell gebundenen, allgemeinbildenden Schulen, Kindergärten oder Internaten (RFH 12.11.1941 – VI A 83/41, RStBl. 1941, 892; OVG Nordrhein-Westfalen 16.1.2004 – 9 A 4608/02, NVwZ-RR 2004, 396; aA HHSp § 54 Rn. 30: kein spezifisch kirchlicher Aufgabenbereich).

§ 55 Selbstlosigkeit

(1) **Eine Förderung oder Unterstützung geschieht selbstlos, wenn dadurch nicht in erster Linie eigenwirtschaftliche Zwecke – zum Beispiel gewerbliche Zwecke oder sonstige Erwerbszwecke – verfolgt werden und wenn die folgenden Voraussetzungen gegeben sind:**

1. **[1]Mittel der Körperschaft dürfen nur für die satzungsmäßigen Zwecke verwendet werden. [2]Die Mitglieder oder Gesellschafter (Mitglieder im Sinne dieser Vorschriften) dürfen keine Gewinnanteile und in ihrer Eigenschaft als Mitglieder auch keine sonstigen Zuwendungen aus Mitteln der Körperschaft erhalten. [3]Die Körperschaft darf ihre Mittel weder für die unmittelbare noch für die mittelbare Unterstützung oder Förderung politischer Parteien verwenden.**

2. **Die Mitglieder dürfen bei ihrem Ausscheiden oder bei Auflösung oder Aufhebung der Körperschaft nicht mehr als ihre eingezahlten Kapitalanteile und den gemeinen Wert ihrer geleisteten Sacheinlagen zurückerhalten.**
3. **Die Körperschaft darf keine Person durch Ausgaben, die dem Zweck der Körperschaft fremd sind, oder durch unverhältnismäßig hohe Vergütungen begünstigen.**
4. **[1] Bei Auflösung oder Aufhebung der Körperschaft oder bei Wegfall ihres bisherigen Zwecks darf das Vermögen der Körperschaft, soweit es die eingezahlten Kapitalanteile der Mitglieder und den gemeinen Wert der von den Mitgliedern geleisteten Sacheinlagen übersteigt, nur für steuerbegünstigte Zwecke verwendet werden (Grundsatz der Vermögensbindung). [2] Diese Voraussetzung ist auch erfüllt, wenn das Vermögen einer anderen steuerbegünstigten Körperschaft oder einer juristischen Person des öffentlichen Rechts für steuerbegünstigte Zwecke übertragen werden soll.**
5. **[1] Die Körperschaft muss ihre Mittel vorbehaltlich des § 62 grundsätzlich zeitnah für ihre steuerbegünstigten satzungsmäßigen Zwecke verwenden. [2] Verwendung in diesem Sinne ist auch die Verwendung der Mittel für die Anschaffung oder Herstellung von Vermögensgegenständen, die satzungsmäßigen Zwecken dienen. [3] Eine zeitnahe Mittelverwendung ist gegeben, wenn die Mittel spätestens in den auf den Zufluss folgenden zwei Kalender- oder Wirtschaftsjahren für die steuerbegünstigten satzungsmäßigen Zwecke verwendet werden. [4] Satz 1 gilt nicht für Körperschaften mit jährlichen Einnahmen von nicht mehr als 45 000 Euro.**

(2) **Bei der Ermittlung des gemeinen Werts (Absatz 1 Nummer 2 und 4) kommt es auf die Verhältnisse zu dem Zeitpunkt an, in dem die Sacheinlagen geleistet worden sind.**

(3) **Die Vorschriften, die die Mitglieder der Körperschaft betreffen (Absatz 1 Nummer 1, 2 und 4), gelten bei Stiftungen für die Stifter und ihre Erben, bei Betrieben gewerblicher Art von juristischen Personen des öffentlichen Rechts für die Körperschaft sinngemäß, jedoch mit der Maßgabe, dass bei Wirtschaftsgütern, die nach § 6 Absatz 1 Nummer 4 Satz 4 des Einkommensteuergesetzes aus einem Betriebsvermögen zum Buchwert entnommen worden sind, an die Stelle des gemeinen Werts der Buchwert der Entnahme tritt.**

Schrifttum: Hüttemann, Wirtschaftliche Betätigung und steuerliche Gemeinnützigkeit, 1991; Unger, Mittelbeschaffung und Mittelverwendung gemeinnütziger Körperschaften, DStZ 2010, 141; Woltmann, Besonderheiten bei der Vermögensbindung eines Fördervereins: Gemeinnützigkeit von ausländischen Körperschaften öffentlichen Rechts, IStR 2010, 453; Pauli, Steuerrechtliche Auswirkungen auf Stifterebene bei Errichtung einer Stiftung, FR 2011, 600; Weidmann/Kohlhepp, gGmbH: Aberkennung der Gemeinnützigkeit aufgrund verdeckter Gewinnausschüttungen, DB 2011, 497; Kirchhain, Zum maßgeblichen Zeitpunkt für die gemeinnützigkeitsrechtliche Beurteilung einer Mittel(fehl)verwendung, DStR 2012, 2313; Nolte, Entwicklungen bei der Mittelverwendungsrechnung gemeinnütziger Organisationen, DStR 2014, 1350; Spitaler/Schröder, Gemeinnützigkeitssteuerrecht: Neuerungen bei der zeitnahen Mittelverwendung und Rücklagenbildung, DStR 2014, 2144; Hüttemann, Rechtsfragen der sozialen Verantwortung von Vereinen und Stiftungen, DB 2016, 429; Hüttemann, Stiftungs- und gemeinnützigkeitsrechtliche Rahmenbedingungen der Vermögensanlage steuerbegünstigter Stiftungen, WM 2016, 625; Hüttemann/Schauhoff/Kirchhain, Fördertätigkeiten gemeinnütziger Körperschaften und Konzerne, DStR 2016, 633; Kirchhain, Rücklagen- und Vermögensbildung bei gemeinnützigen Körperschaften – Prüfung zurück bis ins anno Tobak?, DStR 2016, 104; Klaßmann, Die Umschichtungsrücklage bei steuerbegünstigten Stiftungen, ZStV 2016, 186; Seeger/Milde, Leistungsaustausch und Gewinnzuschläge bei Non-Profit-Unternehmen nach dem AEAO 2016, DStR 2016, 2736; Strahl, Drohende Mittelfehlverwendung bei einer gGmbH, GmbHR 2016, 1194; Kirchhain, Gewinnausschüttungen und -abführungen gemeinnütziger Kapitalgesellschaften – die Finanzverwaltung in der Zwickmühle, DStR 2017, 2317; Wallenhorst/Wallenhorst, Zur gemeinnützigen Mittelverwendung: Das Ende der „Geldscheintheorie", DStR 2018, 851; Jansen/Fein, Überzogene Vergütung von Vereinsvertretern - Was ist angemessen?, StuW 2019, 241; Blumers, Fehlende Selbstlosigkeit einer gGmbH, BB 2020, 663; Heide, Mittelverwendung bei gemeinnützigen Vereinen und Stiftungen, NWB 2020, 239; Weitemeyer, Fallstricke der gGmbH, GmbHR 2021, 57; Maciejewski, Die Abgrenzung zwischen gemein- und fremdnütziger Tätigkeit in der aktuellen Rechtsprechung des Bundesfinanzhofs, npoR 2021, 69; Stahl, Die zahlungsstromorientierte Mittelverwendung als Nachweis der zeitnahen Mittelverwendung, DStR 2024, 345; Nolte/Seeck/Wackerbeck, Gemeinnützige Körperschaften zwischen dem Gebot der zeitnahen Mittelverwendung und nachhaltiger Zweckerfüllung – Befunde zur Nachweisführung anhand der Mittelverwendungsrechnung, DStR 2024, 1841.

Übersicht

A. Allgemeines

1 Die Selbstlosigkeit ist neben der Ausschließlichkeit ein das Gemeinnützigkeitsrecht prägendes Systemelement. Sie ist Teil eines jeden steuerbegünstigten Zweckes und darin Ausdruck altruistischen Verhaltens unter Verzicht auf den eigenen Vorteil. § 55 definiert die Selbstlosigkeit allein unter wirtschaftlichen Aspekten. Rechtspolitisch wäre die Ausgrenzung dominanter ideeller Eigennützigkeit jedoch wünschenswert (vgl. Lang StuW 1987, 221 (235)). Durch das Gesetz zur weiteren steuerlichen Förderung von Stiftungen (BGBl. 2000 I 1034) wurde mit Wirkung vom 1.1.2000 die zeitnahe Mittelverwendung in § 55 I Nr. 5 explizit vorgeschrieben. Mit dem JStG 2010 (BGBl. 2010 I 1768) wurde in I Nr. 4 und III klarstellend der Begriff Körperschaft durch juristische Person ersetzt. Nr. 4 (Vermögensanfall bei Auflösung, Aufhebung oder Wegfall des bisherigen Zwecks) findet rückwirkend auf alle noch nicht bestandskräftigen Fälle und Abs. 3 ab dem 1.1.2011 Anwendung (Art. 97 § 1d III EGAO). Durch das EhrenamtsstärkungsG (BGBl. 2013 I 556) wurde mit Wirkung vom 1.1.2013 die Mittelverwendungsfrist verlängert und die Regelung ab 1.1.2014 an die neu geschaffene Rücklagenvorschrift des § 62 angepasst. Durch das JStG 2020 (BGBl. 2020 I 3096) wurde § 55 I Nr. 5 ein S. 4 mit einer de minimis-Regelung zwecks Entbürokratisierung für kleinere Körperschaften mWv 29.12.2020 (Art. 50 I JStG 2020) angefügt.

B. Selbstlosigkeit (Abs. 1)

I. Grundsatz

4 Die eine StBegünstigung rechtfertigende Selbstlosigkeit ist geprägt durch uneigennütziges, altruistisches, nicht den eigenen Vorteil suchendes Handeln zum Wohle Dritter. Kennzeichnend hierfür ist die von eigenen Egoismen weitgehend befreite Motivation, das Wohl der Allgemeinheit zu fördern. Dieser Gemeinsinn der Vereinsmitglieder muss seinen Ausdruck in Satzung und Tätigkeit der Körperschaft finden. § 55 reduziert die Selbstlosigkeit jedoch allein auf den materiellen Eigennutz, sodass von den Beteiligten erstrebte ideelle

Vorteile unschädlich sind (FG Hamburg 5.3.1986 – II 144/83, EFG 1986, 516). Gesellschaftliche Anerkennung, Verewigung des Namens des Stifters oder Befriedigung über das eigene Tun lassen die Selbstlosigkeit unberührt. Hierzu gehört auch – wie § 52 II Nr. 4 zeigt – die organisierte Freizeitbetätigung zugunsten einer unbegrenzten Mitgliederzahl. Gewährt der Verein seinen Mitgliedern materielle Vorteile in Form unentgeltlicher Nutzung (Tennis- oder Golfplatz), fördert er jedoch zugleich eigenwirtschaftliche Zwecke (HHSp § 55 Rn. 189 ff.; Hüttemann, 71).

II. Keine prägenden eigenwirtschaftlichen Zwecke

Selbstlosigkeit setzt nach § 55 I 1 voraus, dass nicht in erster Linie eigenwirtschaftliche 5
Zwecke verfolgt werden (vgl. bereits RFH 10.11.1921 – I A 184/21, RFHE 7, 200). Die Körperschaft darf weder eigene noch die wirtschaftlichen Interessen ihrer Mitglieder zum vorrangigen Ziel ihrer Betätigung machen (BFH 22.8.2019 – V R 67/16, BStBl. II 2020, 40). Als Beispiel für eigenwirtschaftliche Zwecke nennt das Gesetz gewerbliche oder sonstige Erwerbszwecke. Die Betätigung „um des Erwerbens willen", zum eigenen wirtschaftlichen Vorteil dient eigenwirtschaftlichen Zwecken. Hieraus wird zT gefolgert, dass eine Körperschaft nicht in erster Linie auf die Mehrung ihres eigenen Vermögens bedacht sein darf (BFH 26.4.1989 – I R 209/85, BStBl. II 1989, 670; Schwarz/Pahlke/Keß § 55 Rn. 1; vgl. auch AEAO zu § 55 Nr. 1). Dabei wird jedoch übersehen, dass nicht die Ansammlung von Vermögen, die Einnahme- oder Gewinnerzielung den eigenen wirtschaftlichen Vorteil bewirken, sondern erst die Verwendung zu nicht satzungsgemäßen Zwecken (TK § 55 Rn. 5; HHSp § 55 Rn. 100). Deshalb sind wirtschaftliche Tätigkeiten zur Erhöhung der Einkünfte mit dem Ziel, den gemeinnützigen Satzungszweck durch Zuwendungen von Mitteln zu fördern, nicht schädlich (BFH 12.5.2022 – V R 37/20, BStBl. II 2022, 603). Der Thesaurierung erwirtschafteter Gewinne kann hinreichend durch § 62 Nr. 1 und 3 begegnet werden. Wird die wirtschaftliche Aktivität der Körperschaft zum Selbstzweck, verstößt sie gegen das Ausschließlichkeitsgebot des § 56, und zwar auch, wenn dies nicht der alleinige Zweck ist (BFH 12.5.2022 – V R 37/20, BStBl. II 2022, 603). Eines Rückgriffs auf § 55 I bedarf es nicht, da die schädliche Verfolgung bloß eigenwirtschaftlicher Zwecke bereits von § 56 erfasst wird (Hüttemann DB 2012, 250; TK § 55 Rn. 5).

Nicht in erster Linie dürfen eigenwirtschaftliche Zwecke verfolgt werden. Das Han- 6
deln der Körperschaft muss durch die Verfolgung des gemeinnützigen Zweckes geprägt sein. Die selbstlose Tätigkeit muss den alleinigen Hauptzweck bilden. Eigenwirtschaftliche Zwecke dürfen allenfalls nebenbei, beiläufig, also in ihrer Bedeutung deutlich hinter den steuerbegünstigten Zweck zurücktretende Begleiterscheinungen sein (TK § 55 Rn. 4: eigenwirtschaftliche Zwecke dürfen nicht überwiegen; BFH 22.8.2019 – V R 67/16, BStBl. II 2020, 40; vgl. aber auch BFH 23.10.1991 – I R 19/91, BStBl. II 1992, 62). An der Selbstlosigkeit fehlt es erst dann, wenn der Eigennutz der Mitglieder in den Vordergrund tritt (BFH 27.11.2013 – I R 17/12, BStBl. II 2016, 68). Die Feststellung der fehlenden Selbstlosigkeit erfordert eine Abwägung zwischen den eigenwirtschaftlichen Vorteilen und der Förderung der Allgemeinheit. Dabei geht es weniger um die prozentuale Gewichtung als vielmehr um die Wertentscheidung, inwieweit wirtschaftliche Vorteile, die durch die fördernde Tätigkeit entstehen, zugunsten der Körperschaft oder ihrer Mitglieder noch im Interesse der Gemeinwohlförderung akzeptabel sind (HHSp § 55 Rn. 36; Hüttemann DStjG 2003, 49 (67 f.); Schauhoff § 9 Rn. 15, 67). Dabei sind nach der Rspr. Art und Ausmaß des eigenwirtschaftlichen Vorteils des einzelnen Mitglieds ebenso zu berücksichtigen wie die Anzahl der wirtschaftlich geförderten Mitglieder im Verhältnis zur Gesamtzahl der Mitglieder und der geförderten Personen insgesamt (BFH 22.8.2019 – V R 67/16, BStBl. II 2020, 40). Die zulässige wirtschaftliche Betätigung in Form eines wirtschaftlichen Geschäftsbetriebs (§ 64) ist nicht Teil dieser Abwägung (TK § 55 Rn. 6; ähnlich Klein § 55 Rn. 3, 5; BFH 4.4.2007 – I R 76/05, BStBl. II 2007, 631). § 64 schließt die wirtschaftliche Betätigung aus der steuerbegünstigten Körperschaft aus, ohne

diese im Verhältnis zum gemeinnützigen Handeln zu begrenzen (Bopp DStZ 1999, 123). Ein sachlicher Grund für eine Begrenzung wirtschaftlicher Aktivitäten ist nicht erkennbar, da die erzielten Gewinne zur gegenwartsnahen Erfüllung der satzungsmäßigen Ziele einzusetzen sind (Hüttemann, 53 ff.). Der Umfang der Vermögensverwaltung ist ebenfalls ohne Bedeutung.

9 **Eigenwirtschaftliche Interessen der Körperschaft.** Die Körperschaft darf für sich selbst keine eigenwirtschaftlichen Vorteile anstreben. Es geht hier primär um Vorteile, die zugleich durch die Förderung der Allgemeinheit, also ein und dieselbe Tätigkeit ausgelöst werden (HHSp § 55 Rn. 46 ff.). Dies hindert die Körperschaft nicht, mit ihrer Tätigkeit zugleich die Verbesserung ihrer Einkünfte zu betreiben, also eine Gewinnerzielung anzustreben. Nicht die Einnahmeerzielung, sondern die eigennützige Mittelverwendung will § 55 I Nr. 1–4 unterbinden (ebenso Söffing/Thoma BB 2003, 1091). Werden die erwirtschafteten Mittel zeitnah für satzungsmäßige Zwecke verwendet, fördert die Körperschaft ausschließlich und selbstlos die Allgemeinheit und strebt nicht selbst wirtschaftliche Vorteile an (Hüttemann, 36 ff.). Demgegenüber handelt eine Körperschaft nicht selbstlos, wenn ihre Tätigkeit in erster Linie auf die Mehrung ihres eigenen Vermögens gerichtet ist (AEAO zu § 55 Nr. 1; → Rn. 10). § 62 Nr. 1 konkretisiert das Gebot selbstlosen Handelns. Durch eine für die Erfüllung der gemeinnützigen Zwecke nicht erforderliche Thesaurierung verletzt die Körperschaft das Erfordernis zeitnaher Mittelverwendung (vgl. BFH 13.9.1989 – I R 19/85, BStBl. II 1990, 28). Erschöpft sich die Betätigung der Körperschaft im Betrieb eines wirtschaftlichen Geschäftsbetriebes, ohne zugleich steuerbegünstigte Zwecke zu verfolgen, handelt sie aus eigenwirtschaftlichen Interessen (im Ergebnis ebenso BFH 26.4.1989 – I R 209/85, BStBl. II 1989, 670; RFH 19.1.1934 – III A 377/32, RStBl. 1934, 248; aA FG Berlin 15.1.2002 – 7 K 8618/99, EFG 2002, 518).

10 **Wirtschaftlicher Geschäftsbetrieb.** Das Unterhalten eines (auch umfangreichen, vgl. BFH 15.7.1998 – I R 156/94, BStBl. II 2002, 162) wirtschaftlichen Geschäftsbetriebes steht nach hM der Selbstlosigkeit grds. nicht entgegen (BFH 12.5.2022 – V R 37/20, BStBl. II 2022, 603). Die früher vertretene sog. Geprägetheorie, die das Verbot in § 55 I 1 auch auf die Körperschaft selbst bezog (vgl. noch AEAO zu § 55 Nr. 2, BStBl. I 2008, 26 (gestrichen)), und nach der eine wirtschaftliche Tätigkeit sich dann gemeinnützigkeitsschädlich auswirkte, wenn sie der Körperschaft bei einer Gesamtbetrachtung ein dahingehendes Gepräge gab, ist angesichts der damit verbundenen Anwendungs- und Beurteilungsunsicherheiten überholt. § 55 iVm § 64 will nicht die wirtschaftliche Betätigung als Mittel zur Erreichung des gemeinnützigen Zweckes verhindern, sondern die Verselbständigung des wirtschaftlichen Geschäftsbetriebes als Haupt- oder Nebenzweck, der nicht zielgerichtet der Förderung des gemeinnützigen Zweckes dient (so bereits RFH 2.12.1921 – Ia A 113/21, RFHE 8, 339; RFH 25.7.1935 – III A 378/34, RStBl. 1935, 1493; Hüttemann DStjG 2003, 49 (69 f.) mwN; Klein § 55 Rn. 5). Werden die gesamten erwirtschafteten Mittel gegenwärtig zur Erfüllung der gemeinnützigen Zwecke eingesetzt, steigert die wirtschaftliche Aktivität zugleich die selbstlose Förderung der Allgemeinheit (Hüttemann, 43 ff.). Es gibt keinen Grund, durch Begrenzung der Mittelbeschaffung die Verwirklichung der ideellen Ziele zu erschweren (vgl. HHSp § 55 Rn. 100; TK § 55 Rn. 5).

11 **Eigenwirtschaftliche Interessen der Mitglieder.** § 55 verbietet der Körperschaft nicht nur, sich selbst in erster Linie zu begünstigen, sondern auch mittelbar oder unmittelbar die wirtschaftlichen Interessen ihrer Mitglieder wahrzunehmen (BFH 28.6.1989 – I R 86/85, BStBl. II 1990, 550; BFH 23.10.1991 – I R 19/91, BStBl. II 1992, 62; BFH 22.8.2019 – V R 67/16, BStBl. II 2020, 40). Sind an der Körperschaft Personenvereinigungen oder KapGes beteiligt, dürfen auch deren Gesellschafter nicht wirtschaftlich gefördert werden (BFH 22.8.1952 – III 256/51 U, BStBl. III 1952, 270). Zu diesem Personenkreis gehören entspr. den Grundsätzen zur vGA auch die den Mitgliedern nahestehenden Personen (FG Köln 15.7.2004 – 13 K 2530/03, EFG 2005, 222). Bei Betrieben gewerblicher Art zählen hierzu die Körperschaft des öffentlichen Rechts, bei Stiftungen

der Stifter und seine Erben. Die wirtschaftlichen Vorteile müssen nicht allen Beteiligten zugutekommen. Es genügt, wenn ein Teil der Mitglieder materiell gefördert wird. Dabei kommt es weniger auf die Anzahl der begünstigten Personen im Verhältnis zur Mitgliederzahl an als vielmehr auf die wirtschaftliche Bedeutung der Vorteile im Vergleich zur Gesamttätigkeit der Körperschaft. Selbstlosigkeit ist insb. zu verneinen, wenn vorrangiger Zweck die Befriedigung von Gruppeninteressen ist, wie zB die gegenseitige materielle Selbsthilfe in Bauvereinen oder einer Theater-GmbH (vgl. Bühring DStZ/A 1958, 305; Hüttemann DStjG 2003, 49 (67)). Ferner bei Wirtschaftsförderungsvereinen (FG Saarland 21.8.1981 – I 74–75/78, EFG 1982, 214), Fremdenverkehrsvereinen (RFH VI a 82/41, RStBl. 1942, 745), Börsenverein (BFH 16.11.1954 – I 114/53 U, BStBl. III 1955, 12), Tierzuchtverband (BFH 22.8.1952 – III 256/51 U, BStBl. III 1952, 270), Spar- und Darlehenskassenverein (RFH 13.3.1928 – I Aa 336/29, RStBl. 1929), Flugzeugcharterverein (FG Köln 10.10.2002 – 13 K 1465/00, EFG 2003, 422). Die materielle Unterstützung unbeteiligter Dritter schließt die Selbstlosigkeit dagegen nicht aus. So kann die unentgeltliche Altlastensanierung von allg. zugänglichen oder privaten Grundstücken selbstlos sein. Eigenwirtschaftliche Zwecke der Mitglieder werden somit „in erster Linie“ verfolgt, wenn die bewirkte Förderung der Allgemeinheit im Vergleich zu den eigenwirtschaftlichen Vorteilen der Mitglieder oder ihnen nahestehenden Personen nicht überwiegt (BFH 22.8.2019 – V R 67/16, BStBl. II 2020, 40).

Wahrnehmung hoheitlicher Pflichtaufgaben. Erfüllen Körperschaften des öffentlichen Rechts mit ihren Betrieben gewerblicher Art Gemeinwohlbelange, können sie gemeinnützig sein, also auch Zweckbetriebe unterhalten (vgl. § 55 III). Dies ist unproblematisch, soweit es sich um freiwillige Leistungen staatlicher oder kommunaler Träger handelt (zB kommunales Kino, Musikschule, Altenheim). Demzufolge kann auch eine Eigengesellschaft einer juristischen Person des öffentlichen Rechts steuerbegünstigt sein. Nimmt eine KapGes jedoch Pflichtaufgaben ihrer Gesellschafter wahr, dient sie in erster Linie den wirtschaftlichen Interessen ihrer Mitglieder (zum Meinungsstand vgl. BFH 15.12.1993 – X R 115/91, BStBl. II 1994, 314; BFH 27.4.2005 – I R 90/04, BStBl. II 2006, 198; aA Theobald BB 1985, 1911; BFH 27.11.2013 – I R 17/12, BStBl. II 2016, 68; AEAO zu § 55 Nr. 2). Die Hoheitsträger werden durch die Erfüllung der ihnen gesetzlich zugewiesenen Aufgaben, etwa der Müll- oder Abwasserbeseitigung, durch die KapGes von einer eigenen Verpflichtung befreit. Ein Betrieb ist nicht bereits deshalb gemeinnützig, weil er von einer öffentlichen Körperschaft gegründet, finanziert und betrieben wird oder die Erträge dem Staat zufließen (RFH 24.9.1937 – VI aA 33/37, RStBl. 1937, 1105; aA TK § 55 Rn. 7). ZB eine Körperschaft des öffentlichen Rechts, die ihren Mitgliedern billige Darlehen verschaffen soll (RFH 31.10.1930 – III A 176/30, RStBl. 1931, 185). Für KapGes, an denen mehrheitlich private beseitigungspflichtige Unternehmen beteiligt sind, gilt dies ebenso, wenn die KapGes Aufgaben ihrer Gesellschafter wahrnimmt (Klein § 55 Rn. 7). Zu Wirtschaftsförderungsgesellschaften vgl. BFH 21.5.1997 – I R 38/96, BFH/NV 1997, 904; aA FG Hamburg 5.3.1986 – II 144/83, EFG 1986, 516. 14

III. Mittelverwendung (Abs. 1 Nr. 1)

1. Verwendung für satzungsmäßige Zwecke (Abs. 1 Nr. 1 S. 1)

§ 55 I Nr. 1 S. 1 schreibt die satzungsgemäße Verwendung der Mittel der Körperschaft ausdrücklich fest. Hieraus folgt zum einen, dass die Mittel (Einnahmen des ideellen Bereichs, Überschüsse aus Vermögensverwaltung und versteuerte Gewinne wirtschaftlicher Geschäftsbetriebe sowie die Vermögenswerte) für die gemeinnützigen Zwecke verwendet werden müssen (BFH 23.10.1991 – I R 19/91, BStBl. II 1992, 62; BFH 20.3.2017 – X R 13/15, BStBl. II 2017, 1110). Mitgliedsbeiträge an einen nicht gemeinnützigen Dachverband führen zu einer schädlichen Mittelverwendung (FG Baden-Württemberg 11.8.2014 – 6 K 1449/12, EFG 2015, 1851). Zum anderen sind diese Mittel grds. vollständig und 15 zeitnah den satzungsmäßigen Zwecken zuzuführen (BFH 13.9.1989 – I R 19/85, BStBl. II 1990, 28 sowie → Rn. 28 ff.). Eine satzungsgemäße Mittelverwendung erfolgt nicht mehr, wenn die eigentliche steuerbegünstigte Tätigkeit wegen der Eröffnung eines Insolvenzverfahrens eingestellt wird (BFH 16.5.2007 – I R 14/06, BStBl. II 2007, 808).

16 **Verwendung zu satzungsfremden Zwecken.** Die Mittel des gemeinnützigen Bereichs dürfen weder der Vermögensverwaltung noch einem wirtschaftlichen Geschäftsbetrieb zugeführt werden (FG München 15.1.2016 – 7 V 2906/15, DStRE 2017, 101). Dies schließt aber die kurzfristige verzinsliche Anlage oder sonstige ertragbringende Nutzung ideellen Vermögens nicht aus, soweit die zeitnahe Mittelverwendung sichergestellt bleibt (HHSp § 55 Rn. 160 ff.). Ein Ausgleich von Verlusten eines wirtschaftlichen Geschäftsbetriebs oder aus Vermögensverwaltung mit Mitteln der gemeinnützigen Sphäre ist nur dann unschädlich, wenn der Verlust auf einer Fehlkalkulation beruht und die Körperschaft bis zum Ende des dem Verlustentstehungsjahr folgenden Wirtschaftsjahr dem ideellen Bereich wieder Mittel in entsprechender Höhe zuführt (BFH 13.11.1996 – I R 152/93, BStBl. II 1998, 711; BFH 1.7.2009 – I R 6/08, BFH/NV 2009, 1837). Das Gebot zeitnaher Mittelverwendung wird durch Maßnahmen der Bestandserhaltung und Vermögenspflege nicht verletzt. So können Mieterträge zur Reparatur des Gebäudes eingesetzt oder einer Betriebsmittelrücklage zugeführt werden. Die Bildung von Rücklagen in wirtschaftlichen Geschäftsbetrieben ist unschädlich, soweit die Mittel bei vernünftiger kaufmännischer Beurteilung zur Sicherung des wirtschaftlichen Erfolges notwendig sind (BFH 15.7.1998 – I R 156/94, BStBl. II 2002, 162; Seifart/v. Campenhausen § 37 Rn. 239). Vermögensumschichtungen berühren die Selbstlosigkeit nicht. Hierbei entstandene Buchgewinne unterliegen grds. der zeitnahen Mittelverwendungspflicht (Reiffs DB 1991, 1247).

2. Zuwendungsverbot (Abs. 1 Nr. 1 S. 2)

19 Mitglieder dürfen keine offenen Gewinnausschüttungen oder vGA und in ihrer Eigenschaft als Mitglieder auch keine sonstigen Zuwendungen jedweder Art erhalten (BFH 8.8.2001 – I B 40/01, BFH/NV 2001, 1536; FG Hamburg 19.6.2008 – 5 K 165/06, BeckRS 2008, 26028183). Die Verzinsung von Kapitalanteilen ist deshalb unzulässig (Hüttemann, 75). Eine Zuwendung ist ein wirtschaftlicher Vorteil, den die Körperschaft einem Mitglied oder einer ihm nahestehenden Person unentgeltlich oder gegen zu geringes Entgelt zukommen lässt (BFH 23.10.1991 – I R 19/91, BStBl. II 1992, 62). Hierzu zählt jede Vermögensmehrung, auch die Übernahme von Aufwendungen oder ersparte Ausgaben (FG Köln 15.7.2004 – 13 K 2530/03, EFG 2005, 222) wie zB die unentgeltliche oder verbilligte Überlassung von Vereinsräumen außerhalb des Satzungszwecks (BFH 20.12.1995 – I B 111/94, BFH/NV 1996, 383), der Verzicht auf werthaltige Ansprüche (HHSp § 55 Rn. 179 ff.), kostenlose Heilfürsorge oder Verköstigung (FG Düsseldorf 12.4.2019 – 6 K 3664/16 K, F, AO, EFG 2019, 1434: unentgeltliche Pflegeleistungen) oder die Nutzung des Stiftungsvermögens durch die Mitglieder (hier Kunstsammlung, BFH 23.2.2017 – V R 51/15, BFH/NV 2017, 882). Indes ist nicht jeder Nutzen für die Mitglieder schädlich. Die Selbstlosigkeit scheidet erst dann aus, wenn der Eigennutz der Mitglieder in den Vordergrund tritt. Kleine Aufmerksamkeiten im allg. üblichen Umfang (Sachzuwendungen bis zu 30 EUR pro Anlass) stellen daher keine vermögenswerte Zuwendung dar. Die angemessene Ehrung eines Mitglieds für besondere Leistungen anlässlich eines Mitgliedschaftsjubiläums oder eine Kranzspende im Todesfall sind ebenso unschädlich wie kostenlose Exemplare von Veröffentlichungen für Mitglieder, wenn der Anteil an den Gesamtkosten nicht ins Gewicht fällt (BFH 13.4.1956 – III 242/55 U, BStBl. III 1956, 171). § 55 I Nr. 1 S. 2 betrifft nicht den angemessenen Leistungsaustausch zwischen Mitglied und Körperschaft. Der Verein darf seinem Mitglied als Arbeitnehmer, Vermieter oder Darlehensgeber ein marktgerechtes Entgelt zahlen. Ist ehrenamtliche Tätigkeit nach der Satzung grds. nicht zu vergüten, verstößt eine Entlohnung gegen das Gebot der Selbstlosigkeit (FG München 21.11.2000 – 7 V 4116/00, EFG 2001, 538; BFH 8.8.2001 – I B 40/

01, BFH/NV 2001, 1536). **Nachgewiesener Aufwand** des Mitgliedes für Vereinstätigkeiten kann ersetzt werden (BFH 3.12.1996 – I R 67/95, BStBl. II 1997, 474). Für die Beurteilung, ob eine Zuwendung wegen der Eigenschaft als Mitglied erfolgte, ist ebenso wie für die Frage der Angemessenheit der Gegenleistung auf die Grundsätze zur vGA zurückzugreifen (TK § 55 Rn. 16; BFH 8.8.2001 – I B 40/01, BFH/NV 2001, 1536; BFH 12.10.2010 – I R 59/09, BStBl. II 2012, 226; FG Saarland 30.8.2000 – 1 K 223/96, EFG 2000, 1352).

Die Zuwendungen müssen aus Mitteln der Körperschaft stammen. Das ist der Fall, wenn die Körperschaft Vermögenswerte einsetzt, gleichgültig aus welchem Bereich, um dem Dritten den wirtschaftlichen Vorteil zukommen zu lassen.

3. Verbot der Parteienfinanzierung (Abs. 1 Nr. 1 S. 3)

Die Unterstützung oder Förderung politischer Parteien ist kein gemeinnütziger Zweck 20 (→ § 52 Rn. 12). Der Körperschaft ist es daher untersagt, Mittel zugunsten politischer Parteien zu verwenden. Neben der direkten Zuwendung von Bar- und Sachleistungen ist auch die (mittelbare) Begünstigung durch Zahlungen an Dritte zur Weiterleitung, die Übernahme von Aufwendungen oder die unentgeltliche Ausleihe von Arbeitskräften an Parteien unzulässig. Hiervon nicht berührt wird ein marktgerechter Leistungsaustausch mit Parteien (zB Vermietung von Räumen). § 25 II Nr. 2 ParteiG verbietet dementsprechend den Parteien, Spenden von gemeinnützigen Körperschaften anzunehmen.

IV. Rückzahlung von Kapitalanteilen und Sacheinlagen (Abs. 1 Nr. 2)

§ 55 I Nr. 2 ist nach seinem Regelungsgehalt nur auf KapGes anwendbar. Scheidet ein 21 Mitglied aus der KapGes aus oder wird diese nach Auflösung oder Aufhebung liquidiert, dürfen die Kapitalanteile lediglich zum Nennwert zurückgezahlt werden (die Beschränkung des Abfindungsanspruchs ist gesrechtlich zulässig, vgl. OLG Hamm 13.4.2022 – 8 U 112/21, DStR 2022, 2451). Sacheinlagen, dh Einlagen iSd Handelsrechts gegen Gewährung von Gesellschaftsrechten, sind höchstens mit dem gemeinen Wert zum Zeitpunkt der Einlage bzw. dem Buchwert (§ 55 III) zu vergüten. Wertsteigerungen von Anteilen und Einlagen verbleiben bei der KapGes. Hierin liegt kein Verstoß gegen die Eigentumsgarantie des Art. 14 GG (TK § 55 Rn. 21). Gegenstände, die ein Mitglied zur unentgeltlichen Nutzung überlassen hat, sind keine Sacheinlagen und daher als solche zurückzugeben. Die Zuwendung von Anteilen und Einlagen, die zurückzugewähren sind, stellt mangels endgültiger wirtschaftlicher Belastung keine Spende dar (BFH 20.2.1991 – X R 191/87, BStBl. II 1991, 690). Verzichtet der Gesellschafter bei seinem Ausscheiden auf die Rückzahlung, kann nunmehr ein Spendenabzug gewährt werden.

V. Zweckfremde Begünstigung (Abs. 1 Nr. 3)

Die Vorschrift erstreckt das Gebot satzungsmäßiger Mittelverwendung (→ Rn. 14 ff.) auf 24 Leistungen an Nichtmitglieder und Mitglieder, soweit sie nicht in ihrer Eigenschaft als Mitglied dem Verein gegenübertreten. Steuerschädlich ist sowohl die zweckfremde, eine die satzungsmäßigen Zwecke nicht vollziehende Bereicherung in jedweder Form (zB kostenlose Benutzung von Räumlichkeiten) als auch die Begünstigung durch unverhältnismäßig hohe Vergütungen. Hierzu zählen insb. Gehälter, pauschalierte Aufwandsentschädigungen, Beratungshonorare, Mieten und Zinsen. Ein Leistungsaustausch, in dem sich Leistung und Gegenleistung gleichwertig gegenüberstehen, wird hiervon nicht berührt (anders dagegen bei vGA in Form verdeckter Kaufpreiszahlungen vgl. BFH 12.10.2010 – I R 59/09, BStBl. II 2012, 226). Die Erfüllung des angemessenen Ersatzanspruchs eines Mitglieds für den nachgewiesenen Aufwand bei Erledigung der satzungsgemäßen Zwecke ist zulässig, auch wenn das Mitglied unmittelbar vor der Erfüllung des Anspruchs eine Spende in derselben Höhe geleistet hat (BFH 3.12.1996 – I R 67/95, BStBl. II 1997, 474). Zur Beurteilung der **Angemessenheit** der Vergütung können die Grundsätze zur vGA herangezogen werden (Fremdvergleich; Herbert BB 1991, 178; BFH 12.3.2020 – V R 5/17, BStBl. II 2021, 55). Bei freiberuflichen Leistungen ist auf die einschlägigen Gebührenordnungen abzustellen. Bei Bemessung der Geschäftsführervergütung ist insb. die tatsächlich geleistete Arbeit gegen das Interesse der Körperschaft abzuwägen, einen möglichst hohen Anteil der Mittel unmittelbar und effektiv den gemeinnützigen Zwecken zuzuführen (vgl. BFH 23.9.1998 – I B 82/98, BFHE 186, 433: bedenklich, soweit die Qualifikation (Dipl.-Informatiker) für die Geschäftsführung eines mildtätigen Vereins als Maßstab für die Angemessenheit herangezogen wird). Eine schlechte Einnahmesituation in der Aufbauphase muss sich in der Gehaltsbemessung niederschlagen (vgl. FG Saarland 22.6.1994 – 1 K 304/92, GmbHR 1995, 68). Die Zahlung von angemessenen Prämien für Werbung von Mitgliedern oder Spenden ist keine zweckfremde Begünstigung (HHSp § 55 Rn. 184, 185). Diese Grundsätze gelten auch für Vergütungen im Rahmen der Vermögensverwaltung und eines wirtschaftlichen Geschäftsbetriebes (Herbert BB 1991, 178). Die Übernahme von Aufwendungen ohne vertragliche Verpflichtung verstößt idR gegen das Gebot der Selbstlosigkeit (BFH 5.8.2011 – I B 25/11, BFH/NV 2011, 2009). Zur Begrenzung von Honoraren an Amateursportler und Ablösesummen einschl. der Erstattung von Kosten der Sportausbildung → § 67a Rn. 1 ff.

VI. Grundsatz der Vermögensbindung (Abs. 1 Nr. 4)

27 § 55 I Nr. 4 will die gemeinnützige Verwendung von Vermögen, das sich aufgrund der StVergünstigung gebildet hat, über den Bestand der Körperschaft hinaus sicherstellen (BFH 12.1.2011 – I R 91/09, BFH/NV 2011, 1111). Das Vermögen, das nach Rückgewähr von Kapitalanteilen und Sacheinlagen verbleibt, muss auch nach Beendigung der gemeinnützigen Betätigung für Zwecke iSd §§ 52 ff. verwendet werden. Dies kann dadurch erfolgen, dass die Differenz aus Aktiven und Schulden einer anderen steuerbegünstigten Körperschaft oder einer juristischen Person des öffentlichen Rechts für gemeinnützige Zwecke übertragen wird. Die Identität der steuerbegünstigten Zwecke ist nicht erforderlich. Eine Verwendung im wirtschaftlichen Geschäftsbetrieb ist schädlich (HHSp § 55 Rn. 230 ff.). Ein evidenter Verstoß gegen die Vermögensbindung liegt vor, wenn die aus der gemeinnützigen Tätigkeit erzielten Gewinne überwiegend verdeckt an die Gesellschafter ausgekehrt werden (vgl. BFH 12.10.2010 – I R 59/09, BStBl. II 2012, 226). Die materielle Vermögensbindung muss in der Satzung abgesichert sein (vgl. § 61; zu Ausnahmen → § 62 Rn. 1 ff.). Die Einsetzung einer gemeinnützigen Stiftung als Vorerbin und die mit dem Erbanfall verbundene Pflicht der späteren Auskehrung an die Nacherben verstößt nicht gegen den Grundsatz der Vermögensbindung, da der Erbanfall mit der Belastung der Nacherbschaft erfolgt (vgl. Söffing/Thoma BB 2003, 1091).

VII. Zeitnahe Mittelverwendung (Abs. 1 Nr. 5)

1. Zeitnahe Verwendung für satzungsmäßige Zwecke (Abs. 1 Nr. 5 S. 1)

28 Der Grundsatz der zeitnahen Mittelverwendung ist erst durch das Gesetz zur weiteren steuerlichen Förderung von Stiftungen (→ Rn. 1) kodifiziert worden, hat jedoch zu keiner Änderung der bisherigen Rechtslage geführt, sondern sie lediglich gesetzlich festgeschrieben (Kümpel DStR 2001, 152). Danach ist die Körperschaft verpflichtet, ihre Mittel grds. zeitnah für ihre steuerbegünstigten satzungsmäßigen Zwecke zu verwenden, um zu verhindern, dass steuerbegünstigt erworbene Mittel grundlos angesammelt oder zum Aufbau eines sonstigen Vermögens eingesetzt werden. Zur Verhinderung einer übermäßigen Mittelansammlung genügt es, auf den Saldo der Mittelzugänge und -abflüsse abzustellen. Eine individualisierende Betrachtung jeder einzelnen Geldbewegung bedarf es nicht (BFH 20.3.2017 – X R 13/15, BStBl. II 2017, 1110). Zum Begriff der Mittel → Rn. 15. Ab 1.1.2014 wird durch den Verweis auf § 62 klargestellt, dass das Gebot zur zeitnahen Mittelverwendung nicht gilt, soweit eine Rücklagenbildung zulässig ist. Dies gilt nicht nur

für die ausdrücklich in § 62 geregelten, sondern auch die schon bisher zulässigen Rücklagen, wie zB die Betriebsmittelrücklage.

Umfang der Verwendungspflicht. Die Verpflichtung zur gegenwartsnahen Mittelverwendung verlangt weder eine Verschleuderung von Vermögenswerten noch die Versilberung rechtlich oder tatsächlich gebundener Mittel. Die Körperschaft muss lediglich Sorge dafür tragen, dass liquide Mittel und vorhandene Vermögenswerte so zeitnah es bei wirtschaftlich sinnvoller Betätigung möglich ist, für satzungsmäßige Zwecke genutzt oder verbraucht werden (HHSp § 55 Rn. 238 ff.). Von der Verwendungspflicht ausgenommen sind daher rechtlich gebundene Kapitalvermögen (Grund- oder Stammkapital einer KapGes – aA OFD Hannover 31.7.2002, BB 2002, 2322: bei Ausgliederung eines Zweckbetriebes in eine GmbH; Stiftungskapital einschl. Zustiftungen, Vermögenszuwendungen mit zivilrechtlicher Zweckbindung aus Spenden oder Erbschaften), Zahlungen zum Zwecke des Verlustausgleichs wirtschaftlicher Geschäftsbetriebe, zugewendete Gegenstände, die nach ihrer Beschaffenheit der Einnahmeerzielung dienen (Mietwohngrundstück, Gesellschaftsanteile), Rücklagen iSd § 62 Nr. 1 und 3. Nicht ausgenommen sind demgegenüber Altvermögen oder Zuwendungen von Todes wegen, soweit sich keine Zweckbindung rechtlicher oder tatsächlicher Art im vorgenannten Sinne ergibt. Ausschüttungen aus Beteiligungen (einschl. darin enthaltener Zinserträge sowie Veräußerungsgewinne) sind ebenfalls zeitnah zu verwendende Mittel (FG Niedersachsen 19.10.2023 – 6 K 191/22, EFG 2024, 345). 29

2. Verwendung (Abs. 1 Nr. 5 S. 2)

Eine Verwendung für satzungsmäßige Zwecke erfolgt insb. durch die Verausgabung liquider Mittel in der Idealsphäre (einschl. Zweckbetrieb), aber auch durch die Anschaffung oder Herstellung von Vermögensgegenständen (Sportanlagen, Kindertagesstätte, Krankenhaus) und deren Nutzung für den gemeinnützigen Zweck. Die Investition in Vermögensgegenstände als solche, die zur Erfüllung der satzungsmäßigen Aufgaben bestimmt sind, ist Mittelverwendung (vgl. § 55 I Nr. 5 S. 2). Dies gilt auch für Wirtschaftsgüter einer Kooperationskörperschaft, die diese im Rahmen des Zusammenwirkens einsetzt (Hüttemann DB 2021, 72). Nach erfolgter Anschaffung kommt es allein auf die tatsächliche Nutzung an. Nutzt die Körperschaft die Gegenstände nicht mehr im ideellen Bereich, müssen sie veräußert werden, da die Mittel nunmehr zeitnah zu verwenden sind (Thiel DB 1992, 1900). Finanziert die Körperschaft ihre gemeinnützige Tätigkeit durch Fremdkapital, ist die Erfüllung der Zins- und Tilgungsverpflichtung satzungsmäßige Mittelverwendung (Hüttemann, 93 ff.; vgl. aber BFH 26.4.1989 – I R 209/85, BStBl. II 1989, 670 für den Fall der Tilgung von Darlehen für einen wirtschaftlichen Geschäftsbetrieb). Der Verbrauch von Mitteln für die eigene Verwaltung ist im notwendigen, angemessenen Rahmen unschädlich. Wenngleich keine feste Grenze gesetzt werden kann, lassen jedenfalls Kosten für Verwaltung und Spendenwerbung von mehr als 50 % der durchschnittlichen Mittel die Selbstlosigkeit entfallen (BFH 23.9.1998 – I B 82/98, BFHE 186, 433; BFH 23.2.1999 – XI B 128/98, BFH/NV 1999, 1055). Allerdings wird im Regelfall ein angemessener Verwaltungskostenanteil wesentlich geringer ausfallen müssen (Koenig EWiR § 55 AO 1/98, 1109; Herbert BB 1991, 178; ebenso FG München 7.5.2001 – 7 K 815/98, EFG 2001, 1178; großzügiger für die Aufbauphase BFH 18.12.2002 – I R 60/01, BFH/NV 2003, 1025). 30

3. Zeitnahe Verwendung (Abs. 1 Nr. 5 S. 3)

Die bisherige Verwaltungsauffassung ist nunmehr ausdrücklich in S. 3 festgeschrieben. 31
Das Gebot der gegenwartsnahen Verwendung verbietet zwar eine grundlose Mittelansammlung. Es verpflichtet die Körperschaft aber nicht zu unvernünftigem Aktionismus. Die Mittel sind so frühzeitig wie möglich zu verwenden. Hiervon ist auszugehen, wenn die Körperschaft die in einem Geschäftsjahr zugeflossenen, freien Mittel (zu gebundenen Mitteln → Rn. 16, 29) spätestens bis zum Ende des zweiten auf den Zufluss folgenden

Kalender- oder Wirtschaftsjahres verwendet (Verlängerung durch das EhrenamtsstärkungsG → Rn. 1). Bis zum 31.12.2012 mussten die Mittel bis zum Ende des auf das Zuflussjahr folgenden Kalender- oder Wirtschaftsjahres verwendet werden; durch die Neuregelung wurde die Mittelverwendung für sämtliche verwendungspflichtigen Mittel aufgeschoben, die nicht bis zum 31.12.2012 verwendet werden mussten (vgl. Schauhoff/Kirchhain FR 2013, 301). Diese Frist kann nicht deshalb verlängert werden, weil die Überlegungen zur Verwendung der Mittel noch nicht abgeschlossen sind. Die Bildung einer Betriebsmittelreserve ist im notwendigen Umfang zulässig (→ § 62 Rn. 8). Die zeitnahe Mittelverwendung ist von der Körperschaft nachzuweisen. Sofern der Mittelvortrag geringer ist als die Mittel, die im Folgejahr tatsächlich für gemeinnützige Zwecke verausgabt wurden, ist nachgewiesen, dass der Pflicht zur zeitnahen Mittelverwendung genügt wurde (Schauhoff § 9 Rn. 77).

4. Ausnahme von der zeitnahen Verwendung (Abs. 1 Nr. 5 S. 4)

32 Durch das JStG 2020 (→ Rn. 1) wurden aufgrund der Einfügung des S. 4 steuerbegünstigte Körperschaften mit jährlichen Einnahmen von weniger als 45.000 EUR (Summe der Einnahmen des ideellen Bereichs, des Zweckbetriebs, der Vermögensverwaltung und des stpfl. wirtschaftlichen Geschäftsbetriebes) von der strengen Regelung des zeitnahen Mittelverwendungsgebotes ausgenommen (BT-Drs. 19/25160, 201). Die Betragsgröße ist identisch mit der Freigrenze in § 64 III. Die Ausnahme der zeitnahen Mittelverwendung knüpft nach der gesetzlichen Regelung nicht an die von der Körperschaft zu verwendenden Mittel (→ Rn. 15), sondern an die jährlichen Einnahmen an, sodass alle Zuflüsse und nicht nur die verfügbaren Überschüsse zugrunde zu legen sind. Hierzu zählen auch solche Zuflüsse, die von der zeitnahen Mittelverwendung ausgenommen sind (vgl. § 62 III). Ob eine sinnvolle teleologische Reduktion des Begriffs der Einnahmen auf „zeitnah zu verwendende Mittelzuflüsse" (so Hüttemann DB 2021, 72) von der Rspr. angenommen wird, bleibt abzuwarten. Satz 4 befreit die Körperschaft von der zeitnahen Verwendung derjenigen Mittel, die auf das Jahr der Einnahmeunterschreitung entfallen. Überschreitet die Körperschaft im Folgejahr die Einnahmegrenze, unterfallen jedoch sämtliche nicht verwendeten Mittel, auch soweit sie aus dem Vorjahr stammen, wiederum dem Gebot der zeitnahen Mittelverwendung. Der angestrebte Zweck, Bürokratie abzubauen (BT-Drs. 19/25160, 201), dürfte deshalb nur für dauerhaft unterhalb der Einnahmegrenze liegende Körperschaften eintreten, und dies auch nur begrenzt, da eine gemeinnützige Mittelverwendung auch bei nicht zeitnaher Verwendung nachzuweisen ist.

C. Bewertungszeitpunkt für Sacheinlagen (Abs. 2)

33 Für die Rückgewähr von Sacheinlagen ist der gemeine Wert (§ 9 BewG) maßgebend, den die Wirtschaftsgüter im Zeitpunkt ihrer Einlage hatten. Wertsteigerungen bleiben der Körperschaft für steuerbegünstigte Zwecke erhalten (AEAO zu § 55 Nr. 31). Wird das geleistete Wirtschaftsgut zurückgegeben, hat der Empfänger eine Differenz in Geld auszugleichen. In Höhe des gezahlten Ausgleichs sollte ein Spendenabzug nach § 10b EStG, § 9 I Nr. 2 KStG zulässig sein (TK § 55 Rn. 27). Unentgeltlich zur Nutzung überlassene Vermögensgegenstände sind mangels Einlage ohne Wertausgleich zurückzugewähren.

D. Stiftungen und Betriebe gewerblicher Art (Abs. 3)

34 Durch die sinngemäße Anwendung des § 55 I Nr. 1, 2, 4 für Stifter und Erben, ist es zulässig, das Stiftungskapital und Zustiftungen von der Vermögensbindung auszunehmen. Das Stiftungsvermögen (sog. Grundstockvermögen) und Zustiftungen dienen der Bestandssicherung. Sie gehören deshalb zum Vermögen und nicht zu den Mitteln iSv § 55 I Nr. 1 AO (BFH 7.9.2011 – I B 36/11, BFH/NV 2011, 2013). Bei Erlöschen der Stiftung darf

das Grundstockvermögen an den Stifter bzw. die Erben zurückfallen. Für solche Stiftungen und Zustiftungen kann die Spendenvergünstigung nach § 10b EStG nicht in Anspruch genommen werden (BFH 5.2.1992 – I R 63/91, BStBl. II 1992, 748). Für Betriebe gewerblicher Art öffentlich-rechtlicher Körperschaften gilt Entsprechendes.

§ 55 III HS 2 verweist auf § 6 I Nr. 4 S. 4 EStG, wonach die Entnahme eines Wirtschaftsgutes mit dem Buchwert angesetzt werden kann. Der Zuwendende erhält dadurch bei Aufhebung der Stiftung nur einen dem Einbringungsbuchwert entsprechenden Betrag zurück. Hierdurch bleiben stille Reserven für steuerbegünstigte Zwecke gebunden. Wird das Wirtschaftsgut selbst zurückgewährt, hat der Empfänger die Wertdifferenz auszugleichen (HHSp § 55 Rn. 250 f.) und ein Spendenabzug ist insoweit möglich (§ 10b EStG, § 9 I Nr. 2 KStG).

§ 56 Ausschließlichkeit

Ausschließlichkeit liegt vor, wenn eine Körperschaft nur ihre steuerbegünstigten satzungsmäßigen Zwecke verfolgt.

I. Ausschließlichkeit

1 Die ausschließliche Verfolgung steuerbegünstigter Zwecke steht in unmittelbarer Beziehung zur Selbstlosigkeit (§ 55). Ausschließlichkeit, Selbstlosigkeit und Unmittelbarkeit bilden die Grundelemente gemeinnützigen Handelns und seiner Anerkennung. Ausschließlichkeit ist gegeben, wenn eine Körperschaft nur ihre steuerbegünstigten satzungsmäßigen Zwecke verfolgt (BFH 23.2.2012 – V R 59/09, BStBl. II 2012, 544). § 56 verlangt folglich zweierlei: Zunächst die alleinige Verfolgung satzungsmäßiger Zwecke und ferner, dass die Satzungszwecke uneingeschränkt steuerbegünstigt sind. Das Nebeneinander mehrerer steuerbegünstigter Satzungszwecke verstößt nicht gegen die Ausschließlichkeit, sondern allein die kumulative Verfolgung begünstigter und nicht begünstigter Zwecke. So kann zwar eine Körperschaft etwa neben religiösen auch mildtätige und kirchliche Zwecke fördern (BFH 20.12.1978 – I R 21/76, BStBl. II 1979, 496). Sie verstößt aber gegen die Ausschließlichkeit, wenn sie nach ihrer Satzung auch nicht gemeinnützige Zwecke verfolgt (BFH 18.8.2022 – V R 15/20, BFH/NV 2023, 288; BFH 1.2.2022 – V R 1/20, BStBl. II 2022, 629). Die Förderung des steuerbegünstigten Satzungszwecks darf auch nicht lediglich ein der nicht stbefreiten Tätigkeit untergeordneter Nebenzweck sein. Dies ist der Fall, wenn die Körperschaft mit ihrer Tätigkeit primär auf eine Förderung und Unterstützung ihrer Gesellschafter bei einer diesen obliegenden Aufgabe zielt und damit in ihrer Gesamtrichtung nicht darauf angelegt ist, einen steuerbegünstigten Satzungszweck für die Allgemeinheit, sondern für ihre Gesellschafter zu fördern (BFH 12.5.2022 – V R 37/20, BStBl. II 2022, 603). Die Betätigung der Körperschaft unterliegt dann insgesamt der Stpfl. Beabsichtigt die Körperschaft ihre Förderung auf steuerbegünstigte, bisher nicht satzungsgemäße Ziele auszurichten, bedarf es grds. einer vorherigen Satzungsänderung (AEAO zu § 56 Nr. 2).

2 **Ausnahmen.** § 56 gilt trotz seines Wortlauts nicht uneingeschränkt. Dies folgt bereits aus der unmittelbaren Wechselbeziehung zur Selbstlosigkeit. Selbstloses Handeln ist eine ungeteilt uneigennützige Tätigkeit. Allein ein ausschließlich altruistisches Verhalten verdient das Prädikat der Selbstlosigkeit. § 55 lässt jedoch eine Unterstützung zu, die eigenwirtschaftliche Zwecke verfolgt, wenn diese nur nachrangige Bedeutung haben. Hierdurch schränkt § 55 I zugleich den Begriff der Ausschließlichkeit ein. Das Unterhalten eines wirtschaftlichen Geschäftsbetriebs steht der Gemeinnützigkeit jedoch entgegen, wenn dieser in der Gesamtschau zum Selbstzweck wird und neben die Verfolgung des gemeinnützigen Zwecks tritt (BFH 13.12.2018 – V R 45/17, BStBl. II 2019, 460; BFH 4.3.2020 – I B 57/18, BFH/NV 2020, 1236; BFH 18.8.2022 – V R 15/20, BFH/NV 2023, 288). Weitere Durchbrechungen enthält die Auflistung steuerlich unschädlicher Betätigungen in

§ 58 Nr. 6, 7, 8. Gesellige Zusammenkünfte von untergeordneter Bedeutung, die Förderung des Berufssports oder die Begünstigung des Stifters und seiner Angehörigen schließen die Gemeinnützigkeit nicht aus (BFH 21.1.1998 – II R 16/95, BStBl. II 1998, 758). Die Förderung der Kameradschaft als Vereinszweck neben vorrangigen weiteren Zwecken (Musikverein) lässt die Ausschließlichkeit nicht entfallen, da die Förderung des Gemeinsinns und des verständnisvollen Miteinanders auch zum Zwecke der musikalischen Betätigung erfolgen kann (BFH 11.3.1999 – V R 57/96, BStBl. II 1999, 331). Dies gilt auch für die Unterhaltung von Zweckbetrieben (§ 64 iVm §§ 65–68) und eine vermögensverwaltende Tätigkeit (BFH 23.10.1991 – I R 19/91, BStBl. II 1992, 62). § 64 iVm den EinzelStGesetzen grenzt den stpfl. Bereich aus dem Bereich ideeller Zweckverfolgung aus. § 56 schließt deshalb die Unterhaltung stpfl. wirtschaftlicher Geschäftsbetriebe nicht aus (TK § 56 Rn. 2). Das Ausschließlichkeitsgebot verlangt jedoch, dass die im stpfl. Geschäftsbetrieb erwirtschafteten Überschüsse nur dem steuerbegünstigten satzungsmäßigen Zweck zugeführt werden (BFH 5.2.1992 – I R 59/91, BFH/NV 1993, 341; AEAO zu § 56 Nr. 1). Eine wirtschaftliche Aktivität einer gemeinnützigen Körperschaft darf zudem nicht zum Selbstzweck werden (BFH 4.4.2007 – I R 76/05, DStR 2007, 1121; FG Münster 30.5.2011 – 9 K 73/09 K F, EFG 2012, 437).

II. Einzelfälle

5 Kommt ein Teil der Satzungszwecke in erster Linie den Vereinsmitgliedern und nicht der Allgemeinheit zugute, fehlt es am Merkmal der Ausschließlichkeit (RFH 4.7.1942 – VI a 1/42, RStBl. 1942, 747), wie etwa bei einem Sportverein, der zugleich die Freikörperkultur fördert (BFH 22.10.1971 – III R 81/70, BStBl. II 1972, 197). Die Cafeteria eines Studentenwerks ist als Zweckbetrieb unschädlich (BFH 15.6.1988 – V R 77/83, BFH/NV 1989, 265). Stellungnahmen zu tagespolitischen Themen verstoßen nicht grds. gegen eine ausschließliche Förderung des Friedens (BFH 23.11.1988 – I R 11/88, BStBl. II 1989, 391), anders bei umfänglicher politischer Meinungsäußerung zum Zwecke der gesellschaftlichen Veränderungen über den steuerbegünstigten satzungsmäßigen Zweck hinaus (BFH 9.2.2011 – I R 19/10, BFH/NV 2011, 1113; BFH 10.1.2019 – V R 60/17, BStBl. II 2019, 301). Die Grenzen der allgemeinpolitischen Betätigung einer steuerbegünstigten Körperschaft sind noch gewahrt, wenn die Beschäftigung mit politischen Vorgängen im Rahmen dessen liegt, was das Eintreten für die satzungsmäßigen Ziele und deren Verwirklichung erfordert (BFH 20.3.2017 – X R 13/15, BStBl. II 2017, 1110). Die Verpachtung landwirtschaftlicher Betriebe durch einen Verein zur Förderung der biologisch-dynamischen Wirtschaftsweise verstößt als Vermögensverwaltung nicht gegen § 56 (BFH 23.10.1991 – I R 19/91, BStBl. II 1992, 62). Die Erfüllung von Verbindlichkeiten, die durch das Stiftungsgeschäft übergehen, verstößt nicht gegen die Ausschließlichkeit, da die Verbindlichkeit dem Aktivvermögen bei der Übertragung anhaftete (BFH 21.1.1998 – II R 16/95, BStBl. II 1998, 758). Aktiengeschäfte in bankmäßigem Umfang sind kein Nebenzweck, sondern eigenständiger Zweck unter Verstoß gegen die Ausschließlichkeit (FG Hessen 17.8.2018 – 4 V 1131/17, EFG 2018, 1754).

§ 57 Unmittelbarkeit

(1) [1]**Eine Körperschaft verfolgt unmittelbar ihre steuerbegünstigten satzungsmäßigen Zwecke, wenn sie selbst diese Zwecke verwirklicht.** [2]**Das kann auch durch Hilfspersonen geschehen, wenn nach den Umständen des Falls, insbesondere nach den rechtlichen und tatsächlichen Beziehungen, die zwischen der Körperschaft und der Hilfsperson bestehen, das Wirken der Hilfsperson wie eigenes Wirken der Körperschaft anzusehen ist.**

(2) **Eine Körperschaft, in der steuerbegünstigte Körperschaften zusammengefasst sind, wird einer Körperschaft, die unmittelbar steuerbegünstigte Zwecke verfolgt, gleichgestellt.**

(3) [1] **Eine Körperschaft verfolgt ihre steuerbegünstigten Zwecke auch dann unmittelbar im Sinne des Absatzes 1 Satz 1, wenn sie satzungsgemäß durch planmäßiges Zusammenwirken mit mindestens einer weiteren Körperschaft, die im Übrigen die Voraussetzungen der §§ 51 bis 68 erfüllt, einen steuerbegünstigten Zweck verwirklicht.** [2] **Die §§ 14 sowie 65 bis 68 sind mit der Maßgabe anzuwenden, dass für das Vorliegen der Eigenschaft als Zweckbetrieb bei der jeweiligen Körperschaft die Tätigkeiten der nach Satz 1 zusammenwirkenden Körperschaften zusammenzufassen sind.**

(4) **Eine Körperschaft verfolgt ihre steuerbegünstigten Zwecke auch dann unmittelbar im Sinne des Absatzes 1 Satz 1, wenn sie ausschließlich Anteile an steuerbegünstigten Kapitalgesellschaften hält und verwaltet.**

Schrifttum: Holland, Hilfspersonenregelung – eine Zwischenbilanz, DStR 2006, 1783; Hüttemann/Schauhoff, Die „unmittelbare Gemeinnützigkeit" – eine unmittelbare Gefahr für gemeinnützige Körperschaften, FR 2007, 1133; Holland, Kooperationen zwischen gemeinnützigen Organisationen – Neues zur Hilfsperson, DStR 2010, 2057; Leippe, Steuerliche Aspekte der kommunalen Wirtschaftsförderung, DStZ 2011, 369; Haaf, Konsilleistungen wider die Unmittelbarkeit im Gemeinnützigkeitsrecht?, DStR 2012, 159; Schunk, Kooperationen zwischen gemeinnützigen Körperschaften und § 57 AO, DStR 2014, 934; Salzberger/Schröder, Übertragung eines wirtschaftlichen Geschäftsbetriebes oder Auslagerung von Hilfsfunktionen auf eine Tochter-GmbH, DStR 2015, 1602; Schunk, Das Unmittelbarkeitsgebot nach § 57 AO, npoR 2016, 53; Eisolt, Gemeinnützige Empfängerkörperschaften als Hilfspersonen iSd § 57 Abs. 1 S. 2 AO, DStR 2020, 1417; Uhl, Neue Kooperationsmöglichkeiten für Stiftungen nach § 57 Abs. 3 AO, SB 2021, 54.

I. Allgemeines

§ 57 erläutert den Begriff der Unmittelbarkeit (BT-Drs. VI/1982, 117) und betrifft die personenspezifische Zurechnung eines bestimmten Erfolges zu einem Tätigwerden der Körperschaft (persönliche Unmittelbarkeit, vgl. TK § 57 Rn. 1). Die in § 57 enthaltenen Regelungen, namentlich zu Hilfspersonen (§ 57 I 2), führen zu Abgrenzungsschwierigkeiten und erschweren die Organisation bzw. Strukturierung von gemeinnützigen Körperschaften sowie ihrer Tätigkeiten. Der Gesetzgeber hat mit den durch das JStG 2020 (BGBl. 2020 I 3096) mWv 29.12.2020 (Art. 50 I JStG 2020) angefügten Abs. 3 und 4 teilweise Abhilfe geschaffen. § 58 Nr. 1–5, 9 enthalten weitere Ausnahmen von der Unmittelbarkeit. 1

II. Unmittelbarkeit (Abs. 1)

Unmittelbarkeit ist die Verwirklichung der steuerbegünstigten satzungsmäßigen Zwecke durch die Körperschaft selbst. Entscheidend ist die Zweckverfolgung durch Selbstverwirklichung, dh eigenes oder zurechenbares Verhalten Dritter. Eigenes körperschaftliches Handeln erfolgt durch die vertretungsberechtigten Organe der Körperschaft (vgl. § 26 II BGB). Selbstverwirklichung liegt auch vor, wenn ein Tätigwerden von Angestellten oder freien Mitarbeitern der Körperschaft auf schuldrechtlicher oder gesetzlicher Grundlage zuzurechnen ist. Der als Vertreter iSd § 164 BGB handelnde Angestellte, der als **Erfüllungsgehilfe** (§ 278 BGB) beauftragte Spediteur zur Anlieferung von Hilfsgütern oder der für einen Vortrag verpflichtete Dozent an der Volkshochschule erfüllen die satzungsmäßigen Aufgaben für die Körperschaft. Weisungsgebundenheit der Hilfsperson ist lediglich erforderlich, soweit dies Voraussetzung für die zivilrechtliche Zurechenbarkeit des Verhaltens ist (ebenso Hüttemann DStjG 2003, 49 (56); FG Niedersachsen 8.4.2010 – 6 K 139/09, BeckRS 2010, 26030189 zu Werkvertrag; TK § 57 Rn. 4; weitergehend AEAO zu § 57 Nr. 2; vgl. aber auch BFH 26.4.1995 – I R 35/93, BStBl. II 1995, 767: Suchtberatung durch „geliehenes" Personal). Auch der Vortrag des nicht weisungsgebundenen Dozenten ist der Körperschaft zuzurechnen, wenn er aufgrund eines schuldrechtlichen 2

Vertrages für diese den Bildungsauftrag erfüllt (vgl. jedoch FG Brandenburg 20.8.2002 – 2 K 1046/01, EFG 2002, 1355: keine unmittelbare Zweckverfolgung bei notwendiger Nutzungsvereinbarung jedes Mitgliedes mit einer Golfplatzbetreiber-KG; zu Unrecht fordert daher AEAO zu § 57 Nr. 2 den Nachweis, dass konkrete Weisungen bzgl. Inhalt und Umfang der Tätigkeit der Hilfsperson erfolgt sind; zu Recht krit. TK § 57 Rn. 4). Nichts anderes besagt § 57 I 2. Bei der Erfüllung ihrer vertraglichen Verpflichtung muss die Hilfsperson nicht im Namen oder für Rechnung der Körperschaft handeln (vgl. auch zur Übertragung der Öffentlichkeitsarbeit auf eine Werbeagentur BFH 18.12.2002 – I R 60/01, BFH/NV 2003, 1025). Eine andere gemeinnützige Körperschaft kann als Hilfsperson eingeschaltet werden. Die Auffassung, dass diese mit der Hilfstätigkeit grds. keine eigene steuerbegünstigte Tätigkeit erfüllt (BFH 7.3.2007 – I R 90/04, BStBl. II 2007, 628), hat der BFH nach Kritik in der Literatur (vgl. Hüttemann/Schauhoff FR 2007, 1133) aufgegeben. Dient die Hilfstätigkeit nicht nur der Unterstützung der steuerbegünstigten Tätigkeit einer anderen Körperschaft, sondern werden hierdurch zugleich eigene steuerbegünstigte Satzungsziele verfolgt, erfolgt die Zweckverfolgung auch unmittelbar (BFH 17.2.2010 – I R 2/08, BStBl. II 2010, 1006; AEAO zu § 57 Nr. 2). Hiervon ist im Fall eines arbeitsteiligen Zusammenwirkens mehrerer steuerbegünstigter Körperschaften auszugehen, soweit sie selbst einen steuerbegünstigten Zweck verfolgen (BFH 12.5.2022 – V R 37/20, BStBl. II 2022, 603; s. nunmehr auch § 57 III). Dies gilt auch, wenn die Körperschaft eine Leistung aufgrund schuldrechtlicher Vereinbarung erbringt, die aber zumindest faktisch unmittelbar dem eigenen steuerbegünstigten Satzungszweck dient (BFH 6.2.2013 – I R 59/11, BStBl. II 2013, 603; anders bei Erbringung einer bloßen Dienstleistung gegenüber der begünstigten Körperschaft). Demgegenüber soll die Körperschaft unmittelbar steuerbegünstigte Zwecke verfolgen, wenn sie die Hilfsdienste unmittelbar am Hilfsbedürftigen erbringt (BFH 27.11.2013 – I R 17/12, BStBl. II 2016, 68). Diese Abgrenzung führt zu willkürlichen Ergebnissen (vgl. Schunk DStR 2014, 934). Nach Auffassung der FVerw. muss die Hilfsperson ihren Beitrag im Außenverhältnis selbständig und eigenverantwortlich erbringen (AEAO zu § 57 Nr. 2; zweifelhaft; zur Kritik vgl. Hüttemann DB 2016, 1338).

Aus der Handlungsbezogenheit des Tatbestandes ergibt sich zugleich, dass die Bestrebungen nicht zu einem bestimmten Erfolg geführt haben müssen. Ein Rangverhältnis zwischen Organhandeln und dem Einsatz von Hilfspersonen besteht nicht. Die Körperschaft ist daher völlig frei zu entscheiden, wann, wozu und in welchem Umfang sie sich Dritter zur Erfüllung ihrer Aufgaben bedient (TK § 57 Rn. 4).

3 **Mittelbar** handelt diejenige Körperschaft, die nicht selbst eine Förderung der Allgemeinheit anstrebt, sondern lediglich die gemeinnützigen Zwecke anderer Stpfl. durch finanzielle, sachliche oder personelle Mittel unterstützt. Nicht ausreichend ist deshalb das bloße Handeln als Hilfsperson, die lediglich fremde gemeinnützige Zwecke ihres Auftraggebers verwirklicht (BFH 12.5.2022 – V R 37/20, BStBl. II 2022, 603). Ist die Körperschaft selbst nur Erfüllungsgehilfe, Vertreter oder Förderer, setzt sie nicht eigenverantwortlich eine auf die Verwirklichung des gemeinnützigen Zwecks abzielende Ursache (vgl. BFH 7.3.2007 – I R 90/04, BStBl. II 2007, 628). Ein Verstoß gegen § 57 eröffnet mangels drittschützender Wirkung kein Klagerecht für benachteiligte Dritte (BFH 15.10.1997 – I R 10/92, BStBl. II 1998, 63).

III. Dachverbände und Spitzenorganisationen (Abs. 2)

6 § 57 II durchbricht den Grundsatz der Unmittelbarkeit für Dach- und Spitzenverbände, die ihre gemeinnützigen Mitgliedskörperschaften fördern oder betreuen, indem sie den Verband ihren Mitgliedern gleichstellt (vgl. Hüttemann DStjG 2003, 49 (56)). Die Dachorganisation verwirklicht nicht selbst gemeinnützige Zwecke, sondern unterstützt nur die Selbstverwirklichung ihrer Mitglieder. Die Fiktion greift nur ein, soweit alle Mitglieder Körperschaften sind, die selbstlos, unmittelbar und ausschließlich steuerbegünstigte Zwecke

verfolgen (Klein § 57 Rn. 9). Verliert eine Mitgliedskörperschaft ihre Gemeinnützigkeit, schlägt dies auf die Spitzenorganisation durch (vgl. AEAO zu § 57 Nr. 3 S. 3), sofern sie sich nicht unverzüglich von diesem Mitglied trennt. Dies gilt auch für den Fall des rückwirkenden Widerrufs der StVergünstigung (OFD Köln 20.6.1980, BeckVerw 123028). § 57 II erstreckt sich nicht auf Zusammenschlüsse, die lediglich zur gemeinsamen Aufgabenwahrnehmung gegründet wurden, wie zB die Zentralwäscherei für mehrere Krankenhäuser (FG Düsseldorf 8.5.1991 – 7 K 89/86 U, EFG 1992, 99; FG Niedersachsen 5.12.2007 – 5 K 312/02, EFG 2008, 415; Klein § 57 Rn. 9). Verfolgt der Dachverband selbst unmittelbar gemeinnützige Zwecke, bedarf es der Fiktion des § 57 II nicht. Mitglieder dieser Körperschaft müssen weder selbst gemeinnützig tätig noch ausschließlich wiederum Körperschaften sein. Die nicht steuerbegünstigten Mitglieder dürfen jedoch nicht gefördert werden, weil hierdurch gegen das Gebot der selbstlosen und ausschließlichen Verfolgung gemeinnütziger Zwecke verstoßen wird (AEAO zu § 57 Nr. 3 S. 4 und 5). Nicht anwendbar ist § 57 II auf Holdingkörperschaften, die lediglich Anteile von gemeinnützigen Körperschaften halten (s. dazu § 57 IV).

IV. Planmäßiges Zusammenwirken mehrerer Körperschaften (Abs. 3)

Das Merkmal der Unmittelbarkeit schreibt nach § 57 I 1 vor, dass die Körperschaft ihre satzungsmäßigen steuerbegünstigten Zwecke selbst verwirklichen muss. Dieses Selbstverwirklichungserfordernis schließt eine Ausgliederung einer Servicetätigkeit aus dem Zweckbetrieb auf einen eigenständigen, steuerbegünstigten Rechtsträger grds. aus (vgl. zur Ausgliederung eines Krankenhauslabors BFH 6.2.2013 – I R 59/11, BStBl. II 2013, 603), da die Servicegesellschaft lediglich mittelbar die steuerbegünstigten Zwecke der ausgliedernden Körperschaft verfolgt. Die hierdurch bewirkte Verhinderung arbeitsteiligen Zusammenwirkens wurde vom Gesetzgeber nicht für sachgerecht gehalten (vgl. BT-Drs. 19/25160, 202). Aus diesem Grund lässt Abs. 3 mWv 29.12.2020 (→ Rn. 1) eine Ausnahme vom Selbstverwirklichungsgebot zu. 7

Satzungserfordernis. Abs. 3 S. 1 schreibt vor, dass die Art der Zweckverwirklichung, das Zusammenwirken, mit anderen steuerbegünstigten Körperschaften **in der Satzung** der ausgegliederten Körperschaft aufgenommen wird. Die Körperschaft muss zudem mindestens einen steuerbegünstigten Zweck in ihrer Satzung ausweisen, den sie durch die Kooperationsleistung erfüllen will (vgl. Hüttemann DB 2021, 72). Der Angabe einer bestimmten Kooperationskörperschaft in der Satzung bedarf es nicht (TK § 57 Rn. 11; aA AEAO zu § 57 Nr. 8: Körperschaften müssen bezeichnet werden). Bei Kooperation mit einem Unternehmensverbund soll die Bezeichnung des Konzerns ausreichen. Ein Zusammenwirken mit stbegünstigten Betrieben gewerblicher Art juristischer Personen des öffentlichen Rechts ist ebenfalls zulässig (AEAO zu § 57 Nr. 7). Eine namentliche Benennung der einzelnen Partner des Verbundes müsse sich dann aus einer Aufstellung ergeben, die der FVerw. zu Beginn der Kooperation und bei Änderung des Kooperationspartners vorzulegen sei (AEAO zu § 57 Nr. 9). Die Anforderungen der FVerw. überspannen die formellen Voraussetzungen und konterkarieren so den Gesetzeszweck. Das Erfordernis der Namensnennung hätte bei jedem Wechsel des Kooperationspartners eine aufwendige Satzungsänderung zur Folge. Dies führt dazu, dass die Körperschaft nicht auf die Notwendigkeit eines kurzfristigen Austausches eines Kooperationspartners reagieren könnte. 8

Die FVerw. lässt eine Kooperation bereits vor Eintritt der Wirksamkeit der Satzungsänderung zu, wenn ein wirksamer Organbeschluss vorliegt, die Eintragung der Satzungsänderung auf den Weg gebracht wurde und erfolgt (AEAO zu § 57 Nr. 9). 8a

Planmäßiges Zusammenwirken. Abs. 3 S. 1 verlangt ein planmäßiges Zusammenwirken mit mindestens einer weiteren steuerbegünstigten Körperschaft. Dem Gesetz oder seiner Begründung lässt sich nicht entnehmen, was unter diesem Tatbestandsmerkmal zu verstehen ist bzw. welche Bedeutung der Gesetzgeber ihm beigemessen hat. Da ein arbeitsteiliges Zusammenwirken grds. gewisse Absprachen erfordert, kommt dem Merkmal der 9

Planmäßigkeit keine eigenständige Bedeutung zu (ebenso Hüttemann DB 2021, 72). Demzufolge genügt zur Erfüllung der Unmittelbarkeit jegliches Zusammenwirken. Nach Auffassung der FVerw. erfordert ein planmäßiges Zusammenwirken hingegen ein gemeinsames, inhaltlich aufeinander abgestimmtes und koordiniertes Wirken (AEAO zu § 57 Nr. 5). Zusammenwirken umfasst alle Handlungen, die auf die Kooperation mit einer weiteren steuerbegünstigten Körperschaft angelegt sind, um die eigenen steuerbegünstigten Zwecke zu verwirklichen. Dazu zählen nicht nur Dienstleistungen, sondern auch die Überlassung von beweglichen und unbeweglichen Wirtschaftsgütern, Inkassoleistungen und sonstige kooperative Fördermaßnahmen. Die Zusammenarbeit kann nicht nur in klassischen Serviceleistungen (zB Wäscherei, Fahrdienste) bestehen, sondern auch im Ausbildungs-, Verwaltungs- oder Ausstattungsbereich liegen (zB Schulung von Mitarbeitern, Buchführungsarbeiten, Überlassung von Räumlichkeiten; AEAO zu § 57 Nr. 5). Ein Zusammenwirken fehlt indes bei der bloßen Auftragsvergabe an Dritte ohne eigene Mitwirkung bei der Projektverwirklichung (AEAO zu § 57 Nr. 6). Ob die Kooperationsleistung entgeltlich erfolgt, ist unerheblich (Hüttemann DB 2021, 72). Nicht erforderlich ist ebenso eine mehrfache oder nachhaltige Zusammenarbeit oder die wirtschaftliche oder finanzielle Verbundenheit bzw. Eingliederung der zusammenwirkenden Körperschaften (AEAO zu § 57 Nr. 6).

10 **Zweckbetriebseigenschaft.** Abs. 3 S. 2 legt fest, dass die im Rahmen des Zusammenwirkens bewirkten Leistungen in ihrer Gesamtheit zu beurteilen sind (BT-Drs. 19/25160, 202). Erbringt die Körperschaft Kooperationsleistungen für einen Zweckbetrieb iSd §§ 65 ff., erfolgen die Tätigkeiten folglich als Zweckbetriebsleistungen. Die rechtsträgerübergreifende Betrachtung erübrigt eine eigenständige Prüfung der Zweckbetriebseigenschaft der Kooperationsleistung, die damit auch bei Entgeltlichkeit dem steuerbegünstigten Bereich zuzuordnen ist. Das nicht marktgerechte Entgelt von Kooperationsleistungen kann deshalb auch keine vGA bewirken (vgl. Hüttemann DB 2021, 72). § 57 III 2 gilt nach seinem Wortlaut lediglich für das Zusammenwirken im ideellen Bereich. Ob der Gesetzgeber eine Regelung für die stfreie Vermögensverwaltung nicht bedacht hat, also eine analoge Anwendung möglich ist, scheint angesichts der Gesetzesbegründung indes zweifelhaft (für analoge Anwendung Hüttemann DB 2021, 72).

V. Holdingkörperschaft (Abs. 4)

11 Das Halten einer Beteiligung an einer steuerbegünstigten oder stpfl. KapGes wurde bislang dem Bereich der Vermögensverwaltung zugeordnet (→ § 14 Rn. 26; AEAO zu § 64 Nr. 3). Hiervon macht Abs. 4 mWv. 29.12.2020 (→ Rn. 1) für Körperschaften eine Ausnahme, die ausschließlich oder neben anderen steuerbegünstigten Zwecken Anteile an steuerbegünstigten Körperschaften hält oder verwaltet. Die gesetzliche Regelung führt dazu, dass das Halten und/oder Verwalten einer Beteiligung an einer steuerbegünstigten Körperschaft selbst die Verfolgung steuerbegünstigter Zwecke bewirkt und damit dem ideellen Bereich zuzuordnen ist (Hüttemann DB 2021, 72). Die Beteiligung an einer steuerbegünstigten KapGes genügt. Eine Mindestbeteiligungsquote ist nicht erforderlich (AEAO zu § 57 Nr. 13). Die Anteile selbst stellen damit nutzungsgebundenes Vermögen iSd § 55 I Nr. 5 S. 2 dar, sodass sie mit zeitnah zu verwendenden Mitteln finanziert werden können (AEAO zu § 57 Nr. 15). Dies hat auch zur Folge, dass die Ausschüttungen zeitnah zu verwendende Mittel sind (§ 55 Nr. 5).

VI. Einzelfälle

12 Die Rspr. hat die Unmittelbarkeit in folgenden Fällen verneint: Vereinigung der Zelt- und Wohnwagenwanderer auf sportlicher Grundlage und zur Interessenvertretung gegenüber Behörden und Verbänden (BFH 22.10.1971 – III R 52/70, BStBl. II 1972, 204); Freimaurerloge (BFH 26.1.1973 – III R 40/72, BStBl. II 1973, 430); Bewirtung und Unterbringung der Tagungsteilnehmer einer gemeinnützigen Forschungsgesellschaft (FG

Baden-Württemberg 28.9.1972 – II 132/71, EFG 1973, 133); Stadthallenbetrieb, der neben kulturellen Veranstaltungen auch Tagungen und Kongresse umfasst (BFH 19.6.1974 – I R 14/72, BStBl. II 1974, 664); GmbH, die Regionalflughafen errichtet und betreibt (BFH 21.8.1974 – I R 81/73, BStBl. II 1975, 121); durch Werbeeinnahmen finanzierte Festschrift eines Vereins (BFH 4.3.1976 – IV R 189/71, BStBl. II 1976, 472); Orden, der die Verbreitung sittlicher Werte durch vorrangige Wissens- und Verhaltensbildung seiner Mitglieder betreibt (BFH 13.12.1978 – I R 36/76, BStBl. II 1979, 492); regionale Wirtschaftsförderung einer KapGes (FG Niedersachsen 24.9.1980 – VI 551/78, EFG 1981, 202; FG Saarland 21.8.1981 – I 74–75/78, EFG 1982, 214; aA Seemann DB 1991, 2359); Reinigung und Gewährung von Unterkunft und Verpflegung durch GmbH an Lehrgangsteilnehmer in einer einem Sportverband gehörenden Sportschule (BFH 25.2.1981 – II R 110/77, BStBl. II 1981, 478); Arzneimittellieferungen einer Krankenhausapotheke an Krankenhäuser anderer Krankenhausträger (BFH 18.10.1990 – V R 76/89, BStBl. II 1991, 268); Fortentwicklung des StRechts durch Prozessfinanzierung (FG Niedersachsen 18.3.2004 – 6 K 136/01, EFG 2004, 1650); Zentralwäscherei, die ausschließlich Leistungen für ihre Gesellschafter (Krankenhäuser) erbringt (FG Düsseldorf 8.5.1991 – 7 K 89/86 U, EFG 1992, 99); wirtschaftsberatende Tätigkeit für seine Gesellschafter (BFH 7.3.2007 – I R 90/04, DStR 2007, 938); die Verpachtung zu gemeinnützigen Zwecken an einen Dritten (vgl. FG Baden-Württemberg 31.7.1997 – 3 K 268/93, EFG 1997, 1341); durch gemeinsame Veranstaltung von Tagungen mit Dritten verwirklicht Verein Zwecke nur unmittelbar, wenn er die gesamte Veranstaltung auch eigenverantwortlich führt (FG Hamburg 8.12.1997 – II 98/95, EFG 1998, 916); Unterhaltung eines Friedhofsvereins (FG Münster 19.2.2018 – 13 K 3313/15 F, EFG 2018, 897).

§ 58 Steuerlich unschädliche Betätigungen

Die Steuervergünstigung wird nicht dadurch ausgeschlossen, dass

1. **eine Körperschaft einer anderen Körperschaft oder einer juristischen Person des öffentlichen Rechts Mittel für die Verwirklichung steuerbegünstigter Zwecke zuwendet. [2] Mittel sind sämtliche Vermögenswerte der Körperschaft. [3] Die Zuwendung von Mitteln an eine beschränkt oder unbeschränkt steuerpflichtige Körperschaft des privaten Rechts setzt voraus, dass diese selbst steuerbegünstigt ist. [4] Beabsichtigt die Körperschaft, als einzige Art der Zweckverwirklichung Mittel anderen Körperschaften oder juristischen Personen des öffentlichen Rechts zuzuwenden, ist die Mittelweitergabe als Art der Zweckverwirklichung in der Satzung zu benennen,**
2. **(weggefallen)**
3. **eine Körperschaft ihre Überschüsse der Einnahmen über die Ausgaben aus der Vermögensverwaltung, ihre Gewinne aus den wirtschaftlichen Geschäftsbetrieben ganz oder teilweise und darüber hinaus höchstens 15 Prozent ihrer sonstigen nach § 55 Absatz 1 Nummer 5 zeitnah zu verwendenden Mittel einer anderen steuerbegünstigten Körperschaft oder einer juristischen Person des öffentlichen Rechts zur Vermögensausstattung zuwendet. [2] Die aus den Vermögenserträgen zu verwirklichenden steuerbegünstigten Zwecke müssen den steuerbegünstigten satzungsmäßigen Zwecken der zuwendenden Körperschaft entsprechen. [3] Die nach dieser Nummer zugewandten Mittel und deren Erträge dürfen nicht für weitere Mittelweitergaben im Sinne des ersten Satzes verwendet werden,**
4. **eine Körperschaft ihre Arbeitskräfte anderen Personen, Unternehmen, Einrichtungen oder einer juristischen Person des öffentlichen Rechts für steuerbegünstigte Zwecke zur Verfügung stellt,**

5. eine Körperschaft ihr gehörende Räume einer anderen, ebenfalls steuerbegünstigten Körperschaft oder einer juristischen Person des öffentlichen Rechts zur Nutzung zu steuerbegünstigten Zwecken überlässt,
6. eine Stiftung einen Teil, jedoch höchstens ein Drittel ihres Einkommens dazu verwendet, um in angemessener Weise den Stifter und seine nächsten Angehörigen zu unterhalten, ihre Gräber zu pflegen und ihr Andenken zu ehren,
7. eine Körperschaft gesellige Zusammenkünfte veranstaltet, die im Vergleich zu ihrer steuerbegünstigten Tätigkeit von untergeordneter Bedeutung sind,
8. ein Sportverein neben dem unbezahlten auch den bezahlten Sport fördert,
9. eine von einer Gebietskörperschaft errichtete Stiftung zur Erfüllung ihrer steuerbegünstigten Zwecke Zuschüsse an Wirtschaftsunternehmen vergibt,
10. eine Körperschaft Mittel zum Erwerb von Gesellschaftsrechten zur Erhaltung der prozentualen Beteiligung an Kapitalgesellschaften im Jahr des Zuflusses verwendet. [2]Dieser Erwerb mindert die Höhe der Rücklage nach § 62 Absatz 1 Nummer 3.

Schrifttum: Unger, Mittelbeschaffung und Mittelverwendung gemeinnütziger Körperschaften, DStZ 2010, 141; Schauhoff/Kirchhain, Steuer- und zivilrechtliche Neuerungen für gemeinnützige Körperschaften und deren Förderer, FR 2013, 301; Schütz/Runte, Das Ehrenamtstärkungsgesetz - neue Impulse für den Non-Profit-Bereich?, DStR 2013, 1261; Suck, Zur Zulässigkeit einer mehrfachen Mittelweitergabe nach § 58 Nr. 1 AO, SteuK 2013, 184; Spitaler/Schröder, Gemeinnützigkeitssteuerrecht: Neuerungen bei der zeitnahen Mittelverwendung und Rücklagenbildung, DStR 2014, 2144; Salzberger/Schröder, Ausgliederung von steuerbegünstigten Betrieben und Vermögensausstattung einer steuerbegünstigten Körperschaft, DStR 2015, 1665; Hüttemann/Schauhoff/Kirchhain, Fördertätigkeiten gemeinnütziger Körperschaften und Konzerne, DStR 2016, 633; Fiand, Mittelweitergabe an ausländische Körperschaften, NWB 2018, 1954; Weiten/Marquardsen, Gemeinnützigkeitskonforme Mittelweitergabe durch Förderkörperschaften, DStR 2020, 85; Orth, Mittelzuwendungen i. S. d. § 58 Nr. 1 AO und zeitnahe Mittelverwendung, BB 2022, 23.

I. Allgemeines

1 **Rechtsentwicklung.** Das Gesetz zur weiteren steuerlichen Förderung von Stiftungen (StiftungsFördG, BGBl. 2000 I 1034) hat mit Wirkung vom 1.1.2000 (Art. 97 § 1a III EGAO) die Rücklagenbildung in § 58 Nr. 7a erweitert, die Mittelzuführung zum Vermögen erstmalig in § 58 Nr. 11 geregelt sowie für Stiftungen die Möglichkeit einer Ansparrücklage in § 58 Nr. 12 eingeführt (s. nun § 62). § 58 Nr. 1 beschränkt mit Wirkung vom 1.1.2001 (Art. 97 § 1a I EGAO) den Kreis für unbeschränkt stpfl. Empfänger auf steuerbegünstigte Körperschaften. Diese zum Zwecke der Missbrauchsverhinderung eingeführte Änderung des § 58 Nr. 1 wurde durch Gesetz vom 21.7.2004 (BGBl. 2004 I 1753) mit Wirkung ab 1.1.2001 (Art. 97 § 1a I EGAO) auf Körperschaften des privaten Rechts beschränkt. Von Betrieben gewerblicher Art sei ein Missbrauch der Regelung nicht zu erwarten. Die BReg erhob wegen der nicht gerechtfertigten Ungleichbehandlung gegen den Entwurf verfassungsrechtliche Bedenken (BR-Drs. 15/904, 7). Durch Gesetz vom 10.10.2007 (BGBl. 2007 I 2332) wurde der Empfängerkreis in Nr. 3 und 4 mit Wirkung vom 1.1.2007 um Körperschaften des öffentlichen Rechts erweitert (Art. 97 § 1d EGAO).

Das JStG 2010 (BGBl. 2010 I 1768) hat in den Nr. 1–4 den Begriff Körperschaft des öffentlichen Rechts durch juristische Person des öffentlichen Rechts mWv 14.12.2010 klarstellend geändert. Die Neuregelung ist rückwirkend auf alle offenen StFestsetzungen anzuwenden (Art. 97 § 1d III EGAO). Das Ehrenamtsstärkungsgesetz (BGBl. 2013 I 556) regelt die Ausnahmen von der zeitnahen Mittelverwendung mWv 1.1.2014 (Art. 12 III des Gesetzes) vollständig neu. Die bisherigen Nr. 6, 7, 11 und 12 werden nunmehr mit der erstmaligen Normierung einer Wiederbeschaffungsrücklage in § 62 zusammengefasst. Die ebenfalls mWv 1.1.2014 eingefügten Nr. 3 und 10 lockern das Verbot der dauerhaften Vermögensausstattung anderer gemeinnütziger Körperschaften und die Mittelverwendung für den Erwerb von Gesellschaftsrechten. Durch das JStG 2020 wurde § 58 Nr. 1 neu gefasst und Nr. 2 mWv. 29.12.2020 (Art. 50 I JStG 2020) aufgehoben. Zu Erläuterungen zu § 58 Nr. 1 und 2 in der bis zum 28.12.2020 geltenden Fassung s. die Vorauflage.

Bedeutung der Vorschrift. Entspr. dem Grundsatz des § 51 müssen steuerbegünstigte Zwecke ausschließlich, selbstlos und unmittelbar verfolgt werden. § 58 durchbricht diesen Grundsatz und lässt zahlreiche Ausnahmen von den Prinzipien der Selbstlosigkeit, Ausschließlichkeit und Unmittelbarkeit zu. Eine Zuordnung der jeweiligen Ausnahme zum Einzelprinzip ist entbehrlich, da sie unterschiedslos von allen drei Prinzipien dispensieren (BT-Drs. VI/1982, 117). Anders als § 5 GemeinnützigkeitsVO enthält § 58 nicht nur unschädliche Betätigungen, die neben dem Hauptzweck verfolgt werden, sondern auch Betätigungen, die den alleinigen oder einen Hauptzweck des Vereins bilden können (Nr. 1, 9). Da die satzungsmäßigen Zwecke und die Art ihrer Verwirklichung in der Satzung zu bezeichnen sind, muss die unschädliche Hauptbetätigung satzungsmäßig festgelegt sein (FG Niedersachsen 8.4.2010 – 6 K 139/09, BeckRS 2010, 26030189). Die Benennung der begünstigten Körperschaft(en) ist nicht erforderlich (aA FG Köln 18.5.1983 – I 283/82 K, EFG 1984, 83). Die Verwirklichung der Ausnahmetatbestände in § 58 Nr. 3 –8, 10 muss aufgrund ihrer Einordnung als Nebentätigkeiten hingegen nicht in der Satzung erwähnt werden (AEAO zu § 58 Nr. 2 bis 10). 2

II. Unschädliche Betätigungen

1. Weitergabe von Mitteln (Nr. 1)

§ 58 Nr. 1 verdrängt das Gebot der Unmittelbarkeit. Körperschaften, die nicht selbst eine Förderung der Allgemeinheit anstreben, sondern als alleinigen Zweck, Haupt- oder Nebenzweck lediglich die gemeinnützigen Zwecke anderer Stpfl. finanziell unterstützen, können als gemeinnützig anerkannt werden. Die Vorschrift ist für sog. Spendensammel- und Fördervereine (für Schulen, Forschungseinrichtungen, Errichtung von Sportanlagen) geschaffen und durch das JStG 2020 auf jegliche Mittelzuwendung erweitert worden. 3

Nach **S. 1** ist jede Mittelzuwendung einer Körperschaft an eine andere Körperschaft für die Verwirklichung der steuerbegünstigten Zwecke der Empfängerkörperschaft unschädlich. Die bisherige Unterscheidung zwischen Mittelbeschaffung (Nr. 1 aF) und einer teilweisen Mittelzuwendung (Nr. 2 aF) wurde aufgegeben. Der Satzungszweck „Zuwendung von Mitteln für eine andere Körperschaft" wird durch die Mittelbeschaffung und bereichernde Mittelweitergabe an den Empfänger verwirklicht (BT-Drs. 19/25160, 203). Folglich ist es unerheblich, ob die Geberkörperschaft die Mittel selbst beschafft und weitergibt oder die Zuwendung ihrem Vermögen entnimmt (Hüttemann DB 2021, 72). Nicht erforderlich ist, dass die Mittelbeschaffung auf Ebene der Fördergesellschaft zu demselben Zweck erfolgen muss, den auch die geförderte Körperschaft nach ihrer Satzung verfolgt (sog. Synchronitätsgebot; so bereits zu aF Kirchhain DStR 2013, 2141; offen gelassen in BFH 25.6.2014 – I R 41/12, BFH/NV 2015, 235; Klein § 58 Rn. 13; AEAO zu § 58 Nr. 1). Eine derartige Synchronität lässt sich dem Gesetz nicht entnehmen. Bei der Verwirklichung eigener gemeinnütziger Zwecke durch Weitergabe von Mitteln stellt sich der Wegfall des Gebots der Synchronität beim Wechsel der Zweckverwirklichung (zB Umweltschutzverein an Motorsportverein) durchaus als problematisch dar (krit. ebenso Hüttemann DB 2021, 72; TK § 58 Rn. 2a). Auch der steuerbegünstigte Zweck, für den Mittel beschafft werden sollen, muss nicht in der Satzung angegeben werden (aber → Rn. 7). Hiervon zu unterscheiden ist die Angabe des eigenen steuerbegünstigten Zwecks „Mittelzuwendung" (AEAO zu § 58 Nr. 1). Den Nachweis über die tatsächliche Verwendung zu steuerbegünstigten Zwecken durch die Empfängerkörperschaft muss die Fördergesellschaft nicht erbringen. Die geförderte Körperschaft kann selbst ebenfalls eine Mittelbeschaffungskörperschaft sein (Suck SteuK 2013, 184). Die darlehensweise Überlassung von Mitteln genügt nicht. 4

Mittel (S. 2) sind sämtliche Vermögenswerte einer Körperschaft, die aus Spenden, Beiträgen, Einkünften aus Vermögensverwaltung, Zweckbetrieben und wirtschaftlichen 5

Geschäftsbetrieben stammen können (BFH 23.10.1991 – I R 19/91, BStBl. II 1992, 62). Eine Mittelzuwendung umfasst folglich nicht nur die Übereignung von Bargeld, den Buchgeldtransfer und die Übereignung von Sachwerten, sondern auch die unentgeltliche oder verbilligte Nutzungsüberlassung von Wirtschaftsgütern bzw. Erbringung von Dienstleistungen (BT-Drs. 19/25160, 203; vgl. auch BFH 23.10.1991 – I R 19/91, BStBl. II 1992, 62; AEAO zu § 58 Nr. 1). Rücklagen dürfen unter den Voraussetzungen des § 62 gebildet werden (BFH 13.9.1989 – I R 19/85, BStBl. II 1990, 28).

6 Die steuerbegünstigte Zuwendung von Mitteln erfordert, dass die Empfängerkörperschaft des privaten Rechts **selbst steuerbegünstigt** ist **(S. 3).** Nach der bisherigen Regelung galt das Erfordernis der eigenen StBegünstigung der Empfängerkörperschaft nur für unbeschränkt stpfl. Körperschaften. Die Neuregelung erstreckt dieses Erfordernis mWv. 29.12.2020 (Art. 50 I JStG 2020) nunmehr auch auf beschränkt stpfl. Körperschaften. Durch diese Einbeziehung beschränkt stpfl. Körperschaften wird eine Zuwendung an ausländische Körperschaften eindeutig erschwert, da die beschränkt stpfl. Körperschaft nunmehr die gleichen Anforderungen wie die unbeschränkt stpfl. Körperschaft erfüllen muss (TK § 58 Rn. 4). Als Empfängerkörperschaften kommen auch nicht stpfl. ausländische Körperschaften (unabhängig von ihrem Sitz in der EU) in Betracht. In diesem Fall genügt der Nachweis, dass die Mittel tatsächlich (im Ausland) für steuerbegünstigte Zwecke verwendet worden sind (BT-Drs. 19/25160, 203; AEAO zu § 58 Nr. 1, wonach dies auch für beschränkt stpfl. Körperschaften aus Nicht-EU/EWR-Staaten gelten soll; aA insoweit TK § 58 Rn. 4). Ob das Zuwendungsempfängerregister nach § 60b für ausländische Körperschaften eine gewisse Erleichterung bringen wird, bleibt abzuwarten. S. 3 ist nicht erfüllt, wenn die Mittel lediglich an im Inland stpfl. nicht steuerbegünstigte Körperschaften zweckgebunden für gemeinnützige Aufgaben überlassen und verwendet werden. Demgegenüber ist der Nachweis einer StBegünstigung für juristische Personen des öffentlichen Rechts und ihre Betriebe gewerblicher Art nicht erforderlich. Die Mittel müssen in diesem Fall jedoch mit einer konkreten Zweckbestimmung zur steuerbegünstigten Verwendung übermittelt werden (vgl. Herbert BB 1991, 178). Die jeweilige Empfängerkörperschaft muss in der Satzung nicht benannt werden (AEAO zu § 58 Nr. 1).

7 Ausschließliche Mittelzuwendung. Die Mittelweitergabe ist als Art der Zweckverwirklichung in der Satzung zu benennen, wenn die Geberkörperschaft beabsichtigt, als einzige Art der Zweckverwirklichung Mittel zuzuwenden **(S. 4).** Zuwendungen an eine andere steuerbegünstigte Körperschaft sind also nur dann in der Satzung als Art der Zweckverwirklichung festzulegen, wenn keine weitere eigene unmittelbare gemeinnützige Tätigkeit beabsichtigt ist. Dies hat zur Folge, dass Zuwendungen keine Satzungsklausel erfordern, wenn die Geberkörperschaft ihre eigenen Zwecke sowohl durch Mittelweitergabe als auch durch andere Tätigkeiten erfüllen wollen. Eine Begrenzung der Mittelweitergabe auf 50 % (§ 58 Nr. 2 aF) enthält die Neuregelung nicht mehr, sodass jede Körperschaft nahezu ihre gesamten Mittel weitergeben kann. Ferner muss die Körperschaft neben der Art der Zweckverwirklichung nach der bisherigen Systematik auch einen bestimmten eigenen steuerbegünstigten Zweck benennen. Da die Mittelzuwendung indes in keiner Weise an die Verfolgung eigener satzungsmäßiger steuerbegünstigter Zwecke gebunden ist, macht die Angabe eines eigenen steuerbegünstigten Zwecks bei reinen Förderkörperschaften keinen Sinn (ebenso Hüttemann DB 2021, 72). Verliert die Empfängerkörperschaft rückwirkend die Gemeinnützigkeit, schlägt dies nicht auf die Förderkörperschaft durch, soweit sie auf die Gemeinnützigkeit der Empfängerkörperschaft vertrauen durfte (Kirchhain DStR 2013, 2141). Zum Vertrauensschutz zugunsten der Förderkörperschaft vgl. § 58a. Die FVerw. verzichtet bei Förderkörperschaften – entgegen § 1 der Mustersatzung – auf das Gebot der Unmittelbarkeit (AEAO zu § 60 Nr. 2).

2. Vermögensausstattung anderer Körperschaften (Nr. 3)

10 **S. 1.** Nach der bisherigen Regelung der Vermögensausstattung anderer gemeinnütziger Körperschaften haftete das Gebot der zeitnahen Mittelverwendung (§ 55 I Nr. 5) den

weitergeleiteten Mitteln an. Sie mussten folglich von der Empfängerkörperschaft ebenfalls zeitnah verwendet werden. Diese Beschränkung (sog. Endowment-Verbot) wurde durch das EhrenamtsstärkungsG (BGBl. 2013 I 556) mWv 1.1.2014 für Überschüsse aus der Vermögensverwaltung und Gewinne aus wirtschaftlichen Geschäftsbetrieben sowie im begrenzten Umfang auch für sonstige Mittel abgeschafft. Nunmehr darf die Körperschaft iSd **S. 1** die Überschüsse aus der Vermögensverwaltung, die Gewinne aus sämtlichen Zweckbetrieben und stpfl. wirtschaftlichen Geschäftsbetrieben sowie 15 % ihrer zeitnah zu verwendenden Mittel zum Zwecke der Erstausstattung (Gründung) einer KapGes oder Auffüllung des Stamm- bzw. Grundkapitals anderer gemeinnütziger Körperschaften und juristischer Personen des öffentlichen Rechts verwenden (Hüttemann DB 2013, 774 (775); Salzberger/Schröder DStR 2015, 1665). Dies kann wiederholt, auch jährlich, erfolgen (TK § 58 Rn. 6). Der Erwerb von Anteilen an einer bereits bestehenden Körperschaft stellt hingegen keine Vermögensausstattung, sondern Vermögensumschichtung dar (AEAO zu § 58 Nr. 3; TK § 58 Rn. 6). Verwendbare Überschüsse und Gewinne sind die nach steuerlichen Vorschriften ermittelten positiven Mittelüberhänge. Dabei sind nicht abzugsfähige Betriebsausgaben mindernd zu berücksichtigen. Nicht entscheidend ist die Höhe der aus der Einkunftsquelle resultierenden liquiden Mittel. Gewinne/Überschüsse und Verluste/Unterschüsse aus verschiedenen Einkunftsquellen sind zu verrechnen. Lediglich der verbleibende Positivbetrag innerhalb der Einkunftsart darf verwendet werden. Die Weitergabe der Mittel iSd § 55 I Nr. 5 ist auf 15 % der zeitnah zu verwendenden Mittel beschränkt. Der vH-Satz ist lediglich auf die nach Abzug von Ausgaben und Rücklagen verbleibenden Einnahmen aus dem ideellen Bereich anzuwenden. Maßgebend für die Ermittlung dieser Grenzen sind die Verhältnisse des vorangegangenen Kalender- oder Wirtschaftsjahres (AEAO zu § 58 Nr. 3; aA Kirchhain DStR 2014, 289: Kalenderjahr der Zuführung). Die Vermögensausstattung muss lediglich dann in die Satzung der Geberkörperschaft aufgenommen werden, wenn sie hierdurch einen eigenständigen Förderzweck verfolgt. Davon kann ausgegangen werden, wenn sie dauerhaft wesentliche Teile ihrer Mittel (→ § 55 Rn. 15) zur Vermögensausstattung verwendet (vgl. Schauhoff/Kirchhain FR 2013, 301: mehr als 50 %).

S. 2 fordert eine Übereinstimmung der steuerbegünstigten Satzungszwecke zwischen Geber- und Empfängerkörperschaft. Dies bedeutet indes nicht eine vollständige Gleichheit sämtlicher Satzungszwecke der Körperschaft, sondern lediglich die Übereinstimmung mindestens eines Satzungszweckes (ebenso Schauhoff/Kirchhain FR 2013, 301; Hüttemann DB 2013, 774).

S. 3 soll den Verbleib der zugewendeten Mittel und ihrer Erträgnisse in der Empfängerkörperschaft durch das Verbot der erneuten Weiterleitung verhindern. Das Verbot der erneuten Weiterleitung erfordert grds. eine gesonderte Aufzeichnung der ihr nach Nr. 3 zugewendeten Mittel und der hieraus fließenden Erträgnisse, soweit sie ihrerseits die Vermögensausstattung anderer Körperschaften betreiben will. Nicht ausgeschlossen ist die Verwendung der Mittel zu eigenen steuerbegünstigten Zwecken oder zu steuerbegünstigten Zwecken anderer Körperschaften nach Nr. 1.

3. Überlassung von Arbeitskräften (Nr. 4)

Die Überlassung von Arbeitskräften an andere Personen, Unternehmen oder Einrichtungen stellt eine spezielle Art der Mittelzuwendung dar. § 58 Nr. 3 ist eine Ausnahme von der Unmittelbarkeit (BFH 30.11.1995 – V R 29/91, BStBl. II 1997, 189). Die Körperschaft darf ihre Arbeitnehmer Privatpersonen und Organisationen, die nicht steuerbegünstigt sind, zur Verfügung stellen; seit 1.1.2007 auch Körperschaften des öffentlichen Rechts (→ Rn. 1). Der Einsatz muss sich aber auf ausschließlich steuerbegünstigte Zwecke beschränken. Dies ist zB der Fall bei der mildtätigen Pflege eines kranken Kindes einer Familie durch Ordensschwestern, der Betreuung psychisch Kranker eines Betreuungsvereins durch Psychologen und Therapeuten eines gemeinnützigen Krankenhauses. Die gleichzeitige Nutzung der erforderlichen Arbeitsmittel wird als steuerunschädlich angese- 12 hen (AEAO zu § 58 Nr. 4; TK § 58 Rn. 9). Die Arbeitskräfte können zwar unentgeltlich oder entgeltlich im Rahmen eines Zweckbetriebes oder wirtschaftlichen Geschäftsbetriebes überlassen werden (FG Schleswig-Holstein 27.3.1996 – IV 137/96, EFG 1997, 132). Die bloße Überlassung von Arbeitskräften gegen Bezahlung ist jedoch unabhängig davon, ob kostendeckende Entgelte verlangt werden oder nicht, kein Zweckbetrieb, weil hierdurch keine eigene steuerbegünstigten Zwecke verwirklicht werden. Die unentgeltliche Überlassung von Arbeitskräften als alleiniger Hauptzweck ist ebenfalls schädlich (aA TK § 58 Rn. 9). Der durch eine unentgeltliche oder verbilligte Überlassung bewirkte Mittelabfluss steht der StBegünstigung nicht entgegen (vgl. BFH 17.2.2010 – I R 2/08, BStBl. II 2010, 1006).

4. Überlassung von Räumen (Nr. 5)

13 Die Norm enthält eine weitere Ausnahme von § 57 und erfasst den Werttransfer durch Nutzungsüberlassung von Räumen. Unter Räumen versteht die hM auch Sportstätten, Schwimmbäder oder Sportanlagen (FG Schleswig-Holstein 27.3.1996 – IV 137/96, EFG 1997, 132; AEAO zu § 58 Nr. 5). Richtigerweise ist die Regelung auf diese Anlagen analog anzuwenden (HHSp § 58 Rn. 63). Die Körperschaft darf ihr gehörende Räume überlassen. Hierzu zählen nicht nur im Eigentum der Körperschaft stehende Einrichtungen, sondern auch solche, die sie aufgrund obligatorischer oder dinglicher Nutzungsrechte besitzt (Seifart/v. Campenhausen § 43 Rn. 71). Die nutzende private Körperschaft muss selbst steuerbegünstigt sein. Körperschaften des öffentlichen Rechts sind durch das Gesetz zur weiteren Stärkung des bürgerschaftlichen Engagements mit Wirkung vom 1.1.2007 in den Anwendungsbereich aufgenommen worden (durch JStG 2010 geändert in juristische Personen, → Rn. 1). Die Räume müssen zudem für steuerbegünstigte Zwecke der empfangenden Körperschaft verwendet werden. Die Vermietung von Räumlichkeiten im Rahmen der Vermögensverwaltung ist steuerlich unschädlich (HHSp § 58 Rn. 62). Die Unterstützung eines Blutspendedienstes (= wirtschaftlicher Geschäftsbetrieb, → § 64 Rn. 6) durch Bereitstellung von Räumen verstößt gegen § 56; § 58 Nr. 5 greift nicht ein (vgl. FG Brandenburg 17.10.2001 – 2 K 2766/99, EFG 2002, 121). Zu Hallenbauvereinen → § 52 Rn. 65.

5. Unterhaltszuwendungen an den Stifter (Nr. 6)

14 Eine Stiftung darf abw. von § 56 (Ausschließlichkeit) und § 55 (Selbstlosigkeit) bis zu einem Drittel ihres Einkommens zum angemessenen Unterhalt des Stifters und seiner nächsten Angehörigen, der Grabpflege und der Andenkenehrung verwenden. Normzweck ist die Absicherung der angemessenen Grundbedürfnisse des Stifters aus den Erträgnissen des übertragenen Vermögens (vgl. HHSp § 58 Rn. 70). Zu diesem Zweck darf ein Drittel des Einkommens, das ist die Summe der stpfl. und steuerfreien Einkünfte iSd § 2 I EStG des jeweiligen VZ, verwendet werden. Positive und negative Einkünfte sind zu saldieren. Verlustverrechnungsbeschränkungen sind mit Ausnahme derer des § 15a EStG unbeachtlich (AEAO zu § 58 Nr. 11 II S. 3). Spenden, Beiträge oder sonstige nicht steuerbare Vermögensmehrungen sind nicht Teil des Einkommens (AEAO zu § 58 Nr. 6). Neben der Begrenzung der verwendbaren Mittel sind die Aufwendungen auf eine Unterstützung in angemessener Weise beschränkt. Die Angemessenheit ist nach dem Lebensstandard des Zuwendungsempfängers (AEAO zu § 58 Nr. 6; Klein § 58 Rn. 40; aA TK § 58 Rn. 13: Lebensstandard des Stifters) zu beurteilen. Hierdurch wird sowohl der Ertragskraft des übertragenen Vermögens als auch dem Bedürfnis nach Existenzsicherung des Empfängers hinreichend Rechnung getragen (vgl. HHSp § 58 Rn. 70 ff.). Zu den Zuwendungsempfängern zählen der Stifter und seine nächsten Angehörigen. Ausgehend vom Begriff des Angehörigen iSd § 15 begünstigt § 58 Nr. 6 nur einen Teil dieses Personenkreises. Wer nächster Angehöriger ist, richtet sich weniger nach dem abstrakten Grad des Verwandtschaftsverhältnisses, sondern orientiert am Normzweck nach den Personen, die im Zeitpunkt der Stiftungserrichtung zur gesetzlichen Erbfolge berufen wären (str., ähnlich HHSp

§ 58 Rn. 77; Seifart/v. Campenhausen § 43 Rn. 57). Ferner sind wegen der Ewigkeit der Stiftung deren Abkömmlinge einzubeziehen (Schauhoff DB 1996, 1693). Nicht zu den Angehörigen gehören langjährige Hausangestellte oder nahestehende Freunde (HHSp § 58 Rn. 77).

Belastungen des Stiftungsvermögens. § 58 Nr. 6 ist nicht anzuwenden, wenn die Stiftung die Leistung aufgrund einer Auflage (zB Renten) als übernommene Last oder als Gegenleistung erbringt. Diese Ansprüche mindern von vornherein das zugewendete Vermögen (BFH 21.1.1998 – II R 16/95, BStBl. II 1998, 758; aA AEAO zu § 58 Nr. 6 iVm AEAO zu § 55 Nr. 15 S. 5, 6). Die Erfüllung der Ansprüche kann aus dem belasteten Vermögen oder den hieraus zufließenden Erträgen erfolgen (HHSp § 58 Rn. 75). Die aus dem darüber hinausgehenden Vermögen erwirtschafteten Erträgnisse unterliegen der Begrenzung des § 58 Nr. 6. Führt die Belastung dazu, dass der Stiftung über einen längeren Zeitraum keine liquiden Mittel zur Erfüllung ihres Satzungszwecks verbleiben, dient die Stiftung letztlich nur dem Vollzug der Verpflichtung (RFH 24.9.1937 – VI a A 28/37, RFHE 42, 131). 15

6. Gesellige Zusammenkünfte (Nr. 7)

Die Förderung der Geselligkeit ist kein steuerbegünstigter Zweck. Gesellige Zusammenkünfte, die im Verhältnis zur gemeinnützigen Tätigkeit von untergeordneter Bedeutung sind, schließen die StVergünstigung jedoch nicht aus. § 58 Nr. 7 schränkt den Grundsatz der Ausschließlichkeit und der Selbstlosigkeit ein (TK § 58 Rn. 16; aA HHSp § 58 Rn. 82: Gebot selbstloser Mittelverwendung bleibt unberührt). In ihrem Kern bezweckt die Regelung, die zur Pflege des Vereinslebens und der Förderung des Zusammengehörigkeitsgefühls erforderlichen sozialen Kontakte zwischen den Vereinsmitgliedern als unschädlich zu tolerieren. Schädlich sind Veranstaltungen, die Vereinsfremden grds. offenstehen oder der Einnahmeerzielung dienen (BFH 9.11.1988 – I R 200/85, BFH/NV 1989, 342). Umlagefinanzierung oder Kostenbeteiligung ist unschädlich. Die geselligen Treffen dürfen in ihrer Gesamtheit weder besonderer Satzungszweck sein noch im Vergleich zu den gemeinnützigen Zwecken ins Gewicht gefallen. Prägen die Geselligkeitsbegegnungen das äußere Erscheinungsbild des Vereins oder ist der zeitliche Anteil an den Gesamtaktivitäten wesentlich, ist ihre Bedeutung nicht mehr untergeordnet. Ein Indiz für die Gewichtung sind die für gesellige Zwecke verwendeten Mittel im Verhältnis zum Gesamtbudget. Bei der Verwendung von mehr als 5 % des Etats wird regelmäßig die Unwesentlichkeitsgrenze überschritten sein (TK § 58 Rn. 16: 10 % des finanziellen Gesamtaufwandes). 16

7. Förderung des bezahlten Sports (Nr. 8)

Ein Sportverein kann ohne Verlust der StVergünstigung neben der Förderung des Amateursports den bezahlten Sport fördern. § 58 Nr. 8 durchbricht den Grundsatz der Selbstlosigkeit im Hinblick auf § 67a. Danach werden sportliche Veranstaltungen eines Sportvereins bis zu einer Einnahmegrenze von 45.000 Euro als Zweckbetrieb behandelt. Die Bezahlung von Sportlern im Rahmen des Zweckbetriebes, insb. mit gemeinnützigkeitsrechtlich gebundenen Mitteln, verstieße gegen § 55. Den daraus resultierenden Verlust der Gemeinnützigkeit verhindert § 58 Nr. 8 (BT-Drs. 11/4176, 10). Die Regelung begünstigt ohne sachliche Rechtfertigung Sportvereine und den bezahlten Sport gegenüber wirtschaftlichen Betätigungen anderer Körperschaften. Berufssportler verfolgen in erster Linie eigenwirtschaftliche Zwecke, sodass ihre Förderung aus gebundenen Mitteln des Vereins dem begünstigten Zweck klar widerspricht. 17

8. Zuschüsse an Wirtschaftsunternehmen (Nr. 9)

Forschungs- und Entwicklungstätigkeit erfordert neben umfangreichen finanziellen Mitteln ein besonderes personelles Potential, das sich in vielen Wirtschaftsunternehmen in weit stärkerem Maße als in gemeinnützigen Körperschaften zusammengefunden hat. Zur Einbindung derartiger nicht steuerbegünstigter Unternehmen in die Verwirklichung gemeinnütziger Zwecke wurde § 58 Nr. 9 als Ausnahme von Grundsatz der Unmittelbarkeit 18 eingeführt. Danach darf eine von einer Gebietskörperschaft errichtete Stiftung zur Erfüllung ihrer steuerbegünstigten Zwecke Zuschüsse an Wirtschaftsunternehmen leisten, ohne dass diese Hilfspersonen iSd § 57 S. 2 sein müssen. Begünstigt sind lediglich gemeinnützigen Zwecken dienende Stiftungen des öffentlichen Rechts, die von einer Gebietskörperschaft (Bund, Länder, Gemeinden) errichtet wurden. Auf andere öffentlich-rechtliche Stiftungen, die von sonstigen Körperschaften oder Anstalten des öffentlichen Rechts errichtet wurden, oder sonstige Rechtsformen ist § 58 Nr. 9 nicht anwendbar. Als Grund für diese Beschränkung wird die besondere Kontrolle durch die Stiftungsaufsicht zur Vermeidung von Missbräuchen angeführt (so Schwarz/Pahlke/Keß § 58 Rn. 18). Eine Differenzierung zwischen verschiedenen öffentlich-rechtlichen Stiftern vermag dies allerdings nicht zu rechtfertigen, da die Stiftungsaufsicht in gleichem Maße für alle öffentlich-rechtlichen Stiftungen gilt (Seifart/v. Campenhausen § 21 Rn. 1).

19 § 58 Nr. 9 befreit lediglich vom **Grundsatz der Unmittelbarkeit** im Zusammenhang mit der Vergabe von Zuschüssen. Die Stiftung muss deshalb ausschließlich und selbstlos steuerbegünstigte Zwecke verfolgen, insb. die Förderung der Wissenschaft und Forschung, des Umweltschutzes und des öffentlichen Gesundheitswesens. Die Verfolgung gemeinnütziger Zwecke setzt ebenso voraus, dass sie auf eine Förderung der Allgemeinheit ausgerichtet ist. Bei der Vergabe der Zuschüsse hat die Stiftung deshalb vertraglich sicherzustellen, dass die Ergebnisse von Forschung und Entwicklung der Allgemeinheit zugänglich gemacht werden (Schwarz/Pahlke/Keß § 58 Rn. 18; einschr. HHSp § 58 Rn. 67). Der finanzielle Beitrag zu den Projektaufwendungen des Unternehmens erfolgt durch Geldleistung. Die Unterstützung durch zinslose Darlehen, Sachleistungen oder in anderer Weise ist nicht begünstigt. Empfänger des Zuschusses kann jedes Wirtschaftsunternehmen sein, das durch seine Betätigung zur Erfüllung der steuerbegünstigten Zwecke der Stiftung beiträgt. Die Rechtsform des Unternehmens ist unerheblich. Zu den derzeit bestehenden bundesunmittelbaren Stiftungen vgl. Seifart/v. Campenhausen § 15 Rn. 7 Fn. 16.

9. Erwerb von Gesellschaftsrechten (Nr. 10)

20 Nach § 58 Nr. 7b aF war die Verwendung der im Kalenderjahr zugeflossenen Mittel oder die Bildung einer zweckgebundenen Rücklage zum Erwerb von Gesellschaftsrechten steuerlich unschädlich, wenn sie zur Erhaltung der prozentualen Beteiligung an KapGes notwendig war. Die Mittelverwendung ist mWv 1.1.2014 (→ Rn. 1) nunmehr in Nr. 10 geregelt, während die Rücklagenbildung in § 62 I Nr. 4 normiert wurde. Zur Erhaltung der prozentualen Beteiligung an KapGes ist die Mittelverwendung weder der Herkunft noch der Höhe nach begrenzt. Ausgeschlossen ist lediglich ein erstmaliger Erwerb, die Aufstockung von Anteilsrechten oder die Beteiligung an einer PersGes. Der Mittelabfluss mindert die Höhe der sog. freien Rücklage iSd § 62 I Nr. 3, also denjenigen Höchstbetrag, bis zu dem eine freie Rücklage im Jahr der Mittelverwendung gebildet oder erhöht werden darf (vgl. AEAO zu § 58 Nr. 10 mit Beispiel).

§ 58a Vertrauensschutz bei Mittelweitergaben

(1) **Wendet eine steuerbegünstigte Körperschaft Mittel einer anderen Körperschaft zu, darf sie unter den Voraussetzungen des Absatzes 2 darauf vertrauen, dass die empfangende Körperschaft**

1. **nach § 5 Absatz 1 Nummer 9 des Körperschaftsteuergesetzes im Zeitpunkt der Zuwendung steuerbegünstigt ist und**
2. **die Zuwendung für steuerbegünstigte Zwecke verwendet.**

(2) **Das Vertrauen der zuwendenden Körperschaft nach Absatz 1 ist nur schutzwürdig, wenn sich die zuwendende Körperschaft zum Zeitpunkt der Zuwendung die Steuerbegünstigung der empfangenden Körperschaft nach § 5 Absatz 1 Nummer 9 des Körperschaftsteuergesetzes hat nachweisen lassen durch eine Ausfertigung**

1. der Anlage zum Körperschaftsteuerbescheid, deren Datum nicht länger als fünf Jahre zurückliegt oder
2. des Freistellungsbescheids, dessen Datum nicht länger als fünf Jahre zurückliegt oder
3. des Bescheids über die Feststellung der Einhaltung der satzungsmäßigen Voraussetzungen nach § 60a Absatz 1, dessen Datum nicht länger als drei Jahre zurückliegt, wenn der empfangenden Körperschaft bisher kein Freistellungsbescheid oder keine Anlage zum Körperschaftsteuerbescheid erteilt wurde.

(3) **Absatz 1 ist nicht anzuwenden, wenn**
1. der zuwendenden Körperschaft die Unrichtigkeit eines Verwaltungsakts nach Absatz 2 bekannt ist oder infolge grober Fahrlässigkeit nicht bekannt war oder
2. die zuwendende Körperschaft eine Verwendung für nicht steuerbegünstigte Zwecke durch die empfangende Körperschaft veranlasst hat.

I. Allgemeines

§ 58a ist durch das JStG 2020 vom 21.12.2020 (BGBl. 2020 I 3096) neu eingefügt 1
worden. Die Vorschrift kodifiziert erstmals einen Vertrauenstatbestand für steuerbegünstigte Körperschaften, die Mittel einer anderen Körperschaft zuwenden. Die Weitergabe an andere Körperschaften war bisher mit dem Risiko verbunden, bei einer Fehlverwendung der Mittel die eigene StBegünstigung zu verlieren, da eine zulässige Mittelzuwendung davon abhängt, dass die Empfängerkörperschaft selbst steuerbegünstigt ist und die Mittel für steuerbegünstigte Zwecke verwendet werden („formelle" und „materielle" Gemeinnützigkeit, TK § 58a Rn. 1). Beides kann die Geberkörperschaft im Zeitpunkt einer Zuwendung zumeist nicht sicher feststellen. Insbesondere die konkrete Mittelverwendung entzieht sich regelmäßig ihrer Kenntnis.

II. Vertrauensschutz (Abs. 1)

Abs. 1 gewährt der Geberkörperschaft in zweierlei Hinsicht **Vertrauensschutz,** soweit 3
sie die Voraussetzungen des Abs. 2 erfüllt. Sie darf darauf vertrauen, dass die Empfängerkörperschaft im Zeitpunkt der Zuwendung steuerbegünstigt ist (Nr. 1) und die zugewendeten Mittel für steuerbegünstigte Zwecke verwendet (Nr. 2). Der Vertrauensschutz gilt lediglich für Zuwendungen an juristische Personen des privaten Rechts. Dies schließt auch ausländische, beschränkt stpfl. Empfängerkörperschaften ein. Allerdings muss die Körperschaft mWv 29.12.2020 einen VA nach Maßgabe von Abs. 2 vorweisen; andernfalls begründet die Mittelzuwendung gem. § 58 Nr. 1 S. 3 einen Verstoß gegen den Unmittelbarkeitsgrundsatz. Im Inland nicht stpfl., ausländische Körperschaften müssen die Verwendung der zugewendeten Mittel für steuerbegünstigte Zwecke nachweisen (→ § 58 Rn. 6; TK § 58a Rn. 13, 14). Für Zuwendungen an juristische Personen des öffentlichen Rechts bedurfte es nach der Gesetzesbegründung keiner ausdrücklichen Regelung, da Körperschaften des öffentlichen Rechts an Gesetz und Recht gebunden sind, sodass die Geberkörperschaft ohnehin darauf vertrauen darf, dass eine juristische Person des öffentlichen Rechts Mittel nicht entgegen einer Zweckbestimmung für nicht steuerbegünstigte Zwecke verwendet (vgl. BT-Drs. 19/25160, 204).

III. Vertrauensschutzvoraussetzungen

Die Geberkörperschaft kann sich auf Vertrauensschutz nur berufen, wenn sie sich zum 6
Zeitpunkt der Zuwendung von der StBegünstigung der Empfängerkörperschaft überzeugt hat. Hierzu muss sich die Geberkörperschaft entweder die Anlage zum KSt-Bescheid oder eine Ausfertigung des Freistellungsbescheids vorlegen lassen. Das Erstellungsdatum der Anlage bzw. des Freistellungsbescheides dürfen nicht länger als fünf Jahre zurückliegen. Für jüngere Körperschaften, denen noch keine Freistellung durch diese Verwaltungsakte erteilt

wurde, genügt die Vorlage des Bescheides über die Feststellung der Einhaltung der satzungsmäßigen Voraussetzungen nach § 60a I, dessen Datum nicht länger als drei Jahre zurückliegt. Damit knüpft der Nachweis an die gleichen Voraussetzungen wie für die Erteilung von Zuwendungsbestätigungen nach § 63 V an.

Da eine erstmalige Veranlagung spätestens drei Jahre nach Beantragung der StBegünstigung erfolgt, ist die vorrangige Nachweispflicht aufgrund der zeitlichen Beschränkung des Bescheides nach § 60a I durch die Anlage zum KSt-Bescheid oder den Freistellungsbescheid unproblematisch (aA BeckOK AO § 58a Rn. 27). Soweit die Empfängerkörperschaft ausnahmsweise innerhalb des Dreijahreszeitraums lediglich den Bescheid nach § 60a I vorlegt, weil ihr im vorgezogenen Veranlagungsverfahren die StBegünstigung versagt wurde, ist der Vertrauenstatbestand erfüllt. Insoweit bedarf es einer teleologischen Reduktion der Norm.

7 Die Vorlage der Verwaltungsakte muss **zum Zeitpunkt der Zuwendung** erfolgen. Dies erfordert eine Vorlage der Bescheide zeitlich vor oder in unmittelbarem zeitlichen Zusammenhang mit der Zuwendung. Denn nur so kann sichergestellt werden, dass sich bei der Geberkörperschaft eine den Vertrauensschutz begründende Überzeugung für die Zuwendung gebildet hat. Die Vorlage erst erhebliche Zeit nach der Zuwendung genügt nicht (TK § 58a Rn. 7).

IV. Ausschluss

9 **Kein Vertrauensschutz** besteht in zwei Fällen, und zwar nach Nr. 1 bei positiver Kenntnis oder grob fahrlässiger Unkenntnis der Unrichtigkeit eines Verwaltungsakts nach Abs. 2 und nach Nr. 2, wenn die zuwendende Körperschaft eine schädliche Verwendung veranlasst.

Bei **Nr. 1** kommt es auf die positive **Kenntnis** oder **grob fahrlässige Unkenntnis** der für die Körperschaft handelnden Organe und beauftragten Mitarbeiter an. Die Wissenszurechnung folgt den Grundsätzen des § 166 BGB. Grob fahrlässig handelt, wer die nach seinen persönlichen Kenntnissen und Fähigkeiten gebotene und zuzumutende Sorgfalt in ungewöhnlichem Maße und in nicht entschuldbarer Weise verletzt (vgl. BFH 13.6.1989 – VIII R 174/85, BStBl. II 1989, 789). Bezugspunkt der Kenntnis bzw. vermeidbaren Unkenntnis ist die objektive Unrichtigkeit der bescheinigten StBegünstigung. Die bloße Kenntnis einer Rechtswidrigkeit des Verwaltungsaktes genügt nicht. Vielmehr muss sich die Rechtswidrigkeit (Unrichtigkeit) gerade auf die fälschlicherweise bestätigte StBegünstigung beziehen (ebenso TK § 58a Rn. 8).

Nr. 2 versagt den Vertrauensschutz bei einer Veranlassung der Fehlverwendung der Mittel durch die zuwendende Körperschaft. Eine **Veranlassung** liegt in jeder für die Fehlverwendung zumindest mitursächlichen Einflussnahme durch zurechenbares Verhalten der Organe oder beauftragten Mitarbeiter auf die Verwendung der Mittel. Kollusives Zusammenwirken oder vorsätzliches, schuldhaftes Verhalten ist nicht erforderlich.

10 **Juristische Personen des öffentlichen Rechts.** Auf diese Körperschaften findet die Vorschrift keine Anwendung (BT-Drs. 19/25160, 204; Klein § 58a Rn. 6). Die Zuwendungskörperschaft darf wegen der Bindung der öffentlich-rechtlichen Körperschaft an Art. 20 III GG darauf vertrauen, dass eine jur. Person des öff. Rechts als Empfängerin die erhaltenen Mittel nicht entgegen ihrer steuerbegünstigten Zweckbestimmung zweckwidrig verwendet (AEAO zu § 58a Nr. 2; TK § 58a Rn. 12). Eines Nachweises durch Vorlage eines VA iSd Abs. 2 bedarf es nicht.

§ 59 Voraussetzung der Steuervergünstigung

Die Steuervergünstigung wird gewährt, wenn sich aus der Satzung, dem Stiftungsgeschäft oder der sonstigen Verfassung (Satzung im Sinne dieser Vorschriften) ergibt, welchen Zweck die Körperschaft verfolgt, dass dieser Zweck den

Anforderungen der §§ 52 bis 55 entspricht und dass er ausschließlich und unmittelbar verfolgt wird; die tatsächliche Geschäftsführung muss diesen Satzungsbestimmungen entsprechen.

Schrifttum: Wachter, Gemeinnützigkeit: Ausschluss einer beschränkt steuerpflichtigen ausländischen Stiftung von der Steuerbefreiung gemeinschaftsrechtswidrig – formelle Satzungserfordernisse bei ausländischer Stiftung, BB 2007, 704; Zimmermann/Raddatz, Die Entwicklung des Stiftungsrechts, NJW 2016, 543; Röcken, Satzungsanforderungen aus gemeinnützigkeitsrechtlicher Sicht, MDR 2018, R6; Beyme, Wortlautänderung im Vereinszweck, NWB 2019, 2984.

I. Voraussetzung der Steuervergünstigung

§ 59 verbindet die materiellen Voraussetzungen an die begünstigte Betätigung mit den satzungsmäßigen Anforderungen. Die StVergünstigung wird nur gewährt, wenn in der Satzung dokumentiert ist, dass die einzelnen genannten Zwecke den Anforderungen der §§ 52–57 entsprechen (formelle Gemeinnützigkeit) und die tatsächliche Geschäftsführung diese Satzungsbestimmungen vollzieht. Die Gewährung der StVergünstigung knüpft damit an die schriftlich festgelegten Ziele der Verbandstätigkeit an, die durch ihre Organe zu beachten und vollziehen sind. Der buchmäßige Nachweis (vgl. BFH 23.7.2009 – V R 20/08, BStBl. II 2010, 719) dient der leichten und einwandfreien Prüfung der materiellen Voraussetzungen. § 59 verlangt hierfür die Aufstellung eines verbandskonstituierenden Organisationsvertrages (Satzung oder sonstige Verfassung) oder Stiftungsgeschäftes, und zwar auch, wenn die Satzung lediglich für Gemeinnützigkeitszwecke zu verfassen ist (BFH 31.10.1984 – I R 21/81, BStBl. II 1985, 162). 1

Satzung ist ein von den Gründungsmitgliedern geschlossener Vertrag, der als Verfassung (körperschaftliche Grundordnung) das rechtliche Wollen der Körperschaft verbindlich festlegt. Hat eine Körperschaft keine Mitglieder (rechtsfähige Stiftung, Betrieb gewerblicher Art einer Körperschaft des öffentlichen Rechts), muss ihre Verfassung durch die sie errichtende juristische oder natürliche Person festgeschrieben werden. Eine schriftliche Verfassung ist auch dann erforderlich, wenn die Tätigkeit der Körperschaft zweifelsohne auf die Verwirklichung eines steuerbegünstigten Zwecks abzielt. Für jedes StSubjekt ist eine eigenständige Verfassung aufzustellen. Juristische Personen des öffentlichen Rechts benötigen allerdings für jeden ihrer Betriebe gewerblicher Art eine eigene Satzung (HHSp § 59 Rn. 6; AEAO zu § 59 Nr. 2). Wird erst nachträglich die Existenz eines Betriebs gewerblicher Art festgestellt, tritt die Gemeinnützigkeit erst mit nachträglicher Aufstellung der Satzung ex nunc ein (aA TK § 59 Rn. 4; zur ebenfalls mit Blick auf das Satzungserfordernis verneinten StBefreiung ex tunc bei einer Stiftung von Todes wegen (§ 80 II 2 BGB) s. BFH 13.11.2019 – V R 30/16, BFH/NV 2020, 342). Betriebe gewerblicher Art verdienen keine Sonderstellung gegenüber anderen gemeinnützigen Verbänden. Dies gilt auch für selbständige Untergliederungen überregionaler Körperschaften. Die Satzung der Untergliederung ist durch ihre Mitgliederversammlung (Grundsatz der Satzungsautonomie), nicht die des Hauptvereins zu beschließen (so aber HHSp § 59 Rn. 6; vgl. K. Schmidt GesR § 5 I 3). 3

Satzungsinhalt. Der Satzungszweck und die Art der Verwirklichung müssen so genau bezeichnet sein, dass die Voraussetzungen für die StVergünstigung entnommen werden können (sog. formelle Satzungsmäßigkeit); → § 60 Rn. 2. Insb. müssen die steuerbegünstigten Zwecke im Einzelnen klar umschrieben und unterschieden werden (BFH 1.2.2022 – V R 1/20, BStBl. II 2022, 629; BFH 24.3.2021 – V R 35/18, BStBl. II 2021, 657). Dies gilt unabhängig davon, ob die betreffende Körperschaft im In- oder Ausland ansässig ist (BFH 18.8.2022 – V R 15/20, BFH/NV 2023, 288). Die formelle Satzungsmäßigkeit erfordert in der Satzung nach Auffassung des BFH die ausdrückliche Verwendung der Begriffe „ausschließlich" und „unmittelbar" (BFH 23.7.2009 – V R 20/08, BStBl. II 2010, 719; aA für eine italienische Stiftung BFH 20.12.2006 – I R 94/02, BStBl. II 2010, 331; BFH 25.10.2016 – I R 54/14, BStBl. II 2017, 1216). Indes schreibt § 60 I 2 nicht die wörtliche Übernahme der Formulierungen der Mustersatzung vor, sondern lediglich ihrer 4

Festlegungen (vgl. FG Hessen 28.6.2017 – 4 K 917/16, ErbStB 2018, 9; FG Düsseldorf 20.8.2019 – 6 K 481/19 AO, EFG 2019, 1717). Die Bezugnahme auf Regelungen oder Satzungen anderer Körperschaften oder Unterlagen oder Werke außerhalb der Satzung genügt nicht (BFH 19.4.1989 – I R 3/88, BStBl. II 1989, 595; Gmach FR 1992, 313). Der Satzungsinhalt ist ggf. durch sinnhafte, nicht allzu kleinliche Auslegung zu bestimmen (BFH 18.12.2002 – I R 15/02, BStBl. II 2003, 384; BFH 20.12.2006 – I R 94/02, BStBl. II 2010, 331). Die Satzung darf allerdings nur aus sich heraus und einheitlich ausgelegt werden (BGH 28.11.1988 – II ZR 96/88, BGHZ 106, 67). Da die KStpfl. einer Stiftung mit dem Tode des Stifters beginnt (BFH 6.6.2019 – V R 50/17, BStBl. II 2019, 782), muss bereits mit dem Tod des Stifters der Stiftungszweck klar bestimmt sein (BFH 13.11.2019 – V R 30/16, BFH/NV 2020, 342). **Unklarheiten** gehen zulasten der Körperschaft (BFH 1.2.2022 – V R 1/20, BStBl. II 2022, 629; BFH 21.7.1999 – I R 2/98, BFH/NV 2000, 297). Ist ausschließlicher oder maßgebender Satzungszweck der Körperschaft ein wirtschaftlicher Geschäftsbetrieb, der nicht Zweckbetrieb ist, oder die bloße Vermögensverwaltung, entspricht die Satzung nicht den Anforderungen der §§ 52 ff. (AEAO zu § 59 Nr. 1). Dies schließt es nicht aus, die Unterhaltung wirtschaftlicher Geschäftsbetriebe durch die Satzung zu erlauben (BFH 18.12.2002 – I R 15/02, BStBl. II 2003, 384). Steuerlich unschädliche Betätigungen iSd § 58 müssen nicht, dürfen jedoch erwähnt werden. Allerdings darf die Satzungsbestimmung nicht den Schluss nahelegen, dass die Grenze der Unschädlichkeit überschritten wird (zB Geselligkeit als eigenständiger Satzungszweck; bedenklich daher BFH 11.3.1999 – V R 57/96, BStBl. II 1999, 331). Eine Ausnahme bildet lediglich § 58 Nr. 1. Ist die Mittelbeschaffung für eine andere Körperschaft überwiegender Zweck, muss sich dies auch aus der Satzung ergeben (FG Köln 18.5.1983 – I 283/82 K, EFG 1984, 83). Die Satzung hat ferner die selbstlose Verwirklichung der steuerbegünstigten Zwecke verbindlich zu beachten. So darf zB lediglich eine Einlagenrückgewähr an Mitglieder zugelassen sein (§ 55 I Nr. 2). Für den Grundsatz der Vermögensbindung (§ 55 I Nr. 4) schreibt § 61 I eine genaue Bestimmung der Mittelverwendung in der Satzung vor (vgl. BFH 12.1.2011 – I R 91/09, BFH/NV 2011, 1111 sowie → § 61 Rn. 2).

7 **Tatsächliche Geschäftsführung** und Satzung müssen übereinstimmen. Hierzu gehören auch die satzungsmäßige Mittelverwendung und Vermögensbindung. Verfolgt die Körperschaft einen nicht in der Satzung bezeichneten Zweck, auch soweit dieser förderungswürdig ist, entspricht die tatsächliche Geschäftsführung nicht den Satzungsbestimmungen (FG Düsseldorf 9.5.1989 – 16 K 28/82 U, EFG 1990, 2). Verhindern außergewöhnliche, nicht von der Körperschaft zu beeinflussende Umstände längere Zeit die Erfüllung des gemeinnützigen Zwecks, kann dies jedoch unschädlich sein (BFH 11.12.1974 – I R 104/73, BStBl. II 1975, 458). Ändert die Körperschaft ihren Zweck, muss die Satzung den veränderten Verhältnissen angepasst werden.

8 **Rechtsfolgen.** Entspricht die Satzung nicht den Anforderungen des § 59 oder weicht die tatsächliche Geschäftsführung hiervon ab, ist die StVergünstigung zu versagen (BFH 12.10.2010 – I R 59/09, BStBl. II 2012, 226). Verstöße sind für den jeweiligen Veranlagungszeitraum bzw. Stichtag der StEntstehung, in bzw. an dem sie vorliegen, zu berücksichtigen (vgl. § 60 II). Die Herstellung der Ordnungsmäßigkeit der Satzung wirkt sich erst im folgenden Veranlagungszeitraum aus (FG Niedersachsen 22.11.1990 – VI 605/86, EFG 1991, 362). Die Rückwirkungsfiktion des § 84 BGB (jetzt § 80 II 2 BGB) schlägt nicht auf die StBefreiung durch (BFH 6.6.2019 – V R 50/17, BStBl. II 2019, 782). Der durch die Aberkennung der Gemeinnützigkeit bedingte Verlust der StBefreiung hat nicht zwingend die Steuerbarkeit der gesamten Tätigkeit der Körperschaft zur Folge, sondern nur soweit die entfaltete Betätigung eine Einkunftsart erfüllt (BFH 15.7.1987 – I R 280/81, BStBl. II 1988, 75). Wird bei der steuerbefreiten Körperschaft nachträglich ein Satzungsverstoß gegen §§ 52 ff. festgestellt, darf aus Vertrauensschutzgründen die StBefreiung nicht rückwirkend entzogen werden. Der Körperschaft ist eine angemessene Frist zur Änderung der beanstandeten Satzungsbestimmungen zu gewähren (AEAO zu § 59 Nr. 4).

II. Verfahren

9 Die AO kannte bisher kein eigenständiges Verfahren über die Anerkennung der Gemeinnützigkeit (BFH 30.11.1995 – V R 29/91, BStBl. II 1997, 189 (191)). Das FA entschied im jeweiligen Veranlagungsverfahren von Amts wegen durch StBescheid (Freistellungsbescheid), ob und inwieweit eine Körperschaft steuerbegünstigt ist. Die bisherige Praxis ist mit Einfügung des § 60a durch das Ehrenamtsstärkungsgesetz einem Verfahren zur gesonderten Feststellung der satzungsmäßigen Voraussetzungen gewichen. Die Feststellung der Satzungsmäßigkeit erfolgt durch VA, dem Bindungswirkung als Grundlagenbescheid zukommt. Zu Einzelheiten → § 60a Rn. 1 ff.

§ 60 Anforderungen an die Satzung

(1) [1]**Die Satzungszwecke und die Art ihrer Verwirklichung müssen so genau bestimmt sein, dass auf Grund der Satzung geprüft werden kann, ob die satzungsmäßigen Voraussetzungen für Steuervergünstigungen gegeben sind.** [2]**Die Satzung muss die in der Anlage 1 bezeichneten Festlegungen enthalten.**

(2) **Die Satzung muss den vorgeschriebenen Erfordernissen bei der Körperschaftsteuer und bei der Gewerbesteuer während des ganzen Veranlagungs- oder Bemessungszeitraums, bei den anderen Steuern im Zeitpunkt der Entstehung der Steuer entsprechen.**

Schrifttum: Köster, Bindende Mustersatzung für gemeinnützige Körperschaften, DStZ 2010, 166; Röcken, Praktische Anforderungen an die Satzungsgestaltung aus gemeinnützigkeitsrechtlicher Sicht, ZStV 2018, 225; Beyme, Anforderungen an den Satzungswortlaut gemeinnütziger Vereine, NWB 2020, 758; Fiand, Auslandsspenden und Anforderungen an die Satzungsmäßigkeit einer beschränkt steuerpflichtigen Körperschaft, NWB 2023, 1039.

I. Allgemeines

1 § 60 kodifiziert das in der Rspr. bereits früh formulierte Erfordernis der satzungsmäßigen Konkretisierung der verfolgten Zwecke (RFH 19.7.1932 – II A 535/31, RStBl. 1932, 856). Die detaillierte Umschreibung der Satzungszwecke und der Art ihrer Verwirklichung soll die Überprüfung der materiellen Voraussetzungen der StBefreiung anhand der schriftlichen Festlegung in der körperschaftlichen Verfassung ermöglichen (sog. formelle Satzungsmäßigkeit). Dabei richtet sich die Präzisionsdichte nach der Art des verfolgten Zwecks. Die Konkretisierung ist umso erforderlicher, als ein Zweck verfolgt wird, dem kein jedermann bekanntes, begrifflich fest umrissenes gedankliches Konzept zugrunde liegt (BFH 26.2.1992 – I R 47/89, BFH/NV 1992, 695; FG Berlin 23.3.2004 – 7 K 7175/02, EFG 2004, 1338; krit. im Hinblick auf die hierzu schweigende Mustersatzung nach Abs. 1 S. 2 TK § 60 Rn. 6). Neben der Umschreibung des Satzungszwecks ist auch festzulegen, wie und mit welchen Mitteln der Zweck verwirklicht werden soll (BFH 6.10.2009 – I R 55/08, BStBl. II 2010, 335) sowie die Vermögensbindung (§ 55 I Nr. 4). Zwingend zu bestimmen ist ferner, dass – und wie – das Vermögen bei Auflösung, Aufhebung oder Zweckfortfall unmittelbar und ausschließlich für steuerbegünstigte Zwecke zu verwenden ist (BFH 7.2.2018 – V B 119/17, BFH/NV 2018, 544; FG Niedersachsen 25.4.2024 – 10 K 70/21, EFG 2024, 1725). Auf die StBefreiung eines Berufsverbandes nach § 5 I Nr. 5 KStG findet die Norm keine Anwendung (BFH 13.3.2012 – I R 46/11, BFH/NV 2012, 1181).

II. Formelle Satzungsmäßigkeit (Abs. 1)

2 **Satzungsinhalt (S. 1).** Die formellen Anforderungen an die Satzung sind erfüllt, wenn die von der Körperschaft verfolgten Zwecke und die Art ihrer Verwirklichung in der Satzung so genau bezeichnet sind, dass unmittelbar aus dieser schriftlichen Fixierung

entnommen werden kann, ob die materiellen Voraussetzungen für die Gewährung der StVergünstigung insoweit erfüllt sind (BFH 31.10.1984 – I R 21/81, BStBl. II 1985, 162; FG München 11.5.2021 – 6 K 1417/19, EFG 2022, 131). Hierfür genügt weder die Wiederholung der gesetzlichen Begriffe noch eine allg. Angabe über die Art und Betätigung (BFH 20.1.1972 – I R 81/70, BStBl. II 1972, 440; BFH 20.7.1988 – I R 244/83, BFH/NV 1989, 479). Die **Satzungszwecke** müssen so weit wie möglich konkretisiert werden, sodass die Verfolgung nicht gemeinnütziger Zwecke eindeutig ausgeschlossen ist (FG München 29.2.1996 – 15 K 4332/93, EFG 1996, 938). Bleibt in der Satzung offen, ob ein Verstoß gegen die Selbstlosigkeit vorliegt, etwa wegen vorrangiger Verfolgung der Mitgliederinteressen, so genügt dies den Anforderungen des § 60 nicht (BFH 6.10.2009 – I R 55/08, BStBl. II 2010, 335). Verfolgt der Verein mehrere Zwecke, ist jeder einzelne Zweck inhaltlich genau zu bestimmen. Soweit sich unterschiedliche Rechtsfolgen (zB § 10b EStG) mit den Bereichen verbinden, sind diese in der Satzung klar abzugrenzen (FG Rheinland-Pfalz 11.10.1993 – 5 K 1341/92, EFG 1994, 594). Die satzungsmäßige Konkretisierung muss sämtliche Merkmale des gesetzlichen Tatbestandes abdecken, so zB auch die selbstlose Förderung der Allgemeinheit iSd § 52 (FG Schleswig-Holstein 15.12.1995 – I 541/93, EFG 1996, 604; Klein § 60 Rn. 3; aA Gast-de Haan DStR 1996, 405). Dies bedeutet jedoch nicht, dass stets die Voraussetzungen für die Mitgliedschaft und deren Beendigung in der Satzung selbst geregelt sein müssen (so aber BFH 5.8.1992 – X R 165/88, BStBl. II 1992, 1048; HHSp § 60 Rn. 5). Denn bei einem Verein, der ausschließlich Nichtmitglieder fördert, wirken sich die Regeln über den Erwerb und Verlust der Mitgliedschaft nicht auf das Merkmal der Förderung der Allgemeinheit aus. Ist der begünstigte Personenkreis nicht aus dem Satzungszweck erkennbar, bedarf es einer gesonderten Festlegung (FG Münster 23.6.1992 – 15 K 752/87 U, EFG 1993, 188). Für **Betriebe gewerblicher Art** von juristischen Personen des öffentlichen Rechts und die von ihnen verwalteten Stiftungen gelten die vorgenannten Grundsätze entsprechend. Es genügt nicht, dass ohne Erstellung einer Satzung aus der Art des Betriebs (zB städtisches Krankenhaus) auf die Verwirklichung eines anerkannt gemeinnützigen Zwecks geschlossen werden kann (BFH 31.10.1984 – I R 21/81, BStBl. II 1985, 162).

3 **Bezugnahmen.** Die notwendigen Angaben müssen grds. in der Satzung selbst enthalten sein (BFH 7.2.2018 – V B 119/17, BFH/NV 2018, 544; FG Niedersachsen 25.4.2024 – 10 K 70/21, EFG 2024, 1725). Eine bloße Bezugnahme der Satzung auf andere Regelungen oder Satzungen Dritter genügt nicht (BFH 19.4.1989 – I R 3/88, BStBl. II 1989, 595; BFH 21.7.1999 – I R 2/98, BFH/NV 2000, 297; BFH 23.7.2009 – V R 20/08, BStBl. II 2010, 719 zur Vermögensbindung). Lässt sich der Satzung ggf. auch durch Auslegung unter Einbeziehung aller Satzungsbestimmungen eine hinreichende Konkretisierung entnehmen, darf zur weiteren Verdeutlichung des Satzungszwecks auf Grundsatzerklärungen oder Programme verwiesen werden (BFH 14.3.1990 – I B 79/89, BFH/NV 1991, 485). Auch in diesem Fall muss sich der verfolgte Satzungszweck bereits hinreichend bestimmt aus der Satzung selbst ergeben (BFH 10.11.1998 – I R 95/97, BFH/NV 1999, 739; HHSp § 60 Rn. 6). Steht die in Bezug genommene Regelung im Widerspruch zur Satzung oder wird das Auslegungsergebnis hierdurch in Zweifel gezogen, liegt keine hinreichende Präzisierung vor.

6 **Rechtsprechung.** Yoga-Psychologie ist begrifflich zu unbestimmt (BFH 9.7.1986 – I R 14/82, BFH/NV 1987, 632); ebenso für Transzendentale Meditation nach Maharishi Mahesh Yogi (FG Düsseldorf 9.5.1989 – 16 K 28/82 U, EFG 1990, 2) oder mit Hilfe der Wissenschaft der schöpferischen Intelligenz (BFH 26.2.1992 – I R 47/89, BFH/NV 1992, 695); Satzungszweck „Schaffung und Unterhalten von Einrichtungen anderer Rechtsformen" ist zu unbestimmt (BFH 18.12.2002 – I R 15/02, BStBl. II 2003, 384). Durchführung von mit der Filmkunst zusammenhängenden Veranstaltungen lässt Art der Verwirklichung eines Vereins zur Förderung der Kunst, Heimatpflege, Wissenschaft und Jugendpflege nicht hinreichend erkennen (FG Hamburg 8.7.1988 – II 287/85, EFG 1989, 32); komplexe Begriffe wie Umweltschutz oder Frieden bedürfen zur Konkretisierung

nicht der Angabe aller zu schützenden Faktoren (BFH 29.8.1984 – I R 203/81, BStBl. II 1984, 844); Vereinszweck, hier: Schutz von Umwelt und Natur bei der Verkehrsplanung (Schnellbahn), kann sich auch aus Satzung insgesamt ergeben (BFH 13.12.1978 – I R 39/78, BStBl. II 1979, 482); Satzung eines Blindenvereins, die beispielhaft Verwirklichungsarten zur Förderung Blinder aufzählt, kann ohne Änderung nicht auf andere Personengruppen ausgedehnt werden (FG Münster 23.6.1992 – 15 K 752/87 U, EFG 1993, 188); Bezugnahme eines Scientology-Vereins auf die Kodizes und Richtlinien von L. Ron Hubbard ist unzulässig (FG Hamburg 13.12.1984 – II 125/80, EFG 1985, 525); zu unbestimmt ist Verweisung auf Lehren Jesu Christi und Franz von Assisi (FG Nürnberg 29.8.2000 – I 78/1999, EFG 2000, 1351); Bezugnahme eines Motorsportclubs auf die Regeln des ADAC genügt nicht den Anforderungen des § 60 (BFH 5.8.1992 – X R 165/88, BStBl. II 1992, 1048); Art der Verwirklichung des Satzungszwecks „Bau und Erweiterung sozialer Einrichtungen" erfordert Angabe der späteren Nutzung (BFH 10.11.1998 – I R 95/97, BFH/NV 1999, 739); zu unbestimmt ist der Zweck, „günstige Voraussetzungen für eine positive Entwicklung des Menschen in einer vom gesellschaftlichen Wandel geprägten Welt" zu schaffen (BFH 15.11.2017 – I R 39/15, BFH/NV 2018, 611).

Mustersatzung (S. 2, Anlage 1 zur AO). Das JStG 2009 legt in § 60 I 2 mit der 7
dazugehörigen Anlage fest, welche inhaltlichen Anforderungen an eine Satzung zu stellen sind. Die Aufnahme der bisher im AEAO aufgeführten Mustersatzungen in die gesetzliche Regelung ist eine unmittelbare Reaktion auf das Urteil des BFH 14.7.2004 – I R 94/02, DStR 2004, 1644, wonach die formelle Satzungsmäßigkeit entgegen der Auffassung des BMF im Schreiben vom 20.9.2005, BStBl. I 2005, 902 nicht die ausdrückliche Verwendung der Begriffe „ausschließlich" und „unmittelbar" erfordert. Die Mustersatzung legt nunmehr in § 1 die Verwendung dieser Worte im Zusammenhang mit der Benennung des verfolgten Zwecks fest (BFH 23.7.2009 – V R 20/08, BStBl. II 2010, 719; aA für eine italienische Stiftung BFH 20.12.2006 – I R 94/02, BStBl. II 2010, 331; BFH 25.10.2016 – I R 54/14, BStBl. II 2017, 1216). Indes schreibt § 60 I 2 nicht die wörtliche Übernahme der Formulierungen der Mustersatzung vor, sondern lediglich ihrer Festlegungen (vgl. FG Hessen 26.2.2020 – 4 K 594/18, EFG 2020, 902, aufgeh. aus anderen Gründen BFH 26.8.2021 – V R 11/20, BStBl. II 2022, 202; FG Hessen 28.6.2017 – 4 K 917/16, ErbStB 2018, 9; FG Düsseldorf 20.8.2019 – 6 K 481/19 AO, EFG 2019, 1717; Köster DStZ 2010, 166 (169); Schauhoff/Kirchhain DStR 2012, 261 (265)). Verstößt die Satzung hiergegen, erfüllt sie nicht die formellen Voraussetzungen für eine Anerkennung. Die FVerw. lässt Abweichungen vom Wortlaut der Mustersatzung zu (vgl. hierzu AEAO zu § 60 Nr. 2).

§ 60 I 2 ist auf nach dem 31.12.2008 gegründete Körperschaften sowie auf Satzungsänderungen, die nach dem 31.12.2008 wirksam werden, anzuwenden (Art. 97 § 1f II EGAO; BFH 25.10.2016 – I R 54/14, BStBl. II 2017, 1216). Die Festlegungen der Mustersatzung sind in diesem Fall lediglich hinsichtlich der geänderten Satzungsbestimmungen einzuhalten (TK § 60 Rn. 3; Klein § 60 Rn. 2; AEAO zu § 60 Nr. 9).

Satzungen ausländischer Körperschaften genügen den Anforderungen der Mustersatzung, wenn ihre Bestimmungen der Mustersatzung vergleichbar sind (BFH 21.1.2015 – X R 7/13, BStBl. II 2015, 588). Die Satzung kann auch in ausländischer Sprache verfasst sein (FG Niedersachsen 4.5.2020 – 6 K 53/18, EFG 2021, 1085, aufgeh. durch BFH 18.8.2022 – V R 15/20, IStR 2023, 104 aus anderen Gründen). Die Anerkennung des Gemeinnützigkeitsstatus erfolgt nach Maßgabe inländischer Regelungen (BFH 18.8.2022 – V R 15/20, IStR 2023, 104; BFH 25.10.2016 – I R 54/14, BStBl. II 2017, 1216).

III. Maßgeblicher Zeitraum bzw. Zeitpunkt (Abs. 2)

Für die Befreiung von der KSt und der GewSt muss die Satzung den vorgeschriebenen 8
Erfordernissen während des ganzen Veranlagungs- oder Bemessungszeitraums entsprechen (§ 31 KStG iVm § 25 EStG; § 14 II GewStG; BFH 23.7.2003 – I R 29/02, BStBl. II 2003, 930; FG München 11.5.2021 – 6 K 1417/19, EFG 2022, 131). Entsteht die

Körperschaft während des Veranlagungszeitraums, gilt dies für den Zeitraum ihres Bestehens (FG Hessen 17.9.2002 – 4 K 2859/02, EFG 2003, 569). Da die Körperschaft grds. schon vor ihrer Entstehung stpfl. wird (vgl. zu den Entstehungsstadien einer juristischen Person → § 33 Rn. 7 ff.), muss die Satzung bereits mit Eintritt der Stpfl. den gemeinnützigkeitsrechtlichen Anforderungen entsprechen (vgl. BFH 17.9.2003 – I R 85/02, BStBl. II 2005, 149). Eine von Todes wegen errichtete Stiftung gilt gem. § 84 BGB (jetzt: § 80 II 2 BGB) für Zuwendungen des Stifters als schon vor dessen Tod entstanden (BFH 6.6.2019 – V R 50/17, BStBl. II 2019, 782). Diese zivilrechtliche Rückbeziehung führt zur subjektiven Stpfl. nach § 1 I Nr. 4 KStG ab dem Zeitpunkt des Vermögensanfalls (Orth ZEV 1997, 327 mwN; Seifart/v. Campenhausen § 41 Rn. 13; vgl. auch Fischer ZEV 2004, 86 mit beachtlichen Gründen gegen eine steuerliche Rückwirkung). Die Rückwirkung erstreckt sich nicht auf die Anerkennung der Gemeinnützigkeit (BFH 17.9.2003 – I R 85/02, BStBl. II 2005, 149). Die §§ 51 ff. müssen vielmehr von Anfang an tatsächlich erfüllt sein (BFH 13.11.2019 – V R 30/16, BFH/NV 2020, 342). Bei allen anderen Steuern ist der Zeitpunkt der StEntstehung maßgeblich. Bei der USt ist auf das Ende des jeweiligen Voranmeldungszeitraums abzustellen (§ 13 I UStG). Maßgeblicher Zeitpunkt für die ErbSt ist der des Erwerbs iSd § 9 ErbStG. Die Befreiung von der GrSt richtet sich nach den satzungsmäßigen Erfordernissen zum Jahresbeginn (§ 9 II GrStG). Zum Ende der StBefreiung → § 51 Rn. 13.

9 Eine **Satzungsänderung** kann eine bereits eingetretene Stpfl. nicht rückwirkend beseitigen (FG Niedersachsen 22.11.1990 – VI 605/86, BB 1991, 1114). Satzungsänderungen werden gem. § 71 I BGB im Verhältnis zu Dritten und den Mitgliedern erst mit Eintragung in das Vereinsregister wirksam (Grüneberg BGB § 71 Rn. 1). Da die Vereinsorgane die geänderte Satzung aber bereits anwenden können, genügt es, wenn vor Beginn des Veranlagungszeitraums die Anmeldung der Satzungsänderung erfolgt und diese tatsächlich zur Eintragung gelangt (zutr. HHSp § 60 Rn. 19; aA FG Niedersachsen 22.11.1990 – VI 605/86, BB 1991, 1114: Wirksamkeit erforderlich).

§ 60a Feststellung der satzungsmäßigen Voraussetzungen

(1) [1]**Die Einhaltung der satzungsmäßigen Voraussetzungen nach den §§ 51, 59, 60 und 61 wird gesondert festgestellt.** [2]**Die Feststellung der Satzungsmäßigkeit ist für die Besteuerung der Körperschaft und der Steuerpflichtigen, die Zuwendungen in Form von Spenden und Mitgliedsbeiträgen an die Körperschaft erbringen, bindend.**

(2) **Die Feststellung der Satzungsmäßigkeit erfolgt**

1. **auf Antrag der Körperschaft oder**
2. **von Amts wegen bei der Veranlagung zur Körperschaftsteuer, wenn bisher noch keine Feststellung erfolgt ist.**

(3) **Die Bindungswirkung der Feststellung entfällt ab dem Zeitpunkt, in dem die Rechtsvorschriften, auf denen die Feststellung beruht, aufgehoben oder geändert werden.**

(4) **Tritt bei den für die Feststellung erheblichen Verhältnissen eine Änderung ein, ist die Feststellung mit Wirkung vom Zeitpunkt der Änderung der Verhältnisse aufzuheben.**

(5) [1]**Materielle Fehler im Feststellungsbescheid über die Satzungsmäßigkeit können mit Wirkung ab dem Kalenderjahr beseitigt werden, das auf die Bekanntgabe der Aufhebung der Feststellung folgt.** [2]**§ 176 gilt entsprechend, außer es sind Kalenderjahre zu ändern, die nach der Verkündung der maßgeblichen Entscheidung eines obersten Gerichtshofes des Bundes beginnen.**

(6) [1]**Liegen bis zum Zeitpunkt des Erlasses des erstmaligen Körperschaftsteuerbescheids oder Freistellungsbescheids bereits Erkenntnisse vor, dass die tatsächliche Geschäftsführung gegen die satzungsmäßigen Voraussetzungen verstößt, ist die Feststellung der Einhaltung der satzungsmäßigen Voraussetzungen nach Absatz 1 Satz 1 abzulehnen.** [2]**Satz 1 gilt entsprechend für die Aufhebung bestehender Feststellungen nach § 60a.**

(7) [1]**Auf Anfrage der registerführenden Stelle nach § 18 Absatz 2 des Geldwäschegesetzes kann das für die Feststellung nach Absatz 1 zuständige Finanzamt der registerführenden Stelle bestätigen, dass eine Vereinigung, die einen Antrag nach § 24 Absatz 1 Satz 2 des Geldwäschegesetzes gestellt hat, die nach den §§ 52 bis 54 der Abgabenordnung steuerbegünstigten Zwecke verfolgt.** [2]**Hierzu hat die registerführende Stelle dem zuständigen Finanzamt zu bestätigen, dass das Einverständnis der Vereinigung auf Auskunftserteilung nach § 24 Absatz 1 Satz 3 des Geldwäschegesetzes vorliegt.**

Schrifttum: Schauhoff/Kirchhain, Steuer- und zivilrechtliche Neuerungen für gemeinnützige Körperschaften und deren Förderer, FR 2013, 301; Sachse, Die Satzung auf dem Prüfstand – das neue Feststellungsverfahren, ZStV 2014, 106.

I. Allgemeines

Um Spendenbescheinigungen ausstellen zu dürfen, erhielt die Körperschaft vor Einführung des § 60a eine vorläufige Bescheinigung in Gestalt einer **unverbindlichen Rechtsauskunft** (BFH 23.7.2003 – I R 29/02, BStBl. II 2003, 930; BFH 23.9.1998 – I B 82/98, BStBl. II 2000, 320). Die Bescheinigung entfaltete wegen ihres vorläufigen Charakters keine Bindungswirkung für das folgende Veranlagungsverfahren (BFH 25.10.2000 – I B 117/00, BFH/NV 2001, 470). Eine verbindliche Anerkennung der StBegünstigung erfolgte erst im StBescheid (Freistellungsbescheid). Diese bisherige Verwaltungspraxis wird durch die Neuregelung in § 60a ersetzt. Die Vorschrift regelt die verbindliche Feststellung der satzungsmäßigen Voraussetzungen durch StBescheid. Das Verfahren bringt einen erheblichen Zuwachs an Rechtssicherheit für die steuerbegünstigten Körperschaften. § 60a gilt mWv 29.3.2013 (Art. 12 II iVm Art. 1 Nr. 5 Ehrenamtsstärkungsgesetz). Durch Art. 50 I JStG 2020 (BGBl. 2020 I 3096) wurde mWv 29.12.2020 Abs. 6 angefügt. Abs. 7 wurde durch das Transparenzregister- und Finanzinformationsgesetz v. 25.6.2021 (BGBl. 2021 I 2083) mWv 1.8.2021 angefügt. 1

II. Feststellung der satzungsmäßigen Voraussetzungen (Abs. 1)

Gesonderte Feststellung (S. 1). § 60a I 1 sieht für die Entscheidung über die formelle Satzungsmäßigkeit einer Körperschaft ein gesondertes Feststellungsverfahren vor, in dem entschieden wird, ob die Körperschaft nach ihrer Satzung die Voraussetzungen der StVergünstigung gem. den Vorgaben der §§ 51, 59, 60 und 61 erfüllt. Dies umfasst sowohl die positive als auch die negative Feststellung der satzungsmäßigen Voraussetzungen. Maßstab der Prüfung, ob die formelle Satzungsmäßigkeit gegeben ist, ist das nationale Recht (BFH 18.8.2022 – V R 15/20, IStR 2023, 104). Vertrauensschutzgesichtspunkte sind im Verfahren der erstmaligen negativen Feststellung nicht zu berücksichtigen (BFH 26.8.2021 – V R 11/20, BStBl. II 2022, 202). Die tatsächliche Geschäftsführung (§ 63), die steuerlich unschädlichen Betätigungen (§ 58) sowie die Rücklagen und Vermögensbildung (§ 62) und damit die steuerliche Freistellung sind nicht Gegenstand der Prüfung. Liegen im Zeitpunkt der Feststellungsentscheidung bereits Erkenntnisse vor, dass die tatsächliche Geschäftsführung nicht den Anforderungen des Gemeinnützigkeitsrechts entspricht, sollte auch bereits vor Einführung des Abs. 6 nach Ansicht der FVerw. die Feststellung nach § 60a I abzulehnen sein. Dies widersprach jedoch der gesetzlichen Regelung, die lediglich eine Überprüfung der formellen Gemeinnützigkeit zuließ (FG Baden-Württemberg 5.3.2018 – 10 K 3622/16, BeckRS 2018, 14376; Kirchhain DStR 2014, 289 (292); 2

Hüttemann DB 2014, 442 (445)). Etwas anderes konnte lediglich dann gelten, wenn die Erkenntnisse das Verständnis und die inhaltliche Bedeutung der Satzungsbestimmungen in der Weise verändern, dass diese nicht mehr den Anforderungen an die formelle Satzungsmäßigkeit entsprechen (ähnlich HHSp § 60a Rn. 21, 39). Die Versagung bzw. der Entzug der Gemeinnützigkeit wegen eines Verstoßes außerhalb der formellen Satzungsmäßigkeit musste im Veranlagungsverfahren (KSt-Bescheid/Freistellungsbescheid) und nicht durch Ablehnung/Aufhebung des Feststellungsbescheides erfolgen. Der Widerruf der Anerkennung der Gemeinnützigkeit in einer Verfügung außerhalb des Veranlagungsverfahrens ist nicht zulässig (BFH 13.11.1996 – I R 152/93, BStBl. II 1998, 711). Anspruch auf Erlass eines gesonderten Feststellungsbescheides haben auch ausländische Körperschaften, die ihren Sitz in der EU/EWR haben, soweit sie grds. berechtigt sind, für Spenden und Mitgliedsbeiträge Zuwendungsbestätigungen zu erteilen (ebenso Schauhoff/Kirchhain FR 2013, 301; Hüttemann DB 2014, 442). Allerdings sollen nach AEAO zu § 60a Nr. 3 ausländische EU/EWR-Körperschaften, die keine inländischen Einkünfte erzielen, keinen Anspruch auf die Erteilung eines Feststellungsbescheides haben. Dies ist im Hinblick auf den dadurch erschwerten Zugang zu einer Spendenempfangsberechtigung unionsrechtswidrig (TK § 60a Rn. 8; zur ungeklärten örtlichen Zuständigkeit vgl. Schauhoff/Kirchhain FR 2013, 301). Gemäß § 5 I 1 Nr. 47 Buchst. b FVG ist seit dem 1.1.2024 das BZSt für die Feststellung zuständig, ob eine ausländische Körperschaft im Hinblick auf aus dem Inland erhaltene Zuwendungen für Zwecke des § 50 I 2, 3 EStDV (Erteilung einer Zuwendungsbestätigung) in das Zuwendungsempfängerregister (§ 60b) aufgenommen wird.

3 **Bindungswirkung (S. 2).** Der Bescheid über die Feststellung der Satzungsmäßigkeit entfaltet als **Grundlagenbescheid** (§ 171 X) sowohl für die Besteuerung der Körperschaft als auch für die Stpfl. gegenüber den WohnsitzFÄ der Spender und Mitglieder umfassende Bindungswirkung (§ 182 I). Die Bindungswirkung erstreckt sich auf alle StArten. Für die Dauer der Wirksamkeit des Feststellungsbescheides kann der Körperschaft nicht entgegengehalten werden, dass sie aufgrund Verstoßes gegen die formelle Satzungsmäßigkeit nicht steuerbegünstigt ist. Der Feststellungsbescheid ist ein Dauerverwaltungsakt und gilt so lange, bis er aufgehoben wird oder außer Kraft tritt (vgl. Abs. 3, 4). Die Bindungswirkung erstreckt sich nur auf die formelle Satzungsmäßigkeit des Zuwendungsempfängers und nicht auf die StBefreiung nach den jeweiligen EinzelStG, da diese auch aufgrund eines Verstoßes im Bereich der tatsächlichen Geschäftsführung entfallen kann (BFH 23.7.2020 – V R 40/18, DStR 2020, 2420). Demzufolge kann Vertrauensschutz auch nur hinsichtlich der formellen Satzungsmäßigkeit entstehen (BFH 26.5.2021 – V R 31/19, BStBl. II 2021, 835). Solange ein solcher Verstoß der Körperschaft indes nicht nachgewiesen ist, hat sie aufgrund der Bindungswirkung des Feststellungsbescheides Anspruch auf eine StBegünstigung. Die Aufnahme eines Vorbehalts der Nachprüfung (§ 164) scheidet wegen der abschließenden Prüfung regelmäßig aus (TK § 60a Rn. 4).

III. Feststellungsbescheid (Abs. 2)

4 Liegen die gesetzlichen Voraussetzungen für die Gewährung einer StVergünstigung vor, ist die Körperschaft von Amts wegen freizustellen. Die Freistellung hat verbunden mit der gesonderten Feststellung bei der Veranlagung zur KSt zu erfolgen, falls nicht bereits ein selbständiger Feststellungsbescheid erlassen wurde. Die Zuordnung des Feststellungsverfahrens zum KSt-Veranlagungsverfahren bedeutet lediglich, dass die Feststellung mit dem KSt-Bescheid verbunden werden kann, nicht hingegen, dass sie Teil der KSt-Festsetzung ist. Örtlich zuständig ist gem. § 20 I das FA, in dessen Bezirk sich die Geschäftsleitung der Körperschaft befindet (andernfalls: Ort des Sitzes, § 20 II).

Die Körperschaft kann das Feststellungsverfahren zudem durch eigenen formlosen Antrag jederzeit einleiten (Nr. 1). Nicht antragsberechtigt sind Spender und Mitglieder der Körperschaft. Der Antrag ist zu begründen. Das Feststellungsverfahren ist nicht an die

Durchführung eines Veranlagungsverfahrens gebunden. Die Feststellung über die formelle Satzungsmäßigkeit berechtigt zeitlich begrenzt zur Ausstellung von Zuwendungsbestätigungen, solange kein Freistellungsbescheid oder keine Anlage Gemeinnützigkeit zum KSt-Bescheid erteilt wurde (vgl. § 63 V Nr. 2). Die bisher erteilten vorläufigen Bescheinigungen über die Gemeinnützigkeit behalten bis zur Entscheidung durch Feststellungsbescheid weiterhin Gültigkeit.

Abschnittsbesteuerung. Eine gewährte StBefreiung ist grds. alle 3 Jahre zu überprüfen. Hauptaugenmerk legt die FB dabei auf die tatsächliche Geschäftsführung der Körperschaft (§ 63), die Einhaltung der Beschränkungen zu den steuerunschädlichen Betätigungen (§ 58) und die Rücklagenbildung (§ 62). Zu diesem Zweck darf die Vorlage der Aufzeichnungen über die Einnahmen und Ausgaben (§ 63 III) und ein Geschäftsbericht verlangt werden. Kommt die Körperschaft ihren Mitwirkungspflichten nicht nach, hat das FA die Besteuerungsgrundlagen zu schätzen. Die Anzeigepflichten des § 137 gelten auch für gemeinnützige Körperschaften. Außenprüfungen sind bei gemeinnützigen Zusammenschlüssen nur nach § 193 II Nr. 2 zulässig. Für wirtschaftliche Geschäftsbetriebe gilt § 193 I. Gesetzlich nicht vorgesehene StVergünstigungen können nicht im Billigkeitswege gewährt werden. Weder aus der Anerkennung der formellen Gemeinnützigkeit durch Feststellungsbescheid noch aus der Freistellung für vorangegangene Jahre lässt sich ein schutzwürdiger Vertrauenstatbestand für zukünftige Jahre ableiten (BVerfG 23.4.2001 – 1 BvR 118/01, StEd 2001, 306). Die **Beweislast** (Feststellungslast) für die tatsächlichen Voraussetzungen der Gemeinnützigkeit trifft die Körperschaft, die eine Anerkennung begehrt (BFH 26.2.2003 – I R 26/02, BFH/NV 2003, 1300; FG München 11.5.2021 – 6 K 1417/19, EFG 2022, 131). 5

Wirtschaftlicher Geschäftsbetrieb. Unterhält die gemeinnützige Körperschaft einen wirtschaftlichen Geschäftsbetrieb, setzt die FB die Steuer für den stpfl. Betrieb durch StBescheid fest und stellt die Körperschaft in demselben VA im Übrigen frei. Der Erlass getrennter Bescheide ist unzulässig (FG Rheinland-Pfalz 30.1.1984 – 5 K 81/83, EFG 1984, 518). Beteiligt sich eine gemeinnützige Körperschaft mitunternehmerisch an einer KG, ist im Gewinnfeststellungsbescheid bindend darüber zu entscheiden, ob hierdurch ein wirtschaftlicher Geschäftsbetrieb unterhalten wird (BFH 27.7.1988 – I R 113/84, BStBl. II 1989, 134). Zum wirtschaftlichen Geschäftsbetrieb bei Betriebsaufspaltung mit gemeinnütziger Besitzgesellschaft siehe BFH 21.5.1997 – I R 164/94, BFH/NV 1997, 825. 6

IV. Entfallen der Bindungswirkung (Abs. 3)

§ 60a III–V setzen einen existierenden Erstfeststellungsbescheid voraus, sodass sie auf den erstmaligen Erlass eines Feststellungsbescheides nicht anwendbar sind (BFH 26.8.2021 – V R 11/20, BStBl. II 2022, 202). Der Feststellungsbescheid bleibt grds. fortwährend wirksam und damit bindend, solange er nicht aufgehoben wird oder das Entfallen der Bindungswirkung gesetzlich angeordnet ist. Einen solchen Fall des Entfallens der Bindungswirkung von Gesetzes wegen ohne Erlass eines Aufhebungsbescheides sieht § 60a III für den Fall vor, dass sich die Rechtsvorschriften (nicht: Verwaltungsvorschriften, etwa der AEAO) ändern, auf denen die Feststellung beruht. Neben der Änderung der gemeinnützigen Zwecke kommt insb. eine Änderung der gesetzlich vorgeschriebenen Mustersatzung in Betracht (Schauhoff/Kirchhain FR 2013, 301). Auf die Kenntnis der Körperschaft vom Außerkrafttreten kommt es nicht an (HHSp § 60a Rn. 33; aA TK § 60a Rn. 9). Die Bindungswirkung entfällt ab dem Zeitpunkt der Aufhebung oder Änderung der gesetzlichen Regelung. Soweit die Gesetzesänderung rückwirkend oder kurzfristig erfolgt, ist der Körperschaft aus Gründen des Vertrauensschutzes eine angemessene Anpassungsfrist einzuräumen. 7

V. Änderung der Verhältnisse (Abs. 4)

8 Abs. 4 enthält eine spezielle Änderungsbefugnis im Fall der Änderung der für die Feststellung erheblichen Verhältnisse. Die Aufhebung des Feststellungsbescheides setzt eine nachträgliche Änderung der für die Feststellung erheblichen Verhältnisse voraus. Erfasst werden nur Änderungen, die sich nach Erlass des Feststellungsbescheides ereignet haben (BFH 23.7.2020 – V R 40/18, DStR 2020, 2420). Davon betroffen sind sämtliche Verstöße gegen die formelle Satzungsmäßigkeit, insb. Verstöße gegen die satzungsmäßige Vermögensbindung (§ 61), das Konkretisierungsgebot der Satzung (§ 60), die Aufnahme gemeinnützigkeitsschädlicher Zwecke (§ 59) oder schädliche Abweichungen von der Mustersatzung. Die Aufhebung des Feststellungsbescheids hat mit Wirkung vom Zeitpunkt der Änderung der Verhältnisse zu erfolgen. Geschieht dies während des Veranlagungszeitraums, ist die StBegünstigung für die KSt und GewSt für den gesamten Veranlagungszeitraum zu versagen (§ 60 II). Fehler aufgrund unberücksichtigter formeller Änderungen bei Erlass des Bescheides können nur nach Abs. 5 beseitigt werden. Satzungsänderungen treten erst mit ihrem zivilrechtlichen Inkrafttreten ein (BFH 23.7.2020 – V R 40/18, DStR 2020, 2420).

VI. Fehlerbeseitigung (Abs. 5)

9 Materielle Fehler im Feststellungsbescheid können nach den allg. Änderungsvorschriften (§§ 172 ff.) korrigiert werden. Daneben ist die FB nach Abs. 5 berechtigt, materielle Fehler im Feststellungsbescheid mit Wirkung für die Zukunft ohne Vorliegen weiterer Voraussetzungen zu berichtigen. Die Fehlerbeseitigung ist mit Wirkung ab dem Kalenderjahr zulässig, das auf die Bekanntgabe der Aufhebung der Feststellung folgt. Dies bedeutet, dass der Regelungsinhalt des während des Kalenderjahres bekannt gegebenen Aufhebungsbescheides seine Wirkung erst für das Folgejahr entfaltet (vgl. BT-Drs. 11/11316, 13 f.). § 176 gilt entsprechend. Abs. 5 unterscheidet sich darin von Abs. 4, dass er die Korrektur von bereits bei Erlass des ursprünglichen Feststellungsbescheides vorhandenen Fehlern ermöglicht (Beispiel: unvollständige Satzungsbestimmung zum Vermögensanfall, § 61 I). Verstöße gegen die materielle Satzungsmäßigkeit (§ 63) dürften nicht erfasst sein (TK § 60 Rn. 11), s. aber Abs. 6 (→ Rn. 10).

Auf Freistellungsbescheide findet Abs. 5 keine Anwendung. Ein KSt-Bescheid (Freistellungsbescheid) kann (analog) nach § 173 I aufgehoben werden, wenn nachträglich Tatsachen oder Beweismittel bekannt werden, welche die Gemeinnützigkeit begründen bzw. ausschließen. Dies gilt auch, wenn die Steuer auf 0 EUR festgesetzt wurde (BFH 13.7.1994 – I R 5/93, BStBl. II 1995, 134).

VII. Versagung und Aufhebung der Feststellung (Abs. 6)

10 Bisher war zwischen FVerw. und Rspr. umstritten, ob die FB bei Anhaltspunkten für Verstöße gegen die tatsächliche Geschäftsführung die gesonderte Feststellung versagen bzw. aufheben darf oder dies im Rahmen der ersten Veranlagung geschehen muss (→ Rn. 2). Nach Abs. 6 S. 1 ist der Erlass eines Feststellungsbescheides nunmehr abzulehnen, wenn der FB vor Erlass des Feststellungsbescheides bekannt ist, dass die tatsächliche Geschäftsführung der Körperschaft nicht satzungsgemäß erfolgt. Dies können etwa Erkenntnisse über eine nicht satzungsgemäße Mittelverwendung oder gemeinnützigkeitsschädliche Betätigung sein. Sind Tatsachen bekannt, die einer Anerkennung der Körperschaft als gemeinnützig entgegenstehen, darf folglich kein Feststellungsbescheid erteilt werden (AEAO zu § 60a Nr. 10). Der Körperschaft sind die Erkenntnisse vor Erlass eines Ablehnungsbescheides zwecks Gewährung rechtlichen Gehörs mitzuteilen. Die Körperschaft muss nunmehr bereits im Verfahren über die formelle Satzungsmäßigkeit darlegen und ggf. nachweisen, dass die tatsächliche Geschäftsführung im Einklang mit den Satzungsbestim-

mungen erfolgt. Erlangt die FB nach Erlass des Feststellungsbescheides entsprechende Erkenntnisse, ist der Feststellungsbescheid aufzuheben (S. 2).

VIII. Transparenzregister (Abs. 7)

Gemäß § 20 I 1 GwG haben ua jur. Personen des Privatrechts (unabhängig von ihrem Gemeinnützigkeitsstatus) die in § 19 I GwG aufgeführten Angaben zu den wirtschaftlich Berechtigten dieser Vereinigungen (Vor- und Nachname, Geburtsdatum, Wohnort, Art und Umfang des wirtschaftlichen Interesses sowie die Staatsangehörigkeit) einzuholen, aufzubewahren, auf aktuellem Stand zu halten und der registerführenden Stelle unverzüglich zur Eintragung in das **Transparenzregister** mitzuteilen. Nicht darunter fallen nichtrechtsfähige Vereine, nichtrechtsfähige Genossenschaften und jur. Personen des öff. Rechts. Für die Führung im Transparenzregister (§ 24 I 1 GwG) entsteht eine Jahresgebühr, die auf Antrag bei rechtsfähigen gemeinnützigen Körperschaften nicht erhoben wird (§ 24 I 2 GwG). Zum Nachweis der Gebührenfreiheit kann auf Anfrage der registerführenden Stelle das zuständige FA bestätigen, dass die Körperschaft stbegünstigt ist. Die Bestätigung darf das FA nur erteilen, wenn die registerführende Stelle zuvor bestätigt, dass die Körperschaft mit der Auskunftserteilung einverstanden ist. 11

IX. Rechtsbehelfe

Gegen die Ablehnung der Feststellung der satzungsmäßigen Voraussetzungen sind ebenso wie gegen den die Gemeinnützigkeit versagenden StBescheid Einspruch und Verpflichtungsklage zulässig (BFH 23.1.1985 – I R 284/81, BFH/NV 1985, 17; BFH 2.12.2020 – V B 25/20 (AdV), BB 2021, 424). Dies gilt auch für eine StFestsetzung von 0 EUR (BFH 13.7.1994 – I R 5/93, BStBl. II 1995, 134). Die hiervon ausgehende Rechtsverletzung iSd § 40 II FGO ist in der fehlenden Freistellung begründet. Denn nur sie lässt die Inanspruchnahme von Vergünstigungen (insb. den steuerbegünstigten Spendenempfang) in der Zukunft zu (vgl. BFH 23.9.1998 – I B 82/98, BStBl. II 2000, 320). Gegen den einen Freistellungsbescheid/Feststellungsbescheid aufhebenden VA sind Einspruch und Anfechtungsklage gegeben. Dies gilt auch, soweit formelle oder materielle Fehler des Feststellungsbescheides gerügt werden. Zur Konkurrentenklage s. BFH 18.9.2007 – I R 30/06, BStBl. II 2009, 126. 12

Vorläufiger Rechtsschutz. Versagt das FA einen erstmaligen gesonderten Feststellungsbescheid iSd § 63 V Nr. 2, ist ein Antrag auf einstweilige Anordnung statthaft (§ 114 I 2 FGO; BFH 2.12.2020 – V B 25/20 (AdV), BStBl. II 2021, 263). Für Anordnungsgrund und -anspruch trägt die Körperschaft die Last der Darlegung und Glaubhaftmachung. Ein vermuteter Verstoß gegen die tatsächliche Geschäftsführung ist hingegen von der FB schlüssig darzulegen und glaubhaft zu machen (BFH 11.6.2001 – I B 30/01, BFH/NV 2001, 1223). Das FA ist zum Erlass eines Feststellungsbescheides zu verpflichten, wenn die satzungsmäßigen Voraussetzungen vorliegen und die Körperschaft auf den Erhalt steuerbegünstigter Spenden existenziell angewiesen ist (vgl. BFH 23.9.1998 – I B 82/98, BStBl. II 2000, 320). Ein Antrag auf einstweilige Anordnung ist auch zulässig, wenn die Freistellung durch StBescheid versagt wurde. Durch die AdV des StBescheids kann nicht die Anerkennung der Gemeinnützigkeit erreicht werden. Demgegenüber ist AdV zu beantragen, wenn vorläufiger Rechtsschutz gegen einen StBescheid begehrt wird, der den zunächst erteilten Freistellungsbescheid aufhebt (TK § 60a Rn. 19). 13

§ 60b Zuwendungsempfängerregister

(1) **Das Bundeszentralamt für Steuern führt ein Register, in dem Körperschaften und juristische Personen des öffentlichen Rechts geführt werden, an die steuerbegünstigt Zuwendungen nach den §§ 10b, 34g des Einkommensteuergesetzes geleistet werden können (Zuwendungsempfängerregister).**

(2) **Im Zuwendungsempfängerregister speichert das Bundeszentralamt für Steuern zu Zwecken des Sonderausgabenabzugs nach § 10b des Einkommensteuergesetzes und der Steuerermäßigung nach § 34g des Einkommensteuergesetzes automatisiert folgende Daten:**

1. Wirtschafts-Identifikationsnummer,
2. Name,
3. Anschrift,
4. steuerbegünstigte Zwecke nach den §§ 52 bis 54,
5. Datum der Anerkennung als Partei im Sinne des § 2 des Parteiengesetzes,
6. Datum der Anerkennung als Wählervereinigung,
7. Status als juristische Person des öffentlichen Rechts,
8. zuständige Finanzbehörde,
9. Datum der Erteilung des letzten Freistellungsbescheides, der Anlage zum Körperschaftsteuerbescheid oder des Feststellungsbescheides nach § 60a,
10. Kontoverbindungen bei Banken/Kreditinstituten und Bezahldienstleistern.

(3) **Die für die Besteuerung nach dem Einkommen zuständige Finanzbehörde übermittelt dem Bundeszentralamt für Steuern die Daten nach Absatz 2 sowie unverzüglich jede Änderung dieser Daten.**

(4) [1]**Das Bundeszentralamt für Steuern ist befugt, die Daten nach Absatz 2 Dritten zu offenbaren.** [2]**§ 30 steht dem nicht entgegen.**

(5) **Die im Zuwendungsempfängerregister Geführten können Änderungen und Ergänzungen der Eintragungen nach Absatz 2 Nummer 10 mit Hilfe eines amtlich vorgeschriebenen Datensatzes durch Datenfernübertragung bewirken.**

I. Allgemeines

1 Durch das JStG 2020 (BGBl. 2020 I 3096) ist mWv. 1.1.2024 (Art. 50 X JStG 2020) § 60b eingefügt worden. Gegenstand der Norm ist die Schaffung eines zentralen, öffentlich einsehbaren Zuwendungsempfängerregisters beim BZSt. Dieses soll die Voraussetzung dafür schaffen, künftig Zuwendungsbescheinigungen in digitaler Form zur Verfügung stellen zu können. Das Zuwendungsempfängerregister ist nach der Gesetzesbegründung ein Baustein für eine vorausgefüllte StErklärung, bei der die Belegvorhaltepflicht entfällt, weil eine Spendenquittung in Papier für den StAbzug nicht mehr erforderlich sein wird (BT-Drs. 19/25160, 198).

II. Zuständige Behörde (Abs. 1)

2 Zuständige Behörde für die Führung des Zuwendungsempfängerregisters ist das BZSt. Eine hierdurch bewirkte Einschränkung der StVerwaltungshoheit der Länder ist von Art. 108 IV 1 GG gedeckt (BK Art. 108 Rn. 138). Das Register soll alle Körperschaften, Personenvereinigungen und Vermögensmassen enthalten, die nach § 5 Abs. 1 Nr. 9 KStG steuerbefreit sind, sowie die nach § 34g EStG begünstigten Vereinigungen. Das BZSt ist nach § 5 I 1 Nr. 47 Buchst. b FVG nF auch für die Prüfung, ob ausländische Körperschaften den Voraussetzungen der §§ 51 bis 68 AO entsprechen, zuständig (BT-Drs. 19/25160, 199; TK § 60b Rn. 4; einschr. Kirchhain DStR 2021, 129: nur für im Inland nicht stpfl. Körperschaften). Hiermit korrespondiert ein Anspruch auf Aufnahme der ausländischen Körperschaft, wenn sie die Voraussetzungen erfüllt. Diese Feststellung hat für die steuerliche Abzugsfähigkeit der Spenden inländischer Spender sowie die Mittelzuwendung einer Körperschaft nach § 58 Nr. 1 S. 3 Bedeutung. Tätig wird das BZSt anlassbezogen, insb. auf Antrag der ausländischen Organisationen, die eine Zuwendung aus dem Inland bestätigen will.

III. Inhalt des Registers (Abs. 2)

Im Zuwendungsempfängerregister sind neben identifikationsbezogenen Daten (Nr. 1–3), die steuerbegünstigten Zwecke (Nr. 4), das zuständige FA (Nr. 5), das Datum des Freistellungs- bzw. Feststellungsbescheides (Nr. 6) sowie die Bankverbindung der Körperschaft (Nr. 7) zu speichern. Die im Register zu speichernden Daten zählt Abs. 2 abschließend auf. Weitere Daten dürfen weder abgefragt noch gespeichert werden. Das Register lässt damit für jedermann die Prüfung zu, ob eine Körperschaft berechtigt ist, Zuwendungsbestätigungen zu erteilen. Welchen Umfang diese Berechtigung hat, kann dem Register nicht explizit entnommen werden (ebenso Klein § 60b Rn. 3 unter Hinweis auf § 10b I 7 EStG zur Abzugsfähigkeit von Mitgliedsbeiträgen). 3

IV. Übermittlungspflicht (Abs. 3)

Die für die Führung des Registers erforderlichen Informationen erhält das BZSt von den zuständigen FÄ. Das für die Körperschaft zuständige FA hat sowohl die Erstinformation als auch jede Änderung unverzüglich mitzuteilen. 6

V. Offenbarungsbefugnis (Abs. 4)

Nach Abs. 4 erhält das BZSt die Befugnis, die Daten nach Abs. 2 jedem Dritten zu offenbaren. Der Darlegung eines irgendwie gearteten Interesses durch den Dritten bedarf es dafür nicht (TK § 60b Rn. 9). Sinnvoll wäre daher die Schaffung eines Onlineportals, das frei zugänglich ist. Die Feststellung der Gemeinnützigkeit einer Körperschaft unterliegt demnach künftig nicht mehr dem StGeheimnis (BT-Drs. 19/25160, 208). 9

§ 61 Satzungsmäßige Vermögensbindung

(1) **Eine steuerlich ausreichende Vermögensbindung (§ 55 Absatz 1 Nummer 4) liegt vor, wenn der Zweck, für den das Vermögen bei Auflösung oder Aufhebung der Körperschaft oder bei Wegfall ihres bisherigen Zwecks verwendet werden soll, in der Satzung so genau bestimmt ist, dass auf Grund der Satzung geprüft werden kann, ob der Verwendungszweck steuerbegünstigt ist.**

(2) **(weggefallen)**

(3) [1]**Wird die Bestimmung über die Vermögensbindung nachträglich so geändert, dass sie den Anforderungen des § 55 Absatz 1 Nummer 4 nicht mehr entspricht, so gilt sie von Anfang an als steuerlich nicht ausreichend.** [2]**§ 175 Absatz 1 Satz 1 Nummer 2 ist mit der Maßgabe anzuwenden, dass Steuerbescheide erlassen, aufgehoben oder geändert werden können, soweit sie Steuern betreffen, die innerhalb der letzten zehn Kalenderjahre vor der Änderung der Bestimmung über die Vermögensbindung entstanden sind.**

Schrifttum: Becker, Das Recht auf Scheitern einer gemeinnützigen Körperschaft, FR 2008, 909; Köster, Bindende Mustersatzung für gemeinnützige Körperschaften?, DStZ 2010, 166; Wallenhorst, Die Nachversteuerung in § 61 Abs. 3 AO bei Verstößen gegen die Vermögensbindung durch die tatsächliche Geschäftsführung, DStR 2011, 698; Kahsnitz, Verdeckte Gewinnausschüttungen bei gemeinnützigen Körperschaften, KÖSDI 2019, 21529; Röttgering, Gemeinnützigkeit: Satzungsmäßige Vermögensbindung – hierauf kommt es bei der Satzungsgestaltung an, SB 2025, 34.

I. Allgemeines

Die zur Selbstlosigkeit gehörende materielle Vermögensbindung (§ 55 I Nr. 4) ist nach § 61 auch formell umzusetzen, dh in der Satzung ist der Verwendungszweck des Restvermögens für die Fälle der Beendigung der steuerbegünstigten Tätigkeit anzugeben (sog. Buchnachweis, BFH 23.7.2009 – V R 20/08, BStBl. II 2010, 719; BFH 17.9.2013 – I R 1

16/12, BStBl. II 2014, 440). § 61 I hat lediglich klarstellende Bedeutung, da sich schon nach § 59 aus der Satzung die Beachtung der Selbstlosigkeit (§ 55) ergeben muss (vgl. BT-Drs. VI/1982, 118). § 61 III enthält Regelungen zur Nachversteuerung als Folge einer nachträglichen schädlichen Änderung der Bestimmungen über die Vermögensbindung, die durch das StBereinG 1986 (BGBl. 1985 I 2436) und das StMBG (BGBl. 1993 I 2310) jeweils redaktionell geändert worden sind. Abs. 2 wurde mit Wirkung vom 1.1.2007 durch Gesetz vom 10.10.2007 (BGBl. 2007 I 2332) aufgehoben (Art. 97 § 1d EGAO).

II. Satzungsmäßige Vermögensbindung (Abs. 1)

2 Die Satzung hat den Zweck zu benennen, für den das Vermögen bei Auflösung oder Aufhebung der Körperschaft oder bei Wegfall ihres bisherigen Zwecks verwendet werden soll. Der Verwendungszweck muss dabei in der Satzung so genau bezeichnet sein, dass allein aufgrund dieser Bestimmung geprüft werden kann, ob die Vermögensbindung den materiellen Erfordernissen des § 55 I Nr. 4 entspricht (BFH 21.7.1999 – I R 2/98, BFH/NV 2000, 297). Dies erfordert entweder die präzise Angabe einer Körperschaft mit der Bestimmung, ob das Vermögen ausschließlich und unmittelbar für eigene steuerbegünstigte Zwecke zu verwenden ist, oder die unmissverständliche Angabe eines bestimmten Verwendungszwecks (BFH 12.1.2011 – I R 91/09, BFH/NV 2011, 1111; FG Niedersachsen 18.3.2004 – 6 K 136/01, EFG 2004, 1650). Ist danach die Verwendung des Vermögens zu steuerbegünstigten Zwecken gewährleistet, entspricht die Satzung auch der materiellen Vermögensbindung. Wird die als Empfänger benannte Körperschaft aufgelöst oder verliert sie ihre Gemeinnützigkeit, muss die Satzung unverzüglich angepasst werden (HHSp § 61 Rn. 4). Dies gilt auch, wenn die Satzung der begünstigten Körperschaft selbst gegen die formelle Vermögensbindung verstößt (FG Niedersachsen 19.8.1997 – VI 137/92, EFG 1998, 596). Auf die satzungsmäßige Vermögensbindung kann nicht deshalb verzichtet werden, weil die Körperschaft selbst von einem ewigen Bestehen ausgeht (FG Berlin-Brandenburg 29.7.2014 – 4 K 12276/11, EFG 2014, 2168).

Als **Anfallsberechtigte** können inländische steuerbegünstigte Körperschaften, juristische Personen des öffentlichen Rechts oder ausländische Körperschaften iSd § 5 II Nr. 2 KStG benannt werden (Klein § 61 Rn. 1). Die Einschränkung auf der beschränkten Stpfl. unterliegende, ausländische Körperschaften in Bezug auf EU/EWR-Körperschaften ohne inländische Einkünfte ist unionsrechtswidrig (→ § 60a Rn. 2; TK § 61 Rn. 1; TK § 60a Rn. 8). Die satzungsmäßige Vermögensbindung ist zudem erfüllt, wenn in der Satzung als Anfallsberechtigte eine in einem EU-Staat ansässige juristische Person des öffentlichen Rechts aufgeführt wird (AEAO zu § 61 Nr. 1). Der Grundsatz der Vermögensbindung gilt auch für **ausländische Körperschaften,** sowohl für den Fall, dass eine Auslandsspende nach § 10b I 2 Nr. 3 EStG abzugsfähig sein soll, als auch als Anfallsberechtigte (BFH 22.3.2018 – X R 5/16, BStBl. II 2018, 651; BFH 21.1.2015 – X R 7/13, BStBl. II 2015, 588). Das Erfordernis der satzungsmäßigen Vermögensbindung ist unionsrechtlich nicht zu beanstanden. Es liegt weder ein Verstoß gegen die Kapitalverkehrsfreiheit noch ein Verstoß gegen das Effektivitätsprinzip als Verbot der Vollzugsdiskriminierung vor (BFH 17.9.2013 – I R 16/12, BStBl. II 2014, 440).

3 **Keine ausreichende Bezeichnung** des Verwendungszwecks liegt vor, wenn die Verwendung zu steuerbegünstigten Zwecken festgeschrieben wird, ohne einen konkreten Zweck zu benennen oder lediglich eine Vermögensverteilung an die Zustimmung des FA geknüpft ist (BFH 20.9.1967 – I 62/63, BStBl. II 1968, 24). Beschränkt sich die satzungsmäßige Vermögensbindung auf eine Alternative des § 61 I (Auflösung oder Wegfall des Zwecks sowie Aufhebung bei Stiftungen), ist die formelle Satzungsmäßigkeit ebenso nicht gegeben (BFH 26.8.2021 – V R 11/20, BStBl. II 2022, 202; FG Niedersachsen 18.3.2004 – 6 K 136/01, EFG 2004, 1650; aA FG Hamburg 12.11.2002 – VII 122/01, DStRE 2003, 634; für staatlich beaufsichtigte Stiftung; s. auch TK § 61 Rn. 2: nur Stiftungen können aufgehoben werden (§ 87 BGB), nicht aber Vereine). Eine Ergänzung oder Korrektur

unzureichender Satzungsbestimmungen kann weder durch außerhalb der Satzung getroffene Vereinbarungen oder einen Verweis auf Regelungen in anderen Satzungen noch durch eine den steuerbegünstigten Zwecken tatsächlich entsprechende Geschäftsführung erreicht werden (BFH 23.7.2009 – V R 20/08, BStBl. II 2010, 719). Die Berücksichtigung außerhalb der Satzung liegender Begleitumstände oder des nicht in der Satzung manifestierten Willens der Mitglieder widerspricht dem Gebot des Buchnachweises (BFH 26.8.2021 – V R 11/20, BStBl. II 2022, 202). Der Anfall des Vereinsvermögens an den Fiskus lässt das Erfordernis der satzungsmäßigen Vermögensbindung nicht entfallen, da der Zweck der Mittelverwendung durch die §§ 46, 87, 88 BGB nicht zwingend vorgeschrieben ist (RFH 24.3.1937 – I A 319/36, RStBl. 1937, 273).

III. Erleichterungen (Abs. 2 aF)

Verhinderten zwingende Gründe bei der Aufstellung der Satzung oder bei Satzungs- 6
änderungen die genaue Angabe des künftigen Verwendungszwecks des Restvermögens, ließ § 61 II ausnahmsweise eine allg. satzungsmäßige Vermögensbindung zu (BFH 25.1.2005 – I R 52/03, BStBl. II 2005, 514; s. 3 Aufl.). Seit dem 1.1.2007 gilt ausnahmslos das Erfordernis einer hinreichenden satzungsmäßigen Vermögensbindung (→ Rn. 1). Die rückwirkende Streichung der Erleichterung verlangt indes eine Übergangsregelung der FVerw., da Satzungsanpassungen nur ex nunc wirken (ebenso Hüttemann DB 2007, 2053); vgl. auch zur Rückwirkungsfiktion des § 80 II 2 BGB bei Stiftungen für den Zeitraum zwischen Tod des Stifters und Anerkennung der Rechtsfähigkeit BFH 6.6.2019 – V R 50/17, BStBl. II 2019, 782.

IV. Schädliche Änderungen (Abs. 3)

Rückwirkung. Wird die Satzungsbestimmung über die Vermögensbindung dergestalt 7
geändert, dass danach die materiellen Anforderungen iSd § 55 I Nr. 4 nicht mehr gewährleistet sind, fingiert das Gesetz eine von Anfang an unzureichende satzungsmäßige Vermögensbindung. Entspr. gilt gem. § 63 II für eine die Vermögensbindung verletzende tatsächliche Geschäftsführung (→ § 63 Rn. 6; FG Münster 11.3.2005 – 9 K 1220/00 G, EFG 2005, 1003; BFH 12.10.2010 – I R 59/09, BStBl. II 2012, 226). Die Änderung iSd § 61 III 1 tritt mit Eintragung der neuen Satzungsbestimmung in das Vereinsregister ein (BFH 25.4.2001 – I R 22/00, BStBl. II 2001, 518). Der zeitliche Anwendungsbereich des § 61 III ist nicht auf den Zeitraum der StBefreiung beschränkt. Die Rückwirkung tritt auch ein, wenn die Satzung erst in einem Veranlagungszeitraum geändert wird, in dem die Körperschaft bereits aus anderen Gründen stpfl. war. § 13 III KStG, der eine Besteuerung der stillen Reserven verhindert, soweit sie während des Zeitraums der StFreiheit angesammelt wurden, wird durch die Fiktion der Stpfl. auf den Zeitpunkt der erstmaligen Anerkennung der StBegünstigung ausgeschlossen. Vgl. auch BFH 19.7.1995 – I R 56/94, BStBl. II 1996, 28: Unanwendbarkeit des § 13 KStG bei einem wirtschaftlichen Geschäftsbetrieb, der zu Unrecht als gemeinnützig anerkannt wurde.

Nachversteuerung. Die angeordnete Nachversteuerung dient der steuerlichen Erfas- 8
sung der erwirtschafteten Betriebsvermögenszuwächse einschl. der stillen Reserven. Dieser Zweck wird regelmäßig durch die rückwirkende Erfassung der bisher steuerfreien Einkünfte erreicht. Ist zu einem Zeitpunkt des Nachversteuerungszeitraums jedoch kein Betriebsvermögen mehr vorhanden, liefe eine Versteuerung aller erwirtschafteten Erträge dem Zweck der Regelung zuwider. Denn der Verstoß gegen die satzungsmäßige Vermögensbindung bezieht sich nur auf das Vermögen, welches nach Absinken des Betriebsvermögens erwirtschaftet wurde (vgl. auch TK § 61 Rn. 5; Herbert BB 1991, 178, die eine generelle Einschränkung wegen Verletzung des Übermaßverbotes befürworten; s. auch BFH 30.10.2001 – V B 142/01, BFH/NV 2002, 309; aA HHSp § 61 Rn. 10 f.; FG Sachsen-Anhalt 19.4.2023 – 3 K 475/16, BeckRS 2023, 16547).

9 **Verfahren.** Steuern, die innerhalb der letzten zehn Kj. vor der Änderung der Vermögensbindung entstanden sind, sind durch erstmalige StFestsetzung oder Änderung erlassener StBescheide festzusetzen. Die Festsetzungsverjährung iSd § 169 steht der rückwirkenden StFestsetzung nicht entgegen (BFH 25.4.2001 – I R 22/00, BStBl. II 2001, 518). Das FA kann die Nachversteuerung innerhalb der Festsetzungsfrist von vier Jahren durchführen. Die Frist beginnt mit Ablauf des Kj., in dem die Vermögensbindung steuerschädlich geändert wurde (§ 61 III 2 iVm §§ 175 I 2, 169).

§ 62 Rücklagen und Vermögensbildung

(1) **Körperschaften können ihre Mittel ganz oder teilweise**

1. **einer Rücklage zuführen, soweit dies erforderlich ist, um ihre steuerbegünstigten, satzungsmäßigen Zwecke nach dem Stand der Planung zum Zeitpunkt der Rücklagenbildung nachhaltig zu erfüllen;**
2. **einer Rücklage für die beabsichtigte Wiederbeschaffung von Wirtschaftsgütern zuführen, die zur Verwirklichung der steuerbegünstigten, satzungsmäßigen Zwecke erforderlich sind (Rücklage für Wiederbeschaffung). [2]Die Höhe der Zuführung bemisst sich nach der Höhe der regulären Absetzungen für Abnutzung eines zu ersetzenden Wirtschaftsguts. [3]Die Voraussetzungen für eine höhere Zuführung sind nachzuweisen;**
3. **der freien Rücklage zuführen, jedoch höchstens ein Drittel des Überschusses aus der Vermögensverwaltung und darüber hinaus höchstens 10 Prozent der sonstigen nach § 55 Absatz 1 Nummer 5 zeitnah zu verwendenden Mittel. [2]Ist der Höchstbetrag für die Bildung der freien Rücklage in einem Jahr nicht ausgeschöpft, kann diese unterbliebene Zuführung in den folgenden zwei Jahren nachgeholt werden;**
4. **einer Rücklage zum Erwerb von Gesellschaftsrechten zur Erhaltung der prozentualen Beteiligung an Kapitalgesellschaften zuführen, wobei die Höhe dieser Rücklage die Höhe der Rücklage nach Nummer 3 mindert.**

(2) [1]**Die Bildung von Rücklagen nach Absatz 1 hat innerhalb der Frist des § 55 Absatz 1 Nummer 5 Satz 3 zu erfolgen. [2]Rücklagen nach Absatz 1 Nummer 1, 2 und 4 sind unverzüglich aufzulösen, sobald der Grund für die Rücklagenbildung entfallen ist. [3]Die freigewordenen Mittel sind innerhalb der Frist nach § 55 Absatz 1 Nummer 5 Satz 3 zu verwenden.**

(3) **Die folgenden Mittelzuführungen unterliegen nicht der zeitnahen Mittelverwendung nach § 55 Absatz 1 Nummer 5:**

1. **Zuwendungen von Todes wegen, wenn der Erblasser keine Verwendung für den laufenden Aufwand der Körperschaft vorgeschrieben hat;**
2. **Zuwendungen, bei denen der Zuwendende ausdrücklich erklärt, dass diese zur Ausstattung der Körperschaft mit Vermögen oder zur Erhöhung des Vermögens bestimmt sind;**
3. **Zuwendungen auf Grund eines Spendenaufrufs der Körperschaft, wenn aus dem Spendenaufruf ersichtlich ist, dass Beträge zur Aufstockung des Vermögens erbeten werden;**
4. **Sachzuwendungen, die ihrer Natur nach zum Vermögen gehören.**

(4) **Eine Stiftung kann im Jahr ihrer Errichtung und in den drei folgenden Kalenderjahren Überschüsse aus der Vermögensverwaltung und die Gewinne aus wirtschaftlichen Geschäftsbetrieben nach § 14 ganz oder teilweise ihrem Vermögen zuführen.**

Schrifttum: Spitaler/Schröder, Gemeinnützigkeitssteuerrecht: Neuerungen bei der zeitnahen Mittelverwendung und Rücklagenbildung, DStR 2014, 2144 (2194); Kirchhain, Rücklagen- und Vermögensbildung bei gemeinnützigen Körperschaften – Prüfung zurück bis ins anno Tobak?, DStR 2016, 104; Klaßmann, Die

Umschichtungsrücklage bei steuerbegünstigten Stiftungen, ZStV 2016, 186; Theuffel-Werhahn, Zur Verwendung von Umschichtungsgewinnen, ZStV 2020, 41; Röttgering, Rücklagen: Rücklagenbildung bei Stiftungen – Teil 1: Das sind die allgemeinen Grundlagen, SB 2025, 43.

I. Begrenzte Fortgeltung des § 62 aF

Durch das JStG 2007 wurde die Erleichterung des § 62 aF für staatlich beaufsichtigte Stiftungen, die nach Inkrafttreten der Änderung (18.12.2006) errichtet werden, gestrichen (Art. 97 § 1f EGAO). Für ältere staatlich beaufsichtigte Stiftungen gilt § 62 aF unverändert fort (s. auch BFH 25.10.2016 – I R 54/14, BStBl. II 2017, 1216). Durch das JStG 2009 wurde § 62 zwar aufgehoben. Nach Art. 97 § 1f EGAO gilt § 62 idF des JStG 2007 jedoch für alle staatlich beaufsichtigten Stiftungen fort. So hat der BFH das Fehlen von Satzungsbestimmungen zur Vermögensbindung nach § 62 AO aF bei einer „älteren Stiftung" für unschädlich gehalten, wenn die ausländische Stiftung einer Stiftungsaufsicht unterliegt, die in ihren wesentlichen Belangen der deutschen Stiftungsaufsicht vergleichbar ist (BFH 24.3.2021 – V R 35/18, BStBl. II 2021, 657). Die bisherige Fassung ist ebenfalls auf vor dem 1.1.2009 errichtete Betriebe gewerblicher Art, unselbständige Stiftungen und geistlichen Genossenschaften weiterhin anzuwenden (vgl. hierzu 3. Aufl.). 1

II. Allgemeines

Im Rahmen der Neuregelung des Gemeinnützigkeitsrechts durch das Ehrenamtsstärkungsgesetz (BGBl. 2013 I 556) ist die bisher in § 58 geregelte Rücklagen- und Vermögensbildung ausgegliedert und mWv 1.1.2014 eigenständig in § 62 geregelt worden (Art. 12 III des G). Eine Anpassung der Satzung an die geänderten Vermögensbildungsregeln ist zu empfehlen. Der in der Literatur angeführte Erst-Recht-Schluss zu Art. 97 §§ 1 f. II EGAO dürfte kaum tragen (so aber TK § 62 Rn. 1). Die Neuregelung ist nicht abschließend (ebenso Hüttemann DB 2012, 2592; Schütz/Runte DStR 2013, 1261). Weiterhin zulässig sind die auch bisher in der Praxis gebilligten Rücklagen, wie zB Rücklagen in wirtschaftlichen Geschäftsbetrieben, Vermögensverwaltung oder Betriebsmittelreserven (vgl. Schauhoff/Kirchhain FR 2013, 301; AEAO zu § 62 und zu Nr. 1). Durch das JStG 2024 (BGBl. 2024 I Nr. 387) ist Abs. 1 Nr. 1 mWv 1.1.2025 (vgl. Art. 17 JStG 2024) in Bezug auf zweckgebundene (projektbezogene) und im Zusammenhang mit dem neuen, wohngemeinnützigen Zweck in § 52 II 1 Nr. 27 um den für die Beurteilung der Erforderlichkeit dieser Rücklagenbildung maßgeblichen ex-ante-Zeitpunkt ergänzt worden („nach dem Stand der Planung"). 4

III. Rücklagenbildung (Abs. 1)

1. Gebundene Rücklagen (Nr. 1)

Körperschaften müssen nach § 55 grds. ihre gesamten Mittel vollständig und zeitnah im ideellen Bereich oder einem Zweckbetrieb zu satzungsmäßigen Zwecken verwenden. Erfordert die nachhaltige Erfüllung der steuerbegünstigten Zwecke eine zeitweilige Vermögensthesaurierung, sind die Mittel so frühzeitig wie nach den Umständen möglich und damit noch zeitnah einzusetzen. § 62 I Nr. 1 (entspricht § 58 Nr. 6 aF) konkretisiert § 55 I Nr. 1 S. 1 für den Fall eines zweckgebundenen Sonderbedarfs. Die Regelung setzt einerseits voraus, dass die Rücklagen für die Verwirklichung steuerbegünstigter Zwecke angesammelt werden. Hierzu zählen nicht die bloße Vermögensverwaltung oder unschädliche Betätigungen nach § 58 Nr. 2–4, da es sich nicht um satzungsmäßige Zwecke handelt (BFH 16.5.2007 – I R 14/06, DStR 2007, 1438). Andererseits muss das angesammelte Kapital das geeignete und erforderliche Mittel zur nachhaltigen Erfüllung der satzungsmäßigen Zwecke sein (AEAO zu § 62 I Nr. 1). 5

Erforderlich ist eine Rücklagenbildung, wenn Kapital zur Finanzierung eines oder mehrerer konkreter Vorhaben, die dauerhaft (nachhaltig) zur Zweckerreichung dienen, 6 angesammelt wird. Die Art des Projektes, dessen Kosten und der Zeitpunkt der Realisierung müssen zu Beginn der Rücklagenbildung konkret umrissen sein. Maßgeblich ist, wie durch das JStG 2024 (→ Rn. 4) klargestellt, die ex-ante-Perspektive, die sich nach dem Stand der Planung im Zeitpunkt der Rücklagenbildung richtet. Fehlen feste Zeitvorstellungen, muss sich aus der Projektplanung und der Finanzierungsmöglichkeit plausibel ergeben, dass die Realisierung des Vorhabens innerhalb eines angemessenen Zeitraums angestrebt wird (AEAO zu § 62 I Nr. 1). Der Zeitraum der Rücklagenbildung kann sich je nach Projekt auf einen Zeitraum von bis zu 10 Jahren erstrecken (HHSp § 62 Rn. 12). Nicht zulässig ist der nicht projektgebundene Aufbau eines Kapitalstocks zur Steigerung oder Erhaltung der Leistungsfähigkeit, um aus dessen Erträgen die gemeinnützigen Zwecke zu finanzieren (BFH 13.9.1989 – I R 19/85, BStBl. II 1990, 28; vgl. ebenso zur Rücklagenbildung wegen Geldentwertung Reiffs DB 1991, 1247). Wird das Vorhaben aufgegeben oder scheitert eine gegenwartsnahe Verwirklichung, muss die Rücklage aufgelöst werden. Die frei werdenden Mittel sind zeitnah für steuerbegünstigte Zwecke zu verwenden. Ist die Bildung einer Rücklage ganz oder teilweise unzulässig, kann das FA eine Verwendungsfrist setzen (§ 63 IV). Diese Grundsätze gelten auch für Förder- und Spendensammelvereine iSd § 58 Nr. 1 (BFH 13.9.1989 – I R 19/85, BStBl. II 1990, 28; AEAO zu § 62 I Nr. 2).

7 **Zuführungen.** Der Rücklage können alle Mittel (Beiträge, Spenden, Umlagen, Zuschüsse, Erträge aus Vermögensverwaltung, Zweckbetrieben oder wirtschaftlichen Geschäftsbetrieben) der Körperschaft je nach Bedarf ganz oder teilweise zugeführt werden (BFH 23.7.2003 – I R 29/02, BStBl. II 2003, 930). Erträge aus wirtschaftlichen Geschäftsbetrieben bleiben auch bei Zuführung zur Rücklage stpfl. (AEAO zu § 62 I Nr. 2). Während der Ansparphase sind die Gelder im Rahmen der Vermögensverwaltung verzinslich anzulegen (Seifart/v. Campenhausen § 37 Rn. 234). Die Zinsen können der Rücklage bis zur benötigten Finanzierungshöhe zugeführt werden. Die erzielbaren Zinserträge haben keinen Einfluss auf die zulässige Höhe der Rücklage (ähnlich Ley BB 1999, 626; aA Thiel DB 1992, 1900: Abzinsung; Kümpel DStR 2001, 152).

Die Darlegungs- und Feststellungslast für die Zulässigkeit einer Rücklagenbildung hat die Körperschaft zu tragen. Die Rücklagen sind in der Rechnungslegung der Körperschaft nach Art und Höhe gesondert auszuweisen, damit eine Kontrolle jederzeit und leicht möglich ist (vgl. ausführlich Seifart/v. Campenhausen § 37 Rn. 244 ff.; Nolte DStR 2014, 1350 (1351); Spitaler/Schröder DStR 2014, 2144 (2194)).

8 **Betriebsmittelreserven.** Für periodisch wiederkehrende Ausgaben (zB Löhne, Mieten, Energiekosten) können in Höhe des Mittelbedarfs für eine angemessene Zeitspanne Gelder angesammelt werden (AEAO zu § 62 I Nr. 1). Ob dies in Form einer Rücklage gem. § 62 I Nr. 1 oder als Rechnungsübertrag geschieht, ist unerheblich. Die Höhe der Reserve hängt vom Verhältnis der wiederkehrenden Ausgaben zu den regelmäßig gesicherten Einnahmen ab. Als angemessen kann daher eine Zeitspanne von ein oder zwei Monaten bis zu höchstens einem Jahr angesehen werden. Ebenfalls unschädlich ist die vorsorgliche Bildung einer Rücklage zur Begleichung evtl. StSchulden, soweit Unklarheit besteht, ob die Körperschaft stfrei gestellt wird (vgl. AEAO zu § 62 I Nr. 1). Zur Zulässigkeit von Rücklagen bei wirtschaftlichen Geschäftsbetrieben und Vermögensverwaltung → § 55 Rn. 30 f. Keine zulässige Rücklagenbildung soll die Mittelansammlung für eine zukünftige Vermögensausstattung einer anderen Körperschaft iSd § 58 Nr. 3 sein (AEAO zu § 62 I Nr. 1). Diese Einschränkung lässt sich dem Gesetz indes nicht entnehmen (Kirchhain DStR 2014, 289; TK § 62 Rn. 4). Eine Körperschaft, die Mittel für die steuerbegünstigten Zwecke einer anderen Körperschaft beschafft (§ 58 Nr. 1), darf diese Mittel ebenfalls einer Projektrücklage zuführen, etwa wenn sich die steuerbegünstigten Zwecken dienenden Projekte der Empfängerkörperschaft verzögern (vgl. BFH 13.9.1989 – I R 19/85, BStBl. II 1990, 28; BFH 15.7.1998 – I R 156/94, BStBl. II 2002, 162).

2. Wiederbeschaffungsrücklagen (Nr. 2)

Die Bildung einer Rücklage nach Nr. 2 setzt voraus, dass die Anschaffung von Wirtschaftsgütern **erforderlich** ist, um die steuerbegünstigten, satzungsmäßigen Zwecke nachhaltig erfüllen zu können **(S. 1).** Die bloße finanzielle Vorsorge, um auf unvorhergesehene Ausfälle oder Umstände reagieren zu können, genügt nicht. Allerdings obliegt die Einschätzung, ob und welche Wirtschaftsgüter des Ersatzes bedürfen, um die bisherige Betätigung weiterhin erfüllen zu können, in erster Linie der Körperschaft. Die Erforderlichkeit entfällt erst, wenn anhand objektiver Umstände erkennbar ist, dass das Wirtschaftsgut zur Erfüllung des steuerbegünstigten Zwecks ungeeignet ist, nicht mehr benötigt oder aus anderen Gründen dem steuerbegünstigten Zweck nicht dienen wird. Von der Rücklagenbildung erfasst werden nur **Wiederbeschaffungsmaßnahmen.** Neuanschaffungen noch nicht vorhandener Wirtschaftsgüter müssen grds. aus der freien Rücklage finanziert werden. Die Rücklagenbildung bezieht sich lediglich auf abnutzbare Wirtschaftsgüter, wie Gebäude, Fahrzeuge, Maschinen; nicht dagegen auf Grund und Boden. Da es sich lediglich um die Wiederbeschaffung vorhandener Wirtschaftsgüter handelt, kann – soweit sich das Betätigungsfeld der Körperschaft nicht grundlegend ändert – regelmäßig davon ausgegangen werden, dass eine Wiederbeschaffung nach Ablauf ihrer betriebsgewöhnlichen Nutzungsdauer auch **beabsichtigt** ist (vgl. Hüttemann DB 2012, 2592; Schauhoff/Kirchhain FR 2013, 301; AEAO zu § 62 I Nr. 2: Rücklagenbildung reicht grds. als Nachweis). 9

S. 2 bemisst die Höhe der Zuführung grds. nach der Höhe der normalen Abnutzung des Wirtschaftsguts. Nicht maßgeblich ist die tatsächlich eingetretene Abnutzung, sondern die nach den allg. Abschreibungstabellen gewöhnlich anzunehmende Abnutzung. Mit vollständiger Abschreibung entspricht die angesammelte Rücklage den ursprünglichen Anschaffungskosten des Wirtschaftsgutes. Eine höhere Zuführung ist zulässig, wenn die Kosten für die Wiederbeschaffung die ursprünglichen Anschaffungskosten aufgrund allg. Preissteigerungen übersteigen, ein leistungsstärkeres, teureres Wirtschaftsgut angeschafft werden soll oder eine vorzeitige Anschaffung erforderlich ist. 10

S. 3 lässt eine höhere Zuführung nur dann zu, wenn die Körperschaft die Voraussetzungen für die erhöhten Wiederbeschaffungskosten nachweisen kann (AEAO zu § 62 I Nr. 2). Hierzu genügt der Nachweis entsprechender Preissteigerungen. Dies gilt auch, wenn die Wiederbeschaffung durch Kauf eines höherwertigeren Modells erfolgen soll (zB Ersatz des Mittelklasse-Pkw durch ein Oberklassefahrzeug). 11

3. Freie Rücklagen (Nr. 3)

Die Förderung größerer Vorhaben erfordert insb. bei Forschungseinrichtungen ein erhebliches finanzielles Potential, das regelmäßig nur durch Ansammlung der erforderlichen Mittel erreicht werden kann. Durch die Möglichkeit, eine freie Rücklage in unbegrenzter Höhe zu bilden, kann die Körperschaft ihre allgemeine Leistungsfähigkeit und finanzielle Flexibilität steigern (vgl. BT-Drs. 10/3295, 1). Die Entnahme zur Kapitalansammlung war bis zum 31.12.1999 auf ein Viertel des Überschusses begrenzt, damit der Körperschaft für die zeitnahe Tätigkeit genügend Mittel verblieben. Durch das G zur weiteren steuerlichen Förderung von Stiftungen (StiftungsFördG, BGBl. 2000 I 1034) wurde mWv 1.1.2000 (Art. 97 § 1a III EGAO) die Rücklagenbildung in § 58 Nr. 7a aF auf ein Drittel erweitert und um eine weitere, selbständige Art freier Rücklagenbildung ergänzt. § 58 Nr. 7a aF wurde mWv 1.1.2014 durch § 62 I Nr. 3 S. 1 inhaltlich unverändert fortgeführt. Zuführungen zu einer freien Rücklage dürfen einerseits aus den Überschüssen der **Vermögensverwaltung,** also nicht aus Spenden, Mitgliedsbeiträgen oder Gewinnen eines wirtschaftlichen Geschäftsbetriebes erfolgen. Zum Begriff der Vermögensverwaltung → § 14 Rn. 22. Bemessungsgrundlage ist die positive Differenz aus Einnahmen und Ausgaben (Kosten) aus allen Bereichen der Vermögensverwaltung. Von den Einnahmen (vgl. § 8 I EStG) sind die durch die Vermögensverwaltung veranlassten Aufwendungen abzuziehen (vgl. §§ 4 IV, 9 S. 1 EStG). Zu den Kosten zählen daher weder Ausgaben für unschädliche Betätigungen (zB § 58 Nr. 5) noch Verluste aus ideellen oder 12 wirtschaftlichen Aktivitäten (vgl. AEAO § 62 I Nr. 3; aA zu § 58 Nr. 5 Schad/Eversberg DB 1986, 2149). Die Ergebnisse aus allen Vermögensverwaltungen sind zusammenzurechnen. Überschüsse und Unterdeckungen sind zu saldieren. Bleibt danach eine Unterdeckung bestehen, ist diese in die folgenden Jahre vorzutragen und mit Überschüssen zu verrechnen (AEAO zu § 62 Anl. Nr. 1.3; Klein § 62 Rn. 10). Ermittlungszeitraum ist das Kj. (§ 7 III KStG). Rücklagen nach § 62 I Nr. 3 sowie der Nr. 1 und 2 können nebeneinander gebildet werden. Die Zulässigkeit der Zuführungen nach Art und Höhe hat die Körperschaft darzulegen und nachzuweisen. Hierzu gehört auch der gesonderte Ausweis in der Rechnungslegung.

13 **Sonstige Rücklage.** Daneben ist die Möglichkeit einer freien Rücklagenbildung aus sonstigen zeitnah zu verwendenden Mitteln geschaffen worden. Die Körperschaft darf 10 % ihres im jeweiligen Wirtschaftsjahr erwirtschafteten Überschusses zusätzlich zu den Überschüssen aus Vermögensverwaltung in eine freie Rücklage einstellen. Der erwirtschaftete Überschuss der Einnahmen über die Aufwendungen bemisst sich aus der Summe der wirtschaftlichen (Netto-)Ergebnisse der Einzeltätigkeiten (wirtschaftlicher Geschäftsbetrieb, Zweckbetrieb, ideeller Bereich). Die FVerw. lässt hingegen den Ansatz der Bruttoeinnahmen aus dem ideellen Bereich zu (AEAO zu § 62 I Nr. 3). Wird § 64 V und VI angewendet, dürfen in die Bemessungsgrundlage der Rücklagen statt der geschätzten bzw. pauschal ermittelten die tatsächlichen Gewinne einbezogen werden. Der Überschuss aus Vermögensverwaltung ist nicht in die Bemessungsgrundlage einzubeziehen, unabhängig davon, inwieweit er in eine Rücklage eingestellt wurde (Hüttemann DB 2000, 1584; TK § 62 Rn. 8); ein Verlust mindert die Bemessungsgrundlage nicht (AEAO zu § 62 I Nr. 3). Verluste aus Zweckbetrieben sind mit Überschüssen zu verrechnen; weitere Verluste mindern die Bemessungsgrundlage nicht. Das gilt auch für Verluste aus einem wirtschaftlichen Geschäftsbetrieb (TK § 62 Rn. 8).

14 **Nachholung.** S. 2 ermöglicht die Bildung oder Erhöhung der freien Rücklage in den beiden folgenden Kalenderjahren nachzuholen. Dies gilt sowohl für die Rücklagenbildung aus Mitteln der Vermögensverwaltung als auch für die sonstige Rücklagenbildung. Eine Querfinanzierung zwischen den einzelnen Rücklagen ist unzulässig, sodass eine Nachholung entfällt, wenn lediglich Mittel aus dem Rücklagenbereich einsetzbar sind, in dem der Höchstbetrag bereits ausgeschöpft ist. Die Höhe der Nachholung und die Art der eingesetzten Mittel sind von der Körperschaft aufzuzeichnen und nachzuweisen.

4. Rücklage zum Erwerb von Gesellschaftsrechten (Nr. 4)

15 § 58 Nr. 7b aF regelte bislang sowohl die Verwendung der im Kalenderjahr zugeflossenen Mittel als auch die Bildung einer zweckgebundenen Rücklage zum Erwerb von Gesellschaftsrechten. Während die Verwendung im Zuflussjahr nunmehr in § 58 Nr. 10 normiert ist, enthält § 62 I Nr. 4 die Regelung zur Rücklagenbildung. Die Bildung ist steuerlich unschädlich, wenn sie zur Erhaltung der prozentualen Beteiligung an KapGes notwendig ist. Ausgeschlossen ist daher eine Rücklagenbildung zum Zwecke des erstmaligen Erwerbs, der Aufstockung von Anteilsrechten oder der Beteiligung an PersGes. Erforderlich ist die Thesaurierung erstmals in dem Zeitpunkt, in dem die Kapitalerhöhung bei der KapGes mit einiger Wahrscheinlichkeit in naher Zukunft bevorsteht (HHSp § 62 Rn. 25; Schwarz/Pahlke/Keß § 62 Rn. 9). Anders als in § 62 I Nr. 3 ist die Mittelverwendung weder der Herkunft noch der Höhe nach begrenzt. Die Bildung einer Rücklage nach § 62 I Nr. 4 mindert jedoch den für eine freie Rücklage (§ 62 I Nr. 3) zur Verfügung stehenden Betrag. Die Anrechnung gem. § 62 I Nr. 4 hat unabhängig von den tatsächlich eingesetzten Mitteln bis zur Höchstgrenze nach § 62 I Nr. 3 zu erfolgen. Für das Vorliegen der Voraussetzungen der Bildung einer Rücklage trägt die Körperschaft die Darlegungs- und Feststellungslast. Zu einem Beispiel der Rücklagenbildung vgl. AEAO zu § 62 I Nr. 4.

IV. Frist zur Rücklagenbildung und Auflösung (Abs. 2)

Die **Bildung** der Rücklagen iSd Abs. 1 darf im Jahr des Mittelzuflusses und den beiden nachfolgenden Jahren erfolgen (S. 1). Eine Verlängerung der Frist ist auch in Ausnahmefällen nicht vorgesehen. Von der Rücklagenbildung ist die Dokumentation zu unterscheiden, die auch noch nach Ablauf der allgemeinen Mittelverwendungsfrist erfolgen kann. 16

Auflösung (S. 2). Entfällt der Grund für die Rücklagenbildung nach Nr. 1, 2, 4, ist die Rücklage zwingend aufzulösen. Die Auflösung hat unverzüglich, also ohne schuldhaftes Zögern zu erfolgen. Mit der Auflösung darf folglich nicht bis zum Ende des Wirtschaftsjahres gewartet werden. Die freie Rücklage ist von der Auflösungspflicht ausgenommen, da diese ohne Bindung an einen gesetzlichen Grund gebildet werden darf.

Verwendung (S. 3). Die durch die Auflösung freigewordenen Mittel sind innerhalb der Mittelverwendungsfrist nach § 55 I Nr. 5 S. 3 zu verwenden. Die Frist umfasst das Jahr der Rücklagenauflösung und die beiden nachfolgenden Kalenderjahre. Die freigewordenen Mittel sind für steuerbegünstigte Zwecke einzusetzen. Die FVerw. lässt auch die Einstellung der Mittel in andere Rücklagen nach § 62 I Nr. 1, 2 und 4 zu (AEAO zu § 62 II).

V. Mittelzuführung zum Vermögen (Abs. 3)

Die zuvor lediglich in § 55 Nr. 10 AEAO geregelte Mittelzuführung ist aus Gründen der Rechtssicherheit (BR-Drs. 629/99, 2, 11) in § 58 Nr. 11 aF und mWv 1.1.2014 in § 62 III aufgenommen worden. Der Regelung wird deshalb weitgehend nur klarstellende Bedeutung beizumessen sein. § 62 III enthält eine nicht abschließende Aufzählung von bedeutenden Anwendungsfällen der Mittelzuführung zum Vermögen der Körperschaft (TK § 62 Rn. 17; aA AEAO zu § 62 III). Ihnen ist gemeinsam, dass die freigebige Zuwendung nach dem Willen des Spenders in das Vermögen der Körperschaft überführt werden soll (ebenso Hüttemann DB 2000, 1584). Der Zuwendungswille muss nicht ausdrücklich erklärt werden, sondern kann sich auch konkludent aus den Begleitumständen ergeben. § 62 III Nr. 3 erfasst lediglich Zuwendungen aufgrund der Spendenaufrufe der Körperschaft. Soweit Dritte zu Spenden in den Vermögensstock einer Körperschaft aufrufen, ist die Thesaurierung ebenfalls zulässig, soweit der Aufruf mit Billigung der Körperschaft erfolgt. Sachzuwendungen iSd § 62 III Nr. 4 gehören ihrer Natur nach zum Vermögen, wenn nach der Art des zugewendeten Vermögensgegenstandes üblicherweise nicht der in ihnen gebundene Wert, sondern ihre Erträge und Nutzungen zur zeitnahen Finanzierung der satzungsmäßigen Zwecke beitragen sollen (zB Mietwohngrundstücke). 17

Zur bilanziellen Behandlung der Zuführungen vgl. Ley BB 1999, 626; Lehmann DB 2007, 641.

VI. Ansparrücklage für Stiftungen (Abs. 4)

§ 62 IV entspricht dem zunächst durch das StiftungsFördG mit Wirkung vom 1.1.2000 angefügten § 58 Nr. 12 aF. Die Regelung erweitert die Rücklagenbildung für Stiftungen um eine Ansparrücklage. Danach darf eine Stiftung im Jahr ihrer Errichtung und in den drei folgenden Kalenderjahren die Überschüsse aus der Vermögensverwaltung und Gewinne aus wirtschaftlichen Geschäftsbetrieben (einschl. Zweckbetrieben) vollständig oder teilweise ihrem Vermögen zuführen. Ein Überschuss besteht, soweit nach der Verrechnung von positiven und negativen Ergebnissen innerhalb des jeweiligen Einkunftsbereichs (Vermögensverwaltung, Zweckbetriebe, wirtschaftliche Geschäftsbetriebe) ein positiver Betrag verbleibt (einschr. AEAO zu § 62 Nr. 17: unbegrenzte Verrechnung aller Ergebnisse). Sonstige Zuwendungen, insb. Spenden, werden von § 62 IV nicht erfasst, auch soweit diese ausdrücklich zum Zwecke der Zuführung zum Vermögen geleistet werden (AEAO zu § 62 IV; aA TK § 62 Rn. 18: § 62 III Nr. 2 ist anwendbar). Eine Vermögensaufstockung aus Spendenmitteln und sonstigen Zuschüssen ist nur unter den Voraussetzungen des § 62 III zulässig (Hüttemann DB 2000, 1584). Die Bildung einer Ansparrücklage muss 18 nicht ausdrücklich in der Satzung der Stiftung zugelassen sein, darf jedoch nicht dem erkennbaren Stifterwillen widersprechen (Hüttemann DB 2000, 1584).

§ 63 Anforderungen an die tatsächliche Geschäftsführung

(1) **Die tatsächliche Geschäftsführung der Körperschaft muss auf die ausschließliche und unmittelbare Erfüllung der steuerbegünstigten Zwecke gerichtet sein und den Bestimmungen entsprechen, die die Satzung über die Voraussetzungen für Steuervergünstigungen enthält.**

(2) **Für die tatsächliche Geschäftsführung gilt sinngemäß § 60 Absatz 2, für eine Verletzung der Vorschrift über die Vermögensbindung § 61 Absatz 3.**

(3) **Die Körperschaft hat den Nachweis, dass ihre tatsächliche Geschäftsführung den Erfordernissen des Absatzes 1 entspricht, durch ordnungsmäßige Aufzeichnungen über ihre Einnahmen und Ausgaben zu führen.**

(4) **[1]Hat die Körperschaft ohne Vorliegen der Voraussetzungen Mittel angesammelt, kann das Finanzamt ihr eine angemessene Frist für die Verwendung der Mittel setzen. [2]Die tatsächliche Geschäftsführung gilt als ordnungsgemäß im Sinne des Absatzes 1, wenn die Körperschaft die Mittel innerhalb der Frist für steuerbegünstigte Zwecke verwendet.**

(5) **[1]Körperschaften im Sinne des § 10b Absatz 1 Satz 2 Nummer 2 des Einkommensteuergesetzes dürfen Zuwendungsbestätigungen im Sinne des § 50 Absatz 1 der Einkommensteuer-Durchführungsverordnung nur ausstellen, wenn**

1. **das Datum der Anlage zum Körperschaftsteuerbescheid oder des Freistellungsbescheids nicht länger als fünf Jahre zurückliegt oder**
2. **die Feststellung der Satzungsmäßigkeit nach § 60a Absatz 1 nicht länger als drei Kalenderjahre zurückliegt und bisher kein Freistellungsbescheid oder keine Anlage zum Körperschaftsteuerbescheid erteilt wurde.**

[2]Die Frist ist taggenau zu berechnen.

Schrifttum: Kümpel, Anforderung an die tatsächliche Geschäftsführung bei steuerbegünstigten (gemeinnützigen) Körperschaften, DStR 2001, 152; Becker/Meining, Auswirkungen des Scheiterns einer Körperschaft auf deren gemeinnützigkeitsrechtlichen Status, FR 2006, 686; Karsten, Der Geschäftsbericht nach § 63 AO, BB 2006, 1830; Kussmaul/Meyering/Richter, Rechnungslegung der Stiftung – Darstellung und Analyse der jüngsten Entwicklung, DStR 2015, 1328; s. auch Literatur zu § 51; Seeck/Wackerbeck, Aberkennung der Gemeinnützigkeit – Wenn die rote Linie überschritten ist, DStR 2022, 633; Weber/Werner, Compliance in Stiftungen – Mehrwert oder Papiertiger?, BB 2023, 1031.

I. Allgemeines

1 Die Vorschrift betrifft die Umsetzung der satzungsgemäßen Zwecke durch die Tätigkeit der Körperschaft. § 63 verlangt ergänzend zu § 59, dass die tatsächliche Geschäftsführung die steuerbegünstigten Zwecke satzungsgemäß verwirklicht (BFH 1.2.2022 – V R 1/20, BStBl. II 2022, 629). Weicht die tatsächliche Geschäftsführung von der Satzung ab, werden nicht ausschließlich und unmittelbar steuerbegünstigte Zwecke verfolgt (BFH 26.5.2021 – V R 31/19, BStBl. II 2021, 835). Zum Nachweis der Ordnungsmäßigkeit der tatsächlichen Geschäftsführung verpflichtet § 63 III die Körperschaft zur Aufzeichnung von Einnahmen und Ausgaben. Durch das Kultur- und Stiftungsförderungsgesetz (BGBl. 1990 I 2775) wurde Abs. 4 angefügt, der Verstöße gegen § 62 Nr. 1, 3 und 4 unter bestimmten Voraussetzungen heilt. Abs. 4 ist durch das EhrenamtsstärkungsG (BGBl. 2013 I 556) neu gefasst und Abs. 5 mit Wirkung vom 29.3.2013 angefügt worden (Art. 12 II des G). Abs. 4 S. 2 wurde durch das G zur Anpassung des nationalen Steuerrechts an den Beitritt Kroatiens zur EU und zur Änderung weiterer steuerlicher Vorschriften vom 25.7.2014 (BGBl. 2014 I 1266) angefügt.

II. Tatsächliche Geschäftsführung (Abs. 1)

2 **Deckungsgleichheit.** Nach § 63 muss die in der Satzung festgeschriebene ausschließliche und unmittelbare Verfolgung steuerbegünstigter Zwecke durch die Geschäftsführung auch tatsächlich satzungsgemäß umgesetzt werden (vgl. BFH 9.2.2011 – I R 19/10, BFH/NV 2011, 1113). Die Körperschaft darf sich nicht anders als den Vorgaben der Satzung entsprechend betätigen oder nur untätig sein. Danach darf weder der verfolgte Zweck durch einen anderen – auch nicht durch einen gemeinnützigen – Zweck ausgewechselt noch eine zusätzliche Aktivität aufgenommen oder die bisherige Tätigkeit aufgegeben werden (vgl. BFH 25.6.2014 – I R 41/12, BFH/NV 2015, 235; BFH 16.5.2007 – I R 14/06, DStR 2007, 1438). Steuerlich unschädliche Betätigungen iSd § 58, Vermögensverwaltung, Zweckbetrieb und wirtschaftliche Geschäftsbetriebe verstoßen nicht gegen § 63 I, soweit sie sich im zulässigen Umfang halten (vgl. FG Münster 11.12.2014 – 3 K 323/12 Erb, EFG 2015, 739). Will die Körperschaft ihre StBefreiung nicht verlieren, muss sie die Satzung unverzüglich den geänderten tatsächlichen Verhältnissen anpassen. Jedoch führt nicht jede Inkongruenz von Satzung und Geschäftsführung zum Verlust der StBegünstigung (Schauhoff DStjG 2003, 133 (144)). Insb. bei Anlaufschwierigkeiten in der Gründungsphase ist eine verzögerte oder unvollständige Aufnahme der gemeinnützigen Betätigung unschädlich, sofern die mangelnde Erfüllung der Satzungszwecke nicht erkennbar schuldhaft herbeigeführt wurde (BFH 23.7.2003 – I R 29/02, BStBl. II 2003, 930; aA FG München 24.10.2000 – 6 K 2167/98, EFG 2002, 1326). Wird die Erfüllung der steuerbegünstigten Zwecke längere Zeit durch außergewöhnliche, von der Körperschaft nicht zu beeinflussende Umstände verhindert, liegt hierin ebenfalls kein Verstoß gegen § 63 (BFH 11.12.1974 – I R 104/73, BStBl. II 1975, 458). Allerdings muss die Verhinderung vorübergehender Natur sein. Aktivitäten, die geeignet sind, den steuerbegünstigten Zweck zu fördern, sind auch dann auf die Zweckerfüllung gerichtet, wenn der Erfolgseintritt ausbleibt.

3 **Rechtswidrige Handlungen.** Die Geschäftsführung einer gemeinnützigen Körperschaft muss sich wie jedes Rechtssubjekt an die Rechtsordnung halten (BFH 29.10.1997 – I R 13/97, BStBl. II 1998, 9). Verstöße gegen die Rechtsordnung führen jedoch nicht unterschiedslos zur Versagung der Gemeinnützigkeit. Vielmehr ist der Verstoß unter Anwendung des Verhältnismäßigkeitsprinzips am Ausmaß und Gewicht der Pflichtverletzung auszurichten (Becker DStR 2010, 953; Jäschke DStR 2009, 1669; offen gelassen in BFH 14.3.2018 – V R 36/16, BStBl. II 2018, 422). Der Schutzbereich der verletzten Norm und die Intensität der Verletzung müssen die Schlussfolgerung zulassen, dass die **Gesamttätigkeit** des Vereins nicht ausschließlich der Förderung steuerbegünstigter Zwecke dient (FG Münster 30.6.2011 – 9 K 2649/10 K, EFG 2012, 492; ähnlich Schauhoff § 8 Rn. 27). So fördert ein Verein nicht die Allgemeinheit, wenn seine Betätigung allein darauf gerichtet ist, unter Umgehung eines gesetzlichen Verbots Geldmittel zur Förderung kommunaler Einrichtungen zu erlangen (BFH 13.7.1994 – I R 5/93, BStBl. II 1995, 134). Dies gilt auch für Vereine, die sich entgegen ihres Satzungszwecks tatsächlich als Parteispendensammler betätigen (vgl. BFH 10.3.1987 – IX B 48/85, BFH/NV 1987, 370). Die Körperschaft muss korrekte Spendenbescheinigungen ausstellen und darf nicht durch Gefälligkeitsbescheinigungen zur StHinterziehung beitragen (vgl. BFH 15.3.2007 – II R 5/04, BStBl. II 2007, 472; zur LSt-Verkürzung BFH 27.9.2001 – V R 17/99, BStBl. II 2002, 169; BFH 25.6.2014 – I R 41/12, BFH/NV 2015, 235). Denn die Begünstigung Einzelner zulasten der Allgemeinheit dient nicht gemeinnützigen Zwecken (BFH 3.12.1996 – I R 67/95, BStBl. II 1997, 474). Demgegenüber lässt zB die Verletzung von StErklärungspflichten (aA BFH 15.1.2015 – I R 48/13, BStBl. II 2015, 713), die baurechtswidrige Errichtung eines Gebäudes oder die arbeitsrechtlich unzulässige Benachteiligung eigener Arbeitnehmer nicht stets die Schlussfolgerung zu, dass die tatsächliche Geschäftsführung nicht ausschließlich auf die Erfüllung gemeinnütziger Zwecke gerichtet ist (ebenso Schauhoff § 8 Rn. 27; aA FG Berlin 24.2.1997 – 8435/96, EFG 1997, 1006;

→ § 52 Rn. 10). Auch das Nichtbefolgen polizeilicher Anordnungen führt nicht unterschiedslos zum Verlust der StBegünstigung (undiff. aber BFH 29.8.1984 – I R 215/81, BStBl. II 1985, 106; Klein § 63 Rn. 1). Denn gewaltfreier Widerstand gegen staatliche Maßnahmen verstößt grds. nicht gegen die verfassungsmäßige Ordnung (vgl. AEAO zu § 63 Nr. 5). Dagegen ist politische Agitation gegen staatliche Maßnahmen (hier: Maßnahmen während der Corona-Pandemie) keine zulässige Teilnahme an der gesellschaftspolitischen Willensbildung (BFH 18.8.2021 – V B 25/21 (AdV), BStBl. II 2021, 931; vgl. auch BFH 10.1.2019 – V R 60/17, BStBl. II 2019, 301).

4 **Zurechenbarkeit.** Verstöße gegen gemeinnützigkeitsrelevante Satzungsbestimmungen müssen durch ein zurechenbares Verhalten der Vertretungsorgane des Vereins (§§ 26 f. BGB) oder der von diesen eingesetzten Hilfspersonen (§ 57 I) verursacht worden sein. Unerheblich ist, auf welcher zivilrechtlichen Grundlage die Zurechnung erfolgt. So kann sowohl eine Anscheins- oder Duldungsvollmacht als auch das Handeln als Erfüllungsgehilfe genügen (ähnlich BFH 27.9.2001 – V R 17/99, BStBl. II 2002, 169). Zurechenbar sind alle Handlungen, die der Vorstand für den Verein innerhalb seiner Vertretungsmacht vornimmt (vgl. BFH 10.1.2019 – V R 60/17, BStBl. II 2019, 301). Hierzu gehören nicht Geschäfte, die auch für Dritte erkennbar außerhalb des Vereinszwecks liegen. Bei einem mehrgliedrigen Vorstand kann durch die Satzung Einzel- oder Gesamtvertretungsmacht eingeräumt werden, ansonsten gilt das Mehrheitsprinzip (Grüneberg BGB § 26 Rn. 7). Endet die Organstellung, sind Handlungen des Organs bis zur Eintragung des Erlöschens ins Handelsregister gem. § 15 I HGB zuzurechnen (BGH 1.7.1991 – II ZR 292/90, NJW 1991, 2566). Nicht zurechenbare Verstöße, wie etwa die Unterschlagung von Vereinsvermögen, führen nicht zur Versagung der StBegünstigung, und zwar auch dann nicht, wenn diese bei hinreichender Kontrolle hätten verhindert werden können (aA BFH 27.9.2001 – V R 17/99, BStBl. II 2002, 169). Unzureichende Kontrollen stellen keinen eigenständigen Zurechnungsgrund dar. Allerdings wird in dem Verzicht des Vereins auf einen durchsetzbaren Schadensersatzanspruch grds. ein schädlicher Verstoß zu sehen sein.

III. Zeitliche Anforderungen (Abs. 2)

7 Die Anforderungen an die tatsächliche Geschäftsführung müssen bei der KSt und der GewSt während des ganzen Veranlagungs- bzw. Erhebungszeitraums, bei den anderen Steuern im Zeitpunkt der Entstehung erfüllt sein (§ 63 II iVm § 60 II; BFH 16.5.2007 – I R 14/06, BStBl. II 2007, 808). Verletzt die Körperschaft durch die tatsächliche Geschäftsführung die satzungsmäßige Vermögensbindung (vgl. FG Münster 11.3.2005 – 9 K 1220/00 G, EFG 2005, 1003 zur Vernachlässigung der satzungsmäßigen Aufgaben), gilt die Vermögensbindung von Anfang an als nicht vorhanden (§ 63 II iVm § 61 III; → § 61 Rn. 6). Verletzt die Körperschaft durch ihre Geschäftsführung das Gebot der Selbstlosigkeit, insb. § 55 I Nr. 1–3, kann in besonders schwerwiegenden Fällen zugleich ein Verstoß gegen die Vermögensbindung vorliegen (BFH 12.10.2010 – I R 59/09, BStBl. II 2012, 226). Auch derartige Verstöße lösen die Nachversteuerung nach § 61 III aus (AEAO zu § 61 Nr. 6; BFH 12.10.2010 – I R 59/09, BStBl. II 2012, 226; zweifelnd dagegen BFH 30.10.2001 – V B 142/01, BFH/NV 2002, 309). Was unter einem besonders schwerwiegenden Verstoß zu verstehen ist, hängt vom Einzelfall ab (ausf. Kirchhain FR 2011, 640; Wallenhorst DStR 2011, 698).

IV. Nachweispflicht (Abs. 3)

8 Die Körperschaft hat nach allgemeinen Beweislastregeln nachzuweisen, dass ihre tatsächliche Geschäftsführung auf die ausschließliche und unmittelbare Erfüllung der satzungsmäßigen Zwecke gerichtet ist (BFH 19.1.1994 – I R 40/92, BFH/NV 1995, 181; BFH 17.8.1954 – I 119/52 U, BStBl. III 1954, 324). Die vorläufige Anerkennung der Körperschaft oder die Erteilung eines Freistellungsbescheides durch das FA führt nicht zu einer Umkehr der Feststellungslast (BFH 23.7.2003 – I R 29/02, BStBl. II 2003, 930). Bei

Zuwendungen an eine ausländische Körperschaft trifft die Nachweispflicht den inländischen Spender (BFH 21.1.2015 – X R 7/13, BStBl. II 2015, 588).

Dieser Nachweis ist durch **ordnungsgemäße Aufzeichnung** der Einnahmen und Ausgaben zu führen. Für die Anforderungen an die Aufzeichnungen gelten die §§ 145 ff. Zur Buchführung sind die Körperschaften jedoch nur verpflichtet, wenn sie wegen ihrer Rechtsform (KapGes) oder des Umfangs ihrer wirtschaftlichen Betätigung zur Führung von Büchern verpflichtet sind (§§ 140, 141; AEAO zu § 63 Nr. 1). Die Buchführungspflicht erfasst in diesem Fall auch den ideellen Bereich. Die Einnahmen, hierzu gehören auch Mitgliedsbeiträge und Spenden, und die Ausgaben sind zeitnah unter Beachtung des Zu-/Abflussprinzips getrennt nach ideellem Tätigkeitsbereich, Vermögensverwaltung, wirtschaftlichem Geschäftsbetrieb und Zweckbetrieb aufzuzeichnen. Über Zuwendungen iSd § 10b EStG sind gem. § 50 VII EStDV gesonderte Aufzeichnungen zu führen, aus denen sich die einzelne Zuwendung und ihre zweckentsprechende Verwendung ergibt (vgl. § 84 II c, IId EStDV). Zugleich sind die Grundlagen der Bewertung von Sachzuwendungen und des Verzichts auf Erstattungsansprüche zu dokumentieren. Für Tätigkeiten iSd § 53 muss sich aus den Aufzeichnungen auch ergeben, dass die personenkreisbezogenen Voraussetzungen erfüllt sind.

Geschäfts- und Tätigkeitsberichte können ergänzend zur Prüfung, ob die Körperschaft tätig war und ihre tatsächliche Geschäftsführung den Anforderungen des § 63 I entsprach, angefordert werden. Liegen derartige Niederschriften nicht vor, kann der Nachweis auch durch andere Unterlagen, insb. Schriftverkehr und Auskünfte Dritter, erbracht werden (BFH 23.7.2003 – I R 29/02, BStBl. II 2003, 930).

Fehlen ordnungsgemäße Aufzeichnungen oder sind sie mit wesentlichen Mängeln behaftet, bleibt die Körperschaft regelmäßig beweisfällig. Der mangelnde Beweis der Voraussetzungen für die StBefreiung geht zulasten der Körperschaft (vgl. FG Niedersachsen 8.4.2010 – 6 K 139/09, BeckRS 2010, 26030189).

Die FB kann zur Prüfung der Voraussetzungen der StBegünstigung einschl. der Überprüfung der tatsächlichen Geschäftsführung eine Außenprüfung anordnen (§ 193 II Nr. 2 und I; Reiffs StBp 1991, 205). Die Körperschaft unterliegt zudem der Anzeigepflicht des § 137. Bei Auslandsaktivitäten der Körperschaft gilt § 90 II.

V. Fristsetzung zur Mittelverwendung (Abs. 4)

Gemeinnützige Körperschaften müssen grds. ihre laufenden Einnahmen zeitnah für 11
gemeinnützige Zwecke einsetzen (BFH 13.9.1989 – I R 19/85, BStBl. II 1990, 28). Abweichend hiervon lässt § 62 Nr. 1, 3 und 4 die Bildung einer Rücklage zu, soweit dies zur nachhaltigen Erfüllung der steuerbegünstigten Zwecke erforderlich ist (Nr. 1), zur Bildung einer Wiederbeschaffungsrücklage (Nr. 2) und in begrenztem Umfang auch für eine freie Rücklagenbildung (Nr. 3 und 4). Überschreitet die Körperschaft den gesetzlichen Rahmen der Eigenkapitalbildung, entspricht die tatsächliche Geschäftsführung nicht mehr dem Gebot der Selbstlosigkeit für die Dauer der unzulässigen Thesaurierung. Diese Rechtsfolge wurde insb. bei der Ansammlung verhältnismäßig unbedeutender Mittel als unbillig empfunden (BT-Drs. 11/7584, Anl. 2, Nr. 4; HHSp § 63 Rn. 21). Nach § 63 IV kann der Verlust der StBegünstigung vermieden werden, indem die angesammelten Mittel innerhalb einer vom FA gesetzten angemessenen Frist für steuerbegünstigte Zwecke verwandt werden. Die tatsächliche Geschäftsführung gilt dann gem. S. 2 als ordnungsgemäß.

Die FB hat nach **pflichtgemäßem Ermessen** zu entscheiden, ob eine Fristsetzung 12
unter Berücksichtigung der Umstände der Mittelthesaurierung noch dem Gebot der Selbstlosigkeit gerecht wird und wie lang diese Frist zu bemessen ist. Die klarstellende Einfügung des Gebots der Angemessenheit der Frist bewirkt keine inhaltliche Änderung. Eine nicht angemessene Frist war auch bisher schon ermessensfehlerhaft (ebenso Schauhoff/Kirchhain FR 2013, 301). Für die Bemessung der Frist wird insb. zu berücksichtigen sein, ob die Körperschaft bewusst und wiederholt gegen § 62 Nr. 1, 3 und 4 verstoßen hat

und welche Bedeutung der unzulässigen Thesaurierung im Verhältnis zu den Gesamtmitteln zukommt (vgl. Klein § 63 Rn. 4). Die Frist muss so bemessen sein, dass eine Verwendung zu satzungsgemäßen Zwecken erfolgen kann. Im Normalfall wird ein Zeitraum von zwei bis drei Jahren angemessen sein (ebenso Schauhoff § 9 Rn. 31; Wallenhorst C Rn. 150).

VI. Ausstellung von Zuwendungsbestätigungen (Abs. 5)

13 StBegünstigte Körperschaften iSd §§ 51 ff. dürfen Zuwendungsbestätigungen nur zeitlich befristet ausstellen. Nach bisheriger Verwaltungsregelung konnten Spendenbestätigungen, in denen das angegebene Datum des StBescheids (idR KSt-Freistellungsbescheid) länger als fünf Jahre bzw. das Datum der vorläufigen Bescheinigung länger als drei Jahre seit dem Tag der Ausstellung der Spendenbestätigung zurücklag, grds. nicht mehr als ausreichender Nachweis für den Spendenabzug anerkannt werden (vgl. BMF 15.12.1994, BStBl. I 1994, 884). Aus Gründen der Rechtssicherheit wurde die Berechtigung zur Ausstellung von Zuwendungsbestätigungen nunmehr gesetzlich festgeschrieben (→ Rn. 1). Die Berechtigung **entsteht** mit Erteilung eines Freistellungsbescheides, einer Anlage Gemeinnützigkeit zum KSt-Bescheid (Nr. 1) oder eines gesonderten Bescheides über die Feststellung der Satzungsmäßigkeit nach § 60a I (Nr. 2). Sie endet im Fall der Nr. 1 spätestens fünf Jahre nach Erteilung des StBescheides und nach gesonderter Feststellung nach § 60a I spätestens nach drei Jahren. Maßgeblich ist jeweils das Datum der Anlage bzw. des Bescheides. Der Zeitraum ist nach S. 2 **taggenau** zu berechnen. Dabei zählt der Tag des angegebenen Datums mit.

14 **Vorläufiger Rechtsschutz.** Beantragt die Körperschaft die Feststellung der Satzungsmäßigkeit, um Zuwendungsbestätigungen ausstellen zu können, ist einstweiliger Rechtsschutz durch einstweilige Anordnung (§ 114 FGO) zu gewähren (BFH 2.12.2020 – V B 25/20 (AdV), BStBl. II 2021, 263).

§ 64 Steuerpflichtige wirtschaftliche Geschäftsbetriebe

(1) **Schließt das Gesetz die Steuervergünstigung insoweit aus, als ein wirtschaftlicher Geschäftsbetrieb (§ 14) unterhalten wird, so verliert die Körperschaft die Steuervergünstigung für die dem Geschäftsbetrieb zuzuordnenden Besteuerungsgrundlagen (Einkünfte, Umsätze, Vermögen), soweit der wirtschaftliche Geschäftsbetrieb kein Zweckbetrieb (§§ 65 bis 68) ist.**

(2) **Unterhält die Körperschaft mehrere wirtschaftliche Geschäftsbetriebe, die keine Zweckbetriebe (§§ 65 bis 68) sind, werden diese als ein wirtschaftlicher Geschäftsbetrieb behandelt.**

(3) **Übersteigen die Einnahmen einschließlich Umsatzsteuer aus wirtschaftlichen Geschäftsbetrieben, die keine Zweckbetriebe sind, insgesamt nicht 45 000 Euro im Jahr, so unterliegen die diesen Geschäftsbetrieben zuzuordnenden Besteuerungsgrundlagen nicht der Körperschaftsteuer und der Gewerbesteuer.**

(4) **Die Aufteilung einer Körperschaft in mehrere selbständige Körperschaften zum Zweck der mehrfachen Inanspruchnahme der Steuervergünstigung nach Absatz 3 gilt als Missbrauch von rechtlichen Gestaltungsmöglichkeiten im Sinne des § 42.**

(5) **Überschüsse aus der Verwertung unentgeltlich erworbenen Altmaterials außerhalb einer ständig dafür vorgehaltenen Verkaufsstelle, die der Körperschaftsteuer und der Gewerbesteuer unterliegen, können in Höhe des branchenüblichen Reingewinns geschätzt werden.**

(6) **Bei den folgenden steuerpflichtigen wirtschaftlichen Geschäftsbetrieben kann der Besteuerung ein Gewinn von 15 Prozent der Einnahmen zugrunde gelegt werden:**

1. **Werbung für Unternehmen, die im Zusammenhang mit der steuerbegünstigten Tätigkeit einschließlich Zweckbetrieben stattfindet,**
2. **Totalisatorbetriebe,**
3. **Zweite Fraktionierungsstufe der Blutspendedienste.**

Schrifttum: Knoop, Gewinnausschüttungen im gemeinnützigen Konzern, DStR 2006, 1263; Kratzsch/Leve, Abgrenzungs- und Gestaltungsfragen bei der Besteuerung gemeinnütziger Körperschaften am Beispiel eines Reitvereins, INF 2006, 546; Orth, Einkünfte von wirtschaftlichen Geschäftsbetrieben und Betrieben gewerblicher Art ohne Gewinnerzielungsabsicht, FR 2007, 326; Unger, Mittelbeschaffung und Mittelverwendung gemeinnütziger Körperschaften, DStZ 2010, 141; Schotenroehr, Kooperation von Zweckbetrieben gemeinnütziger Körperschaften in Form der Gesellschaft bürgerlichen Rechts, DStR 2012, 14; Söhl, Wirtschaftliche Geschäftsbetriebe in gemeinnützigen Einrichtungen, NWB 2013, 190; Berg/Schnabelrauch, Heiligt der Zweck die Mittel? - Die Anwendung des ermäßigten Umsatzsteuersatzes auf Leistungen von Integrationsbetrieben im Widerstreit mit nationalem und europäischem Recht, UR 2017, 213; Theuffel-Werhahn, Steuerbegünstigte Stiftungen oder Vereine mit Beteiligungen an erwerbswirtschaftlichen Kapitalgesellschaften, ZStV 2017, 1; Schienke-Ohletz, Die Beteiligung gemeinnütziger Stiftungen an Unternehmen, BB 2018, 2012; Pieske-Kontny, Der steuerpflichtige wirtschaftliche Geschäftsbetrieb im Ertragsteuerrecht, StBp 2022, 139; Drüen, Gemeinnützigkeitsrecht und Fremdfinanzierung – Zum gemeinnützigkeitsrechtlichen Rahmen für kreditfinanzierte Wertpapiergeschäfte einer Stiftung, npoR 2022, 225; Pieske-Kontny, Zur gesonderten Feststellung des steuerlichen Einlagekontos bei wirtschaftlichen Geschäftsbetrieben, StBp 2024, 290.

I. Allgemeines

Rechtsentwicklung. § 64 I–V regelt in der vorliegenden Fassung ab 1.1.2007 (Art. 97 § 1d EGAO) den Umfang der StVergünstigung der gemeinnützigen Körperschaft, soweit für wirtschaftliche Geschäftsbetriebe in den EinzelStGesetzen die Vergünstigung ausgeschlossen ist. Solche Regelungen befinden sich zB in § 5 I Nr. 9 S. 2 KStG, § 3 Nr. 6 S. 2 GewStG, § 12 II Nr. 8 Buchst. a S. 2 UStG, § 3 I Nr. 3b GrStG (BFH 22.6.2011 – I R 59/10, BFH/NV 2012, 61; BFH 22.6.2011 – I R 43/10, BStBl. II 2011, 892 jeweils zu § 3 Nr. 20 GewStG). § 64 VI ist durch Gesetz vom 20.12.2000 (BGBl. 2000 I 1850) rückwirkend zum 1.1.2000 angefügt worden. Die Besteuerungsgrenze in Abs. 3 wurde mWv 1.1.2007 durch Gesetz vom 10.10.2007 (BGBl. 2007 I 2332; Art. 97 § 1d EGAO) und durch das JStG 2020 (BGBl. 2020 I 3096) mWv 29.12.2020 (Art. 50 I JStG 2020) erhöht. 1

Inhalt. Für die Körperschaft bedeutet die Regelung eine sachlich auf den wirtschaftlichen Geschäftsbetrieb beschränkte partielle Stpfl., soweit er kein Zweckbetrieb (§§ 65–68) ist (BFH 13.3.1991 – I R 117/88, BStBl. II 1991, 645; BFH 7.8.2002 – I R 84/01, BB 2003, 995). Die Unterhaltung eines wirtschaftlichen Geschäftsbetriebes berührt die StBegünstigung der Körperschaft ansonsten nicht. Dies gilt insb. auch, wenn die wirtschaftliche Betätigung den Umfang der gemeinnützigen Arbeit bei weitem übersteigt (BFH 15.7.1998 – I R 156/94, BStBl. II 2002, 162; bis zur Grenze des § 56: BFH 4.4.2007 – I R 76/05, DStR 2007, 1121; zur Aufgabe der Geprägetheorie → § 55 Rn. 10). Die Erfassung der Besteuerungsgrundlagen des wirtschaftlichen Geschäftsbetriebes ist aus Gründen der **Wettbewerbsneutralität** des Staates geboten (BFH 13.8.1986 – II R 246/81, BStBl. II 1986, 831). Die steuerliche Verschonung der wirtschaftlichen Geschäftsbetriebe würde den gemeinnützigen Körperschaften einen sachlich nicht gerechtfertigten Kosten- und damit Wettbewerbsvorteil gegenüber stpfl. Konkurrenzunternehmen verschaffen (BFH 26.4.1995 – I R 35/93, BStBl. II 1995, 767). Aus diesem Grund wird der wirtschaftliche Geschäftsbetrieb mit KSt, GewSt, USt und GrSt belastet. Das Verfassungsrecht gebietet es deshalb auch nicht, die Zuwendung der erwirtschafteten Überschüsse an den ideellen Bereich beim wirtschaftlichen Geschäftsbetrieb zum Spendenabzug zuzulassen (FG Niedersachsen 8.10.2002 – 6 K 92/01, EFG 2003, 142). Für Zweckbetriebe bleibt die StVergünstigung in 2 vollem Umfang erhalten. § 64 I regelt die Gewinnermittlung nicht selbst. Diese richtet sich nach den allg. Vorschriften (§ 8 I KStG). Mehrere wirtschaftliche Geschäftsbetriebe werden grds. als ein Geschäftsbetrieb behandelt (§ 64 II). § 64 III führt eine Freigrenze ein, bis zu welcher Bruttoeinnahmen, ohne Rücksicht auf die hieraus erwirtschafteten Gewinne, ertragsteuerlich freigestellt werden. Die mehrfache Inanspruchnahme wird durch § 64 IV sowie § 51 S. 3 verhindert. Für Überschüsse aus der Verwertung von unentgeltlich erworbenem Altmaterial enthält § 65 V eine besondere Gewinnermittlungsregelung.

II. Besteuerung des wirtschaftlichen Geschäftsbetriebes (Abs. 1)

1. Begriff

5 § 64 definiert den wirtschaftlichen Geschäftsbetrieb nicht selbst, sondern verweist auf die Begriffsbestimmung des § 14. Danach ist ein wirtschaftlicher Geschäftsbetrieb eine selbständige, nachhaltige Tätigkeit, durch die Einnahmen oder andere wirtschaftliche Vorteile erzielt werden. Eine Differenzierung zwischen den auf selbständiger Aktivität gründenden Einkunftsarten erfolgt nicht, sodass auch eine Tätigkeit iSd § 18 EStG gewerbestpfl. ist (BFH 20.3.2019 – VIII B 81/18, BFH/NV 2019, 712). Für forst- bzw. land- und forstwirtschaftliche Betriebe bestehen Sonderregelungen (§ 5 I Nr. 9 S. 3 KStG; § 3 Nr. 6 S. 2 GewStG). Die Absicht, Gewinn zu erzielen, ist nicht erforderlich, weil auch (und gerade) die kostendeckende Einnahmeerzielung wettbewerbswirksam ist (TK § 64 Rn. 6; s. zudem die Gewerbebetriebsfiktion in § 2 III GewStG für juristische Personen des privaten Rechts). Bloße Vermögensverwaltung grenzt § 14 ausdrücklich aus. Zu weiteren Einzelheiten → § 14 Rn. 1 ff.

Kennzeichnend für den stpfl. wirtschaftlichen Geschäftsbetrieb ist die fehlende innere Verknüpfung zu den von der Körperschaft verfolgten gemeinnützigen Zwecken (Schwarz/Pahlke/Keß § 64 Rn. 5). Der Geschäftsbetrieb ist weder zur Zweckerreichung erforderlich noch dient er unmittelbar der Verwirklichung der begünstigten Zwecke. Die Aktivitäten liegen außerhalb der gemeinnützigen Betätigung (BFH 21.8.1985 – I R 60/80, BStBl. II 1986, 88). Andererseits müssen sie die ideellen Zwecke der Körperschaft fördern (HHSp § 64 Rn. 9). Dies wird idR durch die Beschaffung zusätzlicher Mittel, also die Erzielung von Gewinnen für die gemeinnützige Arbeit geschehen. Kostendeckende Veranstaltungen sind aber auch dann förderlich, wenn durch sie die Ziele der Körperschaft einer breiteren Personenzahl zugänglich gemacht werden, um hierdurch zusätzliche Förderer der ideellen Zwecke oder Mitglieder zu gewinnen.

6 **Beispiele:** Stpfl. wirtschaftliche Geschäftsbetriebe sind insb.: Vereinsgaststätten, allg. der Verkauf von Speisen und Getränken (BFH 21.8.1985 – I R 3/82, BStBl. II 1986, 92; s. auch § 68 Nr. 7); Verkauf von Sportbekleidung und -zubehör sowie von Fanartikeln; Werbung auf Trikots, Stadionbanden, Eintrittskarten und in Vereinszeitschriften (BFH 27.3.1991 – I R 31/89, BStBl. II 1992, 103); Zeitschrift, die auch Nichtmitgliedern zum Kauf angeboten wird (FG München 7.5.2001 – 7 K 815/98, EFG 2001, 1178; BFH 18.12.2002 – I R 60/01, BFH/NV 2003, 1025); Basare, Flohmärkte, Sammlerbörsen, Lotterien (vgl. aber § 68 Nr. 6), Tanzbälle, Besichtigungen oder ähnliche Veranstaltungen, zu denen Eintrittsgelder verlangt werden; Festschrift, die durch Werbeanzeige finanziert wird (BFH 4.3.1976 – IV R 189/71, BStBl. II 1976, 472); kurzfristige Vermietung von Vereinseinrichtungen gegen Entgelt an Nichtmitglieder (vgl. BFH 30.5.1994 – V R 83/92, BStBl. II 1994, 775); Vermietung der einzelnen Standplätze eines Schützenfestes an Schausteller (FG Niedersachsen 25.8.1980 – VI Kö 33/76, EFG 1981, 259); ebenso die entgeltliche Überlassung der Schankerlaubnis im Festzelt (vgl. auch zum Betrieb eines Bierzeltes BFH 9.11.1988 – I R 200/85, BFH/NV 1989, 342; FG Nürnberg 31.5.2001 – I 61/2000, I 61/00, EFG 2001, 1162); Sammlung und Verwertung von Altmaterial (BFH 10.6.1992 – I R 76/90, BFH/NV 1992, 839); Gestattung von Werbemaßnahmen (FG München 20.11.2000 – 7 V 4362/00, EFG 2001, 539; aA BFH 25.7.2001 – I B 41/01, BFH/NV 2001, 1445) und Rundfunkübertragung (FG München 5.4.2001 – 7 V 574/01, EFG 2001, 950); kommerzielle Forschungseinrichtungen; Betrieb eines Müllheizkraftwerks (BFH 27.10.1993 – I R 60/91, BStBl. II 1994, 573); Blutspendedienste des DRK (vgl. FG Brandenburg 17.10.2001 – 2 K 2766/99, EFG 2002, 121; s. auch BFH 18.3.2004 – V R 101/01, BStBl. II 2004, 798); entgeltliche Kranken- und Behindertenfahrten durch Einrichtungen der freien Wohlfahrtspflege; zentrale Gehalts-

abrechnungs- oder Buchstellen (OFD Frankfurt 12.8.1992, DB 1992, 2064); Beteiligung an gewerblicher PersGes; Auftragsforschung (BFH 4.4.2007 – I R 76/05; BStBl. II 2007, 631); Betrieb eines Campingplatzes (BFH 11.3.2008 – I B 44/07, BeckRS 2008, 25013491); Vermietungsbetrieb eines Eislaufvereins (BFH 30.3.2000 – V R 30/99, BStBl. II 2000, 705); von Verein zur Jugend- und Familienförderung betriebenes Hotel (BFH 21.9.2016 – V R 50/15, BStBl. II 2017, 1173); Betrieb einer Krankenhauswäscherei (BFH 18.10.1990 – V R 35/85, BStBl. II 1991, 157); entgeltliche Überlassung von Sportanlagen (BFH 20.3.2014 – V R 4/13, BFH/NV 2014, 1470); Erbringung entgeltlicher Verwaltungsdienstleistungen (BFH 29.1.2009 – V R 46/06, BStBl. II 2009, 909); Beteiligung an einer PersGes (BFH 27.3.2001 – I R 78/99, BStBl. II 2001, 449; nicht aber bei Beteiligung an gewerblich geprägter, vermögensverwaltend tätiger PersGes (§ 15 III Nr. 2 EStG), vgl. BFH 18.2.2016 – V R 60/13, BStBl. II 2017, 251 (Vermögensverwaltung)). Im Bereich des Sponsorings liegt Vermögensverwaltung vor, wenn die Körperschaft lediglich („passiv") ihr Namensrecht an den Sponsor überlässt; das soll auch (noch) für die entgeltliche Überlassung von Werbeflächen an einen General-Werbeunternehmer gelten (AEAO zu § 67a Nr. 9). Weitergehende Aktivitäten, die den Sponsor bewerben, begründen einen wirtschaftlichen Geschäftsbetrieb (vgl. BFH 7.11.2007 – I 42/06, BStBl. II 2008, 949).

2. Zuordnung der Besteuerungsgrundlagen

Für die Besteuerungsgrundlagen des wirtschaftlichen Geschäftsbetriebes verliert die Körperschaft ihre StVergünstigung. Dies gilt nur, soweit der wirtschaftliche Geschäftsbetrieb nicht ein Zweckbetrieb ist. Danach lassen sich **vier Tätigkeitsbereiche** einer gemeinnützigen Körperschaft unterscheiden: 9

– der steuerbegünstigte gemeinnützige Sektor, der ausschließlich auf die Verfolgung der ideellen Zwecke gerichtet ist,
– der steuerbefreite Sektor der Vermögensverwaltung,
– der steuerbegünstigte wirtschaftliche Geschäftsbetrieb (Zweckbetrieb) und
– der stpfl. wirtschaftliche Geschäftsbetrieb.

Die Zuordnung der Einkünfte hat die Trennung der steuerbaren Einnahmen aus der wirtschaftlichen Tätigkeit und der hierdurch veranlassten Ausgaben von den Wertzuflüssen und -abflüssen der nicht stpfl. Aktivitäten zum Ziel (Veranlassungsprinzip, vgl. BFH 24.1.2019 – V R 63/16, BStBl. II 2019, 392: Verkauf von Ökopunkten als Teil der ideellen Tätigkeit). Zu erfassen sind alle Einnahmen, die der sachlichen Stpfl. unterliegen (§ 8 I KStG iVm § 2 I Nr. 1–7 EStG). Ausnahmsweise können Einnahmen der gemeinnützigen Körperschaft außerhalb eines wirtschaftlichen Geschäftsbetriebes der sachlichen Stpfl. unterliegen (vgl. BFH 7.8.2002 – I R 84/01, BB 2003, 995: Veräußerungsgewinn aus einbringungsgeborenen Anteilen).

Einnahmen gehören zu einem stpfl. wirtschaftlichen Geschäftsbetrieb, wenn sie durch die den Geschäftsbetrieb begründende Tätigkeit veranlasst, also infolge der Tätigkeit entstanden sind (BFH 27.3.1991 – I R 31/89, BStBl. II 1992, 103). Hierzu zählt auch der Pachtzins aus der Verpachtung des wirtschaftlichen Geschäftsbetriebs bis zur Betriebsaufgabe (BFH 4.4.2007 – I R 55/06, DStRE 2007, 1021). Die Veranlassung durch den Geschäftsbetrieb wird weder durch den unentgeltlichen Erwerb des veräußerten Gegenstandes noch durch die Zweckbestimmung des Überschusses für gemeinnützige Zwecke ausgeschlossen (BFH 26.2.1992 – I R 149/90, BStBl. II 1992, 693). Dies schließt es nicht aus, dass Sachspenden (zB Gegenstände für Basare) zunächst in den ideellen Bereich gelangen und zum Zwecke der Verwertung in den wirtschaftlichen Geschäftsbetrieb mit dem Teilwert eingelegt werden (HHSp § 64 Rn. 55). **Spenden** und **echte Mitgliederbeiträge** fließen der Körperschaft nicht aufgrund der wirtschaftlichen Tätigkeit zu (vgl. § 8 V KStG). Mitgliedsbeiträge können jedoch auch ganz oder teilweise **verdecktes Entgelt** für die Gewährung besonderer Leistungen der Körperschaft sein. Hiervon ist auszugehen, soweit die Körperschaft der wirtschaftlichen Förderung der Einzelmitglieder dient und die Beiträge Entgelt für bestimmte Leistungen darstellen (BFH 28.6.1989 – I R 86/85, BStBl. II 1990, 550; BFH 15.10.1997 – I R 2/97, BStBl. II 1998, 175). Anhaltspunkte für einen Entgeltanteil liegen vor, wenn Beiträge gezahlt werden, die zugleich 10 einen konkreten oder potenziellen Anspruch auf bestimmte Leistungen (Rechtsberatung, Inanspruchnahme von Einrichtungen, Vermittlungsleistungen) einräumen. ZB Beitrag eines LSt-Hilfevereins (BFH 29.8.1973 – I R 234/71, BStBl. II 1974, 60); Haus- und Grundbesitzerverein (BFH 9.2.1965 – I 25/63 U, BStBl. III 1965, 294); ADAC-Beitrag (vgl. FG München 1.8.2013 – 5 K 758/13, BeckRS 2013, 96608); Gewährung oder Vermittlung von Versicherungsschutz (BFH 15.10.1997 – I R 2/97, BStBl. II 1998, 175); Vereinszeitschrift, die auch im erheblichen Umfang allg. publizistische Inhalte umfasst (vgl. FG München 7.5.2001 – 7 K 815/98, EFG 2001, 1178; BFH 18.12.2002 – I R 60/01, BFH/NV 2003, 1025); nicht aber Mitgliedsbeiträge, die eine Nutzung von Vereinseinrichtungen innerhalb des Vereinszwecks (Zweckbetriebs) ermöglichen (aA TK § 64 Rn. 10). Zu weiteren Abgrenzungskriterien kann auf die vergleichbare Problematik im UStG verwiesen werden (BFH 20.3.2014 – V R 4/13, BFH/NV 2014, 1470). S. auch zur Abgrenzung FG Saarland 22.5.1985 – I 41/84, EFG 1985, 464. Teilentgeltliche Beiträge sind im Wege der Schätzung in einen Beitrags- und einen Entgeltanteil aufzuteilen.

11 **Ausgaben** gehören zu einem stpfl. wirtschaftlichen Geschäftsbetrieb, wenn er der Anlass für ihr Entstehen ist (vgl. § 4 IV EStG; FG Nürnberg 31.5.2001 – I 61/2000, I 61/00, EFG 2001, 1162; BFH 5.6.2003 – I R 76/01, BFH/NV 2003, 1391). Abzugsfähig sind die dem Geschäftsbetrieb einzeln zuzuordnenden Aufwendungen sowie die entspr. dem Umfang der betrieblichen Nutzung auf die wirtschaftliche Tätigkeit entfallenden Anteile der Gemeinkosten (BFH 28.11.1961 – I 34/61 U, BStBl. III 1962, 73). Die durch die steuerfreie Betätigung verursachten Kosten können nicht berücksichtigt werden (§ 10 Nr. 1, 5 I Nr. 9 KStG iVm § 3c EStG). **Fiktive Vergütungen** für die Überlassung von Wirtschaftsgütern oder Kapital aus der ideellen Sphäre sowie von unentgeltlichen Dienstleistungen der Mitglieder sind nicht absetzbar (BFH 21.8.1985 – I R 60/80, BStBl. II 1986, 88). Die Zahlung angemessener, schuldrechtlich wirksam vereinbarter Löhne führt jedoch zu Betriebsausgaben (vgl. aber zum Verzicht auf Auszahlung geschuldeter Löhne BFH 5.12.1990 – I R 5/88, BStBl. II 1991, 308). Gewährt die Körperschaft vereinbarungsgemäß Unterhalt als Gegenleistung für den Einsatz der vollen Arbeitskraft im wirtschaftlichen Geschäftsbetrieb, hindert der geringe Wert der Sachleistung nicht den Abzug als Betriebsausgaben (BFH 17.12.1997 – I R 58/97, BStBl. II 1998, 357). Wird die Genehmigung des wirtschaftlichen Geschäftsbetriebes mit einer Auflage verbunden, sind die Ausgaben zur Erfüllung der Auflage Betriebsausgaben (FG München 26.4.2001 – 6 V 5173/00, EFG 2001, 952).

12 **Gemischte Aufwendungen,** die sowohl mit dem wirtschaftlichen Geschäftsbetrieb als auch mit dem steuerbegünstigten Bereich zusammenhängen, waren nach der bisherigen Rspr. des BFH entspr. der verschiedenen Anlässe ihrer Entstehung zu gewichten. Primärer Anlass gemischt kausaler Aufwendungen war danach die steuerbefreite Tätigkeit. Dieser Anlass wurde für die Zuordnung als allein maßgeblich betrachtet, wenn die Ausgabe auch ohne den wirtschaftlichen Geschäftsbetrieb entstanden wäre (BFH 27.3.1991 – I R 31/89, BStBl. II 1992, 103). Diese Auffassung des BFH verletzte das objektive Nettoprinzip. Die Zuordnung gemischt veranlasster Aufwendungen ausschl. zur steuerbefreiten Sphäre lässt sich aus dem Veranlassungsgrundsatz nicht herleiten. Ein dem § 12 Nr. 1 S. 2 EStG entsprechendes Aufteilungsverbot für gemischt veranlasste Ausgaben gibt es für Körperschaften nicht, sodass eine Aufteilung der Aufwendungen nach Maßgabe ihrer wirtschaftlichen Zugehörigkeit ggf. im Wege der Schätzung zu erfolgen hat (Lang/Seer FR 1994, 521; Thiel DStjG 1997, 103 (124)). Demzufolge lassen nunmehr BFH und FVerw. unabhängig von ihrer primären Veranlassung eine anteilige Berücksichtigung von gemischt veranlassten Aufwendungen als Betriebsausgaben zu, wenn ein objektiver Maßstab für die Aufteilung der Aufwendungen (zB nach zeitlichen Gesichtspunkten) auf den steuerbegünstigten Bereich (ideelle Sphäre einschl. Zweckbetriebe) und den stpfl. wirtschaftlichen Geschäftsbetrieb existiert (vgl. AEAO zu § 64 Nr. 6; BFH 15.1.2015 – I R 48/13, BStBl. II 2015, 713). Fehlen objektivierbare Abgrenzungskriterien soll es bei der vorrangigen Berücksichtigung des primären Veranlassungszusammenhangs verbleiben. Werden im wirtschaftli-

chen Geschäftsbetrieb Wirtschaftsgüter eingesetzt, die mit für den gemeinnützigen Bereich gebundenen Mitteln finanziert wurden, verstößt die unentgeltliche Überlassung grds. gegen das Verbot zweckfremder Mittelverwendung, soweit der durch die Nutzung bedingte Wertverzehr (anteilige AfA) dem ideellen Bereich nicht wieder zugeführt wird. Die anteilige AfA darf deshalb nicht zu Verlusten führen (vgl. OFD Cottbus 10.9.1996, DB 1996, 2004; die Berücksichtigung von AfA ablehnend HHSp § 64 Rn. 79). Dies gilt auch für eine gemischt genutzte Verwendung, soweit diese sozialüblich und gemeinverträglich ist.

3. Verfahrensfragen

StSubjekt ist die Körperschaft, die den wirtschaftlichen Geschäftsbetrieb unterhält (BFH 5.12.1990 – I R 5/88, BStBl. II 1991, 308). Im Veranlagungsverfahren ist über die Anerkennung der Körperschaft als gemeinnützig sowie die Einordnung des wirtschaftlichen Geschäftsbetriebs als stpfl. oder steuerbegünstigten Zweckbetrieb zu entscheiden (AEAO zu § 64 Nr. 3). Die KSt-Festsetzung und Freistellung im Übrigen hat durch einheitlichen Bescheid zu erfolgen (FG Rheinland-Pfalz 30.1.1984 – 5 K 81/83, EFG 1984, 518). Beteiligt sich die Körperschaft an einer gewerblich tätigen PersGes, wird im einheitlichen und gesonderten Gewinnfeststellungsbescheid der PersGes bindend festgestellt, ob die Körperschaft gewerbliche Einkünfte bezieht und damit einen wirtschaftlichen Geschäftsbetrieb unterhält (BFH 27.7.1988 – I R 113/84, BStBl. II 1989, 134; BFH 27.3.2001 – I R 78/99, BStBl. II 2001, 449). Eine Ausnahme von der Bindungswirkung (§ 182 I) des einheitlichen und gesonderten Gewinnfeststellungsbescheides gilt jedoch im Fall einer gewerblich geprägten PersGes; hier ist die die Körperschaft betreffende Qualifikation nach geänderter Rspr. des BFH erst auf der Gesellschafterebene zu treffen (BFH 25.5.2011 – I R 60/10, BStBl. II 2011, 858). Der Gewinn/Verlust eines von mehreren gemeinnützigen Körperschaften unterhaltenen wirtschaftlichen Geschäftsbetriebes ist gesondert festzustellen (BFH 4.3.1976 – IV R 189/71, BStBl. II 1976, 472). Wird ein wirtschaftlicher Geschäftsbetrieb zu Unrecht nicht besteuert, kann dies zu einer Verletzung von Rechten der Mitbewerber führen (BFH 18.9.2007 – I R 30/06, BStBl. II 2009, 126; BFH 18.8.2022 – V R 49/19, DStRE 2023, 274). 15

III. Mehrere wirtschaftliche Geschäftsbetriebe (Abs. 2)

Bis zur Einführung des § 64 II durch des VereinsFG mit Wirkung ab dem 1.1.1990 betrachtete die hM jeden wirtschaftlichen Geschäftsbetrieb für sich. Gewinne und Verluste mehrerer wirtschaftlicher Geschäftsbetriebe durften nicht verrechnet werden, weil die Überschüsse ebenso wie die Mittel des ideellen Bereichs für die gemeinnützigen Zwecke zu verwenden waren (§ 55 I 1). Hiervon abw. soll § 64 II eine Verrechnung der Überschüsse und der Verluste der Einzelnen wirtschaftlichen Geschäftsbetriebe untereinander ermöglichen (BT-Drs. 11/4176, 10 f.). Alle stpfl. wirtschaftlichen Geschäftsbetriebe, also ohne Zweckbetriebe, werden als ein einziger wirtschaftlicher Geschäftsbetrieb behandelt. Dies gilt auch für mehrere Beteiligungen an PersGes (BFH 27.3.2001 – I R 78/99, BStBl. II 2001, 449). Ob die StVergünstigung zu versagen ist, richtet sich grds. nach dem zusammengefassten Ergebnis aller stpfl. wirtschaftlichen Geschäftsbetriebe (Schwarz/Pahlke/Keß § 64 Rn. 17). Eine Zuordnung von Einnahmen und Ausgaben zu den einzelnen Geschäftsbetrieben wird entbehrlich, soweit nicht § 64 V eingreift (s. aber OFD Cottbus 10.9.1996, DB 1996, 2004). Für die Ermittlung des stpfl. Einkommens der Körperschaft ist das saldierte Gesamtergebnis aller Geschäftsbetriebe zugrunde zu legen. Dies gilt auch für die Beurteilung der Buchführungspflicht nach § 141 I (TK § 64 Rn. 16; AEAO zu § 64 Nr. 14). Die Verlustverrechnung ist jedoch auf die wirtschaftlichen Geschäftsbetriebe beschränkt. Verluste wirtschaftlicher Geschäftsbetriebe dürfen nicht mit Überschüssen aus Zweckbetrieben, aus der Vermögensverwaltung oder der ideellen Sphäre ausgeglichen werden (BFH 13.11.1996 – I R 152/93, BFHE 181, 396). § 64 II beseitigt zudem nicht 16 das Gebot ausschließlicher ideeller Zweckverfolgung jedes einzelnen Geschäftsbetriebes (Hüttemann Wirtschaftliche Betätigung und steuerliche Gemeinnützigkeit, 89 f.). Dies hat zur Folge, dass wirtschaftliche Geschäftsbetriebe, die erkennbar keine Überschüsse oder zumindest Kostendeckung erreichen können, nicht in die Verlustverrechnung einbezogen werden dürfen (str., HHSp § 64 Rn. 97). Die Fortführung derartiger Betriebe beruht nicht auf gemeinnützigkeitsrelevanten Motiven, sondern dient der Befriedigung privater Interessen der Vereinsmitglieder.

§ 64 II ist nicht auf mehrere Betriebe **gewerblicher Art** von gemeinnützigen juristischen Personen des öffentlichen Rechts anzuwenden (vgl. § 4 VI KStG; BFH 11.2.1997 – I R 161/94, BFH/NV 1997, 625; aA Hey StuW 2000, 467).

IV. Besteuerungsgrenze (Abs. 3)

19 **Einnahmen.** Gewinne aus wirtschaftlichen Geschäftsbetrieben, die keine Zweckbetriebe sind, unterliegen nicht der KSt und GewSt, wenn die Einnahmen einschl. USt insgesamt 45.000 EUR (bis 31.12.2020: 35.000 EUR) nicht übersteigen. Die Besteuerungsgrenze bezieht sich auf das Kalenderjahr oder ein abweichendes (Rumpf-)Wirtschaftsjahr. Maßgeblich sind die Bruttoeinnahmen aus allen stpfl. wirtschaftlichen Geschäftsbetrieben nach Maßgabe der für die Körperschaft anzuwendenden Gewinnermittlungsart (BFH 27.3.2001 – I R 78/99, BStBl. II 2001, 449). Zu den Einnahmen gehören alle durch die wirtschaftliche Tätigkeit veranlassten Zugänge in Geld oder Geldeswert, also auch Zuschüsse und Veräußerungserlöse einschl. der stillen Reserven, die nach § 6b EStG übertragen werden (BFH 27.3.1991 – I R 31/89, BStBl. II 1992, 103). Ermittelt die Körperschaft ihren Gewinn durch Bestandsvergleich, zählen deshalb auch aktivierungspflichtige Forderungen zu den Einnahmen. Die USt erhöht unabhängig von der Gewinnermittlungsart als Teil des Entgeltes die Einnahmen. Dies gilt nicht für VorSt-Erstattungen des FA. Einzubeziehen sind auch Einnahmen aus sportlichen Veranstaltungen iSd § 67a, die kein Zweckbetrieb sind, sowie aus der Verwertung von Altmaterial (HHSp § 64 Rn. 107). Betreibt die Körperschaft einen wirtschaftlichen Geschäftsbetrieb in Form einer PersGes, sind die anteiligen Einnahmen – nicht der Gewinnanteil – aus der Beteiligung anzusetzen (BFH 27.3.2001 – I R 78/99, BStBl. II 2001, 449; Schwarz/Pahlke/Keß § 64 Rn. 22). Nicht zu den Einnahmen gehören zB Darlehensbeträge, Einlagen iSd § 4 I EStG, aufgelöste Rücklagen oder steuerfreie Zuflüsse.

20 **Freigrenze.** § 64 III enthält eine ertragsteuerliche Freigrenze (KSt, GewSt), die für andere StArten (GrSt, USt) nicht gilt (vgl. aber § 19 UStG: Kleinunternehmer; § 23a UStG: Durchschnittssatz für VorSt-Ermittlung). Der ermäßigte StSatz des § 12 II Nr. 8a UStG ist auch bei Unterschreiten der Freigrenze nicht anzuwenden. Übersteigen die Einnahmen den Betrag von 45.000 EUR (bis 31.12.2020: 35.000 EUR), sind die Gewinne in vollem Umfang stpfl., soweit nicht Freibeträge (§ 24 KStG; § 11 I 3 Nr. 2 GewStG) eingreifen. Wird die Besteuerungsgrenze nicht erreicht, tritt eine **sachliche StBefreiung** ein. Auf die Qualifikation der Betätigung als wirtschaftlicher Geschäftsbetrieb wirkt sich dies jedoch nicht aus (HHSp § 64 Rn. 67). Es findet weder eine Schlussbesteuerung nach § 13 V KStG statt noch entfallen die Voraussetzungen für die Gewährung einer Investitionszulage. Verluste, die in Veranlagungszeiträumen entstanden sind, in denen § 64 III eingreift, können nicht vor- oder zurückgetragen werden (BFH 4.4.2007 – I R 55/06, BStBl. II 2007, 725). Umgekehrt sind Verluste bei Bruttoeinnahmen von mehr als 45.000 EUR (bis 31.12.2020: 35.000 EUR) nicht mit sachlich steuerbefreiten Gewinnen nach § 64 III aus anderen Jahren zu verrechnen (Schwarz/Pahlke/Keß § 64 Rn. 24). Für ideelle Zwecke gebundene Mittel dürfen auch im Fall der StBefreiung nicht zum Ausgleich von Verlusten aus wirtschaftlichen Geschäftsbetrieben verwendet werden (BFH 1.7.2009 – I R 6/08, BFH/NV 2009, 1837; HHSp § 64 Rn. 68). Die Aufzeichnungspflichten nach § 63 III werden durch die Besteuerungsgrenze nicht berührt (Klein § 64 Rn. 9; AEAO zu § 64 Nr. 18–23).

V. Missbrauch durch Aufteilung der Körperschaft (Abs. 4)

Aufteilung. § 64 IV enthält eine Rechtsfolgenverweisung auf § 42 für Fälle der Aufsplitterung der Körperschaft zum Zwecke der mehrfachen Inanspruchnahme der Besteuerungsgrenze des § 64 III. Eine Aufteilung in mehrere selbständige Körperschaften umfasst alle zivilrechtlich wirksamen Abspaltungen, Ausgliederungen oder Ausgründungen, durch die mehrere StSubjekte entstehen. Die Verselbständigung funktionaler Untergliederungen wird wegen ihrer steuerlichen Unselbständigkeit (§ 51 S. 3) nicht erfasst (Klein § 51 Rn. 10). Für regionale Untergliederungen ist idR die Ortsbezogenheit ein ausreichender Grund für ihre Selbständigkeit, sodass § 64 IV nicht anzuwenden ist (AEAO zu § 64 Nr. 28). Dies gilt nicht für die Aufteilung von Fördervereinen. § 58 Nr. 1 befreit lediglich vom Erfordernis der Unmittelbarkeit (→ § 58 Rn. 5). Hierdurch wird nicht zugleich die steuerfreie Beschaffung der Mittel durch wirtschaftliche Geschäftsbetriebe sanktioniert. 23

Aufteilungszweck. Die Aufgliederung muss zum Zweck der mehrfachen Inanspruchnahme der Besteuerungsgrenze erfolgen. Entscheidend ist das tragende Motiv für die Aufteilung der Körperschaft. Erfolgt die Abspaltung vorrangig zum Ausgleich von vorhandenen Interessengegensätzen, der Verfolgung neuer artfremder Zwecke oder aufgrund ähnlicher Motive, ist die Verselbständigung kein Missbrauch von rechtlichen Gestaltungsmöglichkeiten. Die Körperschaft muss die Gründe der Aufteilung substantiiert darlegen. Die Beweislast für die steuerlich motivierte Aufteilung der Körperschaft trägt das FA (HHSp § 64 Rn. 110). 24

Rechtsfolgen. Beruht die Aufteilung auf steuerlichen Erwägungen, gilt die Aufsplitterung als Missbrauch von rechtlichen Gestaltungsmöglichkeiten. Die Besteuerung ist ohne Berücksichtigung der Aufteilung vorzunehmen. Die Besteuerungsgrenze des § 64 III kann nur für alle wirtschaftlichen Geschäftsbetriebe der aufgeteilten Körperschaften in Anspruch genommen werden. Ebenso werden die Freigrenze des § 67a I und die Freibeträge nach § 24 KStG und § 11 GewStG nur einmal gewährt (Klein § 51 Rn. 10). 25

VI. Altmaterialverwertung (Abs. 5)

Anwendungsbereich. Für bestimmte stpfl. wirtschaftliche Geschäftsbetriebe kann der Überschuss aus der wirtschaftlichen Tätigkeit in branchenüblicher Höhe geschätzt werden. Hierdurch soll der durch Einsatz ehrenamtlicher Helfer erzielte Kostenvorteil steuerlich nicht erfasst werden (BT-Drs. 11/5582, 31 f.; BFH 11.2.2009 – I R 73/08, BStBl. II 2009, 516). Die Vorschrift setzt stillschweigend voraus, dass die Verwertung von Altmaterial im Rahmen eines stpfl. wirtschaftlichen Geschäftsbetriebs erfolgt. Durch die Sammlung von Altmaterialien zum Zwecke der Veräußerung betätigt sich die Körperschaft nachhaltig selbständig mit Einnahmeerzielungsabsicht. Trotz der Unentgeltlichkeit werden die Sachen nicht der gemeinnützigen Körperschaft gespendet, sondern unmittelbar im Rahmen der wirtschaftlichen Betätigung erworben (BFH 26.2.1992 – I R 149/90, BStBl. II 1992, 693). Anders verhält es sich, wenn die Körperschaft bei ihr selbst anfallendes Altpapier verkauft oder Altkleider für eine Kleiderkammer oder in Katastrophenfällen sammelt, um sie an Bedürftige iSd § 53 zu verteilen. Durch die Veräußerung unbrauchbarer Kleidungsstücke an gewerbliche Verwerter geht die Zweckbetriebseigenschaft nicht verloren, soweit die Grenzen des § 66 eingehalten werden (Klein § 64 Rn. 20; BMF 25.9.1995, BStBl. I 1995, 630; vgl. § 66). Der Anwendungsbereich des § 64 V ist auf die Verwertung von **unentgeltlich** erworbenem Altmaterial (Altpapier, Schrott, Altkleider, Schuhe) begrenzt; Edelmetalle (Zahngold) gehören nicht dazu (BFH 11.5.2016 – V B 119/15, BFH/NV 2016, 1252). Der Verkauf entgeltlich erworbener Gegenstände wird ebenso wie die Veräußerung von gespendeten neuwertigen oder gebrauchten Sachen, die nicht wegen ihres Materials, sondern des darüber hinausgehenden Gebrauchswertes gekauft werden, nicht erfasst (BFH 11.2.2009 – I R 73/08, BStBl. II 2009, 516). **Basare,** Flohmärkte und Weihnachtsmärkte fallen deshalb nicht unter die Regelung (BFH 11.2.2009 – I R 73/08, BStBl. II 2009, 26

516). Wird die Körperschaft für die Überlassung von Standplätzen für Sammelcontainer, die Werbung mit ihrem Namenszug oder Hilfsdienste entlohnt, handelt es sich nicht um die Verwertung von Altmaterial (OFD Düsseldorf 21.7.1992, DStR 1992, 1364). Ausdrücklich ausgenommen von Abs. 5 wird zudem die Verwertung in einer ständig vorgehaltenen Verkaufsstelle (Ladenlokal, Marktstand).

27 **Schätzung.** § 64 V begründet kein Ermessen für die FVerw., sondern räumt der Körperschaft wegen des Begünstigungszwecks ein Wahlrecht ein. Die Schätzung erfolgt deshalb nur auf Antrag (AEAO zu § 64 Nr. 30). Der branchenübliche Reingewinn ist derzeit bei der Verwertung von Altpapier mit 5 % und bei der Verwertung von anderem Altmaterial mit 20 % der Nettoeinnahmen anzusetzen (AEAO zu § 64 Nr. 31). Für die Schätzung ist dennoch eine gesonderte Aufzeichnung der Einnahmen und Ausgaben aus dem wirtschaftlichen Geschäftsbetrieb erforderlich, zumal das Gebot der zeitnahen Mittelverwendung unberührt bleibt (§ 55 I Nr. 5) und die Aufwendungen von denen weiterer wirtschaftlicher Geschäftsbetriebe abzugrenzen sind. Die tatsächlichen Ausgaben sind durch die Schätzung abgegolten. Ein nochmaliger Abzug ist ausgeschlossen. Überschreiten die Einnahmen die Besteuerungsgrenze des § 64 III nicht, ist mangels Stpfl. die Schätzung entbehrlich. In diesem Zeitraum entstandene Verluste können nicht in anderen Veranlagungszeiträumen abgezogen werden (FG Rheinland-Pfalz 3.7.1996 – 1 K 1291/94, EFG 1997, 306). Wird die Altmaterialverwertung von mehreren gemeinnützigen Körperschaften gemeinsam durchgeführt, ist die Schätzung auf ihren gemeinsamen Antrag im Rahmen der einheitlichen und gesonderten Feststellung durchzuführen.

VII. Pauschalierte Gewinnermittlung (Abs. 6)

28 **Zweck.** Für bestimmte wirtschaftliche Geschäftsbetriebe räumt § 64 VI seit dem 1.1.2000 (→ Rn. 1) der Körperschaft ein Wahlrecht zwischen einer pauschalierten Gewinnermittlung durch Ansatz von 15 % der Einnahmen und einer Gewinnermittlung nach § 4 I bzw. III EStG ein. Angesichts der Rspr. des BFH zu gemischten Aufwendungen (→ Rn. 12) soll durch die Pauschalierungsmöglichkeit für Geschäftsbetriebe, bei denen typischerweise gemischte Ausgaben anfallen, eine Überbesteuerung vermieden werden (vgl. BT-Drs. 14/4626, 17 f.). Wenngleich das Ziel der Neuregelung zu begrüßen ist, kann die Umsetzung nur als misslungen bezeichnet werden. Zwar schließt die Pauschalierung einen weiteren Abzug einzelner Betriebsausgaben aus. Sie gewährleistet selbst jedoch keine wettbewerbsneutrale Besteuerung. Sie begünstigt einerseits bestimmte Arten von Geschäftsbetrieben gegenüber gewerblichen Unternehmen, weil die Pauschalierung auch in Anspruch genommen werden kann, wenn der tatsächlich erzielte Gewinn erkennbar über dem Pauschalgewinn liegt. Andererseits benachteiligt sie Körperschaften, soweit gemischte Aufwendungen durch wirtschaftliche Geschäftsbetriebe anfallen, die nicht zu den genannten Arten zählen (vgl. FG Hessen 26.4.2012 – 4 K 2789/11, EFG 2012, 1776: verfassungsrechtlich bedenklich). Sachgerechter wäre deshalb ein gesetzliches Aufteilungsgebot für gemischte Aufwendungen gewesen.

29 **Inhalt.** Nach § 64 VI darf die steuerbegünstige Körperschaft für wirtschaftliche Geschäftsbetriebe iSd Nr. 1–3 zwischen einer Einzelermittlung und einer pauschalen Gewinnermittlung frei wählen. Die Regelung gilt nicht für nicht steuerbegünstigte Körperschaften (BFH 15.1.2015 – I R 48/13, BStBl. II 2015, 713). Die Aufzählung der wirtschaftlichen Geschäftsbetriebe ist abschließend. Unter Werbung iSd **Nr. 1** ist nicht nur die aktive, durch den Verein selbst durchgeführte Werbung (zB Banden- oder Trikotwerbung) zu verstehen, sondern auch die entgeltliche Bereitstellung von Mitteln, etwa die Vermietung von Standflächen bei Kongressen zu Werbezwecken (BFH 26.6.2019 – V R 70/17, BStBl. II 2019, 654). Mit der Vermietung von Ausstellungsflächen erfolgt keine Werbung für Unternehmen iSd § 64 VI (FG Hamburg 15.6.2006 – 2 K 10/05, EFG 2007, 218). Nach **Nr. 2** gilt die Pauschalierungsmöglichkeit ferner für Totalisatorbetriebe gemeinnütziger Pferderennvereine. Nicht zu den begünstigten Geschäftsbetrieben gehören

Trabrennveranstaltungen, auch wenn sie mit einem Totalisatorbetrieb verbunden werden (BFH 22.4.2009 – I R 15/07, BStBl. II 2011, 475). **Nr. 3** erfasst die zweite Fraktionierungsstufe von Blutspendediensten; bei Nichtabziehbarkeit der durch die erste Fraktionierungsstufe anfallenden Aufwendungen käme es zu einer Überbesteuerung (kritisch zu dieser punktuellen Einzelregelung angesichts der neueren Rspr. eines Aufteilungsgebots TK § 64 Rn. 26, 27).

Das Wahlrecht ist für jeden Geschäftsbetrieb gesondert auszuüben. Entscheidet sich die Körperschaft für die Pauschalierung, ist die FB grds. hieran gebunden. Dies gilt auch, wenn der pauschalierte Gewinn erkennbar niedriger als der tatsächlich erzielte ist. Die Körperschaft kann ihre Wahl idR bis zur Bestandskraft der Veranlagung ändern. Eine Bindung über den jeweiligen Veranlagungszeitraum hinaus besteht nicht. Für die Ermittlung der Freigrenze des § 64 III ist weiterhin die Höhe der Einnahmen maßgeblich. Mit Beendigung der Gemeinnützigkeit entfällt auch die Pauschalierungsmöglichkeit (FG Hessen 26.4.2012 – 4 K 2789/11, EFG 2012, 1776).

§ 65 Zweckbetrieb

Ein Zweckbetrieb ist gegeben, wenn

1. **der wirtschaftliche Geschäftsbetrieb in seiner Gesamtrichtung dazu dient, die steuerbegünstigten satzungsmäßigen Zwecke der Körperschaft zu verwirklichen,**
2. **die Zwecke nur durch einen solchen Geschäftsbetrieb erreicht werden können und**
3. **der wirtschaftliche Geschäftsbetrieb zu nicht begünstigten Betrieben derselben oder ähnlicher Art nicht in größerem Umfang in Wettbewerb tritt, als es bei Erfüllung der steuerbegünstigten Zwecke unvermeidbar ist.**

Schrifttum: Engelsing/Adrian, Gefahr Zweckbetrieb – das Wettbewerbskriterium als Stolperfalle, NWB 2016, 2505; Löding-Hasenkamp, Deutsches Jugendherbergswerk – Abgrenzung zwischen Zweckbetrieb und wirtschaftlichem Geschäftsbetrieb sowie Gestaltungshinweise bei „27plus-Gästen", ZStV 2016, 201; Strotkemper/Krüsmann, Rheinischer Karneval und der BFH: Gratwanderung zwischen Brauchtum und Kommerz, DStZ 2017, 232; Mrosek, Zweckbetriebsgemeinschaft und ermäßigter Umsatzsteuersatz in der Prüfungspraxis am Beispiel von Fitness-Studios gemeinnütziger Sportvereine, UR 2018, 469; Schauhoff/Danz, Wettbewerbsschutz und Gemeinnützigkeit im Ertrag- und Umsatzsteuerrecht am Beispiel der Verbraucherberatung, DStR 2019, 23; Pieske-Kontny, Der Zweckbetrieb iSv § 65 AO, StBp 2022, 207; Fiand, Systematik der gemeinnützigkeitsrechtlichen Regelungen für Zweckbetriebe, NWB 2023, 1694; Binger, Umfang des Krankenhauszweckbetriebs hinsichtlich Personal- und Sachmittelgestellung sowie Mitarbeiterverpflegung, KH 2024, 532.

I. Allgemeines

Bedeutung. Wirtschaftliche Geschäftsbetriebe iSd § 14 werden unter bestimmten Voraussetzungen dem steuerbegünstigten Bereich einer Körperschaft zugerechnet. § 65 durchbricht den Grundsatz wettbewerbsneutraler Besteuerung und das Gebot steuerrechtlicher Gleichbehandlung, indem die wirtschaftliche Betätigung der Körperschaft anders als diejenige der konkurrierenden Wettbewerber nicht der Besteuerung unterworfen wird (BFH 15.12.1993 – X R 115/91, BStBl. II 1994, 314; BFH 15.10.1997 – I R 10/92, BStBl. II 1998, 63). Vor dem Hintergrund der von Art. 3 I GG gebotenen staatlichen Wettbewerbsneutralität ist ein Eingriff in den Wettbewerb nur gerechtfertigt, wenn ein hinreichender sachlicher Grund für eine steuerliche Bevorzugung bzw. Benachteiligung vorliegt (vgl. BVerfG 26.10.1976 – 1 BvR 191/74, BVerfGE 43, 58 (70)). Eine Rechtfertigung erfährt die stärkere steuerliche Belastung des Wettbewerbers nur unter den engen Voraussetzungen des § 65. Die Förderung des Gemeinwohls ist gegenüber dem Interesse des Wettbewerbers auf staatliche Neutralität deshalb nur vorrangig, wenn die steuerbegünstigten Zwecke ohne die wirtschaftliche Betätigung nicht erreichbar wären. 1

2 **Inhalt.** § 65 regelt allg. die Voraussetzungen für die Annahme eines Zweckbetriebes, die kumulativ zu erfüllen sind (BFH 2.3.1990 – III R 89/87, BStBl. II 1990, 1012; BFH 19.7.2010 – I B 203/09, BFH/NV 2011, 1). Daneben enthalten die §§ 66–67a spezielle, vorrangige Regelungen für Einrichtungen der Wohlfahrtspflege, Krankenhäuser und sportliche Veranstaltungen. Für den umfangreichen Beispielskatalog steuerbegünstigter Zweckbetriebe in § 68 ist zu unterscheiden: Soweit die Norm abw. von den allg. Voraussetzungen des § 65 konstitutiv bestimmte Einrichtungen als Zweckbetriebe behandelt, geht sie als lex specialis vor (vgl. FG Schleswig-Holstein 27.2.2002 – II 374/98, EFG 2002, 739 mwN; BFH 4.6.2003 – I R 25/02, BStBl. II 2004, 660); die verbleibenden Beispielsfälle können lediglich Anhaltspunkte für die Auslegung des § 65 geben (BFH 9.4.1987 – V R 150/78, BStBl. II 1987, 659; zu § 68 Nr. 8 als im Verhältnis zu § 65 teilweise konstitutive, teilweise klarstellende Regelung BFH 21.6.2017 – V R 34/16, BStBl. II 2018, 55). Sind die Voraussetzungen einer spezielleren Regelung nicht erfüllt, ist die Zweckbetriebseigenschaft nach § 65 AO zu prüfen (BFH 13.6.2012 – I R 71/11, BFH/NV 2013, 89). Die Körperschaft muss auch mit ihrem begünstigten wirtschaftlichen Geschäftsbetrieb ausschließlich, unmittelbar und selbstlos die satzungsgemäßen gemeinnützigen Zwecke verfolgen. So kann sich die Tätigkeit einer Körperschaft auch im Unterhalten eines Zweckbetriebes erschöpfen (zB Betrieb eines Krankenhauses). Ob verschiedene Tätigkeiten zu einem einheitlichen stpfl. wirtschaftlichen Geschäftsbetrieb bzw. Zweckbetrieb gehören oder mehreren Geschäftsbetrieben zuzuordnen sind, hängt davon ab, ob die Aktivitäten aufgrund ihrer Art oder Ausgestaltung verschiedenartig sind (BFH 10.1.1992 – III R 201/90, BStBl. II 1992, 684; BFH 27.3.1991 – I R 30/89, BFH/NV 1992, 412).

II. Verwirklichung steuerbegünstigter Zwecke (Nr. 1)

5 Der wirtschaftliche Geschäftsbetrieb muss in seiner gesamten Ausrichtung auf die Verwirklichung der steuerbegünstigten satzungsmäßigen Zwecke der Körperschaft zugeschnitten sein. Ihm kommt eine dienende Funktion für die Zweckerreichung zu, nicht jedoch muss er zwingend selbst unmittelbar die steuerbegünstigten Satzungszwecke verwirklichen (BFH 15.3.2022 – V R 46/19, BStBl. II 2022, 595). Steuerbegünstigter Zweck und wirtschaftlicher Geschäftsbetrieb müssen untrennbar miteinander verwoben sein, gewissermaßen eine Einheit bilden, sodass der steuerbegünstigte Zweck sich mit der Unterhaltung des wirtschaftlichen Geschäftsbetriebes deckt und sich die gemeinnützige Tätigkeit mithin in der äußeren Form eines wirtschaftlichen Geschäftsbetriebes vollzieht (RFH 24.7.1937 – VI a A 1/35, RStBl. 1937, 1103; BFH 10.5.1955 – I 173/53 U, BStBl. III 1955, 177). Hierfür bedarf es einer Gesamtwürdigung unter Berücksichtigung zum einen der Art der Tätigkeit und zum anderen der Beziehung zum konkreten Satzungszweck (BFH 5.8.2010 – V R 54/09, BStBl. II 2011, 191). Der Zweckerfüllung lediglich förderliche Aktivitäten genügen indes nicht (vgl. zB BFH 22.4.2009 – I R 15/07, BStBl. II 2011, 475: Betrieb eines Totalisators und Trabrennen als nicht nur züchterische Veranstaltung als (einheitlicher) wirtschaftlicher Geschäftsbetrieb). Insb. durch sog. **Mittelbeschaffungsbetriebe** (zB gesellige Veranstaltungen, Basare) werden der Körperschaft zusätzliche Finanzierungsmittel verschafft und ihre Zweckerfüllung nur gefördert (vgl. BFH 10.6.1992 – I R 76/90, BFH/NV 1992, 839; BFH 5.8.2010 – V R 54/09, BStBl. II 2011, 191). Wenngleich ohne diese Mittel der gemeinnützige Zweck nicht oder nur im eingeschränkten Umfang erfüllt werden könnte, ist die Mittelbeschaffung nicht – wie es ein Zweckbetrieb aber erfordert – untrennbarer Teil der Verwirklichung der gemeinnützigen Zwecke, sondern deren wirtschaftliche Grundlage (RFH 23.7.1938 – VI a 92/37, RStBl. 1938, 913). Zur Verwendung der beschafften Mittel für die ideellen Satzungszwecke ist die Körperschaft nach § 55 I verpflichtet, sodass aus der Mittelverwendung nicht auf das Vorliegen eines Zweckbetriebes geschlossen werden kann (TK § 65 Rn. 6). Die regelmäßige Erwirtschaftung höherer Gewinne als zur Erfüllung der steuerbegünstigten Tätigkeit benötigt werden, spricht nicht gegen einen Zweckbetrieb (BFH 18.8.2022 – V R 49/19, DStRE 2023, 274). Ebenso

wenig führt allein die Erhebung kostendeckender Entgelte zur Annahme eines Zweckbetriebes (BFH 15.12.1993 – X R 115/91, BStBl. II 1994, 314). Die Erzielung marktüblicher Erlöse schließt hingegen das Vorliegen eines Zweckbetriebs nicht aus (RFH 4.10.1938 – VI a 43/38, RStBl. 1939, 32; FG Niedersachsen 19.8.1997 – VI 358/94, EFG 1998, 407). Die bloße Überlassung von Arbeitskräften gegen Bezahlung ist mangels Verwirklichung satzungsmäßiger Zwecke kein Zweckbetrieb (BFH 17.2.2010 – I R 2/08, BStBl. II 2010, 1006). Da die Gesamtrichtung des Betriebes maßgeblich ist, braucht nicht jede einzelne Tätigkeit unmittelbar steuerbegünstigten Zwecken zu dienen. Die nicht der Zweckverfolgung dienenden Aktivitäten dürfen aber das Gesamtbild der Betätigung nur unwesentlich beeinträchtigen, also von ganz untergeordneter Bedeutung sein (TK § 65 Rn. 7). Als unbedeutend wird regelmäßig ein Anteil von bis zu 10 % der Gesamtbetätigung angesehen (BFH 10.1.1992 – III R 201/90, BStBl. II 1992, 684). So begründen etwa Leistungen im Rahmen der Verwaltung des Zivildienstes nach § 5a II ZDG bei einem Verein, der Aufgaben sozialer und karitativer Hilfe erfüllt, einen allgemeinen Zweckbetrieb (BFH 15.3.2022 – V R 46/19, BStBl. II 2022, 595).

III. Erforderlichkeit des Geschäftsbetriebes (Nr. 2)

8 Die von der Körperschaft konkret verfolgten Zwecke dürfen nur durch einen solchen Geschäftsbetrieb, wie er tatsächlich unterhalten wird, erreichbar sein (BFH 10.5.1955 – I 173/53 U, BStBl. III 1955, 177). Maßgeblich ist die verwirklichte Betätigung, nicht die Art des Geschäftsbetriebes. Ist die Erfüllung der steuerbegünstigten Zwecke auch ohne den wirtschaftlichen Geschäftsbetrieb möglich, bildet er also nicht das einzige Mittel zur Zweckerreichung, liegt kein unentbehrlicher Hilfsbetrieb (Zweckbetrieb) vor (BFH 9.4.1987 – V R 150/78, BStBl. II 1987, 659). Die Erforderlichkeit des Geschäftsbetriebes beurteilt sich allein nach der angebotenen Leistung (zur Leistungserbringung gegenüber Vermieter altenbetreuter Wohnungen vgl. BFH 16.12.2009 – I R 49/08, BStBl. II 2011, 398); diese muss in ihrer Gesamtrichtung der Verwirklichung des steuerbegünstigten Zwecks dienen. Die Einnahmeerzielung ist ggf. unschädliche Folge, nicht Verwirklichung des gemeinnützigen Zwecks; vielmehr ist auf die den Zweckbetrieb begründenden Tätigkeiten abzustellen (BFH 26.4.1995 – I R 35/93, BStBl. II 1995, 767). Dass der wirtschaftliche Geschäftsbetrieb die gemeinnützige Tätigkeit erleichtert oder fördert, ist nicht ausreichend (BFH 11.4.1990 – I R 122/87, BStBl. II 1990, 724). Es kommt darauf an, ob der gemeinnützige Zweck auch ohne den Geschäftsbetrieb durch die jeweilige Körperschaft und nicht durch einen Dritten erreicht werden kann; ob ein Dritter diese Leistungen auch erbringt oder erbringen kann, ist für die Beurteilung aus der maßgeblichen Perspektive der Körperschaft irrelevant (BFH 15.3.2022 – V R 46/19, BStBl. II 2022, 595 zu Leistungen im Rahmen der Zivildienstverwaltung). Werden jedoch nicht mit dem gemeinnützigen Zweck der Körperschaft eng verbundene, „einfache" Verwaltungsdienstleistungen erbracht oder Einkaufsleistungen zentral durch einen steuerbegünstigten Dachverband übernommen, was jeweils durch die Inanspruchnahme selbständiger Unternehmer erreicht werden könnte, fehlt es an der Notwendigkeit eines wirtschaftlichen Geschäftsbetriebes (BFH 15.10.1997 – II R 94/94, BFH/NV 1998, 150; BFH 29.1.2009 – V R 46/06, BStBl. II 2009, 560).

IV. Unvermeidbarer Wettbewerb (Nr. 3)

9 § 65 Nr. 3 verlangt, dass der durch den wirtschaftlichen Geschäftsbetrieb bewirkte Wettbewerb auf das zur Erfüllung des steuerbegünstigten Zwecks unvermeidbare Maß begrenzt sein muss (Lang StuW 1987, 221 (241)). Der Geschäftsbetrieb hat sich folglich in seinem Umfang auf eine zur Erreichung der steuerbegünstigten Ziele unbedingt erforderliche Betätigung zu beschränken (BFH 13.6.2012 – I R 71/11, BFH/NV 2013, 89; BFH 16.12.2009 – I R 49/08, BStBl. II 2011, 398; BFH 30.11.2016 – V R 53/15, BStBl. II 2017, 1224). Diese Regelung dient auch dem Schutz der mit Zweckbetrieben konkurrierenden steuerlich nicht begünstigten Betriebe (vgl. BT-Drs. 7/4292, 21; Knobbe-Keuk

BB 1982, 385; BFH 15.10.1997 – I R 10/92, BStBl. II 1998, 63; BGH 2.12.2009 – I ZR 152/07, DB 2010, 1285). Sie ist Ausfluss des Grundsatzes der Gleichmäßigkeit der Besteuerung und des Gebots staatlicher Wettbewerbsneutralität. Dabei ist nicht die konkret bestehende, auf die örtliche Region bezogene Wettbewerbssituation entscheidend, sondern die abstrakte, auch potenziell vom Geschäftsbetrieb ausgehende Wettbewerbsbeeinträchtigung, soweit sie einen möglichen am Markt befindlichen Wettbewerber in seinen Chancen beschränkt und für weitere den Marktzutritt in der Zukunft erschwert (BFH 15.12.1993 – X R 115/91, BStBl. II 1994, 314; BFH 29.1.2009 – V R 46/06, BStBl. II 2009, 560). Fehlt es an einer Wettbewerbssituation, weil der Geschäftsbetrieb ausschl. Leistungen zur Verfügung stellt, die nach ihrer Art und Gestaltung nicht von kommerziellen Unternehmen angeboten werden, wird § 65 Nr. 3 nicht verletzt (RFH 24.9.1937 – VI a A 42/37, RStBl. 1937, 1104: mildtätige Armenspeisung; BFH 28.10.1960 – III 134/56 U, BStBl. III 1961, 109: christliches Erholungsheim für Bedürftige). Wettbewerb wird nicht deshalb ausgeschlossen, weil an der Erbringung einer Leistung behinderte Arbeitnehmer eines Integrationsunternehmens teilhaben (BFH 23.7.2019 – XI R 2/17, BFH/NV 2020, 69). Nicht erforderlich ist, dass die Körperschaft mit allen Leistungen des Betriebs zu anderen Anbietern in Wettbewerb tritt. Es genügt, wenn mit einem nicht unerheblichen Teil der Gesamtleistungen Konkurrenz betrieben wird (FG Düsseldorf 8.5.1991 – 7 K 89/86 U, EFG 1992, 99). § 65 Nr. 3 verbietet nicht jeglichen, sondern nur den über das erforderliche Maß hinausgehenden Wettbewerb. Unschädlich ist er, soweit der steuerbegünstigte Zweck ohne die konkurrierende Betätigung in ihrem konkreten Ausmaß nicht erreicht werden könnte, also andere oder weniger beeinträchtigende Maßnahmen zur Zweckerfüllung nicht zur Verfügung stehen (BFH 26.4.1995 – I R 35/93, BStBl. II 1995, 767). Liegt ein Wettbewerbsverhältnis vor, bedarf es einer **Abwägung** zwischen dem Allgemeininteresse an einem nicht durch steuerliche Begünstigung beeinträchtigten Wettbewerb und dem Allgemeininteresse an der Förderung des steuerbegünstigten Zwecks (BFH 17.11.2020 – I R 2/18, BStBl. II 2010, 1006). Wettbewerb ist nicht bereits deshalb unvermeidbar, weil nur kostendeckende Einnahmen erzielt werden (BFH 27.10.1993 – I R 60/91, BStBl. II 1994, 573; Schwarz/Pahlke/Keß § 65 Rn. 6). Ein möglicher Anspruch der Mitbewerber auf Besteuerung eines zu Unrecht als Zweckbetrieb behandelten wirtschaftlichen Geschäftsbetriebs kann im Wege der Konkurrentenklage durchgesetzt werden (BFH 15.10.1997 – I R 10/92, BStBl. II 1998, 63).

V. Einzelfälle

12 (alphabetisch geordnet; ja = Zweckbetrieb; nein = kein Zweckbetrieb)

Abfallbeseitigung, nein (BFH 15.12.1993 – X R 115/91, BStBl. II 1994, 314); Abrechnungsleistungen für Dritte gegenüber Sozialleistungsträgern, nein (FG Mecklenburg-Vorpommern 28.8.2019 – 10 K 3350/18 E, EFG 2020, 114); Altmaterialsammlung, nein (BFH 26.2.1992 – I R 149/90, BStBl. II 1992, 693), anders für Altkleider, die zur Abgabe an Bedürftige bestimmt sind; Auftragsforschung, nein (BFH 30.11.1995 – V R 29/91, BStBl. II 1997, 189; BFH 4.4.2007 – I R 76/05, DStR 2007, 1121; s. jetzt aber § 68 Nr. 9); **Beschäftigungsgesellschaften** zum Zwecke der Arbeitstherapie, ja (BFH 26.4.1995 – I R 35/93, BStBl. II 1995, 767; FG Niedersachsen 19.8.1997 – VI 358/94, EFG 1998, 407); Betreuung von Grundschülern innerhalb eines festen Zeitrahmens gegen Entgelt, ja (OFD Düsseldorf 11.11.1996, DB 1996, 2364); Bierzeltbetrieb anlässlich Gründungsjubiläums, nein (BFH 9.11.1988 – I R 200/85, BFH/NV 1989, 342); Bistro eines Integrationsprojektes, nein (BFH 23.7.2019 – XI R 2/17, BFH/NV 2020, 69); Blutspendedienste des DRK (ja: FG Düsseldorf 8.11.2006 – 5 K 3447/04 U, EFG 2007, 305; FG Sachsen 3.1.2007 – 5 K 2018/99, BeckRS 2007, 26023418); Beauftragter für den Sozialplan gem. § 180 BauGB, nein (FG Berlin 15.1.2002 – 7 K 8618/99, EFG 2002, 518); **Café** oder Teestube als Kommunikationszentrum eines Jugendvereins, nein (BFH 11.4.1990 – I R 122/87, BStBl. II 1990, 724); Cafeteria eines Seniorenzentrums, nein (BFH 24.1.1990 –

I R 33/86, BStBl. II 1990, 470); Carsharing, nein (FG Köln 21.4.2005 – 10 K 2476/00, EFG 2005, 1234); **Dialysevereine,** ja (FM Sachsen-Anhalt 21.6.2019, DStR 2019, 2148); Drittmittelverwaltung, nein (FG Berlin 4.9.2006 – 8 K 8390/02, EFG 2007, 291); Dritte-Welt-Läden, nein (FG Baden-Württemberg 11.2.1998 – 12 K 217/96, EFG 1998, 846); Druckschriftenverkauf als Begleitmaterial aufklärender Veranstaltungen, ja (BFH 23.11.1988 – I R 11/88, BStBl. II 1989, 391); **Erholungsheim,** nein (BFH 28.10.1960 – III 134/56 U, BStBl. III 1961, 109; s. jetzt § 68 Nr. 1a; vgl. auch BFH 21.9.2016 – V R 50/15, BStBl. II 2017, 1173); Essensausgabe an Minderbemittelte, ja (RFH 24.9.1937 – VI a A 42/37, RStBl. 1937, 1104; aA BFH 13.6.2012 – I R 71/11, BFH/NV 2013, 89 zu Mahlzeitendienst bei vermeidbarem Wettbewerb); **Fahrsicherheitstraining,** nein (BFH 17.11.2022 – V R 26/18, BFH/NV 2023, 477); **Faschingsball,** nein (FG Nürnberg 23.4.1991 – II 21/91, EFG 1991, 629); Fernsehproduktionen einer kirchlichen Körperschaft, nein (BFH 13.8.1986 – II R 246/81, BStBl. II 1986, 831); Festschrift mit Anzeigenteil, nein (BFH 4.3.1976 – IV R 189/71, BStBl. II 1976, 472); **Gaststätten** oder sonstige gastronomische Einrichtungen, nein (BFH 21.8.1985 – I R 5/81, BFH/NV 1986, 239); Geländeverfüllung mit Bauschutt für Rennbahnbau, ja (FG Saarland 18.3.1987 – 1 K 204/85, EFG 1987, 374); Greenfee eines Golfvereins, nein (BFH 9.4.1987 – V R 150/78, BStBl. II 1987, 659); **Ingenieurschule,** ja (RFH 10.9.1940 – III 286/39, RStBl. 1940, 905); Jugendherbergen, ja, dagegen nicht für Leistungen an alleinreisende Erwachsene (BFH 18.1.1995 – V R 139/92, BStBl. II 1995, 446); **Jägerprüfungen,** ja (BFH 21.4.2022 – V R 26/20, BStBl. II 2022, 599); **Karnevalssitzungen,** ja (OFD Frankfurt 7.8.1991, DB 1991, 2315); Verkauf von Karnevalsorden, nein (FG Köln 18.4.2012 – 13 K 1075/08, EFG 2012, 1693); Kostümparty eines Karnevalsvereins, nein (BFH 30.11.2016 – V R 53/15, BStBl. II 2017, 1224); Kindergarten, ja (§ 68 Nr. 1b); Kirchentagsveranstaltungen, ja (OFD Düsseldorf 1.7.1982, BeckVerw 251716); Kirmesveranstaltung, nein (FG Saarland 12.6.1985 – I 76/85, EFG 1986, 38); Krankenanstalt für Minderbemittelte, ja (§ 67; RFH 24.7.1937 – VI a A 1/35, RStBl. 1937, 1103); Krankenfahrten, nein (AEAO zu § 66 Nr. 6); Krankenhausapotheke, die auch andere Krankenhäuser beliefert, nein (BFH 18.10.1990 – V R 76/89, BStBl. II 1991, 268); Kurmittelabgabe, ja (FG Niedersachsen 26.4.1990 – VI Kö 10/74, EFG 1974, 588); **Landwirtschaftliche** und Handwerksbetriebe zum Zwecke der Fürsorgeerziehung Jugendlicher oder Wiedereingliederung Strafgefangener, ja (RFH 4.10.1938 – VI a 43/38, RStBl. 1939, 92); Ledigenheim für Minderbemittelte, ja (RFH 5.7.1938 – VI a 59/37, RStBl. 1938, 828); **Mensen** und Cafeterias der Studentenwerke, ja (BFH 11.5.1988 – V R 76/83, BStBl. II 1988, 908); Müllheizkraftwerk, nein (BFH 27.10.1993 – I R 60/91, BStBl. II 1994, 573; BFH 18.1.1995 – I R 144/93, BFH/NV 1995, 1012); Musikunterricht durch Musikschulen, ja (BFH 19.1.1990 – III R 22/88, BFH/NV 1990, 673); Kongress zur Förderung der **Open-Source-Software,** ja (BFH 21.6.2017 – V R 34/16, BStBl. II 2018, 55); **Projektträgerschaft,** nein (BFH 30.11.1995 – V R 29/91, BStBl. II 1997, 189; s. jetzt aber § 68 Nr. 9); **Reitunterricht** durch Reitverein, nein (BFH 2.10.1968 – I R 40/68, BStBl. II 1969, 43); Rittergut-Bewirtschaftung, nein (BFH 20.9.1963 – III 328/59 U, BStBl. III 1963, 532); **Schauauftritte** eines Formationstanzclubs, ja (BFH 4.5.1994 – XI R 109/90, BStBl. II 1994, 886, vgl. jetzt § 67a); Skilift eines Skiclubs, ja (FG Münster 28.6.1974 – II 1949/73 K, EFG 1974, 593); **Süßmosterei** eines Vereins zur Förderung von Lebens- und Arbeitsgemeinschaften für Behinderte, ja (BFH 4.6.2003 – I R 25/02, BStBl. II 2004, 660; aA FG Schleswig-Holstein 27.2.2002 – II 374/98, EFG 2002, 739); **Tiervermittlung** aus dem Ausland, ja (FG Nürnberg 21.1.2020 – 2 K 114/19, EFG 2020, 425, Rev. BFH XI R 4/20; **Totalisatorbetrieb** eines Rennvereins, nein (BFH 5.6.2003 – I R 76/01, BStBl. II 2005, 305); Trabrennen, nein (BFH 19.12.2007 – I R 15/07, BStBl. II 2011, 475); Treuhand- und Buchstelle eines Diakonischen Werkes, nein (FG Baden-Württemberg 10.1.2001 – 10 K 276/98, EFG 2001, 936); **Verbraucherberatung,** ja (auch als Einzelberatung BFH 26.8.2021 – V R 5/19, DStR 2021, 2895; FG Hamburg 15.11.2017 – 1 K 2/16, EFG 2018, 792); **Verkauf** von Formularen und Prüfabzeichen für Sportgeräte durch Sportverein, ja (FG Münster 8.12.1966 – Ib 55–58/65, EFG 1967, 476); Verkauf eigener Erzeugnisse durch Behindertenwerkstätten, ja (§ 68 Nr. 3, 4; RFH 28.1.1939 – VI a 53/38, RStBl. 1939, 545); Verkaufsvermittlung durch Künstlerverein, nein (RFH VI a 67/37, RStBl. 1938, 36); **Vermietung** von Sportstätten an Vereinsmitglieder, ja, nicht jedoch bei kurzfristiger Vermietung an Nichtmitglieder (BFH 10.1.1992 – III R 201/90, BStBl. II 1992, 684; unzutr. FG Baden-Württemberg 30.6.1983 – III 369/80, EFG 1984, 627 für kurzfristige Überlassung einer Kunsteisbahn an beliebige Interessenten; vgl. auch BFH 7.5.1997 – V B 95/96, BFH/NV 1998, 96; BFH 18.8.2011 – V R 64/09, HFR 2012, 784); Vermietung von Ausstellungsflächen, nein (FG Hamburg 15.6.2006 – 2 K 10/05, EFG 2007, 218) bzw. eines medizinischen Großgerätes, nein (BFH 6.4.2005 – I R 85/04, BStBl. II 2005, 545); Vercharterung von gecharterten Flugzeugen an Vereinsmitglieder, nein (FG Köln 10.10.2002 – 13 K 1465/00, EFG 2003, 422); Vorträge, Seminare und Informationsveranstaltungen über biologisch-dynamische Wirtschaftsweise, ja (BFH 23.10.1991 – I R 19/91, BStBl. II 1992, 62); **Werbung** in Programmheft, auf Trikots, Stadionbanden usw. (FG Düsseldorf 17.1.1974 – I 41/69 K, EFG 1974, 385; BFH 13.3.1991 – I R 8/88, BStBl. II 1992, 101); Wissenschaftliches Editieren im sog. Peer-Review-Verfahren und Open-Access-Publikation, ja (BFH 12.5.2022 – V R 37/20, BStBl. II 2022, 603); Wohlfahrtsbriefmarken-Verkauf, ja (FM Sachsen-Anhalt 23.8.2016, BeckVerw 331876); **Zeitschrift** mit Inseratenwerbung, nein (BFH 28.11.1961 – I 34/61 U, BStBl. III 1962, 73); Zeitschrift religiösen Inhalts eines Vereins für Innere Mission, nein (RFH 27.11.1937 – VI a 1/37, RStBl. 1938, 35); **Zentraleinkauf** durch gemeinnützigen Dachverband und Weiterverkauf an Landesverbände, nein (BFH 15.10.1997 – II R 94/94, BFH/NV 1998, 150); **Zentralwäscherei** für gemeinnützige Krankenanstalten, nein (BFH 18.10.1990 – V R 35/85, BStBl. II 1991, 157; BFH 19.7.1995 – I R 56/94, BStBl. II 1996, 28); Leistungen iRd Zivildienstverwaltung, ja (BFH 15.3.2022 – V R 46/19, BStBl. II 2022, 595); **Zoologischer Garten,** ja hinsichtlich der Eintrittsgelder, nicht dagegen für Erlöse aus Fotografiererlaubnis, Tierfutter und Tierparkführerverkauf (Eversberg/Baldauf DStZ 2011, 597).

VI. Rechtsbehelfe

15 Behandelt die FB einen wirtschaftlichen Geschäftsbetrieb nicht als Zweckbetrieb, kann die Körperschaft die StBescheide anfechten, soweit für die wirtschaftliche Betätigung eine Steuer festgesetzt oder nicht der ermäßigte USt-Satz gewährt wurde. Durch eine StFestsetzung von 0 Euro (zB wegen § 64 III) ist die Körperschaft nur beschwert, wenn hierdurch die Gemeinnützigkeit insgesamt versagt wird. Verstößt die FB gegen das Gebot der Wettbewerbsneutralität, kann ein Wettbewerber wegen der drittschützenden Wirkung der §§ 65–68 grds. Konkurrentenklage erheben (BFH 18.9.2007 – I R 30/06, DStR 2008, 290). Der Dritte muss die gegen den Stpfl. erlassenen Freistellungs- bzw. StBescheide anfechten und hat im Vorfeld gegenüber dem FA einen Auskunftsanspruch zur Vorbereitung einer Konkurrentenklage (BFH 26.1.2012 – VII R 4/11, BStBl. II 2012, 541). Sind Freistellungs- bzw. StBescheide (noch) nicht ergangen, ist Klage auf Feststellung der Stpfl. der Körperschaft für den wirtschaftlichen Geschäftsbetrieb zu erheben (BFH 15.10.1997 – I R 10/92, BStBl. II 1998, 63). Die Klage eines Wettbewerbers wegen Nichtbesteuerung des wirtschaftlichen Geschäftsbetriebes ist jedoch nur zulässig, wenn dieser geltend macht, die rechtswidrige Nichtbesteuerung oder zu geringe Besteuerung der mit ihm in Wettbewerb stehenden Körperschaft beeinträchtige in wettbewerbsrelevanter Weise konkret seine eigene wirtschaftliche Betätigung (vgl. Knobbe-Keuk BB 1982, 385).

§ 66 Wohlfahrtspflege

(1) **Eine Einrichtung der Wohlfahrtspflege ist ein Zweckbetrieb, wenn sie in besonderem Maß den in § 53 genannten Personen dient.**

(2) [1]**Wohlfahrtspflege ist die planmäßige, zum Wohle der Allgemeinheit und nicht des Erwerbs wegen ausgeübte Sorge für notleidende oder gefährdete Mitmenschen.** [2]**Die Sorge kann sich auf das gesundheitliche, sittliche, erzieherische oder wirtschaftliche Wohl erstrecken und Vorbeugung oder Abhilfe bezwecken.**

(3) [1]**Eine Einrichtung der Wohlfahrtspflege dient in besonderem Maße den in § 53 genannten Personen, wenn diesen mindestens zwei Drittel ihrer Leistungen zugute kommen.** [2]**Für Krankenhäuser gilt § 67.**

I. Allgemeines

Bedeutung. § 66 regelt als lex specialis abw. von § 65 die Zweckbetriebseigenschaft der Einrichtungen der Wohlfahrtspflege. Einzelne Zweckbetriebe dieser Art werden in § 68 Nr. 1–5 angesprochen, wobei lediglich für die in Nr. 1a genannten Einrichtungen die Zwei-Drittel-Grenze des § 66 III gilt. Die Sonderregelung einzelner Zweckbetriebe in § 68 geht der insoweit allg. Norm des § 66 vor. Der zT weitere Anwendungsbereich des § 68 lässt das Verhältnis zu dieser Vorschrift unberührt. 1

II. Einrichtungen der Wohlfahrtspflege (Abs. 1)

Dienen Einrichtungen der Wohlfahrtspflege überwiegend den in § 53 genannten Personen, wird unterstellt, dass es sich bei ihnen um Zweckbetriebe handelt. Auf die Voraussetzungen des § 65 kommt es nicht mehr an. Die Betätigung muss jedoch das Gebot der Selbstlosigkeit beachten (→ Rn. 4). Werden diese Vorgaben erfüllt, erstreckt sich die StBegünstigung auch auf den Zweckbetrieb (§ 64 I). Zu den Einrichtungen der Wohlfahrtspflege zählen alle wirtschaftlichen Geschäftsbetriebe (§ 14), deren Leistungen zu mindestens zwei Drittel notleidenden oder hilfsbedürftigen Personen iSd § 53 zugutekommen. Solche Einrichtungen werden zumeist von den Trägern der freien Wohlfahrtspflege betrieben, ohne dass dies allerdings Tatbestandsvoraussetzung ist (BFH 28.8.1968 – I 242/65, BStBl. II 1969, 145). Jede im Bereich der Wohlfahrtspflege tätige Körperschaft kann einen Zweckbetrieb iSd § 66 I unterhalten. 3

III. Wohlfahrtspflege (Abs. 2)

Wohlfahrtspflege ist die planmäßige (Für-)Sorge für notleidende und gefährdete Mitmenschen. Hierzu zählt sowohl die vorbeugende Tätigkeit zugunsten gefährdeter Personen als auch die konkrete Hilfe für bereits notleidende oder hilfsbedürftige Mitmenschen. Zu den Tätigkeitsbereichen gehören ua die Beratung in sozialen Angelegenheiten, die Altenhilfe, Jugendpflege, Familienhilfe, Kranken-, Suchtkranken- und Behindertenhilfe sowie die Hilfe für Asylbewerber. Im Kern handelt es sich um den gesamten Maßnahmenkatalog des SGB XII. Auf die Anzahl der betreuten Personen kommt es ebenso wie bei § 53 nicht an, da die Wohlfahrtspflege ein Unterfall der Mildtätigkeit ist (AEAO zu § 66 Nr. 3; TK § 66 Rn. 4; aA HHSp § 66 Rn. 5). Aus der Formulierung „zum Wohle der Allgemeinheit und nicht des Erwerbes wegen" lässt sich nichts Gegenteiliges folgern. Hierin kommt lediglich zum Ausdruck, dass die Betätigung selbstlos, also nicht in erster Linie im eigenwirtschaftlichen Interesse zu erfolgen hat. Von einer selbstlos ausgeübten Fürsorge wird man im Hinblick auf § 66 III bereits dann ausgehen müssen, wenn mindestens zwei Drittel der Leistungen, nämlich diejenigen für den begünstigten Personenkreis, nicht des Erwerbes wegen erbracht werden. Die Absicht der Gewinnerzielung für die verbleibenden Leistungsangebote beeinträchtigt die Selbstlosigkeit nicht (HHSp § 66 Rn. 21). Demgemäß ist die Zweckbetriebseigenschaft nicht allein deshalb zu versagen, weil die Tätigkeit zur Gewinnerzielung geeignet ist und unter ähnlichen Bedingungen auch von Gewerbebetrieben angeboten wird (Schauhoff/Kirchhain DStR 2008, 1713; aA BFH 18.9.2007 – I R 30/06, BStBl. II 2009, 126). Nach neuerer Rspr. ist eine den Zweckbetrieb ausschließende Erwerbsorientierung deshalb erst gegeben, wenn damit Gewinne angestrebt werden, die 4 den konkreten Finanzierungsbedarf des jeweiligen wirtschaftlichen Geschäftsbetriebs übersteigen, die Wohlfahrtspflege mithin nur als Vorwand dient, um das eigene Vermögen zu mehren (BFH 27.11.2013 – I R 17/12, BStBl. II 2016, 68). Werden in drei aufeinanderfolgenden Veranlagungszeiträumen jeweils Gewinne erwirtschaftet, die den konkreten Finanzierungsbedarf der wohlfahrtspflegerischen Gesamtsphäre der Körperschaft übersteigen, vermutet die FVerw. widerlegbar, dass der jeweilige Zweckbetrieb des Erwerbs wegen ausgeübt wird (AEAO zu § 66 Nr. 2). Gewinne aufgrund staatlich regulierter Preise (zB nach Maßgabe des § 90 SGB XI) sind danach aber unbeachtlich. Demzufolge umfasst der Finanzierungsbedarf sämtliche Aufwendungen des ideellen Bereichs einschließlich der Rücklagenbildung sowie des Unterhalts der Zweckbetriebe (so für eine widerlegbare Vermutung vgl. AEAO zu § 66 Nr. 2, allerdings einschränkend auf Zweckbetriebe iSd §§ 66, 67). Planmäßig ausgeübt wird die Fürsorge, wenn eine auf Dauer angelegte, auf klaren organisatorischen Vorgaben basierende Hilfe mit hinreichenden sachlichen und personellen Mitteln erfolgt. Die zufällige und sporadische Mildtätigkeit für Bedürftige wird deshalb nicht planmäßig ausgeübt.

5 Wohlfahrtspflege wird sowohl durch die **Verbände der freien Wohlfahrtspflege** als auch durch die als mildtätig anerkannten Körperschaften betrieben. Zu den Verbänden der freien Wohlfahrtspflege zählen (vgl. auch § 23 UStDV aF, aufgehoben durch das G zur weiteren steuerlichen Förderung der Elektromobilität und zur Änderung weiterer steuerlicher Vorschriften v. 12.12.2019 (Art. 15, BGBl. 2019 I 2451): Diakonisches Werk der Evangelischen Kirche in Deutschland, Deutscher Caritasverband e. V., Deutscher Paritätischer Wohlfahrtsverband e. V., Deutsches Rotes Kreuz, Arbeiterwohlfahrt – Bundesverband e. V., Zentralwohlfahrtsstelle der Juden in Deutschland e. V., Deutscher Blindenverband e. V., Bund der Kriegsblinden Deutschlands e. V., Verband deutscher Wohltätigkeitsstiftungen e. V., Bundesarbeitsgemeinschaft „Hilfe für Behinderte" e. V., Verband der Kriegs- und Wehrdienstopfer, Behinderten und Sozialrentner Deutschlands e. V. Die Mitgliedschaft einer Körperschaft in einem freien Wohlfahrtsverband allein lässt nicht den Schluss zu, dass mildtätige Zwecke verfolgt werden. Es muss jeweils feststellbar sein, ob auch tatsächlich Wohlfahrtspflege ausgeübt wird (BFH 28.8.1968 – I 242/65, BStBl. II 1969, 145).

IV. Begünstigter Personenkreis (Abs. 3)

8 Die Leistungen der Einrichtungen müssen zu mindestens zwei Drittel dem Personenkreis iSd § 53 unmittelbar zugutekommen. Nicht ausreichend ist die Leistungserbringung gegenüber den eigenen Gesellschaftern (BFH 17.2.2010 – I R 2/08, BStBl. II 2010, 1006). Maßgebend ist der Wert der Leistung. Auf das Zahlenverhältnis der notleidenden oder gefährdeten Personen zu den übrigen Betreuten kommt es nicht an. Entscheidend ist der Wert der an persönlich Hilfebedürftige und an wirtschaftlich Hilfsbedürftige erbrachten Leistungen im Verhältnis zu den Gesamtleistungen der Einrichtungen (BFH 21.9.2016 – V R 50/15, BStBl. II 2017, 1173). Zugutekommt eine Leistung demjenigen, der tatsächlich Nutznießer, also Empfänger des Leistungserfolges oder der Dienstleistung ist. Auf die zivilrechtliche Leistungsbeziehung kommt es nicht an (BFH 27.11.2013 – I R 17/12, BStBl. II 2016, 68). Maßgeblich ist, dass die Hilfeleistungen in tatsächlicher Hinsicht selbst und unmittelbar gegenüber den Hilfsbedürftigen erbracht werden (BFH 6.2.2013 – I R 59/11, BStBl. II 2013, 603). Entgeltliche Leistungen an den Vermieter altenbetreuter Wohnungen dienen der Verbesserung des Vermietungsangebots und kommen dem begünstigten Personenkreis nur mittelbar zugute (BFH 16.12.2009 – I R 49/08, BStBl. II 2011, 398; ebenso für Abrechnungsleistungen gegenüber Dritten (FG Mecklenburg-Vorpommern 28.8.2019 – 3 K 114/15, EFG 2020, 140 aufgeh. durch BFH 24.2.2021 – XI R 32/20, DStR 2021, 1531 zur USt; vgl. auch FG Schleswig-Holstein 28.6.2022 – 4 K 96/19, EFG 2022, 1504, aufgeh. durch BFH 5.4.2023 – V R 14/22, BFH/NV 2023, 1157 zur USt). Die Tatbestandsvoraussetzungen des § 66 sind von der Körperschaft nachzuwei-

sen, die sich auf die StVergünstigung beruft (BFH 28.10.1960 – III 134/56 U, BStBl. III 1961, 109). Hierzu gehört auch der Nachweis, dass mindestens zwei Drittel ihrer Leistungen Hilfsbedürftigen zugutekommen (BFH 11.4.1990 – I R 122/87, BStBl. II 1990, 724; BFH 27.11.2013 – I R 17/12, BStBl. II 2016, 68). Aus den Aufzeichnungen muss sich ergeben, wer tatsächlich Empfänger der Leistung ist und aufgrund welcher Umstände der Empfänger hilfsbedürftig iSd § 53 ist. Aufgrund dieser Dokumentation muss eine Aufteilung der gesamten Leistungen auf begünstigte und nicht begünstigte Empfänger möglich sein (FG Brandenburg 25.11.1998 – 2 K 825/96 G, EFG 1999, 199). Die bloße Angabe des Berufes oder der Minderjährigkeit reicht zum Nachweis der wirtschaftlichen Hilfsbedürftigkeit jedoch nicht aus. In Einzelfällen kann von Aufzeichnungen abgesehen werden, wenn aufgrund von Zugangsbeschränkungen (Kantinen in Behindertenwerkstätten), aus der Art der angebotenen Leistung (zB Obdachlosenheim, Bahnhofsmission, Frauenhaus) oder aus den Auswahlkriterien der zuweisenden Organisation (zB Zuweisung von Sozialhilfeempfängern in Alten- oder Erholungsheimen) typisierend auf die Hilfsbedürftigkeit des Empfängerkreises geschlossen werden kann.

V. Einzelfälle

Zweckbetriebe sind die Mensa- und Cafeteria-Betriebe der Studentenwerke (BFH 11.5.1988 – V R 76/83, BStBl. II 1988, 908); Hofladen einer Wiedereingliederungseinrichtung für ihre Bewohner (FG Köln 18.6.2015 – 10 K 759/13, EFG 2015, 1634); Verkauf gespendeter Kleidungsstücke überwiegend an Hilfsbedürftige iSd § 53 zu geringen Preisen; entgeltliche Hilfsleistungen für behinderte Menschen, wenn die Leistung im Hinblick auf die Behinderung erforderlich ist (BFH 15.9.2011 – V R 16/11, BFH/NV 2012, 354); häusliche Pflegeleistungen im Rahmen der Pflegeversicherung (BGBl. 1994 I 1014) durch steuerbegünstigte Körperschaft (AEAO zu § 66 Nr. 4). 9

Kein Zweckbetrieb: Fahrdienste für den ärztlichen Notfalldienst durch Organisationen der freien Wohlfahrtspflege (OFD Frankfurt 17.3.1995, DB 1995, 1107); zu Krankentransporten in Rettungsfahrzeugen vgl. BFH 18.9.2007 – I R 30/06, DStR 2008, 290; Arzneimittellieferungen der Krankenhausapotheke eines gemeinnützigen Krankenhausträgers (BFH 18.10.1990 – V R 76/89, BStBl. II 1991, 268); Serviceleistungen für Blutspendetermine (BFH 18.3.2004 – V R 101/01, BStBl. II 2004, 798); Zentralwäscherei eines Krankenhauses (BFH 18.10.1990 – V R 35/85, BStBl. II 1991, 157); Jugendreisen (FG Köln 19.1.2017 – 13 K 1160/13, EFG 2017, 1378); Bistro eines Integrationsprojektes (BFH 23.7.2019 – XI R 2/17, BFH/NV 2020, 69); Abrechnungsleistungen über Krankentransport und Notfallrettung gegenüber Sozialleistungsträgern für fremde Leistungserbringer (BFH 24.2.2021 – XI R 32/20, DStR 2021, 1531).

§ 67 Krankenhäuser

(1) **Ein Krankenhaus, das in den Anwendungsbereich des Krankenhausentgeltgesetzes oder der Bundespflegesatzverordnung fällt, ist ein Zweckbetrieb, wenn mindestens 40 Prozent der jährlichen Belegungstage oder Berechnungstage auf Patienten entfallen, bei denen nur Entgelte für allgemeine Krankenhausleistungen (§ 7 des Krankenhausentgeltgesetzes, § 10 der Bundespflegesatzverordnung) berechnet werden.**

(2) **Ein Krankenhaus, das nicht in den Anwendungsbereich des Krankenhausentgeltgesetzes oder der Bundespflegesatzverordnung fällt, ist ein Zweckbetrieb, wenn mindestens 40 Prozent der jährlichen Belegungstage oder Berechnungstage auf Patienten entfallen, bei denen für die Krankenhausleistungen kein höheres Entgelt als nach Absatz 1 berechnet wird.**

Schrifttum: Bartmuß, Wann sind Medizinische Versorgungszentren gemeinnützig?, DB 2007, 706; Möller, Die Besteuerung der Leistungserbringung im Krankenhaus, BB 2009, 306; Klähn/Baumann, Ambulante Leistungen im Krankenhaus, StBp 2010, 350; Babisch, Besteuerung und Umstrukturierung von steuerbegünstigten Krankenhäusern, Diss., 2018; Dörrfuß/Riedel/Zembrod/Freund, Die Besteuerung von Krankenhäusern, 2019.

I. Allgemeines

1 § 67 regelt, unter welchen Voraussetzungen Krankenhäuser, die von einer steuerbegünstigten Körperschaft unterhalten werden, Zweckbetriebe sind. § 65 wird durch § 67 verdrängt (BFH 31.7.2013 – I R 82/12, DStRE 2014, 242). Krankenhäuser sind nach § 2 Nr. 1 KHG (§ 107 I SGB V) Einrichtungen, in denen durch ärztliche und pflegerische Hilfeleistung Krankheiten, Leiden oder Körperschäden festgestellt, geheilt oder gelindert werden sollen oder Geburtshilfe geleistet wird und in denen die zu versorgenden Personen untergebracht und verpflegt werden können (BFH 6.4.2005 – I R 85/04, BStBl. II 2005, 545). Danach ist erforderlich, dass die ärztliche und pflegerische Hilfeleistung und Betreuung gegenüber der Unterbringung in den Vordergrund tritt und die Einrichtung hierauf durch jederzeit rufbereite Ärzte, qualifiziertes Pflegepersonal und die notwendige medizinisch-technische Ausstattung eingestellt ist (BFH 2.3.1989 – IV R 83/86, BStBl. II 1989, 506). Unter die Krankenhausdefinition fallen neben allg. Krankenhäusern und Spezialkliniken auch Kurkrankenhäuser, Vorsorge- und Rehabilitationseinrichtungen, Diagnosekliniken, Belegkrankenhäuser und Einrichtungen zur Erbringung teilstationärer Leistungen sowie Sanatorien (BFH 17.12.1959 – V 190/59 U, BStBl. III 1960, 222; FG Niedersachsen 21.4.1982 – XI (VII) 311/77, EFG 1983, 140). Nicht dazu gehören Alters- oder Erholungsheime und Einrichtungen, in denen ausschließlich oder ganz überwiegend ambulante Leistungen (zB Dialysestationen) erbracht werden (BFH 1.3.1995 – IV B 43/94, BStBl. II 1995, 418; BFH 22.10.2003 – I R 65/02, BStBl. II 2004, 300 zu ambulanten Rehabilitationszentren; BFH 25.1.2017 – I R 74/14, BStBl. II 2017, 650); ferner nicht Einrichtungen, die zu dem frei wählbaren Arzt nicht in vertraglicher Beziehung stehen und die Behandlung in dessen Praxis erfolgt. Eine Konzession (§ 30 GewO) ist anders als früher nach § 10 GemeinnützigkeitsVO nicht mehr erforderlich. Maßgebend sind die tatsächlichen Verhältnisse.

2 Zum Zweckbetrieb Krankenhaus gehören alle Leistungen, die im Rahmen der ärztlichen und pflegerischen Aufgaben an die Patienten als Nutzer des Krankenhauses erbracht werden (BFH 6.4.2005 – I R 85/04, BStBl. II 2005, 545). Dies gilt auch, soweit Krankenhäuser Leistungen gegenüber ambulant behandelten Patienten erbringen (vgl. zur Abgabe von Zytostatika FG Münster 23.2.2012 – 9 K 4639/10 K,G, EFG 2012, 1385, BFH 31.7.2013 – I R 31/12, BFH/NV 2014, 185; BFH 24.9.2014 – V R 19/11, BStBl. II 2016, 781). Um eine typischerweise gegenüber den Patienten erbrachte Leistung handelt es sich so lange, als das Krankenhaus zur Sicherstellung seines Versorgungsauftrages von Gesetzes wegen zu dieser Leistung befugt ist und der Sozialversicherungsträger als Kostenträger für seine Versicherten deshalb grundsätzlich zahlen muss (BFH 31.7.2013 – I R 82/12, BStBl. II 2015, 123; BFH 18.10.2017 – V R 46/16, BStBl. II 2018, 672). Der Zurechnungszusammenhang der ambulanten Behandlungen zum Zweckbetrieb Krankenhaus ist auch dann gewahrt, wenn die Behandlung von Patienten des Krankenhauses durch einen ermächtigten Arzt nicht als Dienstaufgabe innerhalb einer nichtselbständigen Tätigkeit, sondern im Rahmen einer Nebentätigkeitserlaubnis außerhalb der dienstvertraglichen Pflichten als selbständige Tätigkeit erbracht wird (BFH 6.6.2019 – V R 39/17, BStBl. II 2019, 651). Dies gilt nicht für Einnahmen aus Personal- und Sachmittelgestellung an ermächtigte Ärzte zur Verwendung in ihren Ambulanzen, da hierdurch die Sozialversicherungsträger im Rahmen der Krankenhausvergütung nicht zusätzlich belastet werden und es an einem hinreichenden Zusammenhang mit einer Krankenhausbehandlung fehlt (BFH 14.12.2023 – V R 2/21, BFH/NV 2024, 657).

§ 67 ist nicht nur für den Bereich der steuerbegünstigten Körperschaften von Bedeutung, sondern auch für weitere StVergünstigungen, insb. § 3 Nr. 20b GewStG (vgl. BFH 22.6.2011 – I R 59/10, BFH/NV 2012, 61 zum Umfang der StBefreiung; BFH 20.8.2015

– IV R 26/13, BStBl. II 2016, 408 bei Betriebsaufspaltung), § 4 Nr. 14 Buchst. b UStG (im Gegensatz zu § 4 Nr. 16 Buchst. b UStG aF nicht mehr an einen Zweckbetrieb anknüpfend), § 4 Nr. 6 GrStG (vgl. BFH 25.4.2007 – II R 14/06, BFH/NV 2007, 1924 zu gemietetem Krankenhausgrundstück). Zur erstmaligen Anwendbarkeit des § 67 I vgl. Art. 97 § 1c EGAO (FG Baden-Württemberg 12.4.2011 – 3 K 526/08, EFG 2011, 1824; rückwirkende Anwendung durch das JStG 2007 verfassungsgemäß).

II. Krankenhäuser, die in den Anwendungsbereich der BPflV und des KHEntgG fallen (Abs. 1)

§ 67 I regelt die Zweckbetriebseigenschaft für Krankenhäuser, die in den Anwendungsbereich der BPflV (BGBl. 1994 I 2750) und des KHEntgG (BGBl. 2002 I 1412) fallen. Hierzu gehören nach §§ 1 II KHEntgG, 1 II BPflV nicht: 4

- Krankenhäuser, auf die das KHG gem. dem eigenen § 3 S. 1 Nr. 2–4 KHG nicht anzuwenden ist, also Krankenhäuser im Straf- oder Maßregelvollzug, Polizeikrankenhäuser, Krankenhäuser der Träger der gesetzlichen Rentenversicherung der Arbeiter oder der Angestellten oder der gesetzlichen Unfallversicherung und ihrer Vereinigungen. Das gilt nicht für Fachkliniken zur Behandlung von Erkrankungen der Atmungsorgane, soweit sie der allg. Versorgung der Bevölkerung mit Krankenhäusern dienen;
- Krankenhäuser, die nach § 5 I Nr. 2, 4 oder 7 KHG nicht gefördert werden, es sei denn, dass eine Förderung durch Landesrecht geregelt wird (§ 5 II KHG). Dies sind insb. Tuberkulosekliniken, Kurkrankenhäuser sowie Vorsorge- und Rehabilitationseinrichtungen nach § 107 II SGB V.

Krankenhäuser iSd § 67 I sind **Zweckbetriebe,** wenn mindestens 40 % der jährlichen Belegungstage oder Berechnungstage auf Patienten entfallen, bei denen nur Entgelte für allg. Krankenhausleistungen nach § 7 KHEntgG, § 10 BPflV berechnet werden (Prozentuale Grenze verfassungsgemäß vgl. BVerfG 31.5.2007 – 1 BvR 1316/04, DStRE 2007, 1335; BFH 18.3.2015 – XI R 8/13, BStBl. II 2016, 788: europarechtskonform). Entfallen mehr als 60 % der jährlichen Belegungstage oder Berechnungstage auf Patienten, die gesondert berechenbare Leistungen (Wahlleistungen nach §§ 7 I BPflV, 17 KHEntgG, zB Zweibettzimmer, Chefarztbehandlung) in Anspruch nehmen, ist die StVergünstigung zu versagen. Unschädlich sind allerdings geringfügige Wahlleistungen, wie zB ein eigenes Telefon am Krankenbett (vgl. BFH 26.8.2010 – V R 5/08, BStBl. II 2011, 296 zu § 4 Nr. 16 Buchst. b UStG aF). 5

III. Andere Krankenhäuser (Abs. 2)

Auf Krankenhäuser, die nicht in den Anwendungsbereich der BPflV/des KHEntgG fallen, ist § 67 II anzuwenden (FG Baden-Württemberg 12.4.2011 – 3 K 526/08, EFG 2011, 1824). Sie sind Zweckbetriebe, wenn mindestens 40 % der jährlichen Belegungs- oder Berechnungstage auf Patienten entfallen, bei denen kein höheres Entgelt berechnet wird, als es bei einer Berücksichtigung der BPflV/des KHEntgG zulässig wäre (vgl. zur USt BFH 26.8.2010 – V R 5/08, BStBl. II 2011, 296). Entspricht das Entgelt für die Krankenhausleistungen den Sätzen, die mit Sozialleistungsträgern vereinbart sind, kann grds. davon ausgegangen werden, dass das Entgelt nicht die Sätze nach § 67 I übersteigt. Wahlleistungen für Unterbringung und ärztliche Behandlung werden von den gesetzlichen Krankenkassen regelmäßig nicht, zumindest nicht in voller Höhe erstattet (vgl. BFH 2.10.2003 – IV R 48/01, BStBl. II 2004, 363). Leistungen eines selbständigen Belegarztes sind nach § 2 I 2 KHEntgG (anders als bei Wahlleistungen des angestellten Wahlarztes) keine Krankenhausleistungen und deshalb nicht in der Vergleichsberechnung zu berücksichtigen (BFH 23.1.2019 – XI R 15/16, BFH/NV 2019, 656). Bei reinen Belegkrankenhäusern ist jedoch erforderlich, dass mindestens 40 % der jährlichen Belegungstage oder 6

Berechnungstage über gesetzliche Krankenkassen abgerechnet werden (vgl. BFH 25.11.1993 – V R 64/89, BStBl. II 1994, 212).

§ 67a Sportliche Veranstaltungen

(1) [1]Sportliche Veranstaltungen eines Sportvereins sind ein Zweckbetrieb, wenn die Einnahmen einschließlich Umsatzsteuer insgesamt 45 000 Euro im Jahr nicht übersteigen. [2]Der Verkauf von Speisen und Getränken sowie die Werbung gehören nicht zu den sportlichen Veranstaltungen.

(2) [1]Der Sportverein kann dem Finanzamt bis zur Unanfechtbarkeit des Körperschaftsteuerbescheids erklären, dass er auf die Anwendung des Absatzes 1 Satz 1 verzichtet. [2]Die Erklärung bindet den Sportverein für mindestens fünf Veranlagungszeiträume.

(3) [1]Wird auf die Anwendung des Absatzes 1 Satz 1 verzichtet, sind sportliche Veranstaltungen eines Sportvereins ein Zweckbetrieb, wenn

1. **kein Sportler des Vereins teilnimmt, der für seine sportliche Betätigung oder für die Benutzung seiner Person, seines Namens, seines Bildes oder seiner sportlichen Betätigung zu Werbezwecken von dem Verein oder einem Dritten über eine Aufwandsentschädigung hinaus Vergütungen oder andere Vorteile erhält und**
2. **kein anderer Sportler teilnimmt, der für die Teilnahme an der Veranstaltung von dem Verein oder einem Dritten im Zusammenwirken mit dem Verein über eine Aufwandsentschädigung hinaus Vergütungen oder andere Vorteile erhält.**

[2]Andere sportliche Veranstaltungen sind ein steuerpflichtiger wirtschaftlicher Geschäftsbetrieb. [3]Dieser schließt die Steuervergünstigung nicht aus, wenn die Vergütungen oder andere Vorteile ausschließlich aus wirtschaftlichen Geschäftsbetrieben, die nicht Zweckbetriebe sind, oder von Dritten geleistet werden.

(4) [1]Organisatorische Leistungen eines Sportdachverbandes zur Durchführung von sportlichen Veranstaltungen sind ein Zweckbetrieb, wenn an der sportlichen Veranstaltung überwiegend Sportler teilnehmen, die keine Lizenzsportler sind. [2]Alle sportlichen Veranstaltungen einer Saison einer Liga gelten als eine sportliche Veranstaltung im Sinne des Satzes 1. [3]Absatz 1 Satz 2 gilt entsprechend.

Schrifttum: Wallenhorst, Umsatzsteuerfreiheit von Sportunterricht gemeinnütziger Sportvereine nach Unionsrecht, DStR 2011, 1179; Fein, Gemeinnützigkeit der Sportvereine und Sportverbände – ein Überblick, ZStV 2017, 48; Gersch, Kann eSport gemeinnützig sein?, AO-StB 2020, 22.

Übersicht

I. Allgemeines

Rechtsentwicklung. Bis zum Inkrafttreten des § 67a idF des StBerG (BGBl. 1985 I 2436) galt für die StBegünstigung von sportlichen Veranstaltungen die Regelung des § 68 Nr. 7 b. Danach waren sportliche Veranstaltungen bei reinen Amateursportvereinen Zweckbetriebe. Für Bundesligafußballvereine bestand eine Sonderregelung: Ihre gesamten sportlichen Veranstaltungen galten als stpfl. wirtschaftlicher Geschäftsbetrieb, der nicht zum Verlust der Gemeinnützigkeit führte (Abschn. 11 KStR 1985). Der mWv 1.1.1986 eingeführte § 67a aF entsprach im Wesentlichen dem heutigen § 67a III, nahm aber weiterhin Bundesligavereine von der Regelung aus. Für sie sollte die Regelung in Abschn. 11 KStR 1985 fortgelten. Die Förderung des bezahlten Sports führte nun nicht mehr per se zum Verlust der Gemeinnützigkeit (vgl. zur damaligen Rechtslage Kirch StBp 1990, 255). Durch die Neufassung des § 67a mit Wirkung zum 1.1.1990 (BGBl. 1989 I 2212) wurde die nicht gerechtfertigte Begünstigung der Bundesligavereine beendet. § 67a I ersetzte die bisherige Regelung durch eine generelle Zweckbetriebsgrenze. Zur Vermeidung von nachteiligen Folgen erhielten die Vereine zugleich das Recht, zur alten Regelung zu optieren (§ 67a II, III). Mit Wirkung vom 1.1.2007 ist die Zweckbetriebsgrenze durch Gesetz vom 10.10.2007 (BGBl. 2007 I 2332) auf 35.000 EUR erhöht worden (Art. 97 § 1d EGAO) und mWv 1.1.2013 durch das Ehrenamtsstärkungsgesetz (BGBl. 2013 I 556) auf 45.000 EUR. Abs. 4 wurde durch das G v. 11.12.2018 (BGBl. 2018 I 2338) mWv 1.1.2021 angefügt. 1

Gegenstand und Zweck. Die Vorschrift normiert abw. von der allg. Definition des Zweckbetriebes in § 65, wann eine sportliche Veranstaltung ein Zweckbetrieb ist. Die Gesetzeskonkurrenz beider Normen ist nicht im Wege der Spezialität zu lösen, da der Anwendungsbereich des § 67a nicht durch § 65 vollständig abgedeckt wird (vgl. allg. zum Spezialitätsverhältnis aus methodischer Sicht Kramer Juristische Methodenlehre, 1998, 81 ff.; aA AEAO zu § 67a Nr. 5). Vielmehr sind beide Vorschriften eigenständig, dh ohne Rückgriff auf die Voraussetzungen der jeweils anderen Norm, alternativ anwendbar (BFH 25.7.1996 – V R 7/95, BStBl. II 1997, 154). § 67a steht § 58 Nr. 8 zur Seite, wonach die StVergünstigung nicht ausgeschlossen wird, wenn ein Sportverein auch den bezahlten Sport fördert. Weitere Begünstigungen ergeben sich aus § 4 Nr. 22b, 25 S. 3 Buchst. a UStG, § 66a UStDV, § 24 S. 1 KStG, § 11 I 3 Nr. 2 GewStG. 2

§ 67a bezweckt die sachlich nicht gerechtfertigte Begünstigung (→ § 58 Rn. 17) **sportlicher Veranstaltungen.** Die Förderung des Berufssports aus gebundenen Mitteln des Vereins verstieße ohne §§ 58 Nr. 8, 67a gegen den Grundsatz der Selbstlosigkeit, weil Berufssportler in erster Linie eigenwirtschaftliche Zwecke verfolgen. Die Einwendung, die Förderung von Berufssportlern sei in der gleichen Weise zulässig wie die Beschäftigung von Berufsmusikern bei kulturellen Veranstaltungen, geht fehl, da mit Ausnahme medienwirksamer Mannschaftssportarten (zB Fußball, Eishockey) die Berufssportler idR Vereinsmitglieder sind, deren eigenwirtschaftlichen Interessen durch den Verein nicht wahrgenommen werden dürfen (→ § 55 Rn. 10). Hierin unterscheiden sich gerade Berufssportler und für einzelne Veranstaltungen engagierte Musiker. Bei den genannten Mannschaftssportarten dürfte der Betrieb der Lizenzspielerabteilung idR die für den Verein beherrschende Rolle spielen (Hopt BB 1991, 778). Die im Zivilrecht für Idealvereine erforderliche funktionale Unterordnung der wirtschaftlichen Nebentätigkeit ist hiermit nicht zu vereinbaren (vgl. MüKo BGB §§ 21, 22 Rn. 36a). Im Verstoß gegen das zivilrechtliche Nebenzweckprivileg liegt zugleich eine Verletzung des Ausschließlichkeitsgrundsatzes (§ 56), der von § 67a jedoch sanktioniert wird (TK § 67a Rn. 1). 3

II. Zweckbetriebsgrenze (Abs. 1)

1. Sportliche Veranstaltungen als Zweckbetrieb (Abs. 1 S. 1)

6 **Sportliche Veranstaltung** ist jede durch einen Sportverein verwirklichte organisatorische Handlungseinheit, die es aktiven Sportlern ermöglicht, unabhängig von ihrer Vereinsmitgliedschaft Sport zu treiben (BFH 25.7.1996 – V R 7/95, BStBl. II 1997, 154; BFH 24.6.2015 – I R 13/13, BStBl. II 2016, 971). Typischerweise ist dies die Durchführung oder Vorführung sportlicher Übungen ggf. in Wettkampfform vor Zuschauern. Die Anwesenheit von (zahlendem) Publikum ist nicht erforderlich. Um **Sportveranstaltungen** handelt es sich auch, wenn organisiert Massensport betrieben (zB Volkslauf; Trimmwettbewerbe), Sport bei nicht begünstigten Festveranstaltungen gezeigt wird (zB Schauauftritt einer Tanzsport- oder Turnergruppe) oder lediglich sportliche Aus- und Fortbildung durch Training, Sportunterricht oder -lehrgänge erfolgt (BFH 4.5.1994 – XI R 109/90, BStBl. II 1994, 886). Die umfassende Zusammenarbeit des Vereins mit einem nicht gemeinnützigen Dritten im Bereich der Touristik, Rechtsberatung und der Vermittlung von Versicherungsschutz ist nicht Teil einer sportlichen Veranstaltung (BFH 14.2.2001 – I B 145/00, BFH/NV 2001, 1006). Nach hM geht § 67a als speziellere Regelung § 65 vor, sodass die Erhebung eines gesonderten Beitrages oder Entgeltes für den Unterricht und der mit dem Einsatz bezahlter Trainer praktizierte Wettbewerb zu gewerblichen Sportlehrern die Zweckbetriebseigenschaft nicht entfallen lässt (Klein § 67a Rn. 5; AEAO zu § 67a Nr. 5). § 67a ist nicht lex specialis, sondern Ausnahmeregelung und als solche eng auszulegen (→ Rn. 2). Sie verdrängt die Grundsätze des Gemeinnützigkeitsrechts (insb. die Beschränkung auf unvermeidlichen Wettbewerb) nur im unabdingbaren Umfang. Das entgeltliche Training einzelner Mitglieder ist daher grds. keine Sportveranstaltung, sondern nicht begünstigte Dienstleistung (BFH 25.7.1996 – V R 7/95, BStBl. II 1997, 154).

7 **Sportreisen** können sportliche Veranstaltungen sein, wenn die Reise notwendiges Mittel zur Teilnahme an sportlicher Betätigung ist, sich lediglich als Transport zum Ort der Sportausübung darstellt. Treten neben dem Transportzweck weitere Reisegründe, insb. Erholungs- und Freizeitzwecke, hinzu, die nicht nur von ganz untergeordneter Bedeutung sind, liegt auch bei einer Teilnahme an sportlichen Aktivitäten keine sportliche Veranstaltung vor (AEAO zu § 67a Nr. 4).

8 Die **Vermietung von Sportstätten** und Betriebsvorrichtungen kann zwar Voraussetzung für die Durchführung sportlicher Aktivitäten sein, ist selbst aber keine sportliche Veranstaltung, sondern Nutzungsüberlassung gegen Entgelt (BFH 2.3.1990 – III R 89/87, BStBl. II 1990, 1012; BFH 30.3.2000 – V R 30/99, BStBl. II 2000, 705). Erfolgt eine langfristige Vermietung, fließen die Einnahmen dem Verein im Rahmen der steuerfreien Vermögensverwaltung zu. Stunden- oder tageweise Nutzungsüberlassung an Nichtmitglieder ist stpfl. wirtschaftlicher Geschäftsbetrieb (BFH 9.4.1987 – V R 150/78, BStBl. II 1987, 659; BFH 18.8.2011 – V R 64/09, HFR 2012, 784). Die kurzfristige Vermietung an Mitglieder soll Zweckbetrieb sein (BFH 10.1.1992 – III R 201/90, BStBl. II 1992, 684; zu Recht krit. HHSp § 67a Rn. 16; zur USt s. BFH 2.3.2011 – XI R 21/09, DStR 2011, 1179).

9 **Sportvereine** sind alle Körperschaften (§ 51 S. 2), deren Satzungszweck und tatsächliche Geschäftsführung auf die Förderung des Sports iSd § 52 II Nr. 2 gerichtet ist. Hierzu gehören auch Sportverbände sowie Sportvereine, die bei Fußballveranstaltungen Lizenzspieler nach dem Lizenzspielerstatut des Deutschen Fußballbundes einsetzen (AEAO zu § 67a Nr. 2).

10 Die **Zweckbetriebsgrenze** umfasst die Einnahmen einschl. USt aus allen sportlichen Veranstaltungen eines Jahres (Kalenderjahr oder abweichendes Wirtschaftsjahr). Die periodengerechte Zuordnung hängt von der Art der Gewinnermittlung ab (AEAO zu § 67a Nr. 17; → § 64 Rn. 15). Als Einnahmen sind insb. zu erfassen: Eintrittsgelder, Start- und Meldegebühren, Erlöse aus der Überlassung von Rundfunk- und Fernsehübertragungs-

rechten, Lehrgangsgebühren (TK § 67a Rn. 10) sowie Entgelte aus dem Verkauf von Programmheften und Festschriften. Hierzu gehören auch Ablösesummen für die Freigabe vereinseigener Sportler (Klein § 67a Rn. 11; AEAO zu § 67a Nr. 17). Bei **Spielgemeinschaften** (Zusammenschluss mehrerer Sportvereine) sind die im Feststellungsverfahren ermittelten anteiligen Einnahmen (nicht Gewinne) für die Zweckbetriebsgrenze maßgeblich. Überschreiten die erzielten Einnahmen nicht die Grenze von 45.000 EUR (bis 31.12.2012: 35.000 EUR und bis 31.12.2006: 30.678 EUR), liegt vorbehaltlich der Option nach § 67a II ein einheitlicher Zweckbetrieb vor. Die Teilnahme von bezahlten Sportlern und die Zuwendung von Geldern aus zweckgebundenen Mitteln ist unschädlich (§ 58 Nr. 8; → § 58 Rn. 21). Übersteigen die Einnahmen eines Jahres die Zweckbetriebsgrenze, bilden alle Sportveranstaltungen einen wirtschaftlichen Geschäftsbetrieb, unabhängig davon, ob bezahlte Sportler eingesetzt werden. Der wirtschaftliche Geschäftsbetrieb ist mit anderen stpfl. Geschäftsbetrieben des Vereins zusammenzufassen (§ 64 II). Hierbei kann es durch Verlustverrechnung zumindest noch zur Befreiung von der KSt und GewSt kommen (§ 64 III).

2. Verkauf von Speisen und Getränken sowie Werbung (Abs. 1 S. 2)

§ 67a I 2 stellt ausdrücklich klar, dass der Verkauf von Speisen und Getränken während 11
einer sportlichen Veranstaltung nicht zu ihr gehört. Die Verkaufstätigkeit bildet einen stpfl. wirtschaftlichen Geschäftsbetrieb, einerlei wer Käufer der Nahrungsmittel ist (vgl. BFH 21.8.1985 – I R 5/81, BFH/NV 1986, 239). Erhebt der Verein für die Sportveranstaltung ein Eintrittsgeld, das die Bewirtung einschließt, ist das Entgelt ggf. durch Schätzung auf die erbrachten Einzelleistungen aufzuteilen (AEAO zu § 67a Nr. 7). Der Umkehrschluss, dass nicht genannte Aktivitäten stets Teil der Sportveranstaltung sind, lässt sich wegen der Intention der Regelung nicht ziehen (vgl. BT-Drs. 11/4176, 1). So gehört zB auch die Unterhaltung von Clubhäusern, Kantinen, Vereinsgaststätten und -heimen, auch bei Zutrittsbeschränkung für Nichtmitglieder, nicht dazu (AEAO zu § 67a Nr. 10).

Werbung ist ebenfalls nicht Teil der sportlichen Veranstaltung. Die entgeltliche Über- 12
lassung von Werbeflächen auf Sportkleidung und Sportgeräten ist stpfl. wirtschaftlicher Geschäftsbetrieb (vgl. auch BFH 19.11.1985 – VIII R 104/85, BStBl. II 1986, 424; BFH 1.8.2022 V R 21/01, BStBl. II 2003, 438 zur USt). Dagegen soll die sog. Bandenwerbung, also die entgeltliche Übertragung des Nutzungsrechts von Werbeflächen in vereinseigenen oder gemieteten Sportstätten einschl. der Lautsprecheranlagen an Werbeunternehmer steuerfreie Vermögensverwaltung sein, soweit dem Pächter ein angemessener Gewinn verbleibt (AEAO zu § 67a Nr. 9; TK § 67a Rn. 12). Hierbei wird jedoch verkannt, dass die Nutzung des Vermögens iSe Fruchtziehung weder von der Angemessenheit des Nutzungsentgelts noch von der Geschäftstüchtigkeit des Pächters abhängt. Zur Verpflichtung der Nutzungsüberlassung der Werbeflächen tritt als vertragliche Nebenpflicht oder zumindest als Geschäftsgrundlage die Durchführung einer angemessenen Anzahl von Veranstaltungen mit einem Mindestmaß an Zuschauerresonanz hinzu. Die Gesamttätigkeit ist hierdurch unternehmerisch geprägt (BFH 13.3.1991 – I R 8/88, BStBl. II 1992, 101). Bandenwerbung ist weder Vermögensverwaltung noch Zweckbetrieb, sondern stpfl. wirtschaftlicher Geschäftsbetrieb (HHSp § 67a Rn. 20 f.). Beim Geschäftsbetrieb Werbung lässt § 64 VI eine pauschale Gewinnermittlung zu, wenn sie im Zusammenhang mit der steuerbegünstigten Tätigkeit stattfindet (AEAO zu § 67a Nr. 8). Fehlt ein derartiger Zusammenhang, gelten die allgemeinen Gewinnermittlungsregeln (BFH 27.3.1991 – I R 31/89, BStBl. II 1992, 103; BFH 5.2.1992 – I R 59/91, BFH/NV 1993, 341).

Sponsoring. Die Gestattung oder Duldung der Namensnennung des Gesponserten 13
durch den Sponsor zu Werbezwecken oder zur Imagepflege kann hingegen Vermögensverwaltung sein, soweit sich die Leistung des Gesponserten in der Gestattung der Namensnutzung erschöpft (BMF 18.2.1998, BStBl. I 1998, 212). Unschädlich ist idR auch der Hinweis des Vereins auf den Förderer der Veranstaltung, soweit die Namensnennung auf Plakaten usw. nach Größe, Platzierung und Gestaltung nicht eine eigenständige werbliche

Leistung beinhaltet. Wirkt der gesponserte Verein über die Gestattung der Namensnennung an Werbemaßnahmen des Sponsors mit, liegt ein wirtschaftlicher Geschäftsbetrieb vor (vgl. BFH I R 42/06 – I R 42/06, BStBl. II 2008, 949; Schauhoff § 7 Rn. 52).

III. Verzicht auf die Anwendung der Zweckbetriebsgrenze (Abs. 2)

1. Wahlrecht (Abs. 2 S. 1)

16 Um eine Verschlechterung gegenüber § 67a idF v. 19.12.1985 (BGBl. 1985 I 2436) zu vermeiden, ist den Sportvereinen eine Option zur Nichtanwendung des § 67a I eingeräumt worden. Ein Verzicht auf die Anwendung des § 67a I ist Sportvereinen zu empfehlen, die keine Sportler bezahlen, deren Einnahmen aus sportlichen Veranstaltungen einschl. USt insgesamt 45.000 EUR (bis 31.12.2012: 35.000 EUR und bis 31.12.2006: 30.678 EUR) übersteigen und die Verluste aus Amateursportveranstaltungen erwirtschaften, die dauerhaft nicht mit Überschüssen aus anderen wirtschaftlichen Geschäftsbetrieben verrechenbar sind (vgl. BT-Drs. 11/4176, 12; Scholz StbKRep 1990, 349 (368)). Trotz dieser gesetzlichen Intention ist die Option auch zulässig, wenn die Zweckbetriebsgrenze nicht überschritten wird (AEAO zu § 67a Nr. 21). Verzichtet der Verein auf die Anwendung der Zweckbetriebsgrenze, ist jede einzelne sportliche Veranstaltung nach § 67a III auf ihre StBegünstigung zu prüfen.

2. Zeitraum der Bindung (Abs. 2 S. 2)

17 Die Erklärung kann bis zur Unanfechtbarkeit des KSt-Bescheides bzw. Freistellungsbescheides gegenüber der FB erfolgen, bindet den Verein jedoch für mindestens 5 Veranlagungszeiträume. Trotz des Wortlauts der Regelung („bindet") ist ein Widerruf des Verzichts bis zum selben Zeitpunkt zulässig, da kein sachlicher Grund für die Besserstellung des Spätoptierenden (zB im Klageverfahren) ersichtlich ist (AEAO zu § 67a Nr. 22; krit. HHSp § 67a Rn. 35). Zum Widerruf von Gestaltungserklärungen allg. Birkenfeld StuW 1977, 31; Kurz StuW 1979, 243. Nach Ablauf der Bindungsfrist wirkt ein Widerruf jeweils ab Beginn des Veranlagungszeitraums, für den der Widerruf erklärt wird. Sind im Zeitpunkt der Option (bzw. Widerrufs) bestandskräftige Bescheide für die Folgejahre ergangen, sind diese nach § 175 I Nr. 2 zu ändern.

IV. Rechtsfolgen des Verzichts (Abs. 3)

19 Verzichtet der Verein auf die Anwendung der Zweckbetriebsgrenze, hängt die Zuordnung der sportlichen Veranstaltung zum begünstigten oder stpfl. Bereich davon ab, ob an der jeweiligen Veranstaltung Sportler teilnehmen, die vom Verein oder einem Dritten bezahlt werden. Die Regelung sieht Zuwendungen von dritter Seite in unterschiedlichem Umfang als schädlich an, je nachdem, ob es sich um einen vereinseigenen Sportler (Nr. 1) oder einen anderen Sportler (Nr. 2) handelt. Werden schädliche Zahlungen geleistet, genügt die Teilnahme eines derartig begünstigten Sportlers, um die Stpfl. der Veranstaltung auszulösen. Zahlungen und sonstige Vorteilsgewährungen müssen mit Mitteln wirtschaftlicher Geschäftsbetriebe oder durch Dritte finanziert werden. Verstößt der Verein hiergegen, verliert er seine Gemeinnützigkeit insgesamt (§ 67a III 3).

1. Zweckbetrieb sportliche Veranstaltung (Abs. 3 S. 1)

20 Eine **sportliche Veranstaltung** ist unabhängig von der Höhe der erzielten Einnahmen (Gewinne) ein Zweckbetrieb, wenn kein bezahlter Sportler teilnimmt. Als sportliche Veranstaltung (→ Rn. 6) ist grds. der einzelne Wettbewerb anzusehen, der in engem zeitlichen und örtlichen Zusammenhang durchgeführt wird (AEAO zu § 67a Nr. 24, BFH 3.8.2022 – XI R 11/19, DStR 2022, 2672). So sind die einzelnen Ausscheidungsläufe einschl. des Endkampfes eines Leichtathletikfestes als einheitlicher Wettbewerb anzusehen, auch wenn die gesamte Veranstaltung über mehrere Tage andauert. Dem steht auch nicht entgegen, dass ggf. für jeden Tag gesondert Eintritt erhoben wird. Bei Mannschaftssportarten ist das

jeweilige Spiel als eigenständige Veranstaltung zu beurteilen, wenn sich die Spielrunde über einen längeren Zeitraum erstreckt und ggf. an unterschiedlichen Orten ausgetragen wird. Entscheidend ist stets, ob nach der Verkehrsauffassung das einzelne Spiel, der einzelne Wettkampf oder das gesamte Turnier bzw. Sportfest als zusammengehörige Einheit einer einheitlichen Veranstaltung anzusehen ist.

Sportler des Vereins iSd § 67a III 1 Nr. 1 sind alle Sportler, die dem Verein als 21
Mitglied angehören oder zumindest – ohne Mitglied zu sein – für den Verein, also in dessen Namen, an der Veranstaltung teilnehmen. Alle sonstigen Sportler sind andere Sportler iSd § 67a III 1 Nr. 2. Durch die mittelbare Zugehörigkeit des Sportlers zu einem Sportverband über seine Mitgliedschaft im Verein wird er nicht zugleich Sportler des Verbandes bei von diesem durchgeführten Veranstaltungen (AEAO zu § 67a Nr. 38).

Schädliche Zuwendungen. Dem teilnehmenden Sportler des Vereins dürfen weder 22
für seine sportliche Betätigung noch für die Benutzung seiner Person, eigener Persönlichkeitsrechte (Recht am eigenen Bild, Namen, Stimme) oder zu Werbezwecken materielle Vorteile zugewendet werden, die über eine bloße Aufwandsentschädigung hinausgehen. Ob die Leistungen von einer natürlichen oder juristischen Person, Personenvereinigung oder einem Zweckvermögen stammen, ist unmaßgeblich. Ebenso wenig kommt es darauf an, ob allg. Startgelder für die Teilnahme an der Veranstaltung oder lediglich Preisgelder für die ersten Ränge vergeben werden (AEAO zu § 67a Nr. 35). Entscheidend ist vielmehr, dass die Vorteile durch die Teilnahme oder die Person des Sportlers verursacht sind. Ist mind. ein Sportler als sog. bezahlter Sportler anzusehen, bei dem die Voraussetzungen von § 67a III 1 nicht vorliegen, sind alle sportlichen Veranstaltungen, an denen dieser Sportler teilnimmt, ein stpfl. wirtschaftlicher Geschäftsbetrieb (BFH 3.8.2022 – XI R 11/19, DStR 2022, 2672).

Eine gesetzliche Definition des Begriffs der **Aufwandsentschädigung** fehlt. Maßgeb- 23
lich ist eine Abgrenzung der zweckbetriebsunschädlichen Aufwandsentschädigung von zweckbetriebsschädlichen Vergütungen oder anderen Vorteilen, wobei der konkrete Aufwand jedes einzelnen Sportlers entscheidend ist (BFH 21.3.2002 – V B 87/01, BFH/NV 2002, 1012). Erstattet werden können alle nachgewiesenen tatsächlichen Aufwendungen, die durch die sportliche Betätigung des Sportlers veranlasst sind. Die Aufwandsentschädigung darf folglich nicht über den tatsächlichen Aufwand hinausgehen. Aus Vereinfachungsgründen wird eine pauschale Aufwandsentschädigung bis zu monatlich 450 EUR im Jahresdurchschnitt für die Beurteilung der Zweckbetriebseigenschaft von der FVerw. nicht beanstandet (AEAO zu § 67a Nr. 32; abl. BFH 3.8.2022 – XI R 11/19, DStR 2022, 2672 für den Fall, dass unklar ist, inwieweit tatsächlich Aufwand angefallen ist). Für die Besteuerung des Sportlers gilt diese Grenze nicht (FM Sachsen-Anhalt 23.4.1992, DStR 1992, 822). Die Entschädigungsgrenze von 4.800 EUR pro Jahr ist für jeden Spieler getrennt zu berechnen. Dabei sind sämtliche Zahlungen an den Spieler, auch soweit sie einmalig, für konkrete Anlässe oder nachgewiesene Aufwendungen geleistet werden, einzubeziehen. Zu erfassen sind auch Vergütungen und sonstige Vorteile durch Dritte, gleichviel ob verdeckt (zB Scheinarbeitsverhältnis) oder offen als Geld- oder Sachleistung (zB Reisegutscheine, Autos) zugewendet. Auf die Kenntnis oder Billigung des Vereins kommt es nicht an. Damit der Verein die Zweckbetriebseigenschaft beurteilen kann, ist der Spieler dem Verein zur Auskunft verpflichtet. Ist nicht überprüfbar, ob bei allen Sportlern die ihnen jeweils geleistete Zahlung nicht über eine Aufwandsentschädigung hinausgeht, schließt dies die Annahme eines Zweckbetriebs aus (BFH 3.8.2022 – XI R 11/19, DStR 2022, 2672). Zuwendungen der Stiftung Deutsche Sporthilfe und der Sporthilfe Berlin sieht die FVerw. idR unbegrenzt als Ersatz von Aufwendungen an, die neben der Aufwandspauschale von 450 EUR erfolgen können (AEAO zu § 67a Nr. 34; zweifelhaft, da die Leistungen auch zT den Lebensunterhalt abdecken; vgl. auch BFH 15.12.2021 – X R 19/19, DStR 2022, 1853 zur estpfl. Behandlung beim Sportler). Ein Spielertrainer kann für seine Tätigkeit als Trainer im Zweckbetrieb angemessen entlohnt werden. Erhält er für die Ausübung des Sports zusätzlich nicht mehr als eine Aufwandsentschädigung, führt seine

Teilnahme an sportlichen Veranstaltungen nicht zur Versagung der Zweckbetriebseigenschaft (AEAO zu § 67a Nr. 36).

24 Nimmt ein **anderer Sportler** (§ 67a III 1 Nr. 2) teil, entfällt die StVergünstigung nicht, wenn er von dem Gastverein oder einem Dritten ohne Beteiligung des veranstaltenden Vereins materielle Vorteile erhält. Schädlich sind Vorteilsgewährungen des veranstaltenden Vereins oder eines Dritten im Zusammenwirken mit dem Verein, soweit sie über eine Aufwandsentschädigung hinausgehen. Die Erstattung von Aufwendungen ist lediglich im nachgewiesenen Umfang zulässig. Die Regelung über die pauschale Aufwandsentschädigung ist nicht anwendbar (AEAO zu § 67a Nr. 33). Zahlungen erfolgen im Zusammenwirken mit dem Verein, wenn dieser Einfluss auf die Leistung nehmen, sie insb. verhindern kann. Davon ist zB auszugehen, wenn ein Vereinsmäzen Start- oder Preisgelder zahlt, die nicht nur den nachgewiesenen Aufwand abdecken. An sportlichen Veranstaltungen eines Sportverbandes nehmen die Vereinssportler als andere Sportler teil (→ Rn. 21), sodass Zahlungen des Vereins für Verbandsveranstaltungen im Zusammenwirken mit dem Verband erfolgen (AEAO zu § 67a Nr. 38). Die Auslobung einer Garantiesumme oder eines Anteils an den Einnahmen der Veranstaltung für den Gastverein führt nicht zu Vergütungen der Sportler. Dies gilt auch, wenn der Gastverein aus den Einnahmen seine Sportler bezahlt (Kaiser DB 1986, 1298).

2. Sportliche Veranstaltungen als steuerpflichtiger wirtschaftlicher Geschäftsbetrieb (Abs. 3 S. 2)

27 Ob ein stpfl. wirtschaftlicher Geschäftsbetrieb vorliegt, ist für jede einzelne sportliche Veranstaltung zu entscheiden. Ist ein Sportler in einem Kalenderjahr oder abweichendem Wirtschaftsjahr als bezahlter Sportler anzusehen, wird jede Sportveranstaltung, an der dieser teilnimmt, zu einem stpfl. wirtschaftlichen Geschäftsbetrieb. Dabei kommt es nicht darauf an, dass der Sportler bereits während oder erst nach Abschluss der Veranstaltung schädliche Zuwendungen erhält. Ob es sich um einen bezahlten Sportler handelt, ist einheitlich für das gesamte Kalenderjahr zu beurteilen. Der Verein ist mit den Besteuerungsgrundlagen des wirtschaftlichen Geschäftsbetriebes partiell stpfl. (§ 64 I). Im Übrigen behält er seine StVergünstigung. Bei der Gewinnermittlung ist klar zwischen Betriebsausgaben des stpfl. Geschäftsbetriebes und den Ausgaben des Zweckbetriebes zu trennen. Verluste des wirtschaftlichen Geschäftsbetriebes dürfen grds. nicht mit Mitteln des ideellen Bereichs abgedeckt werden (→ § 55 Rn. 19). Mehrere wirtschaftliche Geschäftsbetriebe sind zu einer Einheit zusammenzufassen (§ 64 II).

3. Ausschluss der Steuervergünstigung (Abs. 3 S. 3)

28 § 67a III 3 überträgt den allg. **Grundsatz der Mittelbindung** auf sportliche Veranstaltungen. Danach dürfen für den ideellen Zweck gebundene Mittel (zB Spenden, Beiträge, Überschüsse aus Zweckbetrieben und Vermögensverwaltung) nicht für wirtschaftliche Geschäftsbetriebe, insb. zu deren Gründung oder zum Verlustausgleich, verwendet werden (→ § 55 Rn. 14 ff.). Für Sportvereine bedeutet es, dass sie ihre Gemeinnützigkeit verlieren, wenn sie Sportlern aus gebundenen Mitteln Vorteile gewähren, die über eine Aufwandsentschädigung hinausgehen. Eine Aufteilung der Zuwendungen an bezahlte Sportler in eine monatliche Aufwandspauschale von 520 EUR und darüber hinausgehende Vergütungen kommt nicht in Betracht. Die gesamte Zuwendung muss aus Erlösen stpfl. wirtschaftlicher Geschäftsbetriebe oder durch Dritte erfolgen. Zahlungen aus wirtschaftlichen Geschäftsbetrieben oder durch Dritte berühren die StVergünstigung nicht. Für die sonstigen Kosten, die für die Durchführung der Veranstaltung entstehen, gilt die Mittelbindung ebenfalls (HHSp § 67a Rn. 47, 48). § 67a III 3 kann nicht im Wege eines Umkehrschlusses entnommen werden, dass die Anwendung der allgemeinen Grundsätze (§§ 55 ff.) ausgeschlossen ist. Diese Kosten müssen in vollem Umfang aus freien Mitteln oder durch Dritte beglichen werden, auch soweit an der Veranstaltung neben bezahlten Sportlern unbezahlte teilnehmen. Eine Kostenaufteilung ist unzulässig (AEAO zu § 67a Nr. 27).

Die **Gewinnermittlung** für wirtschaftliche Geschäftsbetriebe „Sportveranstaltungen" erfolgt nach den allg. Grundsätzen (→ § 64 Rn. 6 ff.). Einnahmen und Ausgaben dieser sportlichen Veranstaltungen sind gesondert festzustellen. Zu den **Ausgaben** gehören ua Hallenmieten, Platzgebühren, Heizkosten, Aufwendungen für Aufräum- und Putzarbeiten, für Ordnungs- und Sanitätsdienste, Fahrtkosten, Spesen, USt, Entgelte für Trainer, Übungsleiter und Schiedsrichter, anteilige Kosten der allg. Verwaltung sowie Aufwandsentschädigungen an unbezahlte Sportler (vgl. BFH 27.3.1991 – I R 31/89, BStBl. II 1992, 103; zum Verzicht auf Zahlung von Aushilfslöhnen s. BFH 5.12.1990 – I R 5/88, BStBl. II 1991, 308). Die von der FVerw. aus Vereinfachungsgründen zugelassene Zahlung von Aufwendungsersatz an unbezahlte Sportler für die Teilnahme an stpfl. Sportveranstaltungen aus Mitteln des ideellen Bereichs verstößt indes gegen den Grundsatz der Mittelbindung (vgl. AEAO zu § 67a Nr. 28 wie hier HHSp § 67a Rn. 48). Trainingskosten, die sowohl für unbezahlte als auch bezahlte Sportler entstehen, sind anhand geeigneter Kriterien (Zeitaufwand, Anzahl der Trainingsteilnehmer), ggf. im Wege der Schätzung auf den stpfl. und ideellen Bereich aufzuteilen. Stehen die Trainingskosten in einem unmittelbaren Zusammenhang mit einer stpfl. Veranstaltung, sind die Kosten für alle trainierten Sportler Ausgaben des wirtschaftlichen Geschäftsbetriebs. Die FVerw. wendet auch hier die Vereinfachungsregel an (AEAO zu § 67a Nr. 29). 29

Ablösezahlungen, die einem gemeinnützigen Verein für die Freigabe von Sportlern zufließen, beeinträchtigen nach Auffassung der FVerw. seine Gemeinnützigkeit nicht (AEAO zu § 67a Nr. 39; → Rn. 10). Die Beträge sind danach Einnahmen aus einem Zweckbetrieb bei Anwendung des § 67a I oder aus einem stpfl. wirtschaftlichen Geschäftsbetrieb, wenn der den Verein wechselnde Sportler in den letzten zwölf Monaten vor seiner Freigabe bezahlter Sportler war. Aus den Mitteln einer sportlichen Veranstaltung, die nach § 67a III als Zweckbetrieb zu beurteilen ist, kann ohne Gefährdung der Gemeinnützigkeit eine Ablösezahlung für einen Amateursportler bis zu 2557 EUR gezahlt werden (AEAO zu § 67a Nr. 40). Ablösesummen für den Einkauf von Spielern behandelt die FVerw. entspr. (vgl. eingehend AEAO zu § 67a Nr. 40). 30

4. Organisatorische Leistungen eines Dachverbandes (Abs. 4)

Organisationsleistungen. Die bisherige Regelung sah bislang nur die Förderung von gemeinnützigen Sportvereinen vor, wenn diese aktiven Sportlern durch organisatorische Maßnahmen ermöglichen, Sport zu treiben. Die Organisationsleistungen eines gemeinnützigen Sportverbandes gehörten hingegen nicht dazu (BFH 24.6.2015 – I R 13/13, BStBl. II 2016, 971). Der mWv 1.1.2021 eingefügte Abs. 4 erklärt nunmehr Organisationsleistungen eines Dachverbandes zur Durchführung von sportlichen Veranstaltungen zu Zweckbetrieben, wenn überwiegend Nicht-Lizenzsportler teilnehmen **(S. 1).** Die Gesetzesänderung bezweckt die steuerliche Gleichstellung von unmittelbar von gemeinnützigen Sportvereinen erbrachten Organisationsleistungen und denjenigen, die mit identischer Zielrichtung von gemeinnützigen Sportverbänden erbracht werden. Denn ohne diese organisatorischen und verwaltungstechnischen Grundlagen durch die Verbände könnten die jeweiligen Sportvereine den Wettkampf- und Spielbetrieb auf dem aktuellen sportlich hohen Niveau mit überregionalem Bezug im Bereich des Breitensports nicht gewährleisten (BR-Drs. 372/1/18, 44). 31

S. 1 erfasst jegliche Organisationsleistung eines Sportdachverbandes, soweit diese zur Durchführung von sportlichen Veranstaltungen dient. Zwischen unterschiedlichen Organisationsformen oder -strukturen wird nicht unterschieden. Zur Durchführung einer sportlichen Veranstaltung (→ Rn. 6) dient die Organisationsleistung nicht nur, wenn sie unmittelbar auf die Durchführung einer konkreten sportlichen Veranstaltung eines Sportvereins gerichtet ist, sondern hierzu zählen auch mittelbare Leistungen, die auf die Schaffung des organisatorischen Rahmens und die Unterstützung verwaltungstechnischer Funktionen abzielen. Erforderlich ist lediglich eine irgendwie geartete Förderung eines Sportvereins zum Zwecke der Durchführung seiner sportlichen Veranstaltung.

Ein Zweckbetrieb liegt allerdings nur vor, wenn an der sportlichen Veranstaltung überwiegend (zu mehr als 50 %) Nichtlizenzsportler teilnehmen. Dabei ist auf die Anzahl der tatsächlich an der Veranstaltung teilnehmenden Sportler abzustellen. Sportler, die lediglich als Ersatzteilnehmer vorgesehen sind, sind nicht in die Berechnung einzubeziehen.

Nach **S. 2** gelten sämtliche sportlichen Veranstaltungen einer Saison einer Liga als sportliche Veranstaltung iSd S. 1. Demzufolge ist es unschädlich, wenn die Förderung durch den Dachverband nur einzelne sportliche Veranstaltungen erfasst. Der Verkauf von Speisen und Getränken sowie Werbung sind nicht Teil des Zweckbetriebs (S. 3).

§ 68 Einzelne Zweckbetriebe

Zweckbetriebe sind auch:

1. a) Alten-, Altenwohn- und Pflegeheime, Erholungsheime, Mahlzeitendienste, wenn sie in besonderem Maß den in § 53 genannten Personen dienen (§ 66 Absatz 3),

b) Kindergärten, Kinder-, Jugend- und Studentenheime, Schullandheime und Jugendherbergen,

c) Einrichtungen zur Versorgung, Verpflegung und Betreuung von Flüchtlingen. [2]Die Voraussetzungen des § 66 Absatz 2 sind zu berücksichtigen,

2.

a) landwirtschaftliche Betriebe und Gärtnereien, die der Selbstversorgung von Körperschaften dienen und dadurch die sachgemäße Ernährung und ausreichende Versorgung von Anstaltsangehörigen sichern,

b) andere Einrichtungen, die für die Selbstversorgung von Körperschaften erforderlich sind, wie Tischlereien, Schlossereien,

wenn die Lieferungen und sonstigen Leistungen dieser Einrichtungen an Außenstehende dem Wert nach 20 Prozent der gesamten Lieferungen und sonstigen Leistungen des Betriebs – einschließlich der an die Körperschaften selbst bewirkten – nicht übersteigen,

3. a) Werkstätten für behinderte Menschen, die nach den Vorschriften des Dritten Buches Sozialgesetzbuch förderungsfähig sind und Personen Arbeitsplätze bieten, die wegen ihrer Behinderung nicht auf dem allgemeinen Arbeitsmarkt tätig sein können,

b) Einrichtungen für Beschäftigungs- und Arbeitstherapie, in denen behinderte Menschen aufgrund ärztlicher Indikationen außerhalb eines Beschäftigungsverhältnisses zum Träger der Therapieeinrichtung mit dem Ziel behandelt werden, körperliche oder psychische Grundfunktionen zum Zwecke der Wiedereingliederung in das Alltagsleben wiederherzustellen oder die besonderen Fähigkeiten und Fertigkeiten auszubilden, zu fördern und zu trainieren, die für eine Teilnahme am Arbeitsleben erforderlich sind, und

c) Inklusionsbetriebe im Sinne des § 215 Absatz 1 des Neunten Buches Sozialgesetzbuch, wenn mindestens 40 Prozent der Beschäftigten besonders betroffene schwerbehinderte Menschen im Sinne des § 215 Absatz 1 des Neunten Buches Sozialgesetzbuch sind; auf die Quote werden psychisch kranke Menschen im Sinne des § 215 Absatz 4 des Neunten Buches Sozialgesetzbuch angerechnet,

4. Einrichtungen, die zur Durchführung der Fürsorge für blinde Menschen, zur Durchführung der Fürsorge für körperbehinderte Menschen und zur Durchführung der Fürsorge für psychische und seelische Erkrankungen beziehungsweise Behinderungen unterhalten werden,

5. Einrichtungen über Tag und Nacht (Heimerziehung) oder sonstige betreute Wohnformen,

6. von den zuständigen Behörden genehmigte Lotterien und Ausspielungen, wenn der Reinertrag unmittelbar und ausschließlich zur Förderung mildtätiger, kirchlicher oder gemeinnütziger Zwecke verwendet wird,

7. kulturelle Einrichtungen, wie Museen, Theater, und kulturelle Veranstaltungen, wie Konzerte, Kunstausstellungen; dazu gehört nicht der Verkauf von Speisen und Getränken,

8. Volkshochschulen und andere Einrichtungen, soweit sie selbst Vorträge, Kurse und andere Veranstaltungen wissenschaftlicher oder belehrender Art durchführen; dies gilt auch, soweit die Einrichtungen den Teilnehmern dieser Veranstaltungen selbst Beherbergung und Beköstigung gewähren,

9. Wissenschafts- und Forschungseinrichtungen, deren Träger sich überwiegend aus Zuwendungen der öffentlichen Hand oder Dritter oder aus der Vermögensverwaltung finanziert. [2]Der Wissenschaft und Forschung dient auch die Auftragsforschung. [3]Nicht zum Zweckbetrieb gehören Tätigkeiten, die sich auf die Anwendung gesicherter wissenschaftlicher Erkenntnisse beschränken, die Übernahme von Projektträgerschaften sowie wirtschaftliche Tätigkeiten ohne Forschungsbezug.

Schrifttum: Becker, Auftragsforschung als Zweckbetrieb nach § 68 Nr. 9 AO unter besonderer Berücksichtigung staatlicher Hochschulen, DStZ 2007, 529; Leisner, Die Umsatzbesteuerung von gemeinnützigen Integrationsprojekten gem. § 68 Nr. 3c AO durch das Jahressteuergesetz 2007, DB 2007, 1047; Strahl, Steuerliche Begünstigung von Forschungseinrichtungen, DStR 2007, 1468; Kaufmann/Schmitz-Herscheidt/Kroes, Umsatzsteuerbarkeit von Forschungszuwendungen, BB 2008, 2717; Dorau/Göttsching, Selbstversorgungseinrichtungen gemeinnütziger Körperschaften, NWB 2009, 2876; Seeger/Brox, Das Ende der Steuerbegünstigung für Selbstversorgungsbetriebe nach § 68 Nr. 2b AO?, DStR 2009, 2459; Leisner-Egensperger, Besteuerung der Forschungstätigkeit im Hochschulbereich, FR 2010, 493; Fischer/van der Boeken, Fallstricke des Betriebs eines Blockheizkraftwerks im Gemeinnützigkeitsrecht, NWB 2012, 2217; Lutz/Kurz, Steuerliche Behandlung von Integrationsprojekten, DStR 2012, 1260; Seeger, Umsatzsteuer und Integrationsbetriebe, UStB 2015, 293; Kirchhain, Der neue Anwendungserlass zur AO: neue Herausforderungen für gemeinnützige Körperschaften, DStR 2016, 505.

I. Allgemeines

Die Vorschrift zählt beispielhaft einige Zweckbetriebe auf. Die Aufzählung wirkt zT 1
deklaratorisch (zB § 68 Nr. 3–5), teilweise konstitutiv (zB § 68 Nr. 2 Umsätze an Außenstehende, Nr. 6). Lediglich erklärende Beispiele können für die Auslegung der §§ 65, 66 herangezogen werden (BFH 15.12.1993 – X R 115/91, BStBl. II 1994, 314). § 68 geht für die genannten Zweckbetriebe als speziellere Regelung vor (BFH 4.5.1994 – XI R 109/90, BStBl. II 1994, 886; BFH 4.6.2003 – I R 25/02, BStBl. II 2004, 660; Klein § 68 Rn. 1; AEAO zu § 68 Nr. 1). Durch die rechtsbegründende Wirkung des § 68 ist die Prüfung der Tatbestandsvoraussetzungen des § 65 entbehrlich. Die wirtschaftliche Betätigung muss aber stets die allg. Gemeinnützigkeitsgrundsätze erfüllen, also selbstlos und ausschließlich die gemeinnützigen Satzungszwecke verfolgen. Eine Betätigung außerhalb des Satzungszwecks bildet einen eigenen wirtschaftlichen Geschäftsbetrieb, soweit sie vom Zweckbetrieb wegen der tatsächlichen Unterschiede klar abgrenzbar ist (BFH 2.3.1990 – III R 89/87, BStBl. II 1990, 1012). Fehlt eine Differenzierungsmöglichkeit, bleibt die StBegünstigung erhalten, soweit die Aktivitäten außerhalb des Satzungszwecks von untergeordneter Bedeutung (10 % des Gesamtumsatzes) sind (BFH 18.1.1995 – V R 139/92, BStBl. II 1995, 446). Durch G zur Änderung des Investitionszulagengesetzes 1999 v. 20.12.2000 (BGBl. 2000 I 1850) ist § 68 Nr. 6 mWv 1.1.2000 neu gefasst worden (Art. 97 § 1e I EGAO). Die Regelung verzichtet auf die zahlenmäßige Begrenzung der Veranstaltungen auf höchstens zwei pro Jahr. Durch das G zur Förderung der Ausbildung und Beschäftigung schwerbehinderter Menschen v. 23.4.2004 (BGBl. 2004 I 606) wurde der Anwendungsbereich des § 68 Nr. 3 Buchst. a und b (ab dem 1.1.2003) und Buchst. c (für alle nicht bestandskräftigen StFestsetzungen; Art. 97 § 1e III EGAO) erweitert. Durch Art. 11 Nr. 5 des AmtshilfeRLUmsG (BGBl. 2013 I 1809) wurde § 68 Nr. 5 mWv

1.1.2014 geändert (Art. 31 VII des G). Durch das JStG 2020 (BGBl. 2020 I 3096) wurde mWv 29.12.2020 (Art. 50 I JStG 2020) in § 68 Nr. 1 ein Buchstabe c angefügt sowie Nr. 4 um eine Alternative erweitert.

II. Einzelne Zweckbetriebe

1. Heime und soziale Dienste (Nr. 1)

4 Die in § 68 Nr. 1a genannten Einrichtungen der Wohlfahrtspflege sind Zweckbetriebe, wenn den Personen iSd § 53 mindestens zwei Drittel der Leistungen zugutekommen (→ § 66 Rn. 6). Den Heimen ist gemeinsam, dass sie alten, pflege- oder sonst hilfsbedürftigen Menschen nicht nur vorübergehend Unterkunft gewähren und im erforderlichen Maße Betreuung leisten. Nicht hierzu gehören Kurzzeitpflegeeinrichtungen, die hingegen nach § 65 Zweckbetriebe sein können. Die Begriffe Altenheim, Altenwohnheim und Pflegeheim nach § 1 HeimG (BGBl. 2001 I 2970) sind auch für das StRecht maßgeblich (BFH 1.12.1994 – V R 116/92, BStBl. II 1995, 220). Zur StBefreiung nach § 4 Nr. 16d UStG s. BFH 23.10.2003 – V R 24/00, BStBl. II 2004, 89. Hilfsbedürftigkeit ist nicht an eine feste Altersgrenze gebunden, da körperliche, seelische oder geistige Gebrechen bei jedem Individuum altersbedingt ganz unterschiedlich eintreten (→ § 53 Rn. 6). Unter denselben Voraussetzungen sind Erholungsheime (zB des Müttergenesungswerks) und Mahlzeitendienste (zB Essen auf Rädern) Zweckbetriebe (vgl. BFH 22.11.1972 – I R 21/71, BStBl. II 1973, 251). Gegenstand des Zweckbetriebs sind die für den Betrieb der Einrichtung erforderlichen Geschäfte. Nicht begünstigt sind daher Einnahmen aus besonderen Leistungen gegenüber Dritten (zB Bewirtung von Besuchern) oder Heimbewohnern (zB Telefonvermietung, Getränkeverkauf; vgl. BFH 22.6.2011 – I R 43/10, BStBl. II 2011, 892).

5 **Kindergärten,** Jugendherbergen und die in § 68 Nr. 1b genannten Heime sind Zweckbetriebe. Die geförderten Personen müssen nicht zum Personenkreis des § 53 zählen. Die Beköstigung ist Teil des steuerbegünstigten Zweckbetriebs. Anders als in § 68 Nr. 7 ist die Verpflegung übliche und zT notwendige Nebenleistung für den Betrieb der Einrichtung (HHSp § 68 Rn. 18). Jugendherbergen sind nur begünstigt, soweit die Beherbergung von Erwachsenen von ganz untergeordneter Bedeutung (10 %) oder wegen des unterschiedlichen Leistungsangebots klar abgrenzbar ist (BFH 18.1.1995 – V R 139/92, BStBl. II 1995, 446). Soweit abgrenzbare Leistungen von Jugendherbergen an allein reisende Erwachsene (nach dem 27. Lebensjahr) erbracht werden, begründen diese einen wirtschaftlichen Geschäftsbetrieb (BFH 10.8.2016 – V R 11/15, BStBl. II 2018, 113). Die Vermietung von Wohnraum eines Studentenwohnheims an Nichtstudierende ist kein Zweckbetrieb (vgl. BFH 19.5.2005 – V R 32/03, BStBl. II 2005, 900). Der Kindergarten eines Vereins, der die Kinder der Vereinsmitglieder betreut, kann Zweckbetrieb sein, wenn die Mitgliedschaft – anders als bei Betriebskindergärten (BFH 1.2.2022 – V R 1/20, BStBl. II 2022, 629) – nicht begrenzt ist und Kinder von Vereinsmitgliedern nicht bevorzugt werden (→ § 52 Rn. 14 ff.).

Flüchtlingshilfeeinrichtungen. Mit dem JStG 2020 wurden Einrichtungen zur Versorgung, Verpflegung und Betreuung von Flüchtlingen im Rahmen der Wohlfahrtspflege in den Zweckbetriebskatalog aufgenommen. Durch die Aufnahme soll den Einrichtungen der Nachweis erspart werden, dass jede betreute Person die Voraussetzungen des § 53 erfüllt (BT-Drs. 19/25160, 205). Als Flüchtlingshilfeeinrichtungen werden alle Tätigkeiten für Flüchtlinge und Asylsuchende erfasst, die der physischen, psychischen und gesellschaftlichen Unterstützung und Förderung von Flüchtlingen dienen.

2. Selbstversorgungsbetriebe (Nr. 2)

6 Selbstversorgungsbetriebe, die Teil einer steuerbegünstigten Körperschaft sind, beteiligen sich mit ihren Innenumsätzen nicht am wirtschaftlichen Verkehr (BFH 19.7.1995 – I R 56/94, BStBl. II 1996, 28). Die eigene Versorgung ist kein wirtschaftlicher Geschäfts-

betrieb (HHSp § 68 Rn. 21). Anders verhält es sich bei entgeltlichen Leistungen an Außenstehende. Lieferungen und sonstige Leistungen (§ 3 I, IX UStG) dieser Einrichtungen an Dritte schließen die Anerkennung als Zweckbetrieb jedoch nicht aus, wenn sie dem Wert nach 20 % der gesamten Leistungen des Betriebes einschl. der an die eigene Körperschaft erbrachten Innenumsätze nicht übersteigen. § 65 Nr. 3 wird durch diese spezielle Regelung in § 68 Nr. 2 verdrängt. **Außenstehende** sind andere Personen als die Körperschaft selbst, deren Angehörige oder die begünstigten Benutzer (BFH 18.10.1990 – V R 35/85, BStBl. II 1991, 157). Die Arbeitnehmer der Körperschaft sind Außenstehende (AEAO zu § 68 Nr. 5). Keine Außenstehenden sind andere Zweckbetriebe derselben Körperschaft (Baumann/Penné-Goebel DB 2005, 695). Eine rechtlich verselbständigte Krankenhauswäscherei erbringt ihre Leistung gegenüber ihren Gesellschaftern als Außenstehende (BFH 19.7.1995 – I R 56/94, BStBl. II 1996, 28; Geschäftsführungsleistungen für Mitgliedsvereine, vgl. FG Nürnberg 4.8.2006 – II 112/2004, EFG 2007, 459). Als Selbstversorgungsbetriebe kommen neben den genannten Betrieben weitere produzierende und Dienstleistungsbetriebe in Betracht (zB Nähstube, Druckerei, Krankenhauswäscherei, Bäckerei, Blockheizkraftwerk; nicht dagegen Verwaltungsstellen, vgl. BFH 29.1.2009 – V R 46/06, BStBl. II 2009, 560). Krankenhausapotheken (sowie Handelsbetriebe allg.) sind keine Selbstversorgungseinrichtungen, wenn sie überwiegend nicht selbst hergestellte Medikamente vertreiben (BFH 18.10.1990 – V R 76/89, BStBl. II 1991, 268).

3. Behindertenwerkstätten (Nr. 3)

a) **Werkstätten** für behinderte Menschen nach § 219 SGB IX, die durch die Bundes- 9
agentur für Arbeit durch Verwaltungsakt förmlich anerkannt sind, sind Zweckbetriebe. Neben den Werkstätten sind auch die **Läden** und **Verkaufsstellen** Zweckbetriebe, soweit dort Produkte verkauft werden, die aus der eigenen oder einer anderen Werkstatt iSd Nr. 3a stammen. Der Weiterverkauf von zugekauften Waren fremder, nicht steuerbegünstigter Betriebe erfolgt im Rahmen eines wirtschaftlichen Geschäftsbetriebs (AEAO zu § 68 Nr. 3 Tz. 6). Zu den Zweckbetrieben gehören wegen der besonderen Betreuungssituation auch die von den Trägern der Behindertenwerkstätten betriebenen Kantinen (AEAO zu § 68 Nr. 3 Tz. 6). Der Betrieb einer behindertengerechten Ferienanlage als solcher ist nicht begünstigt (FG Berlin-Brandenburg 8.3.2011 – 5 K 5060/08, EFG 2011, 1750). Eine Umsatzgrenze für den Handel mit selbst erzeugten Waren besteht nicht. § 68 Nr. 3 geht der allg. Regelung des § 65 vor. Die steuerliche Begünstigung erfordert, dass die Einrichtung erkennbar darauf abzielt, die satzungsmäßigen Zwecke der Körperschaft zu verwirklichen. Anders als im Rahmen des § 65 setzt die Anerkennung als Zweckbetrieb nicht voraus, dass die von dem Betrieb ausgehende Wettbewerbswirkung das zur Erfüllung des steuerbegünstigten Zwecks unvermeidbare Maß nicht übersteigt (BFH 4.6.2003 – I R 25/02, BStBl. II 2004, 660).

b) Einrichtungen für **Beschäftigungs- und Arbeitstherapie** für behinderte Menschen dienen der Eingliederung von behinderten Menschen. Die Beschäftigungstherapie soll körperliche oder psychische Grundfunktionen zum Zwecke der Wiedereingliederung in das Alltagsleben wiederherstellen. Bei der Arbeitstherapie sollen besondere Fähigkeiten und Fertigkeiten ausgebildet, gefördert und trainiert werden. Sie erfolgen aufgrund ärztlicher Indikation regelmäßig in einer besonderen Therapieeinrichtung (AEAO zu § 68 Nr. 9).

c) **Inklusionsbetriebe** iSd § 215 SGB IX sind rechtlich und wirtschaftlich selbständige Unternehmen (Betriebe) zur Beschäftigung schwerbehinderter Menschen, deren Beschäftigung auf dem allgemeinen Arbeitsmarkt aufgrund ihrer Einschränkungen auf besondere Schwierigkeiten stößt. Inklusionsbetriebe müssen für ihre Anerkennung eine bestimmte Beschäftigungsquote schwerbehinderter Menschen erfüllen. Anders als sozialrechtlich (zwischen 30 und 50 %) bedarf es für die steuerliche Eignung als Zweckbetrieb insgesamt einer Beschäftigungsquote von mindestens 40 %. Psychisch kranke Personen werden ebenfalls berücksichtigt. In die Beschäftigungsquote sind alle schwerbehinderten und psychisch kranken Personen, für die Leistungen nach § 217 SGB IX erbracht werden können, einzurechnen. Dies bedeutet, dass bei Beschäftigten mit einer wöchentlichen Arbeitszeit ab 12 Stunden eine volle Anrechnung erfolgt (TK § 68 Rn. 8). Da es für Inklusionsbetriebe kein förmliches Anerkennungsverfahren gibt, reicht als Nachweis regelmäßig der Bescheid des zuständigen Integrationsamtes nach § 217 SGB IX über erbrachte Leistungen (AEAO zu § 68 Nr. 7). Integrationsprojekte iSd § 132 I SGB IX stellen idR ebenfalls Zweckbetriebe dar, soweit die Beschäftigungsquote erfüllt wird (FG Niedersachsen 14.6.2012 – 5 K 117/11, EFG 2012, 2074; vgl. zu Altfällen AEAO zu § 68 Nr. 7 aE).

Die Umsätze aus dem Verkauf von Gastronomieleistungen und die Zurverfügungstellung öffentlicher Toiletten unterliegen nicht dem ermäßigten StSatz gem. § 12 II 2 Nr. 8 Buchst. a UStG, da hierdurch die satzungsmäßigen Zwecke nicht selbst verwirklicht werden (BFH 23.7.2019 – XI R 2/17, DStR 2019, 2476).

4. Fürsorge für Blinde und Körperbehinderte (Nr. 4)

10 Einrichtungen der Blinden- und Körperbehindertenfürsorge sind Zweckbetriebe. Der Umsatz an Außenstehende ist ebenso wie in § 68 Nr. 3 nicht begrenzt. Allerdings ist auch hier die Veräußerung von nicht selbst hergestellten Erzeugnissen nur sehr begrenzt zulässig (RFH 28.1.1939 – VI a 53/38, RStBl. 1939, 545; BFH 17.11.2022 – V R 12/20, BStBl. II 2023, 367). Durch das JStG 2020 wurde Nr. 4 um Einrichtungen zur Durchführung der Fürsorge für psychische und seelische Erkrankungen bzw. Behinderungen erweitert.

5. Einrichtungen der Heimerziehung (Nr. 5)

11 Nr. 5 erfasst mWv 1.1.2014 (→ Rn. 1) die in § 34 SGB VIII geregelten Einrichtungen als Zweckbetriebe. Die Hilfe wird in Einrichtungen über Tag und Nacht (Erziehungsheim, heilpädagogisches oder therapeutisches Heim, Kinderdorf, Kinderhaus, Behindertenheim), betreuten Wohngemeinschaften und -gruppen und als betreutes Einzelwohnen erbracht. Mit der Betreuung soll die Entwicklung der Kinder und Jugendlichen gefördert werden.

Arbeitsleistung der Betreuten und der Umsatz an Außenstehende ist nicht begrenzt. § 65 Nr. 3 greift aufgrund der spezielleren Regelung des § 68 Nr. 5 nicht ein. Umsatzsteuerlich unterliegen Leistungen des Zweckbetriebs aus Wettbewerbsgründen grds. nicht dem ermäßigten StSatz (FG Münster 18.6.2019 – 15 K 1952/15 U, EFG 2019, 1488).

6. Lotterien und Ausspielungen (Nr. 6)

12 Steuerbegünstigte Körperschaften konnten bis zum 31.12.1999 lediglich zweimal im Jahr Lotterien und Ausspielungen als Zweckbetriebe veranstalten. Die zahlenmäßige Begrenzung galt für jede selbständige Körperschaft, also auch für Dachorganisationen einschl. ihrer unselbständigen Unterverbände. Durch die ab dem 1.1.2000 geltende Neufassung (vgl. Art. 97 § 1e I EGAO) entfällt die Begrenzung auf höchstens zwei Veranstaltungen pro Jahr. Die Regelung beseitigt insb. für regelmäßig veranstaltete Fernsehlotterien mit Einnahmen in Millionenhöhe Zweifel an der Zweckbetriebseigenschaft, soweit mehr als zwei Ausspielungen pro Jahr stattfinden. Denn trotz der von der zuständigen Landesbehörde ausgesprochenen einheitlichen Lotteriegenehmigung für sämtliche turnusmäßig veranstalteten Ziehungen sah die FB hierin keine begünstigte Dauerveranstaltung (vgl. BT-Drs. 14/4626, 19).

13 **Voraussetzung** für die Anerkennung ist die Genehmigung der Lotterie und Ausspielung von der zuständigen Landesbehörde (AEAO zu § 68 Nr. 11). Fehlt die Genehmigung, liegt ein stpfl. wirtschaftlicher Geschäftsbetrieb vor. Weitere Einschränkungen enthält § 68 Nr. 6 nicht. Weder die Höhe des Spielkapitals noch der Umfang der Lotterie sind begrenzt. § 65 kann als lex generalis nicht zur Eingrenzung herangezogen werden (vgl. AEAO zu § 68 Nr. 1). So muss der Losverkauf selbst nicht unmittelbar der Verwirklichung steuerbegünstigter Zwecke dienen (FG Rheinland-Pfalz 23.2.2012 – 6 K 1868/10, EFG 2012, 1202). Die Grenze ist dort zu ziehen, wo durch den Umfang der Veranstaltung die Selbstlosigkeit verletzt wird, die Körperschaft mithin ihr Gepräge als begünstigte Einrichtung verliert. Die nach § 68 Nr. 6 aF nicht begünstigten Dauerveranstaltungen (vgl. AEAO

zu § 68 Nr. 7 aF) werden mit dem Wegfall der zahlenmäßigen Begrenzung ebenfalls als Zweckbetriebe erfasst. Werbeaufdrucke auf Losen sind stets stpfl. wirtschaftlicher Geschäftsbetrieb. Nicht genehmigungsfähige Veranstaltungen fallen nicht unter Nr. 6 (Klein § 68 Rn. 75). § 68 Nr. 6 befreit nicht von der LotterieSt.

7. Kulturelle Einrichtungen (Nr. 7)

Mit den kulturellen Einrichtungen und Veranstaltungen werden die satzungsmäßigen Zwecke einer Körperschaft nach § 52 II Nr. 1 verwirklicht. Neben den in § 68 Nr. 7 genannten Museen, Theatern, Konzerten und Kunstausstellungen zählen hierzu auch entgeltliche Besichtigungen von Kultur- und Naturdenkmälern (zB Domschatz, Gesteinsformationen), Darbietungen der Volksmusik, Gesang, Volkstanz und Schuhplattlergruppen (BFH 21.8.1985 – I R 3/82, BStBl. II 1986, 92). Bei Faschings- und Maskenbällen sowie Tanzveranstaltungen wird vorrangig die Geselligkeit gefördert. Seit 1990 werden diese Veranstaltungen nicht mehr als Zweckbetrieb begünstigt (Art. 97 § 1d EGAO). Die kulturelle Darbietung muss nicht eigenständig durchgeführt werden, sondern kann Teil einer fremden Veranstaltung sein (BFH 4.5.1994 – XI R 109/90, BStBl. II 1994, 886). Zweckbetrieb ist die kulturelle Einrichtung und Veranstaltung als solche, seit 1990 unabhängig von der Höhe des Überschusses. 16

Der Verkauf von Speisen und Getränken ist ein stpfl. wirtschaftlicher Geschäftsbetrieb. Ein einheitliches Eintrittsgeld für die kulturelle Veranstaltung einschl. Bewirtung ist (ggf. durch Schätzung) aufzuteilen (AEAO zu § 68 Nr. 15). Entsprechendes gilt für Werbeeinnahmen (AEAO zu § 68 Nr. 15). Der Verkauf von Bildern gegen Provision auf einer Kunstausstellung ist nicht Teil des Zweckbetriebes, sondern gesonderter wirtschaftlicher Geschäftsbetrieb (aA Orth DStZ 1987, 319).

8. Bildungseinrichtungen (Nr. 8)

§ 68 Nr. 8 ist der Regelung in § 4 Nr. 22 UStG nachgebildet (vgl. Bunjes UStG § 4 Rn. 6). Volkshochschulen und andere Einrichtungen sind Zweckbetriebe, wenn sie selbst wissenschaftliche oder belehrende Kurse, Lehrgänge, Arbeitsgemeinschaften, Vorträge, Filmvorführungen oder Exkursionen durchführen. Zu den begünstigten Einrichtungen gehören auch Verwaltungs- und Wirtschaftsakademien sowie andere Erwachsenenbildungsstätten (BFH 2.8.1962 – V 37/60 U, BStBl. III 1962, 458) sowie Kongresse, wenn dabei Vorträge, Kurse und andere Veranstaltungen wissenschaftlicher und belehrender Art durchgeführt werden (BFH 21.6.2017 – V R 34/16, BStBl. II 2018, 55). Die Vermittlung von Bildungsinhalten muss im Vordergrund stehen. Unterhaltende Veranstaltungen und Bildungsreisen mit touristischem Charakter gehören nicht zum Zweckbetrieb. Die Beherbergung und Beköstigung der Teilnehmer ist Teil des Zweckbetriebs, soweit sie von den Einrichtungen selbst gewährt wird. Werden auch Leistungen an Nichtteilnehmer erbracht, ist der Pensionsbetrieb insgesamt ein stpfl. wirtschaftlicher Geschäftsbetrieb (BFH 11.4.1990 – I R 122/87, BStBl. II 1990, 724). 17

9. Wissenschafts- und Forschungseinrichtungen (Nr. 9)

Nach der Rspr. des BFH ist die Auftragsforschung generell als stpfl. wirtschaftlicher Geschäftsbetrieb zu behandeln (BFH 30.11.1995 – V R 29/91, BStBl. II 1997, 189; vgl. zur bisherigen Praxis Thiel DB 1996, 1946). § 68 Nr. 9 wurde durch das JStG 1997 mWv 1.1.1997 (vgl. Art. 97 § 1e EGAO) eingefügt, um gemeinnützigen Forschungseinrichtungen die mit der Auftragsforschung verbundenen schwierigen Abgrenzungsfragen und Planungsunsicherheiten zu ersparen (BR-Drs. 390/96, 88; vgl. auch Lang/Seer Die Besteuerung der Drittmittelforschung, 1992; Olbertz DStZ 1996, 531; zur entgeltlichen Drittmittelverwaltung vgl. FG Berlin 4.9.2006 – 8 K 8390/02, EFG 2007, 291). 18

Die Regelung erfasst **alle Wissenschafts- und Forschungseinrichtungen** von gemeinnützigen Körperschaften iSd § 1 KStG einschl. der Betriebe gewerblicher Art von juristischen Personen des öffentlichen Rechts, wie zB die Forschungseinrichtungen von staatlichen Hochschulen. Die Träger der Forschungseinrichtungen müssen sich überwiegend aus Zuwendungen der öffentlichen Hand, Zuwendungen Dritter oder aus Vermögensverwaltung finanzieren. Nach Sinn und Zweck der Regelung genügt es für rechtlich selbständige Forschungseinrichtungen, wenn sie selbst überwiegend (zu mehr als 50 %) aus Zuwendungen der öffentlichen Hand, Zuwendungen Dritter oder Einnahmen aus Vermögensverwaltung finanziert werden (BFH 4.4.2007 – I R 76/05, BStBl. II 2007, 631; FG Baden-Württemberg 11.7.2002 – 3 K 67/99, EFG 2003, 22; zweifelnd HHSp § 68 Rn. 41 ff.). Zuwendungen sind freiwillige Leistungen Dritter, die ohne konkrete Gegenleistung gewährt werden (zB öffentliche Fördermittel, Leistungen der Deutschen Forschungsgemeinschaft, Spenden iSd § 10b EStG; BFH 4.4.2007 – I R 76/05, BStBl. II 2007, 631). Zur Feststellung der überwiegenden Finanzierung des Trägers ist eine Gegenüberstellung der Zuwendungen an den Träger von dritter Seite zuzüglich der Einnahmen aus der Vermögensverwaltung einerseits und der übrigen Einnahmen (netto) andererseits durchzuführen (BFH 10.5.2017 – V R 43/14, DStR 2017, 1433). Die Veräußerung der Beteiligung an einer Gesellschaft, an die der Gesellschafter zuvor entgeltliche Leistungen im Rahmen seines Unternehmens erbracht hat, gehört nicht zur Vermögensverwaltung (BFH 10.12.2020 – V R 5/20, DStR 2021, 607). Zur USt-Befreiung der Auftragsforschungstätigkeit öffentlich-rechtlicher Hochschulen gem. § 4 Nr. 21a UStG s. EuGH C-287/00, UVR 2002, 315.

19 **Gegenstand des Zweckbetriebes** iSd § 65 ist die Eigen- und Grundlagenforschung. Nach § 68 Nr. 9 S. 2 dient auch die Auftragsforschung dem gemeinnützigen Zweck und ist damit Teil des Zweckbetriebes. Die vom Gesetzgeber gewollte Begrenzung der Auftragsforschung auf eine für den Transfer der Forschungsergebnisse notwendige Nebentätigkeit (vgl. BR-Drs. 390/96, 88) führt dazu, dass ein Zweckbetrieb nur vorliegt, wenn das Schwergewicht der Tätigkeit auf der Eigen- und Grundlagenforschung liegt. Die Auftragsforschung kann nur als für den Transfer der Forschungsergebnisse notwendige Nebentätigkeit in die StVergünstigung einbezogen werden (BFH 26.9.2019 – V R 16/18, DStR 2019, 2586). Deshalb werden Forschungseinrichtungen, die ausschließlich Auftragsforschung betreiben, von der Zweckbetriebsfiktion nicht erfasst.

20 **Nicht zum Zweckbetrieb** gehören (§ 68 Nr. 9 S. 3) Tätigkeiten, die gesicherte wissenschaftliche Erkenntnisse lediglich anwenden, wie zB Materialprüfungen, Blutalkoholuntersuchungen im Auftrag der Strafverfolgungsbehörden, Schadstoffanalysen, sowie wirtschaftliche Tätigkeiten, denen der Forschungsbezug fehlt (zB Kantinen, Verwaltungstätigkeiten für andere Forschungseinrichtungen; BFH 26.9.2019 – V R 16/18, DStR 2019, 2586). Ausdrücklich ausgenommen ist auch die Übernahme von Projektträgerschaften (vgl. hierzu BFH 30.11.1995 – V R 29/91, BStBl. II 1997, 189). Hierdurch wird lediglich die Forschungsförderung Dritter fachlich betreut und deren verwaltungsmäßige Abwicklung übernommen. Wirtschaftliche Betätigungen, die für die Erfüllung des gemeinnützigen Zwecks nicht notwendig sind oder die in erster Linie der Beschaffung von zusätzlichen Mitteln für den steuerbegünstigten Bereich dienen, sind – mit Ausnahme der Auftragsforschung – auch weiterhin steuerpflichtig.

Vierter Abschnitt. Haftung

§ 69 Haftung der Vertreter

[1]Die in den §§ 34 und 35 bezeichneten Personen haften, soweit Ansprüche aus dem Steuerschuldverhältnis (§ 37) infolge vorsätzlicher oder grob fahrlässiger Verletzung der ihnen auferlegten Pflichten nicht oder nicht rechtzeitig festgesetzt oder erfüllt oder soweit infolgedessen Steuervergütungen oder Steuererstattungen ohne rechtlichen Grund gezahlt werden. [2]Die Haftung umfasst auch die infolge der Pflichtverletzung zu zahlenden Säumniszuschläge.

Schrifttum: Mösbauer, Die Haftung des Insolvenzverwalters im Steuerrecht, DStZ 2000, 443; Buciek, Geschäftsführerhaftung und Insolvenzverfahren, DStZ 2002, 112; Müller, Die steuerrechtliche Haftung des GmbH-Geschäftsführers in der Krise, GmbHR 2003, 389; Loose, Haftung nach § 69 AO bei Anfechtung durch den Insolvenzverwalter, AO-StB 2006, 14; Nacke, Ermessensfehler beim Erlass von Haftungsbescheiden gegen die GmbH oder deren Geschäftsführer, GmbHR 2006, 846; Jochum, Grundsätze der steuerlichen Geschäftsführerhaftung, DStZ 2007, 335; Möllmann, Haftungsfalle Ehrenamt – Persönliche Haftung des ehrenamtlichen Vereinsvorstands für Steuerschulden des gemeinnützigen Vereins, DStR 2009, 2125; Berninghaus, Der Geschäftsführer-Haftungsbescheid nach § 69 AO im finanzgerichtlichen Verfahren – Ermittlungspflichten des Finanzamts und Mitwirkungspflichten des Geschäftsführers bei der Haftungsinanspruchnahme für rückständige Umsatz- und Körperschaftsteuer der GmbH, DStR 2012, 1001; Bruschke, Die „Geschäftsführerhaftung" nach § 69 AO, DStZ 2012, 407; Nacke, Die Haftung für Steuerschulden, Köln 2017; Krause/Meier, Fallgruppen zur Haftung von „faktischen" GmbH-Geschäftsführern im Steuerrecht, DStR 2014, 905; Meyer, Die Geschäftsleiterhaftung für nicht entrichtete Steuern (§§ 69, 34 Abs. 1 AO) in Krise und Insolvenz der Kapitalgesellschaft, DStZ 2014, 228; Skauradszun/Schmidt, Detailfragen zur steuerlichen Haftung des Insolvenzverwalters, ZInsO 2014, 1784; Thole, Der Konflikt zwischen Steuerpflicht und Massesicherung in der vorläufigen Eigenverwaltung, DB 2015, 662; Sonnleitner/Winkelhog, Unternehmen saniert, Geschäftsführer pleite? – Zur steuerrechtlichen Haftung von Geschäftsführer und Vorstand in der Krise und im Rahmen der vorläufigen Eigenverwaltung, BB 2015, 88; Gehm, Die Haftung für Lohnsteuer gemäß § 42d EStG – Risikoprofil in der Praxis, StBp 2016, 315; Rose, Haftung des Insolvenzverwalters nach § 69 AO bei Masseunzulänglichkeit, ZIP 2016, 1520; Gehm, Die Haftung der Vertreter gemäß § 69 AO – Risikoprofil in der Praxis, StBp 2017, 135; Buchalik/Schröder/Rekers, Rechte und Haftungsrisiken des Geschäftsführers und des vorläufigen Sachwalters für Umsatzsteuerverbindlichkeiten im vorläufigen Eigenverwaltungsverfahren, ZInsO 2017, 905; Adam, Die abgabenrechtliche Haftung des Geschäftsführers, schwachen vorläufigen Insolvenzverwalters und vorläufigen Sachwalters, ZInsO 2017, 2289; Bruschke, Die Haftung der Vertreter nach § 69 AO – Teil I, BB 2017, 3040; Bruschke, Die Haftung der Vertreter nach § 69 AO – Teil II, BB 2018, 32; Kruth, Steuerliche Haftungsrisiken des Geschäftsführers nach Insolvenzantragstellung, DB 2018, M4, Jakobs/Kruth, § 15b InsO – neue Haftungsmaßstäbe bei Insolvenzreife, aber keine Entwarnung für Geschäftsleiter, DStR 2021, 2534; Günther, Unter diesen Voraussetzungen ist das FA zur Haftungsinanspruchnahme berechtigt, MBP 2024, 131.

Übersicht

A. Allgemeines

I. Bedeutung und Regelungszweck

Haften für fremde Schulden. Haften iSd § 69 bzw. der AO heißt Einstehenmüssen 1
für eine fremde Schuld (BFH 12.10.1999 – VII R 98/98, BStBl. II 2000, 486). Daher kann der StSchuldner nicht zugleich als Haftender in Anspruch genommen werden (BFH

2.5.1984 – VIII R 239/82, BStBl. II 1984, 695). Ein gegen den StSchuldner ergangener Haftungsbescheid kann nicht in einen StBescheid umgedeutet werden (BFH 7.12.1984 – VI R 72/82, BStBl. II 1985, 170). Zur Besonderheit der Geschäftsführerhaftung für die abzuführende LSt auf das eigene Geschäftsführergehalt → Rn. 25.

2 **Akzessorietät des Haftungsanspruchs.** Eine Haftungsschuld ist grds. akzessorisch zur Primärschuld des Stpfl. (BFH 13.7.1994 – I R 112/93, BStBl. II 1995, 198). Besteht kein materiell-rechtlicher StAnspruch gegen den Stpfl., kann auch kein Haftungsanspruch bestehen (TK Vor § 69 Rn. 16). Die Abhängigkeit des Haftungsanspruchs vom StAnspruch führt dazu, dass der Haftungsanspruch durch Zahlung der StSchuld erlischt. Wurde die Steuer bisher gegen den StSchuldner nicht festgesetzt und kann sie wegen Eintritt der Festsetzungsverjährung auch nicht mehr festgesetzt werden, darf ein Haftungsbescheid nicht ergehen (§ 191 V 1 Nr. 1). Der Eintritt der Zahlungsverjährung für den StAnspruch berührt die Rechtmäßigkeit eines vor Ablauf der Zahlungsverjährung erlassenen Haftungsbescheids dagegen nicht (BFH 11.7.2001 – VII R 28/99, BStBl. II 2002, 267; BFH 16.6.2005 – VII B 295/04, BFH/NV 2005, 1748). Gleiches gilt, wenn die festgesetzte Steuer verjährt oder erlassen worden ist (§ 191 V 1 Nr. 2). Allerdings besteht ein Haftungsanspruch auch, wenn keine vorherige Festsetzung der Steuer gegenüber dem StSchuldner erfolgt ist, eine solche aber grds. noch zulässig wäre (BFH 12.10.1999 – VII R 98/98, BStBl. II 2000, 486). Der Haftungsbescheid kann daher bis zum Ablauf der Festsetzungsfrist und grds. ohne Rücksicht auf die Verhältnisse des StSchuldners ergehen (TK § 69 Rn. 3).

3 Die Haftung hat **Schadensersatzcharakter,** weil der Haftende die StAusfälle, die er durch sein schuldhaftes Verhalten verursacht hat, ersetzen soll (BFH 22.3.2012 – XI B 1/12, BFH/NV 2012, 1170; BFH 5.6.2007 – VII R 65/05, BFH/NV 2007, 1942; BFH 25.2.1997 – VII R 15/96, BStBl. II 1998, 2). Daher beschränkt sich der Haftungsumfang nur auf die Steuern, die aufgrund der schuldhaften Pflichtverletzung des Haftenden ausgefallen sind (BFH 5.9.1989 – VII R 61/87, BStBl. II 1989, 979). Die Haftung nach § 69 ist allerdings keine Ausfallhaftung; vielmehr sind Schuldner und Gläubiger Gesamtschuldner (§ 44 I 1).

4 Als öffentlich-rechtlicher Anspruch ist die Haftung nach § 69 **nicht abdingbar,** sodass zivilrechtlich vereinbarte Haftungsausschlüsse zwischen dem Vertreter und dem Vertretenen nicht auf den Haftungsanspruch der FB einwirken können (BFH 27.3.1990 – VII R 26/89, BStBl. II 1990, 939). Die unterschiedliche Regelung der Haftung für Pflichtverletzungen gegenüber dem StGläubiger nach § 69 einerseits und gegenüber Privatgläubigern nach §§ 823, 826 BGB andererseits verstößt nicht gegen Art. 3 I GG (BFH 21.1.1972 – VI R 187/68, BStBl. II 1972, 364 (367); zustimmend TK § 69 Rn. 4). Der Europäische Gerichtshof hat die verschuldensabhängige Eigenhaftung von Leitungsorganen juristischer Personen für StSchulden der Gesellschaft (wie sie § 69 vorsieht) ausdrücklich als europarechtskonform bestätigt. Die Entscheidung stärkt die Position der deutschen FVerw. und bestätigt, dass die persönliche Haftung der Geschäftsführer mit dem Unionsrecht vereinbar ist – insb., weil die Haftung an ein Verschulden anknüpft und keine Verschuldensvermutung besteht (EuGH 14.11.2024 – C-613/23, KL, DStRE 2025, 37).

II. Konkurrenz zu den übrigen steuerlichen Haftungsvorschriften

5 Die Haftung nach § 69 tritt neben die übrigen bestehenden steuerrechtlichen Haftungstatbestände. § 69 schließt die Haftung nach anderen steuerrechtlichen Haftungsnormen somit nicht aus. Dies gilt insb. für eine Haftung des StHinterziehers nach § 71, die gleichzeitig und neben der Haftung nach § 69 bestehen kann (BFH 8.11.1994 – VII R 1/93, BFH/NV 1995, 657).

III. Konkurrenz zu zivilrechtlichen Haftungsvorschriften

Die FB kann einen Haftungsanspruch für StSchulden auch auf zivilrechtliche Anspruchs- 6
normen stützen. Die zivilrechtlichen Ansprüche werden nicht durch § 69 verdrängt, sondern können neben den steuerrechtlichen Haftungsnormen geltend gemacht werden (HHSp Vor §§ 69–77 Rn. 11). Lediglich ein Schadensersatzanspruch nach § 823 BGB iVm einem Schutzgesetz nach Maßgabe von § 69 ist ausgeschlossen (FG Baden-Württemberg 25.9.1991 – 2 K 141/85, EFG 1992, 204). Zu Einzelheiten der Haftung nach Zivilrecht → § 191 Rn. 4, 29 ff.

B. Voraussetzungen der Vertreterhaftung (S. 1)

I. Überblick

Die zum Kreis der §§ 34, 35 gehörenden Personen haften nach § 69, wenn sie im 20
Rahmen ihrer steuerlichen Aufgaben eine Pflicht verletzen, die ursächlich für den Eintritt eines Haftungsschadens gewesen ist, und die Pflichtverletzung schuldhaft begangen wurde. § 69 S. 1 stellt somit fünf Tatbestandsvoraussetzungen auf:

- Der Haftende muss dem Personenkreis der §§ 34, 35 angehören (→ Rn. 22 ff.).
- Er muss eine Pflichtverletzung begangen haben (→ Rn. 32 f.).
- Die Pflichtverletzung muss zu einem Haftungsschaden geführt haben (→ Rn. 41 ff.).
- Die Pflichtverletzung muss zudem für den Eintritt des Schadens ursächlich sein (→ Rn. 55 ff.).
- Der Haftende muss schuldhaft gehandelt haben (→ Rn. 66 ff.).

II. Mögliche Haftungsschuldner

Die als mögliche Haftungsschuldner nach § 69 in Betracht kommenden Personen sind 21
abschließend in §§ 34, 35 aufgeführt. Damit können nur haften:

- gesetzliche Vertreter natürlicher und juristischer Personen (dazu gehören insb. die Geschäftsführer von Kapitalgesellschaften);
- Geschäftsführer nicht rechtsfähiger Personenvereinigungen und Vermögensmassen;
- Mitglieder oder Gesellschafter nicht rechtsfähiger Personenvereinigungen, wenn es an einem Geschäftsführer fehlt;
- bei nicht rechtsfähigen Vermögensmassen diejenigen, denen das Vermögen zusteht, wenn es an einem Geschäftsführer fehlt;
- Vermögensverwalter iSd § 34 III;
- Verfügungsberechtigte iSd § 35.

Für die Haftung ist es ausreichend, dass der Haftende die entsprechende Stellung innehat. Es kommt dagegen nicht darauf an, ob und in welchem Umfang der Haftende die seiner Stellung entspr. Aufgaben tatsächlich wahrnimmt (BFH 11.3.2004 – VII R 52/02, BStBl. II 2004, 579; TK § 69 Rn. 7). Auch ein Strohmann ohne eigene Befugnisse kann nach § 69 haften (BFH 8.3.2006 – VII B 233/05, BFH/NV 2006, 1252 und → Rn. 23). Ebenso kann sich ein Verfügungsberechtigter iSd § 35 nicht auf Einschränkungen, die nur im Innenverhältnis gelten, berufen (BFH 8.12.2010 – VII B 102/10, BFH/NV 2011, 740 und → Rn. 23). Des Weiteren kann auch der Fremdgeschäftsführer einer GbR als Haftender in Betracht kommen (BFH 7.1.2003 – VII B 141/02, BFH/NV 2003, 593). Voraussetzung ist, dass die Aufgabenstellung des Betreffenden im Hinblick auf die Geschäfte der Gesellschaft umfassend ist, der Betreffende mit der Rechtsmacht ausgestattet ist, diese Aufgaben wahrzunehmen, und dies auch tatsächlich tut. Die fehlende Gesellschafterstellung schließt dann seine Haftung nicht aus (BFH 7.1.2003 – VII B 141/02, BFH/NV 2003, 593).

22 Seit 1.1.2024 ist zwischen rechtsfähigen und nicht rechtsfähigen Personengesellschaften zu unterscheiden (§ 14a). § 34 differenziert daher wie folgt:

Die gesetzlichen Vertreter natürlicher und juristischer Personen sowie rechtsfähiger Personenvereinigungen und die Geschäftsführer von Vermögensmassen haben deren steuerliche Pflichten zu erfüllen (§ 34 I 1).

Bei nicht rechtsfähigen Personenvereinigungen haben die Mitglieder, Gesellschafter oder Gemeinschafter die Pflichten iSd Abs. 1 zu erfüllen (§ 34 II 1).

23 **Tatsächliches Auftreten.** Die Haftung kann nicht nur denjenigen treffen, der die entsprechende Stellung als Vertreter etc. rechtlich innehat. Auch derjenige, der sich im Rechtsverkehr wie ein Geschäftsführer oder Gesellschafter geriert, ohne wirklich Geschäftsführer oder Gesellschafter zu sein, kommt gem. § 35 als Haftender – sog. faktischer Geschäftsführer – in Betracht (BFH 19.11.2002 – VII B 191/01, BFH/NV 2003, 442; BFH 5.3.1985 – VII B 69/84, BFH/NV 1987, 422). Hierfür ist nach dem Gesamtbild der Verhältnisse festzustellen, ob er faktisch wie ein Organmitglied aufgetreten ist und gehandelt hat (BFH 9.1.2013 – VII B 67/12, BFH/NV 2013, 898). Dies kommt häufig bei sog. „Strohmännern" in Betracht, die nur zum Schein als Geschäftsführer vorgegeben wurden (als „Strohmann" eingesetzt waren, BFH 11.3.2004 – VII R 52/02, BStBl. II 2004, 579; BFH 8.3.2006 – VII B 233/05, BFH/NV 2006, 1252). Trifft einen alleinigen formellen GmbH-Geschäftsführer ein sog. Übernahmeverschulden, weil er lediglich als „Strohmann" eingeplant und tätig geworden ist, kann er sich bei der Haftung nach § 69 weder damit entlasten, dass ihm ein Fehlverhalten des alleinigen (rein) faktischen Geschäftsführers nicht zugerechnet werden könne, noch damit, dass sich ein ihm allenfalls vorzuwerfendes Überwachungsverschulden nicht (kausal) auf die Entstehung des Haftungsschadens ausgewirkt habe, weil das Fehlverhalten auch bei ordnungsgemäßer Überwachung nicht habe aufgedeckt werden können (FG Münster 12.8.2022 – 4 K 1469/20 U, EFG 2022, 1797).

Der faktische Geschäftsführer muss sich an dem von ihm erzeugten Rechtsschein festhalten lassen. § 35 wird verwirklicht, wenn eine Person nach außen hin so auftritt, als könne sie umfassend über fremdes Vermögen verfügen, und wenn sie faktisch die Aufgaben eines Geschäftsführers wahrnimmt. Dabei ist das Innenverhältnis zum Vollmachtgeber grds. unbeachtlich (BFH 9.1.2013 – VII B 67/12, BFH/NV 2013, 898).

24 **Vertreter juristischer Personen.** Die Vertreter juristischer Personen, insb. **Geschäftsführer** einer GmbH, haften für den Zeitraum, für den die Vertretung besteht (BFH 27.10.1987 – VII R 12/84, BFH/NV 1988, 485). Daneben kann auch der faktische Geschäftsführer einer GmbH haften (BFH 11.3.2004 – VII R 52/02, BStBl. II 2004, 579). Für die Dauer der Vertreterstellung kommt es nicht auf die Handelsregistereintragung an, weil diese nur deklaratorisch ist (BFH 19.11.2002 – VII B 191/01, BFH/NV 2003, 442; BFH 26.2.1985 – VII R 110/79, BFH/NV 1985, 20). Vielmehr ist der Gesellschafterbeschluss maßgebend (vgl. auch FG Münster 18.6.2007 – 1 K 6201/03, EFG 2007, 1566). Zur Haftung des Geschäftsführers einer gelöschten GmbH vgl. BFH 27.2.1985 – I R 291/83, BFH/NV 1985, 63 (65). Als Haftungsschuldner iSv §§ 69, 34 kommt allerdings auch ein zwischenzeitlich ausgeschiedener Geschäftsführer in Betracht, wenn er ungeachtet der erkennbar entstehenden StAnsprüche für deren spätere Tilgung im Zeitpunkt der Fälligkeit keine Sorge trifft (BFH 25.4.2013 – VII B 245/12, BFH/NV 2013, 1063; BFH 20.5.2014 – VII R 12/12, BFH/NV 2014, 1353). Allein das Ausscheiden als Geschäftsführer aus dem „sinkenden Schiff" verhindert daher – und dies ist auch nur konsequent – eine Haftung nicht; vielmehr muss der Geschäftsführer bis zuletzt prüfen, welche Vorsorgemaßnahmen in Betracht kommen. Wird der Gesellschafter für verschiedene KapGes tätig, die untereinander verflochten sind, muss genau geprüft werden, für welche Gesellschaft er als Geschäftsführer gehandelt hat (BFH 13.1.1987 – VII R 149/83, BFH/NV 1987, 688). Er kann auch nach Eröffnung des Insolvenzverfahrens von der FB durch Haftungsbescheid in Anspruch genommen werden, weil die Sperrwirkung des § 93 InsO insoweit nicht eingreift (BFH 15.11.2012 – VII B 105/12, BFH/NV 2013, 587; BFH 2.11.2001 – VII B

155/01, BStBl. II 2002, 73; BGH 4.7.2002 – IX ZR 265/01, BStBl. II 2002, 786). Eine Zustimmung zum Insolvenzplan schließt die Haftung nicht aus, weil die im Insolvenzplan vereinbarte Befreiung von einer Forderung des FA nur zwischen den am Insolvenzplan Beteiligten wirkt (BFH 15.5.2013 – VII R 2/12, BFH/NV 2013, 1543). Der Insolvenzplan führt nicht zu einem Erlöschen eines Teils der StForderung und steht auch aus diesem Grund der Inanspruchnahme des Haftungsschuldners nicht entgegen.

Haftung für eigene Lohnsteuer. Der GmbH-Geschäftsführer kann nach § 69 auch für die eigene LSt, die auf sein Geschäftsführergehalt entfällt, haften. Zwar wird nach § 69 nur für eine fremde StSchuld gehaftet, sodass der StSchuldner nicht in Haftung genommen werden kann. Dennoch muss der Geschäftsführer für die eigene LSt haften, weil es sich um eine Haftung für die StEntrichtungsschuld der GmbH handelt (BFH 15.4.1987 – VII R 160/83, BStBl. II 1988, 167). 25

Steuerberater und Rechtsanwälte haften in ihrer Funktion als steuerliche Berater nicht nach § 69 (Gosch AO § 69 Rn. 13). Eine Haftung kommt bei diesen Personen erst in Betracht, wenn ihre Tätigkeit die Voraussetzungen der §§ 34, 35 erfüllt. 26

StBerater und Rechtsanwälte können insb. als **Verfügungsberechtigte** iSd § 35 (zB als Testamentsvollstrecker) tätig werden und sind dann dem Haftungsrisiko des § 69 ausgesetzt (TK § 69 Rn. 9). Sie können gegen eine Haftung nicht mit Erfolg einwenden, Einschränkungen im Innenverhältnis beachten zu müssen (BFH 8.12.2010 – VII B 102/10, BFH/NV 2011, 740). Entscheidend für die Haftung ist allein, ob der Verfügungsberechtigte aufgrund bürgerlich-rechtlicher Verfügungsmacht im Außenverhältnis wirksam handeln kann. Die FB ist dann nach § 191 II vor Erlass eines Haftungsbescheides verpflichtet, der zuständigen **Berufskammer** die Möglichkeit zur Stellungnahme einzuräumen.

Prokuristen haften trotz ihrer rechtlich umfangreichen Vertretungsmacht, die ihnen nach § 49 HGB eingeräumt ist, nur, wenn sie mit der Wahrnehmung steuerlicher Pflichten betraut wurden und die Voraussetzungen des § 35 erfüllt werden (BFH 19.7.1984 – V R 70/79, BStBl. II 1985, 147). Der Prokurist ist im Unterschied zum Geschäftsführer oder Vorstand nicht Organ des Vertretenen. Er ist lediglich Beauftragter seines Geschäftsherrn und als solcher an den ihm bestimmten Wirkungskreis gebunden (BFH 19.7.1984 – V R 70/79, BStBl. II 1985, 147). Daher kann sich ein Prokurist vom Schuldvorwurf mit Hinweis auf seine Weisungsgebundenheit ausnahmsweise befreien (FG Rheinland-Pfalz 23.3.1979 – IV 211/76, EFG 1979, 527). Der Prokurist einer GmbH, dem die Abgabe von StAnmeldung und die fristgerechte Entrichtung der geschuldeten Steuer übertragen worden ist, haftet dagegen nach §§ 69, 35, wenn er diese Pflichten grob fahrlässig verletzt (BFH 23.4.2007 – VII B 92/06, BStBl. II 2009, 622). 27

Ehrenamtliche Vereinsvorsitzende. Vorsitzende eines eingetragenen Vereins sind dem Haftungsrisiko selbst dann ausgesetzt, wenn sie nur ehrenamtlich tätig sind (BFH 23.6.1998 – VII R 4/98, BStBl. II 1998, 761; FG Münster 19.3.1997 – 1 K 6521/96, EFG 1998, 702; Möllmann DStR 2009, 2125). Sie haften in gleicher Weise wie Geschäftsführer einer GmbH (Zugmaier/Nöcker § 69 Rn. 85). Auch zweite Vorsitzende können in Haftung genommen werden. Dies gilt auch für den Fall, dass die Aufgaben im Vorstand ursprünglich so verteilt wurden, dass der erste Vorsitzende die steuerlichen Angelegenheiten regeln soll. Allerdings müssen dem zweiten Vorsitzenden in diesem Fall die Liquiditätsprobleme des Vereins bekannt gewesen sein (BFH 21.8.2000 – VII B 260/99, BFH/NV 2001, 413). Waren sie ihm nicht bekannt, kann er sich haftungsbefreiend auf eine wirksame Geschäftsverteilung wie einer von mehreren Geschäftsführern einer GmbH berufen (BFH 13.3.2003 – VII R 46/02, BStBl. II 2003, 556). 28

Liquidator. Ein Liquidator kann als gesetzlicher Vertreter einer GmbH nach § 69 haften (BFH 9.1.1997 – VII R 51/96, BFH/NV 1997, 324). Er handelt pflichtwidrig, wenn er vor Ablauf des Sperrjahres Vermögen an die Gesellschafter auszahlt, obwohl er Kenntnis über anstehende StZahlungen hat (BFH 16.6.1971 – I R 58/68, BStBl. II 1971, 614). Ebenso darf der Liquidator nicht zur USt optieren, soweit für ihn erkennbar ist, dass ihm keine ausreichenden Mittel zur Begleichung der USt-Schuld zur Verfügung stehen 29 werden (BFH 9.1.1997 – VII R 51/96, BFH/NV 1997, 324; beachte aber auch BFH 28.11.2002 – VII R 41/01, BStBl. II 2003, 337).

30 **Insolvenzverwalter** dürfen die FB nicht gegenüber den anderen Gläubigern des Schuldners benachteiligen (BFH 21.6.1994 – VII R 34/92, BStBl. II 1995, 230). Auch für sie gilt der Grundsatz der anteiligen Tilgung der StSchulden (zu Einzelheiten → Rn. 94 ff.). Für eine vorsätzlich nach § 14 III UStG ausgelöste USt-Schuld haften sie jedoch unbeschränkt, auch wenn es an Mitteln zur Begleichung der StSchuld fehlt. In diesem Fall können sie sich nicht auf den haftungsbeschränkenden Grundsatz der anteiligen Tilgung berufen (BFH 21.6.1994 – VII R 34/92, BStBl. II 1995, 230). Der Insolvenzverwalter handelt pflichtwidrig, wenn er ein Grundstück unter Verzicht auf die USt-Befreiung veräußert und den Kaufpreisanspruch an den Grundpfandgläubiger abtritt, obwohl er weiß, dass Mittel zur Tilgung der USt-Schuld nicht vorhanden sind (BFH 28.11.2002 – VII R 41/01, BStBl. II 2003, 337). § 92 InsO übt gegenüber § 69 keine Sperrwirkung aus (BFH 11.3.2008 – VII B 214/06, BFH/NV 2008, 1291).

III. Pflichtverletzung

32 Die von § 69 betroffenen Personen müssen die ihnen durch §§ 34, 35 auferlegten steuerlichen Pflichten beachten. Dazu gehören insb. die Pflicht zur **Abgabe (richtiger) StErklärungen** und die Pflicht zur Entrichtung von Steuern. Verstöße gegen diese Verpflichtungen können zur Haftung führen (BFH 5.3.1991 – VII R 93/88, BStBl. II 1991, 678). Jedoch ist nicht jeder Verstoß gegen gesetzliche Pflichten haftungsbegründend. Die in § 69 genannten Personen müssen vielmehr gegen steuerrechtliche Pflichten verstoßen. Ein Verstoß gegen handelsrechtliche Bestimmungen reicht für § 69 nicht aus (BFH 7.10.1977 – III R 131/73, NJW 1978, 447; Klein § 69 Rn. 46). Daher liegt keine Pflichtverletzung iSd § 69 vor, wenn ein Geschäftsführer einen Konkurs- bzw. Insolvenzantrag verspätet stellt (BFH 2.2.1988 – VII R 90/86, BFH/NV 1988, 487).

33 **Zeitpunkt der Pflichtverletzung.** Die Pflichtverletzung muss während der Amtszeit des Vertreters begangen worden sein (BFH 26.2.1985 – VII R 110/79, BFH/NV 1985, 20). Dies ist zu beachten, wenn ein Geschäftsführer durch Gesellschafterbeschluss abberufen wurde. Für Steuern, die nach seiner **Abberufung** ausgefallen sind, haftet er nicht mehr, außer der Ausfall beruht auf einer während seiner Amtszeit begangenen Pflichtverletzung. Dabei ist die Geschäftsführertätigkeit mit dem Gesellschafterbeschluss beendet; auf die Handelsregistereintragung der Abberufung kommt es nicht an, weil diese nur deklaratorischen Charakter besitzt (BFH 26.2.1985 – VII R 110/79, BFH/NV 1985, 20). Andererseits haftet ein Geschäftsführer für vor seiner Bestellung abgegebene unrichtige StErklärungen, wenn er (nachträglich) die Unrichtigkeit erkennt (BFH 7.3.2007 – I B 99/06, BFH/NV 2007, 1801), da er zur Berichtigung der StErklärungen gem. § 153 verpflichtet ist (→ § 153 Rn. 15).

35 **Grundsatz der anteiligen Tilgung.** Die in § 69 genannten Personen dürfen die FB nicht gegenüber anderen Gläubigern benachteiligen, wenn ausreichende Mittel zur vollständigen Befriedigung aller Gläubiger fehlen (BFH 26.10.2011 – VII R 22/10, BFH/NV 2012, 777; BFH 1.8.2000 – VII R 110/99, BStBl. II 2001, 271 mwN). Es besteht die Pflicht zur anteiligen Tilgung aller Verbindlichkeiten. Danach muss der Vertreter die vorhandenen Mittel gleichmäßig zur Tilgung aller bestehenden Verbindlichkeiten verwenden. Eine Verpflichtung zur vorrangigen Befriedigung der FB besteht dagegen nicht (HHSp § 69 Rn. 14). Allerdings darf sich der Vertreter nicht durch Vorwegbefriedigung anderer Gläubiger außerstande setzen, die später fällig werdenden Steuern zu bezahlen (Klein § 69 Rn. 58). Zu Einzelheiten → Rn. 94 ff.

36 **Insolvenzrechtliche Besonderheiten.** Durch das SanInsFoG v. 22.12.2020 (BGBl. 2020 I 3256) wurde § 15b InsO neu in die InsO eingefügt. § 15b InsO fasst die bislang in unterschiedlichen Gesetzen verteilten Regelungen zu den Zahlungsverboten im Falle der Insolvenzreife (§ 64 S. 2 GmbHG, § 92 Abs. 2 AktG, §§ 130a I, 177 Satz 1

HGB, § 99 S. 2 GenG) rechtsformneutral zusammen. Nach § 15a Abs. 1 S. 1 InsO dürfen die Vertreter etc. nach dem Eintritt der Zahlungsunfähigkeit oder der Überschuldung der juristischen Person keine Zahlungen mehr für diese vornehmen. Dies gilt jedoch nicht für Zahlungen, die mit der Sorgfalt eines ordentlichen und gewissenhaften Geschäftsleiters vereinbar sind (§ 15b Abs. 1 S. 2 InsO). Für steuerliche Zwecke ist § 15a VIII InsO zu beachten (→ Rn. 71).

§ 55 IV InsO idF des SanInsFoG v. 22.12.2020 (BGBl. 2020 I 3256) enthält eine Privilegierung des Fiskus im Verfahren der vorläufigen Eigenverwaltung. Die Gesetzesänderung reagiert auf die Rspr., wonach durch die vorläufige Eigenverwaltung keine Masseverbindlichkeiten begründet werden (BFH 7.5.2020 – V R 14/19, ZInsO 2020, 1788) und der vorläufige Sachwalter grds. nicht zum Personenkreis der §§ 34, 35 gehört. Ein vorläufiger Sachwalter ist allerdings zumindest dann als Verfügungsberechtigter iSd § 35 anzusehen, wenn er nach Übernahme der Kassenführung gem. § 275 II InsO auf seinen Namen ein Anderkonto bei einer Bank eröffnet und sämtliche eingehenden und ausgehenden Zahlungen des Schuldners über dieses Konto abwickelt (BFH 20.2.2024 – VII R 16/21, BB 2024, 2209). 37

Das FG Münster hat entschieden, dass die Haftung des Geschäftsführers nach § 69 entfällt, wenn iRd vorläufigen Eigenverwaltung nach § 270a InsO ein Zustimmungsvorbehalt für steuerliche Zahlungen angeordnet wurde. In diesem Fall liegt die Verantwortung nicht mehr beim Geschäftsführer, sondern beim vorläufigen Sachwalter (FG Münster 3.4.2017 – 7 V 492/17 U, EFG 2017, 883). Nach § 55 IV InsO gelten USt-Verbindlichkeiten des Insolvenzschuldners, die vom Schuldner nach Bestellung eines vorläufigen Sachwalters begründet worden sind, nach Eröffnung des Insolvenzverfahrens als Masseverbindlichkeit. Dies gilt gem. § 55 IV 2 Nr. 4 InsO auch für Lohnsteuerverbindlichkeiten.

IV. Schaden

Allein eine (schuldhafte) Verletzung steuerlicher Pflichten begründet noch keine Haftung. Vielmehr muss die Pflichtverletzung auch zu einem Schaden beim StGläubiger geführt haben, der durch die Pflichtverletzung verursacht wurde (BFH 22.3.2012 – XI B 1/12, BFH/NV 2012, 1170). Dieser Schaden kann darin bestehen, dass die Steuern nicht oder nicht rechtzeitig festgesetzt oder erfüllt werden oder dem Stpfl. StVergütungen oder StErstattungen ohne rechtlichen Grund gezahlt wurden. Soweit ein Schaden nicht eingetreten ist, weil der Vertretene (StSchuldner) die Primärschuld entrichtet hat, kommt eine Haftung nicht in Betracht (FG Niedersachsen 7.12.1994 – XI 305/91, EFG 1995, 698). 41

1. Nicht oder nicht rechtzeitig festgesetzt

Nicht festgesetzt. Grundsätzlich wird eine Steuer nach Abgabe einer StErklärung durch Bescheid festgesetzt. Beruht die fehlende Bescheiderteilung auf einer schuldhaften Pflichtverletzung des Vertreters, so muss er haften. Nicht festgesetzt ist die Steuer aber auch insoweit, als durch Abgabe einer falschen StErklärung die Festsetzung zu niedrig erfolgt (BFH 12.4.1988 – VII R 131/85, BStBl. II 1988, 742). Da die StAnmeldung einer StFestsetzung unter dem Vorbehalt der Nachprüfung gleichsteht (§ 168), haftet der Vertreter auch, wenn eine Steuer aufgrund schuldhafter Pflichtverletzung nicht angemeldet wurde (Klein § 69 Rn. 19). 44

Nicht rechtzeitig festgesetzt wird eine Steuer, wenn eine StAnmeldung nicht zu dem gesetzlich festgelegten Zeitpunkt abgegeben wird (BFH 11.12.1990 – VII R 85/88, BStBl. II 1991, 282). Problematisch ist die Bestimmung dieses Zeitpunkts bei den Veranlagungssteuern (ESt, KSt). § 155 sieht lediglich vor, dass die Steuern festzusetzen sind; ein bestimmter Zeitpunkt ist gesetzlich nicht festgelegt. Aus diesem Grund ist darauf abzustellen, wann die Festsetzung nach dem üblichen Gang der Veranlagungsarbeit hätte erfolgen können, wenn die StErklärung vorgelegen hätte (Nacke Rn. 51). Dazu ist zu ermitteln, ob das FA unter Berücksichtigung aller Umstände des konkreten Einzelfalls bei 45 rechtzeitiger Abgabe der StErklärung die StForderung hätte realisieren können (BFH 29.11.2006 – I R 103/05, BFH/NV 2007, 1067). Die Annahme, das FA hätte bei Abgabe der StErklärung innerhalb der Abgabefrist die Steuer nicht vor Ablauf der (verlängerten) Erklärungsfrist für das Folgejahr festgesetzt, ist nur zulässig, wenn sie auf konkrete Feststellungen zur Bearbeitungspraxis des FA in vergleichbaren Fällen gestützt werden kann (BFH 29.11.2006 – I R 103/05, BFH/NV 2007, 1067). Eine generalisierende Unterstellung eines solchen Geschehensablaufs ohne die Ermittlung konkreter Umstände lässt sich auch nicht aus der bisherigen Rspr. des BFH ableiten (Klein § 69 Rn. 19; insoweit missverständlich BFH 18.3.1970 – I R 176/69, BStBl. II 1970, 556 und BFH 6.3.2001 – VII R 17/00, BFH/NV 2001, 1100). Vielmehr muss das jeweilige FA den Nachweis erbringen, dass es die Veranlagung im Einzelfall tatsächlich zu einem früheren Zeitpunkt hätte durchführen können.

2. Nicht oder nicht rechtzeitig erfüllt

48 **Nicht erfüllt** sind die StAnsprüche, wenn die festgesetzte und fällige Steuer nicht aus den Mitteln des Vertretenen gezahlt wurde (HHSp § 69 Rn. 27).

49 **Nicht rechtzeitig erfüllt.** Der Vertreter muss die Steuern für den Vertretenen bei Fälligkeit entrichten. Erfüllt er diese Pflicht nicht, tritt ein haftungsbegründender Schaden ein (BFH 12.4.1988 – VII R 131/85, BStBl. II 1988, 742). Da für die Rechtzeitigkeit auf die Fälligkeit abzustellen ist, kann ein Haftungsanspruch bei Gewährung einer Stundung nicht entstehen, weil die Stundung die Fälligkeit verschiebt (TK § 69 Rn. 18). Voraussetzung ist jedoch, dass die Stundung vor Fälligkeit gewährt wird (Klein § 69 Rn. 20). Wird die Stundung erst nachträglich gewährt, lässt dies den einmal entstandenen Haftungsanspruch nicht entfallen (BFH 8.7.2004 – VII R 55/03, BStBl. II 2005, 7; BFH 26.2.1991 – VII R 107/89, BFH/NV 1991, 578). Gleiches gilt für die AdV (§ 361 AO, § 69 FGO) und den Zahlungsaufschub (§ 223), weil auch hier die Fälligkeit hinausgeschoben wird (TK § 69 Rn. 18; aA FG Rheinland-Pfalz 25.9.1995 – 5 K 1685/95, EFG 1996, 402). Die Niederschlagung und der Vollstreckungsaufschub beeinflussen die Fälligkeit der Steuer dagegen nicht.

3. Steuererstattung und Steuervergütung

52 Zahlt die FB StErstattungen oder StVergütungen ohne rechtlichen Grund an den Vertretenen aus, kann ein Schaden iSd § 69 eintreten. Dies war bis zur Änderung des Gesetzes durch das SteuerbereinigungsG 1986 umstritten. Nunmehr ist dies ausdrücklich in § 69 S. 1 geregelt (zu Einzelheiten s. TK § 69 Rn. 19).

V. Kausalzusammenhang zwischen Pflichtverletzung und Schaden

55 Die Haftung nach § 69 hat Schadensersatzcharakter (→ Rn. 3). Daher setzt die Haftung des Vertreters voraus, dass die von ihm begangene Pflichtverletzung ursächlich für den eingetretenen StAusfall (Schaden) gewesen ist (BFH 29.11.2006 – I R 103/05, BFH/NV 2007, 1067; BFH 11.8.2005 – VII B 244/04, BStBl. II 2006, 201; BFH 26.1.2016 – VII R 3/15, BFH/NV 2016, 893). Hätte die FB auch bei pflichtgemäßem Verhalten des Vertreters einen Schaden erlitten, kann sie diesen nicht in Haftung nehmen. Die Pflichtverletzung ist ursächlich für den eingetretenen Schaden, wenn sie allgemein oder erfahrungsgemäß geeignet ist, den eingetretenen Erfolg zu verursachen (sog. **Adäquanztheorie**). Damit soll die Haftung dadurch begrenzt werden, dass ein völlig ungewöhnlicher Kausalverlauf ausgeschlossen wird. Für den Fall der Pflichtverletzung durch **Unterlassen,** zB bei Nichtabgabe einer StErklärung, muss die Pflichtverletzung nicht hinweggedacht werden können, ohne dass der Schaden entfiele (Klein § 69 Rn. 130). Die bloße Möglichkeit oder eine gewisse Wahrscheinlichkeit des Nichteintritts des Schadens genügen dazu nicht (BFH 17.11.1992 – VII R 13/92, BStBl. II 1993, 471). Hat der Geschäftsführer die StErklärung pflichtwidrig nicht abgegeben, entfällt die Haftung allerdings nur dann, wenn der Geschäftsführer auch bei Vermeidung des ihm vorgeworfenen Pflichtenverstoßes, also durch

das ihm abverlangte rechtmäßige Verhalten, den Schaden verursacht hätte (sog. **rechtmäßiges Alternativverhalten;** vgl. BFH 23.4.2014 – VII R 28/13, BFH/NV 2014, 1489; TK § 69 Rn. 20). Die neuere Rspr. des BFH hat den Rückgriff auf den Schadensbegriff allerdings erheblich eingeschränkt: Die zivilrechtlichen Grundsätze zum hypothetischen Kausalverlaufs sowie die Lehre vom Schutzzweck der verletzten Norm sollen nicht „uneingeschränkt" angewendet werden können (BFH 26.9.2012 – VII R 3/11, BFH/NV 2013, 337). Dies ist bedauerlich, da die „Sicherung des Steueraufkommens" im Prinzip nahezu immer als Argument angebracht werden kann und daher nicht per se überzeugt. Der BFH berücksichtigt zudem – mE ebenfalls systemwidrig – kein haftungsminderndes Mitverschulden. Als Begründung wird angeführt, bei der Haftung handle es sich um eine „Sonderverbindlichkeit" gegenüber dem Fiskus, die mit den zivilrechtlichen Ansprüchen aus rechtsgeschäftlicher Haftung, Vertrauenshaftung und unerlaubter Handlung zwar vergleichbar sei, allerdings den Zweck verfolge, den Vertreter zur ordnungsgemäßen Erfüllung der ihm obliegenden Pflichten anzuhalten und das StAufkommen durch Schaffung einer Rückgriffsmöglichkeit zu sichern (BFH 4.12.2007 – VII R 18/06, BFH/NV 2008, 521). Auch den Gesichtspunkt des Vorteilsausgleichs will der BFH nicht angewendet wissen (BFH 26.9.2012 – VII R 3/11, BFH/NV 2013, 337). Deshalb soll auch bei der Umsatzsteuer (zB bei einem Scheingeschäft) nicht zu berücksichtigen sein, wenn der durch die unberechtigte Geltendmachung von VorSt-Beträgen aus einer Eingangsrechnung in vollem Umfang dadurch kompensiert wird, dass der (angebliche) Empfänger der Leistung die in der Rechnung des Lieferanten ausgewiesene USt entrichtet (BFH 26.9.2012 – VII R 3/11, BFH/NV 2013, 337). Das soll sogar bei einer Überkompensation gelten. Auch diese Rspr. ist kritisch zu hinterfragen, auch wenn zu berücksichtigen ist, dass bei der USt verschiedene Stpfl. betroffen sind. Immerhin soll die pflichtwidrige Nichtbeachtung der in § 13b II 2 iVm § 13 I 1 Nr. 4 UStG angeordneten Umkehr der StSchuldnerschaft ggf. dazu führen, dass kein Schaden anzunehmen ist, weil die USt zwar nicht vom Leistungsempfänger (StSchuldner), aber stattdessen von dem Leistenden abgeführt wird (BFH 6.12.2011 – XI S 9/11 (PKH), BFH/NV 2012, 807). Dem ist zuzustimmen (so auch Klein § 69 Rn. 138).

Schadenszurechnung und Insolvenzanfechtung. Die Haftung entfällt auch nicht dadurch, dass der Insolvenzverwalter die innerhalb von drei Monaten vor Eröffnung des Insolvenzverfahrens (hypothetisch) geleisteten (LSt-)Zahlungen nach § 130 InsO hätte zurückfordern können (BFH 5.6.2007 – VII R 65/05, BStBl. II 2008, 273; BFH 19.9.2007 – VII R 39/05, BFH/NV 2008, 18; krit. Rüsken NWB 2009, 196). Der Schutzzweck des § 69 rechtfertigt es, dass ein hypothetischer Kausalverlauf im Falle einer gedachten Anfechtung nach §§ 129 ff. InsO die Schadenszurechnung nicht entfallen lässt (BFH 5.6.2007 – VII R 65/05, BStBl. II 2008, 273). Ein Geschäftsführer haftet daher für nicht abgeführte LSt, selbst wenn der Insolvenzverwalter die Zahlungen aufgrund seines Anfechtungsrechts nach § 130 InsO vom FA hätte zurückfordern können (BFH 4.12.2007 – VII R 18/06, BFH/NV 2008, 521).

Vollstreckungsmöglichkeit verhindert. Die Kausalität der Pflichtverletzung ist auch 56
zu bejahen, wenn sich die Vollstreckungsmöglichkeiten der FB verschlechtert haben (BFH 5.3.1991 – VII R 93/88, BStBl. II 1991, 678), zB wenn die StErklärung verspätet abgegeben wird (BFH 26.8.1992 – VII R 50/91, BStBl. II 1993, 8). Dies gilt ebenso, soweit durch die Pflichtverletzung eine Verrechnungsmöglichkeit der FB verhindert wird (BFH 25.4.1995 – VII R 99–100/94, BFH/NV 1996, 97).

Fehlende Mittel bei Fälligkeit. Werden die StForderungen im Zeitpunkt der Fäl- 57
ligkeit nicht entrichtet, so kommt eine Haftung nur insoweit in Betracht, als im Fälligkeitszeitpunkt ausreichende Mittel zur Begleichung der StSchuld vorhanden waren (BFH 6.3.2001 – VII R 17/00, BFH/NV 2001, 1100). War dies nicht der Fall, fehlt es an der Ursächlichkeit der Pflichtverletzung für den Schaden (HHSp § 69 Rn. 37). Jedoch muss der Vertreter seine Pflicht zur anteiligen Tilgung aller Schulden aus den vorhandenen Mitteln beachten (zu Einzelheiten → Rn. 94 ff.; BFH 26.1.2016 – VII R 3/15, BFH/NV 2016, 893). Gleiches gilt, wenn der Vertreter die Erklärungspflichten zwar verletzt

hat, aber auch bei rechtzeitiger Abgabe der StErklärung keine ausreichenden Mittel im Fälligkeitszeitpunkt zur Verfügung gestanden hätten (BFH 11.8.2005 – VII B 244/04, BStBl. II 2006, 201).

60 **Insolvenzverfahren.** Der Vertreter verletzt zwar seine Pflichten, wenn er die Löhne bei Liquiditätsproblemen nicht ausreichend kürzt, um die LSt bei Fälligkeit abzuführen. Diese Pflichtverletzung ist aber nicht mehr ursächlich für den StAusfall, sofern aufgrund der zwischenzeitlich eingetretenen Insolvenz des Vertretenen ein allgemeines Verfügungsverbot des Gerichts ergangen war (BFH 17.11.1992 – VII R 13/92, BStBl. II 1993, 471). Denn der Vertreter hätte bei Fälligkeit der LSt nicht mehr über die Mittel verfügen dürfen. Die Haftung entfällt auch, wenn ein vorläufiger Insolvenzverwalter eine Kontensperrung veranlasst. Dem Geschäftsführer kann in diesem Fall nicht vorgeworfen werden, er hätte vor Stellung des Insolvenzantrags Vorsorge für eine spätere Zahlung an das FA treffen müssen (BFH 5.6.2007 – VII R 19/06, BFH/NV 2007, 2225). Dagegen haftet der Geschäftsführer, wenn er die LSt nicht zum Fälligkeitszeitpunkt bezahlt und der Insolvenzverwalter die Zahlung nur wegen der verspäteten Zahlung erfolgreich anfechten konnte. Die verspätete Zahlung ist dann kausal für den dem Fiskus entstandenen Schaden, wenn der Fälligkeitszeitpunkt vor dem Beginn der dreimonatigen Insolvenzanfechtungsfrist des § 130 InsO lag (BFH 11.11.2008 – VII R 19/08, BStBl. II 2009, 342). Der Insolvenzverwalter über das Vermögen des Geschäftsführers haftet nicht, wenn der Geschäftsführer seine Pflichten iSd § 69 verletzt hatte, weil die Arbeitskraft des Insolvenzschuldners (hier: Geschäftsführer) nicht zur Insolvenzmasse gehört (BFH 21.7.2009 – VII R 49/08, BStBl. II 2010, 13; beachte aber nunmehr § 35 Abs. 2 InsO; s. dazu Bartone DB 2010, 359). Der Insolvenzverwalter kommt als Adressat des Haftungsbescheids nur in Betracht, wenn der Haftungsanspruch auf eine Verwaltungsmaßnahme des Insolvenzverwalters in Bezug auf die Insolvenzmasse zurückzuführen ist.

61 **Schonfrist.** Nutzt der Vertreter die Schonfrist des § 240 III aus und wird der Vertretene innerhalb dieser Frist unerwartet zahlungsunfähig, muss der Vertreter haften (BFH 11.12.1990 – VII R 85/88, BStBl. II 1991, 282).

62 Im Insolvenzverfahren ist bis zur Verfahrenseröffnung danach zu unterscheiden, ob ein (vorläufiger) „starker" oder ein „schwacher" Insolvenzverwalter bestellt wird:

(1) Wird ein vorläufiger Insolvenzverwalter – ggf. unter Anordnung eines allgemeinen Zustimmungsvorbehalts – bestellt, verbleibt die Verwaltungs- und Verfügungsbefugnis beim gesetzlichen Vertreter der GmbH. Dann bleibt der Geschäftsführer in der Pflicht. Der Geschäftsführer kann sich nicht allein mit der Behauptung entlasten, er habe angenommen, der vorläufige Insolvenzverwalter werde seine Zustimmung zur Abgabentilgung verweigern; hypothetische Kausalverläufe sind nicht zu berücksichtigen. Nur bei konkreten und eindeutigen objektiven Anhaltspunkten für die Sinnlosigkeit der Anfrage kann auf diese verzichtet werden (BFH 26.9.2017 – VII R 40/16, BStBl. II 2018, 772; BFH 22.10.2019 – VII R 30/18, ZIP 2020, 911). Der Vertreter usw. haftet so lange, bis ihm durch Bestellung eines (starken) vorläufigen Insolvenzverwalters oder durch die Eröffnung des Insolvenzverfahrens die Verfügungsbefugnis entzogen wird.

(2) Wird dagegen ein vorläufiger starker Insolvenzverwalter bestellt, geht die Verfügungsbefugnis auf diesen über. Der bisherige gesetzliche Vertreter wird dadurch „entpflichtet" und kann nur für Pflichtverletzungen in Anspruch genommen werden, die bis zu diesem Zeitpunkt verwirklicht wurden. Die FB handelt daher ermessensfehlerhaft, wenn sie den „starken" vorläufigen Insolvenzverwalter der GmbH als weiteren Haftungsschuldner außer Betracht lässt (FG Berlin-Brandenburg 2.7.2009 – 9 K 2590/03, EFG 2009, 1988).

(3) Der Geschäftsführer haftet nicht, wenn die Bank die Kreditlinie überraschend kündigt, der Geschäftsführer daraufhin Insolvenz anmelden muss und der vorläufige Insolvenzverwalter die Rücklastschrift der im Lastschrifteinzugsverfahren bereits entrichteten LSt veranlasst (BFH 19.2.2010 – VII B 190/09, BFH/NV 2010, 1120).

(4) Der Geschäftsführer handelt nicht schuldhaft, wenn er
- Steuern (zB LSt) wegen Zustimmungsverweigerung des vorläufigen Insolvenzverwalters nicht entrichtet (BFH 5.6.2007 – VII R 19/06, BFH/NV 2007, 2225),
- nicht kurzfristig nach einer durch den Insolvenzverwalter veranlassten Stornierung von Überweisungsaufträgen rechtliche Schritte gegen den Insolvenzverwalter oder die Bank einleitet (BFH 3.12.2004 – VII B 178/04, BFH/NV 2005, 661),
- bei der Eigenverwaltung der Sachwalter der Zahlung der StSchulden ausdrücklich nicht zugestimmt hat (FG Münster 3.4.2017 – 7 V 492/17 U, EFG 2017, 883),
- bei noch ausreichenden Zahlungsmitteln die Anweisung erteilt, die LSt an das FA zu überweisen, anschließend die Eröffnung des Insolvenzverfahrens beantragt, und der am Tag der Insolvenzantragstellung bestellte vorläufige Insolvenzverwalter die Überweisung trotz Aufforderung nicht billigt bzw. nicht ausführt (FG Münster 3.3.2016 – 1 K 2243/12 L, ZinsO 2016, 1760).

VI. Verschulden

1. Vorsatz und grobe Fahrlässigkeit

Die in §§ 34, 35 genannten Personen haften nur für eine Pflichtverletzung, die sie schuldhaft begangen haben. Dabei ist der Verschuldensgrad auf Vorsatz und grobe Fahrlässigkeit beschränkt. Ein Vertreter, dem nur **leichte Fahrlässigkeit** zur Last gelegt werden kann, haftet nicht (HHSp § 69 Rn. 38). Das Verschulden muss sich auf die Pflichtverletzung und nicht auf den dadurch entstandenen Schaden beziehen (BFH 26.2.1991 – VII R 107/89, BFH/NV 1991, 578). Die objektive Pflichtwidrigkeit indiziert den Schuldvorwurf (BFH 25.7.2003 – VII B 240/02, BFH/NV 2003, 1540). 66

Ein **Rechtsirrtum** kann den Schuldvorwurf entfallen lassen (BFH 22.11.2005 – VII R 21/05, BStBl. II 2006, 397; BFH 26.4.1988 – VII R 105/85, BFH/NV 1988, 625). Dies gilt insb., wenn der Vertreter sich auf die eindeutige Auskunft eines StBeraters oder Rechtsanwalts verlässt. Daher darf er auf die Auskunft seines steuerlichen Beraters vertrauen, wenn dieser erklärt, steuerliche Pflichten seien in einem bestimmten Fall nicht zu beachten (BFH 19.9.1985 – VII R 88/85, BFH/NV 1986, 133). Voraussetzung ist jedoch, dass er den Berater zutreffend und umfassend über den Sachverhalt informiert hatte. Der Geschäftsführer darf aber auch nicht blind seinem steuerlichen Berater vertrauen (BFH 26.11.2008 – V B 210/07, BFH/NV 2009, 362). Vielmehr muss er sich regelmäßig über den Geschäftsgang informieren und zumindest stichprobenartig die ordnungsgemäße Erledigung der übertragenen Aufgaben kontrollieren. Der Geschäftsführer haftet in der finanziellen Krise auch dann, wenn die Geschäftsführung der Gesellschaft tatsächlich von anderen Personen (zB Sanierungsexperten der finanzierenden Bank) wahrgenommen wird (BFH 12.5.2009 – VII B 266/08, BFH/NV 2009, 1589). 67

Vorsatz. Vorsätzlich handelt, wer die steuerlichen Pflichten kennt und sie verletzen will (TK § 69 Rn. 24). Die Pflichtverletzung muss allerdings nicht beabsichtigt sein; es ist ausreichend, dass der Vertreter die Pflichtverletzung voraussieht und in seinen Willen aufgenommen hat oder sie zumindest billigend in Kauf nimmt (Nacke Rn. 134). Es kommt des Öfteren vor, dass die FB sich zunächst „nur" auf § 71 stützt und erst im Klageverfahren feststellt, dass ein Vorsatz nicht ohne Weiteres nachweisbar ist. Dann ist es aus Sicht der FB zu spät, um sich erstmals auf § 69 zu berufen: Ein „Auswechseln" des Haftungstatbestandes (§ 69 anstelle § 71) ist nur bis zum Ergehen der Einspruchsentscheidung möglich (BFH 18.4.2013 – V R 19/12, BStBl. II 2013, 842). 68

Grobe Fahrlässigkeit. Grob fahrlässig handelt, wer die Sorgfalt, zu der er nach seinen persönlichen Kenntnissen und Fähigkeiten und unter Berücksichtigung der konkreten Umstände verpflichtet und imstande ist, in ungewöhnlich hohem Maße außer Acht lässt (BFH 22.11.2005 – VII R 21/05, BStBl. II 2006, 397; BFH 21.2.1989 – VII R 165/85, BStBl. II 1989, 491). Bei der Prüfung, ob ein Vertreter grob fahrlässig gehandelt hat, ist ein subjektiver Sorgfaltsmaßstab anzulegen (TK § 69 Rn. 25). Ein objektiver Sorgfalts- 69 maßstab, wie er nach § 276 II BGB im Zivilrecht gilt, ist im StRecht nicht anzulegen (FG Bremen 17.3.1992 – II 135/86 K, EFG 1992, 496; TK § 69 Rn. 25; aA Friedl DStR 1991, 1616). Dabei reicht sowohl unbewusste als auch bewusste Fahrlässigkeit aus. Unbewusst fahrlässig handelt, wer den Erfolg bei Anwendung der pflichtgemäßen Sorgfalt hätte voraussehen können, dies aber nicht getan hat (Nacke Rn. 136). Bewusst fahrlässig handelt, wer den Erfolgseintritt für möglich hält, aber darauf vertraut, er werde nicht eintreten. Da sich das Verschulden auch im Falle fahrlässigen Verhaltens nur auf die Pflichtverletzung beziehen muss, ist der Schuldvorwurf nicht auf den StAusfall gerichtet (BFH 26.2.1991 – VII R 107/89, BFH/NV 1991, 578).

70 **Übernahmeverschulden.** Zwar ist das Verhalten des Vertreters an seinen subjektiven Fähigkeiten zu messen. Allein Unkenntnis oder Unfähigkeit kann ihn aber nicht entlasten. Er muss sich vielmehr mit den handels- und steuerrechtlichen Erfordernissen seines Amtes vertraut machen (BFH 18.8.1999 – VII B 106/99, BFH/NV 2000, 541). Dies gilt auch für einen Testamentsvollstrecker (Schauer/Blum ZEV 2012, 92). Ist er aufgrund seiner persönlichen Kenntnisse nicht in der Lage, die steuerlichen Pflichten zu erfüllen, darf er das Amt nicht übernehmen (BFH 7.3.1995 – VII B 172/94, BFH/NV 1995, 941; BFH 11.3.2004 – VII R 52/02, BStBl. II 2004, 579; BFH 21.10.2003 – VII B 353/02, BFH/NV 2004, 157). Hat er die Aufgabe übernommen, muss er sich notfalls fachkundigen Rates bedienen, um seine steuerlichen Pflichten ordnungsgemäß zu erfüllen (BFH 9.1.1996 – VII B 189/95, BFH/NV 1996, 589). Gleiches gilt, wenn der Geschäftsführer wegen Krankheit langfristig verhindert ist, die steuerlichen Pflichten zu erfüllen (FG Köln 4.9.2003 – 3 K 7676/00, EFG 2004, 154). Der Geschäftsführer kann sich insb. idR nicht darauf berufen, dass er im Haftungszeitraum aufgrund seiner schweren Erkrankung die Geschäftsführung faktisch selbst niedergelegt und eine von ihm sorgfältig ausgewählte Person (im Streitfall: Bruder) damit bevollmächtigt hatte und sich die GmbH ihrerseits zur Erfüllung ihrer steuerlichen Pflichten eines StBüros bediente, wenn der Geschäftsführer weder den Bevollmächtigten noch das StBüro in gehöriger Weise überwacht hat (FG Sachsen-Anhalt 24.11.2016 – 6 K 822/13, BeckRS 2017, 94481; NZB wurde als unzulässig verworfen, BFH VII B 17/17, nv; vgl. auch FG Münster 17.2.2021 – 7 K 63/19 L, BeckRS 2021, 4129).

71 Das Verhältnis des steuerlichen Zahlungsgebots aus §§ 34, 69 zum insolvenzrechtlichen Zahlungsverbot wird in § 15b VIII InsO für die Phase der Insolvenzantragsfrist geklärt. § 15b VIII InsO enthält eine spezielle Regelung zur Verletzung steuerlicher Pflichten. Danach liegt eine Verletzung steuerrechtlicher Zahlungspflichten nicht vor, wenn zwischen dem Eintritt der Zahlungsunfähigkeit oder der Überschuldung und der Entscheidung des Insolvenzgerichts über den Insolvenzantrag Ansprüche aus dem StSchuldverhältnis nicht oder nicht rechtzeitig erfüllt werden, sofern die Antragspflichtigen ihren Verpflichtungen nach § 15a InsO nachkommen (§ 15b VIII 1 InsO). Die Regelung hätte man auch in der AO unterbringen können (ebenso Schmittmann ZInsO 2021, 211 (214)). Wird entgegen der Verpflichtung nach § 15a InsO ein Insolvenzantrag verspätet gestellt, gilt die Privilegierung nur für die nach Bestellung eines vorläufigen Insolvenzverwalters oder Anordnung der vorläufigen Eigenverwaltung fällig werdenden Ansprüche aus dem StSchuldverhältnis (§ 15b VIII 2 InsO). Wird das Insolvenzverfahren nicht eröffnet, gilt die Privilegierung nur dann nicht, wenn dies auf eine Pflichtverletzung der Antragspflichtigen zurückzuführen ist (§ 15b VIII 3 InsO). Wenn der Vertreter durch eine Pflichtverletzung (zB im Hinblick auf die Massesicherungspflicht) die Insolvenzeröffnung vereitelt hat, haftet er mithin nach allgemeinen Maßstäben (vgl. BT-Drs. 19/25252, 12). Entgegen dem bis Ende 2020 geltenden Recht ist die StZahlungspflicht bei Eintritt der Insolvenzreife (vorübergehend) suspendiert. Das Verhältnis zu § 15b InsO ist bei Feststellung der objektiven Pflichtverletzung zu prüfen. Arbeitnehmerbeiträge zur Sozialversicherung sind hingegen im Hinblick auf § 266a StGB abzuführen.

72 Für Zahlungen im Zeitraum bis zur Insolvenzreife dürfte dagegen auf die allgemeinen Regeln (Tilgungsquote, → Rn. 95) abzustellen sein. Nicht haftungsauslösend nach Maß-

gabe des § 15b InsO sind zwar masseschmälernde Zahlungen, die mit der Sorgfalt eines ordentlichen und gewissenhaften Geschäftsleiters vereinbar sind (§ 15b I 2 InsO). Zahlungen, die innerhalb der Antragsfristen des § 15a InsO erfolgen, werden mithin einem großzügigeren Haftungsmaßstab unterworfen. In dieser Phase sind sämtliche Zahlungen im ordnungsgemäßen Geschäftsgang mit der Sorgfalt eines ordentlichen und gewissenhaften Geschäftsleiters vereinbar. Dies gilt insb. für solche Zahlungen, die der Aufrechterhaltung des Geschäftsbetriebs dienen (Jakobs/Kruth DStR 2021, 2534 ff.). Dieser Gedanke dürfte nicht auf § 69 ausstrahlen, weil der Zeitraum ab Insolvenzreife bereits durch § 15b VIII InsO erfasst werden dürfte (→ Rn. 71).

2. Haftung bei mehreren Geschäftsführern

Sind mehrere Geschäftsführer bestellt, ist für jeden individuell zu prüfen, ob in seiner 76
Person die Haftungsvoraussetzungen vorliegen. Denn der Vertreter haftet nur für **eigenes Verschulden** (BFH 30.6.1995 – VII R 85/94, BFH/NV 1996, 2). Darüber hinaus muss die FB bei ihrer Ermessensausübung die Tatsache berücksichtigen, dass mehrere Geschäftsführer für die Haftung in Frage kommen und ihre Auswahlentscheidung begründen (vgl. OVG Schleswig-Holstein 23.4.2025 – 6 LA 4/24, BB 2025, 1301). Neben dem ordnungsgemäß bestellten Geschäftsführer kann auch ein **faktischer Geschäftsführer** als Haftender in Betracht kommen (BFH 11.3.2004 – VII R 52/02, BStBl. II 2004, 579).

Verschulden bei mehreren Geschäftsführern. Ein Geschäftsführer kann sich grds. 77
nicht dadurch entlasten, dass er auf die Verantwortung anderer Geschäftsführer der Gesellschaft verweist. Es gilt nämlich der **Grundsatz der Gesamtverantwortung** aller Geschäftsführer. Daher trifft jeden Geschäftsführer die Pflicht zur Geschäftsführung und grds. die Verantwortung für die gesamte Unternehmensleitung (BFH 26.4.1984 – V R 128/79, BStBl. II 1984, 776). Aus diesem Grund muss jeder Geschäftsführer für Pflichtverletzungen eines anderen Geschäftsführers haften, selbst wenn er tatsächlich nur mit dem technischen Bereich oder dem Absatzgeschäft betraut ist (BFH 4.3.1986 – VII S 33/85, BStBl. II 1986, 384). Es entlastet einen Geschäftsführer nicht, wenn er sich in der Gesellschaft nicht durchsetzen kann (BFH 9.1.1996 – VII B 189/95, BFH/NV 1996, 589). Will er sich nicht einer Haftung aussetzen, muss er zurücktreten. Bis zum Rücktritt haftet er, weil er für die steuerliche Pflichterfüllung verantwortlich bleibt (BFH 7.3.1995 – VII B 172/94, BFH/NV 1995, 941). Sollte der Geschäftsführer allerdings zur Übernahme des Amtes gezwungen worden sein, haftet er nicht (BFH 5.3.1985 – VII B 69/84, BFH/NV 1987, 422).

Pflichtenbegrenzung bei mehreren Geschäftsführern. Die Pflichten eines Ge- 80
schäftsführers können mit haftungsrechtlicher Wirkung beschränkt werden. Voraussetzung hierfür ist, dass die Zuständigkeit für die steuerlichen Angelegenheiten innerhalb der Geschäftsleitung wirksam durch Gesellschaftsvertrag, förmlichen Gesellschafterbeschluss oder durch eine Geschäftsordnung, die auf einem Gesellschafterbeschluss beruht, auf einen bestimmten Geschäftsführer übertragen wurde (BFH 23.6.1998 – VII R 4/98, BStBl. II 1998, 761). Sie ist nur wirksam, wenn sie vorweg schriftlich getroffen wurde und eindeutig ist (BFH 23.6.1998 – VII R 4/98, BStBl. II 1998, 761; OVG Münster 19.4.2021 – 14 B 43/21, ZInsO 2021, 1232). Die interne Geschäftsverteilung lässt allerdings die Gesamtverantwortung aller Geschäftsführer nicht vollständig entfallen, sondern begrenzt sie nur (BFH 26.4.1984 – V R 128/79, BStBl. II 1984, 776). Solange sie keinen Anlass haben, an der ordnungsgemäßen Erledigung der steuerlichen Angelegenheiten durch den (zuständigen) Geschäftsführer zu zweifeln, haften die übrigen Geschäftsführer nicht (Klein § 69 Rn. 107). Sie haben allerdings eine Überwachungspflicht, die zumindest eine stichprobenartige Kontrolle beinhaltet. Art und Umfang der Überwachungspflicht hängt von den Umständen des Einzelfalls ab, wobei Vertrauenswürdigkeit und Pflichterfüllung des mit der Wahrnehmung der steuerlichen Aufgaben betrauten Geschäftsführers berücksichtigt werden können (BFH 22.7.2010 – VII B 126/09, BFH/NV 2010, 2227). Die Überwachungspflicht steigert sich zu einer permanenten inhaltlichen Kontrolle, wenn die Gesellschaft in finanzielle oder wirtschaftliche Schwierigkeiten gerät oder der eigentlich verantwortliche

Geschäftsführer dazu Anlass gibt (BFH 31.10.2005 – VII B 66/05, BFH/NV 2006, 480; BFH 4.3.1986 – VII S 33/85, BStBl. II 1986, 384). Sind bereits steuerliche Unregelmäßigkeiten aufgetreten, haften alle Geschäftsführer, soweit sie nicht dafür gesorgt haben, dass die Unregelmäßigkeiten abgestellt werden (FG Münster 24.2.1995 – 15 K 3906/92 U, EFG 1995, 782).

81 Der Haftungsschuldner trägt die Darlegungs- und Feststellungslast für die Geschäftsverteilung. Der für die Erledigung der Stpfl. zuständige Geschäftsführer kann sich dagegen – wenn er nicht zur Übernahme des Amtes gezwungen wurde (BFH 5.3.1985 – VII B 52/84, BFH/NV 1987, 459) – nicht damit exkulpieren, er habe sich in der Gesellschaft nicht durchsetzen und darum die steuerlichen Verpflichtungen nicht erfüllen können (BFH 11.3.2004 – VII R 52/02, BStBl. II 2004, 579).

84 **Vereinsvorsitzende.** Der Grundsatz der Gesamtverantwortung gilt auch für mehrere Vorsitzende eines Vereins (BFH 21.8.2000 – VII B 260/99, BFH/NV 2001, 413). Die Haftung der Vorsitzenden kann – wie bei mehreren Geschäftsführern – durch eine Delegation der steuerlichen Aufgaben auf (Unter-)Abteilungen des Vereins beschränkt sein (BFH 13.3.2003 – VII R 46/02, BStBl. II 2003, 556).

3. Beauftragung von Dritten

89 **Verschulden bei Einschaltung von Mitarbeitern.** Betraut der Vertreter Mitarbeiter mit der Wahrnehmung der steuerlichen Pflichten, beschränkt sich seine Verpflichtung auf die sorgfältige Auswahl und kontinuierliche Überwachung dieses Personals (BFH 30.8.1994 – VII R 101/92, BStBl. II 1995, 278; Bruschke DStZ 2012, 407). Die Kontrolle der Mitarbeiter muss so organisiert sein, dass die pünktliche Erledigung der steuerlichen Pflichten sowie die rechtzeitige Zahlung der Steuern durch die Mitarbeiter im Normalfall gewährleistet sind (BFH 16.4.1985 – VII R 132/80, BFH/NV 1987, 273). Ergeben sich Anhaltspunkte für eine Vernachlässigung der steuerlichen Pflichten, muss der Vertreter sofort für Abhilfe sorgen (BFH 29.5.1990 – VII R 81/89, BFH/NV 1991, 283). Seine Überwachungspflichten hat der Vertreter idR nicht ausreichend erfüllt, wenn die Pflichtverletzungen über einen längeren Zeitraum andauern, ohne entdeckt zu werden (BFH 29.5.1990 – VII R 81/89, BFH/NV 1991, 283). Einem Hinweis der FB auf Unregelmäßigkeiten muss er nachgehen (BFH 26.6.1990 – VII B 20/90, BFH/NV 1991, 209). Dagegen ist dem Vertreter kein Schuldvorwurf zu machen, wenn die Abgabe einer fehlerhaften StErklärung auch bei ordnungsgemäßer Überwachung der mit der Erstellung beauftragten Mitarbeiter nicht hätte entdeckt werden können (BFH 27.11.1990 – VII R 20/89, BStBl. II 1991, 284). Dies gilt besonders für die von einem StBerater erstellte StErklärung (Nacke Rn. 142). Hier kann der Vertreter von einer inhaltlich richtigen StErklärung ausgehen (BFH 30.8.1994 – VII R 101/92, BStBl. II 1995, 278).

90 **Verschulden bei Beauftragung eines Steuerberaters.** Ebenso wie Mitarbeiter kann der Vertreter zulässigerweise einen StBerater mit der Erfüllung der steuerlichen Pflichten beauftragen. Auch diesen muss er sorgfältig auswählen und überwachen. Ein Verschulden des StBeraters muss er sich nicht nach § 278 BGB zurechnen lassen, da er nur für eigenes Verschulden haftet (BFH 4.5.2004 – VII B 318/03, BFH/NV 2004, 1363; BFH 30.5.2005 – VII S 27/04 (PKH), BFH/NV 2005, 1487; BFH 12.10.1999 – VII B 54/99, GmbHR 2000, 395; BFH 30.6.1995 – VII R 85/94, BFH/NV 1996, 2). Auch auf den Rechtsgedanken des § 278 BGB kann nicht zurückgegriffen werden (TK § 69 Rn. 27; aA Wilcke StVj 1990, 149). Unterlaufen dem StBerater bei der Erstellung der StErklärungen Fehler, haftet der Vertreter nur, wenn er seinen Auswahl- oder Überwachungspflichten nicht genügt hat (BFH 28.8.2008 – VII B 240/07, BFH/NV 2008, 1983; BFH 20.4.2006 – VII B 163/05, BFH/NV 2006, 1439). Besteht dagegen kein Anlass, an der Richtigkeit der erstellten StErklärung zu zweifeln, haftet der Vertreter nicht (BFH 30.8.1994 – VII R 101/92, BStBl. II 1995, 278). Den Vertreter trifft dagegen ein Verschulden, wenn er seine eigenen Mitarbeiter nicht überwacht und nicht für die pünktliche Erledigung der StAngelegenheiten sorgt (BFH 30.8.1994 – VII R 101/92, BStBl. II 1995, 278; BFH 4.5.2004 –

VII B 318/03, BFH/NV 2004, 1363; BFH 30.5.2005 – VII S 27/04 (PKH), BFH/NV 2005, 1487; BFH 20.4.2006 – VII B 163/05, BFH/NV 2006, 1439; BFH 28.8.2008 – VII B 240/07, BFH/NV 2008, 1983; BFH 26.11.2008 – V B 210/07, BFH/NV 2009, 362). Ebenso darf sich der Vertreter auf die Auskunft eines StBeraters oder Rechtsanwalts verlassen. Dem Vertreter ist keine schuldhafte Pflichtverletzung vorzuwerfen, wenn er die Auskunft erhalten hat, bestimmte steuerliche Pflichten seien im vorliegenden Einzelfall nicht zu beachten. Allerdings setzt dies voraus, dass der Vertreter den steuerlichen Berater zutreffend und umfassend über den zu beurteilenden Sachverhalt informiert hatte (BFH 7.1.2003 – VII B 196/01, BFH/NV 2003, 445; BFH 19.9.1985 – VII R 88/85, BFH/NV 1986, 133). Die Geschäftsführerhaftung entfällt nicht, wenn der Geschäftsführer eine StErklärung selbst fertigt, diese dem steuerlichen Berater übergibt, der aber vertraglich nicht verpflichtet ist, eine sofortige Prüfung vorzunehmen. Für eine fehlerhafte Darstellung des Sachverhalts gegenüber der FB, die nicht rechtzeitig korrigiert wird, hat dann der Geschäftsführer einzustehen (BFH 7.1.2003 – VII B 196/01, BFH/NV 2003, 445). Zudem kann sich ein Geschäftsführer nicht auf ein Gefälligkeitsgutachten berufen (Zugmaier/Nöcker § 69 Rn. 83).

Verschulden im Konzern. Die Grundsätze gelten auch für den Geschäftsführer einer in eine Unternehmensgruppe eingebundenen GmbH. Werden steuerliche Pflichten auf eine andere Gesellschaft der Unternehmensgruppe übertragen, hat der Geschäftsführer die ordnungsgemäße Wahrnehmung dieser Pflichten ausreichend zu kontrollieren. Ein besonderes Haftungsprivileg für einen im Konzern tätigen Geschäftsführer ist nicht anzuerkennen (BFH 31.10.2005 – VII B 66/05, BFH/NV 2006, 480).

4. Grundsatz der anteiligen Tilgung

Der StAusfall beruht nicht auf einer schuldhaften Pflichtverletzung des Vertreters, wenn 94
ihm keine ausreichenden Mittel zur Begleichung der StSchulden zur Verfügung stehen. Der Vertreter verletzt seine Pflichten in diesem Fall nicht schuldhaft, wenn er alle Gläubiger annähernd **gleichmäßig** befriedigt. Eine Verpflichtung zur vorrangigen Befriedigung der FB besteht nämlich nicht (Nacke Rn. 72). Andererseits darf der StGläubiger gegenüber den übrigen Gläubigern des Vertretenen auch nicht benachteiligt werden (BFH 26.8.1992 – VII R 50/91, BStBl. II 1993, 8). Daher kommt eine Haftung in Betracht, wenn die FB mit einer geringeren Quote als die übrigen Gläubiger befriedigt wird. Der Vertreter muss also die StSchulden zumindest anteilig tilgen. Kommt er der Verpflichtung zur anteiligen Tilgung der StSchulden nicht nach, haftet er jedoch nicht auf den insgesamt ausgefallenen StBetrag (TK § 69 Rn. 34). Er haftet nur insoweit, als er den StGläubiger gegenüber den übrigen Gläubigern benachteiligt hat. Für diese Differenz muss er einstehen (BFH 18.8.1999 – VII B 106/99, BFH/NV 2000, 541 mwN). Das COVID-19-Insolvenzaussetzungsgesetz (COVInsAG v. 27.3.2020, BGBl. 2020 I 569) hat nicht die Pflicht zur anteiligen Tilgung von StSchulden und die bei Verletzung dieser Pflicht drohende Haftung nach § 69 suspendiert (FG Münster 15.10.2021 – 9 V 2341/21 K, BB 2021, 2852). Gleiches gilt für die vorübergehend verkürzte Geltung des Prognosezeitraumes (vier statt zwölf Monate) im Rahmen der Überschuldungsprüfung durch das SanInsKG (§ 4 II SanInsKG v. 27.3.2022, BGBl. 2020 I 569).

Zur Berechnung der **Tilgungsquote** muss der Bestand aller Verbindlichkeiten des Ver- 95
tretenen für den Haftungszeitraum ermittelt werden, zu denen insb. alle Bankschulden sowie die Personalkosten und die StSchulden gehören. Im Falle einer Insolvenz sind Zahlungen nach Eintritt der Insolvenzreife aus der Berechnung auszunehmen (§ 15b VIII InsO, → Rn. 72). Den Verbindlichkeiten sind alle verfügbaren Mittel im Haftungszeitraum gegenüberzustellen. Bei der Frage, welche Mittel dem Vertreter zur Verfügung standen, sind jederzeit einziehbare Forderungen zu berücksichtigen (BFH 25.8.2000 – VII B 30/00, BFH/NV 2001, 294). Die anteilige Tilgungsquote ist durch gleichmäßige Verteilung der vorhandenen Mittel auf die rückständigen Verbindlichkeiten zu ermitteln. Erreichen die Zahlungen auf die StSchulden die so ermittelte Tilgungsquote oder überschreiten sie diese

sogar, entfällt eine Haftung. Unterschreiten die Zahlungen jedoch die Tilgungsquote, haftet der Vertreter auf die Differenz. Allerdings muss er nicht für jede im Haftungszeitraum fällig werdende Verbindlichkeit erneut eine Tilgungsquote errechnen. Dies ist ihm nicht zuzumuten (BFH 14.7.1987 – VII R 188/82, BStBl. II 1988, 172). Eine überschlägige Berechnung für den Haftungszeitraum ist daher ausreichend (TK § 69 Rn. 38). Dabei muss der Haftende an der Aufklärung des Sachverhalts mitwirken (BFH 28.6.2005 – I R 2/04, GmbHR 2006, 48; Berninghaus DStR 2012, 1001). Verletzt der Haftungsschuldner seine Mitwirkungspflichten, kann dies zu seinen Lasten bei der Ausübung seiner Schätzungsbefugnis berücksichtigt werden, sodass sich der Haftungsschuldner auf Schätzungsfehler des FA nur in einem eingeschränkten Umfang berufen kann, wenn er keine oder nur unvollständige Angaben macht (BFH 26.10.2011 – VII R 22/10, BFH/NV 2012, 777). Er muss daher Aufzeichnungen und Belege über die geleisteten Zahlungen an andere Gläubiger beibringen (BFH 11.7.2001 – I B 2/01, BFH/NV 2002, 6). Sind die Aufzeichnungen offensichtlich unvollständig, können sie dennoch verwendet werden, wenn nach den Umständen des Einzelfalls davon ausgegangen werden kann, dass bei Vorliegen vollständiger Unterlagen sogar eine höhere Tilgungsquote ermittelt worden wäre (BFH 2.7.2001 – VII B 345/00, BFH/NV 2002, 4). Eine volle – also nicht nur eine anteilige – Haftung tritt ein, wenn wegen der EUSt Zahlungsaufschub gewährt und die Ware aus der Sachhaftung freigegeben worden ist (BFH 26.9.2017 – VII R 40/16, BStBl. II 2018, 772).

96 Die vorstehenden Grundsätze hat der BFH zunächst für die **USt** entwickelt (BFH 8.7.1982 – V R 7/76, BStBl. II 1983, 249; BFH 26.8.1992 – VII R 50/91, BStBl. II 1993, 8). Sie gelten jedoch ebenso für die übrigen Steuern (BFH 1.8.2000 – VII R 110/99, BStBl. II 2001, 271; BFH 6.6.1994 – VII B 2/94, BFH/NV 1995, 281), also insb. für die **KSt** (BFH 11.6.1996 – I B 60/95, BFH/NV 1997, 7) und die **GewSt** (BFH 3.5.1990 – VII R 108/88, BStBl. II 1990, 767). Lediglich für die **LSt** gelten Besonderheiten (→ Rn. 109 ff.). Bei der Ermittlung der Haftungsquote für die USt sind die im Haftungszeitraum getilgten LSt weder bei den Gesamtverbindlichkeiten noch bei den geleisteten Zahlungen zu berücksichtigen (BFH 27.2.2007 – VII R 60/05, BStBl. II 2008, 508). Die Haftungsquote ist für das Unternehmen einheitlich zu berechnen (BFH 14.6.2016 – VII R 20/14, BFH/NV 2016, 1672).

100 **Anteilige Tilgung von USt-Schulden.** In der Praxis ist die Haftung für USt-Rückstände von entscheidender Bedeutung. Denn ein in die Krise geratenes Unternehmen wird idR keine ertragsteuerpflichtigen Gewinne mehr erwirtschaften; gleichwohl führt die fortgesetzte wirtschaftliche Tätigkeit trotz der schlechten Ertragslage zu umsatzsteuerpflichtigen Umsätzen. Nach der Rspr. haftet der Vertreter uneingeschränkt für die **VorSt-Beträge,** die die FB ausgezahlt hat, weil entsprechende steuerpflichtige Umsätze pflichtwidrig nicht angemeldet wurden (BFH 25.4.1995 – VII R 99, 100/94, BFH/NV 1996, 97). Allerdings ist der gesetzliche Vertreter einer GmbH auch in Zeiten einer wirtschaftlichen Krise nicht verpflichtet, von Geschäften Abstand zu nehmen, weil diese eine USt-Schuld begründen, die voraussichtlich nicht mehr getilgt werden kann (BFH 28.11.2002 – VII R 41/01, BStBl. II 2003, 337). Ein solches Verhalten begründet keinen haftungsbegründenden Pflichtverstoß, weil der gesetzliche Vertreter trotz Eintritts der Krise in seinen unternehmerischen Dispositionen und in der Vertragsgestaltung frei bleibt (BFH 5.2.1985 – VII R 124/80, BFH/NV 1987, 2). Er darf in diesem Zusammenhang auf die **USt-Befreiung nach § 9 UStG** verzichten, soweit nicht ein Fall des Gestaltungsmissbrauchs gem. § 42 vorliegt. Allein die Tatsache, dass der gesetzliche Vertreter die Option im Hinblick auf sein Eigeninteresse, die Liquidität zu erhöhen, ausübt und dabei keine Rücksicht auf die Interessen der FB nimmt, ist kein Gestaltungsmissbrauch (BFH 28.11.2002 – VII R 41/01, BStBl. II 2003, 337). Er muss die USt allerdings zur Insolvenzmasse ziehen; tritt er den Kaufpreisanspruch in voller Höhe an den Grundpfandgläubiger ab, handelt er dagegen pflichtwidrig (BFH 28.11.2002 – VII R 41/01, BStBl. II 2003, 337). Pflichtwidrig handelt der gesetzliche Vertreter auch, wenn er in Kenntnis der Zahlungsunfähigkeit der GmbH zur USt optiert, obwohl die Option für die GmbH wirtschaftlich ohne Bedeutung ist, er selbst aber durch die Option in den Genuss des VorSt-Abzugs gelangt (BFH 9.1.1997 – VII R 51/96, BFH/NV 1997, 324). Diese Grundsätze gelten insb. für den **Insolvenzverwalter.** Eine uneingeschränkte Haftung tritt auch bei einem vorsätzlich falschen USt-Ausweis im Falle des **§ 14 III UStG** ein (BFH 21.6.1994 – VII R 34/92, BStBl. II 1995, 230).

Rechtzeitige Abgabe der StErklärung bzw. StAnmeldung. Liegt der Pflichtenverstoß in der verspäteten Abgabe oder in der Nichtabgabe einer StErklärung bzw. StAnmeldung, wirkt der Grundsatz der anteiligen Tilgung ebenfalls haftungsbegrenzend (BFH 26.8.1992 – VII R 50/91, BStBl. II 1993, 8). Denn wäre auch bei (rechtzeitiger) Erfüllung der StErklärungspflichten eine Tilgung der fälligen Steuern aufgrund fehlender Mittel nicht möglich gewesen, beruht der StAusfall nicht auf der Pflichtverletzung des Vertreters. In einem solchen Fall ist besonders zu prüfen, ob bei einer rechtzeitigen Erfüllung der Erklärungspflichten die fälligen Steuern hätten entrichtet werden können (BFH 29.11.2006 – I R 103/05, BFH/NV 2007, 1067; BFH 11.6.1996 – I B 60/95, BFH/NV 1997, 7). Somit muss untersucht werden, ob die FB bei einem früheren Eingreifen eine aussichtsreiche **Vollstreckungsmöglichkeit** besessen hätte, die nunmehr aufgrund des Verstoßes gegen die StErklärungspflicht nicht mehr gegeben ist (BFH 26.8.1992 – VII R 50/91, BStBl. II 1993, 8). Dasselbe gilt für den Wegfall einer Aufrechnungsmöglichkeit (BFH 25.4.1995 – VII R 99, 100/94, BFH/NV 1996, 97). 101

Überraschende Liquiditätsverschlechterung/Mittelvorsorge. Der Vertreter muss grds. darauf achten, dass er zum Fälligkeitszeitpunkt über genügend Mittel zur Begleichung der StSchulden verfügen wird. Daher muss er notfalls Mittel zurückhalten oder alle Gläubiger einschl. der FB nur anteilig befriedigen. Ihm ist jedoch kein Schuldvorwurf zu machen, wenn er ein wirtschaftlich gesundes Unternehmen leitet, das überraschend in Liquiditätsschwierigkeiten gerät (BFH 20.4.1993 – VII R 67/92, BFH/NV 1994, 142). Kann er aus diesem Grund StSchulden nicht (vollständig) begleichen, haftet er nicht. Allerdings muss es sich tatsächlich um eine unvorhersehbare Verschlechterung der wirtschaftlichen Lage des Unternehmens handeln (sog. Pflicht zur Mittelvorsorge). Die Haftung entfällt nämlich nicht, wenn die Liquiditätsschwierigkeiten bekannt waren, der Vertreter aber darauf vertraut hat, dass er zum späteren Fälligkeitszeitpunkt wieder über genügend Mittel verfügen werde. Auf die bloße Duldung der Kontoüberziehung darf sich der Geschäftsführer allerdings nicht verlassen (FG München 15.12.2008 – 15 K 4118/07, EFG 2009, 622; FG Berlin-Brandenburg 11.8.2010 – 9 K 9059/08, EFG 2010, 2042: Kündigung der Kreditlinie). Eine Verletzung der Mittelvorsorgepflicht liegt auch vor, wenn der Geschäftsführer in der Lage gewesen wäre, die zur Begleichung der StSchulden der GmbH erforderlichen Beträge vollständig vorzuhalten (BFH 20.5.2014 – VII R 12/12, BFH/NV 2014, 1353). Der Geschäftsführer haftet dagegen nicht, wenn die Bank die Kreditlinie überraschend kündigt, der Geschäftsführer daraufhin Insolvenz anmelden muss und der vorläufige Insolvenzverwalter die Rücklastschrift der durch Lastschrifteinzugsverfahren bereits entrichteten StBeträge veranlasst (BFH 19.2.2010 – VII B 190/09, BFH/NV 2010, 1120). 102

Haftung für Eingangsabgaben und Verbrauchsteuern. Für Eingangsabgaben und Verbrauchsteuern gelten strengere Anforderungen (Klein § 69 Rn. 90). Für die auf eine Entnahme aus einem Mineralölsteuerlager entfallende MinöSt (seit 1.8.2006 EnergieSt) haftet der Vertreter des Lagerinhabers unbeschränkt (BFH 9.11.1982 – VII R 4/82, BFH/NV 1986, 261). Der Inhaber eines Zolllagers muss die Mittel grds. vorhalten, um die auf eine Entnahme aus dem Zolllager entfallenden Eingangsabgaben entrichten zu können (BFH 21.2.1989 – VII R 165/85, BStBl. II 1989, 491). Zu Einzelheiten s. Klein § 69 Rn. 90 ff. 103

5. Besonderheiten der Lohnsteuer

Die Rspr. wendet den Grundsatz der anteiligen Tilgung nur in **modifizierter Form** auf die Verpflichtung zur Anmeldung und Abführung der LSt an (HHSp § 69 Rn. 47 ff.; 109

kritisch TK § 69 Rn. 45). Eine Haftungsbegrenzung kann der Vertreter bei der LSt nur unter sehr viel engeren Voraussetzungen für sich reklamieren. Der Vertreter verletzt die ihm obliegenden steuerlichen Pflichten nicht, wenn er die Nettolöhne gekürzt an die Arbeitnehmer auszahlt, um noch genügend Mittel zur Abführung der auf die gekürzten Löhne entfallenden LSt an die FB zur Verfügung zu haben (std. Rspr.; BFH 27.2.2007 – VII R 67/05, BFH/NV 2007, 1732; BFH 20.4.1982 – VII R 96/79, BStBl. II 1982, 521). Er darf also die FB nicht schlechter als die Arbeitnehmer des Vertretenen stellen. Ein Vergleich mit den übrigen Gläubigern ist nicht zulässig (Klein § 69 Rn. 71). Dies rechtfertigt sich aus der besonderen Natur der LSt. Diese ist lediglich Teil des Bruttoarbeitslohns des Arbeitnehmers, die der Arbeitgeber treuhänderisch für den Arbeitnehmer und das FA einzubehalten und abzuführen hat (BFH 12.7.1988 – VII R 108, 109/87, BFH/NV 1988, 764). Diese Grundsätze bedeuten, dass der Vertreter vorrangig die LSt-Verbindlichkeiten vor den übrigen Schulden des Vertretenen zu befriedigen hat.

110 **Haftungsbegrenzung.** Der Vertreter muss also vor der Auszahlung der Löhne prüfen, ob genügend Mittel zur Verfügung stehen, um die Nettolöhne und die darauf entfallende LSt zahlen zu können. Reichen die ihm zur Verfügung stehenden Mittel hierfür nicht aus, muss er den Nettolohn kürzen, um die (verminderte) LSt abführen zu können. Allerdings trifft ihn diese Pflicht nur, wenn abzusehen ist, dass die Mittel bei Fälligkeit der LSt nicht ausreichen werden. Kann er bei Auszahlung der Löhne davon ausgehen, dass die Liquiditätslage des Vertretenen die spätere Entrichtung der LSt zulassen wird, fehlt es an einer schuldhaften Pflichtverletzung (BFH 20.4.1993 – VII R 67/92, BFH/NV 1994, 142). Der Vertreter haftet bei einer schuldhaften Pflichtverletzung jedoch nicht auf die volle LSt, die auf die ungekürzt ausgezahlten Nettolöhne entfallen würde. Die Haftung ist in der Höhe auf die LSt beschränkt, die bei der eigentlich vorzunehmenden Kürzung der Nettolöhne entstanden wäre (Klein § 69 Rn. 75). Nur insoweit beruht nämlich der Schaden des FA auf der Pflichtverletzung des Vertreters (BFH 1.8.2000 – VII R 110/99, BStBl. II 2001, 271). Die Haftung wird dagegen grds. nicht wegen der Massesicherungspflicht des Geschäftsführers nach § 64 II GmbHG begrenzt. Die LSt ist trotz der bestehenden Pflichtenkollision zwischen StRecht und Gesellschaftsrecht vom Geschäftsführer abzuführen. Nachdem der BGH seine Rspr. dahingehend geändert hatte, dass ein Geschäftsführer iSd § 92 III AktG bzw. § 64 II GmbHG rechtmäßig handelt, wenn er den sozial- und steuerrechtlichen Normbefehlen folgend Sozialabgaben und LSt abführt (BGH 14.5.2007 – II ZR 48/06, DStR 2007, 1174), ist ein Verstoß gegen die LSt-Abführungspflicht haftungsrechtlich relevant. Nunmehr befreit allein der Antrag auf Eröffnung des Insolvenzverfahrens den Geschäftsführer nicht von der Haftung wegen Nichtabführung der einbehaltenen LSt, wenn zum Zeitpunkt der Fälligkeit der LSt noch ausreichende liquide Mittel zur Zahlung der LSt vorhanden sind (BFH 23.9.2008 – VII R 27/07, BStBl. II 2009, 129; Klein § 69 Rn. 72a). Die Rechtsprechung des BFH, wonach für den Zeitraum von drei Wochen, der dem Geschäftsführer ab Kenntnis der Zahlungsunfähigkeit bzw. Überschuldung zur Prüfung der Sanierungsfähigkeit der Gesellschaft nach § 64 I 1 GmbHG eingeräumt ist, die Haftung entfallen könnte (BFH 27.2.2007 – VII R 67/05, BStBl. II 2009, 348; BFH 27.2.2007 – VII R 67/05, BFH/NV 2007, 1732), ist somit überholt (Klein § 69 Rn. 72a). Die bloße Möglichkeit der Anfechtung der Zahlung durch den Insolvenzverwalter nach §§ 129 ff. InsO lässt die Haftung des Geschäftsführers nicht entfallen (BFH 23.9.2008 – VII R 27/07, BStBl. II 2009, 129; BFH 19.9.2007 – VII R 39/05, BFH/NV 2008, 18).

111 **Haftungsbeschränkung nur für die letzten Lohnzahlungszeiträume.** Die Haftungsbeschränkung tritt aber nur für die letzten Lohnzahlungszeiträume ein, wenn der Vertreter längere Zeit die vollen Nettolöhne auszahlte, ohne die darauf entfallende LSt abzuführen. Wer in Kenntnis der für die Vormonate rückständigen LSt die Löhne weiterhin ungekürzt auszahlt, haftet für die LSt der Vormonate unbeschränkt (BFH 26.7.1988 – VII R 83/87, BStBl. II 1988, 859). Er hätte zunächst mit den zur Verfügung stehenden Mitteln die rückständige LSt begleichen müssen (BFH 12.10.1999 – VII B 54/99, GmbHR 2000, 395).

Pauschale LSt. Die für die LSt-Haftung entwickelten besonderen Grundsätze gelten nach bisheriger BFH-Rspr. nicht für die pauschalierte LSt nach § 40 I und II EStG, weil es sich hier um eine originäre Schuld des Arbeitgebers handele (BFH 3.5.1990 – VII R 108/88, BStBl. II 1990, 767). Es liege vielmehr eine Unternehmenssteuer vor, die der Vertreter anteilig in Höhe der Quote zu tilgen hat, nach der er auch die übrigen Gläubiger zu befriedigen gehabt hätte. Für die schuldhafte Pflichtverletzung sei auf den Zeitpunkt der Fälligkeit der pauschalen LSt und nicht auf den Zeitpunkt der Abführung der individuellen LSt abzustellen (BFH 3.5.1990 – VII R 108/88, BStBl. II 1990, 767; krit. HHSp § 69 Rn. 21). Der BFH (BFH 14.12.2021 – VII R 32/20, DB 2022, 1301) hat sich zur Haftung des Geschäftsführers einer insolventen GmbH für nicht abgeführte pauschalierte LSt unter Aufgabe seiner früheren SenatsRspr. entschieden, dass es sich bei der pauschalierten Lohnsteuer nicht um eine Unternehmenssteuer eigener Art, sondern um die durch die Tatbestandsverwirklichung des Arbeitnehmers entstandene und vom Arbeitgeber lediglich übernommene LSt handelt. Dieser Auffassung ist zuzustimmen (so auch Krüger DB 2022, 1676), da eine Pauschalierung den Charakter der StArt nicht verändert. Somit kann eine Pflichtverletzung bereits durch die Nichtanmeldung und Nichtabführung der LSt zu den gesetzlichen Fälligkeitszeitpunkten vorliegen. Die Pflichtverletzung resultiert auch bei der pauschalen LSt aus dem Umstand, dass es sich bei der einbehaltenen LSt wirtschaftlich betrachtet um fremde Gelder handelt, die der Arbeitgeber nicht sach- und zweckwidrig selbst verwenden darf (Aurich NZI 2022, 659 (663 f.)). 112

Haftung des Vertreters für die eigene LSt. Steht der Vertreter in einem Arbeitsverhältnis zum Vertretenen – wie zB der Geschäftsführer einer GmbH oder der Vorstand einer AG –, kann er für die auf seinen Arbeitslohn entfallende LSt haften (BFH 15.4.1987 – VII R 160/83, BStBl. II 1988, 167). Der Vertreter haftet in diesem Fall für die StEntrichtungsschuld des Arbeitgebers (BFH 14.12.1988 – VII R 107/86, BFH/NV 1989, 549). 113

VII. Umfang der Haftung

Die Haftung erstreckt sich auf alle Ansprüche aus dem StSchuldverhältnis, sodass nicht nur für Steuern, sondern auch für steuerliche Nebenleistungen gehaftet werden muss. Des Weiteren ordnet § 69 ausdrücklich an, dass die Haftung sich auf zu Unrecht gewährte StVergütungen und StErstattungen erstreckt. 121

Steuerliche Nebenleistungen. Zu den steuerlichen Nebenleistungen, für die der Vertreter haften kann, gehören Säumniszuschläge, Verspätungszuschläge, Zinsen, Zwangsgelder und Kosten (HHSp § 69 Rn. 24). Auch für steuerliche Nebenleistungen gilt der haftungsbegrenzende **Grundsatz der anteiligen Tilgung** (BFH 1.8.2000 – VII R 110/99, BStBl. II 2001, 271). Auch insoweit ist maßgebend, ob und in welchem Umfang im Augenblick der Fälligkeit Mittel zur Verfügung standen. Nach dem BFH (BFH 16.11.2004 – VII R 8/04, BFH/NV 2005, 495) soll die Inanspruchnahme des Haftungsschuldners für die Hälfte der verwirkten Säumniszuschläge auch dann nicht ermessensfehlerhaft sein, wenn der StSchuldner im Zeitpunkt der Verwirkung der Säumniszuschläge zahlungsunfähig war (dagegen TK § 69 Rn. 36). Eine Herabsetzung der Haftungsschuld für Säumniszuschläge wegen Überschuldung und Zahlungsunfähigkeit des StSchuldners kommt nur in Betracht, wenn der Haftungsschuldner spätestens im Einspruchsverfahren substantiiert dargelegt und nachgewiesen hat, dass der StSchuldner überschuldet und zahlungsunfähig gewesen ist (BFH 14.12.2021 – VII R 14/19, BFH/NV 2022, 401). 122

Haftungsschulden. Der Vertreter kann auch für etwaige Haftungsschulden nach § 69 in Anspruch genommen werden, weil Haftungsschulden zu den Ansprüchen aus dem StSchuldverhältnis iSd § 37 gehören (Schwarz/Pahlke/Keß § 69 Rn. 17). 123

Haftungsumfang verschuldensunabhängig. Die Höhe der Haftung richtet sich grds. allein nach dem durch die Pflichtverletzung verursachten Schaden. Sie ist unabhängig vom Ausmaß des Verschuldens (BFH 5.9.1989 – VII R 61/87, BStBl. II 1989, 979). Daher 124 muss die FB bei der Ausübung ihres Ermessens das Ausmaß des Verschuldens nicht berücksichtigen (HHSp § 69 Rn. 44).

125 **Berechnung der anteiligen Tilgungsquote.** Die Haftung ist beschränkt, wenn keine ausreichenden Mittel zur Tilgung der StSchulden zur Verfügung standen. Der Vertreter kann nur insoweit in Anspruch genommen werden, als er gegen die Verpflichtung zur anteiligen Tilgung aller Verbindlichkeiten verstoßen hat. Somit haftet er nur, soweit er die FB im Vergleich zu den übrigen Gläubigern des Vertretenen benachteiligt hat (BFH 14.7.1987 – VII R 188/82, BStBl. II 1988, 172). Um die Höhe des Haftungsanspruchs zu ermitteln, muss eine durchschnittliche Tilgungsquote unter Berücksichtigung aller Verbindlichkeiten ermittelt werden, wobei auch die Bankschulden, die Personalkosten und sämtliche StSchulden zu berücksichtigen sind (BFH 14.7.1987 – VII R 188/82, BStBl. II 1988, 172). Dabei ist die vorrangig getilgte LSt weder bei den Gesamtverbindlichkeiten noch bei den im Haftungszeitraum geleisteten Zahlungen zu berücksichtigen, weil die Tilgungsquote ansonsten zulasten des Haftenden verzerrt werden würde (BFH 27.2.2007 – VII R 60/05, BFH/NV 2007, 1731). Verrechnete Vorsteuerüberschüsse werden als Zahlung auf die StSchuld behandelt (BFH 7.11.1989 – VII R 34/87, BStBl. II 1990, 201). Dabei ist lediglich eine überschlägige Berechnung vorzunehmen (BFH 26.3.1985 – VII R 139/81, BStBl. II 1985, 539). Für die Berechnung der Tilgungsquote ist nicht auf einen einzelnen **Zeitpunkt,** sondern auf einen längeren Haftungszeitraum abzustellen (BFH 12.6.1986 – VII R 192/83, BStBl. II 1986, 657). Etwaige Unsicherheiten können durch einen pauschalen Abschlag berücksichtigt werden (BFH 14.7.1987 – VII R 188/82, BStBl. II 1988, 172). Soweit der Sachverhalt nicht aufgeklärt werden kann, ist die Quote im Schätzungswege zu ermitteln (BFH 27.2.2007 – VII R 60/05, BFH/NV 2007, 1731). Bei der Frage, welche Mittel dem Vertreter zur Verfügung standen, sind jederzeit einziehbare Forderungen in Ansatz zu bringen (BFH 25.8.2000 – VII B 30/00, BFH/NV 2001, 294). Entspricht die tatsächliche Zahlung auf die StSchulden nicht der ermittelten anteiligen Tilgungsquote, haftet der Vertreter für die Differenz. Zu Einzelheiten der Berechnung s. ausführlich Nacke Rn. 101 ff. Zu Besonderheiten bei der **LSt** → Rn. 109.

130 **Mitverschulden der FB.** Nach bisheriger Rspr. soll ein etwaiges Mitverschulden der FB nur im Rahmen der Ermessensausübung bei Erlass des Haftungsbescheids zu berücksichtigen sein und dies nur dann, wenn es gegenüber dem Verschulden des Haftungsschuldners deutlich überwiegt (BFH 2.7.2001 – VII B 345/00, BFH/NV 2002, 4; BFH 23.4.2014 – VII R 28/13, BFH/NV 2014, 1489; FG Münster 4.2.2021 – 10 K 1672/19 U, EFG 2021, 728; offen gelassen BFH 30.8.2005 – VII R 61/04, BFH/NV 2006, 232). Die Anwendung des **§ 254 BGB,** der im Zivilrecht den Schadensersatzanspruch bereits auf der Tatbestandsebene beschränkt, komme im StRecht nicht in Betracht (BFH 11.5.2000 – VII B 217/99, BFH/NV 2000, 1442; BFH 13.6.1997 – VII R 96/96, BFH/NV 1998, 4 mwN). Zu Recht wird in der Literatur dagegen überwiegend die Meinung vertreten, ein Mitverschulden müsse auch im öffentlichen Recht gem. § 254 schadensersatzmindernd berücksichtigt werden, weil § 254 Ausdruck eines allgemein gültigen Rechtsgedankens sei (TK § 69 Rn. 28, 28a): Derjenige, der durch eigenes sorgfaltswidriges Verhalten zum Schadenseintritt beigetragen hat, muss die Kürzung seines Schadensersatzanspruchs hinnehmen (Gosch AO § 69 Rn. 63). Im Übrigen ist allgemein anerkannt, dass der Haftungsanspruch gemindert wird, wenn die FB schuldhaft die StFestsetzung verspätet durchführt (BFH 6.10.1982 – II R 34/81, BStBl. II 1983, 135). Dagegen ist es für ein Mitverschulden der FB nicht ausreichend, dass sie über einen längeren Zeitraum von seinen Befugnissen ua zur Überwachung und Beitreibung von StBeträgen keinen Gebrauch macht. Denn der Haftende hat keinen Anspruch auf die Wahrnehmung dieser gesetzlichen Befugnisse durch die FB (BFH 9.1.1996 – VII B 189/95, BFH/NV 1996, 589; BFH 12.3.1985 – VII R 22/84, BFH/NV 1987, 227). Allerdings liegt ein Mitverschulden der FB vor, falls sie trotz entsprechender Hinweise des Vertreters StErstattungsansprüche auf ein Konto des Vertretenen überweist, statt sie mit StForderungen zu verrechnen (FG Saarland 4.11.1993 – 2 K 179/91, EFG 1994, 329). Ein mitwirkendes Verschulden der FB wurde bejaht

- im Falle einer versäumten Aufrechnung der FB gegen einen Steuererstattungs- oder Steuervergütungsanspruch (FG Saarland 4.11.1993 – 2 K 179/91, EFG 1994, 329),
- bei unterlassenen Vollstreckungsmaßnahmen (Müller AO-StB 2007, 20),
- bei Uneinbringlichkeit der StForderung infolge grober Pflichtverletzung des FA (BFH 4.7.1979 – II R 74/77, BStBl. II 1980, 126; BFH 16.10.1986 – VII R 161/83, BFH/NV 1987, 616),
- im Falle einer verspäteten StFestsetzung gegen den StSchuldner (BFH 6.10.1982 – II R 34/81, BStBl. II 1983, 135; Kanzler DStR 1985, 341).

Zuletzt entschied der BFH 6.5.2020 – X R 10/19, BStBl. II 2022, 45 im Zusammenhang mit § 22a V 3 EStG, dass ein Mitverschulden der FB relevant sein kann, wenn Ansprüche aus dem StSchuldverhältnis ein Vertretenmüssen voraussetzen. Da auch im Rahmen des Verspätungsgeldes das Verschulden der mitteilungspflichtigen Stelle relevant ist und der BFH bereits dargelegt hat, dass dieses Vertretenmüssen demjenigen des § 276 I BGB ähnele (BFH 20.2.2019 – X R 29/16, BStBl. II 2019, 425 Rn. 27 ff.), ist es konsequent, den Rechtsgedanken des § 254 BGB und damit das Mitverschulden der FB zu problematisieren. Auch wenn insoweit der Wortlaut des § 22a V 3 EStG nur begrenzt ergiebig ist („soweit"), gebietet es sich, neben dem Verschulden des Stpfl. auch jenes der Behörde in einen Abwägungsprozess einzubeziehen. Denn dem Mitverschulden des § 254 BGB liegt der sowohl im bürgerlichen als auch im öffentlichen Recht geltende Grundsatz von Treu und Glauben zugrunde. Primär betrifft dies das Schadensersatzrecht (vgl. BGH 29.3.1971 – III ZR 98/69, BGHZ 56, 57, unter II.1, mwN; vgl. Nöcker jurisPR-SteuerR 15/2021, Anm. 2). Diese Entwicklung spricht dafür, den Rechtsgedanken des § 254 BGB künftig auch im Rahmen des § 69 zu berücksichtigen, auch wenn die Rspr. diesen Schritt noch „gehen" muss.

C. Haftung für Säumniszuschläge (S. 2)

S. 2 erwähnt ausdrücklich die Haftung für Säumniszuschläge, die durch eine Pflicht- 136
verletzung verursacht wurden. Damit kann aber nicht angenommen werden, eine Haftung für Nebenleistungen sei nur auf Säumniszuschläge beschränkt (BFH 22.2.1980 – VI R 185/79, BStBl. II 1980, 375; aA Mösbauer Haftung im Steuerrecht, 56).

Haftung nach Beendigung der Tätigkeit. Grundsätzlich haftet der Vertreter nur für 137
die Steuern und steuerlichen Nebenleistungen, die während seiner Tätigkeit entstanden sind. Hiervon macht Satz 2 eine Ausnahme und erstreckt die Haftung auch auf solche Säumniszuschläge, die nach der Beendigung der Tätigkeit entstanden sind (BFH 24.1.1989 – VII B 188/88, BStBl. II 1989, 315). Es entlastet den Haftenden insoweit also nicht, dass er nicht mehr durch unverzügliche Zahlung der rückständigen StSchuld das weitere Entstehen von Säumniszuschlägen verhindern kann (TK § 69 Rn. 44). Entscheidend ist allein, dass die Steuern während der Tätigkeit aufgrund einer Pflichtverletzung nicht rechtzeitig gezahlt wurden.

Überschuldung und Zahlungsunfähigkeit des Vertretenen. Der Haftende muss 138
nicht mehr für die Säumniszuschläge einstehen, die nach Eintritt der Überschuldung oder der Zahlungsunfähigkeit des Vertretenen entstanden sind (BFH 26.7.1988 – VII R 83/87, BStBl. II 1988, 859). Diese Säumniszuschläge muss die FB dem Vertretenen erlassen, was auch dem Vertreter zugutekommt (Nacke Rn. 160). Eine Haftung für diese Säumniszuschläge entfällt selbst, wenn dem Vertretenen und StSchuldner gegenüber ein Erlass gar nicht ausgesprochen wurde (BFH 24.1.1989 – VII B 188/88, BStBl. II 1989, 315).

D. Geltendmachung der Haftung; Verfahrensfragen

140 Der Haftungsanspruch ist durch **Haftungsbescheid** gem. § 191 geltend zu machen, der mit Einspruch angefochten werden kann. Der Erlass eines Haftungsbescheids ist eine Ermessensentscheidung (vgl. § 5), die zu begründen ist. Die Ermessensentscheidung wird nicht durch den Grad des Verschuldens vorgeprägt (TK § 69 Rn. 46). Im Falle der Insolvenz ist die FB nicht durch § 93 InsO an der unmittelbaren Geltendmachung des Haftungsanspruchs gem. § 69 gegenüber dem Vertreter der insolventen Gesellschaft gehindert (BGH 4.7.2002 – IX ZR 265/01, BStBl. II 2002, 786; BFH 2.11.2001 – VII B 155/01, BStBl. II 2002, 73).

141 Die Prüfung der Haftungsvoraussetzungen erfolgt **zweistufig:** Auf der **ersten Stufe** ist der Sach- und Streitstand zugrunde zu legen, wie er sich am Schluss der mündlichen Verhandlung vor dem Tatsachengericht darstellt. Dagegen kommt es bei der Überprüfung der Ermessensausübung **(zweite Stufe)** auf die tatsächliche und rechtliche Situation im Zeitpunkt der letzten Verwaltungsentscheidung an (BFH 20.9.2016 – X R 36/15, BFH/NV 2017, 593).

142 **Entschließungsermessen.** Sieht die FB ihr Ermessen fehlerhaft als eingeschränkt an und nimmt sie infolgedessen die erforderlichen Ermessenserwägungen nicht vor, liegt ein Fall der Ermessensunterschreitung (Ermessensfehler nach § 5) vor (FG Hamburg 2.11.2010 – 1 K 82/08, EFG 2011, 598). Die Inanspruchnahme durch Haftungsbescheid ist allerdings nicht ermessensfehlerhaft, wenn die Haftungsschuld von der Restschuldbefreiung erfasst wird und dies bei Erlass des Haftungsbescheids bereits absehbar ist (BFH 12.6.2018 – VII R 2/17, BFH/NV 2019, 6 (nv) gegen FG Saarland 7.12.2016 – 2 K 1072/14, EFG 2017, 974). Soweit eine Haftungsforderung erst nach der Eröffnung des Insolvenzverfahrens begründet wird, wird sie von einer Restschuldbefreiung (§ 301 InsO) nicht erfasst. Ein Rechtsschutzbedürfnis besteht jedoch für eine nach Erteilung der Restschuldbefreiung erhobene Klage gegen einen **vor** Eröffnung des Insolvenzverfahrens erlassenen Haftungsbescheid nicht (FG Münster 9.9.2016 – 4 K 2154/15, EFG 2016, 1891).

143 **Auswahlermessen.** Haften mehrere Vertreter für die rückständigen Steuern, hat die FB ihr Auswahlermessen auszuüben und zu begründen. Eine Differenzierung anhand der Höhe der Beteiligung am Gesellschaftsvermögen bei Gesellschafter-Geschäftsführern ist nicht sachgerecht (BFH 29.5.1990 – VII R 85/89, BStBl. II 1990, 1008). Zu berücksichtigen ist jedoch eine vorab schriftlich getroffene Geschäftsverteilung unter mehreren Geschäftsführern. Hier ist in erster Linie der für die steuerlichen Angelegenheiten zuständige Geschäftsführer in Anspruch zu nehmen (BFH 26.4.1984 – V R 128/79, BStBl. II 1984, 776; zu Einzelheiten → Rn. 80). Hinsichtlich der Ausübung des Auswahlermessens bzgl. der Haftungsinanspruchnahme eines GmbH-Geschäftsführers ist es idR ausreichend, dass sich das FA im Rahmen der Einspruchsentscheidung gegen den Haftungsbescheid mit einer Haftungsinanspruchnahme (auch) des faktischen Geschäftsführers befasst und keine anderen potenziellen Haftungsschuldner zu berücksichtigen sind (FG Berlin-Brandenburg 28.9.2021 – 4 K 4006/21, GWR 2022, 118, rkr.).

144 Ein **Geschäftsführer,** der nach § 69 haftet, muss nicht vorrangig gegenüber einem nach § 75 Haftenden in Anspruch genommen werden, obwohl er den StAusfall verschuldet hat (BFH 22.9.1992 – VII R 73, 74/91, BFH/NV 1993, 215; aA TK § 69 Rn. 46), denn beide Haftungsnormen stehen gleichwertig nebeneinander (Klein § 69 Rn. 141). Die FB übt ihr Auswahlermessen allerdings fehlerhaft aus, wenn sie ohne nähere Begründung nur den Arbeitgeber für die LSt in Haftung nimmt, obwohl nach den im Streitfall gegebenen Umständen eine Haftung des Geschäftsführers iSd §§ 34, 35, 69 in Betracht kommt (BFH 2.9.2021 – VI R 47/18, BFH/NV 2022, 99 (99–101); Peters jurisPR-SteuerR 10/2022, Anm. 4). Es genügt bei einer LStHaftung nach § 42d EStG mithin nicht, die Haftungsinanspruchnahme des Arbeitgebers nur gegen die Inanspruchnahme der Arbeitnehmer als StSchuldner abzuwägen, sondern es müssen auch Dritte in den Blick genommen werden,

die nach anderen Haftungstatbeständen als potenziell Haftende in Betracht kommen. Häufig werden dies (faktische) Geschäftsführer sein, zu deren steuerlichen Pflichten iSv § 69 iVm §§ 34, 35 die ordnungsgemäße Anmeldung, Einbehaltung und Abführung der LSt gehört.

Nach der **Tilgung** der StSchuld darf ein Haftungsbescheid nicht mehr erlassen werden, weil der Haftungsanspruch akzessorisch zur StSchuld ist. Zahlungen auf die StSchuld sind sowohl zu berücksichtigen, wenn sie vor Erlass des Haftungsbescheids geleistet werden, als auch, wenn sie nach Erlass des Haftungsbescheids, aber vor Ergehen der Einspruchsentscheidung erbracht werden (BFH 6.6.1994 – VII B 2/94, BFH/NV 1995, 281). Zahlungen, die nach Erlass der Einspruchsentscheidung geleistet werden, wirken sich jedoch nicht auf die Rechtmäßigkeit des Haftungsbescheids aus (BFH 16.6.2005 – VII B 295/04, BFH/NV 2005, 1748). In diesem Fall kann der Haftende nur den Widerruf des Haftungsbescheids nach § 131 verlangen. 145

Einwendungen gegen die Steuerfestsetzung. Der Vertreter kann gegen den Haftungsbescheid nicht einwenden, die **(bestandskräftige) StFestsetzung** gegen den StSchuldner sei zu hoch ausgefallen, wenn er als Vertreter des StSchuldners rechtlich die Möglichkeit gehabt hätte, die StFestsetzung anzufechten. In diesem Fall muss er die bestandskräftige StFestsetzung gem. § 166 auch im Verfahren über den Haftungsbescheid gegen sich gelten lassen (BFH 25.7.2003 – VII B 240/02, BFH/NV 2003, 1540; BFH 28.3.2001 – VII B 213/00, BFH/NV 2001, 1217; BFH 21.1.1986 – VII R 196/83, BFH/NV 1986, 512). Dies gilt allerdings nur, wenn der Vertreter während der gesamten Dauer der Rechtsbehelfsfrist Vertretungsmacht gehabt hat (BFH 24.8.2004 – VII R 50/03, BStBl. II 2005, 127). Der Einwendungsausschluss reicht nur soweit wie die Vertretungsmacht (BFH 30.12.1998 – VII B 168/98, BFH/NV 1999, 1054). Hat ein Geschäftsführer einer GmbH namens der GmbH die Änderung eines ihr gegenüber unter dem Vorbehalt der Nachprüfung ergangenen StBescheids beantragt, ist er im Verfahren wegen Haftung für gegenüber der GmbH festgesetzte Steuer nicht mit Einwendungen gegen die Richtigkeit der StFestsetzung ausgeschlossen, solange der Vorbehalt wirksam ist (BFH 22.4.2015 – XI R 43/11, BStBl. II 2015, 755). Die Drittwirkung der StFestsetzung gem. § 166 nach Eintritt der formellen Bestandskraft lässt bei einer StFestsetzung unter dem Vorbehalt der Nachprüfung den Anspruch des Stpfl. und seines Vertreters auf Änderung der StFestsetzung nach § 164 II S. 2 somit unberührt. Wenn der Geschäftsführer den StBescheid vor der Eröffnung des Insolvenzverfahrens zwar mit dem Einspruch angefochten hat, jedoch nach Eröffnung des Insolvenzverfahrens keinen Widerspruch gegen die Feststellung der Umsatzsteuerforderungen zur Insolvenztabelle erhoben hat, muss er die Unanfechtbarkeit der StFestsetzung gem. § 166 gegen sich gelten lassen (BFH 16.5.2017 – VII R 25/16, BStBl. II 2017, 934; BFH 27.9.2017 – XI R 9/16, BStBl. II 2018, 515). 146

Dass der Geschäftsführer die Möglichkeit, die Feststellung der Forderung des FA zur Tabelle im Prüfungstermin zu widersprechen und seinen Widerspruch weiter zu betreiben (§§ 179 ff. InsO), nicht nutzt, lässt die Haftungsinanspruchnahme nicht als grob unbillig erscheinen (BFH 17.9.2019 – VII R 5/18, DStRE 2020, 226; → Rn. 36, 37).

Vollstreckung gegen den StSchuldner. Grundsätzlich darf der Haftungsschuldner nach § 219 S. 1 nur auf Zahlung in Anspruch genommen werden, soweit die Vollstreckung in das bewegliche Vermögen des StSchuldners ohne Erfolg geblieben oder anzunehmen ist, dass die Vollstreckung aussichtslos sein würde. Insoweit ist die Haftung nur subsidiär. Diese Subsidiarität gilt nach § 219 S. 2 jedoch nicht für die Haftung nach § 69 (TK Vor § 69 Rn. 20). 147

Feststellungs-(Beweis-)last. Die FB muss nach den allgemein gültigen Feststellungs-(Beweis-)lastregeln diejenigen Tatsachen beweisen, die den Haftungsanspruch begründen (BFH 11.7.1989 – VII R 81/87, BStBl. II 1990, 357). Zu den anspruchsbegründenden Tatbestandsmerkmalen gehören der Umfang der Pflichtverletzung, die Kausalität der Pflichtverletzung für den Schaden und der Schaden an sich (BFH 22.3.2012 – XI B 1/12, BFH/NV 2012, 1170; Klein § 69 Rn. 135). Die FB hat insb. die objektive Feststellungs- 148

(Beweis-)last dafür, dass der potenziell Haftende gegen den Grundsatz der anteiligen Tilgung verstoßen hat, weil er andere Gläubiger bevorzugt hatte (BFH 11.7.1989 – VII R 81/87, BStBl. II 1990, 357; aA FG München 18.3.1992 – 3 K 3164/87, EFG 1992, 642; FG München 4.9.1991 – 3 K 3026/86, EFG 1993, 3). Ebenso muss der Geschäftsführer eine interne Geschäftsverteilung nachweisen. Die FB kann zur Ermittlung dieses Sachverhalts Auskunft über die wirtschaftliche Situation, den Umfang der Verbindlichkeiten und die Liquidität des Unternehmens verlangen (BFH 23.8.1994 – VII R 134/92, BFH/NV 1995, 570). Verstößt der Vertreter im Rahmen dieser Sachverhaltsermittlung gegen seine **Mitwirkungspflichten,** kann dies zu seinem Nachteil bei der Beweiswürdigung berücksichtigt werden (BFH 9.10.1985 – I R 154/82, BFH/NV 1986, 321). Das FG hat das Maß der Verletzung der Mitwirkungspflicht durch den Haftungsschuldner bei der Ausübung der Schätzungsbefugnis zu berücksichtigen. Macht der Haftungsschuldner keine oder nur unvollständige Angaben, kann er sich auf Schätzungsfehler des FA nur in einem eingeschränkten Umfang berufen (BFH 26.10.2011 – VII R 22/10, BFH/NV 2012, 777). Befinden sich die Buchführungsunterlagen im Besitz des Insolvenzverwalters, genügt der Geschäftsführer seiner Auskunftspflicht, wenn er aus seiner Erinnerung Auskunft gibt. Eine Pflicht, den Insolvenz-/Konkursverwalter aufzusuchen, besteht nicht (BFH 23.8.1994 – VII R 134/92, BFH/NV 1995, 570; Berninghaus DStR 2012, 1001). Die Haftungsquote darf auch geschätzt werden, wenn dem Haftungsschuldner persönlich kein Vorwurf zu machen ist, der Sachverhalt zur Ermittlung der Haftungsquote aber aus Gründen, die im Verantwortungsbereich der vom Haftenden vertretenen GmbH liegen, nicht ermittelt werden kann (BFH 27.12.2005 – VII B 268/04, BFH/NV 2006, 708).

149 Für die LSt hat die Rspr. **Beweiserleichterungen** für die FB anerkannt. Für die Behauptung, nur noch über Mittel zur Zahlung der Nettolöhne verfügt zu haben, ist der Vertreter beweispflichtig, weil ein solcher Geschehensablauf außergewöhnlich ist (BFH 26.7.1988 – VII R 83/87, BStBl. II 1988, 859). Ebenso muss er beweisen, dass die Löhne entgegen der LSt-Anmeldung lediglich gekürzt ausgezahlt wurden (BFH 12.7.1988 – VII R 3/85, BFH/NV 1989, 7).

150 **Festsetzungsfrist.** Die Festsetzungsverjährung für den Erlass des Haftungsbescheids beträgt vier Jahre (§ 191 III 2). Sie beginnt mit Ablauf des Kalenderjahres, in dem der Haftungstatbestand verwirklicht worden ist (§ 191 III 3). Der Eintritt des Schadens ist für den Beginn der Festsetzungsfrist ohne Bedeutung. Kommt der Haftungsschuldner seiner Pflicht zur Abgabe einer StAnmeldung oder zur Erstattung einer Anzeige nicht nach, ist der Anlauf der Festsetzungsfrist ihm gegenüber ebenfalls betreffend des Haftungsanspruches gehemmt (BFH 15.1.2015 – I R 33/13, BFH/NV 2015, 797). Die Anlaufhemmung nach § 191 III 1 iVm § 170 II 1 Nr. 1 ist mithin auch auf die Haftung des GmbH-Geschäftsführers anzuwenden (BFH 22.6.2011 – VII S 1/11, BFH/NV 2011, 2014; vgl. auch BFH 18.3.2025 – VII R 20/23, BFH/NV 2025, 1326 für die Konstellation, dass der StSchuldner originär (und nicht der Haftungsschuldner) gesetzlich zur Abgabe einer StErklärung oder -anmeldung verpflichtet ist und der Haftungsschuldner gem. seiner Stellung als Vertreter iSd § 34 dessen steuerliche Pflichten zu erfüllen hat). Wird die StSchuld nachträglich erfüllt, erlischt der Haftungsanspruch (→ Rn. 13). Die Verlängerung der Festsetzungsfrist auf fünf Jahre bei leichtfertiger StVerkürzung (§ 191 III 2 HS. 2) gilt nur in den Fällen, in denen die Haftungsinanspruchnahme auf § 70 beruht, nicht aber für jeden Fall der Haftung, dem eine leichtfertige bzw. grob fahrlässige StVerkürzung zugrunde liegt (BFH 22.4.2008 – VII R 21/07, BStBl. II 2008, 735). Vor diesem Hintergrund kann auch ein unter Hinweis auf § 69 begründeter Haftungsbescheid nicht in einen nach § 70 begründeten Haftungsbescheid umgedeutet werden, wenn bei Erlass des Bescheids bereits die Festsetzungsverjährung eingetreten war (FG Münster 23.5.2012 – 11 K 2524/09 K, BeckRS 2012, 95869). Der BFH stellte zudem klar: Nach der Aufhebung eines Haftungsbescheids bestehen keine Einschränkungen für den Neuerlass eines Haftungsbescheids, sofern der neue Bescheid auf einem anderen Sachverhalt oder einer anderen Haftungsnorm basiert. Dies gilt insb., wenn der neue Bescheid auf vorsätzliche StHinterziehung (§ 71) gestützt wird, während der ursprüngliche Bescheid auf grob fahrlässige Pflichtverletzungen (§ 69) abzielte (BFH 18.3.2025 – VII R 20/23, BFH/NV 2025, 1326).

Revision. Mit Einwänden gegen mögliche Ermessensfehler des FA kann die Revision gegen ein finanzgerichtliches Urteil nicht erreicht werden. Auch die Auslegung solchen Vorbringens dahingehend, das FG sei seiner Pflicht zur Ermessensüberprüfung nicht bzw. nicht in ausreichendem Maße nachgekommen, rechtfertigt die Revisionszulassung nach Auffassung des BFH regelmäßig nicht. Dies gilt jedenfalls dann, wenn eine über das Interesse des Klägers am Ausgang des Verfahrens hinausreichende, für die Allgemeinheit bedeutsame, durch den BFH klärungsbedürftige und in diesem Verfahren klärungsfähige konkrete Rechtsfrage nicht formuliert wird (BFH 18.1.2008 – VII B 83/07, BFH/NV 2008, 737). 151

Aufwendungen eines angestellten Geschäftsführers zur Tilgung von Haftungsschulden sind auch insoweit als Werbungskosten bei dessen Einkünften aus nichtselbständiger Arbeit abziehbar, als die Haftung auf nicht abgeführter LSt beruht, die auf den Arbeitslohn des Geschäftsführers entfällt; das Abzugsverbot gem. § 12 Nr. 3 EStG steht dem nicht entgegen (BFH 8.3.2022 – VI R 19/20, BStBl. II 2022, 633). 152

§ 70 Haftung des Vertretenen

(1) **Wenn die in den §§ 34 und 35 bezeichneten Personen bei Ausübung ihrer Obliegenheiten eine Steuerhinterziehung oder eine leichtfertige Steuerverkürzung begehen oder an einer Steuerhinterziehung teilnehmen und hierdurch Steuerschuldner oder Haftende werden, so haften die Vertretenen, soweit sie nicht Steuerschuldner sind, für die durch die Tat verkürzten Steuern und die zu Unrecht gewährten Steuervorteile.**

(2) [1]**Absatz 1 ist nicht anzuwenden bei Taten gesetzlicher Vertreter natürlicher Personen, wenn diese aus der Tat des Vertreters keinen Vermögensvorteil erlangt haben.** [2]**Das Gleiche gilt, wenn die Vertretenen denjenigen, der die Steuerhinterziehung oder die leichtfertige Steuerverkürzung begangen hat, sorgfältig ausgewählt und beaufsichtigt haben.**

Schrifttum: Gast-De Haan, Steuerverfehlung als Grundlage von steuerlichen und anderen Verwaltungsakten, DStjG 1983, 187; Lohmeyer, Die Haftungstatbestände der §§ 69–72 AO, StB 1985, 377; Mösbauer, Die Steuerhaftung der Vertretenen (§ 70 AO), INF 1987, 529; Lohmeyer, Die Haftungsansprüche aus §§ 70, 71 AO, INF 1988, 1; Lausen, Die Haftung des Vertretenen gem. § 70 AO, wistra 1989, 338; Fehsenfeld, Die Reichweite der Haftung des Vertretenen nach § 70 AO, DStZ 2012, 852; Bruschke, Die Haftung des Vertretenen nach § 70 AO, BB 2020, 1693.

Übersicht

I. Allgemeines

§ 70 liegt die Wertung des Gesetzgebers zugrunde, dass ein Vertretener einen ungerechtfertigten steuerlichen Vorteil, den er durch die Handlungen seines Vertreters erlangt hat, 1 nicht behalten soll. Grundsätzlich bedarf es für die Inanspruchnahme des Vertretenen jedoch keiner Haftungsnorm, weil er sich das Verhalten seines Vertreters zurechnen lassen muss, sodass er unmittelbar StSchuldner wird. Allerdings kann es bei **Zöllen, Verbrauchsteuern und der EUSt,** für die gem. § 21 II UStG die Zollvorschriften gelten, auch dazu kommen, dass der Vertretene nicht StSchuldner wird (Klein § 70 Rn. 1). Für diesen Fall soll § 70 den Zugriff auf den Vertretenen im Wege der Haftung sicherstellen, wenn er durch die Handlung seines Vertreters einen steuerlichen Vorteil ungerechtfertigt erlangt hat (TK § 70 Rn. 1). Gegenstand der Haftung nach § 70 sind daher – anders als bei § 69 – nicht Ansprüche aus dem StSchuldverhältnis (einschl. steuerlicher Nebenleistungen), sondern lediglich Steuern und zu Unrecht gewährte StVorteile (StErstattungen und StVergütungen).

1a Die Haftung nach § 70 greift nach herrschender Auffassung (FG Münster 10.12.2013 – 2 K 4490/12, EFG 2014, 801 für die USt) auch bei **Abzugssteuern** ein, weil auch hier der Vertretene nicht StSchuldner wird (AEAO zu § 70 Nr. 1; aA TK § 70 Rn. 3; Klein § 70 Rn. 1a). Da die §§ 42d I, 44 V, 50a EStG bzw. § 7 I VersStG als speziellere Vorschriften – mit teilweise abweichenden Rechtsfolgen (HHSp § 70 Rn. 10) – eine Haftung regeln, ist § 70 daneben nicht anwendbar. Dem steht nicht entgegen, dass dessen Anwendung nur für den Fall der Erfüllung eines anderen Haftungstatbestands ausdrücklich ausgeschlossen ist (ebenso gegen die hM Klein § 70 Rn. 1a). Trotz des nach dem Wortlaut weiten Anwendungsbereichs der Vorschrift steht eine am Zweck der Vorschrift orientierte Auslegung einer solch weiten Auslegung entgegen (Fehsenfeld DStZ 2012, 852 (858); TK § 70 Rn. 2). Die Einschränkung des § 70 I „soweit sie nicht StSchuldner sind" ist gedanklich um die Worte „oder Haftende" zu ergänzen (→ Rn. 7; aA AEAO zu § 70 sowie HHSp § 70 Rn. 10; Gosch AO § 70 Rn. 2). Wird indes der Vertreter zum StSchuldner, ermöglicht § 70 die Inanspruchnahme des Vertretenen. Die genannte Streitfrage wirkt sich praktisch aus, wenn die speziellen Haftungsnormen (zB wegen Ablaufs der Festsetzungsfrist) nicht mehr greifen, die Inanspruchnahme nach § 70 aber wegen der verlängerten Festsetzungsfrist (§ 191 III 2) noch möglich ist.

Somit liegt der **Zweck** der Haftungsnorm darin, dem Vertretenen den durch die Handlungen seines Vertreters ungerechtfertigt zugeflossenen StVorteil auch entziehen zu können, wenn er nicht unmittelbar **StSchuldner oder Haftender** geworden ist (Klein § 70 Rn. 1).

1b § 70 bestimmt, unter welchen Voraussetzungen der Haftungsanspruch gegen den Vertretenen entsteht. Zur Durchsetzung dieses Anspruchs finden sich verfahrensrechtliche Bestimmungen im zweiten und vierten Teil der AO. Der Erlass des Haftungsbescheids richtet sich nach § 191. § 219 bestimmt dagegen für das Erhebungsverfahren die Voraussetzungen, unter denen an den Vertretenen eine Zahlungsaufforderung gerichtet werden kann.

II. Voraussetzungen der Haftung (Abs. 1)

1. Steuerhinterziehung oder leichtfertige Steuerverkürzung

2 **Täter bzw. Teilnehmer** der haftungsbegründenden StHinterziehung oder leichtfertigen StVerkürzung kann nur eine Person sein, die nach den §§ 34 und 35 steuerliche Pflichten anderer zu erfüllen hat. Zu diesem Kreis gehören gesetzliche Vertreter natürlicher und juristischer Personen, wie Geschäftsführer und Vorstände (HHSp § 70 Rn. 13). Ferner gehören auch Insolvenzverwalter, Testamentsvollstrecker und Nachlassverwalter zu diesem Personenkreis.

3 Die in §§ 34 und 35 genannten Personen müssen eine **StHinterziehung oder eine leichtfertige StVerkürzung** begangen haben, für die sie aus diesem Grund haften oder selbst StSchuldner werden. Neben der Täterschaft reicht es auch aus, dass sie lediglich Teilnehmer einer solchen Tat gewesen sind – also als Anstifter handelten oder Beihilfe geleistet haben (HHSp § 70 Rn. 14). Der Täter bzw. Teilnehmer muss sowohl den

objektiven als auch den subjektiven Tatbestand des StDelikts erfüllt haben (TK § 70 Rn. 7). Ob der Täter dem Vertretenen einen finanziellen Vorteil verschaffen will, ist ohne Bedeutung (Klein § 70 Rn. 3). Eine versuchte StHinterziehung reicht nicht aus. Die StHinterziehung und leichtfertige StVerkürzung brauchen nicht zum Vorteil des Vertretenen begangen worden zu sein. § 70 greift auch, wenn der Vertreter gehandelt hat, um diesem einen Schaden zuzufügen (HHSp § 70 Rn. 16). Anschlussstraftaten wie Begünstigung (§ 257 StGB) und Hehlerei (§ 259 StGB, FG Düsseldorf 8.6.1977 – IV 33/74 Z, EFG 1978, 55) begründen keine Haftung (Klein § 70 Rn. 3). Gleiches gilt für Betrug (§ 263 StGB) bzw. Subventionsbetrug (§ 264 StGB; BFH 19.12.2013 – III R 25/10, BStBl. II 2015, 119 zu § 71), es sei denn, es besteht ein direkter oder indirekter Verweis auf § 70 (→ § 70 Rn. 8). Im Rahmen des § 70 genügt es für die Einordnung einer Person als Verfügungsberechtigten, dass diese über eigene Entscheidungsbefugnisse verfügt und gerade aufgrund der ihr eingeräumten Befugnisse in der Lage war, die strafbaren Handlungen zu begehen (LG Hamburg 5.3.2025 – 330 O 3/21, BeckRS 2025, 6707).

Feststellung der Straftat. Die für den Erlass des Haftungsbescheids zuständige Stelle muss das Vorliegen einer Straftat selbständig prüfen. Sie ist dabei weder an die Entscheidung der (eigenen) StStrafsachenstelle (aA TK § 70 Rn. 5) noch an eine gerichtliche Entscheidung im Strafverfahren gebunden; insb. ist es nicht notwendig, dass der Vertreter wegen einer Straftat rechtskräftig verurteilt worden ist (Klein § 70 Rn. 3; TK § 70 Rn. 11). Ergeht nach der Inanspruchnahme des Haftenden ein freisprechendes Strafurteil, kann das für eine Rechtswidrigkeit des Haftungsbescheids sprechen. Ist eine Aufhebung des Haftungsbescheids nach § 130 I infolge des Ablaufs der Festsetzungsfrist nicht mehr möglich, kann ein Billigkeitserlass nach § 227 geboten sein (TK § 70 Rn. 11). 4

Im Falle einer sog. Behördenidentität (dieselbe Behörde hat das Vorliegen einer Straftat bejaht), besteht mE eine Bindung, wenn dieselbe Behörde entschieden hat. Denn ein und dieselbe Behörde muss in derselben Sache widerspruchsfrei entscheiden (BVerfG 26.4.1988 – 1 BvR 669/87, 1 BvR 686/87, 1 BvR 687/87, BVerfGE 78, 123 (126); BVerfG 7.5.1998 – 2 BvR 1991/95, 2 BvR 2004/95, DStRE 1998, 405). Eine Entscheidung der Strafsachenstelle erfolgt insoweit „in Vertretung" der FB und bindet daher auch für das Besteuerungsverfahren (ebenso TK § 71 Rn. 12; aA Klein § 70 Rn. 3a). Der Umstand, dass dies im Rahmen eines FG-Verfahrens und für Fälle der Einstellung des StStrafverfahrens, in denen nicht in der Sache entschieden wird (zB § 154 StPO) nicht gilt, steht dem nicht entgegen, da eine Bindung nur für das Verwaltungsverfahren und nur für die Fälle, in denen eine inhaltliche Entscheidung getroffen wurde, besteht. Grundsätzlich sind im Verfahren die Verfahrensvorschriften der AO bzw. FGO und nicht die Grundsätze der StPO anzuwenden (BFH 5.3.1979 – GrS 5/77, BStBl. II 1979, 570; BFH 14.8.1991 – X R 86/88, BStBl. II 1992, 128). Zur Ermittlung der Haftungsvoraussetzungen im Einzelnen → § 71 Rn. 14 ff. 4a

2. Bei Ausübung der Obliegenheiten

Die Personen iSd §§ 34, 35 müssen die strafbare Handlung bei Ausübung ihrer Obliegenheiten begangen haben. Damit soll deutlich gemacht werden, dass es nicht ausreicht, dass die Tat bei Gelegenheit der Erfüllung ihrer Obliegenheiten begangen wurde (TK § 70 Rn. 16). Eine solch enge Verbindung ist gegeben, wenn zwischen Ort, Zeit und Art der Ausführung der Tat und der Ausübung der Obliegenheiten ein ursächlicher Zusammenhang besteht (RFH VZ 1966/1939, RStBl. 1939, 1118) und die Tat nicht ohne Aufgabenübertragung begangen worden wäre (BFH 30.11.1951 – II Z 148/51 U, BStBl. III 1952, 16). Dagegen ist es für die Haftung nicht notwendig, dass der Täter im Rahmen seiner Befugnisse gehandelt hat (Klein § 70 Rn. 4). Handlungen, die nur einen losen Zusammenhang aufweisen, bei denen kein unmittelbarer örtlicher, zeitlicher und sachlicher Zusammenhang mit der Erfüllung der steuerlichen Pflichten des Vertretenen besteht, unterfallen nicht § 70 (Fehsenfeld DStZ 2012, 852: keine „uferlose Ausdehnung" der Haftung). ZB haftet eine Bank nicht nach § 70 wegen der vom FA 5 lediglich vermuteten Hinterziehung von Kapitaleinkünften (FG Düsseldorf 18.2.2010 – 8 K 4290/06 H, EFG 2010, 998).

3. Haftung des Vertretenen

6 Die Haftung erfasst alle natürlichen und juristischen Personen, nicht rechtsfähige Personenvereinigungen und Vermögensmassen, soweit Personen für sie gem. §§ 34, 35 die Erfüllung steuerlicher Pflichten übernehmen. Die Haftung kommt aber nur in Betracht, wenn der Vertretene nicht selbst StSchuldner geworden oder Haftender (→ Rn. 1a) ist. Daher liegt der Schwerpunkt der Haftung nicht bei den Betriebs- und Verkehrsteuern, da bei diesen Steuern der Vertretene regelmäßig StSchuldner ist. Bedeutung hat die Haftung dagegen für **Zölle, Verbrauchsteuern und die EUSt** (AEAO zu § 70 Nr. 1), weil es in diesen Bereichen möglich ist, dass der Vertretene nicht Schuldner der hinterzogenen Steuern wird.

7 Der Vertretene haftet nach § 70 nicht auch für **Abzugssteuern,** wie zB LSt, VersSt und KapESt. Derjenige, der die Steuern einzubehalten und abzuführen hat, wird nicht StSchuldner. StSchuldner bleibt der Arbeitnehmer bzw. der Empfänger der Kapitalerträge. § 70 wird dabei von den spezialgesetzlichen Haftungsnormen verdrängt (aA HHSp § 70 Rn. 9; Gosch AO § 70 Rn. 2; wie hier Klein § 70 Rn. 1a; TK § 70 Rn. 3). Die Haftung nach § 70 tritt hinter die Haftung gem. §§ 42d, 44 Abs. 5, 50a Abs. 5 EStG, § 55 UStDV, § 7 I VersStG zurück. Haftungsbeschränkungen der einzelgesetzlichen Haftungsnormen sind im Rahmen des § 70 zu berücksichtigen, wenn der Gesetzeszweck des § 70 der Berücksichtigung nicht entgegensteht.

III. Haftungsausschluss (Abs. 2)

8 Abs. 2 sieht zwei selbständige Haftungsausschlüsse vor. Dabei wird zwischen der Haftung einer natürlichen Person bei Taten durch ihre gesetzlichen Vertreter (S. 1) sowie der Haftung in den übrigen Fällen des Abs. 1 unterschieden (S. 2). Ist der Vertretene eine natürliche Person, so haftet er nur, wenn er durch die Tat des Vertreters einen Vermögensvorteil erlangt hat. Nach Abs. 2 S. 2 tritt der Haftungsausschluss darüber hinaus nur ein, wenn der Vertretene den Vertreter sorgfältig ausgewählt und beaufsichtigt hat. Weitere Voraussetzung des Haftungsausschlusses nach Abs. 2 S. 2 ist es, dass der Vertretene keinen Vermögensvorteil durch die Taten des Vertreters erlangt hat (BFH 2.5.1991 – VII R 7/89, BFH/NV 1992, 219).

1. Haftungsausschluss mangels Vermögensvorteils (Abs. 2 S. 1)

10 Eine natürliche Person haftet für ihren gesetzlichen Vertreter nur, wenn sie durch die Tat einen **Vermögensvorteil** erlangt hat. Der Begriff des Vermögensvorteils ist weitreichender als der des StVorteils (Klein § 70 Rn. 10). Vermögensvorteil können also auch alle sonstigen wirtschaftlichen Vorteile sein, die ohne die Tat des Vertreters nicht eingetreten wären (FG Münster 10.12.2013 – 2 K 4490/12, EFG 2014, 801; FG Baden-Württemberg 23.9.2014 – 11 K 2762/10, BeckRS 2015, 95615; → Rn. 30; HHSp § 70 Rn. 21; Klein § 70 Rn. 10). Jede Verbesserung der Vermögenslage reicht hierfür aus (BFH 31.1.1989 – VII R 77/89, BStBl. II 1989, 442 zu § 169 II 3). Dabei muss der Vermögensvorteil unmittelbar durch die Tat des Vertreters vermittelt worden sein. Ein verhältnismäßig geringer Vermögensvorteil ist jedoch unschädlich (BFH 2.5.1991 – VII R 7/89, BFH/NV 1992, 219). Es fehlt an einem Vermögensvorteil, wenn der Vertreter die Früchte seiner Tat von vornherein für sich behalten hat (TK § 70 Rn. 17). Es fehlt aber auch an einem Vermögensvorteil, wenn dieser später weggefallen ist, weil hier der bereicherungsrechtliche Gedanke des § 818 III BGB zum Tragen kommt (hM HHSp § 70 Rn. 22; TK § 70 Rn. 17). Da die Bereicherungshaftung unabhängig vom Verschulden des Bereicherten ist, ist irrelevant, ob der Entreicherungsgedanke des § 818 III BGB auf § 70 II 1 oder § 70 II 2 angewendet wird. Im Falle des § 70 II 1wird das Verschulden von vornherein durch das Gesetz ausgeschlossen, im Falle des § 70 II 2 muss es vom Vertretenen aus-

geschlossen werden (TK § 70 Rn. 17). In derartigen Fällen ist zwar eine StHinterziehung verwirklicht (§ 370 IV 3), doch die Haftung des Vertretenen tritt nicht ein. § 70 II 1 schließt die Haftung von Vereinigungen natürlicher Personen, zB oHG oder KG, nicht aus. § 70 Abs. 2 S. 1 gilt hier nach dem Wortlaut der Norm, der auf „Vertreter natürlicher Personen" abstellt, nicht. Auch Abs. 2 S. 2 gilt nicht (→ Rn. 12a).

2. Haftungsausschluss bei sorgfältiger Auswahl und Beaufsichtigung des gesetzlichen Vertreters (Abs. 2 S. 2)

Nach Abs. 2 S. 2 entfällt die Haftung des Vertretenen, wenn er seinen Vertreter sorgfältig ausgewählt und beaufsichtigt hat. Dies ist jedoch nicht die einzige Voraussetzung für den Haftungsausschluss. Vielmehr handelt es sich bei Abs. 2 S. 2 um eine **Rechtsvoraussetzungsverweisung** auf Satz 1 (BFH 2.5.1991 – VII R 7/89, BFH/NV 1992, 219). 11

Dagegen haftet der Vertretene, wenn er einen **Vermögensvorteil** erlangt hat. Hat er einen Vermögensvorteil erlangt, muss er somit auch bei sorgfältiger Auswahl und Beaufsichtigung des Vertreters haften (FG Münster 10.12.2013 – 2 K 4490/12, EFG 2014, 801). Die Einschränkung des § 70 II 1 (kein Vermögensvorteil) ist in § 70 II 2, der lediglich eine sorgfältige Auswahl und Beaufsichtigung voraussetzt, nicht enthalten. Gleichwohl setzt § 70 II 2 voraus, dass der Vertretene durch die StHinterziehung bzw. durch die leichtfertige StVerkürzung keinen Vermögensvorteil erlangt hat (BFH 30.8.1994 – VII R 101/92, BStBl. II 1995, 278 (280)). 11a

Auswahl und Beaufsichtigung. Die Haftung nach Abs. 1 ist somit nur ausgeschlossen, wenn neben dem fehlenden Vermögensvorteil eine sorgfältige Auswahl und Beaufsichtigung des Vertreters durch den Vertretenen erfolgt ist. Dies ist gerechtfertigt, weil der Vertretene bei der gewillkürten Vertretung einen entsprechenden Einfluss besitzt. Einen solchen Einfluss besitzt eine natürliche Person in Bezug auf ihren gesetzlichen Vertreter nicht (BT-Drs. 6/82, 119). Daher erscheint es nicht gerechtfertigt, wenn der Vertretene für Taten von Vertretern haftet, die er nicht auswählen und beaufsichtigen kann, sodass insb. bei Parteien kraft Amtes zB Insolvenzverwaltern die Haftung allein bei einem fehlenden Vermögensvorteil entfallen sollte (Klein § 70 Rn. 11). Abs. 2 S. 2 ist insoweit einschränkend auszulegen. Ist der Vertreter (Geschäftsführer) allerdings zugleich Mehrheitsgesellschafter der vertretenen GmbH, greift § 70 II 2 dagegen nicht, weil Handelnder und Überwachender ein- und dieselbe Person sind (FG Münster 10.12.2013 – 2 K 4490/12, EFG 2014, 801, ebenso TK § 70 Rn. 18). 12

OHG, KG und die GbR haben nach der Definition in § 34 nur Geschäftsführer – also keine gesetzlichen Vertreter: Daher gilt § 70 II 2 hier nicht: Dies ist sachgerecht, weil ihre Mitglieder Einfluss auf die Bestellung des Vertreters nehmen können; sie können Gesellschafter von der Vertretung ausschließen oder Gesamtvertretung mit einem anderen Gesellschafter oder Prokuristen bestimmen (§ 125 HGB). 12a

Sorgfaltsmaßstab. Bei der Beurteilung, ob der Vertretene bei der Auswahl und Beaufsichtigung des Vertreters sorgfältig gehandelt hat, ist auf seine subjektiven Fähigkeiten, Kenntnisse und Erfahrungen abzustellen (TK § 70 Rn. 18). Ein rein objektiver Maßstab ist nicht anzulegen (offen gelassen von BFH 2.5.1991 – VII R 7/89, BFH/NV 1992, 219). § 70 II 2 verlangt nur Sorgfalt, also keine besonders strenge Art (zB die im Verkehr erforderliche) der Sorgfalt (BFH 30.8.1994 – VII R 101/92, BStBl. II 1995, 278). Die Anforderungen an die Exkulpation dürfen nicht übersteigert werden (TK § 70 Rn. 20). 13

Feststellungslast. Die Feststellungslast für das Vorliegen der Voraussetzungen für den Haftungsausschluss trägt der Stpfl. (Gosch AO § 70 Rn. 6). Zwar muss der Stpfl. keinen Entlastungsbeweis führen, jedoch geht es zu seinen Lasten, wenn nicht mehr aufgeklärt werden kann, ob er den Vertreter sorgfältig ausgesucht und überwacht hat (HHSp § 70 Rn. 25). Der Amtsermittlungsgrundsatz bleibt jedoch weiterhin bestehen. 14

IV. Umfang der Haftung

15 Die Vertretenen haften nur für die durch die StStraftat verkürzten **Steuern** (§ 3 I). Zu den Steuern iSd § 3 I gehören auch **Zölle** und Abschöpfungen. Für Ansprüche auf steuerliche Nebenleistungen wird dagegen nicht gehaftet (TK § 70 Rn. 5). § 70 spricht ausdrücklich nur von den durch die Tat verkürzten „Steuern". Daher muss der Vertretene nicht für Hinterziehungszinsen oder Säumniszuschläge einstehen (Klein § 70 Rn. 8; Gosch AO § 70 Rn. 12). Es fehlt – anders als bei § 71 – an einem entsprechenden Verweis auf § 239 (BFH 5.10.2004 – VII R 76/03, BStBl. II 2006, 3). Soweit **StVorteile** aufgrund einer StStraftat der in §§ 34 und 35 bezeichneten Personen zu Unrecht gewährt worden sind, muss der Vertretene hierfür ebenfalls haften. Zu den StVorteilen gehören StVergütungen und StErstattungen (HHSp § 70 Rn. 19).

16 Die **Höhe** der Haftung ist nicht durch den dem Vertretenen tatsächlich zugeflossenen Vermögensvorteil begrenzt (BFH 2.5.1991 – VII R 7/89, BFH/NV 1992, 219).

V. Geltendmachung der Haftung; Verfahrensfragen

17 Die Inanspruchnahme des Vertretenen erfolgt nach § 191 und liegt im Ermessen der FB. Der zur Geltendmachung der Haftung notwendige Haftungsbescheid muss Angaben darüber enthalten, wer die StHinterziehung bzw. leichtfertige StVerkürzung begangen hat. Im Übrigen muss sich aus dem Bescheid ergeben, warum eine Haftung nicht nach Abs. 2 ausgeschlossen ist (HHSp § 70 Rn. 26).

18 Der Haftungsbescheid ist innerhalb der **Festsetzungsfrist** von zehn Jahren (StHinterziehung) bzw. fünf Jahren (leichtfertige StVerkürzung) zu erlassen. Die Festsetzungsfrist wird nach § 191 III 2 HS. 2 bei leichtfertiger StVerkürzung nur in den Fällen auf fünf Jahre verlängert, in denen die Haftungsinanspruchnahme auf § 70 beruht, nicht aber für jeden Fall der Haftung, dem eine leichtfertige StVerkürzung zugrunde liegt (BFH 22.4.2008 – VII R 21/07, BStBl. II 2008, 735). Eine Umdeutung eines auf § 69 gestützten Haftungsbescheids in einen solchen nach § 70 ist unzulässig (FG Münster 23.5.2012 – 11 K 2524/09 K, BeckRS 2012, 95869).

§ 71 Haftung des Steuerhinterziehers und des Steuerhehlers

Wer eine Steuerhinterziehung oder eine Steuerhehlerei begeht oder an einer solchen Tat teilnimmt, haftet für die verkürzten Steuern und die zu Unrecht gewährten Steuervorteile sowie für die Zinsen nach § 235 und die Zinsen nach § 233a, soweit diese nach § 235 Absatz 4 auf die Hinterziehungszinsen angerechnet werden.

Schrifttum: Joecks, Haftung des Steuerhinterziehers, wistra 1987, 248; Lohmeyer, Die Haftungsansprüche aus §§ 70, 71 AO, INF 1988, 1; Büß, Die Haftung des Steuerhinterziehers nach § 71 AO, 1991; Troschke, Anteilige Haftung bei Steuerhinterziehung, StB 1994, 9; Krause, Besonderheiten der Beweislast bei der Feststellung von Steuerdelikten im finanzgerichtlichen Verfahren – Zur Unanwendbarkeit steuerlicher Beweisvermutungen und zum Erfordernis der umfassenden Aufklärung subjektiver Umstände, DStR 1998, 553; Moritz, Steuerhinterziehung und Voraussetzungen der Haftung gemäß § 71 AO, BB 2013, 1562; Nacke, Die Haftung für Steuerschulden, 2017; Florstedt, Zur haftungsrechtlichen Aufarbeitung von außerbörslichen Cum/ex- Geschäften – Teil I: Die steuerrechtliche Außenhaftung, DStR 2019, 655; Müller/Rothhöft, Haftungsrisiken und Nebenfolgen für den Steuerberater im Steuerhinterziehungsfall, StBp 2020, 231; Bilsdorfer/Kaufmann, Mitgegangen, mitgefangen, mitgehangen – Ehepartner im Fokus strafrechtlicher und steuerlicher Sanktionen, NJW 2021, 893.

I. Allgemeines

1 **Regelungszweck.** StHinterzieher und StHehler müssen für die eingetretene Minderung des StAufkommens haften. Dies ist aber keine zusätzliche Sanktion für das begangene Unrecht. Vielmehr begründet § 71 lediglich eine Haftung auf Schadensersatz (BFH

7.3.2006 – X R 8/05, BFH/NV 2006, 1378; BFH 21.1.2004 – XI R 3/03, BStBl. II 2004, 919). Die Haftung soll den durch StHinterziehung (§ 370) oder StHehlerei (§ 378) verursachten Vermögensschaden des Fiskus ausgleichen (BFH 13.7.1994 – I R 112/93, BStBl. II 1995, 198). Daher kommt eine Haftung nicht in Betracht, wenn der StGläubiger gar keinen StAusfall erlitten hat, insb., wenn der Schaden auch ohne das pflichtwidrige Verhalten der Verantwortlichen entstanden wäre (BFH 13.7.1994 – I R 112/93, BStBl. II 1995, 198 (200)). Der Schaden ist allerdings verursacht, wenn durch die unterlassene oder verspätete StAnmeldung eine aussichtsreiche Vollstreckungsmöglichkeit des FA vereitelt worden ist (BFH 6.3.2001 – VII R 17/00, BFH/NV 2001, 1100 zur hypothetischen Kausalität → § 69 Rn. 55). Gemäß § 71 haftet jeder Täter oder Teilnehmer einer StHinterziehung oder StHehlerei für den angerichteten Schaden, soweit er nicht selbst StSchuldner ist.

§ 71 gilt auch für eine Hinterziehung von **Zöllen** (Klein § 71 Rn. 1). Nach früherer 2 Rspr. des BFH galt dies auch für die InvZul und andere steuerliche Subventionen mit Generalverweis auf die AO; nach der insoweit geänderten Rspr. des BFH ist das Erschleichen der Investitionszulage keine „Steuerhinterziehung" iSv § 71 (BFH 19.12.2013 – III R 25/10, BStBl. II 2015, 119). Auch das Erschleichen von Eigenheimzulage ist keine StHinterziehung. Die Vorschrift ist weder aufgrund der Globalverweisung auf die für StVergütungen geltenden Vorschriften der AO (§ 15 I 1 EigZulG) noch aufgrund der Zuständigkeitsnorm in § 15 II EigZulG anwendbar (BFH 12.1.2016 – IX R 20/15, BStBl. II 2017, 21 Rn. 15).

Konkurrenzen. Die Haftung nach § 71 schließt die Haftung nach anderen Haftungs- 3 tatbeständen nicht aus. So kann die Haftung nach § 69 gleichzeitig und nebeneinander bestehen (BFH 26.8.1992 – VII R 50/91, BStBl. II 1993, 8 (9)). Gleiches gilt für die Haftung gem. § 42d EStG (BFH 1.2.1994 – VII B 242/93, BFH/NV 1994, 784).

II. Voraussetzungen der Haftung

1. Steuerhinterziehung und Steuerhehlerei

Der Haftende muss eine StHinterziehung (§ 370) oder eine StHehlerei (§ 374) begangen 5 oder sich an einer solchen Tat beteiligt haben. Der objektive und subjektive Tatbestand des Delikts müssen verwirklicht sein (BFH 24.10.1996 – VII R 113/94, BStBl. II 1997, 308 (311)). Liegen Rechtfertigungs- oder Schuldausschließungsgründe vor, scheidet eine Haftung nach § 71 aus (HHSp § 71 Rn. 11). Dabei kann die Tat auch durch Unterlassen begangen werden, wenn eine Rechtspflicht zum Handeln besteht (BFH 16.4.2002 – IX R 40/00, BStBl. II 2002, 501; BFH 24.3.1987 – VII R 155/85, BFH/NV 1987, 560 (562)). Eine Verurteilung wegen einer StStraftat muss nicht erfolgt sein (BFH 10.10.1972 – VII R 117/69, BStBl. II 1973, 68). Es ist bisher noch nicht höchstrichterlich entschieden, ob eine Haftung des Teilnehmers auch in Betracht kommt, wenn der Haupttäter nicht identifiziert werden kann, sodass nicht feststeht, ob eine StHinterziehung tatsächlich begangen wurde und in welcher Höhe konkret Steuern hinterzogen wurden (BFH 16.7.2009 – VIII B 64/09, BStBl. II 2010, 8). Daher hat der BFH Haftungsbescheide gegen den Leiter einer Wertpapierabteilung (BFH 16.7.2009 – VIII B 64/09, BStBl. II 2010, 8), gegen den Leiter des Referats Kassenverwaltung und Tresorverwaltung (BFH 16.7.2009 – VIII B 66/09, BeckRS 2009, 25015543) und gegen den Leiter der Depotverwaltung eines Kreditinstituts (BFH 16.7.2009 – VIII B 66/09, BeckRS 2009, 25015543), die an der anonymen Verlagerung von Wertpapieren ins Ausland beteiligt waren, ohne dass der Haupttäter ermittelt werden konnte, von der Vollziehung ausgesetzt. Die Feststellung einer StHinterziehung setzt voraus, dass der jeweilige Inhaber des in das Ausland transferierten Kapitals daraus in der Folge Erträge erzielt hat, die der Besteuerung im Inland unterlagen, dass er zum Beispiel unrichtige Angaben in seiner StErklärung gemacht, dadurch Steuern hinterzogen und dabei vorsätzlich gehandelt hat (BFH 15.1.2013 – VIII R 22/10, NJW 2013, 2141). Es gibt keinen allgemeinen Erfahrungssatz dahingehend, dass derjenige, der Kapital ins

Ausland verbringt, auch in der StErklärung unrichtige Angaben hinsichtlich der daraus erzielten Erträge macht. Eine „gruppenbezogene Betrachtung" ist unzulässig, selbst wenn sie zu einer „hinreichend sicheren Annahme einer Steuerhinterziehung" führt (BFH 15.1.2013 – VIII R 22/10, BStBl. II 2013, 526; Klein § 71 Rn. 6).

Der Täter muss mindestens mit **bedingtem Vorsatz** gehandelt haben; eine leichtfertige StVerkürzung iSv § 378 löst keine Haftung aus.

6 **Versuch.** Bleibt die StStraftat in der Phase des Versuchs stecken, so entfällt die Haftung, denn es mangelt an einem Haftungsschaden (BFH 13.7.1994 – I R 112/93, BStBl. II 1995, 198 (200); TK § 71 Rn. 4). Ist die Tat dagegen teilweise vollendet und teilweise nur versucht, haftet der Täter für den vollendeten Teil der Tat (Gosch AO § 71 Rn. 3). Zu beachten ist, dass bei Abgabe einer falschen StAnmeldung kein Versuch, sondern bereits eine vollendete StHinterziehung vorliegt (BFH 8.11.1994 – VII R 1/93, BFH/NV 1995, 657). Die **StAnmeldung** steht nach § 168 idR einer StFestsetzung unter dem Vorbehalt der Nachprüfung gleich. Da eine StHinterziehung bereits vollendet ist, wenn die Steuer nicht in voller Höhe festgesetzt wurde, kann bereits eine Haftung bei der Abgabe einer falschen StAnmeldung eingreifen (HHSp § 71 Rn. 15). Zu beachten ist aber weiterhin, dass dem StGläubiger endgültig ein Schaden entstanden sein muss. Auch durch das Vortäuschen eines Sachverhalts ungerechtfertigt erlangte StVorteile stellen eine StHinterziehung dar (BGH 1.2.1989 – 3 StR 179/88, BGHSt 36, 100; BGH 23.3.1994 – 5 StR 91/94, BGHSt 40, 109), für die nach § 71 gehaftet wird. Dies ist zB der Fall, wenn ein Finanzbeamter Vorsteuererstattungen für ein nicht existierendes Unternehmen durch entsprechende Eingaben in der EDV des FA veranlasst (BFH 25.10.2005 – VII R 10/04, BStBl. II 2006, 356).

8 **Wahlfeststellung.** Eine Entscheidung, ob StHinterziehung oder StHehlerei vorliegt, ist entbehrlich. Steht fest, dass der Täter entweder eine Hinterziehung oder eine Hehlerei begangen hat, so ist für Zwecke der Haftung eine Wahlfeststellung zulässig (BFH 12.5.1955 – V 85/54 U, BStBl. III 1955, 215; TK § 71 Rn. 6 mwN).

2. Täterschaft und Teilnahme

11 Sowohl der Täter (Einzeltäter und Mittäter) als auch der Teilnehmer (Anstifter und Gehilfe) kann nach § 71 haften. Ungeschriebenes Tatbestandsmerkmal ist, dass der Haftende nicht StSchuldner ist, weil Haftung immer nur das Einstehenmüssen für eine fremde Schuld bedeutet (BFH 11.5.1982 – VII R 97/81, BStBl. II 1982, 689). Da das Gesetz Täterschaft und Teilnahme gleichbehandelt, ist insoweit eine Wahlfeststellung möglich.

12 **Einzelfälle.** Täter oder Teilnehmer an einer StStraftat können insb. alle Personen sein, die dem StSchuldner bei der Erfüllung seiner steuerlichen Pflichten unterstützen. Dazu gehören der StBerater, die mit den StAngelegenheiten betrauten Angestellten und die gesetzlichen Vertreter des StSchuldners (Klein § 71 Rn. 3). Der Arbeitgeber kann neben § 42d EStG auch nach § 71 für die einzubehaltende LSt haften (Gosch AO § 71 Rn. 3). Wer als Ehegatte die gemeinsame Einkommensteuererklärung lediglich unterschreibt, ist weder Mittäter noch Teilnehmer einer StHinterziehung und haftet daher nicht nach § 71 (BFH 16.4.2002 – IX R 40/00, BStBl. II 2002, 501). Auch ein Großhändler kann eine haftungsbegründende Beihilfe zur StHinterziehung seines Kunden leisten, wenn er durch Barverkaufsrechnungen ohne Empfängerangaben eine Doppelverkürzung ermöglicht (BFH 21.1.2004 – XI R 3/03, BStBl. II 2004, 919). Zusammenveranlagte Ehegatten können erst dann als Haftungsschuldner für die StSchulden des jeweils anderen in Anspruch genommen werden, wenn die Steuer gem. § 268 aufgeteilt ist (FG Hessen 12.10.2004 – 7 K 965/04, EFG 2005, 920). Die Erwerber von Schmuggelware können nicht als Haftungsschuldner für die in Person des Schmugglers entstandenen Abgaben in Anspruch genommen werden, weil sie Zollschuldner neben den Personen, die die Ware vorschriftswidrig in das Zollgebiet verbracht haben, sind (Art. 82 I, 79 III UZK; HHSp § 71 Rn. 10). Der Verkäufer von Kassenmanipulationssoftware haftet wegen Beihilfe zur StHinterziehung (FG Rheinland-Pfalz 7.1.2015 – 5 V 2068/14, wistra 2015, 284).

Der StBerater ist als unabhängiges Organ der StRechtspflege – trotz bestehender Berichtigungspflicht des Stpfl. gem. § 153 – selbst nicht verpflichtet und im Hinblick auf § 203 StGB auch nicht berechtigt, eine StStraftat anzuzeigen, wenn er anhand der Bücher und Unterlagen des Mandanten nachträglich eine StHinterziehung feststellt oder der Mandant sich ihm offenbart (TK § 71 Rn. 6a; Schaaf AO-StB 2012, 349 (350)). Hat der StBerater die StErklärung zur Unterschrift durch den Stpfl. vorbereitet, muss er im Innenverhältnis den Stpfl. informieren und auf die Berichtigungspflicht nach § 153 hinweisen, wenn er (der StBerater) nachträglich erkennt, dass er die Erklärung unrichtig oder unvollständig vorbereitet hat (OLG Düsseldorf 25.11.2008 – I 23 U 64/08, BeckRS 2008, 25360). Im Falle einer vorsätzlich falschen StErklärung besteht eine mögliche Strafbarkeit nach § 370 I in mittelbarer Täterschaft durch den StBerater. Der Stpfl. selbst hat dann darüber zu entscheiden, ob er die Berichtigung unterschreiben und an die FB weiterleiten will; eine Berichtigung gegen den Willen des Stpfl. ist berufsrechtlich unzulässig (BGH 20.12.1995 – 5 StR 412/95, wistra 1996, 184). Wenn der StBerater die Erklärung selbst unterschrieben hat, gilt Entsprechendes. Denn eine solche Erklärung wurde im fremden Namen (für den Stpfl.) abgegeben, sodass der Stpfl. gesetzlich anzeige- und berichtigungspflichtig bleibt (AEAO zu § 153 Nr. 4; HHSp § 153 Rn. 4). Dasselbe gilt beim Elster-Online-Verfahren, bei dem die über das vom StBerater unterhaltene EDV-System (zB der DATEV) unter dessen Authentifizierung übermittelte StErklärung davon unbeschadet im Namen des Stpfl. verfasst wird (HHSp § 153 Rn. 4; Jesse BB 2011, 1431 (1432); aA Schelling PStR 2008, 114). 13

3. Ermittlung der Haftungsvoraussetzungen

Steuerrechtliche Verfahrensvorschriften. Das Vorliegen einer Straftat ist wie jede andere Haftungsvoraussetzung von der FB in eigener Zuständigkeit zu prüfen. Bei dieser Prüfung sind allein steuerrechtliche Verfahrensvorschriften anzuwenden; strafrechtliche Grundsätze sind nicht anzuwenden (BFH 5.3.1979 – GrS 5/77, BStBl. II 1979, 570; BFH 14.8.1991 – X R 86/88, BStBl. II 1992, 128). Jedoch trifft die Behörde die Feststellungslast für die Erfüllung des objektiven und des subjektiven Tatbestands der StStraftat (BFH 21.10.1988 – III R 194/84, BStBl. II 1989, 216). Daraus wird abgeleitet, dass der strafrechtliche Grundsatz **„in dubio pro reo"** zwar nicht unmittelbar, jedoch mittelbar auch im Haftungsverfahren zur Anwendung kommt (hM BFH 5.3.1979 – GrS 5/77, BStBl. II 1979, 570; BFH 16.7.2009 – VIII B 64/09, BStBl. II 2010, 8; BFH 14.8.1991 – X R 86/88, BStBl. II 1992, 128; BFH 2.7.1998 – IV R 39/97, BStBl. II 1999, 28; BFH 26.11.2020 – VI B 29/20, BFH/NV 2021, 443; HHSp § 71 Rn. 19 mwN). Dabei bedarf es zwar keines höheren Grades an Gewissheit als für andere Tatsachen, für die das FA die Feststellungslast trägt (BFH 20.6.2007 – II R 66/06, BFH/NV 2007, 2057; BFH 2.7.1998 – IV R 39/97, BStBl. II 1999, 28; Klein § 71 Rn. 7). Denn die Anwendung strafrechtlicher Vorschriften (§§ 370, 378 für § 70; §§ 370, 374 für § 71) erfolgt nicht zum Zwecke der Bestrafung des Täters, sondern zur Festsetzung eines Anspruchs aus dem StSchuldverhältnis (TK § 71 Rn. 9). Allerdings müssen auch bei der Verletzung von Mitwirkungspflichten durch den Stpfl. die subjektiven und objektiven Voraussetzungen immer mit an Sicherheit grenzender Wahrscheinlichkeit festgestellt werden (BFH 7.11.2006 – VIII R 81/04, BStBl. II 2007, 364). Im Falle der **Schätzung** verlangt der BFH allerdings, dass nur insoweit gehaftet werden kann, als die Höhe der hinterzogenen Steuer zweifelsfrei feststeht (BFH 14.8.1991 – X R 86/88, BStBl. II 1992, 128). Der im Veranlagungsverfahren zulässige Schätzungsrahmen kann nicht auf die Haftung gem. § 71 übertragen werden. 15

Strafrechtliche Verurteilung. Wurde der Haftende wegen einer StStraftat verurteilt, ist weder das FA noch das FG an diese Entscheidung gebunden (Nacke Rn. 358). Dennoch kann das FA die Feststellungen und Würdigungen des Strafgerichts übernehmen. Das FG kann sich das Ergebnis eines Strafurteils trotz des Grundsatzes der Unmittelbarkeit der Beweisaufnahme (§ 81 FGO) ebenfalls zu eigen machen (BFH 13.7.1994 – I R 112/93, BStBl. II 1995, 198). Dies ist möglich, solange die Beteiligten keine substantiierten Ein- 16 wendungen vorbringen oder eigene Beweisanträge stellen (BFH 7.3.2006 – X R 8/05, BFH/NV 2006, 1378; BFH 12.1.1988 – VII R 74/84, BFH/NV 1988, 692). Das FG muss hierfür nicht einmal die Strafakten beiziehen (BFH 23.4.2014 – VII R 41/12, DStRE 2014, 1143). Für das Vorliegen substantiierter Einwendungen muss dargetan und unter Beweis gestellt werden, welche Umstände von den Feststellungen des Strafurteils abweichen (BFH 24.9.2013 – XI B 75/12, BFH/NV 2014, 164). Eine Verfahrenseinstellung nach § 153a StPO lässt einen tatrichterlichen Schluss auf das Vorliegen einer Straftat nicht zu, die Zustimmung des Stpfl. kann allenfalls als (schwaches) Indiz dafür berücksichtigt werden (BFH 24.9.2013 – XI B 75/12, BFH/NV 2014, 164; aA Kamps/Wulf DStR 2003, 2045). Auch ein Strafbefehl kann herangezogen werden (BFH 6.10.2000 – V B 99/00, BFH/NV 2001, 330).

III. Umfang der Haftung

19 Die Haftung erstreckt sich auf die durch die StStraftat **hinterzogenen Steuern,** soweit der StAnspruch im Zeitpunkt der Einspruchsentscheidung noch besteht (BFH 27.3.2006 – VII B 117/05, BFH/NV 2006, 1254). Gehaftet wird auch für die Hinterziehungszinsen nach § 235. Da der Straftatbestand des § 370 auch zu Unrecht gewährte StVorteile erfasst, wird nach § 71 auch hierfür gehaftet. Für andere **Nebenleistungen** wie zB Säumniszuschläge muss der Haftende dagegen nicht einstehen (FG Hamburg 9.11.1993 – VII 26/88, EFG 1994, 687). Die Haftung greift nach BFH-Auffassung nicht bei einem Subventionsbetrug, zB bei Investitionszulage (BFH 19.12.2013 – III R 25/10, BStBl. II 2015, 119; BFH 12.1.2016 – IX R 20/15, BStBl. II 2017, 21). Da § 823 II BGB einen Schadensersatzanspruch begründet und keine (zivilrechtliche) Haftung für eine Steuer (BFH 19.12.2013 – III R 25/10, BStBl. II 2015, 119), ist § 71 nicht anwendbar. Dagegen wird vorgebracht, dass der Subventionsbetrug auch als Schutzgesetz iSd § 823 II BGB anerkannt sei (BGH 13.12.1988 – VI ZR 235/87, BGHZ 106, 204). § 823 II BGB begründe im Zusammenhang mit der Verletzung von § 264 StGB eine gesetzliche Einstandspflicht des Subventionsbetrügers für den durch sein Handeln begründeten Schaden. Damit begründe § 823 II BGB iVm § 264 StGB eine gesetzliche Haftung für diese zu Unrecht ausgezahlte StVergütung. Für den dadurch entstandenen Schaden könnte der Subventionsbetrüger als (zivilrechtlich) Haftender nach § 191 I mittels Haftungsbescheid in Anspruch genommen werden (TK § 71 Rn. 5a; aA Nacke, Die Haftung für StSchulden, Rn. 165). Der BFH-Auffassung ist zuzustimmen: Die im zivilrechtlichen Schadensersatzrecht anerkannten Grundsätze (zB Vorteilsausgleich, Mitverschulden nach § 254 BGB, hypothetischer Kausalverlauf oder die Lehre vom Schutzzweck der verletzten Norm, → § 69 Rn. 55; → Rn. 130) können nicht unbesehen auf die Haftung für StSchulden übertragen werden. Vielmehr entstehen die Haftungsansprüche nach §§ 69 und 71 gem. § 38, wenn deren Tatbestandsmerkmale erfüllt sind. Das zivilrechtrechtliche Schadensersatzrecht hat in den genannten abgabenrechtlichen Haftungsansprüchen keinen hinreichenden Niederschlag gefunden, um ohne Weiteres übertragen werden zu können; abgabenrechtliche Haftungsnormen sind, auch wenn sie Schadensersatzcharakter besitzen, nicht als Schadensersatzansprüche ausgestaltet.

20 **Vorsatz.** Die Haftung wird der Höhe nach durch den Vorsatz des Täters bzw. des Teilnehmers beschränkt (BFH 5.8.2010 – V R 13/09, BFH/NV 2011, 81; BFH 6.3.2001 – VII R 17/00, BFH/NV 2001, 1100; BFH 27.3.2006 – VII B 117/05, BFH/NV 2006, 1254). Er haftet nur für die Steuern, die er in seinen Vorsatz aufgenommen hat (Nacke Rn. 496). Für den Teilnehmer bedeutet dies, dass er nur haftet, soweit sein eigener Gehilfen- bzw. Anstiftervorsatz reicht. Seine Haftung erweitert sich nicht durch einen weitergehenden Vorsatz des Haupttäters (Schwarz/Pahlke/Keß § 71 Rn. 9). Geht der Vorsatz des StHinterziehers weiter als der eines Teilnehmers, haftet dieser nur teilweise. Der Teilnehmer an einer fortgesetzten StHinterziehung haftet nur dann für die gesamten hinterzogenen Abgaben, wenn sein Vorsatz sich auch auf den Umfang der Haupttat

erstreckt (doppelter Gehilfenvorsatz). Die Rechtslage unterscheidet sich von § 69, wo sich das Verschulden nur auf die Pflichtverletzung und nicht auf die Folgen beziehen muss (→ § 69 Rn. 65). Eine Kenntnis von der Höhe der hinterzogenen Steuern ist dagegen nicht erforderlich, die Kenntnis von der Höhe der verschleierten Einnahmen und damit von der StBemessungsgrundlage reicht aus (BFH 26.2.1991 – VII R 3/90, BFH/NV 1991, 504).

Grundsätze der anteiligen Tilgung. Die Haftung ist auch nach § 71 auf den tatsächlich entstandenen Schaden begrenzt. Dies ist Tatbestandsmerkmal und ist nicht erst bei den Ermessenserwägungen zu berücksichtigen (BFH 8.10.1991 – VII S 39/91, BFH/NV 1992, 79). Der Schadensersatzcharakter der Norm zwingt zur Anwendung der Grundsätze über die anteilige Tilgung, wie sie für die Haftung nach § 69 gelten (→ § 69 Rn. 94 ff.). Nach diesen Grundsätzen entfällt die Haftung auch bei § 71 für die StBeträge, für deren Zahlung keine ausreichenden Mittel zur Verfügung gestanden hätten (BFH 6.3.2001 – VII R 17/00, BFH/NV 2001, 1100; BFH 17.2.1994 – VII B 168/93, BFH/NV 1994, 603). Stehen dem StSchuldner keine ausreichenden Mittel zur Begleichung der ohne das pflichtwidrige Verhalten entstandenen Steuern zur Verfügung, so haftet der Täter bzw. Teilnehmer nur für die Steuern, die bei pflichtgemäßem Verhalten anteilig hätten getilgt werden können (BFH 5.8.2010 – V R 13/09, BFH/NV 2011, 81; BFH 16.3.1993 – VII R 89/90, BFH/NV 1994, 359). Allerdings findet der Grundsatz der anteiligen Tilgung eine Einschränkung, wenn der StAusfall vermieden worden wäre, hätte der Haftende seine StErklärungspflichten rechtzeitig erfüllt, sodass eine Vollstreckung oder Aufrechnung noch hätte erfolgen können (BFH 6.3.2001 – VII R 17/00, BFH/NV 2001, 1100). Bringt die Hinterziehungshandlung die Steuer erst zum Entstehen oder begründet der Haftende seine Schuld in Kenntnis der so entstandenen StSchuld, kann der Grundsatz der anteiligen Tilgung nicht angewandt werden, auch nicht bei Zahlungsunfähigkeit des StSchuldners (BFH 23.4.2014 – VII R 41/12, BStBl. II 2015, 117). Er greift auch nicht bei erschlichener StVergütung ein (FG München 25.11.2014 – 2 K 40/12, BeckRS 2015, 94266). 21

Die Haftung für verkürzte **USt-Vorauszahlungen** entfällt in der Höhe, in der die USt nach **§ 17 UStG** wegen Änderung der Bemessungsgrundlage oder Uneinbringlichkeit des vereinbarten Entgelts zu berichtigen ist (BFH 2.4.1981 – V R 39/79, BStBl. II 1981, 627). Die Möglichkeit, die bei steuerehrlichem Verhalten geschuldete **EUSt** in voller Höhe als **Vorsteuer** geltend zu machen, soll die Haftung jedoch nicht ausschließen (BFH 5.6.1985 – VII R 57/82, BStBl. II 1985, 688; HHSp § 71 Rn. 27). Dies erscheint zweifelhaft, da dem StGläubiger in einem solchen Fall tatsächlich kein Schaden entstanden ist (kritisch auch Klein § 71 Rn. 13). Dass das Verhalten mit Blick auf § 370 IV 3 trotz fehlenden Schadens strafbar ist, reicht zur Begründung der Haftung nicht aus, wenn man den Schadensersatzcharakter der Vorschrift konsequent anwendet. 22

IV. Geltendmachung der Haftung; Verfahrensfragen

Der Haftungsanspruch ist durch **Haftungsbescheid** gem. § 191 geltend zu machen. Das Auswahlermessen im Falle einer StStraftat ist dahingehend vorgeprägt, dass die Haftung vorrangig gegenüber dem StStraftäter geltend zu machen ist (BFH 27.3.2006 – VII B 117/05, BFH/NV 2006, 1254; BFH 24.10.1979 – VII R 7/77, BStBl. II 1980, 58; BFH 26.2.1991 – VII R 3/90, BFH/NV 1991, 504; BFH 15.6.2021 – VII B 18/21 (AdV), BFH/NV 2021, 1331). Da die Ermessensentscheidung insoweit vorgeprägt ist, braucht sie nicht näher begründet zu werden (BFH 8.6.2007 – VII B 280/06, BFH/NV 2007, 1822). Dies gilt auch bei der Inanspruchnahme von mehreren in Betracht kommenden Haftungsschuldnern (BFH 22.2.2005 – VII B 213/04, BFH/NV 2005, 1217; BFH 2.12.2003 – VII R 17/03, BFH/NV 2004, 597). Zur Offenlegung der Besteuerungsgrundlagen (auch iSv § 364) reicht ein Verweis auf die Wertungen eines rechtskräftigen Strafurteils aus (BFH 15.6.2021 – VII B 18/21 (AdV), BFH/NV 2021, 1331). 24

25 **Nach § 219 S. 2** kann der StHinterzieher und der StHehler auf Zahlung in Anspruch genommen werden, ohne dass zuvor die Vollstreckung in das Vermögen des StSchuldners versucht worden ist.

26 **Die Festsetzungsfrist** für den Haftungsbescheid beträgt für Fälle der Inanspruchnahme nach den §§ 70, 71 gem. § 191 III 2 zehn Jahre. Dies gilt sowohl für den Fall der StHinterziehung als auch für den Fall der StHehlerei. Die Festsetzungsfrist (§ 191 III 3) beginnt bei der Inanspruchnahme nach § 71 mit Ergehen des Bescheides, durch den die Steuer zu niedrig festgesetzt worden ist; erst in dem Zeitpunkt ist die Tat der StHinterziehung vollendet (FG Hessen 2.6.2021 – 4 K 107/18, EFG 2021, 1601). Bei anderen Haftungsfällen (zB § 69) wird die Frist dagegen auch dann nicht verlängert, wenn objektiv und subjektiv Steuern hinterzogen wurden (BFH 4.9.2002 – I B 145/01, BStBl. II 2003, 223). Wird der Haftungsbescheid wegen Ablaufs der (regulären) Festsetzungsfrist zunächst (zu Unrecht) auf § 69 gestützt, kann der Haftungsanspruch im Einspruchsverfahren noch mit § 71 begründet werden. Dann kommt es darauf an, ob bei Erlass des „ersten" Haftungsbescheides die Frist noch nicht verstrichen war; es ist dann irrelevant, ob zum Zeitpunkt der Auswechslung der Haftungsnorm bereits Festsetzungsverjährung für den nunmehr herangezogenen Haftungsanspruch eingetreten ist. (FG Hessen 2.6.2021 – 4 K 107/18, EFG 2021, 1601; TK § 71 Rn. 21).

Bei der Berechnung der verlängerten Frist ist zu beachten, dass der BGH die Rechtsfigur des Fortsetzungszusammenhangs für den Bereich der StHinterziehung aufgegeben hat (BGH 3.5.1994 – GSSt 2/93, GSSt 3/93, NJW 1994, 1663). Dem hat sich der BFH angeschlossen, sodass dies bei der Bestimmung der Festsetzungsfrist berücksichtigt werden muss (BFH 22.6.1995 – IV R 26/94, BStBl. II 1995, 575).

28 Der Haftungsbescheid ist mit dem **Einspruch** (§ 347 I) anzufechten. Sollte nach Erlass des Haftungsbescheids ein freisprechendes Urteil eines Strafgerichts ergehen, hat das FA zu prüfen, ob der Bescheid ganz oder teilweise zurückgenommen werden muss. Eine Bindung an das Strafurteil besteht jedoch nicht (BFH 13.6.1973 – VII R 58/71, BStBl. II 1973, 666; BFH 29.10.1986 – VII R 119/82, BFH/NV 1987, 362).

§ 72 Haftung bei Verletzung der Pflicht zur Kontenwahrheit

Wer vorsätzlich oder grob fahrlässig der Vorschrift des § 154 Absatz 3 zuwiderhandelt, haftet, soweit dadurch die Verwirklichung von Ansprüchen aus dem Steuerschuldverhältnis beeinträchtigt wird.

Schrifttum: Bruschke, Kontenwahrung und Haftung (§ 72 AO i. V. m. § 154 AO), Stb 2010, 124; Gehm, Haftung der Bank bei grob fahrlässigem Verstoß gegen die Kontenwahrheit, DB 2012, 1648; Gehm, Die Haftung bei Verletzung der Pflicht zur Kontenwahrheit gem § 72 AO – Risikoprofil in der Praxis, StBp 2016, 7; Bruschke, Haftung bei Verstoß gegen die Kontenwahrheit (§§ 72, 154 AO), BB 2020, 2587; Steinhauff, Haftung bei Verstoß gegen die Kontenwahrheit (§§ 72, 154 AO), AO-StB 2021, 37.

A. Allgemeines

1 § 72 betrifft nicht nur Banken, sondern vielmehr jeden, der Konten führt, Wertsachen verwahrt oder ein Schließfach überlässt. Die Norm ordnet eine verschuldensabhängige Ausfallhaftung an und ergänzt § 154 I. Nach § 154 I darf niemand auf einen falschen oder erdichteten Namen für sich oder einen Dritten ein Konto errichten oder Wertsachen in Verwahrung geben oder sich ein Schließfach geben lassen (Gebot der Kontenwahrheit). Wird gegen dieses Verbot verstoßen, so darf das Guthaben, die Wertsache oder der Inhalt des Schließfaches nur mit Zustimmung des FA herausgegeben werden. Bei diesem Herausgabeverbot handelt es sich um ein öffentlich-rechtliches Verfügungsverbot. § 72 ordnet zur Sicherung der StAnsprüche an, dass derjenige, der das Guthaben etc. ohne Zustimmung des FA herausgibt, haften soll. Wird gegen die Pflicht zur Kontenwahrheit verstoßen, so dürfen entsprechende Guthaben von der kontoführenden Bank nach § 154 III nur mit

Zustimmung des FA (bei mehreren Verfügungsbefugten aller betr. FB) herausgegeben werden, das für die ESt und KSt des verfügungsberechtigten Kontoinhabers zuständig ist.

Bei einem Verstoß gegen die Pflicht aus § 154 III kommt eine Haftung nach § 72 in Betracht. Die Pflicht zur Einholung der Zustimmung des FA trifft unmittelbar die Bank, unabhängig von deren Rechtsform. Die Haftung kann somit auch eine Personengesellschaft oder eine Juristische Person treffen, wenn ein Angestellter gegen § 154 III verstößt (BFH 17.2.1989 – III R 35/85, BStBl. II 1990, 263 unter Hinweis auf die Zurechnung des Verschuldens eines Vertreters nach § 173 I Nr. 2, HHSp § 72 Rn. 4; Klein § 72 Rn. 2). Dagegen führt die Minderauffassung (TK § 72 Rn. 2) an, ein allgemeines Prinzip, wonach das Verschulden der Vertreter dem Vertretenen zuzurechnen sei, nicht existiere und eine Zurechnung auch nicht aus dem Zusammenhang der §§ 72, 154 III folge; die Verantwortlichkeit für fremdes Handeln müsse im Einzelfall bestimmt sein. ME überzeugt die hM: § 72 soll trotz des offenen Wortlauts **nicht die unmittelbar handelnden natürlichen Personen haftbar machen, sondern die Bank,** auch wenn der Wortlaut zunächst darauf hindeutet, dass die betroffene natürliche Person haften könnte. Anders als § 69 regelt § 72 nach seinem Sinn und Zweck nicht die Haftung der handelnden (natürlichen) Personen, die diese Pflicht für die Bank wahrnehmen. Vielmehr normiert § 72 die Haftung der Bank selbst (BFH 17.2.1989 – III R 35/85, BStBl. II 1990, 263). Die Bank muss sich folglich das Verschulden ihrer Organe, Angestellten oder sonstigen Erfüllungsgehilfen wie eigenes Verschulden zurechnen lassen (BFH 13.12.2011 – VII R 49/10, BStBl. II 2012, 398; BFH 17.2.1989 – III R 35/85, BStBl. II 1990, 263). Dies ergibt sich letztlich aus dem Zusammenhang des § 72 mit § 154 III und dem Kontext von § 154 III mit § 154 II, der nur das Kreditinstitut, nicht den Bankangestellten meint (BFH 17.2.1989 – III R 35/85, BStBl. II 1990, 263; Klein § 72 Rn. 2), da nicht der Bankmitarbeiter, sondern die Bank das „Konto führt, Wertsachen verwahrt oder als Pfand nimmt oder ein Schließfach überlässt“ (so der Wortlaut des § 154 I). 2

B. Haftungsvoraussetzungen

I. Verstoß gegen Herausgabeverbot

1. Haftungsschuldner

Haftungsschuldner kann jeder sein, der gegen das öffentlich-rechtliche Herausgabeverbot verstößt. Dies kann nicht nur eine **natürliche Person** sein, wenn sie selbst unter § 154 I fällt, also ein „Konto führt, Wertsachen verwahrt oder als Pfand nimmt oder ein Schließfach überlässt“. Auch **juristische Personen** und PersGes kommen unter dieser Voraussetzung als Haftungsschuldner in Frage (aA TK § 72 Rn. 2). Daher erfasst die Haftungsvorschrift des § 72 auch eine **Bank** (BFH 13.12.2011 – VII R 49/10, BStBl. II 2012, 398; BFH 17.2.1989 – III R 35/85, BStBl. II 1990, 263). Zwar haftet nach § 72 nur derjenige, der vorsätzlich oder grob fahrlässig gegen das Herausgabeverbot verstößt. Die natürlichen (Hilfs-) Personen kommen dennoch nicht als Haftende in Betracht (so aber TK § 72 Rn. 2). Juristische Personen und PersGes müssen sich das schuldhafte Handeln ihrer Organe, Vertreter und Erfüllungsgehilfen zurechnen lassen (BFH 17.2.1989 – III R 35/85, BStBl. II 1990, 263; HHSp § 72 Rn. 4). 4

2. Zuwiderhandlung

Besteht ein Herausgabeverbot nach § 154 III, weil jemand unter einem falschen oder erdichteten Namen für sich oder einen Dritten ein Konto errichtet hat, Buchungen hat vornehmen lassen, Wertsachen in Verwahrung gegeben oder verpfändet hat, oder sich ein Schließfach hat geben lassen (§ 154 I), so dürfen Guthaben, Wertsachen und der Inhalt des Schließfachs nicht ohne Zustimmung des FA herausgegeben werden. **Zuständig** für die Zustimmung ist das FA, das für die ESt bzw. KSt des Verfügungsberechtigten zuständig ist (Schwarz/Pahlke/Keß § 72 Rn. 5). 5

6 Herausgabe ist nicht nur die körperliche Übergabe einer Sache, sondern jede Mitwirkung an der Verfügung über eine Sache oder ein Guthaben (Schwarz/Pahlke/Keß § 72 Rn. 5). Daher kommt insb. eine Mitwirkung bei der Abhebung, Giroüberweisung und bei der Eröffnung von Akkreditiven in Betracht, soweit der Haftende aktiv tätig geworden ist (Klein § 72 Rn. 4). Die Zuwiderhandlung kann zB durch die körperliche **Auszahlung** des Guthabens oder durch die körperliche **Übergabe** der in Verwahrung befindlichen Wertsachen oder des Inhalts des Schließfachs erfolgen. Eine Zuwiderhandlung iSv § 72 kann auch vorliegen, wenn die Bank Beträge von einem Konto überweist, umbucht, Schecks oder Wechsel einlöst oder mit eigenen Forderungen gegen den Verfügungsberechtigten aufrechnet (HHSp § 72 Rn. 8). Eine haftungsbegründende Handlung der Bank kann allerdings nicht in der schlichten Entgegennahme einer **Aufrechnungserklärung des Verfügungsberechtigten** gesehen werden (BFH 17.2.1989 – III R 35/85, BStBl. II 1990, 263). Hat die Bank dem Verfügungsberechtigten dagegen zB durch die Gewährung eines Kredits die Möglichkeit zur Aufrechnung eingeräumt, so kann eine Zuwiderhandlung gegeben sein (BFH 17.2.1989 – III R 35/85, BStBl. II 1990, 263).

3. Vorsätzlich oder grob fahrlässig

8 Die Haftung setzt ein vorsätzliches oder grob fahrlässiges Verhalten des Kontoführers voraus. Handelt es sich bei dem Kontoführer um eine juristische Person, also insb. um eine Bank, so muss sich die Bank das schuldhafte Verhalten ihrer Vertreter bzw. Erfüllungsgehilfen zurechnen lassen (BFH 17.2.1989 – III R 35/85, BStBl. II 1990, 263; HHSp § 72 Rn. 4, 14; aA TK § 72 Rn. 2). Sie kann sich zur eigenen Entlastung nicht darauf berufen, ihre Organe oder Erfüllungsgehilfen ordnungsgemäß ausgewählt und überwacht zu haben (HHSp § 72 Rn. 14). Vorsatz und grobe Fahrlässigkeit müssen sich nur auf das Herausgabeverbot bei fehlender Zustimmung des FA, nicht jedoch auf den eingetretenen Schaden beziehen (Schwarz/Pahlke/Keß § 72 Rn. 6).

9 **Vorsatz.** Vorsätzlich handelt, wer in Kenntnis der Tatsachen, die eine Kontensperre gem. § 154 III begründen, wissentlich und willentlich gegen das Herausgabeverbot verstößt. Weiß der Kontoführer, dass ein Konto auf einen falschen Namen lautet, handelt er iSv § 72 vorsätzlich, wenn er von diesem Konto eine Auszahlung oder Überweisung vornimmt. Ein Rechtsirrtum kann den Vorsatz ausschließen, schließt aber nicht zwangsläufig grobe Fahrlässigkeit aus (TK § 72 Rn. 6).

10 **Grobe Fahrlässigkeit.** Grob fahrlässig handelt, wer die Sorgfalt, die zu beachten er nach den Umständen des Einzelfalls verpflichtet ist, in besonders hohem Maße außer Acht lässt, soweit er zur Beachtung dieser Sorgfalt nach seinen persönlichen Kenntnissen und Fähigkeiten in der Lage ist (HHSp § 72 Rn. 12; Klein § 72 Rn. 8; str.). Der objektive Fahrlässigkeitsmaßstab des Zivilrechts (§ 276 II BGB), der die Beachtung der im Verkehr objektiv erforderlichen Sorgfalt verlangt, ist hier nicht anzuwenden (aA Schwarz/Pahlke/Keß § 72 Rn. 6). Ein Kontoführer handelt idR grob fahrlässig, wenn die Unkenntnis über die wahre Identität des Kontoinhabers darauf beruht, dass er die nach § 154 II angeordnete Legitimationsprüfung unterlassen hat (HHSp § 72 Rn. 13). Unkenntnis idS kann auch vorliegen, wenn ein Konto zunächst für einen (legitimitätsgeprüften) Kontoinhaber errichtet wurde, später die Bank aber davon erfährt, dass der ursprüngliche Kontoinhaber nicht mehr existiert (BFH 13.12.2011 – VII R 49/10, BStBl. II 2012, 398). In diesem Fall muss sich die Bank Klarheit über den Kontoinhaber verschaffen.

11 Ein Irrtum über das Bestehen des Herausgabeverbots schließt zwar den Vorsatz, nicht aber zwingend eine grobe Fahrlässigkeit aus. Die Haftung entfällt, wenn die FB ihre Zustimmung (§ 154 III) nachträglich erteilt (SP § 72 Rn. 5). Wickelt ein ehemals Verfügungsberechtigter über ein fremdes Bankkonto Zahlungsvorgänge aus eigenen Geschäftsvorfällen für eigene Rechnung ab, haftet die Bank für den StSchaden, der dadurch eintritt, dass sie das Konto nicht sperrt, sondern Guthaben ohne Zustimmung des FA ausbezahlt. Das gilt jedenfalls dann, wenn sie weiß, dass der ursprüngliche Kontoinhaber nicht mehr existiert (BFH 13.12.2011 – VII R 49/10, BStBl. II 2012, 398).

II. Beeinträchtigung der Ansprüche aus dem Steuerschuldverhältnis

1. Beeinträchtigung

15 Die Haftung setzt voraus, dass Ansprüche aus dem StSchuldverhältnis durch den Verstoß gegen das Herausgabeverbot beeinträchtigt werden. Eine Beeinträchtigung von Ansprüchen aus dem StSchuldverhältnis ist nur gegeben, wenn es durch den Verstoß gegen das Herausgabeverbot zu einem vollständigen oder teilweisen Ausfall der StForderung kommt (HHSp § 72 Rn. 6). Könnte die StForderung durch eine Vollstreckung in das übrige Vermögen des StSchuldners befriedigt werden, haftet der Kontoführer also nicht (Klein § 72 Rn. 3).

2. Ursächlichkeit des Verstoßes

16 Der Verstoß gegen das Herausgabeverbot muss ursächlich für den StAusfall gewesen sein (BFH 13.12.2011 – VII R 49/10, BStBl. II 2012, 398). Insoweit gilt wie bei § 69 die Adäquanztheorie (→ § 69 Rn. 55). Der Eintritt eines Schadens darf deshalb nicht außerhalb aller Wahrscheinlichkeit liegen (BFH 13.12.2011 – VII R 49/10, BStBl. II 2012, 398); damit soll die Haftung dadurch begrenzt werden, dass ein völlig ungewöhnlicher Kausalverlauf ausgeschlossen wird. Die Kausalität fehlt, wenn das FA der Auszahlung nach § 154 III seine Zustimmung erteilt hätte, sofern die Bank darum ersucht hätte. Es muss feststehen, dass der StAusfall ohne Verstoß gegen das Herausgabeverbot nicht eingetreten wäre (BFH 17.2.1989 – III R 35/85, BStBl. II 1990, 263). Des Weiteren muss die **Pflichtwidrigkeit** des Kontoführers allgemein und erfahrungsgemäß geeignet sein, die Vereitelung oder Beeinträchtigung der StNachforderung herbeizuführen (BFH 17.2.1989 – III R 35/85, BStBl. II 1990, 263). Es fehlt nicht an der Kausalität zwischen Pflichtverletzung und eingetretenem Schaden, wenn das FA nicht alle Vollstreckungsmöglichkeiten ausgeschöpft hat (BFH 13.12.2011 – VII R 49/10, BStBl. II 2012, 398; aA TK § 72 Rn. 5). An einer **Kausalität** idS kann es fehlen, wenn davon auszugehen ist, dass das FA bei einer entsprechenden Anfrage die (tatsächlich fehlende) Zustimmung erteilt hätte (HHSp § 72 Rn. 11). Die Erteilung der Zustimmung kann angenommen werden, wenn zum Zeitpunkt der Zuwiderhandlung gegen das Herausgabeverbot keine StSchulden bestanden und nicht zu befürchten war, dass die zukünftige Verwirklichung von absehbaren StAnsprüchen gefährdet erschien (BFH 17.2.1989 – III R 35/85, BStBl. II 1990, 263). Dies kann zB zutreffen, wenn im Zeitpunkt der Auszahlung alle bereits für vor der Auszahlung liegende Zeiträume entstandenen (auch noch nicht fällige und vom FA noch gar nicht erkannte) StForderungen befriedigt waren (BFH 17.2.1989 – III R 35/85, BStBl. II 1990, 263). Die Bank trägt die Beweislast für die mutmaßliche Zustimmung des FA als Umstand, der gegen die Kausalität spricht. Im Ergebnis fehlt nach diesen Grundsätzen die Kausalität nur, wenn die bei Auszahlung dem FA bekannten StSchulden getilgt und, wäre das Konto dem FA bekannt gewesen, durch die auf dem Konto eingezahlten Gelder neue StForderungen oder Nachforschungen wegen solcher Forderungen nicht ausgelöst worden wären (Klein § 72 Rn. 4). Allein eine fehlende Gefährdung von StForderungen aufgrund anderweit vorhandenen Vermögens im Zeitpunkt der Auszahlung führt nicht dazu, die Kausalität zu verneinen.

C. Haftungsumfang

19 Die Haftung umfasst sämtliche Ansprüche aus dem StSchuldverhältnis (§ 37). Somit muss auch für Zinsen und steuerliche Nebenleistungen gehaftet werden (Nacke Rn. 353). Die Höhe der Haftung ist einerseits durch den Wert der herausgegebenen Sachen oder ausgezahlten Beträge und andererseits wegen des **Schadensersatzcharakters** des § 72 durch den tatsächlich eingetretenen StAusfall begrenzt; eine Haftung kommt daher nur

insoweit in Betracht, als Ansprüche aus dem StSchuldverhältnis (§ 37 I) tatsächlich nicht verwirklicht werden können.

D. Geltendmachung der Haftung; Verfahrensfragen

22 Der Haftungsanspruch ist durch **Haftungsbescheid** gem. § 191 geltend zu machen (zu Einzelheiten → § 191), wobei die StBeträge, für die gehaftet werden soll, nach StArt und Entstehungsjahr aufgeschlüsselt werden müssen (BFH 17.2.1989 – III R 35/85, BStBl. II 1990, 263). Im **Einspruchsverfahren** gegen einen Haftungsbescheid kann der Haftungsschuldner einwenden, dass das FA die Zustimmung erteilt haben würde, hätte man einen entsprechenden Antrag rechtzeitig gestellt (→ Rn. 16). Hierfür trägt der Haftungsschuldner die **Feststellungslast** (Klein § 72 Rn. 4). Im Rahmen des Ermessens ist idR zugunsten des Haftenden zu berücksichtigen, wenn die FB den unzutreffenden Eindruck erweckt hat, sie habe der Herausgabe zugestimmt (TK § 72 Rn. 8).

§ 72a Haftung Dritter bei Datenübermittlungen an Finanzbehörden

(1) [1]**Der Hersteller von Programmen im Sinne des § 87c haftet, soweit die Daten infolge einer Verletzung seiner Pflichten nach § 87c unrichtig oder unvollständig verarbeitet und dadurch Steuern verkürzt oder zu Unrecht steuerliche Vorteile erlangt werden.** [2]**Die Haftung entfällt, soweit der Hersteller nachweist, dass die Pflichtverletzung nicht auf grober Fahrlässigkeit oder Vorsatz beruht.**

(2) [1]**Wer als Auftragnehmer (§ 87d) Programme zur Verarbeitung von Daten im Auftrag im Sinne des § 87c einsetzt, haftet, soweit**

1. auf Grund unrichtiger oder unvollständiger Übermittlung Steuern verkürzt oder zu Unrecht steuerliche Vorteile erlangt werden oder

2. er seine Pflichten nach § 87d Absatz 2 verletzt hat und auf Grund der von ihm übermittelten Daten Steuern verkürzt oder zu Unrecht steuerliche Vorteile erlangt werden.

[2]**Die Haftung entfällt, soweit der Auftragnehmer nachweist, dass die unrichtige oder unvollständige Übermittlung der Daten oder die Verletzung der Pflichten nach § 87d Absatz 2 nicht auf grober Fahrlässigkeit oder Vorsatz beruht.**

(3) **Die Absätze 1 und 2 gelten nicht für Zusammenfassende Meldungen im Sinne des § 18a Absatz 1 des Umsatzsteuergesetzes.**

(4) **Wer nach Maßgabe des § 93c Daten an die Finanzbehörden zu übermitteln hat und vorsätzlich oder grob fahrlässig**

1. unrichtige oder unvollständige Daten übermittelt oder

2. Daten pflichtwidrig nicht übermittelt,

haftet für die entgangene Steuer.

Schrifttum: Liess, Abschlüsse und Steuererklärungen 2017 – Teil 1: Brennpunkte im betrieblichen Bereich, GStB 2017, 96; Nöcker, § 93c AO – die Beistellung von eDaten und ihre Folgen, AO-StB 2020, 261; Bruschke, Die Haftung Dritter bei Datenübermittlungen an Finanzbehörden (§ 72a AO), BB 2021, 544; Steinhauff, Die Haftung Dritter bei Datenübermittlungen an Finanzbehörden (§ 72a AO), AO-StB 2021, 241.

I. Zweck und Systematik

1 **Zweck.** Die durch das ModBestVerfG v. 18.7.2016 (BGBl. 2016 I 1679) mWv 1.1.2017 neu eingefügte Vorschrift regelt die Folgen bei Verletzung der Pflichten anlässlich einer elektronischen Datenübermittlung durch Dritte an FB. Hintergrund ist eine Anpassung des Verfahrensrechts an die moderne Kommunikation durch die elektronische Übermittlung (BT-Drs 18/7457, 71). Die Tatbestände des § 72a ergänzen die Regelungen der

§§ 87c, 87d, 93c zur elektronischen Übermittlung von Daten an die Finanzbehörden, die zur automationsgestützten StFestsetzung (§ 155 IV) führen können. Sie sollen unterstützen, dass die nicht amtlichen Softwarelösungen und ihre Verwendung zu zutreffenden und vollständigen Daten führen, die von den FB der Besteuerung zugrunde gelegt werden. Hierfür sollen Fehler im Verantwortungsbereich des Programmherstellers (§ 72a I) und des Datenübermittlers (§ 72a II) eine Schadensersatzhaftung für den eingetretenen StVerlust auslösen.

Zeitlicher Anwendungsbereich. § 72a ist anzuwenden, soweit Daten seit dem 2
1.1.2017 zu übermitteln sind oder freiwillig übermittelt werden (Art. 97 § 27 I EGAO). Abs. 4 gilt, wenn die zu übermittelnden Daten Besteuerungszeiträume seit 2017 betreffen (Art. 97 § 27 II EGAO). Die Haftung für Pflichtverletzungen in der davorliegenden Zeit bestimmt sich nach § 5 StDÜV (Lippross/Seibel AO § 72a Rn. 1).

II. Haftung des Herstellers von Programmen iSd § 87c

Pflichtverletzung. § 72a I gewährleistet die – bislang in § 5 I StDÜV enthaltene – 5
Haftung der Hersteller von Programmen für Datenverarbeitung. Erfasst sind solche Programme, die dazu bestimmt sind, für das Besteuerungsverfahren erforderliche Daten zu erheben, zu verarbeiten oder zu nutzen (§ 87c I). Damit gesichert ist, dass diese Programme die richtige und vollständige Verarbeitung der Daten gewährleisten, normiert § 87c Pflichten für die Hersteller.

Werden diese Pflichten verletzt, tritt – soweit ein Nachweis, dass kein Vorsatz/grobe Fahrlässigkeit vorliegt, nicht gelingt – eine Haftung des Herstellers ein. Dies kann ua der Fall sein bei Verletzung der Pflicht des Herstellers,

- in der Programmbeschreibung auf bestimmte Fallgestaltungen hinzuweisen, in denen das Programm eine richtige und vollständige Erhebung, Verarbeitung und Übermittlung ausnahmsweise nicht ermöglicht (Dokumentationspflicht; § 87c II);
- das Programm vor der Freigabe und nach jeder freigegebenen Änderung daraufhin zu prüfen, ob das Programm weiterhin die Anforderungen des § 87c I erfüllt (Überprüfungspflicht; § 87c III 1).

Die entsprechenden Programme sind anhand von Protokollen aufwendig zu dokumentieren und diese Protokolle müssen fünf Jahre aufbewahrt werden (§ 87c III 2).

Schließlich gelten für den Hersteller dieselben, in § 200 iE geregelten Mitwirkungspflichten, die auch für den Stpfl. gelten (§ 87c IV).

Verschuldensvermutung. Die Haftung nach § 72a I ist anders als die nach § 71 als 6
eine Art **Gefährdungshaftung ausgestaltet.** Dabei wird vermutet, dass der Hersteller schuldhaft gehandelt hat. Die Haftung entfällt jedoch, wenn der Hersteller nachweist, dass die Pflichtverletzung nicht auf grober Fahrlässigkeit oder Vorsatz beruht (§ 72a I 2). Damit unterscheidet sich die Systematik von den Haftungstatbeständen der §§ 69–72. Nicht die FB muss das Verschulden belegen, sondern der Hersteller.

Dies wird damit gerechtfertigt, dass das Programm die Möglichkeit eröffnet, Daten unvollständig zu übermitteln oder seitens der FB nicht überprüft werden kann, ob das Programm diese Möglichkeit eröffnet.

Grob fahrlässig handelt, wer nach seinen individuellen Fähigkeiten, Kenntnissen und Erfahrungen die Sorgfalt, zu der er danach verpflichtet und imstande ist, in ungewöhnlich großem Maße verletzt (BFH 6.10.2009 – I R 25/09, BFH/NV 2010, 620). Hierfür ist maßgebend, dass er den Eintritt des Erfolgs hätte vorhersehen können und dennoch unbeachtet gelassen hat, was im konkreten Fall jedem hätte einleuchten müssen. Dagegen handelt vorsätzlich, wer in Kenntnis seiner Pflichten das von ihm geforderte Handeln bewusst unterlässt oder eine Handlung vornimmt, von der er sicher weiß, dass sie einem pflichtgemäßen Verhalten nicht entspricht (Gosch AO § 72a Rn. 14).

Steuerschaden. § 72a I setzt allerdings neben der unrichtigen Übermittlung oder 7
unvollständigen Verarbeitung voraus, dass **dadurch** Steuern verkürzt oder zu Unrecht

steuerliche Vorteile erlangt werden, setzt also einen **Steuerschaden** voraus. Für den Eintritt des Verkürzungserfolgs ist erforderlich, dass eine Beeinträchtigung des StErtrags durch eine für den StGläubiger nachteilig unrichtige Konkretisierung bzw. durch das Fehlen einer Konkretisierung im StFestsetzungsbescheid erfolgt ist. Die tatsächlich festgesetzte Steuer muss hinter der gesetzlich geschuldeten Steuer zurückgeblieben sein. Ein StVorteil wird zu Unrecht erlangt, wenn die FB den Stpfl. außerhalb des förmlichen Festsetzungsverfahrens bessergestellt hat.

III. Haftung des Auftragnehmers iSv § 87d (§ 72a II)

1. Allgemeines

10 § 72a II 1 Nr. 1 begründet eine Haftung derjenigen, die es übernommen haben, mittels Datenübermittlungsprogrammen StDaten an die FB zu übermitteln, wenn die richtige und vollständige Übermittlung misslingt und dadurch ein steuerlicher Schaden entsteht. Nr. 2 nimmt diese Personen (sog. Auftragnehmer) auch dann in Haftung, wenn sie ihre Identifizierungs- und Dokumentationspflichten, die sich aus § 87d II ergeben, nicht erfüllt haben, sofern dessen Folge ein StSchaden ist, wobei die übermittelten Daten nicht unrichtig und unvollständig zu sein brauchen. § 72a II war in § 5 StDÜV (anders als 72a I, → Rn. 5) nicht enthalten und erfasst daher erstmals Fälle, in denen der Auftragnehmer seine Pflichten nach § 87d II schuldhaft verletzt hat.

11 Die Haftung entfällt, wenn der Nachweis erbracht werden kann, dass keine grob fahrlässige oder vorsätzliche Pflichtverletzung vorliegt (§ 72a I 2, II 2). Die Haftung tritt ebenfalls nicht ein, wenn es

– um innergemeinschaftliche Warenlieferungen (§ 6a UStG),
– im Unionsgebiet ausgeführte sonstige Leistungen (§ 3a II UStG) oder
– Lieferungen iSd § 25b II UStG geht

und darüber Meldungen beim BZSt abzugeben sind (§ 72a III AO iVm § 18a UStG).

2. Verpflichtung zur Mandantenidentifizierung

12 Nach § 87a II muss sich der Auftragnehmer vor der Übermittlung der Daten Gewissheit über die Person und die Anschrift seines Auftraggebers verschaffen und die entsprechenden Angaben in geeigneter Form festhalten.

Nach der Gesetzesbegründung orientiert sich diese Regelung an § 3 I Nr. 1 iVm § 4 III und IV sowie § 8 GwG aF und § 154 II 1 AO. Ein Verstoß gegen die Identifizierungs- und Dokumentationspflicht begründet die Haftung – und zwar unabhängig von einer unrichtigen und unvollständigen Übermittlung. Ausreichend ist die Verletzung der Identifizierungspflicht, sodass die Haftung auch bei technisch fehlerfreier Übermittlung falscher Angaben des Stpfl. eintreten kann.

13 Bei der Mandantenidentifizierung geht es nicht nur um eine Vorlagepflicht in Bezug auf amtliche Ausweispapiere, sondern um eine Gewissheitsverschaffung im Geschäftsverkehr, die sich auch auf nicht natürliche Personen, wie zB Kapital- oder Personengesellschaften, bezieht. Im Gegensatz zu der nun in § 12 I 1 Nr. 1 GwG hinsichtlich der Identitätsprüfung getroffenen Regelung ist der Auftragnehmer nach dem Wortlaut der gesetzlichen Bestimmung nicht verpflichtet, sich vom Auftraggeber amtliche Ausweise vorlegen zu lassen. In den AEAO wurde jedoch eine neue Erläuterung zu § 87d eingefügt (AEAO zu § 87d idF des BMF 24.1.2018, BStBl. I 2018, 258) und die Identifizierung von natürlichen Personen als Auftraggeber anhand eines gültigen Personalausweises oder Reisepasses vorgeschrieben. Bei juristischen Personen und Personengesellschaften ist die Identifizierung ua anhand von Auszügen aus dem Handels- oder Genossenschaftsregister oder aus vergleichbaren amtlichen Registern oder Verzeichnissen vorzunehmen. Die bei der Identifizierung erhobenen Angaben sind aufzuzeichnen und aufzubewahren. Von der Identifizierung kann der Auftragnehmer nur dann absehen, wenn er den Auftraggeber bereits hinreichend kennt und er an dessen Identität zu zweifeln keinen begründeten Anlass hat (zB bei Familien-

angehörigen und anderen nahestehenden Personen) oder wenn er ihn bereits bei früherer Gelegenheit hinreichend identifiziert hat (§ 87d II 2). Dies gilt nicht mehr, wenn aufgrund äußerer Umstände – zu einem späteren Zeitpunkt – nachträgliche Zweifel an der Identität des Auftraggebers aufkommen.

IV. Haftung des Übermittlers von Daten nach § 93c (§ 72a IV)

1. Allgemeines

Abs. 4 begründet eine Haftung für denjenigen, der die Pflichten Dritter hinsichtlich der Übermittlung von Daten des Stpfl. an FB gem. § 93c I Nr. 1 und 2 missachtet, durch einen allgemeinen Haftungstatbestand im Falle unrichtiger oder unvollständiger Datenübermittlung und der pflichtwidrigen Unterlassung der Übermittlung von Daten. Seine Anwendung wird allerdings durch eine Reihe von Regelungen des EStG und der EStDV sowie § 93a I 2 ausgeschlossen. Er hat keine Bedeutung für Einfuhr- und Ausfuhrabgaben, Verbrauchsteuern und die Luftverkehrsteuer, weil insoweit keine Daten aufgrund gesetzlicher Vorschriften von einem Dritten (mitteilungspflichtige Stelle) an die FB elektronisch zu übermitteln sind. Vorsatz oder grobe Fahrlässigkeit sind hier – anders als bei Abs. 1 und 2 – Haftungsvoraussetzungen (Feststellungslast der FB). 15

2. Voraussetzungen der Haftung gem. § 72a IV im Einzelnen

Bei vorsätzlicher oder grob fahrlässiger unrichtiger Datenübermittlung nach § 93c haftet der Übermittler gem. § 72a IV. § 93c regelt die Grundsätze, die sich bereits aus den in den EinzelStGesetzen bestehenden Datenübermittlungspflichten ergeben, in der AO verallgemeinernd und soll hinsichtlich der Rechte und Pflichten des Datenübermittlers, der Form, Fristen sowie Haftung vereinheitlichen (BT-Drs 18/7457, 71). Dies soll zugleich zu einer Entlastung der EinzelStGesetze sowie zu einer Beseitigung von Widersprüchen, die sich aus den EinzelStGesetzen ergeben, führen. 16

§ 93c schafft keine neuen Übermittlungspflichten, sondern setzt diese voraus, zB die Datenübermittlung durch die Träger der gesetzlichen Rentenversicherung gem. § 22a EStG oder durch Arbeitgeber gem. § 41b I EStG. Abweichende Regelungen in EinzelStGesetzen gehen § 72a bzw. § 93c vor (vgl. Wortlaut § 72a I 1: „vorbehaltlich abweichender Bestimmungen"). § 93c ist nach Abs. 8 bei bestimmten Datenübermittlungspflichten nicht anwendbar (zB für die Altersvorsorgezulage oder bei Datenübermittlungspflichten gegenüber den Zollbehörden). § 93c kann also durch Regelungen in den Einzelgesetzen ergänzt, ersetzt oder ausgeschlossen werden. Enthält das Einzelgesetz keine Aussage zu § 93c, ist § 93c anwendbar, sofern das Einzelgesetz eine elektronische Übermittlungspflicht eines Dritten für bestimmte Daten an eine FB vorsieht.

3. Gesetzessystematik

Im Kontext stehende Regelungen. Im verfahrensrechtlichen Kontext zu § 72a IV stehen neben § 93c die §§ 93d, 87b, 203a und 150 VII 2. Insoweit gilt: 17

- § 93d ermöglicht eine Erprobung des Verfahrens nach § 93c.
- § 87b regelt die Möglichkeit, eine Rechtsverordnung für die Festlegung der technischen Einzelheiten zu erlassen.
- § 203a ermöglicht eine Außenprüfung bei der übermittlungspflichtigen Stelle bzgl. der Erfüllung der Pflichten nach § 93c.
- § 150 VII 2 beurteilt die nach § 93c übermittelten Daten als Angaben des Stpfl., wenn der Stpfl. nicht widerspricht.
- Schließlich ermöglicht § 175b eine Änderung des StBescheids im Fall der unrichtigen Datenübermittlung und § 171 Abs. 10a sieht eine Ablaufhemmung bei Datenübermittlung vor (nicht vor Ablauf von zwei Jahren nach Zugang der Daten iSv § 93c).

V. Geltendmachung der Haftung/Ermessen

20 Die Entscheidung, ob der Haftende in Anspruch genommen wird, ist eine Ermessensentscheidung. Die Geltendmachung der Haftung nach § 72a erfolgt durch Haftungsbescheid iSv § 191, → § 191 Rn. 79. Insoweit sind die allgemeinen Regeln über die Festsetzungsverjährung zu beachten. Die regelmäßige Festsetzungsfrist, nach deren Ablauf ein Haftungsbescheid nicht mehr ergehen kann, beträgt vier Jahre (§ 191 III iVm § 169 I 1). Die Frist beginnt mit der Verwirklichung der Tatbestandsvoraussetzungen (Gosch AO § 72a Rn. 29). Für die Haftung nach § 72a IV ist die nach den StGesetzen für die Entgegennahme der Daten zuständige FB zuständig (§ 93c V; TK § 72a Rn. 13). Dabei steht der FB ein Ermessen zu (Entschließungsermessen). Sofern mehrere Personen als Haftungsschuldner in Betracht kommen (zB wenn der Hersteller eines Programms neben dem Auftragnehmer haftet, der das Programm genutzt hat), hat die FB eine Auswahlentscheidung unter Ausübung des ihr zustehenden Auswahlermessens zu treffen. Zur Anforderung der Haftungssumme ist der Haftungsbescheid mit einem Leistungsgebot zu versehen; die näheren Voraussetzungen für die Zahlungsaufforderung sind § 219 zu entnehmen. Darüber hinaus kann die Haftung nach § 191 V ausgeschlossen sein. Eine besondere Zuständigkeitsregelung besteht nur für die Fälle nach § 72a IV: Sofern die Haftung auf diese Vorschrift gestützt wird, ist für den Erlass des Haftungsbescheids die für die Entgegennahme der Daten zuständige FB zuständig (§ 93c V). Der zulässige Rechtsbehelf gegen einen nach § 72a erlassenen Haftungsbescheid ist der Einspruch (§ 347 I Nr. 1).

§ 73 Haftung bei Organschaft

[1] Eine Organgesellschaft haftet für solche Steuern des Organträgers, für welche die Organschaft zwischen ihnen steuerlich von Bedeutung ist. [2] Haftet eine Organgesellschaft, die selbst Organträger ist, nach Satz 1, haften ihre Organgesellschaften neben ihr ebenfalls nach Satz 1. [3] Den Steuern stehen die Ansprüche auf Erstattung von Steuervergütungen gleich.

Schrifttum: Probst, Die Organgesellschaft im Umsatzsteuerrecht – eine Gesellschaft mit unbeschränkter Haftung?, BB 1987, 1992; Sturm, Umsatzsteuerliche Organschaft nach § 2 Abs. 2 Nr. 2 UStG und Haftung nach § 73 AO, StuW 1992, 252; Mösbauer, Haftung bei umsatzsteuerrechtlicher Organschaft, UR 1995, 321; Becker, Die Haftung nach §§ 73 und 74 AO, StBp 2000, 278; Breuer, Haftung bei Organschaft, AO-StB 2003, 342; Lüdicke, Die Haftung in der körperschaftsteuerlichen und gewerbesteuerlichen Organschaft, FS Herzig, 2010, 259; Braunagel/Paschke, Die Haftung nach § 73 AO – Akquisitionshemmnis beim Unternehmenskauf?, Ubg 2011, 233; Thole, Steuerliche Organschaft und Insolvenzanfechtung, ZIP 2019, 1353; Märker, Keine Organschaftshaftung beim Immobilien Asset Deal, DStZ 2020, 161; Rüsch, Aktuelle Entwicklungen zur steuerlichen Organschaft, DStZ 2020, 125; Witt, Haftungsrechtliche Aspekte der steuerlichen Organschaft, FR 2020, 622.

I. Allgemeines

1 **Regelungszweck.** Die Organschaft führt dazu, dass dem Organträger das wirtschaftliche Ergebnis einer zivilrechtlich selbständigen Gesellschaft steuerrechtlich zugerechnet wird. Obwohl die Tätigkeit der Organgesellschaft den StAnspruch ausgelöst hat, schuldet nicht sie, sondern der Organträger die Steuer. Damit stünde dem StGläubiger nur das Vermögen des Organträgers für die Verwirklichung des StAnspruchs zur Verfügung (Braunagel/Paschke Ubg 2011, 233). Auf das Vermögen der Tochtergesellschaft könnte die FB nicht zugreifen. Daher erstreckt § 73 die Haftung bei Vorliegen einer Organschaft auf die Organgesellschaften, um dem StGläubiger den Zugriff auch auf das Vermögen zu ermöglichen, durch dessen Einsatz der StAnspruch ausgelöst wurde (BFH 23.8.2001 – VII R 94/99, BStBl. II 2002, 330). Der Gesetzgeber betrachtet den Organkreis als einheitliches Ganzes (BT-Drs. VI/1982, 120), sodass die Organgesellschaft für alle im Organkreis entstandenen Steuern haften muss, weil auch bei Zahlungsunfähigkeit des Organträgers

Zahlungsausfälle vermieden werden sollen, die durch Vermögensverlagerungen im Organkreis entstehen könnten (BFH 5.10.2004 – VII R 76/03, BStBl. II 2006, 3; Gosch AO § 73 Rn. 11; str.).

Bei **mehrstufigen Organschaften** galt § 73 nur im konkreten Organschaftsverhältnis zum Organträger, denn die Haftung gilt nur für die Steuern, für die „die Organschaft zwischen ihnen", also zwischen der Organgesellschaft und dem Organträger von Bedeutung ist (BFH 31.5.2017 – I R 54/15, BStBl. II 2018, 54; Lüdicke FS Herzig, 2010, 259 (280)). Seit der Einfügung von § 73 S. 2 idF des Gesetzes v. 12.12.2019 (BGBl. 2019 I 2451) mWv 18.12.2019 ist klargestellt, dass neben der haftenden Organgesellschaft etwaige weitere Organgesellschaften ebenfalls nach § 73 S. 1 haften können (sog. mittelbare Organschaftsverhältnisse). Bei mehrstufigen Organschaftsverhältnissen haften die (nachrangigen) Organgesellschaften der „obersten" Organgesellschaft nunmehr ebenfalls für die Steuern des „obersten" Organträgers, für welche die Organschaft zwischen der „obersten" Organgesellschaft und dem „obersten" Organträger steuerlich von Bedeutung ist (§ 73 S. 2). Sind die nachrangigen Organgesellschaften wiederum selbst Organträger, haften nach § 73 S. 2 ihre eigenen Organgesellschaften sowie ggf. deren (ebenfalls nachrangige) Organgesellschaften. Damit ist eine – im Einzelfall sehr weitgehende – Haftung innerhalb des (auch mittelbaren) Organkreises für alle StAnsprüche sichergestellt, die durch eine Organschaft begründet werden. Danach haftet eine Organgesellschaft (Enkelgesellschaft) auch für die Steuern der Organträgerin (Muttergesellschaft), wenn und soweit die Tochtergesellschaft ebenfalls nach § 73 haftet. Die Tochtergesellschaft gilt somit im Verhältnis zur Muttergesellschaft als Organgesellschaft und im Verhältnis zur Enkelgesellschaft als Organträgerin, was wie auch zuvor der Auffassung der FVerw. entsprach. Die gegenteilige Auffassung des BFH (BFH 31.5.2017 – I R 54/15, BStBl. II 2018, 54) soll durch die Neuregelung korrigiert werden (vgl. BT-Drs. 356/19, 217). § 73 S. 2 ist nach der Übergangsregelung in Art. 97 § 11 IV EGAO erstmals anzuwenden, wenn der haftungsbegründende Tatbestand nach dem 17.12.2019 verwirklicht wurde. Maßgeblich dürfte insoweit sein, ob und inwieweit die betreffenden StSchulden des Organträgers nach dem 17.12.2019 entstanden sind (vgl. Witt FR 2020, 622 sowie TK § 73 Rn. 4). 2

§ 73 S. 2 ermöglicht mE nach wie vor nicht, eine Organgesellschaft als Haftende für ein anderes Organschaftsverhältnis geltend zu machen. Denn die soweit entstehenden Steuern sind nicht dem jeweiligen Organschaftsverhältnis zuzurechnen. 3

§ 73 ist systematisch grds. nachrangig gegenüber den Korrekturmechanismen bei fehlerhafter Organschaftsbehandlung. Erst wenn Änderungsanträge unterbleiben oder scheitern, kommt eine subsidiäre Haftung der Organgesellschaft nach § 73 in Betracht. Die Entscheidung BFH 5.9.2024 – V R 5/23, DStR 2024, 2645 verdeutlicht, dass sowohl der Gesetzgeber als auch der BFH keine parallele Doppelveranlagung oder Doppelinanspruchnahme anstreben. Die Haftung ist mithin nicht die erste Wahl, sondern nur der „Notausgang", wenn sich keine andere verfahrensrechtliche Lösung eröffnet. 4

II. Voraussetzungen der Haftung (S. 1)

1. Organschaft

Die Haftung der Organgesellschaft für Steuern des Organträgers setzt eine wirksame Organschaft voraus. Die Voraussetzungen, unter denen ein Organschaftsverhältnis wirksam begründet wird, ist jeweils im KStG, im GewStG und im UStG gesondert für jede StArt geregelt. Aufgrund der in den letzten Jahren häufig erfolgten Änderungen ist für jedes Jahr genau zu prüfen, ob und für welche StArt eine Organschaft vorgelegen hat. Eine Haftung kommt nur für die Steuern in Betracht, für die ein Organschaftsverhältnis wirksam begründet wurde (BFH 5.10.2004 – VII R 76/03, BStBl. II 2006, 3). Besteht nur eine körperschaftsteuerliche Organschaft, so kann die Organgesellschaft nur für die KSt, nicht jedoch auch für die GewSt und die USt des Organträgers in Haftung genommen werden (TK § 73 Rn. 4). 5

6 Ob für eine bestimmte Steuer die Organschaft steuerlich von Bedeutung ist, richtet sich nach den Bestimmungen der EinzelStGesetze. Die Organschaft ist in der USt, KSt und GewSt von Bedeutung.

Nach § 2 II UStG wird **umsatzsteuerlich** eine gewerbliche oder berufliche Tätigkeit nicht selbständig ausgeübt, wenn eine juristische Person nach dem Gesamtbild der Verhältnisse finanziell, wirtschaftlich und organisatorisch in das Unternehmen eines Organträgers eingegliedert ist. Dabei ist unschädlich, wenn das eine oder andere Merkmal weniger in Erscheinung tritt, alle drei Merkmale müssen jedoch vorliegen. Umsatzsteuerrechtlich können seit einigen Jahren auch PersGes Organschaftsverhältnisse eingehen (BFH 3.12.2015 – V R 36/13, BStBl. II 2017, 563). Die umsatzsteuerrechtliche Organschaft entfällt mit der Insolvenzeröffnung beim Organträger (BFH 15.12.2016 – V R 14/16, BStBl. II 2017, 600).

Körperschaftsteuerlich verlangt § 14 KStG keine wirtschaftliche und organisatorische Eingliederung der Organgesellschaft, sondern lediglich deren finanzielle Eingliederung in den Organträger durch die Verpflichtung, ihren ganzen Gewinn an die Mutter abzuführen. § 2 II GewStG enthält diese Vorgabe auch für die gewerbesteuerliche Organschaft.

Auch für die **Gewerbesteuer** bedeutet Organschaft die Zusammenfassung mehrerer Betriebe zu einer wirtschaftlichen Einheit und dementsprechend zu einem StObjekt. Die Organgesellschaften bleiben steuerlich selbständige Rechtssubjekte, jede Gesellschaft bilanziert für sich. Der Gewerbeertrag wird zwar für jede Gesellschaft getrennt ermittelt, doch werden die Ergebnisse zusammengerechnet (BFH 6.11.1985 – I R 56/82, BStBl. II 1986, 73). Der GewSt-Messbetrag wird nur bei dem Organträger festgestellt. Darum ist der Organträger auch Schuldner der GewSt (§ 5 I GewStG). Das bedeutet bei den drei genannten StArten, dass alle wesentlichen Besteuerungsgrundlagen beim Organträger erfasst werden und die daraus resultierenden StSchulden gegen den Organträger festgesetzt werden.

7 **Betriebsaufspaltung.** Eine Betriebsaufspaltung führt zwar nicht zwangsläufig zu einer Organschaft. Sie wird bei einer Betriebsaufspaltung aber häufig vorliegen (BFH 9.1.1992 – V R 82/85, BFH/NV 1993, 63 zur USt; Schwarz/Pahlke/Keß § 73 Rn. 1). Daher ist bei einer Betriebsaufspaltung die Möglichkeit einer Haftung der Betriebsgesellschaft als Organgesellschaft für Steuern der Besitzgesellschaft besonders zu beachten.

2. Zeitliche Voraussetzung

8 Eine Haftung kommt nur für die Steuern in Betracht, die während des Bestehens der Organschaft wirtschaftlich entstanden sind, während es auf die StEntstehung iSv § 38 oder die Fälligkeit der Steuer nicht ankommt (HHSp § 73 Rn. 20). Steuern des Organträgers, „für welche die Organschaft zwischen ihnen steuerlich von Bedeutung ist", liegen demzufolge dann vor, wenn der Organträger Geschäftsvorfälle der Organgesellschaft zu versteuern hat (zB wenn er die Umsätze der Organgesellschaft zu versteuern hat und Vorsteuerbeträge aus Rechnungen über Leistungsbezüge der Organgesellschaft abziehen kann). Für diese Steuern haftet folglich die Organgesellschaft nach § 73. Gemeint ist also nicht die StEntstehung iSd § 38 (Klarstellung zur Vorauflage, die noch auf die Entstehung abgestellt hat). Die wohl herrschende Literatur stellte bisher auf die StEntstehung ab (Klein § 73 Rn. 6; HHSp § 73 Rn. 20; Gosch AO § 73 Rn. 9; Zugmaier/Nöcker § 73 Rn. 7; 360° eKomm AO § 73 Rn. 4; BeckOK AO § 73 Rn. 50; TK § 73 Rn. 3).

9 Daher haftet eine (ehemalige) Organgesellschaft nicht für Steuern, die nach Beendigung des Organschaftsverhältnisses entstehen. Eine Organgesellschaft haftet somit für **KSt** nur, wenn die Organschaft das ganze Wirtschaftsjahr bestanden hat, weil die KSt erst mit Ablauf des entsprechenden Wirtschaftsjahrs entsteht (FG München 18.9.1991 – 3 K 4202/88, EFG 1992, 373). Bei der **USt** kommt dagegen eine unterjährige Haftung in Betracht, weil die USt mit Ablauf des jeweiligen Voranmeldungszeitraumes entsteht.

10 Bei **Erlass des Haftungsbescheids** muss die Organschaft nicht mehr bestehen (BFH 8.9.1983 – V R 114/78, UR 1983, 222).

3. Haftungsumfang

Die Organgesellschaft muss für alle Steuern haften, für welche die Organschaft von Bedeutung ist (BFH 23.8.2001 – VII R 94/99, BStBl. II 2002, 330). Somit kommt die Haftung für **KSt, USt** und **GewSt** in Betracht; dies jedoch nur, soweit für die entsprechende StArt zum Zeitpunkt der Entstehung ein Organschaftsverhältnis bestand. Die Organgesellschaft kann auch für **ESt** haften, wenn es sich bei einem Organträger um eine natürliche Person handelt (HHSp § 73 Rn. 14). Dagegen erstreckt sich die Haftung nicht auf die persönliche ESt der Gesellschafter einer PersGes, wenn diese Organträger ist, weil nur für die Steuern des Organträgers gehaftet wird (überzeugend: Lüdicke FS Herzig, 2010, 259). Für **Zinsen** (§ 239) auf diese Steuern wird nach Auffassung des BFH nicht gehaftet (BFH 5.10.2004 – VII R 76/03, BStBl. II 2006, 3). 11

Die Haftung erstreckt sich nicht auf **StAbzugsbeträge** (KapESt, LSt) und auf steuerliche **Nebenleistungen** wie Verspätungs- und Säumniszuschläge (BFH 5.10.2004 – VII R 76/03, BStBl. II 2006, 3; aA bzgl. KapESt Mösbauer FR 1989, 473). Ist **Organträger eine Personengesellschaft,** haftet die Organgesellschaft nicht für die persönliche ESt der Gesellschafter. Dies ist darin begründet, dass die Haftung nur für Steuern des Organträgers begründet wird, der jedoch als PersGes nicht StSchuldner der ESt ist (keine StRechtsfähigkeit, Lüdicke FS Herzig, 2010, 259). 12

Haftung für alle Steuern im Organkreis. Die Organgesellschaft haftet nicht nur für die Steuern des Organträgers, die durch ihre eigene wirtschaftliche Tätigkeit verursacht wurden. Vielmehr hat sie auch für Steuern des Organträgers einzustehen, die durch die wirtschaftliche Tätigkeit einer anderen Tochtergesellschaft entstanden sind. Dies ergibt sich seit Einfügung von § 73 S. 2 aus dem ausdrücklichen Gesetzeswortlaut. Vor dieser gesetzlichen Änderung ergab sich dies aus dem Gesetzeszweck (glA Nacke Rn. 450; Klein § 73 Rn. 7; HHSp § 73 Rn. 15; TK § 73 Rn. 5; Schwarz/Pahlke/Keß § 73 Rn. 7; str., aA Lüdicke FS Herzig, 2010, 259). Sind die nachrangigen Organgesellschaften selbst Organträger, tritt eine Haftung auch ihrer Organgesellschaften ein („mittelbare Organschaft", vgl. BT-Drs. 19/13436; anders noch BFH 31.5.2017 – I R 54/15, BStBl. II 2018, 54 zu § 73 aF). Die Organgesellschaft muss also für alle Steuern haften, die im **Organkreis** entstanden sind (HHSp § 73 Rn. 15; Gosch AO § 73 Rn. 12). Der Gesetzgeber wollte die Haftung ausdrücklich nicht auf die Steuern beschränken, die die jeweilige Organgesellschaft verursacht, weil er den Organkreis als einheitliches Ganzes betrachtet hat (BT-Drs. VI/1982, 120). Dies ist gerechtfertigt, denn die FB würde in erhebliche Beweisschwierigkeiten geraten, wenn sie nachweisen müsste, dass Maßnahmen im Rahmen der Organschaft zur Gefährdung des StAnspruchs geführt hatten (glA Nacke Rn. 450). Ein Teil des Schrifttums sah dagegen (betreffend die frühere Fassung von § 73) in der Haftung für alle Steuern des Organkreises einen Verstoß gegen das Übermaßgebot und wollte die Haftung schon auf Tatbestandsebene auf die Steuern beschränken, die durch die jeweilige Organgesellschaft verursacht wurden (Lüdicke FS Herzig, 2010, 259; Braunagel/Paschke Ubg 2011, 233; Probst BB 1987, 1992; Reiß StuW 1979, 343; Sturm StuW 1992, 252; Breuer AO-StB 2003, 342). Diese Auslegung entspricht jedoch nicht dem erkennbaren gesetzgeberischen Willen (so auch Lüdicke FS Herzig, 2010, 259). Da sich der gesetzgeberische Wille, alle Steuern im Organkreis in die Haftung einbeziehen zu wollen, auch im Wortlaut der Norm widerspiegelt, war eine abweichende Auslegung nicht überzeugend. 13

Es kommt daher nicht darauf an, ob die StSchuld – bei Hinwegdenken der Organschaft – hypothetisch in der Person der auf Haftung in Anspruch genommenen Organgesellschaft entstanden wäre; deren Haftung besteht vielmehr für alle in dem Organkreis entstandenen Steuern. Die Haftung für den gesamten Organkreis birgt für einen Unternehmenserwerber (Sanierungsfall) oftmals kaum überschaubare Risiken, da der Erwerber die potenzielle Haftung „miterwirbt". Die Haftung wird allenfalls dadurch eingegrenzt, dass die FB bei der Ermessensausübung den Umstand des Erwerbs berücksichtigen muss (Klein § 73 Rn. 7). 14

III. Haftung für Steuervergütungen (S. 2)

16 Nach S. 2 erstreckt sich die Haftung auf die Erstattung von StVergütungen. Dies betrifft insb. zu Unrecht erstattete **Vorsteuerbeträge,** die der Organträger zurückzahlen muss.

Steuererstattungen. Dagegen haftet die Organgesellschaft nicht für dem Organträger zu Unrecht erstattete Steuern. Dieser auf § 37 II gestützte Anspruch der FB ist kein StAnspruch, sodass er nicht von § 73 erfasst wird (Schwarz/Pahlke/Keß § 73 Rn. 6; aA TK § 73 Rn. 7).

IV. Geltendmachung der Haftung; Verfahrensfragen

17 Die Haftung nach § 73 ist durch **Haftungsbescheid gem. § 191** geltend zu machen, der mit Einspruch angefochten werden kann (→ § 191 Rn. 120 ff.). Auch nach Beendigung des Organschaftsverhältnisses kann der Bescheid noch erlassen werden, soweit es sich um Steuern handelt, die während des Bestehens der Organschaft entstanden sind (BFH 8.9.1983 – V R 114/78, UR 1983, 222). Der Haftungsbescheid ist an die Organgesellschaft als Haftende und nicht an den Organträger zu richten, da die Organgesellschaft zivilrechtlich eine selbständige juristische Person bleibt.

18 **Ermessensausübung.** Die FB hat nach pflichtgemäßem Ermessen zu entscheiden, ob sie den Haftungsschuldner in Anspruch nehmen will. Zu beachten ist, dass der Haftungsanspruch nach § 73 gegenüber dem StAnspruch subsidiär ist, wenn feststeht, dass der StSchuldner zur Zahlung in der Lage ist (BFH 23.9.2009 – VII R 43/08, BStBl. II 2010, 215). Denn der Tatbestand des § 73 wird durch die Regelungen des § 191 I 1 iVm § 5 eingeschränkt, sodass der Haftungsanspruch nur subsidiär gegenüber der Inanspruchnahme des StSchuldners ist (Klein § 73 Rn. 12). Bei der Ermessensausübung ist zu berücksichtigen, ob die Steuern, für die die Organgesellschaft in Anspruch genommen werden soll, durch ihr eigenes wirtschaftliches Handeln oder durch das wirtschaftliche Handeln einer anderen Organgesellschaft des Organkreises verursacht wurde. Jedoch ist es idR nicht ermessensfehlerhaft, wenn die Organgesellschaft auch für Steuern haften soll, die durch eine andere Gesellschaft verursacht wurden (aA FG Baden-Württemberg 30.4.1985 – I 174/81, EFG 1985, 533; FG Nürnberg 11.12.1990 – II 238/86, EFG 1991, 437; TK § 73 Rn. 6). Eine Inanspruchnahme für eine Steuer, die durch eine andere Organgesellschaft verursacht wurde, ist nur ermessensfehlerhaft, wenn der Haftende nachgewiesen hat, dass der StAnspruch nicht durch Vermögensübertragungen oder andere Maßnahmen innerhalb des Organkreises gefährdet worden ist (glA Klein § 73 Rn. 12; Schwarz/Pahlke/Keß § 73 Rn. 9; HHSp § 73 Rn. 23; für Haftungsbeschränkung schon auf Tatbestandsebene: Lüdicke FS Herzig, 2010, 259; Braunagel/Paschke Ubg 2011, 233).

Mehrere Organgesellschaften. Gehören mehrere Organgesellschaften zum Organkreis, so muss die FB dies bei der Ausübung ihres Auswahlermessens besonders berücksichtigen. Sie muss sich bei ihrer Ermessensausübung bewusst sein, dass es mehrere (potenzielle) Haftungsschuldner gibt (BFH 9.8.2002 – VI R 41/96, BStBl. II 2003, 160; BFH 30.6.1995 – VII R 87/94, BFH/NV 1996, 3). Bezieht die FB eine Organgesellschaft nicht in ihre Überlegungen mit ein, so kann darin ein Ermessensfehler liegen, der zur Rechtswidrigkeit des Haftungsbescheids führen kann (Braunagel/Paschke Ubg 2011, 233).

19 **Anspruchsberechtigung bei Steuerzahlungen für die Organträgerin ohne Rechtsgrund:** Von der Organgesellschaft geleistete StZahlungen sind dieser zu erstatten, sofern sie nicht in Haftung genommen wird und folglich der Erstattungsanspruch mit dem Haftungsanspruch verrechnet werden kann. Die Zahlung ist dann ohne Rechtsgrund erfolgt (§ 37 II).

Zahlungen der Organgesellschaft sind – soweit eine Haftung von der FB geltend gemacht wurde – im Zweifel solche auf deren Haftungsschuld und nicht solche auf die StSchuld des Organträgers; ebenso bei Lastschrifteinzug der FB (BGH 19.1.2012 – IX ZR 2/11, BGHZ 192, 221; BGH 24.9.2020 – IX ZR 260/19, ZInsO 2020, 2540). Zahlt eine Organgesellschaft auf die USt-Schuld der Organträgerin, tilgt sie idR eine fremde Verbindlichkeit. Erstattungsberechtigt iSv § 37 II 1 ist derjenige, auf dessen Rechnung und nicht auf dessen Kosten eine Zahlung bewirkt worden ist; es kommt nicht darauf an, von wem und mit wessen Mitteln gezahlt worden ist (BFH 14.12.2021 – VII R 20/18, DStR 2022, 933; differenzierend der BGH 19.1.2012 – IX ZR 2/11, BGHZ 192, 221: Zahlung der Organgesellschaft hatte eine Doppelwirkung: Sie tilgte sowohl die Haftungsverbindlichkeit der Organgesellschaft gegenüber der FB als auch die StSchuld des Organträgers. Der Insolvenzverwalter konnte daher wählen, ob er die Zahlung gegenüber der FB oder dem Organträger anficht). Liegt keine ausdrückliche Tilgungsbestimmung vor, zahlt die Organgesellschaft auf die originäre StSchuld des Organträgers grds. zum Fälligkeitstermin und entrichtet sie auch diesbzgl. Säumniszuschläge, sprechen diese Umstände für eine Leistung der Organgesellschaft auf (fremde) Rechnung des Organträgers (FG Sachsen 10.9.2015 – 2 K 195/15, EFG 2016, 175, Rev. VII R 28/15 durch Beschluss vom 19.3.2018 wegen Erledigung der Hauptsache erledigt).

Bei einer nachträglichen Minderung der festgesetzten Steuern hat mE auch der Organträger einen Erstattungsanspruch nach § 37 II, wenn die Zahlung auf die StSchuld (und nicht kraft einer Tilgungsbestimmung auf die etwaige Haftungsschuld) geleistet wurde. Diesen Betrag muss die Organträgerin aber ihrer Organgesellschaft weiterleiten, wenn die streitigen Steuern auf der Geschäftstätigkeit der Organgesellschaft beruhen und aus deren Vermögen bezahlt worden sind. Dies folgt aus einer analogen Anwendung des § 426 I BGB (BFH 26.8.2014 – VII R 16/13, BFH/NV 2015, 8).

Zahlungen der Organgesellschaft auf (vermeintlich) eigene Steuerschulden der 20
Organgesellschaft: Der Organträger hat einen Anspruch auf Rückzahlung von Zahlungen der Organgesellschaft auf (vermeintliche) StSchulden. Auch kann eine StZahlung der Organgesellschaft nicht mit der StSchuld des Organträgers verrechnet werden (BFH 23.8.2001 – VII R 94/99, BStBl. II 2002, 330). Im Verhältnis zwischen einer insolventen Organgesellschaft, Organträger und FA liegt ein Verstoß gegen Treu und Glauben vor, wenn der Organträger einen USt-Erstattungsanspruch geltend macht, obwohl das FA den Betrag bereits wegen einer (vermeintlichen) Anfechtung in die Insolvenzmasse der Organgesellschaft gezahlt hat und ohne die Anfechtung eine Verpflichtung des Organträgers zur Weiterleitung des Betrags an die Organgesellschaft bestanden hätte (BFH 26.8.2014 – VII R 16/13, BFH/NV 2015, 8).

Wie auch bei anderen Haftungstatbeständen ist gegen den Haftungsbescheid der Ein- 21
spruch (§ 347) statthaft bzw. bei Zurückweisung ggf. die Anfechtungsklage vor dem FG. Erlässt eine Gemeinde einen auf § 73 gestützten Haftungsbescheid, kann die Organgesellschaft dagegen durch Klage zu den allgemeinen Verwaltungsgerichten vorgehen. Dabei sind neben Einwendungen zum Vorliegen einer Organschaft auch alle Einwendungen gegen die StSchuld zulässig (BFH 25.11.2015 – I R 85/13, BStBl. II 2016, 479). Die Organgesellschaft ist gegenüber dem Organträger Dritter iSd § 166 (BFH 26.8.2021 – V R 13/20, DB 2021, 2399). Ist daher für eine Organgesellschaft entgegen § 2 II Nr. 2 UStG eine StFestsetzung ergangen, ergibt sich hieraus eine Drittwirkung iSv § 166 für den Organträger. Der Organträger kann dann keinen VorStAbzug aus Eingangsleistungen geltend machen, die von Dritten über die Organgesellschaft bezogen wurden. Allerdings besteht keine Bindung an die gegenüber dem Organträger ergangenen StBescheide (BFH 27.2.2020 – V R 28/19, BFH/NV 2020, 1275); § 166 gilt insoweit nicht.

§ 74 Haftung des Eigentümers von Gegenständen

(1) [1]**Gehören Gegenstände, die einem Unternehmen dienen, nicht dem Unternehmer, sondern einer an dem Unternehmen wesentlich beteiligten Person, so haftet der Eigentümer der Gegenstände mit diesen für diejenigen Steuern des Unternehmens, bei denen sich die Steuerpflicht auf den Betrieb des Unternehmens gründet.** [2]**Die Haftung erstreckt sich jedoch nur auf die Steuern, die**

während des Bestehens der wesentlichen Beteiligung entstanden sind. [3] Den Steuern stehen die Ansprüche auf Erstattung von Steuervergütungen gleich.

(2) [1] **Eine Person ist an dem Unternehmen wesentlich beteiligt, wenn sie unmittelbar oder mittelbar zu mehr als einem Viertel am Grund- oder Stammkapital oder am Vermögen des Unternehmens beteiligt ist. [2] Als wesentlich beteiligt gilt auch, wer auf das Unternehmen einen beherrschenden Einfluss ausübt und durch sein Verhalten dazu beiträgt, dass fällige Steuern im Sinne des Absatzes 1 Satz 1 nicht entrichtet werden.**

Schrifttum: Delcker, Haftung des Eigentümers von Gegenständen für Steuern des Unternehmens bei wesentlicher Beteiligung oder beherrschendem Einfluß, BB 1984, 55; Milatz, Haftung für Steuerschulden des Unternehmens, INF 1985, 320; Jestädt, Haftung gemäß § 74 AO und Betriebsaufspaltung, DStR 1989, 243; Mösbauer, Die Haftung des Eigentümers von Gegenständen für Steuern des Unternehmens bei tatsächlicher oder fiktiver wesentlicher Beteiligung, DStZ 1996, 513; Becker, Die Haftung nach §§ 73 und 74 AO, StBp 2000, 278; Adamek/Loose, Die Haftung des GmbH-Gesellschafters nach § 74 AO, GmbHR 2001, 649; Mehl/Tetzlaff, Ausweitung der Haftung nach § 74 AO, NWB 2012, 2391; Haritz, Renaissance der Gesellschafterhaftung nach § 74 AO, DStR 2012, 883; Dusch, Aufrechnung und § 74 AO – Möglichkeit zur Regulierung geplatzter Organschaften?, DStR 2012, 1537; Bruschke, Die Haftung des Eigentümers von Gegenständen nach § 74 AO, BB 2020, 95; Gehm, Haftung des Eigentümers von Gegenständen nach § 74 AO, NWB 2024, 3248; Schmitz-Herscheidt, Anm. zu BFH 6.8.2024 – VII R 25/21, BStBl. II 2024, 858, BFH/PR 2025, 19.

Übersicht

A. Allgemeines

1 **Regelungszweck.** Die Regelung soll die Durchsetzung von StAnsprüchen im Wege der Vollstreckung für den Fall sichern, dass das Unternehmen (auch) mit Gegenständen betrieben wird, die im Eigentum eines Dritten stehen. Der Durchgriff auf das fremde Vermögen rechtfertigt sich aus dem objektiven Beitrag, den der Eigentümer durch die Überlassung der Gegenstände für die Unternehmensführung leistet (BFH 1.12.2015 – VII R 34/14, BStBl. II 2016, 375; BFH 23.5.2012 – VII R 28/10, BFH/NV 2012, 1509; BFH 13.11.2007 – VII R 61/06, BStBl. II 2008, 790; BFH 30.5.2006 – VII B 345/05, BFH/NV 2006, 1615; BVerfG 19.10.1966 – 2 BvR 652/65, BeckRS 1966, 30926184). Darüber hinaus muss der Eigentümer nach Abs. 1 S. 1 am Unternehmen wesentlich beteiligt sein, sodass sein Einfluss auf die Unternehmensführung einen weiteren Grund für die Haftung darstellt (HHSp § 74 Rn. 8). Die Haftung ist persönlich, dabei aber gegenständlich beschränkt, weil der Eigentümer nur „mit" den Gegenständen haftet, die er dem

Unternehmen überlassen hat (BFH 17.10.1985 – VII R 180/83, BFH/NV 1986, 314). Somit kann die Haftung grds. nur durch eine Zwangsvollstreckung in den entsprechenden Gegenstand verwirklicht werden. Im Gegensatz zu § 69 begründet § 74 eine echte (verschuldensunabhängige) Ausfallhaftung (BFH 23.5.2012 – VII R 28/10, BStBl. II 2012, 763).

Hauptanwendungsbereiche des § 74 sind

– die Überlassung von wesentlichen Betriebsgrundlagen im Rahmen einer Betriebsaufspaltung (jedenfalls bei Einzelpersonen als Besitzunternehmer, → Rn. 16) und
– der Einsatz von Sonderbetriebsvermögen bei Personengesellschaften.

§ 74 ist auch anwendbar

– bei Überlassung von Sicherungseigentum und
– evtl. auch im Falle einer besonders ausgeprägten Sponsorentätigkeit.

§ 74 kann auch dann eingreifen, wenn ein Geschäftspartner bewusst in die Leitung eines abhängigen Unternehmens eingreift und einen aktiven Beitrag zur Nichtentrichtung fälliger Steuern leistet (BFH 1.12.2015 – VII R 34/14, BStBl. II 2016, 375). § 74 unterscheidet sich zu Haftungsregelungen bei der Vergnügungssteuer (BVerwG 23.1.2019 – 9 C 1/18, NVwZ 2019, 731; VGH Baden-Württemberg 23.3.2021 – 2 S 2005/20, ZfWG 2021, 308; Schmittmann, Gemeindehaushalt 2019, 145), ua, weil die Vergnügungssteuer als kommunale Aufwandsteuer keine Unternehmenssteuer ist.

Die Vorschrift ist nicht verfassungswidrig. Haftungsgrund ist nicht die wesentliche 2
Beteiligung als solche, sondern der über diese Beteiligung hinausgehende Beitrag des Gesellschafters, mit dem dieser durch eine Gebrauchsüberlassung von Gegenständen die Fortführung des Unternehmens und damit auch die StEntstehung ermöglicht hat. Nach der Rspr. des BVerfG beruht die Inanspruchnahme des Gesellschafters nicht auf einem von der zivilrechtlichen Ordnung abweichenden Durchgriff, sondern auf einer eigenen Tatbestandsverwirklichung des Haftungsschuldners, sodass der Verhältnismäßigkeitsgrundsatz gewahrt ist und kein Verstoß gegen Art. 14 GG vorliegt (BVerfG 17.9.2013 – 1 BvR 1928/12, HFR 2013, 1156; Günther AO-StB 2013, 327 mwN).

B. Haftung des Eigentümers (Abs. 1)

I. Voraussetzungen der Haftung (Abs. 1 S. 1)

1. Gegenstand

„Gegenstände" iSd Regelung sind sowohl materielle als auch immaterielle Wirtschafts- 4
güter, wie Sachen, Forderungen und Rechte, da der Begriff des „Eigentümers" weit auszulegen und nicht rein sachenrechtlich zu verstehen ist (BFH 23.5.2012 – VII R 28/10, BFH/NV 2012, 1509; TK § 74 Rn. 5; aA Gosch AO § 74 Rn. 7). Nach Sinn und Zweck der Haftungsregelung gehören auch Rechte und Forderungen zu Gegenständen iSd § 74, sodass grundstückgleiche Rechte wie etwa ein Erbbaurecht nach § 74 erfasst werden (BFH 23.5.2012 – VII R 28/10, BFH/NV 2012, 1509; bestätigt durch BVerfG 17.9.2013 – 1 BvR 1928/12, HFR 2013, 1156). Mit dieser Auslegung überschreitet der BFH nicht die Grenzen richterlicher Rechtsfortbildung (BVerfG 17.9.2013 – 1 BvR 1928/12, BFH/NV 2014, 142). Die FVerw. hat sich der Auffassung angeschlossen (AEAO zu § 74 Nr. 1).

Möglichkeit der Zwangsvollstreckung. Es wird nicht mit jedem Gegenstand gehaftet, der dem Unternehmen dient. Weil die Haftung gegenständlich beschränkt ist, muss der Gegenstand der Zwangsvollstreckung zugänglich sein (BFH 23.2.1988 – VII R 99/85, BFH/NV 1988, 617). Daher scheidet die Haftung mit rechtlich unselbständigen einzelnen Räumen eines Gebäudes aus. In diese kann nicht gesondert vollstreckt werden (FG Bremen 9.9.1977 – II 27/75, EFG 1978, 2). Ausreichend ist es dagegen, wenn eine abgegrenzte Teilfläche eines Grundstücks dem Unternehmen dient und diese Fläche gem. § 7 GBO grundbuchrechtlich abgeschrieben werden kann, denn in diesem Fall ist die Vollstreckung in diese Teilfläche zulässig (BFH 2.2.1961 – IV 395/58 U, BStBl. III 1961, 216; aA HHSp § 74 Rn. 25). Allerdings kann sich nach hM eine Vollstreckungsmöglichkeit dadurch (zukünftig) ergeben, dass sich die Haftung auch auf ein Surrogat erstreckt (BFH 22.11.2011 – VII R 63/10, BStBl. II 2012, 223; → Rn. 15), sodass in das Surrogat vollstreckt werden könnte (BFH 23.5.2012 – VII R 29/10, BFH/NV 2012, 1924).

2. Dienen

5 Gegenstände „dienen" einem Unternehmen, wenn sie im Einzelfall tatsächlich eine Funktion für die Betriebsführung erfüllen, indem sie **genutzt, verwertet** oder auf andere Weise **sinnvoll eingesetzt** werden (TK § 74 Rn. 6). Dabei reicht es nicht aus, dass sie lediglich von untergeordneter Bedeutung für den Betrieb sind (BFH 27.6.1957 – V 298/56 U, BStBl. III 1957, 279). Die kurzfristige Überlassung eines Gegenstands genügt daher nicht. Andererseits ist nicht zu verlangen, dass der Gegenstand eine wesentliche Betriebsgrundlage darstellt (HHSp § 74 Rn. 22; aA Milatz INF 1985, 320).

Die Haftung ist nicht von der Art der Überlassung abhängig. Daher ist es unerheblich, ob der Gegenstand aufgrund eines Miet- oder Pachtvertrags zur Verfügung gestellt wurde oder eine schlichte (unentgeltliche) Nutzungseinräumung vorlag (BFH 23.2.1988 – VII R 99/85, BFH/NV 1988, 617). Es ist auch ohne Bedeutung, ob der Überlassungsvertrag zwar hätte gekündigt werden können, jedoch tatsächlich – aus welchen rechtlichen oder tatsächlichen Gründen auch immer – fortgeführt wurde (BFH 30.5.2006 – VII B 345/05, BFH/NV 2006, 1615).

6 Die **Mitbenutzung** des Gegenstands durch einen Dritten steht der Haftung nicht entgegen (BFH 23.2.1988 – VII R 99/85, BFH/NV 1988, 617; BFH 14.6.1994 – VII B 239/93, BFH/NV 1995, 89). § 74 setzt nicht voraus, dass der Haftungsgegenstand ausschließlich dem Unternehmen des an diesem beteiligten Eigentümers gedient haben muss. Es genügt, wenn das in Frage stehende Objekt dem Unternehmen, wenn auch unter Mitbenutzung anderer, im Haftungszeitraum gedient hat, von diesem also für betriebliche Zwecke verwendet worden ist. Ob das „Dienen" eines Grundstücks bei einem Unternehmen bereits dann anzunehmen ist, wenn dieses lediglich als Zwischenmieter auftritt, sodass der Eigentümer des Grundstücks nach § 74 I 1 für die StSchulden der Zwischenmieterin in Haftung genommen werden kann, hat der BFH in dem Verfahren VII R 25/21 nunmehr entschieden (BFH 6.8.2024 – VII R 25/21, BStBl. II 2024, 858): Dem Unternehmen dienende Gegenstände iSv § 74 I 1 sind solche, die für die Führung des Betriebs und die Erzielung steuerbarer Umsätze von wesentlicher Bedeutung sind. Für das Kriterium der wesentlichen Bedeutung der Gegenstände für die Führung des Betriebs und die Erzielung steuerbarer Umsätze sind keine weiteren Voraussetzungen – etwa Gewinnerzielung – oder Anforderungen an die Art der betrieblichen Verwendung der Gegenstände zu verlangen. Eine Stellung als „Zwischenmieter" verhindert eine Haftung mithin nicht.

7 **Grundstücksteile.** Die (räumliche) Nutzung nur eines Grundstücksteils kann dagegen schädlich sein. Wird nur ein räumlich begrenzter Teil eines Grundstücks durch das Unternehmen genutzt, ein anderer Teil jedoch für betriebsfremde Zwecke, so scheidet die Haftung mit dem gesamten Grundstück grundsätzlich aus, weil es nicht gerechtfertigt wäre, in das ganze Grundstück zu vollstrecken (Schwarz/Pahlke/Keß § 74 Rn. 7). Nur wenn die anderweitige Nutzung als geringfügig (bis 20%) betrachtet werden kann, wird mit dem ganzen Grundstück gehaftet (Delcker BB 1984, 55). Kann jedoch die vom Unternehmen genutzte **Teilfläche** nach § 7 GBO grundbuchrechtlich abgeschrieben werden, haftet der Eigentümer beschränkt auf diesen Grundstücksteil, da in diesem Fall eine Zwangsvollstreckung in diese Teilfläche zulässig ist (BFH 2.2.1961 – IV 395/58 U, BStBl. III 1961, 216; aA HHSp § 74 Rn. 25). Handelt es sich dagegen nur um einzelne Räume, die dem Unternehmen dienen, entfällt eine Haftung mangels Vollstreckbarkeit in diesen Teil des Grundstücks (FG Bremen 9.9.1977 – II 27/75, EFG 1978, 2).

3. Unternehmen

Das Unternehmen iSd § 74 muss nicht auf eine gewerbliche Tätigkeit gerichtet sein. Der Begriff des Unternehmens stimmt mit dem des § 75 überein, sodass jede gewerbliche und berufliche Tätigkeit erfasst wird. Somit fallen auch die freiberufliche Praxis und der land- und forstwirtschaftliche Betrieb unter die Vorschrift (Schwarz/Pahlke/Keß § 74 Rn. 5). Das Vorliegen einer gewissen organisatorischen Zusammenfassung ist nicht erforderlich (BFH 11.5.1993 – VII R 86/92, BStBl. II 1993, 700 zu § 75; aA Schwarz/Pahlke/Keß § 74 Rn. 5; TK § 74 Rn. 7). Insoweit gilt der Unternehmensbegriff des Umsatzsteuerrechts (§ 2 I UStG). 9

4. Wesentliche Beteiligung

Der Eigentümer haftet nur, wenn er wesentlich beteiligt ist. Nach der Legaldefinition des Abs. 2 ist derjenige wesentlich beteiligt, der zu **mehr als einem Viertel** unmittelbar oder mittelbar am Vermögen des Unternehmens beteiligt ist (Abs. 2 S. 1). Wer einen beherrschenden Einfluss auf das Unternehmen ausübt, ohne am Vermögen wesentlich beteiligt zu sein und tatsächlich dazu beiträgt, dass fällige Betriebssteuern nicht gezahlt werden, gilt ebenfalls als wesentlich beteiligt (Abs. 2 S. 2). 10

5. Eigentümer

Für die Frage, wer Eigentümer iSd § 74 ist, muss auf den bürgerlich-rechtlichen Eigentumsbegriff und nicht auf die steuerliche Zuordnungsvorschrift des § 39 (wirtschaftliches Eigentum) abgestellt werden (FG Köln 9.12.1999 – 15 K 1756/91, EFG 2000, 203; TK § 74 Rn. 3), denn § 74 soll die Zwangsvollstreckung in den Gegenstand ermöglichen. Wollte man auf den wirtschaftlichen Eigentümer abstellen, könnte der zivilrechtliche Eigentümer der Vollstreckungsmaßnahme (erfolgreich) widersprechen, sodass die Vorschrift insoweit ins Leere gehen würde. Aus diesem Grund haftet der Sicherungseigentümer, nicht jedoch derjenige, der einen Gegenstand nur unter Eigentumsvorbehalt erworben hat (BFH 27.6.1957 – V 298/56 U, BStBl. III 1957, 279). Bei Rechten und immateriellen Wirtschaftsgütern gibt es ebenfalls einen „Eigentümer" iSv § 74, da der Begriff weit zu verstehen ist (→ Rn. 4). Bei Lieferung eines Gegenstands unter Eigentumsvorbehalt verbleibt das Eigentum bis zur endgültigen Zahlung der vereinbarten Gegenleistung beim Lieferanten des Gegenstands. Der Belieferte erwirbt lediglich ein Anwartschaftsrecht, welches zwar wirtschaftliches Eigentum (§ 39 II Nr. 1) begründet, aber noch zum Vollrecht „Eigentum" erstarken muss, damit § 74 verwirklicht werden kann. 11

Eigentümer iSd Vorschrift ist der Vollrechtsinhaber, da nicht nur mit Sachen, sondern auch mit immateriellen Wirtschaftsgütern gehaftet wird (Schwarz/Pahlke/Keß § 74 Rn. 3). Alleineigentum ist keine Haftungsvoraussetzung (FG Rheinland-Pfalz 12.12.1978 – II 347/77, EFG 1979, 158). Ist der wesentlich Beteiligte nur **Miteigentümer** eines Gegenstands, so haftet er mit seinem Miteigentumsanteil. Die Haftung ist zulässig, weil in einen Miteigentumsanteil vollstreckt werden kann (BFH 14.6.1994 – VII B 239/93, BFH/NV 1995, 89). Daher kann auch mit Wohnungs- und Teileigentum gehaftet werden (BFH 14.6.1994 – VII B 239/93, BFH/NV 1995, 89). Unerheblich ist auch, ob es sich bei dem Eigentümer um eine natürliche oder um eine juristische Person handelt (Bruschke BB 2020, 95 (98)) Der Haftende muss im Zeitpunkt, in dem der Haftungsbescheid erlassen wird, Eigentümer sein. Im Zeitpunkt des Entstehens der Betriebssteuern bedarf es noch keiner Eigentümerstellung (HHSp § 74 Rn. 18; FG Münster 15.9.2009 – 2 K 32/09 U, EFG 2010, 287). 12

Gesamthandseigentum. Steht der Gegenstand, der dem Unternehmen dient, dagegen im Gesamthandseigentum (zB im Vermögen einer GbR oder im Nachlass einer Erbengemeinschaft), so kommt die Haftung nur in Betracht, wenn sämtliche Gesamthänder wesentlich an dem Unternehmen beteiligt sind (BFH 23.5.2012 – VII R 28/10, BStBl. II 2012, 763; BFH 10.11.1983 – V R 18/79, BStBl. II 1984, 127; Bruschke BB 2020, 95 (97)). Ist dagegen nur ein Gesamthänder nicht **wesentlich beteiligt,** scheidet die Haftung 13 aus, weil in den Anteil am Gesamthandsvermögen nicht vollstreckt werden kann (HHSp § 74 Rn. 13; aA Mösbauer DStZ 1996, 513). Die Haftung kann auch nicht dadurch ermöglicht werden, dass der wesentlich beteiligte Gesamthänder auf Zahlung eines Geldbetrags, dessen Höhe sich an dem Wert des gesamthänderischen Anteils bemisst, in Anspruch genommen wird (aA TK § 74 Rn. 4). Befindet sich der überlassene Gegenstand hingegen im Miteigentum mehrerer Personen, so haftet jeder wesentlich Beteiligte – bzw. jeder beherrschenden Einfluss ausübende Miteigentümer – mit seinem Bruchteil. Insoweit ist auch die Vollstreckung in diesen Bruchteil zulässig.

6. Haften mit dem Gegenstand

14 Der Eigentümer haftet nur mit dem Gegenstand, den er dem Unternehmen überlassen hat (BFH 13.11.2007 – VII R 61/06, DStRE 2008, 1226). Dies muss im Haftungsbescheid klar zum Ausdruck kommen (FG München 15.2.1978 – III 113/77 AO, EFG 1978, 474; FG Hamburg 2.10.1980 – I 61/79, EFG 1981, 162; FG Münster 8.10.1992 – 7 K 5455/90 U, EFG 1993, 423). Die Haftung kann nur durch die Zwangsvollstreckung in den entsprechenden Gegenstand verwirklicht werden. Eine Umdeutung der gegenständlich beschränkten Haftung in eine wertmäßig beschränkte Haftung ist nicht zulässig (Schwarz/Pahlke/Keß § 74 Rn. 17). Der Eigentümer kann sich der Haftung nicht dadurch entziehen, dass er den Gegenstand nach Erlass des Haftungsbescheids verkauft (FG Köln 9.12.1999 – 15 K 1756/91, EFG 2000, 203).

15 Ist der Gegenstand untergegangen oder zerstört worden, bevor ein Haftungsbescheid erlassen wurde, scheidet eine Haftungsinanspruchnahme aus. Die Haftung setzt sich nach Auffassung des BFH allerdings an dem durch die Veräußerung erlangten Erlös oder an anderweitigen **Surrogaten** fort (BFH 22.11.2011 – VII R 63/10, BStBl. II 2012, 223; BFH 22.11.2011 – VII R 67/10, BFH/NV 2012, 547; Nacke Rn. 479; Adamek/Loose GmbHR 2001, 649; TK § 74 Rn. 17; Delcker BB 1984, 55; Milatz INF 1985, 324; aA Klein § 74 Rn. 3; Schwarz/Pahlke/Keß § 74 Rn. 17). Eine **dingliche Surrogation** ist bei Sondervermögen wie der Erbschaft oder bei Wirtschaftseinheiten vorgesehen. Bei Einzelgegenständen ist die Surrogation eher die Ausnahme und nur in bestimmten Fällen, zB bei Pfandrechten, gesetzlich geregelt. Ob dies auch im Haftungsverfahren nach § 74 so gilt, war in der Literatur lange Zeit umstritten. Die Rspr. hat sich inzwischen aber zugunsten einer Haftungsinanspruchnahme entschieden. Nach Sinn und Zweck der Regelung sei eine Erstreckung der Haftung auf Surrogat geboten; anderenfalls wäre ein gleichmäßiger Vollzug der Haftungsnorm nicht gewährleistet, weil ein gut beratener Haftungsschuldner sich der Haftung durch Veräußerung des Haftungsgegenstands entziehen könne. Im Ergebnis erstreckt sich die Haftung nach § 74 im Fall der Weiterveräußerung oder des Verlusts des überlassenen Gegenstands nach Haftungsinanspruchnahme nach dieser Meinung auf den Wert des Gegenstands im Zeitpunkt des Erlasses des Haftungsbescheids (TK § 74 Rn. 17). Die Auslegung des BFH berücksichtigt mE auch den Wortlaut der Vorschrift hinreichend. Der Wortlaut der Vorschrift beschränkt die Haftung auf den tatsächlich überlassenen Gegenstand („… haftet der Eigentümer der Gegenstände **mit** diesen …"). Die Ausweitung der Haftung auf ein Surrogat lässt sich hiermit vereinbaren, wenn man davon ausgeht, dass durch diese Formulierung lediglich der (gegenständlich beschränkte) Haftungsumfang umrissen wird, dem Grunde nach aber eine persönliche Haftung besteht. Die vom BFH für seine Auslegung reklamierte planwidrige Gesetzeslücke liegt mE daher vor (aA Haritz DStR 2012, 883) und entspricht auch Sinn und Zweck der Norm (zum Umfang → Rn. 33).

Verschenkt der Haftungsschuldner den Gegenstand trotz ungünstiger wirtschaftlicher Verhältnisse, ist unter Umständen ein Anfechtungstatbestand gegeben (§ 3 AnfG, § 134 InsO; Adamek/Loose GmbHR 2001, 654). Eine Schenkung als solche berührt den Haftungsanspruch grundsätzlich nicht. Das FA ist dann lediglich dazu angehalten, die festgesetzte Haftungssumme über ein gesondertes Verfahren zu realisieren. Handelt es sich bei dem überlassenen Wirtschaftsgut um ein Grundstück, das mit einer Grundschuld belastet ist, hat dies grundsätzlich auf die Haftung keine Auswirkungen. Die Grundpfandrechte wirken sich allerdings in der ggf. nachfolgenden Zwangsvollstreckung aus (BFH 13.11.2007 – VII R 61/06, BStBl. II 2008, 790).

Der Haftungstatbestand des § 74 wird erst dann erfüllt, wenn der dem Unternehmen dienende Gegenstand tatsächlich in das Unternehmen eingebracht worden ist und dem Unternehmen für seinen Betrieb zur Verfügung steht.

Mit BFH 6.8.2024 – VII R 25/21, BStBl. II 2024, 858 wurden zentrale Auslegungs- **15a**
fragen zu § 74 weiter präzisiert und dabei insb. der Anwendungsbereich der Haftung in drei wesentlichen Punkten erweitert:

Der BFH bestätigt, dass auch immaterielle Wirtschaftsgüter, etwa Erbbaurechte, zu den haftungsrelevanten Gegenständen iSd § 74 I 1 zählen. Eine enge rein sachenrechtliche Auslegung sei systemwidrig, da andernfalls eine missbrauchsanfällige Haftungsvermeidung möglich wäre.

Die Haftung erfasst nicht nur den ursprünglich überlassenen Gegenstand, sondern auch das Surrogat (zB Veräußerungserlös oder Schadenersatz), sofern der Gegenstand vor Erlass des Haftungsbescheids veräußert oder untergegangen ist (Gehm NWB 2024, 3248 (3250)). Der BFH sieht darin eine teleologische Erweiterung, um die Durchsetzung der Haftung zu sichern und Umgehungen zu verhindern.

Für das Merkmal des „Dienens" genügt es, dass der überlassene Gegenstand tatsächlich betrieblich genutzt wurde – eine (alleinige) Nutzung durch das betroffene Unternehmen ist dagegen nicht erforderlich. Auch Mitbenutzungen Dritter sind mithin unschädlich, sofern die Betriebsbezogenheit gewahrt bleibt. Eine Gewinnerzielungsabsicht ist dabei keine Voraussetzung.

Der Beschluss ist von erheblicher Praxisrelevanz für Fälle von Betriebsaufspaltung, Pachtgestaltungen oder der Nutzung von Sonderbetriebsvermögen, in denen bislang ungeklärt war, ob immaterielle Rechtspositionen und deren Ersatzwerte der Haftung unterliegen können. Er bestätigt die Tendenz der Rspr., § 74 im Interesse einer effektiven Durchsetzung der StAnsprüche weit auszulegen. Er ist allerdings weiterhin gegenständlich beschränkt auf die dem Unternehmen konkret dienenden Gegenstände (bzw. deren Surrogat).

7. Wichtige Fallgruppen

Bei einer **Betriebsaufspaltung,** die eine personelle Verflechtung voraussetzt (Beherr- **16**
schung der Geschäfte des täglichen Lebens), werden die Voraussetzungen des § 74 bei einer Einzelperson als Besitzunternehmer stets erfüllt. Anders kann dies bei Anwendung der sog. Personengruppentheorie sein: Da eine Zusammenrechnung von Beteiligungsquoten für die Anwendung des § 74 nicht generell zulässig ist (FG Köln 9.12.1999 – 15 K 1756/91, EFG 2000, 203), kann trotz vorliegender Betriebsaufspaltung eine Anwendung von § 74 ausscheiden. Allerdings kann nach einer Auffassung eine aus mehreren Familienmitgliedern bestehende Gruppe, von denen die einzelne Person zwar nicht wesentlich beteiligt ist, die insgesamt jedoch das Betriebsunternehmen beherrscht, aufgrund dieses beherrschenden Einflusses durchaus als Haftende in Betracht kommen (Bruschke BB 2020, 95 (97)). Dies ermöglicht aber allenfalls eine Haftung nach § 74 II 2 (→ Rn. 29), nicht nach Abs. 1. Nach zutreffender Auffassung des BFH kann allerdings die Personengruppentheorie, mit der bei Betriebsaufspaltungen ein einheitlicher geschäftlicher Betätigungswille einer geschlossenen Personengruppe und damit eine personelle Verflechtung belegt werden soll, zur Begründung der Zusammenrechnung in einem Familienverbund gehaltener Anteile im Rahmen der Feststellung einer wesentlichen und damit haftungsbegründenden Beteiligung nach § 74 I 1 nicht herangezogen werden (BFH 1.12.2015 – VII R 34/14, BStBl. II 2016, 375).

8. Betrieblich begründete Steuern

18 Der Eigentümer haftet nur für betrieblich begründete Steuern. Hierzu gehören insb. die **GewSt** und die **USt.** Da eine Betriebssteuer nur vorliegt, wenn diese Steuer bei einem Nichtunternehmer nicht anfallen kann, erstreckt sich die Haftung nicht auf ESt, KSt, GrSt, KraftSt, GrESt und StAbzugsbeträge (LSt, KapESt). Auch für pauschale LSt (§§ 40, 40a, 40b EStG) wird nicht gehaftet (Klein § 74 Rn. 18). Die Haftung umfasst gem. § 239 auch Zinsen, die mit einer Betriebssteuer zusammenhängen, nicht jedoch **steuerliche Nebenleistungen** wie Verspätungs- oder Säumniszuschläge (§ 152, § 240). Steuerliche Nebenleistungen iSv § 3 IV sind keine Steuern iSv § 74; für sie wird folglich auch nicht gehaftet (Gosch AO § 74 Rn. 18).

Auch die KraftSt und die GrSt sind mE betriebsbezogen, wenn sie durch den Betrieb des Unternehmens bedingt sind, obwohl sie wie zB die KraftSt nicht an eine unternehmerische Betätigung, sondern an das Halten des (betrieblichen) Fahrzeugs anknüpfen (anders Bruschke BB 2020, 95 (99)).

II. Zeitliche Beschränkung der Haftung (Abs. 1 S. 2)

19 Es wird nur für die Betriebssteuern gehaftet, die entstanden sind, während der Eigentümer wesentlich beteiligt war und der fragliche Gegenstand dem Unternehmen tatsächlich gedient hat (FG Niedersachsen 24.9.1980 – VI 264/77, EFG 1981, 58; aA Schwarz/Pahlke/Keß § 74 Rn. 13). Nur wenn beide Bedingungen (zeitgleich) erfüllt sind, greift § 74 ein. Da auf die **Steuerentstehung** (§ 38) abgestellt wird, kommt es nicht auf die Fälligkeit der Steuer an.

20 Bei **Erlass des Haftungsbescheids** müssen diese Voraussetzungen allerdings nicht mehr vorliegen (FG Niedersachsen 24.9.1980 – VI 264/77, EFG 1981, 58). Daher beseitigt auch ein rückwirkendes Verschenken der Beteiligung die Haftungsvoraussetzungen nicht (BFH 18.9.1984 – VIII R 119/81, BStBl. II 1985, 55).

III. Haftung für Steuervergütungen (Abs. 1 S. 3)

21 Gehaftet wird auch für Ansprüche der FVerw. auf Erstattung von StVergütungen. Dies umfasst insb. die Rückzahlung von **Vorsteuern** (BFH 30.5.2006 – VII B 345/05, BFH/NV 2006, 1615) und die Rückforderung einer **Investitionszulage** (AEAO zu § 74 Nr. 2; Mösbauer DStZ 1996, 513). Auch für den Fall, dass dem Unternehmen zu Unrecht Betriebssteuern erstattet wurden, kann der Eigentümer als Haftender in Anspruch genommen werden (→ Rn. 32; TK § 74 Rn. 15; aA HHSp § 74 Rn. 38; Schwarz/Pahlke/Keß § 74 Rn. 14).

C. Wesentlich Beteiligter (Abs. 2)

I. Beteiligung am Unternehmen (Abs. 2 S. 1)

23 Nach Abs. 1 S. 1 muss der Eigentümer wesentlich am Unternehmen beteiligt sein, weil die Haftung nach § 74 nur gerechtfertigt ist, wenn neben der Überlassung von Gegenständen auch **Einfluss auf die Unternehmensführung** ausgeübt werden kann (BVerfG 14.12.1966 – 1 BvR 496/65, BStBl. III 1967, 166; BFH 10.11.1983 – V R 18/79, BStBl. II 1984, 127). Eine wesentliche Beteiligung setzt nach Abs. 2 S. 1 voraus, dass der Eigentümer unmittelbar oder mittelbar zu mehr als einem Viertel am Vermögen des Unternehmens beteiligt ist. Ist ein Eigentümer sowohl unmittelbar als auch mittelbar an einem Unternehmen beteiligt, werden die Anteile zusammengerechnet, um zu prüfen, ob eine wesentliche Beteiligung iSv § 74 II vorliegt (TK § 74 Rn. 10). Insb. bei der **Betriebsaufspaltung** kann eine wesentliche Beteiligung vorliegen (ausführlich Jestädt DStR 1989, 243). Die Beteiligung von Angehörigen bleibt bei der Bestimmung der

wesentlichen Beteiligung der Person, die die Gegenstände überlassen hat, allerdings unberücksichtigt (→ Rn. 16). Die Beteiligungen können auch dann nicht zum Erreichen der Wesentlichkeitsgrenze zusammengerechnet werden, wenn sie gemeinsame Interessen vertreten oder wechselseitig an verschiedenen Unternehmen beteiligt sind (BFH 1.12.2015 – VII R 34/14, BStBl. II 2016, 375).

Fraglich ist, ob die Haftung nach § 74 entfällt, wenn das Unternehmen in Insolvenz 24 gerät, der Insolvenzverwalter den Betrieb jedoch fortführt. Für die durch den Insolvenzverwalter verursachten StSchulden haftet der wesentlich Beteiligte nicht mehr, weil allein der Beteiligte die Unternehmensführung durch die Insolvenz nicht mehr beeinflussen kann. Da gerade der Einfluss auf das Unternehmen die Haftung rechtfertigt, muss sie entfallen, wenn der Beteiligte aufgrund der Insolvenz seinen Einfluss verliert. Der BFH hat diese Frage bisher ausdrücklich offengelassen (BFH 30.5.2006 – VII B 345/05, BFH/NV 2006, 1615).

Bei einer **KapGes** ist auf die Anteile am Stamm- bzw. Grundkapital abzustellen. Eigene 25 Anteile der Gesellschaft bleiben bei der Berechnung unberücksichtigt (BFH 24.9.1970 – IV R 138/69, BStBl. II 1971, 89).

Bei **PersGes** ist auf die Beteiligung am Gesamthandsvermögen abzustellen. Ausschlag- 26 gebend sind die gesellschaftsvertraglichen Regelungen bezüglich der Einlage und der Gewinnbeteiligung. Unterscheidet sich die Höhe des Gewinnanteils von der Höhe der Einlage, soll die Gewinnverteilung maßgebend sein, wobei ein Gewinnvoraus als Tätigkeitsvergütung nicht zu berücksichtigen sei (BFH 23.7.1959 – V 37/56 U, BStBl. III 1959, 377; HHSp § 74 Rn. 30). Da der Wortlaut allerdings eindeutig von der Beteiligung am Vermögen spricht, ist vorrangig auf den Anteil am Liquidationserlös abzustellen, dessen Höhe sich in der Vertragspraxis idR an den gesellschaftsvertraglichen Bestimmungen über die **Festkapitalkonten** (idR Kapitalkonto I) orientiert. Der Verzicht auf das Stimmrecht vermeidet ebenso wenig wie der Erwerb der Beteiligung ohne Stimmrecht eine Haftung (BFH 2.12.1950 – I 33/50 U, BStBl. III 1951, 16).

Stimmrecht. Der Anteil an der Gesellschaft muss nach der Rspr. nicht mit einem 27 Stimmrecht verbunden sein (BFH 2.12.1950 – I 33/50 U, BStBl. III 1951, 16). Dies ist bedenklich, denn gerade der Einfluss des Eigentümers auf die Unternehmensführung aufgrund seiner Beteiligung rechtfertigt neben der Überlassung der Gegenstände die Haftung für die fremde StSchuld. Ohne Stimmrecht kann der Eigentümer aber keinen Einfluss in dem Unternehmen ausüben (zweifelnd auch Klein § 74 Rn. 14).

Wirtschaftliches Eigentum. Anders als für die Frage des Eigentums an den dem 28 Unternehmen dienenden Gegenständen ist für die Beurteilung, ob eine wesentliche Beteiligung gegeben ist, auf die steuerliche Zurechnungsnorm des **§ 39 II** abzustellen. Der Anteil, den jemand als Treuhänder hält, ist daher dem Treugeber zuzurechnen (Schwarz/Pahlke/Keß § 74 Rn. 9). Weil die steuerliche Zurechnung ausschlaggebend ist, kann auch der atypisch stille Gesellschafter wesentlich Beteiligter sein, nicht jedoch der typisch stille Gesellschafter, da er keine Gesellschaftsrechte besitzt, die ihm Einfluss auf die Gesellschaft gewähren (HHSp § 74 Rn. 31).

II. Beherrschender Einfluss (Abs. 2 S. 2)

Nach S. 2 gilt auch derjenige als wesentlich beteiligt, der einen beherrschenden Einfluss 29 auf das Unternehmen ausübt, ohne iSd § 74 II 1 wesentlich beteiligt zu sein. Der beherrschende Einfluss kann auf persönlicher Überzeugungskraft, auf einem faktischen wirtschaftlichen Einfluss, auf verwandtschaftlichen Beziehungen oder einer politischen Stellung beruhen (BFH 22.11.2011 – VII R 67/10, BFH/NV 2012, 547; TK § 74 Rn. 13). Entscheidend ist, dass der Einfluss tatsächlich ausgeübt wird – allein die Möglichkeit der Einflussnahme reicht für die Haftung nicht aus (AEAO zu § 74 Nr. 4). Insb. ein (wichtiger) **Kreditgeber** kann so der Haftung ausgesetzt sein, weil er oft auf die Unternehmenspolitik und den Geldverkehr Einfluss nehmen (Adamek/Loose GmbHR 2001, 649) und dem

Unternehmen im Rahmen von Sicherungsübereignungen häufig Gegenstände von nicht untergeordneter Bedeutung überlassen wird. Auch bei Bestellung eines vorläufigen Insolvenzverwalters ohne Anordnung eines allgemeinen Verfügungsverbots bleibt der beherrschende Einfluss erhalten, weil trotz Zustimmungsvorbehalt die Verwaltungs- und Verfügungsbefugnis beim Schuldner verbleibt (BFH 23.5.2012 – VII R 29/10, BFH/NV 2012, 1924). Für eine Tatbestandsverwirklichung des § 74 II 2 ist ein aktiver Beitrag des Eigentümers erforderlich. Ein bloßes Unterlassen ist grundsätzlich nicht ausreichend. Daher kann (zB) die Weigerung, weitere Kredite zu gewähren, selbst wenn dies zur Abwendung einer Insolvenz geboten erscheint, eine Eigentümerhaftung nicht begründen (BFH 1.12.2015 – VII R 34/14, BStBl. II 2016, 375 Tz. 24; Gosch AO § 74 Rn. 15; Klein § 74 Rn. 16 und TK § 74 Rn. 14).

30 **Ursächlichkeit für den Steuerausfall.** Allein die tatsächliche Einflussnahme auf das Unternehmen reicht nicht aus, um den Eigentümer haften zu lassen. Die Einflussnahme muss darüber hinaus ursächlich dafür sein, dass fällige Betriebssteuern nicht entrichtet werden. Eine Mitverursachung reicht aus (Schwarz/Pahlke/Keß § 74 Rn. 12). Es kann allerdings nicht verlangt werden, dass der Eigentümer eigene Mittel zur Begleichung der StSchuld zur Verfügung stellt (Klein § 74 Rn. 16; TK § 74 Rn. 14).

D. Umfang der Haftung

32 Die Haftung ist insoweit eingeschränkt, als der Eigentümer der Gegenstände zwar persönlich haftet, die Haftung aber gegenständlich beschränkt ist. Sie erstreckt sich nur auf die dem Unternehmen zur Verfügung gestellten Gegenstände und zudem auf die Steuern, bei denen sich die Stpfl. auf den Betrieb des Unternehmens richtet (Bruschke BB 2020, 95). Erforderlich ist eine Betriebsbezogenheit der jeweiligen Steuer (→ Rn. 9). Diese ist für jede StArt gesondert zu ermitteln. Erfasst werden Steuern, die typischerweise bei einem Betrieb eines Unternehmens anfallen. Daher erstreckt sich die Haftung auf Gewerbe- und Umsatzsteuer sowie auf die Versicherungssteuer, die bei Versicherungsunternehmen anfällt (Gosch AO § 74 Rn. 16).

Den Steuern stehen nach § 74 I 3 die Ansprüche auf Erstattung von StVergütungen gleich. Die Haftung erstreckt sich auch auf Rückforderungsansprüche des FA bei zu Unrecht erstatteten Steuern (→ Rn. 21). Die Haftung erstreckt sich nur auf die reine Steuer und nicht auf die steuerlichen Nebenleistungen (→ Rn. 9).

Die Haftung erstreckt sich nur auf solche Betriebssteuern, die während des Bestehens der wesentlichen Beteiligung und der Überlassung der Gegenstände entstanden sind. Das bedeutet, dass sowohl die wesentliche Beteiligung als auch das Eigentum an den entsprechenden Gegenständen (nur) zum Zeitpunkt der Entstehung der rückständigen Betriebssteuer vorgelegen haben müssen.

33 Die Verwirklichung des Haftungstatbestandes wird durch nachträgliche Ereignisse nicht rückgängig gemacht. Deshalb lässt auch eine rückwirkende Schenkung des Gegenstands an einen Dritten die Haftung nicht entfallen. Nach zutreffender herrschender Meinung kann der Haftende auf Zahlung und nicht nur auf Duldung der Zwangsvollstreckung in die ihm gehörenden Gegenstände in Anspruch genommen werden (BFH 17.10.1985 – VII R 180/83, BFH/NV 1986, 314; Dusch DStR 2012, 1537 (1539)). Die dingliche Haftungsbeschränkung kommt erst dann zum Tragen, wenn der Haftungsschuldner die Zahlung verweigert, sodass die StSchuld im Wege der Zwangsvollstreckung durchgesetzt werden muss. Der Vollstreckungszugriff der FB ist auf die dem Unternehmen zur Betriebsführung überlassenen Gegenstände beschränkt. Sind die Gegenstände allerdings im Zeitpunkt der haftungsrechtlichen Inanspruchnahme dauerhaft nicht mehr vorhanden – zB durch einen Brand vernichtet, durch einen Dieb entwendet worden oder sonst abhanden gekommen –, so ist eine Haftung aufgrund der nicht mehr gegebenen Vollstreckungsmöglichkeit grundsätzlich ausgeschlossen. Erlangt der Eigentümer ein Surrogat (zB Veräußerungserlös, Scha-

densersatz, Tauschgegenstand), so erstreckt sich die Haftung gem. dem Rechtsgedanken aus § 285 BGB auf den erlangten Ersatz (dingliche Surrogation → Rn. 9, → Rn. 15).

E. Geltendmachung der Haftung; Verfahrensfragen

Die Haftung wird durch **Haftungsbescheid gem. § 191** geltend gemacht. Bei Erlass des Haftungsbescheids muss sich der Gegenstand zwar noch im Eigentum des Haftenden befinden. Er braucht dem Unternehmen aber nicht mehr zur Verfügung zu stehen. Auch kann der Eigentümer seine wesentliche Beteiligung bereits verloren haben. Die gegenständliche Beschränkung der Haftung hat sich klar aus dem Bescheid zu ergeben (FG Münster 8.10.1992 – 7 K 5455/90 U, EFG 1993, 423; FG Köln 9.12.1999 – 15 K 1756/91, EFG 2000, 203 (205); FG Hamburg 2.10.1980 – I 61/79, EFG 1981, 162). Die Gegenstände müssen nach einer Meinung daher im Bescheid ausdrücklich aufgeführt werden (FG Münster 8.10.1992 – 7 K 5455/90 U, EFG 1993, 423); mE ist dies – wie bei § 75 (→ § 75 Rn. 69) – nicht erforderlich. Trotz der gegenständlichen Beschränkung ist die Haftung auf die Zahlung eines Geldbetrags und nicht nur auf die Duldung der Zwangsvollstreckung gerichtet (FG Köln 9.12.1999 – 15 K 1756/91, EFG 2000, 203; FG Niedersachsen 24.9.1980 – VI 264/77, EFG 1981, 58; Adamek/Loose GmbHR 2001, 649). Eine unmittelbare Inanspruchnahme des Haftenden auf Zahlung ist dennoch nicht möglich, weil § 74 die Haftung auf den dem Unternehmen dienenden Gegenstand beschränkt. Verweigert der Haftende die Zahlung, kann der Anspruch allerdings nur durch die Zwangsvollstreckung in den Gegenstand durchgesetzt werden (HHSp § 74 Rn. 54). 34

Im Einspruchsverfahren gegen den Haftungsbescheid kann nicht wirksam geltend gemacht werden, dass der Wert des Gegenstandes höher sei als die geschuldete Steuer. Dies ist erst im Verfahren über die Zwangsvollstreckung zu beachten (BFH 24.11.1994 – VII E 7/94, BFH/NV 1995, 720; HHSp § 74 Rn. 52; krit. FG Köln 9.12.1999 – 15 K 1756/91, EFG 2000, 203; Adamek/Loose GmbHR 2001, 649).

Anders als bei § 69 haftet der Haftungsschuldner nach § 74 nicht nur auf die bei gleichmäßiger Befriedigung allen Gläubigern zukommende Quote. Im Gegensatz zu § 69 setzt § 74 nämlich kein Verschulden des Haftungsschuldners voraus (BFH 23.5.2012 – VII R 28/10, BStBl. II 2012, 763; BFH 8.7.2021 – VII R 29/19, BFH/NV 2022, 148; FG Münster 15.9.2009 – 2 K 32/09 U, EFG 2010, 287; TK § 74 Rn. 18). 35

Die Voraussetzungen der Haftung brauchen im Augenblick der Geltendmachung nicht mehr vorzuliegen, insb. muss der Gegenstand dem Unternehmen nicht mehr dienen oder gar noch vorhanden sein, denn die Haftung ist bereits durch Tatbestandsverwirklichung entstanden (BFH 22.11.2011 – VII R 63/10, BStBl. II 2012, 223; FG Niedersachsen 24.9.1980 – VI 264/77, EFG 1981, 58; FG Köln 17.9.1997 – 6 K 5459/91, EFG 1998, 162). Eine Inanspruchnahme nach Wegfall der haftungsbegründenden Tatbestandsmerkmale kann allerdings ermessensfehlerhaft sein (SP § 74 Rn. 17). 36

Der Erlass eines Haftungsbescheids kann unabhängig davon erfolgen, ob der dem Unternehmen dienende Gegenstand zum Zeitpunkt des Erlasses des Haftungsbescheids pfändbar ist. Es reicht aus, dass in der Zukunft eine Vollstreckungsmöglichkeit in diesen Gegenstand eröffnet sein kann. Bei dauerhaft auf Dauer unpfändbaren Gegenständen wäre der Erlass eines Haftungsbescheids allerdings ermessensfehlerhaft. 37

§ 75 Haftung des Betriebsübernehmers

(1) [1]**Wird ein Unternehmen oder ein in der Gliederung eines Unternehmens gesondert geführter Betrieb im Ganzen übereignet, so haftet der Erwerber für Steuern, bei denen sich die Steuerpflicht auf den Betrieb des Unternehmens gründet, und für Steuerabzugsbeträge, vorausgesetzt, dass die Steuern seit dem Beginn des letzten, vor der Übereignung liegenden Kalenderjahrs entstanden sind**

und bis zum Ablauf von einem Jahr nach Anmeldung des Betriebs durch den Erwerber festgesetzt oder angemeldet werden. [2]Die Haftung beschränkt sich auf den Bestand des übernommenen Vermögens. [3]Den Steuern stehen die Ansprüche auf Erstattung von Steuervergütungen gleich.

(2) **Absatz 1 gilt nicht für Erwerbe aus einer Insolvenzmasse und für Erwerbe im Vollstreckungsverfahren.**

Schrifttum: Brune, Die steuerliche Haftung beim Unternehmenserwerb, Köln 1990; Pump, Die Unbedenklichkeitsbescheinigung – eine Möglichkeit zur Vermeidung der Haftung gem. § 75 AO, StBp 1990, 65; Mösbauer, Übereignung eines Unternehmens oder eines in der Gliederung eines Unternehmens gesondert geführten Betriebes als Voraussetzung der Betriebsübernehmerhaftung nach § 75 AO, DStZ 1995, 481; Mösbauer, Zur sachlichen, zeitlichen und gegenständlichen Beschränkung der Haftung des Betriebsübernehmers nach § 75 AO, DStZ 1995, 705; Urban, Haftungsbefreiung gem. § 75 Abs. 2 AO auch bei Unternehmenserwerb vom Sequester?, FR 1988, 631; Urban, Nochmals: Haftungsbefreiung gem. § 75 AO auch bei Betriebsübernahme vom Sequester oder dem vorläufigen Insolvenzverwalter?, FR 1998, 647; Klein, Steuerliche Haftungsrisiken beim Immobilienerwerb, DStR 2005, 1753; Nacke, Die Haftung für Steuerschulden, Köln 2017; Bruschke, Die Haftung nach § 75 AO: Risiken einer Betriebsübernahme (Teil I), BB 2019, 2074;, Bruschke, Die Haftung nach § 75 AO: Risiken einer Betriebsübernahme (Teil II), BB 2019, 2139.

Übersicht

A. Allgemeines

1 **Regelungszweck.** Die Vorschrift des § 75 soll verhindern, dass die in einem Unternehmen als solchem liegenden Sicherheiten für die sich auf einen Betrieb gründenden StSchulden durch die Übertragung des Unternehmens für den StGläubiger verloren gehen (BFH 27.5.1986 – VII R 183/83, BStBl. II 1986, 654). Die Haftung des Betriebsübernehmers rechtfertigt sich aber nicht allein aus der Übernahme der betrieblichen Gegenstände, die dem StGläubiger als Sicherheit dienen sollen. Vielmehr ist der eigentliche **Haftungsgrund** in dem Übergang der wirtschaftlichen Kraft, die das Unternehmen als lebender Organismus repräsentiert, zu sehen (TK § 75 Rn. 1). Der Erwerber wird mit der Übernahme eines Unternehmens in die Lage versetzt, Gewinne und Vorteile zu erzielen, die es ihm ermöglichen, die rückständigen Steuern zu begleichen (HHSp § 75 Rn. 11). Die systematische Struktur – speziell zur Haftung des Betriebsübernehmers – war nicht Gegenstand der redaktionellen Bereinigungen durch das JStG 2024.

2 Der Erwerber haftet zwar **persönlich,** die Haftung ist aber auf den Bestand des übernommenen Vermögens beschränkt. Dabei hat der Erwerber nur für Betriebssteuern einzustehen. Die Haftung wird allein durch objektive Tatbestandsmerkmale bestimmt, ist also verschuldensunabhängig (BFH 5.10.2004 – VII R 76/03, BStBl. II 2006, 3), aber sachbezogen (TK § 75 Rn. 3).

Haftungsschuldner ist der Erwerber des Unternehmens. Als **Erwerber** kommen natürliche und juristische Personen in Betracht, die am Rechtsverkehr teilnehmen und dementsprechend Unternehmen erwerben können. Auch Kapital- oder Personengesellschaften können Haftungsschuldner iSv § 75 sein (Gosch AO § 75 Rn. 6). Erwerber ist, wem die für das Unternehmen oder den Betrieb wesentlichen Wirtschaftsgüter iSd § 39 zuzurechnen sind. Da § 75 die Haftung kraft Gesetzes begründet, haften die Gesellschafter einer PersGes gesamthänderisch: Wird das Unternehmen oder der Betrieb an eine Gesamthands- und Bruchteilsgemeinschaft übereignet, so gilt jedes Mitglied als Erwerber und haftet gesamtschuldnerisch (BFH 12.1.2011 – XI R 11/08, BStBl. II 2011, 477). Dennoch gelten für diese Gesellschafter die Haftungsbeschränkungen der § 75 I und Abs. 2. Auch der nicht rechtsfähige Verein kann im StRecht Träger von Rechten und Pflichten sein und ist daher tauglicher Haftender iSv § 75 (TK § 75 Rn. 33). Der Erwerb durch die Alleingesellschafterin und Geschäftsführerin einer GmbH steht dem Erwerb durch die Gesellschaft nicht gleich, da zivil- wie steuerrechtlich verschiedene Rechtssubjekte vorliegen (BFH 16.3.1982 – VII R 105/79, BStBl. II 1982, 483). 3

Systematische Stellung/Verhältnis zu anderen Regelungen. Die Vorschrift ergänzt § 25 HGB (Klein § 75 Rn. 3). § 25 HGH setzt – anders als § 75 (→ Rn. 5 ff.) – ein bestehendes Handelsgewerbe voraus und begründet eine Haftung für „alle im Betrieb des Geschäfts begründeten Verbindlichkeiten des früheren Inhabers". Ob und in welchem Umfang dies weiter geht als die Haftung nach § 75, ist unklar (offen gelassen in BFH 6.4.2016 – I R 19/14, BFH/NV 2016, 1491). Die Haftung erstreckt sich jedenfalls nicht auf die KSt als Personensteuer: Die KSt knüpft nicht – wie die USt und die GewSt – an den Betrieb an, sondern bezieht sich auf das gesamte von der KapGes erzielte steuerpflichtige Einkommen (§ 8 I, II KStG; BFH 6.4.2016 – I R 19/14, BFH/NV 2016, 1491 und → Rn. 41). Gesichtspunkte einer Rechtsscheinhaftung, die bei § 25 HGB in der Voraussetzung einer Fortführung des Unternehmens unter der bisherigen Firma enthalten sind, sind für § 75 nicht von Bedeutung. § 25 HGB ist somit – anders als § 75 – als eine besondere Art der Rechtsscheinhaftung ausgestaltet (FG Münster 12.3.2009 – 8 K 2496/06, EFG 2009, 989; FG Münster 1.7.2010 – 3 K 2689/06 U, EFG 2010, 2062). Zur Durchsetzung des Haftungsanspruchs bedarf es der Festsetzung der Haftungsschuld durch einen Haftungsbescheid und einer an den Haftungsschuldner zu richtenden Zahlungsaufforderung (→ Rn. 69 f.). Verhältnis zu § 1 Ia UStG: Vor dem Hintergrund, dass der Erwerber aufgrund einer Geschäftsveräußerung im Ganzen nicht Gesamtrechtsnachfolger des Veräußerers wird, sind in einem solchen Fall stets die Voraussetzungen des § 75 zu prüfen. Liegt danach auch eine Betriebsübernahme vor, so könnte der Erwerber insoweit sekundär für Betriebssteuern (unter anderem für die USt), für die noch der Veräußerer StSchuldner ist, in Haftung genommen werden. 4

B. Haftung des Erwerbers (Abs. 1)

I. Voraussetzungen der Haftung (Abs. 1 S. 1)

1. Unternehmen

Der BFH legt den Begriff des Unternehmens sehr weit aus. Nach dieser Definition ist jede organische Zusammenfassung von Einrichtungen und dauernden Maßnahmen, die einem Unternehmen dienen oder zumindest seine wesentlichen Grundlagen ausmachen, ein Unternehmen iSd § 75 (BFH 11.5.1993 – VII R 86/92, BStBl. II 1993, 700). Bei der Auslegung kann man sich am umsatzsteuerlichen Unternehmensbegriff orientieren; der Begriff iSd § 75 ist identisch mit dem Unternehmensbegriff des § 2 I UStG (BFH 12.1.2011 – XI R 11/08, BStBl. II 2011, 477; BFH 7.3.1996 – VII B 242/95, BFH/NV 1996, 726; → Rn. 4). Daher kann neben dem Erwerb gewerblicher Unternehmen auch der Erwerb land- und forstwirtschaftlicher sowie freiberuflicher Unternehmen eine Haf- 5 tung begründen (HHSp § 75 Rn. 24). Zwar existiert bei einer freien Berufsausübung ggf. keine organisatorische Zusammenfassung von persönlichen und sächlichen Mitteln wie bei einem Gewerbebetrieb, weil manche freien Berufsträger ohne besondere Einrichtungen, die ihrer Tätigkeit dienen, auskommen. Es reicht aber bereits die Existenz eines festen Patienten- oder Mandantenstamms, dessen Übernahme die Haftung des Erwerbers auslöst (FG Saarland 13.8.2001 – 1 K 123/00, EFG 2001, 1582: Mandantenstamm eines StBeraters). Auch der Erwerb eines umsatzsteuerpflichtig **vermieteten Grundstücks** soll nach der Rspr. unter § 75 fallen (BFH 12.1.2011 – XI R 11/08, BStBl. II 2011, 477; BFH 11.5.1993 – VII R 86/92, BStBl. II 1993, 700; BFH 7.3.1996 – VII B 242/95, BFH/NV 1996, 726; Nacke Rn. 310; TK § 75 Rn. 6; Klein DStR 2005, 1753).

6 **Definition des Unternehmens.** Das Vorhandensein von besonderen Einrichtungen, die nach der Verkehrsauffassung auf eine **betriebliche Organisation** hindeuten, ist keine zwingende Voraussetzung für ein Unternehmen (BFH 7.3.1996 – VII B 242/95, BFH/NV 1996, 726; Klein § 75 Rn. 9; TK § 75 Rn. 5; HHSp § 75 Rn. 22; aA Brune DStZ 1992, 135; Mösbauer DStZ 1995, 481). Somit kann ein Mindestmaß an einem Vorhandensein von sachlichen und persönlichen Mitteln nicht gefordert werden (Klein § 75 Rn. 9). Diese weite Auslegung des Unternehmensbegriffs lässt sich mit dem Grund der Haftung rechtfertigen, da der Erwerber die wirtschaftliche Kraft des übernommenen Unternehmens erhält, die ihm die Zahlung der Haftungsschuld ermöglicht (TK § 75 Rn. 5). Daher kann auch eine wirtschaftliche Einheit, die ohne sächliche Betriebsmittel (zB Maschinen, Grundstücke, Praxiseinrichtung) oder immaterielle Wirtschaftsgüter (zB fester Kundenstamm, spezielles Know-how, eingespielter Mitarbeiterstamm) auskommt, ein Unternehmen im haftungsrechtlichen Sinne sein, solange die übernommene Einheit grds. geeignet ist, dem Erwerber ausreichende wirtschaftliche Kraft zu vermitteln. Fehlt es an dieser Voraussetzung, kann im Einzelfall auch bei Vorhandensein von betrieblichen Einrichtungen der Begriff des Unternehmens nicht erfüllt sein (BFH 7.3.1996 – VII B 242/95, BFH/NV 1996, 726).

2. Gesondert geführter Betrieb

9 Die Haftung greift auch ein, wenn ein in der Gliederung eines Unternehmens gesondert geführter Betrieb erworben wird. Ein gesondert geführter Betrieb setzt einen mit einer gewissen Selbständigkeit ausgestatteten, organisch geschlossenen Teil des gesamten Unternehmens, der für sich **allein lebensfähig** ist, voraus (BFH 13.2.1996 – VIII R 39/92, BStBl. II 1996, 409). Die Tätigkeit dieses Teils muss sich deutlich von der übrigen Tätigkeit des Unternehmens abheben (Klein § 75 Rn. 11). Der Begriff des gesondert geführten Betriebs entspricht der Teilbetriebsdefinition des § 16 EStG (BFH 19.11.1985 – VII R 189/83, BFH/NV 1987, 275).

10 **Begriff des Teilbetriebs.** Für die Beurteilung, ob ein gesondert geführter Betrieb vorliegt, ist auf das Gesamtbild der Verhältnisse abzustellen (BFH 15.3.1984 – IV R 189/81, BStBl. II 1984, 486). Orientiert am Einzelfall kann den verschiedenen Merkmalen eine unterschiedliche Bedeutung zukommen (BFH 12.2.1992 – XI R 21/90, BFH/NV 1992, 516). Für einen gesondert geführten Betrieb spricht die Einrichtung einer getrennten Buchführung, eine selbständige Geschäftsführung, die räumliche Trennung von dem übrigen Unternehmen, ein eigener Kundenstamm und das eigenständige Auftreten am Markt. Jedoch spricht auch eine gemeinsame Buchführung nicht gegen das Vorliegen eines gesondert geführten Betriebs (BFH 24.8.1989 – IV R 120/88, BStBl. II 1990, 55). Ebenso führt eine räumliche Trennung nicht automatisch zu einem gesondert geführten Betrieb, sodass die **Filiale eines Einzelhandelsunternehmens** kein gesondert geführter Betrieb ist, wenn das leitende Personal der Filiale nicht beim Wareneinkauf und der Preisgestaltung von der Zentrale unabhängig ist (BFH 12.9.1979 – I R 146/76, BStBl. II 1980, 51; BFH 12.2.1992 – XI R 21/90, BFH/NV 1992, 516). Weitere Beispiele für Teilbetriebe sind:

– der Vermittlungsbetrieb eines Unternehmens der eisenverarbeitenden Industrie,
– eine Brauerei und eine räumlich davon getrennte Gaststätte,

– ein Hotel und die Vermietung von Ferienwohnungen (BFH 23.11.1988 – X R 1/86, BStBl. II 1989, 376),
– ein Bauernhof mit Milchwirtschaft,
– eine Käserei, ein Pharmahandel und eine Spedition,
– das Reisebüro eines Zeitungsunternehmens oder einer Reederei,
– das Kaffeegeschäft einer Kaffeerösterei.

Ein Betrieb iSd § 75 I kann auch vorliegen, wenn eine Reederei mehrere Schiffe eines Typs und die dazugehörigen Verbindungen veräußert (zB Trampreederei mit zehn Trockenfrachtern und zwei Tankern). § 75 I findet auch Anwendung, wenn ein Spediteur, der mit eigenen Lastzügen als Frachtführer tätig ist, die Lastzüge an verschiedene Erwerber veräußert, um künftig nur noch als Spediteur tätig zu sein (TK § 75 Rn. 9). Bei einem Güterverkehrsunternehmen lassen sich die Sparten Nah- und Fernverkehr nicht ohne Weiteres als selbständig geführte Betriebe ansehen (BFH 20.2.1974 – I R 127/71, BStBl. II 1974, 357: Betreibt ein Stpfl. im Rahmen seines Unternehmens den Güternahverkehr und den Güterfernverkehr, so können zwei Teilbetriebe nur dann vorliegen, wenn beide Verkehrsarten nicht nur als Geschäftszweige des einheitlichen Unternehmens betrieben werden, sondern auch innerhalb dieses einheitlichen Unternehmens mit einer gewissen Selbständigkeit ausgestattet sind (wohl weitergehend: FG Hamburg 3.2.1984 – VI 132/81, EFG 1985, 22).

Nicht ausreichend ist die Übertragung einer bloßen Beteiligung an einer KapGes, auch nicht eine zu 100 %. Denn die in § 16 I 1 Nr. 1 S. 2 EStG enthaltene Fiktion ist nicht auf § 75 übertragbar (BFH 15.9.1988 – IV R 75/87, BStBl. II 1991, 624).

Entscheidend ist jedoch, dass die Merkmale in der **Person des Veräußerers** und nicht 11
in der des Erwerbers vorliegen (BFH 13.2.1996 – VIII R 39/92, BStBl. II 1996, 409). Der Erwerber muss in der Lage sein, kurzfristig und ohne größere Investitionen mit dem Betrieb selbständig wirtschaften zu können (BFH 3.10.1984 – I R 119/81, BStBl. II 1985, 245; Gosch AO § 75 Rn. 10).

3. Lebendes Unternehmen

Es muss ein lebendes Unternehmen übertragen werden (BFH 11.5.1993 – VII R 86/92, 14
BStBl. II 1993, 700), weil Haftungsgrund nicht die reine Vermögensübernahme ist, sondern die Haftung sich daraus rechtfertigt, dass der Erwerber sich die wirtschaftliche Ertragskraft des erworbenen Unternehmens aneignet, die es ihm ermöglicht, Gewinne zu erzielen, mit denen die rückständigen Steuern bezahlt werden können (HHSp § 75 Rn. 35). Zum Zeitpunkt der Übertragung (BFH 7.11.2002 – VII R 11/01, BStBl. II 2003, 226) muss das Unternehmen so beschaffen sein, dass der Erwerber es in der bisherigen Art ohne nennenswerte zusätzliche Aufwendungen fortführen kann (TK § 75 Rn. 10).

Lebendes Unternehmen. Ein lebendes Unternehmen wird übertragen, wenn es dem 15
Erwerber möglich ist, das Unternehmen ohne nennenswerten finanziellen Aufwand fortzuführen (BFH 12.1.2011 – XI R 11/08, BStBl. II 2011, 477; BFH 7.11.2002 – VII R 11/01, BStBl. II 2003, 226). Ob er das Unternehmen tatsächlich selbst fortführt, ist jedoch nicht entscheidend. Daher greift die Haftung auch ein, wenn das Unternehmen nach dem Übergang lediglich verpachtet (BFH 4.2.1974 – IV R 172/70, BStBl. II 1974, 434) oder weiterveräußert wird (BFH 10.12.1991 – VII R 57/89, BFH/NV 1992, 712). Ausreichend ist, dass der Erwerber das Unternehmen ohne größere Investitionen fortführen könnte, wenn er dies wollte (BFH 7.11.2002 – VII R 11/01, BStBl. II 2003, 226). Ein zwischenzeitlich verkleinertes, ein in finanziellen Schwierigkeiten befindliches Unternehmen (bzw. ein Betriebsteil) oder ein überschuldetes oder gar zahlungsunfähiges Unternehmen kann im Einzelfall noch ein lebendes Unternehmen sein und fortgesetzt werden, wenn es zum Zeitpunkt der Übertragung lebensfähig war (BFH 9.7.1985 – VII R 127/80, BFH/NV 1986, 65; BFH 10.12.1991 – VII R 57/89, BFH/NV 1992, 712). An der Identität des Unternehmens kann es fehlen, wenn der Unternehmer sein Unternehmen auf einen Kernbestand reduziert und nur diesen – nicht mehr identischen Kernbestand – an einen

Erwerber übereignet (BFH 12.1.2011 – XI R 11/08, BStBl. II 2011, 477). Kann der Erwerber das Unternehmen ohne größere Schwierigkeiten und – in Relation zum erwartbaren Gewinn – größere Investitionen wieder in Gang setzen, ist zu vermuten, dass das Unternehmen trotz der Stilllegung seinen Charakter als lebender fortsetzbarer Organismus nicht verloren hat (BFH 9.7.1985 – VII R 127/80, BFH/NV 1986, 65; FG Baden-Württemberg 27.2.2002 – 2 K 170/99, EFG 2002, 734).

16 **Einstellen des Betriebs.** Selbst im Falle der Stilllegung des Unternehmens aus Konkurrenzgründen bleibt die Haftung bestehen (BFH 10.12.1991 – VII R 57/89, BFH/NV 1992, 712), weil sich der Erwerber die wirtschaftliche Kraft des Unternehmens dadurch aneignet, dass er die Ertragskraft seines bisherigen Betriebs stärkt oder sichert. Allerdings stellt die Einstellung des Unternehmens nach der Übernahme ein Indiz für die fehlende Wirtschaftskraft dar (TK § 75 Rn. 10). Der Erwerb des Unternehmens, um sich aus der Verwertung des Betriebsvermögens als Sicherungseigentümer oder Pfandgläubiger zu befriedigen, lässt die Haftung dagegen entfallen (BFH 30.8.1962 – V 32/60 U, BStBl. III 1962, 455; HHSp § 75 Rn. 38).

17 **Kurzfristiges Ruhen.** Wird ein bereits stillliegendes Unternehmen erworben, so schließt dies die Haftung nicht aus, zumindest, wenn es sich nur um ein kurzfristiges Ruhen handelt (BFH 10.12.1991 – VII R 57/89, BFH/NV 1992, 712). Ruht das Unternehmen jedoch schon eine längere Zeit (zB mehrere Monate), entfällt idR die Haftung (Klein § 75 Rn. 28; TK § 75 Rn. 17). Entscheidend ist, ob der Betrieb durch die Stilllegung seinen Charakter als lebendes Unternehmen verloren hat oder ob es der Erwerber ohne größere Schwierigkeiten wieder in Gang setzen kann (BFH 28.11.1973 – I R 129/71, BStBl. II 1974, 145).

18 **Investitionen durch Erwerber.** Sind dagegen erhebliche finanzielle Investitionen notwendig, um das Unternehmen fortführen zu können, entfällt die Haftung nach § 75 (BFH 11.5.1993 – VII R 86/92, BStBl. II 1993, 700; BFH 13.1.1987 – VII R 47/85, BFH/NV 1988, 1). Daher tritt die Haftung nicht ein, wenn zB Gebäude unter erheblichem finanziellem Aufwand wieder instandgesetzt werden müssen (BFH 13.1.1987 – VII R 47/85, BFH/NV 1988, 1) oder das zur Führung des Betriebs notwendige Inventar zunächst wieder angeschafft werden muss (BFH 2.6.1987 – VII R 107/84, BFH/NV 1988, 140).

19 **Insolvenzverfahren.** Wird die Eröffnung des Insolvenzverfahrens mangels Masse abgelehnt, stellt dies zwar ein Indiz dafür dar, dass kein lebendes Unternehmen erworben wurde. Die Haftung ist dadurch aber nicht zwangsläufig ausgeschlossen (BFH 22.9.1992 – VII R 73–74/91, BFH/NV 1993, 215). Trotz Ablehnung des Insolvenzantrags mangels Masse kann ein lebendes Unternehmen vorliegen, wenn der Erwerber es ohne größere Investitionen weiter betreiben kann (BFH 12.3.1985 – VII R 140/81, BFH/NV 1986, 62). Gehören dagegen wesentliche Teile des verwertbaren Vermögens nicht mehr zum Unternehmen, entfällt eine Haftung nach § 75 (BFH 8.7.1982 – V R 138/81, BStBl. II 1983, 282). Die Überschuldung des Unternehmens (BFH 10.12.1991 – VII R 57/89, BFH/NV 1992, 712) oder die Tatsache, dass der Veräußerer dieses nur mit Verlust betrieben hat (Klein § 75 Rn. 29), steht der Haftung nicht entgegen.

4. Übereignung im Ganzen

23 Der BFH definiert die Übereignung im Ganzen als Übergang des gesamten lebenden Unternehmens, dh der durch das Unternehmen repräsentierten organischen Zusammenfassung von Einrichtungen und dauernden Maßnahmen, die dem Unternehmen dienen oder mindestens seine wesentlichen Grundlagen ausmachen, sodass der Erwerber das Unternehmen ohne nennenswerte finanzielle Aufwendungen fortführen kann (BFH 7.11.2002 – VII R 11/01, BStBl. II 2003, 226; BFH 11.5.1993 – VII R 86/92, BStBl. II 1993, 700 mwN).

a) Wesentliche Grundlagen. Der Erwerber haftet nur, wenn er alle wesentlichen Grundlagen des Unternehmens oder des Teilbetriebs übernimmt (BFH 30.6.2008 – VIII B 184/07, BeckRS 2008, 25013781). Werden einzelne unbedeutende Gegenstände zurückbehalten, ist dies unerheblich (BFH 2.6.1987 – VII R 107/84, BFH/NV 1988, 140). Ob alle wesentlichen Betriebsgrundlagen übertragen wurden, ist **einzelfallbezogen** zu überprüfen (BFH 25.11.1965 – V 173/63 U, BStBl. III 1966, 333) und entzieht sich einer allgemeinen Bestimmung. Die Auslegung hat sich am **Haftungsgrund** zu orientieren: Hat sich der Erwerber durch die Übereignung die wirtschaftliche Kraft des Unternehmens angeeignet, mittels der er die rückständigen Steuern bezahlen kann, spricht dies für die Übertragung aller wesentlichen Betriebsgrundlagen (Klein § 75 Rn. 16). Maßgebender Zeitpunkt für die Frage, ob die wesentlichen Grundlagen eines Unternehmens auf den Erwerber übergegangen sind, ist derjenige der Übereignung (BFH 7.11.2002 – VII R 11/01, BStBl. II 2003, 226; BFH 21.2.1989 – VII R 164/85, BFH/NV 1989, 617; Klein § 75 Rn. 15a). 24

Einzelfälle. Zu den wesentlichen Grundlagen können gehören: die Produktionsmittel bei Industrieunternehmen (BFH 19.1.1983 – I R 57/79, BStBl. II 1983, 312), das Warenlager (BFH 9.7.1985 – VII R 126/80, BFH/NV 1986, 65), der Kundenstamm (BFH 7.11.2002 – VII R 11/01, BStBl. II 2003, 226; BFH 22.9.1992 – VII R 73–74/91, BFH/NV 1993, 215), Patente, Erfahrungen, Geheimnisse (BFH 27.11.1979 – VII R 12/79, BStBl. II 1980, 258), das Geschäftsgrundstück (BFH 25.11.1965 – V 173/63 U, BStBl. III 1966, 333), das Inventar einer Gaststätte (BFH 2.6.1987 – VII R 107/84, BFH/NV 1988, 140), Verträge mit Automobilherstellern bei Kfz-Vertragswerkstätten (BFH 27.5.1986 – VII R 183/83, BStBl. II 1986, 654), Miet- und Pachtvertrag über die Geschäftsräume (BFH 6.11.1990 – VII R 81/88, BFH/NV 1991, 718) und der Mitarbeiterstamm (BFH 10.12.1991 – VII R 57/89, BFH/NV 1992, 712). 25

Dagegen müssen die **Forderungen und Verbindlichkeiten** des Unternehmens nicht übernommen werden, weil diese nicht zur Fortführung notwendig sind (FG Baden-Württemberg 31.8.1994 – 12 K 96/91, EFG 1995, 146). Ebenso wenig kommt es für die Haftung darauf an, ob der Erwerber das Unternehmen tatsächlich selbst betreibt oder nur verpachtet (BFH 4.2.1974 – IV R 172/70, BStBl. II 1974, 434). Auch die **eingeschränkte Fortführung** ist unschädlich, sodass die Haftung nicht entfällt, wenn bei einem Groß- und Einzelhandel für Radio-, Fernseh- und Elektrogeräte die angeschlossene Reparaturwerkstatt verkauft wird, soweit der Handel den Schwerpunkt des Unternehmens bildet (BFH 10.12.1991 – VII R 57/89, BFH/NV 1992, 712). 26

b) Übereignen. Der Begriff „übereignen“ ist nicht im zivilrechtlichen Sinne zu verstehen (BFH 27.11.1979 – VII R 12/79, BStBl. II 1980, 258). Es kommt darauf an, dass der Erwerber wirtschaftlich betrachtet eine **eigentümerähnliche Herrschaftsposition** über die wesentlichen Grundlagen des Unternehmens erhält (BFH 18.3.1986 – VII R 146/81, BStBl. II 1986, 589). Dies zeigt sich insb. bei den wesentlichen Grundlagen des Unternehmens, die nicht im bürgerlich-rechtlichen Sinne übertragen werden können, wie Erfahrungen und Geheimnisse, Beziehungen zu Kunden und Lieferanten. Hier reicht eine entsprechende eigentümerähnliche Stellung des Erwerbers aus (Nacke Rn. 314). Daher reicht zB auch der Erwerb unter Eigentumsvorbehalt aus (→ Rn. 32). 29

Bürgerlich-rechtliche Übertragung. Gehören zu den wesentlichen Grundlagen des Unternehmens dagegen bürgerlich-rechtlich übertragbare Wirtschaftsgüter wie bewegliche Sachen und Grundstücke, die im Eigentum des Veräußerers stehen, so muss eine Übereignung im zivilrechtlichen Sinne erfolgen (BFH 18.3.1986 – VII R 146/81, BStBl. II 1986, 589). Es ist nicht ausreichend, dass diese Gegenstände lediglich vermietet oder verpachtet werden. Eine Übereignung im Ganzen ist bürgerlich-rechtlich nicht möglich (TK § 75 Rn. 16; Klein § 75 Rn. 18; Nacke Rn. 314). Vielmehr müssen bewegliche Gegenstände einzeln durch Einigung und Übergabe, jedes Grundstück durch Auflassung und Eintragung im Grundbuch und jedes einzelne Recht durch Abtretung übertragen werden (HHSp § 75 Rn. 42). Dies ist für § 75 aber auch ausreichend. 30

31 **Übernahme des Miet- bzw. Pachtvertrags.** Ein Unternehmen, das in gemieteten oder gepachteten Räumen betrieben wird, ist iSd § 75 erst übertragen, wenn der Erwerber unter Mitwirkung des Veräußerers den Miet- bzw. Pachtvertrag abschließt (BFH 6.11.1990 – VII R 81/88, BFH/NV 1991, 718). Dabei muss der Erwerber an dem Abschluss des Miet- bzw. Pachtvertrags zwischen Grundstückseigentümer und Erwerber zwar tatsächlich mitwirken; ausreichend kann aber auch die Vermittlung oder Billigung des Neuabschlusses sein (BFH 21.2.1989 – VII R 164/85, BFH/NV 1989, 617; BFH 9.7.1985 – VII R 126/80, BFH/NV 1986, 65). Allein der Verzicht auf seine Rechte aus dem Miet- bzw. Pachtvertrag genügt dagegen nicht (BFH 5.2.1985 – VII R 109/79, BFH/NV 1985, 2). Die Haftung ist auch ausgeschlossen, wenn das unternehmerisch genutzte Grundstück einer dem Erwerber nahestehenden Person gehört und diese dem Erwerber das Grundstück überlässt (BFH 10.12.1991 – VII R 57/89, BFH/NV 1992, 712).

32 **Sicherungseigentum und Eigentumsvorbehalt.** Stehen wesentliche Grundlagen des Unternehmens im Sicherungseigentum eines Dritten, so reicht es aus, dass der Erwerber in die wirtschaftliche Position des Sicherungsgebers einrückt (BFH 22.9.1992 – VII R 73–74/91, BFH/NV 1993, 215). Gleiches gilt für den Fall, dass wesentliche Grundlagen unter Eigentumsvorbehalt stehen. Zwar ist der Veräußerer nicht zivilrechtlicher Eigentümer der Gegenstände. Dennoch liegt eine Übereignung iSd § 75 vor, wenn dem Erwerber das Anwartschaftsrecht vermittelt wird (BFH 19.1.1988 – VII R 74/85, BFH/NV 1988, 479). In beiden Fällen nimmt der Erwerber die wirtschaftliche Stellung des Veräußerers ein, sodass die Haftung gerechtfertigt ist (Schwarz/Pahlke/Keß § 75 Rn. 27).

Erwerb von verschiedenen Personen. Werden die wesentlichen Grundlagen (teilweise) direkt vom Sicherungseigentümer und vom Vorbehaltseigentümer erworben, entfällt die Haftung, weil das Unternehmen nicht von einer Hand in die Hand eines anderen übergegangen ist, da der Erwerb von verschiedenen Personen erfolgte (BFH 24.2.1987 – VII R 163/84, BFH/NV 1987, 750).

33 **Keine Übereignung** liegt hingegen vor, wenn lediglich ein Treuhänder bestellt, das Unternehmen nur zur Sicherheit übereignet oder ein Pacht- bzw. Beherrschungsvertrag abgeschlossen wird (Nacke Rn. 317).

34 **Unternehmensnießbrauch.** Ob die Einräumung eines (Unternehmens-)Nießbrauchs als Übereignung angesehen werden kann, ist umstritten. Ein Teil der Literatur will die Nießbrauchseinräumung nicht genügen lassen (HHSp § 75 Rn. 53). Es ist aber zu bedenken, dass sich der Nießbraucher die wirtschaftliche Kraft des Unternehmens aneignet, vermöge dessen er die rückständigen Steuern zahlen kann. Da dies der rechtfertigende Grund für die Haftung nach § 75 ist, muss die Nießbrauchseinräumung für die Haftung genügen (glA TK § 75 Rn. 29). Dem steht auch nicht entgegen, dass dem Nießbraucher das Unternehmen im zivilrechtlichen Sinne nicht übertragen wird, weil der Begriff der Übereignung im wirtschaftlichen Sinne zu verstehen ist.

35 **Übereignung an den Erwerber.** Die Haftung setzt weiterhin voraus, dass das Eigentum an dem Unternehmen bzw. dem Teilbetrieb vom Veräußerer auf den Erwerber übertragen wird. Daher reicht die Übereignung wesentlicher Grundlagen an einen Dritten nicht aus, selbst wenn der Dritte dem Erwerber das Vermögen zur Nutzung überlässt (BFH 3.5.1994 – VII B 265/93, BFH/NV 1994, 762). Kauft zB eine GmbH das Unternehmen, wird ein Betriebsgrundstück jedoch an den Gesellschafter-Geschäftsführer übertragen, der das Grundstück der GmbH zur Nutzung überlässt, scheidet die Haftung nach § 75 aus (BFH 16.3.1982 – VII R 105/79, BStBl. II 1982, 483). Der Erwerb eines Unternehmens von mehreren Personen zu Miteigentum nach Bruchteilen löst eine Haftung aus, weil die Erwerber gemeinsam den Tatbestand des § 75 verwirklichen (BFH 12.1.2011 – XI R 11/08, BStBl. II 2011, 477; Marsfeld StBW 2011, 493).

36 **Eine Übereignung in mehreren Akten** schließt die Haftung nicht aus, wenn die einzelnen Veräußerungsvorgänge wirtschaftlich zusammenhängen und auf die Übertragung des Unternehmens im Ganzen gerichtet sind. Die Übereignung ist jedoch erst mit dem

letzten Übertragungsakt abgeschlossen, sodass die maßgebenden Zeiträume auf diesen Zeitpunkt zu berechnen sind (BFH 19.5.1998 – VII B 281/97, BFH/NV 1999, 4).

Erbfall. Der Übergang eines Unternehmens im Erbfall löst keine Haftung nach § 75 aus (HHSp § 75 Rn. 56). 37

Eine **mehrmalige Übereignung desselben Unternehmens** schließt die Haftung nicht aus. Die Haftung ist nicht an die Person des Eigentümers oder Unternehmers, sondern – sachbezogen (→ Rn. 2) – an den Erwerb des Unternehmens geknüpft (BFH 14.5.1970 – V R 117/66, BStBl. II 1970, 676; BFH 12.3.1985 – VII R 140/81, BFH/NV 1986, 62; FG Baden-Württemberg 27.2.2002 – 2 K 170/99, EFG 2002, 734). 38

II. Gegenstand der Haftung

Die Haftung erstreckt sich auf alle **betrieblichen Steuern,** dazu gehören insb. die GewSt (BFH 4.2.1974 – IV R 172/70, BStBl. II 1974, 434; VG Schleswig 19.10.2020 – 4 B 32/20, BeckRS 2020, 27351), die USt und die betrieblich veranlassten VerbrauchSt, nicht aber die KSt (→ Rn. 4 und → Rn. 45). Auch die durch die Übertragung verursachte USt wird in die Haftung einbezogen (BFH 28.1.1982 – V S 13/81, BStBl. II 1982, 490). Darüber hinaus ordnet § 75 ausdrücklich die Haftung für **StAbzugsbeträge** an, zu denen die LSt der im übertragenen Betrieb beschäftigten Arbeitnehmer (§ 38 EStG), die KapESt (§ 43 EStG) sowie die StAbzugsbeträge bei beschränkt Stpfl. (§ 50a EStG) und **LKiSt** (BFH 17.3.2008 – V B 173/06, BFH/NV 2008, 1108) gehören. Für StVergütungen haftet der Erwerber ebenfalls. Dagegen wird nicht für **steuerliche Nebenleistungen,** wie Säumniszuschläge, Verspätungszuschläge und Zinsen (BFH 5.10.2004 – VII R 76/03, BStBl. II 2006, 3) gehaftet (TK § 75 Rn. 30; Nacke Rn. 339; aA für Zinsen Schwarz/Pahlke/Keß § 75 Rn. 40; HHSp § 75 Rn. 78, jeweils unter Hinweis auf § 239 I 1). Ebenso betriebliche Steuern sind die **Verbrauchsteuern** bei Herstellungsbetrieben, zB **BierSt** und **TabakS**t (HHSp § 75 Rn. 72; Klein § 74 Rn. 18). Verbrauchsteuern werden nicht erfasst, soweit sie sich wie Zölle auf den Tatbestand der Einfuhr beziehen (TK § 75 Rn. 46). Bei Versicherungsunternehmen ist die **VersSt** eine betriebliche Steuer (HHSp § 75 Rn. 72), die **Rennwettsteuer** bei Buchmacherunternehmen. 41

Bei mehreren Veräußerungsvorgängen trägt der Erwerber das Risiko, auch für Steuern zu haften, die nicht durch seinen Vertragspartner, sondern durch dessen Vorgänger verursacht wurden. Denn die betrieblichen Steuern müssen nicht durch den Veräußerer selbst verursacht worden sein (TK § 75 Rn. 31; Klein § 75 Rn. 34). Innerhalb des Haftungszeitraums kann auch für die Steuer, die ein Vorgänger des Veräußerers verursacht hat, gehaftet werden (BFH 11.7.1963 – V 208/60, BeckRS 1963, 21007428). 42

Kenntnis des Erwerbers. Der Erwerber muss keine Kenntnis von den StSchulden des Veräußerers haben (BFH 4.2.1974 – IV R 172/70, BStBl. II 1974, 434). Die FB ist vor der Übertragung an einer Auskunft durch das StGeheimnis (§ 30) gehindert, außer der Veräußerer erklärt seine Zustimmung (HHSp § 75 Rn. 82). Der Erwerber sollte daher vertragliche Vorsorge treffen, zB die Kaufpreiszahlung von der Vorlage einer **Unbedenklichkeitsbescheinigung** durch den Veräußerer abhängig machen (Pump StBp 1990, 65) oder einen Teil des Kaufpreises einbehalten. Hat die FB über die Höhe der StRückstände informiert, kann eine weitergehende Inanspruchnahme des Erwerbers ermessensfehlerhaft sein (TK § 75 Rn. 51). 43

Erwirbt der Haftende nur einen **Teilbetrieb** oder ein geschrumpftes Unternehmen, beschränkt sich die Haftung auf die Steuern, die durch den tatsächlich übernommenen (Teil-)Betrieb verursacht wurden (BFH 12.12.1996 – VII R 53/96, BFH/NV 1997, 386; TK § 75 Rn. 63; HHSp § 75 Rn. 81). 44

Keine betrieblichen Steuern sind ESt, KSt, GrSt, KraftSt sowie Zölle und EUSt (HHSp § 75 Rn. 73). Zum Begriff der betrieblichen Steuern → § 74 Rn. 18. 45

III. Zeitliche Beschränkung der Haftung

48 Die Steuer, für die gehaftet werden soll, muss seit dem Beginn des letzten, vor der Übereignung liegenden Kj. entstanden sein. Die **Entstehung der Steuer** richtet sich nach den Regelungen der EinzelStGesetze. Es kommt weder auf die Festsetzung noch auf die Fälligkeit der Steuer an (HHSp § 75 Rn. 86). Die USt entsteht zB bei einer Versteuerung nach vereinbarten Entgelten mit Ablauf des Voranmeldungszeitraums, in dem die Lieferung oder Leistung ausgeführt wurde (§ 13 I UStG).

Beispiel:

– Übertragung zum 1.1.2020: Haftung für alle betrieblichen Steuern, die seit dem 1.1.2019 entstanden sind.
– Übertragung zum 31.12.2020: Haftung für alle betrieblichen Steuern, die seit dem 1.1.2019 entstanden sind.

49 **Die Übereignung** ist mit der tatsächlichen Übergabe des Unternehmens vollendet, sodass es nicht auf den Abschluss des Übertragungsvertrags oder den Übergang des bürgerlich-rechtlichen Eigentums ankommt (Klein § 75 Rn. 36). Findet die Übergabe in mehreren Schritten statt, so ist sie abgeschlossen, wenn alle wesentlichen Betriebsgrundlagen auf den Erwerber übergegangen sind, sodass er das Unternehmen ohne größere Investitionen selbst betreiben kann (BFH 17.2.1988 – VII R 97/85, BFH/NV 1988, 755; Gosch AO § 75 Rn. 26). So ist die Übereignung eines Unternehmens, das in gepachteten Räumen betrieben wird, erst vollendet, wenn der Erwerber mit dem Eigentümer des Grundstücks einen neuen Pachtvertrag abgeschlossen hat (BFH 17.2.1988 – VII R 97/85, BFH/NV 1988, 755).

IV. Festsetzung oder Anmeldung der Steuern

51 Zum Schutz des Erwerbers muss die rückständige Steuer innerhalb eines Jahres nach der Anmeldung des Betriebsübergangs durch den Erwerber festgesetzt oder angemeldet werden (Nacke Rn. 305). Mit der Regelung soll sichergestellt werden, dass sich der Erwerber möglichst schnell über die bestehenden Haftungsrisiken informieren kann (BT-Drs. VI/1982, 121).

52 **Anmeldung durch den Erwerber.** Für die Berechnung der Frist ist auf die Anmeldung des Betriebsübergangs durch den Erwerber abzustellen. Damit ist die Anzeige über die Erwerbstätigkeit durch den Stpfl. nach § 138 gemeint (Nacke Rn. 353). Die Gewerbeanmeldung bei der Gemeinde reicht aus, wenn die FB hiervon Kenntnis erlangt (Klein § 75 Rn. 38). Soweit es um die Haftung für **GewSt** geht, reicht die Anzeige bei der zuständigen Gemeinde (TK § 75 Rn. 44). Die zeitnahe Anmeldung des Betriebsübergangs liegt also im Interesse des Erwerbers (Schwarz/Pahlke/Keß § 75 Rn. 47). Zeigt der Erwerber den Übergang jedoch vor der Übereignung an, beginnt die Frist erst mit dem Abschluss der tatsächlichen Übertragung (TK § 75 Rn. 45; aA Schwarz/Pahlke/Keß § 75 Rn. 49). Die Anmeldung muss nach dem eindeutigen Wortlaut der Vorschrift durch den Erwerber erfolgen; eine Mitteilung des Veräußerers reicht nicht aus (TK § 75 Rn. 58).

53 **Festgesetzt oder angemeldet.** Die Steuer muss innerhalb der Jahresfrist gegenüber dem Veräußerer festgesetzt oder durch ihn angemeldet worden sein. Der Haftungsbescheid kann dann auch nach Ablauf der Jahresfrist erlassen werden (AEAO zu § 75 Nr. 3). Wird die StSchuld später höher festgesetzt, so hat dies für den Haftungsbetrag keine Bedeutung (Klein § 75 Rn. 38). Dagegen ist die spätere Herabsetzung der Steuer grds. zu beachten, weil die Haftung von der Erstschuld abhängig ist (HHSp § 191 Rn. 19) und die Jahresfrist nur dem Schutz des Erwerbers dienen soll. Die Haftung setzt die Festsetzung der Steuer innerhalb der Jahresfrist auch voraus, wenn diese gegen den Veräußerer nicht festgesetzt werden kann (zB wegen Unauffindbarkeit). Es reicht nicht aus, dass der Haftungsbescheid innerhalb der Frist erlassen wird (TK § 75 Rn. 59; aA Schwarz/Pahlke/Keß § 75 Rn. 47:

diese Auslegung sei wegen des Zwecks der Vorschrift auch gegen den Wortlaut vorzunehmen). Eine andere Auslegung würde § 191 V Nr. 1 aushöhlen (TK § 75 Rn. 60).

V. Haftungsbeschränkung auf den Bestand des übernommenen Vermögens (Abs. 1 S. 2)

§ 75 I 2 beschränkt die Haftung auf den Bestand des übernommenen Vermögens. Die 56
Haftung erstreckt sich auch auf die Gegenstände, die beim Betriebsübergeber gem. § 295 AO, § 811 I Nr. 5 ZPO unpfändbar waren (BFH 14.5.2013 – VII R 36/12, BFH/NV 2013, 1905). Der Erwerber haftet persönlich und kann daher auf Zahlung der rückständigen Steuern in Anspruch genommen werden (Klein § 75 Rn. 42). Verweigert er die Zahlung, kann die FB die Zwangsvollstreckung in die Unternehmensgegenstände betreiben. Im **Zwangsvollstreckungsverfahren** ist die Haftungsbeschränkung zu beachten. Ob die Beschränkung erst im Zwangsvollstreckungsverfahren und nur auf ausdrückliche Einrede zu berücksichtigen ist, hat der BFH ausdrücklich offengelassen (BFH 22.9.1992 – VII R 73–74/91, BFH/NV 1993, 215). Jedoch haftet der Erwerber mit dem übernommenen Aktivvermögen. Die Haftung ist daher nicht auf den Wert des Unternehmens beschränkt (Klein § 75 Rn. 41; Nacke Rn. 356; TK § 75 Rn. 61).

Eine Verrechnung der Aufwendungen für den Erwerb des Unternehmens oder Teil- 57
betriebs vom Bestand des übernommenen Vermögens ist für den Erwerber nicht zulässig. An die Stelle nach Haftungsinanspruchnahme verlorener oder veräußerter Gegenstände treten die dafür erlangten Surrogate, also Schadensersatz oder Veräußerungserlös (BFH 22.11.2011 – VII R 63/10, BStBl. II 2012, 223; BFH 22.11.2011 – VII R 67/10, BFH/NV 2012, 547). Die Surrogate bilden den Wert des übernommenen Unternehmens ab. Der Haftungsumfang wird durch den Bestand und nicht auf den Wert zum Zeitpunkt der Übereignung bestimmt (TK § 75 Rn. 62).

Veränderung des übernommenen Vermögens. Können die rückständigen Steuern 58
mit dem Erlös aus der Zwangsvollstreckung nicht vollständig beglichen werden, wird der Erwerber insoweit frei. Dabei ist nur der Bestand des Vermögens zum Zeitpunkt der Inanspruchnahme maßgebend (Schwarz/Pahlke/Keß § 75 Rn. 50). Schmälert sich das Vermögen nach Erlass des Haftungsbescheids, kann sich der Haftende nach §§ 283, 285 BGB schadensersatzpflichtig machen (FG München 21.5.1985 – XI (XIII) 76/80 AO 2, EFG 1985, 587; TK § 75 Rn. 62). Die Haftung erstreckt sich – wie bei § 74 (→ § 74 Rn. 4, 15) – auch auf Surrogate, die der Erwerber für (ausgeschiedene oder untergegangene) Vermögenswerte des Unternehmens erhält (BFH 21.2.1996 – VII B 243/95, BFH/NV 1996, 661; FG München 21.5.1985 – XI (XIII) 76/80 AO 2, EFG 1985, 587).

VI. Erstattung von Steuervergütungen (Abs. 1 S. 3)

Der Erwerber muss aufgrund der ausdrücklichen Anordnung des Abs. 1 S. 3 für die 59
Erstattungsansprüche der FB in Bezug auf StVergütungen haften. Hierzu gehören insb. zu Unrecht gezahlte **Vorsteuern**, die an die FB zu erstatten sind (HHSp § 75 Rn. 76), sowie zu Unrecht gezahlte **Investitionszulage** (AEAO zu § 75 Nr. 1 iVm § 74 Nr. 3). Auch für den Fall, dass dem Unternehmen fälschlicherweise Betriebssteuern erstattet wurden, kann der Erwerber als Haftender in Anspruch genommen werden (TK § 75 Rn. 39; aA HHSp § 75 Rn. 77; Schwarz/Pahlke/Keß § 75 Rn. 44).

C. Erwerb aus der Insolvenzmasse und im Vollstreckungsverfahren (Abs. 2)

Der Erwerb aus der Insolvenzmasse führt nach Abs. 2 zu einer Haftungsfreistellung. Ein 60
solcher Erwerb liegt vor, wenn ein Unternehmen nach Eröffnung und vor Aufhebung des Insolvenzverfahrens veräußert wird (BFH 23.7.1998 – VII R 143/97, BStBl. II 1998, 765). Dagegen wird der Käufer eines Unternehmens nicht von der Haftung freigestellt, wenn das

Insolvenzverfahren mangels Masse nicht eröffnet wurde. Hier kann es aber an einem „lebenden" Unternehmen fehlen, sodass aus diesem Grund die Haftung ausscheidet.

61 **Aussonderung/Absonderung.** Der Erwerb ist nach Abs. 2 nur begünstigt, wenn das Unternehmen/Teilbetrieb zur Insolvenzmasse gehört. Daher scheidet eine Privilegierung bei Gegenständen aus, die nach **§§ 47, 48 InsO** auszusondern sind, weil sie gerade nicht zur Insolvenzmasse gehören (Klein § 75 Rn. 45). Dagegen kann der Erwerb abgesonderter Gegenstände (§§ 49 ff. InsO) begünstigt sein. Zwar spielt sich die Verwertung auch hier nicht im Rahmen des Insolvenzverfahrens ab, jedoch handelt es sich um einen begünstigten Erwerb im Vollstreckungsverfahren (TK § 75 Rn. 35).

62 **Vorläufiger Insolvenzverwalter.** Der Erwerb eines Unternehmens oder Teilbetriebs von einem vorläufigen Insolvenzverwalter (§ 21 II Nr. 1 InsO) unterliegt dem Haftungsausschluss des Abs. 2 (Nacke Rn. 336; Klein § 75 Rn. 45; aA HHSp § 75 Rn. 66). Dies gilt zumindest, wenn sich das Insolvenzverfahren zeitlich unmittelbar anschließt (BFH 23.7.1998 – VII R 143/97, BStBl. II 1998, 765; HHSp § 75 Rn. 66; TK § 75 Rn. 37). Wird das Insolvenzverfahren über das Unternehmen mangels Masse nicht eröffnet, schließt dies die Haftung nach § 75 bei einem späteren Erwerb nicht aus (BFH 12.1.2011 – XI R 11/08, BStBl. II 2011, 477).

63 Der Erwerb im **Vollstreckungsverfahren** führt ebenfalls zur Haftungsfreistellung. Jedes behördliche oder gerichtliche Verfahren zur Verwirklichung von Leistungs- oder Haftungsansprüchen durch staatlichen Zwang ist ein solches Vollstreckungsverfahren (BFH 23.7.1998 – VII R 143/97, BStBl. II 1998, 765). Daher ist der Erwerb im Rahmen der Verfahren nach dem 8. Buch der ZPO, dem 6. Teil der AO, dem ZVG und den Vollstreckungsgesetzen des Bundes und der Länder privilegiert.

64 **Vertraglicher Haftungsausschluss.** Ein vertraglicher Haftungsausschluss zwischen den Kaufvertragsparteien ist gegenüber der FB unwirksam, da es sich bei § 75 um einen nicht abdingbaren öffentlich-rechtlichen Anspruch handelt (Nacke Rn. 337).

D. Geltendmachung der Haftung; Verfahrensfragen

69 Der Haftungsanspruch ist durch einen **Haftungsbescheid** gem. § 191 geltend zu machen. Die Entscheidung ist zweistufig: Zuerst ist der Sachverhalt vollständig zu ermitteln. Bei der anschließenden Ausübung des Ermessens ist zu berücksichtigen, inwieweit das Unternehmen überhaupt noch eine Sicherung für die StSchulden des Veräußerers darstellt (FG Baden-Württemberg 11.12.2002 – 7 K 86/00, EFG 2003, 662). Der Haftungsbescheid muss den Haftungsbetrag enthalten und mit dem Hinweis versehen werden, dass die Haftung auf den Bestand des übernommenen Vermögens beschränkt ist (BFH 27.10.2008 – XI B 202/07, BFH/NV 2009, 118; BFH 22.9.1992 – VII R 73–74/91, BFH/NV 1993, 215). Streitig ist, ob auf die gegenständliche Beschränkung der Haftung im Haftungsbescheid lediglich hingewiesen werden muss und die eigentliche Beschränkung der Haftung auf das übernommene Vermögen erst im Zwangsvollstreckungsverfahren relevant wird (so BFH 18.3.1986 – VII R 146/81, BStBl. II 1986, 589; BFH 22.9.1992 – VII R 73–74/91, BFH/NV 1993, 215; BFH 2.11.2007 – VII S 24/07 (PKH), BFH/NV 2008, 333; BFH 27.10.2008 – XI B 202/07, BFH/NV 2009, 118; Klein § 75 Rn. 42; Gosch AO § 75 Rn. 31; Schwarz/Pahlke/Keß § 75 Rn. 51), oder ob die gegenständliche Beschränkung bereits im Haftungsbescheid ausgesprochen werden muss, wie manche FG vertreten (zB FG Hamburg 2.10.1980 – I 61/79, EFG 1981, 162; FG München 21.5.1985 – XI (XIII) 76/80 AO 2, EFG 1985, 587; FG Münster 8.10.1992 – 7 K 5455/90 U, EFG 1993, 423; FG Köln 9.12.1999 – 15 K 1756/91, EFG 2000, 203 (205); HHSp § 74 Rn. 49). Jedenfalls muss im Haftungsbescheid hinreichend deutlich zum Ausdruck kommen, dass sich die Haftung auf das übernommene Vermögen beschränkt. Steht dessen Wert (oder dessen Wertlosigkeit) fest, muss dies ebenfalls bereits im Haftungsbescheid berücksichtigt werden, da die Haftungsbeschränkung auf bestimmte Gegenstände Tatbestandsvorausset-

zung ist; folglich muss sie auch Teil der Ermessenserwägungen sein (FG Niedersachsen 16.8.2010 – 11 K 245/09, EFG 2010, 2064). Vor diesem Hintergrund kann eine Inanspruchnahme bereits ermessensfehlerhaft sein, wenn das übernommene Vermögen unstreitig wertlos ist, dies aber nicht im Haftungsbescheid zum Ausdruck kommt (FG Niedersachsen 16.8.2010 – 11 K 245/09, EFG 2010, 2064; TK § 75 Rn. 66). Es ist jedoch nicht notwendig, die betrieblichen Gegenstände, mit denen gehaftet werden soll, konkret aufzuführen (BFH 22.9.1992 – VII R 73–74/91, BFH/NV 1993, 215).

Auswahlermessen. Haften mehrere für die rückständigen Steuern, hat die FB ihr 70
Auswahlermessen zu begründen. Tritt neben den nach **§ 75** Haftenden ein Geschäftsführer, der nach **§ 69** haftet, so muss der Geschäftsführer nicht vorrangig in Anspruch genommen werden, obwohl er den StAusfall verschuldet hat (BFH 22.9.1992 – VII R 73–74/93, BFH/NV 1993, 215; HHSp § 75 Rn. 112; Schwarz/Pahlke/Keß § 75 Rn. 51: keine Rangordnung; aA TK § 75 Rn. 65), denn die Haftungsnormen stehen gleichwertig nebeneinander (Schwarz/Pahlke/Keß § 75 Rn. 51). Auch der Erwerber, der das Unternehmen zusammen mit mehreren Personen zu Miteigentum nach Bruchteilen erwirbt, haftet als Gesamtschuldner (BFH 12.1.2011 – XI R 11/08, BStBl. II 2011, 477).

Ermessensfehler. Ein Ermessensfehler kann vorliegen, wenn die FB dem Erwerber auf 71
Anfrage die Höhe der rückständigen Steuern mitgeteilt hatte, anschließend aber höhere StRückstände eintreiben möchte (HHSp § 75 Rn. 82; TK § 75 Rn. 39). Darüber hinaus ist zu prüfen, ob das übernommene Unternehmen überhaupt noch eine Sicherung für die StSchulden des Veräußerers darstellt (FG Saarland 13.8.2001 – 1 K 123/00, EFG 2001, 1582; FG Baden-Württemberg 11.12.2002 – 7 K 86/00, EFG 2003, 662; TK § 75 Rn. 64).

Jahresfrist. Die Steuer muss innerhalb von einem Jahr nach Anmeldung des Betriebs- 72
übergangs durch den Erwerber gegenüber dem Veräußerer festgesetzt worden sein. Der Haftungsbescheid kann dagegen später erlassen werden.

§ 76 Sachhaftung

(1) **Verbrauchsteuerpflichtige Waren und einfuhr- und ausfuhrabgabenpflichtige Waren dienen ohne Rücksicht auf die Rechte Dritter als Sicherheit für die darauf ruhenden Steuern (Sachhaftung).**

(2) **Die Sachhaftung entsteht bei einfuhr- und ausfuhrabgaben- oder verbrauchsteuerpflichtigen Waren, wenn nichts anderes vorgeschrieben ist, mit ihrem Verbringen in den Geltungsbereich dieses Gesetzes, bei verbrauchsteuerpflichtigen Waren auch mit Beginn ihrer Gewinnung oder Herstellung.**

(3) [1] **Solange die Steuer nicht entrichtet ist, kann die Finanzbehörde die Waren mit Beschlag belegen.** [2] **Als Beschlagnahme genügt das Verbot an den, der die Waren im Gewahrsam hat, über sie zu verfügen.**

(4) [1] **Die Sachhaftung erlischt mit der Steuerschuld.** [2] **Sie erlischt ferner mit der Aufhebung der Beschlagnahme oder dadurch, dass die Waren mit Zustimmung der Finanzbehörde in einen steuerlich nicht beschränkten Verkehr übergehen.**

(5) **Von der Geltendmachung der Sachhaftung wird abgesehen, wenn die Waren dem Verfügungsberechtigten abhanden gekommen sind und die verbrauchsteuerpflichtigen Waren in einen Herstellungsbetrieb aufgenommen oder die einfuhr- und ausfuhrabgabenpflichtigen Waren eine zollrechtliche Bestimmung erhalten.**

Schrifttum: Henke/Huchatz, Das neue Abgabenverwaltungsrecht für Einfuhr- und Ausfuhrabgaben, ZfZ 1996, 262; Kock, Die Sachhaftung nach § 76 AO, DDZ 1997, F 42; Kraus, Sicherung von Einfuhrabgaben und Verbrauchsteuern, ZfZ 2008, 294; Mösbauer, Zur Sachhaftung verbrauchsteuer- und zollpflichtiger Waren (§ 76 AO), DStZ 1987, 397; Mösbauer, Beschlagnahme zur Sicherstellung der Sachhaftung durch Zollfahndungsämter, DStZ 1989, 380; Olgemüller, Haftung für Zollschulden, ZfZ 2006, 74; Schmittmann, Biersteuer, Anfechtung und Sachhaftung, ZInsO 2009, 1585; Schumann, Sachhaftung und verlängerter

Eigentumsvorbehalt bei Energiesteuerlagern, NWB Fach 2, 9633 (52/2007); Gehm, Die Sachhaftung gem. § 76 AO, StBp 2018, 364.

Übersicht

I. Allgemeines

1 Die Sachhaftung gibt dem StGläubiger das Recht, sich ohne Rücksicht auf private Rechte wegen der auf den zoll- oder verbrauchsteuerpflichtigen Waren ruhenden Steuern an die Waren zu halten, insb. durch Verwertung der Waren gem. §§ 327, 296 für die Tilgung der StSchuld zu sorgen, die Bezahlung durch deren Zurückhaltung zu erzwingen und zur Sicherung dieses Rechts die tatsächliche Verfügung Dritter über die Ware zu verhindern (BFH 21.2.1989 – VII R 165/85, BStBl. II 1989, 491). § 76 gewährt der FB hierfür eine „Art" öffentlich-rechtliches Pfandrecht an einfuhr- und ausfuhrabgaben- sowie verbrauchsteuerpflichtigen Waren. Damit wird ihr ein weiteres **Sicherungsmittel** für Steuern und Zölle eingeräumt. Das Recht begründet ein Absonderungsrecht nach §§ 50, 51 Nr. 4 InsO, unterliegt aber ggf. der Insolvenzanfechtung (BGH 9.7.2009 – IX ZR 86/08, BFH/NV 2009, 1950). So kann es zu einer objektiven Gläubigerbenachteiligung infolge Brauens von Bier kommen, selbst wenn mit dem Brauvorgang eine übersteigende Wertschöpfung zugunsten des Schuldnervermögens erzielt wird (Schmittmann ZInsO 2009, 1949). Durch einen solchen – nahezu uneingeschränkten – Zugriff auf zoll- und verbrauchsteuerpflichtige Waren erfahren die Ansprüche aus dem StSchuldverhältnis (§ 37 I) eine privilegierte Sicherung.

2 Die Sachhaftung entsteht mit dem Verbringen der Ware in den Geltungsbereich dieses Gesetzes (§ 76 II; HHSp § 76 Rn. 2). Die Formulierung „mit Beginn ihrer Gewinnung oder Herstellung" beinhaltet nicht nur, dass die Ware haftet; vielmehr haften unter bestimmten Umständen sogar ihre Vorstufen im Herstellungsprozess. Voraussetzung ist, dass die Vorbereitung zu der Vorstufe sich als ein Teil der Herstellung des fertigen, stpfl. Gegenstands darstellt. Die Sachhaftung nachzuversteuernder Erzeugnisse für die Nachsteuer entsteht gleichzeitig mit der Nachsteuerschuld (BFH 13.12.1950 – II z 51/50 S, BStBl. III 1951, 29; Gosch AO § 76 Rn. 15; TK § 76 Rn. 6). Im Übrigen ist die Sachhaftung akzessorisch (Klein § 76 Rn. 5; TK § 76 Rn. 6).

3 Hintergrund für die privilegierte Behandlung des Fiskus durch § 76 ist das Recht der Wirtschaftsbeteiligten, zoll- und verbrauchsteuerpflichtige Waren ohne Entrichtung der Abgaben in das Zoll- und StGebiet einzuführen und in einem Zoll- oder StLager unverzollt und unversteuert zu lagern. Insbesondere der Verzicht auf eine unverzügliche Abgabenerhebung im Zeitpunkt der Einfuhr oder der Herstellung der Waren und das damit verbundene Risiko der Realisierung des Abgabenanspruchs rechtfertigen das Institut der Sachhaftung als wirksames Sicherungsmittel. Vor diesem Hintergrund bestehen keine verfassungsrechtlichen Bedenken gegen die Vorschrift (Gosch AO § 76 Rn. 3). Die Sachhaftung nach § 76 stellt in der Praxis ein besonders wirkungsvolles Sicherungsinstrument dar, da sie automatisch mit dem Verbringen oder der Herstellung entsteht – und zwar unabhängig vom Bestehen einer konkreten StSchuld. Die FVerw. kann hierauf verfahrensunabhängig im Wege der Beschlagnahme (§ 76 III) zugreifen, etwa bei Lagerkontrollen durch das Hauptzollamt oder bei Risikohinweisen aus EMCS/ATLAS. Besonders bedeutsam ist dies

bei Insolvenzverfahren, da die Sachhaftung ein Absonderungsrecht nach §§ 50, 51 Nr. 4 InsO begründet. In der Praxis werden so vor allem alkohol-, energie- oder tabaksteuerpflichtige Waren gesichert.

Offen war, ob für den StLagerinhaber bzw. den haftenden Geschäftsführer nach § 76 höhere Anforderungen als bei der USt gelten. Der BFH begrenzt die Sachhaftung von Geschäftsführern für einfuhr- bzw. verbrauchsteuerpflichtige Waren nach § 76. Er stellt klar, dass eine weitergehende persönliche Haftung von Geschäftsführern zwingend einer eigenen gesetzlichen Grundlage bedarf – sie lässt sich nicht aus § 76 ableiten. § 76 begrenzt sich auf den Sachverhalt der Gewahrsamsübertragung; darüber hinauslaufende Haftungsansprüche gegen Geschäftsführer bleiben unberührt – etwa aus § 69 (Organhaftung) –, aber lassen sich nicht aus § 76 herleiten. Die Entnahme von Bier aus einem StLager mit der Folge der Entstehung der Biersteuer nach § 14 I iVm § 14 II Nr. 1 BierStG stellt für sich betrachtet daher noch keine objektive Pflichtverletzung dar, auf die eine Haftungsinanspruchnahme des Geschäftsführers einer GmbH nach § 69 S. 1 gestützt werden kann (BFH 29.8.2023 – VII R 47/20, BFH/NV 2024, 69). 4

Der BFH hat zudem klargestellt, dass § 76 ausschließlich sachenbezogen zu verstehen ist (BFH 29.8.2023 – VII R 47/20, BFH/NV 2024, 69). Eine persönliche Haftung (zB des Geschäftsführers eines Lagerinhabers oder Spediteurs) kann nicht aus § 76 abgeleitet werden. Für eine solche persönliche Haftung kommen allein die allgemeinen Vorschriften (insb. § 69) in Betracht. Dies ist in der Praxis insb. für Zollfahndung und StFahndung relevant, die früher teils § 76 als „Einfallstor" für eine Organhaftung verwendet hatten. Dieser Weg ist nun versperrt worden. Praktisch relevant ist ferner, dass die öffentlich-rechtliche Sachhaftung auch gegenüber gutgläubigen Erwerbern und bei Eigentumsvorbehalten wirkt. Diese werden von der gesetzlich kraft Entstehung bestehenden Haftung verdrängt. Das kann zB für Händler, Leasinggesellschaften oder Sicherungseigentümer bedeuten, dass sie trotz (vermeintlicher) Eigentumslage ihre Ware nicht ohne Freigabe durch die Zollbehörde verwerten oder weiterveräußern dürfen. 5

II. Sachhaftung von Waren (Abs. 1)

Von der Sachhaftung werden alle Waren erfasst, die eine Abgabenpflicht nach den VerbrauchStGesetzen oder dem Zolltarif auslösen (Schwarz/Pahlke/Keß § 76 Rn. 3). Der StAnspruch, der auf der Ware ruht, soll damit abgesichert werden. Eine Sachhaftung entfällt, soweit diese von den Regelungen des EG-Zollrechts verdrängt wird (Gosch AO § 76 Rn. 11). 6

Verbrauchsteuern und Zölle. Eine Sachhaftung kommt nur für VerbrauchSt und Zölle in Betracht. Zu den VerbrauchSt gehören die Tabak-, die Bier-, die Schaumwein-, die Energie- und Erdgas- sowie die KaffeeSt. Auch die **EUSt** ist nach § 21 I UStG eine solche Steuer, sodass einfuhrumsatzsteuerpflichtige Waren der Sachhaftung unterliegen. Dagegen löst die **USt** keine Sachhaftung aus (TK § 76 Rn. 1). 7

Waren. Jede einzelne Ware löst eine Abgabenpflicht aus. Daher haftet grds. jede einzelne Ware ausschließlich nur für die Steuern und Zölle, die auf ihr ruhen. Allerdings dürfen auch Sachgesamtheiten zusammen verwertet werden, wenn dies wirtschaftlich üblich ist (TK § 76 Rn. 5). 8

Rechte Dritter an der Ware stehen den Ansprüchen der FB nicht entgegen (BGH 9.7.2009 – IX ZR 86/08, NJW-RR 2010, 118). Die Sachhaftung geht daher den privaten Rechten Dritter, sei es Eigentum, Pfandrecht oder Sicherungseigentum, vor (Gosch AO § 76 Rn. 2). Auch der gutgläubige Erwerb ist ausgeschlossen, weil es bei der kraft Gesetzes entstehenden Sachhaftung nicht auf die Kenntnis eines Erwerbers ankommt (TK § 76 Rn. 10). 9

III. Entstehung der Sachhaftung (Abs. 2)

15 **Entstehung der Haftung.** Eine Besonderheit der Sachhaftung ist ihre Unabhängigkeit von der Entstehung der StSchuld, sodass die Sachhaftung vor der eigentlichen StSchuld entsteht (Klein § 76 Rn. 2a). Sie ist somit **nicht notwendig akzessorisch** (BFH 15.10.1996 – VII R 46/96, BStBl. II 1997, 171). Eine Verwertung der Waren kommt aber erst nach Festsetzung der Steuer in Betracht (Schwarz/Pahlke/Keß § 76 Rn. 4).

16 **Verbringung einfuhr- und ausfuhrabgabenpflichtiger Waren.** Abs. 2 bestimmt, dass die Sachhaftung entsteht, wenn eine einfuhr- und ausfuhrabgabenpflichtige Ware in den Geltungsbereich der AO verbracht wird. Dies ist das Staatsgebiet der Bundesrepublik Deutschland. „Verbringen" bedeutet das willentliche Bewegen der Ware über die Grenze, wobei es unerheblich ist, ob die Ware auf Dauer oder nur vorübergehend im Inland verbleiben soll (BFH 7.5.2002 – VII R 39/01, BFH/NV 2002, 1117). Auch hierbei kann die Entstehung der Einfuhrabgabe und der Sachhaftung zeitlich auseinanderfallen. Wird nämlich eine Ware vorschriftsmäßig eingeführt, entsteht die Zollschuld nach Art. 77 II UZK erst mit der Annahme der Zollanmeldung, während die Sachhaftung bereits mit dem Grenzübertritt entsteht (TK § 76 Rn. 6). Nur bei einer vorschriftswidrigen Verbringung entsteht auch die Zollschuld im Zeitpunkt des Grenzübertritts (Schwarz/Pahlke/Keß § 76 Rn. 5).

17 **Verbringung verbrauchsteuerpflichtiger Waren.** Bei verbrauchsteuerpflichtigen Waren entsteht die Sachhaftung ebenfalls mit der Verbringung in den Geltungsbereich der AO. § 76 wurde insoweit an die europarechtliche Terminologie angepasst (Klein § 76 Rn. 2c). Damit sollte sichergestellt werden, dass auch Waren, die aus einem anderen Mitgliedstaat der EU nach Deutschland gelangen, der Sachhaftung unterliegen (BT-Drs. 12/3432, 96). Ebenso unterliegen Waren, die aus Drittländern stammen, der Sachhaftung (Gosch AO § 76 Rn. 14).

18 **Beginn der Gewinnung oder Herstellung.** Der Gesetzgeber wollte die Sachhaftung für VerbrauchSt auf die im Inland hergestellten bzw. produzierten Waren erstrecken, insb. sollte die Urproduktion verbrauchsteuerpflichtiger Waren erfasst werden (BT-Drs. 12/3432, 96). Daher entsteht die Sachhaftung mit dem Beginn der Herstellung bzw. Gewinnung einer Ware. Die Haftung umfasst somit auch die Vorprodukte und setzt sich am fertiggestellten Produkt fort (Schwarz/Pahlke/Keß § 76 Rn. 6).

IV. Beschlagnahme (Abs. 3)

23 Die FB ist berechtigt, die der Sachhaftung unterliegenden Waren mit Beschlag zu belegen, solange die Steuer nicht bezahlt ist (BFH 23.5.2006 – VII R 49/05, DStRE 2007, 39). Die im **Ermessen** der FB liegende Beschlagnahme erfolgt dadurch, dass die FB die Ware in Gewahrsam nimmt, was durch Anbringung eines Pfandsiegels erfolgt (Schwarz/Pahlke/Keß § 76 Rn. 7). Die Beschlagnahme ist ein vollziehbarer VA (zum Rechtsschutz → Rn. 56 f.). Die Beschlagnahme soll die Sachhaftung sicherstellen und vor einer Beeinträchtigung schützen (BFH 26.7.1988 – VII R 194/85, BStBl. II 1989, 3; BFH 23.5.2006 – VII R 49/05, ZfZ 2006, 345). Die Beschlagnahme nach § 75 III ist von der vorübergehenden Maßnahme der Sicherstellung nach § 215 zu unterscheiden. Die Verwertung der beschlagnahmten Waren ist nach Maßgabe von § 327 (Bekanntgabe der Verwertungsabsicht) zulässig und erfolgt durch öffentliche Versteigerung (§ 296 I) oder durch den freihändigen Verkauf (§ 305).

24 **Beschlagnahme vor Entstehen der StSchuld.** Um dem Sicherungszweck des § 76 gerecht zu werden, darf eine Beschlagnahme auch vor dem Entstehen der StSchuld vorgenommen werden (HHSp § 76 Rn. 33).

25 **Verfügungsverbot.** Nach S. 2 genügt es für die Beschlagnahme, demjenigen, der die Waren im Gewahrsam hat, ein Verfügungsverbot zu erteilen. Das Verfügungsverbot ist ein VA (FG Hamburg 1.7.1977 – IV 56/77 H, EFG 1977, 614). Nach Ergehen des Ver-

fügungsverbots darf der unmittelbare Besitzer die Waren nicht fortschaffen, verarbeiten oder vernichten (Schwarz/Pahlke/Keß § 76 Rn. 7). Allerdings ist der Eigentümer weiter zu allen rechtlichen Verfügungen befugt, die die Sachhaftung nicht beeinträchtigen (Abs. 4 S. 2; TK § 76 Rn. 9). Dazu gehört zB die Übereignung nach §§ 930, 931 BGB.

Gutgläubiger Erwerb. Die zivilrechtlichen Vorschriften über den gutgläubigen Erwerb finden grds. keine Anwendung, weil die öffentlich-rechtliche Sachhaftung kraft Gesetzes entsteht (TK § 76 Rn. 10). Daher kommt es auf die Kenntnis eines Erwerbers nicht an, wobei jedoch die Ausnahmen des Abs. 5 zu beachten sind (→ Rn. 45 ff.). 26

V. Erlöschen der Haftung (Abs. 4)

Abs. 4 zählt die Gründe für das Erlöschen der Sachhaftung abschließend auf (TK § 76 Rn. 7). Wird die Steuer- oder Zollschuld zum Erlöschen gebracht, erlischt auch die Sachhaftung. Es gelten zunächst die Erlöschensgründe des § 47. Danach erlischt die StSchuld insb. durch Tilgung, Erlass und Zahlungsverjährung. Dabei genügt auch die Zahlung durch Dritte, nicht aber der Tod des Abgaben- oder StSchuldners; insoweit geht die Schuld auf den Gesamtrechtsnachfolger über (§ 45 I 1). Auch bei Verwertung nach § 327 erlischt die Haftung der nicht verwerteten Gegenstände mit der Deckung der Schuld. 34

Die **Aufhebung der Beschlagnahme** lässt die Sachhaftung ebenfalls entfallen. Sie muss ausdrücklich verfügt werden (§ 76 IV S. 2; TK § 76 Rn. 7). 39

Übergang in den steuerlich nicht beschränkten Verkehr. Weiterer Erlöschensgrund für die Sachhaftung ist der Übergang der verhafteten Waren in den steuerlich nicht beschränkten Verkehr, soweit die FB dem zugestimmt hat. Die Zustimmung der FB kann dabei auch konkludent erklärt werden (Gosch AO § 76 Rn. 22). Wurden alle Vorschriften bei und im Anschluss an den Übergang in den freien Verkehr beachtet, ist von einer Zustimmung auszugehen (FG Düsseldorf 25.9.1985 – IV 263/82 AO (Z), EFG 1986, 151). Die Ware geht insb. in den steuerlich nicht geregelten Verkehr über, wenn eine erlaubte Entnahme aus einem offenen Zolllager erfolgt (BFH 21.2.1989 – VII R 165/85, BStBl. II 1989, 491). Eigenmächtiges Inverkehrbringen lässt die Sachhaftung dagegen nicht erlöschen (TK § 76 Rn. 7). 40

VI. Geltendmachung der Sachhaftung (Abs. 5)

Verwertung. Die Sachhaftung wird durch die Verwertung der Waren nach § 327 geltend gemacht (TK § 76 Rn. 16), deren Durchführung das Bestehen der StSchuld voraussetzt. Die FB muss nach § 327 S. 2 eine Verwertungsanordnung erlassen, die einen anfechtbaren VA darstellt. 45

Absehen von der Geltendmachung. Nach Abs. 5 muss die FB von der Geltendmachung der Sachhaftung lediglich absehen. § 76 V gehört in systematischer Hinsicht zu § 191, indem er die Geltendmachung des Anspruches einschränkt. Die Vorschrift soll den Eigentümer der Ware schützen, dem diese abhandengekommen ist. 46

Die Sachhaftung darf nicht geltend gemacht werden, wenn die Ware dem Verfügungsberechtigten abhandengekommen ist. Darunter versteht man den unfreiwilligen Verlust des unmittelbaren Besitzes an der Sache, wozu Diebstahl und Zerstörung gehören (TK § 76 Rn. 17). 47

Aufnahme in einen Herstellungsbetrieb. Zum Schutz desjenigen, der durch die Verarbeitung nach § 950 I BGB das Eigentum an den Waren erlangt, wird die Haftung ebenso nicht geltend gemacht, wenn die Ware in einen Herstellungsbetrieb aufgenommen wurde (HHSp § 76 Rn. 50). Hierdurch wird der gutgläubige Verarbeiter geschützt, der nach § 950 I BGB Eigentum erwirbt. Da die Sachhaftung bereits mit der Aufnahme in den Herstellungsbetrieb und nicht erst mit der Verarbeitung beschränkt ist, wird der Schutz des Herstellers vorgezogen. 48

49 **Zollbehandlung.** Darüber hinaus wird die Haftung nicht geltend gemacht, sobald einfuhr- und ausfuhrabgabenpflichtige Waren einer Zollbehandlung zugeführt werden. Durch die Zollbehandlung entfällt das Sicherungsinteresse der FB, weil die Erhebung der Zollschuld durch das Verfahren gewährleistet ist (HHSp § 76 Rn. 51).

VII. Verfahrensfragen

56 Die Sachhaftung entsteht **kraft Gesetzes;** ein Haftungsbescheid wird nicht erlassen. Lediglich die Beschlagnahme und die Verwertung werden durch VA eingeleitet, sodass hiergegen der Einspruch gegeben ist.

57 **Beschlagnahme.** Die Beschlagnahme und das Verfügungsverbot iSd § 76 III sind vollziehbare VA, die mit dem Einspruch angefochten werden können. AdV nach § 361 AO, § 69 FGO kommt jedoch nicht in Betracht, weil dies eine (unzulässige) Vorwegnahme der Hauptsache bedeuten würde (BFH 22.7.1980 – VII B 3/80, BStBl. II 1980, 592; BFH 18.11.1986 – VII B 59–60/86, BFH/NV 1987, 485; BFH 30.10.1990 – VII B 33/90, BFH/NV 1991, 607; FG Baden-Württemberg 2.10.2001 – 2 V 25/01, EFG 2002, 37; → § 361 Rn. 46; aA HHSp § 76 Rn. 58; TK § 76 Rn. 11: nur Aufhebung unzulässig).

§ 77 Duldungspflicht

(1) **Wer kraft Gesetzes verpflichtet ist, eine Steuer aus Mitteln, die seiner Verwaltung unterliegen, zu entrichten, ist insoweit verpflichtet, die Vollstreckung in dieses Vermögen zu dulden.**

(2) [1]**Wegen einer Steuer, die als öffentliche Last auf Grundbesitz ruht, hat der Eigentümer die Zwangsvollstreckung in den Grundbesitz zu dulden.** [2]**Zugunsten der Finanzbehörde gilt als Eigentümer, wer als solcher im Grundbuch eingetragen ist.** [3]**Das Recht des nicht eingetragenen Eigentümers, die ihm gegen die öffentliche Last zustehenden Einwendungen geltend zu machen, bleibt unberührt.**

Schrifttum: Merz, Zwangsversteigerung von Grundstücken aus öffentlicher Grundstückslast, KKZ 2020, 81; Benne, Kommunaler Duldungsbescheid, ZKF 2018, 125.

I. Allgemeines

1 **Inhalt.** Die Vorschrift gibt der FB das Recht, gesetzliche Vertreter, Verfügungsberechtigte und Grundstückseigentümer zur Duldung der Zwangsvollstreckung in das von ihnen verwaltete Vermögen bzw. in den erworbenen Grundbesitz zu verpflichten. Bei Erfüllung der tatbestandlichen Voraussetzungen haben gesetzliche Vertreter, Verfügungsberechtigte und Grundstückseigentümer die Vollstreckung in das von ihnen verwaltete Vermögen oder in den in ihrem Eigentum stehenden Grundbesitz zu dulden, ohne sich auf ein die Veräußerung hinderndes Recht iSv § 771 ZPO bzw. § 262 AO berufen zu können. § 77 enthält jedoch keine abschließende Regelung. § 77 unterscheidet sich vom Haftungsanspruch insb. dadurch, dass der Duldungspflichtige die Vollstreckung nicht in sein ganzes Vermögen, sondern nur in bestimmte Vermögensgegenstände hinnehmen muss und im Falle des § 77 II selbst Schuldner der rückständigen Steuer sein kann. Abweichend vom Haftungsschuldner erfolgt an den Duldungspflichtigen selbst kein Leistungsgebot. Vielmehr ist dieser lediglich zur Duldung der von der FB getroffenen Vollstreckungsmaßnahmen verpflichtet. Natürlich kann er zur Verhinderung der Vollstreckung die StSchuld dennoch begleichen und die StSchuld zum Erlöschen bringen. § 77 gehört systematisch in den 6. Teil der AO (TK § 77 Rn. 1).

2 **Zweck der Vorschrift.** Die Vorschrift soll die in der Person eines Dritten liegenden Vollstreckungshindernisse beseitigen, um der FB die Verwirklichung ihrer StAnsprüche zu erleichtern (Gosch AO § 77 Rn. 2). Einer selbständigen Duldungspflicht bedarf es daher

nur, wenn gegen eine dritte Person, die nicht bereits Steuer- oder Haftungsschuldner ist, vollstreckt werden soll. Diese kann nämlich Rechte besitzen, nach denen sie gem. § 262 der Vollstreckung widersprechen kann (HHSp § 77 Rn. 7). Für diesen Fall will § 77 dem Dritten die der Vollstreckung entgegenstehenden Rechte nehmen und die Vollstreckbarkeit von StForderungen sichern.

Im Gegensatz zu den Voraussetzungen für den Erlass eines Haftungsbescheids setzt der Erlass eines auf § 77 gestützten Bescheids einen festgesetzten, fälligen und vollstreckbaren StAnspruch voraus (BVerwG 13.2.1987 - 8 C 25/85, BVerwGE 77, 38; OVG Lüneburg 31.8.2009 - 9 LA 419/07, BeckRS 2009, 38749). Nur unter diesen Bedingungen kann mit der Vollstreckung begonnen werden (§§ 251, 254). Die Duldungspflicht ist gegenüber der Erstschuld streng akzessorisch (BVerwG 13.2.1987 – 8 C 25/85, BVerwGE 77, 38; TK § 77 Rn. 5). Dies bedeutet, dass 3

- ein Duldungsbescheid nur zulässig ist, wenn eine entsprechende StFestsetzung existiert und
- der Duldungspflichtige alle Einwendungen geltend machen kann, die auch der StSchuldner geltend machen könnte (Thüringer OVG 9.12.2013 - 4 EO 827/12, ZInsO 2014, 1293).

Eine Begleichung der Primärschuld führt zum Erlöschen der Pflicht zur Duldung der Zwangsvollstreckung (Gosch AO § 77 Rn. 7). Dies gilt auch bei Zahlung unter Vorbehalt (VG Leipzig 4.5.2020 – 6 K 2292/17, BeckRS 2020, 19636).

Wenn der Abgabenbescheid bestandskräftig ist, können Einwendungen gegen die StFestsetzung allerdings nicht geltend gemacht werden (BFH 1.3.1988 – VII R 109/86, BStBl. II 1988, 408; VG Schleswig-Holstein 25.9.2019 – 4 A 605/17, BeckRS 2019, 24083 Rn. 29; aA VGH Kassel 4.6.1980 – V OE 23/79, NJW 1981, 478).

II. Duldungspflicht des Vermögensverwalters (Abs. 1)

1. Verwaltung von Vermögen

Die in den **§§ 34, 35 genannten Personen** sind nach S. 1 zur Duldung der Zwangsvollstreckung in das ihrer Verwaltung unterliegende Vermögen verpflichtet. Dies sind insb. die gesetzlichen Vertreter natürlicher und juristischer Personen, zB der Geschäftsführer einer GmbH. Dabei muss es sich aus Sicht des Vertreters bzw. Vermögensverwalters um fremdes Vermögen handeln, weil eigenes Vermögen nicht der Duldungspflicht unterliegt (TK § 77 Rn. 6). 4

Steuern. Eine Duldungspflicht besteht nur, soweit aus dem verwalteten Vermögen Steuern iSd § 3 I zu entrichten sind. Steuerliche Nebenleistungen wie Zinsen oder Säumniszuschläge werden von § 77 nicht erfasst (TK § 77 Rn. 8). 5

Gewahrsam über Vollstreckungsgegenstände. Die von Abs. 1 betroffenen Personen müssen die Vermögensgegenstände in Gewahrsam haben. Befinden sich die Vermögensgegenstände nicht im Gewahrsam dieser Personen, steht der Vollstreckung von vornherein nichts im Wege. Üben sie allerdings den Gewahrsam nur für den Vertretenen aus oder sind sie lediglich Besitzdiener (§ 855 BGB), so sind sie ebenfalls auch ohne diese Vorschrift zur Duldung der Zwangsvollstreckung verpflichtet, sodass es keines Duldungsbescheids bedarf (BT-Drs. VI/1982, 121). 6

Der Vertreter oder Verwalter ist nicht zum Einsatz des eigenen Vermögens verpflichtet, auch wenn er freilich die StSchuld tilgen kann (→ Rn. 1). Denn geduldet zu werden braucht nur die Vollstreckung in das verwaltete und daher in das für den Duldungspflichtigen fremde Vermögen. Etwas anderes gilt, wenn zugleich eine haftungsrechtliche Inanspruchnahme nach §§ 69 ff. erfolgt (Gosch AO § 77 Rn. 6). 7

2. Duldung der Zwangsvollstreckung

Der Duldungspflichtige ist nur zum **(passiven) Hinnehmen** der Vollstreckungsmaßnahmen, jedoch – ungeachtet der Zahlungsmöglichkeit (→ Rn. 1) – nicht zur Zahlung der 9

StSchuld verpflichtet. Die Duldungspflicht greift nur subsidiär ein, weil die in §§ 34, 35 genannten Personen grds. zur Begleichung der StSchuld verpflichtet sind. Die Duldungspflicht kommt daher erst zum Tragen, wenn die primären Leistungspflichten (Zahlung) nicht erfüllt wurden. Ein Haftungsbescheid des FA ist daher rechtswidrig, wenn damit ein Gesellschafter über § 128 HGB nicht für einen Anspruch aus dem StSchuldverhältnis, sondern für eine Duldungsverpflichtung der Gesellschaft in Haftung genommen werden soll (FG Münster 20.11.2019 – 9 K 315/17 K, EFG 2020, 693 (697)).

10 **Vollstreckbarkeit der StForderung.** Die StForderung, wegen der die Duldung der Zwangsvollstreckung angeordnet wird, muss vollstreckbar sein (BVerwG 13.2.1987 – 8 C 25.85, BStBl. II 1987, 475). Dies setzt deren Festsetzung und Fälligkeit voraus (TK § 77 Rn. 4). Darüber hinaus darf der StBescheid nicht von der Vollziehung ausgesetzt sein (§ 251) und die FB muss ein Leistungsgebot nach § 254 erlassen haben (Schwarz/Pahlke/Keß § 77 Rn. 5); anderenfalls fehlt es an der Vollstreckbarkeit.

11 **Akzessorietät der Duldungspflicht.** Da die Duldungspflicht zur StSchuld im Verhältnis der Akzessorietät steht, erlischt sie, wenn der StAnspruch nicht mehr besteht, sodass die Duldungspflicht nach Zahlung der StSchuld entfällt. Dies gilt auch bei Zahlung unter Vorbehalt (VG Leipzig 4.5.2020 - 6 K 2292/17, BeckRS 2020, 19636). Die Duldungspflicht ist wegen ihrer Akzessorietät auf die Höhe der rückständigen Steuern begrenzt (TK § 77 Rn. 5).

III. Duldungspflicht des Grundstückseigentümers (Abs. 2)

1. Allgemeine Voraussetzungen (Abs. 2 S. 1)

14 Nur für Steuern, die als öffentliche Last auf einem Grundstück ruhen, kommt eine Duldungspflicht in Betracht. Dazu gehören insb. die **GrSt** (BVerwG 14.8.1992 – 8 C 15/90, NJW 1993, 871), die Hypothekengewinnabgabe, wenn diese im Grundbuch eingetragen ist, sowie die Erschließungsbeiträge nach dem BauGB. Auch andere öffentliche Lasten können eine Duldungspflicht begründen, wenn auf die Vorschrift des § 77 II verwiesen wird (Klein § 77 Rn. 2). Keine öffentlichen Lasten iSd Vorschrift sind GrESt, VSt, Müllabfuhr-, Straßenreinigungs- und Kanalbenutzungsgebühren (TK § 77 Rn. 12).

15 **Pflichten des Grundstückseigentümers.** Der Grundstückseigentümer muss lediglich die Zwangsvollstreckung zB durch Eintragung einer Zwangshypothek dulden. Zur Zahlung der rückständigen Beträge aus eigenen Mitteln ist er nicht verpflichtet. Er ist jedoch berechtigt, die Zwangsvollstreckung durch Zahlung abzuwenden.

2. Eigentumsvermutung (Abs. 2 S. 2)

19 Zum Schutz des FA gilt nach Abs. 2 S. 2 die unwiderlegliche Vermutung, dass derjenige Eigentümer ist, der als solcher im **Grundbuch** eingetragen ist. Das Zwangsvollstreckungsverfahren hat sich daher gegen denjenigen zu richten, der möglicherweise auch fehlerhaft als Eigentümer eingetragen ist (TK § 77 Rn. 15). Weder der wahre Eigentümer noch der eingetragene Eigentümer können sich mit der Begründung gegen den Duldungsbescheid wenden, das Grundbuch sei falsch (Gosch AO § 77 Rn. 11). Der wahre Eigentümer kann jedoch vor den ordentlichen Gerichten Drittwiderspruchsklage erheben und evtl. gegen die öffentliche Last bestehende Einwendungen, zB Unwirksamkeit der gesetzlichen oder satzungsrechtlichen Grundlage oder Erlöschen der StSchuld, geltend machen.

20 Selbst die **positive Kenntnis von der Unrichtigkeit des Grundbuchs** hindert die FB nicht, das Zwangsvollstreckungsverfahren gegen den im Grundbuch Eingetragenen zu betreiben (HHSp § 77 Rn. 38). Wird das Grundbuch im Laufe des Verfahrens jedoch berichtigt, ist die Vollstreckung auf den wahren Eigentümer umzustellen (TK § 77 Rn. 11).

3. Einwendungen des nicht eingetragenen Eigentümers (Abs. 2 S. 3)

Der nicht eingetragene Eigentümer kann die ihm gegen die öffentliche Last zustehenden **Einwendungen** nach S. 3 geltend machen. Er kann insb. die Erfüllung der öffentlichen Last einwenden, sodass die Vollstreckung gem. § 257 I Nr. 3 einzustellen ist (HHSp § 77 Rn. 39). 22

IV. Geltendmachung des Duldungsanspruchs; Verfahrensfragen

Die Duldungspflicht macht das FA durch Erlass eines **Duldungsbescheids nach** § 191 I geltend. Hierfür ist das Entschließungs- und das Auswahlermessen auszuüben. Es ist nicht ermessensfehlerhaft, wenn ein Duldungsbescheid gegen einen fehlerhaft im Grundbuch als Eigentümer Eingetragenen erlassen wird, obwohl das FA positive Kenntnis von den tatsächlichen Eigentumsverhältnissen besitzt (zu Einzelheiten → Rn. 20). Bei der Ausübung des Ermessens ist zu berücksichtigen, ob die Abgabenschuld gegenüber dem Stpfl. geltend gemacht werden kann (FG Rheinland-Pfalz 7.10.2010 – 4 K 1663/07, EFG 2011, 814; VG Gelsenkirchen 31.8.2016 – 5 K 3808/15, BeckRS 2016, 51410). Die Inanspruchnahme eines Duldungspflichtigen ist erst dann zulässig, wenn die Durchsetzung der StForderung gegenüber dem Stpfl. erfolglos geblieben ist oder ihre Durchsetzung ihm gegenüber aussichtslos erscheint (OVG Sachsen 20.5.2015 – 3 A 262/14, BeckRS 2015, 54879). Vor Erlass eines Duldungsbescheids muss die FB allerdings nicht alle denkbaren Vollstreckungsmöglichkeiten ausschöpfen (OVG Sachsen 20.5.2015 – 3 A 262/14, BeckRS 2015, 54879). Versucht die FB zunächst den Abgabenanspruch durch Anmeldung zur Insolvenztabelle des StSchuldners durchzusetzen und erlässt erst danach gegen den Grundstückseigentümer einen Duldungsbescheid, liegt kein Ermessensfehler vor (VGH Hessen 22.1.2010 – 5 B 3254/09, KStZ 2010, 77). Die Eröffnung des Insolvenzverfahrens über das Vermögen des Stpfl. steht der Geltendmachung des Duldungsanspruchs gegenüber dem Grundstückseigentümer nicht entgegen (VG Düsseldorf 22.4.2015 – 5 K 8185/14, ZInsO 2015, 1798). Die Inanspruchnahme eines inländischen Haftungsschuldners bedarf nach (mE zweifelhafter) Auffassung des Sächsischen Oberverwaltungsgerichts (OVG Sachsen 20.9.2018 – 3 A 1238/17, BeckRS 2018, 44720, Rn. 33) keiner besonderen Begründung hinsichtlich der Ermessensausübung, wenn ein gegen den StSchuldner zu richtender Nachforderungsbescheid im Ausland vollstreckt werden müsste. Die Ermessensausübung nach § 191 I 1 kann auch dann fehlerhaft sein, wenn sich die Inanspruchnahme des Duldungspflichtigen mit Rücksicht auf das vorangegangene Verhalten des StGläubigers als treuwidrig darstellt, weil dieser den Sachverhalt, auf den er sich stützt, treuwidrig herbeigeführt hat oder aufgrund seines vorangegangenen Verhaltens die Verwirkung des Duldungsanspruchs angenommen werden kann (VG Schleswig 15.11.2023 – 4 A 1/22, NZI 2024, 143). 24

Beim Erlass eines Duldungsbescheids muss eine **Festsetzungsfrist** nicht beachtet werden (BVerwG 13.2.1987 – 8 C 25/85, NJW 1987, 2098; § 191 III gilt nur für Haftungsbescheide). Der StAnspruch muss bei Erlass des Duldungsbescheids lediglich festgesetzt, fällig und vollstreckbar sein. 25

Rechtsbehelfe. Für die Frage nach dem richtigen Rechtsbehelf gegen einen Duldungsbescheid ist zwischen § 77 I und II zu unterscheiden. Wird ein Duldungsbescheid auf § 77 I gestützt, ist er mit dem Einspruch (§ 347) anzufechten, da der Stpfl. sich gegen einen belastenden VA wendet. Gegen eine ablehnende Einspruchsentscheidung ist der Finanzrechtsweg gegeben, wobei die Anfechtungsklage die richtige Klageart ist. 26

Gegen eine Duldungsbescheid, der auf § 77 II gestützt wird, ist dagegen der **Widerspruch nach § 69 VwGO** der zulässige Rechtsbehelf. Denn nach § 1 II gelten die Vorschriften über das außergerichtliche Rechtsbehelfsverfahren nicht für Realsteuern (also auch die GrSt), sodass der Verwaltungsrechtsweg gegeben ist. 27

Einwendungen. Neben den Argumenten gegen die Rechtmäßigkeit des Duldungsbescheids selbst kann der Duldungspflichtige alle Einwendungen, die dem StSchuldner zustehen, geltend machen, weil die Duldungspflicht akzessorisch ist (TK § 77 Rn. 5). 28

Aufgrund der Akzessorietät der Duldungspflicht muss der Duldungspflichtige aber auch die Bestandskraft des StBescheids gegen sich gelten lassen (BFH 1.3.1988 – VII R 109/86, BStBl. II 1988, 408; FG München 1.7.1986 – XII (XIV) 239/82 AO 1, AO 2, EFG 1987, 5; TK § 77 Rn. 5; aA VGH Kassel 4.6.1980 – V OE 20/79, NJW 1981, 478).

Dritter Teil. Allgemeine Verfahrensvorschriften

Vorbemerkung zu §§ 78–133

I. Steuerverfahrensrecht

Im Dritten Teil der AO finden sich grundlegende Bestimmungen zur Durchführung des StVerfahrens. Das StVerfahrensrecht regelt die **Art und Weise,** das „Wie" des Verwaltungsverfahrens. Es dient der Verwirklichung des materiellen StAnspruchs der FVerw. unter Beachtung **rechtsstaatlicher Grundsätze.** Die verfassungsrechtliche Verankerung der StVerfahrensvorschriften der AO findet sich in Art. 108 V GG iVm Art. 20 III GG. Wegen der Gleichartigkeit der Verwaltungsverfahren in ihren Grundzügen stimmen die Vorschriften des Dritten Teils in weiten Bereichen mit denen des VwVfG (allg. öffentlich-rechtliche Verwaltungsverfahren) und des SGB X (Sozialverwaltungsverfahren) inhaltlich überein. Abweichungen bestehen dort, wo die Besonderheiten der betroffenen Rechtsmaterie in Teilaspekten andere verfahrensrechtliche Bestimmungen erfordern. 1

Im Bereich der Eingriffsverwaltung, zu dem das StRecht gehört, ist der von dem Verwaltungshandeln Betroffene hoheitlichem Handeln unterworfen und steht daher in einem Unterordnungsverhältnis zur Verwaltung. Diese – schwächere – Position erfordert aus rechtsstaatlichen Gründen ein Verfahrensrecht, das die Befugnisse der Verwaltung beschreibt und begrenzt, dem Betroffenen neben Pflichten auch Rechte einräumt, die Rechte und Pflichten des Betroffenen möglichst zweifelsfrei benennt und ihm die Wahrnehmung seiner Rechte möglich macht. Der Betroffene darf nicht bloßes Objekt staatlichen Handelns sein, sondern muss das Verfahren mitgestalten, insb. seine Rechte effektiv wahrnehmen können. Die **Auslegung** von Verfahrensvorschriften hat sich an diesen rechtsstaatlichen Grundsätzen zu orientieren. Im Zweifelsfall sind die Regelungen in Ansehung des Zwecks des Verfahrensrechts eher zugunsten des betroffenen Bürgers großzügig auszulegen. Im Bereich der StVerwaltung ist das Verfahrensrecht jedoch zugleich an den Erfordernissen zur **Verwirklichung des materiellen StRechts** ausgerichtet. Die Vorschriften über die Befugnisse der FVerw. stehen in einem Spannungsverhältnis zu denjenigen, die die Rechte des Betroffenen beschreiben. Bei der Auslegung dieser Bestimmungen sind daher auch die staatlichen Belange an der Festsetzung und Erhebung der Steuer zu beachten. Die Vorschriften des Dritten Teils bringen die einander gegenüberstehenden Belange der FVerw. an der gesetzmäßigen Besteuerung einerseits und das Interesse des Betroffenen, von staatlichen Eingriffen möglichst verschont zu bleiben, andererseits in ein ausgewogenes Verhältnis. 2

Geltungsbereich. Die im Dritten Teil der AO zusammengefassten Verfahrensvorschriften gelten für alle Verwaltungsverfahren im Anwendungsbereich der AO, sofern nicht andere Gesetze (zB EinzelStGesetze) oder andere Vorschriften der AO abweichende Regelungen treffen. Sie gelten insb. im StFestsetzungs-, StErhebungs-, Vollstr- und im außergerichtlichen Rechtsbehelfsverfahren. Keine Anwendung finden sie im StStraf- und Bußgeldverfahren, weil diese gänzlich anders strukturiert sind als das StVerwaltungsverfahren. Es gelten die Vorschriften der StPO und des OWiG (vgl. dazu §§ 385, 410). 3

Zentraler Begriff des Dritten Teils der AO ist der des **Verwaltungsverfahrens.** Eine Definition enthält die AO nicht. In Anlehnung an die Definition des § 9 VwVfG wird als steuerrechtliches Verwaltungsverfahren die nach außen wirkende Tätigkeit der FB iSd § 6 verstanden, die auf die Prüfung der Voraussetzungen, die Vorbereitung und den Erlass eines VA oder auf den Abschluss eines – im StRecht freilich nahezu bedeutungslosen – öffentlich-rechtlichen Vertrags gerichtet ist. Für Einzelheiten → § 78 Rn. 7 ff. 4

II. Die Vorschriften

5 Die **Systematik** des Dritten Teils der AO ist nicht stimmig. So sind die Vorschriften über das Zustandekommen von VA keine allg. Verwaltungsvorschriften. In §§ 155 ff. finden sich besondere Bestimmungen über StBescheide, die thematisch den Inhalt der §§ 118 ff. betreffen. Die Verfahrensgrundsätze der §§ 78 ff. befassen sich nicht allein mit Verfahrensfragen, sondern bestimmen auch inhaltlich Rechte und Pflichten der betroffenen Personen, beschreiben etwa Auskunfts- und Mitwirkungspflichten in § 93. Einige Vorschriften wie die Handlungsfähigkeit und die Bevollmächtigung gelten auch außerhalb eines Verwaltungsverfahrens.

6 Der mit **„Verfahrensgrundsätze"** überschriebene Erste Abschnitt des Dritten Teils (§§ 78–117e) enthält Bestimmungen zu der Person des Beteiligten im Verwaltungsverfahren (§§ 78, 79) und zur Vertretung des Beteiligten (§§ 80–81). Die Regelungen der Vertretung sind an dieser Stelle unvollständig. Die gesetzliche Vertretung handlungsunfähiger Personen ergibt sich aus § 34 iVm zivilrechtlichen Bestimmungen. §§ 82–84 befassen sich mit Fragen der Befangenheit des Amtsträgers im Verwaltungsverfahren. §§ 85–92 enthalten in unsystematischer Aufführung Grundsätze der Besteuerung (§§ 85, 88), allg. Bestimmungen zum Verfahren (§§ 86, –87e, 88a–88c), Rechte des Beteiligten (§§ 89–91), Pflichten des Beteiligten (§ 90) sowie die Aufzählung von Beweismitteln (§ 92). §§ 93–107 betreffen die Beweisaufnahme. §§ 108–110 treffen Regelungen zu Fristen und Terminen, zT unter Verweis auf die Vorschriften des BGB. §§ 111–117e regeln die gegenseitige Rechts- und Amtshilfe von Behörden und Gerichten, auch im zwischenstaatlichen Bereich.

7 Die Vorschriften des Zweiten Abschnitts (§§ 118–133) über **Verwaltungsakte** regeln ua das Zustandekommen, den Inhalt, die Bekanntgabe, die Wirksamkeit und die Wirkung bzw. die Folgen fehlerhafter VA. Besondere Bestimmungen über bestimmte VA (zB StBescheide, §§ 155 ff.) finden sich außerhalb des Dritten Teils der AO und gehen, soweit abw., den §§ 118 ff. vor oder ergänzen sie.

III. Verstoß gegen Verfahrensvorschriften

8 Ein Verstoß gegen die Bestimmungen des Dritten Teils der AO hat idR die Anfechtbarkeit, nicht aber die Nichtigkeit des VA oder der anderen Maßnahme der FB zur Folge. Die Verletzung von Bestimmungen kann von dem Betroffenen im Regelfall nicht gesondert, sondern nur im Rahmen der Anfechtung der belastenden behördlichen Maßnahme als Grund für deren Nichtigkeit oder Anfechtbarkeit geltend gemacht werden (zur Problematik → § 347 Rn. 4 ff.). § 127 schließt in vielen Fällen die Aufhebung eines unter Verstoß gegen Verfahrensvorschriften erlassenen VA aus, wenn keine andere Entscheidung in der Sache hätte getroffen werden können. Da in der StVerwaltung zumeist gebundene Entscheidungen zu treffen sind (zB Erlass von StBescheiden), kommt eine Aufhebung von VA allein wegen Verletzung der Vorschriften des Dritten Teils in der Praxis eher selten in Betracht.

Erster Abschnitt. Verfahrensgrundsätze

1. Unterabschnitt. Beteiligung am Verfahren

§ 78 Beteiligte

Beteiligte sind

1. Antragsteller und Antragsgegner,

2. diejenigen, an die die Finanzbehörde den Verwaltungsakt richten will oder gerichtet hat,

3. diejenigen, mit denen die Finanzbehörde einen öffentlich-rechtlichen Vertrag schließen will oder geschlossen hat.

Vergleichbare Vorschriften: § 13 I Nr. 1–3 VwVfG, § 12 I Nr. 1–3 SGB X

Schrifttum: Stadie, Der Begriff des „Beteiligten" im Sinne der Abgabenordnung 1977, BB 1977, 1648; Lohmeyer, Die Beteiligten am Besteuerungsverfahren, ZKF 1987, 106; Desens, Wer ist ein „am Verfahren Beteiligter" i. S. d. § 50b EStG, FR 2012, 946.

I. Allgemeines

§ 78 definiert den Begriff des Beteiligten im Verwaltungsverfahren durch abschl. Aufzählung. Die Vorschrift bestimmt, wer formell Beteiligter eines steuerlichen Verwaltungsverfahrens mit eigenen Verfahrensrechten und -pflichten ist. Zugleich verpflichtet sie die FB, die von einem Verwaltungsverfahren Betroffenen als Beteiligte in das Verfahren zu ziehen. § 78 gilt für das **gesamte steuerrechtliche Verwaltungsverfahren,** soweit nichts anderes bestimmt ist. Die Vorschrift regelt demnach die Beteiligtenstellung insb. im StFestsetzungs- bzw. StFeststellungs-, Haftungs-, StErhebungs- und VollstrVerfahren (BFH 28.3.1979 – I B 79/78, BStBl. II 1979, 538; BFH 18.3.1987 – II R 35/86, BStBl. II 1987, 419). Sie findet wegen der abw. geregelten Beteiligtenstellung keine Anwendung im Zerlegungsverfahren (§ 186) und im außergerichtlichen Rechtsbehelfsverfahren (§ 359). Im Einzelfall kann nach dem Sinn und Zweck der jeweiligen Norm (zB § 117 IV 1 s. dort oder § 50b EStG) ausnahmsweise eine andere Auslegung des Beteiligtenbegriffs notwendig sein (vgl. auch HHSp § 78 Rn. 8). Im Hinblick auf die grundlegend andersartige Struktur des Verfahrens gilt § 78 nicht im StStrafverfahren und im Bußgeldverfahren. Im Finanzgerichtsverfahren gilt § 57 FGO. 1

Verfassungsrechtlich ist § 78 Ausdruck des Art. 1 GG und des Rechtsstaatsprinzips. Wer in eigener Sache von einem Verwaltungsverfahren betroffen ist, ist nicht bloßes Objekt staatlichen Handelns. Er kann vielmehr im Verfahren selbständig Rechte geltend machen (BVerfG 16.7.1969 – 1 BvL 19/63, BVerfGE 27, 1 mwN). Der Beteiligte nimmt an dem Verwaltungsverfahren – aktiv – teil mit der Befugnis, auf das Verfahren gestaltend einzuwirken. Er darf sich selbst oder durch einen Vertreter zur Sache und zum Verfahren äußern sowie Anträge stellen und hat im Einzelnen normierte Rechte (zB das Anhörungsrecht gem. § 91). Im Gegenzug ist der Beteiligte – passiv – Adressat staatlichen Handelns. Er muss dieses Handeln gegen sich wirken lassen und hat im Einzelnen bestimmte Pflichten wie insb. die Mitwirkungs- und Auskunftspflicht (§§ 90, 93). Die Bestimmung der Beteiligten ist notwendig, weil die AO dem Beteiligten andere verfahrensrechtliche Rechte einräumt und Pflichten auferlegt als dem nichtbeteiligten Dritten (→ Rn. 28). 2

Formeller Beteiligtenbegriff. § 78 begründet die **verfahrensrechtliche Stellung** eines Betroffenen im eigenen Verwaltungsverfahren (formeller Beteiligtenbegriff). Sie ist der Stellung als Partei oder Beteiligter im Prozess vergleichbar. Der Beteiligte wird Träger von Rechten und Pflichten im Verwaltungsverfahren allein dadurch, dass er sich mit einem Begehren an die FB wendet oder dass diese zB durch Erlass eines VA an ihn herantritt. Entscheidend ist das Betreiben eines Verwaltungsverfahrens als solches und nicht die Rechtsstellung als Stpfl. Da es auf die Rechtmäßigkeit des Handelns nicht ankommt, ist Beteiligter auch derjenige, der zu Unrecht zur Erfüllung steuerrechtlicher Pflichten in Anspruch genommen wird oder der ohne materiellen Rechtsgrund einen Antrag an die FB richtet (vgl. HHSp § 78 Rn. 46 ff. mwN). Der **Sprachgebrauch der AO** ist hinsichtlich des Begriffs des Beteiligten nicht einheitlich. Während in den allg. Verfahrensvorschriften (§§ 78–133) überwiegend von den Beteiligten die Rede ist, wird in den Vorschriften über das Besteuerungsverfahren hauptsächlich der Begriff des Stpfl. (§ 33) verwendet. Diese Personenkreise sind nicht identisch, wenngleich in der Praxis in aller Regel der Stpfl. auch Beteiligter ist und die überragende Zahl der Beteiligten Stpfl. sind. Die unterschiedliche Benennung der betroffenen Personen beruht auf deren in den jeweiligen Vorschriften 3 angesprochene Rechtsstellung. Für einzelne Verfahrensabschnitte verwendet die AO für die Beteiligten andere Bezeichnungen, so etwa im Feststellungsverfahren den Begriff des Feststellungsbeteiligten (§ 183 I), im VollstrVerfahren wegen Geldforderungen den des VollstrSchuldners (§ 249 II) und des Pflichtigen (§ 328 II).

4 **Schuldrechtlicher Beteiligtenbegriff (Steuerpflichtiger).** Im Gegensatz zum Beteiligten iSd § 78 ist **Stpfl. iSd § 33,** wer als (möglicher) Beteiligter eines StSchuldverhältnisses die ihm durch die StGesetze auferlegten Pflichten zu erfüllen hat und Rechte beanspruchen kann, → § 33 Rn. 25.

II. Verwaltungsverfahren und Beteiligungsfähigkeit

7 Den Begriff des **Verwaltungsverfahrens** definiert die AO nicht. § 86 legt allein den Beginn des Verfahrens fest. In Anlehnung an die Definition des § 9 VwVfG wird als steuerrechtliches Verwaltungsverfahren die nach außen wirkende Tätigkeit der FB iSd § 6 verstanden, die auf die Prüfung der Voraussetzungen, die Vorbereitung und den Erlass eines VA oder auf den Abschluss eines öffentlich-rechtlichen Vertrags gerichtet ist. Es schließt den Erlass des VA oder den Abschluss des Vertrags als Ende des Verfahrens ein (vgl. HHSp § 78 Rn. 16; TK § 78 Rn. 5). Die Entgegennahme einer durch VA festgesetzten StErstattung oder StVergütung gehört nicht mehr zum Verwaltungsverfahren, ebenso nicht die Prüfung – in einem neuen Verfahren –, ob ein VA aufgehoben oder geändert werden soll. Einspruchs-, StErhebungs- und VollstrVerfahren sind gegenüber dem StFestsetzungsverfahren selbständige Verwaltungsverfahren. Für diese ist die Beteiligtenstellung jeweils neu zu bestimmen (TK § 78 Rn. 5; HHSp § 78 Rn. 33, jeweils mwN; aA für das Einspruchsverfahren – jedenfalls im Fall der Bestellung eines Vertreters von Amts wegen – BFH 24.10.1995 – III B 171/93, BFH/NV 1996, 289).

8 Die **„nach außen wirkende Tätigkeit“** der FB richtet sich rechtsgestaltend oder rechtsfeststellend an die betroffene Person. Sie schließt vorbereitende Handlungen im Hinblick auf ein konkretes steuerrechtliches Verfahren ein und ist von den bloßen behördeninternen Maßnahmen abzugrenzen. Zielrichtung der fraglichen Tätigkeit muss der Erlass eines VA oder – in der Praxis weniger bedeutsam – der Abschluss eines öffentlich-rechtlichen Vertrages sein. Ohne Bedeutung ist, ob das Verfahren mit der beabsichtigten Maßnahme abgeschlossen wird. Die Beantwortung der Frage, ob eine bestimmte Tätigkeit der FB als Verwaltungsverfahren iSd AO zu beurteilen ist, muss sich an dem verfassungsrechtlich garantierten Recht des Betroffenen, zum Zweck der Wahrung eigener Interessen eine mit Rechten und Pflichten ausgestattete Beteiligtenstellung zu erlangen, orientieren.

9 Nur im **eigenen Verwaltungsverfahren** räumt § 78 dem Betroffenen die Stellung als Beteiligter ein. Die FB ist bei der Bestimmung des Beteiligten nicht frei. Beteiligter ist derjenige, der nach den jeweiligen Verfahrensvorschriften in das Verfahren gehört (vgl. BT-Drs. IV/1982, 130). Es ist derjenige Beteiligte, an den die FB im konkreten Verfahren den VA richten oder mit dem sie den öffentlich-rechtlichen Vertrag schließen will. Das können etwa bei einer Zusammenveranlagung zur Einkommensteuer auch mehrere Personen sein. Personen, die in einem fremden Verfahren Rechte und Pflichten (wie etwa aus §§ 93, 96, 97, 99) haben, sind nicht Beteiligte. Wenn die Bestimmung von Rechten und Pflichten Nichtbeteiligter Gegenstand eines Verfahrens werden (zB bei einem Auskunftsersuchen), sind die Betroffenen Beteiligte in ihrem eigenen Verfahren.

12 Die **Beteiligungsfähigkeit** ist – in § 78 unausgesprochen – Voraussetzung der Beteiligtenstellung als der mit eigenen Rechten und Pflichten ausgestatteten Position. Sie ist in der AO nicht geregelt. Beteiligungsfähigkeit ist die Fähigkeit, am Verwaltungsverfahren beteiligt zu sein. Sie entspricht der Rechtsfähigkeit im bürgerlichen Recht, wird darüber hinaus aber auch nichtrechtsfähigen Gebilden für steuerrechtliche Zwecke zuerkannt. Der für das allgemeine Verwaltungsverfahren geltende § 11 VwVfG bestimmt als beteiligungsfähig natürliche und juristische Personen, Vereinigungen, soweit ihnen ein Recht zustehen

kann, und Behörden. Im steuerrechtlichen Verfahren ist beteiligungsfähig, wer steuerrechtsfähig ist, also iSd § 33 I Träger steuerrechtlicher Rechte und Pflichten sein kann (TK § 78 Rn. 26 f.). Neben natürlichen und juristischen Personen sind dies insb. (nichtrechtsfähige) PersGes, andere Vereinigungen und Vermögensmassen (vgl. § 79). Die StRechtsfähigkeit bestimmt sich nach dem jeweiligen EinzelStGesetz und gilt nur für das jeweilige Verfahren. Für die Einzelheiten zur StRechtsfähigkeit von natürlichen und juristischen Personen sowie von Personenzusammenschlüssen → § 33 Rn. 2 ff. Eine Person oder Vereinigung ist unabhängig von ihrer StRechtsfähigkeit immer beteiligungsfähig, wenn und soweit um ihre Beteiligungsfähigkeit gestritten wird. Die Beteiligungsfähigkeit ist von der Handlungsfähigkeit gem. § 79 zu unterscheiden. Letztere ist maßgebend für die Wirksamkeit einer Verfahrenshandlung des Beteiligten (→ § 79 Rn. 4 f.).

III. Beteiligte

1. Antragsteller und Antragsgegner (Nr. 1)

Antragsteller. § 78 Nr. 1 betrifft nur echte, selbständige Antragsverfahren, dh solche, 13
die die FB ohne Antrag nicht einleiten darf und dessen alleiniger Gegenstand die beantragte Leistung ist (HHSp § 78 Rn. 69 ff.; → § 86 Rn. 11 f.). Die Vorschrift kommt eigenständig nur dort zum Tragen, wo die Stellung eines Antrags nicht ohnehin den Erlass eines begünstigenden oder ablehnenden VA zur Folge hat und der Antragsteller damit schon gem. § 78 Nr. 2 Beteiligter wird. Antragsteller ist jeder, der in eigener Sache bei der FB den Erlass eines VA beantragt, er zB den Antrag auf StVeranlagung gem. § 46 II Nr. 8 EStG, auf Gewährung einer Eigenheim- oder Investitionszulage oder auf Kindergeld stellt. Beteiligter ist nicht nur derjenige, der den Antrag auf Gewährung zB des Kindergelds stellt, in aller Regel also der Kindergeldberechtigte, und für den Nr. 2 eingreift. Beteiligter nach Nr. 1 wird auch derjenige, der wie zB der Abzweigungsberechtigte an der Leistung des Kindergelds ein berechtigtes Interesse hat (§ 67 S. 2 EStG), denn er ist Beteiligter in dem vom Festsetzungsverfahren zu unterscheidenden Erhebungs- bzw. Auszahlungsverfahren (BFH 26.1.2001 – VI B 310/00, BFH/NV 2001, 896). Bei unechten und unselbständigen Anträgen wie zB dem StErlassverfahren (§ 227), dem StStundungsverfahren (§ 222) oder dem VollstrAufschubverfahren (§ 258) entsteht eine Beteiligtenstellung nur aus § 78 Nr. 2 (HHSp § 78 Rn. 73 ff.; → § 85 Rn. 11 f.). Die Anregung eines von Amts wegen durchzuführenden Verfahrens ist kein Antrag, ebenso wie die Aufforderung gegen einen Konkurrenten Steuern festzusetzen (TK § 78 Rn. 15). Behörden, jedoch nicht die das konkrete Verwaltungsverfahren durchführende FB, können Antragsteller sein (HHSp § 78 Rn. 38, 80). Die Beteiligtenstellung ist unabhängig davon, ob der Antrag Erfolg hat oder nicht.

Antragsgegner ist nicht die FB. Als Trägerin des Verfahrens obliegt der **Verfahrens-** 14
behörde die Entscheidung (TK § 78 Rn. 12 f. mwN). Antragsgegner ist derjenige, in dessen Rechte die Stattgabe eines Antrags eingreift. Ein solcher Eingriff ist nur in den im StRecht äußerst seltenen Verfahren mit Doppel- oder Drittwirkung denkbar (Gosch AO § 78 Rn. 21; HHSp § 78 Rn. 86 f.). Eine Doppelwirkung entfaltet zB ein Zerlegungsbescheid für die an der Zerlegung beteiligten Gemeinden. Dagegen kann sich bei Gewährung einer StVergünstigung oder eines Erlasses ein Konkurrent des Stpfl. im Wettbewerb nicht auf die Drittbetroffenheit berufen, weil das Besteuerungsverfahren von Amts wegen durchzuführen und nicht von einem Antrag abhängig ist (HHSp § 78 Rn. 88 mwN; TK § 78 Rn. 15).

Die Beteiligtenstellung **beginnt** für den Antragsteller im Zeitpunkt der Entgegennahme 15
des Antrags durch die FB. Unerheblich ist, ob diese daraufhin ein Verfahren einleitet, ein solches ablehnt oder untätig bleibt. Ebenso wird der Antraggegner bereits mit der Antragstellung Beteiligter. Einer Benachrichtigung über das Verfahren bedarf es nicht. Zum Beginn des Verfahrens vgl. § 86. Die Beteiligtenstellung **endet** mit dem Ende des Verwaltungsverfahrens, also in aller Regel mit der Entscheidung über den Antrag.

2. Adressaten eines Verwaltungsakts (Nr. 2)

18 § 78 Nr. 2 bestimmt in erster Linie die Beteiligtenstellung des Stpfl., betrifft aber auch andere Personen (→ Rn. 3). Adressat ist derjenige, an den die FB einen VA richten will oder bereits gerichtet hat. Die Rechtmäßigkeit oder die Rechtswidrigkeit dieses VA ist für die formelle Rechtsstellung des Beteiligten unerheblich. Sind mehrere Personen Adressaten eines VA (so zB zusammenveranlagte Ehegatten), sind beide Personen Beteiligte. Der Drittbetroffene ist nicht nach § 78 Nr. 2 Beteiligter. Im Einspruchsverfahren kommt gem. § 360 seine Hinzuziehung in Betracht (HHSp § 78 Rn. 97). Die bloße Bekanntgabe eines an einen anderen gerichteten VA löst die Beteiligtenstellung des Empfängers nicht aus (TK § 78 Rn. 18).

19 Die Beteiligtenstellung **beginnt** mit der ersten auf ein konkretes Verwaltungsverfahren gerichteten Maßnahme der FB, die zum Erlass eines VA führen soll (vgl. § 86). Die Durchführung auf den Einzelfall bezogener Vorbereitungsmaßnahmen wie die Erhebung von Daten oder die Anhörung reicht aus, nicht dagegen allg. Vorbereitungen wie das Erstellen von Listen, Dienstanweisungen und die Versendung von StErklärungen (TK § 78 Rn. 17; HHSp § 78 Rn. 100). Die Kenntnis des Beteiligten von der Absicht, einen VA zu erlassen, ist nicht erforderlich. Das **Ende** der Beteiligtenstellung ist durch den Erlass des VA oder den anderweitigen Abschluss des Verfahrens gekennzeichnet. Die Beendigung ist nicht formbedürftig, das Einstellen von Maßnahmen der FB reicht aus (TK § 78 Rn. 21).

3. Partei eines öffentlich-rechtlichen Vertrags (Nr. 3)

22 § 78 Nr. 3 hat kaum Bedeutung im StRecht. Ein öffentlich-rechtlicher Vertrag liegt vor, wenn ein öffentlich-rechtliches Verhältnis nicht durch VA, sondern durch Vereinbarung begründet, inhaltlich gestaltet oder aufgehoben wird. Gesetzliche Regelungen über den öffentlich-rechtlichen Vertrag finden sich in §§ 54–62 VwVfG. Die hM vertritt die Auffassung, dass Verträge einschl. Vergleiche gem. § 779 BGB zwischen FB und Stpfl. über die Begründung, Verschärfung, Milderung, Änderung oder Aufhebung eines StRechtsverhältnisses grds. verboten und wegen Verstoß gegen ein gesetzliches Verbot nichtig sind, sofern das StRecht nicht ausdrücklich eine Ausnahme zulässt. StRechtsverhältnisse sind durch VA zu gestalten (vgl. §§ 38, 85, 155; HHSp § 78 Rn. 158 ff.; TK § 78 Rn. 22, jeweils mwN; für das StErhebungsverfahren bejahend FG Hamburg 15.6.2011 – 3 K 135/10, EFG 2011, 1790). § 78 Nr. 3 bildet auch keine Rechtsgrundlage für steuerrechtliche Vereinbarungen (BFH 5.10.1990 – III R 19/88, BStBl. II 1991, 45). Eine gesetzliche Ausnahme bildet die Hingabe von Kunstgegenständen an Zahlungs statt (§ 224a). Weitere mögliche Vereinbarungen im StRecht sind der Aufrechnungsvertrag (§ 226), der Zuschlag im VollstrVerfahren (§ 299), zwischenstaatliche Verständigungsvereinbarungen aufgrund von DBA (§ 2) sowie Vereinbarungen im Bereich des Zollrechts (vgl. TK § 78 Rn. 23; HHSp § 78 Rn. 174 ff., jeweils mwN).

23 Die **„tatsächliche Verständigung"** über schwierig zu ermittelnde tatsächliche Umstände wird von der std. Rspr. und der Literatur anerkannt. Unklar ist, ob es sich bei einer solchen Verständigung um einen öffentlich-rechtlichen Vertrag oder um eine Übereinkunft über einen anzunehmenden Sachverhalt zum Zwecke der effektiven Sachverhaltsermittlung handelt. Für die nähere Darstellung der Zulässigkeit, Voraussetzungen und Wirkungen der „tatsächlichen Verständigung" wird auf → § 88 Rn. 47 ff. und auf → § 38 Rn. 31 verwiesen.

24 Für die **formale Beteiligtenstellung** nach § 78 Nr. 3 ist es unerheblich, ob ein öffentlich-rechtlicher Vertrag im Einzelfall zulässig und ob die „tatsächliche Verständigung" als Vertrag zu werten ist, denn die formale Rechtsstellung als Beteiligter knüpft allein an den Umstand an, dass die FB einen – möglicherweise unzulässigen – öffentlich-rechtlichen Vertrag schließen will oder geschlossen hat. Die Streitfragen zur Zulässigkeit von Vereinbarungen im StRecht sind für die Beteiligtenstellung auch dann ohne Bedeutung, wenn nur über Teilaspekte des StRechtsverhältnisses eine Vereinbarung getroffen oder Über-

einstimmung hergestellt wird, letztlich jedoch ein VA ergeht und der Betroffene die Beteiligtenstellung bereits nach § 78 Nr. 2 innehat.

Beginn und **Ende** der Beteiligtenstellung stimmen mit dem Beginn der Vertragsverhandlungen und dem Ende der Verhandlungen oder dem Vertragsschluss überein. 25

4. Andere Beteiligte, Nichtbeteiligte

Die Aufzählung der Beteiligten in § 78 ist abschl. Unter den Voraussetzungen des § 174 V kann ein Dritter außerhalb, nach §§ 359, 360 während des Rechtsbehelfsverfahrens durch **Hinzuziehung** zu einem fremden Verfahren Beteiligter werden (→ § 174 Rn. 81 ff.; Erl. zu § 360). Andere als in diesen Vorschriften und in § 78 genannte Personen sind nicht am Verfahren beteiligt. Haben Dritte im fremden Verwaltungsverfahren Pflichten wie Mitwirkungs- und Auskunftspflichten zu erfüllen, sind sie keine Beteiligten in diesem Verfahren, werden aber Beteiligte eines Auskunftsverfahrens (Schwarz/Pahlke/Keß § 78 Rn. 14 f.; HHSp § 78 Rn. 58 f., 185). Als Trägerin des Verwaltungsverfahrens ist die FB nicht Beteiligte (→ Rn. 14). Anders ist dies im Finanzgerichtsprozess. Als kontradiktorisches Verfahren ist die FB dort Prozessbeteiligter (TK § 78 Rn. 13). 28

§ 79 Handlungsfähigkeit

(1) **Fähig zur Vornahme von Verfahrenshandlungen sind:**

1. natürliche Personen, die nach bürgerlichem Recht geschäftsfähig sind,

2. natürliche Personen, die nach bürgerlichem Recht in der Geschäftsfähigkeit beschränkt sind, soweit sie für den Gegenstand des Verfahrens durch Vorschriften des bürgerlichen Rechts als geschäftsfähig oder durch Vorschriften des öffentlichen Rechts als handlungsfähig anerkannt sind,

3. juristische Personen sowie Personenvereinigungen oder Vermögensmassen durch die in § 34 bezeichneten Personen oder durch besonders Beauftragte,

4. Behörden durch ihre Leiter, deren Vertreter oder Beauftragte.

(2) **Betrifft ein Einwilligungsvorbehalt nach § 1825 des Bürgerlichen Gesetzbuchs den Gegenstand des Verfahrens, so ist ein geschäftsfähiger Betreuter nur insoweit zur Vornahme von Verfahrenshandlungen fähig, als er nach den Vorschriften des bürgerlichen Rechts ohne Einwilligung des Betreuers handeln kann oder durch Vorschriften des öffentlichen Rechts als handlungsfähig anerkannt ist.**

(3) **Die §§ 53 und 55 der Zivilprozessordnung gelten entsprechend.**

Vergleichbare Vorschriften: § 12 VwVfG, § 11 SGB X

Schrifttum: Dißars, Der beschränkt Geschäftsfähige im Steuerrecht -zivil- und steuerrechtliche Grundlagen, DStR 1997, 417; Ebling, Verfahrenshandlungen von und gegenüber handlungsunfähigen natürlichen Personen im Steuerverwaltungsverfahren, DStZ 1998, 322; Demme, Verfahrensrechtliche Fragen im Zusammenhang mit der Betreuung von Steuerpflichtigen, AO-StB 2010, 150.

Übersicht

I. Allgemeines

1 § 79 bestimmt die Handlungsfähigkeit der Beteiligten (§ 78) im Verwaltungsverfahren. Ferner enthält § 79 Regelungen zur Handlungsfähigkeit bei Betreuung oder Pflegschaft sowie für bestimmte Ausländer. Sie führt – im Hinblick auf die Vertretung Handlungsunfähiger unvollständig – die Personen auf, die wirksam Verfahrenshandlungen vornehmen können (BT-Drs. VI/1982, 130). Sie betrifft Beteiligte, die selbst keine natürliche Handlungsfähigkeit besitzen (zB juristische Personen und Behörden) oder die ihre Rechte und Pflichten im StVerwaltungsverfahren zB wegen Minderjährigkeit oder Krankheit nicht wahrnehmen können. § 79 dient in erster Linie dem Schutz des Handlungsunfähigen vor ihn belastenden und bindenden Maßnahmen der FB (BFH 27.7.1994 – XI S 1/94, BStBl. II 1994, 787; BFH 16.4.1997 – XI R 61/94, BStBl. II 1997, 595). Die Bestimmung der Handlungsfähigkeit gilt für das gesamte steuerrechtliche Verwaltungsverfahren. § 79 findet im StStrafverfahren und im Bußgeldverfahren keine Anwendung (→ § 78 Rn. 1).

4 **Handlungsfähigkeit** ist die Fähigkeit, im Verwaltungsverfahren (→ § 78 Rn. 7 ff.) wirksam Verfahrenshandlungen vornehmen (→ Rn. 5) zu können. Sie ist von der Beteiligungsfähigkeit zu unterscheiden. Letztere ist in der AO nicht geregelt. Sie ist die Fähigkeit, am Verwaltungsverfahren beteiligt, also nach den Bestimmungen der EinzelStG Subjekt in einem Verfahren zu sein (→ § 78 Rn. 12; → § 33 Rn. 2 ff.). Nicht jeder Beteiligungsfähige ist indes handlungsfähig. Ein Minderjähriger kann zwar Adressat eines EStBescheids und damit beteiligungsfähig sein, im Regelfall ist er aber im Hinblick auf § 79 I Nr. 1 und Nr. 2 nicht handlungsfähig. Eine GmbH ist als Adressatin eines KStBescheids beteiligungsfähig, ihr fehlt aber die natürliche Fähigkeit zu handeln. Wenn und soweit Beteiligte iSd § 78 nicht nach § 79 handlungsfähig sind oder keine natürliche Handlungsfähigkeit besitzen, werden sie im Verwaltungsverfahren von einer handlungsfähigen Person vertreten. Die Handlungsfähigkeit entspricht der **Prozessfähigkeit** im Prozess. Sie geht weiter als die in §§ 104–113 BGB geregelte zivilrechtliche **Geschäftsfähigkeit.** Letztere bezieht sich nur auf die Vornahme von Rechtsgeschäften und sagt nichts über die Fähigkeit aus, andere Handlungen als Rechtsgeschäfte wirksam vornehmen zu können (HHSp § 79 Rn. 10; TK § 79 Rn. 4).

5 **Verfahrenshandlungen** sind als solche nicht in der AO definiert. Es gibt keine umfassenden Bestimmungen über die Voraussetzungen ihrer Wirksamkeit und die Folgen ihrer Fehlerhaftigkeit. Verfahrenshandlungen werden verstanden als Willens- und Wissenserklärungen sowie tatsächliche Handlungen, an die steuerrechtliche Konsequenzen anknüpfen (hM; grdl. BFH 16.4.1997 – XI R 61/94, BStBl. II 1997, 595 mwN). Verfahrenshandlungen sind alle Handlungen, denen das Verfahrensrecht eine rechtliche Bedeutung beimisst (Gosch AO § 79 Rn. 7 ff.). Die Vornahme von Verfahrenshandlungen bedeutet nicht allein die (aktive) Bewirkung von rechtlich bedeutsamen Handlungen, sondern auch, Handlungen (passiv) entgegenzunehmen und ihnen damit Rechtswirksamkeit zu verschaffen (BFH 27.7.1994 – XI S 1/94, BStBl. II 1994, 787). Insofern behandelt § 79 die aktive und passive Handlungsfähigkeit. Im steuerrechtlichen Verfahren sind sie häufig eine Mischung aus Willens- und Wissenserklärungen. Aktive Verfahrenshandlungen sind insb. die Abgabe von StErklärungen, Stellung von Anträgen, Erteilung von Auskünften, Bestellung eines Bevollmächtigten, Einlegung eines Einspruchs oder seine Rücknahme, Zahlung, Absprache in einer Ap. (FG Saarland 11.12.1985 – I 215/84, EFG 1986, 214) und die „tatsächliche Verständigung" (HHSp § 79 Rn. 11; TK § 79 Rn. 6; Gosch AO § 79 Rn. 8). Als passives Tun sind sie insb. die Entgegennahme von StBescheiden, die Duldung einer Besichtigung oder Vollstr. sowie die Kenntnisnahme von tatsächlichen Handlungen, an die eine Rechtsfolge wie etwa die Hemmung eines Fristablaufs geknüpft ist (BFH 16.4.1997 – XI R 61/94, BStBl. II 1997, 595 mwN zur Verjährungshemmung nach § 171 V; BFH 27.7.1994 – XI S 1/94, BStBl. II 1994, 787; BFH 21.11.2006 – VII R 68/05, BStBl. II 2007, 291 zu VollstrMaßnahmen). Kein Verwaltungshandeln, weil nicht auf die Herbeiführung einer Rechtsfolge bezogen, ist die schlichte Entgegennahme von

Erstattungs- oder Vergütungsbeträgen (TK § 79 Rn. 5; aA HHSp § 79 Rn. 12: dies würde dem Schutz des Handlungsunfähigen widersprechen). Leistungsempfänger und Rückzahlungsverpflichteter kann daher auch ein Handlungsunfähiger sein, soweit er nur die Beteiligungsfähigkeit besitzt (FG Düsseldorf 5.8.1999 – 18 V 4368/98 A (AO), EFG 1999, 1162).

Umfang der Handlungsfähigkeit. Die Handlungsfähigkeit berechtigt zur Vornahme aller Verfahrenshandlungen. Es kann auch wirksam ein Bevollmächtigter nach § 80 bestellt werden. Dieser muss seinerseits handlungsfähig sein. 6

II. Handlungsfähige Personen

1. Geschäftsfähige natürliche Personen (Abs. 1 Nr. 1)

Nach Abs. 1 Nr. 1 sind handlungsfähig die nach bürgerlichem Recht unbeschränkt geschäftsfähigen natürlichen Personen (Menschen). Das BGB bestimmt indes nicht die Geschäftsfähigkeit, sondern geht von der Geschäftsfähigkeit des Menschen aus und nennt nur die geschäftsunfähigen und beschränkt geschäftsfähigen Personen. 9

Unbeschränkte Geschäftsfähigkeit tritt mit der Volljährigkeit, also mit Vollendung des achtzehnten Lebensjahres ein (§ 2 BGB), wenn die Person nicht wegen dauerhafter Störung der Geistestätigkeit geschäftsunfähig ist. **Geschäftsunfähig** ist, wer das siebente Lebensjahr nicht vollendet hat (§ 104 Nr. 1 BGB) oder wer sich in einem die freie Willensbildung ausschließenden Zustand krankhafter Störung der Geistestätigkeit befindet, sofern nicht der Zustand seiner Natur nach ein vorübergehender ist (§ 104 Nr. 2 BGB). Zur **Betreuung** → Rn. 32 ff. Eine Bewusstlosigkeit oder eine vorübergehende Störung der Geistestätigkeit, wie etwa ein Vollrausch, beeinflussen die Geschäftsfähigkeit zwar nicht. Die in diesem Zustand vorgenommene Verfahrenshandlung ist aber entspr. § 105 II BGB nichtig (BFH 15.2.1977 – VII R 42/74, BStBl. II 1977, 434; Gosch AO § 79 Rn. 20). An sich geschäftsfähige Personen können für einen Kreis von Geschäften geschäftsunfähig sein (partielle Geschäftsunfähigkeit), so etwa bei krankhaftem Querulantentum. Dass die Person sich in ihren StAngelegenheiten nicht auskennt oder aus reinem Querulantentum heraus gegen jede Maßnahme der FB vorgeht, reicht nicht aus. Alkoholismus führt nur bei dauerhafter krankhafter Störung der Geistestätigkeit zur Handlungsunfähigkeit. Eine partielle Geschäftsunfähigkeit für einzelne Geschäfte wegen einer besonders schwierigen Materie gibt es nicht. Eine auf das StRecht begrenzte Geschäftsunfähigkeit kommt nicht in Betracht (Gosch AO § 79 Rn. 20). Die Hinderung, eine Unterschrift eigenhändig zu leisten (§ 150 III) steht der Handlungsfähigkeit nicht entgegen. § 150 III lässt die Unterschriftsleistung durch einen Bevollmächtigten zu und setzt damit die Fähigkeit, einen Bevollmächtigten zu bestellen, und somit die Handlungsfähigkeit, gerade voraus. 10

Nicht handlungsfähig sind auch die – mit Ausnahmen der in Abs. 1 Nr. 2 aufgeführten – **beschränkt geschäftsfähigen Personen.** Dies sind Minderjährige, die das siebente Lebensjahr vollendet haben (§ 106 BGB). Der geschäftsfähige Volljährige, für den ein **Betreuer bestellt** ist, bleibt handlungsfähig. Ist ein Einwilligungsvorbehalt angeordnet oder wird der Betreuer als gesetzlicher Vertreter tätig, ist der Betreute insoweit handlungsunfähig (→ Rn. 32 ff.; Ebling DStZ 1998, 322). 11

Die **Vertretung handlungsunfähiger Personen** regelt § 79 nicht. § 34 I, der die Erfüllung der steuerlichen Pflichten durch die gesetzlichen Vertreter bestimmt, ist analog heranzuziehen (TK § 79 Rn. 2). Im Verfahren handeln die nach den zivilrechtlichen Vorschriften dazu verpflichteten gesetzlichen Vertreter der natürlichen Personen. Für Minderjährige handeln in aller Regel gem. § 1629 BGB die Eltern (→ § 34 Rn. 2 ff.). **Vermögensverwalter** wie etwa der Insolvenzverwalter, Testamentsvollstrecker und Zwangsverwalter sind keine gesetzlichen Vertreter, sondern Parteien kraft Amtes, sofern sie eigene steuerliche Rechte und Pflichten erfüllen (→ § 34 Rn. 25 ff.). 12

2. Beschränkt geschäftsfähige natürliche Personen (Abs. 1 Nr. 2)

15 Den nach bürgerlichem Recht beschränkt geschäftsfähigen und damit an sich handlungsunfähigen Personen verleiht Abs. 1 Nr. 2 in Teilbereichen die Handlungsfähigkeit (partielle Handlungsfähigkeit). Soweit die Handlungsfähigkeit des Minderjährigen reicht, ist der gesetzliche Vertreter nicht vertretungsbefugt.

16 **Bürgerliches Recht.** Ermächtigt der gesetzliche Vertreter mit Genehmigung des Vormundschaftsgerichts einen beschränkt Geschäftsfähigen zum selbständigen Betrieb eines **Erwerbsgeschäfts,** ist der Minderjährige für solche Rechtsgeschäfte unbeschränkt geschäftsfähig, die der Geschäftsbetrieb mit sich bringt, mit Ausnahme der Geschäfte, zu denen der Vertreter der Genehmigung des Vormundschaftsgerichts bedarf (§ 112 I BGB). In Bezug auf dieses Erwerbsgeschäft ist der Minderjährige im Verwaltungsverfahren handlungsfähig. Er kann jedoch nur diejenigen Verwaltungshandlungen wirksam vornehmen, die ausschl. durch den Betrieb des Erwerbsgeschäfts veranlasst sind. Das ist zB bei der USt, GewSt, der Einkünfteermittlung nach § 180 I Nr. 2b und der KraftSt für ein ausschl. betrieblich genutztes Fahrzeug der Fall. Der Minderjährige darf daher StErklärungen für die USt, GewSt, die gesonderte Feststellung der Einkünfte abgeben und allg. Handlungen bezogen auf diese steuerlichen Rechte und Pflichten vornehmen. Ermächtigt der gesetzliche Vertreter den Minderjährigen, ein **Dienst- oder Arbeitsverhältnis** – nicht ein Lehrverhältnis – einzugehen, erlangt er für dieses Verhältnis die Geschäftsfähigkeit, soweit es um die Eingehung, Aufhebung und die Erfüllung der aus dem Verhältnis folgenden Verpflichtungen geht (§ 113 BGB). Die EStErklärung darf er in beiden Fällen dagegen nicht abgeben, weil dort auch Angaben zu machen sind, die sich nicht allein auf das Erwerbsgeschäft oder das Dienst- oder Arbeitsverhältnis beziehen, sondern die persönliche Sphäre berühren. Insoweit muss der gesetzliche Vertreter handeln (HHSp § 79 Rn. 51 f.; Schwarz/Pahlke/Keß § 79 Rn. 20 ff.; Gosch AO § 79 Rn. 31; zT aA TK § 79 Rn. 18: Handlungsfähigkeit soweit ausschl. Lohneinkünfte zu erklären sind). Die Handlungsfähigkeit kommt aber bei reinen LStSachen in Betracht (Gosch AO § 79 Rn. 31; TK § 79 Rn. 18; HHSp § 79 Rn. 55 ff.).

17 **Öffentliches Recht.** Minderjährige werden in einigen Teilbereichen des öffentlichen Rechts als handlungsfähig anerkannt, so für das Wehrpflichtrecht. Für das StVerfahren kommt diesen Vorschriften keine Bedeutung zu. Aus den landesrechtlichen Vorschriften über den Kirchenaustritt oder nachrangig aus § 5 des Gesetzes über die religiöse Kindererziehung, die Minderjährigen ab Vollendung des vierzehnten Lebensjahres die Entscheidung über ihre Religionszugehörigkeit einräumen, wird gefolgert, dass Minderjährigen in Kirchensteuersachen Handlungsfähigkeit zukommt (HHSp § 79 Rn. 63). Das gilt aber nur insoweit, als der Minderjährige gegen die Erhebung der KiSt die fehlende Kirchenzugehörigkeit geltend machen kann. Im Übrigen fehlt die Handlungsfähigkeit, weil sich die Religionsfreiheit des Minderjährigen nur auf Fragen des Glaubens und nicht auf vermögensrechtliche Aspekte wie die Höhe der KiSt bezieht (TK § 79 Rn. 19; zweifelnd Schwarz/Pahlke/Keß § 79 Rn. 26; für umfassende Handlungsfähigkeit HHSp § 79 Rn. 63; ebenso Ebling DStZ 1998, 322).

3. Juristische Personen, Vereinigungen und Vermögensmassen (Abs. 1 Nr. 3)

21 Die juristischen Personen, Vereinigungen und Vermögensmassen sind beteiligungsfähig, soweit sie Träger von steuerlichen Rechten und Pflichten sein können (→ § 78 Rn. 12; → § 33 Rn. 6 ff.). Ihnen fehlt jedoch die natürliche Handlungsfähigkeit, weil Verfahrenshandlungen nur von einer natürlichen Person vorgenommen werden können. Die natürliche Person muss nach § 79 I handlungsfähig sein. Abs. 1 Nr. 3 bestimmt, welche Personen für die rechtsfähigen und nichtrechtsfähigen Gebilde wirksam Handlungen vornehmen können. Die Vorschrift bezeichnet eigentlich nicht, wer handlungsfähig ist, sondern „durch" wen die genannten Gebilde handeln, dh, wer sie vertritt. Dieses sind die gesetzlichen Vertreter und die besonders Beauftragten. Die AO regelt weder die gesetzliche Vertretung noch die besondere Beauftragung.

Die **gesetzliche Vertretung** rechtsfähiger Gebilde bestimmt sich nach den Organisationsnormen für diese Gebilde. Für die **juristischen Personen des Privatrechts** ergibt sich die Vertretung aus Vorschriften des Zivilrechts (zB BGB, AktG, GmbHG). Gesetzliche Vertreter sind zB für die AG, den eingetragenen Verein und die rechtsfähige Stiftung deren Vorstand, für die GmbH der Geschäftsführer. Durch Art. 23 Nr. 7 des Kreditzweitmarktförderungs G v. 22.12.2023 (BGBl. 2023 I Nr. 411) wurde § 79 I Nr. 3 mit Wirkung zum 1.1.2024 (Art. 36 III) geändert. Hierbei wurde das Tatbestandsmerkmal „Vereinigungen" in „Personenvereinigungen" geändert und ein erstmaliger Verweis auf § 34 aufgenommen. Hintergrund der Änderung sind die Folgewirkungen des G zur Reform des Personengesellschaftsrechts (MoPeG) v. 10.8.2021 (BGBl. 2021 I 3436). Der Verweis auf die in § 34 bezeichneten Personen soll verdeutlichen, dass Personenvereinigungen selbst nicht handlungsfähig sind, sondern erst durch ihre gesetzlichen Vertreter zur Vornahme von Verfahrenshandlungen im Besteuerungsverfahren fähig sind (BT-Drs. 20/9782, 200). Bei rechtsfähigen Personenvereinigungen gem. § 14a II (Vereine ohne Rechtspersönlichkeit gem. § 54 BGB, rechtsfähige PersGes einschließlich GbRs iSd § 705 BGB, Personenhandelsgesellschaften, Partnerschaftsgesellschaften, Partenreedereien und EWIVs sowie Gemeinschaften der Wohnungseigentümer gem. § 9a WEG) handeln somit deren gesetzliche Vertreter. Für nicht rechtsfähige Personenvereinigungen gem. § 14a III (insb. Bruchteilsgemeinschaften gem. § 741 BGB, Gütergemeinschaften gem. § 1415 BGB und Erbengemeinschaften gem. § 2032 BGB) haben gem. § 34 II 1 die (Mitglieder, Gesellschafter oder) Gemeinschafter die Pflichten iSd § 34 I zu erfüllen (TK § 79 Rn. 22; Gosch AO § 79 Rn. 41). Neben den gesetzlichen Vertretern dürfen die in Nr. 3 genannten besonderen Beauftragten (zB Prokuristen) nicht auftreten (FG Köln 25.1.2007 – 2 K 1092/05, UR 2007, 625; FG Köln 21.2.2008 – 2 K 736/07, BeckRS 2008, 26024963; vgl. EuGH-Vorlage 13.8.2008 – XI R 19/08, BFH/NV 2008, 1969, EuGH 3.12.2009 – C-433/08, DStR 2009, 2593; zur Definition des Begriffs, zur Abgrenzung zum gesetzlichen Vertreter und zum Meinungsstreit in der Literatur s. BFH 15.10.1998 – III R 58/95, BStBl. II 1999, 237). Für **juristische Personen des öffentlichen Rechts** bestimmen die für den Gründungsakt erlassenen öffentlich-rechtlichen Vorschriften iVm dem Organisationsstatut die gesetzliche Vertretung (→ § 34 Rn. 14). 22

Besonders Beauftragte sind diejenigen natürlichen Personen, die weder Bevollmächtigte nach § 80 noch gesetzliche Vertreter natürlicher oder juristischer Personen sind. Sie nehmen kraft StVerfahrensrecht (§ 34) die steuergesetzlichen Rechte und Pflichten sonstiger verfahrenshandlungsunfähiger StRechtssubjekte wahr (HHSp § 79 Rn. 84, 88; dem folgend BFH 15.10.1998 – III R 58/95, BStBl. II 1999, 237). **Nichtrechtsfähige Personenvereinigungen und Vermögensmassen** haben keinen gesetzlichen Vertreter. Sie handeln durch die in Abs. 1 Nr. 3 erwähnten besonderen Beauftragten (FG Köln 25.1.2007 – 2 K 1092/05, UR 2007, 625). Für nichtrechtsfähige Personenvereinigungen wie die GbR, OHG oder KG handelt der bestellte Geschäftsführer, dessen Vertretungsmacht in aller Regel auch die Vertretung in steuerlichen Angelegenheiten der Personenvereinigung umfasst. Dieser hat gem. § 34 I die steuerlichen Pflichten der Vereinigung zu erfüllen und muss deshalb für diese aktiv und passiv handeln können (BFH 13.12.1979 – IV B 79/79, BStBl. II 1980, 329 mwN; FG Niedersachsen 23.11.2011 – 4 K 161/10, EFG 2012, 297; Gosch AO § 79 Rn. 42). Als besonders Beauftragte werden auch die in § 34 II (Mitglieder oder Gesellschafter bei nicht rechtsfähigen Personenvereinigungen ohne Geschäftsführer) und § 34 III (Vermögensverwalter) genannten Personen angesehen (TK § 79 Rn. 23; HHSp § 79 Rn. 84; Schwarz/Pahlke/Keß § 79 Rn. 36; Gosch AO § 79 Rn. 42; BFH 15.10.1998 – III R 58/95, BStBl. II 1999, 237). Vermögensverwalter sind etwa der Insolvenzverwalter, der Testamentsvollstrecker und der Zwangsverwalter. Zu Einzelheiten → § 34 Rn. 15 f., 25 ff. 23

4. Behörden (Abs. 1 Nr. 4)

28 Die Behörde ist als Trägerin des Verwaltungsverfahrens nicht Beteiligte und in § 78 nicht aufgeführt. § 79 gilt nicht. Sofern eine Behörde nicht Verfahrensbehörde ist, kann sie beteiligt sein. Da ihr die natürliche Handlungsfähigkeit fehlt, handelt sie durch ihren Leiter, den Vertreter oder Beauftragten, die aus ihrer dienstlichen Stellung heraus zum Handeln berechtigt sind. Beauftragte sind die Personen, die nach dem Geschäftsverteilungsplan der Behörde oder durch organisatorische Einzelmaßnahme zum Handeln befugt sind. Sie sind keine Bevollmächtigten iSd § 80 (TK § 79 Rn. 26 ff.). Beauftragt sein kann auch ein Bediensteter einer anderen Behörde, etwa ein Betriebsprüfer (FG Hessen 15.12.1992 – 7 K 2740/92, EFG 1993, 354).

5. Einwilligungsvorbehalt (Abs. 2)

32 Durch das Gesetz zur Reform des Vormundschafts- und Betreuungsrechts (BGBl. 2021 I 882) wurde § 1903 BGB ab dem 1.1.2023 durch § 1825 BGB ersetzt und der Verweis in Abs. 2 angepasst. Bei der Neuregelung des Einwilligungsvorbehalts wurde die BGH-Rspr. (BGH 24.2.2021 – XII ZB 503/20, NJW 2021, 2508) berücksichtigt, sodass künftig gegen den freien Willen des Volljährigen ein Einwilligungsvorbehalt nicht angeordnet werden darf.

Die Betreuung (§§ 1814 ff. BGB) wird bestellt, wenn ein Volljähriger seine Angelegenheiten ganz oder teilweise rechtlich nicht besorgen kann und dies auf einer Krankheit oder Behinderung beruht. Sie lässt die Geschäftsfähigkeit und damit die Handlungsfähigkeit nach Abs. 1 Nr. 1 des Betreuten unberührt. Er darf grds. selbst Verfahrenshandlungen vornehmen (BFH 10.5.2007 – VIII B 125/06, BFH/NV 2007, 1630). In seinem Aufgabenkreis kann der Betreuer den Betreuten gerichtlich und außergerichtlich vertreten (§ 1823 BGB). Eine Ausnahme von der Handlungsfähigkeit des Betreuten gilt, wenn ein Einwilligungsvorbehalt (§ 1825 BGB) in Bezug auf das StVerfahren oder allg. für Vermögensangelegenheiten angeordnet wurde. Soweit der Einwilligungsvorbehalt reicht, darf nur der Betreuer Verfahrenshandlungen vornehmen. Insoweit ist der Betreute einem beschränkt Geschäftsfähigen gleichgestellt (FG Sachsen-Anhalt 20.2.2008 – 4 K 562/05, EFG 2008, 1001). Das gilt wegen des Sachzusammenhangs auch, wenn sich der Vorbehalt zB auf das Betreiben eines Gewerbebetriebs bezieht (TK § 79 Rn. 29). Der Betreute kann nur insoweit wirksam Verfahrenshandlungen vornehmen, als er der Einwilligung nicht bedarf oder durch Vorschriften des öffentlichen Rechts als handlungsfähig anerkannt ist. Die Wirksamkeit bei widersprechenden Verfahrenshandlungen bestimmt Abs. 3.

6. Durch Betreuer oder Pfleger Vertretene und Ausländer (Abs. 3)

37 **Betreuung und Pflegschaft.** Abs. 3 beantwortet durch Verweis auf § 53 ZPO die Frage, welche Verfahrenshandlung wirksam ist, wenn sowohl Betreuer oder Pfleger und Betreuter oder Pflegling handlungsfähig sind (→ Rn. 32). Da der Betreute trotz Betreuung handlungsfähig bleibt, stehen im Verwaltungsverfahren Betreuter und Betreuer gleichwertig nebeneinander. Abs. 3 löst iVm § 53 ZPO den Konflikt bei sich widersprechenden Verfahrenshandlungen. Nimmt der Betreuer im Rahmen der von ihm zu besorgenden Angelegenheiten Verfahrenshandlungen als gesetzlicher Vertreter vor, so ist der Betreute insoweit handlungsunfähig (§ 53 ZPO: steht er für den Rechtsstreit einer nicht prozessfähigen Person gleich). Steht die Verfahrenshandlung im Widerspruch zu derjenigen des Betreuten, ist nur die Handlung des Betreuers wirksam (BFH 24.10.1995 – III B 171/93, BFH/NV 1996, 289; BFH 10.5.2007 – VIII B 125/06, BFH/NV 2007, 1630; FG Hamburg 15.12.2011 – 3 K 179/11, EFG 2012, 953). Dasselbe gilt für die Pflegschaft (zB Abwesenheitspflegschaft § 1884 BGB, Pflegschaft für unbekannte Beteiligte § 1882 BGB, Nachlasspflegschaft § 1960 BGB). Maßgebend ist, dass der Betreuer oder Pfleger die Vertretung im Rahmen seines Auftrags vorgenommen hat. Er muss erkennbar das Verwaltungsverfahren für den Betreuten oder Pflegling betreiben. Die vor und nach der tatsächlichen Vertretung vom Betreuten oder Pflegling vorgenommen Handlungen sind

wirksam (HHSp § 79 Rn. 111). Die Vorschrift findet auch Anwendung im Fall der Bestellung eines Vertreters von Amts wegen nach § 81 I Nr. 4 (BFH 24.10.1995 – III B 171/93, BFH/NV 1996, 289).

Ausländer. Ein Ausländer ist gem. Abs. 1 handlungsfähig, wenn er nach deutschem oder dem Recht seines Heimatlandes geschäftsfähig ist. Nach Abs. 3 iVm § 55 ZPO ist er im Verwaltungsverfahren auch handlungsfähig, wenn er nach dem Recht seines Heimatlandes nicht geschäftsfähig, zB minderjährig ist, nach deutschem Recht aber volljährig (Schwarz/Pahlke/Keß § 79 Rn. 31). Bei Staatenlosen und Personen mit mehreren Staatsangehörigkeiten gilt Art. 5 EGBGB, vgl. HHSp § 79 Rn. 115; Gosch AO § 79 Rn. 54 mwN. 38

III. Zeitpunkt und Streit um die Handlungsfähigkeit

Als **Sachentscheidungsvoraussetzung** muss die **Handlungsfähigkeit** im Zeitpunkt der behördlichen Maßnahme gegeben sein. Da sie zugleich Verfahrenshandlungsvoraussetzung ist, ist eine Verfahrenshandlung nur wirksam, wenn die aktive und passive Handlungsfähigkeit im Zeitpunkt der Vornahme der Handlung vorliegt. Sie ist in jedem Stadium des Verfahrens von Amts wegen zu prüfen. Eine Person kann im Laufe des Verfahrens die Handlungsfähigkeit erlangen oder verlieren. Bei Streit um die Handlungsfähigkeit ist die betroffene Person für den Streit als handlungsfähig zu betrachten. Ihre Handlungen – nur bezogen auf den Streit, nicht auf das Verwaltungsverfahren in der Sache – sind solange wirksam, bis abschließend die Handlungsunfähigkeit festgestellt ist. Die Person darf in diesem Stadium auch einen Bevollmächtigten nach § 80 beauftragen, der wirksam Handlungen vornehmen kann. Der Streit ist in einem besonderen, vom eigentlichen Verwaltungsverfahren zur Sache getrennten Verfahren vorab zu entscheiden. Die Handlungsfähigkeit bzw. -unfähigkeit kann durch VA festgestellt werden (HHSp § 79 Rn. 119; TK § 79 Rn. 8). Da für einen volljährigen Beteiligten in aller Regel von der Handlungsfähigkeit ausgegangen werden kann, gilt er solange als handlungsfähig, wie seine Handlungsunfähigkeit nicht feststeht. Im Zweifel trägt der Beteiligte für seine Handlungsunfähigkeit die objektive Beweislast (BFH 16.4.1997 – XI R 61/94, BStBl. II 1997, 595). Die **Vertretungsbefugnis** des Vertreters muss im Zeitpunkt der Vornahme der Verfahrenshandlung gegeben sein (BFH 13.12.1979 – IV B 79/79, BStBl. II 1980, 329). Nimmt die FB eine Verfahrenshandlung gegenüber einem Vertreter vor, muss sie auf das Vertretungsverhältnis hinweisen, um den Adressaten der Verfahrenshandlung zweifelsfrei zu bestimmen. Auf die genaue Bezeichnung der Vertreterstellung kommt es nicht an (TK § 79 Rn. 24 mwN). Für die Folgen des Handels ohne Vertretungsmacht → Rn. 47. 41

IV. Rechtsfolgen der fehlenden Handlungsfähigkeit

Verfahrenshandlungen eines Handlungsunfähigen sind unwirksam. Ebenso sind die Verfahrenshandlungen der FB einem Handlungsunfähigen gegenüber unwirksam (BFH 16.4.1997 – XI R 61/94, BStBl. II 1997, 595). Dieser kann also nicht wirksam Anträge stellen, StErklärungen abgeben, Auskünfte erteilen oder StBescheide entgegennehmen. Handlungen, die Hemmung des Ablaufs von Verjährungs- oder Festsetzungsfristen auslösen, können dem Handlungsunfähigen gegenüber nicht vorgenommen werden. Das gilt auch für Ermittlungshandlungen der Ap. Unwirksam sind auch Handlungen der FB, die nur Vorteile bringen wie zB der volle Erlass einer StSchuld, weil § 107 BGB im Verwaltungsverfahren keine Anwendung findet (bei Betreuung s. § 1825 III BGB). Auf die Kenntnis der Behörde von der Handlungsunfähigkeit kommt es nicht an. Die Behörde muss sich unmittelbar an den gesetzlichen Vertreter wenden. Ist ein solcher – insb. bei volljährigen Handlungsunfähigen – nicht vorhanden, muss die Behörde gem. § 81 I das Vormundschaftsgericht ersuchen, einen Vertreter zu bestellen. Ein VA ist an den Handlungsunfähigen, vertreten durch den namentlich genannten gesetzlichen Vertreter, zu adressieren. Das Vertretungsverhältnis selbst braucht nicht genau bezeichnet zu werden (zB 44

Betreuer). Die Bekanntgabe erfolgt gegenüber dem Vertreter. Gibt es mehrere Vertreter (zB beide Eltern des Minderjährigen), reicht die Bekanntgabe an einen Vertreter aus. Die Weitergabe des dem Handlungsunfähigen bekannt gegebenen VA an den gesetzlichen Vertreter macht diesen nicht wirksam. Die Rechtsbehelfsfrist läuft nicht. Handelt ein Vertreter ohne oder außerhalb seiner Vertretungsmacht, wirkt die Verfahrenshandlung nicht für und gegen den Handlungsunfähigen (HHSp § 79 Rn. 92, auch zur Duldungs- und Anscheinsvollmacht bei Vertretung juristischer Personen, Personenvereinigungen und Vermögensmassen des Privatrechts). Zu den Rechtsfolgen im Einzelnen TK § 79 Rn. 9; HHSp § 79 Rn. 126 ff., jeweils mwN).

V. Heilung unwirksamer Verfahrenshandlungen

47 Eine unwirksame Verfahrenshandlung kann durch Genehmigung durch den gesetzlichen Vertreter oder den zwischenzeitlich handlungsfähigen Beteiligten mit Wirkung für die Vergangenheit geheilt werden. Die Genehmigung muss nicht ausdrücklich, sondern kann auch konkludent erfolgen (BFH 18.10.1988 – VII R 123/85, BStBl. II 1989, 76 mwN). Ein bloßes Schweigen reicht jedoch nicht aus. Die Versagung einer Genehmigung kann ebenfalls konkludent erfolgen. Die Genehmigung einer unwirksamen Bekanntgabe kann nur mit Wirkung für die Zukunft erfolgen, damit die Rechtsbehelfsfrist noch gewahrt werden kann (zu Einzelheiten s. Gosch AO § 79 Rn. 62 ff.; TK § 79 Rn. 11; HHSp § 79 Rn. 132 ff., jeweils mwN). Fehlt dem Handelnden die Vertretungsmacht oder überschreitet er sie, werden seine Verfahrenshandlungen durch die Genehmigung des gesetzlichen Vertreters oder des besonders Beauftragten wirksam (BFH 18.10.1988 – VII R 123/85, BStBl. II 1989, 76 mwN; BFH 24.10.1995 – III B 171/93, BFH/NV 1996, 289). Ist eine Verfahrenshandlung innerhalb einer Ausschlussfrist vorzunehmen, muss die Genehmigung innerhalb der Frist erfolgen (BFH 15.10.1998 – III R 58/95, BStBl. II 1999, 237 zu Anträgen mit eigenhändiger Unterschrift). Nach Fristablauf kann lediglich eine Wiedereinsetzung in den vorigen Stand (§ 110) in Betracht kommen (HHSp § 79 Rn. 134). Fehlt dem für eine Behörde Handelnden die Vertretungsbefugnis oder überschreitet er sie, wirkt die Verfahrenshandlung nicht für und gegen die Behörde. Sie ist unwirksam, wenn und soweit sie außerhalb des Zuständigkeitsbereichs der Behörde abgegeben wird. Im Übrigen kann die Handlung durch die vertretungsberechtigte Person genehmigt werden (HHSp § 79 Rn. 103).

§ 80 Bevollmächtigte und Beistände

(1) [1]**Ein Beteiligter kann sich durch einen Bevollmächtigten vertreten lassen.** [2]**Die Vollmacht ermächtigt zu allen das Verwaltungsverfahren betreffenden Verfahrenshandlungen, sofern sich aus ihrem Inhalt nicht etwas anderes ergibt; sie ermächtigt nicht zum Empfang von Steuererstattungen und Steuervergütungen.** [3]**Ein Widerruf der Vollmacht wird der Finanzbehörde gegenüber erst wirksam, wenn er ihr zugeht; Gleiches gilt für eine Veränderung der Vollmacht.**

(2) [1]**Bei Personen und Vereinigungen im Sinne der §§ 3 und 4 Nummer 11 des Steuerberatungsgesetzes, die für den Steuerpflichtigen handeln, wird eine ordnungsgemäße Bevollmächtigung vermutet.** [2]**Für den Abruf von bei den Landesfinanzbehörden zum Vollmachtgeber gespeicherten Daten wird eine ordnungsgemäße Bevollmächtigung nur nach Maßgabe des § 80a Absatz 2 und 3 vermutet.**

(3) **Die Finanzbehörde kann auch ohne Anlass den Nachweis der Vollmacht verlangen.**

(4) [1]**Die Vollmacht wird weder durch den Tod des Vollmachtgebers noch durch eine Veränderung in seiner Handlungsfähigkeit oder durch eine Veränderung seiner gesetzlichen Vertretung aufgehoben.** [2]**Der Bevollmächtigte hat je-**

doch, wenn er für den Rechtsnachfolger im Verwaltungsverfahren auftritt, dessen Vollmacht auf Verlangen nachzuweisen.

(5) [1]**Ist für das Verfahren ein Bevollmächtigter bestellt, so soll sich die Finanzbehörde an ihn wenden.** [2]**Sie kann sich an den Beteiligten selbst wenden, soweit er zur Mitwirkung verpflichtet ist.** [3]**Wendet sich die Finanzbehörde an den Beteiligten, so soll der Bevollmächtigte verständigt werden.** [4]**Für die Bekanntgabe von Verwaltungsakten an einen Bevollmächtigten gilt § 122 Absatz 1 Satz 3 und 4.**

(6) [1]**Ein Beteiligter kann zu Verhandlungen und Besprechungen mit einem Beistand erscheinen.** [2]**Das von dem Beistand Vorgetragene gilt als von dem Beteiligten vorgebracht, soweit dieser nicht unverzüglich widerspricht.**

(7) [1]**Soweit ein Bevollmächtigter geschäftsmäßig Hilfe in Steuersachen leistet, ohne dazu befugt zu sein, ist er mit Wirkung für alle anhängigen und künftigen Verwaltungsverfahren des Vollmachtgebers im Zuständigkeitsbereich der Finanzbehörde zurückzuweisen.** [2]**Die Zurückweisung ist dem Vollmachtgeber und dem Bevollmächtigten bekannt zu geben.** [3]**Die Finanzbehörde ist befugt, andere Finanzbehörden über die Zurückweisung des Bevollmächtigten zu unterrichten.**

(8) [1]**Ein Bevollmächtigter kann von einem schriftlichen, elektronischen oder mündlichen Vortrag zurückgewiesen werden, soweit er hierzu ungeeignet ist.** [2]**Dies gilt nicht für die in § 3 Nummer 1, § 4 Nummer 1 und 2 und § 23 Absatz 3 des Steuerberatungsgesetzes bezeichneten natürlichen Personen sowie natürliche Personen, die für eine Landwirtschaftliche Buchstelle tätig und nach § 44 des Steuerberatungsgesetzes berechtigt sind, die Berufsbezeichnung „Landwirtschaftliche Buchstelle" zu führen.** [3]**Die Zurückweisung ist dem Vollmachtgeber und dem Bevollmächtigten bekannt zu geben.**

(9) [1]**Soweit ein Beistand geschäftsmäßig Hilfe in Steuersachen leistet, ohne dazu befugt zu sein, ist er mit Wirkung für alle anhängigen und künftigen Verwaltungsverfahren des Steuerpflichtigen im Zuständigkeitsbereich der Finanzbehörde zurückzuweisen; Absatz 7 Satz 2 und 3 gilt entsprechend.** [2]**Ferner kann er vom schriftlichen, elektronischen oder mündlichen Vortrag zurückgewiesen werden, falls er zu einem sachgemäßen Vortrag nicht fähig oder willens ist; Absatz 8 Satz 2 und 3 gilt entsprechend.**

(10) **Verfahrenshandlungen, die ein Bevollmächtigter oder ein Beistand vornimmt, nachdem ihm die Zurückweisung bekannt gegeben worden ist, sind unwirksam.**

Vergleichbare Vorschriften: § 14 VwVfG, § 13 SGB X

Schrifttum: Wilhelm, Bekanntgabe von Bescheiden an Betroffenen oder Bevollmächtigten?, DStZ 2001, 780; Drüen/Thulfaut, Zur Europäisierung der Steuerberatung, IStR 2004, 499; Mugler/Goreczko, Die Empfangsvollmacht nach der AO; ein Danaer-Geschenk für jeden Steuerberater, DStR 2007, 229; Baum/Sonnenschein, Modernisierung des Besteuerungsverfahrens – Teil 5: Neuerungen bei Vollmachten zur Vertretung im Besteuerungsverfahren und bei den amtlichen Vollmachtformularen, NWB 2016, 2934; Schön, Professoren als Beistände in finanzgerichtlichen Verfahren, FS Wacker 2025, 331.

Übersicht

A. Allgemeines

1 § 80 regelt die Vertretung des Beteiligten durch Bevollmächtigte und die Unterstützung durch Beistände. Entsprechende Vorschriften finden sich in den Prozessordnungen (zB § 62 FGO). Die Vorschrift hat durch das StModernG mit Wirkung ab dem 1.1.2017 erhebliche Änderungen erfahren. Zu § 80 aF s. 3. Aufl.

2 Der **Begriff** der Bevollmächtigung bezieht sich auf die **gewillkürte Vertretung** des Beteiligten. Nur auf diese Art der Vertretung und Unterstützung durch Beistände findet § 80 Anwendung. Die Bevollmächtigung erfolgt – anders als die gesetzliche Vertretung – durch eine Willenserklärung des Bevollmächtigenden. Für die gesetzliche Vertretung im Verfahren gelten §§ 34, 79. Parteien kraft Amtes sind selbst Beteiligte und deshalb keine Vertreter. Kein gewillkürter Vertreter iSd § 80 ist der nach § 81 von Amts wegen bestellte Vertreter.

3 § 80 ist Ausfluss des **Rechtsstaatsprinzips** und dient der Gewährleistung eines fairen Verfahrens (BVerfG 8.10.1974 – 2 BvR 747/73 ua, BVerfGE 38, 105). Rechtsunkundige Beteiligte sollen sich in jedem Stadium des Verwaltungsverfahrens von einer im StRecht kundigen Person ihrer Wahl vertreten lassen können. Die FB hat ein Interesse an der fachkundigen Vertretung, denn diese trägt allg. zur Vereinfachung und Beschleunigung des Verfahrens bei.

4 Die Vorschrift gilt für **alle steuerrechtlichen Verfahren** im Anwendungsbereich der AO einschl. des Rechtsbehelfsverfahrens. Sie gilt auch für das in § 18h VI UStG geregelte, besondere Verfahren der Abgabe der Umsatzsteuererklärung in einem anderen Mitgliedstaat, auf welches nur bestimmte Regelungen bzw. Teile der AO Anwendung finden. Wegen der besonderen Struktur und der Geltung anderer Vorschriften, namentlich der StPO und des OWiG, gilt § 80 nicht im StStraf- und Bußgeldverfahren (zur Verteidigung

s. §§ 392, 410). Zu den abweichenden Sondervorschriften in Zollangelegenheiten (HHSp § 80 Rn. 27).

Gesetzliche Bestimmungen zur Bevollmächtigung. § 80 regelt die Bevollmächtigung und Vertretung nur unvollständig. Neben anderen Bestimmungen der AO sind die die gewillkürte Vertretung betreffenden Regelungen des BGB (§§ 164 ff. BGB) heranzuziehen, sofern letztere auf Verfahrenshandlungen anwendbar sind und die Besonderheiten des Verwaltungsverfahrens dem nicht entgegenstehen. Von Bedeutung sind ergänzend zu § 80 insb.: 10

– § 164 I 1 BGB: eine Erklärung des Bevollmächtigten wirkt unmittelbar für und gegen den Vertretenen (→ Rn. 32),
– § 167 I BGB: die Erteilung der Vollmacht erfolgt gegenüber dem zu Bevollmächtigenden oder dem Dritten, gegenüber dem die Vertretung stattfinden soll (→ Rn. 20),
– § 168 BGB zum Erlöschen und der Widerrufbarkeit der Vollmacht (→ Rn. 51, 54),
– § 170 BGB über die Wirkungsdauer der Vollmacht (→ Rn. 54 f.),
– § 172 BGB zur Bevollmächtigung durch Vorlage einer Vollmachtsurkunde (→ Rn. 20, 51).

Die FVerw. hat ein „amtliches Muster für Vollmachten im Besteuerungsverfahren" nebst Merkblatt veröffentlicht (BStBl. I 2019, 594). Dieses wurde mit Wirkung ab dem 27.3.2025 aktualisiert (BMF 27.3.2025, BStBl. I 2025, 954). Die Verwendung des amtlichen Vollmachtsmusters ist grundsätzlich freiwillig. Die Nutzung ist allerdings nach § 80a I unabdingbare Voraussetzung für die elektronische Übermittlung von Vollmachtsdaten nach amtlich vorgeschriebenem Datensatz an die FVerw., ggf. über die Vollmachtsdatenbanken der StBeraterkammern, Wirtschaftsprüferkammern und Anwaltskammern (→ § 80a Rn. 6). 11

B. Bevollmächtigung (Abs. 1)

I. Vertretung durch den Bevollmächtigten (Abs. 1 S. 1)

1. Begriffe

Weder Abs. 1 S. 1 noch die Vorschriften des BGB enthalten Definitionen der Begriffe der Bevollmächtigung und Vertretung. Die Gesetze verwenden überdies keine einheitlichen Begriffe. Gleichbedeutend sind die Begriffe Bevollmächtigung/Vollmacht (mit Vollmacht wird auch die Vollmachtsurkunde bezeichnet), Bevollmächtigter/Vertreter und Bevollmächtigender/Vertretener/Vollmachtgeber. Die Bevollmächtigung ist die durch Willenserklärung begründete **gewillkürte Vertretung,** also die Vertretung aufgrund des freien Willens des Beteiligten. Keine Bevollmächtigung erfordert die gesetzliche oder organschaftliche Vertretung einer handlungsunfähigen Person (§ 79). Vertretung ist das Handeln des Bevollmächtigten/Vertreters im Namen des Vertretenen mit unmittelbarer Wirkung für und gegen den Vertretenen (§ 164 I 1 BGB). Der Wille, in fremdem Namen zu handeln, muss gem. § 164 I 2 BGB nach außen hin in irgendeiner Form in Erscheinung treten. Eine verdeckte Vertretung ist im Verwaltungsverfahren nicht zulässig. Die Erteilung einer Vollmacht zur mittelbaren oder verdeckten Vertretung etwa durch einen sog. Strohmann, der in eigenem Namen, aber im Interesse eines Dritten handelt, ist keine Bevollmächtigung iSd § 80, da sie nicht nach außen in Erscheinung tritt. Der Treuhänder ist selbst Beteiligter, denn ihm sind die Rechte des Treugebers übertragen. Eine Bindung an Weisungen des Treugebers besteht nur im Innenverhältnis. Auch Parteien kraft Amtes, wie zB der Insolvenzverwalter und der Testamentsvollstrecker, sind selbst Beteiligte (→ § 34 Rn. 25 ff.). Ein Bote ist nicht Bevollmächtigter, denn er übermittelt nur Verfahrenshandlungen, gibt sie aber nicht selbst ab. 13

2. Voraussetzungen

16 Die Bevollmächtigung nach § 80 I ist nicht an das Vorliegen besonderer Voraussetzungen geknüpft. Insb. ist nicht erforderlich, dass der Beteiligte nicht selbst das Verfahren sachgerecht führen und Erklärungen abgeben kann. Er darf eine oder mehrere Personen mit seiner Vertretung betrauen. Ein Vertretungszwang besteht nicht. Nach § 81 kann die FB nur in den dort genannten Fällen einen Vertreter von Amts wegen bestellen.

3. Person des Vertretenen

17 Vertreten lassen kann sich jeder **Beteiligte** des Verwaltungsverfahrens (§ 78). Eine **„andere Person"** als der Beteiligte (zB Auskunftsperson nach § 93) darf sich bei den von ihr zu erfüllenden Pflichten nach dem Wortlaut der Vorschrift nicht vertreten lassen. Die Anwendung des Rechtsgedankens des § 80 I 1 wird aber für Dritte grds. bejaht (Schwarz/Pahlke/Keß § 80 Rn. 13). Eine Vertretung ist nicht möglich, wenn die Vornahme einer unvertretbaren Handlung von dem Dritten begehrt wird, dieser also nur in seiner Person handeln, dulden oder unterlassen kann. Er kann sich zur Wahrung seiner Rechte durch einen Bevollmächtigten unterstützen lassen, zB in Begleitung eines Rechtsanwalts zur Auskunftserteilung an Amtsstelle erscheinen oder das Betreten seiner Wohnung nach § 99 nur in Anwesenheit seines Anwalts dulden. Eine **Behörde** kann sich nur vertreten lassen, wenn sie nicht Trägerin des Verwaltungsverfahrens ist (→ § 78 Rn. 14). Die Bevollmächtigung setzt neben der Beteiligungsfähigkeit (→ § 78 Rn. 12) die **Handlungsfähigkeit** des Vertretenen iSd § 79 voraus. Für nicht handlungsfähige Beteiligte muss ein gesetzlicher Vertreter oder ein besonders Beauftragter iSd § 79 I Nr. 3, sowie für Behörden deren Leiter, Vertreter oder Beauftragter die Vollmacht erteilen. Das Fehlen der Beteiligungsfähigkeit und der Handlungsfähigkeit führt zur Unwirksamkeit der Vollmachtserteilung.

4. Person des Bevollmächtigten

18 Bevollmächtigter ist der durch Bevollmächtigung bestellte Vertreter eines Beteiligten. Da die Bevollmächtigung zur Vornahme aller Verfahrenshandlungen berechtigt, muss der Bevollmächtigte handlungsfähig sein. Juristische Personen, Personenvereinigungen, Vermögensmassen und Behörden sind nicht handlungsfähig, können daher auch nicht Vertreter eines Beteiligten sein (hM; aA Schwarz/Pahlke/Keß § 80 Rn. 22, der eine juristische Person des Privatrechts als Bevollmächtigte ansieht, die durch ihren gesetzlichen Vertreter handelt; zu § 62 FGO: BFH 22.1.1991 – X R 107/90, BStBl. II 1991, 524). Bevollmächtigt werden kann aber deren gesetzlicher Vertreter. Wird eine juristische Person, etwa eine StBeratungsgesellschaft oder eine StBeratungsGbR, bevollmächtigt, so kann im Wege der Auslegung deren gesetzlicher Vertreter (zB Geschäftsführer einer GmbH, Gesellschafter der GbR) als Bevollmächtigter anzusehen sein (TK § 80 Rn. 8; BFH 12.1.2011 – II R 30/09, BFH/NV 2011, 755). § 62 II FGO gilt nach hM nicht im StVerwaltungsverfahren (HHSp § 80 Rn. 63). Lässt sich die Bevollmächtigung einer juristischen Person nicht als eine solche einer natürlichen Person auslegen, so ist die juristische Person nach Abs. 7–10 zurückzuweisen (hM; HHSp § 80 Rn. 65). Auch andere handlungsunfähige Personen sind als Bevollmächtigte zurückzuweisen. Ihre Handlungen sind unwirksam (HHSp § 80 Rn. 61). Persönliche Anforderungen wie etwa Fachkenntnisse fordert § 80 nicht. Hilfe in StSachen darf vom Grundsatz her jeder leisten. Zur Befugnis zur geschäftsmäßigen Hilfeleistung in StSachen und zur Zurückweisung im Einzelfall s. Abs. 2 und 7.

19 Der Beteiligte kann sich von **mehreren Personen** zugleich oder in verschiedenen Verfahrensabschnitten von verschiedenen Bevollmächtigten vertreten lassen (HHSp § 80 Rn. 42; BFH 17.9.1992 – IV R 78/90, BFH/NV 1993, 398). Die FB muss grds. den vom Beteiligten benannten Bevollmächtigten akzeptieren. Sie darf ihn – mit Ausnahme der in Abs. 7, 8 und 9 bestimmten Fälle – nicht zurückweisen.

5. Erteilung und Formen der Vollmacht

Erteilung. Nach § 167 I BGB wird die Erteilung der Vollmacht (die Bevollmächtigung) durch eine empfangsbedürftige Willenserklärung des Vertretenen gegenüber dem Bevollmächtigten oder einem Dritten, gegenüber dem die Vertretung stattfinden soll – hier gegenüber der FB –, begründet (BFH 4.8.1999 – X B 209/98, BFH/NV 2000, 163) und wird wirksam, wenn die Erklärung dem Bevollmächtigten oder der FB zugeht. Der Bevollmächtigte muss von der Bevollmächtigung gegenüber einem Dritten keine Kenntnis haben. Die Befugnis zur Vertretung einem Dritten – der FB – gegenüber wird gem. § 172 I BGB auch dadurch begründet, dass der Vollmachtgeber dem Bevollmächtigten eine Vollmachtsurkunde aushändigt und dieser die Urkunde dem Dritten vorlegt. So legen die zur geschäftsmäßigen Hilfeleistung in StSachen befugten Berufsträger (zB StBerater) idR der FB zum Nachweis ihrer Vertretungsbefugnis die vom Beteiligten unterschriebene Vollmachtsurkunde vor. Inhaltlich muss der Vertretene zum Ausdruck bringen, dass der Bevollmächtigte ihn nunmehr vertreten soll. Die Bevollmächtigung kann zeitlich oder sachlich auf bestimmte Rechtsgeschäfte oder – im StRecht – Verfahren oder bestimmte Handlungen im Innenverhältnis begrenzt werden (zur Begrenzung im Außenverhältnis → Rn. 38). Die Bevollmächtigung ist selbst eine **Verfahrenshandlung.** Sie begründet das Recht des Bevollmächtigten gegenüber der FB, aktive und passive Verfahrenshandlungen (→ § 79 Rn. 5) vornehmen zu dürfen und ist von Willensmängeln unabhängig (TK § 80 Rn. 6; HHSp § 80 Rn. 70; Schwarz/Pahlke/Keß § 80 Rn. 26 mwN; BFH 29.6.1998 – VIII B 73/97, BFH/NV 1998, 1454). 20

Formen der Vollmacht. Die Vollmachtserteilung ist **nicht formbedürftig** (§ 167 II BGB), sie kann mündlich oder schriftlich, ausdrücklich oder schlüssig (konkludent) erfolgen (BFH 15.11.1991 – VI R 81/89, BStBl. II 1992, 224; BFH 4.8.1999 – X B 209/98, BFH/NV 2000, 163; BFH 28.4.1987 – VIII R 353/83, BFH/NV 1988, 3). Nur bei der elektronischen Übermittlung von Vollmachtsdaten an Landesfinanzbehörden nach § 80a ist das „amtliche Muster für Vollmachten im Besteuerungsverfahren" (BMF 27.3.2025, BStBl. I 2025, 954) zwingend zu verwenden (→ § 80a Rn. 6). Die Bevollmächtigung wird gegenüber dem Bevollmächtigten (Innenvollmacht) oder dem Dritten (Außenvollmacht) erklärt (BFH 25.9.1990 – IX R 84/88, BStBl. II 1991, 120). In der Abgabe einer gemeinsamen StErklärung von Ehegatten liegt eine gegenseitige konkludente Vollmachtserteilung, die zu allen Verfahrenshandlungen in dem betr. Verwaltungsverfahren, nicht aber in anderen Verfahren zugunsten und zulasten des anderen Ehegatten berechtigt (BFH 13.8.1970 – IV 48/65, BStBl. II 1970, 839; BFH 28.7.1983 – IV R 235/80, BStBl. II 1984, 48; Schwarz/Pahlke/Keß § 80 Rn. 28 mwN; Näheres HHSp § 80 Rn. 84 ff. mwN). 21

Der **Anscheins- und Duldungsvollmacht** liegt dagegen keine Bevollmächtigung zugrunde. In diesem Fall nimmt jedoch die FB aufgrund des Handelns des „Vertreters" das Vorliegen einer Bevollmächtigung an. Der Rechtsschein ersetzt hier die tatsächlich erteilte Vollmacht (BFH 12.2.1997 – X B 146/96, BFH/NV 1997, 542 mwN; BFH 3.3.2003 – IX B 206/02, BFH/NV 2003, 884 zur Bekanntgabe von Verwaltungsakten, BFH 28.10.2009 – I R 28/08, BFH/NV 2010, 432 auch zu den Definitionen der Begriffe). Eine Anscheinsvollmacht wird angenommen, wenn der Vertretene das Handeln des angeblichen Vertreters nicht kennt, es jedoch bei pflichtgemäßer Sorgfalt hätte erkennen und verhindern können, und wenn ferner die FB nach Treu und Glauben annehmen durfte, der Vertretene dulde und billige das Handeln seines Vertreters (BFH 12.2.1997 – X B 146/96, BFH/NV 1997, 542). Aus einem einmaligen Handeln darf die FB nicht auf eine Vollmacht schließen (FG Saarland 27.9.1990 – 2 K 185/88, EFG 1991, 294). Eine Duldungsvollmacht liegt vor, wenn es der Vertretene wissentlich geschehen lässt, dass ein anderer für ihn wie ein Vertreter auftritt und die FB dieses Dulden nach Treu und Glauben dahin verstehen darf, dass der als Vertreter Handelnde bevollmächtigt ist (BFH 25.9.1990 – IX R 84/88, BStBl. II 1991, 120 zur Empfangsberechtigung der Prüfungsanordnung; ebenso BFH 22

26.6.1997 – XI B 174/96, BFH/NV 1998, 17; BFH 12.2.1997 – X B 146/96, BFH/NV 1997, 542 zur Rücknahme eines Einspruchs; Schwarz/Pahlke/Keß § 80 Rn. 29 f. mwN). Der Vertretene muss das Handeln des „Vertreters" mit Anscheins- oder Duldungsvollmacht für und gegen sich wirken lassen. Er hätte bei entsprechender Kenntnis die Möglichkeit gehabt, gegenüber der FB klarzustellen, dass der nach außen für ihn Handelnde nicht Bevollmächtigter ist.

23 Nimmt ein **vollmachtloser Vertreter** – die Vollmacht ist nicht oder nicht wirksam erteilt oder trotz Verlangen der FB nicht nachgewiesen – gegenüber der FB für den Beteiligten Verfahrenshandlungen vor, sind diese nur wirksam, wenn der Beteiligte sie nachträglich genehmigt (§ 177 I BGB). Eine fristwahrende Handlung (zB Einlegung eines Einspruchs) kann auch nach Fristablauf genehmigt werden. Die Genehmigung kann auch in einer anschließenden Klageerhebung zu sehen sein (FG Baden-Württemberg 5.5.1998 – 1 K 173/97, EFG 1998, 1105).

6. Unzulässigkeit der Vertretung

26 Eine Vertretung und damit eine Bevollmächtigung ist unzulässig bzw. unmöglich, wenn der Beteiligte oder der Dritte eine Verfahrenshandlung nur in eigener Person, dh bei höchstpersönlichen Handlungen (zB Abgabe der eidesstattlichen Versicherung gem. § 95) vornehmen kann. Ferner bestimmen einzelne Vorschriften sinngemäß den Ausschluss der Vertretung. Bei der Unterzeichnung einer StErklärung ist, wenn die EinzelStG (§ 25 III EStG; § 14a S. 2 GewStG; § 18 III 3 UStG) eine eigenhändige Unterschrift vorsehen, eine Vertretung durch einen Bevollmächtigten nur im Ausnahmefall unter den Voraussetzungen des § 150 III zulässig (vgl. BFH 26.11.1982 – VI R 205/81, BStBl. II 1983, 123; HHSp § 80 Rn. 145b; AEAO zu § 80 Nr. 3).

7. Recht des Vertretenen

29 § 80 I 1 bestimmt, dass jeder Beteiligte nach seinem freien Willen das Recht hat, sich in jedem Stadium des Verwaltungsverfahrens von einem oder mehreren Bevollmächtigten vertreten zu lassen. Eine Verhinderung oder andere Gründe in der Person des Beteiligten sind nicht erforderlich. Das Recht, einen Vertreter zu bestellen, bedeutet nicht, dass die FB die Kosten dafür zu tragen oder die FB auf Wunsch des Beteiligten einen Vertreter zu bestellen hat. Insb. hat der Beteiligte keinen Anspruch auf Beiordnung eines Bevollmächtigten zum Zweck der Erstellung von StErklärungen (BFH 27.4.2001 – XI S 10/01, BFH/NV 2001, 1363). Eine **Pflicht,** sich vertreten zu lassen, besteht nur bei Bestellung eines Vertreters von Amts wegen nach § 81.

II. Wirkung und Umfang der Vollmacht (Abs. 1 S. 2)

1. Wirkung

32 Die wirksam erteilte und nicht erloschene oder widerrufene Vollmacht berechtigt den Bevollmächtigten zu allen aktiven und passiven Verfahrenshandlungen in dem betreffenden Verwaltungsverfahren, sofern der Inhalt der Vollmacht dem nicht entgegensteht (→ Rn. 38 f.) oder soweit in der AO oder in anderen Gesetzen nichts anderes bestimmt ist (→ Rn. 40). Die Verfahrenshandlungen wirken **für und gegen** den Vertretenen (§ 164 I 1 BGB), dh, der Vertretene muss sich die Handlungen seines Bevollmächtigten zurechnen lassen. Dabei ist es unerheblich, ob die Handlung ausdrücklich in fremdem Namen erfolgt oder ob sich aus den Umständen ergibt, dass sie im Namen des Vertretenen vorgenommen wird (§ 164 I 2 BGB). Das gilt auch bei Vorliegen einer Anscheins- oder Duldungsvollmacht (→ Rn. 22). Für die Wirksamkeit der Handlung ist ohne Belang, dass der Beteiligte möglicherweise eine andere Handlung hätte vornehmen wollen (BFH 5.12.1997 – VIII B 11/97, BFH/NV 1998, 681). Der Vertretene muss sich ein **Verschulden** seines Bevollmächtigten zurechnen lassen (so auch bestimmt in zB § 110 I 2, § 152 I 2; BFH 7.11.1990 – X R 143/88, BStBl. II 1991, 325; BFH 28.2.2008 – VI R 62/06, BFH/NV 2008, 1017). Die Zurechnung des Verschuldens setzt ein wirksames

Vertretungsverhältnis im Zeitpunkt der Vornahme der Handlung voraus (BFH 15.1.1990 – X B 95/89, BFH/NV 1991, 74).

33 **Eigene Handlungen.** Mit der Bestellung eines Bevollmächtigten verliert der Beteiligte nicht die Möglichkeit, selbst rechtswirksame Verfahrenshandlungen vorzunehmen, insb. Erklärungen gegenüber der FB abzugeben. Er kann zB die von einem Bevollmächtigten abgegebenen Erklärungen richtigstellen oder einen von einem Bevollmächtigten eingelegten Einspruch zurücknehmen (AEAO zu § 80 Nr. 5; → § 362 Rn. 8 mwN). VA können wirksam gegenüber einem Bevollmächtigten bekannt gegeben werden (§ 122 I 3).

34 Die Wirksamkeit der Vornahme einer Verfahrenshandlung setzt ein wirksames Vertretungsverhältnis bzw. die Annahme einer Anscheins- oder Duldungsvollmacht im **Zeitpunkt der Handlung** voraus. Eine mangels Vollmacht unwirksame Handlung des Bevollmächtigten kann der Vertretene genehmigen (→ Rn. 23). Die Beendigung der Bevollmächtigung durch **Erlöschen oder Widerruf** wirkt gegenüber der FB indes erst ab Zugang der Mitteilung über die Beendigung (→ Rn. 51, 55). Auch die nach Beendigung der Bevollmächtigung und vor Zugang der Mitteilung vorgenommenen Verfahrenshandlungen wirken für und gegen den Beteiligten. Das Bestehen der Bevollmächtigung ist von Amts wegen in jedem Stadium des Verwaltungsverfahrens zu beachten. Für Personen und Vereinigungen iSd §§ 3, 4 Nr. 11 StBerG (Berufsträger und Lohnsteuerhilfevereine) wird eine ordnungsgemäße Bevollmächtigung vermutet (Abs. 2 S. 1; → Rn. 59). Die FB kann nunmehr jedoch auch ohne Anlass den Nachweis der Bevollmächtigung verlangen (Abs. 3; → Rn. 63).

2. Umfang

37 **Abs. 1 S. 2 HS 1** geht im Interesse der Rechtssicherheit von einer **umfassenden** Vollmacht aus. Dementsprechend ist das „amtliche Muster für Vollmachten im Besteuerungsverfahren" an dem Regelfall der sachlich und zeitlich unbeschränkten Bevollmächtigung orientiert. Der Bevollmächtigte kann grds. alle aktiven und passiven Verfahrenshandlungen wirksam vornehmen, zB einen Einspruch mit Wirkung für und gegen den Beteiligten zurücknehmen (BFH 4.11.1993 – III B 72/93, BFH/NV 1994, 525; § 362 Rn. 8) oder eine Prüfungsanordnung (vgl. BFH 25.6.1992 – IV R 87/90, BFH/NV 1993, 457) oder einen Feststellungsbescheid entgegennehmen (BFH 18.8.1992 – VIII R 22/91, BFH/NV 1993, 225). Ferner darf er eine Untervollmacht erteilten (BFH 23.3.2010 – IV B 28/09, BFH/NV 2010, 1242) und ist zum Abschluss einer tatsächlichen Verständigung berechtigt (FG Düsseldorf 17.3.2010 – 15 K 4737/07 F, EFG 2010, 1090). Er ist grds. auch befugt, StErklärungen zu unterzeichnen (zur Einschränkung → Rn. 26). Eine im StStrafverfahren übergebene inhaltlich nicht beschränkte Vollmacht gilt auch im StFestsetzungsverfahren (BFH 6.3.2013 – X B 165/12, BFH/NV 2013, 954). Bei der Verwendung des „amtlichen Musters für Vollmachten im Besteuerungsverfahren" muss eine Bekanntgabevollmacht nach § 122 I 4 sowie die Bevollmächtigung zur Erteilung und zum Widerruf von Untervollmachten ausdrücklich erteilt werden.

38 **Rechtsgeschäftliche Einschränkungen** der Vollmacht sind nur dann von der FB zu beachten, wenn sie ihr bekannt sind. So muss der Beteiligte eine Beschränkung der Vollmacht im Innenverhältnis zum Bevollmächtigten (zB Bevollmächtigung nur für bestimmte Verfahrensabschnitte zur Vornahme nur bestimmter Verfahrenshandlungen) der FB bekannt geben. Unter dieser Voraussetzung kann auch die Empfangnahme von StBescheiden durch den Bevollmächtigten ausgeschlossen werden (BFH 1.12.2004 – II R 17/04, BStBl. II 2005, 855). Dies kann ausdrücklich geschehen, sich jedoch auch sinngemäß aus der Vollmacht selbst bzw. aus den Umständen der Erteilung ergeben, weil die Vollmacht als eine verfahrensrechtliche Willenserklärung nach den allg. Bestimmungen und Regelungen des BGB, die auch im Rahmen der AO Anwendung finden, auszulegen ist. Maßgebend für die **Auslegung** ist der Empfängerhorizont. Für die FB als Empfänger der Vollmacht gilt die Vollmacht mit dem Inhalt, der für sie erkennbar ist. Eine für die FB nicht erkennbare Einschränkung der Vollmacht wirkt daher nicht nach außen (BFH 4.8.1999 – X B 209/98, BFH/NV 2000, 163).

39 **Beispiele für die Auslegung.** Eine unter Angabe einer StNummer erteilte Vollmacht gilt nur für die unter der StNummer geführten Verfahren (BFH 19.10.1994 – II R 131/91, BFH/NV 1995, 475; s. aber auch BFH 12.1.2011 – II R 30/09, BFH/NV 2011, 755). Wird zB der Beteiligte nur in Ertragsteuersachen vertreten, ist der Bevollmächtigte nicht berechtigt, in einem – unter einer anderen StNummer geführten – Verfahren wegen KraftSt Erklärungen abzugeben (weitere Beispiele für die Auslegung s. TK § 80 Rn. 22 ff. mwN). Wird hingegen eine umfassende Vollmacht erteilt, so gilt diese auch für neue StNummern (FG München 15.4.2020 – 4 K 3055/19, BeckRS 2020, 50748, Rev. BFH II R 19/21; FG Niedersachsen 18.3.2022 – 7 K 272/20, EFG 2022, 899, Rev. BFH II R 10/22). Zur Bekanntgabe von Verwaltungsakten siehe Abs. 5 S. 4 (→ Rn. 78).

40 **Eine gesetzliche Einschränkung** der Vollmacht enthält **Abs. 1 S. 2 HS 2.** Die Vollmacht berechtigt nicht zum Empfang von **StErstattungen und StVergütungen.** Nur die Zahlung auf das vom Beteiligten genannte Konto hat für die FB befreiende Wirkung (BFH 8.1.1991 – VII R 18/90, BStBl. II 1991, 442). Mit einer Überweisung von StErstattungen und StVergütungen an den Bevollmächtigten erlischt der Anspruch des Beteiligten nicht. Die FB hat die StErstattung bzw. StVergütung an den Stpfl. zu erbringen und die Leistung vom Bevollmächtigten gem. § 37 II zurückverlangen. Der Bevollmächtigte kann jedoch in anderer Art als durch Empfang über ein StGuthaben des Beteiligten verfügen, indem er zB im Namen des Beteiligten gegenüber der FB die Aufrechnung mit StSchulden des Beteiligten erklärt (§ 226). Erstattungen an den Bevollmächtigten sind zulässig, wenn der Beteiligte eine entsprechende Zahlungsanweisung erteilt (BFH 16.10.1990 – VII R 118/89, BStBl. II 1991, 3). Die FB ist jedoch nicht zur Zahlung an ihn verpflichtet (AEAO zu § 80 Nr. 2).

III. Erlöschen und Veränderung der Vollmacht (Abs. 1 S. 3)

1. Erlöschen

51 Die Vollmacht bleibt bis zu ihrem Erlöschen wirksam. Das Erlöschen der Vollmacht bestimmt sich nach dem ihrer Erteilung zugrunde liegenden Rechtsverhältnis (§ 168 S. 1; § 172 II BGB) und betrifft das **Innenverhältnis** der Vertragsparteien. Das zwischen Bevollmächtigtem und Vertretenem bestehende Rechtsverhältnis ist idR ein (entgeltlicher) Geschäftsbesorgungsvertrag nach § 675 BGB oder ein (unentgeltlicher) Auftrag nach § 662 BGB. Bei **Beendigung dieses Rechtsverhältnisses** erlischt auch die Bevollmächtigung. Gründe für das Erlöschen sind zB Zeitablauf des Rechtsverhältnisses bei Befristung, Tod oder Handlungsunfähigkeit des Bevollmächtigten (siehe hierzu Abs. 4; → Rn. 69) oder die Kündigung des Rechtsverhältnisses von Seiten des Bevollmächtigten (Mandatsniederlegung) bzw. des Vertretenen (Mandatsentzug). Die Erlöschensgründe können sich auch aus der Vollmacht selbst ergeben (zB Erledigung des Rechtsverhältnisses, in dem der Bevollmächtigte für den Vertretenen tätig werden soll, Zweckerreichung). Die Rechtsbeziehungen im Innenverhältnis der Vertragsparteien und deren Veränderungen haben nicht ohne Weiteres eine Änderung der **Vertretungsbefugnis im Außenverhältnis** zur Folge. Für diese Fälle des Erlöschens der Vollmacht wird § 80 I 3 entspr. angewandt (TK § 80 Rn. 34 mwN; HHSp § 80 Rn. 176; → Rn. 54 f.). Das Erlöschen der Vollmacht wird der FB gegenüber erst wirksam, wenn es ihr mitgeteilt wird oder sie anderweitig Kenntnis davon erlangt. So kann etwa aus der vorgelegten Vollmachtsurkunde das Erlöschen der Vollmacht aufgrund Befristung oder die Vollmachtserteilung ausschl. für ein bestimmtes Verwaltungsverfahren ersichtlich sein. Ist die Bevollmächtigung durch Erklärung gegenüber der FB erteilt worden (→ Rn. 20), bleibt sie so lange in Kraft, bis der FB das Erlöschen der Vollmacht angezeigt wird (§ 170 BGB).

2. Widerruf der Vollmacht

54 Der Widerruf der Vollmacht beendet die Vertretungsbefugnis des Bevollmächtigten im **Außenverhältnis** – in steuerrechtlichen Verwaltungsverfahren – gegenüber der FB. Mit

dem Widerruf erklärt der Vertretene, dass der Bevollmächtigte ihn nicht mehr vertreten soll. Die Vollmacht kann jederzeit widerrufen werden (§ 168 S. 2 BGB). Entgegenstehende Vereinbarungen sind unwirksam. Widerrufen kann nur der Vertretene, und zwar gegenüber dem Bevollmächtigten oder gegenüber der FB. Der Vertreter muss vom Widerruf gegenüber der FB keine Kenntnis haben (TK § 80 Rn. 30 ff. mwN). Die Erklärung kann formfrei abgegeben werden. Eine Widerrufserklärung ist nicht allein darin zu sehen, dass statt des Bevollmächtigten der Beteiligte selbst Verfahrenshandlungen vornimmt (BFH 24.4.1985 – I S 1/85, BFH/NV 1986, 320). Im Zweifel sollte die FB beim Bevollmächtigten oder beim Beteiligten nachfragen. Die Vollmacht erlischt auch bei Handlungsunfähigkeit des Bevollmächtigten.

Der Widerruf wird erst **wirksam,** wenn die Erklärung der FB zugeht (§ 170 BGB). Er 55
wirkt **ex nunc** (BFH 5.12.1997 – VIII B 11/97, BFH/NV 1998, 681). Die bis zum Zugang vom Bevollmächtigten vorgenommenen Verfahrenshandlungen sind wirksam. Bei der Bekanntgabe von VA ist auf den Zeitpunkt der letzten Behördenhandlung (Aufgabe der StBescheide zur Post) abzustellen (BFH 8.2.2024 – VI R 25/21, BStBl. II 2025, 143; BFH 11.6.2024 – IX R 30/23, BFH/NV 2024, 1409). Der Beteiligte muss sich bis dahin auch ein Verschulden des Bevollmächtigten zurechnen lassen (BFH 15.1.1990 – X B 95/89, BFH/NV 1991, 74). Die Bekanntgabe des Widerrufs obliegt dem Beteiligten (BFH 29.7.1987 – I R 367, 379/83, BStBl. II 1988, 242). Zeigt dagegen der Bevollmächtigte die Niederlegung des Mandats an, wenn die Bevollmächtigung im Innenverhältnis noch besteht, erlischt damit die Vollmacht noch nicht (BFH 28.4.2010 – VIII R 8/08, BeckRS 2011, 94015; Gosch AO § 80 Rn. 40; aA HHSp § 80 Rn. 183; TK § 80 Rn. 34). Sind Mitglieder einer Sozietät bevollmächtigt, endet die Bevollmächtigung des einzelnen Mitglieds nicht mit der Auflösung der Sozietät (BFH 12.1.2011 – II R 30/09, BFH/NV 2011, 755).

3. Veränderung der Vollmacht

Gleiches gilt für die Veränderung der Vollmacht. Veränderungen einer Vollmacht sind 56
jederzeit möglich. Wird die Vollmacht erweitert oder beschränkt, zB auf bestimmte StArten oder Zeiträume, setzt dies den Zugang der geänderten Vollmacht bei der FB sowie eine wirksame Änderung im Innenverhältnis voraus. Bei Verwendung des amtlichen Vollmachtsmusters genügt es, wenn die geänderten Vollmachtsdaten elektronisch nach amtlich vorgeschriebenem Datensatz an die FVerw. übermittelt werden.

C. Vermutung ordnungsgemäßer Bevollmächtigung (Abs. 2)

Durch das StModernG wurde die bislang nur im AEAO zu § 80 Nr. 1 S. 2 aF enthaltene 58
Vermutung der ordnungsgemäßen Bevollmächtigung von Angehörigen der steuerberatenden Berufe gesetzlich verankert (BT-Drs. 18/7457, 61).

Nach Abs. 2 S. 1 wird bei Angehörigen der steuerberatenden Berufe eine ordnungs- 59
gemäße Bevollmächtigung vermutet. Dies gilt **abschließend** für alle in § 3 und § 4 Nr. 11 StBerG genannten Berufsgruppen (zB StBerater, Rechtsanwälte, Wirtschaftsprüfer, bzw. die entsprechenden Gesellschaften, sowie für LStHilfevereine (Gosch AO § 80 Rn. 49). Eine Ausdehnung des Anwendungsbereichs auf andere Personen ist nicht möglich. Die Vollmachtsvermutung gilt für alle StVerfahren. Sie bedeutet, dass ein schriftlicher Nachweis der Vollmacht nicht erforderlich ist. Nach Abs. 3 (→ Rn. 63) kann die FB allerdings einen solchen Nachweis anlasslos verlangen.

Die Vollmachtsvermutung umfasst gem. Abs. 2 S. 2 nicht zugleich die Befugnis zum 61
Abruf von Daten des Vollmachtgebers bei der FVerw. Hier gilt § 80a als lex specialis. Gemäß § 80a II und III muss die Vollmacht nach dem in § 80 I vorgesehen Verfahren übermittelt werden. Geschieht dies nicht, ist eine Vollmacht für den Datenabruf vom Vollmachtnehmer im Einzelfall nachzuweisen (BT-Drs. 18/7457, 62; TK § 80 Rn. 24b).

D. Nachweis der Vollmacht (Abs. 3)

63 Die FB hat nunmehr die Möglichkeit, **ohne Anlass** und **ohne Begründung** den Nachweis der Vollmacht zu verlangen. Die FB braucht somit auch bei Angehörigen der steuerberatenden Berufe keine erheblichen Zweifel mehr an der Bevollmächtigung zu haben (BT-Drs. 18/7457, 62). Abs. 3 hat den Zweck, die Wirksamkeit der vorgenommenen Verfahrenshandlung von einer als Bevollmächtigte aufgetretenen Person prüfen zu können und dient damit der Rechtssicherheit im Interesse sowohl des Beteiligten als auch der FB. Insb. bei Vorliegen der Voraussetzungen für eine Anscheins- oder Duldungsvollmacht (→ Rn. 22) kann sich die FB mit dem Verlangen des schriftlichen Nachweises der Vollmacht Klarheit über die Bevollmächtigung und über den Umfang der Vollmacht verschaffen.

64 Die Entscheidung der FB, den **Nachweis zu verlangen,** ist eine Ermessensentscheidung (§ 5). Das Verlangen ist ein mit Einspruch und Klage **anfechtbarer VA.** Die FB kann das Verlangen mit einer Fristsetzung versehen. Bis zum Nachweis der Vollmacht oder dem erfolglosen Verstreichen der Vorlagefrist sind die Verfahrenshandlungen des angeblich Bevollmächtigten schwebend wirksam.

65 **Adressat** des Verlangens ist der Bevollmächtigte. Die FB kann aber in Ausübung ihres pflichtgemäßen Ermessens auch den Beteiligten auffordern, sich zur Bevollmächtigung der für ihn aufgetretenen Person zu äußern.

66 **Form des Nachweises.** Für den Nachweis ist nunmehr **keine besondere Form** mehr vorgesehen. Der Nachweis kann auch durch elektronische Übermittlung der Vollmacht (§ 80a) oder durch mündliche Bestätigung des Vollmachtgebers an Amtsstelle erbracht werden (BT-Drs. 18/7457, 62).

67 Wird die **Vollmacht nicht nachgewiesen,** kann die FB auf zweierlei Weise reagieren: Zum einen ist sie berechtigt, von einer fehlenden Bevollmächtigung auszugehen. Sie muss in diesem Fall die als Bevollmächtigte aufgetretene Person als **Vertreter ohne Vertretungsmacht** (→ Rn. 23) behandeln (HHSp § 80 Rn. 109; TK § 80 Rn. 28). Die zunächst schwebend wirksamen Verfahrenshandlungen sind von Anfang an, spätestens aber ab Auftreten der begründeten Zweifel, unwirksam. Die FB braucht weder den angeblichen Bevollmächtigten noch den Beteiligten zu unterrichten. Allerdings gebietet es ein rechtsstaatliches Verfahren, den Beteiligten Mitteilung über das Nachweisverlangen und die erfolglose Fristverstreichung zu machen. Der Beteiligte muss die Möglichkeit erhalten, die Verfahrenshandlungen des „Vertreters ohne Vertretungsmacht" zu genehmigen. Dies gilt umso mehr, da nunmehr im Fall der Zurückweisung auch dem Vollmachtgeber die Zurückweisung bekannt zu geben ist (Abs. 7 S. 2). Der Vertretungsmangel kann durch Nachreichen der Vollmacht mit Rückwirkung – auch noch im Klageverfahren – geheilt werden (TK § 80 Rn. 28 mwN; Schwarz/Pahlke/Keß § 80 Rn. 46; Gosch AO § 80 Rn. 60). Zum anderen kann die FB den angeblich Bevollmächtigten auch in entsprechender Anwendung des Abs. 7 zurückweisen (HHSp § 80 Rn. 264; Schwarz/Pahlke/Keß § 80 Rn. 46). Die von ihm vorgenommenen Verfahrenshandlungen sind in diesem Fall ab dem Zeitpunkt der Zurückweisung unwirksam (Abs. 10).

E. Fortdauer der Vollmacht (Abs. 4)

69 **Abs. 4 S. 1** bestimmt, dass die Vollmacht nicht mit dem Tod des Vollmachtgebers oder der Veränderung seiner Handlungsfähigkeit endet. Die Vertretungsbefugnis des Bevollmächtigten besteht daher nach dem Tod des Beteiligten weiter, wenn nicht die Vollmacht ausdrücklich bis zum Zeitpunkt des Todes befristet war. Der Bevollmächtigte vertritt nunmehr den bekannten oder unbekannten Gesamtrechtsnachfolger, der in dieser Eigenschaft in alle Rechte und Pflichten des Beteiligten im StVerfahren eintritt. Die aktiven und

passiven Verfahrenshandlungen des Bevollmächtigten sind uneingeschränkt wirksam. Die Vollmacht endet erst mit Widerruf durch den Gesamtrechtsnachfolger und Mitteilung des Widerrufs an die FB gem. Abs. 1 S. 3 (TK § 80 Rn. 38; HHSp § 80 Rn. 191). Ebenso bleibt die Bevollmächtigung erhalten, wenn der Beteiligte oder sein gesetzlicher Vertreter handlungsunfähig wird. Dasselbe gilt bei Erlöschen einer juristischen Person oder der sonstigen vertretenen Person. Eine PersGes erlischt erst bei Vollbeendigung, wenn also die Liquidation im vollen Umfang beendet ist. Die juristische Person erlischt mit Löschung im Handelsregister. Eine vorher von ihrem gesetzlichen Vertreter wirksam erteilte Vollmacht besteht weiter. Werden juristische Personen und nichtrechtfähige Gebilde nach ihrer Vollbeendigung bzw. Löschung im Handelsregister für das StVerfahren als Beteiligte angesehen, weil trotz ihres Untergangs noch steuerliche Rechte und Pflichten zu erfüllen sind oder sonstige steuerliche Belange berührt sind, und besteht keine Vertretung nach § 80 mehr, muss zunächst ein Nachtragsliquidator bestellt werden, der wiederum einen Bevollmächtigten mit der Vertretung beauftragen kann.

Abs. 4 S. 2 berechtigt die FB, von dem für einen Rechtsnachfolger auftretenden 70 Bevollmächtigten den Nachweis der Bevollmächtigung durch den Rechtsnachfolger zu verlangen. Ein schriftlicher Nachweis ist nicht mehr nötig (HHSp § 80 Rn. 192; aA Klein § 80 Rn. 46). Das Nachweisverlangen dient Beweiszwecken. Die FB kann sich Klarheit darüber verschaffen, ob der Bevollmächtigte im Innenverhältnis berechtigt ist, den Rechtsnachfolger zu vertreten. Wird die Vollmacht nicht vorgelegt, ist gleichwohl das Verfahren für den verstorbenen Beteiligten bzw. den untergegangenen Beteiligten mit dem Bevollmächtigten fortzuführen (HHSp § 80 Rn. 192).

F. Verfahrensrechtliche Folgen der Bevollmächtigung (Abs. 5)

Abs. 5 S. 1 bestimmt, dass sich die FB bei Bestellung eines Bevollmächtigten an diesen 73 wenden „soll". Das gilt nur, soweit es um ein Handeln geht, das von der Vertretungsbefugnis umfasst ist. Im Regelfall bedeutet „soll", dass sich die FB an den Bevollmächtigten wenden „muss". Dies gebieten Sinn und Zweck des Rechts des Beteiligten auf Vertretung im StVerfahren. Da der Bevollmächtigte die Belange des Beteiligten im Verwaltungsverfahren wahrnehmen soll, darf er grds. nicht übergangen werden. So sind Schriftwechsel und Verhandlungen im Besteuerungsverfahren mit dem Bevollmächtigten zu führen (AEAO zu § 80 Nr. 4). Es wäre trotz der Formulierung des Gesetzes, die der FB einen Handlungsspielraum einräumt, ermessensfehlerhaft, wenn sie sich an den Beteiligten wenden würde.

Außerhalb des Anwendungsbereichs der Spezialvorschrift des § 122 I 3 und 4 und bei 75 Nichtvorliegen der Voraussetzung für eine Bekanntgabe an den Bevollmächtigten (keine Empfangsvollmacht vorgelegt) muss bei Ausübung des Ermessens auch § 80 V beachtet werden. Sofern die FB Zweifel an der Bevollmächtigung oder deren Inhalt oder Umfang hat, kann sie nach Abs. 3 die Vorlage der Vollmacht verlangen. Damit sind ihre Belange, eine wirksame Bekanntgabe von VA vornehmen zu können, gewahrt. Wird trotz Verlangens keine Vollmacht vorgelegt, kommt nur die Bekanntgabe an den Beteiligten in Betracht (→ Rn. 67). Soweit es um **andere aktive oder passive Verfahrenshandlungen** geht, die die Aufgaben des Bevollmächtigten, insb. seine Fachkunde in StSachen, betreffen oder Rechtsfolgen auslösen, muss sich die FB im Regelfall an den Bevollmächtigten wenden. Geht es dagegen um einfach zu erledigende Angelegenheiten, wie zB die Erfragung einer neuen Anschrift des Beteiligten oder die Anforderung nicht entscheidender Unterlagen, kann sich die FB zur Verkürzung des Übermittlungswegs ermessensfehlerfrei direkt an den Beteiligten wenden. Etwas anderes gilt, wenn der Bevollmächtigte in dringenden Fällen wegen Ortsabwesenheit oder Krankheit nicht erreichbar ist oder das Verfahren nicht ordnungsgemäß betreibt, zB wiederholt unsorgfältig oder zum Nachteil des Beteiligten handelt. Dann gebietet es die Fürsorgepflicht der FB, sich an den Beteiligten zu wenden. Die pflichtgemäße Ausübung des Ermessens hat sich insgesamt an den Umständen des Einzelfalls und an dem Zweck und der Bedeutung der Bevollmächtigung zu orientieren. Daneben dürfen Gründe der Verwaltungsökonomie berücksichtigt werden. In der Praxis dürfte die Ausübung des Ermessens im Rahmen des Abs. 5 S. 1 mit dem Ergebnis, sich an den Beteiligten zu wenden, auf Ausnahmefälle beschränkt sein (hM; TK § 80 Rn. 41 mwN; Schwarz/Pahlke/Keß § 80 Rn. 49 f.). Bei **mehreren Bevollmächtigten** braucht sich die FB nur an einen von ihnen zu wenden.

76 **Abs. 5 S. 2** erlaubt der FB, sich nach pflichtgemäßem Ermessen an den Beteiligten selbst zu wenden, soweit er zur Mitwirkung verpflichtet ist. Sie kann ihn also direkt zur Erfüllung seiner Pflichten zB aus §§ 93, 95 im StVerfahren auffordern. Insb. kann es sich anbieten, den Beteiligten direkt zur Abgabe von Wissenserklärungen aufzufordern. Gleichwohl sollte die FB sich an den Bevollmächtigten wenden, wenn dieser die Mitwirkungshandlungen für den Beteiligten vornehmen kann. Bei höchstpersönlichen Handlungen (→ Rn. 26) kann sich die FB an den Beteiligten wenden. Sie kann diesen aber auch über den Bevollmächtigten auffordern, seinen Pflichten nachzukommen. Unabhängig davon, wer die Mitwirkungspflichten zu erfüllen hat, sollten VA, die zu einer bestimmten Mitwirkung auffordern, nach Abs. 5 S. 1 dem Bevollmächtigten bekannt gegeben werden. Die Möglichkeit des S. 2 darf nicht zur Aushöhlung der sich aus S. 1 ergebenden Verpflichtung führen.

77 **Abs. 5 S. 3** befasst sich mit der Unterrichtung des Bevollmächtigten, wenn sich die FB nach Abs. 5 S. 2 unmittelbar an den Beteiligten wendet. Der Anspruch des Beteiligten auf ein faires Verfahren gebietet idR die Information des Bevollmächtigten, damit sich dieser ggf. zur Wahrung der Rechte des Beteiligten einschalten kann. Nur bei rechtlich unbedeutsamem Kontakt mit dem Beteiligten (zB Anfrage zur Bankverbindung) kann von einer Unterrichtung abgesehen werden.

78 Die Neuregelung in **Abs. 5 S. 4** bestimmt, dass für die Bekanntgabe von VA an den Bevollmächtigten die Regelungen des § 122 I 3 und 4 Anwendung finden. Nach § 122 I 4 soll ein VA dem Bevollmächtigten bekannt gegeben werden, wenn der FB eine schriftliche oder eine nach amtlich vorgeschriebenem Datensatz elektronisch übermittelte Empfangsvollmacht vorliegt, solange dem Bevollmächtigten nicht die Zurückweisung gem. § 80 VII bekannt gegeben worden ist.

Gibt das FA trotz ordnungsgemäßer Empfangsvollmacht den VA dem Stpfl. bekannt, kommt es erst mit der Weiterleitung an den Bevollmächtigten zu einer wirksamen Bekanntgabe und zu einem Beginn der Einspruchsfrist (BFH 28.10.2009 – I R 28/08, BFH/NV 2010, 432; FG Hamburg 2.2.2010 – 3 K 225/09, EFG 2010, 927 mwN; FG Hessen 9.12.2009 – 5 K 3564/07, EFG 2010, 840).

Ebenfalls klargestellt wurde das Verhältnis zu § 7 VwZG für Fälle der **Zustellung.** Nach § 7 I 1 VwZG können Zustellungen an den Bevollmächtigten gerichtet werden („Kann-Vorschrift") und sind an diesen gem. § 7 I 2 VwZG zu richten, wenn der Bevollmächtigte eine schriftliche Vollmacht vorlegt („Muss-Vorschrift"). Durch die Änderung des § 122 V 3 ist geregelt, dass abw. von § 7 I 2 VwZG nunmehr § 122 I 4 Vorrang genießt. Die FVerw. interpretiert die Sollvorschrift des § 122 I 4 so, dass eine Zustellung direkt an den Beteiligten nur wirksam ist, wenn im Einzelfall besondere Gründe gegen die Zustellung an den Bevollmächtigten sprechen (Gosch AO § 80 Rn. 78).

G. Hilfeleistung durch einen Beistand (Abs. 6)

80 **Abs. 6 S. 1** erlaubt es dem Beteiligten, zu Verhandlungen und Besprechungen mit einem Beistand zu erscheinen. **Beistand** ist eine Person, die den Beteiligten im Verwaltungsverfahren unterstützt. Beistand kann jede handlungsfähige Person sein. Sie ist nicht Bevollmächtigter und darf keine Handlungen für den Beteiligten mit Wirkung für und gegen diesen vornehmen. Der Umfang der Verfahrenshandlungen, bei denen ein Beistand unterstützend tätig werden darf, war zunächst umstritten. Nach der Rechtsprechung des

BFH (BFH 19.10.2016 – II R 44/12, BStBl. II 2017, 797) und der daraufhin erfolgten Änderung des Abs. 9 zur Zurückweisung von Beiständen durch das Gesetz zur weiteren steuerlichen Förderung der Elektromobilität und zur Änderung weiterer steuerlicher Vorschriften (BGBl. 2019 I 2451) dürfte allerdings klargestellt sein, dass sich die Unterstützung gleichermaßen auf den **mündlichen, schriftlichen und elektronischen Vortrag** beziehen kann (TK § 80 Rn. 49a; Klein § 80 Rn. 60; HHSp § 80 Rn. 246a ff.; Gosch AO § 80 Rn. 81).

Abs. 6 S. 2 bestimmt, dass der Vortrag des Beistands als ein solcher des Beteiligten gilt, 81
wenn und soweit dieser nicht unverzüglich widerspricht.

H. Zurückweisung bei unbefugter Hilfeleistung in Steuersachen (Abs. 7)

I. Allgemeines zu Abs. 7–10

Abs. 7–9 befassen sich mit den abschließend aufgeführten Voraussetzungen, unter denen 84
ein Bevollmächtigter (Abs. 7 und 8) oder Beistand (Abs. 9) zurückzuweisen ist bzw. zurückgewiesen werden kann. Abs. 10 betrifft Verfahrensfragen und die Wirksamkeit von Verfahrenshandlungen eines zurückgewiesenen Bevollmächtigten oder Beistands. Die Vorschriften dienen zum einen dem Schutz der mit der Rechts- und StBeratung befassten Berufsträger vor unqualifizierten Beratern und begründen deshalb ein Berufsstandsprivileg (Schwarz/Pahlke/Keß § 80 Rn. 63). Zum anderen soll die Allgemeinheit vor denjenigen Beratern geschützt werden, die nicht die zur Vertretung in StVerfahren notwendige Sachkunde und Zuverlässigkeit besitzen (HHSp § 80 Rn. 261). In erster Linie betreffen die Vorschriften diejenigen Personen, die unbefugt geschäftsmäßig Hilfe in StSachen anbieten und leisten. Der Zugang zu den zur geschäftsmäßigen Hilfeleistung berechtigenden Berufen und deren Ausübung sind gesetzlich geregelt. Damit ist eine Gewähr für die Fachkunde auf dem jeweiligen Gebiet und die Zuverlässigkeit bei der Wahrnehmung der Vertretung des Beteiligten gegeben. Die Vorschriften dienen indes nicht dem Schutz des Beteiligten. Diese dürfen grds. jede handlungsfähige Person bevollmächtigen, und zwar sowohl geschäftlich tätige Berufsträger als auch andere Personen, sofern Letztere nicht geschäftsmäßig tätig sind.

II. Hilfeleistung in Steuersachen

Steuersachen sind solche Angelegenheiten, die in § 1 StBerG aufgeführt sind. Dies sind 85
vor allem – soweit vom Anwendungsbereich der AO umfasst – Angelegenheiten, die die Verwaltung von Bundes-, Landes- und Gemeindesteuern durch die FVerw. des Bundes und der Länder betreffen. StSachen sind auch StStraf- und Bußgeldsachen, die Buchführung und Abschlusserstellung, sofern diese für die Besteuerung von Bedeutung sind, sowie die Einziehung von StErstattungen und StVergütungen. StSachen sind daher im Wesentlichen alle Angelegenheiten, auf die das Verfahrensrecht der AO Anwendung findet.

Hilfeleistung iSd § 80 VII ist jegliche, durch Anwendung von StRechtskenntnissen, 86
Unterstützung des Betroffenen bei der Erledigung von steuerlichen Rechten und Pflichten sowie darüber hinausgehend jede Tätigkeit für eine andere Person im Bereich des StVerfahrensrechts. Nicht nur die Tätigkeit als Bevollmächtigter, sondern auch die nicht nach außen in Erscheinung tretende Beratung in StSachen kann Hilfeleistung sein (zB Erstellung eines Jahresabschlusses). Keine Hilfeleistung ist die interne Hilfe bei Anfertigung und Abgabe von StErklärungen (zu Abgrenzungen und weiteren Beispielen HHSp § 80 Rn. 270). Die Erledigung laufender einfacher **Buchführungsarbeiten** stellt keine Hilfeleistung dar, soweit dazu keine steuerlichen Kenntnisse erforderlich sind. Für Buchführungsarbeiten mit steuerrechtlichem Bezug sieht § 6 Nr. 4 StBerG Ausnahmen vom Ver-

bot der unbefugten Hilfeleistung vor (s. dazu BVerfG 1 BvR 697/77, BStBl. II 1980, 706; umfassend zu Buchführungsangelegenheiten TK § 80 Rn. 59 ff. mwN).

III. Geschäftsmäßigkeit

89 Geschäftsmäßigkeit liegt vor, wenn die Hilfeleistung **selbständig** und **wiederholt** oder zumindest in Wiederholungsabsicht für eine Person oder für verschiedene Personen erfolgt. Selbständigkeit bedeutet Arbeit auf eigene Rechnung und Verantwortung. Angestellte Personen des Beteiligten (zB Buchhalter, leitender Angestellter der StAbteilung eines Unternehmens) leisten nicht geschäftsmäßig Hilfe. Der Beteiligte darf seine Angestellten mit der Wahrnehmung seiner steuerlichen Belange vor der FB betrauen. Allerdings reicht ein nach den Umständen des Einzelfalls zu beurteilendes vorgeschobenes Arbeitnehmerverhältnis nicht aus (BFH 25.4.1995 – VII R 86/94, BFH/NV 1996, 81). So leistet auch derjenige selbständig Hilfe in StSachen, der zB den Stpfl. als Freiberufler kaufmännisch umfangreich berät und allein die StSachen als herausgetrennten Aufgabenbereich aufgrund eines Anstellungsvertrags als Arbeitnehmer erledigt. Ob eine wiederholte Tätigkeit oder eine Wiederholungsabsicht besteht, ist den Umständen des Einzelfalles zu entnehmen. Geschäftsmäßig Hilfe in StSachen leistet, wer ausdrücklich oder erkennbar die Absicht verfolgt, die Tätigkeit in gleicher Art zu wiederholen und zu einem wiederkehrenden oder dauernden Bestandteil seiner selbständigen Beschäftigung zu machen (BFH 8.10.2010 – II B 111/10, BFH/NV 2011, 73; BFH 7.6.2017 – II R 22/15, BStBl. II 2017, 973; BFH 28.2.2018 – II R 3/16, BFH/NV 2018, 990). Ein einmaliges Tätigwerden reicht aus, wenn sich zB aus dem äußeren Verhalten des Bevollmächtigten ergibt, dass er seine Tätigkeit für den Beteiligten fortsetzen oder für einen anderen Beteiligten aufnehmen will. Auf eine Entgeltlichkeit der Hilfeleistung kommt es nicht an. Unerheblich ist auch, ob die Hilfe im Rahmen einer haupt- oder nebenberuflichen Tätigkeit oder als Privatperson geleistet wird (BFH 24.7.1973 – VII R 58/72, BStBl. II 1973, 743; BFH 14.8.2001 – II B 7/01, BFH/NV 2002, 51 mwN).

IV. Befugnis zur geschäftsmäßigen Hilfeleistung

92 Gemäß **§ 2 StBerG** dürfen (haupt- oder nebenberuflich, entgeltlich oder unentgeltlich) nur diejenigen Personen geschäftsmäßig Hilfe in StSachen leisten, die hierzu befugt sind. Nach **§ 5 StBerG** dürfen andere als die in §§ 3, 3a, 4 StBerG genannten Personen nicht geschäftsmäßig Hilfe leisten. **§ 6 StBerG** macht Ausnahmen in besonderen Fällen (Erstattung wissenschaftlich begründeter Gutachten, unentgeltliche Hilfeleistung für Angehörige, Durchführung mechanischer Arbeitsgänge bei der Buchführung und das Buchen bestimmter laufender Geschäftsvorfälle). An diese Vorschriften knüpfen § 80 VII und IX an. Bevollmächtigte und Beistände, die nach den Bestimmungen des StBerG unbefugt geschäftsmäßig Hilfe leisten, sind zurückzuweisen.

93 Zur **unbeschränkten Hilfeleistung** in StSachen sind nach § 3 StBerG befugt:
- StBerater, StBevollmächtigte, Rechtsanwälte, niedergelassene europäische Rechtsanwälte, Wirtschaftsprüfer und vereidigte Buchprüfer (Nr. 1),
- Partnerschaftsgesellschaften, deren Partner ausschl. die in Nr. 1 genannten Personen sind (Nr. 2),
- StBeratungsgesellschaften, Rechtsanwaltsgesellschaften, Wirtschaftsprüfungsgesellschaften und Buchprüfungsgesellschaften (Nr. 3).

Die Befugnis zu **vorübergehender und gelegentlicher Hilfeleistung** in StSachen von **nicht in Deutschland** niedergelassenen, sondern in einem anderen Mitgliedstaat der EU, des EWR oder in der Schweiz ansässigen **Personen** regelt § 3a StBerG, der auch die näheren Voraussetzungen für eine Tätigkeit im Anwendungsbereich des StBerG und eine etwaige Untersagung bestimmt. Der **EuGH** hat auf eine Vorlagefrage des BFH entschieden, dass die Regelung des § 3a StBerG aF gegen die europäische Dienstleistungsfreiheit iSd Art. 56 AEUV verstoßen hat, da nur für den Fall eine Befugnis zur geschäftsmäßigen Hilfeleistung in StSachen gewährt wurde, in dem sich der ausländische Dienstleister auf das Gebiet der Bundesrepublik Deutschland begeben hat (EuGH 17.12.2015 – C-342/14, IStR 2016, 155, „X-Steuerberatungsgesellschaft"). Daraufhin hat der Gesetzgeber § 3a StBerG dahingehend geändert, dass die Hilfeleistung nun im Anwendungsbereich des StBerG erfolgt (G v. 23.6.2017 (BGBl. 2017 I 1682)). Ein physischer Grenzübertritt ist damit nicht mehr nötig (Zu den Voraussetzungen der Hilfeleistung nach § 3a StBerG siehe im Übrigen BFH 19.10.2016 – II R 44/12, BStBl. II 2017, 797 und BFH 18.1.2017 – II R 3/14, BFH/NV 2017, 619; FG Köln 22.11.2018 – 4 K 129/18, BeckRS 2018, 45619; sowie TK § 80 Rn. 75l ff.).

Die genannten Personen müssen wirksam zu ihrem Beruf **zugelassen oder bestellt** sein. Die Zulassung bzw. Bestellung darf nicht wirksam zurückgenommen oder widerrufen sein (BFH 13.4.1988 – II B 40/88, BFH/NV 1989, 311; BFH 2.12.1992 – X B 12/92, BStBl. II 1993, 243; BFH 22.3.1994 – VII R 58/93, BFH/NV 1995, 7). Es kommt allein auf die formale Stellung, nicht auf die Qualifikation der Person an (Schwarz/Pahlke/Keß § 80 Rn. 65). Die Befugnis zur unbeschränkten Hilfeleistung berechtigt zur **umfassenden Vertretung** des Beteiligten im Verhältnis zur FB.

Zur **beschränkten Hilfeleistung** in StSachen sind die in § 4 StBerG aufgeführten 94
Personen, Behörden und Vereinigungen befugt. Zu ihnen gehören zB:

- Notare (Nr. 1),
- Patentanwälte (Nr. 2),
- Behörden und Körperschaften des öffentlichen Rechts (Nr. 3),
- ein Handelsgewerbe betreibende Unternehmer (Nr. 5),
- Berufsvertretungen (Nr. 7, 8),
- Arbeitgeber (Nr. 10),
- LStHilfevereine (Nr. 11) im Rahmen ihrer Befugnisse; bei Einkünften des Stpfl. aus selbständiger Arbeit s. BFH 14.11.2007 – IX R 62/06, HFR 2008, 674.

Die Befugnis beschränkt sich auf die in den entsprechenden Vorschriften genau definierten Tätigkeiten. Eine darüber hinausgehende Tätigkeit ist unbefugt. Für Buchführungsarbeiten sieht § 6 Nr. 4 StBerG eine Ausnahme vom Verbot der unbefugten Hilfeleistung vor.

V. Entsprechende Anwendung des Abs. 7

Abs. 7 findet auf Personen entsprechende Anwendung, denen es aus anderen Gründen 97
als dem Verbot der geschäftsmäßigen Hilfeleistung in StSachen nicht erlaubt ist, als Bevollmächtigte aufzutreten. Das sind insb.:

- Vertreter ohne Vertretungsmacht (→ Rn. 23),
- Bevollmächtigte ohne Nachweis der Vollmacht (→ Rn. 67),
- handlungsunfähige Bevollmächtigte,
- Personen, denen das Gesetz ein allg. Vertretungsverbot auferlegt, wie zB kommunalen Mandatsträgern (HHSp § 80 Rn. 264).

VI. Zurückweisung

Die FB muss in jedem Stadium des Verfahrens prüfen, ob der Bevollmächtigte zur 99
geschäftsmäßigen Hilfeleistung oder bei entsprechender Anwendung des Abs. 7 (→ Rn. 97) zur Vertretung berechtigt ist. Der unbefugt geschäftsmäßig Hilfeleistende Bevollmächtigte ist von der FB zurückzuweisen. Ein Ermessen besteht nicht (zum Vorgehen bei Nichtvorlage der verlangten Vollmacht → Rn. 67). Der Bevollmächtigte ist vor der Zurückweisung anzuhören. Die Zurückweisung ist ein VA, der zu begründen ist.

Die Zurückweisung erstreckt sich auf **alle anhängigen und künftigen Verwaltungsverfahren** des Vollmachtgebers im Zuständigkeitsbereich der zurückweisenden Finanzbehörde (zur alten Rechtslage bis zum 31.12.2016 klarstellend bereits BFH 18.1.2017 – II R 33/16, BStBl. II 2017, 663). Erlangt der Bevollmächtigte später (wieder) die Befugnis zur geschäftsmäßigen Hilfeleistung in StSachen, ist die Zurückweisung auf dessen Antrag mit Wirkung ab diesem Zeitpunkt zu widerrufen (BT-Drs. 18/7457, 62). Der zurückgewiesene Bevollmächtigte kann daher noch für den Vollmachtgeber bei anderen FB auftreten oder aber für andere Vollmachtgeber bei derselben FB auftreten, bis er in diesen Verfahren ebenfalls zurückgewiesen wird (Klein § 80 Rn. 76).

VII. Bekanntgabe der Zurückweisung (Abs. 7 S. 2)

101 Die Zurückweisung ist nach der Neuregelung dem **Vollmachtgeber und dem Bevollmächtigten** bekannt zu geben. Nach der bisherigen Regelung in § 80 VIII AO aF war die Zurückweisung dem Beteiligten (= Vollmachtgeber) lediglich „mitzuteilen". Der Vollmachtgeber soll hierdurch in die Lage versetzt werden, Vorkehrungen zur Wahrung seiner Rechte im Besteuerungsverfahren zu treffen (BT-Drs. 18/7457, 62). Die Zurückweisung wird erst wirksam, sobald sie dem Bevollmächtigten und dem Vollmachtgeber ordnungsgemäß bekannt gegeben wurde. Beide Adressaten können die Zurückweisung anfechten (TK § 80 Rn. 94d; Klein § 80 Rn. 78, 81).

VIII. Unterrichtung anderer Finanzbehörden (Abs. 7 S. 3)

102 Die FB ist nunmehr ausdrücklich befugt, andere FB über die Zurückweisung des Bevollmächtigten zu unterrichten. Die informierten FB werden dadurch in die Lage versetzt, einen Verstoß gegen die Vorschriften des StBerG frühzeitig zu erkennen und entspr. zu reagieren (BT-Drs. 18/7457, 62).

J. Zurückweisung bei Ungeeignetheit (Abs. 8)

104 Die Vorschrift ermöglicht es der FB, einen Bevollmächtigten wegen mangelnder Eignung von einem **schriftlichen, elektronischen oder mündlichen Vortrag** zurückzuweisen. Sie unterscheidet nicht mehr zwischen dem schriftlichen und mündlichen Vortrag und umfasst nunmehr auch den elektronischen Vortrag. Über den Verweis in Abs. 9 S. 2 findet sie auf Beistände entsprechende Anwendung.

Die **Ungeeignetheit** kann subjektive oder objektive Gründe haben. Sie kann angenommen werden, wenn der Bevollmächtigte zB nicht in der Lage ist, sich wegen Sprachschwierigkeiten in verständlicher Art und Weise auszudrücken oder wenn es ihm aus Krankheitsgründen nicht möglich ist, sich angemessen zu artikulieren. Unkenntnis der StRechtsmaterie oder Querulantentum reichen nicht aus. Die Gründe für die Ungeeignetheit können auch vorübergehender Natur sein (HHSp § 80 Rn. 445 ff. mit weiteren Beispielen).

105 Der Bevollmächtigte kann nur („soweit") von der Art Vortrag zurückgewiesen werden, für den er ungeeignet ist. Die Zurückweisung wird idR nicht generell, sondern – insb. bei vorübergehender Ungeeignetheit– für jeweils **einzelne Verfahrenshandlungen** ausgesprochen, für die das Hindernis besteht.

106 Die Zurückweisung steht im **Ermessen** der FB. Sie hat sich bei ihrer Entscheidung an dem Zweck der Bevollmächtigung zu orientieren, wonach der Beteiligte vom Grundsatz her einen Vertreter seiner Wahl bestellen kann. Andererseits sollte sie prüfen, ob der Bevollmächtigte die Interessen des Beteiligten im Verfahren sachgerecht, dh in Beachtung der Belange des Beteiligten, wahrnimmt. Ferner darf sie zurückweisen, wenn der Verfahrensablauf nicht nur unerheblich gestört wird.

107 **S. 2** sieht ein **Berufsstandsprivileg** vor. Wegen Ungeeignetheit können die in § 3 Nr. 1 und § 4 Nr. 1 und 2 StBerG genannten Personen (→ Rn. 93 f.) sowie die in § 23 III StBerG genannten Leiter einer Beratungsstelle eines LStHilfevereins und Personen, die die

Bezeichnung „Landwirtschaftliche Buchstelle" gem. § 44 StBerG tragen dürfen, nicht zurückgewiesen werden.

S. 3 entspricht der Regelung des Abs. 7 S. 2 (→ Rn. 101). Die Zurückweisung ist sowohl dem Vollmachtgeber als auch dem Bevollmächtigten bekannt zu geben. Eine Abs. 7 S. 3 entsprechende Regelung, nach der andere FB informiert werden dürfen, ist jedoch nicht enthalten, da sich die Ungeeignetheit nicht auch in anderen Verfahren des Bevollmächtigten auswirken muss (Klein § 80 Rn. 93). 108

K. Zurückweisung von Beiständen (Abs. 9)

Die Regelung in **Abs. 9 S. 1** entspricht Abs. 7 und verpflichtet die FB („ist"), einen Beistand wegen unbefugter Hilfeleistung in StSachen zurückzuweisen (→ Rn. 99). Durch die Verweisung auf Absatz 7 S. 2 und 3 gelten die dortigen Regelungen zur Bekanntgabe der Zurückweisung und zur Information anderer Finanzbehörden über die Zurückweisung entspr. (→ Rn. 101 f.). 110

Abs. 9 S. 2 entspricht inhaltlich Abs. 8 und ermöglicht es der FB („kann") einen Beistand vom schriftlichen, elektronischen oder mündlichen Vortrag zurückzuweisen, falls dieser zu einem sachgemäßen Vortrag nicht fähig oder willens ist (→ Rn. 104 ff.).

Der im Rahmen des StModernG eingefügte Abs. 9 ging zunächst davon aus, dass Beistände (anders als Bevollmächtigte) nur an Verhandlungen und Besprechungen teilnehmen. Dementsprechend war die Zurückweisungsregelung für Beistände auf den mündlichen Vortrag beschränkt (BT-Drs. 18/7457, 63). Der BFH hat jedoch nach Verkündung des StModernG entschieden, dass die Zurückweisung nach § 80 V AO aF bei einer unbefugten geschäftsmäßigen Hilfeleistung in StSachen unabhängig davon gerechtfertigt ist, ob die hilfeleistende Person als Bevollmächtigter oder als Beistand tätig geworden ist. Ein Beistand konnte nach alter Rechtslage somit nicht nur bei mündlichen Verhandlungen und Besprechungen, sondern auch bei Anfertigung und Abgabe einer StErklärung mitwirken (BFH 19.10.2016 – II R 44/12, BStBl. II 2017, 797). Da mit der Einfügung des Abs. 9 keine Rechtsänderung bezweckt war, hat der Gesetzgeber reagiert und mit dem Gesetz zur weiteren steuerlichen Förderung der Elektromobilität und zur Änderung weiterer steuerlicher Vorschriften (BGBl. 2019 I 2451) die Regelung dahingehend angepasst, dass nunmehr jedwede Form der Beistandsleistung erfasst wird (BT-Drs. 19/13436, 189).

L. Wirkung der Zurückweisung (Abs. 10)

Abs. 10 stellt klar, dass die nach der Zurückweisung des Bevollmächtigten oder Beistands von diesem vorgenommenen Verfahrenshandlungen **unwirksam** sind. Die Unwirksamkeit ist absolut und kann auch nicht durch eine Genehmigung des Verfahrensbeteiligten geheilt werden (BT-Drs. 18/7457, 63; TK § 80 Rn. 98; HHSp § 80 Rn. 470). Die zuvor vorgenommenen aktiven und passiven Handlungen bleiben wirksam (FG Hamburg 30.7.2020 – 2 K 12/19, BeckRS 2020, 26160). 112

M. Rechtsschutz gegen die Zurückweisung

Die Zurückweisung ist ein **VA,** der mit dem Einspruch sowohl vom Vollmachtgeber als auch dem Bevollmächtigten angefochten werden kann (FG Köln 19.9.2014 – 9 V 2144/14, EFG 2014, 2110). Für die Prüfung der Rechtmäßigkeit eines Zurückweisungsbescheids sind die Verhältnisse bei dessen Ergehen maßgebend (BFH 18.1.2017 – II R 3/14, BFH/NV 2017, 619; BFH 28.2.2018 – II R 3/16, BFH/NV 2018, 990; Klein § 80 Rn. 81). Gegen die Einspruchsentscheidung ist die Anfechtungsklage gem. § 40 I FGO statthaft. Eine vorbeugende Unterlassungsklage gegen eine drohende Untersagung nach § 7 I 115

StBerG oder drohende Zurückweisung nach § 80 VII ist nach § 41 II 1 FGO unzulässig (BFH 30.9.2020 – VII B 96/19, BFH/NV 2021, 781). Die Vollziehung kann nach § 361 bzw. § 69 FGO ausgesetzt werden (FG Köln 13.10.2014 – 10 V 2123/14, EFG 2015, 135; TK § 80 Rn. 100 mwN).

§ 80a Elektronische Übermittlung von Vollmachtsdaten an Landesfinanzbehörden

(1) [1]**Daten aus einer Vollmacht zur Vertretung in steuerlichen Verfahren, die nach amtlich bestimmtem Formular erteilt worden sind, können den Landesfinanzbehörden nach amtlich vorgeschriebenem Datensatz über die amtlich bestimmten Schnittstellen übermittelt werden.** [2]**Im Datensatz ist auch anzugeben, ob der Vollmachtgeber den Bevollmächtigten zum Empfang von für ihn bestimmten Verwaltungsakten oder zum Abruf von bei den Finanzbehörden zu seiner Person gespeicherten Daten ermächtigt hat.** [3]**Die übermittelten Daten müssen der erteilten Vollmacht entsprechen.** [4]**Wird eine Vollmacht, die nach Satz 1 übermittelt worden ist, vom Vollmachtgeber gegenüber dem Bevollmächtigten widerrufen oder verändert, muss der Bevollmächtigte dies unverzüglich den Landesfinanzbehörden nach amtlich vorgeschriebenem Datensatz mitteilen.**

(2) [1]**Werden die Vollmachtsdaten von einem Bevollmächtigten, der nach § 3 des Steuerberatungsgesetzes zur geschäftsmäßigen Hilfeleistung in Steuersachen befugt ist, nach Maßgabe des Absatzes 1 übermittelt, so wird eine Bevollmächtigung im mitgeteilten Umfang vermutet, wenn die zuständige Kammer sicherstellt, dass Vollmachtsdaten nur von den Bevollmächtigten übermittelt werden, die zur geschäftsmäßigen Hilfeleistung in Steuersachen befugt sind.** [2]**Die für den Bevollmächtigten zuständige Kammer hat den Landesfinanzbehörden in diesem Fall auch den Wegfall einer Zulassung unverzüglich nach amtlich vorgeschriebenem Datensatz mitzuteilen.**

(3) **Absatz 2 gilt entsprechend für Vollmachtsdaten, die von einem anerkannten Lohnsteuerhilfeverein im Sinne des § 4 Nummer 11 des Steuerberatungsgesetzes übermittelt werden, sofern die für die Aufsicht zuständige Stelle in einem automatisierten Verfahren die Zulassung zur Hilfe in Steuersachen bestätigt.**

Schrifttum: Willerscheid, Die Vollmachtsdatenbank – Ein weiterer Schritt für Steuerberater zur elektronischen Kommunikation mit der Finanzverwaltung, NWB 2014, 297; Zaumseil, Die Modernisierung des Besteuerungsverfahrens, NJW 2016, 2769; Höreth/Stelzer, Gesetz zur Modernisierung des Besteuerungsverfahrens, DStZ 2016, 519; Baum/Sonnenschein, Modernisierung des Besteuerungsverfahrens – Teil 5: Neuerungen bei Vollmachten zur Vertretung im Besteuerungsverfahren und bei den amtlichen Vollmachtformularen, NWB 2016, 2934.

A. Allgemeines

1 Die Vorschrift wurde durch das StModernG mit Wirkung ab dem 1.1.2017 neu eingefügt. Sie ergänzt § 80 und schafft eine Rechtsgrundlage für die **elektronische Übermittlung von Vollmachtsdaten** an die LandesFB. Die FB des Bundes, insb. die der Zollverwaltung und das BZSt werden von der Regelung nicht erfasst (Gosch AO § 80a Rn. 7). Die Regelung des § 80a wird flankiert durch den Bußgeldtatbestand des § 383b als Sanktionsnorm (TK § 80a Rn. 2). Die Regelung wird teilweise als überflüssig kritisiert (Klein § 80a Rn. 2).

2 Die Neuregelung ist im Interesse der FVerw. an einer einfach nachprüfbaren Bevollmächtigung. Die nach amtlichen Formularen elektronisch eingereichten Vollmachten bedürfen keiner Auslegung im Einzelfall und manueller Pflege des Datenbestandes (Zaumseil NJW 2016, 2769). Die Einrichtung und der Betrieb einer Vollmachtsdatenbank sowie

die Übermittlung der Vollmachtsdaten an die FVerw. gehören nach § 86 II Nr. 12 StBerG zu den Aufgaben der BundesStBeraterkammer. Das Verfahren wurde durch die FB des Bundes und der Länder in Zusammenarbeit mit den StBeraterkammern und der BundesStBeraterkammer entwickelt. Hierzu wurde eine Vollmachtsdatenbank eingerichtet, mit der zentral die Vollmachten der Mandanten zur Vertretung in StAngelegenheiten zugunsten der bevollmächtigten Kammermitglieder verwaltet und an die LandesFB übermittelt werden. In diesem Zusammenhang sind die StBeraterkammern nunmehr gem. § 86b StBerG verpflichtet, ein elektronisches Verzeichnis aller Mitglieder der Kammer und gem. § 3b StBerG aller nach § 3a III 1 StBerG vorübergehend oder gelegentlich zur steuerlichen Hilfeleistung Befugten zu führen (Gosch AO § 80a Rn. 4).

Die StBeraterkammern haben unter Federführung der BundesStBeraterkammer dem Software Anbieter DATEV e. G. ausschließliche Konzessionen zum Betrieb der Vollmachtsdatenbank für StB gewährt. Die DATEV e. G. hat die Vollmachtsdatenbank für StB seit dem Jahr 2014 betrieben und war berechtigt, von den Nutzern ein Entgelt zu verlangen und auf die Daten der von den Kammern geführten Register zuzugreifen. Das Bundeskartellamt hat im Januar 2017 auf Grund von Beschwerden mehrerer Softwareanbieter ein Verfahren wegen des Verdachts des Missbrauchs einer marktbeherrschenden Stellung gegen die BundesStBeraterkammer und die DATEV e. G. eingeleitet. Das Bundeskartellamt ist auf Grund einer vorläufigen Beurteilung zu dem Ergebnis gekommen, dass die StBeraterkammern sich missbräuchlich verhalten haben, indem sie der DATEV e. G. eine ausschließliche Konzession zum Betrieb der Vollmachtsdatenbank für StBerater gewährt haben. Die StBeraterkammern haben sich daraufhin Ende 2019 verpflichtet, die bislang von der DATEV e. G. betriebene Vollmachtsdatenbank für StBerater ab Mitte des Jahres 2020 in den Eigenbetrieb zu übernehmen. Sobald die FVerw. die Voraussetzungen für die parallele Anbindung mehrerer Vollmachtsdatenbanken an ihre IT-Systeme geschaffen hat, erhalten Dritte Zugang zum Berufsregister der Kammern, um den für den Betrieb einer Vollmachtsdatenbank gesetzlich vorgeschriebenen Datenabgleich vornehmen zu können (Fallbericht des Bundeskartellamts vom 4.12.2019, Az.: B7-25/17). Die BundesStBeraterkammer betreibt die Vollmachtsdatenbank seit dem 1. Juli 2020 im Eigenbetrieb. 3

B. Elektronische Übermittlung von Vollmachtsdaten (Abs. 1)

Die Vorschrift begründet **keine Pflicht** zur Nutzung der Vollmachtsdatenbank. Wer diese jedoch nutzen will, muss die formalen Voraussetzungen des **Abs. 1 S. 1** beachten (TK § 80a Rn. 4). Die FVerw. hat ein **amtliches Vollmachtsformular** nebst Merkblatt (BStBl. I 2016, 662) entworfen, das zwingend zu verwenden ist. Das amtliche Vollmachtsformular sah vor, dass auf einem Beiblatt die StNummern des Vollmachtgebers zu erfassen sind und die FVerw. hat die Auffassung vertreten, dass die Vollmacht auf diese StNummern beschränkt sei. Dem ist der BFH entgegengetreten und hat klargestellt, dass das Beiblatt nicht Bestandteil des amtlichen Vollmachtsformulars ist und die Vollmacht gegenüber den FÄ für alle Besteuerungsverfahren des Vollmachtgebers wirkt (BFH 8.11.2023 – II R 19/21, BFHE 282, 229). Die FVerw. hat daraufhin mit Wirkung ab dem 27.3.2025 neue Formulare veröffentlicht (BMF 27.3.2025, BStBl. I 2025, 954). In dem dazugehörigen Merkblatt weist die FVerw. allerdings darauf hin, dass, solange die Vollmachtsdatenbank der FVerw. noch nicht auf die IdNr. nach § 139b und/oder W-IdNr. nach § 139c als Ordnungskriterien umgestellt ist, es aus technischen Gründen erforderlich sei, im Datensatz zur Übermittlung der Vollmachtsdaten bis auf Weiteres gleichwohl die StNummern aller steuerlichen Verfahren anzugeben, zu denen die Vollmacht automationsgestützt erfasst werden soll. Ohne Angabe der StNummer könne es dazu kommen, dass eine Bekanntgabevollmacht bei Erlass von StVA nicht berücksichtigt werde. Soweit der Vollmachtgeber bei den LandesFB unter weiteren, im Datensatz aber nicht benannten StNummern geführt werde, sei eine automationsgestützte Berücksichtigung der nach amtlich vorgeschriebenem 6

Vollmachtsmuster erteilten Vollmacht für den Bevollmächtigten derzeit nicht möglich. Es erscheint zweifelhaft, ob eine derartige Einschränkung wirksam ist. Der Stpfl. kann nicht für die technischen Mängel der Vollmachtsdatenbank in Verantwortung genommen werden. Individuelle Änderungen oder Ergänzungen der amtlichen Vollmachtsformulare sind grds. unzulässig. Die auf dem amtlichen Vollmachtsformular erteilte Vollmacht bzw. die Vollmachtsdaten müssen nach amtlich vorgeschriebenem Datensatz über die amtlich bestimmten Schnittstellen elektronisch an die FVerw. übermittelt werden. Hierbei sind § 87a VI und §§ 87b–87d zu beachten (BT-Drs. 18/7457, 63; TK § 80a Rn. 4). Für jeden Stpfl. ist immer eine gesonderte Vollmacht zu übermitteln. Bei zusammenveranlagten Ehegatten oder Lebenspartnern muss jeder Ehegatte/Lebenspartner eigenständig eine entsprechende Vollmacht erteilen. Eine gemeinsame Vollmacht ist nicht zulässig (Baum/Sonnenschein NWB 2016, 2934). Die FB hat nach § 80 III jederzeit die Möglichkeit, den Nachweis der Bevollmächtigung zu verlangen (→ § 80 Rn. 63). Die Bevollmächtigung selbst kann, muss aber nicht durch das amtliche Vollmachtsformular nachgewiesen werden (→ § 80 Rn. 66). Für den Nachweis der Vollmacht nach § 80a I fordert der AEAO zu § 80a Nr. 1 die Vorlage oder Übersendung einer Ausfertigung/Ablichtung der auf amtlichem Formular erteilten Vollmacht (BStBl. I 2024, 1107). Wird der Nachweis auf anderem Wege erbracht, ist zwar die Vollmacht iSd § 80 nachgewiesen, aber die Rechtsfolgen des § 80a und insb. die Vermutungswirkung treten nicht ein (TK § 80a Rn. 5).

8 Mit der Übermittlung der Vollmacht erlöschen grundsätzlich alle der zuständigen FB zuvor angezeigten oder übermittelten Vollmachten (Baum/Sonnenschein NWB 2016, 2934). Nach dem **Posterior-Prinzip** sperrt die letzte übermittelte Vollmacht alle vorhergehenden. Dies gilt sowohl für eine inhaltlich abweichende Ermächtigung desselben Vollmachtnehmers als auch bei Bevollmächtigung eines anderen (TK § 80a Rn. 7).

10 Das amtliche Vollmachtsformular geht **grundsätzlich** von einer **umfassenden Bevollmächtigung** aus. Es kann aber in **zeitlicher und sachlicher Hinsicht beschränkt** werden (Baum/Sonnenschein NWB 2016, 2934). Nach **Abs. 1 Satz 2** ist auch anzugeben, ob der Vollmachtgeber den Bevollmächtigten zum **Empfang von für ihn bestimmten VA** oder zum Abruf von bei den FB zu seiner **Person gespeicherten Daten** ermächtigt hat.

11 Nach **Abs. 1 Satz 3** müssen alle übermittelten Daten der erteilten Vollmacht entsprechen. Werden unzutreffende Daten übermittelt, kann dies zu einer Ordnungswidrigkeit nach § 383b führen (TK § 80a Rn. 9).

12 Den Bevollmächtigten trifft nach **Abs. 1 S. 4** die **Pflicht zur unverzüglichen Mitteilung** an die FB nach amtlich vorgeschriebenem Datensatz, wenn eine nach § 80a I übermittelte Vollmacht vom Vollmachtgeber gegenüber dem Bevollmächtigten **widerrufen oder verändert** wird. Unverzüglich bedeutet ohne schuldhaftes Zögern gem. § 121 I 1 BGB (Gosch AO § 80a Rn. 33)

C. Vollmachtsvermutung bei Bevollmächtigten nach § 3 StBerG (Abs. 2)

15 Bei Angehörigen der steuerberatenden Berufe iSv § 3 StBerG (insb. Rechtsanwälte, StBerater und Wirtschaftsprüfer → § 80 Rn. 93) wird nach Abs. 2 S. 1 eine ordnungsgemäße Bevollmächtigung vermutet, wenn die Übermittlung der Vollmachtsdaten nach Abs. 1 erfolgt ist.

Weitere Voraussetzung ist jedoch, dass die zuständige Kammer sicherstellt, dass Vollmachtsdaten nur von den Bevollmächtigten übermittelt werden, die zur geschäftsmäßigen Hilfeleistung in StSachen befugt sind. Nach **Abs. 2 S. 2** hat die für den Bevollmächtigten zuständige Kammer den LandesFB auch den Wegfall einer Zulassung unverzüglich (ohne schuldhaftes Zögern iSd § 121 I 1 BGB) nach amtlich vorgeschriebenem Datensatz mitzuteilen.

Dies wird in der Weise umgesetzt, dass die Vollmachtsdaten zunächst in sog. Kammerdatenbanken erfasst werden und eine Authentifizierung des Beraters mithilfe des Berufsregisters erfolgt (HHSp § 80a Rn. 58; Gosch AO § 80a Rn. 39). Bei Mehrfach-Berufsträgern hat die jeweilige Kammer die Aufsicht über „ihren" Kammerangehörigen zu führen. Eine gesetzliche Konzentration oder die Bestimmung einer „führenden" Kammer ist nicht vorgesehen (TK § 80a Rn. 13). 16

D. Vollmachtsvermutung bei Lohnsteuerhilfevereinen (Abs. 3)

In **entsprechender Anwendung des Abs. 2** gilt die Vermutung der Bevollmächtigung auch bei LStHilfevereinen iSv § 4 Nr. 11 StBerG, wenn die für die Aufsicht zuständige LandesFB in einem automatisierten Verfahren die Zulassung zur Hilfe in StSachen bestätigt (Klein § 80a Rn. 14). Ausreichend ist, dass die Aufsichtsbehörde der LandesFB automatisiert eine Liste der anerkannten LStHilfevereine übermittelt und diese fortschreibt (HHSp § 80a Rn. 65). Die FVerw. hat für die LStHilfevereine ein eigenes amtliches Vollmachtsmuster erlassen (BMF 11.12.2023, BStBl. I 2024, 5). Das Vollmachtsmuster wurde ebenfalls mit Wirkung ab dem 27.3.2025 neu veröffentlicht (BMF 27.3.2025, BStBl. I 2025, 954). 18

§ 81 Bestellung eines Vertreters von Amts wegen

(1) **Ist ein Vertreter nicht vorhanden, so hat das Betreuungsgericht, für einen minderjährigen Beteiligten das Familiengericht auf Ersuchen der Finanzbehörde einen geeigneten Vertreter zu bestellen**

1. für einen Beteiligten, dessen Person unbekannt ist,

2. für einen abwesenden Beteiligten, dessen Aufenthalt unbekannt ist oder der an der Besorgung seiner Angelegenheiten verhindert ist,

3. für einen Beteiligten ohne Aufenthalt

a) im Inland,

b) in einem anderen Mitgliedstaat der Europäischen Union oder

c) in einem anderen Staat, auf den das Abkommen über den Europäischen Wirtschaftsraum anzuwenden ist,

wenn er der Aufforderung der Finanzbehörde, einen Vertreter zu bestellen, innerhalb der ihm gesetzten Frist nicht nachgekommen ist,

4. für einen Beteiligten, der infolge einer psychischen Krankheit oder körperlichen, geistigen oder seelischen Behinderung nicht in der Lage ist, in dem Verwaltungsverfahren selbst tätig zu werden,

5. bei herrenlosen Sachen, auf die sich das Verfahren bezieht, zur Wahrung der sich in Bezug auf die Sache ergebenden Rechte und Pflichten.

(2) **Für die Bestellung des Vertreters ist in den Fällen des Absatzes 1 Nummer 4 das Betreuungsgericht, für einen minderjährigen Beteiligten das Familiengericht zuständig, in dessen Bezirk der Beteiligte seinen gewöhnlichen Aufenthalt (§ 272 Absatz 1 Nummer 2 des Gesetzes über das Verfahren in Familiensachen und in den Angelegenheiten der freiwilligen Gerichtsbarkeit) hat; im Übrigen ist das Gericht zuständig, in dessen Bezirk die ersuchende Finanzbehörde ihren Sitz hat.**

(3) **[1] Der Vertreter hat gegen den Rechtsträger der Finanzbehörde, die um seine Bestellung ersucht hat, Anspruch auf eine angemessene Vergütung und auf die Erstattung seiner baren Auslagen. [2] Die Finanzbehörde kann von dem Vertretenen Ersatz ihrer Aufwendungen verlangen. [3] Sie bestimmt die Vergütung und stellt die Auslagen und Aufwendungen fest.**

(4) **Im Übrigen gelten für die Bestellung und für das Amt des Vertreters in den Fällen des Absatzes 1 Nummer 4 die Vorschriften über die Betreuung, in den übrigen Fällen die Vorschriften über die Pflegschaft entsprechend.**

Vergleichbare Vorschriften: § 16 VwVfG; § 15 SGB X

A. Allgemeines

1 § 81 soll eine permanente rechtlich und tatsächlich handlungsfähige Präsenz auf der Beteiligtenseite gewährleisten (HHSp § 81 Rn. 18). Die Vorschrift erlangt Bedeutung in den Fällen, in denen zwar ein handlungsfähiger Beteiligter des Verwaltungsverfahrens vorhanden ist (§ 79), dieser aber aus den Gründen des Abs. 1 das Verfahren nicht betreibt oder betreiben kann. Die Vorschrift dient dem Interesse der Allgemeinheit an der sachgerechten und reibungslosen Durchführung des Verwaltungsverfahrens. Im Einzelfall dient die Bestellung eines Vertreters auch dem Interesse des Beteiligten selbst (TK § 81 Rn. 2; HHSp § 81 Rn. 19 mwN).

2 Die Vorschrift bestimmt die Voraussetzungen für eine Vertreterbestellung von Amts wegen abschl. und betrifft vom Wortlaut her die Vertretung natürlicher Personen. Sie ist **analog** anzuwenden in Fällen, in denen die Gründe des Abs. 1 in der Person des gesetzlichen Vertreters einer handlungsunfähigen juristischen Person oder eines Vertreters eines anderen steuerrechtsfähigen Gebildes vorliegen (TK § 81 Rn. 3; Schwarz/Pahlke/Keß § 81 Rn. 3). Diese Vertreter sind zwar nicht Beteiligte, haben aber steuerliche Pflichten des Vertretenen zu erfüllen. So kann zB die FB das zuständige Gericht nach § 81 um die Bestellung eines Vertreters für eine juristische Person ersuchen, wenn der gesetzliche Vertreter unbekannten Aufenthalts ist. Ebenso wird die Vorschrift analog angewendet, wenn die Voraussetzungen für die Bestellung eines Vertreters von Amts wegen nach Abs. 1 in der Person des gesetzlichen Vertreters einer natürlichen Person vorliegen, zB die Eltern eines handlungsunfähigen Minderjährigen unbekannten Aufenthalts sind (HHSp § 81 Rn. 12; TK § 81 Rn. 5). § 81 gilt für das gesamte **StVerwaltungsverfahren,** nicht aber für das StStrafverfahren, das Bußgeldverfahren und das finanzgerichtliche Verfahren.

3 § 81 behandelt nicht die **gesetzliche Vertretung** eines handlungsunfähigen Beteiligten. Handlungsunfähige natürliche und juristische Personen sowie andere handlungsunfähige Beteiligte werden durch ihre gesetzlichen Vertreter vertreten (§§ 34, 79). Diese Vertretung geht § 81 vor. Ist ein gesetzlicher Vertreter einer handlungsunfähigen Person nicht vorhanden, kann dieser nur nach zivilrechtlichen Vorschriften bestellt werden. Die FB kann dies bei der zuständigen Behörde allerdings anregen (Näheres HHSp § 81 Rn. 24 ff.; TK § 81 Rn. 5 f.). Die gewillkürte Vertretung eines Beteiligten regelt § 80. § 81 greift daher nicht ein, wenn zwar die Voraussetzungen des Abs. 1 vorliegen, der Beteiligte aber gesetzlich oder nach § 80 vertreten ist. Zur Bekanntgabe eines Schriftstücks an einen im Ausland aufhältigen Beteiligten kann die FB gem. § 123 die Bestellung eines Empfangsbevollmächtigten im Inland verlangen.

B. Voraussetzungen für die Bestellung eines Vertreters (Abs. 1)

I. Fehlender Vertreter

6 Die Formulierung „ist ein Vertreter nicht vorhanden" bezieht sich auf die Vertretung eines handlungsfähigen Beteiligten, in dessen Person die Gründe des Abs. 1 vorliegen. Die Bestellung eines Vertreters von Amts wegen setzt daher voraus, dass der Beteiligte selbst handlungsfähig ist oder gesetzlich vertreten und er selbst oder sein gesetzlicher Vertreter nicht schon durch einen gewillkürten Vertreter (§ 80) vertreten wird. Den gesetzlichen Vertretern stehen Vertreter nichtrechtsfähiger steuerrechtlicher Gebilde gleich (→ § 34

Rn. 15 f., → § 79 Rn. 23). Ein nach den zivilrechtlichen Vorschriften bereits bestellter Betreuer oder Pfleger ist auch Vertreter iSd § 81. Die Vorschrift erfasst nicht den Fall, dass ein handlungsunfähiger Beteiligter überhaupt nicht gesetzlich vertreten ist (→ Rn. 3). Die Aufzählung der Fälle in Abs. 1 lässt erkennen, dass die Bestellung eines Vertreters von Amts wegen nur **auf die genannten Fälle beschränkt** sein soll. So ist die FB nicht verpflichtet, einem Stpfl., der über keine finanziellen Mittel verfügt, einen Bevollmächtigten iSd § 80 zur Erstellung einer abzugebenden StErklärung beizuordnen (BFH 27.4.2001 – XI S 10/01, BFH/NV 2001, 1363).

II. Unbekannter Beteiligter (Abs. 1 Nr. 1)

Der Beteiligte ist unbekannt, wenn der FB nicht bekannt ist, wer im konkreten Verwaltungsverfahren Träger von steuerlichen Rechten und Pflichten ist. Sind mehrere Beteiligte unbekannt, kann für alle unbekannten Beteiligten ein gemeinsamer Vertreter bestellt werden. Nicht zulässig ist es, für eine Mehrzahl von bekannten und unbekannten Beteiligten einen gemeinsamen Vertreter zu bestellen, zB für bekannte und unbekannte Mitglieder einer Erbengemeinschaft. Es kann dann nur für die unbekannten Beteiligten ein Vertreter bestellt werden (HHSp § 81 Rn. 47). Der Beteiligte ist auch unbekannt, wenn bei mehreren für die Beteiligtenstellung in Betracht kommenden Personen der eigentlich Beteiligte selbst oder die FB nicht weiß, welche Person Beteiligter ist, so etwa in Fällen, in denen mehrere Personen um einen Vermögensgegenstand oder um die Stellung als Erbe streiten. Die bloße Unkenntnis oder Zweifel der FB reichen nicht aus. Die FB muss die ihr zumutbaren Ermittlungen zur Person des Beteiligten anstellen. Die Grenzen der Ermittlungspflicht ergeben sich aus § 88 (TK § 81 Rn. 9). 7

III. Abwesender Beteiligter (Abs. 1 Nr. 2)

Nr. 2 betrifft abwesende Beteiligte, deren Aufenthalt unbekannt ist oder die an der Besorgung ihrer Angelegenheiten gehindert sind. **Abwesend** ist der der FB bekannte Beteiligte, wenn er seinen Wohnsitz oder gewöhnlichen Aufenthalt mit unbekanntem Ziel verlassen hat. Die FB muss auch hier mit zumutbarem Aufwand (§ 88) den Aufenthaltsort, etwa durch Anfrage beim Einwohnermeldeamt, ermitteln. Der Beteiligte ist ferner abwesend, wenn er an der Besorgung seiner Angelegenheiten gehindert ist. Das ist der Fall, wenn er den Ort, an dem er in steuerlicher Hinsicht tätig werden soll, nicht oder nur unter unzumutbarem Aufwand aufsuchen kann oder trotz objektiver Möglichkeit den Ort nicht aufsucht und damit eine Mitwirkung im Verwaltungsverfahren verhindert (TK § 81 Rn. 11 ff.; HHSp § 81 Rn. 62 ff.). 9

Voraussetzung für die **Verhinderung** ist, dass sich die Angelegenheiten nicht anderweitig, etwa fernmündlich, schriftlich oder durch elektronische Kommunikation erledigen lassen. Eine nur kurzfristige Abwesenheit reicht idR nicht aus. Ferner ist der Beteiligte verhindert, wenn die Bestellung eines gewillkürten Vertreters zum Zwecke der ordnungsgemäßen Durchführung des Verfahrens zwar angezeigt ist, der Beteiligte aber die Bestellung verweigert. Das kann jedoch nicht gelten, wenn die vom Beteiligten erwartete Mitwirkung nicht von einem Vertreter wahrgenommen werden kann wie etwa die Abgabe einer eidesstattlichen Versicherung oder die Erteilung einer Auskunft über einen nur dem Beteiligten bekannten Sachverhalt (Gosch AO § 81 Rn. 23 ff. mwN). Die FB hat unter Beachtung der Verhältnismäßigkeit zu beurteilen, ob eine Verhinderung vorliegt. 10

IV. Sich im Ausland aufhaltender Beteiligter (Abs. 1 Nr. 3)

Die Vorschrift ist durch das StModernG geändert worden. Hierdurch sollten europarechtliche Zweifel beseitigt werden. Der Beteiligte muss sich weder im Inland noch in einem anderen Mitgliedstaat der EU oder einem Staat des EWR tatsächlich aufhalten. Zuvor hat sich die Regelung nur auf den fehlenden Aufenthalt im „Geltungsbereich dieses 11

Gesetzes" bezogen (TK § 81 Rn. 15a). Nicht maßgebend ist der Wohnsitz oder der gewöhnliche Aufenthalt. Eine kurzfristige Abwesenheit reicht nicht aus. Der auswärtige Aufenthalt muss den Beteiligten und auch die FB hindern, ein Verwaltungsverfahren in angemessener Zeit und mit vertretbarem Aufwand durchzuführen. Die Vorschrift ist in Tatbestand und Rechtsfolge von § 123 zu unterscheiden. Für die Anwendung des § 123 reicht der bloße Aufenthalt außerhalb des Geltungsbereichs der AO nicht aus. Die Vorschrift betrifft außerdem lediglich die Erteilung einer Empfangsvollmacht.

12 Die FB muss den Beteiligten zur Bestellung eines Vertreters innerhalb einer angemessenen und von der FB genau zu bezeichnenden Frist auffordern. Die Aufforderung muss dem Beteiligten ordnungsgemäß bekannt gegeben und ggf. nach den Vorschriften VwZG im Ausland zugestellt werden. Bei einer Auslandszustellung muss deren lange Dauer bei der Fristsetzung berücksichtigt werden. Der Beteiligte sollte auf die Rechtsfolgen einer nicht fristgemäßen Bestellung eines Vertreters hingewiesen werden. Auch nach Fristablauf ist eine Vertreterbestellung durch den Beteiligten noch möglich. Ist zu diesem Zeitpunkt bereits ein Vertreter von Amts wegen bestellt, muss letztere Bestellung aufgehoben werden (TK § 81 Rn. 17; HHSp § 81 Rn. 88).

V. Kranker oder behinderter Beteiligter (Abs. 1 Nr. 4)

13 § 81 findet Anwendung, wenn der Beteiligte wegen einer Krankheit oder Behinderung nicht in der Lage ist, sein Verwaltungsverfahren selbst zu betreiben oder einen gewillkürten Vertreter nach § 80 zu bestellen. Häufig wird für den Beteiligten schon ein Betreuer oder Pfleger bestellt sein, der den Beteiligten vertritt. Die Behinderung oder Krankheit muss ursächlich sein für die Unfähigkeit, die steuerlichen Angelegenheiten zu besorgen. Eine solche iSd Nr. 4 liegt vor, wenn der Beteiligte infolge seines körperlichen, geistigen oder seelischen Zustands nicht in der Lage ist, eigene Entscheidungen im Verwaltungsverfahren zu treffen (Schwarz/Pahlke/Keß § 81 Rn. 20). Bloße Störungen im Kontakt mit der FB oder Querulanz reichen ebenso wenig aus wie die Unfähigkeit oder Unwilligkeit zum sachgerechten mündlichen oder schriftlichen Vortrag. Die Beurteilung, ob eine Krankheit oder Behinderung vorliegt, kann anhand des § 1814 BGB erfolgen. Erkrankungen oder Behinderungen, die die Einsichtsfähigkeit des Beteiligten zumindest stark beeinträchtigen, können zB Psychosen, Suchtkrankheiten, schwerwiegende Intelligenzdefizite, schwere körperliche Behinderungen wie Blindheit, Taubheit oder Altersleiden sein, wobei allerdings rein körperliche Beeinträchtigungen die Entscheidungsfähigkeit in aller Regel nicht beeinflussen dürften (TK § 81 Rn. 19; HHSp § 81 Rn. 105).

VI. Herrenlose Sache (Abs. 1 Nr. 5)

14 Die Bestellung eines Vertreters kommt in den Fällen der Sachhaftung nach § 76 oder bei dinglicher Haftung nach § 12 GrStG in Betracht. Eine Sache ist herrenlos, wenn die Voraussetzungen der §§ 959, 928 BGB vorliegen, also an der Sache nie ein Eigentum begründet oder dieses aufgegeben wurde oder es sonst erloschen ist. Bei ungeklärter Eigentumslage kann die FB nur nach Nr. 1 vorgehen. Die Vertretung bezieht sich nur auf die hinsichtlich der Sache wahrzunehmenden Rechte und zu erfüllenden Pflichten.

VII. Bestellung des Vertreters

1. Ersuchen der Finanzbehörde

15 Die FB ersucht das zuständige Gericht um Bestellung eines Vertreters von Amts wegen. Das Ersuchen steht im pflichtgemäßen Ermessen der FB. Im Allgemeinen haben die FB keinen Anlass, die Bestellung zu beantragen (AEAO zu § 81). Gegen ein Ersuchen spricht auch die Möglichkeit, nach § 156 II bei Vorliegen der Voraussetzungen von der Festsetzung der Steuer und damit auch von der Durchführung eines Verwaltungsverfahrens abzusehen. So kann die Festsetzung unterbleiben, wenn die Kosten der Einziehung der

Steuer einschl. ihrer Festsetzung außer Verhältnis zur Höhe der Steuer stehen. Die hier zu beachtenden Kosten umfassen auch die von der ersuchenden FB dem bestellten Vertreter zu zahlende Vergütung und die zu erstattenden Kosten gem. Abs. 3. Diese Kosten hat letztlich der Beteiligte zu tragen (→ Rn. 24). Daher sollte zunächst die FB versuchen, den Stpfl. zur Bestellung eines Vertreters zu bewegen oder einen Dritten, etwa einen künftigen Erben oder einen Angehörigen eines kranken Beteiligten, zur Übernahme der Vertretung zu gewinnen. Das Ermessen reduziert sich allerdings zugunsten des Ersuchens auf null, wenn die Voraussetzungen des § 156 II nicht vorliegen und im Einzelfall zudem ohne bestellten Vertreter die Wahrung der Rechte des Beteiligten oder die Erfüllung von Mitwirkungspflichten nicht gewährleistet wäre (TK § 81 Rn. 22; Gosch AO § 81 Rn. 44; s. HHSp § 81 Rn. 122 ff.).

2. Bestellung durch das zuständige Gericht

Das zuständige Gericht darf einen Vertreter nur auf Ersuchen bestellen. Es ist nicht an das Ersuchen gebunden, sondern prüft selbst, ob die Voraussetzungen für eine Bestellung vorliegen. Bei Vorliegen der Voraussetzungen des Abs. 1 muss es einen Vertreter bestellen, andernfalls hat es das Ersuchen zurückweisen (TK § 81 Rn. 23 mwN). Das Gericht gibt die Bestellung dem Vertreter bekannt. Die Bekanntgabe an den Vertretenen und die FB ist für die Wirksamkeit der Bestellung nicht erforderlich (TK § 81 Rn. 23). Gegen die Bestellung steht dem Beteiligten und dem Vertreter sowie gegen die Zurückweisung des Ersuchens der FB die Beschwerde zu. Für das Bestellungsverfahren gelten im Übrigen die Vorschriften für die Betreuung und die Pflegschaft (s. Abs. 4). Das Gericht wählt die Person des Vertreters aus. Die FB hat hierauf keinen Einfluss. Der Vertreter muss handlungsfähig (§ 79) und geeignet sein. Die Geeignetheit bestimmt sich nach der Art der vorzunehmenden aktiven und passiven Verfahrenshandlungen. 16

3. Rechtsstellung des Vertreters

Die Rechtsstellung des Vertreters bestimmt sich, soweit § 81 nichts anderes vorsieht, gem. Abs. 4 in den Fällen der Nr. 1–3 und 5 nach den Regelungen über die Pflegschaft (§§ 1809–1813 und 1882–1888 BGB), in den Fällen der Nr. 4 nach den Regelungen über die Betreuung (§§ 1814–1881 BGB). Der bestellte Vertreter hat die Interessen des Vertretenen wahrzunehmen. Er unterliegt der Aufsicht des zuständigen Gerichts. Für den Beteiligten hat er die Stellung eines gesetzlichen Vertreters, für die herrenlose Sache die eines Vermögensverwalters. Soweit der Vertreter Verfahrenshandlungen für den Vertretenen vornimmt, ist der Vertretene selbst handlungsunfähig, seine Handlungen sind unwirksam. Die Bestellung und damit die Vertretungsbefugnis bezieht sich nur auf das konkrete Verwaltungsverfahren, nicht auf andere Verfahren und auf finanzgerichtliche Verfahren. Der Beteiligte darf also selbst in einem anderen Verwaltungsverfahren tätig werden oder Prozesshandlungen vornehmen (s. dazu TK § 81 Rn. 25 mwN). 18

C. Zuständiges Gericht (Abs. 2)

Für die Bestellung eines Vertreters für einen kranken oder behinderten Beteiligten nach Abs. 1 Nr. 4 ist das Gericht örtlich zuständig, in dessen Bezirk der Betroffene zu der Zeit, zu der das Gericht mit der Angelegenheit befasst wird, seinen gewöhnlichen Aufenthalt hat (§ 81 II iVm § 272 I Nr. 2 FamFG). Für alle übrigen Fälle der Bestellung ist das Gericht zuständig, in dessen Bezirk die ersuchende FB ihren Sitz hat. Die differenzierende Regelung ist zweckmäßig, weil sie in den Fällen der Nr. 4 die Nähe des Gerichts zum Beteiligten, ansonsten die zur ersuchenden FB herstellt (Klein § 81 Rn. 3). 21

D. Vergütung und Erstattung von Aufwendungen (Abs. 3)

24 Abw. von den zivilrechtlichen Bestimmungen des § 1808 BGB gewährt Abs. 3 dem bestellten Vertreter einen Anspruch auf angemessene Vergütung und auf Erstattung seiner Aufwendungen. Da er in erster Linie im Interesse der Allgemeinheit tätig wird, ist der Anspruch gegen den Rechtsträger der FB, regelmäßig das Bundesland, gerichtet. Die Angemessenheit der Vergütung bestimmt sich nach Art und Umfang der Tätigkeit. Die von Amts wegen oder auf Antrag vorzunehmende Festsetzung der Vergütung und der zu erstattenden Auslagen durch die FB ist VA. Der Rechtsträger der FB hat gegen den Beteiligten einen Rückerstattungsanspruch, der ebenfalls durch VA festgesetzt wird. Gegen die VA sind Einspruch und Klage gegeben.

E. Ergänzende Vorschriften über die Betreuung und die Pflegschaft (Abs. 4)

27 Für die Bestellung und das Amt des Vertreters gelten, soweit § 81 nichts anderes bestimmt, in den Fällen des Abs. 1 Nr. 4 die zivilrechtlichen Bestimmungen über die Betreuung, in den anderen Fällen die zivilrechtlichen Bestimmungen über die Pflegschaft. Ergänzend sind für die Bestellung die Bestimmungen des FamFG maßgebend (TK § 81 Rn. 30 ff.).

2. Unterabschnitt. Ausschließung und Ablehnung von Amtsträgern und anderen Personen

§ 82 Ausgeschlossene Personen

(1) [1]**In einem Verwaltungsverfahren darf für eine Finanzbehörde nicht tätig werden,**

1. **wer selbst Beteiligter ist,**
2. **wer Angehöriger (§ 15) eines Beteiligten ist,**
3. **wer einen Beteiligten kraft Gesetzes oder Vollmacht allgemein oder in diesem Verfahren vertritt,**
4. **wer Angehöriger (§ 15) einer Person ist, die für einen Beteiligten in diesem Verfahren Hilfe in Steuersachen leistet,**
5. **wer bei einem Beteiligten gegen Entgelt beschäftigt ist oder bei ihm als Mitglied des Vorstands, des Aufsichtsrats oder eines gleichartigen Organs tätig ist; dies gilt nicht für den, dessen Anstellungskörperschaft Beteiligte ist,**
6. **wer außerhalb seiner amtlichen Eigenschaft in der Angelegenheit ein Gutachten abgegeben hat oder sonst tätig geworden ist.**

[2]**Dem Beteiligten steht gleich, wer durch die Tätigkeit oder durch die Entscheidung einen unmittelbaren Vorteil oder Nachteil erlangen kann.** [3]**Dies gilt nicht, wenn der Vor- oder Nachteil nur darauf beruht, dass jemand einer Berufs- oder Bevölkerungsgruppe angehört, deren gemeinsame Interessen durch die Angelegenheit berührt werden.**

(2) **Wer nach Absatz 1 ausgeschlossen ist, darf bei Gefahr im Verzug unaufschiebbare Maßnahmen treffen.**

(3) [1]**Hält sich ein Mitglied eines Ausschusses für ausgeschlossen oder bestehen Zweifel, ob die Voraussetzungen des Absatzes 1 gegeben sind, ist dies dem Vorsitzenden des Ausschusses mitzuteilen.** [2]**Der Ausschuss entscheidet über den Ausschluss.** [3]**Die betroffene Person darf an dieser Entscheidung nicht mitwirken.**

[4]**Das ausgeschlossene Mitglied darf bei der weiteren Beratung und Beschlussfassung nicht zugegen sein.**

Vergleichbare Vorschriften: § 20 VwVfG; § 16 SGB X; vgl. auch § 51 FGO iVm §§ 41–49 ZPO

Schrifttum: Scheuing, Der Amtskonflikt als Ausschlussgrund im Verwaltungsverfahrensrecht, NVwZ 1982, 487; Carlé, Die Besorgnis der Befangenheit – Ablehnung eines Außenprüfers, AO-StB 2003, 55; Viertelhausen, Einspruch bei Ablehnung eines Befangenheitsantrags – Rechtsschutz gegen befangene Steuerfahndungsprüfer?, AO-StB 2003, 277.

A. Allgemeines

Inhalt, Zweck und Anwendungsbereich der §§ 82–84. Die Vorschriften betreffen 1 die **Ausschließung und Ablehnung** von Amtsträgern und anderen Personen im Verwaltungsverfahren wegen Besorgnis der Befangenheit. Entsprechende Vorschriften finden sich in allen ein Verwaltungsverfahren regelnden Gesetzen und in den Prozessordnungen. § 82 unterstellt unwiderlegbar bei den genannten Personen die Befangenheit im Verwaltungsverfahren und bestimmt, dass diese von Gesetzes wegen von der Mitwirkung in einem Verwaltungsverfahren ausgeschlossen sind. § 83 regelt das Verfahren in den Fällen, in denen die Besorgnis der Befangenheit von nicht nach § 82 ausgeschlossenen Personen besteht oder von einem Beteiligten geltend gemacht wird. § 84 befasst sich mit dem Verfahren über die Ablehnung von Mitgliedern eines Ausschusses auf Betreiben eines Beteiligten. Der **gesetzliche Ausschluss** nach § 82 ist **von Amts wegen** zu beachten und ist unabhängig davon, ob die gesetzlich vermutete Befangenheit der dort genannten Personen tatsächlich besteht oder ein Beteiligter dies geltend macht. Ein Verfahrensbeteiligter hat kein selbständiges Recht auf Ablehnung eines Amtsträgers wegen Besorgnis der Befangenheit iSd § 83. Dies ergibt sich aus Inhalt und Systematik der §§ 82–84, die nur eine Ablehnung von Ausschussmitgliedern durch einen Beteiligten des Verwaltungsverfahrens wegen Besorgnis der Befangenheit zulassen, nicht jedoch die Ablehnung anderer im Verfahren tätiger Personen.

Durch die §§ 82–84 soll das Vertrauen in die **Objektivität** der Behörde und seiner 2 Bediensteten geschützt werden (BT-Drs. VI/1982, 109). Nach Art. 20 III GG ist die Verwaltung an Gesetz und Recht gebunden. Die Verwaltung eines Rechtsstaates muss unparteiisch sein. So bestimmt § 33 I 2 BeamtStG ausdrücklich, dass der Beamte seine Aufgaben unparteiisch und gerecht zu erfüllen hat. Sowohl das Ansehen des Rechtsstaates als auch der Schutz des Bürgers vor von sachfremden Erwägungen bestimmten Entscheidungen verbieten die Mitwirkung eines in seinen Entscheidungen möglicherweise beeinflussten Bediensteten. Das Gesetz will schon dem durch besondere Umstände hervorgerufenen „bösen Schein“ einer möglichen parteiischen Entscheidung entgegentreten (Scheuing NVwZ 1982, 487). Zugleich sollen **Interessenkonflikte** zwischen Beteiligten und den im Verwaltungsverfahren tätigen Personen vermieden werden. Insb. soll der Bedienstete oder die sonst mit dem Verfahren befasste Person von vornherein davor bewahrt werden, sich möglicherweise bei seinen bzw. ihren Entscheidungen von sachfremden Erwägungen, die aus einer persönlichen oder sonstigen nichtdienstlichen Beziehung zu einem Verfahrensbeteiligten herrühren, leiten zu lassen. Diese Zwecke sind bei der Auslegung der Normen zu beachten (TK § 82 Rn. 1).

§§ 82–84 gelten für alle steuerrechtlichen Verwaltungsverfahren einschl. des Rechts- 3 behelfsverfahrens im Anwendungsbereich der AO. Keine Verwaltungsverfahren sind wegen der besonderen Struktur der Verfahren und der Geltung anderer Vorschriften, namentlich der StPO und des OWiG, das StStraf- und Bußgeldverfahren (§§ 385, 409). Für die Tätigkeit der StFahndung sind §§ 82–84 zu beachten, soweit die Ermittlungen steuerrechtlichen Charakter haben (Schwarz/Pahlke/Keß Vorb. §§ 82–84 Rn. 1a). Über § 164a StBerG sind die Vorschriften in bestimmten Verfahren, insb. in Prüfungsverfahren nach dem StBerG anzuwenden (§ 84).

4 **Inhalt und Zweck des § 82.** Personen, die selbst Beteiligte des Verwaltungsverfahrens sind, die durch eine Entscheidung unmittelbar betroffen werden oder die in einer besonders engen Beziehung zu einem Beteiligten oder unmittelbar Betroffenen stehen, dürfen zur Wahrung der Objektivität und zur Vermeidung von Interessenkonflikten für eine FB im Verwaltungsverfahren nicht mitwirken. Jeder Anschein von Parteilichkeit soll von vornherein vermieden werden. Die Vorschrift nennt typische Lebenssachverhalte, bei denen eine Interessenkollision naheliegt und daher unwiderlegbar vermutet wird, und bestimmt die von Gesetzes wegen ausgeschlossenen Personen. Es kommt für den Ausschluss nicht darauf an, ob im Einzelfall tatsächlich die Unparteilichkeit beeinträchtigt ist (BT-Drs. VI/1982, 109). Liegt eine Befangenheit vor, ohne dass ein Ausschluss nach § 82 gegeben ist, kommt die Anwendung des § 83 in Betracht.

B. Ausgeschlossene Personen (Abs. 1)

I. Tätigwerden im Verwaltungsverfahren

7 § 82 betrifft Personen, die in einem **Verwaltungsverfahren** tätig werden. Für den Begriff des Verwaltungsverfahrens → § 78 Rn. 7 ff. Ausgeschlossen können nur **diejenigen Personen** sein, die im Verwaltungsverfahren tätig, also mit der Wahrnehmung öffentlich-rechtlicher Aufgaben einer FB betraut sind. Dies sind in erster Linie Amtsträger, und zwar unabhängig von ihrer Rechtsstellung (§ 7), aber auch andere Bedienstete. Sie müssen mit einem bestimmten Verwaltungsverfahren befasst sein. Die Ausschließung bezieht sich nur auf das konkrete Verwaltungsverfahren. Auf das Zeichnungsrecht kommt es nicht an. Von § 82 sind nicht betroffen Personen, die mit rein fiskalischen Tätigkeiten betraut sind und solche, die von ihren Befugnissen her in keiner Weise an einem behördlichen Entscheidungsprozess mitwirken können, sondern rein technische Aufgaben ohne Entscheidungsspielraum wahrnehmen wie etwa Boten, Fahrer oder Schreibkräfte (Schwarz/Pahlke/Keß § 82 Rn. 3; HHSp § 82 Rn. 17 ff.; TK § 82 Rn. 3).

9 Der Begriff des **Tätigwerdens** ist weit auszulegen. § 82 erfasst die gesamte Tätigkeit in einem konkreten Verwaltungsverfahren von Vorbereitungshandlungen über Sachverhaltsermittlung bis hin zur abschließenden Entscheidung. Es kommt für das Tätigwerden weder auf das Stadium des Verfahrens an noch darauf, ob die betroffene Person am Entscheidungsprozess mitwirkt. Die bloße Kenntnisnahme von Verwaltungshandlungen reicht indes nicht aus (Schwarz/Pahlke/Keß § 82 Rn. 3). Maßgebend ist, ob der Bedienstete mit seiner Tätigkeit die Entscheidung in irgendeiner Weise beeinflussen kann, etwa durch Vorbereitung, Beratung, Auskunft, Information, Aufsicht oder Kontrolle. Bei der Entgegennahme von Voranmeldungen ist darauf abzustellen, ob der Bedienstete die Anmeldung bloß entgegennimmt oder ob er eine von der Anmeldung abw. Festsetzung bewirken kann (Gosch AO § 82 Rn. 9; HHSp § 82 Rn. 19). Das Tätigwerden braucht nicht nach außen hin erkennbar zu sein (TK § 82 Rn. 3). Tätig werden insb. der Sachgebietsleiter, der den VA abschließend zeichnet (BFH 5.7.1961 – I 117/61 U, BStBl. III 1961, 475 mwN), und der Sachbearbeiter, der den VA vorbereitet und mitzeichnet. Der Vorsteher der FB ist nicht stets iSd § 82 tätig, obwohl ihm die Tätigkeit seiner Bediensteten nach außen hin zuzurechnen ist (HHSp § 82 Rn. 24). Im Verwaltungsverfahren tätig sind auch Außenprüfer, VollstrBeamte und mit besonderen Aufgaben betraute Bedienstete. Ohne Bedeutung ist, ob der handelnde Bedienstete an Weisungen gebunden ist und ob es sich bei der zu treffenden Entscheidung um eine gebundene oder um eine Ermessensentscheidung handelt. Die Mitwirkung im Verwaltungsverfahren schließt das Tätigwerden im Rechtsbehelfsverfahren sowie im anschließenden Finanzprozess nicht aus. Im Einzelfall kommt eine Besorgnis wegen Befangenheit nach § 83 in Betracht (HHSp § 82 Rn. 28 ff.; Gosch AO § 82 Rn. 9). Für die Ausschließung eines Richters oder Urkundsbeamten im Finanzprozess bei Mitwirkung im vorangegangenen Verwaltungsverfahren s. § 51 II FGO.

Der **Ausschluss** ist von Amts wegen zu beachten. Einer Entscheidung darüber bedarf es mit Ausnahme der Fälle des Abs. 3 nicht. Der Bedienstete hat den Ausschluss selbst festzustellen und den Vorgesetzten zu unterrichten. Dieser darf den Bediensteten nicht zum Tätigwerden anweisen. Ein Beteiligter kann die FB auf einen bestehenden Ausschluss hinweisen. Er hat jedoch im Anwendungsbereich des Abs. 1 kein Ablehnungsrecht. 10

II. Ausschlussgründe (Abs. 1 S. 1)

1. Beteiligter (Abs. 1 S. 1 Nr. 1)

Ausgeschlossen ist, wer selbst Beteiligter iSd §§ 78, 186, 359 ist. Niemand darf in dem ihn selbst betreffenden Verwaltungsverfahren für die FB tätig sein. Die mittelbare Beteiligung reicht nicht aus. In diesem Fall greift jedoch Abs. 1 S. 2 ein. Entsprechende Regelungen enthalten die Beamtengesetze. So ist gem. § 65 BBG ein Beamter von Amtshandlungen zu befreien, die sich gegen ihn selbst richten würden. Beteiligte sind auch Parteien kraft Amtes wie zB der Insolvenzverwalter (→ § 79 Rn. 23 und → § 34 Rn. 25 ff.). 14

2. Angehöriger eines Beteiligten (Abs. 1 S. 1 Nr. 2)

Wer Angehöriger ist, richtet sich kraft ausdrücklicher Verweisung nach § 15. Näheres, insb. auch zur nichtehelichen Lebensgemeinschaft und zur Lebenspartnerschaft, → § 15 Rn. 5, 7. Der Beteiligte muss eine natürliche Person sein, da nur diese Angehörige haben kann (HHSp § 82 Rn. 44). Damit sind Angehörige eines gesetzlichen Vertreters oder eines Bevollmächtigten eines Beteiligten nicht ausgeschlossen. Ein Angehöriger des Gemeinschuldners im Insolvenzfall ist ebenfalls nicht ausgeschlossen, da der Beteiligte der Insolvenzverwalter und nicht der Gemeinschuldner ist (HHSp § 82 Rn. 46; TK § 82 Rn. 6; aA Schwarz/Pahlke/Keß § 82 Rn. 7a). In diesen Fällen kommt jedoch § 83 in Betracht. Ein Beamter ist nach § 65 BBG von Amtshandlungen zu befreien, die sich gegen einen Angehörigen richten würden. Bei sonstigen, nicht von § 15 erfassten verwandtschaftlichen oder persönlichen Beziehungen kommt die Besorgnis der Befangenheit beim Bediensteten iSd § 83 in Betracht. 15

3. Vertreter eines Beteiligten (Abs. 1 S. 1 Nr. 3)

Nach Nr. 3 darf der gesetzliche oder gewillkürte Vertreter des Beteiligten nicht tätig werden. Die Vertretungsverhältnisse sind in §§ 34 I, 79, 80, 81 geregelt. Die gesetzliche Vertretung natürlicher und juristischer Personen richtet sich nach zivilrechtlichen Vorschriften (zB Eltern vertreten ihre minderjährigen Kinder, der Geschäftsführer die GmbH, der Vorstand die AG). Für nichtrechtsfähige Personenvereinigungen und Vermögensmassen erfüllen deren besonders Beauftragte die steuerlichen Pflichten (§§ 34 I, 79 I Nr. 3). Gewillkürte Vertreter sind die Bevollmächtigen nach § 80. Nach dem Zweck des Gesetzes gilt Nr. 3 wegen derselben Interessenlage auch für die nach § 81 von Amts wegen bestellten Vertreter und für Beistände nach § 80 VI (TK § 82 Rn. 7; HHSp § 82 Rn. 49a; aA zum Beistand Gosch AO § 82 Rn. 21). Die Vertretung kann wie bei der gesetzlichen Vertretung oder der Generalbevollmächtigung allgemein oder – wie zB bei der Bevollmächtigung idR üblich – nur für ein bestimmtes Verfahren oder einen Verfahrensabschnitt bestehen (Gosch AO § 82 Rn. 20). Die Erteilung einer bloßen Empfangsvollmacht genügt für den Ausschluss nicht, da der Empfangsbevollmächtigte nicht zur Vertretung befugt ist (Gosch AO § 82 Rn. 22; HHSp § 82 Rn. 50). Das Mitwirkungsverbot gilt für das gesamte Verfahren. Bei Beendigung der Vertretung entfällt der Ausschlussgrund. Keine Vertreter, sondern Beteiligte sind Parteien kraft Amtes. Für sie gilt Nr. 1. 16

4. Angehöriger eines Helfers in Steuersachen (Abs. 1 S. 1 Nr. 4)

Mit dem Ausschluss nach Nr. 4 sollen in erster Linie Konflikte zwischen den in steuerberatenden Berufen tätigen Personen und ihren in der FB tätigen Angehörigen vermieden werden. Ausgeschlossen ist etwa der Beamte, dessen Sohn als StBerater den 17

Beteiligten im konkreten Verwaltungsverfahren („in diesem Verfahren") vertritt. Das Gesetz verwendet insofern unterschiedliche Formulierungen in Nr. 3 und Nr. 4. Wird der Helfer nur in einem bestimmten Verfahren des Beteiligten, zB im Rechtsbehelfsverfahren, tätig, ist der Bedienstete nicht generell ausgeschlossen. Er darf vielmehr im Übrigen, etwa im VollstrVerfahren, tätig sein. Vertritt der Helfer in StSachen den Beteiligten allg., ist aber für ein bestimmtes Verfahren ein anderer Vertreter bestellt, greift der Ausschlussgrund in diesem bestimmten Verfahren ebenfalls nicht ein. Da ein Bezug zu einem bestimmten Verfahren nicht gegeben ist, ist zB ein Betriebsprüfer nicht allein deshalb ausgeschlossen, weil seine Ehefrau am selben Ort als StBeraterin für andere Stpfl. tätig ist (BFH 14.12.1983 – I R 301/81, BStBl. II 1984, 409). Die Hilfe in StSachen umfasst die in § 1 I, II StBerG aufgeführten Tätigkeiten. Unerheblich ist, ob die Hilfe entgeltlich oder unentgeltlich, befugt oder unbefugt geleistet wird oder ob ein Erlaubnisvorbehalt nach § 2 StBerG oder eine Ausnahme vom Verbot der unbefugten Hilfeleitung nach § 6 StBerG besteht (HHSp § 82 Rn. 56). Nr. 4 greift wegen des eindeutigen Wortlauts nicht ein, wenn der Angehörige des Bediensteten steuerberatend außerhalb des StBerG, etwa als Angestellter des Beteiligten, tätig ist (HHSp § 82 Rn. 59).

5. Beschäftigter oder Organ eines Beteiligten (Abs. 1 S. 1 Nr. 5)

18 Ausgeschlossen ist, wer bei dem Beteiligten in einem aktiven Beschäftigungsverhältnis steht und für seine Tätigkeit ein Entgelt erhält. Eine unentgeltliche ehrenamtliche Tätigkeit reicht nicht. Durch den Ausschluss sollen Interessenkollisionen in sozialen Abhängigkeitsverhältnissen vermieden werden. Auf den Umfang der Tätigkeit (haupt- oder nebenberuflich) kommt es ebenso wenig an, wie auf die Art des Beschäftigungsverhältnisses (Dienst-, Arbeits- oder Werkvertrag; Gosch AO § 82 Rn. 25; TK § 82 Rn. 9; aA für Werkvertrag HHSp § 82 Rn. 63). Auf die rechtliche Wirksamkeit des Vertrags kommt es nicht an. Der Ausschluss gilt nur für die Dauer des Beschäftigungsverhältnisses. Es kommt aber ein Ausschluss nach § 83 in Betracht (Gosch AO § 82 Rn. 26). Der Ausschluss nach Nr. 5 trifft auch Mitglieder des Vorstandes, des Aufsichtsrats oder eines gleichartigen Organs des Beteiligten mit Leitungs- und Kontrollfunktion. Die Entgeltlichkeit der Tätigkeit ist hier nicht Voraussetzung für den Ausschluss (HHSp § 82 Rn. 66 ff. mwN). Ist die betr. Person gesetzlicher Vertreter des Beteiligten, so greift schon Nr. 3 ein. Insofern überschneiden sich die Anwendungsbereiche der Normen. Ist die Anstellungskörperschaft des Bediensteten (Bund, Land, Gemeinde) Beteiligte, so ist dieser nicht ausgeschlossen. Die Körperschaft ist insb. Beteiligte, wenn sie selbst Stpfl., etwa als Regie- oder Eigenbetrieb, im Rahmen der Leistungsverwaltung ist (Schwarz/Pahlke/Keß § 82 Rn. 12). Diese Ausnahme soll gewährleisten, dass die FB nicht schlechthin an der Bearbeitung von StAngelegenheiten des Dienstherrn des Bediensteten gehindert ist.

6. Gutachter oder sonst tätig gewordene Person (Abs. 1 S. 1 Nr. 6)

19 Nr. 6 schließt Personen aus, die bereits privat in der Angelegenheit tätig geworden sind, insb. ein Gutachten abgegeben haben. Der Gesetzgeber vermutet, dass diese Personen ihrer Aufgabe im Verwaltungsverfahren nicht mehr unbefangen gegenüberstehen (BT-Drs. VI/1982, 109). Es ist unerheblich, ob die Tätigkeit vor oder nach Beginn des Verwaltungsverfahrens entfaltet wurde und ob sie entgeltlich oder unentgeltlich war (HHSp § 82 Rn. 73 ff.). Die frühere Befassung mit der Sache im Rahmen des amtlichen Aufgabenkreises führt nicht zum Ausschluss. So ist derjenige Bedienstete nicht im Einspruchsverfahren ausgeschlossen, der die angegriffene Entscheidung getroffen hat (HHSp § 82 Rn. 79).

III. Dem Beteiligten gleichgestellte Person (Abs. 1 S. 2)

20 S. 2 stellt wegen der vermuteten Interessenkollision dem Beteiligten die Personen gleich, die durch die Mitwirkung im Verwaltungsverfahren einen unmittelbaren Vor- oder Nachteil erlangen können. Der Vor- oder Nachteil kann persönlicher, wirtschaftlicher, ideeller

oder sonstiger Art sein (HHSp § 82 Rn. 82 ff.). Die Erlangung des Vor- oder Nachteils muss möglich sein („erlangen kann"), die Wahrscheinlichkeit des Eintritts ist nicht erforderlich (Gosch AO § 82 Rn. 36). Die Unmittelbarkeit ist nur gegeben, wenn der Vor- oder Nachteil direkt durch die behördliche Tätigkeit oder Entscheidung und nicht erst mittelbar durch Folgeakte oder das Hinzutreten weiterer Umstände wie etwa das Eingreifen Dritter eintritt. Wird ein Vorteil erst durch eine selbständige Folgehandlung herbeigeführt, die mit der eigentlichen Tätigkeit oder Entscheidung nichts zu tun hat und auch nicht deren zwangsläufige Folge ist, handelt es sich nach der Rspr. nicht um einen unmittelbaren Vorteil (BFH 14.12.1983 – I R 301/81, BStBl. II 1984, 409 mwN; aA HHSp § 82 Rn. 87; Gosch AO § 82 Rn. 39 f.). Danach haben die Mandanten einer StBeraterin, deren Ehemann in der Ap. einer FB tätig ist und einen nicht von der StBeraterin vertretenen Stpfl. prüft, keinen unmittelbaren Vorteil (BFH 14.12.1983 – I R 301/81, BStBl. II 1984, 409; Gosch AO § 82 Rn. 37 f.; zT aA HHSp § 82 Rn. 88, der zu Recht darauf abstellt, ob die Unparteilichkeit der FB nach der Verkehrsauffassung als gewahrt betrachtet werden kann). Einen unmittelbaren Nachteil im Verfahren des Stpfl. kann auch derjenige haben, der später als Haftungsschuldner für die Entrichtung der StSchuld in Anspruch genommen werden könnte (HHSp § 82 Rn. 84). Einen unmittelbaren Vor- oder Nachteil vermag der Leiter eines Instituts, das entgeltliche Kurse zur Vorbereitung auf die StBeraterprüfung anbietet, nicht dadurch erlangen, dass möglichst viele Absolventen die Prüfung bestehen, institutsfremde Kandidaten jedoch nicht. Ihm gegenüber kann nur bei Vorliegen weiterer Voraussetzungen iSd § 83 die Besorgnis der Befangenheit bestehen (BFH 3.2.2004 – VII R 1/03, BStBl. II 2004, 842).

IV. Ausnahme von der Gleichstellung (Abs. 1 S. 3)

S. 3 sichert die Arbeitsfähigkeit der FVerw. und nimmt die Person von der Gleichstellung 21
mit dem Beteiligten nach S. 2 aus, deren Vor- oder Nachteil nur darauf beruht, dass sie als Mitglied einer Berufs- oder Bevölkerungsgruppe von der Tätigkeit des Bediensteten der FB betroffen ist. Die Vorschrift findet nur Anwendung bei Verfolgung von gemeinsamen Interessen in einer Gruppe, wie zB bei Gewährung von Leistungen an die von Naturkatastrophen geschädigten Personen. Ein gemeinsames Interesse ist berührt, wenn etwa der Bedienstete als Mitglied eines Vereins über dessen Gemeinnützigkeit und damit über dessen Berechtigung, Spendenbescheinigungen ausstellen zu dürfen, zu befinden hat. Hat er dabei über eine Rechtsfrage zu entscheiden, die außerhalb des Gruppeninteresses auch für seine eigene Besteuerung von Bedeutung ist, so ist er jedoch schon nicht iSd S. 2 unmittelbar betroffen, weil noch eine Verwaltungsentscheidung im eigenen Besteuerungsverfahren ergehen muss. Das bei dem sog. **Gruppenprivileg** entfallende Handlungsverbot gilt nur für die nach S. 2 gleichgestellten, nicht für die von S. 1 erfassten Personen (HHSp § 82 Rn. 91).

C. Ausnahme vom Mitwirkungsverbot (Abs. 2)

Abs. 2 dient der Effektivität der Verwaltung und erlaubt die Ausführung unaufschieb- 24
barer Maßnahmen durch die ausgeschlossene Person bei Gefahr im Verzug. Zur Begriffsbestimmung der Gefahr im Verzug → § 29 Rn. 5. Die Ausnahme vom Mitwirkungsverbot kommt vornehmlich in Betracht bei Maßnahmen der StFahndung, bei drohendem Eintritt der Verjährung oder sonstigem Fristablauf und bei VollstrMaßnahmen (HHSp § 82 Rn. 111 ff.). In Anbetracht der gebotenen Eile ist nicht erforderlich, dass ein Vertreter für die ausgeschlossene Person rechtzeitig bestellt werden könnte (HHSp § 82 Rn. 113).

D. Ausschluss von Mitgliedern eines Ausschusses (Abs. 3)

25 Abs. 3 regelt das besondere Verfahren in den Fällen, in denen ein Ausschussmitglied von einem Ausschluss nach Abs. 1 betroffen ist. Nach Wegfall der StAusschüsse durch Gesetz v. 10.8.1967 (BGBl. 1967 I 877) hat die Vorschrift wenig praktische Bedeutung (HHSp § 82 Rn. 118). Abs. 3 ist gem. § 164a StBerG auf die Prüfungsausschüsse der StBeraterprüfung anzuwenden (BFH 3.2.2004 – VII R 1/03, BStBl. II 2004, 842). Anders als Abs. 1, der den Bediensteten ohne weitere Entscheidung vom Verfahren ausschließt, entscheidet der Ausschuss über den Ausschluss, wenn sich ein Ausschussmitglied für ausgeschlossen hält oder der Ausschluss zweifelhaft ist (zu Einzelheiten s. § 84).

E. Rechtsfolgen bei Verstoß und Rechtsschutz

26 Wirkt eine gem. Abs. 1 Nr. 1 ausgeschlossene Person bei Erlass eines VA mit, ist dieser gem. § 125 I nichtig, in allen übrigen Fällen ist der VA rechtswidrig. Dies ergibt sich aus § 125 I, III Nr. 2. Bei Rechtswidrigkeit wird der VA unter den Voraussetzungen des § 127 nicht aufgehoben. Da bei Ermessensentscheidungen immer eine andere Entscheidung in der Sache möglich ist, greift § 127 in diesen Fällen nicht ein (→ § 127 Rn. 24; zu den Rechtsfolgen vgl. BT-Drs. VI/1882, 109; TK § 82 Rn. 12; HHSp § 82 Rn. 101 ff.; diff. Schwarz/Pahlke/Keß § 82 Rn. 15, der im Falle des Abs. 1 Nr. 1 Nichtigkeit nur annimmt, wenn die ausgeschlossene Person eine offenkundig rechtlich nicht vertretbare Entscheidung zu ihren Gunsten getroffen hat). Die FB hat zudem die Möglichkeit, einen rechtswidrigen VA nach § 130 zurückzunehmen. Das Vorliegen eines Ausschlusses nach § 82 und damit die Rechtswidrigkeit oder Nichtigkeit eines VA kann nur mit Einspruch und Klage gegen den VA geltend gemacht werden.

§ 83 Besorgnis der Befangenheit

(1) [1]**Liegt ein Grund vor, der geeignet ist, Misstrauen gegen die Unparteilichkeit des Amtsträgers zu rechtfertigen oder wird von einem Beteiligten das Vorliegen eines solchen Grundes behauptet, so hat der Amtsträger den Leiter der Behörde oder den von ihm Beauftragten zu unterrichten und sich auf dessen Anordnung der Mitwirkung zu enthalten.** [2]**Betrifft die Besorgnis der Befangenheit den Leiter der Behörde, so trifft diese Anordnung die Aufsichtsbehörde, sofern sich der Behördenleiter nicht selbst einer Mitwirkung enthält.**

(2) **Bei Mitgliedern eines Ausschusses ist sinngemäß nach § 82 Absatz 3 zu verfahren.**

Vergleichbare Vorschriften: § 21 VwVfG; § 17 SGB X; vgl. auch § 51 FGO iVm §§ 41–49 ZPO

I. Allgemeines

1 Zu Inhalt, Zweck und Anwendungsbereich der §§ 82–84 vgl. zunächst → § 82 Rn. 1 ff. **§ 83** bestimmt Voraussetzungen und Verfahren bei Besorgnis der Befangenheit eines Amtsträgers. Rechtsfolge ist der Ausschluss und damit ein Mitwirkungsverbot im Verwaltungsverfahren. Die Vorschrift ist ein Auffangtatbestand zu § 82 und nur anwendbar, wenn ein Befangenheitsgrund außerhalb der in § 82 aufgenommenen Gründe liegt (HHSp § 83 Rn. 8; TK § 83 Rn. 3). Befangenheitsgründe, die bewusst nicht in den Katalog des § 82 aufgenommen wurden, führen für sich nicht zur Befangenheit nach § 83. Hierfür müssen weitere Umstände hinzukommen. Ist zB der Amtsträger Verwandter eines Beteiligten, ohne Angehöriger iSd § 82 I Nr. 2, 4 iVm § 15 zu sein, so begründet allein das

Verwandtschaftsverhältnis keinen Befangenheitsgrund und es müssen weitere Umstände wie etwa unsachliche Äußerungen gegenüber dem Stpfl. hinzukommen (HHSp § 83 Rn. 9; TK § 83 Rn. 3). Während § 82 die Befangenheit bei bestimmten, abschließend aufgeführten Tatbeständen unterstellt und den Bediensteten von Gesetzes wegen von dem Verfahren ausschließt, bedarf der Ausschluss nach § 83 der Feststellung der Besorgnis der Befangenheit im Einzelfall.

II. Ausschließungsgrund und Verfahren (Abs. 1)

1. Tätigwerden im Verwaltungsverfahren

§ 83 betrifft – ebenso wie § 82 – nur Personen, die in einem Verwaltungsverfahren tätig werden (→ § 82 Rn. 7 f.). Allerdings sind vom Mitwirkungsverbot wegen Befangenheit nach dem Wortlaut des § 83 nur **Amtsträger** betroffen. Wer Amtsträger ist, richtet sich nach § 7. Die zwischen § 82 und § 83 bestehenden Unterschiede im betroffenen Personenkreis haben jedoch kaum praktische Bedeutung, da im Verwaltungsverfahren idR nur Amtsträger tätig werden oder zT andere Regelungen bestehen. So sind zB für die FB tätig werdende Sachverständige keine Amtsträger und daher von § 83 nicht erfasst, sie können jedoch nach § 96 II abgelehnt werden (Gosch AO § 83 Rn. 7; HHSp § 83 Rn. 13). 4

2. Besorgnis der Befangenheit

Nach dem Wortlaut des Gesetzes liegt eine Besorgnis der Befangenheit vor, wenn ein Grund vorhanden ist, der geeignet ist, Misstrauen gegen die Unparteilichkeit des Amtsträgers zu rechtfertigen. Das Misstrauen ist gerechtfertigt, wenn sich aus **objektiv feststellbaren Tatsachen die subjektiv vernünftigerweise mögliche Besorgnis ergibt,** dass der Amtsträger nicht unvoreingenommen und sachgemäß tätig wird, sondern sich von sachfremden Erwägungen und Gefühlen wie Zu- und Abneigung leiten lässt. Die – von dessen Standpunkt aus – vernünftige Befürchtung des Beteiligten reicht aus (BFH 19.1.2005 – VII B 61/04, BFH/NV 2005, 921 mwN; Gosch AO § 83 Rn. 11). Der Grund muss geeignet sein, die Besorgnis der Befangenheit zu rechtfertigen. Querulatorisches oder verfahrenstaktisches Vorbringen des Beteiligten im Hinblick auf Befangenheitsgründe reicht hingegen nicht aus. Maßgebend ist die zwar subjektive, aber objektiv nachvollziehbare Auffassung desjenigen, der den Befangenheitsgrund geltend macht. Es ist nicht erforderlich, dass der Amtsträger tatsächlich befangen bzw. parteiisch ist. Der Ausschluss von der Mitwirkung bereits bei einer bloßen Besorgnis soll wie in den Fällen des § 82 schon dem „bösen Schein" entgegenwirken. § 83 sollte aus diesem Grunde nicht zu kleinlich gehandhabt werden. Die Besorgnis der unsachlich-parteiischen Amtsführung kann auch bei demjenigen Amtsträger bestehen, der keine persönlichen Vorteile verfolgt, sondern entgegen § 85 die öffentliche Hand begünstigen will (TK § 83 Rn. 2). 7

Als Gründe **für** eine Befangenheit des Amtsträgers kommen je nach Einzelfall in Betracht: 8

- eine enge persönliche Beziehung, die nicht schon von § 82 erfasst ist;
- Freundschaft oder Feindschaft mit einem Beteiligten;
- gespanntes Verhältnis zu dem Bevollmächtigten des Beteiligten (BFH 21.9.1977 – I B 32/77, BStBl. II 1978, 12; Gosch AO § 83 Rn. 12);
- unsachliche Äußerungen gegenüber einem Beteiligten oder einem Dritten in Bezug auf das Verwaltungsverfahren oder unangemessene Sachbehandlung einseitig zu Lasten des Beteiligten;
- unhöfliche, desinteressierte oder unangebracht misstrauische Behandlung des Beteiligten, die befürchten lässt, dass der Amtsträger seinen zu Gunsten des Beteiligten bestehenden Pflichten nicht nachkommen wird (Gosch AO § 83 Rn. 12);
- persönliches oder privates Interesse am Ausgang des Verfahrens;

– die Erhebung einer Dienstaufsichtsbeschwerde des Beteiligten gegen den Amtsträger (HHSp § 83 Rn. 22).

Zur Befangenheit im Prüfungsverfahren s. § 84.

Keine Gründe für eine Befangenheit des Amtsträgers sind:

– Mitwirkung in einem früheren Verwaltungsverfahren in derselben Sache. So liegt keine Befangenheit allein deshalb vor, weil der im Rechtsbehelfsverfahren tätige Amtsträger den angegriffenen VA erlassen hat;
– Herkunft, Gruppenzugehörigkeit, parteipolitische Bindung, Religion oder Geschlecht (BFH 7.5.1974 – IV S 5–6/74, BStBl. II 1974, 385);
– Zugehörigkeit zu einer Berufs- oder Bevölkerungsgruppe, deren gemeinsame Interessen berührt sind, es sei denn, der Amtsträger ist zu der maßgebenden Frage eindeutig in eine Richtung engagiert (TK § 82 Rn. 4; HHSp § 83 Rn. 37);
– Tätigkeit des Ehegatten des Amtsträgers als StBerater in anderen Verfahren (BFH 14.12.1983 – I R 301/81, BStBl. II 1984, 409);
– Äußerung von Sach- und Rechtsauffassungen in früheren oder ähnlichen Verfahren oder in Fachzeitschriften oder Vorträgen (HHSp § 83 Rn. 34);
– Äußerung einer Rechtsansicht im Verfahren, zB über die Erfolgsaussichten eines Einspruchs, denn dies liegt häufig im Interesse des Beteiligten.

3. Verfahren

13 **Mitwirkungsverbot, Geltendmachung durch den Amtsträger.** Die Feststellung der Besorgnis der Befangenheit erfolgt nach dem in Abs. 1 geregelten Verfahren. Die Befangenheit und damit das Mitwirkungsverbot ist von Amts wegen zu beachten. Der Ausschluss bezieht sich nur auf das konkrete Verwaltungsverfahren (→ § 82 Rn. 7). In entsprechender Anwendung des § 82 II darf der an sich ausgeschlossene Amtsträger bei Gefahr im Verzug unaufschiebbare Maßnahmen treffen (→ § 82 Rn. 24; HHSp § 83 Rn. 66). Ist der Amtsträger selbst der Auffassung, in seiner Person liege ein Grund für die Besorgnis der Befangenheit, so muss er dies dem Leiter der Behörde oder den von ihm Beauftragten mitteilen. Der Ausschluss vom Verfahren bedarf einer Entscheidung durch den Behördenleiter oder den Beauftragten und der Bekanntgabe an den Amtsträger. Ein Selbstablehnungsrecht des Amtsträgers gibt es nicht (HHSp § 83 Rn. 46). § 83 sieht keine dem § 47 I ZPO vergleichbare Wartepflicht vor, sodass das Verfahren nicht bis zur Entscheidung des Behördenleiters unterbrochen wird (HHSp § 83 Rn. 48). Allerdings sollte der Amtsträger bis zu der Entscheidung im Interesse eines fairen Verfahrens und zur Vermeidung von Schaffung vollendeter Tatsachen grundsätzlich nicht mehr mitwirken. Etwas anderes kann im Einzelfall in entsprechender Anwendung des § 82 II bei Gefahr in Verzug oder zB bei missbräuchlichen Anträgen, die erkennbar nur auf die Verzögerung des Verfahrens gerichtet sind, ergeben (Gosch AO § 83 Rn. 21; TK § 83 Rn. 6). Wird die Besorgnis der Befangenheit festgestellt, muss eine Anordnung dahingehend ergehen, dass der Amtsträger nicht mehr mitwirken darf. Das Vorliegen von Befangenheitsgründen kann auch verneint werden. Die Entscheidung ist kein VA, sondern eine innerdienstliche Maßnahme. Sie kann folglich weder vom Amtsträger noch von einem Beteiligten selbständig angegriffen werden (BFH 7.5.1981 – IV B 60/80, BStBl. II 1981, 634; zum Rechtsschutz → Rn. 20). Dasselbe Verfahren gilt, wenn sich der Leiter der Behörde in einem Verfahren für befangen hält. Nach S. 2 der Vorschrift trifft die Anordnung die Aufsichtsbehörde. Diese Entscheidung ist indes nicht erforderlich, wenn sich der Behördenleiter selbst wegen bestehender oder zweifelhafter Besorgnis der Befangenheit einer Mitwirkung enthält. Er hat somit ein Selbstablehnungsrecht.

14 **Geltendmachung durch einen Beteiligten.** Macht der Beteiligte den Grund für die Besorgnis der Befangenheit dem Amtsträger gegenüber geltend, so muss dieser den Behördenleiter oder den von dem Leiter Beauftragten unterrichten. Der Amtsträger hat insoweit kein Ermessen. Er muss auch unterrichten, wenn er die geltend gemachte Besorgnis und

die ihr zugrunde liegenden Gründe für unbegründet hält (HHSp § 83 Rn. 56; Gosch AO § 83 Rn. 18). Der Beteiligte kann sich auch direkt an den Leiter der Behörde wenden. Vor der Entscheidung sollte dem Amtsträger Gelegenheit zur Stellungnahme gegeben werden. Ein selbständiges Antragsrecht hat der Beteiligte nicht (BFH 13.12.1994 – VII R 46/94, BFH/NV 1995, 758 mwN). Er kann daher die Entscheidung idR nicht selbständig anfechten (→ Rn. 20). Dem Leiter der Behörde kann nicht durch einstweilige Anordnung aufgegeben werden, den Amtsträger von der Mitwirkung auszuschließen (BFH 7.5.1981 – IV B 60/80, BStBl. II 1981, 634).

Geltendmachung durch den Bevollmächtigen des Beteiligten. Der Bevollmächtigte kann nicht im eigenen Namen Gründe für die Besorgnis der Befangenheit geltend machen. Bezieht sich die Befangenheit auf das Verhältnis des Amtsträgers zum Bevollmächtigten, kann der Beteiligte diese Gründe vorbringen, sofern sie dem Beteiligten gegenüber in Erscheinung getreten sind. Der Bevollmächtigte kann insofern nur als Vertreter des Beteiligten tätig werden (BFH 21.9.1977 – I B 32/77, BStBl. II 1978, 12). 15

III. Ausschluss von Mitgliedern eines Ausschusses (Abs. 2)

Sieht ein Ausschussmitglied in seiner Person einen Befangenheitsgrund, hat es den Ausschussvorsitzenden davon zu unterrichten. Es ist nach § 82 III zu verfahren. Der Ausschuss hat über das Vorliegen eines Befangenheitsgrundes zu entscheiden. Das betroffene Ausschussmitglied hat sich bis zur Entscheidung jeder Mitwirkung zu enthalten. Das Mitwirkungsverbot ist gegenüber dem ausgeschlossenen Mitglied ein anfechtbarer VA (HHSp § 83 Rn. 78). Ein Beteiligter hat gem. § 84 – anders als in den Fällen des Abs. 1 – ein selbständiges Ablehnungsrecht. Wegen der besonderen Befangenheitsgründe in Prüfungsverfahren → § 84 Rn. 4. 18

IV. Rechtsfolgen bei Verstoß und Rechtsschutz

Wirkt ein Amtsträger, in dessen Person die Besorgnis der Befangenheit tatsächlich besteht, bei Erlass eines VA mit, ist der VA rechtswidrig. Das gilt auch dann, wenn der Amtsträger einer Anordnung des Behördenleiters oder des von ihm Beauftragten nicht Folge geleistet hat, wenn der Behördenleiter oder dessen Beauftragter trotz Vorliegens von Befangenheitsgründen keine Anordnung des Mitwirkungsverbots erlassen hat oder wenn der Behördenleiter oder dessen Beauftragter auf die Unterrichtung durch den Amtsträger oder die Geltendmachung durch den Beteiligten hin untätig geblieben ist (BFH 7.5.1981 – IV B 60/80, BStBl. II 1981, 634). Der VA ist ferner rechtswidrig, wenn eine bestehende Besorgnis der Befangenheit gar nicht geltend gemacht wurde (HHSp § 83 Rn. 73 mwN). Denn ein Befangenheitsgrund kann auch noch nach Erlass des VA erstmalig geltend gemacht werden, weil die Besorgnis der Befangenheit von Amts wegen in jedem Verfahrensstadium zu berücksichtigen ist (TK § 83 Rn. 9). § 127 ist zu beachten. Liegen die Voraussetzungen des § 127 nicht vor, ist der VA aufzuheben oder nach § 130 zurückzunehmen. Die Entscheidung des Behördenleiters ist kein VA, sondern eine innerdienstliche Maßnahme. Sie kann folglich weder vom Amtsträger noch von einem Beteiligten selbständig angegriffen werden (BFH 29.5.2012 – IV B 70/11, BFH/NV 2012, 1412 mwN). Dem Leiter der Behörde kann auch nicht durch einstweilige Anordnung aufgegeben werden, den Amtsträger von der Mitwirkung auszuschließen (BFH 7.5.1981 – IV B 60/80, BStBl. II 1981, 634). Die Mitwirkung trotz bestehendem Mitwirkungsverbot kann daher nur mit dem Rechtsmittel gegen den VA geltend gemacht werden (HHSp § 83 Rn. 68 ff.). Zu den Besonderheiten im Prüfungsverfahren s. § 84. Der BFH hat in einer Entscheidung die Bestimmung der Person des Außenprüfers in der Prüfungsanordnung als gesondert mit Einspruch und Klage angreifbar angesehen, wenn aufgrund konkreter Anhaltspunkte zu befürchten ist, dass der Amtsträger Rechte des Stpfl. verletzen wird und die Rechtsverletzung nicht durch spätere Rechtsbehelfe rückgängig gemacht werden kann. Eine solche Rechtsverletzung ist ua dann zu befürchten, wenn ein Außenprüfer in einer 20 vorangegangenen Prüfung unberechtigterweise Prüfungsfeststellungen an eine Strafverfolgungsbehörde weitergegeben hat mit dem Hinweis, hieraus könnten sich Anhaltspunkte für ein strafbares Verhalten des Stpfl. ergeben (BFH 29.4.2002 – IV B 2/02, BStBl. II 2002, 507). In der Entscheidung ist aber keine Änderung der Rspr. zu § 83 zu sehen. Vielmehr hat der BFH ein eventuelles Recht des Stpfl. auf gerichtliche Überprüfung der Festlegung des Außenprüfers gerade daran geknüpft, dass eine Rechtsverletzung durch den Prüfer droht, die über die bloße Besorgnis der Befangenheit hinausgeht (Gosch AO § 83 Rn. 24).

§ 84 Ablehnung von Mitgliedern eines Ausschusses

[1]Jeder Beteiligte kann ein Mitglied eines in einem Verwaltungsverfahren tätigen Ausschusses ablehnen, das in diesem Verwaltungsverfahren nicht tätig werden darf (§ 82) oder bei dem die Besorgnis der Befangenheit besteht (§ 83). [2]Eine Ablehnung vor einer mündlichen Verhandlung ist schriftlich oder zur Niederschrift zu erklären. [3]Die Erklärung ist unzulässig, wenn sich der Beteiligte, ohne den ihm bekannten Ablehnungsgrund geltend zu machen, in eine mündliche Verhandlung eingelassen hat. [4]Für die Entscheidung über die Ablehnung gilt § 82 Absatz 3 Sätze 2 bis 4. [5]Die Entscheidung über das Ablehnungsgesuch kann nur zusammen mit der Entscheidung angefochten werden, die das Verfahren vor dem Ausschuss abschließt.

Vergleichbare Vorschriften: § 71 III VwVfG; vgl. auch § 51 FGO iVm §§ 41–49 ZPO

I. Allgemeines

1 Zu Inhalt, Zweck und Anwendungsbereich der §§ 82–84 vgl. zunächst → § 82 Rn. 1 ff. **§ 84** regelt das Verfahren des gesetzlichen Ausschlusses nach § 82 und bei Besorgnis der Befangenheit eines Ausschussmitglieds nach § 83 bei Geltendmachung des Ausschlusses durch einen Beteiligten. Die Vorschrift hat derzeit nur für die Prüfungsverfahren nach dem StBerG im Zusammenhang mit § 164a StBerG praktische Bedeutung (BFH 1.2.1983 – VII R 133/82, BStBl. II 1983, 344; BFH 16.7.1985 – VII R 120/83, BFH/NV 1986, 58). Anders als §§ 82 und 83 gibt die Vorschrift dem Beteiligten im Verwaltungsverfahren ein **selbständiges Ablehnungsrecht,** wenn dieser bei dem Ausschussmitglied mögliche Ablehnungsgründe erkennt. Der Grund hierfür liegt in der großen Bedeutung, die Verlauf und Ausgang von Prüfungsverfahren für die berufliche Zukunft des Beteiligten haben. Zudem hängen der Verlauf der Prüfung, die Beurteilung der Leistungen des Bewerbers und damit das Bestehen oder Nichtbestehen der Prüfung sowie die Notenvergabe entscheidend von gerichtlich nicht voll überprüfbaren Wertungen des Prüfers ab. Insofern ist der Bewerber in besonderer Weise auf die Unvoreingenommenheit des Ausschussmitglieds angewiesen (BFH 1.2.1983 – VII R 133/82, BStBl. II 1983, 344). § 84 gilt auch für das verwaltungsinterne Überdenkungsverfahren nach § 29 DVStB bei Anfechtung von Prüfungsentscheidungen (HHSp § 84 Rn. 26).

II. Ablehnungsgründe

4 Ablehnungsgründe sind der gesetzliche Ausschluss nach § 82 und die Besorgnis der Befangenheit nach § 83 in der Person des Ausschussmitglieds (zu den Voraussetzungen im Einzelnen → § 82 Rn. 7 f., → § 83 Rn. 4 ff.). Beteiligter im Prüfungsverfahren ist der Bewerber. Die Besorgnis der Befangenheit des Prüfers besteht insb. dann, wenn sich aus objektiv feststellbaren Tatsachen die subjektiv vernünftigerweise mögliche Besorgnis ergibt, der Prüfer werde bei der Prüfung nicht unparteiisch, unvoreingenommen und sachgerecht tätig werden (BFH 1.2.1983 – VII R 133/82, BStBl. II 1983, 344). Wegen der besonderen Situation in einer mündlichen Prüfung kann Besorgnis der Befangenheit bestehen bei

demonstrativ gleichgültigem, herablassendem oder sonst irritierendem Verhalten des Prüfers dem Bewerber gegenüber, das geeignet ist, einen durchschnittlichen Prüfling erheblich in seiner erforderlichen Konzentration zu beeinträchtigen (BFH 16.7.1985 – VII R 120/83, BFH/NV 1986, 58 mwN; weitere Beispiele für unsachliches Verhalten s. Gosch AO § 84 Rn. 8). Zwar ist für die Besorgnis der Befangenheit auf die Vorstellungen des Bewerbers abzustellen. Allerdings müssen objektive Tatsachen diese Besorgnis rechtfertigen. Aus dem Zusammenhang gerissene Äußerungen oder Verhaltensweisen des Prüfers, aus denen der Bewerber lediglich ein subjektives Gefühl der Voreingenommenheit herleitet, reichen nicht aus (BFH 16.7.1985 – VII R 120/83, BFH/NV 1986, 58). Eine frühere Auseinandersetzung zwischen dem Prüfer als Arbeitgeber und dem Bewerber als Arbeitnehmer über dessen berufliche Qualifikation mit anschließender Kündigung und weiteren Streitigkeiten können auf Befangenheit hindeuten (BFH 1.2.1983 – VII R 133/82, BStBl. II 1983, 344). Aus der Teilnahme des Prüfers an einer früheren, nicht bestandenen Prüfung kann keine Befangenheit hergeleitet werden (BFH 2.5.1979 – VII R 9/79, BStBl. II 1979, 593). Bei Verstoß gegen das Anonymitätsgebot bei der Bewertung schriftlicher Arbeiten ist ebenfalls Befangenheit zu besorgen (BFH 29.9.1992 – VII R 76/90, BFH/NV 1994, 270). Die Befangenheit kann einen, mehrere oder alle Prüfer betreffen. Die Gründe müssen in der Person des jeweiligen Prüfers liegen. Eine kollektive Ablehnung wegen der Sorge der Solidarität der Prüfer untereinander ist deshalb nicht Erfolg versprechend, es sei denn, es liegen dafür konkrete Anhaltspunkte vor (BFH 12.8.1991 – I B 27/91, BFH/NV 1992, 316).

III. Verfahren

Stellt das Ausschussmitglied bei sich einen Ausschießungsgrund oder die Besorgnis der Befangenheit fest, so ist der Vorsitzende zu unterrichten. Es ist nach § 82 III bzw. § 83 II zu verfahren. 7

§ 84 S. 1 gibt dem Beteiligten wegen der besonderen Bedeutung des Verfahrens ein **selbständiges Recht** auf Ablehnung eines Ausschussmitglieds. Die Ablehnung ist jedoch missbräuchlich und damit unzulässig, wenn unter keinem vernünftigen Gesichtspunkt ein Ausschluss oder eine Besorgnis der Befangenheit in Betracht kommt (BFH 5.8.1997 – VII B 145/97, BFH/NV 1998, 326 mwN; Schwarz/Pahlke/Keß § 84 Rn. 3 mwN). 8

Die Ablehnung ist bei dem Ausschuss anzubringen, dem das abgelehnte Mitglied angehört (Schwarz/Pahlke/Keß § 84 Rn. 5). Sie muss ausdrücklich, jedenfalls sinngemäß, erklärt werden. Beiläufige Bemerkungen über eine Besorgnis der Befangenheit reichen nicht aus (BFH 11.10.1985 – III R 201/82, BFH/NV 1986, 227). Gemäß S. 2 muss **vor der mündlichen Verhandlung** (Prüfung) die Ablehnung schriftlich oder zur Niederschrift erfolgen. Andernfalls tritt nach S. 3 ein Rechtsverlust bei Einlassung in die mündliche Prüfung ein. Wird die Ablehnung während oder unverzüglich nach der Prüfung erklärt, ist keine Form einzuhalten (aA HHSp § 84 Rn. 14). Sie sollte jedoch aus Gründen der Beweissicherung schriftlich oder zu Protokoll erklärt werden (Gosch AO § 84 Rn. 13). Die Ablehnung braucht nicht begründet zu werden, weil das Vorliegen von Ablehnungsgründen von Amts wegen zu ermitteln ist (HHSp § 84 Rn. 15; aA Schwarz/Pahlke/Keß § 83 Rn. 5b f. mwN). Sind allerdings Gründe nicht vorgetragen und auch nicht ersichtlich, ist mit der Verwerfung der Ablehnung als unzulässig oder deren Zurückweisung als unbegründet zu rechnen. 9

Der Beteiligte muss die Ablehnung vor Beginn der mündlichen Verhandlung (Prüfung) geltend machen, sofern er den Ablehnungsgrund bereits kennt. Lässt er sich rügelos auf die Prüfung ein, ist er gem. S. 3 mit dem ihm bekannten Ablehnungsgrund **ausgeschlossen.** Eine spätere Ablehnung ist insoweit unzulässig. Gründe, die sich erst während der Prüfung ergeben oder ihm während oder nach der Prüfung bekannt werden, können noch nachträglich geltend gemacht werden. Wegen der besonderen Prüfungssituation ist es dem Bewerber nicht zumutbar, etwaige Gründe für die Besorgnis der Befangenheit eines 10

Prüfers, die sich aus Äußerungen oder Verhalten während der Prüfung ergeben, sogleich im Laufe der Prüfung geltend zu machen (BFH 1.2.1983 – VII R 133/82, BStBl. II 1983, 344; BFH 14.12.1993 – VII R 46/93, BStBl. II 1994, 333). Der Verlust des Ablehnungsrechts führt indes nicht zur Unbeachtlichkeit aller Ausschluss- und Befangenheitsgründe, weil der Ausschuss die ihm bekannten Gründe von Amts wegen prüfen und beachten muss. Solche Gründe kann der Beteiligte noch in einem späteren (Klage-)Verfahren vorbringen (HHSp § 84 Rn. 23 f.; aA Gosch AO § 84 Rn. 19).

11 Für die **Entscheidung** ist gem. S. 4 nach § 82 III 2–4 zu verfahren, dh, über die Ablehnung entscheidet der Ausschuss. Das abgelehnte Mitglied darf daran nicht mitwirken. Die Entscheidung über die Ablehnung ergeht in Form eines Beschlusses und ist wegen der Überprüfbarkeit im Rechtsbehelfsverfahren schriftlich zu begründen (Schwarz/Pahlke/Keß § 84 Rn. 6). Wird das Ausschussmitglied ausgeschlossen, darf es bei weiteren Beratungen und Beschlussfassungen nicht zugegen sein. Ist das Ablehnungsgesuch unzulässig, wird es verworfen. Ist es unbegründet, weil insb. keine objektiven Tatsachen vorgetragen wurden oder ersichtlich sind, die eine Befangenheit besorgen lassen, wird es zurückgewiesen.

12 Die Entscheidung über den Ausschluss kann von dem Beteiligten nicht gesondert, sondern zur Vermeidung von Verfahrensverzögerungen nur im Rahmen der rechtlichen Überprüfung der das Verfahren abschließenden Entscheidung **angefochten** werden (S. 5). Wegen der Anfechtbarkeit des Ausschlusses durch das ausgeschlossene Mitglied → § 83 Rn. 18.

IV. Rechtsfolgen bei Verstoß

15 Wirkt ein Ausschlussmitglied im Verfahren trotz zulässigem und begründetem Ablehnungsgesuch mit, ist die das Verfahren abschließende Entscheidung rechtswidrig (Arg. aus § 125 III Nr. 2; BFH 29.9.1992 – VII R 76/90, BFH/NV 1994, 270). Vom Grundsatz her kann gem. § 127 die Aufhebung der Entscheidung nicht verlangt werden, wenn keine andere Entscheidung in der Sache ergehen könnte. Da jedoch Prüfungsentscheidungen immer von Wertungen des Prüfers abhängen, kommt § 127 bei Prüfungsentscheidungen in aller Regel nicht zur Anwendung.

3. Unterabschnitt. Besteuerungsgrundsätze, Beweismittel

I. Allgemeines

§ 85 Besteuerungsgrundsätze

[1]Die Finanzbehörden haben die Steuern nach Maßgabe der Gesetze gleichmäßig festzusetzen und zu erheben. [2]Insbesondere haben sie sicherzustellen, dass Steuern nicht verkürzt, zu Unrecht erhoben oder Steuererstattungen und Steuervergütungen nicht zu Unrecht gewährt oder versagt werden.

Schrifttum: Seer, Möglichkeiten und Grenzen eines „maßvollen" Gesetzesvollzugs durch die Finanzverwaltung, FR 1997, 553; Hardeck, Kooperative Compliance Programme zwischen Finanzverwaltungen und Unternehmen – Zukunft oder Sackgasse? Eine international vergleichende Untersuchung, StuW 2013, 156; Mellinghoff, Grundsätze und Grenzen im Besteuerungs- und Steuerstrafverfahren, Stbg. 2014, 97; Ehrke-Rabel, Steuervollzug im Umbruch?, StuW 2015, 101; Seer/Hardeck, Strukturelle Implementierung kooperativer Verfahrenselemente in das Unternehmensteuerrecht, StuW 2016, 366.

I. Allgemeines

1 § 85 ist eine rein deklaratorische Aufgabennorm. Sie geht von dem den FB durch Art. 108 GG erteilten Auftrag zur Verwaltung der Steuern aus und stellt in S. 1 und erläuternd in S. 2 die im Rechtsstaatsprinzip (Art. 20 III GG) begründete Pflicht zur gesetzmäßigen und zugleich an Art. 3 GG zu messenden gleichmäßigen **Besteuerung**

zugunsten und zulasten des Beteiligten heraus. Der Auftrag des § 85 umfasst auch die Aufdeckung und Ermittlung **unbekannter StFälle.** Daneben hat die FVerw. unabhängig vom konkreten Fall für die **Überwachung** der Gesetzmäßigkeit und Gleichmäßigkeit der Besteuerung zu sorgen.

Alle Maßnahmen im Rahmen der StVerwaltung haben die Gesetze zu beachten und müssen damit rechtmäßig sein (**Legalitätsprinzip** → Rn. 11). § 85 greift diesen verfassungsrechtlichen Grundsatz auf und bildet die Richtschnur für den Vollzug der StGesetze und insb. für die Auslegung der in den folgenden Vorschriften über das Verfahren geregelten Rechte und Pflichten der FB und der Beteiligten. Insbesondere durch S. 2 werden die von der FB zu erreichenden Ziele, zwar ein möglichst hohes StAufkommen zu sichern, dabei aber in erster Linie die StGerechtigkeit zu gewährleisten, deutlich. Die Vorschrift bildet **keine Ermächtigungsgrundlage** für das Handeln der FB, weder für das konkrete Verwaltungsverfahren noch für die Aufdeckung unbekannter StFälle und die Überwachungsaufgaben. Die FB hat nur diejenigen Befugnisse, die die Gesetze ausdrücklich bestimmen. 2

Die Vorschrift gilt für das gesamte konkrete Besteuerungsverfahren. Bei vorbereitenden Maßnahmen, die den Beginn eines Verfahrens (→ § 86 Rn. 15) kennzeichnen, ist sie ebenso zu beachten wie bei Maßnahmen im Zuge des Festsetzungs-, Erhebungs-, Vollstreckungs- und Rechtsbehelfsverfahrens sowie bei der Ap. § 85 findet auch bei Aufdeckung und Erforschung unbekannter StFälle Anwendung. Diese Aufgabe und die Befugnisse der FVerw., unbekannte StFälle aufzuspüren, sind in den Vorschriften über die StFahndung (§ 208) und die StAufsicht (§§ 209 ff.) geregelt. In Straf- und Bußgeldverfahren gilt § 85 wegen deren grds. anderer Struktur nicht. Hingegen ist § 85 auch bei Erfüllung allgemeiner **Überwachungsaufgaben** (→ Rn. 21) anzuwenden. Maßnahmen, die Rechte Dritter nicht berühren, bedürfen keiner Befugnisnorm, soweit Vorschriften nicht entgegenstehen. Sie haben ihren Grund unmittelbar in § 85 (→ Rn. 21). 3

II. Gesetzmäßigkeit und Gleichmäßigkeit der Besteuerung

1. Steuern

Die FB (§ 6) haben die Steuern festzusetzen und zu erheben. Steuern sind nur die inländischen Steuern (§ 3 I 1). Ausländische Steuern werden nur in Anwendung von DBA verwaltet (BFH 20.2.1979 – VII R 16/78, BStBl. II 1979, 268). 6

2. Rechtliche Grundlagen für die Besteuerung

Gemäß Art. 20 III GG ist die FVerw. an Gesetz und Recht gebunden. Gesetz ist gem. § 4 jede Rechtsnorm. Rechtsnormen sind in erster Linie formelle Gesetze und Verordnungen. Verwaltungsanweisungen wie Richtlinien und Erlasse sind keine Rechtsnormen. Sie binden jedoch die FVerw., weil sie ihren Grund in dem Weisungsrecht der übergeordneten Behörde bei Ausführung der Gesetze haben und in ihnen eine Selbstbindung der Verwaltung zum Ausdruck kommt. Zu Einzelheiten der Rechtsgrundlagen für die Besteuerung → § 4 Rn. 1 ff. 7

3. Gesetzmäßigkeit und Gleichmäßigkeit

Das Gebot der gesetzmäßigen und gleichmäßigen StFestsetzung und -erhebung folgt aus verfassungsrechtlichen Grundsätzen (→ Rn. 2). Die FVerw. hat die Einhaltung dieses Gebotes sicherzustellen (HHSp § 85 Rn. 28 ff.). Gesetzmäßig ist die Besteuerung, wenn sie dem Gesetz entspricht. Gleichmäßig ist die Besteuerung, wenn sie alle Stpfl., die den Tatbestand der Besteuerung erfüllen, in gleicher Weise erfasst, dh einzelne Stpfl. gegenüber anderen Stpfl. weder bevorzugt noch benachteiligt werden. Bei Auslegung der Gesetze oder bei Ermessensentscheidungen hat die FVerw. ggf. Richtlinien, Erlasse oder Rspr. iSe Selbstbindung der Verwaltung zu beachten. In diesen Fällen ist eine Besteuerung nur dann gesetzmäßig, wenn sie auch gleichmäßig ist. 8

4. Ausprägungen des § 85

11 **Legalitätsprinzip.** Die FB „haben" die Steuern festzusetzen und zu erheben, die nach den gesetzlichen Bestimmungen entstanden sind und geschuldet werden (BFH 3.7.2019 – VI R 49/16, BStBl. II 2020, 86). Den FB steht in aller Regel kein Ermessen darüber zu, ob und in welcher Höhe Steuern festgesetzt und erhoben werden. Vom Grundsatz her kann über einen StAnspruch nicht verhandelt werden (→ Rn. 12, 14). Nur wenn das Gesetz es ausdrücklich zulässt, kann die FB von der StFestsetzung und StErhebung absehen. Diese Ausnahmen sind § 156 (Absehen von StFestsetzung, Abrundung, Unterbleiben der Festsetzung bei Uneinbringlichkeit der Steuer), abw. Festsetzung aus Billigkeitsgründen (§ 163) und Erlass (§ 227). Zu den Ermessensentscheidungen → Rn. 16 und → § 5 Rn. 1 ff. Erlangt die FB von einem StFall Kenntnis, hat sie in aller Regel von Amts wegen tätig zu werden (§ 86). Über den Zeitpunkt des Beginns des Verfahrens entscheidet sie nach pflichtgemäßem Ermessen.

12 **Verträge im StRecht.** Die Erwähnung des öffentlich-rechtlichen Vertrags in § 78 hat zu einem Streit über dessen generelle Zulässigkeit im Besteuerungsverfahren geführt (HHSp § 78 Rn. 158 ff.). Wegen des Gebots der Gesetzmäßigkeit und Gleichmäßigkeit der Besteuerung kann der StAnspruch nicht zur Disposition der FB und der Beteiligten stehen. Verträge über den der Besteuerung zu Grunde zu legenden Sachverhalt und die Rechtsanwendung sind deshalb grds. ausgeschlossen. Verträge zwischen FB und Stpfl. über die Begründung, Verschärfung, Milderung, Änderung oder Aufhebung eines StRechtsverhältnisses sind verboten und wegen Verstoßes gegen ein gesetzliches Verbot nichtig, soweit die StGesetze nicht ausdrücklich Ausnahmen zulassen (std. Rspr. zB BFH 31.7.1996 – XI R 78/95, BStBl. II 1996, 625; BFH 4.3.1998 – X R 142/94, BFH/NV 1998, 965; BFH 15.3.2000 – IV B 44/99, BFH/NV 2000, 1073; hM so auch HHSp § 78 Rn. 175; § 85 Rn. 39; TK § 78 Rn. 9; Schwarz/Pahlke/Keß § 78 Rn. 32, § 85 Rn. 33, jeweils mwN). Den einzigen Anwendungsfall für den Abschluss eines öffentlich-rechtlichen Vertrags bildet § 224a (Hingabe von Kunstgegenständen an Zahlungs statt). Diese Vereinbarungsmöglichkeit ist schon deshalb unbedenklich, weil hier nicht über den StAnspruch selbst verhandelt wird, sondern nur über dessen Erfüllung. Zu Vereinbarungen hinsichtlich des der Besteuerung zu Grunde zu legenden Sachverhalts oder die Sachbehandlung **(tatsächliche Verständigung)** → Rn. 14.

13 **Untersuchungsgrundsatz.** Die FB hat den entscheidungserheblichen Sachverhalt von Amts wegen zu ermitteln (§ 88). Allerdings haben die Beteiligten und Dritte Mitwirkungspflichten (§§ 90, 93). Der Umfang der Ermittlungen richtet sich nach den Umständen des Einzelfalls. An Vorbringen, Anträge und Beweise des Beteiligten ist die FB grds. nicht gebunden. Etwas anderes gilt nur, wenn die Behörde nur auf Antrag tätig werden darf und ein Antrag nicht vorliegt (§ 86 S. 2 Nr. 2). Ist der Umfang der Ermittlungen durch die FB durch Erlasse bestimmt, so sind diese bindend. Im Hinblick auf die Effektivität der FVerw. und iSe Gleichbehandlung aller Stpfl. rechtlich unbedenklich ist insb. die Regelung des Erlasses, wonach bestimmte, nach abstrakten Merkmalen bestimmte StFälle oder bestimmte Prüffelder intensiver zu bearbeiten sind als andere. Freilich wird diese Regelung dem Untersuchungsgrundsatz nicht voll gerecht. Für Einzelheiten → § 88 Rn. 1 ff.

14 **Tatsächliche Verständigung.** Unter einer tatsächlichen Verständigung ist eine Vereinbarung über den für die Besteuerung geltenden Sachverhalt oder die steuerliche Behandlung von Sachverhalten im konkreten Besteuerungsverfahren zu verstehen. Die tatsächliche Verständigung durchbricht den Untersuchungsgrundsatz. Zu Voraussetzungen, Grenzen und Einzelheiten → § 88 Rn. 47 f.

15 **Objektivität.** Die FB darf nicht einseitig tätig werden. Die Amtsträger müssen unparteilich sein (§§ 82–84). Die FB muss die Sach- und Rechtslage zugunsten wie zulasten des Beteiligten ermitteln und beachten sowie für ein objektives und faires Verfahren sorgen. Die FB hat den Beteiligten ggf. zu beraten, seine Rechte zu beachten (zB das Recht auf Gehör, § 91) und ihm Auskünfte zu erteilen (§ 89). Die FB muss ihre Entscheidungen in

einer Weise begründen, dass der Beteiligte sie inhaltlich nachvollziehen kann (§ 121). Der Beteiligte ist über Rechtsbehelfe zu belehren (§ 365).

Ermessen. Steht der FB ein Ermessen zu, hat sie das Ermessen entspr. dem Zweck der Ermächtigung auszuüben und die gesetzlichen Grenzen des Ermessens zu beachten (§ 5). Bestehen Regelungen für die Ausübung des Ermessens in bestimmten Fällen, so sind diese in allen gleich gelagerten StFällen zu beachten. Die Nichtbeachtung in einzelnen Fällen verstößt gegen den Grundsatz der Gleichbehandlung aller Stpfl. und den der Gleichmäßigkeit der Besteuerung. **16**

Verhältnismäßigkeit. Alle Maßnahmen der FB müssen verhältnismäßig sein, sie müssen also mit dem Zweck der Ermächtigungsnorm vereinbar sein. So sind etwa überzogene oder sinnlose Ermittlungen ebenso zu vermeiden wie solche, die erkennbar in keinem sinnvollen Verhältnis zum erwarteten Ergebnis stehen. Es sollen nur solche Maßnahmen durchgeführt werden, die zur Erreichung des Zwecks notwendig sind und den Beteiligten dabei am wenigsten beeinträchtigen. Unter dem Gesichtspunkt der Verhältnismäßigkeit ist zB zur Aufklärung des Sachverhalts idR mit der Aufforderung zur Auskunftserteilung (§ 93) als mildestem Mittel zu beginnen. Bei Erfolglosigkeit kann eine Ap. angeordnet und erst später eine StFahndung eingeleitet werden. **17**

Bundeseinheitliche Verwaltung. Da die Steuern von den Bundesländern verwaltet werden, kann es bei bundeseinheitlich erhobenen Steuern durch unterschiedliche Auslegung von Gesetzen seitens der FVerw. durch unterschiedliche Verwaltungsvorschriften und differierende Verwaltungsausübung zu Ungleichheiten in den Bundesländern kommen. Das BMF hat hier für eine Vereinheitlichung zu sorgen, wie dies zB durch Richtlinien geschieht. Ein bundeseinheitlicher Gesetzesvollzug ist jedoch wegen des föderativen Aufbaus der BRD und daraus folgend der Verwaltung der Steuern durch die Bundesländer nicht immer gewährleistet und auch nicht zwingend erforderlich (BFH 23.7.1985 – VIII R 197/84, BStBl. II 1986, 36; HHSp § 85 Rn. 9). **18**

Einheitliche und gesetzmäßige Rechtsanwendung. Die FB hat nicht nur den Sachverhalt von Amts wegen und unter Anwendung möglichst einheitlicher Maßstäbe für alle Stpfl. zu erforschen (→ Rn. 13), sondern auch den ermittelten Sachverhalt unter die Rechtslage nach einheitlichen Maßstäben zu subsumieren. Sind Steuern abschnittsweise festzusetzen und zu erheben (so zB ESt und USt), ist die Sach- und Rechtslage für jeden Abschnitt neu zu ermitteln (sog. **Abschnittsbesteuerung**). So ist ein von früheren Zeiträumen abweichender oder neu ermittelter Sachverhalt in einem neuen Abschnitt als maßgeblich zugrunde zu legen. Rechtsanwendungsfehler für vergangene Abschnitte dürfen nicht für die Zukunft beibehalten werden. Einen Vertrauensschutz gibt es im StRecht insoweit nicht. Ein solcher besteht auch nicht im Hinblick auf den Fortbestand der Rspr. der Gerichte (BFH 5.9.1990 – X R 100/89, BFH/NV 1991, 217; BFH 17.10.2013 – IV R 7/11, BStBl. II 2014, 302; zur Beachtung der Rspr. und zum Nichtanwendungserlass → § 4 Rn. 64 ff.). Einheitliche Rechtsanwendung bedeutet nicht die Gleichbehandlung im Unrecht. Ein Stpfl. kann sich nicht aus Gründen der Gleichmäßigkeit der Besteuerung zu seinen Gunsten auf eine rechtswidrige Entscheidung im Falle eines anderen Stpfl. berufen. Zur verbindlichen Auskunft, die ggf. eine abweichende Gesetzesanwendung gebietet, s. § 89 und § 204. Die FVerw. hat die im BStBl. veröffentlichten Entscheidungen anzuwenden. Die Herausgabe des sog. Nichtanwendungserlasses verstößt gegen den Grundsatz der gesetzmäßigen Rechtsanwendung, ist aber Praxis. Ebenso ist es Praxis, dass die FVerw. durch Erlasse Ausnahmen – auch zugunsten des Stpfl. – von der gesetzlichen Besteuerung zulässt. Auch dies stellt einen Verstoß gegen den Grundsatz der gesetzmäßigen Rechtsanwendung dar (vgl. Klein § 85 Rn. 8 mwN). **19**

Strukturelle Gesetzes- und Vollzugsdefizite. Das BVerfG hat dem Gesetzgeber aufgegeben, die Stpfl. durch die Gesetze materiell nach Maßgabe des Art. 3 GG gleich zu belasten und das normierte StRecht durch hinreichende, die Belastungsgleichheit gewährleistende Kontrollmöglichkeiten durchzusetzen und dadurch die im Vollzug der StGesetze angelegten Ungleichbehandlungen abzuschaffen (BVerfG 27.6.1991 – 2 BvR 1493/89, **20**

BStBl. II 1991, 654; BVerfG 9.3.2004 – 2 BvL 17/02, BStBl. II 2005, 56). Nach früherer Rspr. (zB BFH 20.6.1989 – VIII R 82/86, BStBl. II 1989, 836) konnten sich Stpfl. für die Rechtswidrigkeit der Besteuerung nicht darauf berufen, dass Stpfl. mit anderen Einkünften wegen der tatsächlichen Schwierigkeit bei der Ermittlung und Überprüfung des Sachverhalts im Ergebnis gar nicht oder milder besteuert wurden. Nunmehr können Verwaltungsanweisungen und tatsächliche Handhabungen, die auf eine Ungleichbehandlung der Stpfl. hinauslaufen, gegen den Grundsatz der Gleichmäßigkeit der Besteuerung bzw. gegen das Rechtsstaatsprinzip und den Grundsatz der Gleichbehandlung des Art. 3 GG verstoßen. Etwas anderes gilt für Vollzugsmängel, die sich bei einer Massenverwaltung nicht verhindern lassen (kein strukturelles Vollzugsdefizit bei bargeldintensiven Betrieben mit offener Ladenkasse, BFH 16.9.2021 – IV R 34/18, BStBl. II 2022, 101). Der Gesetzgeber muss grds. darauf hinwirken, dass die StGesetze (die materiell-rechtlichen und die verfahrensrechtlichen Regelungen) die Gleichmäßigkeit der Besteuerung gewährleisten. Wegen der vielen mit der StGesetzgebung verfolgten Ziele und Zwecke, die sich nicht an der für die Besteuerung an sich maßgebenden Leistungsfähigkeit der Stpfl. orientieren, sind auch insoweit Defizite zu verzeichnen. Zu den Divergenzen zwischen Ideal und Realität bei der StGesetzgebung und in der StVerwaltung mit zahlreichen Beispielen s. TK § 85 Rn. 14 ff. Der Gesetzgeber hat mit dem StModernG versucht, auf die sich ua durch die demografische Entwicklung ergebenden Probleme zu reagieren. Durch den vermehrten Einsatz der Digitalisierung und von Risikomanagementsystemen soll vermieden werden, dass es zu Vollzugsdefiziten kommt.

21 **Allgemeine Überwachungsaufgaben (Steueraufsicht).** Aus § 85 S. 2 ergibt sich für die FVerw. die Aufgabe zur dort näher beschriebenen Sicherstellung der Besteuerung (→ Rn. 3). Soweit die Überwachungsmaßnahmen der FB nicht in Rechte Dritter eingreifen, bedürfen sie keiner besonderen Ermächtigungsgrundlage. Zu den Maßnahmen gehören allgemeine Hinweise an die Öffentlichkeit, Belehrungen, Ermahnungen, vorbeugende Informationen, die innerbehördliche Unterstützung und Zusammenarbeit (zB die Inanspruchnahme von Amtshilfe, die Verpflichtung einer FB, ihr bekannt gewordene Verhältnisse der zuständigen Behörde mitzuteilen, die Sammlung und Auswertung von besteuerungsrelevantem Material im Vorfeld konkreter Besteuerungsverfahren; AEAO zu § 85 Nr. 4; HHSp § 85 Rn. 18 ff. mwN). Die FB dürfen auch Informationen aus allg. zugänglichen Quellen wie Telefonbüchern, Tageszeitungen und Branchenverzeichnissen sammeln und auswerten, um im konkreten Besteuerungsverfahren die Angaben des Stpfl. auf ihren Wahrheitsgehalt hin überprüfen oder an ihren eigenen Erkenntnissen messen zu können. § 85 bildet auch die Ermächtigungsgrundlage für die FB, **Kontrollmitteilungen** über einen besteuerungsrelevanten Sachverhalt für das für die Besteuerung des Stpfl. zuständige FA zu fertigen (BFH 29.10.1986 – I B 28/86, BStBl. II 1987, 440).

§ 86 Beginn des Verfahrens

[1] Die Finanzbehörde entscheidet nach pflichtgemäßem Ermessen, ob und wann sie ein Verwaltungsverfahren durchführt. [2] Dies gilt nicht, wenn die Finanzbehörde auf Grund von Rechtsvorschriften

1. von Amts wegen oder auf Antrag tätig werden muss,
2. nur auf Antrag tätig werden darf und ein Antrag nicht vorliegt.

Vergleichbare Vorschriften: § 22 VwVfG, § 18 SGB X

I. Allgemeines

1 § 86 regelt in Übereinstimmung mit anderem Verwaltungsverfahrensrecht den Beginn des Verwaltungsverfahrens. Nach der Grundsatzregelung des S. 1 entscheidet die FB nach ihrem Ermessen über den Beginn und den Zeitpunkt des Beginns eines Verwaltungsver-

fahrens. Die Ausnahmen hiervon ergeben sich aus S. 2. Dessen Nr. 1 gebietet ein Tätigwerden in den Fällen, in denen die FB von Amts wegen tätig werden muss. S. 2 Nr. 2 verbietet ein Tätigwerden in den Fällen, in denen sie nur auf Antrag tätig werden darf und ein solcher nicht vorliegt. Für die StVerwaltung hat S. 2, insb. Nr. 1, die weitaus größte Bedeutung, weil die FB gem. § 85 StFestsetzungen nach Maßgabe der Gesetze und daher idR von Amts wegen vorzunehmen haben.

II. Verfahrensbeginn nach Ermessen (S. 1)

Zum Begriff des Verwaltungsverfahrens (→ § 78 Rn. 7 ff.). S. 1 findet uneingeschränkt 4
nur Anwendung, wenn die FB zum Tätigwerden nicht gesetzlich verpflichtet ist. Nur wenn sie ermächtigt ist, nach ihrem Ermessen (§ 5) zu handeln, entscheidet sie unter Beachtung des Zwecks der Ermächtigung und deren Grenzen, ob sie ein Verwaltungsverfahren beginnt **(Opportunitätsprinzip).** Ob die Voraussetzungen für ein Tätigwerden nach Ermessen vorliegen, richtet sich nach der jeweiligen Ermächtigungsgrundlage. Im Besteuerungsverfahren besteht in aller Regel kein Ermessen. Es gilt das **Legalitätsprinzip,** denn gem. § 85 haben die FB die Steuern nach Maßgabe der Gesetze gleichmäßig festzusetzen und zu erheben. Nur in ausdrücklich und abschließend geregelten Fällen kann von der Besteuerung abgesehen werden, so gem. §§ 156, 163, 227 sowie nach Vorschriften in EinzelStGesetzen (zu Einzelheitens. § 85). Der FB kann innerhalb eines von Amts wegen zu betreibenden Verwaltungsverfahrens Ermessen bezüglich einzelner Maßnahmen zustehen, wie etwa die Festsetzung von Verspätungszuschlägen (§ 152). Diese Maßnahmen fallen, da sie nicht Gegenstand eines eigenständigen Verwaltungsverfahrens sind, nicht in den Anwendungsbereich des S. 1. Die Einleitung des Haftungsverfahrens steht gem. § 191 S. 1 im Ermessen der FB.

Der **Zeitpunkt** des Beginns eines Verwaltungsverfahrens steht, da die StGesetze idR 7
nichts anderes bestimmen, im pflichtgemäßen Ermessen der FB, und zwar auch in den von Amts wegen zu betreibenden Verfahren. Zur Aufforderung zur Abgabe von StErklärungen s. § 149. Bei Ausübung des pflichtgemäßen Ermessens hinsichtlich des zeitlichen Beginns des Verfahrens hat sich die FB an dem Zweck des Verfahrens zu orientieren. So hat die Festsetzung und Erhebung der Steuer innerhalb der Verjährungsfristen zu erfolgen. Die Beteiligten haben keinen Anspruch darauf, dass das Verfahren zu einem bestimmten Zeitpunkt begonnen wird.

III. Verfahrensbeginn von Amts wegen (S. 2)

Amtsverfahren (Nr. 1). Wenn die FB aufgrund von Rechtsvorschriften von Amts 10
wegen tätig werden muss, steht ihr gem. Nr. 1 kein Ermessen darüber zu, ob sie ein Verwaltungsverfahren beginnt. Unter welchen Voraussetzungen sie tätig werden muss, bestimmt sich nach der jeweiligen Ermächtigungsgrundlage. Aus § 85 iVm Art. 20 III GG ergibt sich die generelle Handlungspflicht der FB zur Durchführung des Besteuerungsverfahrens. Der Zeitpunkt des Handelns steht indes im Ermessen (Schwarz/Pahlke/Keß § 86 Rn. 6). Für den Beginn eines Verfahrens müssen hinreichende Anhaltspunkte vorliegen. Die FB darf nicht „ins Blaue hinein" ermitteln (→ § 88 Rn. 1 ff.).

Echtes Antragsverfahren (Nr. 2). Die FB ist zum Tätigwerden verpflichtet, wenn sie 11
nach Rechtsvorschriften auf Antrag hin tätig werden muss. Der Stpfl. hat in diesen Fällen bei Antragstellung einen Anspruch auf behördliches Handeln, insb. wenn eine Entscheidung zu seinen Gunsten ergehen muss oder kann. Er hat zumindest einen Anspruch auf eine – ggf. ablehnende – Entscheidung durch VA. Die FB muss in Ausübung des pflichtgemäßen Ermessens das Verfahren in angemessener Zeit durchführen. Darf die FB aufgrund von Rechtsvorschriften nur auf Antrag tätig werden, darf sie das Verwaltungsverfahren nicht vor Antragstellung beginnen. So darf sie etwa ein Rechtsbehelfsverfahren nicht beginnen, wenn kein Einspruch eingelegt ist. Der FB steht es allerdings frei, beim Stpfl. eine Antragstellung anzuregen. Sie darf den Antrag jedoch nicht als Verfahrenshand-

lung unterstellen (Schwarz/Pahlke/Keß § 86 Rn. 16). Trifft die FB eine Entscheidung ohne Antrag, ist der **VA rechtswidrig.** Dieser Verfahrensfehler wird jedoch gem. § 126 I Nr. 1 durch nachträgliche Antragstellung geheilt. Der Antragstellung steht die Ausübung steuerlicher Wahlrechte gleich (Gosch AO § 86 Rn. 12; HHSp § 86 Rn. 25 ff.). Stellt der Stpfl. in einem von Amts wegen zu betreibenden Verfahren einen „Antrag" auf Tätigwerden, ist er als Anregung für ein behördliches Handeln zu verstehen. Unselbständige Anträge im Besteuerungsverfahren (etwa die Geltendmachung von steuermindernden Tatsachen oder Vergünstigungen, zB Werbungskosten, Freibeträge) sind keine Anträge iSd § 86. Sie sind nicht Gegenstand eines selbständigen Verfahrens, sondern werden im Rahmen der Gesamtentscheidung mitbeschieden (HHSp § 86 Rn. 30 ff.).

12 Um ein **unechtes Antragsverfahren** handelt es sich in den Fällen, in denen eine Antragstellung nach dem Gesetz zwar nicht erforderlich, aber möglich ist (zB § 222 Stundung, § 227 Erlass). Ohne Antragstellung entscheidet die FB über den Verfahrensbeginn nach pflichtgemäßem Ermessen. Bei Antragstellung hat der Stpfl. einen Anspruch auf eine Entscheidung. Die FB muss also tätig werden.

IV. Tatsächlicher Beginn des Verwaltungshandelns

15 Da das Besteuerungsverfahren kein förmliches Verfahren ist, bedarf es für den Beginn keiner nach außen zum Ausdruck kommenden Einleitungshandlung. Es reicht aus, dass die FB eine nach außen wirkende Tätigkeit entfaltet, die auf die Prüfung der Voraussetzungen, die Vorbereitung und den Erlass eines VA oder auf den Abschluss eines öffentlich-rechtlichen Vertrags gerichtet ist. Interne Vorbereitungshandlungen genügen nicht. Mit Beginn des Verwaltungsverfahrens wird der von den Maßnahmen Betroffene Beteiligter iSd § 78. Der Beginn eines Verwaltungsverfahrens von Amts wegen ist zB die Aufforderung zur Abgabe von StErklärungen oder die Anhörung zu aufklärungsbedürftigen Sachverhalten. Bei Verfahren auf Antrag beginnt das Verfahren mit Eingang des Antrags bei der FB.

§ 87 Amtssprache

(1) **Die Amtssprache ist Deutsch.**

(2) [1]**Werden bei einer Finanzbehörde in einer fremden Sprache Anträge gestellt oder Eingaben, Belege, Urkunden oder sonstige Dokumente vorgelegt, kann die Finanzbehörde verlangen, dass unverzüglich eine Übersetzung vorgelegt wird.** [2]**In begründeten Fällen kann die Vorlage einer beglaubigten oder von einem öffentlich bestellten oder beeidigten Dolmetscher oder Übersetzer angefertigten Übersetzung verlangt werden.** [3]**Wird die verlangte Übersetzung nicht unverzüglich vorgelegt, so kann die Finanzbehörde auf Kosten des Beteiligten selbst eine Übersetzung beschaffen.** [4]**Hat die Finanzbehörde Dolmetscher oder Übersetzer herangezogen, erhalten diese eine Vergütung in entsprechender Anwendung des Justizvergütungs- und -entschädigungsgesetzes.**

(3) **Soll durch eine Anzeige, einen Antrag oder die Abgabe einer Willenserklärung eine Frist in Lauf gesetzt werden, innerhalb deren die Finanzbehörde in einer bestimmten Weise tätig werden muss, und gehen diese in einer fremden Sprache ein, so beginnt der Lauf der Frist erst mit dem Zeitpunkt, in dem der Finanzbehörde eine Übersetzung vorliegt.**

(4) [1]**Soll durch eine Anzeige, einen Antrag oder eine Willenserklärung, die in fremder Sprache eingehen, zugunsten eines Beteiligten eine Frist gegenüber der Finanzbehörde gewahrt, ein öffentlich-rechtlicher Anspruch geltend gemacht oder eine Leistung begehrt werden, so gelten die Anzeige, der Antrag oder die Willenserklärung als zum Zeitpunkt des Eingangs bei der Finanzbehörde abgegeben, wenn auf Verlangen der Finanzbehörde innerhalb einer von dieser zu setzenden angemessenen Frist eine Übersetzung vorgelegt wird.** [2]**Andernfalls ist**

der Zeitpunkt des Eingangs der Übersetzung maßgebend, soweit sich nicht aus zwischenstaatlichen Vereinbarungen etwas anderes ergibt. [3] Auf diese Rechtsfolge ist bei der Fristsetzung hinzuweisen.

Vergleichbare Vorschriften: § 23 VwVfG, § 19 SGB X, vgl. § 52 FGO iVm § 184 GVG

I. Allgemeines

§ 87 befasst sich mit der Sprache im Verwaltungsverfahren und mit der Behandlung und den Rechtsfolgen beim Eingang von fremdsprachigen Dokumenten bei der FB. In der Praxis ist die Vorschrift von wachsender Bedeutung, weil in Deutschland der Anteil der am Verwaltungsverfahren Beteiligten ausländischer Herkunft steigt. Die Betroffenen sind häufig der deutschen Sprache, insb. der steuerlichen Fachsprache, nicht oder nicht hinreichend mächtig. Sie haben dieselben steuerlichen Rechte zu wahren und Pflichten zu erfüllen wie jeder andere Beteiligte. Ferner haben sich die FB im Zuge der Globalisierung der Wirtschaft zunehmend mit Sachverhalten mit Auslandsbezug zu befassen. Auch nehmen fremdsprachige Dokumente und die Abfertigung von der deutschen Sprache nicht mächtigen Personen in der Zollverwaltung einen breiten Raum ein. 1

§ 87 dient der Vermeidung von sprachlichen Missverständnissen und Unklarheiten zwischen FB und Beteiligten über den Inhalt einer mündlichen oder schriftlichen Erklärung, der Rechtssicherheit der Beteiligten sowie der Arbeitserleichterung bei der FB. Deren Amtsträger sind in aller Regel nicht in der Lage, sich in verschiedenen Fremdsprachen zu verständigen. Dem Beteiligten gewährleistet die Vorschrift, insb. durch die Bestimmungen der Abs. 2–4, ein faires und rechtsstaatliches Verfahren. Die Beiziehung von Dolmetschern im persönlichen Gespräch und die Übersetzung der bei der FB eingehenden und von dieser verfertigten Dokumente für den Beteiligten ist im Massenverfahren der StVerwaltung nicht zu leisten. § 87 verstößt weder gegen Grundrechte und das Diskriminierungsverbot noch gegen das Völker- oder Gemeinschaftsrecht (HHSp § 87 Rn. 17 ff. mwN; TK § 87 Rn. 1 mwN; Schwarz/Pahlke/Keß § 87 Rn. 2). 2

§ 87 gilt für das gesamte Besteuerungsverfahren einschl. des außergerichtlichen Rechtsbehelfsverfahrens. Für Buchführung und Aufzeichnungen gelten Ausnahmeregelungen nach § 146 III (→ Rn. 10). 3

II. Deutsch als Amtssprache (Abs. 1)

Grundsatz. Abs. 1 bestimmt die deutsche Sprache als Amtssprache. Amtssprache ist die im Behördenverkehr – für amtliche Äußerungen der FB und Verfahrenshandlungen der Beteiligten – maßgebliche Sprache (HHSp § 87 Rn. 24). Die deutsche Sprache umfasst Hochdeutsch sowie alle Mundarten und Dialekte. Alle mündlichen, schriftlichen und elektronischen Erklärungen im Verwaltungsverfahren müssen grds. in deutscher Sprache abgegeben werden. Die deutsche Sprache muss nicht orthografisch und grammatikalisch korrekt angewendet werden. Insb. darf sich der Beteiligte einer fehlerhaften oder rudimentären Sprache bedienen. Die FB muss seine Äußerung als in der Amtssprache abgegeben entgegen- und zur Kenntnis nehmen, solange ein Sinngehalt erkennbar ist. Im Zweifelsfall ist der Beteiligte um Klarstellung anzuhalten. Für die sorbische Bevölkerung in Sachsen und Brandenburg steht nach dem Verwaltungsverfahrensrecht dieser Länder der Gebrauch der sorbischen Sprache der deutschen gleich (HHSp § 87 Rn. 25 ff.). Im Ausnahmefall können sich der Beteiligte und die FB auch einer fremden Sprache bedienen. 6

Die Maßgeblichkeit der deutschen Sprache im Verwaltungsverfahren gilt in erster Linie für **Verfahrenshandlungen,** also solche Handlungen, denen das Verfahrensrecht eine rechtliche Bedeutung beimisst (→ § 79 Rn. 5). Die FB ist dagegen nicht gehindert, sich mit einem nicht deutschsprachigen Beteiligten in seiner Sprache allg. zu verständigen oder Merkblätter in fremden Sprachen herauszugeben. 7

8 **Erklärungen des Beteiligten.** Der Beteiligte muss sich idR der deutschen Sprache bedienen. Er hat keinen Anspruch auf die mündliche oder schriftliche Verständigung in einer ihm geläufigen fremden Sprache. Er darf nicht darauf vertrauen, dass sich die Bediensteten mit ihm in einer verbreiteten Fremdsprache wie etwa Englisch verständigen. § 87 legt das Verständigungsrisiko dem Beteiligten auf. Diesem obliegt es, sich ggf. auf eigene Kosten um die Hilfe eines Übersetzers zu bemühen. Es besteht kein Anspruch auf die Beiziehung eines Übersetzers von Amts wegen oder auf Kosten der FB. Entsprechendes gilt für Äußerungen **sprach- oder hörbehinderter Personen,** die sich nicht schriftlich auszudrücken vermögen. Auch sie haben auf ihre Kosten für eine Verständigungshilfe zu sorgen. In Ausnahmefällen kann aber zur Gewährung des verfassungsrechtlichen Anspruchs auf ein faires Verfahren eine analoge Anwendung der §§ 185, 186 GVG in Betracht kommen (HHSp § 87 Rn. 9; Gosch AO § 87 Rn. 4). Der Beteiligte darf sich nicht darauf verlassen, dass die FB ein fremdsprachiges Dokument selbst übersetzt oder eine Übersetzung von ihm verlangt (Abs. 2–4). Allerdings kann die FB Dokumente in fremder Sprache entgegennehmen und in einer fremden Sprache verhandeln, wenn der Amtsträger über entsprechende Sprachkenntnisse verfügt (AEAO zu § 87 Nr. 1). Legt der Stpfl. mit seiner StErklärung ein fremdsprachiges Schriftstück vor und wird der Inhalt der FB erst nach der Veranlagung bekannt, liegt eine nachträglich bekannt gewordene Tatsache iSd § 173 AO vor (FG Hamburg 24.4.2009 – 3 K 6/09, EFG 2010, 9).

9 **Verfahrensauslösende und fristwahrende Eingaben** sollen in ihren wesentlichen Teilen in deutscher Sprache aktenkundig gemacht werden (AEAO zu § 87 Nr. 1). Kommt es bei fremdsprachiger Verständigung wegen unzureichender Sprachkenntnisse des Amtsträgers zu Missverständnissen, so gehen diese zulasten der FB. Tritt bei fremdsprachiger Verständigung ein Rechtsverlust beim Beteiligten wegen verkannter Sprachschwierigkeiten des Amtsträgers ein, kommt eine Wiedereinsetzung nach § 110 oder ein Billigkeitserlass nach § 227 in Betracht (TK § 87 Rn. 2). Eine Wiedereinsetzung in den vorigen Stand ist gerechtfertigt, wenn der Beteiligte wegen unzureichender Sprachkenntnisse ohne Verschulden eine Frist nicht eingehalten hat. Er muss jedoch rechtzeitig versucht haben, sich über den Inhalt eines in deutscher Sprache verfassten und ihm zugegangenen Dokuments, namentlich eines VA, kundig zu machen (BFH 9.3.1976 – VII R 102/75, BStBl. II 1976, 440; BFH 21.5.1997 – VII S 37/96, BFH/NV 1997, 634; BFH 17.3.2010 – X B 114/09, BFH/NV 2010, 1239; HHSp § 87 Rn. 30, 93; Gosch AO § 87 Rn. 20.5). Verfahrenshandlungen des Beteiligten sind auch wirksam, wenn sie in einer fremden Sprache vorgenommen worden sind (Gosch AO § 87 Rn. 11; Schwarz/Pahlke/Keß § 87 Rn. 8). Sie müssen in Anwendung der Abs. 2–4 von der FB beachtet werden. Fristen werden jedoch erst ausgelöst oder gewahrt, wenn die Erklärung auf Verlangen der FB in deutscher Übersetzung vorliegt. Übersetzungsfehler liegen in der Sphäre des Beteiligten und gehen zu seinen Lasten.

10 **Buchungen und Aufzeichnungen** können unter Beachtung des § 146 III in einer lebenden fremden Sprache geführt werden. Auch der der deutschen Sprache nicht mächtige Beteiligte hat amtliche Vordrucke und Formulare zu verwenden. Eine **Unterschrift** darf in fremdsprachigen Schriftzeichen geleistet werden.

11 **Erklärungen der FB** müssen in deutscher Sprache abgegeben werden. Insb. müssen VA einschl. Rechtsbehelfsbelehrung in deutscher Sprache abgefasst sein (BFH 9.3.1976 – VII R 102/75, BStBl. II 1976, 440; BFH 21.5.1997 – VII S 37/96, BFH/NV 1997, 634; BFH 17.3.2010 – X B 114/09, BFH/NV 2010, 1239; → § 356 Rn. 11). Sie erlangen nur Wirksamkeit, wenn sie in deutscher Sprache ergehen und bekannt gegeben werden, und zwar auch dann, wenn der FB bewusst ist, dass der Beteiligte der deutschen Sprache nicht mächtig ist. Der FB steht es frei, eine fremdsprachige Übersetzung beizufügen. Dies bietet sich insb. für die Rechtsbehelfsbelehrung an. Ergehen Verfahrenshandlungen mündlich wie etwa in der Zollverwaltung im persönlichen Kontakt mit Ausländern an der Grenze, dürfen VA ausnahmsweise auch in einer Fremdsprache ergehen, zB Aufforderung zum Öffnen des Lkw. Akten sind in deutscher Sprache zu führen.

III. Eingang von fremdsprachigen Dokumenten (Abs. 2)

Dokumente. Abs. 2–4 betreffen den Eingang von in fremder Sprache verfassten Anträgen, Eingaben, Belegen, Urkunden und sonstigen Erklärungen bei der FB. Ursprünglich verwendete Abs. 2 S. 1 für diese schriftlichen Erklärungen den Begriff „Schriftstücke". Mit Wirkung vom 28.8.2002 wurde das Wort „Schriftstücke" durch das Wort „Dokumente" ersetzt. Damit wird im Zuge der Regelung der elektronischen Kommunikation (§ 87a) klargestellt, dass eine Behörde auch bei fremdsprachigen elektronischen Dokumenten die Vorlage einer Übersetzung verlangen darf (BT-Drs. 14/9000, 32, 35). 14

Vorlage einer Übersetzung (S. 1). Aus Abs. 2 ergibt sich, dass die FB bei ihr eingehende fremdsprachige Dokumente nicht unbeachtet lassen darf (HHSp § 87 Rn. 52). S. 1 dieser Vorschrift gibt der FB die Befugnis, unverzüglich, dh ohne schuldhaftes Zögern, die Vorlage einer Übersetzung zu verlangen. Sie hat sich bei dieser Entscheidung am Grundsatz der Verhältnismäßigkeit zu orientieren und zudem ihr Ermessen pflichtgemäß auszuüben. Die FB soll zunächst prüfen, ob eine zur Bearbeitung ausreichende Übersetzung durch eigene Bedienstete oder im Wege der Amtshilfe ohne Schwierigkeiten beschafft werden kann. Übersetzungen sind nur im Rahmen des Notwendigen zu verlangen (AEAO zu § 87 Nr. 1). Bei rechtlich bedeutsamen Anträgen, Eingaben, Belegen, Urkunden oder sonstigen Dokumenten wird das Übersetzungsverlangen schon aus Gründen der Rechtssicherheit idR nicht unverhältnismäßig und ermessensfehlerhaft sein (HHSp § 87 Rn. 57 ff.). Das an den Beteiligten gerichtete Übersetzungsverlangen ist ein gesondert anfechtbarer VA. Die FB sollte dem Beteiligten aus Gründen der Rechtssicherheit eine ausreichend bemessene Frist zur Vorlage der Übersetzung setzen und auf die Folgen der Nichtvorlage und der Fristversäumung nach S. 3 hinweisen (TK § 87 Rn. 3; HHSp § 87 Rn. 56). Der Beteiligte kann das Schriftstück von jedermann übersetzen lassen. Übersetzungsfehler gehen zu seinen Lasten. Zur Entgegennahme von fremdsprachigen Dokumenten bei entsprechenden Sprachkenntnissen des Amtsträgers → Rn. 8. Verzichtet die FB in diesen Fällen auf die Übersetzung eines Dokuments, gehen Übersetzungsfehler zu ihren Lasten. 15

Vorlage einer qualifizierten Übersetzung (S. 2). In begründeten Fällen darf die FB eine beglaubigte oder von einem öffentlich bestellten oder beeidigten Dolmetscher oder Übersetzer angefertigte Übersetzung verlangen. Ein solches Verlangen ist nicht ermessensfehlerhaft, wenn dem Dokument eine ausschlaggebende Bedeutung zukommt, es auf den genauen Wortlaut ankommt oder die FB Zweifel an der Richtigkeit der Übersetzung hat (HHSp § 87 Rn. 65). Die Kosten für die Übersetzung hat der Beteiligte zu tragen. Auch in etwa nachfolgenden Einspruchs- und (erfolgreichen) Klageverfahren sind die Übersetzungskosten nicht erstattungsfähig (Gosch AO § 87 Rn. 14 mwN). 16

Beschaffung durch die FB (S. 3). Verlangt die FB die unverzügliche Vorlage einer Übersetzung und kommt der Beteiligte diesem Verlangen nicht oder nicht innerhalb der ihm gesetzten Frist nach, kann die FB selbst auf dessen Kosten eine Übersetzung beschaffen. Die Entscheidung über die Beschaffung steht im Ermessen der FB. Sie muss nicht tätig werden und darf das fremdsprachige Dokument als unbeachtlich behandeln. Auf diese Rechtsfolge sollte der Beteiligte bei der Anforderung der Übersetzung hingewiesen werden (hM; HHSp § 87 Rn. 68 mwN; TK § 87 Rn. 3). 17

Entschädigung (S. 4). Dolmetscher und Übersetzer sind bei der Inanspruchnahme durch die FB in entsprechender Anwendung des JVEG zu entschädigen (zu Einzelheiten → § 107 Rn. 1 ff.). 18

IV. Fristauslösende fremdsprachige Dokumente (Abs. 3)

Abs. 3 enthält eine Sonderregelung bei Eingang eines fremdsprachigen Dokuments, mit dem eine Frist in Lauf gesetzt werden soll. Soll die FB innerhalb einer Frist in bestimmter Weise tätig werden, beginnt die Frist erst mit Eingang der Übersetzung bei ihr. Gehen bei 21 der FB derartige Anzeigen, Anträge oder andere Erklärungen in fremder Sprache ein, so erscheint es sachgerecht, dass die FB gem. Abs. 2 S. 2 eine Übersetzung verlangt. Die Vorschrift hat in der FVerw. keine praktische Bedeutung.

V. Fristwahrende fremdsprachige Dokumente (Abs. 4)

22 Abs. 4 enthält eine Sonderregelung für den Eingang eines fremdsprachigen Dokuments, mit dem der Beteiligte eine Frist wahren oder eine Entscheidung der FB über einen von ihm innerhalb einer einzuhaltenden Frist geltend zu machenden Anspruch erlangen will. Ein fristwahrender Schriftsatz ist zB der Einspruch oder ein fristgebundener Antrag auf eine Leistung der FB (etwa der Antrag auf Gewährung einer Wohnungsbauprämie; HHSp § 87 Rn. 79). Die FB darf das Dokument nicht unbeachtet lassen, sondern muss in aller Regel die Vorlage einer Übersetzung innerhalb einer von ihr festzusetzenden und nach § 109 verlängerbaren angemessenen Frist verlangen. Eine für die Beschaffung einer Übersetzung unangemessen kurze Frist kann nicht zur Fristversäumnis führen (HHSp § 87 Rn. 81). Geht die Übersetzung fristgerecht ein, so gilt die Erklärung, der Antrag oder die Anzeige als bei Eingang des fremdsprachigen Dokuments als abgegeben (S. 1). Geht die Übersetzung nach Ablauf der Frist ein, so ist der Eingang der Übersetzung maßgebend, soweit sich aus zwischenstaatlichen Vereinbarungen nichts anderes ergibt (S. 2). Die FB muss bei Fristsetzung auf diese Rechtsfolge hinweisen (S. 3). Unterbleibt die Belehrung, läuft die Frist nicht ab (FG Düsseldorf 17.11.2010 – 4 K 1775/10 Erb, EFG 2011, 823, Aufhebung durch BFH 14.11.2012 – II R 14/11, BFH/NV 2013, 693 aus anderen Gründen). Die FB kann indes eine neue angemessene Frist setzen (TK § 87 Rn. 4). Bei unverschuldeter Fristversäumnis kommt Wiedereinsetzung in den vorigen Stand nach § 110 in Betracht. Verlangt die FB ausnahmsweise keine Übersetzung, etwa weil der Amtsträger über entspr. Sprachkenntnisse verfügt (→ Rn. 8), so ist der Eingang des fremdsprachigen Dokuments maßgebend.

§ 87a Elektronische Kommunikation

(1) [1]**Die Übermittlung elektronischer Dokumente ist zulässig, soweit der Empfänger hierfür einen Zugang eröffnet.** [2]**Die Übermittlung elektronischer Nachrichten und Dokumente an Finanzbehörden mit einer qualifizierten elektronischen Signatur oder über das besondere elektronische Behördenpostfach ist nicht zulässig, soweit für die Übermittlung ein sicheres elektronisches Verfahren der Finanzbehörden zur Verfügung steht, das den Datenübermittler authentifiziert und die Vertraulichkeit und Integrität des Datensatzes gewährleistet; dies gilt nicht für Gerichte und Staatsanwaltschaften sowie in den Fällen, in denen die Übermittlung an Finanzbehörden mit einer qualifizierten elektronischen Signatur oder über das besondere elektronische Behördenpostfach gesetzlich vorgeschrieben ist.** [3]**Ein elektronisches Dokument ist zugegangen, sobald die für den Empfang bestimmte Einrichtung es in für den Empfänger bearbeitbarer Weise aufgezeichnet hat; § 122 Absatz 2a sowie die §§ 122a und 123 Satz 2 und 3 bleiben unberührt.** [4]**Übermittelt die Finanzbehörde Daten, die dem Steuergeheimnis unterliegen, sind diese Daten mit einem geeigneten Verfahren zu verschlüsseln; soweit alle betroffenen Personen schriftlich eingewilligt haben, kann auf eine Verschlüsselung verzichtet werden.** [5]**Die kurzzeitige automatisierte Entschlüsselung, die beim Versenden einer De-Mail-Nachricht durch den akkreditierten Diensteanbieter zum Zweck der Überprüfung auf Schadsoftware und zum Zweck der Weiterleitung an den Adressaten der De-Mail-Nachricht erfolgt, verstößt nicht gegen das Verschlüsselungsgebot des Satzes 3.** [6]**Eine elektronische Benachrichtigung über die Bereitstellung von Daten zum Abruf oder über den**

Zugang elektronisch an die Finanzbehörden übermittelter Daten darf auch ohne Verschlüsselung übermittelt werden.

(1a) [1]**Verhandlungen und Besprechungen können auch elektronisch durch Übertragung in Ton oder Bild und Ton erfolgen.** [2]**Absatz 1 Satz 4 gilt entsprechend.**

(2) [1]**Ist ein der Finanzbehörde übermitteltes elektronisches Dokument für sie zur Bearbeitung nicht geeignet, hat sie dies dem Absender unter Angabe der für sie geltenden technischen Rahmenbedingungen unverzüglich mitzuteilen.** [2]**Macht ein Empfänger geltend, er könne das von der Finanzbehörde übermittelte elektronische Dokument nicht bearbeiten, hat sie es ihm erneut in einem geeigneten elektronischen Format oder als Schriftstück zu übermitteln.**

(3) [1]**Eine durch Gesetz für Anträge, Erklärungen oder Mitteilungen an die Finanzbehörden angeordnete Schriftform kann, soweit nicht durch Gesetz etwas anderes bestimmt ist, durch die elektronische Form ersetzt werden.** [2]**Der elektronischen Form genügt ein elektronisches Dokument, das mit einer qualifizierten elektronischen Signatur versehen ist.** [3]**Bei der Signierung darf eine Person ein Pseudonym nur verwenden, wenn sie ihre Identität der Finanzbehörde nachweist.** [4]**Die Schriftform kann auch durch unmittelbare Abgabe der Erklärung in einem elektronischen Formular, das von der Finanzbehörde in einem Eingabegerät oder über öffentlich zugängliche Netze zur Verfügung gestellt wird, ersetzt werden.** [5]**Bei einer Eingabe über öffentlich zugängliche Netze muss ein elektronischer Identitätsnachweis nach § 18 des Personalausweisgesetzes, nach § 12 des eID-Karte-Gesetzes oder nach § 78 Absatz 5 des Aufenthaltsgesetzes oder durch ein von der Finanzverwaltung eingerichtetes sicheres Identifizierungsverfahren im Sinne des Absatzes 6 erfolgen.** [6]**Die Finanzbehörde hat dem Erklärenden vor Abgabe der Erklärung nach Satz 4 Gelegenheit zu geben, die gesamte Erklärung auf Vollständigkeit und Richtigkeit zu prüfen; nach der Abgabe ist dem Erklärenden eine elektronische Kopie der Erklärung zu ermöglichen.** [7]**Im Fall der Datenübermittlung im Auftrag nach § 87d tritt der Auftragnehmer bei Anwendung des Satzes 6 an die Stelle des Erklärenden.** [8]**Die Schriftform kann auch durch elektronische Übermittlung eines von dem Erklärenden signierten Dokuments an die Finanzbehörde mit der Versandart nach § 5 Absatz 5 des De-Mail-Gesetzes ersetzt werden.**

(4) [1]**Eine durch Gesetz für Verwaltungsakte oder sonstige Maßnahmen der Finanzbehörden angeordnete Schriftform kann, soweit nicht durch Gesetz etwas anderes bestimmt ist, durch die elektronische Form ersetzt werden.** [2]**Der elektronischen Form genügt ein elektronischer Verwaltungsakt, der mit einer qualifizierten elektronischen Signatur oder einem qualifizierten elektronischen Siegel versehen ist oder in einem sicheren Verfahren nach Absatz 7 oder Absatz 8 übermittelt oder zum Abruf bereitgestellt wird.** [3]**Die Schriftform kann auch ersetzt werden durch Versendung einer De-Mail-Nachricht nach § 5 Absatz 5 des De-Mail-Gesetzes, bei der die Bestätigung des akkreditierten Diensteanbieters die erlassende Finanzbehörde als Nutzer des De-Mail-Kontos erkennen lässt.** [4]**Für von der Finanzbehörde aufzunehmende Niederschriften gelten die Sätze 1 und 3 nur, wenn dies durch Gesetz ausdrücklich zugelassen ist.**

(5) [1]**Ist ein elektronisches Dokument Gegenstand eines Beweises, wird der Beweis durch Vorlegung oder Übermittlung der Datei angetreten; befindet diese sich nicht im Besitz des Steuerpflichtigen oder der Finanzbehörde, gilt § 97 entsprechend.** [2]**Für die Beweiskraft elektronischer Dokumente gilt § 371a der Zivilprozessordnung entsprechend.**

(6) [1]**Soweit gesetzlich nichts anderes bestimmt ist, ist bei der elektronischen Übermittlung von amtlich vorgeschriebenen Datensätzen an Finanzbehörden ein sicheres Verfahren zu verwenden, das den Datenübermittler authentifiziert und die Vertraulichkeit und Integrität des Datensatzes gewährleistet.** [2]**Nutzt der Datenübermittler zur Authentisierung seinen elektronischen Identitätsnachweis nach § 18 des Personalausweisgesetzes, nach § 12 des eID-Karte-Gesetzes oder nach § 78 Absatz 5 des Aufenthaltsgesetzes, so dürfen die dazu erforderlichen Daten zusammen mit den übrigen übermittelten Daten gespeichert und verwendet werden.**

(7) [1]**Wird ein elektronisch erlassener Verwaltungsakt durch Übermittlung nach § 122 Absatz 2a bekannt gegeben, ist ein sicheres Verfahren zu verwenden, das die übermittelnde Stelle oder Einrichtung der Finanzverwaltung authentifiziert und die Vertraulichkeit und Integrität des Datensatzes gewährleistet.** [2]**Ein sicheres Verfahren liegt insbesondere vor, wenn der Verwaltungsakt**

1. **mit einer qualifizierten elektronischen Signatur versehen und mit einem geeigneten Verfahren verschlüsselt ist oder**
2. **mit einer De-Mail-Nachricht nach § 5 Absatz 5 des De-Mail-Gesetzes versandt wird, bei der die Bestätigung des akkreditierten Diensteanbieters die erlassende Finanzbehörde als Nutzer des De-Mail-Kontos erkennen lässt.**

(8) [1]**Wird ein elektronisch erlassener Verwaltungsakt durch Bereitstellung zum Abruf nach § 122a bekannt gegeben, ist ein sicheres Verfahren zu verwenden, das die für die Datenbereitstellung verantwortliche Stelle oder Einrichtung der Finanzverwaltung authentifiziert und die Vertraulichkeit und Integrität des Datensatzes gewährleistet.** [2]**Die abrufberechtigte Person hat sich zu authentisieren.** [3]**Absatz 6 Satz 2 gilt entsprechend.**

Vergleichbare Vorschriften: § 3a VwVfG; § 36a SBG I

Schrifttum: Brandis, Elektronische Kommunikation im Steuerverfahren und im Steuerprozess, StuW 2003, 349; Burchert, Möglichkeiten elektronischer Kommunikation mit Finanzbehörden, INF 2003, 179; Roßnagel, Das elektronische Verwaltungsverfahren – Das Dritte Verwaltungsverfahrensänderungsgesetz, NJW 2003, 469; Szymczak, Elektronische Kommunikation mit den Finanzbehörden, NWB F. 2 S. 7971; Nöcker, Die E-Mail im Einspruchs- und Klageverfahren, AO-StB 2007, 267; Lewandowski/Ackermann, Elektronische Kommunikation mit dem Finanzamt, DStR 2014, 1646; v. Wedelstädt, Verfahrensrechtliche Fragen bei der Anwendung des ELSTER-Verfahrens, AO-StB 2015, 99; Jandt, Beweissicherheit im elektronischen Rechtsverkehr, NJW 2015, 1205; Rüsch, Elektronische Finanzverwaltung in der Unternehmenspraxis, GmbHR 2016, R241; Krebs, ELSTER: Aktuelle Neuerungen nach 20 Jahren, DB-Beil. zu Heft 47/2016, 13; Ortwald, Elektronischer Steuerbescheid per einfacher E-Mail? Eine kritische Aufarbeitung im Nachgang zu FG Köln 16.9.2015 – 2 K 2040/12, DStR 2017, 477; Bethke, Technische und rechtliche Besonderheiten der E-Mail-Kommunikation mit Mandant und FA, DStR 2019, 1228; Langhein, Sichere elektronische Nachrichten vom beA an das Finanzamt, AO-StB 2020, 25; Pohl, DIVA startet in Kürze, DB 2020, 867; s. ergänzend auch das Schrifttum zu § 150; Küsters/Knoll, Elektronische Kommunikation mit der Finanzverwaltung – Nutzung von beA/beSt nach den Änderungen durch das JStG 2024, DStR 2025, 561.

Übersicht

A. Allgemeines

§ 87a ist durch das 3. ÄndGVwVfV v. 21.8.2002 (BGBl. 2002 I 3322) eingeführt worden und am 28.8.2002 in Kraft getreten. Die Vorschrift wurde mehrfach geändert (HHSp § 87a Rn. 1 ff.). Zuletzt sind ua durch das StModernG und das eIDAS-DurchführungsG v. 18.7.2017 (BGBl. 2017 I 2745) größere Änderungen erfolgt. Durch das StModernG wurde die Steuerdatenübermittlungsverordnung (StDÜV) aufgehoben und in die Regelungen der AO übernommen. Zudem wurden weitere Regelungen zur elektronischen Kommunikation in die AO eingefügt bzw. geändert (zB §§ 72a, 80a, 87b, 87c, 87d, 87e, 93c, 122a, 157 I 1, 196, 279 I 1, 366). Durch das eIDAS-DurchführungsG wurden mit Wirkung v. 29.2.2017 die notwendigen Anpassungen wegen der Aufhebung des SignaturG vorgenommen. Mit dem Gesetz zur Umsetzung der Richtlinie (EU) 2021/514 des Rates vom 22. März 2021 zur Änderung der Richtlinie 2011/16/EU über die Zusammenarbeit der Verwaltungsbehörden im Bereich der Besteuerung und zur Modernisierung des Steuerverfahrensrechts (sog. „DAC 7-Umsetzungsgesetz") v. 20.12.2022 (BGBl. 2022 I 2730) wurde Abs. 1a eingefügt, der ab dem 1.1.2023 die Möglichkeit eröffnet, Verhandlungen und Besprechungen elektronisch durchzuführen. Mit dem JStG 2024 v. 2.12.2024 (BGBl. 2024 I Nr. 387) wurden mWv 6.12.2024 die Regelungen des Abs. 1, 1a, 3, 4 und 6 zT neu gefasst, ersetzt bzw. ergänzt. 1

§ 87a ist eine Generalklausel, mit der die elektronische Form allg. als Ersatz für die Schriftform angeboten wird. In einzelnen Vorschriften der AO wird die elektronische Form ausdrücklich als zulässig angesprochen oder ausgeschlossen (→ Rn. 8; Roßnagel NJW 2003, 469).

Das 3. ÄndGVwVfV soll nach der Gesetzesbegründung die rechtsverbindliche elektronische Kommunikation (zum Begriff → Rn. 14) zwischen Bürger und Verwaltung ermöglichen und der Modernisierung der Verwaltung dienen. Durch die einheitlichen Regelungen für das Verwaltungs-, Sozial- und StRecht in den jeweiligen Verfahrensgesetzen einschl. der AO soll für den Bürger ein leichter Zugang zur Verwaltung sichergestellt (E-Government) und für die Verwaltung Sicherheit und Dauerhaftigkeit ihres elektronischen Handelns gewährleistet werden. Für die Verwaltung sollen daneben die Rahmenbedingungen für die „elektronische Akte" geschaffen werden. Mit dem Gesetz sollen elektronische Kommunikationsformen gleichberechtigt und mit denselben Rechtswirkungen neben die Schriftform und die mündliche Form treten. Bei elektronischer Kommunikation mit der FVerw. wird unter Beachtung der in § 87a bestimmten Maßgaben (Abs. 3–5, qualifizierte elektronische Signatur) eine durch Rechtsvorschriften geforderte Schrift- 4 förmlichkeit (vgl. § 119), dh die zwingend erforderliche Schriftform einer Erklärung, gewahrt (BT-Drs. 14/9000, 1, 26, 35).

5 Es gibt insgesamt fünf Möglichkeiten der elektronischen Kommunikation (Klein § 87a Rn. 5):

- die elektronische Kommunikation (zB E-Mail) ohne besondere Anforderungen (Abs. 1);
- Videokonferenzen (Abs. 1a);
- die Übermittlung mit einer qualifizierten elektronischen Signatur, die die Schriftform ersetzt (Abs. 3, 4);
- die De-Mail nach dem De-Mail-Gesetz (Abs. 3);
- die Nutzung eines „anderen sicheren Verfahrens" (ELSTER), das von der FVerw. zur Verfügung gestellt wird (Abs. 3, 6).

6 Die Vorschrift wird teils als misslungen kritisiert, da sie technische Einzelheiten mit allgemeinen Begriffen vermischt. Weiterhin ist die praktische Relevanz gering, da sich die qualifizierte elektronische Signatur und die De-Mail in der Praxis nicht durchgesetzt haben. Für das praxisrelevante ELSTER-Verfahren („anderes sicheres Verfahren") wird die Vorschrift für StErklärungen jedoch durch § 150 VI überlagert, sodass sich der Anwendungsbereich des § 87a faktisch nur noch auf Bereiche bezieht, in denen die elektronische Kommunikation nicht zwingend ist (Klein § 87a Rn. 3; Gosch AO § 87a Rn. 1.2). Dem ist soweit zuzustimmen, als dass es nicht gelungen ist, eine zentrale Vorschrift für die elektronische Kommunikation zu schaffen. Die Regelung in verschiedenen Normen verhindert, dass sich der Stpfl. einen einfachen Überblick über die Möglichkeiten der elektronischen Kommunikation verschaffen kann. Die hierdurch entstehende Unübersichtlichkeit ist für die Akzeptanz wenig förderlich. Hinzu kommt, dass ressortübergreifend bislang keine praxisrelevante, bundeseinheitliche elektronische Kommunikationsform gefunden wurde. So wird die De-Mail vom Bundesministerium des Innern und für Heimat, das beA (eine elektronische Gerichts- und Verwaltungspostfach-Schnittstelle – EGVP –) vom Bundesministerium der Justiz und ELSTER vom Bundesministerium der Finanzen unterstützt. Daher werden zB für das FG-Verfahren (EGVP) wiederum andere Regelungen und technische Schnittstellen als im Besteuerungsverfahren (ELSTER) verlangt. Im FG-Verfahren ist gem. § 52a IV Nr. 2 FGO ein „sicherer Übertragungsweg" das besondere elektronische Anwaltspostfach (beA) gem. § 31a BRAO und seit dem 1.1.2023 das besondere elektronische Steuerberaterpostfach (beSt) gem. § 86d StBerG (zur Nutzungspflicht ab dem 1.1.2023: BFH 28.4.2023 – XI B 101/22, BStBl. II 2023, 763; BFH 11.8.2023 – VI B 74/22, BFH/NV 2023, 1221). Die ELSTER-Schnittstelle ist hingegen nicht eröffnet (FG Münster 26.4.2017 – 7 K 2792/14 E, BeckRS 2017, 112106). Die FVerw. schränkt die Anwendbarkeit des beSt ihrerseits wiederum ein, da sie zunächst in § 11 StBPPV ausführt, dass das beSt grundsätzlich auch zur elektronischen Kommunikation mit anderen Personen oder Stellen verwendet werden kann, soweit diese einen Zugang eröffnet haben. Dies soll jedoch nicht für die Kommunikation mit der FVerw. gelten, soweit diese ein anderes sicheres elektronisches Verfahren für die Übermittlung von Nachrichten und Dokumenten zur Verfügung stellt. Hierdurch dürfte im Verhältnis zu der FVerw. im Ergebnis nur eine Kommunikation per ELSTER möglich sein (Steuerberaterplattform- und -postfachverordnung vom 25.11.2022, BGBl. 2022 I 2105). Diese Einschränkung, die bislang nur für StBerater galt, wurde durch das JStG 2024 v. 2.12.2024 (BGBl. 2024 I Nr. 387) weiter verschärft, da nunmehr in S. 2 für alle Berufsträger die Pflicht zur Kommunikation über ELSTER bzw. ERiC normiert wurde (→ Rn. 25).

8 § 87a findet im gesamten Besteuerungsverfahren und für alle Fälle der zulässigen elektronischen Kommunikation **Anwendung.** In einigen Vorschriften der AO ist die elektronische Form der Kommunikation ausdrücklich erwähnt (zB § 93 IV 1, § 119 II). Soweit für Anträge, Erklärungen und Mitteilungen des Beteiligten und für Äußerungen der FB eine Schriftform nicht vorgeschrieben ist, ist die elektronische Kommunikation uneingeschränkt zulässig (Abs. 1). Ist durch Gesetz die Schriftform vorgeschrieben, wahrt das mit

einer qualifizierten elektronischen Signatur versehene elektronische Dokument die Schriftform (Abs. 3–5). Soweit in einigen Vorschriften der AO (§§ 224a, 244, 309, 324) und in EinzelStGesetzen die Möglichkeit der elektronischen Form ausdrücklich ausgeschlossen ist, bleibt es bei der bisherigen Schriftform. Soweit Anträge, Anzeigen usw. „auf" vorgeschriebenen Vordrucken zu stellen bzw. zu erstatten sind (zB § 46 III), ist die elektronische Übermittlungsform ausgeschlossen, solange die FVerw. die entsprechenden Formulare nicht für die elektronische Verwendung bereitstellt (BT-Drs. 14/9000, 35). Für die elektronische Übermittlung von StErklärungen „nach" amtlich vorgeschriebenem Vordruck vgl. § 150.

Das elektronische Dokument steht dem schriftlichen Dokument gleich. Es bedarf daher keiner Ergänzung des Urkundsbegriffs (§ 92 S. 2 Nr. 3). Elektronische Dokumente sind Urkunden, soweit sie eine Gedankenerklärung enthalten. Sie sind als Beweismittel geeignet. Akten sind Zusammenstellungen von Dokumenten, wobei auch elektronische Dokumente in einer Zusammenstellung, einer „elektronischen Akte", enthalten sein können. Die Einsichtnahme in die „elektronische Akte" ist möglich, soweit die FB eine solche führt (zum Anspruch des Stpfl. auf Überlassung von Kalkulationen des Betriebsprüfers in elektronischer Form: BFH 25.7.2016 – X B 213/15, X B 4/16, BFH/NV 2016, 1679). Für den Schutz des StGeheimnisses nach § 30 sind nach § 87a I 3 geeignete Verschlüsselungen vorzunehmen, soweit nicht alle betroffenen Personen darauf verzichten. 11

B. Begriffe zur elektronischen Kommunikation

Elektronische Kommunikation bedeutet die Übermittlung elektronischer Dokumente. Dieser Begriff bezieht sich allein auf den Übermittlungsweg, insb. per E-Mail. Zur Beschreibung jeglicher Erscheinungsform elektronischer Kommunikation, also nicht nur als Alternative zur gesetzlich angeordneten Schriftform, wird der Oberbegriff „elektronisch" verwendet (zu den Definitionen BT-Drs. 14/9000, 27). Wenn bei gesetzlich angeordneter Schriftform (→ Rn. 8) auch einfache Formen der elektronischen Kommunikation genügen sollen (zB E-Mail ohne qualifizierte elektronische Signatur), bedarf es einer ausdrücklichen Regelung. Hierzu verwendet die AO das Begriffspaar „schriftlich oder elektronisch". Wenn bei angeordneter Schriftform, die nicht gem. ausdrücklicher Bestimmung durch die elektronische Form ersetzt werden kann, dies besonders bestimmt ist, muss das Dokument mit einer qualifizierten Signatur versehen sein (Abs. 3 und 4). **Dokumente** sind Erklärungen, Mitteilungen, Anzeigen, VA uä, die bislang als Schriftstücke bezeichnet wurden. Solchen ist die Papierform eigen. **Elektronische Dokumente** unterscheiden sich von herkömmlichen schriftlichen Dokumenten in Entstehung, Handhabung und Übermittlung. Die Erklärungen usw. sind nicht stofflich verkörpert, sondern existieren nur in elektronischer Form, also als Dateien. Dies sind zB E-Mails und elektronische StErklärungen, **nicht aber Telefax** oder Computer-Fax (bzw. sog. Ferrari-Fax), bei dem der Absender eine E-Mail an ein Rechenzentrum übermittelt, wo die E-Mail in ein Fax umgewandelt, an den Empfänger gesendet und bei diesem ausgedruckt wird (BFH 18.3.2014 – VIII R 9/10, BStBl. II 2014, 748). Der Begriff Dokument iSd AO bezeichnet nunmehr als Oberbegriff sowohl herkömmliche Schriftstücke als auch elektronische Dateien. Elektronische Dokumente sind daher „Schriftstücke", die mit moderner Datenverarbeitung hergestellt, verwaltet und übermittelt werden. Bei vollelektronischer Arbeitsweise hat das elektronische Dokument die Funktion des Originals, das vollständig, inhaltlich richtig und authentisch sein muss. Einen entsprechenden Nachweis erlaubt die **elektronische Signatur** (→ Rn. 43). Der Begriff der elektronischen Signatur ergibt sich unmittelbar aus der VO (EU) 910/2014 v. 23.7.2014 (BT-Drs. 266/17, 49) und nicht mehr aus dem Signaturgesetz, da dieses durch Art. 12 I Nr. 1 eIDAS-DurchführungsG aufgehoben wurde. „Elektronische Signatur" sind danach Daten in elektronischer Form, die anderen elektronischen Daten beigefügt oder logisch mit ihnen verbunden werden und die der Unterzeichner zum 14

Unterzeichnen verwendet (→ Rn. 43 f.). Ein elektronisches Dokument bleibt nur solange erhalten, wie es auf einem elektronischen Speichermedium vorgehalten wird. Ein Ausdruck erhält erst durch eine Beglaubigung einen der elektronischen Form entsprechenden rechtlichen Inhalt. Ohne diese ist er nur ein Beweiszeichen für den Inhalt des elektronischen Dokuments (BT-Drs. 14/9000, 27 f.).

C. Bestimmungen zur elektronischen Kommunikation

I. Eröffnung des Zugangs, Zugang und Wahrung des Steuergeheimnisses (Abs. 1)

1. Eröffnung des Zugangs (Abs. 1 S. 1)

17 Die elektronische Kommunikation ist im Hinblick darauf, dass zurzeit weder in der FVerw. noch in der Bevölkerung moderne Kommunikationstechniken flächendeckend und umfassend verbreitet sind, als freiwillige Form der Übermittlung von Dokumenten ausgestaltet. Ein Zwang, technische Einrichtungen zu beschaffen oder vorhandene Einrichtungen zu nutzen, besteht grds. nicht. Allerdings ist zunehmend die Übermittlung der Daten im Wege der elektronischen Kommunikation zwingend vorgeschrieben (zB ESt-Erklärung gem. § 25 IV 1 EStG, Bilanzen und GuV gem. §§ 4 I, 5, 5a EStG, gesonderte Feststellung gem. §§ 180 I Nr. 2, 181 IIa 1, LStAnmeldung gem. 41a I EStG, GewStErklärung gem. 14a GewStG, KStErklärung gem. 31 Ia KStG und die UStVA und USt-Erklärung gem. §§ 18 I, III UStG – nicht abschließend – vgl. auch HHSp § 87a Rn. 31). Die elektronische Übermittlung von Dokumenten ist zulässig, soweit der Empfänger einen Zugang eröffnet hat. Dies gilt sowohl für die FB als auch für den Beteiligten bzw. jede Person, die mit der FVerw. in Kontakt tritt. Ein Zugang besteht, wenn der Empfänger elektronische Einrichtungen vorhält, die den Empfang elektronischer Dokumente ermöglicht, er zB eine E-Mail-Anschrift unterhält (objektiver Tatbestand). Der Zugang ist eröffnet, wenn der Empfänger nach außen hin zu erkennen gibt, auf dem elektronischen Wege kommunizieren zu wollen (subjektiver Tatbestand). Der Empfänger eröffnet den Zugang – ausdrücklich oder konkludent – also durch Widmung. Die Tatsache der Zugangseröffnung ist nach den **Umständen des Einzelfalls** zu beurteilen. Von der Erteilung oder der Einholung einer **Zustimmung** zur elektronischen Kommunikation hat der Gesetzgeber im Hinblick auf den erheblichen Verwaltungsaufwand bewusst abgesehen (BT-Drs. 14/9259, 1, 5).

18 Die Zugangseröffnung kann generell oder nur für bestimmte Fälle („soweit") erfolgen. Der Empfänger kann – ausdrücklich oder konkludent – jederzeit änderbar frei bestimmen, für welches Verfahren oder für welche Dokumente er die elektronische Kommunikation angewandt wissen will (AEAO zu § 87a Nr. 1 Abs. 1).

19 Die Eröffnung eines Zugangs kann sich zB aus der **Angabe einer E-Mail-Adresse** im Briefkopf oder im Schriftsatz ergeben und ist nach der Verkehrsanschauung unter Berücksichtigung der Person des Empfängers und nach der Art der zu übermittelnden Dokumente zu beurteilen. Eine fortschreitende Entwicklung und Verbreitung der elektronischen Kommunikation dürfte zukünftig eine andere Beurteilung rechtfertigen (Schwarz/Pahlke/Keß § 87a Rn. 8; TK § 87a Rn. 4 f.).

20 Gemäß § 2 I E-Government-Gesetz (EGovG) ist ab dem 1.7.2014 jede Behörde verpflichtet, auch einen Zugang für die Übermittlung elektronischer Dokumente, auch soweit sie mit einer qualifizierten elektronischen Signatur versehen sind, zu eröffnen. Die Eröffnung schließt nicht aus, dass die FB im Einzelfall Dokumente in Papierform anfordert (BT-Drs. 14/9000, 31).

21 Bei **natürlichen und juristischen Personen,** die eine gewerbliche oder berufliche Tätigkeit selbständig ausüben und die auf einem im Verkehr mit der FB verwendeten Briefkopf, einer StErklärung oder in einem Antrag an die FB ihre E-Mail-Adresse angeben oder sich per E-Mail an die FB gewandt haben, kann idR davon ausgegangen werden, dass

sie damit konkludent ihre Bereitschaft zur Entgegennahme elektronischer Dokumente erklärt haben (AEAO zu § 87a Nr. 1 Abs. 2). Bei diesem Personenkreis dürfte es auch ausreichend sein, wenn für einen unbestimmten Personenkreis die E-Mailadresse zB auf der Homepage bekannt gemacht wird (TK § 87a Rn. 5). Dies sollte auch für andere Personen gelten, die regelmäßig mit der FB in Kontakt treten und von denen anzunehmen ist, dass sie die Bedeutung der elektronischen Kommunikation kennen (zB Haupterwerbslandwirte, Gesellschafter einer gewerblichen tätigen PersGes, Gesellschafter einer großen Grundstücksgesellschaft). Zu den gewerblich oder beruflich selbständig tätigen Personen gehören auch Bevollmächtigte wie Rechtsanwälte und StBerater. Die genannten Personen haben durch organisatorische Maßnahmen sicherzustellen, dass zB E-Mail-Postfächer regelmäßig abgefragt werden. Gegenteiliges müssen sie ausdrücklich erklären. Ist nicht sichergestellt, dass elektronische Dokumente zeitnah zur Kenntnis genommen werden, sollte darauf im Briefkopf oder auf andere Weise, etwa durch Durchstreichen der E-Mail-Adresse hingewiesen werden (BT-Drs. 14/9000, 31).

Bei anderen Personen wie zB Arbeitnehmern ist nach der FVerw. derzeit nur bei **22**
Vorliegen einer ausdrücklichen, jedoch nicht formbedürftigen Einverständniserklärung von einer Zugangseröffnung auszugehen (AEAO zu § 87a Nr. 1 Abs. 2; BT-Drs. 14/9000, 31). Vor dem Hintergrund der sich zunehmend verbreitenden elektronischen Kommunikation sollte es unproblematisch sein, wenn jedenfalls für den konkreten Verfahrensabschnitt angenommen wird, dass ein Einverständnis erklärt wird, wenn sich die Privatperson selber elektronisch an die FB gewandt hat (TK § 87a Rn. 5).

Für die Übermittlung von Dokumenten einfachen Inhalts (zB Beantwortung von An- **23**
fragen) durch die FB kann die elektronische Kommunikation uneingeschränkt angewendet werden. Die FB kann jedenfalls davon ausgehen, dass der Empfänger den Zugang für solche Dokumente eröffnet hat, die von untergeordneter Bedeutung sind, die insb. keine Fristen und keinen Rechtsverlust auszulösen vermögen. Für andere Dokumente, insb. zB Aufforderungen zu einem bestimmten Tätigwerden oder zur Vorlage von Unterlagen, zur Abgabe von Erklärungen und Bekanntgabe von VA, sollte die FB zur Vermeidung von Rechtsverlusten beim Empfänger (derzeit noch) die Übermittlung in Papierform wählen oder zuvor zur Klarstellung hinsichtlich der Zugangseröffnung beim Empfänger anfragen.

2. ELSTER/ERiC-Only-Konzept für Angehörige der rechts- und steuerberatenden Berufe (Abs. 1 S. 2)

Durch das JStG 2024 wurde in Abs. 1 S. 2 die Möglichkeit der Kommunikation für die **25**
Angehörigen der rechts- und steuerberatenden Berufe erheblich eingeschränkt. Die Übermittlung elektronischer Nachrichten und Dokumente an FB mit einer qualifizierten elektronischen Signatur oder über das besondere elektronische Behördenpostfach ist seitdem nicht mehr zulässig, soweit für die Übermittlung ein sicheres elektronisches Verfahren der FB zur Verfügung steht, das den Datenübermittler authentifiziert und die Vertraulichkeit und Integrität des Datensatzes gewährleistet. Damit gemeint ist das Verfahren ELSTER (**EL**ektronische **ST**euer**ER**klärung) bzw. die Schnittstelle ERiC (**E**lster **Ri**ch **C**lient). Begründet wird dies damit, dass für die FB eine unmittelbare steuernummerngenaue Zuordnung von Eingängen notwendig sei, die nur durch diese Verfahren gewährleistet sei. Diese Einschränkung gilt nicht für Gerichte und Staatsanwaltschaften sowie in den Fällen, in denen die Übermittlung an FB mit einer qualifizierten elektronischen Signatur oder über das besondere elektronische Behördenpostfach gesetzlich vorgeschrieben ist. Die Neuregelung wird zu Recht kritisiert, da sie unnötige Hürden für die elektronische Kommunikation aufstellt (TK § 87a Rn. 1). Die FVerw. sollte ihre EDV-Systeme an die gängigen elektronischen Kommunikationswege anpassen und nicht durch Restriktionen die Akzeptanz mindern. Nunmehr sind die Berufsträger je nach Verfahrensabschnitt verpflichtet, unterschiedliche elektronische Kommunikationswege zu nutzen, da im gerichtlichen Verfahren (§ 52a FGO) das beA oder beSt zwingend ist (TK § 87a Rn. 1, 7). Ein Formenverstoß hat zur Folge, dass die (als nicht zugegangen geltende) Nachricht keine

Rechtswirkung (zB Fristwahrung) hat (AEAO zu § 87a Nr. 2.1 Abs. 2; Küsters/Knoll DStR 2025, 561, 562 f.).

3. Zeitpunkt des Zugangs (Abs. 1 S. 3)

27 Abs. 1 S. 3 bestimmt den Zeitpunkt, zu dem das elektronische Dokument zugegangen ist und somit wann die an den Zugang des Dokuments geknüpfte Rechtsfolgen (zB Wahrung einer Antrags- oder Einspruchsfrist) eintreten. Maßgebend ist, wann die Empfangseinrichtung das elektronische übermittelte Dokument in einer für den Empfänger bearbeitbaren Weise (→ Rn. 33) aufgezeichnet hat. Nach § 122 IIa gilt widerlegbar ein elektronisch übermittelter VA am dritten Tag nach Absendung als zugegangen. Für Übermittlungen ins Ausland gilt § 123 (Näheres § 122 und § 123). Ein nicht bearbeitbares, also nicht zu öffnendes Dokument ist nicht zugegangen und löst keine Rechtsfolgen aus. Der Zeitpunkt, zu dem der Empfänger sein E-Mail-Postfach abfragt, das Dokument am Bildschirm zur Kenntnis nimmt oder es ausdruckt, ist ohne Bedeutung (AEAO zu § 87a Nr. 2; BT-Drs. 14/9000, 36). Darauf, ob der Empfänger das Dokument weiterbearbeiten kann, kommt es nicht an. Für den Zeitpunkt des Zugangs ist allein auf die Lesbarkeit abzustellen, wobei Fehler, die die Lesbarkeit nicht beeinträchtigen, unerheblich sind (TK § 87a Rn. 8; Gosch AO § 87a Rn. 56). Der Absender hat im Zweifel den Zugang und den Zugangszeitpunkt zu beweisen. Abs. 1 S. 3 Hs. 2 stellt klar, dass die gesetzlichen Bekanntgabefiktionen in den §§ 122 IIa, 122a sowie § 123 S 2 und 3 unberührt bleiben und nicht durch einen tatsächlichen früheren Zugang nach Abs. 1 S. 3 Hs. 1 unterlaufen werden.

4. Verschlüsselungspflicht (Abs. 1 S. 4)

30 Abs. 1 S. 4 ordnet eine Verschlüsselung an, wenn die FB auf elektronischem Weg Daten übermittelt, die dem StGeheimnis (§ 30) unterliegen. Das gilt zB für elektronisch übermittelte StBescheide. Die Vorschrift hat lediglich klarstellenden Charakter, denn bereits aus § 30 ergibt sich, dass keine unbefugte Person Zugriff auf elektronisch übermittelte Dokumente haben darf. Unterliegen die Dokumente nicht dem StGeheimnis (zB Erteilung allgemeiner Auskünfte, Übermittlung eines Vordrucks), ist eine Verschlüsselung nicht erforderlich. Das Verschlüsselungsverfahren muss geeignet sein. Im Zweifel kann die FB ein Gutachten über die Eignung einholen. Allerdings ist in aller Regel davon auszugehen, dass die in der FVerw. verwendeten Verfahren auf ihre Eignung hin geprüft sind und keinen Bedenken begegnen. Der Beteiligte oder die andere Person braucht bei der Übermittlung das StGeheimnis nicht zu wahren und deshalb das Dokument nicht zu verschlüsseln. Nach Abs. 1 S. 4 Hs. 2 kann auf eine Verschlüsselung mit schriftlicher Einwilligung aller betroffenen Personen verzichtet werden. Dies wird damit begründet, dass eine Offenbarung nach § 30 IV Nr. 3 mit Zustimmung des Betroffenen zulässig ist. Zu den Betroffenen gehören nicht nur die Empfänger, sondern alle, über die der Datensatz personenbezogene Informationen enthält. Die Einwilligung muss freiwillig erfolgen und gem. Art. 7 DS-GVO jederzeit widerrufbar sein (TK § 87a Rn. 9).

5. Kurzzeitige Entschlüsselung (Abs. 1 S. 5)

31 Mit G v. 25.7.2013 (BGBl. 2013 I 2749) wurde mWv 1.8.2013 Abs. 1 S. 4 eingefügt und durch das JStG 2024 zu Abs. 1 S. 5 geändert. Die Notwendigkeit der kurzzeitigen Entschlüsselung trägt den Erfordernissen der elektronischen Kommunikation nach dem De-Mail-Gesetz vom 28.4.2011 (BGBl. 2011 I 666), zuletzt geändert durch G v. 20.11.2019 (BGBl. 2019 I 1626), Rechnung. Die Vorschrift stellt klar, dass eine erforderliche kurzzeitige Entschlüsselung zu technischen Zwecken nicht dem allg. zwingenden Verschlüsselungsgebot des Abs. 1 S. 3 entgegensteht. Hierbei handelt es sich wohl um ein Redaktionsversehen, gemeint ist nach der Einfügung des Abs. 1 S. 2 das Verschlüsselungsgebot des Abs. 1 S. 4.

6. Benachrichtigung zum Datenabruf (Abs. 1 S. 6)

Nach dem durch das StModernG eingefügten Abs. 1 S. 6 braucht eine Benachrichtigung, dass Daten zum Abruf bereitgestellt worden sind, sowie eine Zugangsbestätigung, dass die vom Stpfl. elektronisch übermittelten Daten bei der FB eingegangen sind, nicht verschlüsselt zu werden, da diese Benachrichtigungen keine schützenswerten Daten enthalten. 32

II. Elektronische Verhandlungen und Besprechungen (Abs. 1a)

Durch Satz 1 wird die Möglichkeit geschaffen, Verhandlungen und Besprechungen auch elektronisch durch Übertragung in Ton oder Bild und Ton durchzuführen. Hierbei sind insb. Videokonferenzen gemeint. Praktische Bedeutung dürfte die Regelung in Zukunft für die Schlussbesprechung haben (vgl. § 201 I, der ausdrücklich auf diese Regelung verweist). 32a

Satz 2 stellt klar, dass hierbei – wie bei der elektronischen Datenübermittlung – zur Wahrung des StGeheimnisses eine Verschlüsselung der Daten in einem nach dem aktuellen Stand der Technik geeigneten Verfahren zu erfolgen hat, es sei denn, dass alle Betroffenen in einen Verschlüsselungsverzicht eingewilligt haben.

III. Nichtbearbeitbares Dokument (Abs. 2)

1. Bei der Finanzbehörde eingehende Dokumente (Abs. 2 S. 1)

Bearbeitbarkeit, also die Geeignetheit des Dokuments zur Bearbeitung, bedeutet die Möglichkeit, beim Empfänger das Dokument öffnen und lesen zu können (BT-Drs. 14/9000, 32). Abs. 2 trägt dem Umstand Rechnung, dass – angesichts der Vielfalt der technischen Möglichkeiten – die von Absender und Empfänger elektronisch übermittelter Dokumente verwendeten Kommunikationseinrichtungen zueinander nicht kompatibel sind, sodass der Empfänger das Dokument nicht „öffnen", also nicht lesen und bearbeiten kann. Zumindest von der FB sollte erwartet werden, dass sie derartige Probleme zu vermeiden sucht, indem sie an allg. zugänglicher Stelle (zB Briefkopf, Homepage) auf die bei ihr vorhandenen technischen organisatorischen Rahmenbedingungen wie Software-Formate, Verschlüsselungs- und Signierverfahren hinweist (BT-Drs. 14/9000, 32). 33

Erhält die FB ein für sie nicht bearbeitbares Dokument, so hat sie dies **unverzüglich** (ohne schuldhaftes Zögern) dem Absender mitzuteilen und die für sie geltenden technischen Rahmenbedingungen anzugeben. Diese Pflicht besteht nur gegenüber dem Absender, da regelmäßig nur er das Dokument erneut übermitteln kann (BT-Drs. 14/9000, 32). Ein nicht bearbeitbares Dokument ist nicht zugegangen (Abs. 1 S. 2). Ist die Bearbeitbarkeit wegen technischer Schwierigkeiten nicht zu erreichen, muss der Absender das Dokument in Papierform übersenden. Vertraut er auf die erfolgreiche elektronische Übermittlung und reagiert die FB nicht unverzüglich, kommt bei dadurch eingetretener Fristversäumnis **Wiedereinsetzung in den vorigen Stand** nach § 110 in Betracht (Gosch AO § 87a Rn. 64). Die Wiedereinsetzung sollte derzeit wegen der noch nicht absehbaren Schwierigkeiten bei der neu eingeführten elektronischen Kommunikation großzügig gehandhabt werden. 34

2. Von der Finanzbehörde übermittelte Dokumente (Abs. 2 S. 2)

Erhält der Empfänger ein von ihm nicht bearbeitbares Dokument, so muss er dies bei der FB geltend machen. Unverzüglichkeit ist nicht erforderlich. Es kann jedoch erwartet werden, dass der Empfänger zeitnah tätig wird (Schwarz/Pahlke/Keß § 87a Rn. 14 f.; TK § 87a Rn. 10). Obwohl dies anders als in S. 1 nicht gefordert ist, sollte der Empfänger die bei ihm vorhandenen technischen Rahmenbedingungen der FB mitteilen. Ist die Übermittlung technisch möglich, hat die FB dem Empfänger das Dokument in geeigneter elektronischer Form zu übermitteln. Ist keine Bearbeitbarkeit herzustellen oder hält die FB die nochmalige Übermittlung nicht für angezeigt, kommt nur die Übersendung des 37

Dokuments in Papierform in Betracht. Zur Vermeidung von Unklarheiten über den Inhalt eines nicht bearbeitbaren Dokuments beim Empfänger sollte die FB zeitnah auf die Mitteilung des Empfängers reagieren. Das Dokument geht erst bei Aufzeichnung in bearbeitbarer Form zu (Abs. 1 S. 2). Der Empfänger erleidet daher keinen Rechtsverlust durch fehlgeschlagene elektronische Übermittlung.

IV. Angeordnete Schriftform für Dokumente an die Finanzbehörde (Abs. 3)

1. Schriftform

41 Schriftform bedeutete bislang, dass die Erklärung in einem Schriftstück (Papierform) verkörpert und von dessen Verfasser unterzeichnet sein muss. Die Schriftform war deshalb die stoffliche Verkörperung der Erklärung. Sie dient der Rechtsklarheit. Sie hat ua die Funktion, die fortdauernde Wiedergabe der Erklärung in einer Urkunde und die Möglichkeit der Überprüfung zu gewährleisten (Perpetuierungsfunktion), den Erklärenden zu erkennen (Identifikationsfunktion), die inhaltliche Zuordnung der Erklärung zum Erklärenden (Echtheitsfunktion), den Nachweis der Erklärung (Beweisfunktion) und die Überprüfbarkeit der Echtheit der Erklärung (Verifikationsfunktion) zu ermöglichen. Schließlich soll durch die Schriftform der Erklärende auf die rechtliche Verbindlichkeit der Erklärung hingewiesen und vor Übereilung geschützt werden (Warnfunktion; Näheres zu den Funktionen BT-Drs. 14/9000, 31). Für Erklärungen verschiedener Art, die eine Rechtsbedeutung haben, sieht das Gesetz die Schriftform vor. Ob die Schriftform angeordnet ist, ergibt sich aus der AO und den EinzelStGesetzen. Die Schriftform kann allg. zulässig (zB § 93 IV 1) oder angeordnet (§ 157 I, § 357 I 1) sein.

2. Ersetzung der Schriftform durch die elektronische Form (Abs. 3 S. 1)

42 Abs. 3 S. 1 betrifft Anträge, Erklärungen und Mitteilungen, die der Beteiligte oder eine andere Person an die FB richten will. Ist für solche Anträge usw. in der AO oder in anderen Gesetzen die Schriftform angeordnet und die elektronische Kommunikation nicht ausdrücklich ausgeschlossen (→ Rn. 8), darf das Dokument elektronisch übermittelt werden. Die Schriftform ist durch die Beifügung der qualifizierten Signatur gewahrt (→ Rn. 43 f.). Verwendet das Gesetz das Begriffspaar „schriftlich oder elektronisch“, reicht die einfache Form der elektronischen Kommunikation, dh E-Mail ohne qualifizierte elektronische Signatur, aus (BT-Drs. 14/9000, 27).

3. Qualifizierte elektronische Signatur (Abs. 3 S. 2)

43 Abs. 3 S. 2 trägt der Tatsache Rechnung, dass elektronische Daten auf ihrem Weg durch offene Netze für den Empfänger unerkennbar verändert werden können und es daher eines sicheren Rahmens zur elektronischen Authentifizierung des Kommunikationspartners und Überprüfung der Integrität der übermittelten Daten bedarf (BFH 18.3.2014 – VIII R 9/10, BStBl. II 2014, 748). Zur Wahrung der Schriftform und der ihr innewohnenden Bedeutung (→ Rn. 41) ist bei angeordneter Schriftform die Erklärung des Absenders mit einer qualifizierten elektronischen Signatur zu versehen. Die Signatur ist mit der bei der Schriftform allg. beigefügten und in einigen Vorschriften der AO und anderer Gesetze geforderten eigenhändigen Unterschrift (zB auf StErklärungen) vergleichbar und lässt den Ersteller des Dokuments zweifelsfrei erkennen. Die qualifizierte elektronische Signatur ersetzt die gesetzlich vorgeschriebene Unterschrift (AEAO zu § 87a Nr. 3; BFH 18.10.2006 – XI R 22/06, BStBl. II 2007, 276 zur Klageerhebung; BFH 26.10.2006 – V R 40/05, BStBl. II 2007, 271 zur Klagerücknahme ohne qualifizierte Signatur). Im Zeitpunkt des Zugangs bei der FB muss für diese anhand der qualifizierten elektronischen Signatur überprüfbar sein, wer Absender des Dokuments ist. Der Begriff der qualifizierten elektronischen Signatur ergibt sich unmittelbar aus der VO (EU) 910/2014 v. 23.7.2014 (BT-Drs. 266/17, 49) und nicht mehr aus dem Signaturgesetz, da dieses durch Art. 12 I Nr. 1 eIDAS-DurchführungsG aufgehoben wurde. Danach ist gem. Art. 3 VO (EU) 910/2014 eine „qualifizierte elektronische Signatur“ eine fortgeschrittene elektronische Signatur, die von einer qualifizierten elektronischen Signaturerstellungseinheit erstellt wurde und auf einem qualifizierten Zertifikat für elektronische Signaturen beruht. Eine „fortgeschrittene elektronische Signatur" ist eine elektronische Signatur, die die Anforderungen des Art. 26 VO (EU) 910/2014 erfüllt. Eine „qualifizierte elektronische Signaturerstellungseinheit" ist eine elektronische Signaturerstellungseinheit, die die Anforderungen des Anhangs II der VO (EU) 910/2014 erfüllt. Ein „qualifiziertes Zertifikat für elektronische Signaturen" ist ein von einem qualifizierten Vertrauensdiensteanbieter ausgestelltes Zertifikat für elektronische Signaturen, das die Anforderungen des Anhangs I der VO (EU) 910/2014 erfüllt. Nach Art. 26 VO (EU) 910/2014 muss eine fortgeschrittene elektronische Signatur folgende Anforderungen erfüllen:

a) Sie ist eindeutig dem Unterzeichner zugeordnet.
b) Sie ermöglicht die Identifizierung des Unterzeichners.
c) Sie wird unter Verwendung elektronischer Signaturerstellungsdaten erstellt, die der Unterzeichner mit einem hohen Maß an Vertrauen unter seiner alleinigen Kontrolle verwenden kann.
d) Sie ist so mit den auf diese Weise unterzeichneten Daten verbunden, dass eine nachträgliche Veränderung der Daten erkannt werden kann.

Die qualifizierte elektronische Signatur kann mit einem Siegel für ein elektronisches Dokument verglichen werden. Signiert wird mittels eines privaten kryptografischen Schlüssels, der mathematisch erzeugt wird. Diesem korrespondiert ein öffentlicher Schlüssel zur jederzeit möglichen Überprüfung der Signatur. Die Schlüsselpaare sind einmalig. Sie werden durch anerkannte Stellen natürlichen Personen fest zugeordnet. Das Signaturschlüssel-Zertifikat ist ein signiertes elektronisches Dokument, das den jeweiligen öffentlichen Schlüssel sowie den Namen der ihm zugeordneten Person enthält. Unter den Voraussetzungen des Art. 6 VO (EU) 910/2014 sind von einem anderen Mitgliedstaat ausgestellten Identifizierungsmittel anzuerkennen. Näheres zum Signaturvorgang in der Praxis, zum Verschlüsselungsverfahren und zu den technischen Abläufen beim Signaturverfahren s. Gosch AO § 87a Rn. 29 ff.). 44

4. Verwendung eines Pseudonyms (Abs. 3 S. 3)

Die Signierung mit einem Pseudonym ist nur zulässig, wenn die Person, die das Pseudonym verwendet, sich gegenüber dem FA identifiziert hat. Ein Wahlname, dem die Funktion eines bürgerlichen Namens zukommt (zB Künstlername, Ordensname), darf dagegen verwendet werden (AEAO zu § 87a Nr. 3.4). Das bisherige Verbot der Signierung mit einem Pseudonym verstieß gegen Art. 5 II VO (EU) 910/2014 und ist daher durch das eIDAS-DurchführungsG aufgehoben worden. 48

5. Ersatz der Schriftform (Abs. 3 S. 4 bis 8)

Alternativ zur qualifizierten elektronischen Signatur kann der Stpfl. nach Abs. 3 S. 4 durch die unmittelbare Abgabe der Erklärung in einem elektronischen Formular, das von der FB in einem Eingabegerät (zB Verwaltungsterminal in Bürgerämtern) oder über öffentlich zugängliche Netze zur Verfügung gestellt wird (ELSTER), die Schriftform ersetzen. 48a

Zusätzliche Voraussetzung ist nach Abs. 3 S. 5 aber ein sicherer Identitätsnachweis iSv § 18 PersonalausweisG, § 12 eID-KarteG oder § 78 V AufenthaltsG oder durch ein von der FVerw. eingerichtetes sicheres Identifizierungsverfahren iSd Abs. 6 (→ Rn. 60). Nach Abs. 3 S. 6 hat die FB dem Erklärenden vor Abgabe der Erklärung Gelegenheit zu geben, die gesamte Erklärung auf Vollständigkeit und Richtigkeit zu prüfen. Nach der Abgabe ist dem Erklärenden eine elektronische Kopie der Erklärung zu ermöglichen. Im Fall der Datenübermittlung im Auftrag nach § 87d tritt nach Abs. 3 S. 7 der Auftragnehmer bei Anwendung des Satzes 6 an die Stelle des Erklärenden. Weiterhin kann der Stpfl. nach Abs. 3 S. 8 sein Dokument auch per De-Mail versenden. Hierbei hat er die Versandart nach § 5 V DeMailG (sog. „absenderbestätigte" DE-Mail) zu wählen (HHSp § 87a Rn. 125 ff.).

V. Angeordnete Schriftform für Dokumente der Finanzbehörde (Abs. 4)

49 Die Norm ist die spiegelbildliche Regelung zu Abs. 3 und betrifft VA oder sonstige Maßnahmen des FA. Auf die Ausführungen zu Abs. 3 (mit Ausnahme des Abs. 3 S. 4) kann daher verwiesen werden (→ Rn. 42 ff.). Will das FA einen VA oder sonstige Maßnahmen, bei dem das Gesetz die Schriftform vorsieht, an den Stpfl. elektronisch übermitteln, dann kann es die qualifizierte elektronische Signatur oder De-Mail verwenden. Der elektronischen Form genügt nach Abs. 4 S. 2 (nicht anwendbar in § 291 IV 2) ein elektronischer VA, der mit einer qualifizierten elektronischen Signatur versehen ist; darüber hinaus reicht neuerdings auch aus, dass er mit einem qualifizierten elektronischen Siegel versehen ist oder in einem sicheren Verfahren nach Abs. 7 oder Abs. 8 übermittelt oder zum Abruf bereitgestellt wird. Für von der FB aufzunehmende Niederschriften wird das Regel-Ausnahmeverhältnis durch Abs. 4 S. 4 umgedreht. In diesen Fällen kann die Schriftform nur dann durch die elektronische Form ersetzt werden, wenn dies durch Gesetz ausdrücklich zugelassen ist (Klein § 87a Rn. 35).

VI. Beweis durch elektronische Dokumente (Abs. 5)

1. Beweiserhebung (Abs. 5 S. 1)

54 Der Beweis über ein elektronisches Dokument wird im Wege der Einnahme des Augenscheins durch die Vorlage oder Übermittlung der Datei geführt. Es gelten die Vorschriften über die Augenscheinseinnahme (s. § 98). Befindet sich die Datei weder im Besitz des Stpfl. noch im Besitz der FB, gelten hinsichtlich der Vorlage- bzw. Übermittlungspflicht die Vorschriften über den Urkundenbeweis nach § 97. Die FB kann von dem Dritten die Herausgabe oder Übermittlung der Datei verlangen. Dabei ist § 97 umfassend zu beachten. Die FB hat bei ihrem Herausgabeverlangen anzugeben, dass das elektronische Dokument für die Besteuerung einer anderen Person benötigt wird (§ 97 I 2). Sie kann das Dokument an Amtsstelle oder bei dem Dritten einsehen (§ 97 II). Der Dritte hat ggf. auf seine Kosten diejenigen Hilfsmittel zur Verfügung zu stellen, die erforderlich sind, um das Dokument lesbar zu machen (§ 97 II 2 iVm § 147 V). Zu den Einzelheiten → § 97 Rn. 1 ff. Für die Übermittlung der Datei gilt § 87a I.

2. Echtheit des Dokuments (Abs. 5 S. 2)

57 Nach Abs. 5 S. 2 gilt für die Beweiskraft eines elektronischen Dokuments § 371a ZPO entsprechend. Nach § 371a I 2 ZPO kann der Anschein der Echtheit einer in elektronischer Form vorliegenden Erklärung, der sich auf Grund der Prüfung der qualifizierten elektronischen Signatur nach Art. 32 VO (EU) Nr. 910/2014 ergibt, nur durch Tatsachen erschüttert werden, die ernstliche Zweifel daran begründen, dass die Erklärung von der verantwortenden Person abgegeben worden ist (Anscheinsbeweis). Tatsachen, die „ernstliche Zweifel" begründen, sind zB technische Mängel wie falsche Zuordnung von Zertifikaten, unterlassene Sperrung von Zertifikaten, fehlerhafte Identifizierung von Personen. Bedeutsam wird ferner der Einwand sein, die Signaturkarte sei gestohlen worden und die für die Nutzung erforderliche PIN (Persönliche Identifikationsnummer) ausgespäht (MüKo ZPO § 371a Rn. 4).

VII. Anderes sicheres Verfahren für die elektronische Übermittlung von Daten an Finanzbehörden (Abs. 6)

60 Durch das StModernG wurde Abs. 6 neu gefasst und gilt erstmals für Daten die nach dem 31.12.2016 elektronisch an die FB übermittelt werden. Bisher enthielt Abs. 6 die Ermächtigungsgrundlage für die StDÜV. Die Neuregelung ermöglicht neben der qualifizierten elektronischen Signatur (→ Rn. 43) und der De-Mail nach § 5 V DeMailG (→ Rn. 48a) ein „anderes sicheres Verfahren" bei der elektronischen Übermittlung von amtlich vorgeschriebenen Datensätzen an die FB. Dies gilt nicht nur für StErklärungen,

sondern für sämtliche Daten, die mittels amtlichen Datensatzes an die FB zu übermitteln sind, zB Vollmachten iSv § 80a, Mitteilungen iSv § 93c, E-Bilanzen gem. § 5b EStG, die Anlage EÜR gem. § 60 EStDV, Freistellungsdaten iSv § 45d EStG oder Daten im Rahmen der Altersvorsorgezulage gem. § 91 EStG (BT-Drs. 18/7457, 65; Gosch AO § 87a Rn. 107). Faktisch ist hiermit das ELSTER-Verfahren gemeint, das einen der qualifizierten elektronischen Signatur vergleichbaren Standard gewährleisten soll. Durch ELSTER können StErklärungen in authentifizierter Form dem FA übermittelt werden. Die Authentifizierung erfolgt entweder durch ein auf dem PC gespeichertes Softwarezertifikat, durch eine App (ElsterSecure), durch den Personalausweis, durch einen Sicherheitsstick oder durch eine Signaturkarte (Klein § 87a Rn. 47). Abs. S. 2 erlaubt eine Speicherung der Daten, die die Identität des Datenübermittlers betreffen.

VIII. Bekanntgabe elektronisch erlassener Verwaltungsakte (Abs. 7)

Der durch das StModernG angefügte Abs. 7 bestimmt, dass wenn ein elektronisch 65
erlassener VA durch Übermittlung nach § 122 IIa bekannt gegeben wird, ein sicheres Verfahren zu verwenden ist, das die übermittelnde Stelle oder Einrichtung der FVerw. authentifiziert und die Vertraulichkeit und Integrität des Datensatzes gewährleistet. Abs. 7 S. 2 zählt beispielhaft (nicht abschließend) sichere Verfahren auf, die bei einer elektronischen Bekanntgabe von VA verwendet werden können. Dies sind die qualifizierte elektronische Signatur (→ Rn 43 f.) und die De-Mail nach § 5 V DeMailG (→ Rn. 48a).

IX. Bekanntgabe elektronisch erlassener Verwaltungsakte durch Bereitstellung zum Datenabruf (Abs. 8)

Die Vorschrift wurde ebenfalls durch das StModernG eingeführt und enthält daten- 70
schutzrechtliche Vorgaben für die Bekanntgabe elektronisch erlassener StBescheide durch Bereitstellung zum Datenabruf nach § 122a AO. Hierbei ist nach Satz 1 ein sicheres Verfahren zu verwenden, dass die für die Datenbereitstellung verantwortliche Stelle (zB durch die Verwendung eines SSL-Zertifikats) authentifiziert und die Vertraulichkeit und Integrität des bereitgestellten Datensatzes gewährleistet. Seit 2020 wird die Bereitstellung durch das DIVA-Projekt (Digitaler Verwaltungsakt) umgesetzt (Pohl DB 2020, 867). Abs. 8 S. 2 gebietet eine Authentifizierung der zum Datenabruf berechtigten Person.

§ 87b Bedingungen für die elektronische Übermittlung von Daten an Finanzbehörden

(1) [1] Das Bundesministerium der Finanzen kann in Abstimmung mit den obersten Finanzbehörden der Länder die Datensätze und weitere technische Einzelheiten der elektronischen Übermittlung von Steuererklärungen, Unterlagen zur Steuererklärung, Daten über Vollmachten nach § 80a, Daten im Sinne des § 93c und anderer für das Besteuerungsverfahren erforderlicher Daten mittels amtlich vorgeschriebener Datensätze bestimmen. [2] Einer Abstimmung mit den obersten Finanzbehörden der Länder bedarf es nicht, soweit die Daten ausschließlich an Bundesfinanzbehörden übermittelt werden.

(2) [1] Bei der elektronischen Übermittlung von amtlich vorgeschriebenen Datensätzen an Finanzbehörden hat der Datenübermittler die hierfür nach Absatz 1 für den jeweiligen Besteuerungszeitraum oder -zeitpunkt amtlich bestimmten Schnittstellen ordnungsgemäß zu bedienen. [2] Die amtlich bestimmten Schnittstellen werden über das Internet zur Verfügung gestellt.

(3) [1] Für die Verfahren, die über die zentrale Stelle im Sinne des § 81 des Einkommensteuergesetzes durchgeführt werden, kann das Bundesministerium der Finanzen durch Rechtsverordnung mit Zustimmung des Bundesrates die Grund-

sätze der Datenübermittlung sowie die Zuständigkeit für die Vollstreckung von Bescheiden über Forderungen der zentralen Stelle bestimmen. [2]Dabei können insbesondere geregelt werden:

1. das Verfahren zur Identifikation der am Verfahren Beteiligten,
2. das Nähere über Form, Inhalt, Verarbeitung und Sicherung der zu übermittelnden Daten,
3. die Art und Weise der Übermittlung der Daten,
4. die Mitwirkungspflichten Dritter und
5. die Erprobung der Verfahren.

[3] Zur Regelung der Datenübermittlung kann in der Rechtsverordnung auf Veröffentlichungen sachverständiger Stellen verwiesen werden. [4]Hierbei sind das Datum der Veröffentlichung, die Bezugsquelle und eine Stelle zu bezeichnen, bei der die Veröffentlichung archivmäßig gesichert niedergelegt ist.

Schrifttum: Baum, Modernisierung des Besteuerungsverfahrens – Teil 3: Neuerungen bei der elektronischen Kommunikation im Besteuerungsverfahren, NWB 2016, 2778.

A. Allgemeines

1 § 87b ist durch das StModernG eingeführt worden und am 1.1.2017 in Kraft getreten (vgl. Art. 97 § 27 EGAO). Die Regelung übernimmt die bisherigen Regelungen der §§ 1 II und 2 StDÜV.

2 Sie ergänzt § 87a und gilt grds. für alle Steuern (vgl. § 1 I). Damit ist die Regelung grds. in allen Fällen, in denen StErklärungen, Unterlagen zur StErklärung, Daten über Vollmachten nach § 80a, Daten iSd § 93c und andere für das Besteuerungsverfahren erforderliche Daten mittels amtlich vorgeschriebener Datensätze an die FB zu übermitteln sind, zu beachten. Sie wird allerdings durch § 87e dahingehend eingeschränkt, dass sie, soweit nichts anderes bestimmt ist, nicht für Einfuhr- und Ausfuhrabgaben, Verbrauchsteuern und die Luftverkehrsteuer gilt. Ferner kann durch Rechtsverordnung gem. § 150 VI eine abweichende Regelung getroffen werden (Gosch AO § 80b Rn. 9).

B. Abstimmung der Datensätze (Abs. 1)

4 Nach **Abs. 1 S. 1** kann das BMF in Abstimmung mit den obersten Finanzbehörden der Länder die Datensätze und weitere technische Einzelheiten der elektronischen Übermittlung von StErklärungen, Unterlagen zur StErklärung, Daten über Vollmachten nach § 80a, Daten iSd § 93c und anderen für das Besteuerungsverfahren erforderliche Daten mittels amtlich vorgeschriebener Datensätze bestimmen.

5 Andere für das Besteuerungsverfahren erforderliche Daten sind zB E-Bilanzen (§ 5b EStG), Anlage EÜR (§ 60 EStDV), Freistellungsdaten (§ 45d EStG) und Daten der in § 91 EStG genannten Stellen, die mittels amtlich vorgeschriebener Datensätze übermittelt werden (TK § 87b Rn. 2).

6 Unter einem Datensatz ist die Zusammenfassung von Daten zu verstehen, die zu einem Objekt gehören und in einer Datei abgelegt sind (Gosch AO § 87b Rn. 96).

7 Nach **Abs. 1 S. 2** bedarf es keiner Abstimmung mit den obersten Finanzbehörden der Länder, soweit die Daten ausschließlich an Bundesfinanzbehörden übermittelt werden.

C. Amtlich bestimmte Schnittstellen (Abs. 2)

9 Nach **Abs. 2 S. 1** hat der Datenübermittler bei der elektronischen Übermittlung von amtlich vorgeschriebenen Datensätzen an die FB die hierfür nach Abs. 1 für den jeweiligen

Besteuerungszeitraum oder -zeitpunkt amtlich bestimmten Schnittstellen ordnungsgemäß zu bedienen. Dies führt zu einem „Benutzungszwang" und schließt die Übermittlung in anderer Form zB per USB-Stick oder E-Mail aus (TK § 87b Rn. 3; Gosch AO § 87b Rn. 99).

Die amtlich bestimmten Schnittstellen werden nach **Abs. 2 S. 2** über das Internet zur Verfügung gestellt (Informationen hierzu unter www.esteuer.de). Dabei handelt es sich ua um die ELSTER-Schnittstellen ERiC und COALA (HHSp § 87b Rn. 52; Klein § 87b Rn. 3). 10

D. Verordnungsermächtigung zur Datenübermittlung an die zentrale Stelle (Abs. 3)

Nach **Abs. 3 S. 1** kann das BMF für die Verfahren, die über die zentrale Stelle iSd § 81 des EStG durchgeführt werden, durch Rechtsverordnung mit Zustimmung des Bundesrates die Grundsätze der Datenübermittlung sowie die Zuständigkeit für die Vollstreckung von Bescheiden über Forderungen der zentralen Stelle bestimmen. Dies gilt zB für die Zulagengewährung im Rahmen der Riester-Rente und das Rentenbezugsmitteilungsverfahren (Klein § 87b Rn. 4). 12

Hierbei kann nach **Abs. 3 S. 2** insb. geregelt werden: das Verfahren zur **Identifikation** der am Verfahren Beteiligten, Einzelheiten über **Form, Inhalt, Verarbeitung und Sicherung** der zu übermittelnden Daten, die **Art und Weise** der Übermittlung der Daten, die **Mitwirkungspflichten** Dritter und die **Erprobung** der Verfahren. 13

Zur Regelung der Datenübermittlung kann nach **Abs. 3 S. 3** in der Rechtsverordnung auf Veröffentlichungen sachverständiger Stellen verwiesen werden. Dies ist zB das Bundesamt für Sicherheit in der Informationstechnik (Gosch AO § 87b Rn. 100). 14

Nach **Abs. 3 S. 4** sind in der Rechtsverordnung das Datum der Veröffentlichung, die Bezugsquelle und eine Stelle zu bezeichnen, bei der die Veröffentlichung archivmäßig gesichert niedergelegt ist. 15

Die Vorschrift tritt an die Stelle von § 150 VI aF und ist die neue Ermächtigungsgrundlage für die Altersvorsorge-Durchführungsverordnung (Gosch AO § 87b Rn. 102). 16

§ 87c Nicht amtliche Datenverarbeitungsprogramme für das Besteuerungsverfahren

(1) **Sind nicht amtliche Programme dazu bestimmt, für das Besteuerungsverfahren erforderliche Daten zu verarbeiten, so müssen sie im Rahmen des in der Programmbeschreibung angegebenen Programmumfangs die richtige und vollständige Verarbeitung dieser Daten gewährleisten.**

(2) **Auf den Programmumfang sowie auf Fallgestaltungen, in denen eine richtige und vollständige Verarbeitung ausnahmsweise nicht möglich sind, ist in der Programmbeschreibung an hervorgehobener Stelle hinzuweisen.**

(3) **[1] Die Programme sind vom Hersteller vor der Freigabe für den produktiven Einsatz und nach jeder für den produktiven Einsatz freigegebenen Änderung daraufhin zu prüfen, ob sie die Anforderungen nach Absatz 1 erfüllen. [2] Hierbei sind ein Protokoll über den letzten durchgeführten Testlauf und eine Programmauflistung zu erstellen, die fünf Jahre aufzubewahren sind. [3] Die Aufbewahrungsfrist nach Satz 2 beginnt mit Ablauf des Kalenderjahres der erstmaligen Freigabe für den produktiven Einsatz; im Fall einer Änderung eines bereits für den produktiven Einsatz freigegebenen Programms beginnt die Aufbewahrungsfrist nicht vor Ablauf des Kalenderjahres der erstmaligen Freigabe der Änderung für den produktiven Einsatz. [4] Elektronische, magnetische und optische Speicherver-**

fahren, die eine jederzeitige Wiederherstellung der eingesetzten Programmversion in Papierform ermöglichen, sind der Programmauflistung gleichgestellt.

(4) [1]**Die Finanzbehörden sind berechtigt, die Programme und Dokumentationen zu überprüfen.** [2]**Die Mitwirkungspflichten des Steuerpflichtigen nach § 200 gelten entsprechend.** [3]**Die Finanzbehörden haben die Hersteller oder Vertreiber eines fehlerhaften Programms unverzüglich zur Nachbesserung oder Ablösung aufzufordern.** [4]**Soweit eine Nachbesserung oder Ablösung nicht unverzüglich erfolgt, sind die Finanzbehörden berechtigt, die Programme des Herstellers von der elektronischen Übermittlung an Finanzbehörden auszuschließen.** [5]**Die Finanzbehörden sind nicht verpflichtet, die Programme zu prüfen.** [6]**§ 30 gilt entsprechend.**

(5) **Sind die Programme zum allgemeinen Vertrieb vorgesehen, hat der Hersteller den Finanzbehörden auf Verlangen Muster zum Zwecke der Prüfung nach Absatz 4 kostenfrei zur Verfügung zu stellen.**

(6) **Die Pflichten der Programmhersteller gemäß den vorstehenden Bestimmungen sind ausschließlich öffentlich-rechtlicher Art.**

Schrifttum: Baum, Modernisierung des Besteuerungsverfahrens – Teil 3: Neuerungen bei der elektronischen Kommunikation im Besteuerungsverfahren, NWB 2016, 2778.

A. Allgemeines

1 § 87c ist durch das StModernG eingeführt worden und am 1.1.2017 in Kraft getreten (vgl. Art. 97 § 27 EGAO). Mit dem Gesetz zur Änderung des Bundesversorgungsgesetzes und anderer Vorschriften (BGBl. 2017 I 2541) wurden § 87c I und 2 mWv 25.5.2018 terminologisch an die DS-GVO angepasst.

2 Die Vorschrift ersetzt die bisherigen Regelungen der §§ 3 und 4 StDÜV und bestimmt öffentlich-rechtliche Pflichten der Hersteller und Vertreiber von nicht amtlichen Programmen, die dazu bestimmt sind, die für das Besteuerungsverfahren erforderlichen Daten zu verarbeiten. Sie ergänzt § 87a und gilt in allen Fällen, in denen steuerlich erhebliche Daten nach amtlich vorgeschriebenem Datensatz an Finanzbehörden zu übermitteln sind. § 87e schränkt die Regelung insoweit ein, dass sie nicht für Einfuhr- und Ausfuhrabgaben, Verbrauchsteuern und die Luftverkehrsteuer gilt. Ferner kann durch Rechtsverordnung gem. § 150 VI eine abweichende Regelung getroffen werden (HHSp § 87c Rn. 32).

B. Richtige und vollständige Datenverarbeitung (Abs. 1)

4 Sind nicht amtliche Datenverarbeitungsprogramme dazu bestimmt, für das Besteuerungsverfahren erforderliche Daten zu verarbeiten, so müssen sie im Rahmen des in der Programmbeschreibung angegebenen Programmumfangs die richtige und vollständige Verarbeitung dieser Daten sicherstellen. Ob ein Programm für die Bearbeitung der für das Besteuerungsverfahren erforderlichen Daten bestimmt ist, ergibt sich nicht nur aus dessen Eignung, sondern auch aus der Zweckbestimmung. Der Hersteller muss das Programm hierfür anbieten (HHSp § 87c Rn. 44). Die Verpflichtung zur richtigen und vollständigen Datenverarbeitung ist auf den angegebenen Programmumfang in der Programmbeschreibung begrenzt. Somit kommt der Programmbeschreibung eine wesentliche Rolle für die Beurteilung, ob den Pflichten genügt wurde, zu (Gosch AO § 87c Rn. 21).

C. Hinweispflicht des Herstellers (Abs. 2)

Der Hersteller ist nach **Abs. 2** verpflichtet, in der Programmbeschreibung an hervorgehobener Stelle auf den Programmumfang, sowie auf Fallgestaltungen, in denen eine richtige und vollständige Verarbeitung ausnahmsweise nicht möglich ist, hinzuweisen. Damit ist er verpflichtet, eine Programmbeschreibung zur Verfügung zu stellen. Eine bestimmte Form (Papierform oder elektronisch) ist nicht vorgeschrieben (Gosch AO § 87c Rn. 26). Die Hinweise müssen für den Anwender unmittelbar erkennbar und auch verständlich sein. Eine einfache Nennung im Fließtext der Programmbeschreibung genügt nicht (HHSp § 87c Rn. 53). 6

D. Prüfungs- und Dokumentationspflicht des Herstellers (Abs. 3)

Der Hersteller muss vor der Freigabe für den produktiven Einsatz und nach jeder für den produktiven Einsatz freigegebenen Änderung überprüfen, ob das Programm den Anforderungen nach § 87c I entspricht. Der Hersteller muss somit anhand von Testfällen überprüfen, ob das Programm im Rahmen des angegebenen Umfangs die Daten richtig und vollständig verarbeitet. Werden die Programme als Teil der Prüfung durch den Hersteller bei einzelnen Endanwendern pilotiert, sollen Datenlieferungen an die FVerw. mithilfe des noch nicht freigegebenen Programms grundsätzlich unterbleiben. Soweit dies unerlässlich ist, muss vom Hersteller Vorsorge dafür getroffen werden, dass bei Auswertung der Ergebnisse der Pilotierung festgestellte Fehler zum Anlass genommen werden, der FVerw. berichtigte Daten zu liefern (Gosch AO § 87c Rn. 33). 8

Über den letzten durchgeführten Testlauf sind ein Protokoll und eine Programmauflistung zu erstellen. Diese müssen fünf Jahre aufbewahrt werden. Die Aufbewahrungsfrist beginnt mit Ablauf des Kalenderjahres der erstmaligen Freigabe für den produktiven Einsatz. Bei der Änderung eines bereits für den produktiven Einsatz freigegebenen Programms beginnt die Aufbewahrungsfrist nicht vor Ablauf des Kalenderjahres der erstmaligen Freigabe der Änderungen für den produktiven Einsatz. Elektronische, magnetische und optische Speicherverfahren, die eine jederzeitige Wiederherstellung der eingesetzten Programmversion in Papierform ermöglichen, sind der Programmauflistung gleichgestellt. 9

E. (Prüfungs-)Befugnisse der Finanzbehörden (Abs. 4)

Die FB sind berechtigt, aber nicht verpflichtet, nicht amtliche Programme und die Dokumentation der Hersteller zu überprüfen. Damit wird die Verantwortung für die volle Funktionsfähigkeit der Programme ausschließlich in der Hand der Hersteller bzw. Vertreiber gelegt (Gosch AO § 87c Rn. 41). Ob die FB die Überprüfung vornimmt, steht in ihrem Ermessen (HHSp § 87c Rn. 70). Bei der Prüfung durch die Finanzbehörden sind die Hersteller über den Verweis auf § 200 zur Mitwirkung verpflichtet (Gosch AO § 87c Rn. 46 ff.). Werden bei der Prüfung Fehler des Programms festgestellt, sind die FB verpflichtet, unverzüglich (ohne schuldhaftes Zögern vgl. § 121 I 1 BGB) den Hersteller oder Vertreiber des fehlerhaften Programms zur Nachbesserung oder Ablösung des Programms aufzufordern. Kommt dieser der Aufforderung nicht unverzüglich nach, sind die FB berechtigt, die Programme des Herstellers von der elektronischen Übermittlung an die FB auszuschließen. Zum Schutz der Hersteller gelten die Vorschriften über das StGeheimnis nach § 30 entsprechend (Gosch AO § 87c Rn. 53). 11

F. Kostenfreie Überlassung eines Musters (Abs. 5)

13 Soweit nicht amtliche Datenverarbeitungsprogramme zum allgemeinen Vertrieb vorgesehen sind, hat der Hersteller den FB auf Verlangen Muster zum Zwecke der Prüfung kostenfrei zur Verfügung zu stellen.

G. Öffentlich-rechtliche Pflichten (Abs. 6)

15 Die Pflichten der Hersteller der nicht amtlichen Programme sind ausschließlich öffentlich-rechtlicher Natur und entfalten keine drittschützende Wirkung iSd § 823 II BGB (Gosch AO § 87c Rn. 61). Ihrem Wortlaut nach bezieht sich die Regelung allerdings nur auf den Hersteller und nicht auf den Vertreiber. Hierbei handelt es sich offenbar um ein Redaktionsversehen, sodass die Pflichten auch für den Vertreiber keine drittschützende Wirkung entfalten (HHSp § 87c Rn. 85).

H. Rechtsmittel

17 Die Aufforderung an den Hersteller zur Mitwirkung, zur Nachbesserung oder Ablösung eines fehlerhaften Programms, der Ausschluss der Programme und das Anfordern von Mustern sind VA, die mit dem Einspruch (§§ 347 ff.) angefochten werden können (Gosch AO § 87c Rn. 56 f.).

§ 87d Datenübermittlungen an Finanzbehörden im Auftrag

(1) **Mit der Übermittlung von Daten, die nach amtlich vorgeschriebenem Datensatz durch Datenfernübertragung über die amtlich bestimmten Schnittstellen für steuerliche Zwecke an die Finanzverwaltung zu übermitteln sind oder freiwillig übermittelt werden, können Dritte (Auftragnehmer) beauftragt werden.**

(2) **[1] Der Auftragnehmer muss sich vor Übermittlung der Daten Gewissheit über die Person und die Anschrift seines Auftraggebers verschaffen (Identifizierung) und die entsprechenden Angaben in geeigneter Form festhalten. [2] Von einer Identifizierung kann abgesehen werden, wenn der Auftragnehmer den Auftraggeber bereits bei früherer Gelegenheit identifiziert und die dabei erhobenen Angaben aufgezeichnet hat, es sei denn, der Auftragnehmer muss auf Grund der äußeren Umstände bezweifeln, dass die bei der früheren Identifizierung erhobenen Angaben weiterhin zutreffend sind. [3] Der Auftragnehmer hat sicherzustellen, dass er jederzeit Auskunft darüber geben kann, wer Auftraggeber der Datenübermittlung war. [4] Die Aufzeichnungen nach Satz 1 sind fünf Jahre aufzubewahren; die Aufbewahrungsfrist beginnt nach Ablauf des Jahres der letzten Datenübermittlung. [5] Die Pflicht zur Herstellung der Auskunftsbereitschaft nach Satz 3 endet mit Ablauf der Aufbewahrungsfrist nach Satz 4.**

(3) **[1] Der Auftragnehmer hat dem Auftraggeber die Daten in leicht nachprüfbarer Form zur Zustimmung zur Verfügung zu stellen. [2] Der Auftraggeber hat die ihm zur Verfügung gestellten Daten unverzüglich auf Vollständigkeit und Richtigkeit zu überprüfen.**

Schrifttum: Baum, Modernisierung des Besteuerungsverfahrens – Teil 3: Neuerungen bei der elektronischen Kommunikation im Besteuerungsverfahren, NWB 2016, 2778.

A. Allgemeines

§ 87d ist durch das StModernG eingeführt worden und am 1.1.2017 in Kraft getreten. Die Vorschrift ersetzt die bisherigen Regelungen der § 1 I 2 und § 6 II StDÜV und orientiert sich an Regelungen des GwG (HHSp § 87d Rn. 3). 1

Sie ermöglicht die Beauftragung Dritter mit der Datenübermittlung an die Finanzbehörden. Ferner dient sie der Betrugsbekämpfung und verpflichtet denjenigen, der für einen Dritten Daten an die FVerw. übermittelt, seinen Auftraggeber zu identifizieren (HHSp § 87d Rn. 14). Die Vorschrift ergänzt § 87a und gilt in allen Fällen, in denen steuerlich erhebliche Daten nach amtlich vorgeschriebenem Datensatz an Finanzbehörden übermittelt werden. § 87e schränkt die Regelung insoweit ein, dass sie nicht für Einfuhr- und Ausfuhrabgaben, Verbrauchsteuern und die Luftverkehrsteuer gilt. Ferner kann durch Rechtsverordnung gem. § 150 VI eine abweichende Regelung getroffen werden (HHSp § 87d Rn. 27). 2

B. Datenübermittlung durch Dritte (Abs. 1)

Mit der Übermittlung von Daten, die nach amtlich vorgeschriebenem Datensatz durch Datenfernübertragung über die amtlich bestimmten Schnittstellen für steuerliche Zwecke an die FVerw. zu übermitteln sind oder freiwillig übermittelt werden, können Dritte (Auftragnehmer) beauftragt werden. 5

Mit der Datenübermittlung als **Auftragnehmer** können nicht nur Angehörige der steuerberatenden Berufe iSd § 3 StBerG (StBerater, Rechtsanwälte, Wirtschaftsprüfer und entsprechende Gesellschaften), sondern auch nahe Angehörige, Freunde etc. beauftragt werden (TK § 87d Rn. 2). 6

Die Datenübermittlung ist ein Unterfall der Datenverarbeitung und meint die Bekanntgabe gespeicherter oder durch Datenverarbeitung gewonnener personenbezogener Daten an einen Dritten in der Weise, dass die Daten an den Dritten weitergegeben werden oder der Dritte zur Einsicht oder zum Abruf bereitgehaltene Daten einsieht oder abruft (Gosch AO § 87d Rn. 13). 7

C. Identifizierung des Auftraggebers (Abs. 2)

Der Auftragnehmer muss sich vor der Übermittlung der Daten des Auftraggebers an die FVerw. Gewissheit über die Person und Anschrift seines Auftraggebers verschaffen **(Identifizierung)** und die entsprechenden Angaben in geeigneter Form **(Aufzeichnungspflicht)** festhalten (Gosch AO § 87d Rn. 16). 10

Zusätzlicher Aufwand dürfte sich zumindest für bereits nach § 2 I GwG Verpflichtete (insb. Wirtschaftsprüfer, vereidigte Buchprüfer, StBerater und StBevollmächtigte; vgl. § 2 I Nr. 12 GwG) mit der Neuregelung nicht ergeben, da sie ohnehin zur Identifizierung ihrer Mandanten verpflichtet sind (HHSp § 87d Rn. 42). Die Vorlage eines Personalausweises ist zur Identifizierung des Auftraggebers nicht erforderlich; es genügt eine andere, geeignete Form (Klein § 87d Rn. 5, aA AEAO zu § 87d Nr. 1.2).

Von einer Identifizierung kann abgesehen werden, wenn der Auftragnehmer den Auftraggeber bereits bei früherer Gelegenheit identifiziert und die dabei erhobenen Angaben aufgezeichnet hat. Dies gilt allerdings nicht, wenn der Auftragnehmer aufgrund der äußeren Umstände bezweifeln muss, dass die bei der früheren Identifizierung erhobenen Angaben weiterhin zutreffend sind (Gosch AO § 87d Rn. 17). 11

Der Auftragnehmer hat sicherzustellen, dass er jederzeit Auskunft darüber geben kann, wer Auftraggeber der Datenübermittlung war (Gosch AO § 87d Rn. 18). 12

13 Die Aufzeichnungen sind fünf Jahre aufzubewahren **(Aufbewahrungspflicht),** wobei die Aufbewahrungsfrist erst nach Ablauf des Jahres der letzten Datenübermittlung beginnt. Die Frist orientiert sich an der vierjährigen Festsetzungsfrist gem. § 169 II 1 Nr. 2 zuzüglich einer mindestens einjährigen Anlaufhemmung gem. § 170 II Nr. 1 (Gosch AO § 87d Rn. 19).

14 Bei einer Verletzung der Identifizierungspflicht ergibt sich aus § 72a II 1 Nr. 2 S. 2 eine Haftung des Auftragnehmers bei grober Fahrlässigkeit oder Vorsatz, wenn es auf Grund der Datenübermittlung zu einer StVerkürzung gekommen ist.

D. Pflichten von Auftraggeber und Auftragnehmer (Abs. 3)

16 Der Auftragnehmer hat dem Auftraggeber die zu übermittelnden Daten in leicht nachprüfbarer Form zur **Zustimmung** zur Verfügung zu stellen. Der Auftragnehmer hat die Möglichkeit die zu übermittelnden Daten entweder zur **Einwilligung** (vorherige Zustimmung, § 183 S. 1 BGB) oder zur **Genehmigung** (nachträgliche Zustimmung, § 184 I BGB) an den Auftraggeber zu übersenden (TK § 87d Rn. 4).

17 Der Auftraggeber hat die ihm zur Verfügung gestellten Daten unverzüglich (ohne schuldhaftes Zögern gem. § 121 I 1 BGB) auf Vollständigkeit und Richtigkeit zu überprüfen. Bei Bedarf hat der Auftraggeber eine Berichtigung der Daten nach § 153 vorzunehmen (TK § 87d Rn. 4).

§ 87e Ausnahmeregelung für Einfuhr- und Ausfuhrabgaben, Verbrauchsteuern und die Luftverkehrsteuer

Die §§ 72a und 87b bis 87d gelten nicht für Einfuhr- und Ausfuhrabgaben, Verbrauchsteuern und die Luftverkehrsteuer, soweit nichts anderes bestimmt ist.

A. Allgemeines

1 § 87e ist durch das StModernG eingeführt worden und am 1.1.2017 in Kraft getreten. Die Vorschrift entspricht der bisherigen Regelung des § 1 I 1 StDÜV, die nur für das Besteuerungsverfahren mit Ausnahme der Verbrauchsteuern galt.

B. Inhalt

2 § 87e grenzt den Anwendungsbereich des § 72a und der §§ 87b–87d **negativ** ab. Soweit nichts anderes bestimmt ist, gelten danach der § 72a und die §§ 87b–87d nicht für Einfuhr- und Ausfuhrabgaben, Verbrauchsteuern und die Luftverkehrsteuer.

§ 88 Untersuchungsgrundsatz

(1) [1]**Die Finanzbehörde ermittelt den Sachverhalt von Amts wegen.** [2]**Dabei hat sie alle für den Einzelfall bedeutsamen, auch die für die Beteiligten günstigen Umstände zu berücksichtigen.**

(2) [1]**Die Finanzbehörde bestimmt Art und Umfang der Ermittlungen nach den Umständen des Einzelfalls sowie nach den Grundsätzen der Gleichmäßigkeit, Gesetzmäßigkeit und Verhältnismäßigkeit; an das Vorbringen und an die Beweisanträge der Beteiligten ist sie nicht gebunden.** [2]**Bei der Entscheidung über Art und Umfang der Ermittlungen können allgemeine Erfahrungen der Finanzbehörden sowie Wirtschaftlichkeit und Zweckmäßigkeit berücksichtigt werden.**

(3) [1]**Zur Gewährleistung eines zeitnahen und gleichmäßigen Vollzugs der Steuergesetze können die obersten Finanzbehörden für bestimmte oder bestimmbare Fallgruppen Weisungen über Art und Umfang der Ermittlungen und der Verarbeitung von erhobenen oder erfassten Daten erteilen, soweit gesetzlich nicht etwas anderes bestimmt ist. [2]Bei diesen Weisungen können allgemeine Erfahrungen der Finanzbehörden sowie Wirtschaftlichkeit und Zweckmäßigkeit berücksichtigt werden. [3]Die Weisungen dürfen nicht veröffentlicht werden, soweit dies die Gleichmäßigkeit und Gesetzmäßigkeit der Besteuerung gefährden könnte. [4]Weisungen der obersten Finanzbehörden der Länder nach Satz 1 bedürfen des Einvernehmens mit dem Bundesministerium der Finanzen, soweit die Landesfinanzbehörden Steuern im Auftrag des Bundes verwalten.**

(4) [1]**Das Bundeszentralamt für Steuern und die zentrale Stelle im Sinne des § 81 des Einkommensteuergesetzes können auf eine Weiterleitung ihnen zugegangener und zur Weiterleitung an die Landesfinanzbehörden bestimmter Daten an die Landesfinanzbehörden verzichten, soweit sie die Daten nicht oder nur mit unverhältnismäßigem Aufwand einem bestimmten Steuerpflichtigen oder einem bestimmten Finanzamt zuordnen können. [2]Nach Satz 1 einem bestimmten Steuerpflichtigen oder einem bestimmten Finanzamt zugeordnete Daten sind unter Beachtung von Weisungen gemäß Absatz 3 des Bundesministeriums der Finanzen weiterzuleiten. [3]Nicht an die Landesfinanzbehörden weitergeleitete Daten sind vom Bundeszentralamt für Steuern für Zwecke von Verfahren im Sinne des § 30 Absatz 2 Nummer 1 Buchstabe a und b bis zum Ablauf des 15. Jahres nach dem Jahr des Datenzugangs zu speichern. [4]Nach Satz 3 gespeicherte Daten dürfen nur für Verfahren im Sinne des § 30 Absatz 2 Nummer 1 Buchstabe a und b sowie zur Datenschutzkontrolle verarbeitet werden.**

(5) [1]**Die Finanzbehörden können zur Beurteilung der Notwendigkeit weiterer Ermittlungen und Prüfungen für eine gleichmäßige und gesetzmäßige Festsetzung von Steuern und Steuervergütungen sowie Anrechnung von Steuerabzugsbeträgen und Vorauszahlungen automationsgestützte Systeme einsetzen (Risikomanagementsysteme). [2]Dabei soll auch der Grundsatz der Wirtschaftlichkeit der Verwaltung berücksichtigt werden. [3]Das Risikomanagementsystem muss mindestens folgende Anforderungen erfüllen:**

1. **die Gewährleistung, dass durch Zufallsauswahl eine hinreichende Anzahl von Fällen zur umfassenden Prüfung durch Amtsträger ausgewählt wird,**
2. **die Prüfung der als prüfungsbedürftig ausgesteuerten Sachverhalte durch Amtsträger,**
3. **die Gewährleistung, dass Amtsträger Fälle für eine umfassende Prüfung auswählen können,**
4. **die regelmäßige Überprüfung der Risikomanagementsysteme auf ihre Zielerfüllung.**

[4]**Einzelheiten der Risikomanagementsysteme dürfen nicht veröffentlicht werden, soweit dies die Gleichmäßigkeit und Gesetzmäßigkeit der Besteuerung gefährden könnte. [5]Auf dem Gebiet der von den Landesfinanzbehörden im Auftrag des Bundes verwalteten Steuern legen die obersten Finanzbehörden der Länder die Einzelheiten der Risikomanagementsysteme zur Gewährleistung eines bundeseinheitlichen Vollzugs der Steuergesetze im Einvernehmen mit dem Bundesministerium der Finanzen fest.**

Vergleichbare Vorschriften: § 24 I, II VwVfG; § 20 I, II SGB X

Schrifttum: Zaumseil, Umfang und Grenzen des Amtsermittlungsgrundsatzes im Besteuerungsverfahren der Finanzbehörde, StBW 2010, 420; Drüen, Kooperation im Besteuerungsverfahren, FR 2011, 101; Modlinger, Das Risikomanagement der Finanzämter, Stbg 2011, 515; Zaumseil, Das Spannungsverhältnis zwischen Amtsermittlungsgrundsatz und Mitwirkungspflichten, StBW 2012, 507; Münch, Finanzbehördliches Risikomanagement im Rahmen der Einkommensteuerveranlagung, DStR 2013, 212; Rogge, Tax Compliance – Wahrung steuerlicher Pflichten und Kontrolle steuerlicher Risiken, BB 2014, 664; Wähnert, Interaktive Außenprüfung – Möglichkeiten der gemeinsamen Sachverhaltsaufklärung im digitalen Zeitalter, Stbg 2014, 20; Baum, Modernisierung des Besteuerungsverfahrens – Teil 1: Untersuchungsgrundsatz, Risikomanagement, StErklärungen und „vollautomatische" Bescheide, NWB 2016, 2636; Marx, Der Einsatz von Risikomanagementsystemen nach § 88 Abs. 5 AO als Kernelement der Modernisierung des Besteuerungsverfahrens, Ubg 2016, 358; Zaumseil, Die Modernisierung des Besteuerungsverfahrens, NJW 2016, 2769; Ahrendt, Alte Zöpfe neu geflochten – Das materielle Recht in der Hand von Programmierern, NJW 2017, 537; Krüger, Beweiswürdigung, Beweislast und Beweismaß im Rahmen von Amtsermittlung und Mitwirkungspflicht, DStZ 2017, 761; Thiemann, Rechtsschutz im modernisierten Besteuerungsverfahren, StuW 2018, 304; Birkemeyer/Blaufus/Keck/Reineke/Trenn, Kooperative Tax Compliance-Programme: Ein internationaler Vergleich (Teil I), DStR 2019, 121; Birkemeyer/Blaufus/Keck/Reineke/Trenn, Kooperative Tax Compliance-Programme: Ein internationaler Vergleich (Teil II), DStR 2019, 178; Spilker, Digitalisierung in der Finanzverwaltung – Chancen und Grenzen, FR 2022, 211.

Übersicht

I. Allgemeines

1 § 88 steht in engem Zusammenhang mit den in § 85 normierten Besteuerungsgrundsätzen. Nach § 85 S. 1 haben die FB die Steuern nach Maßgabe des Gesetzes gleichmäßig festzusetzen und zu erheben. Da die Besteuerung an die Verwirklichung eines Tatbestands anknüpft (§ 38), ist vor Festsetzung und Erhebung der Steuer der für die Besteuerung maßgebliche (wahre) Sachverhalt von Amts wegen zu ermitteln **(Untersuchungs- oder Amtsermittlungsgrundsatz).** Während Abs. 1 zu einer grds. umfassenden Ermittlung durch die FB verpflichtet, schränkt Abs. 2 die Verpflichtung ein, indem die FB Art und Umfang der Ermittlung bestimmen darf und dabei nicht an das Vorbringen und die Anträge des Beteiligten zur Sachverhaltsermittlung gebunden ist. Die Ermittlungen sind dabei an den Umständen des Einzelfalls auszurichten und werden vom **Verhältnismäßigkeitsgrundsatz** beherrscht. Die Ermittlung darf nicht um ihrer selbst geführt werden, also kein Selbstzweck sein. Steht der Ermittlungsaufwand in keinem angemessenen Verhältnis zur Steuer, darf die FB zB die Erklärungen des Beteiligten als wahr ansehen und von weiteren Ermittlungen absehen. Abs. 1 S. 2 ist Ausprägung des in allen Verwaltungsverfahren maßgebenden rechtsstaatlichen Grundsatzes, wonach die Verwaltung an Recht und Gesetz gebunden ist. Die Vorschrift beschreibt eine Selbstverständlichkeit im Bereich des hoheitlichen Handelns. Die Verwaltung hat bei Erfüllung ihrer hoheitlichen Aufgaben dem Bürger gegenüber stets neutral zu sein. In einem rechtsstaatlichen Verfahren sind alle

für den Einzelfall bedeutsamen, für den Betroffenen günstigen und ungünstigen Umstände zu ermitteln und zu berücksichtigen. Insgesamt ist § 88 Richtschnur für Art und Umfang der Sachverhaltsermittlung und Beweiswürdigung im StVerfahren. In der Praxis besteht die wesentliche Aufgabe der FB darin, ein **ausgewogenes Verhältnis** zwischen notwendiger Ermittlung des Sachverhalts zum Zwecke der gesetzmäßigen und gleichmäßigen Festsetzung der Steuer und der vom Beteiligten zu verlangenden Mitwirkung im Einzelfall zu finden. § 88 enthält nur eine Aufgabenbestimmung für die FB. Die Vorschrift ist ebenso wie § 85 keine Ermächtigungsgrundlage für Ermittlungsmaßnahmen der FB. Ermächtigungsgrundlagen ergeben sich ua aus §§ 90 ff.

§ 88 gilt in jedem Stadium des **gesamten Besteuerungsverfahrens** einschließlich des Rechtsbehelfsverfahrens der AP. und im Kindergeld, nicht jedoch im StStraf- und im Bußgeldverfahren. Auch in Billigkeitsverfahren (zB Stundungs- und Erlassverfahren) sowie bei Ermessensentscheidungen hat die FB den maßgebenden Sachverhalt zu ermitteln (BFH 22.4.1988 – III R 269/84, BFH/NV 1989, 428; BFH 23.11.2000 – III R 52/98, BFH/NV 2001, 882; BFH 22.5.2001 – VII R 79/00, BFH/NV 2001, 1369; BFH 12.7.2016 – III B 33/16, BFH/NV 2016, 1750). Soweit andere Vorschriften der AO oder EinzelStG vom Untersuchungsgrundsatz abweichende Regelungen treffen, zB bestimmte Handlungen zur Sachverhaltsaufklärung dem Beteiligten auferlegen (Beibringungsgrundsatz → Rn. 27), gehen diese dem § 88 vor. 2

Die **Pflicht zur Amtsermittlung und ihre Grenzen** werden durch die §§ 88a ff. und andere Vorschriften in der AO und in EinzelStGesetzen konkretisiert. Insbesondere bestimmen §§ 90, 93, 95, 97 ff. die Mitwirkungspflichten des Beteiligten sowie §§ 93, 94, 97 ff. die Mitwirkungspflichten anderer Personen im Verwaltungsverfahren. Die dort genannten Voraussetzungen müssen erfüllt sein und schränken ggf. das Ermittlungsrecht und die -pflicht der FB ein. § 92 nennt die Beweismittel, deren sich die FB zur Aufklärung des Sachverhalts bedienen darf. Lässt sich ein Sachverhalt trotz Ausschöpfung aller sinnvollen Möglichkeiten nicht aufklären, ist die FB zB zur **Schätzung** (§ 162) von Besteuerungsgrundlagen berechtigt (→ Rn. 31). Sie darf unter bestimmten Voraussetzungen eine **Vereinbarung** über den der Besteuerung zugrunde zu legenden Sachverhalt treffen (tatsächliche Verständigung → Rn. 47 ff.). Einen Vergleich über die festzusetzende Steuer gibt es im Hinblick auf § 85 im StVerwaltungsverfahren nicht. 3

Die Vorschrift wurde mit Wirkung für alle zum 1.1.2017 anhängigen Verfahren im Rahmen des StModernG grundlegend neu gefasst. Zusammen mit der Regelung des § 155 IV ist sie Kernelement der Modernisierung des Besteuerungsverfahrens mit Hilfe der Digitalisierung. Die Veranlagung soll in Zukunft verstärkt automatisiert erfolgen. Daher wurden Wirtschaftlichkeits- und Zweckmäßigkeitserwägungen sowie die Anwendung von Risikomanagementsystemen berücksichtigt (BT-Drs. 18/7457, 67 f.). Durch das Gesetz zur Änderung des Bundesversorgungsgesetzes und anderer Vorschriften (BGBl. 2017 I 2541) wurde § 88 III 1 mWv 25.5.2018 terminologisch angepasst. 4

II. Ermittlung des Sachverhalts von Amts wegen (Abs. 1)

1. Untersuchungs- bzw. Amtsermittlungsgrundsatz (Abs. 1 S. 1)

Vom Grundsatz her gebietet § 88 I 1 die Ermittlung des für die Besteuerung maßgeblichen Sachverhalts durch die FB in vollem Umfang. Abs. 2 schränkt diesen Grundsatz ein. Bei Bestimmung der Pflicht der FB zur Sachverhaltsklärung im konkreten Fall können die Regelungen nur **im Zusammenhang** betrachtet werden. Zweck des Untersuchungsgrundsatzes und Ziel der Ermittlungen ist die möglichst vollständige Aufklärung des Sachverhalts. Es ist der **wahre Sachverhalt** zu erforschen, dh, ggf. sind die Angaben des Beteiligten auf ihren Wahrheitsgehalt hin zu überprüfen. Da die Ermittlung und Überprüfung in der Praxis einer Massenverwaltung wie der FVerw. aus verschiedenen Gründen vielfach nicht erreichbar ist (zB keine eigenen Erkenntnismöglichkeiten, faktische Unmöglichkeit der Klärung der wahren Vorgänge, Nichtmitwirkung derjenigen Personen, die zur 9

Sachverhaltsklärung beitragen können, Verwaltungskapazität, unangemessener Aufwand), darf die FB Art und Umfang der Sachverhaltsaufklärung bestimmen. Sie muss sich gleichwohl am Zweck des Untersuchungsgrundsatzes orientieren und hat dabei idR alle ihr zugänglichen Erkenntnismöglichkeiten zulasten und zugunsten des Beteiligten auszuschöpfen. Allerdings haben – insb. zugunsten des Beteiligten – ihre Bemühungen dort ihre Grenze, wo der Beteiligte an einer Aufklärung des Sachverhalts nicht mitwirkt, er allein aber die entsprechende Kenntnis über den fraglichen Umstand hat. Gesetzessystematisch sind die Rechte und Pflichten der FB einerseits und des Beteiligten andererseits aufeinander abgestimmt und beeinflussen sich gegenseitig. Das Gesetz erlegt der FB und dem Beteiligten die **gemeinsame Verantwortung** für die vollständige Sachaufklärung auf (BFH 15.2.1989 – X R 16/86, BStBl. II 1989, 462). Zu falltypischen Konkretisierungen von Umfang und Grenzen der Amtsermittlungspflicht → Rn. 24 ff. Selbstverständlich hat die FB die anzuwendenden **Rechtssätze und die Rechtslage** zu ermitteln.

2. Ermittlung des Sachverhalts

12 Die FB hat nur den für die Besteuerung **maßgeblichen Sachverhalt** aufzuklären bzw. die entsprechenden Angaben des Beteiligten auf ihren Wahrheitsgehalt hin zu prüfen. Die Ermittlungspflicht bezieht sich nur auf das **konkrete Verwaltungsverfahren** (→ § 78 Rn. 7 ff.), nicht auf jedwedes Verwaltungsverfahren des Beteiligten oder gar anderer Personen. In diesem Rahmen ist derjenige Sachverhalt maßgeblich, der möglicherweise für die Besteuerung von Bedeutung ist. Vor der Aufklärung des Sachverhalts kann die FB dessen Maßgeblichkeit nicht zuverlässig beurteilen. Umstände, die in keinem Fall Bedeutung für die Besteuerung haben können, sind nicht zu ermitteln oder zu überprüfen. Bei erforderlichem, aber nicht gestelltem Antrag, besteht hinsichtlich der Tatsachen für eine StVergünstigung keine Ermittlungspflicht. Allerdings hat die FB ggf. nach § 89 I eine Antragstellung anzuregen.

13 Der „Sachverhalt" betrifft die **Tatsachen,** dh alle sinnlich wahrnehmbaren äußeren und inneren Umstände, die einer Nachprüfung zugänglich sind. Äußere Tatsachen sind Zustände und Geschehensabläufe, die ohne Weiteres für Dritte wahrnehmbar sind. Innere Tatsachen sind Vorgänge, die im Inneren des Menschen stattfinden (zB Vorsatz, Absicht, Kenntnis) und die ein Dritter nur über eine Aussage des Betroffenen oder über Indizien erschließen kann. Tatsachenbewertungen, Sachverhaltsbeurteilungen, Rechtsbegriffe und Rechtssätze sind keine Tatsachen.

14 Zu den Tatsachen gehören auch **Indizien.** Deren Vorliegen ist zwar selbst kein Tatbestand, an den das Gesetz die Steuer knüpft. Sie lassen aber auf die für die Besteuerung maßgeblichen inneren Tatsachen schließen. So kann zB ein äußerer Geschehensablauf auf eine Absicht hindeuten. Unaufklärbare äußere Tatsachen können vielfach durch Indizien zumindest annähernd einer Klärung zugeführt werden. So kann zB bei fehlender Aufzeichnung von Kassenbeständen in der Buchführung durch Prüfung der Bareinzahlungen auf das Betriebskonto auf Betriebseinnahmen in bar in entsprechender Höhe geschlossen werden.

15 **Keiner Ermittlung** bedürfen allgemein bekannte und behördenbekannte Tatsachen sowie Handelsbräuche, Verkehrsauffassungen, Erfahrungssätze und die aus ihnen herzuleitenden Tatsachen. Sie können für die Besteuerung als wahr unterstellt werden, sind jedoch einer anderweitigen Sachverhaltsermittlung in vollem Umfang zugänglich. Sofern nicht die FB Erkenntnisse über die Abweichung im Einzelfall hat, hat der Beteiligte den wahren Sachverhalt darzustellen. Ferner brauchen Tatsachen nicht ermittelt zu werden, deren Vorliegen der Gesetzgeber in einer pauschalierenden Besteuerung berücksichtigt (zB Art und Höhe der Aufwendungen bei Gewährung des Werbungskostenpauschbetrags) oder unwiderlegbar fingiert (zB in § 24b EStG die gemeinsame Haushaltsführung einer nichtehelichen Lebensgemeinschaft). Unzulässig sind Ermittlungen, die in den grundgesetzlich geschützten Bereich der **Privatsphäre** eingreifen (Intimsphäre). Der Beteiligte kann aber zB für die Ermittlung ihm günstiger Tatsachen (zB Art der Krankheit bei Geltendmachung

außergewöhnlicher Belastungen nach § 33 EStG) auf den Schutz verzichten (TK § 88 Rn. 25 mwN). Bereits in einem anderen Verfahren **rechtsverbindlich festgestellte Tatsachen** sind nicht aufklärungsbedürftig (zB Tatsachen, die Gegenstand eines bestandskräftigen Grundlagenbescheids sind, Tatsachen, die ein Gericht mit Tatbestandswirkung festgestellt hat, wie zB das Bestehen einer Ehe).

3. Objektivitätsgrundsatz (Abs. 1 S. 2)

Abs. 1 S. 2 hat insb. Bedeutung für die Würdigung des Sachverhalts bzw. bei der **15a** **Beweiswürdigung.** Die Beweiswürdigung ist Tatfrage, sie gehört nicht zur Ebene der Rechtsanwendung. Die FB hat den von ihr – evtl. unter Mitwirkung des Beteiligten und unter Anwendung von Beweismitteln – ermittelten Sachverhalt frei zu würdigen und über den Wahrheitsgehalt zu befinden. Im StVerfahren gibt es keine festen Beweisregeln (BFH 28.11.2007 – X R 11/07, BStBl. II 2008, 335). Die FB darf die gewonnenen Erkenntnisse untereinander gewichten und abwägen. Sie ist nicht an bestimmte Beweisregeln gebunden, dh, sie entscheidet nach ihrer freien Überzeugung unter Wertung der Ergebnisse des erhobenen Beweises. Bei der Beweiswürdigung hat die FB die allg. Denkgesetze, die Regeln für die Beurteilung tatsächlicher Vorgänge und die sich aus der Lebenserfahrung ergebenden Erkenntnismöglichkeiten zu beachten (BFH 13.11.1969 – IV R 22/67, BStBl. II 1970, 189). Sie muss alle für den Beteiligten günstigen und ungünstigen Tatsachen beachten und in die Beurteilung einbeziehen. Um eine Verringerung des Beweismaßes handelt es sich bei dem **Anscheinsbeweis.** Die FB darf im Einzelfall einen typischen Geschehensablauf annehmen, den der Stpfl. durch substantiierte Darlegung der ernsthaften Möglichkeit eines anderen Geschehensablaufs widerlegen kann (BFH 20.10.2009 – VI B 74/08, BFH/NV 2010, 197). Die FB darf von **Indizien,** insb. für innere Tatsachen wie zB einer Absicht, auf den objektiven Sachverhalt schließen. Beruft sich eine zum Zwecke des Beweises in Anspruch genommene Person zu Recht auf ein Aussageverweigerungsrecht, dürfen aus der Weigerung allein keine für den Beteiligten positiven oder negativen Schlüsse gezogen werden (Erl. zu §§ 101–103). Etwas anderes gilt, wenn die Weigerung zu Unrecht erfolgt ist, die FB aber keine Zwangsmittel anwenden darf oder die Anwendung für nicht verhältnismäßig hält. Die FB darf eine Mitwirkungsverweigerung des Beteiligten zu seinen Ungunsten berücksichtigen (BFH 9.6.2005 – IX R 75/03, BFH/NV 2005, 1765 mwN). Hat er die Mitwirkung zu Recht verweigert, darf sie hieraus indes keine für ihn ungünstigen Schlüsse ziehen.

Unterliegen erhobene Beweise wegen Verstoßes gegen maßgebliche Verfassungs- und **15b** Verfahrensvorschriften einem **Beweisverwertungsverbot,** dürfen sie nicht bei der Ermittlung des Sachverhalts beachtet werden (FG Nürnberg 28.7.2021 – 3 K 1411/19, BeckRS 2021, 32723). Die FB kann sich insoweit nicht auf das Recht und die Pflicht zur Ermittlung des Sachverhalts nach § 88 berufen (BFH 26.2.2001 – VII B 265/00, BStBl. II 2001, 464 zu Erkenntnissen aus der gegen Art. 10 I GG verstoßenden Telefonüberwachung). Ein Beweisverwertungsverbot gilt insb. bei der Nichtbeachtung von Verweigerungsrechten nach §§ 101–103. Bei Verstoß gegen bloße Form- und Ordnungsvorschriften kann auch ein verfahrensfehlerhaft erhobener Beweis verwertet werden (diff. TK § 88 Rn. 27 ff.). Zu Einzelheiten §§ 93 ff. Eine fehlerhafte Beweiserhebung kann wiederholt werden.

III. Art und Umfang der Ermittlung (Abs. 2)

1. Grundsatz (Abs. 2 S. 1)

Art und Umfang der Ermittlungspflicht richten nach den Grundsätzen der Gleichmäßig- **16** keit, Gesetzmäßigkeit und der Verhältnismäßigkeit. Die FB hat **alle Erkenntnisquellen** zu nutzen. Sie darf eigene Ermittlungen anstellen, das ihr vorliegende Datenmaterial anderer Behörden verwerten (zB Kontrollmitteilungen, Auskünfte des BZSt zu Domizilgesellschaften im Rahmen des § 160, gem. § 88a gesammelte Daten, Mitteilungen nach

§ 93a) und die Beweismittel des § 92 nutzen. Sie darf ferner Erkenntnisse aus früheren oder anderen Verfahren des Beteiligten auswerten. Sie darf auch Feststellungen aus rechtskräftigen Strafurteilen sich zu eigen machen und verwerten, wenn nicht der Stpfl. substantiierte Einwendungen erhebt (Klein § 88 Rn. 55 mwN).

17 Die FB entscheidet nach **pflichtgemäßem Ermessen** (§ 5) über **Art und Umfang** der Sachverhaltsaufklärung. Gesetzliche Vorgaben für die Ermessensausübung sind allein die „Umstände des Einzelfalls". Deshalb steht der FB auch in der Auswahl der heranzuziehenden Erkenntnisquellen ein Ermessen zu. Sie muss unter dem Gesichtspunkt der Verhältnismäßigkeit die Aufklärungsmaßnahmen ergreifen, die den Beteiligten am wenigsten belasten, die am erfolgversprechendsten und für alle Betroffenen zumutbar sind (AEAO zu § 88 Nr. 2; Schwarz/Pahlke/Keß § 88 Rn. 35; → § 85 Rn. 17). Soweit Bestimmungen der AO oder der EinzelStG abweichende Regelungen treffen, ist kein Ermessen eingeräumt. So sollen gem. § 93 I 3 andere Personen erst zur Auskunftserteilung aufgefordert werden, wenn die Sachverhaltsaufklärung durch den Beteiligten nicht Erfolg versprechend erscheint. Nach § 97 I 3 soll die Vorlage von Büchern usw. erst verlangt werden, wenn der Beteiligte keine Auskunft erteilt hat. Zu den in Rspr. und Literatur entwickelten **Ausprägungen und Grenzen des Untersuchungsgrundsatzes,** die sich im Kern mit der Ausübung des pflichtgemäßen Ermessens befassen, wird auf → Rn. 24 ff. verwiesen. Für weitere Einzelheiten → § 92 Rn. 1 ff.

21 Die FB ist nicht zu Ermittlungen in einem Maße verpflichtet, die ihr **volle Gewissheit** (100 %-Doktrin) über den Sachverhalt vermittelt (Beweismaß), um ihn der Besteuerung zugrunde zu legen. Dies wäre auch wirklichkeitsfremd. Die FB muss aber allen Zweifeln nachgehen. Der zu fordernde Grad der Gewissheit hat sich am Einzelfall zu orientieren, soweit die FB Erkenntnisse über die Unwahrheit der vom Stpfl. angegebenen Tatsachen hat. Da die FB bei den Ermittlungen den **Verhältnismäßigkeitsgrundsatz** zu beachten hat, sind unverhältnismäßige Ermittlungen zu unterlassen (näher TK § 88 Rn. 41 ff.; HHSp § 88 Rn. 230). Ist ein Sachverhalt mit den gebotenen angemessenen Mitteln nicht oder nicht vollständig zu ermitteln, darf die FB die Besteuerungsgrundlagen schätzen (→ Rn. 31). Sie darf mit dem Beteiligten auch eine tatsächliche Verständigung über die der Besteuerung zu Grunde zu legenden Tatsachen treffen (→ Rn. 47 ff.). Im Einzelfall ist nach Beweislast (Feststellungslast) zu entscheiden (→ Rn. 27).

2. Ausprägungen und Grenzen der Ermittlung

24 **Angaben des Beteiligten** darf die FB als richtig ansehen, sofern sie nicht Anlass hat, am Wahrheitsgehalt der Angaben zu zweifeln. Die FB muss dem Beteiligten nicht grds. mit Misstrauen begegnen. Sie verletzt jedoch ihre Aufklärungspflicht, wenn sie ihr sich aufdrängenden Zweifeln nicht nachgeht. Andererseits muss sie bei Vorliegen entsprechender Erkenntnisse den zugunsten des Beteiligten bestehenden Tatsachen nachgehen, auch wenn der Beteiligte diese – möglicherweise aus Unkenntnis – nicht angegeben hat (AEAO zu § 88 Nr. 6 mwN; Gosch AO § 88 Rn. 21). Nach Maßgabe des § 89 besteht eine Beratungspflicht bei unterlassenen Anträgen.

25 Die FB ist nicht verpflichtet, zur Sachverhaltsaufklärung eine **Außenprüfung** durchzuführen. Sie darf ein Auskunftsverlangen an den Beteiligten oder eine andere Person stellen (BFH 24.11.1993 – X R 12/89, BFH/NV 1994, 766 mwN). Im Zuge einer Ap. darf sie aber Ermittlungen nach § 88 bzgl. nicht geprüfter StArten oder Veranlagungszeiträumen anstellen.

26 Die FB ist an **Beweisanträge** des Beteiligten nach Abs. 2 S. 1 Hs. 2 nicht gebunden. Sie handelt indes im Einzelfall ermessensfehlerhaft, wenn sie dem Beweisantrag oder einer Anregung des Beteiligten zur Sachverhaltsaufklärung nicht nachgeht und den Sachverhalt deshalb als nicht geklärt ansieht.

27 Im Besteuerungsverfahren gibt es im Grundsatz keine **subjektive Beweislastverteilung** mit der Pflicht des Beteiligten, einen Sachverhalt darzulegen und zu beweisen. Eine solche würde § 88 widersprechen. Die FB muss daher jede mögliche, verhältnismäßige und

zumutbare Maßnahme zur Sachaufklärung ergreifen. Der Untersuchungsgrundsatz gilt jedoch insoweit nicht, als nach Vorschriften des Verfahrens- oder des materiellen Rechts ausnahmsweise der Beteiligte einen Sachverhalt darlegen und beweisen muss **(Beibringungsgrundsatz).** So zB, wenn sich der Beteiligte nach § 39 II Nr. 1 auf eine Treuhandschaft und damit auf einen vom Grundsatz der Zurechnung eines Wirtschaftsguts nach § 39 I abweichenden Sachverhalt beruft. Aufklärungsdefizite in dieser Hinsicht gehen zu seinen Lasten. Dasselbe gilt für die Benennung des Empfängers einer Leistung nach § 160. Die FB verletzt § 88 nicht, wenn sie diesen Aufklärungsdefiziten nicht von sich aus nachgeht und den Sachverhalt als nicht erwiesen ansieht.

Die Folgen der **Nichterweislichkeit** von Tatsachen berührt indes die **objektive** 28
Beweislast (Feststellungslast). Danach tragen die FB für steuerbegründende und steuererhöhende Tatsachen (zB Betriebseinnahmen) und der Beteiligte für steuerverneinende und steuermindernde Tatsachen (zB Werbungskosten) die Beweislast (BFH 25.7.2000 – IX R 93/97, BStBl. II 2001, 9). Die Nichterweislichkeit geht jeweils zulasten der FB oder des Beteiligten (zur Schätzungsbefugnis → Rn. 31). Vor der Entscheidung nach Regeln der Feststellungslast ist indes der Sachverhalt iSd Beweiswürdigung (→ Rn. 15a) zu beurteilen. In der Praxis ist eine Entscheidung nach Beweislastregeln eher selten, weil die Beweiswürdigung mit ggf. reduziertem Beweismaß (→ Rn. 21) idR zu einem Ergebnis führt.

Ermittlungen „ins Blaue hinein" sind unzulässig. Die FB muss hinreichende Anhalts- 29
punkte dafür haben, dass ein für die Besteuerung maßgeblicher Sachverhalt von dem Beteiligten verschwiegen wird (Erl. zu § 208).

Die **Mitwirkungspflicht** des Beteiligten bildet die Grenze der Ermittlungspflicht der 31
FB (zur Gesetzessystematik und zur Verteilung der Verantwortung für die Sachaufklärung → Rn. 9; AEAO zu § 88 Nr. 5). Dies gilt insb. für solche Tatsachen, über die der Beteiligte allein oder jedenfalls mit geringerem Aufwand als die FB eine Klärung herbeiführen kann. Die Beachtung des Grundsatzes der Verhältnismäßigkeit legt hier dem Beteiligten die Mitwirkung auf, weil er die Nähe zum Sachverhalt hat. Verletzt der Beteiligte diese Pflicht, können daraus ihm nachteilige Schlüsse gezogen werden. Die FB darf den nicht voll aufgeklärten Sachverhalt als nicht erwiesen ansehen und steuerverneinende oder steuervermindernde Umstände unberücksichtigt lassen. Wirkt der Beteiligte nicht mit, mindert sich die Ermittlungspflicht der FB und das Beweismaß (BFH 9.6.2005 – IX R 75/03, BFH/NV 2005, 1765). Sie darf – zugunsten und zulasten des Beteiligten – Besteuerungsgrundlagen nach § 162 **schätzen** und sich bei eigener Ermittlung der Besteuerungsgrundlagen mit einem geringeren Grad an Überzeugung begnügen. Die Nichterweislichkeit steuerbegründender oder steuererhöhender Tatsachen unterliegt nicht den Regeln der Beweislastverteilung (→ Rn. 28). Andernfalls würde derjenige Beteiligte begünstigt, der die Sachverhaltsaufklärung pflichtwidrig vereitelt (grundlegend BFH 15.2.1989 – X R 16/86, BStBl. II 1989, 462 mwN; Schwarz/Pahlke/Keß § 88 Rn. 40; Gosch AO § 88 Rn. 24; zur Mitverantwortung des Beteiligten HHSp § 88 Rn. 219 ff.).

Bei **eigener Sachkunde** braucht die FB kein Gutachten eines unabhängigen Sachver- 33
ständigen nach § 96 zur Aufklärung oder Beurteilung eines schwierigen Sachverhalts einzuholen. Macht sie sich indes nicht sachkundig und unterlässt die Begutachtung, verletzt sie ihre Ermittlungspflicht.

3. Verwaltungserfahrungen, Wirtschaftlichkeit und Zweckmäßigkeit (Abs. 2 S. 2)

Eine weitere Einschränkung der vollumfänglichen Sachverhaltsermittlung enthält nach 36
der Gesetzesänderung nunmehr ausdrücklich Abs. 2 S. 2. Danach darf die FB bei ihrer Entscheidung, ob und welche Ermittlungen durchzuführen sind, auch allgemeine Verwaltungserfahrungen sowie die Wirtschaftlichkeit und Zweckmäßigkeit berücksichtigen. Dies bedeutet keine grundlegende Änderung, da bereits zuvor schon Wirtschaftlichkeits- und Zweckmäßigkeitserwägungen angestellt werden durften (BVerfG 20.6.1973 – 1 BvL 9/71, 1 BvL 10/71, BStBl. II 1973, 720). Die FB kann somit auf ihre Erfahrungen in

vergleichbaren Fällen zurückgreifen und zwischen ihrem Aufklärungs- und Zeitaufwand und den zu erwartenden Mehreinnahmen abwägen. Dabei darf sie auch die etwaige künftige Belastung durch ein Klageverfahren berücksichtigen (AEAO zu § 88 Nr. 3; TK § 88 Rn. 12 ff.).

37 Dies darf allerdings nicht dazu führen, dass die FB auf die Überprüfung der Einhaltung von steuerrechtlichen Vorschriften verzichtet. Sie muss daher immer auch eine hinreichende Anzahl zufällig ausgewählter Fälle vertieft prüfen (AEAO zu § 88 Nr. 3). Die Einschränkungen der vollumfänglichen Sachverhaltsermittlung dürfen daher im Ergebnis nicht dazu führen, dass ein wirtschaftliches Maximalergebnis erreicht wird, sondern dass die beschränkten Ressourcen der FVerw. optimal genutzt werden (TK § 88 Rn. 14).

IV. Fallgruppenbezogene Weisungsbefugnis (Abs. 3)

39 Die Vorschrift soll eine gruppenbezogene Entscheidung über Art und Umfang der Ermittlungen ermöglichen, um einen gleichmäßigen Vollzug der StGesetze zu gewährleisten (BT-Drs. 18/7457, 68). Die obersten FB der Länder und des Bundes dürfen Weisungen für bestimmte oder bestimmbare Fallgruppen erteilen, in welchem Umfang und in welcher Art Ermittlungen erfolgen sollen. Weisungen der obersten FB der Länder müssen im Bereich der Auftragsverwaltung im Einvernehmen mit dem BMF ergehen. Auf diese Weise soll die Bundeseinheitlichkeit der Weisungen sichergestellt werden (BT-Drs. 18/7457, 68; TK § 88 Rn. 53 ff. mit einer Übersicht zu dem Aufgabenbereich der Länder und des Bundes).

Die Weisungen betreffen Art und Umfang der Ermittlungen bei einzelnen bestimmbaren Fallgruppen. Hierbei können, analog zu Abs. 2. S. 2, allgemeine Erfahrungen der FB sowie die Wirtschaftlichkeit und Zweckmäßigkeit berücksichtigt werden. Die Weisungen können damit die intensivere Prüfung besonderer Risikogruppen und -felder anordnen oder bestimmte risikoarme Bereiche von der Einzelfallprüfung ausnehmen bzw. Aufgriffsgrenzen festlegen (Gosch AO § 88 Rn. 48 ff.).

Sie dürfen nicht veröffentlicht werden, soweit dies den StVollzug gefährden würde. Hierdurch sollen sich die Stpfl. nicht auf die Weisungen einstellen können. Im FG-Verfahren ist § 86 II 2 FGO zu beachten. Die FB kann danach die Übermittlung der Weisungen an das FG verweigern, wenn dies zu einer Bekanntgabe der Weisung an den Stpfl. und zu einer Gefährdung der Gleichmäßigkeit und Gesetzmäßigkeit der Besteuerung führen würde. Die Rechtmäßigkeit der Verweigerung kann gerichtlich vom BFH auf Antrag eines Beteiligten in einem sog. In-Camera-Verfahren gem. § 86 III FGO überprüft werden (Klein § 88 Rn. 78). Die Vorschrift sollte allerdings nicht so verstanden werden, dass eine absolute Geheimhaltung der Weisungen gefordert ist. Diese ist nur bei einer Gefährdung der Gleichmäßigkeit und Gesetzmäßigkeit der Besteuerung gefordert und geboten. Im Sinne eines transparenten Besteuerungsverfahrens sollte die FVerw. stets sorgfältig prüfen, inwieweit tatsächlich eine Gefährdung der Gleichmäßigkeit und Gesetzmäßigkeit der Besteuerung droht. Ebenso wichtig ist es, dem Stpfl. das Besteuerungsverfahren und die zugrunde liegenden Entscheidungen zu vermitteln (ebenso TK § 88 Rn. 58).

V. Verzicht auf Weiterleitung von Daten (Abs. 4)

40 Das Bundeszentralamt für Steuern (BZSt) und die zentrale Stelle iSd § 81 EStG im Hause der Deutschen Rentenversicherung Bund (ZfA) haben die Pflicht, die ihnen für Besteuerungszwecke übermittelten Daten an die LandesFB zu übermitteln. Allerdings können nicht alle an das BZSt oder die ZfA übermittelten Daten ohne aufwändige Recherchen einem bestimmten Stpfl. zugeordnet werden (zB wegen fehlender Identifikationsnummer, abweichender Schreibweise des Namens, überholter Adressangaben). Die LandesFB erhalten dann Daten, die ihrerseits auch nur mit erheblichem Aufwand dem einzelnen StFall zugeordnet werden können. Können das BZSt oder die ZfA ohne aufwändige Recherchen den Daten nicht die vierstellige bundeseinheitliche Finanzamtsnum-

mer (BUFA-Nr.) beisteuern, ist auch in diesen Fällen die Weiterleitung und die weitere Bearbeitung in den LandesFB erheblich erschwert.

In diesen Fällen kann das BZSt und die ZfA auf eine Weiterleitung der Daten verzichten, wenn diese nicht oder nur mit unverhältnismäßigem Aufwand einem bestimmten Stpfl. oder einem bestimmten Finanzamt zugeordnet werden können. Das BMF kann im Einvernehmen mit den obersten FB der Länder allgemeine Weisungen zur Frage der Verhältnismäßigkeit von Ermittlungsmaßnahmen des BZSt oder der ZfA erteilen. Die nicht weitergeleiteten Daten sind zur Vermeidung eines möglichen Vollzugsdefizits bis zum Ablauf des fünfzehnten Jahres nach dem Jahr des Datenzugangs zu speichern (BT-Drs. 18/7457, 69).

Nicht von der Verzichtsmöglichkeit erfasst ist die Übermittlung von Daten in einem Verfahren, dessen Sachverhalt das BZSt oder die ZfA aufgrund eines gesetzlichen Auftrags konkret klären soll, zB das maschinelle Anfrageverfahren zur Abfrage der Identifikationsnummer nach § 22a II EStG. Hierbei handelt es sich nicht um Daten die zur Weiterleitung bestimmt sind, sondern um zusätzlich zu bearbeitende Anfragen (Klein § 88 Rn. 85).

VI. Einsatz von Risikomanagementsystemen (Abs. 5)

Der durch das StModernG neu eingeführte Abs. 5 ermächtigt die FVerw., Risikomanagementsysteme (RMS) einzusetzen. Dies ist ein wichtiger Bestandteil der Modernisierung des Besteuerungsverfahrens. Es soll erreicht werden, dass sich die FB auf die Bearbeitung der tatsächlich prüfungsbedürftigen Fälle konzentrieren können. Hierdurch soll die Quote der vollständig maschinell bearbeiteten StErklärungen (§ 155 IV) deutlich gesteigert werden. Das Risikomanagement soll dabei helfen, mit den vorhandenen Ressourcen das bestmögliche Ergebnis im Spannungsverhältnis zwischen gesetz- und gleichmäßiger Besteuerung einerseits und zeitnahem und wirtschaftlichem Verwaltungshandeln andererseits zu erreichen. Nach der Vorstellung des Gesetzgebers soll das Risikomanagement aus der systematischen Erfassung und Bewertung von Risikopotenzialen sowie der Steuerung von Reaktionen in Abhängigkeit von den festgestellten Risikopotenzialen bestehen. Es hat zum Ziel: 41

- StVerkürzungen zu verhindern und damit präventiv zu wirken,
- gezielt Betrugsfälle aufzudecken, zumindest aber die Chancen ihrer Aufdeckung deutlich zu erhöhen,
- die individuelle Fallbearbeitung durch Amtsträger durch eine risikoorientierte Steuerung der Bearbeitung zu optimieren,
- die Bearbeitungsqualität durch Standardisierung der Arbeitsabläufe bei umfassender Automationsunterstützung nachhaltig zu verbessern und
- qualitativ hochwertige Rechtsanwendung durch bundeseinheitlich abgestimmte Vorgaben gleichmäßig zu gestalten; diese Vorgaben können auch regionale Besonderheiten berücksichtigen (BT-Drs. 18/7457, 69 f.).

Der **Anwendungsbereich** der RMS ist nicht auf die ESt- oder KStVeranlagung beschränkt, sondern auch bei der Auswertung von Kontrollmaterial (zB Daten von Kapitalanlegern in Liechtenstein) oder bei der Außenprüfung (zB Auswahl der prüfungspflichtigen Betriebe) möglich (Klein § 88 Rn. 95; Gosch AO § 88 Rn. 60).

Nach der Legaldefinition des Abs. 5 S. 1 sind RMS automationsgestützte Systeme, die von FB zur Beurteilung der Notwendigkeit weiterer Ermittlungen und Prüfungen für eine gleichmäßige und gesetzmäßige Festsetzung von Steuern und StVergütungen sowie zur Anrechnung von Steuerabzugsbeträgen und Vorauszahlungen eingesetzt werden können. **Abs. 5 S. 2** stellt heraus, dass bei der Ausgestaltung der RMS auch der **Grundsatz der Wirtschaftlichkeit** der Verwaltung berücksichtigt werden soll. Dies ist zwar einerseits notwendige Voraussetzung, um ein effektives RMS zu etablieren, darf im Ergebnis aber nicht dazu führen, dass Wirtschaftlichkeitserwägungen das Ziel der gleichmäßigen Besteuerung bei bestmöglicher Nutzung der Ressourcen überlagern (→ Rn. 37; TK § 88 Rn. 74).

Die RMS werden auf dem Gebiet der Auftragsverwaltung nach **Abs. 5 S. 5** von den obersten FB der Länder in Abstimmung mit dem BMF festgelegt. Hierdurch soll ein bundeseinheitlicher StVollzug sichergestellt werden.

Die RMS müssen nach **Abs. 5 S. 3** gewisse **Mindestanforderungen** erfüllen. So muss nach **Abs. 5 S. 3 Nr. 1** eine Zufallsauswahl vorgesehen sein, durch die auch nicht durch das RMS identifizierte Fälle zur weiteren Prüfung und Ermittlung ausgewählt (ausgesteuert) werden. Hierdurch soll sichergestellt werden, dass für jeden Stpfl. ein gewisses Entdeckungsrisiko verbleibt und ist Ausdruck des § 85, der verlangt, dass grds. jeder Fall geprüft werden muss und dass es keinen generellen Verzicht auf den StVollzug geben darf. Zudem dient es der Weiterentwicklung und Evaluation des RMS (TK § 88 Rn. 75 ff.; Klein § 88 Rn. 98). Das RMS muss nach **Abs. 5 S. 3 Nr. 2** eine Prüfung der ausgesteuerten Fälle durch einen Amtsträger vorsehen. Der jeweilige Prüfungsumfang richtet sich dabei nach dem Kontrollbedürfnis im Einzelfall und kann punktuell oder umfassend sein. Eine Prüfung durch einen Amtsträger hat auch zu erfolgen, wenn der Stpfl. in einem qualifizierten Freitextfeld gem. § 150 VII 1 Eintragungen vornimmt (TK § 88 Rn. 80 ff.; Klein § 88 Rn. 98). Weiterhin müssen nach **Abs. 5 S. 3 Nr. 3** Amtsträger Fälle eigenständig für eine umfassende Prüfung auswählen können. Sie dürfen an einer solchen Auswahl also nicht durch das RMS gehindert werden (TK § 88 Rn. 81; Klein § 88 Rn. 98). Zudem müssen die RMS nach **Abs. 5 S. 3 Nr. 4** regelmäßig auf ihre Zielerfüllung hin evaluiert werden.

42 Ebenso wie die fallgruppenbezogenen Weisungen zu Art und Umfang von Ermittlungen und Datenverarbeitung nach Abs. 3 S. 3 dürfen auch die Einzelheiten der RMS **nicht veröffentlicht** werden, **soweit** dies die Gleichmäßigkeit und Gesetzmäßigkeit der Besteuerung gefährden könnte (→ Rn. 39). Auch bei den RMS sollte dies nicht so verstanden werden, dass eine absolute Geheimhaltung gefordert ist. Diese ist ebenfalls nur bei einer Gefährdung der Gleichmäßigkeit und Gesetzmäßigkeit der Besteuerung geboten und in diesen Fällen selbstverständlich auch notwendig. Die FVerw. sollte jedoch schon ein eigenes Interesse an der Akzeptanz der Stpfl. an der fortschreitenden Digitalisierung des Besteuerungsverfahrens haben. Diese ist nur mit größtmöglicher Transparenz erreichbar. Das Besteuerungsverfahren darf nicht zu einer Geheimwissenschaft werden. Dies gilt umso mehr wegen der nur eingeschränkten gerichtlichen Überprüfbarkeit nach § 86 FGO. Zudem bietet eine Transparenz und Überprüfung durch Dritte die Chance, etwaige Fehler der RMS frühzeitig zu erkennen und ist damit ein Beitrag zur Sicherstellung der Gleichmäßigkeit der Besteuerung (TK § 88 Rn. 84). Dem kann auch nicht mit dem Argument entgegengetreten werden, dass die Auswahl zur intensiven Prüfung so lange unbedenklich ist, wie das RMS auf den Einsatz bei allen Stpfl. ausgelegt ist (Klein § 88 Rn. 105). Dies ist zwar grundsätzlich zutreffend, jedoch stellt sich die Frage, wie dies überprüft werden soll. Dem RMS ist es immanent, dass durch die Risikobewertung Stpfl. oder Branchen unterschiedlich bewertet werden. Ob Fehler zB wegen mangelnder Branchenkenntnisse dazu führen, dass bestimmte Stpfl. gar nicht mehr überprüft werden, kann ua dadurch aufgedeckt werden, indem branchenkundige Dritte die RMS beurteilen.

VII. Folgen bei unterlassener Sachaufklärung

43 Verstößt die FB gegen den Untersuchungsgrundsatz, nimmt sie also gebotene Ermittlungen nicht vor und werden dadurch auf unzureichender Sachverhaltsermittlung beruhende Besteuerungsgrundlagen einem VA zu Grunde gelegt, ist der VA rechtswidrig. Das gilt auch, wenn sie einem Beweisantrag des Beteiligten zu Unrecht nicht nachgeht (→ Rn. 26). Ebenfalls rechtwidrig ist der VA, wenn die FB ein Ergebnis der Beweiserhebung vorwegnimmt und wegen des angenommenen Ergebnisses von der Beweiserhebung absieht (Verbot der vorweggenommenen Beweiswürdigung). Im Einspruchs- und Klageverfahren kann die Aufklärung des Sachverhalts nachgeholt werden. Die unterlassene Sachaufklärung, die Verwertung eines unzulässigen Beweismittels und der Verstoß gegen

ein Beweisverwertungsverbot können nur im Rahmen der Anfechtung der abschließenden Sachentscheidung geltend gemacht werden. Zu der Anfechtung bei rechtswidriger Beweiserhebung durch ein bestimmtes Beweismittel → § 92 Rn. 18. In StSachen erforscht das Gericht den Sachverhalt von Amts wegen (§ 76 I FGO). Unter den Voraussetzungen des § 100 III 1 FGO kann das FG bei Erforderlichkeit umfangreicher Ermittlungen den angegriffenen StBescheid aufheben (sog. besondere Kassation; Gräber FGO § 100 Rn. 55 ff.) und die Sache an die FB zurückverweisen. Geht die FB im Besteuerungsverfahren den sich aufdrängenden Zweifeln an dem vom Beteiligten angegebenen Sachverhalt nicht nach, kann uU eine spätere Änderung eines StBescheids nach § 173 I Nr. 1 ausgeschlossen sein. Geht der Sachbearbeiter Prüfhinweisen aufgrund des RMS nicht nach, liegt keine offenbare Unrichtigkeit (§ 129) vor, sondern ein Fehler bei der Sachverhaltsaufklärung (BFH 14.1.2020 – VIII R 4/17, BStBl. II 2020, 433). Die Feststellungslast der unterlassenen Sachaufklärung trägt der Beteiligte (§ 173 Rn. 100 ff.; BFH 24.4.1986 – V R 99/83, BFH/NV 1986, 589; BFH 23.6.1993 – I R 14/93, BStBl. II 1993, 806; BFH 9.6.2005 – IX R 75/03, BFH/NV 2005, 1765; Schwarz/Pahlke/Keß § 88 Rn. 188).

VIII. Tatsächliche Verständigung

Schrifttum: Offerhaus, Die tatsächliche Verständigung – Voraussetzungen und Wirkung, DStR 2001, 2093; Karl, Rechtsanwendungsgleichheit und Verwaltungsanweisungen zur Begrenzung der Sachverhaltsermittlung, DStZ 2002, 598; Wiethölter, Die tatsächliche Verständigung, DStZ 2002, 527; Mösbauer, Die tatsächliche Verständigung – ein vages Beweismittel-Surrogat im Besteuerungsverfahren, BB 2003, 1037; Pump/Fittkau, Checkliste zur tatsächlichen Verständigung, AO-StB 2007, 129 (154); Bruschke, Konfliktlösung durch eine tatsächliche Verständigung mit dem Finanzamt, DStR 2010, 2611; Schuster, Rechtsinstitut der sog. tatsächlichen Verständigung im Steuerrecht, DStZ 2018, 720; Riegel/Amler, Die tatsächliche Verständigung – Entfallen der Bindungswirkung bei Fehlen oder Wegfall der Geschäftsgrundlage, BB 2018, 605.

1. Begriff, Rechtsgrundlagen

Die gesetzlich nicht geregelte **tatsächliche Verständigung** ist eine bindende Einigung der FB einerseits und des Beteiligten andererseits über den für die Besteuerung maßgebenden Sachverhalt im konkreten Besteuerungsverfahren (→ § 85 Rn. 14). Sie ist keine Einigung über die Höhe der Steuer, da diese wegen § 85 nicht zur Disposition steht. Einen Vergleich im Rechtssinne gibt es nicht (→ § 78 Rn. 22; → § 85 Rn. 12). Die tatsächliche Verständigung ist nur über abgeschlossene Sachverhalte und für die steuerliche Behandlung abgeschlossener Zeiträume zulässig. Allerdings entfaltet sie auch für die Zukunft Wirkung, wenn die steuerliche Bedeutung des Sachverhalts nicht auf einen Stichtag oder einen VZ beschränkt ist, zB bei der Festlegung der Nutzungsdauer eines Wirtschaftsguts für die Dauer der Abschreibung oder der Abgrenzung von Herstellungs- und Erhaltungsaufwand. Die tatsächliche Verständigung ist von der **verbindlichen Auskunft** nach § 89 II zu unterscheiden, die die steuerliche Behandlung noch nicht verwirklichter Sachverhalte in der Zukunft betrifft (Erl zu. § 89). Die **verbindliche Zusage** im Anschluss an eine Ap. nach § 204 betrifft die steuerrechtliche Behandlung in der Vergangenheit verwirklichter Sachverhalte mit Wirkung für die Zukunft, wenn sie in zeitlicher Hinsicht von allen Beteiligten idS verstanden worden ist oder werden musste (BFH 6.12.2012 – I B 8/12, BFH/NV 2013, 703; → § 204 Rn. 1 ff.). 47

Umstritten ist die **Rechtsgrundlage** der tatsächlichen Verständigung. Sie wird als öffentlich-rechtlicher Vertrag angesehen bzw. aus dem Grundsatz von Treu und Glauben hergeleitet (zum Diskussionsstand s. TK Vorb. § 118 Rn. 15 ff.; HHSp § 78 Rn. 260.; Gosch AO § 78 Rn. 37 ff., jeweils mwN; → § 38 Rn. 31). Trotz grundsätzlicher Bedenken ist die tatsächliche Verständigung gängige Praxis und von der Rspr. seit Langem anerkannt (vgl. BFH 11.12.1984 – VIII R 131/76, BStBl. II 1985, 354; BFH 31.7.1996 – XI R 78/95, BFH/NV 1997, 3 mwN; grundlegend BFH 12.8.1999 – XI R 27/98, BFH/NV 2000, 537; BFH 24.1.2002 – III R 49/00, BStBl. II 2002, 408; Rechtsgrundlage offengelassen BFH 1.9.2009 – VIII R 78/06, BFH/NV 2010, 593; BFH 20.2.2014 – XI B 48

85/13, BFH/NV 2014, 828). Für die Praxis ist deshalb die Diskussion der Rechtsgrundlagen ohne Bedeutung. Die FVerw. fasst die in std. Rspr. entwickelten Grundsätze in Verwaltungsanweisungen zusammen, vgl. BMF 30.7.2008, BStBl. I 2008, 831; zuletzt geändert durch BMF 15.4.2019, BStBl. I 2019, 447 mit Nachweisen der Rspr. Zur Vermeidung von Rechtsstreitigkeiten sollten sich die Beteiligten an diesen im Folgenden dargestellten Rechtsgrundsätzen orientieren.

2. Zulässigkeit

49 Die tatsächliche Verständigung ist ausschl. im Bereich der **Sachverhaltsermittlung** zulässig, nicht dagegen zur Klärung zweifelhafter Rechtsfragen (BFH 15.3.2000 – IV B 44/99, BFH/NV 2000, 1073; BFH 31.3.2004 – I R 71/03, BStBl. II 2004, 742; BFH 22.8.2012 – X R 23/10, BStBl. II 2013, 76; BFH 13.11.2019 – VIII S 37/18, BFH/NV 2020, 196; Offerhaus DStR 2001, 2093: tatsächliche Verständigung zulässig in den aus Sachverhalt und Sachverhaltswürdigung bestehenden „gemischten Fragen"). Ebenfalls kann durch tatsächliche Verständigung nicht der Eintritt bestimmter Rechtsfolgen oder eine Einigung über die Anwendung bestimmter Rechtsvorschriften herbeigeführt werden. Allerdings ist sie insoweit möglich, als im Rahmen einer rechtlichen Beurteilung über eine Vorfrage zum Sachverhalt zu entscheiden ist, dh der anzunehmende Sachverhalt von einer rechtlichen Beurteilung eines anderen Sachverhalts abhängt (BFH 1.2.2001 – IV R 3/00, BStBl. II 2001, 520). Insgesamt dient die tatsächliche Verständigung der **Beseitigung von Unsicherheiten** und Ungenauigkeiten im Bereich des für die Besteuerung maßgebenden Sachverhalts. Sie ist auch insoweit möglich, als im Rahmen einer rechtlichen Beurteilung über eine Vorfrage zum Sachverhalt zu entscheiden ist (BFH 1.2.2001 – IV R 3/00, BStBl. II 2001, 520 mwN). Sie kommt insb. in Betracht, wenn ein Schätzungs-, Bewertungs-, Beurteilungs- oder Beweiswürdigungsspielraum besteht. Die tatsächliche Verständigung führt vom Grundsatz her nicht zu einem Verbot gesetzesabweichender StFestsetzung, sondern ist auf die Ermittlung tatsächlich verwirklichter Besteuerungsgrundlagen und damit auf eine gesetzmäßige StFestsetzung gerichtet. Das gelingt aber nicht und sie ist deshalb unzulässig, wenn sie zu einer **offensichtlich** unzutreffenden StFestsetzung führt (BFH 7.7.2004 – X R 24/03, BStBl. II 2004, 975; BFH 3.8.2005 – I S 1/05 ua, BFH/NV 2005, 1972 mwN; BFH 11.7.2012 – X B 136/11, BFH/NV 2012, 1815 mwN). Unter welchen Umständen die tatsächliche Verständigung zu einem offensichtlich unzutreffenden Ergebnis führt, ist im Rahmen der Gesamtwürdigung aller Umstände zu beurteilen. Das Ergebnis ist nicht offensichtlich unzutreffend, wenn insb. bei Schätzungen hinzugeschätzte Beträge nicht dem wahren Sachverhalt entsprechen oder außerhalb der Richtwerte liegen (BFH 26.10.2005 – X B 41/05, BFH/NV 2006, 243 mwN). Die tatsächliche Verständigung kann in **jedem Stadium** des Besteuerungsverfahrens getroffen werden, insb. auch anlässlich einer Ap. und während eines Einspruchs- oder Klageverfahrens.

3. Voraussetzungen

50 Die Möglichkeit der tatsächlichen Verständigung durchbricht das Legalitätsprinzip (§ 85) sowie den Untersuchungs- oder Amtsermittlungsgrundsatz (§ 88). Nach den Verwaltungsanweisungen ist Voraussetzung das Vorliegen eines Sachverhalts, der nur unter **erschwerten Umständen** ermittelt werden kann. Nach BMF 30.7.2008, BStBl. I 2008, 831 ist das zB der Fall, wenn die Sachverhaltsermittlung nur mit überdurchschnittlichem Arbeits- und Zeitaufwand möglich ist. Dabei kann auf das Verhältnis zwischen voraussichtlichem Arbeitsaufwand und steuerlichem Erfolg abgestellt und ferner berücksichtigt werden, in welchem Maß das FA durch ein zu erwartendes finanzgerichtliches Verfahren belastet wird, sofern es bei vorhandenen Zweifeln dem Begehren des Stpfl. nicht entspricht und zu seinem Nachteil entscheidet. Die tatsächliche Verständigung soll der Herstellung des Rechtsfriedens bei gleichzeitiger Beschränkung des Arbeits- und Zeitaufwands auf ein vertretbares Maß dienen (auch AEAO zu § 88 Nr. 4).

Kritik. Der Ansatz, auf die erschwerten Umstände bei der Sachverhaltsermittlung abzustellen, ist richtig. Allerdings begegnet die Maßgeblichkeit des Arbeits- und Zeitaufwands und des steuerlichen Erfolgs erheblichen verfassungsrechtlichen Bedenken. So darf zB ein Stpfl., der die Sachverhaltsaufklärung durch Verweigerung seiner Mitwirkungspflicht erschwert oder gar vereitelt, nicht bessergestellt werden als ein gesetzestreuer Stpfl. (→ Rn. 31; → § 85 Rn. 20). Die Ermittlung eines Sachverhalts darf nicht aus Gründen der Kompliziertheit des StRechts und der ggf. damit einhergehenden Komplexität der Besteuerungsgrundlagen unterbleiben. Das Abstellen auf den steuerlichen Erfolg führt zu beliebigen Ergebnissen. Auch die Berücksichtigung eines Prozessrisikos allein im Hinblick auf den dadurch bedingten Arbeitsaufwand der FB kann, wenn nicht die steuerlichen Streitpunkte ganz geringfügig sind, kein rechtmäßiges Kriterium für den Abschluss einer tatsächlichen Verständigung sein. In der Praxis dürfte bei eher geringer steuerlicher Bedeutung eine Einigung außerhalb einer formellen tatsächlichen Verständigung angestrebt werden (vgl. BMF 30.7.2008, BStBl. I 2008, 831). Ein großzügiger Anwendungsspielraum und strukturelle Vollzugsdefizite müssen indes weitestgehend vermieden werden, soll die Verwaltungspraxis nicht gegen Art. 3 Abs. 1 GG verstoßen. Der Untersuchungs- oder Amtsermittlungsgrundsatz sowie das Legalitätsprinzip müssen stets Leitlinie für jedes Verwaltungshandeln sein. Nur die tatsächliche Unmöglichkeit oder die erheblich erschwerte Ermittlung des Sachverhalts können eine tatsächliche Verständigung rechtfertigen. Im Einzelfall wird ein ausgewogenes Verhältnis zwischen der Schwierigkeit der Sachverhaltsermittlung und der verfassungsrechtlich gebotenen Gleichbehandlung aller Stpfl. zu finden sein. So sind auf jeden Fall alle zugänglichen Beweismittel auszuschöpfen. Bei der Verständigung über Besteuerungsgrundlagen im Rahmen einer Schätzung (zB von Betriebseinnahmen bei fehlender Buchführung, von nicht erklärten Kapitaleinkünften im Ausland) sollte ein Sicherheitszuschlag zu Ungunsten des Stpfl. vorgenommen werden (→ § 162 Rn. 1 ff.). 51

4. Zuständigkeit, Inhalt, Form und Verfahren

Für die Wirksamkeit ist insb. von Bedeutung, dass ein auf Seiten des Beteiligten auftretender Bevollmächtigter über eine Vollmacht zur tatsächlichen Verständigung verfügt. Auf Seiten der FB muss im Hinblick auf die Zeichnungsrechtsregelung in der FVerw. ein für die StFestsetzung zuständiger Amtsträger beteiligt sein. Das sind der Vorsteher, der Veranlagungssachgebietsleiter, im Rechtsbehelfsverfahren der Leiter der Rechtsbehelfsstelle, bei der veranlagenden Außenprüfung der zur StFestsetzung befugte Sachgebietsleiter der Betriebsprüfungsstelle (BFH 22.9.2004 – III R 9/03, BStBl. II 2005, 160) oder der veranlagende zuständige Sachgebietsleiter im Rahmen einer Auftragsprüfung (FG Niedersachsen 19.9.2007 – 12 K 334/05, EFG 2008, 180). War an dem Abschluss einer tatsächlichen Verständigung ein für die Entscheidung über die StFestsetzung zuständiger Amtsträger nicht beteiligt, kann dieser Mangel nicht durch nachträgliche Zustimmung geheilt werden (BFH 28.7.1993 – XI R 68/92, BFH/NV 1994, 290; BFH 27.6.2018 – X R 17/17, BFH/NV 2019, 97) Eine andere Auffassung hat bislang die FVerw. vertreten. Danach konnte der Mangel durch nachträgliche Zustimmung geheilt werden (BMF 30.7.2008, BStBl. I 2008, 831 Nr. 5.3). Nunmehr verlangt aber die FVerw. zumindest, dass in der tatsächlichen Verständigung ein Hinweis aufzunehmen ist, dass die tatsächliche Verständigung bis zur nachträglichen Zustimmung durch den für die Steuerfestsetzung zuständigen Amtsträger schwebend unwirksam ist. Darüber hinaus muss bis zum Zeitpunkt der nachträglichen Zustimmung auch dem Stpfl. ein Widerrufsrecht eingeräumt werden (BMF 15.4.2019, BStBl. I 2019, 447 Nr. 5.5). Es reicht aber nicht aus, dass der zuständige Bedienstete den aufgrund der tatsächlichen Verständigung erlassenen StBescheid abzeichnet (BFH 25.11.1997 – IX R 47/94, BFH/NV 1998, 580). Inhaltlich soll sich die tatsächliche Verständigung auf nur einen einzigen Sachverhalt beziehen. „Paketlösungen" sollen nur in Betracht gezogen werden, wenn nur auf diesem Weg eine Klärung der offenen Sachverhaltsfragen erreicht werden kann. Eine tatsächliche Verständigung ist mit recht- 52 licher Bindung zwar formlos möglich (BFH 21.6.2000 – IV B 138/99, BFH/NV 2001, 2), aus Gründen der Beweissicherheit ist jedoch nach den Vorschriften der FVerw. eine von den Beteiligten zu unterschreibende Niederschrift über das Vereinbarte zu fertigen. Auf die Bindungswirkung ist hierin hinzuweisen. Die Beteiligten erhalten eine Ausfertigung der Vereinbarung.

5. Bindungswirkung

53 Die Rechtsgrundlage für die Bindungswirkung ist umstritten und richtet sich nach der Rechtsnatur der tatsächlichen Verständigung (→ Rn. 48). Die Bindungswirkung selbst ist anerkannt. Nach std. Rspr. des BFH ist eine wirksame tatsächliche Verständigung für die FB und den Beteiligten nach dem Grundsatz von Treu und Glauben **rechtlich bindend** und der Sachverhalt iSd Verständigung der Besteuerung zugrunde zu legen (BFH 11.12.1984 – VIII R 131/76, BStBl. II 1985, 354). Insoweit besteht kein Rechtsschutzbedürfnis mehr für einen Rechtsbehelf gegen die entspr. StFestsetzung. Eine tatsächliche Verständigung über (Teil-)Sachverhaltsbereiche beinhaltet indes keinen Einspruchsverzicht (→ § 354 Rn. 18 f.). Der Einspruch gegen einen nach tatsächlicher Verständigung ergehenden StBescheid kann uU gem. § 351 I oder nach den Grundsätzen von Treu und Glauben (→ § 4 Rn. 25) ausgeschlossen sein. Allerdings besteht stets die rechtliche Möglichkeit, im Einspruchs- und Klageverfahren den StBescheid dahin überprüfen zu lassen, ob die FB eine bindende tatsächliche Verständigung zutreffend umgesetzt hat (→ Rn. 56). Die Bindungswirkung tritt mit der Unterzeichnung der Niederschrift und nicht erst bei Umsetzung der Verständigung in einen StBescheid ein (BFH 31.7.1996 – XI R 78/95, BStBl. II 1996, 625). Sie bleibt bestehen, wenn der folgende StBescheid unter dem Vorbehalt der Nachprüfung steht und später geändert wird. Das gilt auch für den Fall, dass der StBescheid wegen – anderer – neuer Tatsachen geändert wird. Eine vorläufige StFestsetzung wegen Ungewissheit des Sachverhalts kommt nach Abschluss einer tatsächlichen Verständigung über diesen Sachverhalt nicht mehr in Betracht. Die Verständigung bindet nur die an ihr beteiligten Personen, nicht Dritte (BFH 7.7.2004 – X R 24/03, BStBl. II 2004, 975). Sie entfaltet keine Bindungswirkung, wenn sie zu einem **offensichtlich unzutreffenden Ergebnis** führt, wobei für diese Beurteilung auf eine Gesamtwürdigung aller Umstände abzustellen ist (BFH 11.7.2012 – X B 136/11, BFH/NV 2012, 1815).

54 Die tatsächliche Verständigung kann grds. im Einvernehmen aller Beteiligten **aufgehoben oder geändert** werden. Diese Möglichkeit wird indes auf Ausnahmefälle zu beschränken sein, weil sie sonst ihren Sinn, gerade bei Unklarheiten im Sachverhalt sich auf eine bestimmte Tatsache zu einigen, verlieren würde.

55 Sie kann unter den allg. für Anfechtungen geltenden Voraussetzungen **angefochten oder für unwirksam erklärt** werden, so zB bei Einigungsmangel (§ 154 BGB), Vertretungsmangel (§§ 164 ff. BGB), bei Nichtmitwirkung des zuständigen Amtsträger auf Seiten der FB, bei Abschluss unter Druck oder unzulässiger Beeinflussung des Beteiligten, Drohung mit Konsequenzen für ein StStrafverfahren (Anfechtung nach §§ 119, 120, 123 BGB), bei Wegfall der Geschäftsgrundlage (§ 313 BGB; BFH 11.4.2017 – IX R 24/15, BStBl. II 2017, 1155) oder wenn die tatsächliche Verständigung zu einem offenbar unzutreffenden Ergebnis führt (BFH 26.10.2005 – X B 41/05, BFH/NV 2006, 243 mwN). Für eine Anfechtung reicht jedoch nicht aus, dass der Stpfl. aus Sorge vor ungünstigen steuerlichen Folgen für das StFestsetzungsverfahren (zB Schätzung) oder für das StStrafverfahren (zB weitere lästige Ermittlungen) eine Vereinbarung getroffen hat. Dass der Beteiligte sich über die Tragweite der Verständigung erst im Nachhinein klar geworden ist, führt nicht zur erfolgreichen Anfechtung, zum Wegfall der Geschäftsgrundlage oder zur Nichtverwertbarkeit wegen Verstoßes gegen die Grundsätze von Treu und Glauben. Die zivilrechtlichen Grundsätze für die Anfechtung sind anzuwenden (BFH 8.10.2008 – I R 63/07, BStBl. II 2009, 121; BFH 1.9.2009 – VIII R 78/06, BFH/NV 2010, 593). Ein ausdrücklicher Vorbehalt des Beteiligten, er schließe die Vereinbarung nur für den Fall der

gesamtwirtschaftlichen steuerlichen Neutralität, steht ggf. der Bindungswirkung entgegen (BFH 8.10.2008 – I R 63/07, BStBl. II 2009, 121).

Die **Unwirksamkeit** kann von jedem Beteiligten geltend gemacht werden. Ist die 56
tatsächliche Verständigung **noch nicht in einem bestandskräftigen VA** umgesetzt, kommt es für die weitere Behandlung darauf an, ob die FB oder der Beteiligte von der Unwirksamkeit ausgeht. Bei angenommener Unwirksamkeit durch die FB teilt diese dem Beteiligten mit, die Verständigung werde nicht dem nachfolgenden StBescheid zugrunde gelegt und lässt sie außer Acht. Der Beteiligte kann sich im Rahmen der Anfechtung des VA auf die Wirksamkeit und die Bindungswirkung der Verständigung berufen. Die FB überprüft im Einspruchsverfahren die Wirksamkeit. Das Gericht prüft im Klageverfahren die Wirksamkeit unter Beachtung aller in Betracht kommenden Unwirksamkeitsgründe. Es ist insofern nicht an das Vorbringen der Beteiligten gebunden. Im Zweifel erhebt es Beweis über das Zustandekommen und den Inhalt der Vereinbarung. Bei Unwirksamkeit hat die Klage keinen Erfolg. Bei Wirksamkeit der Verständigung ist das Gericht an den Inhalt der Vereinbarung gebunden und hat den angegriffenen VA entspr. zu ändern (std. Rspr.; BFH 27.2.2007 – X B 178/06, BFH/NV 2007, 1073 mwN). Dasselbe gilt, wenn der Beteiligte sich auf die Unwirksamkeit beruft. Folgt die FB der Auffassung des Beteiligten, so teilt sie diesem mit, dass die Vereinbarung als einvernehmlich aufgehoben anzusehen ist. Geht die FB aber von der Wirksamkeit aus, legt sie die Vereinbarung dem VA zugrunde. Wenn der Beteiligte die Unwirksamkeit mit zutreffenden Gründen geltend macht, legt sie sie nicht (mehr) der Besteuerung zugrunde. Im Klageverfahren prüft das Gericht die Wirksamkeit. Bejaht es diese, hat es nur noch zu prüfen, ob die Verständigung zutreffend in dem VA verwirklicht ist.

Ist die Verständigung schon in einem **bestandskräftigen StBescheid** umgesetzt, kann 57
die Unwirksamkeit von beiden Seiten nur dann mit Erfolg geltend gemacht werden, wenn der StBescheid nach den Vorschriften des Verfahrensrechts noch geändert werden kann, zB nach §§ 172, 173 wegen nachträglich bekannt gewordener Besteuerungsgrundlagen, die nicht Gegenstand der tatsächlichen Verständigung waren. Stellt sich nach Bestandskraft des VA die Unwirksamkeit heraus, kann der VA aus diesem Grunde nicht mehr geändert werden, zB nach § 173 I oder § 175 I 1 Nr. 2, denn die Unwirksamkeit ist keine neue Tatsache und kein rückwirkendes Ereignis.

§ 88a Sammlung von geschützten Daten

[1] Soweit es zur Sicherstellung einer gleichmäßigen Festsetzung und Erhebung der Steuern erforderlich ist, dürfen die Finanzbehörden nach § 30 geschützte Daten auch für Zwecke künftiger Verfahren im Sinne des § 30 Absatz 2 Nummer 1 Buchstabe a und b, insbesondere zur Gewinnung von Vergleichswerten, in Dateisystemen verarbeiten. [2] Eine Verarbeitung ist nur für Verfahren im Sinne des § 30 Absatz 2 Nummer 1 Buchstabe a und b zulässig.

I. Allgemeines

Die FVerw. sammelt und verwendet seit jeher eine Vielzahl von Daten, die öffentlich 1
zugänglich sind (zB statistisches Material zum Abgleich mit Angaben des Stpfl. in seiner StErklärung, Berichte und Angaben aus Zeitungen, die auf Einnahmen eines Stpfl. schließen lassen wie Anzeigen über Geschäftseröffnungen, Bekanntmachungen über Eintragung einer GmbH im Handelsregister oder Vermietungsinserate). Bei der Sammlung dieser Daten ist das StGeheimnis häufig nicht berührt. Ferner sammelt die FVerw. Daten, die im Zusammenhang mit Besteuerungs- und anderen Verwaltungsverfahren anfallen und, weil sie personenbezogen und nicht anonymisiert sind, in aller Regel nach § 30 dem StGeheimnis unterliegen. Sie dienen idR zum Abgleich mit Angaben des Stpfl. in anderen Verwaltungsverfahren wie etwa den Angaben in seinen StErklärungen für spätere Veranlagungszeiträume. Die Befugnis der FB zur Sammlung und Verwendung von Daten war

ursprünglich nicht ausdrücklich geregelt. Die Sammlung öffentlich zugänglicher Daten wurde als rechtlich unproblematisch angesehen, deren Verwertung im konkreten Verwaltungsverfahren wurde jedoch im Hinblick auf den Datenschutz zunehmend fraglich. Dasselbe galt im Wesentlichen für die dem StGeheimnis unterliegenden personenbezogenen Daten. § 88a stellt nunmehr aus Gründen der Rechtssicherheit klar, dass die FVerw. zur Erfüllung ihrer Aufgaben (insb. zur gleichmäßigen Festsetzung und Erhebung von Steuern, § 85) nicht geschützte und geschützte Daten zum einen überhaupt und zum anderen nicht nur für ein konkretes, aktuelles Verwaltungsverfahren, sondern auch für Zwecke künftiger Verfahren sammeln und verwenden darf. Das gilt jedoch nur für die Verwendung in Verfahren iSd § 30 II Nr. 1 Buchst. a und b (BT-Drs. 12/5940, 24). § 88a gilt für die Sammlung und Verwendung von Daten ab dem Inkrafttreten am 22.12.1993. Zuvor angelegte Datensammlungen waren rechtmäßig angelegt. Die Vorschrift gilt für das gesamte Besteuerungsverfahren. Bedenken gegen die **Verfassungsmäßigkeit** wegen eines Verstoßes gegen das Recht auf informelle Selbstbestimmung bestehen nicht (BVerfG 10.3.2008 – 1 BvR 2388/03, BStBl. II 2009, 23; TK § 88a Rn. 3; HHSp § 88a Rn. 9: keine Verfassungswidrigkeit, weil die Sammlung im „überwiegenden Allgemeininteresse“ an einer gleichmäßigen Besteuerung liegt). Mit dem Gesetz zur Änderung des Bundesversorgungsgesetzes und anderer Vorschriften (BGBl. 2017 I 2541) wurde die Vorschrift mit Wirkung vom 25.5.2018 terminologisch an die DS-GVO angepasst. Vor Einführung der §§ 32a ff. bestand für den Betroffenen kein Anspruch auf Auskunft zu den über ihn gesammelten Daten. Ihm war allerdings die Möglichkeit zur Überprüfung der Daten zu geben, wenn diese zu seinem Nachteil verwendet wurden (zu Einzelheiten s. BVerfG 10.3.2008 – 1 BvR 2388/03, BStBl. II 2009, 23). Ein Anspruch auf Löschung der Daten kann sich allenfalls aus § 32f. ergeben (Klein § 88a Rn. 4).

II. Sammlung und Verwendung von Daten (S. 1)

1. Datensammlung

5 Gemäß § 88a S. 1 darf die FB alle Arten von Daten zum Zwecke der gleichmäßigen Festsetzung und Erhebung von Steuern verarbeiten. Die durch § 88a eingeräumte Befugnis umfasst auch und gerade die nach § 30 geschützten personenbezogenen Daten. Die FB darf die bei ihr in den verschiedenen Besteuerungsverfahren anfallenden Daten nicht nur im Einzelfall, sondern auch in Dateisystemen verarbeiten. Dateisysteme sind nach Art. 4 Nr. 6 DS-GVO jede strukturierte Sammlung personenbezogener Daten, die nach bestimmten Kriterien zugänglich sind, unabhängig davon, ob diese Sammlung zentral, dezentral oder nach funktionalen oder geografischen Gesichtspunkten geordnet geführt wird. Sie können sowohl als Papierakte oder als elektronische Datensammlungen geführt werden. Der Begriff ist weit auszulegen (HHSp § 88a Rn. 12f.). Nach Art. 4 Nr. 2 DS-GVO ist die Verarbeitung jede mit oder ohne Hilfe automatisierter Verfahren ausgeführte Vorgang oder jede solche Vorgangsreihe im Zusammenhang mit personenbezogenen Daten wie das Erheben, das Erfassen, die Organisation, das Ordnen, die Speicherung, die Anpassung oder Veränderung, das Auslesen, das Abfragen, die Verwendung, die Offenlegung durch Übermittlung, Verbreitung oder eine andere Form der Bereitstellung, den Abgleich oder die Verknüpfung, die Einschränkung, das Löschen oder die Vernichtung (Gosch AO § 88a Rn. 4). Die Verarbeitung von Daten wird in vielen Bereichen von § 5 FVG dem BZSt übertragen (zB § 5 I Nr. 6 betr. steuerliche Auslandsbeziehungen, zur Verfassungsmäßigkeit → Rn. 1, § 5 Nr. 13 betr. Betrugsfälle im Bereich der USt, § 5 Nr. 31 betr. Konzernverzeichnisse). Weitere Beispiele für derartige Sammlungen sind die Statistik über Gängigkeitsabschläge bei Beständen des Vorratsvermögens beim BZSt, die Informationszentrale für den StFahndungsdienst sowie die Richtsatzsammlung der Betriebsprüfung (BT-Drs. 12/5940, 24). Mithilfe der Datensammlungen sind die FB zB in den Stand gesetzt, Auffälligkeiten in den StErklärungen und Aufzeichnungen von Stpfl. zu erkennen, durch Abgleich der Angaben von Stpfl. mit den in den Richtsätzen gesammelten Werten

Verprobungen vorzunehmen oder etwa Erkenntnisse des BZSt über ausländische Scheinfirmen im Rahmen des § 160 nutzbar zu machen. Die FB darf auch Kontrollmitteilungen aus StAkten eines Stpfl. fertigen, um steuerliche Angaben eines anderen Stpfl. zu überprüfen (Gosch AO § 88a Rn. 8). Eine Anonymisierung der Daten ist nicht erforderlich.

2. Verwendung von Daten

§ 88a S. 1 erlaubt nur die Verwendung, nicht aber die Erhebung von Daten. Sie ist **keine Ermächtigung** zur Gewinnung von Daten im Wege des Auskunftsersuchens nach §§ 93 ff. (HHSp § 88a Rn. 17). Eine Weitergabe an Behörden außerhalb der FVerw. oder gar an Dritte ist nicht zulässig. 6

3. Zweckgebundenheit

Daten dürfen nur gesammelt und verwendet werden, „soweit es zur Sicherstellung einer gleichmäßigen Festsetzung und Erhebung der Steuern erforderlich ist". Die Formulierung zeigt, dass die Sammlung und Verwendung von Daten zweckgebunden ist, nämlich der Verwendung in einem konkreten Verwaltungsverfahren iSd § 30 II Nr. 1 Buchst. a und b dienen soll. Die Sammlung darf kein Selbstzweck sein. 7

III. Einschränkung der Verwendung (S. 2)

Die Befugnis zum Verarbeiten von Daten im Zusammenhang mit einem konkreten Verwaltungsverfahren ist selbstverständlich und ergibt sich schon aus § 85. Die FB darf Daten aber auch für Zwecke **künftiger Verfahren nach § 30 II Nr. 1 Buchst. a und b** verarbeiten. Allerdings ist die Verarbeitung nur für die in der Vorschrift genannten Verfahren zulässig. Dies sind – nur – Verwaltungsverfahren, Rechnungsprüfungsverfahren, gerichtliche Verfahren in StSachen (§ 30 II Nr. 1 Buchst. a sowie Strafverfahren wegen einer StStraftat und Bußgeldverfahren wegen einer StOrdnungswidrigkeit (§ 30 II Nr. 1 Buchst. b). 10

§ 88b Länderübergreifender Abruf und Verwendung von Daten zur Verhütung, Ermittlung und Verfolgung von Steuerverkürzungen

(1) **Für Zwecke eines Verwaltungsverfahrens in Steuersachen, eines Strafverfahrens wegen einer Steuerstraftat oder eines Bußgeldverfahrens wegen einer Steuerordnungswidrigkeit von Finanzbehörden gespeicherte Daten dürfen zum gegenseitigen Datenabruf bereitgestellt und dann von den zuständigen Finanzbehörden zur Verhütung, Ermittlung oder Verfolgung von**
1. länderübergreifenden Steuerverkürzungen,
2. Steuerverkürzungen von internationaler Bedeutung oder
3. Steuerverkürzungen von erheblicher Bedeutung
untereinander abgerufen, im Wege des automatisierten Datenabgleichs überprüft, verwendet und gespeichert werden, auch soweit sie durch § 30 geschützt sind.

(2) **Auswertungsergebnisse nach Absatz 1 sind den jeweils betroffenen zuständigen Finanzbehörden elektronisch zur Verfügung zu stellen.**

(3) [1]**Durch Rechtsverordnung der jeweils zuständigen Landesregierung wird bestimmt, welche Finanzbehörden auf Landesebene für die in den Absätzen 1 und 2 genannten Tätigkeiten zuständig sind.** [2]**Die Landesregierung kann diese Verpflichtung durch Rechtsverordnung auf die für die Finanzverwaltung zuständige oberste Landesbehörde übertragen.**

Schrifttum: Gläser/Schöllhorn, Die wesentlichen Neuerungen in der AO nach dem Gesetz zur Modernisierung des Besteuerungsverfahrens, DStR 2016, 1577; v. Wedelstädt, Das Gesetz zur Modernisierung des Besteuerungsverfahrens, AO-StB 2016, 196; Beckmann, Verfassungswidrigkeit des länderübergreifenden Abrufs und der Verwendung von Daten gemäß § 88b AO, DStR 2017, 971.

A. Allgemeines

1 Die Vorschrift wurde durch das StModernG eingeführt und ist bereits am Tag nach der Verkündung des Gesetzes am 23.7.2016 in Kraft getreten.

2 Ziel der Regelung ist die Schaffung einer Berechtigung, Klardaten aus Verwaltungsverfahren in StSachen, aus Strafverfahren wegen einer StStraftat oder aus Bußgeldverfahren wegen einer StOrdnungswidrigkeit für eine länderübergreifende Verhütung, Ermittlung und Verfolgung von StVerkürzungen durch die dafür zuständigen zentralen Stellen der FVerw. des Bundes und der Länder bei anderen zuständigen FB zu erheben und für die im Gesetz beschriebenen Zwecke zu verwenden (BT-Drs. 18/8434, 109). Sie ergänzt die Regelungen des § 88a. Während § 88a die Sammlung von Daten zulässt, ermöglicht § 88b den automationsgestützten Abgleich der bereits vorhandenen (gespeicherten) Daten innerhalb des föderalen Staats (TK § 88b Rn. 2).

3 Im Hinblick auf das Recht auf informationelle Selbstbestimmung (Art. 2 Abs. 1 iVm Art. 1 Abs. 1 GG) werden teils erhebliche verfassungsrechtliche Bedenken „anlasslose Rasterfahndung" angemeldet (Gläser/Schöllhorn DStR 2016, 1577; Beckmann DStR 2017, 971). Seer weist jedoch zu Recht darauf hin, dass die Vorschrift vor allem dem Umstand Rechnung trägt, dass in der Bundesrepublik Deutschland keine bundeseinheitliche FVerw. existiert, sondern die Verwaltungszuständigkeiten auf mehrere Gebietskörperschaften verteilt sind. Damit durch den Föderalismus kein strukturelles Vollzugshindernis entsteht, muss es zwischen den Gebietskörperschaften einen effizienten Datenaustausch geben. Zudem geht der Umfang der unter den FB abrufbaren Daten nicht über die nach § 88a bereits gespeicherten Daten hinaus (TK § 88b Rn. 2). Den verfassungsrechtlichen Bedenken ist durch eine entsprechend restriktive Auslegung des § 88b Rechnung zu tragen (Schwarz/Pahlke/Keß § 88b Rn. 20 ff.; Gosch AO § 88b Rn. 2: Vorschrift ist verfassungskonform auszulegen). Eine Ausweitung des Anwendungsbereichs auf Bagatellfälle kommt nicht in Betracht.

B. Gegenseitiger Abruf und Abgleich gespeicherter Daten (Abs. 1)

5 Die Vorschrift ermöglicht die Bereitstellung und den länderübergreifenden gegenseitigen Abruf bereitgestellter gespeicherter personenbezogener und nicht personenbezogener Daten (TK § 88b Rn. 4). Dem Wortlaut nach handelt es sich um keine Bereitstellungspflicht („dürfen"). Den jeweiligen FB wird hierfür ein Ermessensspielraum (§ 5) eingeräumt (Gosch AO § 88b Rn. 7). Der länderübergreifende Datenabruf und die Verwendung von Daten erstreckt sich auf Daten, die die FB bereits zulässigerweise in einem Verwaltungsverfahren in StSachen, einem Strafverfahren wegen einer StStraftat oder einem Bußgeldverfahren wegen einer StOrdnungswidrigkeit erhoben und gespeichert haben. Die Vorschrift gewährt keine eigenständige Befugnis für die FB, Daten für die genannten Zwecke (erstmalig) zu erheben (TK § 88b Rn. 4; Gosch AO § 88b Rn. 1).

6 Unter den Begriff der Finanzbehörde fallen sämtliche Finanzbehörden des Bundes und der Länder, nicht jedoch ausländische Behörden (TK § 88b Rn. 4; Gosch AO § 88b Rn. 7).

7 Der Zweck des Datenabrufs und der Datenverwendung ist auf die Verhütung, Ermittlung und Verfolgung von Fällen der **länderübergreifenden StVerkürzung,** der **StVerkürzungen von internationaler Bedeutung** oder der **StVerkürzung von erheblicher Bedeutung** beschränkt. Die Aufzählung der zulässigen Zwecke ist **abschließend** (Gosch AO § 88b Rn. 8). Der Gesetzgeber lässt den Begriff der „erheblichen Bedeutung" offen. Hierbei ist zunächst auf die Höhe der StVerkürzung abzustellen. Eine Orientierung kann die zu § 370 III 2 Nr. 1 „in großem Ausmaß" von der Rspr. entwickelte Grenze von 50.000 EUR bieten (BGH 27.10.2015 – 1 StR 373/15, DStR 2016, 914). Neben der

Höhe der StVerkürzung kann die erhebliche Bedeutung aber auch in einer Vervielfältigungsgefahr liegen. In jedem Fall ist damit der Datenzugriff zur Ermittlung von Bagatellfällen unzulässig (HHSp § 88b Rn. 14; TK § 88b Rn. 8).

Die Vorschrift spricht von **„StVerkürzung"** und nicht von „StHinterziehung" (§ 370 I) oder „Steuerordnungswidrigkeit" (§ 377), womit die subjektive Tatbestandebene in Form von Vorsatz oder Leichtfertigkeit keine Rolle spielt und nur den objektiven Erfolg (zB §§ 370 IV, 378 I) meint (TK § 88b Rn. 7). 8

Nach § 88b I steht das StGeheimnis iSd § 30 dem länderübergreifenden Datenabruf nicht entgegen. 9

C. Zurverfügungstellung der Auswertungsergebnisse (Abs. 2)

Die Auswertungsergebnisse sind den jeweils betroffenen zuständigen Finanzbehörden elektronisch zur Verfügung zu stellen. Hierbei handelt es sich um eine Pflicht („sind"), ein Ermessen besteht nicht. Es handelt sich um eine Amtspflicht (Gosch AO § 88b Rn. 9). 12

D. Verordnungsermächtigung (Abs. 3)

Durch Rechtsverordnung der jeweils zuständigen Landesregierungen wird bestimmt, welche Finanzbehörden auf Landesebene für die in Abs. 1 und 2 genannten Tätigkeiten zuständig sind. Die Landesregierung kann ihre Verpflichtung durch Rechtsverordnung auf die für die Finanzverwaltung zuständige oberste Landesbehörde übertragen. Für den Bund besitzt das BZSt gem. § 5 I Nr. 5, 13, 28 FVG die Zentralzuständigkeiten (TK § 88b Rn. 15). Von der Verordnungsermächtigung wurde bislang noch kein Gebrauch gemacht (Gosch AO § 88b Rn. 10). 15

§ 88c Informationsaustausch über kapitalmarktbezogene Gestaltungen

(1) **[1]Finanzbehörden haben Tatsachen, die sie dienstlich erfahren haben und aus denen sich nach Würdigung der Gesamtumstände Anhaltspunkte für Steuergestaltungen ergeben, die die Erlangung eines Steuervorteils aus der Erhebung oder Entlastung von Kapitalertragsteuer mit erheblicher Bedeutung zum Gegenstand haben, im Einvernehmen mit der zuständigen obersten Finanzbehörde oder der von ihr bestimmten Finanzbehörde dem Bundeszentralamt für Steuern zu übermitteln. [2]Für die Beurteilung der erheblichen Bedeutung ist insbesondere die Höhe des erlangten Steuervorteils und die Möglichkeit der Nutzung der Gestaltung durch andere Schuldner der Kapitalertragsteuer zu berücksichtigen.**

(2) **[1]Das Bundeszentralamt für Steuern speichert die ihm von den Finanzbehörden nach Absatz 1 übermittelten Informationen und analysiert diese im Hinblick auf missbräuchliche Steuergestaltungsmodelle. [2]Benötigt das Bundeszentralamt für Steuern zur weiteren Aufklärung eines Sachverhaltes ergänzende Informationen von der nach Absatz 1 übermittelnden Finanzbehörde, hat diese dem Bundeszentralamt für Steuern die hierzu erforderlichen Informationen auf Ersuchen zu übermitteln. [3]Das Bundeszentralamt für Steuern darf die ihm nach Maßgabe dieser Vorschrift übermittelten personenbezogenen Daten speichern und verwenden, soweit dies zur Erfüllung seiner Aufgaben nach Satz 1 erforderlich ist.**

(3) **[1]Das Bundeszentralamt für Steuern ist berechtigt, den für die Verwaltung der Kapitalertragsteuer zuständigen Finanzbehörden seine erlangten Sachverhaltserkenntnisse zu übermitteln und im dazu erforderlichen Umfang auch personenbezogene Daten offenzulegen. [2]Die empfangende Behörde oder Stelle darf**

ihr nach Satz 1 übermittelte personenbezogene Daten speichern und verwenden, soweit dies zur Erfüllung ihrer Aufgaben nach diesem Gesetz erforderlich ist.

(4) **Die Verarbeitung personenbezogener Daten durch Finanzbehörden nach Maßgabe der Absätze 1 bis 3 ist ein Verwaltungsverfahren in Steuersachen im Sinne dieses Gesetzes.**

Schrifttum: Dißars, Änderungen der AO durch das Abzugsteuerentlastungsmodernisierungsgesetz und weitere Änderungen, BB 2021, 2077.

A. Allgemeines

1 Die Vorschrift wurde durch das Gesetz zur Modernisierung der Entlastung von Abzugsteuern und der Bescheinigung der Kapitalertragsteuer (Abzugsteuerentlastungsmodernisierungsgesetz – AbzStEntModG) v. 2.6.2021 (BGBl. 2021 I 1259) mit Wirkung ab 9.6.2021 (Art. 15 I) neu eingefügt.

2 Anlass waren die Erfahrungen mit sog. Cum-Ex-Geschäften, bei denen KapESt mehrfach erstattet wurden und ein erheblicher StSchaden verursacht wurde (TK § 88c Rn. 1; Klein § 88c Rn. 1). Sie dient der zielgerichteten Aufdeckung von missbräuchlichen Gestaltungen bei Aktiengeschäften um den Dividendenstichtag. Ebenso sollen andere StGestaltungen erkannt werden, die auf die Erlangung unrechtmäßiger StVorteile abzielen, die sich aus der Erhebung oder Entlastung von KapESt ergeben. Durch eine Analyse der von den örtlichen FB mitgeteilten StGestaltungen erhofft sich der Gesetzgeber frühzeitig Sachverhaltserkenntnisse zu gewinnen und diese in Form einer Rückmeldung an die FB auch veranlagungsunterstützend einsetzen zu können. Das BZSt soll die örtlich zuständigen FB hierdurch bei der Aufklärung des dem Einzelfall zugrundeliegenden Sachverhalts unterstützen (BT-Drs. 19/27632, 78).

B. Übermittlungspflicht an das BZSt (Abs. 1)

5 **Abs. 1 S. 1** verpflichtet die FB Tatsachen, von denen sie dienstlich erfahren haben, an das BZSt zu übermitteln, sofern sich nach Würdigung der Gesamtumstände Anhaltspunkte für **Steuergestaltungen** ergeben, die die Erlangung eines StVorteils aus der Erhebung oder Entlastung von KapESt mit erheblicher Bedeutung zum Gegenstand haben. Die Übermittlung hat im Einvernehmen mit der zuständigen obersten FB oder der von ihr bestimmten FB zu erfolgen. Dem liegt der zutreffende Gedanke zugrunde, dass die örtlichen FB eine wichtige Erkenntnisquelle für derartige Gestaltungen sind. Die Würdigung, ob eine steuerliche Gestaltung modellhaften Charakter hat, zeigt sich bei komplexen Sachverhalten jedoch häufig erst durch die Zusammenführung verschiedener Informationen aus unterschiedlichen Quellen (BT-Drs. 19/27632, 78). Zu übermitteln sind auch personenbezogene Daten iSv § 30 II Nr. 1 wie der Name und die St-ID-Nr. des Schuldners der KapESt sofern dies erforderlich ist, eine Personenzuordnung vorzunehmen, mittels derer ein Erkenntnisgewinn zur Art des eingesetzten Modells erreicht werden kann.

6 Wann eine **erhebliche Bedeutung** vorliegt, wird durch **Abs. 1 S. 2** bestimmt. Bei der Beurteilung soll die Höhe des erlangten StVorteils und die Möglichkeit der Nutzung der Gestaltung durch andere Schuldner der KapESt berücksichtigt werden. Diese Definition wird zu Recht als wenig praxistauglich kritisiert (Klein § 88c Rn. 5).

C. Speicherung und Analyse durch das BZSt (Abs. 2)

9 Nach **Abs. 2 S. 1** hat das BZSt die übermittelten Daten zu speichern und diese im Hinblick auf missbräuchliche StGestaltungsmodelle zu analysieren. Nach der Vorstellung des Gesetzgebers soll durch die Bündelung der Sachverhaltsinformationen zu möglichen

Gestaltungen bei einer zentralen Stelle die komplexen und nur mit Spezialwissen zu Finanztransaktionen bewertbaren Sachverhalte schneller erfasst und analysiert werden. Hierdurch soll auch eine Gesamtschau ermöglicht werden, die den Charakter der StGestaltung offenlegt. Dies soll gewährleisten, dass das im Einzelfall zuständige Finanzamt seine rechtliche Bewertung auf Basis eines zutreffenden Sachverhalts vornimmt. Zudem soll die Bündelung der Informationen auch ermöglichen, dass „modellhafte" StGestaltungen leichter erkannt werden können (BT-Drs. 19/27632, 78).

Sofern sich im Rahmen der Analyse durch das BZSt herausstellt, dass die nach Abs. 1 S. 1 übermittelten Daten nicht ausreichend sind, kann es nach **Abs. 2 S. 2** bei der übermittelnden FB ergänzende Informationen anfordern. 10

Abs. 2 Satz 3 stellt klar, dass das BZSt. dazu die ihr übermittelten personenbezogenen Daten speichern und verwenden (analysieren) darf. 11

D. Mitteilung der Erkenntnisse durch das BZSt (Abs. 3)

Abs. 3 S. 1 ermächtigt das BZSt die gewonnenen Erkenntnisse an die für die Verwaltung der KapESt zuständigen FB mitzuteilen. Hierdurch soll sichergestellt werden, dass die gewonnenen Erkenntnisse veranlagungsunterstützend eingesetzt werden können. Den FB soll es darüber hinaus stets möglich sein, beim BZSt neue Erkenntnisse zu den von ihnen gemeldeten Tatsachen und Sachverhalten zu erfragen (BT-Drs 19/27632, 78). 14

Abs. 3 Satz 2 stellt klar, dass das örtlich zuständige FA zur Speicherung und Verwendung der ihm rückübermittelten personenbezogenen Daten befugt ist, soweit dies zur Erfüllung seiner Aufgaben erforderlich ist. 15

E. Vorliegen eines Verwaltungsverfahrens (Abs. 4)

Abs. 4 bestimmt, dass die Verarbeitung der personenbezogenen Daten durch das BZSt und die FB nach Abs. 1 bis 3 ein Verwaltungsverfahren in StSachen iSd AO ist (§ 29c Abs. 1 S. 1 Nr. 1, § 30 Abs. 2 Nr. 1 Buchst. a). Hieraus ergibt sich die Zulässigkeit gem. § 30 IV Nr. 1 iVm II Nr. 1 Buchst. a zur Offenbarung und Verwertung der Daten. 18

§ 89 Beratung, Auskunft

(1) [1] **Die Finanzbehörde soll die Abgabe von Erklärungen, die Stellung von Anträgen oder die Berichtigung von Erklärungen oder Anträgen anregen, wenn diese offensichtlich nur versehentlich oder aus Unkenntnis unterblieben oder unrichtig abgegeben oder gestellt worden sind.** [2] **Sie erteilt, soweit erforderlich, Auskunft über die den Beteiligten im Verwaltungsverfahren zustehenden Rechte und die ihnen obliegenden Pflichten.**

(2) [1] **Die Finanzämter und das Bundeszentralamt für Steuern können auf Antrag verbindliche Auskünfte über die steuerliche Beurteilung von genau bestimmten, noch nicht verwirklichten Sachverhalten erteilen, wenn daran im Hinblick auf die erheblichen steuerlichen Auswirkungen ein besonderes Interesse besteht.** [2] **Zuständig für die Erteilung einer verbindlichen Auskunft ist die Finanzbehörde, die bei Verwirklichung des dem Antrag zugrunde liegenden Sachverhalts örtlich zuständig sein würde.** [3] **Bei Antragstellern, für die im Zeitpunkt der Antragstellung nach den §§ 18 bis 21 keine Finanzbehörde zuständig ist, ist auf dem Gebiet der Steuern, die von den Landesfinanzbehörden im Auftrag des Bundes verwaltet werden, abweichend von Satz 2 das Bundeszentralamt für Steuern zuständig; in diesem Fall bindet die verbindliche Auskunft auch die Finanzbehörde, die bei der Verwirklichung des der Auskunft zugrunde liegenden Sachverhalts zuständig ist.**

⁴Über den Antrag auf Erteilung einer verbindlichen Auskunft soll innerhalb von sechs Monaten ab Eingang des Antrags bei der zuständigen Finanzbehörde entschieden werden; kann die Finanzbehörde nicht innerhalb dieser Frist über den Antrag entscheiden, ist dies dem Antragsteller unter Angabe der Gründe mitzuteilen. ⁵Das Bundesministerium der Finanzen wird ermächtigt, mit Zustimmung des Bundesrates durch Rechtsverordnung nähere Bestimmungen zu Form, Inhalt und Voraussetzungen des Antrages auf Erteilung einer verbindlichen Auskunft und zur Reichweite der Bindungswirkung zu treffen. ⁶In der Rechtsverordnung kann auch bestimmt werden, unter welchen Voraussetzungen eine verbindliche Auskunft gegenüber mehreren Beteiligten einheitlich zu erteilen ist und welche Finanzbehörde in diesem Fall für die Erteilung der verbindlichen Auskunft zuständig ist. ⁷Die Rechtsverordnung bedarf nicht der Zustimmung des Bundesrates, soweit sie die Versicherungsteuer betrifft.

(3) **¹Für die Bearbeitung eines Antrags auf Erteilung einer verbindlichen Auskunft nach Absatz 2 wird eine Gebühr erhoben. ²Wird eine verbindliche Auskunft gegenüber mehreren Antragstellern einheitlich erteilt, ist nur eine Gebühr zu erheben; in diesem Fall sind alle Antragsteller Gesamtschuldner der Gebühr. ³Die Gebühr ist vom Antragsteller innerhalb eines Monats nach Bekanntgabe ihrer Festsetzung zu entrichten. ⁴Die Finanzbehörde kann die Entscheidung über den Antrag bis zur Entrichtung der Gebühr zurückstellen.**

(4) **¹Die Gebühr wird nach dem Wert berechnet, den die verbindliche Auskunft für den Antragsteller hat (Gegenstandswert). ²Der Antragsteller soll den Gegenstandswert und die für seine Bestimmung erheblichen Umstände in seinem Antrag auf Erteilung einer verbindlichen Auskunft darlegen. ³Die Finanzbehörde soll der Gebührenfestsetzung den vom Antragsteller erklärten Gegenstandswert zugrunde legen, soweit dies nicht zu einem offensichtlich unzutreffenden Ergebnis führt.**

(5) **¹Die Gebühr wird in entsprechender Anwendung des § 34 des Gerichtskostengesetzes mit einem Gebührensatz von 1,0 erhoben. ²§ 39 Absatz 2 des Gerichtskostengesetzes ist entsprechend anzuwenden. ³Beträgt der Gegenstandswert weniger als 10 000 Euro, wird keine Gebühr erhoben.**

(6) **¹Ist ein Gegenstandswert nicht bestimmbar und kann er auch nicht durch Schätzung bestimmt werden, ist eine Zeitgebühr zu berechnen; sie beträgt 50 Euro je angefangene halbe Stunde Bearbeitungszeit. ²Beträgt die Bearbeitungszeit weniger als zwei Stunden, wird keine Gebühr erhoben.**

(7) **¹Auf die Gebühr kann ganz oder teilweise verzichtet werden, wenn ihre Erhebung nach Lage des einzelnen Falls unbillig wäre. ²Die Gebühr kann insbesondere ermäßigt werden, wenn ein Antrag auf Erteilung einer verbindlichen Auskunft vor Bekanntgabe der Entscheidung der Finanzbehörde zurückgenommen wird.**

Vergleichbare Vorschrift: § 25 VwVfG

Schrifttum: Bergan/Martin, Rechtsschutz gegen eine Negativauskunft nach § 89 Abs. 2 AO – Zugleich Anmerkung zum Urteil des BFH 29.2.2012, IX R 11/11, DStR 2012, 2164; Golombek, Zum Umfang der richterlichen Inhaltskontrolle einer verbindlichen Auskunft, BB 2015, 1946; Grotherr, Anonymisierte Veröffentlichung von verbindlichen Auskünften und elektronisches Auskunftsverfahren, BB 2015, 471; Hannig, Steuerplanungssicherheit und Verfahrensbeschleunigung durch Nutzung kooperativer Handlungsinstrumente, NWB 2015, 2166; Brühl/Süß, Die neuen §§ 163 und 89 AO: Alte Probleme beseitigt – neue geschaffen?, DStR 2016, 2617; Grotherr, Sollten die Inhalte von verbindlichen Auskünften in anonymisierter Form durch Offenlegung transparent gemacht werden?, StuW 2016, 76; Thiele, Die Neuerungen der verbindlichen Auskunft durch das Gesetz zur Modernisierung des Besteuerungsverfahrens, FR 2016, 947; Dannecker/Werder, Entwicklungen bei der verbindlichen Auskunft, BB 2017, 284; Eilers/Nosthoff-Horstmann, Verbindliche Auskunft – ein Werkstattbericht, FR 2017, 170; Bruns, Die verbindliche Auskunft aus Perspektive der Finanzverwaltung – Zügige Bearbeitung und aktuelle Gebührenfragen, DStR 2017, 2360; Rapp, Zulässigkeit eines Antrags auf Erteilung einer verbindlichen Auskunft bei Auseinanderfallen von Handlungs- und Wirkungsebene, FR 2017, 520; Seer, Verbindliche Auskunft, FR 2017, 161; Blumers, Auskunft, verbindlich nach Belieben der Verwaltung?, DB 2018, 1108; Kowanda, Die erbschaft-/schenkungsteuerliche verbindliche Auskunft unter Berücksichtigung der neuen ErbStVA v. 7.12.2017, DStR 2018, 1902.

Übersicht

I. Allgemeines

§ 89 konkretisiert das Rechtsstaatsprinzip. Der Beteiligte wird durch **Beratung und** 1 **Auskunft** in den Stand versetzt, eine für ihn günstige Rechtslage wahrnehmen zu können. Die Vorschrift ist Ausfluss der Fürsorge- und Betreuungspflicht der FB gegenüber dem Beteiligten. Insb. **Abs. 1** füllt inhaltlich § 85 aus, indem die Vorschrift der FB aufgibt, mit Beratung des Beteiligten und Erteilung von Auskünften dazu beizutragen, dass dieser für sich günstige Erklärungen abgibt und die FB die Steuer damit materiell-rechtlich zutr. festsetzen kann. **Abs. 2** ist mit G v. 5.9.2006 (BGBl. 2006 I 2098) eingeführt und durch Anfügung des S. 5 mit G v. 26.6.2013 (BGBl. 2013 II 1809) geändert worden. **Abs. 3–5** wurden mit G v. 13.12.2006 (BGBl. 2006 I 2878) angefügt und mit G v. 1.11.2011 (BGBl. 2011 I 2131) durch Neufassung der Gebührenregelung in **Abs. 3–7** geändert (→ Rn. 36). Abs. 2–7 enthalten nunmehr ausdrückliche Bestimmungen zur Erteilung einer verbindlichen Auskunft, die bisher nur durch Rspr. entwickelt und in Verwaltungsanweisungen enthalten waren, sowie detaillierte Gebührenregelungen. Durch das StModernG wurden Ergänzungen in Abs. 2 S. 6 und Abs. 3 S. 2 eingefügt, die Konstellationen betrifft, in denen die Auskunft gegenüber mehreren Beteiligten erteilt wird. Zudem wurde eine Bearbeitungsfrist von sechs Monaten in Abs. 2 S. 4 festgelegt.

§ 89 I bezweckt in erster Linie die materiell-rechtlich zutr. Festsetzung der Steuer (§ 85). 2 Daneben soll die Vorschrift dem Beteiligten eine ihm günstige Besteuerung ermöglichen (Schwarz/Pahlke/Keß § 89 Rn. 4; TK § 89 Rn. 1). Dies ist nicht ohne Hinweise durch die FB gewährleistet, wenn der Beteiligte im Besteuerungsverfahren Anträge stellen oder Erklärungen abgeben muss, die ihrerseits Voraussetzung für die StFestsetzung oder Wahrnehmung von StVergünstigungen sind (zB Beantragung von Kindergeld, Beantragung der Zusammenveranlagung, Geltendmachung von Werbungskosten). Das Rechtsstaatsprinzip gebietet es, den Betroffenen zum Ausgleich seiner Unterwerfung unter hoheitliches Handeln auf seine Rechte hinzuweisen. Niemand darf aus Unkenntnis des Verfahrens seiner Rechte verlustig gehen. § 89 I ist zudem in Zusammenhang mit § 90 zu sehen. Letztgenannte Vorschrift bestimmt eine umfassende Mitwirkungspflicht des Beteiligten. Diese wird ein rechtsunkundiger Beteiligter nur sinnvoll erfüllen können, wenn er auf Rechte und Pflichten im Besteuerungsverfahren von Amts wegen hingewiesen wird. § 89 I gebietet keine umfassende Beratung zur materiellen Rechtslage. Dies ist den Angehörigen der steuerberatenden Berufe vorbehalten und könnte von der FVerw. im Massenverfahren auch nicht geleistet werden. Nach der Rspr. des BGH besteht eine Pflicht des Beraters, bei unklarer Rechtslage auf die Möglichkeit, eine verbindliche Auskunft einholen zu können, hinzuweisen (BGH 8.2.2007 – IX ZR 188/05, DStR 2007, 1098).

3 § 89 gilt im gesamten Anwendungsbereich der AO mit Ausnahme des StStraf- und des Bußgeldverfahrens. In diesen Verfahren gelten die StPO und das OWiG.

6 § 89 normiert nur eine **allg. Beratungs- und Auskunftspflicht.** Andere Vorschriften innerhalb und außerhalb der StG bestimmen derartige Pflichten der FB für besondere Fälle. So bestehen Ansprüche des Beteiligten auf eine verbindliche Zusage nach einer Ap. nach §§ 204–207. Ferner kann der Beteiligte eine LStAnrufungsauskunft nach § 42e EStG (TK § 89 Rn. 97 ff.) sowie Auskünfte im Zollrecht nach Art. 33 I UZK (TK § 89 Rn. 81 ff.; HHSp § 89 Rn. 32) verlangen. Weiterhin kann in Fragen vermögenswirksamer Leistungen eine Auskunft nach § 15 IV VermBG erteilt werden. Sofern speziellere Auskunftsregelungen als die verbindliche Auskunft bestehen, sollten diese gewählt werden, da sie zumeist gebührenfrei erteilt werden (Klein § 89 Rn. 15).

II. Anregung von Verfahrenshandlungen (Abs. 1 S. 1)

1. Begünstigter Personenkreis

7 Die Pflicht zur Beratung und Auskunft besteht nach dem Sinngehalt des Abs. 1 S. 1 und dem Wortlaut des S. 2 nur gegenüber dem **Beteiligten** (§ 78) des Verwaltungsverfahrens. Nur ein Beteiligter kann Erklärungen abgeben und Anträge stellen. Da ein Beteiligter diese Stellung nur in Bezug auf ein – konkretes, eigenes – Verwaltungsverfahren (→ § 78 Rn. 7 ff.) haben kann, greift § 89 nur ein, wenn bereits ein Verwaltungsverfahren eingeleitet ist oder durch die Erklärung oder den Antrag eingeleitet wird. Die Beratungs- und Auskunftspflicht bezieht sich nur auf das jeweilige Verfahren. Nach Beendigung des Verfahrens findet § 89 keine Anwendung mehr (BFH 8.2.1994 – VII R 88/92, BStBl. II 1994, 552). Eine über das einzelne Verfahren hinausgehende allg. Hinweis- und Auskunftspflicht der FB besteht nicht. Einem **Dritten** braucht die FB idR keine Hinweise und Auskünfte zu geben. Befindet sich ein Dritter in einer dem Beteiligten vergleichbaren verfahrensmäßigen Lage, sollte Abs. 1 S. 2 aber entspr. angewendet werden (TK § 89 Rn. 8; Schwarz/Pahlke/Keß § 89 Rn. 7). Eine solche Lage kann zB bestehen, wenn ein Dritter Auskunft nach § 93 geben soll und er ersichtlich seine Rechte und Pflichten nicht kennt.

2. Gegenstände der Anregung

8 Abs. 1 S. 1 betrifft die Vornahme von Verfahrenshandlungen durch den Beteiligten. Verfahrenshandlungen werden verstanden als Abgabe von Willens- und Wissenserklärungen sowie Vornahme tatsächlicher Handlungen, denen das Verfahrensrecht eine steuerliche Bedeutung beimisst (→ § 79 Rn. 5). Die Beratung der FB umfasst nach S. 1 die Anregung zur **Abgabe von Erklärungen, Stellung von Anträgen** und die Berichtigung von Erklärungen bzw. Anträgen. Der Begriff „Erklärung" bezeichnet in der Praxis zumeist eine bloße Wissenserklärung, also eine Aussage zu einem Sachverhalt. Sie ist jedoch jede Rechtshandlung, an die das Recht eine Rechtsfolge knüpft. Auch die Ausübung eines Wahlrechts ist eine Erklärung (Schwarz/Pahlke/Keß § 89 Rn. 11; TK § 89 Rn. 3). Der Begriff „Antrag" enthält ein Willenselement. Auch ein Antrag ist eine Erklärung. Er bezieht sich auf eine (beantragte) Rechtsfolge (Schwarz/Pahlke/Keß § 89 Rn. 12).

9 Die FB soll zur Abgabe oder Berichtigung von **Erklärungen und Anträgen** anregen, wenn diese offensichtlich nur versehentlich oder aus Unkenntnis **unterblieben oder unrichtig abgegeben** oder gestellt worden sind. Die vom Beteiligten abgegebenen Erklärungen und gestellten Anträge müssen somit aus Sicht der FB falsch oder zur Wahrung der Rechte des Beteiligten unzweckmäßig sein. Der Hinweis der FB zur Abgabe sinnvoller Erklärungen und Anträge kann verfahrensrechtlichen oder – in begrenztem Umfang – materiell-rechtlichen Inhalt haben (→ Rn. 13). Unterlassen ist die Verfahrenshandlung, wenn sie nicht ausdrücklich oder sinngemäß abgegeben wird. Unrichtig ist eine Erklärung, wenn sie nicht geeignet ist, die vom Beteiligten gewollte Rechtsfolge herbeizuführen.

10 **Versehentlich** ist eine Erklärung nicht oder unrichtig abgegeben und ein Antrag nicht oder unrichtig gestellt, wenn der Beteiligte die Erklärung oder den Antrag nicht bewusst und gewollt abgegeben oder gestellt bzw. unterlassen hat. Aus Unkenntnis ist die fragliche Verfahrenshandlung nicht oder unrichtig vorgenommen, wenn der Beteiligte ohne Wissen über die Bedeutung einer Erklärung oder eines Antrags nicht gehandelt hat oder über Art und Inhalt seiner Verfahrenshandlung im Irrtum war.

11 **Offensichtlich** muss aus Sicht der FB die Erklärung oder der Antrag versehentlich oder aus Unkenntnis unterlassen oder unrichtig gestellt sein. Das bedeutet, die FB muss erkennen können, dass der Beteiligte bei Kenntnis aller Rechte und Pflichten eine bzw. eine andere und zweckmäßige Erklärung abgegeben oder einen bzw. einen anderen und zweckmäßigen Antrag gestellt hätte. Abs. 1 S. 1 betrifft Erklärungen und Anträge, die sich bei der gegebenen Sachlage aufdrängen und aufgrund deren sich daher auch die Fehlerhaftigkeit des Verhaltens des Beteiligten aufdrängt (TK § 89 Rn. 6). Im Übrigen hat sich der Beteiligte selbst über zweckmäßigerweise abzugebende Erklärungen und zu stellende Anträge zu informieren. Der Begriff der Offensichtlichkeit ist in den Massenverfahren der FVerw. nicht allzu großzügig zu fassen (Schwarz/Pahlke/Keß § 89 Rn. 16). Andererseits muss Raum für die Anwendung des Abs. 1 bleiben. Eine Beratungspflicht kann daher nur dann bestehen, wenn die FB Anhaltspunkte dafür hat, dass der Beteiligte die für ihn sinnvollen Verfahrenshandlungen vorgenommen hätte und sein (Nicht-)Handeln auf Versehen oder Unkenntnis beruht. Es kann dagegen nicht Aufgabe der FB sein, den Beteiligten ohne konkreten Anlass umfassend zu den für ihn günstigen Erklärungen und Anträge zu beraten (→ Rn. 13).

3. Ermessen

12 Nach Abs. 1 S. 1 „soll" die FB die Vornahme von zweckmäßigen Verfahrenshandlungen anregen. Bei Vorliegen der Voraussetzungen (offensichtlich versehentliches oder auf Unkenntnis beruhendes Unterlassen oder auf diesen Gründen beruhende unrichtige Abgabe der Erklärung oder Stellung des Antrags) wird allg. eine Pflicht zur Anregung angenommen (→ § 5 Rn. 11). Nur die Entscheidung zur Anregung ist ermessenfehlerfrei. Geht die FB von einem offensichtlichen Versehen oder einer Unkenntnis aus, wäre der Zweck des Abs. 1 nicht erfüllt, wenn die FB von der Anregung absehen dürfte (TK § 89 Rn. 2; Schwarz/Pahlke/Keß § 89 Rn. 9).

4. Umfang und Form der Anregung

13 Die Pflicht zur Anregung iSd Abs. 1 S. 1 bezieht sich auf Verfahrenshandlungen, nicht auf die Belehrung über die materielle Rechtslage. Eine solche Belehrung kann sich anbieten, wenn ansonsten die angeregte Erklärung oder der Antrag für den Beteiligten nicht nachvollziehbar ist. Insofern sollte die FB den Beteiligten auf die materiell-rechtlichen Konsequenzen seines Verhaltens hinweisen. Die FVerw. hat indes nicht die Aufgabe, den Beteiligten auf jede Möglichkeit der StErsparnis hinzuweisen (AEAO zu § 89 Nr. 1). Insb. hat sie ihn nicht umfassend über die materielle Rechtslage in Kenntnis zu setzen (zum Hinweis auf eine unvollständige Abtretungsanzeige BFH 28.1.2014 – VII R 10/12, BStBl. II 2014, 507). Zur Ausübung von Wahlrechten hat sie ihn idR nicht unter Abwägung aller steuerlichen Vor- und Nachteile zu belehren bzw. zu beraten. Die

gebotenen Belehrungen und Anregungen müssen nicht individuell geschehen. Sie können auch in Hinweisblättern, Erläuterungen zu StErklärungen und anderen Formblättern enthalten sein.

III. Hinweis zu Verfahrensfragen (Abs. 1 S. 2)

16 Nach Abs. 1 S. 2 hat die FB dem Beteiligten Auskunft über die ihm im eigenen Verwaltungsverfahren zustehenden Rechte und Pflichten zu erteilen. Sie wird in aller Regel nicht von Amts wegen, sondern nur auf Anfrage tätig. Von sich aus kann sie allerdings Auskunft erteilen, wenn der Beteiligte ersichtlich seine Rechte und Pflichten nicht kennt. Wie S. 1 verpflichtet auch S. 2 nicht zur Erteilung von Auskünften zur materiellen Rechtslage, sondern gebietet nur Hinweise zu verfahrensrechtlichen Rechten und Pflichten wie zB zur Fristenberechnung, zur Wiedereinsetzung in den vorigen Stand oder zur AdV (AEAO zu § 89 Nr. 2). Verbindliche Auskünfte zur materiellen Rechtslage sind von Abs. 1 nicht erfasst (→ Rn. 22 ff.). Die Hinweispflicht der FB betrifft nur erforderliche Auskünfte, dh solche, die für das Besteuerungsverfahren Bedeutung haben können. Abs. 1 gibt keinen Anspruch des Beteiligten darauf, einen Informanten zu benennen (BFH 8.2.1994 – VII R 88/92, BStBl. II 1994, 552). Einen Anspruch auf **Akteneinsicht** gibt S. 2 nach allg. Meinung idR nicht. Unter besonderen Voraussetzungen im Einzelfall kann allerdings die Gewährung von Akteneinsicht geboten sein (→ § 91 Rn. 23 f.; zum Recht auf Akteneinsicht bei offenbaren Unrichtigkeiten beim Erlass eines VA → § 129 Rn. 48).

IV. Rechtsfolgen bei Verstoß gegen Abs. 1

19 Der unter Nichtbeachtung des § 89 I ergangene VA ist rechtswidrig und mit Einspruch und Klage anfechtbar. Verstößt die FB gegen ihre Beratungs- und Auskunftspflicht, ist der Beteiligte im Verfahren so zu stellen, als wenn die FB ihre Pflichten erfüllt hätte. Allerdings kann er nur im Rahmen des rechtlich Zulässigen so gestellt werden, als wäre der Verstoß nicht passiert (BFH 27.2.2007 – III B 158/06, BFH/NV 2007, 1090; BFH 14.12.2021 – VIII R 31/19, BStBl. II 2022, 461). Beruht eine Fristversäumnis auf unterlassener Beratung und Auskunft, ist dem Beteiligten wegen unverschuldeter Fristversäumnis Wiedereinsetzung in den vorigen Stand nach § 110 zu gewähren (Schwarz/Pahlke/Keß § 89 Rn. 33). Gegebenenfalls ist eine Pflicht zur Aufhebung oder Änderung des VA (§§ 130 ff., §§ 172 ff.) zu erwägen, wobei § 127 zu beachten ist. Wird in Folge des Verstoßes eine Steuer zu hoch festgesetzt, besteht ggf. ein Anspruch auf Erlass (§ 227) aus sachlichen Gründen (AEAO zu § 89 Nr. 1.2). Entsteht dem Beteiligten durch die Pflichtverletzung der FB ein Schaden, kommt unter weiteren Voraussetzungen ein Schadensersatzanspruch aus Amtspflichtverletzung in Betracht (TK § 89 Rn. 20). Die Missachtung des § 89 I führt indes nicht dazu, dass unter dem Gesichtspunkt von Treu und Glauben (Festsetzungs-) Verjährungsfristen nicht ablaufen (BFH 1.8.2012 – IX R 14/11, BFH/NV 2012, 1934).

V. Verbindliche Auskunft (Abs. 2)

1. Allgemeines, Rechtsgeschichte

22 Die Zulässigkeit der Erteilung einer verbindlichen Auskunft zur materiellen Rechtslage auf Antrag des Stpfl. durch die FB außerhalb der gesetzlich geregelten Fälle ist seit Langem anerkannt. Vor Einführung des Abs. 2 beruhte die verbindliche Auskunft auf Rechtsgrundsätzen der Rspr. Zwar waren seinerzeit solche Auskünfte nur in §§ 204 ff. im Rahmen einer Ap. und nach § 42e EStG als LStAnrufungsauskunft normiert. Daneben bestanden Regelungen für das Zollrecht. Es bestanden aber keine Zweifel daran, dass die FB darüber hinaus Auskünfte mit bindender Wirkung erteilen konnte. Die Voraussetzungen und den Umfang der Bindungswirkung hat die Rspr. entwickelt. Die Grundsätze hat die FVerw. in zahlreichen Erlassen übernommen (zB BFH 13.12.1989 – X R 208/87,

BStBl. II 1990, 274; BFH 7.7.1999 – X R 52/96, BFH/NV 2000, 174, jeweils mwN). Zuletzt bestimmte BMF 29.12.2003, BStBl. I 2003, 742 (aufgeh.) das Verfahren.

Abs. 2 ist mit G v. 5.9.2006 (BGBl. 2006 I 2098) mWv 12.9.2006 eingeführt und mit G v. 13.12.2006 (BGBl. 2006 I 2878) hinsichtlich der Behördenbezeichnungen klarstellend präzisiert worden. Zugleich wurden Abs. 3–5 aF eingeführt. Abs. 2 ermöglicht der FB, auf Antrag eine verbindliche Auskunft bei Vorliegen eines besonderen Interesses auf Seiten des Antragstellers zu erteilen. Mit Abs. 2 wurde diese Befugnis der FB, im Einzelfall Auskünfte mit Bindungswirkung zu erteilen, ausdrücklich gesetzlich bestimmt (BT-Drs. 16/814, 23). Damit wurde die in Rspr. und Verwaltung anerkannte Praxis zur Erteilung verbindlicher Auskünfte nach den Grundsätzen von Treu und Glauben außerhalb der zuvor allein geltenden Bestimmungen (→ Rn. 22) festgeschrieben. Allerdings galten zunächst – mit mehrfachen Änderungen und Ergänzungen – die bisherigen Bestimmungen weiter, sodass sich für die Praxis – mit Ausnahme der Gebührenpflicht (Abs. 3–5 aF) – nichts geändert hatte. Allerdings ist zum 8.12.2007 die auf Abs. 2 S. 4 beruhende StAuskV v. 30.11.2007 (BGBl. 2007 I 2783) in Kraft getreten, die für die ab 12.9.2006 erteilten Auskünfte gilt. Diese wurde zuletzt durch Art. 4 der Verordnung v. 12.7.2017 (BGBl. 2017 I 2360) geändert (→ Rn. 40 ff.). Für Auskünfte mit Bindungswirkung nach Treu und Glauben, die bis zum 11.9.2006 erteilt worden sind, gilt BMF 29.12.2003 (BGBl. 2003 I 742) weiter. Mit G v. 1.11.2011 (BGBl. 2011 I 2131) sind die Gebührenregelungen mit den Abs. 3–7 geändert worden. Mit Wirkung vom 31.1.2014 wurde der AEAO zu § 89 neu gefasst und zuletzt durch das BMF-Schreiben v. 31.1.2019 (BStBl. I 2019, 71) geändert. Für die Praxis bieten die StAuskV, der AEAO zu § 89 und andere Verwaltungsanweisungen hinreichende Sicherheit für die Rechtanwendung. Zur Vermeidung von Zweifeln und Rechtsnachteilen sollte sich der Stpfl. an die Regelungen, insb. zum Verfahren, halten. 23

Die **Rechtsnatur** der verbindlichen Auskunft war lange umstritten. In Ansehung der – im Gesetz nicht näher geregelten – Bindungswirkung stellt die verbindliche Auskunft eine verbindliche Zusage der FVerw. über eine steuerliche Behandlung eines Sachverhalts für die künftige Besteuerung dar. Die Rspr. leitete die Rechtsnatur und die Bindungswirkung früher aus dem Grundsatz von Treu und Glauben her. Die Auskunft wurde nach früherer Rspr. nicht als VA qualifiziert (zB BFH 13.12.1989 – X R 208/87, BStBl. II 1990, 274). Für eine Bindung der FVerw. an die Auskunft nach Treu und Glauben sollte erforderlich sein, dass der Stpfl. im Vertrauen auf die Auskunft eine wirtschaftliche Disposition getroffen hat (BFH 7.7.1999 – X R 52/96, BFH/NV 2000, 174). Diese Qualifizierung hat zu Recht Kritik erfahren. Die hM in der Literatur sieht die verbindliche Auskunft richtigerweise als **VA** an, der die Bindungswirkung – unabhängig von einer im Vertrauen getätigten Disposition – in sich trägt. Die FVerw. sieht die verbindliche Auskunft nach Inkrafttreten des Abs. 2 – anders als die Auskunft nach Treu und Glauben – ebenfalls als VA an. Für Form und Inhalt gelten daher die allg. Vorschriften für VA (AEAO zu § 89 Nr. 3.5.5.). Der BFH hat in seiner neueren Rspr. die VA-Qualität der verbindlichen Auskunft nunmehr anerkannt. Das gilt auch für die sog. Negativauskunft (BFH 30.4.2009 – VI R 54/07, BStBl. II 2010, 996; BFH 29.2.2012 – IX R 11/11, BStBl. II 2012, 651). 24

2. Voraussetzungen, Form und Bindungswirkung (Abs. 2 S. 1)

Abs. 2 S. 1 stellt die Befugnis zur Erteilung einer verbindlichen Auskunft ausdrücklich klar. Die begehrte Auskunft ist von einem **Antrag** abhängig und muss einen **genau bestimmten Sachverhalt** betreffen. Damit soll zum einen eine Abgrenzung zu allg. Auskünften zur Rechtslage ermöglicht werden. Letztere sind außerhalb des Abs. 2 weiterhin zulässig. Zum anderen muss hinsichtlich der Bindungswirkung feststehen, inwiefern die FB eine bestimmte steuerliche Behandlung als verbindlich zugesagt ansehen will. Die verbindliche Auskunft kann nur zu **noch nicht verwirklichten** Sachverhalten erteilt werden. Damit unterscheidet sich der Anwendungsbereich des Abs. 2 von der verbindlichen Zusage im Anschluss an eine Ap. nach §§ 204 ff. § 89 II dient der Disposition des Antragstellers unter Berücksichtigung steuerlicher Auswirkungen seines geplanten Han- 25 delns. Voraussetzung ist ferner eine **erhebliche steuerliche Auswirkung** der Disposition. In welchem Fall eine Auswirkung nach ihrer Art und/oder ihrem (finanziellen) Umfang erheblich ist, bestimmt das Gesetz nicht. Auch die Kriterien für das Vorliegen eines **besonderen Interesses** in Abgrenzung zu einem einfachen oder allg. Interesse ist nicht klar. Die StAuskV und der AEAO enthalten dazu keine Regelungen. An die Voraussetzungen sollten grundsätzlich keine allzu strengen Anforderungen gestellt werden. Es ist grds. davon auszugehen, dass der Stpfl. subjektiv ein besonderes Interesse an der Auskunft hat und dass die Auskunft für ihn erhebliche steuerliche Auswirkung hat. Durch die Bagatellgrenze in Abs. 5 Satz 3, der die Gebührenfreiheit bei Gegenstandswerten unterhalb von 10.000 EUR vorsieht, hat der Gesetzgeber jedenfalls deutlich gemacht, dass es keine absolute (wertmäßige) Bagatellgrenze für ein beachtliches steuerliches Dispositionsinteresse gibt (TK § 89 Rn. 32a).

26 Die verbindliche Auskunft wird nur auf Antrag erteilt. Antragsteller ist der betroffene Stpfl. Wenn dieser noch nicht existiert (zB noch nicht gegründete KapGes), kann auch ein Dritter Antragsteller sein (§ 1 IV StAuskV, AEAO zu § 89 Nr. 3.2.3.). Betrifft die Auskunft mehrere Personen, können diese nur gemeinsam einen Antrag stellen (§ 1 II StAuskV). In der StAuskV und dem AEAO zu § 89 sind **Form und Inhalt des Antrags** im Einzelnen aufgeführt. Der Antrag ist schriftlich oder elektronisch zu stellen. Der Antragsteller muss mit Namen, Anschrift und ggf. StNr. genau bezeichnet sein. Dieser muss eine umfassende und in sich abgeschlossene Darstellung eines ernsthaft geplanten, im Wesentlichen noch nicht verwirklichten Sachverhalts abgeben. Der Antragsteller darf keine alternativen oder auf Annahmen beruhende Sachverhalte bezeichnen. Die genaue Darstellung ist zur Bestimmung der Bindungswirkung erforderlich, denn die Bindung der FB an die verbindliche Auskunft kann sich nur auf einen präzise definierten Sachverhalt beziehen. Die geforderte Darlegung des besonderen steuerlichen Interesses soll die FB in den Stand versetzen, ihr Ermessen darüber, ob sie eine verbindliche Auskunft erteilen will, pflichtgemäß auszuüben. Sie muss abwägen können, ob die Belange des Antragstellers so gewichtig sind, dass sie sich schon vor Verwirklichung des fraglichen Sachverhalts binden will. Der Antragsteller muss insb. darlegen, dass eine wirtschaftlich erhebliche Disposition von der Auskunft abhängt. Was genau unter einer erheblichen steuerlichen Auswirkung und einem besonderen Interesse zu verstehen ist, ist nicht im Gesetz bestimmt und dürfte nach den Umständen des Einzelfalles zu beurteilen sein. Die FB sollte nicht kleinlich verfahren. In Anbetracht der Kostenpflicht der Auskunft kann die FB davon ausgehen, dass der Antragsteller idR ein besonderes Interesse an der beantragten Auskunft haben dürfte und der von ihm geschilderte Sachverhalt erhebliche steuerliche Bedeutung hat. Der Antragsteller muss eine ausführliche Darstellung des Rechtsproblems mit eingehender Begründung des eigenen Rechtsstandpunkts geben und eine konkrete Rechtsfrage formulieren. Das dürfte bei der Komplexität des StRechts schwierig sein. Im Übrigen ist die Ermittlung der Rechtslage Aufgabe der FB, nicht des Stpfl. bzw. des Antragstellers. Die FB sollte keine überzogenen Anforderungen an die Darstellung der Rechtsauffassung des Antragstellers stellen, denn er beantragt die Auskunft idR gerade zur Klärung von rechtlichen Unsicherheiten. Der Antragsteller muss erklären, dass er über den zur Beurteilung gestellten Sachverhalt bei keiner anderen FB eine verbindliche Auskunft beantragt hat. Das soll abw. Auskünfte für denselben Sachverhalt verhindern. Schließlich muss er eine Versicherung abgeben, dass alle für die Erteilung der Auskunft und für die rechtliche Beurteilung erforderlichen Angaben gemacht wurden und diese der Wahrheit entsprechen (§ 1 I 2 Nr. 7 StAuskV). Die FB ist nicht verpflichtet, eigens für die zu erteilende Auskunft Ermittlungen durchzuführen (BFH 3.8.2001 – VIII B 121/00, BFH/NV 2002, 181; BFH 16.3.1994 – I R 12/93, BFH/NV 1994, 838). Allerdings sollte sie bei unklaren oder fehlenden Angaben dem Antragsteller einen Hinweis geben und zu weiteren Erklärungen auffordern.

27 Die Erteilung der Auskunft steht im **Ermessen** der FB. AEAO zu § 89 Nr. 3.5.4. bestimmt im Einzelnen, in welchen Fällen eine verbindliche Auskunft erteilt wird. Für die detaillierten Bestimmungen wird auf diese verwiesen. Die Erteilung der Auskunft ist zB ausgeschlossen, wenn der Sachverhalt, auf den sich die begehrte Auskunft bezieht, bereits verwirklicht ist oder wenn lediglich die Erzielung eines StVorteils im Vordergrund steht. Die FB darf die Auskunft nach Ermessen auch ablehnen, wenn zB mit einer Gesetzesneuregelung oder mit einer höchstrichterlichen Rspr. zu rechnen ist. In Anbetracht der Kostenpflicht auch bei abgelehnter Auskunftserteilung dürfte das Ermessen der FB nicht allzu großzügig gehandhabt werden. Die Versagung der Auskunft kommt daher nur in eindeutigen Fällen in Betracht.

Form und Inhalt der verbindlichen Auskunft sind in AEAO zu § 89 Nr. 3.5.6. näher bestimmt. Die Darlegung des zugrunde gelegten Sachverhalts, der möglichst konkret sein muss, ist für die Bestimmung des Umfangs der Bindungswirkung unerlässlich. Der Antragsteller hat keinen Anspruch auf einen bestimmten rechtmäßigen Inhalt einer verbindlichen Auskunft gem. § 89 II, auch eine Auskunft, die der Auffassung des Antragstellers widerspricht, ist rechtmäßig (BFH 29.2.2012 – IX R 11/11, BStBl. II 2012, 651; BFH 5.2.2014 – I R 34/12, BFH/NV 2014, 1014; Krumm DStR 2011, 2429; Farle DStR 2012, 1590; v. Streit DStR 2012, 1897; Bergan/Martin DStR 2012, 2164). 28

Den **Umfang der Bindungswirkung** der verbindlichen Auskunft bestimmen § 2 StAuskV und AEAO zu § 89 Nr. 3.6. Eine Bindungswirkung tritt nur ein, wenn der Sachverhalt, der der Auskunft zugrunde liegt, tatsächlich verwirklicht wird. Sie entfaltet keine Wirkung, wenn sie zuungunsten des Stpfl. rechtswidrig ist. Die Bindungswirkung entfällt bei Rechtsänderung. Die FB ist nicht verpflichtet auf die geänderte Rechtslage hinzuweisen (BFH 30.3.2011 – XI R 30/09, BStBl. II 2011, 613). Eine rechtswidrige Auskunft kann unter den für VA geltenden §§ 129–131 berichtigt, zurückgenommen oder widerrufen werden (§ 2 IV StAuskV). Darüber hinaus kann gem. § 2 IV StAuskV eine rechtswidrige Auskunft mit Wirkung für die Zukunft aufgehoben oder geändert werden. Diese Art der Beseitigung der bindenden Auskunft dürfte problematisch sein, wenn der Stpfl. aufgrund der verbindlichen Auskunft bereits Dispositionen getroffen hat. Bestimmungen zur Beachtung des Vertrauensschutzes enthält AEAO zu § 89 Nr. 3.6.6 ff., auf die verwiesen wird. 29

3. Zuständigkeit (Abs. 2 S. 2, 3)

In Übereinstimmung mit der bisherigen Verwaltungspraxis regelt Abs. 2 S. 2, dass grds. nur die FB zur Erteilung der verbindlichen Auskunft zuständig ist, die im Falle der Verwirklichung des betreffenden Sachverhalts örtlich zuständig sein würde. Insofern ist der Antrag bei dem für den Antragsteller nach §§ 17 ff. zuständigen FA oder je nach Inhalt der begehrten Auskunft bei einer anderen zuständigen FB zu stellen. Abs. 2 S. 3 bestimmt das BZSt als zuständig für Antragsteller, für die im Zeitpunkt der Antragstellung noch kein FA nach §§ 18–21 zuständig ist (Bestimmung durch die zugleich eingeführte Nr. 27 des § 5 I FVG). Damit haben insb. Investoren aus dem Ausland, die noch nicht im Geltungsbereich der AO stpfl. sind, eine zentrale Anlaufstelle, die ihnen steuerliche Planungssicherheit vermitteln kann. Wenn bei Verwirklichung des Sachverhalts, auf den sich die verbindliche Auskunft bezieht, für den Antragsteller eine FB nach §§ 18 ff. zuständig wird, ist diese an die Auskunft des BZSt gebunden. Insofern kann die zuständige FB nicht von der Auskunft abrücken. Das später zuständige FA hat allerdings zu prüfen, ob der tatsächlich verwirklichte Sachverhalt mit demjenigen, der mit der Antragstellung vorgetragen wurde, in wesentlichen Punkten übereinstimmt (BT-Drs. 16/814, 23 f.). Zu Einzelheiten zur Zuständigkeit bestimmt § 1 III StAuskV und AEAO zu § 89 Nr. 3.3. 33

4. Entscheidung innerhalb von 6 Monaten (Abs. 2 S. 4)

Das StModernG hat in Abs. 4 S. 4 eine Entscheidungsfrist von 6 Monaten eingeführt. Danach soll die FB innerhalb von sechs Monaten nach Eingang des Antrags bei der zuständigen FB eine Entscheidung treffen. Ist sie dazu nicht in der Lage, hat sie dies dem Antragsteller unter Angabe der Gründe mitzuteilen. Nach der Gesetzesbegründung soll die 34

Änderung dem Antrag auf verbindliche Auskunft einen höheren Stellenwert einräumen (BT-Drs. 18/8434, 109). Dies ist zwar grundsätzlich zu begrüßen, allerdings sieht die Neuregelung keine Rechtsfolgen bei Fristversäumnis vor. Nach der Gesetzesbegründung soll aus dem Verstreichen der Frist nicht abgeleitet werden können, dass die Auskunft als im beantragten Sinn erteilt gilt (BT-Drs. 18/8434, 109). Die Regelung wird daher zu Recht als bloßer „symbolischer Gesetzgebungsakt und Papiertiger" kritisiert (TK § 89 Rn. 45a; Klein § 89 Rn. 28 f.; Schwarz/Pahlke/Keß § 89 Rn. 63a).

5. Verordnungsermächtigung (Abs. 2 S. 5–7)

35 Abs. 2 S. 5 bis 7 enthalten eine Verordnungsermächtigung. Danach werden wesentliche Aspekte der verbindlichen Auskunft nicht durch Gesetz, sondern wie bisher durch Verordnung geregelt. Von der Verordnungsermächtigung wurde durch die StAuskV v. 30.11.2007 (BGBl. 2007 I 2783, idF v. 12.7.2017, BGBl. 2017 I 2360) Gebrauch gemacht. Sie regelt Einzelheiten zur Form, zum Inhalt und der Bindungswirkung der verbindlichen Auskunft. Der durch das StModernG eingefügte Abs. 2 S. 6 ist die Ermächtigungsgrundlage dafür, dass in der StAuskV auch die einheitliche Erteilung einer verbindlichen Auskunft gegenüber mehreren Antragstellern und die Zuständigkeit der FB näher geregelt werden.

VI. Gebühren (Abs. 3–7)

1. Überblick

36 Die Beantragung einer verbindlichen Auskunft ist nach Abs. 3–7 gebührenpflichtig. Die Gebühr entsteht auch, wenn der Antrag abgelehnt oder zurückgenommen wird. In diesen Fällen ist nach Abs. 7 eine Ermäßigung möglich. Gegen die Gebührenpflicht werden im Hinblick auf die Kompliziertheit des StRechts und der grds. Pflicht der FB zur Auskunftserteilung Bedenken gegen die Verfassungsmäßigkeit geltend gemacht (zur Diskussion: TK § 89 Rn. 64 mwN). Die Gebühr begegnet nach der Rspr. dem Grunde und der Höhe nach keinen Bedenken (BFH 30.3.2011 – I R 61/10, BStBl. II 2011, 536; BFH 30.3.2011 – I B 136/10, BFH/NV 2011, 1042). Gegen die Verfassungswidrigkeit spricht die Tatsache, dass die Gebührenpflicht für besondere Amtshandlungen allg. anerkannt ist. Die Erteilung einer verbindlichen Auskunft stellt eine Verwaltungshandlung dar, die über die eigentliche Pflicht der FB, einen Sachverhalt erst im Rahmen der StFestsetzung rechtlich zu beurteilen, hinausgeht. Die Fälligkeit, Zahlungsmodalitäten und die Höhe der Gebühr sind in Abs. 3–7 genau festgelegt. Zu den Einzelheiten s. AEAO zu § 89 Nr. 4. Die Festsetzung der Gebühr erfolgt mit VA, gegen den Einspruch und Klage gegeben ist.

Die Gebühren sind nach § 3 Abs. 4 Nr. 7 eine steuerliche Nebenleistung. Nach der Rspr. des BFH (BFH 8.12.2021 – I R 24/19, BStBl. II 2024, 550) sollen die festgesetzten Gebühren steuerlich gem. § 12 Nr. 3 EStG, § 10 Nr. 2 KStG, § 4 Vb EStG nicht abzugsfähig sein, soweit sie mit nicht abzugsfähigen Steuern (zB Einkommen-, Erbschaft-, Körperschaft-, Gewerbesteuer) zusammenhängen. Damit verbleibt eine Abzugsfähigkeit nur bei verbindlichen Auskünften für umsatzsteuerliche Fragestellungen (soweit diese abzugsfähig sind). Abzugsfähig sind jedoch die damit zusammenhängenden StBeratungskosten. Dies wird zu Recht als Verstoß gegen das objektive Nettoprinzip kritisiert (HHSp § 89 Rn. 408 ff.; Gosch AO § 89 Rn. 95.1; TK § 89 Rn. 77; Klein § 89 Rn. 54).

2. Gebührenpflicht der verbindlichen Auskunft (Abs. 3)

37 Abs. 3 S. 1 ordnet die Gebührenpflicht für die Bearbeitung eines schriftlich oder elektronisch gestellten Antrags auf Erteilung einer verbindlichen Auskunft an. Damit sind die Gebühren nicht nur zu erheben, wenn die beantragte Auskunft erteilt wird, sondern auch dann, wenn die FB in ihrer verbindlichen Auskunft eine andere Rechtsauffassung als der Antragsteller vertritt, wenn sie die Erteilung einer verbindlichen Auskunft ablehnt, oder wenn der Antrag zurückgenommen wird (AEAO zu § 89 Nr. 4.1.1.). Anknüpfungspunkt für die Entstehung der Gebührenpflicht ist damit nicht der Eingang des Antrags oder die

Erteilung der Auskunft, sondern die Bearbeitung des Antrags (TK § 89 Rn. 70; HHSp § 89 Rn. 341; Schwarz/Pahlke/Keß § 89 Rn. 85; aA Klein § 89 Rn. 52: bereits mit Eingang des Antrags). Sie entsteht für jeden Antrag. Hiervon wird die rechtliche Beurteilung eines Sachverhalts eines Stpfl. verstanden. Es können hierbei auch mehrere StArten umfasst sein (AEAO zu § 89 Nr. 4.1.2.). Eine Antragsschrift kann aber auch mehrere Anträge enthalten (BFH 27.11.2019 – II R 24/17, BStBl. II 2020, 528). Dies ist der Fall, wenn für mehrere, voneinander abgrenzbare Sachverhalte jeweils eine Auskunft begehrt wird; es entsteht dann für jeden Sachverhalt (Antrag) eine Gebühr (Klein § 89 Rn. 53).

Durch den mit dem StModernG eingefügten Abs. 3 S. 2, wonach nur eine Gebühr zu erheben ist, wenn eine VA gegenüber mehreren Antragstellern einheitlich erteilt wird, wird eine nach der früheren Rspr. (BFH 9.3.2016 – I R 66/14, BStBl. II 2016, 706) eingetretene Gebührenkumulation vermieden. Relevant ist dies für die in § 1 II 1 Nr. 1–5 StAuskV genannten Fälle (gesonderter und einheitlicher Feststellung, bei Auskünften zur Organschaft im Verhältnis zwischen Organträger und Organgesellschaften und in den umwandlungsrechtlichen Einbringungsfällen). Die Antragsteller sind Gesamtschuldner der festgesetzten Gebühr. Nach dem Zweck der Regelung, Mehrfachgebühren bei in der Sache einheitlich zu treffenden Entscheidungen zu verhindern, sind auch die in § 1 II 1 Nr. 5 StAuskV nicht genannten Umwandlungen (zB Verschmelzung, Abspaltung) erfasst. Entscheidend ist, ob die VA den Antragstellern gegenüber tatsächlich einheitlich erteilt worden ist (TK § 89 Rn. 67; BFH 3.7.2025 – IV R 6/23, DB 2025, 2343; FG Berlin-Brandenburg 9.6.2022 – 9 K 9084/21, EFG 2023, 521, Rev. II R 39/22; FG Niedersachsen 15.1.2025 – 9 V 197/24, EFG 2025, 449).

Nach Abs. 3 S. 3 ist die Gebühr innerhalb eines Monats nach Bekanntgabe des Bescheids zu zahlen und wird damit zu diesem Zeitpunkt iSv § 220 I fällig. Das FA kann nach Abs. 3 S. 4 die Entscheidung über den Antrag auf Auskunftserteilung zurückstellen, bis die Gebühr entrichtet worden ist. Die Zurückstellung kommt in Betracht, wenn die Zahlung der Gebühr nicht gesichert erscheint (Klein § 89 Rn. 57).

3. Bemessung nach dem Gegenstandswert (Abs. 4)

Die Gebühr bemisst sich gem. Abs. 4 S. 1 nach dem Gegenstandswert. Dieser wird nach den Grundsätzen der gerichtlichen Streitwertermittlung für ein Hauptsacheverfahren berechnet. Er richtet sich nach dem gestellten Antrag und den sich daraus ergebenden steuerlichen Auswirkungen. Dafür ist auf die Differenz zwischen dem StBetrag, der aufgrund der von dem Antragsteller vorgetragenen Rechtsauffassung entstehen würde, und dem StBetrag abzustellen, der sich bei einer von der Finanzbehörde vertretenen entgegengesetzten Rechtsauffassung ergeben würde. Steuerliche Auswirkungen, die sich mittelbar ergeben können, die jedoch nicht selbst zum Gegenstand des Antrags auf verbindliche Auskunft gemacht worden sind, werden bei der Bemessung der Auskunftsgebühr nicht berücksichtigt. Betrifft die beantragte Auskunft ertragsteuerliche Fragen, sind danach Annexsteuern (KiSt, Solz) nicht in die Ermittlung des Gegenstandswerts einzubeziehen. Gewerbesteuerliche Auswirkungen sind bei der Ermittlung des Gegenstandswerts einzubeziehen, es sei denn, die gewerbesteuerliche Beurteilung ist ausdrücklich von der beantragten Auskunft ausgenommen (BFH 22.4.2015 – IV R 13/12, BStBl. II 2015, 989; AEAO zu § 89 Nr 4.2.2). Bei Dauersachverhalten stellt die FinVerw auf die durchschnittliche stl. Auswirkung eines Jahres ab (AEAO zu § 89 Nr 4.2.3). 38

Der Antragsteller soll nach Abs. 4 S. 2 den Gegenstandswert und die für seine Bestimmung maßgeblichen Umstände im Antrag darlegen (Einschätzungsprärogative; BFH 22.4.2015 – IV R 13/12, BStBl. II 2015, 989). Diese Darlegung erfordert schlüssige und nachvollziehbare Angaben; fehlen derartige Angaben oder sind sie unzureichend, ist der Antragsteller hierauf hinzuweisen und um entspr. Ergänzung seines Antrags oder um Erläuterung zu bitten, warum er keine Angaben machen kann (AEAO zu § 89 Nr 4.2.5). Das FA soll vom dargelegten Gegenstandswert nach Abs. 4 S. 3 nur abweichen, soweit dies zu offenbar unzutreffenden Ergebnissen führt.

4. Anwendbarkeit des GKG (Abs. 5)

39 Nach Abs. 5 S. 1 wird für die Höhe der Gebühr die Regelung des § 34 GKG auf den Gegenstandswert angewendet. Im Gegensatz zum gerichtlichen Verfahren ist die Gebühr aber auf einen Gebührensatz von 1,0 beschränkt. § 34 GKG idF des G v. 21.12.2020, BGBl. 2020 I 3229 ist dabei in entspr. Anwendung des § 71 I GKG auf alle Anträge anzuwenden, die nach dem 31.12.2020 eingegangen sind. Für Anträge, die vor dem 1.1.2021 eingegangen sind, ist § 34 GKG in der bis zum 31.12.2020 geltenden Fassung weiterhin entsprechend anzuwenden (AEAO zu § 89 Nr 4.2.4). Nach Abs. 5 S. 2 gilt § 39 II GKG entspr., wodurch der Gegenstandswert auf max. 30 Mio. EUR gedeckelt ist. Zudem sieht Abs. 5 S. 3 eine Bagatellgrenze vor. Erst bei einem Gegenstandswert von 10.000 EUR oder mehr wird eine Gebühr festgesetzt. Hiervon sollen kleinere Investitionen sowie ArbN und kleinere Vermietungsfälle profitieren; zudem soll der FVerw. die Festsetzung geringer Gebühren erspart werden (BT-Drs. 17/5196, 79 f.).

5. Berechnung nach Zeitaufwand (Abs. 6)

40 Nur wenn der Gegenstandswert nicht bestimmbar ist und auch nicht durch Schätzung bestimmt werden kann, ist nach Abs. 6 eine Zeitgebühr zu berechnen. Sie beträgt 50 EUR je angefangene halbe Stunde Bearbeitungszeit. Abs. 6 S. 2 sieht ebenfalls eine Bagatellgrenze vor und bestimmt, dass wenn die Bearbeitungszeit weniger als zwei Stunden beträgt, keine Gebühr erhoben wird. Zur Begründung des Gebührenbescheids bedarf es einer Stundendokumentation. Zur Bearbeitungszeit rechnen nur die Zeiten, in denen der vorgetragene Sachverhalt ermittelt und dessen rechtliche Würdigung geprüft wurde. Waren vorgesetzte FB wegen der besonderen Bedeutung des Einzelfalls oder der grds. Bedeutung entscheidungserheblicher Rechtsfragen hinzuzuziehen, ist die dortige Bearbeitungszeit ebenfalls zu berücksichtigen, soweit sie dem konkreten Auskunftsantrag individuell zuzuordnen ist (AEAO zu § 89 Nr 4.3.2; FG Rheinland-Pfalz 20.2.2018 – 5 K 1287/16, DStRE 2019, 384, aus anderen Gründen aufgehoben durch BFH 4.5.2022 – I R 46/18, BStBl. II 2023, 467; Klein § 89 Rn. 70; aA TK § 89 Rn. 76).

6. Verzicht und Ermäßigung aus Billigkeitsgründen (Abs. 7)

41 Nach Abs. 7 S. 1 kann die FB in Anlehnung an §§ 227, 234 II auf die Gebühr im Einzelfall ganz oder teilweise verzichten, wenn und soweit ihre Erhebung nach Lage des einzelnen Falls unbillig wäre (BT-Drs. 17/5125, 50). Hierbei kann es sich um persönliche und sachliche Billigkeitsgründe handeln (Klein § 89 Rn. 75).

Nach Abs. 7 S. 2 kann die FB die Gebühr insb. ermäßigen, wenn der Antragsteller seinen Antrag vor Bekanntgabe der Behördenentscheidung zurücknimmt. Die Ermäßigung richtet sich nach dem bis zur Antragsrücknahme bei der FB angefallenen Arbeitsaufwand. Hat die FB im Zeitpunkt der Rücknahme mit der Bearbeitung des Antrags noch gar nicht begonnen, ist keine Gebühr festzusetzen (AEAO zu § 89 Nr. 4.5.2).

VII. Rechtsschutz

42 Lehnt die FB die Erteilung einer verbindlichen Auskunft ab, kann hiergegen Einspruch und Klage erhoben werden. Prüfungsgegenstand ist, ob die Voraussetzungen des § 89 II für die Erteilung einer verbindlichen Auskunft vorlagen. Eine Überprüfung des materiellen Rechts findet nicht statt. Das Gericht verpflichtet die FB bei rechtswidriger Ablehnung zur Erteilung einer verbindlichen Auskunft. Gegen eine negative Auskunft sind ebenfalls Einspruch und Klage statthaft. Die negative Auskunft ist jedoch **nur eingeschränkt gerichtlich überprüfbar.** Prüfungsmaßstab ist, ob die rechtliche Einschätzung in sich schlüssig und nicht evident rechtsfehlerhaft ist (BFH 29.2.2012 – IX R 11/11, BStBl. II 2012, 651). Eine abschließende materiell-rechtliche Klärung findet nicht statt. Die FB kann nur zur Erteilung einer neuen, schlüssigen Auskunft verpflichtet werden (Klein § 89 Rn. 38 f.).

Anhang: Steuer-Auskunftsverordnung

Verordnung zur Durchführung von § 89 Abs. 2 der Abgabenordnung (Steuer-Auskunftsverordnung – StAuskV)

Vom 30.11.2007 (BGBl. 2007 I 2783), die zuletzt durch Art. 7 der VO v. 19.12.2022 (BGBl. 2022 I 2432) geändert worden ist.

Auf Grund des § 89 Abs. 2 Satz 4 der Abgabenordnung in der Fassung der Bekanntmachung vom 1. Oktober 2002 (BGBl. I S. 3866, 2003 I S. 61), der zuletzt durch Artikel 10 Nr. 9 des Gesetzes vom 13. Dezember 2006 (BGBl. I S. 2878) geändert worden ist, verordnet das Bundesministerium der Finanzen:

§ 1 StAuskV Form und Inhalt des Antrags auf Erteilung einer verbindlichen Auskunft

(1) [1]Der Antrag auf Erteilung einer verbindlichen Auskunft ist schriftlich oder elektronisch bei der nach § 89 Absatz 2 Satz 2 oder Satz 3 der Abgabenordnung zuständigen Finanzbehörde zu stellen. [2]Der Antrag hat Folgendes zu enthalten: 41

1. die genaue Bezeichnung des Antragstellers (Name, bei natürlichen Personen Wohnsitz oder gewöhnlicher Aufenthalt, bei Körperschaften, Personenvereinigungen und Vermögensmassen Sitz oder Ort der Geschäftsleitung, soweit vorhanden Steuernummer),
2. eine umfassende und in sich abgeschlossene Darstellung des zum Zeitpunkt der Antragstellung noch nicht verwirklichten Sachverhalts,
3. die Darlegung des besonderen steuerlichen Interesses des Antragstellers,
4. eine ausführliche Darlegung des Rechtsproblems mit eingehender Begründung des eigenen Rechtsstandpunktes des Antragstellers,
5. die Formulierung konkreter Rechtsfragen,
6. die Erklärung, dass über den zur Beurteilung gestellten Sachverhalt bei keiner anderen der in § 89 Abs. 2 Satz 2 und 3 der Abgabenordnung genannten Finanzbehörden (Finanzämter oder Bundeszentralamt für Steuern) eine verbindliche Auskunft beantragt wurde, sowie
7. die Versicherung, dass alle für die Erteilung der Auskunft und für die Beurteilung erforderlichen Angaben gemacht wurden und der Wahrheit entsprechen.

(2) [1]Eine verbindliche Auskunft kann von allen Beteiligten nur gemeinsam beantragt werden, wenn sie sich auf einen Sachverhalt bezieht, der

1. mehreren Personen steuerlich zuzurechnen ist (§ 179 Absatz 2 Satz 2 der Abgabenordnung),
2. zur Begründung oder Beendigung einer Organschaft im Sinne
   a) des § 2 Absatz 2 Nummer 2 des Umsatzsteuergesetzes,
   b) der §§ 14 und 17 des Körperschaftsteuergesetzes oder
   c) des § 2 Absatz 2 Satz 2 des Gewerbesteuergesetzes

   führen kann,
3. von einer Organgesellschaft verwirklicht werden soll und über
   a) die gesonderte und einheitliche Feststellung nach § 14 Absatz 5 des Körperschaftsteuergesetzes oder
   b) den dem Organträger zuzurechnenden Gewerbeertrag

   Auswirkungen auf die Besteuerungsgrundlagen des Organträgers haben kann,
4. zur Verwirklichung eines Erwerbsvorgangs im Sinne von § 1 Absatz 3 Nummer 1 und 2 in Verbindung mit Absatz 4 Nummer 2 des Grunderwerbsteuergesetzes (grunderwerbsteuerliche Organschaft) führen kann oder
5. sich nach den §§ 20, 21, 24 oder 25 des Umwandlungssteuergesetzes bei verschiedenen Rechtsträgern steuerlich auswirkt und der steuerliche Wertansatz beim einbringenden oder übertragenden Rechtsträger vom steuerlichen Wertansatz beim übernehmenden Rechtsträger abhängt.

[2]Die Beteiligten sollen einen gemeinsamen Empfangsbevollmächtigten bestellen, der ermächtigt ist, für sie alle Verwaltungsakte und Mitteilungen in Empfang zu nehmen.

(3) [1]Für die Erteilung der verbindlichen Auskunft nach Absatz 2 Satz 1 ist zuständig

1. nach Absatz 2 Satz 1 Nummer 1:
   das Finanzamt, das für die gesonderte und einheitliche Feststellung örtlich zuständig ist;
2. nach Absatz 2 Satz 1 Nummer 2 Buchstabe a:
   das Finanzamt, das für die Umsatzbesteuerung des Organträgers örtlich zuständig ist;

3. nach Absatz 2 Satz 1 Nummer 2 Buchstabe b und c sowie Nummer 3:
   das Finanzamt, das für die gesonderte und einheitliche Feststellung nach § 14 Absatz 5 des Körperschaftsteuergesetzes örtlich zuständig ist;
4. nach Absatz 2 Satz 1 Nummer 4:
   das Finanzamt, das für die Festsetzung der Grunderwerbsteuer zuständig ist; ist der verwirklichte Sachverhalt Gegenstand einer gesonderten Feststellung nach § 17 Absatz 3 Satz 1 Nummer 2 oder Satz 2 in Verbindung mit Absatz 2 des Grunderwerbsteuergesetzes, ist das Finanzamt zuständig, das für die gesonderte Feststellung zuständig ist;
5. nach Absatz 2 Satz 1 Nummer 5:
   das Finanzamt, das nach § 18 oder § 20 der Abgabenordnung für den übernehmenden Rechtsträger örtlich zuständig ist.

[2] In den Fällen des Absatzes 2 Satz 1 Nummer 2 wird für die Bestimmung der Zuständigkeit stets von einer bestehenden Organschaft ausgegangen. [3] In den Fällen des Absatzes 2 Satz 1 Nummer 4 wird für die Bestimmung der Zuständigkeit davon ausgegangen, dass ein Erwerbsvorgang im Sinne des § 1 Absatz 3 Nummer 1 und 2 in Verbindung mit Absatz 4 Nummer 2 des Grunderwerbsteuergesetzes verwirklicht wurde.

(4) [1] Soll der dem Antrag zugrunde liegende Sachverhalt durch eine Person, Personenvereinigung oder Vermögensmasse verwirklicht werden, die im Zeitpunkt der Antragstellung noch nicht existiert, kann der Antrag auf Erteilung einer verbindlichen Auskunft auch durch einen Dritten gestellt werden, sofern er ebenfalls ein eigenes berechtigtes Interesse an der Auskunftserteilung darlegen kann. [2] In diesem Fall sind die in Absatz 1 Nr. 1 und 3 genannten Angaben auch hinsichtlich der Person, Personenvereinigung oder Vermögensmasse zu machen, die den der Auskunft zugrunde liegenden Sachverhalt verwirklichen soll.

§ 2 StAuskV Bindung einer verbindlichen Auskunft

42 (1) [1] Die von der nach § 89 Abs. 2 Satz 2 und 3 der Abgabenordnung zuständigen Finanzbehörde erteilte verbindliche Auskunft ist für die Besteuerung des Antragstellers oder in den Fällen des § 1 Absatz 4 für die Besteuerung der Person, Personenvereinigung oder Vermögensmasse, die den Sachverhalt verwirklicht hat, bindend, wenn der später verwirklichte Sachverhalt von dem der Auskunft zugrunde gelegten Sachverhalt nicht oder nur unwesentlich abweicht. [2] Die verbindliche Auskunft ist nicht bindend, wenn sie zuungunsten des Steuerpflichtigen dem geltenden Recht widerspricht.

(2) [1] Eine nach § 1 Absatz 3 erteilte verbindliche Auskunft ist für die Besteuerung aller Beteiligten einheitlich bindend, wenn der später verwirklichte Sachverhalt von dem Sachverhalt, der der Auskunft zugrunde gelegt wurde, nicht oder nur unwesentlich abweicht. [2] Widerspricht die einheitlich erteilte verbindliche Auskunft dem geltenden Recht und beruft sich mindestens ein Beteiligter hierauf, entfällt die Bindungswirkung der verbindlichen Auskunft einheitlich gegenüber allen Beteiligten.

(3) Die Bindungswirkung der verbindlichen Auskunft entfällt ab dem Zeitpunkt, in dem die Rechtsvorschriften, auf denen die Auskunft beruht, aufgehoben oder geändert werden.

(4) Unbeschadet der §§ 129 bis 131 der Abgabenordnung kann eine verbindliche Auskunft mit Wirkung für die Zukunft aufgehoben oder geändert werden, wenn sich herausstellt, dass die erteilte Auskunft unrichtig war.

§ 3 StAuskV Anwendungsvorschrift

43 [1] § 1 Absatz 2 Satz 1, Absatz 3 und § 2 Absatz 2 in der am 20. Juli 2017 geltenden Fassung sind erstmals auf Anträge auf Erteilung einer verbindlichen Auskunft anzuwenden, die nach dem 1. September 2017 bei der zuständigen Finanzbehörde eingegangen sind. [2] § 1 Absatz 2 Satz 1 Nummer 3 bis 5 und Absatz 3 Satz 1 Nummer 4 und 5 in der am 23. Dezember 2022 geltenden Fassung ist erstmals auf Anträge auf Erteilung einer verbindlichen Auskunft anzuwenden, die nach dem 31. Dezember 2022 bei der zuständigen Finanzbehörde eingegangen sind.

§ 89a Vorabverständigungsverfahren

(1) [1] Bei Anwendbarkeit eines Abkommens zur Vermeidung der Doppelbesteuerung, welches ein Verständigungsverfahren zur Vermeidung der Doppelbesteuerung zwischen der Bundesrepublik Deutschland und einem anderen Staat oder Hoheitsgebiet (Vertragsstaat) vorsieht, kann die zuständige Behörde nach § 5 Absatz 1 Satz 1 Nummer 5 des Finanzverwaltungsgesetzes im Einvernehmen

mit der zuständigen obersten Landesfinanzbehörde oder der von dieser beauftragten Behörde nach den Bestimmungen dieser Vorschrift auf Antrag eines Abkommensberechtigten (Antragsteller) ein zwischenstaatliches Verfahren über die steuerliche Beurteilung von genau bestimmten, im Zeitpunkt der Antragstellung noch nicht verwirklichten Sachverhalten für einen bestimmten Geltungszeitraum, der in der Regel fünf Jahre nicht überschreiten soll, mit der zuständigen Behörde des anderen Vertragsstaates einleiten (Vorabverständigungsverfahren). [2] Satz 1 gilt nur, wenn

1. die Gefahr einer Doppelbesteuerung bezüglich des bestimmten Sachverhalts besteht und
2. es wahrscheinlich ist,
   a) die Doppelbesteuerung durch das Vorabverständigungsverfahren zu vermeiden und
   b) eine übereinstimmende Abkommensauslegung mit der zuständigen Behörde des anderen Vertragsstaates zu erreichen.

[3] Die Einleitung setzt eine nach Absatz 7 unanfechtbar gewordene Gebührenfestsetzung und die Entrichtung der Gebühr voraus. [4] Betrifft ein Sachverhalt mehrere Abkommensberechtigte und kann der Sachverhalt nur einheitlich steuerlich beurteilt werden, kann das Vorabverständigungsverfahren nur von allen betroffenen Abkommensberechtigten gemeinsam beantragt werden; Verfahrenshandlungen können in diesen Fällen nur gemeinsam vorgenommen werden. [5] Hierfür benennen die Antragsteller einen Vertreter. [6] Die Antragsteller bestellen in den Fällen des Satzes 4 einen gemeinsamen Empfangsbevollmächtigten, der ermächtigt ist, für sie alle Verwaltungsakte und Mitteilungen in Empfang zu nehmen. [7] Ist ein Steuerabzugsverfahren Gegenstand der steuerlichen Beurteilung, kann auch der Abzugsverpflichtete den Antrag auf Einleitung eines Vorabverständigungsverfahrens stellen. [8] Betrifft ein Sachverhalt die steuerliche Beurteilung im Verhältnis zu mehreren Vertragsstaaten, kann der Antragsteller einen zusammengefassten Antrag auf Einleitung mehrerer Vorabverständigungsverfahren stellen.

(2) **[1] Der Antrag nach Absatz 1 hat zu enthalten:**

1. die genaue Bezeichnung des Antragstellers und aller anderen Beteiligten,
2. die Bezeichnung der örtlich zuständigen Finanzbehörde sowie die maßgebliche Steuernummer,
3. die Identifikationsnummer nach § 139b oder die Wirtschafts-Identifikationsnummer nach § 139c; wenn die Wirtschafts-Identifikationsnummer noch nicht vergeben wurde, die Steuernummer,
4. die betroffenen Vertragsstaaten,
5. eine umfassende und in sich abgeschlossene Darstellung des Sachverhalts einschließlich des erwünschten Geltungszeitraums der Vorabverständigungsvereinbarung,
6. die Darlegung, weshalb eine Gefahr der Doppelbesteuerung besteht, sowie
7. die Erklärung, ob über den zur Beurteilung gestellten Sachverhalt eine verbindliche Auskunft nach § 89, eine verbindliche Zusage nach § 204, eine Anrufungsauskunft nach § 42e des Einkommensteuergesetzes oder in dem anderen betroffenen Vertragsstaat eine vergleichbare Auskunft oder Zusage beantragt oder erteilt wurde.

[2] Dem Antrag sind die erforderlichen Unterlagen beizufügen, insbesondere solche, die zur Würdigung des Sachverhalts erforderlich sind. [3] Der Antrag ist bei der nach Absatz 1 Satz 1 zuständigen Behörde schriftlich oder elektronisch zu stellen.

(3) [1]Im Einvernehmen mit der zuständigen obersten Landesfinanzbehörde unterzeichnet die nach Absatz 1 Satz 1 zuständige Behörde die Vorabverständigungsvereinbarung mit dem anderen Vertragsstaat nur, wenn die Vereinbarung mindestens unter der Bedingung steht, dass der Antragsteller

1. dem Inhalt der Vorabverständigungsvereinbarung zustimmt und
2. im Geltungsbereich dieses Gesetzes auf die Einlegung von Rechtsbehelfen gegen Steuerbescheide verzichtet, soweit diese die Ergebnisse der Vorabverständigungsvereinbarung für den bestimmten Geltungszeitraum zutreffend umsetzen (Rechtsbehelfsverzicht).

[2]Nach der Unterzeichnung teilt die nach Absatz 1 Satz 1 zuständige Behörde dem Antragsteller den Inhalt der Einigung mit und setzt ihm eine Frist zur Erfüllung der Bedingungen nach Satz 1. [3]Der Rechtsbehelfsverzicht des Antragstellers hat mit gesondertem Schreiben schriftlich oder zur Niederschrift gegenüber der nach Absatz 1 Satz 1 zuständigen Behörde zu erfolgen. [4]Wird keine Vorabverständigungsvereinbarung unterzeichnet, scheitert das Vorabverständigungsverfahren. [5]Dies ist insbesondere der Fall, wenn die zuständige Behörde des anderen Vertragsstaates ein Verfahren nicht einleitet oder die zuständigen Behörden zu keiner übereinstimmenden Abkommensauslegung gelangen. [6]Das Verfahren scheitert auch, wenn der Antragsteller die Bedingungen nach Satz 1 nicht fristgemäß erfüllt. [7]Ein Vorabverständigungsverfahren wird im Einvernehmen mit der zuständigen obersten Landesfinanzbehörde oder der von dieser beauftragten Behörde geführt.

(4) [1]Die örtlich zuständige Finanzbehörde ist an die unterzeichnete Vorabverständigungsvereinbarung nicht gebunden, wenn

1. die in der Vorabverständigungsvereinbarung enthaltenen Bedingungen nicht oder nicht mehr erfüllt werden,
2. der andere beteiligte Vertragsstaat die Vorabverständigungsvereinbarung nicht einhält oder
3. die Rechtsvorschriften, auf denen die Vorabverständigungsvereinbarung beruht, aufgehoben oder geändert werden.

[2]Die Prüfung der Voraussetzungen nach Satz 1 obliegt der nach Absatz 1 Satz 1 zuständigen Behörde im Einvernehmen mit der zuständigen obersten Landesfinanzbehörde oder der von dieser beauftragten Behörde. [3]Die Bindungswirkung der Vorabverständigungsvereinbarung entfällt in dem Zeitpunkt, in dem eine der Voraussetzungen nach Satz 1 vorliegt.

(5) [1]Steht der Vorabverständigungsvereinbarung eine bereits erteilte verbindliche Auskunft nach § 89, eine bereits erteilte verbindliche Zusage nach § 204 oder eine Anrufungsauskunft nach § 42e des Einkommensteuergesetzes entgegen, kann die nach § 131 Absatz 4 zuständige Finanzbehörde im Einvernehmen mit der nach Absatz 1 Satz 1 zuständigen Behörde die verbindliche Auskunft, die verbindliche Zusage oder die Anrufungsauskunft widerrufen. [2]Erfolgt kein Widerruf nach Satz 1 und wurde bereits eine Vorabverständigungsvereinbarung unterzeichnet, kann die örtlich zuständige Finanzbehörde im Einvernehmen mit der nach Absatz 1 Satz 1 zuständigen Behörde gegenüber dem Antragsteller erklären, dass sie an die unterzeichnete Vorabverständigungsvereinbarung nicht gebunden ist.

(6) [1]Eine unterzeichnete Vorabverständigungsvereinbarung kann von der nach Absatz 1 Satz 1 zuständigen Behörde über den bestimmten Geltungszeitraum hinaus auf Antrag verlängert werden. [2]Die Vorabverständigungsvereinbarung kann auf Antrag auf Veranlagungszeiträume, die dem Geltungszeitraum der Vereinbarung vorangehen, angewendet werden; die Fristen für Verständigungsver-

fahren des jeweils maßgebenden Abkommens zur Vermeidung der Doppelbesteuerung sind zu beachten. 3 Die Sätze 1 und 2 setzen das Einvernehmen mit der zuständigen obersten Landesfinanzbehörde oder mit der von dieser beauftragten Behörde und der zuständigen Behörde des anderen Vertragsstaates voraus.

(7) **1 Die nach Absatz 1 Satz 1 zuständige Behörde erhebt für die Bearbeitung eines Antrags nach Absatz 1 oder Absatz 6 Satz 1 Gebühren, die vor Einleitung des Vorabverständigungsverfahrens oder der Bearbeitung eines Verlängerungsantrags festzusetzen sind. 2 Die Einleitung des Vorabverständigungsverfahrens oder die Bearbeitung eines Verlängerungsantrags erfolgt durch die Versendung des ersten Schriftsatzes an den anderen Vertragsstaat. 3 Die Gebühr ist vom Antragsteller innerhalb eines Monats nach Bekanntgabe ihrer Festsetzung zu entrichten. 4 Das Vorabverständigungsverfahren oder die Bearbeitung eines Verlängerungsantrags wird erst eingeleitet, wenn die Gebührenfestsetzung unanfechtbar geworden und die Gebühr entrichtet ist. 5 Die Gebühr beträgt 30 000 Euro für jeden Antrag im Sinne des Absatzes 1 sowie 15 000 Euro für jeden Verlängerungsantrag nach Absatz 6 Satz 1. 6 Sofern es sich bei dem Antrag nicht um einen Verrechnungspreisfall handelt, beträgt die Gebühr für jeden Antrag ein Viertel der Gebühren nach Satz 5; Verrechnungspreisfälle sind Fälle, die die grenzüberschreitende Gewinnabgrenzung zwischen nahestehenden Personen und die Gewinnzuordnung zu Betriebsstätten betreffen. 7 Bezieht sich der Antrag auf einen Sachverhalt, für dessen steuerliche Beurteilung im Zeitpunkt der Antragstellung bereits eine koordinierte bilaterale oder multilaterale steuerliche Außenprüfung durchgeführt wurde, die zu einem übereinstimmend festgestellten Sachverhalt und zu einer übereinstimmenden steuerlichen Würdigung geführt hat, wird die Gebühr um 75 Prozent reduziert. 8 Sofern die Summe der von dem Vorabverständigungsverfahren erfassten Geschäftsvorfälle eines Verrechnungspreisfalls die Beträge des § 6 Absatz 2 Satz 1 der Gewinnabgrenzungsaufzeichnungs-Verordnung vom 12. Juli 2017 (BGBl. I S. 2367) voraussichtlich nicht überschreitet, beträgt die Gebühr 10 000 Euro für jeden Antrag im Sinne des Absatzes 1 und 7500 Euro für jeden Antrag nach Absatz 6 Satz 1. 9 In den Fällen des Absatzes 1 Satz 4 und 7 liegt ein Antrag vor, für den nur eine Gebühr festzusetzen und zu entrichten ist. 10 In den Fällen des Absatzes 1 Satz 8 ist für jedes Vorabverständigungsverfahren eine gesonderte Gebühr festzusetzen und zu entrichten.**

(8) **1 Nimmt der Antragsteller seinen Antrag nach Absatz 1 Satz 1 vor Bekanntgabe der Gebührenfestsetzung zurück, kann von einer Gebührenfestsetzung abgesehen werden. 2 Wird der Antrag zurückgenommen oder abgelehnt, wird eine zu diesem Zeitpunkt unanfechtbar festgesetzte Gebühr nicht erstattet; dies gilt auch im Fall des Scheiterns des Vorabverständigungsverfahrens.**

Schrifttum: Flüchter, Der neue § 89a AO zu Vorabverständigungsverfahren, ISR 2021, 338; Greil/Saliger, Änderung im Bereich der Verrechnungspreise aufgrund des ATADUmsG und des AbzStEntlModG – Reform ohne inhaltliche Neuerungen?, ISR 2021, 330; Günther, Verfahrensrechtliche Änderungen durch das Abzugsteuerentlastungsmodernisierungsgesetz, AO-StB 2021, 230.

Übersicht

A. Allgemeines

1 Bislang wurden zwischenstaatliche Vorabverständigungsverfahren auf der Basis des Merkblatts für bilaterale oder multilaterale Vorabverständigungsverfahren auf der Grundlage der Doppelbesteuerungsabkommen zur Erteilung verbindlicher Vorabzusagen über Verrechnungspreise zwischen international verbundenen Unternehmen (sog. „Advance Pricing Agreements" – APAs) vom 5.10.2006 (BStBl. I 2006, 594) unter Berufung auf Art. 25 OECD-MA nachgebildeter Artikel im jeweiligen Doppelbesteuerungsabkommen abgeschlossen (vgl. hierzu ausführlich TK § 89a Rn. 1 ff.) Eine gesetzliche Regelung bestand nur hinsichtlich der Gebühren in § 178a. Mit der Einführung des § 89a wurde nunmehr eine gesetzliche Regelung für Vorabverständigungsverfahren im zwischenstaatlichen Bereich geschaffen.

2 Die Vorschrift wurde mit dem Gesetz zur Modernisierung der Entlastung von Abzugsteuern und der Bescheinigung der Kapitalertragsteuer (Abzugsteuerentlastungsmodernisierungsgesetz – AbzStEntModG) v. 2.6.2021 (BGBl. 2021 I 1259) mWv 9.6.2021 eingefügt. In diesem Zusammenhang wurde § 178a aufgehoben, da in Abs. 7 eine Gebührenregelung vorgesehen wurde. Nach Art. 97 § 34 S. 1 EGAO ist § 89a erstmals auf Anträge anzuwenden, die nach dem 8.6.2021 bei der zuständigen Behörde eingegangen sind. § 178a ist letztmals auf Anträge anzuwenden, die am 8.6.2021 bei der zuständigen Behörde eingegangen sind. Zudem wurde in § 175a eine Änderungsmöglichkeit des StBescheids zur Umsetzung einer Vorabverständigungsvereinbarung eingefügt. Bei der Anwendung des § 89a VI 2 zur rückwirkenden Vorabverständigungsvereinbarung endet nach § 175a S. 2 die Festsetzungsfrist insoweit nicht vor Ablauf eines Jahres nach der rückwirkenden Anwendung der Vorabverständigungsvereinbarung.

3 Abs. 1 der Vorschrift regelt die Voraussetzungen eines Vorabverständigungsverfahrens. Abs. 2 betrifft den Inhalt und die Form des Antrags. Abs. 3 ergänzt Abs. 1 und nennt die Bedingungen für die Unterzeichnung der Vorabverständigungsvereinbarung. Abs. 4 regelt die Bindungswirkung. Abs. 5 behandelt Konflikte mit bereits nach anderen Vorschriften erteilten Zusagen. Abs. 6 ermöglicht eine Verlängerung der Geltungsdauer der Vorabverständigungsvereinbarung auf Antrag. Abs. 7 regelt die Gebühr und Abs 8. betrifft die Folgen einer Antragsrücknahme für die Gebührenfestsetzung.

B. Voraussetzungen eines Vorabverständigungsverfahrens (Abs. 1)

I. Definition

Nach der Definition des **Abs. 1 S. 1** handelt es sich bei einem Vorabverständigungsverfahren um ein zwischenstaatliches Verfahren über die steuerliche Beurteilung von genau bestimmten, im Zeitpunkt der Antragstellung noch nicht verwirklichten Sachverhalten für einen bestimmten Geltungszeitraum, der idR fünf Jahre nicht überschreiten soll. Das Vorabverständigungsverfahren dient der Vermeidung einer Doppelbesteuerung. Hauptanwendungsfall dürfte die grenzüberschreitende Gewinnabgrenzung zwischen nahestehenden Personen und die Gewinnzuordnung bei Betriebsstätten sein. Es sollen aber ausdrücklich sämtliche grenzüberschreitende Sachverhalte erfasst werden (BT-Drs. 19/27632, 79). Der Anwendungsbereich geht damit über den Regelungsbereich des § 178a hinaus, der an eine Vorabverständigung im Bereich der Verrechnungspreise (sog. Advance-Pricing-Agreements – APA) anknüpfte (Klein § 89a Rn. 5). 5

II. Vorliegen eines DBA

Weiterhin muss ein DBA anwendbar sein, das ein Verständigungsverfahren zur Vermeidung der Doppelbesteuerung zwischen der Bundesrepublik Deutschland und einem anderen Staat oder Hoheitsgebiet (Vertragsstaat) vorsieht. Das DBA muss somit eine dem Art. 25 Nr. 3 OECD-MA entsprechende Klausel enthalten (Klein § 88 Rn. 7). 6

III. Zuständigkeit

Zuständig ist nach § 5 I 1 Nr. 5 FVG das BZSt, das im Einvernehmen mit der zuständigen obersten LandesFB oder der von dieser beauftragten FB, auf Antrag des Abkommensberechtigten (Antragsteller) mit der zuständigen Behörde des anderen Vertragsstaates das Verfahren einleiten kann. Der Antrag sollte zusätzlich auch im Ausland gestellt werden, damit der andere Staat einbezogen wird und die erforderlichen Informationen erhält (BT-Drs. 19/27632, 80). Ein Vorabverständigungsverfahren wird somit grundsätzlich bilateral geführt, kann gem. Abs. 1 S. 8 aber auch multilateral geführt werden. Wird eine multilaterale Vorabverständigung angestrebt, handelt es sich um mehrere bilaterale Vorabverständigungsverfahren mit den zuständigen Behörden mehrerer Staaten. Formell wird pro Vertragsstaat ein Vorabverständigungsverfahren geführt (BT-Drs. 19/27632, 81). 7

IV. Drohende Doppelbesteuerung

Nach **Abs. 1 S. 2 Nr. 1** muss die Gefahr einer Doppelbesteuerung bestehen. Ferner muss es nach **Abs. 1 S. 2 Nr. 2** wahrscheinlich sein, dass durch das Vorabverständigungsverfahren die Doppelbesteuerung vermieden wird und dass eine übereinstimmende Abkommensauslegung mit dem anderen Vertragsstaat erreicht werden kann. Wann bzw. zu welchem Gewissheitsgrad die Wahrscheinlichkeit bestehen muss, ist unklar. Der Gesetzesbegründung ist lediglich zu entnehmen, dass die Ablehnung des Antrags in Betracht kommt, wenn die Voraussetzungen des Abs. 1 S. 2 nicht vorliegen oder für die FB bereits erkennbar ist, dass mit der zuständigen Behörde des anderen Staates keine übereinstimmende Abkommensauslegung erzielt werden kann. Daher muss die Erfolgsaussicht zumindest bei mehr als 50% liegen (so auch Klein § 88 Rn. 9). Die Gesetzesbegründung weist ausdrücklich darauf hin, dass der Antragsteller keinen Anspruch auf Einleitung des Vorabverständigungsverfahrens hat, sowie kein Anspruch auf einen Abschluss des Vorabverständigungsverfahrens besteht (BT-Drs. 19/27632, 80). 8

V. Gebührenfestsetzung und -entrichtung

9 Weiterhin setzt **Abs. 1 S. 3** für die Einleitung eines Vorabverständigungsverfahrens voraus, dass die Gebühr iSv Abs. 7 unanfechtbar festgesetzt und entrichtet worden ist. Dies entspricht dem bisherigen § 178a I 4.

VI. Antrag

10 Bereits Abs. 1 S. 1 bestimmt, dass der Abkommensberechtigte einen Antrag auf Durchführung des Vorabverständigungsverfahrens stellen muss. **Abs. 1 S. 4 bis 7** regeln die Antragsberechtigung für Fälle, in denen mehrere Abkommensberechtigte vorhanden sind und der Sachverhalt nur einheitlich beurteilt werden kann. Damit soll eine Verfahrensvereinfachung beispielsweise für Mitunternehmer einer PersGes erreicht werden. Nach **Abs. 1 S. 4** ist der Antrag von allen Mitunternehmern gemeinsam zu stellen. Hierfür ist nach **Abs. 1 S. 5** ein Vertreter und nach **Abs. 1 S. 6** ein gemeinsamer Empfangsbevollmächtigter zu bestellen. **Abs. 1 S. 7** gewährt in Fällen des StAbzugs dem Vergütungsschuldner ein eigenes Antragsrecht, da dieser als Abzugsverpflichteter mit der Durchführung des Verfahrens belastet ist und ggf. für nicht abgeführte Steuern haftet. Das Antragsrecht des StSchuldners bleibt hiervon unberührt (BT-Drs. 19/27632, 81).

VII. Multilaterale Vorabverständigungsverfahren

11 In Fällen von multilateralen Vorabverständigungsersuchen, also in Fällen, in denen ein Sachverhalt mehrere Vertragsstaaten betrifft, kann der Antragsteller nach **Abs. 1 S. 8** einen zusammengefassten Antrag auf Einleitung mehrerer Vorabverständigungsverfahren stellen. Für den Antragsteller soll dies eine Verfahrenserleichterung bewirken, für die zuständige FB die Möglichkeit eröffnen, einen Überblick über die verschiedenen Auslandsbeziehungen des Antragstellers zu erlangen (BT-Drs. 19/27632, 81).

C. Inhalt und Form des Antrags (Abs. 2)

15 Inhalt und Form des Antrags werden durch **Abs. 2** bestimmt. Neben eher technischen Angaben wie der Identität der Beteiligten und der örtlichen Zuständigkeit der FB sowie der betroffenen Vertragsstaaten (vgl. **Abs. 2 S. 1 Nr. 1–4**) sind die inhaltlichen Angaben zum Sachverhalt von praktischer Relevanz. Der Sachverhalt muss nach **Abs. 2 S. 1 Nr. 5, 6** eine **umfassende und in sich abgeschlossene Darstellung des Sachverhalts** einschließlich des erwünschten Geltungszeitraums der Vorabverständigungsvereinbarung und die Darlegung, weshalb eine Gefahr der Doppelbesteuerung besteht, enthalten. Ferner muss nach **Abs. 2 S. 1 Nr. 7** angegeben werden, ob über den zur Beurteilung gestellten Sachverhalt eine verbindliche Auskunft nach § 89, eine verbindliche Zusage nach § 204, eine Anrufungsauskunft nach § 42e EStG oder in dem anderen betroffenen Vertragsstaat eine vergleichbare Auskunft oder Zusage beantragt oder erteilt wurde. Nach **Abs. 2 S. 2** sind die erforderlichen Unterlagen, insb. zur Sachverhaltswürdigung, beizufügen.

16 Da der Darstellung des Sachverhalts und der Auswahl der beizufügenden Unterlagen eine besondere Bedeutung zukommt und dies auch der schwierigste Teil des Antrags sein dürfte, empfiehlt es sich, hierauf besondere Sorgfalt zu verwenden. Das zur Rechtslage vor der Neuregelung durch § 89a ergangene BMF-Merkblatt v. 5.10.2006 (BStBl. I 2006, 594) sieht hierfür unter Tz. 2.2 ein Vorgespräch mit der FVerw. vor (sog. Prefiling). Hierbei soll das Verfahren erörtert und zB abgesprochen werden, welchen Gegenstand und Inhalt der Antrag sinnvollerweise haben sollte und welche Unterlagen erforderlich sind. Daneben kann auch erörtert werden, wie das BZSt die Aussichten auf Einigung mit der anderen zuständigen Behörde im Vorabverständigungsverfahren einschätzt. Ferner soll die benötigte Zeit für das Verfahren abgeschätzt werden. Das Prefiling kann auch anonym erfolgen

(ausführlich TK § 89a Rn. 19 f.). Auch bei einem Antrag nach § 89a sollte von der Möglichkeit des Prefilings Gebrauch gemacht werden.

Der Antrag ist nach **Abs. S. 3** schriftlich oder elektronisch zu stellen. Bei elektronischer Antragstellung gilt § 87a. 17

D. Unterzeichnung der Vorabverständigungsvereinbarung (Abs. 3)

I. Bilaterale Vorabverständigungsvereinbarung

Die Unterzeichnung der Vorabverständigungsvereinbarung ist an verschiedene Bedingungen geknüpft. Bei der bilateralen Vorabverständigungsvereinbarung handelt es sich um einen völkerrechtlichen Vertrag. Hiervon ist die innerstaatliche Verständigung mit dem Stpfl. zu unterscheiden (TK § 89a Rn. 30). Das BZSt unterzeichnet nach **Abs. 3 S. 1** die (bilaterale) Vorabverständigungsvereinbarung mit dem anderen Vertragsstaat nur, wenn die Vereinbarung mindestens unter der Bedingung steht, dass der Antragsteller dem Inhalt der Vorabverständigungsvereinbarung zustimmt **(Abs. 3 S. 1 Nr. 1)** und auf die Einlegung eines Rechtsbehelfs gegen die StBescheide verzichtet, soweit in den StBescheiden die Vorabverständigungsvereinbarung umgesetzt wird **(Abs. 3 S. 1 Nr. 2).** 20

II. Innerstaatliche Verständigung mit dem Stpfl.

Abs. 3 S. 2 bestimmt, dass das BZSt nach der Unterzeichnung (der bilateralen Vorabverständigung) dem Antragsteller den Inhalt der Einigung mitteilt und ihm eine Frist zur Erfüllung der Bedingungen nach Satz 1 setzt. Nach der Gesetzesbegründung soll die Mitteilung insb. der Transparenz dienen und dem Antragsteller die Möglichkeit geben, einer etwaig gefundenen Vereinbarung zuzustimmen und sich über die steuerlichen Auswirkungen ein umfassendes Bild zu verschaffen. Dem Antragsteller soll auf diese Weise Gelegenheit gegeben werden, sich mit den Rechtsfolgen, die aus der Vereinbarung für ihn resultieren, auseinanderzusetzen und sie entspr. für sich zu würdigen. Die Fristsetzung ist einzelfallabhängig und von der zuständigen Behörde angemessen zu bestimmen. Hierbei sollten in Anbetracht der Reichweite und möglichen Komplexität der Rechtsfragen großzügige Fristen gesetzt werden. Bei der Mitteilung handelt es sich um keinen VA, sondern um eine reine Wissensmitteilung ohne Regelungsgehalt (BT-Drs. 19/27632, 82 f., kritisch TK § 89a Rn. 33). 21

III. Rechtsbehelfsverzicht

Der Rechtsbehelfsverzicht ist nach **Abs. 3 S. 3** gesondert schriftlich oder zur Niederschrift gegenüber dem BZSt zu erklären. Er beinhaltet, dass der Antragsteller auf die Einlegung von Rechtsbehelfen gegen die StBescheide verzichtet, soweit die Ergebnisse der Vorabverständigungsvereinbarung für den bestimmten Geltungszeitraum zutreffend umgesetzt werden. Es handelt sich hierbei nicht um einen umfassenden Rechtsbehelfsverzicht und gilt daher nur insoweit, als die Ergebnisse des Vorabverständigungsverfahrens für den bestimmten Geltungszeitraum mit dem StBescheid zutreffend umgesetzt werden. Andere rechtliche Aspekte können vom Antragsteller weiterhin geltend gemacht werden. Der Einspruchsverzicht bezieht sich nicht auf eine unzutreffende Umsetzung der Vorabverständigungsvereinbarung. 22

IV. Scheitern der Vorabverständigungsvereinbarung

Nach **Abs. 3 S. 4 bis 6** scheitert das Vorabverständigungsverfahren, wenn die Vorabverständigungsvereinbarung nicht unterzeichnet wird **(Abs. 3 S. 4).** Hierfür sind verschiedene Ursachen denkbar. **Abs. 3 S. 5** führt diese beispielhaft, aber nicht abschließend auf. So erfolgt eine Unterzeichnung insb. dann nicht, wenn die Einleitung des Verfahrens seitens 23 des anderen Staates versagt wird. Der andere Staat kann nicht zum Führen eines Vorabverständigungsverfahrens gezwungen werden. Auch die Herbeiführung einer einheitlichen Abkommensauslegung und damit eines einvernehmlichen Abschlusses kann nicht erzwungen werden. Demzufolge kann ein Vorabverständigungsverfahren auch ohne die Unterzeichnung einer Vorabverständigungsvereinbarung enden. Weiterhin scheitert das Vorabverständigungsverfahren nach **Abs. 3 S. 6,** wenn der Antragsteller die Bedingungen gem. Satz 1 nicht fristgerecht erfüllt. Er kann dann den Inhalt der Vorabverständigungsvereinbarung nicht für sich beanspruchen (BT-Drs. 19/27632, 83).

V. Zustimmung der obersten Landesfinanzbehörde

24 Das BZSt handelt nach **Abs. 3 S. 7** hierbei im Einvernehmen mit der zuständigen obersten Landesfinanzbehörde oder der von dieser beauftragten Behörde.

E. Wegfall der Bindungswirkung (Abs. 4)

30 **Abs. 4** bestimmt, wann die örtlich zuständige FB an die Vorabverständigungsvereinbarung nicht mehr gebunden ist. Nach **Abs. 4 S. 1 Nr. 1** ist dies der Fall, wenn die in der Vorabverständigungsvereinbarung enthaltenen Bedingungen nicht oder nicht mehr erfüllt werden. Zu den Gültigkeitsbedingungen können zB gleichbleibende Beteiligungsverhältnisse, gleichbleibende Verhältnisse bzgl. Marktbedingungen oder Marktanteil, eine gleichbleibende Funktions- und Risikoverteilung und Kapitalstruktur der beteiligten Unternehmen oder ein gleichbleibendes Geschäftsmodell gehören. Auch die steuerlichen Rahmenbedingungen im anderen Staat können hierunter fallen. Die zuständigen Behörden können die Gültigkeitsbedingungen im beiderseitigen Einvernehmen frei vereinbaren (BT-Drs. 19/27632, 84).

31 Nach **Abs. 4 S. 1 Nr. 2** besteht keine Bindungswirkung, wenn der andere Vertragsstaat die Vorabverständigungsvereinbarung nicht einhält. Auf diese Weise wird die Gefahr einer doppelten Nichtbesteuerung ausgeschlossen. Hiervon erfasst ist auch die Aufkündigung der Vorabverständigungsvereinbarung durch den anderen Vertragsstaat (BT-Drs. 19/27632, 84).

32 Weiterhin besteht nach **Abs. 4 S. 1 Nr. 3** keine Bindungswirkung, wenn die Rechtsvorschriften, auf denen die Vorabverständigungsvereinbarung beruht, geändert oder aufgehoben werden. Diese Regelung entspricht § 2 III StAuskV (BT-Drs. 19/27632, 84).

33 Zuständig für die Prüfung des Wegfalls der Bindungswirkung ist nach **Abs. 4 S. 2** das BZSt, da dieses eine besondere Sachnähe zu der Vorabverständigungsvereinbarung hat und im Kontakt zu den ausländischen FB steht.

34 Die Bindungswirkung fällt nach **Abs. 4 S. 3** in dem Zeitpunkt weg, in dem eine der Voraussetzungen des Abs. 4 S. 1 Nr. 1 bis 3 erfüllt ist (ex-nunc). Die örtlich zuständige FB darf ab diesem Zeitpunkt keine Bescheide mehr erlassen, die auf der Vorabverständigungsvereinbarung beruhen. Ist eine der Voraussetzungen eingetreten, ohne dass die örtlich zuständige FB Kenntnis davon hatte und sind daher rechtsfehlerhaft Bescheide erlassen worden, die auf der Vorabverständigungsvereinbarung beruhen, ist die Anwendung der allgemeinen Änderungsvorschriften zu prüfen (BT-Drs. 19/27632, 84).

F. Verhältnis zur verbindlichen Auskunft und erteilten Zusagen oder Anrufungsauskunft (Abs. 5)

40 Schon bei der Antragstellung ist nach Abs. 2 S. 1 Nr. 7 anzugeben, ob es erteilte oder beantragte verbindliche Auskünfte iSv § 89 II, bereits erteilte oder beantragte verbindliche Zusagen gem. § 204 oder LSt-Anrufungsauskünfte iSv § 42e EStG gibt. **Abs. 5** regelt den

Konflikt, sofern solche Auskünfte/Zusagen der Vorabverständigungsvereinbarung entgegenstehen.

Um widersprüchliche Sachverhaltswürdigungen zu vermeiden, kann nach **Abs. 5 S. 1** die verbindliche Auskunft, verbindliche Zusage bzw. LSt-Anrufungsauskunft gem. § 131 II 1 Nr. 1 widerrufen werden. Um sowohl eine Geltungslücke als auch eine Geltungsüberschneidung zu vermeiden, ist der Widerruf möglichst für den Zeitpunkt des Inkrafttretens der Vorabverständigungsvereinbarung auszusprechen (TK § 89a Rn. 47). Der Einleitung eines Vorabverständigungsverfahrens stehen erteilte verbindliche Auskünfte oder Zusagen bzw. LSt-Anrufungsauskünfte aber grds. nicht entgegen (Klein § 89a Rn. 35). 41

Zuständig für den Widerruf ist die nach § 131 IV örtlich zuständige FB, die im Einvernehmen mit dem BZSt handeln soll. 42

Ein Widerruf ist auch möglich, wenn die zuständige FB erst nachträglich von einem Wertungswiderspruch zwischen bereits erteilter verbindlicher Auskunft oder Zusage und der Vorabverständigungsvereinbarung erfährt. Sofern der Antragsteller entgegen seiner Pflicht nach Abs. 2 S. 1 Nr. 7 eine bereits erteilte Auskunft, Zusage oder LSt-Anrufungsauskunft nicht mitgeteilt hat und diese im Widerspruch zur Vorabverständigungsvereinbarung steht, kann es je nach Lage des Einzelfalls zweckmäßig sein, die Bindungswirkung der Vorabverständigungsvereinbarung aufzuheben, anstatt die verbindliche Auskunft oder die verbindliche Zusage zu widerrufen (BT-Drs. 19/27632, 84 f.). 43

G. Verlängerung der Vorabverständigungsvereinbarung (Abs. 6)

Nach **Abs. 6 S. 1** kann auf Antrag eine unterzeichnete Vorabverständigungsvereinbarung über den genannten Geltungszeitraum hinaus verlängert werden. Dies soll neben der Rechtssicherheit auch der Vereinfachung des Besteuerungsverfahrens dienen, da für dieses Verfahren idR intensive Sachverhaltsermittlungen nicht mehr erforderlich sein werden (BT-Drs. 19/27632, 85) 48

Abs. 6 S. 2 Hs. 1 ermöglicht es, die Vorabverständigungsvereinbarung auf Antrag auf bereits abgeschlossene Veranlagungszeiträume zurückzubeziehen; sog. **„Roll Back"** (vgl. BMF 5.10.2006, BStBl. I 2006, 594, Tz. 7.3.). Obwohl nicht ausdrücklich im Gesetz genannt, kann der Antrag auch bei Erstabschluss der Vorabverständigungsvereinbarung gestellt werden. In dem Fall müsste der in Abs. 2 Nr. 5 genannte Geltungszeitraum von vornherein in einem Vorjahr beginnen (TK § 89a Rn. 54). 49

Hiermit wird auch die Rückbeziehungsregelung des Aktionspunktes 14 des OECD/G20-BEPS-Projekts unterstützt. Da Vorjahre formell nicht von dem Vorabverständigungsverfahren erfasst werden, ist eine inhaltliche Rückbeziehung der Vorabverständigungsvereinbarung, zB durch ein zusätzlich einzuleitendes Verständigungsverfahren nach Art. 25 I OECD-MA möglich, welches auch gemeinsam mit dem Vorabverständigungsverfahren geführt werden kann (BT-Drs. 19/27632, 85).

Nach **Abs. 6 S. 2 Hs. 2** sind für die Rückbeziehung die Fristen für Verständigungsverfahren des jeweils maßgeblichen DBA zu beachten. Art. 25 I 2 OECD-MA sieht hierfür eine Dreijahresfrist vor. Damit ergibt sich eine formelle zeitliche Grenze für die Rückbeziehung der Vorabverständigungsvereinbarung (TK § 89a Rn. 55). 50

Nach § 175a S. 2 wird bei einer Rückbeziehung die Festsetzungsverjährung für den StBescheid gehemmt. 51

Sowohl die Verlängerung nach Abs. 6 S. 1 als auch die Rückbeziehung nach Abs. 6 S. 2 bedürfen nach **Abs. 6 S. 3** der Vereinbarung mit der zuständigen Behörde des anderen Staates und müssen im Einvernehmen mit der zuständigen obersten LandesFB oder der von ihr beauftragten FB erfolgen. 52

H. Gebühr (Abs. 7)

I. Entstehung, Festsetzung, Fälligkeit (Abs. 7 S. 1 bis 4)

55 **Abs. 7** entspricht weitestgehend dem bisherigen § 178a. Die Gebührenregelung soll insb. der teilweisen Kostendeckung des Verfahrens dienen. Nach **Abs. 7 S. 1** löst die Bearbeitung des Antrags nach Abs. 1 oder Abs. 6 S. 1 Gebühren aus, die von der zuständigen Behörde vor der Einleitung des Vorabverständigungsverfahrens festzusetzen sind. Abs. 7 S. 2 definiert den Begriff der Einleitung des Vorabverständigungsverfahrens. Danach erfolgt die Einleitung durch die Versendung des ersten Schriftsatzes an den anderen Vertragsstaat.

56 Die Gebühr ist nach **Abs. 7 S. 3** vom Antragsteller innerhalb eines Monats nach Bekanntgabe ihrer Festsetzung zu entrichten. Nach **Abs. 7 S. 4** wird das Vorabverständigungsverfahren erst eingeleitet, wenn die Gebührenfestsetzung unanfechtbar geworden und die Gebühr entrichtet ist. Dies wird zu Recht kritisiert. Auch wenn die FB nicht mit Streitigkeiten über die Gebührenfestsetzung belastet werden soll und ein öffentliches Interesse an einer Vorausleistung des Antragstellers bestehen mag, rechtfertigt dies nicht, eine unanfechtbare Gebührenfestsetzung zur Bedingung für die Antragsbearbeitung zu machen (TK § 89a Rn. 60).

II. Höhe der Gebühr (Abs. 7 S. 5 bis 10)

60 Die **Grundgebühr** beträgt nach **Abs. 7 S. 5** für jeden Antrag iSd Abs. 1 auf Einleitung eines Vorabverständigungsverfahrens 30.000 EUR sowie 15.000 EUR für jeden Verlängerungsantrag nach Abs. 6 S. 1. Bisher betrug die Gebühr nach § 178a II 1 nur 20.000 EUR. Die Gebühr für einen Verlängerungsantrag nach Abs. 6 S. 1 ist unverändert geblieben.

61 Nach **Abs. 7 S. 6** tritt eine Gebührenermäßigung auf ein Viertel der Gebühren nach Abs. 7 S. 5 ein, wenn es sich nicht um einen Verrechnungspreisfall handelt. Um einen Verrechnungspreisfall handelt es sich nach der Definition des Abs. 7 S. 6 Hs. 2, wenn der Fall die grenzüberschreitende Gewinnabgrenzung zwischen nahestehenden Personen und die Gewinnzuordnung zu Betriebstätten betrifft. Die Gebühr beträgt somit dann 7.500 EUR bei Anträgen iSv Abs. 1 und 3.750 EUR bei Verlängerungsanträgen iSv Abs. 6 S. 1.

62 Eine weitere Gebührenermäßigung ergibt sich aus **Abs. 7 S. 7.** Danach reduziert sich die Gebühr um 75 Prozent, wenn für den zu beurteilenden Sachverhalt bereits eine koordinierte bilaterale oder multilaterale steuerliche Ap. durchgeführt wurde, die zu einem übereinstimmenden festgestellten Sachverhalt und zu einer übereinstimmenden steuerlichen Würdigung geführt hat. Dies ist sachgerecht, da sich das Vorabverständigungsverfahren lediglich auf die Fortschreibung der Ergebnisse für die Zukunft reduziert.

63 **Abs. 7 S. 8** enthält eine Reduzierung der Gebühr für kleinere Geschäftsvorfälle, die an die Schwellenwerte des § 6 II 1 GAufzV v. 12.7.2017 (BGBl. 2017 I 2367) anknüpft (Entgelte für die Lieferung von Gütern oder Waren bis 6 Mio. EUR bzw. bei sonstigen Leistungen bis 600.000 EUR). In diesen Fällen beträgt die Gebühr 10.000 EUR für jeden Antrag iSd Abs. 1 und 7.500 EUR für jeden Antrag nach Abs. 6 S. 1.

64 **Abs. 7 S. 9** regelt für Fälle der einheitlichen Antragstellung nach Abs. 1 S. 4 und S. 7, dass nur ein Antrag vorliegt und auch nur eine Gebühr festzusetzen und zu entrichten ist.

65 **Abs. 7 S. 10** stellt für multilaterale Vorabverständigungsverfahren iSv Abs. 1 S. 8 klar, dass für jedes Vorabverständigungsverfahren eine gesonderte Gebühr festzusetzen und zu entrichten ist.

J. Gebühr bei Antragsrücknahme und Scheitern des Antrags (Abs. 8)

Abs. 8 betrifft zwei Fallgestaltungen: Einerseits die Rücknahme des Antrags vor der Gebührenfestsetzung und andererseits die Rücknahme nach Gebührenfestsetzung. 70

Wird der Antrag vor Bekanntgabe der Gebührenfestsetzung zurückgenommen, kann nach **Abs. 8 S. 1** von einer Gebührenfestsetzung abgesehen werden. Die Entscheidung über den Gebührenverzicht liegt im pflichtgemäßen Ermessen (§ 5) des BZSt. Hierbei ist der bisherige Verwaltungsaufwand zu berücksichtigen (TK § 89a Rn. 67). Sofern ein Antrag auf Einleitung eines Vorabverständigungsverfahrens bereits ohne inhaltliche Prüfung offensichtlich erfolglos erscheint, ist die FB gehalten, den Antragsteller rechtzeitig hierauf hinzuweisen, sodass dieser den Antrag noch gebührenfrei zurücknehmen kann (BT-Drs. 19/27632, 86). 71

Erfolgt die Antragsrücknahme erst nach Unanfechtbarkeit der Gebührenfestsetzung, wird eine bereits entrichtete Gebühr nach **Abs. 8 S. 2** nicht erstattet. Dies gilt auch bei Ablehnung des Antrags oder Scheitern des Vorabverständigungsverfahrens. 72

K. Rechtsschutz

I. Rechtsschutz gegen die Vorabverständigungsvereinbarung

Der Antragsteller hat keinen Anspruch auf den Abschluss der Vorabverständigungsvereinbarung und keinen Anspruch auf einen bestimmten Inhalt (BT-Drs. 19/27632, 83). Daher besteht auch keine Rechtsschutzmöglichkeit gegen die Mitteilung über den Inhalt der Vorabverständigungsvereinbarung nach Abs. 3 S. 2. Ebenso besteht keine Rechtsschutzmöglichkeit gegen das Scheitern der Vorabverständigungsvereinbarung iSd Abs. 3 S. 4 bis 6. 75

Wird die Vorabverständigungsvereinbarung jedoch nicht richtig umgesetzt oder macht die FB geltend, sie sei hieran gem. Abs. 4 nicht gebunden, kann gegen den StBescheid Einspruch eingelegt werden. Der nach Abs. 3 S. 1 Nr. 2 erklärte Rechtsbehelfsverzicht steht dem nicht entgegen, da dieser den Einspruch nur bei richtiger Umsetzung der Vorabverständigungsvereinbarung ausschließt (Klein § 89a Rn. 44; TK § 89a Rn. 42). 76

II. Rechtsschutz gegen die Gebührenfestsetzung

Die Gebührenfestsetzung nach Abs. 7 und Abs. 8 S. 1 kann mit Einspruch und Anfechtungsklage angefochten werden. Da der Gebührenbescheid dann jedoch nicht bestandskräftig wird, verzögert sich die Einleitung des Vorabverständigungsverfahrens. Zudem kann vorläufiger Rechtsschutz nach § 361 AO bzw. § 69 FGO beantragt werden. Sofern der Antragsteller die Erstattung der bereits entrichteten Gebühr begehrt, ist die Leistungsklage statthaft (Klein § 89a Rn. 72; TK § 89a Rn. 70). 78

§ 89b Internationale Risikobewertungsverfahren

(1) **Soweit in einem internationalen Risikobewertungsverfahren nach Absatz 2 das Risiko eines Steuerausfalls unter Beibehaltung der erklärten oder im Rahmen des internationalen Risikobewertungsverfahrens angepassten Angaben in Bezug auf die bewerteten Sachverhalte als gering eingeschätzt wird, kann die Ermittlung der steuerlichen Verhältnisse des Steuerpflichtigen im Rahmen einer Außenprüfung unterbleiben.**

(2) [1]**Ein internationales Risikobewertungsverfahren ist eine gemeinsame Einschätzung von steuerlichen Risiken von bereits verwirklichten Sachverhalten mit einem oder mehreren Staaten oder Hoheitsgebieten in einem auf Kooperation**

und Transparenz angelegten Verfahren. [2]Die steuerlichen Risiken sind dabei nur unter Würdigung des Umfangs und der Plausibilität der vom Steuerpflichtigen vorgelegten Unterlagen und Informationen, der zu erwartenden steuerlichen Auswirkungen und des zu erwartenden zeitlichen und personellen Aufwands einer vertieften Sachverhaltsprüfung zu bewerten.

(3) **[1]Ein internationales Risikobewertungsverfahren kann auf schriftlichen oder elektronischen Antrag des Steuerpflichtigen bei dem für seine Besteuerung nach dem Einkommen zuständigen Finanzamt oder auf Anregung eines anderen Staates oder Hoheitsgebietes geführt werden. [2]Antragsbefugt ist ein Steuerpflichtiger, sofern es sich bei ihm um eine inländische Konzernobergesellschaft im Sinne des § 138a Absatz 1 Satz 1, die zur Erstellung eines länderbezogenen Berichts verpflichtet ist, oder um die beherrschende inländische Gesellschaft einer multinationalen Unternehmensgruppe, für die nach § 90 Absatz 3 Satz 3 eine Stammdokumentation (§ 5 der Gewinnabgrenzungsaufzeichnungs-Verordnung) zu erstellen ist, handelt. [3]Im Antrag hat der antragsbefugte Steuerpflichtige**
1. **alle für die Prüfung, ob das jeweilige internationale Risikobewertungsverfahren in Betracht kommt, erforderlichen Unterlagen beizufügen,**
2. **zuzusichern, alle Mitwirkungspflichten einschließlich der Pflichten des jeweiligen internationalen Risikobewertungsverfahrens zu erfüllen,**
3. **die Einwilligung in die Offenbarung und den Austausch personen- und unternehmensbezogener Daten im Rahmen des internationalen Risikobewertungsverfahrens entsprechend den jeweiligen internationalen und nationalen Verfahrensgrundsätzen sowie die Einwilligung nach § 87a Absatz 1 Satz 4 zweiter Halbsatz bezogen auf unternehmensbezogene Daten für alle betroffenen Unternehmen der Unternehmensgruppe zu erteilen und**
4. **zuzusichern, die für das Verfahren notwendige technische Infrastruktur für alle beteiligten in- und ausländischen Finanzbehörden unter Einhaltung der gesetzlichen Regelungen zum Datenschutz und zur Informationssicherheit bei der Verarbeitung von personenbezogenen Daten zur Verfügung zu stellen, sofern nicht eine geeignete technische Infrastruktur von diesen Finanzbehörden bereitgestellt wird.**

[4]Bei durch einen anderen Staat oder ein anderes Hoheitsgebiet angeregten internationalen Risikobewertungsverfahren gilt Satz 3 Nummer 3 entsprechend für das ausländische leitende Unternehmen.

(4) **[1]Die Durchführung eines internationalen Risikobewertungsverfahrens ist ausgeschlossen, wenn auf Grund der bestehenden Erfahrungen, insbesondere bei Außenprüfungen, bei dem betroffenen Steuerpflichtigen und den seiner Unternehmensgruppe angehörigen Unternehmen oder auf Grund der im Zusammenhang mit dem Antrag gemachten Angaben und eingereichten Unterlagen nicht zu erwarten ist, dass das Verfahren zeitnah, kooperativ, wirtschaftlich und mit einer Einschätzung der Risiken abgeschlossen werden kann. [2]Das ist insbesondere dann der Fall, wenn**
1. **der Steuerpflichtige oder ein der Unternehmensgruppe angehöriges Unternehmen von den Finanzbehörden als nicht kooperativ eingeschätzt wird,**
2. **das leitende Unternehmen im Sinne des Absatzes 7 Satz 3 sich nicht bereit erklärt, die zusätzlichen Pflichten des jeweiligen Verfahrens zu erfüllen und die für das Verfahren notwendige technische Infrastruktur für alle beteiligten Finanzbehörden zur Verfügung zu stellen,**
3. **der Grundsatz der Wirtschaftlichkeit der Verwaltung nicht gewahrt wird,**
4. **es unwahrscheinlich ist, eine übereinstimmende Risikoeinschätzung mit der zuständigen Behörde des anderen Staates oder Hoheitsgebietes zu erzielen, oder**

5. sich nicht genügend Staaten oder Hoheitsgebiete an einem internationalen Risikobewertungsverfahren beteiligen oder die wirtschaftliche Tätigkeit der inländischen Unternehmen in den Staaten, die sich beteiligen wollen, unbedeutend ist.

3 An einem kooperativen Verhalten im Sinne des Satzes 1 Nummer 1 fehlt es insbesondere, wenn steuerliche Mitwirkungspflichten schuldhaft nicht, nicht hinreichend oder nicht fristgerecht erfüllt wurden. 4 Das ist insbesondere dann der Fall, wenn innerhalb der letzten fünf Jahre

1. Steuererklärungen, länderbezogene Berichte im Sinne des § 138a oder Stammdokumentationen im Sinne des § 90 Absatz 3 Satz 3 nicht oder nicht rechtzeitig abgegeben wurden,
2. ein Mitwirkungsverzögerungsgeld nach § 200a Absatz 2 oder ein Zuschlag nach § 162 Absatz 4 oder 4a festgesetzt worden ist oder
3. der inländische Steuerpflichtige oder eine ihn nach § 34 vertretende oder nach § 79 für ihn handelnde Person rechtskräftig wegen einer das Unternehmen betreffenden Steuerstraftat rechtskräftig verurteilt worden ist.

(5) **1 Über das Ergebnis der Prüfung nach Absatz 4, ob ein internationales Risikobewertungsverfahren erfolgen kann, und die Einleitung des Verfahrens ist der Antragsteller zu informieren, insbesondere über die teilnehmenden Staaten und Hoheitsgebiete und die zu bewertenden Sachverhalte. 2 Das internationale Risikobewertungsverfahren wird durch Übersendung des Risikobewertungsberichts im Sinne des Absatzes 6 beendet. 3 Es wird auch beendet, wenn der inländische Steuerpflichtige vom Verfahren zurücktritt oder die Finanzbehörde das Verfahren vor dessen Abschluss beendet. 4 Eine Beendigung ist möglich, wenn nicht mehr zu erwarten ist, dass eine Einigung über das weitere Vorgehen im Verfahren erzielt wird oder die Mitwirkung der beteiligten Unternehmen eine angemessene Fortführung ermöglicht, insbesondere weil**

1. über den Umfang der vorzulegenden Unterlagen oder zu erteilenden Auskünfte keine Einigung erzielt wird oder
2. die erforderlichen technischen und rechtlichen Voraussetzungen für ein elektronisches Bereitstellen von und Zugreifen auf Unterlagen im Verfahren fehlen.

5 Über die Beendigung werden der Antragsteller und die ausländische zuständige Behörde informiert.

(6) **1 Die Bewertung nach Absatz 2, einschließlich ihres Ergebnisses, wird mit den an dem internationalen Risikobewertungsverfahren beteiligten Staaten oder Hoheitsgebieten abgestimmt. 2 Es soll ein Risikobewertungsbericht erstellt werden, der**

1. alle bewerteten Sachverhalte beschreibt,
2. die beteiligten Unternehmen sowie die an dem internationalen Risikobewertungsverfahren beteiligten Staaten und Hoheitsgebiete bezeichnet,
3. die steuerlichen Risiken der bewerteten Sachverhalte einschätzt und
4. darlegt, für welche Zeiträume die Bewertung vorgenommen wurde.

3 Der Risikobewertungsbericht ist dem Antragsteller oder dem leitenden Unternehmen im Sinne des Absatzes 7 Satz 3 zu übersenden; auf die Anwendung des § 194 Absatz 1a ist hinzuweisen.

(7) **1 Über den Eingang eines Antrags auf ein internationales Risikobewertungsverfahren ist das Bundeszentralamt für Steuern unverzüglich in Kenntnis zu setzen. 2 Geht beim Bundeszentralamt für Steuern eine Anregung eines anderen Staates oder Hoheitsgebietes auf ein internationales Risikobewertungsverfahren ein, informiert es das Finanzamt, das für die Besteuerung des Unternehmens**

nach dem Einkommen zuständig ist, welches am Verfahren beteiligt sein soll. [3] Handelt es sich um mehrere Unternehmen, ist das Unternehmen maßgeblich, das den gesamten inländischen Teil der Unternehmensgruppe leitet. [4] Fehlt es an einem solchen, sind vom Bundeszentralamt für Steuern alle betroffenen Finanzämter zu informieren und ist darauf hinzuwirken, dass eine Zuständigkeitsvereinbarung für die Durchführung des internationalen Risikobewertungsverfahrens getroffen wird. [5] Über die Durchführung eines internationalen Risikobewertungsverfahrens entscheidet das Bundeszentralamt für Steuern im Einvernehmen mit der zuständigen obersten Landesfinanzbehörde. [6] Das Bundeszentralamt für Steuern ist insbesondere dafür zuständig, das internationale Risikobewertungsverfahren zu koordinieren und die zwischenstaatliche Amtshilfe durchzuführen. [7] Die Risikobewertung und die Durchführung erfolgen durch die örtlich zuständige Finanzbehörde unter Mitwirkung und in Abstimmung mit dem Bundeszentralamt für Steuern.

Übersicht

I. Allgemeines

1. Überblick

1 Der mit dem WachstChG v. 27.3.2024 (BGBl. 2024 I Nr. 108) mWv 28.3.2024 (Art. 35 I WachstChG) eingefügte § 89b schafft die Rechtsgrundlage für internationale Risikobewertungsverfahren und soll auf freiwilliger Basis eine Zusammenarbeit zwischen großen multinationalen Unternehmen und den FB der Staaten, in denen diese Unternehmen tätig sind, ermöglichen. Mit dem JStG v. 2.12.2024 (BGBl. 2024 I Nr. 387) wurde § 89b III 3 Nr. 3 mWv 6.12.2024 an eine Änderung des § 87a I redaktionell angepasst.

2 Die OECD hat erstmals im Jahr 2018 ein „International Compliance Assurance Programme" **(ICAP)** als Pilotverfahren initiiert. Das ICAP ist ein freiwilliges Programm zur Bewertung von Risiken („Risk Assessment") und zur Erlangung einer gewissen Planungssicherheit („Assurance") im Bereich der Besteuerung für multinationale Unternehmensgruppen und StVerwaltungen der Staaten, in denen diese tätig sind. Durch dieses Programm soll eine offene und kooperative multilaterale Zusammenarbeit zwischen den teilnehmenden international tätigen Konzernen und den StVerwaltungen der Staaten erreicht werden. Nach einem weiteren Pilotverfahren ist ICAP seit dem Jahr 2021 von der OECD als Standardverfahren etabliert. Der ICAP-Initiative der OECD ähnelt der 2020 als Pilotprojekt von der EU-Kommission gestartete sog. „European Trust and Cooperation Approach" **(ETACA).** Im Unterschied zu ICAP ist ETACA auf Verrechnungspreisfälle beschränkt (BT-Drs. 20/8628, 144 f.; TK § 89b Rn. 1 ff.).

Die Vorschrift ist nicht auf ein bestimmtes Verfahren beschränkt, orientiert sich aber an den ICAP- und ETACA-Verfahren. Die Gesetzesbegründung nennt beispielsweise das finnische Cross-Border Dialogue **(CBD)** ausdrücklich als ein geeignetes weiteres Verfahren (BT-Drs. 20/8628, 145; TK § 89b Rn. 5).

2. Aufbau

Abs. 1 regelt den Zweck und die Rechtsfolgen des internationalen Risikobewertungsverfahrens, nämlich das Risiko von StAusfällen zu minimieren und die FVerw. zu entlasten. Folge ist, dass bestimmte Sachverhalte im Rahmen einer Ap. ausgeklammert werden können. **Abs. 2** definiert den Begriff des internationalen Risikobewertungsverfahrens, **Abs. 3** die Antragsbefugnis, die Form sowie den Inhalt des Antrags. In **Abs. 4** wird der Ausschluss des internationalen Risikobewertungsverfahrens in bestimmten Fallkonstellationen geregelt. **Abs. 5** betrifft die Entscheidung, ob ein internationales Risikobewertungsverfahren eingeleitet wird, sowie dessen Abschluss. **Abs. 6** regelt die Erstellung und Übersendung des Risikobewertungsberichts, **Abs. 7** die Zuständigkeit. Die Vorschrift wird zu Recht als unsystematisch aufgebaut kritisiert (Klein § 89 Rn. 2). 5

II. Zweck des internationalen Risikobewertungsverfahrens (Abs. 1)

Abs. 1 definiert den Zweck des internationalen Risikobewertungsverfahrens. Soweit das Risiko eines StAusfalls als gering eingeschätzt wird, kann die Ermittlung der steuerlichen Verhältnisse des Stpfl. iRe Ap. unterbleiben. Bei der Entscheidung, ob und in welchem Umfang auf weitere Ermittlungen verzichtet wird, handelt es sich um eine Ermessensentscheidung (§ 5). 8

Zudem soll nach dem ebenfalls mit dem WachstChG v. 27.3.2024 (BGBl. 2024 I Nr. 108) eingefügte § 194 Ia das Ergebnis eines internationalen Risikobewertungsverfahrens nach § 89b und auch die bei dessen Durchführung erlangten Erkenntnisse, die nicht im Risikobewertungsbericht nach § 89b VI enthalten sind, bei der Bestimmung des sachlichen Umfangs einer Ap. berücksichtigt werden (TK § 89b Rn. 9).

III. Definition des internationalen Risikobewertungsverfahrens (Abs. 2)

In **Abs 2 S. 1** wird der Begriff des internationalen Risikobewertungsverfahrens definiert. Es handelt sich danach um eine gemeinsame Einschätzung von steuerlichen Risiken von **bereits verwirklichten Sachverhalten** mit einem oder mehreren Staaten oder Hoheitsgebieten in einem auf Kooperation und Transparenz angelegten Verfahren. Hiermit sind (nicht abschließend) Verfahren wie ICAP oder ETACA gemeint. Für noch nicht verwirklichte Sachverhalte ist eine verbindliche Auskunft nach § 89 oder ein Vorabverständigungsverfahren gem. § 89a vorgesehen (TK § 89b Rn. 11; Klein § 89b Rn. 10). 10

Nach **Abs. 2 S. 2** erfolgt die Bewertung der steuerlichen Risiken nur unter Würdigung des Umfangs und der Plausibilität der vom Stpfl. vorgelegten Unterlagen und Informationen, der zu erwartenden steuerlichen Auswirkungen und des zu erwartenden zeitlichen und personellen Aufwands einer vertieften Sachverhaltsprüfung. Es handelt sich damit bewusst nur um eine Prüfung nach „Aktenlage", eine Belegprüfung ist idR nicht vorgesehen, ebenso wenig eine Prüfung vor Ort. Nachfragen oder gelegentliche Gespräche mit Unternehmensvertretern sind aber zur Beseitigung von Unklarheiten nicht ausgeschlossen und sollten genutzt werden (BT-Drs. 20/8628, 146; TK § 98b Rn. 13). 12

IV. Einleitung eines internationalen Risikobewertungsverfahrens (Abs. 3)

Ein internationales Risikobewertungsverfahren ist ein antragsgebundenes, freiwilliges Verfahren, das nach **Abs. 3 S. 1** auf Initiative eines inländischen Stpfl. oder auf Anregung eines anderen Staates erfolgt. Das Verfahren wird damit nicht von Amts wegen geführt. Die Durchführung des Verfahrens steht im Ermessen (§ 5) der zuständigen FB. Der Antrag ist schriftlich oder elektronisch einzureichen. Bei einer elektronischen Übermittlung bedarf es keiner qualifizierten Signatur (TK § 89b Rn. 15). 14

16 Antragsbefugt ist nach **Abs 3 S 2** ein Stpfl., wenn es sich bei ihm um eine inländische Konzernobergesellschaft iSd § 138a I 1 (konsolidierte Umsatzerlöse von mind. 750 Mio. EUR im Vorjahr), die zur Erstellung eines länderbezogenen Berichts verpflichtet ist, oder um die beherrschende inländische Gesellschaft einer multinationalen Unternehmensgruppe (Vorjahresumsatz mind. 100 Mio. EUR), für die nach § 90 III 3 eine Stammdokumentation (§ 5 GAufzV) zu erstellen ist, handelt. Für kleinere Unternehmen ist das internationale Risikobewertungsverfahren nicht vorgesehen (Klein § 89b Rn. 15).

18 **Abs. 3 S. 3** definiert den Inhalt des Antrags. Nach **Abs. 3 S. 3 Nr. 1** hat der Stpfl. alle für die Prüfung erforderlichen Unterlagen, ob das jeweilige internationale Risikobewertungsverfahren in Betracht kommt, beizufügen. Welche Unterlagen dies konkret sind, ist abhängig von dem jeweiligen internationalen Risikobewertungsverfahren, das beantragt wird und ist den jeweiligen untergesetzlichen Beschreibungen der einzelnen Verfahren zu entnehmen, wie zB Verwaltungsanweisungen oder auch die Veröffentlichungen der OECD zum International Compliance Assurance Programme: Handbook for tax administrations and MNE groups (https://www.oecd.org/tax/forum-on-tax-administration/publications-and-products/international-compliance-assurance-programme-handbook-for-tax-administrations-and-mnegroups.htm) oder die Veröffentlichung der Europäischen Kommission zu ETACA: Guidelines European Trust and Cooperation Approach (ETACA) (https://taxation-customs.ec.europa.eu/system/files/2021-10/Guidelines%20of%20MNEs%20programme%20EU%20Cooperative%20Compliance%20Programme.pdf) (BT-Drs. 20/8628, 147).

20 Weiterhin muss der Antragsteller nach **Abs. 3 S. 3 Nr. 2** zusichern, dass er auch im weiteren Verfahren alle Mitwirkungspflichten, einschließlich der Pflichten, die sich aus dem jeweiligen internationalen Risikobewertungsverfahren ergeben, erfüllen wird. Das betrifft insb. die Vorlage aller weiteren erforderlichen Unterlagen (bei ICAP: „main documentation package") (BT-Drs. 20/8628, 147).

22 Ferner muss der Antragsteller nach **Abs. 3 S. 3 Nr. 3** die Einwilligung in die Offenbarung und den Austausch personen- und unternehmensbezogener Daten im Rahmen des internationalen Risikobewertungsverfahrens entspr. den jeweiligen internationalen und nationalen Verfahrensgrundsätzen sowie die Einwilligung nach § 87a I 4 Hs. 2, bezogen auf unternehmensbezogene Daten für alle betroffenen Unternehmen der Unternehmensgruppe, erteilen. Dies ist notwendig, da ein Verfahren zur Verschlüsselung von Daten nicht zur Verfügung steht. Die Einwilligung ist für alle betroffenen inländischen und ausländischen Unternehmen der Unternehmensgruppe zu erteilen. Eine Anhörung der Unternehmen ist nicht erforderlich (BT-Drs. 20/8628, 147; Klein § 89b Rn. 19).

24 Zudem muss der Antragsteller nach **Abs. 3 S 3 Nr. 4** zusichern, dass er die notwendige technische Infrastruktur für alle beteiligten FB im In- und Ausland zur Verfügung stellen wird. Hierzu gehören zB ein Datenraum, über den Unterlagen und Informationen ausgetauscht werden, sowie eine Videokonferenztechnik (BT-Drs. 20/8628, 148).

26 **Abs. § 3 S. 4** stellt klar, dass bei durch einen anderen Staat oder ein anderes Hoheitsgebiet angeregten internationalen Risikobewertungsverfahren S. 3 Nr. 3 entspr. für das ausländische leitende Unternehmen anzuwenden ist.

V. Ausschluss des internationalen Risikobewertungsverfahrens (Abs. 4)

28 Nach **Abs. 4 S. 1** ist die Durchführung eines internationalen Risikobewertungsverfahrens ausgeschlossen, wenn aufgrund der bestehenden Erfahrungen, insb. bei Ap., bei dem betroffenen Stpfl. und den seiner Unternehmensgruppe angehörigen Unternehmen oder aufgrund der im Zusammenhang mit dem Antrag gemachten Angaben und eingereichten Unterlagen nicht zu erwarten ist, dass das Verfahren zeitnah, kooperativ, wirtschaftlich und mit einer Einschätzung der Risiken abgeschlossen werden kann. Kriterien für eine negative Prognose werden durch Abs. 4 S. 2–4 definiert.

Das bedeutendste Kriterium ist die mangelhafte Kooperation des Stpfl. bzw. von Unternehmen, die der jeweiligen Unternehmensgruppe angehören **(Abs. 4 S. 2 Nr. 1).** Wann dies der Fall ist, wird durch **Abs. 4 S. 3 und 4** näher definiert (bei dem Verweis auf Abs. 4 S. 1 Nr. 1 handelt es sich um ein Redaktionsversehen des Gesetzgebers). Danach fehlt es insb. an einem kooperativen Verhalten, wenn steuerliche Mitwirkungspflichten schuldhaft nicht, nicht hinreichend oder nicht fristgerecht erfüllt wurden **(Abs. 4 S. 3).** Das soll insb. dann der Fall sein, wenn innerhalb der letzten fünf Jahre StErklärungen, länderbezogene Berichte iSd § 138a oder Stammdokumentationen iSd § 90 III 3 nicht oder nicht rechtzeitig abgegeben wurden **(Abs. 4 S. 4 Nr. 1),** ein Mitwirkungsverzögerungsgeld nach § 200a II oder ein Zuschlag nach § 162 IV oder IVa festgesetzt worden ist **(Abs. 4 S. 4 Nr. 2)** oder der inländische Stpfl. oder eine ihn nach § 34 vertretende oder nach § 79 für ihn handelnde Person rechtskräftig wegen einer das Unternehmen betreffenden StStraftat rechtskräftig verurteilt worden ist **(Abs. 4 S. 4 Nr. 3)** (TK § 89b Rn. 24, 30 ff.). 29

Weiterhin soll nach **Abs. 4 S. 2 Nr. 2** auch Ausdruck einer mangelhaften Kooperation sein, wenn das leitende Unternehmen iSd Abs. 7 S. 3 die zusätzlichen Pflichten des jeweiligen Risikobewertungsverfahrens (Abs. 3 S. 3 Nr. 1–3) nicht erfüllen will bzw. sich nicht bereit erklärt, die notwendige technische Infrastruktur für alle beteiligten FB (Abs. 3 S. 3 Nr. 4) zur Verfügung zu stellen. 31

Neben den in der Person bzw dem Verhalten des Stpfl. liegenden Gründe nennen Abs. 4 S. 2 Nr. 3–5 weitere Ausschlussgründe. Dies sind die fehlende Wirtschaftlichkeit der Verwaltung **(Abs. 4 S. 2 Nr. 3),** die Unwahrscheinlichkeit, eine übereinstimmende Risikoeinschätzung mit der zuständigen Behörde des anderen Staates oder Hoheitsgebietes zu erzielen **(Abs. 4 S. 2 Nr. 4)** oder die unzureichende Beteiligung anderer Staaten **(Abs. 4 S. 2 Nr. 5)** (BT-Drs. 20/8628, 148 f.; Klein § 89b Rn. 25; TK § 89b Rn. 24 ff.). 33

VI. Beginn und Ende des internationalen Risikobewertungsverfahrens (Abs. 5)

Über das Ergebnis der Prüfung der Ausschlussgründe nach Abs. 4 und bei positiver Prüfung der Einleitung des Verfahrens ist nach **Abs. 5 S. 1** der Antragsteller zu informieren. Hierbei ist er insb. über die teilnehmenden Staaten und Hoheitsgebiete und die zu bewertenden Sachverhalte zu informieren. 35

Beendet wird das internationale Risikobewertungsverfahren idR nach **Abs. 5 S. 2** mit der Übersendung des Risikobewertungsberichts. 37

Das Verfahren wird zudem nach **Abs. 5 S. 3** durch einen Rücktritt des Stpfl. oder durch vorzeitige Beendigung durch die FB beendet. Dies ist nach **Abs. 5 S. 4** möglich, wenn nicht mehr zu erwarten ist, dass eine Einigung über das weitere Vorgehen im Verfahren erzielt wird oder die Mitwirkung der beteiligten Unternehmen eine angemessene Fortführung nicht ermöglicht, insb. weil über den Umfang der vorzulegenden Unterlagen oder zu erteilenden Auskünfte keine Einigung erzielt wird oder die erforderlichen technischen und rechtlichen Voraussetzungen für eine elektronische Bereitstellung von und einen Zugriff auf Unterlagen im Verfahren fehlen.

Über die Beendigung werden der Antragsteller und die ausländische zuständige Behörde nach **Abs. 5 S. 5** informiert.

VII. Risikobewertungsbericht (Abs. 6)

Nach **Abs. 6 S. 1** wird die Bewertung nach Abs. 2, einschließlich ihres Ergebnisses, mit den an dem internationalen Risikobewertungsverfahren beteiligten Staaten oder Hoheitsgebieten abgestimmt. Dazu tauschen sich die FB der beteiligten Staaten untereinander aus und versuchen, zu einer übereinstimmenden Risikobewertung zu gelangen. Ein einheitliches Votum ist aber nicht erforderlich (s. BT-Drs. 20/8628, 150). 40

Anschließend ist nach **Abs. 6 S. 2** ein Risikobewertungsbericht erstellt, der neben der Beschreibung der bewerteten Sachverhalte **(Abs. 6 S. 2 Nr. 1),** der Bezeichnung der beteiligten Unternehmen und Staaten **(Abs. 6 S. 2 Nr. 2),** der Einschätzung der steuerli- 42 chen Risiken **(Abs. 6 S 2 Nr. 3)** und die Angabe der bewerteten Zeiträume **(Abs. 6 S 2 Nr. 4)** enthält. Weiterhin ist nach **Abs. 6 S. 3 Hs. 2** auf die Anwendung des § 194 Ia hinzuweisen. Wird das steuerliche Risiko als gering eingeschätzt, können nach Abs. 1 weitere Ermittlungen iRe späteren Ap. unterbleiben. Die Entscheidung hierüber wird aber nicht im Risikobewertungsbericht, sondern erst von der Ap-Stelle des zuständigen FA getroffen. Denkbar sind auch Aussagen zu denjenigen Sachverhalten, die nicht bewertbar waren (BT-Drs. 20/8628, 150; Klein § 89b Rn. 36). Der Risikobewertungsbericht wird nach **Abs. 6 S 3 Hs. 1** dem Antragsteller oder dem leitenden Unternehmen iSv Abs. 7 S. 3 übersandt.

VIII. Zuständigkeiten (Abs. 7)

45 **Abs. 7** regelt die Zuständigkeit und die Zusammenarbeit zwischen den FB. Die örtlich zuständige FB hat das BZSt nach Eingang eines Antrags auf Einleitung eines Risikobewertungsverfahrens nach **Abs. 7 S. 1** unverzüglich (dh ohne schuldhaftes Zögern) zu informieren. Das BZSt ist nach § 5 I 1 Nr. 46b FVG für die Koordinierung von und Mitwirkung an internationalen Risikobewertungsverfahren zuständig.

47 Geht hingegen beim BZSt eine Anregung eines anderen Staates oder Hoheitsgebietes auf ein internationales Risikobewertungsverfahren ein, informiert es nach **Abs. 7 S. 2** das FA, das für die Besteuerung des Unternehmens nach dem Einkommen zuständig ist, welches am Verfahren beteiligt sein soll. Sind mehrere Unternehmen beteiligt, kommt es nach **Abs. 7 S. 3** auf das FA an, das für das leitende Unternehmen zuständig ist. Dieses ist auch Adressat für den Risikobewertungsbericht gem. Abs. 6 S. 3. Fehlt ein leitendes Unternehmen, sind nach **Abs. 7 S. 4** alle betroffenen FÄ zu informieren und es ist darauf hinzuwirken, dass eine Zuständigkeitsvereinbarung nach § 27 für die Durchführung des Risikobewertungsverfahrens getroffen wird.

49 Nach **Abs. 7 S. 5** entscheidet das BZSt im Einvernehmen mit der zuständigen obersten LandesFB über die Durchführung des internationalen Risikobewertungsverfahrens. Das BZSt ist nach **Abs. 7 S. 6** auch für die Koordinierung des internationalen Risikobewertungsverfahrens und für die Durchführung der zwischenstaatlichen Amtshilfe zuständig. Die eigentliche Risikobewertung und Durchführung des Risikobewertungsverfahrens obliegt nach **Abs. 7 S. 7** dem örtlich zuständigen FA unter Abstimmung und Mitwirkung mit dem BZSt.

IX. Rechtsschutz

52 Derzeit umstritten und ungeklärt ist, ob es sich bei der Entscheidung über die Ablehnung eines Antrags auf Durchführung bzw. die Einleitung eines internationalen Risikobewertungsverfahrens um einen VA iSd § 118 S. 1 handelt (so TK § 89b Rn. 22), gegen den Einspruch (§ 347 I 1 Nr. 1) und Verpflichtungsklage (§ 40 I Alt. 2 FGO: allerdings mit einem nach § 102 FGO eingeschränkten Prüfungsmaßstab) statthaft ist oder nicht.

54 Gegen das Vorliegen eines VA wird angeführt, dass das gesamte Verfahren nach § 89b nur der Erstellung eines Risikobewertungsberichts dient, der lediglich eine Einschätzung darstellt und damit keine Regelung iSv § 118 S 1 beinhaltet (Klein § 89b Rn. 45 ff.). Die Folge wäre, dass Rechtsschutz nur gegen die Prüfungsanordnung iSv §§ 193, 194 Ia erlangt werden könnte, indem eingewendet wird, dass der sachliche Umfang der Ap. hätte eingeschränkt werden müssen, weil zB dem Antrag auf Durchführung eines internationalen Risikobewertungsverfahrens hätte stattgegeben werden müssen oder in dem Risikobewertungsbericht das steuerliche Risiko als gering hätte eingeschätzt werden müssen (Klein § 89b Rn. 46).

56 Für das Vorliegen eines VA spricht jedoch, dass die begünstigende Regelung bereits darin liegen dürfte, ein Risikobewertungsverfahren unter Beteiligung des Antragstellers zu eröffnen. Das Ergebnis hat zwar keine Bindung wie eine verbindliche Auskunft oder Zusage, wirkt sich aber unmittelbar auf das Ermessen bei der Ap. und deren Umfang aus.

Unabhängig von der Einordnung sollte bis zu einer Klärung schon aus Vorsichtsgesichtspunkten ein Einspruch eingelegt werden (Klein § 89b Rn. 48). 58

§ 90 Mitwirkungspflichten der Beteiligten

(1) [1]Die Beteiligten sind zur Mitwirkung bei der Ermittlung des Sachverhalts verpflichtet. [2]Sie kommen der Mitwirkungspflicht insbesondere dadurch nach, dass sie die für die Besteuerung erheblichen Tatsachen vollständig und wahrheitsgemäß offen legen und die ihnen bekannten Beweismittel angeben. [3]Der Umfang dieser Pflichten richtet sich nach den Umständen des Einzelfalls.

(2) [1]Ist ein Sachverhalt zu ermitteln und steuerrechtlich zu beurteilen, der sich auf Vorgänge außerhalb des Geltungsbereichs dieses Gesetzes bezieht, so haben die Beteiligten diesen Sachverhalt aufzuklären und die erforderlichen Beweismittel zu beschaffen. [2]Sie haben dabei alle für sie bestehenden rechtlichen und tatsächlichen Möglichkeiten auszuschöpfen. [3]Ein Beteiligter kann sich nicht darauf berufen, dass er Sachverhalte nicht aufklären oder Beweismittel nicht beschaffen kann, wenn er sich nach Lage des Falls bei der Gestaltung seiner Verhältnisse die Möglichkeit dazu hätte beschaffen oder einräumen lassen können.

(3) [1]Ein Steuerpflichtiger hat über die Art und den Inhalt seiner Geschäftsbeziehungen im Sinne des § 1 Absatz 4 des Außensteuergesetzes Aufzeichnungen zu erstellen. [2]Die Aufzeichnungspflicht umfasst

1. eine Übersicht über die Geschäftsvorfälle (Transaktionsmatrix),

2. eine Darstellung der Geschäftsvorfälle (Sachverhaltsdokumentation) und

3. eine Darstellung der wirtschaftlichen und rechtlichen Grundlagen für eine den Fremdvergleichsgrundsatz beachtende Vereinbarung von Bedingungen, insbesondere Preisen (Verrechnungspreisen), sowie Informationen zum Zeitpunkt der Verrechnungspreisbestimmung, zur verwendeten Verrechnungspreismethode und zu den verwendeten Fremdvergleichsdaten (Angemessenheitsdokumentation).

[3]Hat ein Steuerpflichtiger Aufzeichnungen im Sinne des Satzes 1 für ein Unternehmen zu erstellen, das Teil einer multinationalen Unternehmensgruppe ist, so gehört zu den Aufzeichnungen auch ein Überblick über die Art der weltweiten Geschäftstätigkeit der Unternehmensgruppe und über die von ihr angewandte Systematik der Verrechnungspreisbestimmung, es sei denn, der Umsatz des Unternehmens hat im vorangegangenen Wirtschaftsjahr weniger als 100 Millionen Euro betragen. [4]Eine multinationale Unternehmensgruppe besteht aus mindestens zwei in verschiedenen Staaten ansässigen, im Sinne des § 1 Absatz 2 des Außensteuergesetzes einander nahestehenden Unternehmen oder aus mindestens einem Unternehmen mit mindestens einer Betriebsstätte in einem anderen Staat. [5]Zu außergewöhnlichen Geschäftsvorfällen sind zeitnah Aufzeichnungen zu erstellen. [6]Die Aufzeichnungen im Sinne dieses Absatzes sind auf Anforderung der Finanzbehörde zu ergänzen.

(4) [1]Die Finanzbehörde kann jederzeit die Vorlage der Aufzeichnungen nach Absatz 3 verlangen; die Vorlage richtet sich nach § 97. [2]Die Aufzeichnungen sind innerhalb einer Frist von 30 Tagen nach Anforderung vorzulegen. [3]Im Fall einer Außenprüfung sind die Transaktionsmatrix nach Absatz 3 Satz 2 Nummer 1, eine nach Absatz 3 Satz 3 zu erstellende Stammdokumentation und die Aufzeichnungen über die außergewöhnlichen Geschäftsvorfälle ohne gesondertes Verlangen innerhalb von 30 Tagen nach Bekanntgabe der Prüfungsanordnung vorzulegen; hiervon bleibt das Recht der Finanzbehörde unberührt, im Rahmen der Außenprüfung jederzeit die Vorlage der Aufzeichnungen nach Absatz 3 ent-

sprechend der Frist nach Satz 2 zu verlangen. [4]In begründeten Einzelfällen kann die Vorlagefrist verlängert werden.

(5) **Um eine einheitliche Rechtsanwendung sicherzustellen, wird das Bundesministerium der Finanzen ermächtigt, mit Zustimmung des Bundesrates durch Rechtsverordnung Art, Inhalt und Umfang der nach den Absätzen 3 und 4 zu erstellenden Aufzeichnungen zu bestimmen.**

Schrifttum: Uhländer, Ermittlungsmöglichkeiten der Finanzbehörden bei Auslandssachverhalten, AO-StB 2002, 18; Andresen, Neue gesetzliche Verpflichtung zur Dokumentation von Verrechnungspreisen: Handlungsbedarf für grenzüberschreitend tätige Unternehmen, RIW 2003, 489; Hahn/Suhrbier-Hahn, Mitwirkungspflichten bei Auslandssachverhalten europarechtswidrig?, IStR 2003, 84; Moebus, Neue Dokumentationspflichten bei Transferpreisen – Irrweg und/oder Irrglaube?, BB 2003, 1413; Schnitger, Internationale Aspekte des Entwurfs eines Gesetzes zum Abbau von Steuervergünstigungen und Ausnahmeregelungen (Steuervergünstigungsabbaugesetz – StVergAbG), IStR 2003, 73; Schnorberger, Verrechnungspreis-Dokumentation und StVergAbG – Offene Fragen und Probleme, DB 2003, 1241; Schulze zur Wiesche, Das Steuervergünstigungsabbaugesetz, WPg 2003, 586; Uhländer, Erhöhte Mitwirkungspflichten bei Auslandssachverhalten, AO-StB 2003, 239; Wassermeyer, Dokumentationspflichten bei internationalen Verrechnungspreisen, DB 2003, 1535; Bauer/Taetzner, Zugriff ohne Ende? – Grenzen der steuerlichen Vorlagepflicht von Gutachten des Steuerberaters zur Angemessenheit grenzüberschreitender Verrechnungspreise in multinationalen Konzernen, BB 2004, 2267; Wehnert/Selzer, Verrechnungspreise – Grenzen der Mitwirkungspflicht nach § 90 Abs. 2 AO, DB 2005, 1295; Baumhoff/Ditz/Greinert, Auswirkungen des Unternehmenssteuerreformgesetzes 2008 auf die Ermittlung internationaler Verrechnungspreise, DStR 2007, 1461; Crüger/Wintzer, Funktionsverlagerung ins Ausland, GmbHR 2008, 306; Hagen, Sachverhalte mit Auslandsbezug: Erhöhte Mitwirkungs- und Aufzeichnungspflichten, NWB Fach 2, 9907; Klapdor, Grundsätze der Verrechnungspreisermittlung nach UStRefG, StuW 2008, 83; Dawid/Ruhmer-Krell/Steinhoff/Sommer, Die Gewinnabgrenzungsaufzeichnungs-Verordnung vom 19.7.2017 – Darstellung der neuen Regelungen und kritische Würdigung, ISR 2017, 313; Buse/Schreiber/Greil, Neuerungen im Bereich der Verrechnungspreisdokumentation, DB 2017, 514; Ditz/Quilitzsch, Die Änderungen im internationalen Steuerrecht durch das Anti-BEPS-Umsetzungsgesetz, DStR 2017, 281; Krüger, Beweiswürdigung, Beweislast und Beweismaß im Rahmen von Amtsermittlung und Mitwirkungspflicht, DStZ 2017, 760; Haselmann/Berger, Der internationale Steuerfall vor dem Finanzgericht – Sachverhaltsaufklärung, Mitwirkungspflichten und Auslandszeugen, IWB 2019, 639; Günther, Folgen der Verletzung von Mitwirkungspflichten bei Auslandssachverhalten, AO-StB 2019, 101; Hendricks/Höpfner, Praxisforum Steuerrechtsschutz: Beweisführung durch Auslandszeugen bei Auslandssachverhalten, Ubg 2019, 121; Jacobsen, Deutsche Umsetzung der Anti Tax Avoidance Directive, DStZ 2020, 201; Burret, Mitwirkungspflichten im Zollrecht und ihre Grenzen, ZfZ 2020, 163; Gilson/Jakobi/Ferdinand, Möglichkeiten und Grenzen der Automatisierung von Datenbankstudien für steuerliche Verrechnungspreise, DB 2020, 625; Peters, Die begleitende Kontrolle (Horizontal Monitoring), ein Statement, FR 2020, 944; Braun/Flanderová/Peters, Steuerliche Verrechnungspreise – Übersicht und Implikationen der Verwaltungsgrundsätze 2020, DB 2021, 975; Ditz/Bärsch/Engelen, Dokumentation internationaler Verrechnungspreise nach den Verwaltungsgrundsätzen 2020, FR 2021, 457; Kluge/Probst/Bestelmeyer, Verwaltungsgrundsätze 2020 – Eine erste Analyse des Umfangs der Mitwirkungspflichten, IStR 2021, 281; Lachnit/Spensberger, Die neuen Verwaltungsgrundsätze 2020 – BMF-Schreiben zu Mitwirkungspflichten und zur Schätzungsbefugnis bei Auslandsbezug, DStR 2021, 1073; Rasch, Verwaltungsgrundsätze 2020: Mitwirkungs-, Aufzeichnungspflichten und Schätzungen – auf ein Neues, ISR 2021, 10; Sassmann/Holtz, Steine statt Brot – Die Verwaltungsgrundsätze 2020 zu Mitwirkungs- und Aufzeichnungspflichten bei Verrechnungspreisen, Ubg 2021, 61; Schnitger/Haselmann, Die Anwendung des § 4k EStG und die erweiterten Mitwirkungspflichten, ISR 2022, 13.

Übersicht

I. Allgemeines

1. Überblick

§ 90 bestimmt eine **allg. Mitwirkungspflicht** des Beteiligten zur Sachverhaltsaufklärung im Besteuerungsverfahren und entspricht – spiegelbildlich – der Amtsermittlungspflicht der FB nach § 88. Beide Vorschriften legen in der Zusammenschau die Verantwortung für die Ermittlung des der Besteuerung zu Grunde zu legenden (wahren) Sachverhalts der FB und dem Beteiligten gemeinsam auf (Gesetzessystematik → § 88 Rn. 1, 3, 9). Die Sachverhaltsaufklärung obliegt zwar in erster Linie der FB, sie stößt jedoch dort an ihre Grenze, wo sie für die Sachverhaltsaufklärung auf die Mitwirkung des Beteiligten angewiesen ist. Das ist idR der Fall, wenn die besteuerungsrelevanten Tatsachen in der Kenntnissphäre des Beteiligten liegen, zu der die FB keinen oder nur einen erschwerten Zugang hat. **Abs. 1** verpflichtet den Beteiligten allg. zur Mitwirkung. Die Vorschrift wird durch näher bezeichnete Mitwirkungspflichten des Beteiligten in §§ 93 ff. konkretisiert. § 90 ist keine Ermächtigungsgrundlage für die FB, von dem Beteiligten ein konkretes Verhalten zu verlangen. Solche ergeben sich aus §§ 93 ff. und anderen Vorschriften in der AO sowie in EinzelStGesetzen. **Abs. 2** erweitert die Mitwirkungspflichten durch eine Beweismittelbeschaffungs- und -vorsorgepflicht, soweit sich der Sachverhalt auf Vorgänge außerhalb des Geltungsbereiches der AO erstreckt. Die Regelung wird durch das Gesetz zur Abwehr von Steuervermeidung und unfairem Steuerwettbewerb und zur Änderung weiterer Gesetze (Steueroasen-Abwehrgesetz) v. 25.6.2021 (BGBl. 2021 I 2056) seit dem 1.1.2022 durch § 12 StAbwG ergänzt. In diesem Zusammenhang ist Abs. 2 S. 3 aufgehoben und durch den bisherigen Abs. 2 S. 4 ersetzt worden. **Abs. 3** wurde durch G v. 20.12.2016 (BGBl. 2016 I 3000) neu gefasst und begründet Aufzeichnungs-, Dokumentations- und Vorlagepflichten bei Geschäftsbeziehungen mit nahestehenden Personen iSv § 1 IV Nr. 1 AStG sowie bei der Gewinnaufteilung zwischen Stammhaus und ausländischer Betriebstätte iSv § 1 IV Nr. 2 AStG. Abs. 3 wird durch die Berichtspflicht nach § 138a sowie durch die GAufzV v. 12.7.2017 (BGBl. 2017 I 2367) ergänzt. Mit dem Gesetz zur Umsetzung der Richtlinie (EU) 2021/514 des Rates vom 22. März 2021 zur Änderung der Richtlinie 2011/16/EU über die Zusammenarbeit der Verwaltungsbehörden im Bereich der Besteuerung und zur Modernisierung des Steuerverfahrensrechts (DAC 7-Umsetzungsgesetz) v. 20.12.2022 (BGBl. 2022 I 2730) wurde Abs. 3 ab dem 1.1.2023 zur besseren Übersichtlichkeit neu gefasst und durch Abs. 4 und 5 ergänzt. Teilweise haben sich die Anforderungen an die Dokumentationspflichten erhöht. Die Neuregelung ist jedoch gem. Art. 97 § 37 II 1 EGAO erstmals auf St anzuwenden, die nach dem 31.12.2024 entstehen, bzw. gem. Art. 97 § 37 III EGAO auf St anzuwenden, die vor dem 1.1.2025 entstehen, wenn für diese St nach dem 31.12.2024 eine Prüfungsanordnung nach § 196 bekanntgegeben wurde. Zur Anwendbarkeit im Einzelnen siehe 5. Auflage. Mit dem 4. BürokratieEntlG v. 23.10.2024 (BGBl. 2024 I Nr. 323) wurde mWv 30.10.2024 § 90 III 2, IV 2 und 3 neu gefasst. 1

Das BMF hat im Jahr 2020 neue Verwaltungsgrundsätze zu den Mitwirkungspflichten erlassen (BMF 3.12.2020, BStBl. I 2020, 1325), die die bisherigen (BMF 12.4.2005, BStBl. I 2005, 570 und BMF 25.8.2009, BStBl. I 2009, 888) ersetzen.

2. Anwendungsbereich

2 § 90 gilt im gesamten Besteuerungsverfahren einschl. des Rechtsbehelfsverfahrens und der Ap. und in jedem Stadium des Verfahrens, nicht jedoch im **StStraf- und Bußgeldverfahren.** Leitet die FB ein solches StStraf- oder Bußgeldverfahren ein, ändert sich für das Besteuerungsverfahren grds. nichts. Die Verfahren laufen parallel nach dem jeweiligen Verfahrensrecht und sind voneinander unabhängig (§§ 393, 410). Der Beteiligte hat im StStraf- und Bußgeldverfahren ein **Aussageverweigerungsrecht,** die **Mitwirkungspflicht im Besteuerungsverfahren** bleibt aber bestehen. Durch die Erfüllung dieser Pflicht würde der Schutz durch das Aussageverweigerungsrecht leerlaufen. § 393 I 2, § 410 I Nr. 4 bestimmen daher, dass zwar die Verfahrensvorschriften des jeweiligen Verfahrens weiter gelten, die Mitwirkung im Besteuerungsverfahren jedoch nicht erzwungen werden kann, soweit sich der Beteiligte durch die Mitwirkung selbst wegen einer StStraftat oder einer StOrdnungswidrigkeit belasten würde. Faktisch bedeutet dies ein Mitwirkungsverweigerungsrecht im Besteuerungsverfahren (Klein § 393 Rn. 1 f.). Anders als im StStraf- und Bußgeldverfahren darf die FB aus der Verweigerung und der darauf beruhenden unzureichenden Sachaufklärung für den Beteiligten ungünstige Schlüsse ziehen. Die FB darf zB schätzen, auf der Grundlage eines geminderten Beweismaßes entscheiden oder in Fällen der Geltung des Beibringungsgrundsatzes die Nichterweislichkeit einer Tatsache zulasten des Beteiligten werten (→ § 88 Rn. 27).

3 Die §§ 93 ff., 137 ff., 140 ff. (HHSp § 90 Rn. 18) konkretisieren die allg. Mitwirkungspflicht des § 90 I. Stellt die jeweilige Vorschrift besondere Voraussetzungen für die Mitwirkung des Beteiligten auf, gelten diese vorrangig vor § 90 I. Besondere Mitwirkungspflichten sind auch in den EinzelStGesetzen (HHSp § 90 Rn. 19 f.) geregelt, die ebenfalls die allg. Vorschrift des § 90 I verdrängen. § 90 I ist daher wegen seiner inhaltlichen Unbestimmtheit keine Rechtsgrundlage dafür, den Beteiligten zu konkreten Handlungen aufzufordern (BFH 11.10.1989 – I R 101/87, BStBl. II 1990, 280).

II. Allgemeine Mitwirkungspflicht (Abs. 1)

1. Inhalt der Mitwirkungspflicht (Abs. 1 S. 1)

9 **Verpflichtete Person** ist nur der Beteiligte iSd § 78 bzw. bei Handlungsunfähigkeit die für ihn handelnde Person (zB gesetzlicher Vertreter). Eine handlungsunfähige Person ist wegen der ihr bekannten Tatsachen auskunftspflichtig (→ § 93 Rn. 1 ff.). Im Insolvenzverfahren trifft den Insolvenzverwalter die Mitwirkungspflicht nach § 34 III (Klein § 90 Rn. 4). Bevollmächtigte (§ 80) und nicht am Verfahren beteilige Dritte haben keine Mitwirkungspflicht. Pflichten von Dritten ergeben sich aus §§ 93 ff. Insb. haben sie auf Verlangen Auskünfte zu geben (§ 93), ihre Aussage zu beeiden (§ 94) und Urkunden vorzulegen (§ 97). Kann der Beteiligte die Mitwirkung nicht nur höchstpersönlich vornehmen, darf er sich durch einen Bevollmächtigten vertreten lassen.

10 **Gegenstand** der allg. Mitwirkungspflicht des Beteiligten ist der für die Besteuerung maßgebliche Sachverhalt **(Abs. 1 S. 1).** Für den Begriff des Sachverhalts und dessen Aufklärungsbedürftigkeit wird auf → § 88 Rn. 12 ff. verwiesen. Der Beteiligte muss auch mitwirken, wenn er selbst den Sachverhalt für aufgeklärt hält, die FB ihn aber zur Mitwirkung auffordert. Er darf sich nicht darauf verlassen, die FB werde den maßgeblichen Sachverhalt von sich aus klären. Gegebenenfalls muss er ohne besondere Aufforderung tätig werden (zB Angaben zu Werbungskosten machen, ein Fahrtenbuch führen).

2. Wahrheits- und Vollständigkeitspflicht (Abs. 1 S. 2)

11 **Abs. 1 S. 2** regelt die Art und Weise der Mitwirkung. Der Beteiligte **erfüllt** seine Mitwirkungspflicht insb. durch vollständige und wahrheitsgemäße Angabe des für die Besteuerung maßgebenden Sachverhalts und Benennung der Beweismittel. Vollständig ist der Sachverhalt, wenn er alle für die Besteuerung bedeutsamen Angaben enthält, soweit sie im Erkenntnisbereich des Beteiligten liegen (BFH 25.8.2009 – I R 88/07, BStBl. II 2016,

438). Bei Zweifeln darüber, ob ein Lebenssachverhalt besteuerungsrelevante Elemente enthält, hat der Beteiligte nachzufragen. Die FB hat nach Maßgabe des § 89 eine Beratungs- und Auskunftspflicht. Wahrheitsgemäß ist die Angabe, wenn sie nichts Unwahres enthält, nichts Maßgebendes auslässt oder nichts Falsches dem Wahren hinzufügt. Der Beteiligte hat kein Mitwirkungsverweigerungsrecht nach §§ 101–103. Die durch die nach §§ 93 ff. oder anderen Vorschriften konkretisierte (→ Rn. 1, 3) Mitwirkungspflicht ist **erzwingbar** (§§ 328 ff.; zur Ausnahme → Rn. 2). Die Erfüllung der Mitwirkungspflicht schließt die weitere Ermittlung durch die FB nach § 88 nicht aus. Nach § 90 I besteht indes nicht die allg. Pflicht zur Beweismittelbeschaffung und Aufbewahrung (zB Aufzeichnung von Geschäftsvorfällen, Aufbewahrung von Urkunden). Diese Pflichten ergeben sich aus anderen Vorschriften der AO und aus EinzelStGesetzen (TK § 90 Rn. 3 ff.).

3. Umfang der Mitwirkungspflicht (Abs. 1 S. 3)

Der **Umfang der Mitwirkungspflicht** richtet sich – ebenso wie die Amtsermittlungspflicht der FB – nach den Umständen des Einzelfalls **(Abs. 1 S. 3).** Es gilt das **Verhältnismäßigkeitsprinzip.** Die Mitwirkung muss zur Sachaufklärung geeignet, erfüllbar und zumutbar sein. Der dem Beteiligten abverlangte Aufwand darf nicht außerhalb eines vernünftigen Verhältnisses zu der steuerlichen Bedeutung stehen. Die Grenzziehung ist in der Praxis häufig schwierig. Grds. kann die FB die Sachaufklärung vom Beteiligen insoweit verlangen, als nur er allein oder jedenfalls mit geringerem Aufwand als die FB Tatsachen und Beweismittel angeben kann. Es erfolgt insofern eine Abgrenzung der Sachaufklärungspflicht nach der Beweisnähe des Beteiligten zu den entscheidungsrelevanten Tatsachen in seinem Lebensbereich (BFH 9.6.2005 – IX R 75/03, BFH/NV 2005, 1765). Das gilt uneingeschränkt für die Tatsachen, die allein seiner Wahrnehmung zugänglich sind wie zB innere Tatsachen (→ § 88 Rn. 13) oder die die FB nur unter erheblichen Schwierigkeiten ermitteln kann (zum Beibringungsgrundsatz → § 88 Rn. 27; zum Umfang TK § 90 Rn. 12 f.). Erhöhte Mitwirkungspflichten ergeben sich, wenn für die Würdigung des Sachverhalts die Abgrenzung von privaten und betrieblichen Aufwendungen notwendig ist (mit Beispielen Klein § 90 Rn. 8 f.). Für Einzelheiten vgl. §§ 93 ff. 12

III. Mitwirkungspflicht bei Auslandssachverhalten (Abs. 2)

Abs. 2 erlegt dem Beteiligten bei Vorgängen mit Auslandsbezug eine **Sachverhaltsaufklärungs- und Beweismittelbeschaffungspflicht** auf. Die Vorschrift lässt die Amtsermittlungspflicht der FB unberührt. Die FB darf im Ausland nicht hoheitlich tätig werden, kann also selbst nicht oder nur mit nicht unerheblichem Aufwand auf dem Weg der zwischenstaatlichen Rechts- und Amtshilfe nach § 117 ermitteln. Der Gesetzgeber hält es in diesen Fällen für verhältnismäßig und insb. zumutbar, den Beteiligten zu einer erhöhten Mitwirkung zu verpflichten. Zur Vereinbarkeit mit Gemeinschaftsrecht TK § 90 Rn. 37 mwN. 16

1. Sachaufklärungs- und Beweismittelbeschaffungspflicht (Abs. 2 S. 1)

Nach **Abs. 2 S. 1** hat der Beteiligte den Sachverhalt mit Auslandsbezug aufzuklären und Beweismittel zu beschaffen. Das gilt auch, wenn etwa bei einem zweigliedrigen Tatbestand der für die Anwendung der StRechtsnorm maßgebliche Sachverhalt nur zum Teil einen Auslandsbezug aufweist (BFH 6.6.2006 – XI B 162/05, BFH/NV 2006, 1985; BFH 18.2.2008 – II B 109/06, BFH/NV 2008, 1163; BFH 19.2.2009 – II B 120/08, BFH/NV 2009, 965). Diese Pflichten gehen erheblich über die des Abs. 1 hinaus, denn der Beteiligte darf sich nicht auf die Amtsermittlung durch die FB verlassen. Er muss das Beweismittel nicht nur benennen, sondern auch herbeischaffen. Die Erforderlichkeit der Sachaufklärung und der Beweismittelbeschaffung richtet sich nach den allg. Bestimmungen (→ Rn. 10; → § 88 Rn. 12 ff.; → § 92 Rn. 5). Der Beteiligte muss die Beweismittel als sog. präsente Beweismittel der FB zur Verfügung stellen (BFH 1.7.1987 – I R 284–286/83, BFH/NV 1988, 12), also zB ausländische Urkunden beibringen. Kommt zur Sachverhaltsaufklärung 17 die mündliche Auskunftserteilung oder die Beeidigung einer im Ausland ansässigen Person in Betracht, trägt der Beteiligte das Risiko des Ausbleibens dieser Person am Ort des Sitzes der FB. Dies hat im FG-Verfahren über § 76 I 4 FGO erhebliche praktische Relevanz. Ein im Ausland ansässiger Zeuge ist vom FG nicht zu laden, sondern grundsätzlich von den Beteiligten in der mündlichen Verhandlung vor dem FG zu stellen, wenn der ausländische Zeuge auch zu einem ausländischen Sachverhalt aussagen soll (BFH 26.3.2021 – X B 113/20, BFH/NV 2021, 1201). Für im Inland ansässige Personen, die sich zu einem Auslandssachverhalt äußern sollen, gilt dies nicht (BFH 29.3.2000 – X B 95/99, BFH/NV 2000, 1222; BFH 12.10.2000 – VIII B 141/99, BFH/NV 2001, 463; BFH 26.2.1992 – I R 155/90, BFH/NV 1992, 581; BFH 13.2.2019 – VIII B 83/18, BFH/NV 2019, 579; Haselmann/Berger IWB 2019, 639; zur Gestellung der Auskunftsperson im Inland und Beschaffung von Urkunden TK § 90 Rn. 23 f. mwN). Schriftliche Auskünfte von im Ausland ansässigen Personen muss der Beteiligte vorlegen. Eine unzureichende Sachaufklärung in diesem Bereich geht zu seinen Lasten. Eine erhöhte Mitwirkungspflicht des Beteiligten besteht zB für die Benennung des im Ausland ansässigen Leistungsempfängers (BFH 15.4.2021 – IV R 25/18, BStBl. II 2021, 703 zur Domizilgesellschaft gem. § 160), die Angabe und den Nachweis von Vermögen im Ausland wie Bankguthaben, die Angabe von Anschaffungskosten im Ausland beschaffter Wirtschaftsgüter oder die Vorlage von Belegen über Unterhaltsleistungen von ausländischen Arbeitnehmern an ihre Familienangehörigen im Ausland. Über die von dem BZSt nach § 5 I Nr. 6 FVG gesammelten Daten etwa über ausländische Personen und Gesellschaften und deren steuerliche Verhältnisse muss die FVerw. dem Beteiligten keine Auskunft erteilen. Der Beteiligte muss die Unrichtigkeit solcher Daten nicht nach § 90 II nachweisen. Er kommt seiner gesteigerten Mitwirkungspflicht dadurch nach, dass er den Aussagewert der Daten durch seinen Vortrag erschüttert (BFH 30.7.2003 – VII R 45/02, BStBl. II 2004, 387; Einzelheiten s. BVerfG 10.3.2008 – 1 BvR 2388/03, BStBl. II 2009, 23).

2. Beweisvorsorgepflicht (Abs. 2 S. 2 und 3)

18 **Abs. 2 S. 2** weist darauf hin, dass der Beteiligte bei Aufklärung von Auslandssachverhalten und Beweismittelbeschaffung alle tatsächlichen und rechtlichen Möglichkeiten ausschöpfen muss. Diese Regelung ist die Konkretisierung des allg. Grundsatzes, dass der entscheidungserhebliche Sachverhalt nach Möglichkeit voll aufzuklären ist und alle verhältnismäßigen Mittel einzusetzen sind. Die Vorschrift untermauert die gesteigerte Mitwirkungspflicht. Der Beteiligte kann sich nicht darauf berufen, die Aufklärung und Beweismittelbeschaffung im Ausland sei ihm zu schwierig oder er verfüge nicht über die Kenntnisse des ausländischen Rechts, die es ihm ermöglichten, zum Zwecke der Sachverhaltsaufklärung und Beweismittelbeschaffung im Ausland vorzugehen, um zB Auskünfte von Vertragspartnern zu erlangen.

19 **Abs. 2 S. 3** erlegt dem Beteiligten eine **Beweisvorsorgepflicht** auf. Er kann nicht geltend machen, er könne den Sachverhalt mit Auslandsbezug nicht aufklären und Beweismittel nicht beschaffen, wenn er sich bei Gestaltung seiner Verhältnisse die Möglichkeit dazu hätte beschaffen können. Bei steuerlich bedeutsamen Auslandsbeziehungen hat der Beteiligte sich rechtzeitig der Mittel zur Sachverhaltsaufklärung und der Beweismittel zu versichern (BFH 1.6.1994 – X R 73/91, BFH/NV 1995, 2). Insb. kann er sein Unvermögen nicht damit rechtfertigen, seine Vertragspartner oder seine ausländische Betriebstätte stellten die für die Sachverhaltsaufklärung erforderlichen Unterlagen und Nachweise nicht zur Verfügung (vgl. aber BFH 10.5.2001 – I S 3/01, BFH/NV 2001, 957; BFH 17.10.2001 – I R 103/00, BFH/NV 2002, 134). Derartige Erschwernisse liegen generell im Verantwortungsbereich des Beteiligten.

IV. Aufzeichnungspflicht bei Auslandssachverhalten (Abs. 3)

Abs. 3 wurde durch G v. 20.12.2016 (BGBl. 2016 I 3000) neu gefasst und ist erstmals für Wirtschaftsjahre anzuwenden, die nach dem 31.12.2016 begonnen haben. Mit der Regelung soll der BEPS-Aktionspunkt 13 („BEPS – Base Erosion and Profit Shifting“) des gemeinsamen Projekts der OECD und G20 umgesetzt werden (BT-Drs. 18/9536, 33). Danach sollen standardisierte Dokumentationsanforderungen im Bereich der Verrechnungspreise für multinational tätige Unternehmen gelten, damit einerseits die Finanzverwaltungen die notwendigen Informationen erhalten und andererseits die multinationalen Unternehmen ihren Dokumentationspflichten nach einem einheitlichen Standard nachkommen können. Hierzu wurde ein dreistufiger Ansatz entwickelt, bestehend aus einem Überblick über die Geschäftstätigkeit des multinationalen Unternehmens und seiner Verrechnungspreispolitik (Master File → Rn. 31; Abs. 3 S. 3), einer landesspezifischen Dokumentation der spezifischen Geschäftsvorfälle des Stpfl. mit verbundenen Unternehmen (Local File → Rn. 27; Abs. 3 S. 1 und 2) sowie dem sog. Country-by-Country-Report (→ § 138a Rn. 1 ff.). 23

Die Vorschrift geht – wie bereits Abs. 3 aF – letztendlich auf das Urteil des BFH 17.10.2001 – I R 103/00, BStBl. II 2004, 171 zurück. Der BFH hatte entschieden, dass die objektive Beweis- oder Feststellungslast für das Vorliegen von vGA – auch bei Sachverhalten mit Auslandsbezug – die FB treffe. Der Beteiligte habe zwar eine erhöhte Mitwirkungspflicht nach § 90 II, sei aber nicht verpflichtet, Aufzeichnungen über Vorgänge mit Auslandsbezug im Zusammenhang mit vGA zu führen. Eine Beweisvorsorgepflicht des § 90 II beziehe sich nur auf existente Beweismittel, verpflichte aber nicht, Aufzeichnungen und Dokumentationen zu Beweiszwecken zu erstellen. Deshalb könne die Nichterweislichkeit von zur Annahme von vGA führenden (steuererhöhenden) Tatsachen nicht zulasten des Beteiligten gehen. Zu den abweichenden Regelungen des Abs. 3 aF s. 3. Aufl. 24

Die Regelungen sind mit dem **Gemeinschaftsrecht vereinbar.** Zwar knüpfen die Dokumentationspflichten nur an grenzüberschreitende Geschäftsbeziehung zwischen nahestehenden Personen an und reine Inlandssachverhalte bleiben ausgeklammert. Die sich daraus ergebende Ungleichbehandlung wird aber durch zwingende Gründe des Allgemeininteresses gerechtfertigt (BFH 10.4.2013 – I R 45/11, BStBl. II 2013, 771; HHSp § 90 Rn. 192; TK § 90 Rn. 57; Klein § 90 Rn. 54). Die Sanktionen des Abs. 3 iVm § 162 III und IV verstoßen ebenfalls nicht gegen die Niederlassungsfreiheit (EuGH 13.10.2022 – C-431/21, DStR 2022, 2138). 25

1. Anwendungsbereich (Abs. 3 S. 1)

Abs. 3 S. 1 normiert die grds. Aufzeichnungspflicht bei Geschäftsbeziehungen mit Auslandsbezug. Der persönliche Anwendungsbereich erfasst alle (unbeschränkt oder beschränkt) Stpfl., die Geschäftsbeziehungen **iSd § 1 IV AStG** unterhalten. Erfasst sind inländische Muttergesellschaften, die Tochtergesellschaften im Ausland unterhalten, ebenso wie inländische Tochtergesellschaften, die zu einem ausländischen Konzern gehören sowie ausl. Betriebstätten. Nicht einbezogen sind ausländische Tochter- oder Muttergesellschaften (TK § 90 Rn. 40; Klein § 90 Rn. 55 f.). 26

Für den Begriff der nahestehenden Person ist auf die zu § 1 II AStG entwickelten Grundsätze zurückzugreifen. Danach besteht die erforderliche Nähebeziehung insb. dann, wenn der Stpfl. an dem betroffenen Unternehmen bzw. die betroffene Person an dem Unternehmen des Stpfl. wesentlich beteiligt ist oder wenn in einem solchen Verhältnis beherrschende Einflüsse vorliegen. Unmittelbare und mittelbare Beteiligungen eines Stpfl. werden entspr. grds. zusammengerechnet (Schwarz/Pahlke/Keß § 90 Rn. 77).

Geschäftsbeziehungen sind gem. § 1 IV 1 AStG einzelne oder mehrere zusammenhängende wirtschaftliche Vorgänge (Geschäftsvorfälle) zwischen einem Stpfl. und einer ihm nahestehenden Person, die Teil einer Tätigkeit des Stpfl. oder der nahestehenden Person sind, auf die die §§ 13, 15, 18 oder 21 EStG anzuwenden sind oder anzuwenden wären, wenn sich der Geschäftsvorfall im Inland unter Beteiligung eines unbeschränkt Stpfl. und einer inländischen nahestehenden Person ereignet hätte, und denen keine gesellschaftsvertragliche Vereinbarung zugrunde liegt. Eine gesellschaftsvertragliche Vereinbarung ist eine Vereinbarung, die unmittelbar zu einer rechtlichen Änderung der Gesellschafterstellung führt und Geschäftsvorfälle zwischen einem Unternehmen eines Stpfl. und seiner in einem anderen Staat gelegenen Betriebstätte (anzunehmende schuldrechtliche Beziehungen). Geschäftsbeziehungen können daher auch vorliegen, wenn kein Leistungsaustausch vorliegt, wie bei Pool-Umlagen und Fällen internationaler Arbeitnehmerentsendung (§ 1 I 3 GAufzV; TK § 90 Rn. 41; Klein § 90 Rn. 56).

Die Vorschrift erweitert für die von ihr erfassten Sachverhalte die Pflichten des Beteiligen nach Abs. 2, indem er nunmehr nicht nur existierende Beweismittel zu sichern und zu beschaffen, sondern selbst zu erstellen hat.

2. Unternehmensbezogene Aufzeichnungspflicht (Abs. 3 S. 2)

27 **Abs. 3 S. 2** stellt klar, dass die Aufzeichnungspflicht **(Unternehmensbezogene Aufzeichnungspflicht/Local File)** neben der Darstellung der Geschäftsvorfälle **(Sachverhaltsdokumentation)** auch die wirtschaftlichen und rechtlichen Grundlagen für eine den Fremdvergleichsgrundsatz beachtende Vereinbarung von Bedingungen, insb. Preisen **(Verrechnungspreisen),** sowie insb. Informationen zum Zeitpunkt der Verrechnungspreisbestimmung, zur verwendeten Verrechnungspreismethode und zu den verwendeten Fremdvergleichsdaten **(Angemessenheitsdokumentation)** umfasst. Zur Angemessenheitsdokumentation gehören insb. auch Informationen zur Auswahl und Anwendung der verwendeten Verrechnungspreismethoden, zu den dabei verwendeten Fremdvergleichsdaten sowie zum Zeitpunkt der Verrechnungspreisbestimmung. Die Anforderungen an die Dokumentation werden durch §§ 1 und 4 GAufzV konkretisiert (HHSp § 90 Rn. 196b ff.; TK § 90 Rn. 43 ff.; Klein § 90 Rn. 60 ff.; Schwarz/Pahlke/Keß § 90 Rn. 80).

28 Mit Wirkung vom 1.1.2025 wurde mit dem 4. BürokratieEntlG v. 23.10.2024 (BGBl. 2024 I Nr. 323) eine neue Nr. 1 eingeführt und die Aufzeichnungspflicht um die Erstellung einer Übersicht über die Geschäftsvorfälle **(Transaktionsmatrix)** erweitert. Was genau hiervon umfasst ist, ist nicht definiert und in den Gesetzesmaterialien lediglich umrissen. Hiernach sind in der Transaktionsmatrix der Gegenstand und die Art der Geschäftsvorfälle, die an den Geschäftsvorfällen Beteiligten unter Kennzeichnung von Leistungsempfänger und Leistungserbringer, das Volumen und das Entgelt der Geschäftsvorfälle, die vertragliche Grundlage, die angewandte Verrechnungspreismethode, die betroffenen StHoheitsgebiete und ob Geschäftsvorfälle nicht der Regelbesteuerung im betreffenden StHoheitsgebiet unterliegen, anzugeben (s. BT-Drs. 20/13015, 100; TK § 90 Rn. 42).

3. Stammdokumentation (Abs. 3 S. 3 und 4)

31 **Abs. 3 S. 3** erweitert die Aufzeichnungspflicht **(Stammdokumentation/Master File),** wenn das Unternehmen Teil einer multinationalen Unternehmensgruppe mit einem Vorjahresumsatz von mindestens 100 Mio. EUR ist. Nach Auffassung der Verwaltung soll sich der Umsatzbegriff nach § 277 I HGB richten. Maßgeblich sollen die nicht-konsolidierten Inlands- und Auslandsumsätze des Unternehmens mit fremden Dritten sowie mit nahestehenden Personen iSd § 1 II AStG sein. Innenumsätze zwischen dem Unternehmen und seiner Betriebstätte sollen nicht einzubeziehen sein. Für die Überschreitung der Umsatzgrenze von 100 Mio. Euro soll es unerheblich sein, wie hoch der Anteil der Auslandsumsätze an den Gesamtumsätzen ist. Eine Stammdokumentation soll auch zu erstellen sein, wenn die Auslandsumsätze nur einen geringfügigen Teil der relevanten Gesamtumsätze ausmachen (Verwaltungsgrundsätze 2020, BStBl. I 2020, 1325). In diesem Fall muss das Unternehmen Aufzeichnungen über die Art der weltweiten Geschäftstätigkeit der Unternehmensgruppe sowie über die von der Unternehmensgruppe angewandte

Systematik der Verrechnungspreisbestimmung fertigen. Hierzu gehören insb. eine grafische Darstellung des Organisationsaufbaus (Rechts- und Eigentumsstruktur) und der geografischen Verteilung der zugehörigen Gesellschaften und Betriebstätten, eine kurzgefasste Darstellung der Geschäftstätigkeit, eine allgemeine Darstellung der Gesamtstrategie für die Nutzung von immateriellen Werten in der Wertschöpfungskette, insb. hinsichtlich der Entwicklung, des Eigentums und der Verwertung, sowie eine allgemeine Beschreibung der Art und Weise der Finanzierung. Diese Stammdokumentation soll dem FA die Möglichkeit geben, den wirtschaftlichen, rechtlichen, finanziellen und steuerlichen Zusammenhang bei der Prüfung der Angemessenheit der Verrechnungspreise zu würdigen (BT-Drs. 18/9536, 35). Die Aufzeichnungspflicht wird in der Anlage zu § 5 GAufzV konkretisiert (HHSp § 90 Rn. 200 ff.; TK § 90 Rn. 46; Klein § 90 Rn. 68 ff.; Schwarz/Pahlke/Keß § 90 Rn. 88a ff.).

Abs. 3 S. 4 definiert den Begriff der multinationalen Unternehmensgruppe, der Voraussetzung für die erweiterte Aufzeichnungspflicht nach Abs. 3 S. 3 ist. Danach besteht eine multinationale Unternehmensgruppe aus mindestens zwei in verschiedenen Staaten ansässigen, iSd § 1 II AStG einander nahestehenden Unternehmen oder aus mindestens einem Unternehmen mit mindestens einer Betriebstätte in einem anderen Staat. 32

4. Zeitnahe Dokumentation bei außergewöhnlichen Geschäftsvorfällen (Abs. 3 S. 5 und 6)

Bei **außergewöhnlichen Geschäftsvorfällen** bestimmt **Abs. 3 S. 5** darüber hinaus eine Pflicht zur zeitnahen Dokumentation. Beispiele für außergewöhnliche Geschäftsvorfälle enthält § 3 II GAufzV (zB Umstrukturierungen im Konzern oder der Abschluss langfristiger Verträge). Nach § 3 I 2 GAufzV liegt eine zeitnah erstellte Aufzeichnung vor, wenn sie innerhalb von sechs Monaten nach Ablauf des Wirtschaftsjahres gefertigt wird, in dem sich der Geschäftsvorfall ereignet hat. Nach **Abs. 3 S. 6** sind die Aufzeichnungen iSd Abs. 3 auf Anforderung der Finanzbehörde zu ergänzen. 34

V. Vorlagepflichten (Abs. 4)

1. Vorlagepflicht nach Aufforderung (Abs. 4 S. 1 und 2)

Mit dem DAC 7-UmsG v. 20.12.2022 (BGBl. 2022 I 2730) wurden die Vorlageverpflichtungen verschärft. Abs. 4 S. 1 sieht vor, dass eine Vorlage jederzeit (auch außerhalb einer Ap.) verlangt werden kann. Die FB hat bei dem Vorlageverlangen ihr Ermessen (§ 5) zu begründen, warum und wozu sie die Dokumentation außerhalb einer Ap. (bereits vorab) benötigt. Hierbei ist zu berücksichtigen, dass mit der Änderung eine Beschleunigung der Ap. und keine Ausweitung der Vorlagepflicht beabsichtigt war. Es handelt sich bei dem Vorlageverlangen um einen selbständigen (sonstigen) Ermessens-VA, der angefochten und dessen Vollziehung im vorläufigen Rechtsschutz nach § 361 II ausgesetzt werden kann (TK § 90 Rn. 51). **Abs. 4 S. 1 Hs. 2** erklärt für die Vorlage der Aufzeichnungen die Regelungen des § 97 für anwendbar. Danach ist nicht erforderlich, dass der Stpfl. zunächst um Auskunft ersucht wird, bevor die Vorlage der Aufzeichnungen verlangt wird. Die Einzelheiten des Vorlageverlangens werden in § 2 VI 2–4 GAufzV geregelt (Klein § 90 Rn. 85). 35

Diese Vorlagefrist beträgt nach Abs. 4 S. 2 mWv 1.1.2025 30 Tage und wurde damit im Vergleich zur vorherigen Regelung halbiert.

2. Vorlagepflicht im Rahmen einer Außenprüfung ohne Aufforderung (Abs. 4 S. 3 und 4)

Nach **Abs. 4 S. 3** sind im Falle einer Ap. ohne gesondertes Verlangen die **Transaktionsmatrix** (Abs. 3 S. 2 Nr. 1), die **Stammdokumentation** (Abs. 3 S. 3) und die **Aufzeichnungen über die außergewöhnlichen Geschäftsvorfälle** (Abs. 3 S. 5) vorzulegen. Die Frist hierfür beträgt ebenfalls 30 Tage. Die weiteren Aufzeichnungen nach Abs. 3 **(Sachverhalts- u. Angemessenheitsdokumentation)** sind damit auch iRe Ap. 36

erst auf besondere Aufforderung hin vorzulegen. Nach **Abs. 4 S. 4** kann die Vorlagefrist durch die FB in begründeten Einzelfällen verlängert werden.

37 Die Vorschrift wird von § 162 III und IV flankiert. Danach ist bei Verstoß gegen die Dokumentationspflicht nach Abs. 3 iVm der GAufzV eine Hinzuschätzungsbefugnis, die sich nicht an der unteren Grenze des in Frage kommenden Verrechnungspreisrahmens orientieren muss, eröffnet. Zudem sind Zuschläge vorgesehen (zur Schätzungsmethode fremdüblicher Zinsen auf Konzerndarlehen BFH 18.5.2021 – I R 4/17, BFHE 273, 440). Die Regelung ist europarechtskonform und verstößt nicht gegen die Niederlassungsfreiheit (EuGH 13.10.2022 – C-431/21, DStR 2022, 2138). Für die Einzelheiten wird auf → § 162 Rn. 69 ff. verwiesen.

VI. Verordnungsermächtigung (Abs. 5)

40 Zur weiteren Konkretisierung der Aufzeichnungspflichten enthält Abs. 5 eine Verordnungsermächtigung. Hiervon hat das BMF mit der Gewinnabgrenzungsaufzeichnungsverordnung (GAufzV) v. 12.7.2017 (BGBl. 2017 I 2367) Gebrauch gemacht. In § 6 GAufzV ist eine Erleichterung für kleinere Unternehmen vorgesehen. Für diese gelten abgeschwächte Dokumentationspflichten. Kleinere Unternehmen sind nach § 6 II 1 GAufzV Unternehmen, bei denen im laufenden Wirtschaftsjahr die Summe der Entgelte für die Lieferung von Gütern oder Waren aus Geschäftsbeziehungen mit nahestehenden Personen iSd § 1 II AStG 6 Mio. EUR nicht übersteigt und die Summe der Vergütungen für andere Leistungen als die Lieferung von Gütern oder Waren aus Geschäftsbeziehungen mit nahestehenden Personen iSd § 1 II AStG nicht mehr als 600.000 EUR beträgt.

VII. Folgen bei Verletzung der Mitwirkungspflicht

43 Verletzt der Beteiligte die allg. Mitwirkungspflicht nach **Abs. 1,** hat die FB den Sachverhalt frei zu würdigen und darf ihn ggf. als nicht erwiesen ansehen, es kann eine Beweislastumkehr zulasten des Beteiligten eintreten (BFH 9.6.2005 – IX R 75/03, BFH/NV 2005, 1765). Die FB darf ggf. die Besteuerungsgrundlagen nach § 162 schätzen. Es gelten die allg. Regeln (→ § 88 Rn. 15a, 27). Verletzt der Beteiligte die ihn nach **Abs. 2** treffende Sachverhaltsaufklärungs- und Beweisbeschaffungspflicht, gilt grds. dasselbe. Allerdings darf die FB, soweit der Auslandssachverhalt von ihr nicht anderweitig aufklärbar ist, zum Nachteil des Beteiligten von einem Sachverhalt ausgehen, für den unter Berücksichtigung der Beweisnähe des Beteiligten und seiner gesetzlich verankerten Verantwortung für die Aufklärung eine gewisse Wahrscheinlichkeit spricht, es können somit für den Beteiligten nachteilige Folgen gezogen werden (zur Schätzungsbefugnis → Rn. 18a; BFH 17.3.1997 – I B 123/95, BFH/NV 1997, 730; BFH 6.6.2006 – XI B 162/05, BFH/NV 2006, 1785; BFH 18.2.2008 – II B 109/06, BFH/NV 2008, 1163; BFH 12.2.2019 – VIII B 89/18, BFH/NV 2019, 578; AEAO zu § 90). Bei Verletzung der Pflichten des **Abs. 3** hat die FB die Schätzungsbefugnis bezüglich des von der Aufzeichnungspflicht betroffenen Auslandssachverhalts (→ Rn. 37). Die Verletzung der Mitwirkungspflicht kann ferner dazu führen, dass der Stpfl. nach § 137 FGO die Kosten eines FG-Verfahrens zu tragen hat (Klein § 90 Rn. 13).

§ 91 Anhörung Beteiligter

(1) [1] **Bevor ein Verwaltungsakt erlassen wird, der in Rechte eines Beteiligten eingreift, soll diesem Gelegenheit gegeben werden, sich zu den für die Entscheidung erheblichen Tatsachen zu äußern.** [2] **Dies gilt insbesondere, wenn von dem in der Steuererklärung erklärten Sachverhalt zuungunsten des Steuerpflichtigen wesentlich abgewichen werden soll.**

(2) **Von der Anhörung kann abgesehen werden, wenn sie nach den Umständen des Einzelfalls nicht geboten ist, insbesondere wenn**

1. eine sofortige Entscheidung wegen Gefahr im Verzug oder im öffentlichen Interesse notwendig erscheint,

2. durch die Anhörung die Einhaltung einer für die Entscheidung maßgeblichen Frist in Frage gestellt würde,

3. von den tatsächlichen Angaben eines Beteiligten, die dieser in einem Antrag oder einer Erklärung gemacht hat, nicht zu seinen Ungunsten abgewichen werden soll,

4. die Finanzbehörde eine Allgemeinverfügung oder gleichartige Verwaltungsakte in größerer Zahl oder Verwaltungsakte mit Hilfe automatischer Einrichtungen erlassen will,

5. Maßnahmen in der Vollstreckung getroffen werden sollen.

(3) **Eine Anhörung unterbleibt, wenn ihr ein zwingendes öffentliches Interesse entgegensteht.**

Vergleichbare Vorschriften: § 28 VwVfG; § 24 SGB X

Schrifttum: Horn, Dauernde Rechtsverletzung – Gehör im Besteuerungsverfahren (§ 91 AO), INF 1985, 124; App, Rechtliches Gehör vor Vollstreckungsmaßnahmen des Finanzamts, INF 1987, 2; App, Rechtliches Gehör vor Vorauszahlungsbescheiden und Verspätungszuschlägen, INF 1988, 219; Carl/Klos, Akteneinsicht im Steuerstreit, INF 1994, 488; Carl/Klos, Das rechtliche Gehör im Besteuerungsverfahren, INF 1995, 417 (456); Schmidt-Liebig, Zum Recht auf Akteneinsicht beim Finanzamt, DStZ 1995, 558; Dißars, Das Recht auf Akteneinsicht der Beteiligten im Steuerrecht, NJW 1997, 481; Stöcker, Verfassungswidriges Versagen der Akteneinsicht, AO-StB 2002, 161; Hildebrand/Leyva, Praxisforum Steuerrechtsschutz: Das Recht auf Akteneinsicht im Verfahren vor der Finanzbehörde – die DS-GVO als neues Allheilmittel? Ubg 2020, 109.

Übersicht

A. Allgemeines

§ 91 gewährt dem Beteiligten eines Verwaltungsverfahrens einen Anspruch auf Gewährung rechtlichen Gehörs vor Erlass einer Entscheidung (Abs. 1) und bestimmt, unter welchen Voraussetzungen davon abgesehen werden kann (Abs. 2) oder die Anhörung 1 unterbleibt (Abs. 3). Der Beteiligte soll in aller Regel vor Erlass einer ihn belastenden Entscheidung angehört werden.

2 Das Recht auf Anhörung vor Gericht ist durch **Art. 103 GG** ausdrücklich verfassungsrechtlich garantiert. Es beansprucht als allg. Rechtsgrundsatz auch im Verwaltungsverfahren Beachtung. § 91 ist aus diesem Grunde Ausfluss des in **Art. 20 III GG** niedergelegten **Rechtsstaatsprinzips.** Niemand darf bloßes Objekt eines Verwaltungsverfahrens und damit ohne Möglichkeit der rechtzeitigen Einflussnahme hoheitlichem Handeln ausgesetzt sein, sofern dem nicht besondere Umstände entgegenstehen. Im Besteuerungsverfahren liegen nur selten Gründe vor, die die Durchführung belastender Maßnahmen ohne vorherige Gelegenheit zur Stellungnahme durch den Betroffenen erforderlich machen. Das Anhörungsrecht dient zudem der Effektivität der Verwaltung, weil der Beteiligte auf seine Anhörung hin möglicherweise auf einfache Art zur Sachverhaltsaufklärung beitragen kann und so eine Anwendung von Beweismitteln, zB ein Auskunftsersuchen nach § 93, entbehrlich wird. In der Praxis bereitet die Gehörsgewährung nach § 91 selten Schwierigkeiten, denn im Veranlagungsverfahren beruht die StFestsetzung in erster Linie auf der Erklärung des Stpfl. In anderen Verfahren ist die Anhörung zumeist problemlos möglich. Sie kann gem. § 126 I Nr. 3 – auch noch im Einspruchs- und Klageverfahren – nachgeholt werden (→ Rn. 38). § 91 wird ergänzt durch die unberührt bleibenden **Spezialregelungen** wie §§ 117 IV, 199 II, 201, 202, 364, 364a, 365 I, II (FG Köln 22.2.2000 – 14 K 3004/99, EFG 2000, 775).

3 Die Vorschrift findet Anwendung im gesamten Besteuerungsverfahren einschl. des Rechtsbehelfsverfahrens. Im StStraf- und StBußgeldverfahren gelten zur Wahrung der Rechte des Betroffenen die Vorschriften der StPO und des OWiG.

B. Recht auf Anhörung (Abs. 1)

I. Grundsatz (Abs. 1 S. 1)

1. Berechtigter

6 Das Recht auf Anhörung steht dem **Beteiligten** (§ 78) des Verwaltungsverfahrens als demjenigen zu, in dessen Rechte die von der FB in Aussicht genommene Maßnahme eingreift. Dabei ist unerheblich, ob schließlich eine belastende, eine begünstigende oder gar keine Maßnahme getroffen wird. Entscheidend ist, dass die StVerwaltung Eingriffsverwaltung ist und der Beteiligte in diesem Bereich stets in seinen Grundrechten (Art. 2 I GG und/oder Art. 6, 14 I GG) verletzt sein kann. Ein Anhörungsrecht haben auch die für den handlungsunfähigen Beteiligten handelnden Personen (zB der gesetzliche Vertreter eines minderjährigen Stpfl. oder der Geschäftsführer einer GmbH). Wird der Beteiligte durch einen Bevollmächtigten nach § 80 vertreten, reicht es aus, den Bevollmächtigten anzuhören (BFH 30.7.1980 – I R 148/79, BStBl. II 1981, 3). Nach dem Tod des Beteiligten geht mit der Beteiligtenstellung der Anspruch auf Gewährung rechtlichen Gehörs auf den Gesamtrechtsnachfolger über (BFH 27.8.1991 – VIII R 84/89, BStBl. II 1992, 9).

2. Gegenstand der Anhörung

7 § 91 I 1 gewährt ein Recht auf Anhörung, bevor ein **(belastender) VA** (zum Begriff des begünstigenden bzw. belasteten VA → § 118 Rn. 59 mwN) erlassen wird. Im Bereich der StVerwaltung ist grds. jede Maßnahme, nicht nur in Form eines VA, geeignet, eine rechtliche Belastung des Betroffenen herbeizuführen. Die Beschränkung des Anhörungsgegenstandes auf VA (zB StBescheid, Aufforderung zur Beibringung von Beweismitteln, Anordnung einer Ap.) ist sachlich gerechtfertigt, weil idR nur einem VA wegen seiner unmittelbar nach außen gerichteten Rechtswirkungen eine Eingriffswirkung in Bezug auf die Rechte des Beteiligten zukommt. Nach dem Wortlaut der Vorschrift braucht eine Anhörung nicht zu erfolgen, wenn die FB andere Maßnahmen als den Erlass eines VA (zB

Hinweise, Mahnungen, unverbindliche Auskünfte, vorbereitende Maßnahmen und behördeninterne Maßnahmen) beabsichtigt. Gleichwohl mag sich im Einzelfall eine Anhörung anbieten, um schon im Vorfeld der Einleitung eines Verwaltungsverfahrens den Sachverhalt aufzuklären.

Dem beabsichtigten Erlass eines **belastenden VA** soll nach § 91 I 1 stets eine Anhörung vorausgehen (BFH 15.6.2021 – VII B 18/21 (AdV), BFH/NV 2021, 1331). Belastend sind alle VA, die den Beteiligten nicht ausschließlich begünstigen. Angehört werden soll, wenn durch den VA der Beteiligte erstmalig oder nunmehr zusätzlich belastet (zB erstmaliger Erlass eines StBescheids oder Änderung zuungunsten des Beteiligten, Auskunftsersuchen gem. § 93, Aufforderung zur Benennung des Gläubigers oder Zahlungsempfängers gem. § 160), eine gewährte Vergünstigung entzogen oder vermindert (zB Aufhebung der Festsetzung und Rückforderung überzahlten Kindergelds), eine beantragte Vergünstigung ganz oder teilweise abgelehnt (zB Ablehnung einer beantragten Stundung, nur teilweiser statt vollständiger Erlass von Säumniszuschlägen) oder eine bestehende Rechtsposition eingeschränkt (zB Anordnung einer Ap.) werden soll (TK § 91 Rn. 4 mit weiteren Beispielen; Schwarz/Pahlke/Keß § 91 Rn. 11). Der FB steht es frei, den Beteiligten auch vor Erlass eines **begünstigenden VA** oder vor Ergreifung anderer Maßnahmen anzuhören. Ein solcher gesetzlich geregelter Fall ist § 117 IV zur zwischenstaatlichen Recht- und Amtshilfe. 8

Die Anhörung bezieht sich auf die für die Entscheidung **erheblichen Tatsachen.** Tatsachen sind alle Lebenssachverhalte, Vorgänge, Beziehungen und Eigenschaften materieller oder immaterieller Art, an die das Gesetz die Besteuerung knüpft (→ § 173 Rn. 6 ff.; → § 88 Rn. 12 ff.). Zu Tatsachen, die keine Bedeutung für die Entscheidung haben, muss der Beteiligte nicht angehört werden. Im Veranlagungsverfahren gibt der Beteiligte in einer StErklärung die für die Besteuerung maßgeblichen Tatsachen an. Will die FB aufgrund ihr vorliegender Erkenntnisse, zB aus früheren Erklärungen, Kontrollmitteilungen oder sonst gesammelten Daten (§§ 88a, 93a), von den Angaben in den Erklärungen abweichen, soll sie den Beteiligten anhören (Ausnahme bei **unwesentlicher Abweichung** → Rn. 27). Soll ein VA aufgrund von Tatsachen, die die FB selbst ermittelt hat oder die ihr anderweitig bekannt geworden sind, ergehen, so liegt ebenfalls ein Fall der Anhörung vor, weil der Beteiligte die für die Besteuerung maßgeblichen Tatsachen idR nicht kennt und mit dem Erlass eines VA nicht rechnen muss. Zu einer beabsichtigten Schätzung und zur Schätzungsmethode kann eine Anhörung geboten sein (BFH 2.2.1982 – VIII R 65/80, BStBl. II 1982, 409). Sie ist im Regelfall nicht erforderlich, weil der Beteiligte mit der Aufforderung zur Abgabe der StErklärung bereits Gelegenheit zum Vortrag aller Tatsachen hatte. Angehört werden soll auch zum Ergebnis einer Beweisaufnahme, denn diese dient der Aufklärung des Sachverhalts. Zu Rechtsauffassungen braucht die FB den Beteiligten nicht anzuhören. Sie darf also bei Zugrundelegung derselben Tatsachen ohne Anhörung zu einer anderen rechtlichen Würdigung als der Beteiligte kommen (BFH 11.2.2004 – II R 5/02, BFH/NV 2004, 1062). Allerdings kann es zweckmäßig sein, den Beteiligten vor dem Erlass des VA von der rechtlichen Beurteilung eines Sachverhalts zu unterrichten, damit dieser in tatsächlicher und rechtlicher Hinsicht Stellung nehmen kann. Damit er seine Rechte sachgerecht wahren kann, sollte die FB ihre abweichende Auffassung auf jeden Fall in der Begründung eines VA (zB Anlage zum StBescheid) mitteilen (§ 121). 9

3. Inhalt der Anhörung

Anhörung ist die dem Beteiligten gewährte Möglichkeit zur Äußerung. Zu diesem Zweck muss ihm die FB die ihm nicht bekannten Tatsachen mitteilen, und zwar so genau, dass er hinreichend Stellung nehmen und die Tatsachen ggf. aus seiner Sicht richtigstellen oder ergänzen kann. Er muss die Möglichkeit haben, noch Unterlagen vorzulegen, Beweismittel zu benennen, Beweise beizubringen oder seine Rechtsauffassung darzulegen. Der Inhalt der Anhörung orientiert sich an ihrem Zweck (→ Rn. 2) und sollte im Zweifel großzügig gehandhabt werden. Zur Akteneinsicht → Rn. 23 f. Einen Anspruch auf Aus- 12 kunft über zu seiner Person gesammelte Daten iSd §§ 88a, 5 I Nr. 6 FVG hat der Beteiligte nach bisheriger Auffassung nicht. Ob sich ein solches Auskunftsrecht aus der DS-GVO herleiten lässt, ist derzeit noch nicht abschließend geklärt (bejahend: FG Saarland 3.4.2019 – 2 K 1002/16, EFG 2019, 1217; verneinend: BFH 17.11.2021 – II R 43/19, NJW 2022, 1837; FG Niedersachsen 28.1.2020 – 12 K 213/19, EFG 2020, 665; → Rn. 26 mwN, → § 32c Rn. 2).

4. Zeitpunkt und Form der Anhörung, Frist zur Äußerung

16 Entscheidet sich die FB für eine Anhörung des Beteiligten, so muss diese, soll sie ihren Zweck erfüllen, **vor Erlass des VA** erfolgen. Die Anhörung kann gem. § 126 I Nr. 3 nachgeholt werden (→ Rn. 38).

17 § 91 schreibt eine bestimmte **Form der Anhörung** nicht vor. In der Praxis dürfte am häufigsten die Schriftform gewählt werden. Anbieten kann sich auch eine mündliche (telefonische) Anhörung etwa in den Fällen, in denen der Sachverhalt überschaubar ist, die FB nur auf fehlende Unterlagen hinweist und diese anfordert oder die FB wie bei der Ap. in persönlichem Kontakt zum Beteiligten steht (AEAO zu § 91 Nr. 1). Einer ausdrücklichen Aufforderung zur Äußerung bedarf es nicht. Dem Beteiligten ist jedoch mitzuteilen, dass er Gelegenheit zur Äußerung habe. § 91 I 1 ist nicht genügt, wenn der Beteiligte nur von den „erheblichen Tatsachen" bzw. den Abweichungen von der StErklärung oder dem beabsichtigten Erlass eines VA in Kenntnis gesetzt wird und ihm faktisch keine Möglichkeit zur Äußerung eingeräumt wird.

18 Dem Beteiligten muss eine angemessene **Frist zur Äußerung** eingeräumt werden. Die Angemessenheit bestimmt sich nach den Umständen des Einzelfalles. Eine zu kurz bemessene Frist stellt keine Anhörung dar. Der Beteiligte hat grds. einen Anspruch auf Fristverlängerung (§ 109), wenn er die gesetzte Frist nicht einhalten kann.

5. Ermessen

19 Ob und in welcher Art und Weise (Form, Frist) die FB den Beteiligten anhört, steht in ihrem **pflichtgemäßen Ermessen** gem. § 5 (BFH 21.8.1990 – V B 46/90, BFH/NV 1991, 142; BFH 18.5.2000 – VII B 36/99, BFH/NV 2000, 1355). Da nach dem Wortlaut des § 91 I 1 die FB den Beteiligten anhören „soll", ist im Regelfall Gelegenheit zur Äußerung zu geben. Die FB hat bei Ausübung des Ermessens den Zweck der Anhörung zu beachten. Sie darf jedoch auch die Effektivität einer Massenverwaltung, wie es die StVerwaltung ist, berücksichtigen, mit dem Ergebnis, nicht bei jeder Abweichung von den Angaben in der StErklärung vorher anzuhören (Abs. 2; AEAO zu § 91 Nr. 1 zum Absehen von der Anhörung bei nur geringer steuerlicher Auswirkung der Abweichung und Aufnahme einer Erl. in der Anlage zum StBescheid). Das ist im Hinblick auf Abs. 1 S. 2 nicht zu beanstanden, wobei die Grenzziehung zwischen wesentlichen und unwesentlichen Abweichungen schwierig ist und von den Umständen des Einzelfalls abhängt (→ Rn. 27). Abs. 2 nennt Fallgestaltungen, in denen von einer Anhörung abgesehen werden kann. Eine unwesentliche Abweichung liegt vor, wenn sie den in Abs. 2 aufgeführten Fällen an Bedeutung gleich steht (aA TK § 91 Rn. 5: neben Abs. 2 kein Raum für ein Absehen von der Anhörung).

6. Recht des Beteiligten

22 § 91 I 1 gibt dem Beteiligten ein Recht auf Anhörung, normiert jedoch – anders als § 93 – **keine Pflicht zur Äußerung.** Er kann auf sein Recht verzichten, muss aber in diesem Fall davon ausgehen, dass die FB den beabsichtigten VA unter Zugrundelegung des ihr bekannten Sachverhalts und ihrer Rechtsauffassung erlässt. Der Beteiligte erleidet keinen Rechtsverlust und kann sein Vorbringen bzw. seine Beweismittel im Einspruchs- und Klageverfahren nachholen. Äußert sich der Beteiligte, so muss die FB diese Äußerung zur Kenntnis nehmen, muss jedoch ihre Entscheidung nicht auf die Äußerung stützen. Eine Anhörung ist auch ordnungsgemäß durchgeführt, wenn das Nichtbeachten des Vorbringens des Beteiligten zu einer rechtswidrigen Entscheidung führt.

II. Akteneinsicht

Die AO gibt dem Beteiligten – im Gegensatz zu § 29 VwVfG, § 25 SGB X – weder durch § 91 I 1 noch durch eine andere Vorschrift oder aus dem Grundsatz von Treu und Glauben einen Anspruch auf **Einsicht in die Akten** oder auf **Überlassung von Unterlagen** aus den StAkten, um auf diese Weise den aktenkundigen Sachverhalt zur Kenntnis zu nehmen (BFH 7.5.1985 – VII R 25/82, BStBl. II 1985, 571; BFH 4.6.2003 – VII B 138/01, BStBl. II 2003, 790; BFH 23.2.2010 – VII R 19/09, BStBl. II 2010, 729). Die Gewährung von Akteneinsicht ist aber nicht grds. ausgeschlossen und steht in pflichtgemäßem Ermessen der FB (BFH 4.6.2003 – VII B 138/01, BFH/NV 2003, 1356 mwN). Sie bietet sich insb. bei komplexen Sachverhalten mit vielfältigem Tatsachen- und zahlreichem Urkundenmaterial an, also in den Fällen, in denen die erheblichen Tatsachen nicht hinreichend vollständig und verständlich dargestellt werden können. Auch bei einem Wechsel des Bevollmächtigten kann sich Akteneinsicht anbieten. Sofern besondere Gründe nicht entgegenstehen, hat die FB dem Beteiligten oder seinem Bevollmächtigten Akteneinsicht zu gewähren bzw. Unterlagen in Kopie zu überlassen (Ermessensreduzierung auf null). Grds. sollte die FB das Akteneinsichtsgesuch wohlwollend prüfen. Das Besteuerungsverfahren ist keine „Geheimwissenschaft". Ein transparentes Besteuerungsverfahren trägt zu der allgemeinen Akzeptanz der Entscheidungen bei und entspricht dem modernen Verständnis von Verwaltung. Zudem steht dem Stpfl. im Klageverfahren gem. § 78 FGO ohnehin ein Akteneinsichtsrecht zu. Den Stpfl. möglicherweise in das (kostenpflichtige) Klageverfahren zu drängen, nur um auf diese Weise Akteneinsicht zu erhalten, ist nicht zielführend. Das Akteneinsichtsrecht des Insolvenzverwalters reicht nicht weiter als das Recht des Insolvenzschuldners. Daher besteht insofern keine Ermessensreduzierung auf null (BFH 15.9.2010 – II B 4/10, BFH/NV 2011, 2). Die Überlassung der Akten kommt idR nicht in Betracht, sondern nur ihre Einsichtnahme an Amtsstelle. Wie mit der Einsicht in digitale Akten umzugehen ist, ist noch nicht abschließend geklärt (bejahend: BFH 25.7.2016 – X B 213/15, BFH/NV 2016, 1679). Angesichts der immer weiter fortschreitenden Digitalisierung und der Verpflichtung des Stpfl., Daten in digitaler Form an die FB zu liefern, wird dieser Frage in Zukunft besondere Bedeutung zukommen. Bei der Ermessensabwägung wird die FB jedenfalls besonders zu berücksichtigen haben, ob zB bei Betriebsprüfungen die digitalen Auswertungen (zB IDEA-Auswertungen, Excel-Kalkulationen etc.) ohne die hinterlegten Formeln überhaupt nachvollziehbar sind. Im Zweifel sollten diese Daten herausgeben werden, um die Formeln auf etwaige Fehler überprüfen zu können. Jedenfalls besteht bei der Herausgabe der Daten kein Risiko der Aktenverfälschung, da die Daten nur in Kopie übergeben werden. Ob die Herausgabe lediglich mit der Begründung verweigert werden kann, die Stpfl. könnten sich durch die Akteneinsicht auf besondere Prüfungsschwerpunkte einstellen, erscheint zweifelhaft. Die FB muss sicherstellen, dass zum Zwecke der Wahrung des StGeheimnisses Aktenmaterial (zB gewonnene Kontrollmitteilungen aus einer bei einem Dritten durchgeführten Ap.) aus den Akten entfernt wird, soweit es die steuerlichen Verhältnisse Dritter betrifft (TK § 91 Rn. 25 ff.; HHSp § 91 Rn. 126 ff.). Bei zusammen veranlagten Ehegatten ist der nicht Akteneinsicht begehrende Ehegatte kein Dritter. Nach **bestandskräftigem Abschluss** des Verwaltungsverfahrens kann Akteneinsicht nicht mehr verlangt werden (BFH 23.2.2010 – VII R 19/09, BStBl. II 2010, 729; BFH 7.5.2024 – IX R 21/22, BFH/NV 2024, 1070; aA Vorinstanz FG Niedersachsen 18.3.2022 – 7 K 11127/18, EFG 2022, 816). 23

Die **Ablehnung** eines Antrags auf Gewährung der Akteneinsicht ist VA und mit Einspruch und **Verpflichtungsklage** anfechtbar (BFH 16.12.1987 – I R 66/84, BFH/NV 1988, 319; BFH 7.5.1985 – VII R 25/82, BStBl. II 1985, 571; aA Leistungsklage: TK § 91 Rn. 36). Für die Akteneinsicht im Einspruchsverfahren wird auf → § 364 Rn. 9 verwiesen. Das Recht auf Akteneinsicht richtet sich nach den allg. Rechtsgrundsätzen. 24

Ob ein Akteneinsichtsrecht aus dem **Informationsfreiheitsgesetz** (BGBl. 2005 I 2722) für das Besteuerungsverfahren abgeleitet werden kann, ist streitig. Für den Zustän- 25 digkeitsbereich der Bundesfinanzverwaltung kann für das Bundes-IFG wohl zumindest nicht von einer Subsidiarität gegenüber der AO ausgegangen werden, sodass zumindest ein Anspruch auf Auskunft und ein Anspruch auf einer Ermessensentscheidung hinsichtlich der Akteneinsicht besteht. Für den Zuständigkeitsbereich der Landesfinanzverwaltungen gilt das Bundes-IFG nicht. Ein Anspruch kann nur dann bestehen, wenn die Länder ein IFG erlassen haben und keine bereichsspezifischen Ausnahmen für das StRecht enthalten sind. Dem wird allerdings entgegengehalten, dass die Landes-IFG nach Art. 31 GG durch die AO (Bundesrecht) verdrängt werden (BFH 5.12.2016 – VI B 37/16, DStRK 2017, 153; TK § 91 Rn. 33 f. mwN; Klein § 91 Rn. 27). Weiterhin beschränkt § 32e die IFG auf das Niveau der Art. 12-15 DS-GVO.

26 Ein Anspruch auf vollständige Akteneinsicht lässt sich auch nicht aus **Art. 15 DS-GVO** iVm § 32c herleiten (kein Auskunftsanspruch gegen das BZSt bei Auslandsbeziehungen: BFH 17.11.2021 – II R 43/19, BStBl. II 2022, 427; kein Akteneinsichtsrecht nach Art. 15 I DS-GVO: BFH 29.8.2019 – X S 6/19, BFH/NV 2020, 25; BFH 12.3.2024 – IX R 35/21, BStBl. II 2024, 682; BFH 20.9.2024 – IX R 24/23, BFH/NV 2025, 186; BFH 12.11.2024 – IX R 20/22, BFH/NV 2025, 191; FG Baden-Württemberg 26.7.2021 – 10 K 3159/20, EFG 2021, 1777; FG München 4.11.2021 – 15 K 118/20, EFG 2022, 299, Rev. BFH IX R 34/21; FG München 5.5.2022 – 15 K 194/20, EFG 2022, 1357, Rev. BFH IX R 24/22; BMF 13.1.2020, BStBl. I 2020, 143, Tz. 66; TK § 91 Rn. 31: zumindest Anspruch auf nachvollziehbare Erläuterung im konkreten Einzelfall). Nach der Vorschrift kann die betroffene Person lediglich eine Bestätigung darüber verlangen, ob personenbezogene Daten verarbeitet werden, und sollte dies der Fall sein, ua, für welche Zwecke diese genutzt werden. Die Ansprüche aus der DS-GVO werden zudem durch die §§ 32a ff. eingeschränkt (BFH 17.11.2021 – II R 43/19, BStBl. II 2022, 427; → §§ 32a ff.). Dieser Auskunftsanspruch ist nicht identisch mit einer vollständigen Akteneinsicht (Klein § 91 Rn. 26). Gleichwohl kann die FVerw. den Anspruch nach der DS-GVO auch durch vollständige Akteneinsicht erfüllen (BMF 13.1.2020, BStBl. I 2020, 143, Tz. 32). Die DS-GVO ist auf alle StArten (direkte und indirekte St) und nicht nur im Bereich der harmonisierten Steuern anwendbar (BFH 12.3.2024 – IX R 35/21, BStBl. II 2024, 682; BFH 7.5.2024 – IX R 21/22, BFH/NV 2024, 1070; BMF 13.1.2020, BStBl. I 2020, 143, Tz. 3, 22; aA FG Niedersachsen 28.1.2020 – 12 K 213/19, EFG 2020, 665, aus anderen Gründen aufgehoben durch BFH 8.6.2021 – II R 15/20, BFH/NV 2022, 34; Klein § 91 Rn. 26).

III. Anhörung bei wesentlicher Abweichung (Abs. 1 S. 2)

27 Abs. 1 S. 2 führt beispielhaft an, in welchem Fall „insbesondere" angehört werden soll. Daraus folgt im Umkehrschluss, dass bei unwesentlichen Abweichungen auf die Anhörung in aller Regel verzichtet werden darf (→ Rn. 9). Das Ermessen der FB über die Durchführung der Anhörung verdichtet sich auf null, wenn sie von den Angaben in der StErklärung zu Ungunsten des Stpfl. wesentlich abweichen will. Was eine wesentliche Abweichung ist, richtet sich nach den Umständen des Einzelfalles und entzieht sich einer festen Grenzziehung. Bei einer geringen StSchuld ist die wesentliche Abweichung eher erreicht als bei einer hohen StFestsetzung. Bei einer geringen steuerlichen Auswirkung kann eine Abweichung wesentlich sein, wenn sie für Folgejahre oder über den StFall hinaus Bedeutung hat (zB in einem Musterverfahren oder bei neu auftretenden Rechtsfragen). Auch im Rahmen des Abs. 1 S. 2 sollte sich die FB am Zweck der Anhörung einerseits und an den Möglichkeiten der Verwaltungspraxis andererseits orientieren und berücksichtigen, dass der Beteiligte sich zwar noch im Einspruchsverfahren äußern kann, solche Verfahren jedoch auch im Hinblick auf die damit für den Beteiligten verbundenen Risiken (Fristwahrung) nicht ohne Not verursacht werden sollten (TK § 91 Rn. 5; HHSp § 91 Rn. 124).

C. Absehen von der Anhörung (Abs. 2)

I. Nicht gebotene Anhörung

Das Absehen von der Anhörung steht wie die Entscheidung für die Anhörung im pflichtgemäßen Ermessen der FB. In den in Nr. 1–5 aufgeführten Fallgruppen kann aus Gründen der Effektivität des Verwaltungsverfahrens auf eine Anhörung verzichtet werden. Die Aufzählung ist nicht abschließend. Andere Fälle müssen in ihrer Bedeutung idR mit den aufgeführten vergleichbar sein (TK § 91 Rn. 13). Die Formulierung „nicht geboten" deutet darauf hin, dass **gewichtige Gründe** der Anhörung entgegenstehen müssen (Nr. 1, 2, 5), eine Anhörung nicht zu einer anderen Entscheidung als der beabsichtigten führen würde, weil der Beteiligte sich nicht zu seinen Ungunsten äußern würde (Nr. 3), oder eine Anhörung aller Betroffenen nicht durchführbar ist (Nr. 4). 30

II. Gefahr im Verzug; öffentliches Interesse (Abs. 2 Nr. 1)

Abs. 2 Nr. 1 trägt dem Umstand Rechnung, dass eine vorherige Anhörung zu einer Zeitverzögerung führt, die den Zweck der Entscheidung unerreichbar machen könnte. Das ist der Fall bei **Gefahr im Verzug,** wenn nämlich eine Sachlage eintreten würde, bei der bei weiterem Zuwarten ein Schaden eintreten würde, etwa durch Vernichtung von Beweismaterial durch den Beteiligten und Flucht ins Ausland oder durch Gefährdung des StAnspruchs im Arrestverfahren (zum Begriff der Gefahr im Verzug → § 29 Rn. 5). Unklar ist, unter welchen Voraussetzungen die Unterlassung der Anhörung im **öffentlichen Interesse** notwendig erscheint. Es kann nicht darauf ankommen, die Steuer möglichst schnell festsetzen und erheben zu wollen. Die Bedeutung dieses Ausnahmefalls dürfte in der Praxis gering sein. 31

III. Einhaltung einer Frist (Abs. 2 Nr. 2)

Abs. 2 Nr. 2 gewährleistet die bei dem Erlass des VA einzuhaltenden Fristen, so zB die Festsetzungsverjährungsfrist (§ 169). Ist die Anhörung und der Erlass des VA nicht bis zum Ablauf der Frist möglich, ist die Anhörung nicht geboten. Etwas anderes gilt, wenn die FB bis kurz vor Fristablauf untätig geblieben ist und selbst die Eilbedürftigkeit verursacht hat (TK § 91 Rn. 16). 33

IV. Keine Abweichung zuungunsten des Beteiligten (Abs. 2 Nr. 3)

Abs. 2 Nr. 3 geht davon aus, dass sich der Beteiligte ohnehin nicht äußern wird, wenn die FB seine tatsächlichen Angaben in der StErklärung unverändert oder nur zu seinen Gunsten verändert der Besteuerung zugrunde legt. Eine vorherige Anhörung wäre unnötiger Formalismus. 34

V. Erlass einer Allgemeinverfügung (Abs. 2 Nr. 4)

Abs. 2 Nr. 4 berücksichtigt, dass im Massenverfahren bei Erlass einer Allgemeinverfügung (§ 118 S. 2) oder einer Vielzahl gleichartiger VA mittels automatischer Einrichtungen eine vorherige Anhörung aller Betroffenen die Arbeitskapazität der FB überschreiten würde. Solche VA sind zB die Aufforderung zur Abgabe von StErklärungen. Nicht unter Nr. 4 fallen die mittels automatischer Einrichtungen erstellten StBescheide, weil diese nach einer besonderen Prüfung der Voraussetzungen für die StFestsetzung ergehen, den Stpfl. individuell betreffen und daher nicht gleichartig sind. Im Übrigen würde die – gebotene – Anhörung nach Abs. 1 S. 2 in den in der Praxis häufigsten Fällen unterlaufen werden, was nicht Sinn der Nr. 4 sein kann. Bei Absehen von der Anhörung nach Nr. 4 sind die Beteiligten auf eine nachträgliche Äußerung, evtl. im Einspruchsverfahren, beschränkt. 35

VI. Maßnahmen der Vollstreckung (Abs. 2 Nr. 5)

36 Vor VollstrMaßnahmen braucht die FB den VollstrSchuldner nicht anzuhören, um den StAnspruch nicht zu gefährden. Im Einzelfall kann die Anhörung gleichwohl zweckmäßig sein.

D. Unterbleiben einer Anhörung (Abs. 3)

37 Fallgestaltungen für das Vorliegen eines zwingenden öffentlichen Interesses (zum Begriff s. § 30 IV Nr. 5, § 106), das zu einem Unterbleiben der an sich zu erfolgenden Anhörung führt, sind für den Bereich der StVerwaltung nicht ersichtlich. Voraussetzung wäre eine schwere Beeinträchtigung des Allgemeinwohls durch die Anhörung, die nur im besonderen Ausnahmefall denkbar ist.

E. Rechtsfolgen unterlassener Anhörung

38 Die Verletzung des § 91 führt nicht zur Nichtigkeit des VA (BFH 28.8.1990 – VII R 59/89, BFH/NV 1991, 215). Der VA leidet an einem Verfahrensfehler. Er ist **rechtswidrig.** Es kommt nicht darauf an, ob die Anhörung versehentlich oder bewusst unterlassen wurde. Nach § 126 I Nr. 3 wird die Fehlerhaftigkeit des VA durch nachträgliche Anhörung **geheilt** (BFH 15.6.2021 – VII B 18/21 (AdV), BFH/NV 2021, 1331). Gemäß § 126 II kann die Anhörung bis zum Abschluss des Klageverfahrens vor dem FG (Tatsacheninstanz) nachgeholt werden (→ § 126 Rn. 12 ff.). Zur Vermeidung unnötiger Prozesse bietet es sich an, die Anhörung spätestens im Einspruchsverfahren zu gewähren. Ist in Folge der unterlassenen Anhörung vor Erlass des VA die Einspruchsfrist versäumt worden, gilt gem. § 126 III die Fristversäumnis als unverschuldet. Es ist Wiedereinsetzung in den vorigen Stand nach § 110 zu gewähren, wobei für die Wiedereinsetzungsfrist an den Zeitpunkt der nachgeholten Anhörung angeknüpft wird. Die Frage, ob die unterlassene Anhörung für die Fristversäumnis ursächlich war, sollte im Zweifel zugunsten des Beteiligten beantwortet werden (→ § 126 Rn. 18). Im Übrigen wird auf → § 126 Rn. 1 ff. verwiesen.

39 Wird die Anhörung nicht nachgeholt, bleibt der VA rechtswidrig. Eine Aufhebung kann indes bei Vorliegen der Voraussetzungen des **§ 127** nicht verlangt werden. Die unterlassene Anhörung ist demnach letztlich **folgenlos,** wenn es sich bei dem VA um eine gebundene Entscheidung (auch bei geschätzten Besteuerungsgrundlagen, BFH 18.8.1999 – IV B 108/98, BFH/NV 2000, 165) handelt oder bei einer Ermessensentscheidung keine andere Entscheidung getroffen werden könnte (Ermessensreduzierung auf null). Zu den Einzelheiten → § 127 Rn. 1 ff.

§ 92 Beweismittel

[1] Die Finanzbehörde bedient sich der Beweismittel, die sie nach pflichtgemäßem Ermessen zur Ermittlung des Sachverhalts für erforderlich hält. [2] Sie kann insbesondere

1. Auskünfte jeder Art von den Beteiligten und anderen Personen einholen,
2. Sachverständige zuziehen,
3. Urkunden und Akten beiziehen,
4. den Augenschein einnehmen.

Vergleichbare Vorschriften: § 26 I VwVfG; § 21 I SGB X

I. Allgemeines

Das Recht und zugleich die Pflicht der Sachverhaltsermittlung ergibt sich aus §§ 85, 88, nach denen die FB die Steuern nach Maßgabe des Gesetzes festzusetzen und zu erheben (§ 85) und den dafür maßgebenden Sachverhalt zugunsten und zulasten des Beteiligten von Amts wegen zu ermitteln hat (§ 88). Die Befugnis zur Beweiserhebung folgt daher aus § 88. Die Mittel der Beweiserhebung nennt § 92 und bestimmt, auf welche Art und Weise die FB Beweis erhebt. Die Vorschrift ist generelle Ermächtigungsgrundlage dafür, Beteiligte und andere Personen zur Aufklärung des Sachverhalts heranzuziehen (zB Beteiligte, andere Personen, Sachverständige, duldungspflichtige Dritte bei der Augenscheinseinnahme). Die Befugnis und die besonderen Voraussetzungen zur Anwendung des jeweiligen Beweismittels, besondere Verfahrensregelungen sowie Verweigerungsrechte enthalten die speziellen Regelungen der §§ 93–106 (BFH 4.10.2006 – VIII R 53/04, BStBl. II 2007, 227). 1

§ 92 gilt im gesamten Besteuerungsverfahren einschl. des außergerichtlichen Rechtsbehelfsverfahrens (vgl. BFH 22.2.2000 – VII R 73/98, BStBl. II 2000, 366). Im Rahmen der Ap. und der StFahndung sind die Spezialregelungen der §§ 200, 208, 210, 211 zu beachten. Im StStrafverfahren und im Bußgeldverfahren gelten gem. §§ 385 I, 410 I die Vorschriften der StPO und des OWiG. 2

II. Beweiserhebung, Ermessen (S. 1)

1. Notwendigkeit der Beweiserhebung

Die Beweiserhebung setzt deren Notwendigkeit voraus. Die Ermittlung des Sachverhalts nach § 88 durch Anwendung der Beweismittel ist nicht erforderlich, wenn der maßgebliche Sachverhalt bereits ermittelt ist. Die Ermittlung eines nicht für die Besteuerung relevanten Sachverhalts ist nicht zulässig, wobei sich die Maßgeblichkeit allerdings nach den Umständen des Einzelfalls erst nach Beweiserhebung herausstellen kann. Eine Ermittlung bzw. Beweiserhebung ohne konkreten Anhaltspunkt, dh eine Ermittlung „ins Blaue hinein", ist nicht rechtmäßig (→ § 208 Rn. 1 ff.; → § 88 Rn. 12 ff., 29). 5

2. Grenzen des Ermessens, Verhältnismäßigkeit

Erforderlich ist das Beweismittel, wenn die FB im Rahmen ihrer Prognoseentscheidung im Wege vorweggenommener Beweiswürdigung nach pflichtgemäßem Ermessen zum Ergebnis gelangt, dass das Beweismittel zu steuererheblichen Tatsachen zu führen vermag (BFH 29.10.1986 – VII R 82/85, BStBl. II 1988, 359; BFH 24.10.1989 – VII R 1/87, BStBl. II 1990, 198). Nach allg. Meinung muss das Beweismittel **geeignet, notwendig, möglich, erforderlich, verhältnismäßig und zumutbar** sein. Bislang ist höchstrichterlich nicht entschieden, ob diese Erfordernisse rechtliche Grenzen im Sinne ungeschriebener Tatbestandsmerkmale für das jeweilige Beweismittel darstellen oder ob die FB sie lediglich im Rahmen ihrer Ermessensentscheidung zu berücksichtigen hat (BFH 24.10.1989 – VII R 1/87, BStBl. II 1990, 198; BFH 22.2.2000 – VII R 73/98, BStBl. II 2000, 366 mwN: ausdrücklich offengelassen für ein Auskunftsersuchen nach § 93; BFH 12.7.2022 – VIII R 8/19, BFH/NV 2022, 1266). Diese im Verfahrensrecht allg. zu beachtenden Erfordernisse sind Ausdruck des Rechtsstaatsprinzips und stellen eine ungeschriebene allg. Einschränkung bei der Ermessensausübung dar (allgM; TK § 92 Rn. 6 ff. mwN; Schwarz/Pahlke/Keß § 92 Rn. 11 ff.; HHSp § 92 Rn. 20 ff. mwN). Die FB darf demnach überhaupt nur solche Beweismittel anwenden, die zur Sachverhaltsermittlung geeignet sind und die sie nach pflichtgemäßem Ermessen für erforderlich hält. Nicht geeignete Beweismittel sind nicht erforderlich und scheiden von vornherein aus. Die Ausübung des Ermessens ist durch die Beachtung des **Verhältnismäßigkeitsprinzips im weiteren Sinn** begrenzt. Das Beweismittel muss für den Betroffenen erfüllbar, also möglich und die Erfüllung zumutbar sein, denn es widerspricht dem Rechtsstaatsprinzip, 6 einem Bürger etwas abzuverlangen, was er tatsächlich nicht leisten kann oder aus einem vorrangig zu beachtenden, schützenswerten Interesse verweigern darf. Das **Übermaßverbot,** dh die Verhältnismäßigkeit im engeren Sinn (Zweck-Mittel-Verhältnis), ist zu beachten. Grds. hat sich die FB desjenigen Beweismittels zu bedienen, das zur Ermittlung des Sachverhalts am besten geeignet ist und die betroffene Person am wenigsten beeinträchtigt. Die Belastung durch die Anwendung eines Beweismittels muss in angemessenem Verhältnis zu seinem Zweck stehen (BFH 24.10.1989 – VII R 1/87, BStBl. II 1990, 198; BFH 11.7.1989 – VII R 81/87, BStBl. II 1990, 357; grundlegend BFH 22.2.2000 – VII R 73/98, BStBl. II 2000, 366). Das Verhältnismäßigkeitsprinzip findet im Gesetz vielfach Beachtung (zB Verweigerungsrechte als Ausdruck der Unzumutbarkeit der Auskunftserteilung, Einhaltung besonderer Voraussetzungen nach § 99 I 3 zur Wahrung der Grundrechte bei Wohnungsbetretungen, Rangfolge bestimmter Beweismittel, → Rn. 7). Zu den Einzelheiten zur Verhältnismäßigkeit eines Beweismittels wird auf die Erl. der jeweiligen Vorschrift (§§ 93–106) verwiesen.

7 In einigen Vorschriften der §§ 93 ff. werden die Beweismittel in eine **Rangfolge** gestellt, die von der FB zu beachten ist. Nach § 93 I 3 „sollen" andere Personen als der Beteiligte erst dann um Auskunft ersucht werden, wenn die Sachaufklärung durch den Beteiligten nicht zum Erfolg führt (→ § 93 Rn. 6). Nach § 95 I 2 „soll" die Versicherung an Eides statt nur gefordert werden, wenn andere Mittel der Sachverhaltsaufklärung nicht zum Erfolg führen oder einen unverhältnismäßigen Aufwand erfordern (→ § 95 Rn. 15). Die eidliche Vernehmung ist in aller Regel nur allerletztes Beweismittel (→ § 94 Rn. 10, → § 95 Rn. 15). Da nach dem Wortlaut des Gesetzes die Rangfolge eingehalten werden „soll", steht der FB insofern ein Ermessen zu, das jedoch eingeschränkt ist.

3. Auswahlkriterien

8 Grds. stehen die Beweismittel gleichwertig nebeneinander. Die FB hat das in Betracht kommende, nicht von vornherein ausgeschlossene oder nachrangig anzuwendende (→ Rn. 6 f.) Beweismittel nach pflichtgemäßem Ermessen (§ 5) auszuwählen. Es gelten die allg. Ermessenserwägungen. Das Beweismittel muss für die Erreichung des Zwecks der Vorschrift, hier für die Ermittlung des Sachverhalts, nach der Beurteilung der FB insb. Erfolg versprechend und verhältnismäßig sein (→ Rn. 6). In diesem Rahmen ist die FB bei der Auswahl frei. Sie ist nicht an Beweisanträge des Beteiligten gebunden (→ § 88 Rn. 26). Sie kann mehrere Beweismittel zugleich oder nacheinander anwenden (zB Auskunft des Beteiligten zum Erwerb eines Grundstücks und Vorlageverlangen bezüglich des Kaufvertrags).

III. Beweismittel (S. 2)

1. Allgemeines

12 § 92 S. 2 führt in Nr. 1–4 die sog. klassischen Beweismittel auf. Das sind diejenigen Beweismittel, mit denen Beweis in Finanz- und in anderen Prozessen geführt wird. Die Aufzählung ist **nicht abschließend.** Die FB kann sich aller Beweismittel bzw. anderer Erkenntnisquellen bedienen, die iSv S. 1 zur Sachverhaltsermittlung erforderlich sind. In der Praxis kommen idR die klassischen Beweismittel zur Anwendung. So sind zB Kontrollmitteilungen, Akteninhalte, Mitteilungen anderer Art von Behörden im Wege der Amtshilfe Urkunden iSd § 97. Vorzulegende Wertsachen iSd § 100 sind Objekte der Augenscheinseinnahme.

2. Die einzelnen Beweismittel (S. 2 Nrn. 1–4)

15 Die Einholung von Auskünften vom Beteiligten und anderen Personen (Nr. 1) regelt § 93. Der Beteiligte ist vorrangig vor den anderen Personen um Auskunft zu ersuchen. Nach §§ 94, 95 können zur Bestätigung der Wahrheit der Auskunft die eidliche Vernehmung der anderen Person bzw. die Abgabe der Versicherung an Eides statt durch den Beteiligten verlangt werden. Bei fehlender oder unzureichender Sachkunde der FB kann

ein Sachverständiger nach § 96 zugezogen werden (Nr. 2). Die Vorlage von Urkunden wird nach § 97 verlangt. Die Beiziehung von Akten anderer Behörden erfolgt in aller Regel im Wege der Amtshilfe nach §§ 111 ff. (Nr. 3). Die FB darf Akten anderer Behörden nicht beiziehen oder entsprechende Auskünfte verlangen, wenn damit das Brief-, Post- oder Fernmeldegeheimnis verletzt würde (BFH 26.2.2001 – VII B 265/00, BStBl. II 2001, 464 unter Hinweis auf § 105 II; → § 105 Rn. 4). Die §§ 98–100 befassen sich mit der Einnahme des Augenscheins (Nr. 4). Alle Vorschriften bestimmen besondere Voraussetzungen für die Beweiserhebung durch das jeweilige Beweismittel und Regelungen über das Verfahren. Zu den Einzelheiten wird auf die Ausführungen zu den jeweiligen Vorschriften verwiesen.

IV. Verfahren und Rechtsschutz

Die Anordnung, Beweis durch ein bestimmtes Beweismittel zu erbringen, ist ein mit Einspruch und Klage anfechtbarer VA. Anfechtungsberechtigt ist derjenige, der durch die Anordnung in seinen Rechten verletzt ist. Die etwaige Verletzung in eigenen Rechten bestimmt sich nach der Art des Beweismittels und dem von dem Betroffenen geforderten Verhalten (Handlung, Duldung). Die Anordnung ist zu begründen. Insb. sind die Ermessenserwägungen anzuführen, deren Ausführlichkeit sich an den Umständen des Einzelfalles zu orientieren hat (zu den Anforderungen an die Begründung vgl. BFH 22.2.2000 – VII R 73/98, BStBl. II 2000, 366). Der Beteiligte sollte vor Erlass des VA angehört werden. Die Verwendung eines unzulässigen Beweismittels ist nur zusammen mit der Sachentscheidung anfechtbar. Ein Beweisverwertungsverbot kann ebenfalls nur durch Anfechtung der Sachentscheidung geltend gemacht werden. Zu Einzelheiten vgl. §§ 93 ff. **18**

Zu **Beweiswürdigung, Beweisverwertungsverboten und den Folgen unterlassener Beweiserhebung** → § 88 Rn. 15a. **21**

II. Beweis durch Auskünfte und Sachverständigengutachten

§ 93 Auskunftspflicht der Beteiligten und anderer Personen

(1) [1]**Die Beteiligten und andere Personen haben der Finanzbehörde die zur Feststellung eines für die Besteuerung erheblichen Sachverhalts erforderlichen Auskünfte zu erteilen.** [2]**Dies gilt auch für nicht rechtsfähige Vereinigungen, Vermögensmassen, Behörden und Betriebe gewerblicher Art der Körperschaften des öffentlichen Rechts.** [3]**Andere Personen als die Beteiligten sollen erst dann zur Auskunft angehalten werden, wenn die Sachverhaltsaufklärung durch die Beteiligten nicht zum Ziel führt oder keinen Erfolg verspricht.**

(1a) [1]**Die Finanzbehörde darf an andere Personen als die Beteiligten Auskunftsersuchen über eine ihr noch unbekannte Anzahl von Sachverhalten mit dem Grunde nach bestimmbaren, ihr noch nicht bekannten Personen stellen (Sammelauskunftsersuchen).** [2]**Voraussetzung für ein Sammelauskunftsersuchen ist, dass ein hinreichender Anlass für die Ermittlungen besteht und andere zumutbare Maßnahmen zur Sachverhaltsaufklärung keinen Erfolg versprechen.** [3]**Absatz 1 Satz 3 ist nicht anzuwenden.**

(2) [1]**In dem Auskunftsersuchen ist anzugeben, worüber Auskünfte erteilt werden sollen und ob die Auskunft für die Besteuerung des Auskunftspflichtigen oder für die Besteuerung anderer Personen angefordert wird.** [2]**Auskunftsersuchen haben auf Verlangen des Auskunftspflichtigen schriftlich zu ergehen.**

(3) [1]**Die Auskünfte sind wahrheitsgemäß nach bestem Wissen und Gewissen zu erteilen.** [2]**Auskunftspflichtige, die nicht aus dem Gedächtnis Auskunft geben können, haben Bücher, Aufzeichnungen, Geschäftspapiere und andere Urkunden, die ihnen zur Verfügung stehen, einzusehen und, soweit nötig, Aufzeichnungen daraus zu entnehmen.**

(4) [1]**Der Auskunftspflichtige kann die Auskunft schriftlich, elektronisch, mündlich oder fernmündlich erteilen. [2]Die Finanzbehörde kann verlangen, dass der Auskunftspflichtige schriftlich Auskunft erteilt, wenn dies sachdienlich ist.**

(5) [1]**Die Finanzbehörde kann anordnen, dass der Auskunftspflichtige eine mündliche Auskunft an Amtsstelle erteilt. [2]Hierzu ist sie insbesondere dann befugt, wenn trotz Aufforderung eine schriftliche Auskunft nicht erteilt worden ist oder eine schriftliche Auskunft nicht zu einer Klärung des Sachverhalts geführt hat. [3]Absatz 2 Satz 1 gilt entsprechend.**

(6) [1]**Auf Antrag des Auskunftspflichtigen ist über die mündliche Auskunft an Amtsstelle eine Niederschrift aufzunehmen. [2]Die Niederschrift soll den Namen der anwesenden Personen, den Ort, den Tag und den wesentlichen Inhalt der Auskunft enthalten. [3]Sie soll von dem Amtsträger, dem die mündliche Auskunft erteilt wird, und dem Auskunftspflichtigen unterschrieben werden. [4]Den Beteiligten ist eine Abschrift der Niederschrift zu überlassen.**

(7) [1]**Ein automatisierter Abruf von Kontoinformationen nach § 93b ist nur zulässig, soweit**

1. der Steuerpflichtige eine Steuerfestsetzung nach § 32d Absatz 6 des Einkommensteuergesetzes beantragt oder
2. (weggefallen)

und der Abruf in diesen Fällen zur Festsetzung der Einkommensteuer erforderlich ist oder er erforderlich ist

3. zur Feststellung von Einkünften nach den §§ 20 und 23 Absatz 1 des Einkommensteuergesetzes in Veranlagungszeiträumen bis einschließlich des Jahres 2008 oder
4. zur Erhebung von bundesgesetzlich geregelten Steuern oder Rückforderungsansprüchen bundesgesetzlich geregelter Steuererstattungen und Steuervergütungen oder
4a. zur Ermittlung, in welchen Fällen ein inländischer Steuerpflichtiger im Sinne des § 138 Absatz 2 Satz 1 Verfügungsberechtigter oder wirtschaftlich Berechtigter im Sinne des Geldwäschegesetzes eines Kontos oder Depots einer natürlichen Person, Körperschaft, Personenvereinigung oder Vermögensmasse mit Wohnsitz, gewöhnlichem Aufenthalt, Sitz, Hauptniederlassung oder Geschäftsleitung außerhalb des Geltungsbereichs dieses Gesetzes ist, oder
4b. zur Ermittlung der Besteuerungsgrundlagen in den Fällen des § 208 Absatz 1 Satz 1 Nummer 3 oder
4c. zur Durchführung der Amtshilfe für andere Mitgliedstaaten der Europäischen Union nach § 3a des EU-Amtshilfegesetzes oder
4d. zur Verifizierung der Kontoverbindung des Zuwendungsempfängers nach § 60b Absatz 2 Nummer 10, wenn dieser eine Änderung oder Ergänzung von Kontoverbindungen nach § 60b Absatz 5 beantragt,

oder

5. der Steuerpflichtige zustimmt oder die von ihm oder eine für ihn nach § 139b Absatz 10 Satz 1 an das Bundeszentralamt für Steuern übermittelte Kontoverbindung verifiziert werden soll.

[2]**In diesen Fällen darf die Finanzbehörde oder in den Fällen des § 1 Absatz 2 die Gemeinde das Bundeszentralamt für Steuern ersuchen, bei den Kreditinstituten einzelne Daten aus den nach § 93b Absatz 1 und 1a zu führenden Dateisystemen abzurufen; in den Fällen des Satzes 1 Nummer 1 bis 4b darf ein Abrufersuchen nur dann erfolgen, wenn ein Auskunftsersuchen an den Steuerpflichtigen nicht zum Ziel geführt hat oder keinen Erfolg verspricht.**

(8) [1]**Das Bundeszentralamt für Steuern erteilt auf Ersuchen Auskunft über die in § 93b Absatz 1 und 1a bezeichneten Daten, ausgenommen die Identifikationsnummer nach § 139b,**

1. den für die Verwaltung
   a) der Grundsicherung für Arbeitsuchende nach dem Zweiten Buch Sozialgesetzbuch,
   b) der Sozialhilfe nach dem Zwölften Buch Sozialgesetzbuch,
   c) der Ausbildungsförderung nach dem Bundesausbildungsförderungsgesetz,
   d) der Aufstiegsfortbildungsförderung nach dem Aufstiegsfortbildungsförderungsgesetz,
   e) des Wohngeldes nach dem Wohngeldgesetz,
   f) der Leistungen nach dem Asylbewerberleistungsgesetz und
   g) des Zuschlags an Entgeltpunkten für langjährige Versicherung nach dem Sechsten Buch Sozialgesetzbuch

   zuständigen Behörden, soweit dies zur Überprüfung des Vorliegens der Anspruchsvoraussetzungen erforderlich ist und ein vorheriges Auskunftsersuchen an die betroffene Person nicht zum Ziel geführt hat oder keinen Erfolg verspricht;

2. den Polizeivollzugsbehörden des Bundes und der Länder, soweit dies zur Abwehr einer erheblichen Gefahr für die öffentliche Sicherheit erforderlich ist, und

3. den Verfassungsschutzbehörden der Länder, soweit dies für ihre Aufgabenerfüllung erforderlich ist und durch Landesgesetz ausdrücklich zugelassen ist.

[2]**Die für die Vollstreckung nach dem Verwaltungs-Vollstreckungsgesetz und nach den Verwaltungsvollstreckungsgesetzen der Länder zuständigen Behörden dürfen zur Durchführung der Vollstreckung das Bundeszentralamt für Steuern ersuchen, bei den Kreditinstituten die in § 93b Absatz 1 und 1a bezeichneten Daten, ausgenommen die Identifikationsnummer nach § 139b, abzurufen, wenn**

1. die Ladung zu dem Termin zur Abgabe der Vermögensauskunft an den Vollstreckungsschuldner nicht zustellbar ist und
   a) die Anschrift, unter der die Zustellung ausgeführt werden sollte, mit der Anschrift übereinstimmt, die von einer der in § 755 Absatz 1 und 2 der Zivilprozessordnung genannten Stellen innerhalb von drei Monaten vor oder nach dem Zustellungsversuch mitgeteilt wurde, oder
   b) die Meldebehörde nach dem Zustellungsversuch die Auskunft erteilt, dass ihr keine derzeitige Anschrift des Vollstreckungsschuldners bekannt ist, oder
   c) die Meldebehörde innerhalb von drei Monaten vor Erlass der Vollstreckungsanordnung die Auskunft erteilt hat, dass ihr keine derzeitige Anschrift des Vollstreckungsschuldners bekannt ist;

2. der Vollstreckungsschuldner seiner Pflicht zur Abgabe der Vermögensauskunft in dem dem Ersuchen zugrundeliegenden Vollstreckungsverfahren nicht nachkommt oder

3. bei einer Vollstreckung in die in der Vermögensauskunft aufgeführten Vermögensgegenstände eine vollständige Befriedigung der Forderung nicht zu erwarten ist.

[3]**Für andere Zwecke ist ein Abrufersuchen an das Bundeszentralamt für Steuern hinsichtlich der in § 93b Absatz 1 und 1a bezeichneten Daten, ausgenommen die Identifikationsnummer nach § 139b, nur zulässig, soweit dies durch ein Bundesgesetz ausdrücklich zugelassen ist.**

(8a) [1]**Kontenabrufersuchen an das Bundeszentralamt für Steuern sind nach amtlich vorgeschriebenem Datensatz über die amtlich bestimmten Schnittstellen**

zu übermitteln; § 87a Absatz 6 und § 87b Absatz 1 und 2 gelten entsprechend. [2]Das Bundeszentralamt für Steuern kann Ausnahmen von der elektronischen Übermittlung zulassen. [3]Das Bundeszentralamt für Steuern soll der ersuchenden Stelle die Ergebnisse des Kontenabrufs elektronisch übermitteln; § 87a Absatz 7 und 8 gilt entsprechend.

(9) **[1]Vor einem Abrufersuchen nach Absatz 7 oder Absatz 8 ist die betroffene Person auf die Möglichkeit eines Kontenabrufs hinzuweisen; dies kann auch durch ausdrücklichen Hinweis in amtlichen Vordrucken und Merkblättern geschehen. [2]Nach Durchführung eines Kontenabrufs ist die betroffene Person vom Ersuchenden über die Durchführung zu benachrichtigen. [3]Ein Hinweis nach Satz 1 erster Halbsatz und eine Benachrichtigung nach Satz 2 unterbleiben,**

1. soweit die Voraussetzungen des § 32b Absatz 1 vorliegen,
2. wenn die Überprüfung der Kontoverbindung ergibt, dass die betroffene Person über das nach § 139b Absatz 10 übermittelte Konto verfügungsberechtigt ist, oder
3. wenn die Information der betroffenen Person anderweitig gesetzlich ausgeschlossen ist.

[4]§ 32c Absatz 5 ist entsprechend anzuwenden. [5]In den Fällen des Absatzes 8 gilt Satz 4 entsprechend, soweit gesetzlich nichts anderes bestimmt ist. [6]Die Sätze 1 und 2 sind nicht anzuwenden in den Fällen des Absatzes 8 Satz 1 Nummer 2 oder 3 oder soweit dies bundesgesetzlich ausdrücklich bestimmt ist.

(10) **Ein Abrufersuchen nach Absatz 7 oder Absatz 8 und dessen Ergebnis sind vom Ersuchenden zu dokumentieren.**

Übersicht

I. Allgemeines

1 **Inhalt und Aufbau.** § 93 betrifft die Beweiserhebung durch Einholung von Auskünften des Beteiligten und anderer Personen (§ 92 Nr. 1). Die Einholung der Auskunft entspricht der Vernehmung einer Person als Zeuge oder Partei im Prozess. In der Praxis ist die

Auskunft das bedeutendste Mittel zur Aufklärung des Sachverhalts gem. § 88. In erster Linie kommt die Einholung von Wissensauskünften in Betracht, die zumeist durch andere Beweismittel (ggf. jedoch durch Urkunden) nicht zu erlangen sind. **Abs. 1** nennt die verpflichteten Personen und die Voraussetzungen, unter denen sie zur Auskunftserteilung aufgefordert werden dürfen. **Abs. 1a** regelt einen Spezialfall, das Sammelauskunftsersuchen. **Abs. 2–6** regeln das einzuhaltende Verfahren. Das Recht der FB, gegen den Beteiligten oder eine andere Person ein Auskunftsersuchen zu richten, verstößt nicht gegen **Verfassungsrecht,** insb. nicht gegen das Recht auf informationelle Selbstbestimmung (BFH 4.10.2006 – VIII R 53/04, BStBl. II 2007, 227 mwN). **Abs. 7 bis Abs. 10 regeln die Voraussetzungen, unter denen ein automatisierter Abruf von Konteninformationen nach § 93b zulässig ist.** Die Vorschriften stehen in unmittelbarem Zusammenhang mit § 93b. § 93 VII bis X und § 93b bieten eine verbesserte Möglichkeit der Überprüfung von Angaben des Stpfl. darüber, bei welchem Kreditinstitut dieser ein Konto oder Depot unterhält (BR-Drs. 734/03, 2). Das damit verbundene erhöhte Entdeckungsrisiko bei StHinterziehungen soll zu einem höheren Grad an StEhrlichkeit führen (BR-Drs. 524/03, 8).

Anwendungsbereich. § 93 gilt im gesamten Besteuerungsverfahren einschl. des Rechtsbehelfsverfahrens, nicht jedoch im StStraf- und Bußgeldverfahren (zur Auskunftspflicht im Besteuerungsverfahren bei Einleitung eines StStraf- oder Bußgeldverfahrens → § 90 Rn. 2: keine Erzwingbarkeit der Auskunftspflicht). Dem § 93 vorgehende Sondervorschriften gelten für die Ap. (§ 200 I), für die StFahndung (§ 208 I), für die StAufsicht (§ 211) und für den Drittschuldner im VollstrVerfahren (§ 385 iVm § 393 I). 2

II. Auskunftspflicht (Abs. 1)

1. Gegenstand der Auskunftspflicht

Die Auskunft kann nur im Rahmen einer **Beweiserhebung** zur Ermittlung des **entscheidungserheblichen (wahren) Sachverhalts** verlangt werden. Zur Bedeutung der Beweiserhebung und der Beweismittel → § 92 Rn. 1, 12. Die StErheblichkeit muss im Sinne einer Prognoseentscheidung möglich sein. Es genügt, wenn die FB aufgrund vertretbarer Erwägungen zu dem Ergebnis gelangt, dass der Sachverhalt steuerlich erheblich sein kann bzw. dass sie Einfluss auf eine Verfahrensentscheidung der FB haben können (BFH 12.5.2016 – II R 17/14, BStBl. II 2016, 822; BFH 29.7.2015 – X R 4/14, BStBl. II 2016, 135; Klein § 93 Rn. 6). Nur wenn klar und eindeutig jeder Anhaltspunkt für eine StErheblichkeit fehlt („Ermittlung ins Blaue hinein"), ist das Auskunftsersuchen rechtswidrig (BFH 4.10.2006 – VIII R 53/04, BStBl. II 2007, 227 mwN; BFH 29.7.2015 – X R 4/14, BStBl. II 2016, 135). Zum Begriff des Sachverhalts und dessen Aufklärungsbedürftigkeit → § 88 Rn. 12 ff. und → § 90 Rn. 10. **Auskunft** ist die Mitteilung von Wissen. Sie kann mit der Vorlage von Urkunden verbunden sein; zum **kombinierten Auskunfts- und Vorlageverlangen** (BFH 8.8.2006 – VII R 29/05, BStBl. II 2007, 80). Nach Änderung des § 97 I und Aufhebung des § 97 II mit Wirkung ab 30.6.2013 besteht kein Vorrang der Auskunftspflicht vor der Vorlagepflicht mehr (Näheres → § 97 Rn. 4 f.). 3

2. Verpflichteter Personenkreis (Abs. 1 S. 1, 2)

Auskunftspflichtig sind die **Beteiligten** des Verwaltungsverfahrens (zum Begriff → § 78 Rn. 1 ff.). § 93 konkretisiert die allg. Mitwirkungspflicht nach § 90, indem die Voraussetzungen und das Verfahren für die Mitwirkung an der Sachverhaltsaufklärung mittels einer Auskunft bestimmt werden. Die Auskunft ist anders als die allg. Mitwirkungspflicht nach §§ 328 ff. erzwingbar (Klein § 93 Rn. 5). Der Auskunftspflichtige muss grds. handlungsfähig sein; kommt es allein auf die Abgabe einer Wissenserklärung an, darf ein Auskunftsersuchen auch an eine minderjährige Person gerichtet werden (str.; zum Diskussionsstand vgl. HHSp § 93 Rn. 16 f.). Die nicht zur Auskunft verpflichtete, nicht handlungsfähige Person und Beteiligte, die keine natürliche Handlungsfähigkeit besitzen (zB 4 juristische Personen), handeln durch ihre gesetzlichen Vertreter (§ 79). Wenn der Beteiligte die Auskunft nur höchstpersönlich abgeben kann, muss er selbst tätig werden, andernfalls kann er sich durch einen Bevollmächtigten (§ 80) vertreten lassen. Nicht rechtsfähige Vereinigungen und andere Gebilde sind im eigenen Verfahren beteiligt und als Beteiligte nach Abs. 1 S. 1 auskunftspflichtig. Der Beteiligte kann nach § 95 aufgefordert werden, die Richtigkeit seiner Auskunft **an Eides Statt** zu versichern. Ist gegen den Beteiligten ein **StStraf- oder Bußgeldverfahren** eingeleitet, ändert sich an der Auskunftspflicht nichts. Der Beteiligte hat insb. im Besteuerungsverfahren kein Auskunftsverweigerungsrecht; die Erfüllung seiner Pflicht ist nunmehr indes nicht erzwingbar (→ § 90 Rn. 2).

5 **Andere Personen** iSd § 93 sind alle Personen, die nicht Beteiligte sind. S. 2 bestimmt, dass dies auch für nicht rechtsfähige Vereinigungen und andere Gebilde gilt. Diese handeln durch ihre Vertreter. Da diese Gebilde beteiligungsfähig sind, sind sie im eigenen Verfahren als Beteiligte auskunftspflichtig. Für fremde Verfahren hat Abs. 1 S. 2 konstitutive Wirkung, weil sie ohne diese Regelung nicht Adressaten eines Auskunftsverlangens sein könnten. Die StBeraterkammer darf um Auskunft über die für die Besteuerung erheblichen Sachverhalte ihres Kammermitglieds ersucht werden; ihre Verschwiegenheitspflicht aus § 105 oder § 102 steht nicht entgegen (BFH 19.12.2006 – VII R 46/05, BStBl. II 2007, 366). Ein Auskunftsersuchen an eine ausländische StBehörde ist rechtswidrig, wenn das FA bereits von einer inländischen Stpfl. ausgeht und eine Besteuerung im Ausland offensichtlich nicht in Betracht kommt (FG Köln 26.2.2004 – 2 K 1993/02, EFG 2004, 1734). Das gegen einen Dritten gerichtete Ersuchen darf dazu dienen, Namen und Identität eines Beteiligten erst festzustellen (BFH 4.10.2006 – VIII R 53/04, BStBl. II 2007, 227 mwN). Eine „andere Person" ist auch der Bevollmächtigte des Beteiligten, sofern er eine Auskunft für seine Person und nicht als Vertreter des Beteiligten abgeben soll. Zur Handlungsfähigkeit → Rn. 6. Den anderen Personen steht ggf. ein **Auskunftsverweigerungsrecht** nach §§ 101–106 zu. Sie können gem. § 94 aufgefordert werden, ihre Auskunft zur Bekräftigung der Wahrheit zu beeiden. Auskünfte können nicht wegen einer privatrechtlich zwischen Beteiligtem und Dritten vereinbarten **Geheimhaltungspflicht** verweigert werden (BFH 16.5.2013 – II R 15/12, BFH/NV 2013, 1277 zum Sammelauskunftsersuchen gegenüber einer Internethandelsplattform). Sofern die Finanzbehörde ein Auskunftsersuchen an andere Personen erwägt, soll der Beteiligte hierüber informiert werden, um die Offenbarung seiner steuerlichen Verhältnisse an den Dritten durch Einspruch oder Selbsterteilung der Auskunft unterbinden zu können. Die Vorabinformation darf unterbleiben, wenn ansonsten der Zweck des Auskunftsersuchens gefährdet würde (FG Berlin-Brandenburg 30.8.2018 – 9 K 9099/16, EFG 2019, 313, aus anderen Gründen aufgehoben durch BFH 28.10.2020 – X R 37/18, DStRE 2021, 366; Klein § 93 Rn. 15; AEAO zu § 93 Tz. 1.2.7).

3. Subsidiarität (Abs. 1 S. 3)

6 **Abs. 1 S. 3** stellt eine Reihenfolge der Auskunftspflichten auf. Die Norm enthält eine Subsidiaritätsklausel, nach der andere Personen erst um Auskunft ersucht werden sollen, wenn die Sachverhaltsaufklärung durch den Beteiligten nicht Erfolg versprechend erscheint. Durch die Sollvorschrift ist das Ermessen so vorprogrammiert, dass die FB sich nur dann, wenn ein atypischer Fall vorliegt – was gerichtlich voll überprüfbar ist – im Rahmen ihres pflichtgemäßen Ermessens (§ 5) ausnahmsweise an andere Personen als die Beteiligten werden darf (BFH 28.10.2020 – X R 37/18, BFH/NV 2021, 365; BFH 25.1.2017 – I R 70/15, BStBl. II 2017, 780). Die Vorschrift ist Ausprägung des im Verfahren zur Sachverhaltsaufklärung zu beachtenden Verhältnismäßigkeitsprinzips (→ § 88 Rn. 1, 17; → § 92 Rn. 8). Die Prüfung der Subsidiaritätsklausel erfolgt durch eine Prognoseentscheidung im Rahmen einer vorweggenommenen Beweiswürdigung (BFH 29.7.2015 – X R 4/14, BStBl. II 2016, 135; Klein § 93 Rn. 15). Dafür muss die FB einen klar umrissenen und für die Besteuerung des Stpfl. erheblichen, durch die Mitwirkung des Dritten aufzuklärenden Sachverhalt benennen, mit Blick auf den die Erfolgsprognose durchgeführt werden kann

(BFH 28.10.2020 – X R 37/18, BFH/NV 2021, 365). Die Gründe, um einen atypischen Fall anzunehmen und in der Folge das Ermessen dahingehend auszuüben, dass vom Subsidiaritätsgrundsatz abgewichen wird müssen erheblich sein. So kann sich die Inanspruchnahme der anderen Person vor dem Beteiligten anbieten, wenn dieser aus gesundheitlichen Gründen nicht zu der Sachverhaltsaufklärung beitragen kann, seine Auskunft bei Vorliegen konkreter Anhaltspunkte als von vornherein unwahr gewertet werden würde oder nur die andere Person zu dem erfragten Sachverhalt Auskunft geben kann. Die FB muss nicht so lange auf die Inanspruchnahme eines Dritten verzichten, bis alle nur erdenkbaren Möglichkeiten der Sachverhaltsaufklärung einschl. eines Auskunftsverlangens unter Anwendung von Zwangsmitteln gegen den Beteiligten ausgeschöpft sind (BFH 19.12.2006 – VII R 46/05, BStBl. II 2007, 366). Zu den Auswahlkriterien s. AEAO zu § 93 Tz. 1.2., insb. auch zu Auskunftsersuchen an Telekommunikationsdienste (1.2.8.) und Banken (1.2.9.). Der Subsidiaritätsgrundsatz gilt nicht für die SteuFa, § 208 I 3 (BFH 12.5.2016 – II R 17/14, BStBl. II 2016, 822; Klein § 93 Rn. 17).

4. Ermessen der Finanzbehörde

Die FB bestimmt nach pflichtgemäßem Ermessen (§ 5), ob sie ein Auskunftsersuchen an einen Beteiligten oder an eine andere Person richtet und an wen sie es richtet (→ Rn. 8). Sie muss insb. prüfen, ob die in Aussicht genommene Auskunft für die Sachaufklärung erforderlich, geeignet, für den Verpflichteten erfüllbar und zumutbar und insgesamt verhältnismäßig ist (zu den Grenzen des Ermessens unter dem Gesichtspunkt der Verhältnismäßigkeit → § 92 Rn. 6 mwN). Das Auskunftsersuchen setzt nicht die Vermutung von steuerlichen Unregelmäßigkeiten voraus. Es genügen Anhaltspunkte dafür, dass aufgrund konkreter Momente oder aufgrund allg. Erfahrungen ein Auskunftsersuchen angezeigt ist (BFH 4.10.2006 – VIII R 53/04, BStBl. II 2007, 227; AEAO zu § 93 Nr. 1.2.). Ein Auskunftsersuchen „ins Blaue hinein" ist rechtswidrig (BFH 1.9.2010 – VII R 25/09, BFH/NV 2011, 647). In neuerer Zeit hat die Rspr. insb. Kriterien für an andere Personen gerichtete Auskunftsersuchen im Bereich der sog. **Bankenfahndung** entwickelt. Für Näheres wird auf → § 30a Rn. 1 ff. und → § 208 Rn. 1 ff. verwiesen. Zur Verhältnismäßigkeit allg. HHSp § 93 Rn. 59 ff.; Klein § 93 Rn. 6 ff.; Schwarz/Pahlke/Keß § 93 Rn. 26 ff.; TK § 93 Rn. 14 ff., jew. mwN. 7

III. Sammelauskunftsersuchen (Abs. 1a)

Allgemeines. Abs. 1a regelt das Sammelauskunftsverfahren und wurde mWv 25.6.2017 eingeführt. Das Verfahren dient zur Ermittlung bisher unbekannter Stpfl. Es war bereits vor Einführung des Abs. 1a gängige Praxis, wurde jedoch aus Gründen der Rechtssicherheit kodifiziert. Die Regelung berücksichtigt die bisherige Rspr. (namentlich BFH 12.5.2016 – II R 17/14, BStBl. II 2016, 822) und hat daher nur deklaratorischen Charakter (BT-Drs. 18/11132, 24; Schwarz/Pahlke/Keß § 93 Rn. 27a). 8

Voraussetzungen. Abs. 1a S. 1 und 2 bestimmen die Anforderungen an das Sammelauskunftsverfahren. Demnach müssen die zu ermittelnden Stpfl. dem Grunde nach bestimmbar sein. Es bedarf eines hinreichenden Anlasses für die Ermittlungen; andere zumutbare Maßnahmen der Sachverhaltsaufklärung dürfen nicht erfolgversprechend sein. Ein hinreichender Anlass für ein Sammelauskunftsersuchen liegt vor, wenn aufgrund konkreter Anhaltspunkte oder aufgrund allgemeiner Erfahrung die Möglichkeit einer StVerkürzung in Betracht kommt und daher eine Anordnung bestimmter Art angezeigt ist. Ermittlungen „ins Blaue hinein", Rasterfahndungen, Ausforschungsdurchsuchungen oder ähnliche Ermittlungsmaßnahmen sind unzulässig. Für ein Sammelauskunftsersuchen ist aber ausreichend, dass die FB im Rahmen einer Prognoseentscheidung im Wege vorweggenommener Beweiswürdigung nach pflichtgemäßem Ermessen zu dem Ergebnis gelangt, dass die Auskunft voraussichtlich zur Aufdeckung steuererheblicher Tatsachen führen wird. Ein strafrechtlicher Anfangsverdacht muss aber noch nicht vorliegen. Die allgemeine, nach der 9

Lebenserfahrung gerechtfertigte Vermutung, dass Steuern nicht selten verkürzt und steuerpflichtige Einnahmen oder Umsätze nicht erklärt werden – insb. wenn die Entdeckungswahrscheinlichkeit gering ist –, genügt in diesem Zusammenhang hingegen – wie bisher – nicht, um ein Sammelauskunftsersuchen als „hinreichend veranlasst" erscheinen zu lassen. Gleiches gilt für Presseberichte über StVerkürzungen ohne belastbare Benennung von Tatsachen. Das Sammelauskunftsersuchen muss darüber hinaus auch verhältnismäßig und zumutbar sein. Bei der Prüfung der Verhältnismäßigkeit und Zumutbarkeit der Auskunftserteilung ist der hohe Stellenwert des Interesses der Allgemeinheit an einer möglichst lückenlosen Verhinderung von StVerkürzungen zu berücksichtigen. Der durch ein Sammelauskunftsersuchen ausgelöste Ermittlungsaufwand muss bei der Auskunftsperson in einem angemessenen Verhältnis zu der Bedeutung der Angelegenheit stehen, insb. zu dem von den Ermittlungen zu erwartenden fiskalischen Ertrag (BT-Drs. 18/11132, 24).

10 **Zivilrechtliche Datenschutzvereinbarungen** hindern ein Sammelauskunftsverfahren nicht (Gosch AO § 93 Rn. 22.4).

11 **Keine Subsidiarität.** Nach Abs. 1a S. 3 ist Abs. 1 S. 3 nicht anzuwenden, sodass für das Sammelauskunftsverfahren keine zusätzliche Subsidiarität besteht.

IV. Inhalt und Form des Auskunftsersuchens (Abs. 2)

12 Das Auskunftsersuchen ist idR ein mit Einspruch und Klage anfechtbarer **VA** (Ausnahmen gelten bei Ersuchen im Rahmen der ein Besteuerungsverfahren erst vorbereitenden Maßnahmen der FB; Klein § 93 Rn. 66). Das Ersuchen muss gem. § 119 I einen bestimmbaren **Inhalt** haben und ist gem. § 121 zu begründen. Abs. 2 S. 1 bestimmt, dass anzugeben ist, über welchen Sachverhalt Auskunft gegeben werden soll. Das ist unentbehrlich, weil der Verpflichtete den Inhalt seiner Pflicht sonst nicht erkennen kann. Eine durch unbestimmten VA auferlegte Pflicht ist nicht erzwingbar. Auch muss dem Verpflichteten mitgeteilt werden, ob er als Beteiligter (im eigenen Verfahren) oder als andere Person (in einem fremden Verfahren) Auskunft erteilen soll. Hiernach richten sich seine Rechte und Pflichten. So kann ihm in einem fremden Verfahren ein Auskunftsverweigerungsrecht nach §§ 101–106 zustehen; die Bekräftigung durch Beeidigung oder Abgabe einer eidesstattlichen Versicherung führt zu unterschiedlichen Rechtsfolgen (zB in Hinblick auf die Strafbewehrtheit einer eidlichen oder uneidlichen Falschaussage). Das Auskunftsersuchen kann **aufgehoben** werden, und zwar auch dadurch, dass die FB deutlich macht, dass es die erfragten Angaben nicht mehr erheben will (BFH 26.8.2002 – IX R 75/01, BFH/NV 2003, 15).

13 Für das Auskunftsersuchen ist eine **Form** nicht vorgeschrieben. Es kann mündlich (auch telefonisch) oder schriftlich (auch auf elektronischem Weg) ergehen. Der Auskunftspflichtige hat nach freiem Willen einen Anspruch auf Schriftlichkeit (Abs. 2 S. 2). Diese Vorschrift dient seinem Schutz, zB vor überraschenden mündlichen Auskunftsverlangen oder vor Unklarheit über den Inhalt. Sie soll ihm zB auch ermöglichen, die Rechtmäßigkeit des Ersuchens oder das Bestehen eines Aussageverweigerungsrechts zu prüfen oder Rechtsrat einzuholen. Vor der Befragung eines Dritten soll der Beteiligte über die Möglichkeit eines Auskunftsersuchens gegenüber Dritten **informiert** werden, um ggf. zur Abwendung des Bekanntwerdens seiner steuerlichen Verhältnisse die Auskunft selbst zu erteilen (AEAO zu § 93 Nr. 1.2.7.).

V. Erfüllung der Auskunftspflicht (Abs. 3)

14 Die Auskunftsperson ist gem. Abs. 3 S. 3 **verpflichtet,** wahrheitsgemäß nach bestem Wissen und Gewissen Auskunft zu erteilen. Sie kann aufgefordert werden, die Wahrheit zu beeiden (§ 94) oder an Eides statt zu versichern (§ 95). Sie darf sich nicht auf Unwissen berufen, sondern ist ggf. nach Abs. 3 S. 2 verpflichtet, ihr zur Verfügung stehende Unterlagen einzusehen (BFH 16.5.2013 – II R 15/12, BStBl. II 2014, 225; Klein § 93 Rn. 53). Die Heranziehung von Unterlagen ist insb. in den Fällen angebracht, in denen es um

Auskünfte über lange zurückliegende Sachverhalte, typische Geschehensabläufe oder Sachverhalte mit vielen Einzelheiten (zB Inhalt der Buchführung) geht, die normalerweise nicht im Gedächtnis bleiben.

Die Auskunft darf nur **verweigert** werden, soweit ein Auskunftsverweigerungsrecht 15
einschlägig ist (BFH 12.5.2016 – II R 17/14, BStBl. II 2016, 822; Klein § 93 Rn. 54).

VI. Form der Auskunft (Abs. 4)

Die **Form** der Auskunftserteilung ist nicht gesetzlich vorgeschrieben; sie kann schriftlich, 16
elektronisch, mündlich oder fernmündlich erfolgen (Abs. 4 S. 1). Die Form richtet sich in erster Linie nach der Art der Auskunft und der Bedeutung für das StVerfahren. Eine Auskunft über einen einfachen Sachverhalt ohne erhebliche steuerliche Auswirkung wird eher mündlich erteilt werden als etwa eine Auskunft über vielschichtige Geschäftsvorfälle mit erheblichem Zahlenmaterial. Über die Form der Erteilung entscheidet der Verpflichtete. Nach pflichtgemäßem Ermessen kann die FB eine schriftliche Auskunft verlangen, wenn dies sachdienlich ist (Abs. 4 S. 2). Schon aus Gründen der Beweissicherung ist die schriftliche Form zumeist sachdienlich.

VII. Mündliche Auskunft (Abs. 5)

Die FB kann eine **mündliche Auskunft** an Amtsstelle verlangen (Abs. 5 S. 1), wenn 17
eine schriftliche Auskunft nicht zur Sachverhaltsaufklärung geführt hat (Abs. 5 S. 2). Das Verlangen ist entspr. Abs. 2 S. 1 zu begründen (Abs. 5 S. 3). Die FB hat auch hier unter Beachtung der Verhältnismäßigkeit nach pflichtgemäßem Ermessen zu entscheiden. Eine mündliche Auskunftserteilung an Amtsstelle dürfte in der Praxis von eher geringer Bedeutung sein.

VIII. Verfahren bei mündlicher Auskunft (Abs. 6)

Abs. 6 räumt dem Auskunftspflichtigen bei mündlicher Auskunftserteilung an Amts- 18
stelle den Anspruch auf eine Niederschrift ein und bestimmt den Inhalt der Niederschrift; eine Abschrift ist den Anwesenden auszuhändigen. Das Verfahren entspricht im Wesentlichen dem der Abnahme einer eidesstattlichen Versicherung (vgl. § 95 V); eine Belehrung ist nicht notwendig.

IX. Beweisverwertungsverbot, Beweiswürdigung

Die FB hat die erteilte Auskunft gem. § 88 II zu würdigen. Beweisverwertungsverbote 19
sind zu beachten. Es gelten die allg. Bestimmungen; → § 88 Rn. 15b. Auskünfte dürfen nicht verwertet werden, wenn sie einem materiell-rechtlichen Verwertungsverbot unterliegen. Ein solches, qualifiziertes materielles Verwertungsverbot besteht bei Verletzung des verfassungsrechtlich geschützten Bereichs des Stpfl. durch die Ermittlungen. Die so ermittelten Tatsachen sind schlechthin und ohne Ausnahme unverwertbar, fehlerhafte Ermittlungen können nicht nachgeholt werden. Verstößt die FB bei ihren Ermittlungen – nur – gegen Verfahrensvorschriften, kann es lediglich zu einem „einfachen" Verwertungsverbot kommen, sofern die Ermittlungsmaßnahme bzw. das Auskunftsersuchen erfolgreich angefochten oder nach Beendigung der Ermittlung die Rechtswidrigkeit festgestellt worden ist (BFH 4.10.2006 – VIII R 53/04, BStBl. II 2007, 227 mwN).

X. Rechtsfolgen bei Verstoß gegen Abs. 1 bis 6

Ein unter Verletzung der Voraussetzungen des § 93 ergangenes Auskunftsverlangen ist 20
rechtswidrig und kann von der Auskunftsperson mit Einspruch und Klage angegriffen werden. Ein Verstoß gegen Abs. 1 führt nicht per se zu einem Verwertungsverbot (BFH 25.1.2017 – I R 70/15, BStBl. II 2017, 780; beachte allerdings → Rn. 19). Anders ist dies

bei einem Verstoß gegen Abs. 7 oder 8 (dazu sogleich; Klein § 93 Rn. 70). Die FB kann sich auf die Unbeachtlichkeit der Rechtswidrigkeit gem. § 127 nicht berufen, soweit sie eine Ermessensentscheidung getroffen hat oder hätte treffen müssen (zB Verlangen einer schriftlichen Auskunft nach Abs. 4 S. 2; Näheres → § 127 Rn. 9 ff.; HHSp § 93 Rn. 99). Verstößt die FB gegen zwingende Vorschriften (zB Abs. 2), kommt eine Heilung nach § 126 I Nr. 2 in Betracht (Näheres → § 126 Rn. 7).

XI. Abruf von Kontoinformationen iSd § 93b (Abs. 7)

1. Rechtsentwicklung

21 Abs. 7 regelt zusammen mit Abs. 8–10 den sog. **automatisierten Kontenabruf.** Das Ergebnis ist **Grundlage für ein Auskunftsersuchen** nach Abs. 1 hinsichtlich eines konkreten Sachverhalts. Er dient der Beseitigung des strukturellen Vollzugsdefizits bei Besteuerung von Kapitaleinkünften. Da Abs. 1 nur die Anfrage hinsichtlich eines konkreten Sachverhalts bei einem benannten Kreditinstitut zulässt, ist ein solches Auskunftsersuchen unzureichend. Durch den automatisierten Kontenabruf sind den FB Grunddaten zu den Konten des Beteiligten zugänglich. Ein Kontenabruf ist ein besonderes Auskunftsersuchen gegenüber den Kreditinstituten, bei dem das BZSt als Zentralstelle technische Hilfe leistet (zu den Aufgaben des BZSt vgl. § 5 I Nr. 24 FVG). Die am 1.4.2005 in ihren ursprünglichen Fassungen in Kraft getretenen Abs. 7 (später redaktionell geändert im Zuge der Errichtung des BZSt) und 8 sowie die später eingeführten Abs. 9 und 10 stehen in Zusammenhang mit anderen Bestimmungen zur Förderung der StEhrlichkeit (→ Rn. 1). Mit Abs. 7 wird der FB die Möglichkeit eröffnet, über das BZSt einzelne Daten aus den nach § 93b I iVm § 24c I KWG zu führenden Dateien über Konto- oder Depotverbindungen abzurufen; Einblicke in die Kontoinhalte und -bewegungen ermöglichen die Daten nicht. Über die erlangten Kontenstammdaten können die FB aber aufgrund anderer Ermächtigungsnormen weitere Informationen erheben und auch ein Auskunftsersuchen gem. Abs. 1 an das betreffende Kreditinstitut richten. Abs. 8 erlaubte der FB und stellte es zugleich in ihr Ermessen, auf Ersuchen von Behörden und Gerichten bei den Kreditinstituten über das BZSt einzelne Daten aus den nach § 93b I zu führenden Dateien abzurufen und den ersuchenden Behörden und Gerichten mitzuteilen. Einzelheiten waren in dem AEAO geregelt. Das BVerfG hat mit BVerfG 13.6.2007 – 1 BvR 1550/03 ua, BStBl. II 2007, 896), bestätigt durch BVerfG 10.1.2008 – 2 BvR 294/06, DStR 2008, 197, entschieden, dass die Kontenabfrage der FB gem. Abs. 7, § 93b und der über § 93b anzuwendende § 24c III 1 Nr. 2 KWG mit dem Grundgesetz vereinbar sind. Abs. 8 in der seinerzeitigen Fassung erklärte das BVerfG dagegen wegen Verstoßes gegen das informationelle Selbstbestimmungsrecht des Stpfl. für verfassungswidrig, weil in Abs. 8 der Kreis der Behörden, die ein Ersuchen zum Abruf von Kontostammdaten stellen können, und die Aufgaben, denen solche Ersuchen dienen sollen, im Gesetz nicht hinreichend bestimmt festgelegt waren (Verstoß gegen das Gebot der Normenklarheit). Eine Neuregelung sollte bis 31.5.2008 erfolgen; bis dahin blieb Abs. 8 für einen Bereich außerhalb der FVerw. anwendbar. Mit dem G v. 14.7.2007 wurden mit Wirkung ab 1.1.2009 Abs. 7 und mit Wirkung ab 18.8.2007 Abs. 8 unter Berücksichtigung der Vorgaben des BVerfG und der Einführung der abgeltenden Quellenbesteuerung von Kapitaleinkünften (sog. Abgeltungsteuer) geändert sowie Abs. 9 und 10 eingeführt. Durch den automatisierten Kontenabruf bleibt der nach § 30a gebotene Schutz des Vertrauensverhältnisses zwischen den Kreditinstituten und deren Kunden unangetastet; § 30a V lässt derartige Ermittlungen bereits zu (Näheres zum Schutz → § 30a Rn. 1 ff.).

2. Voraussetzungen für den Abruf von Konteninformationen (Abs. 7)

23 Die Vorschrift bestimmt abschließend in welchen Fällen ein Kontenabruf erfolgen darf, die allg. Voraussetzungen, insb. die der Subsidiarität, sind gleichgeblieben. Nach Einfüh-

rung der abgeltenden Quellenbesteuerung bei privaten Zinsen und privaten Veräußerungsgewinnen wird die Befugnis zu Kontenabrufen auf die Fälle beschränkt, in denen auch nach Einführung der Abgeltungsteuer noch die Erforderlichkeit der Ermittlung von Konten und Depots des Stpfl. besteht, um eine gleichmäßige Festsetzung und Erhebung der Steuer zu gewährleisten. **S. 1 Nr. 1** der Vorschrift betrifft den Kontenabruf, wenn der Stpfl. nach § 32b VI EStG beantragt, seine Kapitaleinkünfte dem allg. ESt-Tarif zu unterwerfen. Da er diese Wahlmöglichkeit nur betr. seiner sämtlichen Kapitaleinkünfte hat, muss die FB die Vollständigkeit seiner Erklärung prüfen können. **S. 1 Nr. 2** bezieht sich auf § 2 Vb 2 EStG, wonach StBegünstigungen von der Angabe sämtlicher Kapitaleinkünfte abhingen und auch hier die FB ein Bedürfnis zur Überprüfung hatte. Die Vorschrift ist mit Wirkung ab VZ 2012 aufgehoben worden (→ Rn. 21). **S. 1 Nr. 3** trägt der Rechtslage zur Versteuerung privater Veräußerungsgewinne nach §§ 20 und 23 I EStG bis 31.12.2008 zur Vermeidung struktureller Vollzugsdefizite weiterhin Rechnung. **S. 1 Nr. 4** kommt insb. bei der Vollstr. bundesgesetzlich geregelter Steuern zur Anwendung und umfasst nunmehr auch StRückforderungen. **S. 1 Nr. 4a** dient der Ermittlung, in welchen Fällen ein inländischer Stpfl. (§ 138 II 1) Verfügungsberechtigter oder wirtschaftlich Berechtigter eines Kontos ist, wenn der Kontoinhaber im Ausland sitzt (BR-Drs. 816/16, 22 f.). **S. 1 Nr. 4b** ermöglicht den Kontoabruf, wenn die StFahndung nach § 208 I 1 Nr. 3 einen unbekannten StFall aufgedeckt hat (Klein § 93 Rn. 88). **S. 1 Nr. 4c** erlaubt seit dem 1.1.2023 den Kontenabruf zur Durchführung der Amtshilfe für andere Mitgliedstaaten der Europäischen Union nach dem ebenfalls zum 1.1.2023 eingeführten § 3a des EU-Amtshilfegesetzes (Gesetz v. 20.12.2022, BGBl. 2022 I 2730). **S. 1 Nr. 4d** ermöglicht den Abruf von Informationen zur Verfizierung der Kontoverbindung des Zuwendungsempfängers. **S. 1 Nr. 5** betrifft den Kontenabruf in allen übrigen Fällen, sofern der Stpfl. dem Kontenabruf zustimmt. Die Aufforderung zur Zustimmung kommt insb. bei Unklarheit oder Unvollständigkeit der StErklärung in Betracht. Wird die Zustimmung verweigert, darf die FB die betreffenden Besteuerungsgrundlagen gem. § 162 schätzen. Nach **S. 2** ist ein Kontenabruf der zuständigen FB an das BZSt nur in den Fällen des S. 1 zulässig. Wie bisher ist Voraussetzung, dass ein Auskunftsersuchen an den Stpfl. nicht zum Ziel führt oder keinen Erfolg verspricht (zu den Anwendungsbereichen BT-Drs. 16/4841, 82). Näheres regelt AEAO zu § 93 Tz. 2.

XII. Auskunftsersuchen andere Behörden (Abs. 8)

Allgemeines. Nach Abs. 8 dürfen bestimmte Behörden Auskunftsersuchen über die Daten nach § 93b I, Ia an das BZSt richten. Die Zwischenschaltung einer FB ist nicht vorgesehen. Ein Abruf ist grds. nur in den in S. 1 und 2 abschließend aufgeführten Fällen zulässig. 25

Allen Tatbeständen des Abs. 8 ist gemein, ein Abruf der **IdNr.** (→ § 139b Rn. 1 ff.) keinesfalls zulässig ist. 26

S. 1 bestimmt für alle dort ermächtigten Behörden, dass ein Abrufersuchen für die Erfüllung der jeweiligen Aufgaben **erforderlich** sein muss. Nr. 1 regelt Auskunftsersuchen durch bestimmte **Sozialbehörden** (Klein § 93 Rn. 95). Dem Katalog wurden zuletzt die Buchst. f und g angefügt, sodass die für die Leistungen nach dem Asylbewerbergesetz und den Zuschlag nach dem SGB VI zuständigen Behörden ebenfalls ersuchungsberechtigt sind. Für die Sozialbehörden ist ein Ersuchen nach S. 1 Hs. 2 zudem nur subsidiär zu einem Auskunftsersuchen an den Betroffenen selbst zulässig. Nr. 2 ermöglicht auch **Polizeibehörden** das Auskunftsersuchen zum Zweck der Gefahrenabwehr. Nr. 3 bezieht die **Verfassungsschutzbehörden** der Länder ein, soweit dies landesgesetzlich bestimmt ist. Eine vergleichbare Regelung für das Bundesamt für Verfassungsschutz enthält § 8a IIa BVerfSchG (Klein § 93 Rn. 95). 27

28 **S. 2** ermöglicht das Auskunftsersuchen für die Vollstreckungsbehörden nach dem VwVG und den Landesverwaltungsvollstreckungsgesetzen. Dies gilt jedoch nur, wenn der Vollstreckungsschuldner pflichtwidrig keine Vermögensauskunft abgegeben hat oder diese nicht ergiebig ist (BR-Drs. 65/17, 15).

29 Daneben kommen Ersuchen nach **S. 3** nur in Betracht, wenn sie in einem Bundesgesetz ausdrücklich zugelassen sind. S. 3 soll sicherstellen, dass in letztgenannten Fällen die datenschutzrechtlichen Anforderungen der Abs. 9 und 10 grds. zu beachten sind. Abweichungen müssen in einem Gesetz angeordnet sein, um Abs. 9 und 10 als lex specialis zu verdrängen (BT-Drs. 16/4841, 83).

XIII. Form des Auskunftsersuchens (Abs. 8a)

30 Abs. 8a S. 1 schreibt für Auskunftsersuchen nach Abs. 8 die **elektronische Form** vor und verweist hierzu auf §§ 87a VI und 87b I, II. Bis zur Einrichtung der technischen Voraussetzungen kann das BZSt nach S. 2 **Ausnahmen** zulassen (BT-Drs. 19/8691, 69). Die **Beantwortung** der Auskunftsersuchen soll (dh idR muss) ebenfalls elektronisch erfolgen.

XIV. Verfahren (Abs. 9)

31 **Abs. 9** und 10 tragen den verfassungsrechtlichen Vorgaben des BVerfG Rechnung (→ Rn. 1). Der Betroffene ist vor dem Abrufersuchen – auch wenn er zuvor nicht gem. Abs. 7 und 8 zur Auskunft aufgefordert worden ist – auf die Möglichkeit des Kontenabrufs hinzuweisen (S. 1). Auf jeden Fall ist er im Nachhinein zu informieren (S. 2).

32 **Ausnahmen.** Hinweis und Benachrichtigung können nur unter den ausdrücklich bestimmten Voraussetzungen unterbleiben. **S. 3** orientiert sich an §§ 32b. Die Vorschrift dürfte nur im Ausnahmefall zur Anwendung kommen. Nach **S. 4 und 5** gilt § 32c entsprechend, sodass der Betroffene zwar keine Auskunft über den Empfänger der Daten erhält, dafür aber der Bundesdatenschutzbeauftragte (Klein § 93 Rn. 99). **S. 6** nimmt Abs. 8 S. 1 Nr. 2 und 3 sowie andere bundesgesetzlich bestimmte Fälle von der Hinweis- und Benachrichtigungspflicht aus.

XV. Dokumentation (Abs. 10)

33 **Abs. 10** dient der Kontrolle der Rechtmäßigkeit des Kontenabfrageersuchens und der durchgeführten Abfrage. Ersuchender ist die nach § 93b III ersuchende Behörde. Die Vorschriften übernehmen im Wesentlichen die bislang in AEAO zu § 93 enthaltenen Verfahrensregelungen.

XVI. Rechtsschutz gegen den Kontenabruf

34 Gegen den **drohenden Kontenabruf** an das Kreditinstitut kann sich der Beteiligte mit der Leistungsklage wehren. Gegen das **anschließende Auskunftsersuchen** gem. Abs. 1 kann er sich mit der Begründung wehren, die Kontenabfrage sei nicht rechtmäßig gewesen. Im **Nachhinein** kann er nur mit Einspruch und Anfechtungsklage gegen den StBescheid vorgehen und in diesem Verfahren ein Verwertungsverbot geltend machen, wenn auf andere Weise der grundrechtlich gebotene Rechtsschutz nicht erlangt werden kann (vgl. Klein § 93 Rn. 106).

§ 93a Allgemeine Mitteilungspflichten

(1) [1] **Zur Sicherung der Besteuerung nach § 85 kann die Bundesregierung durch Rechtsverordnung mit Zustimmung des Bundesrates Behörden und andere öffentliche Stellen einschließlich öffentlich-rechtlicher Rundfunkanstalten (§ 6 Absatz 1 bis 1c) verpflichten,**

1. den Finanzbehörden Folgendes mitzuteilen:
   a) den Empfänger gewährter Leistungen sowie den Rechtsgrund, die Höhe, den Zeitpunkt dieser Leistungen und bei unbarer Auszahlung die Bankverbindung, auf die die Leistung erbracht wurde,
   b) Verwaltungsakte und öffentlich-rechtliche Verträge, die für die betroffene Person die Versagung oder Einschränkung einer steuerlichen Vergünstigung zur Folge haben oder die der betroffenen Person steuerpflichtige Einnahmen ermöglichen,
   c) vergebene Subventionen und ähnliche Förderungsmaßnahmen sowie
   d) Anhaltspunkte für Schwarzarbeit, unerlaubte Arbeitnehmerüberlassung oder unerlaubte Ausländerbeschäftigung,
   e) die Adressaten und die Höhe von im Verfahren nach § 335 des Handelsgesetzbuchs festgesetzten Ordnungsgeldern;
2. den Empfänger im Sinne der Nummer 1 Buchstabe a über die Summe der jährlichen Leistungen sowie über die Auffassung der Finanzbehörden zu den daraus entstehenden Steuerpflichten zu unterrichten.

[2] In der Rechtsverordnung kann auch bestimmt werden, inwieweit die Mitteilungen nach Maßgabe des § 93c zu übermitteln sind oder übermittelt werden können; in diesem Fall ist § 72a Absatz 4 nicht anzuwenden. [3] Die Verpflichtung der Behörden, anderer öffentlicher Stellen und der öffentlich-rechtlichen Rundfunkanstalten zu Mitteilungen, Auskünften, Anzeigen und zur Amtshilfe auf Grund anderer Vorschriften bleibt unberührt.

(2) [1] Schuldenverwaltungen, Kreditinstitute, Betriebe gewerblicher Art von juristischen Personen des öffentlichen Rechts im Sinne des Körperschaftsteuergesetzes, öffentliche Beteiligungsunternehmen ohne Hoheitsbefugnisse, Berufskammern und Versicherungsunternehmen sind von der Mitteilungspflicht ausgenommen. [2] Dies gilt nicht, soweit die in Satz 1 genannten Stellen Aufgaben der öffentlichen Verwaltung wahrnehmen.

(3) [1] In der Rechtsverordnung sind die mitteilenden Stellen, die Verpflichtung zur Unterrichtung der betroffenen Personen, die mitzuteilenden Angaben und die für die Entgegennahme der Mitteilungen zuständigen Finanzbehörden näher zu bestimmen sowie der Umfang, der Zeitpunkt und das Verfahren der Mitteilung zu regeln. [2] In der Rechtsverordnung können Ausnahmen von der Mitteilungspflicht, insbesondere für Fälle geringer steuerlicher Bedeutung, zugelassen werden.

(4) [1] Ist die mitteilungspflichtige Stelle nach der Mitteilungsverordnung verpflichtet, in der Mitteilung die Identifikationsnummer nach § 139b oder ein anderes steuerliches Ordnungsmerkmal

1. des Empfängers der gewährten Leistung im Sinne des Absatzes 1 Satz 1 Nummer 1 Buchstabe a,
2. des Inhaltsadressaten des Verwaltungsakts im Sinne des Absatzes 1 Satz 1 Nummer 1 Buchstabe b oder e,
3. des Empfängers der vergebenen Subvention im Sinne des Absatzes 1 Satz 1 Nummer 1 Buchstabe c oder
4. der betroffenen Personen im Sinne des Absatzes 1 Satz 1 Nummer 1 Buchstabe d

anzugeben, haben die Mitwirkungspflichtigen (§ 90) nach den Nummern 1 bis 4 der mitteilungspflichtigen Stelle diese Daten zu übermitteln. [2] Wird der Mitwirkungspflicht nach Satz 1 nicht innerhalb von zwei Wochen nach Aufforderung durch die mitteilungspflichtige Stelle entsprochen und weder die Identifikationsnummer noch ein anderes steuerliches Ordnungsmerkmal übermittelt,

hat die mitteilungspflichtige Stelle die Möglichkeit, die Identifikationsnummer der betroffenen Mitwirkungspflichtigen nach Satz 1 Nummer 1 bis 4 nach amtlich vorgeschriebenem Datensatz beim Bundeszentralamt für Steuern abzufragen. [3]Die Abfrage ist mindestens zwei Wochen vor dem Zeitpunkt zu stellen, zu dem die Mitteilung nach der Mitteilungsverordnung zu übermitteln ist. [4]In der Abfrage dürfen nur die in § 139b Absatz 3 genannten Daten der betroffenen Mitwirkungspflichtigen nach Satz 1 Nummer 1 bis 4 angegeben werden. [5]Das Bundeszentralamt für Steuern entspricht dem Ersuchen, wenn die übermittelten Daten den beim Bundeszentralamt für Steuern hinterlegten Daten entsprechen.

Übersicht

I. Allgemeines

1 § 93a ist **Ermächtigungsnorm** zum Erlass einer Rechtsverordnung und bestimmt deren Inhalt (Art. 80 GG). Durch das JStG 2020 (BGBl. 2020 I 3096) wurden Abs. 1 und 2 geändert und Abs. 4 hinzugefügt. Die ermächtigte BReg hat von dieser Ermächtigung durch den Erlass der am 1.1.1994 in Kraft getretenen **Mitteilungsverordnung** (MitteilungsVO) vom 7.9.1993 (BGBl. 1993 I 1554) idF des G v. 23.12.2003 (BGBl. 2003 I 2848) Gebrauch gemacht, zuletzt geändert wurde die MitteilungsVO durch VO vom 18.11.2020 (BGBl. 2020 I 2449), vom 12.1.2021 (BGBl. 2021 I 67) jeweils mWv 1.1.2025 sowie durch VO vom 25.5.2022 (BGBl. 2022 I 816). Das BMF hat ein Anwendungsschreiben hierzu erlassen (BMF 12.12.2024, BStBl. I 2024, 1618). Inhaltlich betreffen § 93a und die MitteilungsVO allg. Mitteilungspflichten außerhalb eines konkreten Verwaltungsverfahrens und regeln damit die Fertigung von Kontrollmitteilungen von Behörden und öffentlich-rechtlichen Rundfunkanstalten zum Zwecke der Besteuerung. Die Mitteilungspflicht gilt auch für andere öffentliche Stellen, insb. für Gerichte und andere Organe der Rechtspflege. Die Einordnung der Vorschrift im Unterabschnitt II. des 3. Teils, 1. Abschn. „Beweis durch Auskünfte und Sachverständigengutachten" ist systematisch nicht überzeugend. Beweismittel werden nur im konkreten Verfahren zur Ermittlung des für die Besteuerung maßgeblichen Sachverhalts und bei Vorliegen der gesetzlich bestimmten Voraussetzungen angewendet, während die Pflichten des § 93a iVm der MitteilungsVO unabhängig von einem bestimmten Besteuerungsverfahren bestehen. Die Mitteilungspflicht wird als eine Form der „präventiven Amtshilfe" (Amtshilfe sui generis) angesehen (Schwarz/Pahlke/Keß § 93a Rn. 4).

2 Die auf § 93a gestützte MitteilungsVO dient der **Sicherung der Besteuerung** nach § 85. FB können die für die Besteuerung maßgeblichen Tatsachen und Erkenntnisse ohne Weiteres untereinander austauschen, soweit nicht besondere Bestimmungen dem entgegenstehen. In der Praxis erfolgt dieser Informationsaustausch idR durch die Anfertigung und Übersendung von **Kontrollmitteilungen** an die für die Besteuerung des jew. Betroffenen sachlich und örtlich zuständige FB. In der Vergangenheit wurden von anderen Behörden im Wege der Amtshilfe und von den öffentlich-rechtlichen Rundfunkanstalten ohne Rechtsgrundlage laufend Kontrollmitteilungen an die FB übersandt. Unter dem Gesichtspunkt des Datenschutzes war fraglich geworden, ob personenbezogene Daten ohne gesetzliche Grundlage an FB übermittelt werden durften (TK § 93a Rn. 1). Mit § 93a und der MitteilungsVO ist die Rechtsgrundlage geschaffen. Nunmehr erlegt die MitteilungsVO den Verpflichteten auf, ohne Ersuchen die näher bezeichneten Mitteilun-

gen an die FB zu machen, die diese zum Zwecke der Besteuerung des Betroffenen verwenden dürfen.

Die Mitteilungen sind ein zusätzliches **Kontrollinstrument** der FB. Die Besteuerung beruht in erster Linie auf den Angaben des Stpfl., die dieser in Erfüllung seiner Erklärungs- und Mitwirkungspflichten abgibt. Die FB haben diese Angaben auf ihre Wahrheit hin zu überprüfen (§§ 85, 88). Die Ermittlung des für die Besteuerung maßgeblichen Sachverhalts geschieht durch die Gewinnung eigener Erkenntnisse etwa im Rahmen einer Ap., durch Beweiserhebungen, Amtshilfe oder anderweitige Erkenntnisquellen. Eine solche Erkenntnisquelle sind auch die Mitteilungen. Mit ihnen kann die FB die entsprechenden Erklärungen des Beteiligten verifizieren. Die Erklärungspflicht des Stpfl. bleibt hinsichtlich der von anderen Behörden, anderen öffentlichen Stellen und öffentlich-rechtlichen Rundfunkanstalten mitzuteilenden Besteuerungsgrundlagen unberührt. 3

§ 93a und die MitteilungsVO lassen die Mitteilungspflichten nach **anderen Vorschriften** unberührt. So bleiben insb. die Pflichten von Behörden zur Auskunftserteilung (§ 93 I 2), zur Vorlage von Akten (§ 92 S. 2 Nr. 3), zur Anzeigenerteilung (§ 116) und zur Amtshilfe (§§ 111 ff.) bestehen. Die Rundfunkanstalten können nach § 93 zur Auskunftserteilung aufgefordert werden. Die Pflichten des Beteiligten gegenüber der FB (zB Erklärungspflicht, Mitwirkungspflicht) bleiben ebenfalls unberührt (→ Rn. 3). 4

§ 93a iVm der MitteilungsVO hat Bedeutung für das gesamte Besteuerungsverfahren. Die von den Verpflichteten gefertigten und den FB übersandten Mitteilungen können in allen Stadien des Verfahrens verwendet werden. 5

II. Verpflichtete

Zur allg. Mitteilung verpflichtet sind **Behörden,** andere öffentliche Stellen und öffentliche Rundfunkanstalten. Abs. 1 verweist auf die Legaldefinitionen in § 6 I bis Ic. Von der Verpflichtung sind nach § 93a II die dort genannten Stellen und Unternehmen ausgenommen (zT entspr. § 111 III). Diese Stellen und Unternehmen sollen wegen ihrer möglichen Wettbewerbssituation mit privaten Anbietern grds. nicht in die Lage versetzt werden, der FB Mitteilungen über ihren Konkurrenten mit evtl. schädlichem Inhalt machen zu müssen oder zu können; auch soll das Vertrauensverhältnis zu ihren Kunden nicht geschädigt werden (Schwarz/Pahlke/Keß § 93a Rn. 10). Sie unterliegen zudem der Ap., sodass sich die FB das Kontrollmaterial selbst beschaffen kann. Die Ausnahme von der Mitteilungspflicht gilt nach Abs. 2 S. 2 nicht, soweit die genannten Stellen und Unternehmen Aufgaben der öffentlichen Verwaltung wahrnehmen (zB die Verwaltung öffentlicher Subventionen und vergleichbarer Fördermaßnahmen, BMF 12.12.2024, BStBl. I 2024, 1618 Tz. 8) und damit funktional als Behörde agieren (BT-Drs. 19/22850, 164). 6

Öffentlich-rechtliche Rundfunkanstalten sind als Verpflichtete gesondert aufgeführt, weil zweifelhaft ist, ob sie Behörden iSd § 6 I sind. 7

III. Mitteilungspflichten und Verfahren

Für die Einzelheiten wird auf die MitteilungsVO verwiesen. Auf die ergänzenden Bestimmungen durch das BMF 12.12.2024 (BStBl. I 2024, 1618) wird hingewiesen. 8

Anhang: MitteilungsVO

Verordnung über Mitteilungen an die Finanzbehörden durch andere Behörden und öffentlich-rechtliche Rundfunkanstalten (Mitteilungsverordnung – MV)

in der Fassung der Bekanntmachung vom 14. Januar 2025
(BGBl. I 2025 Nr. 14)
BGBl. III/FNA 610-1-8
zuletzt geänd. durch Art. 23 Jahressteuergesetz 2024 vom 2. Dezember 2024 (BGBl. I 2024 Nr. 387)

1. Teil. Allgemeine Vorschriften

§ 1 MitteilungsVO Grundsätze

9 (1) [1] Behörden und andere öffentliche Stellen einschließlich öffentlich-rechtlicher Rundfunkanstalten (§ 6 Absatz 1 bis 1c der Abgabenordnung) sind verpflichtet, Mitteilungen an die Finanzbehörden nach Maßgabe der folgenden Vorschriften ohne Ersuchen zu übersenden. [2] Dies gilt nicht, wenn die Finanzbehörden bereits auf Grund anderer Vorschriften über diese Tatbestände Mitteilungen erhalten. [3] Eine Verpflichtung zur Mitteilung besteht auch dann nicht, wenn die Gefahr besteht, dass das Bekanntwerden des Inhalts der Mitteilung dem Wohl des Bundes oder eines deutschen Landes Nachteile bereiten würde. [4] Ist eine mitteilungspflichtige Behörde einer obersten Dienstbehörde nachgeordnet, muss die oberste Behörde dem Unterlassen der Mitteilung zustimmen; die Zustimmung kann für bestimmte Fallgruppen allgemein erteilt werden.

(2) Auf Grund dieser Verordnung sind personenbezogene Daten, die dem Sozialgeheimnis unterliegen (§ 35 des Ersten Buches Sozialgesetzbuch), und nach Landesrecht zu erbringende Sozialleistungen nicht mitzuteilen.

§ 2 MitteilungsVO Allgemeine Zahlungsmitteilungen

10 (1) [1] Behörden und andere öffentliche Stellen mit Ausnahme öffentlich-rechtlicher Rundfunkanstalten haben den Finanzbehörden alle Zahlungen mitzuteilen. [2] Satz 1 gilt nicht, sofern

1. der Zahlungsempfänger zweifelsfrei im Rahmen einer land- und forstwirtschaftlichen, gewerblichen oder freiberuflichen Haupttätigkeit gehandelt hat und die Zahlung zweifelsfrei auf das Geschäftskonto des Zahlungsempfängers erfolgt,
2. ein Steuerabzug durchgeführt wird oder
3. die Zahlungen aufgrund anderweitiger Rechtsvorschriften den Finanzbehörden mitzuteilen sind.

[3] Satz 2 Nummer 1 gilt nicht für Zahlungen an Berufsbetreuer im Sinne von § 292 des Gesetzes über das Verfahren in Familiensachen und in den Angelegenheiten der freiwilligen Gerichtsbarkeit sowie für Vergütungen an Sachverständige, Dolmetscher und Übersetzer im Sinne von Abschnitt 3 des Justizvergütungs- und -entschädigungsgesetzes.

(2) Die Finanzbehörden können Ausnahmen von der Mitteilungspflicht zulassen, wenn die Zahlungen geringe oder keine steuerliche Bedeutung haben.

(3) (weggefallen)

§ 3 MitteilungsVO Honorare der Rundfunkanstalten

11 (1) [1] Die öffentlich-rechtlichen Rundfunkanstalten haben Honorare für Leistungen freier Mitarbeiter mitzuteilen, die in unmittelbarem Zusammenhang mit der Vorbereitung, Herstellung oder Verbreitung von Hörfunk- und Fernsehsendungen erbracht werden. [2] Das gilt nicht, wenn die Besteuerung den Regeln eines Abzugsverfahrens unterliegt oder wenn die Finanzbehörden auf Grund anderweitiger Regelungen Mitteilungen über die Honorare erhalten.

(2) Honorare im Sinne des Absatzes 1 sind alle Güter, die in Geld oder Geldeswert bestehen und dem Steuerpflichtigen für eine persönliche Leistung oder eine Verwertung im Sinne des Urheberrechtsgesetzes zufließen.

§ 4 MitteilungsVO Wegfall oder Einschränkung einer steuerlichen Vergünstigung

12 Behörden und andere öffentliche Stellen mit Ausnahme öffentlich-rechtlicher Rundfunkanstalten haben Verwaltungsakte und öffentlich-rechtliche Verträge mitzuteilen, die den Wegfall oder die Einschränkung einer steuerlichen Vergünstigung zur Folge haben können.

§ 4a MitteilungsVO Ordnungsgelder nach § 335 des Handelsgesetzbuchs

(1) [1]Das Bundesamt für Justiz hat als mitteilungspflichtige Stelle im Sinne des § 93c Absatz 1 der Abgabenordnung den Finanzbehörden die Höhe von nach dem 31. Dezember 2021 in Verfahren nach § 335 des Handelsgesetzbuchs festgesetzten Ordnungsgeldern sowie die Daten zur Identifizierung des betroffenen publizitätsverpflichteten Unternehmens mitzuteilen, sofern das festgesetzte Ordnungsgeld mindestens 5 000 Euro beträgt. [2]Abweichend von § 93c Absatz 1 Nummer 2 Buchstabe d der Abgabenordnung sind die Wirtschafts-Identifikationsnummer oder die Steuernummer in den Fällen nach Satz 1 dabei nur mitzuteilen, wenn sie dem Bundesamt für Justiz bekannt sind. 13

(2) [1]Die den Finanzbehörden übermittelten Daten sind abweichend von § 93c Absatz 1 Nummer 4 der Abgabenordnung fünf Jahre aufzubewahren; die Frist beginnt mit dem Tag der Festsetzung des Ordnungsgelds. [2]Weitergehende Aufbewahrungsbestimmungen aufgrund anderer Rechtsvorschriften bleiben unberührt. [3]Wird die Festsetzung eines Ordnungsgelds in einem späteren Kalenderjahr ganz oder teilweise widerrufen, zurückgenommen oder aufgehoben, ist § 93c Absatz 3 der Abgabenordnung nicht anzuwenden.

§ 5 MitteilungsVO Ausgleichs- und Abfindungszahlungen nach dem Flurbereinigungsgesetz

Die Flurbereinigungsbehörden haben Ausgleichs- und Abfindungszahlungen nach dem Flurbereinigungsgesetz mitzuteilen. 14

§ 6 MitteilungsVO Gewerberechtliche Erlaubnisse und Gestattungen

(1) Behörden und andere öffentliche Stellen mit Ausnahme öffentlich-rechtlicher Rundfunkanstalten haben mitzuteilen 15

1. die Erteilung von Reisegewerbekarten,
2. zeitlich befristete Erlaubnisse sowie Gestattungen nach dem Gaststättengesetz,
3. Bescheinigungen über die Geeignetheit der Aufstellungsorte für Spielgeräte (§ 33c der Gewerbeordnung),
4. Erlaubnisse zur Veranstaltung anderer Spiele mit Gewinnmöglichkeit (§ 33d der Gewerbeordnung),
5. Festsetzungen von Messen, Ausstellungen, Märkten und Volksfesten (§ 69 der Gewerbeordnung),
6. Genehmigungen nach dem Personenbeförderungsgesetz zur Beförderung von Personen mit Kraftfahrzeugen im Linienverkehr, die Unternehmern mit Wohnsitz oder Sitz außerhalb des Geltungsbereichs des Personenbeförderungsgesetzes erteilt werden,
7. Erlaubnisse zur gewerbsmäßigen Arbeitnehmerüberlassung und
8. die gemäß der Verordnung (EWG) Nr. 2408/92 des Rates vom 23. Juli 1992 über den Zugang von Luftfahrtunternehmen der Gemeinschaft zu Strecken des innergemeinschaftlichen Flugverkehrs (ABl. EG Nr. L 240 S. 8) erteilten Genehmigungen, Verkehrsrechte auszuüben.

(2) Abweichend von § 1 Abs. 2 teilt die Bundesagentur für Arbeit nach Erteilung der erforderlichen Zusicherung folgende Daten der ausländischen Unternehmen mit, die auf Grund bilateraler Regierungsvereinbarungen über die Beschäftigung von Arbeitnehmern zur Ausführung von Werkverträgen tätig werden:

1. die Namen und Anschriften der ausländischen Vertragspartner des Werkvertrages,
2. den Beginn und die Ausführungsdauer des Werkvertrages und
3. den Ort der Durchführung des Werkvertrages.

§ 7 MitteilungsVO Ausnahmen von der Mitteilungspflicht über Zahlungen

(1) [1]Zahlungen an Behörden und andere öffentliche Stellen, Betriebe gewerblicher Art von Körperschaften des öffentlichen Rechts oder Körperschaften, die steuerbegünstigte Zwecke im Sinne des Zweiten Teils Dritter Abschnitt der Abgabenordnung verfolgen, sind nicht mitzuteilen; maßgebend sind die Verhältnisse zum Zeitpunkt der Zahlung. [2]Das gilt auch für Mitteilungen über Leistungen, die von Körperschaften des öffentlichen Rechts im Rahmen ihrer Beteiligungen an Unternehmen oder Einrichtungen des privaten Rechts erbracht werden. 16

(2) [1]Mitteilungen über Zahlungen sind nicht zu übermitteln, wenn die von derselben mitteilungspflichtigen Stelle an denselben Empfänger geleisteten Zahlungen einschließlich von Vorauszahlungen im Kalenderjahr weniger als 3000 Euro betragen. [2]Zahlungen, die nach § 1 Absatz 2 oder § 2 nicht mitzuteilen sind, sind dabei nicht zu berücksichtigen.

(3) (weggefallen)

2. Teil. Mitteilungen

§ 8 MitteilungsVO Form, Inhalt und Zeitpunkt der Mitteilungen

17 (1) [1]Die Mitteilungen sind den Finanzbehörden nach Maßgabe des § 93c der Abgabenordnung nach amtlich vorgeschriebenem Datensatz über die amtlich bestimmte Schnittstelle zu übermitteln. [2]Zur Sicherstellung der Besteuerung sind neben den in § 93c Absatz 1 Nummer 2 der Abgabenordnung genannten Angaben auch folgende Angaben zu übermitteln:

1. bei Mitteilungen über Zahlungen:
   a) der Grund der Zahlung oder die Art des der Zahlung zugrundeliegenden Anspruchs,
   b) die Höhe der jeweils gewährten Zahlung,
   c) der Zeitraum oder Zeitpunkt, für den die Zahlung gewährt wird,
   d) das Datum der Zahlung oder der Zahlungsanordnung sowie
   e) bei unbarer Zahlung die Bankverbindung für das Konto, auf das die Leistung erbracht wurde.
2. bei Mitteilungen über Verwaltungsakte der Gegenstand und der Umfang der Genehmigung, Erlaubnis oder gewährten Leistung.

[3]Werden mitzuteilende Zahlungen in einem späteren Kalenderjahr ganz oder teilweise zurückerstattet, ist die Rückzahlung abweichend von § 93c Absatz 3 der Abgabenordnung eigenständig und unter Angabe des Datums, an dem die Zahlung bei der mitteilungspflichtigen Stelle eingegangen ist, mitzuteilen.

(2) [1]Mitteilungen nach § 6 Absatz 2 sind abweichend von § 93c Absatz 1 Nummer 1 der Abgabenordnung unverzüglich zu übermitteln. [2]Mitteilungen nach den §§ 4 und 6 Absatz 1 sind abweichend von § 93c Absatz 1 Nummer 1 der Abgabenordnung mindestens vierteljährlich zu übermitteln.

(3) [1]Mitteilungen nach den §§ 2 bis 6 für das Kalenderjahr 2024 sind bis 2. März 2026 elektronisch zu übermitteln. [2]Liegen die Voraussetzungen für die elektronische Übermittlung von Mitteilungen nach den §§ 2 bis 6 für die Kalenderjahre 2024 und 2025 bei der mitteilungspflichtigen Stelle am 2. März 2026 noch nicht vor, kann die oberste Finanzbehörde des Landes, in dem die mitteilungspflichtige Stelle ihren Sitz hat, auf begründeten Antrag die Frist zur elektronischen Übermittlung der Mitteilungen höchstens bis 1. März 2027 verlängern. [3]Soweit die mitteilungspflichtige Stelle Mitteilungen nach den §§ 2 bis 6 nicht elektronisch übermitteln kann, weil sie die nach dem amtlich vorgeschriebenen Datensatz zwingend erforderlichen Daten auch nach Ausschöpfung der ihr zumutbaren Ermittlungsmöglichkeiten nicht beschaffen kann, kann die oberste Finanzbehörde des Landes, in dem die mitteilungspflichtige Stelle ihren Sitz hat, auf begründeten Antrag unter Vorbehalt des Widerrufs mit Wirkung für die Zukunft gestatten, Mitteilungen nach den §§ 2 bis 6 für die Kalenderjahre ab 2024 nach amtlich vorgeschriebenem Formular an die oberste Landesfinanzbehörde oder die von ihr bestimmte Finanzbehörde schriftlich zu übersenden. [4]Das Bundesministerium der Finanzen ist über eine Maßnahme nach Satz 2 oder Satz 3 zu unterrichten.

§ 9 MitteilungsVO

18 (weggefallen)

§ 10 MitteilungsVO

(weggefallen)

3. Teil. Unterrichtung des Betroffenen

§ 11 MitteilungsVO

20 (weggefallen)

§ 12 MitteilungsVO

21 (weggefallen)

4. Teil. Anwendungsbestimmung und Besondere Vorschriften

§ 13 MitteilungsVO Anwendungszeitpunkt

22 (1) [1]Den Zeitpunkt der erstmaligen Anwendung des § 8 in der am 1. Januar 2025 geltenden Fassung bestimmt das Bundesministerium der Finanzen im Einvernehmen mit den obersten Finanzbehörden der Länder durch ein im Bundessteuerblatt zu veröffentlichendes Schreiben. [2]Bis zu diesem Zeitpunkt sind die §§ 8 bis 12 in der am 31. Dezember 2024 geltenden Fassung weiter anzuwenden.

(2) [1]§ 4a in der am 1. Januar 2025 geltenden Fassung ist erstmals ab 1. Januar 2027 anzuwenden; bis 31. Dezember 2026 ist § 4a in der am 31. Dezember 2024 geltenden Fassung weiterhin anzuwenden.

[2] Wenn die technischen und organisatorischen Voraussetzungen für die Anwendung von § 4a in der am 1. Januar 2025 geltenden Fassung bereits zu einem früheren Zeitpunkt vorliegen, kann das Bundesministerium der Finanzen im Benehmen mit dem Bundesministerium der Justiz einen früheren erstmaligen Anwendungszeitpunkt bestimmen. [3] Ein nach Satz 2 bestimmter Anwendungszeitpunkt ist im Bundessteuerblatt Teil I bekanntzugeben.

§ 13a MitteilungsVO Mitteilungen über Billigkeitsleistungen zur temporären Kostendämpfung des Erdgas- und Strompreisanstiegs nach dem Energiekostendämpfungsprogramm

(1) Das Bundesamt für Wirtschaft und Ausfuhrkontrolle hat als mitteilungspflichtige Stelle (§ 93c Absatz 1 der Abgabenordnung) den Finanzbehörden aus Anlass des Erdgas- und Strompreisanstiegs nach dem Energiekostendämpfungsprogramm bewilligte Leistungen nach amtlich vorgeschriebenem Datensatz über die amtlich bestimmte Schnittstelle nach Maßgabe des § 93c der Abgabenordnung mitzuteilen. 23

(2) [1] Zur Sicherstellung der Besteuerung sind neben den in § 93c Absatz 1 Nummer 2 der Abgabenordnung genannten Angaben folgende Angaben mitzuteilen:
1. die Art und die Höhe der jeweils gewährten Zahlung,
2. das Datum, an dem die Zahlung bewilligt wurde,
3. das Datum der Zahlung und
4. bei unbarer Zahlung die Bankverbindung für das Konto, auf das die Zahlungen geleistet wurden.

[2] Werden nach Satz 1 mitzuteilende Zahlungen in einem späteren Kalenderjahr ganz oder teilweise zurückerstattet, ist die Rückzahlung abweichend von § 93c Absatz 3 der Abgabenordnung vom Bundesamt für Wirtschaft und Ausfuhrkontrolle unter Angabe des Datums, an dem die Zahlung bei ihm eingegangen ist, mitzuteilen.

(3) [1] Mitteilungen über im Kalenderjahr 2022 ausgezahlte Leistungen sind abweichend von § 93c Absatz 1 Nummer 1 der Abgabenordnung nach Veröffentlichung des amtlich vorgeschriebenen Datensatzes und der Freigabe der amtlich bestimmten Schnittstelle bis zum 31. Dezember 2025 zu übermitteln. [2] Das Bundesministerium der Finanzen kann im Einvernehmen mit den obersten Finanzbehörden der Länder die Frist nach Satz 1 durch ein im Bundessteuerblatt Teil I zu veröffentlichendes Schreiben verlängern, sofern die technischen Voraussetzungen für die Annahme der Mitteilungen nicht rechtzeitig vorliegen. [3] Auf begründeten Antrag des Bundesamts für Wirtschaft und Ausfuhrkontrolle kann die oberste Finanzbehörde desjenigen Landes, in dem das Bundesamt für Wirtschaft und Ausfuhrkontrolle seinen Sitz hat, diesem die Frist nach den Sätzen 1 oder 2 um längstens zehn Monate verlängern, sofern die technischen Voraussetzungen für die Übersendung der Mitteilungen bei dem Bundesamt für Wirtschaft und Ausfuhrkontrolle nicht rechtzeitig vorliegen; das Bundesministerium der Finanzen ist über eine gewährte Fristverlängerung zu unterrichten.

(4) [1] Von den Absätzen 1 bis 3 abweichende Bestimmungen dieser Verordnung sind nicht anzuwenden. [2] § 1 Absatz 2 und § 2 Absatz 2 bleiben unberührt. [3] Mitteilungspflichten über Leistungen im Sinne des Absatzes 1 Satz 1, die sich nach anderen Bestimmungen dieser Verordnung ergeben, sind nicht anzuwenden.

§ 14 MitteilungsVO Mitteilungen über öffentliche Hilfsleistungen aus Anlass der Starkregen- und Hochwasserkatastrophe im Juli 2021

(1) Behörden und andere öffentliche Stellen haben als mitteilungspflichtige Stellen (§ 93c Absatz 1 der Abgabenordnung) den Finanzbehörden aus Anlass der Starkregen- und Hochwasserkatastrophe im Juli 2021 als Aufbauhilfen des Bundes und der Länder aus den Mitteln des Fonds „Aufbauhilfe 2021" bewilligte Leistungen nach amtlich vorgeschriebenem Datensatz über die amtlich bestimmte Schnittstelle nach Maßgabe des § 93c der Abgabenordnung mitzuteilen; mitzuteilen sind Leistungen an 24
1. Privathaushalte,
2. gewerbliche Unternehmen, Selbständige und Angehörige der freien Berufe,
3. Wohnungsunternehmen und Vermieter von Wohnraum,
4. Vermieter und Verpächter von ganz oder teilweise für eine gewerbliche, selbständige oder freiberufliche Tätigkeit genutzten Gebäuden oder Gebäudeteilen,
5. Betriebe der Land- und Forstwirtschaft und ähnliche Betriebe, Betriebe der Fischerei und Aquakultur.

(2) [1] Zur Sicherstellung der Besteuerung sind neben den in § 93c Absatz 1 Nummer 2 der Abgabenordnung genannten Angaben folgende Angaben mitzuteilen:
1. die Art und die Höhe der im jeweils vorangegangenen Kalenderjahr gewährten Zahlung,
2. soweit vorhanden, das Objekt, für das die Zahlung bewilligt wurde,

3. das Datum, an dem die Zahlung bewilligt wurde,
4. das Datum der Zahlung und
5. bei unbarer Zahlung die Bankverbindung für das Konto, auf das die Zahlung geleistet wurde.

[2] Werden nach Satz 1 mitzuteilende Zahlungen in einem späteren Kalenderjahr ganz oder teilweise zurückerstattet, ist die Rückzahlung abweichend von § 93c Absatz 3 der Abgabenordnung von der mitteilungspflichtigen Stelle unter Angabe des Datums, an dem die Zahlung bei der mitteilungspflichtigen Stelle eingegangen ist, mitzuteilen.

(3) [1] Abweichend von § 93c Absatz 1 Nummer 1 der Abgabenordnung sind Mitteilungen nach Absatz 1 nach Veröffentlichung des amtlich vorgeschriebenen Datensatzes und der Freigabe der amtlich bestimmten Schnittstelle für im Kalenderjahr 2021 ausgezahlte Leistungen bis zum 31. Dezember 2022 sowie für in den Folgejahren ausgezahlte Leistungen bis zum 30. April des auf das Jahr der Auszahlung folgenden Jahres zu übermitteln. [2] Das Bundesministerium der Finanzen kann im Einvernehmen mit den obersten Finanzbehörden der Länder die Frist nach Satz 1 durch ein im Bundessteuerblatt Teil I zu veröffentlichendes Schreiben verlängern, sofern die technischen Voraussetzungen für die Annahme der Mitteilungen nicht rechtzeitig vorliegen. [3] Auf begründeten Antrag einer mitteilungspflichtigen Stelle kann die oberste Finanzbehörde desjenigen Landes, in dem die mitteilungspflichtige Stelle ihren Sitz hat, dieser die Frist nach Satz 1 oder Satz 2 für im Kalenderjahr 2021 ausgezahlte Leistungen um längstens zehn Monate und für im Kalenderjahr 2022 ausgezahlte Leistungen um längstens sechs Monate verlängern, sofern die technischen Voraussetzungen für die Übersendung der Mitteilungen bei der mitteilungspflichtigen Stelle nicht rechtzeitig vorliegen; das Bundesministerium der Finanzen ist über eine gewährte Fristverlängerung zu unterrichten.

(4) [1] Von den Absätzen 1 bis 3 abweichende Bestimmungen oder andere Mitteilungspflichten nach dieser Verordnung sind nicht anzuwenden. [2] § 1 Absatz 2 bleibt unberührt. [3] Das Bundesministerium der Finanzen oder die obersten Finanzbehörden der Länder können Ausnahmen von der Mitteilungspflicht nach Absatz 1 zulassen.

§ 93b Automatisierter Abruf von Kontoinformationen

(1) **Kreditinstitute haben das nach § 24c Absatz 1 des Kreditwesengesetzes zu führende Dateisystem auch für Abrufe nach § 93 Absatz 7 und 8 zu führen.**

(1a) **[1] Kreditinstitute haben für Kontenabrufersuchen nach § 93 Absatz 7 oder 8 zusätzlich zu den in § 24c Absatz 1 des Kreditwesengesetzes bezeichneten Daten für jeden Verfügungsberechtigten und jeden wirtschaftlich Berechtigten im Sinne des Geldwäschegesetzes auch die Adressen sowie die in § 154 Absatz 2a bezeichneten Daten zu speichern. [2] § 154 Absatz 2d und Artikel 97 § 26 Absatz 5 Nummer 3 und 4 des Einführungsgesetzes zur Abgabenordnung bleiben unberührt.**

(2) **[1] Das Bundeszentralamt für Steuern darf in den Fällen des § 93 Absatz 7 und 8 auf Ersuchen bei den Kreditinstituten einzelne Daten aus den nach den Absätzen 1 und 1a zu führenden Dateisystemen im automatisierten Verfahren abrufen und sie an den Ersuchenden übermitteln. [2] Die Identifikationsnummer nach § 139b eines Verfügungsberechtigten oder eines wirtschaftlich Berechtigten darf das Bundeszentralamt für Steuern nur Finanzbehörden mitteilen.**

(3) **Die Verantwortung für die Zulässigkeit des Datenabrufs und der Datenübermittlung trägt der Ersuchende.**

(4) **§ 24c Absatz 1 Satz 2 bis 6, Absatz 4 bis 8 des Kreditwesengesetzes gilt entsprechend.**

I. Allgemeines

1 § 93b regelt die Durchführung des automatischen Kontenabrufs, dessen Voraussetzungen in § 93 VII bis X normiert sind. Alle Vorschriften dienen der Förderung der StEhrlichkeit (→ § 93 Rn. 1). § 93b ermöglicht der FB für die Besteuerung den Zugriff auf Daten, die die Kreditinstitute für Zwecke der Kapitalmarktaufsicht, der Bekämpfung der Geldwäsche und anderer Delikte nach § 24c KWG vorzuhalten haben (vgl. Randt/Schauf DStR 2003, 1369). Die Vorschrift war in ihrer ursprünglichen Fassung verfassungsgemäß (BVerfG

13.6.2007 – 1 BvR 1550/03 ua, BStBl. II 2007, 896; BVerfG 10.1.2008 – 2 BvR 294/06, DStR 2008, 197). Die seither erfolgten Änderungen (insb. durch G v. 14.8.2007, BGBl. 2007 I 1912) geben keinen Anlass, dies anders zu beurteilen.

II. Dateiführung für Abrufe (Abs. 1)

Abs. 1 bestimmt, dass die Kreditinstitute die von ihnen nach § 24c KWG zu führenden Dateien auch für Abrufe nach § 93 VII, VIII zu führen haben. Kreditinstitute sind gem. § 1 I 1 KWG Unternehmen, die in S. 2 der Vorschrift aufgeführte Bankgeschäfte gewerbsmäßig oder in einem Umfang betreiben, der einen in kaufmännischer Weise eingerichteten Geschäftsbetrieb erfordert. Kreditinstitute haben nach § 24c KWG eine Datei zu führen, in der unverzüglich folgende Daten zu speichern sind: 2

1. die Nummer eines Kontos, das der Verpflichtung zur Legitimationsprüfung iSd § 154 II 1 unterliegt, oder eines Depots sowie der Tag der Errichtung und der Tag der Auflösung;
2. der Name sowie bei natürlichen Personen der Tag der Geburt, des Inhabers und eines Verfügungsberechtigten sowie der Name und die Anschrift eines abw. wirtschaftlich Berechtigten.

Bei jeder Änderung ist unverzüglich ein neuer Datensatz anzulegen. § 24c KWG fordert nicht die Aufzeichnung von Kontostand oder Kontobewegungen oder Veränderungen auf dem Depot. Das Kreditinstitut hat sicherzustellen, dass jederzeit Daten aus der Datei in einem von ihm bestimmten Verfahren automatisiert abgerufen werden können. Damit müssen Kreditinstitute ihre Dateien künftig auch für steuerliche Zwecke führen (BR-Drs. 542/03, 20).

III. Erweiterte Dateiführung (Abs. 1a)

Abs. 1a statuiert mWv 1.1.2020 (Art. 97 § 26 III 1 EGAO) für Kreditinstitute zusätzlich die Pflicht, die Adressen sowie die in § 154 IIa bezeichneten Daten für den Kontoabruf zu speichern. 3

IV. Abruf durch das Bundeszentralamt für Steuern (Abs. 2)

Abs. 2 S. 1 ermächtigt das BZSt (Zuständigkeit § 5 I Nr. 24 FVG), auf Ersuchen der nach § 93 VII und VIII berechtigten Behörden aus einer nach Abs. 1 zu führenden Datei einzelne Daten abzurufen und diese dann an die ersuchende Behörde zu übermitteln. Dabei stellt rechtlich das Ersuchen der Behörden an das BZSt ein Ersuchen um technische Hilfe bei Durchführung ihres eigenen an das Kreditinstitut gerichteten besonderen Auskunftsersuchens dar. Das hierzu erforderliche automationsgestützte Abrufverfahren soll in vollem Umfang dem von der Bundesanstalt für Finanzdienstleistungsaufsicht für Zwecke des § 24c KWG entwickelten Verfahren entsprechen (BR-Drs. 542/03, 20). 4

S. 2 stellt klar, dass das BZSt die IdNr. des Stpfl. nur den FB mitteilen darf. 5

V. Verantwortung für die Zulässigkeit des Datenabrufs (Abs. 3)

Da das BZSt lediglich als Zentralstelle – technisch – in die Ermittlungen eingeschaltet ist, soll die Verantwortung für die Zulässigkeit des Datenabrufs denjenigen treffen, der um den Abruf ersucht hat. Das ist in den Fällen des § 93 VII die FB, in den Fällen des § 93 VIII die ersuchende Behörde. Diese Stellen haben deshalb selbst zu prüfen, ob die Voraussetzungen für einen Datenabruf vorliegen. Diese Bestimmung der Verantwortung entspricht im Grundsatz der Regelung des § 24c III 3, 4 KWG. Den Betroffenen kann im Einzelfall nach pflichtgemäßem Ermessen der FB Auskunft darüber erteilt werden, ob in ihrem Fall ein Abruf stattgefunden hat und zu welchen Ergebnissen er geführt hat. Einen gesetzlichen Anspruch auf Auskunft oder Akteneinsicht im Rahmen des KWG kennt das 6 steuerliche Verfahrensrecht allerdings nicht (BR-Drs. 542/03, 30; zur Auskunft vgl. § 89 S. 2; zur Akteneinsicht insb. → § 91 Rn. 23 f.).

VI. Verfahren (Abs. 4)

7 Da das Abrufverfahren nach Abs. 2 dem Abrufverfahren der Bundesanstalt für Finanzdienstleistungsaufsicht entsprechen soll, müssen die Regelungen in § 24c I 2–6 und IV–VIII KWG entspr. gelten. Dies bedeutet insb.:

1. Das BZSt muss für Zwecke der Datenschutzkontrolle bei jedem Abruf den Zeitpunkt, die bei der Durchführung des Abrufs verwendeten Daten, die abgerufenen Daten, die Person, die den Abruf durchgeführt hat, das Aktenzeichen sowie die ersuchende Stelle und deren Aktenzeichen protokollieren,
2. die Protokolldaten mindestens 18 Monate aufbewahren und spätestens nach zwei Jahren löschen; eine Verwendung der Protokolldaten für andere Zwecke ist unzulässig. Die Kreditinstitute haben in ihrem Verantwortungsbereich alle Vorkehrungen zu treffen, die für den automatisierten Abruf erforderlich sind. Ihnen entstehen deshalb keine zusätzlichen Kosten (BR-Drs. 542/30, 21).

§ 93c Datenübermittlung durch Dritte

(1) **Sind steuerliche Daten eines Steuerpflichtigen auf Grund gesetzlicher Vorschriften von einem Dritten (mitteilungspflichtige Stelle) an Finanzbehörden elektronisch zu übermitteln, so gilt vorbehaltlich abweichender Bestimmungen in den Steuergesetzen Folgendes:**

1. **Die mitteilungspflichtige Stelle muss die Daten nach Ablauf des Besteuerungszeitraums bis zum letzten Tag des Monats Februar des folgenden Jahres nach amtlich vorgeschriebenem Datensatz durch Datenfernübertragung über die amtlich bestimmte Schnittstelle übermitteln; bezieht sich die Übermittlungspflicht auf einen Besteuerungszeitpunkt, sind die Daten bis zum Ablauf des zweiten Kalendermonats nach Ablauf des Monats zu übermitteln, in dem der Besteuerungszeitpunkt liegt.**
2. **Der Datensatz muss folgende Angaben enthalten:**
   a) **den Namen, die Anschrift, das Ordnungsmerkmal und die Kontaktdaten der mitteilungspflichtigen Stelle sowie ihr Identifikationsmerkmal nach den §§ 139a bis 139c oder, soweit dieses nicht vergeben wurde, ihre Steuernummer;**
   b) **hat die mitteilungspflichtige Stelle einen Auftragnehmer im Sinne des § 87d mit der Datenübermittlung beauftragt, so sind zusätzlich zu den Angaben nach Buchstabe a der Name, die Anschrift und die Kontaktdaten des Auftragnehmers sowie dessen Identifikationsmerkmal nach den §§ 139a bis 139c oder, wenn dieses nicht vergeben wurde, dessen Steuernummer anzugeben;**
   c) **den Familiennamen, den Vornamen, den Tag der Geburt, die Anschrift des Steuerpflichtigen und dessen Identifikationsnummer nach § 139b;**
   d) **handelt es sich bei dem Steuerpflichtigen nicht um eine natürliche Person, so sind dessen Firma oder Name, Anschrift und Wirtschafts-Identifikationsnummer nach § 139c oder, wenn diese noch nicht vergeben wurde, dessen Steuernummer anzugeben;**
   e) **den Zeitpunkt der Erstellung des Datensatzes oder eines anderen Ereignisses, anhand dessen die Daten in der zeitlichen Reihenfolge geordnet werden können, die Art der Mitteilung, den betroffenen Besteuerungszeitraum oder Besteuerungszeitpunkt und die Angabe, ob es sich um eine erstmalige, korrigierte oder stornierende Mitteilung handelt.**

3. [1]Die mitteilungspflichtige Stelle hat den Steuerpflichtigen darüber zu informieren, welche für seine Besteuerung relevanten Daten sie an die Finanzbehörden übermittelt hat oder übermitteln wird. [2]Diese Information hat in geeigneter Weise, mit Zustimmung des Steuerpflichtigen elektronisch, und binnen angemessener Frist zu erfolgen. [3]Auskunftspflichten nach anderen Gesetzen bleiben unberührt.

4. Die mitteilungspflichtige Stelle hat die übermittelten Daten aufzuzeichnen und diese Aufzeichnungen sowie die der Mitteilung zugrunde liegenden Unterlagen bis zum Ablauf des siebten auf den Besteuerungszeitraum oder Besteuerungszeitpunkt folgenden Kalenderjahres aufzubewahren; die §§ 146 und 147 Absatz 2, 5 und 6 gelten entsprechend.

(2) **Die mitteilungspflichtige Stelle soll Daten nicht übermitteln, wenn sie erst nach Ablauf des siebten auf den Besteuerungszeitraum oder Besteuerungszeitpunkt folgenden Kalenderjahres erkennt, dass sie zur Datenübermittlung verpflichtet war.**

(3) **[1]Stellt die mitteilungspflichtige Stelle bis zum Ablauf des siebten auf den Besteuerungszeitraum oder Besteuerungszeitpunkt folgenden Kalenderjahres fest, dass**

1. die nach Maßgabe des Absatzes 1 übermittelten Daten unzutreffend waren oder

2. ein Datensatz übermittelt wurde, obwohl die Voraussetzungen hierfür nicht vorlagen,

so hat die mitteilungspflichtige Stelle dies vorbehaltlich abweichender Bestimmungen in den Steuergesetzen unverzüglich durch Übermittlung eines weiteren Datensatzes zu korrigieren oder zu stornieren. [2]Absatz 1 Nummer 2 bis 4 gilt entsprechend.

(4) **[1]Die nach den Steuergesetzen zuständige Finanzbehörde kann ermitteln, ob die mitteilungspflichtige Stelle**

1. ihre Pflichten nach Absatz 1 Nummer 1, 2 und 4 und Absatz 3 erfüllt und

2. den Inhalt des Datensatzes nach den Vorgaben des jeweiligen Steuergesetzes bestimmt hat.

[2]Die Rechte und Pflichten der für die Besteuerung des Steuerpflichtigen zuständigen Finanzbehörde hinsichtlich der Ermittlung des Sachverhalts bleiben unberührt.

(5) **Soweit gesetzlich nichts anderes bestimmt ist, ist die nach den Steuergesetzen für die Entgegennahme der Daten zuständige Finanzbehörde auch für die Anwendung des Absatzes 4 und des § 72a Absatz 4 zuständig.**

(6) **Die Finanzbehörden dürfen von den mitteilungspflichtigen Stellen mitgeteilte Daten im Sinne der Absätze 1 und 3 verarbeiten, wenn dies zur Erfüllung der ihnen obliegenden Aufgaben oder in Ausübung öffentlicher Gewalt, die ihnen übertragen wurde, erforderlich ist.**

(7) **Soweit gesetzlich nichts anderes bestimmt ist, darf die mitteilungspflichtige Stelle die ausschließlich zum Zweck der Übermittlung erhobenen und gespeicherten Daten des Steuerpflichtigen nur für diesen Zweck verwenden.**

(8) **Die Absätze 1 bis 7 sind nicht anzuwenden auf**

1. Datenübermittlungspflichten nach § 51a Absatz 2c oder Abschnitt XI des Einkommensteuergesetzes,

2. Datenübermittlungspflichten gegenüber den Zollbehörden,

3. Datenübermittlungen zwischen Finanzbehörden und

4. Datenübermittlungspflichten ausländischer öffentlicher Stellen.

I. Allgemeines

1 **Zweck.** Der mWv 1.1.2017 eingeführte § 93c dient der Anpassung des Verfahrensrechts an die veränderten tatsächlichen und rechtlichen Verhältnisse der modernen elektronischen Kommunikation. Dies erfolgt dadurch, dass für die Datenübermittlungspflichten alle allgemeingültigen Regelungsinhalte zusammenfassend vor die Klammer gezogen und vereinheitlicht werden. Dadurch wird zum einen eine möglichst weitreichende Vereinheitlichung der Datenübermittlungspflichten, zB bezüglich Form, Rechten und Pflichten der mitteilungspflichtigen Stellen und Stpfl., Fristen und Haftung etc. geschaffen und zugleich eine Entlastung der EinzelStGesetze von sich wiederholenden und teilweise ohne sachlichen Grund divergierenden Regelungen erreicht. Neue Datenübermittlungspflichten sind damit nicht verbunden (BT-Drs. 18/7457, 71).

2 **Aufbau.** Abs. 1 statuiert Nebenpflichten, die die mitteilungspflichtige Stelle bei der Datenübermittlung zu beachten hat. Abs. 2 regelt eine Ausnahme in regelmäßig verjährten Fällen. Nach Abs. 3 sind unrichtige Daten bis zum Ablauf der Frist nach Abs. 2 zu berichtigen oder zu stornieren. Abs. 4 ermächtigt die FB zur Kontrolle der Übermittlungspflichten. Abs. 5 begründet eine Sonderzuständigkeit der entgegennehmenden FB für die Verfahren nach Abs. 4 und § 72a IV. Abs. 6 und 7 dienen dem Datenschutz. Abs. 8 regelt Bereichsausnahmen, in denen § 93c keine Anwendung findet. Der unsystematische Aufbau wie auch die Stellung der Vorschrift in der AO werden zurecht kritisiert (Klein § 93c Rn. 5).

II. Nebenpflichten mitteilungspflichtiger Stellen (Abs. 1)

3 **Allgemeines.** Abs. 1 enthält die grundsätzlich geltenden Regelungen für die Datenübermittlung durch Dritte an die Finanzbehörden. Die Regelung setzt eine gesetzliche Datenübermittlungspflicht tatbestandlich voraus (zB Datenübermittlung durch Krankenversicherungen nach § 10 I Nr. 2, II 3, IIa EStG, Träger der gesetzlichen Rentenversicherung nach § 22a EStG oder Arbeitergeber nach § 41b EStG) und ergänzt diese um Nebenpflichten. Abweichende Regelungen in den StGesetzen gehen der Grundregel als lex specialis vor (BT-Drs. 18/7457, 71).

4 **Nr. 1** vereinheitlicht die bislang abweichenden Mitteilungsfristen. Die Datenübermittlung hat bis Ende Februar des Folgejahres (bei einem Besteuerungszeitpunkt bis Ende des Zweitfolgemonats) zu erfolgen. Wie üblich, muss die amtliche Schnittstelle iSd § 87b II verwendet werden.

5 **Nr. 2** regelt, welche Daten die mitteilungspflichtige Stelle neben dem eigentlichen Mitteilungsinhalt anzugeben hat. Diese dienen der Identifikation des Mitteilenden (Buchst. a, b), des Stpfl. (Buchst. c, d) sowie des Datensatzes (Buchst. e).

6 Nach **Nr. 3** ist der Stpfl. durch die mitteilungspflichtige Stelle über die übermittelten Daten zu informieren. Die Informationspflicht ist bewusst offen formuliert, um für jede Situation eine für alle Beteiligten angemessene Verfahrensweise zu ermöglichen. Die Information kann daher auch elektronisch erfolgen, wenn der Stpfl. damit einverstanden ist oder dies beantragt. Die mitteilungspflichtige Stelle kann ihrer Informationspflicht bei im Grunde feststehenden Daten zudem auch schon vor der Datenübermittlung an die FVerw. nachkommen. Macht sie von dieser Möglichkeit keinen Gebrauch, lässt die Gesetzesformulierung es zu, die Information über die Datenübermittlung mit aus anderem Anlass gebotenen Informationen zu verbinden (BT-Drs. 18/7457, 72). Im Hinblick auf die Möglichkeit des Stpfl., nach § 150 VII 2 in der StErklärung von den übermittelten Daten abweichende Angaben zu machen, sollte die Information indessen ebenfalls innerhalb der Frist der Nr. 1 erfolgen (Klein § 93c Rn. 13).

7 **Nr. 4** enthält eine siebenjährige Aufbewahrungsfrist für die mitteilungspflichtigen Daten sowie die zugrunde liegenden Unterlagen unter Verweis auf §§ 146, 147 II, V, VI. Str. ist, ob die Aufbewahrungsfrist auch endet, wenn kurz vor ihrem Ablauf mit einer Ap.

begonnen wird. Dies sollte in Übereinstimmung mit dem Wortlaut nicht der Fall sein, da Nr. 4 nicht auf § 147 III 3 verweist (Klein § 93c Rn. 15; aA Schwarz/Pahlke/Keß § 93c Rn. 20).

Rechtsfolgen. Die übermittelten Daten können zur StFestsetzung beim Stpfl. ausgewertet werden. Bei bereits erfolgter Festsetzung kommt eine Änderung nach §§ 175b, 171 Xa in Betracht. Bei Pflichtverletzung droht nach § 72a IV eine Haftungsinanspruchnahme. 8

III. Ausnahme bei verspäteter Pflichterkennung (Abs. 2)

Nach **Abs. 2** soll die mitteilungspflichtige Stelle Daten nicht übermitteln, wenn sie erst nach sieben auf den Besteuerungszeitraum oder Besteuerungszeitpunkt folgenden Jahren erkennt, dass sie zur Datenübermittlung verpflichtet war. Im Umkehrschluss bleibt sie zur Übermittlung verpflichtet, wenn sie die Verpflichtung früher erkennt. Die Frist orientiert sich an der regelmäßig siebenjährigen Festsetzungsfrist (BT-Drs. 18/7457, 72); die fallbezogen konkrete Verjährung ist nicht entscheidend. 9

IV. Berichtigung der Datenübermittlung (Abs. 3)

Abs. 3 regelt eine Korrekturfrist innerhalb des Siebenjahreszeitraums: Stellt die mitteilungspflichtige Stelle innerhalb des Zeitraums fest, dass die übermittelten Daten unzutreffend waren oder dass ein Datensatz übermittelt wurde, obwohl die Voraussetzungen hierfür nicht vorlagen, muss sie dies unverzüglich durch Übermittlung eines Datensatzes korrigieren oder stornieren. Hierbei ist ein Datensatz nur dann zu stornieren, wenn die Grundlage der Meldung entfallen ist oder Änderungen an Schlüsselfeldern (zB die IdNr. des Stpfl.) vorgenommen werden müssen. Die Grundlage der Meldung ist entfallen, wenn die Meldung irrtümlich oder zu Unrecht erfolgte (BT-Drs. 18/7457, 72 f.). Zu den Rechtsfolgen → Rn. 8; s. zudem Klein § 93c Rn. 22. 10

V. Kontrolle der Datenübermittlung (Abs. 4)

Abs. 4 S. 1 ermächtigt die zuständige Finanzbehörde zu ermitteln, ob die Mitteilungspflicht nach Abs. 1 iVm den StGesetzen erfüllt wird. Von dieser Befugnis ausgenommen ist die Informationspflicht nach Abs. 1 Nr. 3. **Abs. 4 S. 2** stellt klar, dass weitere Ermittlungsrechte unberührt bleiben. 11

VI. Besondere Zuständigkeit (Abs. 5)

Abs. 5 begründet eine besondere Zuständigkeit der nach den StGesetzen für die Entgegennahme der Daten zuständigen Finanzbehörde auch für die Anwendung des Abs. 4 S. 1 und des § 72a IV. 12

VII. Datenschutz (Abs. 6 und 7)

Die **Abs. 6 und 7** dienen der Umsetzung datenschutzrechtlicher Bestimmungen (BT-Drs. 18/7457, 73). Demnach dürfen die übermittelten Daten nur im StVerfahren verwendet werden. Dies schließt mit ein, dass die Daten auch in Veranlagungsverfahren anderer Stpfl. verwendet werden dürfen. Eine Offenbarung nach § 30 IV ist indessen ausgeschlossen (Klein § 93c Rn. 29; Schwarz/Pahlke/Keß § 93c Rn. 31). 13

VIII. Bereichsausnahmen (Abs. 8)

Die Vorschriften der Abs. 1–7 sind nach **Abs. 8** nicht anzuwenden auf die Übermittlungspflichten bei der KiSt zur KapESt und der Altersvorsorgezulage. Ebenfalls gelten sie nicht für Datenübermittlungen gegenüber den Zollbehörden, zwischen FB und von ausländischen öffentlichen Stellen. 14

§ 93d Verordnungsermächtigung

[1] **Das Bundesministerium der Finanzen kann durch Rechtsverordnung mit Zustimmung des Bundesrates bestimmen, dass Daten im Sinne des § 93c vor der erstmaligen Übermittlung für Zwecke der Erprobung erhoben werden, soweit dies zur Entwicklung, Überprüfung oder Änderung von automatisierten Verfahren erforderlich ist.** [2] **Die Daten dürfen in diesem Fall ausschließlich für Zwecke der Erprobung verarbeitet und müssen innerhalb eines Jahres nach Beendigung der Erprobung gelöscht werden.**

Verordnungsermächtigung

1 § 93d ermächtigt das BMF durch Vorordnung mit Zustimmung des BR zu bestimmen, dass Daten iSd § 93c vor der erstmaligen Übermittlung zur Erprobung erhoben werden dürfen. Voraussetzung ist, dass die Übermittlung nicht anonymisierter oder pseudonymisierter Echt-Daten zur Entwicklung, Überprüfung oder Änderung von automatisierten Verfahren der Finanzverwaltung erforderlich ist. In diesem Fall unterliegen die Daten einer engen Zweckbindung und müssen innerhalb eines Jahres nach Beendigung der Erprobung gelöscht werden (BT- Drs. 18/7457, 73). Von der Ermächtigung wurde bislang kein Gebrauch gemacht.

§ 94 Eidliche Vernehmung

(1) [1] **Hält die Finanzbehörde mit Rücksicht auf die Bedeutung der Auskunft oder zur Herbeiführung einer wahrheitsgemäßen Auskunft die Beeidigung einer anderen Person als eines Beteiligten für geboten, so kann sie das für den Wohnsitz oder den Aufenthaltsort der zu beeidigenden Person zuständige Finanzgericht um die eidliche Vernehmung ersuchen.** [2] **Befindet sich der Wohnsitz oder der Aufenthaltsort der zu beeidigenden Person nicht am Sitz eines Finanzgerichts oder eines besonders errichteten Senats, so kann auch das zuständige Amtsgericht um die eidliche Vernehmung ersucht werden.**

(2) [1] **In dem Ersuchen hat die Finanzbehörde den Gegenstand der Vernehmung sowie die Namen und Anschriften der Beteiligten anzugeben.** [2] **Das Gericht hat die Beteiligten und die ersuchende Finanzbehörde von den Terminen zu benachrichtigen.** [3] **Die Beteiligten und die ersuchende Finanzbehörde sind berechtigt, während der Vernehmung Fragen zu stellen.**

(3) **Das Gericht entscheidet über die Rechtmäßigkeit der Verweigerung des Zeugnisses oder der Eidesleistung.**

A. Allgemeines

1 Nach § 92 Nr. 1 kann die FB zur Ermittlung des besteuerungsrelevanten Sachverhalts Auskünfte jeglicher Art von „anderen Personen" als den Beteiligten des Verwaltungsverfahrens einholen. § 94 erlaubt die eidliche Vernehmung dieser Auskunftspersonen und bestimmt die Voraussetzungen für das Beeidigungsersuchen sowie die Zuständigkeit für die Beeidigung. Die Beeidigung selbst richtet sich nach den für das zuständige Gericht geltenden Vorschriften. Ferner enthält § 94 einige **Verfahrensregelungen,** die allerdings nicht vollständig sind. Die Bedeutung der eidlichen Vernehmung ist in der Praxis gering.

2 Die Vorschrift findet Anwendung im gesamten Besteuerungsverfahren einschl. des Rechtsbehelfsverfahren und der Ap., nicht aber im Straf- und Bußgeldverfahren. Sie gilt auch für die **Beeidigung von Sachverständigen** (§ 96 VII 3, 5).

Die vorsätzliche oder fahrlässige Abgabe eines falschen Eides und einer den Eid ersetzenden Bekräftigung sowie die Berufung auf einen früheren Eid oder eine frühere Bekräftigung sind gem. §§ 154, 155, 163 StGB **strafbar.** Ein Eid und eine Bekräftigung sind falsch, wenn die beschworenen oder bekräftigten Tatsachen unwahr sind, maßgebliche Angaben ausgelassen oder unwahre Angaben den Tatsachen hinzugefügt werden. Die aussagende Person kann die Angaben mit strafbefreiender oder strafmildernder Wirkung berichtigen (§ 158 I StGB). 3

B. Handlungsermessen, Ersuchen des Gerichts (Abs. 1)

I. Handlungsermessen, zuständiges Finanzgericht (Abs. 1 S. 1)

1. Begriff des Eides

Ein Eid ist eine Bekräftigung der Richtigkeit der gegebenen Auskunft durch die Auskunftsperson in einem formellen Verfahren. Dem Eid steht die Bekräftigung gleich; diese wählen idR Personen, die aus religiösen Gründen keinen Eid leisten. Die Beeidigung von Auskünften bezweckt – in Anbetracht der Strafbarkeit eines falschen Eides – die erhöhte Glaubhaftigkeit der angegebenen Tatsachen und die Gewähr für die erhöhte Glaubwürdigkeit der Auskunftsperson. Wegen des verfahrensmäßigen Aufwands und der hohen Strafbewehrung des Falscheides macht die FVerw. von § 94 nur im Ausnahmefall Gebrauch. 6

2. Verpflichteter Personenkreis

Die eidliche Vernehmung kommt nur für **„andere Personen"** als den Beteiligten des Verwaltungsverfahrens in Betracht. Beeidet werden kann grds. jede „andere Person", die gem. § 93 zur Auskunftserteilung aufgefordert werden kann. Auf die Handlungsfähigkeit kommt es nicht an (zu den eidesunfähigen Personen → Rn. 20). **Beteiligte** und diejenigen Personen, die wie Beteiligte behandelt werden (→ § 95 Rn. 7) können gem. § 95 aufgefordert werden, eine Versicherung an Eides statt abzugeben. Bei der Beeidigung handelt es sich um eine höchstpersönliche Erklärung; die Auskunftsperson kann sich nicht vertreten lassen (→ § 80 Rn. 26; zum Eidesverweigerungsrecht → Rn. 24). 7

3. Gegenstand des Eides

Der Eid bezieht sich allein auf den Tatsachenvortrag der Auskunftsperson. Nur die Wahrheit von Tatsachen kann bekräftigt werden (Näheres zu inneren Tatsachen und Grundlagen für Bewertungen usw. → § 95 Rn. 8). 8

4. Voraussetzung für das Ersuchen um Beeidigung

§ 94 bestimmt nicht die Voraussetzungen für die Aufforderung zur Auskunftserteilung und damit für die Beeidigung, sondern knüpft an das von der Auskunftsperson erfüllte oder noch zu erfüllende Auskunftsverlangen der FB nach § 93 an (für die Folgen eines rechtswidrigen Auskunftsverlangens und den Rechtsweg → § 93 Rn. 1 ff.). 9

Ultima ratio. Die eidliche Vernehmung kann von der FB nur verlangt werden, wenn sie mit Rücksicht auf die Bedeutung der Auskunft oder zur Herbeiführung einer wahrheitsgemäßen Auskunft **„geboten"** ist. Sie darf nur das allerletzte Mittel zur Sachverhaltsaufklärung sein. Die Beeidigung muss im Hinblick auf die Schwere des Eingriffs bei der Auskunftsperson in angemessenem Verhältnis zur steuerlichen Bedeutung der Auskunft im Besteuerungsverfahren des Beteiligten stehen und für den Ausgang des Verwaltungsverfahrens maßgebend sein. Auch kann die Eidesleistung geboten sein, wenn nach Auffassung der FB die Auskunftsperson ohne Beeidigung nicht die Wahrheit sagt (Schwarz/Pahlke/Keß § 94 Rn. 14). Ob diese Voraussetzungen vorliegen, hat die FB im Wege einer vorweggenommenen Beweiswürdigung zu entscheiden (TK § 94 Rn. 4). Die Voraussetzung des Gebotenseins ist in einem Klageverfahren um die Rechtmäßigkeit des Beeidungsersuchens vom Gericht voll überprüfbar. Vor dem Ersuchen um Beeidigung muss die FB 10 alle Möglichkeiten der Sachverhaltsaufklärung ausgeschöpft haben, zB andere Auskunftspersonen und den Beteiligten erfolglos befragt haben. Die FB hat zunächst, wenn der Erfolg nicht von vornherein ausgeschlossen ist (vgl. Gosch AO § 94 Rn. 6), den Beteiligten zur Abgabe einer eidesstattlichen Versicherung aufzufordern (HHSp § 94 Rn. 16). Die Subsidiaritätsklausel des § 95 I 2, die dem Wortlaut nach einer eidlichen Vernehmung den Vorrang vor der weniger eingriffsintensiven Versicherung an Eides statt einräumt, ist insoweit offensichtlich zu weit formuliert und muss teleologisch reduziert werden (→ § 95 Rn. 15). Es ist indes nicht erforderlich, die Auskunftsperson zunächst zur Abgabe einer unbeeideten Auskunft aufzufordern; die FB kann sogleich um die eidliche Vernehmung ersuchen (BFH 3.10.1979 – IV B 63/79, BStBl. II 1980, 2).

5. Ermessen der Finanzbehörde

13 Ob die FB bei Vorliegen der Voraussetzungen um Beeidigung ersucht, steht in ihrem pflichtgemäßen Ermessen (§ 5). Sie kann auf die Beeidigung verzichten. Die Auskunftsperson und der Beteiligte haben keinen Anspruch auf Beeidigung zu dem Zweck, die Glaubwürdigkeit der Auskunftsperson zu unterstreichen. Für die Einzelheiten → § 95 Rn. 10 ff.

6. Ersuchen an das Gericht

16 Die Abnahme des Eides ist wegen seiner Bedeutung den Gerichten vorbehalten. Die FB ersucht das zuständige Gericht um eidliche Vernehmung. Das Ersuchen ist ein anfechtbarer VA; den Inhalt bestimmt Abs. 2 S. 1 (Näheres → Rn. 19, 26).

7. Zuständiges Finanzgericht

17 Zuständig für die eidliche Vernehmung ist zunächst das für den Wohnsitz (§ 8) oder den Aufenthaltsort (§ 9) der zu beeidenden Person zuständige FG. Das ist das FG, in dessen Bezirk die Auskunftsperson ihren Wohnsitz oder gewöhnlichen Aufenthalt hat.

II. Zuständiges Amtsgericht (Abs. 1 S. 2)

18 Wohnt oder hält sich die zu beeidende Person nicht am Sitz des FG oder eines besonders errichteten (dh auswärtigen) Senats auf, kann die FB nach **pflichtgemäßem Ermessen** das Amtsgericht ersuchen, in dessen Bezirk die Auskunftsperson ihren Wohnsitz oder gewöhnlichen Aufenthalt hat. Bei der Ermessensentscheidung kann die FB zugunsten des FG die größere Sachnähe zur steuerrechtlichen Materie, zugunsten des Amtsgerichts die möglicherweise für die betroffenen Personen (Auskunftsperson, Bevollmächtigte, Beteiligte, Vertreter der FB) bessere Erreichbarkeit und die entstehenden Kosten berücksichtigen (TK § 94 Rn. 6). Mit der Formulierung, das Amtsgericht könne „auch" ersucht werden, zeigt die Vorschrift die grds. Vorrangigkeit des FG auf (Gosch AO § 94 Rn. 15).

C. Inhalt des Ersuchens, Verfahren vor dem Gericht (Abs. 2)

I. Inhalt des Ersuchens (Abs. 2 S. 1)

19 Abs. 2 S. 1 bestimmt den Inhalt des Beeidigungsersuchens nur unvollständig. In dem **schriftlich** zu stellenden Ersuchen muss das Begehren einer eidlichen Vernehmung eindeutig zum Ausdruck kommen. Ferner sind Name und ladungsfähige Anschrift der eidlich zu vernehmenden Person anzugeben. Namen und ladungsfähige Anschriften des oder der Beteiligten sind deshalb zu benennen, weil die Auskunftsperson wissen muss, wer Beteiligter des Besteuerungsverfahrens ist, zu dem unter Eid Auskunft gegeben werden soll (zum Auskunfts- und Eidesverweigerungsrecht → Rn. 24) und der Beteiligte vom Gericht zum Termin zu laden ist (S. 2). Der **Gegenstand der Vernehmung** muss möglichst genau angegeben werden, damit das Gericht eine für die Zwecke der FB sinnvolle Vernehmung durchführen kann. Das StGeheimnis ist zu wahren; die Übersendung der StAkten ist daher

nicht zulässig und nicht erforderlich, weil das Gericht an das von der FB vorgegebene Thema der Vernehmung gebunden ist (vgl. TK § 94 Rn. 7; vgl. Schwarz/Pahlke/Keß § 94 Rn. 22, jew. mwN).

II. Prüfung des Ersuchens durch das Gericht

Das Gericht (FG bzw. Amtsgericht) ist an das Ersuchen gebunden und prüft nicht, ob die Voraussetzungen für die Auskunftserteilung nach § 93 und für die Beeidigung nach Abs. 1 vorliegen. Es hat jedoch darüber zu befinden, ob das Ersuchen den formellen Anforderungen des S. 2 entspricht. Ferner hat es zu entscheiden, ob die zu vernehmende Person **eidesfähig** (→ § 95 Rn. 18) ist und ob diese überhaupt **„Subjekt“** (→ Rn. 7) der eidlichen Vernehmung sein kann oder eine Beeidigung wegen besonderer Hinderungsgründe ausgeschlossen ist (zur Prüfungskompetenz des Gerichts BFH 3.10.1979 – IV B 63/79, BStBl. II 1980, 2; BFH 13.1.1992 – III B 33/91, BFH/NV 1992, 783; BFH 26.9.1995 – VII B 148/95, BFH/NV 1996, 200; Schwarz/Pahlke/Keß § 94 Rn. 24). Entspricht das Ersuchen nicht den Mindesterfordernissen oder darf die Person nicht beeidigt werden, weist das Gericht das Ersuchen durch Beschluss zurück. Die Zurückweisung ist ebenso wie die Stattgabe des Ersuchens, das idR in der Ladung zum Termin zum Ausdruck kommt, mit der **Beschwerde** (§ 128 FGO; § 567 ZPO) angreifbar. Bei Zurückweisung des Ersuchens durch das Gericht haben die FB und der Beteiligte ein Beschwerderecht, bei Stattgabe die Auskunftsperson. Die Beschwerde eines Beschwerdeberechtigten kann nur mit der Rechtswidrigkeit der Entscheidung des Gerichts – im Rahmen seiner Prüfungskompetenz – begründet werden. Hält der Beschwerdeführer das Ersuchen für rechtswidrig, muss er dieses mit Einspruch und Klage anfechten (→ Rn. 26). Das Gericht trifft auch die Entscheidung über das Bestehen eines Auskunfts- und Eidesverweigerungsrechts (Abs. 3). 20

III. Benachrichtigung über den Termin (Abs. 2 S. 2)

Das Gericht bestimmt den Termin zur eidlichen Vernehmung und lädt die zu vernehmende Person. Es benachrichtigt den Beteiligten und die FB, die das Recht auf Teilnahme haben. Teilnehmen dürfen über den Wortlaut des S. 2 hinaus in entsprechender Anwendung des § 95 III 3 auch Bevollmächtigte, Beistände und andere Vertreter der Auskunftsperson und des Beteiligten (→ § 95 Rn. 24). 21

IV. Verfahren der eidlichen Vernehmung

Das Verfahren der eidlichen Vernehmung bestimmt sich nach den für das ersuchte Gericht maßgebenden Bestimmungen. Für das FG gelten § 82 FGO iVm §§ 391 ff., 478 ff. ZPO, 158 FGO. Für das Amtsgericht gelten die Bestimmungen der ZPO unmittelbar. Nach § 391 ZPO iVm § 393 ZPO prüft das Gericht, ob die zu vernehmende Person eidesfähig ist. Gemäß § 392 ZPO erfolgt die Beeidigung nach der Vernehmung über die Sache; die Eidesform geht dahin, dass die betreffende Person beschwört, nach bestem Wissen die reine Wahrheit gesagt und nichts verschwiegen zu haben. Gemäß § 478 ZPO ist der Eid in Person zu leisten. Vor der Leistung des Eides ist die Person gem. § 480 ZPO über die Bedeutung des Eides zu belehren. Die Eidesformel ist in § 481 ZPO aufgeführt. Weitere Bestimmungen befassen sich mit Eidesleistungen in besonderen Fällen. Die Eidesleistung ist, sofern kein Verweigerungsrecht besteht, gem. § 390 ZPO erzwingbar. 22

V. Fragestellung während der Vernehmung (Abs. 2 S. 3)

Während der Vernehmung dürfen die FB und die Beteiligten zur Wahrheitsfindung Fragen an die Auskunftsperson stellen (§ 397 ZPO). 23

D. Auskunfts- und Eidesverweigerungsrecht (Abs. 3)

24 Das Gericht entscheidet darüber, ob die zu vernehmende Person sich zu Recht auf ein Auskunftsverweigerungsrecht nach §§ 101–103 oder ein Eidesverweigerungsrecht nach § 101 II beruft; die Entscheidung ergeht durch Beschluss (§ 158 S. 2 FGO). Vor der Vernehmung ist die Auskunftsperson über ihr Auskunfts- oder Eidesverweigerungsrecht zu belehren.

E. Verfahren und Rechtsschutz

I. Beweiswürdigung, Verwertungsverbot

25 Die FB hat den unter eidlicher Vernehmung bekundeten Sachverhalt frei zu würdigen. Sie ist an den Inhalt der beeideten Auskunft nicht gebunden. Für Einzelheiten wird auf → § 95 Rn. 32 verwiesen. Wenn bei der Beeidigung gegen maßgebliche Verfahrensbestimmungen (zB vorherige Belehrung) verstoßen wurde, ist die Beeidigung nicht zu berücksichtigen (→ § 95 Rn. 33).

II. Rechtsschutz

26 Das Ersuchen der FB auf eidliche Vernehmung ist ein mit Einspruch und Klage anfechtbarer VA (BFH 26.9.1995 – VII B 148/95, BFH/NV 1996, 200). Der Beteiligte braucht vor dem Ersuchen nicht gehört zu werden, denn er kann durch sein Recht auf Teilnahme im Termin seine Rechte wahren (BFH 3.10.1979 – IV B 63/79, BStBl. II 1980, 2). Er ist durch das Ersuchen nicht in seinen Rechten betroffen und kann sich auch gegen ein rechtswidriges Ersuchen nicht mit Erfolg wenden (HHSp § 94 Rn. 36). Die Auskunftsperson kann geltend machen, die Voraussetzungen für ihre eidliche Vernehmung, insb. nach Abs. 1 S. 1, lägen nicht vor.

§ 95 Versicherung an Eides statt

(1) [1]**Die Finanzbehörde kann den Beteiligten auffordern, dass er die Richtigkeit von Tatsachen, die er behauptet, an Eides statt versichert.** [2]**Eine Versicherung an Eides statt soll nur gefordert werden, wenn andere Mittel zur Erforschung der Wahrheit nicht vorhanden sind, zu keinem Ergebnis geführt haben oder einen unverhältnismäßigen Aufwand erfordern.** [3]**Von eidesunfähigen Personen im Sinne des § 393 der Zivilprozessordnung darf eine eidesstattliche Versicherung nicht verlangt werden.**

(2) [1]**Die Versicherung an Eides statt wird von der Finanzbehörde zur Niederschrift aufgenommen.** [2]**Zur Aufnahme sind der Behördenleiter, sein ständiger Vertreter sowie Angehörige des öffentlichen Dienstes befugt, welche die Befähigung zum Richteramt haben.** [3]**Andere Angehörige des öffentlichen Dienstes kann der Behördenleiter oder sein ständiger Vertreter hierzu allgemein oder im Einzelfall schriftlich ermächtigen.**

(3) [1]**Die Angaben, deren Richtigkeit versichert werden soll, sind schriftlich festzustellen und dem Beteiligten mindestens eine Woche vor Aufnahme der Versicherung mitzuteilen.** [2]**Die Versicherung besteht darin, dass der Beteiligte unter Wiederholung der behaupteten Tatsachen erklärt: „Ich versichere an Eides statt, dass ich nach bestem Wissen die reine Wahrheit gesagt und nichts verschwiegen habe".** [3]**Bevollmächtigte und Beistände des Beteiligten sind berechtigt, an der Aufnahme der Versicherung an Eides statt teilzunehmen.**

(4) [1]**Vor der Aufnahme der Versicherung an Eides statt ist der Beteiligte über die Bedeutung der eidesstattlichen Versicherung und die strafrechtlichen Folgen einer unrichtigen oder unvollständigen eidesstattlichen Versicherung zu belehren.** [2]**Die Belehrung ist in der Niederschrift zu vermerken.**

(5) [1]**Die Niederschrift hat ferner die Namen der anwesenden Personen sowie den Ort und den Tag der Niederschrift zu enthalten.** [2]**Die Niederschrift ist dem Beteiligten, der die eidesstattliche Versicherung abgibt, zur Genehmigung vorzulesen oder auf Verlangen zur Durchsicht vorzulegen.** [3]**Die erteilte Genehmigung ist zu vermerken und von dem Beteiligten zu unterschreiben.** [4]**Die Niederschrift ist sodann von dem Amtsträger, der die Versicherung an Eides statt aufgenommen hat, sowie von dem Schriftführer zu unterschreiben.**

(6) **Die Versicherung an Eides statt kann nicht nach § 328 erzwungen werden.**

Vergleichbare Vorschriften: § 27 VwVfG; § 23 SGB X

Übersicht

A. Allgemeines

Nach § 92 Nr. 1 iVm § 93 kann die FB zur Ermittlung des besteuerungsrelevanten Sachverhalts Auskünfte jeglicher Art von den Beteiligten des Verwaltungsverfahrens einholen. § 95 ermächtigt die FB, die Richtigkeit der von den Beteiligten für Zwecke der Besteuerung behaupteten Tatsachen an Eides statt versichern zu lassen. Die Abgabe einer unrichtigen eidesstattlichen Versicherung hat Strafbarkeit zur Folge (→ Rn. 3). § 95 regelt die Voraussetzungen für und das Verfahren bei Abgabe der Versicherung. 1

§ 95 findet Anwendung im gesamten Besteuerungsverfahren einschl. des Rechtsbehelfsverfahrens und der Ap., nicht aber im Straf- und Bußgeldverfahren. § 95 gilt als allg. Verfahrensvorschrift grds. auch im **VollstrVerfahren.** Die FB können nach § 249 II iVm § 95 zur Vorbereitung der Vollstr. die Einkommens- und Vermögensverhältnisse des VollstrSchuldners ermitteln. Sie sind daher auch befugt, diesbezügliche Angaben des VollstrSchuldners an Eides statt – nicht erzwingbar (Abs. 6) – versichern zu lassen. Ein Vorgehen nach dieser Vorschrift hätte keine Eintragung in das Schuldnerverzeichnis zur Folge. 2

Die FB können im VollstrVerfahren jedoch auch nach **§ 284** vorgehen, soweit VollstrMaßnahmen im Anwendungsbereich dieser Vorschrift (Vollstr. in das bewegliche Vermögen) vorgenommen werden. Diese Vorschrift sieht im VollstrVerfahren die Möglichkeit der Abgabe einer erzwingbaren (§ 284 VIII) eidesstattlichen Versicherung hinsichtlich der Richtigkeit des vom VollstrSchuldner erstellten Vermögensverzeichnisses vor; die Abgabe der Versicherung führt zur Eintragung in das Schuldnerverzeichnis. Grds. stehen §§ 95 und 284 gleichwertig nebeneinander; die FB muss nicht als milderes Mittel zuerst die eidesstattliche Versicherung nach § 249 II iVm § 95 fordern. Für die Vollstr. geht § 284 als speziellere Regelung in seinem Anwendungsbereich dem § 95 vor. Die FB darf, auch in Ansehung der schwerer wiegenden Folgen für den VollstrSchuldner, ermessensfehlerfrei die Abgabe der eidesstattlichen Versicherung nach § 284 fordern; das gilt auch dann, wenn der VollstrSchuldner von sich aus freiwillig eine Versicherung an Eides statt nach § 95 anbietet (BFH 24.9.1991 – VII R 34/90, BStBl. II 1992, 57; BFH 12.12.2001 – VII B 318/00, BFH/NV 2002, 617; BFH 7.6.2006 – VII B 273/05, BFH/NV 2006, 1787 mwN; BFH 20.11.2007 – VII B 109/07, BFH/NV 2008, 336; BFH 27.6.2007 – VII B 11/07, BeckRS 2007, 25012033; BFH 12.5.2009 – VII B 210/08, BeckRS 2009, 25015358; → § 284 Rn. 3 mwN).

3 Die vorsätzliche oder fahrlässige Abgabe einer falschen eidesstattlichen Versicherung ist gem. §§ 156, 163 StGB **strafbar.** Eine Versicherung ist falsch, wenn die Tatsachen, deren Richtigkeit versichert wird, unwahr sind, maßgebliche Angaben ausgelassen oder unwahre Angaben den Tatsachen hinzugefügt werden. Der Beteiligte kann die Versicherung mit strafbefreiender oder strafmildernder Wirkung berichtigen (vgl. § 158 I StGB). Eine unter Verstoß gegen die Verfahrensvorschriften (Abs. 2–5) abgegebene falsche eidesstattliche Versicherung führt nicht zur Strafbarkeit.

B. Handlungsermessen, Subsidiarität (Abs. 1)

I. Handlungsermessen (Abs. 1 S. 1)

1. Begriff der eidesstattlichen Versicherung

6 Die Versicherung an Eides statt ist die Bekräftigung der Richtigkeit von Tatsachen durch denjenigen, der die Tatsachen vorgetragen hat, in einem formellen Verfahren. Sie ist als Wahrheitsbezeugung bezüglich einer Auskunft über einen besteuerungsrelevanten Sachverhalt iSd § 93 ein Beweismittel und bezweckt – in Anbetracht der Strafbarkeit einer falschen Versicherung – die erhöhte Glaubhaftigkeit der angegebenen Tatsachen und die Glaubwürdigkeit der Auskunftsperson. Die Abgabe der eidesstattlichen Versicherung wird als letztes Mittel zur Ermittlung des (wahren) Sachverhalts von Amts wegen (§ 88) dem Beteiligten von der FB abverlangt.

2. Verpflichteter Personenkreis

7 Zur Abgabe der eidesstattlichen Versicherung kann nur der **Beteiligte** des Verwaltungsverfahrens (→ § 78 Rn. 7 ff.) aufgefordert werden. Auf die Handlungsfähigkeit (§ 79) des Beteiligten kommt es nicht an (zu den eidesunfähigen Personen s. Abs. 1 S. 3 und → Rn. 18). Ebenso ist zur Abgabe verpflichtet, wer im Verfahren für den Beteiligten handelt. Er wird im Verfahren wie der Beteiligte selbst behandelt, denn er hat die steuerlichen Pflichten des Beteiligten wahrzunehmen (Gosch AO § 95 Rn. 10) und ist nicht „andere Person“ iSd § 93. Zu diesem Personenkreis gehören zB der gesetzliche Vertreter eines minderjährigen Stpfl., der Vermögensverwalter oder der Verfügungsberechtigte (§§ 34, 35). **„Andere Personen“** iSd § 93 können zur Bekräftigung der Richtigkeit ihrer Auskunft gem. § 94 eidlich vernommen werden; ein Beteiligter wird dagegen nicht beeidet. Bei der Versicherung an Eides statt handelt es sich um eine höchstpersönliche Erklärung. Der Beteiligte kann sich deshalb dabei nicht vertreten lassen (→ § 80 Rn. 26).

3. Gegenstand der eidesstattlichen Versicherung

Die Versicherung der Richtigkeit der Auskunft bezieht sich allein auf den **Tatsachenvortrag;** nur dieser ist eines Beweises zugänglich. Innere Tatsachen (zB die Gewinnerzielungsabsicht) sind an sich keines Beweises zugänglich, auf sie lässt sich jedoch von beweisbaren äußeren Tatsachen (Indizien) aus schließen. Die Wahrheit von Beurteilungen und Rechtsauffassungen kann nicht Gegenstand eines Beweises sein (BFH 23.10.2014 – V R 23/13, BStBl. II 2015, 313; Klein § 95 Rn. 6). Bei Bewertungen und Schätzungen kann sich die eidesstattliche Versicherung auf die Bewertungsgrundlagen beziehen. Im konkreten Fall betrifft sie die vom Beteiligten auf ein Auskunftsersuchen hin oder die von ihm selbst behaupteten Tatsachen (Abs. 3 S. 2). 8

4. Voraussetzungen der eidesstattlichen Versicherung

§ 95 bestimmt nicht die Voraussetzungen für die Aufforderung zur Auskunftserteilung und damit für die Abgabe einer eidesstattlichen Versicherung, sondern knüpft an das vom Beteiligten erfüllte Auskunftsverlangen der FB nach § 93 an. 9

5. Ermessen der Finanzbehörde

Hat der Beteiligte eine Auskunft erteilt oder von sich aus Tatsachen vorgetragen, „kann" die FB die Versicherung an Eides statt verlangen. Die FB hat die Entscheidung nach **pflichtgemäßem Ermessen** zu treffen. Bei ihrer Entscheidung muss sie alle maßgeblichen Umstände für und gegen die Abgabe gegeneinander abwägen. Die Versicherung darf nur letztes Mittel zur Erforschung des Wahrheitsgehalts der vorgetragenen Tatsachen sein (S. 2 und → Rn. 15). Sie muss geeignet, notwendig und verhältnismäßig sein. Von der Geeignetheit kann idR ausgegangen werden, es sei denn, die FB macht ihre Entscheidung nicht von der Richtigkeit der fraglichen Tatsache abhängig. Die Versicherung ist nicht notwendig, wenn die FB von der Richtigkeit der betr. Tatsachen bereits überzeugt ist (BFH 24.9.1991 – VII R 34/90, BStBl. II 1992, 57). Sie ist verhältnismäßig, wenn sie – auch in Ansehung ihrer Bedeutung für den Beteiligten (uU Eintragung in das Schuldnerverzeichnis, Strafbarkeit) – für die Sachverhaltsaufklärung angemessen ist (BFH 9.8.2006 – VII B 238/05, BFH/NV 2006, 2227). Die Abgabe der eidesstattlichen Versicherung kann sich verbieten, wenn die FB von der Unwahrheit der vom Beteiligten behaupteten Tatsache überzeugt ist und sich der Beteiligte nur strafbar machen würde (Gosch AO § 95 Rn. 8). 10

Die FB kann trotz Vorliegens der Voraussetzungen und trotz fehlerfreier Ausübung des Ermessens mit dem Ergebnis, die Versicherung verlangen zu dürfen, auf die eidesstattliche Versicherung **verzichten;** es besteht grds. keine Verpflichtung, das letzte Mittel zur Wahrheitsfindung auszuschöpfen und die Versicherung einzuholen. Die FB hat ihren Verzicht bei der Beweiswürdigung zu berücksichtigen (→ Rn. 32). 11

Der Beteiligte hat **keinen Anspruch** darauf, zur Bekräftigung der Richtigkeit der von ihm vorgetragenen Tatsachen die eidesstattliche Versicherung abzugeben. Bietet der Beteiligte die Abgabe der Versicherung von sich aus an, muss die FB darauf nicht eingehen; sie muss dafür jedoch eine Begründung geben. Eine Ablehnung kommt insb. in Betracht, wenn der Beteiligte einfacher zu erbringende Beweismittel (zB Aufzeichnungen, Belege) nicht beibringt, ansonsten seine Mitwirkungspflichten verletzt, die behauptete Tatsache völlig unwahrscheinlich ist oder der Beteiligte als unglaubwürdig bekannt ist (HHSp § 95 Rn. 32 ff.; TK § 95 Rn. 5 mwN). Die Ablehnung des Angebots kann indes ermessensfehlerhaft sein, wenn die FB am Wahrheitsgehalt der Tatsachen zweifelt und andere Beweismittel nicht zur Verfügung stehen, etwa vorzulegende Unterlagen des Beteiligten schuldlos verloren gegangen sind. Die Grenze des Abs. 1 S. 2 braucht bei Anbieten der Versicherung durch den Beteiligten nicht beachtet zu werden (aA TK § 95 Rn. 5, wonach ein Eingehen auf das Angebot des Beteiligten eine an § 95 I zu messende Forderung der FB darstellt; HHSp § 95 Rn. 25). 12

II. Subsidiarität (Abs. 1 S. 2)

15 Abs. 1 S. 2 schränkt das Ermessen der FB dahin gehend ein, dass eine eidesstattliche Versicherung nur gefordert werden „soll", wenn diese das **letzte Mittel** der Wahrheitsfindung ist. Andere Mittel zur Erforschung der Wahrheit dürfen nicht zur Verfügung stehen (Urkunden existieren nicht oder sind verloren gegangen, „andere Personen" iSd § 93 können keine Auskunft geben). Die FB muss ggf. Auskunftspersonen nach § 93 um Auskunft zu ersuchen. Nicht notwendig ist, sie nach § 94 eidlich zu vernehmen, denn die Abnahme des Eides als die höchste Beteuerungsform ist gegenüber der Abnahme der eidesstattlichen Versicherung der schwerere Eingriff und damit das „allerletzte" Mittel zur Wahrheitsfindung; die Subsidiaritätsklausel des § 95 I 2. muss insoweit teleologisch reduziert werden (Gosch AO § 95 Rn. 9; HHSp § 95 Rn. 23; TK § 95 Rn. 4 mwN). Die eidesstattliche Versicherung ist ferner letztes Mittel, wenn andere Mittel zu keinem Ergebnis bei der Sachverhaltsaufklärung geführt haben, also noch Zweifel an der Richtigkeit der für die Besteuerung maßgebenden Tatsachen verblieben sind. Die Versicherung an Eides statt darf verlangt werden, wenn die Sachaufklärung mit anderen Mitteln einen unverhältnismäßigen Aufwand, auch finanzieller Art, erfordert; die FB hat zu beurteilen, ob die Aufklärung mit anderen Mitteln in noch angemessenem Verhältnis zu deren steuerlicher Bedeutung steht. Wie die Formulierung **„soll"** anzeigt, ist die Beachtung des S. 2 nicht zwingend; die FB kann auch – im begründeten Ausnahmefall – eine eidesstattliche Versicherung verlangen, wenn die Voraussetzungen des S. 2 nicht vorliegen. Bei **Verstoß** gegen die das Ermessen einschränkende Regelung des S. 2 ist die Forderung der FB, die Wahrheit der Tatsachen an Eides statt zu versichern, rechtswidrig. Dies berührt die Wirksamkeit der eidesstattlichen Versicherung und ggf. die Strafbarkeit allerdings nicht (TK § 95 Rn. 6 mwN).

III. Eidesunfähige Person (Abs. 1 S. 3)

18 Von eidesunfähigen Personen iSd § 393 ZPO darf die Abgabe der eidesstattlichen Versicherung nicht verlangt werden. Die Vorschrift dient deren Schutz vor Strafbarkeit einer unrichtigen Versicherung an Eides statt. Eidesunfähig sind Personen, die im Zeitpunkt der Abgabe das sechzehnte Lebensjahr noch nicht vollendet haben oder wegen mangelnder Verstandesreife oder wegen Verstandesschwäche von dem Wesen und der Bedeutung des Eides keine genügende Vorstellung haben (§ 60 Nr. 1 StPO). Der die Versicherung aufnehmende Amtsträger hat sich im Zeitpunkt der Abnahme der Versicherung persönlich davon zu überzeugen, dass die Person eidesfähig ist (Schwarz/Pahlke/Keß § 95 Rn. 9). Bei etwaigen sogleich erkennbaren oder nach der Belehrung verbliebenen Zweifeln sollte von der Abnahme abgesehen werden. Die von einer eidesunfähigen Person abgegebene Versicherung ist als einfache Auskunft zu werten (TK § 95 Rn. 2).

C. Niederschrift der eidesstattlichen Versicherung (Abs. 2)

19 **Abs. 2–5** bestimmen im Einzelnen das Verfahren, das bei Abnahme der Versicherung an Eides statt wegen deren herausgehobener Bedeutung zwingend einzuhalten ist. Ein **Verstoß** gegen diese Regelungen hat die Unwirksamkeit der eidesstattlichen Versicherung zur Folge.

20 Nach **Abs. 2 S. 1** wird die Versicherung von der FB zur **Niederschrift** aufgenommen. Die elektronische Form der Aufzeichnung nach § 87a ist damit nicht zulässig. Die Vorschrift bedeutet zugleich, dass die eidesstattliche Versicherung **an Amtsstelle** abzugeben ist. Der Beteiligte muss an dem von der FB zur Abgabe der Versicherung genannten Ort und zu dem bestimmten Zeitpunkt erscheinen; das Erscheinen ist nicht erzwingbar (→ Rn. 31). Das Erfordernis der Niederschrift trägt der Bedeutung der eidesstattlichen Versicherung Rechnung und dient zugleich der Bestimmtheit ihres Inhalts. Im Hinblick

auf die Strafbarkeit einer falschen Versicherung an Eides statt muss eindeutig klar sein, auf welche Tatsache und deren Wahrheit sich die Versicherung bezieht.

Abs. 2 S. 2 und 3 führen abschließend auf, welche Personen auf Seiten der FB zur Aufnahme der Versicherung an Eides statt **befugt** sind. Das Erfordernis der Hinzuziehung eines Schriftführers ergibt sich aus Abs. 5 S. 4. 21

D. Inhalt und Form der eidesstattlichen Versicherung, Teilnahmerecht (Abs. 3)

Nach **Abs. 3 S. 1** müssen die Tatsachen, deren Richtigkeit versichert werden soll, dem Beteiligten **schriftlich** mindestens eine Woche vor der Aufnahme der eidesstattlichen Versicherung mitgeteilt werden. Der Beteiligte soll eindeutige Klarheit über die als richtig zu versichernden Tatsachen haben und sich innerhalb der Frist entscheiden können, ob er die eidesstattliche Versicherung abgibt oder nicht. Der Beteiligte kann auf die Einhaltung der Frist des S. 1 verzichten (Gosch AO § 95 Rn. 13; aA TK § 95 Rn. 8). Die vorherige Mitteilung und die Frist sollen ihn vor übereilten Erklärungen schützen. Der Beteiligte hat die Möglichkeit, die einmal gegebenen Auskünfte noch einmal zu überdenken und ggf. richtigzustellen. 22

Gemäß **Abs. 3 S. 2** muss der Beteiligte die behaupteten Tatsachen ausdrücklich – mündlich – wiederholen. Die Formulierung, mit der die Richtigkeit der Tatsachen an Eides statt versichert wird, ist von Gesetz wegen festgelegt. Sie soll in ihrem **formelhaften Wortlaut** dem Beteiligten die Bedeutung seiner Versicherung und die Ernsthaftigkeit des Vorganges vor Augen führen; geringe Abweichungen von der Formel sind unschädlich (Gosch AO § 94 Rn. 16). Dem Beteiligten soll spätestens mit der Versicherung zweifelsfrei bewusst werden, nach seinem besten Wissen die Wahrheit sagen zu müssen und nichts, was im Zusammenhang mit der fraglichen Tatsache von Bedeutung ist, verschweigen zu dürfen. 23

Abs. 3 S. 3 erlaubt die **Teilnahme** von Bevollmächtigten und Beiständen iSd § 80 bei Aufnahme der eidesstattlichen Versicherung an Amtsstelle. Da der Beteiligte in jedem Stadium des Verfahrens einen Bevollmächtigten oder einen Beistand beiziehen kann (§ 80 I 1, IV 1), hat die Vorschrift lediglich klarstellende Bedeutung. Nicht handlungsfähige Personen (zB eidesfähige Minderjährige) dürfen mit ihren gesetzlichen Vertretern erscheinen. Die Teilnahmeberechtigung dient zum einen dem Schutz des Beteiligten vor übereilten Handlungen, zum anderen der Wahrung der Rechte des Beteiligten gegenüber der FB. Bevollmächtigte und gesetzliche Vertreter sollen die Rechtmäßigkeit des Handelns der FB und die Einhaltung der Verfahrensvorschriften gewährleisten und in Zweifelsfällen überprüfbar machen. 24

E. Belehrung, Niederschrift (Abs. 4)

Gemäß **Abs. 4 S. 1** ist der Beteiligte **vor** Aufnahme der eidesstattlichen Versicherung zu belehren. Er soll diese im Bewusstsein der Strafbarkeit einer falschen Versicherung abgeben. In einem Strafverfahren kann er sich nach der Belehrung nicht auf einen Irrtum über die Strafbarkeit der falschen eidesstattlichen Versicherung berufen. Eine ohne Belehrung abgegebene falsche Versicherung ist nicht strafbar. 25

Nach **Abs. 4 S. 2** ist die Belehrung in der **Niederschrift** zu vermerken. Eine ohne Belehrung aufgenommene eidesstattliche Versicherung ist unwirksam. Die Niederschrift über die Belehrung dient der Rechtssicherheit.

F. Inhalt der Niederschrift (Abs. 5)

27 Gemäß **Abs. 5 S. 1** muss die Niederschrift neben der nach Abs. 4 S. 2 aufzunehmenden Belehrung die Namen der anwesenden Personen sowie Ort und Tag der Niederschrift enthalten. Der Tag der Niederschrift ist mit dem Tag der Aufnahme der eidesstattlichen Versicherung identisch; die Niederschrift darf nicht nachträglich angefertigt werden. Die Niederschrift muss einen Bezug zu den versicherten Tatsachen herstellen (zB durch Verweis auf die nach Abs. 3 S. 1 schriftlich festgestellten und dem Beteiligten bekannt gegebenen Tatsachen) oder sie in der Niederschrift aufnehmen. Verweigert der Beteiligte die Abgabe der eidesstattlichen Versicherung, ist dies ebenfalls in der Niederschrift zu vermerken.

Nach **Abs. 5 S. 2** ist die Niederschrift dem Beteiligten vorzulesen oder zur Durchsicht vorzulegen. Der Beteiligte, der die eidesstattliche Versicherung abgegeben hat, muss Gelegenheit haben, die in die Niederschrift aufgenommenen Tatsachen, deren Richtigkeit er versichert, sowie die einzuhaltenden Formalien überprüfen und ggf. die Niederschrift richtigstellen können. Der Beteiligte hat Anspruch auf Aushändigung einer Abschrift der Niederschrift (vgl. § 93 VI 4).

Nach **Abs. 5 S. 3** ist die vom Beteiligten erteilte Genehmigung der Niederschrift zu vermerken und vom Beteiligten zu unterschreiben.

Ferner ist nach **Abs. 5 S. 4** die Niederschrift von dem Amtsträger, der die eidesstattliche Versicherung aufgenommen hat, und dem Schriftführer zu unterschreiben. Durch die Einhaltung diese Formalien sollen alle Ungewissheiten über Inhalt und Umstände der Abgabe der eidesstattlichen Versicherung vermieden werden. Die Niederschrift ist in dieser Form ggf. für strafrechtliche Zwecke verwertbar.

G. Erzwingbarkeit (Abs. 6)

31 Die Abgabe der eidesstattlichen Versicherung ist **nicht erzwingbar,** die Zwangsmittel des § 328 können nicht angewendet werden. Die FB darf jedoch aus der Weigerung des Beteiligten bei der Beweiswürdigung Schlüsse ziehen (→ Rn. 32).

H. Verfahren und Rechtsschutz

I. Beweiswürdigung

32 Hat der Beteiligte die eidesstattliche Versicherung **abgegeben,** hat die FB deren Inhalt in freier Würdigung des Beweises zu beachten (→ § 88 Rn. 39). Hat sie keine Anhaltspunkte für deren Unrichtigkeit, darf sie von der Wahrheit der behaupteten Tatsachen ausgehen. Nach Abgabe der Versicherung bekanntwerdende Umstände, die nunmehr Zweifel an der Richtigkeit zu begründen vermögen, darf die FB berücksichtigen (TK § 95 Rn. 12). Hat der Beteiligte die eidesstattliche Versicherung **unberechtigt verweigert,** darf die FB dieses Verhalten – zum Nachteil des Beteiligten – würdigen. Sie darf idR von der Unwahrheit der behaupteten Tatsachen ausgehen. Von dem Beteiligten im Besteuerungsverfahren darzulegende und zu beweisende (dh ihn begünstigende) Tatsachen können in diesem Fall als nicht bewiesen angesehen werden. Die FB darf bei Nichterweisbarkeit des für die Besteuerung maßgeblichen Sachverhalts die Besteuerungsgrundlagen schätzen (§ 162 II 1; allgM; AEAO zu § 95; TK § 95 Rn. 12; Schwarz/Pahlke/Keß § 95 Rn. 37 f.). Bei einer **berechtigten Verweigerung** darf die FB keine für den Beteiligten nachteilige Schlüsse ziehen. **Verzichtet** die FB auf die eidesstattliche Versicherung, muss sie den Sachverhalt in Ansehung der Gründe für den Verzicht würdigen. Hat sie das

Angebot des Beteiligten zur Abgabe abgelehnt, darf sie – wenn nicht besondere Gründe eine andere Annahme rechtfertigen – dies nicht zu seinen Lasten werten.

II. Verwertungsverbot

War die Aufforderung zur Abgabe der eidesstattlichen Versicherung **rechtswidrig** oder war das Verfahren nach Abs. 2–5 nicht eingehalten, darf die abgegebene Versicherung als solche nicht verwertet werden. Ein Verwertungsverbot besteht insb. bei gravierenden Verstößen gegen die Verfahrensvorschriften (zB bei unterlassener vorheriger Belehrung). Das gilt auch, wenn sich erst im Nachhinein, etwa nach erfolgreichem Klageverfahren (→ Rn. 34), die Rechtswidrigkeit der Aufforderung herausstellt. Die Auskünfte über Tatsachen, auf die sich die Versicherung bezog, sind als schlichter Vortrag des Beteiligten zu werten und zu würdigen (TK § 95 Rn. 11). 33

III. Rechtsschutz

Die Aufforderung zur Abgabe einer eidesstattlichen Versicherung ist ein **anfechtbarer VA.** Die Aufforderung muss begründet werden. Insb. hat die FB auszuführen, aus welchen Gründen sie das Vorliegen der Voraussetzungen des Abs. 1 S. 2 bejaht (BFH 11.12.1985 – II B 43/85, BFH/NV 1986, 591). Trotz Nichterzwingbarkeit ist der Beteiligte einspruchs- und klagebefugt, weil die FB aus seiner Weigerung Schlüsse zu seinen Lasten ziehen darf. Der Beteiligte kann ferner geltend machen, nicht Beteiligter oder eidesunfähig zu sein (Schwarz/Pahlke/Keß § 95 Rn. 39). Er kann im Wege des einstweiligen Rechtsschutzes gem. § 361 bzw. § 69 FGO die aufschiebende Wirkung seines Einspruchs bzw. seiner Klage erlangen (aA Klein § 95 Rn. 17). 34

§ 96 Hinzuziehung von Sachverständigen

(1) [1]**Die Finanzbehörde bestimmt, ob ein Sachverständiger zuzuziehen ist.** [2]**Soweit nicht Gefahr im Verzug vorliegt, hat sie die Person, die sie zum Sachverständigen ernennen will, den Beteiligten vorher bekannt zu geben.**

(2) [1]**Die Beteiligten können einen Sachverständigen wegen Besorgnis der Befangenheit ablehnen, wenn ein Grund vorliegt, der geeignet ist, Zweifel an seiner Unparteilichkeit zu rechtfertigen oder wenn von seiner Tätigkeit die Verletzung eines Geschäfts- oder Betriebsgeheimnisses oder Schaden für die geschäftliche Tätigkeit eines Beteiligten zu befürchten ist.** [2]**Die Ablehnung ist der Finanzbehörde gegenüber unverzüglich nach Bekanntgabe der Person des Sachverständigen, jedoch spätestens innerhalb von zwei Wochen unter Glaubhaftmachung der Ablehnungsgründe geltend zu machen.** [3]**Nach diesem Zeitpunkt ist die Ablehnung nur zulässig, wenn glaubhaft gemacht wird, dass der Ablehnungsgrund vorher nicht geltend gemacht werden konnte.** [4]**Über die Ablehnung entscheidet die Finanzbehörde, die den Sachverständigen ernannt hat oder ernennen will.** [5]**Das Ablehnungsgesuch hat keine aufschiebende Wirkung.**

(3) [1]**Der zum Sachverständigen Ernannte hat der Ernennung Folge zu leisten, wenn er zur Erstattung von Gutachten der erforderlichen Art öffentlich bestellt ist oder wenn er die Wissenschaft, die Kunst oder das Gewerbe, deren Kenntnis Voraussetzung der Begutachtung ist, öffentlich zum Erwerb ausübt oder wenn er zur Ausübung derselben öffentlich bestellt oder ermächtigt ist.** [2]**Zur Erstattung des Gutachtens ist auch derjenige verpflichtet, der sich hierzu der Finanzbehörde gegenüber bereit erklärt hat.**

(4) **Der Sachverständige kann die Erstattung des Gutachtens unter Angabe der Gründe wegen Besorgnis der Befangenheit ablehnen.**

(5) **Angehörige des öffentlichen Dienstes sind als Sachverständige nur dann zuzuziehen, wenn sie die nach dem Dienstrecht erforderliche Genehmigung erhalten.**

(6) **Die Sachverständigen sind auf die Vorschriften über die Wahrung des Steuergeheimnisses hinzuweisen.**

(7) **[1]Das Gutachten ist regelmäßig schriftlich zu erstatten. [2]Die mündliche Erstattung des Gutachtens kann zugelassen werden. [3]Die Beeidigung des Gutachtens darf nur gefordert werden, wenn die Finanzbehörde dies mit Rücksicht auf die Bedeutung des Gutachtens für geboten hält. [4]Ist der Sachverständige für die Erstattung von Gutachten der betreffenden Art im Allgemeinen beeidigt, so genügt die Berufung auf den geleisteten Eid; sie kann auch in einem schriftlichen Gutachten erklärt werden. [5]Anderenfalls gilt für die Beeidigung § 94 sinngemäß.**

Vergleichbare Vorschriften: § 65 VwVfG iVm. §§ 402 ff. ZPO

I. Allgemeines

1 § 92 Nr. 2 ist Rechtsgrundlage für die Zuziehung eines Sachverständigen zu Beweiszwecken. § 96 regelt als Ausführungsbestimmung – unsystematisch – das Verfahren bei Zuziehung. Die Vorschrift stimmt im Wesentlichen mit den für andere Verwaltungsverfahren geltenden Bestimmungen und den Prozessordnungen überein (zB §§ 402 ff. ZPO, zum Finanzprozess §§ 82, 88 FGO); sie enthält ergänzend besondere Regelungen wegen der Besonderheiten des steuerrechtlichen Verfahrens. Soweit § 96 keine Bestimmungen enthält sind §§ 402 ff. ZPO heranzuziehen. § 96 findet **Anwendung** im gesamten Besteuerungsverfahren einschl. des Rechtsbehelfsverfahrens und der Ap., jedoch nicht in Straf- und Bußgeldverfahren.

II. Handlungs- und Auswahlermessen, Anhörung (Abs. 1)

1. Begriff, Rechtsstellung und Aufgabe des Sachverständigen

6 Ein Sachverständiger ist eine Person, die über besondere Sachkunde auf einem oder mehreren bestimmten Fachgebieten verfügt. Er ist Beweismittel der FB bei Feststellung und Würdigung des steuerlich relevanten Sachverhalts. Als Sachverständiger kommt grds. jede natürliche Person in Betracht. Der Sachverständige steht außerhalb der FVerw. Er ist damit von der FB rechtlich unabhängig und insb. nicht weisungsunterworfen. Der Sachverständige hat im Rahmen des von der FB erteilten Auftrags ein **Gutachten** zu erstellen (Abs. 7). Über Tatsachen, die der Wahrnehmung zugänglich sind, erteilen idR der Beteiligte und die Auskunftspersonen iSd § 93 Auskunft. Der Sachverständige hat dagegen idR aufgrund der festgestellten Tatsachen die seinem Fachgebiet entsprechenden Wertungen vorzunehmen oder Schlüsse zu ziehen und ggf. die FB bei der rechtlichen Würdigung zu unterstützen, soweit es dabei auf besondere Sach- und Fachkunde ankommt (HHSp § 96 Rn. 4). Im Einzelfall kann der Sachverständige auch mit der Feststellung von Tatsachen betraut werden, die die FB nicht anderweitig ermitteln kann, zB medizinische Befunde, baulicher Zustand eines Gebäudes, Ermittlung der wertbildenden Faktoren von Wertsachen, physikalische und chemische Zustände. Der Sachverständige erstellt sein Gutachten idR aufgrund der ihm von der FB überlassenen Akten. Die ggf. eigene Feststellung von Tatsachen geschieht durch Einnahme des Augenscheins gem. §§ 98 II, 99 I, 100 I 2. Der Sachverständige muss das Gutachten eigenständig, unparteiisch und nach bestem Wissen und Gewissen erstellen.

2. Handlungs- und Auswahlermessen (Abs. 1 S. 1)

9 Abs. 1 S. 1 wiederholt inhaltlich § 92 Nr. 2 und stellt die zu treffenden Entscheidungen, ob ein Sachverständiger und welcher Sachverständige zugezogen wird, in das pflichtgemäße **Ermessen** (§ 5) der FB. Das Handlungsermessen, dh die Entscheidung über das Ob der

Zuziehung, hat sich am Untersuchungsgrundsatz des § 88 zu orientieren. Die FB muss sich nicht eines unabhängigen Sachverständigen bedienen, wenn die Bediensteten über hinreichende eigene Sachkunde verfügen (BFH 31.8.1994 – X R 170/93, BFH/NV 1995, 299; BFH 17.1.1996 – XI R 62/95, BFH/NV 1996, 527). IdR wird ein Sachverständiger dann zuzuziehen sein, wenn die FB den steuerrelevanten Sachverhalt nicht durch eigene Bedienstete ermitteln oder überprüfen oder werten lassen kann. Das ist der Fall, wenn für die Ermittlung des Sachverhalts oder dessen Beurteilung besondere Fachkenntnisse erforderlich sind. Sieht die FB von der Zuziehung eines Sachverständigen ab und beruft sie sich auf eigene Sachkunde, über die die Bediensteten erfahrungsgemäß nicht verfügen, so hat die FB dem Beteiligten ihre Erkenntnisquellen anzugeben (vgl. BFH 14.12.1976 – VIII R 76/75, BStBl. II 1977, 474; BFH 21.2.1980 – V R 146/73, BStBl. II 1980, 283 (286)). Das eigene Gutachten der FB ist im Verwaltungsverfahren und im Finanzprozess Parteigutachten und nicht Beweismittel (BFH 31.8.1994 – X R 170/93, BFH/NV 1995, 299).

Das **Auswahlermessen** bezieht sich auf die Person des Sachverständigen. Die FB wird nach pflichtgemäßem Ermessen denjenigen Sachverständigen auswählen, der aller Voraussicht nach den Auftrag in Anbetracht seiner Sachkunde oder anderer persönlicher Merkmale am besten ausführen kann. Die FB darf auch Kostengesichtspunkte berücksichtigen (BFH 11.8.1989 – III B 15/89, BFH/NV 1990, 304). Die FB sollte schon bei der Auswahl beachten, ob möglicherweise ein Verweigerungsrecht des Sachverständigen (→ Rn. 23) oder hinsichtlich seiner Person die Besorgnis der Befangenheit gegeben ist (→ Rn. 14 ff.). 10

3. Anhörung des Beteiligten (Abs. 1 S. 2)

Vor der Ernennung hat die FB den Beteiligten (§ 78) die Person des Sachverständigen bekannt zu geben. Der Beteiligte soll rechtzeitig prüfen können, ob in der Person des Sachverständigen ein Grund für die Besorgnis der Befangenheit vorliegt und er von seinem Ablehnungsrecht nach Abs. 2 Gebrauch machen will. Eine vorherige Anhörung ist nicht erforderlich, wenn **Gefahr im Verzug** vorliegt. Das ist der Fall, wenn bei Anhörung der Eintritt einer Sachlage zu besorgen wäre, bei der ein Schaden eintreten würde, zB bei Anhörung ein Zeitverlust eintreten würde, der mit hoher Wahrscheinlichkeit zur Folge hätte, dass der Zweck der Einholung eines Sachverständigengutachtens nicht mehr erreicht werden könnte (→ § 29 Rn. 5). 13

III. Ablehnung wegen Besorgnis der Befangenheit (Abs. 2)

Abs. 2 S. 1 des Abs. 2 gibt dem Beteiligten ein Recht zur Ablehnung des Sachverständigen wegen **Besorgnis der Befangenheit.** Abgelehnt werden kann bei Vorliegen von Gründen, die geeignet sind, Zweifel an der Unparteilichkeit des Sachverständigen zu rechtfertigen. Die Zweifel sind gerechtfertigt, wenn sich aus objektiv feststellbaren Tatsachen die subjektiv vernünftige Besorgnis ergibt, dass der Sachverständige nicht unvoreingenommen und sachgemäß tätig wird, sondern sich von sachfremden Erwägungen leiten lässt (Näheres und Beispiele → § 83 Rn. 7 ff.). Ein Ablehnungsgrund liegt ferner vor, wenn von der Tätigkeit des Sachverständigen eine **Verletzung von Geschäfts- oder Betriebsgeheimnissen oder ein Schaden** für die geschäftliche Tätigkeit des Beteiligten zu befürchten ist. Wie bei der Besorgnis der Befangenheit müssen objektive Tatsachen die Befürchtung rechtfertigen. Das kann der Fall sein, wenn der Sachverständige in derselben Branche wie der Beteiligte tätig ist oder im Geschäftsleben mit ihm gar in Wettbewerb tritt (TK § 96 Rn. 9). Allein der Umstand, dass der Sachverständige bei seiner Tätigkeit die genannten Geheimnisse erfährt, reicht im Hinblick auf seine Verschwiegenheitspflicht (Abs. 6) nicht aus. Kein Ablehnungsgrund ist die vom Beteiligten vorgebrachte mangelnde Sach- und Fachkunde des Sachverständigen, denn der Beteiligte kann im Nachhinein etwaige Fehler des Gutachtens – evtl. mittels Vorlage eines von ihm selbst eingeholten Gutachtens – darlegen (BFH 13.8.1987 – VIII B 67/86, BFH/NV 1988, 167; BFH 11.8.1989 – III B 15/89, BFH/NV 1990, 304). Der Beteiligte hat ein **eigenständiges** 14

Ablehnungsrecht. Grund hierfür ist die große Bedeutung, die der Zuziehung des Sachverständigen für die Aufklärung des Sachverhalts bzw. der tatsächlichen oder rechtlichen Würdigung seiner Feststellungen zukommt. Das Ablehnungsrecht ist entspr. § 84 ausgestaltet (→ § 84 Rn. 7 ff.).

15 **Abs. 2 S. 2** nennt eine Frist, innerhalb der der Beteiligte der FB gegenüber die Ablehnung erklären und die Ablehnungsgründe geltend und glaubhaft machen muss. Die Ablehnung muss unverzüglich, dh ohne schuldhaftes Zögern nach Benennung der Person des Sachverständigen, jedoch spätestens innerhalb von zwei Wochen erfolgen. Die Frist beginnt mit der Bekanntgabe der Person des Sachverständigen nach Abs. 1 S. 2 oder mit der Kenntnis des Beteiligten. Mit der Regelung soll verhindert werden, dass der Beteiligte sein Ablehnungsgesuch erst stellt, wenn das Gutachten für ihn ungünstig ausgefallen ist.

16 **Abs. 2 S. 3** erklärt eine spätere Ablehnung für zulässig, wenn der Beteiligte glaubhaft macht, er habe die Ablehnungsgründe nicht innerhalb der Frist des S. 2 geltend machen können. Ein solcher Fall liegt zB vor, wenn erst während der Tätigkeit des Sachverständigen Tatsachen für die Annahme der Besorgnis der Befangenheit eintreten oder dem Beteiligten bekannt werden.

17 **Abs. 2 S. 4** bestimmt die Zuständigkeit für die Entscheidung über das Ablehnungsgesuch. Zum Rechtsschutz → Rn. 34.

18 **Abs. 2 S. 5.** Da das Ablehnungsgesuch keine aufschiebende Wirkung hat, hindert es die FB nicht, den Sachverständigen zu ernennen; dieser darf seine Tätigkeit aufnehmen, durchführen und abschließen. Dadurch soll eine Zeitverzögerung, die die Tätigkeit des Sachverständigen erschweren oder unmöglich machen würde, verhindert werden. Solange über das Ablehnungsgesuch nicht rechtskräftig entschieden ist, darf die FB das Gutachten nicht verwerten (BFH 17.2.1987 – IX R 172/84, BStBl. II 1987, 501). Stellt sich im Nachhinein heraus, dass der Beteiligte den Sachverständigen zu Recht abgelehnt hat, gilt hinsichtlich seines Gutachtens ein Verwertungsverbot.

IV. Verpflichtung zur Erstattung des Gutachtens (Abs. 3)

21 Der Sachverständige darf bei Vorliegen der Voraussetzungen des Abs. 3 (zB öffentliche Bestellung) die Erstattung des Gutachtens nicht ablehnen. Alle anderen Personen brauchen sich nicht als Sachverständige zur Verfügung zu stellen und dürfen die Erstattung ohne Angabe von Gründen ablehnen. Die Erstellung des Gutachtens darf auch nicht ablehnen, wer sich der FB gegenüber bereit erklärt hat.

V. Eigene Ablehnung durch den Sachverständigen (Abs. 4)

23 Ist der Sachverständige der Auffassung, in seiner Person lägen die Gründe für die Besorgnis der Befangenheit vor, kann er die Erstattung des Gutachtens ablehnen. Er hat die Gründe anzugeben und glaubhaft zu machen. Für die Gründe wird auf die Erl. zu → § 83 Rn. 7 ff. verwiesen. Über das Vorliegen der Ablehnungsgründe entscheidet die FB. In der Regel wird sie den Sachverständigen nicht ernennen oder von dem bereits erteilten Auftrag entbinden, weil der Wert des Gutachtens für Beweiszwecke bei einer vom Sachverständigen selbst angenommenen mangelnden Unparteilichkeit fraglich wäre. Ein Recht auf Verweigerung der Gutachtenerstellung besteht ferner unter den Voraussetzungen des § 104 (→ Rn. 33).

VI. Angehörige des öffentlichen Dienstes (Abs. 5)

24 Auch Angehörige des öffentlichen Dienstes können als Sachverständige zugezogen werden, zB Beamte des Katasteramtes für die Begutachtung und Wertermittlung von Grundstücken, Amtsärzte zur Begutachtung von ggf. handlungsunfähigen Personen. Sie dürfen nur ernannt werden, wenn sie die nach dem jeweiligen Dienstrecht erforderliche Genehmigung ihres Dienstherrn erhalten. Die Genehmigung hat insbesondere Bedeutung,

wenn das Gutachten im Rahmen einer genehmigungspflichtigen Nebentätigkeit abgegeben wird.

VII. Verschwiegenheitspflicht (Abs. 6)

Abs. 6 weist besonders darauf hin, dass auch Sachverständige das StGeheimnis nach § 30 zu wahren haben. Sie sind ausdrücklich auf diese Pflicht hinzuweisen. Regelmäßig wird die Belehrung zusammen mit der Ernennung erfolgen. Sie ist entbehrlich, wenn der Sachverständige regelmäßig für die FB tätig wird und er seine Pflichten zweifelsfrei kennt. 25

VIII. Erstattung des Gutachtens (Abs. 7)

Abs. 7 S. 1 bestimmt, dass das Gutachten regelmäßig schriftlich zu erstatten ist; die elektronische Form nach § 87a ist zulässig. Die Schriftform dient der Rechtssicherheit hinsichtlich des vom Sachverständigen zugrunde gelegten Sachverhalts bzw. der von ihm getroffenen Feststellungen, Wertungen und Schlussfolgerungen. Der Beteiligte kann zu einem schriftlichen Gutachten angemessener Stellung nehmen als zu einem mündlichen, weil das gesprochene Wort über einen längeren Zeitraum hinweg in Vergessenheit geraten oder sein Sinn sich in der Erinnerung verändern kann. Ob das Gutachten schriftlich oder mündlich (S. 2) zu erstatten ist, entscheidet die FB nach pflichtgemäßem Ermessen. Inhaltlich muss sich das Gutachten auf die von der FB gestellten Fragen beziehen sowie den zugrunde liegenden Sachverhalt und die Erkenntnisquellen erkennen lassen. Es muss insgesamt verständlich abgefasst sein. **Abs. 7 S. 2** ermöglicht in geeigneten Fällen die mündliche Erstattung des Gutachtens. Nach **Abs. 7 S. 3** kann eine Beeidigung des Gutachtens nach § 94 nur in besonderen Fällen gefordert werden. Die FB bestimmt nach pflichtgemäßem Ermessen, ob das Gutachten von solch großer Bedeutung für die Besteuerung des Beteiligten ist, dass eine Beeidigung erforderlich erscheint. Das dürfte nur im Ausnahmefall zu bejahen sein, wenn etwa der Beteiligte die für die Besteuerung ausschlaggebenden tatsächlichen Feststellungen des Sachverständigen substantiiert bestreitet. Für die vom Sachverständigen ggf. vorzunehmenden Wertungen dürfte eine Beeidigung nicht in Betracht kommen, da es sich bei ihnen um Beurteilungen im Rahmen eines Beurteilungsspielraums handelt, die keinem Wahrheitsbeweis unterliegen. **Abs. 7 S. 4** erlaubt die Beeidigung des Gutachtens in der Form, dass sich der Sachverständige auf einen im Allg. für die Erstattung von Gutachten der betr. Art geleisteten Eid beruft. Der Sachverständige kann sich im schriftlichen Gutachten auf seine Beeidigung berufen. **Abs. 7 S. 5** bestimmt für die Beeidigung im Einzelfall die sinngemäße Anwendung des § 94. 26

IX. Weitere Bestimmungen für Sachverständige

Gemäß **§§ 98 II, 99, 100 I 2** dürfen Sachverständige bei der angeordneten Augenscheinseinnahme zugegen sein und Grundstücke und Räume betreten sowie Wertsachen in Augenschein nehmen. **§ 104 I** erlaubt Personen, die ein Auskunftsverweigerungsrecht nach §§ 101–103 haben, die Erstattung von Gutachten zu verweigern. Ein von der FB zugezogener Sachverständiger kann daher die Gutachtenerstattung verweigern, wenn er Angehöriger des Beteiligten oder Berufsträger iSd § 102 ist oder sich selbst oder einen Angehörigen der Gefahr der Verfolgung wegen einer Straftat oder einer Ordnungswidrigkeit aussetzen würde. **§ 107** bestimmt die Entschädigung des Sachverständigen (zu Einzelheiten s. LfSt Bayern 20.8.2014, BeckVerw 289168). 33

X. Rechtsschutz

Der **Sachverständige** kann gegen seine Ernennung, ein VA, Einspruch einlegen und Klage erheben mit der Begründung, die Voraussetzungen für seine Zuziehung lägen nicht vor oder er habe ein Auskunftsverweigerungsrecht bzw. das Recht, die Erstattung des Gutachtens nach § 104 zu verweigern. Eine Anfechtung der Ernennung durch den **Betei-** 34

ligten ist mangels Rechtsschutzbedürfnisses ausgeschlossen, weil ihn die Ernennung nicht in eigenen Rechten berührt. Gegen die Ergebnisse des Gutachtens und die Umsetzung im Besteuerungsverfahren kann sich der Beteiligte nur mit der Anfechtung der StBescheide wehren. Die Ablehnung eines Ablehnungsgesuchs nach Abs. 2 kann dagegen gesondert angegriffen werden.

III. Beweis durch Urkunden und Augenschein

§ 97 Vorlage von Urkunden

(1) [1]**Die Beteiligten und andere Personen haben der Finanzbehörde auf Verlangen Bücher, Aufzeichnungen, Geschäftspapiere und andere Urkunden zur Einsicht und Prüfung vorzulegen.** [2]**Im Vorlageverlangen ist anzugeben, ob die Urkunden für die Besteuerung des zur Vorlage Aufgeforderten oder für die Besteuerung anderer Personen benötigt werden.** [3]**§ 93 Absatz 1 Satz 2 und 3 gilt entsprechend.**

(2) [1]**Die Finanzbehörde kann die Vorlage der in Absatz 1 genannten Urkunden an Amtsstelle verlangen oder sie bei dem Vorlagepflichtigen einsehen, wenn dieser einverstanden ist oder die Urkunden für eine Vorlage an Amtsstelle ungeeignet sind.** [2]**§ 147 Absatz 5 gilt entsprechend.**

I. Allgemeines

1 § 97 regelt die Vorlage der beweiserheblichen Urkunden durch Beteiligte und Dritte. Die Vorschrift ist eine Konkretisierung der in § 90 normierten Mitwirkungspflicht des Beteiligten und ergänzt § 93 im Hinblick auf Mitwirkungspflichten der am Verfahren nicht beteiligten Personen. Urkunden sind nach § 92 Nr. 3 Beweismittel, die die FB zur Ermittlung des Sachverhalts beiziehen kann, wenn sie dies nach pflichtgemäßem Ermessen für erforderlich hält (BT-Drs. VI/1982, 135). Mit G v. 26.6.2013 (BGBl. 2013 I 1809) ist die Vorschrift redaktionell (Abs. 1) und inhaltlich (Aufhebung des ursprünglichen Abs. 2 geändert worden (→ Rn. 2, 10 ff.). Die Vorschrift gilt im gesamten Besteuerungsverfahren einschl. Rechtsbehelfsverfahren. Bei der Ap. geht die Spezialnorm des § 200 vor (FG Münster 18.8.2014 – 6 V 1932/14 AO, EFG 2014, 1936; Klein § 97 Rn. 1). Im StStraf- und Bußgeldverfahren findet § 97 keine Anwendung. Besondere Vorschriften über die Vorlage von Urkunden finden sich in EinzelStGesetzen.

2 **Rechtsentwicklung.** Mit G v. 26.6.2013 (BGBl. 2013 I 1809) hat § 97 mWv 30.6.2013 eine maßgebliche Änderung erfahren. Abs. 1 wurde im Wortlaut dem § 93 I angepasst. Hinsichtlich des neuen Abs. 1 S. 1 und 2 ergeben sich indes keine inhaltlichen Änderungen. Im neuen S. 3 wird die Verweisung auf die Regelung in § 93 I 3 erweitert. Dritte sollen erst dann zur Vorlage von Urkunden angehalten werden, wenn die Sachverhaltsaufklärung durch die Beteiligten nicht zum Ziel führt oder keinen Erfolg verspricht. Dies entspricht dem datenschutzrechtlichen Grundsatz, Daten im Regelfall zuerst beim Betroffenen zu erheben (BT-Drs. 17/10000, 78). Daraus ergibt sich für den Regelfall eine gewisse Subsidiarität, die sich aber allein auf die Person des Vorlagepflichtigen bezieht und nicht auf den ursprünglich in Abs. 2 angeordneten Vorrang des Auskunftsersuchens gegenüber dem Vorlageverlangen. Die Aufhebung des ursprünglichen Abs. 2 ist Folge des Urteils des BFH 24.2.2010 – II R 57/08, BStBl. II 2011, 5. Der BFH hatte entschieden, dass für die Besteuerung von Bankkunden das Kreditinstitut auf der Grundlage des § 97 wegen der in Abs. 2 angeordneten Subsidiarität erst dann zur Vorlage von Kontoauszügen aufgefordert werden darf, wenn eine vorherige Auskunft nach § 93 erfolglos geblieben ist, also die Auskunft nicht erteilt wurde, diese unzureichend war oder Bedenken gegen die Richtigkeit bestanden. Mit der Aufhebung des Abs. 2 wird das aus Sicht der FVerw. aufwändige „doppelte" Verfahren beseitigt. Das Auskunftsersuchen nach § 93 und das Vorlageverlangen nach § 97 stehen nunmehr als gleichwertige Ermittlungsinstrumente nebeneinander.

Es bleibt jedoch dabei, dass die FB im Einzelfall in Ausübung ihres Ermessens und unter Berücksichtigung des Verhältnismäßigkeitsgrundsatzes entscheiden muss, welches Ermittlungsinstrument sie als Beweismittel einsetzen will (BT-Drs. 17/10000, 78). Der ehemalige Abs. 3 wird zu Abs. 2.

II. Vorlagepflicht (Abs. 1)

1. Urkunden

Urkunden sind **schriftliche oder auf Bild- oder Datenträger festgehaltene Gedankenerklärungen,** die allg. oder für Eingeweihte verständlich sind, den Urheber erkennen lassen und die zum Beweis einer rechtlich erheblichen Tatsache geeignet sind (FG Münster 22.8.2000 – 6 K 2712/00, EFG 2001, 4 zu betriebsinternen Kostenstellenplänen; BFH 13.2.1968 – GrS 5/67, BStBl. II 1968, 365 zu Vorstands- und Aufsichtsratsprotokollen; BFH 17.3.1982 – II B 58/81, BStBl. II 1982, 510 zu Handakten eines Notars). Als Beispiele für Urkunden führt Abs. 1 Bücher, Aufzeichnungen und Geschäftspapiere an (§ 147). Wie die Formulierung „und anderen Urkunden" zeigt, ist die Aufzählung nicht abschließend. Zu den Urkunden gehören auch etwa Bilanzen, behördliche Schriftstücke, private Fahrtenbücher, Kontoauszüge, statistische Unterlagen für betriebsinterne Zwecke, Spendenbescheinigungen (weitere Beispiele TK § 97 Rn. 2). Für die Urkundseigenschaft ist nicht erforderlich, dass das Schriftstück zu Beweiszwecken angefertigt wurde (Gosch AO § 97 Rn. 4). Ein Datenträger, auf dem Informationen gesammelt sind, stellt zwar selbst keine Urkunde dar; zur Vorlage bei der FB müssen diese Informationen aber in Urkundenform gebracht, zB ausgedruckt, werden (Abs. 3 S. 2 iVm § 147 V; Einzelheiten → § 147 Rn. 33 ff.). Umstritten ist, ob sich die Vorlagepflicht nur auf solche Urkunden bezieht, für die eine gesetzliche Aufbewahrungspflicht besteht (TK § 97 Rn. 5 mwN insb. zu privaten Kontoauszügen; Gosch AO § 97 Rn. 4). § 97 erfasst indes nach seinem Wortlaut jede verfügbare Urkunde, und zwar auch die, zu deren Erstellung und Aufbewahrung keine Pflicht besteht (BFH 10.5.2001 – I S 3/01, BFH/NV 2001, 957 zu Aufzeichnungen über vGA und unter Hinweis auf die Beschaffungspflicht im Rahmen des § 90 II bei Sachverhalten mit Auslandsbezug). Die FB hat nach pflichtgemäßem Ermessen zu entscheiden, ob sie die nicht aufzubewahrende Urkunde anfordern soll (→ Rn. 18). So mag es sich aus Gründen der Verhältnismäßigkeit verbieten, etwa zur Ermittlung von Kapitalerträgen ohne konkreten Anhaltspunkt private Bankkontoauszüge aus mehreren Jahren anzufordern; vorlagepflichtige Urkunden sind die Auszüge gleichwohl. **Keine Urkunden** sind Objekte des Augenscheins, auch wenn sie Gedankenerklärungen verkörpern, wie zB Filme, Bilder, Markierungen (§ 98). Eine Urkunde muss einen **Beweiswert** haben; aus ihr muss also als Gedankenerklärung eine Tatsache als Teil des aufklärungsbedürftigen Sachverhalts zu entnehmen sein. 3

§ 97 betrifft nur das **reine Vorlageverlangen.** Es liegt nur dann vor, wenn die FB die vorzulegenden Unterlagen so konkret und eindeutig benennt, dass sich die geforderte Tätigkeit auf rein mechanische Hilfstätigkeiten wie das Heraussuchen oder Lesbarmachen der angeforderten Unterlagen beschränkt. Setzt die Vorlage eine Ermittlung und Zusammenstellung der maßgebenden Unterlagen durch den Verpflichteten voraus, liegt ein **kombiniertes Auskunfts- und Vorlageersuchen** vor (BFH 24.2.2010 – II R 57/08, BStBl. II 2011, 5 zur konkreten Bezeichnung des Bankkontos, für das die Bank Kontoauszüge vorlegen soll). Bei einem kombinierten Auskunfts- und Vorlageverlangen überlässt die FB den in Anspruch Genommenen zu ermitteln, ob und ggfs. welche Unterlagen vorhanden sind, die der FB vorgelegt werden müssen, und gibt auf, die erbetenen Unterlagen nach abstrakten Vorgaben zusammenzustellen. In diesem Fall müssen auch die Voraussetzungen des § 93 erfüllt sein (BFH 8.8.2006 – VII R 29/05, BStBl. II 2007, 80). Nur bei einem kombinierten Verlangen bestand ein Anspruch auf Kostenerstattung (→ § 107 Rn. 13). Mit der Aufhebung des Abs. 2 und Änderung des § 107 mit Wirkung vom 30.6.2013 (→ Rn. 2) hat die Rspr. des BFH an Bedeutung verloren. 4

2. Inhalt der Vorlagepflicht

6 Vorzulegen sind vom Grundsatz her die Urkunden im **Original,** denn nur ihnen kommt Beweiswert zu (BFH 10.9.2003 – X B 132/02, BFH/NV 2004, 495). Die FB kann sich jedoch mit Fotokopien begnügen (FG Hessen 16.9.1982 – X 74/82, EFG 1983, 217). Von einer fremdsprachigen Urkunde kann eine deutsche Übersetzung verlangt werden (§ 87 II). Die Verpflichtung besteht nicht gegenüber einer nicht am Verfahren beteiligten Person (TK § 97 Rn. 3; so auch Klein § 97 Rn. 9). Die Pflicht, für die Verwertung in einem fremden Besteuerungsverfahren eine Übersetzung anzufertigen, widerspricht dem Verhältnismäßigkeitsgrundsatz. Die Vorlagepflicht bezieht sich nur auf Urkunden, die sich in der Verfügungsmacht des Verpflichteten befinden, denn das Vorlageverlangen muss erfüllbar sein. Hat der Verpflichtete gegen einen Dritten einen Herausgabeanspruch, muss er diesen geltend machen; anderenfalls setzt er sich dem Vorwurf der Beweisvereitelung und der Verletzung der Mitwirkungspflichten aus (TK § 97 Rn. 4 mwN). Die FB kann sich auch direkt an den Dritten wenden (→ Rn. 8). § 97 ist keine Rechtsgrundlage für die Pflicht, Urkunden herzustellen oder aufzubewahren; diese Verpflichtung ergibt sich aus anderen Vorschriften der AO oder aus anderen Gesetzen. Die FB darf die Urkunden bei Vorlage an Amtsstelle vorübergehend an sich nehmen, im Übrigen nur einsehen und prüfen, nicht jedoch endgültig behalten. Sie darf sie zur Einsicht und Prüfung auch einem Sachverständigen vorlegen. Der zur Vorlage Verpflichtete hat keinen Anspruch auf Prüfung der Urkunde in seinem oder seines Bevollmächtigten Beisein (TK § 97 Rn. 8 mwN). Nach §§ 101–106 bestehen zugunsten bestimmter Personen bzw. bei Vorliegen bestimmter Voraussetzungen **Vorlageverweigerungsrechte.**

3. Verpflichteter

7 Die Vorlage der Urkunde kann von dem am Verfahren Beteiligten (§ 78) sowie von anderen Personen, also Dritten, verlangt werden. Beteiligter oder Dritter kann auch eine juristische Person oder ein anderes beteiligungsfähiges Gebilde sein, handelnd durch ihren gesetzlichen Vertreter oder durch besonders Beauftragte (§ 79 I Nr. 3). Nach der Verweisung in Abs. 1 S. 2 auf § 93 I 2 gilt die Verpflichtung auch für nicht rechtsfähige Vereinigungen, Vermögensmassen, Behörden und Betriebe gewerblicher Art der Körperschaften des öffentlichen Rechts. Näheres zum Personenkreis s. § 93. Der Dritte hatte bei einem reinen Vorlageverlangen keinen Kostenerstattungsanspruch nach § 107. Durch Änderung der Vorschrift erhalten ab 30.6.2013 auch Vorlagepflichtige eine Entschädigung (→ Rn. 4). Zur Herausgabe von Buchführungsunterlagen durch den steuerlichen Berater s. FG Berlin-Brandenburg 13.4.2007, DStR 2008, 966.

4. Subsidiarität (Abs. 1 S. 3)

8 S. 3 bestimmt unter Verweis auf § 93 I 3, dass zunächst der Beteiligte zur Vorlage aufzufordern ist und nur unter bestimmten Voraussetzungen sich die FB vorrangig an den Dritten wenden kann. Es wird auf die Erl. zu § 93 I 3 verwiesen.

III. Ort der Vorlage (Abs. 2 nF)

14 **Abs. 2 S. 1** nF (→ Rn. 2) enthält Bestimmungen darüber, an welchem Ort die FB die Vorlage der Urkunden verlangen kann. Das Gesetz geht davon aus, dass die Vorlage der Urkunden an Amtsstelle dem Interesse des Verpflichteten am besten entspricht. Stimmt der Verpflichtete zu oder sind die Urkunden zur Vorlage an Amtsstelle nicht geeignet, kann sie auch die Einsichtnahme beim Verpflichteten verlangen. Die Urkunden sind zur Vorlage nicht geeignet, wenn sie einen großen Umfang haben (wie etwa die gesamten Buchführungsunterlagen), wegen ihrer Gestalt oder ihres Inhalts nicht zum Transport in Frage kommen oder wegen ihres Wertes (Papiere über Geschäftsgeheimnisse, antiquarische Bücher) nicht aus der Hand gegeben werden sollen. Sind die Urkunden zur Vorlage an Amtsstelle nicht geeignet, ist die Zustimmung des Verpflichteten zu der Einsichtnahme bei sich nicht erforderlich. Verweigert er die Einsichtnahme bei sich, zB in seiner Wohnung

oder in seinen Geschäftsräumen, kann die FB den Zutritt nicht erzwingen; § 99 gilt hier nicht. Die FB kann die Weigerung bei der Beweiswürdigung zu Ungunsten des Stpfl. würdigen. Aus Abs. 3 lässt sich auch die Verpflichtung herleiten, bei einer Ap. dem Prüfer Unterlagen zur Fertigung von Kopien zu überlassen, wenn nicht besondere Umstände dem entgegenstehen. Die FB hat bei der Wahl des Vorlageortes ihr pflichtgemäßes Ermessen unter Beachtung der Interessen des Verpflichteten auszuüben. So sind etwa auch die Kosten für den Transport, die der Verpflichtete zu tragen hat, zu berücksichtigen. **Abs. 2 S. 2** nF verweist auf § 147 V, wonach der Vorlageverpflichtete auf Datenträger gespeicherte Daten auf seine Kosten lesbar machen muss (→ Rn. 3 und → § 147 Rn. 33 ff.).

IV. Weitere Voraussetzungen für das Vorlageverlangen, Ermessen

Abgesehen von den in Abs. 1 und 2 geregelten Einschränkungen (→ Rn. 10 f., 14) ist 18
das Vorlageverlangen an keine weiteren Voraussetzungen gebunden. Ob die FB eine Urkunde zur Vorlage anfordert und an welchen Verpflichteten sie ihre Aufforderung richtet, bestimmt sie unter Beachtung der Verhältnismäßigkeit und nach ihrem pflichtgemäßen Ermessen. Es sind nur diejenigen Urkunden anzufordern, die für die Zwecke der Besteuerung benötigt werden. Jedes Übermaß ist zu vermeiden. In der Praxis werden sich Streitigkeiten darüber, ob ein Vorlageverlangen rechtmäßig ist, ganz überwiegend auf die Ermessensausübung beziehen.

V. Verfahren und Rechtsschutz

Die Aufforderung zur Vorlage einer Urkunde ist ein VA, der gesondert mit Einspruch 21
und Klage anfechtbar ist und der Gegenstand eines Antrags auf Aussetzung der Vollziehung sein kann (vgl. FG Münster 16.8.2011 – 11 V 1844/11 AO, BeckRS 2011, 96729).

Das Begehren der FB muss hinreichend bestimmt sein. So muss zB bezeichnet werden, wer welche Urkunde an welchem Ort vorlegen soll. Das Vorlageverlangen ist zu begründen. Dabei ist zur Wahrnehmung der Rechte des Verpflichteten gem. **Abs. 1 S. 2** anzugeben, ob die Urkunde für die Besteuerung des Aufgeforderten oder eines Dritten benötigt wird. Die Ermessensausübung ist zu begründen. Die Vorlage an Amtsstelle kann nach §§ 328 ff. erzwungen werden (FG Münster 22.8.2000 – 6 K 2712/00, EFG 2001, 4). Gegebenenfalls darf das FA die Besteuerungsgrundlagen bei Nichtvorlage des Beweismittels schätzen.

§ 98 Einnahme des Augenscheins

(1) **Führt die Finanzbehörde einen Augenschein durch, so ist das Ergebnis aktenkundig zu machen.**

(2) **Bei der Einnahme des Augenscheins können Sachverständige zugezogen werden.**

Schrifttum: Wenzig, Der Augenschein, StBp 1991, 149.

I. Allgemeines

Die Einnahme des Augenscheins ist Beweismittel (§ 92 S. 2 Nr. 4). § 98 enthält be- 1
sondere Verfahrensvorschriften. Über die Voraussetzungen für eine Augenscheinseinnahme sagt die Vorschrift nichts aus (→ Rn. 3). Erfordert die Augenscheinseinnahme das Betreten von Grundstücken und Räumen oder die Vorlage von Wertsachen, enthalten §§ 99, 100 insoweit ergänzende Regelungen. § 98 gilt im gesamten Besteuerungsverfahren einschl. Rechtsbehelfsverfahren. Bei der Ap. geht § 200 III vor. Diese Vorschrift befasst sich mit dem Betreten der Geschäftsräume und der Besichtigung des Betriebs im Rahmen einer Ap. Im StStraf- und Bußgeldverfahren gilt § 98 nicht, wohl aber im Rahmen der StFahndung (vgl. § 208). Zur Beweiserhebung kommt die Einnahme des Augenscheins

allg. zur Klärung des Sachverhalts in Betracht. So lässt sich häufig nur durch Besichtigung sicher feststellen, wie zB ein Arbeitszimmer eingerichtet ist, in welchem Zustand ein abzuschreibendes Wirtschaftsgut ist oder wie sich bestimmte Geschehensabläufe darstellen; auch die Feststellung des Kassenbestands geschieht durch Augenscheinseinnahme (Wenzig StBp 1991, 149 mit weiteren Beispielen).

II. Augenschein

2 Die Augenscheinseinnahme als Beweismittel bezieht sich auf ein bestimmtes Beweisthema, das vor der Beweiserhebung festgelegt sein muss. Eine Betriebsbesichtigung zur Gewinnung eines allg. Eindrucks ist daher keine Augenscheinseinnahme (§ 200). Die **Einnahme** des Augenscheins ist die sinnliche Wahrnehmung von Eigenschaften oder dem Zustand einer Sache, einer Person oder von Vorgängen bzw. Geschehensabläufen. Die Definition ist weit zu fassen. Augenschein ist ferner nicht nur die optische, sondern auch die geschmackliche, geruchsmäßige, gefühlsmäßige und akustische Wahrnehmung. So kann etwa durch Augenschein festgestellt werden, ob von einer Anlage Emissionen in Form von Gerüchen oder Wärme ausgehen. **Objekte** des Augenscheins sind alle Sachen und Vorgänge, Sachen aber nur, wenn sie keine Urkunden, also schriftliche Gedankenerklärungen, sind. In Bezug auf Urkunden geht § 97 vor (→ § 97 Rn. 3). Die Existenz einer Urkunde wird zwar durch Augenschein nach § 98 festgestellt, ihr gedanklicher Inhalt kann jedoch nur in Anwendung des § 97 ermittelt werden. Datenträger sind dem Augenschein zugängliche Objekte, ihr – nach § 97 III 2 lesbar gemachter – Inhalt wird durch Vorlage der Urkunde festgestellt. Personen können Objekte des Augenscheins sein, soweit sie nicht als Subjekt im Verwaltungsverfahren oder als Auskunftspersonen handeln, sondern es auf ihre wahrnehmbaren Eigenschaften ankommt.

III. Voraussetzungen für die Augenscheinseinnahme, Ermessen

3 Ob die FB zur Beweiserhebung den Augenschein einnimmt, steht gem. § 92 in ihrem pflichtgemäßen Ermessen. Besondere Voraussetzungen müssen nur in den Fällen der §§ 99, 100 erfüllt sein. Sie muss erforderlich, geeignet, verhältnismäßig und, soweit der Beteiligte oder ein Dritter mitwirken muss, für diesen erfüllbar und zumutbar sein. Die Einnahme des Augenscheins dürfte idR erst dann in Betracht kommen, wenn sich der Sachverhalt nicht mit anderen Mitteln, etwa durch Auskunft des Beteiligten nach § 93, mit hinreichender Sicherheit aufklären lässt. Zwingend ist dies aber nicht. Die Bestimmung des Orts der Augenscheinseinnahme steht, soweit er sich nicht aus der Eigenart des Objekts selbst ergibt, im Ermessen der FB. Soll der Augenschein an Amtsstelle eingenommen werden, muss der Verpflichtete das Objekt auf seine Kosten beibringen. Insoweit gelten dieselben Erwägungen wie bei der Vorlage von Urkunden (→ § 97 Rn. 14). Von der Augenscheinseinnahme ist ein am Verfahren **nicht beteiligter Dritter** betroffen, wenn sich zB die zu besichtigende Sache in seinem Gewahrsam befindet oder er selbst Objekt des Augenscheins ist. Dem Recht der FB auf Augenscheinseinnahme steht die **Duldungspflicht** auf Seiten eines am Verfahren Beteiligten oder eines Dritten gegenüber. Die Duldungspflicht kann sich aus §§ 90, 93, ggf. ergänzt durch §§ 99, 100, ergeben.

IV. Niederschrift über die Augenscheinseinnahme (Abs. 1)

4 Zu Beweiszwecken sind der Verlauf und das Ergebnis der Augenscheinseinnahme durch die FB zu protokollieren; das Protokoll ist zu den Akten zu nehmen. Das zeitnah anzufertigende Protokoll dient der Sicherung der Erkenntnisse sowie der Wahrung der Rechte des Beteiligten, denn bevor die Ergebnisse der Augenscheinseinnahme im Besteuerungsverfahren verwertet werden, muss sich der Beteiligte zu dem Verlauf und den Ergebnissen äußern können.

V. Zuziehung von Sachverständigen (Abs. 2)

IdR nehmen die Bediensteten der FB den Augenschein ein. Sofern ein Sachverhalt von ihnen nicht beurteilt werden kann, bietet sich die Zuziehung von Sachverständigen an (§ 96). Ob dies geschieht, steht im pflichtgemäßen Ermessen der FB. Der Beteiligte hat keinen Anspruch auf Zuziehung eines Sachverständigen, kann dies jedoch anregen. Ein Sachverständiger muss teilnehmen, wenn er auf der Grundlage der Ergebnisse der Augenscheinseinnahme ein Gutachten anfertigen soll. Der Beteiligte hat grds. keinen Anspruch darauf, bei der Augenscheinseinnahme selbst oder vertreten durch einen Bevollmächtigten zugegen zu sein. Zur unmittelbaren Wahrung rechtlichen Gehörs ist die Teilnahme des Beteiligten zweckmäßig; sie dürfte nur in besonderen Fällen zu versagen oder nicht sinnvoll sein. Auf jeden Fall hat der Beteiligte oder der Dritte ein Recht auf Teilnahme, wenn er duldungspflichtig ist, etwa sich die zu besichtigende Sache in seinem Gewahrsam befindet. 5

VI. Verfahren und Rechtsschutz

Die Aufforderung an den Beteiligten oder einen Dritten, die Einnahme des Augenscheins zu dulden, ist ein VA, der mit Einspruch und Klage anfechtbar ist. Der VA ergeht schriftlich oder mündlich. Er muss hinreichend bestimmt das Objekt des Augenscheins, Datum und Ort der Augenscheinseinnahme benennen; bei mündlichem VA muss dies erkennbar sein. In der Praxis wird häufig die mündliche Aufforderung, evtl. auch sinngemäß, sachgerecht sein und zB in dem Begehren des Amtsträgers bei einer Augenscheinseinnahme, sich noch ein anderes Objekt ansehen zu wollen, zum Ausdruck kommen. Die Ausübung des Ermessens ist zu begründen. Vor der Aufforderung sollte der Beteiligte oder der Dritte gehört werden, wenn nicht besondere Gründe entgegenstehen. Die Anhörung, die vorherige Aufforderung und insb. die Nennung von Datum und Objekt können sich verbieten, wenn die Ankündigung der Maßnahme die Sachverhaltsaufklärung vereiteln oder verfälschen würde. Der VA auf Duldung der Augenscheinseinnahme ist an den Beteiligten und ggf. an den Dritten zu richten, wenn sich das Objekt im Gewahrsam des Dritten befindet oder er sonst von der Augenscheinseinnahme betroffen ist (→ Rn. 3). Er hat die Augenscheinseinnahme grds. in seinem Beisein zu dulden (§ 93), wenn er sie nicht nach den besonderen Vorschriften der §§ 99, 100 verweigern darf. Zur Teilnahme des duldungspflichtigen Beteiligten oder Dritten → Rn. 5. Dem Dritten fehlt idR für den Rechtsschutz das Rechtsschutzinteresse, weil nicht seine Besteuerung betroffen ist. Denkbar ist aber ein Vorgehen des Dritten gegen die Art und Weise der Augenscheinseinnahme unter Verletzung seiner Rechte. Der Beteiligte kann den VA umfassend anfechten. Die Augenscheinseinnahme bzw. deren Duldung kann mit den Zwangsmitteln des §§ 328 ff. erzwungen werden. Bei unrechtmäßiger Weigerung, die Augenscheinseinnahme zu dulden, kann das FA die für den Beteiligten günstige und von ihm zu beweisende Tatsache als nicht erwiesen ansehen; ggf. darf das FA die Besteuerungsgrundlagen schätzen. Ein aufgrund einer Augenscheinseinnahme ergangener StBescheid ist bei Verstoß gegen §§ 98 ff. nicht nichtig (FG Niedersachsen 15.4.2010 – 10 K 11283/09, BeckRS 2010, 26030236 mwN). 6

§ 99 Betreten von Grundstücken und Räumen

(1) [1]**Die von der Finanzbehörde mit der Einnahme des Augenscheins betrauten Amtsträger und die nach den §§ 96 und 98 zugezogenen Sachverständigen sind berechtigt, Grundstücke, Räume, Schiffe, umschlossene Betriebsvorrichtungen und ähnliche Einrichtungen während der üblichen Geschäfts- und Arbeitszeit zu betreten, soweit dies erforderlich ist, um im Besteuerungsinteresse Feststellungen zu treffen.** [2]**Die betroffenen Personen sollen angemessene Zeit vorher benachrichtigt werden.** [3]**Wohnräume dürfen gegen den Willen des Inhabers nur zur**

Verhütung dringender Gefahren für die öffentliche Sicherheit und Ordnung betreten werden.

(2) **Maßnahmen nach Absatz 1 dürfen nicht zu dem Zweck angeordnet werden, nach unbekannten Gegenständen zu forschen.**

Schrifttum: Anders, Kontrollbesuche durch den „Flankenschutzfahnder", DStR 2012, 1779; Urban, Das ausschließlich beruflich/betrieblich genutzte häusliche Arbeitszimmer – eine höchstrichterliche Illusion, DStZ 2016, 747.

A. Allgemeines

1 Weil das Eindringen in das befriedete Besitztum des Beteiligten oder eines Dritten eine besondere Belastung für den Betroffenen darstellt und darüber hinaus die Unverletzlichkeit der Wohnung gem. Art. 13 GG Verfassungsrang hat, ist die Befugnis der FB zum Betreten von Grundstücken und Räumen und anderen Einrichtungen durch § 99 geregelt und begrenzt. Die Vorschrift ergänzt § 98 und enthält besondere Voraussetzungen für die Einnahme des Augenscheins zu Beweiszwecken. § 99 gilt im gesamten Besteuerungsverfahren; für die Ap. geht § 200 III als Spezialregelung vor, soweit Grundstücke und Betriebsräume betreten und besichtigt werden sollen. Im VollstrVerfahren gibt § 287 und im Rahmen der StAufsicht § 210 zT weitergehende Rechte. Im StStraf- und Bußgeldverfahren gilt § 99 nicht, wohl aber im Rahmen der StFahndung (§ 208).

2 Aus dem Betretungsrecht nach § 99 folgt noch kein Recht zur Vorlage von Urkunden (OVG Greifswald 9.11.2018 – 1 K 180/15, NVwZ 2019, 896; Klein § 99 Rn. 1).

B. Betreten von Grundstücken und Räumen (Abs. 1)

I. Voraussetzungen für die Augenscheinseinnahme, Ermessen

3 § 99 normiert nicht die Voraussetzungen für die Rechtmäßigkeit der Augenscheinseinnahme. Die Entscheidung der FB über die Einnahme des Augenscheins ist ein VA und steht in ihrem pflichtgemäßen Ermessen (→ § 98 Rn. 3, 6). Die Duldung zum Betreten von Grundstücken und Räumen darf nur angeordnet werden, wenn die Voraussetzungen des § 98 vorliegen. Zu Kontrollbesuchen der StFahndung s. BFH 22.12.2006 – VII B 121/06, BStBl. II 2009, 839.

II. Voraussetzungen für das Betreten (Abs. 1 S. 1)

1. Berechtigter und verpflichteter Personenkreis

4 **Abs. 1 S. 1** erlaubt den mit der Einnahme des Augenscheins betrauten Amtsträgern (§ 7), der für die Beweiserhebung zuständigen FB und den nach §§ 96, 98 zugezogenen Sachverständigen das Betreten der in S. 1 genannten Objekte. Der Sachverständige darf das Objekt auch allein betreten, die gleichzeitige Anwesenheit eines Amtsträgers der FB ist nicht erforderlich. Ein Amtsträger der Aufsichtsbehörde darf nur mit Zustimmung des Betroffenen (das ist der Duldungsverpflichtete) betreten. Die den Augenschein einnehmenden Personen sollten sich vor Betreten legitimieren, um jeden Anschein des unbefugten Betretens zu vermeiden.

5 Zur **Duldung verpflichtet** ist der Inhaber der tatsächlichen Sachherrschaft, also der unmittelbare Besitzer iSd § 854 BGB. Dies kann der Beteiligte oder auch ein Dritter sein (→ Rn. 11). Die Duldungspflicht ergibt sich aus Abs. 1 S. 1 und ergänzt die dem Beteiligten obliegenden Mitwirkungspflichten. Der Besitzer des Grundstücks bzw. der Räume als Duldungsverpflichteter (zB selbstnutzender Eigentümer, Mieter, Pächter) darf an der Augenscheinseinnahme teilnehmen. Ist der am Verfahren Beteiligte nicht der Besitzer, hat er kein Anwesenheitsrecht; grds. begründet auch die Eigentümerstellung allein kein Teil-

nahmerecht (BT-Drs. VI/1982, 136). Die Teilnahme des Beteiligten ist jedoch idR zweckmäßig; die FB hat darüber nach pflichtgemäßem Ermessen zu entscheiden (→ § 98 Rn. 5). Personen, die nicht Gewahrsamsinhaber des zu betretenden und in Augenschein zu nehmenden Objekts sind, sind nicht zur Duldung des Betretens ihres Grundstücks oder ihrer Räume verpflichtet. So braucht ein Dritter das Betreten seines Grundstücks nicht zu dulden, wenn von dort aus das Nachbargrundstück besichtigt werden soll (Gosch AO § 99 Rn. 8). Zur **VA-Qualität** des Betretens und der Besichtigung von Räumen usw. → Rn. 17.

2. Objekte des Betretungsrechts

Grundstücke sind begrenzte Teile der Erdoberfläche einschl. der Gewässer. Räume sind von allen Seiten umschlossene Objekte; auf Bewohnbarkeit oder sonstige Nutzbarkeit kommt es nicht an. Ob es sich um Privat- oder Geschäftsräume handelt, ist unerheblich. Zu der Besonderheit bei Betreten von Wohnräumen und insb. häuslichen Arbeitszimmern → Rn. 13. Schiffe sind Wasserfahrzeuge im weiteren Sinne und werden wie Grundstücke und Räume behandelt. Auf ihren Zweck oder ihre Größe kommt es nicht an. Um Probleme bei der Abgrenzung zu Grundstücken und Räumen zu vermeiden, sind in S. 1 **umschlossene Betriebsvorrichtungen** und **ähnliche Einrichtungen** aufgenommen worden (BT-Drs. VI/1982, 136). Dies sind zB Maschinenräume, Bergwerksstollen, Tiergehege und andere umschlossene Gebilde, die an sich nicht zum Betreten durch Menschen geeignet sind, sowie ähnliche Einrichtungen (zB Brücken, Hochspannungsmasten, Abwassersysteme; TK § 99 Rn. 3). 6

3. Zeitpunkt

Zur Wahrung der Interessen des Besitzers ist das Betreten nur zu der üblichen Geschäfts- und Arbeitszeit gestattet, in Absprache mit dem Duldungsverpflichteten jedoch auch zu anderen Zeiten erlaubt. Die Dienstzeit des Amtsträgers oder des Sachverständigen ist nicht von Bedeutung. Ein Betreten darf während der üblichen Geschäfts- und Arbeitszeit idR nicht zur Unzeit erfolgen. Auf die Belange des Duldungsverpflichteten sollte weitgehend Rücksicht genommen werden, also etwa ein Büro nicht gerade während einer Geschäftsbesprechung mit unbeteiligten Geschäftspartnern betreten werden (s. aber BFH 22.12.2006 – VII B 121/06, BStBl. II 2009, 839 zu Kontrollbesuchen der StFahndung). Wohnräume dürfen nach S. 3 gegen den Willen des Inhabers ohnehin nur im Ausnahmefall betreten werden; deshalb muss der Zeitpunkt in aller Regel zuvor vereinbart werden (→ Rn. 13). 7

4. Erforderlichkeit

Das Betreten der fraglichen Objekte kommt nur in Betracht, wenn die Augenscheinseinnahme, die mittels des Betretens durchgeführt werden soll, zu Beweiszwecken erfolgt und geeignet ist, also zu steuerlich relevanten Erkenntnissen führen kann. Ferner muss das Betreten unabdingbar für die Augenscheinseinnahme sein, dh, dass ohne Betreten die Einnahme des Augenscheins nicht stattfinden kann. Mit dieser Bestimmung kommt der allg. Grundsatz zum Ausdruck, dass der Beweis nicht auf eine andere, den Verpflichteten weniger belastende Weise erhoben werden kann. 8

III. Benachrichtigung des Betroffenen (Abs. 1 S. 2)

Die rechtzeitige vorherige Benachrichtigung des Betroffenen dient zur Wahrung seiner Rechte. Betroffener ist der unmittelbare Besitzer, dh die Person, die ein Besitzrecht an dem Objekt hat, die es tatsächlich nutzt oder eine sonstige tatsächliche Verfügungsbefugnis hat (AEAO zu § 99; → Rn. 5). Da dies der Duldungsverpflichtete ist, ist ihm gegenüber ohnehin die Duldung der Augenscheinseinnahme und des Betretens durch VA anzuordnen (zum bloßen Betreten und Besichtigen aber → Rn. 17). Die Ankündigung, die idR mit der Anordnung verbunden wird, bedeutet, dass dem Betroffenen Datum und Uhrzeit vorher mitzuteilen sind, falls dies nicht aus besonderen Gründen unterbleiben kann 11

(→ § 98 Rn. 6). Soll der Beteiligte, der nicht Besitzer ist, an der Augenscheinseinnahme teilnehmen, ist auch er zu benachrichtigen. Das Betreten des Objekts durch den Beteiligten hängt in diesem Fall von der Zustimmung des Besitzers ab; diese kann durch die FB nicht erzwungen werden.

12 Die Benachrichtigungspflicht gilt auch bei der Besichtigung durch sog. Flankenschützer (Fahndungsprüfer, die andere Außendienstbeamte unterstützen; BFH 12.7.2022 – VIII R 8/19, BFH/NV 2022, 1266; Klein § 99 Rn. 6; Anders DStR 2012, 1779 (1782 f.)).

IV. Betreten von Wohnräumen (Abs. 1 S. 3)

13 In Anbetracht des verfassungsrechtlichen Schutzes der Wohnung durch Art. 13 GG dürfen Wohnräume grds. nur mit Zustimmung des Besitzers betreten werden. Abs. 1 S. 3 ist ein Gesetz iSd Art. 13 VII GG, mit dem zur Verhütung dringender Gefahren für die öffentliche Sicherheit und Ordnung die Unverletzlichkeit der Wohnung eingeschränkt wird. **Wohnräume** sind Räume einschl. Hausgärten, die der privaten Lebensführung dienen. Unter den Wohnungsbegriff des Art. 13 GG fallen zudem Geschäfts- und Betriebsräume, die allerdings einen geringeren verfassungsmäßigen Schutz genießen (BVerfG 13.10.1971 – 1 BvR 280/66, BVerfGE 32, 54; BFH 4.10.1988 – VII R 59/86, BStBl. II 1989, 55). Ein Betreten der Wohnräume gegen den Willen des Wohnungs- bzw. Rauminhabers ist nur zur „Verhütung dringender Gefahren für die öffentliche Sicherheit und Ordnung" zulässig ist. **Dringende Gefahr** ist gegeben, wenn ohne Abwehr dieser Gefahr wesentliche Rechtsgüter verletzt würden (vgl. BVerfG 13.2.1964 – 1 BvL 17/61 ua., BVerfGE 17, 232). Die materiell zutr. Besteuerung ist Bestandteil der öffentlichen Ordnung; sie stellt ein Rechtsgut dar. In Anbetracht des hohen Stellenwerts der Unverletzlichkeit der Wohnung muss bei evtl. unzutr. Besteuerung wegen Verweigerung des Betretens von Wohnräumen differenziert werden: Liegen keine Besonderheiten vor, die die unzutr. Besteuerung als schlechterdings nicht hinnehmbar erscheinen lassen (zB Hinweise auf StHinterziehung oder erhebliche steuerliche Auswirkungen), kann das verletzte Rechtsgut nicht als „wesentlich" angesehen werden (Klein § 99 Rn. 9; aA Schwarz/Pahlke/Keß § 99 Rn. 7, der dem Interesse der Allgemeinheit an einer rechtmäßigen Besteuerung Vorrang vor dem Individualinteresse einräumt, S. 3 aber erst nach Ausschöpfung aller anderen Beweismittel anwendet; diff. nach der steuerlichen Auswirkung Gosch AO § 99 Rn. 27 und HHSp § 99 Rn. 24; s. auch TK § 99 Rn. 4).

13a Das ausschließlich beruflich oder betrieblich genutzte **häusliche Arbeitszimmer** ist kein Wohnraum (HHSp § 99 Rn. 25; TK § 99 Rn. 6). Da der Zugang idR jedoch das Betreten anderer Wohnräume (zumindest eines Haus- oder Wohnungsflurs) voraussetzt, kann auch das Arbeitszimmer nicht ohne Zustimmung des Beteiligten betreten werden (Klein § 99 Rn. 10; aA TK § 99 Rn. 6; HHSp § 99 Rn. 26). Soweit es um die Geltendmachung für die Aufwendungen im Zusammenhang mit dem häuslichen Arbeitszimmer handelt, kann sich die Weigerung zulasten des insoweit feststellungsbelasteten Stpfl. auswirken. Angesichts der Möglichkeit, auf andere Beweismittel zurückzugreifen (zB datierte Fotos), wird ein Betreten des Arbeitszimmers zur Sachverhaltsaufklärung aber idR schon nicht erforderlich (und damit auch unzulässig) sein (vgl. TK § 99 Rn. 6). Keineswegs gibt es aber eine allgemeine Regel, nach der (insb. mit Blick auf steuererhöhende Tatsachen, für die die FB die Feststellungslast trägt) die Weigerung des Stpfl. oder gar eines Dritten, Zutritt zu seinen Wohnräumen zu gewähren, iRd Beweiswürdigung zulasten des Stpfl. zu berücksichtigen ist (vgl. hierzu Gosch AO § 99 Rn. 26; aA FG Niedersachen 9.3.1993 – VII 314/90, EFG 1994, 182 (rkr.)).

C. Ausforschungsverbot (Abs. 2)

16 Abs. 2 stellt ausdrücklich klar, dass das Betreten von Grundstücken und Räumen nicht angeordnet werden darf, um nach unbekannten Gegenständen zu forschen. Besondere

Befugnisse im Rahmen der StAufsicht bestehen nach § 210 II im Hinblick auf Schmuggelwaren oder nicht ordnungsgemäß versteuerte verbrauchsteuerpflichtige Waren. Eine Durchsuchung im Rahmen eines StStrafverfahrens richtet sich nach den Vorschriften der StPO. Unter Verletzung von Abs. 2 erlangte Erkenntnisse unterliegen einem Beweisverwertungsverbot.

D. Verfahren und Rechtsschutz

Es ist zu differenzieren, ob die Räume usw. im Rahmen eines üblichen Besuchs zum **17**
Zweck der Feststellung des Sachverhalts betreten und besichtigt, oder ob weitergehende Handlungen vorgenommen werden. Das bloße Betreten und kurzfristige Verweilen in den Räumen usw. ist schlichtes Verwaltungshandeln und kein VA. Gesonderter Einspruch und Klage sind regelmäßig nicht zulässig. Ausnahmsweise kann die Feststellungsklage (§ 41 FGO) zulässig sein. Das hierfür erforderliche Feststellungsinteresse kann sich insb. aus der Schwere des Grundrechtseingriffs oder daraus ergeben, dass eine konkrete Wiederholungsgefahr hinsichtlich des Vorgehens des FA besteht (BFH 12.7.2022 – VIII R 8/19, BFH/NV 2022, 1266). Die Zustimmung des Stpfl. zur Besichtigung seiner Wohnung schließt nicht grundsätzlich aus, dass es sich um einen schweren Grundrechtseingriff handelt, zumal dann, wenn der Stpfl. mangels entsprechender Belehrung über sein Grundrecht von einer Pflicht, den Zutritt zu gewähren, ausgeht (TK § 99 Rn. 16; Anders DStR 2012, 1779 (1783); aA BFH 12.7.2022 – VIII R 8/19, BFH/NV 2022, 1266). Eine Pflicht zur Belehrung durch die FB gibt es zwar nicht (BFH 12.7.2022 – VIII R 8/19, BFH/NV 2022, 1266 mwN; aA TK § 99 Rn. 13, Anders DStR 2012, 1779 (1783)), mit Blick auf das sich aus der unterlassenen Belehrung ergebende Feststellungsinteresse lässt sich jedoch von einer Obliegenheit sprechen. Besteht ein Feststellungsinteresse, kann der Stpfl. nicht auf die Anfechtung des späteren StBescheids verwiesen werden (aA wohl Klein § 99 Rn. 13; krit. TK § 99 Rn. 16). Werden in den Räumen weitergehende Handlungen wie Durchsuchungen vorgenommen, die vermutlich nicht dem Willen des betroffenen Inhabers der tatsächlichen Sachherrschaft über die Räume entsprechen, ist die Duldung durch anfechtbaren VA anzuordnen (BFH 3.5.2010 – VIII B 71/09, BFH/NV 2010, 1415). Über die Anordnung der Duldung der Augenscheinseinnahme gegenüber dem Beteiligten oder dem Dritten (→ § 98 Rn. 6) hinaus erfordert der gegenüber dem duldungsverpflichteten Beteiligten oder Dritten zu erlassende weitere VA die Anordnung, das Betreten des Grundstücks, Raumes oder anderen Objekts zu dulden; die VA können miteinander verbunden werden. Das Betretensbegehren und die Voraussetzungen dafür sind besonders zu begründen. Dies gilt auch für die Annahme der Voraussetzungen zum Betreten von Wohnräumen gegen den Willen des Betroffenen. Das Beweisthema ist anzugeben. Es ist dem Duldungsverpflichteten mitzuteilen, ob die angeordnete Maßnahme für sein eigenes Besteuerungsverfahren oder für das einer anderen Person durchgeführt wird (Schwarz/Pahlke/Keß § 99 Rn. 24; TK § 99 Rn. 16). Die Ausübung des Ermessens ist zu begründen. Im Übrigen gelten für das Verfahren und den Rechtsschutz die Vorschriften für die Augenscheinseinnahme (→ § 98 Rn. 6). Es besteht Protokollierungspflicht nach § 98 II. Verweigert der Betroffene das Betreten von Wohnräumen, sollte dies in das Protokoll aufgenommen werden.

§ 100 Vorlage von Wertsachen

(1) [1]**Der Beteiligte und andere Personen haben der Finanzbehörde auf Verlangen Wertsachen (Geld, Wertpapiere, Kostbarkeiten) vorzulegen, soweit dies erforderlich ist, um im Besteuerungsinteresse Feststellungen über ihre Beschaffenheit und ihren Wert zu treffen.** [2]**§ 98 Absatz 2 ist anzuwenden.**

(2) **Die Vorlage von Wertsachen darf nicht angeordnet werden, um nach unbekannten Gegenständen zu forschen.**

I. Allgemeines

1 § 100 ergänzt § 98 und enthält besondere Bestimmungen für die Vorlage von Wertsachen zum Zwecke der Augenscheinseinnahme. Die FB darf die Augenscheinseinnahme nur zu Beweiszwecken durchführen; § 100 enthält keine Ermächtigung, die Vorlage von Wertsachen zu anderen als Beweiszwecken zu verlangen. Die Vorlage darf nur angeordnet werden, wenn sie zur Feststellung des Wertes oder der Beschaffenheit der Wertsache erforderlich ist. Insoweit gilt eine Einschränkung gegenüber §§ 97, 98 (→ Rn. 5). Erfordert die Einnahme des Augenscheins bei Wertsachen das Betreten von Grundstücken und Räumen, müssen zugleich die Voraussetzungen des § 99 erfüllt sein. § 100 gilt im gesamten Besteuerungsverfahren, auch im Rahmen der Ap. und der StFahndung. Im VollstrVerfahren gibt § 278 weitergehende Befugnisse. Im StStraf- und Bußgeldverfahren gilt § 100 nicht.

II. Vorlagepflicht (Abs. 1)

1. Voraussetzungen für die Augenscheinseinnahme, Ermessen

2 Die Voraussetzungen für die Augenscheinseinnahme bestimmt § 100 nicht. Die Entscheidung der FB über die Einnahme des Augenscheins ist ein VA; er steht in ihrem pflichtgemäßen Ermessen (→ § 98 Rn. 3, 6). Die FB darf die Vorlage von Wertsachen nur verlangen, wenn die Voraussetzungen des § 98 vorliegen.

2. Berechtigter und verpflichteter Personenkreis, Zuziehung von Sachverständigen

3 Die Vorlage von Wertsachen kann von den mit der Augenscheinseinnahme betrauten Amtsträgern (§ 7) der für die Beweiserhebung zuständigen FB verlangt werden. Gemäß Abs. 1 S. 2 iVm § 98 II kann die FB einen Sachverständigen zuziehen, dem die Wertsache zum Zwecke der Augenscheinseinnahme vorzulegen ist. Verpflichtet zur Vorlage sind der Beteiligte (§ 78) und andere Personen, also Dritte, in deren Gewahrsam sich die Wertsache befindet. Zum Anwesenheitsrecht des Beteiligten und des Dritten bei der Augenscheinseinnahme → § 98 Rn. 5; → § 99 Rn. 5.

3. Wertsachen

4 Abs. 1 S. 1 führt als Wertsachen Geld, Wertpapiere und Kostbarkeiten auf. Geld sind gültige in- und ausländische Zahlungsmittel. Wertpapiere sind solche Papiere, die ein Recht verkörpern, wobei das Recht an die Person des Inhabers geknüpft ist; gemeint sind Rekta-, Order- und Inhaberpapiere (Schwarz/Pahlke/Keß § 100 Rn. 4). Kostbarkeiten sind bewegliche Sachen, die nach allg. Verkehrsanschauung einen hohen Wert haben. Dies sind zB Schmuckstücke, Edelsteine, Edelmetalle, Kunstwerke, Antiquitäten sowie Briefmarken, Münzen und andere Objekte mit Sammlerwert (§ 286).

4. Erforderlichkeit

5 Die Vorlage von Wertsachen darf nur verlangt werden, wenn diese für die Besteuerung von Interesse sind und die Augenscheinseinnahme für die Feststellung der Beschaffenheit oder des Werts erforderlich ist. Die Augenscheinseinnahme muss von steuerlicher Relevanz sein, und zwar bezogen auf Beschaffenheit und Wert der Sache. In der Praxis ist § 100 nach Aussetzung der VSt ab 1997 nur noch für die Bewertung für Zwecke der ErbSt bedeutsam. Die Feststellung der Beschaffenheit und des Wertes darf nicht auf andere Weise getroffen werden können. So ist die Vorlage nicht erforderlich, wenn der Beteiligte ein Wertgutachten vorlegt, oder die Feststellung durch ein anderes Beweismittel erlangt werden kann.

5. Inhalt der Vorlagepflicht

6 Vorlage bedeutet das Vorweisen der Wertsache am Vorlageort. Dieser ist nach pflichtgemäßem Ermessen durch die FB zu bestimmen. IdR wird die Vorlage an Amtsstelle verlangt werden oder, wenn die Sache nicht zum Transport geeignet ist, an dem Ort, an dem sich die Wertsache befindet (→ § 97 Rn. 14). Gegebenenfalls ist die Sache dem Sachverständigen zur Ermittlung der Beschaffenheit und des Werts zu überlassen, wenn nicht die Beschaffenheit oder ein hoher Wert dem entgegensteht, etwa bei sehr wertvollen Sachen, die aus Sicherheitsgründen nicht bewegt oder aus einer sicheren Verwahrung genommen werden sollen. § 100 berechtigt und verpflichtet nicht zur Öffnung von Behältnissen, in denen die Wertsache aufbewahrt wird. Nach Abs. 2 darf die FB nämlich nicht nach Wertsachen suchen. Nach §§ 101–106 bestehen zugunsten bestimmter Personen bzw. bei Vorliegen bestimmter Voraussetzungen **Vorlageverweigerungsrechte.**

III. Ausforschungsverbot (Abs. 2)

7 Die FB darf nur die Vorlage der Wertsachen verlangen, die sie bereits kennt. Sie darf die Vorlage nicht anordnen, um nach unbekannten Gegenständen zu forschen (→ § 99 Rn. 16).

IV. Verfahren und Rechtsschutz

8 Die Anordnung zur Duldung der Augenscheinseinnahme und die Aufforderung zur Vorlage einer Wertsache sind VA. Die vorherige Anhörung des Betroffenen ist insb. zweckmäßig, um im Hinblick auf Besonderheiten der Sache den Ort der Vorlage zu bestimmen. So ist bei hohem Wert der Sache dem Sicherheitsbedürfnis des Verpflichteten Rechnung zu tragen. Über die Vorlage der Wertsache und den getroffenen Feststellungen ist ein Protokoll zu fertigen und zu den Akten zu nehmen (§ 98 I). Die Anordnung zur Duldung der Augenscheinseinnahme und die Aufforderung zur Vorlage einer Wertsache können gesondert mit Einspruch und Klage angefochten werden. Für den Inhalt der VA, das Verfahren und den Rechtsschutz gelten die Ausführungen zu §§ 97, 98, 99 entspr. (→ § 97 Rn. 21; → § 98 Rn. 6; → § 99 Rn. 17).

IV. Auskunfts- und Vorlageverweigerungsrechte

§ 101 Auskunfts- und Eidesverweigerungsrecht der Angehörigen

(1) **1 Die Angehörigen (§ 15) eines Beteiligten können die Auskunft verweigern, soweit sie nicht selbst als Beteiligte über ihre eigenen steuerlichen Verhältnisse auskunftspflichtig sind oder die Auskunftspflicht für einen Beteiligten zu erfüllen haben. 2 Die Angehörigen sind über das Auskunftsverweigerungsrecht zu belehren. 3 Die Belehrung ist aktenkundig zu machen.**

(2) **1 Die in Absatz 1 genannten Personen haben ferner das Recht, die Beeidigung ihrer Auskunft zu verweigern. 2 Absatz 1 Sätze 2 und 3 gelten entsprechend.**

Vergleichbare Vorschriften: § 65 VwVfG iVm. § 383 ZPO

A. Allgemeines

1 **§§ 101–104** gewähren näher bestimmten Personenkreisen **Mitwirkungsverweigerungsrechte** in fremden Verwaltungsverfahren bei der Beweiserhebung. Entsprechende Vorschriften finden sich in allen ein Verwaltungsverfahren regelnden Gesetzen und in den Prozessordnungen (vgl. zB §§ 383, 384 ZPO; § 84 I FGO iVm §§ 101–103). Gesetzessystematisch knüpft das Mitwirkungsverweigerungsrecht an eine nach anderen Vorschriften bestehende **Auskunftspflicht** an. Das Recht, nach §§ 101–103 die Auskunft zu verwei-

gern, gibt zugleich gem. **§ 104** das Recht zur Verweigerung der Erstattung eines Gutachtens und zur Vorlage von Urkunden und Wertsachen; darüber hinaus steht dem Personenkreis des § 101 gem. Abs. 2 ein Eidesverweigerungsrecht zu. Andere als die in den Vorschriften genannten Personen haben kein Mitwirkungsverweigerungsrecht. Alle (Verweigerungs-)Rechte können unabhängig voneinander in Anspruch genommen werden. Durch §§ 101–104 sollen **Interessenkonflikte** vermieden werden, die durch die Erfüllung der Mitwirkungspflicht entstehen würden. Diese Vorschriften sind Ausfluss des Rechtsstaatsprinzips, nach dem niemandem ein unzumutbares Verhalten abverlangt werden darf. Die Mitwirkungsverweigerungsrechte lösen das Spannungsverhältnis zwischen einerseits der Pflicht der FB zur Aufklärung des für die gesetzmäßige Besteuerung maßgebenden Sachverhalts (§§ 85, 88) und der sich daraus ergebenden Mitwirkungspflicht bestimmter Personen zu Beweiszwecken (zB aus § 93) und andererseits den berechtigten Belangen dieser Personen, an der Sachverhaltsaufklärung nicht mitwirken zu müssen. **§ 101** trägt der schutzwürdigen Vertrauenssphäre zwischen dem Beteiligten des Verwaltungsverfahrens und seinen Angehörigen Rechnung und gibt dem Angehörigen ein **umfassendes** Auskunfts- und Eidesverweigerungsrecht. Ein Angehöriger soll nicht ggf. in einen Interessenkonflikt zwischen Wahrheitspflicht einerseits und Vertrauensverhältnis infolge familiärer Bindung zum Beteiligten andererseits geraten (BFH 31.10.1990 – II R 180/87, BStBl. II 1991, 204). Die Verweigerungsrechte und die begünstigten Personenkreise sind in §§ 101–104 abschließend aufgeführt.

4 §§ 101–104 gelten für alle steuerrechtlichen Verwaltungsverfahren einschl. des Rechtsbehelfsverfahrens und der Ap. im Anwendungsbereich der AO. Keine Verwaltungsverfahren sind wegen der besonderen Struktur der Verfahren und der Geltung anderer Vorschriften, namentlich der StPO und des OWiG, das StStraf- und das Bußgeldverfahren (§§ 385, 409). Für die Tätigkeit der StFahndung gelten §§ 101–104, soweit Ermittlungen im Besteuerungsverfahren vorgenommen werden.

B. Auskunftsverweigerungsrecht (Abs. 1)

I. Auskunftsverweigerungsrecht der Angehörigen (Abs. 1 S. 1)

1. Verweigerungsberechtigter Personenkreis

8 Die Auskunft verweigern können Angehörige des Beteiligten des Verwaltungsverfahrens. Die Beteiligtenstellung bestimmt § 78. Nur alle **„anderen Personen"** als der Beteiligte (vgl. § 93 I 1) können zu dem verweigerungsberechtigten Personenkreis gehören. Die Angehörigeneigenschaft muss zum Beteiligten des konkreten Verfahrens bestehen, eine Betroffenheit reicht nicht aus. So kann sich ein Auskunftsverpflichteter nicht auf § 101 berufen, wenn er in einem Verfahren aussagen soll, in dem zu dem dortigen Beteiligten keine Angehörigeneigenschaft besteht, eine (angehörige) Person aber von tatsächlichen Auswirkungen eines fremden Verfahrens und der Aussage irgendwie oder irgendwann betroffen ist. Die **Angehörigeneigenschaft** bestimmt sich kraft ausdrücklicher Verweisung nach § 15. Der Angehörigenbegriff ist damit zivilrechtlich und nicht etwa nach wirtschaftlichen Gesichtspunkten auszulegen (BFH 27.11.2018 – V B 72/18, BFH/NV 2019, 202). Angehörige sind zB Verlobte, Ehegatten/Lebenspartner, Eltern, Kinder, Geschwister von Beteiligten (Näheres, insb. auch zur nichtehelichen Lebensgemeinschaft und zur Lebenspartnerschaft, → § 15 Rn. 1 ff.). Auch dem geschiedenen Ehegatten steht ein Mitwirkungsverweigerungsrecht zu, weil die Angehörigeneigenschaft gem. § 15 II Nr. 1 nach der Scheidung bestehen bleibt (BFH 20.3.1997 – XI B 135/95, BFH/NV 1997, 638). Ob § 101 für zusammenveranlagte Ehegatten/Lebenspartner bei der ESt gilt, ist umstritten (→ Rn. 10). In **Kindergeldverfahren** haben volljährige Kinder des Kindergeldberechtigten gem. § 68 I 2 EStG kein Auskunftsverweigerungsrecht. Dies gilt auch im finanzgerichtlichen Verfahren (BFH 18.9.2019 – III R 59/18, BStBl. II 2020, 811).

2. Ausnahme vom Verweigerungsrecht

a) Auskunftspflicht des Beteiligten. Dem Beteiligten selbst steht kein Auskunftsverweigerungsrecht bezüglich eigener steuerlicher Verhältnisse zu. Ausgenommen von der Auskunftspflicht sind Angaben, die die Intimsphäre im engeren Sinne betreffen und deren Anforderung durch die FB gegen Art. 1 I GG verstoßen würde; steuerlich relevante Umstände der Betriebs-, Berufs- und Privatsphäre sind allerdings umfassend zu offenbaren (TK § 101 Rn. 10). Nach § 393 I dürfen gegen den Beteiligten indes im Besteuerungsverfahren zur Erfüllung seiner Pflichten keine Zwangsmittel angewendet werden, wenn er dadurch gezwungen würde, sich selbst wegen einer von ihm begangenen StStraftat oder einer StOrdnungswidrigkeit zu belasten. Insoweit kann die Erfüllung des Auskunftsverlangens mithin nicht durchgesetzt werden (AEAO zu § 101 Nr. 1). Auf § 103 kann sich der Beteiligte nicht berufen. In der eigenen StSache kann der Beteiligte bei Vorliegen der Voraussetzungen des § 102 die Auskunft verweigern (→ § 102 Rn. 24). Eine Auskunftsverweigerung kommt im eigenen Verfahren nicht in Betracht, wenn die Auskunft des Beteiligten einen Angehörigen in dessen Verfahren negativ betreffen würde; auch die Anfertigung von Kontrollmitteilungen im Verfahren des Beteiligten und deren Auswertung im Verfahren des Angehörigen ist durch § 101 nicht gehindert (Schwarz/Pahlke/Keß § 101 Rn. 5; aA TK § 101 Rn. 6a). Der **Erbe** wird mit der Gesamtrechtsnachfolge Beteiligter und kann sich ab diesem Zeitpunkt nicht mehr als Angehöriger des Erblassers auf § 101 berufen. 9

Im Fall der **Zusammenveranlagung von Ehegatten/Lebenspartnern** (vgl. § 15) zur ESt kann sich der jew. andere Ehegatte bezüglich der steuerlichen Verhältnisse seines Ehegatten auf § 101 berufen. Jeder Ehegatte ist Beteiligter nur seines eigenen EStVerfahrens und er ist deshalb nur hinsichtlich seiner eigenen steuerlichen Verhältnisse (zB Einkünfte) auskunftspflichtig. Bei der Zusammenveranlagung werden die Verfahren und die StBescheide beider Ehegatten nur zusammengefasst (hM; BFH 16.4.2002 – IX R 40/00, BStBl. II 2002, 501; Klein § 101 Rn. 2; TK § 101 Rn. 9 mwN; Gosch AO § 101 Rn. 7; HHSp § 101 Rn. 13). Die Gegenansicht führt an, bei der Zusammenveranlagung und der Zusammenrechnung der Einkünfte würden zwangsläufig die steuerlichen Verhältnisse eines Ehegatten die des anderen bestimmen und damit beide Ehegatten Beteiligte des Verfahrens sein (HHSp § 101 Rn. 9a f.). Der hM ist zuzustimmen. Geht es um **gemeinsame Besteuerungsgrundlagen** bei der ESt, darf sich ein Ehegatte nicht auf § 101 berufen. Das gilt zB hinsichtlich gemeinsam getragener Sonderausgaben. Die Vorschrift findet keine Anwendung im Bereich der einheitlichen und gesonderten Feststellung von Einkünften von Ehegatten (zB aus einer Mitunternehmerschaft beider Ehegatten) sowie generell im Anwendungsbereich des § 180, soweit beide Ehegatten an den festzustellenden Besteuerungsgrundlagen beteiligt sind. 10

b) Auskunftspflicht für den Beteiligten. Ein Auskunftsverweigerungsrecht besteht nicht für diejenigen Angehörigen, die für den Beteiligten die Auskunftspflicht zu erfüllen haben. Diese Personen werden wie der Beteiligte selbst behandelt. Sie sind nicht „andere Personen" iSd § 93. Zu diesem Personenkreis gehören zB die gesetzlichen Vertreter, Vermögensverwalter, Verfügungsberechtigte (§§ 34, 35), die die Pflichten natürlicher Personen erfüllen; zu juristischen Personen und Vermögensmassen kann kein Angehörigenverhältnis bestehen. Die Bestimmung betrifft auch Bevollmächtigte (§ 80) und Vertreter von Amts wegen (§ 81), die für den Beteiligten Auskunft geben sollen (TK § 101 Rn. 8). Ihnen steht ein Auskunftsverweigerungsrecht nur insoweit zu, als es auch der Beteiligte geltend machen könnte. 14

II. Belehrungspflicht und Niederschrift über die Belehrung (Abs. 1 S. 2 und 3)

Die **Belehrung** der Auskunftsperson über das Aussageverweigerungsrecht sollte mit der Aufforderung zur Auskunftserteilung verbunden werden und muss **vor Auskunftsertei-** 17

lung erfolgen. Ist der FB ein mögliches Angehörigenverhältnis nicht bekannt, bietet sich bei schriftlicher Aufforderung die Beifügung eines Merkblatts an. Bei mündlicher Aufforderung kann die Auskunftsperson nach einem möglichen Angehörigenverhältnis zum Beteiligten befragt und muss ggf. auf das Verweigerungsrecht hingewiesen werden. Die Belehrung ist grds. formlos möglich, ist aber aktenkundig zu machen (S. 3). Die FB muss über den Gegenstand des Auskunftsersuchens informieren; dies ergibt sich jedoch bereits aus dem Ersuchen selbst. Die Person des Beteiligten muss benannt werden, damit die Auskunftsperson die Angehörigeneigenschaft bestimmen kann. StArt und Besteuerungszeiträume, auf die sich die geforderte Auskunft bezieht, brauchen nicht mitgeteilt zu werden. Die Bedeutung des Auskunftsverweigerungsrechts muss erläutert werden, damit die Auskunftsperson über die Wahrnehmung oder Nichtwahrnehmung des Verweigerungsrechts nach Abwägung aller Vor- und Nachteile – auch für den Beteiligten – entscheiden kann (vgl. FG Köln 10.11.1998 – 15 K 4994/93, EFG 1999, 451 mwN).

20 Ohne die **Niederschrift** und deren Inhalt ist die Belehrung unwirksam (FG Köln 10.11.1998 – 15 K 4994/93, EFG 1999, 451). Dass die Belehrung in den StAkten des Beteiligten aktenkundig zu machen ist, zeigt die besondere Bedeutung des § 101 als Schutznorm zugunsten des Beteiligten und der Auskunftsperson. Neben der Belehrung über das Verweigerungsrecht selbst sollten auch Form, Inhalt und Zeitpunkt niedergelegt werden. Ist nicht belehrt worden oder fehlt die Niederschrift, besteht hinsichtlich der Auskunft ein Verwertungsverbot (→ Rn. 30).

C. Eidesverweigerungsrecht (Abs. 2)

23 Nach Abs. 2 steht der aussageverweigerungsberechtigten Auskunftsperson auch das Eidesverweigerungsrecht zu. Sie darf die Beeidigung ihrer Auskünfte (§ 94) verweigern. Dieses Recht steht selbständig neben dem Auskunftsverweigerungsrecht und kann unabhängig von diesem geltend gemacht werden. Die Belehrung ist zu erteilen und aktenkundig zu machen (S. 2). Zu den Einzelheiten wird auf die → Rn. 8 ff. verwiesen.

D. Geltendmachung, Inhalt und Umfang der Mitwirkungsverweigerungsrechte

24 **Geltendmachung.** Das Auskunfts- bzw. Eidesverweigerungsrecht ist ein eigenes Recht des Angehörigen und steht nicht zur Disposition des Beteiligten. Der Angehörige entscheidet selbst und frei, ob er Auskunft erteilen oder den Eid leisten will. Es genügt die Darlegung und der Beweis des Vorliegens der Angehörigeneigenschaft; eine Konfliktsituation (→ Rn. 1) braucht weder zu bestehen noch geltend gemacht oder gar bewiesen zu werden. Die der Auskunft ersuchenden FB gegenüber abzugebende **Erklärung** ist zwar formlos möglich. Aus Gründen der Rechtssicherheit für FB, Auskunftsperson und Beteiligten sollte aber eine ausdrückliche Erklärung erfolgen und nicht auf das Auskunftsersuchen bloß geschwiegen werden. Ein Verzicht auf das Recht ist aktenkundig zu machen. Die Auskunfts- bzw. Eidesverweigerung ist für den Verweigerungsberechtigten folgenlos. Sie kann nicht zulasten der Auskunftsperson, etwa in einem eigenen Verfahren, nachteilig gewertet werden (HHSp § 101 Rn. 26 f.; TK § 101 Rn. 13; zu den Folgen für den Beteiligten → Rn. 29). Wird Auskunft trotz Aussageverweigerungsrecht und nach ordnungsgemäßer Belehrung erteilt, kann die Aussage gegen die Person, etwa im eigenen Besteuerungsverfahren oder im Rahmen der Verfolgung von Straftaten und Ordnungswidrigkeiten, verwertet werden. Die Erklärung, ein Auskunfts- bzw. Eidesverweigerungsrecht in Anspruch zu nehmen oder darauf zu verzichten, kann **widerrufen** und die Auskunft erteilt werden. Ist zu diesem Zeitpunkt bereits Auskunft erteilt und war der Angehörige zuvor ordnungsgemäß belehrt worden, bleibt der Widerruf des Verzichts ohne

Wirkung; die Auskunft darf verwertet werden (BFH 12.2.2020 – X R 9/19, BFH/NV 2020, 733; HHSp § 101 Rn. 24; TK § 101 Rn. 5). Die Auskunftsperson kann trotz früherer Auskunftserteilung das Verweigerungsrecht auch noch in einem späteren Verfahrensstadium in Anspruch nehmen (→ Rn. 30).

Inhalt. Das Aussageverweigerungsrecht bezieht sich auf das Auskunftsersuchen gem. § 93. Die dort gestellten Fragen brauchen nicht beantwortet bzw. zu den dort bezeichneten Verhältnissen braucht nicht Stellung genommen zu werden. Die Eidesverweigerung bezieht sich auf die trotz Verweigerungsrecht gegebenen Auskünfte. 25

Umfang. Die Auskunft des Angehörigen und die Eidesleistung können uneingeschränkt oder zu einzelnen Punkten verweigert werden. Die Auskunftsperson darf auch nur die für den Beteiligten günstigen Angaben machen und nachteilige Angaben verweigern. Die FB darf aus einem solchen ausschl. begünstigenden Verhalten im Rahmen der Beweiswürdigung Schlüsse ziehen (→ Rn. 29). 26

E. Verfahren und Rechtsschutz

I. Beweiswürdigung

Eine Auskunft, die der Auskunftspflichtige in Kenntnis seines Verweigerungsrechts oder in der irrtümlichen Annahme, kein Verweigerungsrecht zu haben, gemacht hat, darf uneingeschränkt verwertet werden. Das betrifft sowohl das Verfahren des Beteiligten als auch das der Auskunftsperson. Dies gilt auch, wenn sich der Auskunftsverpflichtete im Nachhinein auf sein Auskunftsverweigerungsrecht beruft oder den Verzicht widerruft (→ Rn. 24). Die FB hat die Auskünfte zum Zwecke des Beweises frei zu würdigen (zum Verwertungsverbot bei unterlassener oder falscher Belehrung → Rn. 30). Die Inanspruchnahme von Auskunfts- und Eidesverweigerungsrechten darf nicht zum Nachteil des Beteiligten gereichen; die Verweigerung muss – soll nicht das Verweigerungsrecht entwertet werden – neutral behandelt werden (Gosch AO § 101 Rn. 16; HHSp § 101 Rn. 27; TK § 101 Rn. 13). Gibt die Auskunftsperson jedoch nur für den Beteiligten positive Auskünfte, verweigert aber die mit negativen Wirkungen (→ Rn. 26), darf die FB aus diesem Verhalten Schlüsse ggf. zum Nachteil des Beteiligten ziehen (Gosch AO § 101 Rn. 16). 29

II. Verwertungsverbot

Ein Verwertungsverbot besteht nach hM bei unterlassener oder fehlerhafter Belehrung nach Abs. 1 S. 2, Abs. 2 S. 2 (BFH 31.10.1990 – II R 180/87, BStBl. II 1991, 204; BFH 9.2.2010 – VIII B 32/09, BFH/NV 2010, 929; HHSp § 101 Rn. 28; TK § 101 Rn. 14; Schwarz/Pahlke/Keß § 101 Rn. 22 ff.; Gosch AO § 101 Rn. 17). Kein Verwertungsverbot besteht, wenn die Auskunftsperson nach Belehrung der Verwertung zustimmt oder die Auskunft wiederholt (BFH 31.10.1990 – II R 180/87, BStBl. II 1991, 204; AEAO zu § 101 Nr. 2; HHSp § 101 Rn. 28). Das Verwertungsverbot bei unterlassener Belehrung gehört zu den Verfahrensmängeln, auf deren Einhaltung die Beteiligten verzichten können. Bei verzichtbaren Verfahrensmängeln geht das Rügerecht nicht nur durch ausdrückliche oder konkludente Verzichtserklärung verloren, sondern auch durch rügelose Einlassung zur Sache (BFH 9.2.2010 – VIII B 32/09, BFH/NV 2010, 929 mwN). Wird in einem späteren Verfahrensstadium (zB Einspruchsverfahren) oder im Finanzprozess erstmals das Auskunftsverweigerungsrecht geltend gemacht, dürfen die früher nach ordnungsgemäßer Belehrung gegebenen Auskünfte verwertet werden (BFH 1.12.1966 – IV 65, 66/65, BStBl. III 1967, 273; HHSp § 101 Rn. 29). 30

III. Rechtsschutz des Auskunftspflichtigen

Macht der Auskunftsverpflichtete ein Mitwirkungsverweigerungsrecht geltend und besteht die FB auf der Auskunftserteilung, ist das Bestehen ein VA, der mit Einspruch und 31

Klage angefochten werden kann (TK § 101 Rn. 15). Droht die FB ein Zwangsgeld zur Erzwingung der Mitwirkung an und setzt sie dieses fest, können Androhung und Festsetzung ebenfalls mit Einspruch und Klage angefochten werden. Im Rahmen des Rechtsbehelfsverfahrens ist über die Rechtmäßigkeit des Verweigerungsrechts zu befinden; dieses lässt ggf. die Rechtsgrundlage für das Zwangsmittel entfallen.

IV. Rechtsschutz des Beteiligten

32 Ist die Auskunft trotz Verwertungsverbot wegen fehlender oder falscher Belehrung verwertet worden, kann der Beteiligte den StBescheid mit Einspruch und Klage anfechten. In diesem Verfahren ist über das Verwertungsverbot zu entscheiden. Der Beteiligte kann sich indes nicht gegen die Richtigkeit der Feststellung der Besteuerungsgrundlagen selbst wenden, denn diese beruht nicht auf einem selbständig anfechtbaren rechtswidrigen VA, sondern auf einem Fehler bei der Belehrung (BFH 31.10.1990 – II R 180/87, BStBl. II 1991, 204).

§ 102 Auskunftsverweigerungsrecht zum Schutz bestimmter Berufsgeheimnisse

(1) **Die Auskunft können ferner verweigern:**

1. Geistliche über das, was ihnen in ihrer Eigenschaft als Seelsorger anvertraut worden oder bekannt geworden ist,

2. Mitglieder des Bundestages, eines Landtages oder einer zweiten Kammer über Personen, die ihnen in ihrer Eigenschaft als Mitglieder dieser Organe oder denen sie in dieser Eigenschaft Tatsachen anvertraut haben, sowie über diese Tatsachen selbst,

3.

a) Verteidiger,

b) Rechtsanwälte, Patentanwälte, Notare, Steuerberater, Wirtschaftsprüfer, Steuerbevollmächtigte, vereidigte Buchprüfer,

c) Ärzte, Zahnärzte, Psychotherapeuten, Psychologische Psychotherapeuten, Kinder- und Jugendlichenpsychotherapeuten, Apotheker und Hebammen,

über das, was ihnen in dieser Eigenschaft anvertraut worden oder bekannt geworden ist,

4. Personen, die bei der Vorbereitung, Herstellung oder Verbreitung von periodischen Druckwerken oder Rundfunksendungen berufsmäßig mitwirken oder mitgewirkt haben, über die Person des Verfassers, Einsenders oder Gewährsmanns von Beiträgen und Unterlagen sowie über die ihnen im Hinblick auf ihre Tätigkeit gemachten Mitteilungen, soweit es sich um Beiträge, Unterlagen und Mitteilungen für den redaktionellen Teil handelt; § 160 bleibt unberührt.

(2) [1] **Den im Absatz 1 Nummer 1 bis 3 genannten Personen stehen ihre Gehilfen und die Personen gleich, die zur Vorbereitung auf den Beruf an der berufsmäßigen Tätigkeit teilnehmen.** [2] **Über die Ausübung des Rechts dieser Hilfspersonen, die Auskunft zu verweigern, entscheiden die im Absatz 1 Nummer 1 bis 3 genannten Personen, es sei denn, dass diese Entscheidung in absehbarer Zeit nicht herbeigeführt werden kann.**

(3) [1] **Die in Absatz 1 Nummer 3 genannten Personen dürfen die Auskunft nicht verweigern, wenn sie von der Verpflichtung zur Verschwiegenheit entbunden sind.** [2] **Die Entbindung von der Verpflichtung zur Verschwiegenheit gilt auch für die Hilfspersonen.**

(4) [1] **Die gesetzlichen Anzeigepflichten der Notare und die Mitteilungspflichten der in Absatz 1 Nummer 3 Buchstabe b bezeichneten Personen nach der Zinsinformationsverordnung vom 26. Januar 2004 (BGBl. I S. 128), die zuletzt durch**

Artikel 4 Absatz 28 des Gesetzes vom 22. September 2005 (BGBl. I S. 2809) geändert worden ist, in der jeweils geltenden Fassung bleiben unberührt. [2] Soweit die Anzeigepflichten bestehen, sind die Notare auch zur Vorlage von Urkunden und zur Erteilung weiterer Auskünfte verpflichtet. [3] Die Mitteilungspflichten der in Absatz 1 Nummer 3 Buchstabe b bezeichneten Personen hinsichtlich der in § 138f Absatz 3 Satz 1 Nummer 1 und 4 bis 9 bezeichneten Angaben bestehen auch dann, wenn mit diesen Angaben betroffene Nutzer identifizierbar sein sollten.

Vergleichbare Vorschriften: § 65 VwVfG iVm § 383 ZPO

Schrifttum: Schuhmann, Auskunftsverweigerungsrechte in der steuerlichen Außenprüfung, StBp 1996, 89.

Übersicht

I. Allgemeines

Zu Inhalt, Zweck und Anwendungsbereich der §§ 101–104 wird auf → § 101 Rn. 1 ff. 1
verwiesen. **§ 102** bestimmt das Auskunftsverweigerungsrecht zum **Schutz von Berufsgeheimnissen,** die die Träger der in der Vorschrift genannten Berufe nach berufsrechtlichen Regelungen zu wahren haben (Abs. 1 Nr. 1–3) oder die ihnen nach besonderen Bestimmungen zustehen (Abs. 1 Nr. 4). Damit trägt die Vorschrift der schutzwürdigen Vertrauenssphäre zwischen dem Beteiligten des Verwaltungsverfahrens, dritten Personen und den Berufsträgern Rechnung. Ebenfalls geschützt ist der Beruf als Institution oder die Funktionsfähigkeit der Einrichtung, der der Berufsträger angehört, denn die Berufsträger könnten nicht vertrauensvoll mit ihren Mandanten, Patienten usw. zusammenarbeiten, wenn die Verschwiegenheitspflicht nicht gewährleistet wäre. Hinsichtlich des Rechts, die Auskunft zu verweigern, knüpft die Vorschrift an § 101 an und nennt die begünstigten Personenkreise. Der **Beteiligte** kann sich für sein eigenes Verfahren auf die Vorschrift berufen, wenn er selbst als Berufsangehöriger in eigener Sache aussagen soll (→ Rn. 24). Das Auskunftsverweigerungsrecht ist anders als das nach § 101 gegenständlich begrenzt (→ Rn. 6, 9, 13 f., 19); den Berufsangehörigen steht kein Eidesverweigerungsrecht zu (→ Rn. 36). Gemäß **§ 104** können die in § 102 genannten Personen bei Bestehen eines Auskunftsverweigerungsrechts die Erstattung eines Gutachtens und die Vorlage von Urkunden und Wertsachen verweigern. Alle Rechte können unabhängig voneinander in Anspruch genommen werden. Das Auskunftsverweigerungsrecht steht bezüglich bestimmter Berufsträger zur **Disposition** des Beteiligten (Abs. 3). Die Beendigung der Tätigkeit hat keinen Einfluss aus das Recht, die Auskunft verweigern zu dürfen (TK § 102 Rn. 3). Für **Einzelheiten** das Auskunftsverweigerungsrecht von Berufsgeheimnisträgern betreffend s. LfSt Bayern 28.3.2012, DStR 2012, 1610.

II. Auskunftsverweigerungsberechtigter Personenkreis und Gegenstand des Verweigerungsrechts (Abs. 1)

1. Geistliche (Abs. 1 Nr. 1)

5 **Geistliche** iSd Nr. 1 sind solche Personen, die im Rahmen einer Religionsgemeinschaft seelsorgerische Aufgaben wahrnehmen (zu den Hilfspersonen → Rn. 27), nicht aber solche, die lediglich verwaltend (zB als Angestellte in der Kirchenverwaltung), karitativ (zB bei Spendensammlungen) oder unterrichtend (zB als Religionslehrer) tätig sind. Der Berufsträger muss der sich ihm anvertrauenden Person religiösen, geistlichen, seelischen oder körperlichen Beistand im weitesten Sinne leisten oder in diesem Bereich etwas über eine Person erfahren (zB bei der Beichte oder der Krankenpflege). Der rechtliche Status des Berufsträgers oder die Religionsgemeinschaft ist nicht maßgebend. Nach den Regeln der Religionsgemeinschaft muss eine Verschwiegenheitspflicht bestehen. Diese besteht bei den christlichen Kirchen; für andere Religionsgemeinschaften kann von einer Verschwiegenheitspflicht ausgegangen werden, soweit keine anderweitigen Anhaltspunkte vorliegen. Die Auffassung, Geistliche iSd Nr. 1 seien nur solche der christlichen Kirchen oder sonstigen staatlich anerkannten Religionsgemeinschaften (Klein § 102 Rn. 3 unter Verweis auf Art. 137 WRV und Art. 140 GG), ist im Hinblick auf das Schutzgut des § 102 abzulehnen (Gosch AO § 102 Rn. 7; HHSp § 102 Rn. 9).

6 **Gegenstand.** Der Geistliche darf nur solche Auskünfte verweigern, die sich auf Kenntnisse beziehen, die er in seiner Eigenschaft als Seelsorger erfahren hat. **Anvertrauen** ist die Offenbarung von „Geheimnissen" durch Personen unter Umständen, aus denen sich eine Verschwiegenheitspflicht ergibt; **bekannt geworden** ist etwas, von dem der Geistliche auf anderem Wege Kenntnis erlangt hat. Es kommt nicht darauf an, ob die „Geheimnisse" ihm durch die betreffende Person anvertraut worden sind, ob er sie von dritter Seite erfahren oder die Kenntnis auf andere Weise erlangt hat. Auf Kenntnisse, die der Geistliche in anderer Eigenschaft wie zB bei verwaltender Tätigkeit oder privat erlangt hat, bezieht sich das Auskunftsverweigerungsrecht nicht. Im Zweifelsfall sollte dieses Recht großzügig gehandhabt werden.

7 **Keine Disposition.** Das Auskunftsverweigerungsrecht des Geistlichen gewährleistet auch die nach Art. 4 II GG garantierte freie Religionsausübung und schützt insofern auch die Religionsgemeinschaften als Institutionen. Der Schutz der Seelsorge geht den steuerrechtlichen Belangen der FVerw. und des Beteiligten vor. Deshalb ist das Aussageverweigerungsrecht des Geistlichen nicht zur Disposition des Beteiligten oder des sonst Betroffenen gestellt; die Möglichkeit der Entbindung von der Verschwiegenheitspflicht durch den Beteiligten nach Abs. 3 besteht nicht. Der Geistliche darf nach seiner freien Entscheidung die Auskunft verweigern, hat aber die von Berufs wegen zu wahrende Verschwiegenheitspflicht zu beachten (zB das Beichtgeheimnis).

2. Mitglieder der Gesetzgebungsorgane (Abs. 1 Nr. 2)

8 **Abgeordnete** der näher bezeichneten Gesetzgebungsorgane gehören zum verweigerungsberechtigten Personenkreis (zu den Hilfspersonen → Rn. 27). Nr. 2 betrifft die Gesetzgebungsorgane Bundestag, Landtage, Bundesrat als „zweite Kammer" bzw. entsprechende Gesetzgebungsorgane mit anderer Bezeichnung (zB Bürgerschaften in den Stadtstaaten) und das Europäische Parlament (zu Letzterem § 6 EUAbgG; Gosch AO § 102 Rn. 9; TK § 102 Rn. 7). Das Zeugnisverweigerungsrecht der Abgeordneten des Bundestags ist gleichlautend in Art. 47 GG gewährt; die Landesverfassungen enthalten ebensolche Bestimmungen. Die Mitglieder der kommunalen Gesetzgebungsorgane können sich nicht auf § 102 berufen, ebenso nicht Mitglieder ausländischer Parlamente. Das Auskunftsverweigerungsrecht besteht über die Beendigung des Mandats hinaus.

9 **Gegenstand.** Das Auskunftsverweigerungsrecht bezieht sich auf die Angabe von Personen und Tatsachen, die dem Abgeordneten in seiner Eigenschaft als Abgeordneter anvertraut wurden, über die Personen, denen er selbst Tatsachen anvertraut hat und über

diese Tatsachen selbst (zum Begriff des Anvertrauens → Rn. 6). Über anderweitig bekannt gewordene Tatsachen braucht der Abgeordnete – in Ausweitung des Wortlauts der Vorschrift – ebenfalls keine Auskunft zu erteilen, denn es ist nicht anzunehmen, dass das Auskunftsverweigerungsrecht des Abgeordneten gegenüber dem der anderen Berufsträger eingeschränkt sein soll (HHSp § 102 Rn. 36). Nicht geschützt sind Kenntnisse über Personen und Tatsachen, die der Abgeordnete außerhalb seiner Abgeordnetenfunktion erlangt hat, zB nur bei Gelegenheit seiner Abgeordnetentätigkeit oder privat.

Keine Disposition. Da Nr. 2 die Funktionsfähigkeit der gesetzgebenden Organe 10 schützt, kann die betroffene Person, auf die sich die Kenntnisse des Abgeordneten beziehen, oder der Beteiligte den Abgeordneten nicht von der Verschwiegenheitspflicht entbinden und ihn zu einer Auskunft veranlassen (Abs. 3). Er kann sich frei entscheiden, muss aber die für sein Amt bestehenden Verschwiegenheitspflichten wahren.

3. Angehörige bestimmter Berufe (Abs. 1 Nr. 3)

Nr. 3 führt **Berufsträger** auf, deren Tätigkeit auf einem Vertrauensverhältnis zum 11 Mandanten, Patienten usw. beruht und von diesem entscheidend geprägt ist. Die Vorschrift schützt die Pflicht zur Wahrung von Berufsgeheimnissen (zB für Rechtsanwälte aus § 43a BRAO) und das Vertrauensverhältnis etwa zu Mandanten und Patienten. Die Kollision zwischen Verschwiegenheitspflicht und Auskunftspflicht regelt § 105. Nr. 3 greift auch ein, wenn der Berufsträger in eigener Sache Auskunft geben soll (→ Rn. 24). Berufsträger iSd Nr. 3 sind nur solche, die zu ihrem Beruf nach den für diesen geltenden berufsrechtlichen und sonstigen Bestimmungen zugelassen sind. Wegen der abschließenden Aufzählung können Angehörige anderer Berufe mit vergleichbarer Tätigkeit ein Auskunftsverweigerungsrecht nicht geltend machen. Das Recht besteht über die Beendigung der Tätigkeit und über die Beendigung des Vertrauensverhältnisses (zB durch Beendigung des Mandats) hinaus (zur Entbindung von der Verschwiegenheitspflicht s. Abs. 3).

Die verweigerungsberechtigten Berufsträger sind: 12

- **Verteidiger** im Strafverfahren (§§ 137 f. StPO; § 392).
- **Rechtsanwälte** (§§ 1 ff. BRAO) und **Patentanwälte** (§ 13 Patentanwaltsordnung). Andere Personen, zB angestellte Anwälte in Wirtschaftsunternehmen und anderen Institutionen, sofern diese die Kenntnisse nicht aufgrund freiberuflicher Tätigkeit erlangt haben, Rechtsbeistände (§ 1 Rechtsberatungsgesetz), Prozessagenten (§ 157 III ZPO), Vertreter von Gewerkschaften und Berufsverbänden (§ 11 Arbeitsgerichtsgesetz) gehören nicht zu dem Personenkreis, auch wenn sie inhaltlich eine ähnliche Tätigkeit wie Rechtsanwälte ausüben. Nr. 3 gilt nicht für die Berufskammern betr. Auskünfte zu ihren Mitgliedern (BFH 19.12.2006 – VII R 46/05, BStBl. II 2007, 366 mwN).
- **Notare** (§§ 1 f. BNotO).
- **StBerater** und **StBevollmächtigte** (§ 32 StBerG), **Wirtschaftsprüfer** (§ 1 Wirtschaftsprüferordnung), **vereidigte Buchprüfer** (§§ 128 f. Wirtschaftsprüferordnung), bei **StBeratungsgesellschaften** deren Geschäftsführer oder persönlich haftende Gesellschafter, denn diese müssen StBerater sein (§ 32 III iVm § 50 I StBerG). Kein Verweigerungsrecht haben Leiter von Beratungsstellen der LStHilfevereine (§ 13 StBerG), Buchführungshelfer oder Bilanzbuchhalter.
- **Ärzte** (Bundesärzteordnung), **Zahnärzte** (Zahnheilkundegesetz), **Apotheker** (Bundesapothekenordnung), **Hebammen** (Hebammengesetz) sowie **Psychotherapeuten** (zur zeitlichen Geltung → Rn. 2), **Psychologische Psychotherapeuten, Kinder- und Jugendlichenpsychotherapeuten** (Psychotherapeutengesetz).

Ohne Bedeutung ist, ob diese Berufsträger freiberuflich oder in abhängiger Stellung tätig werden. Nicht zu diesem Personenkreis gehören zB Tierärzte, Heilpraktiker, Naturheilkundige, Psychologen, Sozialpädagogen (vgl. TK § 102 Rn. 12).

Gegenstand. Der Berufsträger darf über alles die Auskunft verweigern, was ihm in 13 dieser Eigenschaft anvertraut oder sonst bekannt geworden ist (zu den Begriffen des Anvertrauens und des Bekanntwerdens → Rn. 6). Die Vorschrift schützt nur mandatsbezogene Geheimnisse, die einem Berufsträger oder einem seiner Mitarbeiter bei Ausübung oder Anbahnung eines Mandats bekannt geworden sind (BFH 19.12.2006 – VII R 46/05, BStBl. II 2007, 366). Insofern ist das Aussageverweigerungsrecht wie in den Fällen der Nr. 1 und 2 auf beruflich erlangte Kenntnisse beschränkt. Das Verweigerungsrecht erstreckt sich auf die Identität des Mandanten, die Tatsache und den Inhalt der Beratung (→ Rn. 14). Werden die Berufsträger für den Beteiligten tätig, zB als gesetzlicher Vertreter oder Vermögensverwalter, besteht deshalb kein Auskunftsverweigerungsrecht, weil der Berufsträger die Kenntnisse nicht in seiner Eigenschaft als Berufsträger erlangt, sondern als eine dem Beteiligten verfahrensmäßig gleichgestellte Person (HHSp § 102 Rn. 36a). Es reicht nicht aus, dass Tatsachen lediglich bei Ausübung der Tätigkeit anvertraut oder erlangt worden sind; die betreffenden Tatsachen müssen einen inhaltlichen Bezug zur in Nr. 3 aufgeführten beruflichen Tätigkeit haben (BFH 14.12.1988 – X R 34/82, BFH/NV 1989, 541; Schwarz/Pahlke/Keß § 102 Rn. 16; TK § 102 Rn. 17). Notare können bei bestehenden gesetzlichen Anzeigepflichten die Erteilung von Auskünften und die Vorlage von Urkunden nicht verweigern; dasselbe gilt für alle Berufsträger des § 102 hinsichtlich der Vorlage von Urkunden, die für den Beteiligten aufbewahrt werden (§ 102 IV; → § 104 Rn. 4, 33).

14 **Beispiele aus der Rspr.** Auskunft über fremdes Vermögen kann nur dann verweigert werden, wenn das Vermögen getrennt von dem eigenen des Berufsträgers verwaltet wird (BFH 16.10.1986 – II R 220/83, BFH/NV 1988, 424). Das Auskunftsverweigerungsrecht besteht nicht für den Abwickler einer Anwaltspraxis gegenüber der Justizverwaltung (BFH 2.2.1989 – IV B 114/88, BFH/NV 1989, 23). Ein Rechtsanwalt braucht Auskunft über die Herkunft von Treuhandgeldern nur dann nicht zu erteilen, wenn es sich nachweislich nicht um eigene Gelder handelt (BFH 7.3.1989 – VIII R 355/82, BFH/NV 1989, 753). Der Nachweis einer Treuhandschaft kann nicht unter Hinweis auf die berufliche Schweigepflicht und die fehlende Entbindung erbracht werden (BFH 21.4.1995 – VIII B 133/94, BFH/NV 1995, 954). Der Berufsträger darf die Aussage über Angelegenheiten seines Mandanten umfassend verweigern. Er braucht im eigenen Verfahren ein Postausgangsbuch insoweit nicht vorzulegen, als sich aus ihm Namen von Mandanten ergeben; die Angaben sind ggf. abzudecken oder zu schwärzen (BFH 14.5.2002 – IX R 31/00, BStBl. II 2002, 712). Er darf die Angaben zur Bewirtung nach § 4 V 1 Nr. 2 EStG nicht unter Hinweis auf seine Verschwiegenheitspflicht verweigern (BFH 26.2.2004 – IV R 50/01, BStBl. II 2004, 502). Die Außenprüfung bei einem StBerater ist zulässig, auch wenn zwangsläufig die Tatsache der Beratung und ggf. die Verhältnisse seines Mandanten offenbar werden; die Mitwirkung des Berufsträgers bei einzelnen Maßnahmen hat sich aber an Nr. 3 zu orientieren (BFH 24.8.2006 – I S 4/06, BFH/NV 2006, 2034; BFH 8.4.2008 – VIII R 61/06, BStBl. II 2009, 579 mwN). Der Berufsträger muss im eigenen Verfahren Unterlagen vorlegen und ggf. Angaben zu dem Mandanten unkenntlich machen (BFH 28.10.2009 – VIII R 78/05, BStBl. II 2010, 455; zur Fertigung von Kontrollmitteilung betr. des Mandanten und zur Ap. BFH 8.4.2008 – VIII R 61/06, BStBl. II 2009, 579). Zur Überlassung von Datenträgern im Rahmen einer Ap. bei einem StBerater s. FG Nürnberg 30.7.2009 – 6 K 1286/2008, DStR 2010, 1355). Zudem muss der Berufsträger in einer zusammenfassenden Meldung nach § 18a UStG die USt-IdNrn. seiner Mandanten aus anderen Staaten angeben; das Einverständnis dieser Mandanten ist zu unterstellen (BFH 27.9.2017 – XI R 15/15, BStBl. II 2018, 155; krit. Klein § 102 Rn. 15 mWN). Für **Einzelheiten** s. LfSt Bayern 28.3.2012, DStR 2012, 1610.

17 **Disposition.** Die von der Verschwiegenheitspflicht des Berufsträgers betroffenen Personen können diesen von der Schweigepflicht entbinden. Da in diesen Fällen das durch Nr. 3 geschützte Vertrauensverhältnis nicht gestört ist und die Institution des Berufs und damit die Interessen des Berufsträgers nicht in den Schutzbereich fallen, muss der Berufsträger Auskunft erteilen. Er kann nicht selbst über die Wahrnehmung des Aussageverweigerungsrechts entscheiden (s. dazu Abs. 3).

4. Presseangehörige (Abs. 1 Nr. 4)

18 **Presseangehörige** haben ein Aussageverweigerungsrecht nach Nr. 4, das Ausfluss der nach Art. 5 I 2 GG garantierten Pressefreiheit ist. Verweigerungsberechtigte Berufsträger sind die in der Vorschrift mit ihrer Tätigkeit beschriebenen Personen; das Recht besteht nach Beendigung der Tätigkeit fort. Es sind nur die Personen begünstigt, die sich selbständig oder im Rahmen eines Anstellungsverhältnisses im Haupt- oder Nebenberuf professionell mit der Erstellung oder Verbreitung von periodischen Presseerzeugnissen (zB Zeitungen, Zeitschriften, auch unregelmäßig erscheinende Werke, nicht Bücher) und Sendungen (zB Radio- und Fernsehsendungen sowie neuartige Dienste wie Internet-Nachrichten, Pay-TV, Videotext, Bildschirmtext, nicht etwa Videofilme) befassen. Nicht zum Personenkreis gehören in aller Regel zB Schauspieler oder Verkäufer von Druckwerken. Auf Nr. 4 können sich in aller Regel Journalisten, Redakteure, Herausgeber, kaufmännische und technische Angestellte eines Verlags und Angehörige ähnlicher Berufe berufen (weitere Beispiele HHSp § 102 Rn. 21). Im Hinblick auf das geschützte Rechtsgut sollte der Personenkreis nicht zu klein gezogen werden.

19 **Gegenstand.** Nr. 4 beschreibt im Einzelnen, auf welche Gegenstände sich das Auskunftsverweigerungsrecht bezieht. Der Berufsträger braucht über seine Informanten, die ihm überlassenen Unterlagen und den Inhalt der Informationen nicht Auskunft zu geben, sofern diese den redaktionellen Teil seiner Tätigkeit betreffen. Diese Einschränkung ist verfassungsrechtlich nicht zu beanstanden (BVerfG 10.5.1983 – 1 BvR 385/82, BVerfGE 64, 108 (115 mwN); BFH 26.8.1980 – VII R 42/80, BStBl. II 1980, 699; BFH 29.10.1986 – VII R 82/85, BStBl. II 1988, 359; BFH 7.8.1990 – VII R 106/89, BStBl. II 1990, 1010). Nicht geschützt ist deshalb selbst erarbeitetes Schrift- und Bildmaterial, weil Nr. 4 nur der Presse von dritter Seite zugehende Informationen erfasst (Klein § 102 Rn. 31). Hinsichtlich des Anzeigenteils und der Werbung ist Auskunft zu erteilen, sofern sie nicht wie ein redaktioneller Teil geeignet und bestimmt sind, der kontroll- und meinungsbildenden Aufgabe der Presse zu dienen (BFH 12.5.2016 – II R 17/14, BStBl. II 2016, 822; Klein § 102 Rn. 31); der Berufsträger muss den Auftraggeber einer Chiffreanzeige angeben (BVerfG 10.5.1983 – 1 BvR 385/82, BVerfGE 64, 108; BFH 7.8.1990 – VII R 106/89, BStBl. II 1990, 1010).

20 Gemäß **Nr. 4 Hs. 2** bleibt **§ 160** unberührt. Der angesprochene Personenkreis ist verpflichtet, den Empfänger von Zahlungen zu nennen, die als Schulden und andere Lasten, Betriebsausgaben, Werbungskosten oder andere Ausgaben steuerlich anerkannt werden sollen. Der Berufsträger darf daher Angaben zu Bewirtungskosten bzw. den bewirteten Informanten nicht verweigern (BFH 15.1.1998 – IV R 81/96, BStBl. II 1998, 263). Dasselbe gilt für Aufwendungen, die der Berufsträger zur Beschaffung von Beiträgen, Unterlagen und anderen Informationen getätigt hat (HHSp § 102 Rn. 45).

21 **Keine Disposition.** Der Beteiligte kann die Berufsträger nicht von der Schweigepflicht nach Abs. 3 entbinden, um den Schutz der Pressefreiheit zu gewährleisten.

5. Andere Personen

24 Die Aufführung der verweigerungsberechtigten Personen in Abs. 1 ist abschließend (BFH 21.12.1992 – XI B 55/92, BStBl. II 1993, 451). Der **Beteiligte** des Verwaltungsverfahrens kann sich auf § 102 berufen, wenn er selbst als Berufsträger in eigener Sache Auskunft erteilen soll. Ihm steht ein Aussageverweigerungsrecht in dem Umfang zu, in dem es auch einem fremden Berufsträger zustehen würde. Da er eigene Verhältnisse in seiner Eigenschaft als Beteiligter offenbaren muss, bezieht sich das Auskunftsverweigerungsrecht nur auf solche Angaben, die Namen und Verhältnisse seiner Mandanten oder Patienten betreffen. So braucht zB der Arzt über seine Patientenkartei nicht Auskunft zu geben (BFH 11.12.1957 – II 100/53 U, BStBl. III 1958, 86), der Rechtsanwalt seine Handakten und andere Unterlagen nicht herauszugeben oder Auskunft aus ihnen zu erteilen, soweit sie Schlüsse auf Verhältnisse der Mandanten zulassen (BFH 14.5.2002 – IX R 31/00, BStBl. II 2002, 712; BFH 28.10.2009 – VIII R 78/05, BStBl. II 2010, 455). Zu

den Einzelheiten und weiteren Beispielen aus der Rspr. wird auf → § 104 Rn. 4 verwiesen. **Banken** können das Recht aus § 102 nicht in Anspruch nehmen (FG Sachsen-Anhalt 20.8.2014 – 2 K 867/13, EFG 2015, 2098; Klein § 102 Rn. 44). Das Bankengeheimnis zugunsten der Kunden ist ausschließlich in § 30a geregelt.

III. Verweigerungsrecht der Gehilfen (Abs. 2)

27 Abs. 2 S. 1 stellt hinsichtlich des Auskunftsverweigerungsrechts die Gehilfen und die sich auf den Beruf vorbereitenden Personen den Berufsträgern der Nr. 1–3 gleich; bei den Berufsträgern der Nr. 4 ist dieser Personenkreis dort erfasst. Diese Personen treten in ihrer beruflichen Tätigkeit wie der Berufsträger in ein Vertrauensverhältnis zu dem Mandanten oder Patienten und haben Berufsgeheimnisse zu wahren. Die Hilfspersonen müssen den Berufsträger in seiner Berufsausübung unterstützen, die Art und die Qualität der Tätigkeit ist unerheblich. Gehilfen sind etwa kaufmännische und technische Angestellte, Sekretäre, Büroleiter, Arzthelferinnen, Krankenschwestern (Gosch AO § 102 Rn. 21). Auf den Beruf sich vorbereitende Personen sind zB Auszubildende, Volontäre, Referendare. Über die Wahrnehmung des Verweigerungsrechts entscheidet nach Abs. 2 S. 2 nicht der Gehilfe oder die auszubildende Person, sondern der Berufsträger. Die Hilfsperson entscheidet selbst, wenn der Berufsträger in absehbarer Zeit etwa wegen Krankheit oder länger dauernder Ortsabwesenheit nicht entscheiden kann. Da die Gehilfen und auszubildenden Personen ein nur vom Berufsträger als in aller Regel dem Hauptgeheimnisträger abgeleitetes Recht haben, kann das Recht – ebenso wie die Entbindung von der Verschwiegenheitspflicht nach Abs. 3 – nur einheitlich ausgeübt werden (TK § 102 Rn. 13).

IV. Entbindung von der Verschwiegenheitspflicht (Abs. 3)

30 Nach Abs. 3 können die Berufsträger der Nr. 3 und ihre Hilfspersonen, nicht aber andere Berufsträger (→ Rn. 7, 10, 21) von der Verschwiegenheitspflicht entbunden werden. Die Entbindung führt zur **Aussagepflicht.** Entbindungsberechtigt ist die durch die Verschwiegenheitspflicht und das Aussageverweigerungsrecht geschützte Person. Das kann der Beteilige des Verfahrens oder ein Dritter sein, über den oder dessen Verhältnisse Auskunft erteilt werden soll. Bezüglich der Berufsträger und der Hilfspersonen muss die Entbindung einheitlich ausgeübt werden. Es ist nicht zulässig, nur diejenigen zu entbinden, die nicht Hauptgeheimnisträger sind. Die Entbindung ist Verfahrenshandlung (§ 79). Sie ist gegenüber dem Auskunftsverweigerungsberechtigten abzugeben und darf auf bestimmte Gegenstände begrenzt und widerrufen werden (TK § 102 Rn. 19).

V. Anzeigepflichten der Notare und der Mitteilungspflichtigen (Abs. 4)

33 Soweit Notare gesetzliche Anzeigepflichten zu erfüllen haben, steht ihnen das Recht auf Auskunftsverweigerung und Verweigerung der Vorlage von Urkunden nicht zu (§ 104 I 2). Solche Pflichten bestehen nach §§ 18, 20, 21, 22a GrESt und § 34 ErbStG iVm §§ 7, 8 ErbStDV. Der Notar muss ggf. seine Handakten oder Teile daraus vorlegen (BFH 17.3.1982 – II B 58/81, BStBl. II 1982, 510; BFH 21.4.1995 – VIII B 133/94, BFH/NV 1995, 954). Einzelheiten ergeben sich aus Verwaltungsanweisungen; vgl. zB das Merkblatt über die steuerlichen Beistandspflichten der Notare auf den Gebieten der GrESt, ErbSt (SchSt) und Ertragsteuer, Stand Oktober 2021, OFD Frankfurt 21.1.2021, BeckVerw 514047. Durch das Unternehmensteuerreformgesetz v. 14.8.2007 (BGBl. 2007 I 1912) ist mit Wirkung vom 18.8.2007 die Vorschrift durch Einbeziehung der Mitteilungspflichtigen nach der Zinsinformationsverordnung (ZIV) ergänzt worden. Die Änderung setzt EU-Recht um und bestimmt, dass Berufsträger sich wegen der nach § 8 ZIV bestehenden Auskunftspflicht betreffend Zinszahlungen an einen in einem Mitgliedstaat ansässigen Empfänger nicht auf ihr Aussageverweigerungsrecht berufen können. So muss etwa ein Rechtsanwalt, StBerater, Notar oder anderer Berufsträger als Zahlstelle iSd § 4 ZIV ohne

vorherige Aufforderung gegenüber dem BZSt über zB Identität, Wohnsitz, Kontonummer und Gesamtbetrag der Zinsen und Erträge Auskunft erteilen, wenn er als Testamentsvollstrecker die aufgelaufenen Zinsen an einen im EU-Ausland ansässigen Erben oder ein Notar die auf dem Notaranderkonto angefallenen Zinsen auszahlt oder sonst Zinszahlungen iSd § 6 ZIV leistet (BT-Drs. 16/4841, 83).

Der ab dem 1.7.2020 anzuwendende neue Abs. 4 S. 3 steht im Kontext der Mitteilungspflicht grenzüberschreitender StGestaltungen nach §§ 138d ff. S. 3 und soll sicherstellen, dass sich der Intermediär durch die Mitteilung nicht nach § 203 StGB strafbar macht, wenn die Meldung Rückschlüsse auf den Stpfl. ermöglicht (BT-Drs. 489/19, 24; Klein § 102 Rn. 42). 33a

VI. Belehrung, Niederschrift

Anders als §§ 101, 103 sieht § 102 eine Belehrung über das Auskunftsverweigerungsrecht und eine Niederschrift nicht vor. Der Gesetzgeber geht davon aus, dass der Berufsangehörige seine berufsrechtliche Verschwiegenheitspflicht bzw. sein Auskunftsverweigerungsrecht kennt. Hat die FB daran Zweifel, bietet sich eine Belehrung gleichwohl an. 34

VII. Geltendmachung und Inhalt der Mitwirkungsverweigerungsrechte

Der Auskunftsverweigerungsberechtigte muss sein Recht gegenüber der FB ausdrücklich geltend machen. Diese darf die Wahrnehmung des Rechts nicht unterstellen. Der Berufsträger muss das Vorliegen der Voraussetzungen darlegen und ggf. beweisen. Er muss ggf. ebenfalls beweisen, dass er die Kenntnisse, über die er Auskunft erteilen soll, im Rahmen seiner Berufsausübung und nicht nur bei Gelegenheit oder anderweitig erlangt hat (BFH 7.3.1989 – VIII R 355/82, BFH/NV 1989, 753). 35

Das Aussageverweigerungsrecht bezieht sich auf das Auskunftsersuchen gem. § 93. Die dort gestellten Fragen brauchen nicht beantwortet bzw. zu den dort bezeichneten Verhältnissen braucht nicht Stellung genommen zu werden. Das Verweigerungsrecht ist auf die in Abs. 1 bezeichneten Gegenstände beschränkt. Ein **Eidesverweigerungsrecht** steht den Berufsträgern nicht zu. Trotz Verweigerungsrecht erteilte Auskünfte sind unter den Voraussetzungen des § 94 zu beeiden. Der Berufsträger braucht – anknüpfend an das Aussageverweigerungsrecht – kein **Gutachten** zu erstellen und **Urkunden und Wertsachen** vorzulegen (→ § 104 Rn. 1 ff.). 36

VIII. Verfahren und Rechtsschutz

Zum Verfahren und zum Rechtsschutz wird auf → § 101 Rn. 29 ff. verwiesen. Es besteht kein Verwertungsverbot, wenn Berufsträger der Nr. 3 ohne Entbindung von der Verschwiegenheitspflicht Auskunft erteilt haben, denn mit einem Verwertungsverbot sollen keine außersteuerlichen Verschwiegenheitspflichten durchgesetzt werden können (BFH 1.2.2001 – XI B 11/00, BFH/NV 2001, 811; Gosch AO § 102 Rn. 28; Schuhmann StBp 1996, 89; aA TK § 102 Rn. 28). 37

§ 103 Auskunftsverweigerungsrecht bei Gefahr der Verfolgung wegen einer Straftat oder einer Ordnungswidrigkeit

[1]Personen, die nicht Beteiligte und nicht für einen Beteiligten auskunftspflichtig sind, können die Auskunft auf solche Fragen verweigern, deren Beantwortung sie selbst oder einen ihrer Angehörigen (§ 15) der Gefahr aussetzen würde, wegen einer Straftat oder einer Ordnungswidrigkeit verfolgt zu werden. [2]Über das Recht, die Auskunft zu verweigern, sind sie zu belehren. [3]Die Belehrung ist aktenkundig zu machen.

Vergleichbare Vorschriften: VwVfG iVm § 384 ZPO; § 55 StPO

I. Allgemeines

1 Zu Inhalt, Zweck und Anwendungsbereich der §§ 101–104 wird auf → § 101 Rn. 1 ff. verwiesen. **§ 103** gewährt ein gegenständlich begrenztes Auskunftsverweigerungsrecht bei Gefahr der Verfolgung wegen einer Straftat oder einer Ordnungswidrigkeit. Die Vorschrift ist Ausfluss des Rechtsstaatsprinzips, nach dem niemandem abverlangt werden darf, sich selbst einer strafbaren Handlung oder einer Ordnungswidrigkeit zu bezichtigen. Sie dient zugleich der Wahrheitsfindung, weil der an sich Auskunftsverpflichtete bei Inanspruchnahme des Rechts keinen Grund mehr hat, sich oder einen Angehörigen durch eine Falschaussage vor der straf- oder bußgeldrechtlichen Verfolgung zu schützen (Schwarz/Pahlke/Keß § 103 Rn. 1). Der **Beteiligte** des Verwaltungsverfahrens kann sich auf § 103 nicht berufen (→ Rn. 5). Ist die nach § 103 berechtigte Person ein **Angehöriger** des Beteiligten, kann diese auch das umfassendere und damit gegenständlich nicht auf strafrechtlich oder bußgeldrechtlich relevante Angaben beschränkte Auskunftsverweigerungsrecht nach § 101 in Anspruch nehmen. Für Berufsträger gilt bei Vorliegen der Voraussetzungen daneben § 102. Gemäß **§ 104** kann bei Bestehen des Auskunftsverweigerungsrechts die Erstattung eines Gutachtens und die Vorlage von Urkunden und Wertsachen verweigert werden. Die Rechte aus §§ 101–104 können unabhängig voneinander in Anspruch genommen werden.

II. Auskunftsverweigerungsrecht (S. 1)

1. Verweigerungsberechtigter Personenkreis

4 Die Auskunft verweigern dürfen nur **„andere Personen"** iSd § 93, also solche, die nicht Beteiligte des konkreten Verfahrens oder nicht für den Beteiligten auskunftspflichtig sind (→ § 101 Rn. 9–14). Die verweigerungsberechtigten Personen brauchen in keinem Angehörigenverhältnis zu dem Beteiligten zu stehen; die Eigenschaft als Berufsträger ist ohne Bedeutung.

5 **Der Beteiligte** hat in eigener Sache bzw. der für ihn Auskunftspflichtige hat in der Sache des Beteiligten kein Auskunftsverweigerungsrecht, weil dessen Mitwirkungspflicht im Besteuerungsverfahren – nicht im Straf- oder Bußgeldverfahren – Vorrang vor dem Schutz vor Verfolgung hat (BFH 30.3.1990 – VIII B 131/88, BFH/NV 1991, 461; BFH 30.10.1991 – III B 95/90, BFH/NV 1992, 524). Das gilt auch, wenn bereits ein strafrechtliches Ermittlungsverfahren eingeleitet worden ist. Der Gesetzgeber will mit dem Ausschluss des Auskunftsverweigerungsrechts für den Beteiligten untragbare Auswirkungen und Ergebnisse vermeiden, denn anderenfalls könnte sich dieser in aller Regel auf eine mögliche Selbstbezichtigung berufen. Seine allg. Mitwirkungspflicht liefe ins Leere. Aus der – rechtmäßigen – Verweigerung könnten keine negativen Schlüsse gezogen werden; insb. bestünden Zweifel, ob die FB nicht aufklärbare Besteuerungsgrundlagen gem. § 162 schätzen dürfte. Verweigert der Beteiligte die nach § 393 I 2, 3 nicht erzwingbare Mitwirkung, darf die FB die Besteuerungsgrundlagen schätzen (BFH 9.12.2004 – III B 83/04, BFH/NV 2005, 503 mwN). Der Beteiligte kann sich nicht darauf berufen, durch seine Auskunft würde eine andere Person belastet (BFH 17.1.1956 – I 242/54 U, BStBl. III 1956, 68). Vor der **Verfolgung nichtsteuerlicher Straftaten und Ordnungswidrigkeiten** ist der Beteiligte weitgehend geschützt. Zwangsmittel sind zwar nach hM gegen den Beteiligten zulässig, wenn er sich zwar nicht einer steuerrechtlich relevanten Tat, jedoch einer anderen Straftat oder Ordnungswidrigkeit bezichtigen müsste. In diesem Bereich ist der Beteiligte jedoch durch das StGeheimnis geschützt, denn nur unter den Voraussetzungen des § 30 IV Nr. 5 dürfen die FB die Auskünfte an die Strafverfolgungsbehörden weiterleiten (HHSp § 103 Rn. 10 ff.; zum Meinungsstand auch TK § 103 Rn. 2 ff.). Die FB darf aus der Verweigerung der Mitwirkung zumindest für das Besteuerungsverfahren (vgl. § 393 II) negative Schlüsse ziehen.

2. Gegenstand

8 **Geschützter Personenkreis.** Die Auskunft darf verweigert werden, wenn sich die Auskunftsperson selbst oder einen Angehörigen einer Straftat oder Ordnungswidrigkeit bezichtigen müsste. Die Angehörigeneigenschaft bestimmt sich nach § 15.

9 **Straftat und Ordnungswidrigkeit.** Es muss die Gefahr der Verfolgung wegen einer Straftat oder einer Ordnungswidrigkeit bestehen. Es ist nicht erforderlich, dass es sich um eine StStraftat oder StOrdnungwidrigkeit handelt, denn der Auskunftspflichtige braucht sich auch einer nichtsteuerlichen Tat nicht zu bezichtigen (TK § 103 Rn. 7). Die Vorschrift greift nicht ein, wenn sich der Auskunftspflichtige einem zivilrechtlichen Prozess etwa um Vermögensschäden, einer ehrenrechtlichen oder einer disziplinarrechtlichen Verfolgung aussetzen würde (TK § 103 Rn. 8; HHSp § 103 Rn. 15b; aA FG Berlin 18.4.1988 – VIII 79/86, EFG 1988, 456 für ehrengerichtliche Verfolgung; differenziert Gosch AO § 103 Rn. 11.2; Schwarz/Pahlke/Keß § 103 Rn. 13 f., beide mit dem Hinweis, dass berufsrechtliche Folgen bis zur Untersagung der Berufsausübung schwerer wiegen als Geldbußen; offengelassen BFH 2.2.1989 – IV B 114/88, BFH/NV 1989, 23).

12 **Verfolgungsgefahr.** Die Gefahr der Verfolgung besteht, wenn bei objektiver Beurteilung der Umstände mit der Einleitung eines Straf- oder Ordnungswidrigkeitenverfahrens zu rechnen ist bzw. die Durchführung eines bereits eingeleiteten Verfahrens erleichtert wird (BFH 24.11.1954 – II 231/52 U, BStBl. III 1955, 30). Für die Gefahr der Einleitung genügt ein prozessual ausreichender Anfangsverdacht (BFH 2.2.1989 – IV B 114/88, BFH/NV 1989, 23). Eine Verurteilung braucht nicht wahrscheinlich zu sein. Die Gefahr besteht nicht, wenn die Einleitung des Verfahrens oder eine Verurteilung ausgeschlossen ist, zB wegen Schuldunfähigkeit, Verjährung, strafbefreiender Selbstanzeige oder rechtskräftiger Verurteilung wegen der als verfolgbar angesehenen Tat. Eine Verfolgungsgefahr kann nur hinsichtlich bereits begangener Taten bestehen. Die Auskunftserteilung muss für die Verfolgungsgefahr kausal sein; das Verweigerungsrecht bezieht sich nicht auf den FB und Strafverfolgungsbehörden bereits bekannte Tatsachen (BFH 24.10.1989 – VII R 1/87, BStBl. II 1990, 198; TK § 103 Rn. 8/1).

13 Hat der Auskunftspflichtige eine berufliche oder anderweitige **Verschwiegenheitspflicht** zu wahren, kann er die Auskunft nicht mit der Begründung verweigern, er könnte sich wegen Verletzung der Verschwiegenheitspflicht strafbar machen. Eine Ausnahme gilt nur bezüglich bestimmter Berufsträger, die zum Personenkreis des § 102 gehören. Bei allen anderen Personen geht die Auskunftspflicht der Verschwiegenheitspflicht vor; sie können wegen Verletzung ihrer Verschwiegenheitspflicht nicht strafrechtlich zur Verantwortung gezogen werden (BFH 21.12.1992 – XI B 55/92, BStBl. II 1993, 451). Bestimmte Berufsangehörige, die berufsrechtlich zur Amtsverschwiegenheit verpflichtet sind (zB Beamte, Angestellte des öffentlichen Dienstes), haben vor Auskunftserteilung eine Entbindungserklärung ihres Dienstherrn vorzulegen.

14 **Umfang.** § 103 gibt kein umfassendes, sondern nur ein gegenständlich beschränktes Auskunftsverweigerungsrecht. Gegebenenfalls sind einzelne Fragen zu beantworten. Kann die geforderte Auskunft nicht in einzelne Fragen aufgeteilt werden oder steht die Auskunft in einem so engen Zusammenhang mit einem möglicherweise strafbaren oder ordnungswidrigen Verhalten, dass nichts übrig bleibt, was beantwortet werden könnte, ohne sich selbst oder einen Angehörigen zu belasten, darf die Auskunft in vollem Umfang verweigert werden (BFH 7.5.2007 – X B 167/06, BFH/NV 2007, 1524).

III. Belehrungspflicht, Niederschrift (S. 2, 3)

16 Zu Belehrungspflicht und Niederschrift wird auf → § 101 Rn. 17, 20 verwiesen. Die FB braucht über ein Auskunftsverweigerungsrecht nach § 103 nur zu belehren, wenn sie konkrete Anhaltspunkte für das Bestehen der tatbestandlichen Voraussetzungen hat (Schwarz/Pahlke/Keß § 103 Rn. 16; TK § 103 Rn. 12); die Anforderungen an die Be-

lehrungspflicht sollten großzügig gehandhabt werden, zumal der FB Anhaltspunkte für eine relevante Tat zumeist nicht sogleich ersichtlich sind oder bekannt gemacht werden.

IV. Geltendmachung und Inhalt der Mitwirkungsverweigerungsrechte

17 Zur **Geltendmachung** und zum **Inhalt** des Auskunftsverweigerungsrechts und der sich daraus ergebenden Rechte aus § 104 wird auf → § 101 Rn. 24 ff. und → § 102 Rn. 35 verwiesen. Grds. muss der Auskunftsverweigerungsberechtigte die Voraussetzungen für das Bestehen des Rechts geltend machen und ggf. beweisen. Die Gründe müssen insoweit konkret sein, dass sie der FB ermöglichen, die Berechtigung der Aussageverweigerung zu prüfen. Das gilt im Rahmen des § 103 jedoch insoweit nicht, als er sich durch die Offenbarung schon der Gefahr der Verfolgung aussetzen würde (BFH 7.5.2007 – X B 167/06, BFH/NV 2007, 1524). Ein **Eidesverweigerungsrecht** besteht – anders als nach § 101 II – nicht; trotz Verweigerungsrecht erteilte Auskünfte müssen nach § 94 beeidet werden.

V. Verfahren und Rechtsschutz

21 Zu Verfahren und Rechtsschutz wird auf → § 101 Rn. 29 ff. verwiesen.

22 **Verwertungsverbot.** Nach ordnungsgemäßer Belehrung mit Niederschrift können Auskünfte uneingeschränkt für jede Person, auch die Auskunftsperson und ihre Angehörigen, und für jedes Verfahren, auch zB im Strafverfahren verwertet werden. Bei **unterlassener oder fehlerhafter Belehrung** besteht grds. ein Verwertungsverbot. § 103 schützt jedoch (nur) die Auskunftsperson und ihre Angehörigen (nur) vor Verfolgung (→ Rn. 8 ff.). Es ist deshalb danach zu differenzieren, ob die bei unterlassener oder fehlerhafter Belehrung erteilten Auskünfte in dem Verfahren des Beteiligten und im steuerrechtlichen Verfahren der Auskunftsperson und ihrer Angehörigen verwertet werden dürfen. Sowohl im Besteuerungs- als auch im Straf- und Bußgeldverfahren dürfen die Auskünfte für und gegen den Beteiligten verwendet werden. In den Besteuerungsverfahren der Auskunftsperson und ihrer Angehörigen dürfen die Auskünfte verwertet werden, soweit das StGeheimnis dem nicht entgegensteht (so Gosch AO § 103 Rn. 19; Schwarz/Pahlke/Keß § 103 Rn. 18 f.; HHSp § 103 Rn. 25; aA TK § 103 Rn. 13; Klein § 103 Rn. 16).

23 **Rechtsschutz.** Gegen die Verwertung der Auskünfte trotz Verwertungsverbot kann sich der Beteiligte nicht wehren, weil er selbst durch § 103 nicht geschützt ist. Zu weiteren Einzelheiten wird auf → § 101 Rn. 31 f. verwiesen.

§ 104 Verweigerung der Erstattung eines Gutachtens und der Vorlage von Urkunden

(1) [1]**Soweit die Auskunft verweigert werden darf, kann auch die Erstattung eines Gutachtens und die Vorlage von Urkunden oder Wertsachen verweigert werden.** [2]**§ 102 Absatz 4 Satz 2 bleibt unberührt.**

(2) [1]**Nicht verweigert werden kann die Vorlage von Urkunden und Wertsachen, die für den Beteiligten aufbewahrt werden, soweit der Beteiligte bei eigenem Gewahrsam zur Vorlage verpflichtet wäre.** [2]**Für den Beteiligten aufbewahrt werden auch die für ihn geführten Geschäftsbücher und sonstigen Aufzeichnungen.**

I. Allgemeines

1 § 104 ergänzt das den Personenkreisen der §§ 101–103 zustehende Aussageverweigerungsrecht um das Recht zur Verweigerung der Erstattung von Gutachten nach § 96, der Vorlage von Urkunden nach § 97 und Wertsachen nach § 100; ein Recht auf Verweigerung der Duldung einer Augenscheinseinnahme nach §§ 98, 99 besteht nicht. Abs. 2 enthält eine Ausnahme für die Urkunden und Wertsachen, die ein Dritter für den Beteiligten aufbewahrt. § 104 ist ein selbständiges Verweigerungsrecht. Es kann unabhängig von

einem Recht zur Verweigerung der Auskunft nach § 101 bis 103 oder des Eides nach § 101 II geltend gemacht werden. Zu Inhalt, Zweck und Anwendungsbereich der Auskunfts- und Vorlageverweigerungsrechte nach §§ 101–106 → § 101 Rn. 1 ff.

II. Verweigerungsrecht (Abs. 1)

1. Verweigerungsberechtigter Personenkreis

Ein Verweigerungsrecht nach § 104 kann nur derjenige in Anspruch nehmen, dem ein Auskunftsverweigerungsrecht nach §§ 101–103 zusteht. Der **Beteiligte** (§ 78) hat kein Auskunftsverweigerungsrecht und kann deshalb auch nicht die Vorlage von Urkunden und Wertsachen verweigern. Ein nicht am Verfahren beteiligter **Dritter** kann die Erstattung eines Gutachtens als Sachverständiger und die Vorlage von Urkunden und Wertsachen verweigern, wenn im Zeitpunkt der Aufforderung durch die FB die Voraussetzungen nach §§ 101–103 für ein Auskunftsverweigerungsrecht vorliegen. Unerheblich ist, ob die FB an den Dritten ein Auskunftsersuchen gerichtet hat und ob dieser von seinem Auskunftsverweigerungsrecht Gebrauch gemacht hat. Hinsichtlich der Hinzuziehung als Sachverständiger korrespondiert die Vorschrift mit dem Recht des Dritten, gem. § 96 IV die Erstattung des Gutachtens wegen Besorgnis der Befangenheit abzulehnen. In den Fällen des § 102 besteht, wie dort in Abs. 3 bestimmt, das Auskunftsverweigerungsrecht und damit das Vorlageverweigerungsrecht nicht, wenn die betroffene Person von ihrer Verschwiegenheitspflicht entbunden ist (→ § 102 Rn. 30). 2

2. Gegenstand, Inhalt und Umfang des Verweigerungsrechts

Für die Begriffe des **Gutachtens, der Urkunde und der Wertsache** → § 96 Rn. 8, → § 97 Rn. 3, → § 100 Rn. 4. Der **Inhalt** des Verweigerungsrechts entspricht der Befugnis der FB, die Erstellung eines Gutachtens und die Vorlage von Urkunden und Wertsachen nach §§ 96, 97 und 100 verlangen zu können. Das Recht kann bei rechtmäßiger Aufforderung in Anspruch genommen werden. Liegen die Voraussetzungen für die Hinzuziehung eines Sachverständigen oder die Aufforderung zur Vorlage von Urkunden oder Wertsachen nicht vor, so ist die Maßnahme rechtswidrig. Der Betroffene muss die Maßnahme mit Einspruch und Klage anfechten. Ist eine rechtswidrige Maßnahme bestandskräftig geworden, kann sich der Betroffene auf sein Verweigerungsrecht berufen. Der **Umfang** des Verweigerungsrechts bestimmt sich nach dem Schutzbereich der §§ 101–103. Angehörige iSd § 101 iVm § 15 haben ein umfassendes Verweigerungsrecht. Für Berufsangehörige iSd § 102 besteht es nur insoweit, als es zum Schutz der Berufsgeheimnisse erforderlich ist. Sie können zB die Vorlage von Unterlagen verweigern, aus denen die FB steuerlich relevante Erkenntnisse über Patienten oder Mandanten gewinnen will. In eigenen StAngelegenheiten können sie sich auf § 104 berufen, denn der Schutz von Berufsgeheimnissen gilt auch zu ihren eigenen Gunsten. Da jedoch Beteiligte vom Grundsatz her kein Verweigerungsrecht genießen, dürfen die eigenen Mitwirkungspflichten nicht durch §§ 102, 104 unterlaufen werden. Daher haben Berufsangehörige diejenigen Unterlagen vorzulegen, die für die eigene Besteuerung erforderlich sind und keine Tatsachen enthalten, auf die sich das Auskunftsverweigerungsrecht bezieht (BFH 11.12.1957 – II 100/53 U, BStBl. III 1958, 86 zu den Handakten eines Rechtsanwalts und zur Patientenkartei des Arztes; BFH 21.4.1995 – VIII B 133/94, BFH/NV 1995, 954; zu Einzelheiten → § 102 Rn. 13 f.; HHSp § 104 Rn. 8 ff.; TK § 104 Rn. 2 f., jeweils mwN und Beispielen). Das Verweigerungsrecht nach § 103 bezieht sich nur auf bestimmte Auskünfte und dementsprechend auf die Vorlage bestimmter Sachen. 4

3. Sonderregelung für Notare (Abs. 1 S. 2)

Abs. 1 S. 2 enthält durch Verweis auf § 102 IV 2 eine Sonderregelung für **Notare.** 5
Diese dürfen die Auskunft und die Vorlage von Urkunden nicht verweigern, soweit gesetzliche Anzeigepflichten bestehen (→ § 102 Rn. 33).

III. Ausnahmen (Abs. 2)

8 **Abs. 2 S. 1** macht eine Ausnahme hinsichtlich solcher Urkunden und Wertsachen, die von einem Dritten für den Beteiligten aufbewahrt werden. Die Vorschrift soll verhindern, dass ein vorlagepflichtiger Beteiligter, dem selbst kein Verweigerungsrecht zusteht, die Pflicht umgehen kann, indem er die Sache bei einem Dritten in Verwahrung gibt, der für sich ein Auskunftsverweigerungsrecht in Anspruch nehmen kann (BT-Drs. VI/1982, 138). Aufbewahrung ist jedes tatsächliche Besitzverhältnis, unabhängig von den zugrunde liegenden schuldrechtlichen Vereinbarungen zwischen den Beteiligten und dem Dritten; ein zivilrechtliches Zurückbehaltungsrecht des Besitzers steht der Vorlagepflicht nicht entgegen (Schwarz/Pahlke/Keß § 104 Rn. 7).

Abs. 2 S. 2 stellt klar, dass für den Beteiligten auch die für ihn von einem Dritten geführten Geschäftsbücher und sonstigen Aufzeichnungen aufbewahrt sind. Solche Bücher und Aufzeichnungen sind insbesondere solche iSd §§ 140 ff., 147. Trotz ihres Auskunftsverweigerungsrechts sind daher die Angehörigen der steuerberatenden Berufe verpflichtet, alle Urkunden und Wertsachen, die sie für den Beteiligten aufbewahren oder führen, auf Verlangen der FB vorzulegen, so wie auch der Beteiligte selbst (AEAO zu § 104). Der StBerater hat daher zB alle Buchführungsunterlagen und Belege zu den StErklärungen vorzulegen. Handakten des Rechtsanwalts oder StBeraters und Patientenkarteien des Arztes werden dagegen nicht für den Mandanten oder Patienten aufbewahrt; für sie gilt die Ausnahme des Abs. 2 nicht.

IV. Verfahren

10 Bei der Hinzuziehung als Sachverständiger oder der Aufforderung zur Vorlage von Urkunden und Wertsachen ist der Verpflichtete über sein Verweigerungsrecht zu belehren. § 104 sieht die Belehrung und ihre Aktenkundigmachung zwar nicht ausdrücklich vor; nach hM sind jedoch im Hinblick auf die Anknüpfung dieser Regelung an die Auskunftsverweigerungsrechte § 101 I 2, 3 und § 103 S. 2, 3 entspr. anwendbar (TK § 104 Rn. 6; HHSp § 104 Rn. 18). Zur Geltendmachung des Verweigerungsrechts → § 101 Rn. 24. Zum Verwertungsverbot, wenn trotz geltend gemachtem Verweigerungsrecht Gutachten erstattet und Sachen vorgelegt worden sind oder eine Belehrung unterblieben ist → § 101 Rn. 30.

§ 105 Verhältnis der Auskunfts- und Vorlagepflicht zur Schweigepflicht öffentlicher Stellen

(1) **Die Verpflichtung der Behörden oder sonstiger öffentlicher Stellen einschließlich der Deutschen Bundesbank, der Staatsbanken und der Schuldenverwaltungen sowie der Organe und Bediensteten dieser Stellen zur Verschwiegenheit gilt nicht für ihre Auskunfts- und Vorlagepflicht gegenüber den Finanzbehörden.**

(2) **Absatz 1 gilt nicht, soweit die Behörden und die mit postdienstlichen Verrichtungen betrauten Personen gesetzlich verpflichtet sind, das Brief-, Post- und Fernmeldegeheimnis zu wahren.**

I. Allgemeines

1 Gemäß § 93 I 2 und § 97 I 3 haben Behörden und sonstige Stellen den FB auf Verlangen Auskünfte zu erteilen und Urkunden vorzulegen. Ferner haben andere Behörden den FB Amtshilfe nach §§ 111 ff. in Form von Auskunfts- und Vorlagepflichten zu leisten. Grds. haben diese Behörden und sonstigen Stellen Verschwiegenheit über ihnen bekannt gewordene Angelegenheiten zu wahren. § 105 I löst den Konflikt zwischen Auskunfts-

und Vorlageverpflichtung einerseits und Amtsverschwiegenheit andererseits dahingehend, dass im Besteuerungsverfahren den Auskunfts- und Vorlagerechten der FB zur Sachaufklärung im Interesse der gleichmäßigen Besteuerung Vorrang eingeräumt wird (BT-Drs. VI/1982, 138; BFH 26.2.2001 – VII B 265/00, BStBl. II 2001, 464; BFH 19.12.2006 – VII R 46/05, BStBl. II 2007, 366). Abs. 2 enthält Ausnahmen zur Wahrung verfassungsmäßiger Rechte. Die Vorschrift gilt im gesamten Besteuerungsverfahren. Sie wird durch § 106 zur Wahrung des staatlichen Wohls ergänzt.

II. Auskunfts- und Vorlagepflicht von Behörden (Abs. 1)

1. Behörden und sonstige Stellen, Verschwiegenheitspflicht

Behörde ist gem. § 6 I jede Stelle, die Aufgaben der öffentlichen Verwaltung wahrnimmt 2
(→ § 6 Rn. 4 ff.). **Sonstige öffentliche Stellen** sind andere als die von § 6 erfassten „Stellen", die aufgrund öffentlich-rechtlicher Vorschriften hoheitliche Aufgaben wahrnehmen (Gosch AO § 105 Rn. 4). Der Wortlaut des § 105 ist nicht mit § 6 und anderen Vorschriften, die Befugnisse und Pflichten von Behörden und sonstigen öffentlichen Stellen regeln, abgestimmt. Da sich § 105 auf Auskunfts- und Vorlagepflichten sowie auf die Pflicht zur Amtshilfe bezieht, muss der Begriff der Behörde bzw. sonstigen öffentlichen Stelle in Übereinstimmung mit den diese Pflichten regelnden Vorschriften ausgelegt werden. Es bietet sich eine weite Auslegung der Begriffe an (Gosch AO § 105 Rn. 4). Als sonstige öffentliche Stellen sind in Abs. 1 beispielhaft die Deutsche Bundesbank, die Staatsbanken und die Schuldenverwaltungen genannt. Sonstige öffentliche Stellen sind zB auch die öffentlichen Sparkassen (offengelassen BFH 21.12.1992 – XI B 55/92, BStBl. II 1993, 451), die Sozialversicherungsträger (OFD Koblenz 20.4.1995, DStR 1995, 1352) und die Berufskammern zB der Rechtsanwälte (BFH 19.12.2006 – VII R 46/05, BStBl. II 2007, 366). Die von § 105 I vorausgesetzte **Verschwiegenheitspflicht** gilt auch für die Organe und Bediensteten der Behörden und Stellen. Die zu wahrende Verschwiegenheit über bei amtlicher Tätigkeit bekannt gewordene Angelegenheiten beruht auf außersteuerlichen Vorschriften. Leistungsträger iSd Sozialgesetzbuches haben gem. § 35 SGB I das Sozialgeheimnis zu wahren.

2. Ausnahme von der Verschwiegenheitspflicht

Abs. 1 berechtigt und verpflichtet die Behörden und sonstigen öffentlichen Stellen, bei 3
Aufforderung der FB zur Auskunftserteilung und Vorlage von Urkunden ihre Verschwiegenheitspflicht zu brechen; eine Pflicht zur Vorlage von Wertsachen besteht wegen einer entsprechenden Regelung in § 100 nicht. Das gilt nicht, wenn und soweit (außensteuerliche) Vorschriften anderweitige und § 105 I wiederum vorgehende Regelungen treffen (→ Rn. 5). § 71 SGB X lässt ausdrücklich unter Bezugnahme auf Vorschriften der AO die Übermittlung von Sozialdaten zur Sicherung des StAufkommens zu. Eine Aussagegenehmigung des Bediensteten ist im Verwaltungsverfahren nicht erforderlich.

III. Einschränkung der Auskunfts- und Vorlagepflicht (Abs. 2)

Abs. 2 trägt dem Verfassungsrang des Brief-, Post- und Fernmeldegeheimnisses nach 4
Art. 10 GG Rechnung und schränkt Abs. 1 für Behörden und mit postdienstlichen Verrichtungen betraute Personen ein. Durch das Briefgeheimnis geschützt sind alle schriftlichen Mitteilungen (Briefe, Telegramme usw.) unabhängig davon, ob sie sich im Tätigkeitsbereich der Post befinden oder nicht. Das Postgeheimnis schützt den Tätigkeitsbereich der Post, der sich mit der Übermittlung von Postsendungen (Briefe, Pakete usw.) befasst. Das Fernmeldegeheimnis betrifft den gesamten Fernmeldeverkehr (Telefonate, Telegramme, Telefaxe, Funkverkehr usw.), und zwar auch denjenigen, der nicht durch die Post betrieben wird. Inhaltlich erstreckt sich der Schutz des Art. 10 GG auf die Tatsache der Übermittlung, den Absender und Empfänger der Postsendung oder die Beteiligten des Fernmeldeverkehrs und den Inhalt der Postsendung oder des Fernmeldeverkehrs. Abs. 2 gilt insb. für

die Deutsche Post AG, nicht aber für die Deutsche Postbank AG, die das allg. Bankgeheimnis zu wahren hat und wie eine Bank zur Auskunft und Urkundenvorlage verpflichtet ist oder nicht. Die FB ist daher nicht berechtigt, sich von der Deutschen Post AG Postsendungen eines Beteiligten zum Zwecke der Sachaufklärung vorlegen zu lassen oder den Postzusteller zu befragen (TK § 105 Rn. 4). Abs. 2 steht der Beiziehung von Aufzeichnungen einer nach § 100a StPO angeordneten Telefonüberwachung entgegen (BFH 26.2.2001 – VII B 265/00, BStBl. II 2001, 464).

IV. Abweichende Regelungen

5 Eine Vielzahl **außersteuerlicher Gesetze** regelt Inhalt und Umfang der Verschwiegenheitspflicht zur Wahrung des Geheimhaltungsinteresses des jeweiligen Fachbereichs sowie ggf. der Offenbarungsbefugnis. Ferner enthalten einige Gesetze besondere Bestimmungen über Verwertungsverbote. Diese Vorschriften (zB das Bundesdatenschutzgesetz) gehen § 105 vor (weitere Beispiele TK § 105 Rn. 2; HHSp § 105 Rn. 18 ff.). Zur Wahrung des staatlichen Wohls schließt **§ 106** die Regelung des Abs. 1 aus.

V. Verfahren

6 Die Aufforderung der FB zur Auskunftserteilung oder Vorlage nach §§ 93, 97 ist ein VA. Die aufgeforderte Behörde oder sonstige öffentliche Stelle hat ihr Verweigerungsrecht nach Abs. 2 oder nach außersteuerlichen Vorschriften im Einspruchs- und Klageverfahren geltend zu machen. Erfolgt die Aufforderung im Rahmen eines Amtshilfeersuchens, entscheidet gem. § 112 V die gemeinsame fachliche Aufsichtsbehörde. Für Auskünfte und Urkunden, die unter Verstoß gegen Abs. 2 erlangt worden sind, besteht ein **Verwertungsverbot.** Das gilt auch, wenn in diesem Bereich eine außersteuerliche Vorschrift in ihrem Anwendungsbereich ein Verwertungsverbot vorsieht. Im Übrigen sind die Auskünfte und Urkunden uneingeschränkt verwertbar. Der unter Verstoß gegen ein Verwertungsverbot ergangene VA ist rechtswidrig. Der Beteiligte kann mit Einspruch und Klage gegen den VA die Verletzung seiner Rechte aus Art. 10 GG geltend machen. Sind – nur – Verschwiegenheitsbelange im Interesse der Allgemeinheit berührt, verletzt ihn der Verstoß gegen ein Verwertungsverbot dagegen nicht in eigenen Rechten (HHSp § 105 Rn. 24).

§ 106 Beschränkung der Auskunfts- und Vorlagepflicht bei Beeinträchtigung des staatlichen Wohls

Eine Auskunft oder die Vorlage von Urkunden darf nicht gefordert werden, wenn die zuständige oberste Bundes- oder Landesbehörde erklärt, dass die Auskunft oder Vorlage dem Wohl des Bundes oder eines Landes erhebliche Nachteile bereiten würde.

Vergleichbare Vorschriften: § 99 VwGO; § 86 II FGO

I. Allgemeines

1 § 106 schränkt die Auskunfts- und Vorlagepflicht nach §§ 93, 97 und im Rahmen der Amtshilfe zum Wohl des Bundes oder eines Landes ein. Soweit Behörden und sonstige öffentliche Stellen betroffen sind, geht die Vorschrift § 105 I vor und ergänzt § 105 II sowie die eine Verschwiegenheitspflicht bestimmenden außersteuerlichen Vorschriften (→ § 105 Rn. 5). Sie betrifft jeden Auskunfts- und Vorlageverpflichteten (BT-Drs. VI/1982, 138). In der Praxis hat § 106 wenig Bedeutung, denn bei der Beurteilung, ob erhebliche Nachteile zu befürchten sind, ist auch die Verpflichtung der FB zu beachten, das StGeheimnis nach § 30 zu wahren. So ist der FB grds. nach § 30 untersagt, Erkennt-

nisse, die sie durch die Auskunft oder die Vorlage von Urkunden gewonnen hat, zu offenbaren. Nachteile für die Allgemeinheit sind deshalb kaum zu erwarten.

II. Voraussetzungen für die Beschränkung der Auskunfts- und Vorlagepflicht

Adressat der Vorschrift ist nicht der Auskunfts- oder Vorlagepflichtige, sondern die FB, die einen Verpflichteten zur Auskunft oder zur Vorlage von Urkunden auffordern will. Unerheblich ist, ob ein Beteiligter, ein Dritter, eine Behörde oder eine sonstige öffentliche Stelle tätig werden soll oder ob der Verpflichtete in seiner Person ein Verweigerungsrecht geltend machen kann. 2

Die FB darf Auskünfte und Urkunden nicht anfordern, wenn diese nach der Erklärung der zuständigen Behörde dem **Wohl des Bundes oder eines Landes erhebliche Nachteile** bereiten würden. Geschützt sind ausschl. die Interessen des Bundes oder eines Landes. Ob erhebliche Nachteile zu befürchten sind, hat die zuständige Behörde zu beurteilen. Maßstab ist die demokratisch-rechtsstaatliche Auffassung, die sich aus den Verfassungen von Bund und Ländern herleitet. Die Beurteilung hat sich insb. am Rechtsstaatsprinzip und an dem Prinzip der freiheitlich-demokratischen Grundordnung zu orientieren. Staatliches Wohl ist das Gemeinwohl, also das Interesse der Allgemeinheit am Schutz der Belange von Bund und Ländern. Es widerspricht demokratisch-rechtsstaatlicher Auffassung, das Gemeinwohl mit dem Wohl etwa einzelner Verfassungsorgane und deren Mitglieder, der Bediensteten von Bund und Ländern, den Parteien oder einzelnen Interessengruppen gleichzusetzen. Allein die Offenbarung von Angelegenheiten gegenüber der FB, die einzelnen Personen oder Gruppen Nachteile bereiten, beeinträchtigen nicht das Gemeinwohl. Das Gemeinwohl kann betroffen sein, wenn etwa Bund, Länder oder Verfassungsorgane in ihrer Existenz oder Sicherheit gefährdet sind; bloßer Ansehensverlust reicht nicht aus (TK § 106 Rn. 1; Gosch AO § 106 Rn. 6). Die zuständige Behörde hat einen Beurteilungsspielraum, der von den Gerichten nur eingeschränkt überprüfbar ist. 3

Zuständige Behörde für die Erklärung ist die oberste Bundes- oder Landesbehörde, deren Geschäftsbereich die angeforderte Auskunft oder Urkunde berührt. So ist zB zuständig das Bundesverteidigungsministerium, wenn es um Fragen der äußeren Sicherheit geht. Die Behörde wird von Amts wegen tätig; die FB oder der Auskunfts- oder Vorlageverpflichtete kann ein Tätigwerden anregen. 4

III. Verfahren

Die Erklärung der zuständigen Behörde gegenüber der FB ist ein VA, der wegen seiner verfahrensrechtlichen Bedeutung schriftlich ergehen sollte. Ergeht sie nach der Auskunfts- und Vorlageaufforderung, ist die Aufforderung als rechtswidrig aufzuheben; ergeht sie vorher, darf die FB Auskunft und Vorlage nicht mehr verlangen (Schwarz/Pahlke/Keß § 106 Rn. 7). Die entgegen der Erklärung eingeholten Auskünfte und Urkunden unterliegen einem Verwertungsverbot (Schwarz/Pahlke/Keß § 106 Rn. 8; TK § 106 Rn. 1; aA HHSp § 106 Rn. 8). Die FB kann den VA nicht anfechten, ein verpflichteter Dritter mangels Verletzung eigener Rechte ebenfalls nicht. Der Beteiligte, der wegen der Erklärung eine steuermindernde Tatsache nicht beweisen kann, kann in seinen Rechten verletzt sein und ist damit einspruchs- und klagebefugt im Hinblick auf die Erklärung der obersten Bundes- oder Landesbehörde (TK § 106 Rn. 2; Schwarz/Pahlke/Keß § 106 Rn. 10; Gosch AO § 106 Rn. 10; HHSp § 106 Rn. 11). Im Übrigen bleibt FB und Beteiligten die Gegenvorstellung auf ministerieller Ebene. 7

V. Entschädigung der Auskunftspflichtigen und der Sachverständigen

§ 107 Entschädigung der Auskunftspflichtigen und der Sachverständigen

[1] Auskunftspflichtige, Vorlagepflichtige und Sachverständige, die die Finanzbehörde zu Beweiszwecken herangezogen hat, erhalten auf Antrag eine Entschädi-

gung oder Vergütung in entsprechender Anwendung des Justizvergütungs- und -entschädigungsgesetzes. [2]Dies gilt nicht für die Beteiligten und für die Personen, die für die Beteiligten die Auskunfts- oder Vorlagepflicht zu erfüllen haben.

Vergleichbare Vorschriften: § 26 III 2 VwVfG; § 21 III 4 SGB X

I. Allgemeines

1 § 107 gewährt den am Verfahren nicht beteiligten auskunftspflichtigen Personen, den nach § 97 Vorlagepflichtigen und den Sachverständigen, die die FB zu Beweiszwecken im Besteuerungsverfahren heranzieht, einen Anspruch auf Entschädigung. Sie erhalten einen finanziellen Ausgleich für ihre Inanspruchnahme im fremden Besteuerungsverfahren.

2 Die Vorschrift gilt in jedem Stadium des Besteuerungsverfahrens, also im StFestsetzungs-, StErhebungs-, VollstrVerfahren, bei der Ap. und im Einspruchsverfahren. Ebenso gilt sie im Fahndungs- und StAufsichtsverfahren, nicht aber im StStraf- und Bußgeldverfahren, weil dort die Beweiserhebung nicht nach den Vorschriften der AO erfolgt. Zeugen und Sachverständige in diesen Verfahren erhalten eine Entschädigung über §§ 405, 410 I Nr. 10 nach den Vorschriften des JVEG.

II. Voraussetzungen für die Entschädigung (S. 1)

1. Entschädigungsberechtigter Personenkreis

5 **Auskunfts- und vorlagepflichtige Personen.** § 107 S. 1 knüpft für die Entschädigungsberechtigung an die Auskunftspflicht nach § 93 und die Vorlagepflicht nach § 97 an (zum Personenkreis → § 93 Rn. 6f., → § 97 Rn. 7). Einen Anspruch haben diejenigen Personen, die die FB mit VA zur Auskunft oder zur Vorlage von Urkunden aufgefordert hat und die tatsächlich eine Auskunft erteilt und Urkunden vorgelegt haben, mit Ausnahme der in S. 2 genannten Personen (→ Rn. 8). Die Entschädigung steht nur dem **Auskunfts- und Vorlageverpflichteten selbst** zu; erteilt er durch eine handlungsfähige Person oder durch einen Bevollmächtigten Auskunft oder kommt dem Vorlageverlangen nach, so haben diese Personen keinen eigenen Anspruch (BFH 23.12.1980 – VII R 91/79, BStBl. II 1981, 392). Die nach § 360 im Einspruchsverfahren Hinzugezogenen haben keinen Anspruch, denn sie sind nach der Hinzuziehung gem. § 359 Nr. 2 Beteiligte des Verfahrens.

7 **Sachverständige.** Die nach § 96 hinzugezogenen Sachverständigen haben einen Anspruch auf Entschädigung. Das gilt auch für Behörden und sonstige Stellen, deren Bedienstete zu Sachverständigenleistungen herangezogen werden. Soweit Angehörige von Behörden oder sonstigen öffentlichen Stellen in Erfüllung ihrer Dienstaufgaben Gutachten gem. § 96 erstatten, vertreten oder erläutern, liegen die Voraussetzungen nach § 107 zwar vor; sie könnten nach dem JVEG entschädigt werden. § 1 II 2 JVEG schließt eine Entschädigung aber aus.

2. Ausgeschlossener Personenkreis (S. 2)

8 **Beteiligte** (§ 78) erhalten grds. keine Entschädigung, denn sie erfüllen bei Erteilung von Auskünften und Vorlage von Urkunden auf Verlangen der FB Pflichten im eigenen Verwaltungsverfahren. Ebenso haben keinen Anspruch diejenigen **Personen, die für den Beteiligten** Auskünfte erteilen und Unterlagen vorlegen (→ § 101 Rn. 14). Wird die Auskunftspflicht nicht für den Beteiligten, sondern für einen Dritten erfüllt, greift S. 2 nicht ein; der Dritte ist entschädigungsberechtigt. So handelt etwa eine in fremden Besteuerungsverfahren auskunftspflichtige AG durch ihren Vorstand oder eine angestellte Person; die AG hat einen Entschädigungsanspruch (BFH 23.12.1980 – VII R 91/79, BStBl. II 1981, 392 zum Anspruch einer Bank; TK § 107 Rn. 2).

3. Heranziehung zu Beweiszwecken

Die FB muss den Auskunfts- und Vorlagepflichtigen oder den Sachverständigen durch schriftlichen oder mündlichen VA zu Beweiszwecken herangezogen haben. Eine unaufgeforderte Auskunftserteilung, Vorlage von Urkunden oder Erstellung eines Gutachtens lösen keinen Entschädigungsanspruch aus; das gilt auch dann, wenn die FB diese Auskunft, die Urkunden oder das Gutachten verwertet (AEAO zu § 107 Nr. 1). Ob die Voraussetzungen für eine Heranziehung zu Beweiszwecken vorliegen, ergibt sich aus dem Inhalt des VA. Eine Entschädigung erhält der Dritte daher nur, wenn er von der FB zu einem bestimmten Handeln aufgefordert wurde. Erteilt ein Dritter **auf Veranlassung des Beteiligten** eine Auskunft, legt Urkunden vor oder gibt er ein Gutachten ab oder legt der Beteiligte von sich aus der FB derartige Auskünfte, Urkunden oder Gutachten vor, entsteht kein Anspruch für den Dritten. Hätte sich die FB ohnehin zu Beweiszwecken an den Dritten wenden müssen und verwendet sie die Auskunft, die Urkunden oder das Gutachten zu Beweiszwecken tatsächlich, soll für den Dritten ein Entschädigungsanspruch bestehen; das soll auch gelten, wenn der Beteiligte ein an ihn gerichtetes Auskunfts- oder Vorlageersuchen zur Beantwortung gegenüber der FB an einen Dritten weiterreicht, wenn sich die FB, weil der Beteiligte Auskunft nicht erteilen oder Urkunden nicht vorlegen kann, den Dritten hätte hinzuziehen müssen (TK § 107 Rn. 6; zT ebenso HHSp § 107 Rn. 32). Einer Entschädigung in diesen Fällen steht allerdings der Wortlaut des Gesetzes entgegen; auf die förmliche Heranziehung durch VA kann schon deshalb nicht verzichtet werden, weil eine die Entschädigungspflicht auslösende Mitwirkung im Verfahren nicht zur Disposition des Beteiligten oder eines Dritten stehen darf (Schwarz/Pahlke/Keß § 107 Rn. 8 f.; FG Münster 25.11.1986 – VIII 4544/86 X, EFG 1987, 218; FG Nürnberg 22.2.1996 – II (III) 165/95, EFG 1996, 898). 9

Grds. setzt der Entschädigungsanspruch die **Erteilung der begehrten Auskunft, Vorlage der angeforderten Urkunden** oder die Erstattung des Gutachtens durch den Verpflichteten voraus. Die Auskunft kann schriftlich, elektronisch, mündlich oder fernmündlich erteilt werden (§ 93 IV). Weigert sich der Verpflichtete, ohne ein Zeugnisverweigerungsrecht zu haben, erhält er keine Entschädigung. Da allein die Heranziehung die Entschädigungspflicht auslöst, besteht ein Anspruch auch dann, wenn zB die Heranziehung durch die FB rechtswidrig ist, die begehrte Auskunft, die Urkunde oder das Gutachten nicht verwertbar ist oder nicht verwertet wird, von der Vernehmung des an Amtsstelle erschienenen Auskunftspflichtigen Abstand genommen wird, der Auskunftspflichtige oder der Sachverständige von einem Zeugnisverweigerungsrecht Gebrauch macht oder der Sachverständige das Gutachten wegen Besorgnis der Befangenheit nicht erstellt (Schwarz/Pahlke/Keß § 107 Rn. 9). 10

4. Vorlage von Wertsachen, Urkunden, Duldung der Augenscheinseinnahme

Die **Vorlage von Wertsachen (§ 100)** zu Beweiszwecken durch einen Dritten führte nach § 107 aF nicht zu einem Entschädigungsanspruch, weil § 107 die betreffenden Vorlageverpflichteten nicht als entschädigungsberechtigte Personen nannte. Dasselbe gilt für diejenigen Personen, die eine **Augenscheinseinnahme (§§ 98, 99)** zu dulden haben. Eine analoge Anwendung des § 107 kam beim **reinen Vorlageverlangen** nicht in Betracht. Ein solches liegt vor, wenn die FB die vorzulegenden Wertsachen so konkret und eindeutig benennt, dass keinerlei eigenes Wissen des in Anspruch Genommenen abgefragt wird; die begehrte Vorlage darf nicht einer Auskunft gleichkommen, sondern muss sich auf die mechanische Tätigkeit des Heraussuchens und ggf. Lesbarmachens der vorzulegenden Gegenstände beschränken (BFH 8.8.2006 – VII R 29/05, BStBl. II 2007, 80; BFH 30.3.2011 – I R 75/10, BFH/NV 2011, 1287; HHSp § 107 Rn. 57; Gosch AO § 107 Rn. 13). Vorlagepflichtige, die aufzubewahrende Unterlagen nur in der Form einer Wiedergabe auf einem Bildträger oder auf anderen Datenträgern vorlegen können, enthalten nunmehr wegen Änderung des § 107 ab 30.6.2013 (→ Rn. 1) eine Entschädigung für die Kosten, die dadurch entstehen, dass sie Hilfsmittel zur Verfügung stellen müssen, um die 12

Unterlagen lesbar zu machen (vgl. § 97 II 3 iVm § 147 V). Das Gleiche gilt für die Kosten, die der Ausdruck der Unterlagen oder die Fertigung von Reproduktionen verursacht. § 147 V gilt jedoch nicht iRd § 93. Entstehen zur Erfüllung eines Auskunftsverlangens Kosten durch die Lesbarmachung von oder die Einsichtnahme in Urkunden, ist eine Entschädigung zu gewähren, die auch die Erstattung von Personalkosten umfasst (BFH 23.12.1980 – VII R 91/79, BStBl. II 1981, 392). Einem Entschädigungsanspruch für eine Auskunftserteilung steht nicht entgegen, dass die zu Beweiszwecken herangezogene Auskunftsperson ihre Auskunftspflicht durch die Vorlage von Urkunden erfüllt (HHSp § 107 Rn. 53 ff.).

13 Bei einem **kombinierten Auskunfts- und Vorlageersuchen** der FB ist der Verpflichtete auch für die Erfüllung des Vorlageersuchens zu entschädigen, das ergibt sich aus § 107 I nF. Ein solches wird gestellt, wenn die FB etwa nach abstrakten Vorgaben die Zusammenstellung und Vorlage von Urkunden fordert. Hier wird anders als bei einem reinen Vorlageersuchen eine intellektuelle Leistung des Verpflichteten verlangt, die typisch für eine Auskunftserteilung ist. Das kombinierte Ersuchen hat in der Praxis insb. bei Bankenauskünften Bedeutung (BFH 8.8.2006 – VII R 29/05, BStBl. II 2007, 80; BFH 30.3.2011 – I R 75/10, BFH/NV 2011, 1287). Der Verpflichtete hat Anspruch auf Ersatz aller mit dem Ersuchen zusammenhängenden Aufwendungen. Dazu gehören auch die Aufwendungen, die durch die Erstellung durch Lesbarmachung oder Herbeischaffen der Urkunden entstanden sind (BFH 24.3.1987 – VII R 113/84, BStBl. II 1988, 163). Durch die Neufassung des § 107 sind viele Abgrenzungsprobleme hinfällig geworden.

III. Nicht erfasstes Tätigwerden

14 § 107 regelt die Entschädigungspflicht abschließend. Das Tätigwerden in einem Besteuerungsverfahren zu anderen als Beweiszwecken löst keine Entschädigung aus. Erfüllt ein **Drittschuldner** seine Erklärungspflicht nach § 316, so wird er nicht zu Beweiszwecken herangezogen und erhält keine Entschädigung. **Amtshilfe** ist nicht Auskunft iSd § 107; die Erstattung der durch die Amtshilfe der ersuchten Behörde entstandenen Kosten durch die ersuchende Behörde erfolgt nach § 115 (TK § 107 Rn. 4). Die Entschädigung für einen von der FB nach § 87 herangezogenen **Dolmetscher oder Übersetzer** richtet sich über die Verweisung in § 87 II 4 nach dem JVEG.

IV. Umfang der Entschädigung

17 Umfang und Höhe der Entschädigung richtet sich nach dem JVEG. Auskunftspflichtige enthalten Entschädigung nach §§ 19 ff. JVEG ua für Fahrtkosten, Zeitversäumnis und Verdienstausfall, Sachverständige nach §§ 8 ff. JVEG ua ein Honorar für ihre Leistungen und Ersatz für Aufwendungen. Die Höhe des Honorars ist abhängig von der in Honorargruppen eingeteilten Art der Leistung und vom Zeitaufwand. Ferner erhält der Sachverständige Ersatz von Aufwendungen bei Vorbereitung und Erstellung des Gutachtens, zB für den Einsatz von Hilfskräften sowie verbrauchten Stoffen und Werkzeugen (§ 12 JVEG). Für die Einzelheiten zur Höhe des Anspruchs wird auf das JVEG und auf → Rn. 1 verwiesen. Die Entschädigung nach § 107 ist echter Schadensersatz und unterliegt nicht der USt.

V. Verfahren und Rechtsschutz

20 Die Entschädigung ist auf Antrag des Entschädigungsberechtigten zu gewähren. Der Antrag bedarf keiner Form. Er ist vom Auskunftsverpflichteten innerhalb von drei Monaten nach Beendigung der Hinzuziehung, dh nach Erteilung der Auskunft, zu stellen, sonst erlischt der Anspruch (§ 2 JVEG); eine Verlängerung der Frist ist möglich (§ 2 I 3 f., II JVEG). Für die Einzelheiten des Verfahrens wird auf das JVEG und auf → Rn. 1 verwiesen. § 107 ist keine Ermessensvorschrift; bei Vorliegen der Voraussetzungen ist die

Entschädigung durch VA festzusetzen. Die Verfahrensvorschrift des § 4 JVEG gilt nicht. Es sind vielmehr die Vorschriften der AO anzuwenden (Schwarz/Pahlke/Keß § 107 Rn. 24 ff.). Wird der Antrag abgelehnt oder die Entschädigung zu niedrig festgesetzt, ist Einspruch und danach Verpflichtungsklage zum FG gegeben.

4. Unterabschnitt. Fristen, Termine, Wiedereinsetzung

§ 108 Fristen und Termine

(1) **Für die Berechnung von Fristen und für die Bestimmung von Terminen gelten die §§ 187 bis 193 des Bürgerlichen Gesetzbuchs entsprechend, soweit nicht durch die Absätze 2 bis 5 etwas anderes bestimmt ist.**

(2) **Der Lauf einer Frist, die von einer Behörde gesetzt wird, beginnt mit dem Tag, der auf die Bekanntgabe der Frist folgt, außer wenn der betroffenen Person etwas anderes mitgeteilt wird.**

(3) **Fällt das Ende einer Frist auf einen Sonntag, einen gesetzlichen Feiertag oder einen Sonnabend, so endet die Frist mit dem Ablauf des nächstfolgenden Werktags.**

(4) **Hat eine Behörde Leistungen nur für einen bestimmten Zeitraum zu erbringen, so endet dieser Zeitraum auch dann mit dem Ablauf seines letzten Tages, wenn dieser auf einen Sonntag, einen gesetzlichen Feiertag oder einen Sonnabend fällt.**

(5) **Der von einer Behörde gesetzte Termin ist auch dann einzuhalten, wenn er auf einen Sonntag, gesetzlichen Feiertag oder Sonnabend fällt.**

(6) **Ist eine Frist nach Stunden bestimmt, so werden Sonntage, gesetzliche Feiertage oder Sonnabende mitgerechnet.**

Vergleichbare Vorschriften: § 31 VwVfG; § 26 SGB X; § 54 FGO

Schrifttum: Müller, Fristenprobleme im Steuerrecht, AO-StB 2012, 145; Saradjuk/Pump, Wann beginnt die Einspruchsfrist gegen den Steuerbescheid bei unterschiedlichen Formen der Bekanntgabe? - Eine Darstellung in ABC-Form, DStR 2015, 1788; Kamps, Fristen und Fristenkontrolle in der Steuerberatung, Stbg 2016, 491; Wendt, Die Bedeutung der Fälligkeit für die Zuordnung regelmäßig wiederkehrender Einnahmen und Ausgaben nach § 11 EStG, DStR 2018, 2071.

Übersicht

I. Allgemeines

1. Bedeutung, Zweck der Fristenregelung

1 § 108 enthält eine Grundregel „für die Berechnung" (Abs. 1) von Fristen und Terminen und ist mit § 31 VwVfG nahezu wortgleich (vgl. BT-Drs. 7/4292, 26); allerdings ist die in § 31 VII VwVfG normierte Fristverlängerung durch § 109 gesondert geregelt.

2 Die Vorschriften über Fristen sind formale Ordnungsregelungen. Sie dienen, indem sie eine Fristbestimmtheit herbeiführen, als ius strictum der **Rechtssicherheit** und garantieren ein geordnetes Verfahren (BVerfG 11.8.1954 – 2 BvK 2/54, BVerfGE 4, 31 (37); BFH 9.11.1990 – III R 103/88, BStBl. II 1991, 168 mwN; vgl. auch BGH 1.2.2007 – III ZR 159/06, NJW 2007, 1581). Fristenregelungen können diesen im Rechtsstaatsgebot (Art. 20 GG) angelegten Zweck nur erfüllen, wenn sie den Anforderungen der Fristbestimmtheit genügen und somit sofort, eindeutig und klar erkennbar sind (BVerfG 11.8.1954 – 2 BvK 2/54, BVerfGE 4, 31 (37); BFH 3.4.1973 – VIII R 19/73, BStBl. II 1973, 484).

3 **Anwendungsbereich.** § 108 gilt für die Berechnung aller verfahrensrechtlichen und materiell-rechtlichen Fristen im StRecht, soweit nicht spezielle Fristvorschriften bestehen (HHSp § 108 Rn. 10). Im **Zollrecht** ist § 108 auf die im nationalen Recht geregelten Fristen anzuwenden; soweit Fristen und Termine in einer Vorschrift des Unionszollrechts bestimmt sind, wird § 108 von Art. 55 II UZK iVm der FristenVO überlagert (vgl. Witte Art. 55 Rn. 15).

2. Begriff und Arten der Frist

4 **Fristbegriff.** Der in § 108 verwendete Fristbegriff entspricht aufgrund der Verweisung auf die BGB-Regelungen dem weiten Fristbegriff des bürgerlichen Rechts (BFH 17.9.2002 – IX R 68/98, BStBl. II 2003, 2 (4)). „Frist" ist ein abgegrenzter, bestimmter oder bestimmbarer Zeitraum, innerhalb dessen oder nach dessen Ablauf rechtliche Folgen eintreten (BFH 14.10.2003 – IX R 68/98, BStBl. II 2003, 898; TK § 108 Rn. 2; vgl. auch AEAO zu § 108 Nr. 1). Über die Arten der Fristen und die sich hieran anknüpfenden unterschiedlichen Regelungen enthält § 108, der ausschl. die Berechnung der Fristen regelt, keine Aussage. Unter Berücksichtigung des §§ 108–110 zugrunde liegenden Gesamtkonzepts kann nach dem Urheber der Fristsetzung zwischen gesetzlichen und behördlichen Fristen (dazu nachfolgend) und ferner – im Hinblick auf § 109 – nach der Verlängerbarkeit der Frist (→ Rn. 11) unterschieden werden.

5 **Gesetzliche Fristen** sind solche, bei denen die Bestimmung der Frist unmittelbar und für die FB zwingend durch Gesetz oder Rechtsverordnung erfolgt. Diese Fristen gelten mithin generell und abstrakt und sind einer Verfügung durch die FB entzogen (HHSp § 108 Rn. 24; TK § 108 Rn. 4). Aufgrund ihres zwingenden Rechtscharakters sind diese Fristen grds. nicht verlängerbar, soweit sich nicht aus § 109 bzw. anderweitigen gesetzlichen Regelungen etwas anderes ergibt.

6 **Arten gesetzlicher Fristen.** Bei den gesetzlichen Fristen kann je nach Regelungstechnik differenziert werden: Durch die gesetzliche Frist sind zT die Voraussetzungen des Fristbeginns und die Fristdauer festgelegt (so zB für Antragsfrist auf Wiedereinsetzung gem. § 110 II 1; Rücknahmefrist gem. § 130 III; Mitteilungsfrist gem. § 137 II; Aufbewahrungsfrist gem. § 147 III und IV; Festsetzungsfrist gem. § 169 II; Zahlungsverjährungsfristen gem. §§ 228–231; Rechtsbehelfsfristen gem. §§ 355, 356 II; Frist gem. § 24 I 1 UStDV – dazu BFH 5.11.1998 – V B 70/98, BFH/NV 1999, 682; Frist gem. § 1 I StraBEG). Zu diesen gesetzlichen Fristen gehört auch die **StErklärungsfrist** gem. § 149 II; sie ist jedoch aufgrund der ausdrücklichen Regelung in § 109 I 1 verlängerbar. Zur Verlängerung der Abgabefristen durch Art. 97 § 36 EGAO im Rahmen der Corona-Pandemie s. FG Berlin-Brandenburg 17.9.2024 – 8 K 8033/24, BeckRS 2024, 33597; aA FG Schleswig-Holstein 15.12.2023 – 3 K 88/22, EFG 2024, 540; Rev. VI R 2/24. Ferner kann durch die gesetzliche Frist lediglich der **Fristbeginn** und ein Mindestzeitraum (zB

§§ 254 I 1, 298 I, 327 S. 3) oder nur das **Fristende** (so zB § 46 II Nr. 8 EStG) normiert sein. Schließlich kann eine gesetzliche Frist uU auch nur einen im Einzelfall bestimmbaren Zeitraum festlegen (zB §§ 96 II 2, 153 I 1: „unverzüglich"; § 183 I 3: „bestimmte angemessene Frist").

Gesetzliche Fristen als sog. Ausschlussfristen. Gesetzliche Fristen sind nach gebräuchlicher Diktion (zB BFH 5.11.1998 – V B 70/98, BFH/NV 1999, 682 betr. § 24 I 1 UStDV; BFH 24.10.2000 – VI R 65/99, BStBl. II 2001, 109 betr. § 66 III EStG aF) idR sog. Ausschlussfristen (TK § 108 Rn. 7; Heuermann FR 2007, 427); diesen Begriff verwendet die AO allerdings nicht. Gesetzliche Fristen sind grds. nicht verlängerbar; etwas anderes gilt gem. § 109 I für Fristen zur Einreichung von StErklärungen sowie ggf. aufgrund verfassungskonformer Auslegung der jeweiligen Fristenregelung (→ § 109 Rn. 6). Bei gesetzlichen Fristen kommt eine Wiedereinsetzung gem. § 110 I in Betracht (→ § 110 Rn. 8). Ist keine Wiedereinsetzung zu gewähren, tritt mit Ablauf der gesetzlichen Frist die jeweils bestimmte Rechtsfolge ein. So führt zB die Versäumung der Einspruchsfrist zur Unanfechtbarkeit des VA (→ § 355 Rn. 12); die Versäumung der Jahresfrist der §§ 110 III, 356 II 1 bewirkt den Verlust der Möglichkeit einer Wiedereinsetzung in den vorigen Stand bzw. des Einspruchsrechts. 7

Behördliche Fristen sind solche, die von der FB selbst (autonom) gesetzt werden. Diese Fristen können zB die Erfüllung von (Mitwirkungs-)Pflichten – so etwa Frist für Auskunftserteilung gem. § 93 oder Vorlage von Urkunden gem. § 97 – oder die Gewährung von Vorteilen – zB Stundungsfrist gem. § 222 – betreffen oder aus sonstigen Gründen zur Verwirklichung der den FB zugewiesenen Aufgaben ergehen (so die Frist zur Äußerung zu Verböserungshinweis, → § 367 Rn. 11 sowie Gosch AO § 108 Rn. 19). 8

Gesetzesvorbehalt bei behördlichen Fristen. Die behördliche Fristsetzung bedarf einer ausdrücklichen gesetzlichen Ermächtigung, soweit sie **materiellrechtliche** Wirkungen entfaltet, dh die Entstehung, Änderung oder das Erlöschen eines Anspruchs bzw. Rechts bewirkt (HHSp § 108 Rn. 37; Gosch AO § 108 Rn. 20; SBS § 31 Rn. 13). Gleiches gilt dann, wenn die behördliche Frist eine Grundlage von Sanktionen sein soll (HHSp § 108 Rn. 37; zur Problematik im Zusammenhang mit der Aufforderung zur Abgabe von StErklärungen gem. § 149 I 2 → § 149 Rn. 23). Bei lediglich **verfahrensrechtlichen** Fristen ohne materiellrechtliche (Ausschluss-)Wirkung ergibt sich die gesetzliche Ermächtigung bereits aus der allg. Aufgabennorm (zB §§ 88, 90) und dem der FB insoweit eingeräumten Verfahrensgestaltungsrecht (HHSp § 108 Rn. 37; SBS § 31 Rn. 13 und § 10 Rn. 23 ff.). Insb. bedarf die FB zur Fristsetzung für die Erfüllung von Mitwirkungshandlungen der gem. § 90 mitwirkungspflichtigen Beteiligten keiner ausdrücklichen gesetzlichen Ermächtigung (TK § 108 Rn. 5; aA Braun DStZ 1986, 481). 9

Ihrem Rechtscharakter nach ist die behördliche Fristsetzung grds. ein (mit dem Einspruch angreifbarer) VA (Gosch AO § 108 Rn. 21; HHSp § 108 Rn. 38). Allerdings dürfte es – trotz VA-Qualität – an einer selbständigen Anfechtbarkeit fehlen, soweit die Fristsetzung als bloße Verfahrenshandlung (→ § 347 Rn. 5 ff.) zu qualifizieren ist. Die Fristsetzung kann uU Bestandteil eines anderen (Haupt-)VA (zB Aufforderung zur Vorlage von Urkunden gem. § 97) sein und folgt in diesem Fall in seiner rechtlichen Behandlung den für den HauptVA geltenden Regeln (vgl. auch SBS § 31 Rn. 25). Die Fristsetzung steht jeweils im pflichtgemäßen **Ermessen** (vgl. § 5) der FB (Gosch AO § 108 Rn. 21). Die gesetzte Frist muss der Länge nach angemessen sein. Behördliche Fristen sind gem. § 109 I verlängerbar. Eine unangemessen kurze Frist ist fehlerhaft und begründet ggf. einen Anspruch auf Verlängerung (HHSp § 108 Rn. 39). Eine Wiedereinsetzung in den vorigen Stand ist bei behördlichen Fristen grds. ausgeschlossen (→ § 110 Rn. 8). 10

(Nicht) verlängerbare Fristen. Die Unterscheidung zwischen gesetzlichen und behördlichen Fristen hat Bedeutung im Hinblick auf ihre Verlängerbarkeit. § 109 lässt eine Fristverlängerung nur bei den verlängerbaren Fristen (dies sind die Fristen zur Einreichung von StErklärungen sowie alle behördlich gesetzten Fristen) zu (vgl. im Einzelnen die Erl. zu § 109), wobei sich Fristverlängerung gem. § 109 und Wiedereinsetzung nach § 110 11 prinzipiell nicht gegenseitig ausschließen. Bei der Versäumung einer nicht verlängerbaren gesetzlichen StErklärungsfrist kann Wiedereinsetzung in den vorigen Stand (vgl. § 110) gewährt werden (→ § 110 Rn. 11). Bei behördlichen Fristen ist eine Wiedereinsetzung in den vorigen Stand gem. § 110 I 1 hingegen nicht vorgesehen.

12 **Eigentliche und uneigentliche Fristen.** § 108 setzt die im Prozessrecht (zB Gräber FGO § 54 Rn. 4; Thomas/Putzo Vorb. § 214 Rn. 7 ff.) übliche Unterscheidung zwischen eigentlichen und uneigentlichen Fristen voraus. Die Zuordnung einer Fristenregelung zu einer dieser beiden Fristengruppen ist nicht durch § 108 vorgegeben, sondern jeweils durch Auslegung der jeweiligen Fristbestimmung vorzunehmen.

13 **Eigentliche Fristen** sind solche, innerhalb derer Beteiligte oder Dritte zur Vermeidung eines Rechtsnachteils eine rechtserhebliche Handlung (zB Abgabe einer Erklärung, Einspruchseinlegung, Stellung eines Antrags, Ausübung eines Wahlrechts, Zahlung, Antragsveranlagung gem. § 46 II Nr. 8 EStG, vgl. FG Hessen 23.4.2002 – 5 K 4353/01, EFG 2002, 1603) vornehmen müssen (sog. **Handlungs- und Erklärungsfristen**). Die Fristversäumnis führt entweder zum Rechtsverlust oder zu anderweitigen Nachteilen (zB Verspätungszuschlag gem. § 152 wegen verspäteter Abgabe der StErklärung). Bei verfahrensrechtlichen gesetzlichen Handlungsfristen, die „einzuhalten" sind (vgl. § 110 I), kommt eine Wiedereinsetzung in den vorigen Stand in Betracht (→ § 110 Rn. 8 ff.).

Uneigentliche Fristen sind solche, die – wie zB die Wartefrist gem. § 254 S. 1, Vorerwerbefrist gem. § 14 I 1 ErbStG, die Spekulationsfrist gem. § 23 EStG oder die kurze Zeit iSd § 11 I EStG – handlungsabhängig sind (BFH 11.5.1955 – II 177/54 U, BStBl. III 1955, 198; BFH 28.3.2012 – II R 43/11, BStBl. II 2012, 599; FG Köln 2.6.1997 – 12 K 3682/96, EFG 1997, 1187; BFH 27.6.2018 – X R 44/16, BStBl. II 2018, 781). Dazu gehören ferner Fristen, die einen Anspruch oder ein Recht ohne Weiteres Tätigwerden zum Erlöschen bringen (zB Rücknahmefrist gem. § 130 III, Verjährungsfrist gem. § 228; vgl. BFH 5.3.1986 – II R 5/84, BStBl. II 1986, 462). Für uneigentliche Fristen gelten § 108 III und § 193 BGB auch, soweit ihr Sinn und Zweck einer Verlängerung nicht entgegensteht (→ Rn. 31; weitergehend BFH 20.1.2016 – VI R 14/15, BStBl. II 2016, 380).

3. Begriff des Termins

14 Der Begriff **Termin** meint (anders als der Begriff Frist) keinen Zeitraum, sondern einen bestimmten Zeitpunkt, an dem eine Handlung auszuführen oder etwas zu dulden ist bzw. Rechtswirkungen eintreten (zB Termin zur Auskunftserteilung gem. § 93 V 1, Versteigerungstermin gem. § 298 II 1, Erörterungstermin gem. § 364a I 1; vgl. TK § 108 Rn. 2; AEAO zu § 108 Nr. 1). Bei der Versäumung eines Termins ist Wiedereinsetzung nicht möglich (→ § 110 Rn. 9).

II. Fristberechnung; Terminbestimmung (Abs. 1)

16 § 108 I verweist für die Fristberechnung bzw. die Bestimmung von Terminen grds. auf die entspr. anzuwendenden §§ 187–193 BGB. Die lediglich entspr. Anwendung ist deshalb angeordnet, weil der Wortlaut der §§ 187–193 BGB zT nur für Willenserklärungen und Leistungen gilt (BT-Drs. VI/1982, 104). Abweichungen davon ergeben sich aus den Sonderregelungen des § 108 II bis V; diese gehen den Grundregeln des Abs. 1 vor.

1. Fristbeginn (§ 187 BGB)

§ 187 BGB Fristbeginn

17 (1) Ist für den Anfang einer Frist ein Ereignis oder ein in den Lauf eines Tages fallender Zeitpunkt maßgebend, so wird bei der Berechnung der Frist der Tag nicht mitgerechnet, in welchen das Ereignis oder der Zeitpunkt fällt.

(2) [1] Ist der Beginn eines Tages der für den Anfang einer Frist maßgebende Zeitpunkt, so wird dieser Tag bei der Berechnung der Frist mitgerechnet. [2] Das Gleiche gilt von dem Tage der Geburt bei der Berechnung des Lebensalters.

18 Gemäß § 108 I iVm § 187 I BGB werden Fristen grds. nur nach **vollen Tagen** gerechnet (Grundsatz der sog. **Zivilkomputation**). Für nach Tagen oder nach längeren Fristen berechnete Fristen ist deshalb nicht auf die natürliche Länge der Frist (so die sog. Naturalkomputation) abzustellen. Der (angebrochene) Tag, in dessen Lauf das fristauslösende Ereignis fällt, bleibt bei der Fristberechnung unberücksichtigt; die Frist beginnt erst um 0 Uhr des folgenden Tages. Dies gilt insb. für die Fristen, die mit der fristauslösenden Bekanntgabe eines VA beginnen. Wird zB ein VA am 5.3. bekannt gegeben, beginnt der Lauf der Rechtsbehelfsfrist (§ 355 I) am 6.3. um 0 Uhr.

Für den Fristbeginn ist es – anders als bei Fristende (vgl. § 108 III) – ohne Bedeutung, ob der erste Tag der Frist auf einen Sonntag, gesetzlichen Feiertag oder Sonnabend fällt (FG Niedersachsen 27.1.2021 – 9 K 203/20, EFG 2021, 1430).

Das Vorstehende gilt grds. auch für die von der FB gesetzten Fristen; § 108 II (1. HS) entspricht der Regelung des § 187 I BGB. Die FB kann jedoch gem. § 108 II (2. HS) dem Betroffenen „etwas anderes" mitteilen, dh eine anderweitige Bestimmung über den Fristbeginn treffen. Praktische Bedeutung hat diese Regelung jedoch nicht.

19 Ist der **Beginn eines Tages** der für den Anfang einer Frist maßgebende Zeitpunkt, so ist dieser Anfangstag gem. § 108 I iVm § 187 II 1 BGB einzurechnen. Dies gilt gem. § 187 II 2 BGB auch für den Tag der Geburt bei der Berechnung des Lebensalters. Im StRecht hat diese Regelung zB für §§ 24a S. 3, 32 II bis V EStG Bedeutung. So vollendet zB ein am 1.1.1985 geborenes Kind das 18. Lebensjahr am 31.12.2003, sodass es in 2004 nicht mehr gem. § 32 III EStG berücksichtigt wird (FG Köln 21.9.2016 – 4 K 392/14, BeckRS 2017, 94106; BFH 31.5.2017 – I R 92/15, BStBl. II 2019, 14).

2. Fristende (§ 188 BGB)

§ 188 BGB Fristende

20 (1) Eine nach Tagen bestimmte Frist endigt mit dem Ablauf des letzten Tages der Frist.

(2) Eine Frist, die nach Wochen, nach Monaten oder nach einem mehrere Monate umfassenden Zeitraum – Jahr, halbes Jahr, Vierteljahr – bestimmt ist, endigt im Falle des § 187 Abs. 1 mit dem Ablauf desjenigen Tages der letzten Woche oder des letzten Monats, welcher durch seine Benennung oder seine Zahl dem Tage entspricht, in den das Ereignis oder der Zeitpunkt fällt, im Falle des § 187 Abs. 2 mit dem Ablauf desjenigen Tages der letzten Woche oder des letzten Monats, welcher dem Tage vorhergeht, der durch seine Benennung oder seine Zahl dem Anfangstag der Frist entspricht.

(3) Fehlt bei einer nach Monaten bestimmten Frist in dem letzten Monat der für ihren Ablauf maßgebende Tag, so endigt die Frist mit dem Ablauf des letzten Tages dieses Monats.

21 **Allgemeines zur Fristdauer.** Die Laufzeit der Fristen ist in der AO nach unterschiedlichen zeitlichen Einheiten bemessen. Es finden sich hier Tagesfristen (zB §§ 122 II, 123 S. 2, § 240 III), Wochenfristen (zB §§ 95 III 1, 259 S. 1), Monatsfristen (zB §§ 240 I, 355 I) und Jahresfristen (zB §§ 169 II, 228 S. 2, 356 II). Diese Zeiteinheiten dürfen zum Zweck der Fristberechnung nicht in andere Zeiteinheiten umgerechnet werden; so kann zB eine nach Monaten bestimmte Frist nicht in eine Frist von vier Wochen umgerechnet werden (Gosch AO § 108 Rn. 42).

Für den Fristablauf enthält § 188 BGB eine nach diesen verschiedenen Zeiteinheiten differenzierende Regelung.

22 **Tagesfrist (§ 188 I BGB).** Eine nach Tagen berechnete Frist (sog. Tagesfrist) endet mit Ablauf (dh um 24 Uhr) des letzten Tages der Frist. § 108 III ist zu beachten (zB → § 240 Rn. 40).

23 **Wochen-, Monats- und Jahresfristen (§ 188 II und III BGB).** Für die Berechnung des Fristendes bei längeren Fristen (Wochen-, Monats-, Vierteljahres-, Halbjahres- und Jahresfrist) gelten die Regeln des § 188 II und III BGB, wobei § 188 II BGB danach differenziert, ob sich der Fristbeginn nach § 187 I oder II BGB bestimmt.

In den **Fällen des § 187 I BGB** (→ Rn. 17) endet eine **Wochenfrist** mit Ablauf des Tages, der in seiner Benennung dem Tag entspricht, von dem an die Frist (unter Beachtung des § 187 BGB) zu berechnen ist. Fällt zB die Anfangsfrist einer Mahnung nach

§ 259 S. 1 auf einen Mittwoch, so endet die Frist am Mittwoch der folgenden Woche. Eine **Monatsfrist** endet mit Ablauf des Tages, der in seiner Zahl dem Tag entspricht, von dem an die Frist zu berechnen ist. Hier erfolgt mithin eine Berechnung von Datum zu Datum. Wird zB ein ESt-Bescheid am 24.6. bekannt gegeben, so endet die einmonatige Einspruchsfrist (§ 355 I) am 24.7. um 24 Uhr. Beim Fehlen eines entspr. Monatstags endet die Frist gem. § 188 III BGB mit Ablauf des letzten Monatstags. So endet zB eine am 31.5. anlaufende Frist bereits am 30.6. Bei einem Fristbeginn am 3.2. endet die Monatsfrist am 3.3. unbeschadet der Tatsache, dass der Februar lediglich 28 Tage hat. Fällt das Fristende auf einen Sonntag, gesetzlichen Feiertag oder Sonnabend, gilt § 108 III (→ Rn. 29). Die Monatsfrist ist nicht mit einer Frist von 4 Wochen gleichzusetzen. Die Berechnung des Fristendes bei einer **Jahresfrist** (zB § 110 III) entspricht der Fristberechnung bei Monatsfristen; auch hier erfolgt grds. eine Berechnung von Datum zu Datum.

3. Auslegungsregeln zur Fristberechnung (§§ 189–193 BGB)

§ 189 BGB Berechnung einzelner Fristen

24 (1) Unter einem halben Jahr wird eine Frist von sechs Monaten, unter einem Vierteljahr eine Frist von drei Monaten, unter einem halben Monat eine Frist von 15 Tagen verstanden.

(2) Ist eine Frist auf einen oder mehrere ganze Monate und einen halben Monat gestellt, so sind die 15 Tage zuletzt zu zählen.

§ 189 BGB soll ein Abzählen von Tagen bei den von dieser Vorschrift erfassten Fristen vermeiden.

§ 190 BGB Fristverlängerung

25 Im Falle der Verlängerung einer Frist wird die neue Frist von dem Ablauf der vorigen Frist an berechnet.

Bei einer (nur bei iSd § 109 verlängerungsfähigen Fristen möglichen) Fristverlängerung bilden die ursprüngliche Frist und die neue Frist eine Einheit. Das hat insb. für die rückwirkende Fristverlängerung (§ 109 I 2) Bedeutung: Läuft die ursprüngliche Frist an einem Sonntag, gesetzlichen Feiertag oder Sonnabend ab, so hat dies keine Auswirkungen auf die Länge der Gesamtfrist (RG 7.5.1926 – VII 590/30, RGZ 131, 337; Staudinger § 190 Rn. 2; aA HHSp § 109 Rn. 68; TK § 108 Rn. 15); insoweit ist mithin § 108 III unanwendbar.

§ 191 BGB Berechnungen von Zeiträumen

26 Ist ein Zeitraum nach Monaten oder nach Jahren in dem Sinne bestimmt, dass er nicht zusammenhängend zu verlaufen braucht, so wird der Monat zu 30, das Jahr zu 365 Tagen gerechnet.

§ 192 BGB Anfang, Mitte, Ende des Monats

27 Unter Anfang des Monats wird der erste, unter Mitte des Monats der 15., unter Ende des Monats der letzte Tag des Monats verstanden.

III. Fristbeginn bei behördlich gesetzter Frist (Abs. 2)

28 § 108 II enthält eine besondere Regelung für Fristen, die von einer Behörde gesetzt werden. Hier beginnt die Frist mit dem Tag, der auf die Bekanntgabe folgt, außer wenn dem Betroffenen etwas anderes mitgeteilt wird. § 108 II wiederholt den Rechtsgedanken des § 187 I BGB; der FB verbleibt jedoch die Möglichkeit einer anderweitigen Bestimmung des Fristbeginns. Im Regelfall knüpfen die behördlich gesetzten Fristen an den Tag der Bekanntgabe (vgl. § 122) an. Für den Fristbeginn ist ohne Bedeutung, ob der erste Tag der Frist auf einen Sonntag, gesetzlichen Feiertag oder Sonnabend fällt.

IV. Fristablauf am Sonnabend, Sonntag oder gesetzlichen Feiertag (Abs. 3)

29 Fällt das Fristende auf einen Sonntag, gesetzlichen Feiertag oder Sonnabend, so endet die Frist gem. § 108 III erst mit Ablauf des nächstfolgenden Werktags. Zweck des § 108 III ist

es, die Sonn- und Feiertagsruhe zu wahren (vgl. auch Art. 140 GG iVm Art. 139 WRV) und die in Wirtschaft und öffentlicher Verwaltung übliche Fünftagewoche zu berücksichtigen (BFH 14.10.2003 – IX R 68/98, BStBl. II 2003, 898).

1. Anwendungsbereich; Verhältnis zu § 193 BGB

§ 193 BGB Sonn- und Feiertag; Sonnabend

Ist an einem bestimmten Tage oder innerhalb einer Frist eine Willenserklärung abzugeben oder eine Leistung zu bewirken und fällt der bestimmte Tag oder der letzte Tag der Frist auf einen Sonntag, einen am Erklärungs- oder Leistungsort staatlich anerkannten allgemeinen Feiertag oder einen Sonnabend, so tritt an die Stelle eines solchen Tages der nächste Werktag. 30

§ 108 III trägt der in Wirtschaft und Verwaltung üblichen Fünftagewoche Rechnung (BFH 14.10.2003 – IX R 68/98, BStBl. II 2003, 898) und erweitert die lediglich für Willenserklärungen und Leistungen geltende Regelung des § 193 BGB grds. auf alle Fristen (so BFH 20.1.2016 – VI R 14/15, BStBl. II 2016, 380), soweit der Sinn und Zweck der Norm einer Verlängerung nicht entgegensteht (zu Recht einschr. für die Verjährungsfrist Klein § 108 Rn. 13; so nun auch BFH 13.2.2020 – VI R 37/17, BStBl. II 2021, 856 unter Aufgabe der abw. Rspr. in BFH 20.1.2016 – VI R 14/15, BStBl. II 2016, 380; vgl. auch BGH 1.2.2007 – III ZR 159/06, NJW 2007, 1581; desgleichen etwa für die Jahresfrist des § 110 III oder die Zahlungsverjährung gem. § 228). Die Vorschrift gilt auch für die in § 122 II Nr. 1, IIa bestimmte Vermutung des Bekanntgabezeitpunkts, sodass sich der hier vorgesehene Viertageszeitraum zwischen der Aufgabe des VA zur Post und seiner vermuteten Bekanntgabe dann verlängert, wenn das Fristende auf einen Sonntag, gesetzlichen Feiertag oder Sonnabend fällt (BFH 14.10.2003 – IX R 68/98, BStBl. II 2003, 898; BFH 19.11.2009 – IV R 89/06, BFH/NV 2010, 818; vgl. auch AEAO zu § 108 Nr. 2 sowie die Erl. zu § 122 II Nr. 1). Dies gilt allerdings **nicht,** wenn der VA tatsächlich erst **nach Ablauf der 4-Tages-Fiktion zugeht;** in diesem Fall beginnt die Einspruchsfrist am Tag des tatsächlichen Zugangs auch dann, wenn es sich um einen Sonnabend handelt (BFH 9.11.2005 – I R 111/04, BStBl. II 2006, 219). Für uneigentliche Fristen (→ Rn. 13) gilt die Vorschrift zwar grds. auch (vgl. BFH 20.1.2016 – VI R 14/15, BStBl. II 2016, 380). Dies kann jedoch nur gelten, soweit die Frist ihrem Sinn und Zweck nach grds. verlängerbar ist. Aus diesem Grund ist die Vorschrift im Zusammenhang mit der Ermittlung der Gesamtfrist nach Fristverlängerungen gem. § 109 nicht anwendbar, sofern die ursprüngliche Frist an einem Sonntag, gesetzlichen Feiertag oder Sonnabend abläuft (→ Rn. 25). § 108 III wird durch § 108 IV bis VI modifiziert. Eine Rechtsbehelfsbelehrung bedarf keines Hinweises auf die Bedeutung des § 108 III für die Ermittlung des Tages der Bekanntgabe gem. § 122 II Nr. 1 (→ § 356 Rn. 13). 31

2. Gesetzliche Feiertage

Welche Tage im Einzelnen als gesetzliche Feiertage anerkannt sind, bestimmt sich – abgesehen von dem kraft Bundesrecht als gesetzlicher Feiertag geltenden 3. Oktober – nach den Feiertagsgesetzen der Länder. Gesetzliche Feiertage im gesamten Bundesgebiet sind Neujahr, Karfreitag, Ostermontag, Christi Himmelfahrt, 1. Mai, Pfingstmontag, 3. Oktober und der 1. und 2. Weihnachtstag. Darüber hinaus sind in den einzelnen Bundesländern nach Maßgabe der jeweiligen Feiertagsgesetze weitere gesetzliche Feiertage angeordnet (vgl. dazu die Übersicht über die gesetzlichen Feiertage für 2019 bis 2027 in AEAO zu § 108 Anl. Rn. 9 f.; HHSp § 108 Rn. 127 f.). 33

Keine gesetzlichen Feiertage sind die arbeitsfreien Samstage und die landesgesetzlich nicht anerkannten kirchlichen (religiösen) Feiertage bzw. Gedenk- und Trauertage. Gleiches gilt für die kraft Brauchtums dienstfreien Tage (zB Rosenmontag im Rheinland) sowie den 24. und 31. Dezember (soweit er nicht ein Samstag oder Sonntag ist und deshalb § 108 III unterfällt; vgl. FG Niedersachsen 15.4.2013 – 2 K 25/13, EFG 2013, 1005; BFH 20.3.2018 – III B 135/17, DStR 2018, 1124); soweit in diesen Fällen die FB nicht erreichbar ist, kann uU Wiedereinsetzung in den vorigen Stand gewährt werden (vgl. BGH 34

15.10.1981 – III ZR 74/80, NJW 1982, 184). Ob ein gesetzlicher Feiertag zur Anwendung des § 108 III führt, bestimmt sich nach den Verhältnissen am Handlungsort, dh dem Ort, an dem die fristgebundene Handlung vorzunehmen ist (HHSp § 108 Rn. 129). Dies ist für die Bekanntgabefrist das am Ort des Empfängers geltende Feiertagsrecht; bei Einspruchs- und Zahlungsfrist ist das am Behördensitz geltende Feiertagsrecht maßgebend (vgl. auch OVG Frankfurt/Oder 30.6.2004 – 2 A 247/04.AZ, NJW 2004, 3795 mwN).

V. Leistungspflichten der Behörde für bestimmten Zeitraum (Abs. 4)

35 Gemäß § 108 IV enden für einen bestimmten Zeitraum zu erbringende Leistungspflichten einer Behörde (das gilt nicht für eine StErstattung oder -vergütung) auch an Sonntagen, gesetzlichen Feiertagen oder einem Sonnabend. Diese Ausnahmevorschrift zu § 108 III ist im StRecht ohne praktische Bedeutung.

VI. Behördlich gesetzter Termin (Abs. 5)

36 Gemäß § 108 V ist – in Ausnahme zu § 108 III – der von einer Behörde gesetzte Termin (zum Begriff „Termin" → Rn. 13) auch dann einzuhalten, wenn er auf einen Sonntag, gesetzlichen Feiertag oder Sonnabend fällt. Die Vorschrift gilt ausschl. für Termine und nicht auch für Fristen (für diese gilt § 108 III). § 108 V selbst ist keine Rechtsgrundlage für die Anberaumung von Terminen an Sonn- und Feiertagen oder an Sonnabenden (HHSp § 108 Rn. 134).

VII. Nach Stunden bestimmte Frist (Abs. 6)

37 Bei einer nach Stunden bestimmten Frist werden gem. § 108 VI – abw. von § 108 III – die Sonntage, gesetzlichen Feiertage und Sonnabende mitgerechnet. Stundenfristen können nur in äußersten Dringlichkeitsfällen veranlasst sein; eine praktische Bedeutung ist allenfalls in Zollsachen denkbar (vgl. HHSp § 108 Rn. 135).

VIII. Fristwahrung; Rechtsfolgen der Fristversäumnis

1. Fristwahrung

38 Der Bürger ist grds. berechtigt, die ihm eingeräumten Fristen bis zu ihrer Grenze auszunutzen (BVerfG 7.5.1991 – 2 BvR 215/90, NJW 1991, 2076 mwN, std. Rspr.; → § 110 Rn. 39 „Ausnutzung einer Frist"); die fristwahrende Handlung kann daher grds. bis zum Ablauf des letzten Tages (24:00 Uhr) vorgenommen werden (HHSp § 108 Rn. 142). Die **FB** sind verpflichtet, die zur vollen Ausnutzung der Frist erforderlichen **Vorkehrungen** zu treffen (BVerfG 11.2.1976 – 2 BvR 652/75, BVerfGE 41, 323 (328); BVerfG 3.10.1979 – 1 BvR 726/78, BVerfGE 52, 203). Dies erfordert die Anbringung eines Hausbriefkastens, der auch nach Dienstschluss zugänglich ist (HHSp § 108 Rn. 162). Es ist durch entspr. Kontrolleinrichtungen (Nachtbriefkasten) sicherzustellen, dass die vor und nach 24 Uhr eingegangene Post getrennt wird (BeckOK AO § 108 Rn. 199; HHSp § 108 Rn. 165). Fehlt eine entspr. Vorrichtung, sind die dem Briefkasten am Morgen entnommenen Schriftstücke so zu behandeln, als seien sie vor Ablauf des Vortages eingeworfen worden (BFH 28.10.1987 – I R 12/84, BStBl. II 1988, 111; Klein § 108 Rn. 14 und § 110 Rn. 26). Bei **fremdsprachigen Schriftstücken** gilt eine Frist als gewahrt, wenn auf Verlangen der FB innerhalb einer von dieser zu setzenden angemessenen Frist eine Übersetzung vorgelegt wird (vgl. § 89 II 1); zur Wiedereinsetzung in den vorigen Stand → § 87 Rn. 9. Vgl. im Übrigen, insb. zur Übersendung an ein Postfach der FB sowie zur Übermittlung per Telefax → § 110 Rn. 39 „Entgegennahme fristwahrender Schriftsätze durch FB", „Postfach" und „Telefax".

2. Nachweis der Fristwahrung

Die **objektive Beweislast** (Feststellungslast) für die rechtzeitige Vornahme der frist- 39
gebundenen Handlung trägt derjenige, der die Frist zu wahren hat (BFH 8.12.1976 – I R 240/74, BStBl. II 1977, 321; BFH 21.4.1988 – IV R 200/85, BFH/NV 1989, 172; HHSp § 108 Rn. 178; zu weiteren Einzelfragen, insb. zur Beweiskraft des Eingangsstempels der FB → § 355 Rn. 11 mwN).

3. Rechtsfolgen der Fristversäumnis

Eine Frist ist versäumt, wenn die erwartete Handlung nicht spätestens am letzten Tag der 40
Frist vorgenommen wird; dies gilt auch bei geringfügigen Fristüberschreitungen. An die Fristversäumnis knüpfen sich je nach der Art der jeweiligen Frist unterschiedliche Rechtsfolgen (vgl. den Überblick bei Schwarz/Pahlke/Keß § 108 Rn. 24 ff.): Bei einer nicht verlängerbaren gesetzlichen Frist (Ausschlussfrist ohne eine im Einzelfall gegebene Möglichkeit der Wiedereinsetzung, § 110) ist die Geltendmachung der jeweiligen Rechtsposition ausgeschlossen (→ Rn. 7). Soweit die Fristversäumung nicht zum endgültigen Untergang von Rechten und Pflichten führt (zB bei Versäumung der Pflicht zur Abgabe einer StErklärung), können anderweitige Rechtsnachteile eintreten. So kann die nicht fristgerechte Abgabe der StErklärung Verspätungszuschläge (§ 152) auslösen; die nicht rechtzeitige StEntrichtung löst Säumniszuschläge (§ 240) aus.

§ 109 Verlängerung von Fristen

(1) [1] **Fristen zur Einreichung von Steuererklärungen und Fristen, die von einer Finanzbehörde gesetzt sind, können vorbehaltlich des Absatzes 2 verlängert werden.** [2] **Sind solche Fristen bereits abgelaufen, können sie vorbehaltlich des Absatzes 2 rückwirkend verlängert werden, insbesondere wenn es unbillig wäre, die durch den Fristablauf eingetretenen Rechtsfolgen bestehen zu lassen.**

(2) [1] **Absatz 1 ist**

1. **in den Fällen des § 149 Absatz 3 auf Zeiträume nach dem *letzten Tag des Monats Februar* des zweiten auf den Besteuerungszeitraum folgenden Kalenderjahres und**
2. **in den Fällen des § 149 Absatz 4 auf Zeiträume nach dem in der Anordnung bestimmten Zeitpunkt**

nur anzuwenden, falls der Steuerpflichtige ohne Verschulden verhindert ist oder war, die Steuererklärungsfrist einzuhalten. [2] **Bei Steuerpflichtigen, die ihren Gewinn aus Land- und Forstwirtschaft nach einem vom Kalenderjahr abweichenden Wirtschaftsjahr ermitteln, tritt an die Stelle des letzten Tages des Monats Februar der *31. Juli* des zweiten auf den Besteuerungszeitraum folgenden Kalenderjahres.** [3] **Das Verschulden eines Vertreters oder eines Erfüllungsgehilfen ist dem Steuerpflichtigen zuzurechnen.**

(3) **Die Finanzbehörde kann die Verlängerung der Frist mit einer Nebenbestimmung versehen, insbesondere von einer Sicherheitsleistung abhängig machen.**

(4) **Fristen zur Einreichung von Steuererklärungen und Fristen, die von einer Finanzbehörde gesetzt sind, können ausschließlich automationsgestützt verlängert werden, sofern zur Prüfung der Fristverlängerung ein automationsgestütztes Risikomanagementsystem nach § 88 Absatz 5 eingesetzt wird und kein Anlass dazu besteht, den Einzelfall durch Amtsträger zu bearbeiten.**

Vergleichbare Vorschriften: § 31 VII VwVfG; § 26 VII SGB X

Schrifttum: Heuermann, Was ist eigentlich eine Ausschlussfrist?, FR 2007, 427; Eichhorn, Zur Rechtmäßigkeit der Vorabanforderung von Steuererklärungen, DStR 2009, 1887; Luer/Lühn, Die vorzeitige Anforderung von Steuererklärungen – ihre Voraussetzungen und ihre Grenzen, BB 2012, 2019; Baum/

Sonnenschein, Steuererklärungsfristen, Fristverlängerung und Verspätungszuschlag, NWB 2016, 2706; Heuel/Harink, Steuererklärungsfristen und Neukonzeption des Verspätungszuschlages, AO-StB 2017, 110; vgl. ferner das Schrifttum zu § 108.

Übersicht

I. Allgemeines

1 **Anwendungsbereich.** § 109 idF des StModernG ist erstmals anzuwenden für Besteuerungszeiträume, die nach dem 31.12.2017 beginnen, sowie Besteuerungszeitpunkte, die nach dem 31.12.2017 liegen. Für die Besteuerung davor ist § 109 aF weiterhin anzuwenden (Art. 97 § 10a IV EGAO). Mit dem JStG 2019 v. 12.12.2019, (BGBl. 2019 I 2451) ist Abs. 4 mWv 18.12.2019 angefügt worden (Art. 97 § 1 XIII EGAO). Danach können StErklärungs- und behördliche Fristen im Wege automationsgestützter Verfahren verlängert werden.

§ 109 gilt für alle nach dieser Vorschrift **verlängerbaren Fristen** (→ Rn. 6). Die Verlängerung von Zahlungsfristen ist durch §§ 222, 223 besonders geregelt. Im Zollrecht wird § 109 durch Art. 55 UZK lediglich für gesetzliche Fristen (StErklärungsfristen) überlagert, sodass § 109 für behördliche Fristen anwendbar bleibt (vgl. Witte Art. 55 Rn. 8).

2 **Bedeutung.** § 109 regelt die Verlängerung behördlicher Fristen sowie der StErklärungsfristen und bestimmt einzelne Modalitäten der Fristverlängerung. Die Neuregelung in Abs. 2 enthält eine Anpassung an den zugleich geänderten § 149. Die bisher im sog. Fristenerlass geregelte Frist bei Abgabe einer StErklärung unter Mitwirkung eines Beraters wurde gesetzlich geregelt. Eine Fristverlängerung soll nur noch bei schuldlosem Fristversäumnis erfolgen. Der bisherige Abs. 2 wird zu Abs. 3.

3 Durch den in **§ 109 I 1** verwendeten Begriff der **StErklärungsfristen** hat der Gesetzgeber (BT-Drs. 7/4292, 26) ausdrücklich in Kauf genommen, dass die Vorschrift bei Anzeigepflichten (§§ 137 II, 138 III; § 18 III GrEStG) und Antragsfristen (zB § 110 II, III; für § 24 I 1 UStDV s. BFH 5.11.1998 – V B 70/98, BFH/NV 1999, 682; für § 10a I 1 EStG s. BFH 22.10.2014 – X R 18/14, BStBl. II 2015, 371; § 27 VIII 4 KStG s. FG Köln 15.2.2017 – 2 K 803/15, EFG 2017, 769) keine Anwendung findet; im Rahmen des im Bußgeldverfahren geltenden Opportunitätsprinzips kann im Falle verspäteter Erfüllung von Anzeigepflichten jedoch von der Festsetzung eines Bußgeldes auch weiterhin abgesehen werden (Klein § 109 Rn. 3). Mit der Anzeige nach § 19 GrEStG und § 13a VII ErbStG wird zugleich die StErklärungspflicht erfüllt, sodass hierauf § 109 anwendbar ist (BFH 20.1.2005 – II B 52/04, BStBl. II 2005, 492). Die in **§ 109 I 2** zugelassene rückwirkende Fristverlängerung sanktioniert eine in der Praxis weit verbreitete Handhabung (BT-Drs. VI/1982, 104); durch das Wort „insb." soll die Regelung für die Praxis flexibler gestaltet werden (BT-Drs. 7/4292, 26). **§ 109 II** schränkt die Möglichkeit der Fristverlängerung in Bezug auf StErklärungsfristen ein. In **§ 109 III** wurde die Sicherheitsleistung als ein besonders wichtiger Fall einer Nebenbestimmung erwähnt (BT-Drs. 7/4292, 26).

Begrifflich ist die Fristverlängerung die Bestimmung eines neuen Endzeitpunktes, der zeitlich nach dem Zeitpunkt der ursprünglichen Frist liegt (HHSp § 109 Rn. 8; SBS § 31 Rn. 44); zur Berechnung der Fristverlängerung → Rn. 23. Die **Verkürzung** einer **behördlichen Frist** ist gesetzlich nicht geregelt. Soweit die behördliche Fristsetzung grds. ein VA ist, kann ihre Verkürzung nur nach Maßgabe der §§ 130, 131 zulässig sein (zutr. Gosch AO § 109 Rn. 12). 4

II. Verlängerung von Fristen (Abs. 1)

§ 109 I 1 bestimmt, welche Fristen verlängerbar sind; § 109 I 2 lässt ausdrücklich auch eine rückwirkende Fristverlängerung zu. 5

1. Verlängerbare Fristen (Abs. 1 S. 1)

Verlängerbar sind gem. Abs. 1 S. 1 Fristen zur Einreichung von **StErklärungen** (zum Begriff → § 149 Rn. 7; zu den StErklärungsfristen → § 149 Rn. 32 ff.). Diese Fristen gehören zu den gesetzlichen Fristen (→ § 108 Rn. 6); aufgrund der ausdrücklichen Beschränkung auf StErklärungen sind gesetzliche Fristen für anderweitige Willenserklärungen und Anzeigen (→ Rn. 3) grds. nicht verlängerbar. Etwas anderes kann sich ggf. aus einer analogen Anwendung des § 109 bzw. aus verfassungsrechtlichen Wertungen (so bei einer gegen das Übermaß verstoßenden Kürze einer Anzeigefrist, vgl. BFH 20.1.2005 – II B 52/04, BStBl. II 2005, 492 betr. §§ 18, 19 GrEStG) und/oder aus der Auslegung der jeweiligen gesetzlichen Fristenregelung ergeben. 6

§ 109 I 1 lässt ferner eine Verlängerung der **von der FB gesetzten Fristen** (sog. behördliche Fristen, → § 108 Rn. 8) zu. Eine Verlängerungsmöglichkeit besteht auch für die Ausschlussfrist gem. § 364b, sofern ein Fristverlängerungsantrag vor Ablauf der Ausschlussfrist gestellt wird (→ § 364b Rn. 23; aA Klein § 109 Rn. 2). Verlängerbar sind sowohl noch laufende als auch – wie § 109 I 2 klarstellt – bereits abgelaufene Fristen. Die Verlängerungen der Abgabefristen durch Art. 97 § 36 EGAO im Rahmen der Corona-Pandemie stellt keine behördliche Fristverlängerung iSd § 109 dar (FG Berlin-Brandenburg 17.9.2024 – 8 K 8033/24, EFG 2025, 454; aA FG Schleswig-Holstein 15.12.2023 – 3 K 88/22, EFG 2024, 540; Rev.VI R 2/24).

Im Übrigen sind gesetzliche Fristen **nicht verlängerbar.** Dies gilt insb. für Rechtsbehelfsfristen (§§ 355, 356; BFH 27.4.2011 – III B 207/10, BFH/NV 2011, 1184), Ausschlussfristen (zum Begriff → § 108 Rn. 7; so zB BFH 5.11.1998 – V B 70/98, BFH/NV 1999, 682 betr. § 24 I 1 UStDV; BFH 24.10.2000 – VI R 65/99, BStBl. II 2001, 109 betr. § 66 III EStG aF), die Antragsfrist gem. § 18 IX 3 UStG (FG Köln 25.1.2007 – 2 K 1092/05, EFG 2007, 1386 mwN) und grds. auch Anzeigefristen (zB §§ 137 II, 138 III; zu deren Nichterfüllung vgl. auch → Rn. 2; zu §§ 18, 19 GrEStG → Rn. 6). Nicht verlängerbar ist auch die von der FVerw. im Zusammenhang mit der Festsetzung des Verspätungszuschlags bei verspäteten StAnmeldungen früher – bis 31.12.2003 – gewährte Schonfrist von fünf Tagen (→ § 152 Rn. 50); diese Schonfrist war keine allgemeine Fristverlängerung, sondern eine bloße Billigkeitsanordnung (Schwarz/Pahlke/Keß § 109 Rn. 6). 7

Eine gewährte Fristverlängerung für die Abgabe der StErklärung hat keine Auswirkungen auf materielle Fristen, Wahlrechte oder Zuordnungsentscheidungen und deren zeitnahe Dokumentationspflicht (vgl. BFH 7.7.2011 – V R 21/10, DStR 2011, 2349; BFH 7.7.2011 – V R 42/09, BStBl. II 2014, 76).

2. Rückwirkende Fristverlängerung (Abs. 1 S. 2)

Abs. 1 S. 2 gestattet eine rückwirkende – dh nach Fristablauf erfolgende – Verlängerung solcher Fristen, die gem. S. 1 verlängerbar sind. Dies soll nach dem Regelbeispiel des § 109 I 2 insb. dann erfolgen, wenn es unbillig wäre, die durch Fristablauf eingetretenen Rechtsfolgen bestehen zu lassen. Die Fassung der Vorschrift („insb.“) macht deutlich, dass die rückwirkende Fristverlängerung nicht nur im Unbilligkeitsfall möglich ist. 8

9 § 109 I 2 setzt lediglich den Fristablauf voraus; die rückwirkende Fristverlängerung ist nicht von einem bereits vor Fristablauf gestellten Fristverlängerungsantrag abhängig. Daher kann eine rückwirkende Fristverlängerung grds. auch erfolgen, wenn der entsprechende **Verlängerungsantrag** (zum Antrag → Rn. 18) erst **nach** Fristende gestellt wird. Nach dem klaren Wortlaut des § 109 I 2 ist es unerheblich, ob die Versäumung einer rechtzeitigen Antragstellung verschuldet war oder nicht (TK § 109 Rn. 6; Gosch AO § 109 Rn. 16; Schwarz/Pahlke/Keß § 109 Rn. 10; aA HHSp § 109 Rn. 35; offen gelassen von BFH 15.7.1999 – V R 52/98, BFH/NV 2000, 98). Im Rahmen der nach § 109 I 2 erforderlichen Ermessensentscheidung (→ Rn. 21) über den Verlängerungsantrag können allerdings die konkreten Gründe und Umstände der verspäteten Antragstellung – ggf. zulasten des Antragstellers – berücksichtigt werden (BFH 15.7.1999 – V R 52/98, BFH/NV 2000, 98; Schwarz/Pahlke/Keß § 109 Rn. 10). Eine rückwirkende Durchbrechung der Bestandskraft kann durch eine positive Entscheidung nach § 109 I 2 nicht erreicht werden (BFH 7.11.2001 – V B 183/00, BFH/NV 2002, 381).

III. Einschränkung der Möglichkeit der Fristverlängerung (Abs. 2)

10 Für Besteuerungszeiträume ab VZ 2018 (→ Rn. 1) schränkt **§ 109 II S. 1** nur für StErklärungen, die von Angehörigen der steuerberatenden Berufe erstellt werden (Nr. 1: § 149 III), und für Vorabanforderungen (Nr. 2: § 149 IV) wegen der durch § 149 eingeräumten langen Abgabefrist den Regelungsbereich des Abs. 1 ein (vgl. BT-Drs. 18/7457, 74). Eine Fristverlängerung nach Abs. 1 ist in diesen Fällen nur zulässig, wenn der Stpfl. ohne Verschulden verhindert ist oder war, die StErklärungsfrist einzuhalten. **§ 109 II S. 2** stellt klar, dass bei Land- und Forstwirten, bei denen die Abgabefrist am 31.7. des übernächsten Folgejahres endet, die Einschränkung des Abs. 1 in gleicher Weise gilt, also eine Verlängerung nur im Falle der unverschuldeten Säumnis erfolgen kann. Eine allgemeine Verlängerung der gesetzlichen Erklärungsfristen durch Verwaltungsanweisung verstößt gegen den Grundsatz des Gesetzesvorrangs (Klein § 109 Rn. 4). Vgl. zur Verlängerung der Abgabefristen durch Art. 97 § 36 III Nr. 3 und 4 EGAO BMF 23.6.2022, BStBl. I 2022, 938.

Der Verschuldensmaßstab richtet sich nach allgemeinen Regeln (vgl. etwa → § 110 Rn. 26 ff.). Dabei ist auf die persönlichen Verhältnisse des Stpfl. abzustellen. Deshalb ist ein allgemeiner Sammelantrag für mehrere Stpfl. grds. nicht ausreichend (Klein § 109 Rn. 17). Nach **§ 109 II 3** ist das Verschulden eines Vertreters (→ § 110 Rn. 40 ff.) und eines Erfüllungsgehilfen (anders etwa § 110 I 2) dem Stpfl. zuzurechnen. Erfüllungsgehilfe ist jede Person, die mit dem Willen des Stpfl. bei der Erfüllung der StErklärungspflichten als seine Hilfsperson tätig wird (vgl. § 278 BGB). Arbeitsüberlastung des Beraters führt im Regelfall nicht zur unverschuldeten Säumnis (ebenso Klein § 109 Rn. 17; Gosch AO § 109 Rn. 23.2; einschr. TK § 109 Rn. 5). Die Abhängigkeit einer StErklärung von einer Feststellungserklärung reicht ebenfalls nicht aus, da die Übernahme der Werte aus der Feststellungserklärung, deren Feststellung durch die FVerw. nicht voraussetzt (FG Köln 23.4.2015 – 11 K 3742/14, EFG 2015, 1326; aA Vetten NWB 2016, 3187; TK § 109 Rn. 5). Krankheitsbedingte Einschränkungen durch das Coronavirus (zB Quarantäne oder Erkrankung) sind idR als unverschuldete Hindernisse anzuerkennen (Klein § 109 Rn. 17). Nach Auffassung des BMF können deshalb während der Coronakrise die Fristen zur Abgabe der LSt-Anmeldungen um max. zwei Monate verlängert werden, sofern der ArbG durch das Coronavirus unverschuldet an der rechtzeitigen Abgabe gehindert ist (AEAO zu § 109 Nr. 6).

IV. Verbindung mit Nebenbestimmung (Abs. 3)

11 § 109 III ermächtigt die FB, die Fristverlängerung von einer **Sicherheitsleistung** (§§ 241 ff.) abhängig zu machen oder sonst mit einer Nebenbestimmung (§ 120) zu verbinden. Eine Sicherheitsleistung darf nicht generell mit der Fristverlängerung verbunden,

sondern nur verlangt werden, wenn aufgrund der Fristverlängerung der StAnspruch gefährdet ist (TK § 109 Rn. 7; HHSp § 109 Rn. 59). Entgegen dem missverständlichen Wortlaut („verbinden") kann die Fristverlängerung nicht nur mit einer Auflage bzw. einem Auflagenvorbehalt (§ 120 II Nr. 4 und 5) verknüpft, sondern auch unter einer Bedingung (§ 120 II Nr. 2) gewährt werden (HHSp § 109 Rn. 59; TK § 109 Rn. 7). Eine Fristverlängerung unter Widerrufsvorbehalt (§ 120 II Nr. 3) dürfte jedoch unter Berücksichtigung des § 120 III regelmäßig ausscheiden, weil sie den mit der Fristverlängerung grds. verbundenen Dispositionsschutz des Betroffenen entwerten würde (HHSp § 109 Rn. 59; aA Gosch AO § 109 Rn. 24). Auch eine Befristung (§ 120 II Nr. 1) scheidet aus, weil die Fristverlängerung schon begrifflich befristet ist.

Die Verbindung mit einer Nebenbestimmung steht im pflichtgemäßen **Ermessen** (vgl. § 5) der FB und bedarf eines sachlichen Grundes (Schwarz/Pahlke/Keß § 109 Rn. 13 und 16). Das in § 120 III normierte **Koppelungsverbot** ist zu beachten; so ist zB die Fristverlängerung zur Abgabe einer StErklärung unter der Bedingung der Entrichtung einer Abschlusszahlung unzulässig (→ § 120 Rn. 40 mwN). Zu Rechtsschutzfragen → Rn. 25. 12

V. Automationsgestützte Fristverlängerung (Abs. 4)

1. Allgemeines

Abs. 4 durchbricht den Grundsatz des Erfordernisses einer pflichtgemäßen Ermessensentscheidung zugunsten einer ausschließlich automationsgestützten Entscheidung. Die gesetzliche Regelung ist erforderlich, um eine computergestützte Entscheidung ohne Bearbeitung durch einen Amtsträger treffen zu dürfen und den Vorgaben der DS-GVO gerecht zu werden. Denn nach Art. 22 I DS-GVO hat jede Person das Recht, dass Entscheidungen, die für sie eine rechtliche Wirkung entfalten oder sie in ähnlicher Weise erheblich beeinträchtigen, grds. nicht ausschließlich aufgrund einer automatisierten Datenverarbeitung getroffen werden. Dieses Verbot gilt nach Art. 22 II DS-GVO allerdings nicht, wenn die Entscheidung aufgrund einer unions- oder mitgliedstaatlichen Rechtsvorschrift zulässig ist. Abs. 4 ist eine Rechtsvorschrift iSd § 22 II DS-GVO. 13

2. Automationsgestützte Entscheidung

Nach Abs. 4 dürfen die nach Abs. 1 verlängerbaren Fristen (→ Rn. 6) ohne Beteiligung eines Amtsträgers verlängert werden, wenn bei der computergestützten Entscheidung über die Gewährung der Fristverlängerung ein Risikomanagementsystem nach § 88 V (→ § 88 Rn. 41 ff.) eingesetzt wird und kein Anlass für eine Einzelfallentscheidung durch einen Amtsträger besteht. Einer Ermessensentscheidung über die Anwendung des Computereinsatzes bedarf es nicht („können" ist als dürfen zu verstehen; aA BeckOK AO § 109 Rn. 214). Voraussetzung ist jedoch der Einsatz des Risikomanagementsystems im Rahmen der computergestützten Entscheidungsfindung. Dies dient der Überprüfung der automatisierten Entscheidungen durch zufallsgesteuerte Auswahl einzelner Fälle, um korrigierend durch Amtsträger eingreifen zu können. Eine Rücknahme bzw. ein Widerruf einer automatisiert gewährten Fristverlängerung kann – wie ansonsten auch – nur nach §§ 130, 131 erfolgen (→ Rn. 22). Eine Verkürzung von Fristen durch automatisierte Entscheidung wird von der Regelung nicht erfasst. 14

Die automationsgestützte Gewährung einer Fristverlängerung ist ausgeschlossen, wenn der konkrete Einzelfall die Bearbeitung durch einen Amtsträger erfordert. Ob ein Anlass zur Einzelfallbearbeitung durch einen Amtsträger besteht, unterliegt dem Beurteilungsspielraum der FB (→ § 5 Rn. 17). Mit der Rückkehr zur einzelfallbezogenen Bearbeitung iSd Abs. 1, die auch bereits im Rahmen des Risikomanagementsystems zulässig ist, verzichtet die FB lediglich auf die Anwendung der Ausnahmeregelung des Abs. 4, sodass dem Stpfl. hierdurch kein Rechtsnachteil erwächst. Einen Anspruch auf automationsgestützte Entscheidung hat der Stpfl. regelmäßig nicht. 15

16 Gegen die (auch teilweise) Versagung der Fristverlängerung kann nach erfolglosem Einspruch (§ 347) Verpflichtungsklage (§ 40 I FGO) erhoben werden (→ Rn. 25). Die automatisierte Entscheidung ist insb. auf die Einhaltung ermessensbindender Verwaltungsanweisungen, die der computergestützten Entscheidung zugrunde liegen, zu überprüfen, und ob die Entscheidung den Einzelfall hinreichend beachtet hat (vgl. die Bedenken bei BeckOK AO § 109 Rn. 211 ff.).

VI. Verfahrens- und Rechtsschutzfragen

1. Entscheidung über die Fristverlängerung; Verfahren

18 **Antrag.** Die Fristverlängerung erfolgt regelmäßig auf – zwar nicht zwingend erforderlichen, jedoch zweckmäßigen - Antrag; eine Fristverlängerung kann auch von Amts wegen erfolgen. Der Verlängerungsantrag ist formfrei, ggf. auch wiederholbar und bedarf keiner Begründung. Zur Antragstellung nach Fristablauf → Rn. 5.

19 Die **Entscheidung** über die Gewährung bzw. Versagung der Fristverlängerung ergeht **durch VA** (TK § 109 Rn. 9; Gosch AO § 109 Rn. 19; Urban DStR 1999, 1550 (1553)); dieser hat binnen angemessener Frist zu ergehen (HHSp § 109 Rn. 56). Bei verspäteter Entscheidung hat die FB idR eine angemessene **Nachfrist** zu setzen (FG Niedersachsen 20.6.1984 – IX 550/82, EFG 1985, 51; TK § 109 Rn. 6). Die Fristverlängerung muss hinreichend bestimmt (§ 119 I) sein.

20 **Form.** Der über den Fristverlängerungsantrag entscheidende VA ist nicht formbedürftig und kann daher schriftlich, (fern-)mündlich oder auch durch schlüssiges Verhalten der FB ergehen. Zwar kann das bloße Schweigen der FB auf einen Fristverlängerungsantrag grds. nicht als (stillschweigender) VA qualifiziert werden (→ § 118 Rn. 11). Gleichwohl ist die Möglichkeit einer sog. **stillschweigenden Fristverlängerung** auf entsprechenden Antrag hin grds. anzuerkennen, wenn die FB den Verlängerungsantrag widerspruchslos angenommen hat und der Antragsteller nicht mehr mit einer ablehnenden Entscheidung rechnen muss (Klein § 109 Rn. 7; Gosch AO § 109 Rn. 19). Der Antragsteller darf jedoch die beantragte Verlängerung nicht als bewilligt ansehen, solange er mit einer ablehnenden Entscheidung rechnen muss (TK § 109 Rn. 8; Urban DStR 1999, 1550 (1552)). Selbstverständlich liegt keine stillschweigende Fristverlängerung vor, wenn die FB eine verspätet abgegebene StErklärung entgegennimmt (offen gelassen in BFH 22.1.2013 – IX R 1/12, BStBl. II 2013, 663).

21 **Ermessen.** Die Entscheidung über die Fristverlängerung („können") steht im Ermessen (dazu § 5) der FB (BFH 29.1.2003 – XI R 82/00, BStBl. II 2003, 550; BFH 20.1.2005 – II B 52/04, BStBl. II 2005, 492; BFH 21.2.2006 – IX R 78/99, BStBl. II 2006, 399); dies gilt auch für die automationsgestützte Entscheidung nach Abs. 4 (Klein § 109 Rn. 17). Bei der Ermessensausübung ist maßgebend der **Zweck der Frist** zu berücksichtigen und gegen das Interesse des Betroffenen an der Fristverlängerung (zB Arbeitsüberlastung, Krankheit, Erschwernisse bei der Beschaffung von Unterlagen) abzuwägen. Zu berücksichtigen ist auch, ob die Nichteinhaltung der Frist auf schuldhaftem Handeln des Betroffenen beruht (Schwarz/Pahlke/Keß § 109 Rn. 15; vgl. auch oben → Rn. 9). Sofern die geltend gemachten Gründe für die beantragte Fristverlängerung bei einer gesetzlichen Frist (zB StErklärungsfrist) die Wiedereinsetzung in den vorigen Stand rechtfertigen würden, ist die Fristverlängerung zwingend zu gewähren (Ermessensreduzierung auf null, HHSp § 109 Rn. 57; zum Nebeneinander von § 109 und § 110 → § 110 Rn. 11). Eine schematische und sachlich nicht begründete Ablehnung von Fristverlängerungsanträgen ist ermessensfehlerhaft (Schwarz/Pahlke/Keß § 109 Rn. 15). Bei der Ermessensausübung sind ggf. ermessenslenkende Verwaltungsvorschriften (dazu allg. → § 4 Rn. 55 ff.) zu beachten; eine strikte Bindung der FB an die Fristverlängerungsmöglichkeit im vereinfachten Verfahren besteht jedoch nicht (BFH 21.2.2006 – IX R 78/99, BStBl. II 2006, 399; BFH 11.4.2006 – VI R 64/02, BStBl. II 2006, 642, jeweils mwN). Zur Fristverlängerung bei der Abgabe von StErklärungen im sog. Quotenverfahren FG Saarland 17.3.2004 – 1 K 46/03, EFG

2004, 1018; zum Kontingentierungsverfahren in Nordrhein-Westfalen s. FG Düsseldorf 15.3.2012 – 12 K 509/12 AO, EFG 2012, 890; vgl. nunmehr zur gesetzlichen Regelung → § 149 Rn. 35.

Rücknahme bzw. Widerruf. Der VA über die Gewährung bzw. Versagung der Fristverlängerung kann gem. §§ 130, 131 zurückgenommen bzw. widerrufen werden. Bei gesetzlichen Fristen (nicht jedoch bei behördlichen Fristen) bedarf eine solche Fristkürzung jedoch einer gesetzlichen Ermächtigung (Urban DStR 1999, 1550 (1551)). Eine Rücknahme kann auch mit Wirkung für die Vergangenheit erfolgen (Schwarz/Pahlke/Keß § 109 Rn. 14; zu den insoweit maßgeblichen Ermessensgesichtspunkten → § 130 Rn. 30). 22

2. Berechnung und Rechtswirkungen der Fristverlängerung

Berechnung. Für die Berechnung der Fristverlängerung gilt § 108 I iVm § 190 BGB. Die neue Frist wird vom Ablauf der vorherigen Frist und nicht vom Tag der Stellung des Verlängerungsantrags oder der Bewilligung der Verlängerung an berechnet. Läuft die ursprüngliche Frist an einem Sonntag, gesetzlichen Feiertag oder Sonnabend ab, hat dies keine Auswirkungen auf die Länge der Gesamtfrist (→ § 108 Rn. 25 mwN). 23

Rechtswirkungen der Fristverlängerung. Die Fristverlängerung schiebt die an den Fristablauf geknüpften Rechtswirkungen hinaus. Die rückwirkende Fristverlängerung (§ 109 I 2) beseitigt ferner die durch Fristablauf bereits eingetretenen Rechtsfolgen (zB bereits festgesetzte Verspätungszuschläge, → § 152 Rn. 16; Gleiches gilt für bereits verwirkte Säumniszuschläge). Eine rückwirkende Fristverlängerung vermag jedoch nicht die Bestandskraft eines Ablehnungsbescheids betr. VorStVergütung zu durchbrechen (BFH 7.11.2001 – V B 183/00, BFH/NV 2002, 381 betr. § 61 I UStDV aF). 24

3. Rechtsbehelfe

Gegen die Versagung der Fristverlängerung im Ganzen oder zum Teil (zB bei Bewilligung unter einer belastenden Nebenbestimmung) kann nach erfolglosem Einspruch (§ 347) Verpflichtungsklage (§ 40 I FGO) erhoben werden (zur automationsgestützten Fristverlängerung → Rn. 16). Zur gerichtlichen Überprüfung von Ermessensentscheidungen → § 5 Rn. 38 ff. Vorläufiger Rechtsschutz ist nur durch einstweilige Anordnung (§ 114 FGO) möglich (Urban DStR 1999, 1550 (1553)). Richtet sich der Rechtsbehelf gegen eine der Fristverlängerung beigefügte Nebenbestimmung (zB Sicherheitsleistung oder Auflage), bestimmt sich der Rechtsschutz je nach der Art der beigefügten Nebenbestimmung (Urban DStR 1999, 1550 (1553 f.); zu Einzelfragen → § 120 Rn. 44 ff.). 25

§ 110 Wiedereinsetzung in den vorigen Stand

(1) [1]**War jemand ohne Verschulden verhindert, eine gesetzliche Frist einzuhalten, so ist ihm auf Antrag Wiedereinsetzung in den vorigen Stand zu gewähren.** [2]**Das Verschulden eines Vertreters ist dem Vertretenen zuzurechnen.**

(2) [1]**Der Antrag ist innerhalb eines Monats nach Wegfall des Hindernisses zu stellen.** [2]**Die Tatsachen zur Begründung des Antrags sind bei der Antragstellung oder im Verfahren über den Antrag glaubhaft zu machen.** [3]**Innerhalb der Antragsfrist ist die versäumte Handlung nachzuholen.** [4]**Ist dies geschehen, so kann Wiedereinsetzung auch ohne Antrag gewährt werden.**

(3) **Nach einem Jahr seit dem Ende der versäumten Frist kann die Wiedereinsetzung nicht mehr beantragt oder die versäumte Handlung nicht mehr nachgeholt werden, außer wenn dies vor Ablauf der Jahresfrist infolge höherer Gewalt unmöglich war.**

(4) **Über den Antrag auf Wiedereinsetzung entscheidet die Finanzbehörde, die über die versäumte Handlung zu befinden hat.**

Vergleichbare Vorschriften: § 56 FGO; § 60 VwGO; § 67 SGG; §§ 233, 234, 236–238 ZPO; § 32 VwVfG; § 93 II BVerfGG

Schrifttum: Klose, Die Wiedereinsetzung in den vorigen Stand, StB 1991, 237; Krüger, Gilt § 110 AO (Wiedereinsetzung) auch für die Versäumnis gesetzlicher Zahlungsfristen?, DStZ 1992, 339; Koenig, Die Wiedereinsetzung in den vorigen Stand gemäß § 110 AO, INF 1994, 1; Wüllenkemper, Zur Wiedereinsetzung in den vorigen Stand bei fehlerhafter oder unvollständiger Adressierung einer Rechtsmittelschrift, DStZ 2000, 366; Niehues, Effektive Fristenkontrolle ohne Postausgangsbuch, Stbg 2002, 534; Kummer, Wiedereinsetzung in den vorigen Stand, München 2003; Stöcker, Wiedereinsetzung gibt's nicht, AO-StB 2005, 242; Born, Die Rechtsprechung des BGH zur Wiedereinsetzung, NJW 2007, 2088; Richter/Beck, Auswirkungen der Wiedereinsetzung einer Antragsfrist bei abgelaufener Festsetzungsfrist, DStR 2007, 1512; Roth, Wiedereinsetzung nach Fristversäumnis wegen Belegung des Telefaxempfangsgeräts des Gerichts, NJW 2008, 785; Balmes/Ambroziak, Widerborstige Wiedereinsetzung, AO-StB 2009, 369; Fuldner, Wiedereinsetzung in den vorigen Stand im Steuerrecht, NWB 2009, 2006; Apitz, Wiedereinsetzung bei vordatierten Verwaltungsakten, StBp 2010, 79; Pelke, Wiedereinsetzung in den vorigen Stand – Ein Standardproblem in der Rechtsprechungspraxis, SteuK 2012, 161; Tormöhlen, Wiedereinsetzung in den vorigen Stand, AO-StB 2012, 56; Pump/Heidl, Grundregeln eines ordnungsgemäßen Fristenmanagements, DStR 2015, 1075; Jansen, Wiedereinsetzung in den vorigen Stand (§ 110 AO, § 56 FGO), AO-StB 2018, 253 (283); Forchhammer, Organisationsverschulden des Steuerberaters bei der Versäumung wiedereinsetzungsfähiger Fristen, NWB 2019, 3846.

Übersicht

A. Allgemeines

I. Begriff und Wirkung der Wiedereinsetzung

1 **Rechtsentwicklung.** Im Zuge der Angleichung der AO an die übrigen Verfahrensordnungen (vgl. zB § 56 FGO; die zu dieser Vorschrift ergangene Rspr. kann auch auf § 110 AO angewendet werden; vgl. BFH 20.9.2006 – I B 11/06, BFH/NV 2007, 248) verwendet § 110 (als Nachfolgevorschrift der in § 86 RAO geregelten „Nachsicht") den Begriff der „Wiedereinsetzung in den vorigen Stand" (vgl. BT-Drs. VI/1992, 105). Die

Antragsfrist wurde auf vier Wochen ausgedehnt, um dem idR rechtsunkundigen Bürger für den Wiedereinsetzungsantrag die gleiche Frist einzuräumen, die für die versäumte Rechtshandlung vorgesehen ist (BT-Drs. 7/4292, 26).

Begriff; Bedeutung. Wiedereinsetzung in den vorigen Stand iSd § 110 ist die Entscheidung der FB, eine zunächst versäumte und verspätet nachgeholte Handlung als fristgemäß zu behandeln. Aufgrund der Wiedereinsetzung wird die versäumte und nachgeholte Handlung als rechtzeitig fingiert (→ Rn. 113). Die Gewährung der Wiedereinsetzung lässt den Ablauf der gesetzlichen Frist unberührt und bewirkt – lediglich – die rückwirkende Beseitigung der mit der Fristversäumnis eingetretenen Rechtswirkungen (HHSp § 110 Rn. 7). 2

Verfassungsrechtlicher Bezug. § 110 dient – wie alle Wiedereinsetzungsvorschriften – der Verwirklichung der Einzelfallgerechtigkeit; diese hat im Fall der unverschuldeten Fristversäumnis Vorrang vor der mit den Fristvorschriften beabsichtigten Rechtssicherheit (BVerfG 15.4.1980 – 2 BvR 461/79, BVerfGE 54, 80 (83 ff.)). Wer eine Frist unverschuldet versäumt, soll Gelegenheit haben, versäumte Verfahren und Äußerungen zur Sache nachzuholen (BVerfG 30.6.1976 – 2 BvR 212/76, BVerfGE 42, 252 (256)). Damit verwirklicht die Wiedereinsetzung das rechtsstaatlich gebotene rechtliche Gehör (Art. 103 I GG) und den durch Art. 19 IV GG garantierten effektiven Rechtsschutz. Diese verfassungsrechtliche Fundierung verbietet eine Auslegung und Anwendung der Wiedereinsetzungsvorschriften, die den Anspruch auf gerichtliche Durchsetzung des materiellen Rechts unzumutbar verkürzt (BVerfG 2.9.2002 – 1 BvR 476/01, BStBl. II 2002, 835 mwN; zur Nutzungsmöglichkeit des besonderen elektronischen StBpostfachs BVerfG 23.6.2025 – 1 BvR 1718/24, DStR 2025, 1698). Die **Anforderungen** an eine Wiedereinsetzung dürfen **nicht überspannt** werden (BVerfG 25.11.1994 – 2 BvR 852/93, NJW 1995, 711; BVerfG 2.9.2002 – 1 BvR 476/01, BStBl. II 2002, 835; std. Rspr.; BFH 22.5.2006 – VI R 51/04, BStBl. II 2006, 833). In Zweifelsfällen sind Verfahrensvorschriften – und damit auch § 110 – so auszulegen, dass sie eine Entscheidung über die materielle Rechtslage ermöglichen und nicht verhindern (BVerfG 2.9.2002 – 1 BvR 476/01, BStBl. II 2002, 835 mwN; BFH 5.11.1973 – GrS 2/72, BStBl. II 1974, 242 (245)). 3

Die gegen die einschlägige BFH- und FG-Rspr. gerichtete Kritik, die Anforderungen an eine Wiedereinsetzung würden generell überspannt (TK § 110 Rn. 2, auch Rn. 14 und 75; Stöcker AO-StB 2005, 242) kann – auch im Licht der Judikatur des BVerfG zur Wiedereinsetzung – nicht zugestimmt werden. Verfahrensrecht – und zumal das den verschiedensten Rechtskreisen anzuwendende Rechtsinstitut der Wiedereinsetzung in den vorigen Stand – verlangt zwar in der Beurteilung eines Verschuldens der Fristversäumnis eine an den je unterschiedlichen individuellen Fähigkeiten der Beteiligten ausgerichtete Beurteilung. Der Normzweck der Fristenregelungen und das Gebot der gleichmäßigen Behandlung von Betroffenen bei Anwendung des Verfahrensrechts kann nicht dazu führen, dass der Gedanke der Rechtssicherheit hinter dem der materiellen Gerechtigkeit zurückzutreten hat (vgl. BVerfG 20.4.1982 – 2 BvL 26/81, BVerfGE 60, 253). 4

II. Anwendungsbereich; Einleitung des Wiedereinsetzungsverfahrens (Abs. 1)

Wiedereinsetzungsberechtigte. § 110 („jemand") ist in **persönlicher** Hinsicht auf die Fristversäumnis durch den Bürger zugeschnitten. Die FB als Trägerin des Verwaltungsverfahrens (vgl. § 78) ist – anders als im finanzgerichtlichen Verfahren (vgl. § 56 FGO), in dem die FB selbst Beteiligte ist – nicht wiedereinsetzungsberechtigt (hM, HHSp § 110 Rn. 12 f.; aA Schwarz/Pahlke/Keß § 110 Rn. 6). 6

Der **sachliche Anwendungsbereich** des § 110 erstreckt sich auf alle steuerlichen Verwaltungsverfahren einschl. des Einspruchsverfahrens. Zur Anwendung des § 110 auf RealSt, soweit ihre Verwaltung den Gemeinden übertragen worden ist, → § 1 Rn. 22. Für das finanzgerichtliche Verfahren enthält § 56 FGO eine § 110 sachlich entspr. Regelung. Im **Zollrecht** wird § 110, soweit sich eine Frist nicht nach nationalem Recht bestimmt, durch 7

Art. 55 UZK überlagert (BFH 14.5.1998 – VII R 96/97, BFH/NV 1999, 90; BFH 19.12.2000 – VII R 39/00, BFH/NV 2001, 820; Witte Art. 55 Rn. 9).

8 Nach dem klaren Wortlaut des Abs. 1 gilt § 110 nur für verfahrensrechtliche und materiellrechtliche **gesetzliche Fristen** (→ § 108 Rn. 5 ff.), die einzuhalten sind (BFH 19.8.1999 – III R 57/98, BStBl. II 2000, 330). Dies ist nur bei den sog. Handlungs- und Erklärungsfristen (sog. eigentliche Fristen, → § 108 Rn. 12) der Fall, bei denen der Beteiligte oder Dritte eine rechtserhebliche Handlung vorzunehmen hat. **Behördliche Fristen** (→ § 108 Rn. 8) sind grds. lediglich gem. § 109 verlängerbar; bei ihnen ist eine Wiedereinsetzung nur möglich, soweit dies durch gesetzliche Vorschrift ausdrücklich angeordnet ist (zB § 364b II 3). Bei einem versäumten **Termin** (zum Begriff → § 108 Rn. 14) scheidet eine Wiedereinsetzung aus (HHSp § 110 Rn. 22; SBS § 32 Rn. 8).

9 Nicht wiedereinsetzungsfähig sind **rein materiellrechtliche** Fristen, die keine Handlungs- oder Erklärungsfrist begründen (HHSp § 110 Rn. 24; BFH 24.10.2000 – VI R 65/99, BStBl. II 2001, 109). Insb. scheidet eine Wiedereinsetzung bei Fristen aus, die lediglich den materiellrechtlichen Anwendungsbereich einer Vorschrift abgrenzen (zB § 66 III EStG, FG München 4.6.2019 – 5 K 871/19, BeckRS 2019, 18444; vgl. zur aF BFH 24.10.2000 – VI R 65/99, BStBl. II 2001, 109; BFH 14.5.2002 – VIII R 68/00, BFH/NV 2002, 1293; Investitionszeitraum gem. § 3 I InvZulG 2007; vgl. auch FG Saarland 10.12.1986 – I 159/85, EFG 1987, 188; FG Köln 16.3.1988 – 11 K 23/86, EFG 1989, 30).

10 **Anwendungsbereich im Einzelnen.** Wiedereinsetzung ist möglich hinsichtlich
- der **Einspruchsfrist** (§ 355);
- **Antragsfristen,** so zB gem. § 6 I InvZulG 1996 (BFH 14.9.1999 – III R 78/97, BStBl. II 2000, 37; BFH 28.7.2003 – III B 129/02, BFH/NV 2003, 1610), Antrag auf schlichte Änderung gem. § 172 I Nr. 2a (→ § 172 Rn. 39 mwN); Antragsfrist für Wiedereinsetzung gem. § 110 II 1 (→ Rn. 72); Antrag auf Gewinnermittlung nach Durchschnittssätzen gem. § 13a II 3 EStG; gesonderter StTarif gem. § 32d II Nr. 3 S. 4 EStG (BFH 29.8.2017 – VIII R 33/15, BStBl. II 2018, 69; ebenso für beschränkt stpfl. Arbeitnehmer gem. § 50 IV EStG aF, vgl. FG Nürnberg 13.9.2000 – V 246/97, EFG 2001, 689); Antrag auf Wohnungsbauprämie gem. § 4 II WoPG 1996; Antrag auf GrSt-Erlass gem. § 34 II 2 GrStG (BFH 23.8.1995 – II R 97/92, BFH/NV 1996, 358); Vergütungsantrag nach § 18 IX 3 UStG (BFH 18.1.2007 – V R 23/05, BStBl. II 2007, 430); Frist zur Abgabe der strafbefreienden Erklärung (vgl. § 1 I 2 StraBEG);
- **Anzeige- und Anmeldefristen** nach §§ 137 II, 138 III, 139 (Kammann DStR 1981, 553 (558));
- **Erklärungs- und Widerrufsfristen,** zB §§ 19 II 1 und 4, 23 III 3, 24 III 1 und 4 UStG;
- **Fristsetzungen** der FB gem. **§ 364b** (vgl. § 364b II 3).

11 Auch bei Versäumung gesetzlicher **StErklärungsfristen** ist mangels entgegenstehender Anhaltspunkte aus Wortlaut und Entstehungsgeschichte der §§ 109, 110 neben der Verlängerungsmöglichkeit gem. § 109 I 1 eine Wiedereinsetzung gem. § 110 möglich (TK § 110 Rn. 6; HHSp § 110 Rn. 32; aA AEAO zu § 110 Nr. 1). Die FB ist daher – ohne Anwendungsmöglichkeit des § 109 II – zur Verlängerung der StErklärungsfrist verpflichtet (Ermessensreduzierung auf null), wenn die Voraussetzungen des § 110 vorliegen (→ § 109 Rn. 17).

12 **Nicht wiedereinsetzungsfähig** sind
- **Steuerzahlungsfristen** (zB §§ 36 IV, 37 I EStG; § 18 I 3 und IV UStG), weil § 110 ausschl. auf Rechtshandlungen iSv Willens- und Wissenserklärungen und nicht – wie bei der StZahlung der Fall – auf bloße Realakte anwendbar ist (Koenig INF 1994, 1; aA – Anwendbarkeit des § 110 – HHSp § 110 Rn. 33) und andernfalls die dem Säumniszuschlag eigene – verschuldensunabhängige – Zinsersatzfunktion (→ § 240 Rn. 3) unterlaufen würde (zutr. Klein § 110 Rn. 3);

– **Festsetzungs- und Zahlungsverjährungsfristen** (§§ 169 ff., 228 ff.). Bei diesen handelt es sich zwar um gesetzliche Fristen, sie sind jedoch von den FB zwingend zu beachten und können nicht von den Stpfl. „eingehalten" werden (BFH 13.2.2020 – VI R 37/17, BStBl. II 2021, 856; BFH 19.8.1999 – III R 57/98, BStBl. II 2000, 330; BFH 24.1.2008 – VII R 3/07, BFH/NV 2008, 838 mwN; HHSp § 110 Rn. 35); auch die Wiedereinsetzung in eine versäumte Frist für einen Vergütungsantrag bewirkt kein rückwirkendes „Wiederaufleben" des „zunächst" festsetzungsverjährten Vergütungsanspruchs (Richter/Beck DStR 2007, 1512; BFH 24.1.2008 – VII R 3/07, BFH/NV 2008, 838 betr. § 10 StromStG iVm § 18 StromStV aF);
– von der FB zu beachtende **Mindestfristen,** die nicht versäumt werden können (zB § 254 I 1, vgl. Gosch AO § 110 Rn. 13);
– **Ausschlussfristen,** die nach ihrem Zweck aus Gründen der Rechtssicherheit und des Rechtsfriedens durch absolute Fristenstrenge gekennzeichnet sind (so die Jahresfrist des § 110 III oder § 356 II 2); vgl. Kammann DStR 1981, 553 (560); Kummer Rn. 31 ff.;
– **materiellrechtliche Fristen,** → Rn. 9.

Einleitung des Wiedereinsetzungsverfahrens. Wiedereinsetzung setzt gem. 13
§ 110 I 1 grds. einen **Antrag** voraus. Bei Unkenntnis des Beteiligten von der Fristversäumnis hat ihn die FB auf diese hinzuweisen und ihm Gelegenheit zur Äußerung zu geben (TK § 110 Rn. 29; zu den Folgen eines Verstoßes gegen diese Verpflichtung → Rn. 113). Zur Wiedereinsetzung ohne Antrag vgl. § 110 II 4.

B. Allgemeine Wiedereinsetzungsvoraussetzungen (Abs. 1)

Eine Wiedereinsetzung in den vorigen Stand setzt voraus, dass eine gesetzliche Frist 17
durch ein unverschuldetes Hindernis nicht eingehalten wurde (→ Rn. 18 ff.). In formeller Hinsicht bedarf es grds. eines Antrags; jedoch kann Wiedereinsetzung auch von Amts wegen zu gewähren sein (→ Rn. 70 ff.).

I. Fristversäumnis; Wiedereinsetzungsgründe (Abs. 1 S. 1)

1. Fristversäumnis

Voraussetzungen. Fristversäumnis liegt vor, wenn die fristgebundene Handlung nicht 18
spätestens bis zum Fristende vorgenommen worden ist (zur Fristwahrung vgl. näher § 108 Rn. 38) oder eine fristgebundene Handlung in wesentlichen Punkten unvollständig oder mit sonstigen wesentlichen formellen Mängeln behaftet ist (HHSp § 110 Rn. 41; TK § 110 Rn. 7). Anlauf und Ende der Frist bestimmen sich nach den in § 108 normierten Grundsätzen. Für § 110 ist die Länge der Fristüberschreitung ohne Bedeutung; auch eine nur **kurze Fristüberschreitung** (zB nur um Minuten) ist für sich allein kein Wiedereinsetzungsgrund (BFH 17.11.1970 – II R 121/70, BStBl. II 1971, 143; → Rn. 39 „Telefax").

Amtsermittlung; Beweisfragen. Die FB hat von Amts wegen zu prüfen, ob tatsäch- 19
lich eine Fristversäumnis vorliegt (HHSp § 110 Rn. 43). Hinsichtlich der Fristwahrung trifft den Beteiligten die objektive Beweislast (Feststellungslast). Bei Zweifeln über die Fristwahrung ist grds. zugunsten des Beteiligten anzunehmen, dass seine glaubhaft gemachten (dazu § 110 II 2) Angaben über die Wahrung der Frist zutreffen und die Frist eingehalten ist (HHSp § 110 Rn. 43). Sind die Voraussetzungen einer Wiedereinsetzung erfüllt, braucht etwaigen Zweifeln hinsichtlich der Fristversäumnis nicht nachgegangen zu werden.

2. Verhinderung

Allgemeines. Die gem. § 110 I 1 vorausgesetzte Verhinderung an der Fristeinhaltung 21
liegt vor, wenn die Fristwahrung aufgrund äußerer oder innerer (in der Person des

Betroffenen liegender), physischer oder psychischer Umstände (zB Abwesenheit, Krankheit, Unfall; zu Einzelfällen → Rn. 39) gehindert war. Die Verhinderung muss sich unmittelbar auf die Einhaltung der Frist oder auf die Form der Fristwahrung beziehen, dh sie muss auf die Willensbetätigung oder Willensentschließung zur Vornahme der fristwahrenden Handlung eingewirkt haben. In Irrtumsfällen ist Wiedereinsetzung zu gewähren, wenn der Irrtum durch eine falsche Auskunft der FB hervorgerufen wurde (→ Rn. 39 „Auskunft"). Die Verhinderung muss für die Fristversäumung **ursächlich** gewesen sein.

22 Beruht die Verhinderung auf einem **Irrtum über materielles Recht** oder über das Wesen einer Ausschlussfrist, scheidet nach der Rspr. (BFH 14.9.1999 – III R 78/97, BStBl. II 2000, 37; BFH 12.6.2007 – VI B 14/07, BFH/NV 2007, 1626; FG München 13.11.2006 – 8 K 3111/04, EFG 2007, 235 mwN) eine Wiedereinsetzung grds. aus. Diese Beurteilung ist zutr., weil es an der Unmittelbarkeit von Hindernis und Fristversäumnis fehlt (BFH 29.2.2012 – IX R 3/11, BFH/NV 2012, 915; Gräber FGO § 56 Rn. 20 „Rechtsirrtum"; Klein § 110 Rn. 30; abl. TK § 110 Rn. 14). Der Bürger hat eine Informationspflicht hinsichtlich der maßgeblichen Rechtslage (FG Saarland 25.9.2002 – 1 K 361/01, EFG 2002, 1610 mit zutr. Hinweis auf das Prinzip der sog. formellen Gesetzesgeltung). Wiedereinsetzung kommt jedoch bei einem **Irrtum über Verfahrensfragen** (zu Einzelheiten → Rn. 39 „Rechtsirrtum") und insb. dann in Betracht, wenn der Irrtum durch eine falsche Auskunft der FB hervorgerufen wurde (→ Rn. 39 „Auskunft").

3. Fehlendes Verschulden

25 Wiedereinsetzung in den vorigen Stand setzt eine Fristversäumnis „ohne Verschulden" voraus. Das Verschuldensmerkmal ist für die Wiedereinsetzung von zentraler Bedeutung. Es umfasst sowohl das eigene Verschulden des Beteiligten als auch das Verschulden eines Vertreters (§ 110 I 2). Die das Verschulden betr. Kasuistik ist kaum noch überschaubar; typische Sachverhaltskonstellationen sind in → Rn. 39 und → Rn. 69 behandelt. Durch die Sonderregelung des **§ 126 III** wird bei Fehlen einer erforderlichen Begründung des VA bzw. Anhörung des Beteiligten ein fehlendes Verschulden hinsichtlich der Einspruchsfrist unwiderlegbar vermutet.

26 **Allgemeines; Verschuldensmaßstab.** Die Verhinderung bzw. die Fristversäumnis ist unverschuldet, wenn die für einen gewissenhaften und sachgemäß handelnden Verfahrensbeteiligten gebotene und ihm nach den Umständen zumutbare Sorgfalt beachtet wurde (BFH 4.3.1998 – XI R 44/97, BFH/NV 1998, 1056; BFH 11.8.1993 – II R 6/91, BFH/NV 1994, 440; HHSp § 110 Rn. 55). Weitergehend wird in der BFH-Rspr. (zB BFH 13.7.1995 – V R 51/94, BFH/NV 1996, 193; BFH 27.8.1998 – III R 47/95, BStBl. II 1999, 65; BFH 14.9.1999 – III R 78/97, BStBl. II 2000, 37) zT ein Verschulden nur verneint, wenn die Fristversäumung „durch die äußerste, den Umständen des Falles angemessene und vernünftigerweise zu erwartende Sorgfalt nicht verhindert werden konnte". Dieser Maßstab ist zu eng und überschreitet die durch § 110 gezogenen (→ Rn. 3) verfassungsrechtlichen Grenzen (zu Recht krit. HHSp § 110 Rn. 58; TK § 110 Rn. 12 f.; Gräber FGO § 56 Rn. 7; Kummer Rn. 143; Stöcker AO-StB 2005, 242 (244 ff.)).

27 Die Fristversäumnis darf **weder vorsätzlich** (→ Rn. 28) **noch fahrlässig** (einfache Fahrlässigkeit genügt, → Rn. 29) verursacht worden sein; Mitverschulden reicht aus (→ Rn. 30). **Beurteilungsmaßstab** für das Verschulden ist der subjektive Verschuldensbegriff, der die individuellen Fähigkeiten des Beteiligten (dh seine Vorbildung, Möglichkeiten und Erfahrungen) und die besonderen Umstände des Einzelfalls berücksichtigt (TK § 110 Rn. 10; HHSp § 110 Rn. 55; Klein § 110 Rn. 4). Die Anforderungen an eine Wiedereinsetzung sind deshalb bei rechtsunkundigen, ungewandten oder unerfahrenen Personen geringer als etwa bei einem GmbH-Geschäftsführer (→ Rn. 69 „Abwesenheit"). In Zweifelsfällen bedarf es ggf. einer Abwägung der Interessen, die einerseits für die Durchbrechung und andererseits für die Erhaltung einer strikten Fristbeachtung sprechen. Recht hohe Sorgfaltsanforderungen sind an StBerater und Rechtsanwälte zu stellen (→ Rn. 44).

Vorsatz ist gegeben, wenn die Frist bewusst und gewollt versäumt wurde (Gosch AO § 110 Rn. 20); bedingter Vorsatz reicht aus. Wer zB die Rechtsbehelfsfrist bewusst verstreichen lässt, weil er notwendige Beweismittel nicht ausfindig machen kann, handelt vorsätzlich (HHSp § 110 Rn. 54; vgl. auch FG Bremen 19.9.2019 – 1 K 20/19 (3), EFG 2019, 1880). Gleiches gilt für eine bewusste und gewollte Fristüberschreitung in der Annahme, dass auch ein erst nach 24 Uhr eingeworfenes Schreiben mit dem Eingangsstempel des Vortags versehen werde (BFH 2.5.1969 – III R 49/66, BStBl. II 1970, 230; FG Düsseldorf 29.9.1977 – II 451–452/77 A, DStR 1978, 345). 28

Fahrlässigkeit liegt vor, wenn die nach den vorliegenden besonderen Umständen und den persönlichen Verhältnissen gebotene und zumutbare Sorgfalt außer Acht gelassen wird (→ Rn. 26). Bereits **einfache** Fahrlässigkeit schließt eine Wiedereinsetzung aus (BFH 7.10.2003 – IX B 79/03, BFH/NV 2004, 11 mwN; BFH 22.4.2002 – IX B 181/01, BFH/NV 2002, 1048); daher können bereits **Flüchtigkeitsfehler** (zB Übersehen eines fristauslösenden Bescheids infolge nur flüchtiger Durchsicht eines mit dem Bescheid übersandten Unterlagenkonvoluts, vgl. FG Hamburg 22.4.2002 – VI 235/00, EFG 2003, 206; FG Münster 15.7.2019 – 5 K 1264/19 U, BeckRS 2019, 17825; anders jedoch, wenn die FB trotz Gefahr des Übersehens kein auf den Inhalt der Sendung bezogenes Anschreiben beifügt, BFH 9.4.1963 – VI 310/62 U, BStBl. III 1963, 388) oder Fehlvorstellungen betr. die Fristberechnung (FG Hamburg 10.11.2006 – 1 K 101/06, EFG 2007, 730: Berechnung der Monatsfrist nach Anzahl der Monatstage) eine Wiedereinsetzung ausschließen. Maßgebend ist nicht der objektive Beurteilungsmaßstab des § 276 II BGB („im Verkehr erforderliche Sorgfalt"), sondern ein an den persönlichen Verhältnissen des Betroffenen ausgerichteter subjektiver Maßstab (→ Rn. 27). Nicht ausreichend ist die in eigenen Angelegenheiten geübte Sorgfalt (ebenso HHSp § 110 Rn. 55). Auch von im Rechtsleben Unerfahrenen ist zu erwarten, bestehende Rechtsvorschriften zur Kenntnis zu nehmen (→ Rn. 22), die einem VA beigefügte Rechtsbehelfsbelehrung zu lesen und ggf. den Rat eines steuerlichen Beraters einzuholen (BFH 14.3.1989 – VIII R 295/84, BFH/NV 1989, 754; BFH 28.7.2003 – III B 129/02, BFH/NV 2003, 1610; Klein § 110 Rn. 4). Regelmäßig schuldhaft ist die Nichtbeachtung einer Rechtsbehelfsbelehrung (BFH 29.3.2007 – VIII R 52/06, BFH/NV 2007, 1515) und die unzureichende Durchsicht aller Postsendungen (FG Baden-Württemberg 10.7.2018 – 8 K 2983/17, BeckRS 2018, 37129). 29

Auch die Verursachung durch **Mitverschulden** des Beteiligten schließt eine Wiedereinsetzung aus (BGH 15.11.1978 – IV ZB 54/78, NJW 1979, 876; HHSp § 110 Rn. 52). Schädlich ist daher, wenn lediglich einer von mehreren für die Fristversäumung ursächlichen Umständen entschuldbar ist (FG Rheinland-Pfalz 14.3.1983 – 5 K 392/82, EFG 1983, 618). Hat die Fristversäumung **mehrere Ursachen,** kann Wiedereinsetzung nur gewährt werden, wenn den Beteiligten bei allen in Betracht kommenden Geschehensabläufen kein Verschulden trifft. 30

Verantwortungsbereich bzw. Fehlverhalten der FB. Eine Fristversäumnis ist idR unverschuldet, wenn sie durch Verfahrensfehler der FB verursacht wurde (BVerfG 7.5.1991 – 2 BvR 215/90, NJW 1991, 2076 mwN; vgl. auch Gräber FGO § 56 Rn. 20 „Verantwortlichkeit der öffentlichen Hand …"). Dieser Rechtsgedanke ist durch § 126 III und § 356 I ausdrücklich gesetzlich anerkannt. Die FB sind insb. verpflichtet, die zur vollen Ausnutzung der Frist erforderlichen Vorkehrungen zu treffen (→ § 108 Rn. 38). Dem Bürger dürfen keine Fristversäumnisse angelastet werden, die auf Verzögerungen der FB bei der Entgegennahme von Schriftstücken (→ Rn. 39 „Entgegennahme schriftwahrender Schriftsätze durch FB"), auf unterlassener Beratung bzw. Auskunft (→ § 89 Rn. 19) bzw. Falschauskünften der FB (→ Rn. 39 „Auskunft bzw. Mitwirkung der FB"), oder fehlerhafter bzw. unterlassener Weiterleitung fristwahrender Schriftstücke beruhen (→ Rn. 39 „Unzuständige Behörde"). Die FB trägt allerdings grds. keine Verantwortung für das rechtzeitige Einlegen eines an sie adressierten Schriftsatzes in ihr Postfach (→ Rn. 39 „Postfach"). Hat die FB die Beweislage zulasten des Antragstellers verschlechtert (zB durch Vernichtung des Briefumschlags bei behaupteter Verzögerung der Postbeförderung), soll 31 unter Heranziehung des Rechtsgedankens des § 444 ZPO **(Beweisvereitelung)** Wiedereinsetzung zu gewähren sein (FG Niedersachsen 26.11.2002 – 6 K 812/01, EFG 2003, 582).

32 Ferner ist – auch bei Vorliegen eines Verschuldens des Beteiligten – ggf. auch das **Verhalten der FB** zu berücksichtigen. Das Verschulden eines Beteiligten kann wegen des auch im Verfahrensrecht geltenden Grundsatzes von Treu und Glauben (dazu allg. → § 4 Rn. 25 ff.) uU bei zusätzlichen, ein schützenswertes Vertrauen begründenden Verhaltensweisen der FB zurücktreten (BFH 14.9.1999 – III R 78/97, BStBl. II 2000, 37, betr. Vertrauenstatbestand aufgrund jahrelanger Verwaltungspraxis eines unzuständigen FA; BFH 20.1.2003 – III B 73/02, BFH/NV 2003, 657; vgl. auch BVerwG 8.3.1983 – 1 C 34/80, NJW 1983, 1923). Erforderlich ist jedoch ein mitursächliches (→ Rn. 37) **besonderes Fehlverhalten** der FB, das den Fehler des Stpfl. überlagert (BFH 30.6.2004 – III B 174/03, BFH/NV 2004, 1619; HHSp § 110 Rn. 59).

4. Ursächlichkeit

36 Zwischen der Fristversäumung und der schuldlosen Verhinderung muss ein ursächlicher Zusammenhang bestehen. Daran fehlt es, wenn der Hinderungsgrund vor Fristablauf weggefallen war und die fristgebundene Handlung noch in zumutbarer Weise innerhalb der verbliebenen Zeit vorgenommen werden konnte (BFH 11.12.1986 – IV R 184/84, BStBl. II 1987, 303; BFH 21.5.1999 – IX B 60/99, BFH/NV 1999, 1313; Gräber FGO § 56 Rn. 6 mwN). Konkrete Einzelweisungen an eine zuverlässige Büroangestellte, die bei Befolgung die Fristwahrung gewährleistet hätten, durchbrechen grds. die Ursächlichkeit von Organisationsfehlern (BGH 13.4.1997 – XII ZB 56/97, NJW 1997, 1930; BGH 6.7.2000 – VII ZB 4/00, NJW 2000, 2823; nicht jedoch, wenn die Weisung nicht alle ursächlichen Organisationsfehler ausschließt FG Münster 31.8.2023 – 10 K 2110/19 K U F, EFG 2024, 81). Schuldhaftes Handeln des Beteiligten führt nicht zur Versagung der Wiedereinsetzung, wenn es für die Fristversäumnis nicht ursächlich war (HHSp § 110 Rn. 66).

37 Grds. schließt **jedes mitursächliche** Verschulden des Beteiligten an der Verhinderung – auch beim Hinzutreten vom Beteiligten nicht verschuldeter Umstände – die Wiedereinsetzung aus (HHSp § 110 Rn. 65). Dies gilt allerdings nicht, sofern die Fristversäumnis auf ein mitursächliches **Fehlverhalten der FB** zurückzuführen ist (zutr. TK § 110 Rn. 10; HHSp § 110 Rn. 59, 114a). Nach bisheriger Rspr. (vgl. BFH 29.5.2000 – III B 11/00, BFH/NV 2001, 209; BFH 19.12.2000 – VII R 7/99, BStBl. II 2001, 158, jeweils mwN) wurde allerdings ein Verschulden des Betroffenen nicht dadurch aufgehoben, dass auch die Verwaltung ein Mitverschulden an der Fristversäumnis (zB bei verzögertem Eingang eines Schriftsatzes) trifft. Diese Beurteilung bedarf aus verfassungsrechtlicher Sicht weiterer Differenzierung; eine Wiedereinsetzung ist trotz Mitverschuldens des Betroffenen dann veranlasst, wenn der FB ein willkürliches, offenkundig nachlässiges und nachgewiesenes Fehlverhalten vorzuwerfen ist (vgl. BVerfG 2.9.2002 – 1 BvR 476/01, BStBl. II 2002, 835; → Rn. 39 „Unzuständige Behörde“). Dies gilt zB bei schuldhaft verzögerter Weiterleitung eines fehlerhaft adressierten Einspruchsschreibens durch die FB (BVerfG 2.9.2002 – 1 BvR 476/01, BStBl. II 2002, 835; mwN; Wüllenkemper DStZ 2000, 366 (369); → Rn. 39 „Adressierungsmangel“, „Unzuständige Behörde“); bei anderweitigem behördlichen Fehlverhalten kann nichts anderes gelten. Eine Wiedereinsetzung kommt daher in Betracht, wenn die Folgen der Fehlleistung des Stpfl. durch ein von der irrtümlich befassten Behörde zu erwartendes pflichtgemäßes Handeln hätten ausgeglichen werden können und die Einhaltung der Frist durch eine Weiterleitung des Schriftstücks im ordnungsgemäßen Geschäftsgang gewährleistet gewesen wäre (BGH 22.10.1986 – VIII ZB 40/86, NJW 1987, 440). Ein Fristversäumnis ist auch dann als unverschuldet anzusehen, wenn der Kläger zunächst einen von ihm zu vertretenden Fehler begangen hat, nachfolgend aber ein zusätzlicher Fehler der Behörde hinzugekommen ist, auf dem letztlich die Fristversäumnis beruht (BFH 22.1.2025 – IX B 71/24, BeckRS 2025, 979zu § 56 FGO).

5. Einzelfälle in ABC-Form

Abwesenheit: Bei **vorübergehender** und relativ kurzer Abwesenheit (zB Urlaub, Geschäftsreise) von der ständigen Wohnung handelt ein Beteiligter nicht schuldhaft, wenn er im Hinblick auf fristauslösende VA keine besondere Vorsorge zur fristgerechten Einlegung des Einspruchs trifft (BVerfG 11.2.1976 – 2 BvR 849/75, BVerfGE 41, 332 betr. Straf- und Bußgeldsachen; für das StRecht BFH 21.1.1992 – VII B 234/91, BFH/NV 1992, 578). Unerheblich ist, ob die Abwesenheitszeit in die allgemeine Urlaubszeit oder eine sonstige Jahreszeit fällt (BVerfG 11.2.1976 – 2 BvR 849/75, BVerfGE 41, 332) und ob mit der Zustellung eines fristauslösenden VA zu rechnen war (HHSp § 110 Rn. 69; aA BFH 8.10.1981 – IV R 108/81, BStBl. II 1982, 165 mwN). Die **zeitliche Grenze** dieser noch unschädlichen Abwesenheit ist – ohne dass dies eine starre Zeitgrenze wäre – auf „längstens etwa sechs Wochen" (BVerfG 11.2.1976 – 2 BvR 849/75, BVerfGE 41, 332) anzusetzen; zumindest sollte der Zeitraum eines Jahresurlaubs umfasst sein (HHSp § 110 Rn. 69). Bei besonderen Gründen (zB erstmaliger Antragstellung, keine gegenteiligen Erfahrungen aus den Vorjahren) kann auch ein über mehr als sechs Wochen hinausgehender Zeitraum die Wiedereinsetzung rechtfertigen (Klein § 110 Rn. 11; vgl. auch BFH 2.11.1999 – I B 20/99, BFH/NV 2000, 718: keine Wiedereinsetzung bei zweimonatigem Urlaub). Vom Vorstehenden abw. strengere Grundsätze gelten für GmbH-Geschäftsführer (→ Rn. 69 „Abwesenheit"). 39

Bei **längerer Abwesenheit** muss der Beteiligte durch geeignete Maßnahmen (zB Nachsendeauftrag, Bestellung eines Vertreters) sicherstellen, dass er von fristauslösenden VA Kenntnis erhält bzw. Fristen eingehalten werden (BFH 11.7.2017 – IX R 41/15, BFH/NV 2018, 185; Gosch AO § 110 Rn. 39; vgl. zur Bestellung einer Hilfsperson FG Nürnberg 13.7.2016 – 5 K 971/15, BeckRS 2016, 95750). Dies gilt insb. für Personen, bei denen die Abwesenheit von der ständigen Wohnung die Regel und die Anwesenheit die Ausnahme ist (BVerfG 11.2.1976 – 2 BvR 849/75, BVerfGE 41, 332), so zB bei Personen mit häufigen und längeren Geschäfts- oder Dienstreisen (BFH 8.10.1981 – IV R 108/81, BStBl. II 1982, 165; BFH 14.11.1989 – VII B 82/89, BFH/NV 1990, 584).

Adressierungsmangel: Der Beteiligte (und ebenso sein Vertreter) hat den störungsfreien Postlauf durch zutr. Adressierung zu ermöglichen (BFH 12.1.1968 – VI R 140/67, BStBl. II 1968, 121).

Die auf mangelhafter Adressierung eines an die FB gerichteten fristwahrenden Schriftstücks beruhende Verzögerung im Zugang ist daher regelmäßig verschuldet (dazu eingehend Wüllenkemper DStZ 2000, 366). Dies gilt sowohl für die unzutr. Bezeichnung der Behörde, bei der das Schriftstück anzubringen ist (BVerfG 2.9.2002 – 1 BvR 476/01, BStBl. II 2002, 835 mwN), als auch für die fehlende oder unzutr. Adressierung (zB BFH 28.11.1996 – XI R 76/95, BFH/NV 1997, 497).; hierzu zählt auch die Verwendung einer falschen **E-Mail-Adresse** bei einem Einspruch (FG München 29.1.2019 – 12 K 1888/18, DStRK 2019, 203) oder die falsche Speicherung einer Fax-Nummer (FG Brandenburg-Berlin 5.11.2024 – 8 K 8235/19, BeckRS 2024, 33603; Rev. IX R 36/24). Bei schuldhaft verzögerter Weiterleitung eines fehlerhaft adressierten Schriftsatzes durch die unzuständige FB kann jedoch Wiedereinsetzung zu gewähren sein (→ Rn. 37); vgl. auch „Unzuständige Behörde". Zur Behandlung eines Adressierungsmangels als **Büroversehen** → Rn. 69 „Adressierungsmangel".

Alter: Hohes Alter oder kränkliche Veranlagung sind für sich allein grds. kein Entschuldigungsgrund (BFH 5.4.1991 – VII B 132/90, BFH/NV 1991, 760). Maßgebend sind die Gesamtverhältnisse des Falls; das Alter des Beteiligten kann in der Zusammenschau mit seinem geistigen und körperlichen Zustand eine Wiedereinsetzung rechtfertigen (FG Düsseldorf 22.11.1994 – 8 K 7573/93 E, EFG 1995, 297; sa „Krankheit"). Zur Heranziehung betagter Menschen als Hilfspersonen → Rn. 50.

Anhörungsdefizit: Ist die erforderliche Anhörung eines Beteiligten vor Erlass des VA unterblieben, wird nach Maßgabe des § 126 III ein fehlendes Verschulden hinsichtlich der Einspruchsfrist unwiderlegbar vermutet; zu Einzelheiten → § 126 Rn. 14 ff.

Arbeitsüberlastung ist grds. kein Wiedereinsetzungsgrund (BFH 31.10.1996 – VIII B 89/96, BFH/NV 1997, 695). In besonderen Ausnahmefällen – etwa in Katastrophenfällen oder rechtlich unabweisbaren übermäßigen Verpflichtungen, zB bei Arzt infolge plötzlicher Epidemie – kann unvorhersehbare und nicht abwendbare Arbeitsüberlastung (TK § 110 Rn. 14; Klein § 110 Rn. 15) ein Verschulden ausschließen. Die berufliche Überlastung während der Corona-Pandemie infolge zusätzlicher Aufgaben für Berufsträger stellt grds. keinen Wiedereinsetzungsgrund dar (BFH 31.8.2021 – XI B 33/21, BFH/NV 2022, 247).

Auskunft bzw. Mitwirkung der FB: Wiedereinsetzung mangels Verschulden kann zu gewähren sein, wenn die Fristversäumnis durch eine falsche, unvollständige oder missverständliche Auskunft oder Beratung der FB hervorgerufen wurde (HHSp § 110 Rn. 75). Ein Verstoß der FB gegen ihre Pflicht zu Beratung und Auskunft rechtfertigt idR eine Wiedereinsetzung (→ § 89 Rn. 19). Nicht ohne Weiteres ausreichend ist die Berufung des Beteiligten auf eine telefonische Auskunft (BFH 13.7.2000 – III B 10/97, BFH/NV 2001, 289 betr. Auskunft durch eine sich selbst als unzuständig erklärte FA-Mitarbeiterin).

Wird ein Irrtum über die Notwendigkeit einer fristwahrenden Handlung durch ein Verhalten der FB bewirkt, kommt Wiedereinsetzung in Betracht (zB FG Düsseldorf 8.3.1989 – 8 V 507/88 A (U), EFG 1989, 443 betr. Unklarheit über Vorbehalt der Nachprüfung; vgl. ferner → Rn. 31). Zur Falschauskunft der FB zu einer materiellrechtlichen Frage → Rn. 31. Wiedereinsetzung wegen mangelnder Mitwirkung der FB ist zu gewähren, wenn ein zuständiger Amtsträger die Aufnahme einer Erklärung zur Niederschrift pflichtwidrig verweigert oder auf sonstige Weise die Fristversäumung verursacht (HHSp § 110 Rn. 75); sa „Belehrungsmängel".

Ausländer: Im Fall von Sprachschwierigkeiten muss sich der Beteiligte grds. rechtzeitig um Übersetzung bzw. Aufklärung des Schriftstücks bemühen; hierbei ggf. auftretende Hindernisse können uU eine Wiedereinsetzung rechtfertigen (FG Bremen 28.11.2016 – 3 K 52/16 (1), DStRE 2018, 163; zu Einzelheiten → § 87 Rn. 9 mwN); zur Wiedereinsetzung bei Zustellung bei Gemeinschaftsbriefkasten in Gemeinschaftsunterkunft OVG Koblenz 5.8.2025 – 7 B 10846/25.OVG, BeckRS 2025, 23406, jedoch mit überzogenen Anforderungen an die Einwirkungspflicht auf die Leitung der Gemeinschaftsunterkunft.

Ausnutzung einer Frist: Beteiligte dürfen eine Frist grds. bis zur letzten Minute ausnutzen. Sie müssen jedoch dafür Sorge tragen, dass die fristwahrende Rechtshandlung bei einem normalen Geschehensablauf auch tatsächlich rechtzeitig beim Adressaten eingeht (BVerfG 7.5.1991 – 2 BvR 215/90, NJW 1991, 2076 mwN). Der Beteiligte darf auf eine normale Postlaufzeit vertrauen (vgl. „Postlaufzeit"). Bei einem Fristablauf binnen kurzer Frist ist der rechtzeitige Eingang durch entspr. Maßnahmen (zB Übermittlung durch Telefax oder Boten) sicherzustellen (BFH 3.12.1986 – II R 59/86, BStBl. II 1987, 302; BFH 29.7.1986 – IV R 187/85, BFH/NV 1988, 570).

Begründungsdefizit des VA: Fehlt einem VA die erforderliche Begründung (§ 121), wird nach Maßgabe des § 126 III ein fehlendes Verschulden hinsichtlich der Einspruchsfrist unwiderlegbar vermutet; → § 126 Rn. 14 ff.

Belehrungsmängel betr. Fristen: Eine unterbliebene oder unrichtige Rechtsbehelfsbelehrung setzt die einmonatige Einspruchsfrist nicht in Lauf, dazu § 356. Vgl. ferner „Auskunft bzw. Mitwirkung der FB".

Beratungsfehler der FB: s. „Auskunft bzw. Mitwirkung der FB".

Betreuer: → Rn. 44.

Beweismittel: Wurde eine Frist aufgrund angenommener mangelnder Erfolgsaussicht versäumt und ändert sich diese Beurteilung für den Beteiligten aufgrund nachträglich aufgefundener neuer Beweismittel, scheidet wegen der bewussten und gewollten Fristversäumnis eine Wiedereinsetzung aus (BFH 26.6.1963 – I 56/63, HFR 1964, 53; HHSp § 110 Rn. 173; Gosch AO § 110 Rn. 57; → Rn. 22).

Bote: → Rn. 49.

Büroversehen: → Rn. 53 ff.; s. auch. „Gewerbliche Betriebe".

Computerdefekt: Nicht vorhersehbare und nicht vermeidbare Störungen einer EDV-Anlage stellen einen Wiedereinsetzungsgrund dar, wenn sie das rechtzeitige Erstellen oder Absenden eines Schriftsatzes verhindern (BGH 12.2.2015 – V ZB 75/13, NJW-RR 2015, 1196) Dabei verlangt ein auf einen vorübergehenden Computerdefekt oder Computerabsturz gestützter Wiedereinsetzungsantrag nähere Darlegungen zur Art des Defekts und seiner Behebung (BGH 1.3.2023 – XII ZB 228/22, NJW-RR 2023, 760).

Ehegatte: → Rn. 49.

Einspruchsverzicht: Zur Wiedereinsetzung bei Geltendmachung der Unwirksamkeit eines Einspruchsverzichts nach Ablauf der Einspruchsfrist → § 354 Rn. 28.

Elektronische Übermittlung: Bei Übermittlung eines nicht bearbeitbaren Dokuments an die FB (§ 87a II 1) kommt Wiedereinsetzung in Betracht, → § 87a Rn. 34; zur Falschadressierung einer E-Mail s. Adressierungsmangel. Die Speicherung statt Versendung eines Einspruchs im ELSTER-Online-Portal schließt regelmäßig eine Wiedereinsetzung aus (FG Köln 25.7.2018 – 3 K 2250/17, EFG 2018, 1858). Die irrige Annahme, die elektronische Übermittlung der StErklärung ohne Übersendung der unterschriebenen StErklärung in Papierform, sei ausreichend, ist grds. verschuldet (FG Baden-Württemberg 17.8.2015 – 9 K 2505/14, EFG 2015, 1815). Zum Verstoß gegen die Nutzungspflicht des besonderen elektronischen StBpostfachs vgl. BFH 27.4.2022 – XI B 8/22, BFH/NV 2022, 1057; BFH 22.10.2024 – VIII R 19/22, DStR 2025, 103; BVerfG 23.6.2025 – 1 BvR 1718/24, DStR 2025, 1698; BFH 6.8.2025 – X R 13/23, DStR 2025, 2080 sowie zur Darlegungspflicht der Ersatzeinreichung vgl. OLG Frankfurt 3.1.2025 – 9 U 75/24, BeckRS 2025, 385. Der Stpfl./StB darf darauf vertrauen, dass übermittelte Dokumente von der FB zeitnah zur Kenntnis genommen werden und auf offensichtliche äußere formale Mängel hingewiesen wird. Unterbleibt ein gebotener Hinweis, ist Wiedereinsetzung zu gewähren, wenn aufgrund des Hinweises eine Fristwahrung noch möglich gewesen wäre (BGH 20.8.2025 – VII ZB 16/24, BeckRS 2025, 24586).

Entgegennahme fristwahrender Schriftsätze durch die FB: In den Verantwortungsbereich der FB fallende Verzögerungen bei der Entgegennahme fristwahrender Schriftsätze durch die FB sind idR unverschuldet (→ Rn. 31). Da Fristen bis zu ihrer Grenze ausgenutzt werden dürfen (vgl. „Ausnutzung einer Frist"), kommt es weder auf das Ende der Dienstzeit bei der FB noch auf die fristgerechte Entgegennahme durch zuständige Bedienstete an (BVerfG 7.5.1991 – 2 BvR 215/90, NJW 1991, 2076 mwN). Wiedereinsetzung ist daher zu gewähren, wenn der FB ein (funktionsfähiger) Nachtbriefkasten fehlt (BFH 9.3.1971 – II R 94/67, BStBl. II 1971, 597; BFH 14.4.1976 – IV R 43–45/75, BStBl. II 1976, 624; vgl. auch Kummer Rn. 276 ff.); s. ferner „Telefax".

Familienangehörige: → Rn. 49.

Feiertage: → § 108 Rn. 33 f.

Flüchtigkeitsfehler: → Rn. 29.

Fristberechnung: Berechnet der Stpfl. die Einspruchsfrist ab dem Bescheiddatum, kann ihm Wiedereinsetzung zu gewähren sein, wenn der VA bereits vorher wirksam zugestellt wurde (BFH 20.11.2008 – III R 66/07, BStBl. II 2009, 185). Dies gilt auch, wenn aufgrund des unleserlichen Zustellungsdatums mehrere Zeitpunkte in Betracht kommen und der Stpfl. vom späteren Datum ausgeht (BFH 5.3.2008 – VII B 74/07, BFH/NV 2008, 1105).

Fristüberschreitung: Eine auch nur kurze Fristüberschreitung ist grds. nicht entschuldbar (→ Rn. 18).

Gewerbliche Betriebe: Die Grundsätze für die Entschuldbarkeit von Büroversehen in gut organisierten Büros von Rechtsanwälten bzw. Angehörigen der steuerberatenden Berufe gelten nicht für gewerbliche Betriebe (BFH 3.8.2000 – III B 33/97, BFH/NV 2001, 292 mwN). Maßgebend sind jeweils die Verhältnisse des Einzelfalls.

Haft: Strafgefangene dürfen Rechtsbehelfsfristen voll ausschöpfen (HHSp § 110 Rn. 180). Eine Fristversäumnis ist verschuldet, wenn sie mit längerer Abwesenheit von der Wohnung rechnen müssen und ihnen Vorkehrungen zur Fristwahrung (zB Bestellung eines Bevollmächtigten) zumutbar waren (FG Berlin 10.5.1977 – V 36/77, EFG 1977, 564). Die Fristversäumnis ist unverschuldet, wenn die Strafvollzugsbehörde die Versendung des fristwahrenden Schriftstücks untersagt (OLG Köln 2.6.1989 – 2 W 77/89, NJW 1990, 2398).

Hilfspersonen: → Rn. 49 f.

Irrtum: s. „Rechtsirrtum".

Kinder: → Rn. 49.

Krankheit: Der Umfang der Sorgfaltspflichten im Krankheitsfall wird durch Dauer und Art der Erkrankung sowie durch den Sinn der Frist bestimmt (Gosch AO § 110 Rn. 51; TK § 110 Rn. 14). Nicht jede Krankheit ist ein Entschuldigungsgrund für die Fristversäumnis; dies gilt auch bei einem Krankenhausaufenthalt (Kummer Rn. 311 mwN).

Wiedereinsetzung infolge Krankheit wird gewährt, wenn es sich um eine **schwere oder plötzliche** Erkrankung handelt und der Betroffene gehindert ist, seine steuerlichen Angelegenheiten selbst zu besorgen und sich einen Vertreter zu bestellen (BFH 10.3.1971 – I B 50/70, BStBl. II 1971, 401; BFH 23.2.1983 – I R 128/82, BFH/NV 1987, 246; BFH 26.7.2001 – VII B 349/00, BFH/NV 2001, 1600, std. Rspr.; Kummer Rn. 311 ff.). Die Fristversäumnis ist zB unverschuldet, wenn der Betroffene kurz vor Fristablauf einen Herzinfarkt, Schlaganfall (BFH 23.2.1983 – I R 128/82, BFH/NV 1987, 246; Kummer Rn. 312) oder Diabetesschock (BFH 13.12.2005 – X R 50/03, BFH/NV 2006, 1144 mwN) erleidet. Gleiches kann auch bei nervösen Störungen infolge krankhafter Veränderung der Geistestätigkeit gegeben sein (BFH 3.12.1971 – III R 44/68, BStBl. II 1972, 541). Wiedereinsetzung kommt auch bei plötzlichem Tod eines Angehörigen in Betracht (BFH 13.6.2013 – VIII B 99/12, BFH/NV 2013, 1443).

Eine **kurzfristige** oder **vorübergehende** Erkrankung ist unerheblich, wenn nach ihrem Ende die Fristwahrung noch möglich ist und der Beteiligte bei der verbleibenden Zeitspanne damit rechnen darf, dass das fristwahrende Schriftstück den Empfänger noch rechtzeitig erreicht (BFH 11.12.1986 – IV R 184/84, BStBl. II 1987, 303). Eine Verpflichtung zur vorsorglichen Bestellung eines Vertreters für den Fall einer kurzfristigen Krankheit besteht nicht, wenn der Beteiligte seine steuerlichen Belange bislang selbst erledigt hat (Gosch AO § 110 Rn. 51). Der Beteiligte hat sich nach Abklingen der Erkrankung binnen angemessener Frist persönlich davon zu überzeugen, ob wichtige Fristen zu wahren sind (BFH 23.3.1966 – II 67/64, BStBl. III 1966, 437). Bei **längerer** Krankheit ist hingegen die Bestellung eines Vertreters erforderlich (Gosch AO § 110 Rn. 52). Der Antragsteller muss glaubhaft machen, so schwer erkrankt gewesen zu sein, dass er auch an der Einreichung einer ihm zumutbaren fristwahrenden Handlung (zB Einspruchsschreiben) gehindert war (BFH 31.5.2001 – IV S 5/00, BFH/NV 2001, 1525).

Zur Glaubhaftmachung → Rn. 80, zur Erkrankung eines Berufsträgers (Vertreters) → Rn. 69 „Krankheit".

Kurze Fristüberschreitung ist kein Wiedereinsetzungsgrund, → Rn. 18.

Mandatsniederlegung oder -entzug: Die Kündigung oder der Entzug des Mandats eines Rechtsanwalts, StBeraters usw. ist im Verhältnis zum Mandanten ein – für die Wiedereinsetzung grds. unbeachtlicher – interner Vorgang (BFH 27.6.2006 – I B 159/05, BFH/NV 2006, 2095). Im Verhältnis zum FA ist allein der erklärte Widerruf maßgebend (§ 80 I 4; → § 80 Rn. 55). Die Mandatsniederlegung schließt ein Verschulden des Beteiligten (Vollmachtgebers) nicht aus, wenn er hiervon rechtzeitig unterrichtet wurde und die Frist durch eigenes Handeln oder durch Beauftragung eines anderen Beraters hätte wahren können (BFH 22.2.1968 – V R 130/67, BStBl. II 1968, 312; BFH 27.7.1988 – I R 159/84, BFH/NV 1990, 8).

Mitwirkung der FB: s. „Auskunft bzw. Mitwirkung der FB".

Mündlicher VA: Wird ein mündlich bekannt gegebener VA erst nach Ablauf der Rechtsbehelfsfrist schriftlich bestätigt (vgl. § 119 II 2), ist Wiedereinsetzung zu gewähren (→ § 119 Rn. 29).

Nachtbriefkasten: s. „Entgegennahme schriftwahrender Schriftsätze durch die FB".

Postfach: Wiedereinsetzung scheidet aus, wenn sich der fristwahrende Schriftsatz zwar ohne Verzögerung in der Postbeförderung am Morgen nach Fristablauf im Postfach der FB befindet, jedoch das Einlegen des Schriftsatzes noch vor Fristablauf in das Postfach ungeklärt bleibt (BFH 28.10.1987 – I R 12/84, BStBl. II 1988, 111); → Rn. 31.

Postlaufzeit: Verzögerungen bei der **Briefbeförderung oder -zustellung,** die der Beteiligte nicht zu vertreten hat, sind nicht verschuldet (BFH 10.6.1999 – V R 33/97, BStBl. II 2000, 235). Ein Beteiligter darf darauf vertrauen, dass die von der Post nach ihren organisatorischen und betrieblichen Vorkehrungen für den Normalfall festgelegten Postlaufzeiten eingehalten werden (BVerfG 28.3.1994 – 2 BvR 814/93, BeckRS 1994, 21385; BVerfG 22.9.2000 – 1 BvR 1059/00, NJW 2001, 744 mwN; BFH 8.5.2006 – VII B 219/05, BFH/NV 2006, 1504 mwN). Unschädlich ist die allg. bekannte Tatsache, dass auf die amtlichen Brieflaufzeiten kein unbedingter Verlass ist (BVerfG 15.5.1995 – 1 BvR 2440/94, NJW 1995, 2546). Differenzierungen danach, ob die Verzögerung auf einer zeitweise besonders starken Beanspruchung der Leistungsfähigkeit der Post, etwa vor Feiertagen, oder auf einer verminderten Dienstleistung, etwa an Wochenenden oder auf der Nachlässigkeit eines Bediensteten beruht, sind unzulässig (BVerfG 29.12.1994 – 2 BvR 106/93, NJW 1995, 1210; BFH 7.5.1996 – VIII R 60/95, BFH/NV 1997, 34). Den Beteiligten trifft grds. weder eine zusätzliche Erkundigungspflicht bei der Empfangsbehörde bezüglich des rechtzeitigen Zugangs noch ist er verpflichtet, alternative Beförderungsmittel zu wählen (BFH 7.5.1996 – VIII R 60/95, BFH/NV 1997, 34; BFH 11.7.2006 – VIII R 10/05, BStBl. II 2007, 96). An diesen Grundsätzen hat sich durch die Zulassung privater Briefbeförderer nichts geändert (BVerfG 22.9.2000 – 1 BvR 1059/00, NJW 2001, 744; zu privaten Kurierdiensten vgl. BGH 22.5.2007 – VI ZB 59/05, NJW-RR 2008, 141 mwN). Den Beteiligten trifft aber eine Erkundigungspflicht bei Beauftragung eines privaten Zustellunternehmens, bei dem mit längeren Postlaufzeiten zu rechnen ist (BFH 4.9.2008 – I R 41/08, BFH/NV 2008, 2042). Entsprechendes gilt, wenn der Beteiligte anstelle der Briefpost die **Paketpost** wählt; allerdings sind hier die gegenüber der Briefpost uU abweichenden längeren Paketlaufzeiten zu berücksichtigen (BFH 7.5.1996 – VIII R 60/95, BFH/NV 1997, 34; FG Saarland 3.1.2002 – 1 K 243/99, EFG 2002, 660, zust. BFH 22.5.2006 – VI R 15/02, BStBl. II 2007, 2). Das Vorstehende gilt nur für das **Inland.** Bei einer Briefbeförderung im **Ausland** müssen uU – je nach Absendeland – längere Postlaufzeiten berücksichtigt werden (BFH 6.4.1995 – VIII B 61/94, BFH/NV 1996, 137).

Der Absender hat das Schriftstück so **rechtzeitig** und **ordnungsgemäß** zur Post zu geben, dass es nach deren organisatorischen und betrieblichen Vorkehrungen bei normalem Verlauf der Dinge den Empfänger fristgerecht erreicht (BVerfG 29.12.1994 – 2 BvR 106/93, NJW 1995, 1210; BVerfG 11.11.1999 – 1 BvR 762/99, HFR 2000, 140; vgl. auch „Ausnutzung einer Frist"). Die auf dem Briefkasten angegebenen Leerungszeiten sind zu beachten (Kummer Rn. 284 mwN).

Eine **Informationspflicht** des Absenders hinsichtlich der Postlaufzeit (dazu Gräber FGO § 56 Rn. 20 „Postbeförderung") besteht für den Absender dann, wenn er davon Kenntnis haben muss, dass außergewöhnliche Ereignisse die konkrete Gefahr von Verzögerungen bei der Briefzustellung begründen (BVerfG 29.12.1994 – 2 BvR 106/93, NJW 1995, 1210). Dies gilt insb. während eines laufenden **Poststreiks** (BGH 9.12.1992 – VIII ZB 30/92 (KG), NJW 1993, 1332; vgl. auch Kummer Rn. 288). Wählt der Beteiligte, obgleich er nicht auf die Einhaltung der normalen Postlaufzeit vertrauen durfte und trotz anderweitiger sicherer Übermittlungswege (zB Telefax) die – unsichere – Briefbeförderung, hat er sich regelmäßig durch Nachfrage vom ordnungsgemäßen Eingang des Schriftstücks zu überzeugen (BVerfG 29.12.1994 – 2 BvR 106/93, NJW 1995, 1210). S. a. „Entgegennahme fristwahrender Schriftsätze durch die FB"; „Verlust von Schriftstücken".

Rechtbehelfsbelehrung: Ist einem schriftlichen VA eine Rechtsbehelfsbelehrung nicht beigefügt oder ist diese unrichtig, so beginnt die Einspruchsfrist des § 356 I nicht zu laufen; es gilt grds. die Jahresfrist des § 356 II (zu Einzelheiten → § 356 Rn. 16 ff.).

Rechtsirrtum: Zu unterscheiden ist zwischen dem Irrtum über materielles Recht und einem solchen über Verfahrensrecht. Ein **Irrtum über materielles Recht** oder über das Wesen einer Ausschlussfrist ist kein Wiedereinsetzungsgrund (→ Rn. 22), während ein **Irrtum über Verfahrensfragen** (also über die rechtlichen Vorschriften betr. die einzuhaltende Frist oder die Form des fristgebundenen Handelns) unverschuldet sein kann. Allerdings scheidet eine Wiedereinsetzung grds. aus, wenn ein in steuerlichen Dingen nicht versierter Stpfl. trotz ordnungsgemäßer Rechtsbehelfsbelehrung die Frist versäumt (BFH 8.5.1996 – X B 166/95, BFH/NV 1996, 771 mwN). Außerdem muss der Betroffene sich ihm aufdrängende Zweifel rechtzeitig klären (BFH 23.7.1992 – VIII R 73/91, BFH/NV 1993, 40 mwN). Wiedereinsetzung ist zu gewähren, wenn ein Rechtsunkundiger die Frist aufgrund „rechtlich vertretbarer" Erwägungen versäumt hat (zB aufgrund nicht abwegiger Fehlinterpretation des § 122 II, vgl. BFH 20.2.2001 – IX R 48/98, BFH/NV 2001, 1010) oder wenn die verfahrensrechtliche Rechtslage in hohem Maße unsicher ist (BFH 14.12.1989 – III R 116/85, BFH/NV 1990, 530; zum Antragsrecht gem. § 32d II Nr. 3 S. 4 EStG vgl. BFH 29.8.2017 – VIII R 33/15, BStBl. II 2018, 69; vgl. auch Gräber FGO § 56 Rn. 20 „Rechtsirrtum über Verfahrensfragen" mwN). Ist ein Irrtum durch ein Verhalten der FB bewirkt worden, kann Wiedereinsetzung zu gewähren sein (zB FG Düsseldorf 8.3.1989 – 8 V 507/88 A (U), EFG 1989, 443 betr. Unklarheit über Vorbehalt der Nachprüfung; → Rn. 31).

Rechtsunkenntnis s. „Rechtsirrtum".

Sprachkenntnisse: s. „Ausländer".

Strafhaft: s. „Haft".

Rechtliches Gehör: Ist eine erforderliche Anhörung des Beteiligten (gem. §§ 91 I, 201, 202) und dadurch die rechtzeitige Anfechtung des VA unterblieben, gilt die Versäumung der Einspruchsfrist gem. § 126 III als nicht verschuldet (zu Einzelheiten → § 126 Rn. 14 ff.).

Telefax: Fristwahrende Schriftsätze – auch Einspruchschreiben, → § 357 Rn. 20 – können der FB per Telefax übermittelt werden. Der Beteiligte hat mit der Wahl der Übermittlung durch Telefax, der ordnungsgemäßen Nutzung eines funktionsfähigen Sendegeräts sowie der korrekten Eingabe der Empfängernummer alles Erforderliche getan, wenn er so rechtzeitig (insb. unter Berücksichtigung einer erhöhten Belegung des Telefaxanschlusses durch andere eingehende Sendungen) mit der Übermittlung beginnt, dass unter normalen Umständen mit ihrem Abschluss vor Ablauf der Frist (dh 24.00 Uhr) zu rechnen ist (BVerfG 11.5.2005 – 2 BvR 526/05, NJW 2006, 829 mwN; BVerfG 14.8.2007 – 1 BvR 1820/07, BFH/NV-Beil. 2008, 62; zur Abspeicherung einer fehlerhaften Fax-Nummer vgl. FG Brandenburg-Berlin 5.11.2024 – 8 K 8235/19, BeckRS 2024, 33603; Rev. IX R 36/24). Die Frist ist nur eingehalten, wenn auch die letzte Seite des Schriftsatzes vor Ablauf der Frist bei dem von der zuständigen Stelle eingerichteten Empfangsgerät eingeht (BVerfG 19.11.1999 – 2 BvR 565/98, NJW 2000, 574; BFH 2.3.2000 – VII B 137/99, BFH/NV 2000, 1344; BFH 28.9.2000 – VI B 5/00, BStBl. II 2001, 32). Rechtzeitige Speicherung im Empfangsgerät reicht aus (BVerfG 1.8.1996 – 1 BvR 121/95, NJW 1996, 2857; BGH 25.4.2006 – IV ZB 20/05, NJW 2006, 2263). Der zB wegen Papiermangel erst am nächsten Tag erfolgende Ausdruck steht der Wiedereinsetzung daher nicht entgegen (Gräber FGO § 56 Rn. 20 „Telefax"); ebenso nicht der Eingang des Telefax in weitgehend unleserlicher Form (BFH 5.7.2005 – VII B 14/05, BFH/NV 2005, 2026) oder eine überlange Telefax-Übermittlungsdauer (BGH 25.11.2004 – VII ZR 320/03, NJW 2005, 678). Der „OK-Vermerk" eines Sendeberichts belegt das Zustandekommen einer Verbindung zwischen den Telefaxgeräten des Absenders und des Empfängers; er ist Indiz für den Zugang des versendeten Telefaxes (BFH 30.7.2025 – V B 63/23, BeckRS 2025, 20966). Wiedereinsetzung scheidet jedoch aus, wenn nach Übermittlungsschwierigkeiten nicht rechtzeitig weitere Übermittlungsversuche unternommen werden (BVerfG 11.5.2005 – 2 BvR 526/05, NJW 2006, 829) oder mit der Übermittlung des fristwahrenden Schriftsatzes so spät begonnen wird, dass eine rechtzeitige Übermittlung infolge einer Belegung des behördlichen Empfangsgeräts durch eine andere eingehende Sendung scheitert (BVerfG 19.11.1999 – 2 BvR 565/98, NJW 2000, 574; BVerfG 16.4.2007 – 2 BvR 359/07, NJW 2007, 2838; dagegen mit beachtlichen Gründen Roth NJW 2008, 785). Die Antragsfrist des § 110 II 1 wird unmittelbar nach Fristablauf in Lauf gesetzt (BFH 2.3.2000 – VII B 137/99, BFH/NV 2000, 1344).

Bei gescheiterter oder verspäteter Übermittlung durch Telefax ist aufgrund Verantwortlichkeit der FB für die Fristversäumnis (→ Rn. 31) Wiedereinsetzung zu gewähren, wenn das Empfangsgerät der FB (zB wegen Papierstau) nicht ordnungsgemäß arbeitet (BVerfG 1.8.1996 – 1 BvR 121/95, NJW 1996, 2857; BFH 4.4.1997 – IX R 81–82/94, BStBl. II 1997, 496; Kummer Rn. 294) oder auf einem Briefbogen der FB eine falsche, missverständliche oder unklare Angabe zur Telefax-Nummer enthalten ist (BGH 6.10.1988 – VII ZB 17/88, NJW 1989, 589). Wiedereinsetzung ist auch zu gewähren, wenn am Telefaxgerät des Absenders eine nicht vorhersehbare technische Störung auftritt und bei deren Eintritt keine Möglichkeit besteht, den fristwahrenden Schriftsatz auf anderem Weg zu übermitteln (Kummer Rn. 293 mwN). Zur Telefaxübermittlung durch Angehörige der rechts- und steuerberatenden Berufe → Rn. 69 „Telefax".

Testamentsvollstrecker: → Rn. 49 und → Rn. 100.

Unzuständige Behörde: Wird ein Schriftstück fehlerhaft bei einer unzuständigen FB angebracht, ist eine dadurch bewirkte Fristversäumnis idR verschuldet (BVerfG 2.9.2002 – 1 BvR 476/01, BStBl. II 2002, 835 mwN). Die angegangene unzuständige Behörde ist jedoch verpflichtet, ein leicht und einwandfrei als fehlgeleitet erkanntes fristwahrendes Schriftstück im Zuge des ordnungsgemäßen Geschäftsgangs ohne schuldhaftes Zögern an die zuständige Behörde weiterzuleiten (BFH 6.5.1998 – IV B 108/97, BFH/NV 1999, 146; BVerfG 2.9.2002 – 1 BvR 476/01, BStBl. II 2002, 835; vgl. auch AEAO zu § 357 Nr. 2 und 3; Frist für die Weiterleitung nicht allgemein bestimmbar, vgl. BFH 22.8.2023 – VIII B 76/22, BFH/NV 2023, 1324). Hierfür hat sie sich idR zeitgemäßer Übermittlungswege (elektronische Übermittlung) zu bedienen (FG Sachsen-Anhalt 7.12.2021 – 1 K 539/21, EFG 2022, 1073; FG Brandenburg-Berlin 5.11.2024 – 8 K 8235/19, BeckRS 2024, 33603, Rev. IX R 36/24). Wird diese Übermittlung durch die unzuständige Behörde schuldhaft verzögert oder überhaupt unterlassen, kommt im Falle willkürlichen, offenkundig nachlässigen und nachgewiesenen Fehlverhaltens Wiedereinsetzung in Betracht (BVerfG 2.9.2002 – 1 BvR 476/01, BStBl. II 2002, 835 mwN); sa „Adressierungsmangel".

Umzug: IdR kein Wiedereinsetzungsgrund, BFH 5.7.2005 – XI B 185/04, BFH/NV 2005, 1856.

Urlaub: s. „Abwesenheit".

Verkehrsstörungen: Fristversäumnis infolge unvorhersehbarer Verkehrsstörungen ist unverschuldet, wenn die Einhaltung der Frist auf andere zumutbare Weise nicht möglich war (HHSp § 110 Rn. 203). Zu erwartenden üblichen Verkehrsstörungen hat der Beteiligte durch einen zeitlichen „Sicherheitszuschlag" Rechnung zu tragen (BVerfG 19.11.1999 – 2 BvR 565/98, NJW 2000, 574).

Verlust von Schriftstücken: Geht ein **von der FB übermittelter** schriftlicher VA dem Beteiligten infolge Verlusts der Sendung nicht zu, fehlt es an einer wirksamen Bekanntgabe (dazu § 122) und damit an der Wirksamkeit des VA überhaupt (vgl. § 124 I). Der Verlust bzw. das Verlegen eines **zugegangenen** behördlichen Schriftstücks infolge Nachlässigkeit ist stets verschuldet (Gosch AO § 110 Rn. 76). Verlegt oder verliert der Beteiligte ein **fristwahrendes** Schriftstück vor Aufgabe zur Beförderung bzw. vor Einwurf in den Behördenbriefkasten, so sind Verspätungen idR verschuldet (HHSp § 110 Rn. 205; BFH 30.1.1990 – VII B 165/89, BFH/NV 1990, 682). Ausnahmen gelten uU bei außergewöhnlichen Umständen (zB Diebstahl, unbemerktes Verschwinden eines Schriftstücks, vgl. FG Baden-Württemberg 23.2.1978 – III 293/77, EFG 1978, 308). Verlust eines fristwahrenden Schriftstücks **nach ordnungsgemäßer Aufgabe** zur Beförderung ist unverschuldet und führt zur Wiedereinsetzung (HHSp § 110 Rn. 205). Zum Nachweis ordnungsgemäßer Aufgabe vgl. BFH 31.1.2017 – IX R 19/16, BFH/NV 2017, 885.

Vollmacht: Geht ein Stpfl. davon aus, dass eine auf die strafrechtliche Vertretung beschränkte Vollmacht auch die steuerrechtliche Vertretung umfasst, und teilt er deshalb die Zustellung eines Haftungsbescheides dem Berufsträger nicht mit, ist die Einspruchsfrist nicht schuldlos versäumt (FG Hamburg 5.10.2022 – 4 K 86/19, BeckRS 2022, 35244).

Weiterleitungspflicht der FB: s. „Unzuständige Behörde".

II. Vertreterverschulden (Abs. 1 S. 2)

Schrifttum: Späth, Die Pflicht des Steuerberaters zur gewissenhaften Berufsausübung und die Organisation der Kanzlei zur Wahrung der Sicherung der Wahrung von Fristen, INF 1994, 180; Streck/Mack/Schwedhelm, Die Führung eines Postausgangsbuchs ist nicht länger zwingende Voraussetzung für eine Wiedereinsetzung in den vorigen Stand, Stbg 2001, 461; Leibner/Pump, Einhalten von Fristen im Büroalltag, AO-StB 2002, 352.

1. Zurechnung von Vertreterverschulden

40 Das Verschulden eines Vertreters ist dem Vertretenen gem. § 110 I 2 wie eigenes Verschulden zuzurechnen. Die Vorschrift ist verfassungsgemäß (BVerfG 8.5.1973 – 2 BvL 5/72 ua, BVerfGE 35, 41; BVerfG 20.4.1982 – 2 BvL 26/81, BVerfGE 60, 253 (266)) und gilt auch bei weisungswidrigem Verhalten eines Vertreters (BFH 26.11.2004 – VIII B 77/03, BFH/NV 2005, 331). Ein eigenes Verschulden des **Beteiligten** kann auch in der Auswahl bzw. Überwachung eines Vertreters liegen; wer einen sach- und rechtsunkundigen Laien mit seiner Vertretung beauftragt, hat diesen zu überwachen; **mangelhafte Überwachung** begründet ein eigenes Verschulden des Beteiligten (HHSp § 110 Rn. 239; zur entsprechenden Rechtslage bei der Einschaltung von Hilfspersonen → Rn. 49 ff.).

41 Der in § 110 I 2 verwendete Begriff **„Vertreter"** ist weit auszulegen (BFH 6.5.1988 – VI R 37/83, BFH/NV 1989, 343 (345); TK § 110 Rn. 16; HHSp § 110 Rn. 234) und umfasst die gewillkürten Vertreter iSd § 80, insb. Rechtsanwälte, StBerater, Prokuristen iSd §§ 48 ff. HGB und Handlungsbevollmächtigte (BFH 6.5.1988 – VI R 37/83, BFH/NV 1989, 343 (345)). Ist dem Berufsträger die Zulassung entzogen, entfällt die Zurechnung des Verschuldens (BFH 17.3.2010 – X R 57/08, DStR 2010, 2272). Ferner sind Vertreter alle Personen, die kraft Gesetzes für eine andere (natürliche oder juristische) Person handeln (vgl. §§ 34, 79 I Nr. 3), Behördenvertreter (§ 79 I Nr. 4) und von Amts wegen bestellte Vertreter (§ 81).

Auch das Verschulden der Vertreter von Vertretern, zB von **Unterbevollmächtigten** (BFH 7.11.1997 – VI R 45/97, BStBl. II 1998, 54) oder Generalbevollmächtigten eines Bevollmächtigten ist gem. § 110 I 2 zuzurechnen. Gleiches gilt für fachlich vorgebildetes **Personal,** dem der bevollmächtigte Berufsträger die selbständige und eigenverantwortliche Sachbearbeitung überträgt (BFH 30.6.1967 – VI R 248/66, BStBl. III 1967, 613; Kummer Rn. 373), ferner für amtlich bestellte Vertreter (HHSp § 110 Rn. 236 mwN) und Urlaubsvertreter (BFH 12.9.1979 – I B 60/79, BStBl. II 1979, 743). **Keine Vertreter** sind (weisungsgebundene) Hilfspersonen und Boten; bei diesen scheidet eine Verschuldenszurechnung gem. § 110 I 2 aus (→ Rn. 49 f.).

42 Das Verschulden eines Vertreters ist gem. § 110 I 2 dem Vertretenen nur zuzurechnen, wenn der Vertreter **vertretungsbefugt** war. Das Vertretungsverhältnis muss wirksam zustande gekommen sein (FG Düsseldorf 5.5.1988 – 2 V 79/88, EFG 1988, 451; HHSp § 110 Rn. 235). Ferner muss das für die Fristversäumnis ursächliche Verschulden eine Tätigkeit betreffen, die im Rahmen der Vertretungsmacht des Vertreters lag (BFH 28.11.1990 – VI R 174/87, BFH/NV 1991, 502; HHSp § 110 Rn. 235).

43 Sind **mehrere Vertreter** bestellt, ist Wiedereinsetzung schon bei schuldhafter Fristversäumnis auch nur eines Vertreters idR ausgeschlossen (Gräber FGO § 56 Rn. 11 mwN;

HHSp § 110 Rn. 238). Dies gilt auch dann, wenn einem intern nicht mit der Sachbearbeitung betrauten Sozietätsmitglied nur die Übermittlung eines Schriftsatzes obliegt (BFH 15.2.1984 – II R 57/83, BStBl. II 1984, 320). Vgl. auch → Rn. 69 „Krankheit".

Vertreterverschulden. Für den Vertreter gilt grds. – ebenso wie für die Beteiligten selbst bzw. Behörden – der subjektive Verschuldensbegriff (→ Rn. 26 ff.). Verschuldensmaßstab für Berufsträger (Rechtsanwälte, StBerater usw.) ist die (standes-)übliche Sorgfalt; für diese Berufsgruppe ist der Verschuldensmaßstab letztlich objektiviert (Kummer Rn. 376). An die Sorgfaltsanforderungen der Berufsträger sind **strenge Maßstäbe** anzulegen (TK § 110 Rn. 17). Hier ist ein Verschulden nur zu verneinen, wenn die äußerste, den Umständen des Einzelfalls angemessene und vernünftigerweise zu erwartende Sorgfalt angewendet worden ist (BFH 16.8.1993 – VII B 163/93, BFH/NV 1994, 384; BFH 15.5.2002 – X B 156/01, BFH/NV 2002, 1461). Dieser strenge Maßstab ist nicht auf zur Vertretung berufene **Laien** anzuwenden; bei diesen ist auf ihre individuellen Fähigkeiten und Erkenntnismöglichkeiten abzustellen (zur Überwachungspflicht durch den Beteiligten → Rn. 40). Dies gilt insb. – soweit diese nicht Berufsträger oder fachlich entspr. vorgebildet sind – für **Betreuer** iSd § 1897 I BGB (Kummer Rn. 384). 44

2. Hilfspersonen

Keine Vertreter iSd § 110 I 2 sind die sog. Hilfspersonen. Ihr Verschulden ist dem Beteiligten nicht zuzurechnen (BFH 11.1.1983 – VII R 92/80, BStBl. II 1983, 334; BFH 23.10.2001 – VIII B 51/01, BFH/NV 2002, 162; TK § 110 Rn. 16). Hilfspersonen sind alle Personen, die im Einzelfall mangels Bestellung oder Beauftragung nicht berechtigt sind, als gesetzlicher oder gewillkürter Vertreter eines Beteiligten eine fristwahrende Handlung vorzunehmen (BFH 23.10.2001 – VIII B 51/01, BFH/NV 2002, 162; HHSp § 110 Rn. 246). Hilfspersonen sind insb. **Boten** (BFH 10.11.1967 – VI R 299/66, BStBl. II 1968, 238; FG Berlin 23.11.1994 – II 341/89, EFG 1995, 295), **Ehegatten** (dazu BFH 5.2.1975 – II B 29/74, BStBl. II 1975, 465), **Kinder** (dazu BFH 23.10.2001 – VIII B 51/01, BFH/NV 2002, 162) bzw. sonstige **Familien- und Haushaltsangehörige** (dazu BFH 11.1.1983 – VII R 92/80, BStBl. II 1983, 334 betr. Mutter und Tante; FG Nürnberg 19.5.1992 – II 38/89, EFG 1992, 572 betr. Lebensgefährtin) eines Beteiligten, **Bekannte** (zB FG Baden-Württemberg 4.9.2002 – 13 K 185/98, EFG 2002, 1490), **Vertreter ohne Vertretungsmacht** (HHSp § 110 Rn. 246), **Empfangsbevollmächtigte** (dazu auch → § 123 Rn. 10) sowie angestellte (juristische) **Mitarbeiter** und sonstige Angestellte. Vertreter für die noch unbekannten oder ungewissen Erben ist der **Nachlasspfleger** (BFH 30.3.1982 – VIII R 227/80, BStBl. II 1982, 687). Kein Vertreter iSd § 110 I 2, sondern lediglich Zugangsvertreter ist hingegen der **Testamentsvollstrecker;** dem Erben ist bei verspäteter Weiterleitung des ErbSt-Bescheids innerhalb der Jahresfrist des § 110 III Wiedereinsetzung zu gewähren (BFH 14.11.1990 – II R 58/86, BStBl. II 1991, 52); → Rn. 100. 49

Bei der Heranziehung von Hilfspersonen (zur entsprechenden Rechtslage bei der Heranziehung sach- und rechtsunkundiger Vertreter → Rn. 40) kommt ein **eigenes Verschulden** des Beteiligten nur in Betracht, wenn er bei der **Auswahl, Unterweisung oder Beaufsichtigung** der Hilfsperson schuldhaft gehandelt hat (BFH 11.1.1983 – VII R 92/80, BStBl. II 1983, 334; TK § 110 Rn. 16). Verschulden ist daher gegeben, wenn eine für die konkrete Aufgabe **erkennbar ungeeignete** Hilfsperson hinzugezogen wurde (BFH 23.10.2001 – VIII B 51/01, BFH/NV 2002, 162), so zB bei Heranziehung eines sehr betagten Angehörigen, bei dem mit altersbedingter Vergesslichkeit zu rechnen ist (BFH 5.4.1991 – VII B 132/90, BFH/NV 1991, 760). Verschulden liegt auch vor, wenn die Hilfsperson nur **unzureichend unterwiesen** worden ist (BFH 23.10.2001 – VIII B 51/01, BFH/NV 2002, 162 mwN). Stellt sich heraus, dass das durch die Hilfsperson per E-Mail versendete Schreiben den Empfänger nicht erreicht hat, bedarf es sowohl der Ursachenklärung (Prüfung der Unzustellbarkeitsnachrichten, FG München 29.1.2019 – 12 K 1888/18, DStRK 2019, 203) als auch der Überwachung bei nochmaliger Versendung 50 desselben Schriftstücks (aA FG Hamburg 5.5.2022 – 5 K 93/21, BeckRS 2022, 16221). Diese Grundsätze gelten ebenso für sog. Büroversehen, die auf ein für die Fristversäumnis ursächliches Verhalten der Hilfspersonen von Berufsträgern zurückgehen (→ Rn. 54).

3. Büroorganisation und Büroversehen

53 Rechtsanwälte und Angehörige steuerberatender Berufe haben ihren Bürobetrieb in Übereinstimmung mit dem Verfahrensrecht so zu organisieren, dass Fristversäumnisse ausgeschlossen sind (BFH 23.8.1996 – IV B 123/95, BFH/NV 1997, 141; BFH 19.3.1996 – VII S 17/95, BFH/NV 1996, 818). Fristversäumnisse infolge von Mängeln der Büroorganisation (→ Rn. 55 ff.) sind verschuldet und dem Vertretenen gem. § 110 I 2 zuzurechnen. Wiedereinsetzung ist hingegen zu gewähren, wenn die Fristversäumnis auf einem bloßen Büroversehen – dh einem Fehler, der auch bei ordnungsgemäßer Büroorganisation vom Berater nicht zu vermeiden war, vgl. nachfolgend – beruht. Die Grundsätze über die Entschuldbarkeit von Büroversehen gelten nicht für gewerbliche Betriebe (BFH 3.8.2000 – III B 33/97, BFH/NV 2001, 292 mwN).

54 **Büroversehen.** Für die Fristversäumnis ursächliche Fehler von sonst zuverlässigen Büroangestellten (Hilfskräften) von Berufsträgern (Rechtsanwälten, StBeratern usw.) sind dem Berufsträger und dem Vertretenen nicht zuzurechnen, wenn kein Mangel in der Büroorganisation vorliegt und die Fristversäumnis auf einem unvorhergesehenen Fehler bzw. der Nichtbeachtung von Anweisungen des Berufsträgers beruht (zB BFH 26.2.2004 – XI R 62/03, BStBl. II 2004, 564). Ein Büroversehen begründet nur dann kein Vertreterverschulden, wenn es **allein** für die Fristversäumung **ursächlich** war (BFH 19.3.1996 – VII S 17/95, BFH/NV 1996, 818). Schon bloßes Mitverschulden des Vertreters schließt die Wiedereinsetzung aus (HHSp § 110 Rn. 322). Zur Begründung des Wiedereinsetzungsantrags → Rn. 79 f.

55 **Büroorganisation.** Rechtsanwälte und Angehörige der steuerberatenden Berufe müssen den Bürobetrieb so organisieren, dass Fristversäumnisse ausgeschlossen sind (BFH 2.9.2005 – I R 117/04, BFH/NV 2006, 96 mwN, std. Rspr.). Sie müssen für eine zuverlässige Fristenkontrolle sorgen und dies durch entsprechende Organisation ihres Bürobetriebs sicherstellen (BVerfG 2.3.1990 – 1 BvR 1432/89, HFR 1990, 447; BFH 13.5.1992 – III R 74/91, BFH/NV 1992, 831 mwN; BFH 23.10.2002 – X B 56/02, BFH/NV 2003, 199; Kummer Rn. 450; zur organisatorischen Sicherung der Fristüberwachung vgl. die Darstellungen von Groh Stbg 1990, 28; Weiler StKongrRep 1992, 135; Späth INF 1994, 180; Leibner/Pump AO-StB 2002, 352; Born NJW 2007, 2088 (2091 ff.)).

56 Unerlässliche Voraussetzung einer ordnungsgemäßen Büroorganisation ist ein **Fristenkontrollbuch** (Fristenkalender) oder eine vergleichbare Einrichtung (BFH 17.6.2005 – VI R 69/04, BFH/NV 2005, 2016 mwN). Nicht ausreichend ist die Ablage von Fristensachen in Terminmappen oder die Führung eines allgemeinen Terminkalenders oder Portobuchs (vgl. Gräber FGO § 56 Rn. 20 „Fristenkontrolle" mwN).

57 Bei einem **elektronischen** (EDV-gestützten) Fristenkalender muss durch hinreichende Kontrolle gewährleistet sein, dass nicht programmgemäß in der EDV eingegebene Datensätze rechtzeitig erkannt werden. Insb. müssen die Eingaben im elektronischen Fristenkalender durch Ausdruck der Einzelvorgänge kontrolliert werden (BFH 6.8.2001 – II R 77/99, BFH/NV 2002, 44; zu weiteren Einzelheiten der elektronischen Führung des Fristenkontrollbuchs vgl. Kummer Rn. 452 ff.).

58 **Anforderungen an Fristenkontrolle.** Im Fristenkontrollbuch muss der Fristablauf für jede einzelne Sache – sofort nach Eingang (BFH 1.7.1987 – I R 297/83, BFH/NV 1988, 673 mwN; TK § 110 Rn. 21) – vermerkt werden. **Rechtsmittelfristen** müssen so notiert werden, dass sie sich von gewöhnlichen Wiedervorlagefristen abheben (BFH 6.5.1987 – II R 40/86, BFH/NV 1988, 444). Durch geeignete Maßnahmen (zB Vorfrist) muss die rechtzeitige **Wiedervorlage** der Sache sichergestellt sein (BFH 6.5.1987 – II R 40/86, BFH/NV 1988, 444; Gräber FGO § 56 Rn. 20 „Fristenkontrolle"; Kummer Rn. 464 ff.).

Die Einhaltung der laufenden Fristen muss **täglich** – am Abend jedes Arbeitstages – anhand des Fristenkalenders **überprüft** werden (BFH 14.10.1998 – X R 87/97, BFH/NV 1999, 621; TK § 110 Rn. 21). Für den Fall der Verhinderung oder Abwesenheit des mit der Fristenkontrolle betrauten Mitarbeiters muss organisatorisch die Weiterbearbeitung, zumindest aber die Fristeinhaltung sichergestellt werden (BFH 23.10.2002 – X B 56/02, BFH/NV 2003, 199; Kummer Rn. 492). Die **Austragung einer Frist** im Fristenkontrollbuch darf erst erfolgen, wenn das fristwahrende Schriftstück tatsächlich abgesandt oder zumindest postfertig gemacht worden ist. Bei Führung eines Postausgangsbuchs (→ Rn. 61) darf erst aufgrund einer in diesem vorgenommenen Eintragung die Löschung im Posteingangsbuch erfolgen (BFH 17.6.2005 – VI R 69/04, BFH/NV 2005, 2016 mwN).

Die **Fristberechnung** darf ein Berufsträger grds. seinem Büropersonal überlassen 59 (→ Rn. 63). Nimmt sich der Vertreter der Fristberechnung und Notierung im Fristenkalender selbst an, muss er seine Fristermittlung in der Akte vermerken (BFH 12.10.2004 – V R 68/03, BFH/NV 2005, 558) und auch für die fristgerechte Erledigung sorgen (HHSp § 110 Rn. 275 mwN). Der Vertreter ist verpflichtet, den Fristablauf eigenverantwortlich nachzuprüfen, wenn ihm die Sache zur Vorbereitung der fristgebundenen Handlung vorgelegt wird (→ Rn. 69 „Fachbearbeitung"). Bei der Fristberechnung darf sich der Vertreter nicht auf den eigenen Posteingangsstempel verlassen, sondern hat die Frist ggf. anhand des Zustellungsvermerks zu überprüfen (BFH 19.2.1993 – VI R 70/92, BFH/NV 1993, 552). Hat der Vertreter die Frist selbst fehlerhaft berechnet, ist die Wiedereinsetzung idR zu versagen (BFH 15.7.2002 – IV B 56/01, BFH/NV 2002, 1484). Gleiches gilt, wenn die fehlerhafte Angabe des Mandanten über den tatsächlichen Zugang eines fristauslösenden Schreibens ungeprüft übernommen wird (BFH 27.11.2001 – II B 145/01, BFH/NV 2002, 522).

Postausgangskontrolle. Die Fertigung und Absendung fristwahrender Schriftsätze ver- 60 langt eine Postausgangskontrolle, die ausreichende Gewähr dafür bietet, dass fristwahrende Schriftstücke tatsächlich unterzeichnet und nicht über den Fristablauf hinaus im Büro liegen bleiben (BFH 17.6.2005 – VI R 69/04, BFH/NV 2005, 2016; Gräber FGO § 56 Rn. 20 „Postausgangskontrolle" mwN). Der Berufsträger hat sicherzustellen, dass das zu befördernde Schriftstück so rechtzeitig zur Post gegeben wird, dass es nach deren organisatorischen und betrieblichen Vorkehrungen bei normalem Verlauf der Dinge den Empfänger fristgerecht erreicht (BVerfG 11.1.1991 – 1 BvR 1435/89, NJW 1992, 38). Die Versendung fristwahrender Schriftsätze muss auch zweifelsfrei nachweisbar sein (Kummer Rn. 516). Zur Ausgangskontrolle von Telefaxsendungen → Rn. 69 „Telefax".

Wird ein **Postausgangsbuch** geführt, müssen die Eintragungen so genau sein, dass 61 nachvollzogen werden kann, für wen, wann und welchen Vorgang die Sendung das Büro verlassen hat (BFH 27.7.2001 – XI B 69/00, BFH/NV 2002, 9; BFH 24.7.1989 – III R 83/88, BFH/NV 1990, 248; vgl. auch Gräber FGO § 56 Rn. 20 „Fristenkontrolle" mwN). Wiedereinsetzung ist zu versagen, wenn die Absendung eines Schriftsatzes in einem tatsächlich geführten Postausgangsbuch nicht vermerkt ist (BFH 23.10.2002 – IX R 24/01, BFH/NV 2003, 198).

Nicht erforderlich ist die Führung eines Postausgangsbuchs, wenn der Berufsträger den 62 von ihm unterzeichneten und kuvertierten Schriftsatz in einer **„Poststelle"** seiner Kanzlei ablegt und aufgrund allgemeiner organisatorischer Anweisungen gewährleistet ist, dass dort lagernde Briefe ohne weitere Zwischenschritte noch am selben Tag frankiert und zur Post gegeben werden (BGH 11.1.2001 – III ZR 148/00, NJW 2001, 1577; dazu Streck/Mack/Schwedhelm Stbg 2001, 461; HHSp § 110 Rn. 290).

Büropersonal. Berufsträger dürfen sich wegen ihrer eigentlichen Aufgaben von rein 63 büromäßigen Aufgaben (zB Anschriftenermittlung, Frankierung von Postsendungen) freihalten und dies sorgfältig geschulten und allg. überwachten Angestellten überlassen (BFH 11.12.1968 – VII B 17/68, BStBl. II 1969, 190; BFH 22.1.2003 – X R 41/98, BFH/NV 2003, 757; zu Stationsreferendar vgl. BVerfG 6.2.2002 – 2 BvR 1249/01, NJW 2002, 1411). Dem Büropersonal darf auch die Berechnung der üblichen, häufig vorkommenden und einfach zu berechnenden Fristen übertragen werden (vgl. Gräber FGO § 56 Rn. 20 „Fristberechnung durch Angestellte des Prozessbevollmächtigten" mwN) und ferner die Überwachung gesetzlicher Fristen sowie die Führung des Fristenkalenders übertragen werden (zB BFH 13.10.1993 – X R 112/92, BFH/NV 1994, 328 mwN, std. Rspr.). Die Fristversäumnis ist dem Vertretenen nur zuzurechnen, wenn der Berufsträger bei der **Auswahl** und/oder **Überwachung** dieser Personen schuldhaft gehandelt hat. Grds. darf der Berufsträger darauf vertrauen, dass eine konkrete Einzelweisung von seinem sonst zuverlässigen Personal auch befolgt wird; er ist daher ohne besonderen Anlass nicht zu Überwachungsmaßnahmen verpflichtet (BFH 8.1.2003 – VII R 13/02, BFH/NV 2003, 639 mwN; vgl. auch Born NJW 2007, 2088 (2091) zur BGH-Rspr.). Bei einem Wechsel in der Person des mit der Fristenkontrolle betrauten Büropersonals ist eine besondere Sorgfalt und Kontrolle der im Zeitpunkt des Wechsels laufenden Fristen durch den Berufsträger erforderlich (BFH 21.1.2003 – X B 118/02, BFH/NV 2003, 645).

4. Einzelfälle zum Vertreterverschulden in ABC-Form

69 **Abwesenheit:** Ein berufsmäßig in StSachen auftretender Vertreter hat bei längerfristiger Abwesenheit (zB wegen Urlaubs) alle ihm möglichen und zumutbaren Vorkehrungen zur Wahrung von Fristen und insb. Vorsorge für einen Vertreter zu treffen (BFH 25.3.1988 – V B 141/87, BFH/NV 1990, 167; BFH 23.8.1996 – IV B 123/95, BFH/NV 1997, 141; BFH 31.7.2007 – IX R 47/06, BFH/NV 2007, 2136; HHSp § 110 Rn. 444). Gleiches gilt auch für sonstige Vertreter, insb. **GmbH-Geschäftsführer.** Diese haben, zumindest wenn weiteres Personal zur Verfügung steht, nach dem Pflichtenmaßstab des § 43 I GmbHG im Fall der (urlaubsbedingten) Abwesenheit für eine sachgerechte Erledigung eiliger Terminsachen zu sorgen; ein Verstoß gegen dieses Erfordernis begründet ein der GmbH zuzurechnendes Organisationsverschulden (BFH 11.4.2001 – I B 123/00, BFH/NV 2001, 1221).

Adressierungsmangel: Zur Behandlung einer unvollständigen oder falschen Adressierung vgl. zunächst Rn. 39 „Adressierungsmangel". Die von zuverlässigem Büropersonal auf einem Briefumschlag fehlerhaft angegebene Postleitzahl ist ein unschädliches Büroversehen, wenn der Fehler für den Vertreter nicht leicht erkennbar war (BFH 10.6.1999 – V R 33/97, BStBl. II 2000, 235).

Arbeitsüberlastung eines Berufsträgers ist kein Wiedereinsetzungsgrund (Kummer Rn. 569).

Büroorganisation: → Rn. 53 ff.

Büroversehen: → Rn. 54.

Eingangsstempel: → Rn. 59.

Fachbearbeitung: Büroversehen von Angestellten können eine Fristversäumung nicht mehr entschuldigen, wenn der Berufsträger noch innerhalb der Frist in die Fachbearbeitung der Sache eintritt (BFH 9.9.2025 – VIII R 9/25, BeckRS 2025, 24660; BFH 23.6.1999 – IV B 81/98, BFH/NV 1999, 1614; zur Fristberechnung durch den Berufsträger → Rn. 59). Wenn und sobald dem Berufsträger die Fristsache zur Vorbereitung einer fristgebundenen Handlung vorgelegt wird, hat dieser den Fristablauf eigenverantwortlich zu kontrollieren (BFH 3.9.2002 – I R 59/01, BFH/NV 2003, 181; BFH 14.3.2003 – III B 157/02, BFH/NV 2003, 933 mwN; std. Rspr.). Die Pflicht zur eigenverantwortlichen Fristenprüfung beginnt bereits bei Vorlage der Akten und nicht erst dann, wenn sich der Vertreter zur Bearbeitung der Sache entschließt (BFH 26.5.2000 – VIII B 110/99, BFH/NV 2000, 1482). Die Frist für den Wiedereinsetzungsantrag beginnt mit dem Tag, an dem diesem die Sache vorgelegt wird (BFH 30.8.2002 – III B 62/01, BFH/NV 2003, 67). Dies gilt auch dann, wenn die Akte bei der Bearbeitung der Sache nicht vorgelegen hat (BFH 31.7.2001 – III B 46/01, BFH/NV 2002, 39 mwN; BFH 30.12.2002 – VIII R 66/00, BFH/NV 2003, 924).

Fristberechnung: Die Fristberechnung darf grds. sorgfältig geschulten und allg. überwachten Angestellten überlassen werden, → Rn. 63; s. auch „Fachbearbeitung" und → Rn. 59.

Fristenkontrollbuch: → Rn. 55 ff.

Fristenlöschvermerk: → Rn. 58.

Krankheit eines berufsmäßig in StSachen auftretenden Vertreters begründet nur dann einen Entschuldigungsgrund für die Fristversäumnis, wenn die Erkrankung plötzlich und unvorhersehbar auftritt und so schwer ist, dass es für den Vertreter unzumutbar ist, die Frist einzuhalten oder rechtzeitig einen anderen Vertreter zu bestellen (BFH 21.7.2021 – X B 126/20, BFH/NV 2021, 1364; BFH 29.10.2007 – VI R 41/06, BFH/NV 2008, 237; BFH 13.10.2006 – XI R 4/06, BFH/NV 2007, 253 jeweils mwN). Diese Voraussetzungen können uU bei Unfalltod eines nahen Angehörigen erfüllt sein (BFH 2.5.2001 – VIII R 3/00, BFH/NV 2001, 1418). Es gelten, da Fristversäumnisse durch eine entsprechende Organisation des Bürobetriebs auszuschließen sind, im Vergleich zur krankheitsbedingten Fristversäumnis eines Beteiligten (→ Rn. 39 „Krankheit") strengere Maßstäbe. Bei plötzlicher Erkrankung eines **Sozietätsmitglieds** ist sicherzustellen, dass die anderen beauftragten Sozietätsmitglieder die erforderlichen fristwahrenden Maßnahmen ergreifen (BFH 13.9.2002 – III B 39/02, BFH/NV 2003, 185). Zur krankheitsbedingten Abwesenheit von **Büropersonal** vgl. BFH 7.12.2006 – IX B 44/06, BFH/NV 2007, 921 mwN; zur Fristversäumnis eines erkrankten Beraters ohne Personal BFH 30.8.2005 – III R 15/05, BFH/NV 2006, 89. Im Falle chronischer Erkrankung ist das Büro so zu organisieren, dass Fristen auch bei plötzlich auftretendem krankheitsbedingtem Ausfall ordnungsgemäß gewahrt werden können, zB durch Bereithaltung eines Vertreters (BFH 25.7.2025 – XI S 12/25, BeckRS 2025, 20174).

Zur Begründung des Wiedereinsetzungsantrags → Rn. 80.

Organisationsmangel: → Rn. 55 ff.

Postausgangskontrolle: → Rn. 60 ff.

Rechtsirrtum eines Rechtsanwalts oder eines Angehörigen der steuerberatenden Berufe entschuldigt eine Fristversäumnis idR nicht (HHSp § 110 Rn. 422). Dies gilt selbstverständlich für die erforderliche Kenntnis des **materiellen Rechts** (→ Rn. 22). Hinsichtlich des **Verfahrensrechts** wird bei Angehörigen der rechts- und steuerberatenden Berufe vorausgesetzt, dass sie das Verfahrensrecht kennen (BFH 11.10.1996 – VIII B 56/95, BFH/NV 1997, 457; FG Baden-Württemberg 27.8.2002 – 2 K 8/00, EFG 2002, 1569). Ein Rechtsirrtum über den einzulegenden Rechtsbehelf und die insoweit zu wahrenden Anforderungen ist grds. nicht entschuldbar (BFH 21.2.2001 – X R 5/01, BFH/NV 2001, 936; Kummer Rn. 581 ff.).

Wiedereinsetzung kommt jedoch **ausnahmsweise** in Betracht, wenn sich die höchstrichterliche Rspr. zu einer Verfahrensfrage nach Ablauf der einzuhaltenden Frist geändert hat (vgl. BFH 14.3.1996 – IV R 44/95, BStBl. II 1996, 319). Gleiches gilt, wenn die Rechtslage in hohem Maße unsicher ist und die einzuhaltende Frist versäumt wurde, weil rechtlich vertretbare Überlegungen zu der Fristversäumung geführt haben und Zweifel über die bestehende Frist bzw. die Möglichkeiten der Fristwahrung auch durch zumutbare Ausschöpfung bestehender Informationsmöglichkeiten nicht ausgeräumt werden konnten (BFH 11.10.1996 – VIII B 56/95, BFH/NV 1997, 457; BFH 27.8.1998 – III R 47/95, BStBl. II 1999, 65; BFH 14.9.1999 – III R 78/97, BStBl. II 2000, 37).

Selbstberechnung der Frist durch Vertreter: → Rn. 59 und → Rn. 69 „Fachbearbeitung".

Telefax: (→ Rn. 39 „Telefax") Angehörige der rechts- und steuerberatenden Berufe dürfen geschulte und zuverlässige Bürokräfte mit der Übermittlung fristwahrender Schriftstücke per Telefax beauftragen (BFH 8.1.2003 – VII R 13/02, BFH/NV 2003, 639; BFH 24.4.2003 – VII R 47/02, BStBl. II 2003, 665 mwN; BVerfG 30.5.2007 – 1 BvR 756/07, NJW 2007, 2839); bei Fristversäumnis aufgrund fehlerhafter Übermittlung kommt Wiedereinsetzung wegen Büroversehens in Betracht. Berufsträger dürfen sich grds. darauf verlassen, dass das zuverlässige Büropersonal bei einem richtig adressierten Schriftstück die richtige Telefax-Nummer ermittelt und in das Gerät eingibt (BFH 12.7.1999 – VII B 81/99, BFH/NV 1999, 1655; BFH 2.7.2002 – VII B 292/01, BFH/NV 2002, 1338). Die Pflicht zur **Ausgangskontrolle** (→ Rn. 60 ff.) endet erst, wenn feststeht, dass der Schriftsatz wirklich übermittelt worden ist (BFH 20.12.2006 – I B 70/06, BFH/NV 2007, 929 mwN). Die Löschung der Frist im Fristenkontrollbuch darf erst erfolgen, wenn ein vom Telefaxgerät des Absenders ausgedruckter Einzelnachweis (Sendebericht) vorliegt, der die ordnungsgemäße Übermittlung (einschl. der Angabe der Seitenzahl des fristgebundenen Schriftsatzes sowie der Empfängernummer) belegt und auf Richtigkeit der verwendeten Empfängernummer überprüft wurde (BFH 17.6.2005 – VI R 69/04, BFH/NV 2005, 2016 mwN; BFH 18.9.2007 – I R 39/04, BFH/NV 2008, 81; BVerfG 30.5.2007 – 1 BvR 756/07, NJW 2007, 2839 mwN; BFH 18.3.2014 – VIII R 33/12, BStBl. II 2014, 922). Bestätigt der Sendebericht den Empfang der Sendung, so steht eine gleichwohl gescheiterte Übermittlung der Wiedereinsetzung nicht entgegen (BAG 20.2.2001 – 1 AZR 322/00, HFR 2002, 555). Erschwerungen in der Kontrolle des Sendeberichts, die auf eine dem Empfängergerät der FB fehlende Empfängerkennung zurückzuführen sind, hat der Berufsträger nicht zu vertreten (BGH 12.3.2002 – IX ZR 220/01, HFR 2002, 939). Nutzt ein Bevollmächtigter E-Mail-Korrespondenz, muss er die Kenntnisnahme empfangener Nachrichten durch die Anforderung einer Lesebestätigung sicherstellen (vgl. BGH 18.11.2021 – I ZR 125/21, MDR 2022, 788; ebenso für das Verhältnis Bevollmächtigter/Mandant OLG Schleswig 21.2.2022 – 12 U 112/21, BeckRS 2022, 8593; aA für Einspruchseinlegung FG Sachsen 27.1.2023 – 3 K 744/22, EFG 2023, 1269, Rev. VI R 2/23).

C. Formelle Voraussetzungen; Antragsfrist und Entscheidung über die Wiedereinsetzung (Abs. 2)

70 Wiedereinsetzung in den vorigen Stand wird gem. Abs. 1 S. 1 nur auf Antrag gewährt. Ist die versäumte Handlung innerhalb der Antragsfrist nachgeholt worden, kann die FB gem. Abs. 2 S. 4 Wiedereinsetzung auch ohne Antrag gewähren.

I. Antrag; Antragsfrist (Abs. 2 S. 1)

71 Der Antrag auf Wiedereinsetzung bedarf keiner besonderen Form; er kann schriftlich (auch zu Protokoll der FB), mündlich (auch fernmündlich) oder per Fax gestellt werden. Der Antrag muss nicht den Begriff Wiedereinsetzung verwenden; ausreichend ist ein im Auslegungswege feststellbarer stillschweigender Wiedereinsetzungsantrag (HHSp § 110 Rn. 477; vgl. auch BFH 17.10.2003 – II B 109/02, BFH/NV 2004, 156). Eine Wiedereinsetzung gegen den Willen des Beteiligten ist unzulässig (TK § 110 Rn. 29). Die FB hat bei ersichtlicher Unkenntnis oder bei einem Versehen des Beteiligten aufgrund ihrer Fürsorgepflicht (§ 89 S. 1) ggf. die Stellung des Wiedereinsetzungsantrags anzuregen (TK § 110 Rn. 29).

72 **Antragsfrist.** Der Antrag auf Wiedereinsetzung ist gem. § 110 II 1 innerhalb eines Monats nach Wegfall des Hindernisses zu stellen. Innerhalb der Antragsfrist ist der Wiedereinsetzungsantrag zu begründen (→ Rn. 76 ff.). Die Glaubhaftmachung (→ Rn. 76 ff.) kann hingegen auch noch nach Ablauf der Antragsfrist erfolgen. Die Antragsfrist ist eine gesetzliche Frist, bei deren Versäumung ihrerseits Wiedereinsetzung in den vorigen Stand möglich ist (BFH 19.8.1992 – V B 27/92, BFH/NV 1993, 480; HHSp § 110 Rn. 488).

73 **Fristbeginn** ist gem. § 110 II 1 der **„Wegfall des Hindernisses“.** Dieser Zeitpunkt ist für Begründungs- und Anhörungsmängel des VA durch § 126 III 2 klar fixiert. Ansonsten fällt ein Hindernis weg, sobald der Beteiligte oder sein Bevollmächtigter erkannt haben oder bei Anwendung der erforderlichen Sorgfalt hätten erkennen können oder müssen, dass die Frist versäumt ist (BFH 18.5.1966 – II 110/63, BStBl. III 1966, 561; BFH

16.12.1988 – III R 13/85, BStBl. II 1989, 328). Bei fehlendem Wissen um die Fristversäumnis beginnt die Antragsfrist spätestens dann, wenn eine entsprechende Information durch die FB erfolgt (BFH 19.6.1990 – X B 54–59/90, BFH/NV 1991, 177 mwN; FG Hamburg 14.3.2006 – I 108/05, EFG 2006, 1087). Behauptet der Beteiligte zunächst die Fristwahrung und wird die Wiedereinsetzung nur hilfsweise beantragt, beginnt die Frist ebenfalls mit der behördlichen Mitteilung der Fristversäumnis (FG Hamburg 4.6.2002 – III 128/01, EFG 2002, 1347; TK § 110 Rn. 31). Wird einem Berufsträger eine Sache zur Fachbearbeitung vorgelegt, beginnt die Wiedereinsetzungsfrist daher mit dem Tag der Vorlage an ihn (BFH 30.8.2002 – III B 62/01, BFH/NV 2003, 67). Bei der **Fristberechnung** wird der Tag, an dem das Hindernis wegfällt, nicht mitgerechnet (§ 108 I iVm §§ 187 I, 188 I BGB).

II. Begründung; Glaubhaftmachung (Abs. 2 S. 2)

Die Tatsachen zur Begründung des Antrags sind bei der Antragstellung oder im Verfahren über den Antrag glaubhaft zu machen, § 110 II 2. Die Verpflichtung zur Begründung und Glaubhaftmachung besteht grds. sowohl für die Wiedereinsetzung auf Antrag als auch für diejenige ohne Antrag (§ 110 II 4). Die Begründung kann **formfrei** erfolgen (HHSp § 110 Rn. 499). Zur ausnahmsweisen Entbehrlichkeit der Begründung bei amtsbekannten oder offenkundigen Wiedereinsetzungsgründen → Rn. 81. 76

1. Antragsbegründung

In der Antragsbegründung sind das Hindernis und die Tatsachen darzulegen, die eine Wiedereinsetzung rechtfertigen können. Es sind diejenigen entscheidungserheblichen Ereignisse vollständig, substantiiert und schlüssig darzustellen, die zu der Fristversäumnis geführt haben und die unverschuldete Säumnis belegen sollen (vgl. zB BFH 30.3.1994 – II R 56/93, BFH/NV 1995, 38 mwN; BFH 28.6.2002 – IV R 40/01, BFH/NV 2002, 1597; std. Rspr.). Ferner ist der Zeitpunkt des Wegfalls des Hindernisses mitzuteilen, also wann und durch welche Umstände die Fristversäumnis bekannt geworden ist (BFH 5.4.2023 – I B 98/21, BFH/NV 2023, 705; BGH 20.1.2011 – IX ZB 214/09, NJW-RR 2011, 490). Wiedereinsetzungsgründe sind nicht von Amts wegen (§ 88) zu ermitteln. Es gilt aufgrund § 110 II 2 der Beibringungsgrundsatz (→ Rn. 109 f.), sodass die Antragsbegründung einen besonders sorgfältigen Sach- und Beweisvortrag erfordert. Bei fachkundig vertretenen Antragstellern trifft die FB keine Verpflichtung zur Aufklärung über den Inhalt der Antragsbegründung und zur Ergänzung einer unvollständigen Antragsbegründung (BFH 29.10.2003 – V B 61/03, BFH/NV 2004, 459; BFH 6.12.2011 – XI B 3/11, BFH/NV 2012, 707). 77

Ist bei nicht erfolgtem oder verspätetem Eingang des angeblich fristgerecht aufgegebenen Schriftstücks die **rechtzeitige Absendung** fraglich, ist eine schlüssige und lückenlose Schilderung des Absendevorgangs erforderlich. Dazu bedarf es des Tatsachenvortrags, welche Person zu welcher Zeit (Tag und Uhrzeit), auf welche Weise (zB Einwurf in Briefkasten) das Schriftstück aufgegeben hat (BFH 9.4.1998 – VIII R 35/96, BFH/NV 1998, 1242 mwN; BFH 16.12.2002 – VII B 99/02, BFH/NV 2003, 567; BFH 14.8.2006 – VI B 54/06, BFH/NV 2006, 2282). Bei Vertretern bedarf es ferner der Vorlage von Auszügen aus dem Fristenkontrollbuch und Postausgangsbuch (BFH 23.5.2006 – VI B 147/05, BFH/NV 2006, 1509; BFH 14.8.2006 – VI B 54/06, BFH/NV 2006, 2282 mwN). 78

Büroversehen. Beruft sich ein Vertreter auf ein Büroversehen (→ Rn. 54), muss er schlüssig darlegen, dass kein von ihm selbst zu vertretender Organisationsfehler vorliegt, dh dass er alle Vorkehrungen getroffen hat, die nach vernünftigem Ermessen die Nichtbeachtung von Fristen auszuschließen geeignet sind (BFH 24.7.2002 – VII B 150/02, BFH/NV 2002, 1489; BFH 18.1.2007 – III R 65/05, BFH/NV 2007, 945 mwN). Dazu ist eine Schilderung der Fristenkontrolle und der Postausgangskontrolle nach Art und Umfang 79 erforderlich (BFH 12.8.1996 – VIII R 66/95, BFH/NV 1997, 137). Die Angaben sind durch Vorlage von Ablichtungen des Fristenkontrollbuchs und des Postausgangsbuchs glaubhaft zu machen (BFH 26.11.1986 – IX R 64/86, BFH/NV 1988, 33; BFH 17.9.1993 – IV R 35/93, BFH/NV 1994, 328). Die Bürokraft bzw. Hilfsperson ist namentlich zu benennen (BFH 28.6.2002 – IV R 40/01, BFH/NV 2002, 1597). Die bloße Vorlage des Postausgangsbuchs genügt den Anforderungen an die schlüssige Darstellung des Absendevorgangs nicht; dem Postausgangsbuch ist nicht zu entnehmen, dass die Sendung auch tatsächlich zur Post gegeben wurde und nicht versehentlich in der Kanzlei verblieben ist (BFH 15.5.2003 – VII B 246/02, BFH/NV 2003, 1206).

Macht der Vertreter hinsichtlich der Fristenkontrolle geltend, er habe die Notierung und Kontrolle der Frist einer zuverlässigen und erfahrenen **Bürokraft** übertragen, muss er die Zuverlässigkeit der Bürokraft darlegen (BFH 24.7.2002 – VII B 150/02, BFH/NV 2002, 1489; Kummer Rn. 672) und vortragen, durch welche Maßnahmen die Fristen anordnungsgemäß notiert und kontrolliert wurden (BFH 7.2.2002 – VII B 150/01, BFH/NV 2002, 795). Der Vertreter hat ferner darzulegen, dass er durch regelmäßige **Belehrung** und **Überwachung** seiner Bürokräfte für die Einhaltung seiner Anordnungen Sorge getragen hat (BFH 18.2.2000 – I B 136/99, BFH/NV 2000, 1108; BFH 24.7.2002 – VII B 150/02, BFH/NV 2002, 1489; std. Rspr.), dh wann und wie die Bürokräfte entspr. belehrt und überwacht wurden (BFH 24.7.2002 – VII B 150/02, BFH/NV 2002, 1489 mwN).

80 **Weitere Einzelfälle.** Bei einer **Erkrankung** müssen deren Art und Schwere konkret dargetan werden (BFH 30.1.2007 – IX B 86/06, BFH/NV 2007, 1513 mwN). Dazu bedarf es regelmäßig einer Glaubhaftmachung durch Vorlage eines ärztlichen Attests mit Angaben zu Art und Schwere der Erkrankung (BFH 11.8.2005 – VII B 319/04, BFH/NV 2006, 79; BFH 11.11.2005 – IV B 117/04, BFH/NV 2006, 348 mwN). Gegebenenfalls reicht auch eine Glaubhaftmachung durch eidesstattliche Versicherung einer dritten Person; kann eine solche (zB wegen nur kurzfristiger Erkrankung ohne Konsultation eines Arztes) nicht vorgelegt werden, ist darzulegen, dass und aus welchem Grund solche Beweismittel nicht vorgelegt werden können (BFH 15.7.1998 – VII B 98/98, BFH/NV 1999, 67). Bei Erkrankung eines Vertreters (Berufsträgers) ist ferner dazulegen, warum nicht rechtzeitig ein Vertreter bestellt werden konnte (BFH 23.10.2000 – VI B 150/00, BFH/NV 2001, 468 mwN; Gräber FGO § 56 Rn. 38 mwN; einschr. bei Fristversäumnis eines Rechtsanwalts in eigener Sache BFH 14.11.2005 – VI B 48/05, BFH/NV 2006, 579). Bei behauptetem **Computer-Absturz** sind die Art des Defekts und die getroffenen Maßnahmen zu seiner Behebung darzulegen (BFH 23.12.2005 – VI R 79/04, BFH/NV 2006, 787; BFH 17.7.2006 – VII B 291/05, BFH/NV 2006, 1876; → Rn. 39).

81 **Entbehrlich** ist eine Begründung nur, wenn die Umstände der Säumnis offenkundig oder amtsbekannt sind (BVerfG 30.3.1995 – 2 BvR 2119/94, NJW 1995, 2544; BFH 24.8.1990 – VI R 178/85, BFH/NV 1991, 140; HHSp § 110 Rn. 494). **Offenkundig** sind Tatsachen, wenn sie einem größeren Kreis von Personen allg. bekannt sind und die Überzeugung von der Wahrheit aus der Allgemeinkunde geschöpft werden kann (BFH 6.4.1995 – VIII B 61/94, BFH/NV 1996, 137). **Amtsbekannt** sind das individuelle Besteuerungsverhältnis betreffende Wiedereinsetzungsgründe nur dann, wenn sie aktenkundig sind (BFH 14.9.1999 – III R 78/97, BStBl. II 2000, 37 mwN; FG Köln 30.5.2001 – 9 K 4868/00, EFG 2001, 1098 mwN).

82 **Begründungsfrist.** Die Tatsachen zur Begründung des Wiedereinsetzungsantrags sind innerhalb der Monatsfrist des § 110 II 1 ihrem **wesentlichen Inhalt** nach vorzutragen (BFH 29.10.2003 – V B 61/03, BFH/NV 2004, 459). Nach Ablauf der Monatsfrist können allenfalls unklare oder unvollständige Angaben, soweit sie einen vorgetragenen Wiedereinsetzungsgrund betreffen, erläutert oder ergänzt werden (BFH 18.2.2000 – I B 136/99, BFH/NV 2000, 1108, std. Rspr.). Nach Ablauf der Begründungsfrist geltend gemachte neue Wiedereinsetzungsgründe können nicht berücksichtigt werden (BFH 26.7.2001 – VII B 349/00, BFH/NV 2001, 1600).

2. Glaubhaftmachung

Die zur Begründung des Wiedereinsetzungsantrags fristgerecht vorgetragenen Gründe sind glaubhaft zu machen. Glaubhaftmachung ist eine Beweisführung, die der FB einen geringeren Grad von Wahrscheinlichkeit vermitteln soll (vgl. auch § 294 ZPO); die Richtigkeit der vorgetragenen Tatsachen muss **überwiegend wahrscheinlich** sein (BFH 11.12.1986 – IV R 184/84, BStBl. II 1987, 303). Eine Tatsache wird glaubhaft gemacht durch die Vorlage präsenter Beweismittel, aufgrund deren Vorlage der Beweis sofort und unmittelbar erbracht werden kann (BFH 28.12.1989 – VIII R 70/87, BFH/NV 1990, 714). Der Betroffene kann sich zum Zweck der Glaubhaftmachung aller Beweismittel bedienen, zB Vorlage von Erklärungen, Schriftstücken und Urkunden (etwa Fristenkontroll- und Postausgangsbuch, Sendeprotokoll des Faxgeräts, ärztliches Attest). Wird ein Büroversehen glaubhaft gemacht, bedarf es keiner Glaubhaftmachung der Gründe, die das Versehen erklären können (BGH 16.11.2004 – VIII ZB 32/04, NJW-RR 2005, 1006). 86

Zur Glaubhaftmachung geeignet ist auch eine **eidesstattliche Versicherung;** dies gilt allerdings uneingeschränkt nur für Vorgänge, zu deren Nachweis außer der eigenen Erklärung des Antragstellers oder eines Dritten keine weiteren Mittel der Glaubhaftmachung zur Verfügung stehen (BFH 12.11.1996 – III R 13/96, BFH/NV 1997, 420; BFH 13.10.2005 – IV B 21/05, BFH/NV 2006, 328). In den übrigen Fällen ist darzulegen, weshalb keine objektiven Beweismittel vorgelegt werden können; die mögliche Vorlage präsenter Beweismittel (zB Fristenkontrollbuch, Postausgangsbuch) kann nicht durch eine eidesstattliche Versicherung ersetzt werden (BFH 4.5.2021 – VIII B 121/20, BFH/NV 2021, 1329; BFH 25.4.1995 – VIII R 86/94, BFH/NV 1995, 1002). Bei späterem Widerruf einer eidesstattlichen Versicherung entfällt die Glaubhaftmachung (BFH 17.9.1992 – IV R 78/90, BFH/NV 1993, 398). 87

Auch eine **einfache Erklärung** kann uU die Überzeugung der FB von der Wahrscheinlichkeit der behaupteten Wiedereinsetzungsgründe begründen (BVerfG 15.5.1995 – 1 BvR 2440/94, NJW 1995, 2546). Dies kann bei einem naheliegenden, der Lebenserfahrung entsprechenden Versäumnisgrund der Fall sein, wenn kein Anlass zu Zweifeln hinsichtlich der Wahrscheinlichkeit des vorgetragenen Sachverhalts besteht (zB Urlaub in der Ferienzeit, vgl. HHSp § 110 Rn. 524 mwN). Ebenso entfällt bei einer Wiedereinsetzung ohne Antrag gem. § 110 II 4 die Verpflichtung zur Glaubhaftmachung dann, wenn sich der Wiedereinsetzungsgrund bereits aus der nachgeholten Handlung bzw. aus den Umständen ihrer Vornahme ergibt oder offenkundig oder amtsbekannt bzw. aktenkundig ist (HHSp § 110 Rn. 532 mwN). 88

Die Glaubhaftmachung kann auch noch **außerhalb der Antragsfrist** des § 110 II 1 erfolgen (BFH 9.7.1992 – IV R 102/91, BFH/NV 1993, 37), insb. auch erst im FG-Verfahren (zutr. FG München 30.3.2006 – 15 K 405/05, EFG 2006, 1086). Sie kann sich jedoch nur auf – substantiiert vorgetragene – Gründe beziehen, die innerhalb der Antragsfrist vorgebracht wurden (FG Hamburg 14.3.2006 – I 108/05, EFG 2006, 1087 mAnm Hoffmann). Glaubhaftmachung bis zum Abschluss des Einspruchsverfahrens ist wegen uU nachteiliger Kostenfolgen (§ 137 FGO) anzuraten (Koenig INF 1995, 1 (3)). 89

Fehlt die Glaubhaftmachung und will die FB aus diesem Grund die Wiedereinsetzung versagen, ist sie grds. nicht zu einem entsprechenden Hinweis an den Antragsteller verpflichtet (FG Niedersachsen 20.4.2016 – 9 K 178/14, EFG 2016, 1049; aA TK § 110 Rn. 35). Auch für die Glaubhaftmachung gilt der Beibringungsgrundsatz (→ Rn. 110); für Ermittlungen von Amts wegen ist kein Raum.

III. Nachholung der versäumten Handlung (Abs. 2 S. 3)

Gemäß § 110 II 3 ist die versäumte Handlung spätestens innerhalb der Antragsfrist (dazu § 110 II 1) nachzuholen; die für die nachzuholende Handlung erforderlichen Formalien sind einzuhalten (BFH 2.12.1988 – X R 92/88, BStBl. II 1989, 147). Erfolgt keine Nach- 93 holung der versäumten Handlung innerhalb der Antragsfrist, ist der Wiedereinsetzungsantrag unzulässig (TK § 119 Rn. 36).

Die Nachholung der versäumten Handlung wird sich häufig bereits durch **Auslegung** des Wiedereinsetzungsantrags entnehmen lassen (BFH 9.12.2009 – II R 52/07, BFH/NV 2010, 824). Eine solche Auslegung ist auch verfassungsrechtlich geboten, wenn das Wiedereinsetzungsgesuch erkennbar und nach der Verfahrens- und Interessenlage zweifelsfrei auf eine Änderung der getroffenen Entscheidung abzielt (BVerfG 2.3.1993 – 1 BvR 249/92, NJW 1993, 1635).

Die nachzuholende Handlung kann – wie zB bei irrtümlich verspäteter Einspruchseinlegung – bereits vor dem Wegfall des Hindernisses erfolgen (HHSp § 110 Rn. 536). Sie braucht nach Antragstellung nicht wiederholt zu werden (BFH 26.1.1978 – VII ZB 20/77, HFR 1978, 461).

IV. Wiedereinsetzung von Amts wegen (Abs. 2 S. 4)

94 Die Wiedereinsetzung setzt grds. einen Antrag voraus (vgl. § 110 I 1). Gemäß § 110 II 4 darf jedoch ausnahmsweise Wiedereinsetzung auch ohne Antrag von Amts wegen gewährt werden, wenn die versäumte Handlung innerhalb der Antragsfrist nachgeholt worden ist.

Durch die Nachholung der versäumten Handlung wird jedoch **lediglich** der **Wiedereinsetzungsantrag** ersetzt (HHSp 110 Rn. 466, 504). Davon unberührt bleibt die Verpflichtung des Beteiligten, innerhalb der Antragsfrist einen Wiedereinsetzungsgrund vorzutragen und glaubhaft zu machen (BFH 6.10.1993 – X B 85–86/93, BFH/NV 1994, 680; BFH 14.9.1999 – III R 78/97, BStBl. II 2000, 37; → Rn. 76). Ein substantiierter Sachvortrag ist ausnahmsweise dann entbehrlich, wenn die eine Wiedereinsetzung rechtfertigenden Gründe offenkundig oder amtsbekannt sind (→ Rn. 81).

D. Ablauf der Jahresfrist (Abs. 3)

95 Nach einem Jahr seit Ende der versäumten Frist kann die Wiedereinsetzung nicht mehr beantragt oder die versäumte Handlung nicht mehr nachgeholt werden; Antragstellung bzw. Nachholung der versäumten Handlung sind ausnahmsweise über die Jahresfrist hinaus dann möglich, wenn dies vor Ablauf eines Jahres mangels höherer Gewalt unmöglich war (Abs. 3).

96 **Jahresfrist.** § 110 III ist anzuwenden, wenn vor Ablauf der Jahresfrist kein begründeter Wiedereinsetzungsantrag vorliegt. Ferner gilt die Jahresfrist nach der Gesetzesbegründung (BT-Drs. 7/4292, 26) auch für die einen Antrag ersetzende Nachholung der versäumten Handlung gem. § 110 II 4. Wird vor Ablauf der Jahresfrist der Antrag gestellt bzw. die versäumte Handlung nachgeholt, muss das Verfahren der Wiedereinsetzung nicht innerhalb der Jahresfrist abgeschlossen werden. Die Glaubhaftmachung kann **auch** noch **nach Ablauf der Jahresfrist** erfolgen (BFH 31.7.1962 – VII 176/61 U, BStBl. III 1962, 405; HHSp § 110 Rn. 546). Bzgl. der **Berechnung** der Jahresfrist vgl. zum Fristbeginn § 108 I iVm § 187 BGB, zum Fristende § 108 I iVm § 188 II BGB; → § 108 Rn. 26.

97 **Rechtswirkungen der Versäumung der Jahresfrist.** Die in § 110 III normierte Jahresfrist ist eine Ausschlussfrist. Diese zeitliche Begrenzung dient der Rechtssicherheit und ist verfassungsgemäß (HHSp § 110 Rn. 541; Kummer Rn. 702 jeweils mwN). Eine Belehrung über die Jahresfrist ist nicht erforderlich. Die Jahresfrist ist aus Gründen der Rechtssicherheit indisponibel; eine Wiedereinsetzung in die Jahresfrist ist ausgeschlossen (HHSp § 110 Rn. 547; TK § 110 Rn. 37; FG Köln 30.5.2001 – 9 K 4868/00, EFG 2001, 1098).

98 Ist die **Jahresfrist verstrichen** und liegt kein Fall höherer Gewalt vor, ist der Wiedereinsetzungsantrag unzulässig. Es ist unerheblich, ob die unverschuldete Verhinderung fortbesteht. Auch die Möglichkeit einer Wiedereinsetzung ohne Antrag gem. § 110 II 4 entfällt. Ob im Einzelfall die Jahresfrist des § 110 III gewahrt wurde, ist eine Tat- und

keine von § 115 II Nr. 1 FGO vorausgesetzte Rechtsfrage (BFH 19.10.2001 – XI S 27/01, BFH/NV 2002, 371).

Höhere Gewalt. Die Jahresfrist gilt nicht, wenn die Antragstellung oder die Nachholung der versäumten Handlung infolge höherer Gewalt unmöglich war, § 110 III (letzter HS). Höhere Gewalt ist ein außergewöhnliches Ereignis, das unter den gegebenen Umständen auch durch äußerste, nach Lage der Sache vom Betreffenden zu erwartende Sorgfalt nicht abgewendet werden kann (BFH 22.11.2004 – III B 81/04, BFH/NV 2005, 327 mwN; BFH 18.4.2005 – IV B 90/03, BFH/NV 2005, 1817; vgl. auch BVerfG 16.10.2007 – 2 BvR 51/05, NJW 2008, 429). Hierunter fallen nicht nur Ereignisse, die menschlicher Steuerung völlig entzogen sind, wie zB Krieg oder Naturkatastrophen, sondern allgemein unabwendbare Zufälle (BVerfG 16.10.2007 – 2 BvR 51/05, NJW 2008, 429). Absolute Unmöglichkeit zur Vornahme der Handlung ist nicht erforderlich, sondern lediglich, dass der Betroffene die größte nach den Umständen von ihm unter Berücksichtigung objektiver Maßstäbe vernünftigerweise zu erwartende und ihm zumutbare Sorgfalt walten lässt (BFH 8.2.2001 – VII R 59/99, BStBl. II 2001, 506; BFH 22.11.2004 – III B 81/04, BFH/NV 2005, 327 mwN). Daher kann zB eine durch rechts- oder treuwidriges Verhalten der FB verursachte Fristversäumnis auf höherer Gewalt beruhen (BFH 8.2.2001 – VII R 59/99, BStBl. II 2001, 506 mwN; BFH 12.1.2011 – I R 37/10, BFH/NV 2011, 1281: fehlerhafte öffentliche Zustellung). 99

Höhere Gewalt ist **nicht** gegeben bei mangelnder Kenntnis von der Fristversäumnis und Unkenntnis der Jahresfrist des § 110 III (FG Köln 30.5.2001 – 9 K 4868/00, EFG 2001, 1098 mwN), bei Versäumung der Antragsfrist des § 32d II Nr. 3 S. 4 EStG wegen eines Irrtums über die zutreffende Qualifikation seiner Einkünfte (BFH 14.5.2019 – VIII R 20/16, BStBl. II 2019, 586; vgl. aber zum Verschulden BFH 29.8.2017 – VIII R 33/15, BStBl. II 2018, 69), bei Verfassungswidrigkeitserklärung einer Rechtsnorm durch das BVerfG (FG Baden-Württemberg 7.10.1992 – 5 K 105/92, EFG 1993, 122; FG Hamburg 29.10.1998 – II 158/98, EFG 1999, 318) und bei Prozessunfähigkeit eines Vertreters jedenfalls dann nicht, wenn für den Stpfl. innerhalb der Jahresfrist ein weiterer StBerater tätig war (FG Hamburg 18.9.2002 – II 443/01, EFG 2003, 206). 100

Für den Antrag gilt in Fällen höherer Gewalt die **Frist des § 110 II 1;** die Frist läuft mit dem Wegfall des durch höhere Gewalt verursachten Hindernisses an. 101

E. Zuständige Finanzbehörde (Abs. 4)

Über den Wiedereinsetzungsantrag entscheidet gem. § 110 IV die FB, die nach Maßgabe der örtlichen und sachlichen Zuständigkeit über die versäumte Handlung zu befinden hat. Dies gilt auch dann, wenn Wiedereinsetzung ohne Antrag (§ 110 II 4) gewährt wird. Bei Versäumung der Einspruchsfrist hat die gem. § 367 I zuständige FB in der Einspruchsentscheidung über das Wiedereinsetzungsgesuch zu entscheiden. 107

F. Entscheidung über Wiedereinsetzung; Rechtswirkungen und Rechtsbehelfe

I. Entscheidung über die Wiedereinsetzung

Die **Entscheidung über die Wiedereinsetzung** ist eine Rechts- und keine Ermessensentscheidung. Der Antragsteller hat bei Erfüllung der gesetzlichen Voraussetzungen einen strikten **Anspruch** auf Wiedereinsetzung (BFH 1.9.1961 – III 77/59 U, BStBl. III 1962, 45 HHSp § 110 Rn. 565). Die FB hat nach dem Grundsatz der Gesetzmäßigkeit der Verwaltung (Art. 20 III GG) keine Dispositionsbefugnis dahingehend, eine nicht fristgerechte Handlung als fristwahrend zu behandeln (FG Berlin 13.12.2002 – 9 K 9526/00, EFG 2003, 1218 mwN). Wiedereinsetzung ist auch dann zu versagen, wenn sie die FB in 108 einem vergleichbaren Fall fehlerhaft gewährt hatte; hier kann Wiedereinsetzung nur in Betracht kommen, wenn ein Wiedereinsetzungsantrag im Vertrauen auf die im vergleichbaren Fall gewährte Wiedereinsetzung nicht beantragt wurde (BFH 20.10.1992 – III B 86/92, BeckRS 1992, 7189). Zur gerichtlichen Überprüfung der Wiedereinsetzungsentscheidung → Rn. 111.

109 **Verfahrensgrundsätze; Beweisfragen.** Die FB hat den Beteiligten auf die Fristversäumnis hinzuweisen und ihm Gelegenheit zur Äußerung zu geben (→ Rn. 13). Unterlässt dies die FB, so leidet die von ihr getroffene Entscheidung (zB Verwerfung des Einspruchs als unzulässig) wegen Verletzung des rechtlichen Gehörs unter einem wesentlichen Verfahrensmangel und ist auf einen Rechtsbehelf hin aufzuheben (BFH 31.7.1962 – VII 176/61 U, BStBl. III 1962, 405; vgl. auch BVerfG 23.11.1982 – 2 BvR 1008/82, BVerfGE 62, 320).

110 Die FB hat **von Amts wegen** zu prüfen, ob tatsächlich eine Fristversäumnis vorliegt (→ Rn. 19). Insoweit trifft den Beteiligten die Feststellungslast (→ Rn. 19). Bezüglich der etwa vorliegenden Wiedereinsetzungsgründe und ihrer Glaubhaftmachung gilt hingegen aufgrund § 110 II 2 der **Beibringungsgrundsatz** (Gräber FGO § 56 Rn. 43). Eine Ermittlung von Amts wegen (§ 88) findet lediglich in Bezug auf etwaige Zweifel an den tatsächlich fristgerecht geltend gemachten Wiedereinsetzungsgründen statt (BFH 20.11.1987 – III R 208/84 ua, BFH/NV 1989, 370; HHSp § 110 Rn. 562; vgl. auch oben → Rn. 77). Der Antragsteller trägt die **Feststellungslast** dafür, dass die Voraussetzungen einer Wiedereinsetzung vorliegen (BFH 6.8.1986 – I R 111/83, BFH/NV 1987, 77; HHSp § 110 Rn. 562); zur Beweisvereitelung durch die FB → Rn. 31.

111 **Rechtsnatur der Wiedereinsetzungsentscheidung.** Die Entscheidung über die Gewährung bzw. Versagung der Wiedereinsetzung ist **kein selbständig anfechtbarer VA,** sondern als Rechtsentscheidung in einem verwaltungsrechtlichen Zwischenverfahren ein unselbständiger Bestandteil der Hauptsacheentscheidung (BFH 26.10.1989 – IV R 82/88, BStBl. II 1990, 277; BFH 14.11.2006 – IV B 13/04, BFH/NV 2007, 728 mwN; Klein § 110 Rn. 123; HHSp § 110 Rn. 587 ff.; → § 347 Rn. 4 ff.; → § 347 Rn. 7). Die zu Unrecht gewährte Wiedereinsetzung unterliegt deshalb mangels VA-Charakter nicht der Rücknahmeregelung des § 130 II (BFH 2.10.1986 – IV R 39/83, BStBl. II 1987, 7). Eine gerichtliche Nachprüfung der Entscheidung der FB ist nur im Rahmen der Hauptentscheidung möglich (→ Rn. 114 ff.). Ausnahmsweise ist eine Wiedereinsetzungsentscheidung dann als VA zu qualifizieren, wenn die FB in der äußeren Gestalt eines VA isoliert über die Wiedereinsetzung entscheidet (FG Niedersachsen 9.10.1985 – III (VII) 637/84, EFG 1986, 54); dieser VA ist jedoch durch das FG ohne Sachprüfung aufzuheben.

112 **Form der Wiedereinsetzungsentscheidung.** Für die Entscheidung über die Wiedereinsetzung ist keine besondere Form vorgeschrieben. Die Entscheidung kann ausdrücklich erfolgen. Möglich ist auch eine **stillschweigende** Gewährung der Wiedereinsetzung (BFH 27.7.1988 – I R 159/84, BFH/NV 1990, 8; HHSp § 110 Rn. 560). Die stillschweigende Gewährung setzt jedoch voraus, dass sich die FB über die Gewährung von Wiedereinsetzung im Klaren war oder dass zumindest ein verständiger Antragsteller nach den Gesamtumständen auf eine entsprechende Entscheidung in der Wiedereinsetzungsfrage schließen kann und darf (BFH 27.7.1988 – I R 159/84, BFH/NV 1990, 8 mwN; vgl. auch TK § 110 Rn. 41). Zur Frage, ob bei unbegründetem Einspruch die Frage seiner Zulässigkeit (Rechtzeitigkeit der Einlegung) dahingestellt bleiben kann, → § 358 Rn. 7.

II. Rechtswirkungen; Rechtsbehelfe

113 **Rechtswirkungen der Wiedereinsetzung bzw. ihrer Versagung.** Wird Wiedereinsetzung gewährt, so wird die versäumte und nachgeholte Handlung als rechtzeitig fingiert (BFH 1.12.1986 – GrS 1/85, BStBl. II 1987, 264). Hatte die FB bereits vor der Wiedereinsetzung in der Sache entschieden (zB einen Einspruch bereits als unzulässig verworfen), wird diese Entscheidung mit der Wiedereinsetzung gegenstandslos und unwirksam (HHSp

§ 110 Rn. 556; zur Wiedereinsetzung nach Präklusion → § 346b Rn. 34). Wird Wiedereinsetzung versagt, so ist der Antrag abzulehnen oder der Einspruch als unzulässig zu verwerfen (§ 358 S. 2).

Rechtsbehelfe. Da die Wiedereinsetzung ein unselbständiger Bestandteil der Hauptsacheentscheidung ist (→ Rn. 111), kann sie gerichtlich nur im Zusammenhang mit der Überprüfung der Hauptsacheentscheidung nachgeprüft werden. Die Gerichte haben den der Wiedereinsetzung gezogenen verfassungsrechtlichen Rahmen zu beachten (→ Rn. 3). 114

Die Entscheidung der FB ist – weil Rechts- und nicht Ermessensentscheidung (→ Rn. 108) – im gerichtlichen Verfahren in **vollem Umfang** nachprüfbar (BFH 2.10.1986 – IV R 39/83, BStBl. II 1987, 7; BFH 14.11.2006 – IV B 13/04, BFH/NV 2007, 728). Da es in der AO an einer § 56 V FGO entsprechenden Regelung fehlt, ist die von der FB gewährte Wiedereinsetzung für das Gericht nicht bindend (BFH 26.10.1989 – IV R 82/88, BStBl. II 1990, 277). Entscheidet die FB aufgrund zu Unrecht gewährter Wiedereinsetzung in der Sache, kann das FG die Klage wegen der vorliegenden Fristversäumnis als unbegründet abweisen (TK § 110 Rn. 39). Umgekehrt kann das FG auch in der Sache entscheiden, wenn die FB zu Unrecht Wiedereinsetzung versagt hatte. 115

Revisionsverfahren. Die Entscheidung des FG ist – mangels einer § 56 V FGO entsprechenden Vorschrift – in vollem Umfang durch den BFH nachprüfbar; der BFH kann auch selbst unmittelbar über die Wiedereinsetzung gem. § 110 entscheiden, wenn das FG hierüber noch nicht entschieden hat (BFH 14.7.1989 – III R 54/84, BStBl. II 1989, 1024). Hat das FG die Versagung einer Wiedereinsetzung in den vorigen Stand zu Unrecht gebilligt, liegt ein materiell-rechtlicher Fehler vor (HHSp FGO § 115 Rn. 249); ein Verfahrensmangel iSd § 115 II Nr. 3 FGO ist insoweit nicht gegeben (BFH 24.5.2002 – VII B 242/01, BFH/NV 2002, 1169). 116

5. Unterabschnitt. Rechts- und Amtshilfe

§ 111 Amtshilfepflicht

(1) [1] **Alle Gerichte und Behörden haben die zur Durchführung der Besteuerung erforderliche Amtshilfe zu leisten.** [2] **§ 102 bleibt unberührt.**

(2) **Amtshilfe liegt nicht vor, wenn**

1. **Behörden einander innerhalb eines bestehenden Weisungsverhältnisses Hilfe leisten,**
2. **die Hilfeleistung in Handlungen besteht, die der ersuchten Behörde als eigene Aufgabe obliegen.**

(3) **Schuldenverwaltungen, Kreditinstitute sowie Betriebe gewerblicher Art der Körperschaften des öffentlichen Rechts fallen nicht unter diese Vorschrift.**

(4) **Auf dem Gebiet der Zollverwaltung erstreckt sich die Amtshilfepflicht auch auf diejenigen dem öffentlichen Verkehr oder dem öffentlichen Warenumschlag dienenden Unternehmen, die das Bundesministerium der Finanzen als Zollhilfsorgane besonders bestellt hat, und auf die Bediensteten dieser Unternehmen.**

(5) **Die §§ 105 und 106 sind entsprechend anzuwenden.**

Vergleichbare Vorschriften: § 4 VwVfG; § 3 SGB X

I. Allgemeines

Regelungsinhalt der §§ 111 ff. ist die Amtshilfe zur Durchführung der Besteuerung; diese Vorschriften enthalten keine Bestimmungen zur Verpflichtung der FB, Amtshilfe für Zwecke anderer Gerichts- oder Verwaltungsverfahren zu leisten. Die Amtshilfe von FB 1 zugunsten anderer Behörden richtet sich nach den für diese Behörden geltenden Amtshilfevorschriften; sie finden ihre Grenzen jedoch in § 30.

Die Verpflichtung zur Amtshilfe beruht auf Art. 35 I GG und soll das Zusammenwirken der Träger der Staatsgewalt – hier zum Zweck der Besteuerung – sicherstellen. Die Amtshilfe soll durch die Zusammenführung von Erfahrung, Sach- und Rechtskunde die Effizienz der Besteuerung fördern (HHSp Vor § 111 Rn. 2). Im Rahmen der Vollstreckung ist § 250 lex specialis zu den §§ 111 ff.

§ 111 III, IV ist aus § 188 II, III RAO hervorgegangen; die Abs. 1 und 2 entsprechen § 4 VwVfG.

2 **Systematisch** untergliedert sich der 5. Unterabschnitt wie folgt: § 111 enthält die Grundsatzregelung zur Amtshilfe, § 112 regelt Voraussetzungen und Grenzen der Amtshilfe, §§ 113 und 114 bestimmen die Auswahl der zu ersuchenden Behörde und die Durchführung der Amtshilfe. § 115 regelt die Kosten der Amtshilfe und § 116 enthält eine Sonderbestimmung zur Mitteilung von Tatsachen, die den Verdacht einer StStraftat begründen. § 117 regelt schließlich die zwischenstaatliche Rechts- und Amtshilfe.

II. Grundsatz (Abs. 1)

3 Alle Gerichte und Behörden sind grds. verpflichtet, den FB Hilfe gem. §§ 111 ff. zu leisten. Bei der Hilfe durch Gerichte spricht man daher von Rechtshilfe (TK § 111 Rn. 1; Klein § 111 Rn. 8; diff. HHSp Vor § 111 Rn. 18 ff.), bei derjenigen durch Behörden von Amtshilfe; diese Differenzierung ist jedoch nur begrifflicher Art und daher letztlich entbehrlich (BFH 25.1.1988 – VII B 85/87, BStBl. II 1988, 566). Die **„Durchführung der Besteuerung"** iSd Abs. 1 betrifft nicht nur die Vorschriften des Vierten Teils (§§ 134–217), sondern – wie sich bereits aus der systematischen Stellung der §§ 111 ff. im Dritten Teil der AO ergibt – auch die Vorschriften des Fünften bis Achten Teils der AO, modifiziert lediglich durch § 250. Die Durchführung der Besteuerung darf nicht nur Nebenzweck sein, wie dies regelmäßig bei ststrafrechtlichen Ermittlungen der Fall ist (BFH 20.4.1983 – VII R 2/82, BStBl. II 1983, 482).

4 **Amtshilfe** ist jedwede ergänzende Unterstützung bei der Durchführung von Aufgaben der ersuchenden Behörde (BFH 25.1.1988 – VII B 85/87, BStBl. II 1988, 566). Daher liegt keine Amtshilfe vor, wenn die ersuchte Handlung eine eigene Aufgabe der ersuchten Behörde ist (§ 111 II Nr. 2). Eine Amtshilfe kann zB bestehen in der Aktenübersendung, Gutachtenerstattung, Zeugenvernehmung, Beteiligtenanhörung, Bereitstellung von Verwaltungspersonal bzw. sächlichen Dienstmitteln oder in der VollstrHilfe. Ein Sonderfall der Amtshilfe – allerdings ohne Ersuchen – sind Kontrollmitteilungen gem. § 194 III und Mitteilungen gem. § 116. Um Amtshilfe ist jeweils einzelfallbezogen zu ersuchen. Eine dauerhafte allgemeine Unterstützung ist keine Amtshilfe (HHSp § 111 Rn. 40).

5 Die Amtshilfe muss zur Durchführung der Besteuerung **erforderlich** sein, dh ohne die Amtshilfe muss die Aufgabenerfüllung der FB schwieriger, zeitaufwändiger, umständlicher oder unmöglich sein (Schwarz/Pahlke/Keß § 111 Rn. 5; HHSp § 111 Rn. 115 f.). § 93 I 3 ist infolge der Gesetzessystematik – auch analog – nicht auf die Amtshilfevorschriften anwendbar. Gleichwohl spiegelt sich der Subsidiaritätsgrundsatz des § 93 I 3 im Tatbestandsmerkmal der Erforderlichkeit wider. Die FB darf sich durch die Amtshilfe keine Befugnisse verschaffen, die ihr ohne die Amtshilfe nicht zustehen (BFH 25.1.1988 – VII B 85/87, BStBl. II 1988, 566; HHSp § 114 Rn. 7), denn die Zulässigkeit einer Verwaltungsmaßnahme setzt stets die Grenzen für die Erforderlichkeit.

6 **Behörden** sind alle Stellen, die Aufgaben der staatlichen Verwaltung wahrnehmen (§ 6 I), unabhängig von ihrer Organisationsform, sodass auch beliehene Unternehmer „Behörde" sind (Klein § 111 Rn. 6; TK § 111 Rn. 6). Dazu gehören neben den Gebietskörperschaften, Anstalten und Stiftungen des öffentlichen Rechts auch juristische und natürliche Personen sowie nicht rechtsfähige Personenvereinigungen wie Schiffskapitäne, Notare (Schwarz/Pahlke/Keß § 111 Rn. 7; HHSp § 111 Rn. 98), Bezirksschornsteinfeger, Ge-

richtsvollzieher und Sozialversicherungsträger. Keine Behörden sind zB die Allgemeinen Ortskrankenkassen, Berufsverbände und andere Vertretungen, die keine (Überwachungs-) Aufgaben der öffentlichen Verwaltung wahrnehmen. **Gerichte** sind organisatorisch selbständige Stellen, die Aufgaben der Rechtspflege wahrnehmen und ausschließlich mit Richtern besetzt sind.

Auskunftsverweigerungsrechte gem. § 102 gelten auch im Rahmen von Amtshilfeersuchen (§ 111 I 2). 7

III. Keine Amtshilfe (Abs. 2)

§ 111 II enthält keine abschließende negative Aufzählung; die Vorschrift stellt lediglich klar, dass keine Amtshilfe vorliegt, wenn sich Behörden wegen eines fach- oder rechtsaufsichtlichen Über-/Unterordnungsverhältnisses gegenüberstehen (Nr. 1), oder die „ersuchte" Behörde zur Durchführung der ersuchten Handlung selbst verpflichtet oder ermächtigt ist (Nr. 2). Daher ist Amtshilfe grds. nur zwischen gleich- oder nebengeordneten Behörden denkbar. Ausnahmsweise ist Amtshilfe auch im lediglich organisatorischen Über-/Unterordnungsverhältnis gegeben, wenn zB ein FA die dem FM angegliederte Liegenschafts- oder Landesbeteiligungsverwaltung um Amtshilfe ersucht. 8

IV. Ausnahmen (Abs. 3)

Von der Verpflichtung zur Amtshilfe sind Schuldenverwaltungen, Kreditinstitute und Betriebe gewerblicher Art iSv § 1 I Nr. 6 iVm § 4 KStG befreit. Hintergrund ist, dass die Besonderheiten in der Organisation der in Abs. 3 genannten Institutionen nicht dazu führen sollen, diesen Betrieben Amtshilfepflichten aufzuerlegen, die privatrechtlich organisierten Mitbewerbern nicht obliegen (ebenso Klein § 111 Rn. 15). Die in Abs. 3 genannten Einrichtungen sind jedoch zur Mitwirkung gem. § 93 verpflichtet. 9

V. Zollverwaltung (Abs. 4)

Die Verpflichtung zur Amtshilfe erstreckt sich gem. Abs. 4 auch auf die Zollhilfsorgane, die vom BMF gem. § 19 I ZollVG bestellt werden können (zB Deutsche Lufthansa, Hafen- und Flughafenverwaltungen). 10

VI. Amtshilfe und Schweigepflicht (Abs. 5)

Die §§ 105, 106 sind lex specialis zu §§ 111 ff. Demzufolge sind alle Gerichte und Behörden – mit Ausnahme der in Abs. 3 genannten – von ihren innerdienstlichen Verschwiegenheitspflichten befreit (§ 105 I), sofern diese nicht das Brief-, Post- oder Fernmeldegeheimnis des Art. 10 GG betreffen (§ 105 II) oder das staatliche Wohl (§ 106) beeinträchtigen. Der Datenschutz steht der Amtshilfe nicht entgegen, weil das Allgemeininteresse der Besteuerungsgrundsätze des § 85 grds. überwiegt (ebenso HHSp § 111 Rn. 134) und § 1 V BDSG keinen Vorrang des Datenschutzes gegenüber Bestimmungen der AO bestimmt (§ 1 IV 1 BDSG). Besondere Geheimhaltungspflichten (zB gem. § 35 SGB I) werden jedoch durch § 111 V nicht aufgehoben. Gleiches gilt für Auskunftsverweigerungsrechte gem. § 102, deren Geltung § 111 I 2 auch für Amtshilfeersuchen sicherstellt (→ Rn. 7). § 30 steht der Amtshilfe gem. §§ 111 ff. ebenfalls nicht entgegen, wenn die Amtshilfe für ein Verfahren iSv § 30 IV Nr. 1 ersucht wird. 11

VII. Verfahrensfragen

Ob die ersuchende Behörde von der Möglichkeit zur Amtshilfe Gebrauch macht, steht in ihrem Ermessen (→ § 112 Rn. 3). Das Amtshilfeersuchen ist auf dem Dienstweg von der ersuchenden an die ersuchte Behörde zu richten. Es ist grds. **konstitutives** Element der Amtshilfe (Ausnahmen §§ 194 III, 116), sodass eine Rücknahme des Ersuchens zur Beendi- 12 gung der unterstützenden Tätigkeit durch die ersuchte Behörde führt (HHSp § 111 Rn. 54). Die ersuchende Behörde sollte das Amtshilfeersuchen unter Hinweis auf die einschlägige Voraussetzung des § 112 I **begründen,** damit die ersuchte Behörde ihre Verpflichtung zur Amtshilfe überprüfen kann (TK § 112 Rn. 1; HHSp § 112 Rn. 131). Fehlt die Begründung, sollte die ersuchte Behörde das Amtshilfeersuchen grds. ablehnen (ebenso HHSp § 112 Rn. 132). Daher ist die Schriftform für das Ersuchen zweckmäßig, wenngleich nicht notwendig. Die ersuchende Behörde bleibt stets Herrin des Verfahrens; die ersuchte Behörde leistet ihr lediglich Hilfe zur Durchführung der der ersuchenden Behörde obliegenden Aufgaben. Die ersuchende Behörde trägt auch die Verantwortung für die Rechtmäßigkeit und Zulässigkeit der Maßnahme (§ 114 I, II 1), während die ersuchte Behörde lediglich für die Rechtmäßigkeit der Durchführung der Hilfeleistung verantwortlich ist (§ 114 I, II 2).

13 Entstehen aus Amtshilfemaßnahmen **Ersatzansprüche** des Stpfl. oder Dritter, so können sich diese ausschließlich gegen die ihnen gegenüber auftretende Behörde richten. Die Kostentragungspflicht im Innenverhältnis bestimmt § 114 II.

14 Das Amtshilfeersuchen ist **kein VA,** weil es nicht auf unmittelbare Rechtswirkung nach außen gerichtet ist. Eine Anfechtung kommt grds. erst gegen die Hauptsacheentscheidung in Betracht; Gleiches gilt für die Mitteilung der ersuchten Behörde über das Ergebnis der Ermittlungen, für spontane Informationen und automatisierte Hilfeleistungen (BFH 13.12.1995 – XI R 43–45/89, BStBl. II 1996, 232; BFH 11.1.2001 – VIII B 83/00, BFH/NV 2001, 578; HHSp § 112 Rn. 130). Der Stpfl. kann Amtshilfeersuchen zwar anregen; er hat aber weder Anspruch auf Durchführung der Amtshilfe noch auf Bescheidung seiner Anregung. Das Rechtsbehelfsverfahren gegen die Hauptsacheentscheidung kann der Stpfl. mit Fehlern bei der Durchführung der Amtshilfe oder mit dem ermessensfehlerhaften Unterlassen der Amtshilfe begründen. Erlässt die ersuchte Behörde in Ausübung der Amtshilfe ihrerseits VA, so sind diese mit den einschlägigen Rechtsbehelfen anfechtbar.

Zum **Streitverfahren** zwischen ersuchender und ersuchter Behörde s. § 112 V (→ § 112 Rn. 9).

15 **Abgrenzung zu §§ 93, 93a, 97.** Verfahren und Rechtsfolgen bei der Amtshilfe einerseits und den Auskunfts- und Mitwirkungspflichten gem. §§ 93, 93a, 97 andererseits sind unterschiedlich: Auskunfts- und Mitwirkungspflichten werden durch VA – im Fall des § 93a durch Rechtsverordnung – konkretisiert. Die Pflichten der §§ 93, 93a, 97 sind erzwingbar; einer mitwirkungsverpflichteten Behörde steht kein Ablehnungsrecht gem. § 112 II, III zu. Deshalb ist Amtshilfe stets – jedoch auch nur dann – anzunehmen, wenn die erbetene Mitwirkung über die Erteilung von Auskünften oder Vorlage von Urkunden hinausgeht (Schwarz/Pahlke/Keß § 111 Rn. 6); die Begründung der Inanspruchnahme einer anderen Behörde ist für die Qualifizierung als Amtshilfe oder Mitwirkungspflicht unmaßgeblich (aA HHSp Vor § 111 Rn. 24).

§ 112 Voraussetzungen und Grenzen der Amtshilfe

(1) **Eine Finanzbehörde kann um Amtshilfe insbesondere dann ersuchen, wenn sie**

1. **aus rechtlichen Gründen die Amtshandlung nicht selbst vornehmen kann,**
2. **aus tatsächlichen Gründen, besonders weil die zur Vornahme der Amtshandlung erforderlichen Dienstkräfte oder Einrichtungen fehlen, die Amtshandlung nicht selbst vornehmen kann,**
3. **zur Durchführung ihrer Aufgaben auf die Kenntnis von Tatsachen angewiesen ist, die ihr unbekannt sind und die sie selbst nicht ermitteln kann,**
4. **zur Durchführung ihrer Aufgaben Urkunden oder sonstige Beweismittel benötigt, die sich im Besitz der ersuchten Behörde befinden,**
5. **die Amtshandlung nur mit wesentlich größerem Aufwand vornehmen könnte als die ersuchte Behörde.**

(2) **Die ersuchte Behörde darf Hilfe nicht leisten, wenn sie hierzu aus rechtlichen Gründen nicht in der Lage ist.**

(3) **Die ersuchte Behörde braucht Hilfe nicht zu leisten, wenn**

1. **eine andere Behörde die Hilfe wesentlich einfacher oder mit wesentlich geringerem Aufwand leisten kann,**
2. **sie die Hilfe nur mit unverhältnismäßig großem Aufwand leisten könnte,**
3. **sie unter Berücksichtigung der Aufgaben der ersuchenden Finanzbehörde durch den Umfang der Hilfeleistung die Erfüllung ihrer eigenen Aufgaben ernstlich gefährden würde.**

(4) **Die ersuchte Behörde darf die Hilfe nicht deshalb verweigern, weil sie das Ersuchen aus anderen als den in Absatz 3 genannten Gründen oder weil sie die mit der Amtshilfe zu verwirklichende Maßnahme für unzweckmäßig hält.**

(5) [1]**Hält die ersuchte Behörde sich zur Hilfe nicht für verpflichtet, so teilt sie der ersuchenden Finanzbehörde ihre Auffassung mit.** [2]**Besteht diese auf der Amtshilfe, so entscheidet über die Verpflichtung zur Amtshilfe die gemeinsame fachlich zuständige Aufsichtsbehörde oder, sofern eine solche nicht besteht, die für die ersuchte Behörde fachlich zuständige Aufsichtsbehörde.**

Vergleichbare Vorschriften: § 5 VwVfG; § 4 SGB X

I. Allgemeines

1 § 112 regelt die Voraussetzungen und Grenzen der Amtshilfe und dient einer zweckmäßigen und wirtschaftlichen Durchführung des Besteuerungsverfahrens. Sofern § 112 – im Gegensatz zu § 111 – nur noch von Behörden, nicht aber mehr von Gerichten spricht, handelt es sich wohl um ein redaktionelles Versehen; die Vorschrift gilt jedenfalls auch für Gerichte (ebenso HHSp § 112 Rn. 12).

II. Voraussetzungen der Amtshilfe (Abs. 1)

2 Für ein Amtshilfeersuchen müssen zunächst die allgemeinen Voraussetzungen der Amtshilfe gem. § 111 vorliegen. § 112 I enthält keine abschließende Aufzählung der Voraussetzungen eines Amtshilfeersuchens, sodass neben die in Nr. 1–5 aufgeführten Ersuchensgründe auch andere Gründe für ein Amtshilfeersuchen treten können. Die Aufzählung der rechtlichen (Nr. 1) und tatsächlichen Unmöglichkeit (Nr. 2–4) sowie der Unzweckmäßigkeit (Nr. 5) wird jedoch idR alle denkbaren Gründe für eine Amtshilfeersuchen abdecken. Im Fall des § 112 I Nr. 5 muss der Mehraufwand der ersuchenden Behörde gegenüber dem der ersuchten wesentlich sein, also eine erhebliche Ersparnis an Zeit, Personal und/oder Kosten bewirken.

3 Bei Vorliegen der Voraussetzungen trifft die FB die Entscheidung über das Ersuchen der Amtshilfe nach ihrem **Ermessen** (§ 5). Sie hat dabei darüber zu entscheiden, ob sie die Amtshilfe überhaupt in Anspruch nimmt (Entschließungsermessen), welchen Inhalt die Hilfeleistung haben soll und welche Behörde sie hierfür ersucht (Auswahlermessen gem. § 114).

III. Verbot der Amtshilfe (Abs. 2)

4 Der ersuchten Behörde ist die Amtshilfe untersagt, wenn sie hierzu rechtlich nicht in der Lage ist, zB weil sie aus anderen als den in § 105 I genannten Gründen die Amtshilfe nicht leisten darf. Hierzu gehören insb. über § 105 I hinausgehende Offenbarungsverbote, wie zB § 35 SGB I, jedoch auch sachliche oder örtliche Unzuständigkeit der ersuchten Behörde sowie die Rechtswidrigkeit der ersuchten Hilfeleistung (Schwarz/Pahlke/Keß § 112 Rn. 5), weil die Amtshilfevorschriften die Befugnisse der ersuchten Behörde nicht erweitern (BFH 25.1.1988 – VII B 85/87, BStBl. II 1988, 566; TK § 112 Rn. 4; HHSp § 112

Rn. 66; vgl. dazu auch → § 114 Rn. 4). Ferner darf die ersuchte Behörde keine Amtshilfe leisten, wenn sie eindeutig erkennt, dass das Amtshilfeersuchen eklatant rechtswidrig ist oder der Durchführung eines eklatant rechtswidrigen Besteuerungsverfahrens dienen soll (HHSp § 112 Rn. 86).

IV. Ablehnung der Amtshilfe (Abs. 3, 4)

5 § 112 III, IV regelt die Voraussetzungen, unter denen die ersuchte Behörde die Amtshilfe ablehnen darf, jedoch nicht muss. Abs. 4 stellt klar, dass die in Abs. 3 aufgezählten Ablehnungsgründe **abschließend sind.** Andere Gründe berechtigen die ersuchte Behörde nicht zur Ablehnung der Amtshilfe (aA TK § 112 Rn. 8; HHSp § 112 Rn. 91), sofern die Voraussetzungen der Amtshilfe vorliegen. Die ersuchte Behörde hat das Recht, nicht jedoch die Pflicht, die Voraussetzungen ihrer Inanspruchnahme zu prüfen (Klein § 114 Rn. 2).

1. Eine andere Behörde (Abs. 3 Nr. 1)

6 Die ersuchte Behörde darf das Amtshilfeersuchen ablehnen, wenn eine andere Behörde die Hilfe wesentlich einfacher oder mit wesentlich geringerem Aufwand leisten könnte. Unter einer **anderen** Behörde ist – im Verhältnis zwischen ersuchender und ersuchter Behörde – eine andere dritte Behörde zu verstehen. Denn die Unzweckmäßigkeit der Durchführung der Maßnahme durch die ersuchende Behörde selbst ist bereits Voraussetzung der Amtshilfe gem. § 112 I Nr. 5 (Klein § 112 Rn. 10). Die dritte Behörde muss die Amtshilfe nicht nur einfacher oder mit geringerem Aufwand erfüllen können; vielmehr muss die Erleichterung durch die dritte Behörde wesentlich sein.

2. Unverhältnismäßig großer Aufwand (Abs. 3 Nr. 2)

7 Die ersuchte Behörde kann die Amtshilfe ablehnen, wenn sie die ersuchte Hilfeleistung nur mit unverhältnismäßig großem Aufwand leisten könnte. Bei der Abwägung der Verhältnismäßigkeit ist das erstrebte Ziel durch die ersuchende Behörde von Bedeutung. Ein Sonderfall, der bei teleologischer Auslegung ebenfalls unter § 112 III Nr. 2 fällt, ist der Umstand, dass die ersuchte Behörde die ersuchte Maßnahme tatsächlich nicht durchführen kann (ebenso TK § 112 Rn. 8).

3. Gefährdung eigener Aufgaben (Abs. 3 Nr. 3)

8 § 112 III Nr. 3 ist an sich überflüssig, da die Gefährdung der eigenen Aufgabenerfüllung unter Berücksichtigung der konkreten Aufgabe der ersuchenden FB stets einen unverhältnismäßig großen Aufwand iSv Abs. 3 Nr. 2 darstellt. Die Möglichkeit, dass aufgrund der Amtshilfe der von der ersuchten Behörde betraute Personenkreis die Zusammenarbeit mit dieser zukünftig verweigern könnte, stellt – in Ermangelung einer § 5 III Nr. 3 VwVfG entsprechenden Regelung – grds. keine Gefährdung der Aufgabenerfüllung der ersuchten Behörde iSv § 112 III Nr. 3 dar (Klein § 112 Rn. 10; HHSp § 112 Rn. 105).

V. Streitverfahren (Abs. 5)

9 Hält sich die ersuchte Behörde gem. § 112 II, III nicht zur Amtshilfe verpflichtet, so teilt sie dies der ersuchenden Behörde mit Begründung mit (§ 112 V 1). Diese Ablehnung stellt keinen VA dar, weil sie keine unmittelbare Rechtswirkung nach außen entfaltet. Besteht die ersuchende Behörde auf der Amtshilfe, so hat sie sich an die gemeinsame fachliche Aufsichtsbehörde zu wenden, die über die Verpflichtung zur Amtshilfe zu entscheiden hat. Existiert eine gemeinsame fachliche Aufsichtsbehörde nicht, so entscheidet die fachliche Aufsichtsbehörde der ersuchten Behörde. Lehnt auch die Aufsichtsbehörde die Amtshilfe ab, so hat die ersuchende Behörde die Möglichkeit der allgemeinen Leistungsklage vor dem FG (Klein § 112 Rn. 14; Schwarz/Pahlke/Keß § 112 Rn. 23; diff. HHSp § 112 Rn. 148 ff.). Zu weiteren Verfahrensfragen → § 111 Rn. 12 ff.

§ 113 Auswahl der Behörde

Kommen für die Amtshilfe mehrere Behörden in Betracht, so soll nach Möglichkeit eine Behörde der untersten Verwaltungsstufe des Verwaltungszweigs ersucht werden, dem die ersuchende Finanzbehörde angehört.

Vergleichbare Vorschriften: § 6 VwVfG; § 5 SGB X

I. Allgemeines

§ 113 stellt die Auswahl bei mehreren in Betracht kommenden Behörden in das **Ermessen** der ersuchenden Behörde. Die Vorschrift betrifft ausschl. das Auswahlrecht der ersuchenden Behörde. Die ersuchte Behörde darf das Ersuchen nicht an eine andere, ihr geeigneter erscheinende weiterreichen; insoweit gelten § 112 II–V. 1

II. Auswahl der Behörde

Die ermessensgerechte Auswahl der zu ersuchenden Behörde bestimmt sich in folgender Reihenfolge: 2

- Zunächst ist festzustellen, **welche Behörden** die Maßnahme, um die ersucht werden soll, **überhaupt** leisten können. Hierbei ist nicht nur die tatsächliche, sondern auch die rechtliche Leistungsmöglichkeit zu beachten. Kommt für diese Maßnahme nur eine Behörde in Betracht, so kann auch nur sie um Amtshilfe ersucht werden.
- Sind **mehrere Behörden** in der Lage, die Maßnahme der Amtshilfe zu leisten, so ist abzuschätzen, welche Behörde mit welchem Aufwand durch die Hilfeleistung belastet würde. Ergibt sich hiernach ein deutliches Missverhältnis zu Lasten einer oder mehrerer Behörden, so scheiden auch sie aus (Rechtsgedanke des § 112 III Nr. 1).
- Erst an dieser Stelle erlangt die Regelung des § 113 Bedeutung: Von den verbleibenden Behörden sollen zunächst vorrangig die Behörden des eigenen Verwaltungszweiges (HHSp § 113 Rn. 11 ff.; unentschieden Schwarz/Pahlke/Keß § 113 Rn. 3) – also zumeist der FVerw. – um Amtshilfe ersucht werden, weil die Besteuerung Sache der FVerw. ist. Sind zur Amtshilfe keine Behörden des eigenen Verwaltungszweiges geeignet, so spielt dieses Auswahlkriterium keine Rolle.
- Von den in Betracht kommenden Behörden desselben Verwaltungszweiges sind Unterbehörden wegen ihrer Orts- und Sachnähe vor Mittel- und Oberbehörden auszuwählen. Gleiches gilt hinsichtlich der Auswahl von Behörden unterschiedlicher Verwaltungszweige, die nicht dem Verwaltungszweig der ersuchenden Behörde angehören.

III. Verfahrensfragen

Zu einzelnen Verfahrensfragen im Zusammenhang mit der Amtshilfe → § 111 Rn. 12 ff. 3

§ 114 Durchführung der Amtshilfe

(1) **Die Zulässigkeit der Maßnahme, die durch die Amtshilfe verwirklicht werden soll, richtet sich nach dem für die ersuchende Finanzbehörde, die Durchführung der Amtshilfe nach dem für die ersuchte Behörde geltenden Recht.**

(2) [1]**Die ersuchende Finanzbehörde trägt gegenüber der ersuchten Behörde die Verantwortung für die Rechtmäßigkeit der zu treffenden Maßnahme.** [2]**Die ersuchte Behörde ist für die Durchführung der Amtshilfe verantwortlich.**

Vergleichbare Vorschriften: § 7 VwVfG; § 6 SGB X

I. Allgemeines

1 Die Vorschrift ist ohne Entsprechung in der RAO und regelt die Verantwortlichkeit für die Zulässigkeit der Hauptsachemaßnahme und der Hilfeleistung (Abs. 2) und bestimmt, nach welchem Recht sich Hauptsachemaßnahme und Hilfeleistung richten (Abs. 1). Diese Bestimmungen ergeben sich bereits aus dem Wesen der Amtshilfe.

II. Zulässigkeit (Abs. 1)

2 Das jeweils anzuwendende Recht für beide Behörden ist das, das für sie auch ohne das Amtshilfeersuchen gilt.

1. Zulässigkeit der Hauptsachemaßnahme

3 Die Zulässigkeit der Hauptsachemaßnahme, der die Amtshilfeleistung dienen soll, muss der Durchführung der Besteuerung dienen (§ 111 I 1). Sie richtet sich nach den Vorschriften, die für die ersuchende FB gelten, mithin nach der AO und den sonstigen StGesetzen.

2. Zulässigkeit der Hilfeleistung

4 Die Zulässigkeit der ersuchten Hilfeleistung bestimmt sich ausschl. nach dem Recht, das für die ersuchte Behörde gilt. Denn der ersuchten Behörde wachsen durch die Amtshilfe keine Kompetenzen und Rechte zu, die ihr nicht ohnehin zustehen (→ § 112 Rn. 4).

III. Verantwortung (Abs. 2)

5 § 114 II regelt die Verantwortlichkeiten im Innenverhältnis der Amtshilfe, was insb. Auswirkungen für evtl. Kostentragungspflichten haben kann. Im Außenverhältnis bestimmen sich evtl. Ersatzpflichten gegenüber Dritten grds. danach, wer gegenüber dem Dritten gehandelt hat.

1. Verantwortung für die Hauptsachemaßnahme (Abs. 2 S. 1)

6 Die Verantwortung für die Zulässigkeit und Rechtmäßigkeit der Hauptsachemaßnahme trägt die ersuchende Behörde. Entsteht einem Dritten ein Schaden, weil die zu treffende Maßnahme in der Hauptsache – nicht aber die an sich rechtmäßige Hilfeleistung – unrechtmäßig ist, so hat die ersuchende Behörde die daraus resultierenden Kosten im Innenverhältnis zu tragen.

2. Verantwortung für die Hilfeleistung (Abs. 2 S. 2)

7 Die ersuchte Behörde ist für die Zulässigkeit und die Art der Durchführung der Hilfeleistung verantwortlich. Darüber hinaus ist die ersuchte Behörde nicht dafür verantwortlich, ob die Hauptsachemaßnahme zulässig und erforderlich ist. Zwar steht der ersuchten Behörde ein entspr. Prüfungsrecht zu (→ § 112 Rn. 5); übt sie dieses jedoch nicht oder nicht richtig aus, so regelt § 114 II 1 eindeutig, dass die ersuchende Behörde hierfür die Verantwortung – und ein entspr. Kostenrisiko – trägt.

IV. Rechtsbehelfe und Verfahrensfragen

8 Zu einzelnen Verfahrensfragen im Zusammenhang mit der Amtshilfe → § 111 Rn. 12 ff.

§ 115 Kosten der Amtshilfe

(1) [1]**Die ersuchende Finanzbehörde hat der ersuchten Behörde für die Amtshilfe keine Verwaltungsgebühr zu entrichten.** [2]**Auslagen hat sie der ersuchten Behörde auf Anforderung zu erstatten, wenn sie im Einzelfall 25 Euro überstei-**

gen. [3]Leisten Behörden desselben Rechtsträgers einander Amtshilfe, so werden die Auslagen nicht erstattet.

(2) **Nimmt die ersuchte Behörde zur Durchführung der Amtshilfe eine kostenpflichtige Amtshandlung vor, so stehen ihr die von einem Dritten hierfür geschuldeten Kosten (Verwaltungsgebühren, Benutzungsgebühren und Auslagen) zu.**

Vergleichbare Vorschriften: § 8 VwVfG; § 7 SGB X

I. Allgemeines

1 § 115 ist ohne Entsprechung in der RAO und regelt das Kosteninnenverhältnis zwischen ersuchender und ersuchter Behörde (Abs. 1) sowie das Kostenaußenverhältnis gegenüber Dritten (Abs. 2).

II. Kosten des Amtshilfeersuchens (Abs. 1)

2 Die ersuchte Behörde kann nach dem für sie geltenden Recht Anspruch auf Kosten, also Gebühren und Auslagen, haben. Sofern für die ersuchte Behörde andere Vorschriften über die Kostenerstattung für die Amtshilfe gelten, sind diese unbeachtlich (HHSp § 115 Rn. 9), weil sich die Amtshilfe zur Durchführung der Besteuerung abschließend nach den §§ 111 ff. bestimmt. Zur Unterscheidung zwischen Kosten und Gebühren → § 337 Rn. 4.

1. Verwaltungsgebühren (Abs. 1 S. 1)

3 Nimmt die ersuchte Behörde für die Hilfeleistung eine nach ihrem Recht gebührenpflichtige Handlung vor, so hat sie gegen die ersuchende FB keinen Anspruch auf die Verwaltungsgebühr. Im Umkehrschluss hat die ersuchte Behörde gegenüber der ersuchenden jedoch Anspruch auf Benutzungsgebühren, wenn diese durch die ersuchte Handlung entstanden sind.

2. Auslagen (Abs. 1 S. 2, 3)

4 Welche Auslagen als Kosten entstehen, richtet sich nach dem Recht der ersuchten Behörde. Eine Erstattung von Auslagen zwischen Behörden desselben Rechtsträgers (Bund, Land, Kommune) findet nicht statt (§ 115 I 3). Gehört die ersuchte Behörde nicht demselben Rechtsträger an, so hat sie einen Anspruch auf Auslagenerstattung nur, wenn die Auslagen in Erfüllung des jeweiligen Ersuchens 25 EUR übersteigen und sie die Auslagen anfordert. Die 25-EUR-Grenze dient der Verwaltungsvereinfachung und Wirtschaftlichkeit. Im allgemeinen Verwaltungsverfahren liegt die Grenze bei 35 EUR (§ 8 I 2 VwVfG).

III. Kostenanspruch aus der Hilfeleistung (Abs. 2)

5 Hat die ersuchte Behörde aufgrund einer von ihr vorgenommenen Handlung einen Kostenanspruch gegenüber einem Dritten, so steht ihr dieser auch im Innenverhältnis zu.

§ 116 Anzeige von Steuerstraftaten

(1) **[1]Gerichte und die Behörden von Bund, Ländern und kommunalen Trägern der öffentlichen Verwaltung, die nicht Finanzbehörden sind, haben Tatsachen, die sie dienstlich erfahren und die auf eine Steuerstraftat schließen lassen, dem Bundeszentralamt für Steuern oder, soweit bekannt, den für das Steuerstrafverfahren zuständigen Finanzbehörden mitzuteilen. [2]Soweit die für das Steuerstrafverfahren zuständigen Finanzbehörden nicht bereits erkennbar unmittelbar informiert worden sind, teilt das Bundeszentralamt für Steuern ihnen diese Tatsachen mit. [3]Die für das Steuerstrafverfahren zuständigen Finanzbehörden, ausgenommen die Behörden der Bundeszollverwaltung, übermitteln die Mittei-**

lung an das Bundeszentralamt für Steuern, soweit dieses nicht bereits erkennbar unmittelbar in Kenntnis gesetzt worden ist.

(2) **§ 105 Absatz 2 gilt entsprechend.**

Vergleichbare Vorschriften: § 6 SubvG

I. Allgemeines

1 Die Vorschrift ist aus § 189 RAO hervorgegangen. Sie besteht neben § 4 V 1 Nr. 10 EStG, der Mitteilungsverordnung zu § 93a AO, § 10 II GwG sowie § 6 I, III 1 Nr. 4 SchwarzarbeitsbekämpfungsG und legt dem Anzeigeverpflichteten ohne konkretes Ersuchen einer FB eine Pflicht zur Mitteilung auf und stellt damit eine besondere Art Amtshilfe dar (ebenso Schwarz/Pahlke/Keß § 116 Rn. 1; aA HHSp § 116 Rn. 16; TK § 116 Rn. 1). Diese Fassung der Norm erfolgte durch das FödBeglG mWv 12.9.2006 und wurde durch das JStG 2008 ergänzt. § 116 II weist auf den Vorrang des Brief-, Post- und Fernmeldegeheimnisses gem. Art. 10 GG hin.

II. Anzeige von Steuerstraftaten (Abs. 1)

2 Der Anzeigeverpflichtete hat die maßgeblichen Tatsachen den Anzeigeadressaten mitzuteilen. Die Anzeige ist **kein VA** (→ § 111 Rn. 14).

1. Anzeigeverpflichtete

3 Entgegen der Verpflichtung zur Amtshilfe, die alle Gerichte und Behörden trifft (§ 111 I 1), schränkt § 116 I den Kreis der anzeigeverpflichteten Behörden ein: Neben sämtlichen Gerichten sind nur Nicht-Finanzbehörden von Gebietskörperschaften gem. § 116 I zur Anzeige verpflichtet; andere Behörden (→ § 111 Rn. 6) dagegen werden nicht von § 116 I erfasst. Zu Finanzbehörden → § 6 Rn. 10 ff.

2. Maßgebliche Tatsachen

4 Das Gericht oder die anzeigeverpflichtete Behörde muss die maßgeblichen Tatsachen **dienstlich erfahren** haben. Da das Gericht bzw. die Behörde – nicht aber die jeweilige Person „Amtsträger" – anzeigeverpflichtet ist, hat das „dienstliche" Erfahren der Tatsache lediglich klarstellende Funktion. Selbstverständlich ist dem Gericht bzw. der Behörde die dienstliche Kenntnis ihrer Amtsträger zuzurechnen. Eine weitergehende Verpflichtung zur Anzeige von StStraftaten, die Amtsträger nicht dienstlich erlangt haben, enthält § 116 I nicht.

5 Weiterhin müssen diese Tatsachen auf eine StStraftat schließen lassen. Zur abschließenden Aufzählung der StStraftaten s. § 369 I. Die Verletzung des StGeheimnisses (§ 355 StGB) oder StOrdnungswidrigkeiten (§ 377 I) sind keine StStraftaten. Zur Mitteilung von Straftaten nach dem GwG (BGBl. 1993 I 1770; geändert BGBl. 1998 I 845) s. § 10 II GwG. Die Gewissheit, eine an Sicherheit grenzende Wahrscheinlichkeit oder ein qualifizierter Tatverdacht sind nicht erforderlich. Nach der Formulierung der aF musste der Verdacht einer StStraftat bestehen; ein Verdacht besteht, wenn zureichende tatsächliche Anhaltspunkte für eine StStraftat vorliegen (§ 385 I iVm § 152 II StPO), die über die bloße Möglichkeit des Vorliegens einer StStraftat hinausgehen. Nach der aktuellen Formulierung soll es ausreichen, dass Tatsachen mit einer gewissen Wahrscheinlichkeit für eine StStraftat sprechen, ohne dass ein strafrechtlicher Anfangsverdacht gegeben ist (BT-Drs. 16/814, 24). ME unterscheidet sich die aktuelle Formulierung – auch mit der amtlichen Begründung – nicht von der bisherigen.

Wie bisher ist das Gericht oder die Behörde nicht verpflichtet, weitere eigene Ermittlungen anzustellen. Strafausschließungsgründe sind für die Mitteilungspflicht irrelevant (Klein § 116 Rn. 4).

3. Anzeigeadressat

6 Der Anzeigeverpflichtete hat die maßgeblichen Tatsachen seit der Neufassung der Norm dem BZSt mitzuteilen, das hierfür gem. § 5 Nr. 28 FVG zuständig ist. Zuvor konnte die Anzeige an jede (beliebige) FB gerichtet werden. Nach der Ergänzung durch das JStG 2008 kann die Anzeige nunmehr auch an die FB gerichtet werden, die für die Bearbeitung strafrechtlicher Fälle zuständig ist (in Niedersachsen und Nordrhein-Westfalen die FÄ für Fahndung und Strafsachen und in anderen Ländern die den VeranlagungsFÄ angeschlossenen – zumeist zentralisierten – Bußgeld- und Strafsachenstellen bzw. die Zollfahndungsämter). Das BZSt wertet die Tatsachen gem. § 5 Nr. 28 FVG aus und übermittelt sie der jeweilig zuständigen StStrafverfolgungsbehörde, sofern diese nicht bereits erkennbar informiert wurde. Die LandesFB, bei der die Anzeige angebracht wurde, informiert ihrerseits ebenso das BZSt.

4. Form

7 Eine bestimmte Form für die Anzeige ist nicht vorgeschrieben; Schriftform ist jedoch zweckmäßig. Sinnvollerweise sollten zum Verständnis erforderliche Schriftstücke, Beweismittel etc. beigefügt werden.

III. Brief-, Post- und Fernmeldegeheimnis (Abs. 2)

8 Die entsprechende Anwendung des § 105 II hat zur Folge, dass Erkenntnisse, die durch Eingriff in die Grundrechte des Art. 10 GG erlangt wurden, nicht gem. § 116 I angezeigt werden müssen und wegen des Vorrangs des Art. 10 GG im Besteuerungsverfahren grds. unverwertbar sind (BFH 26.2.2001 – VII B 265/00, BStBl. II 2001, 464). Gleiches gilt für die Vorschriften, die die Anwendung des § 105 I ausschließen (→ § 111 Rn. 11; ebenso Schwarz/Pahlke/Keß § 116 Rn. 6; HHSp § 116 Rn. 51; krit. TK § 116 Rn. 4). Ebenso wie bei der Anwendung des § 105 ist auch für § 116 zwischen Anzeigeverboten und Anzeigepflichten zu unterscheiden, die in den außersteuerlichen Gesetzen des jeweiligen Fachbereichs geregelt sind (→ § 105 Rn. 5).

§ 117 Zwischenstaatliche Rechts- und Amtshilfe in Steuersachen

(1) **Die Finanzbehörden können zwischenstaatliche Rechts- und Amtshilfe nach Maßgabe des deutschen Rechts in Anspruch nehmen.**

(2) **Die Finanzbehörden können zwischenstaatliche Rechts- und Amtshilfe auf Grund innerstaatlich anwendbarer völkerrechtlicher Vereinbarungen, innerstaatlich anwendbarer Rechtsakte der Europäischen Union sowie des EU-Amtshilfegesetzes leisten.**

(3) [1]**Die Finanzbehörden können nach pflichtgemäßem Ermessen zwischenstaatliche Rechts- und Amtshilfe auf Ersuchen auch in anderen Fällen leisten, wenn**

1. **die Gegenseitigkeit verbürgt ist,**
2. **der ersuchende Staat gewährleistet, dass die übermittelten Auskünfte und Unterlagen nur für Zwecke seines Besteuerungs- oder Steuerstrafverfahrens (einschließlich Ordnungswidrigkeitenverfahren) verwendet werden, und dass die übermittelten Auskünfte und Unterlagen nur solchen Personen, Behörden oder Gerichten zugänglich gemacht werden, die mit der Bearbeitung der Steuersache oder Verfolgung der Steuerstraftat befasst sind,**
3. **der ersuchende Staat zusichert, dass er bereit ist, bei den Steuern vom Einkommen, Ertrag und Vermögen eine mögliche Doppelbesteuerung im Verständigungswege durch eine sachgerechte Abgrenzung der Besteuerungsgrundlagen zu vermeiden und**

4. die Erledigung des Ersuchens die Souveränität, die Sicherheit, die öffentliche Ordnung oder andere wesentliche Interessen des Bundes oder seiner Gebietskörperschaften nicht beeinträchtigt und keine Gefahr besteht, dass ein Handels-, Industrie-, Gewerbe- oder Berufsgeheimnis oder ein Geschäftsverfahren, das auf Grund des Ersuchens offenbart werden soll, preisgegeben wird.

[2]Soweit die zwischenstaatliche Rechts- und Amtshilfe Steuern betrifft, die von den Landesfinanzbehörden verwaltet werden, entscheidet das Bundesministerium der Finanzen im Einvernehmen mit der zuständigen obersten Landesbehörde.

(4) **[1]Bei der Durchführung der Rechts- und Amtshilfe richten sich die Befugnisse der Finanzbehörden sowie die Rechte und Pflichten der Beteiligten und anderer Personen nach den für Steuern im Sinne von § 1 Absatz 1 geltenden Vorschriften. [2]§ 114 findet entsprechende Anwendung. [3]Bei der Übermittlung von Auskünften und Unterlagen gilt für inländische Beteiligte § 91 entsprechend; soweit die Rechts- und Amtshilfe Steuern betrifft, die von den Landesfinanzbehörden verwaltet werden, hat eine Anhörung des inländischen Beteiligten abweichend von § 91 Absatz 1 stets stattzufinden, es sei denn, die Umsatzsteuer ist betroffen, es findet ein Informationsaustausch auf Grund des EU-Amtshilfegesetzes statt oder es liegt eine Ausnahme nach § 91 Absatz 2 oder 3 vor.**

(5) **Das Bundesministerium der Finanzen wird ermächtigt, zur Förderung der zwischenstaatlichen Zusammenarbeit durch Rechtsverordnung mit Zustimmung des Bundesrates völkerrechtliche Vereinbarungen über die gegenseitige Rechts- und Amtshilfe auf dem Gebiete des Zollwesens in Kraft zu setzen, wenn sich die darin übernommenen Verpflichtungen im Rahmen der nach diesem Gesetz zulässigen zwischenstaatlichen Rechts- und Amtshilfe halten.**

(6) **§ 2a Absatz 5 Nummer 2 gilt nicht, soweit seine Anwendung der Inanspruchnahme oder der Leistung der zwischenstaatlichen Amtshilfe entgegensteht; die Pflicht zur Wahrung des Steuergeheimnisses bleibt unberührt.**

Verwaltungsanweisungen: Merkblatt zur zwischenstaatlichen Amtshilfe durch Auskunftsaustausch in Steuersachen, BMF 29.5.2019, BStBl. I 2019, 480; Anwendung der Abkommen über den steuerlichen Informationsaustausch, BMF 10.11.2015, BStBl. I 2016, 138; Merkblatt zur zwischenstaatlichen Amtshilfe bei der Steuererhebung (Beitreibung), BMF 23.1.2014, BStBl. I 2014, 188.

Schrifttum: Fischer, Neuere Entwicklungen auf dem Gebiet des zwischenstaatlichen Auskunftsverkehrs in Steuersachen – Zum Entwurf eines Merkblatts des Bundesministeriums der Finanzen, DB 1984, 738; Carl/Klos, Die EG-Amtshilfe in Steuersachen, INF 1994, 193 (238); Stork, Spontanauskünfte durch die Finanzverwaltung, DB 1994, 1321; Klos, Spontanauskunft an niederländische Finanzbehörden über beschlagnahmte Konten- und Depotauszüge, INF 1995, 519; Reiffs, Neuere Rechtsprechung zum internationalen Auskunftsverkehr in Steuersachen, StBp 1996, 309; Spatscheck/Alvermann, Steuerfahndung ohne Grenzen?, IStR 2001, 33; Klingelhöfer, Anfertigung von Kontrollmaterial – Möglichkeiten und Grenzen StBp 2002, 1; Uhländer, Ermittlungsmöglichkeiten bei Auslandssachverhalten, AO-StB 2002, 18; Talaska/Gomes, Aktueller Überblick zum internationalen Informationsaustausch in Steuersachen, Stbg 2017, 167; Hendricks, Gerichtlicher Rechtsschutz im internationalen Auskunftsverkehr, StuW 2018, 346; Oppel/Sendke, Unionsrechtlicher Grundrechtsschutz beim internationalen Informationsaustausch, IStR 2018, 110; Schreiber/Schäffkes/Fechtner, Neue Urteile zur koordinierten Betriebsprüfung mit dem Ausland, DB 2018, 1624; Pschierl/Kallina, All together now – Multilaterale Kontrollen: Was geht, was geht noch nicht!, ISR 2019, 239; Knittel, Internationaler Informationsaustausch, IWB 2020, 56.

Übersicht

A. Allgemeines

Die Vorschrift ist ohne Entsprechung in der RAO und gibt der früheren Verwaltungspraxis eine gesetzliche Grundlage. 1

Nach allgemeinen Grundsätzen des **Völkerrechts** ist es Behörden – selbst mit Zustimmung des Betroffenen – untersagt, Amtshandlungen auf fremdem Staatsterritorium vorzunehmen (Spatscheck/Alvermann IStR 2001, 33; Carl/Klos INF 1994, 193 mwN). Die einzige Ausnahme ist in den §§ 10, 11 EUAHiG (→ Rn. 64 ff.) normiert. Weil die Ermittlungspflicht der FB nicht an der Staatsgrenze endet, ist zwischenstaatliche Amtshilfe in Anspruch zu nehmen, wenn Amtshandlungen im jeweiligen anderen Hoheitsgebiet zur Durchführung der inländischen oder ausländischen Besteuerung erforderlich sind. Der zwischenstaatliche Auskunftsaustausch soll eine grenzüberschreitende, den jeweiligen StGesetzen entspr. gleichmäßige und wettbewerbsneutrale Besteuerung ermöglichen (BFH 20.2.1979 – VII R 16/78, BStBl. II 1979, 268; BFH 8.2.1995 – I B 92/94, BStBl. II 1995, 358).

Das zwischenstaatliche Amtshilfeverfahren war in der Praxis auch wegen seines umständlichen Verfahrens (→ Rn. 15 ff., → Rn. 28 ff.) eher selten. Mit Geltung ab dem 1.1.2013 trat das EUAHiG in Kraft, das eine Vereinfachung des Auskunftsaustauschs in der EU beinhaltet. Das zwingende Anhörungsrecht der Beteiligten wurde, wie bereits bei der USt, aufgehoben (Abs. 4 S. 3). Die Vorschriften der AO legen dem Stpfl. hinsichtlich ausländischer Sachverhalte bereits **erhöhte Mitwirkungs- und Anzeigepflichten** (zB §§ 90 II, III, 123, 146 II, 138 II Nr. 1, 2) auf, die jedoch mitunter nicht ausreichen, um die Besteuerung mit der notwendigen Gewissheit durchführen zu können.

Inhalt. § 117 bildet iVm anderen Vorschriften – zumeist völkerrechtlichen Verträgen oder Rechtsnormen der EU – die Grundlage für den zwischenstaatlichen Informationsaustausch. Während Abs. 1 Amtshilfeersuchen inländischer FB regelt, beinhalten die Abs. 2 2 und 3 Amtshilfeersuchen ausländischer Staaten an deutsche FB. Abs. 4 regelt das Verfahren und Abs. 5 enthält eine Ermächtigungsgrundlage für Rechtsverordnungen auf dem Gebiet des Zollwesens.

Das **Steuergeheimnis** steht grds. weder zwischenstaatlichen Amtshilfeersuchen gem. § 117 I noch entspr. Auskünften an ausländische FB gem. § 117 II, III entgegen, weil es in den Fällen inländischer Ersuchen der Durchführung des Besteuerungsverfahrens dient (§ 30 IV Nr. 1) und für Auskünfte an ausländische Staaten durch § 117 II, III ausdrücklich zugelassen ist (§ 30 IV Nr. 2). Der nicht anonymisierte Informationsaustausch für bloß allgemeine Zwecke, zB der Ermittlung von Gründen für die generelle Höhe der Besteuerung in einem Staat, ist durch § 117 nicht gedeckt (vgl. FG Köln 7.9.2015 – 2 V 1375/15, IStR 2015, 835). In den meisten völkerrechtlichen Vereinbarungen wird die Geheimhaltung zudem besonders geregelt (vgl. § 19 EUAHiG; → Rn. 91 f.).

B. Zwischenstaatliche Amtshilfeersuchen nach deutschem Recht (Abs. 1)

3 Inländische FB können zwischenstaatliche Amtshilfe nach geltenden inländischen Vorschriften in Anspruch nehmen. Die in Abs. 1 vorausgesetzte allg. Unterscheidung zwischen Rechts- und Amtshilfe – je nachdem, ob um die Hilfeleistung durch ein Gericht oder eine Behörde ersucht wird – ist entbehrlich (→ § 111 Rn. 3).

I. Grundsätze des deutschen Rechts

4 Um zwischenstaatliche Amtshilfe in Anspruch nehmen zu können, müssen grds. zunächst die allgemeinen Voraussetzungen für ein Amtshilfeersuchen gem. §§ 111, 112 vorliegen. Die Auskünfte, um die ersucht wird, müssen für die Durchführung der Besteuerung **erforderlich** sein. Hierzu reicht aus, dass die FB mit vertretbaren rechtlichen Erwägungen zu dem Ergebnis gelangt, dass der Sachverhalt steuerliche Auswirkung haben kann (BFH 29.2.2012 – I B 88/11, BFH/NV 2012, 1089). An der Erforderlichkeit fehlt es jedoch, wenn das Ergebnis der ersuchten Auskunft für die inländische FB nicht entscheidungserheblich ist, weil sie bereits aufgrund anderer Ermittlungen von einem bestimmten Sachverhalt überzeugt ist (FG Köln 26.2.2004 – 2 K 1993/02, EFG 2004, 1734). Voraussetzung ist ferner, dass die ersuchende FB die Amtshandlung nicht selbst durchführen kann (§ 112 I). § 93 I 3 ist wie bei innerstaatlichen Amtshilfeersuchen – auch analog – nicht anwendbar (→ § 111 Rn. 5; HHSp § 117 Rn. 23; einschränkend TK § 117 Rn. 25; aA Klein § 117 Rn. 22). Gleichwohl kommen zwischenstaatliche Auskunftsersuchen grds. erst in Betracht, wenn die inländischen Beweismöglichkeiten ausgeschöpft sind (BMF 29.5.2019, BStBl. I 2019, 480 Tz. 4.1.2).

5 Im Gegensatz zu § 117 III können inländische FB auch zwischenstaatliche Amtshilfe ohne Ersuchen entgegennehmen und verwerten. Diese **Spontanauskünfte** oder Auskünfte im regelmäßigen Auskunftsaustausch finden sich zB in § 117c iVm der FATCA-USA-UmsV, im FKAustG und in den §§ 7–9 EUAHiG wieder (→ Rn. 61 ff.). Zu den maßgeblichen Rechtsgrundlagen s. Merkblatt BMF 17.8.2017, BStBl. I 2017, 1228.

Ein **eingeleitetes StStrafverfahren** steht dem zwischenstaatlichen Amtshilfeersuchen nicht entgegen, sofern die Auskünfte für das Besteuerungsverfahren erforderlich sind (BMF 29.5.2019, BStBl. I 2019, 480 Tz. 1.2; Klein § 117 Rn. 20; ebenso FG Köln 28.12.2020 – 2 V 1217/20, DStRE 2021, 1453). Sind Auskünfte hingegen für das StStrafverfahren erforderlich, so ist um sie nach Maßgabe der Regelungen über Rechtshilfe in Strafsachen (dazu Gesetz über die internationale Rechtshilfe in Strafsachen – IRG –, sowie eine Vielzahl bi- und multilateraler Abkommen) zu ersuchen (sa BMF 15.6.2022, BStBl. I 2022, 972; BMF 10.11.2015, BStBl. I 2016, 138). Der FB steht es nicht frei, eines der Verfahren beliebig zu wählen (Spatscheck/Alvermann IStR 2001, 33; Uhländer AO-StB 2002, 18).

II. Maßgebliche Rechtsgrundlagen

Als Rechtsgrundlagen für die Inanspruchnahme der Amtshilfe durch deutsche FB kommen alle Vorschriften in Betracht, die als deutsches Recht Gültigkeit erlangt haben. Dazu gehören insb. die §§ 117a–117e. Seit 2017 werden auf Grundlage des FKAustG vom 21.12.2015 (BGBl. 2015 I 2351) Daten von Bankkonteninhabern von allen Mitgliedstaaten der EU, des EWR und einer Vielzahl weiterer Staaten automatisch ausgetauscht. Aktuelle Listen hierzu werden regelmäßig durch BMF-Schreiben (zuletzt BMF 3.6.2025, BStBl. I 2025, 1440) veröffentlicht. Zu den Rechtsgrundlagen zählen auch ratifizierte DBA sowie Verordnungen und in deutsches Recht umgesetzte Richtlinien der EU. Insofern korrespondieren die völkerrechtlichen Rechtsgrundlagen, nach denen die FB zwischenstaatliche Amtshilfe in Anspruch nehmen können, mit denen, aufgrund derer die FB gem. Abs. 2 zwischenstaatliche Amtshilfe leisten können bzw. müssen. 6

1. DBA für Steuern vom Einkommen und Vermögen

Die Bundesrepublik hat mit zahlreichen Staaten DBA abgeschlossen, die durch ihre Ratifizierung innerstaatliches Recht geworden sind (Art. 59 II 1 GG). Der aktuelle Stand wird jeweils am Jahresanfang im BStBl. I veröffentlicht (zuletzt BMF 20.1.2025, BStBl. I 2025, 291). Die DBA orientieren sich zumeist an den jeweils gültigen OECD-MA (zuletzt 11/2017). 7

In den DBA wird der Informationsaustausch zwischen den vertragschließenden Staaten geregelt; man unterscheidet die nachfolgenden sog. Auskunftsklauseln:

a) Kleine Auskunftsklausel. Die sog. kleine Auskunftsklausel findet sich in vielen älteren DBA zwischen der Bundesrepublik und zumeist Entwicklungs- oder Staatshandelsländern. Diese Amtshilfevereinbarungen beschränken sich darauf, dass Auskünfte ausschließlich zur Durchführung des jeweiligen DBA ausgetauscht werden. Hierunter fallen unter engen Grenzen auch Spontanauskünfte (vgl. BFH 29.4.2008 – I R 79/07, BFH/NV 2008, 1807). Nach Art. 27 I DBA-Schweiz wird ab 2004 auch Amtshilfe zur Durchführung des innerstaatlichen Rechts bei Betrugsdelikten (nach deutschem und Schweizer Recht) gewährt. Zur Geltung des neuen DBA → Rn. 9. 8

b) Große Auskunftsklausel. Die sog. große Auskunftsklausel entspricht Art. 26 des OECD-MA und wurde zwischen der Bundesrepublik und anderen Industrienationen sowie in sämtlichen neueren DBA verwandt. Sie beinhaltet über die Durchführung des jeweiligen DBA hinaus den Austausch von Informationen, die für die Besteuerung sämtlicher Steuern des ersuchenden Staates erforderlich sind. ZT sind durch die DBA auch Spontanauskünfte vorgesehen; diese entsprechen internationalen Kontrollmitteilungen (vgl. BFH 29.4.1992 – I B 12/92, BStBl. II 1992, 645; BFH 17.9.2007 – I B 30/07, BFH/NV 2008, 51; BFH 17.9.2007 – I B 30/07, BFH/NV 2008, 51 zum DBA-USA; FG Düsseldorf 20.4.1982 – V 327/81 AO, EFG 1982, 604 zum DBA-Belgien). Mit den USA werden auf Grundlage des DBA auch länderbezogene Berichte ausgetauscht (s. BMF 16.3.2023, BStBl. I 2023, 396). Durch das neue DBA mit der Schweiz vom 27.10.2010 ist auch mit dieser eine große Auskunftsklausel vereinbart worden. Im Übrigen gelten beim Auskunftsaustausch mit der Schweiz etliche Besonderheiten, die sich aus dem DBA und weiteren Zusatzabkommen ergeben. 9

2. Völkerrechtliche Sonderabkommen

Mit diversen Staaten hat die Bundesrepublik Sonderabkommen und sog. TIEAs geschlossen, die ebenfalls am Jahresanfang im BStBl. I veröffentlicht werden (zuletzt BMF 20.1.2025, BStBl. I 2025, 291). Hierzu zählen DBA für Erbschaft- und Schenkungsteuern, Sonderabkommen für Einkünfte und Vermögen von Unternehmen der Schifffahrt und Luftfahrt, sowie Abkommen auf dem Gebiet der Rechts- und Amtshilfe. Zudem sind Sonderabkommen mit sog. StOasen abgeschlossen worden, die speziell den Informations- 10 austausch regeln (zB mit Liechtenstein, BStBl. I 2011, 285; Jersey, BStBl. I 2010, 166; Guernsey, BStBl. I 2011, 514; Isle of Man, BStBl. I 2011, 503 (510); Gibraltar, BStBl. I 2011, 521; Anguilla, BStBl. I 2012, 100; St. Lucia, BStBl. I 2013, 760; Monaco, BStBl. I 2017, 74; Andorra, BStBl. I 2017, 81; den Cookinseln, BStBl. I 2017, 289 und der Föderation St. Kitts und Nevis, BStBl. I 2017, 297).

Auf dem Gebiet der Zollverwaltung leisten sich die meisten am Welthandel beteiligten Staaten allgemeine Unterstützung aufgrund der **Empfehlungen des Brüsseler Zollrats** v. 5.12.1953.

3. Verordnungen und umgesetzte Richtlinien der EU

11 **a) Direkte und indirekte Steuern.** Zu den europarechtlichen Normen gehören auf dem Gebiet der Steuern die **Zusammenarbeits-VO** v. 7.10.2010 (EU) Nr. 904/2010 des Rates über die Zusammenarbeit der Verwaltungsbehörden und der Betrugsbekämpfung auf dem Gebiet der Mehrwertsteuer, sowie das aufgrund der EU-Amtshilferichtlinie v. 15.2.2011 (RL 2011/16/EU, ABl. 2011 L 64, 1) ergangene **EUAHiG** (→ Rn. 36 ff.) und § 3 **EU-BeitrG.**

12 **b) Zölle und Verbrauchsteuern.** Auf dem Gebiet der Zoll- und Verbrauchsteuerverwaltung hat ebenfalls das EUAHiG (→ Rn. 36) Bedeutung. Daneben ist die **VO gegenseitige Amtshilfe** (VO Nr. 515/97, ABl. EG 1997, L 82, 1 idF ABl. EU 2015, L 243, 1) Rechtsgrundlage für Spontanauskünfte und Ersuchen auf dem Gebiet des gemeinschaftlichen Zollrechts und der Marktorganisation sowie zur Errichtung eines Zollinformationssystems. Ferner dient das **Neapel-II-Übereinkommen** (v. 18.12.1997, ABl. 1998 C 24, 2) der gegenseitigen Unterstützung der Zollverwaltungen der EU-Staaten bei der Durchführung von Rechts- und Verwaltungsvorschriften hinsichtlich der Zölle und anderer gleichgerichteter Abgaben, Agrarabgaben und -vergünstigungen, harmonisierten Verbrauchsteuern und der EUSt. Bis zur Verabschiedung durch alle Signaturstaaten gilt weiter das Neapler Übereinkommen v. 7.9.1967 (BGBl. 1969 II 65). Deutschland hat dem Übereinkommen durch Gesetz v. 3.6.2002 (BGBl. 2002 II 1387) zugestimmt.

13 **c) Umsatzsteuer.** Auf dem Gebiet der USt sind die Zusammenarbeits-VO Nr. 904/2010 (v. 7.10.2010, ABl. 2010 L 268, 1) sowie § 18d UStG Rechtsgrundlage für den innergemeinschaftlichen Auskunftsaustausch hinsichtlich der in §§ 18a–18e UStG erforderlichen Angaben. Die USt wurde aus dem Anwendungsbereich des EUAHiG herausgenommen. Daneben findet teilweise ein direkter Auskunftsaustausch zwischen grenznahen deutschen und niederländischen FB statt.

4. Weitere bi- und multilaterale Abkommen

13a Das Übereinkommen über die gegenseitige Amtshilfe in StSachen des Europarates und der OECD (BGBl. 2015 II 967) ist in Deutschland zum 1.12.2015 in Kraft getreten und regelt den internationalen Auskunftsaustausch gegenüber 70 Staaten.

13b Seit September 2017 werden auf Grundlage des MCAA und CRS durch das FKAustG mit einer Vielzahl von Staaten Informationen insb. über Kontensalden und wirtschaftlich Berechtigte ausgetauscht. Die Staatenaustauschliste wird regelmäßig im BStBl. I (zuletzt BStBl. I 2025, 1440) veröffentlicht und umfasst derzeit den Austausch mit 119 Staaten.

5. Kulanzauskünfte

14 Inländische FB können auch ohne Rechtsgrundlage nach dem Rechtsgedanken des § 117 III um zwischenstaatliche Amtshilfe ersuchen. Inwieweit einem solchen Amtshilfeersuchen entsprochen wird, richtet sich nach den für den ersuchten Staat maßgeblichen Rechtsvorschriften. Die Erfolgsaussichten eines solchen zwischenstaatlichen Kulanzersuchens wird allenfalls das BMF bzw. das BZSt abschätzen können.

III. Rechtsfolge: Ermessen

Liegen die Voraussetzungen für die Inanspruchnahme zwischenstaatlicher Rechts- und Amtshilfe vor, so steht es im Ermessen der FB, das Verfahren zum zwischenstaatlichen Amtshilfeersuchen auf den Dienstweg zu bringen. Die FB hat dabei abzuwägen, ob der Erfolg der ersuchten Auskunft eine mögliche Beeinträchtigung der Interessen des betroffenen Stpfl. durch die im Rahmen des Auskunftersuchens mitzuteilenden Umstände rechtfertigt. Diese Abwägung entspricht dem Rechtsgedanken des § 117 III Nr. 4 (→ Rn. 26). 15

Verfahren. Das Amtshilfeersuchen ist auf dem Dienstweg an das BMF oder in Fällen des § 5 I Nr. 5 FVG (→ Rn. 29) an das BZSt zu richten. Zum Inhalt der Vorlage s. BMF 29.5.2019, BStBl. I 2019, 480, Anlagen. Obwohl § 117 IV 3 keine **Anhörung** des Stpfl. vorsieht, steht diese im Ermessen der FB und sollte die Regel sein (BMF 29.5.2019, BStBl. I 2019, 480 Tz. 3.1). Zum Rechtsschutz → Rn. 33.

Sofern sich die inländische FB zu einem zwischenstaatlichen Auskunftsersuchen entschließt, hat sie aufgrund der zwischenstaatlichen Vereinbarungen idR einen Anspruch auf Auskunftserteilung, weil die zwischenstaatlichen Vereinbarungen regelmäßig eine Verpflichtung zur Auskunftserteilung vorsehen (zB Art. 26 OECD-MA). Die Durchführung der Hilfeleistung richtet sich nach den § 117 IV entspr. Vorschriften des ausländischen Rechts.

Den Inhalt der erteilten Auskunft kann die inländische FB **frei würdigen;** eine rechtliche oder tatsächliche Bindung an die Auskunft besteht nicht.

C. Hilfeleistung nach zwischenstaatlichem Recht (Abs. 2)

I. Voraussetzungen

Ebenso wie die inländischen FB um zwischenstaatliche Amtshilfe ersuchen können, haben sie die Möglichkeit, zwischenstaatliche Amtshilfe zu leisten. Die Rechtsgrundlagen, nach denen sie die Amtshilfe leisten können, sind abschließend in Abs. 2 genannt; es handelt sich um die gleichen völkerrechtlichen Rechtsgrundlagen, die auch für § 117 I einschlägig sind (→ Rn. 6 ff.). Rechtsgrundlagen sind hiernach: 16

- innerstaatlich anwendbare völkerrechtliche Vereinbarungen, dh DBA (→ Rn. 7 ff.) und völkerrechtliche Sonderabkommen (→ Rn. 10) und
- innerstaatlich anwendbare Rechtsakte der EU. Bei diesen handelt es sich um unmittelbare Geltung erlangte Verordnungen der EU, sowie in innerstaatliches Recht transformierte Richtlinien der EU (→ Rn. 11 ff.). Zu diesen Rechtsgrundlagen gehören auch das EU-BeitrG und das EUAHiG, dessen Nennung im Abs. 2 lediglich deklaratorische Bedeutung hat.

II. Rechtsfolge

1. Ermessen

Sofern die Voraussetzungen des § 117 II iVm der jeweiligen innerstaatlich anwendbaren Rechtsgrundlage vorliegen, sind die inländischen FB entgegen der hier verwendeten Gesetzesformulierung („können") aufgrund der jeweiligen speziellen Rechtsgrundlage regelmäßig zur Auskunftserteilung verpflichtet. Etwas anderes gilt nur, wenn Amtshilfeverweigerungsgründe bestehen, die sich häufig aus § 117 III Nr. 4 ergeben können. 17

2. Umfang der Hilfeleistung

Die Verpflichtung zur Erteilung der Auskünfte beschränkt sich nicht nur auf Umstände, die den inländischen FB bereits bekannt sind. Vielmehr sind die inländischen FB regelmäßig verpflichtet, die erforderlichen Maßnahmen zu ergreifen, um die ersuchte Auskunft erteilen zu können; sie haben mithin in dem Umfang zu ermitteln, in dem sie dies auch in 18 eigenen Verfahren tun (BMF 29.5.2019, BStBl. I 2019, 480 Tz. 5.2.1 ff.). Hierbei sind die FB selbstverständlich auf die Befugnisse beschränkt, die ihnen nach inländischem Recht zustehen.

D. Hilfeleistung in sonstigen Fällen (Abs. 3)

I. Verhältnis zu Abs. 2

19 Nach Abs. 3 können (Ermessen § 5) inländische FB zwischenstaatliche Amtshilfe auch in anderen Fällen leisten, wenn Abs. 2 nicht einschlägig ist **(Kulanzauskunft).**

Umstritten ist, ob eine Kulanzauskunft gem. § 117 III auf ein Amtshilfeersuchen eines Staates in Betracht kommt, mit dem eine Vereinbarung iSv Abs. 2 besteht. Es wird zT angenommen, dass bestehende Vereinbarungen jedweden darüber hinausgehenden Auskunftsaustausch ausschließen (Fischer DB 1984, 738). Die gegenteilige hM (Klein § 117 Rn. 50; Gosch AO § 117 Rn. 102; HHSp § 117 Rn. 169 f.) sieht hingegen Kulanzauskünfte generell als zulässig an, unabhängig davon, ob mit dem betr. Staat eine Vereinbarung über den Auskunftsaustausch besteht (ebenso BT-Drs. 7/4292, 26 f.). Beide Ansichten differenzieren jedoch nicht genügend nach Wortlaut und Zweck des § 117 III iVm möglichen völkerrechtlichen Vereinbarungen: Der Wortlaut des § 117 III („auch in anderen Fällen“) stellt lediglich die in der Gesetzessystematik des § 117 angelegte Subsidiarität der Kulanzauskunft gegenüber der Amtshilfeleistung gem. Abs. 2 klar. § 117 III ist unproblematisch einschlägig, wenn mit dem ersuchenden Staat keinerlei völkerrechtliche Vereinbarung im Hinblick auf Auskunftsaustausch besteht. Dies bedeutet indes nicht, dass bestehende jedoch nicht einschlägige Vereinbarungen über den Auskunftsaustausch jedweden darüber hinausgehenden Auskunftsaustausch ausschließen. Vielmehr ist für jede Vereinbarung nach ihrem Umfang und Zweck durch Auslegung zu ermitteln, in welchem Umfang der Auskunftaustausch zwischen diesen Staaten geregelt werden soll. Besteht zB mit einem Staat ein DBA für Ertrag- und Vermögensteuern, so schließt dies den Auskunftsaustausch hinsichtlich anderer StArten nicht aus. Hingegen dürften Kulanzauskünfte gegenüber Staaten, mit denen eine sog. kleine Auskunftsklausel (→ Rn. 8) vereinbart ist, hinsichtlich Einkommen- oder Vermögensteuern unzulässig sein, wenn keine Doppelbesteuerung droht. Sofern mit Staaten konkrete Amts- und Rechtshilfevereinbarungen geschlossen wurden, schließen diese als jeweils spezielle Regelungen die Anwendung des § 117 III aus (ähnlich inzwischen TK §§ 117, 119; Schwarz/Pahlke/Keß §§ 117, 67).

II. Voraussetzungen des Abs. 3 S. 1

20 § 117 III setzt seinem Wortlaut nach stets ein **Amtshilfeersuchen** voraus (HHSp § 117 Rn. 199). Spontanauskünfte werden durch diese Vorschrift nicht erfasst und stellen grds. eine tatbestandliche Verletzung des StGeheimnisses dar. Sofern mit dem ersuchenden Staat keine der Erteilung der konkreten Auskunft entgegenstehende Vereinbarung (→ Rn. 19) besteht, darf die inländische FB die Auskunft nur erteilen, wenn die Voraussetzungen des Abs. 3 **kumulativ** vorliegen.

1. Verbürgung der Gegenseitigkeit (Abs. 3 S. 1 Nr. 1)

21 Die Verbürgung der Gegenseitigkeit folgt dem Verständnis, dass kein Staat auf Dauer bereit ist, Auskünfte an einen anderen Staat zu erteilen, wenn er nicht selbst vergleichbare Auskünfte von diesem erhält. Zur Verbürgung der Gegenseitigkeit ist – über eine bloße Zusicherung hinaus – erforderlich, dass der ersuchende Staat rechtlich und tatsächlich in der Lage ist, seinerseits entsprechende Auskunftsersuchen inländischer FB zu einem vergleichbaren Sachverhalt zu erfüllen. Allerdings ist die Gegenseitigkeit nicht dann schon zu verneinen, wenn lediglich die Anzahl der erteilten Auskünfte in einem Missverhältnis steht (Reiffs StBp 1996, 309).

2. Gewährleistung des Steuergeheimnisses (Abs. 3 S. 1 Nr. 2)

Der ersuchende Staat muss ferner rechtlich und tatsächlich gewährleisten, dass die zu erteilenden Auskünfte ausschließlich für Zwecke des Besteuerungs- oder StStrafverfahrens verwendet werden. Daran fehlt es bereits, wenn die ausländische FB neben der Besteuerung noch andere nicht steuerliche Aufgaben wahrnimmt, wie zB Devisen- oder Preisüberwachung. Ferner müssen die Grundsätze des StGeheimnisses des § 30 von der ausländischen FB beachtet werden. Die bloße Behauptung, der ersuchende Staat habe ein Korruptionsproblem, reicht hierfür jedoch nicht (vgl. FG Köln 24.9.2008 – 2 V 2821/08, EFG 2011, 2124). 22

3. Zusicherung der sachgerechten Vermeidung einer Doppelbesteuerung (Abs. 3 S. 1 Nr. 3)

Außerdem muss sich der ersuchende Staat im konkreten Einzelfall bereit erklären, eine mögliche Doppelbesteuerung bei Ertrag- oder Vermögensteuern im Verständigungswege zu vermeiden. Dies hat durch eine sachgerechte Abgrenzung der Besteuerungsgrundlagen zu erfolgen. Als solche sachgerechte Abgrenzung kann das OECD-MA herangezogen werden. Die Doppelbesteuerung iSd § 117 III 1 Nr. 3 ist allerdings wirtschaftlich zu verstehen (TK § 117 Rn. 125), sodass keine Subjektidentität erforderlich ist, zB im Fall der Korrektur von Verrechnungspreisen zwischen verbundenen Unternehmen. 23

4. Kein Interessenwiderstreit (Abs. 3 S. 1 Nr. 4)

Schließlich darf die Auskunft keine wesentlichen Interessen des Bundes oder des inländischen Beteiligten beeinträchtigen. 24

a) Wesentliche Interessen des Bundes. § 117 III Nr. 4 nennt exemplarisch die Souveränität, die (innere und äußere) Sicherheit sowie die öffentliche Ordnung von Bund, Ländern und Kommunen. Der Begriff der öffentlichen Ordnung ist dem Polizeirecht entliehen und hat inzwischen keine eigenständige Bedeutung mehr. Inwieweit eine Auskunft die Souveränität einer inländischen Gebietskörperschaft beeinträchtigen könnte, ist nur schwer vorstellbar. Gegenstand der inneren Sicherheit ist die Einhaltung sämtlicher inländischer Rechtsnormen. Eine Beeinträchtigung der äußeren Sicherheit ist zu befürchten, wenn wesentliche militärische oder politische Tatsachen und Umstände mitgeteilt würden, die nicht allgemein bekannt sind. Ferner gilt § 106. 25

Als weiteres wesentliches Interesse des Bundes ist die Beachtung des **ordre public** anzusehen, der im Wesentlichen beinhaltet, dass der ausländische Staat – im Zusammenhang mit der Auskunftserteilung – Grundfesten inländischen Rechts, insb. die Grundrechte, beachtet (vgl. § 6 EGBGB). Zur Rechtsweggarantie des Art. 19 Abs. 4 GG sa BFH 3.11.2010 – VII R 21/10, BStBl. II 2011, 401. Einen Verstoß gegen den ordre public stellen weder die Verletzung eines Bankgeheimnisses noch die Verwertung deliktisch erworbener Informationen dar (FG Köln 28.12.2020 – 2 V 1217/20, DStRE 2021, 1453).

b) Wesentliche Interessen des inländischen Beteiligten. Als ein der Auskunftserteilung entgegenstehendes Interesse nennt § 117 III Nr. 4 ferner die Gefahr, dass ein Berufsgeheimnis oder Geschäftsverfahren des inländischen Beteiligten preisgegeben wird. Die Abwägung zwischen der Beeinträchtigung eines Berufsgeheimnisses und dem Interesse einer international gleichmäßigen und zutr. Besteuerung ist durch das WachstumschancenG (WachstChG, BGBl. 2024 I Nr. 108) aufgegeben worden. Diese Abwägung hat jedoch im EU-Auskunftsaustausch gem. § 4 IV Nr. 2 EUAHiG (→ Rn. 49) zu erfolgen. Berufsgeheimnisse und Geschäftsverfahren sind hohe Güter der inländischen Wirtschaft, deren Schutz vor Wirtschaftsspionage im weitesten Sinne auch im staatlichen Interesse liegt. Gleichwohl droht dem inländischen Beteiligten kein relevanter Schaden dadurch, dass er im Ausland zutr. zur Besteuerung herangezogen wird (FG Hessen 14.11.1994 – 12 V 2939/94, EFG 1995, 756; BFH 20.1.1988 – I B 72/87, BStBl. II 1988, 412). 26

Handels-, Industrie- und Gewerbegeheimnisse stellen lediglich Unterarten des **Berufsgeheimnisses** dar, zu dem auch Geschäftsverfahren gehören. Es ist str., ob als Geheimnis lediglich solche Tatsachen, Umstände und Kenntnisse gelten, die erhebliche wirtschaftliche Bedeutung haben (so BFH 20.2.1979 – VII R 16/78, BStBl. II 1979, 268; FG Düsseldorf 20.4.1982 – V 327/81 AO, EFG 1982, 604; HHSp § 117 Rn. 121; TK § 117 Rn. 127 ff.). Unter das Berufsgeheimnis fallen jedoch **sämtliche** Tatsachen, Umstände und Kenntnisse, die zur Ausübung des jeweiligen Berufes nützlich und nicht allgemein bekannt sind (ebenso FG Hamburg 12.12.1977 – II 160/75, EFG 1978, 257; Schwarz/Pahlke/Keß § 117 Rn. 49).

III. Einvernehmen gem. Abs. 3 S. 2

27 Soweit das ausländische Amtshilfeersuchen Steuern betrifft, die von den LandesFB verwaltet werden, hat das BMF das Einvernehmen mit der jeweiligen obersten Landesbehörde (zB LandesFM) herzustellen.

IV. Rechtsfolge: Ermessen

28 Sofern die tatbestandlichen Voraussetzungen nach § 117 III 1 für die Möglichkeit einer Amtshilfe vorliegen, ist dem BMF oder dem BZSt Ermessen (§ 5) eingeräumt, dem Amtshilfeersuchen zu entsprechen. Gründe für eine Ablehnung können zB sein, dass die ausländische Abgabe nach inländischen Grundsätzen keinen StCharakter hat (Klein § 117 Rn. 52). Die Ablehnung bedarf keiner Begründung (→ Rn. 34).

E. Durchführung der zwischenstaatlichen Amtshilfe (Abs. 4)

28a Die Vorschrift des Abs. 4 findet lediglich auf ausländische Auskunftsersuchen gem. Abs. 2, 3 Anwendung.

I. Zuständigkeit

29 Durchführung und Erledigung zwischenstaatlicher Amtshilfeersuchen ist Aufgabe des BMF, was sich bereits aus Art. 32 I GG ergibt. Es sind die Befugnisse zum Großteil gem. § 5 I Nr. 5–5g FVG auf das BZSt delegiert. Ebenso ist das BZSt für den innergemeinschaftlichen Auskunftsaustausch für Zwecke der USt gem. § 5 I Nr. 9c, d FVG zuständig. Daher sind zwischenstaatliche Amtshilfeersuchen und deren Erledigung stets auf dem Dienstweg über das BMF bzw. das BZSt zu leiten. Lediglich nach Art. 4 des deutsch-österreichischen Vertrages über Rechtsschutz und Rechtshilfe in Abgabensachen v. 4.10.1954 (BStBl. I 1955, 434) ist der unmittelbare Verkehr zwischen den jeweiligen OFD und der österreichischen Steuer- und Zollkoordination des Bundesministeriums für Finanzen vorgesehen. Gleiches gilt aufgrund BMF 25.11.2021, BStBl. I 2021, 2479 für den Auskunftsaustausch zwischen grenznahen FÄ in Niedersachsen und Nordrhein-Westfalen und entspr. niederländischen FB.

Auf dem Gebiet der **Zollverwaltung** findet der Auskunftsverkehr innerhalb der EU unmittelbar zwischen den Zolldienststellen statt; im Übrigen über das Zollkriminalamt.

II. Befugnisse der Finanzbehörden und der Beteiligten (Abs. 4 S. 1, 2)

30 Die Befugnisse der inländischen **FB** richten sich nach den Vorschriften der AO und der sonstigen StGesetze. Die inländische FB kann alle ihr zur Verfügung stehenden Ermittlungsmöglichkeiten ausschöpfen bis hin zu StFahndungsmaßnahmen. Eine Ap. allein zur Erledigung des Auskunftsersuchens ist jedoch grds. nicht zulässig (BMF 29.5.2019, BStBl. I 2019, 480 Tz. 5.2.3). Die Beteiligung ausländischer Amtsträger ist grds. ausgeschlossen, es sei denn, die Rechtsgrundlage der Auskunftserteilung sieht dies ausdrücklich vor (zB

§§ 10 f. EUAHiG, → Rn. 64 ff.). Der Verweis des § 117 IV 2 auf § 114 stellt klar, dass der ersuchende Staat für die Rechtmäßigkeit seiner Hauptsachemaßnahme nach den für ihn geltenden Vorschriften verantwortlich ist; eine Überprüfungspflicht der inländischen FB besteht insoweit nicht. Die inländische FB ist hingegen für die Rechtmäßigkeit der Maßnahmen verantwortlich, die sie im Rahmen der zwischenstaatlichen Hilfeleistung vornimmt. Ihr wachsen durch die Amtshilfeleistung keine Kompetenzen zu, die sie ohne das Ersuchen nicht hätte (→ § 112 Rn. 4).

Die Rechte der **Beteiligten** bestimmen sich ebenfalls nach den Vorschriften der AO und der sonstigen StGesetze. Insb. gelten Mitwirkungs- und Auskunftsverweigerungsrechte zugunsten des Beteiligten.

III. Entsprechende Geltung des § 91 (Abs. 4 S. 3)

Die **entsprechende** Geltung des § 91 trägt dem Umstand Rechnung, dass die zwischenstaatliche Auskunftserteilung keinen VA darstellt (→ Rn. 33 f.). Dementsprechend soll (→ § 91 Rn. 19) der inländische Beteiligte stets angehört werden, wenn keine Ausnahme gem. § 91 II, III vorliegt, die Umsatzsteuer betroffen ist oder seit dem 1.1.2013 ein Informationsaustausch nach dem EUAHiG stattfindet. Liegt keine derartige Ausnahme vor, so hat die **Anhörung** zwingend zu erfolgen, wenn das Amtshilfeersuchen Steuern betrifft, deren inländisches Pendant von den LandesFB verwaltet wird. Der Sinn dieser Differenzierung zwischen Bundes- und LandesFB erschließt sich jedoch nicht (ebenso TK § 117 Rn. 138). Ein Verstoß gegen eine unterlassene Anhörung bewirkt jedoch kein Verwertungsverbot im Ausland, sondern löst ggf. Schadensersatzansprüche aus (Klein § 117 Rn. 65). **31**

F. Ermächtigungsgrundlage (Abs. 5)

Abs. 5 enthält eine Ermächtigungsgrundlage für Rechtsverordnungen auf dem Gebiet des Zollwesens, die deshalb ohne praktische Bedeutung ist, weil die Amtshilfe insofern insb. durch EU-Verordnungen geregelt ist (→ Rn. 12). **32**

G. Einschränkung des Datenschutzes (Abs. 6)

Abs. 6 wurde durch Art. 12 Nr. 1 des WachstChG eingefügt und regelt, dass die Vorschriften des Datenschutzes hinter den Erfordernissen des Informationsaustauschs zurückstehen. **32a**

H. Rechtsbehelfe und Verfahrensfragen

Das zwischenstaatliche **Amtshilfeersuchen nach Abs. 1** stellt **keinen VA** dar, weil es nicht auf unmittelbare Rechtswirkung nach außen gerichtet ist (FG Köln 26.2.2004 – 2 K 1993/02, EFG 2004, 1734). Eine Anfechtung kommt grds. erst gegen die Hauptsacheentscheidung in Betracht; im Wege der Feststellungsklage (§ 41 FGO) kann die Rechtswidrigkeit des Amtshilfeersuchens durch das FG festgestellt werden. Will sich der Stpfl. vorbeugend gegen ein solches Ersuchen wenden, so steht ihm zudem die Möglichkeit der vorbeugenden Unterlassungsklage gem. § 40 FGO auf dem Finanzrechtsweg (BFH 29.10.1986 – I B 28/86, BStBl. II 1987, 440) gegen das BZSt (BMF 29.5.2019, BStBl. I 2019, 480 Tz. 3.2.2) oder das BMF (BFH 23.7.1986 – I R 306/82, BStBl. II 1987, 92) offen (ausführlich: Hendricks StuW 2018, 346 (356). Einstweiliger Rechtsschutz kommt durch einstweilige Anordnung (§ 114 FGO) in Betracht (vgl. BFH 15.2.2006 – I B 87/05, DStR 2006, 795). An einem Anordnungsgrund für einstweiligen Rechtsschutz mangelt es **33** jedoch, wenn das Ersuchen bereits gestellt ist (FG Köln 29.1.2016 – 2 V 3130/15, DStRE 2017, 822). Ein Erfolg dieser Rechtsschutzmöglichkeiten ist jedoch in der Sache nur zu erwarten, wenn es an den Voraussetzungen für ein Amtshilfeersuchen fehlt oder die ihm beizufügenden Erläuterungen die Geheimnissphäre des Stpfl. in Abwägung der zur zutreffenden Besteuerung erforderlichen Sachverhaltsermittlung unverhältnismäßig beeinträchtigten.

34 Ebenso wenig stellt die **Auskunftserteilung an** den **ausländischen Staat** einen VA dar, weil es auch hier an der unmittelbaren Rechtswirkung nach außen fehlt (BFH 20.1.1988 – I B 72/87, BStBl. II 1988, 412; Klingelhöfer StBp 2002, 1). Vielmehr handelt es sich um Wissenserklärung bzw. Meinungsäußerung (Klein § 117 Rn. 48). Ebenso wie in den Fällen des Abs. 1 kann der Stpfl. gegen die zwischenstaatliche Auskunftserteilung mit vorbeugender Unterlassungsklage und einstweiliger Anordnung vorgehen (→ Rn. 33). Zur erfolgreichen Begründung gilt das unter → Rn. 33 Ausgeführte entsprechend. Hat die inländische FB rechts- oder ermessensfehlerhaft eine Auskunft erteilt und ist dem inländischen Beteiligten dadurch ein Schaden entstanden, so kommt eine Schadensersatzpflicht der FVerw. gem. § 839 BGB iVm Art. 34 GG in Betracht.

Lehnt das BMF ein zwischenstaatlichen Amtshilfeersuchen gem. § 117 III ab, bedarf die Ablehnungsentscheidung keiner Begründung (Klein § 117 Rn. 52).

35 **Kosten.** Die Kostentragungspflicht bestimmt sich nach den der Auskunftserteilung zugrunde liegenden Rechtsvorschriften. Lediglich in Fällen der Erteilung einer Kulanzauskunft gem. § 117 III kommt eine Kostentragung der ersuchenden Behörde gem. § 115 in Betracht. Nach BMF 29.5.2019, BStBl. I 2019, 480 Tz. 5.2.9 sollen außergewöhnliche Kosten zulasten der ersuchenden Behörde gehen; deren Zusicherung über die Kostentragung soll zuvor eingeholt werden.

Anhang: EU-Amtshilfegesetz (EUAHiG)

I. Allgemeines, Europarecht

36 Aufgrund der EG-Amtshilferichtlinie v. 19.12.1977 (77/799/EWG, ABl. EG L 336, 15) wurde das EGAHiG vom 19.12.1985 (BGBl. 1985 I 2441; BStBl. I 1985, 740) mit weiteren Änderungen in inländisches Recht umgesetzt. Durch das AmtshilfeRLUmsG vom 26.6.2013 (BGBl. 2013 I 1809; BStBl. I 2013, 802) wurde das EGAHiG durch das EUAHiG ersetzt, die Amtshilfe-RL (s. § 2 II EUAHiG) umgesetzt, der Auskunftsaustausch erheblich erweitert und das Verfahren beschleunigt. Durch das G v. 20.12.2016 (BGBl. 2016 I 3000) wurden Änderungen der Amtshilferichtlinie umgesetzt. Weitere Änderungen erfolgten durch die Einführung der Mitteilungspflicht bei grenzüberschreitenden StGestaltungen (G v. 21.12.2019 (BGBl. 2019 I 2875), sowie durch das G zur Umsetzung der RL (EU) 2021/514 v. 20.12.2022, BGBl. 2022 I 2730), wodurch die Möglichkeit von Gruppenersuchen (§ 6b) geschaffen wurde. Durch das WachstChG wurde neben der gleichzeitigen Prüfung (§ 12) das Institut der gemeinsamen Prüfung (§ 12a) eingeführt.

Eine Anhörung Beteiligter ist grds. nicht mehr zwingend vorgesehen (§ 117 IV 3).

Bereits mWv 8.12.2004 erstreckte sich die Amtshilfe auch auf die Zustellung von SteuerVA, sowie auf den Auskunftsaustausch bei sog. Simultanaußenprüfungen bei nahestehenden Personen oder Betriebstätten in mehreren Mitgliedstaaten. Dies entspricht den Regelungen der Art. 14–16 Zusammenarbeits-VO (zur Zustellung) und der Art. 12, 13 Zusammenarbeits-VO (gleichzeitige Prüfungen) für Zwecke der USt.

Das EGAHiG regelte ausschl. die Auskunftserteilung bzw. Hilfeleistung durch inländische FB zugunsten der anderen Mitgliedstaaten während sich die Hilfeleistung zugunsten inländischer FB nach dem aufgrund der EG-Amtshilferichtlinie transformierten Recht des jeweiligen Mitgliedstaates richtete, das dem des EGAHiG entsprach. Das EUAHiG hingegen regelt nunmehr sowohl den Auskunftsaustausch durch inländische FB als auch den zugunsten dieser. Räumlich begrenzt sich der Anwendungsbereich des EUAHiG auf steuerliche Vorgänge innerhalb des Hoheitsgebietes der EU.

Im Hinblick auf die europarechtliche Einschränkung von Grundfreiheiten nach dem EGV hat das EUAHiG neben dem EU-BeitrG besondere Bedeutung, weil es den Rechtfertigungsgrund mangelnder Sachverhaltsaufklärung im EG-Ausland nicht anerkennt (zB EuGH 28.1.1992 – C-204/90, BeckRS 2004, 74945).

II. Die Vorschriften des EU-Amtshilfegesetzes (EUAHiG)

vom 26.6.2013 (BGBl. 2013 I 1809), zuletzt geänd. durch G v. 27.3.2024 (BGBl. 2024 I Nr. 108)

Abschnitt 1. Allgemeine Bestimmungen

§ 1 EUAHiG Anwendungsbereich und anzuwendendes Recht

(1) [1] Dieses Gesetz regelt den Austausch von voraussichtlich erheblichen Informationen in Steuersachen zwischen Deutschland und den anderen Mitgliedstaaten der Europäischen Union (Mitgliedstaaten). [2] Es ist anzuwenden für jede Art von Steuern, die von einem oder für einen Mitgliedstaat oder dessen Gebiets- oder Verwaltungseinheiten einschließlich der örtlichen Behörden erhoben werden.

(2) Dieses Gesetz ist nicht anzuwenden auf

1. die Umsatzsteuer, einschließlich der Einfuhrumsatzsteuer,
2. Zölle,
3. harmonisierte Verbrauchsteuern, sofern diese in Artikel 1 Absatz 1 der Richtlinie 2008/118/EG des Rates vom 16. Dezember 2008 über das allgemeine Verbrauchsteuersystem und zur Aufhebung der Richtlinie 92/12/EWG (ABl. L 9 vom 14.1.2009, S. 12), die zuletzt durch die Richtlinie 2010/12/EU (ABl. L 50 vom 27.2.2010, S. 1) geändert worden ist, in der jeweils geltenden Fassung genannt werden,
4. Beiträge und Umlagen sowie damit verbundene Abgaben und Gebühren nach dem Sozialgesetzbuch, den in § 68 des Ersten Buches Sozialgesetzbuch genannten Gesetzen, dem Aufwendungsausgleichsgesetz und
5. Gebühren.

(3) Dieses Gesetz berührt nicht

1. die Vorschriften über die Rechtshilfe in Strafsachen und
2. die Wahrnehmung der Rechte und die Erfüllung der Pflichten, die Deutschland in Bezug auf eine umfassendere Zusammenarbeit der Verwaltungen aus anderen Rechtsinstrumenten erwachsen, einschließlich bi- oder multilateraler Abkommen.

(4) Für die Amtshilfe nach diesem Gesetz gelten die Vorschriften der Abgabenordnung entsprechend, soweit dieses Gesetz nichts anderes bestimmt.

Voraussetzungen der Amtshilfe (Abs. 1 S. 1). Das EUAHiG ermöglicht sowohl 37
Auskünfte auf Ersuchen (§§ 4, 6 EUAHiG) als auch Spontanauskünfte (§§ 8, 9 EGAHiG) und lässt ferner einen automatisierten Auskunftsaustausch (§ 7 EUAHiG) zu. Voraussetzung ist, dass die Auskunft in StSachen voraussichtlich erheblich ist. Die **voraussichtliche Erheblichkeit** ist nunmehr in § 6a I definiert und die dazu zu erbringenden Nachweise in § 6a II.Das EUAHiG erfasst nun auch Auskünfte, die der Erhebung direkter Steuern dienen. Hinsichtlich deren Vollstr ist jedoch das EU-BeitrG (→ Rn. 11 ff.) einschlägig. Das Verfahren der Auskunftserteilung richtet sich nach den §§ 4 ff. EUAHiG sowie § 117 IV (→ Rn. 28 ff.).

Sachlicher und räumlicher Anwendungsbereich (Abs. 1 S. 2 und Abs. 2). 38
Räumlich gilt das EUAHiG zwischen Deutschland und den Mitgliedstaaten der EU. Hierzu gehören neben Deutschland (Stand 1.1.2021): Belgien, Bulgarien, Dänemark, Estland, Finnland, Frankreich, Griechenland, Irland, Italien, Kroatien, Lettland, Litauen, Luxemburg, Malta, die Niederlande, Österreich, Polen, Portugal, Rumänien, Schweden, Slowakei, Slowenien, Spanien, Tschechien, Ungarn, Zypern und bis zu seinem Austritt zum 1.2.2020 und Ablauf des Übergangszeitraumes bis 31.12.2020 (Brexit) das Vereinigte Königreich. Sachlich gilt das EUAHiG für alle Abgaben und StArten, die von einem

Mitgliedstaat oder einer seiner Untergliederungen erhoben werden, sofern sie nicht durch Abs. 2 aus dem Anwendungsbereich des EUAHiG herausgenommen werden. Das EUAHiG erweitert seinen Anwendungsbereich gegenüber dem EGAHiG von den direkten Steuern, dh in Deutschland: ESt, KSt, GewSt und GrSt sowie der VersicherungsSt beispielsweise auch auf die ErbSt und die SchenkSt.

Abs. 2 regelt, dass das EUAHiG **nicht** für die USt (Nr. 1), Zölle (Nr. 2) und harmonisierte VerbrauchSt, also Steuern auf Mineralöl, Alkohol, alkoholische Getränke und Tabakwaren (Nr. 3) gilt. Diese wurden bereits durch Bek. BMF 11.1.2005, BGBl. 2005 I 111 mWv 1.7.2005 aus dem Anwendungsbereich des EGAHiG herausgenommen. Abs. 2 Nr. 4 nimmt Beiträge, Umlagen, Abgaben und Gebühren nach dem SGB, den in § 68 Nr. 1–18 SGB I aufgeführten Rechtsnormen und dem AufwendungsausgleichsG ebenfalls vom Anwendungsbereich des EUAHiG aus. Schließlich fallen Gebühren (→ § 3 Rn. 40) gem. Nr. 5 nicht unter das EUAHiG. Die Nr. 4 und 5 entsprechen den Ausnahmen des § 1 III EU-BeitrG.

39 **Verhältnis zu anderen Rechtsnormen (Abs. 3 und 4).** § 1 III stellt klar, dass das EUAHiG weder lex specialis noch subsidiär zum IRG (→ § 117 Rn. 5) oder zu anderen völker- und gemeinschaftsrechtlichen Vorschriften ist; es ist neben diesen anwendbar. Abs. 4 verweist ergänzend auf die AO, die lex generalis zum EUAHiG ist, was aus der Stellung des EUAHiG als Nebengesetz zur AO folgt.

§ 2 EUAHiG Begriffsbestimmungen

(1) Person im Sinne dieses Gesetzes ist

1. eine natürliche Person,
2. eine juristische Person,
3. eine Personenvereinigung, der die Rechtsfähigkeit zuerkannt wurde, die aber nicht über die Rechtsstellung einer juristischen Person verfügt oder
4. jede andere Rechtsform gleich welcher Art, mit oder ohne allgemeine Rechtsfähigkeit, die Vermögensgegenstände besitzt oder verwaltet, welche einschließlich der daraus erzielten Einkünfte einer der von § 1 erfassten Steuern unterliegen.

(2) Automatischer Austausch im Sinne dieses Gesetzes ist die systematische Übermittlung zuvor festgelegter Informationen an einen anderen Mitgliedstaat der Europäischen Union ohne dessen vorheriges Ersuchen in regelmäßigen, im Voraus bestimmten Abständen; für die Zwecke des § 7 Absatz 1 sind verfügbare Informationen solche Informationen, die in den Steuerakten über Personen, die in anderen Mitgliedstaaten der Europäischen Union ansässig sind, enthalten sind und die im Einklang mit den Verfahren für die Erhebung und Verarbeitung von Informationen abgerufen werden können.

(3) [1]Ein grenzüberschreitender Vorbescheid im Sinne dieses Gesetzes ist eine Vereinbarung, eine Mitteilung oder eine andere Maßnahme mit ähnlicher Wirkung, die

1. von oder im Namen der Bundesrepublik Deutschland, einer zuständigen Landesfinanzbehörde oder von Gemeinden oder Gemeindeverbänden erteilt, geändert oder erneuert werden, unabhängig davon, ob die grenzüberschreitenden Vorbescheide tatsächlich verwendet werden,
2. für eine bestimmte Person oder eine Gruppe von Personen erteilt, geändert oder erneuert wird und sofern sich diese Person oder Gruppe von Personen darauf berufen kann,
3. die Auslegung oder Anwendung einer Rechts- oder Verwaltungsvorschrift der Steuergesetze der Bundesrepublik Deutschland, eines Landes oder entsprechender Regelungen einer Gemeinde oder eines Gemeindeverbandes betrifft,
4. sich auf eine grenzüberschreitende Transaktion oder auf die Frage bezieht, ob durch die Tätigkeiten, denen eine Person nicht im Inland nachgeht, eine Betriebstätte begründet wird oder nicht, und
5. vor den Transaktionen oder den Tätigkeiten im Ausland, die möglicherweise als Gründung einer Betriebstätte zu betrachten sind, oder vor Abgabe der Steuererklärung für den Zeitraum, in dem die Transaktion oder die Tätigkeiten erfolgten, erteilt wird.

[2]Dies gilt auch, wenn der Vorbescheid im Zuge einer Außenprüfung erteilt oder geändert wird. [3]Die grenzüberschreitende Transaktion kann unter anderem Investitionen, die Bereitstellung von Waren, Dienstleistungen oder Kapital oder den Einsatz materieller oder immaterieller Güter umfassen, wobei der Empfänger des grenzüberschreitenden Vorbescheids daran nicht unmittelbar beteiligt sein muss.

(4) [1]Eine Vorabverständigung über die Verrechnungspreisgestaltung im Sinne dieses Gesetzes ist eine Vereinbarung, eine Mitteilung oder eine andere Maßnahme mit ähnlicher Wirkung, die

1. im Namen der Bundesrepublik Deutschland, einer zuständigen Landesfinanzbehörde oder einer Gemeinde oder eines Gemeindeverbandes getroffen, geändert oder erneuert wird, unabhängig davon, ob sie tatsächlich verwendet wird oder nicht,
2. für eine bestimmte Person oder eine Gruppe von Personen getroffen, geändert oder erneuert wird, und sofern sich diese Person oder Gruppe von Personen darauf berufen kann, und
3. im Vorfeld grenzüberschreitender Transaktionen zwischen verbundenen Unternehmen
   a) geeignete Kriterien zur Bestimmung der Verrechnungspreise für die betreffenden Transaktionen festlegt oder
   b) die Zuweisung von Gewinnen an eine Betriebstätte regelt.

[2]Dies gilt auch, wenn der Vorbescheid im Zuge einer Außenprüfung erteilt oder geändert wird.

(5) Ein Unternehmen ist ein verbundenes Unternehmen im Sinne dieses Gesetzes, wenn es unmittelbar oder mittelbar an der Geschäftsleitung, der Kontrolle oder dem Kapital eines anderen Unternehmens beteiligt ist oder wenn ein und dieselben Personen unmittelbar oder mittelbar an der Geschäftsleitung, der Kontrolle oder dem Kapital beider Unternehmen beteiligt sind.

(6) Verrechnungspreise im Sinne dieses Gesetzes sind die Preise, zu denen ein Unternehmen materielle oder immaterielle Güter auf ein verbundenes Unternehmen überträgt oder Dienstleistungen für ein verbundenes Unternehmen erbringt.

(7) Eine grenzüberschreitende Transaktion im Sinne von Absatz 3 ist eine Transaktion oder eine Reihe von Transaktionen, bei der

1. nicht alle an der Transaktion oder an der Reihe von Transaktionen Beteiligten in der Bundesrepublik Deutschland, in der der grenzüberschreitende Vorbescheid erteilt oder geändert oder erneuert wird, steuerlich ansässig sind,
2. einer der an der Transaktion oder an der Reihe von Transaktionen Beteiligten gleichzeitig in mehreren Staaten oder Gebieten steuerlich ansässig ist,
3. einer der an der Transaktion oder an der Reihe von Transaktionen Beteiligten über eine Betriebstätte Geschäftstätigkeiten in einem anderen Staat oder Gebiet nachgeht und bei der die Transaktion oder Reihe von Transaktionen Teil der Geschäftstätigkeiten der Betriebstätte ist oder deren gesamte Geschäftstätigkeiten ausmachen. [2]Bei einer grenzüberschreitenden Transaktion oder einer Reihe von grenzüberschreitenden Transaktionen kann es sich auch um Maßnahmen handeln, die von einer Person in Bezug auf Geschäftstätigkeiten in einem anderen Staat oder Gebiet getroffen werden, denen sie über eine Betriebstätte nachgeht, oder
4. es sich um eine Transaktion oder eine Reihe von Transaktionen handelt, die grenzüberschreitende Auswirkungen hat.

(8) Eine grenzüberschreitende Transaktion im Sinne von Absatz 4 ist eine Transaktion oder eine Reihe von Transaktionen, an denen verbundene Unternehmen beteiligt sind, die nicht im Gebiet ein und desselben Staates oder ein und desselben Gebietes steuerlich ansässig sind, oder die grenzüberschreitende Auswirkungen haben.

(9) Unternehmen im Sinne der Absätze 4 und 5 ist jede Form von Geschäftstätigkeit.

(10) Länderbezogener Bericht im Sinne von § 7 Absatz 10 bis 12 ist ein länderbezogener Bericht im Sinne von § 138a Absatz 2 der Abgabenordnung.

(11) [1]Amtshilferichtlinie im Sinne dieses Gesetzes sowie des Einkommensteuergesetzes, der Abgabenordnung, des Außensteuergesetzes, des Körperschaftsteuergesetzes, des Gewerbesteuergesetzes, des Investmentsteuergesetzes und sonstiger Steuergesetze bezeichnet die Richtlinie 2011/16/EU des Rates vom 15. Februar 2011 über die Zusammenarbeit der Verwaltungsbehörden im Bereich der Besteuerung und zur Aufhebung der Richtlinie 77/799/EWG (ABl. L 64 vom 11.3.2011, S. 1) in der jeweils geltenden Fassung. [2]Die auf Grund der Amtshilferichtlinie erlassenen europarechtlichen Durchführungsbestimmungen gelten in der im jeweiligen Besteuerungszeitraum aktuellen Fassung.

(12) Auf elektronischem Weg im Sinne dieses Gesetzes bezeichnet die Verwendung elektronischer Anlagen zur Übermittlung, Verarbeitung von Daten, einschließlich der Datenkomprimierung, und zum Speichern von Daten unter Einsatz von Draht, Funk, optischen Technologien oder anderen elektromagnetischen Verfahren.

(13) Behördliche Ermittlungen im Sinne dieses Gesetzes sind alle Maßnahmen, die zum Ziel haben, den für die Besteuerung relevanten Sachverhalt aufzuklären, und die ausgeübt werden

1. im Fall der Finanzbehörden, in Erfüllung der ihnen nach dem Finanzverwaltungsgesetz übertragenen Aufgaben,
2. im Fall der Behörden der anderen Mitgliedstaaten, in Erfüllung der ihnen nach dem Recht des jeweiligen Mitgliedstaates übertragenen Aufgaben.

40 **Begriffsbestimmungen.** Die Norm ist weitgehend wortgetreu aus der Amtshilfe-RL übernommen worden. Abs. 1 bestimmt, dass Person iSd EUAHiG jede natürliche (Nr. 1), juristische (Nr. 2) **Person** ist, aber auch Personenvereinigungen und Rechtsträger mit und ohne eigene Rechtspersönlichkeit (Nr. 3 und Nr. 4). Diese weite Formulierung erfasst herkömmliche und neue Rechtsinstrumente.

Die Abs. 3–10 wurde durch das G v. 20.12.2016 (BGBl. 2016 I 3000) eingefügt und definieren den automatischen Auskunftsaustausch (Abs. 2), den grenzüberschreitenden Vorbescheid (Abs. 3), Verrechnungspreise (Abs. 6), die Vorabverständigung über Verrechnungspreise (Abs. 4), verbundene Unternehmen (Abs. 5), grenzüberschreitende Transaktionen (Abs. 7 und 8) und Unternehmen (Abs. 9) in Anlehnung an die Amtshilfe-RL sowie länderbezogene Berichte (Abs. 10).

Abs. 11 definiert die **Amtshilfe-RL** als die RL 2011/16/EU in ihrer jeweils geltenden Fassung und vermeidet Änderungen der aufgeführten Rechtsnormen bei Änderungen der Amtshilfe-RL.

Abs. 12 schließlich definiert den elektronischen Weg und Abs. 13 behördliche Ermittlungen.

§ 3 EUAHiG Zuständigkeit und Prüfungsbefugnisse

(1) Zuständige Behörde im Sinne von Artikel 4 Absatz 1 der Amtshilferichtlinie ist das Bundesministerium der Finanzen.

(2) [1] Zentrales Verbindungsbüro im Sinne von Artikel 4 Absatz 2 Unterabsatz 1 der Amtshilferichtlinie ist in den Fällen des § 5 Absatz 1 Nummer 5 des Finanzverwaltungsgesetzes das Bundeszentralamt für Steuern. [2] Das Bundesministerium der Finanzen kann durch Schreiben weitere Bundes- oder Landesfinanzbehörden als Verbindungsstellen im Sinne von Artikel 4 Absatz 3 und Amtsträger einer Bundes- oder Landesfinanzbehörde als zuständige Bedienstete im Sinne von Artikel 4 Absatz 4 der Amtshilferichtlinie benennen. [3] Das zentrale Verbindungsbüro kann schriftlich für den Einzelfall zuständige Bedienstete benennen. [4] Die benannten Verbindungsstellen und zuständigen Bediensteten sind in dem jeweils festgelegten Umfang zum direkten Informationsaustausch mit dem anderen Mitgliedstaat nach Maßgabe dieses Gesetzes befugt.

(3) [1] Das zentrale Verbindungsbüro übernimmt die Kommunikation mit den anderen Mitgliedstaaten und prüft eingehende und ausgehende Ersuchen auf Zulässigkeit nach diesem Gesetz. [2] Eingehende zulässige Ersuchen und Informationen werden vom zentralen Verbindungsbüro entgegengenommen, gespeichert und zur Durchführung des Besteuerungsverfahrens an die zuständigen Finanzbehörden weitergeleitet. [3] Zulässige Ersuchen und Informationen der Finanzbehörden werden vom zentralen Verbindungsbüro an die anderen Mitgliedstaaten weitergeleitet.

(3a) Sind gleichzeitige oder gemeinsame Prüfungen vereinbart, benennt das zentrale Verbindungsbüro die für die behördlichen Ermittlungen zuständigen Amtsträger der Bundes- und Landesfinanzbehörden für den jeweiligen Einzelfall als zuständige Bedienstete; Absatz 2 Satz 2 und 3 bleibt unberührt.

(4) [1] Die im Zusammenhang mit den Ersuchen und Informationen beim Bundeszentralamt für Steuern gespeicherten Daten werden mit Ablauf des 15. Jahres, das dem Jahr der Weiterleitung folgt, gelöscht, soweit in diesem Gesetz keine anderen Vorgaben zur Speicherung und Löschung von Informationen geregelt sind. [2] Geht zu einer gespeicherten Meldung eine Änderungsmitteilung ein, so ist die Ursprungsmeldung für 15 Jahre ab dem Zeitpunkt des Eingangs der Änderungsmitteilung vorzuhalten.

(5) Gehen Ersuchen nach diesem Gesetz bei einer anderen Stelle als dem zentralen Verbindungsbüro ein, so sind diese Ersuchen letzterem unverzüglich zuzuleiten.

(6) [1] Die Gemeinden und Gemeindeverbände können Amtshilfe nach Maßgabe dieses Gesetzes in Anspruch nehmen. [2] Sie gelten insoweit als Finanzbehörden im Sinne dieses Gesetzes.

41 **Definitionen (Abs. 1 und 2):** Die Amtshilfe-RL definiert ua die Begriffe „zuständige Behörde", „zentrales Verbindungsbüro", „Verbindungsstelle" und „zuständiger Bediensteter". § 2 dient der Konkretisierung in Deutschland: Zentrale Bedeutung beim Auskunftsaustausch kommt dabei dem BZSt als zentralem Verbindungsbüro zu, weil alle eingehenden und ausgehenden Auskunftsersuchen über das BZSt laufen. Dem BMF als zuständige Behörde obliegt es lediglich, weitere Verbindungsstellen oder zuständige Bedienstete

zu benennen. Beispiel → Rn. 29. Zuständiger Bediensteter ist nicht gleichzusetzen mit (befugten) Bediensteten iSv §§ 10 I, 11.

Zuständigkeit des zentralen Verbindungsbüros (Abs. 3, 3a): Das BZSt ist als direkter Kommunikationspartner hauptverantwortlich für den Auskunftsaustausch mit anderen Mitgliedstaaten. Es prüft es die Zulässigkeit eingehender Ersuchen (§ 4 III f.) und leitet sie, ebenso wie eingehende Spontanauskünfte (§ 9), auf dem Dienstweg an die zuständige FB weiter. Die Erweiterung durch das G v. 20.12.2016 hinsichtlich der Entgegennahme, Speicherung sowie der Hinweis, dass die Weiterleitung nur zur Durchführung des Besteuerungsverfahrens erfolgt, geben Selbstverständlichkeiten wieder. Ausgehende Ersuchen (§ 6 I) und Spontanauskünfte (§ 8 I) prüft das BZSt und leitet sie an das zentrale Verbindungsbüro des jeweiligen Mitgliedstaats weiter. Gem. § 7 I ist es auch für den automatischen Auskunftsaustausch zuständig. Außerdem benennt das BZSt für gleichzeitige und/oder gemeinsame Prüfungen die zuständigen Amtsträger der Bundes- und Landesfinanzbehörden. 42

Dauer der Speicherung (Abs. 4). Durch das G v. 20.12.2016 eingefügt, wird die Speicherdauer beim BZSt geregelt und soll damit den Datenschutzbestimmungen ausreichend Rechnung tragen. 42a

Einhaltung des Dienstweges (Abs. 5). Gehen Ersuchen nicht beim BZSt ein, sind sie diesem unverzüglich (→ Rn. 52) zuzuleiten, damit es neben der Zulässigkeitsprüfung die reglementierten Fristen überwachen und Bestätigungen erteilen kann (§ 5). 43

Gemeinden (Abs. 6). Die Amtshilfe-RL sieht vor, dass auch Steuern, die durch lokale Behörden erhoben werden, dem Auskunftsaustausch unterliegen. Dies betrifft in Deutschland insb. die GewSt. Daher können Gemeinden und Gemeindeverbände Auskunftsersuchen – über das BZSt – stellen. Sie gelten als FB und unterliegen den allg. Vorschriften. Im Fall eingehender Ersuchen anderer Mitgliedstaaten kann das BZSt Gemeinden allerdings nicht verpflichten. Sie können durch die FB nach den allg. Regelungen der §§ 111 ff. um Amtshilfe ersucht werden. 44

§ 3a EUAHiG Automatisierter Abruf von Kontoinformationen

(1) [1]Das zentrale Verbindungsbüro nach § 3 Absatz 2 darf das Bundeszentralamt für Steuern ersuchen, bei den Kreditinstituten die in § 93b Absatz 1 und 1a der Abgabenordnung bezeichneten Daten abzurufen (§ 93 Absatz 7 Satz 1 Nummer 4c der Abgabenordnung), wenn der Abruf erforderlich ist zur Anwendung und Durchsetzung

1. dieses Gesetzes;
2. des Gesetzes zum automatischen Austausch von Informationen über Finanzkonten in Steuersachen in Bezug auf den automatischen Austausch von Informationen nach § 1 Absatz 1 Nummer 1 des Gesetzes zum automatischen Austausch von Informationen über Finanzkonten in Steuersachen oder
3. des Plattformen-Steuertransparenzgesetzes.

[2]Ist eine andere Finanzbehörde für die Anwendung und Durchsetzung der in Satz 1 Nummer 1 bis 3 genannten Gesetze zuständig, darf auch diese ein Ersuchen nach Satz 1 stellen.

(2) [1]§ 93 Absatz 9 der Abgabenordnung findet mit der Maßgabe Anwendung, dass ein Hinweis nach § 93 Absatz 9 Satz 1 erster Halbsatz der Abgabenordnung und eine Benachrichtigung nach § 93 Absatz 9 Satz 2 der Abgabenordnung unterbleiben, wenn eine Anhörung Beteiligter nach § 117 Absatz 4 Satz 3 zweiter Halbsatz nicht erfolgt. [2]§ 93b Absatz 2 Satz 2 der Abgabenordnung findet mit der Maßgabe Anwendung, dass als Finanzbehörde auch die zuständige Behörde eines anderen Mitgliedstaats gilt.

Abs. 1 S. 1 ist eine gesetzgeberische Fehlleistung, nach der sich das BZSt selbst ersuchen darf. Sinn ergibt diese Regelung nur, wenn gem. S 2 für die Beantwortung eines Ersuchens nach § 4 I EUAHiG nicht das BZSt zuständig ist. Zweck der Regelung ist die Ermächtigung zum automatisierten Abruf von Kontoinformationen, wenn dies für die Durchführung dieses G, des FKAustG oder seit 2023 des PStTG erforderlich ist. 44a

Nichtanhörung. Der Betroffene ist gem. § 93 IX S. 1 grds. auf die Möglichkeit des Kontoabrufs hinzuweisen, bzw. nach § 93 IX S. 2 zu benachrichtigen. § 117 IV S. 3 44b hingegen suspendiert die Anhörung des Beteiligten ua für die Durchführung des EUAHiG, sodass der Betroffene eines Kontoabrufs weder im Vorhinein hingewiesen noch nachträglich benachrichtigt wird. Abs. 2 S. 2 bestimmt, dass die StIdentifikationsnummer (§ 139b) auch der zuständigen FB des ersuchenden Mitgliedstaats mitgeteilt werden darf.

Abschnitt 2. Übermittlung von Informationen auf Ersuchen

§ 4 EUAHiG Ersuchen von anderen Mitgliedstaaten

(1) [1] Auf Ersuchen erstellt die zuständige Finanzbehörde alle Antworten, die für die Festsetzung von Steuern nach § 1 voraussichtlich erheblich nach § 6a Absatz 1 sind. [2] Die Antworten werden durch das zentrale Verbindungsbüro an den anderen Mitgliedstaat weitergeleitet. [3] Die zuständige Finanzbehörde erstellt die Antworten nach Maßgabe dieses Gesetzes und unter Berücksichtigung des § 117 Absatz 4 der Abgabenordnung. [4] Verfügt die Finanzbehörde nicht über die betreffenden Informationen, so führt sie nach pflichtgemäßem Ermessen behördliche Ermittlungen durch.

(2) [1] Absatz 1 gilt auch für Ersuchen um Durchführung behördlicher Ermittlungen. [2] Ist die Finanzbehörde der Auffassung, dass keine behördliche Ermittlung erforderlich ist, so teilt sie dies unverzüglich dem zentralen Verbindungsbüro mit. [3] Originaldokumente sind auf Ersuchen des anderen Mitgliedstaats zu übermitteln, soweit dies nach deutschem Recht zulässig ist.

(3) Das zentrale Verbindungsbüro übermittelt keine Informationen, wenn

1. die Durchführung erforderlicher Ermittlungen oder die Beschaffung der betreffenden Informationen nach deutschem Recht nicht möglich ist,
2. der andere Mitgliedstaat die üblichen Informationsquellen nicht ausgeschöpft hat, die ihm zur Erlangung der erbetenen Informationen zur Verfügung stehen, ohne dabei die Erreichung des Ziels zu gefährden oder
3. die öffentliche Ordnung verletzt werden würde.

(4) Das zentrale Verbindungsbüro kann die Übermittlung von Informationen ablehnen, wenn

1. der andere Mitgliedstaat seinerseits aus rechtlichen Gründen nicht zur Übermittlung entsprechender Informationen in der Lage ist oder
2. ein Handels-, Gewerbe- oder Berufsgeheimnis oder ein Geschäftsverfahren preisgegeben werden würde.

(5) Absatz 3 Nummer 1 und 3 und Absatz 4 Nummer 2 ist in keinem Fall so auszulegen, dass die Übermittlung von Informationen nur deshalb abgelehnt werden kann, weil die betreffenden Informationen sich bei einer Bank, einem sonstigen Finanzinstitut, einem Bevollmächtigten, Vertreter oder Treuhänder befinden oder sich auf Eigentumsanteile an einer Person beziehen.

(6) [1] Ein Ersuchen kann nicht aus dem Grund abgelehnt werden, dass die zu übermittelnden Informationen nach deutschem Recht nicht für steuerliche Zwecke benötigt werden. [2] Lehnt das zentrale Verbindungsbüro ein Ersuchen aus anderen Gründen ab, so sind dem anderen Mitgliedstaat die Gründe hierfür mitzuteilen.

45 **Allgemeines.** § 4 regelt die Behandlung eingehender Auskunfts- und Ermittlungsersuchen. Abs. 1 bestimmt den Verfahrensgang eingehender Ersuchen, Abs. 2 erweitert Auskunfts- um Ermittlungs- und Vorlageersuchen, während die Abs. 3–6 zwingende und mögliche Ablehnungsgründe der Auskunftserteilung regeln. Die Antwort auf Auskunfts-, Ermittlungs- und Vorlageersuchen sind auf Standardformblättern gem. § 17 zu erteilen.

46 **Auskünfte auf Ersuchen (Abs. 1).** Zur Amtshilfe auf Ersuchen gelten grds. keine Besonderheiten gegenüber der Amtshilfe gem. § 117 II. Dies entspricht auch dem Verfahren nach den Art. 5 ff. Zusammenarbeits-VO. Das BZSt leitet eingehende Ersuchen nach Prüfung an die zuständige FB weiter. Diese erstellt alle erforderlichen Antworten nach Maßgabe des EUAHiG und des § 117 IV. Das Ersuchen ist so umfangreich zu **begründen,** dass es das BZSt in die Lage versetzt, seine Verpflichtung zur Auskunftserteilung zu überprüfen. Dies folgt aus § 1 IV iVm § 112 und aus § 5 III. Eine Anhörung Beteiligter ist seit dem 1.1.2013 nicht mehr zwingend vorgeschrieben (§ 117 IV 3). S. 4 verpflichtet die FB alle zulässigen Ermittlungen durchzuführen, also auch Außenprüfungen.

47 **Ermittlungs- und Vorlageersuchen (Abs. 2).** S. 1 bestimmt, dass nicht nur Auskunftsersuchen zulässig sind, sondern auch Ersuchen um Ermittlungshandlungen. Zur Besonderheit von Gruppenersuchen s. → § 6b Rn. 60c. Sollte die FB der Meinung sein,

dass Ermittlungen nicht erforderlich sind, so hat sie dies gem. S. 2 dem BZSt unverzüglich (→ Rn. 43) mitzuteilen. Die Ablehnung ist zu begründen. Besteht der Grund für die Ablehnung darin, dass das Ergebnis der Ermittlungshandlung der FB bereits bekannt ist, ist dem BZSt das Ergebnis mitzuteilen, wenn keine Hinderungsgründe entgegenstehen. Eine andere Auslegung wäre nicht nur kleinlich, sondern widerspräche Sinn und Zielsetzung des EUAHiG.

Neben Ermittlungen kann auch um die Vorlage von Originaldokumenten ersucht werden (S. 3). Für die Vorlage gelten keine Besonderheiten gegenüber der Auskunftserteilung; der Hinweis auf die Zulässigkeit nach deutschem Recht ist überflüssig.

Verbot der Auskunftserteilung (Abs. 3). Das BZSt darf Auskünfte gem. Abs. 3 nicht erteilen, wenn eine der Nr. 1–4 erfüllt ist. Die Prüfung obliegt dem BZSt. Die FB hat keine Überprüfungspflicht hinsichtlich der Zulässigkeit. Wegen der örtlichen und sachlichen Nähe, der Verpflichtung zum rechtmäßigen Verwaltungshandeln und aus § 5 V steht ihr jedoch ein umfassendes Prüfungsrecht zu. 48

Zu Nr. 1: Ein Auskunftsverbot besteht, wenn die inländische FB die zur Auskunftserteilung notwendigen Ermittlungen nicht vornehmen dürfte. Dies entspricht dem Grundsatz, dass die Befugnisse der ersuchten Behörde durch das Amtshilfeersuchen nicht erweitert werden (vgl. § 114 I). Gleiches muss gelten, wenn die inländische FB Kenntnisse hat, die sie nicht verwerten darf (TK § 117 Rn. 72; vgl. BFH 26.2.2001 – VII B 265/00, BStBl. II 2001, 464). Ist die inländische FB jedoch im Besitz von Zufallserkenntnissen, die zwar nicht rechtmäßig hätten erlangt werden können, jedoch verwertbar sind, so dürfen diese Auskünfte erteilt werden (BFH 17.5.1995 – I B 118/94, BStBl. II 1995, 497; BFH 4.9.2000 – I B 17/00, BStBl. II 2000, 648).

Zu Nr. 2: Das BZSt übermittelt keine Informationen, wenn der ersuchende Mitgliedstaat seine eigenen Ermittlungsmöglichkeiten nicht ausgeschöpft hat. Das entspricht den allg. Regeln der Amtshilfe (vgl. § 112 I). Allerdings ist der ersuchende Mitgliedstaat nicht verpflichtet, alle denkbaren Ermittlungsmöglichkeiten, sondern nur die auszuschöpfen, die das Ziel, das dem Ersuchen zu Grunde liegt, nicht gefährden.

Zu Nr. 3: Die Vorschrift entspricht § 117 III Nr. 4 1. Alt. (→ Rn. 25), wobei der Begriff der öffentlichen Ordnung dem Polizeirecht entliehen ist und inzwischen keine eigenständige Bedeutung mehr hat. Gemeint sind jedoch die Souveränität, die (innere und äußere) Sicherheit von Bund, Ländern und Kommunen, sowie die Beachtung des ordre public (→ § 117 Rn. 25). Einen Verstoß gegen den ordre public stellen weder die Verletzung eines Bankgeheimnisses noch die Verwertung deliktisch erworbener Informationen dar (FG Köln 28.12.2020 – 2 V 1217/20, DStRE 2021, 1453).

Ablehnung der Amtshilfe (Abs. 4). Das BZSt kann die Auskunftserteilung ablehnen, wenn 49

1. bei dem ersuchenden Mitgliedstaat keine Gegenseitigkeit aus rechtlichen Gründen gegeben ist. Beachtenswert ist, dass eine fehlende Gegenseitigkeit aus tatsächlichen Gründen unbeachtlich ist. Allerdings ist dieses Ablehnungsrecht im Kontext mit Abs. 5 zu sehen.

2. Durch das WachstChG wurde das Auskunftsverbot (Abs. 3 Nr. 3 aF) in eine Ablehnungsmöglichkeit abgeschwächt. Allerdings sah diese Verbotsnorm keine Abwägung vor, sodass auch geringwertige Berufsgeheimnisse einer Auskunftserteilung entgegenstanden. Diese ist nunmehr wie nach § 117 III 1 Nr. 4 (→ Rn. 26) vorzunehmen, allerdings verbietet § 4 III Nr. 3 die Auskunftserteilung nur, wenn ein Berufsgeheimnis tatsächlich preisgegeben würde.

Bankgeheimnis uä (Abs. 5). Die Norm setzt Art. 18 II Amtshilfe-RL um, die ihrerseits Art. 26 V des OECD-MAs entspricht. Demnach sind nationale Regelungen, wie der ehemalige § 30a und Schutznormen zugunsten von Banken und anderen Finanzinstituten sowie zugunsten von Bevollmächtigten, Vertretern, Treuhändern oder Anteilseignern, im Rahmen des innergemeinschaftlichen Auskunftsaustauschs nicht zu berücksichtigen. 50

51 **Mitteilung der Ablehnungsgründe, fremde Abgaben (Abs. 6).** S. 1 betrifft den Fall, dass ein Auskunftsersuchen zur Anwendung deutschen StRechts nicht erforderlich wäre, weil zB die Information keinen Einfluss auf die deutsche StRechtsanwendung hätte. § 4 VI 1 ist nicht so zu verstehen, dass die Auskunft nicht StSachen des Mitgliedstaats betrifft. Dann wäre das Ersuchen gem. § 1 I, II unzulässig.

§ 4 VI 2 reglementiert, dass jede Ablehnung eines Auskunftsersuchens durch das BZSt gegenüber dem ersuchenden Mitgliedstaat binnen der Frist des § 5 V zu begründen ist. Dies entspricht internationalen Standards und soll den ersuchenden Mitgliedstaat in die Lage versetzen, die Gründe der Ablehnung zu überprüfen.

§ 5 EUAHiG Fristen

(1) [1]Das zentrale Verbindungsbüro übermittelt die Informationen nach § 4 unverzüglich, spätestens jedoch drei Monate, nachdem es das Ersuchen erhalten hat. [2]Ist die Finanzbehörde bereits im Besitz der entsprechenden Informationen, verkürzt sich die Frist auf zwei Monate. [3]In besonders gelagerten Fällen können das zentrale Verbindungsbüro und der andere Mitgliedstaat abweichende Fristen vereinbaren.

(2) Der Informationsaustausch nach § 7 erfolgt

1. in Bezug auf die gemäß § 7 Absatz 3 auszutauschenden Informationen unverzüglich, nachdem die grenzüberschreitenden Vorbescheide oder die Vorabverständigungen über die Verrechnungspreisgestaltung erteilt, getroffen, geändert oder erneuert worden sind und spätestens drei Monate nach Ablauf des Kalenderhalbjahres, in dem die grenzüberschreitenden Vorbescheide oder Vorabverständigungen über die Verrechnungspreisgestaltung erteilt, getroffen, geändert oder erneuert wurden;
2. in Bezug auf die gemäß § 7 Absatz 4 auszutauschenden Informationen vor dem 1. Januar 2018.

(3) [1]Das zentrale Verbindungsbüro bestätigt der zuständigen Behörde des anderen Mitgliedstaats, die die Informationen nach § 7 Absatz 7 Nummer 10 übermittelt hat, unverzüglich, spätestens jedoch innerhalb von sieben Arbeitstagen den Erhalt der Informationen. [2]Die Bestätigung erfolgt möglichst auf elektronischem Weg. [3]Die Bestätigung ist so lange erforderlich, bis das Zentralverzeichnis einsatzbereit ist, das in Artikel 21 Absatz 5 der Amtshilferichtlinie genannt ist.

(4) Das zentrale Verbindungsbüro bestätigt dem anderen Mitgliedstaat unverzüglich, spätestens jedoch sieben Arbeitstage, nachdem es das Ersuchen erhalten hat, möglichst auf elektronischem Weg den Erhalt dieses Ersuchens.

(5) [1]Weist das Ersuchen Mängel auf, so unterrichtet das zentrale Verbindungsbüro den anderen Mitgliedstaat darüber innerhalb eines Monats, nachdem es das Ersuchen erhalten hat, und fordert gegebenenfalls zusätzliche Hintergrundinformationen an. [2]Die Fristen nach Absatz 1 beginnen am Tag nach dem Eingang der angeforderten zusätzlichen Hintergrundinformationen.

(6) [1]Ist die Finanzbehörde nicht in der Lage, auf ein Ersuchen fristgerecht zu antworten, so teilt das zentrale Verbindungsbüro dies dem anderen Mitgliedstaat unverzüglich, spätestens jedoch drei Monate, nachdem das zentrale Verbindungsbüro das Ersuchen erhalten hat, unter Nennung der Gründe und des voraussichtlichen Erledigungsdatums mit. [2]In diesem Fall erfolgt die Erledigung innerhalb von sechs Monaten, nachdem das zentrale Verbindungsbüro das Ersuchen erhalten hat.

(7) Ist die Finanzbehörde nicht im Besitz der erbetenen Informationen oder lehnt sie das Ersuchen aus den in § 4 Absatz 3 oder 4 genannten Gründen ab, so teilt das zentrale Verbindungsbüro dies dem anderen Mitgliedstaat unverzüglich, spätestens jedoch innerhalb eines Monats, nachdem das zentrale Verbindungsbüro das Ersuchen erhalten hat, unter Nennung der Gründe mit.

52 **Allgemeines.** Die Einführung von Fristen soll den Informationsaustausch beschleunigen und effizienter gestalten (BT-Drs. 17/12375). Grds. haben Eingangsbestätigungen, der Auskunftsaustausch, dessen Ablehnung und Fristüberschreitungsmitteilungen unverzüglich zu erfolgen. **Unverzüglich** heißt ohne schuldhaftes Zögern (s. § 121 I BGB). Durch das G v. 20.12.2016 eingefügt wurden die neuen Abs. 2 und 3. Sie betreffen den Informationsaustausch hinsichtlich grenzüberschreitender Vorbescheide und Vorabverständigungen über die Verrechnungspreisgestaltung und deren Eingangsbestätigungen.

53 **Auskunftserteilung (Abs. 1).** Das BZSt erteilt dem ersuchenden Mitgliedstaat unverzüglich (→ Rn. 52) die erbetenen Informationen, wenn sie erteilt werden dürfen, können und sollen. Dafür steht dem BZSt eine Frist von grds. drei Monaten zu (zur Verlängerung → Rn. 56). Diese Frist entspricht dem OECD-Standard. Gem. S. 2 verkürzt sich die Frist

auf zwei Monate, wenn die FB bereits im Besitz der ersuchten Informationen ist. Schließlich kann das BZSt mit dem ersuchenden Mitgliedstaat in besonders gelagerten Einzelfällen abw. Fristen vereinbaren. **Besonders gelagert** ist im Kontext des internationalen Auskunftsaustauschs jeder Einzelfall, der einen Staat zu einem Ersuchen an einen anderen bewegt.

Vorbescheide und Vorabverständigungen über die Verrechnungspreisgestaltung (Abs. 2). Das BZSt und die zentralen Verbindungsbüros der anderen Mitgliedstaaten übermitteln diese Informationen unverzüglich, spätestens jedoch binnen drei Monaten nach Ablauf des Kalenderhalbjahres an die betreffenden zentralen Verbindungsbüros der jeweiligen Mitgliedstaaten, sofern es sich um Vorbescheide und Vorabverständigungen handelt, die nach dem 31.12.2016 erteilt wurden (Nr. 1). Handelt es sich um ältere, dh von 2012 bis 2016 erteilte, Vorbescheide und Vorabverständigungen, waren diese bis zum 31.12.2017 zu übermitteln (Nr. 2). 53a

Eingangsbestätigungen für Vorbescheide und Vorabbescheide über die Verrechnungspreisgestaltung (Abs. 3). Bis zur Funktionsfähigkeit des bis zum 31.12.2017 von der Kommission gem. Art. 21 V der Amtshilferichtlinie (§ 2 XI) einzurichtenden sog. Zentralverzeichnisses sind für eingegangene Vorbescheide und Vorabverständigungen – möglichst auf elektronischem Weg – binnen sieben Arbeitstagen Eingangsbestätigungen zu erteilen. Dies entspricht dem Verfahren bei herkömmlichen Auskunftsersuchen (→ Rn. 54). 53b

Eingangsbestätigung (Abs. 4). Das BZSt bestätigt dem ersuchenden Mitgliedstaat den Eingang eines Auskunftsersuchens unverzüglich (→ Rn. 52), spätestens sieben Arbeitstage nach Eingang. **Arbeitstage** sind in Deutschland die Tage von Montag bis Freitag außer gesetzlichen Feiertagen. Dies ergibt sich aus § 108 III. Die Fristberechnung erfolgt nach § 187 bis 193 BGB. Die Eingangsbestätigung soll auf elektronischem Weg (§ 2 III) erfolgen, was der Verfahrensbeschleunigung dient. 54

Ergänzungsverlangen (Abs. 5). Ist das Ersuchen mängelbehaftet, teilt das BZSt dies dem ersuchenden Mitgliedstaat binnen eines Monats nach Eingang mit. Ein Ersuchen ist mängelbehaftet, wenn das BZSt nicht überprüfen kann, ob die Voraussetzungen der §§ 1 I und 4 III ff. vorliegen. Das Regelbeispiel der fehlenden Hintergrundinformationen ist gesetzessystematisch überflüssig, weil das Gebot umfassender Begründung von Auskunftsersuchen der gesamten Amtshilfe immanent ist (→ § 111 Rn. 12). Ebenso gilt das Verschieben des Fristbeginns nach § 5 III 2 nicht nur in den Fällen fehlender Hintergrundinformationen, sondern in allen Fällen, in denen das BZSt den ersuchenden Mitgliedstaat zur Ergänzung eines mängelbehafteten Ersuchens auffordert. 55

Fristüberschreitungsmitteilung (Abs. 6). Kann die FB die Frist des Abs. 1 unter Abzug der Dienstwegzeiten nicht einhalten, so hat das BZSt dies dem ersuchenden Mitgliedstaat unverzüglich (→ Rn. 52), spätestens jedoch drei Monate nach Eingang des Ersuchens mitzuteilen. Dabei hat es die Gründe für die Fristüberschreitung und den voraussichtlichen Erledigungstermin anzugeben. Damit verlängert sich die Frist auf maximal sechs Monate. 56

Ablehnungsfrist (Abs. 7). Ist die FB nicht im Besitz der ersuchten Information (1. Alt.), so teilt sie dies dem BZSt mit, das dies wiederum an den ersuchenden Mitgliedstaat weitergibt. Dies dient dazu, dass der ersuchende Mitgliedstaat erkennen kann, dass sich die Frist des Abs. 1 von zwei auf sechs Monate verlängert. Diese Mitteilungen haben unverzüglich (→ Rn. 52), spätestens binnen eines Monats zu erfolgen. Diese Mitteilung ist entgegen dem misslungenen Gesetzeswortlaut nicht zu begründen, da es sich um eine bloße Nichtwissenserklärung handelt. 57

Stellt das BZSt fest, dass die Voraussetzungen zur Auskunftserteilung nicht vorliegen, so teilt es dies dem ersuchenden Mitgliedstaat unverzüglich (→ Rn. 52), spätestens einen Monat nach Eingang mit. Die Ablehnung ist zu begründen. Stellt die FB im Rahmen ihres Prüfungsrechts (→ Rn. 48) fest, dass die Voraussetzungen zur Auskunftserteilung nicht vorliegen, so hat sie dies auf dem Dienstweg dem BZSt mitzuteilen. Das BZSt wiederum verfährt wie unter → Rn. 53 zu Abs. 1 dargestellt.

§ 6 EUAHiG Ersuchen an andere Mitgliedstaaten

(1) [1]Die Finanzbehörde ist befugt, ein Ersuchen zu stellen, welches das zentrale Verbindungsbüro dem anderen Mitgliedstaat nach den Vorschriften dieses Gesetzes weiterleitet. [2]Darin kann um sachdienliche behördliche Ermittlungen ersucht werden. [3]Originaldokumente können erbeten werden, soweit sie für das weitere Verfahren notwendig sind.

(2) [1]Die Finanzbehörde ist befugt, ein Ersuchen um Übermittlung zusätzlicher Informationen, einschließlich des vollständigen Wortlauts eines grenzüberschreitenden Vorbescheids oder einer Vorabverständigung über die Verrechnungspreisgestaltung, zu stellen. [2]Das zentrale Verbindungsbüro leitet das Ersuchen dem anderen Mitgliedstaat nach den Vorschriften dieses Gesetzes weiter.

(3) Bevor die Finanzbehörde ein Ersuchen stellt, hat sie alle nach der Abgabenordnung vorgesehenen Ermittlungsmöglichkeiten auszuschöpfen, es sei denn, die Durchführung der Ermittlungen wäre mit unverhältnismäßig großen Schwierigkeiten verbunden oder stellt sich als nicht Erfolg versprechend dar.

58 **Allgemeines.** § 6 regelt das Verfahren von Auskunfts- und Ermittlungsersuchen an andere Mitgliedstaaten. Abs. 1 bestimmt den Verfahrensgang und Abs. 2 die Voraussetzungen. Das Verfahren der Hilfeleistung durch den ersuchten Mitgliedstaat bestimmt sich nach dem auf Grund der Amtshilfe-RL transformierten Recht des ersuchten Mitgliedstaats. Da Gemeinden und Gemeindeverbände nach § 3 V als FB gelten, können auch sie Auskunftsersuchen über das BZSt an andere Mitgliedstaaten stellen.

59 **Ersuchen (Abs. 1).** § 6 I stellt das Spiegelbild zu § 4 dar. Die FB übermittelt das Ersuchen auf dem Dienstweg mittels Standardformblättern (§ 17) an das BZSt. Dieses überprüft das Ersuchen auf Zulässigkeit und Vollständigkeit, bevor das BZSt es an den ersuchten Mitgliedstaat weiterleitet. Nach S. 2 sind neben Auskunfts- auch Ermittlungsersuchen zulässig, wie auch die Bitte um Vorlage von Originaldokumenten.

59a **Ersuchen um weitere Informationen zu Vorbescheiden und Vorabverständigung über die Verrechnungspreisgestaltung (Abs. 2).** Durch das G v. 20.12.2016 eingefügt wurde dieser Absatz, der es den FB ermöglicht, über das BZSt um weitere Informationen zu einem Vorbescheid oder einer Vorabverständigung beim anderen Mitgliedstaat zu ersuchen.

60 Der Grundsatz der **Subsidiarität (Abs. 3)** setzt Art. 17 I Amtshilfe RL um; hätte jedoch nicht gesondert erwähnt werden müssen, weil er den in § 112 I niedergelegten Grundregeln entspricht und sich auch aus § 4 III Nr. 2 spiegelt (ebenso FG Köln 23.5.2017 – 2 V 2498/16, EFG 2017, 1322). In jedem Fall hat die FB gegenüber dem BZSt ihre bisherigen Ermittlungsmaßnahmen darzulegen und ggf. zu begründen, warum weitere Ermittlungsmaßnahmen mit unverhältnismäßig großen Schwierigkeiten verbunden wären oder keinen Erfolg versprechen. Das BZSt hat dies dem ersuchten Mitgliedstaat mitzuteilen. **Unverhältnismäßig große Schwierigkeiten** sind anzunehmen, wenn der Aufwand der ersuchenden FB den Aufwand der ersuchten erheblich übersteigen würde oder die Ermittlungen durch die ersuchende FB die Erreichung des Ziels gefährdete (vgl. § 4 III Nr. 2).

§ 6a EUAHiG Voraussichtliche Erheblichkeit

(1) Für die Zwecke eines Ersuchens nach den §§ 4 und 6 sind Informationen voraussichtlich erheblich, wenn die zuständige Behörde des Mitgliedstaats, die um ihre Übermittlung ersucht, zum Zeitpunkt des Ersuchens der Auffassung ist, dass unter Berücksichtigung ihres nationalen Rechts die realistische Möglichkeit besteht, dass die Informationen für die Steuerangelegenheiten eines oder mehrerer Steuerpflichtiger erheblich und ihre Erhebung für Zwecke der Ermittlung gerechtfertigt sein werden.

(2) Zum Nachweis der voraussichtlichen Erheblichkeit muss die zuständige Behörde, die um Informationen ersucht, zumindest die folgenden Angaben mitteilen:

1. den steuerlichen Zweck, zu dem die Informationen beantragt werden, und
2. eine Spezifizierung der für Verwaltungszwecke oder die Durchsetzung des nationalen Rechts erforderlichen Informationen.

60a Durch das G. v. 20.12.2022 wurde die Vorschrift eingefügt und kodifiziert nunmehr die bisherige Anwendung. **Erheblich** ist eine Auskunft immer dann, wenn die Kenntnis oder

Unkenntnis des der Auskunft zugrunde liegenden Sachverhalts Auswirkungen auf eine StFestsetzung oder Erhebung hat. Diese Beurteilung erfordert grds. die Kenntnisse des StRechts des anderen Mitgliedstaats und kann – zumindest für die direkten Steuern – im Grunde nur durch die FB des anderen Mitgliedstaates vorgenommen werden. Dementsprechend gering sind die Anforderungen, die an die Prüfung der Erheblichkeit durch die inländische FB zu stellen sind, vgl. FG Köln 12.9.2018 – 2 K 814/18, DStRK 2019, 175. Zudem verlangt § 6a I nach seinem Wortlaut („**voraussichtlich** erheblichen") nicht einmal eine tatsächliche, sondern lediglich eine mögliche, vernünftige Erheblichkeit aus Ex-ante-Sicht, sodass letztlich sämtliche Auskünfte voraussichtlich erheblich sein können. Dementsprechend weit ist der Anwendungsbereich des EUAHiG (vgl. FG Köln 23.5.2017 – 2 V 2498/16, DStRE 2018, 33 mwN; ebenso HHSp § 117 Rn. 225), was dem OECD-Standard entspricht. Rechtswidrigkeit liegt erst dann vor, wenn klar und eindeutig jeglicher Anhaltspunkt für die voraussichtliche StErheblichkeit fehlt (EuGH 25.11.2021 – C-437/19, L, DStRE 2022, 236, BFH 10.4.2013 – I R 45/11, BStBl. II 2013, 771). Auch darf die Frage der StPflicht eines Vorgangs noch offen sein (BFH 29.7.2015 – X R 4/14, DStR 2015, 2846). Unzulässig sind hingegen bloße Beweisausforschungen (sog. fishing expeditions).

Nachweis (Abs. 2). Die ersuchende Behörde muss zum Nachweis mitteilen, für wel- **60b**
chen steuerlichen Zweck die ersuchten Informationen dienen sollen und Art und Umfang der ersuchten Informationen spezifizieren.

§ 6b Gruppenersuchen

Bezieht sich ein Ersuchen nach den §§ 4 und 6 auf eine Gruppe von Steuerpflichtigen, die nicht einzeln identifiziert werden können, muss die zuständige Behörde, die um Informationen ersucht, abweichend von § 6a Absatz 2 und unbeschadet des § 6a Absatz 1 zum Nachweis der voraussichtlichen Erheblichkeit zumindest die folgenden Angaben mitteilen:

1. eine ausführliche Beschreibung der Gruppe;
2. eine Erläuterung der steuerlichen Vorschriften und des Sachverhalts, die Anlass zu der Vermutung gibt, dass die Steuerpflichtigen dieser Gruppe die steuerlichen Vorschriften nicht eingehalten haben;
3. eine Erläuterung, wie die ersuchten Informationen dazu beitragen würden, die Einhaltung der steuerlichen Vorschriften durch die Steuerpflichtigen der Gruppe festzustellen und,
4. sofern relevant, eine Erläuterung des Sachverhalts und der Umstände in Bezug auf die Beteiligung eines Dritten, der aktiv zur potenziellen Nichteinhaltung der steuerlichen Vorschriften durch die Steuerpflichtigen der Gruppe beigetragen hat.

Die Vorschrift wurde mit Wirkung vom 1.1.2023 eingefügt und spezifiziert Ermittlungs- **60c**
ersuchen iSv § 4 II, § 6 I S. 2. Zur Begründung des Ersuchens (→ Rn. 46) ist die Mitteilung der in den Nummern 1 bis 3 und ggf. 4 angeführten Angaben notwendig. Fehlt sie oder ist sie unvollständig, ist das Ersuchen abzulehnen.

Dritte (Nr. 4). Ein Gruppenersuchen kann sich nur auf noch nicht einzeln identifizierte Personen beziehen, die der StPflicht im ersuchenden Mitgliedstaat unterliegen. Dritter iSv Nr. 4 kann daher nur jemand sein, der nicht der StPflicht des ersuchenden Mitgliedstaats unterliegt und im Inland eine Tätigkeit entfaltet hat, die eine potenzielle StGefährdung im ersuchenden Mitgliedstaat unterstützt.

Abschnitt 3. Weitere Übermittlung von Informationen

§ 7 EUAHiG Automatische Übermittlung von Informationen

(1) [1]Das zentrale Verbindungsbüro übermittelt an andere Mitgliedstaaten systematisch auf elektronischem Weg, ohne vorheriges Ersuchen, alle verfügbaren Informationen über in anderen Mitgliedstaaten ansässige Personen zu

1. Vergütungen aus unselbständiger Arbeit,
2. Aufsichtsrats- oder Verwaltungsratsvergütungen,
3. Lebensversicherungsprodukten, die nicht von anderen Rechtsakten der Europäischen Union über den Austausch von Informationen oder vergleichbaren Maßnahmen erfasst sind,
4. Ruhegehältern, Renten und ähnlichen Zahlungen,
5. Eigentum an unbeweglichem Vermögen und Einkünften daraus und
6. Lizenzgebühren.

[2]Das zentrale Verbindungsbüro soll unbeschadet des § 2 Absatz 2 zweiter Teilsatz bei der Übermittlung der Informationen nach Satz 1 die Steueridentifikationsnummern übermitteln, die den in den anderen Mitgliedstaaten ansässigen Personen durch die jeweiligen Mitgliedstaaten zugewiesen worden sind. [3]Das zentrale Verbindungsbüro nimmt Informationen im Sinne von Satz 1 Nummer 1 bis 6, die ihm von anderen Mitgliedstaaten systematisch auf elektronischem Weg, ohne vorheriges Ersuchen übermittelt wurden, entgegen, speichert sie und leitet sie zur Durchführung des Besteuerungsverfahrens nach Maßgabe des § 88 Absatz 3 und 4 der Abgabenordnung an die zuständige Finanzbehörde weiter.

(2) Das zentrale Verbindungsbüro übermittelt an andere Mitgliedstaaten systematisch auf elektronischem Weg, ohne vorheriges Ersuchen, die Informationen über Finanzkonten gemäß § 2 des Gesetzes zum automatischen Austausch von Informationen über Finanzkonten in Steuersachen.

(3) Das zentrale Verbindungsbüro übermittelt zu nach dem 31. Dezember 2016 erteilten, getroffenen, geänderten oder erneuerten grenzüberschreitenden Vorbescheiden und zu nach dem 31. Dezember 2016 erteilten, getroffenen, geänderten oder erneuerten Vorabverständigungen über die Verrechnungspreisgestaltung im Weg des automatischen Austauschs die Informationen nach Absatz 7 an die zuständigen Behörden aller anderen Mitgliedstaaten sowie der Europäischen Kommission mit der Einschränkung, die für die Fälle nach Artikel 8a Absatz 8 der Amtshilferichtlinie gilt.

(4) [1]Das zentrale Verbindungsbüro übermittelt den zuständigen Behörden aller anderen Mitgliedstaaten sowie der Europäischen Kommission, unter Berücksichtigung der Einschränkung, die für die Fälle nach Artikel 8a Absatz 8 der Amtshilferichtlinie gilt, Informationen über grenzüberschreitende Vorbescheide und Vorabverständigungen über die Verrechnungspreisgestaltung, die zwischen dem 1. Januar 2012 und dem 31. Dezember 2016 erteilt, getroffen, geändert oder erneuert wurden. [2]Dabei gilt Folgendes:

1. zu grenzüberschreitenden Vorbescheiden und Vorabverständigungen über die Verrechnungspreisgestaltung, die in der Zeit zwischen dem 1. Januar 2012 und dem 31. Dezember 2013 erteilt, getroffen, geändert oder erneuert wurden und die am 1. Januar 2014 noch gültig waren, erfolgt die Informationsübermittlung nach Satz 1,
2. zu grenzüberschreitenden Vorbescheiden und Vorabverständigungen über die Verrechnungspreisgestaltung, die in der Zeit zwischen dem 1. Januar 2014 und dem 31. Dezember 2016 erteilt, getroffen, geändert oder erneuert wurden, erfolgt die Informationsübermittlung nach Satz 1, unabhängig davon, ob sie noch gültig sind oder nicht.

[3]Ausgenommen von der genannten Übermittlung sind Informationen über grenzüberschreitende Vorbescheide und Vorabverständigungen über die Verrechnungspreisgestaltung, die vor dem 1. April 2016 für eine bestimmte Person oder für eine Gruppe von Personen erteilt, getroffen, geändert oder erneuert wurden, und deren gruppenweiter Jahresnettoumsatzerlös im Sinne von Artikel 2 Absatz 5 der Richtlinie 2013/34/EU des Europäischen Parlaments und des Rates vom 26. Juni 2013 über den Jahresabschluss, den konsolidierten Abschluss und damit verbundene Berichte von Unternehmen bestimmter Rechtsformen und zur Änderung der Richtlinie 2006/43/EG des Europäischen Parlaments und des Rates und zur Aufhebung der Richtlinien 78/660/EWG und 83/349/EWG des Rates (ABl. L 182 vom 29.6.2013, S. 19, L 369 vom 24.12.2014, S. 79), die zuletzt durch die Richtlinie 2014/102/EU (ABl. L 334 vom 21.11.2014, S. 86) geändert worden ist, in dem Geschäftsjahr, das vor dem Zeitpunkt liegt, zu dem der grenzüberschreitende Vorbescheid oder die Vorabverständigung über die Verrechnungspreisgestaltung erteilt, getroffen, geändert oder erneuert wird, weniger als 40 Millionen Euro oder dem entsprechenden Betrag in einer anderen Währung betragen hat. [4]Satz 3 gilt nicht für eine bestimmte Person oder für eine Gruppe von Personen, die hauptsächlich Finanz- und Investitionstätigkeiten ausüben.

(5) [1]Bilaterale oder multilaterale Vorabverständigungen über die Verrechnungspreisgestaltung mit Drittstaaten sind vom Geltungsbereich des automatischen Informationsaustauschs gemäß § 7 ausgenommen, sofern das internationale Steuerabkommen, in dessen Rahmen die Vorabverständigung über die Verrechnungspreisgestaltung ausgehandelt wurde, eine Weitergabe an Dritte nicht erlaubt. [2]Solche bilateralen oder multilateralen Vorabverständigungen über die Verrechnungspreisgestaltung werden nach § 8 ausgetauscht, sofern

1. das internationale Steuerabkommen, in dessen Rahmen die Vorabverständigung über die Verrechnungspreisgestaltung ausgehandelt wurde, eine Weitergabe erlaubt und
2. die zuständige Behörde des Drittstaates die Weitergabe der Informationen genehmigt.

[3]Wenn bilaterale oder multilaterale Vorabverständigungen über die Verrechnungspreisgestaltung vom automatischen Informationsaustausch gemäß Satz 1 ausgenommen sind, werden stattdessen die Informationen nach Absatz 7, die in dem Antrag aufgeführt sind, der zu einer solchen bilateralen oder multilateralen Vorabverständigung über die Verrechnungspreisgestaltung geführt hat, nach den Absätzen 3 und 4 ausgetauscht.

(6) Die Absätze 3 und 4 gelten nicht in Fällen, in denen ein grenzüberschreitender Vorbescheid ausschließlich die Steuerangelegenheiten einer oder mehrerer natürlicher Personen betrifft.

(7) [1] Die vom zentralen Verbindungsbüro gemäß den Absätzen 3 und 4 zu übermittelnden Informationen müssen Folgendes enthalten:

1. Angaben zu der Person, mit Ausnahme von natürlichen Personen, und gegebenenfalls Angaben zu der Gruppe von Personen, der sie angehört;
2. eine Zusammenfassung des Inhalts des grenzüberschreitenden Vorbescheids oder der Vorabverständigung über die Verrechnungspreisgestaltung, einschließlich einer Beschreibung der relevanten Geschäftstätigkeiten oder Transaktionen oder Reihen von Transaktionen und aller anderen Informationen, die der zuständigen Behörde bei der Bewertung eines potenziellen Steuerrisikos behilflich sein könnten, sofern dies nicht
   a) zur Preisgabe eines Handels-, Gewerbe- oder Berufsgeheimnisses oder eines Geschäftsverfahrens führt oder
   b) zur Preisgabe von Informationen führt, die die öffentliche Ordnung verletzen würden;
3. das jeweilige Datum der Erteilung oder des Abschlusses, der Änderung oder der Erneuerung des grenzüberschreitenden Vorbescheids oder der Vorabverständigung über die Verrechnungspreisgestaltung;
4. den Tag des Beginns der Geltungsdauer des grenzüberschreitenden Vorbescheids oder der Vorabverständigung über die Verrechnungspreisgestaltung, falls angegeben;
5. den Tag des Ablaufs der Geltungsdauer des grenzüberschreitenden Vorbescheids oder der Vorabverständigung über die Verrechnungspreisgestaltung, falls angegeben;
6. die Art des grenzüberschreitenden Vorbescheids oder der Vorabverständigung über die Verrechnungspreisgestaltung;
7. den Betrag der Transaktion oder Reihe von Transaktionen des grenzüberschreitenden Vorbescheids oder der Vorabverständigung über die Verrechnungspreisgestaltung, sofern ein solcher angegeben ist;
8. im Falle einer Vorabverständigung über die Verrechnungspreisgestaltung den Verrechnungspreis oder eine Beschreibung der bei der Festlegung der Verrechnungspreise zugrunde gelegten Kriterien;
9. im Falle einer Vorabverständigung über die Verrechnungspreisgestaltung Angaben zu dem der Festlegung der Verrechnungspreise zugrunde gelegten Verfahren oder den Verrechnungspreis;
10. gegebenenfalls Angaben dazu, welche anderen Mitgliedstaaten wahrscheinlich von dem grenzüberschreitenden Vorbescheid oder der Vorabverständigung über die Verrechnungspreisgestaltung betroffen sind;
11. gegebenenfalls Identifizierungsangaben zu allen Personen in den anderen Mitgliedstaaten, mit Ausnahme von natürlichen Personen, die wahrscheinlich von dem grenzüberschreitenden Vorbescheid oder der Vorabverständigung über die Verrechnungspreisgestaltung betroffen sind, sowie Angaben dazu, zu welchen Mitgliedstaaten die betreffenden Personen in Beziehung stehen, und
12. Angaben dazu, ob die übermittelten Informationen
    a) auf dem grenzüberschreitenden Vorbescheid oder der Vorabverständigung über die Verrechnungspreisgestaltung selbst beruhen oder
    b) auf einem Antrag gemäß Absatz 5 Satz 3 beruhen.

[2] Auf die praktischen Regelungen, die zur Erleichterung des Austauschs der in diesem Absatz aufgezählten Informationen von der Europäischen Kommission zur Umsetzung von Artikel 8a der Amtshilferichtlinie erlassen worden sind, wird verwiesen. [3] Hierzu zählen auch Maßnahmen zur standardisierten Übermittlung der in diesem Absatz genannten Informationen als Teil des Verfahrens zur Festlegung des Standardformblatts, das gemäß Artikel 20 Absatz 5 der Amtshilferichtlinie vorgesehen ist. [4] Ab dem Zeitpunkt seiner Bereitstellung ist das Zentralverzeichnis der Mitgliedstaaten gemäß Artikel 21 Absatz 5 der Amtshilferichtlinie zu nutzen.

(8) In den Fällen der Absätze 1 bis 5 und 9 bis 14a ist gemäß § 117 Absatz 4 Satz 3 der Abgabenordnung keine Anhörung der Beteiligten erforderlich.

(9) [1] Das zentrale Verbindungsbüro nimmt die ihm von den zuständigen Behörden aller anderen Mitgliedstaaten der Europäischen Union gemäß Artikel 8a der Amtshilferichtlinie übermittelten Informationen entgegen; ab dem Zeitpunkt seiner Bereitstellung ist das Zentralverzeichnis der Mitgliedstaaten der Europäischen Union gemäß Artikel 21 Absatz 5 der Amtshilferichtlinie zu nutzen. [2] Das zentrale Verbindungsbüro leitet die Informationen zur Durchführung des Besteuerungsverfahrens nach Maßgabe des § 88 Absatz 3 und 4 der Abgabenordnung an die jeweils zuständige Landesfinanzbehörde weiter. [3] Unbeschadet des Satzes 2 greifen die zuständigen Stellen auf die Informationen nach Satz 1 zu; hierzu werden gemäß § 3 Absatz 2 Satz 2 Verbindungsstellen im Sinne des Artikels 4

Absatz 3 und zuständige Bedienstete im Sinne des Artikels 4 Absatz 4 der Amtshilferichtlinie unter Berücksichtigung der in Artikel 21 der Amtshilferichtlinie enthaltenen Regelungen zur Anwendung der dort genannten technischen Verfahren benannt.

(10) [1]Das zentrale Verbindungsbüro übermittelt im Weg des automatischen Austauschs die ihm gemäß § 138a Absatz 6 der Abgabenordnung übermittelten länderbezogenen Berichte an die zuständigen Behörden der anderen Mitgliedstaaten, für die in dem länderbezogenen Bericht Angaben im Sinne des § 138a Absatz 2 der Abgabenordnung enthalten sind. [2]Die Übermittlung erfolgt auf elektronischem Weg. [3]Auf die von der Europäischen Kommission im Weg von Durchführungsrechtsakten erlassenen praktischen Regelungen wird verwiesen.

(11) In den Fällen des § 138a Absatz 4 Satz 1 der Abgabenordnung teilt das zentrale Verbindungsbüro den anderen Mitgliedstaaten zusätzlich automatisch mit, wenn sich die ausländische Konzernobergesellschaft der einbezogenen inländischen Konzerngesellschaft geweigert hat, die erforderlichen Informationen zur Erstellung des länderbezogenen Berichts bereitzustellen.

(12) [1]Das zentrale Verbindungsbüro nimmt die Informationen im Sinne der Absätze 10 und 11 entgegen, die ihm von den anderen Mitgliedstaaten gemäß Artikel 8aa der Amtshilferichtlinie übermittelt wurden. [2]Es übermittelt die Informationen an die zuständige Landesfinanzbehörde.

(13) [1]Das zentrale Verbindungsbüro übermittelt im Weg des automatischen Austauschs die dem Bundeszentralamt für Steuern nach den §§ 138f bis 138h der Abgabenordnung übermittelten Informationen über grenzüberschreitende Steuergestaltungen im Sinne des § 138d der Abgabenordnung den zuständigen Behörden der anderen Mitgliedstaaten der Europäischen Union. [2]Die Übermittlung erfolgt innerhalb eines Monats nach Ablauf des Quartals, in dem die Informationen vorgelegt wurden, erstmals bis zum 31. Oktober 2020. [3]Die praktischen Regelungen gemäß Artikel 20 Absatz 5 der Amtshilferichtlinie, die der Erleichterung des Austausches der in § 138f Absatz 3 der Abgabenordnung bezeichneten Informationen dienen, sind zu beachten. [4]Für die Zwecke der Übermittlung an die zuständigen Behörden der anderen Mitgliedstaaten der Europäischen Union durch das zentrale Verbindungsbüro gelten die in § 138f Absatz 3 der Abgabenordnung bezeichneten Informationen als dem Bundeszentralamt für Steuern von einem Intermediär offengelegt, es sei denn, es liegt ein Fall des § 138d Absatz 6 oder des § 138g Absatz 1 Satz 1 der Abgabenordnung vor; in diesen Fällen gelten die Informationen als von einem Steuerpflichtigen offengelegt. [5]Ab dem Zeitpunkt seiner Bereitstellung ist für die Übermittlung das Zentralverzeichnis der Mitgliedstaaten der Europäischen Union gemäß Artikel 21 Absatz 5 der Amtshilferichtlinie zu nutzen.

(14) [1]Das zentrale Verbindungsbüro nimmt die ihm von den zuständigen Behörden aller anderen Mitgliedstaaten der Europäischen Union gemäß Artikel 8ab der Amtshilferichtlinie übermittelten Informationen entgegen; ab dem Zeitpunkt seiner Bereitstellung ist das Zentralverzeichnis der Mitgliedstaaten der Europäischen Union gemäß Artikel 21 Absatz 5 der Amtshilferichtlinie zu nutzen. [2]Das zentrale Verbindungsbüro stellt die Informationen dem Bundeszentralamt für Steuern zur weiteren Aufgabenerledigung zur Verfügung; § 88 Absatz 3 und 4 und § 138i der Abgabenordnung gelten entsprechend. [3]Unbeschadet des Satzes 2 greifen die zuständigen Stellen auf die Informationen nach Satz 1 zu; hierzu werden gemäß § 3 Absatz 2 Satz 2 Verbindungsstellen im Sinne des Artikels 4 Absatz 3 und zuständige Bedienstete im Sinne des Artikels 4 Absatz 4 der Amtshilferichtlinie unter Berücksichtigung der in Artikel 21 der Amtshilferichtlinie enthaltenen Regelungen zur Anwendung der dort genannten technischen Verfahren benannt. [4]Das Bundesministerium der Finanzen legt im Einvernehmen mit den obersten Finanzbehörden der Länder die Einzelheiten zu dem Verfahren nach Satz 3 in einem Schreiben fest. [5]Dieses Schreiben ist im Bundessteuerblatt zu veröffentlichen.

(14a) [1]Das zentrale Verbindungsbüro übermittelt im Wege des automatischen Austauschs die ihm gemäß § 13 des Plattformen-Steuertransparenzgesetzes gemeldeten Informationen an:

1. die zuständigen Behörden aller Mitgliedstaaten, in denen der jeweilige meldepflichtige Anbieter als ansässig gilt, und
2. die zuständigen Behörden aller Mitgliedstaaten, in denen das unbewegliche Vermögen belegen ist, sofern der jeweilige meldepflichtige Anbieter relevante Tätigkeiten nach § 5 Absatz 1 Satz 1 Nummer 1 des Plattformen-Steuertransparenzgesetzes erbracht hat.

[2]Die Übermittlung erfolgt auf elektronischem Weg. [3]Auf die praktischen Regelungen, die zur Erleichterung des Austauschs der in Satz 1 genannten Informationen von der Europäischen Kommission zur Umsetzung von Artikel 8ac der Amtshilferichtlinie erlassen worden sind, wird verwiesen. [4]Hierzu zählen auch Maßnahmen zur standardisierten Übermittlung der in Satz 1 genannten Informationen als Teil des Verfahrens zur Festlegung des Standardformats, das gemäß Artikel 20 Absatz 4 der Amtshilferichtlinie vorgesehen ist.

(15) [1]Das Bundeszentralamt für Steuern ist berechtigt, die Informationen gemäß den Absätzen 1 bis 5, 7 und 9 bis 14a zur Erfüllung der ihm gesetzlich übertragenen Aufgaben auszuwerten. [2]Auswertun-

gen der Informationen nach Satz 1 durch die jeweils zuständige Landesfinanzbehörde bleiben hiervon unberührt. [3] Für Informationen gemäß Absatz 14 Satz 2 finden § 138j der Abgabenordnung und § 21a Absatz 5 des Finanzverwaltungsgesetzes entsprechende Anwendung.

§ 7 setzt Art. 8 I Amtshilfe-RL um. Gem. § 20 aF waren Informationen automatisch ab dem 1.1.2015 zu übermitteln und erstmals auf Informationen der Besteuerungszeiträume ab dem 1.1.2014 anzuwenden. Die automatische Informationsübermittlung erfolgt auf elektronischem Weg (§ 2 II). Nach der Neuregelung des Abs. 2 hinsichtlich des FKAustG wurden durch das G v. 20.12.2016 die Abs. 3–14 angefügt und damit der Umfang des automatischen Auskunftsaustauschs auf grenzüberschreitende Vorbescheide und Vorabverständigungen über die Verrechnungspreisgestaltung ausgedehnt. Umfassend dazu s. **Merkblatt** BMF 17.8.2017, BStBl. I 2017, 1228. Durch G v. 20.12.2022 wurde der Umfang auf Lizenzgebühren erweitert und die Vorgaben durch das PStTG umgesetzt. 61

Automatische Übermittlung an andere Mitgliedstaaten und von diesen (Abs. 1). 61a
Die Aufzählung des S. 1 ist abschließend und verpflichtet das BZSt zur Weitergabe dieser Informationen an die anderen Mitgliedstaaten. S. 2 bestimmt, dass das BZSt auch die StIdentifikationsnummern der vom Auskunftsaustausch betroffenen Personen mitteilen soll, sofern ihm diese EU-StIdentifikationsnummern bekannt sind. S. 3 regelt den spiegelbildlichen Eingang dieser Informationen und deren Weiterleitung nach Maßgabe des § 88 III, IV an die zuständigen FB der Länder.

Übermittlung gem. § 2 FKAustG (Abs. 2). Das BZSt übermittelt an die anderen 61b
Mitgliedstaaten die in § 2 FKAustG geregelten Informationen. Dabei handelt es sich um die Daten zur Identifizierung natürlicher und anderer Personen, das Anlageinstitut und die Kontonummer, die Werte bzw. Salden dieser Konten und die laufenden und Veräußerungserträge.

Übermittlung neuer grenzüberschreitender Vorbescheide und Vorabverständi- 61c
gungen über die Verrechnungspreisgestaltung (Abs. 3). Für ab 2017 erteilte, getroffene, geänderte oder erneuerte Vorbescheide oder Vorabverständigungen über die Verrechnungspreisgestaltung sind diese vom BZSt an den jeweiligen Mitgliedstaat binnen drei Monaten nach Ablauf des Kalenderhalbjahres zu übermitteln (§ 5 II Nr. 1). Binnen derselben Frist sind diese Informationen auch der Europäischen Kommission zu übermitteln. Hierbei gelten jedoch die Ausnahmen nach Art. 8a, VIII iVm VI Buchst. a, b, h, k der Amtshilferichtlinie (§ 2 XI), denen zufolge der Kommission die Daten zur Person, ihrer Identifizierung, des Inhalts und der Verrechnungspreiskriterien nicht übermittelt werden. Die semantische Unterscheidung zwischen „erteilt" und „getroffen", sowie „geändert" und „erneuert" erschließt sich nicht; letztlich resultiert diese Formulierung aus der wörtlichen Übernahme aus der Amtshilferichtlinie (§ 2 XI).

Übermittlung alter grenzüberschreitender Vorbescheide und Vorabverständi- 61d
gungen über die Verrechnungspreisgestaltung (Abs. 4). Bis zum 31.12.2017 (§ 5 II Nr. 2) hatte das BZSt dem jeweilig anderen Mitgliedstaat und der Kommission (mit den in → Rn. 61c erläuterten Einschränkungen) Informationen zu grenzüberschreitenden Vorbescheiden und Vorabverständigungen über die Verrechnungspreisgestaltung zu übermitteln, sofern diese in den Jahren 2012 bis 2016 erteilt oder geändert wurden. Dabei waren für die im Zeitraum 2012 bis 2013 erteilten oder geänderten grenzüberschreitende Vorbescheide und Vorabverständigungen über die Verrechnungspreisgestaltung nur zu übermitteln, sofern sie zu Beginn des Jahres 2014 noch gültig waren (Nr. 1). Die in den Jahren 2014 bis 2016 erteilten oder geänderten waren unabhängig ihrer Gültigkeit zu übermitteln (Nr. 2). S. 3 schränkt dies für vor dem 1.4.2016 erteilte oder geänderte grenzüberschreitende Vorbescheide und Vorabverständigungen über die Verrechnungspreisgestaltung ein, sofern die betroffene Person (§ 2 I) oder Personengruppe im Vorjahr einen gruppenweiten Jahresnettoumsatzerlös von weniger als 40 Millionen Euro hatte und nicht hauptsächlich Finanz- und Investitionstätigkeiten ausübte (S. 4).

61e **Vorabverständigungen über die Verrechnungspreisgestaltung mit Drittstaaten (Abs. 5).** Bi- oder multilaterale Vorabverständigungen mit Drittstaaten werden nicht ausgetauscht, wenn im jeweiligen Abkommen eine Weitergabe an Dritte nicht erlaubt ist (S. 1). Stattdessen werden die im Antrag auf die Vorabverständigung über die Verrechnungspreisgestaltung nach den Abs. 3 und 4 mit den in Absatz 7 bestimmten Informationen ausgetauscht (S. 3). Erlaubt hingegen das jeweilige Abkommen mit einem Drittstaat die Weitergabe der Informationen, erfolgt der Informationsaustausch gem. S. 2 nach § 8.

61f **Ausnahmen für natürliche Personen (Abs. 6).** Alte und neue grenzüberschreitende Vorbescheide – nicht aber Vorabverständigungen über die Verrechnungspreisgestaltung – werden nicht ausgetauscht, wenn ausschließlich natürliche Personen betroffen sind. Dies entspricht der Maßgabe des Art. 8a IV der Amtshilferichtlinie (§ 2 XI).

61g **Inhalt der Informationen (Abs. 7).** Für grenzüberschreitende Vorbescheide und Vorabverständigungen über die Verrechnungspreisgestaltung nach den Abs. 3, 4 und Anträgen nach Abs. 5 S. 3 regelt Abs. 7 den zwingenden Inhalt der vom BZSt zu übermittelnden Informationen. Diese entsprechen wortgetreu der Regelung in Art. 8a VI der Amtshilferichtlinie (§ 2 XI) und betreffen

- Angaben zu den betroffenen nicht natürlichen Personen, ihrer Zugehörigkeit zu einer Personengruppe, dh einem Unternehmens- oder Konzernverbund (Nr. 1), sowie weitere Identifizierungsangaben (Nr. 11),
- den Inhalt des Vorbescheids oder der Vorabverständigung mit konkreter Beschreibung der Geschäftstätigkeit oder Transaktion oder Reihe von Transaktionen. Daneben müssen alle Informationen mitgeteilt werden, die dem Empfängermitgliedstaat dabei behilflich sein können, ein StAusfallrisiko zu vermeiden (Nr. 2). Dies gilt nicht, sofern die Informationsweitergabe zur Preisgabe eines Berufsgeheimnisses (→ Rn. 26) oder zur Verletzung der öffentlichen Ordnung führte. Im Gegensatz zu § 117 III Nr. 4 verbietet § 7 VII jedoch nicht den Informationsaustausch insgesamt, sondern nur die Weitergabe dieser Informationen.
- Datum des Abschlusses, Beginn und Ablauf der Gültigkeit des Vorbescheids bzw. der Vorabverständigung (Nr. 3–5),
- die Art des Vorbescheids bzw. der Vorabverständigung (Nr. 6),
- den Betrag der betroffenen Transaktionen (Nr. 7),
- die Kriterien und das Verfahren bei Vorabverständigung über Verrechnungspreise (Nr. 8, 9),
- Angaben zu den betroffenen Mitgliedstaaten (Nr. 10), sowie zur Herkunft der Angaben (Nr. 12).

S. 2, 3 verweisen auf die Verwendung der Standardformblätter (§ 17) und S. 4 regelt die Nutzung des von der Kommission bis zum 31.12.2017 einzurichtenden Zentralverzeichnisses ab seiner Funktionsfähigkeit.

61h **Anhörung der Betroffenen (Abs. 8).** Eine Anhörung der Betroffenen ist gem. § 117 IV 3 generell entbehrlich; gleichwohl wiederholt Abs. 8 dies und nimmt davon vermeintlich die Abs. 6, 7 aus, die jedoch inhaltlich keinen Informationsaustausch regeln. Im Übrigen lässt § 91 II Nr. 4 ohnehin eine Ausnahme von der Anhörung bei der Verwendung automatischer Einrichtungen zu, weil diese zweckwidrig wäre.

61i **Eingehende Informationen über Vorbescheide und Vorabverständigungen (Abs. 9).** Das BZSt ist für eingehende Vorbescheide und Vorabverständigungen zuständig und leitet diese an die zuständigen LänderFB weiter. Ab dem Zeitpunkt der Funktionsfähigkeit des Zentralverzeichnisses ist dieses vom BZSt und den LänderFB zu nutzen.

61j **Weiterleitung länderbezogener Berichte (Abs. 10, 11).** Das BZSt leitet die ihm gem. § 138a übermittelten länderbezogenen Berichte an die jeweiligen anderen Mitgliedstaaten weiter. Ebenso teilt es diesen mit, wenn sich eine ausländische EU-Konzernobergesellschaft geweigert hat, der inländischen Konzerngesellschaft, die erforderlichen Informationen zur Erstellung des länderbezogenen Berichts zur Verfügung zu stellen.

Eingehende länderbezogene Berichte (Abs. 12). Das BZSt nimmt von anderen Mitgliedstaaten eingehende länderbezogene Berichte bzw. Fehlmeldungen iSv § 138a entgegen und leitet sie an die zuständigen LänderFB weiter. 61k

Informationen über **grenzüberschreitende Steuergestaltungen (Abs. 13, 14).** Informationen über grenzüberschreitende StGestaltungen werden vom BZSt an das zentrale Verbindungsbüro des anderen europäischen Mitgliedstaates und umgekehrt im automatischen Auskunftsaustausch übermittelt. Ab seiner Bereitstellung hat die Übermittlung an und der Abruf vom Zentralverzeichnis der EU zu erfolgen. 61l

Informationen nach dem PStTG (Abs. 14a). Das BZSt hat alle ihm aufgrund des PStTG übermittelten Informationen über meldepflichtige Anbieter iSv § 4 VI PStTG nach Nr. 1 an das zentrale Verbindungsbüro des Ansässigkeits-Mitgliedstaats und nach Nr. 2 an das des Belegenheits-Mitgliedstaats zu übermitteln. § 5 I Nr. 1 PStTG betrifft die zeitlich begrenzte Nutzungs- oder Rechteüberlassung an unbeweglichem Vermögen. Die S. 2 ff. regeln das elektronische Verfahren und betreffen nur das BZSt. 61m

Auswertung durch das BZSt (Abs. 15). Neben der Speicherung und der Weitergabe der erhaltenen Informationen ist das BZSt selbst berechtigt, erhaltene Informationen auszuwerten. Insbesondere Informationen über grenzüberschreitende Vorbescheide und Vorabverständigungen über Verrechnungspreisgestaltungen sind zur Auswertung der länderbezogenen Berichte iSv § 138a wohl unerlässlich. Für Auswertungen hinsichtlich grenzüberschreitender StGestaltungen gelten die Besonderheiten der §§ 138j AO und 21a (5) FVG. 61n

§ 8 EUAHiG Spontane Übermittlung von Informationen an andere Mitgliedstaaten

(1) [1]Die Finanzbehörde kann nach pflichtgemäßem Ermessen ohne Ersuchen alle Informationen an das zentrale Verbindungsbüro übermitteln, die für die anderen Mitgliedstaaten von Nutzen sein können. [2]Das zentrale Verbindungsbüro entscheidet nach pflichtgemäßem Ermessen über die Übermittlung der Informationen an die anderen Mitgliedstaaten.

(2) Informationen nach § 1 Absatz 1 sind zu übermitteln, wenn

1. Gründe für die Vermutung einer Steuerverkürzung in dem anderen Mitgliedstaat vorliegen,
2. ein Sachverhalt vorliegt, auf Grund dessen eine Steuerermäßigung oder Steuerbefreiung gewährt worden ist und die zu übermittelnden Informationen für den Steuerpflichtigen zu einer Besteuerung oder Steuererhöhung im anderen Mitgliedstaat führen könnten,
3. Geschäftsbeziehungen zwischen einem in Deutschland Steuerpflichtigen und einem in einem anderen Mitgliedstaat Steuerpflichtigen über ein oder mehrere weitere Staaten in einer Weise geleitet werden, die in einem oder beiden Mitgliedstaaten zur Steuerersparnis führen kann,
4. Gründe für die Vermutung vorliegen, dass durch künstliche Gewinnverlagerungen zwischen verbundenen Unternehmen eine Steuerersparnis eintritt, oder
5. ein Sachverhalt, der im Zusammenhang mit der Informationserteilung eines anderen Mitgliedstaats ermittelt wurde, auch für die zutreffende Steuerfestsetzung in einem weiteren Mitgliedstaat erheblich sein könnte.

(3) Die Übermittlung nach Absatz 2 soll unverzüglich erfolgen, spätestens jedoch einen Monat, nachdem die Informationen verfügbar geworden sind.

Spontanauskünfte. Die Spontanauskünfte entsprechen denen nach Art. 17–21 ZusammenarbeitsVO für Zwecke der USt. Inländische FB können gem. § 8 I Spontanauskünfte an einen anderen Mitgliedstaat über das BZSt erteilen. Das pflichtgemäße Ermessen ist zunächst durch die FB und sodann durch das BZSt auszuüben. Es erfordert, dass die allg. Voraussetzungen zur Amtshilfe gem. §§ 1, 4 vorliegen und die Auskünfte für die Besteuerung im anderen Mitgliedstaat von Nutzen sein können. **Von Nutzen** ist eine Information für einen anderen Mitgliedstaat, wenn dieser in Kenntnis des Sachverhalts oder Teilen des Sachverhaltes ein zulässiges Auskunftsersuchen gem. § 4 I stellen würde. Die Spontanauskünfte sind auf Standardformblättern (§ 17) zu übermitteln. Das pflichtgemäße Ermessen ist im Licht einer effizienten Zusammenarbeit der StBehörden der Mitgliedstaaten auszuüben (vgl. BT-Drs. 17/12375 zu Art. 1). 62

Abs. 2 enthält eine abschl. Aufzählung nach deren alternativen Voraussetzungen die Spontanauskünfte erteilt werden müssen.

Zu Nr. 1: Es muss die Vermutung bestehen, dass Steuern des anderen Mitgliedstaates bereits verkürzt worden sind. Die Vermutung einer zukünftigen Verkürzung wie noch in § 2 II Nr. 1 EGAHiG reicht nicht aus, fällt jedoch unter Abs. 1. Für die **Vermutung** ist die Gewissheit, eine an Sicherheit grenzende Wahrscheinlichkeit oder ein Tatverdacht (iSv § 385 I iVm § 152 II StPO) nicht erforderlich; eine Vermutung besteht, wenn tatsächliche Anhaltspunkte (auch iVm der allg. Lebenserfahrung) für eine objektive StVerkürzung vorliegen; insb. Verschulden ist nicht erforderlich. Die bloße Möglichkeit für das Vorliegen einer StVerkürzung reicht jedoch nicht aus (vgl. BFH 15.2.2006 – I B 87/05, BStBl. II 2006, 616).

Zu Nr. 2: Es muss ein Sachverhalt derart vorliegen, dass im Inland eine StErmäßigung oder StBefreiung gewährt worden ist und dieser Sachverhalt zur Besteuerung oder StErhöhung im Mitgliedstaat führen kann. Ob eine Besteuerung im Mitgliedstaat tatsächlich eintritt, ist unerheblich (BFH 8.2.1995 – I B 92/94, BStBl. II 1995, 358).

Zu Nr. 3: Es muss die Vermutung bestehen, dass zum Zweck der StUmgehung im anderen Mitgliedstaat Geschäftsbeziehungen nicht auf direktem Weg zwischen den Beteiligten, sondern über andere Staaten abgewickelt werden.

Zu Nr. 4: Es muss die Vermutung bestehen, dass nahestehende Personen ihre Einkünfte nicht wie zwischen Fremden abgrenzen, um dadurch eine geringere StBelastung in der Gesamtschau beider Mitgliedstaaten zu erzielen. Nahestehende Personen sind nicht nur nahe Angehörige iSv § 15 I Nr. 2–4, sondern auch und insb. verbundene Unternehmen (Klein § 117 Rn. 177). Hierzu gehören auch Vorabverständigungen über die Verrechnungspreisgestaltung mit Drittstaaten, die eine Informationsweitergabe an Dritte gestatten (s. § 7 V S. 2).

Zu Nr. 5: Es muss im Zusammenhang mit der Informationserteilung eines Mitgliedstaats ein Sachverhalt ermittelt worden sein und die Möglichkeit bestehen, dass diese Information auch für die StFestsetzung in einem dritten Mitgliedstaat erheblich sein kann. Entgegen noch § 4 IV EGAHiG ist die Zustimmung der FB des Mitgliedstaates nicht mehr erforderlich.

Abs. 3 normiert schließlich, dass die Spontanauskunft nach Abs. 2 unverzüglich (→ Rn. 52), spätestens jedoch nach einem Monat, übermittelt werden muss.

§ 9 EUAHiG Spontane Übermittlung von Informationen durch andere Mitgliedstaaten

[1] Das zentrale Verbindungsbüro leitet Informationen, die andere Mitgliedstaaten spontan übermittelt haben, den Finanzbehörden zur Auswertung weiter. [2] Es bestätigt unverzüglich, spätestens jedoch sieben Arbeitstage nach Eingang der Informationen, dem anderen Mitgliedstaat möglichst auf elektronischem Weg deren Erhalt.

63 Die Norm entspricht § 5 für eingehende Spontanauskünfte und regelt Geschäftsgang und Fristen. Das BZSt hat den Eingang der Spontanauskunft unter exakt den gleichen Vorgaben des § 5 IV zu bestätigen (→ Rn. 54). Ebenso wie eingehende Auskunftsersuchen leitet das BZSt die Spontanauskunft auf dem Dienstweg mittels Standardformblatt (§ 17) an die zuständige FB weiter.

Abschnitt 4. Sonstige Formen der Verwaltungszusammenarbeit

§ 10 EUAHiG Anwesenheit von Bediensteten anderer Mitgliedstaaten im Inland

(1) [1] Auf Ersuchen der zuständigen Behörde eines anderen Mitgliedstaats kann das zentrale Verbindungsbüro gestatten, dass unter den von ihm festgelegten Voraussetzungen befugte Bedienstete des anderen Mitgliedstaats für Zwecke des Informationsaustauschs

1. in den Amtsräumen zugegen sein dürfen, in denen die Finanzbehörden ihre Tätigkeit ausüben,
2. bei den behördlichen Ermittlungen zugegen sein dürfen, die auf deutschem Hoheitsgebiet von den Finanzbehörden durchgeführt werden, und
3. unter Einhaltung des deutschen Verfahrensrechts im Beisein eines zuständigen inländischen Bediensteten Personen befragen und Aufzeichnungen prüfen.

[2] Sofern angezeigt, ist die Teilnahme an behördlichen Ermittlungen, einschließlich der Befragung von Personen und der Prüfung von Aufzeichnungen, mittels elektronischer Kommunikationsmittel zu

gestatten; § 87a Absatz 1 Satz 3 der Abgabenordnung gilt entsprechend. [3]Das zentrale Verbindungsbüro bestätigt dem anderen Mitgliedstaat sein Einverständnis zu Ersuchen nach den vorstehenden Sätzen innerhalb von 60 Tagen nach Erhalt des Ersuchens. [4]Lehnt es das Ersuchen ab, sind dem anderen Mitgliedstaat die Gründe hierfür mitzuteilen.

(2) [1]Bei dem Informationsaustausch gemäß Absatz 1 stellt die Finanzbehörde sicher, dass Bedienstete der anderen Mitgliedstaaten nur solche Informationen offenbart werden, die nach § 4 übermittelt werden dürfen. [2]Sind die erbetenen Informationen in den Unterlagen enthalten, zu denen die Finanzbehörde Zugang hat, so werden den Bediensteten des anderen Mitgliedstaats Kopien dieser Unterlagen ausgehändigt.

(3) [1]Die Befugnisse der Bediensteten der anderen Mitgliedstaaten bestimmen sich nach deutschem Verfahrensrecht; sie gehen nicht über das hinaus, was

1. für die in Absatz 1 Nummer 1 bis 3 genannten Zwecke erforderlich ist und
2. das Recht des jeweiligen anderen Mitgliedstaates seinen Bediensteten gestattet.

[2]Verweigert eine Person in Fällen des Absatzes 1 Satz 1 Nummer 3 die Mitwirkung, gilt diese Verweigerung wie eine Verweigerung gegenüber inländischen Bediensteten.

(4) Befugte Bedienstete des anderen Mitgliedstaats müssen, wenn sie sich nach Absatz 1 auf deutschem Hoheitsgebiet aufhalten, jederzeit eine schriftliche Vollmacht vorlegen können, aus der ihre Identität und dienstliche Stellung hervorgehen.

Allgemeines. § 10 entspricht § 1b Amtshilfe-RL, erweitert diesen dahingehend, dass Bedienstete anderer Mitgliedstaaten im Inland auch Ermittlungsmaßnahmen durchführen dürfen. Die Anwesenheit von Bediensteten eines anderen Mitgliedstaates kommt bei Amtshilfe auf Ersuchen gem. § 4 und gleichzeitigen Prüfungen gem. § 12 in Betracht. Dies folgt nicht nur aus der Überlegung, dass sich spontane oder automatische Amtshilfe gem. §§ 8, 7 praktisch nicht zur Hinzuziehung von Bediensteten des anderen Mitgliedstaates eignen, sondern aus § 11, der die Entsendung inländischer Bediensteter nur in Fällen (komplexer) Ersuchen zulässt. 64

Für Zwecke der USt sieht Art. 11 Zusammenarbeits-VO ebenfalls die Möglichkeit der Anwesenheit von Bediensteten anderer Mitgliedstaaten vor.

Anwesenheit (Abs. 1). Das BZSt kann auf Ersuchen eines anderen Mitgliedstaats gestatten, dass dieser Bedienstete ins Inland entsendet. Dafür müssen die Voraussetzungen für eine Auskunftserteilung an den anderen Mitgliedstaat vorliegen. Die Anwesenheit von Bediensteten eines anderen Mitgliedstaates bedarf entgegen § 1b EGAHiG nicht mehr der Zustimmung der zuständigen inländischen FB. Ist die Anwesenheit gestattet, dürfen die Bedienstete des anderen Mitgliedstaats in den Amtsräumen der inländischen FB (Nr. 1), bei Ermittlungshandlungen im Inland zugegen sein (Nr. 2), Personen befragen und Aufzeichnungen prüfen (Nr. 3). Im Rahmen der laufenden Ermittlungen haben sie ferner die Befugnis zur Inaugenscheinnahme und Prüfung derselben Räumlichkeiten und Unterlagen wie die Bediensteten der inländischen FB, wie es bereits in Abs. 3 aF geregelt war. Die Anwesenheit bedarf nach wie vor der **Vermittlung** der inländischen FB, dh, auch zuständige Bedienstete der inländischen FB müssen anwesend sein. Die Prüfung und Übermittlung von Daten mittels elektronischer Kommunikationsmittel durch oder an den EU-Bediensteten muss nach Maßgabe des § 87a verschlüsselt sein. 65

Das BZSt hat nach S. 3 f. dem ersuchenden Mitgliedstaat binnen 60 Tagen die Anwesenheit zu gestatten oder das Ersuchen mit Begründung abzulehnen. Für eine Ablehnung kann sich das BZSt nur auf die Gründe des § 4 Abs. 3 ff. berufen.

Umfang der Informationen (Abs. 2). § 10 II stellt klar, dass die Anwesenheit Bediensteter anderer Mitgliedstaaten nicht zu einer Erweiterung des Informationsaustauschs gegenüber einem Auskunftsersuchen führen darf. Wegen § 4 III Nr. 3 ist die Anwesenheit Bediensteter anderer Mitgliedstaaten bei gleichzeitigen Prüfungen iSd § 12 grds. bedenklich. Dem Bediensteten des anderen Mitgliedstaats werden Kopien von Unterlagen ausgehändigt, wenn bei einem Auskunftsersuchen diese Informationen übermittelt werden dürften. 66

Befugnisse der Bediensteten anderer Mitgliedstaaten (Abs. 3). Die Bediensteten anderer Mitgliedstaaten sind an die Restriktionen gebunden, die ihnen das Recht ihres 66a

Mitgliedstaates und das deutsche Verfahrensrecht auferlegen. Die Befragung oder Prüfung durch den EU-Bediensteten bedarf nicht mehr der Zustimmung der betroffenen Person (Abs. 3 S. 2 aF). Eine Verweigerung gegenüber dem EU-Bediensteten wirkt wie die Verweigerung gegenüber einem inländischen Amtsträger. Diese Verweigerung der Mitwirkungspflicht gem. § 90 führt zur Schätzungsbefugnis der FB (→ § 90 Rn. 43).

66b **Vollmacht (Abs. 4).** Halten sich Bedienstete anderer Mitgliedstaaten im Inland auf, so müssen sie sich jederzeit gegenüber inländischen Amtsträgern und betroffenen Personen durch eine Vollmacht legitimieren können. Diese Vollmacht erteilt das BZSt im Verfahren der Gestattung nach Abs. 1. Die Vollmacht ist zwingend schriftlich zu erteilen, weil sie sonst nicht vorgelegt werden kann. Aus der Vollmacht muss die Identität und dienstliche Stellung des Bediensteten hervorgehen. Kann der EU-Bedienstete die Vollmacht nicht vorlegen, darf er keine Befragungen und Prüfungen selbst durchführen und auch nicht in den Amtsräumen oder bei Ermittlungen zugegen sein.

§ 11 EUAHiG Anwesenheit von inländischen Bediensteten in anderen Mitgliedstaaten

[1] Sofern die Komplexität eines Ersuchens es erfordert, können bevollmächtigte inländische Bedienstete in andere Mitgliedstaaten entsandt werden. [2] § 10 gilt sinngemäß.

67 Ebenso wie Bedienstete anderer Mitgliedstaaten gem. § 10 im Inland anwesend sein können, kann mit einem anderen Mitgliedstaat vereinbart werden, dass inländische Bedienstete in einen anderen Mitgliedstaat entsandt werden, um dort bei Ermittlungen zugegen zu sein oder selbst Ermittlungen durchzuführen. Voraussetzung hierfür ist zunächst, dass die Voraussetzungen für ein Auskunftsersuchen gem. § 6 vorliegen und dieses gestellt ist. Weitere Voraussetzung für die Entsendung ist, dass der Lebenssachverhalt des Auskunftsersuchens derart komplex ist, dass er die Entsendung erfordert. Bloße Nützlichkeit reicht nicht aus. **Erfordern** heißt, dass der andere Mitgliedstaat das Auskunftsersuchen ohne die Entsendung des inländischen Bediensteten nicht beantworten könnte oder es die Beantwortung wesentlich erschweren würde. Diese Beurteilung obliegt dem BZSt und dem zentralen Verbindungsbüro des anderen Mitgliedstaats. Rechtliche Schwierigkeiten für die Beantwortung des Auskunftsersuchens reichen nicht.

Ist ein inländischer Bediensteter in einen anderen Mitgliedstaat entsandt worden, obwohl es das Auskunftsersuchen nicht erforderte, sind die erhaltenen Erkenntnisse grds. gleichwohl verwertbar, wenn der andere Mitgliedstaat die erbetenen Auskünfte auch ohne die Entsendung des inländischen Bediensteten hätte erteilen können. Ein Beweisverwertungsverbot kommt bei der bloßen Verletzung von Form- und Ordnungsvorschriften nicht in Betracht (→ § 88 Rn. 15b).

Das Verfahren der Entsendung erfolgt nach den § 10 entsprechenden Vorschriften des anderen Mitgliedstaats.

§ 12 EUAHiG Gleichzeitige Prüfung

(1) [1] Auf Vorschlag der zuständigen Finanzbehörde kann das zentrale Verbindungsbüro einen anderen Mitgliedstaat oder mehrere andere Mitgliedstaaten ersuchen, eine gleichzeitige Prüfung durchzuführen. [2] Das zentrale Verbindungsbüro kann ein Ersuchen eines anderen Mitgliedstaates oder mehrerer anderer Mitgliedstaaten um die Durchführung einer gleichzeitigen Prüfung annehmen.

(2) [1] Eine gleichzeitige Prüfung im Sinne des Absatzes 1 sind behördliche Ermittlungen, die von der zuständigen Finanzbehörde gleichzeitig mit der entsprechenden Behörde eines anderen Mitgliedstaats im jeweils eigenen Hoheitsgebiet in Bezug auf eine Person oder mehrere Personen von gemeinsamem oder ergänzendem Interesse durchgeführt werden, um die dabei erlangten Informationen auszutauschen. [2] Die im Vorfeld der gleichzeitigen Prüfung zur Stellung, Annahme oder Ablehnung eines Ersuchens erforderlichen sowie die bei der gleichzeitigen Prüfung erlangten Informationen werden, soweit dies nach § 4 zulässig ist, ausgetauscht. [3] Abweichend von § 4 Absatz 1 Satz 2 bedarf es nicht der Weiterleitung durch das zentrale Verbindungsbüro, soweit in den in § 3 Absatz 3a geregelten Fällen ein direkter Informationsaustausch erfolgen darf. [4] § 4 Absatz 3 Nummer 2 und § 6 Absatz 3 finden keine Anwendung. [5] § 8 bleibt unberührt.

(3) Das zentrale Verbindungsbüro benennt einen seiner Bediensteten, der für die Beaufsichtigung und die Koordinierung der gleichzeitigen Prüfung verantwortlich ist.

(4) Im Fall des Absatzes 1 Satz 1 bestimmt die zuständige Finanzbehörde, für welche Person oder welche Personen eine gleichzeitige Prüfung durchgeführt werden soll, begründet die Auswahl und gibt den Zeitraum an, in dem die gleichzeitige Prüfung durchgeführt werden soll.

(5) [1] Im Fall des Absatzes 1 Satz 2 entscheidet die zuständige Finanzbehörde, ob sie an der gleichzeitigen Prüfung teilnehmen wird. [2] Das zentrale Verbindungsbüro teilt dem anderen Mitgliedstaat innerhalb von 60 Tagen nach Erhalt des Ersuchens das Einverständnis oder die begründete Ablehnung mit.

(6) [1] Die inländische Person, auf die sich die gleichzeitige Prüfung bezieht, wird durch das zentrale Verbindungsbüro unverzüglich über die Durchführung der gleichzeitigen Prüfung informiert, sobald das Einverständnis in den Fällen des Absatzes 4 von dem anderen Mitgliedstaat oder in den Fällen des Absatzes 5 durch das zentrale Verbindungsbüro übermittelt worden ist. [2] Von der Information kann abgesehen werden, soweit die Interessen Dritter, der Finanzbehörde oder des anderen Mitgliedstaats an der Nichterteilung der Information die Interessen der betroffenen Person überwiegen.

(7) Eine Anhörung der Beteiligten gemäß § 117 Absatz 4 Satz 3 der Abgabenordnung ist nicht erforderlich.

Allgemeines. Bereits seit 8.12.2004 erstreckte sich die Amtshilfe (nach § 1 II 2 EGAHiG) auch auf den Auskunftsaustausch bei sog. Simultanaußenprüfungen bei nahestehenden Personen oder Betriebstätten in mehreren Mitgliedstaaten. Dies entspricht den Regelungen der Art. 12, 13 Zusammenarbeits-VO für Zwecke der USt. Zu abgestimmten Prüfungen s. Merkblatt des BMF 15.5.2025, BStBl. I 2025, 1181 und ferner Art. 6 der Absprache zwischen der Bundesrepublik und Dänemark v. 24.2.2005, BStBl. I 2005, 498, Tschechien v. 5.8./30.8.2005, BStBl. I 2005, 904, Litauen v. 27.10.2005, BStBl. I 2005, 1008, Estland v. 10.2.2006, BStBl. I 2006, 355, Lettland v. 7.3.2006, BStBl. I 2006, 359 und Ungarn v. 18.8./18.9.2006, BStBl. I 2006, 694. § 12 setzt Art. 12 der Amtshilfe-RL um. Durch das WachstChG wird zwischen gleichzeitigen (§ 12) und gemeinsamen Prüfungen (§ 12a) unterschieden. 68

Ersuchen und Vorschlag zur Prüfung (Abs. 1). Die FB als sachnahe Behörde schlägt dem BZSt inländische Personen vor, die für eine gleichzeitige Prüfung in Betracht kommen. Hierfür kommen alle FB in Betracht, die für die Prüfung zuständig sind. Die FB hat diesen Vorschlag gegenüber dem BZSt zu begründen und einen Zeitraum für die gemeinsame Prüfung vorzuschlagen (Abs. 4). Das BZSt prüft diesen Vorschlag. Es ist jedoch nicht verpflichtet, sämtliche zulässigen Prüfungsvorschläge an die anderen Mitgliedstaaten weiterzureichen, weil neben den rechtlichen Voraussetzungen auch Praktikabilitätserwägungen zu berücksichtigen sind. Dann ersucht das BZSt den oder die anderen Mitgliedstaaten um eine gleichzeitige Prüfung. 69

Ebenso wie die inländische FB Personen zur gemeinsamen Prüfung vorschlagen kann, können diese Vorschläge auch aus anderen Mitgliedstaaten an das BZSt erfolgen. Das BZSt prüft den Vorschlag auf Zulässigkeit und ggf. Zweckmäßigkeit und leitet zulässige Vorschläge an die zuständige FB weiter. Nach Abs. 5 entscheidet die FB, ob sie an der gemeinsamen Prüfung teilnimmt. Lehnt sie die Teilnahme ganz oder teilweise ab, so hat sie die Ablehnung gegenüber dem BZSt zu begründen. Gründe für die Ablehnung können zum einen darauf beruhen, dass die gewonnenen Informationen nicht an den anderen Mitgliedstaat weitergegeben werden dürften, weil die Voraussetzungen des § 4 nicht vorliegen, zum anderen kann sie auch tatsächliche Umstände berücksichtigen. Hierzu gehört zB, dass die inländische Person für den vorgeschlagenen Zeitraum bereits (teilweise) geprüft ist. Das BZSt teilt dem vorschlagenden Mitgliedstaat das (teilweise) Einverständnis oder die begründete Ablehnung binnen einer Frist von 60 Tagen mit. Die Frist wurde durch das WachstChG eingefügt und entspricht der des § 10 I 3.

Gleichzeitige Prüfung (Abs. 2). Das BZSt koordiniert mit einem oder mehreren anderen Mitgliedstaaten Simultanprüfungen. Simultan bedeutet nicht, dass die Prüfungen zeitgleich beginnen (FG Köln 23.5.2017 – 2 V 2498/16, EFG 2017, 1322) oder abgeschlossen werden müssen. Die hierfür in Betracht kommenden Personen schlägt die zuständige FB gem. Abs. 2 oder ein anderer Mitgliedstaat gem. Abs. 3 vor. Bei den Simultanprüfungen sollte es sich üblicherweise um Ap. gem. §§ 193 ff. handeln; es kommen aber 70 auch Sonderprüfungen für USt-, LSt- oder andere Zwecke in Betracht. Die jeweilige Prüfung führt die zuständige FB jedes Mitgliedstaats in eigener Zuständigkeit in ihrem Hoheitsgebiet durch. Die Entsendung von Bediensteten gem. §§ 10, 11 zur Prüfung in den anderen Mitgliedstaat ist grds. möglich (vgl. BMF 15.5.2025, BStBl. I 2025, 1181). Sie ist jedoch dann nicht zulässig, wenn nicht ausgeschlossen werden kann, dass zB Berufsgeheimnisse preisgegeben werden (→ Rn. 66).

Voraussetzung ist lediglich, dass es sich um dieselbe Person oder mehrere Personen (§ 2) handelt, die ein gemeinsames oder ergänzendes Interesse vereint. Hierfür kommen insb. die Prüfung einer Person in Betracht, die in mehreren Mitgliedstaaten steuerlich in Erscheinung tritt sowie die Prüfung nahestehender Personen, die über die Grenzen der einzelnen Mitgliedstaaten hinaus agieren, zB zum Zweck der Prüfung von Betriebseinnahmen und -ausgaben, Verrechnungskonten, Verträgen und der Verbuchung grenzüberschreitender Geschäftsvorfälle (vgl. FG Köln 23.4.2018 – 2 V 2178/17, DStRE 2020, 180); dies gilt auch für Schwestergesellschaften, die untereinander keine Vertragsbeziehungen haben (FG Köln 17.1.2022 – 2 V 827/21, EFG 2023, 809). Dies entspricht Konzernprüfungen auf dem Gebiet der EU. Nicht erforderlich ist, dass die jeweiligen FB gleichgerichtete steuerliche Interessen haben (FG Köln 23.2.2018 – 2 V 814/17, EFG 2018, 852).

Zur Prüfungsabstimmung und Vorbereitung dürfen alle erforderlichen Kenntnisse ausgetauscht werden, soweit dies nach § 4 zulässig ist. Die Vereinbarung über die gleichzeitige Prüfung beinhaltet, welcher Mitgliedstaat welche Personen für welche Zeiträume prüft.

Die Ergebnisse der jeweiligen Prüfung sind während und nach der Prüfung auszutauschen, wenn dies nach § 4 zulässig ist. Dies erfolgt gem. § 3 IIIa direkt zwischen den beteiligten Amtsträgern.

Ein Ersuchen um eine gleichzeitige Prüfung setzt nicht voraus, dass die jeweilige FB ihre eigenen Ermittlungsmöglichkeiten ausgeschöpft hat. Spontane Informationsübermittlung gem. § 8 ist auch während einer gleichzeitigen Prüfung zulässig.

71 **Benennung eines Verantwortlichen (Abs. 3).** Das BZSt benennt einen inländischen Amtsträger, der die gleichzeitige Prüfung beaufsichtigt und koordiniert. Dies kann sowohl ein Bediensteter des Bundes, eines Landes oder in Fällen des § 3 V auch einer Kommune sein. Ist der Verantwortliche kein Bediensteter des BZSt, bedarf die Benennung der Zustimmung der FB, dem der Verantwortliche angehört.

72 **Unterrichtung des Stpfl. (Abs. 6).** Das BZSt hat den Stpfl. unverzüglich (§ 121 BGB) über die Durchführung der gleichzeitigen Prüfung zu unterrichten, sofern dies nicht den Pürfungserfolg gefährdet. Diese Unterrichtung steht nicht der Prüfungsanordnung gleich, weil die Prüfungsanordnung durch die zuständige FB zu erlassen ist. Die Zustimmung des Stpfl. zur Durchführung einer Simultanprüfung ist keinesfalls erforderlich (FG Köln 23.5.2017 – 2 V 2498/16, EFG 2017, 1322).

73 **Anhörung des Stpfl. (Abs. 7).** Die Änderung des § 117 IV 3 hat die zwingende Anhörung des inländischen Beteiligten für Fälle des Auskunftsaustausch nach dem EUAHiG aufgehoben. Die vormals notwendige Anhörung des Stpfl. ist durch das WachstChG ebenfalls aufgehoben worden.

§ 12a EUAHiG Gemeinsame Prüfung

(1) [1] Auf Vorschlag der zuständigen Finanzbehörden kann das zentrale Verbindungsbüro einen oder mehrere Mitgliedstaaten ersuchen, eine gemeinsame Prüfung durchzuführen. [2] Das zentrale Verbindungsbüro kann ein Ersuchen eines anderen Mitgliedstaates oder mehrerer anderer Mitgliedstaaten um die Durchführung einer gemeinsamen Prüfung annehmen. [3] Einem Ersuchen nach den Sätzen 1 und 2 steht nicht entgegen, dass eine gleichzeitige Prüfung in Bezug auf dieselbe Person zu dem identischen oder einem anderen Sachverhalt bereits durchgeführt wird. [4] Mit Ausnahme des § 10 Absatz 1 Satz 3 und 4 sowie des § 12 Absatz 2 Satz 1 gelten die §§ 10 bis 11 und 12 Absatz 2 bis 7 entsprechend.

(2) [1] Eine gemeinsame Prüfung im Sinne des Absatzes 1 sind behördliche Ermittlungen, die von der zuständigen Finanzbehörde gemeinsam mit der entsprechenden Behörde eines anderen Mitgliedstaats in Bezug auf eine Person oder mehrere Personen von gemeinsamem oder ergänzendem Interesse durchgeführt werden. [2] Die gemeinsame Prüfung wird unter Koordinierung durch die zentralen Ver-

bindungsbüros in zuvor vereinbarter Weise mit dem Ziel durchgeführt, eine Einigung über den Sachverhalt und die Umstände, die Gegenstand der behördlichen Ermittlungen sind, sowie eine einvernehmliche steuerliche Würdigung auf Basis dieses Sachverhaltes zu erzielen.

(3) [1] Über die Einzelheiten der gemeinsamen Prüfung treffen die beteiligten Behörden mit der entsprechenden Behörde des anderen Mitgliedstaats eine Vereinbarung. [2] Die Vereinbarung umfasst zumindest eine Regelung bezüglich der verwendeten Sprache; § 87 der Abgabenordnung bleibt unberührt.

(4) [1] Die beteiligten Behörden bemühen sich, sich mit der entsprechenden Behörde des anderen Mitgliedstaats über den Sachverhalt und die Umstände, die Gegenstand der gemeinsamen Prüfung sind, zu einigen sowie eine einvernehmliche steuerliche Würdigung im Rahmen des jeweils geltenden Rechts auf Basis dieses Sachverhalts zu erreichen. [2] Die Feststellungen, über die in der gemeinsamen Prüfung Einigung erzielt worden ist, sind in einem gemeinsamen Prüfungsbericht festzuhalten; die Feststellungen, über die in der gemeinsamen Prüfung keine Einigung erzielt worden ist, können in dem gemeinsamen Prüfungsbericht festgehalten werden. [3] Die Umsetzung der Feststellungen im Inland bestimmt sich nach deutschem Recht. [4] Die beteiligten Behörden stellen sicher, dass sie die Beweisführung der entsprechenden Behörde des anderen Mitgliedstaats, einschließlich in Beschwerde-, Einspruchs-, Gerichts- und Revisionsverfahren, unterstützen, sofern dies nach dem Recht des anderen Mitgliedstaats erforderlich ist.

(5) [1] Die inländische Person, auf die sich die gemeinsame Prüfung bezieht, ist innerhalb von 60 Tagen nach der Erstellung des gemeinsamen Prüfungsberichtes im Sinne des Absatzes 4 Satz 2 durch die zuständige Finanzbehörde über das Ergebnis der gemeinsamen Prüfung zu unterrichten. [2] Die Unterrichtung umfasst eine Kopie des gemeinsamen Prüfungsberichtes. [3] § 30 der Abgabenordnung bleibt durch die Sätze 1 und 2 unberührt.

Die gemeinsame Prüfung ist durch das WachstChG eingeführt worden und ergänzt die gleichzeitige Prüfung (§ 12). Die Norm entspricht in ihrem Aufbau dem des § 12 und verweist in Abs. 1 S. 4 auf die Vorschriften zur gleichzeitigen Prüfung. **73a**

Eine gemeinsame Prüfung sind mitgliedstaatübergreifende Ermittlungen der FB mit dem Ziel, eine Einigung über Sachverhalte und daraus resultierende steuerliche Ergebnisse zu erzielen. Gegenstand dieser gemeinsamen Prüfung sind daher in erster Linie grenzüberschreitende Sachverhalte, die zu einer Doppel- oder Nichtbesteuerung in Mitgliedstaaten der EU führen können und sie sollen Verständigungsverfahren vorgreifen und vermeiden (BT-Drs. 20/8628,231). Ebenso betreffen gemeinsame Prüfungen die Frage, welchem Mitgliedstaat Besteuerungsrechte in welcher Höhe zustehen (zB Verrechnungspreise).

Die Koordination der gemeinsamen Prüfung obliegt im Inland dem BZSt, das mit dem zentralen Verbindungsbüro des oder der anderen Mitgliedstaaten eine Vereinbarung gem. Abs. 3 zu treffen hat. Die beteiligten FB der jeweiligen Mitgliedstaaten bemühen sich, mit dem Stpfl. ein einvernehmliches Ergebnis hinsichtlich des Sachverhalts und der steuerlichen Würdigung zu erzielen und dies in einem gemeinsamen Prüfungsbericht festzuhalten. Nicht streitige Prüfungsfeststellungen sind zwingend im gemeinsamen Prüfungsbericht festzuhalten; hinsichtlich streitiger Prüfungsfeststellungen besteht keine Verpflichtung. Gleichwohl sind sie zwingend im inländischen Prüfungsbericht aufzuführen (§ 202 I).

§ 13 EUAHiG Zustellungsersuchen an andere Mitgliedstaaten

(1) Auf Ersuchen der zuständigen Finanzbehörde beantragt das zentrale Verbindungsbüro bei einem anderen Mitgliedstaat die Zustellung von Dokumenten und Entscheidungen der Finanzbehörde, die mit einer Steuer nach § 1 zusammenhängen.

(2) Ein Zustellungsersuchen ist nur dann zulässig, wenn

1. die Finanzbehörde nicht in der Lage ist, die Zustellung nach den Vorschriften des Verwaltungszustellungsgesetzes im anderen Mitgliedstaat vorzunehmen, oder
2. die Zustellung mit unverhältnismäßig großen Schwierigkeiten verbunden wäre.

(3) Im Zustellungsersuchen ist Folgendes anzugeben:

1. der Gegenstand des zuzustellenden Dokuments oder der zuzustellenden Entscheidung,
2. der Name und die Anschrift des Adressaten sowie
3. alle weiteren Informationen, die die Identifizierung des Adressaten erleichtern können.

(4) Einer in einem anderen Mitgliedstaat ansässigen Person kann jedes Dokument per Einschreiben oder auf elektronischem Weg direkt zugestellt werden.

(5) Das zentrale Verbindungsbüro leitet Informationen über veranlasste Zustellungen anderer Mitgliedstaaten den Finanzbehörden, die die Informationen verwenden, weiter.

74 **Zustellungsersuchen (Abs. 1).** § 13 entspricht Art. 14–16 Zusammenarbeits-VO. Die FB kann das BZSt ersuchen, beim zentralen Verbindungsbüro des Mitgliedstaats die Zustellung von Dokumenten und Entscheidungen zu beantragen, wenn diese mit einer Steuer nach § 1 zusammenhängen. Die **Zustellung** erfolgt nach § 122 V nur, wenn dies gesetzlich vorgeschrieben (→ § 122 Rn. 98) oder behördlich angeordnet und nach Abs. 2 zulässig ist.

75 **Zulässigkeit (Abs. 2).** Voraussetzung für ein Ersuchen ist, dass die FB nicht in der Lage ist, die Zustellung nach dem VwZG vorzunehmen (Nr. 1) oder die Zustellung mit unverhältnismäßig großen Schwierigkeiten verbunden wäre (Nr. 2)

Die FB ist **nicht in der Lage** die Zustellung nach dem VwZG vorzunehmen, wenn eine Zustellung per Einschreiben mit Rückschein nach § 9 I Nr. 1 iVm § 4 VwZG (s. Abs. 4) nicht möglich oder nicht zulässig ist. Gleiches gilt für die elektronische Zustellung nach § 9 I Nr. 4 iVm § 5 V ff. VwZG.

Die Zustellung ist **mit unverhältnismäßig großen Schwierigkeiten verbunden,** wenn die Zustellung durch die FB zwar zulässig und möglich ist, im Wege des Zustellungsersuchens jedoch deutlich einfacher vorgenommen werden könnte (→ Rn. 60). Dies ist auch anzunehmen, wenn die Zustellung durch die FB keinen Erfolg verspricht, weil sie es im konkreten Fall bereits erfolglos versucht hat.

76 Abs. 3 legt den notwendigen **Inhalt** für das Zustellungsersuchen fest, das das BZSt dem zentralen Verbindungsbüro des anderen Mitgliedstaats auf Standardformblatt (§ 17) übermittelt. Über Abs. 3 hinaus ergibt sich der Inhalt aus Anlage III der Durchführungsverordnung (EU) Nr. 1156/2012 der Kommission v. 6.12.2012.

77 Abs. 4 stellt klar, dass die Zustellung an eine Person in einem anderen Mitgliedstaat per **Einschreiben** (mit Rückschein) oder auf elektronischem Weg zugestellt werden kann. Dies stellt die völkerrechtliche Zulässigkeit der Zustellung im Ausland gem. § 9 I Nr. 1 und Nr. 4 VwZG dar.

78 Das BZSt erhält vom anderen Mitgliedstaat die § 14 II entsprechende **Mitteilung** über die erfolgte Zustellung und leitet diese gem. Abs. 5 an die FB weiter, die um die Zustellung ersucht hat.

§ 14 EUAHiG Zustellungsersuchen von anderen Mitgliedstaaten

(1) [1] Auf Ersuchen werden alle Dokumente zugestellt, die mit einer Steuer gemäß § 1 zusammenhängen, einschließlich der gerichtlichen Dokumente, die aus dem anderen Mitgliedstaat stammen. [2] Das zentrale Verbindungsbüro leitet hierzu der Finanzbehörde das Ersuchen zwecks Zustellung zu. [3] Die Zustellung richtet sich nach den Vorschriften des Verwaltungszustellungsgesetzes.

(2) [1] Das zentrale Verbindungsbüro teilt dem anderen Mitgliedstaat unverzüglich mit, welche Maßnahme auf Grund des Zustellungsersuchens veranlasst wurde. [2] Diese Mitteilung beinhaltet insbesondere die Angabe, an welchem Tag und an welche Anschrift dem Empfänger das Dokument zugestellt worden ist.

79 § 14 stellt das Gegenstück zu § 13 dar und behandelt die **Zustellung von Dokumenten,** die andere Mitgliedstaaten beim BZSt beantragt haben. Das Dokument muss mit einer Steuer nach § 1 zusammenhängen. Das BZSt leitet das Zustellungsersuchen mittels Standardformblatt (§ 17) an die zuständige FB weiter, die es nach den Vorschriften des VwZG zustellt. Betrifft das Zustellungsersuchen Steuern, für die Gemeinden oder Gemeindeverbände zuständig sind, ist trotz § 3 V die FB zuständig, die allenfalls die Kommune im Wege der allg. Amtshilfe ersuchen könnte. Die FB hat die Zustellung unverzüglich (→ Rn. 52) vorzunehmen, was aus Abs. 2 folgt. Nach erfolgter Zustellung teilt die FB dem BZSt unverzüglich mit, wann und an welche Adresse sie das Dokument zugestellt hat. Das BZSt übermittelt dies dem zentralen Verbindungsbüro des ersuchenden Mitgliedstaats. Diese Mitteilung erfolgt formlos. War der Zustellungsversuch erfolglos, so teilt die FB dies ebenfalls dem BZSt mit, das diese Mitteilung weitergibt.

Abschnitt 5. Weitere Vorschriften

§ 15 EUAHiG Verwendung von Informationen und Dokumenten

(1) Übermittelt das zentrale Verbindungsbüro einem anderen Mitgliedstaat Informationen, so gestattet es diesem auf Anfrage, die Informationen für andere als die in § 19 Absatz 2 Satz 1 genannten Zwecke zu verwenden, wenn die Verwendung für einen vergleichbaren Zweck nach deutschem Recht unter Beachtung der §§ 30, 31, 31a und 31b der Abgabenordnung zulässig ist.

(2) Ist das zentrale Verbindungsbüro der Ansicht, dass Informationen und Dokumente von einem anderen Mitgliedstaat einem dritten Mitgliedstaat für die in § 19 Absatz 2 Satz 1 genannten Zwecke von Nutzen sein könnten, so kann es diese Informationen und Dokumente weitergeben, wenn

1. die Weitergabe im Einklang mit den in diesem Gesetz festgelegten Regeln und Verfahren steht,
2. es dem Mitgliedstaat, von dem die Informationen und Dokumente stammen, seine Absicht mitteilt, diese einem dritten Mitgliedstaat weiterzugeben, und
3. der Mitgliedstaat, von dem die Informationen stammen, nicht innerhalb von zehn Arbeitstagen nach Eingang der Mitteilung nach Nummer 2 der Weitergabe widerspricht.

(3) [1] Sollen Informationen und Dokumente für andere als die in § 19 Absatz 2 Satz 1 genannten Zwecke nach Absatz 2 weitergegeben oder verwendet werden, so muss hierfür die Einwilligung jenes Mitgliedstaats eingeholt werden, von dem die Informationen und Dokumente stammen. [2] Die Weitergabe darf nur erfolgen, wenn die Verwendung für einen vergleichbaren Zweck nach deutschem Recht unter Beachtung der §§ 30, 31, 31a und 31b der Abgabenordnung zulässig ist.

(4) Sämtliche Informationen und Dokumente, die im Rahmen dieses Gesetzes erlangt werden, können von den Behörden, die die Informationen verwenden, wie vergleichbare inländische Informationen und Dokumente angeführt oder als Beweismittel verwendet werden.

(5) Von der Berichtigung übermittelter unrichtiger Daten und der Löschung oder Sperrung unzulässig gespeicherter oder unzulässig übermittelter Daten sind alle Mitgliedstaaten, die diese Daten im Rahmen einer Auskunft erhalten haben, durch das zentrale Verbindungsbüro unverzüglich zu unterrichten und anzuhalten, ebenfalls die Berichtigung, Sperrung oder Löschung dieser Daten vorzunehmen.

Allgemeines. § 15 stellt eine Ergänzung zu § 19 dar. Abs. 1 betrifft die Verwendung von übermittelten Informationen in einem anderen Mitgliedstaat. Abs. 2 und 3 befassen sich mit der Weitergabe von erhaltenen Informationen an andere Mitgliedstaaten oder deren Verwendung im Inland zu anderen als in § 19 festgelegten Zwecken. Abs. 4 regelt die Verwertbarkeit der übermittelten Informationen und Abs. 5 die Berichtigung oder Löschung unrichtiger Daten. 80

Informationsverwendung (Abs. 1). Alle Informationen, die das BZSt einem anderen Mitgliedstaat übermittelt hat, darf dieser nur für die Zwecke verwenden, die in Art. 16 I Amtshilfe-RL genannt und in Deutschland durch § 19 umgesetzt sind. Dies betrifft nicht nur Informationen, die auf Ersuchen (§ 4), automatisch (§ 7) oder spontan (§ 8) übermittelt wurden, sondern auch sämtliche andere, wie zB Vorprüfungsinformationen nach § 12 I und Informationen, die sich aus Rückmeldungen (§ 16) ergeben. Beabsichtigt ein anderer Mitgliedstaat die Verwendung übermittelter Informationen zu anderen Zwecken, so hat er beim BZSt anzufragen. Das BZSt gestattet dies dem anderen Mitgliedstaat, wenn die Verwendung auch in Deutschland zulässig wäre. Die Aufzählung der §§ 30, 31, 31a und 31b ist beispielhaft. 81

Informationsweitergabe (Abs. 2). Die Vorschrift entspricht § 4 IV EGAHiG und regelt die Weitergabe von Informationen, die Deutschland von anderen Mitgliedstaaten erhalten hat und an dritte Mitgliedstaaten weiterzugeben beabsichtigt. Voraussetzung für die Weitergabe ist, dass die Weitergabe der Information dem dritten Mitgliedstaat von Nutzen sein könnte und die Nr. 1–3 kumulativ erfüllt sind. Dies entspricht den Voraussetzungen einer Spontanauskunft gem. § 8 I (→ Rn. 62). 82

Zu Nr. 1: Die Weitergabe der Information muss im Einklang mit diesem Gesetz stehen. Diese Selbstverständlichkeit hätte nicht normiert werden müssen.

Zu Nr. 2: Das BZSt muss dem Mitgliedstaat, von dem die Informationen stammen, die Absicht der Informationsweitergabe mitteilen. Die Mitteilung ist an keine Form gebunden (vgl. § 17 I), sollte dem anderen Mitgliedstaat jedoch zumindest deutlich machen, an welche dritten Mitgliedstaaten und aus welchem Grund die Weitergabe erfolgen soll.

Zu Nr. 3: Der andere Mitgliedstaat darf nicht binnen zehn Arbeitstagen (→ Rn. 54) nach Eingang der Mitteilung nach Nr. 2 widersprechen. Der Widerspruch bedarf keiner Begründung.

83 **Weitergabe und Verwendung für andere Zwecke (Abs. 3).** Der Absatz 3 ist misslungen, soweit er die Verwendung übermittelter Daten im Inland für andere Zwecke als § 19 II 1 betrifft, weil die inländische Verwendung für andere Zwecke in § 19 II 2 geregelt ist und § 15 III dies nur wiederholt.

Die Weitergabe von Informationen an dritte Mitgliedstaaten zu anderen als in § 19 II 1 genannten Zwecken erfordert, dass die Verwendung auch in Deutschland zulässig wäre, und erfolgt in sinngemäßer Anwendung des Abs. 2 mit der Besonderheit, dass entgegen Abs. 2 Nr. 3 die Einwilligung des Mitgliedstaats, der die Information übermittelt hat, eingeholt werden muss.

84 **Verwertbarkeit (Abs. 4).** Abs. 4 stellt klar, dass die nach Maßgabe dieses Gesetzes übermittelten Informationen und Dokumente ebenso verwendet werden dürfen wie vergleichbare inländische Beweismittel.

85 **Berichtigung unrichtiger und unzulässiger Daten (Abs. 5).** Die Vorschrift ist wortgleich mit § 4 III 1 EGAHiG und bestimmt, dass das BZSt andere Mitgliedstaaten von der Unrichtigkeit oder Unzulässigkeit der Datenspeicherung zu unterrichten und zur Berichtigung, Sperrung oder Löschung dieser Daten anzuhalten hat, wenn es anderen Mitgliedstaaten unrichtige oder unzulässig gespeicherte Daten übermittelt hat.

§ 16 EUAHiG Rückmeldungen

(1) In den Fällen der §§ 4 und 8 kann das zentrale Verbindungsbüro den anderen Mitgliedstaat um Rückmeldung über die Verwendung der erbetenen Information bitten.

(2) [1] Bittet in den Fällen der §§ 6 und 9 der andere Mitgliedstaat um Rückmeldung, so übermittelt das zentrale Verbindungsbüro dem anderen Mitgliedstaat die Rückmeldung unverzüglich, spätestens jedoch drei Monate, nachdem das Ergebnis über die Verwendung der erbetenen Information bekannt geworden ist. [2] Eine Übermittlung ist nur zulässig, wenn ihr die Vorschriften zum Datenschutz und zum Schutz des Steuergeheimnisses insbesondere nach § 30 der Abgabenordnung nicht entgegenstehen. [3] Die zuständige Finanzbehörde teilt dem zentralen Verbindungsbüro die erforderlichen Angaben mit.

86 Die Rückmeldungen sollen den innergemeinschaftlichen Auskunftsaustausch fördern und verbessern (BT-Drs. 17/12375), weil der übermittelnde Mitgliedstaat Auskunft über den Erfolg seiner erteilten Auskunft erhält und sein Auskunftsverhalten zukünftig optimieren kann.

Bitte um Rückmeldung (Abs. 1). Das BZSt kann für erteilte Auskünfte auf Ersuchen (§ 4) und Spontanauskünfte (§ 8) den Mitgliedstaat, dem es die Informationen übermittelt hat, um Rückmeldung über die Verwendung bitten. Dieser hat die Rückmeldung nach den aufgrund der Amtshilfe-RL umgesetzten innerstaatlichen Vorschriften zu erteilen, die § 16 II entsprechen.

Rückmeldung an den anderen Mitgliedstaat (Abs. 2). Ebenso wie das BZSt den anderen Mitgliedstaat nach Abs. 1 um Rückmeldung bitten kann, hat das BZSt auch dem anderen Mitgliedstaat Rückmeldung mittels Standardformblatt (§ 17) zu erteilen. Der Inhalt der Rückmeldung ergibt sich aus der Durchführungsverordnung (EU) Nr. 1156/2012 der Kommission vom 6.12.2012. Die allg. Rückmeldung zu den übermittelten Informationen hat unter Beachtung von § 4 III und § 19 zu erfolgen.

Die Rückmeldung hat nach S. 1 unverzüglich (→ Rn. 52) zu erfolgen, spätestens jedoch drei Monate nachdem der zuständigen FB das Ergebnis aus der Verwendung der Information bekannt geworden ist. Unter Ergebnis aus der Verwendung ist die Umsetzung in eine StFestsetzung oder eine (teilweise) erfolgreiche StErhebung zu verstehen. Insb. bei Außen- oder Fahndungsprüfungen können daher bis zum Ergebnis aus der Verwendung Monate oder Jahre vergehen. Eine „Fristüberschreitungsrückmeldung“ wie in § 5 IV ist nicht normiert, im Hinblick auf die Ziele des innergemeinschaftlichen Auskunftsaustauschs jedoch sinnvoll.

Zulässigkeit der Rückmeldung (Abs. 2 S. 2). S. 2 ist überflüssig, weil er Selbstverständlichkeiten wiedergibt: Die Rückmeldung darf inhaltlich nur den Umfang haben, dass weder der Datenschutz gem. § 19, das StGeheimnis gem. § 30 oder § 117 IV verletzt wird. Die Pflicht zur Prüfung obliegt dem BZSt; der FB steht ein Prüfungsrecht zu.

§ 17 EUAHiG Standardformblätter und Kommunikationsmittel

(1) Ersuchen nach § 4 Absatz 1 und 2 und § 6 Absatz 1, spontane Übermittlungen von Informationen nach § 8 Absatz 1 und 2 und § 9, Zustellungsersuchen nach § 13 Absatz 1 und § 14 Absatz 1, Rückmeldungen nach § 16 sowie sonstige Mitteilungen werden jeweils mittels eines zwischen den Mitgliedstaaten abgestimmten Standardformblatts auf elektronischem Weg übermittelt.

(2) Den Standardformblättern können Berichte, Bescheinigungen und andere Dokumente oder beglaubigte Kopien oder Auszüge daraus beigefügt werden.

(3) Die Absätze 1 und 2 gelten nicht für Informationen und Unterlagen, die nach den §§ 10 und 11 erlangt werden.

(4) Erfolgt die Übermittlung nicht auf elektronischem Weg durch Standardformblätter, so berührt dies nicht die Gültigkeit der erhaltenen Informationen oder der im Rahmen eines Ersuchens um Amtshilfe ergriffenen Maßnahmen.

Die Verwendung von **Standardformblättern** soll den innergemeinschaftlichen Auskunftsaustausch erleichtern und sprachliche Hürden überbrücken (BT-Drs. 17/12375). 87
Den Standardformblättern können geeignete Anlagen beigefügt werden (Abs. 2). Wegen der vorgesehenen elektronischen Übermittlung sollen die Anlagen in digitaler Form beigefügt werden. Der Inhalt der Standardformblätter ist in der Durchführungsverordnung (EU) Nr. 1156/2012 der Kommission v. 6.12.2012 niedergelegt. Erfolgt die Übermittlung nicht mittels Standardformblatt oder nicht auf elektronischem Weg, so hat dies gem. Abs. 4 keine Verwertungs- oder Fernverwertungsverbote zur Folge (Abs. 4).

Für die Überlassung von Informationen und Kopien unmittelbar an Bedienstete oder von Bediensteten anderer Mitgliedstaaten, wenn sich diese gem. §§ 10 oder 11 im jeweilig anderen Mitgliedstaat aufhalten, ist § 17 nicht anzuwenden, weil dies eine unnötige Förmelei bedeutete.

§ 18 EUAHiG Informationsübermittlung an Drittstaaten

(1) Erhält das zentrale Verbindungsbüro von einem Drittstaat Informationen, die für die Anwendung und Durchsetzung des deutschen Rechts über die in § 1 genannten Steuern voraussichtlich erheblich sind, kann das zentrale Verbindungsbüro diese Informationen an andere Mitgliedstaaten, für die diese Informationen von Nutzen sein können, und an alle ersuchenden Behörden weitergeben, sofern dies auf Grund einer Vereinbarung mit dem Drittstaat zulässig ist.

(2) Das zentrale Verbindungsbüro kann die im Einklang mit diesem Gesetz erhaltenen Informationen an einen Drittstaat weitergeben, wenn

1. die Weitergabe im Einklang mit den deutschen Bestimmungen über die Weitergabe personenbezogener Daten an Drittstaaten steht,
2. die Informationen für die zutreffende Steuerfestsetzung in diesem Drittstaat erheblich sein können,
3. der Mitgliedstaat, von dem die Informationen stammen, mit der Weitergabe einverstanden ist und
4. sich der Drittstaat zum Informationsaustausch verpflichtet hat.

Allgemeines. Die Vorschrift betrifft über die Überschrift der Norm hinaus die Weitergabe von Informationen, die deutsche FB im zwischenstaatlichen Auskunftsaustausch erhalten haben. Abs. 1 betrifft den Fall, dass Informationen von einem Drittstaat ins Inland gelangt sind und an einen oder mehrere Mitgliedstaaten der EU weitergegeben werden sollen. Abs. 2 hingegen betrifft den umgekehrten Fall: Informationen aus dem Austausch nach dem EUAHiG sollen an einen oder mehrere Drittstaaten weitergegeben werden. **Drittstaat** ist jeder ausländische Staat, der nicht Mitgliedstaat der EU (→ Rn. 38) ist. 88

Weiterleitung von Auskünften von Drittstaaten (Abs. 1). Erhält das BZSt von einem Drittstaat Informationen iSd § 1, so kann das BZSt diese Informationen weitergeben, wenn dies auf Grund der Rechtsgrundlage, auf der die Informationen übermittelt 89 worden sind, zulässig ist. Zu den in Betracht kommenden Rechtsgrundlagen s. § 117, → Rn. 6–14. Entgegen dem Wortlaut „kann" ist dem BZSt jedoch **kein uneingeschränktes Ermessen** eingeräumt. Ist die Weitergabe zulässig und soll die Information als Spontanauskunft weitergegeben werden, hat dies nach den Voraussetzungen des § 8 zu erfolgen. Liegen die Voraussetzungen des § 8 II vor, so muss die Information weitergegeben werden. Soll die Information des Drittstaates aufgrund eines Auskunftsersuchens weitergegeben werden, so erfolgt dies nach Maßgabe des § 4.

90 **Weiterleitung von Auskünften an Drittstaaten (Abs. 2).** Erhält das BZSt von einem Mitgliedstaat Informationen nach Maßgabe der Amtshilfe-RL so darf das BZSt diese Informationen weitergeben, wenn die Voraussetzungen der Nr. 1–4 kumulativ vorliegen. In Abhängigkeit der Rechtsgrundlage, auf der die Auskunft erteilt werden soll, richtet sich diese nach § 117 II oder Abs. 3. § 117 IV ist zu beachten; da die Weitergabe an den Drittstaat nicht nach Maßgabe des EUAHiG erfolgt, ist die Anhörung des Beteiligten nicht aus diesem Grund verzichtbar.

Zu Nr. 1: Die Weitergabe der Information an den Drittstaat muss im Einklang mit deutschen Datenschutzbestimmungen stehen. Hier ergeben sich keine Besonderheiten gegenüber den Regelungen in § 19 und § 117 II–IV.

Zu Nr. 2: Die Informationen müssen für die zutreffende StFestsetzung im Drittstaat erheblich sein können. Damit ist die Informationsweitergabe zu Zwecken der StErhebung nicht zulässig. Zwischen der Formulierung „erheblich sein können" und „voraussichtlich erheblich" in § 1 I besteht inhaltlich kein Unterschied (→ Rn. 37).

Zu Nr. 3: Der Mitgliedstaat, von dem die Informationen stammen, muss mit der Weitergabe einverstanden sein. Dieses Einverständnis ist vom jeweiligen Mitgliedstaat (positiv) zu erteilen.

Zu Nr. 4: Der Drittstaat muss sich zum Informationsaustausch verpflichtet haben. Diese Verpflichtung kann sich aus völkerrechtlichen Vereinbarungen, wie DBA oder Sonderabkommen (→ Rn. 7–10) ergeben. Im Rahmen von Kulanzauskünften nach § 117 III folgt dies aus der Verbürgung der Gegenseitigkeit (→ Rn. 21).

§ 19 EUAHiG Datenschutz und Zweckbestimmung

(1) Die Informationen, die im Rahmen dieses Gesetzes an Deutschland übermittelt werden, unterliegen dem Steuergeheimnis und genießen den Schutz, den die Abgabenordnung für Informationen dieser Art gewährt.

(2) [1]Diese Informationen können für folgende Zwecke verwendet werden:

1. zur Bewertung, Anwendung und Durchsetzung des nationalen Steuerrechts über die in § 1 genannten Steuern sowie die Umsatzsteuer und andere indirekte Steuern,
2. zur Wahrnehmung gesetzlicher Kontroll- und Aufsichtsbefugnisse,
3. zur Festsetzung und Beitreibung anderer Steuern und Abgaben nach § 1 des EU-Beitreibungsgesetzes sowie
4. zur Verwertung im Zusammenhang mit Gerichts- und Verwaltungsverfahren, die Sanktionen wegen Nichtbeachtung des Steuerrechts zur Folge haben können; hierbei sind die allgemeinen Regelungen und Vorschriften über die Rechte der Personen, gegen die sich das jeweilige Verfahren richtet, und Zeugen in solchen Verfahren zu beachten.

[2]Sollen Informationen für einen anderen Zweck verwendet werden, ist die Einwilligung des anderen Mitgliedstaats einzuholen. [3]Eine Einwilligung ist entbehrlich, wenn der andere Mitgliedstaat der zuständigen Behörde eine Liste mit anderen als den in Satz 1 genannten Zwecken, für die Informationen und Schriftstücke gemäß seinem nationalen Recht verwendet werden dürfen, übermittelt hat und die beabsichtigte Verwendung von den in der Liste genannten Zwecken umfasst ist.

91 In Anwendung des EUAHiG übermittelte Informationen unterliegen dem StGeheimnis des § 30. Ihre unbefugte Offenbarung oder Verwertung ist unzulässig und strafbar (§ 355 StGB). Die Zulässigkeit der Datenverwendung folgt aus Abs. 2 und ist grds. nur für die in der abschl. Aufzählung der Nr. 1–4 zulässig. Dabei orientiert sich die zulässige Verwendung an den Offenbarungsbefugnissen des § 30. Die Ergänzung der Nr. 1 hinsichtlich der USt und anderer indirekter St durch das G v. 20.12.2022 hat nur klarstellenden Charakter,

weil sie durch Nr. 3 bereits gedeckt war. Auch die Ergänzung um die „Bewertung" erweitert die innerstaatlichen Verwendungsmöglichkeiten nicht, weil diese bereits durch den Begriff „Anwendung" gedeckt sind. Damit hat Nr. 3 nur noch die Funktion eines evtl. Auffangtatbestandes. Dies entspricht im Übrigen der Regelung des § 30 IV Nr. 1 iVm II Nr. 1a. Eine Verwendung ist ferner zur Durchführung von StStraf- oder StOrdnungswidrigkeitenverfahren zulässig (Nr. 4). Der Verweis auf die Rechte von Zeugen und Personen, gegen die sich das Verfahren richtet, ist überflüssig, weil dies aus dem allg. Rechtsstaatsgedanken des Art. 20 III GG. folgt. Schließlich ist die Informationsverwendung auch zur Wahrnehmung gesetzlicher Kontroll- und Aufsichtsbefugnisse zulässig (Nr. 2), so wie es sich bisher aus § 4 I EGAHiG ergab.

Eine **weitere Verwendung,** wie zB gem. §§ 31, 31a, 31b ist hinsichtlich der erteilten 92
Informationen nur nach Maßgabe des Abs. 2 S. 2 zulässig und bedarf der Einwilligung des Mitgliedstaats, der die Informationen übermittelt hat. Diese Einwilligung hat nach Maßgabe des § 15 III zu erfolgen. S. 3 wurde durch das G v. 20.12.2022 ergänzt und beinhaltet eine Verwaltungsvereinfachung. Entgegen des Wortlauts führt die bloße Übersendung der Liste der anderen Zwecke jedoch nicht zu einer generellen Verwertbarkeit für die in der Liste aufgeführten Zwecke, sondern nur, soweit der übermittelnde Mitgliedstaat in die Verwendung für die in der Liste aufgeführten Zwecke (einmalig) einwilligt.

§ 19a Verletzung des Schutzes personenbezogener Daten

(1) [1]Kommt es in Bezug auf Informationen, die im Rahmen dieses Gesetzes verarbeitet werden, zu einer Verletzung des Datenschutzes, unterrichtet das zentrale Verbindungsbüro unverzüglich die Europäische Kommission hierüber und über alle getroffenen Abhilfemaßnahmen. [2]Das zentrale Verbindungsbüro veranlasst alles, um die Ursachen und die Auswirkungen der Verletzung des Datenschutzes zu ermitteln und einzudämmen sowie um notwendige Abhilfe zu schaffen. [3]Sofern die Verletzung des Datenschutzes nicht umgehend und angemessen eingedämmt werden kann, beantragt das zentrale Verbindungsbüro schriftlich gegenüber der Europäischen Kommission, seinen Zugang zum CCN-Netz nach Artikel 3 Nummer 13 der Amtshilferichtlinie für die Zwecke der Anwendung dieses Gesetzes auszusetzen. [4]Das zentrale Verbindungsbüro unterrichtet die Europäische Kommission unverzüglich, sobald die Verletzung des Datenschutzes behoben worden ist und beantragt die Wiederherstellung seines Zugangs zum CCN-Netz.

(2) [1]Benachrichtigt die Europäische Kommission das zentrale Verbindungsbüro über eine Verletzung des Datenschutzes, die sich in einem anderen Mitgliedstaat ereignet hat, kann das zentrale Verbindungsbüro den Informationsaustausch mit diesem Mitgliedstaat aussetzen. [2]Die Aussetzung ist der Europäischen Kommission und den zuständigen Behörden aller anderen Mitgliedstaaten schriftlich mitzuteilen. [3]Wurde der Zugang der zuständigen Behörde des anderen Mitgliedstaats zum CCN-Netz ausgesetzt, kann das zentrale Verbindungsbüro die Europäische Kommission ersuchen, die Behebung der Verletzung des Datenschutzes in dem anderen Mitgliedstaat zu überprüfen.

(3) Das zentrale Verbindungsbüro berücksichtigt bei der Anwendung der Absätze 1 und 2 Vereinbarungen, die die Mitgliedstaaten gemäß Artikel 25 Absatz 7 der Amtshilferichtlinie getroffen haben.

(4) Pflichten nach anderen Gesetzen, insbesondere die Meldeverpflichtung nach den Artikeln 33 und 34 der Verordnung (EU) 2016/679 des Europäischen Parlaments und des Rates vom 27. April 2016 zum Schutz natürlicher Personen bei der Verarbeitung personenbezogener Daten, zum freien Datenverkehr und zur Aufhebung der Richtlinie 95/46/EG (Datenschutz-Grundverordnung) (ABl. L 119 vom 4.5.2016, S. 1; L 314 vom 22.11.2016, S. 72; L 127 vom 23.5.2018, S. 2) in ihrer jeweils geltenden Fassung, bleiben unberührt.

§ 20 EUAHiG Statistiken und Bewertungen

(1) [1]Die zuständige Behörde übermittelt

1. der Europäischen Kommission
   a) jährlich Statistiken zum Umfang des automatischen Informationsaustauschs gemäß § 7 Absatz 1, 2, 10, 11 und 14a und Angaben zu den administrativen und anderen einschlägigen Kosten und Nutzen des erfolgten Austauschs und zu allen möglichen Änderungen, sowohl für die Steuerverwaltung als auch für Dritte,
   b) eine jährliche Bewertung der Wirksamkeit des automatischen Austauschs von Informationen gemäß den Artikeln 8, 8a, 8aa, 8ab und 8ac der Amtshilferichtlinie sowie einen Überblick über die erreichten praktischen Ergebnisse,

c) alle sachdienlichen Informationen, die für die Bewertung der Wirksamkeit der Zusammenarbeit der Verwaltungsbehörden gemäß der Amtshilferichtlinie bei der Bekämpfung von Steuerhinterziehung und -umgehung notwendig sind,
d) statistische Angaben, die der Bewertung der Amtshilferichtlinie dienen;
2. den anderen betroffenen Mitgliedstaaten der Europäischen Union einmal jährlich eine Rückmeldung zum automatischen Austausch von Informationen.

[2]Bei der Übermittlung ist die Durchführungsverordnung (EU) 2015/2378 der Kommission vom 15. Dezember 2015 zur Festlegung von Durchführungsbestimmungen zu bestimmten Artikeln der Richtlinie 2011/16/EU des Rates über die Zusammenarbeit der Verwaltungsbehörden im Bereich der Besteuerung und zur Aufhebung der Durchführungsverordnung (EU) Nr. 1156/2012 (ABl. L 332 vom 18.12.2015, S. 19) zu berücksichtigen.

(2) [1]Das Bundesministerium der Finanzen legt im Einvernehmen mit den obersten Finanzbehörden der Länder die Einzelheiten zur Übermittlung im Sinne des Absatzes 1 in einem Schreiben fest. [2]Dieses Schreiben ist im Bundessteuerblatt zu veröffentlichen.

§ 21 EUAHiG Übergangsvorschriften

(1) [1]Die automatische Übermittlung von Informationen gemäß § 7 Absatz 1 ist ab dem 1. Januar 2015 vorzunehmen und erstmals auf Informationen der Besteuerungszeiträume ab dem 1. Januar 2014 anzuwenden. [2]§ 7 Absatz 1 Satz 2 ist auf Besteuerungszeiträume anzuwenden, die am oder nach dem 1. Januar 2024 beginnen.

(1a) [1]Ungeachtet des § 2 Absatz 2 zweiter Teilsatz unterrichtet das zentrale Verbindungsbüro die Europäische Kommission jährlich, beginnend ab dem 1. Januar 2023, über zwei oder mehr der in § 7 Absatz 1 Satz 1 Nummer 1 bis 6 genannten Kategorien, zu denen es Informationen an zuständige Behörden anderen Mitgliedstaaten übermittelt. [2]Abweichend von Satz 1 unterrichtet das zentrale Verbindungsbüro die Europäische Kommission vor dem 1. Januar 2024 über vier oder mehr der in § 7 Absatz 1 Satz 1 Nummer 1 bis 6 genannten Kategorien, zu denen es Informationen für Besteuerungszeiträume, die am oder nach dem 1. Januar 2025 beginnen, an zuständige Behörden anderer Mitgliedstaaten übermittelt.

(2) Die automatische Übermittlung von Informationen gemäß § 7 Absatz 2 ist ab dem 30. September 2017 vorzunehmen und für zum 31. Dezember 2015 bestehende Konten und nach dem 31. Dezember 2015 neu eröffnete Konten im Sinne der in § 7 Absatz 2 angeführten Melde- und Sorgfaltspflichten und ergänzenden Melde- und Sorgfaltsvorschriften erstmals auf Informationen der Besteuerungszeiträume ab dem 1. Januar 2016 anzuwenden.

(3) Die automatische Übermittlung von Informationen gemäß § 7 Absatz 3 und 4 erfolgt erstmals ab dem 1. Januar 2017.

(4) § 7 Absatz 10 bis 12 und 14 ist erstmals ab dem 1. Januar 2017 anzuwenden.

(5) § 7 Absatz 13 ist erstmals ab dem 1. Januar 2018 anzuwenden.

(6) § 7 Absatz 14a ist erstmals ab dem 1. Januar 2023 anzuwenden.

§ 117a Übermittlung personenbezogener Daten an Mitgliedstaaten der Europäischen Union

(1) [1]**Auf ein Ersuchen einer für die Verhütung und Verfolgung von Straftaten zuständigen öffentlichen Stelle eines Mitgliedstaates der Europäischen Union können die mit der Steuerfahndung betrauten Dienststellen der Finanzbehörden personenbezogene Daten, die in Zusammenhang mit dem in § 208 bestimmten Aufgabenbereich stehen, zum Zweck der Verhütung von Straftaten übermitteln.** [2]**Für die Übermittlung dieser Daten gelten die Vorschriften über die Datenübermittlung im innerstaatlichen Bereich entsprechend.**

(2) **Die Übermittlung personenbezogener Daten nach Absatz 1 ist nur zulässig, wenn das Ersuchen mindestens folgende Angaben enthält:**

1. die Bezeichnung und die Anschrift der ersuchenden Behörde,
2. die Bezeichnung der Straftat, zu deren Verhütung die Daten benötigt werden,
3. die Beschreibung des Sachverhalts, der dem Ersuchen zugrunde liegt,
4. die Benennung des Zwecks, zu dem die Daten erbeten werden,

5. **den Zusammenhang zwischen dem Zweck, zu dem die Informationen oder Erkenntnisse erbeten werden, und der Person, auf die sich diese Informationen beziehen,**
6. **Einzelheiten zur Identität der betroffenen Person, sofern sich das Ersuchen auf eine bekannte Person bezieht, und**
7. **Gründe für die Annahme, dass sachdienliche Informationen und Erkenntnisse im Inland vorliegen.**

(3) **Die mit der Steuerfahndung betrauten Dienststellen der Finanzbehörden können auch ohne Ersuchen personenbezogene Daten im Sinne von Absatz 1 an eine für die Verhütung und Verfolgung von Straftaten zuständige öffentliche Stelle eines Mitgliedstaates der Europäischen Union übermitteln, wenn im Einzelfall die Gefahr der Begehung einer Straftat im Sinne des Artikels 2 Absatz 2 des Rahmenbeschlusses 2002/584/JI des Rates vom 13. Juni 2002 über den Europäischen Haftbefehl und die Übergabeverfahren zwischen den Mitgliedstaaten (ABl. L 190 vom 18.7.2002, S. 1), der zuletzt durch den Rahmenbeschluss 2009/299/JI (ABl. L 81 vom 27.3.2009, S. 24) geändert worden ist, besteht und konkrete Anhaltspunkte dafür vorliegen, dass die Übermittlung dieser personenbezogenen Daten dazu beitragen könnte, eine solche Straftat zu verhindern.**

(4) [1] **Für die Übermittlung der Daten nach Absatz 3 gelten die Vorschriften über die Datenübermittlung im innerstaatlichen Bereich entsprechend.** [2] **Die Datenübermittlung unterbleibt, soweit, auch unter Berücksichtigung des besonderen öffentlichen Interesses an der Datenübermittlung, im Einzelfall schutzwürdige Interessen der betroffenen Person überwiegen.** [3] **Zu den schutzwürdigen Interessen gehört auch das Vorhandensein eines angemessenen Datenschutzniveaus im Empfängerstaat.** [4] **Die schutzwürdigen Interessen der betroffenen Personen können auch dadurch gewahrt werden, dass der Empfängerstaat oder die empfangende zwischen- oder überstaatliche Stelle im Einzelfall einen Schutz der übermittelten Daten garantiert.**

(5) **Die Datenübermittlung nach den Absätzen 1 und 3 unterbleibt, wenn**
1. **hierdurch wesentliche Sicherheitsinteressen des Bundes oder der Länder beeinträchtigt würden,**
2. **die Übermittlung der Daten zu den in Artikel 6 des Vertrages über die Europäische Union enthaltenen Grundsätzen in Widerspruch stünde,**
3. **die zu übermittelnden Daten bei der ersuchten Behörde nicht vorhanden sind und nur durch das Ergreifen von Zwangsmaßnahmen erlangt werden können oder**
4. **die Übermittlung der Daten unverhältnismäßig wäre oder die Daten für die Zwecke, für die sie übermittelt werden sollen, nicht erforderlich sind.**

(6) **Die Datenübermittlung nach den Absätzen 1 und 3 kann unterbleiben, wenn**
1. **die zu übermittelnden Daten bei den mit der Steuerfahndung betrauten Dienststellen der Finanzbehörden nicht vorhanden sind, jedoch ohne das Ergreifen von Zwangsmaßnahmen erlangt werden können,**
2. **hierdurch der Erfolg laufender Ermittlungen oder Leib, Leben oder Freiheit einer Person gefährdet würde oder**
3. **die Tat, zu deren Verhütung die Daten übermittelt werden sollen, nach deutschem Recht mit einer Freiheitsstrafe von im Höchstmaß einem Jahr oder weniger bedroht ist.**

(7) **Als für die Verhütung und Verfolgung von Straftaten zuständige öffentliche Stelle eines Mitgliedstaates der Europäischen Union im Sinne der Absätze 1 und 3 gilt jede Stelle, die von diesem Staat gemäß Artikel 2 Buchstabe a des Rahmen-**

beschlusses 2006/960/JI des Rates vom 18. Dezember 2006 über die Vereinfachung des Austauschs von Informationen und Erkenntnissen zwischen den Strafverfolgungsbehörden der Mitgliedstaaten der Europäischen Union (ABl. L 386 vom 29.12.2006, S. 89, L 75 vom 15.3.2007, S. 26) benannt wurde.

(8) **Die Absätze 1 bis 7 sind auch anzuwenden auf die Übermittlung von personenbezogenen Daten an für die Verhütung und Verfolgung von Straftaten zuständige öffentliche Stellen eines Schengen-assoziierten Staates im Sinne von § 91 Absatz 3 des Gesetzes über die internationale Rechtshilfe in Strafsachen.**

Schrifttum: Baum, Änderungen der Abgabenordnung im Jahr 2012, NWB 2013, 498.

Übersicht

A. Allgemeines

1 Die §§ 117a und 117b wurden durch das Gesetz über die Vereinfachung des Austauschs von Informationen und Erkenntnissen zwischen den Strafverfolgungsbehörden der Mitgliedstaaten der Europäischen Union v. 21.7.2012 (BGBl. 2012 I 1566) eingefügt. Sie sind ab dem 26.7.2012 anwendbar und gehen zurück auf den Rahmenbeschluss 2006/960/JI des Rates vom 18.12.2006 über die Vereinfachung des Informationsaustausches zwischen den Strafverfolgungsbehörden der Mitgliedstaaten der Europäischen Union (v. 29.12.2006, ABl. L 386, 89).

2 **Inhalt.** Während § 117 iVm dem EUAHiG den Informationsaustausch für das StFestsetzungs- und das StStrafverfahren regelt, erweitern die §§ 117a und 117b die Möglichkeit des Informationsaustauschs auf den Bereich der Strafverhütung. Dabei werden die Befugnisse der StFahndung nicht erweitert, sodass sie unter Beachtung der §§ 30 ff. nur die Informationen weitergeben dürfen, die sie auch bei rein inländischen Sachverhalten offenbaren dürften (BT-Drs. 17/8870). Beide Vorschriften sind besondere Regelungen zur Amtshilfe, sodass deren allgemeinen Voraussetzungen grds. vorliegen müssen.

3 **Systematik.** § 117a regelt die Datenübermittlung an ausländische Stellen, während § 117b deren Verwertung im Inland regelt.

§ 117a I regelt den Grundsatz der Datenübermittlung auf Ersuchen und Abs. 2 die formellen Voraussetzungen des Ersuchens. Die Abs. 3 und 4 normieren die Voraussetzungen für Spontanauskünfte, Abs. 5 das Verbot der Datenübermittlung und Abs. 6 regelt Fälle, in denen die inländischen StFahndungsstellen die Datenübermittlung ablehnen können. Abs. 7 definiert, an welche ausländischen Stellen die Daten übermittelt werden dürfen und Abs. 8 weitet den Anwendungsbereich auf die Staaten des Schengen-Abkommens aus.

B. Datenübermittlung an ausländische Strafverfolgungsbehörden auf Ersuchen (Abs. 1)

Die mit der StFahndung betrauten inländischen Finanzbehörden können nach Maßgabe der weiteren Absätze Amtshilfe leisten, wenn korrespondierende ausländische Behörden hierum ersuchen. 4

I. Voraussetzungen

Die **ersuchende ausländische Behörde** muss einem Mitgliedstaat der EU angehören oder nach Abs. 8 unter das sog. Schengen-Abkommen fallen. Ferner muss die ausländische Behörde für die Verhütung und Verfolgung von Straftaten zuständig (Abs. 7) und das Ersuchen darauf gerichtet sein, Straftaten zu verhüten. Geht es um die Verfolgung von StStraftaten, so richtet sich die Amtshilfe nach den Vorschriften des IRG (→ § 117 Rn. 5). 5

Inländische Adressaten sind die für die StFahndung zuständigen Dienststellen. Die zu übermittelnden Daten müssen im Zusammenhang zu den Tätigkeiten der StFahndung gem. § 208 stehen, dh sie müssen dem originären Aufgabenbereich der StFahndung (§ 208 I) entstammen oder es müssen die Straf- und Bußgeldvorschriften der AO für anwendbar erklärt sein (zB § 96 VII EStG; § 15 InvZulG 2010; § 15 II EigZulG). 6

II. Rechtsfolge

Die StFahndung kann die Daten an die ausländische Stelle übermitteln. Das hieraus resultierende **Ermessen** ist stark eingeschränkt, weil die Abs. 2, 5–6 ein enges Korsett vorgeben und insb. Abs. 6 Möglichkeiten zur Ablehnung des Ersuchens regelt: Liegen die Voraussetzungen für die Datenübermittlung vor (Abs. 1, 2), ist sie nicht verboten (Abs. 5), und liegen keine Gründe vor, die eine Ablehnung des Ersuchens ermöglichen (Abs. 6), sind die Daten zu übermitteln (Klein § 117a Rn. 12; TK § 117a Rn. 5; Schwarz/Pahlke/Keß § 117a Rn. 5). S. 2 stellt klar, dass die allgemeinen inländischen Vorschriften Anwendung finden, sodass § 117a keine Erweiterung der Befugnisse der StFahndung schafft. Insb. die Vorschriften über das StGeheimnis (§§ 30 ff.) sind zu beachten. § 117a schafft keine gesetzliche Regelung zur Durchbrechung des StGeheimnisses iSv § 30 IV Nr. 2 (BT-Drs. 17/8870). Gleichzeitig verpflichtet Art. 3 Nr. 1 des Rahmenbeschlusses 2006/960/JI alle Mitgliedstaaten, an den Datenaustausch in der Europäischen Union keine strengeren Bedingungen zu stellen als an den innerstaatlichen. 7

C. Formelle Anforderungen an das Ersuchen (Abs. 2)

Die Voraussetzungen des Abs. 2 sollen die inländische StFahndungsstelle in die Lage versetzen, das Vorliegen der Tatbestandsvoraussetzungen zu überprüfen und ggf. eine Ablehnungsabwägung nach Abs. 6 anstellen zu können. Das Ersuchen muss die Angaben grds. kumulativ erfüllen. Fehlen wesentliche Angaben, ist das Ersuchen abzulehnen. Dazu ist die genaue Bezeichnung der ersuchenden Behörde (Nr. 1) zur Überprüfung der Legitimation nach Abs. 7 unabdingbar. Ebenso muss die zu verhütende Straftat (Nr. 2) angegeben werden und der ihr konkret zugrunde liegende Sachverhalt (Nr. 3), damit die ersuchte inländische StFahndungsstelle ihre Berechtigung überprüfen kann. Die Benennung des Zwecks des Ersuchens (Nr. 4) ist überflüssig, da sie sich bereits aus Nr. 2 ergibt. Nr. 5 fordert eine Darlegung des Kausalzusammenhangs zwischen der zu verhütenden Straftat und der Person, zu der die Erkenntnisse oder Informationen ersucht werden. Schließlich soll die ersuchende ausländische Behörde alle Einzelheiten zu der konkreten Person angeben, wenn diese bekannt ist (Nr. 6), damit sie eindeutig identifiziert werden kann. Hierzu gehören insb. Geburtsdaten, Adressen und alle weiteren der ersuchenden 8

Behörde bekannten Angaben, die eine Personenverwechslung ausschließen können. An die Darlegung der Gründe für das Ersuchen (Nr. 7) sind schließlich geringe Anforderungen zu stellen: Bereits die deutsche Staatsangehörigkeit, der Aufenthalt oder die geschäftliche Tätigkeit im Inland reichen für die Annahme aus, dass inländische StFahndungsstellen weitere Erkenntnisse zur betreffenden Person haben könnten. Sogar der Umstand, dass die inländische StFahndungsstelle allgemeine kriminalistische Erkenntnisse zu den zu verhütenden Straftaten haben könnte, reicht aus.

D. Datenübermittlung an ausländische Strafverfolgungsbehörden ohne Ersuchen (Abs. 3, 4)

9 Die inländischen StFahndungsstellen können Spontanauskünfte an die Stellen erteilen, die nach Abs. 1 zu einem Ersuchen berechtigt sind. Zweck der Spontanauskunft ist jedoch nicht die Verhütung allgemeiner, sondern die **qualifizierter Straftaten,** die in Art. 2 II des Rahmenbeschlusses über den Europäischen Haftbefehl genannt sind. Hierbei handelt es sich um eine Aufzählung von 32 Straftaten, die mit einer Mindestfreiheitsstrafe von drei Jahren bedroht sind.

10 Ferner muss die inländische StFahndungsstelle **konkrete Anhaltspunkte** haben, dass die personenbezogene Datenübermittlung eine solche Straftat verhindern könnte. An die konkreten Anhaltspunkte für zukünftige Straftaten, die es zu verhindern gilt, sind keine höheren Anforderungen zu stellen als bei Spontanauskünften nach § 8 EUAHiG. Dort reicht eine Vermutung aus, die keine Gewissheit, keine an Sicherheit grenzende Wahrscheinlichkeit und keinen Tatverdacht (iSv § 385 I iVm § 152 II StPO) erfordert; eine Vermutung besteht, wenn tatsächliche Anhaltspunkte (auch in Verbindung mit der allgemeinen Lebenserfahrung) für die zukünftige Begehung einer qualifizierten Straftat vorliegen, die über die bloße Möglichkeit hinausgehen.

11 Auch für Spontanauskünfte gelten die allgemeinen inländischen Vorschriften. Abs. 4 S. 1 entspricht Abs. 1 S. 2. Darüber hinaus dürfen Spontanauskünfte nicht erteilt werden, wenn die schutzwürdigen Individualinteressen der betroffenen Person das öffentliche Interesse an der Spontanauskunft überwiegen. Hier gelten die gleichen Kriterien, wie sie in § 4 III EUAHiG normiert sind (→ § 117 Rn. 48). Der Verweis auf ein angemessenes Datenschutzniveau im Empfängerstaat (Abs. 4 S. 3) entsprach der Vorgabe des § 3 I Nr. 3a EGAHiG. Allerdings kann die bloße Garantie im Einzelfall durch den Empfängerstaat oder eine zwischen- oder überstaatliche Stelle (Abs. 4 S. 4) die Anforderungen an ein allgemein angemessenes Datenschutzniveau ersetzen.

E. Verbot der Datenübermittlung (Abs. 5)

12 Die Datenübermittlung auf Ersuchen als auch spontan ist unzulässig, wenn eine der Voraussetzungen des Abs. 5 Nr. 1–4 vorliegt. Hierbei handelt es sich um Voraussetzungen, die auch in § 117 III und § 4 III EUAHiG normiert sind.

13 Die **Sicherheitsinteressen des Bundes oder der Länder (Nr. 1)** betreffen nicht nur die äußere, sondern auch die innere Sicherheit. Dazu gehört die Einhaltung sämtlicher Rechtsnormen des Bundes und der Länder. Inwieweit ein Sicherheitsinteresse trotz gesetzlicher Normierung nur unwesentlich sein könnte, ist schwer vorstellbar und kann allenfalls für den Einzelfall entschieden werden.

14 Die **Grundsätze des Art. 6 EU-Vertrag (Nr. 2)** betreffen Freiheit, Demokratie, Menschenrechte und Grundfreiheiten, sowie die Rechtsstaatgarantie. Sie sind sämtlichst Inhalt der Sicherheitsinteressen des Bundes und der Länder, sodass die wiederholende Regelung der Nr. 2 grundsätzlich überflüssig ist.

Die Datenübermittlung ist auch unzulässig, wenn die ersuchte inländische StFahndungsstelle die ersuchten Daten nicht besitzt und nur durch **Zwangsmaßnahmen** erlangt könnte (Nr. 3). Insofern gilt Abs. 5 Nr. 3 nur für Ersuchen nach Abs. 1, weil nicht vorstellbar ist, dass eine Behörde Spontanauskünfte über ihr nicht bekannte Inhalte erteilt. 15

Schließlich verbietet Nr. 4 die Datenübermittlung für den Fall der Unverhältnismäßigkeit oder mangels **Erforderlichkeit.** Die Datenübermittlung nach § 117a ist ein besonderer Fall der Amtshilfe, der stets der Grundsatz der Erforderlichkeit immanent ist. Deshalb darf Amtshilfe niemals geleistet werden, wenn sie nicht erforderlich ist (→ Rn. 2). Die Datenübermittlung ist insb. dann unverhältnismäßig, wenn die schutzwürdigen Interessen der betroffenen Person jene der Datenübermittlung überwiegen. Dazu müssen wesentliche Interessen, zB der in § 117 III 1 Nr. 4 erwähnten Art, der betroffenen Person vorliegen (→ § 117 Rn. 26). 16

F. Ablehnung der Datenübermittlung (Abs. 6)

Den inländischen StFahndungsstellen ist Ermessen eingeräumt, der Datenübermittlung auf Ersuchen nachzukommen oder Spontanauskünfte zu erteilen, wenn die Voraussetzungen des Abs. 6 vorliegen. 17

Dies ist der Fall, wenn die StFahndung die zu übermittelnden Daten nicht besitzt, sie jedoch ohne Zwangsmaßnahmen erlangen könnte (Nr. 1), sie durch die Datenübermittlung laufende Ermittlungen oder Leib, Leben oder Freiheit einer Person gefährdete (Nr. 2) oder die zu verhütende Straftat im Inland mit einer Höchststrafe von einem Jahr oder weniger bedroht wäre (Nr. 3). Jede Voraussetzung allein berechtigt zur Ablehnung. Liegen mehrere Ablehnungsgründe gleichzeitig vor, spricht dies grds. für eine Ablehnung. 18

Praktisch gelten die Ermessensvorschriften der Nr. 1 und 3 nur für die Datenübermittlung auf Ersuchen, weil sie für Spontanauskünfte keine praktische Relevanz haben: Ebenso wie nach Abs. 5 Nr. 3 ist nicht vorstellbar, dass eine Behörde Auskünfte, die sie nicht besitzt, erteilt. Für Spontanauskünfte gilt ferner nach Abs. 2, dass die zu verhütende Straftat im Empfängerland mit einer Höchststrafe von mindesten drei Jahren bedroht ist. Ist eine zu verhütende Straftat im Inland mit maximal einem Jahr bedroht, wird praktisch niemand ermitteln, ob die Tat im Empfängerland doch mit mindestens drei Jahren bedroht ist.

In den Fällen der Datenübermittlung auf Ersuchen und der Spontanauskünfte, die unter Nr. 2 fallen, hat jeweils eine umfassende **Abwägung** zu erfolgen. Maßgeblich sind im Fall der Nr. 1 der Aufwand, die ersuchten Daten zu ermitteln, sowie die personellen, technischen und finanziellen Möglichkeiten, die der ersuchten Behörde hierfür zur Verfügung stehen. 19

Im Fall der Nr. 2 sind die gefährdeten Schutzgüter durch die im Ausland zu verhütenden Straftaten den betroffenen Schutzgütern gegenüberzustellen. Dabei haben inländische Schutzgüter keinen Vorrang. Die Abwägung gleicher Schutzgüter – außer Leben – im Aus- und Inland kann quantitativ unter Abschätzung der Wahrscheinlichkeit der Betroffenheit erfolgen: Gilt es im Ausland die Freiheit vieler zu schützen, ist bei angenommen gleicher Wahrscheinlichkeit die Freiheit eines einzelnen nachrangig. Dabei hat das Schutzgut Leben immer Vorrang vor anderen Schutzgütern.

Bei Ersuchen für die Verhütung von „Bagatellstraftaten" (Nr. 3) ist auch zu berücksichtigen, wie viele Personen von der zu verhütenden Straftat betroffen wären und welchen Schaden sie bei ihnen verursachten.

G. Sachliche Zuständigkeit (Abs. 7)

Für Ersuchen iSd Abs. 1 bzw. als Empfänger von Spontanauskünften nach Abs. 2 sind nur die öffentlichen Stellen eines Mitgliedstaates der EU zuständig, die im Rahmen- 20 beschluss 2006/960/JI (→ Rn. 1, 5 f.) benannt worden sind. Diese Meldungen sind Bestandteil eines EU-Handbuches zur Umsetzung des Rahmenbeschlusses.

H. Ausweitung auf die Staaten des Schengen-Abkommens (Abs. 8)

21 Über die Mitgliedstaaten der EU hinaus können personenbezogene Daten nach den Abs. 1 und 3 auch an Strafverfolgungsbehörden übermittelt werden, die zu einem Staat gehören, der sich dem Schengen-Abkommen angeschlossen hat. Dies sind zur Zeit die EWR-Staaten Island, Norwegen, Liechtenstein und die Schweiz.

J. Rechtsbehelfe und Verfahrensfragen

22 Die **Auskunftserteilung an** den **ausländischen Staat** stellt keinen VA dar, weil es an der unmittelbaren Rechtswirkung nach außen fehlt (BFH 20.1.1988 – I B 72/87, BStBl. II 1988, 412; Klingelhöfer StBp 2002, 1). Vielmehr handelt es sich um Wissenserklärungen bzw. Meinungsäußerungen (Klein § 117 Rn. 48). Ebenso wie in den Fällen des § 117 I kann der Stpfl. gegen die zwischenstaatliche Auskunftserteilung mit vorbeugender Unterlassungsklage und einstweiliger Anordnung vorgehen (→ § 117 Rn. 33 f.). Hat die inländische FB rechts- oder ermessensfehlerhaft eine Auskunft erteilt und ist dem inländischen Beteiligten dadurch ein Schaden entstanden, so kommt eine Schadensersatzpflicht der FVerw. gem. § 839 BGB iVm Art. 34 GG in Betracht.

23 § 91 I fordert die **Anhörung** der Beteiligten, bevor ein VA erlassen wird. Da die zwischenstaatliche Auskunftserteilung keinen VA darstellt (→ Rn. 22), ist die Anhörung grds. nicht geboten, weil es auch – im Gegensatz zu § 117 IV 3 – an einer entsprechenden Geltung des § 91 fehlt (TK § 117a Rn. 17; aA Klein § 117a Rn. 11).

§ 117b Verwendung von den nach dem Rahmenbeschluss 2006/960/JI des Rates übermittelten Daten

(1) [1]**Daten, die nach dem Rahmenbeschluss 2006/960/JI an die mit der Steuerfahndung betrauten Dienststellen der Finanzbehörden übermittelt worden sind, dürfen nur für die Zwecke, für die sie übermittelt wurden, oder zur Abwehr einer gegenwärtigen und erheblichen Gefahr für die öffentliche Sicherheit verwendet werden. [2]Für einen anderen Zweck oder als Beweismittel in einem gerichtlichen Verfahren dürfen sie nur verwendet werden, wenn der übermittelnde Staat zugestimmt hat. [3]Von dem übermittelnden Staat für die Verwendung der Daten gestellte Bedingungen sind zu beachten.**

(2) **Die mit der Steuerfahndung betrauten Dienststellen der Finanzbehörden erteilen dem übermittelnden Staat auf dessen Ersuchen zu Zwecken der Datenschutzkontrolle Auskunft darüber, wie die übermittelten Daten verwendet wurden.**

A. Allgemeines

1 Zur Entwicklung, zum Inhalt und zur Systematik → § 117a Rn. 1 ff. Im Gegensatz zu § 117a regelt § 117b die Verwertung aus dem Ausland nach dem Rahmenbeschluss 2006/960/JI übermittelter Daten. Die Vorschrift regelt nicht das Verfahren, nach dem um solche Daten ersucht wird, weil sich dieses nach dem Rahmenbeschluss 2006/960/JI iVm den jeweiligen nationalen Regelungen des Staates richtet, der um die Datenübermittlung ersucht wird.

B. Verwertung übermittelter Daten (Abs. 1)

Abs. 1 regelt die Verwertungsbefugnis der aus dem Ausland übermittelten Daten. Dabei stellt S. 1 den Grundsatz auf, während die S. 2 und 3 die Verwertungsbefugnis erweitern. 2

I. Voraussetzungen

Es muss sich um Daten handeln, die nach dem Rahmenbeschluss 2006/960/JI an eine nach § 208 zuständige Stelle übermittelt worden sind. Absender der Daten kann daher nur ein EU-Mitgliedstaat, ein EWR-Staat oder die Schweiz sein (→ § 117a Rn. 21). Betrifft der Inhalt nicht die Verhütung oder Verfolgung von StStraftaten oder StOrdnungswidrigkeiten, so sind die Daten an die zuständige Stelle weiterzuleiten. 3

II. Rechtsfolgen

Nach S. 1 1. Alt. dürfen die Daten für nur für die **Zwecke** verwendet werden, **für die sie übermittelt worden sind.** Dies kann ein mit der Datenübermittlung verbundener konkreter Zweck sein. In den meisten Fällen wird der Verwendungszweck jedoch nicht explizit konkretisiert sein. Dann gilt Art. 1 Nr. 1 iVm Art. 2e des Rahmenbeschlusses 2006/960/JI, der die Verfolgung und Verhütung von Straftaten regelt, die in Art. 2 II des Rahmenbeschlusses über den Europäischen Haftbefehl genannt sind (→ § 117a Rn. 9). 4

S. 1 2. Alt. gestattet die Verwertung der übermittelten Daten auch zur **Abwehr einer gegenwärtigen und erheblichen Gefahr** für die öffentliche Sicherheit. Diese Formulierung ist dem Polizeirecht entliehen. Gefahr ist eine Sachlage, bei der im einzelnen Fall die hinreichende Wahrscheinlichkeit besteht, dass in absehbarer Zeit ein Schaden für die öffentliche Sicherheit oder Ordnung eintreten wird (§ 2 Nr. 1 Buchst. a Nds. SOG). Eine Gefahr ist gegenwärtig, wenn die Einwirkung des schädigenden Ereignisses bereits begonnen hat oder die Einwirkung unmittelbar oder in allernächster Zeit mit einer an Sicherheit grenzenden Wahrscheinlichkeit bevorsteht (§ 2 Nr. 1 Buchst. b Nds. SOG). Die Gefahr ist erheblich, wenn bedeutsame Rechtsgüter wie der Bestand des Staates, des Lebens, der Gesundheit, der Freiheit, nicht unwesentlicher Vermögenswerte sowie andere strafrechtlich geschützte Güter nicht nur unwesentlich betroffen sind (§ 2 Nr. 1 Buchst. c Nds. SOG). 5

Sollen die Daten für einen anderen Zweck verwendet werden, so ist nach S. 2 die Zustimmung des übermittelnden Staates erforderlich, sie muss somit aktiv vom übermittelnden Staat eingeholt werden. Knüpft der übermittelnde Staat die Zustimmung an Bedingungen, so sind diese nach S. 3 maßgeblich. 6

C. Auskunft an den übermittelnden Staat (Abs. 2)

Verlangt der übermittelnde Staat Auskunft über die Verwendung der übermittelten Daten, so ist ihm gem. Abs. 2 darüber Auskunft zu erteilen. Dieses Verlangen darf nur der Kontrolle des Datenschutzes dienen und resultiert aus Art. 8 des Rahmenbeschlusses 2006/960/JI. 7

D. Rechtsbehelfe und Verfahrensfragen

Die Datenübermittlung durch einen ausländischen Staat stellt ebenso wenig wie die Datenübermittlung an einen ausländischen Staat einen VA dar, weil sie nicht auf unmittelbare Rechtswirkung nach außen gerichtet ist. Eine **Anfechtung** kommt grds. erst gegen die Hauptsacheentscheidung in Betracht. Sind Daten übermittelt worden, obwohl sie nach 8 dem ihm zugrunde liegenden Verfahren nicht hätten übermittelt werden dürfen, führt dies nicht zu einem Verwertungsverbot, wenn sie nicht durch eklatant rechtswidriges Verhalten der FB veranlasst sind. Zum vorläufigen Rechtsschutz → § 117 Rn. 34.

9 Eine **Anhörung** inl. Beteiligter gem. § 91 nur auf Grund der zu übermittelnden Daten ist grds. nicht geboten, weil das Auskunftsersuchen keinen VA darstellt und die entsprechende Geltung des § 91 nicht – wie in § 117 IV 3 – normiert ist.

§ 117c Umsetzung innerstaatlich anwendbarer völkerrechtlicher Vereinbarungen zur Förderung der Steuerehrlichkeit bei internationalen Sachverhalten

(1) [1]Das Bundesministerium der Finanzen wird ermächtigt, zur Erfüllung der Verpflichtungen aus innerstaatlich anwendbaren völkerrechtlichen Vereinbarungen, die der Förderung der Steuerehrlichkeit durch systematische Erhebung und Übermittlung steuerlich relevanter Daten dienen, durch Rechtsverordnungen mit Zustimmung des Bundesrates Regelungen zu treffen über

1. die Erhebung der nach diesen Vereinbarungen erforderlichen Daten durch in diesen Vereinbarungen dem Grunde nach bestimmte Dritte,

2. die Übermittlung dieser Daten nach amtlich vorgeschriebenem Datensatz im Wege der Datenfernübertragung an das Bundeszentralamt für Steuern,

3. die Weiterleitung dieser Daten an die zuständige Behörde des anderen Vertragsstaates,

4. die Entgegennahme entsprechender Daten von dem anderen Vertragsstaat und deren Weiterleitung nach Maßgabe des § 88 Absatz 3 und 4 an die zuständige Landesfinanzbehörde sowie

5. die Ahndung von vorsätzlichen und leichtfertigen Verstößen durch die in diesen Vereinbarungen dem Grunde nach bestimmten Dritten gegen Pflichten zur Erhebung und zur Meldung von Daten im Sinne der Nummern 1 und 2 als Ordnungswidrigkeiten und die Bestimmung eines Bußgeldes für solche Verstöße bis zu 50 000 Euro; hierfür ist das Bundeszentralamt für Steuern Verwaltungsbehörde im Sinne des § 36 Absatz 1 Nummer 1 des Gesetzes über Ordnungswidrigkeiten.

[2]In einer Rechtsverordnung nach Satz 1 kann dem Bundeszentralamt für Steuern das Recht eingeräumt werden, die Daten und Meldungen nach § 9 Absatz 1 und 2 der FATCA-USA-Umsetzungsverordnung zur Erfüllung der dem Bundeszentralamt für Steuern gesetzlich übertragenen Aufgaben auszuwerten. [3]Auswertungen der Meldungen nach § 9 Absatz 2 der FATCA-USA-Umsetzungsverordnung durch die jeweils zuständige Landesfinanzbehörde bleiben hiervon unberührt.

(2) Bei der Übermittlung von Daten durch das Bundeszentralamt für Steuern an die zuständige Finanzbehörde des anderen Vertragsstaates nach einer auf Grund des Absatzes 1 Satz 1 erlassenen Rechtsverordnung findet eine Anhörung der Beteiligten nicht statt.

(3) [1]Das Bundeszentralamt für Steuern ist berechtigt, Verhältnisse, die für die Erfüllung der Pflichten zur Erhebung und Übermittlung von Daten nach einer auf Grund des Absatzes 1 erlassenen Rechtsverordnung von Bedeutung sind oder der Aufklärung bedürfen, bei den zur Erhebung dieser Daten und deren Übermittlung an das Bundeszentralamt für Steuern Verpflichteten zu prüfen. [2]Die §§ 193 bis 203 gelten sinngemäß.

(4) [1]Die auf Grund einer Rechtsverordnung nach Absatz 1 oder im Rahmen einer Prüfung nach Absatz 3 vom Bundeszentralamt für Steuern erhobenen Daten dürfen nur für die in den zugrunde liegenden völkerrechtlichen Vereinbarungen festgelegten Zwecke verwendet werden. [2]Bei der Übermittlung der

länderbezogenen Berichte durch das Bundeszentralamt für Steuern gemäß § 138a Absatz 7 Satz 1 bis 3 findet keine Anhörung der Beteiligten statt.

A. Allgemeines

1 Die Vorschrift wurde mWv 24.12.2013 durch das AIFM-Steuer-Anpassungsgesetz (BGBl. 2013 I 4318) eingefügt. Sie dient der Umsetzung von Verpflichtungen aus völkerrechtlichen Vereinbarungen zum automatisierten Informationsaustausch. Die erste dieser Vereinbarungen ist das FATCA-Abkommen mit den USA, das insb. Einnahmen aus Kapitalvermögen betrifft.

B. Ermächtigungsgrundlage (Abs. 1)

2 Abs. 1 S. 1 stellt die Ermächtigungsgrundlage für Rechtsverordnungen dar, die der Umsetzung völkerrechtlicher Vereinbarungen zur Förderung der StEhrlichkeit dienen. Die erste dieser Verordnungen ist die FATCA-USA-UmsV v. 23.7.2014 (BGBl. 2014 I 1222). Danach sind deutsche Finanzinstitute verpflichtet, Finanzanlagen US-amerikanischer Bürger sowie insb. Kontostände und Zinsen an das BZSt zu melden, das diese Informationen an die Bundessteuerbehörde der USA weiterleitet. Ebenso erfolgt die Meldung US-amerikanischer Finanzanlagen in Bezug auf deutsche meldepflichtige Konten.

Durch das JStG 2024 (BGBl. 2024 I Nr. 387) wurde die Nr. 5 eingefügt. Dies stellt eine Verordnungsermächtigung dar, mit der eine Angleichung des Bußgeldrahmens zum CRS (= Common Reporting Standard) ermöglicht wird.

Abs. 1 S. 2 verweist für diese Rechtsverordnung auf die Regelungen des § 150 VI 2, 3, 5, 8 und 9 zu Einzelheiten der Datenfernübertragung.

C. Ausschluss der Anhörung (Abs. 2)

3 Abs. 2 schließt eine Anhörung der Beteiligten aus. Dies entspricht den Regelungen des § 117 IV 3 AO und § 7 II EUAHiG zum automatischen Auskunftsaustausch.

Bereits vor Aufhebung des § 30a durch das StUmgBG (BGBl. 2017 I 1682) mWv 24.6.2017 waren die Vorschriften des Bankgeheimnisses gem. Abs. 2 S. 2 ausgeschlossen.

Ebenso sind § 30a II, III für die Zwecke des Auskunftsaustausches aufgehoben, sodass die FB von Kreditinstituten die Übermittlung von Informationen über bestimmte Konten verlangen dürfen, auch wenn diese einer Legitimationsprüfung unterlegen haben. Das Verbot des Fertigens von Kontrollmitteilungen gilt ebenfalls nicht, weil der automatische Auskunftsaustausch eine besondere Form von Spontanauskünften darstellt, die nicht anderes als internationale Kontrollmitteilungen sind (→ § 117 Rn. 9).

D. Überprüfung durch Außenprüfungen und Verwendung der Daten (Abs. 3 und 4)

4 Das BZSt ist berechtigt, Außenprüfungen (§§ 193 ff.) durchzuführen, um zu überprüfen, ob die Verpflichtungen aus der Rechtsverordnung nach Abs. 1 eingehalten werden. Adressat dieser Außenprüfungen sind vor allem Kreditinstitute. Diese Überprüfung kann auch mit einer „regulären" Außenprüfung, an der das BZSt teilnimmt, verbunden werden, weil eine Trennung der Prüfung eine unnötige Förmelei bedeutet.

Nur insoweit die Außenprüfung die Einhaltung der Rechtsverordnung nach Abs. 1 betrifft, ist das Bankgeheimnis gem. Abs. 2 aufgehoben und die Erkenntnisse aus diesen Ermittlungen dürfen nur für diese Zwecke verwertet werden. Darüber hinaus unterliegen die Erkenntnisse einem Verwertungsverbot, soweit sie im Rahmen „regulärer" Außenprüfungen nicht hätten erhoben werden dürfen.

E. Rechtsbehelfe und Verfahrensfragen

5 Die **Datenübermittlung an** den **ausländischen Staat** stellt keinen VA dar, weil es an der unmittelbaren Rechtswirkung nach außen fehlt (BFH 20.1.1988 – I B 72/87, BStBl. II 1988, 412; Klingelhöfer StBp 2002, 1). Vielmehr handelt es sich um Wissenserklärungen bzw. Meinungsäußerungen (Klein § 117 Rn. 48). Ebenso wie in den Fällen des § 117 I kann der Stpfl. gegen die zwischenstaatliche Auskunftserteilung mit vorbeugender Unterlassungsklage und einstweiliger Anordnung vorgehen (→ § 117 Rn. 33 f.). Hat die inländische FB rechtsfehlerhaft Daten übermittelt und ist dem Beteiligten dadurch ein Schaden entstanden, so kommt eine Schadensersatzpflicht der FVerw. gem. § 839 BGB iVm Art. 34 GG in Betracht.

§ 117d Statistiken über die zwischenstaatliche Amts- und Rechtshilfe

[1]Informationen, die im Zuge der zwischenstaatlichen Amts- und Rechtshilfe verarbeitet werden, dürfen statistisch pseudonymisiert oder anonymisiert aufbereitet werden. [2]Diese statistischen Daten dürfen öffentlich zugänglich gemacht werden.

Allgemeines

1 Die Vorschrift wurde mWv 17.12.2019 durch das Gesetz zur weiteren steuerlichen Förderung der Elektromobilität und zur Änderung weiterer steuerlicher Vorschriften (BGBl. 2019 I 2451) eingefügt. Sie ermöglicht die Aufbereitung und Veröffentlichung statistischer Daten aus dem internationalen Auskunftsaustausch unter Beachtung des StGeheimnisses.

§ 117e Besondere Formen der Amtshilfe mit Drittstaaten

(1) **[1]Die Finanzbehörden können im Verhältnis zu Staaten und Hoheitsgebieten, die nicht Mitgliedstaaten der Europäischen Union sind (Drittstaaten), in entsprechender Anwendung von § 2 Absatz 1 und 13, § 3 Absatz 2 Satz 3 und 4 und Absatz 3a sowie der §§ 10 bis 12a des EU-Amtshilfegesetzes nach Maßgabe des Absatzes 2 besondere Formen der zwischenstaatlichen Amtshilfe in Anspruch nehmen und unter der Voraussetzung der Gegenseitigkeit leisten. [2]§ 117 bleibt unberührt, soweit diese Vorschrift nichts anderes bestimmt.**

(2) **[1]Abweichend von**

1. **§ 10 Absatz 1 Satz 2 erster Halbsatz des EU-Amtshilfegesetzes kann die Teilnahme an behördlichen Ermittlungen mittels elektronischer Kommunikation gestattet werden;**
2. **§ 10 Absatz 1 Satz 3 und § 12 Absatz 5 Satz 2 des EU-Amtshilfegesetzes soll die Bestätigung oder die Ablehnung innerhalb von 60 Tagen nach Erhalt des Ersuchens übermittelt werden;**
3. **§ 10 Absatz 2 Satz 1 und § 12 Absatz 2 Satz 2 bis 5 des EU-Amtshilfegesetzes bestimmt sich die Zulässigkeit des Austausches von Informationen nach den im Einzelfall innerstaatlich anwendbaren völkerrechtlichen Vereinbarungen oder, in Ermangelung solcher, nach § 117 Absatz 3;**

4. § 12a Absatz 4 Satz 2 erster Halbsatz des EU-Amtshilfegesetzes sollen die Feststellungen in einem gemeinsamen Prüfbericht festgehalten werden;

5. § 12a Absatz 4 Satz 4 des EU-Amtshilfegesetzes können die beteiligten Behörden, sofern die Gegenseitigkeit verbürgt ist, mit der zuständigen Behörde des Drittstaates vereinbaren, die Beweisführung der entsprechenden Behörde des Drittstaates zu unterstützen.

[2]An die Stelle des zentralen Verbindungsbüros treten im Inland das Bundeszentralamt für Steuern und im Drittstaat die jeweils zuständige Behörde. [3]§ 12 Absatz 7 des EU-Amtshilfegesetzes gilt nicht; zielen die behördlichen Ermittlungen im Inland auf ein Verfahren nach den §§ 193 bis 207, kann auf die Anhörung des inländischen Beteiligten bis zur Bekanntgabe der Prüfungsanordnung verzichtet werden, sofern andernfalls der Erfolg der gleichzeitigen oder gemeinsamen Prüfung gefährdet würde.

(3) **Hinsichtlich der Einfuhr- und Ausfuhrabgaben nach Artikel 5 Nummer 20 und 21 des Zollkodex der Union sowie den Verbrauch- und Verkehrssteuern kann das Zollkriminalamt als Zentralstelle gemäß § 3 Absatz 7 Satz 1 Nummer 1 des Zollfahndungsdienstgesetzes entsprechend den Absätzen 1 bis 2 zwischenstaatliche Amtshilfe für den Zuständigkeitsbereich der Zollverwaltung bewilligen und ersuchen, soweit das Bundesministerium der Finanzen die Aufgabe nicht selbst wahrnimmt oder eine abweichende Zuweisung vorsieht.**

A. Allgemeines

Die Vorschrift wurde mWv 28.3.2024 durch das WachstChG (BGBl. 2024 I Nr. 108) eingefügt. Sie eröffnet die Möglichkeit, Amtshilfe gegenüber Drittstaaten zu leisten und in Anspruch zu nehmen. Unter Beachtung der Voraussetzungen des § 117 kann Amtshilfe von Nicht-EU-Staaten in Anspruch genommen und – im Fall der Gegenseitigkeit – an diese geleistet werden. Dies betrifft die Anwesenheit von Bediensteten im jeweils anderen Staat sowie gleichzeitige und gemeinsame Prüfungen entspr. der §§ 10–12a EUAHiG (→ § 117 Rn. 64 ff.). 1

Abs. 2 regelt Abweichungen von den Vorschriften des EUAHiG, die sich daraus ergeben, dass der andere Staat gerade kein Mitglied der EU ist. Daraus resultiert auch, dass der inländische Stpfl. stets im Vorfeld anzuhören ist, es sei denn, die Anhörung vor der Bekanntgabe einer Außenprüfungsanordnung gefährdete den Prüfungserfolg. 2

Schließlich regelt Abs. 3 die generelle Zuständigkeit des Zollkriminalamtes anstelle des BZSt für Zölle sowie Verbrauch- und Verkehrsteuern. 3

Zweiter Abschnitt. Verwaltungsakte

§ 118 Begriff des Verwaltungsakts

[1]Verwaltungsakt ist jede Verfügung, Entscheidung oder andere hoheitliche Maßnahme, die eine Behörde zur Regelung eines Einzelfalls auf dem Gebiet des öffentlichen Rechts trifft und die auf unmittelbare Rechtswirkung nach außen gerichtet ist. [2]Allgemeinverfügung ist ein Verwaltungsakt, der sich an einen nach allgemeinen Merkmalen bestimmten oder bestimmbaren Personenkreis richtet oder die öffentlich-rechtliche Eigenschaft einer Sache oder ihre Benutzung durch die Allgemeinheit betrifft.

Vergleichbare Vorschriften: § 35 VwVfG; § 31 SGB

Schrifttum: Schmidt-Liebig, Das Mitwirkungsverlangen der Finanzbehörden – ein Verwaltungsakt?, DStR 1987, 571; v. Groll, Das Handeln der Finanzverwaltung als Gegenstand des Rechtsschutzbegehrens, DStjG 1995, 47 ff.; Apitz, Steuerliche Auskünfte einer OFD oder des Ministeriums im Rahmen der Betriebsprüfung bzw. im anschließenden Besteuerungsverfahren, StBp 1998, 150; Lindwurm, Rechtsschutz des Vollstreckungsschuldners gegen Anträge des Finanzamts an das Amtsgericht, DStZ 2002, 135; Pfab, Der Verwaltungsakt in der Abgabenordnung, StStud 2007, 12; Plenker, Anrufauskunft als feststellender Verwaltungsakt, DB 2011, 448; Nöcker, Feststellung der Nichtigkeit eines Verwaltungsakts kann selbst Verwaltungsakt sein, NWB 2015, 166; Jansen, Angriffsmöglichkeiten eines beibehaltenen Verspätungszuschlags im Änderungsbescheid – alte und neue Rechtslage, DStR 2017, 1135.

Übersicht

A. Allgemeines

I. Regelungsmaterien des Zweiten Abschnitts (§§ 118–133)

1 **Systematische Gliederung und Geltungsbereich der §§ 118–133.** Der Zweite Abschnitt (§§ 118–133) enthält die für VA grundlegenden Bestimmungen. Der Begriff des VA wird in § 118 definiert. Inhalt, Form und Bestimmtheit des VA regeln §§ 119–121. Das Wirksamwerden des VA bestimmt sich nach §§ 122–124. Die Rechtswidrigkeit des VA sowie verschiedene Einzelfragen fehlerhafter VA behandeln §§ 125–129. Die Aufhebung oder Änderung von SteuerVA und die sich daraus ergebenden Folgerungen regeln §§ 130–133 (für die Korrektur von StBescheiden und ihnen gleichgestellten Bescheiden gelten §§ 172 ff.; zur Systematik der Korrekturvorschriften → Vor § 172 Rn. 5 ff.).

2 Der **Geltungsbereich der §§ 118–133** erstreckt sich auf den gesamten Anwendungsbereich der AO. Im **Zollrecht** (vgl. Art. 5 Nr. 39 UZK) wird – wie ganz allg. im europäischen Verwaltungsrecht – der VA begrifflich als „Entscheidung" bezeichnet (vgl. hierzu Witte Art. 5 Rn. 5).

3 § 118 gibt eine **Legaldefinition des** Begriffs des **VA,** wobei jedes einzelne Begriffsmerkmal der Abgrenzung des VA von anderen Handlungsformen der FVerw. dient. Für die AO ist zwischen allg. SteuerVA auf dem Gebiet des StRechts und speziellen, besonders formalisierten SteuerVA zu unterscheiden. Zu Letzteren gehören StBescheide (§§ 155 I, 157 I 1), Feststellungsbescheide (§ 179 I), StMessbescheide (§§ 184 ff.), Erstattungs- und Rückforderungsbescheide (→ § 37 Rn. 66 ff., 73 ff.) sowie Haftungs- und Duldungsbescheide (§ 191). Soweit für die genannten speziellen SteuerVA keine Sonderregelungen gelten, sind die allg. Regelungen für SteuerVA anzuwenden.

II. Bedeutung des Verwaltungsakts

Funktionen des VA. Der VA ist das Kerninstrument der FB zur Erledigung der ihnen übertragenen Aufgaben und damit von zentraler Bedeutung für das StVerfahrensrecht. Demgegenüber treten die im allg. Verwaltungsrecht bekannten übrigen Handlungsformen – insb. der im StRecht nur sehr eingeschränkt zulässige öffentlich-rechtliche Vertrag (→ § 78 Rn. 22) – stark zurück. 4

Der VA hat zunächst eine **Individualisierungs- und Klarstellungsfunktion,** indem er die allg. (gesetzliche) Regelung auf den Einzelfall umsetzt und damit den durch die StGesetze vorgegebenen Zweck verbindlich festlegt. Er hat ferner eine **Titelfunktion,** weil er im Wege der Vollstr. zwangsweise durchgesetzt werden kann (§§ 218 I, 249 I, 328 I) und schließlich eine **verfahrensrechtliche Funktion,** indem sein Vorliegen über die anzuwendenden Verfahrensvorschriften und -grundsätze (zB §§ 118–133) einschl. der anzuwendenden Rechtsbehelfe (Einspruch, §§ 347 ff.; Anfechtungs- oder Verpflichtungsklage, § 40 FGO) bestimmt.

Rechtsschutzsystem und VA. Das Vorliegen eines VA ist zwar aufgrund des durch Art. 19 IV GG umfassend garantierten Rechtsschutzes nicht Voraussetzung für die Eröffnung des Finanzrechtswegs (vgl. §§ 33, 40 I FGO). Von daher besteht kein Anlass, den VA-Begriff weit auszulegen (vgl. auch BVerwG 20.5.1987 – 7 C 83/84, BVerwGE 77, 268 (274 f.)) und eine Auslegungsmaxime „im Zweifel für den VA" (so Gräber Vor § 40 Rn. 8) zu kreieren. In Zweifelsfällen hat sich die Qualifikation als VA daran auszurichten, ob sie aufgrund einer der Funktionen des VA (→ Rn. 4) sachlich gerechtfertigt ist (vgl. auch SBS § 35 Rn. 49). Zu Auslegungsfragen vgl. im Übrigen → Rn. 54 f. 5

B. Merkmale des Verwaltungsakts (S. 1)

Die den VA konstituierenden Merkmale ergeben sich aus § 118 S. 1. Die in § 118 S. 2 behandelte Allgemeinverfügung (→ Rn. 61 ff.) ist dem VA gleichgestellt. 10

I. Maßnahme einer Behörde

Maßnahme. Das Merkmal „Maßnahme", deren Begriffsinhalt letztlich in dem der „Regelung" aufgeht, wird durch die beispielhafte Aufzählung „Verfügung, Entscheidung" verdeutlicht: Maßnahme ist eine Form der verwaltungsrechtlichen Willenserklärung, die final auf eine Rechtsfolge gerichtet ist. Die Maßnahme erfordert ein **willentliches Verhalten,** wobei ein konkludentes Verhalten der FB ausreicht (HHSp § 118 Rn. 56; → Rn. 14). Mangels Regelungswille kann durch bloßes Dulden oder Unterlassen der FB (zB Schweigen auf einen Antrag) **kein** (sog. **stillschweigender**) **VA** (BFH 16.6.2005 – VII B 273/04, BFH/NV 2005, 1747) erzeugt werden, weil insoweit ein willentliches Verhalten der FB fehlt und die für das StRecht geltenden Bestimmtheitserfordernisse entgegenstehen (TK § 118 Rn. 12; Gosch AO § 118 Rn. 4; → § 109 Rn. 16). 11

Behörde. Ein VA muss von einer Behörde – dh ganz allgemein von einer Stelle, die Aufgaben öffentlicher Verwaltung wahrnimmt, vgl. § 6 I – erlassen werden. Das kann auch automationsgestützt ohne Mitwirkung eines Amtsträgers erfolgen (→ § 155 Rn. 71a). Behörden sind insb. die FB (vgl. § 6 II; §§ 1, 2 FVG). Die Behörde ist im finanzgerichtlichen Verfahren Beklagte (§ 63 FGO). Wegen der vom Behördenbegriff vorausgesetzten organisatorischen Selbständigkeit der handelnden Stelle sind die bloßen Arbeitseinheiten von Behörden (zB HZÄ, Abteilungen oder Referate von Ministerien, Rechenzentren – vgl. dazu § 1 Nr. 4, § 8 II, § 17 III FVG) und insb. deren unselbständige Dienststellen (zB Zollämter, vgl. § 1 I Nr. 4 FVG) keine Behörden. Maßnahmen im StStraf- und Bußgeldverfahren richten sich nach den Vorschriften der StPO und des OWiG; sie haben keine VA-Qualität nach der AO. 12

13 Behörden sind auch die selbständigen Organisationseinheiten der **Religionsgesellschaften,** sofern sie Körperschaften des öffentlichen Rechts sind und in Ausübung staatlicher Gewalt – dh nicht lediglich in innerkirchlichen Angelegenheiten – tätig werden (Art. 140 GG iVm Art. 137 V WRV; TK § 118 Rn. 6, 9). Zur Ausübung (auch) staatlicher Gewalt gehören insb. Entscheidungen über den Kirchenaustritt und das KiStRecht (BVerfG 14.12.1965 – 1 BvR 329/63, BVerfGE 19, 288; BVerfG 19.8.2002 – 2 BvR 443/01, NVwZ 2002, 1496). Die **Kirchensteuerämter** sind FB (BVerfG 14.12.1965 – 1 BvR 329/63, BVerfGE 19, 288; BVerwG 1.8.1958 – VII C 51/57, BVerwGE 7, 189; Klein § 118 Rn. 12). Der KiStBescheid ist auch bei seiner Verbindung mit der EStFestsetzung ein selbständiger VA (→ Rn. 50).

14 **Keine Maßnahmen** einer Behörde sind

- **Handlungen** von **Privatpersonen,** auch soweit sie als Stpfl. (§§ 33 I, 43 S. 2) handeln. Gleichwohl steht gem. § 168 S. 1 eine StAnmeldung (§ 150 I 3) einer StFestsetzung unter dem Vorbehalt der Nachprüfung gleich. Die Zustimmung zur StAnmeldung nach § 168 S. 2 ist ein VA, wenn sie dem Stpfl. durch eine Abrechnung bekannt gegeben wird (BFH 28.2.2002 – V R 42/01, BStBl. II 2002, 642; → § 168 Rn. 17);
- sog. **Nichtakte** (auch sog. NichtVA oder ScheinVA), die mangels VA-Charakter unwirksam (§ 124 III) sind. Dies sind Erklärungen, die zwar den äußeren Anschein eines VA setzen, jedoch einer Behörde mangels **Regelungswillen** (zB bei versehentlich bekannt gegebenem Entwurf des VA) nicht zugerechnet werden können und daher materiell- und formalrechtlich keine Wirkung entfalten (BFH 28.9.1984 – III R 58/83, BStBl. II 1985, 42; FG Düsseldorf 19.1.2006 – 11 K 4210/03 E, F, EFG 2006, 1714; HHSp § 118 Rn. 46, 342 ff.). Dazu gehören auch Handlungen, die auf Amtsanmaßung (§ 132 StGB) beruhen. Ein NichtVA liegt auch vor, wenn die Bekanntgabe unwirksam war (→ § 124 Rn. 5) bzw. der Bekanntgabewille aufgegeben wurde (→ § 124 Rn. 6) oder ein zum internen Gebrauch bestimmter Computerausdruck übersandt wird (BFH 28.9.1984 – III R 58/83, BStBl. II 1985, 42; aA – wirksamer VA –TK § 118 Rn. 10). Zur Beseitigung der Rechtsscheinwirkung ist § 125 V entspr. anwendbar (→ § 125 Rn. 46). Ein vom Sachbearbeiter lediglich unter Überschreitung des amtsinternen Zeichnungsrechts verfügter StBescheid ist jedoch grds. VA (BFH 7.7.1978 – VI R 211/75, BStBl. II 1978, 575; Schwarz/Pahlke/Keß § 124 Rn. 8; zur Bekanntgabe → § 122 Rn. 10; Ausnahme: tatsächliche Verständigung, BFH 5.10.1990 – III R 19/88, BStBl. II 1991, 45, und verbindliche Auskunft, BFH 5.11.2009 – IV R 13/07, BFH/NV 2010, 652). Gleiches gilt dann, wenn die FB den Bescheid nicht mit dem bekannt gegebenen Inhalt so erlassen wollte (BFH 6.7.1994 – II R 126/91, BFH/NV 1995, 178; vgl. auch § 124 I 2).

II. Hoheitliche Maßnahme auf dem Gebiet des öffentlichen Rechts

18 Das Merkmal „hoheitlich" kennzeichnet die von der FB in Anspruch genommene Befugnis der öffentlichen Gewalt, auf der Grundlage des öffentlichen Rechts eine einseitige Regelung vorzunehmen. Hoheitlicher Natur sind insb. die von den FB im Abgabenrecht im Rahmen eines Über- und Unterordnungsverhältnis getroffenen Maßnahmen. Diese können nicht nur gegenüber Stpfl., sondern – wie zB Auskunftsersuchen gem. § 93 – auch gegenüber anderen Personen ergehen. Ob der FB die entsprechende Befugnis zusteht, ist eine Frage der Rechtmäßigkeit des VA. Hoheitliche Maßnahmen sind auch solche der KiStBehörden (→ Rn. 13).

19 Die Abgabe **rechtsgeschäftlicher Erklärungen** durch die FB bei vom **Privatrecht** erfassten Sachverhalten ist mangels hoheitlichen Charakters kein VA (zB Geltendmachung von Rechten aus Forderungsabtretung oder Sicherungsübereignung; Aufrechnungserklärung, → § 226 Rn. 47). Entsprechendes gilt für Verfahrenshandlungen/Anträge der FB an Gerichte/andere Behörden (→ Rn. 30). Handelt die FB hierbei in der äußeren Form eines VA, ggf. mit einer unzutreffenden Rechtsbehelfsbelehrung, so liegt dennoch kein VA vor

(BFH 17.2.1987 – VII R 45/83, BStBl. II 1987, 504; BFH 25.2.1997 – VII R 129/95, BFH/NV 1997, 542; zum umgekehrten Fall s. BFH 12.6.1997 – I R 72/96, BStBl. II 1997, 660; BFH 3.7.2002 – XI R 20/01, BStBl. II 2002, 842). Der rechtswidrige VA muss jedoch aufgehoben werden (BFH 2.4.1987 – VII R 148/83, BStBl. II 1987, 536; → § 226 Rn. 57).

III. Auf unmittelbare Rechtswirkung nach außen gerichtete Einzelfallregelung

Die Merkmale „Regelung", „Einzelfall" und „unmittelbare Außenwirkung" sind eng 21 aufeinander bezogen, sachlich kaum voneinander trennbar und in ihrer Zusammenschau darauf gerichtet, der Handlungsform des VA die auf die einseitige, verbindliche Gestaltung eines Lebenssachverhalts gerichteten Amtshandlungen zuzuordnen (SBS § 35 Rn. 141, 146).

1. Regelung

Eine „Regelung" ist eine einseitig angeordnete, verbindliche, rechtsfolgenbegründende 22 hoheitliche Ordnung eines Lebenssachverhalts. Sie bewirkt die Begründung, Änderung, Aufhebung, Verneinung oder Feststellung von Rechten und/oder Pflichten und umschreibt daher die als **Ergebnis** der hoheitlichen Maßnahme eintretende Rechtswirkung. Hierbei ist ohne Bedeutung, ob die Rechtslage durch den VA konstitutiv oder deklaratorisch festgelegt wird und ob die Regelung rechtmäßig oder rechtswidrig ist.

Tenor des VA. Zum Ausdruck kommt die Regelung in dem (auch als verfügender 23 Teil, Ausspruch, Verfügungs- oder Entscheidungssatz bezeichneten) sog. Tenor (vgl. BFH 9.12.1987 – I R 1/85, BStBl. II 1988, 463 (485); TK § 118 Rn. 50; SBS § 35 Rn. 143, jeweils mwN). Der Tenor bestimmt insb. über den **Umfang der materiellen Bestandskraft** des VA (→ Rn. 71), über die Teilbarkeit eines VA (→ § 125 Rn. 36) und ferner darüber, ob ein VA als Erstbescheid, Änderungsbescheid bzw. Berichtigungsbescheid ergeht (BFH 22.8.2007 – II R 44/05, BFH/NV 2007, 2379 mwN; zur inhaltlichen Bestimmtheit von Änderungsbescheiden → § 119 Rn. 18). Auch für eine mögliche Beschwer kommt es grds. nur auf den Tenor des VA an (→ § 350 Rn. 26). Der Tenor muss hinreichend bestimmt sein (→ § 119 Rn. 5 ff.); er kann ggf. durch Nebenbestimmungen (§ 120) modifiziert werden.

Abgrenzung zur Begründung. Der Tenor ist häufig für sich allein nicht aussagekräftig 24 und erschließt sich bezüglich des erfassten Sachverhalts und der zugrunde gelegten Rechtslage erst aus seiner Begründung (§ 121), die nach Maßgabe des § 126 I Nr. 2 ggf. auch nachträglich gegeben werden kann. Gleichwohl ist der Tenor von der Begründung des VA zu unterscheiden. Die Gründe selbst nehmen an der Bindungswirkung des VA nicht teil (BFH 9.12.1987 – I R 1/85, BStBl. II 1988, 463), sodass eine falsche Begründung für sich allein weder zur Rechtswidrigkeit des VA führt (→ § 121 Rn. 22) noch eine Umdeutung (§ 128) des VA rechtfertigen kann. Zur Begründung des VA gehören auch die Vorfragen der Regelung (SBS § 35 Rn. 144). Bei StBescheiden gehören, wie sich aus § 157 II ergibt, die angesetzten Besteuerungsgrundlagen zu den Gründen und nicht zum verfügenden Teil.

Wiederholende Verfügung; ZweitVA. Das Merkmal der Regelung fehlt, wenn die 25 FB einen unanfechtbar gewordenen VA – etwa aufgrund vom Adressaten erhobener Einwendungen – ohne erneute Sachprüfung nochmals bestätigt oder auf den unanfechtbaren VA verweist (TK § 118 Rn. 17; BFH 6.8.1996 – VII R 77/95, BStBl. II 1997, 79; BFH 4.11.2003 – VII B 34/03, BFH/NV 2004, 460; BVerwG 30.1.1974 – VIII C 20/72, BVerwGE 44, 333; SBS § 51 Rn. 57). Diese – missverständlich – als „wiederholende Verfügung" bezeichnete Maßnahme enthält keine erneute Sachentscheidung; sie ist daher kein VA und nicht (erneut) mit Rechtsbehelfen angreifbar. Dies gilt auch dann, wenn die wiederholende Verfügung die Form eines VA hat und mit einer Rechtsbehelfsbelehrung versehen ist (BFH 20.7.2012 – VI B 21/12, BFH/NV 2012, 1764). Wiederholende Verfügung ist auch die Nachholung einer Rechtsbehelfsbelehrung (SBS § 42 Rn. 12;

→ § 356 Rn. 16). Auch eine wiederholende Verfügung ist ein Änderungsbescheid iSd § 68 S. 1 FGO (BFH 17.11.1999 – XI B 4/99, BFH/NV 2000, 586: jedenfalls im Bereich der ErtragStFestsetzung). Sofern die FB hingegen eine **neue Sachentscheidung** trifft, liegt ein sog. **Zweitbescheid** vor. Er ist selbst VA und enthält in der Sache einen Verzicht der FB auf die Unanfechtbarkeit des Erstbescheids (BFH 25.2.1997 – VII R 129/95, BFH/NV 1997, 542; FG Brandenburg 26.9.2006 – 6 K 2057/04, EFG 2007, 16 mwN). Der Zweitbescheid setzt daher, selbst wenn er iSd früheren VA ergeht, erneut die Einspruchsfrist (§ 355) in Lauf (TK § 118 Rn. 17; Gosch AO § 118 Rn. 14); er ist – im Gegensatz zur wiederholenden Verfügung – ein Änderungsbescheid iSd § 351 I (→ § 351 Rn. 17 mwN).

26 Die **Abgrenzung** zwischen wiederholender Verfügung und Zweitbescheid bestimmt sich je nach den Umständen des Einzelfalls. Es kommt darauf an, ob der Stpfl. den materiellen Gehalt der bekannt gegebenen Regelung unter Berücksichtigung von Treu und Glauben als VA (Zweitbescheid) verstehen konnte (BFH 16.7.2024 – XI B 9/24, BFH/NV 2024, 1140 mwN). Hat die FB bereits eine Entscheidung getroffen und äußert sie sich danach inhaltsgleich dergestalt, dass sie an ihrem Standpunkt festhält und in der Sache keine neue rechtliche Entscheidung oder Anordnung trifft, so liegt keine neue Regelung vor; dh, der (alte) VA wird lediglich wiederholt, der alte Standpunkt wird ein zweites Mal mitgeteilt (→ Rn. 25; TK § 118 Rn. 17). Ein Zweitbescheid liegt demgegenüber vor, wenn die FB neue Erwägungen anstellt, aufgrund neuer Sachverhaltsermittlung (insb. aufgrund neuer Tatsachen und Beweismittel) eine erneute Sachprüfung vornimmt und mit ersichtlich neuer bzw. ergänzender Begründung erneut über die Sache entscheidet (BFH 6.8.1996 – VII R 77/95, BStBl. II 1997, 79; BFH 24.11.1999 – V B 137/99, BFH/NV 2000, 550). So beinhaltet eine erneute spezifizierte **Prüfungsanordnung** nach Einlegung eines Rechtsbehelfs ebenso einen Zweitbescheid, wie die im Zusammenhang mit dem Erlass eines Änderungsbescheids stehende Äußerung des FA, ein **Verspätungszuschlag** bleibe „unverändert" (BFH 20.9.1990 – V R 85/85, BStBl. II 1991, 2; BFH 20.5.1994 – VI R 105/92, BStBl. II 1994, 836; BFH 8.9.1994 – IV R 20/93, BFH/NV 1995, 520; krit. Jansen DStR 2017, 1135 mwN). Entsprechendes gilt, wenn die FB nach einer wirksamen **Forderungspfändung** die gepfändeten Forderungen durch eine weitere Verfügung präzisiert (BFH 19.3.1998 – VII B 175/97, BFH/NV 1998, 1447). Dagegen liegt in der Korrektur eines Haftungsbescheids durch einen weiteren **Haftungsbescheid** eine Teilrücknahme iSd § 130 I AO vor; und zwar dann, wenn durch Letzteren der Erstbescheid nicht ausdrücklich aufgehoben oder ersetzt wird, sondern die Haftungssumme allein deshalb herabgesetzt wird, weil im ursprünglichen Haftungsbescheid zu viel angeforderte Beträge ermäßigt oder nicht mehr berücksichtigt wurden. Damit stellt der geänderte Haftungsbescheid eine Wiederholung der wirksam festgesetzten Haftungsbeträge dar und enthält im Wesentlichen dieselbe Begründung zum Haftungstatbestand sowie zur Ermessensausübung (ständige Rspr.: BFH 4.11.2003 – VII B 34/03, BFH/NV 2004, 460 mwN). Eine solche Teilrücknahme (§ 130 I) ist als wiederholende Verfügung nicht mehr selbständig anfechtbar, da sie den Bestand des ursprünglichen VA in dem von der Teilrücknahme nicht betroffenen Regelungsinhalt unberührt lässt (BFH 28.1.1982 – V R 100/80, BStBl. II 1982, 292). Entsprechendes gilt für den Erlass eines geänderten kombinierten Haftungs- und Nachforderungsbescheids, wenn die LSt-Nachforderung unverändert geblieben ist (Gosch AO § 118 Rn. 14).

27 **Vorbereitungs- und Verfahrenshandlungen.** Dem Erlass des VA vorausgehende Vorbereitungshandlungen der FB bzw. von ihr im Vorfeld der Regelung getroffene Verfahrenshandlungen können zumeist nicht selbst als VA qualifiziert werden. Die Qualifikationsproblematik ist im Grundsätzlichen noch nicht befriedigend geklärt (vgl. Klein § 118 Rn. 25; SBS § 35 Rn. 148 ff.). Sachgerecht dürfte es sein, zur Abgrenzung zwischen VA und bloßer Vorbereitungshandlung auf den in § 363 III und ferner in § 128 III FGO, § 44a VwGO zum Ausdruck kommenden allg. Rechtsgedanken abzustellen (so wohl BFH 10.11.1998 – VIII R 3/98, BStBl. II 1999, 199; BFH 4.9.2001 – VIII B 119/00, BFH/NV 2002, 157; ebenso SBS § 35 Rn. 148; zu Einzelheiten → § 347 Rn. 6). Das entscheidende Abgrenzungskriterium zwischen VA und Vorbereitungshandlung besteht nach der neueren BFH-Rspr. in der Erzwingbarkeit der Maßnahme nach §§ 328 ff., denn erzwingbar sind allein VA (so ausdrücklich BFH 16.11.2011 – X R 18/09, BStBl. II 2012, 129; BFH 28.9.2011 – VIII R 8/09, BStBl. II 2012, 395; krit. HHSp § 118 Rn. 179 ff.). Selbst wenn aber im Einzelfall die VA-Qualität zu bejahen ist, kann gleichwohl das Einspruchs-/Klagerecht nach Maßgabe des in § 363 III und ferner in § 128 III FGO, § 44a VwGO zum Ausdruck kommenden allg. Rechtsgrundsatzes eingeschränkt sein (BFH 11.4.2012 – I R 63/11, BStBl. II 2012, 539: die Ablehnung eines Erörterungsantrags gem. § 364a ist zwar ein VA, einer Verpflichtungsklage fehlt jedoch regelmäßig das Rechtsschutzinteresse, → § 347 Rn. 7; für die Aufforderung gem. § 364b I → § 364b Rn. 28). Die Verbindung zweier Einspruchsverfahren ist bloße Verfahrenshandlung (BFH 30.3.2021 – VII B 62/20, BStBl. II 2021, 587).

Mangels Regelungscharakter **keine VA** sind insb.: Prüfungsbericht, weil nur vorbereitende Grundlage für etwaige Änderungsbescheide (→ § 202 Rn. 7); die Mitteilung der ergebnislosen Prüfung (sog. Nullfallmitteilung) nach § 202 I 3 (BFH 29.4.1987 – I R 118/83, BStBl. II 1988, 168; BFH 14.9.1993 – VIII R 9/93, BStBl. II 1995, 2; BFH 20.2.2025 – IV R 17/22, BStBl. II 2025, 481 (485); → § 202 Rn. 17; Klein § 202 Rn. 9; HHSp § 202 Rn. 50; TK § 202 Rn. 16; Gosch AO § 202 Rn. 26; Schwarz/Pahlke/Keß § 202 Rn. 12); Aufforderung an Stpfl. zur Stellungnahme zu beabsichtigter Entscheidung (BFH 9.5.1985 – V R 1/83, BFH/NV 1986, 65); Bitte an Stpfl. zur Fahrtenbuchführung (BFH 19.7.2005 – VI B 4/05, BFH/NV 2005, 1755); Erledigungsvorschlag der FB im Einspruchsverfahren (BFH 11.12.1987 – III R 168/86, BStBl. II 1988, 232; → § 367 Rn. 52); Prüfungsanfragen und Vorlageverlangen des Prüfers während einer Ap., soweit es um die Ermittlung steuermindernder Tatsachen geht (BFH 10.11.1998 – VIII R 3/98, BStBl. II 1999, 199; → Rn. 29); Verlangen der Empfängerbenennung gem. § 160 (→ § 160 Rn. 49); Erinnerung zur Abgabe einer StErklärung sowie die bloße Erinnerung an die Befolgung einer früheren Aufforderung zur Einreichung von Unterlagen zur StErklärung (BFH 2.7.1997 – I R 45/96, BFH/NV 1998, 14; VA ist hingegen die Aufforderung zur Abgabe der StErklärung, vgl. näher → § 149 Rn. 16 sowie die Aufforderung zur Einreichung der Anlage EÜR, BFH 16.11.2011 – X R 18/09, BStBl. II 2012, 129). Ebenso sind die Zuteilung der StIdentifikationsnummer und die Datenspeicherung unter dieser Nummer keine VA (BFH 18.1.2012 – II R 49/10, BFH/NV 2012, 475; → § 139a Rn. 5). Auch ein Erläuterungsschreiben ist kein VA (FG Köln 26.2.2013 – 5 K 914/10, EFG 2013, 1296). 28

Aufgrund der gegebenen Regelungsqualität sind **VA** zB das Auskunftsersuchen gem. § 93 (→ Rn. 12), die Anordnung einer Ap. sowie die sachliche und zeitliche Ergänzung bzw. Erweiterung einer Prüfungsanordnung (BFH 2.9.2008 – X R 9/08, BFH/NV 2009, 3), das mit Androhung von Zwangsmitteln versehene Vorlage- und Auskunftsverlangen bestimmter Unterlagen während einer Ap. (BFH 28.9.2011 – VIII R 8/09, BStBl. II 2012, 395; FG Münster 14.9.2022 – 13 K 3154/21 AO, EFG 2022, 1857 mwN; → Rn. 27 zur Abgrenzung von Vorbereitungs- und Verfahrenshandlungen; → Rn. 28 zum (zwangslosen) Vorlageverlangen), die Aufforderung zur Ermöglichung des Zugriffs auf bestimmte Daten während einer Ap. und zur Datenüberlassung (BFH 8.4.2008 – VIII R 61/06, BStBl. II 2009, 579; BFH 24.6.2009 – VIII R 80/06, BStBl. II 2010, 452; BFH 16.12.2014 – VIII R 52/12, DStR 2015, 1920; BFH 7.6.2021 – VIII R 24/18, DStR 2021, 2015), die Aufforderung zur Einreichung von StErklärungen nebst Anlagen (→ Rn. 28 zur bloßen Erinnerung an die Abgabe), das Verlangen nach Bestellung eines Empfangsbevollmächtigten gem. § 123 I (→ § 123 Rn. 5), die Hinzuziehungsentscheidung (→ § 360 Rn. 45 ff.) sowie die Entscheidung der FB über die AdV (→ § 361 Rn. 68). 29

Verfahrenshandlungen/Anträge der FB an Gerichte/andere Behörden haben gegenüber den Gerichten bzw. der anderen Behörde **idR keinen VA-Charakter** (zur verwaltungsrechtlichen Problematik, insb. bei mehrstufigen VA, vgl. SBS § 35 Rn. 169 ff.). Kein VA sind zB der Antrag an das Handelsregister auf Einleitung eines 30

Verfahrens zur Auflösung und Löschung von Gesellschaften und Genossenschaften (FG Münster 29.5.1984 – III 5112/83 AO, EFG 1985, 76), die Mitteilung der StRückstände an das Gewerbeaufsichtsamt im Rahmen eines Gewerbeuntersagungsverfahrens (BFH 10.2.1987 – VII R 77/84, BStBl. II 1987, 545), der Antrag auf Einleitung eines Gewerbeuntersagungsverfahrens (FG Baden-Württemberg 23.10.1980 – X 309/80, EFG 1981, 67), der Antrag auf Eröffnung des Insolvenzverfahrens (§ 13 InsO, → § 251 Rn. 21), der Antrag nach § 326 II (→ § 326 Rn. 5). Im Verhältnis zum Stpfl. liegt jedoch ein **VA** vor, **soweit** die FB eine gegenüber der anderen Behörde und dem Stpfl. **verbindliche Entscheidung** trifft, so zB bei Antrag der FB an die Kfz-Zulassungsstelle auf Kfz-Abmeldung (FG Rheinland-Pfalz 16.7.1992 – 4 K 2645/90, EFG 1992, 625; HHSp § 118 Rn. 162), bei Anträgen der FB auf Vollstr. in das unbewegliche Vermögen (§ 322 III; Eintragung einer Sicherungshypothek, Anordnung der Zwangsversteigerung oder Zwangsverwaltung), da diese Anträge die bindende Feststellung enthalten, dass die Voraussetzungen der Vollstr. vorliegen (BFH 29.10.1985 – VII B 69/85, BStBl. II 1986, 236; BFH 25.1.1988 – VII B 85/87, BStBl. II 1988, 566; aA Lindwurm DStZ 2002, 135: die Verdoppelung der Rechtsschutzmöglichkeiten des VollstrSchuldners in zwei Verfahrensordnungen führt zu unsystematischen Konsequenzen).

31 **Realakte (schlichtes Verwaltungshandeln).** Mangels einseitiger „Regelung" ebenfalls keine VA sind die sog. Realakte, die als bloß tatsächliche Verrichtungen oder Wissenserklärungen lediglich einen bestimmten tatsächlichen Erfolg herbeiführen sollen (TK § 118 Rn. 14; HHSp § 118 Rn. 125). Die **Ablehnung** solcher Realakte können allerdings **VA-Qualität** haben, wie zB die Ablehnung eines Antrags auf Gewährung von Akteneinsicht (BFH 7.5.1985 – VII R 25/82, BStBl. II 1985, 571; → § 91 Rn. 24), die Ablehnung der Erteilung eines Kontoauszugs VA (FG Münster 17.9.2009 – 3 K 1514/08 AO, EFG 2010, 68) oder die Feststellung der Nichtigkeit eines Verwaltungsakts (BFH 20.8.2014 – X R 15/10, BStBl. II 2015, 109; Nöcker NWB 2015, 166).

Realakte sind zB

- bloße **Hinweise** (insb. solche informierenden Charakters) auf bestimmte Tatsachen oder die Rechtslage (zB Aufforderung zur StAnmeldung gem. § 50a EStG, dazu Schmidt EStG § 50a Rn. 40 mwN; vgl. auch SBS § 35 Rn. 83: ggf. Auslegungsfrage, ob der Hinweis iSe Regelungswirkung auch auf verbindliche Klärung bzw. Konkretisierung einer Pflicht gerichtet ist);
- **Mitteilungen,** die sich in reinen Wissenserklärungen bzw. Benachrichtigungen der FB erschöpfen, zB Erläuterungstext im StBescheid (FG München 28.9.2004 – 2 K 2951/03, EFG 2005, 294), Mitteilung des Ergebnisses der Neuberechnung gem. § 100 II 3 FGO (BFH 18.11.2004 – V R 37/03, BStBl. II 2005, 217; VA ist aber auch der gem. § 100 II S. 3 HS 2 FGO bekannt gegebene StBescheid; vgl. BFH 4.5.2011 – I R 67/10, BFH/NV 2012, 6); Umbuchungsmitteilung (BFH 2.7.1987 – VII B 42/87, BFH/NV 1988, 162) sowie die im Abrechnungsteil ausgewiesenen Zahlungen und Erstattungen (BFH 13.1.2005 – VII B 147/04, BStBl. II 2005, 457), Mitteilung der FB über Weisung an FA (BFH 18.6.1975 – I R 92/73, BStBl. II 1975, 779), Kontoauszug (BFH 15.1.2007 – IX B 239/06, BFH/NV 2007, 1088), Mitteilung gem. § 202 I 3 (→ Rn. 28, → § 202 Rn. 17), Mitteilungen bzw. Weitergabe von Unterlagen durch die StFahndung (→ § 208 Rn. 35). Auch die Mitteilung über die Beendigung der AdV ist, sofern diese Mitteilung keine Aufhebungsentscheidung enthält (→ § 361 Rn. 82), kein VA (FG Hessen 6.9.1990 – 10 K 1001/90, EFG 1991, 302). Kein VA ist die Übersendung einer Kontrollmitteilung an eine ausländische FB (FG Düsseldorf 12.4.1991 – 4/13 K 120/86 AO, EFG 1991, 711). Auch das Abhalten einer Schlussbesprechung im Rahmen einer Ap. ist kein VA; die Ablehnung einer Schlussbesprechung ist dagegen ein VA (§ 201 Rn. 9; BFH 24.10.1972 – VIII R 108/72, BStBl. II 1973, 542);
- eine **unverbindliche Auskunft** ohne Regelungscharakter war auch die vorläufige Bescheinigung über die Gemeinnützigkeit (anders nunmehr → § 60a Rn. 1). Kein VA ist

das **Auskunftsersuchen** an ausländische StBehörden (FG Köln 26.2.2004 – 2 K 1993/02, EFG 2004, 1734; → Rn. 39); Auskunftsersuchen gem. § 93 haben idR VA-Qualität (→ § 93 Rn. 12; zum Sammelauskunftsersuchen der StFahndung s. BFH 16.5.2013 – II R 15/12, BStBl. II 2014, 225). Eine **verbindliche Auskunft** (Zusage) gem. § 89 II ist aber ein **VA;** auch die sog. Negativauskunft (BFH 29.2.2012 – IX R 11/11, BStBl. II 2012, 651). Ebenso ist die **Anrufungsauskunft** ein (feststellender) **VA** (BFH 30.4.2009 – VI R 54/07, BStBl. II 2010, 996). Umgekehrt ist die Aufhebung (Rücknahme, Widerruf) einer erteilten Anrufungsauskunft ebenfalls ein VA (BFH 2.9.2010 – VI R 3/09, BStBl. II 2011, 233: Aufhebung/Änderung nur mit Wirkung für die Zukunft analog § 207 II.); auch die **verbindliche Zolltarifauskunft** gem. Art. 33 UZK stellt einen VA dar;
– bloße **Ankündigung** von Maßnahmen der FB (zur Ankündigung von Aufklärungsmaßnahmen der FB vgl. BFH 6.7.1999 – VIII R 17/97, BStBl. II 2000, 306);
– **Betreten einer Wohnung** durch den ermittelnden Finanzbeamten zur Feststellung von Besteuerungsmerkmalen ist ein Realakt (BFH 3.5.2010 – VIII B 71/09, BFH/NV 2010, 1415).

2. Einzelfall

Das Merkmal „Einzelfall" ist erfüllt, wenn die Adressaten der Regelung bestimmt oder zumindest bestimmbar sind. § 118 S. 2 enthält mit seiner Legaldefinition der Allgemeinverfügung eine den § 118 S. 1 ergänzende Klarstellung dahingehend, dass auch konkret-generelle Regelungen (also solche, die einen konkreten Sachverhalt für einen nach allg. Merkmalen bestimmten oder bestimmbaren Personenkreis betreffen) das Merkmal „Einzelfall" erfüllen. Die für den VA vorausgesetzte Einzelfallbezogenheit dient der Abgrenzung vom (generell-abstrakten) Rechtssatz. 37

3. Unmittelbare Rechtswirkung nach außen

Die in § 118 S. 1 vorausgesetzte Außenwirkung der Maßnahme ist Abgrenzungsmerkmal zum sog. Verwaltungsinternum. Die Außenwirkung ist gegeben, wenn die Regelung den Rechtskreis des Bürgers (Stpfl. oder Betroffenen) erweitert oder verringert. Dies erfordert nicht nur, dass die Maßnahme Rechtswirkungen nach außen entfaltet; sie muss auch **final** auf unmittelbare Rechtswirkung nach außen gerichtet sein (SBS § 35 Rn. 147; HHSp § 118 Rn. 210; BVerwG 20.5.1987 – 7 C 83/84, BVerwGE 77, 268). 38

Bloße **„Binnenwirkung"** haben 39
– Organisationsakte (also Maßnahmen der Behördenorganisation, zB Verlegung von Behörden);
– innerdienstliche bzw. -behördliche Maßnahmen, zB Aktenvermerk (BFH 7.7.1961 – VI 311/60, HFR 1962, 200), VollstrAuftrag (§ 285 II; → § 285 Rn. 7), Niederschlagung (§ 261; → § 261 Rn. 2), Weisungen oder Aufsichtsmaßnahmen der übergeordneten gegenüber der nachgeordneten Behörde (zB Bestimmung der örtlichen Zuständigkeit gem. § 28 I 1, → § 28 Rn. 13), Anordnung des Leiters der Behörde oder des von ihm Beauftragten betr. Befangenheit eines Amtsträgers (→ § 83 Rn. 13) oder Bestimmung des Betriebsprüfers (BFH 15.5.2009 – IV B 3/09, BFH/NV 2009, 1401);
– zwischenbehördliche Maßnahmen, insb. Amtshilfeersuchen und in deren Erfüllung erfolgende Mitteilungen von FB untereinander (BFH 11.1.2001 – VIII B 83/00, BFH/NV 2001, 578 mwN; → § 111 Rn. 14). Auch die Ablehnung einer vom Stpfl. begehrten Unterlassung der Auskunft an eine ausländische FB beinhaltet keinen VA (BFH 10.5.2005 – I B 218/04, BFH/NV 2005, 1503). Ebenso ist ein Beitreibungsersuchen im Rahmen zwischenstaatlicher Amtshilfe kein VA (BFH 21.7.2009 – VII R 52/08, BStBl. II 2010, 51: Leistungsklage nach § 40 I FGO). Die Zustimmung des zuständigen FA zur Fortsetzung eines Verwaltungsverfahrens durch das bisherige FA gem. § 26 S. 2 ist kein VA (BFH 11.8.2010 – VI B 143/09, BFH/NV 2010, 2230; → § 26 Rn. 21);

– Verwaltungsvorschriften (→ § 4 Rn. 51 ff.), weil ihnen als interne Anweisungen an die FB keine unmittelbare Außenwirkung zukommt (TK § 118 Rn. 23). Entspr. gilt auch für die Festsetzung der StKurswerte gem. § 16 VI UStG durch das BMF (Schwarz/Pahlke/Keß § 118 Rn. 11) oder die verwaltungsamtliche Aufstellung über Daten der Investmentfonds (BFH 19.11.2003 – I B 2/03, BFH/NV 2004, 628);
– idR bloße Vorbereitungsmaßnahmen der FB (dazu im Einzelnen → Rn. 27).

40 **Mitwirkungshandlungen** (zB Zustimmung, Einvernehmen) **anderer Behörden** oder Verwaltungsträger im Zusammenhang mit dem Erlass eines VA sind im Zweifel ein bloßes Verwaltungsinternum und kein VA (SBS § 35 Rn. 167 ff.).

41 Ein sog. **mehrstufiger VA** liegt vor, wenn die Behörde bei Erlass des VA an das Einvernehmen oder die Zustimmung anderer Behörden oder Verwaltungsträger gebunden ist (SBS § 35 Rn. 169 ff.). Obliegt nur einer Behörde die Entscheidung nach außen, sind die Mitwirkungsakte anderer Behörden keine selbständigen VA (BFH 28.4.1983 – IV R 77/82, BStBl. II 1983, 506; Gosch AO § 118 Rn. 18; HHSp § 118 Rn. 235 mwN). Die Mitwirkungshandlung hat nur dann Außenwirkung und VA-Qualität, wenn der anderen Behörde die ausschl. Wahrnehmung bestimmter Aufgaben und die alleinige Geltendmachung besonderer Gesichtspunkte übertragen ist (BVerwG 19.1.1967 – VI C 73/64, BVerwGE 26, 31 (39); SBS § 35 Rn. 170 ff. mwN) oder die Mitwirkungshandlung der anderen Behörde unmittelbare Außenwirkung gegenüber dem Stpfl. entfaltet oder der Stpfl. selbst für die Vorlage einer Bescheinigung (zB gem. § 3a InvZulG 1999) zu sorgen hat (Gosch AO § 118 Rn. 18). Einer aus Gründen effektiven Rechtsschutzes befürworteten Einschränkung dieser Grundsätze dahingehend, dass Mitwirkungshandlungen von NichtFB mit bindender Wirkung gegenüber der FB stets VA-Charakter haben (so HHSp § 118 Rn. 236; TK § 118 Rn. 24), ist nicht zu folgen. Dagegen spricht – abgesehen von der umfassenden Vorfragenkompetenz der FG (Gräber FGO § 33 Rn. 5) – die Last des Stpfl. zu uU doppelter Prozessführung gegen FB und mitwirkende Behörde.

4. Mehrheit von Einzelfallregelungen; Sammelbescheide

49 Bezugspunkt der Regelung ist der Einzelfall, dh ein bestimmter oder mehrere bestimmte einzelne Lebenssachverhalt(e). Das Merkmal „Einzelfall" dient der Abgrenzung zur untergesetzlichen Rechtsnorm, die gegenüber einer im Vorhinein nicht feststehenden Zahl von Personen eine unbestimmte Zahl von Fällen regelt (abstrakt-generelle Regelung). Regelungen mit konkret-generellem Charakter (dh solchen, die auf einen bestimmten Sachverhalt und auf einen nicht feststehenden Personenkreis bezogen sind) sind in dem durch § 118 S. 2 (→ Rn. 61 ff.) vorgegebenen Umfang als VA (Allgemeinverfügung) zu behandeln. In Abgrenzung zur Allgemeinverfügung richtet sich die sog. Sammelverfügung – dazu nachfolgend – an eine oder mehrere bestimmte Personen (HHSp § 118 Rn. 207).

50 Grds. muss jeder Einzelfall getrennt durch VA geregelt werden. Die Verbindung mehrerer selbständiger VA (zB mehrere StFestsetzungen, etwa ESt, SolZ und KiSt sowie Festsetzung eines Verspätungszuschlags) in einem Schriftstück (sog. **Sammelbescheid oder -verfügung**) ist zulässig; diese mehreren VA sind grds. jeweils unabhängig voneinander anfechtbar (zB BFH 18.1.2007 – IV R 35/04, BFH/NV 2007, 1509). Diese Bündelung einzelner VA kann sich zum einen an mehrere bestimmte Personen richten (so insb. der an mehrere Gesamtschuldner gerichtete, aus Zweckmäßigkeitsgründen gebündelte sog. **zusammengefasste Bescheid,** vgl. § 155 III 1 sowie BFH 8.6.1995 – IV R 104/94, BStBl. II 1995, 681). Zum anderen kann auch gegenüber demselben StSchuldner die Zusammenfassung mehrerer VA (zB Einheitswertbescheid mit jeweils selbständiger VA-Qualität der Feststellungen zum Wert, zur Art sowie zur Zurechnung, BFH 19.2.2009 – II R 8/06, BFH/NV 2009, 1092, → § 180 Rn. 9; Verbindung von Zahlungsaufforderung und Haftungsbescheid, → § 219 Rn. 40; bei der Ap. die Anordnung der Prüfung einzelner Jahre, des Prüfungsbeginns und -orts, vgl. TK § 118 Rn. 22a) bzw. mehrerer StFälle in einem Bescheid erfolgen. Diese äußerliche Zusammenfassung von VA in einer Verfügung ist zulässig; jedoch muss in der Verfügung deutlich zum Ausdruck kommen, dass diese

unterschiedliche Regelungsinhalte enthält (BFH 6.2.1990 – VII R 48/87, BFH/NV 1991, 3; zu den Bestimmtheitsanforderungen → § 119 Rn. 18; → § 157 Rn. 10 ff.; zur Bekanntgabe gegenüber einer Mehrheit von Adressaten → § 122 Rn. 23; zur Teilrücknahme eines Einspruchs → § 362 Rn. 11).

IV. Auslegungsfragen

Allgemeines. Ob und ggf. mit welchem Inhalt ein VA ergangen ist, hat – da VA Willenserklärungen sind – nach den für die Auslegung von Willenserklärungen allg. geltenden Grundsätzen zu erfolgen. Entspr. anwendbar sind §§ 133, 157 BGB (BFH 18.2.1997 – VII R 96/95, BStBl. II 1997, 339). Auslegungsbedürftig und -fähig ist ein VA nur, wenn er **mehrdeutig** ist (zB BFH 16.6.1999 – II R 36/97, BFH/NV 2000, 170). Eine Auslegung gegen den erklärten oder erkennbaren Willen der FB ist ausgeschlossen (BFH 18.2.1997 – VII R 96/95, BStBl. II 1997, 339 mwN; BFH 28.11.1985 – IV R 178/83, BStBl. II 1986, 293). Subjektive Vorstellungen, dh der innere Wille des Bearbeiters bzw. der FB sind aufgrund der gem. § 124 I 2 maßgebenden Erklärungstheorie (→ § 124 Rn. 8) ohne Bedeutung (BFH 11.7.2006 – VIII R 10/05, BStBl. II 2007, 96; BFH 9.4.2008 – II R 31/06, BFH/NV 2008, 1435). Entscheidend ist der **erklärte Wille** der FB und der sich daraus ergebende **objektive Erklärungsinhalt** der Regelung, wie ihn der Betroffene nach den ihm bekannten Umständen (aus der Sicht eines „objektiven Betrachters"), dh nach Maßgabe eines **objektiven Empfängerhorizonts** unter Berücksichtigung von Treu und Glauben verstehen konnte (zB BFH 11.7.2006 – VIII R 10/05, BStBl. II 2007, 96; BFH 22.8.2007 – X R 39/02, BFH/NV 2007, 2382; BFH 9.4.2008 – II R 31/06, BFH/NV 2008, 1435; BFH 1.9.2008 – IV B 12/08, BFH/NV 2008, 2039 jeweils mwN). 54

Für die Auslegung ist vom **Wortlaut** des Ausspruchs (Tenor) und der dazu gegebenen **Begründung** auszugehen. Dabei ist entspr. § 133 BGB der wirkliche Wille der Behörde zu erforschen und nicht am buchstäblichen Sinne des Ausdrucks zu haften (BFH 25.1.2006 – I R 52/05, BFH/NV 2006, 1243 mwN). Zu würdigen ist der gesamte Inhalt der Erklärung einschl. der Gesamtumstände (BFH 29.11.2005 – IX R 54/04, BFH/NV 2006, 1241; BFH 11.7.2006 – VIII R 10/05, BStBl. II 2007, 96; BFH 22.8.2007 – II R 44/05, BFH/NV 2007, 2379). Es können zur Auslegung auch der **Erläuterungsteil** eines StBescheids (BFH 25.2.2008 – XI B 198/06, BFH/NV 2008, 744 mwN), dem VA **beigefügte Unterlagen** oder zeitlich vorhergehende Bescheide herangezogen werden (BFH 29.11.2005 – IX R 54/04, BFH/NV 2006, 1241; BFH 15.3.2007 – II R 5/04, BStBl. II 2007, 472). Da der VA nur mit dem bekannt gegebenen Inhalt wirksam werden kann (§ 124 I 2), muss die Auslegung einen Anhalt in der bekannt gegebenen Regelung haben (BFH 11.7.2006 – VIII R 10/05, BStBl. II 2007, 96 mwN); dabei ist allein der Zeitpunkt des Zugangs der behördlichen Erklärung maßgebend. Da auf die dem Betroffenen bekannten Umstände abzustellen ist, können dem Empfänger unbekannte und/oder im Bescheid nicht in Bezug genommene (sondern zB nur in den StAkten befindliche Unterlagen) nicht zur Auslegung herangezogen werden (Schwarz/Pahlke/Keß § 119 Rn. 11). Auch das Revisionsgericht ist bei entsprechenden Tatsachenfeststellungen des FG zur Auslegung befugt (BFH 19.8.1999 – IV R 34/98, BFH/NV 2001, 409).

Einzelfragen. Die vorstehenden Auslegungsregeln gelten zB für die Deutung eines FA-Schreibens als Freistellungsbescheid (vgl. BFH 9.4.2008 – II R 31/06, BFH/NV 2008, 1435), die Auslegung von Rechtsbehelfsbelehrungen (→ § 366 Rn. 21), von Einspruchsentscheidungen (BFH 29.7.1998 – X R 3/96, BStBl. II 1998, 742; → § 366 Rn. 3) oder Nebenbestimmungen (→ § 120 Rn. 41). Zu Auslegungsfragen im Zusammenhang mit der erforderlichen Bestimmtheit des Inhaltsadressaten bzw. des Regelungsinhalts vgl. § 119 I. 55

Für die Frage, **ob** eine Erklärung der FB als **VA** zu qualifizieren ist, ist im Rahmen einer Gesamtwürdigung neben dem Wortlaut und dem objektiven Erklärungswert (insb. unter Berücksichtigung der Regelungsbefugnis der FB und dem Regelungsgehalt) auf die **äuße-**

re Form (zB Bezeichnung als „Bescheid" oder „Verfügung") sowie eine ggf. beigefügte bzw. fehlende Rechtsmittelbelehrung abzustellen (BFH 10.11.1998 – VIII R 3/98, BStBl. II 1999, 199; BFH 4.9.2001 – VIII B 119/00, BFH/NV 2002, 157; BFH 19.5.2004 – III R 18/02, BStBl. II 2004, 980; BFH 9.10.2013 – X B 239/12, BFH/NV 2014, 65; eingehend SBS § 35 Rn. 71 ff. mwN). Das Fehlen einer Rechtsbehelfsbelehrung kann ein Indiz gegen das Vorliegen eines VA sein (BFH 12.6.1997 – I R 72/96, BStBl. II 1997, 660), schließt jedoch für sich allein – wie § 356 II zeigt – das Vorliegen eines VA nicht zwingend aus (BFH 3.7.2002 – XI R 20/01, BFH/NV 2002, 1508). **Unklarheiten** hinsichtlich der von der FB gewählten VA-Form gehen zu deren Lasten (BFH 24.6.2008 – IX R 64/06, BFH/NV 2008, 1676; SBS § 35 Rn. 73a; BVerwG 12.1.1973 – VII C 3/71, BVerwGE 41, 305 (306); BVerwG 5.11.2009 – 4 C 3/09, NVwZ 2010, 133; eine allg. Auslegungsregel „im Zweifel für den VA" gibt es jedoch nicht, → Rn. 6).

Bei **Auslegungszweifeln** ist bei belastenden VA das den Betroffenen weniger belastende und bei begünstigenden VA das den Betroffenen mehr begünstigende Auslegungsergebnis vorzuziehen; insoweit gehen etwaige Unklarheiten zulasten der Behörde (BFH 26.6.2007 – V B 97/06, BFH/NV 2007, 1805; BFH 11.7.2006 – VIII R 10/05, BStBl. II 2007, 96 jeweils mwN; TK § 118 Rn. 51). Bei irrtümlichen Falschbezeichnungen kann die Auslegungsregel „falsa demonstratio non nocet" angewendet werden (BFH 24.8.1998 – VII B 151/98, BFH/NV 1999, 155 betr. irrtümliche Falschbezeichnung des zurückzugewährenden Gegenstands im Duldungsbescheid). Im **Revisionsverfahren** ist die Auslegung eines VA uneingeschränkt nachprüf- und korrigierbar (BFH 10.5.2012 – IV R 34/09, BFH/NV 2012, 1644; BFH 11.7.2006 – VIII R 10/05, BStBl. II 2007, 96; BFH 18.7.1994 – X R 33/91, BStBl. II 1995, 4 (7)).

V. Arten des Verwaltungsakts

58 Die AO definiert verschiedene Arten des VA bzw. setzt diese voraus. Einen Numerus clausus der VA-Arten gibt es nicht (SBS § 35 Rn. 6, 213, 240 ff.). Die Systematisierung des VA-Begriffs (zB HHSp § 118 Rn. 273 ff.; TK § 118 Rn. 33 ff.; Gräber Vor § 40 Rn. 15 ff.) hat insofern rechtlichen Aussagewert, als die Zulässigkeits- und Rechtmäßigkeitsvoraussetzungen sowie Rechtswirkungen für die verschiedenen VA-Typen je unterschiedlich sind.

59 Unterscheiden lassen sich im Wesentlichen

- **(rechts-)gestaltende VA:** Diese begründen, ändern oder beseitigen (konstitutiv) ein Recht oder Rechtsverhältnis (zB Auskunftsersuchen gem. § 93 II, Mitteilung über Buchführungspflicht gem. § 141 II, → § 141 Rn. 37; Aufforderung zur Abgabe einer StErklärung gem. § 149 I 2, → § 149 Rn. 16; Prüfungsanordnung gem. § 196; Zahlungsaufforderung gem. §§ 219, 254 I, Festsetzung eines Verspätungszuschlags gem. § 152; Stundung gem. § 222; Erlass gem. § 227; Verlangen einer Drittschuldnererklärung gem. § 316; Entscheidung der FB über AdV-Antrag, → § 361 Rn. 68);
- **feststellende VA:** Diese bestätigen oder stellen (deklaratorisch) eine sich bereits aus dem Gesetz ergebende Rechtsfolge (TK § 118 Rn. 33) fest; so zB StBescheide, StVergütungsbescheide, Feststellungsbescheide, StMess-, Zerlegungs-, Zuteilungs-, Aufteilungs- und Abrechnungsbescheide, Bescheide über Kosten und Zinsen, Feststellung der FB über Buchführungspflicht gem. § 141 I (→ § 141 Rn. 21), die Anrufungsauskunft (BFH 30.4.2009 – VI R 54/07, BStBl. II 2010, 996; → Rn. 36). Feststellender VA ist auch die förmliche Aufhebung eines VA, der schon aufgrund des Eintritts einer auflösenden Bedingung (§ 120 II Nr. 2) unwirksam geworden ist (BFH 3.7.2002 – XI R 20/01, BFH/NV 2002, 1508), ebenso die Feststellung der Nichtigkeit eines VA (BFH 20.8.2014 – X R 15/10, BStBl. II 2015, 109; Nöcker NWB 2015, 166);
- **gebundene VA:** Diese müssen – im Gegensatz zu ErmessensVA – von der FB bei Vorliegen des gesetzlichen Tatbestands mit dem gesetzlich bestimmten Inhalt erlassen werden; die FB hat insoweit keinerlei Ermessensspielraum bzw. eine sonstige Entschlie-

ßungs- und Gestaltungsfreiheit. Gebundene VA sind meist rechtsfeststellend, wie insb. StBescheide und ferner zB StMess-, Aufteilungs-, StVergütungs- und Abrechnungsbescheide (vgl. HHSp § 118 Rn. 274; TK § 118 Rn. 39);
- **ErmessensVA:** Sie liegen vor, wenn die Behörde ermächtigt ist, bei Vorliegen eines bestimmten Tatbestands nach pflichtgemäßem Ermessen (§ 5) zu entscheiden;
- **begünstigende bzw. belastende VA:** Begünstigende VA – sie haben im StRecht eine nur geringe Bedeutung – begründen oder bestätigen ein Recht oder einen rechtlich erheblichen Vorteil (vgl. die Legaldefinition in § 130 II), zB Berücksichtigung eines Freibetrages als LStAbzugsmerkmal (§ 39a I, IV EStG, hierbei handelt es ich um einen Feststellungsbescheid nach § 179 I), StVergütungsbescheid (§ 155 V), Bescheid über Festsetzung einer Investitionszulage (§ 10 InvZulG 2010) oder Gewährung von AdV durch die FB (→ § 361 Rn. 68). Ihr Gegenbegriff ist der nicht begünstigende **(belastende)** VA, der in Rechte des Betroffenen eingreift bzw. eine begehrte Vergünstigung ablehnt (zu Einzelheiten → § 130 Rn. 14 ff.);
- **VA** mit **Dauerwirkung (sog. DauerVA):** Deren Wirkung ist – anders als der sich in einer einmaligen Rechtsgestaltung erschöpfende sog. einmalige VA ohne Dauerwirkung (zB EStBescheid, Erlass, Haftungsbescheid) – nach Sinn und Zweck und dem einschlägigen materiellen Recht wesensgemäß auf Dauer angelegt (HHSp § 118 Rn. 284), so zB Festsetzung der Eigenheimzulage (BFH 11.5.2010 – IX R 35/09, BFH/NV 2010, 1621), Einheitswertfeststellungsbescheide, GrStBescheide, KraftStBescheide (BFH 12.5.1998 – VII R 110/97, BFH/NV 1998, 1458; zu deren Korrektur vgl. BFH 31.3.1998 – VII R 125/97, BFH/NV 1998, 1321), Mitteilung über den Beginn der Buchführungspflicht (§ 141 II), Bewilligung von Buchführungserleichterungen gem. § 148, positive Kindergeldfestsetzungen (BFH 25.7.2001 – VI R 164/98, BStBl. II 2002, 89), Stundung (§ 222), Zahlungsaufschub (§ 223), AdV (§ 361), die Bestellung zum StBerater (§ 40 StBerG). Rücknahme bzw. Widerruf eines VA für die Zukunft ist nur bei DauerVA möglich, → § 130 Rn. 30; → § 131 Rn. 5; → § 131 Rn. 10;
- **VA mit Drittwirkung:** → § 132 Rn. 4;
- **mehrstufige VA:** → Rn. 41;
- **vollziehbare und nicht vollziehbare VA:** Zum Begriff der Vollziehbarkeit und zur Abgrenzung im Einzelnen → § 361 Rn. 16 ff.;
- **rechtmäßige** bzw. **rechtswidrige VA,** → Rn. 64.

C. Allgemeinverfügung (S. 2)

Klarstellend bestimmt § 118 S. 2, dass auch die Allgemeinverfügung (als Unterfall des § 118 S. 1) ein VA ist. Die Vorschrift erweitert in ihrer 1. Alt. (sog. personale Allgemeinverfügung) den Einzelfallbegriff dahingehend, dass auch konkret-generelle Regelungen das Merkmal „Einzelfall" erfüllen (→ Rn. 49). Die 2. und 3. Alt. betreffen die sog. sachbezogene Allgemeinverfügung, die im StRecht nicht vorkommt (zur Abgrenzung der Allgemeinverfügung von der sog. Sammelverfügung → Rn. 49). 61

Die **praktische Bedeutung** des § 118 S. 2 (1. Alt.) für das StRecht ist gering (zB Bewilligung von Erleichterungen der Buchführungs-, Aufzeichnungs- und Aufbewahrungspflichten für bestimmte Gruppen, → § 148 Rn. 4; Aufforderung zur Abgabe der StErklärung durch öffentliche Bekanntmachung, → § 149 Rn. 18 mwN; Anordnung des Ruhens von Einspruchsverfahren gem. § 363 II 3; das JStG 2007 hat ferner die Möglichkeit geschaffen, Anträge auf Aufhebung oder Änderung einer StFestsetzung gem. § 172 III sowie die Einsprüche gem. § 367 IIb durch Allgemeinverfügung zurückzuweisen (wie zB durch die Allgemeinverfügungen der obersten FB der Länder v. 9.1.2012, BStBl. I 2012, 12 und v. 25.3.2013, DStR 2013, 706). Für die Allgemeinverfügung gelten Sonderregelungen für die Anhörung der Beteiligten (§ 91 II Nr. 4), die Begründung (§ 121 II Nr. 3) sowie die Bekanntgabe (§ 122 III 2 und IV 4). Art. 5 Nr. 39 UZK schließt auch den 62

Begriff der Allgemeinverfügung iSd § 118 S. 2 ein (BFH 31.1.2005 – VII R 33/04, BFH/NV 2005, 819 zum damals gültigen Art. 4 Nr. 5 ZK).

D. Rechtmäßigkeit und Rechtsbeständigkeit des Verwaltungsakts

I. Rechtmäßigkeit und -wirksamkeit des Verwaltungsakts

64 Das Rechtsstaatsprinzip verlangt die Rechtmäßigkeit (gleichbedeutend ist der Begriff der Fehlerfreiheit, vgl. zB § 128) des VA. **Rechtmäßig** ist ein VA, wenn er dem im Zeitpunkt seines Erlasses geltenden Recht entspricht, dh sowohl formell (zB im Hinblick auf die Begründungspflicht, Anhörung eines Beteiligten, Einhaltung der sachlichen und örtlichen Zuständigkeit der FB; vgl. allerdings die sich aus §§ 126, 127 ergebenden Einschränkungen) als auch materiell mit dem geltenden Recht übereinstimmt (zu den Rechtsfolgen von Begründungsmängeln → § 121 Rn. 21 f.; zur Rechtswidrigkeit von Ermessensentscheidungen → § 5 Rn. 1 ff.). Für die Korrektur rechtmäßiger VA gilt § 131.

Ein VA ist **rechtswidrig,** wenn er ohne Rechtsgrundlage ergangen ist bzw. auf einer unrichtigen Anwendung des materiellen StRechts oder des Verfahrensrechts beruht. Dies gilt auch, wenn die FB ermessensfehlerhaft handelt oder einen unzutr. Sachverhalt zugrunde legt und der VA deshalb dem geltenden Recht widerspricht. Die Rechtswidrigkeit des VA ist Voraussetzung einer Korrektur von StBescheiden gem. §§ 172 ff. (→ Vor §§ 172–177 Rn. 10) bzw. – bei sonstigen SteuerVA – der Rücknahme gem. § 130.

65 **Fehlerfolgen.** Bei Rechtswidrigkeit (Fehlerhaftigkeit) des VA bestimmen sich die Rechtsfolgen nach der Erheblichkeit des Fehlers: **Leichte Fehler** des VA, die zu seiner offenbaren Unrichtigkeit führen, berühren die Rechtmäßigkeit des VA nicht. Eine solche Unrichtigkeit folgt aus der Abweichung des mit der Entscheidung erklärten Willens vom wahren (auf Erlass eines rechtmäßigen VA gerichteten) Willen der FB. Für diese Fälle lässt **§ 129** die Berichtigung des VA zu.

Der mit einem **minder schweren Fehler** behaftete VA ist in seiner Wirksamkeit grds. nicht beeinträchtigt. Hierbei ist bezüglich der Fehlerfolgen weiter zu unterscheiden:

- Der nur formell rechtswidrige VA ist materiell nicht rechtswidrig, wenn ein gem. § 126 geheilter oder gem. § 127 unbeachtlicher Verfahrens- oder Formfehler vorliegt.
- Der aus sonstigen Gründen rechtswidrige (dh formell oder materiell rechtswidrige, jedoch nicht nichtige) VA ist – soweit seine Umdeutung in einen rechtmäßigen VA gem. § 128 ausscheidet – zunächst rechtswirksam (→ Rn. 68). Er verliert seine Wirksamkeit, wenn er auf den Einspruch hin durch die FB (zB gem. § 367 II 3) oder im Klageverfahren (§ 100 I FGO) aufgehoben wird. Auch ohne Anfechtung ist der VA gem. §§ 130, 172 ff. aufzuheben bzw. zu ändern.

Der an einem **besonders schwerwiegenden Fehler** leidende VA ist nichtig und damit unwirksam (§§ 124 III, 125).

II. Wirksamkeit und Bestandskraft des Verwaltungsakts

68 **Wirksamkeit.** Von der Rechtmäßigkeit bzw. -widrigkeit des VA zu unterscheiden ist die auf seine Rechtswirkungen bezogene Wirksamkeit: Dem VA-Begriff immanent ist die verbindliche (wirksame) Hervorbringung von Rechtswirkungen. Die Wirksamkeit bewirkt die Verbindlichkeit des VA im Verhältnis zwischen FB und Betroffenem (im Einzelnen → § 124 Rn. 2 f.); die Rechtmäßigkeit bzw. Rechtswidrigkeit des VA berührt seine Wirksamkeit – vom Ausnahmefall des nichtigen und deshalb unwirksamen VA abgesehen, vgl. §§ 124 II, 125 – grds. nicht. Der VA wird im Zeitpunkt der Bekanntgabe an den Adressaten mit dem bekannt gegebenen Inhalt wirksam (§ 124 I).

69 **Bestandskraft.** Die Rechtswirksamkeit des VA erstarkt zu seiner – letztlich im Rechtsstaatsprinzip fundierten (vgl. nur Jarass/Pieroth Art. 20 Rn. 77; ferner → Vor § 172 Rn. 2 ff.) – Bestandskraft, wenn der VA nicht fristgerecht oder erfolglos durch Einspruch

angegriffen wurde. Der Begriff der Bestandskraft wird in §§ 172 ff. vorausgesetzt. Die dortigen Regelungen betreffen jedoch lediglich Durchbrechungen der Bestandskraft (→ Vor § 172 Rn. 9).

Die **formelle Bestandskraft** eines VA tritt ein, wenn dieser nicht (mehr) zulässig mit Rechtsbehelfen (Einspruch bzw. Klage) angegriffen werden kann und somit unanfechtbar ist (→ Vor § 172 Rn. 3). Die formelle Bestandskraft entspricht der formellen Rechtskraft des Prozessrechts und ist von der materiellen Bestandskraft unabhängig (BFH 19.12.1985 – V R 167/82, BStBl. II 1986, 420). Formell bestandskräftig werden auch VA, die (wie zB Vorbehaltsbescheide gem. § 164, vorläufige Bescheide gem. § 165 im Umfang der Vorläufigkeitserklärung) nicht materiell bestandskräftig werden. 70

Die **materielle Bestandskraft** des VA betrifft (in Parallele zur materiellen Rechtskraft im Prozessrecht) die inhaltliche Verbindlichkeit des VA (vgl. TK Vor § 172 Rn. 1; SBS § 43 Rn. 45). Mit Eintritt der materiellen Bestandskraft gilt der Entscheidungssatz des VA unabhängig von seiner Rechtmäßigkeit als richtig und ist damit einer sachlichen Prüfung entzogen (BFH 6.5.1994 – V B 28/94, BFH/NV 1995, 275). Keiner materiellen Bestandskraft fähig sind Vorauszahlungsbescheide (BFH 15.6.1999 – VII R 3/97, BStBl. II 2000, 46 (51 mwN)), unter dem Vorbehalt der Nachprüfung (§ 164) sowie – im Umfang der Vorläufigkeitserklärung – gem. § 165 vorläufige Bescheide. 71

Der sachliche und zeitliche **Umfang** der materiellen Bestandskraft ergibt sich aus der durch den bekanntgegebenen Inhalt des VA verbindlich nach außen getroffenen Regelung (BFH 13.4.2000 – V R 25/99, BFH/NV 2001, 137 mwN). Ist ein VA (insb. ein StBescheid) nur zum Teil angefochten und ist er teilbar (zur Teilbarkeit allg. → § 125 Rn. 36), tritt Teilbestandskraft ein, BFH 23.10.1989 – GrS 2/87, BStBl. II 1990, 327 (330). In persönlicher Hinsicht erstreckt sich die Bindungswirkung auf den Adressaten des VA oder den vom VA Betroffenen sowie auf die den VA erlassende Behörde (vgl. SBS § 43 Rn. 90 ff.). Die Gründe des VA (insb. die ihm zugrunde liegenden Tatsachenfeststellungen und rechtlichen Beurteilungen) nehmen an der Bindungswirkung nicht teil (BFH 21.10.1985 – GrS 2/84, BStBl. II 1986, 207 (212); TK § 118 Rn. 50a). Bei StBescheiden bilden die **Besteuerungsgrundlagen,** soweit nicht gesondert festgestellt, nur einen Teil der Begründung des VA (vgl. § 157 II) und **erwachsen** mithin **nicht in materielle Bestandskraft** (HHSp § 118 Rn. 370). Zu den Wirkungen der materiellen Bestandskraft vgl. im Übrigen → Vor § 172 Rn. 4.

E. Rechtsbehelfe und Beispiele für Verwaltungsakte/Nichtverwaltungsakte

Gegen VA ist nach Maßgabe der §§ 347 f. der Einspruch möglich. Gegen die Einspruchsentscheidung bzw. – in den Fällen des § 348 gegen den VA unmittelbar – ist der Rechtsweg nach der FGO (Anfechtungs-, Verpflichtungs- oder Leistungsklage, § 40 I FGO; ggf. Feststellungsklage, § 41 FGO; Fortsetzungsfeststellungsklage bei erledigten VA, § 100 I 4 FGO) gegeben. Der in § 40 I FGO verwendete VA-Begriff bestimmt sich nach § 118. Der zulässige Einspruch verhindert den Eintritt der formellen Bestandskraft des angefochtenen VA. 74

Vorläufiger Rechtsschutz gegen vollziehbare VA wird durch die FB selbst (§ 361) bzw. das Gericht (§ 69 FGO) durch AdV bzw. Aufhebung der Vollziehung gewährt. Bei nicht vollziehbaren VA kommt vorläufiger Rechtsschutz nur durch einstweilige Anordnung gem. § 114 FGO in Betracht (→ § 361 Rn. 20).

Beispiele für Verwaltungsakte/Nichtverwaltungsakte 75

Ablehnung, einen bestimmten beantragten VA zu erlassen ist ebenso VA wie die Ablehnung eines Antrags, eine tatsächliche Handlung vorzunehmen; insb. die Ablehnung der Akteneinsicht oder der Erteilung eines Kontoauszugs (→ Rn. 31), Ablehnung, eine Schlussbesprechung durchzuführen (BFH 24.10.1972 – VIII R 108/72, BStBl. II 1973, 542; → § 201 Rn. 9).

Abhilfezusage des FA in einem gerichtlichen Erörterungstermin ist VA (offengelassen von BFH 29.10.1987 – X R 1/80, BStBl. II 1988, 121: Bindung des FA nach Treu und Glauben, entsprechende Änderungen vorzunehmen).

Abrechnung über erfolgte Erstattungen, Zahlungen und Umbuchungen ist kein VA (→ Rn. 31).

Abrechnungsbescheid ist VA (§ 218 II 1), nicht jedoch die Aufrechnungserklärung (BFH 17.11.1987 – VII R 90/84, BStBl. II 1988, 117; → § 226 Rn. 47).

Allgemeinverfügung ist VA (§ 118 I 2; → Rn. 61).

Amtshilfe-/Beitreibungsersuchen sind keine VA (→ Rn. 39).

Ankündigung von Maßnahmen ist kein VA (→ Rn. 39).

Anordnung der Einziehung/Einziehungsverfügung bei Pfändungen ist VA (→ § 314 Rn. 2).

Anrechnungsverfügungen sind selbständige VA, die durch ein Leistungsgebot oder durch eine Erstattungsverfügung Außenwirkung entfalten (s. § 36 II EStG; BFH 27.10.2009 – VII R 51/08, BStBl. II 2010, 382).

Anträge an andere Behörden/Gerichte können VA sein, müssen es aber nicht (Einzelheiten → Rn. 30).

Aufforderung zur Abgabe der Steuererklärung (BFH 4.10.2017 – VI R 53/15, BStBl. II 2018, 123; BFH 16.11.2011 – X R 18/09, BStBl. II 2012, 129; BFH 2.7.1997 – I R 45/96, BFH/NV 1998, 14) und der **Anlage EÜR** (BFH 16.11.2011 – X R 18/09, BStBl. II 2012, 129; Anm. Kempermann FR 2012, 232) sind VA (→ Rn. 28); ebenso **Aufforderung an eine Bank,** der Anzeigepflicht nach § 33 I EStG nachzukommen (FG Baden-Württemberg 12.3.2004 – 9 K 338/99, EFG 2005, 461).

Aufrechnungserklärung ist kein VA (BFH 17.11.1987 – VII R 90/84, BStBl. II 1988, 117; → § 226 Rn. 47).

Aufteilungsbescheid ist VA (→ § 279 Rn. 13).

Aufzeichnungspflicht. Die Bewilligung von Erleichterungen ist VA (→ § 148 Rn. 7).

Auskunftsersuchen an Stpfl. oder Dritte haben VA-Qualität; nicht hingegen solche an Behörden (→ Rn. 31).

Außenprüfung. Die Prüfungsanordnung sowie die Anordnung einer Erweiterung sind VA (→ Rn. 29; → § 197 Rn. 65). Die Beauftragung eines anderen FA mit der Durchführung einer Ap. (sog. Auftragsprüfung) ist idR kein VA; es sei denn, das beauftragende FA gibt dies dem Stpfl. bekannt (→ § 195 Rn. 25). Die Bestimmung des Prüfers ist kein VA (BFH 15.5.2009 – IV B 3/09, BFH/NV 2009, 1401; → Rn. 39). Prüfungsanfragen/Vorlageverlangen des Prüfers können VA-Qualität haben; ebenso die Aufforderung, den Zugriff auf Daten zu ermöglichen (→ Rn. 28 f.). Das Abhalten einer Schlussbesprechung ist kein VA, die Ablehnung einer Schlussbesprechung ist dagegen VA (→ Rn. 31; → § 201 Rn. 9). Der Prüfungsbericht ist kein VA (→ Rn. 28), auch die Mitteilung der ergebnislosen Prüfung (sog. Nullfallmitteilung) nicht (→ Rn. 28 mwN).

Aussetzung der Steuerfestsetzung ist wie deren Ablehnung VA (→ § 165 Rn. 78 ff.).

Aussetzung des Verfahrens und Anordnung des **Ruhens des Verfahrens** sind wie deren Ablehnung VA (→ § 363 Rn. 71).

Aussetzung der Vollziehung nach § 361 und nach Art. 45 UZK sowie deren Ablehnung sind VA (→ § 361 Rn. 68, 154 ff.).

Auszahlung des Kindesgeldes (ohne Bescheid) ist kein VA (BFH 31.3.2005 – III B 189/04, BFH/NV 2005, 1305; anders bei der antragsgemäßen Zahlung in der bis 31.12.2006 geltenden Rechtslage, wo ein schriftl. Bescheid wegen § 70 I 2 EStG aF iVm § 31 S. 3 EStG nicht nötig war; vgl. BFH 11.12.2013 – XI R 42/11, BStBl. II 2014, 840; FG Rheinland-Pfalz 24.4.1998 – 4 K 1755/97, BeckRS 1998, 30953084; FG Rheinland-Pfalz 10.6.2009 – 2 K 1807/08, EFG 2009, 1573; FG Münster 5.11.2009 – 11 K 4246/08 Kg, EFG 2010, 489).

Benennungsverlangen nach § 123 ist VA (→ § 123 Rn. 5), nicht hingegen nach § 160 (→ § 160 Rn. 49).

Begünstigende Anordnungen sind VA.

Berufsrechtliche Regelungen sind idR VA, wie zB Bestellung zum StBerater (§ 40 StBerG) sowie Wiederbestellung (§ 48 StBerG).

Buchführungspflicht. Hinweis auf Beginn nach § 141 II ist VA (→ § 141 Rn. 37). Auch die Bewilligung von Erleichterungen (→ § 148 Rn. 7).

Dienstaufsichtsbeschwerde. Zurückweisung ist kein VA (→ Rn. 39).

Duldungsbescheid ist VA (→ § 191 Rn. 141).

Eidesstattliche Versicherung, s. **Vermögensauskunft.**

Einheitswertbescheid ist idR Sammelbescheid mit mehreren VA (BFH 19.2.2009 – II R 8/06, BFH/NV 2009, 1092; → Rn. 50).

Erhebungsverfahren. Stundung (§ 222) und Erlass (§ 227) sind VA (→ § 222 Rn. 2, → § 227 Rn. 52).

Erläuterungstext im StBescheid ist kein VA (FG München 28.9.2004 – 2 K 2951/03, EFG 2005, 294; → Rn. 31).

Kontoauszug ist idR kein VA (BFH 15.1.2007 – IX B 239/06, BFH/NV 2007, 1088), Ablehnung der Erteilung eines Kontoauszugs ist aber VA (FG Münster 17.9.2009 – 3 K 1514/08 AO, EFG 2010, 68; → Rn. 31).

Lohnsteuerkarte (bis einschl. 2010): Die Eintragung der LStKlasse (ebenso Freibeträge) auf der LStKarte ist ein VA; dementsprechend auch die Änderung einer eingetragenen LStKlasse. Entsprechendes gilt für eine bis zur erstmaligen Anwendung der elektronischen LStAbzugsmerkmale (ELStAM) ausgestellte Bescheinigung für den LStAbzug (§ 52b III EStG; BFH 11.12.2012 – III B 89/12, BFH/NV 2013, 582).

Nichtigkeitsfeststellungsbescheid ist VA (BFH 20.8.2014 – X R 15/10, BStBl. II 2015, 109; Nöcker NWB 2015, 166).

Schlussbesprechung, s. **Außenprüfung.**

Steueridentifikationsnummer. Die Zuteilung der Identifikationsnummer und auch die Datenspeicherung unter dieser Nummer sind keine VA, da es an der Regelung eines Einzelfalls und an einer unmittelbaren Rechtswirkung nach außen fehlt (BFH 18.1.2012 – II R 49/10, BFH/NV 2012, 475; → Rn. 29; → § 139a Rn. 5). VA ist aber die Ablehnung der Erteilung einer Identifikationsnummer.

Unbedenklichkeitsbescheinigung iSd § 20 VI ErbStG ist kein VA (FG Köln 4.8.2021 – 11 K 1059/18, EFG 2021, 2033).

Die ab 1.1.2013 gültige **Vermögensauskunft** ist VA (→ § 284 Rn. 25).

Verspätungszuschlag ist VA (→ § 152 Rn. 7).

Vollstreckungsersuchen ist kein VA, auch nicht ein solches Ersuchen an eine ausländische Behörde (BFH 21.7.2009 – VII R 52/08, BStBl. II 2010, 51; → Rn. 39).

Vollstreckungsverfahren. Die Mahnung bzw. VollstrAnkündigung ist kein VA (→ § 259 Rn. 2, → § 249 Rn. 8). Ebenso sind keine VA innerdienstliche Anweisungen, wie zB der VollstrAuftrag nach § 285 II (→ § 285 Rn. 7). Erst die Pfändungsmaßnahmen sind VA (zB → § 286 Rn. 21, → § 309 Rn. 33, → § 314 Rn. 2). Anträge an das Gericht zur Eintragung einer Sicherungshypothek oder Eröffnung eines Insolvenzverfahrens (→ Rn. 30).

Zerlegungsbescheid ist VA (→ § 185 Rn. 4).

Zusagen nach § 204, verbindliche Auskunft, LStAnrufungsauskunft und verbindliche Zolltarifauskünfte nach Art. 33 UZK sind idR VA (→ Rn. 31).

Zustellung. Die Anordnung einer Zustellung ist kein VA (BFH 16.3.2000 – III R 19/99, BStBl. II 2000, 520).

Zustimmung zu einer StErklärung ist VA, wenn sie dem Stpfl. durch Abrechnung bekannt gegeben wird (BFH 28.2.2002 – V R 42/01, BStBl. II 2002, 642). Dagegen beinhaltet die Zustimmung zur Fortsetzung des Verwaltungsverfahrens keinen VA (BFH 11.8.2010 – VI B 143/09, BFH/NV 2010, 2230). Ebenso ist bei einem mehrstufigen VA die Zustimmungserklärung unter Behörden idR kein VA (→ Rn. 41).

Zuteilungsbescheid ist VA (→ § 190 Rn. 2 ff.).

Zwangsmittel, Androhung und **Festsetzung** sind VA (→ § 328 Rn. 6 ff., → § 332 Rn. 14, → § 333 Rn. 6).

§ 119 Bestimmtheit und Form des Verwaltungsakts

(1) **Ein Verwaltungsakt muss inhaltlich hinreichend bestimmt sein.**

(2) [1]**Ein Verwaltungsakt kann schriftlich, elektronisch, mündlich oder in anderer Weise erlassen werden.** [2]**Ein mündlicher Verwaltungsakt ist schriftlich oder elektronisch zu bestätigen, wenn hieran ein berechtigtes Interesse besteht und die betroffene Person dies unverzüglich verlangt.**

(3) [1]**Ein schriftlich oder elektronisch erlassener Verwaltungsakt muss die erlassende Behörde erkennen lassen.** [2]**Ferner muss er die Unterschrift oder die Namenswiedergabe des Behördenleiters, seines Vertreters oder seines Beauftragten enthalten; dies gilt nicht für einen Verwaltungsakt, der formularmäßig oder mit Hilfe automatischer Einrichtungen erlassen wird.** [3]**Wird für einen Verwaltungsakt, für den gesetzlich die Schriftform angeordnet ist, nach § 87a Absatz 4 Satz 2 die elektronische Form mit einer qualifizierten elektronischen Signatur verwendet, muss das der Signatur zugrunde liegende qualifizierte Zertifikat oder ein zugehöriges qualifiziertes Attributzertifikat die erlassende Behörde erkennen lassen.** [4]**Im Falle des § 87a Absatz 4 Satz 3 muss die Bestätigung nach § 5 Absatz 5 des De-Mail-Gesetzes die erlassende Finanzbehörde als Nutzer des De-Mail-Kontos erkennen lassen.**

(4) **Wird für einen Verwaltungsakt die elektronische Form mit einer qualifizierten elektronischen Signatur oder einem qualifizierten elektronischen Siegel verwendet, muss sie oder muss es so lange überprüfbar sein, wie der Verwaltungsakt von der Finanzbehörde gespeichert wird.**

Vergleichbare Vorschriften: § 37 VwVfG; § 33 SGB X

Schrifttum: Carl, Form und inhaltliche Bestimmtheit eines Verwaltungsakts, SteuerStud 1991, 282; Thomas, Verfahrensfragen zu Lohnsteuerhaftungs- und Lohnsteuerpauschalierungsbescheiden, DStR 1992, 837 und 896; Grams, Künstlerbesteuerung: Zur Bestimmtheit von Haftungs- und Steuerbescheiden, FR 1996, 620; Szymczak, Elektronische Kommunikation mit den Finanzbehörden, NWB 2002, 3001; Müller, Adressierungsfehler im Steuerbescheid, AO-StB 2006, 266; Apitz, Wiedereinsetzung bei vordatierten Verwaltungsakten, StBP 2010, 79; Ortwald, Elektronischer Steuerbescheid per einfacher E-Mail?, DStR 2017, 477; Romswinkel, Verfahrensrechtliche Fallstricke bei der Inanspruchnahme der Säumniszuschläge durch Haftungsbescheid, StB 2018, 383.

Übersicht

I. Allgemeines

§ 119 normiert mit dem Bestimmtheitsgebot (Abs. 1) eine materielle Rechtmäßigkeitsvoraussetzung für VA. Abs. 2 und 3 betreffen bestimmte Formerfordernisse für VA. Durch das 3. ÄndGVwVfV v. 21.8.2002 wurden Abs. 2 und 3 dahingehend geändert, dass – ebenso wie nach den gleichzeitig geänderten § 37 VwVfG und § 33 SGB X – nunmehr auch der Erlass des VA in **elektronischer Form** ausdrücklich zugelassen ist. Der frühere Abs. 4 ist weggefallen, wobei der bisherige Abs. 4 S. 1 nunmehr in die Neufassung des Abs. 2 S. 2 übernommen wurde. Der bisherige Abs. 4 S. 2 ist aus Gründen der Bürgerfreundlichkeit entfallen (BT-Drs. 14/9000, 37). Diese Neuregelungen sind am 28.8.2002 in Kraft getreten (Art. 71 des 3. ÄndGVwVfV). Mit Wirkung ab 1.8.2013 wurde durch Art. 7 Nr. 3 des Gesetzes zur Förderung der elektronischen Verwaltung sowie zur Änderung weiterer Vorschriften v. 25.7.2013 (BGBl. 2013 I 2749 (2755)) in Abs. 3 der S. 4 hinzugefügt. Hierbei handelt es sich um eine Folgeänderung des gleichzeitig geänderten § 87a IV. Mit dieser Ergänzung soll sichergestellt werden, dass auch bei einem elektronischen VA, der nicht mit einer qualifizierten elektronischen Signatur versehen ist, sondern bei dem die Schriftform durch Versendung nach § 5 V De-Mail-G ersetzt wird, die erlassende Behörde auch aus der Signatur des Dienstanbieters für den Empfänger erkennbar ist (BT-Drs. 17/11473, 50 zu Art. 3 Nr. 5 hinsichtlich § 37 VwVfG, 52 zu Art. 7 Nr. 3). Allgemein zur De-Mail als elektronischem Schriftformersatz alternativ zur qualifizierten Signatur s. BT-Drs. 17/10720. Durch das Zweite Datenschutz-Anpassungs- und Umsetzungsgesetz EU erfolgte mit Wirkung ab 26.11.2019 eine redaktionelle Anpassung von Abs. 2 S. 2 an die Verordnung (EU) 2016/679. 1

Zur elektronischen Kommunikation vgl. § 87a. Zur Bestimmtheit kommunaler Abgabenbescheide s. BVerwG 27.6.2012 – 9 C 7/11, HFR 2013, 65. Mit dem JStG 2024 wurde die vorher schon mögliche elektronische Bestätigung mündlich erteilter VA in Abs. 2 aufgenommen, Abs. 3 S. 3 verständlicher formuliert und ein im Wesentlichen § 37 IV VwVfG entsprechender Abs. 4 angefügt.

II. Bestimmtheitsgebot (Abs. 1)

1. Allgemeines

Grundsätzliche Anforderungen. § 119 I verlangt die inhaltlich hinreichende Bestimmtheit des VA und konkretisiert damit ein aus dem Rechtsstaatsprinzip (Art. 20 III GG), insb. ein aus dem Gebot der Gesetzmäßigkeit herzuleitendes Postulat und dient damit der Rechtssicherheit und -klarheit. Die FB muss ihren Regelungswillen vollständig und eindeutig zum Ausdruck bringen. Der Betroffene muss aus dem VA zweifellos erkennen können, was welche FB (zur Erkennbarkeit der erlassenden Behörde vgl. § 119 III) von ihm fordert bzw. ihm gewährt und wie weit die materielle Rechtskraft des VA reicht (BFH 8.2.2007 – IV R 65/01, BFH/NV 2007, 1004; BFH 19.8.1999 – IV R 34/98, BFH/NV 2001, 409 jeweils mwN). Nur unter diesen Voraussetzungen kann die Grenze der Bestandskraft des VA (→ § 118 Rn. 69 ff.) sicher festgelegt werden und der VA seine Titelfunktion (→ § 118 Rn. 5) erfüllen, dh von der FB ggf. mit Zwangsmitteln durchgesetzt werden. Die Bestimmtheit des Inhalts des VA bezieht sich im Einzelnen auf seinen 2

- persönlichen Regelungsbereich (Adressaten), → Rn. 12–16 und einen
- Regelungsgegenstand in sachlicher und zeitlicher Hinsicht, → Rn. 17 f.

§ 119 I gilt für sämtliche VA jedweder Art und Form (schriftlich, elektronisch, mündlich, in anderer Weise) und wird hinsichtlich der Bestimmtheitsanforderungen durch zahlreiche Spezialregelungen konkretisiert. **Bezugspunkt** der Inhaltsbestimmtheit ist der Ausspruch **(Tenor)** des VA (BFH 15.3.1985 – VI R 30/81, BStBl. II 1985, 581). Da § 119 I einen inhaltlich „hinreichend“ bestimmten VA erlangt, genügt die **Bestimmbarkeit** des Regelungsinhalts. Das erforderliche Maß der Bestimmtheit lässt sich nicht all- 3 gemein bestimmen, sondern ist von den Umständen des Einzelfalls, dem Zweck und der Art des VA abhängig (BFH 11.8.2006 – V B 205/04, BFH/NV 2007, 5).

Das Gebot inhaltlicher Bestimmtheit gilt auch für **Nebenbestimmungen** iSd § 120 (BFH 9.10.1985 – II R 74/83, BStBl. II 1986, 38; AEAO zu § 120 Nr. 2); diese müssen insb. in ihrem Entscheidungsinhalt nach Art und Umfang für den Betroffenen erkennbar und verständlich sein. Für Vorläufigkeitsvermerke wird das Bestimmtheitsgebot durch § 165 I 3 präzisiert.

4 **Besondere Anforderungen** an die inhaltliche Bestimmtheit werden durch § 157 I 2 für StBescheide gestellt (zu Einzelheiten → § 157 Rn. 10 ff.). Spezifische Anforderungen gelten auch für Feststellungsbescheide (→ § 180 Rn. 7), Haftungsbescheide (→ § 191 Rn. 58 ff.), Duldungsbescheide (→ § 191 Rn. 141 ff.), Prüfungsanordnungen (→ § 196 Rn. 6 ff.) und Abrechnungsbescheide (→ § 218 Rn. 38 ff.). Praktisch bedeutsam sind ferner zB die Sonderregelungen in §§ 93 II, 179 II, 184, 188 II, 190, 205 II, 239 I 1, 279 II, 309 I, 324 I, 329, 332 II, 333. Wegen der Bestimmtheitsanforderungen nach Maßgabe der jeweiligen Einzelvorschriften vgl. die dortigen Erläuterungen.

5 **Nicht erforderliche Angaben.** Zum notwendigen Mindestinhalt des VA gehören nicht

- die **Begründung** des VA, weil Bezugspunkt des Bestimmtheitsgebots allein der Ausspruch (Tenor) des VA ist (→ Rn. 3). Eine unklare oder widersprüchliche Begründung kann ggf. zur Anfechtbarkeit des VA führen (→ § 121 Rn. 13 f.), zur Heilung eines Begründungsmangels vgl. § 126 I Nr. 2;
- die Angabe des **Datums** des VA, weil es für die Rechtswirkungen nicht auf das Datum des VA, sondern auf den Zeitpunkt seiner Bekanntgabe (§ 124) ankommt (BFH 8.4.1987 – X R 69/81, BFH/NV 1988, 72; BFH 20.11.2008 – III R 66/07, BStBl. II 2009, 185; FG Köln 23.4.2013 – 15 K 1243/12, EFG 2013, 1461);
- die **Rechtsbehelfsbelehrung.** Fehlt diese bei einem schriftlichen VA oder ist sie fehlerhaft, beginnt (lediglich) die Rechtsbehelfsfrist nicht zu laufen (vgl. § 356 II);
- die Angabe der (richtigen) **Rechtsgrundlage** für den VA (HHSp § 119 Rn. 194).

Die Inhaltsbestimmtheit ist gewahrt, wenn sich der VA anstelle der vom FA angegebenen Rechtsgrundlage durch eine andere Rechtsgrundlage rechtfertigt. Voraussetzung ist jedoch, dass der Kernbereich des erfassten Sachverhalts nicht berührt wird und der angefochtene VA in seinem Wesen unverändert bleibt (BFH 20.9.1989 – II R 131/86, BFH/NV 1990, 525 mwN). Schließen sich Ausspruch (Tenor) und die zu seiner Auslegung heranzuziehende Begründung gegenseitig aus (zB laut Tenor Inanspruchnahme als Haftender, laut Begründung jedoch Festsetzung einer pauschalen LSt), ist der VA unbestimmt (BFH 15.3.1985 – VI R 30/81, BStBl. II 1985, 581).

6 Maßgebender **Zeitpunkt** für die Beurteilung der Bestimmtheit ist der des Zugangs des VA; tatsächliche Fehler können grds. nicht durch spätere Richtigstellung geheilt werden (BFH 21.10.1985 – GrS 4/84, BStBl. II 1986, 230). Ausnahmsweise kann bei Bescheiden über eine gesonderte Feststellung unter den besonderen Voraussetzungen des § 182 III eine Berichtigung von unrichtig bezeichneten Beteiligten erfolgen.

7 Etwaige Zweifel hinsichtlich der Bestimmtheit des Inhaltsadressaten bzw. des Regelungsinhalts können ggf. durch **Auslegung** behoben werden (vgl. dazu auch die allgemeinen Auslegungsgrundsätze, → § 118 Rn. 54 ff.; → § 124 Rn. 3). Bei der Auslegung können etwa einer StFestsetzung beigefügte Erläuterungen oder konkret bezeichnete Unterlagen mitberücksichtigt werden (BFH 19.2.1992 – II B 100/91, BFH/NV 1992, 784; BFH 15.3.2007 – II R 5/04, BStBl. II 2007, 472; BFH 1.9.2021 – VI R 38/19, BFH/NV 2022, 321). Auch das Revisionsgericht ist bei entsprechenden Tatsachenfeststellungen des FG zur Auslegung befugt (BFH 19.8.1999 – IV R 34/98, BFH/NV 2001, 409). Die Möglichkeit der Auslegung entfällt, wenn der VA nicht mehrdeutig ist (zB BFH 16.6.1999 – II R 36/97, BFH/NV 2000, 170); ein hinsichtlich des Inhaltsadressaten oder Regelungsinhalts eindeutiger VA bedarf keiner Auslegung (zB BFH 11.11.2020 – XI R 11/18, BStBl. II

2021, 415). Der Inhalt der Regelung ergibt sich aus dem Ausspruch (Tenor) des VA und der dazu gegebenen Begründung (vgl. BFH 4.9.2017 – XI B 107/16, BFH/NV 2017, 1412 mwN; → § 118 Rn. 55). Die Konkretisierung des Ausspruchs durch die gegebene Begründung ist allerdings nur in einem Umfang möglich, der noch durch den Wortlaut und -sinn des Ausspruchs gedeckt ist. Die zur Konkretisierung herangezogene Begründung muss in sich klar und widerspruchsfrei sein. Lässt sich auch im Auslegungswege keine inhaltliche Bestimmtheit feststellen, liegt ein Verstoß gegen § 119 I vor (BFH 26.6.1985 – IV R 62/83, BFH/NV 1987, 19; HHSp § 119 Rn. 197; zu den Rechtsfolgen vgl. unten → Rn. 19 ff.). Bei verbleibenden Auslegungszweifeln ist das weniger belastende Auslegungsergebnis vorzuziehen (→ § 118 Rn. 55), wobei die inhaltliche Unbestimmtheit des VA immer zulasten der FB geht (BFH 1.9.2021 – VI R 38/19, BFH/NV 2022, 321).

2. Bestimmbarkeit des Adressaten

In **persönlicher Hinsicht** muss der VA genau und eindeutig angeben, gegen wen er sich richtet oder gegen wen er seine Wirkungen entfaltet. Die Angabe des Inhaltsadressaten ist konstituierender Bestandteil jedes VA (BFH 25.9.1990 – IX R 84/88, BStBl. II 1991, 120; BFH 13.12.2007 – IV R 91/05, BFH/NV 2008, 1289). **Inhaltsadressat** ist derjenige, an den sich der VA seinem Regelungsgehalt nach richtet (BFH 30.9.2015 – II R 31/13, BStBl. II 2016, 637). Er ist zu unterscheiden vom sog. **Bekanntgabeadressaten,** an den der VA bekannt zu geben ist (im Einzelnen → § 122 Rn. 31). Für **StBescheide** verlangt § 157 I 2 ausdrücklich die Angabe, wer die Steuer schuldet (→ § 157 Rn. 15 ff.). 12

Die **Identität** des Inhaltsadressaten muss sich anhand des VA **zweifelsfrei** und sicher bestimmen lassen und aus dem VA selbst hervorgehen (BFH 7.7.2004 – II R 77/01, BFH/NV 2005, 73 mwN; BFH 29.8.2012 – XI R 40/10, BFH/NV 2013, 182 mwN). Der Inhaltsadressat muss jedoch nicht ausdrücklich als solcher bezeichnet werden. Daher ist zB der an eine Erbengemeinschaft mit dem Zusatz der Familiennamen der Erben gerichtete GrStBescheid ausreichend bestimmt (BFH 7.7.2004 – II R 77/01, BFH/NV 2005, 73). Bei bestehender Nachlasspflegschaft kann Erbschaftsteuer auch gegen die unbekannten Erben iSd § 1960 I 2 BGB festgesetzt werden (BFH 17.6.2020 – II R 40/17, BStBl. II 220, 850). Nicht ausreichend sind lediglich auf dem Briefumschlag oder einer Postzustellungsurkunde enthaltene Angaben (FG Niedersachsen 14.5.1986 – IX 497/84, EFG 1987, 219; Gosch AO § 119 Rn. 6.1). Richtet sich ein VA an mehrere Adressaten, müssen diese eindeutig bestimmt sein (zu Einzelfällen → Rn. 16). Bei **Adressierung an** ein **nicht (mehr) existierendes StSubjekt** ist der VA wegen Unbestimmtheit unwirksam (zu Einzelfällen → Rn. 16). 13

Etwaige **Zweifel** hinsichtlich der Bestimmtheit des Adressaten können durch **Auslegung** (dazu allg. → § 118 Rn. 54 ff.; → § 124 Rn. 8) behoben werden. Entscheidend ist, wie der Betroffene nach den ihm bekannten Umständen den materiellen Gehalt der Erklärung unter Berücksichtigung von Treu und Glauben verstehen konnte (BFH 13.10.2005 – IV R 55/04, BStBl. II 2006, 404; BFH 8.2.2007 – IV R 65/01, BFH/NV 2007, 1004; BVerwG 27.6.2012 – 9 C 7/11, HFR 2013, 65; TK § 119 Rn. 5). Es reicht aus, wenn der Inhaltsadressat durch Auslegung anhand der dem Betroffenen bekannten Umstände hinreichend sicher bestimmt werden kann (BFH 19.8.1999 – IV R 34/98, BFH/NV 2001, 409; BFH 13.12.2007 – IV R 91/05, BFH/NV 2008, 1289 mwN; BFH 29.8.2012 – XI R 40/10, BFH/NV 2013, 182). Maßgeblich ist zB, ob es für den Betroffenen erkennbar war, dass das FA von ihm als Unternehmer iSd § 2 I UStG und daher als Stpfl. ausgeht und der StBescheid deshalb an ihn gerichtet ist (BFH 26.4.2012 – V R 2/11, BStBl. II 2012, 634). Da der VA nur mit dem bekannt gegebenen Inhalt wirksam werden kann (vgl. § 124 I 2), muss die Auslegung einen Anhalt in der bekannt gegebenen Regelung haben (BFH 4.10.1988 – VIII R 161/84, BFH/NV 1989, 758 mwN). Formalismus und Wortklauberei bei der Auslegung sind unangebracht, sofern erkennbar ist, was gemeint ist (BFH 7.7.2004 – II R 77/01, BFH/NV 2005, 73). Einer StFestsetzung beigefügte Erläuterungen können bei der Auslegung mit berücksichtigt werden (BFH 14

28.4.1992 – VII B 100/91, BFH/NV 1992, 785). Ist der einwandfrei bezeichnete Adressat tatsächlich nicht StSchuldner und/oder nicht anderweitig materiell verpflichtet, ist der VA zwar rechtswidrig, jedoch gleichwohl hinreichend bestimmt (BFH 17.11.1987 – V B 111/87, BFH/NV 1988, 682; BFH 16.12.1997 – VIII R 32/90, BStBl. II 1998, 480; BFH 22.5.2001 – V B 204/00, BFH/NV 2001, 1522 mwN).

15 Bei **unzweifelhafter Identität** des Inhaltsadressaten ist für die hinreichende Bestimmtheit des VA **unschädlich** (vgl. auch AEAO zu § 122 Nr. 4.2.1):

– die fehlerhafte Angabe der Anschrift, Berufsbezeichnung, des Wohnorts, der Straße, Hausnummer usw. (BFH 29.6.1988 – IV B 70/88, BFH/NV 1989, 613; BFH 15.9.1992 – VIII R 26/91, BFH/NV 1993, 219), ebenso die Angabe einer unzutreffenden Betriebstättenanschrift, wenn gerade die richtige **Anschrift im Streit** steht (FG München 14.9.2017 – 13 K 3144/15, EFG 2019, 1610);

– eine **fehlerhafte Schreibweise** des Vor- oder Nachnamens des Inhaltsadressaten (BFH 28.8.1990 – VII R 59/89, BFH/NV 1991, 215; BFH 15.9.1992 – VIII R 26/91, BFH/NV 1993, 219; FG Baden-Württemberg 29.10.1991 – 2 K 217/90, EFG 1992, 243; FG Schleswig-Holstein 29.8.2001 – I 64/2001, EFG 2001, 1530; FG Sachsen-Anhalt 28.7.2011 – 5 K 46/08, EFG 2011, 2030; SBS § 37 Rn. 20) oder die Angabe lediglich eines von zwei Teilen eines Vornamens (BFH 25.11.1999 – VII S 19/99, BFH/NV 2000, 551), sofern keine Verwechslungsgefahr besteht;

– die **Namensgleichheit** zweier Personen (zB Vater und Sohn) unter derselben Anschrift, wenn die Identifikation des Inhaltsadressaten nach den Umständen möglich ist (BFH 29.6.1988 – IV B 70/88, BFH/NV 1989, 613);

– ein **fehlerhafter Rechtsformzusatz** (zB KG oder GbR statt OHG), sofern die Identität des Betroffenen unzweifelhaft feststeht (BFH 26.9.1974 – IV R 24/71, BStBl. II 1975, 311 mwN); eine Adressierung an Ehegatten, wenn sie die alleinigen Gesellschafter sind und die Absicht, die GbR erfassen zu wollen, bekannt ist (BFH 19.3.2009 – IV R 78/06, BStBl. II 2009, 803);

– im Falle eines **Formwechsels** eine Übersendung des Bescheides an die Gesellschaft unter dem Namen der alten Rechtsform. Trotz Wechsel der Rechtsform bleibt die rechtliche und wirtschaftliche Identität der Gesellschaft nämlich unverändert; sie tauscht nur ihr „Rechtskleid" aus (BFH 19.3.2024 – II R 33/22, BStBl. II 2024, 589 mwN; → § 125 Rn. 18);

– wenn ein Gewinnfeststellungsbescheid an eine **nicht mehr existente Personengesellschaft** adressiert ist, einem Empfangsbevollmächtigten zugeht und sich aus dem gesamten Inhalt des Bescheides ergibt, für welche Personen der Gewinn festgestellt wird und wie hoch der Gewinnanteil der einzelnen Gesellschafter ist (BFH 30.10.2024 – IV R 4/23, BFH/NV 2025, 265).

16 Der VA ist **unbestimmt** und deshalb nichtig (→ Rn. 20), wenn

– der Inhaltsadressat auch **durch Auslegung nicht** hinreichend **sicher bestimmbar** ist (BFH 19.8.1999 – IV R 34/98, BFH/NV 2001, 409), zB Verwechslungen in der Person des Inhaltsadressaten nicht ausgeschlossen werden können (zB BFH 17.11.2005 – III R 8/03, BStBl. II 2006, 287; BFH 6.9.1995 – II R 128/91, BFH/NV 1996, 197);

– bei einem an **mehrere Adressaten** gerichteten Haftungsbescheid nicht erkennbar ist, in welchem Umfang der einzelne Haftungsschuldner in Anspruch genommen wird (FG Hamburg 23.8.1982 – II 308/80, EFG 1983, 210; → § 191 Rn. 59); Gleiches gilt dann, wenn ein GrEStBescheid an Ehegatten ergeht, ohne dass bezüglich des Erwerbsvorgangs Gesamtschuldnerschaft besteht (BFH 12.10.1994 – II R 63/93, BStBl. II 1995, 174);

– Inhaltsadressat des VA eine **nicht (mehr) existierende natürliche oder juristische Person** ist (BFH 21.5.1992 – IV R 47/90, BStBl. II 1992, 865; FG Köln 7.4.2004 – 7 K 7227/99, EFG 2004, 1184 mwN; BFH 25.1.2006 – I R 52/05, BFH/NV 2006, 1243). So ist zB ein an eine erloschene Personengesellschaft gerichteter GewStMessbescheid auch dann unwirksam, wenn diese durch Ausscheiden des vorletzten Gesellschafters

vollbeendet wird und der verbleibende das Unternehmen fortführt (BFH 15.4.2010 – IV R 67/07, BFH/NV 2010, 1606; anders uU, wenn der das Geschäft als Einzelunternehmer fortführende Gesellschafter weiterhin unter der Firma der früheren Gesellschaft auftritt, s. BFH 13.10.2005 – IV R 55/04, BStBl. II 2006, 404). Nach dem Eintritt der Gesamtrechtsnachfolge (zB infolge des Todes einer Person) ist der Bescheid an den Rechtsnachfolger zu richten (BFH 17.6.1992 – X R 47/88, BStBl. II 1993, 174); zur Ausnahmeregelung des § 182 III → § 182 Rn. 24 ff.; zum **Formwechsel** → Rn. 15;
– dem VA auch im Wege der Auslegung nicht zweifelsfrei entnommen werden kann, ob der Adressat als **StSchuldner oder** nur als **Bekanntgabeadressat** für einen Dritten angesprochen wird (BFH 19.2.1992 – II B 100/91, BFH/NV 1992, 784) bzw. der VA nicht eindeutig an den Betroffenen als StSchuldner gerichtet ist (BFH 23.2.1995 – VII R 51/94, BFH/NV 1995, 862);
– der VA trotz Eröffnung des **Insolvenzverfahrens** an den Insolvenzschuldner gerichtet ist, denn gem. § 80 I InsO geht das Recht des Schuldners, das zur Insolvenzmasse gehörende Vermögen (§ 35 InsO) zu verwalten und über es zu verfügen, auf den Insolvenzverwalter über. Damit ist dieser auch der richtige Bekanntgabe- und Inhaltsadressat von StBescheiden (vgl. FG München 4.10.2022 – 12 K 465/22, DStRE 2023, 1063).

3. Bestimmtheit des Regelungsinhalts

Allgemeines. Das Erfordernis hinreichender Bestimmtheit gilt insb. für den Tenor 17
(→ Rn. 5) des VA (BFH 22.6.2006 – IV R 31, 32/05, BFH/NV 2006, 2148 mwN). Dessen Regelungsgehalt muss so vollständig, klar und unzweideutig erkennbar sein, dass der Adressat sein Verhalten danach einrichten kann (BFH 3.12.1985 – VII R 17/84, BStBl. II 1986, 439; → Rn. 2); diese Anforderungen gelten auch für Feststellungsbescheide (zB BFH 22.6.2006 – IV R 31, 32/05, BFH/NV 2006, 2148; BFH 26.4.2006 – II R 58/04, BStBl. II 2006, 793). Für StBescheide ergibt sich der erforderliche Regelungsinhalt aus § 157 I 2; erforderlich ist ua die Bezeichnung der festgesetzten Steuer nach Art und Betrag (BFH 16.9.2020 – II R 24/18, BStBl. II 2021, 621; zum Ergänzungsbescheid s. FG Niedersachsen 31.5.2012 – 1 K 110/10, EFG 2012, 2181; zur erforderlichen Inhaltsbestimmtheit eines Vorläufigkeitsvermerks → § 165 Rn. 32 f.

Einzelfälle. Stehen Tenor und Begründung in direktem Widerspruch zueinander (zB 18
Haftung im Tenor, pauschalierte LStSchuld in der Begründung), so ist der Bescheid inhaltlich unbestimmt (BFH 15.3.1985 – VI R 30/81, BStBl. II 1985, 581; FG Rheinland-Pfalz 13.6.2006 – 1 K 1743/05, EFG 2006, 1634, rkr.; HHSp § 119 Rn. 26; aA Gosch AO § 119 Rn. 17). Maßgeblich ist der Tenor und nicht eine fehlerhafte Überschrift (BFH 1.9.2021 – VI R 38/19, BFH/NV 2022, 321). Es ist ein Revisionsverfahren zu der Frage anhängig, ob eine Auslegung des objektiven Erklärungsinhalts gegen den eindeutigen Wortlaut des Tenors möglich ist (zu Recht verneinend FG Saarland 17.11.2020 – 3 K 1069/17, EFG 2021, 1256; bestätigt durch BFH 18.4.2023 – VII R 59/20, BFH/NV 2023, 1169). Betreffen zwei StBescheide denselben StGegenstand (zB denselben Veranlagungszeitraum bei der ESt) und lassen die Bescheide ihr Verhältnis zueinander (zB mangels Kennzeichnung des zweiten VA als Änderungsbescheid) nicht erkennen, ist der zweite VA schon mit Rücksicht auf seine etwaige Titelfunktion nichtig (BFH 23.8.2000 – X R 27/98, BStBl. II 2001, 662; BFH 21.8.2013 – I B 12/13, BFH/NV 2013, 1907: Nichtigkeit beider VA bei einer Kollisionslage); mangels Titelfunktion gilt dies jedoch nicht für zweifache Prüfungsanordnung betr. identischen Prüfungszeitraum (BFH 9.7.2007 – I B 23, 24/07, BFH/NV 2007, 2228). Ein **Änderungsbescheid** ist nur inhaltlich bestimmt, wenn er den geänderten Bescheid erkennen lässt (BFH 6.7.1994 – II R 126/91, BFH/NV 1995, 178 mwN). Der Stpfl. muss erkennen können, in welcher Hinsicht und in welchem Umfang eine bisherige Festsetzung geändert worden ist. Hierzu genügt es jedoch, dass aus dem gesamten Inhalt des Bescheids, aus dem Zusammenhang, aus der von der Behörde gegebenen Begründung oder aus den – dem Empfänger bekannten – näheren Umständen

des Bescheiderlasses im Wege einer am Grundsatz von Treu und Glauben orientierten Auslegung hinreichende Klarheit gewonnen werden kann (BFH 12.5.2011 – V R 25/10, BFH/NV 2011, 1541). Ein Erstbescheid, der in der unzutreffenden Annahme, der zunächst erlassene Bescheid sei nichtig, erlassen worden ist, kann (noch im Revisionsverfahren) gem. § 128 in einen Änderungsbescheid umgedeutet werden (BFH 22.8.2007 – II R 44/05, BStBl. II 2009, 754). Im Übrigen spielt die inhaltliche Unbestimmtheit eines Erstbescheides keine Rolle mehr, wenn ein hinreichend inhaltlich bestimmter Änderungsbescheid nach § 68 FGO zum Gegenstand eines Verfahrens wird (BFH 31.10.1986 – VI R 52/81, BStBl. II 1987, 139). Ein **Abrechnungsbescheid** hat im Fall der Aufrechnung die Gegenforderung konkret zu bezeichnen (→ § 218 Rn. 38). Ein **Duldungsbescheid** muss die beizutreibende Steuer nach Art, Betrag und Zeitraum aufgeschlüsselt bezeichnen (BFH 3.12.1996 – I B 44/96, BStBl. II 1997, 306; zu den Grenzen der Auslegung beim Anfechtungsgegenstand s. BFH 8.2.2001 – VII B 82/00, BFH/NV 2001, 1003). Ein **Feststellungsbescheid iSd § 18 I AStG** ist inhaltlich unbestimmt, wenn ihm nicht mit hinreichender Bestimmtheit entnommen werden kann, ob ein Zurechnungsbetrag iSd § 14 AStG oder ein Hinzurechnungsbetrag iSd § 10 AStG festgestellt wird (FG München 4.2.1998 – 7 K 3343/95, EFG 1998, 861). Ein **Feststellungsbescheid iSd § 15a IV EStG,** der den verrechenbaren Verlust nicht gesondert ausspricht, sondern sich auf eine rechnerische Ermittlung beschränkt, ist unbestimmt (BFH 22.6.2006 – IV R 31, 32/05, BStBl. II 2007, 687). Ein **Haftungsbescheid** nach §§ 34, 35 muss den Sachverhalt und die ihm zuzuordnenden Steuern enthalten, auf denen die Haftung beruht (BFH 27.8.2009 – V B 76/08, BFH/NV 2010, 8). Im Falle einer Haftungsinanspruchnahme für Säumniszuschläge muss sich aus dem Bescheid ergeben, auf welche StArten und auf welche Zeiträume die einzelnen Säumniszuschläge entfallen (FG Bremen 13.1.1978 – II 65/76, EFG 1978, 209; Romswinkel StB 2018, 383). Ein LStHaftungsbescheid muss grds. den zum Lohnzufluss führenden Sachverhalt und den entsprechenden Zeitraum enthalten (BFH 17.3.1994 – VI R 120/92, BStBl. II 1994, 536). Der Haftungsbescheid ist unbestimmt, wenn nach seiner Bezeichnung unklar ist, ob das FA eine Haftungsschuld oder eine pauschale LSt festsetzen wollte (BFH 2.12.1983 – VI R 47/80, BStBl. II 1984, 362). Zur Auslegung eines in der Überschrift und im Tenor als StFestsetzung ergangenen Bescheides als Haftungsbescheid ist ein Revisionsverfahren anhängig (BFH 1.10.2024 – VIII R 34/20, BFH/NV 2025, 21; Vorinstanz FG Thüringen 21.11.2018 – 4 K 712/15, EFG 2021, 312). Bei einer (grds. zulässigen, → § 118 Rn. 49 f.) Verbindung **mehrerer VA** ist dem Gebot der Inhaltsbestimmtheit nur genügt, wenn sie inhaltlich eine klare Trennung erkennen lassen (BFH 22.11.1995 – II R 26/92, BStBl. II 1996, 162 mwN betr. den zusammengefassten GrEStBescheid; BFH 1.8.1985 – VI R 28/79, BStBl. II 1985, 664 (668) betr. LStHaftungs- bzw. -Nachforderungsbescheid; zu zusammengefasstem SchenkStBescheid BFH 9.12.1998 – II R 6/97, BFH/NV 1999, 1091; BFH 15.3.2007 – II R 5/04, BStBl. II 2007, 472; BFH 6.6.2007 – II R 17/06, BStBl. II 2008, 46; BFH 16.9.2020 – II R 24/18, BStBl. II 2021, 621).

4. Rechtsfolgen mangelnder Inhaltsbestimmtheit

19 Der gegen das Gebot der Inhaltsbestimmtheit verstoßende VA ist fehlerhaft. Ob er aufgrund dieses Fehlers lediglich anfechtbar oder ausnahmsweise nichtig (§ 125 I) ist, beurteilt sich nach den Umständen des Einzelfalls (BFH 22.11.1988 – VII R 173/85, BStBl. II 1989, 220).

20 Der bei einem **Adressierungsmangel** (→ Rn. 16) gegebene Verstoß gegen das Bestimmtheitsgebot führt gem. § 125 I – ggf. auch gem. § 125 II Nr. 2 – zur **Nichtigkeit** des VA. Ausgeschlossen ist eine **Heilung** dieses Mangels (vgl. auch AEAO zu § 122 Nr. 2.12.3), etwa durch Richtigstellung im weiteren Verfahren (BFH 21.10.1985 – GrS 4/84, BStBl. II 1986, 230; BFH 25.1.2006 – I R 52/05, BFH/NV 2006, 1243), durch erstmalig hinreichend bestimmte Bezeichnung des Inhaltsadressaten im Einspruchsbescheid (BFH 26.3.1991 – VIII R 210/85, BFH/NV 1992, 73 mwN; HHSp § 119 Rn. 207) oder

dadurch, dass sich der Empfänger als Adressat angesehen hat (BFH 21.10.1985 – GrS 4/84, BStBl. II 1986, 230; BFH 17.6.1992 – X R 47/88, BStBl. II 1993, 174). **Keine Nichtigkeit** tritt ein, wenn StSchuldner und Bekanntgabeadressat eindeutig bezeichnet und die angegebene Person nur tatsächlich nicht der richtige StSchuldner sein sollte; in diesem Fall ist der Bescheid lediglich rechtswidrig (BFH 22.5.2001 – V B 204/00, BFH/NV 2001, 1522; BFH 14.2.2006 – II B 2/05, BFH/NV 2006, 1245). Zur Heilung von Bekanntgabemängeln → § 122 Rn. 22 ff.

Bei **Unbestimmtheit des Regelungsinhalts** ist der VA nicht schlechthin nichtig iSd 21 § 125 I. Insoweit bedarf es jeweils der Entscheidung im Einzelfall (BFH 12.10.1988 – II B 85/88, BStBl. II 1989, 12). Nichtigkeit ist bei **völliger Unbestimmtheit** gegeben, dh, wenn dem VA nicht hinreichend sicher entnommen werden kann, was von wem verlangt wird (BFH 22.11.1988 – VII R 173/85, BStBl. II 1989, 220; vgl. ferner → Rn. 19). Bei **StBescheiden** führt die Verletzung des § 157 I 2 zur Nichtigkeit (→ § 157 Rn. 19 sowie AEAO zu § 122 Nr. 4.1). Ein zusammengefasster Bescheid ist nichtig, wenn die erforderlichen Angaben zum besteuerten Sachverhalt fehlen (BFH 15.3.2007 – II R 5/04, BStBl. II 2007, 472); zu Fragen der Offenkundigkeit des Mangels → § 125 Rn. 21.

Ausgeschlossen ist eine **Heilung** des zur Nichtigkeit führenden Mangels im späteren Einspruchsverfahren (BFH 26.3.1991 – VIII R 210/85, BFH/NV 1992, 73) oder durch Anwendung des § 126 I Nr. 2 (→ § 126 Rn. 7).

III. Form des Verwaltungsakts (Abs. 2)

Nach § 119 II ist die FB in der Form des VA frei, soweit keine speziellen Formvor- 23 schriften bestehen. Der VA kann grds. schriftlich, elektronisch, mündlich oder in anderer Weise ergehen. Bei mündlichen VA kann dem Interesse des Stpfl. nach Rechtssicherheit und ggf. Rechtsschutz auf sein Verlangen hin durch schriftliche Bestätigung (§ 119 II 2) Rechnung getragen werden. StBescheide sind gem. § 157 I 1 schriftlich oder elektronisch zu erteilen.

Die für die Form des VA geltenden Vorschriften sind jeweils auf den Ausspruch (Tenor) des VA bezogen. Die Form der Begründung des VA bestimmt sich nach § 121 I; zur Form der Rechtsbehelfsbelehrung vgl. § 356.

1. Formfreiheit; Schriftformgebote (Abs. 2 S. 1)

Nach § 119 II 1 gilt für den VA **grds. Formfreiheit.** Durch (§ 119 II 1 einschränken- 24 de) gesetzliche Regelungen ist allerdings häufig **Schriftform** angeordnet; dies gilt insb. für StBescheide und ihnen gleichgestellte Bescheide (vgl. §§ 93 II 2; 157 I; 155 VI iVm 157 I; 181 I iVm § 157; 184 I 3 iVm 157 I; 188 I; 191 I 2; 196; 205 I; 239 I, 279 I 1; 309 II, 324, 332 I 1; 366). Das Schriftformgebot dient der Rechtsklarheit und schützt die FB vor übereilten Entscheidungen; nach § 87a IV ersetzt die **qualifizierte elektronische Form** die Schriftform. Zu den Rechtsfolgen des Verstoßes gegen die Schriftform bzw. die Übermittlungsanforderungen der elektronischen Form → Rn. 27.

Ein **mündlicher VA** ist der unter Anwesenden bekannt gegebene VA (zur entsprechen- 25 den Anwendung von §§ 186, 187 GVG bei Gehörlosen vgl. SBS § 23 Rn. 70 und § 41 Rn. 96); dazu gehört auch die fernmündliche Erklärung (SBS § 37 Rn. 77 f.). VA ergehen **„in anderer Weise“** durch konkludentes Verhalten oder Zeichen, zB stillschweigende Fristverlängerung, Durchwinken beim Zoll (vgl. auch SBS § 37 Rn. 79 mwN).

Ermessen der FB. Soweit keine zwingende Formschrift eingreift, hat die FB hinsicht- 26 lich der Auswahl der Form des VA ein Ermessen (dazu § 5). Die Schriftform (bzw. die ihr gleichgestellte elektronische Form unter den Voraussetzungen des § 87a IV) ist im Regelfall zweckmäßig. Sie ist geboten – der nur mündliche Erlass des VA damit ermessensfehlerhaft –, wenn es entscheidend auf den Wortlaut des VA (so zB bei der Fristsetzung gem. § 364b I, → § 364b Rn. 26) ankommt oder umfangreiche Zahlenwerke bzw. Berechnungen erforderlich sind (Schwarz/Pahlke/Keß § 119 Rn. 21; HHSp § 119 Rn. 245); zur erforderlichen Schriftform eines Abrechnungsbescheids → § 218 Rn. 35.

27 **Rechtsfolge bei Formverstoß.** Der Verstoß gegen das gesetzlich vorgeschriebene Schriftlichkeitsgebot führt gem. § 125 I zur **Nichtigkeit** des VA (BFH 5.5.1999 – II R 44/96, BFH/NV 2000, 8; HHSp § 119 Rn. 227). Diese Rechtsfolge muss auch eintreten, wenn bei gesetzlich vorgeschriebener Schriftform die Übermittlung in elektronischer Form ohne qualifizierte elektronische Signatur (vgl. § 87a IV bzw. VI) erfolgt (zutr. Symczak NWB 2002, 3001, vgl. auch Ortwald DStR 2017, 477). Ebenso ist ein mündlicher VA nichtig, wenn allein seine Schriftlichkeit ermessensgerecht (→ Rn. 26) war.

2. Schriftliche Bestätigung mündlicher Verwaltungsakte (Abs. 2 S. 2)

28 Unter den Voraussetzungen des § 119 II 2 sind mündliche VA schriftlich oder elektronisch zu bestätigen. Schon der Wortlaut des § 119 II 2 zeigt, dass in anderer Weise (zB konkludent oder durch Zeichen) ergangene VA dieser Vorschrift nicht unterliegen (HHSp § 119 Rn. 256; aA Schwarz/Pahlke/Keß § 119 Rn. 17). Insb. besteht nach dem klaren Wortlaut des § 119 II 2 kein Anspruch auf schriftliche Bestätigung eines elektronisch erlassenen VA (Szymczak NWB 2002, 3001; Gosch AO § 119 Rn. 36). Allerdings ist nun im Gesetz geregelt, dass die Bestätigung auch elektronisch erfolgen kann. Das war allerdings auch zuvor schon der Fall (vgl. 5. Aufl.). Für die schriftliche oder elektronische Bestätigung gelten die Formerfordernisse des § 119 III. Das für die Bestätigung erforderliche **berechtigte Interesse** geht über das rechtliche Interesse hinaus und kann sich aus jedem schützenswerten privatrechtlichen, wirtschaftlichen oder ideellen Interesse ergeben (vgl. auch SBS § 29 Rn. 47). Es ist insb. gegeben, wenn der VA auch nur möglicherweise Rechte des Betroffenen verletzen könnte, zB bei vollstreckbaren VA oder bei möglichen Eingriffen in die Privatsphäre. Das Verlangen muss **unverzüglich,** dh ohne schuldhaftes Zögern (vgl. § 121 II BGB) angebracht werden. Jedoch ist dem Betroffenen eine angemessene Überlegungsfrist (idR max. 14 Tage, zutr. Gosch AO § 119 Rn. 36; HHSp § 119 Rn. 270) zuzubilligen. Auskunftsverlangen sind gem. § 93 II auch ohne Vorliegen eines berechtigten Interesses schriftlich zu begründen.

29 Die schriftliche Bestätigung (für die Form ihrer Bekanntgabe gilt § 122 II entspr.) ist lediglich die nochmalige Bekanntgabe des schon mündlich bekannt gegebenen VA in anderer Form; sie ist daher **nicht** selbst **VA** (SBS § 37 Rn. 87) und auf den Zeitpunkt der Bekanntgabe (§ 124 I 1) sowie auf den Beginn der Rechtsbehelfsfrist (§ 355 I; zur Unanwendbarkeit des § 356 vgl. → § 356 Rn. 7) ohne Einfluss. Erfolgt die schriftliche Bestätigung erst nach Ablauf der Rechtsbehelfsfrist, ist Wiedereinsetzung in den vorigen Stand (§ 110) zu gewähren.

Kommt die FB dem Verlangen nach schriftlicher Bestätigung überhaupt nicht nach, wird der mündliche VA nachträglich unwirksam (Gosch AO § 119 Rn. 36). Für den der FB insoweit eingeräumten Zeitrahmen dürften die für die „angemessene Frist" iSd § 46 I FGO (dazu Gräber FGO § 46 Rn. 6 ff.) geltenden Grundsätze entspr. heranzuziehen sein; der FB ist insoweit regelmäßig eine Frist von sechs Monaten – beginnend mit der Bekanntgabe des mündlichen VA – zuzubilligen. Für die Erhebung einer Leistungsklage auf Erteilung der Bestätigung ist daher kein Raum (so HHSp § 119 Rn. 280; TK § 119 Rn. 13).

IV. Anforderungen an die Schriftform (Abs. 3)

33 § 119 III enthält Formvorschriften für schriftliche oder elektronische VA. Die Anforderungen des § 119 III beziehen sich auf den gem. § 122 bekannt gegebenen VA und nicht auf die in der Akte verbliebene Verfügung (BFH 24.4.1979 – VIII R 16/77, BStBl. II 1979, 606). Zu beachten sind die sich ggf. aus § 119 III 2 ergebenden Formerleichterungen. Nicht zum notwendigen Inhalt gehört das Datum; es wird in Abs. 3 nicht erwähnt und dient lediglich der zeitlichen Fixierung der getroffenen Regelung (zB StFestsetzung;

FG Köln 23.4.2013 – 15 K 1243/12, EFG 2013, 1461; zu einem vordatierten Bescheid s. BFH 20.11.2008 – III R 66/07, BStBl. II 2009, 185; Apitz StBP 2010, 79; → Rn. 5).

1. Erkennbarkeit der erlassenden Behörde (Abs. 3 S. 1)

Der schriftlich oder elektronisch erlassene VA muss die erlassende Behörde erkennen lassen. Diese muss bei einem **schriftlichen** VA aus dem Schriftstück selbst (zB Kopfleiste, Dienstsiegel) einwandfrei identifizierbar sein. Ausreichend ist, wenn sie nach den begleitenden Umständen, zB durch die auf dem Bescheid angegebene Adresse, ermittelt werden kann (BFH 24.7.2003 – III B 78/02, BFH/NV 2003, 1610). Ein **elektronischer VA** muss die erlassende Behörde unabhängig davon erkennen lassen, ob dieser in „einfacher" elektronischer Form oder mit einer qualifizierten elektronischen Signatur (dazu § 87a IV) übermittelt wird (BT-Drs. 14/9000, 37). Selbstverständlich muss auch der in einem automatisierten Verfahren (§ 119 III 2 2. HS) ergangene VA die erlassende FB erkennen lassen. Unschädlich ist insoweit die Fertigung und Bekanntgabe des VA durch ein Rechenzentrum (vgl. § 17 III FVG), weil der VA gem. § 17 III 2 FVG dem örtlich zuständigen FA zuzurechnen ist (FG Münster 12.5.1997 – 13 K 5340/96 Kfz, EFG 1998, 690). **Fehlt** dem VA die Angabe der erlassenden Behörde, ist er wegen inhaltlicher Unbestimmtheit nichtig (§ 125 II Nr. 1). 34

2. Unterschrift oder Namenswiedergabe (Abs. 3 S. 2)

§ 119 III 2 wurde durch das am 28.8.2002 in Kraft getretene 3. ÄndGVwVfV geändert und verlangt im **1. HS** für den Regelfall eines schriftlichen VA die Unterschrift oder Namenswiedergabe des Behördenleiters, seines Vertreters oder seines Beauftragten. Damit soll erkennbar werden, dass und wer den VA willentlich erlassen hat. Die Unterschrift verlangt eine eigenhändige handschriftliche Unterzeichnung; die zum Unterschriftserfordernis des § 64 I FGO ergangene Rspr. (dazu Gräber FGO § 64 Rn. 16 ff.) kann anhaltsweise herangezogen werden. Dieses Erfordernis verliert wegen der ebenfalls zugelassenen bloßen Namenswiedergabe, die die Unterschrift ersetzt, an Bedeutung. 35

Ein **Verstoß** gegen das Erfordernis der Unterschrift bzw. der Namenswiedergabe führt – im Umkehrschluss aus § 125 II Nr. 1 – nicht zur Nichtigkeit des VA (BFH 18.7.1985 – VI R 41/81, BStBl. II 1986, 169; BFH 29.1.1992 – II B 139/91, BFH/NV 1993, 399; BFH 25.3.2013 – I B 26/12, BFH/NV 2013, 1061; TK § 119 Rn. 21; aA Gosch AO § 119 Rn. 39.1). Der VA ist in diesem Fall im Rahmen des § 127 anfechtbar; jedoch wird die fehlende Unterschrift oder Namenswiedergabe idR nicht die sachliche Richtigkeit der Entscheidung beeinflussen (BFH 18.7.1985 – VI R 41/81, BStBl. II 1986, 169). Der Formmangel kann nicht gem. § 126 geheilt werden (TK § 119 Rn. 21). Die Nachholung der Unterschrift oder Namenswiedergabe ist ein Neuerlass des VA (SBS § 37 Rn. 106 und SBS § 45 Rn. 149). 36

Zu den Formanforderungen iSd § 119 III gehören nicht die → Rn. 6 aufgeführten Angaben.

Bei **formularmäßigen** oder **mit Hilfe automatischer Einrichtungen** erlassenen VA sind Unterschrift und Namenswiedergabe entbehrlich (§ 119 III 2 **2. HS**). Die Vorschrift ist verfassungsgemäß (BVerfG 8.12.1992 – 1 BvR 326/89, NJW 1994, 574). Sie gilt grds. auch für Einspruchsentscheidungen (→ § 366 Rn. 6). Dies gilt auch bei nachträglich vorgenommenen unwesentlichen maschinenschriftlichen oder handschriftlichen Änderungen (BFH 4.12.2013 – X B 155/12, BFH/NV 2014, 294). 37

„Formularmäßig" wird ein VA erlassen, wenn für ihn ein vorgedrucktes Formular verwendet wird, das ausgefüllt werden kann, jedoch nicht wesentlich abgeändert werden darf (BFH 18.7.1985 – VI R 41/81, BStBl. II 1986, 169; FG Hamburg 31.5.1999 – V 13/99, EFG 1999, 1005 betr. Zinsbescheid). Der Formularmäßigkeit steht nicht entgegen, wenn auf dem Formular kurze manuelle Erläuterungen in dem dafür vorgesehenen Freiraum vorgesehen werden (BFH 29.1.1992 – II B 132/91, BFH/NV 1992, 788 mwN). § 119 III 2 (2. HS) ist nicht anwendbar, wenn zum Verständnis des VA erforderliche wesentliche Änderungen vorgenommen werden oder der Regelungszweck eine weitergehende Begründung erfordert (zB Angabe von Ermessensgründen bei Haftungsbescheid, vgl. BFH 18.7.1985 – VI R 41/81, BStBl. II 1986, 169).

38 **Mit Hilfe automatischer Einrichtungen** erlassene VA liegen vor, wenn die EDV-Anlage als Hilfsmittel zur Erstellung des VA eingesetzt wird (zur Übertragung von StVerwaltungstätigkeiten auf Rechenzentren vgl. § 17 III FVG). Die automatische Fertigung muss den VA prägen; geringfügige manuelle Änderungen stehen der Anwendung des § 119 III 2 (2. HS) nicht entgegen (→ Rn. 38). Die EDV-Anlage ist nach dem klaren Wortlaut der Vorschrift nur Hilfsmittel und erlässt nicht selbst den VA.

Zur Berichtigung fehlerhafter VA, die im Zusammenhang mit der EDV-Bearbeitung ergangen sind, → § 129 Rn. 40 ff.

3. Elektronische Verwaltungsakte (Abs. 3 S. 3 und 4)

39 Der am 28.8.2002 in Kraft getretene und mit dem JStG 2024 verständlicher gefasste § 119 III 3 normiert erhöhte Anforderungen an einen elektronischen VA, soweit für diesen durch Gesetz eine Schriftform angeordnet ist. In diesem Fall muss der elektronische VA auch das der elektronischen Signatur zugrunde liegende qualifizierte Zertifikat (vgl. § 87a IV) oder ein zugehöriges qualifiziertes Attributzertifikat die erlassende Behörde erkennen lassen. Ab dem 1.8.2013 bestimmt § 119 III 4, dass im Falle des § 87a IV 3 die Bestätigung nach § 5 V De-Mail-G die erlassende FB sich als Nutzer des De-Mail-Kontos zu erkennen geben muss (→ Rn. 1). Die De-Mail ist allerdings bedeutungslos. Durch das am 24.7.2024 in Kraft getretene OZGÄndG v. 19.7.2024 (BGBl. 2024 I Nr. 245) ist die bisher in § 2 Abs. 2 EGovG enthaltene Verpflichtung der Bundesbehörden zur Eröffnung eines De-Mail-Zuganges entfallen. Aktuell gibt es nur noch einen beim BSI akkreditierten De-Mail-Anbieter (https://www.bsi.bund.de/DE/Themen/Oeffentliche-Verwaltung/Moderner-Staat/De-Mail/Akkreditierte-DMDA/akkreditierte-dmda_node.html, abgerufen am 20.9.2025).

Ein **Verstoß** gegen das Gebot des § 119 III 3 und 4 führt, da diese Vorschrift die an die Erkennbarkeit der erlassenden Behörde zu stellenden Anforderungen präzisiert, zur Nichtigkeit des VA gem. § 125 II Nr. 1 (ebenso HHSp § 119 Rn. 366 zu § 119 III 3, Ortwald DStR 2017, 477; aA Symczak NWB 2002, 3001, FG Köln 16.9.2015 – 2 K 2040/12, EFG 2016, 159). Eine Parallele zur Behandlung von VA, denen die Unterschrift bzw. Namenswiedergabe fehlt (→ Rn. 36), ist nicht möglich.

V. Dauerhafte Überprüfbarkeit der Signatur (Abs. 4)

42 Abs. 4 wurde durch das JStG 2024 (BGBl. 2024 I Nr. 387) eingefügt und entspricht weitgehend der Regelung in § 37 IV VwVfG. Geregelt wird im Grunde eine Selbstverständlichkeit (bzw. nichts, vgl. BeckOK VwVfG § 37 Rn. 62). Wird für einen VA die elektronische Form mit einer qualifizierten elektronischen Signatur oder einem qualifizierten elektronischen Siegel verwendet, muss die Signatur oder das Siegel nämlich solange überprüfbar sein, wie der VA von der FB gespeichert wird (vgl. BT-Drs. 20/12780, 161). Die Norm ist allerdings sanktionslos. Die spätere Löschung von Signatur bzw. Siegel wirkt nicht auf den Zeitpunkt der Bekanntgabe zurück und führt nicht zu einer nachträglichen Nichtigkeit des VA.

§ 120 Nebenbestimmungen zum Verwaltungsakt

(1) **Ein Verwaltungsakt, auf den ein Anspruch besteht, darf mit einer Nebenbestimmung nur versehen werden, wenn sie durch Rechtsvorschrift zugelassen ist oder wenn sie sicherstellen soll, dass die gesetzlichen Voraussetzungen des Verwaltungsakts erfüllt werden.**

(2) **Unbeschadet des Absatzes 1 darf ein Verwaltungsakt nach pflichtgemäßem Ermessen erlassen werden mit**

1. einer Bestimmung, nach der eine Vergünstigung oder Belastung zu einem bestimmten Zeitpunkt beginnt, endet oder für einen bestimmten Zeitraum gilt (Befristung),

2. einer Bestimmung, nach der der Eintritt oder der Wegfall einer Vergünstigung oder einer Belastung von dem ungewissen Eintritt eines zukünftigen Ereignisses abhängt (Bedingung),

3. einem Vorbehalt des Widerrufs

oder verbunden werden mit

4. einer Bestimmung, durch die dem Begünstigten ein Tun, Dulden oder Unterlassen vorgeschrieben wird (Auflage),

5. einem Vorbehalt der nachträglichen Aufnahme, Änderung oder Ergänzung einer Auflage.

(3) **Eine Nebenbestimmung darf dem Zweck des Verwaltungsakts nicht zuwiderlaufen.**

Vergleichbare Vorschriften: § 36 VwVfG; § 32 SGB X

Schrifttum: Stadie, Rechtsschutz gegen Nebenbestimmungen eines begünstigenden Verwaltungsakts, DVBl. 1991, 613; Pietzcker, Rechtsschutz gegen Nebenbestimmungen – unlösbar?, NVwZ 1995, 15; Brenner, Der Verwaltungsakt mit Nebenbestimmungen, JuS 1996, 283; Sieckmann, Die Anfechtbarkeit von Nebenbestimmungen zu begünstigenden Verwaltungsakten, DÖV 1998, 525; Labrenz, Die neue Rechtsprechung des BVerwG zum Rechtsschutz gegen Nebenbestimmungen – falsch begründet, aber richtig, NVwZ 2007, 161; Hellriegel/Malmendier, Isolierte Anfechtung von Nebenbestimmungen und vorläufiger Rechtsschutz: ein Unterfall des faktischen Vollzugs?, DVBl. 2010, 486; Dißars, Rechtmäßigkeit eines Widerrufsvorbehalts bei Anrechnungsverfügung, DStR 2012, 1170.

Übersicht

A. Allgemeines

Bedeutung; Anwendungsbereich. Die Vorschrift entspricht wörtlich § 36 VwVfG. 1
Sie bestimmt, unter welchen Voraussetzungen ein VA mit Nebenbestimmungen versehen werden darf und welche Art von Nebenbestimmungen in Betracht kommen. Die Vorschrift soll die Flexibilität der Verwaltung erhöhen, indem die mit dem HauptVA beabsichtigte Regelung den besonderen Gegebenheiten des Einzelfalls angepasst werden kann. Ferner wird der FB der Erlass des VA bereits dann ermöglicht, wenn noch nicht alle gesetzlichen Voraussetzungen geklärt sind (BFH 16.6.1994 – IV R 48/93, BStBl. II 1996, 82). Für die **Zulässigkeit von Nebenbestimmungen** gelten gem. § 120 I und II unter-

schiedliche Rechtmäßigkeitsvoraussetzungen. § 120 I betrifft die Zulässigkeit von Nebenbestimmungen zu rechtlich gebundenen VA. § 120 II regelt die Zulässigkeit von Nebenbestimmungen zu ErmessensVA und enthält Legaldefinitionen der einzelnen Nebenbestimmungen. § 120 III grenzt die Zulässigkeit von Nebenbestimmungen dahingehend ein, dass durch sie nicht der Zweck des VA vereitelt oder eingeschränkt werden darf. Im **Zollrecht** befindet sich in Art. 23 I UZK eine eigene Ermächtigungsgrundlage zum Erlass der Nebenbestimmungen (vgl. Witte Art. 23 Rn. 2 ff.).

2 **Begriff; Arten von Nebenbestimmungen.** Eine Nebenbestimmung ist – eine präzise allgemeine Begriffsdefinition fehlt – eine materiell-rechtliche Regelung, die unter näheren Voraussetzungen einem VA beigefügt werden kann und den Inhalt und die Wirksamkeit des VA konkretisiert. § 120 II enthält Legaldefinitionen einzelner Nebenbestimmungen; der in dieser Vorschrift aufgeführte Katalog ist nicht abschließend (HHSp § 120 Rn. 31; vgl. auch SBS § 36 Rn. 65; BVerwG 19.11.2009 – 3 C 7/09, NVwZ 2010, 643; aA TK § 120 Rn. 9; Schwarz/Pahlke/Keß § 120 Rn. 4). Nebenbestimmungen sind auch der Vorbehalt der Nachprüfung (§ 164) und die Vorläufigkeitserklärung (§ 165); Nebenbestimmung eigener Art ist zB die Sicherheitsleistung (§§ 241 ff.).

3 **Rechtsnatur der Nebenbestimmungen.** § 120 II unterscheidet zwischen den Nebenbestimmungen, die als Bestandteile des VA zu qualifizieren sind (§ 120 II Nr. 1–3: Befristung, Bedingung, Widerrufsvorbehalt) und der mit dem VA „verbundenen" Auflage bzw. dem Auflagenvorbehalt (§ 120 II Nr. 4 und 5). Ausgehend von dieser im Gesetzeswortlaut angelegten Differenzierung können Befristung, Bedingung und Widerrufsvorbehalt nicht als VA qualifiziert werden; sie treffen keine eigene Sachregelung, sondern begrenzen die Hauptregelung und sind integrierende unselbständige Bestandteile des HauptVA (umstr., s. HHSp § 120 Rn. 48 ff.; TK § 120 Rn. 22). Hingegen wird die Auflage schon nach dem Gesetzeswortlaut (Einleitungssatz vor § 120 II Nr. 4) mit dem HauptVA lediglich „verbunden". Als solche tritt sie mit einer eigenständigen zusätzlichen Sachregelung (Verpflichtung zu einem Tun, Dulden oder Unterlassen) zum HauptVA hinzu. Die Auflage ist mithin kein integrierender Bestandteil der Hauptregelung, sondern eine selbständige Nebenbestimmung und hat VA-Charakter (SBS § 36 Rn. 83; Klein § 120 Rn. 9; aA HHSp § 120 Rn. 120; TK § 120 Rn. 24). Die Wirksamkeit des HauptVA hängt nicht von der Erfüllung der Auflage ab (BFH 6.2.1990 – VII R 48/87, BFH/NV 1991, 3) und kann selbständig erzwungen werden (§§ 328 ff.). Zum Rechtsschutz gegen Nebenbestimmungen vgl. unten F.

4 **Wirksamkeit des HauptVA; Akzessorietät.** Die Nebenbestimmung berührt nicht die Wirksamkeit des VA; ggf. (insb. bei der Bedingung und Befristung) werden jedoch Beginn und Ende der durch den VA geregelten Rechtsfolgen durch die Nebenbestimmung modifiziert (zur Wirksamkeit der Nebenbestimmung → Rn. 43).

Sämtliche Nebenbestimmungen teilen als Nebenregelungen bzw. NebenVA das rechtliche Schicksal des HauptVA und sind insoweit **akzessorisch** (HHSp § 120 Rn. 55; TK § 120 Rn. 22; BFH 27.11.1996 – X R 20/95, BStBl. II 1997, 791). Wird der HauptVA aufgehoben oder erledigt sich dieser, gilt dies automatisch auch für die Nebenbestimmung; deren ausdrücklicher Aufhebung durch die FB bedarf es nicht; dies gilt auch für Auflage und Auflagenvorbehalt (→ Rn. 33).

B. Nebenbestimmungen bei rechtlich gebundenen Verwaltungsakten (Abs. 1)

8 **Grundsatz.** Gebundene VA (zum Begriff → § 118 Rn. 59) dürfen nur in den in § 120 I vorgesehenen Ausnahmefällen mit einer (in Abs. 2 oder anderweitig zugelassenen, → Rn. 2) Nebenbestimmung versehen werden. Ansonsten ist die Beifügung von Nebenbestimmungen zu gebundenen VA grds. unzulässig, weil jede Nebenbestimmung den gesetzlichen Anspruch auf Erlass des VA einschränkt. So ist es zB der FB untersagt, die

Erteilung der gem. § 22 II 1 GrEStG als gebundener VA ausgestalteten Unbedenklichkeitsbescheinigung mit einem Widerrufsvorbehalt zu versehen (BFH 20.6.1995 – II B 83/95, BFH/NV 1995, 1089).

Der **Anwendungsbereich** des § 120 I beschränkt sich, wie aus dem Wort „Anspruch" 9
folgt, auf begünstigende VA (zutr. HHSp § 120 Rn. 144, 147; aA Gosch AO § 120 Rn. 3; zum Begriff des begünstigenden VA → § 118 Rn. 59). Gemäß § 120 I dürfen diese VA nur ausnahmsweise mit einer Nebenbestimmung versehen werden, wenn dies durch Rechtsvorschrift zugelassen ist oder wenn die Nebenbestimmung sicherstellen soll, dass die gesetzlichen Voraussetzungen des VA erfüllt werden.

Zulassung durch Rechtsvorschrift. Gemäß § 120 I können Nebenbestimmungen 10
gebundenen (begünstigenden) VA beigefügt werden, wenn sie durch Rechtsvorschrift (Gesetz, Rechtsverordnung, Satzung) gesetzlich zugelassen sind; eine Zulassung durch Verwaltungsvorschrift reicht nicht aus.

Kraft Gesetzes können StBescheide mit dem Vorbehalt der Nachprüfung gem. § 164 (vgl. BFH 25.10.1989 – X R 109/87, BStBl. II 1990, 278) und gem. § 165 mit einem Vorläufigkeitsvermerk (vgl. BFH 9.10.1985 – II R 74/83, BStBl. II 1986, 38) ergehen; jedoch ist auf diese StBescheide – beschränkt man den Anwendungsbereich des § 120 I auf begünstigende VA (→ Rn. 9) – § 120 I ohnehin nicht anwendbar.

Die Nebenstimmung zu einem **gebundenen VA** ist ferner zulässig, wenn sie die 11
Erfüllung der gesetzlichen Voraussetzungen des VA sicherstellen soll. Das trifft zB auf solche Nebenbestimmungen zu DauerVA (→ § 118 Rn. 59) zu, mit denen die dauerhafte Erfüllung der gesetzlichen Voraussetzungen erreicht werden soll (TK § 120 Rn. 7). Nennenswerte Bedeutung hat dieser Vorbehalt im Abgabenrecht nicht.

Ermessen der FB. Ob die FB bei einem gebundenen VA von der Möglichkeit zur 12
Beifügung einer Nebenbestimmung Gebrauch macht und welche Nebenbestimmung dem HauptVA beigefügt wird, steht in ihrem pflichtgemäßen Ermessen. Ein strikter Anspruch auf Erlass des VA unter Nebenbestimmungen zur Sicherung seiner Voraussetzungen besteht grds. nicht (SBS § 36 Rn. 130 ff.).

C. Nebenbestimmungen bei Ermessensverwaltungsakten (Abs. 2)

I. Allgemeines

Anwendungsbereich. § 120 II betrifft die Beifügung von Nebenbestimmungen zu 17
anderen als gebundenen VA. Die Vorschrift gilt für belastende VA und ebenso für begünstigende VA, deren Erlass im pflichtgemäßen Ermessen der FB stehen (zB Fristverlängerung, Stundung, Erlass, AdV). Auflage und Auflagenvorbehalt kommen allerdings, weil nur gegenüber Begünstigten (vgl. § 120 II Nr. 4) möglich, lediglich bei begünstigenden VA in Betracht. Die Beifügung der Nebenbestimmung liegt im pflichtgemäßen Ermessen (§ 5) der FB. § 120 II ist sachgerecht: Da die FB einen ErmessensVA kraft ihres Ermessens auch insgesamt ablehnen dürfte, muss sie erst recht zum Erlass dieses VA unter Einschränkungen (Nebenbestimmungen) befugt sein.

§ 120 II 1 gilt „unbeschadet des Absatzes 1"; die Beifügung einer Nebenstimmung ist bereits nach § 120 I zulässig, soweit dies durch eine Rechtsvorschrift zugelassen ist oder die gesetzlichen Voraussetzungen des VA erfüllt werden sollen.

Ermessen. Die Entscheidung über die Beifügung einer Nebenbestimmung ist als Er- 18
messensentscheidung an die sich aus § 5 ergebenden allgemeinen Ermessensgrenzen gebunden. Die FB hat ein Entschließungs- und Auswahlermessen innerhalb der durch § 120 I bzw. II zugelassenen Nebenbestimmungen. Die Ermessensentscheidung ist fehlerhaft, wenn sie auf sachfremden Erwägungen beruht bzw. dem Zweck des VA zuwiderläuft (→ § 120 Rn. 39 ff.).

II. Einzelne Nebenbestimmungen

1. Befristung (Abs. 2 Nr. 1)

19 **Begriff.** Bei der Befristung sind der Beginn (Anfangstermin, sog. aufschiebende Befristung), das Ende (Endtermin, sog. auflösende Befristung) oder die Dauer der Rechtswirkungen eines VA auf einen zukünftigen bestimmten oder bestimmbaren Termin festgelegt. Anfangs- und Endtermin können durch ein festes Datum oder durch Zeitablauf (so bei Anknüpfung an ein bestimmtes Ereignis) bestimmt sein. Ist der Zeitpunkt ungewiss und nicht bestimmbar, liegt eine Bedingung (§ 120 II Nr. 2) vor. Eine Befristung kann zB im Zusammenhang mit der Gewährung von Buchführungserleichterungen (§ 148) oder der Erteilung einer verbindlichen Zusage (vgl. § 205 II Nr. 3) erfolgen. Eine Fristverlängerung (§ 109) ist schon definitionsgemäß befristet und deshalb keiner Befristung zugänglich.

20 **Rechtswirkungen.** Bei einem Anfangstermin treten die Rechtswirkungen des VA in dem bezeichneten Zeitpunkt ein. Der vorher erlassene VA wird jedoch bereits mit seiner Bekanntgabe rechtlich existent. Bei dem Endtermin entfällt gem. § 124 II die Wirksamkeit des VA, sodass sich dieser durch Zeitablauf ohne Weiteres erledigt. Es endet zB eine gem. § 120 II Nr. 1 befristete Aussetzung des Einspruchsverfahrens automatisch zu dem in der Aussetzungsentscheidung bezeichneten Endzeitpunkt (→ § 363 Rn. 32).

21 **KettenVA.** Wird bei Fristablauf eines auflösend befristeten VA ein neuer auflösend befristeter VA in Kraft gesetzt (zB bei mehrfacher Verlängerung von Buchführungserleichterungen gem. § 148), liegt ein sog. KettenVA vor. Die mehrfache Verlängerung oder Erneuerung des befristeten VA rechtfertigt grds. nicht die Annahme eines Vertrauensschutzes in die weitere Gewährung der Vergünstigung. Sinn der Befristung ist es vielmehr, die Entstehung eines über die Befristung hinausgehenden Vertrauens zu zerstören (SBS § 36 Rn. 74 mwN).

2. Bedingung (Abs. 2 Nr. 2)

22 **Begriff.** Die Bedingung (§ 120 II Nr. 2) betrifft – ebenso wie die Befristung – den zeitlichen Geltungsbereich des VA, wobei jedoch der Eintritt (sog. aufschiebende Bedingung; so zB die Gewährung von AdV mit Anordnung einer Sicherheitsleistung, → § 361 Rn. 115) oder der Wegfall (sog. auflösende Bedingung; zB Verfallklausel in einer Stundungsverfügung; vgl. BFH 12.10.1965 – I 385/62 U, BStBl. III 1965, 721 und → § 222 Rn. 71) der Rechtswirkung eines begünstigenden oder belastenden VA von einem **ungewissen zukünftigen Ereignis** abhängt. Dies entspricht der für das bürgerliche Recht in § 158 BGB getroffenen Regelung. Ob im Einzelfall eine aufschiebende oder auflösende Bedingung vorliegt, ist durch Auslegung (→ Rn. 42) zu ermitteln. Zur Abgrenzung zwischen Bedingung und Auflage → Rn. 32.

23 Ein Ereignis ist **ungewiss,** wenn nicht feststeht, ob es eintreten wird (FG Hamburg 28.2.2006 – VI 52/04, EFG 2006, 1630). Ist der Eintritt gewiss, liegt eine Befristung iSd § 120 II Nr. 1 vor. Ein Ereignis ist **zukünftig** ungewiss, wenn es zeitlich nach dem Erlass des VA eintritt. Daran fehlt es, wenn sich die Umstände seit Erlass des VA nicht geändert und die Voraussetzungen für den begünstigenden VA nicht vorgelegen haben. In diesem Fall kann der VA nur unter den Voraussetzungen des § 130 II zurückgenommen werden (BFH 16.6.1994 – IV R 48/93, BStBl. II 1996, 82). Ist das „Ereignis" bereits vor Erlass des unter der Bedingung ergangenen VA eingetreten, kann der VA gem. §§ 130 f. zurückzunehmen oder zu widerrufen sein (BFH 3.7.2002 – XI R 20/01, BFH/NV 2002, 1508).

24 **Rechtswirkungen.** Bei einer **aufschiebenden** Bedingung tritt die äußere Wirksamkeit des VA (→ § 124 Rn. 2) mit dessen Bekanntgabe ein. Die bedingten Rechtswirkungen (iSd inneren Wirksamkeit, → § 124 Rn. 2) bleiben jedoch bis zum Eintritt der Bedingung in der Schwebe (s. BFH 6.8.2013 – VII R 15/12, BStBl. II 2014, 69 zur Anerkennung einer StBeratergesellschaft). Bei einer **auflösenden** Bedingung wird der VA mit Bedingungseintritt automatisch (Erledigung auf andere Weise, § 124 II) unwirksam. Einer entsprechende Ermessensentscheidung der FB (Rücknahme oder Widerruf, §§ 130, 131)

bedarf es nicht (BFH 30.9.2003 – X B 85/03, BFH/NV 2004, 154 mwN). Je nach Ausgestaltung der Bedingung kann der Wegfall des VA nur für die Zukunft oder rückwirkend eintreten (HHSp § 120 Rn. 80; die unter einer auflösenden Bedingung ausgesprochene Zulassung von Sonderabschreibungen gem. § 3 III ZRFG entfällt rückwirkend, vgl. BFH 3.7.2002 – XI R 20/01, BFH/NV 2002, 1508 mwN). Eine förmliche Aufhebung des VA ist allenfalls aus Gründen der Rechtsklarheit erforderlich; diese Aufhebung ist als (feststellender) VA zu behandeln (BFH 3.7.2002 – XI R 20/01, BFH/NV 2002, 1508; → § 118 Rn. 59). Verhindert ein Beteiligter oder die FB unter Verstoß gegen Treu und Glauben den Eintritt der Bedingung, kommt die entsprechende Anwendung des § 162 BGB in Betracht (HHSp § 120 Rn. 83; diff. SBS § 36 Rn. 77).

3. Widerrufsvorbehalt (Abs. 2 Nr. 3)

Begriff. Der Widerrufsvorbehalt (§ 120 II Nr. 3) ist eine besondere Art der auflösenden Bedingung. Er ermöglicht den Widerruf des VA gem. § 131 II Nr. 1 und verhindert damit die Bildung eines Vertrauensschutzes auf den Bestand des HauptVA (vgl. SBS § 36 Rn. 78). Das zur Beendigung der Wirksamkeit des VA führende Ereignis ist der von der FB erklärte Widerruf. Der VA ist bis zur Erklärung des Widerrufs voll wirksam. 25

Anwendungsbereich. § 120 II Nr. 3 betrifft nur den von der FB in einen VA aufgenommenen konstitutiven Widerrufsvorbehalt. Dieser kommt nur bei begünstigenden VA in Betracht, die im Ermessen (§ 5) der FB stehen (zB bei AdV-Gewährung, → § 361 Rn. 72). Die Vorschrift ist nicht auf VA anzuwenden, die schon kraft Gesetzes – so zB § 148 S. 3 – widerruflich sind (TK § 120 Rn. 16). Der mit einem StBescheid verbundene Vorbehalt der Nachprüfung (§ 164) kann nicht in einen Widerrufsvorbehalt umgedeutet werden (FG Münster 31.5.2001 – 6 K 5014/98 G, F, EFG 2001, 1342). 26

Der Widerrufsvorbehalt berechtigt zum Widerruf rechtmäßiger VA (→ § 131 Rn. 4) und selbstverständlich erst recht zur Rücknahme rechtswidriger VA (BFH 30.11.1982 – VIII R 9/80, BStBl. II 1983, 187; TK § 120 Rn. 16; HHSp § 120 Rn. 95; vgl. auch SBS § 36 Rn. 81).

Da der Widerrufsvorbehalt nur für die Zukunft Rechtswirkungen äußert, setzt er einen **VA mit Dauerwirkung** (sog. DauerVA, → § 118 Rn. 59) voraus. Einmalige VA (zB Billigkeitserlass, § 227) können nicht mit einem Widerrufsvorbehalt versehen werden (HHSp § 120 Rn. 97); der Widerrufsvorbehalt bei Erlass einer bereits entstandenen Steuer ist gegenstandslos (BFH 22.9.1971 – I B 26/71, BStBl. II 1972, 83).

Zulässigkeit. Die Beifügung des Widerrufsvorbehalts steht im Ermessen (§ 5) der FB. Der Widerrufsvorbehalt ist rechtswidrig, wenn ein Rechtsanspruch auf den VA ohne Widerrufsvorbehalt besteht. Sind die Widerrufs- und Rücknahmegründe bereits im Gesetz selbst abschließend geregelt, ist ein im Widerrufsvorbehalt davon abweichender zusätzlicher Widerrufsgrund ebenfalls rechtswidrig (SBS § 36 Rn. 33, 79). § 120 II Nr. 3 lässt einen uneingeschränkten Widerrufsvorbehalt zu; eine präzise Angabe der Widerrufsgründe ist nicht erforderlich; ein formularmäßiger, freier Widerrufsvorbehalt ist jedoch idR ermessensfehlerhaft (HHSp § 120 Rn. 99, 180; Gosch AO § 120 Rn. 7; TK § 120 Rn. 17). 27

Die Gewährung von **AdV** unter einem Widerrufsvorbehalt ist unzulässig, da das Gesetz dies nicht vorsieht (vgl. Klein § 120 Rn. 8). Die Frage ist jedoch der finanzgerichtlichen Kontrolle entzogen. Dies ist die Folge der durch § 69 VII FGO und § 361 V bewirkten eingeschränkten Rechtsschutzmöglichkeit des Stpfl. auf dem Gebiet des vorläufigen Rechtsschutzes (BFH 12.5.2000 – VI B 266/98, BStBl. II 2000, 536; FG Sachsen-Anhalt 13.5.2015 – 3 V 1163/12, EFG 2015, 1381). Statt gegen die AdV zu klagen, kann beim FG ein Antrag nach § 69 III FGO gestellt werden. Die **Ausübung des Widerrufsvorbehalts** durch den Widerruf ist selbst VA; er steht im Ermessen (dazu § 5) der FB; zu Einzelheiten → § 131 Rn. 14 f.

4. Auflage (Abs. 2 Nr. 4); modifizierende Auflage

31 Die Auflage (§ 120 II Nr. 4) verpflichtet den durch den VA Begünstigten zu einem bestimmten Tun, Dulden oder Unterlassen. Schon nach dem Gesetzeswortlaut („Begünstigten") kann die Auflage nur begünstigenden VA beigefügt werden. Ihrer **Rechtsnatur** nach ist die Auflage mit dem HauptVA lediglich „verbunden" und damit eine selbständige Nebenbestimmung, die ihrerseits VA-Charakter hat (→ Rn. 3). Auflage ist zB die Stundung mit der Maßgabe, eine StErklärung binnen einer bestimmten Frist einzureichen oder die im Stundungszeitraum laufend fällig werdenden Steuern fristgerecht zu zahlen (→ § 222 Rn. 71). Nicht Auflage, sondern (aufschiebende) Bedingung ist idR die Anordnung einer Sicherheitsleistung bei der AdV (→ § 361 Rn. 115).

32 Die **Abgrenzung zur Bedingung** ist uU problematisch, weil ihr Gegenstand – wie bei der Auflage – ein Tun, Dulden oder Unterlassen sein kann. Während jedoch der mit der Auflage verbundene VA ohne Rücksicht auf die Erfüllung der Auflage sofort wirksam wird, tritt die Wirksamkeit des unter einer aufschiebenden Bedingung ergangenen VA erst mit Bedingungseintritt ein bzw. wird der VA – bei einer auflösenden Bedingung – mit Eintritt der Bedingung unwirksam. Bei Zweifeln über das Vorliegen einer Auflage bzw. einer Bedingung ist im Wege der Auslegung (allgemein → Rn. 42) zunächst auf die Bezeichnung der Nebenbestimmung (SBS § 36 Rn. 68) abzustellen. Eine von der Bezeichnung abweichende Qualifikation bedarf gewichtiger Gründe (HHSp § 120 Rn. 126). Zu berücksichtigen ist ferner der Rechtsfolgenwille der FB, soweit er im Erklärungsinhalt des VA seinen Niederschlag findet. Bei verbleibenden Zweifeln oder widersprüchlichen Erklärungen der FB ist eine Auflage anzunehmen, weil sie den Begünstigten weniger belastet (HHSp § 120 Rn. 127; vgl. auch BFH 25.8.1981 – VII B 3/81, BStBl. II 1982, 34).

33 **Akzessorietät.** Die Auflage ist – wie alle Nebenbestimmungen (→ Rn. 4) – zum HauptVA akzessorisch, dh bei ihrem Erlass und in ihrem rechtlichen Bestand nicht vom HauptVA zu trennen (vgl. SBS § 36 Rn. 83). Die innere Wirksamkeit (→ § 124 Rn. 2) der Auflage tritt erst ein, wenn die Regelung des HauptVA äußere und innere Wirksamkeit erlangt. Umgekehrt bewirkt die Unwirksamkeit einer Auflage nicht automatisch die Unwirksamkeit des HauptVA (SBS § 36 Rn. 20); insoweit bestimmen sich die Rechtsfolgen unter Berücksichtigung einer Teilbarkeit des HauptVA (→ Rn. 44, 47 f.).

34 Die **Nichterfüllung** der in der Auflage enthaltenen Verpflichtung berechtigt die FB zur zwangsweisen Durchsetzung im Wege der Zwangsvollstreckung (§§ 328 ff.) und rechtfertigt den Widerruf des VA (vgl. § 131 II Nr. 2). Die Zuwiderhandlung gegen eine Auflage ist nach Maßgabe des § 379 III eine Ordnungswidrigkeit.

35 Die missverständlich so bezeichnete sog. **modifizierende Auflage** ist keine Auflage iSd § 120 II Nr. 4, sondern eine inhaltliche Beschränkung bzw. Veränderung des beantragten begünstigenden VA (Klein § 120 Rn. 11; HHSp § 120 Rn. 130; eingehend SBS § 36 Rn. 96 ff.). Soweit die modifizierende Auflage eine Teilablehnung des beantragten VA beinhaltet, ist das Rechtsschutzbegehren in Form einer Verpflichtungsklage (§ 40 I FGO) zu verfolgen.

5. Auflagenvorbehalt (Abs. 2 Nr. 5)

36 Der Auflagenvorbehalt (§ 120 II Nr. 5) ist die Ankündigung, dass dem HauptVA zu einem späteren Zeitpunkt eine Auflage hinzugefügt oder eine schon bestehende Auflage geändert oder ergänzt werden wird. Er kann ebenso wie die Auflage nur begünstigenden VA beigefügt werden. Damit wird die Entstehung eines schutzwürdigen Vertrauens des Begünstigten, später nicht zusätzlich belastet zu werden, ausgeschlossen. Die nachträgliche Auflage ist kein teilweiser Widerruf des HauptVA (HHSp § 120 Rn. 133). Der Auflagenvorbehalt ist selbst VA und kann unabhängig vom HauptVA angefochten werden (str.; zum Meinungsstand SBS § 36 Rn. 89 ff. mwN).

D. Verstoß gegen Zweckbestimmung (Abs. 3)

Nach § 120 III darf eine Nebenbestimmung nicht dem Zweck des VA zuwiderlaufen. 39
Die Vorschrift soll verhindern, dass durch die beigefügte Nebenbestimmung der ursprüngliche Zweck des VA beeinträchtigt wird (SBS § 36 Rn. 145). Das bedeutet nicht, dass die Nebenbestimmung in der Zweckbestimmung des VA liegen muss (HHSp § 120 Rn. 171 mwN). Jedoch muss die Nebenbestimmung **sachbezogen und sachgerecht** sein, dh eine Rechtfertigung in dem Gesetzeszweck und der vom Gesetzgeber gewollten Ordnung der Materie finden (BVerwG 27.9.1978 – 1 C 48/77, NJW 1979, 1112 mwN; SBS § 36 Rn. 145 ff.).

Unzulässig sind Nebenbestimmungen, die gegen das im Rechtsstaatsprinzip wurzelnde 40
sog. **Koppelungsverbot** verstoßen (HHSp § 120 Rn. 169; SBS § 36 Rn. 149 und SBS § 56 Rn. 3 ff.). Hoheitliche Maßnahmen dürfen daher idR nicht von wirtschaftlichen Gegenleistungen abhängig gemacht werden. Unzulässig ist zB die Verlängerung der Frist zur Abgabe einer StErklärung unter der Bedingung der Entrichtung einer Abschlusszahlung (BFH 31.5.1954 – IV 130/54 U, BStBl. III 1954, 244) oder die Gewährung einer Stundung unter der Bedingung der Zurücknahme eines Rechtsbehelfs (HHSp § 120 Rn. 171).

E. Form und Verfahren; Auslegung von Nebenbestimmungen

Form/Verfahren. § 120 normiert für Nebenbestimmungen keine besonderen formel- 41
len Anforderungen. Es gelten insoweit – unabhängig davon, ob und in welchem Umfang den Nebenbestimmungen VA-Charakter zuerkannt wird – die allg. für den HauptVA geltenden Anforderungen. Für die **Anhörungspflicht** gilt § 91. Eine Nebenbestimmung erfordert stets eine ausdrückliche Regelung. Die Form der Nebenbestimmung richtet sich nach der für den HauptVA geltenden Formvorschrift (HHSp § 120 Rn. 175). Die Nebenbestimmung unterliegt dem **Bestimmtheitsgebot** (→ § 119 Rn. 3) und nach Maßgabe des § 121 der **Begründungspflicht** (die StFestsetzung unter Vorbehalt der Nachprüfung bedarf jedoch keiner Begründung, § 164 I 1).

Für die **Auslegung** von Nebenbestimmungen ist nicht die von der FB gewählte 42
Bezeichnung, sondern der **objektive Erklärungsinhalt** maßgebend. Für den Regelungsinhalt der Nebenbestimmung ist entscheidend, wie der Adressat ihren materiellen Regelungsinhalt (einschl. der hierzu gegebenen Begründung und der beigefügten Erläuterungen) nach seinem objektiven Verständnishorizont unter Berücksichtigung von Treu und Glauben verstehen konnte (BFH 2.4.1997 – X R 21/94, BFH/NV 1997, 547; BFH 19.10.1999 – IX R 23/98, BStBl. II 2000, 282; BFH 29.8.2001 – VIII R 1/01, BFH/NV 2002, 465). Es gelten die für die Auslegung von VA geltenden allg. Grundsätze (→ § 118 Rn. 54 ff.). Unklarheiten über die Art der Nebenbestimmung gehen zulasten der FB (HHSp § 120 Rn. 45, 87; → § 118 Rn. 55). Bei verbleibenden Auslegungszweifeln ist wegen des Übermaßverbots von der weniger stark belastenden Nebenbestimmung auszugehen (HHSp § 120 Rn. 45; BFH 25.8.1981 – VII B 3/81, BStBl. II 1982, 34).

F. Wirksamkeit der Nebenbestimmung; Rechtsschutzfragen

Die Nebenbestimmung erlangt **Wirksamkeit** mit ihrem bekannt gegebenen Inhalt 43
(→ § 124 Rn. 8). Bei **Nichtigkeit** einer Nebenbestimmung bestimmen sich – sofern der selbständige VA-Charakter der Nebenbestimmung verneint wird – die Rechtsfolgen in Bezug auf den GesamtVA in unmittelbarer Anwendung des § 125 IV; andernfalls gilt

§ 125 IV entspr. (HHSp § 120 Rn. 185). Die Unwirksamkeit einer Auflage berührt grds. nicht die Wirksamkeit des HauptVA (→ Rn. 33).

Die Auswirkungen einer **rechtswidrigen** Nebenbestimmung bestimmen sich ebenfalls nach dem Rechtsgedanken des § 125 IV: Der GesamtVA ist insgesamt rechtswidrig, wenn dieser das Ergebnis einer einheitlichen Ermessensentscheidung ist oder der HauptVA ohne die Nebenbestimmung keinen Sinn behält (HHSp § 120 Rn. 189; → Rn. 49).

44 **Rechtsschutz.** Ob und ggf. welche Arten von Nebenbestimmungen isoliert durch Einspruch (§ 347) und ggf. durch Anfechtungsklage angegriffen werden können, ist str. (zur Problematik im allgemeinen Verwaltungsrecht vgl. SBS § 36 Rn. 54 ff.). Diese Streitfrage betrifft nur den Rechtsschutz gegen belastende Nebenbestimmungen, die einem **begünstigenden VA** beigefügt werden. Die praktische Bedeutung dieser Rechtsschutzproblematik für das StRecht ist, da begünstigende VA hier selten sind, gering (HHSp § 120 Rn. 196). Im Einzelnen ist je nach der Art der Nebenbestimmung und dem Rechtsschutzziel zu differenzieren.

45 **Vorbehalt der Nachprüfung; Vorläufigkeitsvermerk.** Die Rspr. verneint die isolierte Anfechtbarkeit des Vorbehalts der Nachprüfung (§ 164) und des Vorläufigkeitsvermerks (§ 165). Diese Nebenbestimmungen können nur zusammen mit dem StBescheid angegriffen werden (→ § 164 Rn. 82, → § 165 Rn. 57).

46 Bei **sonstigen Nebenbestimmungen** hat die Rspr. bislang nach der Art der Nebenbestimmung unterschieden: Prinzipiell selbständig anfechtbar sind Auflage und Auflagenvorbehalt (BFH 25.8.1981 – VII B 3/81, BStBl. II 1982, 34), während Befristung, Bedingung und Widerrufsvorbehalt als unselbständige Nebenbestimmungen nur zusammen mit dem HauptVA angegriffen werden können (BFH 20.6.1979 – IV B 20/79, BStBl. II 1979, 666; zust. zB Pietzcker NVwZ 1995, 15). Das Meinungsspektrum der Literatur ist weit gefächert (vgl. HHSp § 120 Rn. 206 ff.; SBS § 36 Rn. 54 ff.). Hier wird zT die selbständige Anfechtbarkeit von Nebenbestimmungen generell verneint (so TK § 120 Rn. 27; Stadie DVBl. 1991, 613), jedoch nach einer im Vordringen befindlichen Auffassung generell bejaht (so HHSp § 120 Rn. 218 f.).

47 Im Grundsatz ist eine isolierte Anfechtbarkeit **sämtlicher** Nebenbestimmungen zu bejahen. Da § 100 I FGO die teilweise Aufhebung von VA zulässt (vgl. Gräber FGO § 100 Rn. 20 ff.), muss auch die (auf die Nebenbestimmung beschränkte) Teilanfechtung durch entsprechende Anfechtungsklage (§ 40 I FGO) möglich sein (aA TK § 120 Rn. 27). Allerdings setzt die Teilaufhebung eine (nach materiellem Recht zu beurteilende) Teilbarkeit des VA voraus (→ § 125 Rn. 36).

48 Bei **Auflage** und **Auflagenvorbehalt** ist die isolierte Aufhebbarkeit, da es sich um selbständige VA handelt (→ Rn. 3), zu bejahen (BFH 25.8.1981 – VII B 3/81, BStBl. II 1982, 34; die Frage der Teilbarkeit stellt sich nicht, vgl. SBS § 36 Rn. 55 ff.; aA TK § 120 Rn. 24). Bei diesen Nebenbestimmungen ist mithin grds. die gesonderte Aufhebung möglich (vgl. Gräber FGO § 100 Rn. 24). Ein Einspruch gegen die Auflage bzw. den Auflagenvorbehalt erfordert die Geltendmachung einer diesbezüglichen Beschwer (§ 350); eine Beschwer des (begünstigenden) HauptVA kann aus diesen Nebenbestimmungen nicht hergeleitet werden (vgl. auch BFH 25.8.1981 – VII B 3/81, BStBl. II 1982, 34). Ebenfalls ist eine auf diese Nebenbestimmungen beschränkte Teilrücknahme eines Einspruchs zulässig (→ § 362 Rn. 11).

49 Ausnahmsweise ist jedoch nur eine Verpflichtungsklage (§ 40 I FGO) zulässig, wenn der Erlass des (begünstigenden) VA mit der (belastenden) Nebenbestimmung im **Ermessen** der FB liegt und kein strikter Anspruch auf Erlass des VA ohne Nebenbestimmung besteht (HHSp § 120 Rn. 233). Eine Anfechtungsklage könnte insoweit, da das Gericht nicht sein Ermessen an die Stelle des behördlichen Ermessens setzen darf, lediglich zur Aufhebung des VA und seiner Nebenbestimmung führen (BFH 31.10.1973 – I R 249/72, BStBl. II 1974, 118).

50 **Rechtsschutz nach Bestandskraft.** Nach Bestandskraft des HauptVA und seiner Nebenbestimmung kann die Nebenbestimmung, soweit sie ein selbständiger VA ist (dh

eine Auflage oder ein Auflagenvorbehalt vorliegt, → Rn. 3, 48), gem. §§ 130, 131 gesondert zurückgenommen bzw. widerrufen werden. Gegen VA (zB Widerruf), die auf der einem bestandskräftigen VA beigefügten Nebenbestimmung (zB Widerrufsvorbehalt) beruhen, kann die Rechtswidrigkeit der Nebenbestimmung selbst nicht mehr geltend gemacht werden (BFH 30.11.1982 – VIII R 9/80, BStBl. II 1983, 187).

Wird während des finanzgerichtlichen Verfahrens lediglich eine Nebenbestimmung zum VA, wie zB eine Befristung nach § 120 II Nr. 1, hinzugefügt, aufgehoben oder geändert, so liegt auch eine **Änderung iSd § 68 FGO** vor (BFH 23.2.2010 – VII R 1/09, BFH/NV 2010, 1566). 51

§ 121 Begründung des Verwaltungsakts

(1) **Ein schriftlicher, elektronischer sowie ein schriftlich oder elektronisch bestätigter Verwaltungsakt ist mit einer Begründung zu versehen, soweit dies zu seinem Verständnis erforderlich ist.**

(2) **Einer Begründung bedarf es nicht,**

1. **soweit die Finanzbehörde einem Antrag entspricht oder einer Erklärung folgt und der Verwaltungsakt nicht in Rechte eines anderen eingreift,**
2. **soweit demjenigen, für den der Verwaltungsakt bestimmt ist oder der von ihm betroffen wird, die Auffassung der Finanzbehörde über die Sach- und Rechtslage bereits bekannt oder auch ohne Begründung für ihn ohne weiteres erkennbar ist,**
3. **wenn die Finanzbehörde gleichartige Verwaltungsakte in größerer Zahl oder Verwaltungsakte mit Hilfe automatischer Einrichtungen erlässt und die Begründung nach den Umständen des Einzelfalls nicht geboten ist,**
4. **wenn sich dies aus einer Rechtsvorschrift ergibt,**
5. **wenn eine Allgemeinverfügung öffentlich bekannt gegeben wird.**

Vergleichbare Vorschriften: § 39 VwVfG; § 35 SGB X

Schrifttum: Voth, Zu den Anforderungen an Begründung und Gestaltung des Steuerbescheids, DStR 1981, 291; Buchbinder, Schadensersatzpflicht der Steuerverwaltung in Fällen der Amtspflichtverletzung – Anmerkungen zum Urteil des LG Nürnberg-Fürth vom 30.10.2008 – 4 O 6567/08, DStZ 2009, 250; Zaumseil, Die Begründung des Steuerverwaltungsakts als Rechtmäßigkeitsvoraussetzung von Schätzungsbescheiden, BB 2011, 2071; Pieske-Kontny, Zum Vorlageverlangen nach § 147 Abs. 6 AO im Rahmen einer Außenprüfung bei einem Berufsgeheimnisträger, StBp 2019, 317.

I. Allgemeines; Funktion des Begründungszwangs

Bedeutung. Der in § 121 I normierte Begründungszwang ist – im Vergleich zu S. 2 und 3 des § 39 I VwVfG – insofern reduziert, als er nur eine zum Verständnis des VA erforderliche Begründung verlangt. Damit soll praktischen Bedürfnissen der StVerwaltung Rechnung getragen werden (vgl. BT-Drs. VI/1982, 212, vgl. auch BFH 2.10.1991 – X R 89/89, BStBl. II 1992, 220; BFH 11.2.2004 – II R 5/02, BFH/NV 2004, 1062). 1

Der durch das 3. ÄndGVwVfV neu gefasste Abs. 1 stellt klar, dass der Begründungszwang auch für elektronisch übermittelte VA gilt. Nach der gleichzeitig erfolgten Änderung des Abs. 2 Nr. 2 soll die Ausnahme vom Begründungserfordernis auch bei einem elektronischen VA gelten (vgl. BT-Drs. 14/9000, 33, 37).

Funktion des Begründungszwangs. Die Begründung des VA trägt zu seiner Akzeptanz bei, ermöglicht dem Bürger eine Kontrolle der Entscheidung sowie der ihr zugrunde gelegten rechtlichen und tatsächlichen Grundlagen und erleichtert in einem Rechtsschutzverfahren die Nachprüfung der Entscheidung (vgl. auch BVerfG 16.1.1957 – 1 BvR 253/56, BVerfGE 6, 32 (44); BFH 3.2.1981 – VII R 86/78, BStBl. II 1981, 493; BFH 19.2.2009 – II R 61/07, BFH/NV 2009, 1586). Damit dient die Begründungspflicht insb. 2

der Verwirklichung der Rechtsschutzgarantie des Art. 19 IV GG (BVerfG 20.5.1988 – 1 BvR 273/88, BeckRS 1988, 6617; BFH 11.2.2004 – II R 5/02, BFH/NV 2004, 1062; SBS § 39 Rn. 2 ff.; vgl. auch BT-Drs. 14/9000, 33). Der Betroffene kann Rechtsschutz nur dann effektiv in Anspruch nehmen, wenn er weiß, wie die Behörde ihren Verwaltungsakt rechtfertigt und auf welche Rechtsgrundlagen sie ihn stützt. Dem Bürger wird damit nicht angelastet, überhaupt erst eine geeignete Rechtsgrundlage seinerseits zu suchen. Eine besondere Begründungspflicht kann sich im Zusammenhang mit Eingriffen in das Recht auf informationelle Selbstbestimmung ergeben (BVerfG 13.6.2007 – 1 BvR 1550/03 ua, DStRE 2007, 1196 mwN).

Letztlich beruht die Begründungspflicht schon auf dem für jedes Verwaltungsverfahren geltenden Rechtsstaatsprinzip und berührt damit einen wesentlichen Teilaspekt des „Grundrechtsschutzes durch Verfahren" (→ Einl. Rn. 7).

Das Verfassungsrecht fordert allerdings für den VA nicht zwingend die Schriftlichkeit der Begründung; eine nicht umfangreiche Begründung kann auch mündlich erfolgen, sofern dadurch die Möglichkeit sachgemäßer Verteidigung nicht eingeschränkt wird (BVerfG 29.10.1975 – 2 BvR 812/73, NJW 1976, 37).

Zur Begründungspflicht von **Einspruchsentscheidungen** vgl. § 366 S. 1. Für Entscheidungen der **Zollbehörden** schreibt Art. 22 VII UZK – über § 121 hinausgehend – eine Begründung aller belastenden schriftlichen Entscheidungen vor (dazu Witte Art. 22 Rn. 139; vgl. auch BFH 17.3.2009 – VII R 40/08, BFH/NV 2009, 1287). Für die **verbindliche Zusage** enthält § 205 II Nr. 2 eine dem § 121 vorgehende spezielle Regelung (→ § 205 Rn. 24). Weitere Spezialvorschriften sind zB § 260 (Angabe des Schuldgrundes in VollstrAufträgen und Pfändungsverfügungen; → § 260 Rn. 2) und § 324 II 2 (Begründung der Arrestanordnung, → § 324 Rn. 19).

II. Begründungspflicht (Abs. 1)

3 **Anwendungsbereich.** § 121 I fordert grds. eine Begründung schriftlicher, elektronischer sowie schriftlich oder elektronisch bestätigter VA (zu den einzelnen Formen des Erlasses des VA und der Bestätigung mündlicher VA → § 119 Rn. 23 ff.). Eine Begründungspflicht behördlicher Maßnahmen, die kein VA (§ 118) sind, besteht nicht (vgl. zB BFH 16.3.2000 – III R 19/99, BStBl. II 2000, 520 betr. Anordnung förmlicher Zustellung gem. § 122 V; BFH 22.10.2024 – VIII R 18/21, DStRE 2025, 174 betr. einem anderen FA erteilten Prüfungsauftrag). Die Begründungspflicht gilt – abgesehen von den in § 121 II normierten Ausnahmen – grds. für **sämtliche VA,** auf die die AO Anwendung findet (BFH 19.1.1999 – X B 112/98, BFH/NV 1999, 904 betr. Verspätungszuschlag). Zu begründen sind daher sowohl belastende als auch begünstigende VA unabhängig davon, ob eine Ermessensentscheidung oder eine gebundene Entscheidung zu treffen ist und ob die FB bestimmte oder unbestimmte Rechtsbegriffe anzuwenden hat. Auch Nebenbestimmungen (§ 120) sind zu begründen; insb. hat die FB die ihr durch § 120 I und II eingeräumte Ermessensentscheidung zu begründen. Dies gilt zB auch für die Vorabanforderung von StErklärungen (FG Hamburg 27.4.2012 – 6 K 95/11, EFG 2012, 2256). Auch ein auf § 147 VI gestütztes Vorlageverlangen ist zu begründen. Dabei sind – soweit es sich um eine Ermessensentscheidung handelt – die angestellten Erwägungen darzulegen (FG München 27.6.2018 – 1 K 2318/17, EFG 2018, 1845, bestätigt durch BFH 7.6.2021 – VIII R 24/18, DStR 2021, 2015; vgl. Pieske-Kontny StBp 2019, 317). Die Begründung eines Widerrufs erstreckt sich auch auf die Voraussetzungen eines Widerrufsvorbehalts gem. § 120 II Nr. 3 (→ § 131 Rn. 15). Keiner Begründung bedarf jedoch der Vorbehalt der Nachprüfung, vgl. § 164 I 1.

4 Für **mündliche** oder in anderer Weise (vgl. § 119 II 1) erlassene VA ordnet § 121 I keine Begründungspflicht an. Der Betroffene kann gem. § 119 II 2 eine schriftliche Bestätigung und damit die von Amts wegen erforderliche schriftliche Begründung, die

nach Maßgabe des § 121 zu erteilen ist, erlangen; bei vorausgegangener mündlicher Begründung kann § 121 II Nr. 2 eingreifen.

Erforderlichkeit und Umfang der Begründung. Eine Begründungspflicht nach § 121 I besteht nur, soweit dies zum Verständnis des VA erforderlich ist; zu der im Vergleich zu § 39 VwVfG schwächeren Ausgestaltung der Begründungspflicht nach § 121 → Rn. 1; die Neufassung des § 121 I durch das 3. ÄndGVwVfV hat hieran nichts geändert. Die FB kann sich demgemäß bei der Begründung darauf beschränken, die ihre **Entscheidung** (also den Tenor des VA) **maßgebend tragenden Erwägungen** bekannt zu geben (BFH 11.2.2004 – II R 5/02, BFH/NV 2004, 1062 mwN). Kraft besonderer gesetzlicher Anordnung (zB § 361 IV 1) kann eine weitergehende Begründungspflicht bestehen. Da § 121 I nicht zwingend eine Begründung vorschreibt, kann nicht etwa im Wege des Umkehrschlusses aus § 121 II auf eine prinzipielle Begründungspflicht sämtlicher VA geschlossen werden (zutr. FG Niedersachsen 20.3.1985 – IX 532/83, EFG 1985, 474). 5

Ob eine Begründung zum **„Verständnis erforderlich"** ist, ist entspr. den konkreten Umständen des Einzelfalls (vgl. zB BFH 28.6.2001 – VII B 51/01, BFH/NV 2001, 1376) jeweils nach dem individuellen **Empfängerhorizont** und der **Verständnisfähigkeit** der Betroffenen (Inhaltsadressat bzw. dem vom VA Betroffenen) zu beurteilen (FG Niedersachsen 20.3.1985 – IX 532/83, EFG 1985, 474; BFH 11.2.2004 – II R 5/02, BFH/NV 2004, 1062; TK § 121 Rn. 9). Bei Vertretung durch StRechtskundige ist auf deren Verständnishorizont abzustellen. Selbstverständliche oder aufgrund einer nicht weiter auslegungsbedürftigen Gesetzesvorschrift klar und eindeutig ersichtliche Regelungen bedürfen idR keiner Begründung. StRechtsunkundigen gegenüber kann jedoch das Fehlen einer Begründung nicht damit gerechtfertigt werden, dass sie sich ggf. über die Gründe des VA hätten Gedanken machen können (Voth DStR 1981, 291). Das ergibt sich auch aus der § 126 III zugrunde liegenden Wertung, wonach bei fehlender Begründung keine Verpflichtung zu Nachforschungen über eine von der FB tatsächlich nicht gegebene Begründung besteht (→ § 126 Rn. 14). 6

Zum „Verständnis **erforderlich**" sind alle Angaben tatsächlicher und rechtlicher Art, die dem Betroffenen die Überprüfung der Rechtmäßigkeit des VA ermöglichen. Anzugeben sind zum einen die **tatsächlichen Gründe,** von denen der Betroffene keine Kenntnis hat oder die von dem vom Betroffenen mitgeteilten Sachverhalt abweichen (TK § 121 Rn. 10; HHSp § 121 Rn. 76) und ferner die **rechtlichen Gründe** für den VA. Zu Letzteren gehören insb. die Rechtsgrundlagen (Gesetzesvorschrift), auf die der VA gestützt ist (BFH 24.3.1981 – VIII R 85/80, BStBl. II 1981, 778). Erforderlich ist auch der Hinweis auf ein dem Stpfl. günstiges, jedoch wegen eines Nichtanwendungserlasses außer Anwendung bleibendes BFH-Urteil (→ § 4 Rn. 66). Muss sich dem Adressaten aus seiner Kenntnis der Umstände des Einzelfalls die Begründung aufdrängen, ist eine diesbezüglich fehlende ausdrückliche Begründung unter Berücksichtigung des § 121 II Nr. 2 unschädlich (BFH 11.2.2004 – II R 5/02, BFH/NV 2004, 1062). Es bedarf auch keiner ausdrücklichen Auseinandersetzung mit allen in Betracht kommenden Einzelumständen (HHSp § 121 Rn. 81). 7

Bei **StBescheiden** ist die Angabe der Besteuerungsgrundlagen, auf denen der StBetrag beruht (BFH 11.2.2004 – II R 5/02, BFH/NV 2004, 1062 mwN), erforderlich. Einer Begründung bedarf es auch, soweit die FB von der StErklärung abweicht und diese Abweichung nicht klar und eindeutig aus den im StBescheid aufgeführten Besteuerungsgrundlagen zu erkennen ist (FG Niedersachsen 10.10.1984 – IX 73/84, EFG 1985, 268 und FG Niedersachsen 20.3.1985 – IX 532/83, EFG 1985, 474). Aufgrund der Trennung von Veranlagungs- und Feststellungsverfahren besteht jedoch keine Verpflichtung der FB, im ESt-Bescheid auf evtl. Abweichungen von der Erklärung im Feststellungsbescheid gesondert hinzuweisen (FG Thüringen 1.4.1998 – I 82/98, EFG 1998, 1232). 8

Ob die Begründung des VA rechtlich zutr. ist, berührt allein die Rechtmäßigkeit des VA. Zur Nachholung der Begründung → § 126 Rn. 7, zur Ergänzung von Ermessenserwägungen im finanzgerichtlichen Verfahren (§ 102 II 2 FGO) → § 5 Rn. 41. 9

10 **Form der Begründung.** Die von § 121 I erfassten VA sind **schriftlich** oder (unabhängig davon, ob der VA mit einer qualifizierten elektronischen Signatur gem. § 87a IV versehen war) **in elektronischer Form** zu begründen.

11 Für bestimmte Fallgruppen hat die Rspr. im Hinblick auf die Begründungspflicht besondere Grundsätze herausgearbeitet; vgl. zur Begründung von

- **Anordnung einer Außenprüfung/Ergänzungs- bzw. Erweiterungsanordnung,** vgl. BFH 2.9.2008 – X R 9/08, BFH/NV 2009, 3; → § 193 Rn. 64–67; → § 194 Rn. 18, 21; → § 196 Rn. 6,
- zum **Ersuchen auf Datenzugriff nach § 147 VI,** vgl. BFH 7.6.2021 – VIII R 24/18, BStBl. II 2023, 63,
- **Auskunftsersuchen der Steuerfahndung,** vgl. BFH 19.2.2009 – II R 61/07, BFH/NV 2009, 1586 zu § 208 I 1 Nr. 3; zu Sammelauskunftsersuchen an ein Presseunternehmen s. BFH 12.5.2016 – II R 17/14, BStBl. II 2016, 822,
- **Auswahlermessen bei Inanspruchnahme des Beschenkten,** vgl. BFH 1.7.2008 – II R 2/07, BStBl. II 2008, 897,
- **Ermessensentscheidungen** im Allgemeinen → § 5 Rn. 34 ff.; BFH 17.1.2017 – VIII R 52/14, BStBl. II 2018, 740; zu Begründungserleichterungen bei Vorprägung des Ermessens → § 5 Rn. 12, 35,
- **Prüfungsentscheidungen** (StBeraterprüfung), vgl. BFH 5.10.1999 – VII R 152/97, BStBl. II 2000, 93,
- **Schätzungsbescheiden,** → § 162 Rn. 118 und Zaumseil BB 2011, 2071,
- **Haftungsbescheiden,** → § 191 Rn. 69 ff.,
- **Einspruchsentscheidungen,** → § 366 Rn. 11 ff.

Zu den Rechtsfolgen einer **falschen** Begründung, → Rn. 22.

III. Entbehrlichkeit der Begründung (Abs. 2)

13 **Allgemeines.** Vom Begründungszwang ausgenommen sind die in § 121 II aufgeführten Ausnahmefälle. § 121 II ist **eng auszulegen;** die Vorschrift gilt nicht für die Begründung von Einspruchsentscheidungen (→ § 366 Rn. 15).

14 Der in **§ 121 II Nr. 1** vorausgesetzte „Antrag" ist nicht nur der förmliche Antrag, sondern auch ein sonstiges Begehren (zB auf Billigkeitserlass gem. § 227). „Erklärung" ist insb. die StErklärung und ferner jede andere zustimmende Äußerung des Erklärenden zum Gesamt- oder Teilinhalt eines begünstigenden oder belastenden VA (SBS § 39 Rn. 78). Die Pflicht zur Begründung eines VA ist bei einer Abweichung von der Erklärung des Stpfl. am Inhalt des Erklärten zu messen (FG Münster 9.3.2021 – 6 K 1900/19 E, EFG 2021, 902). Aufgrund § 121 II Nr. 1 muss die FB nicht auf die Nichtabweichung von der StErklärung hinweisen (aA Voth DStR 1981, 294). § 121 II Nr. 1 ist unanwendbar, wenn der VA in **Rechte Dritter** eingreift. Es handelt sich hierbei um die Fälle, in denen im finanzgerichtlichen Verfahren eine notwendige Beiladung (§ 60 III FGO) zu erfolgen hat (Gosch AO § 121 Rn. 7).

15 **§ 121 II Nr. 2** erklärt die Begründung für entbehrlich, wenn dem Adressaten oder Betroffenen die Auffassung der FB über die Sach- und Rechtslage bekannt oder für ihn ohne Weiteres erkennbar ist. Die Vorschrift gilt aufgrund ihrer Änderung durch das 3. ÄndGVwVfV (→ Rn. 1) auch bei einem elektronischen VA. Eine positive Kenntnis des Adressaten oder Betroffenen von der Auffassung der FB kann sich sowohl aus deren schriftlichen (ggf. in elektronischer Form übermittelten) Darlegungen als auch aus vorangegangenen **mündlichen** (telefonischen) Erläuterungen ergeben (BFH 30.7.1980 – I R 148/79, BStBl. II 1981, 3). Diese positive Kenntnis muss der FB ihrerseits bekannt sein. Die FB trägt für die Tatsache einer von ihr gegebenen mündlichen Erläuterung die **Nachweislast** (FG Saarland 15.7.1997 – 1 K 125/97, EFG 1997, 1275).

„Ohne Weiteres erkennbar" ist die Auffassung der FB, wenn sie für den Betroffenen bei durchschnittlichem Erkenntnisvermögen mit einer jeden Zweifel ausschließenden

Deutlichkeit offenkundig ist (BFH 3.2.1981 – VII R 86/78, BStBl. II 1981, 493; TK § 121 Rn. 16; SBS § 39 Rn. 93). So braucht das Auswahlermessen nicht begründet zu werden, wenn dem in Anspruch Genommenen bekannt ist, dass die Inanspruchnahme der ebenfalls als Haftender in Frage kommenden Person keinen Erfolg verspricht (BFH 26.6.1996 – II R 31/93, BFH/NV 1997, 2). § 121 II Nr. 2 gilt auch für die Begründung der Festsetzung eines Verspätungszuschlags (BFH 19.1.1999 – X B 112/98, BFH/NV 1999, 904). Zur Erkennbarkeit bei widersprüchlichen Angaben des Stpfl. im Rahmen von USt-Voranmeldungen und USt-Jahreserklärungen s. BFH 26.6.1996 – II R 31/93, BFH/NV 1997, 2.

§ 121 II Nr. 3 gilt für gleichartige VA in größerer Zahl oder für VA, die mit Hilfe 16 automatischer Einrichtungen erlassen werden. Eine Begründung ist entbehrlich, sofern sie nach den Umständen nicht geboten ist. Die Vorschrift hat neben § 121 II Nr. 1 und 2 nur geringe Bedeutung und bezieht sich auf massenweise hergestellte Formularbescheide oder automatisch erstellte VA, die auch ohne Einzelbegründung aus sich heraus verständlich sind (TK § 121 Rn. 19; SBS § 39 Rn. 95). § 121 II Nr. 3 ist unanwendbar, wenn sich Anlass und spezifische Bedeutung des VA aus besonderen Umständen des Einzelfalls ergeben und diese individuelle Bedeutung dem VA sein Gepräge gibt. Auf **StBescheide** ist § 121 II Nr. 3 unanwendbar, weil insoweit stets eine auf die Besonderheiten des Einzelfalls bezogene individuelle Regelung getroffen wird (TK § 121 Rn. 20; Voth DStR 1981, 291). Sofern nicht § 121 II Nr. 1 oder Nr. 2 eingreifen – also die FB von einer StErklärung abweicht und dies dem Stpfl. nicht bereits vorher mitgeteilt wurde –, ist daher auch ein maschinell erstellter StBescheid zu begründen.

Nach **§ 121 II Nr. 4** ist eine Begründung zum einen bei ausdrücklicher gesetzlicher 17 Regelung (etwa § 164 I 1) entbehrlich. Auch allg. Regelungen können die Begründungspflicht entfallen lassen. Dies gilt zB für eine Tatsache, deren Offenbarung gegen § 30 (vgl. auch § 86 I FGO) verstieße oder die iSd § 86 II FGO geheim zu halten ist.

Gemäß **§ 121 II Nr. 5** ist die Begründung entbehrlich, wenn eine Allgemeinverfügung 18 (§ 118 S. 2) öffentlich bekannt gegeben wird. Zur öffentlichen Bekanntgabe von Allgemeinverfügungen vgl. § 122 III und IV.

IV. Rechtsfolgen von Begründungsmängeln

Soweit eine nach § 121 I erforderliche Begründung fehlt oder die gegebene Begründung 21 Mängel (zB wegen Unvollständigkeit) aufweist, führt dies idR nur zur **Anfechtbarkeit** und nicht auch zur Nichtigkeit des VA (BFH 5.10.1994 – I R 31/93, BFH/NV 1995, 576). Ausnahmsweise kann die fehlende Begründung bei mangelnder Inhaltsbestimmtheit des VA die Nichtigkeit des VA bewirken (→ § 119 Rn. 17 ff.).

Eine fehlende, falsche oder unzureichende Begründung ist unbeachtlich, wenn sie bis zum Abschluss der Tatsacheninstanz eines finanzgerichtlichen Verfahrens nachgeholt wird (**§ 126 I Nr. 2 iVm II;** BFH 11.2.2004 – II R 5/02, BFH/NV 2004, 1062). Wird infolge der fehlenden Begründung die Rechtsbehelfsfrist versäumt, gilt die Fristversäumnis unter den Voraussetzungen des **§ 126 III** als nicht verschuldet (→ § 126 Rn. 14 ff.).

Wird die erforderliche Begründung nicht gem. § 126 I Nr. 2 nachgeholt, ist die Aufhebung des VA gleichwohl – bei materieller Richtigkeit – unter den Voraussetzungen des **§ 127** ausgeschlossen.

Im finanzgerichtlichen Verfahren kommt gem. **§ 137 S. 2 FGO** die Kostenpflicht der FB in Betracht, sofern diese den Kläger durch eine völlig unzutr. Begründung in den Prozess getrieben hat.

Zur möglichen Schadensersatzpflicht wegen Amtspflichtverletzung (keine zureichende Begründung) s. Buchbinder DStZ 2009, 250.

Die Rechtmäßigkeit der Begründung ist – wie § 127 verdeutlicht – keine Voraussetzung 22 für die Rechtmäßigkeit des VA (eingehend SBS § 39 Rn. 30, § 45 Rn. 46 ff.). Eine **falsche Begründung** kann deshalb für sich nicht zur Rechtswidrigkeit eines VA führen.

Nicht haltbar ist die Auffassung, eine völlig falsche Begründung sei – etwa im Zusammenhang mit der Anwendung des § 126 III – einer fehlenden Begründung gleichzustellen (→ § 126 Rn. 7, 18). Die Auswechslung der falschen gegen die richtige Begründung unterfällt auch nicht § 128 (→ § 128 Rn. 1).

Eine **ehrverletzende Begründung** kann wegen des Rehabilitationsinteresses des Betroffenen uU einen selbständigen Anspruch auf Widerruf (Folgenbeseitigung) rechtfertigen (SBS § 39 Rn. 33 mwN).

§ 122 Bekanntgabe des Verwaltungsakts

(1) **[1]Ein Verwaltungsakt ist demjenigen Beteiligten bekannt zu geben, für den er bestimmt ist oder der von ihm betroffen wird. [2]§ 34 Absatz 2 ist entsprechend anzuwenden. [3]Der Verwaltungsakt kann auch gegenüber einem Bevollmächtigten bekannt gegeben werden. [4]Er soll dem Bevollmächtigten bekannt gegeben werden, wenn der Finanzbehörde eine schriftliche oder eine nach amtlich vorgeschriebenem Datensatz elektronisch übermittelte Empfangsvollmacht vorliegt, solange dem Bevollmächtigten nicht eine Zurückweisung nach § 80 Absatz 7 bekannt gegeben worden ist.**

(2) **Ein schriftlicher Verwaltungsakt, der durch die Post übermittelt wird, gilt als bekannt gegeben**

1. bei einer Übermittlung im Inland am vierten Tage nach der Aufgabe zur Post,
2. bei einer Übermittlung im Ausland einen Monat nach der Aufgabe zur Post,

außer wenn er nicht oder zu einem späteren Zeitpunkt zugegangen ist; im Zweifel hat die Behörde den Zugang des Verwaltungsakts und den Zeitpunkt des Zugangs nachzuweisen.

(2a) **Ein elektronisch übermittelter Verwaltungsakt gilt am vierten Tage nach der Absendung als bekannt gegeben, außer wenn er nicht oder zu einem späteren Zeitpunkt zugegangen ist; im Zweifel hat die Behörde den Zugang des Verwaltungsakts und den Zeitpunkt des Zugangs nachzuweisen.**

(3) **[1]Ein Verwaltungsakt darf öffentlich bekannt gegeben werden, wenn dies durch Rechtsvorschrift zugelassen ist. [2]Eine Allgemeinverfügung darf auch dann öffentlich bekannt gegeben werden, wenn eine Bekanntgabe an die Beteiligten untunlich ist.**

(4) **[1]Die öffentliche Bekanntgabe eines Verwaltungsakts wird dadurch bewirkt, dass sein verfügender Teil ortsüblich bekannt gemacht wird. [2]In der ortsüblichen Bekanntmachung ist anzugeben, wo der Verwaltungsakt und seine Begründung eingesehen werden können. [3]Der Verwaltungsakt gilt zwei Wochen nach dem Tag der ortsüblichen Bekanntmachung als bekannt gegeben. [4]In einer Allgemeinverfügung kann ein hiervon abweichender Tag, jedoch frühestens der auf die Bekanntmachung folgende Tag bestimmt werden.**

(5) **[1]Ein Verwaltungsakt wird zugestellt, wenn dies gesetzlich vorgeschrieben ist oder behördlich angeordnet wird. [2]Die Zustellung richtet sich vorbehaltlich der Sätze 3 und 4 nach den Vorschriften des Verwaltungszustellungsgesetzes. [3]Für die Zustellung an einen Bevollmächtigten gilt abweichend von § 7 Absatz 1 Satz 2 des Verwaltungszustellungsgesetzes Absatz 1 Satz 4 entsprechend. [4]Erfolgt die öffentliche Zustellung durch Bekanntmachung einer Benachrichtigung auf der Internetseite oder in einem elektronischen Portal der Finanzbehörden, können die Anordnung und die Dokumentation nach § 10 Absatz 1 Satz 2 und Absatz 2 Satz 5 des Verwaltungszustellungsgesetzes elektronisch erfolgen.**

(6) **Die Bekanntgabe eines Verwaltungsakts an einen Beteiligten zugleich mit Wirkung für und gegen andere Beteiligte ist zulässig, soweit die Beteiligten ein-**

verstanden sind; diese Beteiligten können nachträglich eine Abschrift des Verwaltungsakts verlangen.

(7) [1] **Betreffen Verwaltungsakte**

1. Ehegatten oder Lebenspartner oder
2. Ehegatten mit ihren Kindern, Lebenspartner mit ihren Kindern oder Alleinstehende mit ihren Kindern,

so reicht es für die Bekanntgabe an alle Beteiligten aus, wenn ihnen eine Ausfertigung unter ihrer gemeinsamen Anschrift übermittelt wird. [2] **Die Verwaltungsakte sind den Beteiligten einzeln bekannt zu geben, soweit sie dies beantragt haben oder soweit der Finanzbehörde bekannt ist, dass zwischen ihnen ernstliche Meinungsverschiedenheiten bestehen.**

Vergleichbare Vorschriften: § 41 VwVfG; § 37 SGB X

Schrifttum: Kempermann, Adressierung und Bekanntgabe von Steuerbescheiden, DStR 1979, 63; Schlücking, Zur Bekanntgabe von Steuerbescheiden, BB 1982, 917; Domann, Die Änderungen der Bekanntgabevorschriften in der AO durch das Steuerbereinigungsgesetz 1986, DStZ 1987, 159; Pahlke, Nochmals: Alle Zustellungen mit Postzustellungsurkunde seit dem 1.1.1995 unwirksam?, DStR 1996, 2006; Späth, Die Tücke des Objekts oder warum alle Zustellungen mit Postzustellungsurkunde seit dem 1.1.1995 unwirksam sind, DStR 1996, 1723; Schwarz, Zustellungen nach dem geänderten Verwaltungszustellungsgesetz, AO-StB 2002, 225; Binnewies/Fraedrich, Typische Fehler bei der Zustellung mittels Postzustellungsurkunde, DStZ 2003, 692; Lehr, Die neue „Bekanntgabe-Rechtsprechung" in der Steuer(beratungs)-Praxis, DStR 2003, 2134; Carlé, Einspruchsentscheidung per Telefax als Bekanntgabefalle, AO-StB 2010, 117; Scheel, Wie „rechtsfrei" ist der Zeitraum zwischen dem Öffnen der Post vom FA und dem Ablauf der fingierten Dreitagesfrist?, AO-StB 2010, 87; Pedak, Probleme der Bekanntgabe von Steuerbescheiden an den faktischen GmbH-Geschäftsführer, seine Haftung und die Anwendbarkeit des § 166 AO, StBp 2014, 52; Braun Binder, Elektronische Bekanntgabe von Verwaltungsakten über Behördenportale, NVwZ 2016, 342; Bruns, Empfangsbevollmächtigte bei Publikumsgesellschaften in Insolvenz, NWB 2019, 29; Süß/Müller, Die Dreitagesfiktion in Zeiten unregelmäßiger Postzustellung, DStR 2023, 428; Hahn, Die Anwendung der Drei-Tages-Fiktion nach § 122 Abs. 2 Nr. 1 AO auch bei planmäßig zustellfreien Tagen?, NWB 2023, 2151; Schmidt, Die elektronische Bekanntgabe von Verwaltungsakten im Besteuerungsverfahren – Analyse, Herausforderungen und Lösungsansätze, DStR 2024, 1527; Jesse, Die Bekanntgabe-Fiktion der §§ 122, 122a AO unter Berücksichtigung der Änderungen durch das PostModG vom 15.7.2024 und des BEG IV vom 23.10.2024, FR 2024, 1061; Rüsch, Änderungen in der AO durch das Postrechtsmodernisierungsgesetz vom 15.7.2024, DB 2024, 2253; Gruber, Neuregelung der Zugangsvermutung durch das PostModG ab 2025: Zustellung am vierten statt dritten Kalendertag, DStR 2024, 2883; Zimmermann, Alles beim Alten – Die steuerrechtliche Bekanntgabefiktion in § 122 Abs. 2 Nr. 1 AO bleibt eine Frist iSv § 108 Abs. 3 AO, DStR 2025, 687; Geserich, Die Zugangsvermutung in § 122 Abs. 2 Nr. 1 AO bei Zustellung an nicht allen Werktagen, NWB 2025, 1378.

Übersicht

A. Allgemeines

I. Rechtsentwicklung; Regelungsgegenstand und -zweck

1 **Rechtsentwicklung; zeitliche Geltung.** § 122 entsprach bei Inkrafttreten der AO 1977 im Wesentlichen § 41 VwVfG (vgl. BT-Drs. VI/1982, 141 und BT-Drs. 7/4292, 28) und wurde seitdem mehrfach geändert. Durch das StBereinG 1986 wurde Abs. 2 durch Einfügung der Nr. 2 (Zugangsfiktion bei Übermittlung an Beteiligten im Ausland) erweitert (dazu BT-Drs. 10/1636, 40; Domann DStZ 1987, 159). Auf dem StBerG 1999 beruht die Einfügung des § 122 VI und VII (unter gleichzeitiger Aufhebung von § 155 IV und V aF); diese Vorschriften sind gem. § 1 VII EGAO auf alle bei Inkrafttreten des StBereinG 1999 noch offenen Verfahren anzuwenden. Damit wurden die bisher in § 155 aF IV und V enthaltenen Erleichterungen für die Bekanntgabe von StBescheiden auch auf die Bekanntgabe von VA außerhalb des Besteuerungsverfahrens erstreckt (BT-Drs. 14/1514, 45).

Das **3. ÄndGVwVfV** hat § 122 in mehrfacher Hinsicht geändert: In Abs. 2 Nr. 1 wurde – ebenso wie bereits zuvor durch die Änderung des § 41 VwVfG – die nach der Wiedervereinigung entbehrlich gewordene Formulierung „im Geltungsbereich dieses Gesetzes" durch den Begriff „Inland" ersetzt. In Abs. 2 Nr. 2 sind die Wörter „an einen Beteiligten außerhalb des Geltungsbereichs dieses Gesetzes" durch „im Ausland" ersetzt worden. Ferner wurde Abs. 2a eingefügt und in Abs. 4 S. 1 und Abs. 5 S. 1 das Wort „schriftlicher" gestrichen (vgl. zur Gesetzesbegründung vgl. BT-Drs. 14/9000, 37). Diese Änderungen sind am 28.8.2002 in Kraft getreten (Art. 71 des 3. ÄndGVwVfV).

Durch das Gesetz zur Modernisierung des Besteuerungsverfahrens v. 18.7.2016 (BGBl. 2016 I 1679) wurde § 122 lediglich geringfügig durch Einfügung von Abs. 1 S. 4 und Abs. 5 S. 3 geändert. Damit wurde nur eine Verwaltungsanweisung ins Gesetz aufgenommen (BT-Drs. 18/7457, 74). Neu eingefügt wurde aber auch § 155 IV nF, welcher die ausschließlich automationsgestützte Bekanntgabe von SteuerVA ermöglicht (→ § 155 Rn. 70 ff.).

Zuletzt wurde die Norm durch das Postrechtsmodernisierungsgesetz v. 15.7.2024 (PostModG, BGBl. 2024 I Nr. 236) geändert und die Fristen in Abs. 2 Nr. 1 und Abs. 2a von drei auf vier Tage heraufgesetzt. Die Änderungen folgen aus der ebenfalls im PostModG geregelten Verlängerung der Laufzeitvorgaben für die Zustellung von Briefen im Universalpostdienst (vgl. BT-Drs. 677/23, 176, 178).

2 **Regelungsgegenstand und -zweck.** § 122 verpflichtet die FVerw. zur Bekanntgabe von VA und regelt mit der hier vorgeschriebenen Art und Weise der Bekanntgabe die **formellen Voraussetzungen** der Wirksamkeit des VA (zum Begriff der Wirksamkeit → § 124 Rn. 2; BFH 13.12.2000 – X R 96/98, BStBl. II 2001, 274). Die von der **FVerw.** zu beachtenden Grundsätze – in früherer Zeit in Bekanntgabeerlassen geregelt – ergeben sich seit dem Jahr 2000 aus dem **AEAO zu § 122.**

Die Bekanntgabe staatlicher Entscheidungen dient der Verwirklichung des Anspruchs auf **rechtliches Gehör** (Art. 103 GG) und soll gewährleisten, dass der Adressat Kenntnis von dem zuzustellenden Schriftstück nehmen und seine Rechtsverteidigung oder -verfolgung darauf einrichten kann (BFH 6.6.2000 – VII R 55/99, BStBl. II 2000, 560). Die Bekanntgabe ist zugleich ein wesentliches rechtsstaatliches Gebot und wird von der Rechtsschutzgarantie des Art. 19 IV GG vorausgesetzt (SBS § 41 Rn. 2).

Die **Rechtswirkungen** der Bekanntgabe des VA ergeben sich zB aus §§ 124, 355 I sowie § 54 I FGO. Die Bekanntgabe nach § 122 hat nicht ausschl. verfahrensrechtliche Bedeutung, sondern gilt auch, wenn an den Zeitpunkt der Bekanntgabe etwaige materiell-rechtliche Folgen geknüpft werden (→ Rn. 51).

Dem **Anwendungsbereich** des § 122 unterliegen alle VA, also auch StBescheide sowie 3
Feststellungsbescheide (zum Begriff des VA → § 118 Rn. 1 ff.). Die Vorschrift gilt auch unmittelbar für Einspruchsentscheidungen (→ § 366 Rn. 1). Von § 122 nicht erfasst wird die Bekanntgabe solcher Maßnahmen der FB, die nicht als VA zu qualifizieren sind. Aufgrund gesetzlicher Sonderregelung kann jedoch auch insoweit eine Bekanntgabe gesetzlich vorgeschrieben sein (zB § 202 II: Übersendung des Prüfungsberichts).

Sonderregelungen. Eine von § 122 abweichende Sondervorschrift enthält § 123 für 4
die Bekanntgabe an inländische Empfangsbevollmächtigte und § 180 II Nr. 5 iVm § 6 VO zu § 180 II für die Bekanntgabe von Bescheiden über die gesonderte und einheitliche Feststellung. Aus § 183 f. ergeben sich Erleichterungen für die Bekanntgabe von Feststellungsbescheiden bei der einheitlichen Feststellung, bei der sich der VA an mehrere Personen richtet. Eine spezielle Regelung für die Bekanntgabe der Prüfungsanordnung enthält § 197. § 122 gilt auch im **Zollrecht,** da die Regelung der Bekanntgabe zollrechtlicher Entscheidungen (→ § 118 Rn. 2) dem nationalen Recht überlassen ist (vgl. Witte Art. 22 Rn. 71). Nur für die Bekanntgabe in anderen Mitgliedstaaten gilt Abweichendes (s. Witte Art. 22 Rn. 72).

II. Begriff und Voraussetzungen der Bekanntgabe

Allgemeines. Die in § 122 nicht definierte „Bekanntgabe" bedeutet die mit Willen der 6
Behörde erfolgende Eröffnung (Kundgabe) des VA (dh die Tatsache seines Ergehens und Inhalts) an den Betroffenen oder Beteiligten. Er ist inhaltsgleich mit dem Begriff der Bekanntgabe des § 124 I (BFH 13.12.2000 – X R 96/98, BStBl. II 2001, 274). Die Bekanntgabe ist **Wirksamkeitsvoraussetzung** eines VA (→ § 124 Rn. 2). Der VA wird daher insb. dann nicht wirksam, wenn die Bekanntgabe des VA ohne Bekanntgabewillen der FB erfolgt (→ Rn. 9 ff.), Adressat des VA eine nicht (mehr) existierende natürliche oder juristische Person ist (TK § 122 Rn. 25 f.; vgl. auch unten → Rn. 49 „Erbe", „Juristische Person" sowie → § 119 Rn. 16, 20) ist oder eine unwirksame Zustellung erfolgt (→ Rn. 122 ff.). Zur Heilung von Bekanntgabemängeln → Rn. 22 ff.

Vom Rechtsbegriff der Bekanntgabe abzugrenzen sind die verschiedenen **Formen der Bekanntgabe** (mündlich, schriftlich, → Rn. 53 f.) sowie die öffentliche Bekanntgabe gem. § 122 III und IV. Schließlich ist zwischen verschiedenen technischen Vorgängen (Mitteln) der Bekanntgabe zu differenzieren; solche sind zB die Übermittlung durch die Post (§ 122 II) oder die Zustellung (§ 122 V sowie § 2 I VwZG mit Legaldefinition der Zustellung).

Vor (wirksamer) Bekanntgabe liegt noch kein VA, sondern ein ohne Weiteres aufheb- 7
bares oder änderbares **Verwaltungsinternum** vor (BFH 25.11.2002 – GrS 2/01, BStBl. II 2003, 548); es erlangt schon mangels seiner Rechtsqualität als VA keine Wirksamkeit (sog. Nichtakt bzw. NichtVA oder ScheinVA, → § 118 Rn. 14). Die Zustellung (dazu Abs. 5) ist eine besondere Form der Bekanntgabe.

Die **Bekanntgabe** muss **durch** die **zuständige Behörde** vorgenommen werden. Die 8
Bekanntgabe durch eine unzuständige Behörde führt jedoch nicht stets zur Nichtigkeit des bekannt gegebenen VA. Bei der Bekanntgabe durch eine örtlich unzuständige FB gilt § 127 (zur Abgrenzung zu Verstößen gegen die sachliche bzw. verbandsmäßige Zuständig-

keit → § 127 Rn. 15). Die Bekanntgabe durch eine unzuständige Behörde wahrt jedoch nicht die Festsetzungsfrist (→ § 169 Rn. 40). Möglich ist die Beauftragung einer an sich unzuständigen Behörde im Wege der Amtshilfe (FG Rheinland-Pfalz 19.10.1983 – 1 K 107/83, EFG 1984, 379) oder die lediglich technische Herstellung und Bekanntgabe des VA durch ein unzuständiges FA entspricht den von der zuständigen FB festgelegten Eingabewerten (BFH 31.7.1990 – I R 28/88, BStBl. II 1991, 244). Die Bekanntgabe der von den FÄ gefertigten **GewSt-Messbescheide** durch die Gemeinden ist ohne eine weitere landesgesetzliche Ermächtigung zulässig (HHSp § 184 Rn. 43). Eine etwaige Verletzung der sachlichen Zuständigkeit bei der Bekanntgabe des GewSt-Messbescheids wird jedenfalls durch die fehlerfreie Bekanntgabe der späteren Einspruchsentscheidung geheilt (BFH 12.11.1992 – XI B 69/92, BStBl. II 1993, 263).

9 **Bekanntgabewille.** Die Bekanntgabe muss als finale Handlung von dem Willen der den VA erlassenden Behörde getragen werden, der das „Ob" und „Wie" der Bekanntgabe umfasst (BFH 28.5.2009 – III R 84/06, BStBl. II 2009, 949; Gosch AO § 122 Rn. 5). Ein ohne Bekanntgabewille der FB mitgeteilter VA ist unwirksam (BFH 4.10.1989 – V R 39/84, BFH/NV 1990, 409); dies gilt auch für einen (maschinell) versehentlich erzeugten und versandten VA (FG München 28.6.2005 – 6 K 4957/03, EFG 2005, 1502). Der Bekanntgabewille wird bei abschließender Zeichnung der Aktenverfügung durch den zuständigen Amtsträger (→ Rn. 10) und Abgabe in den Geschäftsgang zwecks Absendung durch die Poststelle gebildet (BFH 24.11.1988 – V R 123/83, BStBl. II 1989, 344; BFH 28.5.2009 – III R 84/06, BStBl. II 2009, 949; AEAO zu § 122 Nr. 1.1.2). Bei vollständig automationsgestütztem Erlass eines Verwaltungsakts gilt die Willensbildung über seinen Erlass und über seine Bekanntgabe im Zeitpunkt des Abschlusses der maschinellen Verarbeitung als abgeschlossen (§ 155 IV 4; Fiktion des Abschlusses der Willensbildung, vgl. Braun Binder NVwZ 2016, 342). Maßgebender **Zeitpunkt** für das Vorhandensein eines Bekanntgabewillens ist der der Bekanntgabe des VA (BFH 24.11.1988 – V R 123/83, BStBl. II 1989, 344). Der Bekanntgabewille muss demnach während des gesamten Bekanntgabevorgangs bis zu dem Zeitpunkt bestehen, zu dem der VA den Machtbereich der Behörde verlässt (dh Aufgabe zur Post; BFH 12.8.1996 – VI R 18/94, BStBl. II 1996, 627). Der durch die abschließende Zeichnung der Aktenverfügung gebildete Bekanntgabewille wirkt auf den (späteren) Zeitpunkt der Bekanntgabe fort, wenn der zuständige Amtsträger nicht mehr mit der Sache befasst wird (BFH 24.11.1988 – V R 123/83, BStBl. II 1989, 344). Zur nachträglichen Aufgabe des Bekanntgabewillens → Rn. 12 und → § 124 Rn. 6, zur Rspr. des BFH zum Bekanntgabewillen bei Übersendung einer Kopie → Rn. 24.

10 Der Bekanntgabewille muss der FB **zurechenbar** sein. Er muss von einem Amtsträger (§ 7) gebildet werden, der nach seiner Stellung zum Erlass des VA befugt ist (BFH 27.6.1986 – VI R 23/83, BStBl. II 1986, 832; BFH 24.11.1988 – V R 123/83, BStBl. II 1989, 344). Dies sind bei Erlass eines StBescheids regelmäßig der Sachbearbeiter und der Sachgebietsleiter. Für die Zurechenbarkeit iSe objektivierenden Betrachtungsweise ist entscheidend, ob der Amtsträger jeweils zeichnungsberechtigt war. Eine bloße Überschreitung der internen Aufgabenzuweisung berührt die Zurechenbarkeit nicht (BFH 16.12.1987 – I R 238/83, BStBl. II 1988, 233; BFH 24.11.1988 – V R 123/83, BStBl. II 1989, 344). Ebenso haben die etwaige Geschäftsunfähigkeit des Amtsträgers oder seiner Berufung zum Amtsträger zugrunde liegende Mängel keine Auswirkungen auf die Zurechenbarkeit (TK § 122 Rn. 6; Gosch AO § 122 Rn. 5.2). Nicht zurechenbar ist die Bekanntgabe durch gänzlich unbefugte Personen, zB Hausmeister, Pförtner, Telefonisten, externes Rechenzentrum oder Reinigungskräfte (TK § 122 Rn. 7; Gosch AO § 122 Rn. 5.2).

11 Der **Nachweis,** dass ein nach äußerer Form und Inhalt als VA zugegangenes Schriftstück **von Anfang an** ohne Absicht der Erstellung des VA und/oder seiner Bekanntgabe erfolgte, kann ohne erhöhte Beweisanforderungen erfolgen (BFH 12.8.1996 – VI R 18/94, BStBl. II 1996, 627 f.). Hingegen gelten erhöhte Nachweisanforderungen an den fehlenden Bekanntgabewillen dann, wenn ein VA zunächst mit Bekanntgabewillen nach dem üblichen Verwaltungsablauf auch versendet werden sollte (dazu nachfolgend).

Möglich ist die nachträgliche **Aufgabe des Bekanntgabewillens;** in diesem Fall ist ein VA trotz Bekanntgabe unwirksam. Die Aufgabe des Bekanntgabewillens ist jedoch grds. unbeachtlich, wenn sie erst zu einem Zeitpunkt erfolgt, in dem der VA bereits den **Organisationsbereich** der FVerw. **verlassen** hatte (zu Einzelheiten → § 124 Rn. 6). **Welcher Amtsträger** für die Aufgabe des Bekanntgabewillens zuständig ist, richtet sich danach, wer den ursprünglichen Bekanntgabewillen dokumentiert hat: War dies der Sachbearbeiter, so können er, sein Sachgebietsleiter oder der Amtsvorsteher den Bekanntgabewillen aufgeben; war es der Sachgebietsleiter, so muss die Aufgabe durch diesen oder den Amtsvorsteher erfolgen (ebenso Gosch AO § 122 Rn. 6.2; offengeblieben durch BFH 23.8.2000 – X R 27/98, BStBl. II 2001, 662; BFH 28.5.2009 – III R 84/06, BStBl. II 2009, 949). Die Aufgabe des Bekanntgabewillens und die Tatsache, dass sie rechtzeitig erfolgt ist, müssen sich hinreichend klar **aus den Akten ergeben** (BFH 16.4.2024 – IX R 38/21, BFH/NV 2024, 1221; Gosch AO § 122 Rn. 6). Unabhängig hiervon gilt Gleiches, wenn die Behörde dem Empfänger vor oder mit dem Zugang des Bescheids mitteilt, der Bescheid solle nicht gelten und ein neuer Bescheid werde erlassen (BFH 16.4.2024 – IX R 38/21, BFH/NV 2024, 1221). Der Stpfl. muss bei hinreichender Dokumentation in den Akten nicht zeitnah und inhaltlich eindeutig über die Aufgabe des Bekanntgabewillens informiert werden (aA FG Köln 17.6.2021 – 15 K 888/18, EFG 2021, 1871; nachfolgend offengelassen BFH 16.4.2024 – IX R 38/21, BFH/NV 2024, 1221). Der fehlende Bekanntgabewille muss nur aufgrund objektiver Merkmale erkennbar sein; er muss nicht nach außen dokumentiert sein (BFH 12.8.1996 – VI R 18/94, BStBl. II 1996, 627; krit. TK § 124 Rn. 5). An einer klaren und eindeutigen Dokumentation fehlt es allerdings, wenn zur Klärung ein Amtsträger vernommen werden muss (BFH 23.8.2000 – X R 27/98, BStBl. II 2001, 662). 12

Aber auch ein **rechtzeitiger Widerruf** lässt einen VA nicht wirksam werden. Dies ist der Fall, wenn das FA dem Empfänger vor dem Zugang (zB telefonisch oder per Telefax) mitteilt, dass der VA nicht gelten soll oder diesen gleichzeitig widerruft (BFH 28.5.2009 – III R 84/06, BStBl. II 2009, 949). Es genügt, dass der Widerruf noch bis zum Ablauf des gem. § 122 II vermuteten Bekanntgabetages (Zugangsfiktion) erfolgt, auch wenn der VA bereits tatsächlich zugegangen ist (BFH 18.8.2009 – X R 25/06, BStBl. II 2009, 965: § 130 I 2 BGB ist entspr. anzuwenden; BFH 26.1.2010 – X B 147/09, BFH/NV 2010, 1081; Schwarz/Pahlke/Keß § 122 Rn. 7; aA Klein § 122 Rn. 9). Die Voraussetzungen der §§ 130, 131 oder §§ 170 ff. müssen nicht vorliegen; der Widerruf ist formfrei (BFH 18.8.2009 – X R 25/06, BStBl. II 2009, 965). Vgl. auch → § 124 Rn. 6. 12a

III. Zugang des Verwaltungsaktes

Die Wirksamkeit der Bekanntgabe setzt, soweit gesetzlich nichts anderes bestimmt ist (so etwa durch § 122 III), den **Zugang** des VA **beim Betroffenen** voraus. Dieses Erfordernis ergibt sich auch aus § 122 II. Der Zugang setzt voraus, dass der VA wirksam werden kann. Dies ist nur der Fall, wenn ein von der FB zur Post gegebener VA mit der **richtigen Adresse** versehen ist (BFH 30.10.1996 – II R 70/94, BStBl. II 1997, 11; FG Köln 19.4.2002 – 2 K 2249/96, EFG 2002, 1006). Geringfügige Mängel (zB unzutr. PLZ) sind idR unschädlich; zur Heilung → Rn. 26. Den Beweis des Zugangs des VA und des Zeitpunkts des Zugangs hat im Zweifel die FB zu erbringen (BFH 5.12.1974 – V R 111/74, BStBl. II 1975, 286); zu Beweisfragen im Zusammenhang mit der Zugangsfiktion des § 122 II → Rn. 64 ff. Zum Zugang **elektronischer Dokumente** vgl. die Spezialregelung des § 87a I 2. 13

Zugang setzt nicht die tatsächliche Kenntnisnahme vom Inhalt des VA voraus. Vielmehr ist ein Schriftstück schon zugegangen, wenn es derart in den **Machtbereich des Empfängers** (Inhaltsadressaten) gelangt ist, dass dieser unter Ausschluss unbefugter Dritter von dem Schriftstück Kenntnis nehmen und diese Kenntnisnahme nach den Gepflogenheiten des Verkehrs auch von ihm erwartet werden kann (BFH 14.3.1990 – X R 104/88, 14

BStBl. II 1990, 612; BFH 9.12.1999 – III R 37/97, BStBl. II 2000, 175 mwN). Machtbereich des Empfängers ist insb. seine Wohnung (bei Unternehmen die Geschäftsadresse), sein Briefkasten oder Postfach. Ein Zugang liegt regelmäßig vor, wenn die Sendung entspr. den postalischen Vorschriften zugestellt worden ist.

15 Ein Zugang liegt insb. vor, wenn der in einem gewöhnlichen **Brief** enthaltene Bescheid in einen für den Adressaten bestimmten Briefkasten eingeworfen ist (BFH 6.3.1990 – VIII R 141/85, BFH/NV 1991, 71 mwN). Die Niederlegung der Postsendung an einem Ort, an dem nicht mit der Kenntnisnahme gerechnet werden kann (Fensterbank, Treppe) bewirkt keinen Zugang (BFH 5.12.1974 – V R 111/74, BStBl. II 1975, 286). Bei tatsächlicher Kenntnisnahme der Sendung tritt jedoch nach dem Rechtsgedanken des § 8 VwZG (→ Rn. 26) eine Heilung des Bekanntgabemangels ein.

16 Ein Zugang der Sendung ist auch anzunehmen, wenn die Übergabe an einen **Empfangsboten** (zB Familienangehörige, Angestellte) erfolgt; selbst dann, wenn der Empfangsbote die Sendung vorsätzlich oder fahrlässig verspätet oder überhaupt nicht aushändigt (vgl. Schwarz/Pahlke/Keß § 122 Rn. 16).

17 Der Zugang des VA verlangt **keine tatsächliche Kenntnisnahme,** sondern nur die Möglichkeit der Kenntnisnahme vom Inhalt des VA. Daher liegt Zugang auch vor, wenn sich zB der Empfänger im Zeitpunkt der Bekanntgabe im **Urlaub** befindet (zur Wiedereinsetzung in diesem Fall → § 110 Rn. 39 „Abwesenheit"). **Im Geschäftsleben stehende Personen** (Gewerbetreibende, Land- und Forstwirte sowie Freiberufler, insb. Rechtsanwälte und StBerater) sowie Personen, die häufig längere Geschäfts- oder Dienstreisen unternehmen, müssen hinreichende **Vorkehrungen für** den **rechtzeitigen Zugang** fristauslösender Sendungen treffen (BFH 8.10.1981 – IV R 108/81, BStBl. II 1982, 165; BGH 4.10.1990 – V ZB 7/90, NJW 1991, 109; BFH 9.12.1999 – III R 37/97, BStBl. II 2000, 175). Ein Zugang tritt jedoch nicht ein, wenn die Sendung in eine vom Stpfl. wegen **Umzug** aufgegebene Wohnung gelangt und der Stpfl. den Wohnungswechsel nicht arglistig zur Vereitelung der Bekanntgabe herbeigeführt hat (FG München 16.2.1987 – XIII 314/84 E, EFG 1987, 333). Eine allg. Verpflichtung des Stpfl. zur Mitteilung einer Adressenänderung besteht nicht. Die FB hat ggf. die Möglichkeiten der förmlichen Zustellung nach dem VwZG (insb. öffentliche Zustellung gem. § 10 VwZG) auszuschöpfen (TK § 122 Rn. 13; Gosch AO § 122 Rn. 3). Eine Bekanntgabe gilt jedoch als bewirkt, wenn der Empfänger die Annahme bzw. Kenntnisnahme der Sendung **unberechtigt verweigert** (BFH 19.3.1998 – VII B 175/97, BFH/NV 1998, 1447); eine berechtigte Verweigerung liegt bei Nachporto vor (TK § 122 Rn. 12). Eine unberechtigte Annahmeverweigerung liegt auch vor, wenn der Empfänger mit dem Postboten vereinbart, Postsendungen an bestimmten Werktagen nicht abzuliefern (BFH 9.12.1999 – III R 37/97, BStBl. II 2000, 175 mwN: Vereinbarung, eingehende Sendungen nicht am Samstag, sondern erst am nachfolgenden Montag zuzustellen; diese Problematik hat allerdings aufgrund der Fristberechnung für § 122 II Nr. 1 – → Rn. 59 – weitgehend seine praktische Bedeutung verloren). Ein absichtlich verhinderter Zugang beinhaltet grds. keine StHinterziehung (aA Pump StBP 2011, 133).

18 Bei Übermittlung einer Postsendung in ein **Postfach** ist der Zugang anzunehmen, wenn die betreffende Sendung in das vom Empfänger unterhaltene Postfach einsortiert worden ist und dieses zu diesem Zeitpunkt normalerweise auch noch geleert zu werden pflegt, entspr. sind postlagernde Sendungen zu behandeln (BFH 9.12.1999 – III R 37/97, BStBl. II 2000, 175 mwN). Zum Zeitpunkt des Zugangs bei Übermittlung durch Telefax → Rn. 53.

IV. Bekanntgabemängel – Rechtsfolgen und Heilung

22 **Allgemeines.** Anders als bei einem Adressierungsmangel (→ § 119 Rn. 20) berührt ein Mangel im Bekanntgabevorgang nicht den Inhalt des VA. Daher ist ein Bekanntgabemangel – anders als ein Adressierungsmangel – heilbar; ohne wirksame (ggf. auf der

Heilung eines Bekanntgabemangels beruhende) Bekanntgabe kann jedoch auch die Wirksamkeit des VA (§ 124 I) nicht eintreten.

Bei fehlender oder fehlerhafter Bekanntgabe wird der VA als sog. Nichtakt gegenüber dem Betroffenen nicht wirksam (→ Rn. 7). Wird ein VA dem falschen Bekanntgabeempfänger mitgeteilt, ist der VA diesem gegenüber mangels Bekanntgabewille nicht wirksam. Dem richtigen Bekanntgabeempfänger gegenüber wird der VA mangels Bekanntgabewille ebenfalls nicht wirksam (AEAO zu § 122 Nr. 4.3); zur Heilung des Bekanntgabemangels durch Weiterleitung an den richtigen Empfänger (Bekanntgabeadressaten) → Rn. 26. Eine unwirksame Zustellung kann nicht in eine wirksame Bekanntgabe umgedeutet werden (→ Rn. 97).

Wird die Unwirksamkeit der Bekanntgabe eines VA geltend gemacht, kann die Beseitigung des Rechtsscheins eines wirksamen VA sowohl durch Feststellungs- als auch durch Anfechtungsklage verfolgt werden (BFH 25.2.1999 – IV R 36/98, BFH/NV 1999, 1117; → § 125 Rn. 45).

Bei einer **Mehrheit von Adressaten** kann die Wirksamkeit zusammengefasster VA (→ § 118 Rn. 50) zu verschiedenen Zeitpunkten eintreten. Der VA wird denjenigen Adressaten gegenüber wirksam, denen er fehlerfrei bekannt gegeben wurde (BFH 28.3.1973 – I R 100/71, BStBl. II 1973, 544). Einer Einheitlichkeit der Bekanntgabe bedarf es auch bei einheitlichen Feststellungsbescheiden (§ 179 II 2) nicht (BFH 25.11.1987 – II R 227/84, BStBl. II 1988, 410; BFH 6.9.1989 – II R 33/87, BFH/NV 1990, 484; → § 179 Rn. 20). Eine gegenüber einzelnen Adressaten unterlassene oder unwirksame Bekanntgabe kann bis zum Ablauf der Festsetzungsfrist nachgeholt werden (AEAO zu § 122 Nr. 4.4.5; BFH 25.5.1976 – VIII R 66/74, BStBl. II 1976, 606). 23

Heilung von Bekanntgabemängeln durch erneute Bekanntgabe. Bei einer fehlerhaften Bekanntgabe kann die Wirksamkeit des VA durch seine erneute Bekanntgabe hergestellt werden (vgl. BFH 25.2.1999 – IV R 36/98, BFH/NV 1999, 1117). Die erneute Bekanntgabe wirkt grds. ex nunc und bewirkt nicht den rückwirkenden Eintritt der Wirksamkeit des VA. Die Heilung eines Bekanntgabemangels setzt voraus, dass die FB bei der erneuten Bekanntgabe einen Bekanntgabewillen (→ Rn. 9 ff.) hat. Ist dies der Fall, so reicht für die Wirksamkeit der Bekanntgabe die Übersendung einer Kopie des VA aus (BFH 4.10.1989 – V R 39/84, BFH/NV 1990, 409). Die Rspr. des BFH zum Bekanntgabewillen bei Übersendung einer Kopie wirkt allerdings widersprüchlich. So soll der Bekanntgabewille vorliegen, wenn die erneute Übermittlung des VA durch Übersendung einer Ablichtung ohne Vorstellung – und somit ohne Willensbildung – einer dadurch bewirkten Bekanntgabe in der Annahme erfolgte, die Urschrift sei bereits bekannt gegeben (vgl. BFH 23.2.1994 – X R 27/92, BFH/NV 1994, 768 unter Rückgriff auf BFH 15.1.1991 – VII R 86/89, BFH/NV 1992, 81, der eine Fortwirkung des Bekanntgabewillens bemüht; aA FG Köln 8.11.2021 – 11 V 1709/21, EFG 2022, 457). Das erscheint nicht überzeugend. Vielmehr fehlt der Bekanntgabewille, wenn die Übersendung oder Übergabe eines Schriftstücks bzw. der Kopie nicht zu dem Zweck erfolgt, die an eine Bekanntgabe geknüpften Rechtsfolgen herbeizuführen, sondern etwa nur der Information des Empfängers über den Inhalt eines bei den Akten befindlichen Schriftstücks dienen soll (BFH 23.8.2017 – I R 52/15, BFH/NV 2018, 401 und BFH 4.10.1989 – V R 39/84, BFH/NV 1990, 409). 24

Die Heilung eines fehlerhaft bekannt gegebenen VA, unter Zugrundelegung der nach § 44 II FGO maßgebenden Gestalt des VA, die er durch die Einspruchsentscheidung gefunden hat, tritt auch durch **ordnungsgemäße Bekanntgabe der Einspruchsentscheidung** ein (BFH 16.5.1990 – X R 147/87, BStBl. II 1990, 942; BFH 31.8.1999 – VIII R 21/98, BFH/NV 2000, 554 mwN; AEAO zu § 122 Nr. 4.4.4.). Eine Heilung ist jedoch nur bei Zurückweisung des Einspruchs als unbegründet möglich und tritt nicht ein, wenn der Einspruch als unzulässig verworfen wurde (BFH 25.1.1994 – VIII R 45/92, BStBl. II 1994, 603; TK § 122 Rn. 15). Durch die Zurückweisung des Einspruchs als unbegründet wird der ursprüngliche und den Einspruchsführern bekannte VA inhaltlich 25 bestätigt; daher ist unschädlich, wenn sich der Tenor des Einspruchsbescheids in der Zurückweisung als unbegründet erschöpft (BFH 7.3.1995 – XI R 79/94, BFH/NV 1995, 1035). Die Heilungswirkung setzt voraus, dass der Betroffene auch am Rechtsbehelfsverfahren (als Einspruchsführer oder Hinzugezogener) beteiligt war und ihm die Einspruchsentscheidung ordnungsgemäß bekannt gegeben wird (BFH 25.11.1987 – II R 36/86, BFH/NV 1989, 208; FG Köln 10.5.1995 – 6 K 3892/90, EFG 1999, 880). Die Heilung durch die Einspruchsentscheidung beinhaltet eine erstmalige StFestsetzung (da die ursprüngliche StFestsetzung mangels wirksamer Bekanntgabe nicht wirksam geworden ist). Ein erneuter Einspruch ist nicht erforderlich, da die FB die Sache bereits im Einspruchsverfahren überprüft hat und ein erneuter Einspruch nur leerer Formalismus wäre (BFH 10.12.1992 – IV R 136/91, BFH/NV 1993, 577).

26 **Heilung durch nachträgliche Kenntnisnahme.** Heilung eines Bekanntgabemangels tritt auch durch **Weiterleitung an den richtigen Bekanntgabeadressaten** in dem Zeitpunkt ein, in dem der Empfangsberechtigte den VA tatsächlich und nachweisbar erhalten hat (BFH 8.12.1988 – IV R 24/87, BStBl. II 1989, 346; BFH 9.6.2005 – IX R 25/04, BFH/NV 2006, 225 jeweils mwN; Schwarz/Pahlke/Keß § 122 Rn. 35; AEAO zu § 122 Nr. 4.4.4). Dies folgt aus dem auch § 8 VwZG (→ § 122 Rn. 204 ff.) zugrunde liegenden allg. Rechtsgedanken, dass der Vorgang der Zustellung (ebenso wie der der Bekanntgabe) keinem Selbstzweck dient (vgl. auch Gosch AO § 122 Rn. 30). Im Zeitpunkt des tatsächlichen Erhalts der Sendung beginnt der Lauf der Einspruchsfrist (§ 355; vgl. FG Berlin 18.4.1979 – VI 442/78, EFG 1979, 530). Dies gilt zB für den Fall, dass der VA unter einer falschen Anschrift (BFH 1.2.1990 – V R 74/85, BFH/NV 1991, 2 betr. falsche Hausnummer), an einen unrichtig bezeichneten Bekanntgabeadressaten (AEAO zu § 122 Nr. 4.2.3), anstelle der gebotenen Bekanntgabe gegenüber einem Bevollmächtigten an den Stpfl. selbst (→ Rn. 40 ff.) oder an einen zB aufgrund Verschmelzung untergegangenen Empfangsbevollmächtigten (FG Münster 9.11.2004 – 8 K 122/02 GrE, EFG 2005, 326) bekannt gegeben wird. Der Empfangsberechtigte hat den VA spätestens in dem Zeitpunkt nachweislich erhalten, in dem er gegen diesen Einspruch einlegt (BFH 5.10.1994 – I R 31/93, BFH/NV 1995, 576).

B. Bekanntgabe an Betroffene oder Bevollmächtigte (Abs. 1)

I. Allgemeines; Terminologie

31 § 122 I enthält nähere Regelungen darüber, **welcher Person** ein VA bekannt zu geben ist. Dabei ist terminologisch (vgl. auch AEAO zu § 122 Nr. 1.1) wie folgt zu unterscheiden:

- **Inhaltsadressat** ist die Person, für die der Inhalt des VA bestimmt ist. Die Angabe des Inhaltsadressaten ist notwendiger und unverzichtbarer Bestandteil des VA. Inhaltsadressat ist zB bei einem StBescheid der StSchuldner, bei einem Haftungsbescheid der Haftende, bei einem zusammengefassten Bescheid (→ § 118 Rn. 50) der einzelne Gesamtschuldner. Bei einem einheitlichen Feststellungsbescheid sind Inhaltsadressaten die Feststellungsbeteiligten (→ § 179 Rn. 19). Zur erforderlichen Bestimmtheit des im VA zu bezeichnenden Inhaltsadressaten → § 119 Rn. 12 ff.; → § 119 Rn. 20; vgl. auch AEAO zu § 122 Nr. 4.1.1).
- **Bekanntgabeadressat** ist die Person, welcher der VA bekannt gegeben werden soll. Inhalts- und Bekanntgabeadressat müssen nicht identisch sein. Die Bekanntgabe an Dritte ist zwingend erforderlich, wenn zB der Inhaltsadressat nicht handlungsfähig ist und die Bekanntgabe zB gegenüber Eltern oder Pfleger erfolgen muss (vgl. AEAO zu § 122 Nr. 1.4.2) bzw. wenn an einen Bevollmächtigten bekannt gegeben wird (vgl. § 122 I 3). Zur ordnungsgemäßen Bezeichnung des Bekanntgabeadressaten im VA vgl. AEAO zu § 122 Nr. 1.4.3 und 4.2. Die Bekanntgabe an den Bekanntgabeadressaten wirkt un-

mittelbar gegenüber dem Inhaltsadressaten. Der VA muss mit hinreichender Bestimmtheit erkennen lassen, ob eine Person als Inhalts- oder nur als Bekanntgabeadressat für einen Dritten in Anspruch genommen wird (→ § 119 Rn. 16).
- **Empfänger** ist die Person, welcher der VA tatsächlich zugehen soll. Zwar ist idR der Inhaltsadressat gleichzeitig der Bekanntgabeadressat und auch Empfänger. Jedoch kann auch eine andere Person (zB als Empfangsbevollmächtigter des Bekanntgabeadressaten) Empfänger sein. Zur ordnungsgemäßen Bezeichnung des Empfängers vgl. AEAO zu § 122 Nr. 1. 5 und 1.6.

§ 122 I sieht zwei Möglichkeiten der Bekanntgabe eines VA vor. Dieser kann entweder dem Betroffenen oder dessen Bevollmächtigten bekannt gegeben werden. Die Auswahl zwischen diesen Möglichkeiten liegt im Ermessen der FB; zur Ermessensausübung und -reduktion nach § 122 I 4 → Rn. 39 f. Von § 122 I abw. sind **ErbSt-Bescheide** unter den Voraussetzungen des § 32 ErbStG an Testamentsvollstrecker, Nachlassverwalter oder Nachlasspfleger bekannt zu geben (zu Einzelheiten → Rn. 49 „Nachlasspfleger", „Nachlassverwalter", „Testamentsvollstrecker").

II. Bekanntgabe an Inhaltsadressaten oder Drittbetroffene (Abs. 1 S. 1)

Gemäß § 122 I 1 ist der VA grds. demjenigen Beteiligten (§ 78) bekannt zu geben, für den er bestimmt ist oder der von ihm betroffen wird. „Bestimmt" ist der VA für den Inhaltsadressaten. Dessen Identität muss sich anhand des VA zweifelsfrei und sicher bestimmen lassen; zu den insoweit geltenden Bestimmtheitsanforderungen → § 119 Rn. 12 ff. Ist der einwandfrei bezeichnete Inhaltsadressat nach materiellem Recht nicht der (richtige) materiell Verpflichtete, ist der VA zwar rechtswidrig, jedoch idR nicht nichtig (→ § 119 Rn. 13). 32

Richtet sich ein VA gegen mehrere Personen, ist grds. im Wege der **Einzelbekanntgabe** jedem Beteiligten jeweils separat eine Ausfertigung des VA bekannt zu geben (BFH 22.10.1975 – I B 38/75, BStBl. II 1976, 136). Gesetzliche Ausnahmen ergeben sich jedoch aufgrund § 122 VI und VII sowie bei der einheitlichen Feststellung nach Maßgabe des § 183 (zu Einzelheiten vgl. dort). Die Einzelbekanntgabe ist ferner ausnahmsweise entbehrlich, wenn ein Beteiligter mehrere Handlungsfähige (§ 79) gesetzlich vertritt oder von mehreren Beteiligten zum Bevollmächtigten (§ 80) bestellt ist.

Drittbetroffene. Der VA ist gem. § 122 I 1 Alt. 2 auch dem bekannt zu machen, der von dem VA betroffen ist. Da derjenige, für den der VA bestimmt ist, von dem VA stets betroffen ist, gilt § 122 I 2. Alt. nur für den sog. Drittbetroffenen (TK § 122 Rn. 24). Ein Betroffensein Dritter bestimmt sich nach materiellem Recht und liegt vor, wenn der Dritte durch den VA selbst beschwert und damit einspruchsbefugt ist (→ § 350 Rn. 21 f.). Es sind dies regelmäßig Fälle, in denen der Dritte im finanzgerichtlichen Verfahren notwendig beizuladen ist (§ 60 III FGO). Eine unterlassene Bekanntgabe des VA an den Drittbetroffenen berührt nicht die Wirksamkeit des VA gegenüber dem materiell-rechtlichen Adressaten (BFH 5.6.1991 – XI R 26/89, BStBl. II 1991, 820); zB bei Nichtbekanntgabe eines Abzweigungsbescheides (§ 74 EStG) bzw. dessen Aufhebung gegenüber dem Kindergeldberechtigten (FG Sachsen-Anhalt 9.3.2010 – 4 K 1254/08, EFG 2010, 1800). Zu Einzelfällen der Bekanntgabe → Rn. 49. 33

III. Bekanntgabe an gesetzliche Vertreter usw. (Abs. 1 S. 2)

Die in § 122 I 2 angeordnete entsprechende Anwendung des § 34 II betrifft die Bekanntgabe von VA an nichtrechtsfähige Personenvereinigungen (insb. GbR, Partnerschaftsgesellschaften, ArGe) ohne Geschäftsführer sowie an nichtrechtsfähige Vermögensmassen (zB Erbengemeinschaft, nicht rechtsfähige Stiftung). Sind diese – und nicht ihre Mitglieder – Beteiligte am Besteuerungsverfahren, so können VA entweder allen Gesellschaftern oder Mitgliedern oder gem. § 34 II 2 nach Wahl der FB nur einem von ihnen bekannt gegeben 34 werden (vgl. zB BFH 8.11.1995 – V R 64/94, BStBl. II 1996, 256). Dies gilt ebenso nach Auflösung der GbR (BFH 8.11.1995 – V R 64/94, BStBl. II 1996, 256). Zu weiteren Einzelfragen → Rn. 49 „Erbengemeinschaft", „Gesellschaft bürgerlichen Rechts; Gemeinschaften". Auch für das Zustellungsverfahren bleibt § 34 II unberührt (vgl. § 6 I 2 VwZG).

IV. Bekanntgabe an Bevollmächtigte (Abs. 1 S. 3)

37 Gemäß § 122 I 3 kann die Bekanntgabe des VA auch gegenüber einem Bevollmächtigten (dazu die Erl. zu § 80) erfolgen. § 122 I 4 reduziert das in S. 3 eingeräumte Ermessen bei Vorliegen einer Empfangsvollmacht auf null (→ Rn. 39 f.). Bei der Auslegung von § 122 I 3 ist auch die Grundwertung des § 80 V 1 (§ 80 III 1 aF) zu berücksichtigen, dass sich die FB in Verwaltungsverfahren, in denen ein Bevollmächtigter bestellt ist, an diesen wenden soll (TK § 122 Rn. 42; → § 80 Rn. 73 ff.). Die gegenüber dem Bevollmächtigten vorgenommene Bekanntgabe ist im Verhältnis zum Betroffenen wirksam (BFH 5.10.2000 – VII R 96/99, BStBl. II 2001, 86). BFH 5.10.2000 – VII R 96/99 Zur Bekanntgabe der Entscheidung über die Zurückweisung eines Bevollmächtigten oder Beistands (§ 80 V bis VII) → § 80 Rn. 106.

38 Die Bevollmächtigung muss nicht ausdrücklich erfolgen (BFH 3.3.2003 – IX B 206/02, BFH/NV 2003, 884 mwN; möglich zB auf dem amtlichen Vollmachtsformular: BMF 8.7.2019, BStBl. I 2019, 594). Sie wird gem. § 80 II S. 1 nF bei für den Stpfl. handelnden Personen und Vereinigungen iSd §§ 3, 4 Nr. 11 StBerG vermutet. Im Übrigen ist eine Anscheins- und **Duldungsvollmacht** ausreichend (BFH 28.10.2009 – I R 28/08, BFH/NV 2010, 432; BFH 23.3.2010 – IV B 28/09, BFH/NV 2010, 1242; → § 80 Rn. 22). Bevollmächtigter iSd §§ 80 I 1, 122 I 3 ist auch derjenige, der ohne Vollmacht gegenüber den FB wie ein Bevollmächtigter auftritt, wenn der von ihm durch sein Auftreten erzeugte Rechtsschein der Bevollmächtigung dem Vertretenen zurechenbar ist (BFH 3.3.2003 – IX B 206/02, BFH/NV 2003, 884 mwN). Eine Vollmacht kann – sofern dem FA mitgeteilt – rechtsgeschäftlich dahingehend beschränkt werden, dass der Bevollmächtigte nicht zur Empfangnahme von StBescheiden bevollmächtigt ist (→ § 80 Rn. 38).

39 **Ermessen.** Die Vorschrift („kann") räumt der FB ein (Auswahl-)Ermessen darüber ein, ob sie den VA dem Stpfl. oder dessen Bevollmächtigten bekannt gibt (BT-Drs. 7/4292, 28). Ein Ermessen besteht jedoch nicht in den Fällen der §§ 123, 183, in denen die Bekanntgabe zwingend an den (Empfangs-)Bevollmächtigten erfolgen muss. Das Ermessen ist gem. § 5 entspr. dem Zweck der Ermächtigung auszuüben (krit. im Hinblick auf den unklaren Zweck der Ermessensermächtigung: TK § 122 Rn. 42; Gosch AO § 122 Rn. 28). Mit dem der FB insoweit eingeräumten Auswahlermessen sollte eine übermäßige Bindung der Behörden vermieden und diesen die Möglichkeit gelassen werden, den vielfältigen Erscheinungen der Massenverwaltung individuell Rechnung tragen zu können (BFH 5.10.2000 – VII R 96/99, BStBl. II 2001, 86). S. 4 reduziert das eingeräumte Ermessen beim Vorliegen einer Empfangsvollmacht auf null.

40 **Empfangsvollmacht.** Eine **Verpflichtung zur Bekanntgabe an den Bevollmächtigten** besteht kraft Ermessensreduktion auf null durch § 122 I 4 (nur), wenn der Stpfl. der FB eindeutig und unmissverständlich mitgeteilt hat, dass er einen bestimmten Vertreter (gerade auch) zur Entgegennahme von VA ermächtige (sog. **Bekanntgabe- oder Empfangsvollmacht**) und sich dies unmittelbar aus der diesbezüglichen Erklärung des Stpfl. bzw. seines Bevollmächtigten ergibt (vgl. hierzu auch BFH 24.4.1985 – I S 1/85, BFH/NV 1986, 320; BFH 9.6.2005 – IX R 25/04, BFH/NV 2006, 225; BFH 18.1.2007 – IV R 53/05, BStBl. II 2007, 369 mwN; FG Düsseldorf 11.2.2005 – 8 K 2373/04, EFG 2005, 1004). Die Vollmacht muss der FB schriftlich oder elektronisch nach vorgeschriebenem Datensatz übermittelt worden sein. Eine einschränkungslose Empfangsvollmacht gilt auch für neue StNummern (FG Niedersachsen 18.3.2022 – 7 K 272/20, EFG 2022, 899). Keine Bekanntgabe an den Bevollmächtigten erfolgt, wenn er wirksam nach § 80 VII zurückgewiesen wurde. Zur Unwirksamkeit einer gleichwohl gegenüber dem Stpfl. erfolgten Bekanntgabe → Rn. 26.

Das Vorliegen einer Empfangsvollmacht ist ggf. durch **Auslegung** nach den Regeln der §§ 133, 157 BGB zu ermitteln (BFH 20.9.2000 – II R 65/98, BFH/NV 2001, 732; BFH 9.6.2005 – IX R 25/04, BFH/NV 2006, 225). Sie liegt vor, wenn der Bevollmächtigte ausdrücklich zur Entgegennahme „rechtsverbindlicher Erklärungen" ermächtigt ist (BFH 23.11.1999 – VII R 38/99, BFH/NV 2000, 549). Bei missverständlichen oder widersprüchlichen Angaben kann die Bekanntgabe auch an den Stpfl. erfolgen. Die FB ist nicht verpflichtet, einen Bekanntgabebevollmächtigten zu ermitteln (FG Hamburg 10.10.2002 – VI 5/01, EFG 2003, 583).

Eine Bekanntgabe kann auch (muss aber nicht, → Rn. 42) bei lediglich vermuteter Bevollmächtigung an den Bevollmächtigten erfolgen, wenn dieser für den Stpfl. bei der FB auftritt. Eine Bevollmächtigung iSd § 122 I 3 muss nicht schriftlich vorliegen, sondern kann sich auch aus den Umständen ergeben (BFH 16.3.2022 – VIII R 19/19, BFH/NV 2022, 829). Nach dieser neueren Rspr. dürfte (muss aber nicht) wohl an den Bevollmächtigten bekanntgeben werden, wenn dieser zB eine StErklärung erstellt und eingereicht hat (vgl. BFH 30.7.1980 – I R 148/79, BStBl. II 1981, 3; FG Baden-Württemberg 6.11.2019 – 7 K 941/18, EFG 2020, 757; AEAO zu § 122 Nr. 1.7.1), einen Fristverlängerungsantrag stellt (vgl. BFH 21.12.2000 – VII B 258/00, BeckRS 2000, 25005831) oder vom Stpfl. als Ansprechpartner für weitere Rückfragen benannt wird (vgl. BFH 9.12.1998 – II B 75/98, BFH/NV 1999, 1053). Zu beachten ist aber ggf. eine dem Umfang nach gegebene **Beschränkung der Empfangsvollmacht** (zB unter Zeile 15 des amtl. Vollmachtsformulars des BMF 27.3.2025, BStBl. I 2025, 954). Ist diese wegen der Bezugnahme auf eine StNummer auf laufend veranlagte Steuern begrenzt, erstreckt sie sich zB nicht auf Feststellungsbescheide betr. Einheitsbewertung des Grundvermögens (BFH 20.9.2000 – II R 65/98, BFH/NV 2001, 732) oder GrESt- oder ErbSt-Bescheide. Macht der Vollmachtgeber keinen Gebrauch von der Möglichkeit, den sachlichen und zeitlichen Umfang der Vollmacht zu beschränken, gilt die Vollmacht uneingeschränkt für alle aktuellen und künftigen StFälle (BFH 8.11.2023 – II R 19/21, BStBl. II 2025, 218). Zum Fortbestehen der einer GbR erteilten Vollmacht in ErbSt-Sachen nach Auflösen der GbR s. BFH 12.1.2011 – II R 30/09, BFH/NV 2011, 755. Der **Widerruf** der Empfangsvollmacht ist möglich; er ist nicht an eine bestimmte Form gebunden und kann auch konkludent erklärt werden (BFH 18.1.2007 – IV R 53/05, BStBl. II 2007, 369 mwN). Er muss jedoch gegenüber der FB hinreichend bestimmt und erkennbar zum Ausdruck gebracht werden (BFH 7.2.1995 – IX R 3/93, BStBl. II 1995, 357; BFH 12.1.2011 – II R 30/09, BFH/NV 2011, 755; → § 80 Rn. 54 f.). Wird die Empfangsvollmacht erst nach Absendung des VA der FB mitgeteilt, so steht dies einer wirksamen Bekanntgabe des VA innerhalb der Vier-Tages-Fiktion des § 122 II Nr. 1 nicht entgegen (BFH 8.2.2024 – VI R 25/21, BStBl. II 2025, 143; BFH 11.6.2024 – IX R 30/23, BFH/NV 2024, 1409).

Ein **während** eines **Klageverfahrens** ergehender Änderungsbescheid war unter der **41** Geltung des § 68 FGO aF, da durch den Änderungsbescheid die prozessuale Frist des § 68 S. 2 FGO aF in Lauf gesetzt wurde, grds. dem Prozessbevollmächtigten bekannt zu geben (BFH 5.5.1994 – VI R 98/93, BStBl. II 1994, 806; BFH 29.10.1997 – X R 37/95, BStBl. II 1998, 266). Ein entsprechender sachlicher Grund zur Bekanntgabe an den Prozessbevollmächtigten ist auf der Grundlage des jetzt geltenden § 68 FGO entfallen (anders wohl BFH 9.6.2005 – IX R 25/04, BFH/NV 2006, 225); die FVerw. hält jedoch an ihrer bisherigen Handhabung fest (vgl. AEAO zu § 122 Nr. 1.7.3).

Beim **Fehlen** einer eindeutigen und unmissverständlichen **Bekanntgabevollmacht** ist **42** die FB grds. in ihrem Auswahlermessen nicht gebunden, sodass grds. auch eine **Bekanntgabe an den Stpfl.** erfolgen kann. Dies hat insb. Bedeutung im Fall einer – lediglich – erteilten allgemeinen Verfahrensvollmacht: Zwar berechtigt eine allgemeine Vertretungsvollmacht nach § 80 I 2 zu allen Verfahrenshandlungen. Ihr ist auch uU im Auslegungswege das Bestehen einer (ggf. stillschweigend oder konkludent erteilten) Empfangsvollmacht zu entnehmen. Das Auswahlermessen des FA hinsichtlich des Bekanntgabeadressaten wird hierdurch aber auch nach Einfügung von § 122 I 4 nicht eingeschränkt (noch zur Altfassung von § 122 I vor dem 1.1.2017: BFH 5.10.2000 – VII R 96/99, BStBl. II 2001, 86; vgl. auch FG Baden-Württemberg 6.11.2019 – 7 K 941/18, EFG 2020, 757; aA TK § 122 Rn. 43). Dafür spricht, dass bei der Verwendung des „amtlichen Musters für Vollmachten im Besteuerungsverfahren" eine Bekanntgabevollmacht ausdrücklich erteilt werden muss (Zeile 17 des Formulars, vgl. BMF 27.3.2025, BStBl. I 2025, 954, → § 80 Rn. 37).

43 Die FB übt ihr **Auswahlermessen fehlerhaft** aus, wenn sie sich bei gleichbleibenden Verhältnissen eine Zeit lang ständig an den Bevollmächtigten und sich dann ohne ersichtlichen Grund an den Stpfl. selbst wendet oder wenn die FB im VA (zB im Rubrum der Einspruchsentscheidung) und in den Entscheidungsgründen von einer Bevollmächtigung ausgeht und gleichwohl den VA nicht dem Bevollmächtigten bekannt gibt (BFH 5.10.2000 – VII R 96/99, BStBl. II 2001, 86 mwN). Konnte der Vertretene mit einer Bekanntgabe an den Bevollmächtigten rechnen, so kann dem Vertretenen bei Bekanntgabe an ihn und Versäumung einer Rechtsbehelfsfrist uU Wiedereinsetzung in den vorigen Stand zu gewähren sein. Nimmt die FB zutr. die Bekanntgabe an den Bevollmächtigten vor, so hat sie von diesem eine schriftliche Vollmacht nachzufordern (AEAO zu § 122 Nr. 1.7.3).

44 Bei **Bekanntgabe** unmittelbar an den Stpfl. trotz Bekanntgabepflicht an den Bevollmächtigten aufgrund der FB vorliegender **Bekanntgabe- oder Empfangsvollmacht** (→ Rn. 40) ist die Bekanntgabe unwirksam. Der Bekanntgabemangel wird in dem Zeitpunkt geheilt, in dem der empfangsberechtigte Bevollmächtigte den Bescheid nachweislich durch Weiterleitung erhalten hat (BFH 8.12.1988 – IV R 24/87, BStBl. II 1989, 346; BFH 1.7.2003 – VIII R 29/02, BFH/NV 2003, 1397 mwN; std. Rspr., allg. zur Heilung → Rn. 26). Von diesem Zeitpunkt an beginnt der Lauf der Einspruchsfrist (§ 355 I 1). Eine Weiterleitung wahrt die Festsetzungsfrist des § 169 I 3 Nr. 1 auch dann, wenn diese erst nach Ablauf der Festsetzungsfrist erfolgt (BFH 1.7.2003 – VIII R 29/02, BFH/NV 2003, 1397; vgl. ferner → § 169 Rn. 36 ff.).

45 Nicht abschließend geklärt ist die Wirksamkeit der Bekanntgabe, wenn der FB insoweit ein Auswahlermessen zustand (→ Rn. 42) und sie dieses rechtswidrig durch Bekanntgabe an den Betroffenen ausgeübt hat. In diesem Fall ist die Bekanntgabe nicht unwirksam (BVerwG 30.10.1997 – 3 C 35/96, BVerwGE 105, 288 (292); offengelassen von BFH 5.10.2000 – VII R 96/99, BStBl. II 2001, 86). Daher wird durch die Bekanntgabe an den Betroffenen zB auch eine Rechtsbehelfsfrist in Lauf gesetzt.

46 Haben sich **mehrere Bevollmächtigte** legitimiert, hat das FA nach pflichtgemäßem Ermessen (§ 5) darüber zu entscheiden, welchem Bevollmächtigten es den Bescheid bekanntgibt. Geht der Bescheid auf einen Antrag zurück, dann handelt das FA ermessensfehlerhaft, wenn es die Entscheidung über den Antrag nicht an den Bevollmächtigten bekanntgibt, der diesen gestellt hat (vgl. FG Berlin-Brandenburg 18.6.2024 – 6 K 5129/23, EFG 2024, 1728).

V. ABC der Bekanntgabe

49 **Atypisch stille Gesellschaft:** Eine atypische stille Gesellschaft ist – nicht anders als die stille Gesellschaft – als Innengesellschaft nicht selbst StSchuldnerin (für die GewSt vgl. BFH 16.12.1997 – VIII R 32/90, BStBl. II 1998, 480 mwN). StBescheide und andere VA sind an den Geschäftsinhaber zu adressieren (BFH 12.11.1985 – VIII R 364/83, BStBl. II 1986, 311; AEAO zu § 122 Nr. 2.4.1). Dies gilt auch für eine Prüfungsanordnung betr. eine atypisch stille Gesellschaft (BFH 3.2.2003 – VIII B 39/02, BFH/NV 2003, 1028 mwN).

Betreuer: Soweit die Erfüllung steuerlicher Pflichten zum Aufgabenkreis des Betreuers (→ § 79 Rn. 32) gehört und dieser gegenüber der FB von seiner Vertretungsmacht nach § 1823 BGB Gebrauch gemacht und/oder eine Ausschließlichkeitserklärung nach § 53 II ZPO abgegeben hat, ist dieser auch Zustellungsempfänger für StBescheide; insoweit ist

§ 6 I 2 VwZG auch auf die einfache Bekanntgabe nach § 122 I entspr. anzuwenden (BFH 10.5.2007 – VIII B 125/06, BFH/NV 2007, 1630 mwN). Vor diesem Zeitpunkt ist ein dem Betreuten selbst bekannt gegebener Bescheid wirksam. Wird der Bescheid jedoch nach Abgabe einer Ausschließlichkeitserklärung dem Betreuten bekannt gegeben, ist er unheilbar unwirksam (vgl. AEAO zu § 122 Nr. 2.1.4).

Bevollmächtigte: → § 122 Rn. 37 ff.

Einheitliche Gewinnfeststellung: Bescheide über die einheitliche Gewinnfeststellung sind an die einzelnen Gemeinschafter/Gesellschafter (Inhaltsadressaten) zu richten, denen die Einkünfte zuzurechnen sind, → § 179 Rn. 19 f. mwN.

Ehegatten: Bei Gesamtschuldnerschaft von Ehegatten (zB bei der ESt-Veranlagung) kann gegen diese ein zusammengefasster Bescheid (§ 155 III 1) ergehen. Zur Adressierung sind Familienname und Vorname beider Ehegatten anzugeben (AEAO zu § 122 Nr. 2.1.2). Die gelegentlich noch zu findende Adressierung an „Herrn und Frau" mit ausschließlicher Nennung von Vor- und Familienname des Mannes ist, soweit keine Verwechslungsmöglichkeit besteht, ausreichend (BFH 7.9.1995 – III R 111/89, BFH/NV 1996, 521 mwN; BFH 29.7.1998 – II R 64/95, BFH/NV 1998, 1455). Sind Ehegatten nicht Gesamtschuldner und kann daher kein zusammengefasster Bescheid ergehen, bedarf es der Einzelbekanntgabe; § 122 VII ist in diesem Fall unanwendbar (→ Rn. 117). Beim **Tod eines Ehegatten** vor Bekanntgabe ist der gegen den verstorbenen Ehegatten gerichtete VA nichtig; die gegen den lebenden Ehegatten gerichtete StFestsetzung bleibt jedoch idR – soweit der VA teilbar iSd § 125 IV ist – wirksam (BFH 29.7.1998 – II R 64/95, BFH/NV 1998, 1455; FG Niedersachsen 24.9.2002 – 3 K 106/02, EFG 2003, 664; TK § 122 Rn. 26). Die Sonderregelung des § 182 III gilt nur für Feststellungsbescheide.

Bei Ehegatten mit gemeinsamer Anschrift ergeben sich Bekanntgabeerleichterungen aus § 122 VII (→ Rn. 113 ff.). Bei Einverständnis der Eheleute kann der VA gem. § 122 VI auch an einen der Ehegatten zugleich mit Wirkung für und gegen den anderen Ehegatten bekannt gegeben werden.

Empfangsbote: → Rn. 15.

Erbe: s. „Erbengemeinschaft", „Gesamtrechtsnachfolge", „Nachlasspfleger", „Testamentsvollstrecker".

Erbengemeinschaft: Die Erbengemeinschaft hat keine eigene Rechtspersönlichkeit. StSchuldner einer noch vom Erblasser verwirklichten Steuer sind die Erben als Gesamtschuldner; vgl. zur Bekanntgabe nachfolgend unter „Gesamtrechtsnachfolge".

Ist eine Erbengemeinschaft selbst StSchuldner (zB bei der USt oder GrESt), muss der an diese gerichtete VA zu ihrer Identifizierung bzw. der ihrer Gemeinschafter den Namen des Erblassers und die Namen der einzelnen Miterben enthalten (BFH 29.11.1972 – II R 42/67, BStBl. II 1973, 372; vgl. AEAO zu § 122 Nr. 2.4, 2.4.1.2 und 2.12.6).

Feststellungsbescheide: Zur Bekanntgabe von Feststellungsbescheiden → § 183 Rn. 5 ff. Zu beachten ist, dass ein negativer Feststellungsbescheid allen Feststellungsbeteiligten einzeln bekanntzugeben ist. § 183 I ist in einem solchen Fall nicht anwendbar mit der Folge, dass eine Bekanntgabe an den Empfangsbevollmächtigten nicht zulässig ist (FG Baden-Württemberg 18.4.2023 – 5 K 1538/22, EFG 2024, 1173 mwN; Rev. I R 52/23).

Gesamtrechtsnachfolge: Nach Eintritt der Gesamtrechtsnachfolge (zB Erbfolge, Rechtsnachfolge in das Sondervermögen einer PersGes kraft Anwachsung gem. § 738 BGB, nach dem UmwG: Verschmelzung, Spaltung, Vermögensnachfolge; vgl. im Einzelnen die Erl. zu § 45) sind VA an den Rechtsnachfolger zu richten (BFH 17.6.1992 – X R 47/88, BStBl. II 1993, 174 mwN). Ein an eine nicht (mehr) existierende natürliche oder juristische Person gerichteter VA ist unwirksam (→ § 119 Rn. 16). Es darf nicht durch Auslegung der „richtige" Empfänger ermittelt werden.Der an Gesamtrechtsnachfolger gerichtete VA ist unter Nennung seines Namens und unter Angabe des Rechtsnachfolgeverhältnisses bekannt zu geben (BFH 29.3.1972 – II S 12/71, BStBl. II 1972, 502; AEAO zu § 122 Nr. 2.12.2). Dem kann auch in der Weise Rechnung getragen werden, dass der VA an den Rechtsvorgänger „zu Händen" des Rechtsnachfolgers gerichtet wird (BFH

21.5.1992 – IV R 47/90, BStBl. II 1992, 865 mwN). Für gesonderte Feststellungen gilt die Sonderregelung des § 182 III.

Sind **mehrere Gesamtsrechtsnachfolger** (zB mehrere Erben) vorhanden, so haben diese für eine in der Person des Erblassers entstandene StSchuld gesamtschuldnerisch einzustehen (→ § 45 Rn. 22). Gegen sie können entweder EinzelStBescheide (§ 155 I) oder gem. § 155 III ein zusammengefasster Bescheid (zum Begriff → § 118 Rn. 50) ergehen (BFH 28.3.1973 – I R 100/71, BStBl. II 1973, 544; AEAO zu § 122 Nr. 2.12.3). Als Inhaltsadressaten müssen sämtliche Gesamtrechtsnachfolger aufgeführt werden; die Angabe „Erbengemeinschaft nach …" führt mangels Bestimmtheit zur Unwirksamkeit (BFH 29.7.1998 – II R 64/95, BFH/NV 1998, 1455). Allerdings kann uU im Auslegungswege aus dem Bescheid selbst oder aus ihm beigefügten Unterlagen der Inhaltsadressat hinreichend sicher bestimmt werden (BFH 17.11.2005 – III R 8/03, BStBl. II 2006, 287). Die Bekanntgabe des zusammengefassten Bescheids kann auch auf einen Teil der Gesamtrechtsnachfolger beschränkt und gegenüber den anderen Gesamtrechtsnachfolgern ggf. später nachgeholt werden (→ Rn. 23). Es kann ggf. von den Bekanntgabeerleichterungen des § 122 VI und VII Gebrauch gemacht werden.

Zur Bekanntgabe an unbekannte Erben vgl. „Nachlasspfleger". Für gesonderte und einheitliche Feststellungsbescheide iSd § 179 II 2 vgl. die Sonderregelung des § 183 III. Vgl. ferner „Testamentsvollstrecker".

Gesellschaft bürgerlichen Rechts (GbR); Gemeinschaften: Ist eine GbR (zB als StSchuldner der USt gem. § 13 II iVm 2 I UStG oder der GrESt) Inhaltsadressat eines VA, so ist idR – insb. bei bestehender Verwechslungsgefahr – die namentliche Bezeichnung der Gesellschafter erforderlich (AEAO zu § 122 Nr. 2.4.1.3). Die Bezeichnung durch Angabe aller Gemeinschafter kann durch Verweis auf einen Außenprüfungsbericht ersetzt werden (Schwarz/Pahlke/Keß § 122 Rn. 97; BFH 17.11.2005 – III R 8/03, BStBl. II 2006, 287 betr. Erbengemeinschaft). Hat sich die GbR im Rechtsverkehr einen zu ihrer Identifizierung dienenden Namen zugelegt, genügt zur Bezeichnung der GbR ausnahmsweise – dh ohne Angabe der Gesellschafter – die Angabe dieses Namens (BFH 11.2.1987 – II R 103/84, BStBl. II 1987, 325; BFH 28.5.1998 – II B 75/97, BFH/NV 1998, 1523; AEAO zu § 122 Nr. 2.4.1.2). Der VA wird mit Bekanntgabe gegenüber einem vertretungsberechtigten Gesellschafter wirksam (§ 122 I 2 iVm § 34 II; vgl. auch AEAO zu § 122 Nr. 2.4.1.3); bei mehreren Vertretungsberechtigten reicht die Bekanntgabe an einen Gesellschafter (BFH 8.11.1995 – V R 64/94, BStBl. II 1996, 256; BFH 30.4.2003 – II R 79/00, BStBl. II 2003, 890). Tritt ein **Gesellschafterwechsel** ein, so lässt dieser zivilrechtlich die Identität der GbR unberührt; er hat allenfalls Bedeutung für eine etwaige Haftung der Gesellschafter. StSchuldner bleibt die GbR in ihrer jeweiligen Zusammensetzung (BFH 12.12.1996 – II R 61/93, BStBl. II 1997, 299). Adressierung und Bekanntgabe des VA sind trotz Bezeichnung der bisherigen Gesellschafter wirksam, wenn eine Verwechslungsgefahr hinsichtlich der Identität der GbR ausgeschlossen und der Bekanntgabeadressat sicher erkennbar ist (BFH 8.11.1995 – V R 64/94, BStBl. II 1996, 256).

Im **Liquidationsstadium** der GbR (vgl. § 730 BGB) oder Gemeinschaft sind VA bis zur Vollbeendigung ebenfalls nach den vorstehenden Grundsätzen an alle Gesellschafter/Gemeinschafter zu adressieren. Die PersGes besteht als Abwicklungsgesellschaft so lange fort, bis alle das Gesellschaftsvermögen betreffenden Ansprüche und Verpflichtungen abgewickelt sind (BFH 22.10.1986 – II R 118/84, BStBl. II 1987, 183; BFH 1.10.1992 – IV R 60/91, BStBl. II 1993, 82 mwN; BFH 18.11.2008 – VIII R 40/07, BFH/NV 2009, 705). Ein nach **Vollbeendigung** der GbR/Gemeinschaft an diese gerichteter VA ist, da insoweit ein StSchuldner nicht (mehr) existiert, unwirksam (BFH 16.12.1997 – VIII R 32/90, BStBl. II 1998, 480; BFH 25.7.2000 – VIII R 32/99, BFH/NV 2001, 178); zu weiteren Einzelfragen vgl. OFD Koblenz 17.2.2000, BeckVerw 27540.

Gesellschafter, Gemeinschafter: Zur Bekanntgabe von Bescheiden über gesonderte und einheitliche Feststellungen vgl. die Erl. zu § 183 sowie AEAO zu § 122 Nr. 2.5.

Gesetzliche Vertreter: Bei Geschäftsunfähigen und beschränkt Geschäftsfähigen sind Bekanntgabeadressat die gesetzlichen Vertreter, vgl. „Handlungsunfähige".

Haftungsbescheid: → § 191 Rn. 59 ff.

Handlungsunfähige: Die Entgegen- und Kenntnisnahme von VA ist eine Verfahrenshandlung, die Handlungsfähigkeit voraussetzt (→ § 79 Rn. 4 f.). Die Bekanntgabe gegenüber einem nicht Handlungsfähigen ist unwirksam (→ § 79 Rn. 44). Ist Inhaltsadressat eine handlungsunfähige natürliche (dh nicht oder beschränkt geschäftsfähige) Person, so ist (vgl. § 34) Bekanntgabeadressat der gesetzliche Vertreter. Aus dem VA muss das Vertretungsverhältnis hervorgehen (AEAO zu § 122 Nr. 2.2.1); zur Zustellung an gesetzliche Vertreter vgl. § 7 I VwZG (→ Rn. 57). Dies sind bei **minderjährigen Kindern** die Eltern, wobei – wie schon § 1629 I 1 BGB zeigt – die Bekanntgabe gegenüber nur einem Elternteil ausreicht (vgl. AEAO zu § 122 Nr. 2.2.2); für Zustellungen ergibt sich dies unmittelbar aus § 6 III VwZG. Soweit Minderjährige zum Betrieb eines Erwerbsgeschäfts (§ 112 BGB) oder zur Eingehung eines Dienstverhältnisses (§ 113 BGB) ermächtigt sind, sind betreffende VA an den Minderjährigen selbst bekannt zu geben (AEAO zu § 122 Nr. 2.2.3). Eine unwirksame Bekanntgabe an den Handlungsfähigen kann durch Weiterleitung an den gesetzlichen Vertreter und dessen Genehmigung (BFH 18.10.1988 – VII R 123/85, BStBl. II 1989, 76) oder das nach Bekanntgabe eintretende Erreichen der Volljährigkeit geheilt werden (TK § 122 Rn. 31; Gosch AO § 122 Rn. 16; → Rn. 186).

Insolvenzverwalter: Das Verwaltungs- und Verfügungsrecht über das zur Insolvenzmasse gehörige Vermögen des Schuldners wird gem. § 80 InsO ausschl. durch den Insolvenzverwalter ausgeübt (näher → § 34 Rn. 28, 30). Dieser ist Bekanntgabeadressat der die Insolvenzmasse betr. VA (insb. Feststellungsbescheid gem. § 251 III). Es ist durch einen entsprechenden Zusatz kenntlich zu machen, dass der Insolvenzverwalter in dieser Funktion vom VA betroffen ist; andernfalls ist die Bekanntgabe unwirksam (BFH 15.3.1994 – XI R 45/93, BStBl. II 1994, 600). Nach Eröffnung des Insolvenzverfahrens und vor Abschluss der Prüfungen gem. §§ 176, 177 InsO dürfen hinsichtlich der Insolvenzforderungen keine VA über die Festsetzung von Ansprüchen aus dem StSchuldverhältnis ergehen (vgl. AEAO zu § 251 Nr. 4.3, 4.4) und grds. auch keine Bescheide erlassen werden, in denen Besteuerungsgrundlagen festgestellt oder festgesetzt werden, die die Höhe der zur Insolvenztabelle anzumeldenden StForderungen beeinflussen können (BFH 18.12.2002 – I R 33/01, BStBl. II 2003, 630). Prüfungsanordnungen müssen ebenfalls an den Insolvenzverwalter gerichtet werden (→ § 125 Rn. 16). Anders ist es mit Bescheiden, mit denen eine positive Steuer festgesetzt wird. Diese können ausnahmsweise auch nach Eröffnung des Insolvenzverfahrens wirksam ergehen, wenn sich unter Berücksichtigung von Anrechnungsbeträgen insgesamt ein Erstattungsbetrag ergibt und auch keine Besteuerungsgrundlagen festgestellt werden, die die Höhe von StForderungen beeinflussen, welche zur Tabelle anzumelden sind (BFH 5.4.2022 – IX R 27/18, BStBl. II 2022, 703). Zur Bekanntgabe an vorläufigen Insolvenzverwalter vgl. AEAO zu § 251 Nr. 3.1.

Der Insolvenzverwalter ist nicht Bekanntgabeadressat für VA, die das insolvenzfreie Vermögen des Schuldners betreffen. Der Schuldner ist ferner Inhalts- und Bekanntgabeadressat während eines Restschuldverfahrens (§§ 286 ff. InsO; AEAO zu § 251 Nr. 15.1) sowie ferner dann, wenn Eigenverwaltung angeordnet ist (§ 270 InsO; AEAO zu § 251 Nr. 13.2); zur Bekanntgabe im Verbraucherinsolvenzverfahren vgl. AEAO zu § 251 Nr. 12.2, 12.3.

Juristische Personen: Inhaltsadressat des VA ist die juristische Person; dieser ist der VA bekannt zu geben. Adressierung und Bekanntgabe können unter dem Namen und in der Form erfolgen, wie die juristische Person selbst im Geschäftsverkehr auftritt (BFH 11.12.1991 – I R 66/90, BStBl. II 1992, 595). Eine Adressierung an den Geschäftsführer genügt, wenn der Inhaltsadressat aus dem sonstigen Inhalt des Bescheides mit einer jeden Zweifel ausschließenden Sicherheit entnommen werden kann (BFH 30.5.1990 – I R 115/86, BFH/NV 1990, 757; BFH 17.5.1974 – VI R 197/71, BStBl. II 1974, 648). Das Vertretungsorgan (zB GmbH-Geschäftsführer) als Bekanntgabeadressat muss im VA nicht angegeben werden (BFH 7.8.1970 – VI R 24/67, BStBl. II 1970, 814; BFH 16.3.1993 – XI R 42/90, BFH/NV 1994, 75; TK § 122 Rn. 33; AEAO zu § 122 Nr. 2.8.1.1; zum faktischen Geschäftsführer s. Pedak StBp 2014, 52). Bei Zustellung ist § 6 I VwZG zu beachten. Bei **juristischen Personen des öffentlichen Rechts** sind diese selbst Inhaltsadressat (zur Bekanntgabe vgl. BFH 18.8.1988 – V R 194/83, BStBl. II 1988, 932; AEAO zu § 122 Nr. 2.8.2.). Eine Bekanntgabe ist nicht deshalb unwirksam, weil der Zusatz „zu Händen des Vorstehers" fehlt (BFH 7.8.1970 – VI R 24/67, BStBl. II 1970, 814). Wird anstelle einer Gebietskörperschaft eine ihrer Behörden als Inhaltsadressat bezeichnet, ist der VA mangels Inhaltsbestimmtheit unwirksam (FG Hamburg 7.9.1989 – II 123/89, EFG 1990, 45). Bei Zustellung ist § 6 II VwZG zu beachten.

Befindet sich die juristische Person in **Liquidation** (bei AG: Abwicklung), ist der an die juristische Person gerichtete VA dem Liquidator bzw. Abwickler bekannt zu geben (BFH 19.3.1998 – VII B 175/97, BFH/NV 1998, 1447; AEAO zu § 122 Nr. 2.8.3.1). Die wirksame Bekanntgabe an den Liquidator ist möglich, so lange dieser als solcher im Handelsregister eingetragen ist (BFH 13.2.1996 – VII R 43/95, BFH/NV 1996, 530; BFH 19.3.1998 – VII B 175/97, BFH/NV 1998, 1447), es sei denn, die FB hat positive Kenntnis von der Abberufung des Liquidators (§ 15 I HGB). Dabei ist unerheblich, ob im Zeitpunkt der Bekanntgabe bereits die Löschung im Handelsregister beantragt war.

Die bereits im Handelsregister gelöschte juristische Person gilt trotz **Vollbeendigung** steuerrechtlich so lange als fortbestehend, als noch steuerrechtliche Pflichten (steuerrechtliche Abwicklungsmaßnahmen) zu erfüllen sind (BFH 19.3.1998 – VII B 175/97, BFH/NV 1998, 1447 mwN, std. Rspr.; zur Kritik an dieser Auffassung → § 33 Rn. 10); dies gilt auch im Fall der Abweisung des Antrags auf Eröffnung des Insolvenzverfahrens mangels Masse (BFH 18.2.1993 – X B 165/92, BFH/NV 1994, 214). Ist die Liquidation bereits beendet und die juristische Person im Handelsregister gelöscht, scheidet zwar eine Bekanntgabe an den Liquidator aus. Es ist jedoch ggf. auf Antrag der FB durch das Registergericht ein Nachtragsliquidator zu bestellen (BFH 6.5.1977 – III R 19/75, BStBl. II 1977, 783; BFH 18.2.1993 – X B 165/92, BFH/NV 1994, 214 mwN). Ein solcher kann auch ausschl. für die Entgegennahme eines StBescheids bestellt werden (AEAO zu § 122 Nr. 2.8.3.2).

Kinder: s. „Handlungsunfähige".

Konkursverwalter: s. „Insolvenzverwalter".

Limited: Britische **Limiteds** (Ltd.) haben infolge des **Brexit** nach dem am 31.12.2020 geendeten Übergangszeitraum in Deutschland keine zivilrechtliche Grundlage mehr. Sie werden hier nicht mehr als juristische Personen, sondern als eine der in Deutschland zur Verfügung stehenden Auffangrechtsformen (OHG oder GbR) behandelt. Zur Bekanntgabe in diesem Fall s. BMF 12.1.2024, BStBl. I 2024, 175 (→ § 14b Rn. 4 ff.).

Minderjährige: s. „Handlungsunfähige".

Nachlasspfleger: Ein Nachlasspfleger (§ 1960 II) ist – anders als ein Testamentsvollstrecker oder Nachlassverwalter – gesetzlicher Vertreter des (noch) unbekannten Erben (→ § 34 Rn. 9). Der Nachlasspfleger ist Bekanntgabeadressat der StBescheide, unabhängig davon, ob der StTatbestand noch vom Erblasser oder erst nach Eintritt des Erbfalls verwirklicht wurde. Die (idR unbekannten) Erben brauchen nicht als Inhaltsadressaten aufgeführt zu werden; dies gilt – bis zur Aufhebung der Nachlasspflegschaft – auch dann, wenn die Erben bereits namentlich bekannt sind (BFH 30.3.1982 – VIII R 227/80, BStBl. II 1982, 687). Ein ErbSt-Bescheid ist dem Nachlasspfleger gem. § 31 VII iVm § 32 II ErbStG bekannt zu geben.

Nachlassverwalter: Im Gegensatz zum Nachlasspfleger ist ein Nachlassverwalter (→ § 34 Rn. 37) nicht gesetzlicher Vertreter der Erben. Inhalts- und Bekanntgabeadressat der auf den Nachlass bezogenen Bescheide sind die Erben (BFH 5.6.1991 – XI R 26/89, BStBl. II 1991, 820). Davon abw. ist ein ErbSt-Bescheid dem Nachlassverwalter bekannt zu geben, wenn er die ErbSt-Erklärung abgegeben hat (§ 31 V iVm § 32 I ErbStG). Dies entspricht der für Testamentsvollstrecker geltenden Rechtslage (vgl. „Testamentsvollstrecker").

Natürliche Personen: Bei der Bekanntgabe an natürliche Personen ist der Name, bei Kaufleuten die Firma anzugehen (BFH 24.3.1970 – I R 141/69, BStBl. II 1970, 501). Zur Bestimmbarkeit des Inhaltsadressaten → § 119 Rn. 12 ff.

Personenhandelsgesellschaften: Ist eine Personenhandelsgesellschaft (OHG, KG) selbst StSchuldner (so bei der USt, GrESt, KraftSt oder bei der GewSt gem. § 5 I 3 GewStG) und damit Inhaltsadressat, ist der VA der Gesellschaft unter ihrer Firma (§ 17 HGB) bekannt zu geben (BFH 16.12.1997 – VIII R 32/90, BStBl. II 1998, 480; AEAO zu § 122 Nr. 2.4.1.1); ein zusätzlicher Hinweis auf die Vertretungsbefugnis oder einzelne Gesellschafter ist nicht erforderlich. Bei Fortführung des Firmennamens nach identitätswahrender Umwandlung führt die unzutr. Bezeichnung nicht zur Unwirksamkeit des VA, sondern kann berichtigt werden (BFH 18.3.1998 – IV B 50/97, BFH/NV 1998, 1255). Bei einem Wechsel in der Identität des StSchuldners infolge Austauschs aller Gesellschafter unter Fortführung des Firmennamens wird das neue Unternehmen zutr. mit dem fortgeführten Firmennamen bezeichnet (BFH 18.3.1998 – IV B 50/97, BFH/NV 1998, 1255). Die Personenhandelsgesellschaft kann sich, wenn sie im Rechtsverkehr selbst eine unzutr. Firmenbezeichnung wählt und der VA entspr. andressiert wird, nicht auf die falsche Adressierung berufen (BFH 14.12.1988 – II B 134/88, BFH/NV 1990, 59).

Im **Liquidationsstadium** ist der VA dem Liquidator (§§ 146 ff. HGB) unter Angabe des Vertretungsverhältnisses bekannt zu geben. Bei mehreren Liquidatoren genügt die Bekanntgabe an einen von ihnen (vgl. AEAO zu § 122 Nr. 2.7.2). Die Gesellschaft besteht als Abwicklungsgesellschaft so lange fort, bis alle das Gesellschaftsvermögen betr. Ansprüche und Verpflichtungen abgewickelt sind (BFH 22.10.1986 – II R 118/84, BStBl. II 1987, 183; BFH 1.10.1992 – IV R 60/91, BStBl. II 1993, 82 mwN). Daher kann eine Prüfungsanordnung auch noch gegen eine handelsrechtlich voll abgewickelte KG oder OHG ergehen (BFH 1.10.1992 – IV R 60/91, BStBl. II 1993, 82). Nach handelsrechtlicher Vollbeendigung können Ansprüche aus dem StSchuldverhältnis durch Haftungsbescheid gegenüber einzelnen Gesellschaftern geltend gemacht werden (AEAO zu § 122 Nr. 2.7.3). Bei einem liquidationslosen Fortfall der Gesamthand (zB bei Umwandlung auf eine KapGes) gehen Ansprüche aus dem StSchuldverhältnis auf den Gesamtrechtsnachfolger über. Ein an die liquidationslos fortgefallene Gesellschaft gerichteter VA ist mangels Fortfall des StSchuldners unwirksam (BFH 24.3.1987 – X R 28/80, BStBl. II 1988, 316); zu weiteren Einzelfragen vgl. auch OFD Koblenz 17.2.2000, BeckVerw 27540.

Postfach: → Rn. 13, 17, 123.

Stille Gesellschaft: s. „atypisch stille Gesellschaft".

Testamentsvollstrecker: Der Testamentsvollstrecker ist grds. nicht Vertreter der Erben, sondern Inhaber eines vom Erblasser begründeten privaten Amtes. Inhalt und Umfang seines durch die Anordnung des Erblassers bestimmten Amtes (vgl. §§ 2203 ff. BGB) erstreckt sich nur auf den Nachlass, ggf. zB auch nur auf einzelne Nachlassgegenstände (vgl. Erman Vor § 2197 Rn. 4). Die Verwaltungsbefugnis erstreckt sich nicht auf die Erfüllung persönlicher Pflichten der Erben gegenüber den FB (BFH 16.4.1980 – VII R 81/79, BStBl. II 1980, 605; vgl. auch BFH 11.6.2013 – II R 10/11, BStBl. II 2013, 924). Auch können allein die Erben betr. VA dem Testamentsvollstrecker nicht bekannt gegeben werden.

Bei noch **in der Person des Erblassers** vor seinem Tod entstandenen StSchulden sind Inhaltsadressaten die Erben. Die Geltendmachung dieser Nachlassverbindlichkeiten (→ § 45 Rn. 19) kann gem. § 45 II AO iVm § 2213 BGB wahlweise (vgl. auch BFH 8.6.1988 – II R 14/85, BStBl. II 1988, 946) durch Bekanntgabe des StBescheids sowohl gegenüber den Erben als auch gegenüber dem Testamentsvollstrecker – sofern diesem die Verwaltung des gesamten Nachlasses zusteht – erfolgen (BFH 30.9.1987 – II R 42/84, BStBl. II 1988, 120; BFH 16.7.2003 – X R 37/99, BStBl. II 2003, 867). Die FVerw. (AEAO zu § 122 Nr. 2.13.1.1) sieht für den Regelfall die Bekanntgabe an den Erben vor, sofern nicht der Testamentsvollstrecker Empfangsbevollmächtigter ist. Nach dem Tod des Erblassers verwirklichte StAnsprüche sind, auch soweit sie zB aus Erträgen des Nachlassvermögens resultieren, gegen die Erben als Inhaltsadressaten zu richten und diesen – nicht dem Testamentsvollstrecker – bekannt zu geben (BFH 29.11.1995 – X B 328/94, BStBl. II 1996, 322; AEAO zu § 122 Nr. 2.13.1.2).

Bei der **ErbSt** ist der ErbSt-Bescheid abw. von § 122 I 1 dem Testamentsvollstrecker bekannt zu geben, wenn er die StErklärung abgegeben hat (s. auch BFH 11.6.2013 – II R 10/11, BStBl. II 2013, 924). Inhaltsadressaten des ErbSt-Bescheids sind die Erben (H 88 ErbStH). Die Bekanntgabe an den Testamentsvollstrecker entfaltet Wirkung für und gegen die Erben; der Testamentsvollstrecker ist Zugangsvertreter der Erben (BFH 14.11.1990 – II R 58/86, BStBl. II 1991, 52). Aus dem ErbSt-Bescheid muss eindeutig hervorgehen (zur Adressierung vgl. AEAO zu § 122 Nr. 2.13.4.1), ob er dem Testamentsvollstrecker nur als **Zugangsvertreter** der Erben bekannt gegeben wird oder ob dieser selbst (zB weil er selbst Erbe ist) in Anspruch genommen wird (BFH 30.9.1987 – II R 42/84, BStBl. II 1988, 120; BFH 10.7.1991 – VIII R 16/90, BFH/NV 1992, 223; zur Unwirksamkeit des VA bei Verwechslungsmöglichkeit in der Person des Inhaltsadressaten → § 119 Rn. 16). Zugangsvertreter ist der Testamentsvollstrecker aufgrund einschränkender Auslegung des § 32 I nur für die Erben, die am Nachlass teilhaben und nicht für sonstige am Nachlass Berechtigte (zB Vermächtnisnehmer, Pflichtteilsberechtigte, Erbersatzanspruchsberechtigte, vgl. BFH 14.11.1990 – II R 58/86, BStBl. II 1991, 52). Außerdem ist der Testamentsvollstrecker auch nicht Zugangsvertreter für solche Erben, deren Erbteile der Testamentsvollstreckung nicht unterliegen (TGJG ErbStG § 32 Rn. 12). Die ordnungsgemäße Bekanntgabe an den Testamentsvollstrecker setzt für die **Erben** die **Rechtsbehelfsfrist** (§ 355) in Gang. Der Testamentsvollstrecker selbst ist – soweit er nicht selbst in Anspruch genommen wird – nicht rechtsbehelfsbefugt (BFH 4.11.1981 – II R 144/78, BStBl. II 1982, 262). Er ist verpflichtet, die Erben über die StFestsetzung zu unterrichten. Unterlässt er dies, so ist den Erben innerhalb der Jahresfrist des § 110 III Wiedereinsetzung in den vorigen Stand zu gewähren (BFH 14.11.1990 – II R 58/86, BStBl. II 1991, 52; AEAO zu § 122 Nr. 2.13.4.3).

Zwangsverwaltung: Mit Anordnung der Zwangsverwaltung über ein Grundstück geht die Verwaltungs- und Verfügungsbefugnis auf den Zwangsverwalter über (→ § 34 Rn. 33). Das beschlagnahmte Vermögen betr. VA sind dem Zwangsverwalter bekannt zu geben (BFH 23.6.1988 – V R 203/83, BStBl. II 1988, 920; BFH 12.5.1993 – XI R 47/91, BFH/NV 1994, 77). Soweit der StBescheid über die Zwangsverwaltung hinausreichende Wirkung entfaltet, ist er auch dem Grundstückseigentümer bekannt zu geben (AEAO zu § 122 Nr. 2.11).

C. Bekanntgabe durch Aufgabe zur Post (Abs. 2)

Schrifttum: Harenberg, Der Anscheinsbeweis und seine Bedeutung für den Nachweis des Zugangs von Verwaltungsakten, DStR 1990, 236; Oberloskamp, Versandverfahren von StBescheiden auf dem Prüfstand, AO-StB 2002, 49; Sikorski, Postausgangsbücher für die Finanzämter?, AO-StB 2001, 228; Wolf, Zur Beweissituation beim Zugang von StBescheiden; eine Hintertür bei Fristversäumnissen?, DStZ 1996, 103; Kranenberg, Änderung der Rechtsprechung zur Bekanntgabefiktion, AO-StB 2007, 13; Ruff, Beförderung und Zustellung von Abgabenbescheiden durch private Briefdienstleister, KStZ 2014, 121; Saradjuk/Pump, Wann beginnt die Einspruchsfrist gegen den StBescheid bei unterschiedlichen Formen der Bekanntgabe?, DStR 2015, 1788; Gruber, Vermuteter Bekanntgabezeitpunkt von Verwaltungsakten und arbeitsfreie Tage, NJ 2017, 190; Driehaus, Bekanntgabe eines Erschließungsbeitragsbescheids, ThürVBl 2017, 236.

I. Anwendungsbereich des § 122 II; Bekanntgabearten

50 **Allgemeines.** § 122 II enthält eine den **Zeitpunkt des Zugangs** betr. Sonderregelung für die Bekanntgabe von durch die Post übermittelte VA. Er gilt nicht für Schriftstücke von Bürgern an die FB (vgl. FG Düsseldorf 8.5.2008 – 14 K 2450/07 Kg, EFG 2008, 1685). Die Vorschrift, die die vormalig in § 17 II VwZG aF enthaltene Regelung in sich aufgenommen hat (vgl. auch BT-Drs. VI 1982, 141), normiert eine widerlegbare Zugangsvermutung (→ Rn. 64 ff.). Diese ist verfassungsrechtlich unbedenklich (zu § 17 II VwZG

aF BFH 8.12.1976 – I R 240/74, BStBl. II 1977, 321 (323)). Ein über den gesetzlich normierten Anwendungsbereich hinausgehender allg. Rechtsgedanke ergibt sich aus der Regelung nicht (Gosch AO § 122 Rn. 32.2; vgl. auch SBS § 41 Rn. 110). Zum Inhalt der **Rechtsbehelfsbelehrung** bezüglich der einzuhaltenden Frist, wenn der VA gem. § 122 II bekannt gegeben wird, → § 356 Rn. 14.

§ 122 II hat eine **Vereinfachungsfunktion,** indem Streit über den genauen Zeitpunkt des Posteingangs so weit wie möglich zugunsten wie zu Ungunsten des Adressaten ausgeschlossen wird (BFH 26.2.2002 – X R 44/00, BFH/NV 2002, 1409; BFH 13.9.2002 – V B 84/02, BFH/NV 2003, 140; BFH 26.1.2010 – X B 147/09, BFH/NV 2010, 1081). Deshalb darf zur Bestimmung des Zugangs nicht – von § 122 II abw. – in Anwendung des § 130 I 1 BGB auf den Zeitpunkt eines **tatsächlich früheren Zugangs** abgestellt werden; die Bekanntgaberegelung ist von § 130 BGB unabhängig (BFH 13.12.2000 – X R 96/98, BStBl. II 2001, 274; BFH 13.9.2002 – V B 84/02, BFH/NV 2003, 140). Demgemäß ist zB der Ablauf der Frist des § 122 II Nr. 1 auch dann für den Beginn der Klagefrist maßgebend, wenn die Einspruchsentscheidung dem Adressaten bereits vor Ablauf der Vier-Tages-Frist zugeht (BFH 13.12.2000 – X R 96/98, BStBl. II 2001, 274; BFH 26.6.2006 – II B 99/05, BFH/NV 2006, 1860; aA – die Vereinfachungsfunktion des § 122 II verkennend – Kranenberg AO-StB 2007, 13; Strahl/Carlé KÖSDI 2007, 15670/15672 f.; andernfalls wäre die eine Verböserung hindernde Einspruchsrücknahme bis zur Bekanntgabe der Einspruchsentscheidung, § 362 I 1 iVm § 122 II → § 362 Rn. 14, sachlich nicht zu rechtfertigen). Das ermöglicht bis zum Ablauf der Vier-Tages-Frist auch noch die Rücknahme des Einspruchs zur Abwendung einer Verböserung (BFH 26.2.2002 – X R 44/00, BFH/NV 2002, 1409). Ist die Einspruchsentscheidung erst nach Ablauf des Vier-Tages-Zeitraums zugegangen, kommt es darauf an, ob die Bekanntgabe bewirkt ist, wenn das bekannt zu gebende Schriftstück tatsächlich zugegangen ist oder ob es auf den Ablauf des Tages ankommt, an dem der Zugang erfolgt ist (BFH 18.6.2024 – VIII R 16/21, BFH/NV 2024, 1415). Die Rücknahme muss allerdings so rechtzeitig erfolgen, dass die zuständige FB zu den behördenüblichen Zeiten die Möglichkeit der Kenntnisnahme vom Inhalt des Schriftstücks hat (vgl. BFH 3.4.2002 – IX B 151/01, BFH/NV 2002, 900). Über die verfahrensrechtliche Bedeutung hinaus ist die Zugangsfiktion des § 122 II auch zu beachten, wenn an den Zeitpunkt der Bekanntgabe **materiell-rechtliche Folgen** (zB gem. § 220 II, 233a; ferner § 36 IV 1 und 2 EStG) geknüpft werden (BFH 13.12.2000 – X R 96/98, BStBl. II 2001, 274; BFH 23.1.2008 – VII B 169/07, BFH/NV 2008, 738); → § 124 Rn. 6 ff. 51

Nach seinem Wortlaut betrifft § 122 II nur **schriftliche VA** (zum Schriftformgebot vgl. § 119 I und III), die durch die Post übermittelt werden. Post meint nicht nur die Deutsche Post AG, sondern schließt auch private Postdienstleister ein (BFH 14.6.2018 – III R 27/17, BStBl. II 2019, 16; BFH 18.4.2013 – X B 47/12, BFH/NV 2013, 1218; AEAO zu § 122 Nr. 1.8.2). Die Bekanntgabe durch die Post gilt für jedes Verfahren nach der AO. Insbesondere findet § 122 II auch auf das Beitreibungs-, Rechtsbehelfs- sowie das Straf- und Bußgeldverfahren Anwendung. Zu den Sonderregeln für die Übermittlung ins Ausland vgl. § 122 II Nr. 2 und § 123. § 122 II ist unanwendbar, soweit die Bekanntgabe durch förmliche Zustellung erfolgt (BFH 19.6.1991 – I R 77/89, BStBl. II 1991, 826). 52

Die **Form der Bekanntgabe** ist für schriftliche VA durch § 122 II nicht vorgeschrieben. Insb. verlangt § 122 II nicht zwingend die Übermittlung durch die Post; ausgeschlossen ist lediglich, einen schriftlichen VA mündlich oder durch Zeichen bekannt zu geben (Schwarz/Pahlke/Keß § 150 Rn. 112; TK § 122 Rn. 47). Schriftliche VA können daher auch durch **Boten** (BFH 27.6.2001 – X B 23/01, BFH/NV 2001, 1529; FG Saarland 19.8.1992 – 1 K 87/92, EFG 1993, 196) überbracht oder an Amtsstelle übergeben (BFH 27.6.2001 – X B 23/01, BFH/NV 2001, 1529) werden. In diesen Fällen gilt die Zugangsvermutung des § 122 II nicht. 53

Möglich ist auch die Bekanntgabe durch **Telefax** (BFH 15.1.2001 – IX B 99/00, BFH/NV 2001, 887; BFH 8.7.1998 – I R 17/96, BStBl. II 1999, 48 mwN). Die FVerw. (AEAO zu § 122 Nr. 1.8.2 Abs. 2) behandelt durch Telefax bekannt gegebene VA als iSd § 122 IIa elektronisch übermittelte VA, sodass die in dieser Vorschrift normierte Zugangsvermutung Anwendung finden soll. Zwar kann auch ein durch Telefax übermittelter VA ein elektronisches Dokument sein (vgl. BT-Drs. 14/9000, 32). Allerdings kann dies nur gelten, wenn das Empfangsgerät die Sendung elektronisch aufzeichnet (vgl. § 87a I 2; → Rn. 87). Ist hingegen beim Empfangsgerät **ohne Aufzeichnungsmöglichkeit** ausschl. ein Papierausdruck der Sendung möglich, ist § 122 IIa nicht anwendbar. Ebenso kann für diesen Fall die Zugangsvermutung des § 122 II keine Anwendung finden. Der Zugang tritt erst in dem Zeitpunkt ein, in dem das Schriftstück vom empfangenden Faxgerät ausgedruckt worden ist (BFH 18.3.2014 – VIII R 9/10, BFHE 245, 484; BFH 8.7.1998 – I R 17/96, BStBl. II 1999, 48; FG Köln 11.3.2009 – 5 K 1396/05, EFG 2009, 1079).

Die FB trägt die Feststellungslast für den ordnungsgemäßen Empfang und Ausdruck des Schriftstücks; ein Anscheinsbeweis zugunsten der FB scheidet aus (BFH 8.7.1998 – I R 17/96, BStBl. II 1999, 48). Der mit einem „OK-Vermerk" versehene Sendebericht begründet aber ein Indiz für den tatsächlichen Zugang des Schriftstücks beim Empfänger (vgl. BFH 22.6.2020 – VI B 117/19, BeckRS 2020, 26469 zur Frage einer rechtzeitigen Einspruchseinlegung per Telefax).

54 Die Form der Bekanntgabe **mündlicher** VA (dazu § 119 II) ist gesetzlich nicht vorgeschrieben. Die Wahl der (mündlichen) Bekanntgabeform steht im Ermessen der FB. Es ist eine Form zu wählen, die dem Adressaten bzw. dessen Vertreter oder Bevollmächtigten hinreichende und angemessene Gelegenheit zur Kenntnisnahme gibt (BFH 18.10.1988 – VII R 123/85, BStBl. II 1989, 76). Möglich ist insb. auch die fernmündliche Bekanntgabe (BFH 18.10.1988 – VII R 123/85, BStBl. II 1989, 76). Die im VA verkörperte Erklärung muss vom Adressaten als solche vernommen und verstanden werden können, sodass zB bei Taubheit oder Schwerhörigkeit die mündliche Bekanntgabe fehlerhaft sein kann (vgl. auch SBS § 41 Rn. 96 mwN). Die schriftliche Bestätigung eines mündlichen VA (§ 119 II 2) ist zwar nicht selbst VA (→ § 119 Rn. 29); für dessen Bekanntgabe gilt jedoch § 122 II entspr.

II. Vier-Tages-Frist (Abs. 2 Nr. 1)

1. Aufgabe zur Post

55 § 122 II setzt die Aufgabe zur Post voraus; der Tag der Aufgabe muss feststehen (zur Feststellungslast der FB → Rn. 65). Der Begriff **„Post"** meint nicht nur die Deutsche Post AG, sondern umfasst alle Unternehmen, die Postdienstleistungen erbringen (→ Rn. 52). Eine unterschiedslose Anwendung auf alle Postdienstleister ist jedoch nicht möglich (BFH 7.12.2010 – X B 212/09, BFH/NV 2011, 564). Es ist im Einzelfall zu prüfen, ob für den betreffenden Postdienstleister die gleichen Grundsätze wie für die Deutsche Post AG gelten können, zB, ob es sich bei dem eingeschalteten Unternehmer um einen Universaldienstleister iSv § 11 II PostG iVm § 2 PUDLV handelt (BFH 23.2.2018 – X B 61/17, BFH/NV 2018, 601). Die Aufgabe zur Post geschieht durch Übergabe an das die Übermittlung ausführende Unternehmen oder durch Einwurf in einen Postbriefkasten. Bei Einwurf in einen Postbriefkasten ist der Tag des Poststempels der Tag der Übergabe zur Post (TK § 122 Rn. 50). Mangels gesetzlicher Verpflichtung der FB, den Tag der Aufgabe zur Post aktenkundig zu machen (BFH 22.5.2006 – X B 190/05, BFH/NV 2006, 1681; BFH 16.5.2007 – V B 169/06, BFH/NV 2007, 1454; TK § 122 Rn. 50), ist die Wirksamkeit der Bekanntgabe auch nicht von einem solchen Vermerk abhängig und kann der Tag der Aufgabe zur Post auch anderweitig bewiesen werden (AEAO zu § 122 Nr. 1.8.2). Schon im Hinblick auf die Nachweisverpflichtung der FB (→ Rn. 64 ff.) sowie die Regelung des § 169 I 3 Nr. 1 (zur Feststellungslast der FB hinsichtlich der Absendung des StBescheids → § 169 Rn. 41) ist jedoch idR eine geeignete schriftliche Dokumentation in den Akten dringend geboten (vgl. auch AEAO zu § 122 Nr. 1.8.2).

Das **Datum** der Aufgabe zur Post ist zwar regelmäßig, jedoch nicht zwingend identisch mit dem auf dem bekannt gegebenen VA angegebenen Datum (BFH 9.12.2009 – II R 52/07, BFH/NV 2010, 824). Beide Daten haben eine jeweils eigene Funktion, weil der Tag der Aufgabe zur Post die Bekanntgabe des VA betrifft, während das Datum des Bescheids seine zeitliche Fixierung herbeiführt. Das Datum des Bescheids lässt daher idR keinen Rückschluss auf den Zeitpunkt der Aufgabe zu Post zu (BFH 19.12.1984 – I R 7/82, BStBl. II 1985, 485; BFH 3.5.2001 – III R 56/98, BFH/NV 2001, 1365). Wenn die Rechtsbehelfsfrist ab dem Datum des VA (und nicht ab dem Bekanntgabedatum) berechnet und so die Rechtsbehelfsfrist versäumt wurde, kommt Wiedereinsetzung (§ 110) in Betracht (BFH 20.11.2008 – III R 66/07, BStBl. II 2009, 185 zur Wiedereinsetzung eines vordatierten Bescheids). Decken sich der in den Akten vermerkte Tag der Aufgabe der Post und das auf dem VA angegebene Datum nicht, ist das jüngere Datum maßgebend (FG Nürnberg 27.4.1978 – III 156/76, EFG 1978, 575). Fallen Absendevermerk und Poststempel auseinander, so ist grds. der Poststempel entscheidend (BFH 18.7.1986 – III R 216/81, BFH/NV 1987, 12; BFH 26.9.2024 – X B 28/24, BFH/NV 2024, 1427 mwN; zur möglichen Einschränkung bei privaten Postdienstleistern s. BFH 7.12.2010 – X B 212/09, BFH/NV 2011, 564). Dies gilt auch bei der Beauftragung eines privaten Frankierservices (BFH 15.7.2013 – IX B 28/13, BFH/NV 2013, 1537). Hat die FB den Tag der Aufgabe zur Post in den Akten nicht vermerkt, kann nicht einfach ein anderes Datum (zB Absendevermerk der Poststelle) die Frist des § 122 II Nr. 1 in Gang setzen (BFH 26.1.2010 – X B 147/09, BFH/NV 2010, 1081). Es ist vielmehr nach den allg. Darlegungs- und Beweislastregeln der Tag der Aufgabe zur Post zu ermitteln (Schwarz/Pahlke/Keß § 122 Rn. 170). Jedes Beweismittel ist zugelassen (BFH 9.12.2009 – II R 52/07, BFH/NV 2010, 824; BFH 26.1.2010 – X B 147/09, BFH/NV 2010, 1081). Kann der Tag nicht ermittelt werden, kann keine Frist nach § 122 II errechnet werden. Dies geht regelmäßig zulasten der FB (→ Rn. 65 f.). 56

2. Vier-Tages-Frist

Bis zum 31.12.2024 handelte es sich um eine Drei-Tages-Frist, die aufgrund der Verlängerung der Laufzeitvorgaben für die Zustellung von Briefen im Universalpostdienst um einen Tag verlängert wurde (→ Rn. 1). Die zunächst angedachte Umstellung von Kalender- auf Werktage und die Möglichkeit einer Bekanntgabe an Samstagen sind dabei nicht umgesetzt worden (BT-Drs. 20/11817, 117; Rüsch DB 2024, 2253). Der Vier-Tages-Zeitraum des § 122 II Nr. 1 ist seinem Rechtscharakter nach eine Frist iSd § 108 III, weil es sich um einen abgegrenzten, gesetzlich bestimmten Zeitraum handelt, der mit einem bestimmten Ereignis (Aufgabe des VA zur Post) beginnt und am vierten Tag danach endet (BFH 17.9.2002 – IX R 68/98, BStBl. II 2003, 2 mwN; → Rn. 59). Die Bekanntgabefiktion des § 122 II Nr. 1 ist auch zu beachten, wenn an die Bekanntgabe des VA **materiell-rechtliche Folgen** geknüpft sind (→ Rn. 51). 57

Noch gibt es keine Rspr. zur Vier-Tages-Frist. Die hier zitierte Rspr. ist noch zur zuvor geltenden Drei-Tages-Frist ergangen. Sie dürfte inhaltlich aber auf die neue Frist übertragen werden können. 57a

Die Vier-Tages-Frist gilt auch, wenn das Schriftstück tatsächlich – da der übliche Postlauf einen Tag beträgt (BGH 15.4.1999 – IX ZB 57/98, NJW 1999, 2118; BGH 21.10.2010 – IX ZB 73/10, NJW 2011, 458) – bereits **vor** Ablauf der Vier-Tages-Frist zugegangen ist; § 130 I 1 BGB ist insoweit nicht anwendbar (→ Rn. 51). Die Vier-Tages-Frist ist ebenfalls maßgebend, wenn der Adressat nicht am Ort der FB wohnt (für die Bekanntgabe an einen Beteiligten im Ausland vgl. § 122 II Nr. 2 und § 123). Ist der Empfänger verzogen und hat er einen Postnachsendeauftrag erteilt, so gilt die Vier-Tages-Frist nur eingeschränkt (BFH 4.3.1977 – VI R 242/74, BStBl. II 1977, 523: Nachweis der Erteilung und Ausführung des Postnachsendeauftrags stellt eine substantiierte Darlegung einer Verzögerung von etwa zwei Tagen dar – das FA muss in diesem Fall den vollen Beweis für den tatsächlichen Zeitpunkt des Zugangs des StBescheids erbringen; aA TK § 122 Rn. 54). Ist hin- 58 gegen eine private Person mit der Nachsendung der eingehenden Post beauftragt, stellt der Eingang der Sendung unter der alten Anschrift einen Zugang dar, da die Privatperson insoweit zum Machtbereich des Empfängers gehört (BFH 4.3.1977 – VI R 242/74, BStBl. II 1977, 523; aA FG Mecklenburg-Vorpommern 19.1.2000 – 1 K 344/98, EFG 2000, 467). Soweit der Bekanntgabeempfänger sich postlagernd zustellen lässt oder ein Postfach (Postschließfach) unterhält, gilt die Vier-Tages-Frist ebenfalls (TK § 122 Rn. 55).

Durch Einschaltung eines privaten Postdienstleisters sowie die weitere Einschaltung eines Subunternehmers kann möglicherweise ein längerer Postlauf gegeben sein. Hier muss geprüft werden, ob nach den bei den privaten Dienstleistern vorgesehenen organisatorischen und betrieblichen Vorkehrungen regelmäßig von einem Zugang des zu befördernden Schriftstücks innerhalb von vier Tagen ausgegangen werden kann (BFH 14.6.2018 – III R 27/17, BStBl. II 2019, 16). Spätestens das FG muss dies aufklären. Zweifel gehen zulasten der FB, welche die Feststellungslast für die Bekanntgabe des VA trägt (BFH 23.2.2018 – X B 61/17, BFH/NV 2018, 601). Die Zugangsvermutung des § 122 II Nr. 1 ist somit widerlegt, wenn ein beauftragtes Postdienstleistungsunternehmen zur Beförderung von Postsendungen einen anderen Postdienstleister einschaltet und nicht feststeht, dass es hierdurch nicht zu Verzögerungen kommt (BFH 7.5.2019 – III B 59/18, BFH/NV 2019, 897). In zuletzt noch zur Drei-Tages-Frist ergangener Rspr. war die Frage umstritten, ob die Zugangsvermutung nach § 122 II Nr. 1 entfällt, wenn der beauftragte Postdienstleister (das schließt die Deutsche Post AG ein) am Ort des Empfängers regelmäßig nicht an allen Werktagen (also montags bis samstags) die Post ausliefert (den Entfall bejahend: FG Berlin-Brandenburg 24.8.2022 – 7 K 7045/20, DStR 2023, 450; zustimmend FG Hamburg 13.4.2023 – 5 K 92/22, EFG 2023, 1041; Süß/Müller DStR 2023, 428; aA BFH 20.2.2025 – VI R 18/22, BFH/NV 2025, 919; FG Berlin-Brandenburg 19.4.2023 – 16 K 16130/22, EFG 2023, 1191 Rn. 33 f. mit der Feststellung, dass trotz gerichtsbekannt unregelmäßiger Zustellung der Zugangsvermutung Vorrang einzuräumen sei; FG Münster 11.5.2023 – 8 K 520/22 E, DStR 2023, 1472, Rev. BFH VI R 6/23); s. auch Hahn NWB 2023, 2152). Die aufgeworfene Frage bleibt angesichts der durch das PostModG zugelassenen Laufzeitverlängerungen (→ Rn. 1) mE auch für die Vier-Tages-Frist relevant. Zur Briefzustellung durch einen privaten Postdienstleister s. auch BFH 25.3.2015 – V B 163/14, BFH/NV 2015, 948, und zur Übersendung an eine Postfachadresse durch einen privaten Postdienstleister unter Einschaltung eines weiteren Postdienstleisters s. BFH 18.4.2013 – X B 47/12, BFH/NV 2013, 1218.

59 **Fristberechnung; Fristende.** Bei der Berechnung der Vier-Tages-Frist wird der Tag der Aufgabe zur Post nicht mitgezählt. Erfolgt also am 12. eines Monats die Aufgabe zur Post, so gilt der VA als am 15. dieses Monats bekannt gegeben.

Der Vier-Tages-Zeitraum wird als **Frist iSd § 108 III** behandelt (BFH 14.10.2003 – IX R 68/98, BStBl. II 2003, 898; BFH 6.10.2004 – IX R 60/03, BFH/NV 2005, 327; AEAO zu § 108 Nr. 2; krit. TK § 122 Rn. 56; Zimmermann DStR 2025, 687; Geserich NWB 2025, 1378; ablehnend Gruber DStR 2024, 2883). Ein im ersten Entwurf des PostModG vorgesehener Ausschluss von § 108 III kam nicht zustande (vgl. BT-Drs. 20/11817, 117). Fällt daher das Ende des Vier-Tages-Zeitraums auf einen Samstag, Sonntag oder gesetzlichen Feiertag, so endet die Frist erst mit Ablauf des nächstfolgenden Werktags. Anders wird dies im Verwaltungsrecht bei § 41 II S. 1 VwVfG und im Sozialrecht bei § 37 II SGB X gesehen (BeckOK VwVfG § 41 Rn. 70; BSG 6.5.2010 – B 14 AS 12/09R, NJW 2011, 1099; vgl. Gruber NJ 2017, 190). Die die Anwendung des § 108 III ablehnende frühere Rspr. (zB BFH 9.12.1999 – III R 37/97, BStBl. II 2000, 175) ist gegenstandslos. Wird daher zB der VA an einem Mittwoch zur Post gegeben, beginnt der Lauf der Rechtsbehelfsfrist erst an dem darauffolgenden Montag, soweit dieser kein Feiertag ist, zu laufen (zu den praktischen Folgerungen vgl. auch Lehr DStR 2003, 2154). Dies gilt allerdings **nicht,** wenn der VA tatsächlich erst **nach Ablauf** des Vier-Tages-Zeitraums zugeht; in diesem Fall beginnt die Einspruchsfrist am Tag des Einwurfs in den Briefkasten auch dann, wenn es sich um einen **Sonnabend** handelt (BFH 9.11.2005 – I R

111/04, BStBl. II 2006, 219; → § 355 Rn. 4). Der Lauf des Vier-Tages-Zeitraums wird jedoch selbstverständlich nicht durch Brückentage oder Schulferien gehindert (BFH 25.4.2007 – I B 117/06, BFH/NV 2007, 1619). Eine Rechtsbehelfsbelehrung bedarf keines Hinweises auf die Bedeutung des § 108 III für die Ermittlung des Tages der Bekanntgabe gem. § 122 II Nr. 1 (BFH 7.3.2006 – X R 18/05, BStBl. II 2006, 455; → § 356 Rn. 13).

Rechtswirkungen. Die Zugangsvermutung des § 122 II schafft – bei ordnungsgemäßer 60
Absendung, → Rn. 13 – zugunsten der FB eine Beweiserleichterung bezüglich des Zeitpunkts des Zugangs eines VA. Im Fall des unbestrittenen Zugangs des VA bedarf es insoweit keiner weiteren positiven Feststellung.

3. Ausschluss der Zugangsvermutung; Beweisfragen

Der Vier-Tages-Zeitraum bzw. der Monatszeitraum des § 122 II (1. HS) gilt nicht, wenn 64
der VA nicht oder zu einem späteren Zeitpunkt zugegangen ist (§ 122 II 2. HS); im Zweifel hat die Behörde den Zugang des VA und den Zeitpunkt des Zugangs zu beweisen (§ 122 II letzter HS). Damit liegt eine gesetzliche Beweislastverteilung zulasten der Behörde vor; auf diese kann jedoch erst zurückgegriffen werden, wenn trotz erfolgter Sachaufklärung noch Zweifel am vermuteten Zugang des VA verbleiben (BFH 30.11.2006 – XI B 13/06, BFH/NV 2007, 389).

Will die FB diese Unsicherheiten und einen Streit über den Zugang des VA und seinen Zeitpunkt vermeiden, so muss sie den VA **förmlich zustellen** (BFH 26.4.1989 – I R 86/88, BStBl. II 1989, 695; BFH 17.9.2002 – IX R 68/98, BStBl. II 2003, 2 (7)). Erfolgt stattdessen die Bekanntgabe durch die Post, so kann kein Anlass bestehen, die Beweislastverteilung allein wegen des für den Verzicht auf die förmliche Zustellung angeführten angeblichen Vereinfachungs- und Kostenaspekts zugunsten der FVerw. zu lockern (aA Wolf DStR 1996, 103). Ist der Zugang des VA nicht bewiesen, so ist er gem. § 124 I nicht wirksam.

Nachweis der Aufgabe zur Post. Im Hinblick auf die Berechnung der Vier-Ta- 65
ges-Frist muss der Tag der Aufgabe zur Post feststehen. Für den tatsächlichen Zeitpunkt der Aufgabe zur Post trägt die **FB** die **Feststellungslast,** dh die objektive Beweislast (BFH 17.9.2002 – IX R 68/98, BStBl. II 2003, 2 (7 mwN); BFH 26.6.2006 – II B 99/05, BFH/NV 2006, 1860), und zwar auch dann, wenn der Zugang erst nach Jahren bestr. wird (→ Rn. 69). Der Nachweis der Absendung kann nicht aufgrund eines Anscheinsbeweises geführt (BFH 28.9.2000 – III R 43/97, BStBl. II 2001, 211; BFH 17.9.2002 – IX R 68/98, BStBl. II 2003, 2 (7)) und auch nicht durch das Datum des Bescheids ersetzt werden (FG Niedersachsen 17.5.2001 – 5 K 134/96, EFG 2001, 1406). Steht nur das Datum des VA und nicht auch das Datum seiner Aufgabe zur Post fest, gilt die Zugangsfiktion des § 122 II Nr. 1 nicht (BFH 22.5.2002 – VIII R 53/00, BFH/NV 2002, 1417). Es bedarf der vollen richterlichen Überzeugungsbildung (§ 96 I 1 Hs. 1 FGO). Versäumnisse des Stpfl. bei der Substantiierung seines Vorbringens zu einem abweichenden späteren Zugang beeinflussen den Grad der Überzeugungsbildung über den Zeitpunkt der Postaufgabe des VA nicht (BFH 26.2.2021 – X B 108/20, BFH/NV 2021, 929).

Für die FB ist der Beweis der Aufgabe zur Post häufig nur schwer zu führen. Bestehen an 66
der Richtigkeit des Vermerks in den StAkten über das Datum der Aufgabe des VA zur Post (sog. **Aufgabevermerk oder Absendevermerk**) Zweifel, so bedarf der Beweiswert des Aufgabevermerks näherer Überprüfung durch das FG. Dem Empfänger darf nicht der ihm regelmäßig unmögliche Nachweis der Unrichtigkeit des Aufgabevermerks auferlegt werden (BFH 26.4.1989 – I R 86/88, BStBl. II 1989, 695; BFH 17.9.2002 – IX R 68/98, BStBl. II 2003, 2 (7)). Jedoch ist der Empfänger zur Substantiierung ihm konkret möglicher Zweifel an der Richtigkeit des Aufgabevermerks verpflichtet. Solche Zweifel können sich insb. dann ergeben, wenn der Stpfl. die Richtigkeit des Aufgabevermerks durch Vorlage des Briefumschlags, mit dem der VA übermittelt wurde, weckt (BFH 21.12.2001 – VIII B 132/00, BFH/NV 2002, 661; BFH 27.11.2002 – X R 17/01, BFH/NV 2003,

586). Es besteht für den Stpfl. eine Verpflichtung zur Beweisvorsorge durch Aufbewahrung des Briefumschlags (BFH 21.12.2001 – VIII B 132/00, BFH/NV 2002, 661; → Rn. 72). Der Aufgabevermerk kann den tatsächlichen Tag der Absendung nur beweisen, wenn das Postabsendeverfahren des FA jeden atypischen Geschehensablauf ausschließt (BFH 17.9.2002 – IX R 68/98, BStBl. II 2003, 2 (7); zur Problematik des Postversands der FB im Massenverfahren vgl. auch FG Niedersachsen 17.5.2001 – 5 K 134/96, EFG 2001, 1406; Oberloskamp AO-StB 2002, 49). Ihm kommt ein erhöhter Beweiswert zu, wenn der den Aufgabevermerk fertigende **Bearbeiter** die Absendung **persönlich** vorgenommen oder sich von ihrem Vollzug überzeugt hat (BFH 19.12.1984 – I R 7/82, BStBl. II 1985, 485; BFH 28.9.2000 – III R 43/97, BStBl. II 2001, 211 (215 f.); BFH 17.9.2002 – IX R 68/98, BStBl. II 2003, 2 (7)). Stammen hingegen das Datum des Bescheids und der Aufgabevermerk nicht von demselben Bearbeiter, enthält der Aufgabevermerk lediglich eine Voraussage über den Tag der Aufgabe zur Post; über die hinreichende Wahrscheinlichkeit dieser Voraussage ist je nach dem im FA geregelten Postabsendeverfahren zu entscheiden (BFH 17.9.2002 – IX R 68/98, BStBl. II 2003, 2 (7)). Die FB muss die Ordnungsmäßigkeit des Postversands unter Beachtung der dazu ergangenen organisatorischen Anweisungen zB durch regelmäßige Stichproben überprüfen. Das Fehlen entsprechender Kontrollen geht im Rahmen der Beweiswürdigung zulasten der FB (BFH 26.4.1989 – I R 86/88, BStBl. II 1989, 695; BFH 17.9.2002 – IX R 68/98, BStBl. II 2003, 2 (7)).

67 Manche der vorstehenden Beweisprobleme könnte die FVerw. durch obligatorische Führung eines **Postausgangsbuchs** lösen (dazu zB Sikorski AO-StB 2001, 228); ein entsprechendes Rechtsgebot besteht jedoch nicht (BFH 28.9.2000 – III R 43/97, BStBl. II 2001, 211; offengelassen BFH 17.9.2002 – IX R 68/98, BStBl. II 2003, 2 (8)). Der Verzicht hierauf rechtfertigt keine Beweiserleichterungen zugunsten der FVerw.

68 Hat der Empfänger im Rahmen des ihm Möglichen sein Vorbringen substantiiert, ist im **finanzgerichtlichen Verfahren** der Sachverhalt aufzuklären (§ 76 FGO); dabei sind die festgestellten oder unstr. Umstände im Wege **freier Beweiswürdigung** nach § 96 I FGO gegeneinander abzuwägen (zB BFH 3.5.2001 – III R 56/98, BFH/NV 2001, 1365; BFH 27.11.2002 – X R 17/01, BFH/NV 2003, 586; BFH 22.5.2006 – X B 190/05, BFH/NV 2006, 1681). Erst wenn nach erfolgter Sachaufklärung durch das FG noch Zweifel am gesetzlich vermuteten Zugang des VA verbleiben, kann auf die Beweislastregel des § 122 II 2. HS **zulasten der FB** zurückgegriffen werden (BFH 17.9.2002 – IX R 68/98, BStBl. II 2003, 2 (7); BFH 13.2.2008 – XI B 218/07, BFH/NV 2008, 742 mwN). Es geht ebenfalls zulasten der FB, wenn – bei Bestreiten des Zugangs eines VA erst nach langer Zeit – die StAkten nach Ablauf der Aufbewahrungsfrist bereits vernichtet sind. Die FB hat bis zum endgültigen Abschluss des Verfahrens **Beweisvorsorge** zu treffen (BFH 12.3.2003 – X R 17/99, BFH/NV 2003, 1031 betr. Vernichtung eines StBescheids trotz nicht abgeschlossenen Vollstreckungsverfahrens). Ist ein Bekanntgabeversuch fehlgeschlagen und wird der VA später mit Erfolg bekannt gegeben, wird der VA erst mit dieser Bekanntgabe wirksam (BFH 25.11.2002 – GrS 2/01, BStBl. II 2003, 548).

69 **Bestrittener Zugang.** Bestreitet der Bekanntgabeadressat, dass ihm die Sendung **überhaupt zugegangen** ist, obliegt der FB der volle Beweis über den Zugang (vgl. zB BFH 12.3.2003 – X R 17/99, BFH/NV 2003, 1031; BFH 7.12.2004 – XI B 98/03, BFH/NV 2005, 1473; BFH 5.8.2011 – III B 76/11, BFH/NV 2011, 1845). Dies gilt auch dann, wenn der Nichtzugang erst nach Jahren (ggf. vom Rechtsnachfolger: FG Münster 19.4.2024 – 4 K 870/21, DStRE 2024, 940; Rev. VI R 16/24) geltend gemacht wird (BFH 14.2.2008 – X B 11/08, BFH/NV 2008, 743 mwN, std. Rspr.). Ein solcher Streit erübrigt sich, wenn sowohl Festsetzungsverjährung als auch Zahlungsverjährung eingetreten ist, denn dann fehlt es am Feststellungsinteresse (vgl. BFH 14.11.2022 – XI B 106/21, BFH/NV 2023, 140 (NV), mwN; → § 125 Rn. 45). Vom Bekanntgabeadressaten kann kein substantiierter Vortrag über die für den Nichtzugang ursächlichen Gründe erwartet werden (BFH 5.12.1974 – V R 111/74, BStBl. II 1975, 286; BFH 12.3.2003 – X

R 17/99, BFH/NV 2003, 1031; BFH 14.2.2008 – X B 11/08, BFH/NV 2008, 743). Der von der FB zu erbringende volle Beweis kann auf Indizien gestützt werden (BFH 15.9.1994 – XI R 31/94, BStBl. II 1995, 41; BFH 31.7.2000 – VII B 86/00, BFH/NV 2001, 145; BFH 31.5.2005 – I R 103/04, BFH/NV 2005, 1663; BFH 14.2.2008 – X B 11/08, BFH/NV 2008, 743), aus denen sich der tatsächliche Zugang erschließen lässt (vgl. auch Strahl/Carlé KÖSDI 2007, 15670 (15673 f.)). Die FB könnte zB belegen, dass sich der Bescheid mit anderen ebenfalls durch das Rechenzentrum versandten Bescheiden, deren Zugang nicht bestritten wird, in einem Umschlag befand (vgl. FG Münster 16.8.2022 – 6 K 2755/21 E, EFG 2022, 1801). Sieht das FG den Zugang aufgrund eines Indizienbeweises als erbracht an, so ist die rechtsfehlerhafte Verwendung des Begriffs „Beweis des ersten Anscheins" revisionsrechtlich nicht zu beanstanden (BFH 3.3.1993 – II R 11/90, BFH/NV 1994, 141). Die Regeln des Indizienbeweises finden auch Anwendung, wenn in den FA-Akten kein Aufgabevermerk für den VA vorhanden ist (BFH 14.6.2002 – II B 82/01, BFH/NV 2002, 1329; vgl. auch FG Niedersachsen 17.5.2001 – 5 K 134/96, EFG 2001, 1406).

Im Rahmen des **Indizienbeweises** können Verhaltensweisen des Stpfl. innerhalb eines **70** längeren Zeitraums nach Absendung des VA im Zusammenhang mit dem Nachweis der Absendung unter Berücksichtigung der hohen Wahrscheinlichkeit, dass ein abgesandtes Schriftstück auch seinen Empfänger erreicht, dahingehend gewürdigt werden, dass der VA zugegangen ist (BFH 14.3.1989 – VII R 75/85, BStBl. II 1989, 534; FG Baden-Württemberg 26.3.2003 – 2 K 453/01, EFG 2003, 906). Dies erfordert ggf. eine Abwägung der für und gegen die Glaubwürdigkeit des behaupteten tatsächlichen Zugangs sprechenden Umstände (BFH 14.3.1989 – VII R 75/85, BStBl. II 1989, 534; BFH 6.4.1999 – VII B 207/98, BFH/NV 1999, 1581). Solche Indizien (vgl. auch Wolf DStZ 1996, 103) können sich zB daraus ergeben, dass der Stpfl. trotz behaupteten Nichterhalts zum VA sachlich Stellung nimmt (zB BFH 14.1.1992 – VII R 112/89, BFH/NV 1992, 365), sich nach Durchführung von Einspruchs- und Petitionsverfahren auf fehlende Bekanntgabe beruft (FG Köln 23.7.1997 – 12 K 58/97, EFG 1997, 1276), im Einspruchsverfahren Wiedereinsetzung in den vorigen Stand beantragt und im finanzgerichtlichen Verfahren den Zugang bestreitet (FG Saarland 26.6.1996 – 1 K 219/95, EFG 1997, 44), wenn die Steuer überwiesen oder abgebucht wurde, ohne dass der Stpfl. darauf hinweist, den StBescheid nicht erhalten zu haben (Wolf DStZ 1996, 103), jahrelange Vollstreckungsversuche widerspruchslos hinnimmt (BFH 27.10.1998 – VII B 101/98, BFH/NV 1999, 738), wenn sich der Stpfl. auch nach Erlass des Folgebescheids nicht nach dem angeblich nicht zugegangenen Grundlagenbescheid (Erstbescheid) erkundigt hat (BFH 4.11.2008 – I B 106/08, BeckRS 2008, 25014241) oder Aufteilung der StSchuld beantragt (BFH 6.4.1999 – VII B 207/98, BFH/NV 1999, 1581). Bei einem StBerater ist ein Organisationsmangel (Fehlen eines Posteingangsbuchs bzw. Fristenkontrollbuchs) für sich allein kein ausreichendes Indiz für den Zugang, sondern kann allenfalls anderweitige Indizien für den Zugang verstärken (BFH 31.5.2005 – I R 103/04, BFH/NV 2005, 1663). Ein Zugangsbeweis scheidet ebenfalls aus bei Absendung eines Bescheids an einen im Übergangswohnheim ohne eigenen Briefkasten wohnenden Stpfl. (BFH 7.12.2004 – XI B 98/03, BFH/NV 2005, 1473).

Für den Zugangsnachweis sind ein an die Aufgabe zur Post anknüpfender **Anscheins-** **71** **beweis** (auch sog. prima-facie-Beweis; vgl. näher Harenberg DStR 1990, 236) oder anderweitige Beweiserleichterungen **ausgeschlossen** (BFH 14.3.1989 – VII R 75/85, BStBl. II 1989, 534; BFH 12.3.2003 – X R 17/99, BFH/NV 2003, 1031; BFH 14.2.2008 – X B 11/08, BFH/NV 2008, 743, std. Rspr.; krit. Wolf DStZ 1996, 103). Eine Beweiserleichterung ist auch dann nicht zuzulassen, wenn der Zugang auch bei normalem Postlauf nicht gewährleistet ist (BFH 15.9.1994 – XI R 31/94, BStBl. II 1995, 41 betr. unterlassenes Leeren des Briefkastens; aA VGH München 22.1.2009 – 4 B 08.1591, BayVBl. 2010, 541 ein Stpfl. handle treuwidrig, wenn er gegen Melde- und Mitwirkungspflichten verstößt und keine Vorkehrungen trifft, dass ihm ein Bescheid zugehen kann; BVerwG 29.6.1990 – 8 C 22/89, NVwZ 1991, 73). Zum Beweiswert der von einem Zentralrechner der FVerw.

aufgebrachten Codierstreifen auf StBescheiden und automatischer Frankierung von Briefumschlägen vgl. FG Köln 17.7.2003 – 2 K 168/03, EFG 2003, 1450.

72 **Bestrittener rechtzeitiger Zugang.** Bestreitet der Bekanntgabeadressat nicht den Zugang überhaupt, sondern **nur** den **Zugang innerhalb der Vier-Tages-Frist,** ist damit allein die Zugangsvermutung noch nicht widerlegt (BFH 11.8.2008 – III B 141/07, BFH/NV 2008, 1646). Es müssen vielmehr im Rahmen des Möglichen substantiiert Tatsachen vorgetragen werden, die schlüssig auf einen späteren Zugang hindeuten und deshalb Zweifel an der Zugangsvermutung begründen (BFH 30.11.2006 – XI B 13/06, BFH/NV 2007, 389 mwN; BFH 16.5.2007 – V B 169/06, BFH/NV 2007, 1454; BFH 31.3.2008 – III B 151/07, BFH/NV 2008, 1335; BFH 19.1.2012 – IV B 9/11, BFH/NV 2012, 697). Zur Substantiierung gehört regelmäßig die Angabe, wann die Sendung tatsächlich zugegangen ist und die erschöpfende Auskunft über den ihm zugänglichen Bereich des Bekanntgabevorgangs (BFH 5.8.2011 – III B 76/11, BFH/NV 2011, 1845). Bei einem StBerater, Wirtschaftsprüfer oder Rechtsanwalt gehört zur Substantiierung die Vorlage des Fristenkontrollbuchs, in dem der Eingangstag und die Berechnung der Rechtsbehelfsfrist vermerkt sind (FG Hessen 22.6.1989 – 10 K 3163/88, EFG 1990, 48). Ein nicht zeitnah geführtes Posteingangsbuch ist allerdings nicht geeignet, die Zugangsfiktion des § 122 II zu erschüttern (FG Berlin-Brandenburg 2.8.2022 – 16 K 16191/21, EFG 2023, 1146). Die Behörde ist insoweit nur bei begründeten Zweifeln an dem gesetzlich vermuteten Zugangszeitpunkt nachweispflichtig (zur Bedeutung des Aufgabevermerks → Rn. 66 f.). Derartige Zweifel liegen vor, wenn der Adressat Tatsachen vorträgt, die die Behauptung eines verspäteten Zugangs als schlüssig erscheinen lassen (BFH 30.6.2000 – VI B 39/00, BFH/NV 2000, 1449), so zB bei Poststreik, anderweitige Störungen in der Postzustellung oder bei einem Postnachsendeauftrag (→ Rn. 58). Für die Substantiierung konkret möglicher Zweifel dürfte einzig die (zutreffende) Rüge einer Übermittlung des Briefes durch einen privaten Postdienstleister nicht genügen (BFH 11.8.2008 – III B 141/07, BFH/NV 2008, 1646; BFH 13.2.2008 – XI B 218/07, BFH/NV 2008, 742; Geserich NWB 2025, 1378). Dass diese nicht unbedingt die gleiche Beförderungsdauer leisten, wie (noch, → Rn. 55) die Deutsche Post AG, war allerdings bereits Gegenstand mehrerer Verfahren (→ Rn. 58). An die Substantiierungspflicht des Bekanntgabeadressaten sind auch keine allzu hohen Anforderungen zu stellen (BFH 31.3.2008 – III B 151/07, BFH/NV 2008, 1335). Nicht ausreichend ist der Hinweis auf den (zB wegen Urlaubs) unbekannten Zeitpunkt des Zugangs; auch ein vom gesetzlich vermuteten Zugangszeitpunkt abw. Eingangsvermerk reicht für sich allein nicht aus (BFH 30.11.2006 – XI B 13/06, BFH/NV 2007, 389; BFH 5.8.2011 – III B 76/11, BFH/NV 2011, 1845; aA Jesse FR 2024, 1061 (1064)). Aussagewert kommt uU dem Briefumschlag zu, in dem sich der VA befand. Der Briefumschlag muss sich jedoch klar dem VA zuordnen lassen; außerdem muss das Eingangsdatum festgehalten sein (BFH 8.2.1996 – III R 127/93, BFH/NV 1996, 850; BFH 6.9.2001 – X B 47/01, BFH/NV 2002, 350). Den Stpfl. trifft bei behauptetem überlangen Postlauf die Obliegenheit zur Beweisvorsorge; so hat er diesen Umstand dem FA anzuzeigen (BFH 16.5.2007 – V B 169/06, BFH/NV 2007, 1454 mwN) oder zumindest den mit einem Poststempel versehenen Briefumschlag aufzubewahren (BFH 19.1.2012 – IV B 9/11, BFH/NV 2012, 697; BGH 13.2.1992 – IX ZR 105/91, NJW 1992, 1695). Dies gilt auch bei grds. elektronischer Aktenführung (FG Rheinland-Pfalz 7.5.2021 – 4 K 1932/20, EFG 2022, 81). Sind Zweifel gegeben, hat das FG den Sachverhalt unter Berücksichtigung des Sachvortrags des Bekanntgabeadressaten aufzuklären und die festgestellten und unstr. Umstände in freier Beweiswürdigung gegeneinander abzuwägen (→ Rn. 68 ff.). Wird erst verspätet geltend gemacht, es sei ein Zugang des VA erst nach dem Vier-Tages-Zeitraum erfolgt oder ist das diesbezügliche Vorbringen widersprüchlich, kann dies die Glaubhaftigkeit des entsprechenden Vorbringens ausschließen (zB FG Niedersachsen 15.1.2002 – 6 K 802/01, EFG 2002, 582).

III. Übermittlung im Ausland (Abs. 2 Nr. 2)

Regelungsinhalt. § 122 II Nr. 2 normiert eine Zugangsvermutung im Falle der Übermittlung eines schriftlichen VA im Ausland. Im Unterschied zu § 122 II Nr. 1 gilt der VA erst einen Monat nach der Aufgabe zu Post als bekannt gegeben. Im Übrigen sind die für § 122 II Nr. 1 geltenden Rechtgrundsätze anzuwenden. Die Vorschrift gilt nicht für elektronisch ins Ausland übermittelte VA (→ Rn. 88). 79

Entwicklung der Vorschrift. Aufgrund des durch das StBereinG 1986 eingefügten und durch das 3. ÄndGVwVfV geänderten § 122 II Nr. 2 (→ Rn. 1) gilt ein schriftlicher VA bei einer Übermittlung im Ausland einen Monat nach der Aufgabe zur Post als bekannt gegeben. Die bis zum 27.8.2002 geltende Fassung beschränkte sich tatbestandlich auf die Übermittlung „an einen Beteiligten" außerhalb des Geltungsbereichs der AO. Die Vorschrift war im Hinblick auf die Zulässigkeit einer Bekanntgabe an einen im **Ausland ansässigen Bevollmächtigten** lückenhaft. Diese Lücke hat die Rspr. (BFH 1.2.2000 – VII R 49/99, BStBl. II 2000, 334) im Wege der Rechtsfortbildung dahingehend geschlossen, dass die Anwendung des § 122 II Nr. 2 auch auf den Fall der postalischen Übermittlung von VA an im Ausland ansässige Bevollmächtigte zulässig ist. Die jetzt geltende Gesetzesfassung bestätigt diese Auslegung (vgl. BT-Drs. 14/9000, 37). 80

Verhältnis zu § 123 AO, § 9 VwZG. Die tatbestandlichen Voraussetzungen des § 122 II Nr. 2 überschneiden sich mit denen des § 123. Beide Vorschriften sind anwendbar, wenn mangels inländischer Bekanntgabeadresse eine Bekanntgabe im Ausland zu erfolgen hat. Unterschiede bestehen allerdings hinsichtlich der Rechtsfolgen: Während der Empfänger bei einer Bekanntgabe gem. § 122 II Nr. 2 den Zugang bestreiten und damit die Bekanntgabefiktion ggf. zerstören kann (die Beweislast hinsichtlich des Zugangs ist insoweit der FB auferlegt, → Rn. 64 ff.), wird durch § 123 S. 2 unter seinen näheren Voraussetzungen eine vom Beteiligten nur durch den Gegenbeweis zerstörbare Zugangsvermutung begründet (→ § 123 Rn. 13). Weder § 122 II Nr. 2 noch § 123 sind anwendbar, sofern eine Zustellung vorgeschrieben ist. 81

Neben §§ 122 II Nr. 2 und 123 ist ferner eine Zustellung im Ausland gem. § 9 VwZG (→ Rn. 215 ff.) möglich; die Auswahl eine dieser Bekanntgabearten liegt – sofern die jeweiligen gesetzlichen Erfordernisse erfüllt sind und es nicht kraft gesetzlicher Anordnung einer Zustellung bedarf – im Ermessen der FB (AEAO zu § 122 Nr. 1.8.4). StBescheide müssen nämlich von Gesetzes wegen nicht zugestellt werden, auch wenn der Stpfl. seinen Wohnsitz nicht (mehr) im Inland hat (BFH 14.10.2010 – II S 24/10 (PKH), BFH/NV 2011, 201).

Die **Zulässigkeit** einer Bekanntgabe im Ausland durch einfachen Brief ist von dem Einverständnis des jeweiligen ausländischen Staates, in dem die Bekanntgabe erfolgt, abhängig (AEAO zu § 122 Nr. 1.8.4; ebenso wohl auch BT-Drs. 10/1636, 40; aA SBS § 41 Rn. 218). Ein solches Einverständnis sieht die FVerw. (AEAO zu § 122 Nr. 1.8.4) für sämtliche Staaten, soweit sie nicht in der Negativ-Liste des AEAO zu § 122 Nr. 3.1.4.1 aufgeführt sind, als gegeben an. Gleiches gilt auch für die Übermittlung durch Telefax oder elektronische Übermittlung (→ § 87a Rn. 27). Da eine deutsche Behörde durch diese einfache Bekanntgabe nicht im Ausland tätig wird, dürfte aber eine Unwirksamkeit der Bekanntgabe wegen Verstoß gegen Völkerrecht ausscheiden (vgl. SBS § 41 Rn. 218; TK § 122 Rn. 62, § 123 Rn. 2). Die Rechtslage unterscheidet sich insoweit von einer Zustellungshandlung im Ausland, die als Hoheitshandlung nur im Rahmen des völkerrechtlich Zulässigen möglich ist (vgl. § 9 I Nr. 1 und 4 VwZG sowie → Rn. 216). Eine elektronische Bekanntgabe nach § 122a ist in allen Fällen (also auch ohne Einverständnis des ausl. Staates) zulässig (AEAO zu § 122 Nr. 1.8.4; → § 122a Rn. 6). 82

Monatsfrist. Die Berechnung der Monatsfrist erfolgt nach Maßgabe des § 108 I AO iVm §§ 187 I, 187 II BGB (vgl. zB BFH 1.2.2000 – VII R 49/99, BStBl. II 2000, 334). Fällt das Fristende auf einen Sonntag, einen gesetzlichen Feiertag oder einen Sonnabend, so endet sie – ebenso wie die Frist des § 122 II Nr. 1, → Rn. 59 – mit dem Ablauf des 83 nächstfolgenden Werktages. Das Vorliegen eines gesetzlichen Feiertags bestimmt sich entspr. dem Rechtscharakter des § 122 II Nr. 2 nach dem Recht des ausländischen Orts der Bekanntgabe (ebenso TK § 122 Rn. 62a, aA HHSp § 122 Rn. 412; auch noch 4. Aufl.). Ein Zugang des VA bereits vor Ablauf der Monatsfrist ist unbeachtlich (BFH 1.2.2000 – VII R 49/99, BStBl. II 2000, 334). § 122 II Nr. 2 enthält – ebenso wie § 122 II Nr. 1 – eine unwiderlegliche Vermutung und lässt nur die Darlegung, zu dass der VA nicht oder zu einem späteren Zugang zugegangen ist; insoweit gelten die Erl. zu § 122 II Nr. 1 entspr.

D. Zugangsfiktion elektronischer Verwaltungsakte (Abs. 2a)

Schrifttum: Szymczak, Elektronische Kommunikation mit den Finanzbehörden, NWB 2002, 3001; Ortwald, Elektronischer Steuerbescheid per einfacher E-Mail?, DStR 2017, 477.

87 **Anwendungsbereich.** Der durch das 3. ÄndfGVwVfG neu eingefügte Abs. 2a regelt, wann ein elektronisch übermittelter VA als bekannt gegeben gilt. Abs. 2a ist anwendbar, wenn die FB eine gesetzlich angeordnete Schriftform durch die elektronische Form ersetzt (s. § 87 IV). Die Vorschrift gilt sowohl für eine Übermittlung mit qualifizierter elektronischer Signatur als auch für Fälle einer „einfachen" elektronischen Übermittlung (BT-Drs. 14/9000, 37; → § 87a Rn. 1 ff.). Sie ist im Fall der Fax-Übermittlung nicht anwendbar, wenn das Empfangsgerät keine Aufzeichnung, sondern nur einen Papierausdruck der eingegangenen Sendung ermöglicht (→ Rn. 53). Entsprechendes gilt auch beim sog. Computerfax (Erzeugung der Datei im Computer und Absendung an ein Telefaxgerät des Empfängers). Entscheidend ist hier der Ausdruck durch das Empfangsgerät (BFH 18.3.2014 – VIII R 9/10, BFHE 245, 484; aA BGH 25.4.2006 – IV ZB 20/05, NJW 2006, 2263; s. auch Carlé AO-StB 2010, 117: technische Qualität des Empfangsgeräts unbeachtlich sowie BVerwG 30.3.2006 – 8 B 8/06, NJW 2006, 1989 und AEAO zu § 122 Nr. 1.8.2). Die Vorschrift ist in der Praxis unbedeutend, weil die Übermittlung von Verwaltungsakten per E-Mail verschlüsselt erfolgen muss (§ 87a), das Projekt „De-Mail" gescheitert ist und sich auch andere Verschlüsselungstechniken nicht durchgesetzt haben (Rüsch DB 2024, 2253; Schmidt DStR 2024, 1527).

88 **Vier-Tages-Frist; Zugangsvermutung.** Für elektronisch übermittelte VA normiert Abs. 2a eine Zugangsfiktion, die grds. derjenigen des § 122 II Nr. 1 entspricht. Die Vier-Tages-Frist gilt auch für die elektronische Übermittlung von VA ins **Ausland;** die in § 122 II Nr. 2 normierte Monatsfrist für die postalische Übermittlung im Ausland findet keine Anwendung (Szymczak NWB 2002, 3001; ebenso die Gesetzesbegr. betr. den durch das 3. ÄndGVwVfG geänderten § 41 II VwVfG, vgl. BT-Drs. 14/9000, 34). Die Vier-Tages-Frist beginnt mit der Absendung, wobei der Tag der Absendung bei der Fristberechnung nicht mitgezählt wird. Die Frist dürfte sich nicht wie bei Abs. 2 Nr. 1 (→ Rn. 59) und Abs. 2 Nr. 2 (→ Rn. 83) nach § 108 III verlängern. Der Gesetzgeber ging davon aus, dass eine elektronische Übermittlung idR unmittelbar erfolgen dürfte, sodass der Zugang grundsätzlich spätestens am Tage nach der Übermittlung vermutet werden könnte. Aber in Hinblick darauf, dass der Übertragungsweg im Internet nicht vorhersagbar ist und daher nicht von einer Übermittlung am gleichen Tage ausgegangen werden kann, könne auch hier wie bei der postalischen Versendung von einem Zeitraum von vier Tagen ausgegangen werden (vgl. BT-Drs. 14/9000, 34, 37). Für eine (weitere) Verlängerung der Frist durch Berücksichtigung von Wochenenden und Feiertagen dürfte jedoch kein Raum sein, vielmehr hat der Gesetzgeber die Verzögerungen bereits mit den vier Tagen abgelten wollen (iE zustimmend TK § 122 Rn. 63a; aA FG Berlin-Brandenburg 13.12.2023 – 3 K 3067/23, EFG 2024, 534 unter Hinweis auf die Sonn- und Feiertagsruhe und mwN; vom BFH noch nicht entschieden).

89 **Widerlegung der Zugangsfiktion.** Der Vier-Tages-Zeitraum des § 122 II a 1. HS gilt nur, wenn der elektronisch übermittelte VA nicht oder zu einem späteren Zeitpunkt zugegangen ist. Die FB hat im Zweifel den Zugang des VA und den Zeitpunkt des

Zugangs zu beweisen (§ 122 II a 2. HS). Diese gesetzliche Beweislastverteilung zulasten der Behörde entspricht der des § 122 II (→ § 122 Rn. 64 ff.).

Für die Widerlegung der Vermutung zum Zeitpunkt des Zugangs gelten grds. die für § 122 II entwickelten Grundsätze (→ Rn. 64 ff.). Daneben ist § 87a I 2 von Bedeutung (BT-Drs. 14/9000, 37). Es kommt mithin darauf an, wann die für den Empfang bestimmte Einrichtung das elektronische Dokument in für den Empfänger bearbeitungsfähiger Weise aufgezeichnet hat. Es reicht nicht, wenn der VA irgendwo auf dem Server des E-Mail-Providers liegt, sondern er muss für den Empfänger auf seiner Benutzeroberfläche (dem Postfach) ersichtlich sein (iE ebenso, wenn auch zu anderer Frage, FG Baden-Württemberg 15.4.2015 – 1 K 23/13, EFG 2015, 2010). Die Feststellungslast trägt die FB auch hinsichtlich des Zeitpunkts und der Tatsache der Absendung des elektronischen Dokuments.

E. Öffentliche Bekanntgabe (Abs. 3)

Die öffentliche Bekanntgabe eines VA darf gem. § 122 III 1 nur erfolgen, wenn dies durch Rechtsvorschrift zugelassen ist. Für die Durchführung der öffentlichen Bekanntgabe gilt § 122 IV. Die öffentliche Zustellung gem. § 10 VwZG ist keine öffentliche Bekanntgabe iSd § 122 III 1, sondern eine besondere Form der Zustellung (TK § 122 Rn. 65; Gosch AO § 122 Rn. 41). Gemäß § 122 III 2 dürfen **Allgemeinverfügungen** (→ § 118 Rn. 62) auch dann öffentlich bekannt gegeben werden, wenn eine Bekanntgabe an die Beteiligten untunlich ist. Eine Spezialregelung enthält § 367 IIb S. 4 für die Bekanntgabe der dort vorgesehenen Allgemeinverfügungen. Die Anordnung und Durchführung der öffentlichen Bekanntgabe ist eine Verfahrenshandlung (dazu allg. → § 347 Rn. 7). Sie ist kein VA und nicht gesondert mit dem Einspruch anfechtbar. Ebenso enthält § 27 III 1 GrStG eine Spezialregelung (BVerwG 21.11.1986 – 8 C 127/84, NJW 1987, 330). 94

F. Durchführung der öffentlichen Bekanntgabe (Abs. 4)

§ 122 IV enthält nähere Regelungen über die Durchführung einer öffentlichen Bekanntgabe schriftlicher VA. Die öffentliche Bekanntgabe eines schriftlichen VA wird gem. § 122 IV 1 bewirkt, indem sein verfügender Teil ortsüblich (zB durch Aushang in der FB oder Veröffentlichung in Tageszeitungen) bekannt gemacht wird. In der Bekanntmachung ist anzugeben, wo der VA und seine Begründung eingesehen werden können (§ 122 IV 2). Der VA gilt zwei Wochen nach dem Tag der ortsüblichen Bekanntmachung als bekannt gegeben (§ 122 IV 3). Bei der Fristberechnung wird der Tag der Bekanntmachung nicht mitgezählt; im Übrigen gilt für die Fristberechnung § 108 III, sodass sich die Zweiwochenfrist bei einem auf einen Sonntag, gesetzlichen Feiertag oder Sonnabend fallenden Fristablauf auf den Ablauf des nächstfolgenden Werktags verlängert. Nach Maßgabe des § 122 IV 4 kann bei Allgemeinverfügungen auch ein hiervon abw. Tag bestimmt werden. Diese Bestimmung muss ausdrücklich erfolgen; andernfalls verbleibt es bei der in § 122 IV 3 getroffenen Regelung. In § 367 IIb S. 4 und 5 ist eine gegenüber § 122 IV vorrangige Spezialregelung getroffen. 95

G. Zustellung schriftlicher Verwaltungsakte (Abs. 5)

Schrifttum: Kremer, Neuerliche Reform des Verwaltungszustellungsrechts des Bundes, NJW 2006, 332; Roßnagel, Das De-Mail-Gesetz. Grundlage für mehr Rechtssicherheit im Internet, NJW 2011, 1473; Roßnagel, Auf dem Weg zur elektronischen Verwaltung – Das E-Government-Gesetz, NJW 2013, 2710; Hawlitschek, Fallstricke aus Sicht der Finanzverwaltung bei der Zustellung von Steuerbescheiden nach dem Verwaltungszustellungsgesetz gemäß § 122 Absatz 5 AO, DStR 2015, 21.

Vgl. die Nachweise zum VwZG (Anhang zu § 122).

96 **Allgemeines.** Bei schriftlichen VA ist gem. § 122 V die Bekanntgabe durch förmliche Zustellung nach Maßgabe des VwZG (zum Begriff Zustellung → § 122 Rn. 127) vorzunehmen. Der Vorteil der Zustellung liegt in dem der FB damit möglichen klaren Nachweis über den Zugang des VA und den Zeitpunkt des Zugangs. Gleichzeitig dient die Zustellung, weil sie die Kenntnisnahme des Adressaten von dem Inhalt des VA gewährleistet, der Verwirklichung des rechtlichen Gehörs (BFH 25.1.1994 – VIII R 45/92, BStBl. II 1994, 603 mwN).

97 **Verhältnis zur einfachen Bekanntgabe; Umdeutung.** Die Zustellung ist gegenüber der schlichten Bekanntgabe nach § 122 II artverschieden (BFH 25.1.1994 – VIII R 45/92, BStBl. II 1994, 603). Dies folgt schon aus der abschließenden Regelung des § 122 V 2, die einen Rückgriff auf allg. AO-Vorschriften ausschließt. Auch die mit der Zustellung verfolgten spezifischen Ziele (sicherer Nachweis des Zugangs und seines Zeitpunkts, Verwirklichung des rechtlichen Gehörs) lassen sich auf die schlichte Bekanntgabe nicht übertragen. Daher ist eine **Umdeutung** einer unwirksamen Zustellung in eine wirksame Bekanntgabe **ausgeschlossen** (BFH 25.1.1994 – VIII R 45/92, BStBl. II 1994, 603; BFH 8.6.1995 – IV R 104/94, BStBl. II 1995, 681; AEAO zu § 122 Nr. 4.5.3). Zur Heilung von Zustellungsmängeln vgl. § 8 VwZG; ein nicht heilbarer Zustellungsmangel eines VA kann nicht durch ordnungsgemäße Zustellung der Einspruchsentscheidung geheilt werden (→ Rn. 205).

I. Anordnung der Zustellung (Abs. 5 S. 1)

98 Die Zustellung eines schriftlichen VA erfolgt gem. § 122 V 1 nur, wenn dies gesetzlich vorgeschrieben oder behördlich angeordnet ist. **Gesetzlich vorgeschrieben** ist die Zustellung durch §§ 284 VI 1, 309 II 2, 310 II, 321 II, 324 II 1. Die Zustellung erfolgt hierbei nach dem VwZG (→ Rn. 102). Demgegenüber erfolgt beim persönlichen Arrest die Zustellung gem. § 166 ZPO (§ 326 IV). Wird das Schriftstück bei gesetzlich vorgeschriebener Zustellung von der FB nur formlos zur Post gegeben, ist die Bekanntgabe unwirksam; eine Heilung gem. § 8 VwZG ist ausgeschlossen (→ Rn. 206). Die **behördliche Anordnung** der Zustellung steht im Ermessen der FB und wird von dieser insb. aus Beweisgründen angeordnet. Sie kann insb. infrage kommen bei belastenden VA (zB Schätzungsbescheiden oder Anordnung und Festsetzung von Zwangsgeldern), Einspruchsentscheidungen (→ § 366 Rn. 25), Ladungen, Frist- und Terminbestimmungen (soweit nicht schon gesetzlich vorgeschrieben) sowie bei der Übersendung wichtiger Urkunden.

99 Die **Wahl der Zustellungsart** ist ihrer Rechtsnatur **kein VA,** sondern Verfahrenshandlung (BFH 22.11.1990 – III B 300/90, BFH/NV 1991, 335; BFH 16.3.2000 – III R 19/99, BStBl. II 2000, 520; zur rechtlichen Behandlung von Verfahrenshandlungen allg. → § 347 Rn. 5). Als solche ist sie nicht gesondert anfechtbar und bedarf mangels VA-Natur auch keiner Begründung (BFH 16.3.2000 – III R 19/99, BStBl. II 2000, 520). Ein StBescheid bedarf keiner Zustellung, wenn ein angefochtener Bescheid vom FA während des finanzgerichtlichen Verfahrens geändert wird (BFH 5.5.1994 – VI R 98/93, BStBl. II 1994, 806); daran hat sich durch die ab 1.1.2001 geltende Neufassung des § 68 FGO nichts geändert.

II. Durchführung der Zustellung (Abs. 5 S. 2)

101 Die Zustellung erfolgt gem. § 122 V 2 nach den Vorschriften des VwZG (dieses ist abgedr. und erläutert in → Rn. 122 ff.). Die Verweisung auf das VwZG ist abschließend. Bekanntgaberegelungen der AO, zB § 80 oder § 122 I bis IV finden daneben keine Anwendung (BFH 25.1.1994 – VIII R 45/92, BStBl. II 1994, 603 mwN; Schwarz/Pahlke/Keß § 122 Rn. 227); auch § 122 VI und VII gelten nicht. Die **Art der Zustellung** ist durch §§ 3 ff. VwZG abschließend festgelegt. Vgl. im Einzelnen → Rn. 122 ff.

III. Zustellung an einen Bevollmächtigten (Abs. 5 S. 3)

Nach § 7 I 2 VwZG sind bei Vorliegen einer schriftlichen Vollmacht Zustellungen an den Bevollmächtigten zu richten. Durch S. 3 wird analog zur neuen Regelung in Abs. 1 S. 4 allerdings ausgeschlossen, dass in Fällen einer gesetzlich oder behördlich angeordneten förmlichen Zustellung ein Verwaltungsakt auch dann einem Verfahrensbevollmächtigten zugestellt werden muss, wenn dieser nach § 80 VII zurückgewiesen worden ist (vgl. BT-Drs. 18/7457, 74). **101a**

H. Bekanntgabe an mehrere Beteiligte (Abs. 6)

Schrifttum: Heinke, Zur Bekanntgabe von Steuerbescheiden an zusammen veranlagte Ehegatten, DStZ 2000, 95; Müller, Der zusammengefasste Bescheid, AO-StB 2014, 211.

§ 122 VI wurde – ebenso wie § 122 VII – durch das StBereinG 1999 eingefügt und gilt gem. § 1 VII EGAO für alle bei Inkrafttreten des Gesetzes (ab 30.12.1999) anhängigen Verfahren. Die Vorschrift normiert eine Ausnahme vom Grundsatz der Einzelbekanntgabe (→ Rn. 32). Sie übernimmt die früher in § 155 IV aF (der durch das StBereinG 1999 außer Kraft gesetzt wurde) enthaltenen Erleichterungen für die Bekanntgabe von StBescheiden und dient der Verwaltungsvereinfachung (vgl. BT-Drs. 10/1636, 41 betr. § 155 IV aF). **103**

Anwendungsvoraussetzungen. § 122 VI betrifft die Bekanntgabe, sofern mehrere Personen an einem steuerlichen Verfahren beteiligt und von einem VA betroffen sind. In diesem Fall kann die Bekanntgabe an einen Beteiligten zugleich mit Wirkung für und gegen die anderen Beteiligten erfolgen, soweit die Beteiligten einverstanden sind. **104**

Diese Bekanntgabeerleichterung ist auf **alle VA** (zB auch Einspruchsentscheidungen), auch auf solche außerhalb des StFestsetzungsverfahrens (zB Stundungsverfügung, Billigkeitserlass, AdV-Entscheidung) anzuwenden und gilt unabhängig davon, ob ein zusammengefasster Bescheid (zum Begriff → § 118 Rn. 50) vorliegt. **Nicht anwendbar** ist § 122 VI – ebenso wie § 122 VII – auf das Verfahren der förmlichen Zustellung nach dem VwZG (BFH 8.6.1995 – IV R 104/94, BStBl. II 1995, 681) sowie dann, wenn ein gemeinsamer Empfangsbevollmächtigter (§ 122 I 3) bestellt ist. Die Vorschrift gilt auch nicht für einheitliche Feststellungsbescheide; insoweit enthält § 183 eine spezielle Regelung.

Praktische Bedeutung hat die Vorschrift insb., soweit mehrere Beteiligte keinen gemeinsamen Empfangsbevollmächtigten bestellt haben. Die Vorschrift gilt ferner für die Bekanntgabe an zusammen veranlagte **Ehegatten** (§ 26b EStG), soweit die Ehegatten einverstanden sind. Hier kommt eine Bekanntgabe nach § 122 VI insb. in Betracht, wenn die Ehegatten keine gemeinsame Anschrift haben und daher die Bekanntgabe gem. § 122 VII ausscheidet (vgl. AEAO zu § 122 Nr. 2.1.3). Von § 122 VI unberührt bleibt das Erfordernis der hinreichenden Bestimmbarkeit der Inhaltsadressaten (→ § 119 Rn. 12 ff.). **105**

Die Bekanntgabe nach § 122 VI kann ausschl. an einen **Beteiligten** erfolgen. Eine Bekanntgabe an Dritte hat nicht die Wirkung des § 122 VI. Beteiligter ist ein solcher iSd § 78; die Vorschrift beschränkt sich nach ihrem Sinn und Zweck nicht auf die als Gesamtschuldner am Gegenstand der Besteuerung Beteiligten (aA TK § 122 Rn. 69). Das für die Anwendung des § 122 VI vorausgesetzte **Einverständnis** zur Bekanntgabe an einen Beteiligten muss positiv erklärt und darf von der FB nicht unterstellt werden (Schwarz/Pahlke/Keß § 122 Rn. 236). Die Einverständniserklärung ist nicht formgebunden; sie kann formlos, zB auch telefonisch, erteilt werden (zutr. Gosch AO § 122 Rn. 46). Ein **Widerruf** des Einverständnisses ist möglich. § 80 I 4 ist entspr. anzuwenden; der Widerruf wird erst mit Zugang bei der FB wirksam (Schwarz/Pahlke/Keß § 122 Rn. 237). Bei fehlendem Einverständnis einzelner Beteiligter ist für diese eine Einzelbekanntgabe erforderlich. **106**

Ermessensentscheidung; Rechtswirkungen. Die Wahl der Bekanntgabeerleichterung nach § 122 VI sowie die Auswahl des Beteiligten, gegenüber dem der VA bekannt gegeben wird, steht im Ermessen (§ 5) der FB. Sachgerecht ist idR die Bekanntgabe an **107**

den sachnächsten Beteiligten und insb. an denjenigen, der gegenüber der FB auch im Namen der übrigen Beteiligten aufgetreten ist. Die Bekanntgabe nach § 122 VI erfolgt zugleich mit **Wirkung** für und gegen andere Beteiligte; für diese beginnt zB der Lauf der Rechtsbehelfsfrist mit der Bekanntgabe. Im VA ist ausdrücklich darauf hinzuweisen, dass die Bekanntgabe auch mit Wirkung für und gegen die anderen – namentlich zu bezeichnenden – Beteiligten erfolgt (AEAO zu § 122 Nr. 2.1.3; Gosch AO § 122 Rn. 46). Die Befugnis der FB zur Einzelbekanntgabe bleibt durch § 122 VI unberührt.

108 Die Beteiligten können gem. § 122 VI 2. HS eine **Abschrift** des VA verlangen. Dieses Verlangen ist weder frist- noch formgebunden und bedarf keiner Begründung. Die Übersendung der Abschrift durch die FB entfaltet keine Rechtswirkungen; sie ist insb. nicht selbst Bekanntgabe.

109 **Bekanntgabefehler.** Liegen die Voraussetzungen des Abs. 6 nicht vor (zB fehlendes Einverständnis), ist die Bekanntgabe unwirksam, soweit der Fehler reicht. Fehlt zB das Einverständnis nur eines von mehreren Beteiligten, ist die Bekanntgabe diesem gegenüber unwirksam. Dieser Fehler kann durch eine fehlerfreie Bekanntgabe der Einspruchsentscheidung geheilt werden (BFH 7.3.1995 – XI R 79/94, BFH/NV 1995, 1035; TK § 122 Rn. 71, allg. zur Heilung von Bekanntgabemängeln → Rn. 22 ff.).

J. Bekanntgabe an Ehegatten bzw. Eltern mit Kindern (Abs. 7)

Schrifttum: Heinke, Zur Bekanntgabe von Steuerbescheiden an zusammen veranlagte Ehegatten, DStZ 2000, 95; Müller, Der zusammengefasste Bescheid, AO-StB 2014, 211.

113 § 122 VII wurde durch das StBereinG 1999 eingefügt und übernimmt die früher in § 155 V aF (der durch das StBereinG 1999 außer Kraft gesetzt wurde) enthaltenen Erleichterungen für die Bekanntgabe von StBescheiden an Ehegatten bzw. Eltern mit Kindern. Die Vorschrift normiert eine Ausnahme von dem Grundsatz der Einzelbekanntgabe (→ Rn. 32) und dient – ebenso wie die Vorgängervorschrift des § 155 V aF – der Verwaltungsvereinfachung und Kostenersparnis (BT-Drs. 10/1636, 41; BFH 8.6.1995 – IV R 104/94, BStBl. II 1995, 681). § 122 VII lässt die Befugnis der FB zur Einzelbekanntgabe unberührt (vgl. auch AEAO zu § 122 Nr. 2.1.4).

I. Bekanntgabeerleichterung (Abs. 7 S. 1)

114 **Allgemeines.** Betrifft ein VA Ehegatten oder Ehegatten bzw. Alleinstehende mit ihren Kindern, so reicht es gem. § 122 VII für eine Bekanntgabe aus, wenn ihnen eine Ausfertigung unter ihrer gemeinsamen Anschrift übermittelt wird. Die Bekanntgabe nach dieser Vorschrift erfolgt an **alle** Beteiligten und nicht – wie im Fall der Bekanntgabe nach § 122 VI – durch Bekanntgabe an einen Beteiligten mit Wirkung für und gegen andere Beteiligte. § 122 VII liegt die Annahme zugrunde, dass bei unter einer gemeinsamen Anschrift wohnenden Beteiligten nach der Lebenserfahrung eine gegenseitige Unterrichtung über den Posteingang üblich und gewährleistet ist (BT-Drs. 14/1514, 45; FG Baden-Württemberg 9.3.2006 – 8 K 144/02, EFG 2006, 1127).

115 **Anwendungsvoraussetzungen.** § 122 VII gilt für die Bekanntgabe von VA, die Ehegatten, Lebenspartner, Ehegatten oder Lebenspartner mit ihren Kindern oder Alleinstehende mit ihren Kindern gemeinsam betreffen. Die nach dieser Vorschrift gegebenen Bekanntgabeerleichterungen sind auf **alle VA** (zB auch Einspruchsentscheidungen), auch solche außerhalb des StFestsetzungsverfahrens (zB Stundungsverfügung, Prüfungsanordnung, Billigkeitserlass, AdV-Entscheidungen) anzuwenden. Dies trifft auch auf zusammengefasste Bescheide (→ § 118 Rn. 50) zu, die diese Personen als Gesamtschuldner betreffen.

116 § 122 VII gilt insb. für die Bekanntgabe von ESt-Bescheiden an gem. § 26b EStG zusammen veranlagte **Ehegatten** (vgl. auch AEAO zu § 122 Nr. 2.1.2); darin liegt kein Verstoß gegen das StGeheimnis (→ § 30 Rn. 59). Anzuwenden ist § 122 VII nicht nur bei einer gemeinsam unterzeichneten StErklärung der Ehegatten, sondern ebenso bei Schätzung der Besteuerungsgrundlagen (Schwarz/Pahlke/Keß § 122 Rn. 258; vgl. BT-Drs. 10/1636, 43 betr. die Vorgängerregelung des § 155 V aF). Für eine AdV-Verfügung an zusammenveranlagte Ehegatten, von denen nur einer der Ehegatten gegen den ESt-Bescheid Einspruch eingelegt hatte, waren auf der Grundlage der Vorgängervorschrift des § 155 V aF die Voraussetzungen der Bekanntgabeerleichterung durch Bekanntgabe in einer Ausfertigung unter der gemeinsamen Anschrift der Ehegatten zu verneinen (BFH 14.1.1997 – VII R 66/96, BFHE 182, 262). Daran hat sich unter der Geltung der jetzt in § 122 VII getroffenen Regelung nichts geändert (TK § 361 Rn. 10). § 122 VII findet gem. § 183 IV unter den dort näher geregelten Voraussetzungen auf die Bekanntgabe von Einheitswertbescheiden entspr. Anwendung (vgl. auch AEAO zu § 122 Nr. 2.5.4).

§ 122 VII ist – ebenso wie § 122 VI – **nicht** anwendbar auf die **förmliche Zustellung** **117**
nach dem VwZG (→ Rn. 104). Die Vorschrift gilt ferner dann nicht, wenn die hier genannten Personen nicht gemeinsam von einem VA betroffen sind. Dies trifft zB auf Ehegatten zu, die ein Grundstück zu gemeinschaftlichem Eigentum erwerben; insoweit liegen bei der GrESt – ohne dass eine Gesamtschuldnerschaft begründet wird – zwei getrennte StFälle vor, sodass jedem Ehegatten ein gesonderter StBescheid zu erteilen ist (BFH 12.10.1994 – II R 63/93, BStBl. II 1995, 174). Bei Heranziehung mehrerer Haftungsschuldner wegen desselben Anspruchs wäre bei Gesamtschuldnerschaft der in § 122 VII genannten Personen an sich eine Bekanntgabe der Haftungsbescheide nach dieser Vorschrift möglich; die FVerw. hat jedoch für diesen Fall Einzelbekanntgabe angeordnet (AEAO zu § 122 Nr. 2.14.3). Die Bekanntgabe nach § 122 VII scheidet ferner aus, wenn der Ausnahmetatbestand des § 122 VII 2 erfüllt ist.

Die **Rechtswirkung** des § 122 VII tritt durch Bekanntgabe an die in dieser Vorschrift **118**
genannten Personen durch Übermittlung an ihre gemeinsame Anschrift ein. Damit wird die Bekanntgabe an alle vom VA Betroffenen fingiert. Unerheblich ist, ob alle Beteiligten von dem VA tatsächlich Kenntnis erlangen. Der nach § 122 VII in einer Ausfertigung an alle bekannt zu machende VA ist an alle Betroffenen zu adressieren (AEAO zu § 122 Nr. 2.1.2; Schwarz/Pahlke/Keß § 122 Rn. 252). Die Wirkungen des § 122 VII treten jedoch nicht ein, wenn eine der in § 122 VII aufgeführten Personen in einem Mehrfamilienhaus eine eigene Wohnung unter derselben postalischen Anschrift unterhält (Schwarz/Pahlke/Keß § 122 Rn. 257). Bei gemeinsamer Anschrift von Ehegatten ist es ausreichend, wenn das Schriftstück in das **Postfach** eines der Ehegatten eingelegt wird (BFH 13.10.1994 – IV R 100/93, BStBl. II 1995, 484; AEAO zu § 122 Nr. 2.1.2; aA Schwarz/Pahlke/Keß § 122 Rn. 159). Die Rechtswirkungen des § 122 VII treten auch ein, wenn sich eine der in dieser Vorschrift genannten Personen vorübergehend (zB Student mit zeitweiligem Aufenthalt am Studienort) nicht unter der gemeinsamen Anschrift aufhält (Schwarz/Pahlke/Keß § 122 Rn. 257). Haben nur einzelne der betroffenen Personen eine gemeinsame Anschrift, hat gegenüber den übrigen Personen eine Einzelbekanntgabe zu erfolgen.

II. Einzelbekanntgabe (Abs. 7 S. 2)

Gemäß § 122 VII 2 bedarf es der Einzelbekanntgabe, soweit dies die Beteiligten be- **120**
antragt haben oder der FB bekannt ist, dass zwischen den Beteiligten ernstliche Meinungsverschiedenheiten bestehen. Der **Antrag** auf Einzelbekanntgabe ist an die bekanntgebende FB zu richten und muss bei dieser vor Absendung des VA eingehen (zu Einzelfragen der Antragsauslegung vgl. FG Baden-Württemberg 9.3.2006 – 8 K 144/02, EFG 2006, 1127 mwN). Beantragt nur ein einzelnes Familienmitglied Einzelbekanntgabe, ist gegenüber den anderen Personen eine Bekanntgabe nach § 122 VII weiter möglich (AEAO zu § 122 Nr. 2.3.2). Die Voraussetzungen **„ernstlicher Meinungsverschiedenheiten"** entsprechen denen des § 183 II (→ § 183 Rn. 26) und liegen bei Ehegatten vor, wenn keine eheliche Lebensgemeinschaft mehr besteht; erst recht gilt dies bei Getrenntleben und insb. dann, wenn bereits ein Ehepartner aus der ehelichen Wohnung ausgezogen ist. Die ernst-

lichen Meinungsverschiedenheiten müssen der FB – idR aufgrund entsprechender Mitteilung – positiv bekannt sein; ein Kennenmüssen der FB genügt nicht (FG Baden-Württemberg 9.3.2006 – 8 K 144/02, EFG 2006, 1127 mwN).

121 **Bekanntgabefehler.** Eine gem. § 122 VII erfolgte Bekanntgabe ist unwirksam, soweit eine Einzelbekanntgabe erforderlich gewesen wäre, zB, weil eine Einzelbekanntgabe ausdrücklich oder konkludent beantragt war (vgl. FG Baden-Württemberg 4.12.2018 – 11 K 1210/16, EFG 2020, 1). Soweit eine Einzelbekanntgabe nur gegenüber einzelnen Beteiligten erforderlich gewesen wäre, ist die Bekanntgabe an die übrigen Beteiligten wirksam. Zur Heilung des Bekanntgabefehlers → Rn. 22 ff.

Anhang: Verwaltungszustellungsgesetz (VwZG)

Schrifttum: Binnewies/Fraedrich, Typische Fehler bei der Zustellung mittels Postzustellungsurkunde – Eine Chance für den Steuerpflichtigen, DStZ 2003, 692; Kremer, Neuerliche Reform des Verwaltungszustellungsrechts des Bundes, NJW 2006, 332; Werth, Völkerrechtliche Zulässigkeit von Auslandszustellungen im finanzgerichtlichen Verfahren – unter besonderer Berücksichtigung der Zustellung in die Schweiz, DStZ 2006, 647; Roßnagel, Das De-Mail-Gesetz. Grundlage für mehr Rechtssicherheit im Internet, NJW 2011, 1473; Roßnagel, Auf dem Weg zur elektronischen Verwaltung – Das E-Government-Gesetz, NJW 2013, 2710; Hawlitschek, Fallstricke aus Sicht der Finanzverwaltung bei der Zustellung von Steuerbescheiden nach dem Verwaltungszustellungsgesetz gemäß § 122 Abs. 5 AO, DStR 2015, 21; Engelhardt, Das Europäische Übereinkommen über die Zustellung von Schriftstücken in Verwaltungssachen im Ausland, NVwZ 2018, 1521.

122 **Allgemeine Hinweise.** Das VwZG, dessen grundlegende Novellierung durch das G v. 12.8.2005 (BGBl. 2005 I 2354) zum 1.2.2006 in Kraft getreten ist – weitere Änderungen sind zB durch das MoMiG (BGBl. 2008 I 2026), das 4. VerVfÄndG (BGBl. 2008 I 241), das De-Mail-G (BGBl. 2011 I 666), das G zur Förderung des elektronischen Rechtsverkehrs mit den Gerichten (BGBl. 2013 I 3786), das eIDAS-Durchführungsgesetz (BGBl. 2017 I 2745) und mit Wirkung ab 1.1.2024 durch das MoPeG (BGBl. 2021 I 3436) erfolgt –, enthält Regelungen über die Modalitäten des behördlichen Zustellungsverfahrens. Für die praktische Handhabung der Zustellungsregelungen durch die FVerw. sind insb. die Anweisungen im AEAO zu § 122 Nr. 3, in besonderen Ausnahmefällen uU die an sich überholten (s. AEAO zu § 122 Nr. 3.1) Allgemeinen Verwaltungsvorschriften zur Auslegung des Verwaltungszustellungsgesetzes v. 13.12.1966 (BStBl. I 1966, 969), zuletzt geändert am 27.4.1973 (BStBl. I 1973, 220) – VwZGVwV – bedeutsam.

§ 1 VwZG Anwendungsbereich

123 (1) Die Vorschriften dieses Gesetzes gelten für das Zustellungsverfahren der Bundesbehörden, der bundesunmittelbaren Körperschaften, Anstalten und Stiftungen des öffentlichen Rechts und der Landesfinanzbehörden.

(2) Zugestellt wird, soweit dies durch Rechtsvorschrift oder behördliche Anordnung bestimmt ist.

124 Der Anwendungsbereich des VwZG (§ 1 I) umfasst insb. die **Zustellungsverfahren der Bundesbehörden** (dazu gehören auch die Familienkassen, → § 16 Rn. 59) sowie der **LandesFB** (§ 2 FVG, dazu → § 16 Rn. 48). Eigenständige, dem VwZG im Wesentlichen entspr. Regelungen enthalten die meisten Verwaltungszustellungsgesetze der Länder (dazu Engelhardt/App/Schlatmann Einf. VwZG Rn. 5 ff.). Im StVerfahren sind diese landesrechtlichen Regelungen nur bedeutsam, soweit Abgaben von Kommunalbehörden verwaltet werden oder dem Bund hinsichtlich der von LandesFB verwalteten Abgaben keine Gesetzgebungskompetenz zusteht (TK VwZG § 1 Rn. 4). Das VwZG gilt ebenso für Zustellungen nach § 9 II **EU-BeitrG** (TK VwZG § 1 Rn. 1). Die Regelungen des VwZG gelten mangels gemeinschaftsrechtlicher Regelungen auch für die Zustellung von VA deutscher Zollbehörden; der UZK verdrängt das VwZG nicht (Witte Art. 22 Rn. 71). Im **finanz- und verwaltungsgerichtlichen Verfahren** erfolgt die Zustellung nach den **§§ 166 ff. ZPO** (§ 53 II FGO, § 56 II VwGO).

125 Das VwZG enthält **lediglich verfahrensrechtliche Bestimmungen** über die Zustellung und setzt in § 1 II VwZG ein Zustellungserfordernis aufgrund einer Rechtsvorschrift

oder behördlichen Anordnung voraus. Dies entspricht der Regelung des § 122 V 1; insoweit wird auf die Ausführungen in → Rn. 98 verwiesen.

§ 2 VwZG Allgemeines

(1) Zustellung ist die Bekanntgabe eines schriftlichen oder elektronischen Dokuments in der in diesem Gesetz bestimmten Form. 126

(2) [1]Die Zustellung wird durch einen Erbringer von Postdienstleistungen (Post), einen nach § 17 des De-Mail-Gesetzes akkreditierten Diensteanbieter oder durch die Behörde ausgeführt. [2]Daneben gelten die in den §§ 9 und 10 geregelten Sonderarten der Zustellung.

(3) [1]Die Behörde hat die Wahl zwischen den einzelnen Zustellungsarten. [2]§ 5 Absatz 5 Satz 2 bleibt unberührt.

Abs. 3 S. 2 wurde durch das 4. VwVfGÄndG eingefügt. Durch das De-Mail-G wurde 127 Abs. 2 S. 1 ergänzt und Abs. 3 S. 2 an die neue Gesetzeslage angepasst. § 2 I VwZG enthält erstmals eine **Legaldefinition der Zustellung,** die nunmehr auch das elektronische Dokument mit einbezieht und die Zustellung ausdrücklich als (formalisierte) Bekanntgabe des VA bezeichnet (so zB schon früher BFH 22.11.1990 – III B 300/90, BFH/NV 1991, 335). Der Begriff **„Dokument"** ist der Oberbegriff für zustellungsfähige Mitteilungen (Schriftstücke und elektronische Dokumente). Die Zustellung setzt den Willen zur Bekanntgabe bzw. Zustellung voraus; insoweit gilt für das VwZG nichts anderes als für den von § 122 AO vorausgesetzten Bekanntgabewillen (→ § 122 Rn. 9 ff.). Als **Zustellungsarten** sieht das VwZG die Zustellung durch die Post mittels Postzustellungsurkunde (§ 3 VwZG), eingeschriebenem Brief (§ 4 VwZG) oder durch die Behörde mittels Empfangsbekenntnis (§ 6 VwZG) vor. Sonderarten der Zustellung sind die Zustellung im Ausland (§ 9 VwZG) sowie die öffentliche Zustellung (§ 10 VwZG).

Besonderes Kennzeichen der Regelungen des VwZG über die förmliche Zustellung ist 128 ihre **Formstrenge** (BFH 18.3.2004 – V R 11/02, BStBl. II 2004, 540 mwN). Andernfalls würde der mit dem VwZG verfolgte Zweck, eine rasche und mühelose Feststellung der Wirksamkeit der Zustellung zu ermöglichen, nicht erreicht (BFH 16.3.2000 – III R 19/99, BStBl. II 2000, 520).

Richtet sich ein VA an **mehrere Adressaten,** bedarf es der förmlichen Zustellung 129 gegenüber jedem einzelnen Adressaten (TK VwZG § 2 Rn. 12; AEAO zu § 122 Nr. 3.1.1.3 und 3.2). Ebenso ist auch bei einem zusammengefassten Bescheid (→ § 118 Rn. 50) jedem Destinatär eine Ausfertigung zu übermitteln. Dies gilt insb. auch bei **Ehegatten** (BFH 8.6.1995 – IV R 104/94, BStBl. II 1995, 681; vgl. auch AEAO zu § 122 Nr. 3.1.1.3 und 3.4); hier ist eine Ausnahme nur dann anzuerkennen, wenn sich die Ehegatten gegenseitig zur Empfangnahme bevollmächtigt haben (dazu BFH 8.6.1995 – IV R 104/94, BStBl. II 1995, 681 mwN; TK VwZG § 2 Rn. 12 und § 7 Rn. 10). Dabei ist ggf. zu ermitteln, ob eine Verfahrensvollmacht (§ 7 I 3 VwZG) oder Zustellungsvollmacht (§ 7 II VwZG) vorliegt (zur Zustellung von Einspruchsentscheidungen an Ehegatten vgl. unten → Rn. 195). Bei einer BGB-Gesellschaft genügt die Zustellung an den Gesellschafter, den die anderen Gesellschafter (ggf. konkludent) zum Abschluss aller wesentlichen Geschäfte bevollmächtigt haben (TK VwZG § 2 Rn. 12 mwN). Die Bekanntgabeerleichterungen nach § 122 VI und VII gelten nicht für die förmliche Zustellung (→ § 122 Rn. 104, 117).

Die **Zustellung** besteht in der Übermittlung eines Dokuments in Urschrift, Ausfer- 130 tigung oder beglaubigter Abschrift oder in dem Vorlegen der Urschrift. Die Übersendung einer Kopie genügt nicht (BT-Drs. 15/5216, 11); auch ein **Telefax** ist **kein Zustellungsgegenstand** (BFH 27.6.2002 – VII B 171/01, BStBl. II 2002, 870); bei Fehlen eines ordnungsgemäßen Zustellungsgegenstands scheidet Heilung gem. § 8 VwZG aus (BFH 27.6.2002 – VII B 171/01, BStBl. II 2002, 870). Die **Urschrift** des zuzustellenden Schriftstücks ist das Original; für das Unterschriftserfordernis vgl. § 119 III. Eine **Ausfertigung** ist die in besonderer Form (idR mit Ausfertigungsvermerk mit Angabe von Ort und Datum der Erteilung sowie Unterschrift des ausfertigenden Beamten) erteilte amtliche Abschrift oder Fotokopie des Originals, das sich in den Akten befindet (BFH 27.6.2002 – VII B 171/01, BStBl. II 2002, 870; Engelhardt/App/Schlatmann VwZG § 2 Rn. 5). Eine **beglaubigte Abschrift** ist eine Abschrift, deren Übereinstimmung mit der Urschrift von einer Urkundsperson versichert wird, die das Dienstsiegel führen darf (BFH 2.9.1999 – IV B 91/98, BFH/NV 2000, 444).

131 Die Ausführung der Zustellung obliegt gem. § 2 II VwZG dem „**Erbringer von Postdienstleistungen (Post), einem nach § 17 De-Mail-G akkreditierten Dienstanbieter** (s. § 5a VwZG) **oder der Behörde**“ selbst. Damit wird klargestellt, dass „Post“ nicht allein die Deutsche Post AG, sondern nach der Privatisierung der vormaligen Deutschen Bundespost alle Erbringer von Postdienstleistungen sind. Bei der förmlichen Zustellung nach § 3 VwZG wird die **Post** als **beliehener Unternehmer** gem. § 33 I PostG tätig (BT-Drs. 15/5216, 11). Bei Zustellungen mittels Einschreiben (§ 4 VwZG) wird hingegen die Post aufgrund eines privatrechtlichen Auftrags tätig (§ 4 Nr. 1a und b PostG). Bereits vor der Neufassung des § 2 II VwZG ergab sich – für den Zeitraum vom 1.1.1995 bis 31.12.1997 – die Wirksamkeit der von privaten Unternehmen bewirkten Zustellungen aus dem seinerzeit geltenden § 16 I PostG (BFH 17.12.1996 – IX R 5/96, BStBl. II 1997, 638; BFH 29.4.1998 – IV B 15/97, BFH/NV 1998, 1497; Pahlke DStR 1996, 2006).

Die Behörde hat hinsichtlich der Zustellart gem. § 2 III S. 1 VwZG ein **Auswahlermessen** (dazu AEAO zu § 122 Nr. 3.1; → Rn. 99). Da die förmliche Zustellung den Nachweis des Zugangs sichern soll, muss sich die Entscheidung an diesem Zweck ausrichten (TK VwZG § 2 Rn. 15). Die Zustellung im Ausland ist jedoch allein in der Form des § 9 möglich. Gemäß **§ 2 III 2** VwZG besteht **kein Wahlrecht,** wenn auf Grund einer Rechtsvorschrift ein Verfahren auf Verlangen des Antragstellers elektronisch abgewickelt wird (vgl. § 5 V VwZG). Die FB ist in diesem Fall verpflichtet, ein elektronisches Dokument zuzustellen.

§ 3 VwZG Zustellung durch die Post mit Zustellungsurkunde

135 (1) Soll durch die Post mit Zustellungsurkunde zugestellt werden, übergibt die Behörde der Post den Zustellungsauftrag, das zuzustellende Dokument in einem verschlossenen Umschlag und einen vorbereiteten Vordruck einer Zustellungsurkunde.

(2) [1] Für die Ausführung der Zustellung gelten die §§ 177 bis 182 der Zivilprozessordnung entsprechend. [2] Im Fall des § 181 Abs. 1 der Zivilprozessordnung kann das zuzustellende Dokument bei einer von der Post dafür bestimmten Stelle am Ort der Zustellung oder am Ort des Amtsgerichts, in dessen Bezirk der Ort der Zustellung liegt, niedergelegt werden oder bei der Behörde, die den Zustellungsauftrag erteilt hat, wenn sie ihren Sitz an einem der vorbezeichneten Orte hat. [3] Für die Zustellungsurkunde, den Zustellungsauftrag, den verschlossenen Umschlag nach Absatz 1 und die schriftliche Mitteilung nach § 181 Abs. 1 Satz 3 der Zivilprozessordnung sind die Vordrucke nach der Zustellungsvordruckverordnung zu verwenden.

136 **Zustellung mit PZU (§ 3 I VwZG).** Sie ist die in der Praxis bedeutsamste Form der Zustellung. Soll durch die Post (die insoweit beliehener Unternehmen gem. § 3 I PostG ist, → Rn. 131) mit PZU zugestellt werden, übergibt die Behörde dieser gem. § 3 I **1** VwZG das zuzustellende Dokument (dieses kann zB auch ein elektronisches Speichermedium sein, Kremer NJW 2006, 332) in einem verschlossenen Umschlag mit einem vorbereiteten Vordruck einer Zustellungsurkunde. Hierbei handelt es sich allerdings nur um eine Ordnungsvorschrift, sodass ein Verstoß dagegen die Wirksamkeit der Zustellung nicht berührt (TK VwZG § 3 Rn. 2). Fehlt die Zustellungsurkunde, muss die Post die Zustellung nicht durchführen. Für Zustellungsurkunde, Zustellungsauftrag, verschlossenen Umschlag sowie für die schriftliche Mitteilung nach § 181 I 3 ZPO sind die Vordrucke nach ZustVV zu verwenden (§ 3 II 3 VwZG).

137 Für die auf dem **Vordruck der Zustellungsurkunde** erforderlichen Angaben gilt der Grundsatz der Formstrenge des VwZG (→ Rn. 128). Der Vordruck muss Angaben zum Empfänger und seiner Anschrift, das Aktenzeichen des zuzustellenden Dokuments sowie die Angabe der auftraggebenden FB enthalten (s. auch Bauhaus AO-StB 2009, 201).

Fehlen diese Angaben ganz oder teilweise, führt dies zur Unwirksamkeit der Zustellung (zB BFH 16.3.2000 – III R 19/99, BStBl. II 2000, 520; AEAO zu § 122 Nr. 3.1.1).

Die **Anschrift des Empfängers** (dh des Adressaten oder Bevollmächtigten iSd § 7 VwZG) ist idR die (vom Adressaten benannte; vgl. BFH 27.6.2002 – III B 29/02, BFH/NV 2002, 1472) Postanschrift; ausnahmsweise genügt auch die Postfachangabe (BFH 9.2.1983 – II R 10/79, BStBl. II 1983, 698; AEAO zu § 122 Nr. 3.1.1). Die Zustellung kann immer nur an **eine Person** erfolgen (→ Rn. 129). Ferner erforderlich ist die **Bezeichnung der auftraggebenden FB;** bei fehlender Angabe ist die Zustellung unwirksam (FG Rheinland-Pfalz 31.3.1994 – 5 K 2714/93, EFG 1994, 906). Eine problemlose Identifizierbarkeit (weil zB die ersten Ziffern der angegebenen StNr. der Kennnummer der FB entsprechen) reicht aus (BFH 12.1.2011 – II R 30/09, BFH/NV 2011, 755). Die zuzustellende Sendung muss ferner mit einem ausreichenden, den Inhalt der Sendung einwandfrei identifizierenden **Aktenzeichen** (Geschäftsnummer) versehen sein. Da die PZU nicht die Übergabe des (in einem verschlossenen Umschlag befindlichen) Schriftstücks bezeugt, stellt die Angabe der Geschäftsnummer auf der Sendung und in der PZU die einzige urkundliche Beziehung zwischen beiden her (BFH 13.10.2005 – IV R 44/03, BStBl. II 2006, 214 mwN). Die Angabe der **StNummer reicht nicht aus,** da hierunter verschiedene Schriftstücke zugestellt werden können (BFH 13.10.2005 – IV R 44/03, BStBl. II 2006, 214 mwN; TK VwZG § 3 Rn. 3). Erforderlich ist auch eine nähere Kennzeichnung der Sendung, zB „Einkommensteuerbescheid 2003" (BFH 13.10.2005 – IV R 44/03, BStBl. II 2006, 214 mwN; Binnewies/Fraedrich, DStZ 2003, 692; AEAO zu § 122 Nr. 3.1.1.1). Ein Datumszusatz ist jedenfalls bei erstmals für einen Veranlagungszeitraum erlassenen StBescheiden nicht erforderlich (BFH 18.3.2004 – V R 11/02, BStBl. II 2004, 540). Enthält eine Sendung **mehrere VA,** muss sich der Inhalt der Sendung aus der Geschäftsnummer ergeben (BFH 7.7.2004 – X R 33/02, BFH/NV 2005, 66; BFH 4.4.2011 – VIII B 112/10, BFH/NV 2011, 1106; AEAO zu § 122 Nr. 3.1.1.2; zum Gegenbeweis, wenn der Inhalt des Briefumschlags laut PZU mehrere Schriftstücke unter Angabe mehrerer Geschäftsnummern enthält, vgl. FG Berlin 15.11.1993 – VIII 144/91, EFG 1994, 374). Die Bezeichnung des Sendungsinhalts ist bei der Zustellung gem. § 3 VwZG nach der Reform des Zustellungsrechts durch das ZustellungsreformG nicht mehr Voraussetzung für die Wirksamkeit der Zustellung, sondern nur noch für deren Nachweis (vgl. grundlegend BGH 11.7.2005 – NotZ 12/05, NJW 2005, 3216; so auch BFH 4.4.2011 – VIII B 112/10, BFH/NV 2011, 1106). Eine Verletzung der Formerfordernisse der PZU ist gem. § 8 VwZG heilbar (BFH 13.10.2005 – IV R 44/03, BStBl. II 2006, 214 mwN). 138

Ausführung der Zustellung (§ 3 II VwZG iVm §§ 177–182 ZPO). Für die Durchführung der Zustellung verweist § 3 II VwZG auf §§ 177–182 ZPO. § 177 ZPO trifft eine Regelung über den Ort der Zustellung. §§ 178–181 regeln verschiedene Formen von Ersatzzustellungen; diese Vorschriften sind verfassungsgemäß (BVerwG 11.5.1979 – 6 C 70/78, BVerwGE 58, 100 mwN). § 182 ZPO betrifft den Inhalt der PZU. 139

Gemäß **§ 177 ZPO** kann die Zustellung an jedem Ort (dh nicht nur in der Wohnung oder im Geschäftslokal, sondern zB auch auf der Straße oder am Arbeitsplatz) bewirkt werden, an dem der Empfänger angetroffen wird. Eine Verpflichtung des Postbediensteten zum Aufspüren des Zustellungsadressaten besteht nicht (HHSp VwZG § 3 Rn. 33). Bei Nichtantreffen kommt Ersatzzustellung gem. § 178 ZPO in Betracht. 140

Nach **§ 178 ZPO** kann die Ersatzzustellung in der Wohnung, in Geschäftsräumen und Einrichtungen erfolgen. Voraussetzung ist, dass der Zustellungsadressat in der Wohnung, dem Geschäftsraum oder der Gemeinschaftseinrichtung **nicht angetroffen** wird, dh tatsächlich nicht anwesend ist, sich verleugnen lässt oder der Postbedienstete zu ihm nicht vorgelassen wird (BFH 12.1.1993 – V R 59/89, BFH/NV 1994, 217; Zöller § 178 Rn. 2). Bei dieser Ersatzzustellung ist der Zustellungsempfänger, an den die Zustellung tatsächlich bewirkt wird, gesetzlicher Vertreter des Zustellungsadressaten (HHSp VwZG § 3 Rn. 37). 141

142 Eine Ersatzzustellung kann gem. § 178 I **Nr. 1** ZPO in der **Wohnung** an einen erwachsenen Familienangehörigen, eine in der Wohnung beschäftigte Person oder einen erwachsenen ständigen Mitbewohner erfolgen (aber nicht in der Wohnung zB eines Hausgestellten). Wohnung ist diejenige Räumlichkeit, die der Adressat tatsächlich zum Wohnen und insb. auch zum Übernachten benutzt (BFH 25.1.1994 – VIII R 45/92, BStBl. II 1994, 603; zur Scheinadresse OLG Jena 24.1.2006 – 1 Ss 277/05, NJW 2006, 2567; BVerfG 15.10.2009 – 1 BvR 2333/09, NJW-RR 2010, 421); der Wohnungsbegriff entspricht idR dem des § 8 (→ § 8 Rn. 9).

143 Die Ersatzzustellung kann an in der Wohnung angetroffene erwachsene Familienangehörige erfolgen. **„Erwachsen"** sind nicht nur Volljährige, sondern alle Personen, die ungeachtet ihrer Minderjährigkeit den Eindruck genügender Reife und Verständigkeit vermitteln, um die Bedeutung der Zustellung zu erkennen und sich entspr. zu verhalten (BFH 6.4.1992 – IV R 78/91, BFH/NV 1993, 300; BGH 6.6.2001 – VIII ZB 8/01, NJW-RR 2002, 137). Zu den **Familienangehörigen** gehören mit dem Zustellungsadressaten verheiratete, verwandte und verschwägerte Personen sowie Lebenspartner iSd LPartG (HHSp VwZG § 3 Rn. 51 f.). Gleiches gilt für nichteheliche Lebensgefährten (BGH 14.3.1990 – VIII ZR 204/89, BGHZ 111, 1; TK VwZG § 3 Rn. 17); diese sind zumindest ständige Mitbewohner.

144 Zu den in der **Familie beschäftigten Personen** gehört jeder zur Mitarbeit im Hausstand, zur Bedienung, Betreuung und Pflege tätige Dritte; stundenweise Beschäftigung reicht aus (BFH 28.9.1993 – II R 34/92, BFH/NV 1994, 291; TK VwZG § 3 Rn. 18). **Erwachsene ständige Mitbewohner** sind Personen, die mit dem Zustellungsadressaten in einer gemeinsamen Wohnung den räumlichen Lebensmittelpunkt haben (TK VwZG § 3 Rn. 19). Häusliche Gemeinschaft iSv gemeinsamer Haushaltsführung ist nicht erforderlich; Zusammenwohnen in einer Wohngemeinschaft genügt, wenn die gemeinsame Nutzung der Wohnung von einiger Dauer ist (Zöller § 178 Rn. 12).

145 Gemäß § 178 I **Nr. 2** ZPO kann eine Ersatzzustellung in den **Geschäftsräumen** (zB Kanzlei, Ladenlokal, Büro, Amtsgebäude usw.) an eine dort beschäftigte Person (zB als Sprechstundenhilfe, Buchhalter, Kellner, Auszubildender) erfolgen (dazu FG Hamburg 30.1.2004 – III 320/03, EFG 2004, 1137). Entscheidend ist nur, dass ein Raum geschäftlicher, damit gewerblicher, freiberuflicher, amtlicher oder sonst mit Publikumsverkehr verbundener Tätigkeit dient (Zöller § 178 Rn. 15a). Das Beschäftigungsverhältnis muss von gewisser Dauer, jedoch nicht unbedingt entgeltlich sein; die Ersatzzustellung muss **in** den Geschäftsräumen erfolgen.

146 **Gemeinschaftseinrichtungen** (§ 178 I **Nr. 3** ZPO) sind zB Altenheime, Krankenhäuser, Kasernen oder Justizvollzugsanstalten. Der Zustellungsadressat muss dort „wohnen" und insb. schlafen (Zöller § 178 Rn. 20). Die Ersatzzustellung muss gegenüber dem Leiter oder dessen Vertreter bewirkt werden; ist dies nicht möglich, kommt Ersatzzustellung durch Niederlegung (§ 181 ZPO) in Betracht.

147 **§ 179 ZPO** regelt die Ersatzzustellung bei **verweigerter Annahme.** Bei unberechtigter Verweigerung der Annahme gilt die Zustellung durch Zurücklassung des Schriftstücks am Ort der Zustellung als bewirkt. Dies gilt allerdings nur bei einer Zustellung in einer Wohnung oder in einem Geschäftsraum. In diesem Fall ist das Schriftstück am Ort der Zustellung zurückzulassen (dazu BFH 18.2.1986 – VIII R 257/83, BFH/NV 1986, 711; TK VwZG § 3 Rn. 26). Bei Zustellung in einer Gemeinschaftseinrichtung (§ 178 I Nr. 3 ZPO) ist das Schriftstück im Fall der Annahmeverweigerung des Leiters bzw. dazu ermächtigten Vertreters der Gemeinschaftseinrichtung zurückzusenden. Die Annahmeverweigerung ist **unberechtigt,** wenn hierfür kein gesetzlicher Grund besteht. Ein solcher Grund liegt vor, wenn die Sendung nicht den Formerfordernissen des § 3 VwZG entspricht, Zweifel an der Person des Zustellungsadressaten bestehen oder bei Zustellungen zur Nachtzeit bzw. an Sonn- und Feiertagen (§ 289 I analog; TK VwZG § 3 Rn. 26). Die Annahmeverweigerung sowie die Zurücklassung oder Zurücksendung des Schriftstücks sind zu beurkunden.

§ 180 ZPO lässt eine Ersatzzustellung durch **Einlegen in den Briefkasten** zu, wenn der Zustellungsadressat nicht angetroffen wird und auch eine Zustellung nach § 178 I Nr. 1 oder Nr. 2 ZPO nicht ausführbar ist. Voraussetzung ist aber, dass zuvor auch tatsächlich beim Empfänger geklingelt wurde. Ohne diesen Schritt bewirkt das Einlegen in den Briefkasten keine wirksame Zustellung (vgl. BFH 19.10.2022 – X R 14/21, BStBl. II 2023, 588). Die Wohnung oder der Geschäftsraum muss zudem auch vom Adressaten tatsächlich genutzt werden (BGH 22.10.2009 – IX ZB 248/08, NJW-RR 2010, 489). Für die Wirksamkeit einer Ersatzzustellung genügt es nicht, dass der Adressat in zurechenbarer Weise den Rechtsschein geschaffen hat, unter der Zustellanschrift eine Wohnung oder Geschäftsräume zu nutzen. Insbesondere reicht es nicht, dass er nach Aufgabe der Wohnung oder der Geschäftsräume ein Schild mit seinem Namen an dem Briefeinwurf belässt (BGH 16.6.2011 – III ZR 342/09, NJW 2011, 2440). Der Briefkasten muss durch Beschriftung oder auf andere Weise eindeutig dem Adressaten zugeordnet werden können und für eine sichere Aufbewahrung geeignet sein (Zöller § 180 Rn. 5). Ein zugeklebter oder überquellender Briefkasten ist für die Ersatzzustellung ungeeignet (TK VwZG § 3 Rn. 28). Das Schriftstück gilt gem. § 180 S. 2 ZPO mit der Einlegung – diese kann auch außerhalb der Geschäftszeit erfolgen (BVerwG 2.8.2007 – 2 B 20/07, NJW 2007, 3222) – als zugestellt. Der Zusteller hat auf dem Umschlag das Zustellungsdatum zu vermerken (§ 180 S. 3 ZPO; BFH 15.5.2020 – IX B 119/19, BFH/NV 2020, 1104 mwN); näherer Angaben dazu, in welche Empfangseinrichtung das Schriftstück eingelegt wurde, bedarf es nicht (BGH 10.11.2005 – III ZR 104/05, NJW 2006, 150). 148

§ 181 ZPO lässt eine Ersatzzustellung durch **Niederlegung** zu, wenn weder eine persönliche Zustellung des Schriftstücks (§ 177 ZPO) noch eine Ersatzzustellung gem. § 178 I Nr. 3 ZPO oder § 180 ZPO erfolgen konnte. Dazu wird – nach erfolglosem Zustellversuch – das zuzustellende Dokument nach pflichtgemäßem Ermessen des Zustellers bei einer von der Post dafür bestimmten Stelle am Ort der Zustellung, am Ort des AG, in dessen Bezirk der Ort der Zustellung liegt oder bei der Behörde, die den Zustellauftrag erteilt hat, wenn sie ihren Sitz am vorbezeichneten Ort hat, niedergelegt (§ 3 II 2 VwZG). Über die Niederlegung ist ferner gem. § 181 I 3 ZPO eine **schriftliche Mitteilung** auf dem vorgesehenen Vordruck (§ 3 II 3 VwZG) unter der Anschrift der Person, der zugestellt werden soll, in der bei gewöhnlichen Briefen üblichen Weise abzugeben. Ein Einwurf in den Briefkasten ist damit, da in diesem Fall § 180 eingreift, nicht gemeint (Zöller § 181 Rn. 4a; HHSp VwZG § 3 Rn. 107). Wenn die Niederschrift in den Briefkasten eingeworfen werden kann, so dürfte die Ersatzzustellung durch Niederlegung von vornherein ausscheiden, da dann auch der Brief selbst hätte eingeworfen werden können (vgl. FG Düsseldorf 26.10.2022 – 7 V 2027/22 U, EFG 2023, 177). In Betracht kommt zB Übergabe an einen in der Wohnung bzw. den Geschäftsräumen anwesenden Ersatzempfänger. Ist dies nicht möglich, kommt auch die Befestigung der Mitteilung an der Wohnungstür in Betracht (Zöller § 181 Rn. 5; TK VwZG § 3 Rn. 33). Die Zustellung gilt mit Abgabe der schriftlichen Mitteilung als erfolgt (§ 181 I 4 ZPO). Für die Wirksamkeit der Zustellung ist unerheblich, ob und wann der Zustellungsadressat tatsächlich Kenntnis erhält (BFH 18.3.2004 – V R 11/02, BStBl. II 2004, 540). Der Zusteller hat das Datum der Zustellung auf dem Umschlag der Sendung zu vermerken (§ 180 S. 3, § 181 I 5 ZPO). Ein fehlendes Datum auf dem Umschlag führt nach der Rspr. des BFH zur Unwirksamkeit der Zustellung (BFH 6.5.2014 – GrS 2/13, BStBl. II 2014, 645; BFH 14.12.2021 – VIII R 16/20, BFH/NV 2022, 364; aA LAG Baden-Württemberg 4.3.2021 – 3 Sa 45/20, BeckRS 2021, 13828; vgl. auch BT-Drs. 14/4554, 22). 149

Beurkundung der Zustellung. Dem Nachweis der Zustellung dient die PZU, deren Inhalt durch § 182 II ZPO (iVm § 3 II 1 VwZG) festgelegt ist. Die Beurkundung erfolgt durch den Postbediensteten (ebenso durch den Beschäftigten eines privaten Postdienstleisters, → Rn. 131). Die PZU ist der urkundliche Nachweis für die Zustellung der verschlossenen Sendung. Die PZU muss die Person bezeichnen, der zugestellt werden soll (zB Adressat, gesetzlicher Vertreter, Bevollmächtigter). Ferner ist der **Zustellungsempfänger** 150 zu bezeichnen, dh die Person, der das Schriftstück tatsächlich übergeben wurde. Eine bloße Falschbezeichnung dieser Person ist, soweit ihre Identität feststeht, unschädlich (zB Bezeichnung der Lebensgefährtin als Ehefrau; HHSp VwZG § 3 Rn. 127). Auf der PZU sind **Ort und Tag der Zustellung** zu vermerken (dazu Gosch AO § 3 VwZG Rn. 85); bei unleserlichem Zustellungsdatum ist ggf. Wiedereinsetzung zu gewähren (BFH 5.3.2008 – VII B 74/07, BFH/NV 2008, 1105). Der Zusteller hat die PZU mit seiner **Unterschrift** zu versehen (§ 182 II Nr. 8 ZPO). Diese muss nicht lesbar sein, jedoch einen die Identität des Unterzeichnenden ausreichend kennzeichnenden individuellen Namenszug aufweisen und die Absicht einer vollen Unterschrift erkennen lassen (FG München 16.5.2002 – 14 K 4354/99, EFG 2002, 1201 mwN; Binnewies/Fraedrich DStZ 2003, 692 (694)). Die fehlende Unterschrift kann nachgeholt werden; eine entspr. ergänzte Zustellungsurkunde hat aber nicht die Beweiskraft des § 418 ZPO, sondern ist nach § 419 ZPO frei zu würdigen (BGH 19.7.2007 – I ZR 136/05, NJW-RR 2008, 218).

151 Die **Rechtswirkung der PZU** besteht in dem durch sie erbrachten Nachweis der Zustellung. Diese ist am Tag ihrer Ausführung und nicht erst am vierten Tag nach der Aufgabe zur Post bewirkt (BFH 19.6.1991 – I R 77/89, BStBl. II 1991, 826). Die PZU ist eine **öffentliche Urkunde iSd § 418 I ZPO** und erbringt den vollen Beweis für die in ihr bezeugten Tatsachen (BFH 24.4.2007 – VIII B 249/05, BFH/NV 2007, 1465 mwN). Ein nach § 418 II ZPO möglicher Gegenbeweis kann nur durch den Beweis der Unrichtigkeit der in der PZU bezeugten Tatsachen geführt werden (BFH 20.2.1992 – V R 39/88, BFH/NV 1992, 580; BFH 21.8.2002 – VIII B 58/02, BFH/NV 2003, 176 mwN). Insoweit gelten strenge Anforderungen. Es muss der **volle Gegenbeweis** eines anderen Geschehensablaufs in der Weise erbracht werden, dass durch Darlegung konkreter Umstände die Beweiswirkung der Zustellungsurkunde vollständig entkräftet und jede Möglichkeit der Richtigkeit der in ihr bezeugten Tatsachen ausgeschlossen wird (BFH 24.4.2007 – VIII B 249/05, BFH/NV 2007, 1465 mwN; Binnewies/Fraedrich DStZ 2003, 692 (695)). Die bloße Behauptung, von der Zustellung keine Kenntnis erlangt zu haben, reicht nicht aus (BFH 21.8.2002 – VIII B 58/02, BFH/NV 2003, 176 mwN; BGH 10.11.2005 – III ZR 104/05, NJW 2006, 150). Durch eidesstattliche Versicherung kann der Gegenbeweis nicht erbracht werden (BFH 4.6.1993 – V B 9/93, BFH/NV 1994, 183 mwN); zur Beweiskraft der PZU bei Angaben mehrerer Geschäftsnummern mit mehreren VA → Rn. 138. Die PZU erbringt keinen Beweis für die tatsächlich erfolgte Übergabe des Schriftstücks sowie für tatsächliche Wohnung des Zustellungsempfängers unter der angegebenen Adresse (Gosch AO § 3 VwZG Rn. 90).

§ 4 VwZG Zustellung durch die Post mittels Einschreiben

158 (1) Ein Dokument kann durch die Post mittels Einschreiben durch Übergabe oder mittels Einschreiben mit Rückschein zugestellt werden.

(2) [1] Zum Nachweis der Zustellung genügt der Rückschein. [2] Im Übrigen gilt das Dokument am vierten Tag nach der Aufgabe zur Post als zugestellt, es sei denn, dass es nicht oder zu einem späteren Zeitpunkt zugegangen ist. [3] Im Zweifel hat die Behörde den Zugang und dessen Zeitpunkt nachzuweisen. [4] Der Tag der Aufgabe zur Post ist in den Akten zu vermerken.

159 **Allgemeines.** Die am 1.2.2006 in Kraft getretene Neufassung des § 4 VwZG sieht für die Zustellung durch die Post mittels Einschreiben nur noch das sog. „Einschreiben durch Übergabe“ oder das „Einschreiben mit Rückschein“ vor. Die Zustellung mittels sog. „Einwurf-Einschreiben“ ist in § 4 I VwZG nicht vorgesehen und daher keine Zustellung iSd VwZG (AEAO zu § 122 Nr. 3.1.2). Durch das PostModG wurde die Drei-Tages-Frist in Abs. 2 S. 2 um einen Tag verlängert (→ Rn. 1).

160 Die Zustellung mittels **Einschreiben** ist **keine förmliche Zustellung** iSd § 33 I 1 PostG, sondern wird von der Post im Rahmen privatrechtlicher Beauftragung als Postdienstleistung nach § 4 Nr. 1a und b PostG erbracht (vgl. BT-Drs. 15/5216, 11 f.). Dem Übergabeeinschreiben sowie dem Einschreiben mittels Rückschein ist gemeinsam, dass der Postbedienstete dem Adressaten oder anderen Empfangsberechtigten das Dokument an

dem in der Anschrift bezeichneten Ort gegen Unterschrift übergibt. Beim Einschreiben gegen Rückschein bestätigt der Empfänger den Erhalt des Dokuments auf einem gesonderten Beleg (Rückschein), der an den Absender zurückgesendet wird. Bei der von der Deutschen Post AG angebotenen Zusatzleistung „Einschreiben eigenhändig" wird die Sendung nur dem Adressaten persönlich ausgehändigt (vgl. BT-Drs. 15/5216, 12). Die Zustellung nach § 4 I VwZG kann auch an ein Postfach erfolgen (Gosch AO § 4 VwZG Rn. 16).

Wird der Adressat nicht angetroffen, hinterlässt der Postbedienstete eine **Benachrichtigung** mit Aufforderung zur Abholung des Einschreibens in der Lagerfrist. Diese Benachrichtigung bewirkt nicht den Zugang des Einschreibens, sondern ist eine bloße Kundendienstleistung (BGH 26.11.1997 – VIII ZR 22/97, NJW 1998, 976; OLG Brandenburg 3.11.2004 – 9 UF 177/04, NJW 2005, 1585). Für eine etwaige Ersatzzustellung gelten nicht §§ 178–181 ZPO, sondern die einschlägigen AGB des jeweiligen Postdienstleisters (Gosch AO § 4 VwZG Rn. 17; AEAO zu § 122 Nr. 3.1.2). Bei **unzustellbarer Sendung** (wegen Annahmeverweigerung des Empfängers, Verweigerung der Empfangsbestätigung oder Verstreichen der Abholfrist) wird die Sendung an den Absender zurückgeschickt; damit ist keine Zustellung erfolgt (AEAO zu § 122 Nr. 3.1.2). 161

Zustellungszeitpunkt (Abs. 2). Beim **Einschreiben mit Rückschein** genügt als Zustellungsnachweis der Rückschein (§ 4 II 1 VwZG). Die Zustellung gilt hier an dem Tag als bewirkt, der im Rückschein angegeben wird (vgl. BT-Drs. 15/5216, 12; BFH 14.4.2016 – III B 108/15, BFH/NV 2016, 1250). Der Rückschein ist eine Privaturkunde (§ 416 ZPO) und genießt formelle Beweiskraft; hinsichtlich des materiellen Gehalts gilt der Grundsatz der freien Beweiswürdigung (§ 96 I 1 FGO; BFH 22.3.2001 – IV B 113/99, BFH/NV 2001, 1135; HHSp VwZG § 4 Rn. 22). Ein **Übergabeeinschreiben** gilt am vierten Tag nach der Aufgabe als zugestellt, es sei denn, das Dokument ist nicht oder zu einem späteren Zeitpunkt zugegangen (§ 4 II 2 VwZG). Diese Regelung normiert eine Zustellungsfiktion und entspricht im Wesentlichen § 122 II, sodass für Einzelheiten auf die dortige Kommentierung verwiesen wird (→ § 122 Rn. 50 ff.). Anknüpfungspunkt der Fristberechnung ist die **Aufgabe zur Post** (zum Absendevermerk → Rn. 164). Die Zustellungsvermutung gilt auch, wenn die Sendung in weniger als vier Tagen zugegangen ist. Auch für die **Berechnung** der **Vier-Tages-Frist** sind die für § 122 II geltenden Grundsätze anzuwenden. Fällt der vierte Tag auf einen Sonnabend, Sonn- oder Feiertag, so verlängert sich der Fristablauf auf den nächstfolgenden Werktag (→ § 122 Rn. 58). Die Vier-Tages-Frist gilt nicht bei postlagernden Sendungen und Einlegen in ein Postabholfach (TK VwZG § 4 Rn. 9, 11; BFH 23.9.1959 – VII 59/59 U, BStBl. III 1959, 456 dürfte überholt sein). 162

Bei **Zweifeln** über den Zugang und den Zeitpunkt der Zustellung ist die Behörde nachweispflichtig (§ 4 II 3 VwZG). Ein Bestreiten durch den Empfänger ist beachtlich, wenn dieses substantiiert ist und durch entspr. Tatsachenvortrag untermauert wird (BFH 5.3.1986 – II R 5/84, BStBl. II 1986, 462; TK VwZG § 4 Rn. 12; HHSp VwZG § 4 Rn. 37). Die FB kann den erforderlichen Nachweis nicht durch den Einlieferungsschein erbringen. Geeignetes Beweismittel kann eine Empfangsbestätigung oder Angabe eines Postbediensteten sein; die ggf. nötigen Aufklärungsmaßnahmen obliegen der FB. 163

Vermerk über Aufgabe zu Post (Abs. 2 S. 4). § 4 II 4 VwZG ist bloße Ordnungsvorschrift (TK VwZG § 4 Rn. 13). An den von § 4 II 4 VwZG geforderten Aktenvermerk über den Tag der Aufgabe zur Post sind keine hohen Anforderungen zu stellen, weil dieser Tag durch den Einlieferungsschein nachweisbar ist (BFH 28.2.1978 – VII R 92/74, BStBl. II 1978, 390: Handzeichen des absendenden Beamten auf dem Absendevermerk nicht erforderlich). Dem Absendevermerk kommt auch keine Beurkundungsfunktion zu, sodass sein Fehlen nicht zur Unwirksamkeit der Zustellung führt (zutr. Gosch AO § 4 VwZG Rn. 35 mwN). 164

§ 5 VwZG Zustellung durch die Behörde gegen Empfangsbekenntnis; elektronische Zustellung

168 (1) [1]Bei der Zustellung durch die Behörde händigt der zustellende Bedienstete das Dokument dem Empfänger in einem verschlossenen Umschlag aus. [2]Das Dokument kann auch offen ausgehändigt werden, wenn keine schutzwürdigen Interessen des Empfängers entgegenstehen. [3]Der Empfänger hat ein mit dem Datum der Aushändigung versehenes Empfangsbekenntnis zu unterschreiben. [4]Der Bedienstete vermerkt das Datum der Zustellung auf dem Umschlag des auszuhändigenden Dokuments oder bei offener Aushändigung auf dem Dokument selbst.

(2) [1]Die §§ 177 bis 181 der Zivilprozessordnung sind anzuwenden. [2]Zum Nachweis der Zustellung ist in den Akten zu vermerken:

1. im Fall der Ersatzzustellung in der Wohnung, in Geschäftsräumen und Einrichtungen nach § 178 der Zivilprozessordnung der Grund, der diese Art der Zustellung rechtfertigt,
2. im Fall der Zustellung bei verweigerter Annahme nach § 179 der Zivilprozessordnung, wer die Annahme verweigert hat und dass das Dokument am Ort der Zustellung zurückgelassen oder an den Absender zurückgesandt wurde sowie der Zeitpunkt und der Ort der verweigerten Annahme,
3. in den Fällen der Ersatzzustellung nach den §§ 180 und 181 der Zivilprozessordnung der Grund der Ersatzzustellung sowie wann und wo das Dokument in einen Briefkasten eingelegt oder sonst niedergelegt und in welcher Weise die Niederlegung schriftlich mitgeteilt wurde.

[3]Im Fall des § 181 Abs. 1 der Zivilprozessordnung kann das zuzustellende Dokument bei der Behörde, die den Zustellungsauftrag erteilt hat, niedergelegt werden, wenn diese Behörde ihren Sitz am Ort der Zustellung oder am Ort des Amtsgerichts hat, in dessen Bezirk der Ort der Zustellung liegt.

(3) [1]Zur Nachtzeit, an Sonntagen und allgemeinen Feiertagen darf nach den Absätzen 1 und 2 im Inland nur mit schriftlicher oder elektronischer Erlaubnis des Behördenleiters zugestellt werden. [2]Die Nachtzeit umfasst die Stunden von 21 bis 6 Uhr. [3]Die Erlaubnis ist bei der Zustellung abschriftlich mitzuteilen. [4]Eine Zustellung, bei der diese Vorschriften nicht beachtet sind, ist wirksam, wenn die Annahme nicht verweigert wird.

(4) Das Dokument kann an Behörden, Körperschaften, Anstalten und Stiftungen des öffentlichen Rechts, an Rechtsanwälte, Patentanwälte, Notare, Steuerberater, Steuerbevollmächtigte, Wirtschaftsprüfer, vereidigte Buchprüfer, Berufsausübungsgesellschaften im Sinne der Bundesrechtsanwaltsordnung, der Patentanwaltsordnung und des Steuerberatungsgesetzes, Wirtschaftsprüfungsgesellschaften und Buchprüfungsgesellschaften auch auf andere Weise, auch elektronisch, gegen Empfangsbekenntnis zugestellt werden.

(5) [1]Ein elektronisches Dokument kann im Übrigen unbeschadet des Absatzes 4 elektronisch zugestellt werden, soweit der Empfänger hierfür einen Zugang eröffnet. [2]Es ist elektronisch zuzustellen, wenn auf Grund einer Rechtsvorschrift ein Verfahren auf Verlangen des Empfängers in elektronischer Form abgewickelt wird. [3]Für die Übermittlung ist das Dokument mit einer qualifizierten elektronischen Signatur zu versehen und gegen unbefugte Kenntnisnahme Dritter zu schützen.

(6) [1]Bei der elektronischen Zustellung ist die Übermittlung mit dem Hinweis „Zustellung gegen Empfangsbekenntnis" einzuleiten. [2]Die Übermittlung muss die absendende Behörde, den Namen und die Anschrift des Zustellungsadressaten sowie den Namen des Bediensteten erkennen lassen, der das Dokument zur Übermittlung aufgegeben hat.

(7) [1]Zum Nachweis der Zustellung nach den Absätzen 4 und 5 genügt das mit Datum und Unterschrift versehene Empfangsbekenntnis, das an die Behörde durch die Post oder elektronisch zurückzusenden ist. [2]Ein elektronisches Dokument gilt in den Fällen des Absatzes 5 Satz 2 am vierten Tag nach der Absendung an den vom Empfänger hierfür eröffneten Zugang als zugestellt, wenn der Behörde nicht spätestens an diesem Tag ein Empfangsbekenntnis nach Satz 1 zugeht. [3]Satz 2 gilt nicht, wenn der Empfänger nachweist, dass das Dokument nicht oder zu einem späteren Zeitpunkt zugegangen ist. [4]Der Empfänger ist in den Fällen des Absatzes 5 Satz 2 vor der Übermittlung über die Rechtsfolgen nach den Sätzen 2 und 3 zu belehren. [5]Zum Nachweis der Zustellung ist von der absendenden Behörde in den Akten zu vermerken, zu welchem Zeitpunkt und an welchen Zugang das Dokument gesendet wurde. [6]Der Empfänger ist über den Eintritt der Zustellungsfiktion nach Satz 2 zu benachrichtigen.

169 **Allgemeines.** § 5 VwVfG wurde durch das 4. VwVfÄndG (in Kraft getreten am 18.12.2008) geändert; § 5 IV 2 wurde aufgehoben, § 5 V geändert und § 5 VI und VII eingefügt. Durch das De-Mail-G wurden mWv 3.5.2011 Abs. 5 und Abs. 7 Sätze 2, 3 und 4 neu gefasst bzw. geändert. Durch das eIDAS-Durchführungsgesetz wurde in Abs. 5 S. 3 der Verweis auf das SignaturG gestrichen. Durch das StBuAnwBRNRG/RBerBÄndG v.

7.7.2021 (BGBl. 2021 I 2363) wurde mit Wirkung vom 1.8.2022 in Abs. 4 das Wort „Steuerberatungsgesellschaften" durch die Wörter „Berufsausübungsgesellschaften im Sinne der Bundesrechtsanwaltsordnung, der Patentanwaltsordnung und des Steuerberatungsgesetzes" ersetzt. Durch das PostModG wurde die Drei-Tages-Frist in Abs. 7 S. 2 um einen Tag verlängert (→ Rn. 1). Die Zustellung durch die Behörde gegen EB entspricht im Wesentlichen der Zustellung durch PZU (§ 3), wobei jedoch bei der Zustellung gegen EB der Empfänger selbst – und nicht der Postbedienstete – den Erhalt des zuzustellenden Schriftstücks bestätigt. Das vereinfachte Zustellungsverfahren nach § 5 VwZG wird allerdings im StVerwaltungsverfahren praktisch kaum angewendet (TK VwZG § 5 Rn. 1).

Zustellung durch EB (Abs. 1). Die Zustellung erfolgt gem. Abs. 1, indem der 170 zuzustellende Behördenbedienstete das Dokument dem Empfänger aushändigt. Dies hat regelmäßig in einem verschlossenen Umschlag zu erfolgen; nur ausnahmsweise ist eine offene Aushändigung möglich (dazu § 5 I 2 VwZG). Der Empfänger hat das EB mit vollem Namen zu unterschreiben (§ 5 I 3 VwZG). Der Bedienstete hat das Zustellungsdatum auf dem Umschlag des auszuhändigen Dokuments oder – bei offener Aushändigung – auf dem Dokument selbst zu vermerken (§ 5 I 4 VwZG).

Das ausgefüllte **EB** ist **keine Wirksamkeitsvoraussetzung** der Zustellung nach § 5 171 (Engelhardt/App/Schlatmann VwZG § 5 Rn. 3; BFH 14.6.2006 – VIII B 153/05, BeckRS 2006, 25010230 mwN), sondern dient lediglich dem Nachweis des Zeitpunkts, in dem der Empfänger von dem Zugang des Schriftstücks Kenntnis erlangt hat (BFH 31.10.2000 – VIII R 14/00, BStBl. II 2001, 156; BFH 27.9.2001 – X B 145/00, BFH/NV 2002, 212). Die Wirksamkeit der Zustellung setzt jedoch voraus, dass der Zustellungsempfänger zur Annahme bereit ist (BFH 14.9.1998 – VII B 135/98, BFH/NV 1999, 530). Wie bei § 3 VwZG ist die Bezeichnung des Sendungsinhalts auch bei der Zustellung gem. § 5 VwZG nicht mehr Voraussetzung für die Wirksamkeit der Zustellung, sondern nur noch für deren Nachweis (BFH 20.12.2011 – VIII B 199/10, BFH/NV 2012, 597; → Rn. 138).

Der **Zeitpunkt des Zugangs** ergibt sich idR aus dem im unterschriebenen Empfangsbekenntnis niedergelegten Datum. Dieses Datum ist jedoch dann nicht maßgebend, wenn es nachgewiesenermaßen **falsch** ist (BFH 11.4.2001 – VIII S 8/97, BFH/NV 2001, 1140 mwN). Zur Beweiskraft des EB → Rn. 181 f.

Ersatzzustellung; Annahmeverweigerung (Abs. 2). Auf die Zustellung durch die 172 Behörde finden – ebenso wie auf die Zustellung durch PZU (§ 3) – §§ 177–181 ZPO (→ Rn. 139 ff.). Anwendung. Die im Fall der Ersatzzustellung bzw. Annahmeverweigerung erforderlichen Angaben ergeben sich aus § 5 II 2 VwZG. Abw. von § 181 I ZPO kann die Niederlegung des Dokuments (nur) bei der Behörde erfolgen, die den Zustellungsauftrag erteilt hat, wenn diese Behörde ihren Sitz am Ort der Zustellung oder am Ort des Amtsgerichts, in dessen Bezirk der Zustellungsort liegt, hat. Ist diese Voraussetzung nicht erfüllt, ist keine Niederlegung nach § 5 III VwZG möglich.

Nach **Abs. 3** ist eine Zustellung zur Nachtzeit (dazu § 5 III 2 VwZG), an Sonntagen 173 und allg. Feiertagen nur mit schriftlicher oder elektronischer Erlaubnis des Behördenleiters zulässig. § 5 III 4 VwZG enthält eine besondere Heilungsregelung für Zustellungen, die diese Beschränkungen nicht beachten.

Zustellung an Behörden usw (Abs. 4). An die in Abs. 4 aufgeführten Adressaten ist 174 eine vereinfachte Zustellung möglich; der hier aufgeführte **Adressatenkreis** ist **abschließend** (Gosch AO § 5 VwZG Rn. 83; AEAO zu § 122 Rn. 3.1.3.2). An diesen kann das Dokument „auch auf andere Weise" (dh nicht durch einen Behördenbediensteten, sondern zB durch einfachen Brief, Einlegen in Abholfach des Empfängers, Telefax, Computerfax sowie elektronisch vgl. § 5 V, → Rn. 176) zusammen mit einem vorbereiteten EB zugestellt werden (vgl. BT-Drs. 15/5216, 12). Das vom Empfänger ausgefüllt zurückgesandte EB (§ 5 IV 2 VwZG) dient dem Nachweis der Zustellung.

Die Zustellung durch EB ist nur wirksam, wenn der **Zustellungsadressat** iSd § 5 IV 175 im Zeitpunkt der Zustellung für den Empfang der Sendung **zuständig bzw. wirksam**

bestellt war. Eine Vertretung durch einen Zustellungsbevollmächtigten ist zulässig (BFH 11.4.1990 – I R 45/89, BStBl. II 1990, 791; TK VwZG § 5 Rn. 3). In einer Anwaltssozietät ist grds. jeder Anwalt (Sozius) zur Vertretung berechtigt. Bei einer PartG ist auf einen geschäftsführenden Partner abzustellen (FG Berlin-Brandenburg 14.1.2025 – 6 K 6131/24, DStR 2025, 1359). Eine Vertretung durch einen Büroangestellten ist nicht ausgeschlossen (HHSp § 5 VwZG § 5 Rn. 11; BGH 10.6.1976 – IX ZR 51/75, BGHZ 67, 10; aA BSG 23.4.2009 – B 9 VG 22/08 B, NJW 2010, 317). Davon ist auszugehen, wenn über einen bloßen Vorbereitungsakt hinaus eine inhaltliche Bearbeitung des Dokuments durch diesen erfolgt (FG Berlin-Brandenburg 14.1.2025 – 6 K 6131/24, DStR 2025, 1359). Die Zustellung iSd Abs. 4 ist bewirkt, wenn der Adressat von dem Schriftstück **Kenntnis** nimmt und bereit ist, die Zustellung entgegenzunehmen (BFH 14.9.1998 – VII B 135/98, BFH/NV 1999, 530; BFH 31.10.2000 – VIII R 14/00, BStBl. II 2001, 156 mwN). Nicht entscheidend ist der Eingang der Sendung auf dem Büro oder die Möglichkeit der Kenntnisnahme (BFH 31.10.1996 – VIII B 11/96, BFH/NV 1997, 459 mwN). Ob der Adressat, soweit er nicht der Zustellung unverzüglich widerspricht, die Zustellung als wirksam anerkennen wollte oder nicht, ist unbeachtlich (BFH 6.3.1990 – II R 131/87, BStBl. II 1990, 477). Vgl. zum Zeitpunkt der Zustellung und zum Zustellungsnachweis → Rn. 181 f.

176 **Elektronische Dokumente (Abs. 5).** § 5 V erlaubt die elektronische Zustellung von Dokumenten. Eine entsprechende Regelung findet sich in § 193a ZPO (bis 31.12.2021: § 174 III ZPO). Die Norm enthält zwei Tatbestände. Voraussetzung ist in beiden Fällen, dass der Empfänger hierfür einen Zugang durch eine Widmung eröffnet hat (§ 5 V 1 Hs. 1 VwZG). Dies geschieht durch ausdrückliche Erklärung gegenüber der Behörde oder konkludent sowie generell oder beschränkt für bestimmte Fälle (HHSp § 5 VwZG § 5 Rn. 25). Konkludent geschieht dies zB bei natürlichen oder juristischen Personen, die eine gewerbliche oder freiberufliche Tätigkeit ausüben und in ihrem Schriftverkehr mit der FB auf ihrem Briefkopf eine E-Mail-Adresse verwenden (HHSp § 5 VwZG § 5 Rn. 26). Nach **§ 5 V 1** können elektronische Dokumente an jedermann elektronisch zugestellt werden. **§ 5 V 2** normiert eine Verpflichtung der Behörde zur elektronischen Zustellung, wenn auf Grund einer Rechtsvorschrift ein Verfahren auf Verlangen des Empfängers in elektronischer Form abgewickelt wird. Dabei tritt das Verlangen nach elektronischer Verfahrensabwicklung als zusätzliche Voraussetzung neben die Zugangseröffnung (Gesetzesbegr. BT-Drs. 16/10844, 10); hinsichtlich des Zustellungszeitpunkts und -nachweises gelten die Sonderregelungen des § 5 VI 2 bis 6 VwZG. **§ 5 V 3** VwZG setzt neben der qualifizierten elektronischen Signatur zusätzlich voraus, dass das elektronische Dokument gegen unbefugte Kenntnisnahme Dritter zu schützen ist. Dies entspricht der von § 193a I 1 Nr. 1 ZPO geforderten Übermittlung auf einem sicheren Übermittlungsweg. Die sicheren Übermittlungswege sind in § 130a IV ZPO aufgeführt.

177 Die **formellen Anforderungen** an die elektronische Zustellung ergeben sich aus **Abs. 6.** Durch die hier angeordneten Hinweise und Angaben soll für den Empfänger erkennbar werden, dass es sich bei dem übermittelten elektronischen Dokument um eine förmliche Zustellung der absendenden Behörde handelt. Bei einem Verstoß gegen § 5 VI VwZG, der lediglich eine Ordnungsvorschrift darstellt, ist Heilung gem. § 8 VwZG möglich.

178 **Zeitpunkt der Zustellung; Zustellungsnachweis (Abs. 7). § 5 VII S. 1** stellt klar, dass bei Zustellungen nach Abs. 4 und 5 das EB mit Datum und Unterschrift an die Behörde durch die Post oder elektronisch zurückzusenden ist. Das EB kann elektronisch auch als Telekopie übermittelt werden (Gesetzesbegr. BT-Drs. 16/10844, 11). Bei Erteilung des EB als elektronisches Dokument bedarf es einer qualifizierten Signatur, die die Unterschrift des Zustellungsempfängers ersetzt.

179 **Zeitpunkt der Zustellung** ist, vorbehaltlich der Regelungen des § 5 VII 2 bis 6 VwZG, der der Kenntnisnahme des Adressaten vom Inhalt des zuzustellenden Schriftstücks. Als Tag der Zustellung ist der Tag anzugeben, an dem der Adressat vom Zugang

des Schriftstücks, nicht von seinem sachlichen Inhalt, Kenntnis erlangt und sich zur Annahme der Zustellung entschließt (HHSp VwZG § 5 Rn. 51). Das ausgefüllte EB ist keine Wirksamkeitsvoraussetzung der Zustellung gem. § 5 IV VwZG, sondern dient lediglich dem Nachweis des Zeitpunkts, zu dem der Empfänger von dem Zugang des Schriftstücks Kenntnis erlangt hat (BFH 14.6.2006 – VIII B 153/05, BeckRS 2006, 25010230 mwN).

Das vom Empfänger datierte und unterschriebene EB erbringt – unabhängig davon, ob 180
es postalisch oder elektronisch zurückgesandt wird – aufgrund des entspr. anzuwendenden § 418 I ZPO den **vollen Beweis** für den Zeitpunkt der Zustellung (BFH 31.10.2000 – VIII R 14/00, BStBl. II 2001, 156; BFH 11.4.2001 – VIII S 8/97, BFH/NV 2001, 1140). Der Gegenbeweis der Unrichtigkeit ist (entspr. § 418 II ZPO) zulässig; die Unrichtigkeit muss zur vollen Überzeugung des Gerichts feststehen (BFH 31.10.2000 – VIII R 14/00, BStBl. II 2001, 156). Für diesen Nachweis genügt weder der Eingangsstempel des Adressaten (BFH 4.12.1996 – IV B 51/96, BFH/NV 1997, 500) noch die Glaubhaftmachung oder der Nachweis der bloßen Möglichkeit einer Unrichtigkeit (Schwarz/Pahlke/Keß VwZG § 5 Rn. 7).

Der auf dem EB angegebene **Zustelltag** ist nicht maßgebend, wenn er **nachweislich** 181
falsch ist (BFH 11.4.2001 – VIII S 8/97, BFH/NV 2001, 1140 mwN). Der Nachweis des Zeitpunkts der Zustellung kann auch auf andere Weise erbracht werden (zB Angabe in einem anderweitigen Schriftsatz des Adressaten, vgl. BFH 6.3.1990 – II R 131/87, BStBl. II 1990, 477; vgl. auch BFH 11.4.2001 – VIII S 8/97, BFH/NV 2001, 1140). Ist der genaue Zustelltag nicht nachweisbar, so ist derjenige Tag maßgebend, an dem das zuzustellende Schriftstück nach dem normalen Verlauf der Dinge erstmals in die Hände des Empfängers gelangt sein könnte (BFH 6.3.1990 – II R 131/87, BStBl. II 1990, 477; BFH 27.9.2001 – X B 145/00, BFH/NV 2002, 212). Dies gilt auch dann, wenn der Adressat – soweit dieser das Schriftstück tatsächlich erhalten hat – das Empfangsdatum auf dem EB nicht angibt oder das EB nicht zurückgesandt hat.

Ist bei fehlendem EB der Nachweis nicht möglich, dass der Adressat die Sendung nachweislich entgegengenommen und behalten hat, ist die Zustellung unwirksam; in diesem Fall bedarf es einer erneuten Zustellung (AEAO zu § 122 Nr. 3.1.3.5).

Für elektronische Dokumente iSd § 5 V 2 gelten hinsichtlich des Zustellungszeit- 182
punkts und -nachweises die **Sonderregelungen des § 5 VII 2 bis 6.**

§ 5 VII 2 VwZG schafft eine Zugangsfiktion für die Fälle des Abs. 5 S. 2, in denen der 183
Empfänger das EB nicht zurücksendet. Das EB ist für die Wirksamkeit der Zustellung nicht erforderlich, ihm kommt aber die Beweiskraft einer öffentlichen Urkunde (§ 418 ZPO) zu (TK VwZG § 5 Rn. 14). Nach der Zugangsvermutung gilt ein elektronisches Dokument am vierten Tag nach der Absendung an den vom Empfänger eröffneten Zugang als zugestellt, wenn der zustellenden Behörde nicht spätestens an diesem Tag das EB zugeht. Diese Zugangsfiktion gilt nicht, wenn dem Empfänger das Dokument nicht oder zu einem späteren Zeitpunkt zugegangen ist. Hierfür verlangt **§ 5 VII 3** VwZG (seit dem 3.5.2011) allerdings, dass der Empfänger dies nachweist; eine Glaubhaftmachung durch den Empfänger genügt (entgegen der alten Rechtslage) nicht mehr.

Nach **§ 5 VII 4** VwZG ist die zustellende Behörde verpflichtet, den Empfänger in den Fällen des § 5 V 1 und 2 VwZG **vor der Übermittlung** über die Zustellfiktion des § 5 VII 2 VwZG zu belehren. Ein Verstoß gegen die Belehrungspflicht soll – ebenso wie im Fall des § 9 III 3 VwZG – nicht zur Unwirksamkeit der Zustellung führen (Gesetzesbegr. BT-Drs. 16/10844, 11). **§ 5 VII 5** VwZG begründet eine Aufzeichnungspflicht der Behörde hinsichtlich der genannten Angaben; deren Beweiswert erstreckt sich nicht auf den Zugang des Dokuments (dazu § 5 VII 3 VwZG). Nach **§ 5 VII 6** VwZG ist der Empfänger, sofern die Behörde kein EB erhalten hat, über den Eintritt der Zustellfiktion des § 5 VII 2 VwZG zu unterrichten. Damit soll der Empfänger in den Fällen, in denen das elektronisch übermittelte Dokument nicht oder zu einem späteren Zeitpunkt zugegangen ist, Gelegenheit zur Abwendung der Zustellungsfiktion (dazu § 5 VII 3 VwZG) erhalten. Die Form, in der die Behörde den Empfänger benachrichtigt, steht in deren pflichtgemäßem Ermessen. Eine förmliche Zustellung ist nicht erforderlich; es reicht grds. die formlose postalische oder – sofern keine Zweifel an dem Bestehen eines Zugangs bestehen – elektronische Übersendung aus.

§ 5a VwZG Elektronische Zustellung gegen Abholbestätigung über De-Mail-Dienste

184 (1) [1] Die elektronische Zustellung kann unbeschadet des § 5 Absatz 4 und 5 Satz 1 und 2 durch Übermittlung der nach § 17 des De-Mail-Gesetzes akkreditierten Diensteanbieter gegen Abholbestätigung nach § 5 Absatz 9 des De-Mail-Gesetzes an das De-Mail-Postfach des Empfängers erfolgen. [2] Für die Zustellung nach Satz 1 ist § 5 Absatz 4 und 6 mit der Maßgabe anzuwenden, dass an die Stelle des Empfangsbekenntnisses die Abholbestätigung tritt.

(2) [1] Der nach § 17 des De-Mail-Gesetzes akkreditierte Diensteanbieter hat eine Versandbestätigung nach § 5 Absatz 7 des De-Mail-Gesetzes und eine Abholbestätigung nach § 5 Absatz 9 des De-Mail-Gesetzes zu erzeugen. [2] Er hat diese Bestätigungen unverzüglich der absendenden Behörde zu übermitteln.

(3) [1] Zum Nachweis der elektronischen Zustellung genügt die Abholbestätigung nach § 5 Absatz 9 des De-Mail-Gesetzes. [2] Für diese gelten § 371 Absatz 1 Satz 2 und § 371a Absatz 3 der Zivilprozessordnung.

(4) [1] Ein elektronisches Dokument gilt in den Fällen des § 5 Absatz 5 Satz 2 am vierten Tag nach der Absendung an das De-Mail-Postfach des Empfängers als zugestellt, wenn er dieses Postfach als Zugang eröffnet hat und der Behörde nicht spätestens an diesem Tag eine elektronische Abholbestätigung nach § 5 Absatz 9 des De-Mail-Gesetzes zugeht. [2] Satz 1 gilt nicht, wenn der Empfänger nachweist, dass das Dokument nicht oder zu einem späteren Zeitpunkt zugegangen ist. [3] Der Empfänger ist in den Fällen des § 5 Absatz 5 Satz 2 vor der Übermittlung über die Rechtsfolgen nach den Sätzen 1 und 2 zu belehren. [4] Als Nachweis der Zustellung nach Satz 1 dient die Versandbestätigung nach § 5 Absatz 7 des De-Mail-Gesetzes oder ein Vermerk der absendenden Behörde in den Akten, zu welchem Zeitpunkt und an welches De-Mail-Postfach das Dokument gesendet wurde. [5] Der Empfänger ist über den Eintritt der Zustellungsfiktion nach Satz 1 elektronisch zu benachrichtigen.

184a **Allgemeines.** Die Vorschrift wurde durch Art. 3 Nr. 3 De-Mail-G v. 28.4.2011 (BGBl. 2011 I 666) mWv 3.5.2011 eingefügt. Ziel des De-Mail-G ist es, einen sicheren, vertraulichen und nachweisbaren Geschäftsverkehr für jedermann im Internet zu gewährleisten (Roßnagel NJW 2011, 1473 (1474)). § 5a VwZG soll die bisherigen Möglichkeiten nach § 5 IV, V 1, 2 VwZG der elektronischen Zustellung erweitern. So kann nunmehr eine elektronische Zustellung auch über De-Mail-Dienste erfolgen. Hierbei wird eine beweissichere elektronische Abholbestätigung eingeführt, die der akkreditierte Diensteanbieter des Empfängers elektronisch erzeugt. Damit werden bei der elektronischen Zustellung die Beweismöglichkeiten über Zugang/Möglichkeit der Kenntnisnahme erheblich verbessert (zu Einzelheiten s. Roßnagel NJW 2011, 1473). Der De-Mail-Standard hat sich nicht durchgesetzt (BeckOK VwVfG § 41 Rn. 82d; vgl. auch Viefhues MMR-Aktuell 2013, 345015). Das Projekt darf als gescheitert betrachtet werden (vgl. Rüsch DB 2024, 2253 (2255)). Durch das am 24.7.2024 in Kraft getretene OZGÄndG v. 19.7.2024 (BGBl. 2024 I Nr. 245) ist die bisher in § 2 Abs 2 EGovG enthaltene Verpflichtung der Bundesbehörden zur Eröffnung eines De-Mail-Zuganges entfallen. Aktuell gibt es nur noch einen beim BSI akkreditierten De-Mail-Anbieter (https://www.bsi.bund.de/DE/Themen/Oeffentliche-Verwaltung/Moderner-Staat/De-Mail/Akkreditierte-DMDA/akkreditierte-dmda_node.html, abgerufen am 20.9.2025).

Durch Art. 17 des G zur Förderung des elektronischen Rechtsverkehrs mit den Gerichten v. 10.10.2013 (BGBl. 2013 I 3786) wurde die Angabe „§ 371a Abs. 2" in § 5a Abs. 3 VwZG mWv 1.7.2014 durch die Angabe „§ 371a Abs. 3" ersetzt. Durch das PostModG wurde die Drei-Tages-Frist in Abs. 4 S. 1 um einen Tag verlängert (→ Rn. 1).

184b **Elektronische Zustellung durch akkreditierten Dienstanbieter gegen Abholbestätigung (Abs. 1).** Sender wie Empfänger sind weder rechtlich noch faktisch zur Zustellung über De-Mail-Dienste verpflichtet. Dies gilt sowohl für die Anmeldung des Nutzers zum De-Mail-Konto als auch für die elektronische Zustellung über den De-Mail-Dienst im Einzelfall (HHSp VwZG § 5a Rn. 7). Um De-Mail-Dienste nutzen zu können, muss der Nutzer ein De-Mail-Konto eröffnet haben, das allein ihm zugeordnet ist (zu Einzelheiten s. Roßnagel NJW 2011, 1473 (1475)). Für die elektronische Post wird jedem Nutzer nach § 5 I 2 De-Mail-G eine De-Mail-Adresse zugewiesen, die im Domänenteil eine Kennzeichnung erhält, die ausschließlich für De-Mail-Dienste genutzt werden darf. Die Zustellung muss durch einen nach § 17 De-Mail-G akkreditierten Dienstanbieter erfolgen. Dieser ist ein mit Hoheitsbefugnissen beliehener Unternehmer (§ 5 VI 2 De-Mail-G). Auf Antrag bestätigt der akkreditierte Dienstanbieter den **Versand der Nachricht** (§ 5 VII De-Mail-G). Der **Eingang der Nachricht** im De-Mail-Fach des Empfängers wiederum wird auf Antrag des Senders bestätigt (§ 5 VIII 1 De-Mail-G). Dies erfordert ein Zusammenwirken der jeweiligen Dienstanbieter (§ 5 VIII 2 De-Mail-G). Behörden, Firmen oder zB Rechtsanwälte und StBerater, die auf ihren Briefköpfen im Verkehr mit dem Bürger oder der Verwaltung eine De-Mail-Adresse angeben, erklären damit konkludent ihre Bereitschaft, Eingänge auf diesem Weg anzunehmen (HHSp VwZG § 5a Rn. 8). Eine fehlende Bereitschaft müssen sie ausdrücklich zB durch Hinweise auf dem Briefkopf oder auf ihrer Internetseite erklären (Engelhardt/App/Schlatmann VwZG § 5a Rn. 2). Demgegenüber genügt bei einem Bürger die Angabe einer De-Mail-Adresse auf dem Briefkopf nicht; hier ist eine ausdrückliche Erklärung erforderlich (HHSp VwZG § 5a Rn. 8). Die Behörde entscheidet auch hier über die Art der Zustellung nach ihrem Ermessen (§ 2 III VwZG). Nach Abs. 1 S. 2 gilt bei der Zustellung über De-Mail-Dienste für die Adressaten die vereinfachte Zustellung (§ 5 IV) mit der Maßgabe, dass an die Stelle des EB die Abholbestätigung tritt (→ Rn. 174 f.). Das Gleiche gilt für die in § 5 VI geregelten Anforderungen an die elektronische Zustellung (→ Rn. 177).

Versand- und Abholbestätigung (Abs. 2). Der nach § 17 De-Mail-G akkreditierte 184c
Dienstanbieter muss nach § 5a II 1 VwZG eine Versandbestätigung (§ 5 VII De-Mail-G) und eine Abholbestätigung (§ 5 IX De-Mail-G) erzeugen, die er der absendenden Stelle unverzüglich übermitteln muss (§ 5a II 2 VwZG). Die Abholbestätigung ist zur Sicherung ihrer Authentizität und Integrität mit einer qualifizierten elektronischen Signatur zu versehen.

Abholbestätigung als Zustellungsnachweis (Abs. 3). Die Abholbestätigung (§ 5 IX 184d
De-Mail-G) genügt zum Nachweis der elektronischen Zustellung (§ 5a III 1 VwZG). Der Verweis auf § 371 I 2 ZPO und § 371a III ZPO stellt klar, dass die Abholbestätigung die Beweiskraft einer öffentlichen Urkunde (§ 418 ZPO) hat. Dies gilt auch für die Signatur nach § 5 V De-Mail-G (s. Zöller § 371a Rn. 4).

Zustellungsfiktion (Abs. 4). Die Vorschrift lehnt sich an § 5 VII VwZG 184e
(→ Rn. 178 ff.) an. Geregelt sind die Fälle, in denen aufgrund einer Rechtsvorschrift das Verfahren auf Verlangen des Empfängers elektronisch abgewickelt werden muss (§ 5 V 2 VwZG; Rn. 176) und für die Verfahrensabwicklung nur ein Zugang über De-Mail-Dienste eröffnet worden ist. Wie bei § 5 VII VwZG gilt auch hier, dass das Verlangen nach elektronischer Verfahrensabwicklung als zusätzliche Voraussetzung neben die Zugangseröffnung (hier: über De-Mail-Dienste) tritt. Wird auf Verlangen des Empfängers das Verfahren über De-Mail-Dienste abgewickelt, so gilt das elektronische Dokument am vierten Tag nach der Absendung an das De-Mail-Postfach als zugestellt, wenn der Empfänger sich nicht bei seinem De-Mail-Konto anmeldet, sodass keine Abholbestätigung erzeugt werden kann (§ 5a IV 1 VwZG). Die Zustellfiktion des Abs. 4 S. 1 gilt nur dann nicht, wenn der Empfänger nachweist, dass das Dokument nicht oder zu einem späteren Zeitpunkt zugegangen ist (§ 5a IV 2 VwZG). Über diese Folgen hat die Behörde den Empfänger zu belehren (§ 5a IV 3 VwZG).

§ 6 VwZG Zustellung an gesetzliche Vertreter

(1) [1]Bei Geschäftsunfähigen oder beschränkt Geschäftsfähigen ist an ihre gesetzlichen Vertreter 185
zuzustellen. [2]Gleiches gilt bei Personen, für die ein Betreuer bestellt ist, soweit der Aufgabenkreis des Betreuers reicht. [3]Das zugestellte Dokument ist der betreuten Person nach Wahl der Behörde abschriftlich mitzuteilen oder elektronisch zu übermitteln.

(2) [1]Bei Behörden wird an den Behördenleiter, bei juristischen Personen, nicht rechtsfähigen Personenvereinigungen und Zweckvermögen an ihre gesetzlichen Vertreter zugestellt. [2]§ 34 Abs. 2 der Abgabenordnung bleibt unberührt.

(3) Bei mehreren gesetzlichen Vertretern oder Behördenleitern genügt die Zustellung an einen von ihnen.

(4) Der zustellende Bedienstete braucht nicht zu prüfen, ob die Anschrift den Vorschriften der Absätze 1 bis 3 entspricht.

186 **Zustellung an Geschäftsunfähige, beschränkt Geschäftsfähige oder Betreute (Abs. 1).** Bei Geschäftsunfähigen (dazu § 104 BGB) ist an die gesetzlichen Vertreter zuzustellen; Gleiches gilt für Betreute im Aufgabenkreis des Betreuers (dazu § 1896 BGB) sowie für beschränkt Geschäftsfähige (dazu §§ 107–113 BGB). Soweit Minderjährige im Hinblick auf den selbständigen Betrieb eines Erwerbsgeschäfts oder ein Dienstverhältnis partiell geschäftsfähig sind (vgl. §§ 112, 113 BGB), sind VA insoweit dem Minderjährigen selbst zuzustellen. Die Zustellung gegenüber dem Handlungsunfähigen ist **unwirksam** (TK VwZG § 6 Rn. 1). Durch Weiterleitung an den gesetzlichen Vertreter und dessen Genehmigung oder durch das nach Bekanntgabe eintretende Erreichen der Volljährigkeit und dann erfolgende Genehmigung durch den handlungsfähig gewordenen Beteiligten kann eine Heilung (§ 8 VwZG) eintreten (TK VwZG § 6 Rn. 1; Schwarz/Pahlke/Keß VwZG § 6 Rn. 1, Engelhardt/App/Schlatmann VwZG § 6 Rn. 6, aA Gosch VwZG § 6 Rn. 27). Wer Rechte daraus herleitet, dass ein VA dem Empfänger wegen Geschäfts- und Handlungsunfähigkeit nicht wirksam bekannt gegeben worden sei, trägt hierfür die materielle Beweislast (BVerwG 11.2.1994 – 2 B 173/93, NJW 1994, 2633). Einen Schutz des guten Glaubens der Behörde an die Geschäftsfähigkeit eines Betroffenen gibt es nicht (Engelhardt/App/Schlatmann VwZG § 6 Rn. 1; TK VwZG § 6 Rn. 1).

Gemäß § 6 I 2 VwZG sind auch, soweit der Aufgabenkreis des Betreuers reicht, Zustellungen an den bestellten **Betreuer** vorzunehmen; diese Regelung gilt entspr. für die einfache Bekanntgabe nach § 122 I (BFH 10.5.2007 – VIII B 125/06, BFH/NV 2007, 1630). Zur Stärkung des Selbstbestimmungsrechts des Betreuten wurde mit dem G. zur Reform des Vormundschafts- und Betreuungsrechts v. 4.5.2021 (BGBl. 2021 I 882) in § 6 I 3 (ebenso wie in § 170a II. ZPO) eine gesetzliche Pflicht eingeführt, dem Betreuten zu dessen Information das dem Betreuer zugestellte Dokument abschriftlich mitzuteilen (vgl. BT-Drs. 19/24445, 447). Die Behörde hat die Wahl, ob sie das Dokument abschriftlich in Papierform oder elektronisch übermittelt. Es handelt es sich um eine bloße Ordnungsvorschrift (BT-Drs. 19/27287, 32).

187 **Zustellung bei Behörden usw. (Abs. 2).** Bei Behörden, juristischen Personen, nicht rechtsfähigen Personenvereinigungen und Zweckvermögen wird an ihre gesetzlichen Vertreter zugestellt. Eines besonderen Zusatzes in der Empfängerbezeichnung wie zB „zu Händen des Vorstehers" bedarf es nicht (BFH 7.8.1970 – VI R 24/67, BStBl. II 1970, 814; BFH 4.12.1984 – IX R 7/81, BStBl. II 1985, 307). Gemäß § 6 II 2 VwZG bleibt § 34 II AO unberührt. Die FB kann sich daher bei nicht rechtsfähigen Personenvereinigungen an jedes Mitglied oder jeden Gesellschafter halten.

188 **Mehrere gesetzliche Vertreter oder Vorsteher (Abs. 3).** Bei mehreren gesetzlichen Vertretern oder Vorstehern ist die Zustellung an einen von ihnen ausreichend. Bei einer BGB-Gesellschaft sind grds. alle Gesellschafter vertretungsberechtigt (§§ 709, 714 BGB). Bei ihnen ist daher die Zustellung an einen der Gesellschafter ausreichend (BFH 16.11.1989 – IV R 29/89, BStBl. II 1990, 272). Ebenso genügt bei Eltern die Zustellung an Vater oder Mutter (BFH 19.6.1974 – VI B 27/74, BStBl. II 1974, 640).

189 **Prüfungspflicht zustellender Bediensteter (Abs. 4).** Nach Abs. 4 ist für die ordnungsgemäße Adressierung allein diejenige Behörde verantwortlich, welche die Zustellung veranlasst. Für den zustellenden Bediensteten ist allein die Anschrift maßgebend.

§ 7 VwZG Zustellung an Bevollmächtigte

(1) [1]Zustellungen können an den allgemeinen oder für bestimmte Angelegenheiten bestellten Bevollmächtigten gerichtet werden. [2]Sie sind an ihn zu richten, wenn er schriftliche Vollmacht

vorgelegt hat. [3] Ist ein Bevollmächtigter für mehrere Beteiligte bestellt, so genügt die Zustellung eines Dokuments an ihn für alle Beteiligten.

(2) Einem Zustellungsbevollmächtigten mehrerer Beteiligter sind so viele Ausfertigungen oder Abschriften zuzustellen, als Beteiligte vorhanden sind.

(3) Auf § 180 Abs. 2 der Abgabenordnung beruhende Regelungen und die §§ 183 und 183a der Abgabenordnung bleiben unberührt.

Zustellung an Bevollmächtigte (Abs. 1). Nach **S. 1** steht es im pflichtgemäßen 190
Ermessen („kann") der FB, eine Zustellung an den allg. oder für bestimmte Angelegenheiten bestellten Bevollmächtigten zu richten. Die Regelung gilt nur für den Fall, dass der Vertreter keine schriftliche Vollmacht vorgelegt hat; andernfalls gilt § 7 I 2. Bevollmächtigte sind insb. Generalbevollmächtigte, Prokuristen, Zustellungs- und Prozessbevollmächtigte sowie Handlungsbevollmächtigte (§ 54 HGB); Anscheinsvollmacht reicht aus (Engelhardt/App/Schlatmann VwZG § 7 Rn. 2 mwN).

Wurde eine schriftliche Vollmacht nicht vorgelegt, kann die FB gem. § 7 I 1 VwZG nach ihrem pflichtgemäßen **Ermessen** („können") entweder an den Bevollmächtigten oder an den Vertretenen selbst zustellen. Die Ermessensentscheidung ist einzelfallbezogen unter Berücksichtigung des mutmaßlichen Interesses des Stpfl. zu treffen (BFH 3.2.2004 – VII R 30/02, BStBl. II 2004, 439). Die Zustellung an den Betroffenen ist idR auch dann wirksam, wenn ein Bevollmächtigter bestellt ist, für den keine schriftliche Vollmacht vorgelegt wird (BFH 3.2.2004 – VII R 30/02, BStBl. II 2004, 439). Eine Ausnahme gilt nur, wenn die besonderen Umstände des Einzelfalls das Interesse des Stpfl. an einer Zustellung gegenüber seinem Bevollmächtigten eindeutig erkennen lassen (BFH 29.7.1987 – I R 367, 379/83, BStBl. II 1988, 242). Eine Erkundigungspflicht der FB, ob dem Bevollmächtigten eine Zustellungsvollmacht erteilt ist, besteht nicht (BFH 3.2.2004 – VII R 30/02, BStBl. II 2004, 439).

Einspruchsentscheidungen sind aufgrund Ermessensreduzierung auf null dem Bevoll- 191
mächtigten zuzustellen, wenn dieser – auch ohne Vollmachtsnachweis – den Einspruch eingelegt und die FB ihn auch als solchen im Einspruchsbescheid aufgeführt hat (BFH 25.10.1963 – III 7/60 U, BStBl. III 1963, 600; AEAO zu § 122 Nr. 3.3.4). Hat sich ein steuerlicher Berater ohne Vorlage einer schriftlichen Vollmacht im Einspruchsverfahren zum Vertreter bestellt und besteht für das FA hinsichtlich der Bevollmächtigung kein Anlass zu Zweifeln, kann die Zustellung an den Berater erfolgen (BFH 29.7.1987 – I R 367, 379/83, BStBl. II 1988, 242; BFH 18.1.1995 – I B 181/93, BFH/NV 1995, 852; AEAO zu § 122 Nr. 3.3.4). Gleiches gilt, wenn der steuerliche Berater Einspruch mit der Mitteilung einlegt, die Einspruchsbegründung erfolge nicht durch ihn (Gosch AO § 7 VwZG Rn. 22). Hat der Stpfl. selbst Einspruch eingelegt und ist aus dem nachfolgenden Auftreten eines steuerlichen Beraters nicht eindeutig auf seine Bestellung zum Bevollmächtigten zu schließen, so hat die FB die Einspruchsentscheidung dem Stpfl. selbst zuzustellen (BFH 29.7.1987 – I R 367, 379/83, BStBl. II 1988, 242; BFH 18.1.1995 – I B 181/93, BFH/NV 1995, 852). In jedem Fall darf die FB bei gleichbleibenden Verhältnissen nicht ohne sachlichen Grund (willkürlich) von einer praktizierten ständigen Zustellung an einen Bevollmächtigten abweichen (BFH 3.2.2004 – VII R 30/02, BStBl. II 2004, 439; TK VwZG § 7 Rn. 7; HHSp VwZG § 7 Rn. 14; → § 122 Rn. 43). Bei **doppelter Zustellung** sowohl an den Vertretenen und den Bevollmächtigten und bei **mehrfacher Zustellung** an einen von diesen beginnt die Rechtsmittelfrist mit der zeitlich ersten Zustellung (FG Hamburg 22.8.2006 – 5 K 199/05, EFG 2007, 370 mwN).

Zustellung bei schriftlicher Vollmacht (Abs. 1 S. 2). Hat der Bevollmächtigte eine 192
schriftliche (ggf. in elektronischer Form übermittelte, § 87a III) Vollmacht vorgelegt, **muss** nach **S. 2** an ihn zugestellt werden; der FB steht insoweit kein Ermessen zu (BFH 3.2.2004 – VII R 30/02, BStBl. II 2004, 439; BFH 2.10.1986 – VII R 58/83, BFH/NV 1987, 482; AEAO zu § 122 Nr. 3.3.1). Diese Rechtspflicht besteht auch dann, wenn der FB lediglich eine allgemeine Verfahrensvollmacht vorliegt. Die sich aus § 7 I 2 VwZG ergebende Rechtslage unterscheidet sich von der des § 122 I 3 AO, wonach die FB nur bei Vorlage

einer ausdrücklichen Empfangsvollmacht (und nicht bereits bei Vorlage einer allgemeinen Verfahrensvollmacht) an den Bevollmächtigten zuzustellen hat (→ Rn. 40). Die Verpflichtung der FB zur Zustellung an den Bevollmächtigten ist sachlich auf den Umfang der erteilten Vollmacht beschränkt (Schwarz/Pahlke/Keß VwZG § 7 Rn. 3). Die Vollmacht muss dem FA vorgelegt worden sein, welches auch die Zustellung vornimmt (FG Münster 23.7.1997 – 1 K 4545/95 U, K, EFG 1997, 1277). Die FB ist nicht verpflichtet, auf die Vorlage einer Vollmacht hinzuwirken (Gosch AO § 7 VwZG Rn. 25). Die Erteilung einer **Untervollmacht** umfasst eine Empfangsvollmacht, sodass die Zustellung an den Unterbevollmächtigten die Zustellung an den Bevollmächtigten ersetzt (BFH 23.3.2010 – IV B 28/09, BFH/NV 2010, 1242). Die einem StBerater oder Rechtsanwalt erteilte und einer Behörde/Gericht vorgelegte **Vollmacht endet** grds. erst dann, wenn der Vollmachtgeber oder der Bevollmächtigte die Beendigung des Mandatsverhältnisses anzeigt (HHSp VwZG § 7 Rn. 10). Wird eine Sozietät von Rechtsanwälten/StBeratern in der Rechtsform einer GbR, der eine Verfahrens- oder Prozessvollmacht erteilt worden war, aufgelöst, führt dies nicht zum Erlöschen der Vollmacht (BFH 12.1.2011 – II R 30/09, BFH/NV 2011, 755). Sendet ein Mitglied der Sozietät ein zugestelltes Dokument mit der Begründung zurück, die Sozietät sei nicht mehr Empfangsbevollmächtigte, führt dies nicht dazu, dass die wirksam gewordene Zustellung unwirksam wird (BFH 12.1.2011 – II R 30/09, BFH/NV 2011, 755; HHSp VwZG § 7 Rn. 10). Eine unter Verstoß gegen § 7 I 2 VwZG vorgenommene Zustellung an Beteiligte ist unwirksam (BFH 2.4.2002 – IX B 66/01, BFH/NV 2002, 898 mwN; AEAO zu § 122 Nr. 3.1); es tritt jedoch Heilung gem. § 8 VwZG bei Weiterleitung an den bestellten Vertreter ein (BFH 11.4.2017 – IX R 50/15, BFH/NV 2017, 1300; BFH 27.7.2001 – II B 9/01, BFH/NV 2002, 8 mwN; TK VwZG § 7 Rn. 5).

193 Für einen **Bevollmächtigten mehrerer Beteiligter** enthält **S. 3** eine Vereinfachungsregelung. Die FB muss deutlich machen, dass die Zustellung an den Vertreter zugleich für alle Beteiligten erfolgt (Engelhardt/App/Schlatmann VwZG § 7 Rn. 9).

194 Einem **Zustellungsbevollmächtigten mehrerer Beteiligter (Abs. 2)** ist eine Ausfertigung oder Abschrift für jeden Beteiligten zuzustellen. Dabei handelt es sich um eine reine Ordnungsvorschrift; ihre Verletzung führt nicht zur Unwirksamkeit der Zustellung (TK VwZG § 7 Rn. 9; HHSp VwZG § 7 Rn. 27; aA Engelhardt/App/Schlatmann VwZG § 7 Rn. 10). Zur Zustellung von Einspruchsentscheidungen → Rn. 191.

195 Bei **Ehegatten** ist die Einspruchsentscheidung grds. an jeden Ehegatten einzeln zuzustellen (→ Rn. 129). Bei einem Einspruch gegen einen an die Ehegatten gerichteten zusammengefassten Bescheid ist zunächst zu ermitteln, ob der von einem Ehegatten eingelegte Einspruch vom Ehegatten nur im eigenen Namen oder auch für den anderen Ehegatten eingelegt wurde (→ § 357 Rn. 18). Ist der einspruchsführende Ehegatte Verfahrensbevollmächtigter, muss gem. § 7 I 3 VwZG an ihn zugestellt werden, wobei die Zustellung einer Ausfertigung genügt (vgl. auch AEAO zu § 122 Nr. 3.4). Bei Zustellungsvollmacht (§ 7 II VwZG) des einspruchsführenden Ehegatten kann die FB an diesen zustellen, wobei je eine Ausfertigung für jeden Ehegatten zuzustellen ist (AEAO zu § 122 Nr. 3.4).

196 Nach **§ 7 III VwZG** bleiben auf § 180 II beruhende Regelungen sowie § 183 und § 183a bei der **Zustellung einheitlicher und gesonderter Feststellungsbescheide** unberührt. Damit soll nach dem Sinn und Zweck des § 7 III VwZG der **Empfangsbevollmächtigte** nach § 180 II iVm § 6 VO zu § 180 II bzw. § 183 auch für Zustellungen empfangsberechtigt sein (HHSp VwZG § 7 Rn. 35; TK VwZG § 7 Rn. 11). Die klarstellende Einfügung von § 183a erfolgte durch das KreditzweitmarktförderungsG (BGBl. I 2023 Nr. 411; vgl. BT-Drs. 20/9782, 150, 160; → § 183a Rn. 1).

§ 8 VwZG Heilung von Zustellungsmängeln

204 Lässt sich die formgerechte Zustellung eines Dokuments nicht nachweisen oder ist es unter Verletzung zwingender Zustellungsvorschriften zugegangen, gilt es als in dem Zeitpunkt zugestellt, in

dem es dem Empfangsberechtigten tatsächlich zugegangen ist, im Fall des § 5 Abs. 5 in dem Zeitpunkt, in dem der Empfänger das Empfangsbekenntnis zurückgesendet hat.

Allgemeines. Nach dem mit § 8 VwZG verfolgten Zweck bleiben Verstöße gegen Vorschriften des VwZG ohne Rechtsfolgen, wenn der Empfänger das zuzustellende Dokument tatsächlich erhalten hat (BFH 8.12.1988 – IV R 24/87, BStBl. II 1989, 346). Die Vorschrift, die dem § 189 ZPO nachgebildet ist, gilt grds. bei allen Arten der Zustellung; bei Zustellung eines elektronischen Dokuments tritt gem. § 8 letzter HS eine Heilung in dem Zeitpunkt ein, in dem der Empfänger das EB zurückgesandt hat. § 8 ist **abschließend;** eine fehlerhafte Zustellung kann nicht in eine einfache Bekanntgabe nach § 122 umgedeutet werden (→ Rn. 97). Ein nicht heilbarer Zustellungsmangel eines VA kann nicht durch Zustellung der Einspruchsentscheidung geheilt werden; dabei ist unerheblich, ob der Einspruch als unzulässig verworfen oder als unbegründet zurückgewiesen wird (Gosch AO § 8 VwZG Rn. 17; HHSp VwZG § 8 Rn. 15; TK VwZG § 8 Rn. 8). 205

Eine Heilung ist **nur** bei **formellen Mängeln,** so zB bei Verstößen gegen § 3 VwZG (etwa bei fehlerhaft ausgestellter PZU oder fehlerhaften Angaben auf dem Briefumschlag der zuzustellenden Sendung, zB unzureichende Angabe einer Geschäftsnummer, vgl. BFH 16.3.2000 – III R 19/99, BStBl. II 2000, 520 sowie AEAO zu § 122 Nr. 4.5.2), gegen § 7 I 2 VwZG (→ Rn. 192) oder § 10 VwZG (→ Rn. 228) möglich. Nur Fehler **bei der Zustellung** sind nach § 8 VwZG heilbar, nicht aber eine **fehlende Zustellung** schlechthin. Deshalb ist § 8 VwZG nicht anwendbar, wenn es von vornherein am Zustellungswillen der bekanntgebenden Behörde fehlt. Dies ist zB der Fall wenn es von der bekanntgebenden Stelle von Anfang an als ausreichend angesehen wurde, das betreffende Schriftstück nicht in einer gesetzlich vorgesehenen Weise zuzustellen, sondern formlos zu übermitteln (VGH München4.10.2022 – 15 ZB 22.30627, BeckRS 2022, 27389 mwN; vgl. auch BGH 26.11.2002 – VI ZB 41/02, NJW 2003, 1192; BFH 18.8.2009 – X B 14/09, BeckRS 2009, 25015629; BSG 23.6.1971 – 4 RJ 485/70, BeckRS 1971, 341; LSG Rheinland-Pfalz 9.5.2001 – L 4 B 46/01, BeckRS 2001, 30791084). 206

Inhaltliche Mängel des zuzustellenden Schriftstücks sind, weil keine „Verletzung zwingender Zustellungsvorschriften", **nicht heilbar** (Engelhardt/App/Schlatmann VwZG § 8 Rn. 1; HHSp § 8 VwZG Rn. 12). Daher scheidet eine Heilung zB bei unzutr. Bezeichnung des Inhaltsadressaten (BFH 9.4.1991 – IX R 57/90, BFH/NV 1992, 51) aus. 207

Maßgeblicher **Zeitpunkt** für die Heilungswirkung ist der, in dem dem Zustellungsadressaten das Dokument tatsächlich zugegangen ist und ihm somit eine Kenntnisnahme vom Inhalt des Dokuments zuverlässig möglich war (HHSp VwZG § 8 Rn. 5; BFH 6.5.2014 – GrS 2/13, BStBl. II 2014, 645; BFH 15.5.2020 – IX B 119/19, BFH/NV 2020, 1104; BGH 21.3.2001 – VIII ZR 244/00, HFR 2001, 1200: „in die Hand bekommen"). Die allgemeine zivilrechtliche Regel des § 130 BGB, wonach der Zugang bereits mit einem Gelangen der Erklärung in den Machtbereich des Empfängers – zB durch das Einlegen der Sendung in den Briefkasten – erfolgt, gilt hier nicht (BFH 19.10.2022 – X R 14/21, BStBl. II 2023, 588). Kommen insoweit mehrere Zeitpunkte in Betracht, ist der dem Adressaten günstigste anzunehmen (HHSp VwZG § 8 Rn. 5 mwN). Heilung ist jedoch nur möglich, wenn die Zustellung mit **Zustellungswillen** der FB erfolgte (BVerwG 15.1.1988 – 8 C 8/86, NJW 1988, 1612; BFH 17.11.2008 – VII B 148/08, BFH/NV 2009, 777; HHSp VwZG § 8 Rn. 6). Der Heilung steht nicht entgegen, wenn dem Empfangsberechtigten anstelle des Originals des Schriftstücks lediglich eine – das Original vollständig wiedergebende – Abschrift oder Kopie zugeht (BFH 6.6.2000 – VII R 55/99, BStBl. II 2000, 560 mwN; BFH 7.11.2008 – X B 55/08, BFH/NV 2009, 195; aA Engelhardt/App/Schlatmann VwZG § 8 Rn. 5). 208

Empfangsberechtigter iSd § 8 ist grds. derjenige, an den die Zustellung nach dem Gesetz zu richten war (BFH 25.1.1994 – VIII R 45/92, BStBl. II 1994, 603). Dies sind der Zustellungsadressat und im Fall des § 7 I 2 der Bevollmächtigte (HHSp VwZG § 8 Rn. 8). 209

Nicht Empfangsberechtigte sind hingegen Empfangsboten (BFH 25.1.1994 – VIII R 45/92, BStBl. II 1994, 603) oder Personen, denen ersatzweise gem. §§ 178 ff. ZPO zugestellt werden kann (HHSp VwZG § 8 Rn. 8; TK VwZG § 8 Rn. 2).

210 **Tatsächlicher Erhalt des Schriftstücks.** Eine Heilung ist nach § 8 VwZG nur möglich, wenn dem Empfangsberechtigten das **Dokument** „tatsächlich zugegangen" ist. Das Dokument muss tatsächlich so in die Hand des Empfängers gelangt sein, wie es ihm bei ordnungsgemäßer Zustellung ausgehändigt worden wäre (BFH 25.1.1994 – VIII R 45/92, BStBl. II 1994, 603; Engelhardt/App/Schlatmann VwZG § 8 Rn. 4). Es genügt, wenn dem Empfangsberechtigten anstelle des Originals des Schriftstücks lediglich eine das Original vollständig wiedergebende Abschrift oder Kopie zugeht (vgl. BFH 6.6.2000 – VII R 55/99, BStBl. II 2000, 560; FG Düsseldorf 8.11.2023 – 2 K 2158/20 AO, EFG 2024, 88). Ohne den tatsächlichen Erhalt ist eine Heilung nicht möglich; die bloße Möglichkeit der Kenntnisnahme durch den Empfangsberechtigten reicht nicht aus. Der **Nachweis** des tatsächlichen Erhalts obliegt der FB. Er kann mit jedem schlüssigen Beweismittel (zB Zeugen, Urkunden) dargetan werden; ggf. reicht schon ein schlüssiges Verhalten des Empfangsberechtigten aus (TK VwZG § 8 Rn. 3). Kommen für den tatsächlichen Erhalt mehrere Zeitpunkte in Betracht, ist der für den Empfänger günstigste anzunehmen (HHSp VwZG § 8 Rn. 5).

211 Ein Zustellungsmangel kann auch dann gem. § 8 VwZG geheilt werden, wenn durch die Heilung eine **Klagefrist** in Lauf gesetzt wird (vgl. auch AEAO zu § 122 Nr. 4.5.1).

§ 9 VwZG Zustellung im Ausland

215 (1) Eine Zustellung im Ausland erfolgt

1. durch Einschreiben mit Rückschein, soweit die Zustellung von Dokumenten unmittelbar durch die Post völkerrechtlich zulässig ist,
2. auf Ersuchen der Behörde durch die Behörden des fremden Staates oder durch die zuständige diplomatische oder konsularische Vertretung der Bundesrepublik Deutschland,
3. auf Ersuchen der Behörde durch das Auswärtige Amt an eine Person, die das Recht der Immunität genießt und zu einer Vertretung der Bundesrepublik Deutschland im Ausland gehört, sowie an Familienangehörige einer solchen Person, wenn diese das Recht der Immunität genießen, oder
4. durch Übermittlung elektronischer Dokumente, soweit dies völkerrechtlich zulässig ist.

(2) [1] Zum Nachweis der Zustellung nach Absatz 1 Nr. 1 genügt der Rückschein. [2] Die Zustellung nach Absatz 1 Nr. 2 und 3 wird durch das Zeugnis der ersuchten Behörde nachgewiesen. [3] Der Nachweis der Zustellung gemäß Absatz 1 Nr. 4 richtet sich nach § 5 Abs. 7 Satz 1 bis 3 und 5 sowie nach § 5a Absatz 3 und 4 Satz 1, 2 und 4.

(3) [1] Die Behörde kann bei der Zustellung nach Absatz 1 Nr. 2 und 3 anordnen, dass die Person, an die zugestellt werden soll, innerhalb einer angemessenen Frist einen Zustellungsbevollmächtigten benennt, der im Inland wohnt oder dort einen Geschäftsraum hat. [2] Wird kein Zustellungsbevollmächtigter benannt, können spätere Zustellungen bis zur nachträglichen Benennung dadurch bewirkt werden, dass das Dokument unter der Anschrift der Person, an die zugestellt werden soll, zur Post gegeben wird. [3] Das Dokument gilt am siebenten Tag nach Aufgabe zur Post als zugestellt, wenn nicht feststeht, dass es den Empfänger nicht oder zu einem späteren Zeitpunkt erreicht hat. [4] Die Behörde kann eine längere Frist bestimmen. [5] In der Anordnung nach Satz 1 ist auf diese Rechtsfolgen hinzuweisen. [6] Zum Nachweis der Zustellung ist in den Akten zu vermerken, zu welcher Zeit und unter welcher Anschrift das Dokument zur Post gegeben wurde. [7] Ist durch Rechtsvorschrift angeordnet, dass ein Verwaltungsverfahren über eine einheitliche Stelle nach den Vorschriften des Verwaltungsverfahrensgesetzes abgewickelt werden kann, finden die Sätze 1 bis 6 keine Anwendung.

216 § 9 VwZG ist den §§ 183, 184 ZPO nachgebildet. Durch das De-Mail-G wurde mWv 3.5.2011 Abs. 1 Nr. 4 und Abs. 2 S. 3 geändert sowie Abs. 3 S. 7 hinzugefügt. § 9 VwZG ermöglicht vier Formen der **Zustellung im Ausland** und schließt die Anwendung der Inlandszustellungsarten aus. Die Zustellung im Ausland ist ein **staatlicher Hoheitsakt.** Zu diesem ist ein Staat – wie auch § 9 I Nr. 1 und 4 VwZG voraussetzen – nur befugt, soweit dies völkerrechtlich, insb. durch völkerrechtliche Verträge, zugelassen ist (BFH 11.2.1959 – II 15/58 U, BStBl. III 1959, 181; TK VwZG § 9 Rn. 2 ff.; Werth DStZ 2006, 647; SBS § 41 Rn. 218; Aufzählung ausgeschlossener Staaten in AEAO zu § 122 Nr. 3.1.4.1). In die

Schweiz kann inzwischen für Bescheide betreffend Besteuerungszeiträume ab 2018 durch die Post mittels Einschreiben mit Rückschein zugestellt werden (vgl. BMF 1.2.2018, BStBl. I 2018, 286; FM Nordrhein-Westfalen 8.7.2019, BeckVerw 453296; BFH 8.3.2022 – VI R 37/19, DStR 2022, 1761; aA noch in der Vorinstanz FG Düsseldorf 8.10.2019 – 10 K 963/18 E, EFG 2019, 1809; BFH 8.3.2022 – VI R 37/19, BFH/NV 2022, 1145). Da Amtssprache deutsch ist (§ 87), sind die zuzustellenden Dokumente in deutscher Sprache abzufassen; dies gilt auch für die Rechtsbehelfsbelehrung (HHSp VwZG § 9 Rn. 35). Bei mangelnden Sprachkenntnissen des Adressaten kommt Wiedereinsetzung nach § 110 in Betracht (FG Hamburg 24.9.2003 – IV 280/00, EFG 2004, 164).

Gemäß § 9 I Nr. 1 und Nr. 4 VwZG ist nunmehr die Zustellung durch **Einschreiben mit Rückschein** (dazu § 4 VwZG) bzw. durch Übermittlung elektronischer Dokumente (dazu §§ 5 V, 5a VwZG) zulässig, sofern dies völkerrechtlich zulässig ist. Von diesen Möglichkeiten sollen die FB vorrangig Gebrauch machen (AEAO zu § 122 Nr. 3.1.4.1). Scheiden diese Zustellformen aus, erfolgt die Zustellung im Ausland nach § 9 Abs. 1 Nr. 2 VwZG auf Ersuchen der zuständigen Behörde (BZSt, § 9 I Nr. 5 FVG) durch die Behörden des fremden Staates oder der in diesem Staate befindlichen konsularischen oder diplomatischen Vertretung der Bundesrepublik (dazu AEAO zu § 122 Nr. 3.1.4.2). Das Ersuchen an eine ausländische Behörde ist, wenn keine internationale Übereinkunft etwas anderes bestimmt, auf dem Dienstweg über das Auswärtige Amt und die zuständige diplomatische oder konsularische Vertretung der in Betracht kommenden ausländischen Behörde zuzuleiten (Engelhardt NVwZ 2018, 1521; Engelhardt/App/Schlatmann VwZG § 9 Rn. 11). Internationale Übereinkünfte, die etwas anderes regeln, können bilaterale Verträge oder das Europäische Übereinkommen über die Zustellung von Schriftstücken in Verwaltungssachen im Ausland (EÜZV) sein (vgl. Engelhardt/App/Schlatmann VwZG § 9 Rn. 8 ff.; sa Gosch AO § 9 VwZG Rn. 14 ff.; zum EÜZV vgl. Engelhardt NVwZ 2018, 1521). Für die Zustellung an Deutsche, die Immunität genießen und zu einer Vertretung der Bundesrepublik im Ausland gehören, vgl. § 9 I Nr. 3 VwZG. Diese Regelung greift jedoch nur ein, wenn sich diese Person im Ausland befindet; bei einem Inlandsaufenthalt gelten die §§ 3 ff. VwZG. 217

Der **Nachweis der Zustellung** wird beim Einschreiben mit Rückschein durch den Rückschein (→ Rn. 162) und bei der Zustellung gem. § 9 I Nr. 2 und 3 VwZG durch das **Zustellungszeugnis** der ersuchten Behörde erbracht (§ 9 II 1 VwZG). Das letztere begründet als öffentliche Urkunde iSd § 418 ZPO den vollen Nachweis der darin bezeugten Tatsachen (Gosch AO § 9 VwZG Rn. 28; Engelhardt/App/Schlatmann VwZG § 9 Rn. 21); der Nachweis der Unrichtigkeit dieses Zeugnisses ist gem. § 418 II ZPO zulässig (BVerwG 20.5.1999 – 3 C 7/98, NJW 2000, 683). Das Zustellungszeugnis muss angeben, an wen und in welcher Form zugestellt wurde und darüber hinaus den Nämlichkeitsnachweis durch Konkretisierung der zugestellten Sendung erbringen (BFH 25.10.1995 – I R 16/95, BStBl. II 1996, 301). Es muss Auskunft über den Zeitpunkt der Zustellung sowie darüber geben, an wen und in welcher Form das zuzustellende Schriftstück übergeben worden ist (FG Baden-Württemberg 18.12.2018 – 11 K 2208/17, EFG 2019, 945). Bei Fehlen des Nämlichkeitsnachweises ist die Zustellung unwirksam (BFH 25.10.1995 – I R 16/95, BStBl. II 1996, 301; Gosch AO § 9 VwZG Rn. 28). Die Zustellung muss nach den im Ausland geltenden Vorschriften durchgeführt werden, weshalb sich danach auch der Zeitpunkt der Zustellung richtet, es sei denn, die konsularische oder diplomatische Vertretung der Bundesrepublik stellt durch Übersendung gegen Rückschein zu (TK VwZG § 9 Rn. 15). 218

Bei elektronischer Übermittlung gem. § 5 V VwZG bzw. § 5a VwZG richtet sich der Nachweis der Zustellung gem. § 9 II 3 VwZG nach § 5 VII S. 1 bis 3 und 5 VwZG bzw. nach § 5a III sowie IV 1, 2 und 4; insoweit gelten mithin auch bei einer elektronischen Zustellung im Ausland die Grundsätze über die Zustellungsfiktion und die in diesem Falle geltende Nachweisführung bei späterer Zustellung bzw. Nichtzustellung.

219 Die FB hat nunmehr gem. **§ 9 III VwZG** auch die Möglichkeit, von dem im Ausland befindlichen Adressaten die Benennung eines **Zustellungsbevollmächtigten** mit Wohnsitz oder Geschäftsraum im Inland zu verlangen. Die Vorschrift entspricht im Wesentlichen § 123, nach der bei Erforderlichkeit oder Zweckmäßigkeit der Benennung eines inländischen Empfangsbevollmächtigten vorrangig zu verfahren ist (AEAO zu § 122 Nr. 3.1.4.3). Wird ein rein elektronisches Verfahren über einen einheitlichen Ansprechpartner nach §§ 71a ff. VwVfG abgewickelt, kann von einem Antragsteller oder Anzeigepflichtigen nicht die Benennung eines inländischen Empfangsbevollmächtigten verlangt werden (§ 9 III 7; s. Engelhardt/App/Schlatmann VwZG § 9 Rn. 24a). Dies dient der wirksamen Umsetzung von Art. 8 I der Dienstleistungsrichtlinie (BR-Drs. 645/10, 73; HHSp VwZG § 9 Rn. 44).

Die **Heilung** (§ 8 VwZG) eines Zustellungsmangels nach § 9 VwZG ist möglich (Gosch AO § 9 VwZG Rn. 41).

§ 10 VwZG Öffentliche Zustellung

222 (1) [1] Die Zustellung kann durch öffentliche Bekanntmachung erfolgen, wenn

1. der Aufenthaltsort des Empfängers unbekannt ist und eine Zustellung an einen Vertreter oder Zustellungsbevollmächtigten nicht möglich ist,
2. bei juristischen Personen, die zur Anmeldung einer inländischen Geschäftsanschrift zum Handelsregister verpflichtet sind, eine Zustellung weder unter der eingetragenen Anschrift noch unter einer im Handelsregister eingetragenen Anschrift einer für Zustellungen empfangsberechtigten Person oder einer ohne Ermittlungen bekannten anderen inländischen Anschrift möglich ist,
3. bei eingetragenen Personengesellschaften eine Zustellung weder unter der eingetragenen Anschrift noch unter einer im Handels- oder Gesellschaftsregister eingetragenen Anschrift einer für Zustellungen empfangsberechtigten Person oder einer ohne Ermittlungen bekannten anderen Anschrift innerhalb eines Mitgliedstaates der Europäischen Union möglich ist oder
4. sie im Fall des § 9 nicht möglich ist oder keinen Erfolg verspricht.

[2] Die Anordnung über die öffentliche Zustellung trifft ein zeichnungsberechtigter Bediensteter.

(2) [1] Die öffentliche Zustellung erfolgt durch Bekanntmachung einer Benachrichtigung an der Stelle, die von der Behörde hierfür allgemein bestimmt ist, oder durch Veröffentlichung einer Benachrichtigung im Bundesanzeiger. [2] Die Benachrichtigung muss

1. die Behörde, für die zugestellt wird,
2. den Namen und die letzte bekannte Anschrift des Zustellungsadressaten,
3. das Datum und das Aktenzeichen des Dokuments sowie
4. die Stelle, wo das Dokument eingesehen werden kann,

erkennen lassen. [3] Die Benachrichtigung muss den Hinweis enthalten, dass das Dokument öffentlich zugestellt wird und Fristen in Gang gesetzt werden können, nach deren Ablauf Rechtsverluste drohen können. [4] Bei der Zustellung einer Ladung muss die Benachrichtigung den Hinweis enthalten, dass das Dokument eine Ladung zu einem Termin enthält, dessen Versäumung Rechtsnachteile zur Folge haben kann. [5] In den Akten ist zu vermerken, wann und wie die Benachrichtigung bekannt gemacht wurde. [6] Das Dokument gilt als zugestellt, wenn seit dem Tag der Bekanntmachung der Benachrichtigung zwei Wochen vergangen sind.

223 **Allgemeines.** Die öffentliche Zustellung ist, da sie mangels tatsächlicher Bekanntgabe dem Empfänger idR nicht bekannt wird und daher nur die Fiktion einer Zustellung herbeiführt, nur als **„letztes Mittel"** der Bekanntgabe zulässig (BFH 6.6.2000 – VII R 55/99, BStBl. II 2000, 560; BFH 13.1.2005 – V R 44/03, BFH/NV 2005, 998; BFH 9.12.2009 – X R 54/06, BStBl. II 2010, 732). Diese Zustellung ist wegen der Fiktionswirkung verfassungsrechtlich nur zu rechtfertigen, wenn eine andere Art der Zustellung aus sachlichen Gründen nicht oder nur schwer durchführbar wäre (BVerfG 26.10.1987 – 1 BvR 198/87, NJW 1988, 2361) und daher erst zulässig, wenn alle anderen Möglichkeiten, dem Empfänger das Schriftstück zu übermitteln, erschöpft sind (FG Hessen 5.2.2004 – 13 K 390/03, EFG 2004, 1154 mwN). Ob diese Voraussetzungen vorliegen, bedarf jeweils im Einzelfall einer sorgfältigen und gründlichen Prüfung unter Zuhilfenahme aller in Betracht kommenden Hilfsmittel (BFH 13.3.2003 – VII B 196/02, BStBl. II 2003, 609).

Voraussetzungen. Nach **§ 10 I 1 Nr. 1 VwZG** ist die öffentliche Zustellung möglich, wenn der **Aufenthaltsort** des Empfängers **unbekannt** und eine **Zustellung an** einen **Vertreter oder Zustellbevollmächtigten nicht möglich** ist. Erforderlich ist, dass die Anschrift allgemein unbekannt ist (BFH 13.1.2005 – V R 44/03, BFH/NV 2005, 998). Darüber muss sich die FB durch die nach der Sachlage gebotenen Ermittlungen Gewissheit verschaffen (BFH 15.1.1991 – VII R 86/89, BFH/NV 1992, 81); die Anforderungen dürfen jedoch nicht überspannt werden (BFH 13.1.2005 – V R 44/03, BFH/NV 2005, 998 zu wegen StHinterziehung flüchtigem Stpfl.). Der **Nachforschungspflicht** genügt die FB idR durch Rückfrage beim Einwohnermeldeamt, der Polizei oder ggf. bei einem Bevollmächtigten, soweit sich nicht andere Erkenntnisquellen aufdrängen (BFH 15.1.1991 – VII R 86/89, BFH/NV 1992, 81; BFH 13.1.2005 – V R 44/03, BFH/NV 2005, 998; HHSp VwZG § 10 Rn. 19; weitergehend die Zivilrechtsprechung, s. Zöller § 185 Rn. 4a). Eine Anfrage beim BZSt gem. § 139b genügt nicht (FG Hessen 1.11.2011 – 4 V 751/11, EFG 2012, 1176). Die FB hat ihre Nachforschungen durch eine Bescheinigung der Meldebehörde oder auf sonstige Weise zu belegen. Die Anfrage im Wege des zwischenstaatlichen Informationsaustausches (Anfrage bei einer ausländischen Meldebehörde) ist erforderlich, wenn der Behörde ohne Kenntnis einer Adresse der Aufenthalt als solcher in einem bestimmten Land bekannt ist (BFH 9.12.2009 – X R 54/06, BStBl. II 2010, 732; FG Hamburg 11.4.2011 – 6 K 215/09, EFG 2011, 2047). Eine ergebnislose Anfrage bei der Einwohnermeldebehörde reicht dann nicht aus, wenn die konkrete Sachverhaltsgestaltung es nahelegt, weitere Nachforschungen bei anderen Einrichtungen oder Personen anzustellen (BFH 15.1.1991 – VII R 86/89, BFH/NV 1992, 81; vgl. auch FG Münster 16.11.2006 – 9 K 2262/05 E, F, EFG 2007, 811). Auch Anfragen beim Handelsregister (FG Brandenburg 10.8.2005 – 3 K 2276/02, EFG 2006, 2), Erkundigungen bei den Eltern (FG Düsseldorf 17.2.2006 – 1 K 2677/05 E, U, EFG 2006, 865) oder sonstigen Kontaktpersonen (BFH 9.12.2009 – X R 54/06, BStBl. II 2010, 732) können geboten sein. Gegebenenfalls bekannte Mobilfunknummern und E-Mail-Adressen sind bei der Aufenthaltsermittlung heranzuziehen (Engelhardt/App/Schlatmann VwZG § 10 Rn. 4; OLG Frankfurt 3.12.2008 – 19 U 120/08, NJW 2009, 2543). Zwischen dem Umfang der vorzunehmenden Ermittlungen und dem Verhalten des Stpfl. besteht insoweit eine Wechselwirkung, als besonders eingehende Ermittlungen dann nicht erforderlich sind, wenn der Stpfl. alles unternimmt, um seinen Aufenthaltsort zu verheimlichen (HHSp VwZG § 10 Rn. 21; TK VwZG § 10 Rn. 2; BFH 13.1.2005 – V R 44/03, BFH/NV 2005, 998; offengelassen BFH 15.1.1991 – VII R 86/89, BFH/NV 1992, 81; aA Gosch AO § 10 VwZG Rn. 8). Das ist aber nicht schon der Fall, wenn ein Kindergeldberechtigter die Verlegung seines Wohnsitzes entgegen seiner Verpflichtung nach § 68 I 1 EStG der Familienkasse nicht mitgeteilt hatte (so auch Bauhaus Anm. EFG 2012, 673 f.; aA FG Nürnberg 8.7.2010 – 7 K 938/2009, EFG 2012, 670, rkr.). Die bloße Vermutung, eine vom Zustellungsempfänger bei der Meldebehörde angegebene Adresse sei eine Scheinadresse, rechtfertigt die öffentliche Zustellung nicht (BFH 6.6.2000 – VII R 55/99, BStBl. II 2000, 560). Eine vom Zustellungsempfänger eingeschaltete Mittelsperson ist vor der öffentlichen Bekanntgabe nach dem Aufenthaltsort zu befragen (FG Baden-Württemberg 13.2.1996 – 1 K 118/90, EFG 1996, 515). Vor einer öffentlichen Zustellung ist ggf. auch zu prüfen, ob die vom Bevollmächtigten des (sich an einem unbekannten Ort aufhaltenden) Adressaten mitgeteilte Mandatsniederlegung tatsächlich wirksam ist (HHSp VwZG § 10 Rn. 19; FG Köln 12.3.1998 – 2 K 7526/96, EFG 1998, 988; FG Hamburg 17.6.2010 – 5 K 79/08, EFG 2011, 200, rkr.). Nicht erforderlich ist, dass die FB vor der öffentlichen Zustellung die Bestellung eines Vertreters von Amts wegen (§ 81) beantragt hat (ebenso TK VwZG § 10 Rn. 2). 224

§ 10 I Nr. 2 VwZG wurde durch das MoMiG eingefügt und ist am 1.11.2008 in Kraft getreten. Die Vorschrift entspricht dem § 185 Nr. 2 ZPO und gilt nur für juristische Personen, die gesetzlich verpflichtet sind, die Geschäftsanschrift im Handelsregister eintragen zu lassen. Dies ist bei der AG und der GmbH der Fall (§ 39 I 1 AktG, § 10 I 1 225

GmbHG), nicht jedoch bei Genossenschaften (HHSp VwZG § 10 Rn. 32). Die Vorschrift soll die öffentliche Zustellung an Gesellschaften erleichtern, die ihre Geschäftsräume geschlossen haben und postalisch nicht mehr erreichbar sind (zur Gesetzesbegr. vgl. BT-Drs. 16/9737, 103).

226 **Ab 1.1.2024** regelt **§ 10 I 1 Nr. 3 VwZG** die öffentliche Zustellung bei **eingetragenen Personengesellschaften.** Diese kann dann durch öffentliche Bekanntmachung erfolgen, wenn eine Zustellung weder unter der eingetragenen Anschrift noch unter einer im Handels- oder Gesellschaftsregister eingetragenen Anschrift einer für Zustellungen empfangsberechtigten Person oder einer ohne Ermittlungen bekannten anderen Anschrift innerhalb eines Mitgliedstaates der Europäischen Union möglich ist. Die Einfügung erfolgte durch das MoPeG v. 10.8.2021 (BGBl. 2021 I 3436). Es handelt sich um eine Folgeänderung, die mit der gesetzlichen Anerkennung der Rechtsfähigkeit der GbR (ebenfalls durch das MoPeG und mit Wirkung vom 1.1.2024) nach § 705 II BGB einhergeht. Es wird klargestellt, dass eine öffentliche Zustellung auch bei rechtsfähigen PersGes erfolgen kann, wenn die in der Norm aufgeführten Voraussetzungen erfüllt sind (vgl. BT-Drs. 59/21, 222).

226a Nach **§ 10 I Nr. 4 VwZG** kann ferner öffentlich zugestellt werden, wenn die Auslandszustellung nach § 9 nicht möglich ist. Gleiches gilt, wenn diese keinen Erfolg verspricht. Dies ist der Fall, wenn geordnete staatliche Einrichtungen im betr. Ausland fehlen oder keine diplomatischen bzw. konsularischen Beziehungen bestehen. Damit sind auch Fälle gemeint, bei denen eine Zustellung ins Ausland völkerrechtlich nicht zulässig ist (→ Rn. 216). Das ist bei der Schweiz für Bescheide betreffend Besteuerungszeiträume ab 2018 nicht mehr der Fall (→ Rn. 216).

226b Die Begründung der Entscheidung über die Anordnung der öffentlichen Zustellung (zB Anordnung der öffentlichen Zustellung nach § 10 I 1 Nr. 1 VwZG) kann nicht im Nachhinein durch eine andere Begründung (zB Anordnung der öffentlichen Zustellung nach § 10 I 1 Nr. 3 VwZG) ausgetauscht werden (FG Düsseldorf 8.11.2023 – 2 K 2158/20 AO, EFG 2024, 88).

227 **Zustellungsverfahren.** Die Anordnung der Zustellung (§ 10 I 2 VwZG) ist mangels eigenen Regelungsinhalts eine Rechtshandlung und weder ein VA (§ 118) noch eine Gerichtsentscheidung iSd § 128 FGO und damit nicht gesondert anfechtbar (BFH 22.11.1990 – III B 300/90, BFH/NV 1991, 335). Die Anordnung muss ein dafür zeichnungsberechtigter, also sachlich zuständiger Bediensteter treffen. Im gerichtlichen Verfahren wird die öffentliche Zustellung vom Gericht – also dem Senat, Berichterstatter gem. § 79a III, IV FGO (vgl. Gräber FGO § 79a Rn. 25, 30) oder Einzelrichter nach § 6 FGO – angeordnet (vgl. BFH 22.11.1990 – III B 300/90, BFH/NV 1991, 335). Die öffentliche Zustellung erfolgt durch Bekanntmachung einer Benachrichtigung (zu deren Inhalt § 10 II 2 bis 4 VwZG). Der Hinweis nach § 10 II 3 VwZG muss zwingend erfolgen (BFH 13.9.2017 – III R 6/17, BFH/NV 2018, 403). In den Akten ist zu vermerken, wann und wie die Benachrichtigung bekannt gemacht wurde (§ 10 II 5 VwZG). Dieser Vermerk ist nach seinem Wesen eine Zustellungsurkunde und erfordert die Unterschrift mit vollem Namen; ein Namenszeichen (Anfangsbuchstabe) ist nicht ausreichend (BFH 26.6.1986 – IV R 202/84, BFH/NV 1987, 98).

228 **Rechtswirkungen.** Das Dokument gilt als zugestellt, wenn seit dem Tage der Bekanntmachung der Benachrichtigung zwei Wochen vergangen sind (§ 10 II 6 VwZG). Die öffentliche Zustellung wahrt gem. § 169 I 3 Nr. 2 AO die Festsetzungsfrist (→ § 169 Rn. 44).

229 **Rechtsfolgen fehlerhafter förmlicher Zustellung.** Ein Verstoß gegen § 10 VwZG führt zur Unwirksamkeit der Zustellung. Ein nach § 8 VwZG heilbarer Mangel liegt jedoch vor, wenn die FB zB ihre Ermittlungspflicht verletzt (BFH 15.1.1991 – VII R 86/89, BFH/NV 1992, 81; BFH 6.6.2000 – VII R 55/99, BStBl. II 2000, 560) oder die Förmlichkeiten der öffentlichen Zustellung nicht beachtet hat (BFH 5.3.1985 – VII R 156/82, BStBl. II 1985, 597).

§ 122a Bekanntgabe von Verwaltungsakten durch Bereitstellung zum Datenabruf

[Fassung bis 31.12.2025:]

(1) **Verwaltungsakte können mit Einwilligung des Beteiligten oder der von ihm bevollmächtigten Person bekannt gegeben werden, indem sie zum Datenabruf durch Datenfernübertragung bereitgestellt werden.**

(2) [1]**Die Einwilligung kann jederzeit mit Wirkung für die Zukunft widerrufen werden.** [2]**Der Widerruf wird der Finanzbehörde gegenüber erst wirksam, wenn er ihr zugeht.**

(3) **Für den Datenabruf hat sich die abrufberechtigte Person nach Maßgabe des § 87a Absatz 8 zu authentisieren.**

(4) [1]**Ein zum Abruf bereitgestellter Verwaltungsakt gilt am vierten Tag nach Absendung der elektronischen Benachrichtigung über die Bereitstellung der Daten an die abrufberechtigte Person als bekannt gegeben.** [2]**Im Zweifel hat die Behörde den Zugang der Benachrichtigung nachzuweisen.** [3]**Kann die Finanzbehörde den von der abrufberechtigten Person bestrittenen Zugang der Benachrichtigung nicht nachweisen, gilt der Verwaltungsakt an dem Tag als bekannt gegeben, an dem die abrufberechtigte Person den Datenabruf durchgeführt hat.** [4]**Das Gleiche gilt, wenn die abrufberechtigte Person unwiderlegbar vorträgt, die Benachrichtigung nicht innerhalb von vier Tagen nach der Absendung erhalten zu haben.**

(5) **Entscheidet sich die Finanzbehörde, den Verwaltungsakt im Postfach des Nutzerkontos nach dem Onlinezugangsgesetz zum Datenabruf bereitzustellen, gelten abweichend von § 9 Absatz 1 Satz 3 bis 6 des Onlinezugangsgesetzes die Regelungen des Absatzes 4.**

[Fassung ab 1.1.2026:]

(1) [1]**Verwaltungsakte können dem Beteiligten oder der von ihm bevollmächtigten Person bekannt gegeben werden, indem sie nach § 87a Absatz 8 zum Datenabruf bereitgestellt werden.** [2]**Mittels Bereitstellung soll insbesondere bekannt gegeben werden, wenn ein Steuerbescheid, Steuermessbescheid oder Feststellungsbescheid auf einer nach § 87a Absatz 6 elektronisch übermittelten Steuererklärung oder Feststellungserklärung beruht und sie**
1. **vom Beteiligten selbst über ein von der Finanzverwaltung bereitgestelltes Nutzerkonto übermittelt wurde oder**
2. **durch eine Person im Sinne des § 80 Absatz 2 übermittelt wurde, der gegenüber der Bescheid nach § 122 Absatz 1 Satz 4 bekanntzugeben ist.**

[3]**Die abrufberechtigte Person ist am Tag der Bereitstellung elektronisch über die Abrufmöglichkeit und ihre Rechtswirkungen zu benachrichtigen.**

(2) **Absatz 1 ist nicht anzuwenden, wenn der Beteiligte eine einmalige oder dauerhafte postalische Bekanntgabe nach § 122 Absatz 2 beantragt hat. Der Antrag wirkt, ebenso wie dessen Widerruf, nur für die Zukunft; sie werden der Finanzbehörde gegenüber erst wirksam, wenn sie ihr zugehen.**

(3) **Für den Datenabruf hat sich die abrufberechtigte Person nach Maßgabe des § 87a Absatz 8 zu authentisieren.**

(4) **Ein zum Abruf bereitgestellter Verwaltungsakt gilt am vierten Tag nach der Bereitstellung zum Abruf als bekannt gegeben. Im Zweifel hat die Behörde den Zeitpunkt der Bereitstellung zum Abruf nachzuweisen.**

(5) **Die Absätze 1 bis 4 sind auch dann anzuwenden, wenn die Finanzbehörde den Verwaltungsakt im Postfach des Nutzerkontos nach dem Onlinezugangsgesetz zum Abruf bereitstellen will.**

Vergleichbare Vorschriften: § 41 IIa VwVfG; § 37 IIa SGB X

Schrifttum: Braun Binder, Elektronische Bekanntgabe von Verwaltungsakten über Behördenportale, NVwZ 2016, 342; Braun Binder, Ausschließlich automationsgestützt erlassene Steuerbescheide und Bekanntgabe durch Bereitstellung zum Datenabruf, DStZ 2016, 526; Schmidt, Die elektronische Bekanntgabe von Verwaltungsakten im Besteuerungsverfahren – Analyse, Herausforderungen und Lösungsansätze, DStR 2024, 1527; Jesse, Die Bekanntgabe-Fiktion der §§ 122, 122a AO unter Berücksichtigung der Änderungen durch das PostModG vom 15.7.2024 und des BEG IV vom 23.10.2024, FR 2024, 1061.

Übersicht

A. Allgemeines

1 **Rechtsentwicklung; zeitliche Geltung.** § 122a wurde durch das Gesetz zur Modernisierung des Besteuerungsverfahrens (BGBl. 2016 I 1679) neu eingefügt und trat zum 1.1.2017 in Kraft. Die Norm gilt für alle nach dem 31.12.2016 erlassenen VA (Art. 97 § 28 EGAO). Durch das Gesetz zur Modernisierung des Postrechts v. 15.7.2024 (PostModG, BGBl. 2024 I Nr. 236) wurde ab 1.1.2025 die Frist in Abs. 4 S. 1 und der Bezug darauf in Abs. 4 S. 4 zur Vermeidung unterschiedlicher Bekanntgabezeitpunkte in Abhängigkeit von der Übermittlung durch die Post oder der Abrufbereitstellung von drei auf vier Tage heraufgesetzt (vgl. BT-Drs. 677/23, 179; → § 122 Rn. 1). Durch das Vierte Bürokratieentlastungsgesetz v. 23.10.2024 (BGBl. 2024 I Nr. 323) wurde die Norm mit Wirkung ab 1.1.2026 (Art. 97 § 28 II EGAO) neu gefasst und von der bis dahin notwendigen Einwilligung in die elektronische Bekanntgabe zu einer Widerspruchslösung umgewandelt. Der Gesetzgeber verfolgt mit diesem Systemwechsel das Ziel, die Digitalisierung des Besteuerungsverfahrens auch bei der Bekanntgabe von StBescheiden und anderen StVA voranzubringen und den Bürokratieaufwand nachhaltig zu verringern (vgl. BT-Drs. 20/13015, 101).

2 **Regelungsgegenstand und -zweck.** § 122a erweitert den aus postalischer (§ 122 II) und elektronischer Übermittlung per E-Mail (§ 122 IIa) bestehenden Kanon der Bekanntgabemöglichkeiten der FB um die Möglichkeit des elektronischen Datenabrufs. Wie auch andere Regelungen des Gesetzes zur Modernisierung des Besteuerungsverfahrens soll § 122a das Gesetz an aktuelle technische Möglichkeiten anpassen (vgl. BT-Drs. 18/7457, 46). Ua ist die Verbesserung der Servicequalität von ELSTER ein erklärtes Ziel der Modernisierung des Besteuerungsverfahrens (BT-Drs. 18/7457, 51). Daher sollte es ermöglicht werden, StBescheide mit Einwilligung des Stpfl. oder seines Bevollmächtigten zum Abruf bereitzustellen und auf diese Weise bekanntzugeben (BT-Drs. 18/7457, 51).

Diese Möglichkeit wird durch Abs. 1 bei entsprechender Einwilligung des Empfängers eröffnet. Gedacht wurde dabei insb. an das ELSTER-Online-Portal, welches unter www.elster.de erreicht werden kann. Eine solche Einwilligung kann natürlich auch widerrufen werden (Abs. 2). Abs. 3 betrifft das Verfahren zur Einwilligung und in Abs. 4 ist (wie auch in § 122 II bei postalischer und § 122 IIa bei elektronisch übermittelten VA) eine gesetzliche Fiktion zum Tag der Bekanntgabe geregelt.

Abgrenzung zu § 87a. Beide Normen ergänzen sich. Während § 87a grundsätzlich die elektronische Kommunikation zwischen Stpfl. und FB eröffnet und hierzu allgemeine Regelungen trifft (→ § 87a Rn. 1 ff.), regelt § 122a den speziellen Fall der Bekanntgabe von VA durch Datenabruf. **Ab 1.1.2026** wird in § 122 direkt auf § 87a VIII verwiesen. 3

Die **Rechtswirkungen** der Bekanntgabe des VA ergeben sich zB aus §§ 124, 355 I sowie aus § 54 I FGO. Die Bekanntgabe nach § 122a hat nicht ausschl. verfahrensrechtliche Bedeutung, sondern gilt auch, wenn an den Zeitpunkt der Bekanntgabe etwaige materiell-rechtliche Folgen geknüpft werden (→ § 122 Rn. 51). 4

Dem **Anwendungsbereich** des § 122a unterliegen alle VA, also auch StBescheide sowie Feststellungsbescheide (zum Begriff des VA → § 118 Rn. 1 ff.). Die Vorschrift gilt auch unmittelbar für Einspruchsentscheidungen (→ § 366 Rn. 24 ff.). Von § 122a nicht erfasst wird die Bekanntgabe solcher Maßnahmen der FB, die nicht als VA zu qualifizieren sind. Aufgrund gesetzlicher Sonderregelung kann jedoch auch insoweit eine Bekanntgabe gesetzlich vorgeschrieben sein (zB § 202 II: Übersendung des Prüfungsberichts). 5

Die Bekanntgabe von VA nach § 122a kann auch ins **Ausland** erfolgen. Sie ist auch in den Fällen zulässig, in denen der Ansässigkeitsstaat in der Negativliste der Nr. 3.1.4.1 des AEAO zu § 122 aufgeführt ist (AEAO zu § 122 Nr. 3; → § 122 Rn. 82). 6

Zum **Begriff** und den Voraussetzungen der Bekanntgabe von VA sowie den Folgen von Bekanntgabemängeln → § 122 Rn. 6 ff. 7

B. Bekanntgabe durch Bereitstellung zum Datenabruf (Abs. 1)

Abs. 1 stellt zunächst grundsätzlich klar, dass VA auch durch Bereitstellung zum Datenabruf bekanntgegeben werden können. Wie das konkret erfolgt, wird in Abs. 4 geregelt. 9

I. Abrufberechtigte Personen

Zum **Abruf** des bereitgestellten VA berechtigt ist der Beteiligte (§ 78); im Regelfall derjenige, an den die Finanzbehörde den VA richten will. Er kann sich durch einen Bevollmächtigten vertreten lassen (§ 80). 10

II. Einwilligung

Erforderlich ist, dass er seine **Einwilligung** in diese Form der Bekanntgabe erklärt. Das ist freiwillig. Es besteht kein Zwang, an dem Verfahren teilzunehmen. Die Einwilligung ist eine empfangsbedürftige Willenserklärung. § 133 BGB findet Anwendung (TK § 122a Rn. 4). Eine bestimmte Form ist nicht vorgeschrieben. Sie wird aber nicht schon durch die Registrierung im ELSTER-Online-Portal, der Eröffnung eines elektronischen Zugangs iSv § 87a I 1 oder der Bekanntgabe einer E-Mail-Adresse erteilt. 11

Umfang: Die Einwilligung bezieht sich darauf, dass der VA mit den persönlichen und steuerlichen Daten des Einwilligenden zum Datenabruf bereitgestellt wird. Das beinhaltet denklogisch auch die elektronische Verarbeitung und Speicherung dieser Daten. Die Einwilligung bezieht sich aber auch auf das in Abs. 4 beschriebene Verfahren. So wird dem Einwilligenden eine Benachrichtigung über die Bereitstellung übersandt. Da die elektronische Benachrichtigung derzeit wohl per E-Mail erfolgen wird, muss die E-Mail-Adresse bekanntgegeben und von der FB gespeichert werden. Sollte die FB andere elektronische Benachrichtigungswege ermöglichen, gilt dies auch für diese Daten. Die Benachrichtigung 12 darf nach § 122a IV, § 87a I 6 unverschlüsselt erfolgen. Auch darin wird eingewilligt, was ebenfalls die Zustimmung zur Offenbarung geschützter Daten gem. § 30 IV Nr. 3 beinhaltet (vgl. Gosch AO § 122a Rn. 20).

III. Ermessen

14 Die Bekanntgabe des VA durch Bereitstellung zum Datenabruf steht auch bei erteilter Einwilligung im **Ermessen** der FB („können").

IV. Neuregelung ab 1.1.2026

15 Die Neuregelung von Abs. 1 S. 1 verzichtet **ab 1.1.2026** auf die Notwendigkeit der Einwilligung des Empfängers des VA. Stattdessen eröffnet Abs. 2 nF (→ Rn. 16a ff.) eine Widerspruchsmöglichkeit. Der Gesetzgeber will mit diesem Systemwechsel die Digitalisierung durch eine vermehrte elektronische Bekanntgabe von VA fördern (→ Rn. 1).

15a Der neue Abs. 1 S. 2 enthält eine ermessenslenkende Regelung. Von der Möglichkeit zur Bekanntgabe eines StVA durch Bereitstellung zum Datenabruf nach S. 1 soll hiernach insb. dann Gebrauch gemacht werden, wenn der StBescheid, der StMessbescheid oder der Feststellungsbescheid auf einer im Verfahren ELSTER oder einem anderen sicheren Verfahren nach § 87a VI elektronisch übermittelten Steuer- oder Feststellungserklärung beruht und diese Erklärung entweder vom Beteiligten selbst übermittelt wurde und dieser über ein von der FVerw. bereitgestelltes Nutzerkonto verfügt oder durch eine vom Beteiligten bevollmächtigte Person iSd § 80 II (insb. StB und RA) übermittelt wurde, der gegenüber der Bescheid aufgrund einer schriftlich oder elektronisch der FB angezeigten Bekanntgabevollmacht gem. § 122 I 4 (→ § 122 Rn. 40) bekanntzugeben ist. In diesen Fällen kann grds. davon ausgegangen werden, dass der Empfänger über die technischen Möglichkeiten zum Abruf des VA in seinem Nutzerkonto (zum Beispiel ELSTER-Postfach) oder mithilfe der von ihm genutzten StErklärungssoftware verfügt. Unerheblich ist dabei, ob die elektronische Übermittlung der Steuer- oder Feststellungserklärung wegen einer entspr. gesetzlichen Verpflichtung oder freiwillig erfolgt ist (BT-Drs. 20/13015, 101).

15b In anderen als den in S. 2 genannten Fällen kann von der Möglichkeit der Bekanntgabe durch Abrufbereitstellung nur unter Berücksichtigung der Umstände des Einzelfalls und unter Abwägung der für diese Verfahrensweise ausschlaggebenden Interessen der FB mit den schutzwürdigen Interessen des Empfängers Gebrauch gemacht werden (BT-Drs. 20/13015, 101). Wurde die Steuer- oder Feststellungserklärung allerdings zulässigerweise „auf Papier" abgegeben, soll die Bekanntgabe des Bescheids nach der Gesetzesbegründung grds. postalisch erfolgen (vgl. BT-Drs. 20/13015, 101).

15c Die abrufberechtigte Person ist nach S. 3 am Tag der Bereitstellung zum Abruf elektronisch über die Möglichkeit des Abrufs und die Rechtswirkungen zu benachrichtigen. Der Gesetzgeber misst der Benachrichtigung nur eine Hinweisfunktion bei. Sie soll abweichend von der bisherigen Rechtslage (→ Rn. 19 ff.) nicht mehr Anknüpfungspunkt für die gesetzliche Bekanntgabevermutung sein (vgl. BT-Drs. 20/13015, 101). Zwar führt ein unterlassener Hinweis nach dem Willen des Gesetzgebers nicht zu einer fehlerhaften Bekanntgabe (und einem unwirksamen VA, vgl. § 124), allerdings kann dieser ggf. eine Wiedereinsetzung in eine versäumte Rechtsmittelfrist begründen, wenn es nicht zu einem Abruf des Bescheides kam (vgl. auch BT-Drs. 20/13015, 102). ME dürfte dies nicht für Personen nach § 80 II (vgl. Abs. 1 S 1 Nr. 2) gelten, von denen man auch ohne Hinweis einen täglichen Abruf ihres Nutzerkontos (zB ELSTER, beSt, beA) erwarten darf. Anders als normale Bürger sind sie mE in der Tat zu einer regelmäßigen Überwachung ihres elektronischen Postfachs gezwungen (vgl. Jesse FR 2024, 1064 (1067)). Nach der Gesetzesbegründung soll die Wiedereinsetzung bezogen auf die Rechtsbehelfsfrist auch nicht gelten, wenn aus Sicht des Stpfl. innerhalb der Rechtsbehelfsfrist eindeutige Indizien im Hinblick auf die Bereitstellung eines VA vorlagen (etwa nach Gutschrift einer StErstattung auf seinem Bankkonto). Dies sei vergleichbar mit der Rechtslage bei einer postalischen

Bekanntgabe. Sei der Zugang eines per Post versandten StBescheides streitig, so können bestimmte Verhaltensweisen des Stpfl. innerhalb eines längeren Zeitraums nach Absendung des StBescheids iZm dem Nachweis der Absendung dahingehend gewürdigt werden, dass von einem Zugang des StBescheids auszugehen sei. In der Gesetzesbegründung wird hierzu interessanterweise auf eine nicht im BStBl. veröffentlichte BFH-Entscheidung (BFH 29.4.1999 – V B 173/98, BFH/NV 1999,1442) Bezug genommen (vgl. BT-Drs. 20/13015, 102). Die Gesetzesbegründung lässt allerdings offen, wann der Stpfl. von einer Gutschrift auf seinem Bankkonto Kenntnis erlangen musste oder wie der Zeitpunkt der Kenntnisnahme in Zeiten von Onlinekonten nachgewiesen werden soll. Letztlich werden die Umstände des Einzelfalls zu würdigen sein.

C. Widerruf der Einwilligung (Abs. 2)

Die Einwilligung kann jederzeit mit Wirkung für die Zukunft widerrufen werden. Der **Widerruf** erlangt aber erst Wirksamkeit, wenn er der FB zugegangen ist (BT-Drs. 18/7457, 75). Der Widerruf kann nicht rückwirkend erfolgen. **16**

Als Folge des Wechsels vom Einwilligungs- zum Widerspruchsmodell (→ Rn. 1, 15) regelt Abs. 2 **ab 1.1.2026** den Widerspruch der elektronischen Bekanntgabe. **16a**

Jeder Empfänger eines StVA kann nach Abs. 2 S. 1 mit Wirkung für die Zukunft eine postalische Bekanntgabe nach § 122 beantragen. Der Antrag auf postalische Bekanntgabe hat die Wirkung eines Widerspruchs gegenüber der Bekanntgabe durch Bereitstellung zum Datenabruf (Jesse FR 2024, 1064 (1067)). Der Antrag kann mit einmaliger oder mit dauerhafter Wirkung gestellt werden. Im Hinblick auf die ermessenslenkende Regelung in Abs. 1 S. 2 hat diese Regelung insb. in den Fällen praktische Bedeutung, in denen der StBescheid, der StMessbescheid oder der Feststellungsbescheid auf einer im Verfahren ELSTER oder einem anderen sicheren Verfahren nach § 87a VI elektronisch übermittelten Steuer- oder Feststellungserklärung beruht (vgl. BT-Drs. 20/13015, 101). **16b**

S. 2 regelt Selbstverständlichkeiten. Ein Antrag nach S. 1 kann natürlich nur für die Zukunft wirken und muss der FB erst zugehen, bevor er wirksam werden kann. Gleiches gilt für den Widerruf des Antrags auf postalische Bekanntgabe. **16c**

D. Authentisierung der abrufberechtigten Person (Abs. 3)

Die abrufberechtigte Person muss sich bei Vornahme des Datenabrufs entspr. authentisieren (BT-Drs. 18/7457, 75). Das bedeutet, sie muss ihre Identität nachweisen. Die Norm verweist zur **Authentisierung** auf § 87a VIII. Zu den Einzelheiten der Authentisierung → § 87a Rn. 70. **17**

Für die Bereitstellung zum Abruf nach § 122a ist ein sicheres Verfahren zu verwenden, das die für die Datenbereitstellung verantwortliche Stelle oder Einrichtung der FVerw. authentifiziert und die Vertraulichkeit und Integrität des Datensatzes gewährleistet (→ § 87a Rn. 65). Durch die Datenbereitstellung von VA über die Kommunikationsplattform ELSTER im Format PDF/A wird ein sicheres Verfahren verwendet, das die Vertraulichkeit und Integrität des Datensatzes gewährleistet (AEAO zu § 122a Nr. 1). **18**

E. Bekanntgabefiktion (Abs. 4)

I. Benachrichtigung und Bekanntgabefiktion (Abs. 4 S. 1)

Die abrufberechtigte Person muss über die **Bereitstellung** des VA zum Datenabruf benachrichtigt werden. Die Bekanntgabefiktion greift nicht, wenn die Benachrichtigung vor Bereitstellung des VA versandt wird, denn Voraussetzung ist, dass der VA vor der **19**

Benachrichtigung zum Datenabruf bereitgestellt wurde. Dies ergibt sich aus dem Wortlaut „bereitgestellter“ VA. Gleiches gilt, wenn der VA gar nicht bereitgestellt wird (vgl. Braun Binder NVwZ 2016, 342).

20 Mit der **Benachrichtigung** wird der Abrufberechtigte über den bereitgestellten VA informiert. Er muss also nicht regelmäßig zB das ELSTER-Portal auf neu bereitgestellte VA prüfen. Ohne die Benachrichtigung greift die Bekanntgabefiktion nicht. Die Benachrichtigung hat elektronisch zu erfolgen. Derzeit dürfte hierfür das E-Mail-Verfahren genutzt werden. Die Nachricht kann als unverschlüsselte E-Mail versandt werden (§ 87a I 6; AEAO zu § 122a Nr. 1). Die Regelung umfasst – falls die FB zukünftig dazu in der Lage ist – aber auch eine Benachrichtigung auf anderen elektronischen Wegen, zB durch Textnachricht auf ein Mobiltelefon oder Mitteilung über einen Messenger.

20a Die Benachrichtigung enthält keine Regelung. Sie ist nur eine Mitteilung und **kein VA.** Sie muss zumindest die Information beinhalten, dass ein VA bereitgestellt wurde, diesen aber nicht konkret benennen (vgl. Braun Binder NVwZ 2016, 342).

21 Abs. 4 S. 1 enthält eine **Bekanntgabefiktion.** Der mittels Bereitstellung zum Datenabruf bekanntgegebene VA gilt als am vierten Tag nach der Absendung der Benachrichtigung an den Abrufberechtigten bekanntgegeben. Die **Vier-Tages-Frist** entspricht dem Zeitrahmen in § 41 II VwVfG und § 37 II SGB X. Dies entspricht auch der Regelung in § 122 II für die Bekanntgabe durch Postübermittlung und in § 122 IIa für die Bekanntgabe durch elektronische Übermittlung (vgl. BT-Drs. 18/7457, 75). Die Frist verlängert sich wie bei § 122 IIa und anders als bei § 122 II (→ § 122 Rn. 59, 83) nicht nach § 108 III, denn auch hier kann es keinerlei durch Wochenenden oder Feiertage bedingte Verzögerungen bei der Übermittlung geben (→ § 122 Rn. 88; TK § 122a Rn. 12; aA Klein § 122a Rn. 5; Gosch AO § 122a Rn. 30; Schmidt DStR 2024, 1527).

23 Die Bekanntgabefiktion unterscheidet sich von den Regelungen in § 122 II und § 122 IIa. Während dort an den Zeitpunkt der Absendung des VA angeknüpft wird, ist es hier „nur“ die Absendung der Mitteilung über die Bereitstellung des VA.

24 Sie unterscheidet sich auch von den gleichgerichteten Regelungen in § 41 IIa VwVfG und § 37 IIa SGB X. Dort gilt der VA am Tag nach dem Abruf als bekannt gegeben. Der Gesetzgeber hielt es für sachgerecht, die Regelung hier anders auszugestalten, da sich § 122a in erster Linie an Fachleute (insb. Angehörige der rechts- und steuerberatenden Berufe und Lohnsteuerhilfevereine sowie Unternehmen mit eigenen StAbteilungen) richtet (BT-Drs. 18/8434, 110). Diese Begründung überzeugt nicht, denn das ELSTER-Online-Portal richtet sich ausdrücklich auch an Privatpersonen. Eine Bekanntgabe am Tag nach dem (leicht dokumentierbaren → Rn. 33) Abruf anzunehmen, wäre für den Bürger weitaus verständlicher gewesen (hierzu ebenfalls kritisch Rüsch DB 2024, 2253). Allerdings gibt es einen überzeugenden sachlichen Grund für die gesetzliche Regelung, denn ohne die gesetzliche Bekanntgabefiktion wäre es nicht möglich, im StBescheid zugleich die Fälligkeit der ESt-Abschlusszahlung zu bestimmen (§ 36 IV 1 EStG) oder die Festsetzung von Erstattungs- oder Nachzahlungszinsen nach § 233a vorzunehmen (vgl. BT-Drs. 18/8434, 110).

II. Beweislast (Abs. 4 S. 2)

27 Die Bekanntgabefiktion knüpft zwar an die Absendung der Benachrichtigung an. S. 2 stellt allerdings klar, dass die Benachrichtigung zugehen muss. Zum Zugang → § 122 Rn. 89. Bestreitet die abrufberechtigte Person den Zugang der Benachrichtigung, trägt die Finanzbehörde die **Feststellungslast** für deren Zugang (vgl. BT-Drs. 18/7457, 75; BT-Drs. 18/8434, 111; AEAO zu § 122a Nr. 2). Es reicht das einfache Bestreiten des Zugangs (→ § 122 Rn. 69; aA Staudinger § 130 Rn. 110).

28 Damit trägt die FB auch die Gefahr einer **technischen Störung** bei der Übermittlung der Benachrichtigung. Sie muss im Zweifel also nachweisen, dass Sie die elektronische Benachrichtigung abgesandt hat und diese auch zuging. Dies dürfte vielfach schwerfallen, insb. wenn die technische Störung beim Empfang auftrat. Es reicht § 87a I 2 entspr. allerdings aus, wenn die FB nachweist, dass die für den Empfang bestimmte Einrichtung die Nachricht für den Empfänger bearbeitbarer Weise aufgezeichnet hat. Aber auch dieser Nachweis muss der FB erst einmal gelingen. Erfahrungen hierzu gibt es, soweit ersichtlich, noch keine. Einen einfachen Rückschluss von der Absendung bei der FB auf den Eingang beim Empfänger wird man ohne Weiteres auch bei einer E-Mail nicht ziehen können (vgl. OLG Köln 5.12.2006 – 3 U 167/05, BeckRS 2007, 267; LG Stuttgart 7.3.2018 – 13 S 159/17, BeckRS 2018, 3007; FG Sachsen 27.1.2023 – 3 K 744/22, EFG 2023, 1269).

Wenn der Bekanntgabe nach § 122a zugestimmt wurde, muss der Abrufberechtigte allerdings auch für den **Empfang** der Benachrichtigung Sorge tragen, das Postfach regelmäßig abrufen und zB seinen SPAM-Filter anpassen oder den SPAM-Ordner regelmäßig überprüfen. Regelmäßig bedeutet wenigstens alle 3 Tage. Es kann allerdings erwartet werden, dass ein E-Mail-Postfach wie ein Briefkasten täglich außer an Wochenenden und Feiertagen überprüft wird. Regelmäßig auf das Serviceportal zugreifen muss der Abrufberechtigte nicht (so missverständlich Schmidt DStR 2024, 1527), denn Anknüpfungspunkt für die Bekanntgabe ist nach Abs. 4 S. 1 die Benachrichtigung. Nimmt er aus einem von ihm zu vertretenen Grund die Benachrichtigung nicht zur Kenntnis und ruft den VA nicht ab, ändert dies nichts an der Bekanntgabe. Geschieht dies aus einem nicht vom Abrufberechtigten zu vertretenden Grund und versäumt er deswegen eine Frist, muss er Wiedereinsetzung (§ 110) in die versäumte Frist beantragen. Für den Wiedereinsetzungsgrund trägt er die Feststellungslast. Es ist zu erwarten, dass Stpfl. evtl. einfach den Nichterhalt der Benachrichtigung vortragen und so die Feststellungslast für die Bekanntgabefiktion der FB aufbürden. 29

Nicht unter Abs. 4 S. 2 fallen Sachverhalte, bei denen der **Datenabruf nicht möglich** war, weil eine technische Störung vorlag. Auch hier greift die nur an die Benachrichtigung anknüpfende Bekanntgabefiktion von Abs. 4 S. 1 (→ Rn. 19). Ob der Datenabruf aufgrund einer technischen Störung in der Sphäre des Berechtigten oder der FB nicht erfolgen konnte, spielt zunächst keine Rolle (aA TK § 122a Rn. 18; Braun Binder DStZ 2016, 526; Schmidt DStR 2024, 1527: „sphärenorientierte Risikozuordnung"). Zu lösen sind die Fälle über die Wiedereinsetzung in die versäumte Frist (§ 110). Tritt die Störung in der Risikosphäre der FB auf, ist Wiedereinsetzung zu gewähren; liegt sie in der Risikosphäre des Abrufberechtigten, kommt es darauf an, ob der konkrete Sachverhalt unter § 110 subsumiert werden kann. Den aus technischen Gründen unmöglichen Abruf des VA muss allerdings der Abrufberechtigte nachweisen. Es dürfte geboten sein, Screenshots vom fehlgeschlagenen Vorgang zu sichern und die FB umgehend zu informieren. Die bloße Behauptung technischer Schwierigkeiten reicht jedenfalls nicht (vgl. auch TK § 122a Rn. 18). 30

III. Störungen und tatsächliche Bekanntgabe (Abs. 4 S. 3, 4)

Kann die FB den Zugang der Abrufbenachrichtigung **nicht nachweisen,** werden die Daten aber tatsächlich von der abrufberechtigten Person abgerufen, gilt der StBescheid nach S. 3 an dem Tag als bekannt gegeben, an dem dieser **Datenabruf tatsächlich** durchgeführt wurde (vgl. BT-Drs. 18/7457, 75; BT-Drs. 18/8434, 111; AEAO zu § 122a Nr. 2). Den Abruf des VA nachzuweisen, dürfte ein Einfaches sein, denn die FB muss nach dem Willen des Gesetzgebers den erstmaligen Abruf des elektronischen VA protokollieren (vgl. BT-Drs. 18/8434, 111). 33

Auch wenn der Abrufberechtigte unwiderlegbar vorträgt, die Benachrichtigung erst nach dem gesetzlich fingierten Bekanntgabetag erhalten und die Daten daraufhin **verspätet** abgerufen zu haben, gilt der StBescheid nach S. 4 an dem Tag als bekannt gegeben, in dem dieser Datenabruf tatsächlich erfolgt ist. Gemeint ist **substantiierter** Vortrag (vgl. BT-Drs. 18/7457, 75; BT-Drs. 18/8434, 111). Der verspätete Zugang der Benachrichtigung kann durch einen Ausdruck der erhaltenen E-Mail (mit sog. Header; dort ist jeder Server, über 34 den die E-Mail gelaufen ist, mit Zeitangabe aufgezeichnet) nachgewiesen werden, denn auf dieser dürften Datum und Uhrzeit des Eingangs ersichtlich sein. Der Nachweis kann aber auch anders geführt werden, zB mittels eines Ausdrucks der Logdatei des E-Mail-Providers über den Eingang der Nachricht. Problematisch sind Fälle, in denen die E-Mail auf dem Server des E-Mail-Providers umgehend eingeht, aber dort erst zeitverzögert verarbeitet und dadurch zeitverzögert im Posteingang des Abrufberechtigten mit der (früheren) Eingangszeit auf dem Server angezeigt wird. Hier steht der Abrufberechtigte vor einem erhöhten Begründungsaufwand. Eine auf den konkreten Vorgang bezogene Stellungnahme des E-Mail-Providers dürfte unabdingbar sein. Nur der E-Mail-Provider kann anhand der internen Logdateien des Postfachservers die verzögerte Bereitstellung nachvollziehen.

35 Gelingt der Finanzbehörde der Nachweis des vom Adressaten bestrittenen Zugangs der Benachrichtigung nicht und wurden die Daten auch von keiner dazu berechtigten Person abgerufen, ist der VA **nicht wirksam** bekannt gegeben worden. In diesem Fall ist die Bekanntgabe zu wiederholen (vgl. BT-Drs. 18/8434, 111). Der AEAO zu § 122a schlägt der FB hier vorzugsweise eine Bekanntgabe im schriftlichen Verfahren vor (AEAO zu § 122a Nr. 2; so auch BT-Drs. 18/7457, 76).

35a Die Neuregelung der Norm (→ Rn. 1) vereinfacht die Bekanntgabe **ab 1.1.2026.** Die Bekanntgabe hängt dann nicht mehr an der Absendung der elektronischen Benachrichtigung über die Bereitstellung (→ Rn. 19 ff.), sondern an der Bereitstellung des VA selbst.

35b Abs. 4 S. 1 enthält eine gesetzliche Bekanntgabevermutung. Ein zum Abruf bereitgestellter VA gilt danach am vierten Tag nach seiner Bereitstellung zum Abruf als bekannt gegeben. Dies entspricht der Regelung in § 9 I OZG. Im Ergebnis entspricht die Neuregelung der postalischen Bekanntgabe von VA, bei der es ausreicht, dass der VA in den Machtbereich des Empfängers gelangt ist. Die tatsächliche Kenntnisnahme des VA ist in diesen Fällen (durch Öffnen des Briefumschlags und Lesen des Dokuments) irrelevant. Nichts anderes soll für die Bekanntgabe durch Bereitstellung zum Abruf gelten. Im Übrigen hat die Behörde in Zweifelsfällen den Zeitpunkt der Bereitstellung zum Abruf nach S. 2 nachzuweisen (vgl. BT-Drs. 20/13015, 102).

F. Auflösung der Konkurrenz zum OZG (Abs. 5)

36 Die FB kann den VA mit entspr. Zustimmung statt mittels ELSTER auch im Postfach des Nutzerkontos nach dem **Onlinezugangsgesetz** (BGBl. 2017 I 3122 (3138)) zum Datenabruf bereitstellen. Sofern der Nutzer in die Verwendung beider Nutzerkonten eingewilligt hat, trifft die Finanzbehörde die Entscheidung über die Wahl des zu verwendenden Postfachs (BT-Drs. 19/23774, 23).

37 Abs. 5 löst die zwischen § 9 OZG und § 122a bestehende **Konkurrenz** der Regelungen zur Bekanntgabe zugunsten von § 122a. Damit wird berücksichtigt, dass StVA in vielen Fällen Zahlungsverpflichtungen begründen und teilweise mit der StFestsetzung auch die Festsetzung von Zinsen nach § 233a AO verbunden ist. Daher ist es unerlässlich, den Tag der Bekanntgabe des StVA bei seiner maschinellen Erstellung verlässlich vorhersagen zu können (BT-Drs. 19/23774, 23; → Rn. 24). Damit wird sichergestellt, dass zur Bestimmung des Bekanntgabezeitpunkts von zum Datenabruf bereitgestellter StVA – ungeachtet des verwendeten Postfachs – immer die gleichen verfahrensrechtlichen Regelungen gelten (BT-Drs. 19/23774, 24; bestätigt in BT-Drs. 20/13015, 102).

§ 123 Bestellung eines Empfangsbevollmächtigten

[1]**Ein Beteiligter ohne Wohnsitz oder gewöhnlichen Aufenthalt, Sitz oder Geschäftsleitung im Inland, in einem anderen Mitgliedstaat der Europäischen Union oder in einem Staat, auf den das Abkommen über den Europäischen Wirtschaftsraum anwendbar ist, hat der Finanzbehörde auf Verlangen innerhalb einer an-**

gemessenen Frist einen Empfangsbevollmächtigten im Inland zu benennen. [2]Unterlässt er dies, so gilt ein an ihn gerichtetes Schriftstück einen Monat nach der Aufgabe zur Post und ein elektronisch übermitteltes Dokument am vierten Tage nach der Absendung als zugegangen. [3]Dies gilt nicht, wenn feststeht, dass das Schriftstück oder das elektronische Dokument den Empfänger nicht oder zu einem späteren Zeitpunkt erreicht hat. [4]Auf die Rechtsfolgen der Unterlassung ist der Beteiligte hinzuweisen.

Vergleichbare Vorschrift: § 53 III FGO

Schrifttum: Bock, Die Bekanntgabe von Steuerverwaltungsakten im Ausland, DStZ 1986, 329; Klos/Carl, Die Bekanntgabe von Steuerverwaltungsakten im Ausland, NWB 1992, 2891; Mugler/Goreczko, Die Empfangsvollmacht nach der AO; ein Danaer-Geschenk für jeden Steuerberater, DStR 2007, 229.

I. Allgemeines

Die Vorschrift wurde durch das StBereinG 1986 wegen der längeren Postlaufzeiten an 1
Beteiligte im Ausland durch Einführung einer Monatsfrist geändert (BT-Drs. 10/166, 40). Durch die am 28.8.2002 in Kraft getretene Neufassung der Vorschrift wurde zum einen – analog § 122 IIa sowie § 15 VwVfG und § 14 SGB X – bestimmt, wann bei Nichtbenennung eines inländischen Empfangsbevollmächtigten ein elektronisch übermittelter VA als bekannt gegeben gilt und zum anderen der bislang verwendete Begriff „Geltungsbereich dieses Gesetzes" durch den Begriff „Inland" ersetzt (BT-Drs. 14/9000, 37). Durch das SteuerÄndG 2015 vom 2.11.2015 wurde S. 1 wegen bestehender europarechtlicher Zweifel neu gefasst (BGBl. 2015 I 1834). Die Finanzämter und Hauptzollämter waren bis dahin durch den AEAO und die DV-Zoll zu § 123 AO angewiesen, Beteiligte, die sich in einem Mitgliedstaat der EU aufhielten, nicht zur Bestellung eines inländischen Empfangsbevollmächtigten aufzufordern. Die Europäische Kommission hielt diese Verwaltungsanweisung für nicht ausreichend. Daher wurde das Gesetz entsprechend geändert (BT-Drs. 18/6094, 85). Durch das PostModG v. 15.7.2024 (BGBl. 2024 I Nr. 236) wurde die Frist für die elektronische Übermittlung analog zur Änderung in § 122 IIa von drei auf vier Tage heraufgesetzt (vgl. BT-Drs. 20/11817, 142; → § 122 Rn. 1).

§ 123 ist (ebenso wie § 122 II Nr. 2) **völkerrechtlich unbedenklich,** weil eine deutsche Behörde – anders als bei Vornahme einer Zustellungshandlung im Ausland – durch eine einfache Bekanntgabe nicht im Ausland tätig wird (→ § 122 Rn. 82; TK § 123 Rn. 2).

Zweck der Vorschrift ist die Erleichterung der Bekanntgabe von VA an Beteiligte ohne 2
Wohnsitz, gewöhnlichen Aufenthalt, Sitz oder Geschäftsleitung im Inland. Die FVerw. macht von der Möglichkeit des § 123 insb. dann Gebrauch, wenn nach den Umständen des Einzelfalls gegen den Beteiligten wiederholt VA ergehen werden und eine vereinfachte Bekanntgabe gem. § 122 II Nr. 2 nicht möglich ist. Eine hohe Relevanz hat § 123 vor allem gegenüber Staaten, die einer förmlichen Zustellung von Hoheitsakten widersprochen haben (TK § 123 Rn. 2, Aufzählung in AEAO zu § 122 Tz. 3.1.4.1). Die Beteiligten sind durch § 123 nicht gehindert, auch ohne Bekanntgabeverlangen der FB einen Empfangsbevollmächtigten zu bestellen (vgl. BFH 2.10.1986 – VII R 58/83, BFH/NV 1987, 482).

Verhältnis zu anderen Vorschriften. Die tatbestandlichen Voraussetzungen des § 123 3
überschneiden sich mit denen des **§ 122 II Nr. 2** (→ § 122 Rn. 81). Die Anwendung des § 123 ist für die FB insofern vorteilhafter, als § 123 S. 2 eine vom Beteiligten nur durch den Gegenbeweis zerstörbare Zugangsvermutung begründet (→ Rn. 13). § 123 ist nicht anwendbar, wenn eine Zustellung vorgeschrieben ist. Die Zustellung gem. **§ 9 VwZG** (→ § 122 Anhang VwZG Rn. 215 ff.) ist neben § 123 möglich. Eine öffentliche Zustellung gem. **§ 10 VwZG** ist erst zulässig, wenn der Zustellungsempfänger unter Verstoß gegen § 123 keinen Empfangsbevollmächtigten im Inland bestellt hat oder ein solcher nicht zu ermitteln ist (→ § 122 Anhang VwZG Rn. 224).

Von der gem. **§ 81 I Nr. 3** möglichen amtlichen Bestellung eines Vertreters für einen Beteiligten ohne Aufenthalt im Inland unterscheidet sich § 123 sowohl im Tatbestand als auch in den Rechtsfolgen. Tatbestandlich setzt § 81 I Nr. 3 einen fehlenden Aufenthalt im Inland voraus (→ § 81 Rn. 11), während § 123 einen im Inland fehlenden Wohnsitz oder gewöhnlichen Aufenthalt voraussetzt. In der Rechtsfolge betrifft § 123 lediglich die Bestellung eines Empfangsbevollmächtigten im Inland, während § 81 I Nr. 3 die Bestellung eines Vertreters für das gesamte Verwaltungsverfahren ermöglicht (→ § 81 Rn. 2).

II. Anwendungsvoraussetzungen; Benennungsverlangen (S. 1)

4 **Anwendungsvoraussetzungen.** Die FB kann nach Maßgabe des § 123 S. 1 von einem Beteiligten die Benennung eines Empfangsbevollmächtigten im Inland verlangen. **Inland** ist das Staatsgebiet der Bundesrepublik (BFH 9.11.2007 – IV B 169/06, BFH/NV 2008, 390 mwN). **Beteiligter** ist ein solcher iSd § 78; dazu gehören insb. auch beschränkt Stpfl. (§ 1 IV EStG; § 2 KStG; § 2 I Nr. 3 ErbStG). Der Beteiligtenbegriff des § 123 verlangt keine Beschränkung des Bekanntgabeverlangens auf ein konkretes Verwaltungsverfahren und auf eine einmalige Bekanntgabe. Nach dem Sinn und Zweck des § 123 kann das Benennungsverlangen auf **Dauerwirkung** angelegt sein, dh eine unbestimmte Mehrzahl von Bekanntgaben, insb. für periodische Steuern, betreffen (zutr. TK § 123 Rn. 4; HHSp § 123 Rn. 45; Gosch AO § 123 Rn. 3). Weitere Voraussetzung ist, dass der Beteiligte ohne Wohnsitz (§ 8) oder gewöhnlichen Aufenthalt (§ 9), Sitz (§ 11) oder Geschäftsleitung (§ 10) im Inland ist. Die Vorschrift gilt deshalb zB dann nicht, wenn ein Beteiligter seinen Wohnsitz/gewöhnlichen Aufenthalt gleichermaßen im In- und Ausland hat (ebenso HHSp § 123 Rn. 30).

5 Das **Benennungsverlangen** ist im Hinblick auf die dadurch ausgelöste Rechtswirkung des § 123 S. 2 ein VA, für den die allg. Regeln der §§ 118 ff. gelten (BFH 9.11.2007 – IV B 170/06, BeckRS 2007, 25012672; TK § 123 Rn. 7; Gosch AO § 123 Rn. 2; aA Klos/Carl NWB 1992, 2891: Vorbereitungshandlung). Das Benennungsverlangen steht bezüglich der Frage, ob die FB überhaupt von § 123 oder von § 122 II Nr. 2 oder von § 9 VwZG Gebrauch machen will, im **Ermessen** (dazu § 5) der FB (BFH 14.10.2010 – II S 24/10 (PKH), BFH/NV 2011, 201). Das Ermessen ist sachgerecht ausgeübt, wenn das Benennungsverlangen zu einer für die FB vereinfachten Bekanntgabemöglichkeit führt und eine andere Art der Bekanntgabe nicht sachgerecht erscheint bzw. möglich ist. Ermessensgerecht ist das Benennungsverlangen insb. dann, wenn dem Adressaten noch zahlreiche weitere Bescheide zuzusenden sind (FG Baden-Württemberg 3.11.2006 – 12 K 115/06, EFG 2007, 478). Die Erzwingung des Benennungsverlangen nach §§ 328 ff. ist mit Rücksicht auf § 123 S. 2 ermessensfehlerhaft (TK § 123 Rn. 6).

6 Eine bestimmte **Form** ist für das Benennungsverlangen gesetzlich nicht angeordnet. Sie kann auch mündlich erfolgen, jedoch ist Schriftlichkeit schon aus Beweisgründen geboten. Der Beteiligte ist gem. S. 4 auf die Rechtsfolgen der Unterlassung einer Benennung hinzuweisen. Die Rechtswirkungen des S. 2 treten nur ein, wenn dem Beteiligten das Benennungsverlangen tatsächlich zugegangen ist. Da die FB hierfür nachweispflichtig ist (Klein § 123 Rn. 3), wird sie das Benennungsverlangen grds. gem. § 9 VwZG (→ § 122 Rn. 215 ff.) zustellen (HHSp § 123 Rn. 60; OFD Frankfurt 1.2.2006, BeckVerw 072900). Möglich ist auch eine öffentliche Zustellung gem. § 10 VwZG (→ § 122 Anhang VwZG Rn. 222 ff.), wenn der Aufenthaltsort des Beteiligten unbekannt ist. Ist eine Zustellung nach §§ 9, 10 VwZG nicht möglich (zB Schweiz, Liechtenstein), so genügt eine Aufforderung durch einfachen Brief (BFH 12.1.2011 – I R 37/10, BFH/NV 2011, 1281; Klein § 123 Rn. 3). Das Benennungsverlangen kann durch ein elektronisches Dokument (§ 87a) übermittelt werden. Dem Beteiligten ist eine angemessene **Frist** (idR drei Monate, vgl. zB OFD Frankfurt 1.2.2006, BeckVerw 072900; eine kürzere Frist kann jedoch uU genügen, HHSp § 123 Rn. 80) zur Benennung des Empfangsbevollmächtigten zu gewähren; diese Frist kann gem. § 109 verlängert werden. Sinnvoll dürfte die Aufnahme des

Hinweises sein, dass das bekanntzugebende/zuzustellende Schriftstück bei Unterlassen der Benennung nach § 10 VwZG öffentlich zugestellt werden kann (vgl. Gosch AO § 123 Rn. 4).

Die **Benennung** des Empfangsbevollmächtigten muss innerhalb der gesetzten angemessenen Frist gegenüber der verlangenden Behörde erfolgen. Ist die Benennung erfolgt, ist daneben ein Nachweis der Vollmacht gem. § 80 I 3 nicht erforderlich (Gosch AO § 123 Rn. 7). Die Rechtswirkungen des § 123 S. 2 treten erst nach Ablauf der gesetzten Frist ein. 7

Empfangsbevollmächtigter. Das Benennungsverlangen ist durch Benennung eines Empfangsbevollmächtigten im Inland zu erfüllen. Dabei kann es sich sowohl um eine natürliche als auch um eine juristische Person (zB StBeratungsgesellschaft) handeln (Gosch AO § 123 Rn. 8; TK § 123 Rn. 10; aA HHSp § 123 Rn. 71: nur natürliche Person). Der Empfangsbevollmächtigte ist mit Namen und Adresse zu benennen; die Angabe einer Deckadresse reicht nicht aus (FG Baden-Württemberg 13.2.1996 – 1 K 118/90, EFG 1996, 515 mwN). Es genügt auch nicht die Benennung eines Zustellungsbevollmächtigten, an den nicht zugestellt werden kann (zu § 53 III FGO: BFH 19.2.2019 – II B 85/17, BFH/NV 2019, 404). Die Empfangsvollmacht beinhaltet nicht zwangsläufig eine allg. Vollmacht iSd § 80 I 2. Wird jedoch eine allg. Vollmacht erteilt, so schließt diese idR eine Empfangsvollmacht ein (BFH 7.9.2005 – IV B 67/04, BFH/NV 2006, 234). Ein Bevollmächtigter iSd § 122 I 3 ist auch Empfangsbevollmächtigter iSd § 123; für den Widerruf der Empfangsvollmacht gilt § 80 I 4 (zu Einzelfragen vgl. Mugler/Goreczko DStR 2007, 229). Eine für StStrafverfahren bzw. Zollstrafverfahren erteile Vollmacht schließt nicht ohne Weiteres eine Vollmacht iSd § 123 ein (FG Hamburg 24.9.2003 – IV 279/00, EFG 2004, 155; TK § 127 Rn. 10). 8

Rechtswirkung der Benennung. Dem benannten Empfangsbevollmächtigten sind die für den Beteiligten bestimmten VA nach Maßgabe des § 122 bekannt zu geben. Mit dieser Bekanntgabe werden die VA gegenüber dem Beteiligten iSd § 124 wirksam. Diese Rechtswirkung tritt unabhängig davon ein, ob der Empfangsbevollmächtigte die Schriftstücke an den Beteiligten weiterleitet oder ihn anderweitig unterrichtet (HHSp § 123 Rn. 131). 9

Wiedereinsetzung. Soweit aufgrund eines Verschuldens eines Empfangsbevollmächtigten eine Frist versäumt wurde, kommt Wiedereinsetzung in den vorigen Stand (§ 110) in Betracht. Der Empfangsbevollmächtigte ist – soweit er nicht gem. § 80 I 2 Bevollmächtigter ist – grds. kein Vertreter iSd § 110 I 2, sondern lediglich Hilfsperson (FG Baden-Württemberg 21.5.1981 – III 280/79, EFG 1981, 604). Der Beteiligte hat ein Verschulden des Empfangsbevollmächtigten nur zu vertreten, wenn er bei dessen Auswahl oder Überwachung schuldhaft gehandelt hat (→ § 110 Rn. 50). 10

III. Zugangsfiktion (S. 2)

Unterlässt der Beteiligte die Benennung eines Empfangsbevollmächtigten, gilt gem. S. 2 ein an ihn gerichtetes Schriftstück einen Monat nach der Aufgabe zur Post und ein elektronisch übermitteltes Dokument am vierten Tage nach der Absendung als zugegangen. Der Fristlauf beginnt bei der Postübermittlung an den Beteiligten mit der Aufgabe zur Post (→ § 122 Rn. 55 f.), bei elektronisch übermittelten Dokumenten (§ 87a) mit der Absendung. 12

IV. Nichtgeltung der Zugangsfiktion (S. 3)

Gemäß S. 3 gilt die Zugangsfiktion des S. 2 nicht, wenn feststeht, dass das Schriftstück bzw. elektronische Dokument den Empfänger nicht oder zu einem späteren Zeitpunkt erreicht hat. Diesen Beweis hat der Empfänger zu führen. Bloße Zweifel am (rechtzeitigen) Zugang erschüttern die Zugangsfiktion nicht und gehen zulasten des Beteiligten. Die FB ist nicht gehalten, ihrerseits Ermittlungen über den rechtzeitigen Zugang der Sendung anzustellen (TK § 123 Rn. 13). Nur wenn die Umstände des Falls den Nichtzugang/ 13 verspäteten Zugang vermuten lassen, sind Ermittlungen veranlasst. Ist der Nachweis iSd S. 3 erbracht, tritt die Wirksamkeit (§ 124 I) des VA erst im Zeitpunkt der tatsächlichen Bekanntgabe ein.

V. Hinweis auf Rechtsfolgen der Unterlassung (S. 4)

14 Der Beteiligte ist gem. § 123 S. 4 auf die Rechtsfolgen der Unterlassung hinzuweisen. Es ist zwar hierfür keine Form vorgeschrieben, doch sollte aus Beweisgründen der Hinweis schriftlich erfolgen (TK § 127 Rn. 14). Der Hinweis sollte im Hinblick auf die bezweckte Warnfunktion auch zusammen mit dem Benennungsverlangen vorgenommen werden. Wird der Warnhinweis nachgeholt, bedarf es einer neuen angemessenen Fristsetzung (HHSp § 123 Rn. 170). Unterbleibt dieser Hinweis, können die Rechtsfolgen des S. 2 nicht eintreten. Die Wirksamkeit des VA tritt dann erst in dem Zeitpunkt ein, in dem der VA dem Beteiligten tatsächlich zugeht.

VI. Rechtsbehelfe

15 Gegen das Benennungsverlagen ist, da es sich um einen VA handelt, der Einspruch (§ 347) und ggf. die Anfechtungsklage gegeben. Mit Rücksicht auf die Bekanntgabefiktion des § 123 und die damit verbundene Einschränkung des Rechtsschutzes steht Art. 19 IV GG einer Anwendung der Grundsätze über nicht anfechtbare Verfahrenshandlungen (→ § 347 Rn. 4 ff.) entgegen (ähnlich HHSp § 123 Rn. 102).

§ 124 Wirksamkeit des Verwaltungsakts

(1) [1]**Ein Verwaltungsakt wird gegenüber demjenigen, für den er bestimmt ist oder der von ihm betroffen wird, in dem Zeitpunkt wirksam, in dem er ihm bekannt gegeben wird.** [2]**Der Verwaltungsakt wird mit dem Inhalt wirksam, mit dem er bekannt gegeben wird.**

(2) **Ein Verwaltungsakt bleibt wirksam, solange und soweit er nicht zurückgenommen, widerrufen, anderweitig aufgehoben oder durch Zeitablauf oder auf andere Weise erledigt ist.**

(3) **Ein nichtiger Verwaltungsakt ist unwirksam.**

Vergleichbare Vorschriften: § 43 VwVfG; § 39 SGB X

Schrifttum: Apitz, Wiedereinsetzung bei vordatierten Verwaltungsakten, StBp 2010, 79.

I. Allgemeines

1 § 124, wortgleich mit § 43 VwVfG, bestimmt die materiellrechtlichen Wirkungen des gem. § 122 bekannt gegebenen VA und ist damit das materiellrechtliche Gegenstück zur formalrechtlichen Regelung des § 122 (HHSp § 124 Rn. 12). Die Wirksamkeit des VA regeln § 124 I und II. Als Ausnahme hierzu stellt § 124 III klar, dass ein nichtiger VA unwirksam ist und damit keine materielle Rechtswirkung zeitigt.

2 **Begriff der Wirksamkeit.** Die Wirksamkeit des VA bedeutet die durch ihn begründete Verbindlichkeit (iSd Hervorbringung von Rechtswirkungen) im Verhältnis zwischen FB und Betroffenem. Hierbei ist weiter zu differenzieren zwischen der äußeren und der inneren Wirksamkeit: Die **äußere** Wirksamkeit des VA bezeichnet die mit seiner Bekanntgabe begründete Maßgeblichkeit gegenüber seinem Adressaten. Die **innere** Wirksamkeit des VA bezieht sich auf die Inkraftsetzung der im VA ausgesprochenen Regelung. Äußere und innere Wirksamkeit treten idR gleichzeitig ein (HHSp § 124 Rn. 32), können jedoch (zB bei aufschiebend befristeten oder aufschiebend bedingten VA, vgl. § 120 II Nr. 1 und Nr. 2) zeitlich auseinanderfallen. Auch der Widerruf der Bestellung als StBerater (§ 46 StBerG) wird unter Berücksichtigung des § 164a II 2 StBerG nur dann bereits mit

Bekanntgabe des Widerrufs sofort wirksam, wenn dies besonders angeordnet ist (BFH 16.4.1999 – XI B 52/98, BFH/NV 1999, 1293). Auch rechtswidrige VA entfalten Wirksamkeit (anders als nichtige VA, dazu § 124 III). Ein rechtswidriger VA wird äußerlich durch seine Bekanntgabe und innerlich entspr. der Aussage seiner Regelung wirksam (HHSp § 124 Rn. 36) und löst somit die damit verbundenen Rechtsfolgen, wie zB die Ablaufhemmung nach § 171 VIII (BFH 25.7.2000 – IX R 93/97, BStBl. II 2001, 9) aus.

Rechtsfolgen der Wirksamkeit. Die Wirksamkeit des VA erzeugt eine Selbstbindungswirkung der FB dahingehend, dass sie den VA ab Eintritt der Wirksamkeit gem. § 124 I – dh seiner Bekanntgabe – nicht mehr frei durch eine abw. anderweitige Regelung ersetzen darf. Die FB ist insoweit auf die gesetzlichen Korrekturmöglichkeiten (insb. §§ 130 ff., 172 ff.) verwiesen. 3

Aufgrund seiner Wirksamkeit entfaltet der VA darüber hinaus ganz allg. eine **Tatbestandswirkung** dahingehend, dass er von jedermann (insb. von jeder anderen Behörde und jedem Gericht) als gegebener Tatbestand zu beachten ist (BFH 26.9.2007 – I R 43/06, BStBl. II 2008, 134; TK § 124 Rn. 4). Mit seinem Existentwerden, dh unabhängig von der Anfechtbarkeit des VA durch die Beteiligten, tritt die Tatbestandswirkung ein (vgl. HHSp § 124 Rn. 57). Bezüglich der dem wirksamen VA zugrunde liegenden rechtlichen Beurteilung und Sachverhaltsfeststellung tritt jedoch eine entsprechende Bindung (sog. **Feststellungswirkung**) nur – und auch nur in dem Umfang – ein, in dem dies durch besondere Rechtsvorschrift vorgeschrieben ist (vgl. BeckOK VwVfG § 43 Rn. 36; SBS § 43 Rn. 160 ff.).

Die Wirksamkeit des VA ist ferner Voraussetzung für seine Bestandskraft (→ § 118 Rn. 69 ff.) und ferner – bei vollziehbaren VA – für seine Vollziehbarkeit (→ § 361 Rn. 1). Für die Vollstreckbarkeit ist zusätzlich noch ein Leistungsgebot (§ 254 I) erforderlich.

II. Wirksamwerden des Verwaltungsakts (Abs. 1)

Der Beginn der Wirksamkeit des VA bestimmt sich gem. § 124 I 1 nach dem Zeitpunkt der Bekanntgabe. Maßgebend ist der Inhalt des bekannt gegebenen VA, § 124 I 2. 4

1. Wirksamwerden mit Bekanntgabe (Abs. 1 S. 1)

Die Bekanntgabe des VA ist gem. § 124 I 1 Wirksamkeitsvoraussetzung für den VA und fixiert den Zeitpunkt des Beginns seiner Wirksamkeit. Mit der Bekanntgabe sollen die mit der Wirksamkeit verknüpften Folgen eintreten. Die „zentrale Konsequenz" dieser Regelung besteht darin, dass auch ein noch nicht unanfechtbarer VA wirksam ist (HHSp § 124 Rn. 140). § 124 I setzt in Erfüllung rechtsstaatlicher Erfordernisse eine **wirksame Bekanntgabe** voraus; dazu muss der VA dem Adressaten mit **Bekanntgabewillen** der FB zur Kenntnis gebracht worden sein (→ § 122 Rn. 9). Ist die Bekanntgabe unwirksam (auch → § 122 Rn. 7, 22), kann auch die Wirksamkeit des VA nicht eintreten (BFH 25.11.2002 – GrS 2/01, BStBl. II 2003, 548; Gosch AO § 124 Rn. 3.2). In diesem Fall liegt ein sog. NichtVA vor, auf den § 125 entspr. anzuwenden ist (→ § 125 Rn. 46). Bei einem heilbaren Bekanntgabemangel tritt die Wirksamkeit im Zeitpunkt der Heilung ein (→ § 122 Rn. 22 ff.). 5

Zeitpunkt des Eintritts der Wirksamkeit ist gem. § 124 I 1 (iSd äußeren Wirksamkeit, → Rn. 2) der der Bekanntgabe des VA (dazu § 122). Es gilt die Bekanntgabefiktion des § 122 II, sodass die Wirksamkeit eines durch die Post übermittelten schriftlichen VA auch bei dessen Zugang vor Ablauf der Drei-Tages-Frist erst in dem in § 122 II bestimmten Zeitpunkt eintritt (HHSp § 124 Rn. 142; BFH 13.12.2000 – X R 96/98, BStBl. II 2001, 274; → § 122 Rn. 51; zu den daraus für § 233a II 3 zu ziehenden Folgerungen → § 233a Rn. 33). Auf das Datum des Bescheides kommt es nicht an (vgl. Apitz StBP 2010, 79; → Rn. 8). 6

Eine **Aufgabe des Bekanntgabewillens** ist bis zur Bekanntgabe ohne Rücksicht auf die Änderungsvoraussetzungen der §§ 130 ff., 172 ff. möglich. Folge ist, dass es an einem wirksamen VA fehlt. Die Aufgabe des Bekanntgabewillens ist jedoch grds. unbeachtlich, wenn sie erst zu einem Zeitpunkt erfolgt, in dem der VA bereits den **Organisationsbereich** der FVerw. **verlassen** hatte (dies ist regelmäßig der Zeitpunkt der Aufgabe zur Post; → § 122 Rn. 12 f.).

Der VA wird nicht gem. § 124 I wirksam, wenn die Aufgabe des Bekanntgabewillens **klar und eindeutig** in den Akten dokumentiert wird, **bevor** der VA den Herrschaftsbereich der FB verlässt (BFH 12.8.1996 – VI R 18/94, BStBl. II 1996, 627; BFH 23.8.2000 – X R 27/98, BStBl. II 2001, 662; AEAO zu § 124 Nr. 1). Ist dies der Fall und erfolgt gleichwohl eine Bekanntgabe des VA, ist dieser als NichtVA zu behandeln (ebenso HHSp § 124 Rn. 149; → § 118 Rn. 14). Die Behörde muss dem Empfänger die Aufgabe des Bekanntgabewillens mitteilen (TK § 124 Rn. 14, aA BFH 12.8.1996 – VI R 18/94, BStBl. II 1996, 627; HHSp § 124 Rn. 210). Ein VA kann auch **vor der Bekanntgabe oder gleichzeitig mit der Bekanntgabe frei widerrufen oder aufgehoben** werden, ohne dass die Voraussetzungen für eine Rücknahme oder einen Widerruf (§§ 130, 131) bzw. für eine Änderung nach den §§ 172 ff. vorliegen müssen. Da es sich um eine Willenserklärung handelt (§ 130 BGB), genügt hierfür grds. auch eine mündliche Mitteilung (BFH 28.5.2009 – III R 84/06, BStBl. II 2009, 949; → § 122 Rn. 12a; Gosch AO § 127 Rn. 11; Schwarz/Pahlke/Keß § 124 Rn. 12; aA TK § 124 Rn. 14). Eine klare und eindeutige Dokumentation der Aufgabe des Bekanntgabewillens in den Akten der FB ist in diesen Fällen entbehrlich (BFH 18.8.2009 – X R 25/06, BStBl. II 2009, 965). Allerdings trägt die FB die Beweislast, dass der VA (rechtzeitig) widerrufen bzw. aufgehoben worden ist.

Wird ein VA mehreren Beteiligten zu unterschiedlichen Zeitpunkten bekannt gegeben, tritt Wirksamkeit jeweils zu diesen unterschiedlichen Zeitpunkten ein (TK § 124 Rn. 11). Der VA bleibt gegenüber denjenigen Beteiligten unwirksam, denen der VA nicht bekannt gegeben wurde (BFH 20.12.2000 – I R 50/00, BStBl. II 2001, 381). Die Bindung der FB an den Inhalt des VA tritt jedoch bereits mit der Bekanntgabe an nur einen Beteiligten ein (HHSp § 124 Rn. 166). Dementsprechend kann die FB einen einheitlichen Feststellungsbescheid, den sie noch nicht allen, sondern erst einzelnen Beteiligten bekannt gegeben hat, diesen Personen gegenüber ändern, ohne ihn zuvor auch den anderen Beteiligten bekannt gegeben haben zu müssen (BFH 31.5.1978 – I R 76/76, BStBl. II 1978, 600). Bei Korrekturbescheiden tritt die Ablösung des alten VA durch den neuen VA mit dessen Bekanntgabe ein (HHSp § 124 Rn. 143; BFH 25.8.1999 – X R 30/98, BFH/NV 2000, 439 betr. § 68 FGO).

7 **Wirksamkeit gegenüber Inhaltsadressaten und Betroffenen.** Der VA entfaltet Wirksamkeit nur gegenüber demjenigen, für den der VA bestimmt ist oder der von ihm betroffen wird. Dies entspricht der Regelung des § 122 I 1. Die Wirksamkeit tritt daher in der Person des Inhaltsadressaten oder Drittbetroffenen ein, sofern diesem der VA tatsächlich bekannt gegeben wird (bei unterlassener Bekanntgabe ist der Drittbetroffene dennoch anfechtungsberechtigt; BFH 26.4.1988 – VIII R 292/82, BStBl. II 1988, 855). Abw. hiervon wird bei den sog. dinglich wirkenden Bescheiden (Feststellungsbescheide über den Einheitswert gem. § 182 II, GrSt-Messbescheide gem. § 184 I 4 sowie Zerlegungs- und Zuteilungsbescheide gem. §§ 185, 190) durch deren Bekanntgabe an den Rechtsvorgänger auch eine Drittwirkung gegenüber dem Rechtsnachfolger herbeigeführt.

2. Inhalt des bekannt gegebenen Verwaltungsakts (Abs. 1 S. 2)

8 § 124 I 2 ordnet an, dass der VA mit dem Inhalt wirksam wird, mit dem er bekannt gegeben ist. Der VA erwächst auch mit diesem Inhalt in Bestandskraft (HHSp § 124 Rn. 177; BFH 13.4.2000 – V R 25/99, BFH/NV 2001, 137). Zum Inhalt gehört neben der Angabe des Adressaten der Verfügungs- oder Entscheidungssatz (sog. Ausspruch oder Tenor); das ist bei einem StBescheid die StFestsetzung bzw. StMessbetragsfestsetzung (BFH 20.11.2008 – III R 66/07, BStBl. II 2009, 185; TK § 124 Rn. 15). Nicht zum Inhalt gehört hingegen das Bescheiddatum, dem lediglich die Funktion zukommt, die StFestset-

zung zeitlich zu fixieren und in diesem Sinn den Bescheid zu kennzeichnen (BFH 3.5.2001 – III R 56/98, BFH/NV 2001, 1365). Gleichfalls nicht zum Inhalt gehört die Rechtsbehelfsbelehrung. Fehlt diese, so wirkt sich dies gem. § 356 nur auf den Zeitraum der Rechtsbehelfsfrist aus (TK § 124 Rn. 15). Die Begründung des VA (§ 121) selbst nimmt ebenso nicht an einem verbindlichen Rechtsbindungsanspruch teil (HHSp § 124 Rn. 201). § 124 I 2 gilt in gleicher Weise für Nebenbestimmungen (§ 120) zu einem VA (HHSp § 124 Rn. 200; zur Bedingung vgl. BFH 9.1.2001 – IX R 101/97, BFH/NV 2001, 922 mwN; zum Vorbehalt der Nachprüfung gem. § 164 vgl. BFH 27.3.1996 – I R 83/94, BStBl. II 1996, 509; zum Vorläufigkeitsvermerk gem. § 165 vgl. BFH 27.11.1996 – X R 20/95, BStBl. II 1997, 791; BFH 19.10.1999 – IX R 23/98, BStBl. II 2000, 282; BFH 17.3.2010 – IV R 60/07, BFH/NV 2010, 1446).

§ 124 I 2 stellt damit iSd zivilrechtlichen **Erklärungstheorie** klar, dass die Rechtswirkung des VA als empfangsbedürftige Willenserklärung auf dem Gebiet des öffentlichen Rechts ohne Rücksicht auf den Willen des Erklärenden so herbeigeführt wird, wie ihn der Empfänger nach den ihm bekannten Umständen unter Berücksichtigung von Treu und Glauben mit Rücksicht auf die Verkehrssitte verstehen konnte (BFH 18.7.1994 – X R 33/91, BStBl. II 1995, 4; BFH 9.4.2008 – II R 31/06, BFH/NV 2008, 1435; BFH 8.2.2007 – IV R 65/01, BStBl. II 2009, 699; HHSp § 124 Rn. 178 mwN, 183). Der Inhalt des VA ist demnach zunächst auf Basis seines Wortlauts und ggf. ergänzend **durch Auslegung** (§§ 133, 157 BGB) **zu ermitteln** (vgl. FG Köln 16.3.2022 – 2 K 2802/20, EFG 2022, 1342). Es gilt der Grundsatz, dass VA aus sich heraus auszulegen sind (BFH 11.7.2006 – VIII R 10/05, BStBl. II 2007, 96). Dabei können die sonstigen Bestandteile des VA herangezogen werden, wie beispielsweise die unselbständigen Besteuerungsgrundlagen, die Begründung sowie Unterlagen, auf die im VA Bezug genommen wird, zB Bericht über eine Ap. (BFH 16.6.2011 – IV R 11/08, BStBl. II 2011, 903; Schwarz/Pahlke/Keß § 124 Rn. 29; zu den sich daraus für die Auslegung des VA ergebenden Folgerungen → § 118 Rn. 54 f.). Ebenso sind sonstige Umstände, wie Anträge und (Steuer-)Erklärungen der Beteiligten, vorausgegangener Schriftwechsel etc., soweit sie dem Betroffenen bekannt oder zumindest zugänglich sind, bei der Auslegung zu berücksichtigen (HHSp § 124 Rn. 187). Wie ein außenstehender Dritter den VA verstehen könnte, spielt für die Auslegung keine Rolle (BFH 11.7.2006 – VIII R 10/05, BStBl. II 2007, 96; BFH 8.2.2007 – IV R 65/01, BFH/NV 2007, 1004). Auf individuelle Verständnisschwierigkeiten ist nicht abzustellen (TK § 124 Rn. 15). Unklarheiten in der Erklärung gehen zulasten der FB (BFH 21.7.2011 – II R 7/10, BFH/NV 2011, 1835); im Zweifel ist das den Stpfl. weniger belastende Auslegungsergebnis vorzuziehen (BFH 25.11.2008 – II R 11/07, BStBl. II 2009, 287; BFH 17.3.2010 – IV R 60/07, BFH/NV 2010, 1446), bei einem begünstigenden VA das Ergebnis, das dem Stpfl. ein Mehr an Begünstigung gewährt (BFH 20.12.2006 – I R 13/06, BStBl. II 2007, 616). **Maßgebender Zeitpunkt,** bis zu dem sich die Dinge ereignet haben müssen, um bei der Auslegung des VA berücksichtigt werden zu können, ist der Zeitpunkt seiner Wirksamkeit, dh der Zeitpunkt seiner Bekanntgabe (BFH 11.7.2006 – VIII R 10/05, BStBl. II 2007, 96; HHSp § 124 Rn. 188).

Die allein auf den Willen der FB bzw. des Sachbearbeiters abstellende Betrachtung (sog. **Willenstheorie**) ist gegenstandslos. Aus dem gem. § 124 I 2 maßgebenden Empfängerhorizont folgt, dass das Erklärte auch dann gilt, wenn der VA nach dem Willen der FB einen anderen Inhalt haben sollte (zB bei einer nur in der Aktenverfügung, nicht aber im bekannt gegebenen Bescheid enthaltenen Vorbehaltsverfügung, BFH 22.2.2006 – I R 125/04, BStBl. II 2006, 401). Die FB muss den bekannt gegebenen VA gegen sich gelten lassen (BFH 24.10.1984 – II R 30/81, BStBl. II 1985, 218).

Bei einer Abweichung des Erklärten vom intendierten Regelungsinhalt des VA kommt 9
ggf. die Anwendung des **§ 129** in Betracht; dies gilt – insoweit die Reichweite der Erklärungstheorie einschränkend – auch dann, wenn die offenbare Unrichtigkeit aus dem bekannt gegebenen VA nicht erkennbar ist (→ § 129 Rn. 18). Ferner kann ggf. eine Aufhebung oder Änderung des VA nach den allgemeinen Vorschriften (§§ 130 f., 172 ff.)

erfolgen. Die Maßgeblichkeit der Empfängersicht gilt auch dann zulasten des Betroffenen, wenn eine von der FB an sich gewollte und dem Betroffenen günstige Regelung in dem tatsächlich erlassenen VA keinen Ausdruck findet (ist zB der bekannt gegebene VA mit einem Vorbehalt der Nachprüfung versehen, so ist dieser Vorbehalt auch dann wirksam, wenn die Aktenurschrift einen Endgültigkeitsvermerk und keinen Vorbehalt enthält, BFH 14.9.1993 – VIII R 9/93, BStBl. II 1995, 2 (4); HHSp § 124 Rn. 185).

III. Wirksamkeitsdauer des Verwaltungsakts (Abs. 2)

10 § 124 II regelt zum einen die Dauer der Wirksamkeit eines VA („solange") und zum anderen den Umfang, in dem der Verlust der Wirksamkeit – ganz oder teilweise („soweit") – eintreten kann. Insoweit setzt § 124 II die Teilbarkeit des VA voraus (allg. → § 125 Rn. 36). Dauer und Umfang der Wirksamkeit des VA sind nicht von der Rechtmäßigkeit des VA abhängig; auch der fehlerhafte (rechtswidrige) VA ist rechtswirksam, soweit nicht ausnahmsweise ein Nichtigkeitsgrund iSd § 125 gegeben ist (HHSp § 124 Rn. 227). Die rechtlichen Wirkungen des zurückgenommenen/widerrufenen, aufgehobenen, geänderten oder auf andere Weise erledigten VA entfallen nicht erst mit Eintritt der formellen Rechtskraft des gegenläufigen Bescheids, sondern bereits mit der Bekanntgabe (ebenso HHSp § 124 Rn. 239: aA Gosch AO § 124 Rn. 13; FG Köln 27.5.2010 – 15 K 4603/06, EFG 2011, 113). Wird ein Aufhebungsbescheid seinerseits aufgehoben, so lebt der aufgehobene Bescheid grds. wieder auf (BFH 9.12.2004 – VII R 16/03, BStBl. II 2006, 346). Dies gilt jedoch (ausnahmsweise) dann nicht, wenn die USt-Jahresfestsetzung mangels StSchuldnerschaft aufgehoben wird (BFH 22.5.2012 – VII R 47/11, BStBl. II 2013, 3: kein Wiederaufleben der USt-Vorauszahlungsfestsetzungen).

11 **Dauer der Wirksamkeit.** Der VA bleibt gem. § 124 II wirksam bis zu seiner

- Rücknahme (§ 130) oder seinem Widerruf (§ 131);
- anderweitigen Aufhebung oder Änderung wie zB gem. §§ 172–175 oder nach Einzel-StGesetzen (zB § 10d I 3 EStG, § 35b GewStG). Hierzu gehören auch die Einspruchsentscheidung (§ 369) sowie der Urteilsspruch des FG bei der Anfechtungsklage (§ 100 I 1 FGO). Die Berichtigung nach § 129 fällt nicht darunter, da sie den maßgeblichen materiellen Regelungsgehalt des VA gerade nicht verändern wird (umstr. → § 129 Rn. 3; vgl. FG Hamburg 24.5.2024 – 5 K 12/24, EFG 2024, 1865). Ebenfalls kein Fall der anderweitigen Aufhebung ist die Saldierung nach § 177, da diese Norm keine eigene Korrekturvorschrift ist, sondern Korrekturhindernis (HHSp § 124 Rn. 238);
- Erledigung durch Zeitablauf, wenn der VA nur für eine bestimmte Zeit ergangen war (zB Stundung einer StForderung) oder der Endtermin eines gem. § 120 II Nr. 1 befristeten VA eingetreten ist;
- Erledigung auf andere Weise zB durch Eintritt einer aufschiebenden/auflösenden Bedingung gem. § 120 I Nr. 2 (→ § 120 Rn. 24), Verzicht des Begünstigten auf eine ihm durch den VA gewährte Rechtsposition (zB vorzeitige Zahlung eines gestundeten Betrags; vgl. Schwarz/Pahlke/Keß § 124 Rn. 34a), Versterben des Begünstigten bei einem DauerVA (HHSp § 124 Rn. 248), eine gewährte AdV mit Rücknahme des Einspruchs (BFH 14.3.1986 – VI B 44/84, BStBl. II 1986, 475) oder Überholung des Regelungsinhalts eines VA aufgrund eines neuen VA. So erledigt sich zB ein Vorauszahlungsbescheid oder eine StVoranmeldung mit wirksamer Bekanntgabe des Jahressteuerbescheids (BFH 3.7.1995 – GrS 3/93, BStBl. II 1995, 730; BFH 4.11.1999 – V R 35/98, BStBl. II 2000, 454; BFH 26.1.2006 – VII B 327/05, BFH/NV 2006, 843; → § 37 Rn. 57; zu den Auswirkungen auf ein anhängiges Einspruchsverfahren → § 365 Rn. 26). Ebenso erledigt sich die KapEStAnmeldung durch die Festsetzung der ESt im JahresStBescheid (FG Niedersachsen 17.1.2008 – 10 K 391/02, DStRE 2008, 974). Der Ablauf der Festsetzungsfrist für einen StAnspruch führt dazu, dass sich ein zuvor erlassener Vorauszahlungsbescheid auf andere Weise erledigt, sodass – sofern vor Eintritt der

Festsetzungsfrist kein JahresStBescheid ergangen ist – geleistete Vorauszahlungen nach § 37 II zu erstatten sind (so instruktiv FG Rheinland-Pfalz 8.2.2012 – 2 K 2259/10, DStRE 2012, 635). Weitere Beispiele für das Entfallen der sachlichen oder rechtlichen Grundlage des Regelungsobjekts sind: Berichtigung gem. § 17 II Nr. 3 iVm I S. 3 UStG (BFH 9.4.2002 – VII R 108/00, BStBl. II 2002, 562); ein gem. § 165 vorläufiger Bescheid mit Ergehen eines endgültigen Bescheids, ein Stundungsbescheid nach Aufhebung des StBescheids oder Erlass der festgesetzten Steuer; eine Lohnpfändungsverfügung für die Zukunft, wenn der Lohnanspruch wegen Beendigung des Arbeitsverhältnisses erlischt (FG Rheinland-Pfalz 24.2.2003 – 5 K 2441/01, DStRE 2003, 757; HHSp § 124 Rn. 248); ein Antrag auf Fristverlängerung zur Einreichung von StErklärungen gem. § 109 I 1 mit Abgabe der StErklärung (BFH 28.6.2000 – X R 24/95, BStBl. II 2000, 514 (518)). Die Aufhebung eines Grundlagenbescheids führt jedoch nicht zur Erledigung des Folgebescheids. Hier verlangt § 175 I Nr. 1 eine ausdrückliche Aufhebungsentscheidung. Auch der Vollzug eines VA bewirkt idR nicht seine Erledigung (FG Rheinland-Pfalz 24.2.2003 – 5 K 2441/01, DStRE 2003, 757 betr. Lohnpfändung). Ein Schätzungsbescheid erledigt sich nicht durch Abgabe der StErklärung (BFH 16.11.2005 – XI B 195/04, BFH/NV 2006, 251).

IV. Unwirksamkeit des nichtigen Verwaltungsakts (Abs. 3)

Der nichtige VA (dazu § 125) gilt rechtlich als nicht vorhanden. Er zeitigt keine materiellen Rechtswirkungen und ist daher allg. unbeachtlich. Diese materiellrechtliche Wirkung wird durch § 124 III klargestellt. Die Unwirksamkeit hat insb. zur Folge, dass der VA nicht befolgt werden muss, nicht in Bestandskraft erwächst, die Festsetzungsfrist (§§ 169 ff.) nicht wahrt und auch nicht die Zahlungsverjährung (§§ 228 ff.) unterbricht. Ein nichtiger Feststellungsbescheid erzeugt keine Bindungswirkung (→ § 182 Rn. 7). **12**

Unabhängig von einer Anfechtung des VA ist dessen Unwirksamkeit (Nichtigkeit) in jedem Verfahren zu beachten. Auf die Unwirksamkeit kann sich jedermann jederzeit berufen (BFH 17.6.1992 – X R 47/88, BStBl. II 1993, 174). Die FG können auch jederzeit eine entsprechende Entscheidung treffen (BFH 7.10.1997 – VIII R 4/96, BFH/NV 1998, 1195); ebenso die FB (HHSp § 124 Rn. 291). Zu den verfahrensrechtlichen Möglichkeiten, den dem nichtigen VA anhaftenden Rechtsschein zu beseitigen, → § 125 Rn. 38 ff.

Da der nichtige VA keine Rechtswirkungen hervorbringt, wird durch ihn auch die Regelungsbefugnis der FB nicht verbraucht. Die FB ist daher mangels materiellrechtlicher Wirkung des VA nicht gehindert, den jeweiligen Sachverhalt jederzeit durch einen neuen wirksamen VA zu regeln. **13**

§ 125 Nichtigkeit des Verwaltungsakts

(1) **Ein Verwaltungsakt ist nichtig, soweit er an einem besonders schwerwiegenden Fehler leidet und dies bei verständiger Würdigung aller in Betracht kommenden Umstände offenkundig ist.**

(2) **Ohne Rücksicht auf das Vorliegen der Voraussetzungen des Absatzes 1 ist ein Verwaltungsakt nichtig,**

1. **der schriftlich oder elektronisch erlassen worden ist, die erlassende Finanzbehörde aber nicht erkennen lässt,**
2. **den aus tatsächlichen Gründen niemand befolgen kann,**
3. **der die Begehung einer rechtswidrigen Tat verlangt, die einen Straf- oder Bußgeldtatbestand verwirklicht,**
4. **der gegen die guten Sitten verstößt.**

(3) **Ein Verwaltungsakt ist nicht schon deshalb nichtig, weil**

1. Vorschriften über die örtliche Zuständigkeit nicht eingehalten worden sind,
2. eine nach § 82 Absatz 1 Satz 1 Nummer 2 bis 6 und Satz 2 ausgeschlossene Person mitgewirkt hat,
3. ein durch Rechtsvorschrift zur Mitwirkung berufener Ausschuss den für den Erlass des Verwaltungsakts vorgeschriebenen Beschluss nicht gefasst hat oder nicht beschlussfähig war,
4. die nach einer Rechtsvorschrift erforderliche Mitwirkung einer anderen Behörde unterblieben ist.

(4) **Betrifft die Nichtigkeit nur einen Teil des Verwaltungsakts, so ist er im Ganzen nichtig, wenn der nichtige Teil so wesentlich ist, dass die Finanzbehörde den Verwaltungsakt ohne den nichtigen Teil nicht erlassen hätte.**

(5) **Die Finanzbehörde kann die Nichtigkeit jederzeit von Amts wegen feststellen; auf Antrag ist sie festzustellen, wenn der Antragsteller hieran ein berechtigtes Interesse hat.**

Vergleichbare Vorschriften: § 44 VwVfG; § 40 SGB X

Schrifttum: Heißenberg, Nichtigkeit von Steuerverwaltungsakten, KÖSDI 1992, 8793; Kutschka, Grobe Schätzfehler und Nichtigkeit, DStR 1993, 1815; von Wedelstädt, Rechtsschutz bei Schätzungsveranlagungen, AO-StB 2002, 275; Müller, Wann ist ein Schätzungsbescheid nichtig?, AO-StB 2010, 240; Grube, Zum vielfältigen Rechtsschutz gegen nichtige Steuerbescheide, DStZ 2011, 569; Kronawitter, Schätzung von Besteuerungsgrundlagen wegen Nichtabgabe der Steuererklärung, ZKF 2015, 31; Nöcker, Feststellung der Nichtigkeit eines Verwaltungsakts kann selbst Verwaltungsakt sein, NWB 2015, 166.

Übersicht

A. Allgemeines

1 **Regelungsinhalt.** § 125 I enthält eine Generalklausel für die Nichtigkeit des VA. Zur Erleichterung der Handhabung werden in § 125 II die Nichtigkeitsgründe aufgeführt, die unabhängig von Abs. 1 zur Nichtigkeit führen. In § 125 III werden andererseits Fehler aufgeführt, die nicht zur Nichtigkeit führen (zum Verhältnis von § 125 I zu III → Rn. 6). § 125 IV und V betreffen die sich aus der Nichtigkeit des VA ergebenden Rechtsfolgen.

Begriff und Rechtsfolge der Nichtigkeit. Die Nichtigkeit des fehlerhaften VA rechtfertigt sich aus der besonderen Schwere des Fehlers (allg. zu den nach der Erheblichkeit eines Fehlers differenzierenden Fehlerfolgen → § 118 Rn. 66; zur Abgrenzung zu den lediglich zur Rechtswidrigkeit des VA führenden minder schweren Fehlern → Rn. 12 f.). Die Nichtigkeitsfolge ist eine Ausnahme von dem allg. Grundsatz, dass ein Akt der staatlichen Gewalt die Vermutung seiner Gültigkeit in sich trägt (BFH 30.11.1987 – VIII B 3/87, BStBl. II 1988, 183; BVerwG 17.10.1997 – 8 C 1/96, HFR 1998, 1020; HHSp § 125 Rn. 3). Ein nichtiger VA kann keinen Anspruch auf Beachtung erheben und ist deshalb gem. **§ 124 III** unwirksam. In Ausnahmefällen ist die Umdeutung des nichtigen VA in einen anderen (wirksamen) VA möglich (HHSp § 125 Rn. 4; aA TK § 125 Rn. 2; → § 128 Rn. 3). Da auch der nichtige VA den Anschein der Rechtswirksamkeit erweckt, kann die Nichtigkeit aus Gründen der Rechtssicherheit förmlich festgestellt werden (§ 125 V). Zu beachten ist, dass ein nichtiger oder rückwirkend aufgehobener VA, mit dem die FB ihren Willen ausdrückt, an der StForderung festzuhalten und diese durchzusetzen, allerdings zur Unterbrechung der Zahlungsverjährung führt (BFH 21.6.2010 – VII R 27/08, BStBl. II 2011, 331; → § 231 Rn. 9). 2

Dem **Anwendungsbereich** des § 125, der dem § 44 VwVfG nachgebildet ist, unterliegen ausschl. VA. § 125 betrifft nicht VA, die schon mangels formeller Bekanntgabe nicht wirksam geworden sind (§ 124 I 1), da nur ein wirksam bekannt gegebener VA nichtig sein kann (BFH 22.10.2002 – VII R 56/00, BStBl. II 2003, 109; Gosch AO § 125 Rn. 4, HHSp § 125 Rn. 8). Auf Nichtakte (auch sog. NichtVA oder ScheinVA) ist § 125 V entspr. anzuwenden (→ Rn. 44). Die Anwendbarkeit von § 125 bei zollrechtlichen Entscheidungen dürfte sich aus Art. 23 Abs. 3 UZK ergeben, der Vorschriften in anderen (nicht speziell zollrechtlichen) Bereichen, aus denen sich Unwirksamkeits- oder Nichtigkeitsgründe ergeben, für anwendbar erklärt (vgl. BeckOK AO § 125 Rn. 12). Aufgrund der am 21.8.2002 in Kraft getretener Änderung des § 125 II Nr. 1 ist auch ein elektronischer VA nichtig, wenn er die erlassende FB nicht erkennen lässt (vgl. BT-Drs. 14/9000, 37). 3

B. Nichtigkeit nach der Generalklausel (Abs. 1)

I. Allgemeines

Die Generalklausel des § 125 I ordnet die Nichtigkeitsfolge an, wenn der VA an einem besonders schwerwiegenden Fehler leidet (→ Rn. 11 ff.) und diese besondere Fehlerhaftigkeit offenkundig ist (→ Rn. 21, 22). 4

§ 125 I folgt der sog. **Evidenztheorie,** die auf eine entsprechende verwaltungsverfahrensrechtliche Judikatur zurückgeht und die Nichtigkeitsfolge an die Schwere und Offenkundigkeit des Fehlers knüpft (BFH 19.12.1963 – III 77/62, BeckRS 1963, 21007575; BFH 27.11.1968 – III 244/64, BStBl. II 1969, 250; Klein § 125 Rn. 2). Die Handhabung des § 125 I wird durch die begriffliche Unschärfe der hier verwendeten unbestimmten Rechtsbegriffe erschwert, sodass der sachliche Gehalt dieser Vorschrift notwendigerweise mit wenig aussagekräftigen Formeln umschrieben werden muss (→ Rn. 10 f.). 5

Verhältnis des § 125 I zu II und III. Die Allgemeinregelung des § 125 I ist keine Auffangnorm, sondern steht selbständig neben den in § 125 II normierten absoluten Nichtigkeitsgründen (SBS § 44 Rn. 99 f. mwN). § 125 II löst einerseits die Nichtigkeitsfolge unabhängig davon aus, ob die Voraussetzungen des § 125 I gegeben wären. Andererseits ergibt sich aus § 125 II keine Sperrwirkung bezüglich der Anwendung des § 125 I. Hingegen ist die gem. § 125 III ausgeschlossene Nichtigkeitsfolge eine echte Ausnahmeregelung zu § 125 I, sodass auch schwere und offenkundige Verfahrensfehler iSd § 125 III nicht zur Nichtigkeit führen (SBS § 44 Rn. 101 und 158 mwN). 6

Aufgrund der Systematik des § 125 werden daher zweckmäßigerweise die Tatbestände des § 125 II und III vor der Generalklausel des § 125 I geprüft. In Zweifelsfällen sind die 7 aus § 125 II und III erkennbaren Wertungen des Gesetzgebers als Auslegungshilfe bei der Auslegung des § 125 I (→ Rn. 11) heranzuziehen.

II. Besonders schwerwiegender Fehler

10 Besonders schwerwiegend sind (formelle und materielle) Fehler, die unter keinen Umständen mit der Rechtsordnung vereinbar sind. Ein VA ist nichtig, wenn er die an eine ordnungsgemäße Verwaltung zu stellenden Anforderungen in so einem hohen Maße verletzt, dass von niemandem erwartet werden kann, den VA als verbindlich anzuerkennen (zB BFH 26.4.2006 – II R 58/04, BStBl. II 2006, 793; BFH 20.12.2000 – I R 50/00, BStBl. II 2001, 381, std. Rspr.; vgl. auch BVerwG 17.10.1997 – 8 C 1/96, HFR 1998, 1020; HHSp § 125 Rn. 14 mwN). Der Fehler muss nach seinem Ausmaß und seiner Schwere den VA als **schlechterdings unerträglich** erscheinen lassen, dh mit tragenden Verfassungsprinzipien oder der (Steuer-)Rechtsordnung immanenten wesentlichen Wertvorstellungen unvereinbar sein (BVerwG 22.2.1985 – 8 C 107/83, NJW 1985, 2658; ähnlich BFH 30.11.1987 – VIII B 3/87, BStBl. II 1988, 183 (185); BFH 16.9.2010 – V R 57/09, BStBl. II 2011, 151; BFH 21.6.2010 – VII R 27/08, BStBl. II 2011, 331). Dies trifft etwa auf **objektiv willkürliche** Maßnahmen der FB zu, die mit den Anforderungen an eine ordnungsgemäße Verwaltung schlechterdings nicht zu vereinbaren sind (BFH 20.12.2000 – I R 50/00, BStBl. II 2001, 381; BFH 15.5.2002 – X R 33/99, BFH/NV 2002, 1415; BFH 12.10.2005 – XI B 203/04, BFH/NV 2006, 239; Kronawitter ZKF 2015, 31). Auch **subjektiv willkürliche** Maßnahmen können zur Nichtigkeit eines Bescheides führen (vgl. BFH 21.8.2019 – X R 16/17, BStBl. II 2020, 99 für eine Schätzung, → § 162 Rn. 126). § 125 I verlangt jeweils eine verständige Würdigung aller in Betracht kommenden Umstände und setzt voraus, dass dem VA nicht durch Auslegung (zu den für VA geltenden Auslegungsgrundsätzen → § 118 Rn. 54 f.) ein wirksamer Regelungsgehalt entnommen werden kann (vgl. zB BFH 2.7.1997 – I R 32/95, BStBl. II 1998, 176; BFH 8.2.2007 – IV R 65/01, BFH/NV 2007, 1004).

11 Entscheidend ist die **Art des Fehlers,** der dem **VA selbst** (dh der durch ihn getroffenen Regelung) anhaften muss. Auf das Maß des Fehlverhaltens der Behörde und deren ggf. schuldhaftes Handeln kommt es nicht an (BVerwG 22.2.1985 – 8 C 107/83, NJW 1985, 2658). Unerheblich ist auch, ob der Fehler der FB bewusst oder aus Versehen unterlief und ob er vermeidbar oder unvermeidbar war (BFH 28.10.1999 – I R 8/98, BFH/NV 2000, 579; BFH 17.3.2010 – III B 177/09, BFH/NV 2010, 1238 mwN). Als **Auslegungshilfe** für § 125 I kann auf die Wertungen des § 125 II und III zurückgegriffen werden: Besonders schwerwiegend iSd § 125 I sind Fehler, die einerseits denen des § 125 II an Schwere und Tragweite vergleichbar sind und die andererseits schwerer wiegen als die in § 125 III genannten Mängel (HHSp § 125 Rn. 7, 15; BVerwG 22.2.1985 – 8 C 107/83, NJW 1985, 2658). Auch die Wertungen des § 126 sind zu berücksichtigen (ebenso HHSp § 125 Rn. 15: im Wege der systematischen Auslegung). So kann der für einen VA erforderliche Antrag nachträglich gestellt werden (§ 126 I Nr. 1). Dies rechtfertigt den Schluss, dass der ohne den erforderlichen Antrag ergangene VA nicht generell nichtig ist (BFH 7.2.2002 – VI R 80/00, BStBl. II 2002, 438); ebenso ist ein StBescheid nicht deshalb nichtig, weil die ihm zugrunde liegende StErklärung nicht unterschrieben wurde (BFH 28.2.2002 – V R 42/01, BStBl. II 2002, 642; → § 150 Rn. 25).

12 Die Nichtigkeitsfolge tritt nicht ein, wenn ein VA lediglich mit einem **minder schweren rechtlichen Fehler** (Mangel) behaftet ist (allg. → § 118 Rn. 66). Derartige Rechtsverletzungen führen nur zur Fehlerhaftigkeit (Rechtswidrigkeit), nicht aber zur Nichtigkeit des VA. Auch eine Häufung von minder schweren Fehlern bewirkt keine Nichtigkeit des VA (BFH 15.3.1995 – I R 61/94, BFH/NV 1995, 1036; FG Baden-Württemberg 4.9.2002 – 13 K 185/98, EFG 2002, 1490; HHSp § 125 Rn. 10). Dies gilt auch bei einem Verstoß gegen EG-Recht; insoweit bestehen keine Besonderheiten (BVerwG 17.1.2007 – 6 C 32/06, NVwZ 2007, 709; BGH 14.6.2007 – I ZR 125/04, NVwZ-RR 2008, 154;

BFH 3.8.2010 – XI B 104/09, BFH/NV 2010, 2308; BFH 16.9.2010 – V R 57/09, BStBl. II 2011, 151).

Ein minder schwerer Fehler liegt insb. vor, wenn der VA 13

– überhaupt einer gesetzlichen Grundlage (sog. **„gesetzloser VA"**) entbehrt (BFH 13.5.1987 – II R 140/84, BStBl. II 1987, 592; BFH 30.11.1987 – VIII B 3/87, BStBl. II 1988, 183; aA TK § 125 Rn. 9: gesetzloser VA ist stets nichtig) bzw. auf einer unzutr. Anwendung formellen oder materiellen Rechts beruht (BFH 22.11.1988 – VII R 173/85, BStBl. II 1989, 220; BVerwG 17.10.1997 – 8 C 1/96, HFR 1998, 1020). Nichtigkeit scheidet insb. aus, wenn dem VA eine fehlerhafte Rechtsauslegung zugrunde liegt (BFH 13.5.1987 – II R 140/84, BStBl. II 1987, 592; BFH 20.1.2010 – II R 54/07, BStBl. II 2010, 463; ebenso BFH 28.6.2006 – III R 13/06, BFH/NV 2006, 2204 betr. nachträglich abweichender Auslegung einer Norm durch das BVerfG) oder er gegen den materiell-rechtlich falschen Stpfl. gerichtet ist (BFH 14.2.2006 – II B 2/05, BFH/NV 2006, 1245), ein Änderungsbescheid nicht als solcher bezeichnet ist (BFH 29.6.2005 – VII B 328/04, BFH/NV 2005, 2150) oder unter Verletzung der verfahrensrechtlichen Änderungsmöglichkeiten ergangen ist (BFH 11.1.1966 – I 98/63, BStBl. III 1966, 325; BFH 3.8.2005 – I B 20/05, BFH/NV 2005, 1971), in einem Vorläufigkeitsbescheid (§ 165) Angaben zum Grund der Vorläufigkeit fehlen (BFH 22.8.2007 – II R 44/05, BFH/NV 2007, 2379; BFH 12.7.2007 – X R 22/05, BStBl. II 2008, 2: isolierte Nichtigkeit des Vorläufigkeitsvermerks mit der Folge, dass der Bescheid endgültig ist; → § 165 Rn. 35), die StFestsetzung erst nach Ablauf der Festsetzungsfrist erfolgt (BFH 6.5.1994 – V B 28/94, BFH/NV 1995, 275), eine StAnmeldung erst nach Eintritt der Festsetzungsverjährung eingereicht wird (FG Hessen 8.5.2003 – 4 K 3024/01, EFG 2003, 1359), ein VA über die StFestsetzung erlassen wird, ohne über eine beantragte Billigkeitsmaßnahme zu entscheiden (BFH 7.4.2009 – VIII B 191/07, BFH/NV 2009, 1078) oder dem VA eine unrichtige Rechtsauffassung zugrunde liegt, die über längere Zeit – auch noch im Zeitpunkt der Bekanntgabe des VA – praktiziert wurde, ohne dass dies die hM in Rspr., Verwaltung und Literatur für rechtsfehlerhaft hielt (BFH 10.11.1993 – I R 20/93, BStBl. II 1994, 327; BFH 27.3.1996 – I R 100/94, BFH/NV 1996, 798). Die Nichtigkeit eines Grundlagenbescheids führt lediglich zur Rechtswidrigkeit, nicht aber zur Nichtigkeit des Folgebescheids (BFH 20.8.2014 – X R 15/10, BStBl. II 2015, 109; BFH 26.9.2006 – X R 21/04, BFH/NV 2007, 186). **Ausnahmsweise** tritt allerdings Nichtigkeit bei **absoluter gesetzlicher Unmöglichkeit** (→ Rn. 14) ein;
– auf einer nach seinem Erlass für **verfassungswidrig** erklärten Norm bzw. für verfassungswidrig erklärten Auslegung einer Norm beruht (BFH 28.6.2006 – III R 13/06, BFH/NV 2006, 2204; TK § 125 Rn. 10). Dies ergibt sich aus § 79 II 1 BVerfGG, der es aus Gründen der Rechtssicherheit bei der Wirksamkeit des VA belässt (vgl. auch BFH 28.6.2006 – III R 13/06, BFH/NV 2006, 2204 zur analogen Anwendung des § 79 II 1 BVerfGG, wenn das BVerfG lediglich Unvereinbarkeit der Auslegung einer Norm mit dem GG feststellt). Ist allerdings ein Gesetz bzw. eine einzelne Norm schon vor Erlass des VA für verfassungswidrig erklärt worden, kann uU eine zur Nichtigkeit führende absolute gesetzliche Unmöglichkeit gegeben sein (→ Rn. 14);
– einen **Sachverhalt** zugrunde legt, der so wie von der FB angenommen **nicht verwirklicht** worden ist (BFH 7.10.1997 – VIII R 4/96, BFH/NV 1998, 1195 mwN);
– Mängel bei der **Begründung** aufweist. Dies führt nicht zur Nichtigkeit, sondern allenfalls zur Anfechtbarkeit des VA (BFH 17.3.2009 – VII R 40/08, BFH/NV 2009, 1287).

1. Gesetzlosigkeit

Bei „gesetzlosen" – dh einer gesetzlichen Ermächtigung entbehrenden – VA kann in 14
Abgrenzung zu den minder schweren Fehlern (→ Rn. 13) Nichtigkeit gegeben sein, wenn eine schlechterdings nicht zu rechtfertigende gesetzliche **absolute Gesetzlosigkeit (Un-**

möglichkeit) des VA vorliegt. Dies ist der Fall, wenn es – so zB bei KraftSt-Bescheid gegen Halter eines Fahrrads – den VA offenkundig seiner Art oder seinem Inhalt nach nicht geben kann (BFH 15.3.1995 – I R 61/94, BFH/NV 1995, 1036).

Absolute Gesetzlosigkeit kann auch vorliegen, wenn der VA auf eine bereits vor seinem Erlass für nichtig erklärte Norm bzw. Auslegung der Norm gestützt wird. Der die Nichtigkeitsfolge ausschließende § 79 II 1 BVerfGG greift insoweit nicht ein. Allerdings tritt hier trotz regelmäßig zu bejahender Evidenz des Fehlers nicht generell Nichtigkeit ein (ebenso HHSp § 125 Rn. 41; aA TK § 125 Rn. 10: generell Nichtigkeit); vielmehr bedarf es im jeweiligen Einzelfall der Feststellung einer besonderen Schwere des Fehlers (→ Rn. 10 f.).

2. Formelle und inhaltliche Mängel des Verwaltungsakts

15 **Allgemeines.** Der § 125 I zugrunde liegende Fehlerbegriff (→ Rn. 10) gilt gleichermaßen für formelle wie inhaltliche Mängel des VA. Jedoch schließt § 125 III für die dort bezeichneten Verfahrensverstöße die Nichtigkeitsfolge aus. Dies muss erst recht bei Verletzung der in § 126 I aufgeführten (heilbaren) Verfahrens- und Formfehler gelten; Nichtigkeit kommt hier nur ausnahmsweise in Betracht, sofern nach dem Zweck der verletzten Verfahrensvorschrift eine Nachholung der verletzten Verfahrenshandlung ausgeschlossen ist (HHSp § 125 Rn. 15).

16 **Einzelfälle.** Ein VA kann nichtig sein bei

- Verstößen gegen § 119 (zB gegen das Gebot der Inhaltsbestimmtheit, → § 119 Rn. 18 ff. oder gegen das Schriftlichkeitsgebot, → § 119 Rn. 27). Bei einem Verstoß gegen § 119 III tritt hingegen keine Nichtigkeit ein (→ § 119 Rn. 36);
- Zuständigkeitsfehlern. § 125 III Nr. 1 schließt allerdings die Nichtigkeit bei einer Verletzung der örtlichen Zuständigkeit aus; bei anderen Zuständigkeitsfehlern bestimmt sich die Nichtigkeit nach der Generalklausel des § 125 I. Ein Verstoß gegen die sachliche Zuständigkeit führt nicht stets zur Nichtigkeit. Es kommt auf den Einzelfall an. Zu den Rechtsfolgen von Verstößen gegen die sachliche, funktionelle, verbandsmäßige oder interne Zuständigkeit vgl. im Einzelnen → § 16 Rn. 34, → § 126 Rn. 5. So kann ein Verstoß gegen die funktionelle bzw. verbandsmäßige Zuständigkeit als Unterfall der sachlichen Zuständigkeit zur Nichtigkeit führen, wenn die sachlich zuständige Behörde eine besonders hohe Gewähr für die Richtigkeit der Entscheidung bieten soll, und die Behörde, die die Entscheidung tatsächlich getroffen hat, nicht über eine gleichartige Sachkunde verfügt (vgl. FG Niedersachsen 10.3.2021 – 7 K 1/21, EFG 2021, 1161; TK § 125 Rn. 20);
- Angabe eines unzutreffenden Inhaltsadressaten, zB, wenn eine Prüfungsanordnung an die insolvente PersGes und nicht an den Insolvenzverwalter gerichtet wird (FG München 4.10.2022 – 12 K 465/22, NZI 2023, 181).

17 Die Rechtsfolgen einzelner formeller oder inhaltlicher Mängel von VA werden bei den jeweiligen Einzelvorschriften behandelt. Zur Nichtigkeit von

- StBescheiden → § 157 Rn. 19.
- Schätzungsbescheiden → § 162 Rn. 126.
- Feststellungsbescheiden → § 182 Rn. 7.
- Vollstreckungsmaßnahmen → § 254 Rn. 14.

18 Die Adressierung eines VA unter Nennung der aufgrund eines Formwechsels nicht länger zutreffenden Rechtsform stellt keinen Fehler iSd § 125 I dar, denn trotz Wechsels der Rechtsform bleibt die rechtliche und wirtschaftliche Identität der Gesellschaft unverändert; sie tauscht nur ihr „Rechtskleid" aus (BFH 19.3.2024 – II R 33/22, BStBl. II 2024, 589 mwN; → § 119 Rn. 16).

III. Offenkundigkeit des schwerwiegenden Fehlers

21 Ein schwerwiegender Fehler ist offenkundig, wenn jeder verständige Dritte, dem die Kenntnis aller in Betracht kommenden Umstände unterstellt werden kann, in der Lage ist,

den Fehler in seiner besonderen Schwere zu erkennen (BFH 23.8.2000 – X R 27/98, BStBl. II 2001, 662; BFH 15.3.2007 – II R 5/04, BStBl. II 2007, 472, std. Rspr.). Allein die Schwere des Fehlers führt für sich allein noch nicht zur Offenkundigkeit (BFH 22.10.2002 – VII R 56/00, BStBl. II 2003, 109; HHSp § 125 Rn. 70). Das gilt insb. dann, wenn eine dem fehlerhaften VA zugrunde gelegte unzutr. Rechtsauffassung über längere Zeit mit Billigung von Rspr., Verwaltung und Literatur praktiziert wurde (BFH 10.11.1993 – I R 20/93, BStBl. II 1994, 327; BFH 27.3.1996 – I R 100/94, BFH/NV 1996, 798) und erst nach einer Rechtsprechungsänderung offenbar wird. Bei inhaltlicher Unbestimmtheit eines VA ist allerdings die Offenkundigkeit des Mangels ohne Weiteres zu bejahen, sofern der besteuerte Sachverhalt nicht klar ersichtlich ist (BFH 15.3.2007 – II R 5/04, BStBl. II 2007, 472). Die Offenkundigkeit fehlt, wenn die Erkenntnis des Fehlers erst das Ergebnis behördlicher und richterlicher Ermittlungen ist; so zB, wenn eine VollstrMaßnahme ergriffen wird, obwohl es wegen Bekanntgabemängeln des StBescheids an einem wirksamen VollstrTitel fehlt (BFH 22.10.2002 – VII R 56/00, BStBl. II 2003, 109).

Maßstab für die Offenkundigkeit des besonders schwerwiegenden Fehlers ist die Sichtweise eines (objektiven) **verständigen Durchschnittsbetrachters,** der mit den in Betracht kommenden Umständen vertraut ist (BFH 22.11.1988 – VII R 173/85, BStBl. II 1989, 220; BFH 23.8.2000 – X R 27/98, BStBl. II 2001, 662; HHSp § 125 Rn. 71). Für die Offenkundigkeit kommt es weder auf das Erkenntnisvermögen oder Urteil des Betroffenen noch auf die Betrachtungsweise eines juristisch Geschulten an. Auch dem gedachten „verständigen Durchschnittsbetrachter" darf eine verständige (laienhafte) Kenntnis der Rechtslage unterstellt werden (TK § 125 Rn. 6). 22

C. Absolute Nichtigkeitsgründe (Abs. 2)

§ 125 II (zum Verhältnis zu § 125 I → Rn. 6) enthält einen abschließenden Katalog der Nichtigkeitsgründe, die unabhängig von der Evidenz des Fehlers iSd § 125 I zwingend zur Nichtigkeit des VA führen. 23

I. Nichterkennbarkeit der erlassenden Behörde (Abs. 2 Nr. 1)

Ein schriftlicher oder elektronisch erlassener VA, der die erlassende FB nicht erkennen lässt (→ § 119 Rn. 34), ist gem. § 125 II Nr. 1 nichtig. Der VA ist bei fehlender Erkennbarkeit der FB absolut unbestimmt, weil dem Adressaten die ihm gegenübertretende Behörde nicht ersichtlich ist (ebenso HHSp § 125 Rn. 76). Aus § 119 III 2 folgt im Umkehrschluss, dass die fehlende Unterschrift oder Namenswiedergabe des Behördenleiters, seines Vertreters oder seines Beauftragten nicht zur Nichtigkeit führt (→ § 119 Rn. 34). 24

II. Tatsächliche objektive Nichtbefolgbarkeit (Abs. 2 Nr. 2)

Die Nichtigkeit des VA wegen Nichtbefolgbarkeit aus tatsächlichen Gründen gem. § 125 II Nr. 2 ist nur gegeben, wenn **tatsächliche objektive Gründe** die Befolgbarkeit ausschließen (BFH 13.2.1996 – VII R 43/95, BFH/NV 1996, 530). Das ist zB der Fall, wenn eine Prüfungsanordnung als Prüfungsort nicht mehr bestehende Geschäftsräume bestimmt (FG Rheinland-Pfalz 23.3.1987 – 5 K 4/87, EFG 1987, 389), die FB die Herausgabe einer nicht (mehr) existenten Urkunde oder Sache fordert, die FB von einem Rechtsanwalt/StBerater, der gem. § 141 überhaupt nicht buchführungspflichtig ist, die Herausgabe von Buchführungsunterlagen verlangt (BFH 28.10.2009 – VIII R 78/05, BStBl. II 2010, 455) oder eine von der FB gesetzte Frist so kurz bemessen ist, dass der Betroffene diese objektiv nicht einhalten kann. 25

Nicht von § 125 II Nr. 2 **erfasst** ist das bloß in der Person des Betroffenen begründete **subjektive** Unvermögen (BFH 13.2.1996 – VII R 43/95, BFH/NV 1996, 530). Gleiches 26 gilt für die (objektive) **rechtliche** Unmöglichkeit des VA (zB Festsetzung von Säumniszuschlägen trotz fehlender Säumnis) die nur unter den Voraussetzungen des § 125 I (insb. bei absoluter gesetzlicher Unmöglichkeit, → Rn. 14) oder gem. § 125 II Nr. 3 zur Nichtigkeit führt.

III. Verlangen einer rechtswidrigen strafbewehrten Tat (Abs. 2 Nr. 3)

27 Der im StRecht wenig bedeutsame § 125 II Nr. 3 setzt voraus, dass mit dem VA die Regelung einer rechtswidrigen Tat „verlangt" wird (an einem solchen Verlangen fehlt es bei der Verpflichtung zum Lohnsteuerabzug bei nichtselbständigen Prostituierten, BFH 18.2.2005 – VI B 86/04, BFH/NV 2005, 1061) **und** diese einen Straf- oder Bußgeldtatbestand verwirklicht. Nur bei Vorliegen beider Voraussetzungen ist, da auch ein rechtswidriger VA grds. wirksam ist, § 125 II Nr. 3 erfüllt. „Rechtswidrige Tat" ist eine solche iSd § 11 I Nr. 5 StGB und § 1 OWiG. Bei anderen schwerwiegenden Gesetzesverstößen kann § 125 I eingreifen (HHSp § 125 Rn. 83).

IV. Sittenwidrigkeit (Abs. 2 Nr. 4)

28 § 125 II Nr. 4 greift den Rechtsgedanken des § 138 BGB auf. Sittenwidrigkeit des VA ist nur gegeben, wenn er gegen die Achtung und den Schutz der Menschenwürde verstößt (SBS § 44 Rn. 153). Auch Machtmissbrauch kann Sittenwidrigkeit begründen (BVerwG 6.7.1973 – IV C 22/72, BVerwGE 42, 331 (342 f.); HHSp § 125 Rn. 87).

D. Negativkatalog (Abs. 3)

29 Die in § 125 III aufgeführten Verfahrensverstöße können für sich allein nicht die Nichtigkeitsfolge auslösen. Dies gilt auch dann, wenn diese Verfahrensfehler für sich gesehen schwer und offenkundig iSd § 125 I sind → Rn. 10, 21.

I. Nichteinhaltung der örtlichen Zuständigkeit (Abs. 3 Nr. 1)

30 Ein unter Verletzung der örtlichen Zuständigkeit ergangener VA ist (lediglich) rechtswidrig (BFH 25.3.2009 – VIII B 210/08, BFH/NV 2009, 1396; → § 17 Rn. 21), wobei der Aufhebung des VA ggf. auch § 127 (→ Rn. 15) entgegensteht. Durch § 125 III Nr. 1 nicht geregelt sind die Rechtsfolgen des unter Verletzung der internen, sachlichen, funktionellen oder verbandsmäßigen Zuständigkeit ergangenen VA; diese Fehler sind nach der allgemeinen Regelung des § 125 I zu beurteilen (→ § 16 Rn. 34).

II. Mitwirkung ausgeschlossener Personen (Abs. 3 Nr. 2)

31 § 125 III Nr. 2 schließt die Nichtigkeitsfolge aus, wenn eine nach § 82 I 1 Nr. 2–6 oder S. 2 ausgeschlossene Person mitgewirkt hat (→ § 82 Rn. 26). Der VA ist in diesen Fällen nur anfechtbar. Hat an dem VA der Beteiligte (§ 82 I Nr. 1) mitgewirkt, gilt § 125 III Nr. 2 nicht und ist regelmäßig Nichtigkeit gem. § 125 I gegeben (HHSp § 125 Rn. 30; TK § 125 Rn. 23 und 32; SBS § 44 Rn. 178).

32 § 125 III Nr. 2 gilt ebenfalls nicht, wenn am VA ein iSd § 83 **befangener Amtsträger** an der Entscheidung mitgewirkt hat. Ob hier Nichtigkeit gem. § 125 I gegeben ist, hängt von den Umständen des Einzelfalls ab (→ § 83 Rn. 20). Scheidet Nichtigkeit aus, kann § 127 der Aufhebung des VA entgegenstehen.

III. Nichtmitwirkung eines Ausschusses (Abs. 3 Nr. 3)

33 § 125 III Nr. 3 hat derzeit mangels entsprechender gesetzlicher Mitwirkungsregelungen keine praktische Bedeutung. Der Fehler wäre im Übrigen gem. § 126 I Nr. 4 heilbar.

IV. Nichtmitwirkung einer anderen Behörde (Abs. 3 Nr. 4)

34 Keine Nichtigkeit tritt ferner gem. § 125 III Nr. 4 ein, wenn die gesetzlich vorgeschriebene Mitwirkung einer anderen Behörde unterblieben ist. Diese Regelung betrifft sog. mehrstufige VA, die allerdings im StRecht selten sind. § 125 III Nr. 4 liegt vor, wenn bei Erlass eines Haftungsbescheids die gem. § 191 II erforderliche Anhörung der zuständigen Berufskammer unterblieben ist (HHSp § 125 Rn. 98; → § 191 Rn. 89). Der Fehler ist gem. § 126 I Nr. 5 heilbar (BFH 13.5.1998 – II R 4/96, BStBl. II 1998, 760).

E. Teilnichtigkeit (Abs. 4); Teilbarkeit von Verwaltungsakten

35 Anders als nach § 139 BGB ist gem. § 125 IV die **Teilnichtigkeit** des VA die **Regel.** Nur **ausnahmsweise** ist der gesamte VA nichtig, wenn der nichtige Teil so wesentlich ist, dass die FB ohne ihn den VA nicht erlassen hätte.

36 **Teilbarkeit von VA.** Die Teilnichtigkeit des VA setzt seine Teilbarkeit voraus. Die Teilbarkeit des VA wird neben § 125 IV auch zB von § 124 II („soweit"), §§ 130 I und § 131 I, II 1 („teilweise"), §§ 173 I und 175 I (Änderung „soweit") und ferner in §§ 100 I 1 und 101 S. 1 FGO („soweit") vorausgesetzt. Teilbarkeit ist gegeben, wenn der abgetrennte Teil als selbständiger VA bestehen bleiben kann und nicht zu einem Aliud wird (Gräber FGO vor § 40 Rn. 31 mwN; SBS § 43 Rn. 195). Maßgebend für die Beurteilung der Teilbarkeit ist der **Tenor** (Verfügungssatz) des VA (BFH 23.10.1989 – GrS 2/87, BStBl. II 1990, 327 (330)). Bei einem nach Menge, Größe, Zahl oder Zeitdauer bemessenen VA und insb. bei StBescheiden (wegen der in einer Zahl ausgedrückten StSchuld, vgl. BFH 23.10.1989 – GrS 2/87, BStBl. II 1990, 327 (330)) ist Teilbarkeit regelmäßig gegeben (vgl. auch Gosch AO § 125 Rn. 69; HHSp § 125 Rn. 102). Auch die Kindergeldfestsetzung ist wegen des Monatsprinzips ein teilbarer VA (BFH 26.7.2001 – VI R 163/00, BStBl. II 2002, 174). Der Rechtsgedanke des § 125 IV gilt auch für Sammelverfügungen (zusammengefasste StBescheide; vgl. § 155 III). Hier wird der an sich wirksame Teil eines zusammengefassten StBescheids von der Nichtigkeitsfolge nur erfasst, wenn die FB den zusammengefassten StBescheid bei Kenntnis der Nichtigkeit nicht erlassen hätte (BFH 29.7.1998 – II R 64/95, BFH/NV 1998, 1455). Auch eine Prüfungsanordnung kann (nur) teilweise nichtig sein (vgl. FG Niedersachsen 10.3.2021 – 7 K 1/21, EFG 2021, 1161). Eine Teilnichtigkeit kommt nicht in Betracht, wenn eine Prüfungsanordnung als Prüfungsort nicht mehr bestehende Geschäftsräume bestimmt (FG Rheinland-Pfalz 23.3.1987 – 5 K 4/87, EFG 1987, 389). Auch bei Nebenbestimmungen kann eine Teilbarkeit des HauptVA ausgeschlossen sein (→ § 120 Rn. 46 ff.).

37 **Maßgeblicher Behördenwille.** Ob die FB den VA ohne den nichtigen Teil nicht erlassen hätte, beurteilt sich nach deren mutmaßlichen Willen, der auf der Grundlage einer objektivierenden Betrachtung zu ermitteln ist. Entscheidend ist, ob die FB den VA im Falle der erkannten Teilnichtigkeit bei rechtmäßigem und sachgemäßem Handeln erlassen hätte (HHSp § 125 Rn. 103).

F. Feststellung der Nichtigkeit (Abs. 5); anderweitige Beseitigung des Rechtsscheins nichtiger Verwaltungsakte bzw. von Nichtakten

38 Ein nichtiger VA entfaltet keinerlei Rechtswirkungen (§ 124 III). Auf die Nichtigkeit des VA kann sich jedermann jederzeit berufen (BFH 17.6.1992 – X R 47/88, BStBl. II 1993, 174). Die FG können jederzeit – auch incidenter – die Nichtigkeit feststellen (BFH 7.10.1997 – VIII R 4/96, BFH/NV 1998, 1195 mwN).

§ 125 V eröffnet trotz der zwingenden Unwirksamkeit des VA (§ 124 III) die Möglichkeit der Nichtigkeitsfeststellung durch die FB (→ Rn. 39 f.). Dies entspricht (wegen der oftmals bestehenden Zweifel über die Nichtigkeit des VA) einem praktischen Bedürfnis. Der dem nichtigen VA anhaftende Rechtsschein kann jedoch auch auf andere Weise beseitigt werden (→ Rn. 42 ff.).

I. Nichtigkeitsfeststellung gem. Abs. 5

39 **Voraussetzungen.** Gemäß § 125 V (1. HS) kann die FB jederzeit **von Amts wegen** die Nichtigkeit des VA feststellen. Auf **Antrag** ist diese Feststellung zu treffen, wenn der Antragsteller hieran ein berechtigtes Interesse hat (§ 125 V 2. HS). Der Antrag kann ohne zeitliche Begrenzung gestellt werden. Das **berechtigte Interesse** des Antragstellers an der Feststellung der Nichtigkeit ist bei einem rechtlichen oder wirtschaftlichen Interesse (insb. bei belastenden VA) an der Feststellung gegeben. Ein berechtigtes Interesse ist im Übrigen allein deshalb zu bejahen, weil der VA die Vermutung der Wirksamkeit in sich trägt und die Nichtigkeitsfeststellung damit der Rechtssicherheit dient (Gosch AO § 125 Rn. 71; HHSp § 125 Rn. 105). Es fehlt, wenn über die Rechtmäßigkeit des antragsgemäß für nichtig zu erklärenden VA bereits rechtskräftig durch Urteil entschieden wurde (BFH 5.12.1995 – VII S 19/95, BFH/NV 1996, 499 zur parallelen Problematik des Feststellungsinteresses bei der Feststellungsklage). Ebenso fehlt ein berechtigtes Interesse, wenn der VA bereits erledigt ist und keine Wiederholungsgefahr besteht (BVerwG 13.10.1999 – 6 B 122.98, NVwZ-RR 2000, 324; HHSp § 125 Rn. 105). In Ausnahmefällen kann nach den Grundsätzen von Treu und Glauben (→ § 4 Rn. 25 ff.) das berechtigte Interesse zu verneinen sein (BFH 17.6.1992 – X R 47/88, BStBl. II 1993, 174; FG Münster 14.8.2000 – 4 K 3886/98 Zerl, EFG 2001, 6). Auch ein **Drittbetroffener,** dem der VA nicht bekannt gegeben worden ist, kann ein berechtigtes Interesse haben (HHSp § 125 Rn. 105).

40 Die Nichtigkeitsfeststellung kann selbst Regelungswirkung haben und daher einen (feststellenden) VA darstellen (BFH 20.8.2014 – X R 15/10, BStBl. II 2015, 109; Nöcker NWB 2015, 166; Grube DStZ 2011, 569 (572)).

Auch die **Ablehnung** des Antrags auf Nichtigkeitsfeststellung ist als (versagender) VA zu qualifizieren (HHSp § 125 Rn. 106 mwN). Lehnt daher die FB eine Nichtigkeitsfeststellung gem. § 125 V ab, kann hiergegen – nach erfolglosem Einspruch – Verpflichtungsklage vor dem FG erhoben werden. Erwächst der die Nichtigkeitsfeststellung ablehnende Bescheid in Bestandskraft, hindert dies den Betroffenen nicht, zu einem späteren Zeitpunkt eine auf Nichtigkeitsfeststellung gerichtete Feststellungsklage (→ Rn. 43) zu erheben.

II. Anderweitige Beseitigung des nichtigen Verwaltungsakts

42 Die Nichtigkeitsfeststellung des VA kann über § 125 V hinaus auch auf andere Weise erreicht werden:

43 Die **FB** kann den nichtigen VA gem. § 130 I zurücknehmen (BFH 9.5.1985 – IV R 172/83, BStBl. II 1985, 579). Möglich ist auch – neben der Nichtigkeitsfeststellung gem. § 125 V – die hilfsweise Rücknahme des VA gem. § 130 I durch die FB (BFH 27.6.1994 – VII R 110/93, BStBl. II 1995, 341). Erfolgt die Nichtigkeitserklärung des VA, entfällt ein Rechtsschutzinteresse für eine auf Nichtigkeitsfeststellung gerichtete (Fortsetzungs-) Feststellungsklage (BFH 9.5.1985 – IV R 172/83, BStBl. II 1985, 579).

44 Der **Betroffene** ist bezüglich der Nichtigkeitsfeststellung nicht auf einen Antrag gem. § 125 V beschränkt. Er kann daneben **Einspruch** gegen den nichtigen VA einlegen; die Einspruchsfrist des § 355 I 1 braucht insoweit nicht gewahrt zu werden (BFH 17.7.1986 – V R 96/85, BStBl. II 1986, 834; BFH 17.9.1987 – III R 259/84, BFH/NV 1988, 681, HHSp § 125 Rn. 107). Bei offener Einspruchsfrist sollte im Hinblick auf die Unsicherheiten bei der Abgrenzung zwischen bloßer Rechtswidrigkeit und Nichtigkeit des VA auf den Einspruch nicht zugunsten des Antrags nach § 125 V verzichtet werden (Heißenberg KÖSDI 1992, 8793 (8801)). Hat die FB bereits die Nichtigkeit des VA gem. § 125 V festgestellt, entfällt das Rechtsschutzbedürfnis für den Einspruch (→ § 350 Rn. 40).

Der Betroffene kann ferner gegen den nichtigen VA **Anfechtungsklage** (§ 40 I FGO) mit dem Ziel der Aufhebung des nichtigen VA gem. § 100 I 1 FGO erheben (BFH 7.8.1985 – I R 309/82, BStBl. II 1986, 42 (44); Gräber FGO § 41 Rn. 24 mwN). Schon wegen der im Einzelfall möglichen Unsicherheiten in der Abgrenzung zwischen bloßer Rechtswidrigkeit und Nichtigkeit des VA ist die Anfechtungsklage der Feststellungsklage vorzuziehen (Gräber FGO § 41 Rn. 24; BFH 27.6.1994 – VII R 110/93, BStBl. II 1995, 341). 45

Für die Erhebung der Anfechtungsklage gilt die Klagefrist des § 47 FGO (BFH 5.10.1994 – I R 31/93, BFH/NV 1995, 576). Tritt im Verlauf des Klageverfahrens ein neuer VA an die Stelle des angefochtenen unwirksamen VA, wird das Klageverfahren automatisch mit dem neuen VA fortgesetzt, vgl. § 68 S. 4 Nr. 2 FGO.

Hinsichtlich des unwirksamen VA ist – unabhängig von Fristen und ohne Vorverfahren – die **Feststellungsklage** (§ 41 I FGO) zulässig, mit der der Betroffene die Nichtigkeitsfeststellung begehren kann (BFH 24.1.2008 – V R 36/06, BStBl. II 2008, 686; BFH 22.4.1986 – VII R 123/80, BFH/NV 1986, 587; eingehend Gräber FGO § 41 Rn. 24 ff.). Der Durchführung eines Verfahrens nach § 125 V vor Klageerhebung bedarf es nicht (BFH 24.1.2008 – V R 36/06, BStBl. II 2008, 686). Das Feststellungsinteresse iSd § 41 I FGO ist, soweit im Hinblick auf das Verbot der Popularklage die Gefährdung in eigenen abgabenrechtlichen Interessen schlüssig dargelegt werden kann (vgl. BFH 11.4.1991 – V R 86/85, HFR 1991, 595), idR gegeben (BFH 24.1.2008 – V R 36/06, BStBl. II 2008, 686). Es entfällt ausnahmsweise, wenn zB der Stpfl. auch ohne eine gerichtliche Feststellung keine Gefährdung seiner Rechte besorgen muss, weil sowohl Festsetzungsverjährung als auch Zahlungsverjährung eingetreten sind (BFH 14.11.2022 – XI B 106/21, BeckRS 2022, 34752) und daher die Gefahr der Vollstreckung aus dem uU nichtigen Bescheid sicher auszuschließen ist (BFH 24.1.2008 – V R 36/06, BStBl. II 2008, 686) oder bereits über die Rechtmäßigkeit des für nichtig zu erklärenden VA rechtskräftig entschieden wurde (→ Rn. 39). Vorläufiger Rechtsschutz wird, wenn die Rechtsbehelfsfrist abgelaufen ist oder Feststellungsklage erhoben wurde, im Wege der einstweiligen Anordnung (§ 114 FGO) gewährt.

III. Beseitigung des Rechtsscheins von Nichtakten

§ 125 V findet dem Wortlaut nach auf Nichtakte (auch sog. NichtVA oder ScheinVA; → § 118 Rn. 14), die wegen ihres fehlenden VA-Charakters nicht wirksam (§ 124 III) sein können, keine Anwendung. Gleichwohl besteht auch beim Nichtakt ein praktisches Bedürfnis dafür, den durch ihn gesetzten Rechtsschein ausdrücklich zu beseitigen. Daher gilt insoweit § 125 V entspr.; ferner kann auch Einspruch (§ 347 I) und ggf. Anfechtungsklage- oder Feststellungsklage erhoben werden (FG Baden-Württemberg 25.9.1992 – 6 K 374/87, EFG 1993, 285; FG Saarland 28.4.1994 – 2 K 3/92, EFG 1995, 150; HHSp § 125 Rn. 110; Gosch AO § 125 Rn. 75). 46

§ 126 Heilung von Verfahrens- und Formfehlern

(1) **Eine Verletzung von Verfahrens- oder Formvorschriften, die nicht den Verwaltungsakt nach § 125 nichtig macht, ist unbeachtlich, wenn**

1. der für den Verwaltungsakt erforderliche Antrag nachträglich gestellt wird,
2. die erforderliche Begründung nachträglich gegeben wird,
3. die erforderliche Anhörung eines Beteiligten nachgeholt wird,
4. der Beschluss eines Ausschusses, dessen Mitwirkung für den Erlass des Verwaltungsakts erforderlich ist, nachträglich gefasst wird,
5. die erforderliche Mitwirkung einer anderen Behörde nachgeholt wird.

(2) **Handlungen nach Absatz 1 Nummer 2 bis 5 können bis zum Abschluss der Tatsacheninstanz eines finanzgerichtlichen Verfahrens nachgeholt werden.**

(3) [1]**Fehlt einem Verwaltungsakt die erforderliche Begründung oder ist die erforderliche Anhörung eines Beteiligten vor Erlass des Verwaltungsakts unterblieben und ist dadurch die rechtzeitige Anfechtung des Verwaltungsakts versäumt worden, so gilt die Versäumung der Einspruchsfrist als nicht verschuldet.** [2]**Das für die Wiedereinsetzungsfrist nach § 110 Absatz 2 maßgebende Ereignis tritt im Zeitpunkt der Nachholung der unterlassenen Verfahrenshandlung ein.**

Vergleichbare Vorschriften: § 45 VwVfG; § 41 SGB X

Schrifttum: Rohner, Die Wiedereinsetzung als Hilfsmittel bei mangelhafter Begründung von Steuerbescheiden, DStR 1982, 25; Apitz, Wiedereinsetzung in den vorigen Stand im Falle fehlender Begründung eines Verwaltungsakts oder fehlender Anhörung eines Steuerpflichtigen (§ 126 Abs. 3 AO), DStR 1984, 584; Balmes/Ambroziak, Widerborstige Wiedereinsetzung, AO-StB 2009, 369; Grube, Abschied vom rechtlichen Gehör im Verwaltungsverfahren?, DStZ 2013, 193.

I. Allgemeines

1 § 126 stimmt weitgehend mit § 45 VwVfG überein. Durch das StÄndG 2001 wurde Abs. 2 an die Regelungen des § 45 II VwVfG und § 41 II SGB X angeglichen (vgl. BT-Drs. 14/6877, 31); aufgrund dieser am 23.12.2001 in Kraft getretenen Neuregelung besteht nunmehr eine Heilungsmöglichkeit bis zum Abschluss eines finanzgerichtlichen Verfahrens.

1. Zweck und Rechtsnatur

2 Die Norm dient der **Verfahrensökonomie.** Sie soll verhindern, dass ein VA allein wegen eines Verfahrensmangels aufgehoben wird und danach ein VA gleichen Inhalts erlassen werden muss (BFH 17.1.2017 – VIII R 52/14, BStBl. II 2018, 740). Nach der Vorstellung des Gesetzgebers können die in **§ 126 I** genannten Verfahrens- und Formfehler nachträglich geheilt werden. Diese Fehler werden nicht als so schwerwiegend betrachtet, als dass das Rechtsschutzinteresse des Betroffenen die Aufhebung oder Änderung des VA erforderte (BT-Drs. VI/1982, 142; 7/4292, 28). Gegen diese auf dem allgemeinen Rechtsgedanken der Verfahrensökonomie und -effizienz beruhende Sichtweise sind grds. verfassungsrechtliche Einwände nicht zu erheben, weil den in § 126 I aufgeführten Verfahrens- und Formfehlern eine im Vergleich zu Verstößen gegen das materielle Recht geringere Bedeutung zukommt (SBS § 45 Rn. 5 ff.). Verfahrens- und Formvorschriften besitzen nämlich keinen Selbstzweck; ihnen kommt eine dienende Funktion zu (HHSp § 126 Rn. 5). Nur solche Verfahrensverstöße können relevant sein, die überhaupt eine Auswirkung auf das materielle Ergebnis des VA haben können (TK § 126 Rn. 1). Die im ursprünglichen Gesetzentwurf (BT-Drs. VI/1982, dort § 131 I Nr. 4) vorgesehene Heilung des VA auch dann, wenn er nachträglich inhaltlich hinreichend bestimmt wird, ist im weiteren Gesetzgebungsverfahren aufgrund rechtsstaatlicher Bedenken entfallen (BT-Drs. 7/4292, 28).

Der durch das StÄndG 2001 geänderte **§ 126 II** erweitert nunmehr – verfassungsrechtlich nicht unproblematisch (→ Rn. 12) – den Zeitraum der Heilungsmöglichkeit bis zum Abschluss der Tatsacheninstanz eines finanzgerichtlichen Verfahrens. **§ 126 III** gewährt einen Anspruch auf Wiedereinsetzung in den vorigen Stand für den Fall, dass dem VA die erforderliche Begründung fehlte oder die Anhörung eines Beteiligten vor Erlass des VA unterblieben ist und dieser Fehler ursächlich für die Fristversäumnis war (BT-Drs. 7/4292, 28).

2. Verhältnis zu §§ 124, 125 und 127

3 §§ 126, 127 sind grds. nebeneinander anwendbar (→ § 127 Rn. 6). Soweit die Heilung gem. § 126 I und II eintritt, ist § 127 gegenstandslos. Bei nicht unter § 126 I fallenden Verfahrensfehlern ist jedoch ggf. § 127 anzuwenden (HHSp § 126 Rn. 10).

§ 126 setzt einen **wirksamen VA** voraus und gilt wegen des in Abs. 1 ausgesprochenen Vorbehalts nicht, wenn der VA wegen eines Verfahrens- oder Formfehlers nichtig ist (→ § 125 Rn. 15 f.). Jedoch lässt § 126 I erkennen, dass der hier als heilbar angesehene Katalog der Verfahrens- und Formfehler im Regelfall keine Nichtigkeit des VA herbeiführt.

II. Heilung einzelner Verfahrens- oder Formvorschriften (Abs. 1)

§ 126 ist auf **sämtliche VA** – deren Wirksamkeit vorausgesetzt (→ Rn. 3) – anwendbar. 4

1. Heilungsgründe

§ 126 I enthält einen Katalog der heilbaren Verfahrens- und Formfehler. Dieser ist 5 abschließend (vgl. TK § 126 Rn. 3; HHSp § 126 Rn. 16; Gosch AO § 126 Rn. 5; Schwarz/Pahlke/Keß § 126 Rn. 1; BeckOK AO § 126 Rn. 17). Der Heilungstatbestand des § 126 erfasst nicht den Mangel der fehlenden sachlichen Zuständigkeit. Dieser kann daher nicht durch eine zurückweisende Entscheidung der sachlich zuständigen Behörde im Rechtsbehelfsverfahren geheilt werden. In einem solchen Fall müsste die Korrektur dadurch erfolgen, dass die (sachlich zuständige) Einspruchsbehörde den Ausgangsbescheid aufhebt und durch einen neuen Ausgangsbescheid erstmals selbst entscheidet, was eine (erneute) Einspruchsmöglichkeit eröffnet (BFH 19.1.2023 – III R 2/22, BStBl. II 2023, 626; BFH 19.1.2023 – III R 3/22, BFH/NV 2023, 833; BFH 16.2.2023 – III R 4/22, BFH/NV 2023, 838; BFH 16.2.2023 – III R 6/22, BFH/NV 2023, 841; BFH 16.2.2023 – III R 8/22, BFH/NV 2023, 843).

Nach § 126 I **Nr. 1** kann ein bei Erlass des VA (bei fehlendem VA – etwa bei irr- 6 tümlicher Kindergeldzahlung – ist § 126 I Nr. 1 unanwendbar, BFH 31.3.2005 – III B 189/04, BFH/NV 2005, 1305) fehlender erforderlicher Antrag nachgeholt werden und damit die Heilung des VA herbeiführen. Derartige Anträge sind idR für den Erlass begünstigender VA erforderlich. § 126 I Nr. 1 ist **entspr.** anzuwenden, wenn der von einem Vertreter bzw. Minderjährigen gestellte Antrag nachträglich vom Vertretenden bzw. gesetzlichen Vertreter genehmigt wird (HHSp § 126 Rn. 23; SBS § 45 Rn. 30). Wird eine als Ausschlussfrist ausgestaltete Antragsfrist versäumt, kann eine Heilung der Fristversäumnis durch § 126 I Nr. 1 nicht bewirkt werden (TK § 126 Rn. 4; AEAO zu § 126 Nr. 1).

Die Heilung nach § 126 I Nr. 1 kann sowohl im Einspruchsverfahren als auch noch im gerichtlichen Verfahren (einschl. Revisionsverfahren) erfolgen; § 126 II ist auf § 126 I Nr. 1 nicht anzuwenden (→ Rn. 13).

Gemäß § 126 I **Nr. 2** tritt Heilung des VA ein, wenn nachträglich (zur zeitlichen 7 Grenze der Heilung vgl. § 126 II) die für den VA erforderliche Begründung gegeben wird. Ob und in welchem Umfang eine Begründung „erforderlich" ist, bestimmt sich nach § 121. Nachholbar ist grds. auch eine etwa notwendige Begründung einer Ermessensentscheidung (BFH 8.11.1994 – VII R 1/93, BFH/NV 1995, 657); bei einer Nachholung von Ermessenserwägungen im finanzgerichtlichen Verfahren ist § 102 S. 2 FGO die gegenüber § 126 II speziellere Vorschrift (→ Rn. 12). Ausnahmsweise nicht nachholbar ist ein unterbliebener Hinweis nach § 181 V 2 (→ § 181 Rn. 38) sowie die Begründung einer Fristsetzung gem. § 364b I (→ § 364b Rn. 15).

Die Heilungswirkung des § 126 I Nr. 2 erstreckt sich ausschl. auf die Begründung des VA und nicht auch auf seinen Tenor (dh den verfügenden Teil, sog. Verfügungs- oder Entscheidungssatz, → § 118 Rn. 23). Fehlt es dem verfügenden Teil zB an der erforderlichen Bestimmtheit, kann dieser Mangel nicht durch eine nachträgliche Begründung geheilt werden (BFH 11.10.1989 – I R 139/85, BFH/NV 1991, 497 betr. Haftungsbescheid; → § 119 Rn. 8). Eine aufgrund der nachgeschobenen Begründung eintretende Änderung im Tenor des VA kann ggf. gem. § 128 umgedeutet werden oder die Änderungsvoraussetzungen der §§ 130–132, 172 ff. erfüllen.

§ 126 I Nr. 2 setzt ausschl. voraus, dass die erforderliche Begründung nachträglich gegeben wird. Abzulehnen ist die Auffassung (so FG Niedersachsen 8.6.1979 – V 26/79, EFG 1979, 579; Klein § 126 Rn. 4; TK § 126 Rn. 5), dass eine **völlig falsche Begründung** einer fehlenden Begründung (sie fehlt auch bei inhaltslosem Text) gleichsteht (ebenso HHSp § 126 Rn. 33), daher keine Heilungswirkung iSd § 126 I Nr. 2 auslöst und auch ggf. eine Wiedereinsetzung gem. § 126 III rechtfertigt. Dagegen spricht, dass – abgesehen von den unüberwindbaren Abgrenzungsschwierigkeiten zwischen einer „schlicht" und „völlig" falschen Begründung – die Rechtmäßigkeit einer Begründung keine (zusätzliche) Voraussetzung für die Rechtmäßigkeit des VA ist (→ § 121 Rn. 14). In diesen Fällen ist auch nicht die Anwendung des § 126 III veranlasst (→ Rn. 18).

Von § 126 I Nr. 2 unberührt bleibt die Befugnis der FB, eine in der Begründung enthaltene offenbare Unrichtigkeit gem. § 129 zu berichtigen (→ § 129 Rn. 14).

8 Nach § 126 I **Nr. 3** führt auch die Nachholung der erforderlichen Anhörung eines Beteiligten zur Heilung des VA. Ob und in welchem Umfang eine Anhörung erforderlich ist, bestimmt sich in erster Linie nach § 91 oder anderweitigen Spezialregelungen, zB §§ 117 IV 3, 199 II, 201 I (zur Heilung einer unterbliebenen Schlussbesprechung vgl. BFH 15.12.1997 – X B 182/96, BFH/NV 1998, 811; Grube DStZ 2013, 193 (200 ff.)) → § 201 Rn. 9; §§ 202, 360 I 2, 364, 364a). § 126 I Nr. 3 erfasst nicht nur die völlig unterbliebene, sondern auch eine unvollständige bzw. ergänzungsbedürftige Anhörung (HHSp § 126 Rn. 40). § 126 greift aber nur, wenn mit der Anhörung ein Überdenken der Entscheidung noch erreicht werden kann, Die FB muss grds. bereit sein, die bisherige Entscheidung kritisch zu überdenken (BFH 23.1.2013 – X R 32/08, BFHE 240, 202).

9 Die gem. § 126 I **Nr. 4** vorgesehene Heilung des VA bei nachgeholter Mitwirkung eines Ausschusses (vgl. auch § 125 III Nr. 3) ist im StRecht derzeit mangels entsprechender gesetzlicher Mitwirkungsregelungen ohne praktische Bedeutung. Die in § 126 I **Nr. 5** vorgesehene Heilung des VA bei nachgeholter Mitwirkung einer anderen Behörde betrifft zB die gem. § 191 II erforderliche Anhörung der zuständigen Berufskammer vor Erlass eines Haftungsbescheids gegen Berufsträger (→ § 191 Rn. 89 mwN).

2. Rechtsfolgen der Heilung

10 Rechtsfolge der Heilung ist, dass der ursprünglich rechtswidrige VA mit Antragstellung bzw. Vornahme der Handlung iSd § 126 I Nr. 2–5 als rechtmäßig gilt. Die Heilungshandlung ist idR weder selbst ein VA noch ein Änderungsbescheid hinsichtlich des zu heilenden Bescheides, kann aber innerhalb eines (anderen) VA erfolgen (vgl. BFH 15.6.2021 – VII B 18/21, BFH/NV 2021, 1331). Deswegen hat sie auch keinen Einfluss auf die Festsetzungsverjährung. Für diese ist auf den Zeitpunkt des Ergehens des ursprünglich rechtswidrigen (aber nicht nichtigen, denn sonst fände § 126 keine Anwendung, → Rn. 3) Bescheides abzustellen. Die **zeitliche Wirkung** der Heilung und der damit gesetzlich fingierten Rechtmäßigkeit ist umstritten. Für eine Rückwirkung der durch die Heilung eingetretenen Rechtmäßigkeit von Anfang an **(ex tunc)** spricht zweifellos der Wortlaut des Abs. 1, nach dem der geheilte Fehler „unbeachtlich" sein soll. Diese Sichtweise entspricht der bisher hierzu ergangenen Rspr. (vgl. BFH 15.6.2021 – VII B 18/21, BFH/NV 2021, 1331 mwN zum Streitstand; ebenso BFH 25.2.2015 – I B 66/14, BFH/NV 2015, 803; FG Bremen 28.11.1985 – II 125/84 K, EFG 1986, 369; TK § 126 Rn. 2; pro ex nunc hingegen: vgl. 5. Aufl.; Gosch AO § 126 Rn. 14.1; Schwarz/Pahlke/Keß § 126 Rn. 1, 3a). Die ex tunc-Wirkung lässt allerdings die vor der Heilung im Grunde schwebende Rechtswidrigkeit des VA außer Acht. Sie privilegiert damit scheinbar die FB, in deren Verantwortungsbereich der Verfahrens- bzw. Formfehler fällt. Sollte der Stpfl. wegen der anfänglichen Rechtswidrigkeit des VA zB Amtshaftungsansprüche geltend machen wollen, so müsste er die zunächst schwebende Rechtswidrigkeit des Bescheides rückwirkend feststellen lassen (so auch BeckOK AO § 126 Rn. 18.2), ggf. muss diese inzident im Zivilverfahren geprüft werden.

Nach Heilung des Fehlers kann der VA nicht mehr gem. § 130 zurückgenommen werden (HHSp § 126 Rn. 12); auf den geheilten VA ist allein § 131 anwendbar. Unterbleibt die Heilung, ist der VA rechtswidrig und ggf. – vorbehaltlich § 127 – im gerichtlichen Verfahren aufzuheben. Beantragt der Betroffene – ohne Einspruch oder Klage einzulegen – die Rücknahme oder Änderung des VA gem. §§ 130, 172 ff., kann die FB im Änderungsverfahren den Verfahrens- oder Formfehler gem. § 126 I heilen.

In **Kindergeldsachen** sind die zur zweckentsprechenden Rechtsverfolgung oder Rechtsverteidigung notwendigen Kosten auch dann zu erstatten, wenn ein Einspruch nur wegen der Unbeachtlichkeit eines nach § 126 geheilten Verfahrens- oder Formfehlers keinen Erfolg hat (§ 77 I 2 EStG). Es handelt sich insoweit um eine gesetzliche Ausnahme des allg. Grundsatzes der Kostenfreiheit des Einspruchsverfahrens (→ Vor § 347 Rn. 12).

III. Zeitliche Schranke der Heilungsmöglichkeit (Abs. 2)

Nach der am 23.12.2001 in Kraft getretenen Neufassung des § 126 II ist die zeitliche Schranke der Heilungsmöglichkeit in den Fällen des § 126 I Nr. 2–5 nunmehr bis zum Abschluss der Tatsacheninstanz eines finanzgerichtlichen Verfahrens verlängert. Diese Neuregelung ist problematisch, weil sie den Stellenwert verfahrensrechtlicher Pflichten der FB – indem diese nunmehr auch bewusste Verletzungen von Verfahrens- und Formfehlern noch bis zum Abschluss des finanzgerichtlichen Verfahrens heilen kann – vermindert und den Rang der Verfahrensrechte des Betroffenen entwertet. Gleichwohl ist diese Neuregelung noch **verfassungsgemäß,** weil die Heilung des Verfahrens- oder Formmangels die Rechtsbeeinträchtigung des Beteiligten im Ergebnis beseitigt und die FB das gleiche Ergebnis auch durch Erlass eines in das finanzgerichtliche Verfahren einzubeziehenden verfahrensfehlerfreien Zweitbescheids hätte erreichen können (HHSp § 126 Rn. 5: rechtsstaatlich vertretbar; für § 45 II VwVfG vgl. BeckOK VwVfG § 45 Rn. 55 f.). Eine gewisse Kompensation verschaffen auch die mit § 126 II verbundenen Kostennachteile der FB (→ Rn. 13) sowie die zeitliche Beschränkung der Heilungswirkung ex nunc (→ Rn. 10). 12

§ 126 II gilt nicht für die **Ergänzung der Ermessenserwägungen.** Die FB kann Ermessenserwägungen ergänzen, nicht aber eine fehlende Begründung erstmals nachholen, Gründe auswechseln oder neue Gründe nachschieben (Klein § 126 Rn. 5; BFH 1.7.2008 – II R 2/07, BStBl. II 2008, 897). Insoweit ist der ebenfalls durch das StÄndG 2001 eingefügte § 102 S. 2 FGO (zu Einzelheiten vgl. Gräber FGO § 102 Rn. 14 sowie → § 5 Rn. 41) die speziellere Vorschrift (FG Hamburg 14.8.2002 – V 248/98, EFG 2003, 202; offen gelassen von BFH 11.3.2004 – VII R 52/02, BStBl. II 2004, 579; vgl. auch FG Baden-Württemberg 17.9.2002 – 4 K 495/01, EFG 2003, 64).

Zeitpunkt für Verfahrensabschluss. Die Heilung ist gem. § 126 II bis zum Abschluss der Tatsacheninstanz eines finanzgerichtlichen Verfahrens, dh bis zum Abschluss des Verfahrens vor dem FG, möglich. Die Handlung iSd § 126 I Nr. 2–5 muss daher spätestens in der mündlichen Verhandlung vor dem FG nachgeholt werden (so insb. in den Fällen des § 126 I Nr. 2 und 3) bzw. nachgeholt worden sein (so insb. in den Fällen des § 126 I Nr. 4 und 5). Nach diesem Zeitpunkt ergehende Handlungen sind unbeachtlich. Im finanzgerichtlichen Verfahren ist dem Kläger rechtliches Gehör (§ 96 II FGO) zu der hier ggf. herbeigeführten Heilungswirkung zu gewähren (Lange DB 2001, 2680 (2682) zur entsprechenden Situation bei § 102 S. 2 FGO). Die Gewährung rechtlichen Gehörs ersetzt aber nicht die Verfahrenshandlung der FB, da § 126 II lediglich den Zeitraum festlegt, in dem dies spätestens zu geschehen hat (TK § 126 Rn. 9a). Liegt ein Fall des § 126 I Nr. 1 vor, so kann der Antrag noch im Revisionsverfahren gestellt werden (→ Rn. 6; ebenso TK § 126 Rn. 9). 13

Kosten. Obsiegt die FB im finanzgerichtlichen Verfahren allein aufgrund einer in diesem Verfahren bewirkten Heilung eines Verfahrens- oder Formmangels iSd § 126 II Nr. 2–5, sind der FB die Kosten des Verfahrens entspr. § 137 S. 1 oder S. 2 FGO aufzuerlegen (für die Ergänzung von Ermessenserwägungen gem. § 102 S. 2 FGO vgl. Lange

DB 2001, 2680; ebenso für § 45 II VwVfG: SBS § 45 Rn. 113 f.; BeckOK VwVfG § 45 Rn. 57). Erklären die Beteiligten den Rechtsstreit nach Heilung in der Hauptsache für erledigt, ergibt sich die Kostentragungspflicht der FB nach § 138 I FGO aus einer erst durch ihre Handlung iSd § 126 I Nr. 2–5 herbeigeführten Erledigungswirkung.

IV. Wiedereinsetzung in den vorigen Stand (Abs. 3)

14 **Regelungszweck.** Ist wegen der erforderlichen Begründung bzw. Anhörung die fristgerechte Einspruchseinlegung (§ 355 I) unterblieben und der VA deshalb bestandskräftig geworden, fingiert § 126 III hinsichtlich der Versäumung der Einspruchsfrist ein fehlendes Verschulden für den Wiedereinsetzungsantrag. § 126 III bezweckt durch die erleichterte Möglichkeit der Wiedereinsetzung den besonderen Schutz des Beteiligten, der aufgrund der fehlenden Begründung bzw. Anhörung in seinen Erkenntnismöglichkeiten über eine etwaige Rechtswidrigkeit des VA behindert ist (BFH 11.2.2004 – II R 5/02, BFH/NV 2004, 1062 mwN). § 126 III ist systematisch der Regelung des § 110 über die Voraussetzungen einer Wiedereinsetzung in den vorigen Stand zugeordnet und stellt unter seinen näheren Voraussetzungen die **unwiderlegbare Vermutung** mangelnden Verschuldens auf. Dem liegt die Wertung des Gesetzgebers zugrunde, dass der Beteiligte bei unterlassener Begründung bzw. Anhörung nicht zu weiteren Nachforschungen hinsichtlich der vollständigen Erfüllung dieser Verpflichtungen gehalten ist (FG Baden-Württemberg 13.11.1986 – VI K 457/83, EFG 1987, 155).

Der **Anwendungsbereich** der Vorschrift erstreckt sich gem. § 365 I auch auf das Einspruchsverfahren. Darüber hinaus gilt der Rechtsgedanke der Vorschrift auch für die Anwendung des Verschuldensbegriffs des § 56 I FGO (→ § 366 Rn. 18).

15 Zu beachten ist, dass die Frist des § 126 II 2 iVm § 110 II bereits mit der – zB auf Antrag des Beteiligten erfolgenden – Nachholung der unterlassenen Verfahrenshandlung zu laufen beginnt. Nach der Entdeckung eines Verfahrens- oder Formfehlers iSd § 126 I dürfte es daher ratsam sein, zunächst Einspruch einzulegen und Wiedereinsetzung in den vorigen Stand zu beantragen (Apitz DStR 1984, 584).

16 Ein Anspruch auf Wiedereinsetzung gem. §§ 110, 126 III besteht unter folgenden **Voraussetzungen:**

17 – **Fehlen einer erforderlichen Begründung oder Anhörung.** Es muss dem angegriffenen VA die erforderliche Begründung (dazu § 121 sowie § 126 I Nr. 2) fehlen bzw. die erforderliche Anhörung (dazu § 91 sowie § 126 I Nr. 3) unterblieben sein. Dies ist zB der Fall, wenn konkludent ein Ausbildungsfreibetrag für ein Kind beantragt wird und dieser Antrag im ESt-Bescheid ohne Begründung übergangen wird (BFH 30.10.2003 – III R 24/02, BStBl. II 2004, 394). Sind jedoch entsprechende Verfahrensfehler bei Erlass eines Feststellungsbescheids unterblieben, rechtfertigt dies die Anwendung des § 126 III bezüglich des ESt-Bescheids nicht (FG Thüringen 1.4.1998 – I 82/98, EFG 1998, 1232).

18 – **Ursächlichkeit** der fehlenden Begründung bzw. Anhörung für die Versäumung der Frist zur Anfechtung des VA (BFH 13.12.1984 – VIII R 19/81, BStBl. II 1985, 601; vgl. auch bereits → Rn. 2). Bei Zweifeln oder Unsicherheiten über den tatsächlichen Kausalitätsverlauf ist **zugunsten des Beteiligten** zu entscheiden (BFH 13.12.1984 – VIII R 19/81, BStBl. II 1985, 601). Die Ursächlichkeit ist nicht gegeben, wenn die Fristversäumnis unzweifelhaft nicht auf der fehlenden Begründung bzw. Anhörung beruht, weil zB der Stpfl. trotz Begründungsdefizits des VA dessen Fehlerhaftigkeit erkannt hat (BFH 10.7.2001 – III B 75/00, BFH/NV 2002, 5) oder der Fristversäumnis ein Irrtum des Stpfl. über die Richtigkeit der gegebenen Begründung oder das Nichtöffnen des den StBescheid enthaltenden Briefs zugrunde liegt (BFH 13.12.1984 – VIII R 19/81, BStBl. II 1985, 601; BFH 10.9.1986 – II R 175/84, BStBl. II 1986, 908) oder von einer StErklärung **zugunsten** des Beteiligten abgewichen wurde (HHSp § 126 Rn. 64 mwN). Gleiches gilt dann, wenn die FB im ESt-Bescheid auf die Abweichung hingewiesen hat (BFH 6.12.1988 – IX R 158/85, BFH/NV 1989, 561). Keine Ursächlichkeit

liegt ferner vor, wenn der VA lediglich (völlig) falsch begründet ist (→ Rn. 7); auch eine unzutr. Begründung lässt die Auffassung der FB erkennen und muss den Adressaten zur rechtzeitigen Einlegung des Rechtsbehelfs veranlassen (FG Saarland 15.7.1997 – 1 K 125/97, EFG 1997, 1275).

– **Einhaltung der Frist für den Wiedereinsetzungsantrag** (§ 126 III 2 iVm § 110 II 1). Der Antrag auf Wiedereinsetzung ist innerhalb eines Monats nach Wegfall des Hindernisses zu stellen (§ 110 II 1). Diese Frist beginnt gem. § 126 III 2 im Zeitpunkt der Nachholung der unterlassenen Verfahrenshandlung. Soweit diese Nachholung – wie bei bestandskräftigen VA häufig – nicht erfolgt, kann der Wiedereinsetzungsantrag daher bis zum Eintritt der Verjährung gestellt werden. Sofern die unterlassene Verfahrenshandlung nachgeholt wird, ist ggf. die Jahresfrist des § 110 III zu beachten. 19

– **Darlegung und Glaubhaftmachung des Ursachenzusammenhangs.** Der Ursachenzusammenhang zwischen dem Verfahrensfehler und der Fristversäumnis ist substantiiert darzulegen (pauschale Behauptung der Ursächlichkeit reicht nicht aus, zutr. HHSp § 110 Rn. 111) und glaubhaft zu machen (§ 110 II 2). Insoweit ist im Zweifel zugunsten des Beteiligten zu entscheiden (→ Rn. 18). Schlichte Erklärung kann allerdings ausreichen, wenn kein anderer Grund für die Fristversäumnis naheliegt (HHSp § 126 Rn. 63; TK § 126 Rn. 12; Balmes/Ambroziak AO-StB 2009, 369). 20

Rechtsfolge des Wiedereinsetzungsantrags ist die uneingeschränkte Anfechtbar- und Überprüfbarkeit des VA (vgl. auch § 367 II). Eine Beschränkung der Einspruchsbefugnis auf den jeweils fehlenden Verfahrensmangel ist § 126 III nicht zu entnehmen (FG Baden-Württemberg 13.11.1986 – VI K 457/83, EFG 1987, 155; HHSp § 126 Rn. 68). 21

Sind die Voraussetzungen des § 126 III nicht erfüllt, kann gleichwohl eine Wiedereinsetzung in den vorigen Stand unter den sonstigen allgemeinen Voraussetzungen des § 110 in Betracht kommen.

§ 127 Folgen von Verfahrens- und Formfehlern

Die Aufhebung eines Verwaltungsakts, der nicht nach § 125 nichtig ist, kann nicht allein deshalb beansprucht werden, weil er unter Verletzung von Vorschriften über das Verfahren, die Form oder die örtliche Zuständigkeit zustande gekommen ist, wenn keine andere Entscheidung in der Sache hätte getroffen werden können.

Vergleichbare Vorschriften: § 46 VwVfG; § 42 SGB X

Schrifttum: Rößler, Zur Auslegung des § 127 AO beim Verstoß gegen die örtliche Zuständigkeit des Finanzamts, DStZ 1977, 372; Rößler, Aufhebung eines abgabenrechtlichen Verwaltungsakts wegen Form- und Verfahrensfehler, NJW 1981, 436; Nöcker, Umdeutung von Verwaltungsakten – Mehr als leerläufige Theorie?, AO-StB 2010, 110.

Übersicht

A. Allgemeines

1 § 127 gilt seit Inkrafttreten der AO unverändert. Die Vorschrift war – über den auf begonnene Verwaltungsverfahren abstellenden Wortlaut des Art. 97 § 1 EGAO hinaus – auch in am 1.1.1977 anhängigen Gerichtsverfahren anzuwenden. In diesen Fällen konnte ein VA daher im finanzgerichtlichen Verfahren nicht allein wegen örtlicher Unzuständigkeit des FA aufgehoben werden (BFH 2.7.1980 – I R 74/77, BStBl. II 1980, 684). Zu den Wirkungen des § 127 im gerichtlichen Verfahren → Rn. 26 ff.

I. Zweck und Rechtsnatur

2 § 127 beruht auf **verfahrensökonomischen Erwägungen** (BT-Drs. VI/1982, 142; 7/4292, 28). Die in dieser Vorschrift genannten Verfahrensfehler haben ein geringeres Gewicht als sachlich-rechtliche Mängel; bei einem in der Sache rechtmäßigen VA soll eine Wiederholung des formell fehlerhaften Verwaltungsverfahrens vermieden werden (BFH 22.9.1983 – IV R 109/83, BStBl. II 1984, 342; BFH 13.12.2001 – III R 13/00, BStBl. II 2002, 406 (408); BFH 24.4.2008 – IV R 50/06, BFH/NV 2008, 1718; HHSp § 127 Rn. 3). § 127 stellt klar, dass das Interesse an einer gesetzmäßigen und gleichmäßigen StFestsetzung das Interesse des Stpfl. an einem formell rechtmäßigen Verfahren überwiegt (BFH 29.3.2017 – VI R 82/14, BFH/NV 2017, 1313).

Auf entsprechenden prozessökonomischen Erwägungen beruht der bei Verfahrensfehlern eines FG-Urteils anzuwendende § 126 IV FGO (ebenso §§ 563 ZPO, 144 IV VwGO). § 127 darf allerdings nicht dazu führen, dass formelle Regelungen als nebensächlich behandelt werden (Gosch AO § 127 Rn. 2). Schließlich dient die Verfahrensförmlichkeit gerade dazu, eine materiell möglichst richtige (gesetzmäßige) Entscheidung zu gewährleisten (TK § 127 Rn. 2).

Die Vorschrift ist auf **gebundene VA** (zum Begriff → § 118 Rn. 59) zugeschnitten (BFH 22.8.2001 – III B 71/01, BFH/NV 2002, 195). Der Gesetzgeber hat auf die zunächst vorgesehene Anwendung auch auf Ermessensentscheidungen (so noch BT-Drs. VI/1982, 142 betr. § 132 des AO-Entwurfs) im Verlauf der weiteren Gesetzesberatungen aus Bestimmtheitsgründen verzichtet (vgl. BT-Drs. 7/4292, 28 f.). Bei Ermessensentscheidungen kann nicht angenommen werden, dass keine andere Entscheidung in der Sache hätte getroffen werden können; vgl. BFH 25.1.1989 – X R 158/87, BStBl. II 1989, 483 (487); BFH 25.2.2021 – III R 36/19, BStBl. II 2021, 712; TK § 127 Rn. 16, jeweils mwN). Anders dürfte es hingegen im Fall einer Ermessensreduktion auf null sein (→ Rn. 15, 24; → § 5 Rn. 24). Die durch Gesetz v. 12.9.1996 (BGBl. 1996 I 1354) erfolgte weitreichende Umgestaltung des § 46 VwVfG, der nunmehr die Aufhebung des VA auch dann ausschließt, „wenn offensichtlich" ist, dass die Verletzung (von Verfahrens- oder Formvorschriften) „die Entscheidung in der Sache nicht beeinflusst hat", ist für die AO nicht nachvollzogen worden.

3 **Anspruchsausschluss.** § 127 versagt dem VA-Adressaten den Anspruch, die Aufhebung des VA wegen der genannten Mängel zu verlangen. Die Vorschrift ist ein Verteidigungsmittel der FB (Rößler NJW 1981, 436) und hindert diese nicht – sofern andere Vorschriften dies zulassen – an einer Aufhebung oder Änderung des VA. Allerdings ist die FB nicht verpflichtet, einen VA allein wegen eines § 127 unterfallenden Verfahrens- oder Formfehlers gem. §§ 130 f., 172 ff. zu ändern. § 127 schließt lediglich die Begründetheit eines Rechtsbehelfs gegen den VA aus. Auf **Verpflichtungsbegehren** (zB auf Erlass eines verfahrens- oder formfehlerhaften VA) ist § 127 schon nach seinem eindeutigen Wortlaut **nicht anwendbar** (FG Hessen 6.6.2002 – 3 K 4101/99, EFG 2002, 1270).

4 Umstritten ist, ob § 127 die **Rechtserheblichkeit der** genannten **formellen Mängel** – und damit gleichzeitig die Rechtswidrigkeit des VA – ausschließt oder lediglich den Anspruch auf Aufhebung des (rechtswidrigen) VA versagt. Schon aufgrund des Wortlauts

des § 127 muss angenommen werden, dass der VA trotz Ausschluss der Aufhebung rechtswidrig bleibt (HHSp § 127 Rn. 6; BeckOK VwVfG § 46 Rn. 44; aA FG Thüringen 22.9.2011 – 4 K 255/10, DStRE 2012, 1467, rkr.).

§ 127 ist **verfassungsgemäß** (TK § 127 Rn. 2; HHSp § 127 Rn. 4; FG Berlin 22.4.1996 – VIII 392/94, EFG 1997, 90; für § 46 VwVfG vgl. BVerwG 20.9.1984 – 7 C 57/83, BVerwGE 70, 143 (147) sowie SBS § 46 Rn. 5 ff.). Die Vorschrift ist aus dem im Rechtsstaatsprinzip angelegten Grundsatz der materiellen Gerechtigkeit und dem darin wurzelnden Verbot unzulässiger Rechtsausübung ableitbar (Schenke DÖV 1986, 305 (314)). Hiergegen verstieße die Durchsetzung eines Anspruchs auf Aufhebung eines formfehlerhaften VA, der aus materiellrechtlichen Gründen wieder ergehen müsste (BFH 14.9.1989 – IV S 2/89, BFH/NV 1990, 311). 5

II. Verhältnis zu § 126

§§ 126, 127 ergänzen sich; ein Subsidiaritätsverhältnis zwischen beiden Bestimmungen besteht nicht (HHSp § 127 Rn. 10). Ist ein Verfahrens- oder Formfehler nach § 126 wirksam geheilt, kann § 127 schon tatbestandlich nicht eingreifen. Ist eine nach § 126 an sich mögliche Heilung (zB bezüglich der Begründungspflicht, § 126 II Nr. 2) unterblieben, kann § 127 dem Aufhebungsanspruch entgegenstehen. § 127 kann auch erstmals im finanzgerichtlichen Verfahren (→ Rn. 28 f.). Anwendung finden. 6

B. Tatbestandliche Voraussetzungen

Tatbestandlich setzt § 127 einen wirksamen VA voraus, der unter Verletzung von Vorschriften über das Verfahren, die Form oder die örtliche Zuständigkeit zustande gekommen ist. Es muss im Verwaltungsverfahren tatsächlich zu einer Sachentscheidung gekommen sein (HHSp § 127 Rn. 5; aA TK § 127 Rn. 12). 7

I. Wirksamkeit des Verwaltungsakts

§ 127 ist nur auf wirksame VA (vgl. § 124) anwendbar, gilt also nicht für einen mangels Bekanntgabe (§ 124 I 1) nicht wirksam gewordenen VA. Ferner betrifft § 127 nur VA, die „nicht nach § 125 nichtig" sind. Nichtige VA sind unwirksam (§ 124 III), sodass der zur Nichtigkeit führende Fehler stets beachtlich ist. Selbstverständlich steht § 127 nicht dem Anspruch entgegen, die Aufhebung des nichtigen VA zur Beseitigung seines Rechtsscheins (vgl. § 125 V AO, § 41 FGO) zu verlangen. 8

II. Verletzung von Verfahrensvorschriften

„Vorschriften über das Verfahren" betreffen das **Zustandekommen des VA.** Sie schließen die Gesamtheit der für das Zustandekommen eines VA wesentlichen Verfahrensbestimmungen ein (HHSp § 127 Rn. 15); § 127 trifft keine Unterscheidung zwischen den verschiedenen Verfahrensfehlern (vgl. auch BFH 18.8.1999 – IV B 108/98, BFH/NV 2000, 165). Die Erstreckung des § 127 auch auf „Vorschriften über die Form und die örtliche Zuständigkeit" hat daher letztlich nur klarstellende Bedeutung. 9

Zu den Vorschriften über das Verfahren gehören insb. diejenigen über 10

– die **Mitwirkung von** ausgeschlossenen bzw. abgelehnten **Amtsträgern** oder anderer Personen (§§ 83, 84). Im Falle der Mitwirkung des Beteiligten (§ 82 I Nr. 1) ist allerdings Nichtigkeit des VA anzunehmen (→ § 125 Rn. 31), sodass § 127 nicht anwendbar ist; ebenso die **unterlassene Hinzuziehung** (§ 360 III; Gosch AO § 127 Rn. 9; aA offensichtlich TK § 127 Rn. 8 unter Hinweis auf FG Düsseldorf 9.12.1980 – XI 267/77 BA, EFG 1981, 490);

– die **Sachverhaltsermittlung** (§§ 85 ff., 193 ff., 208 ff.). Dazu zählen insb. die Vorschriften betr. die Anhörungs- und Unterrichtungsrechte der Beteiligten (§§ 91, 199 II, 364a) und den Untersuchungsgrundsatz (§ 88). Gleiches muss auch für die Wahrung rechtlichen Gehörs (§ 91, dazu BFH 14.3.1989 – I R 105/88, BStBl. II 1989, 741) gelten, sofern dieser Mangel nicht bereits nach § 126 I Nr. 3 geheilt wurde (vgl. FG Berlin 22.4.1996 – VIII 392/94, EFG 1997, 90 mwN; HHSp § 127 Rn. 16; aA Schwarz/Pahlke/Keß § 127 Rn. 4);
– die in § 125 III und 126 I Nr. 2–5 genannten **Verfahrens- oder Formvorschriften,** bei deren Verstoß keine Nichtigkeit des VA vorliegt und ggf. eine Heilung des Verfahrens- oder Formfehlers eintritt. In den Fällen des § 126 I Nr. 1 (Nachholung eines erforderlichen Antrags) ist § 127 nicht anwendbar, weil wegen des fehlenden Antrags eine andere Entscheidung in der Sache hätte ergehen müssen;
– die Durchführung der **Schlussbesprechung** (§ 201 I, vgl. FG Berlin 22.4.1996 – VIII 392/94, EFG 1997, 90; zweifelnd FG München 2.5.1995 – 1 V 4197/92, EFG 1995, 867) und die Übersendung des Prüfungsberichts (§ 202 II, vgl. FG Berlin 22.4.1996 – VIII 392/94, EFG 1997, 90; HHSp § 127 Rn. 16).

11 **Nicht anwendbar** ist § 127 auf VA, die unter Verstoß gegen solche Verfahrensvorschriften ergangen sind, aus denen sich ein **Verwertungsverbot** (→ § 88 Rn. 43; → § 93 Rn. 18) ergibt (TK § 127 Rn. 7). Ein Verwertungsverbot zielt darauf ab, einen verbotswidrig erlangten Beweis bei der sachlichen Entscheidung unberücksichtigt zu lassen. Deshalb hätte bei Beachtung des Verwertungsverbots stets eine andere Entscheidung in der Sache getroffen werden können. Das gilt sowohl für gebundene VA (HHSp § 127 Rn. 19) als auch für Ermessensentscheidungen.

12 **Nicht** zu den **Verfahrensvorschriften** gehören die Korrekturvorschriften (§§ 130 f., 172 ff.), da sich diese nicht auf die formelle Rechtmäßigkeit des VA beziehen; auch eine analoge Anwendung des § 127 scheidet aus (BFH 24.4.2008 – IV R 50/06, BFH/NV 2008, 1718; HHSp § 127 Rn. 21), sowie die Verjährungsvorschriften (§§ 47, 169 ff.). Diese Vorschriften sind keine Regelungen hinsichtlich des Wegs zur Entscheidung, sondern eröffnen erst den Weg für den Erlass bzw. Änderung des VA (Gosch AO § 127 Rn. 10). In einer fehlende Bedingung iSv § 120 II Nr. 2 liegt ebenfalls keine Verletzung einer bloßen Verfahrensvorschrift (vgl. BFH 23.10.2018 – VII R 44/17, BFHE 262, 330 zu einer fehlenden Bedingung nach § 14 AnfG in einem Duldungsbescheid). Ein ggf. bestehender Aufhebungsanspruch ist insoweit nicht durch § 127 beschränkt (zu entsprechenden Folgerungen für Formvorschriften → Rn. 14).

III. Verletzung von Formvorschriften

13 Vorschriften über die Form des VA (insb. bezüglich Schriftform, Unterschrift oder Namenswiedergabe) ergeben sich aus § 119 II–IV und verschiedenen Spezialregelungen (→ § 119 Rn. 24). Auch die in § 121 normierte **Begründungspflicht** ist eine Formvorschrift (BFH 26.6.1996 – II R 31/93, BFH/NV 1997, 2; HHSp § 127 Rn. 23). § 127 kommt bei einem Verstoß gegen Formvorschriften nur in Betracht, sofern der Formmangel nicht zur Nichtigkeit des VA (zB gem. § 125 II Nr. 1 bei fehlender Angabe der erlassenden Behörde) führt. Zu den etwaigen Nichtigkeitsfolgen wird auf die Kommentierung der einzelnen Formvorschriften verwiesen.

14 Das **Bestimmtheitsgebot** (§ 119 I) betrifft nicht die Form, sondern den inhaltlichen Ausspruch des VA (HHSp § 127 Rn. 26). Die inhaltliche Unbestimmtheit des VA ist daher kein bloßer Formfehler, sodass § 127 der Aufhebung nicht entgegensteht. Als materiell-rechtlicher Fehler unterfällt auch die Feststellung eines Grundbesitzwerts auf einen unzutreffenden Bewertungsstichtag nicht § 127 (BFH 27.1.2006 – II B 6/05, BFH/NV 2006, 908). Gleiches gilt für die Verletzung **zollrechtlicher Informationspflichten,** denen eine materielle Bedeutung zukommt (FG Brandenburg 4.10.1995 – 4 V 987/95 Z, EFG 1996, 29).

IV. Verletzung der Vorschriften über die örtliche Zuständigkeit

Auch ein Verstoß gegen die örtliche Zuständigkeit (§§ 17 ff.) rechtfertigt für sich allein 15
noch nicht die Aufhebung des VA (krit. Rößler DStZ 1977, 372 unter Hinweis auf häufige sachliche Auffassungsunterschiede verschiedener FB). Durch § 125 III Nr. 1 ist die Nichtigkeit des von einem örtlich unzuständigen FB erlassenen VA ausdrücklich ausgeschlossen. Verstöße gegen die interne Aufgabenzuweisung innerhalb der FB sind von vornherein unbeachtlich (BFH 22.2.2000 – X B 102/99, BFH/NV 2000, 1109). § 127 kommt auch bei Abweichung von einer Zuständigkeitsvereinbarung (§ 27) zur Anwendung (BFH 8.9.2011 – II R 47/09, BFH/NV 2012, 67).

Die Aufhebung des VA kann bei Verletzung der örtlichen Zuständigkeit nur beansprucht werden, wenn – zB bei einer Ermessensentscheidung – materiellrechtlich eine andere Entscheidung in der Sache hätte getroffen werden können (BFH 22.9.1983 – IV R 109/83, BStBl. II 1984, 342; BFH 8.9.2011 – II R 48/09, BFH/NV 2012, 71). Der Anwendung des § 127 steht nicht entgegen, dass der Fehler der örtlichen Zuständigkeit zur Verlagerung des StAufkommens auf einen anderen StGläubiger führt (BFH 5.3.1985 – VII R 146/84, BStBl. II 1985, 377; BFH 23.11.2011 – I B 58/11, BFH/NV 2012, 392). Die Aufhebung eines **GewSt-Messbescheids** kann nach der Rspr. idR nicht allein deswegen beansprucht werden, weil er von einem örtlich unzuständigen FA erlassen wurde, und zwar mangels Bindungswirkung (→ § 184 Rn. 31) selbst dann, wenn gleichzeitig die GewSt einer falschen Gemeinde zugewiesen wird (BFH 19.11.2003 – I R 88/02, BStBl. II 2004, 751 unter Aufgabe der früheren Rspr.; BFH 9.1.2013 – IV B 64/11, BFH/NV 2013, 512; BFH 11.5.2023 – IV R 3/19, BFH/NV 2023, 1206; BFH 7.11.2024 – III R 27/23, BeckRS 2024, 41483; AEAO zu § 127 Nr. 3; krit. Gosch AO § 127 Rn. 12.1; aA Schwarz/Pahlke/Keß § 127 Rn. 10). Eine Verletzung der örtlichen Zuständigkeit für Feststellungsbescheide (§§ 18, 19), die sich in einer StFestsetzung ohne Grundlagenbescheid zeigt, kann allerdings nicht nach § 127 geheilt werden. Der fehlende Grundlagenbescheid ist ein nicht heilbarer Rechtsfehler, der die Grundordnung des Verfahrens betrifft (BFH 25.8.2015 – VIII R 53/13, BeckRS 2015, 96081). Auch ein Verstoß gegen die verbandsmäßige Zuständigkeit kann nicht mit einem Verstoß gegen die örtliche Zuständigkeit gleichgesetzt werden (FG Düsseldorf 15.3.2019 – 1 K 1433/18 Ki, EFG 2019, 923 bzgl. Kirchgeldfestsetzung).

Bei einer Verletzung der **sachlichen Zuständigkeit** (s. § 16) gilt § 127 nicht, sodass die Aufhebung des VA insoweit unbeschränkt möglich ist (BFH 23.4.1986 – I R 178/82, BStBl. II 1986, 880 (883); BFH 21.4.1993 – X R 112/91, BStBl. II 1993, 649 (653); BFH 13.12.2001 – III R 13/00, BStBl. II 2002, 406; BFH 19.4.2012 – III R 85/11, BFH/NV 2012, 1411; BFH 25.2.2021 – III R 36/19, BStBl. II 2021, 712; HHSp § 127 Rn. 31). Auch ein Verstoß gegen § 180 I Nr. 2b betrifft die sachliche Zuständigkeit und ist daher nicht nach § 127 unbeachtlich (FG Köln 10.11.2011 – 10 K 1016/11, EFG 2012, 794, rkr.; Gosch AO § 127 Rn. 13; → § 180 Rn. 38); dies gilt jedoch nicht für die einheitliche und gesonderte Feststellung gem. § 180 I Nr. 2a (BFH 21.6.2007 – IX B 5/07, BFH/NV 2007, 1628). Gleiches gilt für einen Verstoß gegen die **verbandsmäßige Zuständigkeit;** und zwar auch bei Verletzung der Zuständigkeit von Zollbehörden verschiedener Mitgliedstaaten der EU (BFH 12.1.2000 – VII R 67/97, BFH/NV 2000, 767; Gosch AO § 127 Rn. 14; zur sog. Verbandskompetenz → § 16 Rn. 34).

V. Richtigkeit der sachlichen Entscheidung

§ 127 schließt den Aufhebungsanspruch nur aus, sofern keine andere Entscheidung in 16
der Sache hätte getroffen werden können. Für die FB darf bezüglich der von ihr getroffenen Entscheidung keine Entscheidungsalternative bestanden haben.

1. Allgemeines

17 „Entscheidung in der Sache" meint die **materielle** Richtigkeit der Sachentscheidung, die durch den formell fehlerhaften VA getroffen worden ist. Es sind mithin bei der Anwendung des § 127 die materiellen Rechtsfolgen zu beurteilen, die sich aus dem formell fehlerhaften VA ergeben. Darüber hinaus kann allerdings aus **formellem** Recht eine andere Sachentscheidung iSd § 127 ausgeschlossen sein, so zB bei einem – formell fehlerhaft – als unbegründet statt als unzulässig zurückgewiesenen Einspruch (FG Rheinland-Pfalz 19.10.1992 – 5 K 2234/91, EFG 1993, 64; → § 358 Rn. 7).

18 **Beurteilungsmaßstab** ist die objektive Sach- und Rechtslage. Nach diesem Maßstab ist zu fragen, ob die FB so entscheiden musste, wie im fraglichen VA entschieden wurde. Hierbei kommt wegen der Bindung der FB an Gesetz und Recht (Art. 20 III GG) selbstverständlich nur eine rechtlich zulässige Entscheidungsalternative in Betracht.

19 **Beurteilungszeitpunkt** bezüglich einer etwaigen Entscheidungsalternative ist nach dem Wortlaut des § 127 („hätte getroffen werden können") an sich derjenige der letzten Verwaltungsentscheidung. Für das finanzgerichtliche Verfahren (→ Rn. 28 f.) ist allerdings die Verpflichtung zur Spruchreifmachung sowie die gerichtliche Sachaufklärungspflicht (§ 76 FGO) zu berücksichtigen. Im Ergebnis ist mithin der im Zeitpunkt der letzten mündlichen Verhandlung vor dem FG bestehende Rechtszustand maßgebend (BFH 14.9.1989 – IV S 2/89, BFH/NV 1990, 311; HHSp § 127 Rn. 38).

2. Fehlende Entscheidungsalternative

20 Bei der Frage, ob eine andere Entscheidung in der Sache hätte ergehen müssen, ist zwischen gebundenen VA und ErmessensVA zu unterscheiden. § 127 ist grds. auf gebundene VA (→ Rn. 2), also zB Steuer- und Feststellungsbescheide, Schätzungsbescheide (→ Rn. 25), Investitions-Rückforderungsbescheide (BFH 22.8.2001 – III B 71/01, BFH/NV 2002, 195) zugeschnitten. Bei ErmessensVA ist hingegen regelmäßig eine andere Entscheidung in der Sache denkbar, sodass § 127 der Aufhebung nicht entgegensteht (→ Rn. 24).

Im Einzelnen muss danach unterschieden werden, ob sich der formelle Fehler tatsächlich überhaupt auf die getroffene Entscheidung ausgewirkt hat (tatsächlich fehlende Kausalität) und/oder ob der VA unter Berücksichtigung des formellen Fehlers jedenfalls im Ergebnis nicht hätte anders ausfallen dürfen (rechtlich fehlende Entscheidungsalternative).

21 **Tatsächlich fehlende Kausalität.** Ein formeller Fehler ist unbeachtlich, wenn er tatsächlich keinen Einfluss auf die getroffene Entscheidung haben konnte, dh nicht kausal für die getroffene Entscheidung war. Dies gilt sowohl für gebundene VA als auch für ErmessensVA. Dieses Kausalitätserfordernis bedarf, weil der prozessökonomischen Zielsetzung des § 127 immanent, keiner ausdrücklichen gesetzlichen Regelung (aA HHSp § 127 Rn. 42). Der Kausalzusammenhang ist zu verneinen, wenn keine konkrete Möglichkeit besteht, dass die Entscheidung ohne den Verstoß anders ausgefallen wäre (BFH 6.11.1985 – II R 255/83, BStBl. II 1986, 168 betr. fehlende Unterschrift oder Namenswiedergabe; BVerwG 30.5.1984 – 4 C 58/81, BVerwGE 69, 256 (269 f.)). Eine bloß „abstrakte" Möglichkeit eines Kausalzusammenhangs reicht nicht aus; ebenso ist nicht der – praktisch meist gar nicht zu führende – positive Nachweis erforderlich, dass gerade wegen des jeweiligen Verstoßes so und nicht anders entschieden wurde (BVerwG 30.5.1984 – 4 C 58/81, BVerwGE 69, 256 (269 f.); aA etwa FG Rheinland-Pfalz 6.9.1982 – 5 K 222/81, EFG 1983, 154).

22 **Rechtlich fehlende Entscheidungsalternative.** Unerheblich ist ein Fehler ferner dann, wenn der VA auch unter Berücksichtigung des Verfahrens- und Formfehlers bzw. der Bestimmung über die örtliche Zuständigkeit und des Zwecks der verletzten Vorschrift aus zwingenden rechtlichen Gründen nicht anders hätte ausfallen können, BVerwG 22.2.1985 – 8 C 25/84, BVerwGE 71, 63 (65). Dabei ist nach dem Grad der Rechtsgebundenheit zwischen gebundenen VA und ErmessensVA zu differenzieren.

23 Bei **gebundenen VA** ist es häufig eine Frage der einfachen rechtlichen Subsumtion, ob die getroffene Entscheidung aus zwingenden rechtlichen Gründen nicht anders hätte ausfallen dürfen. Bei der Beurteilung der materiellen Richtigkeit des VA muss die Möglichkeit ausgeschlossen sein, dass der VA bei Beachtung der verletzten Vorschrift anders ausgefallen wäre. Bei gebundenen VA besteht – auch soweit unbestimmte Rechtsbegriffe anzuwenden oder Fragen der (Vertrags-)Auslegung berührt sind – für die FB oder das FG kein Beurteilungsspielraum. Die nur (abstrakte) Möglichkeit einer anderweitigen Entscheidung in der Sache beseitigt die Anwendbarkeit des § 127 daher nicht (zutr. Klein § 127 Rn. 12; aA FG Rheinland-Pfalz 8.10.1990 – 5 K 332/88, EFG 1991, 162). Demgemäß ist es – weil allein auf die materielle Richtigkeit des VA abzustellen ist – im Fall **örtlicher Unzuständigkeit** des FA ohne Bedeutung, welche Entscheidung das an sich zuständige FA getroffen hätte (Gosch AO § 127 Rn. 15). Betrifft ein Verfahrensfehler die **Sachverhaltsermittlung,** so wird häufig die Möglichkeit einer anderen sachlichen Entscheidung bestehen. Gleichwohl ist uU § 127 anwendbar, weil das FG seinerseits zur Sachaufklärung verpflichtet ist (→ Rn. 29).

24 Bei **Ermessensentscheidungen** (zB Prüfungsanordnung, Billigkeitsmaßnahmen nach §§ 163, 227) kann grds. nicht angenommen werden, dass keine andere Entscheidung in der Sache hätte getroffen werden können (BFH 19.4.2012 – III R 85/11, BFH/NV 2012, 1411; BFH 25.2.2021 – III R 36/19, BStBl. II 2021, 712; → Rn. 2). Hier kann mithin regelmäßig die Aufhebung des formell fehlerhaften VA verlangt werden (BFH 25.1.1989 – X R 158/87, BStBl. II 1989, 483 (487); AEAO zu § 127 Nr. 2); eine Aufhebung der Prüfungsanordnung führt allerdings grds. nicht zum Verwertungsverbot der Ergebnisse der Ap. (zum Verwertungsverbot allg. BFH (BFH 19.8.2009 – I R 106/08, BFH/NV 2010, 5). In gleicher Weise sind auch die (im StRecht seltenen) Entscheidungen mit Beurteilungsermächtigung (→ § 5 Rn. 17) zu behandeln (vgl. auch SBS § 46 Rn. 73 ff. zur von § 127 abweichenden Fassung des § 46 VwVfG; zur Ablehnung von Mitgliedern eines Prüfungsausschusses → § 84 Rn. 1 ff.). Ausnahmsweise scheidet – abgesehen von den vorstehend behandelten Fällen einer tatsächlich fehlenden Kausalität des formellen Fehlers – die Aufhebung des VA gem. § 127 aus, wenn eine **Ermessensreduzierung auf null** (→ § 5 Rn. 17) gegeben ist (BFH 20.6.1990 – I R 157/87, BStBl. II 1992, 43; FG Brandenburg 19.5.1999 – 4 K 730/99 AO, EFG 1999, 877; BVerwG 26.3.1981 – 5 C 28/80, BVerwGE 62, 108 (116)).

Beim Verspätungszuschlag handelte es sich nach § 152 in der bis zum 31.12.2016 geltenden Fassung um eine Ermessensentscheidung. Nach der Neufassung der Norm ist das nur noch bei einer Festsetzung nach § 152 I der Fall. Die Festsetzung nach § 152 II ist dagegen eine gebundene Entscheidung. Hier findet § 127 Anwendung.

25 **Schätzungsbescheide.** § 127 ist auch in Schätzungsfällen (§ 162) anwendbar, weil insoweit ein gebundener VA – die Schätzung ist Rechtsanwendung – vorliegt (BFH 19.2.1987 – IV R 143/84, BStBl. II 1987, 412; BFH 18.8.1999 – IV B 108/98, BFH/NV 2000, 165; BFH 8.9.2011 – II R 47/09, BFH/NV 2012, 67; HHSp § 127 Rn. 43; aA TK § 127 Rn. 15 ff.). Der bei Schätzungsfällen bestehende Unsicherheitsbereich mit den daraus resultierenden Entscheidungsspielräumen weist im Vergleich zu anderweitigen Tatsachenfeststellungen letztlich keine Besonderheiten auf. Die FB haben hier weder ein Ermessen noch einen gerichtlich nur eingeschränkten Beurteilungsspielraum (BFH 19.2.1987 – IV R 143/84, BStBl. II 1987, 412; BFH 25.11.1988 – III R 264/83, BFH/NV 1989, 690; aA TK § 127 Rn. 17).

C. Rechtsfolgen; Verfahrensfragen

26 **Rechtsfolgen.** § 127 versagt den Anspruch auf Aufhebung eines VA. Gleiches muss – obgleich in § 127 nicht ausdrücklich angesprochen – auch für einen Anspruch auf Aufhebung der Änderung eines VA gelten (Gosch AO § 127 Rn. 20). Ein Rechtsbehelf

(Einspruch, Klage) gegen den formell fehlerhaften VA ist bei Anwendung des § 127 mangels Beschwer unbegründet. Auf die Zulässigkeit eines Rechtsbehelfs hat § 127 keinen Einfluss (HHSp § 127 Rn. 6).

27 § 127 schließt lediglich einen Anspruch des **Betroffenen** auf Aufhebung des VA aus. Die FB ist hingegen durch § 127 nicht gehindert, den fehlerhaften VA gem. § 130 zurückzunehmen (Gosch AO § 127 Rn. 22). Ein Widerruf des VA gem. § 131 scheidet hingegen aufgrund der Fehlerhaftigkeit des VA aus. Die Rechtswirkungen des § 127 erstrecken sich nicht auf materielle Fehler des VA (BeckOK VwVfG § 46 Rn. 20). Hat ein örtlich unzuständiges FA einen ESt-Bescheid erlassen und ist mithin ein Aufhebungsanspruch durch § 127 ausgeschlossen, so rechtfertigt dies keine Verlängerung der Festsetzungsfrist gem. § 169 I 3 (BFH 13.12.2001 – III R 13/00, BStBl. II 2002, 406). Die Anwendung des § 127 kann nicht dadurch umgangen werden, dass statt einer Anfechtungsklage eine Feststellungsklage erhoben wird (BFH 19.5.2008 – V B 29/07, BFH/NV 2008, 1501). Ist die Anwendung des § 127 zweifelhaft, kann dies die AdV/Aufhebung der Vollziehung des angefochtenen VA rechtfertigen (→ § 361 Rn. 54).

28 **Einspruchs- und Klageverfahren.** § 127 gilt gem. § 365 I auch für Einspruchsentscheidungen (Gosch AO § 127 Rn. 11.1; BFH 29.2.1996 – X B 303/95, BFH/NV 1996, 606; FG Hessen 9.6.1995 – 10 K 1366/94, EFG 1996, 43; aA FG Düsseldorf 28.10.1999 – 11 K 2229/99 E, F, EFG 2000, 47) und entfaltet Rechtswirkungen auch im gerichtlichen Verfahren (HHSp § 127 Rn. 51). Bei materieller Richtigkeit des VA fehlt es an einer von § 100 I FGO vorausgesetzten Verletzung des Klägers in eigenen Rechten (BFH 2.7.1980 – I R 74/77, BStBl. II 1980, 684; BFH 5.3.1985 – VII R 146/84, BStBl. II 1985, 377 mwN). Ein VA darf mithin nicht allein wegen des formellen Fehlers iSd § 127 aufgehoben werden. Die in § 127 AO vorgesehene Anfechtungsbeschränkung kann nicht umgangen werden, indem wegen Verfahrensfehlern iSd § 127 AO, die nicht zur Aufhebung des Bescheides führen, eine Feststellungsklage erhoben wird. Eine solche Klage wäre unzulässig (BFH 24.8.2017 – V R 11/17, BFH/NV 2018, 14).

29 Bei der Ermittlung der materiellen Richtigkeit des VA muss das FG zur Herstellung der Spruchreife ggf. eigene Ermittlungen (§ 76 I FGO) anstellen. Das FG kann hiervon nur unter den Voraussetzungen des § 100 III FGO absehen (BFH 22.9.1983 – IV R 109/83, BStBl. II 1984, 342). Es muss mithin bei einem durch ein **örtlich unzuständiges FA** erlassenen VA die materielle Unrichtigkeit des VA feststellen; ggf. hat es hierzu über die Höhe einer geschuldeten Steuer zu befinden und diese festsetzen. Dies gilt auch dann, wenn der formelle Fehler (zB örtliche Unzuständigkeit) für das Einspruchsverfahren gerügt wird (BFH 22.9.1983 – IV R 109/83, BStBl. II 1984, 342). Der Prüfung durch das FG obliegt es auch, ob der Erlass eines formell fehlerhaften VA mit den sich aus § 127 ergebenden Folgen im **Ermessen** der FB stand (BFH 26.6.1996 – II R 31/93, BFH/NV 1997, 2 betr. Verletzung der Begründungspflicht). Bei einem die **Sachaufklärung** betr. Verfahrensfehler ist das FG zur Sachaufklärung verpflichtet; erst danach kann über etwa bestehende Entscheidungsalternativen befunden werden. Soweit § 127 nicht eingreift, kommt ggf. – bei Teilbarkeit des VA (allg. → § 125 Rn. 36) – eine Teilkassation (dazu Gräber FGO § 100 Rn. 22 ff.) durch das FG in Betracht.

30 **Kostenentscheidung im gerichtlichen Verfahren.** Soweit § 127 die Aufhebung des VA versagt, können der FB trotz Obsiegens gem. § 137 S. 2 FGO die Kosten aufzuerlegen sein (vgl. Gräber FGO § 137 Rn. 3 f.). Das ist insb. naheliegend, wenn die FB den Kläger durch eine völlig unzutreffende bzw. unzureichende Begründung der Einspruchsentscheidung in den Prozess getrieben hat. Bei Hauptsacheerledigung können der FB in den entsprechenden Fällen die Kosten gem. § 137 S. 2 iVm 138 I aufzuerlegen sein. Die materielle Beweislast für die Voraussetzungen des § 127 trägt die FB (HHSp § 127 Rn. 51).

§ 128 Umdeutung eines fehlerhaften Verwaltungsakts

(1) **Ein fehlerhafter Verwaltungsakt kann in einen anderen Verwaltungsakt umgedeutet werden, wenn er auf das gleiche Ziel gerichtet ist, von der erlassenden Finanzbehörde in der geschehenen Verfahrensweise und Form rechtmäßig hätte erlassen werden können und wenn die Voraussetzungen für dessen Erlass erfüllt sind.**

(2) [1]**Absatz 1 gilt nicht, wenn der Verwaltungsakt, in den der fehlerhafte Verwaltungsakt umzudeuten wäre, der erkennbaren Absicht der erlassenden Finanzbehörde widerspräche oder seine Rechtsfolgen für die betroffene Person ungünstiger wären als die des fehlerhaften Verwaltungsakts.** [2]**Eine Umdeutung ist ferner unzulässig, wenn der fehlerhafte Verwaltungsakt nicht zurückgenommen werden dürfte.**

(3) **Eine Entscheidung, die nur als gesetzlich gebundene Entscheidung ergehen kann, kann nicht in eine Ermessensentscheidung umgedeutet werden.**

(4) **§ 91 ist entsprechend anzuwenden.**

Vergleichbare Vorschriften: § 47 VwVfG; § 43 SGB X

Schrifttum: Weyreuther, Zur richterlichen Umdeutung von Verwaltungsakten, DÖV 1985, 126; Laubinger, Die Umdeutung von Verwaltungsakten, VerwArch 78 (1987), 207, 345; Schenke, Die Umdeutung von Verwaltungsakten, DVBl. 1987, 641; Windthorst/Lüdemann, Die Umdeutung von Verwaltungsakten im Verwaltungsprozeß, NVwZ 1994, 244; Nöcker, Umdeutung von Verwaltungsakten – Mehr als leerläufige Theorie?, AO-StB 2010, 110.

I. Allgemeines

1 § 128 ist aus Gründen der Parallelität zum VwVfG in die AO aufgenommen worden. Eine besondere praktische Bedeutung der Vorschrift wurde nicht erwartet (vgl. BT-Drs. 7/4292, 29) und ist auch nicht eingetreten (ebenso für § 47 VwVfG: SBS § 47 Rn. 18 ff.). Zuletzt erfolgte durch das Zweite Datenschutz-Anpassungs- und Umsetzungsgesetz EU (DSAnpUG-EU v. 20.11.2019, BGBl. 2019 I 1626) mit Wirkung ab 26.11.2019 eine redaktionelle Anpassung von Abs. 2 S. 1 an die Verordnung (EU) 2016/679. Die Vorschrift gilt mangels eigener Regelung im UZK auch im Zollrecht (vgl. Schwarz/Pahlke/Keß § 128 Rn. 1 zum zuvor geltenden ZK; vgl. FG Hamburg 1.3.2017 – 4 V 23/17, BeckRS 2017, 94543 ohne Benennung der Rechtsgrundlage).

Der Umdeutung liegt der Rechtsgedanke aus § 140 BGB zugrunde, dass eine gewählte rechtlich unzulässige Regelung auch dann verwirklicht werden kann, wenn ein zum annähernd gleichen Ergebnis führender Weg offensteht. Zur Rechtsqualität der Umdeutung → Rn. 10. Im Wege der Umdeutung wird kein neuer VA erlassen, sondern lediglich der fehlerhaft ergangene VA als anderer (rechtmäßiger) VA mit anderer gleichwertiger Begründung aufrechterhalten (BFH 22.8.2007 – II R 44/05, BFH/NV 2007, 2379 mwN). Nicht von § 128 erfasst ist die Auswechslung einer falschen Begründung des VA gegen die richtige Begründung. Da sich die materielle Rechtmäßigkeit des VA allein nach dem Ausspruch (Tenor) bestimmt, führt der Austausch der Begründung nicht zu einem „anderen" VA iSd § 128 (TK § 128 Rn. 6).

II. Umdeutungsvoraussetzungen (Abs. 1)

2 § 128 I normiert die rechtlichen Voraussetzungen für eine Umdeutung. Der Wortlaut des § 128 I 1 („kann") könnte zwar darauf hindeuten, dass die Umdeutung eine Ermessensentscheidung ist. Dagegen spricht jedoch der Grundsatz möglichster Rechtsbeständigkeit von hoheitlichen Maßnahmen, sodass § 128 I als Sachentscheidungsnorm mit dem Wort „kann" in erster Linie die rechtliche Möglichkeit der Umdeutung zum Ausdruck bringt (vgl. SBS § 47 Rn. 11 mwN). Deshalb muss grds. auch einem **Gericht** – ggf. auch

im Revisionsverfahren – die Umdeutungsbefugnis zustehen (BFH 25.1.1994 – VIII R 45/92, BStBl. II 1994, 603; BFH 22.8.2007 – II R 44/05, BFH/NV 2007, 2379; SBS § 47 Rn. 10 mwN; aA Windthorst/Lüdemann NVwZ 1994, 244 mwN; diff. Weyreuther DÖV 1985, 126). Dieses muss jedoch dem Beteiligten zuvor rechtliches Gehör (vgl. auch § 128 IV) gewähren (BFH 22.8.2007 – II R 44/05, BFH/NV 2007, 2379 mwN) und hat – neben § 128 III – bei Ermessensentscheidungen die durch § 102 FGO gezogenen Grenzen zu beachten; es darf insb. nicht sein eigenes Ermessen an die Stelle des Ermessens der FB setzen (BFH 17.5.2022 – VIII R 26/20, BStBl. II 2022, 829; → § 5 Rn. 38).

3 **Fehlerhafter VA.** Gegenstand der Umdeutung ist nach dem Wortlaut des § 128 I 1 ein fehlerhafter **VA.** Hierbei kann es sich auch um ErmessensVA oder Einspruchsbescheide handeln. Denkbar erscheint ferner die Anwendung des § 128 – ggf. im Wege der Analogie unter Berücksichtigung des dieser Vorschrift zugrunde liegenden Rechtsgedankens – auf andere Hoheitsakte (vgl. SBS § 47 Rn. 28; offengelassen von BFH 25.1.1994 – VIII R 45/92, BStBl. II 1994, 603). Auf Verfahrenshandlungen (zB Einspruch) oder -anträge von Beteiligten kann § 128 weder unmittelbar noch analog angewendet werden (HHSp § 128 Rn. 15).

Der VA ist **fehlerhaft** (dh rechtswidrig), wenn er gegen Verfahrensrecht oder materielles Recht verstößt. Der Umdeutung ist grds. auch der **nichtige VA** zugänglich (ebenso TK § 128 Rn. 2; Klein § 128 Rn. 3; SBS § 47 Rn. 31; Schenke DVBl. 1987, 641 (644); aA FG Rheinland-Pfalz 23.3.1987 – 5 K 4/87, EFG 1987, 389). Jedoch ist ein wegen fehlender Bekanntgabe nichtiger VA nicht umdeutungsfähig (HHSp § 128 Rn. 16). Zur Unzulässigkeit der Umdeutung einer fehlerhaften förmlichen Zustellung in eine schlichte Bekanntgabe → § 122 Rn. 97.

4 **Zielgleichheit.** Der in dem fehlerhaften VA enthaltene andere VA muss „auf das gleiche Ziel gerichtet" sein. Für die Bestimmung des „Ziels" ist auf die vom fehlerhaften VA verfolgte **Rechtswirkung oder -folge** abzustellen (BFH 22.8.2007 – II R 44/05, BFH/NV 2007, 2379). Der durch Umdeutung gewonnene VA muss in den Rechtsfolgen jedenfalls im Wesentlichen denen des umgedeuteten VA entsprechen und darf jedenfalls nicht weitergehen (BFH 22.8.2007 – II R 44/05, BFH/NV 2007, 2379). Schon deshalb – und auch wegen § 128 II – ist die Umdeutung eines begünstigenden in einen belastenden VA ausgeschlossen; möglich ist jedoch eine durch Umdeutung gewonnene günstigere Rechtsfolge (TK § 128 Rn. 4). Zulässig ist auch die Umdeutung der in einem Bescheid gewährten AdV in eine Stundungsverfügung (BFH 24.4.1985 – II B 53/84, BFH/NV 1986, 11), die Umdeutung eines Änderungsbescheids in einen Erstbescheid (BFH 18.7.1985 – VI R 100/83, BFH/NV 1987, 431; FG Hamburg 3.7.2018 – 3 K 198/17, EFG 2018, 1736) und umgekehrt (Gosch AO § 128 Rn. 9); die Umdeutung eines (in der irrtümlichen Annahme der Nichtigkeit eines vorangegangenen vorläufigen Bescheids gem. § 165 ergangenen) Erstbescheids in einen Änderungsbescheid nach § 165 II (BFH 22.8.2007 – II R 44/05, BFH/NV 2007, 2379) sowie die Umdeutung der Rücknahme durch eine Zollbehörde in einen Widerruf nach Art. 28 UZK (BFH 19.10.2021 – VII R 7/18, BFH/NV 2022, 391). Es entspricht der std. höchstrichterlichen Rspr., dass eine **unzutreffende Bezeichnung der Änderungsvorschrift** unbeachtlich ist, wenn zum Zeitpunkt des Verwaltungshandelns die tatbestandlichen Voraussetzungen einer anderen Änderungsvorschrift erfüllt sind (BFH 21.10.2014 – VIII R 44/11, BStBl. II 2015, 593; BFH 12.8.2013 – X B 196/12, BFH/NV 2013, 1761).Die Zielgleichheit ist nur gegeben, wenn der mit dem durch Umdeutung gewonnenen VA erfasste **Lebenssachverhalt** mit demjenigen **identisch** ist, der von dem fehlerhaften VA erfasst wird (Gosch AO § 128 Rn. 6; HHSp § 128 Rn. 20).

Mangels Zielgleichheit ist es ausgeschlossen, einen

- an den Rechtsvorgänger gerichteten VA in einen an den Rechtsnachfolger gerichteten VA, selbst wenn dieser ihn erhalten hat (BFH 22.4.1986 – VII R 123/80, BFH/NV 1986, 587),

– die Beziehung auf ein anderes Kalenderjahr (TK § 127 Rn. 4),
– fehlerhaften Haftungsbescheid in einen StBescheid (→ § 191 Rn. 60),
– fehlerhaften StBescheid in einen Haftungsbescheid (→ § 191 Rn. 60) oder LSt-Nachforderungsbescheid (FG München 15.5.2003 – 11 K 2986/02, EFG 2003, 1281),
– fehlerhaften Bescheid über eine bestimmte Steuer in einen Bescheid über eine andere Steuer (FG Hamburg 10.2.1989 – IV 191/88 N, EFG 1989, 417),
– Bescheid über Festsetzung von Aussetzungszinsen in einen Bescheid betr. Säumniszuschläge (OVG Lüneburg 31.1.1989 – 9 B 97/88, DÖV 1989, 866),
– Vorbehalt der Nachprüfung im StBescheid (§ 164) in einen Widerrufsvorbehalt iSd §§ 120 II Nr. 3, 131 II Nr. 1 (FG Münster 31.5.2001 – 6 K 5014/98 G, F, EFG 2001, 1342),
– gem. § 165 vorläufigen StBescheid in eine StFestsetzung unter dem Vorbehalt der Nachprüfung gem. § 164 (vgl. BFH 26.9.1990 – II R 99/88, BStBl. II 1990, 1043),
– fehlerhaften Vorausleistungsbescheid in einen endgültigen Beitragsbescheid (OVG Lüneburg 8.11.1988 – 9 OVG A 11/87, BeckRS 1988, 7572; VG Hannover 21.5.2014 – 1 A 6365/12, BeckRS 2014, 52505 mwN)

umzudeuten.

Zur Umdeutung eines Wertfortschreibungsbescheides in einen Nachfeststellungsbescheid hat der BFH zwar entschieden, dass die Unterschiede im Regelungsgehalt dies verbieten (BFH 31.5.1995 – II R 31/92, BFH/NV 1996, 17; so auch FG Baden-Württemberg 4.9.2003 – 8 K 369/01, EFG 2004, 523 zum umgekehrten Fall). Ausnahmsweise soll eine solche Umdeutung aber zulässig sein, insb. wenn noch kein Einheitswert festgestellt worden ist (BFH 19.7.2012 – II R 5/10, BFH/NV 2012, 1942). Für den Fall, dass eine sachlich unzuständige Behörde über einen Erlassantrag entschieden hat, kommt keine Umdeutung der von der sachlich zuständigen Behörde erlassenen Einspruchsentscheidung in eine „eigene Ablehnung des Erlasses" in Betracht, da die Einspruchsbehörde dann zusätzlich auch den Ausgangsbescheid hätte aufheben müssen (BFH 19.1.2023 – III R 2/22, BStBl. II 2023, 626; → § 126 Rn. 5).

Formelle und materielle Rechtmäßigkeit des umgedeuteten VA. Der durch Umdeutung erzeugte VA muss „von der erlassenden FB in der geschehenen Verfahrensweise und Form rechtmäßig hätte erlassen werden können" (formelle Rechtmäßigkeit, zB Einhaltung der örtlichen und sachlichen Zuständigkeit der FB, Schriftform; dazu FG München 15.5.2003 – 11 K 2986/02, EFG 2003, 1281 mwN). Ferner müssen auch die (materiellrechtlichen) „Voraussetzungen für dessen Erlass" erfüllt sein. **Beurteilungszeitpunkt** für die formelle und materielle Rechtmäßigkeit ist der des Erlasses des VA und nicht der Zeitpunkt, in dem die Umdeutung vorgenommen wird (Laubinger VerwArch 78 (1987), 345, 365 f.). 5

III. Ausschluss der Umdeutung (Abs. 2)

Eine Umdeutung ist durch **§ 128 II 1** in zwei Fällen ausgeschlossen: 6

Entgegenstehende Absicht der FB. Die Ermittlung einer entgegenstehenden Absicht der FB ist nach objektiven Gesichtspunkten, nicht nach dem inneren Willen des Amtsträgers zu beurteilen (HHSp § 128 Rn. 36). Die für § 125 IV geltenden Grundsätze (→ § 125 Rn. 35) sind insoweit entspr. anzuwenden.

Ungünstigere Rechtsfolgen. Die eine Umdeutung ausschließenden ungünstigeren Rechtsfolgen für den Betroffenen treten ein, wenn der durch Umdeutung gewonnene VA eine Belastung verstärkt oder eine Begünstigung einschränkt. Bereits ungünstige **wirtschaftliche Folgen** verbieten die Umdeutung (HHSp § 128 Rn. 40). Die Umdeutung eines Erstbescheids in einen Änderungsbescheid kann als ungünstigere Folge eine Anfechtungsbeschränkung gem. § 351 I auslösen; eine solche ist jedoch kein Umdeutungshindernis, wenn hinsichtlich des unanfechtbaren Teils zu keinem Zeitpunkt Einwendungen erhoben wurden (BFH 22.8.2007 – II R 44/05, BFH/NV 2007, 2379).

7 **§ 128 II 2** schließt die Umdeutung aus, wenn der fehlerhafte VA nicht zurückgenommen (§ 130) werden dürfte. Damit soll verhindert werden, die Rechtsfolgen eines bestandsgeschützten begünstigenden VA durch Umdeutung zu unterlaufen (Gosch AO § 128 Rn. 11; HHSp § 128 Rn. 44). Eine Umdeutung ist auch ausgeschlossen, wenn für den durch Umdeutung gewonnenen VA die Festsetzungsfrist bereits abgelaufen ist (BFH 22.8.2007 – II R 44/05, BFH/NV 2007, 2379).

IV. Umdeutung in Ermessensentscheidung (Abs. 3)

8 Das in § 128 III statuierte Umdeutungsverbot gebundener VA in ErmessensVA folgt bereits aus dem allgemeinen Rechtsgrundsatz, dass ein von der FB verkannter Ermessensspielraum zur Rechtswidrigkeit des VA wegen eines Ermessensfehlers führt (§ 5 Rn. 23; HHSp § 128 Rn. 48; aA Nöcker AO-StB 2010, 110 (112)).

Der Umdeutung eines fehlerhaften ErmessensVA in einen anderen ErmessensVA steht § 128 III jedoch nicht entgegen; Gerichte haben allerdings die aus § 102 FGO gezogenen Grenzen zu beachten (→ Rn. 2). § 128 III ist ferner nicht anzuwenden, wenn der ErmessensVA, in den umgedeutet wird, aufgrund einer Ermessensreduzierung auf null (→ § 5 Rn. 24) hätte ergehen müssen (SBS § 47 Rn. 57) oder ein fehlerhafter ErmessensVA in einen gebundenen VA umgedeutet wird. In den vorstehenden Fällen ergeben sich die Umdeutungsvoraussetzungen aus § 128 I, II und IV. Beim BFH anhängig ist ein Verfahren zu der Frage, ob die fehlende Erläuterung der Verspätungszuschlagsfestsetzung im Bescheid im Falle einer Erstattung mangels Bestimmtheit der Verspätungszuschlagsfestsetzung zur Nichtigkeit führt, da eine fehlende Erläuterung gem. § 128 III aus einer gebundenen Entscheidung keine Ermessensentscheidung machen kann. Zudem steht in Frage, ob es dabei eine Rolle spielt, ob aus dem Bescheid ersichtlich war, ob eine Festsetzung gem. § 152 I oder II erfolgt ist (FG Sachsen 8.11.2023 – 8 K 682/23, EFG 2024, 998; Rev. V R 26/24).

V. Anhörung Beteiligter (Abs. 4)

9 § 128 IV stellt – in dem sich aus § 91 ergebenden Umfang – die Gewährung rechtlichen Gehörs sicher; das Gehör muss **vor** der Umdeutung gewährt werden. Wird dies versäumt, kann die Anhörung gem. § 126 I Nr. 3 nachgeholt werden. § 128 IV gilt auch für die Umdeutung durch das Gericht (BFH 22.8.2007 – II R 44/05, BFH/NV 2007, 2379 mwN).

VI. Verfahrens- und Rechtsschutzfragen

10 Die Umdeutung ist nur zulässig, soweit noch nicht die Festsetzungsfrist abgelaufen ist (TK § 127 Rn. 9). Ob die Umdeutung – soweit sie einen fehlerhaften VA betrifft, → Rn. 3 – ein selbständiger VA ist, ist str. (bejahend TK § 128 Rn. 6; Klein § 128 Rn. 10; VGH München 4.10.1991 – 23 B 88.2143, NVwZ-RR 1992, 507 mwN; Schenke DVBl. 1987, 641 (647 ff.); aA Schwarz/Pahlke/Keß § 128 Rn. 8; HHSp § 128 Rn. 6; Nöcker AO-StB 2010, 110; SBS § 47 Rn. 4 ff.). Aus Gründen der Rechtssicherheit ist die **von der FB** selbst vorgenommene Umdeutung als feststellender VA zu qualifizieren (HHSp § 128 Rn. 7; weitergehend – rechtsgestaltender VA –: VGH München 4.10.1991 – 23 B 88.2143, NVwZ-RR 1992, 507; Windthorst/Lüdemann NVwZ 1994, 244). Diese Umdeutung bedarf daher zu ihrer Wirksamkeit der Bekanntgabe (§ 124 I). Wird ein bindender, weil wirksamer, VA umgedeutet, so ändert die Umdeutung diesen nur ab, weshalb die Wirkung ex tunc eintritt (Gosch AO § 127 Rn. 16). Demgegenüber erfolgt die Umdeutung eines nichtigen VA mit Wirkung ex nunc. Der auf der Umdeutung beruhende „andere" VA kann durch Einspruch und Klage angegriffen werden (vgl. auch Gosch AO § 128 Rn. 18; HHSp § 128 Rn. 62). Die Umdeutung durch ein Gericht (→ Rn. 2, 8) ist nicht selbst VA, sondern eine im Rahmen des jeweiligen Rechtsschutzbegehrens inzidenter

zu entscheidende Vorfrage (zB BFH 22.8.2007 – II R 44/05, BFH/NV 2007, 2379; vgl. auch Klein § 128 Rn. 10).

§ 129 Offenbare Unrichtigkeiten beim Erlass eines Verwaltungsakts

[1] Die Finanzbehörde kann Schreibfehler, Rechenfehler und ähnliche offenbare Unrichtigkeiten, die beim Erlass eines Verwaltungsakts unterlaufen sind, jederzeit berichtigen. [2] Bei berechtigtem Interesse des Beteiligten ist zu berichtigen. [3] Wird zu einem schriftlich ergangenen Verwaltungsakt die Berichtigung begehrt, ist die Finanzbehörde berechtigt, die Vorlage des Schriftstücks zu verlangen, das berichtigt werden soll.

Schrifttum: Hering, Die Berichtigung offenbarer Unrichtigkeiten im Steuerbescheid, DStZ 1984, 220; Nothnagel, Bestandsschutz bekanntgegebener Steuerverwaltungsakte?, StuW 1984, 60; v. Wedelstädt, Die Berichtigung von Steuerbescheiden wegen offenbarer Unrichtigkeiten nach § 129 AO, DB 1985, 1761; Birkenfeld, Die Berichtigung von Steuerverwaltungsakten nach § 129 AO in der Rechtsprechung des Bundesfinanzhofs, DStR 1991, 729; Stoschek/Peter, Die Korrektur körperschaftsteuerrechtlicher Eigenkapitaldifferenzen unter besonderer Berücksichtigung der Änderungsvorschriften der Abgabenordnung, GmbHR 2001, 229; Musil, Die Berichtigung von Verwaltungsakten wegen offenbarer Unrichtigkeiten gemäß § 42 VwVfG und § 129 AO, DÖV 2001, 947; Weber, Fehlender Vorbehalt der Nachprüfung als „offenbare Unrichtigkeit" i. S. von § 129 AO – Eine „offenbare" Unrichtigkeit, DStR 2007, 1561; Tehler, Ist die Anwendungspraxis zu § 129 AO noch verfassungsgemäß?, DStR 2009, 1019; Günther, Offenbare Unrichtigkeiten (§ 129 AO): Berichtigung von Übernahmefehlern, StBW 2011, 853; Zaumseil, Schreibfehler, Rechenfehler und ähnliche vom Steuerpflichtigen verursachte offenbare Unrichtigkeiten, AO-StB 2012, 311; Münch, Außergerichtlicher Rechtsschutz bei Korrekturen gemäß § 129 AO und § 173 AO nach faktischer Selbstveranlagung, DStR 2013, 2150; Habel/Müller, Korrekturvorschriften 2.0 – Einführung eines § 173a AO, DStR 2016, 2791; Schlegel, Berücksichtigung der Umsatzsteuervorauszahlung als Betriebsausgabe im „Vorjahr", NWB 2016, 1946; Schröder, Berichtigung des fehlerhaft festgestellten steuerlichen Einlagekontos und Auswirkungen in der Liquidation, DStR 2017, 835; Bruschke, Berichtigung von Steuerbescheiden wegen offenbarer Unrichtigkeiten, StB 2017, 187; Nöcker, § 129 AO – Rechtsprechung zwischen Digital und Kognitiv, DStR 2018, 1417; Ost, Die Korrektur von offenbaren Unrichtigkeiten nach § 129 AO und § 173a AO – insbesondere im Ertragsteuerrecht, FR 2023, 827.

Übersicht

A. Allgemeines

1 **Regelungsgegenstand und -zweck.** § 129 greift ebenso wie § 42 VwVfG (zu beiden Vorschriften Musil DÖV 2001, 947 (952)) einen allg. Gedanken des Verwaltungs- und Gerichtsverfahrensrechts (für Urteile vgl. § 107 FGO) auf, wonach offenbare Unrichtigkeiten einer Entscheidung trotz Bestands- oder Rechtskraft berichtigt werden dürfen. Im Vergleich zu § 42 VwVfG ist § 129 bewusst weiter gefasst (→ Rn. 5). Aufgrund des allg. Rechtsgedankens des § 129 S. 1 steht auch eine offenbar unrichtige Fehlbuchung dem Gebot der getrennten Aufzeichnung nach § 4 VII EStG nicht entgegen (BFH 19.8.1999 – IV R 20/99, BStBl. II 2000, 203); zur Berichtigung von Feststellungsbescheiden iSd § 47 KStG aF bei körperschaftsteuerrechtlichen Eigenkapitaldifferenzen vgl. Stoschek/Peter GmbHR 2001, 229.

Die von § 129 vorausgesetzte **Unrichtigkeit** des VA ergibt sich aus der Diskrepanz zwischen dem erklärten (und auch als solchen bekannt gegebenen, § 124 I 2) und dem an sich gewollten (jedoch zB aufgrund Verschreibens oder Verrechnens nicht erklärten) Regelungsinhalt. Die Berichtigung nach § 129 ist daher im Kern auf die **Richtigstellung** der im Schriftstück verkörperten äußeren Erscheinung entspr. dem an sich intendierten Regelungsinhalt gerichtet; das schließt eine im Berichtigungswege bewirkte Veränderung der materiellen Regelung jedoch nicht prinzipiell aus (→ Rn. 16).

2 **Rechtsentwicklung.** § 129 S. 3 wurde durch das 3. ÄndGVwVfV neu gefasst und soll klarstellen, dass die FB die Vorlage des zu berichtigenden Schriftstücks nur verlangen kann, wenn der zu berichtigende VA schriftlich erlassen wurde, und somit nicht, wenn die FB zulässigerweise den VA auf elektronischem Wege bekannt gegeben hat und der Empfänger sich diesen VA hat ausdrucken lassen (BT-Drs. 14/9000, 37). Die Neuregelung ist am 28.8.2002 in Kraft getreten.

3 **Verhältnis zu anderen Korrekturvorschriften.** Da der mit der offenbaren Unrichtigkeit behaftete VA nicht rechtswidrig ist, ist die Berichtigung gem. § 129 auch unabhängig von den Korrekturmöglichkeiten nach § 130 bzw. – für StBescheide – nach §§ 164 II, 165 II, 172 ff. (BFH 14.1.1992 – VII B 161/91, BFH/NV 1993, 1; → § 172 Rn. 53). Zur Anwendung des § 177 → Rn. 57.Große Parallelen bestehen zu der ab 2017 geltenden Regelung des § 173a. Dieser gilt für den Fall, dass dem Stpfl. (oder seinem Berater) Schreib- oder Rechenfehler unterlaufen sind. Ähnliche offenbare Unrichtigkeiten umfasst § 173a allerdings nicht. Auf das Erkennenmüssen des Fehlers durch die FB kommt es dabei nicht an. Anders als § 129 („kann") eröffnet § 173a („sind") kein Ermessen (vgl. Bruschke StB 2017, 187; Habel/Müller DStR 2016, 2791; zum Ermessen → Rn. 52). Neu ist seit 2017 auch § 175b. Dieser ermöglicht Änderungen von StBescheiden bei fehlerhafter Datenübermittlung durch Dritte. Eine Bilanzberichtigung gem. § 4 II 1 EStG hat Vorrang ggü. § 129 (FG Rheinland-Pfalz 8.4.2025 – 3 K 1088/23, EFG 2025, 1131).

5 **Spezieller Zuschnitt auf das Besteuerungsverfahren.** In bewusster Abgrenzung zu § 42 VwVfG sind gem. § 129 S. 1 alle Unrichtigkeiten berichtigungsfähig, „die beim Erlass eines Verwaltungsakts unterlaufen sind". Im Gegensatz zu dem enger gefassten § 42 VwVfG – dieser lässt ausschl. die Berichtigung offenbarer Unrichtigkeiten **„in"** einem VA zu – sind alle offenbaren Unrichtigkeiten berichtigungsfähig, die sich im Laufe der Entstehung des VA ergeben haben (BT-Drs. 7/4292, 29). Damit ist § 129 speziell auf das Besteuerungsverfahren als Massenverfahren zugeschnitten (BFH 8.4.1987 – II R 236/84, BStBl. II 1988, 164; dazu krit. TK § 129 Rn. 6). Gedacht war hierbei insb. an die Erstellung von StBescheiden mittels EDV-Anlagen (BT-Drs. 7/4292, 29). Wegen des von § 42 VwVfG abw. Wortlauts des § 129 und seiner Entstehungsgeschichte lässt die BFH-Rspr. die Berichtigung auch dann zu, wenn die Unrichtigkeit aus dem Bescheid bzw. dem Beteiligten nicht erkennbar ist (→ Rn. 18 f.).

6 **Berichtigungsrecht nur für FB.** § 129 eröffnet ausschl. der FB die Befugnis, einen mit einer offenbaren Unrichtigkeit behafteten VA zu berichtigen. Auf eine korrespondierende

Möglichkeit für Stpfl., ihnen unterlaufene offenbare Unrichtigkeiten korrigieren zu können, hat der Gesetzgeber mit Rücksicht auf die bei Vorliegen neuer Tatsachen gegebenen Änderungsvorschriften verzichtet (BT-Drs. 7/4292, 29). Ist der Bescheid noch nicht bestandskräftig, kann der Fehler auch schon im Einspruchsverfahren berichtigt werden. Bei StErklärungen obliegt den Stpfl. aufgrund § 153 eine Pflicht zur Berichtigung. Den FG steht die Berichtigungsbefugnis aus § 129 ebenfalls nicht zu (BFH 27.7.1988 – I R 130/84, BStBl. II 1989, 101); allerdings kann auch durch das Gericht im Wege der Umdeutung (§ 128) ein Berichtigungsbescheid „erzeugt" werden.

Im **Zollrecht** wird § 129 durch Art. 116–123 UZK ersetzt (vgl. Witte Vor Art. 116 Rn. 14). 7

B. Berichtigungstatbestand (S. 1)

Die FB hat eine Berichtigungsmöglichkeit in Bezug auf VA (→ Rn. 9 f.), denen eine offenbare Unrichtigkeit (→ Rn. 12 ff.) anhaftet, die beim Erlass eines VA (→ Rn. 44 ff.) unterlaufen ist. 8

I. Verwaltungsakt

§ 129 gilt ganz allg. für VA (dazu § 118), also für sämtliche SteuerVA und nicht nur für StBescheide iSd § 155 I. Die Berichtigung ist sowohl bei begünstigenden VA (insoweit kommt es auf die Anwendungsvoraussetzungen des § 130 II nicht an, → Rn. 3) als auch bei belastenden VA zulässig, und zwar zugunsten wie zulasten des Betroffenen (BFH 8.12.1967 – VI R 85/67, BStBl. II 1968, 191). 9

Nach § 129 berichtigungsfähig sind zB 10

- StBescheide, auch hinsichtlich der Nebenbestimmung iSd §§ 164, 165 (zB Beifügung eines in der Aktenverfügung enthaltenen, jedoch nicht in den bekannt gegebenen StBescheid übernommenen Vorbehaltsvermerk, vgl. BFH 27.3.1996 – I R 83/94, BStBl. II 1996, 509; BFH 22.2.2006 – I R 125/04, BStBl. II 2006, 401 mwN; BFH 1.7.2010 – IV R 56/07, BFH/NV 2010, 2004 abl. Weber DStR 2007, 1561; BFH 23.7.2002 – VIII R 6/02, BFH/NV 2003, 1 betr. Aufhebung des Vorbehalts der Nachprüfung; Gosch AO § 129 Rn. 3; missverständl. Birkenfeld DStR 1992, 729 (733); zur Berichtigung eines Vorläufigkeitsvermerks (§ 165 I 3) dem Grunde und Umfang nach vgl. FG Düsseldorf 27.4.1999 – 11 K 8140/98 E, EFG 1999, 683;
- Änderungsbescheide, die im geänderten Bescheid enthaltene offenbare Unrichtigkeiten unverändert übernehmen (BFH 29.3.1985 – VI R 140/81, BStBl. II 1985, 569; BFH 10.9.1987 – V R 69/84, BStBl. II 1987, 834);
- Grundlagenbescheide (§ 171 X); das Übersehen (oder sonstiges Unberücksichtigtlassen) eines Grundlagenbescheids bei Erlass des Folgebescheides schließt ungeachtet der Bindungswirkung aus § 175 I Nr. 1 eine Berichtigung des Folgebescheids gem. § 129 nicht aus (→ § 175 Rn. 15 mwN; BFH 16.7.2003 – X R 37/99, BStBl. II 2003, 867);
- Anrechnungsverfügungen (vgl. BFH 2.9.2002 – VI B 303/00, BFH/NV 2003, 5);
- Einspruchsentscheidungen (BFH 12.1.1988 – VII R 44/87, BFH/NV 1988, 615). Im Einspruchsverfahren bedarf es vor Durchführung der Berichtigung keines Hinweises nach § 367 II 2, weil die Rücknahme des Einspruchs die Berichtigung nicht hindert.
- VA, die bereits in einem finanzgerichtlichen Verfahren überprüft und bestätigt oder geändert worden sind. Die Bindungswirkung des Urteils (§ 110 FGO) kann die Berichtigung nicht hindern. Jedoch ist die Berichtigung dann ausgeschlossen, wenn der Streitgegenstand gerade die Berichtigung nach § 129 betraf (BFH 13.10.1960 – IV 302/59 U, BStBl. III 1960, 526). Enthält das Urteil eine offenbare Unrichtigkeit, ist gem. § 107 FGO zu berichtigen.

11 Auf **NichtVA** bzw. **ScheinVA** (→ § 118 Rn. 14) ist § 129 unanwendbar ist, da diesen die vorausgesetzte VA-Qualität fehlt (BFH 28.9.1984 – III R 58/83, BStBl. II 1985, 42). **Kein VA** ist die maschinelle Gewährung und Rückforderung von Altersvorsorgezulagen nach § 90 I–III EStG (BFH 5.11.2020 – X B 50/20, BeckRS 2020, 38682).

II. Offenbare Unrichtigkeiten

12 § 129 S. 1 fasst die Berichtigungsgründe unter dem Oberbegriff „offenbare Unrichtigkeiten" zusammen und sieht diese für den Unterfall der Schreib- oder Rechenfehler (→ Rn. 22 ff.) als jederzeit gegeben an. Zugleich stellt § 129 S. 1 klar, dass die Berichtigungsentscheidung (→ Rn. 51 ff.) im Ermessen der FB steht.

1. Allgemeines

13 Kennzeichnend für die offenbare Unrichtigkeit ist das Vorliegen eines **mechanischen** (zB auf Flüchtigkeit beruhenden) **Fehlers.** Er muss nach std. BFH-Rspr. ebenso mechanisch – dh ohne weitere Prüfung – erkannt und berichtigt werden können (zB BFH 13.6.2012 – VI R 85/10, BStBl. II 2013, 5; BFH 16.3.2000 – IV R 3/99, BStBl. II 2000, 372). Diese Formel kann allerdings zu Fehlvorstellungen Anlass geben. Denn es bedarf – vor allem im gerichtlichen Verfahren – ggf. eingehender Ermittlungen zu dem die Unrichtigkeit auslösenden Umstand, um einen der Unrichtigkeit zugrunde liegenden Rechtsfehler auszuschließen (zutr. Gosch AO § 129 Rn. 9; vgl. auch BFH 10.3.2020 – IX R 29/18, BStBl. II 2020, 698). Ob ein mechanisches Versehen oder ein die Berichtigung nach § 129 ausschließender Tatsachen- oder Rechtsirrtum vorliegt, beurteilt sich jeweils nach den Verhältnissen des Einzelfalls (vgl. Nöcker DStR 2018, 1417; zu den Verfahrens- und Beweisfragen → Rn. 48). Die in der Rechtsprechung des BFH zu § 129 AO entwickelten Grundsätze gelten auch bei der Einreichung elektronischer StErklärungen (BFH 22.5.2019 – XI R 9/18, BFH/NV 2019, 937).

14 **Gegenstand der Unrichtigkeit.** Berichtigungsfähig sind offenbare Unrichtigkeiten, die – wie zumeist – den Ausspruch (Tenor) des VA betreffen oder bei der Begründung des VA unterlaufen sind. Die Unbeachtlichkeit des Fehlers gem. §§ 126, 127 schließt seine Berichtigung im Interesse der objektiven Richtigkeit nicht aus; allerdings wird idR das berechtigte Interesse (§ 129 S. 2) an der Berichtigung fehlen.

15 **Auslegung des § 129 S. 1 nach objektiven verschuldensunabhängigen Kriterien.** Die gesetzlichen Berichtigungsvoraussetzungen des § 129 S. 1 sind objektive Merkmale, die sich je nach Einzelfall zugunsten oder zulasten des Betroffenen auswirken können und insofern „zweischneidig" sind. Die Berichtigungsmerkmale können nicht verschieden danach ausgelegt werden, ob sich der Fehler zugunsten oder zulasten des Stpfl. auswirkt (BFH 10.2.1967 – VI R 5/66, BStBl. III 1967, 348). Auf schützenswerte Belange des Adressaten oder ein (Organisations-)Verschulden bei der Verursachung der Unrichtigkeit kommt es nicht an (BFH 28.11.1985 – IV R 178/83, BStBl. II 1986, 293; BFH 31.3.1987 – VIII R 46/83, BStBl. II 1987, 588; BFH 11.7.2007 – XI R 17/05, BFH/NV 2007, 1810; BFH 21.1.2010 – III R 22/08, BFH/NV 2010, 1410); auch eine oberflächliche Sachbehandlung (zB unterlassene Plausibilitätskontrolle) durch die FB hindert die Anwendung des § 129 nicht (BFH 15.5.2007 – XI B 147/06, BFH/NV 2007, 1632; BFH 11.7.2007 – XI R 17/05, BFH/NV 2007, 1810 mwN).

16 **Unrichtigkeit** liegt vor, wenn der VA mit einem auf mechanisch-technischem Versehen beruhenden Fehler behaftet ist. Der Begriff der Unrichtigkeit ist enger als der der Rechtswidrigkeit (Fehlerhaftigkeit). Zur Rechtswidrigkeit des VA führende Rechtsfehler sind keine (bloßen) Unrichtigkeiten und daher nicht gem. § 129 berichtigungsfähig (→ Rn. 2, 33 ff.). In erster Linie berührt die Unrichtigkeit (so idR bei Schreib- und Rechenfehlern) das äußere Erscheinungsbild des VA. Über diese Fehler im Erklärungsbereich hinaus kann die Unrichtigkeit jedoch auch den Bereich der **Willensbildung** der FB betreffen, so zB bei einem Rechenfehler oder einer offenkundigen Verwechslung eines Veranlagungszeit-

raums (Gosch AO § 129 Rn. 7.2). Insoweit kann die offenbare Unrichtigkeit auch zur **Veränderung im objektiven Regelungsinhalt** des VA führen (offengelassen von BFH 8.3.1989 – X R 116/87, BStBl. II 1989, 531; sa TK § 127 Rn. 27). Nicht zu folgen ist der Annahme, der VA sei wegen seines materiell-rechtlich unzutreffenden. Regelungsinhalts stets rechtswidrig. § 129 konkretisiert in seinem Anwendungsbereich den Rechtswidrigkeitsbegriff, indem die offenbare Unrichtigkeit mit Rücksicht auf den intendierten Regelungsinhalt keinen materiellen Rechtsfehler enthält (aA Gosch AO § 129 Rn. 2.2). § 124 I 2 kann an dieser Beurteilung nichts ändern (TK § 129 Rn. 27).

Eine **Unrichtigkeit** ist **„offenbar"**, wenn sie als solche auf der Hand liegt und aus sich heraus offen zutage tritt, dh bei Offenlegung des Sachverhalts für jeden unvoreingenommenen (objektiven) Dritten bei Kenntnis aller im Zuge des Erlasses des VA maßgebenden Umstände klar und deutlich erkennbar, eindeutig oder augenfällig ist (BFH 8.12.2011 – VI R 45/10, BFH/NV 2012, 694; BFH 11.7.2007 – XI R 17/05, BFH/NV 2007, 1810; BFH 17.6.2004 – IV R 9/02, BFH/NV 2004, 1505 mwN). Die Unrichtigkeit muss „aus sich heraus" offen zutage treten, darf sich also nicht erst durch Abfrage subjektiver Einschätzungen an der VA-Entstehung Beteiligter erschließen (BFH 29.1.2003 – I R 20/02, BFH/NV 2003, 1139). Die Offenbarkeit ist ausschl. auf die Unrichtigkeit als solche bezogen und nicht etwa ein zusätzliches Merkmal des Berichtigungstatbestands (BFH 8.4.1987 – II R 236/84, BStBl. II 1988, 164). 17

Erkennbarkeit der Unrichtigkeit nicht erforderlich. Dem von § 42 VwVfG abweichenden Wortlaut des § 129 und seiner Entstehungsgeschichte (→ Rn. 5) entnimmt die Rspr. (BFH 31.3.1987 – VIII R 46/83, BStBl. II 1987, 588; BFH 11.7.2007 – XI R 17/05, BFH/NV 2007, 1810 mwN; zust. Gerber BB 1985, 1597; abl. Weber DStR 2007, 1561), dass die Unrichtigkeit für den Bescheidadressaten nicht unmittelbar aus dem Bescheid ersichtlich (BFH 22.2.2006 – I R 125/04, BStBl. II 2006, 401; BFH 11.7.2007 – XI R 17/05, BFH/NV 2007, 1810; BFH 13.6.2012 – VI R 85/10, BStBl. II 2013, 5) bzw. – bei Ablese-, Auswertungs- oder Übertragungsfehlern – aus dem jeweils zugrunde liegenden Schriftstück (zB Betriebsprüferbericht, vgl. dazu BFH 18.8.1999 – I R 93/98, BFH/NV 2000, 539 mwN) zu entnehmen sein muss. Entscheidend sind die Umstände bei der Entscheidungsfindung und der Akteninhalt (BFH 1.7.2010 – IV R 56/07, BFH/NV 2010, 2004; BFH 11.7.2007 – XI R 17/05, BFH/NV 2007, 1810). Dabei muss sich die FB den gesamten Inhalt der bei ihr geführten Akten als bekannt zurechnen lassen. Auf die individuelle Kenntnis des Bearbeiters kommt es nicht an (BFH 12.3.2019 – IX R 29/17, BFH/NV 2019, 1057 mwN). Für die Ermittlung sind neben dem Inhalt der eigentlichen StAkte alle bekannten Umstände heranzuziehen, aus denen sich aus der Sicht eines unvoreingenommenen Dritten ein – ggf. bereits im Vorfeld der StFestsetzung unterlaufenes oder angebahntes – Versehen klar und eindeutig ergibt (BFH 6.11.2012 – VIII R 15/10, BFH/NV 2013, 612). Im Ergebnis kann daher – trotz fehlender Erkennbarkeit aus dem Bescheid und losgelöst vom Bekanntgabevorgang – eine offenbare Unrichtigkeit im Verlaufe des gesamten Entstehungsprozesses des VA auftreten. Damit korrespondierend ist ggf. auch der gesamte Entscheidungsvorgang – und nicht nur der Bekanntgabevorgang – auf das Vorliegen eines der Unrichtigkeit zugrunde liegenden Rechtsfehlers (→ Rn. 33 ff.) zu untersuchen (vgl. zB FG Baden-Württemberg 9.1.1998 – 9 K 197/97, EFG 1999, 119; zu von der FB übernommenen Fehlern des Stpfl.→ Rn. 45 ff.). 18

Die **Kritik** an dem nach hM gebotenen Verzicht auf die Erkennbarkeit der Unrichtigkeit verweist auf den Widerspruch zu § 124 I 2, der iSd Erklärungstheorie auf den bekannt gegebenen Inhalt des VA abstellt (TK § 129 Rn. 4 ff.; Weber DStR 2007, 1561). Dieser Einwand wird jedoch in gesetzessystematischer Sicht schon durch die Gleichrangigkeit von § 124 I 2 und § 129 entkräftet (BFH 31.3.1987 – VIII R 46/83, BStBl. II 1987, 588; vgl. auch Musil DÖV 2001, 947 (951 f.)). 19

2. Schreib- und Rechenfehler

22 § 129 S. 1 unterstellt, dass Schreib- und Rechenfehler stets offenbar sind (BFH 8.4.1987 – II R 236/84, BStBl. II 1988, 164). Bei diesen Fehlern handelt es sich um eindeutig formale Versehen, die sich von den nicht § 129 unterliegenden Rechtsanwendungsfehlern (→ Rn. 33 ff.) klar abgrenzen lassen.

23 **Schreibfehler** sind mechanische Fehler im Schriftteil des VA, zB Auslassungen, Verwechslungen, Fehler der Wortstellung oder in der Rechtschreibung. An der Berichtigung wird bei geringfügigen Fehlern dieser Art kein berechtigtes Interesse (→ Rn. 54) bestehen. Die Niederschrift einer falschen Zahl ist Rechenfehler oder ggf. eine ähnliche offenbare Unrichtigkeit.

24 **Rechenfehler** sind mechanische Berechnungsfehler (zB bei Anwendung der Grundrechenarten: Addieren, Subtrahieren, Multiplizieren, Dividieren), Zahlendreher, Fehler infolge unrichtiger Ausfüllung des Eingabewertbogens oder fehlerhafter aktenkundiger Berechnung (BFH 8.4.1987 – II R 236/84, BStBl. II 1988, 164). Nicht berichtigungsfähig sind hingegen Denk- oder Überlegungsfehler (→ Rn. 36) bei der Erstellung einer mathematischen Gleichung (FG Hessen 9.11.1989 – 1 K 2773/89, EFG 1990, 278).

3. Ähnliche offenbare Unrichtigkeiten

25 § 129 S. 1 stellt auch andere offenbare Unrichtigkeiten den Schreib- und Rechenfehlern gleich und setzt damit voraus, dass derartige offenbare Unrichtigkeiten in ähnlicher Weise offenbar sind wie Schreib- und Rechenfehler. Sie müssen als Flüchtigkeiten in der formalen Sphäre ebenso mechanisch wie Schreib- und Rechenfehler, also ohne weitere Prüfung, erkannt und berichtigt werden können (std. Rspr., zB BFH 17.2.1993 – X R 47/91, BFH/NV 1993, 638; BFH 11.7.2007 – XI R 17/05, BFH/NV 2007, 1810). Es ist je nach den Verhältnissen des Einzelfalls zu prüfen, ob ein die Berichtigung nach § 129 ausschließender Tatsachen- oder Rechtsirrtum (→ Rn. 33 ff.) vorliegt (zu den Verfahrens- und Beweisfragen → Rn. 43).

Beispielhaft sind ähnliche offenbare Unrichtigkeiten gegeben bei

26 – Fehlern in der **Sachverhaltsermittlung.** Die Nichtberücksichtigung feststehender Tatsachen ist eine offenbare Unrichtigkeit, wenn der Grund hierfür in der Unachtsamkeit liegt und offen zutage liegt (BFH 9.12.1988 – II R 9/96, BFH/NV 1999, 899); zur Abgrenzung von einem insoweit vorliegenden Rechtsfehler → Rn. 33 ff.;

27 – der **Nichtberücksichtigung feststehender Tatsachen,** wenn der Grund hierfür auf Unachtsamkeit beruht und offen zutage liegt (BFH 27.5.2009 – X R 47/08, BStBl. II 2009, 946; BFH 29.3.1985 – VI R 140/81, BStBl. II 1985, 569), so auch bei irrtümlich unterlassener Umrechnung bzw. Verwechslung von DM in Euro (BFH 16.8.2006 – XI B 168/05, BFH/NV 2006, 2033, BFH 19.8.2008 – IX R 71/07, BStBl. II 2009, 13). Die feststehenden Tatsachen können sich zB aus der StErklärung oder einem Betriebsprüferbericht ergeben (BFH 17.2.1993 – X R 47/91, BFH/NV 1993, 638; FG Baden-Württemberg 4.11.1998 – 2 K 112/96, EFG 1999, 152; FG München 7.7.1999 – 1 K 821/97, EFG 1999, 1115). Übersieht der Sachbearbeiter bei der Veranlagung versehentlich ihm (auch unterjährig) übersandte Unterlagen (zB über einen Übergangsgewinn, BFH 27.5.2009 – X R 47/08, BStBl. II 2009, 946 oder einen Rentenbescheid, BFH 27.2.2014 – X B 157/13, BFH/NV 2014, 825) liegt eine ähnliche offenbare Unrichtigkeit vor. Gleiches gilt, wenn das FA das stl. Einlagekonto erklärungsgemäß mit null feststellt, obwohl den mit der StErklärung eingereichten Unterlagen zweifelsfrei etwas anderes zu entnehmen ist (vgl. BFH 8.12.2021 – I R 47/18, DStR 2022, 1533; FG Berlin-Brandenburg 13.10.2016 – 10 K 10320/15, DStRE 2017, 1252; FG Köln 7.4.2016 – 13 K 37/15, EFG 2016, 980, dazu Schröder DStR 2017, 835; FG Münster 13.10.2017 – 13 K 1204/16 F, EFG 2018, 15; FG Saarland 20.4.2023 – 1 K 1381/19, DStRE 2024, 676; aA FG München 17.9.2018 – 7 K 2805/17, EFG 2019, 10). Es ist aber nicht erforderlich, dass der zutr. Wert ohne weitere Ermittlungen erkennbar sein muss (BFH 8.12.2021 – I R 47/18, DStR 2022, 1533; BFH 22.10.2024 – VIII R 33/

21, BFH/NV 2025, 145). Kein Fall von § 129 liegt hingegen vor, wenn das FA die Besteuerungsgrundlagen des Feststellungsbescheides über das stl. Einlagekonto schätzt, der Stpfl. aber die im jeweiligen VZ geleisteten Einzahlungen in die Kapitalrücklage bereits mitgeteilt hatte (FG München 15.3.2021 – 7 K 2114/18, EFG 2021, 1281). Es fehlt dann nämlich an einem mechanischen Versehen. § 129 ist auch anwendbar, wenn übersehen wird, dass der Stpfl. in seiner vorgelegten Gewinnermittlung die bei der Umsatzsteuererklärung für denselben Veranlagungszeitraum erklärten und im Umsatzsteuerbescheid erklärungsgemäß berücksichtigten Umsatzsteuerzahlungen nicht als Betriebsausgabe erfasst hat (BFH 27.8.2013 – VIII R 9/11, BFHE 242, 302) oder bei unvollständig ausgefüllter StErklärung, wenn dies aus beigefügten Unterlagen ersichtlich ist (vgl. BFH 22.5.2019 – XI R 9/18, BFH/NV 2019, 937).

Ein mechanischer Fehler liegt allerdings nur vor, wenn der Amtsträger den jeweiligen Sachverhalt infolge Flüchtigkeit (Übersehen, Verlesen) nicht in seine Willensbildung aufgenommen hat (s. Klein § 129 Rn. 13 zum Begriff der Flüchtigkeit). Die Anwendung des § 129 ist hingegen ausgeschlossen, wenn die Fehlerquelle den Rechtsfehlern zuzuordnen ist (→ Rn. 33 ff.); zu beachten ist insb. die Abgrenzung zu Fehlern in der Tatsachenwürdigung (→ Rn. 38) und Sachverhaltsaufklärung (→ Rn. 39);

– **Ablese-, Auswertungs- oder Übertragungsfehlern,** zB falsches Ausfüllen des Eingabewertbogens, Daten versehentlich nicht in ein Computerprogramm eingeben (BFH 4.3.2015 – X B 39/14, BFH/NV 2015, 805; BFH 13.6.2012 – VI R 85/10, BStBl. II 2013, 5), beim Ablesen der StTabelle (BFH 25.10.1978 – II R 70/78, BStBl. II 1979, 108; BFH 29.3.1985 – VI R 140/81, BStBl. II 1985, 569), durch Verwechslung von DM und EUR (→ Rn. 27 ff.) oder des für die GrESt-Bemessungsgrundlage maßgebenden Kaufpreises (FG Hamburg 5.7.2001 – III 140/01, EFG 2002, 69), bei Auswertung eines Grundlagenbescheids (FG Hamburg 26.2.2001 – II 129/00, EFG 2001, 863; zur Problematik des Übersehens eines Grundlagenbescheids → Rn. 10), bei unterlassener Auswertung eines Prüfungsberichts (BFH 27.11.2003 – V R 52/02, BFH/NV 2004, 605), bei Auswertung eines bereits mit einer offenbaren Unrichtigkeit behafteten Betriebsprüferberichts durch den Veranlagungsbeamten (BFH 18.8.1999 – I R 93/98, BFH/NV 2000, 539; FG Niedersachsen 13.2.2002 – 2 K 647/99, EFG 2002, 794) und dadurch bewirkter Aufhebung eines Nachprüfungsvorbehalts oder bei unterlassener Übernahme eines Vorbehaltsvermerks aus der Aktenverfügung in den Bescheid (BFH 17.11.1998 – III R 2/97, BStBl. II 1999, 62; → Rn. 10); 28

– **Übersehen** von Erklärungen des Stpfl. oder von Behörden. Dies gilt zB für die Aufhebung des Vorbehalts der Nachprüfung (§ 164), wenn der zuständige Bearbeiter eine dem entgegenstehende Akte übersehen hat (BFH 23.7.2002 – VIII R 6/02, BFH/NV 2003, 1). Gleiches gilt auch für einen übersehenen Betriebsprüferbericht (vgl. zB BFH 4.8.1988 – IV R 78/86, BFH/NV 1989, 281) bzw. Teile davon (BFH 27.11.2003 – V R 52/02, BFH/NV 2004, 605), das Übersehen unterjährig übersandter Unterlagen (BFH 27.5.2009 – X R 47/08, BStBl. II 2009, 946) oder eine übersehene (Kontroll-)Mitteilung, die zu den StAkten gelangt und in tatsächlicher und rechtlicher Hinsicht eindeutig ist (BFH 18.4.1986 – VI R 4/83, BStBl. II 1986, 541; BFH 17.2.1993 – X R 47/91, BFH/NV 1993, 638). Voraussetzung ist stets, dass sich die jeweilige Erklärung oder Unterlage tatsächlich in den StAkten befand; zu Beweisfragen → Rn. 48. 29

Auch eine **erneute Prüfung** eines fehlerhaften Bescheids durch die FB schließt eine Änderung nach § 129 nicht aus, solange diese Prüfung nicht zu einer Willensbildung in Bezug auf den von der offenbaren Unrichtigkeit betroffenen Tatsachen- oder Rechtsbereich geführt hat (BFH 2.9.2002 – VI B 303/00, BFH/NV 2003, 5). Übernimmt der Veranlagungsbeamte eine im Außenprüfungsbericht enthaltene offenbare Unrichtigkeit unbemerkt in den StBescheid, findet § 129 Anwendung (BFH 4.3.2009 – I R 45/08, BFH/NV 2010, 244; → Rn. 44). Zu offenbaren Unrichtigkeiten bei Übernahme von Fehlern des Stpfl.→ Rn. 45 ff. 30

4. Nicht berichtigungsfähige Rechtsfehler

33 Die Berichtigung gem. § 129 ist ausgeschlossen, wenn die ernsthafte – nicht nur theoretische – Möglichkeit (vgl. zB BFH 16.3.2000 – IV R 3/99, BStBl. II 2000, 372; BFH 11.7.2007 – XI R 17/05, BFH/NV 2007, 1810) besteht, dass

– Fehler in der Rechtsanwendung (→ Rn. 35) oder
– sonstige (sachverhaltsbezogene) Denk- oder Überlegungsfehler vorliegen (→ Rn. 36),
– feststehende Tatsachen nicht beachtet wurden (→ Rn. 37) bzw.
– der Fehler auf einer fehlerhaften Tatsachenwürdigung (→ Rn. 38) oder auf mangelnder Sachaufklärung (→ Rn. 39) beruht (BFH 8.12.2011 – VI R 45/10, BFH/NV 2012, 694; BFH 10.12.2019 – IX R 23/18, DStR 2020, 289 mwN).

34 Die Möglichkeit eines Rechtsfehlers muss **konkret** und mehr als nur theoretisch gegeben sein, darf also nicht aufgrund der konkreten Umstände praktisch ausgeschlossen erscheinen und muss sich durch die vom Gericht festgestellten Tatsachen belegen lassen (BFH 13.6.2012 – VI R 85/10, BStBl. II 2013, 5; BFH 9.12.1998 – II R 9/96, BFH/NV 1999, 899; BFH 7.3.2002 – VI B 4/02, BFH/NV 2002, 759). Die **rein theoretische** Möglichkeit, dass der Fehler auf rechtliche Überlegungen zurückgeht, schließt die Anwendung des § 129 nicht aus (BFH 30.10.1997 – III R 27/93, BFH/NV 1998, 942 mwN).

35 **Fehler in der Rechtsanwendung.** Eindeutig dem Bereich der nicht gem. § 129 berichtigungsfähigen Rechtsanwendungsfehler sind Fehler zuzuordnen, die auf der Auslegung oder (Nicht-)Anwendung einer Rechtsvorschrift beruhen (BFH 31.7.1975 – V R 121/73, BStBl. II 1975, 868; BFH 11.7.2007 – XI R 17/05, BFH/NV 2007, 1810). Derartige Fehler können insb. bei komplizierten oder sprachlich unklaren Normen (zB für § 34e EStG: BFH 5.2.1998 – IV R 17/97, BStBl. II 1998, 535), bei einer auf Rechtsüberlegungen beruhenden Zuordnung von Daten (vgl. FG Hamburg 29.6.2000 – II 544/90, EFG 2000, 1155) oder bei Unterlassen einer notwendigen Feststellung in einem Feststellungsbescheid (§ 179 III; vgl. dazu BFH 6.12.2005 – VIII R 99/02, BFH/NV 2006, 1041) unterlaufen. Ein die Anwendung des § 129 ausschließender Rechtsirrtum kommt zB in Betracht bei fehlerhafter Ermittlung des Ertragswerts einer abgekürzten Leibrente (BFH 31.7.2002 – X R 49/00, BFH/NV 2003, 2) oder bei Anwendung der Splittingtabelle auf Geschiedene im Jahr nach der Ehescheidung (FG Schleswig-Holstein 29.3.1983 – V 34/82, EFG 1983, 587).

Auch Fehler in der Handhabung **(verfahrens-)rechtlicher Vorschriften** können die Anwendung des § 129 ausschließen. Dazu gehört neben Verletzungen der Amtsermittlungspflicht (→ Rn. 39) zB der Verzicht auf eine Veranlagung unter Beifügung einer Nebenbestimmung gem. §§ 164, 165 trotz ersichtlich unvollständiger Tatsachengrundlage (FG Baden-Württemberg 4.11.1998 – 2 K 112/96, EFG 1999, 152). Auch die versehentliche Aufhebung des Vorbehalts der Nachprüfung (§ 164) kann die Anwendung des § 129 ausschließen (Einzelfallbeurteilung, vgl. BFH 23.7.2002 – VIII R 6/02, BFH/NV 2003, 1).

36 **Denk- oder Überlegungsfehler.** Auch wenn ein nicht auf die unmittelbare Rechtsanwendung bezogener Denkfehler vorliegt, kann die Annahme einer offenbaren Unrichtigkeit ausscheiden (BFH 24.5.1977 – IV R 44/74, BStBl. II 1977, 853). Das ist zB der Fall, wenn das FA wegen eines Denk- oder Überlegungsfehlers von einem falschen Sachverhalt ausgeht (BFH 13.2.1979 – VIII R 53/77, BStBl. II 1979, 458). Diese Fallkonstellation ist jeweils von den rein mechanischen, durch keine weiteren Überlegungen beeinflussten Flüchtigkeitsfehlern abzugrenzen (→ Rn. 26 ff.).

37 Die **Nichtberücksichtigung feststehender Tatsachen** kann – in Abgrenzung zu den in → Rn. 27 behandelten Fällen – auf einem Rechtsfehler beruhen, wenn auch nur die ernsthafte Möglichkeit besteht, dass ihre Ursache in einer fehlerhaften Tatsachenwürdigung, in sachverhaltsbezogenen Denk- und Überlegungsfehlern oder in mangelnder Sachaufklärung liegt (BFH 13.2.1979 – VIII R 53/77, BStBl. II 1979, 458; BFH 11.7.2007 – XI R 17/05, BFH/NV 2007, 1810). Das ist etwa der Fall, wenn der Amtsträger eine

Sachverhaltslücke (zB fehlende Angabe des Verwandtschaftsverhältnisses in einer SchenkSt-Erklärung) möglicherweise durch einen Überlegungsfehler schließt (BFH 9.12.1998 – II R 9/96, BFH/NV 1999, 899). Ist der Sachverhalt aber klar zutage getreten und das Rechtsanwendungsergebnis eindeutig vorgegeben und gerade deshalb eine abweichende rechtliche Würdigung mit Blick auf die konkrete Rechtsanwendungsfrage fernliegend, so kann dies für ein mechanisches Versehen sprechen, wenn im Übrigen keine Anhaltspunkte für das Gegenteil erkennbar sind (FG Münster 18.12.2023 – 4 K 2333/21 Ki, EFG 2024, 737).

Fehler in der Tatsachenwürdigung. Eine unrichtige Tatsachenwürdigung beruht auf einer wertenden Beurteilung und ist, soweit ein Denk- oder Überlegungsfehler vorliegt, kein lediglich mechanisches Versehen (BFH 8.12.2011 – VI R 45/10, BFH/NV 2012, 694; BFH 13.2.1979 – VIII R 53/77, BStBl. II 1979, 458; BFH 28.11.1985 – IV R 178/83, BStBl. II 1986, 293). Das gilt auch, wenn das FA feststehenden Akteninhalt bewusst nicht zur Kenntnis nimmt, zB Anlagen zur StErklärung (BFH 10.3.2020 – IX R 29/18, BStBl. II 2020, 698). 38

Fehler in der Sachverhaltsaufklärung. Unterlässt die FB eine aus rechtlichen oder tatsächlichen Gründen erforderliche Sachverhaltsermittlung und verletzt sie damit ihre Amtsermittlungspflicht (→ § 88), liegt im Regelfall nicht nur ein mechanisches Versehen vor; § 129 ist daher nicht anwendbar (BFH 25.2.1972 – VIII R 141/71, BStBl. II 1972, 550; BFH 23.1.1991 – I R 26/90, BFH/NV 1992, 359; BFH 16.3.2000 – IV R 3/99, BStBl. II 2000, 372; BFH 13.9.2005 – X B 55/05, BFH/NV 2005, 2158). Dies ist zB der Fall, wenn das FA im Wege der Auslegung einer Willenserklärung des Stpfl. das Vorliegen eines Antrags verneint hat (FG Niedersachsen 11.9.2001 – 6 K 955/99, EFG 2002, 170) oder fehlende Angaben in einer ESt-Erklärung durch Einblick in die ESt-Veranlagungen des Vorjahrs hätte erkennen können (BFH 18.4.1986 – VI R 4/83, BStBl. II 1986, 541; FG Baden-Württemberg 9.1.1998 – 9 K 197/97, EFG 1999, 119). Die Nichtanwendung des § 129 setzt im konkreten Fall die Feststellung voraus, dass eine Sachaufklärungspflicht bzw. eine Pflicht zur Aktenhinzuziehung bestand (Gosch AO § 129 Rn. 13). Bei Übersehen eines Grundlagenbescheids scheidet idR mangels Aufklärungsbedarf ein Rechtsfehler aus (BFH 16.7.2003 – X R 37/99, BStBl. II 2003, 867). 39

5. Fehler in der EDV-Bearbeitung

Große praktische Bedeutung hat die Anwendung des § 129 auf solche Fehler, die mit den durch die EDV automatisierten Arbeitsabläufen in der FVerw. in Zusammenhang stehen. Diese Arbeitsabläufe vollziehen sich „beim Erlass" eines VA (§ 129 S. 1) und sind daher nach dieser Vorschrift grds. berichtigungsfähig; dies gilt auch bereits für die Erstellung des EDV-Programms (BFH 28.9.1984 – III R 10/81, BStBl. II 1985, 32). Auf Fehler in der EDV-Bearbeitung finden für die Abgrenzung zwischen den nicht berichtigungsfähigen „mechanischen" bzw. den nicht berichtigungsfähigen Rechtsfehlern die vorstehenden allg. Grundsätze (→ Rn. 33 ff.). Anwendung. 40

Im Einzelnen kann nach folgenden Fehlerquellen für die Unrichtigkeit unterschieden werden:

Programmierfehler. Beim Erstellen eines EDV-Programms können mechanische Fehler auftreten, die eine Berichtigung gem. § 129 rechtfertigen. Das gilt allerdings nur, wenn der Fehler nach seiner Eigenart die Möglichkeit eines zugrunde liegenden Rechtsfehlers als rein theoretisch erscheinen lässt (BFH 28.9.1984 – III R 10/81, BStBl. II 1985, 32; BFH 27.3.1996 – I R 83/94, BStBl II 1996, 509; FG Baden-Württemberg 4.12.1997 – 6 K 113/96, EFG 1998, 522). Eine solche Berichtigung ist auch dann durch § 129 gedeckt, wenn sie im Zuge des Erlasses eines Änderungsbescheids maschinell erfolgt (FG München 21.10.1997 – 1 K 2026/94, EFG 1998, 707). 41

Eingabe- und Erfassungsfehler. Ein mechanisches Versehen kann vorliegen bei 42

– einem unbeabsichtigten unrichtigen Ausfüllen des Eingabebogens, zB bei Eintragung falscher Kennziffern (Schlüsselzahlen) in den EDV-Eingabebogen (BFH 13.6.2012 – VI R 85/10, BStBl. II 2013, 5; BFH 15.3.1994 – XI R 78/92, BFH/NV 1995, 937; BFH

30.10.1997 – III R 27/93, BFH/NV 1998, 942; BFH 29.1.2003 – I R 20/02, BFH/NV 2003, 1139; BFH 11.7.2007 – XI R 17/05, BFH/NV 2007, 1810; BFH 6.2.2008 – VII B 23/07, BFH/NV 2008, 814) oder Übersehen notwendiger Eintragungen (BFH 7.3.2002 – VI B 4/02, BFH/NV 2002, 759 mwN; BFH 28.6.2006 – VII B 305/05, BFH/NV 2006, 1793);
– einem Irrtum über den Programmablauf (BFH 7.3.2002 – VI B 4/02, BFH/NV 2002, 759 mwN; BFH 11.7.2007 – XI R 17/05, BFH/NV 2007, 1810);
– Nichtbeachtung der für das maschinelle Veranlagungsverfahren geltenden Dienstanweisung (BFH 11.7.2007 – XI R 17/05, BFH/NV 2007, 1810 mwN);
– dem versehentlichen Unterlassen einer Dateneingabe in ein Computerprogramm der FB (BFH 4.3.2015 – X B 39/14, BFH/NV 2015, 805; BFH 13.6.2012 – VI R 85/10, BStBl. II 2013, 5) oder
– dem versehentlichen Übersehen oder Vergessen eines **Prüfhinweises,** ohne dass eine Willensbildung im Tatsachen- oder Rechtsbereich erfolgte (vgl. BFH 26.5.2020 – IX R 30/19, BFH/NV 2020, 1233).

ELSTER-Verfahren. Diese Grundsätze gelten entspr., wenn Daten nicht in Eingabewertbögen, sondern direkt in die automatische Datenverarbeitung eingegeben werden (BFH 11.7.2007 – XI R 17/05, BFH/NV 2007, 1810). Daher ist § 129 AO auch bei einer Veranlagung im ELSTER-Verfahren grds. anwendbar (BFH 13.8.2010 – IX B 20/10, BFH/NV 2010, 2232).

Kein mechanisches Versehen liegt hingegen vor, wenn die Finanzbehörde im Rahmen des Risikomanagements zuvor ihre Ermittlungspflicht (→ Rn. 39) verletzt hat. Etwa, weil der Bearbeiter **Prüfhinweise** des automatischen Veranlagungssystems der FVerw. bewusst missachtet bzw. übergeht und damit eine Willensbildung des Bearbeiters im Tatsachen- oder Rechtsbereich vorliegt (vgl. BFH 26.5.2020 – IX R 30/19, BFH/NV 2020, 1233). Ein Fehler im Bereich der Sachverhaltsermittlung liegt ferner vor, wenn sich aufgrund der im Rahmen des Risikomanagementsystems ergangenen Prüf- und Risikohinweise eine weitere Prüfung des Falles hätte aufdrängen müssen und diese dennoch unterlassen wird (BFH 14.1.2020 – VIII R 4/17, BStBl. II 2020, 433; vgl. auch Münch DStR 2013, 2150 zur Missachtung ermittlungsbedürftiger Hinweise). Eine Korrektur nach § 129 ist ausgeschlossen, wenn ein den streitigen Punkt betreffender Prüfhinweis abgearbeitet wurde, da dann von einer (ggf. fehlerhaften) Willensbildung des Bearbeiters auszugehen ist (aA FG Baden-Württemberg 14.12.2016 – 4 K 1870/16, EFG 2019, 1953 mit zu Recht krit. Anm. Henningfeld).

III. Beim Erlass des Verwaltungsakts

1. Allgemeines

44 Berichtigungsfähig sind gem. § 129 S. 1 nur offenbare Unrichtigkeiten, die „beim Erlass eines Verwaltungsakts unterlaufen sind“. Mit diesem Merkmal sollen alle im Laufe der Entstehung des VA entstandenen offenbaren Unrichtigkeiten berichtigungsfähig sein (zu Fehlern in der EDV-Bearbeitung → Rn. 40 ff.). Vorausgesetzt ist jedoch, dass die offenbare Unrichtigkeit in der Sphäre der den VA erlassenden FB entstanden und letztlich von ihr zu verantworten ist (BFH 31.7.1990 – I R 116/88, BStBl. II 1991, 22). Zu den offenbaren Unrichtigkeiten gehören auch solche, die im Vorfeld der StFestsetzung unterlaufen sind, sodass § 129 eingreift, wenn der Veranlagungsbeamte eine im Außenprüfungsbericht enthaltene offenbare Unrichtigkeit unbemerkt in den StBescheid übernimmt (BFH 4.3.2009 – I R 45/08, BFH/NV 2010, 244).

2. Fehler des Steuerpflichtigen

45 Fehler des Stpfl. zB bei Ausfüllung der StErklärung sind nicht nach § 129 berichtigungsfähig. Dafür gibt es seit 2017 § 173a (→ Rn. 4). Hingegen sind die Berichtigungsvoraussetzungen einer „beim Erlass“ des VA unterlaufenen offenbaren Unrichtigkeit erfüllt, wenn

sich die FB eine offenbare Unrichtigkeit (zB Rechenfehler) des Stpfl. in einer von diesem abgegebenen StErklärung zu eigen macht, dh den Fehler des Stpfl. **als „eigenen" übernimmt** (BFH 1.8.2012 – IX R 4/12, BFH/NV 2013, 1; BFH 14.6.2007 – IX R 2/07, BFH/NV 2007, 2056; BFH 4.6.2008 – X R 47/07, BFH/NV 2008, 1801 std. Rspr.). Dies setzt voraus, dass die offenbare Unrichtigkeit für die FB ohne Weiteres allein aus der StErklärung oder den Anlagen selbst als mechanisches Versehen ersichtlich ist.

Die Voraussetzungen des § 129 sind **nicht** erfüllt, wenn 46

– für das FA aufgrund der StErklärung die Notwendigkeit zu (ggf. unterlassenen) weiteren Ermittlungen, zB durch Hinzuziehung der StAkten für die Vorjahre (BFH 23.1.1991 – I R 26/90, BFH/NV 1992, 359; BFH 12.4.1994 – IX R 31/91, BFH/NV 1995, 1; FG Saarland 24.6.1997 – 1 K 153/95, EFG 1997, 1342), besteht;
– das FA rechtsirrige Annahmen des Stpfl. ungeprüft übernimmt und daher ein nicht berichtigungsfähiger Rechtsfehler vorliegt (BFH 24.7.1984 – VIII R 304/81, BStBl. II 1984, 785; Gosch AO § 129 Rn. 44 mwN);
– ein Rechtsirrtum nicht ausgeschlossen werden kann, weil der zuständige Sachbearbeiter die Unrichtigkeit nicht ohne weitere Prüfung erkennen konnte, da aus der Anlage V nicht ohne weitere Berechnungen erkennbar ist, ob die Netto- oder Brutto-Methode vom Stpfl. angewandt wurde (BFH 1.8.2012 – IX R 4/12, BFH/NV 2013, 1);
– das FA unvollständige Angaben des Stpfl. in der StErklärung trotz beigefügter Belege übernimmt (FG Köln 19.10.1998 – 4 K 9902/97, EFG 1999, 1262, mE zweifelhaft → Rn. 27);
– den Angaben des Stpfl. bestimmte Vorstellungen und Absichten zugrunde liegen, die anhand der eingereichten Unterlagen nicht erkennbar sind (FG Niedersachsen 15.4.1997 – VII 473/96, EFG 1997, 1218);
– die fehlerhaften Daten aus den der StErklärung beigefügten Unterlagen oder Bilanzen nicht erkennbar waren und erst durch weitere Maßnahmen hätten ermittelt werden müssen (BFH 26.10.2015 – X B 43/15, BFH/NV 2016, 201; BFH 3.8.2016 – X R 20/15, BFH/NV 2017, 437);
– eine Eintragung in einem StErklärungsformular in einer falschen Zeile vorgenommen wird. Eine offenbare Unrichtigkeit nach § 129 AO kommt aber in Betracht, wenn ein Rechtsfehler ausgeschlossen ist (BFH 26.10.2016 – X R 1/14, BFH/NV 2017, 257);
– eine „kurze Zeit" nach Beendigung des Kalenderjahres ihrer wirtschaftlichen Zugehörigkeit abgeflossene Umsatzsteuervorauszahlung entgegen § 11 Abs. 2 S. 2 iVm Abs. 1 S. 2 EStG erst im Folgejahr als Betriebsausgabe angesetzt wird (BFH 3.5.2017 – X R 4/16, BFH/NV 2017, 1415; BFH 17.5.2017 – X R 45/16, BFH/NV 2018, 10; Schlegel NWB 2016, 1946); anders aber wenn das Fehlen der USt als BA aus der vorgelegten Umsatzsteuererklärung ersichtlich ist (→ Rn. 27) oder
– der Stpfl. dem FA eine Wahlrechtsausübung nicht mitteilt (FG Hamburg 1.10.2020 – 6 K 188/18, DStRE 2021, 1072).

In den vorstehenden Fällen kann allerdings ggf. eine Änderung der StFestsetzung gem. § 173 I Nr. 2 in Betracht kommen.

Bei den einer StFestsetzung unter Vorbehalt der Nachprüfung gleichstehenden **StAnmeldungen (§ 168)** macht sich die FB eine etwaige offenbare Unrichtigkeit (zB Rechenfehler des Stpfl.) notwendig zu eigen (BFH 26.7.1979 – V R 108/76, BStBl. II 1980, 18). Insoweit kann § 129 ohne Weiteres angewendet werden. Eine Fehlerberichtigung kann allerdings auch über § 164 II erreicht werden. 47

IV. Verfahrens- und Beweisfragen

Einzelfallbeurteilung. Ob ein mechanisches Versehen oder ein die Berichtigung nach § 129 ausschließender Tatschen- oder Rechtsirrtum vorliegt, beurteilt sich jeweils nach den Verhältnissen des Einzelfalls und dabei insb. nach der Aktenlage (BFH 16.3.2000 – IV R 3/99, BStBl. II 2000, 372; BFH 11.7.2007 – XI R 17/05, BFH/NV 2007, 1810). Es 48 handelt sich insoweit um eine Tatfrage, die nur in eingeschränktem Umfang einer revisionsgerichtlichen Überprüfung unterliegt (BFH 1.8.2012 – IX R 4/12, BFH/NV 2013, 1; BFH 13.6.2012 – VI R 85/10, BStBl. II 2013, 5; BFH 1.7.2010 – IV R 56/07, BFH/NV 2010, 2004). Grds. unerheblich ist, ob der gleiche Fehler mehrfach demselben FA bzw. anderen FÄ unterlaufen ist (BFH 11.7.2007 – XI R 17/05, BFH/NV 2007, 1810). Auch eine oberflächliche Behandlung des StFalls durch die FB hindert eine Berichtigung des StBescheids nicht, weil es auf ein Verschulden im Rahmen des § 129 nicht ankommt (BFH 21.1.2010 – III R 22/08, BFH/NV 2010, 1410; BFH 11.7.2007 – XI R 17/05, BFH/NV 2007, 1810).

Akteneinsichtsrecht des Betroffenen. Die Ausrichtung des § 129 auf den gesamten Entstehungsprozess des VA hat zwangsläufig zur Folge, dass dem Betroffenen Einsicht in die den Entstehungsvorgang dokumentierenden Verwaltungsvorgänge zu gewähren ist (Gosch AO § 129 Rn. 51; zum Akteneinsichtsrecht allg. → § 91 Rn. 23 f.).

Beweisfragen. Die einzelfallbezogene Abgrenzung zwischen mechanischen Fehlern und zur Unanwendbarkeit des § 129 führenden Rechtsfehlern bereitet, zumal bei der häufig erforderlichen Ermittlung der für den jeweiligen Amtsträger maßgebenden subjektiven Vorstellungen, erhebliche Schwierigkeiten. Die Beweisproblematik wird allerdings dadurch entschärft, dass schon die ernsthafte Möglichkeit eines Rechtsfehlers die Anwendung des § 129 ausschließt (→ Rn. 33). Gegebenenfalls sind die Regeln des **Anscheinsbeweises** heranzuziehen (Hering DStZ 1984, 220 (223)). So kann als Indiz gegen die offenbare Unrichtigkeit eines Fehlers sprechen, wenn die FB den in einem Vorbehaltsbescheid (§ 164 I) enthaltenen Fehler nicht im Zuge der Aufhebung des Vorbehalts der Nachprüfung (§ 164 III) berichtigt (FG Köln 19.10.1998 – 4 K 9902/97, EFG 1999, 1262). Für die Ermittlung sind neben dem Inhalt der eigentlichen StAkte alle bekannten Umstände heranzuziehen, aus denen sich aus der Sicht eines unvoreingenommenen Dritten ein – ggf. bereits im Vorfeld der StFestsetzung unterlaufenes oder angebahntes – Versehen klar und eindeutig ergibt. Mit Rücksicht auf die zunehmende EDV-technische Abwicklung der Veranlagungstätigkeit sind dabei auch elektronisch gespeicherte Daten zu berücksichtigen (BFH 6.11.2012 – VIII R 15/10, BFH/NV 2013, 612). Allein die Berücksichtigung von in Papierform manifestierten Umständen wird der EDV-technischen Entwicklung der Verwaltungstätigkeit nicht gerecht.

Verbleiben **Unklarheiten** darüber, ob beim Erlass des VA ein Rechtsfehler der FB vorlag, geht dies bei einer Berichtigung zu Ungunsten des Stpfl. zulasten der FB (BFH 4.6.1986 – IX R 52/82, BStBl. II 1987, 3; BFH 26.11.1998 – VI B 223/98, BFH/NV 1999, 593). Dieser Grundsatz findet zB bei Unklarheiten über den Inhalt der von der FB geführten StAkten (zB Unklarheit, ob sich im Zeitpunkt der Veranlagung Kontrollmaterial in den StAkten befand, vgl. FG Baden-Württemberg 9.1.1998 – 12 K 119/95, EFG 1998, 1401) Anwendung. Zweifel an einer zugunsten des Stpfl. begehrten Berichtigung gehen zu dessen Lasten (Gosch AO § 129 Rn. 51).

C. Entscheidung über die Berichtigung; Berichtigungsanspruch bei berechtigtem Interesse (S. 2)

51 Die Berichtigung ist ihrer Rechtsnatur nach stets ein VA (TK § 129 Rn. 27, 32; diff. Musil DÖV 2001, 947; zur Problematik Hering DStZ 1984, 220 (228); aA – für § 42 VwVfG – SBS § 42 Rn. 32 f., 43). Gegen einen bloßen Realakt – er käme ohnehin nur bei einer Berichtigung zugunsten des Betroffenen in Betracht – spricht die im Umfang der Berichtigung veränderte Bestandskraft des (berichtigten) Bescheids.

I. Ermessensentscheidung

Grundsatz: Berichtigungspflicht. Die Berichtigung des VA steht gem. § 129 S. 1 („kann“) im pflichtgemäßen Ermessen (→ § 5) der FB. Wegen des Gebots der Gleichmäßigkeit der Besteuerung (→ § 3 Rn. 60 und → § 85 Rn. 8) ist das Ermessen grds. auf null reduziert und die FB – zugunsten und zulasten des Stpfl. – zur Berichtigung verpflichtet (BFH 11.7.2007 – XI R 17/05, BFH/NV 2007, 1810). Die FB sind bei Vorliegen der Voraussetzungen des § 129 AO grundsätzlich verpflichtet, Bescheide zu berichtigen, da der Gesetzgeber im Rahmen der Berichtigungsvorschrift der materiellen Gerechtigkeit (Gleichmäßigkeit der Besteuerung) den Vorrang vor der Rechtssicherheit (Vertrauensschutz) eingeräumt hat (BFH 4.3.2015 – X B 39/14, BFH/NV 2015, 805). Dies ergibt sich auch – begrenzt auf ein „berechtigtes Interesse“ – aus § 129 S. 2 (vgl. auch BT-Drs. 7/4292, 29; → Rn. 54). Für die Berichtigung kommt es nicht darauf an, wie die FB Kenntnis von der offenbaren Unrichtigkeit erlangt hat; auch die durch rechtswidrige Maßnahmen der Ap. erlangte Kenntnis berechtigt zur Berichtigung (FG Nürnberg 26.10.1987 – VI 3/85, EFG 1988, 97). 52

Ausnahmsweise entfällt die Berichtigungsbefugnis nach den allgemeinen Grundsätzen von Treu und Glauben bzw. unter dem Gesichtspunkt der Verwirkung (Gosch AO § 129 Rn. 48), wenn die offenbare Unrichtigkeit ausschl. auf einen Fehler der FB zurückgeht und die Berichtigung das schutzwürdige Vertrauen des Stpfl. verletzen würde. Das kann zB der Fall sein, wenn die FB den Anschein erweckt, der unrichtige VA sei tatsächlich so gewollt gewesen (BFH 24.10.1984 – II R 30/81, BStBl. II 1985, 218; vgl. auch FG Köln 5.9.1991 – 7 K 5921/90, EFG 1992, 107).

Begründung der Berichtigungsentscheidung. Eine Ermessensentscheidung bedarf grds. einer Begründung (→ § 5 Rn. 34 ff.). Das der FB durch § 129 S. 1 eingeräumte Ermessen ist jedoch aufgrund der für den Regelfall gegebenen Berichtigungspflicht (→ Rn. 52) vorgeprägt. Bei unzweifelhaft gegebener Berichtigungspflicht bedarf es daher keiner weiteren Begründung der Berichtigungsentscheidung (BFH 28.10.1992 – II R 111/89, BFH/NV 1993, 637; FG Hamburg 7.8.1995 – VII 14/93, EFG 1996, 3). In diesen Fällen ist es erforderlich und ausreichend, wenn die FB die im Einzelfall gegebene offenbare Unrichtigkeit und ihre steuerlichen Auswirkungen bezeichnet (TK § 129 Rn. 31). 53

II. Berechtigtes Interesse (S. 2)

Bei einem berechtigten Interesse des Beteiligten hat dieser gem. § 129 S. 2 einen Anspruch auf Berichtung (BT-Drs. 7/4292, 29), die FB mithin eine Berichtigungspflicht (→ Rn. 52). Das „berechtigte Interesse“ umfasst jedes nach der Sachlage anzuerkennende schutzwürdige Interesse rechtlicher, wirtschaftlicher oder ideeller Art. Es liegt insb. vor, wenn der unrichtige VA Bindungswirkung für andere VA hat oder sich die Unrichtigkeit auf die StFestsetzung auswirkt (TK § 129 Rn. 31). Ein berechtigtes Interesse fehlt bei nur geringfügigen Versehen (zB bloßer Schreibfehler) (BT-Drs. 7/4292, 29). 54

III. Durchführung und Umfang der Berichtigung

Zuständigkeit. Zur Durchführung der Berichtigung ist ausschl. die FB, nicht auch das Gericht befugt (→ Rn. 5). Es ist grds. die FB sachlich und örtlich zuständig, die den VA erlassen hat. Zuständig ist auch eine etwaige Nachfolge- oder die Rechtsbehelfsbehörde (Hering DStZ 1984, 220 (228)). 55

Umfang der Berichtigung. Die aufgrund § 129 erfolgende Berichtigung ist auf die Beseitigung der offenbaren Unrichtigkeit beschränkt und lässt die materielle Bestandskraft des berichtigten VA im Übrigen unberührt (sog. **punktuelle Berichtigung;** vgl. BFH 15.3.1994 – XI R 78/92, BFH/NV 1995, 937; FG Hamburg 24.5.2024 – 5 K 12/24, EFG 2024, 1865; aA TK § 129 Rn. 6 mwN). Andere Fehler können, da § 129 keine materielle Neuregelung zulässt, nur nach Maßgabe anderweitiger Korrekturvorschriften (zB §§ 130 f., 56

172 ff.) beseitigt werden. Die Änderungssperre des § 173 II gilt nicht für Berichtigungen nach § 129 (→ § 173 Rn. 140). Ist bei einem StBescheid die Anordnung des **Vorbehaltsvermerks** versehentlich unterblieben, kann dieser Bescheid – sofern die Voraussetzungen des § 129 vorliegen – unmittelbar nach § 164 II geändert werden (BFH 1.7.2010 – IV R 56/07, BFH/NV 2010, 2004; BFH 22.2.2006 – I R 125/04, BStBl. II 2006, 401 mwN); darin liegt – mangels Veränderung des Regelungsinhalts des Bescheids (→ Rn. 3) kein Verstoß gegen das Korrektursystem der AO (aA Weber DStR 2007, 1561 (1565)).

57 **Vertrauensschutz; Saldierung.** Gegenüber einem Berichtigungsbescheid kann sich der Betroffene grds. nicht auf **Vertrauensschutz** berufen. § 176 findet im Bereich des § 129 keine Anwendung (→ § 176 Rn. 4 mwN). Eine **Saldierung** (§ 177) der sich aus der Berichtigung ergebenden Auswirkung mit anderweitigen materiellen Fehlern ist unzulässig. Nach der BFH-Rspr. (BFH 8.3.1989 – X R 116/87, BStBl. II 1989, 531; BFH 30.4.1998 – III B 110/97, BFH/NV 1999, 1; Birkenfeld DStR 1991, 729 (732); vgl. auch AEAO zu § 129 Nr. 2) ist § 177 insoweit nicht anwendbar; die § 177 entsprechenden Saldierungsmöglichkeiten sollen sich jedoch im Rahmen der bei der Berichtigungsentscheidung nach § 129 anzustellenden Ermessenserwägungen ergeben; → § 177 Rn. 6.

IV. Zeitliche Grenze der Berichtigung

58 Die FB kann den VA gem. § 129 S. 1 **„jederzeit"** berichtigen, also zB auch im Einspruchs- und Klageverfahren (→ Rn. 10) und auch noch nach Eintritt der Bestandskraft (zB BFH 2.4.1987 – IV R 255/84, BStBl. II 1987, 762). Das Recht zur Berichtigung besteht auch dann, wenn seit Erlass des unrichtigen VA bereits längere Zeit verstrichen ist; nur ganz ausnahmsweise kann eine Verwirkung (→ § 4 Rn. 39 ff.) der Berichtigungsbefugnis eintreten (HHSp § 129 Rn. 92).

Festsetzungsverjährung. Eine zeitliche Beschränkung der Berichtigungsmöglichkeit ergibt sich bei StBescheiden und anderen VA, auf die die für die StFestsetzung geltenden Vorschriften sinngemäß Anwendung finden, aus der Festsetzungsfrist (BFH 14.4.2011 – VI B 143/10, BFH/NV 2011, 1289)). Hierbei ist die Ablaufhemmung aus § 171 II zu beachten: Die Festsetzungsfrist endet bei Vorliegen einer offenbaren Unrichtigkeit nicht vor Ablauf eines Jahres nach Bekanntgabe des StBescheids (zu Einzelheiten → § 171 Rn. 16 ff.). Wird vor Ablauf der Festsetzungsfrist ein Antrag auf Berichtigung nach § 129 gestellt, so läuft die Festsetzungsfrist insoweit nicht ab, bevor über den Antrag unanfechtbar entschieden worden ist (§ 171 III 1; zu Einzelheiten → § 171 Rn. 21 ff.). § 171 X rechtfertigt außerhalb der durch den Grundlagenbescheid bewirkten Folgeänderung keine anderweitige Berichtigung nach § 129 (BFH 8.3.1989 – X R 116/87, BStBl. II 1989, 531).

VA, die sich auf Zahlungsansprüche richten, können bis zum Ablauf der Zahlungsverjährung (§ 228), Aufteilungsbescheide gem. § 280 II bis zur Beendigung der Vollstr. nach § 129 berichtigt werden (vgl. auch AEAO zu § 129 Nr. 1).

D. Vorlage von Schriftstücken (S. 3)

59 § 129 S. 3 wurde durch das 3. ÄndGVwVfV neu gefasst (→ Rn. 2). Die Vorschrift berechtigt die FB (iSe subjektiven Rechts), die Vorlage des zu berichtigenden Schriftstücks zu verlangen, wenn der zu berichtigende VA **schriftlich** erlassen wurde. Dieses Recht der FB dient dem Klarstellungsinteresse und (zB bei einer Unbedenklichkeitsbescheinigung iSd § 22 GrEStG) der Sicherheit des Rechtsverkehrs, indem auf dem Schriftstück der Vermerk über die Berichtigung angebracht wird (vgl. auch § 107 II 2 FGO). Die Vorlage des Schriftstücks ist kein materielles Erfordernis für die Wirksamkeit der Berichtigung. Das Vorlageverlangen ist ein VA, der im pflichtgemäßen Ermessen (§ 5) der FB steht und ggf. durch Zwangsmittel (§§ 328 ff.) durchgesetzt werden kann.

Wurde ein VA auf **elektronischem Wege** bekannt gegeben und hat sich der Empfänger diesen VA ausdrucken lassen, steht der FB nach dem klaren Wortlaut des § 129 S. 3 kein Vorlagerecht zu (vgl. BT-Drs. 14/9000, 37).

E. Rechtsbehelfe; Verfahrensfragen

Rechtsbehelf gegen berichtigenden VA. Gegen einen aufgrund § 129 ergangenen Berichtigungsbescheid ist der Einspruch (§ 347) statthaft. Ergeht der Berichtigungsbescheid nach § 129 im Verlauf des den ursprünglichen VA betreffenden Einspruchsverfahrens, wird der Berichtigungsbescheid gem. § 365 III 2 Nr. 1 automatisch zum Gegenstand des Einspruchsverfahrens (→ § 365 Rn. 29). Für den Berichtigungsbescheid gilt die Anfechtungsbeschränkung des § 351 I (→ Rn. 9). 60

Bei einer Berichtigung **zuungunsten** des Stpfl. kann dieser einwenden, dass die Berichtigungsvoraussetzungen des § 129 nicht gegeben seien, dass die Berichtigung unzutreffend sei oder ein anderweitiger Änderungsgrund iSd § 351 I 2. HS vorläge. Bei einer Berichtigung **zugunsten** des Stpfl. kann dieser eine weitergehende Berichtigung oder einen weiteren Berichtigungsgrund iSd § 129 bzw. einen anderen Änderungsgrund (zB gem. § 173 I Nr. 2) geltend machen. Die **Feststellungslast** (Beweislast) für das Vorliegen der Berichtigungsvoraussetzungen trägt derjenige, der sich auf das Vorliegen einer offenbaren Unrichtigkeit beruft (BFH 19.3.2009 – IV R 84/06, BFH/NV 2009, 1394; BFH 29.1.2003 – I R 20/02, BFH/NV 2003, 1139); zu Beweisfragen bezüglich eines behaupteten Rechtfehlers → Rn. 13, 33 ff., zur Saldierung → Rn. 57.

Rechtsbehelf gegen Ablehnung der Berichtigung. Lehnt die FB die Berichtigung ab, ist hiergegen der Einspruch (§ 347 I) und ggf. die Verpflichtungsklage (§ 40 I FGO) gegeben. Die tatsächlichen Voraussetzungen für eine Berichtigung hat das FG zu ermitteln; im Revisionsverfahren können die entsprechenden Feststellungen nicht getroffen werden (BFH 17.2.1993 – X R 47/91, BFH/NV 1993, 638). Im Rechtsbehelfsverfahren darf die FB wegen der Beschränkung des **§ 351 I** auf Änderungsbescheide eine gem. § 129 erfolgte Berichtigung zugunsten des Stpfl. nicht zu dessen Lasten mit Rechtsanwendungsfehlern saldieren (BFH 8.3.1989 – X R 116/87, BStBl. II 1989, 531; Birkenfeld DStR 1991, 729 (733)). 61

Anwendung des § 68 FGO. Wird ein mit der Klage angefochtener VA im finanzgerichtlichen Verfahren gem. § 129 berichtigt, wird das Klageverfahren gem. § 68 S. 4 FGO automatisch mit dem berichtigten VA fortgesetzt. 62

§ 130 Rücknahme eines rechtswidrigen Verwaltungsakts

(1) **Ein rechtswidriger Verwaltungsakt kann, auch nachdem er unanfechtbar geworden ist, ganz oder teilweise mit Wirkung für die Zukunft oder für die Vergangenheit zurückgenommen werden.**

(2) **Ein Verwaltungsakt, der ein Recht oder einen rechtlich erheblichen Vorteil begründet oder bestätigt hat (begünstigender Verwaltungsakt), darf nur dann zurückgenommen werden, wenn**

1. er von einer sachlich unzuständigen Behörde erlassen worden ist,
2. er durch unlautere Mittel wie arglistige Täuschung, Drohung oder Bestechung erwirkt worden ist,
3. ihn der Begünstigte durch Angaben erwirkt hat, die in wesentlicher Beziehung unrichtig oder unvollständig waren,
4. seine Rechtswidrigkeit dem Begünstigten bekannt oder infolge grober Fahrlässigkeit nicht bekannt war.

(3) [1]**Erhält die Finanzbehörde von Tatsachen Kenntnis, welche die Rücknahme eines rechtswidrigen begünstigenden Verwaltungsakts rechtfertigen, so ist die Rücknahme nur innerhalb eines Jahres seit dem Zeitpunkt der Kenntnisnahme zulässig.** [2]**Dies gilt nicht im Fall des Absatzes 2 Nummer 2.**

(4) **Über die Rücknahme entscheidet nach Unanfechtbarkeit des Verwaltungsakts die nach den Vorschriften über die örtliche Zuständigkeit zuständige Finanzbehörde; dies gilt auch dann, wenn der zurückzunehmende Verwaltungsakt von einer anderen Finanzbehörde erlassen worden ist; § 26 Satz 2 bleibt unberührt.**

Schrifttum: Förster, Rücknahme und Widerruf von Verwaltungsakten, DStZ 1976, 458; Thiel, Probleme bei der Aufhebung oder Änderung von Steuerverwaltungsakten außerhalb des Rechtsbehelfsverfahrens, JbFfSt 1977/1978, 97; Macher, Der Verwaltungsakt mit Mischwirkung im Hinblick auf §§ 130, 131 AO, DStZ 1979, 108; Hein, Zum Neuerlaß eines Haftungsbescheids nach „ersatzloser" Aufhebung eines inhaltsgleichen vorangegangenen Bescheids, DStR 1987, 175; Mösbauer, Der Steuerhaftungsbescheid: Berichtigung, Rücknahme und Widerruf, INF 1987, 505; Mösbauer, Zur Korrektur von Steuerhaftungsbescheiden und der mit diesen regelmäßig verbundenen Zahlungsaufforderungen, Stbg 1987, 230; Gosch, Das Wiederaufgreifen unanfechtbar abgeschlossener Verwaltungsverfahren im Steuerrecht, DStZ 1991, 445; Hampel, Rücknahme und Widerruf von Zollentscheidungen nach Art. 8 und 9 ZK, ZfZ 2001, 392; Jochum, Empfiehlt es sich, die Abgabenordnung vom so genannten „Korrekturdualismus" zu befreien?, StuW 2006, 91; van der Ham, Keine Bindung der Finanzverwaltung durch Advance Pricing Agreements? Der EATON-Fall im Rechtsvergleich, IStR 2013, 861; Becker, Die Anmeldung und Prüfung von Steuerforderungen im Insolvenzverfahren, DStR 2016, 919; Gössler, Die Berechnung der Umsatzsteuer nach vereinbarten oder vereinnahmten Entgelten, NWB 2016, 1004; Jansen, Angriffsmöglichkeiten eines beibehaltenen Verspätungszuschlags im Änderungsbescheid, DStR 2017, 1135; Bartone, Feststellung von Steuerforderungen zur Insolvenztabelle und ihre Auswirkung auf das Besteuerungsverfahren, DStR 2017, 1743; Robbert, Erfolgsaussichten nachträglicher Rechtsbehelfe gegen bestandskräftige Altanschließer-Wasser-Anschlußbeitragsbescheide, NJ 2017, 322; Mohr, Die Besteuerung von Sanierungsgewinnen unter Berücksichtigung der Entscheidung des Großen Senats des BFH 28.11.2016 – Reaktionsmöglichkeiten, BB 2017, 673; Blumers, Auskunft, verbindlich nach Belieben der Verwaltung?, DB 2018, 1108; Bruschke, Rücknahme und Widerruf von Verwaltungsakten, StB 2019, 89.

Übersicht

A. Allgemeines

I. Systematik der Korrekturvorschriften der AO; Anwendungsbereich der §§ 130, 131

Grundlagen. §§ 130, 131 gehören mit §§ 172 ff. zu den sog. Korrekturvorschriften der AO. Der in der AO nicht verwendete Begriff „Korrektur" ist der Oberbegriff für die gesetzlichen Vorschriften, die eine Durchbrechung der Bindungswirkung (Bestandskraft; → § 118 Rn. 68 ff.) von VA zulassen. Begrifflich umfasst die Korrektur die in §§ 129 ff., 172 ff. verwendeten Begriffe der „Aufhebung", „Änderung", „Rücknahme", Widerruf" und der „Berichtigung". Terminologisch folgen §§ 130, 131 mit den hier verwendeten Begriffen der Rücknahme (betr. die Aufhebung eines rechtswidrigen VA) bzw. des Widerrufs (betr. Aufhebung eines rechtmäßigen VA) den §§ 48, 49 VwVfG. 1

Einer Korrektur bedarf nur ein **wirksamer** (§ 124 I) VA, sodass zB bei einem Antrag auf Rücknahme des VA zunächst als Vorfrage die etwaige Nichtigkeit des VA gem. § 125 I zu prüfen ist (BFH 26.3.1991 – VII R 15/89, BStBl. II 1991, 552). Liegt Nichtigkeit vor, ist aus Gründen der Rechtsklarheit ungeachtet der Unwirksamkeit des VA dessen Rücknahme zulässig (→ § 125 Rn. 43). Außerdem kann gem. § 125 V (vgl. auch § 41 II FGO) die Feststellung der Nichtigkeit erfolgen. 2

Anwendungsbereich der §§ 130, 131. Das System der Korrekturvorschriften der AO ist, anders als das des VwVfG, zweigleisig ausgestaltet (zur Kritik am Korrekturdualismus eingehend Jochum StuW 2006, 91): Für **StBescheide** (einschl. der ihnen gleichgestellten Bescheide) gelten die §§ 172 ff., die als Sondervorschriften (leges speciales) sowie kraft ausdrücklicher Anordnung durch § 172 I Nr. 2 Buchst. d den §§ 130, 131 vorgehen (BFH 10.2.1982 – I R 190/78, BStBl. II 1982, 682; zu Einzelheiten → Vorb. §§ 172–177 Rn. 5). Den §§ 130, 131 gehen auch die in §§ 164 II, § 165 II normierten Aufhebungs- oder Änderungsmöglichkeiten, die allein für StBescheide gelten, vor. **Sonstige** (Nur-) **SteuerVA** unterfallen hingegen §§ 130, 131, soweit ihre Anwendung nicht durch anderweitige Sondervorschriften ausgeschlossen ist (vgl. Bruschke StB 2019, 89). Derartige Sondervorschriften gelten für die Aufhebung oder Änderung einer verbindlichen Zusage; insoweit enthält § 207 II und III eine abschl. Regelung. Die Änderung von Aufteilungsbescheiden bestimmt sich ausschl. nach § 280 (→ § 280 Rn. 2). Eine §§ 130, 131 ergänzende Spezialregelung enthält § 325 (→ § 325 Rn. 1). Im **Zollrecht** werden §§ 130, 131 für begünstigende VA zT durch Art. 23 III iVm Art. 27 (Rücknahme) bzw. Art. 28 (Widerruf) UZK verdrängt (zu Einzelheiten vgl. Hampel ZfZ 2001, 392; vgl. Klein § 130 Rn. 15). 3

Die §§ 130, 131 haben ihren hauptsächlichen Anwendungsbereich bei unanfechtbaren VA; jedoch kommen Rücknahme und Widerruf auch bei noch anfechtbaren VA in Betracht.

Im Einzelnen unterfallen §§ 130, 131 insb. folgende VA (vgl. auch AEAO vor §§ 130, 131): 4

- AdV/Aufhebung der Vollziehung (→ § 361 Rn. 85),
- Abrechnungsbescheide iSd § 218 II (→ § 218 Rn. 45),
- Anordnung der Aussetzung oder des Ruhens des Verfahrens (§ 363),
- Anrechnungsverfügungen (BFH 8.9.2010 – I R 90/09, BFH/NV 2011, 338),
- begünstigende VA, soweit nicht ausdrücklich etwas anderes bestimmt ist (HHSp Vor §§ 172–177 Rn. 42; TK § 130 Rn. 6), zB eine Vorabzusage nach einem Vorabverständigungsvereinbarung nach DBA (vgl. van der Ham IStR 2013, 861)
- Gestattung der Ist-Besteuerung nach § 13 I Nr. 1b UStG (Gössler NWB 2016, 1004),
- Duldungsbescheide (→ § 191 Rn. 17, 147),
- Erlass (§ 227, vgl. FG Rheinland-Pfalz 7.5.2014 – 1 K 1556/13, EFG 2015, 696),

- Entscheidungen auf Grundlage des rechtswidrigen (vgl. BFH 28.11.2016 – GrS 1/15, BFHE 255, 482 und BFH 16.4.2018 – X B 13/18, BFH/NV 2018, 817) BMF-Sanierungserlasses (vgl. Mohr BB 2017, 673),
- Feststellungsbescheide iSd § 251 III (BFH 22.6.1999 – VII B 244/98, BFH/NV 1999, 1583, Bartone DStR 2017, 1743; Becker DStR 2016, 919),
- Eintragung einer Steuerforderung in der Insolvenztabelle (BFH 24.11.2011 – V R 13/11, BFHE 235, 137; Becker DStR 2016, 919; offengelassen von BFH 5.7.2018 – XI B 17/18, BFH/NV 2018, 1139),
- Festsetzung einer Entschädigung gem. § 107,
- Freistellungsbescheinigung gem. § 50d EStG (BFH 11.10.2000 – I R 34/99, BStBl. II 2001, 291; BFH 28.10.1999 – I R 35/98, BFH/NV 2001, 881),
- Fristverlängerung (§ 109),
- Haftungsbescheide (→ § 191 Rn. 17),
- NV-Bescheinigung gem. § 44a EStG (BFH 7.11.2001 – I R 28, 29/01, BFH/NV 2002, 630 mwN; FG Düsseldorf 14.11.1994 – 10 V 3285/94 A (AO), EFG 1995, 271),
- Prüfungsanordnungen (→ § 196 Rn. 81),
- Stundung (§ 222),
- Verbindliche Zusagen (vgl. § 207 III),
- Verbindliche Auskunft (§ 89 II; Blumers DB 2018, 1108),
- Verspätungszuschläge, soweit Ermessen ausgeübt wurde (§ 152, vgl. zB BFH 14.6.2000 – X R 56/98, BStBl. II 2001, 60), nicht aber gebundene Verspätungszuschläge nach der neuen Rechtslage (→ § 152 Rn. 2 ff.). Hier verdrängt § 152 XII die §§ 130, 131, soweit sich die Höhe der Festsetzung/Feststellung auf die Höhe des Verspätungszuschlags ausgewirkt hat,
- Widerruf und Rücknahme nach dem StBerG, vgl. § 164a II StBerG sowie zB BFH 24.3.1999 – I R 124/97, BFH/NV 1999, 1291; BFH 1.8.2002 – VII B 35/02, BFH/NV 2002, 1499; BFH 14.8.2007 – VII B 18/07, BFH/NV 2008, 116,
- Zustimmung gem. § 20 UStG (dazu zB FG Berlin 2.3.1999 – 7254/96, EFG 1999, 738),
- Zwangsgeldfestsetzungen (§ 329).

II. Bedeutung des § 130

1. Allgemeines

9 § 130 betrifft die Rücknahme rechtswidriger VA. Diese an § 48 VwVfG angelehnte Regelung (vgl. BT-Drs. VI/1982, 143; BT-Drs. 7/4292, 29) stellt nach ihrem Sinn und Zweck eine Abwägung zwischen dem Grundsatz der Gesetzmäßigkeit der Verwaltung (Art. 20 III GG) und dem Vertrauensschutz dar (BFH 18.4.1991 – IV R 127/89, BStBl. II 1991, 675).

Nach dem in § 130 **I** verankerten Grundsatz kann ein rechtswidriger VA ohne weitere Voraussetzungen zurückgenommen werden. Durch § 130 **II** wird dieser Grundsatz für begünstigende VA aus Gründen des Vertrauensschutzes eingeschränkt. § 130 **III** und **IV** enthalten Verfahrensregelungen betr. die Rücknahmefrist und die für die Rücknahme zuständige Behörde.

10 **Anwendungsvoraussetzungen; Verhältnis zu anderen Vorschriften.** § 130 gilt nur für VA, die weder StBescheide noch diesen gleichgestellt sind (→ Rn. 3 f.). Ferner muss der VA **rechtswidrig** sein (→ Rn. 18), wobei die sich aus §§ 126–129 ergebenden Sonderregelungen für einem VA anhaftende leichte bzw. minder schwere Fehler zu beachten sind. Daraus ergibt sich im Hinblick auf die Rücknahme des VA folgende Prüfungsreihenfolge (vgl. auch AEAO zu § 130 Nr. 2): Es ist zunächst die mögliche Nichtigkeit des VA (§ 125) und sodann seine etwaige offenbare Unrichtigkeit (§ 129), anschließend – im Falle eines Verfahrens- oder Formfehlers – dessen mögliche Heilung gem. § 126 oder Unbeachtlichkeit nach Maßgabe des § 127 (diese Vorschrift hindert die FB jedoch nicht an der Rücknahme des VA, → § 127 Rn. 27) sowie eine mögliche

Umdeutung (§ 128) zu prüfen. Erst wenn hiernach die Rechtswidrigkeit des VA feststeht, kommt seine Rücknahme in Betracht.

Die Änderung oder Aufhebung eines bereits erlassenen VA gem. § 130 bedarf der **Abgrenzung** zu Fällen, in denen die Regelung des bereits erlassenen VA **durch einen weiteren VA ergänzt bzw. erweitert** wird. Ob die FB einen bereits erlassenen VA gem. § 130 zurücknehmen und durch Erlass eines neuen VA ersetzen will oder aber ein bereits existierender VA (unter Beibehaltung seiner Wirksamkeit gem. § 124 II) lediglich ergänzt bzw. erweitert werden soll, ist durch Auslegung zu ermitteln (BFH 25.5.2004 – VII R 29/02, BStBl. II 2005, 3 betr. Haftungsbescheid). Dies gilt ebenso für die Frage, ob eine Teilrücknahme (→ Rn. 29) vorliegt. 11

Ergibt die Auslegung, dass der erste VA seine Wirksamkeit behalten hat (dazu eingehend BFH 25.5.2004 – VII R 29/02, BStBl. II 2005, 3) und regelt der weitere VA lediglich einen von dem **bisherigen VA nicht erfassten Sachverhalt,** kann § 130 mangels Rücknahme tatbestandlich nicht berührt sein (Gosch AO § 130 Rn. 29). So ist zB ein zweiter Haftungsbescheid, der für denselben Prüfungszeitraum einen im ersten Haftungsbescheid nicht erfassten Sachverhalt betrifft, nicht an § 130 zu messen (BFH 21.6.1989 – VI R 31/86, BStBl. II 1989, 909 mwN; vgl. auch Förster DStZ 1976, 458 mit weiteren Beispielsfällen). Enthält der neue Bescheid hingegen eine ergänzende – verbösernde – **Regelung desselben Sachverhalts,** steht dem die Bestandskraft des vorangegangenen VA entgegen (BFH 25.5.2004 – VII R 29/02, BStBl. II 2005, 3 betr. ergänzenden Haftungsbescheid). In diesem Fall ist die FB darauf verwiesen – soweit möglich (→ Rn. 58 f.) –, den vorangegangenen VA zurückzunehmen. 12

2. Begünstigende und nicht begünstigende (belastende) Verwaltungsakte

§ 130 unterscheidet, ebenso wie § 131, zwischen begünstigenden (vgl. §§ 130 II, 131 II) und nicht begünstigenden (dh belastenden) VA (vgl. §§ 130 I, 131 I). 13

Begünstigender VA ist nach der Legaldefinition des § 130 II ein solcher, der ein Recht oder einen rechtlich erheblichen Vorteil begründet oder bestätigt. „Recht" idS ist jedes von der Rechtsordnung als schutzwürdig anerkannte Individualinteresse einschl. rechtlich geschützter wirtschaftlicher Interessen (BFH 16.10.1986 – VII R 159/83, BStBl. II 1987, 405; TK § 130 Rn. 9; AEAO zu § 130 Nr. 4). Die Begünstigung muss eine unmittelbare Folge des VA sein. Sie kann sich aus rechtsbegründenden oder -gestaltenden VA (zB Stundung, Erlass) und auch aus deklaratorischen (rechtsbestätigenden) VA (zB Anrechnungsverfügungen; → § 218 Rn. 28) ergeben, sodass diese bei einem Fehler zugunsten des Stpfl. nur unter den Voraussetzungen des § 130 II zurückgenommen werden kann (BFH 15.4.1997 – VII R 100/96, BStBl. II 1997, 787); bei der Rücknahme einer zum Nachteil des Stpfl. fehlerhaften Anrechnungsverfügung gilt § 130 I (BFH 18.9.2007 – I R 54/06, BFH/NV 2008, 290). 14

Begünstigende VA sind zB die Gewährung von Entschädigungen (§ 107), Fristverlängerung (§ 109), Gewährung von Buchführungserleichterungen (§ 148), Billigkeitsentscheidungen (§§ 163, 227, 234 II), Verlegung des Beginns einer Ap. (§ 197 II), Stundung (§ 222), Einstellung oder Beschränkung der Vollstr. (§§ 257, 258), AdV (§ 361; § 69 II FGO); vgl. AEAO vor §§ 130, 131 Nr. 2.

Für **nicht begünstigende (dh belastende) VA** (so § 131 I) enthält die AO keine Legaldefinition. Ein solcher liegt vor, wenn er eine Rechtsverletzung des Betroffenen bewirken kann. Dazu gehören VA, die ein Tun, Dulden oder Unterlassen verlangen, Rechte beschränken oder entziehen oder eine ungünstige Feststellung treffen. Dies trifft insb. zu auf die Ablehnung beantragter begünstigender VA, die Festsetzung steuerlicher Nebenleistungen (§§ 3 IV, 218 I), das Auskunftsersuchen (§§ 93 ff.), die Rücknahme und den Widerruf begünstigender VA (§§ 130 II, 131 II), Haftungs- und Duldungsbescheide (§ 191), Prüfungsanordnungen (§ 196), die Aufforderung zur Buchführung (§ 141 II), die Ablehnung der Erstattung von Nebenleistungen (§§ 37 II, 218 II), die Anordnung einer Sicherheit, soweit selbständiger VA (→ § 241 Rn. 16), und die Pfändung (§ 281); vgl. auch 15

AEAO Vor §§ 130, 131 Nr. 3. Nicht begünstigende (belastende) VA sind ferner auch solche, die einen Anspruch ablehnen oder eine negative Feststellung treffen (TK § 131 Rn. 9).

16 Besonderheiten gelten für **VA mit Mischwirkung,** die für den Betroffenen **gleichzeitig belastende und begünstigende Elemente** enthalten. Bei eindeutiger Mischwirkung (zB Stundung unter Auflage) ist der VA in einen begünstigenden und einen belastenden Teil aufzuteilen. Soll durch Rücknahme nur die Belastung beseitigt werden, gilt § 130 I; ein Bedürfnis für die Anwendung des § 130 II besteht mangels Vertrauensschutz des Betroffenen nicht (Macher DStZ 1979, 108). Soll bei einem nur teilweise begünstigenden VA eine weitergehende Begünstigung gewährt (zB nach Stundung eines Teilbetrags ein höherer Betrag gestundet) werden, kann der ursprüngliche VA (weil im Umfang der nicht gewährten Begünstigung belastend) gem. § 130 I zurückgenommen werden (TK § 130 Rn. 14). Ebenso kann die weitergehende Begünstigung durch einen weiteren selbständigen VA gewährt werden (Macher DStZ 1979, 108).

17 Fraglich ist das Vorliegen einer Mischwirkung bei belastenden VA, deren **Belastungswirkung rechtswidrig zu gering** ausgefallen ist; diese Problematik stellt sich insb. bei GeldVA (zB Verspätungszuschlag → Rn. 4, Zwangsgeld, Haftungsbescheid). Für die Anwendung des § 130 I bzw. II ist entscheidend, ob die rechtswidrig unterlassene höhere Belastung als begünstigend iSd § 130 II zu beurteilen ist. Nach hM soll sich die Abgrenzung zwischen begünstigenden und nicht begünstigenden (belastenden) VA aus Gründen des Vertrauensschutzes des Betroffenen nach den **Rechtswirkungen der Rücknahme** bestimmen (BFH 25.5.2004 – VII R 29/02, BStBl. II 2005, 3; TK § 130 Rn. 11; AEAO zu § 130 Nr. 4; aA Klein § 130 Rn. 37, 38; offengelassen von BFH 22.1.1985 – VII R 112/81, BStBl. II 1985, 562; zur Abgrenzung bei Haftungsbescheiden aufgrund neuer Feststellungen vgl. BFH 15.2.2011 – VII R 66/10, BStBl. II 2011, 534). Ein VA ist daher begünstigend, soweit er rechtswidrig nicht den an sich zutreffenden höheren Betrag festsetzt. Im praktischen Ergebnis können daher zB Zwangsgelder oder Verspätungszuschläge nur zugunsten des Betroffenen aufgehoben oder geändert werden, soweit nicht ausnahmsweise die Voraussetzungen für eine Rücknahme des VA gem. § 130 II vorliegen (TK § 130 Rn. 12; Macher DStZ 1979, 108; AEAO zu § 130 Nr. 4; aA Klein § 130 Rn. 38).

Der Festsetzung einer Geldleistung kann bei Hinzutreten besonderer Umstände der Verzicht auf eine weitergehende Belastung entnommen und den Rücknahmeregeln des § 130 II unterstellt werden. Das ist der Fall, wenn die FB ausdrücklich oder konkludent klarstellt, dass eine mögliche höhere Belastung nicht erfolgen solle (vgl. BVerwG 15.4.1983 – 8 C 170/81, BVerwGE 67, 129 (134)), also zB ein Haftungsbescheid aus Billigkeitsgründen von vornherein auf die Geltendmachung eines Teilbetrags beschränkt wird oder einem VA die (konkludente) Zusage auf Unterlassung einer weiteren Belastung entnommen werden kann (BFH 21.6.1989 – VI R 31/86, BStBl. II 1989, 909 mwN).

3. Rechtswidriger Verwaltungsakt

18 Zur Rechtswidrigkeit des VA s. BFH 9.12.2008 – VII R 43/07, BStBl. II 2009, 344 und → § 118 Rn. 64 f. Ein VA ist rechtswidrig, wenn das FA bei seinem Erlass von einem tatsächlich nicht gegebenen Sachverhalt ausgegangen oder das im Zeitpunkt seines Erlasses geltende Recht unrichtig angewandt hat. Dagegen ist der VA nicht deshalb rechtswidrig, weil sich die Sach- oder Rechtslage nachträglich geändert hat; dies macht einen ursprünglich rechtmäßigen Verwaltungsakt grundsätzlich nicht iSd § 130 AO rechtswidrig, es sei denn, es läge ein Fall steuerrechtlicher Rückwirkung vor (BFH 9.12.2008 – VII R 43/07, BStBl. II 2009, 344). § 130 setzt die Wirksamkeit des VA voraus (→ Rn. 2); zu weiteren Einschränkungen des Anwendungsbereichs im Hinblick auf §§ 126–129 → Rn. 10.

B. Rücknahme nach Ermessen (Abs. 1)

I. Allgemeines

19 Nach § 130 I können rechtswidrige VA ohne weitere Voraussetzungen mit Wirkung ex nunc (für die Zukunft) oder ex tunc (für die Vergangenheit) zurückgenommen werden (zu den Rücknahmemodalitäten → Rn. 29 f.). Wegen der für begünstigende VA geltenden Sonderregelung des § 130 II ist die Grundregel des § 130 I nur auf nicht begünstigende (belastende) VA anzuwenden. Auch ein **nichtiger VA** kann gem. § 130 I zurückgenommen werden (→ § 125 Rn. 42).

II. Rücknahmeentscheidung

20 Die Rücknahmeentscheidung bedarf keines Antrags des Betroffenen. Das **Ob** der Rücknahme steht im (Entschließungs-)Ermessen der FB. Die FB hat ferner bezüglich des **Wie** der Rücknahme, dh, ob der VA ganz oder nur teilweise sowie für die Zukunft oder auch für die Vergangenheit zurückzunehmen ist, ein (Auswahl-)Ermessen. Eine Rücknahme ist aufgrund des in § 131 I (2. HS) zum Ausdruck kommenden Rechtsgedankens ausgeschlossen, wenn alsbald ein (rechtsfehlerfreier) VA gleichen Inhalts zu ergehen hätte. Die Rücknahme ist selbst VA.

1. Ermessensgesichtspunkte

21 § 130 I stellt selbst keine Grundsätze für die Ermessensausübung auf. Die Ermessensausübung der FB muss sich daher an den allgemeinen Grundsätzen des § 5 orientieren (BFH 26.6.2007 – VII R 35/06, BStBl. II 2007, 742). Der Betroffene hat einen Anspruch auf eine am Zweck des § 130 I orientierte ermessensfehlerfreie Ausübung des Rücknahmeermessens durch die FB (BFH 26.3.1991 – VII R 15/89, BStBl. II 1991, 552). Ein Anspruch des Betroffenen auf Rücknahme besteht nur bei einer Reduzierung des Rücknahmeermessens auf null.

22 Die Ermessensentscheidung über das **Ob** der Rücknahme erfordert eine Abwägung zwischen der materiellen Richtigkeit des VA und dem durch die Bestandskraft eingetretenen Rechtsfrieden (BFH 9.3.1989 – VI R 101/84, BStBl. II 1989, 749). Die Rechtswidrigkeit des VA kann, da tatbestandliche Voraussetzung des § 130, für sich allein noch keine Rücknahmeverpflichtung der FB auslösen (BFH 9.3.1989 – VI R 101/84, BStBl. II 1989, 749); andernfalls würden die Rechtsbehelfsfristen im Ergebnis praktisch bedeutungslos und die Sache ständig „im Streit" bleiben (Begr. § 44 EVwVfG BT-Drs. 7/910, 69). Auch aus dem Verfassungsrecht ergibt sich keine allg. Verpflichtung zur Rücknahme rechtswidriger belastender VAe (BVerfG 30.1.2008 – 1 BvR 943/07, NVwZ 2008, 550 mwN).

23 Die FB kann daher bei ihrer Ermessensentscheidung berücksichtigen, dass durch die Rücknahmemöglichkeit nach § 130 I nicht die Rechtsbehelfsfristen unterlaufen werden dürfen (BFH 9.3.1989 – VI R 101/84, BStBl. II 1989, 749). Die Ablehnung der Rücknahme unter Berufung auf den durch die Bestandskraft eingetretenen Rechtsfrieden ist daher idR ermessensgerecht, wenn außer der von Anfang an vorliegenden Rechtswidrigkeit des VA nicht zusätzlich nach Eintritt der Bestandskraft eingetretene oder bekannt gewordene Umstände geltend gemacht werden (BFH 26.3.1991 – VII R 15/89, BStBl. II 1991, 552; BFH 22.6.1999 – VII B 244/98, BFH/NV 1999, 1583; BFH 4.6.2008 – I R 9/07, BFH/NV 2008, 1647).

24 Entscheidendes Kriterium der Ermessensentscheidung ist, ob der Betroffene die für die Rechtswidrigkeit geltend gemachten Gründe bei fristgerechter Einlegung eines Rechtsmittels gegen den VA hätte geltend machen können. War dem Betroffenen die Durchführung eines Rechtsbehelfsverfahrens zumutbar, ist die Ablehnung der Rücknahme idR ermessensfehlerfrei (BFH 26.3.1991 – VII R 15/89, BStBl. II 1991, 552; BFH 12.4.2005 –

VII B 81/04, BFH/NV 2005, 1478 mwN). In diesem Fall bedarf der VA **keiner erneuten Sachprüfung** durch die FB (BFH 26.3.1991 – VII R 15/89, BStBl. II 1991, 552), und zwar unabhängig von Schwere und Offenkundigkeit des geltend gemachten Rechtsverstoßes (insoweit unklar BFH 9.3.1989 – VI R 101/84, BStBl. II 1989, 749). Das Kriterium der Schwere und Offenkundigkeit ist für die Notwendigkeit einer erneuten Sachprüfung bzw. Ermessensausübung nur bedeutsam, soweit das Vorbringen des Betroffenen über die materielle Rechtswidrigkeit des VA hinaus auch **Umstände** benennt, die ein **rechtzeitiges Vorbringen** im Rahmen eines Rechtsbehelfsverfahrens **ausgeschlossen** haben (ähnlich wohl BFH 22.6.1999 – VII B 244/98, BFH/NV 1999, 1583; vgl. auch OVG Weimar 22.8.2005 – 4 ZKO 654/05, KStZ 2006, 18).

25 Umstände im vorstehenden Sinne lassen bei bestandskräftigen VA die erneute Sachprüfung und eine **Rücknahme** dann **geboten** sein (vgl. auch BFH 4.6.2008 – I R 9/07, BFH/NV 2008, 1647), wenn

- von dem Betroffenen die Einlegung von Rechtsmitteln unter Berücksichtigung aller Umstände des Falles billigerweise nicht erwartet werden konnte (BFH 12.4.2005 – VII B 81/04, BFH/NV 2005, 1478 mwN);
- der Betroffene durch das Verhalten der Behörde veranlasst worden ist, von der Einlegung eines Rechtsmittels abzusehen (BFH 10.3.1992 – VII R 70/91, BFH/NV 1992, 698);
- sich in Anwendung des Rechtsgedankens des § 51 VwVfG die dem VA zugrunde liegende **Sach- oder Rechtslage** zugunsten des Betroffenen **geändert** hat (BFH 12.11.1991 – VII K 34/90, BFH/NV 1992, 354: vgl. auch Begr. zu § 44 VwVfG BT-Drs. 7/910, 69), **neue Beweismittel** vorliegen, die eine dem Betroffenen günstigere Entscheidung herbeigeführt haben würden oder **Wiederaufnahmegründe iSd § 580 ZPO** gegeben sind (vgl. BFH 26.3.1991 – VII R 15/89, BStBl. II 1991, 552). Die Anwendung des § 51 VwVfG (eine entsprechende Vorschrift fehlt in der AO) im Rahmen des § 130 ist zwar im Grundsätzlichen str. (bejahend Gosch DStZ 1991, 445; zweifelnd Klein § 130 Rn. 30). Der auf das Prinzip der Gesetzmäßigkeit der Verwaltung ausgerichtete Kerngedanke des § 51 VwVfG gehört jedoch zu den allgemeinen Grundsätzen des Verwaltungsrechts und entspricht dem mit § 130 I – auch – verfolgten Schutzzweck zugunsten des Betroffenen (vgl. auch Robbert NJ 2017, 322).

26 Stellt die FB in den vorstehenden Fällen nach Sachprüfung die Rechtswidrigkeit des VA fest, ist der VA idR zurückzunehmen (Gosch DStZ 1991, 445 (452)). Die Versagung der Rücknahme kommt nur in besonders gelagerten Ausnahmefällen in Betracht (BFH 4.6.2008 – I R 9/07, BFH/NV 2008, 1647), so etwa bei Rücknahmeverlangen nach langem Zeitablauf (BFH 15.3.1994 – VII B 196/93, BFH/NV 1995, 4: 11 Jahre, Klein § 130 Rn. 31), Herbeiführung des Fehlers durch alleiniges Verschulden des Betroffenen (Klein § 130 Rn. 32) oder äußerst geringfügiger Belastung des Betroffenen durch den VA.

27 **Umfang und Durchführung der Sachprüfung** durch die FB setzt in den vorstehenden Fällen ein substantiiertes Vorbringen des Betroffenen zur Rechtswidrigkeit des VA und zu den nach Eintritt der Bestandskraft eingetretenen oder bekannt gewordenen Umständen voraus (BFH 9.3.1989 – VI R 101/84, BStBl. II 1989, 749; BFH 30.10.1990 – VII R 106/87, BFH/NV 1991, 509; BFH 22.6.1999 – VII B 244/98, BFH/NV 1999, 1583). Es sind ggf. auch die Gründe darzulegen, weshalb ein entsprechendes Vorbringen nicht bereits im Rechtsbehelfs- oder Klageverfahren erfolgen konnte (vgl. auch BFH 26.3.1991 – VII R 15/89, BStBl. II 1991, 552).

28 Ergibt sich die Rechtswidrigkeit des VA aus einem Verstoß gegen **Gemeinschaftsrecht,** ist das Ermessen der FB nicht zwingend iSe Rücknahmepflicht auf null reduziert. Das Gemeinschaftsrecht verpflichtet FB nicht grds., einen bestandskräftigen VA zurückzunehmen (→ § 2 Rn. 32 mwN). Soweit allerdings nach nationalem Recht eine Verpflichtung zur Rücknahme eines bestandskräftigen VA besteht, wenn dieser offensichtlich mit innerstaatlichem Recht unvereinbar ist, muss dies ebenso im Fall offensichtlicher Unvereinbarkeit dieser Entscheidung mit Gemeinschaftsrecht gelten (EuGH 19.9.2006 –

C-392/04, C-422/04, NVwZ 2006, 1277; vgl. auch BVerwG 17.1.2007 – 6 C 32/06, NVwZ 2007, 709; weitergehend Delbrück/Hamacher IStR 2007, 627 betr. Anrechnung ausländischer KSt). Im Übrigen wird idR eine Verpflichtung zur Rücknahme bestehen, wenn der VA gegen Grundfreiheiten verstößt.

2. Teilrücknahme

29 Ein nur teilweise rechtswidriger VA kann auch nur teilweise zurückgenommen werden. Die Teilrücknahme setzt die Teilbarkeit des VA (dazu näher → § 125 Rn. 36) voraus. VA über Geldleistungen (zB Haftungsbescheid oder Bescheid über Verspätungszuschlag → Rn. 4) sind grds. teilbar (vgl. Jansen DStR 2017, 1135).

Bei einer Teilrücknahme (zB Korrektur eines Haftungsbescheids durch weiteren Haftungsbescheid, BFH 8.2.2008 – VII B 156/07, BFH/NV 2008, 967) bleibt der davon nicht berührte Teil des VA wirksam (BFH 28.1.1982 – V R 100/80, BStBl. II 1982, 292; BFH 6.8.1996 – VII R 77/95, BStBl. II 1997, 79; BFH 4.11.2003 – VII B 34/03, BFH/NV 2004, 460). Zur Anfechtungsbeschränkung des § 351 I bei Teilrücknahme → § 351 Rn. 9. Zur Teilrücknahme während eines Einspruchsverfahrens oder gerichtlichen Verfahrens → § 132 Rn. 3. Die Teilrücknahme ist keine Änderung iSd § 365 III 1 (→ § 365 Rn. 25).

3. Rücknahme mit Wirkung für die Zukunft oder für die Vergangenheit

30 Gemäß § 130 I kann eine Rücknahme „mit Wirkung für die Zukunft oder für die Vergangenheit" erfolgen. Die Entscheidung hierüber steht nach dem klaren Wortlaut des § 130 I im Ermessen der FB. Eine Rücknahme für die Zukunft kann nur bei VA mit Dauerwirkung (zB Stundung; → § 118 Rn. 59 „VA mit Dauerwirkung") erfolgen. Bei VA ohne Dauerwirkung kann sich nur eine Rücknahme für die Vergangenheit auswirken.

Die Rücknahmeverfügung muss hinsichtlich ihrer zeitlichen Wirkung dem Bestimmtheitsgebot (§ 119) genügen. Es bedarf ggf. der Auslegung unter Heranziehung der Gründe, sofern die Rücknahmeverfügung keine Aussage über die Wirkung für die Zukunft oder für die Vergangenheit enthält (BFH 18.4.1991 – IV R 127/89, BStBl. II 1991, 675).

Die Ermessensausübung betr. die zeitliche Wirkung der Rücknahme ist am Sinn und Zweck des § 130 (→ Rn. 9) zu orientieren (BFH 18.4.1991 – IV R 127/89, BStBl. II 1991, 675). Ist der Fehler vom Stpfl. schuldhaft herbeigeführt worden, ist der VA idR für die Vergangenheit zurückzunehmen (Ermessensreduzierung auf null, BFH 18.4.1991 – IV R 127/89, BStBl. II 1991, 675).

C. Rücknahme begünstigender Verwaltungsakte (Abs. 2)

31 § 130 II schränkt die Rücknahmebefugnis der FB für rechtswidrige begünstigende VA (→ Rn. 14) ein. Der Vertrauensschutz genießt bei diesen VA Vorrang vor der Richtigkeit. Die Rücknahmemöglichkeit ist daher nach dem Wortlaut des § 130 II („nur") auf die hier aufgeführten Rücknahmegründe beschränkt (zu anderweitigen Rücknahmegründen aber → Rn. 47 f.). Eine Rücknahme ist aufgrund des in § 131 I (2. HS) zum Ausdruck kommenden allg. Rechtsgedankens ausgeschlossen, wenn ein (rechtmäßiger) VA gleichen Inhalts zu ergehen hätte. Zur Rücknahme eines Erlasses → § 227 Rn. 55.

I. Rücknahme aufgrund sachlicher Unzuständigkeit (Abs. 2 Nr. 1)

32 Nach § 130 II Nr. 1 – diese Regelung entspricht § 172 I 1 Nr. 2b, → § 172 Rn. 48 – darf der von einer sachlich unzuständigen Behörde erlassene VA zurückgenommen werden (BFH 25.2.2021 – III R 36/19, BStBl. II 2021, 712). Der Gesetzgeber hat für diesen Fall von einer strikten Rücknahmepflicht abgesehen, weil sich zB die sachliche zuständige Behörde mit dem VA einverstanden erklären kann oder weil der VA materiell rechtmäßig ist (BT-Drs. VI/1982, 143). Gemäß § 207 III ist unter den Voraussetzungen des § 130 II Nr. 1 eine rückwirkende Aufhebung oder Änderung einer verbindlichen Zusage zulässig.

Bei einer Verletzung der sachlichen Zuständigkeit findet § 127 zwar keine Anwendung (→ § 127 Rn. 15). Der von der sachlich unzuständigen FB erlassene VA ist jedoch idR nicht nichtig (→ § 16 Rn. 34); die Rücknahme ist jedoch auch bei ausnahmsweiser Nichtigkeit des VA zulässig (→ Rn. 2).

II. Anwendung unlauterer Mittel (Abs. 2 Nr. 2)

33 Gemäß § 130 II Nr. 2 – diese Regelung entspricht § 172 I 1 Nr. 2c, → § 172 Rn. 49; ähnlich auch § 48 II 3 Nr. 1 VwVfG – darf der VA zurückgenommen werden, wenn er durch unlautere Mittel erwirkt worden ist. Die Aufzählung der einzelnen unlauteren Mittel ist nach dem klaren Wortlaut („wie") nur beispielhaft. Für die Rücknahme gilt nach § 130 III 2 keine Jahresfrist. Gemäß § 207 III ist unter den Voraussetzungen des § 130 II Nr. 2 eine rückwirkende Aufhebung oder Änderung einer verbindlichen Zusage zulässig.

34 Eine **arglistige Täuschung** ist auf die Erregung oder Aufrechterhaltung eines Irrtums gerichtet; der Irrtum kann durch die Vorspiegelung unwahrer oder Unterdrückung wahrer Tatsachen bewirkt werden (BFH 23.7.1998 – VII R 141/97, BFH/NV 1999, 433). Dazu gehört insb. das pflichtwidrige Verschweigen solcher Tatsachen, für die der Betroffene gegenüber der FB mitteilungspflichtig war (Gosch AO § 130 Rn. 50). In subjektiver Hinsicht ist **Arglist** erforderlich. Der Betroffene muss (zumindest bedingt) vorsätzlich die Unrichtigkeit seiner Angaben kennen; (grobe) Fahrlässigkeit genügt nicht (BFH 23.7.1998 – VII R 141/97, BFH/NV 1999, 433; Klein § 130 Rn. 49). Eine aufgrund einer arglistigen Täuschung getroffene **tatsächliche Verständigung** kann jedoch nicht nach § 130 II Nr. 2 aufgehoben werden, da hier die Anfechtungsvorschriften der §§ 119, 123 BGB gelten (vgl. FG Berlin-Brandenburg 16.7.2015 – 13 K 13063/13, EFG 2015, 1762).

35 Eine **Drohung** besteht in der Inaussichtstellung eines künftigen Übels, die den Bedrohten in eine Zwangslage versetzt. Unerheblich ist, ob der Drohende das in Aussicht gestellte Übel in Gang setzen kann; es reicht aus, wenn der Bedrohte mit dem angedrohten Übel rechnet (TK § 130 Rn. 23). Die Androhung zulässiger Mittel (Einspruch, Klage, Dienstaufsichtsbeschwerde) unterfällt § 130 I Nr. 2 nicht (Gosch AO § 130 Rn. 51). Die **Bestechung** ist nicht nur im strikt strafrechtlichen Sinne (vgl. § 334 StGB) zu verstehen, sondern umfasst die Vorteilsnahme (§ 331 StGB) sowie Vorteilsgewährung (§ 334 StGB).

36 Durch den Begriff **„erwirkt"** (→ § 172 Rn. 50) wird nicht nur klargestellt, dass zwischen der Anwendung des unlauteren Mittels und dem Erlass des begünstigenden VA ein ursächlicher Zusammenhang bestehen muss (BFH 10.8.1961 – IV 320/59 U, BStBl. III 1961, 488; BFH 23.7.1998 – VII R 141/97, BFH/NV 1999, 433). Erforderlich ist vielmehr auch ein zweck- und zielgerichtetes Handeln, das auf eine bestimmte Rechtsfolge gerichtet ist (→ § 172 Rn. 50). Unbeabsichtigtes Handeln scheidet aus. Unerheblich ist, ob der begünstigende VA auch ohne Anwendung unlauterer Mittel hätte erwirkt werden können (BFH 10.8.1961 – IV 320/59 U, BStBl. III 1961, 488) und ob die FB den wahren Sachverhalt hätte erkennen können (BFH 22.8.2006 – I R 42/05, BFH/NV 2007, 404). Ist der VA trotz des eingesetzten unlauteren Mittels rechtmäßig, sind bei einem gebundenen VA die tatbestandlichen Voraussetzungen des § 130 II nicht erfüllt; bei ErmessensVA wird hingegen das unlautere Mittel idR die Entscheidung der FB beeinflusst und damit die Rechtswidrigkeit des VA herbeigeführt haben (Schwarz/Pahlke/Keß § 130 Rn. 35).

37 **Verhalten Dritter.** § 130 II Nr. 2 setzt – anders als § 130 II Nr. 3 – nicht voraus, dass das unlautere Mittel usw. vom Begünstigten selbst angewendet wurde. Es ist ausreichend, dass ein Dritter die arglistige Täuschung begangen hat. Es muss auch kein irgendwie geartetes besonderes Verhältnis zwischen dem Stpfl. und dem Dritten bestehen (BFH 27.10.2009 – VII R 51/08, BStBl. II 2010, 382). Dabei ist es unerheblich, ob der Dritte mit Wissen und Wollen des Begünstigten handelte (aA Gosch AO § 130 Rn. 54). Die fehlende Kenntnis des Begünstigten oder das Fehlen eines „Näheverhältnisses" ist jedoch bei der Ermessensentscheidung über die Rücknahme des VA zu berücksichtigen (BFH 27.10.2009 – VII R 51/08, BStBl. II 2010, 382).

Der den VA erlassende **Beamte** ist nicht Dritter; er kann nicht gegen sich selbst den VA durch unlautere Mittel erwirken (glA HHSp § 130 Rn. 164; TK § 130 Rn. 26; Klein § 130 Rn. 49; aA BFH 9.10.1992 – VI S 14/92, BStBl. II 1993, 13; Gosch AO § 130 Rn. 54). Das Verhalten des Beamten ist allerdings gem. § 130 II Nr. 2 beachtlich, soweit er bei Erlass des VA eine Straftat im Amt begeht (§§ 331 ff. StGB); ggf. liegt auch ein Rücknahmegrund iSd § 130 II Nr. 4 vor.

III. Unrichtige oder unvollständige Angaben (Abs. 2 Nr. 3)

Die Rücknahme ist gem. § 130 II Nr. 3 (ähnlich auch § 48 II 3 Nr. 2 VwVfG) zulässig, wenn der Begünstigte den VA durch Angaben erwirkt hat, die in wesentlicher Beziehung unrichtig oder unvollständig waren. Die Vorschrift beruht auf dem Grundgedanken, dass der Betroffene selbst die Ursache für die Fehlerhaftigkeit des VA gesetzt hat und daher nicht schutzwürdig ist (BT-Drs. VI/1982, 143; Schwarz/Pahlke/Keß § 130 Rn. 42). Eine auf falschen Angaben des Stpfl. beruhende **tatsächliche Verständigung** kann nicht nach § 130 II Nr. 3 aufgehoben werden (→ Rn. 34 mwN). 40

Der Aufhebungsgrund ist gegeben, wenn die Angaben „in wesentlicher Beziehung" (dh hinsichtlich tragender Sachverhaltsgründe des VA) **objektiv** unrichtig oder unvollständig waren (BFH 6.7.1983 – I R 252/82, BStBl. II 1983, 699). Diese Angaben müssen für den Erlass des „erwirkten" (dazu → Rn. 36) VA **kausal** (dh entscheidungserheblich, vgl. BFH 2.8.2006 – XI R 57/04, BFH/NV 2007, 858; Mitursächlichkeit reicht aus, Gosch AO § 130 Rn. 53) gewesen sein. Die fehlerhaften Angaben müssen – anders als bei § 130 II Nr. 2 – vom Begünstigten selbst gemacht worden sein; dem Begünstigten sind Angaben seines Bevollmächtigten oder Beistands (vgl. § 80 IV 2) sowie seines Ehegatten (BFH 22.8.2006 – I R 42/05, BFH/NV 2007, 404) zuzurechnen. 41

Die Anwendung des § 130 II Nr. 3 erfordert **kein Verschulden** des Begünstigten (BFH 22.8.2006 – I R 42/05, BFH/NV 2007, 404; BFH 2.8.2006 – XI R 57/04, BFH/NV 2007, 858); etwaiges schuldhaftes Handeln beeinflusst jedoch die Ausübung des Rücknahmeermessens. Bei vorsätzlichem Handeln des Begünstigten ist das Ermessen iSe rückwirkenden Rücknahme auf null reduziert (BFH 18.4.1991 – IV R 127/89, BStBl. II 1991, 675; vgl. auch BFH 2.8.2006 – XI R 57/04, BFH/NV 2007, 858). Ein weitergehender Ermessensspielraum besteht, wenn der Begünstigte nur fahrlässig oder schuldlos gehandelt hat. Gleiches gilt, wenn die FB ein Mitverschulden trifft, sie also zB die unrichtigen oder unvollständigen Angaben selbst verursacht hat; auch in diesem Fall ist die Rücknahme grds. nicht ausgeschlossen (BFH 18.4.1991 – IV R 127/89, BStBl. II 1991, 675; offengelassen hingegen von BFH 22.8.2006 – I R 42/05, BFH/NV 2007, 404; aA TK § 130 Rn. 28); anderes kann nur in ganz krassen Fällen gelten, in denen die FB in hohem Maße für die Fehlerhaftigkeit des VA verantwortlich ist. 42

IV. Kenntnis oder grob fahrlässige Unkenntnis der Rechtswidrigkeit (Abs. 2 Nr. 4)

Gemäß § 130 II Nr. 4 (ähnlich auch § 48 II 3 Nr. 3 VwVfG) ist die Rücknahme des VA zulässig, wenn seine Rechtswidrigkeit dem Beteiligten bekannt oder infolge grober Fahrlässigkeit unbekannt ist. Das Vertrauen des Betroffenen in den Bestand des VA ist in diesem Fall nicht schutzwürdig (BT-Drs. VI/1982, 143 f.; TK § 130 Rn. 31). 43

Gegenstand der Kenntnis bzw. des Kennenmüssens ist die Rechtswidrigkeit des VA; die Kenntnis der die Rechtswidrigkeit begründenden Tatsachen genügt nicht. Der Begünstigte muss zumindest das – wenn auch laienhafte – Bewusstsein der Rechtswidrigkeit des VA haben (BFH 16.6.1994 – IV R 48/93, BStBl. II 1996, 82 (85); FG Köln 2.12.1998 – 11 K 3814/96, EFG 1999, 204). Die Ursache der Rechtswidrigkeit, insb. die Frage eines insoweit gegebenen Verschuldens der FB oder des Begünstigten, ist unerheblich (TK § 130 Rn. 31). 44

45 **Kenntnis** der Rechtswidrigkeit bedeutet positives Wissen um die Rechtswidrigkeit oder um die die Rechtswidrigkeit begründenden Umstände. **Grob fahrlässige Unkenntnis** ist gegeben, wenn der Begünstigte die erforderliche Sorgfalt in besonders schwerem Maße verletzt hat; Maßstab ist die individuell zumutbare Sorgfalt. Unterlassene Erkundigungen betr. die etwaige Rechtswidrigkeit des VA sind nur grob fahrlässig, wenn sich dem Begünstigten die Möglichkeit von Fehlern des VA aufdrängen musste (Schwarz/Pahlke/Keß § 130 Rn. 47; Gosch AO § 130 Rn. 64). Kenntnis oder grob fahrlässige Unkenntnis eines Vertreters ist dem Begünstigten zuzurechnen (BFH 10.3.2005 – VII B 214/04, BFH/NV 2005, 1222; TK § 130 Rn. 32). Maßgebender **Zeitpunkt** der Kenntnis bzw. der grob fahrlässigen Unkenntnis ist der des Eintritts der Wirksamkeit des VA (vgl. § 124 I 1). Wird der VA aufgrund späterer (ggf. rückwirkender) Gesetzesänderung rechtswidrig, ist der Zeitpunkt der dadurch eingetretenen Rechtswidrigkeit maßgebend (Schwarz/Pahlke/Keß § 130 Rn. 50).

V. Anderweitige Rücknahmegründe

47 Nach dem Gesetzeswortlaut des § 130 II („nur") sind die hier aufgeführten Rücknahmegründe abschließend. Eine erweiternde Auslegung des § 130 II, zB die Rücknahme allein aufgrund geänderter Rechtsauffassung oder Sachverhaltsbeurteilung durch die FB, ist ausgeschlossen (Schwarz/Pahlke/Keß § 130 Rn. 51).

48 Der Katalog der in § 130 II aufgeführten Rücknahmegründe ist allerdings, im Vergleich zu § 131 II Nr. 1 und Nr. 2, lückenhaft. So dürfen rechtmäßige begünstigende VA auch aufgrund eines Widerrufs- oder Auflagenvorbehalts gem. § 131 II Nr. 1 und 2 widerrufen werden. Dies muss erst recht für **rechtswidrige begünstigende VA** gelten, die insoweit keinen weitergehenden Schutz vor Aufhebung verdienen (TK § 130 Rn. 34). Deshalb können auch rechtswidrige begünstigende VA gem. § 130 II iVm § 131 II Nr. 1 und Nr. 2 zurückgenommen werden, wenn sich die FB die Rücknahme des VA (ggf. auch mit Wirkung für die Vergangenheit) vorbehalten hat (BFH 30.11.1982 – VIII R 9/80, BStBl. II 1983, 187; BFH 21.5.1997 – I R 38/96, BFH/NV 1997, 904) oder wenn eine mit dem (rechtswidrigen) VA verbundene Auflage nicht bzw. zu spät erfüllt wird (BFH 30.11.1982 – VIII R 9/80, BStBl. II 1983, 187; TK § 130 Rn. 34). Eine Rücknahme ist in diesen Fällen nur mit Wirkung für die Zukunft zulässig (Schwarz/Pahlke/Keß § 130 Rn. 51). Die Rücknahme ist ferner zulässig, wenn der Betroffene zustimmt (Gosch AO § 130 Rn. 67).

VI. Rücknahmeentscheidung

49 Die Entscheidung über die Rücknahme gem. Abs. 2 steht – ebenso wie nach Abs. 1 – im **Ermessen** der FB und ist nicht an einen Antrag des Betroffenen gebunden. Dieser ist aber selbstverständlich möglich. Ein Antrag auf „Erstattung" der festgesetzten Verspätungszuschläge ist als Antrag auf Rücknahme der Bescheide über die Festsetzung der streitgegenständlichen Verspätungszuschläge gem. § 130 I auszulegen (FG München 27.10.2022 – 14 K 605/20, EFG 2023, 456). Für die Ermessensausübung gelten grds. die zu Abs. 1 aufgezeigten Ermessensgesichtspunkte (→ Rn. 21 ff.). Dabei ist das Maß des Verschuldens des Begünstigten bei Erlass des rechtswidrigen VA zu berücksichtigen (Schwarz/Pahlke/Keß § 130 Rn. 52). Im Fall des § 130 II Nr. 4 ist das Ermessen der FB dahin vorgeprägt (→ § 5 Rn. 12), dass die Rücknahme als nicht begründungsbedürftige Regelfolge auszusprechen ist (BFH 26.6.2007 – VII R 35/06, BStBl. II 2007, 742); nichts anderes kann in den Fällen des § 130 II Nr. 2 und 3 gelten (FG Hessen 6.4.2021 – 4 V 723/20, EFG 2021, 1400 für den Fall von § 130 II Nr. 3). Im Hinblick auf etwaige schützenswerte Interessen des Betroffenen enthält § 130 II – anders als § 48 II 2 VwVfG – keine gesetzliche Rücknahmebeschränkung. Die FB wird gleichwohl im Einzelfall – in den Fällen des § 130 II Nr. 2–4 allerdings nur, sofern ein außergewöhnlicher Sonderfall vorliegt – unter Berücksichtigung des jeweiligen Rücknahmegrundes zu prüfen haben, ob etwaige schüt-

zenswerte Interessen des Betroffenen den Erhalt des VA gebieten (Gosch AO § 130 Rn. 89). Es besteht keine generelle Verpflichtung der FB zur Berücksichtigung etwa vom Begünstigten getroffener Dispositionen (aber Berücksichtigung bei der Ermessensausübung: TK § 130 Rn. 18; vgl. auch den ausdrücklichen Ausschluss eines Vertrauensschutzes durch § 48 II 3 VwVfG). Geht die FB irrtümlich von einer gebundenen Entscheidung aus (zB aufgrund rechtsirrtümlich angenommener Änderungsmöglichkeit gem. §§ 172 ff., vgl. zB BFH 28.10.1999 – I R 35/98, BFH/NV 2001, 881), ist die Rücknahmeentscheidung wegen Ermessensunterschreitung (dazu allg. → § 5 Rn. 23) aufzuheben. Eine Rücknahme ist ferner ausgeschlossen, wenn die FB vor der Rücknahmeentscheidung den später zurückgenommenen VA nochmals rechtsfeststellend bestätigt hat (FG München 29.8.2001 – 1 K 1220/00, EFG 2001, 1583).

Die Rücknahme begünstigender VA kann **ganz oder teilweise** (→ Rn. 29) und ferner 50 mit Wirkung für die **Zukunft** oder auch für die **Vergangenheit** erfolgen (→ Rn. 30). Im Rahmen des § 130 II ist zu beachten, dass sich der Vertrauensschutz des Betroffenen auch auf den von der Rücknahme betroffenen Zeitraum erstreckt. Deshalb ist grds. nur eine Rücknahme mit Wirkung für die Zukunft möglich; dies gilt insb. für eine Rücknahme gem. § 130 II Nr. 1. Eine Rücknahme für die Vergangenheit ist grds. dann geboten, wenn ein Rücknahmegrund iSd § 130 II Nr. 2–4 vorliegt (TK § 130 Rn. 48) und der Fehler schuldhaft vom Begünstigten (anders hingegen bei fehlender Kenntnis des Begünstigten, → Rn. 37) herbeigeführt wurde (BFH 18.4.1991 – IV R 127/89, BStBl. II 1991, 675).

D. Rücknahmefrist (Abs. 3)

I. Allgemeines

Die Rücknahme belastender sowie durch unlautere Mittel usw. erwirkter begünstigender 52 VA (§ 130 II Nr. 2) kann grds. jederzeit – auch noch nach Unanfechtbarkeit des VA, vgl. § 130 I – erfolgen. Möglich ist auch die Rücknahme während des Einspruchs- oder Klageverfahrens (vgl. § 132 S. 1); zur Anwendung des § 351 I bei Rücknahme im Verlauf eines Einspruchsverfahrens → § 351 Rn. 9. Für die Rücknahme begünstigender VA iSd § 130 II Nr. 1, 3 und 4 gilt allerdings die Rücknahmefrist des § 130 III 1.

Die Rücknahmebefugnis entfällt mit Ablauf einer zu beachtenden **Festsetzungsfrist** (zB § 239 I 1). Jedoch muss die Festsetzungsfrist die Rücknahme eindeutig ausschließen. Daran fehlt es zB bei § 191 III, der nach seinem Wortlaut die Rücknahme eines Haftungsbescheids zugunsten des Haftungsschuldners zulässt (BFH 12.8.1997 – VII R 107/96, BStBl. II 1998, 131). Die FB kann ihre Rücknahmebefugnis bei langem Zuwarten je nach den Umständen des Einzelfalls auch verwirken (dazu allg. → § 4 Rn. 39 ff.).

II. Rücknahmefrist (Abs. 3 S. 1)

Für die Rücknahme begünstigender VA iSd § 130 II Nr. 1, 3 und 4 gilt gem. 53 § 130 III 1 eine Jahresfrist. Diese ist eine nicht verlängerbare Ausschlussfrist; eine Wiedereinsetzung in den vorigen Stand für die FB ist nicht möglich (→ § 110 Rn. 9).

Die Frist beginnt ab (positiver) **„Kenntnis“** (dh hinreichend sicherer Information) der die Rücknahme rechtfertigenden Tatsachen (zum Begriff der Tatsachen im Einzelnen → § 173 Rn. 6 ff.). Erforderlich ist eine Kenntnis derjenigen Tatsachen, aus denen sich die **Rechtswidrigkeit** des VA ergibt (BVerwG 19.12.1984 – Gr. Sen. 1/84, 2/84, NJW 1985, 819; BFH 28.9.1993 – VII R 107/92, BFH/NV 1994, 751; Klein § 130 Rn. 55) sowie sämtlicher für die Rücknahmeentscheidung erheblichen Tatsachen. Über den Wortlaut des Abs. 3 S. 1 hinausgehend bedarf es für den Anlauf der Frist auch der Erkenntnis der Rechtswidrigkeit des VA (BFH 26.6.2007 – VII R 35/06, BStBl. II 2007, 742; BFH 28.9.1993 – VII R 107/92, BFH/NV 1994, 751). Auf ein Kennenmüssen seitens der FB kommt es nicht an (Gosch AO § 130 Rn. 93; ebenso – für § 173 I Nr. 2 – BFH

26.11.1996 – IX R 77/95, BStBl. II 1997, 422). Ein auf weitere Rücknahmevoraussetzungen bezogener Rechtsirrtum hindert den Fristbeginn nicht (VGH Baden-Württemberg 5.4.2007 – 8 S 2090/06, DStRE 2007, 1430). Die Jahresfrist beginnt daher zu laufen, wenn die FB nach erkannter Rechtswidrigkeit und Kenntnis der für die Rücknahmeentscheidung erheblichen Tatsachen ohne Weiteres in der Lage ist, unter sachgerechter Ausübung ihres Ermessens über die Rücknahme zu entscheiden. Die Kenntnis muss von der **„Finanzbehörde"**, dh von dem zur Entscheidung über die Rücknahme berufenen Sachbearbeiter der zuständigen FB erlangt worden sein (BFH 26.6.2007 – VII R 35/06, BStBl. II 2007, 742; FG Schleswig-Holstein 26.11.2003 – 2 K 1208/98, EFG 2004, 461; Klein § 130 Rn. 65; die Erl. zu → § 173 Rn. 44 ff. gelten entspr.). Zur Anwendung des § 130 III beim Widerruf der Bestellung zum StBerater vgl. BFH 14.8.2007 – VII B 18/07, BFH/NV 2008, 116.

III. Zeitlich unbeschränkte Rücknahme bei Anwendung unlauterer Mittel (Abs. 3 S. 2)

54 Gemäß § 130 III 2 gilt die Jahresfrist des § 130 III 1 nicht für VA, die durch unlautere Mittel (§ 130 II Nr. 2) erwirkt worden sind. Das Vertrauen des Begünstigten ist in diesem Fall nicht schutzwürdig; die FB kann jedoch ihr Rücknahmerecht ggf. verwirken (→ § 4 Rn. 39 ff.).

E. Zuständige Finanzbehörde (Abs. 4)

55 Gemäß § 130 IV entscheidet über die Rücknahme die im Zeitpunkt der Unanfechtbarkeit örtlich zuständige FB (zur örtlichen Zuständigkeit vgl. §§ 17 ff.). Der 2. Teilsatz des § 130 IV stellt klar, dass auch bei Erlass des ursprünglichen VA durch eine unzuständige Behörde die im Zeitpunkt der Rücknahme örtlich zuständige Behörde über die Rücknahme entscheidet. Tritt zwischen Erlass des ursprünglichen VA und der Entscheidung über die Rücknahme ein Zuständigkeitswechsel ein, kann die bisher zuständige FB das (auf Rücknahme gerichtete) Verfahren weiterführen (§ 130 IV 3. Teilsatz iVm § 26 S. 2).

56 Soweit § 130 IV dem Wortlaut nach lediglich die Rücknahme des VA „nach Unanfechtbarkeit" betrifft, handelt es sich lediglich um die Klarstellung, dass dies **auch** nach Unanfechtbarkeit gilt. Die Vorschrift ist also auch anzuwenden, wenn der VA noch nicht bestandskräftig ist.

F. Rechtscharakter und -wirkungen der Rücknahme

57 Die Rücknahme eines VA ist ein selbständiger **VA.** Für ihn gelten die allgemeinen Regelungen der §§ 118 ff. Mit der Rücknahme verliert der zurückgenommene VA seine Wirksamkeit (vgl. § 124 II), sodass die FB von diesem keinen Gebrauch mehr machen darf und ggf. durch eine Vollziehung herbeigeführte Folgen rückgängig machen muss (BFH 9.5.1985 – IV R 172/83, BStBl. II 1985, 579). Ein Haftungsbescheid verliert mit seiner vollständigen Rücknahme seine Eignung als verjährungshemmende Maßnahme iSd § 171 III a 1 (BFH 10.5.2002 – VII B 244/01, BFH/NV 2002, 1125).

58 Die Rücknahme des VA hindert grds. nicht den **Neuerlass** eines den entsprechenden Gegenstand regelnden VA (BFH 25.7.1986 – VI R 216/83, BStBl. II 1986, 779; BFH 18.2.1992 – VII B 237/91, BFH/NV 1992, 639; BFH 25.5.2004 – VII R 29/02, BStBl. II 2005, 3). Der Neuerlass ist jedoch ausgeschlossen, wenn die FB beim Betroffenen durch die Rücknahme einen **Vertrauenstatbestand** dahingehend geschaffen hat, sie werde von einer erneuten belastenden Regelung des nämlichen Sachverhalts absehen. In diesem Fall ist die Rücknahmeverfügung ihrerseits als begünstigender VA zu qualifizieren, der nur unter den Voraussetzungen des § 130 II zurückgenommen werden darf (BFH 22.1.1985 –

VII R 112/81, BStBl. II 1985, 562). Dies gilt jedenfalls dann, wenn die FB den VA „ersatzlos" aufhebt oder der Betroffene nach den Begleitumständen keinen Neuerlass des VA zu erwarten braucht (BFH 22.1.1985 – VII R 112/81, BStBl. II 1985, 562; BFH 18.2.1992 – VII B 237/91, BFH/NV 1992, 639; Schwarz/Pahlke/Keß § 130 Rn. 10, 12; Hein DStR 1987, 175); eines Rückgriffs auf die Grundsätze von Treu und Glauben (so BFH 25.7.1986 – VI R 216/83, BStBl. II 1986, 779) bedarf es insoweit nicht (Hein DStR 1987, 175; TK § 130 Rn. 57).

Ein Vertrauenstatbestand liegt jedoch nicht vor, wenn die Rücknahme nur aus formellen 59
Gründen erfolgt und in derselben Verfügung der neue VA erlassen wird oder die FB bei der Rücknahme zweifelsfrei zu erkennen gibt, sie werde einen VA erlassen (BFH 13.4.2000 – VII S 35/99, BFH/NV 2001, 41; TK § 130 Rn. 59; Hein DStR 1987, 175).

Rücknahme der Rücknahme. Da die Rücknahme eines VA selbst VA ist, kann sie im 60
Fall der Rechtswidrigkeit ihrerseits zurückgenommen werden (Schwarz/Pahlke/Keß § 130 Rn. 58; VGH Mannheim 17.10.1990 – 6 S 1513/90, NVwZ 1992, 184; vgl. auch BFH 22.1.2002 – VII R 19/01, BFH/NV 2002, 817). Jedoch kann der ursprüngliche VA durch die spätere Beseitigung der Rücknahme nicht wieder aufleben (BFH 22.5.1979 – VIII R 218/78, BStBl. II 1979, 741; BFH 24.3.1992 – VII B 62/91, BFH/NV 1993, 605).

G. Rechtsbehelfe

Die Rücknahme des VA sowie die Ablehnung einer beantragten Rücknahme (auch 61
darin liegt eine Belastung, → Rn. 15) sind unstr. VA. Gegen sie ist der Einspruch (§ 347) und ggf. die Anfechtungsklage gegeben (zur Anwendbarkeit des § 351 I im Fall der Rücknahme → § 351 Rn. 9). Das Begehren **auf Rücknahme** kann – nur – mit der Verpflichtungsklage verfolgt werden (BFH 20.12.2005 – VII B 327/04, BFH/NV 2006, 707). Zur gerichtlichen Überprüfung des Rücknahmeermessens → § 5 Rn. 38 ff. Gegen die Rücknahme eines begünstigenden VA ist AdV/Aufhebung der Vollziehung möglich (→ § 361 Rn. 18).

§ 131 Widerruf eines rechtmäßigen Verwaltungsakts

(1) **Ein rechtmäßiger nicht begünstigender Verwaltungsakt kann, auch nachdem er unanfechtbar geworden ist, ganz oder teilweise mit Wirkung für die Zukunft widerrufen werden, außer wenn ein Verwaltungsakt gleichen Inhalts erneut erlassen werden müsste oder aus anderen Gründen ein Widerruf unzulässig ist.**

(2) [1]**Ein rechtmäßiger begünstigender Verwaltungsakt darf, auch nachdem er unanfechtbar geworden ist, ganz oder teilweise mit Wirkung für die Zukunft nur widerrufen werden,**

1. wenn der Widerruf durch Rechtsvorschrift zugelassen oder im Verwaltungsakt vorbehalten ist,

2. wenn mit dem Verwaltungsakt eine Auflage verbunden ist und der Begünstigte diese nicht oder nicht innerhalb einer ihm gesetzten Frist erfüllt hat,

3. wenn die Finanzbehörde auf Grund nachträglich eingetretener Tatsachen berechtigt wäre, den Verwaltungsakt nicht zu erlassen, und wenn ohne den Widerruf das öffentliche Interesse gefährdet würde.

[2]**§ 130 Absatz 3 gilt entsprechend.**

(3) **Der widerrufene Verwaltungsakt wird mit dem Wirksamwerden des Widerrufs unwirksam, wenn die Finanzbehörde keinen späteren Zeitpunkt bestimmt.**

(4) **Über den Widerruf entscheidet nach Unanfechtbarkeit des Verwaltungsakts die nach den Vorschriften über die örtliche Zuständigkeit zuständige Finanzbe-**

hörde; dies gilt auch dann, wenn der zu widerrufende Verwaltungsakt von einer anderen Finanzbehörde erlassen worden ist.

Schrifttum: Vgl. die Schrifttumsnachweise zu § 130.

Übersicht

I. Allgemeines

1 **Regelungszweck und -inhalt.** § 131, der sich im Kern an § 49 VwVfG anlehnt (vgl. BT-Drs. 7/4292, 29), betrifft die Korrektur rechtmäßiger VA. Der Widerruf ist auf die Anpassung der durch einen rechtmäßigen VA geschaffenen Lage an veränderte Umstände gerichtet.

2 § 131 unterscheidet zwischen nicht begünstigenden (dh belastenden) VA **(Abs. 1)** und begünstigenden VA **(Abs. 2);** zum Begriff des begünstigenden bzw. nicht begünstigenden (belastenden) VA → § 130 Rn. 14 f. Den Widerruf nicht begünstigender (belastender) VA stellt § 131 I in das Ermessen der FB. Stärker begrenzt ist der Widerruf begünstigender VA, der aus Gründen des Vertrauensschutzes nur unter den engen Voraussetzungen des § 131 II zulässig ist.

3 **Anwendungsbereich.** § 131 ist lediglich auf **(Nur-)SteuerVA** anwendbar. Die Vorschrift gilt nicht für StBescheide; für diese gelten die speziellen Korrekturvorschriften der §§ 172 ff. sowie §§ 164 II, 165 II. Zum Anwendungsbereich des § 131 → § 130 Rn. 1 ff. § 131 gilt ferner nur für ErmessensVA, **nicht** für **gebundene VA** (BT-Drs. VI/1982, 143; HHSp § 131 Rn. 8). Bei Letzteren ist aufgrund der strikten Gesetzesbindung der FB ein VA gleichen Inhalts zu erlassen und ein Widerruf damit ausgeschlossen. Im Zollrecht wird § 131 für begünstigende VA durch Art. 23 III und 28 UZK verdrängt (→ § 130 Rn. 3).

4 § 131 unterfallen **rechtmäßige** VA (→ § 118 Rn. 64). Über ihren Wortlaut hinaus gilt die Vorschrift aber auch für den Widerruf rechtswidriger VA (Klein § 131 Rn. 1b: „erst recht"). § 131 ist auch auf VA anzuwenden, die nach § 128 umgedeutet worden sind (TK § 131 Rn. 3).

5 Da § 131 nur einen Widerruf für die Zukunft zulässt, gilt die Vorschrift insb. für **VA mit Dauerwirkung** (zB Stundung; vgl. näher → § 118 Rn. 59). Den DauerVA stehen im Anwendungsbereich des § 131 VA gleich, die noch nicht vollzogen sind bzw. noch Rechtswirkungen für die Zukunft zeitigen (BFH 26.3.1991 – VII R 66/90, BStBl. II 1991, 545). Ein StErlass kann nicht widerrufen werden (AEAO zu § 131 Nr. 3).

6 **Abgrenzung zur Ergänzung bzw. Neuregelung.** Eines Widerrufs bedarf es nicht, wenn durch einen weiteren begünstigenden VA die Regelung eines von dem bisherigen rechtmäßigen VA nicht erfassten Sachverhalts erfolgt (zB Verlängerung oder Erhöhung einer Stundung). Gleiches gilt für rechtmäßige nicht begünstigende VA, die um einen weiteren rechtmäßigen VA ergänzt werden (zB Ausdehnung der Prüfungsanordnung auf weiteren Prüfungszeitraum, dazu auch § 196 Rn. 44). In diesen Fällen tritt der neue VA

zu dem bisherigen VA hinzu (Gosch AO § 131 Rn. 22; AEAO zu § 131 Nr. 4 und 5; zur Rechtslage bei der Rücknahme → § 130 Rn. 11 f.).

II. Widerruf nicht begünstigender Verwaltungsakte (Abs. 1)

Nach § 131 I können rechtmäßige nicht begünstigende VA nach Unanfechtbarkeit ganz oder teilweise mit Wirkung für die Zukunft widerrufen werden. Nach dieser Vorschrift kann zB zu verfahren sein, wenn sich bei einem noch nicht vollzogenen VA nach der letzten Verwaltungsentscheidung eine veränderte Sachlage ergeben hat (BFH 26.7.2005 – VII R 57/04, BStBl. II 2005, 814 mwN). 7

Ausschluss der Widerrufsmöglichkeit. Der Widerruf ist nach Maßgabe des Abs. 1 (2. HS) ausgeschlossen, wenn die FB einen VA gleichen Inhalts erneut erlassen müsste. Eine solche Rechtspflicht besteht für die FB kraft ihrer Gesetzesbindung bei gebundenen VA und ferner dann, wenn bei einem ErmessensVA aufgrund einer Ermessensreduzierung auf null (→ § 5 Rn. 24) eine Pflicht zum (erneuten) Erlass des VA besteht. Der Ausschluss der Widerrufsmöglichkeit unter den vorgenannten Voraussetzungen gilt gleichermaßen für den Widerruf begünstigender VA wie für die Rücknahme gem. § 130 (vgl. auch SBS § 48 Rn. 80). 8

Aus **anderen Gründen** kann sich ein Widerrufsverbot aufgrund gesetzlicher Bestimmungen oder aus allg. Rechtsgrundsätzen ergeben. Dazu gehören auch lediglich verwaltungsintern wirkende Gründe (zB Weisungen – etwa solche oberster Bundesbehörden, vgl. Art. 83 III GG –, Erlasse, Verwaltungsvorschriften), die das Widerrufsrecht aus öffentlichem Interesse ausschließen (Gosch AO § 131 Rn. 6; vgl. auch Begr. zu § 45 EVwVfG BT-Drs. 7/910, 72). 9

Widerrufsentscheidung. Die Entscheidung über den Widerruf des rechtmäßigen nicht begünstigenden VA steht im **Ermessen** („kann") der FB. Der Widerruf ist unzulässig, soweit eine etwa zu beachtende Festsetzungsfrist abgelaufen ist (vgl. § 169 I; ferner – für Haftungsbescheide – § 191 III und – für Zinsbescheide – § 239 I). Zur Widerrufsfrist für begünstigende VA → Rn. 28. Dem **Umfang** nach kann der Widerruf gem. Abs. 1 „ganz oder teilweise" erfolgen. Ein Teilwiderruf setzt die Teilbarkeit des widerrufenen VA voraus; die Erl. zur Teilrücknahme (→ § 130 Rn. 29) gelten entspr. Der **zeitlichen Wirkung** nach kann der Widerruf gem. Abs. 1 nur „mit Wirkung für die Zukunft" erfolgen (→ Rn. 5). Die FB kann gem. § 131 III auch einen späteren Zeitpunkt für den Eintritt der Unwirksamkeit des widerrufenen VA bestimmen. Die Widerrufsentscheidung ist zu begründen (§ 121). 10

III. Widerruf begünstigender Verwaltungsakte (Abs. 2)

Allgemeines. Ein rechtmäßiger begünstigender VA darf nur unter den in § 131 II aufgeführten Voraussetzungen widerrufen werden. Der Katalog der hier genannten Widerrufsgründe ist grds. abschließend. Doch ist ein Widerruf unstr. auch dann zulässig, wenn der Betroffene dem Widerruf **zustimmt** (Gosch AO § 131 Rn. 19). § 131 II gilt nicht für den Widerruf im Einspruchsverfahren oder gerichtlichen Verfahren, wenn dadurch dem Einspruch oder der Klage abgeholfen wird (§ 132 S. 2). Ein Widerruf ist nach dem Rechtsgedanken des § 131 I (2. HS) ausgeschlossen, wenn ein VA gleichen Inhalts erlassen werden müsste. Zur Abgrenzung des Widerrufs zur Ergänzung bzw. einer neuen Regelung durch weiteren VA → Rn. 6. 13

1. Zulassung durch Rechtsvorschrift; Widerrufsvorbehalt (Abs. 2 S. 1 Nr. 1)

Allgemeines. Der Widerruf ist gem. Abs. 2 Nr. 1 zulässig, wenn er durch Rechtsvorschrift (zB § 148 S. 3) zugelassen ist. Rechtsvorschrift ist auch eine VO (Kopp/Ramsauer § 49 Rn. 32), sodass zB auch § 46 UStDV (dazu FG Baden-Württemberg 25.3.2002 – 9 K 513/98, EFG 2002, 1003) die Widerrufsbefugnis begründet. Ferner kann die Widerrufsbefugnis im VA vorbehalten sein (**Widerrufsvorbehalt,** vgl. § 120 II Nr. 3). 14

Sind die Widerrufsvoraussetzungen gegeben, steht die Ausübung des Widerrufs grds. im **Ermessen** (§ 5) der FB. Aus einer den Widerruf zulassenden Rechtsvorschrift kann sich jedoch auch eine Verpflichtung zum Widerruf ergeben (so § 46 S. 2 UStDV; vgl. FG Baden-Württemberg 25.3.2002 – 9 K 513/98, EFG 2002, 1003). Der Widerruf ist grds. nur zulässig, wenn die tatbestandlichen Voraussetzungen der den Widerruf gestattenden Rechtsvorschrift erfüllt sind.

15 Bei einem auf einen **Widerrufsvorbehalt** gestützten Widerruf muss die Beifügung des Widerrufsvorbehalts rechtmäßig gewesen sein (TK § 131 Rn. 14; → § 120 Rn. 26 f.). Bei Unanfechtbarkeit des mit dem Widerrufsvorbehalt versehenen VA umfasst dessen materielle Bestandskraft auch einen **rechtswidrigen** Widerrufsvorbehalt (aA HHSp § 131 Rn. 21). Die Ausübung des Widerrufs kann in diesem Fall nicht von der Zulässigkeit des Widerrufsvorbehalts abhängig gemacht werden (BFH 21.5.1997 – I R 38/96, BFH/NV 1997, 904); der Widerruf ist allerdings bei offensichtlicher Rechtswidrigkeit des Widerrufsvorbehalts uU ermessensfehlerhaft (Klein § 131 Rn. 7).

16 Der auf den Widerrufsvorbehalt gestützte Widerruf muss durch **sachliche Gründe** gerechtfertigt und mit dem Widerrufsvorbehalt verfolgten Gesetzeszweck vereinbar sein (BFH 6.4.1960 – VII 15/60 U, BStBl. III 1960, 259). Dies erfordert eine ermessensfehlerfreie Abwägung der für und gegen einen Widerruf sprechenden Umstände. Die Widerrufsgründe können bereits unmittelbar im Widerrufsvorbehalt selbst benannt sein. Ist der Widerrufsvorbehalt – ohne einzelne Gründe zu nennen – nur allg. formuliert (zur Zulässigkeit → § 120 Rn. 27), so müssen besondere Gründe des öffentlichen Interesses den Widerruf erfordern. Der Widerrufsvorbehalt ist für sich allein kein hinreichender Grund zur Ausübung des Widerrufs.

Die Widerrufsgründe können sich nur aus einer Änderung der Sach- und Rechtslage nach Ergehen des VA unter Widerrufsvorbehalt ergeben; sie sind Bestandteil der gem. § 121 erforderlichen Begründung des Widerrufs. Ein Ermessensfehler liegt vor, wenn sich die Sach- und Rechtslage seit dem Zeitpunkt des Ergehens des VA nicht geändert hat (TK § 120 Rn. 15 und § 131 Rn. 15).

2. Nichterfüllung bzw. nicht rechtzeitige Erfüllung einer Auflage (Abs. 2 S. 1 Nr. 2)

18 Ein rechtmäßiger begünstigender VA kann gem. § 131 II Nr. 2 widerrufen werden, wenn der Begünstigte die mit dem VA verbundene Auflage (§ 120 II Nr. 4) nicht oder nicht fristgerecht erfüllt. Die Vorschrift ist nicht auf andere Nebenbestimmungen anwendbar. § 131 II Nr. 2 setzt die Rechtmäßigkeit der Auflage voraus. Der Widerruf ist zumindest bei offensichtlicher Rechtswidrigkeit der Auflage ermessensfehlerhaft (TK § 131 Rn. 18). Er ist aber nicht subsidiär gegenüber dem Einsatz von Zwangsmitteln. Es ist also nicht nötig, dass zunächst versucht wird, die Auflage mit Zwangsmitteln durchzusetzen (vgl. FG Baden-Württemberg 28.3.2019 – 1 K 1519/18, BeckRS 2019, 14536).

19 Anknüpfungspunkt des § 131 II 1 Nr. 2 ist allein die **Nichterfüllung** der Auflage; die Gründe für die Nichterfüllung sind ohne Bedeutung. Es kommt insb. nicht darauf an, ob dem Betroffenen oder seinem Vertreter insoweit ein Verschulden trifft (Klein § 131 Rn. 8). Eine unverschuldete Nichterfüllung kann jedoch ggf. bei der Ermessensausübung der FB von Bedeutung sein (TK § 120 Rn. 19).

20 **Verhältnismäßigkeitsgrundsatz.** Die Ausübung des Widerrufs ist an den Grundsatz der Verhältnismäßigkeit gebunden. Das Übermaßverbot hindert den Widerruf bei Nichterfüllung einer unwesentlichen Auflage. Die FB ist nicht grds. gehalten, vor dem Widerruf zunächst eine Durchsetzung der Auflage im Vollstreckungswege (§§ 328 ff.) zu versuchen (→ Rn. 18); der Einsatz von Zwangsmitteln ist dem Widerruf nicht vorrangig (Gosch AO § 131 Rn. 12.1). Allerdings kann – je nach den Umständen des Einzelfalls – das Verhältnismäßigkeitsprinzip bei minder schweren behebbaren Verstößen gegen die Auflage bzw. weniger bedeutsamen Auflagen zunächst den Einsatz von Vollstreckungs- oder Zwangsmitteln erfordern (Klein § 131 Rn. 8; HHSp § 131 Rn. 31 f.).

3. Nachträglich eingetretene Tatsachen (Abs. 2 S. 1 Nr. 3)

Ein Widerruf ist gem. § 131 II 1 Nr. 3 zulässig, wenn die FB aufgrund nachträglich eingetretener Tatsachen berechtigt wäre, den VA nicht zu erlassen **und** wenn ohne den Widerruf das öffentliche Interesse gefährdet würde. Diese Vorschrift ist der **zentrale Anwendungsfall** des Widerrufs, indem der FB hier eine Reaktionsmöglichkeit auf tatsächliche Änderungen nach Erlass des VA eingeräumt wird. Die praktische Bedeutung dieser Vorschrift im StRecht ist jedoch gering; ihr Hauptanwendungsbereich ist der Widerruf einer Stundung (→ § 222 Rn. 74). Sie findet aber auch Anwendung bei Änderung der Anrechnungsverfügung von Kapitalertragsteuer (zB bei den cum/ex-Fällen, vgl. FG Hessen 10.3.2017 – 4 K 977/14, EFG 2017, 656). 22

Nachträglich eingetretene Tatsachen liegen vor, wenn sich nach Erlass des VA Veränderungen des Sachverhalts ergeben, auf dem der VA basiert (BFH 8.9.2010 – I R 90/09, DStRE 2011, 151). Für den Begriff „Tatsachen" gelten die Erl. zu → § 173 Rn. 6 ff. entspr. Die Tatsachen müssen **nachträglich** eingetreten sein; bereits bei Erlass des VA vorhandene Tatsachen, die zum Nichterlass des VA berechtigt hätten, bewirken die Rechtswidrigkeit des VA und unterfallen § 131 mithin nicht. Eine allein veränderte rechtliche Beurteilung eines unverändert gebliebenen Sachverhalts berechtigt nicht zum Widerruf (BFH 9.7.1997 – VIII B 40/97, BFH/NV 1998, 23). 23

Der Widerruf ist gem. § 131 II 1 Nr. 3 nur zulässig, wenn ohne ihn das **öffentliche Interesse** gefährdet würde. Nach der Gesetzesfassung genügt nicht, dass der Widerruf im öffentlichen Interesse liegt; er muss vielmehr zur Abwehr einer Gefährdung des öffentlichen Interesses erforderlich sein. Das „öffentliche Interesse" umfasst die schützenswerten und schutzbedürftigen Interessen des Staates; dazu gehören auch fiskalische Interessen (Gosch AO § 131 Rn. 18). Eine „Gefährdung" des öffentlichen Interesses ist gegeben, wenn der Betroffene ohne den Widerruf gegenüber Dritten bevorzugt würde (Gosch AO § 131 Rn. 18). 24

Die FB hat bei der **Ausübung des Widerrufsrechts** im Rahmen ihrer Ermessensentscheidung das Verhältnismäßigkeitsprinzip und den Vertrauensschutz des Betroffenen zu berücksichtigen (vgl. TK § 131 Rn. 22). So muss zB bei dem Widerruf einer Stundung das öffentliche Interesse an einer baldigen Tilgung einer StSchuld im konkreten Fall das Vertrauen des Stpfl. in den Fortbestand der Stundung deutlich überwiegen. Ein kurzer Stundungslauf oder eine geringe Höhe des gestundeten Betrags kann daher dem Widerruf entgegenstehen (Gosch AO § 131 Rn. 18). Ein öffentliches Interesse am Widerruf einer Stundung ist zu bejahen, wenn die Erhebung der Steuern wegen erheblicher Verschlechterung der wirtschaftlichen Lage des Betroffenen gefährdet wäre (TK § 131 Rn. 25). 25

4. Durchführung des Widerrufs gem. Abs. 2; entsprechende Anwendung des § 130 III (Abs. 2 S. 2)

Ermessen. Der Widerruf gem. Abs. 2 steht im pflichtgemäßen (§ 5) Ermessen („darf") der FB. Da § 130 II bereits eine Berücksichtigung des Vertrauensschutzes zugrunde liegt, sind Vertrauensschutzgesichtspunkte idR nicht nochmals im Rahmen der Ermessensausübung zu berücksichtigen; zu Einzelheiten der Ermessensausübung vgl. die Erl. zu § 130 II Nr. 1–3. 27

Widerrufsfrist. Der Widerruf ist grds. auch noch nach Eintritt der Bestandskraft des VA möglich; ggf. ist eine Festsetzungsfrist zu beachten (→ Rn. 10). Er kann auch während eines Einspruchs- oder finanzgerichtlichen Verfahrens erfolgen (vgl. § 132 S. 1). 28

Anwendung des § 130 III. Beim Widerruf begünstigender VA ist der gem. **§ 131 II 2** für entspr. anwendbar erklärte § 130 III zu beachten: Die FB darf den Widerruf begünstigender VA nur **innerhalb eines Jahres** seit dem Zeitpunkt der Kenntnisnahme des den Widerruf rechtfertigenden Sachverhalts aussprechen. Die Frist beginnt ab (positiver) Kenntnis der FB von den den Widerruf rechtfertigenden Tatsachen; die Erl. zu § 130 III (→ § 130 Rn. 52 ff.) gelten entspr. Zum Beginn der Widerrufsfrist im Fall des § 46 II Nr. 4 StBerG vgl. BFH 1.8.2002 – VII B 35/02, BFH/NV 2002, 1499. 29

30 Für **Umfang** („ganz oder teilweise") und **zeitliche Wirkung** („mit Wirkung für die Zukunft") des Widerrufs gelten die Erl. zu Abs. 1 entspr. (→ Rn. 10).

IV. Unwirksamwerden des widerrufenen Verwaltungsakts (Abs. 3)

32 § 131 III bestimmt – lediglich klarstellend, vgl. bereits § 124 II – die Rechtswirkung des Widerrufs dahingehend, dass der VA mit dem Wirksamwerden des Widerrufs unwirksam wird, sofern nicht die FB einen späteren Zeitpunkt bestimmt. Aufgrund der Unwirksamkeit des VA darf die FB von diesem keinen Gebrauch mehr machen und ihn insb. nicht vollstrecken.

Durch späteren **Widerruf des Widerrufs** kann der ursprüngliche VA nicht wieder aufleben (BFH 22.5.1979 – VIII R 218/78, BStBl. II 1979, 741; BFH 24.3.1992 – VII B 62/91, BFH/NV 1993, 605). Insoweit kommt nur der Neuerlass des VA in Betracht, sodass der Widerruf eines Widerrufs schon grds. unzulässig ist. § 131 III gilt nicht für den Widerruf im Einspruchsverfahren oder gerichtlichen Verfahren, wenn dadurch dem Einspruch oder der Klage abgeholfen wird (§ 132 S. 2).

V. Widerrufsentscheidung (Abs. 4)

33 Die Zuständigkeit für den Widerruf ist in § 131 IV im Wesentlichen entspr. § 130 IV geregelt; auf die dortigen Erl. (→ § 130 Rn. 55 f.) wird verwiesen. § 26 S. 2 gilt auch für § 131, obwohl diese Vorschrift – anders als § 130 IV – keinen entsprechenden Hinweis enthält (TK § 131 Rn. 35).

VI. Rechtscharakter und -wirkungen des Widerrufs; Rechtsbehelfe

34 **Rechtscharakter und -wirkungen** des Widerrufs entsprechen im Wesentlichen denen der Rücknahme (vgl. näher → § 130 Rn. 58). Der Widerruf eines VA ist ein selbständiger **VA,** für den die allgemeinen Regelungen der §§ 118 ff. gelten. Mit dem Widerruf verliert der widerrufene VA seine Wirksamkeit (vgl. § 131 III).

35 **Rechtsbehelfe.** Der Widerruf kann ebenso wie die Ablehnung eines beantragten Widerrufs mit dem Einspruch (§ 347) angegriffen werden. Jedoch ist gegen den Widerruf einer Aussetzung oder eines Ruhens des Verfahrens ein Einspruch nicht statthaft, vgl. § 363 III. Zur Anwendbarkeit des § 351 I im Fall des Widerrufs → § 351 Rn. 9.

§ 132 Rücknahme, Widerruf, Aufhebung und Änderung im Rechtsbehelfsverfahren

[1] Die Vorschriften über Rücknahme, Widerruf, Aufhebung und Änderung von Verwaltungsakten gelten auch während eines Einspruchsverfahrens und während eines finanzgerichtlichen Verfahrens. [2] § 130 Absatz 2 und 3 und § 131 Absatz 2 und 3 stehen der Rücknahme und dem Widerruf eines von einem Dritten angefochtenen begünstigenden Verwaltungsakts während des Einspruchsverfahrens oder des finanzgerichtlichen Verfahrens nicht entgegen, soweit dadurch dem Einspruch oder der Klage abgeholfen wird.

I. Allgemeines

1 § 132 enthält eine Sonderregelung hinsichtlich der Korrektur eines VA im Einspruchsverfahren bzw. im finanzgerichtlichen Verfahren. Die Vorschrift ist keine eigenständige Rechtsgrundlage zur Korrektur von VA.

§ 132 gilt für sämtliche VA, also neben SteuerVA auch für StBescheide und ihnen gleichgestellte VA. § 132 **S. 1** stellt klar, dass die Korrekturvorschriften auch während eines Einspruchsverfahrens bzw. finanzgerichtlichen Verfahrens gelten (BT-Drs. VI/1982, 144). § 132 **S. 2** lehnt sich weitgehend an § 50 VwVfG an und enthält §§ 130, 131 modifizierende Regelungen für den Fall, dass ein begünstigender VA (sog. VA mit Drittwirkung) von einem Dritten angefochten wird.

II. Korrektur von Verwaltungsakten während eines Rechtsbehelfsverfahrens (S. 1)

2 Gemäß § 132 S. 1 gelten die Vorschriften über Rücknahme (§ 130), Widerruf (§ 131), Aufhebung (der Begriff ist im Zusammenhang des § 132 nicht korrekt, weil er Oberbegriff der Rücknahme bzw. des Widerrufs ist, zutr. TK vor § 130 Rn. 6) und Änderung (§§ 164 II, 165 II, 172 ff.) auch während eines Einspruchsverfahrens oder finanzgerichtlichen Verfahrens. Materielle Voraussetzungen und Umfang der Korrektur ergeben sich ausschl. aus den in Bezug genommenen Korrekturvorschriften. Aufgrund § 132 S. 1 ist es insb. möglich, während der vorgenannten Verfahren eintretende Änderungen zB aufgrund von Grundlagenbescheiden (§ 175 I Nr. 1, § 182) oder bekannt gewordene neue Tatsachen (§ 173) auszuwerten (vgl. FG Düsseldorf 3.12.2013 – 13 K 2560/12 E, EFG 2015, 1333 zu einer Änderung nach § 174 IV).

Die Berichtigungsmöglichkeit nach **§ 129** ist in § 132 S. 1 nicht erwähnt, weil die Berichtigung gem. § 129 „jederzeit", dh auch im Einspruchs- oder Klageverfahren erfolgen kann (→ § 129 Rn. 58).

3 Über die **Rechtsfolgen der Korrektur** iSd § 132 S. 1 trifft die Vorschrift keine Aussage. Entfällt aufgrund der Korrektur die Beschwer (§ 350) bzw. die Klagebefugnis (§ 40 II FGO), ist das Einspruchs- bzw. Klageverfahren (in der Hauptsache) erledigt. Bei nur **teilweiser** Erledigung (zB wegen einer Teilrücknahme eines VA gem. § 130) oder einer durch die Korrektur iSd § 132 S. 1 eintretenden zusätzlichen Beschwer gilt Folgendes: Erfolgt die Korrektur im Einspruchsverfahren, wird der neue VA gem. § 365 III Gegenstand des Einspruchsverfahrens; eines neuen Einspruchs bedarf es insoweit nicht. Erfolgt die Korrektur im finanzgerichtlichen Verfahren, wird der neue VA gem. § 68 FGO Gegenstand des finanzgerichtlichen Verfahrens. Im Einspruchsverfahren kann ggf. nach Maßgabe des § 367 II 2 eine Verböserung erfolgen, da der VA aufgrund des Einspruchs zunächst nicht in Bestandskraft erwächst (vgl. BFH 10.3.2016 – III R 2/15, BFHE 253, 12).

III. Rücknahme und Widerruf eines Verwaltungsakts mit Drittwirkung (S. 2)

4 § 132 S. 2 trifft eine §§ 130, 131 modifizierende Sonderregelung für den sog. **VA mit Drittwirkung** (TK § 118 Rn. 38). Die Besonderheit dieser VA – sie haben im StRecht keine nennenswerte Bedeutung – besteht darin, dass sie nach ihrem Regelungsgehalt den Adressaten begünstigen und dadurch zugleich einen Dritten belasten (SBS § 50 Rn. 12 ff. mwN). § 132 S. 2 ordnet hierzu an, dass der VA bei Anfechtung durch den belasteten Dritten ohne die Einschränkungen der §§ 130 II und III sowie § 131 II und II zurückgenommen oder widerrufen werden kann. Dem liegt die Erwägung zugrunde, dass sich der Begünstigte nicht auf Vertrauensschutz berufen kann, wenn der VA durch den belasteten Dritten angefochten wird (BFH 3.2.1987 – VII R 116/82, BStBl. II 1987, 346). Von den Einschränkungen der §§ 130, 131 ist die FB allerdings nur insoweit befreit, „als dem Einspruch oder der Klage abgeholfen wird". Werden daher Rechte des belasteten Dritten nicht betroffen, kann sich die FB nicht auf die Sonderregeln des § 132 S. 2 berufen.

§ 132 S. 2 enthält ausschließlich Sonderregeln für die Rücknahme und den Widerruf von VA und ist auf anderweitige Korrekturvorschriften (insb. auf §§ 172 ff.) nicht anzuwenden.

§ 133 Rückgabe von Urkunden und Sachen

[1]Ist ein Verwaltungsakt unanfechtbar widerrufen oder zurückgenommen oder ist seine Wirksamkeit aus einem anderen Grund nicht oder nicht mehr gegeben, so kann die Finanzbehörde die auf Grund dieses Verwaltungsakts erteilten Urkunden oder Sachen, die zum Nachweis der Rechte aus dem Verwaltungsakt oder zu deren Ausübung bestimmt sind, zurückfordern. [2]Der Inhaber und, sofern er nicht der Besitzer ist, auch der Besitzer dieser Urkunden oder Sachen sind zu ihrer Herausgabe verpflichtet. [3]Der Inhaber oder der Besitzer kann jedoch verlangen, dass ihm die Urkunden oder Sachen wieder ausgehändigt werden, nachdem sie von der Finanzbehörde als ungültig gekennzeichnet sind; dies gilt nicht bei Sachen, bei denen eine solche Kennzeichnung nicht oder nicht mit der erforderlichen Offensichtlichkeit oder Dauerhaftigkeit möglich ist.

Vergleichbare Vorschriften: § 52 VwVfG; § 51 SGB X

1 **Allgemeines.** § 133 ist aus Gründen der Angleichung an das VwVfG aufgenommen worden (BT-Drs. 7/4292, 30) und entspricht nahezu wörtlich § 52 VwVfG. Die Vorschrift berechtigt die FB im Fall der ursprünglichen oder nachträglichen Unwirksamkeit eines VA zur Rückforderung solcher Urkunden oder Sachen, die zum Nachweis der Rechte aus diesem VA oder zu deren Ausübung bestimmt sind. Dieses Rückforderungsrecht – es dient der Sicherheit des Rechtsverkehrs und der Verhinderung etwaigen Missbrauchs – hat im StRecht nur geringe Bedeutung. Sie kann zB im Hinblick auf die Unbedenklichkeitsbescheinigung (§ 22 GrEStG) in den Fällen des § 16 GrEStG, bei dem Widerruf oder der Rücknahme der Bestellung als StBerater (§ 46 StBerG) hinsichtlich der Rückgabe der Berufsurkunde (§ 41 StBerG) oder bei der Aufhebung eines Feststellungsbescheides über die Gemeinnützigkeit einer Körperschaft (§ 60a) praktisch werden. Eine spezialgesetzliche Verpflichtung zur Urkundenrückgabe ergibt sich zB aus § 44a II 4 EStG.

2 **Regelungsinhalt.** Das **Rückforderungsrecht der FB (S. 1)** setzt die Unwirksamkeit des zu dokumentierenden VA voraus. Die Unwirksamkeit kann bereits ursprünglich vorgelegen haben (zB bei fehlender Bekanntgabe des VA oder Nichteintritt einer aufschiebenden Bedingung) oder nachträglich zB durch Widerruf, Rücknahme oder Erledigung des VA eingetreten sein. Widerruf oder Rücknahme des VA müssen bestandskräftig sein. Dem Rückforderungsrecht korrespondierend besteht eine **Herausgabepflicht (S. 2)** des Inhabers oder Besitzers der Urkunde bzw. Sache. Nach Maßgabe des **S. 3** besteht ein Anspruch auf **Wiederaushändigung** der Urkunde oder Sache.

3 **Verfahren.** Die Rückforderung der Urkunde bzw. Sache durch die FB ist ein VA; gegen ihn ist der Einspruch (§ 347) und ggf. die Anfechtungsklage (§ 40 I FGO) gegeben. Die Herausgabeverpflichtung kann die FB mit Zwangsmitteln (§§ 328 ff.) durchsetzen. Das Herausgabeverlangen der FB ist gem. § 125 II Nr. 2 nichtig, wenn die Urkunde oder Sache nicht (mehr) existent ist. Den Anspruch auf Wiederaushändigung gem. S. 3 kann ggf. durch sonstige Leistungsklage (§ 40 I FGO) verfolgt werden.

Vierter Teil. Durchführung der Besteuerung

Vorbemerkung zu §§ 134 bis 217

I. Ermittlung der Besteuerungsgrundlagen

Der Vierte Teil der AO enthält Vorschriften zur Durchführung der Besteuerung. Er normiert zunächst Regelungen zur Ermittlung der Besteuerungsgrundlagen, also der tatsächlichen und rechtlichen Verhältnisse, die für die StPflicht und für die Bemessung der Steuer maßgebend sind (vgl. § 199 I). Dem Stpfl. wird – neben der allg. Mitwirkungspflicht aus § 90 – eine Reihe weiterer, spezieller Mitwirkungspflichten auferlegt, um die FB in die Lage zu versetzen, die Besteuerungsgrundlage zutreffend zu ermitteln und die Steuer in der richtigen Höhe festzusetzen. So werden zB in den §§ 137–139 besondere Anzeigepflichten und in den §§ 140–148 spezielle Verpflichtungen zum Führen von Büchern und sonstigen Aufzeichnungen statuiert. Dieser Pflichtenkatalog wurde zuletzt durch die Umsetzung der 6. Änderung der EU-Amtshilfe-Richtlinie (DAC 6) in §§ 138d ff. umfassend erweitert. **1**

Der zutreffenden Ermittlung der Besteuerungsgrundlagen dient auch die Verpflichtung zur Abgabe einer StErklärung sowie die Pflicht, eine unrichtige oder unvollständige StErklärung nachträglich zu berichtigen (§§ 149–153). Ferner gehören hierzu auch die Pflicht zur Benennung von Gläubigern und Zahlungsempfängern (§ 160) sowie die Befugnis der FB zur Schätzung der Besteuerungsgrundlagen (§ 162 I–III, V). Die Ap. (§§ 193 ff.) sowie die StFahndung (§ 208) und die StAufsicht in besonderen Fällen (§§ 209–217) dienen ebenfalls der Vorbereitung der StFestsetzung und gewähren der FB besondere Kontroll- und Aufklärungsbefugnisse. **2**

II. Festsetzung der Steuer

Darüber hinaus enthält der Vierte Teil der AO allg. Grundsätze zur Sachentscheidung der FB. Die Regelungen zur Festsetzung von StAnsprüchen ermöglichen es der FB, die nach § 38 entstandenen Ansprüche aus dem StSchuldverhältnis durch Erlass eines StBescheids zu konkretisieren (§§ 155–168). Die StFestsetzung bildet die Grundlage für die Erhebung der Steuern (§§ 218 ff.). Ferner enthält der Vierte Teil Regelungen zur gesonderten Feststellung von Besteuerungsgrundlagen (§§ 179–183) sowie zur Festsetzung von StMessbeträgen (§ 184) und bringt Vorschriften zur Festsetzungsverjährung (§§ 169–171) sowie zur Korrektur von Vorbehaltsfestsetzungen (§ 164), von vorläufigen StBescheiden (§ 165) und von StAnmeldungen (§ 168). Die §§ 172–177 enthalten schließlich eigenständige Regelungen für die Aufhebung und Änderung rechtswidriger, aber bereits bestandskräftiger StBescheide. **3**

Erster Abschnitt. Erfassung der Steuerpflichtigen

1. Unterabschnitt. Personenstands- und Betriebsaufnahme

§§ 134 bis 136 (weggefallen)

2. Unterabschnitt. Anzeigepflichten

§ 137 Steuerliche Erfassung von Körperschaften, Vereinigungen und Vermögensmassen

(1) **Steuerpflichtige, die nicht natürliche Personen sind, haben dem nach § 20 zuständigen Finanzamt und den für die Erhebung der Realsteuern zuständigen Gemeinden die Umstände anzuzeigen, die für die steuerliche Erfassung von Bedeutung sind, insbesondere die Gründung, den Erwerb der Rechtsfähigkeit, die Änderung der Rechtsform, die Verlegung der Geschäftsleitung oder des Sitzes und die Auflösung.**

(2) **Die Mitteilungen sind innerhalb eines Monats seit dem meldepflichtigen Ereignis zu erstatten.**

I. Allgemeines

1 **Zweck.** Nach § 137 haben Stpfl., die nicht natürliche Personen sind, die für ihre steuerliche Erfassung maßgebenden Umstände gegenüber den FÄ und den Gemeinden anzuzeigen. § 137 soll die vollständige Erfassung der potenziell stpfl. Körperschaften, Vereinigungen und Vermögensmassen ermöglichen.

II. Verpflichtung zur Anzeige (Abs. 1)

1. Adressaten der Anzeigepflicht

2 **Anzeigepflicht gegenüber dem FA.** Die Anzeigepflicht gegenüber dem FA besteht nach § 137 nur für Körperschaften, Personenvereinigungen und Vermögensmassen, die der Besteuerung nach dem Einkommen oder Vermögen unterliegen. Das ergibt sich aus dem Verweis auf § 20. PersGes sind daher nach § 137 nicht gegenüber den FÄ zur Anzeige verpflichtet (Schwarz/Pahlke/Keß § 137 Rn. 5; Gosch AO § 137 Rn. 8; HHSp § 137 Rn. 5). Die Anzeigepflicht besteht unabhängig davon, ob die Körperschaft, Personenvereinigung oder Vermögensmasse unbeschränkt oder beschränkt stpfl. ist. Sie entfällt allerdings, wenn die beschränkte Stpfl. ausschl. durch den Bezug steuerabzugspflichtiger Einkünfte nach § 2 Nr. 2 KStG begründet wird, da die Anzeige in diesem Fall den ihr zugedachten Zweck nicht erfüllen kann (HHSp § 137 Rn. 5; Gosch AO § 137 Rn. 5). Persönliche und sachliche StBefreiungen, zB nach § 5 KStG, lassen die Anzeigepflicht nach § 137 nicht entfallen. StBefreiungen werden regelmäßig nur unter bestimmten Voraussetzungen gewährt, sodass auch in diesen Fällen eine Erfassung gerechtfertigt ist (HHSp § 137 Rn. 6).

3 **Anzeigepflicht gegenüber der Gemeinde.** Anzeigepflichtig gegenüber der Gemeinde sind alle nicht natürlichen Personen, die den RealSt iSd § 3 II, also der GrSt und der GewSt, unterliegen können. Die Anzeigepflicht gegenüber den Gemeinden trifft daher nicht nur Körperschaften, Vereinigungen und Vermögensmassen, sondern auch PersGes (Gosch AO § 137 Rn. 9). Für Länder, in denen die Verwaltung der RealSt nicht nach Art. 108 IV 2 GG den Gemeinden, sondern den FÄ obliegt, wie in den Stadtstaaten, ist die Anzeige gegenüber dem zuständigen FA zu erstatten (HHSp § 137 Rn. 5).

2. Inhalt der Anzeigepflicht

4 Die Anzeigepflicht bezieht sich nur auf die in § 137 ausdrücklich genannten Ereignisse. Eine weitergehende Anzeigepflicht ergibt sich nicht aus § 137, obwohl die Aufzählung in § 137 nur beispielhaft gemeint ist. Insoweit genügt die Norm nicht dem Grundsatz der Normenklarheit (Art. 20 III GG), da aus dem Gesetzestext für den Betroffenen nicht erkennbar ist, welche außer den ausdrücklich in § 137 genannten Ereignissen für eine steuerliche Erfassung von Bedeutung sind (→ § 135 Rn. 3).

III. Frist zur Anzeige (Abs. 2)

Abs. 2 regelt, innerhalb welcher Frist das meldepflichtige Ereignis beim FA bzw. bei der Gemeinde anzuzeigen ist. 5

IV. Verfahrensfragen

Die Anzeigepflicht des § 137 ergibt sich unmittelbar aus dem Gesetz. Eine Umsetzung der Verpflichtung durch VA nicht erforderlich. 6

Soweit die **Anzeigepflicht gegenüber dem FA** besteht, kann sie ggf. nach §§ 328 ff. erzwungen werden, sofern das FA den Anzeigepflichtigen zuvor zur Anzeige aufgefordert hat (Gosch AO § 137 Rn. 12). Die Aufforderung des FA ist ein VA, der mit dem Einspruch (§ 347) und der Anfechtungsklage (§ 40 FGO) angefochten werden kann. 7

Soweit die **Anzeigepflicht gegenüber den Gemeinden** besteht, kann sie dagegen nicht unmittelbar nach §§ 328 ff. erzwungen werden, da nach § 1 II die §§ 328 ff. für die RealSt nicht entspr. anwendbar sind. Ggf. stehen den Gemeinden nach Landesrecht jedoch entsprechende Zwangsmittel zu. 8

§ 138 Anzeigen über die Erwerbstätigkeit

(1) [1]**Wer einen Betrieb der Land- und Forstwirtschaft, einen gewerblichen Betrieb oder eine Betriebstätte eröffnet, hat dies nach amtlich vorgeschriebenem Vordruck der Gemeinde mitzuteilen, in der der Betrieb oder die Betriebstätte eröffnet wird; die Gemeinde unterrichtet unverzüglich das nach § 22 Absatz 1 zuständige Finanzamt von dem Inhalt der Mitteilung.** [2]**Ist die Festsetzung der Realsteuern den Gemeinden nicht übertragen worden, so tritt an die Stelle der Gemeinde das nach § 22 Absatz 2 zuständige Finanzamt.** [3]**Wer eine freiberufliche Tätigkeit aufnimmt, hat dies dem nach § 19 zuständigen Finanzamt mitzuteilen.** [4]**Das Gleiche gilt für die Verlegung und die Aufgabe eines Betriebs, einer Betriebstätte oder einer freiberuflichen Tätigkeit.** [5]**Unternehmer im Sinne des § 21 Absatz 1 Satz 2 haben die Aufnahme einer im Geltungsbereich des Gesetzes umsatzsteuerbaren Tätigkeit dem nach der Umsatzsteuer-Zuständigkeitsverordnung zuständigen Finanzamt anzuzeigen, es sei denn, diese Unternehmer erbringen in Deutschland ausschließlich steuerbare und steuerpflichtige Umsätze, die in den besonderen Besteuerungsverfahren nach den §§ 18i bis 18k des Umsatzsteuergesetzes zu erklären sind.**

(1a) **Unternehmer im Sinne des § 2 des Umsatzsteuergesetzes können ihre Anzeigepflichten nach Absatz 1 zusätzlich bei der für die Umsatzbesteuerung zuständigen Finanzbehörde elektronisch erfüllen.**

(1b) [1]**Sofern Steuerpflichtige gemäß Absatz 1 Satz 1 bis 3 verpflichtet sind, eine Betriebseröffnung oder Aufnahme einer freiberuflichen Tätigkeit mitzuteilen, haben sie dem in Absatz 1 bezeichneten Finanzamt weitere Auskünfte über die für die Besteuerung erheblichen rechtlichen und tatsächlichen Verhältnisse zu erteilen.** [2]**Die Auskünfte im Sinne des Satzes 1 sind nach amtlich vorgeschriebenem Datensatz über die amtlich bestimmte Schnittstelle zu übermitteln.** [3]**Auf Antrag kann das Finanzamt zur Vermeidung unbilliger Härten auf eine Übermittlung gemäß Satz 2 verzichten; in diesem Fall sind die Auskünfte im Sinne des Satzes 1 nach amtlich vorgeschriebenem Vordruck zu erteilen.** [4]**Die Sätze 1 bis 3 gelten entsprechend für Steuerpflichtige im Sinne des § 137, die nicht nach Absatz 1 zur Anzeige verpflichtet sind.**

(1c) **Das Bundesministerium der Finanzen kann im Einvernehmen mit den obersten Finanzbehörden der Länder durch ein im Bundessteuerblatt zu veröffentlichendes Schreiben Ausnahmen von der Verpflichtung zur Anzeige einer**

Erwerbstätigkeit nach Absatz 1 und der Auskunftspflicht nach Absatz 1b gegenüber dem zuständigen Finanzamt bestimmen, soweit die anzuzeigende Tätigkeit keine oder nur geringfügige steuerliche Auswirkung hat.

(2) [1] **Steuerpflichtige mit Wohnsitz, gewöhnlichem Aufenthalt, Geschäftsleitung oder Sitz im Geltungsbereich dieses Gesetzes (inländische Steuerpflichtige) haben dem für sie nach den §§ 18 bis 20 zuständigen Finanzamt mitzuteilen:**

1. **die Gründung und den Erwerb von Betrieben und Betriebstätten im Ausland;**
2. **den Erwerb, die Aufgabe oder die Veränderung einer Beteiligung an ausländischen Personengesellschaften;**
3. **den Erwerb oder die Veräußerung von Beteiligungen an einer Körperschaft, Personenvereinigung oder Vermögensmasse mit Sitz und Geschäftsleitung außerhalb des Geltungsbereichs dieses Gesetzes, wenn**
   a) **damit eine Beteiligung von mindestens 10 Prozent am Kapital oder am Vermögen der Körperschaft, Personenvereinigung oder Vermögensmasse erreicht wird oder**
   b) **die Summe der Anschaffungskosten aller Beteiligungen mehr als 150 000 Euro beträgt. [2] Dies gilt nicht für den Erwerb und die Veräußerung von Beteiligungen von weniger als 1 Prozent am Kapital oder am Vermögen der Körperschaft, Personenvereinigung oder Vermögensmasse, wenn mit der Hauptgattung der Aktien der ausländischen Gesellschaft ein wesentlicher und regelmäßiger Handel an einer Börse in einem Mitgliedstaat der Europäischen Union oder in einem Vertragsstaat des EWR-Abkommens stattfindet oder an einer Börse, die in einem anderen Staat nach § 193 Absatz 1 Satz 1 Nummer 2 und 4 des Kapitalanlagegesetzbuchs von der Bundesanstalt für Finanzdienstleistungsaufsicht zugelassen ist. [3] Für die Ermittlung der Beteiligungshöhe im Sinne des Satzes 2 sind alle gehaltenen Beteiligungen zu berücksichtigen. [4] Nicht mitteilungspflichtige Erwerbe und nicht mitteilungspflichtige Veräußerungen im Sinne des Satzes 2 sind bei der Ermittlung der Summe der Anschaffungskosten im Sinne des Satzes 1 außer Betracht zu lassen;**
4. **die Tatsache, dass sie allein oder zusammen mit nahestehenden Personen im Sinne des § 1 Absatz 2 des Außensteuergesetzes erstmals unmittelbar oder mittelbar einen beherrschenden oder bestimmenden Einfluss auf die gesellschaftsrechtlichen, finanziellen oder geschäftlichen Angelegenheiten einer Drittstaat-Gesellschaft ausüben können.**

[2] **In den Fällen des Satzes 1 Nummer 1 bis 4 ist auch die Art der wirtschaftlichen Tätigkeit des Betriebs, der Betriebsstätte, der Körperschaft, Personenvereinigung, Vermögensmasse oder der Drittstaat-Gesellschaft mitzuteilen. [3] In den Fällen des Satzes 1 Nummer 3 sind unmittelbare und mittelbare Beteiligungen zusammenzurechnen.**

(3) **Drittstaat-Gesellschaft ist eine Körperschaft, Personenvereinigung oder Vermögensmasse mit Sitz oder Geschäftsleitung in Staaten oder Territorien, die nicht Mitglieder der Europäischen Union oder der Europäischen Freihandelsassoziation sind.**

(4) **Mitteilungen nach den Absätzen 1, 1a und 1b sind innerhalb eines Monats nach dem meldepflichtigen Ereignis zu erstatten.**

(5) [1] **Mitteilungen nach Absatz 2 sind zusammen mit der Einkommensteuer-, Körperschaftsteuer- oder Feststellungserklärung für den Besteuerungszeitraum, in dem der mitzuteilende Sachverhalt verwirklicht wurde, spätestens jedoch bis zum Ablauf von 14 Monaten nach Ablauf dieses Besteuerungszeitraums, nach amtlich vorgeschriebenem Datensatz über die amtlich bestimmten Schnittstellen**

zu erstatten. [2]Inländische Steuerpflichtige, die nicht dazu verpflichtet sind, ihre Einkommensteuer-, Körperschaftsteuer- oder Feststellungserklärung nach amtlich vorgeschriebenem Datensatz über die amtlich bestimmte Schnittstelle abzugeben, haben die Mitteilungen nach amtlich vorgeschriebenem Vordruck zu erstatten, es sei denn, sie geben ihre Einkommensteuer-, Körperschaftsteuer- oder Feststellungserklärung freiwillig nach amtlich vorgeschriebenem Datensatz über die amtlich bestimmte Schnittstelle ab. [3]Inländische Steuerpflichtige, die nicht dazu verpflichtet sind, eine Einkommensteuer-, Körperschaftsteuer- oder Feststellungserklärung abzugeben, haben die Mitteilungen nach amtlich vorgeschriebenem Vordruck bis zum Ablauf von 14 Monaten nach Ablauf des Kalenderjahrs zu erstatten, in dem der mitzuteilende Sachverhalt verwirklicht worden ist.

Schrifttum: Dißars, Meldepflichten nach § 138 Abs. 2 AO und Folgen eines Verstoßes, Stbg 2009, 453; Dobratz, Anhängige EuGH-Rechtssachen im Bereich der Ertragsteuern, IStR 2017, 1006; Schnitger/Krüger/Berger, Anzeigepflicht bei mittelbaren Erwerben und Veräußerungen nach § 138 Abs. 2 S. 1 Nr. 3 oder 4 AO?, DStR 2020, 144.

Übersicht

I. Allgemeines

Gegenstand der Vorschrift. § 138 I, Ia und Ib regeln Anzeigepflichten bei Aufnahme 1
bzw. bei bestimmten Veränderungen einer betrieblichen oder freiberuflichen Tätigkeit. Die Frist hierfür ist in Abs. 4 geregelt. Darüber hinaus normieren die § 138 II, III Anzeigepflichten bei bestimmten Auslandsaktivitäten; Frist und Modalitäten der Anzeige sind insoweit in Abs. 5 geregelt.

Zweck der Vorschrift. Die Vorschrift soll die FÄ in die Lage versetzen, ihre steuerlich 2
relevanten Daten zu aktualisieren. Daneben dient § 138 II der zentralen Sammlung und Auswertung von Unterlagen über steuerliche Auslandsbeziehungen durch das BZSt gem. § 5 I Nr. 6 FVG (BT-Drs. VI/1982, 123). Ergänzende Auskünfte kann das FA ggf. nach § 90 II und nach § 17 I AStG verlangen. In Bezug auf Auslandssachverhalte wird die Vorschrift ergänzt durch die Mitteilungspflicht Dritter über Beziehungen inländischer Stpfl. zu Drittstaat-Gesellschaften (§ 138b) und durch die Anzeigepflicht für grenzüberschreitende StGestaltungen (§ 138d).

II. Anzeigen bei Erwerbstätigkeit (Abs. 1)

1. Betriebs- und Betriebstätteneröffnung (Abs. 1 S. 1)

3 **Allgemeines.** Anzuzeigen ist nach Abs. 1 S. 1 die Eröffnung eines land- und forstwirtschaftlichen Betriebs, eines gewerblichen Betriebs und einer Betriebstätte iSd § 12. Die Begriffe land- und forstwirtschaftlicher Betrieb und gewerblicher Betrieb entsprechen den ertragsteuerlichen Begriffen in §§ 13 und 15 EStG.

4 **Eröffnung** iSd § 138 I 1 bedeutet Tätigkeitsaufnahme. Dazu gehört auch die Fortführung eines bestehenden Betriebs durch einen Gesamt- oder Einzelrechtsnachfolger bzw. Erwerber (AEAO zu § 138 Nr. 1). Keine Eröffnung iSd § 138 I 1 ist die Erweiterung eines bestehenden Betriebs, es sei denn, dass damit zugleich eine neue Betriebstätte eröffnet wird (HHSp § 138 Rn. 15). Nicht erfasst werden zudem reine Vorbereitungshandlungen, die der Eröffnung eines Betriebs oder einer Betriebstätte dienen.

5 **Anzeigeverpflichteter** ist die natürliche oder juristische Person bzw. die Personenvereinigung, der der Sachverhalt nach § 39 steuerrechtlich zuzurechnen ist.

6 **Adressat der Anzeige** ist grds. die Gemeinde, in deren Gebiet der Betrieb oder die Betriebstätte eröffnet wird; in Stadtstaaten (→ Rn. 8) und für Freiberufler (→ § 150 Rn. 9) sind die FÄ Adressat. Die Gemeinde ist nach § 138 I 1 verpflichtet, unverzüglich das zuständige Lage-FA (§ 22 I iVm § 18 I Nr. 1) bzw. das zuständige Betriebs-FA (§ 22 I iVm § 18 I Nr. 2) zu unterrichten (vgl. hierzu OFD Münster 19.8.2002, DStR 2002, 2038). Erfolgt die Anzeige irrtümlich direkt gegenüber dem FA, so muss sie von dort an die Gemeinde weitergeleitet werden. Gewerbetreibende, die ihrer gewerberechtlichen Anzeigepflicht nach § 14 GewO bzw. nach § 55c GewO gegenüber der zuständigen Behörde nachgekommen sind, erfüllen damit gleichzeitig auch ihre Anzeigepflicht gem. § 138 I 1 (AEAO zu § 138 Nr. 1). § 138 I 2, wonach das FA anstelle der Gemeinde zuständig ist, wenn dieser die Festsetzung der RealSt nicht übertragen worden ist, wirkt sich praktisch nur in den Stadtstaaten aus. Freiberufler haben ihre Anzeige nach § 138 I 3 stets gegenüber dem Wohnsitz-FA (§ 19 I) bzw. dem Tätigkeits-FA (§ 19 III) zu erstatten.

7 **Form der Anzeige.** Die Anzeige ist der Gemeinde nicht **auf,** sondern nur **nach** einem amtlich vorgeschriebenen Vordruck zu erstatten. Selbst gefertigte Vordrucke, die den amtlichen Vordrucken in der drucktechnischen Ausgestaltung und in den Abmessungen entsprechen, sind daher zulässig (s. im Einzelnen hierzu → § 150 Rn. 5). Die Gestaltung der amtlichen Vordrucke für eine Anzeige gegenüber der Gemeinde ergibt sich aus den Anlagen 1–3 zu § 14 IV GewO (AEAO zu § 138 Nr. 1). Stpfl., die nicht unter die Anzeigepflicht nach der GewO fallen, können ihre Anzeige formlos erstatten (AEAO zu § 138 Nr. 1).

2. Anzeigepflicht gegenüber dem Finanzamt (Abs. 1 S. 2)

8 § 138 I 2 betrifft den Fall, dass den Gemeinden nicht die Festsetzung der RealSt (§ 3 II) gem. Art. 108 IV 2 GG übertragen worden ist. Dies ist in den Stadtstaaten der Fall. Die Anzeige ist dann an das nach § 22 II zuständige FA zu richten. Darüber hinaus erfasst § 138 I 2 auch die Fälle, in denen die RealSt nach Art. 106 VI 3 GG dem Land zustehen, weil in dem Land keine Gemeinden bestehen.

3. Aufnahme einer freiberuflichen Tätigkeit (Abs. 1 S. 3)

9 Personen, die eine freiberufliche Tätigkeit iSd § 18 I Nr. 1 EStG aufnehmen, müssen dies nach § 138 I 3 gegenüber dem nach § 19 zuständigen FA anzeigen. Anzeigepflichtig ist neben der Aufnahme einer Tätigkeit als Einzelfreiberufler auch der Eintritt in eine Sozietät (Gosch AO § 138 Rn. 14).

4. Verlegung und Aufgabe der Erwerbstätigkeit (Abs. 1 S. 4)

10 § 138 I 4 erweitert die Anzeigepflicht auf die Verlegung und die Aufgabe eines Betriebs, einer Betriebstätte oder einer freiberuflichen Tätigkeit. Eine Verlegung iSd § 138 I 4 liegt

vor bei räumlichen Veränderungen unter Aufrechterhaltung des bestehenden wirtschaftlichen Organismus, wie zB bei Betriebs- oder Betriebstättenverlegung (HHSp § 138 Rn. 15). Aufgabe ist die endgültige Beendigung der wirtschaftlichen Tätigkeit.

5. Verlegung und Aufgabe der Erwerbstätigkeit (Abs. 1 S. 5)

11 § 138 I 5 erstreckt die Anzeigepflicht für umsatzsteuerliche Unternehmer auf die Aufnahme einer im Inland ausgeübten umsatzsteuerbaren Tätigkeit. Eine Ausnahme gilt, wenn der Unternehmer in Deutschland ausschließlich steuerbare und steuerpflichtige Umsätze erbringt, die in den besonderen Besteuerungsverfahren nach den §§ 18i bis 18k des Umsatzsteuergesetzes zu erklären sind.

III. Elektronische Anzeigen nach Abs. 1 (Abs. 1a)

12 Nach § 138 Ia können Unternehmer iSd § 2 UStG ihre Anzeigepflichten aus Abs. 1 auch elektronisch gegenüber dem für die Umsatzbesteuerung zuständigen FA (§ 21) erfüllen. Die Regelung dient der Umsetzung der EU-Richtlinie 2002/38/EG des Rates v. 7.5.2002 (ABl. EG L 128/41), mit der der in Art. 28h der Richtlinie 77/388/EWG (sog. 6. EG-Richtlinie) enthaltene Art. 22 dahingehend geändert worden ist, dass Stpfl. im Bereich der USt Erklärungen über die Aufnahme, den Wechsel und die Beendigung einer Tätigkeit auch auf elektronischem Wege abgeben dürfen. Diesen EG-rechtlichen Verpflichtungen wird durch die Regelung des Abs. 1a auch in den Fällen entsprochen, in denen die Gemeinden aus technischen Gründen nicht in der Lage sind, die Anzeigen nach Abs. 1 elektronisch entgegenzunehmen (BT-Drs. 15/481, 18). Die Entgegennahme der elektronischen Anzeige durch das FA richtet sich nach § 87a.

IV. Elektronische Auskunftspflicht bei Aufnahme einer beruflichen oder gewerblichen Tätigkeit (Abs. 1b)

13 **Abs. 1b S. 1** verpflichtet Stpfl., die der Anzeigepflicht einer Betriebseröffnung nach § 138 I unterliegen neben der Anzeige weitere Auskünfte über ihre steuerlich relevanten Verhältnisse zu erteilen. Für Stpfl., die nicht natürliche Personen sind (Körperschaften, Vereinigungen und Vermögensmassen) gilt diese Pflicht aufgrund des durch WachstChG v. 27.3.2024 (BGBl. 2024 I Nr. 108) eingeführten Abs. 1b S. 4 unabhängig von einer Betriebseröffnung. Was hierunter fällt, ist eine Frage des Einzelfalls. Regelmäßig wird aber die Abgabe des ausgefüllten, von der FVerw. zur Verfügung gestellten Fragebogens zur steuerlichen Erfassung genügen (vgl. Klein § 138 Rn. 6). Die Daten sind nach **Abs. 1b S. 2** elektronisch zu übermitteln. **Abs. 1b S. 3** ermöglicht, dass in bestimmten Fällen zur Vermeidung unbilliger Härten die Auskunft weiterhin in Papierform beim FA eingereicht werden kann. Eine unbillige Härte kann zB vorliegen, wenn es dem Stpfl. nicht zuzumuten ist, die technischen Voraussetzungen für eine elektronische Übermittlung zu schaffen (BR-Drs. 547/08, 36).

14 Abs. 1c ermöglicht es dem BMF im Einvernehmen mit den obersten FinBeh der Länder für Fallgruppen mit nicht vorhandener oder geringfügiger steuerlicher Auswirkung Ausnahmen von der Anzeigepflicht nach Abs. 1 und der Auskunftspflicht nach Abs. 1b zuzulassen.

V. Anzeigepflicht bei Auslandsaktivitäten (Abs. 2, 3)

1. Allgemeines

15 § 138 II wurde mWv 1.1.2018 teilw. neu gefasst und betrifft verschiedene Auslandssachverhalte. Die Regelung dient der rechtzeitigen Erfassung und Überwachung grenzüberschreitender Sachverhalte. Sie bezieht sich nicht nur auf die Durchführung des AStG. Abs. 2 ist als Eingriffsnorm grds. eng auszulegen (FG Münster 6.6.1989 – XII 8740/88 F,

EFG 1989, 498). Eine analoge Anwendung auf ähnliche, aber nicht in Abs. 2 geregelte Sachverhalte ist nicht zulässig (Dißars Stbg 2009, 453).

16 § 138 II ist mit dem **Europarecht** vereinbar, da die in § 138 II geregelten Pflichten im Wesentlichen den in § 138 I für inländische Betriebseröffnungen normierten Anzeigepflichten entsprechen (Dißars Stbg 2009, 453; vgl. auch Dobratz IStR 2017, 1006 zu EuGH 22.2.2018 – C-125/17, BeckRS 2018, 2326 – Bisignani, der keine Bedeutung für § 138 II zukommen soll).

17 **Anzeigepflichtig** sind Stpfl., die ihren Wohnsitz (§ 8), ihren gewöhnlichen Aufenthalt (§ 9), ihre Geschäftsleitung (§ 10) oder ihren Sitz (§ 11) im Inland haben („inländische Steuerpflichtige") und denen einer der in II Nr. 1–5 genannten Sachverhalte steuerlich zuzurechnen ist. In den Fällen des § 138 II Nr. 2 kann die Meldepflicht, wenn sich mehrere Stpfl. an ausländischen PersGes beteiligen und die Einkünfte für alle inländischen Beteiligten gem. § 180 V einheitlich und gesondert festzustellen sind, auch von der ausländischen PersGes, einem Treuhänder oder einer anderen, die Interessen der inländischen Beteiligten vertretenden Person, wahrgenommen werden. Unterlässt die ausländische PersGes, der Treuhänder oder die andere Person die Anzeige, treffen gleichwohl den Stpfl. persönlich die Rechtsfolgen (→ Rn. 23).

18 **Adressat der Anzeige.** Die Anzeige ist an das nach §§ 18 ff. zuständige FA zu richten.

2. Anzeigepflichtige Sachverhalte

19 Nach **Abs. 2 S. 1 Nr. 1** sind die Gründung und der Erwerb von Betrieben und Betriebstätten im Ausland anzuzeigen. Eine Gründung liegt vor, wenn ein wirtschaftlicher Organismus geschaffen wird. Dies ist auch der Fall, wenn ein Betrieb oder eine Betriebstätte vom Inland in das Ausland verlegt wird (TK § 138 Rn. 6a). Ferner erfasst Abs. 2 S. 1 Nr. 1 die Verlegung eines ausländischen Betriebs oder einer ausländischen Betriebstätte in einen anderen ausländischen Staat (Schwarz/Pahlke/Keß § 138 Rn. 17). Ein Erwerb liegt vor bei der Übertragung eines bestehenden wirtschaftlichen Organismus auf einen anderen Rechtsträger. Der Erwerb kann entgeltlich oder unentgeltlich erfolgen. Auch der Übergang im Wege der Rechtsnachfolge wird von Abs. 2 S. 1 Nr. 1 erfasst (HHSp § 138 Rn. 36). Zum Begriff der Betriebstätte iSd § 138 II Nr. 1 → § 12 Rn. 1 ff.

20 **Abs. 2 S. 1 Nr. 2** betrifft Beteiligungen an einer ausländischen PersGes. Die ausländische Gesellschaft ist eine PersGes, wenn sie ihrer inneren Struktur nach einer deutschen Mitunternehmerschaft (§ 15 I Nr. 2 EStG) entspricht (Schwarz/Pahlke/Keß § 138 Rn. 18). Anzeigepflichtig ist der Erwerb der Beteiligung sowie ihre Aufgabe oder Änderung. Auf den Umfang der Beteiligung kommt es nicht an. Abs. 2 Nr. 2 erfasst als Änderung einer Beteiligung auch die bloße Auf- oder Abstockung einer bereits bestehenden Beteiligung (BT-Drs. 14/6882, 45).

21 **Abs. 2 S. 1 Nr. 3** begründet eine Anzeigepflicht für den Erwerb oder die Veräußerung einer Beteiligung an einer ausländischen Körperschaft, Personenvereinigung oder Vermögensmasse iSd § 2 Nr. 1 KStG. Maßgebend ist dabei, dass die Körperschaft, Personenvereinigung oder Vermögensmasse nach ihrer wirtschaftlichen und rechtlichen Struktur einer deutschen Körperschaft, Personenvereinigung oder Vermögensmasse entspricht (Schwarz/Pahlke/Keß § 138 Rn. 19). Anzeigepflichtig ist eine Beteiligung von 10 % **(Buchst. a).** Eine Zusammenrechnung von mittelbaren und unmittelbaren Beteiligungen findet dabei nach Abs. 2 S. 2 statt.

22 Ferner besteht nach Abs. 2 S. 1 Nr. 3 **Buchst. b** eine Anzeigepflicht auch dann, wenn die Summe der Anschaffungskosten aller Beteiligungen, die der Stpfl. aktuell hält, 150.000 EUR übersteigt. Bei der Ermittlung der Anschaffungskosten sind bereits früher erworbene Beteiligungen einzubeziehen. Unmittelbare und mittelbare Beteiligungen sind zusammenzurechnen (Abs. 2 S. 2). Abs. 2 Nr. 3 Buchst. b erfasst nur das erstmalige Überschreiten der maßgebenden Beteiligungsgrenze. Nicht anzeigepflichtig ist es, wenn nach Überschreiten der jeweiligen Beteiligungsgrenze die Beteiligung weiter aufgestockt wird (Gosch AO § 138 Rn. 35; HHSp § 138 Rn. 40). Entsprechendes gilt, wenn nach Über-

schreiten einer der in Abs. 2 Nr. 3 Buchst. a oder b genannten Beteiligungsgrenzen später zusätzlich die jeweils andere Beteiligungsgrenze überschritten wird. Überschreitet der Stpfl. nach einer Abstockung bei einem späteren Hinzuerwerb wieder die Grenze des Abs. 2 Nr. 3, liegt erneut ein meldepflichtiger Sachverhalt vor (TK § 138 Rn. 6d). Für den Erwerb börsennotierter Beteiligungen, soweit die Beteiligung weniger als 1% beträgt, enthält Abs. 2 Nr. 3 S. 2 seit dem JStG 2020 eine Ausnahme.

Die **Veräußerung** von Anteilen ist ebenfalls meldepflichtig; wobei der Tatbestand unklar ist. Dabei geht die FVerw. davon aus, dass eine Anzeigepflicht besteht, wenn die historischen Anschaffungskosten aller veräußerten Beteiligungen 150.000 EUR überschreiten oder eine Beteiligung von mindestens 10% veräußert wird (Schwarz/Pahlke/Keß § 137 Rn. 19; aA TK § 138 Rn. 6d: Unterschreiten der Grenzen löse die Mitteilungspflicht aus). 23

Abs. 2 S. 1 Nr. 4 regelt eine Anzeigepflicht für Einflussmöglichkeiten auf die Angelegenheiten einer Drittstaat-Gesellschaft (→ Rn. 24). Ein beherrschender oder bestimmender Einfluss kann auf rechtlicher oder tatsächlicher Grundlage beruhen oder auf dem Zusammenwirken beider. Der Einfluss kann allein oder mit nahestehenden Personen iSd AStG, mittelbar oder unmittelbar ausgeübt werden (Schwarz/Pahlke/Keß § 137 Rn. 20; Schnitger/Krüger/Berger DStR 2020, 144). 24

Abs. 2 S. 1 Nr. 5 klammert Informationen über die Art der wirtschaftlichen Tätigkeit des Anzeigeobjekts in die Meldepflicht ein. Der geforderte Detailgrad der Angaben ist unklar; in der Literatur wird eine restriktive Auslegung anhand der zu § 138a II Nr. 2 gebildeten Maßstäbe gefordert (HHSp § 138 Rn. 42; Schwarz/Pahlke/Keß § 138 Rn. 21). 25

Abs. 3. Drittstaat-Gesellschaft ist jede Gesellschaftsform, die weder in der EU noch in EFTA-Staaten (Liechtenstein, Island, Norwegen, Schweiz) ihren Sitz oder ihre Geschäftsleitung hat. Die Tätigkeit und Funktion der Drittstaat-Gesellschaft ist belanglos (Gosch AO § 138 Rn. 51 f.). 26

VI. Frist der Anzeige nach Abs. 1, 1a und 1b (Abs. 4)

§ 138 IV regelt, innerhalb welcher Fristen der Anzeigepflichtige die Anzeigen nach Abs. 1, Abs. 1a und Abs. 1b zu erstatten hat. Eine besondere Aufforderung durch die Gemeinde bzw. durch das FA ist nicht erforderlich. Gemäß **§ 138 IV** sind die Anzeigen nach Abs. 1 und Abs. 1a einheitlich innerhalb eines Monats nach Eintritt des anzeigepflichtigen Ereignisses zu erstatten. Die Frist ist sehr kurz bemessen und kann nicht gem. § 109 I 1 verlängert werden, da es sich weder um eine behördliche Frist, noch um eine Frist zur Einreichung einer StErklärung handelt. 27

VII. Form und Frist der Anzeige nach Abs. 2 (Abs. 5)

Abs. 5 regelt die Anzeigefrist in Fällen des Abs. 2. Danach ist die Mitteilung zusammen mit einer ESt-, KSt- oder Feststellungserklärung zu erstatten, spätestens jedoch 14 Monate nach Ablauf des Besteuerungszeitraums, in dem der mitteilungspflichtige Sachverhalt eingetreten ist. Da es sich um eine gesetzliche Frist handelt, ist sie nicht verlängerbar. Die Mitteilung ist elektronisch zu erstatten (Abs. 5 S. 1), sofern der inländische Mitteilungspflichtige auch dazu verpflichtet ist, die StErklärungen elektronisch einzureichen. Andernfalls ist sie nach dem Vordruck BZSt 2 zu erstatten, Abs. 5 S. 2. Inländische, nicht erklärungspflichtige Stpfl. haben nach Abs. 5 S. 3 die Mitteilung per Vordruck spätestens 14 Monate nach Ablauf des maßgeblichen Kalenderjahrs zu erstatten. 28

VIII. Verfahrensfragen

Soweit nach § 138 die **Anzeige gegenüber dem FA** zu erstatten ist, kann das FA die Erfüllung der Anzeigepflicht nach vorheriger Aufforderung gem. §§ 328 ff. erzwingen. Die 29

Aufforderung ist ein VA, der mit dem Einspruch (§ 347) und ggf. der Anfechtungsklage (§ 40 FGO) angefochten werden kann.

30 Soweit die **Anzeige gegenüber der Gemeinde** zu erstatten ist, können die Gemeinden die Erfüllung der Anzeigepflicht nicht nach §§ 328 ff. erzwingen. Gegebenenfalls stehen den Gemeinden jedoch nach Landesrecht eigene Zwangsmittel zu.

31 Ein **Verstoß gegen die Anzeigepflicht des § 138 II** kann nach § 379 II Nr. 1 als Ordnungswidrigkeit verfolgt und mit einem Bußgeld von bis zu 25.000 EUR pro Beteiligung geahndet werden. Dagegen ist ein Verstoß gegen die Anzeigepflicht des Abs. 1 keine Ordnungswidrigkeit iSd § 379 (Gosch AO § 138 Rn. 64). Nach § 48b I 2 Nr. 1 EStG kann die Freistellungsbescheinigung für Bauleistungen versagt werden. Wird die Anzeigepflicht nach § 138 II 1 Nr. 4 hinsichtlich eines beherrschenden oder bestimmenden Einflusses auf eine Drittstaat-Gesellschaft nicht angezeigt, kann dies mit einem besonders schweren Fall der StHinterziehung einhergehen, wenn der Anzeigepflichtige die Drittstaat-Gesellschaft zur Verschleierung steuerlich erheblicher Tatsachen nutzt und auf diese Weise fortgesetzt Steuern verkürzt oder steuerlich nicht gerechtfertigte StVorteile erlangt (vgl. § 370 III 1 Nr. 6).

§ 138a Länderbezogener Bericht multinationaler Unternehmensgruppen

(1) [1]**Ein Unternehmen mit Sitz oder Geschäftsleitung im Inland (inländisches Unternehmen), das einen Konzernabschluss aufstellt oder nach anderen Regelungen als den Steuergesetzen aufzustellen hat (inländische Konzernobergesellschaft), hat nach Ablauf eines Wirtschaftsjahres für dieses Wirtschaftsjahr einen länderbezogenen Bericht dieses Konzerns zu erstellen und dem Bundeszentralamt für Steuern zu übermitteln, wenn**

1. **der Konzernabschluss mindestens ein Unternehmen mit Sitz und Geschäftsleitung im Ausland (ausländisches Unternehmen) oder eine ausländische Betriebsstätte umfasst und**
2. **die im Konzernabschluss ausgewiesenen, konsolidierten Umsatzerlöse im vorangegangenen Wirtschaftsjahr mindestens 750 Millionen Euro betragen.**

[2]**Die Verpflichtung nach Satz 1 besteht vorbehaltlich der Absätze 3 und 4 nicht, wenn das inländische Unternehmen im Sinne des Satzes 1 in den Konzernabschluss eines anderen Unternehmens einbezogen wird.**

(2) **Der länderbezogene Bericht im Sinne von Absatz 1 enthält**

1. **eine nach Steuerhoheitsgebieten gegliederte Übersicht, wie sich die Geschäftstätigkeit des Konzerns auf die Steuerhoheitsgebiete verteilt, in denen der Konzern durch Unternehmen oder Betriebsstätten tätig ist; zu diesem Zweck sind in der Übersicht folgende Positionen auszuweisen:**
   a) **die Umsatzerlöse und sonstigen Erträge aus Geschäftsvorfällen mit nahestehenden Unternehmen,**
   b) **die Umsatzerlöse und sonstigen Erträge aus Geschäftsvorfällen mit fremden Unternehmen,**
   c) **die Summe aus den Umsatzerlösen und sonstigen Erträgen gemäß den Buchstaben a und b,**
   d) **die im Wirtschaftsjahr gezahlten Ertragsteuern,**
   e) **die im Wirtschaftsjahr für dieses Wirtschaftsjahr gezahlten und zurückgestellten Ertragsteuern,**
   f) **das Jahresergebnis vor Ertragsteuern,**
   g) **das Eigenkapital,**
   h) **der einbehaltene Gewinn,**
   i) **die Zahl der Beschäftigten und**
   j) **die materiellen Vermögenswerte;**

2. eine nach Steuerhoheitsgebieten gegliederte Auflistung aller Unternehmen und Betriebsstätten, zu denen Angaben in der Übersicht nach Nummer 1 erfasst sind, jeweils unter Angabe deren wichtigster Geschäftstätigkeiten sowie
3. zusätzliche Informationen, die nach Ansicht der inländischen Konzernobergesellschaft zum Verständnis der Übersicht nach Nummer 1 und der Auflistung nach Nummer 2 erforderlich sind.

(3) **Umfasst der Konzernabschluss eines ausländischen Unternehmens, das nach Absatz 1 zur Abgabe des länderbezogenen Berichts verpflichtet wäre, wenn es Sitz oder Geschäftsleitung im Inland hätte (ausländische Konzernobergesellschaft), ein inländisches Unternehmen (einbezogene inländische Konzerngesellschaft) und beauftragt die ausländische Konzernobergesellschaft die einbezogene inländische Konzerngesellschaft damit, einen länderbezogenen Bericht für den Konzern abzugeben (beauftragte Gesellschaft), so hat die beauftragte Gesellschaft den länderbezogenen Bericht dem Bundeszentralamt für Steuern zu übermitteln.**

(4) **[1] Eine einbezogene inländische Konzerngesellschaft ist im Regelfall verpflichtet, den länderbezogenen Bericht für einen Konzern mit einer ausländischen Konzernobergesellschaft, die nach Absatz 1 zur Übermittlung des länderbezogenen Berichts verpflichtet wäre, wenn sie Sitz oder Geschäftsleitung im Inland hätte, dem Bundeszentralamt für Steuern zu übermitteln, wenn das Bundeszentralamt für Steuern keinen länderbezogenen Bericht erhalten hat. [2] Übermittelt eine einbezogene inländische Konzerngesellschaft den länderbezogenen Bericht, entfällt die Verpflichtung für alle anderen einbezogenen inländischen Konzerngesellschaften dieses Konzerns. [3] Kann eine einbezogene inländische Konzerngesellschaft die Übermittlung innerhalb der Frist des Absatzes 6 Satz 1 nicht sicherstellen, insbesondere weil sie den länderbezogenen Bericht weder beschaffen noch erstellen kann, so hat sie dies innerhalb der Frist des Absatzes 6 Satz 1 dem Bundeszentralamt für Steuern mitzuteilen und dabei alle Angaben im Sinne von Absatz 2 zu machen, über die sie verfügt oder die sie beschaffen kann. [4] Konnte eine einbezogene inländische Konzerngesellschaft davon ausgehen, dass der länderbezogene Bericht fristgerecht übermittelt wird, und stellt sich nachträglich heraus, dass dies ohne Verschulden der einbezogenen inländischen Konzerngesellschaft nicht geschehen ist, so hat diese ihre Pflichten nach Satz 1 oder Satz 3 innerhalb eines Monats nach Bekanntwerden der Nichtübermittlung zu erfüllen. [5] Die Sätze 1 bis 4 gelten entsprechend für die inländische Betriebsstätte eines ausländischen Unternehmens, das als ausländische Konzernobergesellschaft oder als einbezogene ausländische Konzerngesellschaft in einen Konzernabschluss einbezogen wird.**

(5) **[1] Ein inländisches Unternehmen hat in der Steuererklärung anzugeben, ob es**
1. eine inländische Konzernobergesellschaft im Sinne von Absatz 1 ist,
2. eine beauftragte Gesellschaft ist oder
3. eine einbezogene inländische Konzerngesellschaft eines Konzerns mit ausländischer Konzernobergesellschaft ist.

[2] In den Fällen von Satz 1 Nummer 3 ist auch anzugeben, bei welcher Finanzbehörde und von welchem Unternehmen der länderbezogene Bericht des Konzerns abgegeben wird. [3] Fehlt diese Angabe, ist die einbezogene inländische Konzerngesellschaft selbst zur fristgerechten Übermittlung des länderbezogenen Berichts verpflichtet. [4] Die Sätze 1 bis 3 gelten entsprechend für die inländische Betriebsstätte eines ausländischen Unternehmens, das als ausländische Konzernobergesellschaft oder als einbezogene ausländische Konzerngesellschaft in einen Konzernabschluss einbezogen wird.

(6) [1]**Die Übermittlung des länderbezogenen Berichts an das Bundeszentralamt für Steuern hat spätestens ein Jahr nach Ablauf des Wirtschaftsjahres zu erfolgen, für das der länderbezogene Bericht zu erstellen ist. [2]Abweichend von Satz 1 gilt in den Fällen von Absatz 4 Satz 4 die dort genannte Frist für die Übermittlung des länderbezogenen Berichts. [3]Die Übermittlung hat nach amtlich vorgeschriebenem Datensatz durch Datenfernübertragung zu erfolgen.**

(7) [1]**Das Bundeszentralamt für Steuern übermittelt alle ihm zugegangenen länderbezogenen Berichte an die jeweils zuständige Finanzbehörde. [2]Enthält ein länderbezogener Bericht Angaben im Sinne von Absatz 2 für einen Vertragsstaat der völkerrechtlichen Vereinbarungen, übermittelt das Bundeszentralamt für Steuern auf Grundlage dieser völkerrechtlichen Vereinbarungen den ihm zugegangenen länderbezogenen Bericht an die zuständige Behörde des jeweiligen Vertragsstaates. [3]Das Bundeszentralamt für Steuern nimmt die länderbezogenen Berichte entgegen, die ihm von den zuständigen Behörden der in Satz 2 genannten Vertragsstaaten übermittelt worden sind, und übermittelt diese an die jeweils zuständige Finanzbehörde. [4]Das Bundeszentralamt für Steuern kann länderbezogene Berichte im Rahmen der ihm gesetzlich übertragenen Aufgaben auswerten. [5]Das Bundeszentralamt für Steuern speichert die länderbezogenen Berichte und löscht sie mit Ablauf des 15. Jahres, das dem Jahr der Übermittlung folgt.**

Schrifttum: Ditz/Bärsch/Engelen, Das neue Country-by-Country Reporting nach dem Regierungsentwurf des Anti-BEPS-Umsetzungsgesetzes v. 13.7.2016, IStR 2016, 840; Grotherr, Anwendungsfragen bei der länderbezogenen Berichterstattung – Country-by-Country Reporting, IStR 2016, 991; Gosch/Riedl/Groiß/Tridico Massó, Country-by-Country-Report: Aktuelle Zweifelsfragen aus der Praxis beim länderbezogenen Bericht nach § 138a AO, DStR 2021, 2609.

Übersicht

I. Allgemeines

1 **Gegenstand der Vorschrift.** § 138a regelt die Pflicht einer länderbezogenen Berichterstattung multinationaler Unternehmen ab einem Konzernumsatz von 750 Mio. EUR (sog. Country-by-Country Reporting). Die Vorschrift wurde zur Umsetzung des Art. 8aa EUAHiRL und des BEPS-Aktionspunkts 13 eingeführt. Abs. 1 verpflichtet inländische Konzernobergesellschaften, länderbezogene Berichte nach Abs. 2 zu erstellen. Abs. 3 und 4 statuieren die Berichtspflicht für einbezogene inländische Konzerngesellschaften. Abs. 5 und 6 regeln Erklärungspflichten; Abs. 7 beschreibt das behördeninterne Auswertungsverfahren.

2 **Zweck der Vorschrift.** Die Vorschrift soll helfen, fiskalische Risiken bei der Verrechnungspreisgestaltung abstrakt überschlägig einzuschätzen und auf Gewinnkürzungs- und Verlagerungstendenzen hinzuweisen (BT-Drs. 18/9536, 39). Ziel des Richtliniengebers ist darüber hinaus auch die wirtschaftliche und statistische Analyse (Art. 16 VI EUAHiRL).

Vereinbarkeit mit höherrangigem Recht. § 138a begegnet in der Literatur verfassungs- und europarechtlichen Bedenken wegen des mit der Datenerhebung und -verarbeitung einhergehenden Eingriffs in das Recht auf informationelle Selbstbestimmung aus Art. 2 I, 1 I GG; Art. 7, 8 EU-Grundrechtecharta; vgl. TK § 138a Rn. 4 mwN). Der Eingriff dürfte jedoch in Anbetracht des gesetzgeberischen Ziels, StHinterziehung zu bekämpfen und die Gleichmäßigkeit der Besteuerung zu sichern, noch gerechtfertigt sein (vgl. Klein § 138a Rn. 5). 3

II. Berichtspflicht (Abs. 1)

Inländische Konzernobergesellschaft. Verpflichtet zur Aufstellung eines länderbezogenen Berichts sind Unternehmen mit Sitz und Geschäftsleitung im Inland (Abs. 1 S. 1). Dabei geht es in Anlehnung an § 15 II EStG um ein selbstständiges gewerbliches oder berufliches Tätigwerden mit Gewinnerzielungsabsicht (BT-Drs. 18/9536, 37). Das Unternehmen muss einen Konzernabschluss (§ 290 HGB) aufstellen oder hierzu verpflichtet sein. Betroffen sind neben KapGes auch PersGes, wenn nicht (jedenfalls mittelbar über eine andere PersGes) wenigstens ein persönlich haftender Gesellschafter eine natürliche Person ist (vgl. § 264a HGB). 4

Auslandsbezug und Umsatzschwelle. Weitere Voraussetzungen für eine Berichtspflicht sind nach Abs. 1 S. 1 Nr. 1, dass der Konzernabschluss ein ausländisches Unternehmen oder eine ausländische Betriebsstätte umfasst bzw. nach Nr. 2, dass die Umsatzerlöse laut Konzernabschluss mindestens 750 Mio. EUR betragen. Die Umsatzschwelle ist nach § 277 I HGB zu berechnen (Ditz/Bärsch/Engelen IStR 2016, 840). 5

Ausnahme. Ein nach Abs. 1 S. 1 berichtspflichtiges Unternehmen ist von der Pflicht ausgenommen, wenn es in den Konzernabschluss eines anderen Unternehmens einbezogen wird (S. 2). Dies soll verhindern, dass für einen Konzern mehrere länderbezogene Berichte übermittelt werden (BT-Drs. 18/9536, 37). Eine Berichtspflicht kann sich gleichwohl aus Abs. 3 und 4 ergeben. 6

III. Berichtsinhalt (Abs. 2)

Abs. 2 regelt katalogartig den Inhalt des länderbezogenen Berichts. Das BMF hat die anzugebenden Daten übersichtshalber in drei Tabellen zusammengefasst (s. BMF 11.7.2017, BStBl. I 2017, 974). 7

1. Übersicht der Geschäftstätigkeit (Nr. 1)

Allgemeines. Nr. 1 gibt vor, welche Angaben hinsichtlich der Geschäftstätigkeit im Bericht zu machen sind. Den Ausgangspunkt bildet dabei bis zum JStG 2020 der Konzernabschluss; seit dem JStG 2020 ist es dem Stpfl. überlassen, die geeignete Datengrundlage auszuwählen (BT-Drs. 19/22850, 165). Es ist eine nach StHoheitsgebieten gegliederte Übersicht zu erstellen. Zum Umgang mit den Angaben steuerlich transparenter PersGes s. BMF 3.4.2025, BStBl. I 2025, 970. 8

Buchst. a bis c. Die Größe „Umsatzerlöse und sonstige Erträge“ umfasst die Summe aller Erlöse aller Unternehmen und Betriebsstätten, die in den Konzernabschluss einbezogen werden (BT-Drs. 18/9536, 38). Sie ist zu untergliedern in Geschäftsvorfälle mit nahestehenden (Buchst. a) und fremden (Buchst. b) Unternehmen sowie als Gesamtsumme auszuweisen (Buchst. c). Ein Unternehmen steht dem Berichtspflichtigen dann nahe, wenn es in den Konzernabschluss einzubeziehen ist; der Begriff orientiert sich nicht an § 1 II AStG (BT-Drs. 18/9536, 38; TK § 138a Rn. 19; Gosch AO § 138a Rn. 31; Grotherr IStR 2016, 991). 9

Buchst. d. Bezugspunkt ist eine „Kassenrechnung“; die wirtschaftliche Zugehörigkeit einer ErtragStZahlung ist daher nicht relevant – sämtliche Zahlungen, auch Vorauszahlungen, sind auszuweisen. StErstattungen mindern die Größe (Grotherr IStR 2016, 991). 10

QuellenSt sind beim StSchuldner, nicht beim Zahlenden zu berücksichtigen (TK § 138a Rn. 20; Gosch AO § 138a Rn. 34).

11 **Buchst. e** erfasst die für das Berichts-Wirtschaftsjahr geschuldeten (also die Summe aus gezahlten und zurückgestellten) ErtragSt. Es sind mithin die geleisteten Vorauszahlungen und erwarteten Nachzahlungen anzugeben (Gosch AO § 138a Rn. 39). Latente Steuern sind nicht auszuweisen (BT-Drs. 18/9536, 38; HHSp § 138a Rn. 41).

12 **Buchst. f–j** fordern die Angabe des Jahresergebnisses vor ErtragSt, des Eigenkapitals (wobei dieser Begriff als unscharf kritisiert wird, Gosch AO § 138a Rn. 45 ff.; TK § 138a Rn. 23 sieht hiervon nur das gezeichnete Kapital erfasst), des einbehaltenen Gewinns (als Summe der Gewinnrücklagen, s. Gosch AO § 138a Rn. 48; TK § 138a Rn. 24), der Zahl der Beschäftigten (Vollzeitäquivalente, s. Anhang III Abschn. III C Nr. 1.8 EUAHiRL; TK § 138a Rn. 25) sowie der materiellen Vermögenswerte (ohne flüssige Mittel, immaterielle Vermögenswerte oder Finanzwerte (HHSp § 138a Rn. 41; Gosch AO § 138a Rn. 51).

2. Auflistung der Unternehmen und Betriebstätten (Nr. 2)

13 **Nr. 2** verlangt die nach StHoheitsgebieten gegliederte Angabe aller Unternehmen und Betriebsstätten, deren Daten nach Nr. 1 im Bericht erfasst sind. Zudem sind die wichtigsten Geschäftstätigkeiten dieser Unternehmen und Betriebsstätten zu benennen. Hierzu stellt das BMF in Tabelle 2 (BMF 11.7.2017, BStBl. I 2017, 974) die von der OECD (Abschlussbericht zu Aktionspunkt 13, Anhang III zu Kapitel V) empfohlenen wichtigsten Geschäftstätigkeiten katalogartig zum Ankreuzen zur Verfügung (BT-Drs. 18/9536, 37) Ist die ausgeübte Tätigkeit nicht im Katalog enthalten, kann „Sonstige" angekreuzt und die Tätigkeit in Tabelle 3 näher beschrieben werden (Gosch AO § 138a Rn. 56).

3. Zusätzliche Informationen (Nr. 3)

14 **Nr. 3** eröffnet dem Berichtspflichtigen zur Vermeidung verwaltungsseitiger Rückfragen die Möglichkeit, weitere Informationen zur Verfügung zu stellen (BT-Drs. 18/9536, 39). Die Angaben stehen dabei nicht im Ermessen der Konzernobergesellschaft; aus ihrer Sicht zum Verständnis erforderliche Angaben sind zwingend zu machen (TK § 138a Rn. 29; aA HHSp § 138a Rn. 43).

IV. Einbezogene inländische Gesellschaft als Übermittlerin (Abs. 3)

15 **Abs. 3** eröffnet einer ausländischen Konzernobergesellschaft die Möglichkeit, ein inländisches Unternehmen, welches in den Konzernabschluss einbezogen ist, mit der Übermittlung des länderbezogenen Berichts zu beauftragen. Die ausländische Konzernobergesellschaft muss dafür fiktiv berichtspflichtig sein, also die Grenzen des Abs. 1 Nr. 1 und 2 überschreiten. Probleme bereitet die Umsatzschwelle des Abs. 1 Nr. 2, soweit Währungsdifferenzen vorliegen. Insoweit sind nach der EUAHiRL die Wechselkurse vom Januar 2015 maßgebend (TK § 138a Rn. 32). Die Regelung dient va dazu, einer Berichtspflicht aller inländischer Konzerngesellschaften nach Abs. 4 entgegenzuwirken (Gosch AO § 138a Rn. 59).

V. Subsidiäre Berichtspflicht (Abs. 4)

16 **Abs. 4 S. 1** dient als Subsidiärmechanismus dazu, einen Informationsmangel der inländischen Prüfungsbehörden zu beheben, wenn anderweitig keine Übermittlung eines länderbezogenen Berichts durch die Konzernobergesellschaft erfolgt. Grundsätzlich ist demnach jede inländische Konzerneinheit subsidiär berichtspflichtig (Gosch AO § 138a Rn. 62.2).

17 **S. 2–5.** Sobald eine inländische Konzerngesellschaft den Bericht übermittelt, erlischt die Pflicht für alle weiteren einbezogenen inländischen Konzerneinheiten (S. 2). Ist es der inländischen Konzerngesellschaft nicht möglich, den länderbezogenen Bericht zu erstellen,

so hat sie dies nach S. 3 innerhalb der Berichtsfristen anzuzeigen und einen informationsreduzierten Bericht abzugeben (Grotherr IStR 2017, 991). Bei unverschuldet fehlerhafter Annahme einer fristgerechten Übermittlung räumt S. 4 der inländischen Konzerngesellschaft zur Nachmeldung einen Monat ab Bekanntwerden der Nichtübermittlung ein. Es handelt sich um eine nicht verlängerbare, jedoch nach § 110 wiedereinsetzungsfähige Frist (HHSp § 138a Rn. 76). S. 5 erweitert die subsidiäre Berichtspflicht auf inländische Betriebsstätten, die in einen ausländischen Konzernabschluss einbezogen werden.

Einschränkung. Mit dem JStG 2019 (BGBl. 2019 I 2451) wurde mWv 18.12.2019 in Abs. 4 S. 1 die Formulierung „im Regelfall" ergänzt. Hierzu führt die Gesetzesbegründung auf, in welchen Fällen die subsidiäre Berichtspflicht nunmehr greifen soll: 18

(a) Die ausländische Konzernobergesellschaft ist nicht zur Abgabe eines länderbezogenen Berichts verpflichtet (dies unter der Einschränkung, dass die Konzern-Umsatzschwelle von 750 Mio. EUR zum Stichtag 1.1.2015 überschritten sein muss);

(b) Der Ansässigkeitsstaat der Konzernobergesellschaft hat mit Deutschland ein Abkommen abgeschlossen, aus dem sich nicht ergibt, dass dem BZSt der länderbezogene Bericht vorgelegt wird;

(c) Es kommt zu einem systematischen Versagen des Ansässigkeitsstaats der Konzernobergesellschaft, von welchem das BZSt die subsidiär verpflichtete Gesellschaft unterrichtet hat. Dabei bedeutet systematisches Versagen, dass der ausländische Staat den automatisierten Informationsaustausch ausgesetzt oder nicht angewendet hat (BT-Drs. 19/13436, 192).

Im Umkehrschluss dürften weitere Fallgruppen nach dem gesetzgeberischen Willen ausscheiden.

VI. Erklärungspflichten (Abs. 5)

Abs. 5 regelt Erklärungspflichten von Konzerngesellschaften. Nach S. 1 haben es inländische Gesellschaften iSd Abs. 1 und 3 sowie einbezogene Gesellschaften ausländischer Konzernobergesellschaften in ihrer StErklärung anzugeben, wenn die jeweiligen Tatbestände auf sie zutreffen. Durch diese Angaben kann die FVerw. erkennen, ob und von welcher Gesellschaft ein länderbezogener Bericht zu erstellen ist (BT-Drs. 18/9536, 40). S. 2 verpflichtet inländische Konzerngesellschaften überdies zur Angabe, bei welcher FB und von welcher Gesellschaft der länderbezogene Bericht eingereicht wird; unterbleibt dies, wird die inländische Konzerngesellschaft selbst zur Übermittlung des länderbezogenen Berichts verpflichtet (S. 3). Dies dient der Sicherstellung, dass dem BZSt letzten Endes ein länderbezogener Bericht übermittelt wird und sich keine Konzerngesellschaft diesbezüglich auf Unwissen berufen kann (Gosch AO § 138a Rn. 71). Nach S. 4 gelten die vorgenannten Pflichten auch für inländische Betriebsstätten, die in einen ausländischen Konzernabschluss einbezogen werden. 19

VII. Form und Frist der Berichtspflicht (Abs. 6)

Abs. 6 regelt die Form und Frist der Berichtspflicht. Diese beginnt mit Ablauf eines Wirtschaftsjahres und beträgt ein Jahr (S. 1). Hiervon unberührt bleibt die Frist nach Abs. 4 S. 4 (→ Rn. 1). Die Übermittlung hat nach S. 3 elektronisch zu erfolgen. Insoweit ist das Datenformat XML vorgeschrieben, für das die OECD ein Schema nebst Leitfaden bereitgestellt hat (TK § 138a Rn. 4; BMF 11.7.2017, BStBl. I 2017, 974). Eine Härtefallregelung ist nicht vorgesehen. 20

VIII. Übermittlung, Auswertung und Löschung der Berichte (Abs. 7)

Abs. 7 formuliert das Verfahren der Übermittlung der länderbezogenen Berichte durch das BZSt an die LandesFB und an andere vom Bericht betroffene Staaten (S. 1, 2). Gleichzeitig wird das BZSt mit der Entgegennahme von Berichten anderer Staaten beauftragt und 21 zur Auswertung im Rahmen seiner Aufgaben ermächtigt (S. 3, 4). S. 5 statuiert eine maximale Speicherfrist von 15 Jahren.

IX. Sanktionen

22 Ein **Verstoß** gegen die Berichtspflicht zieht keine Schätzungsbefugnis und keinen Verspätungszuschlag nach sich; Zwangsmittel sind jedoch zulässig (Grotherr IStR 2016, 991; HHSp § 138a Rn. 150 ff.; TK § 138 Rn. 48). Zudem können nach § 379 II Nr. 1c, IV Geldbußen festgesetzt werden im Fall der „nicht, nicht vollständig oder nicht rechtzeitig" vorgenommenen Mitteilung bzw. Übermittlung des länderbezogenen Berichts nach § 138a, nicht aber im Fall eines fehlerhaften länderbezogenen Berichts (Gosch/Riedl/Groiß/Tridico Massó DStR 2021, 2609 (2612) mwN).

§ 138b Mitteilungspflicht Dritter über Beziehungen inländischer Steuerpflichtiger zu Drittstaat-Gesellschaften

(1) [1]**Verpflichtete im Sinne des § 2 Absatz 1 Nummer 1 bis 3 und 6 des Geldwäschegesetzes (mitteilungspflichtige Stelle) haben dem für sie nach den §§ 18 bis 20 zuständigen Finanzamt von ihnen hergestellte oder vermittelte Beziehungen von inländischen Steuerpflichtigen im Sinne des § 138 Absatz 2 Satz 1 zu Drittstaat-Gesellschaften im Sinne des § 138 Absatz 3 mitzuteilen.** [2]**Dies gilt für die Fälle, in denen**

1. **der mitteilungspflichtigen Stelle bekannt ist, dass der inländische Steuerpflichtige auf Grund der von ihr hergestellten oder vermittelten Beziehung allein oder zusammen mit nahestehenden Personen im Sinne des § 1 Absatz 2 des Außensteuergesetzes erstmals unmittelbar oder mittelbar einen beherrschenden oder bestimmenden Einfluss auf die gesellschaftsrechtlichen, finanziellen oder geschäftlichen Angelegenheiten einer Drittstaat-Gesellschaft ausüben kann, oder**
2. **der inländische Steuerpflichtige eine von der mitteilungspflichtigen Stelle hergestellte oder vermittelte Beziehung zu einer Drittstaat-Gesellschaft erlangt, wodurch eine unmittelbare Beteiligung von insgesamt mindestens 30 Prozent am Kapital oder am Vermögen der Drittstaat-Gesellschaft erreicht wird; anderweitige Erwerbe hinsichtlich der gleichen Drittstaat-Gesellschaft sind miteinzubeziehen, soweit sie der mitteilungspflichtigen Stelle bekannt sind oder bekannt sein mussten.**

(2) **Die Mitteilungen sind für jeden inländischen Steuerpflichtigen und jeden mitteilungspflichtigen Sachverhalt gesondert zu erstatten.**

(3) [1]**Zu jedem inländischen Steuerpflichtigen ist anzugeben:**

1. **die Identifikationsnummer nach § 139b und**
2. **die Wirtschafts-Identifikationsnummer nach § 139c oder, wenn noch keine Wirtschafts-Identifikationsnummer vergeben wurde und es sich nicht um eine natürliche Person handelt, die für die Besteuerung nach dem Einkommen geltende Steuernummer.**

[2]**Kann die mitteilungspflichtige Stelle die Identifikationsnummer und die Wirtschafts-Identifikationsnummer oder die Steuernummer nicht in Erfahrung bringen, so hat sie stattdessen ein Ersatzmerkmal anzugeben, das vom Bundesministerium der Finanzen im Einvernehmen mit den obersten Finanzbehörden der Länder bestimmt worden ist.**

(4) [1]**Die Mitteilungen sind dem Finanzamt nach amtlich vorgeschriebenem Vordruck zu erstatten, und zwar bis zum Ablauf des Monats Februar des Jahres, das auf das Kalenderjahr folgt, in dem der mitzuteilende Sachverhalt verwirklicht**

wurde. ²§ 72a Absatz 4, § 93c Absatz 1 Nummer 3 und Absatz 4 bis 7, § 171 Absatz 10a, § 175b Absatz 1 und § 203a gelten entsprechend.

(5) **¹Das für die mitteilungspflichtige Stelle zuständige Finanzamt hat die Mitteilungen an das für den inländischen Steuerpflichtigen nach den §§ 18 bis 20 zuständige Finanzamt weiterzuleiten. ²§ 31b bleibt unberührt.**

(6) **Der inländische Steuerpflichtige hat der mitteilungspflichtigen Stelle**

1. **seine Identifikationsnummer nach § 139b mitzuteilen und**
2. **seine Wirtschafts-Identifikationsnummer nach § 139c oder, wenn diese noch nicht vergeben wurde und er keine natürliche Person ist, seine für die Besteuerung nach dem Einkommen geltende Steuernummer mitzuteilen.**

I. Allgemeines

Gegenstand der Vorschrift. § 138b regelt eine Mitteilungspflicht für Beziehungen inländischer Stpfl. zu Drittstaat-Gesellschaften. Pflichtadressat ist allein die in Abs. 1 S. 1 definierte mitteilungspflichtige Stelle. Dabei besteht eine Mitteilungspflicht nur, wenn eine der in Abs. 1 S. 2 genannten Alternativen (Nr. 1 oder Nr. 2) erfüllt ist. Die Mitteilung ist gesondert nach Stpfl. und mitteilungspflichtigen Sachverhalten zu erstatten (Abs. 2). Dabei sind nach Abs. 3 die Identifikationsmerkmale des Stpfl. anzugeben. Abs. 4 regelt Form und Frist der Mitteilung, Abs. 5 die Weitergabe innerhalb der FVerw. Abs. 6 statuiert eine Informationspflicht des Stpfl. zugunsten der mitteilungspflichtigen Stelle. Die Vorschrift ist seit dem 1.1.2018 anzuwenden, Art. 97 § 32 I EGAO. 1

Zweck der Vorschrift. Die Vorschrift tritt neben die Anzeigepflicht des Stpfl. aus § 138 II 1 Nr. 4. Es entsteht mithin eine doppelte Verpflichtung zur Mitteilung von Engagements bei Drittstaat-Gesellschaften. Durch § 138b soll der Stpfl. zusätzlich motiviert werden, seine bestehende Anzeigepflicht zu erfüllen (HHSp § 138b Rn. 5 mwN). 2

Verhältnis zu höherrangigem Recht. § 138b wird als zu unbestimmt und damit verfassungswidrig kritisiert (Klein § 138b Rn. 7). Diese Bedenken sind zu weitgehend, eine enge Auslegung unbestimmter Rechtsbegriffe wie „hergestellte oder vermittelte Beziehung" (Abs. 1 S. 1) ist jedoch angezeigt (vgl. auch HHSp § 138b Rn. 8). 3

II. Mitteilungspflicht bei Beziehungen zu Drittstaat-Gesellschaften (Abs. 1, 2)

Mitteilungspflichtige Stelle. Abs. 1 S. 1 verweist auf § 2 I Nr. 1–3 und Nr. 6 GwG. Damit sind von der Mitteilungspflicht betroffen: Kreditinstitute iSd § 2 I Nr. 1 GwG und im Inland gelegene Zweigstellen und Zweigniederlassungen derartiger Kreditinstitute mit Sitz im Ausland; Finanzdienstleistungsinstitute iSd § 2 I Nr. 2 GwG und im Inland gelegene Zweigstellen und Zweigniederlassungen derartiger Finanzdienstleistungsinstitute mit Sitz im Ausland; Institute iSd § 1 III ZAG und im Inland gelegene Zweigstellen und Zweigniederlassungen von vergleichbaren Instituten mit Sitz im Ausland (§ 2 I Nr. 3 GwG) sowie Finanzunternehmen iSd § 2 I Nr. 6 GwG und im Inland gelegene Zweigstellen und Zweigniederlassungen solcher Unternehmen mit Sitz im Ausland (BT-Drs. 18/11132, 26 f.; BT-Drs. 18/11555, 170; BMF 26.4.2022, BStBl. I 2022, 576 Tz. 3.1). 4

Weitere Voraussetzungen. Nach S. 2 besteht eine Mitteilungspflicht nur in den dort genannten Fällen. Nach **Nr. 1** besteht eine Mitteilungspflicht, falls der mitteilungspflichtigen Stelle bekannt ist, dass der Stpfl. aufgrund der von ihr hergestellten oder vermittelten Beziehung erstmals Einfluss auf die Angelegenheiten einer Drittstaat-Gesellschaft ausüben kann. Ein Kennen-Müssen reicht für die Mitteilungspflicht nicht aus (BT-Drs. 18/11132, 27). Eine Beziehung stellt her, wer eigene Anteile an der Drittstaat-Gesellschaft an den Stpfl. veräußert; „vermitteln" bedeutet bspw. das Anbahnen der Anschaffung einer Beteiligung (HHSp § 138b Rn. 16; Gosch AO § 138b Rn. 16 f.). Der Einfluss kann unmittelbar oder mittelbar, allein oder zusammen mit nahestehenden Personen iSd § 1 II AStG ausgeübt werden. Zum Begriff des beherrschenden oder bestimmenden Einflusses → § 138 5

Rn. 23; zum Begriff der Drittstaat-Gesellschaft → § 138 Rn. 25. **Nr. 2** ergänzt die Mitteilungspflicht in Fällen, in denen die Voraussetzungen der Nr. 1 nicht erfüllt sind. Eine Mitteilungspflicht besteht hiernach auch dann, wenn der Stpfl. eine von der mitteilungspflichtigen Stelle hergestellte oder vermittelte Beziehung zu einer Drittstaat-Gesellschaft erwirbt und dadurch eine unmittelbare Beteiligung von insgesamt mindestens 30 % am Kapital oder am Vermögen der Drittstaat-Gesellschaft erreicht. Bei Ermittlung dieser Beteiligungsquote sind anderweitige (frühere oder gleichzeitige) Erwerbe des Stpfl. hinsichtlich der gleichen Drittstaat-Gesellschaft miteinzubeziehen, soweit sie der mitteilungspflichtigen Stelle bekannt sind oder bekannt sein mussten (BT-Drs. 18/11132, 27). Mittelbare Beteiligungen sind nicht von Nr. 2 erfasst.

6 **Inhalt der Mitteilung.** Die mitteilungspflichtigen Stellen haben von ihnen hergestellte oder vermittelte Beziehungen inländischer Stpfl. zu Drittstaat-Gesellschaften mitzuteilen. Zudem sind die persönlichen Daten des Stpfl. und der Drittstaat-Gesellschaft anzugeben (Name, Anschrift, etc.; vgl. Vordruck „Mitteilung nach § 138b AO" als Anlage 2 zu BMF 5.2.2018, BStBl. I 2018, 289). Zum Begriff des inländischen Stpfl. → § 138 Rn. 15. Für jeden inländischen Stpfl. und jeden mitteilungspflichtigen Sachverhalt ist eine gesonderte Mitteilung zu erstatten, Abs. 2.

6a **Adressat** der Mitteilung ist das Betriebs-FA der mitteilungspflichtigen Stelle.

III. Weiterer Umfang der Mitteilungspflicht (Abs. 3)

7 **Abs. 3 S. 1** ordnet die Angabe der IdNr. und der Wirtschafts-IdNr. bzw. (ersatzweise bei nicht natürlichen Personen) der StNr. an.

8 **Ersatzmerkmal.** Soweit die mitteilungspflichtige Stelle die anzugebenden Merkmale nicht in Erfahrung bringen kann, hat sie nach S. 2 ein Ersatzmerkmal anzugeben. Für natürliche Personen ist dieses unter Anwendung des BMF 26.4.2022, BStBl. I 2022, 576 Tz. 3.2 zu bilden; andere Stpfl. erhalten kein Ersatzmerkmal. In diesen Fällen genügt nach dem BMF-Schreiben die Angabe der persönlichen Daten.

IV. Form und Frist der Mitteilung; Verfahrensfolgen (Abs. 4)

9 **Form, Frist (S. 1).** Die Mitteilung ist bis zum Februar des Zweitfolgejahrs nach dem mitteilungspflichtigen Ereignis zu erstatten. Sie erfolgt nach amtlichem Vordruck. Ein elektronisches Mitteilungsverfahren ist bisher nicht vorgesehen. Im neuen § 138c wird das BMF allerdings ermächtigt, durch Rechtsverordnung die elektronische Übermittlung der Mitteilungen nach § 138b anzuordnen (BT-Drs, 18/11132, 28).

10 **Verfahrensfolgen.** Nach S. 2 gelten § 72a IV (Haftung für entgangene Steuer), § 93c I Nr. 3 und IV bis VII (Information des Stpfl. über die Mitteilung), § 171 Xa (Ablaufhemmung), § 175b (Korrekturnorm) und § 203a (Ap. bei der mitteilungspflichtigen Stelle) entspr. (TK § 138b Rn. 10).

V. Verwaltungsinterne Übermittlung (Abs. 5)

11 **Übermittlung der Mitteilung.** Die Mitteilung wird vom Adressaten (→ Rn. 6a) an das für den Stpfl. zuständige FA weitergeleitet. Auch ist eine Mitteilung an die zur Bekämpfung der Geldwäsche und der Terrorismusfinanzierung zuständigen Behörden (§ 31b) zulässig.

VI. Mitteilungspflicht des Steuerpflichtigen (Abs. 6)

12 Nach **Abs. 6** hat der Stpfl. seine IdNr. und Wirtschafts-IdNr. bzw. (ersatzweise bei nicht natürlichen Personen) StNr. der mitteilungspflichtigen Stelle mitzuteilen.

VII. Sanktionen

Die Mitteilungspflicht kann mit Zwangsmitteln durchgesetzt werden; Verspätungszuschläge drohen hingegen nicht (vgl. auch HHSp § 138b Rn. 70). Die Verletzung der Mitteilungspflicht ist zudem nach § 379 II Nr. 1d bußgeldbedroht. 13

§ 138c Verordnungsermächtigung

(1) [1]**Das Bundesministerium der Finanzen kann durch Rechtsverordnung mit Zustimmung des Bundesrates bestimmen, dass Mitteilungen gemäß § 138b nach amtlich vorgeschriebenem Datensatz über amtlich bestimmte Schnittstellen zu erstatten sind.** [2]**In der Rechtsverordnung nach Satz 1 kann auch bestimmt werden, dass die Mitteilungen abweichend von § 138b Absatz 1 Satz 1 an eine andere Finanzbehörde zu übermitteln und von dieser Finanzbehörde an das für den inländischen Steuerpflichtigen nach den §§ 18 bis 20 zuständige Finanzamt weiterzuleiten sind.**

(2) [1]**Hat das Bundesministerium der Finanzen eine Rechtsverordnung nach Absatz 1 erlassen, dürfen die mitteilungspflichtigen Stellen beim Bundeszentralamt für Steuern die Identifikationsnummer des Steuerpflichtigen nach § 139b oder seine Wirtschafts-Identifikationsnummer nach § 139c erfragen.** [2]**In der Anfrage dürfen nur die in § 139b Absatz 3 oder § 139c Absatz 3 bis 5a genannten Daten des inländischen Steuerpflichtigen angegeben werden, soweit sie der mitteilungspflichtigen Stelle bekannt sind.** [3]**Das Bundeszentralamt für Steuern teilt der mitteilungspflichtigen Stelle die Identifikationsnummer oder die Wirtschafts-Identifikationsnummer mit, sofern die übermittelten Daten mit den nach § 139b Absatz 3 oder § 139c Absatz 3 bis 5a bei ihm gespeicherten Daten übereinstimmen.** [4]**Die mitteilungspflichtige Stelle darf die Identifikationsmerkmale nur verwenden, soweit dies zur Erfüllung von steuerlichen Pflichten erforderlich ist.** [5]**Weitere Einzelheiten dieses Verfahrens kann das Bundesministerium der Finanzen durch Rechtsverordnung mit Zustimmung des Bundesrates bestimmen.**

Gegenstand der Vorschrift. § 138c ermöglicht den Erlass einer Rechtsverordnung, 1 nach welcher die Mitteilung gem. § 138b elektronisch per Schnittstellenübermittlung zu erfolgen hat (Abs. 1). Abs. 2 ermöglicht einen Abruf der IdNr. und Wirtschafts-IdNr. des Stpfl. durch die mitteilungspflichtige Stelle iSd § 138b I, wenn eine Rechtsverordnung nach Abs. 1 erlassen wurde.

Zweck der Vorschrift. Da die Anzahl der nach § 138b mitzuteilenden Sachverhalte 2 zum gegenwärtigen Zeitpunkt als eher gering eingeschätzt wird, wurde die Einrichtung eines elektronischen Mitteilungsverfahrens als wenig ökonomisch erachtet. Durch § 138c wird das BMF ermächtigt, durch Rechtsverordnung die elektronische Übermittlung der Mitteilungen nach § 138b anzuordnen (BT-Drs. 18/11132, 28).

§ 138d Pflicht zur Mitteilung grenzüberschreitender Steuergestaltungen

(1) **Wer eine grenzüberschreitende Steuergestaltung im Sinne des Absatzes 2 vermarktet, für Dritte konzipiert, organisiert oder zur Nutzung bereitstellt oder ihre Umsetzung durch Dritte verwaltet (Intermediär), hat die grenzüberschreitende Steuergestaltung dem Bundeszentralamt für Steuern nach Maßgabe der §§ 138f und 138h mitzuteilen.**

(2) [1]**Eine grenzüberschreitende Steuergestaltung ist jede Gestaltung,**

1. die eine oder mehrere Steuern zum Gegenstand hat, auf die das EU-Amtshilfegesetz anzuwenden ist,

2. die entweder mehr als einen Mitgliedstaat der Europäischen Union oder mindestens einen Mitgliedstaat der Europäischen Union und einen oder mehrere Drittstaaten betrifft, wobei mindestens eine der folgenden Bedingungen erfüllt ist:

a) nicht alle an der Gestaltung Beteiligten sind im selben Steuerhoheitsgebiet ansässig;

b) einer oder mehrere der an der Gestaltung Beteiligten sind gleichzeitig in mehreren Steuerhoheitsgebieten ansässig;

c) einer oder mehrere der an der Gestaltung Beteiligten gehen in einem anderen Steuerhoheitsgebiet über eine dort gelegene Betriebstätte einer Geschäftstätigkeit nach und die Gestaltung ist Teil der Geschäftstätigkeit der Betriebstätte oder macht deren gesamte Geschäftstätigkeit aus;

d) einer oder mehrere der an der Gestaltung Beteiligten gehen in einem anderen Steuerhoheitsgebiet einer Tätigkeit nach, ohne dort ansässig zu sein oder eine Betriebstätte zu begründen;

e) die Gestaltung ist geeignet, Auswirkungen auf den automatischen Informationsaustausch oder die Identifizierung des wirtschaftlichen Eigentümers zu haben, und

3. die mindestens

a) ein Kennzeichen im Sinne des § 138e Absatz 1 aufweist und von der ein verständiger Dritter unter Berücksichtigung aller wesentlichen Fakten und Umstände vernünftigerweise erwarten kann, dass der Hauptvorteil oder einer der Hauptvorteile die Erlangung eines steuerlichen Vorteils im Sinne des Absatzes 3 ist, oder

b) ein Kennzeichen im Sinne des § 138e Absatz 2 aufweist.

[2] Besteht eine Steuergestaltung aus einer Reihe von Gestaltungen, gilt sie als grenzüberschreitende Steuergestaltung, wenn mindestens ein Schritt oder Teilschritt der Reihe grenzüberschreitend im Sinne des Satzes 1 Nummer 2 ist; in diesem Fall hat die Mitteilung nach Absatz 1 die gesamte Steuergestaltung zu umfassen.

(3) **[1] Ein steuerlicher Vorteil im Sinne des Absatzes 2 Satz 1 Nummer 3 Buchstabe a liegt vor, wenn**

1. durch die Steuergestaltung Steuern erstattet, Steuervergütungen gewährt oder erhöht oder Steueransprüche entfallen oder verringert werden sollen,

2. die Entstehung von Steueransprüchen verhindert werden soll oder

3. die Entstehung von Steueransprüchen in andere Besteuerungszeiträume oder auf andere Besteuerungszeitpunkte verschoben werden soll.

[2] Ein steuerlicher Vorteil liegt auch dann vor, wenn er außerhalb des Geltungsbereichs dieses Gesetzes entstehen soll. [3] Das Bundesministerium der Finanzen kann im Einvernehmen mit den obersten Finanzbehörden der Länder in einem im Bundessteuerblatt zu veröffentlichenden Schreiben für bestimmte Fallgruppen bestimmen, dass kein steuerlicher Vorteil im Sinne der Sätze 1 und 2 anzunehmen ist, insbesondere weil sich der steuerliche Vorteil einer grenzüberschreitenden Steuergestaltung ausschließlich im Geltungsbereich dieses Gesetzes auswirkt und unter Berücksichtigung aller Umstände der Steuergestaltung gesetzlich vorgesehen ist.

(4) **Betriebstätte im Sinne des Absatzes 2 Satz 1 Nummer 2 Buchstabe c und d ist sowohl eine Betriebstätte im Sinne des § 12 als auch eine Betriebsstätte im Sinne eines im konkreten Fall anwendbaren Abkommens zur Vermeidung der Doppelbesteuerung.**

(5) **Nutzer einer grenzüberschreitenden Steuergestaltung ist jede natürliche oder juristische Person, Personenvereinigung oder Vermögensmasse,**

1. **der die grenzüberschreitende Steuergestaltung zur Umsetzung bereitgestellt wird,**
2. **die bereit ist, die grenzüberschreitende Steuergestaltung umzusetzen, oder**
3. **die den ersten Schritt zur Umsetzung der grenzüberschreitenden Steuergestaltung gemacht hat.**

(6) **Hat ein Nutzer eine grenzüberschreitende Steuergestaltung für sich selbst konzipiert, so sind für ihn auch die für Intermediäre geltenden Regelungen entsprechend anzuwenden.**

(7) **Übt ein Intermediär im Zusammenhang mit der grenzüberschreitenden Steuergestaltung ausschließlich die in Absatz 1 aufgeführten Tätigkeiten aus, so gilt er nicht als an der Gestaltung Beteiligter.**

Schrifttum: Kepp/Schober, Anzeigepflicht grenzüberschreitender Steuergestaltungsmodelle – Praxisfragen und Ausblick, BB 2018, 2455; Schnitger/Brink/Welling, Die neue Meldepflicht für grenzüberschreitende Steuergestaltungen, IStR 2018, 513 (Teil I); Grotherr, Wer hat künftig die Mitteilungspflichten bei grenzüberschreitenden Steuergestaltungen zu erfüllen?, DStZ 2019, 288; Lüdicke/Oppel, Überblick über die europäischen Anzeigepflichten für grenzüberschreitende Gestaltungen – DAC 6 – Unklarheiten, soweit das Auge reicht, IWB 2019, 58; Grotherr, Ausgewählte Problembereiche und Zweifelsfragen im Zusammenhang mit den Mitteilungspflichten für grenzüberschreitende Steuergestaltungen, DStZ 2020, 397; Grotherr, Auswirkungen von typisierenden Missbrauchsbekämpfungsvorschriften auf die Mitteilungspflicht für grenzüberschreitende Steuergestaltungen, DStZ 2020, 695; Grotherr, Keine Mitteilungspflicht gem. §§ 138d ff. AO für hybride Gestaltungen, IWB 2020, 729.

Übersicht

I. Allgemeines

Allgemeines. Der Gesetzgeber hat mit Gesetz vom 21.12.2019 (BGBl. 2019 I 2875) in 1
den §§ 138d–138k eine Anzeigepflicht für grenzüberschreitende StGestaltungen normiert. Dadurch wird die 6. Änderungsrichtlinie zur Amtshilfe-Richtlinie (DAC 6) EU 2018/822 v. 5.6.2018 umgesetzt. Die Richtlinie geht zurück auf das BEPS-Projekt der OECD (Aktionspunkt 12, Mandatory Disclosure Rules). Die Anzeigepflicht soll den Gesetzgeber und die zuständigen FB in die Lage versetzen, StPraktiken zu identifizieren und gegen diese vorzugehen sowie ungewollte Gestaltungsspielräume durch Rechtsvorschriften zu schließen (BT-Drs. 19/14685, 1).

§§ 138d–138k im Überblick. § 138d ist die Zentralnorm des Regelungskomplexes zur 2
Mitteilungspflicht bei grenzüberschreitenden StGestaltungen. Die Norm bestimmt in Abs. 1 als primären Pflichtenadressaten den sog. Intermediär (zur subsidiären Anzeigepflicht des Nutzers iSv Abs. 5 s. § 138g). Der sachliche Gegenstand der Mitteilungspflicht („grenzüberschreitende Gestaltung“) wird in Abs. 2 S. 1 definiert, dabei wird für das Definitionsmerkmal „Kennzeichen“ auf § 138e verwiesen.

Das Meldeverfahren ist in § 138f, für marktfähige Gestaltungen ergänzend in § 138h geregelt. Adressat der Meldung ist das BZSt, das die für den Nutzer iSd Abs. 5 zuständigen FB informiert (§ 138i) und die gewonnenen Daten (§ 138j) nach § 138i auswertet. § 138k verpflichtet den Nutzer, eine nach §§ 138d ff. angezeigte Gestaltung in seiner StErklärung anzugeben.

Das BMF hat zur Anwendung der §§ 138d ff. ein umfassendes Anwendungsschreiben veröffentlicht (BMF 29.3.2021, BStBl. I 2021, 582, zuletzt geändert durch BMF 7.6.2024, BStBl. I 2024, 926).

3 **Zeitlicher Anwendungsbereich.** Die Regelungen in §§ 138d ff. sind seit dem 1.7.2020 anzuwenden. Anzuzeigen sind Gestaltungen, deren erster Schritt nach dem 24.6.2018 umgesetzt wurde (Art. 97 § 33 EGAO).

4 Zur **Sanktion** bei fehlender/nicht rechtzeitiger Mitteilung bzw. bei unvollständiger Datenübermittlung s. § 379 II Nr. 1e–1g (und zur dortigen zeitlichen Anwendung s. Art. 97 § 33 III EGAO).

II. Mitteilungspflicht für Intermediäre (Abs. 1)

5 **Intermediär** ist jede natürliche oder juristische Person, rechtsfähige Personenvereinigung oder Vermögensmasse, die eine grenzüberschreitende StGestaltung vermarktet, für Dritte konzipiert, organisiert oder zur Nutzung bereitstellt oder ihre Umsetzung durch Dritte verwaltet. Der Begriff des Intermediärs verlangt damit einen zielgerichteten, tätigkeitsbezogenen Zusammenhang zwischen der Person und der Gestaltung; eine bloße Kenntnis von der Gestaltung ohne eigene Tätigkeit reicht nicht aus (TK § 138d Rn. 5; vgl. auch BMF 29.3.2021, BStBl. I 2021, 582 Tz. 50). Vielmehr setzt der Begriff des Intermediärs zumindest Kenntnis der Umstände, die zusammen den Tatbestand einer grenzüberschreitenden StGestaltung erfüllen, voraus (vgl. BT-Drs. 19/14685, 28). Eine Beschränkung auf die steuerberatenden Berufe gibt es nicht. Praktisch kommen neben Rechtsanwälten und StBeratern im Einzelfall auch Wirtschaftsprüfer, Finanzdienstleister und Unternehmensberater in Betracht (vgl. BT-Drs. 19/14685, 28). Es geht dabei nicht um die tatsächlich handelnde Person, sondern um den „Geschäftsherrn" als Vertragspartner des Nutzers (Grotherr DStZ 2019, 288 (291)). Dem (möglichen) Intermediär sind Handlungen und Wissen der für ihn handelnden Personen zuzurechnen (insb. von Erfüllungsgehilfen iSd § 278 BGB, BMF 29.3.2021, BStBl. I 2021, 582 Tz. 63).

6 Die einzelnen Tätigkeiten sind in der Gesetzesbegründung näher umschrieben (BT-Drs. 19/14685, 27). Unter **Konzipieren** ist danach das Planen, Entwerfen oder Entwickeln einer konkreten StGestaltung zu verstehen, idR in Bezug zu einem bestimmten Nutzer oder zu einer Gruppe von Nutzern. Leitet der Nutzer das Konzept an Dritte weiter, die nicht selbst Geschäftspartner des Intermediärs (mit Bezug auf diese Gestaltung) sind, wird er dadurch nicht selbst zum Intermediär (BMF 29.3.2021, BStBl. I 2021, 582 Tz. 54). Die steuerliche Beurteilung oder Begutachtung einer vom Nutzer oder von einem Dritten entwickelten oder geplanten Konzeption (zB gesellschaftsrechtliche Akquisitionsstruktur) ist kein Konzipieren. Dasselbe gilt für anwaltliche Unterstützungsleistungen (zB Aufsetzen von Gesellschaften, Verträgen) bei der Umsetzung einer mitteilungspflichtigen StGestaltung (BMF 29.3.2021, BStBl. I 2021, 582 Tz. 55).

6a **Vermarktet** wird eine StGestaltung, sobald sie auf den Markt gebracht und dort gegenüber Dritten angeboten wird. Verbundene Unternehmen sind davon nicht umfasst, es genügt jedoch ein begrenzter potenzieller Nutzerkreis. Voraussetzung ist, dass die StGestaltung bereits marktfähig, dh jedenfalls in Bezug auf eine potenzielle Nutzergruppe konzipiert (→ Rn. 6) ist. Vermarkter ist nur, wer die StGestaltung entgeltlich anbietet, es muss somit eine konkrete Geschäftsbeziehung mit Bezug auf die StGestaltung angestrebt werden (zB Präsentation möglicher Gestaltungsoptionen in einem Mandantengespräch oder Ausschreibungsverfahren). Dies ist insb. bei einer Vortragstätigkeit oder schriftstellerischen Tätigkeit regelmäßig nicht der Fall (vgl. BMF 29.3.2021, BStBl. I 2021, 582 Tz. 52).

6b **Zur Nutzung bereitstellen** bedeutet, dass der Intermediär einem potenziellen Nutzer die für eine Umsetzung einer StGestaltung erforderlichen Informationen oder (Vertrags-)

Unterlagen ausgehändigt oder anderweitig individuell zugänglich gemacht hat. Eine tatsächliche Umsetzung der StGestaltung durch den Nutzer ist hierbei noch nicht erforderlich. Die bloße Verbreitung allgemeiner Informationen über eine StGestaltung, zB durch Veröffentlichung unverbindlicher Informationen im Internet oder durch öffentliches Auslegen oder Ausgeben allgemein zugänglicher Prospekte, ist dagegen nach der Vorstellung des Gesetzgebers noch kein „zur Nutzung bereitstellen".

Organisieren umfasst die systematische Vorbereitung und Planung der StGestaltung, die Bereitstellung zur Nutzung und die Zurverfügungstellung für eine konkrete Verwendung. 6c

Die **Verwaltung der Umsetzung** erfasst die verantwortliche Leitung der konkreten StGestaltungsumsetzung. Nicht unter die Verwaltung der Umsetzung fällt regelmäßig die bloße Abbildung der steuerlichen Konsequenzen aus der Umsetzung der StGestaltung im Rahmen der Erstellung der entsprechenden StErklärungen (BMF 29.3.2021, BStBl. I 2021, 582 Tz. 60). Dasselbe gilt für die Vertretung von Stpfl. durch Rechtsanwälte, StBerater oder Wirtschaftsprüfer gegenüber den FB oder vor den Finanzgerichten (FWBS AO § 138d Rn. 4; BeckOK AO § 138d Rn. 23). 7

III. Grenzüberschreitende Gestaltung (Abs. 2, 3, 4)

Allgemeines. § 138d II 1 definiert als sachlichen Anwendungsbereich der Anzeigepflicht die grenzüberschreitende StGestaltung. Die in Abs. 2 S. 1 Nr. 1–3 genannten Voraussetzungen müssen kumulativ vorliegen, die Anforderungen innerhalb der Nr. 2 und innerhalb der Nr. 3 jeweils nur alternativ erfüllt sein. Dabei kann eine StGestaltung auch aus einer Reihe von Gestaltungen bestehen, wobei mindestens ein Schritt oder Teilschritt grenzüberschreitend iSd Satz 1 Nr. 2 sein muss; in diesem Fall hat die Mitteilung nach Abs. 1 die gesamte StGestaltung zu enthalten (Satz 2). 8

Gestaltung. Nach der Begründung des Gesetzesentwurfs ist der Begriff „Gestaltung" **weit zu verstehen** (BR-Drs. 489/19, 32; krit. Klein § 138 Rn. 35). Er soll ua umfassen die Schaffung, die Zuordnung, den Erwerb oder die Übertragung von Einkünften oder deren Quellen auf einen bestehenden Rechtsträger, ebenfalls die Gründung oder den Erwerb einer die Einkünfte erzielenden juristischen Person (zB wenn eine Gesellschaft eine neue Tochtergesellschaft gründet und mit Kapital ausstattet, um dann Anteile auf diese Gesellschaft zu übertragen). Ausdrücklich ausgenommen wird dort aber die Situation, dass ein Stpfl. lediglich den Ablauf einer gesetzlichen Frist oder eines gesetzlichen Zeitraums abwartet, um auf diese Weise eine Transaktion steuerfrei zu halten (zB Ablauf der sog. Spekulationsfrist in § 23 I Nr. 1 S. 1 EStG, siehe auch BMF 29.3.2021, BStBl. I 2021, 582 Rn. 9). Jedenfalls setzt eine „Gestaltung" eine aktive Tätigkeit voraus; ein bloßes **Unterlassen,** also das Nichtnutzen einer Handlungsoption des Stpfl., ist keine Gestaltung (BT-Drs. 19/14685, 28). 9

Betroffene Steuerarten. Nach Abs. 2 S. 1 Nr. 1 setzt eine anzeigepflichtige Gestaltung, voraus, dass sie sich auf Steuern, auf die das EU-Amtshilfegesetz Anwendung findet, bezieht. Erfasst sind insb. die ESt und die KSt, die GewSt sowie die ErbSt und die GrESt, aber auch die LuftverkehrSt, die KfzSt und die nichtharmonisierten Verbrauchsteuern, wie etwa die KaffeeSt (s. BR-Drs. 489/19, 26) – als Hauptanwendungsbereich werden die direkten Steuern anzusehen sein. Die USt ist vom Anwendungsbereich ausgenommen, ebenso harmonisierte Verbrauchsteuern und Einfuhr- und Ausfuhrabgaben nach dem Zollkodex der Union, Beiträge, Umlagen und Gebühren (sa Schaumburg/Englisch Europäisches Steuerrecht, Rn. 20.17). Sind sowohl betroffene als auch nicht betroffene StArten Gegenstand einer Gestaltung, so ist die gesamte Gestaltung mitteilungspflichtig. 10

Grenzüberschreitender Tatbestand. Eine grenzüberschreitende Gestaltung setzt nach Abs. 2 S. 1 Nr. 2 voraus, dass die Gestaltung mehr als einen Mitgliedstaat der EU (oder auch: einen Mitgliedstaat der EU und einen oder mehrere Drittstaaten) betrifft, wobei nicht zwingend die Bundesrepublik Deutschland betroffen sein muss (Klein § 138d 11

Rn. 43). Darüber hinaus muss eine der **weiteren Voraussetzungen** in Abs. 2 S. 1 Nr. 2 Buchst. a bis e erfüllt sein. Es geht dabei zunächst um die Ansässigkeit (Buchst. a, b) bzw. die Tätigkeit (Buchst. c, d) der an der Gestaltung Beteiligten. Es gelten auch solche Gestaltungen als grenzüberschreitend, die potenziell („geeignet sind") Auswirkungen auf den automatischen Informationsaustausch über Finanzkonten in StSachen nach dem gemeinsamen Meldestandard oder die Identifizierung der wirtschaftlichen Eigentümer (iSv wirtschaftlich Berechtigten) haben (Buchst. e). Eine genaue Definition des „an der Gestaltung **Beteiligten**" fehlt, lediglich der als solcher handelnde Intermediär wird explizit ausgeschlossen (s. Abs. 7). Erfasst sind natürliche oder juristische Personen (oder auch Personengesellschaften, Lüdicke/Oppel IWB 2019, 58 (63)), die in irgendeiner Weise in die vertraglichen oder tatsächlichen Beziehungen der Gestaltung eingebunden sind (der Stpfl., ein verbundenes Unternehmen oder eine Betriebsstätte) (vgl. hierzu Lüdicke/Oppel IWB 2019, 58; Schnitger/Brink/Welling IStR 2018, 513; TK § 138d Rn. 11). Gesellschafter einer KapGes sind nicht allein aufgrund ihrer Gesellschafterstellung „an der Gestaltung beteiligt" (BMF 29.3.2021, BStBl. I 2021, 582 Tz. 22). Für Gesellschafter von steuerlich transparenten PersGes wird dies regelmäßig anders sein, da ihre steuerliche Behandlung für die StGestaltung von Bedeutung ist (zB durch Ansässigkeit oder StPflicht, vgl. BMF 29.3.2021, BStBl. I 2021, 582 Tz. 22; krit. Zöller/Weber ISR 2021, 228 (229 f.)).

12 **Kennzeichen.** Abs. 2 S. 1 Nr. 3 nennt als weitere Voraussetzung, dass die Gestaltung mindestens ein „Kennzeichen" iSd § 138e aufweist. Dabei geht es entweder (s. Buchst. a) um ein Kennzeichen iSd § 138e I, wenn auch (zusätzlicher Prüfungsschritt) der sog. **Main Benefit-Test** erfüllt ist, oder (s. Buchst. b) um ein Kennzeichen iSd § 138e II. Im Rahmen des Main Benefit-Tests ist zu prüfen, ob ein „verständiger Dritter", dem alle „wesentlichen Fakten und Umstände" bekannt sind, „vernünftigerweise erwarten kann", dass der StVorteil (Abs. 3, → Rn. 13) der oder jedenfalls ein Hauptvorteil der Gestaltung ist. „Verständig" ist dem Wortlaut nach jede Person, die in der Lage ist, sich ihres Verstandes zu bedienen. Gemeint sind hier möglicherweise aber auch sachkundige Personen, also steuerlich vorgebildete Personen bzw. Experten für StGestaltung. Warum es allerdings auf deren „Erwartung" und nicht etwa ihre Beurteilung ankommen soll, ist nicht nachvollziehbar. Dem Tatbestandsmerkmal „vernünftigerweise" kommt keine eigenständige Bedeutung zu, da es sicherlich nicht auf die unvernünftige Erwartung des fachkundigen Dritten ankommen kann. Ob der steuerliche Vorteil (→ Rn. 13) „der oder ein **Hauptvorteil**" einer Gestaltung ist, bestimmt sich danach, ob und in welchem Maße andere wirtschaftliche Vorteile die Gestaltung rechtfertigen.

12a Abs. 2 S. 2 gilt eine StGestaltung, die aus einer Reihe von Gestaltungen besteht, schon dann in Gänze als grenzüberschreitende StGestaltung anzuzeigen, wenn mindestens ein Schritt oder Teilschritt der Reihe grenzüberschreitend ist. Mehrere Gestaltungen bilden insgesamt eine zusammen anzuzeigende StGestaltung, wenn die Gestaltungen/Teilschritte einem gemeinsamen Gestaltungsziel dienen und insofern inhaltlich aufeinander aufbauen oder miteinander verbunden sind. Jeder Schritt muss für sich die Voraussetzungen einer StGestaltung iSv Abs. 1 (→ Rn. 9) erfüllen. Es genügt aber gerade, wenn nur eine der (Teil-)Gestaltungen auch die Voraussetzungen einer grenzüberschreitenden StGestaltung nach Abs. 2 erfüllt, da S. 2 andernfalls keine eigenständige Bedeutung hätte (so iE auch BeckOK AO § 138d Rn. 88; aA FWBS AO § 138d Rn. 59).

13 **Steuerlicher Vorteil.** Abs. 3 definiert den in Abs. 2 S. 1 Nr. 3 Buchst. a angesprochenen „steuerlichen Vorteil" und bezieht sich dabei nicht nur auf die deutsche Ertragshoheit, sondern schließt die Folgerungen im Ausland (Mitgliedstaaten, Drittstaaten) ein (s. Abs. 3 S. 2). Es handelt sich damit um eine normspezifische Definition unabhängig von § 370 IV (TK § 138d Rn. 13). Entscheidend ist, dass durch die StGestaltung Steuern erstattet, StVergütungen gewährt, StAnsprüche verringert werden sollen (Satz 1 Nr. 1), oder die Entstehung von StAnsprüchen verhindert (Satz 1 Nr. 2), oder in andere Besteuerungszeiträume oder auf andere Besteuerungszeitpunkte verschoben werden soll (Satz 1 Nr. 3).

Dabei werden StAnsprüche **verringert,** wenn es infolge der grenzüberschreitenden StGestaltung zB zu einer doppelten Berücksichtigung abzugsfähiger Kosten in verschiedenen StHoheitsgebieten kommt. Es kommt nicht darauf an, dass der steuerliche Vorteil tatsächlich eintritt, sondern lediglich darauf, dass die Gestaltung ex ante auf die Erlangung des steuerlichen Vorteils abzielt (Kepp/Schober BB 2018, 2445 (2457)). Wegen der belastenden Tendenz der Meldepflicht trägt die FVerw. hierfür die Beweislast (Schnitger/Brink/Welling IStR 2018, 513; aA TK § 138d Rn. 13).

Whitelist. Abs. 3 S. 3 ermächtigt das BMF für bestimmte Fallgruppen zu bestimmen, dass kein steuerlicher Vorteil iSv Abs. 3 S. 1 und S. 2 vorliegt. Nach der Anlage zum BMF 29.3.2021, BStBl. I 2021, 582 wird in den folgenden Fällen fingiert, dass für Zwecke der Prüfung des Main Benefit Tests (Abs. 2 S. 1 Nr. 3 Buchst. a) kein steuerlicher Vorteil vorliegt: 14

- Nutzung von Freigrenzen und Freibeträgen,
- Ausübung steuerlicher Wahlrechte,
- Erfüllung der Voraussetzungen für eine StBefreiung nach § 5 KStG oder § 3 GewStG,
- Vorgänge, die dem Gesetz zur steuerlichen Förderung von Forschung und Entwicklung (Forschungszulagengesetz – FZulG) unterfallen,
- Abschluss von Altersvorsorgeverträgen und Basisrentenverträgen, die nach den §§ 5 und 5a des Altersvorsorgeverträge-Zertifizierungsgesetzes (AltZertG) zertifiziert sind,
- Güterstandsklauseln unter Nutzung von § 5 ErbStG,
- Änderung des Gesellschaftsvertrags, um die Voraussetzungen des § 13a IX ErbStG zu erfüllen,
- Abschluss von Poolverträgen iSd § 13b I Nr. 3 ErbStG zur Herbeiführung einer Begünstigung von Anteilen an Kapitalgesellschaften,
- Renten, Entschädigungen und Leistungen iSd § 3 Nr. 8 und 8a EStG,
- Betriebliche Altersversorgung für Arbeitnehmer im Rahmen der § 3 Nr. 55, 55c, 63 und 66; § 4d III und § 4e III sowie §§ 10a, 79 ff. und 100 EStG,
- Übertragung von Anrechten gem. § 3 Nr. 55c und 55d EStG,
- Abschluss von Verträgen, bei denen die geleisteten Beiträge als Vorsorgeaufwendungen nach § 10 I Nr. 2, 3 oder 3a EStG anerkannt werden können,
- Ansatz des hälftigen Unterschiedsbetrags nach § 20 I Nr. 6 S. 2 EStG bei kapitalbildenden Lebensversicherungen,
- Versicherungen, die im Rahmen des Kontrollmeldeverfahrens nach § 50d Abs. 6 iVm Abs. 5 EStG gemeldet werden,
- Langfristige Auf- oder Abstockung von Beteiligungen, die darauf abzielen, eine abweichende steuerliche Rechtsfolge auszulösen (zB Vermeidung von § 8b IV 1 KStG, Erfüllung der Anlagebedingung nach § 26 Nr. 6 S. 1 InvStG),
- Errichtung einer ertragsteuerlichen Organschaft gem. §§ 14–19 KStG sowie § 2 II 2 und § 7a GewStG,
- Wohnsitzverlegung zur Inanspruchnahme oder Vermeidung der Grenzgängerregelung nach den DBA,
- Zusätzlicher (privater) Aufenthalt im ausländischen Tätigkeitsstaat zur Überschreitung der abkommensrechtlichen 183-Tages-Frist.

IV. Betriebstätte (Abs. 4)

Der Begriff der Betriebsstätte, wie er in Abs. 2 S. 1 Nr. 2 Buchst. c und d verwendet wird, umfasst nach Abs. 4 nicht nur die Betriebsstätte iSv § 12, sondern auch Betriebsstätten im Sinne eines im konkreten Fall anwendbaren DBA (vgl. Art. 5 OECD-MA). 15

V. Nutzer (Abs. 5)

16 Der **Begriff des Nutzers** wird in Abs. 5 definiert und hat insb. Bedeutung, weil den Nutzer eine (subsidiäre) Mitteilungspflicht nach § 138 VI (→ Rn. 17) oder § 138f VI (→ § 138f Rn. 21 ff.) treffen kann und er in seiner StErklärung bestimmte Angaben zur Gestaltung nach § 138k machen muss. Nutzer iSv § 138d V kann jede natürliche oder juristische Person, Personenvereinigung oder Vermögensmasse sein. Es muss wenigstens eine der in Nr. 1–3 genannten Voraussetzungen erfüllt sein. Nach **Nr. 1** ist die Person (Personenvereinigung oder Vermögensmasse) Nutzer, wenn ihr die Gestaltung zur Nutzung bereitgestellt wird. Dies ist der Fall, sobald der Intermediär ihr die vertraglichen Unterlagen ausgehändigt oder anderweitig zugänglich gemacht hat (BR-Drs. 489/19, 29). Wird die Gestaltung einer Kap- oder PersGes bereitgestellt, sind deshalb nicht automatisch auch deren Gesellschafter Nutzer; die Gestaltung wird dem Gesellschafter mit Blick auf die Gesetzesbegründung und die Systematik des Abs. 5 auch nicht dadurch bereitgestellt, dass sich die umgesetzte Gestaltung steuerlich beim Gesellschafter auswirkt (so aber wohl BMF 29.3.2021, BStBl. I 2021, 582 Rn. 22). Nach **Nr. 2** sind Personen erfasst, die bereit sind, die grenzüberschreitende Gestaltung umzusetzen. Dabei handelt es sich um ein subjektives Tatbestandsmerkmal, auf dessen Vorliegen nur aus äußeren Umständen geschlossen werden kann. Bei Unternehmen wird die Bereitschaft regelmäßig erst anzunehmen sein, wenn die zuständigen Verantwortlichen die Implementierung der StGestaltung beschlossen haben. Schließlich qualifiziert **Nr. 3** solche Personen als Nutzer, die bereits den ersten Schritt zur Umsetzung einer grenzüberschreitenden StGestaltung gemacht haben. Dies kann neben Nr. 2 dann von Bedeutung sein, wenn erste Schritte zur Gestaltung (insb. Abschluss von Verträgen) unternommen werden, bevor die abschließende Entscheidung, ob die Gestaltung genutzt werden soll, getroffen worden ist.

VI. Entsprechende Anwendung auf Inhouse-Gestaltungen (Abs. 6)

17 Abs. 6 regelt den Fall, dass es keinen Intermediär gibt, weil der Nutzer die grenzüberschreitende StGestaltung für sich selbst konzipiert hat. In diesem Fall sind die für Intermediäre geltenden Regelungen auf den Nutzer entsprechend anzuwenden. Die Definition des Nutzers in Abs. 5 muss dabei zwingend erfüllt sein (aA Grotherr DStZ 2019, 288), wobei die Variante in Abs. 5 Nr. 1 ausscheidet, da der Nutzer sich die von ihm selbst konzipierte Gestaltung kaum „bereitstellen“ kann. Typischer Anwendungsfall von Abs. 6 dürften in StAbteilungen von Unternehmen konzipierte Gestaltungen sein. Dabei ist in Konzernstrukturen zu beachten, dass andere Konzerngesellschaften, denen die Gestaltung bereitgestellt wird „Dritte“ iSv Abs. 1 sind und die konzipierende Konzerngesellschaft ggf. bereits Intermediär ist. Grotherr (in Gosch AO § 138d Rn. 86) geht davon aus, dass es zu einem Nebeneinander von Pflichten eines Intermediärs und entsprechenden Pflichten eines Nutzers nach Abs. 6 kommen kann. Seinem Wortlaut nach gilt Abs. 6 zwar auch in den Fällen, in denen es einen Intermediär gibt. Da Abs. 6 nach seinem Sinn und Zweck aber nur die Pflichtenlücke, die entsteht, wenn es keinen Intermediär gibt, schließen soll, ist insoweit – auch unter Verhältnismäßigkeitsgesichtspunkten – eine teleologische Reduktion geboten. Ein Nebeneinander von nach Abs. 1 verpflichteten Intermediären (davon kann es durchaus mehrere geben, s. § 138f IX) und einem nach Abs. 6 verpflichteten Nutzer kann es damit nicht geben (aA Gosch AO § 138d Rn. 86). Dies hat auch Bedeutung für Konstellationen, in denen sowohl der Nutzer (zB durch seine StAbteilung) als auch ein externer Berater (zB StBerater, Rechtsanwalt) Beiträge zur Konzeption der Gestaltung leisten. Da die Eigenschaft des Beraters als Intermediär durch die wie auch immer gewichtete Mitwirkung des Nutzers nicht entfällt, kann nach der hier vertretenen Auffassung keine Pflicht des Nutzers nach Abs. 6 entstehen (aA Gosch AO § 138d Rn. 86).

VII. Intermediär als Beteiligter (Abs. 7)

Abs. 7 stellt klar, dass ein Intermediär nicht dadurch zum „Beteiligten" einer Gestaltung wird, dass er die in Abs. 1 genannten Tätigkeiten ausübt. Ohne diese Regelung wäre der Intermediär regelmäßig „Beteiligter" und eine internationale StGestaltung läge schon bei reinen Inlandssachverhalten vor, wenn nur der Intermediär in einem anderen Mitgliedstaat der EU oder in einem Drittstaat ansässig wäre oder seiner Tätigkeit dort nachgehen würde (vgl. Abs. 2 Nr. 2 Buchst. a bis c). 18

§ 138e Kennzeichen grenzüberschreitender Steuergestaltungen

(1) Kennzeichen im Sinne des § 138d Absatz 2 Satz 1 Nummer 3 Buchstabe a sind:

1. die Vereinbarung

a) einer Vertraulichkeitsklausel, die dem Nutzer oder einem anderen an der Steuergestaltung Beteiligten eine Offenlegung, auf welche Weise aufgrund der Gestaltung ein steuerlicher Vorteil erlangt wird, gegenüber anderen Intermediären oder den Finanzbehörden verbietet, oder

b) einer Vergütung, die in Bezug auf den steuerlichen Vorteil der Steuergestaltung festgesetzt wird; dies gilt, wenn die Vergütung von der Höhe des steuerlichen Vorteils abhängt oder wenn die Vereinbarung die Abrede enthält, die Vergütung ganz oder teilweise zurückzuerstatten, falls der mit der Gestaltung zu erwartende steuerliche Vorteil ganz oder teilweise nicht erzielt wird,

2. eine standardisierte Dokumentation oder Struktur der Gestaltung, die für mehr als einen Nutzer verfügbar ist, ohne dass sie für die Nutzung wesentlich individuell angepasst werden muss,

3. Gestaltungen, die zum Gegenstand haben, dass

a) ein an der Gestaltung Beteiligter unangemessene rechtliche Schritte unternimmt, um ein verlustbringendes Unternehmen unmittelbar oder mittelbar zu erwerben, die Haupttätigkeit dieses Unternehmens zu beenden und dessen Verluste dafür zu nutzen, seine Steuerbelastung zu verringern, einschließlich der Übertragung der Verluste in ein anderes Steuerhoheitsgebiet oder der zeitlich näheren Nutzung dieser Verluste,

b) Einkünfte in Vermögen, Schenkungen oder andere nicht oder niedriger besteuerte Einnahmen oder nicht steuerbare Einkünfte umgewandelt werden,

c) Transaktionen durch die Einbeziehung zwischengeschalteter Unternehmen, die keine wesentliche wirtschaftliche Tätigkeit ausüben, oder Transaktionen, die sich gegenseitig aufheben oder ausgleichen, für zirkuläre Vermögensverschiebungen genutzt werden,

d) der Empfänger grenzüberschreitender, beim Zahlenden als Betriebsausgaben abzugsfähiger Zahlungen zwischen zwei oder mehr verbundenen Unternehmen in einem Steuerhoheitsgebiet ansässig ist, das keine Körperschaftsteuer erhebt oder einen Körperschaftsteuersatz von 0 Prozent oder nahe 0 Prozent hat, oder

e) die grenzüberschreitende, beim Zahlenden als Betriebsausgaben abzugsfähige Zahlung zwischen zwei oder mehr verbundenen Unternehmen in ein Steuerhoheitsgebiet erfolgt, in dem der Empfänger ansässig ist, soweit dieses Steuerhoheitsgebiet die Zahlung

aa) vollständig von der Steuer befreit oder

bb) einer steuerlichen Präferenzregelung unterwirft.

(2) **Kennzeichen im Sinne des § 138d Absatz 2 Satz 1 Nummer 3 Buchstabe b sind:**

1. Gestaltungen, die zum Gegenstand haben, dass

a) der Empfänger grenzüberschreitender Zahlungen, die zwischen zwei oder mehr verbundenen Unternehmen erfolgen und beim Zahlenden als Betriebsausgabe abzugsfähig sind,

aa) in keinem Steuerhoheitsgebiet ansässig ist oder

bb) in einem Steuerhoheitsgebiet ansässig ist, das in der Liste der Drittstaaten aufgeführt wird, die von den Mitgliedstaaten der Europäischen Union oder von der Organisation für wirtschaftliche Zusammenarbeit und Entwicklung als nicht kooperierende Jurisdiktion eingestuft wurde,

b) in mehr als einem Steuerhoheitsgebiet

aa) Absetzungen für Abnutzung desselben Vermögenswertes in Anspruch genommen werden oder

bb) eine Befreiung von der Doppelbesteuerung für dieselben Einkünfte oder dasselbe Vermögen vorgenommen wird und die Einkünfte oder das Vermögen deshalb ganz oder teilweise unversteuert bleiben

oder

c) die Gestaltung eine Übertragung oder Überführung von Vermögensgegenständen vorsieht, soweit sich die steuerliche Bewertung des Vermögensgegenstandes in den beteiligten Steuerhoheitsgebieten wesentlich unterscheidet;

2. Gestaltungen, die zu einer Aushöhlung der Mitteilungspflicht gemäß den Rechtsvorschriften zur Umsetzung des Standards für den automatischen Austausch von Informationen über Finanzkonten in Steuersachen (gemeinsamer Meldestandard) führen können oder die sich das Fehlen derartiger Rechtsvorschriften zu Nutze machen; derartige Gestaltungen umfassen insbesondere

a) die Nutzung eines Kontos, eines Produkts oder einer Anlage, welches oder welche kein Finanzkonto im Sinne des § 19 Nummer 18 des Finanzkonten-Informationsaustauschgesetzes (Finanzkonto) ist oder vorgeblich kein Finanzkonto ist, jedoch Merkmale aufweist, die denen eines Finanzkontos entsprechen,

b) die Übertragung eines Finanzkontos oder von Vermögenswerten in ein Steuerhoheitsgebiet, das nicht an den automatischen Informationsaustausch über Finanzkonten nach dem gemeinsamen Meldestandard mit dem Steuerhoheitsgebiet, in dem der Nutzer ansässig ist, gebunden ist, oder die Einbeziehung solcher Steuerhoheitsgebiete,

c) die Neueinstufung von Einkünften und Vermögen als Produkte oder Zahlungen, die nicht dem automatischen Informationsaustausch über Finanzkonten nach dem gemeinsamen Meldestandard unterliegen,

d) die Übertragung oder Umwandlung eines Finanzinstituts im Sinne des § 19 Nummer 3 des Finanzkonten-Informationsaustauschgesetzes (Finanzinstitut) oder eines Finanzkontos oder der darin enthaltenen Vermögenswerte in Finanzinstitute, Finanzkonten oder Vermögenswerte, die nicht der Meldepflicht im Rahmen des automatischen Informationsaustauschs über Finanzkonten nach dem gemeinsamen Meldestandard unterliegen,

e) die Einbeziehung von Rechtsträgern, Steuergestaltungen oder Strukturen, die die Meldung eines Kontoinhabers im Sinne des § 20 Nummer 1 des Finanzkonten-Informationsaustauschgesetzes (Kontoinhaber) oder mehrerer Kontoinhaber oder einer beherrschenden Person im Sinne des § 19 Nummer 39 des Finanzkonten-Informationsaustauschgesetzes (beherrschende Person) oder mehrerer beherrschender Personen im Rahmen des

automatischen Informationsaustauschs über Finanzkonten nach dem gemeinsamen Meldestandard ausschließen oder auszuschließen vorgeben, oder

f) die Aushöhlung von Verfahren zur Erfüllung der Sorgfaltspflichten, die Finanzinstitute zur Erfüllung ihrer Meldepflichten bezüglich Informationen zu Finanzkonten nach dem gemeinsamen Meldestandard anwenden, oder die Ausnutzung von Schwächen in diesen Verfahren, einschließlich der Einbeziehung von Staaten oder Territorien mit ungeeigneten oder schwachen Regelungen für die Durchsetzung von Vorschriften gegen Geldwäsche oder mit schwachen Transparenzanforderungen für juristische Personen oder Rechtsvereinbarungen;

3. Gestaltungen mit rechtlichen Eigentümern oder wirtschaftlich Berechtigten unter Einbeziehung von Personen, Rechtsvereinbarungen oder Strukturen,

a) die keine wesentliche wirtschaftliche Tätigkeit ausüben, die mit angemessener Ausstattung, angemessenen personellen Ressourcen, angemessenen Vermögenswerten und angemessenen Räumlichkeiten einhergeht, und

b) die in anderen Steuerhoheitsgebieten eingetragen, ansässig oder niedergelassen sind oder verwaltet oder kontrolliert werden als dem Steuerhoheitsgebiet, in dem ein oder mehrere der wirtschaftlich Berechtigten der von diesen Personen, Rechtsvereinbarungen oder Strukturen gehaltenen Vermögenswerte ansässig sind,

sofern die wirtschaftlich Berechtigten dieser Personen, Rechtsvereinbarungen oder Strukturen im Sinne des § 3 des Geldwäschegesetzes nicht identifizierbar gemacht werden (intransparente Kette);

4. Verrechnungspreisgestaltungen, bei denen

a) eine unilaterale Regelung genutzt wird, die für eine festgelegte Kategorie von Nutzern oder Geschäftsvorfällen gilt und die dafür in Betracht kommende Nutzer von bestimmten Verpflichtungen befreit, die aufgrund der allgemeinen Verrechnungspreisvorschriften eines Steuerhoheitsgebiets sonst zu erfüllen wären,

b) immaterielle Werte oder Rechte an immateriellen Werten an ein verbundenes Unternehmen übertragen oder zwischen dem Unternehmen und seiner ausländischen Betriebstätte überführt werden, für die zum Zeitpunkt ihrer Übertragung oder Überführung keine ausreichenden Vergleichswerte vorliegen und zum Zeitpunkt der Transaktion die Prognosen voraussichtlicher Cashflows oder die vom übertragenen oder überführten immateriellen Wert erwarteten abzuleitenden Einkünfte oder die der Bewertung des immateriellen Wertes oder Rechts an immateriellen Werten zugrunde gelegten Annahmen höchst unsicher sind, weshalb der Totalerfolg zum Zeitpunkt der Übertragung oder Überführung nur schwer absehbar ist (schwer zu bewertende immaterielle Werte), oder

c) innerhalb von verbundenen Unternehmen eine grenzüberschreitende Übertragung oder Verlagerung von Funktionen, Risiken, Wirtschaftsgütern oder sonstigen Vorteilen stattfindet und der erwartete jährliche Gewinn vor Zinsen und Steuern des übertragenden Unternehmens über einen Zeitraum von drei Jahren nach der Übertragung weniger als 50 Prozent des jährlichen Gewinns vor Zinsen und Steuern des übertragenden Unternehmens beträgt, der erwartet worden wäre, wenn die Übertragung nicht stattgefunden hätte; bei dieser Erwartung ist davon auszugehen, dass die verbundenen Unternehmen nach den Grundsätzen ordentlicher und gewissenhafter Geschäftsleiter handeln; diese Regelungen gelten sinngemäß auch für Betriebstätten.

(3) [1]**Ein verbundenes Unternehmen im Sinne der Absätze 1 und 2 ist eine Person, die mit einer anderen Person auf mindestens eine der folgenden Arten verbunden ist:**

1. **eine Person ist an der Geschäftsleitung einer anderen Person insofern beteiligt, als sie erheblichen Einfluss auf diese Person ausüben kann;**
2. **eine Person ist über eine Beteiligungsgesellschaft mit mehr als 25 Prozent der Stimmrechte an der Kontrolle einer anderen Person beteiligt;**
3. **eine Person ist über eine Inhaberschaft, die unmittelbar oder mittelbar mehr als 25 Prozent des Kapitals beträgt, am Kapital einer anderen Person beteiligt;**
4. **eine Person hat Anspruch auf mindestens 25 Prozent der Gewinne einer anderen Person.**

[2]**Falls mehr als eine Person gemäß Satz 1 an der Geschäftsleitung, der Kontrolle, dem Kapital oder den Gewinnen derselben Person beteiligt ist, gelten alle betroffenen Personen als untereinander verbundene Unternehmen.** [3]**Falls dieselben Personen gemäß Satz 1 an der Geschäftsleitung, der Kontrolle, dem Kapital oder den Gewinnen von mehr als einer Person beteiligt sind, gelten alle betroffenen Personen als verbundene Unternehmen.** [4]**Für die Zwecke dieses Absatzes wird eine Person, die in Bezug auf die Stimmrechte oder die Kapitalbeteiligung an einem Unternehmen gemeinsam mit einer anderen Person handelt, so behandelt, als würde sie eine Beteiligung an allen Stimmrechten oder dem gesamten Kapital dieses Unternehmens halten, die oder das von der anderen Person gehalten werden oder wird.** [5]**Bei mittelbaren Beteiligungen wird die Erfüllung der Anforderungen gemäß Satz 1 Nummer 3 durch Multiplikation der Beteiligungsquoten an den nachgeordneten Unternehmen ermittelt.** [6]**Eine Person mit einer Stimmrechtsbeteiligung von mehr als 50 Prozent gilt als Halter von 100 Prozent der Stimmrechte.** [7]**Eine natürliche Person, ihr Ehepartner und ihre Verwandten in aufsteigender oder absteigender gerader Linie werden als eine einzige Person behandelt, wenn gleichgerichtete wirtschaftliche Interessen bestehen.** [8]**Person im Sinne der Sätze 1 bis 7 ist jede natürliche oder juristische Person, Personengesellschaft, Gemeinschaft oder Vermögensmasse.**

Schrifttum: Bärsch/Engelen, Ausländische Safe-Harbour-Regelungen bei Verrechnungspreisen und Mitteilungspflichten für Verrechnungspreisgestaltungen (DAC 6), ISR 2021, 180; Engelen, Die Mitteilungspflichten für grenzüberschreitende Steuergestaltungen – Überlegungen zu ausgewählten Kennzeichen, ISR 2020, 315; Münch, Anzeigepflicht für Steuergestaltungen (DAC 6) – Auslegungsfragen bei ausgewählten Kennzeichen, FR 2021, 255.

S. auch die Nachw. bei § 138d.

Übersicht

I. Allgemeines

1 **Zweck und Inhalt.** § 138e füllt den Tatbestand der grenzüberschreitenden StGestaltung iSv § 138d II aus und konkretisiert das in § 138d II 1 Nr. 3 vorausgesetzte „Kenn-

zeichen". § 138d II 1 Nr. 3 verlangt für eine grenzüberschreitende StGestaltung, dass jeweils „mindestens ein Kennzeichen" des § 138e I oder des § 138e II erfüllt ist; ein Kennzeichen des § 138e I führt aber nur dann zu einer grenzüberschreitenden StGestaltung, wenn der sog. **Main benefit-Test** positiv ausfällt, dh, wenn die Erlangung eines StVorteils der oder ein Hauptvorteil der Gestaltung ist (→ § 138d Rn. 12).

Der abschließenden Aufzählung der Kennzeichen in § 138e hat der Gesetzgeber folgende Struktur zugrunde gelegt (BR-Drs. 489/19, 30): Während die Kennzeichen des § 138e I Nr. 1 und 2 auf bestimmte Modalitäten der Entwicklung, der Vermarktung oder der Umsetzung von Gestaltungen abstellen (zB qualifizierte Vertraulichkeitsklausel, standardisierte Dokumentation oder Struktur), knüpfen die Kennzeichen der § 138e I Nr. 3 und II unmittelbar an bestimmte Strukturinhalte oder rechtliche Ergebnisse von Gestaltungen an (zB Verlustnutzung, Nichtbesteuerung).

Die in § 138e genannten Nummern orientieren sich im Wesentlichen an der durch die Richtlinie (EU) 2018/822 geänderten Amtshilferichtlinie. Kritik wird geäußert hinsichtlich der Verständlichkeit und Bestimmtheit der in § 138e normierten Kennzeichen (pointiert Haase Ubg 2025, 1 (2): „munteres Rätselraten").

II. Kennzeichen iSd § 138d II 1 Nr. 3 Buchst. a (Abs. 1)

1. Vertraulichkeitsklausel und Erfolgshonorare (Abs. 1 Nr. 1)

Nach Abs. 1 Nr. 1 Buchst. a kann die Vereinbarung einer **Vertraulichkeitsklausel** 3
Kennzeichen einer grenzüberschreitenden StGestaltung sein. Damit ist das vertragliche Verhältnis zwischen Intermediär und Nutzer angesprochen. Aufgrund einer solchen Vereinbarung muss dem Nutzer – oder einem anderen Beteiligten – verboten sein, gegenüber anderen Intermediären oder FB offenzulegen, auf welche Weise aufgrund der Gestaltung ein steuerlicher Vorteil erlangt wird. Entsprechende Regelungen können sich etwa in Mandatsvereinbarungen von Rechtsanwälten oder StBeratern finden. Für „andere Beteiligte" kann dies nur gelten, wenn sie selbst unmittelbar Partei der Vereinbarung mit dem Intermediär sind. Als andere Beteiligte kommen auch mit dem Nutzer verbundene Unternehmen in Betracht (Grotherr Ubg 2019, 322). Vertraulichkeitsklauseln, die lediglich die Offenlegung gegenüber weiteren Intermediären untersagen, welche von der potenziellen Mitteilungspflicht zu einer konkreten StGestaltung nicht erfasst sind, erfüllen ebenfalls nicht das Kennzeichen des § 138e I Nr. 1 Buchst. a (BMF 29.3.2021, BStBl. I 2021, 582; vgl. hierzu Münch FR 2021, 255). Auf die zivilrechtliche Wirksamkeit (denkbar ist insb. eine sittenwidrige Regelung nach § 134 BGB, wenn die Verschwiegenheitsklausel im Widerspruch zu steuerlichen Erklärungspflichten steht), kommt es nach dem Normzweck nicht an. Gesetzliche oder standesrechtliche Verschwiegenheitspflichten sind nicht erfasst (BT-Drs. 19/14685, 31).

Buchst b. erfasst die Vereinbarung eines **Erfolgshonors** für den Intermediär als Kenn- 4
zeichen einer grenzüberschreitenden StGestaltung. Tatbestandsmäßig sind Honorare, die entweder von der Höhe des steuerlichen Vorteils abhängen oder die ganz oder teilweise zurückzuerstatten sind, falls der avisierte steuerliche Vorteil nicht erzielt wird. Nach der Gesetzesbegründung sollen standesrechtlich zulässige Erfolgshonorare (§ 4a RVG/ § 49b II 1 BRAO, § 9a I StBerG und § 55a I 1 WPO) vom Anwendungsbereich ausgenommen sein (BR-Drs. 489/19, 32). Unschädlich ist auch, wenn sich die Vergütung am Gegenstandswert – und damit am steuerlichen Vorteil – bestimmt. Erforderlich ist vielmehr eine Verknüpfung mit dem Erfolg der StGestaltung im Sinne einer echten Bedingung (§ 158 BGB).

2. Standardisierte Dokumentation oder Struktur (Abs. 1 Nr. 2)

Nr. 2 umfasst „eine standardisierte Dokumentation oder Struktur der Gestaltung, die für 6
mehr als einen Nutzer verfügbar ist, ohne dass sie für die Nutzung wesentlich individuell angepasst werden muss" (zur Definition des Nutzers → § 138d Rn. 15). Dabei kann sich

nach der Begründung des Gesetzentwurfs (BR-Drs. 489/19, 32 f.) die Standardisierung sowohl auf die Dokumentation als auch auf die Struktur der Gestaltung (→ § 138d Rn. 8 ff.) beziehen; „kleinere Anpassungen an die individuellen Bedürfnisse der verschiedenen Steuerpflichtigen“ seien für die Beurteilung der Standardisierung unbeachtlich.

7 **Standardisierte Dokumentationen** sind nach der Begründung des Gesetzentwurfs Vertragswerke oder sonstige mandatsbezogene Dokumente, welche ohne wesentliche Anpassungen an den Einzelfall für die Nutzer „musterartig“ vorbereitet sind (BR-Drs. 489/19, 32 f.; umgekehrt: „Wesentlich“ seien Anpassungen in der Form oder der Darstellung, die in der Gesamtbetrachtung die Dokumentation inhaltlich, dh die Gestaltung, nicht mehr als gleichartig erscheinen ließen).

8 Das Merkmal der **„standardisierten Struktur“** bezieht sich nach der Begründung des Gesetzentwurfs (BR-Drs. 489/19, 32 f.) dagegen nur auf den materiellen Gehalt, dh auf die Idee der Gestaltung. Eine solche Struktur liege daher vor, wenn die Gestaltung inhaltlich oder konzeptionell so aufgebaut sei, dass sie in einer Vielzahl weiterer Fälle in im Wesentlichen gleicher Weise eingesetzt werden könne. „Wesentlich“ seien solche Anpassungen der Struktur, die die betreffende StGestaltung inhaltlich oder konzeptionell ändern würden, zB indiziell dann, wenn sich die auf die StGestaltung anzuwendenden gesetzlichen Regelungen ändern würden.

9 **Negativbeispiele.** Die Begründung des Gesetzentwurfs zeigt einige Fallgruppen auf, in denen Nr. 2 nicht erfüllt sein soll (BR-Drs. 489/19, 32 f.; sa Grotherr Ubg 2019, 322): Beschränke sich die Beratung des Mandanten auf den Hinweis auf gesetzliche Regelungen, bei denen sich der steuerliche Vorteil ohne Weiteres aus dem Gesetzestext ergebe (zB das Hinausschieben einer geplanten Veräußerung mit Blick auf den Ablauf der Veräußerungsfrist nach § 22 Nr. 2 iVm § 23 I 1 EStG), erfülle dies das Kennzeichen auch dann nicht, wenn für die Hinweiserteilung ein Musteranschreiben verwendet werde. Ebenso fehle es zB bei einer Umwandlung nach § 20 I UmwStG an einem relevanten steuerlichen Vorteil, denn der Ansatz des Buchwerts als steuerlicher Vorteil sei in § 20 II 1 UmwStG ausdrücklich vorgesehen.

3. Gestaltungen iSd Abs. 1 Nr. 3

11 **Verlustnutzung (Nr. 3 Buchst. a).** Erfasst sind betrifft Fälle der intendierten Verlustnutzung, in denen von einem Beteiligten unangemessene rechtliche Schritte unternommen werden, um ein aktives verlustbringendes Unternehmen zu erwerben und die Haupttätigkeit dieses Unternehmens zu beenden. Im Umkehrschluss heißt dies, dass der Erwerb von Unternehmen, deren Betrieb im Zeitpunkt des Erwerbs bereits eingestellt war oder die inzwischen Gewinne erwirtschaften, von dem Kennzeichen nicht erfasst sind. „Unangemessene rechtliche Schritte“ sind Gestaltungen iSd § 42 II und damit solche, die „ohne entsprechenden Steuervorteil nicht unternommen würden“ (Ditz/Engelen DStR 2019, 352). Die Begründung des Gesetzentwurfs (BR-Drs. 489/19, 33) erläutert hierzu: Auf die Rechtsform des Unternehmens komme es nicht an; lägen keine wirtschaftlichen Gründe für die jeweiligen Schritte vor, sei davon auszugehen, dass die Gestaltung gezielt dafür genutzt werden solle, Steuern zu vermeiden oder zu umgehen. Darüber hinaus heißt es zum Gestaltungsziel der „eigennützigen Verlustnutzung“: Der Erwerb des Verlustunternehmens müsse in einem solchen Umfang erfolgen, dass der Erwerber allein oder zusammen mit nahestehenden Personen die weiteren Schritte veranlassen oder durchsetzen könne (vgl. BR-Drs. 489/19, 35). Dies richte sich nach den jeweils einschlägigen gesellschaftsrechtlichen Regelungen. Beteiligte an einer solchen Gestaltung sind:

- der Nutzer (→ § 138d Rn. 15),
- das verbundene Unternehmen,
- Dritte, die bei der Gestaltung eine Funktion erfüllen, sei dies auch nur eine untergeordnete Hilfsfunktion (nicht aber der Intermediär: → § 138d Rn. 18).

Das erworbene Unternehmen (die Verlustgesellschaft) zähle ebenfalls zu den an der Gestaltung Beteiligten und sei mitzuteilen (ohne dass eine eigene Mitteilung durch dieses erfolgen müsse).

Umwandlung von Einkünften in Vermögen, Schenkungen oder andere nicht oder niedrig besteuerte Einnahmen oder nicht steuerbare Einkünfte (Abs. 1 Nr. 3 Buchst. b). Nach der Begründung des Gesetzentwurfs (BR-Drs. 489/19, 34 f.) sind hiervon auch solche Konstellationen angesprochen, bei denen das Umwandeln ausschließlich im Inland erfolgt und dieses Auswirkungen im Ausland hat. Nicht umfasst seien hingegen Konstellationen, bei denen ein steuerlicher Vorteil für den konkreten Fall ausdrücklich im Gesetz vorgesehen sei (Wortlaut und Teleologie der Norm), unabhängig davon, ob das Umwandeln der Einkünfte grenzüberschreitend erfolgt. Es müsse aber eine Übereinstimmung mit dem gesetzgeberischen Willen festzustellen sein, bestimmte Konstellationen einer von der Regelbesteuerung abweichenden „günstigeren" Besteuerung zu unterwerfen. Dabei seien nicht nur die durch die deutsche Rechtsordnung gesetzlich eingeräumten steuerlichen Vorteile erheblich, sondern auch solche, die von den nationalen Rechtsordnungen anderer EU-Mitgliedstaaten vorgesehen sind, nicht hingegen solche, die ein Drittstaat unilateral durch nationale Gesetze einräumt. 12

Zirkuläre Vermögensverschiebungen (Abs. 1 Nr. 3 Buchst. c). Dieser Tatbestand beruht nach der Begründung des Gesetzentwurfs (BR-Drs. 489/19, 34 f.) auf folgender Überlegung: Würden Wirtschaftsgüter zwischen Stpfl. verschoben, könne dies zu einer Änderung der steuerlichen Behandlung führen, ohne dass sich die zugrunde liegende Wirtschaftstätigkeit ändere oder ein nichtsteuerlicher Grund für die Transaktion bestehe. Dabei sei unter einer **Transaktion** eine gegenseitige Übertragung von Gütern oder Rechten zwischen mindestens zwei juristischen oder natürlichen Personen, Rechtsträgern oder Vermögensmassen zu verstehen. Eine hier relevante Transaktion liege vor, wenn zwischen der Transaktion und der „Gestaltung" der Zweckzusammenhang bestehe, die Transaktion für die Gestaltung zu nutzen. Eine mitteilungspflichtige StGestaltung liege vor, wenn Stpfl. Transaktionen für zirkuläre Vermögensverschiebungen nutzen würden – und zwar entweder durch die Einbeziehung zwischengeschalteter Unternehmen, die keine wirtschaftliche Tätigkeit ausüben, oder dadurch, dass sich die Transaktionen gegenseitig aufheben oder ausgleichen („Round tripping"). Bei **zirkulären Vermögensverschiebungen** sei maßgeblich, dass es sich um mindestens zwei Transaktionen handeln müsse und dass das betroffene Vermögen nach Abschluss der Transaktionen wertmäßig wieder zum ursprünglichen Stpfl. zurückgelangt sei. Wesentlich sei auch, dass die Transaktionen einem planmäßigen Ablauf folgen würden. Das Merkmal **„gegenseitig aufheben oder ausgleichen"** umfasse nicht Aufhebungen oder Ausgleiche infolge gesetzlicher Vorschriften. Weiterführend vgl. die Beispiele aus der Begründung des Gesetzentwurfs, BR-Drs. 489/19, 34 f. 14

Buchst. d und Buchst. e haben als Ausgangspunkt gemeinsam eine **grenzüberschreitende Zahlung zwischen verbundenen Unternehmen.** 17

Zahlungsempfänger in Niedrigsteuerland (Abs. 1 Nr. 3 Buchst. d). Die Regelung erfasst Fälle, in denen der Empfänger grenzüberschreitender Zahlungen zwischen verbundenen Unternehmen in einem StHoheitsgebiet ansässig ist, welches keine oder sehr geringe KSt erhebt (zur Definition des **verbundenen Unternehmens** → Rn. 33 ff.). Ein KSt-Satz von „nahe 0 Prozent" soll ein StSatz von kleiner oder gleich 4 % sein (BR-Drs. 489/19, 35), wofür der Gesetzeswortlaut allerdings keine Anhaltspunkte enthält. 18

Steuerfreie Zahlungen (Abs. 1 Nr. 3 Buchst. e). Dem Tatbestand unterliegen nach der Begründung des Gesetzentwurfs (BR-Drs. 489/19, 36) die Fälle, in denen die grenzüberschreitenden Zahlungen als solche steuerlich begünstigt seien und nicht ihr Empfänger. Dies könne im Wege einer gesetzlichen StBefreiung oder im Wege einer sog. Präferenzregelung geschehen. Dabei heißt es zur **„Steuerbefreiung"** (Doppelbuchst. aa): Grundlage für eine StBefreiung sei, dass der Staat, dem das Besteuerungsrecht zugewiesen sei, die Zahlungen nicht in die steuerliche Bemessungsgrundlage einbeziehe. Einer 19

StBefreiung stehe es gleich, wenn eine Besteuerung unterbleibt oder aufgrund ausländischer Vorschriften zur Einkünfteermittlung temporäre oder permanente Differenzen im Vergleich zu der nach deutschem StRecht ermittelten Bemessungsgrundlage auftreten. Temporäre Differenzen träten zB auf, wenn das Recht des anderen Vertragsstaats höhere Rückstellungen ermögliche oder höhere Abschreibungen zulassen würde. Permanente Differenzen träten zB auf, wenn das Recht des anderen Vertragsstaats es ermögliche, Aufwendungen abzuziehen, die nach inländischem StRecht dem Betriebsausgabenabzugsverbot des § 4 V 1 EStG unterliegen. Diese Interpretation des Begriffs „Steuerbefreiung" ist im Vergleich zur EUAHiRL überschießend (so auch von Bredow/Gibis BB 2019, 1502; TK § 138e Rn. 19). Zu Doppelbuchst. bb heißt es in der Begründung des Gesetzentwurfs (BR-Drs. 489/19, 36), eine **Präferenzregelung** liege regelmäßig dann vor, wenn bestimmte Branchen, Sektoren oder Einnahmen im Vergleich zur übrigen Wirtschaft oder zu anderen Einnahmekategorien steuerlich begünstigt würden. Insoweit müsse neben der Selektivität der Regelung noch eine von der Regelbesteuerung abweichende, niedrige Besteuerung hinzukommen. Ein Beispiel für eine Präferenzregelung seien Regelungen, die für Lizenzeinkünfte eine bevorzugte Besteuerung vorsehen (sog. Patent- oder Lizenz-Boxen). Das gelte auch dann, wenn die Lizenzeinkünfte auf einer aktiven Forschungs- und Entwicklungstätigkeit iSd modifizierten Nexus-Ansatzes der OECD beruhen würden.

III. Kennzeichen iSd § 138d II 1 Nr. 3 Buchst. b (Abs. 2)

20 **Abs. 2** betrifft bestimmte Gestaltungssituationen, die sich auf die StBemessungsgrundlage beziehen (Nr. 1, 2 und 4) oder auf die Effizienz des Informationsaustauschs über Finanzkonten (Nr. 3).

1. Gestaltungen iSd Abs. 2 Nr. 1

21 Nach **Abs. 2 Nr. 1** sind Kennzeichen iSd § 138d II 1 Nr. 3 Buchst. b drei konkret angeführte Gestaltungssituationen.

22 **Staatenlose Zahlungsempfänger (Abs. 2 Nr. 1 Buchst. a).** Die Regelung betrifft den Fall, dass Zahlungen zwischen verbundenen Unternehmen (Abs. 3) an staatenlose Zahlungsempfänger oder solche Zahlungsempfänger, die in einem Territorium ansässig sind, welches auf sog. EU-Black-List (s. https://ec.europa.eu/taxation_customs/tax-common-eu-list_de) geführt wird, erfolgen. Nach der Begründung des Gesetzentwurfs (BR-Drs. 489/19, 37) sind staatenlose Zahlungsempfänger „typischerweise" solche Personen, „die bewusst eine Ansässigkeit vermeiden. Dies erreichen sie entweder durch ihr tatsächliches Verhalten oder indem sie Qualifikationskonflikte zwischen den betroffenen nationalen Rechtsordnungen ausnutzen." Weiter heißt es dort: „Das Merkmal der Staatenlosigkeit erfasst auch solche Fälle grenzüberschreitender Zahlungen, in denen die steuerliche Ansässigkeit nach den Bestimmungen eines DBA von beiden Vertragsstaaten nicht in korrespondierender Weise bestimmt wird." Dass die Situation des grenzüberschreitenden Qualifikationskonflikts bei PersGes mit der Folge einer etwaigen Staatenlosigkeit hier erfasst ist, wird allerdings von Ditz/Bärsch/Engelen DStR 2019, 815 bezweifelt (jedenfalls bestehe gesetzlicher Klarstellungsbedarf).

23 **Doppel- und Mehrfachbegünstigungen (Abs. 2 Nr. 1 Buchst. b).** Erfasst sind Transaktionen, bei denen Stpfl. vergleichbare StVergünstigungen in mehreren Rechtsordnungen beantragen oder ihnen die StVergünstigungen gewährt werden. Unter die Regelung des **Doppelbuchst. aa** fallen Fallgestaltungen, in denen **Abschreibungen** in mehreren Staaten geltend gemacht werden sollen. Allerdings sind nach der Begründung des Gesetzentwurfs von dem Kennzeichen „solche Fälle nicht erfasst, in denen eine Doppelbesteuerung im Wege der Anrechnungsmethode beseitigt werden soll" (BR-Drs. 489/19, 37 mit Beispiel). Außerdem sei eine Mitteilung nicht „erforderlich, soweit die doppelte Geltendmachung einer Abschreibung zB darauf beruht, dass das Ergebnis der Betriebstätte

sowohl im Betriebstättenstaat als auch im inländischen Stammhaus erfasst und besteuert wird."

Allerdings erfasst Buchst. b auch Fälle (s. **Doppelbuchst. bb**), „in denen eine Befreiung von einer Doppelbesteuerung mehrfach für dieselben Einkünfte oder Vermögen beantragt wird. Dies kann beispielsweise bei Drei-Staaten-Konstellationen vorkommen, in denen auf Basis des DBA zwischen den ersten beiden Staaten eine Freistellung der Einkünfte im zweiten Staat beantragt wird und auf Basis des DBA zwischen dem ersten und dem dritten Staat eine Freistellung der Einkünfte im ersten Staat erzielt wird. Um dies zu erreichen, können zB Qualifikationskonflikte oder Zuordnungskonflikte im Hinblick auf eine steuerliche Transaktion, die diese drei Staaten betrifft, genutzt werden, sodass im Ergebnis diese Einkünfte nirgends besteuert werden." Dies betrifft daher Gestaltungen, die **„weiße Einkünfte"** zur Folge haben (von Bredow/Gibis BB 2019, 1502). Dabei geht es im Wesentlichen um Qualifikationskonflikte, die sich sowohl auf die Einkünfte als auch das Zurechnungssubjekt beziehen können (TK § 138e Rn. 24). 24

Unterschiedliche Wertansätze (Abs. 1 Nr. 1 Buchst. c). Erfasst sind Fälle, in denen sich eine Übertragung oder Überführung von Vermögensgegenständen in den beteiligten Rechtsgebieten hinsichtlich der Wertansätze unterscheidet. Unter das Kennzeichen fallen nach der Begründung des Gesetzentwurfs (BR-Drs. 489/19, 38) „solche Fälle, bei denen zB eine Differenz zwischen Veräußerungspreis im Staat der Veräußerung und Anschaffungspreis im Staat des Erwerbs besteht, etwa weil im Staat der Veräußerung der Buchwert angesetzt wird, während im Staat des Erwerbs der Ansatz mit dem gemeinen Wert erfolgt. Wenn der unterschiedliche Wertansatz 10 Prozent oder weniger beträgt, ist dieser nicht **wesentlich** und somit nicht mitteilungspflichtig." 25

2. Gestaltungen iSd Abs. 2 Nr. 2

Nr. 2 betrifft Gestaltungen, deren Ziel es ist, entweder eine unzureichende Umsetzung des gemeinsamen Meldestandards durch StHoheitsgebiete oder Finanzinstitute oder der von ihnen Beauftragten oder auch die Nichtanwendbarkeit des gemeinsamen Meldestandards auszunutzen. Die Regelung knüpft an den Standard für den automatischen Austausch von Informationen über Finanzkonten nach dem gemeinsamen Meldestandard der OECD an (Common Reporting Standard, CRS). Die Nichtanwendbarkeit kann nach der Begründung des Gesetzentwurfs (BR-Drs. 489/19, 38) „darauf zurückgehen, dass ein Steuerhoheitsgebiet an dem Informationsaustausch nicht teilnimmt oder dass der persönliche, sachliche oder zeitliche Anwendungsbereich des an sich umgesetzten gemeinsamen Meldestandards vermieden wird. Das **Ausnutzen** verwirklicht sich darin, dass ein Informationsaustausch über Finanzkonten nicht, nicht vollständig, nicht verwertbar, nicht mit dem richtigen Endadressaten oder nicht zur richtigen Zeit erfolgt." 26

Die angeführten nicht abschließenden Kennzeichen (Buchst. a bis f) entsprechen nach der Begründung des Gesetzentwurfs (BR-Drs. 489/19, 38 f.) den von der OECD entwickelten „Model Mandatory Disclosure Rules for CRS Avoidance Arrangements and Opaque Offshore Structures" (MDR). Jedenfalls erscheint es als diskussionswürdig, dass „für Zwecke von FATCA und CRS bewusst ausgenommene Finanzkonten über § 138e II Nr. 2 AO erneut Gegenstand einer Meldepflicht sind" (Kepp/Schober BB 2019, 791; TK § 138e Rn. 27). 27

3. Gestaltungen iSd Abs. 2 Nr. 3

Nr. 3 erfasst Gestaltungen, „deren Ziel es ist, durch Zwischenschaltung rechtlicher Eigentümer oder wirtschaftlich Berechtigter (vgl. § 3 GwG) mit Einbeziehung verschiedener Personen, Rechtsvereinbarungen oder Strukturen die Identität wirtschaftlich Berechtigter zu verschleiern" (BR-Drs. 489/19, 39 f.). Dabei müssen die Merkmale der Buchst. a (hier geht es iaR um sog. passive Gesellschaften, die die Ermittlung der hinter ihnen stehenden Berechtigten erschweren) und Buchst. b kumulativ erfüllt sein, ebenso der Nachsatz. Diese Kennzeichen entsprechen den von der OECD entwickelten „Model 28

Mandatory Disclosure Rules for CRS Avoidance Arrangements and Opaque Offshore Structures“ (MDR).

4. Verrechnungspreisgestaltungen iSd Abs. 2 Nr. 4

29 **Nr. 4** betrifft eine abschließende Aufzählung von Verrechnungspreisgestaltungen.

30 **Buchst. a** betrifft Gestaltungen, die sich unilaterale **Safe-Harbour-Regelungen** zu Nutze machen. Dabei handelt es sich um Regelungen, die für eine festgelegte Kategorie von Stpfl. oder Geschäftsvorfällen gilt und dafür in Betracht kommende Stpfl. von bestimmten Verpflichtungen befreit, die aufgrund der allgemeinen Verrechnungspreisvorschriften eines Staates sonst zu erfüllen wären. Eine Safe-Harbour-Regelung ersetzt daher die Verpflichtungen des allgemeinen Verrechnungspreissystems durch einfachere Verpflichtungen (zB pauschale Ermittlung von Gewinnzuschlägen). Unilateral ist eine Regelung, wenn es eine Regelung mit entsprechendem Inhalt nicht auch in mindestens einem anderen von der Gestaltung betroffenen Staat gibt. Nach der Gesetzesbegründung ist eine Regelung insb. dann nicht unilateral, wenn sie von der OECD (insb. in den OECD-Verrechnungspreisleitlinien 2022) akzeptiert wird (BR-Drs. 489/19, 39). Dies kann naturgemäß nur gelten, sofern die OECD-Verrechnungspreisleitlinien in den betreffenden Staaten und über die einschlägigen DBA Anwendung finden.

31 In **Buchst. b** wird die Übertragung von **schwer zu bewertenden immateriellen Werten** zwischen verbundenen Unternehmen oder deren Überführung zwischen Betriebstätten als Kennzeichen einer Verrechnungspreisgestaltung normiert. Der Begriff „schwer zu bewertende immaterielle Werte“ umfasst immaterielle Werte oder Rechte an immateriellen Werten, deren Erfolg zum Zeitpunkt der Übertragung oder Überführung nur schwer absehbar ist (BR-Drs. 489/19, 41 unter Verweis auf OECD Verrechnungspreisleitlinien 2017). Diesem Kennzeichen sind ua Fälle zuzuordnen, in denen der immaterielle Wert zum Zeitpunkt des konzerninternen Transfers nur teilweise entwickelt, seine kommerzielle Verwertung erst zeitversetzt zu erwarten oder die Nutzung neuartig ist. Sind Patente oder Marken bei Übertragung oder Überführung der Inhaberschaft hingegen bereits verfestigt, hat sich also bereits ein Marktpreis gebildet, liegt kein schwer zu bewertender immaterieller Wert vor (BR-Drs. 489/19,41).

32 **Buchst. c** betrifft Übertragungen von Funktionen, Risiken und Wirtschaftsgütern oder sonstigen Vorteilen innerhalb von verbundenen Unternehmen (Abs. 3), sofern sich dies „erheblich negativ“ auf das erwartete jährliche EBIT des übertragenden Unternehmens auswirkt. Bei sinngemäßer Anwendung auf Betriebstätten ist das EBIT des übertragenden Unternehmens ohne Berücksichtigung der Betriebstätte, auf die die Funktionen, Risiken oder Wirtschaftsgüter übertragen wurden, zu berechnen (BR-Drs. 489/19, 41).

IV. „Verbundenes Unternehmen“ (Abs. 3)

33 **Abs. 3** definiert für die Anwendung von Abs. 1, 2 das Merkmal „verbundenes Unternehmen“. Ein „verbundenes Unternehmen“ ist nach Satz 1 eine Person, die mit einer anderen Person auf mindestens eine der in Nr. 1–4 genannten Arten (Geschäftsleitung/Kontrolle/Kapital/Gewinn) verbunden ist. Details hierzu regeln die Sätze 2 bis 5. Dabei ist Person jede natürliche oder juristische Person, PersGes, Gemeinschaft oder Vermögensmasse (Satz 8); eine natürliche Person, ihr Ehepartner und ihre Verwandten in aufsteigender oder absteigender gerader Linie werden als eine einzige Person behandelt, wenn gleichgerichtete wirtschaftliche Interessen bestehen (Satz 7).

34 Weitere Maßgaben enthalten Satz 2 bis 5 für Mehrfach-, gemeinsam gehaltene und mittelbare Beteiligungen.

§ 138f Verfahren zur Mitteilung grenzüberschreitender Steuergestaltungen durch Intermediäre

(1) **Die grenzüberschreitende Steuergestaltung im Sinne des § 138d Absatz 2 ist dem Bundeszentralamt für Steuern nach amtlich vorgeschriebenem Datensatz im Sinne des Absatzes 3 über die amtlich bestimmte Schnittstelle mitzuteilen.**

(2) **Die Angaben nach Absatz 3 sind innerhalb von 30 Tagen nach Ablauf des Tages zu übermitteln, an dem das erste der nachfolgenden Ereignisse eintritt:**

1. die grenzüberschreitende Steuergestaltung wird zur Umsetzung bereitgestellt,
2. der Nutzer der grenzüberschreitenden Steuergestaltung ist zu deren Umsetzung bereit oder
3. mindestens ein Nutzer der grenzüberschreitenden Steuergestaltung hat den ersten Schritt der Umsetzung dieser Steuergestaltung gemacht.

(3) [1]**Der Datensatz muss folgende Angaben enthalten:**

1. zum Intermediär:
   a) den Familiennamen und den Vornamen sowie den Tag und Ort der Geburt, wenn der Intermediär eine natürliche Person ist,
   b) die Firma oder den Namen, wenn der Intermediär keine natürliche Person ist,
   c) die Anschrift,
   d) den Staat, in dem der Intermediär ansässig ist, und
   e) das Steueridentifikationsmerkmal oder die Steuernummer,
2. zum Nutzer:
   a) den Familiennamen und den Vornamen sowie den Tag und Ort der Geburt, wenn der Nutzer eine natürliche Person ist,
   b) die Firma oder den Namen, wenn der Nutzer keine natürliche Person ist,
   c) die Anschrift,
   d) den Staat, in dem der Nutzer ansässig ist, und
   e) das Steueridentifikationsmerkmal oder die Steuernummer des Nutzers, soweit dem Intermediär dies bekannt ist,
3. wenn an der grenzüberschreitenden Steuergestaltung Personen beteiligt sind, die im Sinne des § 138e Absatz 3 als verbundene Unternehmen des Nutzers gelten, zu dem verbundenen Unternehmen:
   a) die Firma oder den Namen,
   b) die Anschrift,
   c) den Staat, in dem das Unternehmen ansässig ist, und
   d) das Steueridentifikationsmerkmal oder die Steuernummer, soweit dem Intermediär dies bekannt ist,
4. Einzelheiten zu den nach § 138e zur Mitteilung verpflichtenden Kennzeichen,
5. eine Zusammenfassung des Inhalts der grenzüberschreitenden Steuergestaltung einschließlich
   a) soweit vorhanden, eines Verweises auf die Bezeichnung, unter der die Steuergestaltung allgemein bekannt ist, und
   b) einer abstrakt gehaltenen Beschreibung der relevanten Geschäftstätigkeit oder Gestaltung des Nutzers, soweit dies nicht zur Offenlegung eines Handels-, Gewerbe- oder Berufsgeheimnisses oder eines Geschäftsverfahrens oder von Informationen führt, deren Offenlegung die öffentliche Ordnung verletzen würde,
6. das Datum des Tages, an dem der erste Schritt der Umsetzung der grenzüberschreitenden Steuergestaltung gemacht wurde oder voraussichtlich gemacht werden wird,

7. **Einzelheiten zu den einschlägigen Rechtsvorschriften aller betroffenen Mitgliedstaaten der Europäischen Union, die unmittelbar die Grundlage der grenzüberschreitenden Steuergestaltung bilden,**
8. **den tatsächlichen oder voraussichtlichen wirtschaftlichen Wert der grenzüberschreitenden Steuergestaltung,**
9. **die Mitgliedstaaten der Europäischen Union, die wahrscheinlich von der grenzüberschreitenden Steuergestaltung betroffen sind, und**
10. **Angaben zu allen in einem Mitgliedstaat der Europäischen Union ansässigen Personen, die von der grenzüberschreitenden Steuergestaltung wahrscheinlich unmittelbar betroffen sind, einschließlich Angaben darüber, zu welchen Mitgliedstaaten der Europäischen Union sie in Beziehung stehen, soweit dem Intermediär dies bekannt ist.**

[2] Soweit dem Intermediär bekannt ist, dass neben ihm mindestens ein weiterer Intermediär im Geltungsbereich dieses Gesetzes oder in einem anderen Mitgliedstaat der Europäischen Union zur Mitteilung derselben grenzüberschreitenden Steuergestaltung verpflichtet ist, so kann er mit deren Einwilligung im Datensatz nach Satz 1 die Angaben nach Satz 1 Nummer 1 auch hinsichtlich der anderen ihm bekannten Intermediäre machen.

(4) **[1] Der mitteilende Intermediär hat den Nutzer darüber zu informieren, welche den Nutzer betreffenden Angaben er gemäß Absatz 3 an das Bundeszentralamt für Steuern übermitteln wird. [2] Im Fall des Absatzes 3 Satz 2 hat der mitteilende Intermediär die anderen ihm bekannten Intermediäre unverzüglich darüber zu informieren, dass die Angaben gemäß Absatz 3 an das Bundeszentralamt für Steuern übermittelt wurden.**

(5) **[1] Das Bundeszentralamt für Steuern weist dem eingegangenen Datensatz im Sinne des Absatzes 3**

1. **eine Registriernummer für die mitgeteilte grenzüberschreitende Steuergestaltung und**
2. **eine Offenlegungsnummer für die eingegangene Mitteilung**

zu und teilt diese dem mitteilenden Intermediär mit. [2] Hat das Bundeszentralamt für Steuern oder die zuständige Behörde eines anderen Mitgliedstaats der Europäischen Union im Einklang mit den dort geltenden Rechtsvorschriften der grenzüberschreitenden Steuergestaltung aufgrund der Mitteilung eines anderen Intermediärs bereits eine Registriernummer zugewiesen und ist diese dem mitteilenden Intermediär bekannt, so hat er sie dem Bundeszentralamt für Steuern im Datensatz nach Absatz 3 Satz 1 mitzuteilen. [3] Satz 1 Nummer 1 ist nicht anzuwenden, wenn der Intermediär nach Satz 2 im Datensatz eine Registriernummer für die grenzüberschreitende Steuergestaltung angegeben hat. [4] Der mitteilende Intermediär hat die Registriernummer nach Satz 1 Nummer 1 und die Offenlegungsnummer nach Satz 1 Nummer 2 unverzüglich dem Nutzer der grenzüberschreitenden Steuergestaltung mitzuteilen. [5] Hat der Intermediär nach Absatz 3 Satz 2 auch andere Intermediäre derselben grenzüberschreitenden Steuergestaltung benannt, so hat er diesen die Registriernummer nach Satz 1 Nummer 1 mitzuteilen.

(6) **[1] Unterliegt ein Intermediär einer gesetzlichen Pflicht zur Verschwiegenheit und hat der Nutzer ihn von dieser Pflicht nicht entbunden, so geht die Pflicht zur Übermittlung der Angaben nach Absatz 3 Satz 1 Nummer 2, 3 und 10 auf den Nutzer über, sobald der Intermediär**

1. **den Nutzer über die Mitteilungspflicht, die Möglichkeit der Entbindung von der Verschwiegenheitspflicht und den anderenfalls erfolgenden Übergang der Mitteilungspflicht informiert hat und**

2. dem Nutzer die nach Absatz 3 Satz 1 Nummer 2, 3 und 10 erforderlichen Angaben, soweit sie dem Nutzer nicht bereits bekannt sind, sowie die Registriernummer und die Offenlegungsnummer zur Verfügung gestellt hat.

2 Ist die Mitteilungspflicht hinsichtlich der in Absatz 3 Satz 1 Nummer 2, 3 und 10 bezeichneten Angaben auf den Nutzer übergegangen, so hat dieser in seiner Mitteilung die Registriernummer und die Offenlegungsnummer anzugeben; die Absätze 1 und 2 gelten in diesem Fall entsprechend. 3 Die Information des Nutzers nach Satz 1 Nummer 2 ist vom Intermediär nach Zugang der Mitteilung der Offenlegungsnummer unverzüglich zu veranlassen und dem Bundeszentralamt für Steuern auf Verlangen mitzuteilen. 4 Erlangt der Nutzer die in Satz 1 Nummer 2 bezeichneten Informationen erst nach Eintritt des nach Absatz 2 maßgebenden Ereignisses, so beginnt die Frist zur Übermittlung der in Absatz 3 Satz 1 Nummer 2, 3 und 10 bezeichneten Angaben abweichend von Absatz 2 erst mit Ablauf des Tages, an dem der Nutzer die Informationen erlangt hat. 5 Hat der Nutzer einer grenzüberschreitenden Steuergestaltung einen Intermediär, der einer gesetzlichen Pflicht zur Verschwiegenheit unterliegt, nicht von seiner Verschwiegenheitspflicht entbunden, kann die Pflicht des Intermediärs zur Mitteilung der Angaben nach Absatz 3 Satz 1 Nummer 1 und 4 bis 9 dadurch erfüllt werden, dass der Nutzer diese Angaben im Auftrag des Intermediärs übermittelt.

(7) **1 Ein Intermediär ist nur dann zur Mitteilung der grenzüberschreitenden Steuergestaltung gegenüber dem Bundeszentralamt für Steuern verpflichtet, wenn er seinen Wohnsitz, seinen gewöhnlichen Aufenthalt, seine Geschäftsleitung oder seinen Sitz**

1. im Geltungsbereich dieses Gesetzes hat oder
2. nicht in einem Mitgliedstaat der Europäischen Union hat, er aber im Geltungsbereich dieses Gesetzes
   a) eine Betriebstätte hat, durch die die Dienstleistungen im Zusammenhang mit der grenzüberschreitenden Steuergestaltung erbracht werden,
   b) in das Handelsregister oder in ein öffentliches berufsrechtliches Register eingetragen ist oder
   c) bei einem Berufsverband für juristische, steuerliche oder beratende Dienstleistungen registriert ist.

2 Bei Anwendung von Satz 1 Nummer 2 Buchstabe a gilt § 138d Absatz 4 entsprechend.

(8) **Ist ein Intermediär hinsichtlich derselben grenzüberschreitenden Steuergestaltung zur Mitteilung im Geltungsbereich dieses Gesetzes und zugleich in mindestens einem anderen Mitgliedstaat der Europäischen Union verpflichtet, so ist er von der Mitteilungspflicht nach diesem Gesetz nur dann befreit, wenn er nachweisen kann, dass er oder der Nutzer die grenzüberschreitende Steuergestaltung bereits in einem anderen Mitgliedstaat der Europäischen Union im Einklang mit den dort geltenden Rechtsvorschriften der zuständigen Behörde mitgeteilt hat.**

(9) **1 Mehrere Intermediäre derselben grenzüberschreitenden Steuergestaltung sind nebeneinander zur Mitteilung verpflichtet. 2 Ein Intermediär ist in diesem Fall von der Mitteilungspflicht gegenüber dem Bundeszentralamt für Steuern befreit, soweit er nachweisen kann, dass die in Absatz 3 bezeichneten Informationen zu derselben grenzüberschreitenden Steuergestaltung bereits durch einen anderen Intermediär oder durch den Nutzer dem Bundeszentralamt für Steuern oder der zuständigen Behörde eines anderen Mitgliedstaats der Europäischen Union im Einklang mit den dort geltenden Rechtsvorschriften mitgeteilt wurden.**

Schrifttum: Kepp/Schober, Anzeigepflicht grenzüberschreitender und nationaler Steuergestaltungsmodelle – aktuelle Umsetzungsfragen, BB 2019, 791; Ditz/Engelen, Neue Anzeigepflichten für Steuergestaltungen – Überblick und erste Handlungsempfehlungen, DStR 2019, 352; Ditz/Bärsch/Engelen, Gesetzesentwurf zur Mitteilungspflicht von Steuergestaltungen – Ein erster Überblick, DStR 2019, 815; Schnitger/Kopec, Die Mitteilungspflichten für nationale und grenzüberschreitende Gestaltungen in Polen, IStR 2019, 776.

Übersicht

I. Allgemeines

1 **Zweck.** § 138f regelt das Verfahren zur Mitteilung grenzüberschreitender StGestaltungen in Fällen, in denen nach § 138d eine Mitteilungspflicht des **Intermediärs** besteht. Zum Verfahren bei einem mitteilungspflichtigen Nutzer s. § 138g. Bei sog. marktfähigen Gestaltungen s. zudem § 138h.

II. Adressat und Form der Mitteilung (Abs. 1)

4 **Abs. 1** bestimmt das BZSt als Adressaten und darüber hinaus, dass die Mitteilung nach amtlich vorgeschriebenem Datensatz und über die amtlich bestimmte Schnittstelle zu erstatten ist. Die Mitteilung ist also zwingend elektronisch nach §§ 87a, 87b einzureichen.

III. Frist (Abs. 2)

5 **Fristbeginn.** Die Mitteilung muss innerhalb von 30 Tagen nach Ablauf des Tages erfolgen, an dem das erste mitteilungspflichtige Ereignis eingetreten ist. Das Gesetz zählt als fristauslösende Ereignisse auf: Die grenzüberschreitende StGestaltung wird zur Umsetzung bereitgestellt (Nr. 1, → § 138d Rn. 6), der Nutzer (s. dazu § 138d V) ist zur Umsetzung der grenzüberschreitenden StGestaltung bereit (Nr. 2), oder mindestens ein Nutzer (s. dazu § 138d V) hat den ersten Schritt der Umsetzung der grenzüberschreitenden StGestaltung gemacht (Nr. 3).

6 **Fristdauer.** Die 30-tägige Mitteilungsfrist wird in der Literatur als zu kurz kritisiert (TK § 138f Rn. 5 mwN), ist aber unionsrechtlich vorgegeben. Eine Verlängerung der Frist in der Situation, dass mehrere Intermediäre anzeigepflichtig sind (insb. mit Blick auf einen Abstimmungsbedarf, um Mehrfachmeldungen zu vermeiden), gibt es nicht (krit. Ditz/Engelen DStR 2019, 352).

7 Zur Frist bei einem Übergang der Mitteilungspflicht auf den Nutzer s. Abs. 6 S. 4 (→ Rn. 23).

IV. Gestaltung des Datensatzes (Abs. 3)

8 **Abs. 3** enthält Bestimmungen zum Inhalt der Mitteilung und setzt voraus, dass der Intermediär die Voraussetzungen des Abs. 7 („Inlandsbezug") erfüllt und daher zur Mitteilung verpflichtet ist. Die Regelung schränkt die Pflicht grds. nicht auf die Informationen ein, die dem Intermediär bekannt sind (krit. Ditz/Bärsch/Engelen DStR 2019, 815).

Satz 1 Nr. 1–3 bestimmen, welche Angaben zum Intermediär, zum Nutzer und zu den an der StGestaltung beteiligten Personen zu machen sind. Die erforderlichen Angaben dienen einer eindeutigen personellen Identifizierung und erfassen daher insb. Namen bzw. Firma, Anschrift, (auch ausländische) StIdentifikationsmerkmale und StNummern. Kritisiert wird, dass zum Intermediär dieselben Angaben zu machen sind (etwa: IdNr.) wie zum Nutzer (BRAK Nr. 22/2019, zu 3.). 9

Nr. 4 verlangt eine Information zu dem oder den Kennzeichen, das die Mitteilungspflicht auslöst. 10

Nr. 5 verlangt eine Beschreibung zum Inhalt der StGestaltung als „Zusammenfassung". Nach der Begründung des Gesetzentwurfs (BR-Drs. 489/19, 46) muss diese Darstellung „einem sachkundigen, objektiven Dritten ohne Weiteres ermöglichen nachzuvollziehen, wie es im Rahmen der StGestaltung zu einem gesetzlich nicht vorgesehenen steuerlichen Vorteil für den Nutzer kommt und was dieser steuerliche Vorteil ist. Zur Kontrolle sollte der Intermediär prüfen, ob es bei der grenzüberschreitenden StGestaltung in einem rein innerstaatlichen Sachverhalt ebenfalls zu dem beabsichtigten steuerlichen Vorteil kommen würde." Zudem sollten neben rechtlichen Erwägungen auch die relevanten Tatsachen (wie etwa die Geschäftstätigkeit) benannt werden. Die Regelung erfordert weiterhin, dass ggf. „die allgemein bekannte Bezeichnung der StGestaltung benannt wird" (mit dortigem Hinweis auf Bezeichnungen wie zB „Cum-Ex" oder „Double Irish with a Dutch Sandwich"). Die Mitteilungspflicht umfasst keine Handels-, Gewerbe- oder Berufsgeheimnisse sowie Geschäftsverfahren oder Informationen, deren Offenlegung die öffentliche Ordnung verletzen würden. 11

Nr. 6 bezieht sich auf den Realisierungsakt, indem die Mitteilung des Datums verlangt wird, an dem iSd § 138d V Nr. 3 mit der Umsetzung der StGestaltung begonnen wurde oder voraussichtlich begonnen wird. Insoweit sind auch Vorbereitungsschritte umfasst, da der steuerliche Vorteil typischerweise erst mit Entstehung der jeweiligen Steuer mit Ablauf des Besteuerungszeitraums entsteht (TK § 138f Rn. 9). 12

Nr. 7 verlangt die Darlegung von Einzelheiten zu den einschlägigen in- und ausländischen Vorschriften, die zum Gegenstand der Gestaltung gehören. Dabei genügt es nach der Begründung des Gesetzentwurfs (BR-Drs. 489/19, 47), dass lediglich die Vorschrift selbst möglichst exakt zitiert wird; handle es sich um ausländische Vorschriften, sei auch die genaue Bezeichnung des jeweiligen Gesetzes einschließlich des gesetzgebenden Staates erforderlich. 13

Der wirtschaftliche Wert einer StGestaltung **(Nr. 8)** ist nicht am erwarteten steuerlichen Vorteil zu bemessen, sondern bezieht sich auf die konkrete Transaktion. Maßgebend zur Wertbestimmung kann auch die Höhe der Gegenleistung sein (TK § 138f Rn. 9). Dennoch ist die Wertermittlung recht unklar (BRAK Nr. 22/2019, zu 3). 14

Bei **Nr. 9** könnte eine „Betroffenheit" schon dann vorliegen, wenn die StGestaltung geeignet ist, steuerliche Auswirkungen auf die genannten Mitgliedstaaten zu haben (TK § 138f Rn. 9). 15

Zu **Nr. 10:** Die genaue Reichweite dieser Angabe ist unklar (BRAK Nr. 22/2019, zu 3). 16

Nach **Satz 2** kann der Meldende auch weitere ihm bekannte Intermediäre mit deren Einwilligung „melden", ebenfalls eine dem Meldenden bekannte bereits erteilte Registriernummer (s. Abs. 5 S. 2). 17

V. Information des Nutzers und anderer Intermediäre (Abs. 4)

Abs. 4. Der mitteilende Intermediär hat den Nutzer darüber zu informieren, welche den Nutzer betreffenden Daten er nach Abs. 3 an das BZSt übermitteln wird. Darüber hinaus hat der mitteilende Intermediär im Fall des Abs. 3 S. 2 die anderen ihm bekannten Intermediäre unverzüglich darüber zu informieren, dass die Daten nach Abs. 3 an das BZSt 18 übermittelt wurden; dies eröffnet für jene Personen die Möglichkeit der Pflichtentlastung (s. Abs. 9).

19 **Mitteilung der Meldenachweise.** Die notwendige Information des Nutzers und anderer Intermediäre wird durch Abs. 5 S. 4, 5 auch auf die vom BZSt mitgeteilten Nummern (s. Abs. 5 S. 1) erstreckt.

VI. Meldenachweis des BZSt (Abs. 5)

20 **Abs. 5.** Nach Eingang der Meldung weist das BZSt der eingegangenen Mitteilung eine Registriernummer für die Gestaltung und eine Offenlegungsnummer für die Meldung zu und teilt sie dem meldenden Intermediär mit (s. zu Einzelheiten betr. eine bereits vorliegende Meldung eines anderen Intermediärs, die auch eine weitere Registriernummer entbehrlich macht, Abs. 5 S. 2, 3). Der Intermediär hat die Nummern alsdann unverzüglich dem (bei mehreren: jedem) Nutzer der Gestaltung mitzuteilen (Satz 4).

VII. Übergang der Pflicht auf den Nutzer (Abs. 6)

21 **Abs. 6** bezieht sich auf die Konstellation, dass der Intermediär, der Abs. 7 erfüllt, einer gesetzlichen Verpflichtung zur Verschwiegenheit unterliegt und der Nutzer ihn von dieser Verpflichtung nicht entbunden hat.

22 **Sachlicher Anwendungsbereich.** Der Pflichtenübergang ist ausdrücklich auf die Angaben des Abs. 3 S. 1 Nr. 2, 3 und 10 beschränkt. Die Pflicht zur Mitteilung der anderen Daten verbleibt – ungeachtet einer gesetzlichen Verpflichtung zur Verschwiegenheit – beim Intermediär (ob dies mit der Verschwiegenheitsverpflichtung vereinbar ist, wird von BRAK Nr. 22/2019, zu 2. in Frage gestellt).

23 **Voraussetzungen.** Der Intermediär muss den Nutzer über die Möglichkeit der Entbindung von der Verschwiegenheitsverpflichtung und den Übergang der Mitteilungspflicht informiert haben (Nr. 1) und dem Nutzer die erforderlichen Angaben (soweit sie dem Nutzer nicht bereits bekannt sind) und die dem Intermediär (durch die eigene, ohne die personenbezogenen Angaben iSv Abs. 3 S. 1 Nr. 2, 3 und 10 erfolgte) mitgeteilte Registriernummer und Offenlegungsnummer zur Verfügung stellen (Nr. 2). Dabei ist die in Satz 1 benannte Information des Nutzers vom Intermediär unverzüglich zu veranlassen und dem BZSt auf Verlangen mitzuteilen, spätestens im Zeitpunkt des nach Abs. 2 maßgeblichen mitteilungspflichtigen Ereignisses (s. Satz 3). Abweichend von Abs. 2 beginnt in diesem Fall die Mitteilungsfrist des Nutzers mit Ablauf des Tages, an dem er die in Satz 1 Nr. 2 bezeichneten Informationen erlangt hat (Satz 4). Sind diese Voraussetzungen nicht erfüllt, verbleibt es bei einer Mitteilungspflicht des Intermediärs.

VIII. Inlandsbezug beim Intermediär (Abs. 7)

24 **Abs. 7** begrenzt den persönlichen Anwendungsbereich für den Intermediär: Er muss mit seinem Wohnsitz oder seinem gewöhnlichen Aufenthalt bzw. seiner Geschäftsleitung oder seinem Sitz einen territorialen Bezug zu Deutschland haben (Satz 1 Nr. 1), oder jene Kriterien nur in einem Drittstaat erfüllen, aber dann (Satz 1 Nr. 2) eine Betriebsstätte (zum Begriff verweist Satz 2 auf § 138d IV, sodass sowohl § 12 als auch eine DBA-Regelung maßgebend sein kann) im Inland haben, durch die die Dienstleistungen im Zusammenhang mit der grenzüberschreitenden StGestaltung erbracht werden (Buchst. a), im deutschen Handelsregister oder ein öffentliches berufsrechtliches Register eingetragen sein (Buchst. b), oder in Deutschland bei einem Berufsverband für juristische, steuerliche oder beratende Dienstleistungen registriert sein (Buchst. c). Besteht der territoriale Bezug zu Deutschland (Nr. 1), kommt es nicht darauf an, ob die grenzüberschreitende StGestaltung im Inland ansässige Nutzer oder deutsche StAnsprüche betrifft; besteht der territoriale Bezug hingegen zu einem Mitgliedstaat der EU, ist der Intermediär dort zur Mitteilung verpflichtet – auch dann, wenn die grenzüberschreitende Gestaltung in Deutschland

ansässige Nutzer und deutsche StAnsprüche betrifft. S. zur Vermeidung einer doppelten Anzeigepflicht auch Abs. 8 (TK § 138f Rn. 15).

IX. Örtliche Meldekonkurrenz (Abs. 8)

Abs. 8 regelt den Fall, dass ein in der EU ansässiger Intermediär zur Mitteilung derselben StGestaltung zugleich in Deutschland und in einem oder mehreren anderen Mitgliedstaaten verpflichtet ist. Da mit Blick auf den Datenaustausch eine „doppelte" Pflicht unverhältnismäßig ist, ist ein Intermediär von der deutschen Mitteilungspflicht befreit, sofern er nachweisen kann, dass er oder der Nutzer die Gestaltung bereits in einem anderen Mitgliedstaat nach dortigem Recht ordnungsgemäß übermittelt hat. Zum Nachweis soll die Angabe der Registrier- und Offenlegungsnummer (s. Abs. 5 S. 1) dienen können (BR-Drs. 489/19, 50). 25

X. Persönliche Meldekonkurrenz (Abs. 9)

Abs. 9 bestimmt in Satz 1 als Grundsatz, dass mehrere Intermediäre derselben grenzüberschreitenden StGestaltung nebeneinander zur Mitteilung verpflichtet sind („gesamtschuldnerisch" – s. Begründung des Gesetzentwurfs, BR-Drs. 489/19, 50). Allerdings befreit Satz 2 wiederum von dieser Pflicht bei einer Zweckerreichung, dh dann, wenn der Intermediär nachweisen kann, dass zur selben grenzüberschreitenden StGestaltung die notwendige Meldung bereits durch einen anderen Intermediär oder den Nutzer ordnungsgemäß gemacht wurde. Ungeregelt ist die Schwierigkeit, die entstehen kann, wenn die „mehreren Pflichtigen" unterschiedlichen Richtlinienumsetzungen an ihren jeweiligen Standorten unterliegen (Kepp/Schober BB 2019, 791; Schnitger/Kopec IStR 2019, 776). 26

§ 138g Verfahren zur Mitteilung grenzüberschreitender Steuergestaltungen durch Nutzer

(1) [1]**Erfüllt bei einer grenzüberschreitenden Steuergestaltung im Sinne des § 138d Absatz 2 kein Intermediär die Voraussetzungen des § 138f Absatz 7, so obliegt die Mitteilung der in § 138f Absatz 3 bezeichneten Angaben dem Nutzer; in diesem Fall gilt § 138f Absatz 1 und 2 entsprechend.** [2]**Die Mitteilungspflicht des Nutzers nach Satz 1 besteht nicht, soweit der Nutzer nachweisen kann, dass er selbst, ein Intermediär oder ein anderer Nutzer dieselbe grenzüberschreitende Steuergestaltung bereits in einem anderen Mitgliedstaat der Europäischen Union im Einklang mit den dort geltenden Rechtsvorschriften mitgeteilt hat.**

(2) [1]**Obliegt die Mitteilung der in § 138f Absatz 3 bezeichneten Angaben im Fall des Absatzes 1 mehreren Nutzern derselben grenzüberschreitenden Steuergestaltung, so gilt Folgendes:**

1. **hinsichtlich der in § 138f Absatz 3 Satz 1 Nummer 1 und 4 bis 9 bezeichneten Angaben ist vorrangig der Nutzer zur Mitteilung verpflichtet, der die grenzüberschreitende Steuergestaltung mit dem Intermediär oder den Intermediären vereinbart hat; nachrangig ist der Nutzer mitteilungspflichtig, der die Umsetzung der grenzüberschreitenden Steuergestaltung verwaltet;**
2. **alle Nutzer derselben grenzüberschreitenden Steuergestaltung sind zur Mitteilung der in § 138f Absatz 3 Satz 1 Nummer 2, 3 und 10 bezeichneten Angaben verpflichtet;**
3. **soweit der in Nummer 1 bezeichnete Nutzer auch die in § 138f Absatz 3 Satz 1 Nummer 2, 3 und 10 bezeichneten Angaben zu den übrigen Nutzern derselben Steuergestaltung mitgeteilt hat, sind die übrigen Nutzer von der Mitteilungspflicht nach Nummer 2 befreit.**

[2]**Bei Anwendung von Satz 1 Nummer 1 gilt § 138f Absatz 5 Satz 1 und 4 entsprechend.**

(3) **Die Absätze 1 und 2 gelten nur für Nutzer, die ihren Wohnsitz, ihren gewöhnlichen Aufenthalt, ihre Geschäftsleitung oder ihren Sitz**
1. im Geltungsbereich dieses Gesetzes haben oder
2. nicht in einem Mitgliedstaat der Europäischen Union haben, aber im Geltungsbereich dieses Gesetzes
a) eine Betriebstätte im Sinne des § 138d Absatz 4 haben, in der durch die grenzüberschreitende Steuergestaltung ein steuerlicher Vorteil entsteht,
b) Einkünfte erzielen oder eine wirtschaftliche Tätigkeit ausüben, sofern diese für eine Steuer von Bedeutung sind, auf die das EU-Amtshilfegesetz anzuwenden ist.

I. Allgemeines

1 **Zweck.** § 138g beschreibt das Verfahren bei bestehender Mitteilungspflicht eines Nutzers (§ 138d V), zum Verfahren bei einem mitteilungspflichtigen Intermediär s. §§ 138 f. Konkret regelt die Vorschrift die Pflichtvoraussetzungen und die Rückausnahme (Abs. 1 S. 1 Hs. 1, Satz 2; Abs. 3), den Adressaten, die Form der Mitteilung und die Frist (Abs. 1 S. 1 Hs. 2), sowie die Konkurrenz bei mehreren Nutzern (Abs. 2, 3).

2 Zur Anwendung der Intermediär-Regelungen beim „Eigen-Nutzer" s. § 138d VI. Bei sog. marktfähigen Gestaltungen ist ergänzend § 138h III 2 zu beachten. Zur Sanktion bei fehlender bzw. nicht rechtzeitiger Mitteilung oder bei unvollständiger Datenübermittlung s. § 379 II Nr. 1 f.

II. Pflichtvoraussetzungen und Rückausnahme (Abs. 1, 3)

3 **Grundsatz.** Abs. 1 bezieht sich auf die Konstellation, dass bei einer StGestaltung iSd § 138d II kein Intermediär die Voraussetzungen des § 138f VII (Inlandsbezug) erfüllt – dann obliegt die Mitteilung der in § 138f III bezeichneten Daten dem Nutzer. In diesem Fall gilt nach Abs. 1 S. 1 Hs. 2 die Regelung des § 138f I und II (Adressat, Form der Mitteilung, Frist) entspr.

4 **Rückausnahme.** Dieser Pflichtenübergang auf den Nutzer gilt allerdings nach Abs. 1 S. 2 nicht, soweit der Nutzer nachweisen kann, dass er selbst, ein Intermediär oder ein anderer Nutzer dieselbe grenzüberschreitende StGestaltung bereits in einem anderen Mitgliedstaat der EU im Einklang mit den dort geltenden Rechtsvorschriften mitgeteilt hat.

5 **Inlandsbezug.** Abs. 1 gilt nach Abs. 3 nur dann, wenn der Nutzer entweder im Inland ansässig ist (Nr. 1), oder er nicht in einem anderen EU-Mitgliedstaat ansässig ist, er aber in Deutschland eine Betriebsstätte hat (Verweis auf den Begriffsinhalt des § 138d IV), in der durch die grenzüberschreitende StGestaltung ein Vorteil entsteht (Buchst. a), oder er dort Einkünfte erzielt oder eine wirtschaftliche Tätigkeit ausübt, sofern diese für eine Steuer von Bedeutung ist, auf die das EUAHiG anzuwenden ist (Buchst. b).

III. Persönliche Meldekonkurrenz (Abs. 2)

6 **Abs. 2.** Obliegt die Pflicht mehreren Nutzern derselben grenzüberschreitenden StGestaltung, gilt nach Abs. 2 S. 1: Hinsichtlich der in § 138f III 1 Nr. 1, 4 und 9 bezeichneten Daten ist vorrangig der Nutzer zur Mitteilung verpflichtet, der die grenzüberschreitende StGestaltung mit dem Intermediär vereinbart hat; nachrangig ist der Nutzer mitteilungspflichtig, der die Umsetzung der grenzüberschreitenden StGestaltung verwaltet (Nr. 1) – in diesem Fall gelten die Regelungen des § 138f V 1, 4 entspr. (BT-Drs 19/14685, 51); alle Nutzer derselben grenzüberschreitenden StGestaltung sind zur Mitteilung der in § 138f III 1 Nr. 2, 3 und 10 bezeichneten Daten verpflichtet (Nr. 2); soweit der in Nr. 1 bezeichnete Nutzer auch die in § 138f III 1 Nr. 2, 3 und 10 bezeichneten Daten zu den

übrigen Nutzern derselben StGestaltung mitgeteilt hat, sind die übrigen Nutzer von der Mitteilungspflicht nach Nr. 2 befreit (Nr. 3). Zu Satz 1 Nr. 1 gilt nach Satz 2 der § 138f V 1, 4 entspr. (Erteilung einer Registrier- und Offenlegungsnummer durch das BZSt und Mitteilung an diesen Nutzer).

Inlandsbezug. Abs. 2 gilt wegen Abs. 3 nur nach dessen Maßgabe. 7

§ 138h Mitteilungen bei marktfähigen grenzüberschreitenden Steuergestaltungen

(1) **Eine grenzüberschreitende Steuergestaltung ist marktfähig, wenn sie konzipiert wird, vermarktet wird, umsetzungsbereit ist oder zur Umsetzung bereitgestellt wird, ohne dass sie individuell angepasst werden muss.**

(2) [1]**Bei marktfähigen grenzüberschreitenden Steuergestaltungen sind Änderungen und Ergänzungen hinsichtlich der in § 138f Absatz 3 Satz 1 Nummer 1, 2, 3, 6, 9 und 10 bezeichneten Angaben, die nach Übermittlung des Datensatzes nach § 138f Absatz 3 eingetreten sind, innerhalb von zehn Tagen nach Ablauf des Kalendervierteljahres mitzuteilen, in dem die jeweils mitteilungspflichtigen Umstände eingetreten sind.** [2]**Dabei sind die Registriernummer und die Offenlegungsnummer anzugeben.** [3]**Die Angaben sind dem Bundeszentralamt für Steuern nach amtlich vorgeschriebenem Datensatz über die amtlich bestimmte Schnittstelle mitzuteilen.** [4]**Die Sätze 1 bis 3 gelten in den Fällen des § 138g entsprechend.**

I. Allgemeines

Zweck. Die Regelung betrifft das Verfahren bei Mitteilungen zu marktfähigen grenzüberschreitenden StGestaltungen (→ Rn. 2); Ziel ist es, zu vermeiden, dass für jeden einzelnen Nutzer vollständige Datensätze iSv § 138f III 1 übermittelt werden müssen, obwohl die mitzuteilenden Daten überwiegend identisch sind (BT-Drs. 19/14685, 52). 1

II. Definition der marktfähigen grenzüberschreitenden Steuergestaltung (Abs. 1)

Abs. 1. Eine grenzüberschreitende StGestaltung ist „marktfähig", wenn sie konzipiert wird, vermarktet wird, umsetzungsbereit ist oder zur Umsetzung bereitgestellt wird, ohne dass sie individuell angepasst werden muss. 2

III. Folgen (Abs. 2)

Aktualisierungspflicht. Nach Abs. 2 S. 1, 2 sind bei marktfähigen grenzüberschreitenden StGestaltungen Änderungen und Ergänzungen hinsichtlich der in § 138f III 1 Nr. 1, 2, 3, 6, 9 und 10 bezeichneten Daten, die nach Übermittlung des Datensatzes nach § 138f III eingetreten sind („neu hinzugekommene Nutzer", s. BT-Drs. 19/14685, 52), innerhalb von zehn Tagen nach Ablauf des Kalendervierteljahres unter Angabe der Registriernummer und der Offenlegungsnummer dem BZSt mitzuteilen, in dem die jeweils mitteilungspflichtigen Umstände eingetreten sind. 4

Nutzermeldung. Die Aktualisierungspflicht (→ Rn. 4) gilt nach Abs. 2 S. 3 auch für die Nutzer-Meldung des § 138g. 5

§ 138i Information der Landesfinanzbehörden

Soweit von nach den §§ 138f bis 138h mitgeteilten grenzüberschreitenden Steuergestaltungen im Sinne des § 138d Absatz 2 Steuern betroffen sind, die von Landesfinanzbehörden oder Gemeinden verwaltet werden, teilt das Bundeszentralamt für Steuern den für die Nutzer zuständigen Finanzbehörden der Länder

im automatisierten Verfahren unter Angabe der Registriernummer und der Offenlegungsnummer mit, dass ihm Angaben über mitgeteilte grenzüberschreitende Steuergestaltungen vorliegen.

1 **Zweck.** Die Regelung sieht im Zusammenhang mit dem Eingang einer Anzeige eine innerbehördliche Information durch das BZSt vor.

2 **Einzelheiten.** Soweit Mitteilungen über grenzüberschreitende StGestaltungen (auch) Steuern betreffen, die von den Ländern oder Gemeinden verwaltet werden, hat das BZSt den LandesFB im automatisierten Verfahren mitzuteilen, dass Angaben über ihm mitgeteilte grenzüberschreitende StGestaltungen vorliegen (auf dieser Grundlage kann dann behördenintern über weitergehende Maßnahmen im Zusammenhang mit dieser Gestaltung beraten werden, Podeyn/Tschatsch/Fischler DB 2019, 633). Zur Information über die Auswertung einer Mitteilung → § 138j Rn. 5.

§ 138j Auswertung der Mitteilungen grenzüberschreitender Steuergestaltungen

(1) [1]**Das Bundeszentralamt für Steuern wertet die ihm nach den §§ 138f bis 138h zugegangenen Mitteilungen aus.** [2]**Soweit von mitgeteilten grenzüberschreitenden Steuergestaltungen im Sinne des § 138d Absatz 2 Steuern betroffen sind, die von Zollbehörden verwaltet werden, übermittelt das Bundeszentralamt für Steuern die ihm zugegangenen Mitteilungen zusammen mit der jeweils zugewiesenen Registriernummer an die Generalzolldirektion.** [3]**Die Auswertung der Daten erfolgt in diesem Fall durch die Generalzolldirektion.** [4]**Die Ergebnisse der Auswertung teilen das Bundeszentralamt für Steuern und die Generalzolldirektion dem Bundesministerium der Finanzen mit.**

(2) **Soweit von nach den §§ 138f bis 138h mitgeteilten grenzüberschreitenden Steuergestaltungen Steuern betroffen sind, die ganz oder teilweise den Ländern oder Gemeinden zustehen, unterrichtet das Bundesministerium der Finanzen die obersten Finanzbehörden der Länder über die Ergebnisse der Auswertung.**

(3) **Soweit von nach den §§ 138f bis 138h mitgeteilten grenzüberschreitenden Steuergestaltungen Steuern betroffen sind, die von Finanzbehörden der Länder oder von Gemeinden verwaltet werden, stellt das Bundeszentralamt für Steuern den für die Nutzer zuständigen Finanzbehörden der Länder ergänzend zu den Angaben nach § 138i auch die Angaben nach § 138f Absatz 3 sowie eigene Ermittlungsergebnisse und die Ergebnisse der Auswertung zum Abruf bereit.**

(4) [1]**Das Ausbleiben einer Reaktion des Bundeszentralamts für Steuern, der Generalzolldirektion, des Bundesministeriums der Finanzen oder des Gesetzgebers auf die Mitteilung einer grenzüberschreitenden Steuergestaltung nach den §§ 138f bis 138h bedeutet nicht deren rechtliche Anerkennung.** [2]**§ 89 Absatz 2 bis 7 bleibt unberührt.**

(5) **Die Verarbeitung personenbezogener Daten aufgrund von Mitteilungen über grenzüberschreitende Steuergestaltungen durch Finanzbehörden ist ein Verwaltungsverfahren in Steuersachen im Sinne des Gesetzes.**

Schrifttum: Eilers/Sommer, Anzeigepflicht für Steuergestaltungen – Sinnvoller Wettlauf der Gesetzgeber?, ISR 2019, 75.

I. Allgemeines

1 Die Vorschrift regelt die Auswertung der nach §§ 138fff. mitgeteilten StGestaltungen zum Zwecke der Evaluierung der neu geschaffenen Mitteilungspflicht. Die Vorschrift dient allein dem Zweck, ggf. vorhandenen Reformbedarf oder die Notwendigkeit von Ver-

waltungsanweisungen zu identifizieren; sie soll nicht zu einer Auswertung der gewonnenen Informationen mit Blick auf einzelne Besteuerungsfälle führen.

II. Aufgabenzuweisung der Datenauswertung (Abs. 1)

Abs. 1. Die Auswertungsaufgabe wird nach Abs. 1 S. 1 dem BZSt zugewiesen, im Bereich der von Zollbehörden verwalteten Steuern ist nach einer Datenübermittlung die Generalzolldirektion zuständig. Die Ergebnisse der Auswertung sind vom BZSt (bzw. der Generalzolldirektion) dem BMF mitzuteilen. 2

III. Ergebnismitteilung (Abs. 2, 3)

Abs. 2. Soweit von einer Mitteilung (§§ 138f bis 138h) Steuern betroffen sind, die ganz oder teilweise den Ländern oder Gemeinden zustehen, informiert das BMF seinerseits die obersten FB der Länder über die Ergebnisse der Auswertung (Abs. 2). Nach der Begründung des Gesetzentwurfs (BT-Drs. 19/14685, 53) können die Behörden auf dieser Grundlage dann erörtern, ob die StGestaltung Anlass dafür bietet, gesetzgeberische Maßnahmen zu prüfen, oder ob ein BMF-Schreiben oder ein gleichlautender Ländererlass zum Umgang mit der StGestaltung erlassen werden soll. Soweit Steuern betroffen sind, die von Zollbehörden verwaltet werden, entscheidet das BMF, ob gesetzgeberische Maßnahmen getroffen werden oder Verwaltungsvorschriften (zB BMF-Erlasse) zum Umgang mit der StGestaltung ergehen. 3

Abruf. Das BZSt hat den LandesFB Angaben über ihm unmittelbar oder mittelbar (über das EU-Zentralverzeichnis) mitgeteilte grenzüberschreitende StGestaltungen zusammen mit den Ergebnissen seiner Auswertung zum Abruf bereitzustellen, soweit diese StGestaltungen von den Ländern oder Gemeinden verwaltete Steuern betreffen (Abs. 4). Der Aufwand bei der Auswertung von ausländischen Meldungen sollte nicht unterschätzt werden (Eilers/Sommer ISR 2019, 75). 4

IV. Meldefolgen (Abs. 4)

Abs. 4 soll verdeutlichen (s. BT-Drs. 19/14685, 53: „klarstellend"), dass für eine steuerliche Anerkennung der mitgeteilten StGestaltung eine ausdrückliche Reaktion der FB erforderlich ist. Das Ausbleiben einer Reaktion der FVerw. auf die Mitteilung einer StGestaltung bedeutet somit nicht deren rechtliche Anerkennung (Satz 1) und kann auch keinen entsprechenden Vertrauensschutz begründen (BT-Drs. 19/14685, 54). Rechtssicherheit erlangt der Stpfl. nur durch eine verbindliche Auskunft; § 89 II bleibt ausdrücklich unberührt (s. S. 2). Dem Pflichtenkreis ist damit kein Rechtsvorteil (Anerkennung der Gestaltung) beigestellt – dies wird in der Literatur kritisiert (TK § 138j Rn. 5 mwN). 5

V. Datenschutz (Abs. 5)

Abs. 5 dient klarstellend der Rechtssicherheit bezüglich der in der DS-GVO vorgesehenen Ausnahmen für Verwaltungsverfahren in StSachen. 6

§ 138k Angabe der grenzüberschreitenden Steuergestaltung in der Steuererklärung

[1]Hat ein Nutzer eine grenzüberschreitende Steuergestaltung im Sinne des § 138d Absatz 2 oder der entsprechenden Regelung eines anderen Mitgliedstaats der Europäischen Union verwirklicht, so hat er diese in der Steuererklärung für die Steuerart und den Besteuerungszeitraum oder den Besteuerungszeitpunkt, in der sich der steuerliche Vorteil der grenzüberschreitenden Steuergestaltung erstmals auswirken soll, anzugeben. [2]Hierzu genügt die Angabe

1. der vom Bundeszentralamt für Steuern zugeteilten Registriernummer und Offenlegungsnummer oder
2. der von der zuständigen Behörde eines anderen Mitgliedstaats der Europäischen Union zugeteilten Registriernummer und Offenlegungsnummer.

1 **Zweck.** Die Regelung statuiert die Erklärungspflicht des Nutzers einer grenzüberschreitenden StGestaltung. Hat ein Nutzer (vgl. § 138d V) eine grenzüberschreitende StGestaltung umgesetzt, muss er diesen Umstand in der maßgeblichen StErklärung unter Benennung der Registrier- und der Offenlegungsnummer (s. S. 2) deklarieren; weitere Darlegungen zu den mit der Gestaltung verbundenen Wirkungen auf die Bemessungsgrundlage sind damit entbehrlich. Die Angabe wird im behördlichen Veranlagungsablauf „sicherstellen", diesen Fall als Aufgriffspunkt zu qualifizieren (Podeyn/Tschatsch/Fischler DB 2019, 633).

2 **Kritik.** In diesem Zusammenhang besteht die Möglichkeit, über die Offenlegungsnummer einen Kontakt zur Intermediär-Meldung herzustellen, sodass das Mandatsverhältnis letztlich offengelegt wird. In der Literatur wird hierdurch ein Verstoß einer Verschwiegenheitspflicht für möglich gehalten (TK § 138k Rn. 2).

§ 139 Anmeldung von Betrieben in besonderen Fällen

(1) [1]**Wer Waren gewinnen oder herstellen will, an deren Gewinnung, Herstellung, Entfernung aus dem Herstellungsbetrieb oder Verbrauch innerhalb des Herstellungsbetriebs eine Verbrauchsteuerpflicht geknüpft ist, hat dies der zuständigen Finanzbehörde vor Eröffnung des Betriebs anzumelden.** [2]**Das Gleiche gilt für den, der ein Unternehmen betreiben will, bei dem besondere Verkehrsteuern anfallen.**

(2) [1]**Durch Rechtsverordnung können Bestimmungen über den Zeitpunkt, die Form und den Inhalt der Anmeldung getroffen werden.** [2]**Die Rechtsverordnung erlässt die Bundesregierung, soweit es sich um Verkehrsteuern mit Ausnahme der Luftverkehrsteuer handelt, im Übrigen das Bundesministerium der Finanzen.** [3]**Die Rechtsverordnung des Bundesministeriums der Finanzen bedarf der Zustimmung des Bundesrates nur, soweit sie die Biersteuer betrifft.**

I. Allgemeines

1 **Gegenstand der Vorschrift.** § 139 ergänzt im Verbrauch- und VerkehrStRecht die allg. Betriebsanzeigepflicht nach § 138. Die Vorschrift normiert für Hersteller und Unternehmer eine zusätzliche, auf die jeweilige StArt zugeschnittene Anmeldepflicht.

2 **Zweck der Vorschrift.** Die Anmeldepflicht nach § 139 dient zunächst der Erfassung der Hersteller und Unternehmer. Darüber hinaus soll § 139 I 1 für Betriebe, die verbrauchsteuerpflichtige Waren gewinnen oder herstellen, die StAufsicht (§§ 209 ff.) ermöglichen (BT-Drs. VI/1982, 123). § 139 I 2 verfolgt zudem für Unternehmen, bei denen besondere VerkehrSt anfallen, ordnungspolitische und wirtschaftsverwaltende Zwecke.

II. Anmeldepflicht (Abs. 1)

1. Anmeldepflicht für das Verbrauchsteuerrecht (Abs. 1 S. 1)

3 **Allgemeines.** § 139 I 1 verpflichtet Inhaber von Betrieben, in denen verbrauchsteuerpflichtige Waren hergestellt oder gewonnen werden, dieses vor Eröffnung des Betriebs anzuzeigen. Entsprechendes gilt nach dem Zweck der Vorschrift bei einem Inhaberwechsel (TK § 139 Rn. 2).

4 **VerbrauchSt iSd § 139 I 1** sind nur die besonderen VerbrauchSt, wie zB die BierSt, die BranntweinSt, die EnergieSt, die TabSt und die SchaumwSt. Nicht erfasst wird die

USt, die – selbst, wenn man sie als VerbrauchSt qualifiziert – lediglich eine allg. VerbrauchSt ist (Gosch AO § 139 Rn. 8; TK § 139 Rn. 2). **Betrieb iSd § 139 I 1** ist jede einzelne Betriebsstätte, in der verbrauchsteuerpflichtige Waren hergestellt oder gewonnen werden. **Adressat der Anmeldung** ist das nach § 16 AO iVm § 12 II FVG sachlich zuständige HZA. Örtlich zuständig ist nach § 23 II das HZA, in dessen Bezirk der Stpfl. sein Unternehmen betreibt.

2. Anmeldepflicht für das Verkehrsteuerrecht (Abs. 1 S. 2)

Allgemeines. § 139 I 2 bezieht sich auf Unternehmer, die ein Unternehmen betreiben 5
wollen, bei dem besondere VerkehrSt anfallen.

Verkehrsteuern iSd § 139 I 2 sind nur die besonderen VerkehrSt, die einen unter- 6
nehmensspezifischen Bezug haben, wie zB die VersSt, die FeuerschSt und die RennwLottSt (TK § 139 Rn. 3). Nicht erfasst wird – mangels eines unternehmerischen Bezugs – zB die GrESt. Entsprechendes gilt für die USt, da es sich nur um eine allgemeine und nicht um eine besondere VerkehrSt handelt (BT-Drs. VI/1982, 123). Schließlich werden auch nicht die KraftSt und die Spielbankabgabe erfasst. **Adressat der Anmeldung** ist das nach § 16 AO iVm § 17 II FVG sachlich zuständige FA. Die örtliche Zuständigkeit ergibt sich aus den jeweiligen VerkehrStGesetzen.

III. Verordnungsermächtigung (Abs. 2)

§ 139 II 1 enthält eine Ermächtigung zum Erlass einer Rechtsverordnung über den 7
Zeitpunkt, die Form und den Inhalt der Anmeldung nach Abs. 1. Von dieser Ermächtigung ist in den Durchführungsverordnungen zu den besonderen Verbrauch- und VerkehrStGesetzen Gebrauch gemacht worden, wie zB in §§ 4 ff. BierStV, in §§ 8 f. TabStV und in § 2 VersStDV. **§ 139 II 2** regelt, wer für den Erlass einer Rechtsverordnung nach Abs. 2 S. 1 zuständig ist. Abs. 2 S. 2 ist **durch das AmtshilfeRLUmsG (BGBl. 2013 I 1809) mit Wirkung vom 30.6.2013** im Hinblick auf das 2011 in Kraft getretene LuftVStG (BGBl. 2010 I 1885) **geändert worden** (vgl. BR-Drs. 302/12, 132). Nach **§ 139 II 3** bedarf eine Rechtsverordnung zur BierSt der Zustimmung des Bundesrates. Dies ist gerechtfertigt, da den Ländern gem. Art. 106 II Nr. 5 GG das Aufkommen der BierSt zusteht.

IV. Verfahrensfragen

Zwangsmittel. Die Anmeldepflicht nach § 139 I kann von der FB nach einer ent- 8
sprechenden Aufforderung gem. §§ 328 ff. erzwungen werden. Die Aufforderung ist ein VA, der mit dem Einspruch (§ 347) und ggf. der Anfechtungsklage (§ 40 I FGO) angefochten werden kann.

Verstöße gegen die Anmeldepflicht nach § 139 I 1 können nach § 381 I Nr. 1 als 9
Ordnungswidrigkeit verfolgt werden, sofern das jeweilige VerbrauchStG oder die dazu erlassene Rechtsverordnung auf § 381 verweist, so zB § 64 EnergieStG, § 24 BierStG und § 30 TabStG.

3. Unterabschnitt. Identifikationsmerkmal

§ 139a Identifikationsmerkmal

(1) [1]**Das Bundeszentralamt für Steuern teilt jedem Steuerpflichtigen und jeder sonstigen natürlichen Person, die bei einer öffentlichen Stelle ein Verwaltungsverfahren führt, zum Zwecke der eindeutigen Identifizierung in Besteuerungs- und Verwaltungsverfahren ein einheitliches und dauerhaftes Merkmal (Identifikationsmerkmal) zu; das Identifikationsmerkmal ist vom Steuerpflichtigen oder von einem Dritten, der Daten dieses Steuerpflichtigen an die Finanzbehörden zu**

übermitteln hat, bei Anträgen, Erklärungen oder Mitteilungen gegenüber Finanzbehörden anzugeben. [2]Es besteht aus einer Ziffernfolge, die nicht aus anderen Daten über die betroffene Person gebildet oder abgeleitet werden darf; die letzte Stelle ist eine Prüfziffer. [3]Natürliche Personen erhalten eine Identifikationsnummer, wirtschaftlich Tätige eine Wirtschafts-Identifikationsnummer. [4]Die betroffene Person ist über die Zuteilung eines Identifikationsmerkmals unverzüglich zu unterrichten.

(2) **Steuerpflichtiger im Sinne dieses Unterabschnitts ist jeder, der nach einem Steuergesetz steuerpflichtig ist.**

(3) **Wirtschaftlich Tätige im Sinne dieses Unterabschnitts sind:**

1. natürliche Personen, die wirtschaftlich tätig sind,
2. juristische Personen,
3. Personenvereinigungen.

Schrifttum: Nöcker, Die Steuernummer im Steuerrechtsverkehr, AO-StB 2008, 43; Reinkensmeier/Werkmeister, Wirtschafts-Identifikationsnummer nach §§ 139a und 139c AO – Chancen und Ziele, StBp 2010, 125.

I. Allgemeines

1 **Inhalt.** Die §§ 139a ff. sind durch das StÄndG 2003 (BGBl. 2003 I 2645) eingefügt worden. Sie regeln erstmals die zentrale Vergabe eines einheitlichen und unveränderlichen Identifikationsmerkmals für das Besteuerungsverfahren, wobei der tatsächliche Zeitpunkt der erstmaligen Zuteilung des Identifikationsmerkmals nach Art. 97 § 5 S. 1 EGAO vom BMF durch VO v. 28.11.2006 (BGBl. 2006 I 2726) auf den 1.7.2007 festgelegt worden ist. In der Zeit von August 2008 bis Ende 2008 hat das BZSt tatsächlich jedem Stpfl. schriftlich seine persönliche Identifikationsnummer (Steuer-ID, IdNr.) mitgeteilt. Das Identifikationsmerkmal nach §§ 139a ff. wird – im Gegensatz zur Zuweisung der bisherigen StNummern – dauerhaft vergeben. Es löst das bisherige StNummernsystem ab und soll zu einem späteren Zeitpunkt auch die USt-Identifikationsnummer (§ 27a UStG) ersetzen (BT-Drs. 15/1945, 37).

2 **Zweck.** Das IdNr.-System der §§ 139a ff. soll die Identifikation des Stpfl. ermöglichen, um steuererhebliche Informationen bei föderalem Aufbau der StVerwaltung behördenübergreifend besser auswerten zu können (BT-Drs. 15/1945, 37). Hierdurch soll sichergestellt werden, dass alle Stpfl. bei der Durchsetzung der StGesetze tatsächlich gleich belastet werden, um den Vorgaben des BVerfG in seinem Zinsurteil BVerfG 27.6.1991 – 2 BvR 1493/89, BVerfGE 84, 239 zu entsprechen. Ferner dient das IdNr.-System der Vereinfachung des Besteuerungsverfahrens (BT-Drs. 15/1945, 37). Darüber hinaus erlaubt das Identifikationsmerkmal die Zuordnung der elektronischen LSt-Bescheinigung nach § 41a I 2 EStG (BT-Drs. 15/1945, 37).

3 Die §§ 139a ff. sind **verfassungsgemäß.** Das **Recht auf informationelle Selbstbestimmung** aus Art. 2 I GG iVm Art. 1 I GG, wonach der Einzelne selbst über die Preisgabe und Verwendung seiner persönlichen Daten zu bestimmen hat, wird durch §§ 139a ff. nicht verletzt. Die Regelung erfüllt die verfassungsrechtlichen Anforderungen, die das BVerfG im Volkszählungsurteil (BVerfG 15.12.1983 - 1 BvR 209/83 ua, BVerfGE 65, 1) an die Erfassung, Übermittlung und Speicherung personenbezogener Daten stellt. §§ 139a ff. sind durch ein überwiegendes Allgemeininteresse gerechtfertigt, da die Erhebung der in §§ 139a ff. genannten Daten für die Gleichmäßigkeit und Gesetzmäßigkeit der Besteuerung (§ 85) bedeutend ist (BFH 18.1.2012 – II R 49/10, BStBl. II 2012, 168; kritisch Schwarz/Pahlke/Keß Vor §§ 139a–139d Rn. 20). Die Zuteilung der Identifikationsnummer ist auch keine unzulässige Vorratsdatenspeicherung. Strikt verboten ist lediglich die Speicherung von personenbezogenen Daten auf Vorrat zu unbestimmten und noch nicht bestimmbaren Zwecken (BVerfG 2.3.2010 – 1 BvR 256/08, 1 BvR 263/08, 1 BvR

586/08, BVerfGE 125, 260). §§ 139a ff. bestimmen jedoch den Zweck der Datenspeicherung klar und deutlich und schränken die Verwendung und Weitergabe der gespeicherten Daten entsprechend ein (BFH 18.1.2012 – II R 49/10, BStBl. II 2012, 168; BFH 20.12.2011 – II S 28/10 (PKH), BFH/NV 2012, 381).

II. Vergabe des Identifikationsmerkmals (Abs. 1)

§ 139a I 1 enthält den **Grundsatz der zentralen Vergabe** des Identifikationsmerkmals. Durch diesen Grundsatz wird sichergestellt, dass jeder Stpfl. und jede sonstige natürliche Person, die bei einer öffentlichen Stelle ein Verwaltungsverfahren führt, nur eine IdNr. erhält. Zuständig für die Vergabe ist das BZSt (§ 5 I Nr. 22 FVG). Die Zuteilung des Identifikationsmerkmals kann sowohl mündlich als auch schriftlich erfolgen. Darüber hinaus bestimmt § 139a I 1, dass das Identifikationsmerkmal für alle Besteuerungsverfahren einheitlich und dauerhaft (lebenslänglich) vergeben wird und dass der Stpfl. (oder ein Dritter, der Daten des Stpfl. an die FB übermittelt hat) in den jeweiligen Besteuerungsverfahren das Identifikationsmerkmal gegenüber den FB anzugeben hat. Nach einer Gesetzesänderung haben ab dem 1.1.2015 zudem auch Dritte, die Daten eines Stpfl. an die FVerw. übermitteln, dessen IdNr. anzugeben (BT-Drs. 18/3017, 30, vgl. zB für die auszahlende Stelle im Rahmen der KapESt § 43 I 6 Nr. 5 EStG). Für bestimmte EinzelSt, wie zB für die KraftSt, die ErbSt und die GrESt, können weiterhin gesonderte StNummern vergeben werden (Schwarz/Pahlke/Keß Vor §§ 139a–139d Rn. 6). 4

Die **Zuteilung** ist mangels Regelung iSd § 118 S. 1 **kein VA, sondern schlichtes Verwaltungshandeln** (BFH 18.1.2012 – II R 49/10, BStBl. II 2012, 168; TK § 139a Rn. 3; Schwarz/Pahlke/Keß § 139a Rn. 3a; Reinkensmeier/Werkmeister StBp 2010, 125; Gosch AO § 139a Rn. 14). Dies gilt auch für die Wirtschafts-Identifikationsnummer iSd § 139c, da das BZSt dieses Identifikationsmerkmal regelmäßig auf Anforderung der zuständigen FB vergibt, ohne abschließend zu überprüfen, ob der Betroffene tatsächlich zu den wirtschaftlich Tätigen iSd § 139a III gehört (aA Bunjes UStG § 27a Rn. 4 für die USt-Identifikationsnummer, die nach den Vorstellungen des Gesetzgebers zu einem späteren Zeitpunkt durch das Identifikationsmerkmal nach §§ 139a ff. ersetzt werden soll). Überdies verlangt das Gesetz – anders als beim VA – zur Wirksamkeit des zugeteilten Identifikationsmerkmals keine Bekanntgabe gem. § 124 I, sondern sieht in § 139 I 4 lediglich vor, dass der Stpfl. unverzüglich über die Zuteilung zu unterrichten ist. Die Mitteilungen über die Vergabe einer Identifikationsnummer nach § 139b, die das BZSt im Jahre 2008 versandt hat, enthielten dementsprechend auch keine Rechtsbehelfsbelehrung (→ Rn. 1). 5

Jeder Stpfl. hat grds. einen **öffentlich-rechtlichen Anspruch** gegen den Fiskus auf Erteilung eines Identifikationsmerkmals gem. §§ 139a ff. (Nöcker AO-StB 2008, 43). Für umsatzsteuerliche Zwecke wird ein derartiger Anspruch allg. von der Rspr. bejaht, da nach § 14 IV 1 Nr. 2 UStG eine Rechnung ua auch die dem leistenden Unternehmer erteilte StNummer bzw. USt-Identifikationsnummer (§ 27a UStG) enthalten muss (BFH 23.9.2009 – II R 66/07, BStBl. II 2010, 712; BFH 26.2.2008 – II B 6/08, BFH/NV 2008, 1004; BFH 20.12.2007 – IX B 194/07, BFH/NV 2008, 600; aA BMF 1.7.2010, BStBl. I 2010, 625), wobei die Angabe der IdNr. nicht ausreicht (§ 14 IV Nr. 2 UStG, Bunjes UStG § 14 Rn. 76). 6

§ 139a I 2 betrifft die Zusammensetzung des Identifikationsmerkmals. Abs. 1 S. 2 Hs. 1 stellt klar, dass das Identifikationsmerkmal nur aus einer „nichtsprechenden" Ziffernfolge bestehen darf, damit aus dem Identifikationsmerkmal keine Rückschlüsse über die Person des Stpfl. möglich sind. 7

Nach **§ 139a I 3** werden zwei unterschiedliche Identifikationsmerkmale, nämlich die Identifikationsnummer (§ 139b) und die Wirtschafts-Identifikationsnummer (§ 139c), vergeben, um eine Trennung der persönlichen von den betrieblichen Daten zu ermöglichen 8

(BT-Drs. 15/1945, 37). Zu den gespeicherten Daten im Einzelnen s. § 139b III und § 139c III–V.

9 Nach **§ 139a I 4** ist der Stpfl. über die Zuteilung des Identifikationsmerkmals unverzüglich, dh ohne schuldhaftes Zögern (§ 121 I BGB), zu unterrichten.

III. Steuerpflichtiger im Sinne der §§ 139a ff. (Abs. 2)

10 Nach § 139a II sind Stpfl. iSd §§ 139a ff. über die in § 33 I genannten Personen hinaus auch solche Personen, die nach den StGesetzen stpfl. sind, ohne bereits eine Steuer zu schulden, wie zB Personen, die kein oder nur ein so geringes Einkommen erzielen, dass sie keine ESt schulden, aber gleichwohl nach § 1 I 1 EStG stpfl. sind (BFH 18.1.2012 – II R 49/10, BStBl. II 2012, 168; BT-Drs. 15/1945, 38).

IV. Wirtschaftlich Tätige im Sinne der §§ 139a ff. (Abs. 3)

11 Der Begriff der wirtschaftlich Tätigen iSd §§ 139a ff. ist weit auszulegen. Erfasst werden zB Unternehmer iSd § 2 I UStG und die zur Meldung nach § 28a SGB IV verpflichteten Arbeitgeber (BT-Drs. 15/1945, 38). Der Begriff wird als zirkulär kritisiert (Gosch AO § 139a Rn. 17).

§ 139b Identifikationsnummer

(1) [1]**Eine natürliche Person darf nicht mehr als eine Identifikationsnummer erhalten.** [2]**Jede Identifikationsnummer darf nur einmal vergeben werden.**

(2) [1]**Die Finanzbehörden dürfen die Identifikationsnummer verarbeiten, wenn die Verarbeitung zur Erfüllung der ihnen obliegenden Aufgaben erforderlich ist oder eine Rechtsvorschrift die Verarbeitung der Identifikationsnummer ausdrücklich erlaubt oder anordnet.** [2]**Andere öffentliche oder nicht-öffentliche Stellen dürfen ohne Einwilligung der betroffenen Person**

1. **die Identifikationsnummer nur verarbeiten, soweit dies für Datenübermittlungen zwischen ihnen und den Finanzbehörden erforderlich ist oder eine Rechtsvorschrift die Verarbeitung der Identifikationsnummer ausdrücklich erlaubt oder anordnet,**
2. **ihre Dateisysteme nur insoweit nach der Identifikationsnummer ordnen oder für den Zugriff erschließen, als dies für regelmäßige Datenübermittlungen zwischen ihnen und den Finanzbehörden erforderlich ist,**
3. **eine rechtmäßig erhobene Identifikationsnummer eines Steuerpflichtigen zur Erfüllung aller Mitteilungspflichten gegenüber Finanzbehörden verwenden, soweit die Mitteilungspflicht denselben Steuerpflichtigen betrifft und die Verarbeitung nach Nummer 1 zulässig wäre,**
4. **eine durch ein verbundenes Unternehmen im Sinne des § 15 des Aktiengesetzes oder ein Unternehmen einer kreditwirtschaftlichen Verbundgruppe rechtmäßig erhobene Identifikationsnummer eines Steuerpflichtigen zur Erfüllung aller steuerlichen Mitwirkungspflichten verwenden, soweit die Mitwirkungspflicht denselben Steuerpflichtigen betrifft und die verwendende Stelle zum selben Unternehmensverbund wie die Stelle gehört, die die Identifikationsnummer erhoben hat und die Verarbeitung nach Nummer 1 zulässig wäre.**

(3) **Das Bundeszentralamt für Steuern speichert zu natürlichen Personen folgende Daten:**

1. **Identifikationsnummer,**
2. **Wirtschafts-Identifikationsnummern,**
3. **Familienname,**
4. **frühere Namen,**

5. Vornamen,
6. Doktorgrad,
7. amtlicher Gemeindeschlüssel,
8. Tag und Ort der Geburt,
9. Geschlecht,
10. gegenwärtige oder letzte bekannte Anschrift,
11. zuständige Finanzbehörden,
12. Auskunftssperren nach dem Bundesmeldegesetz,
13. Sterbetag,
14. Tag des Ein- und Auszugs,
15. Staatsangehörigkeiten sowie
16. Datum des letzten Verwaltungskontakts (Monat, Jahr).

(3a) [1]**Außerdem speichert das Bundeszentralamt für Steuern zu natürlichen Personen die für sie nach Absatz 10 zuletzt übermittelte internationale Kontonummer (IBAN), bei ausländischen Kreditinstituten auch den internationalen Banken-Identifizierungsschlüssel (BIC).** [2]**Gespeichert wird nach Satz 1 ausschließlich eine Kontoverbindung, welche mittels SEPA-Überweisung erreichbar ist.**

(4) [1]**Die in Absatz 3 aufgeführten Daten werden gespeichert, um**
1. sicherzustellen, dass eine Person nur eine Identifikationsnummer erhält und eine Identifikationsnummer nicht mehrfach vergeben wird,
2. die Identifikationsnummer eines Steuerpflichtigen festzustellen,
3. zu erkennen, welche Finanzbehörden für einen Steuerpflichtigen zuständig sind,
4. Daten, die auf Grund eines Gesetzes oder nach über- und zwischenstaatlichem Recht entgegenzunehmen sind, an die zuständigen Stellen weiterleiten zu können,
5. den Finanzbehörden die Erfüllung der ihnen durch Rechtsvorschrift zugewiesenen Aufgaben zu ermöglichen.

[2]**Die in Absatz 3 Nummer 1 und 8 aufgeführten Daten werden auch zur Ermittlung des Einkommens nach § 97a des Sechsten Buches Sozialgesetzbuch gespeichert und können von den Trägern der gesetzlichen Rentenversicherung zu diesem Zweck verarbeitet werden.** [3]**Die in Absatz 3 Nummer 1 und 8 aufgeführten Daten werden auch zum Nachweis der Elterneigenschaft sowie zur Ermittlung der Anzahl der berücksichtigungsfähigen Kinder des beitragspflichtigen Mitglieds für die Beitragssatzermittlung nach § 55 Absatz 3 und 3a des Elften Buches Sozialgesetzbuch gespeichert und können von den beitragsabführenden Stellen und den Pflegekassen zu diesem Zweck verarbeitet werden.** [4]**Die Regelungen des Identifikationsnummerngesetzes bleiben unberührt.**

(4a) **Die in Absatz 3 Nummer 3 bis 8 und 10 aufgeführten Daten werden bei einer natürlichen Person, die ein Nutzerkonto im Sinne des § 2 Absatz 5 des Onlinezugangsgesetzes nutzt, auch zum Nachweis der Identität als Nutzer dieses Nutzerkontos gespeichert; diese Daten dürfen auf Veranlassung des Nutzers eines Nutzerkontos elektronisch an das Nutzerkonto übermittelt werden.**

(4b) **Die in Absatz 3 Nummer 1 und 8 aufgeführten Daten werden bei einer natürlichen Person auch für Zwecke der Digitalen Rentenübersicht gespeichert.**

(4c) [1]**Die nach Absatz 3a gespeicherten Daten werden gespeichert, um eine unbare Auszahlung von Leistungen aus öffentlichen Mitteln zu ermöglichen, bei denen die Verwendung der nach Absatz 3a gespeicherten Daten vorgesehen ist.** [2]**Die in Absatz 3 aufgeführten Daten werden bei einer natürlichen Person auch für die in Satz 1 genannten Zwecke gespeichert.**

(5) [1]**Die in Absatz 3 aufgeführten Daten dürfen nur für die in den Absätzen 4 bis 4c genannten Zwecke verarbeitet werden; darüber hinaus dürfen die in Absatz 3 Nummer 2 bis 10 und Nummer 12 bis 15 aufgeführten Daten nur unter den Voraussetzungen des § 30 Absatz 4 Nummer 5 Buchstabe a den jeweils zuständigen Stellen auf deren Ersuchen offenbart werden.** [2]**Die in Absatz 3a aufgeführten Daten dürfen nur für die in Absatz 4c genannten Zwecke verarbeitet werden; eine Übermittlung, Verwendung oder Beschlagnahme dieser Daten nach anderen Rechtsvorschriften ist unzulässig.** [3]**Auskunftssperren nach dem Bundesmeldegesetz sind zu beachten und im Fall einer zulässigen Datenübermittlung ebenfalls zu übermitteln.** [4]**Der Dritte, an den die Daten übermittelt werden, hat die Übermittlungssperren ebenfalls zu beachten.** [5]**Die Regelungen des Identifikationsnummerngesetzes bleiben unberührt.**

(6) [1]**Zum Zwecke der erstmaligen Zuteilung der Identifikationsnummer übermitteln die Meldebehörden dem Bundeszentralamt für Steuern für jeden in ihrem Zuständigkeitsbereich mit alleiniger Wohnung oder Hauptwohnung im Melderegister registrierten Einwohner folgende Daten:**

1. **Familienname,**
2. **frühere Namen,**
3. **Vornamen,**
4. **Doktorgrad,**
5. **amtlicher Gemeindeschlüssel,**
6. **Tag und Ort der Geburt,**
7. **Geschlecht,**
8. **gegenwärtige Anschrift der alleinigen Wohnung oder der Hauptwohnung,**
9. **Tag des Ein- und Auszugs,**
10. **Auskunftssperren nach dem Bundesmeldegesetz,**
11. **Staatsangehörigkeiten sowie**
12. **Datum des letzten Verwaltungskontakts (Monat, Jahr).**

[2]**Hierzu haben die Meldebehörden jedem in ihrem Zuständigkeitsbereich mit alleiniger Wohnung oder Hauptwohnung registrierten Einwohner ein Vorläufiges Bearbeitungsmerkmal zu vergeben.** [3]**Dieses übermitteln sie zusammen mit den Daten nach Satz 1 an das Bundeszentralamt für Steuern.** [4]**Das Bundeszentralamt für Steuern teilt der zuständigen Meldebehörde die dem Steuerpflichtigen zugeteilte Identifikationsnummer zur Speicherung im Melderegister unter Angabe des Vorläufigen Bearbeitungsmerkmals mit und löscht das Vorläufige Bearbeitungsmerkmal anschließend.**

(7) [1]**Die Meldebehörden haben im Falle der Speicherung einer Geburt im Melderegister sowie im Falle der Speicherung einer Person, für die bisher keine Identifikationsnummer zugeteilt worden ist, dem Bundeszentralamt für Steuern die Daten nach Absatz 6 Satz 1 zum Zwecke der Zuteilung der Identifikationsnummer zu übermitteln.** [2]**Absatz 6 Satz 2 bis 4 gilt entsprechend.** [3]**Wird im Melderegister eine Person gespeichert, der nach eigenen Angaben noch keine Identifikationsnummer zugeteilt worden ist, so können die Meldebehörden dies in einem maschinellen Verfahren beim Bundeszentralamt für Steuern überprüfen; dabei dürfen nur die Daten nach Absatz 3 verwendet werden.** [4]**Stimmen die von der Meldebehörde übermittelten Daten mit den beim Bundeszentralamt für Steuern nach Absatz 3 gespeicherten Daten überein, teilt das Bundeszentralamt für Steuern der Meldebehörde die in Absatz 3 Nummer 1, 3, 5, 8 und 10 genannten Daten mit; andernfalls teilt es der Meldebehörde mit, dass keine Zuordnung möglich war.**

(8) [1]**Die Meldebehörde teilt dem Bundeszentralamt für Steuern Änderungen der in Absatz 6 Satz 1 Nummer 1 bis 12 bezeichneten Daten sowie bei Sterbefäl-**

len den Sterbetag unter Angabe der Identifikationsnummer oder, sofern diese noch nicht zugeteilt wurde, unter Angabe des Vorläufigen Bearbeitungsmerkmals mit. [2]Die Mitteilungspflicht der Registermodernisierungsbehörde gegenüber dem Bundeszentralamt für Steuern nach § 4 Absatz 4 des Identifikationsnummerngesetzes bleibt unberührt.

(9) **Das Bundeszentralamt für Steuern unterrichtet die Meldebehörden, wenn ihm konkrete Anhaltspunkte für die Unrichtigkeit der ihm von den Meldebehörden übermittelten Daten vorliegen.**

(10) **[1]Natürliche Personen können dem Bundeszentralamt für Steuern vorbehaltlich des Satzes 2 die IBAN, bei ausländischen Kreditinstituten auch den BIC, des für Auszahlungen in den Fällen des Absatzes 4c zu verwendenden Kontos unter Angabe der in Absatz 3 Nummer 1 und 8 genannten Daten in einem sicheren Verfahren**

1. **übermitteln,**
2. **durch ihren Bevollmächtigten im Sinne des § 80 Absatz 2 übermitteln lassen oder**
3. **durch das kontoführende Kreditinstitut übermitteln lassen; die Kreditinstitute haben zu diesem Zweck ein geeignetes Verfahren bereitzustellen.**

[2]Für natürliche Personen, die das 18. Lebensjahr noch nicht vollendet haben und für die nach § 63 des Einkommensteuergesetzes Kindergeld festgesetzt oder nach § 1 Absatz 2 oder § 2 Absatz 1 des Bundeskindergeldgesetzes Kindergeld bewilligt worden ist, teilt die zuständige Familienkasse als mitteilungspflichtige Stelle dem Bundeszentralamt für Steuern für die in Absatz 4c genannten Zwecke unter Angabe der in Absatz 3 Nummer 1 und 8 genannten Daten der natürlichen Person die IBAN, bei ausländischen Kreditinstituten auch den BIC, des Kontos mit, auf welches das Kindergeld zuletzt ausgezahlt worden ist; dies gilt nicht, wenn es sich bei dem tatsächlichen Zahlungsempfänger weder um den Kindergeldberechtigten noch um das Kind handelt. [3]Änderungen der nach den Sätzen 1 oder 2 bereits mitgeteilten IBAN, bei ausländischen Kreditinstituten auch des BIC, sind dem Bundeszentralamt für Steuern unter Angabe der in Absatz 3 Nummer 1 und 8 genannten Daten umgehend mitzuteilen. [4]Ist in den Fällen des Satzes 2 der für die Bewilligungen des Kindergeldes nach dem Bundeskindergeldgesetz zuständigen Familienkasse die Identifikationsnummer nicht bekannt, darf sie diese Identifikationsnummer nach amtlich vorgeschriebenem Datensatz beim Bundeszentralamt für Steuern abfragen. [5]In der Abfrage dürfen nur die in Absatz 3 genannten Daten der minderjährigen Person angegeben werden. [6]Das Bundeszentralamt für Steuern entspricht dem Ersuchen, wenn die übermittelten Daten den beim Bundeszentralamt für Steuern hinterlegten Daten entsprechen.

(11) **Die Übermittlung der in Absatz 10 genannten Daten an das Bundeszentralamt für Steuern muss elektronisch nach amtlich vorgeschriebenem Datensatz über die amtlich bestimmte Schnittstelle erfolgen.**

(12) **Das Bundeszentralamt für Steuern stellt den für ein Verfahren im Sinne des Absatzes 4c zuständigen Stellen die in Absatz 3 Nummer 1, 3, 5, 8, 10, 12 und 13 sowie Absatz 3a genannten Daten zum automationsgestützten Abgleich oder zum Abruf durch Datenfernübertragung zur Verfügung.**

(13) **[1]Eine Datenübermittlung an das Bundeszentralamt für Steuern nach Absatz 10 Satz 1 ist erstmals zu einem vom Bundesministerium der Finanzen zu bestimmenden und im Bundesgesetzblatt bekanntzumachenden Zeitpunkt zulässig. [2]Die nach Absatz 10 Satz 2 mitteilungspflichtigen Stellen haben die von ihnen mitzuteilenden Daten erstmals zu einem vom Bundesministerium der Finanzen zu bestimmenden und im Bundesgesetzblatt bekanntzumachenden**

Zeitpunkt an das Bundeszentralamt für Steuern zu übermitteln. [3] Wird Kindergeld erstmals nach dem vom Bundesministerium der Finanzen nach Satz 2 bestimmten Zeitpunkt ausgezahlt, gilt Satz 2 entsprechend.

Übersicht

I. Allgemeines

1 § 139b regelt die Vergabe und die Verwendung der IdNr. für natürliche Personen. Die Vorschrift ist durch das MeldFortG (BGBl. 2013 I 1084) mit Wirkung vom 1.5.2015 geändert worden, indem in Abs. 3 Nr. 12, Abs. 5 S. 2 und in Abs. 6 S. 1 Nr. 10 die Begriffe „Melderechtsrahmengesetz und den Meldegesetzen der Länder" durch den Begriff „Bundesmeldegesetz" ersetzt worden sind. Die Änderung war erforderlich, da das MeldFortG ebenfalls mit Wirkung zum 1.5.2015 das bisher geltende MRRG mit den Landesmeldegesetzen in einem BMG zusammenführt (vgl. BT-Drs. 17/1146, 1). Weitere Änderungen erfolgten durch das Gesetz zur Anpassung der AO an den Zollkodex der Union und zur Änderung weiterer steuerlicher Vorschriften (BGBl. 2015 I 58) mWv 31.12.2014 (Abs. 3, 6, 7), das Gesetz zur Änderung des Bundesversorgungsgesetzes und anderer Vorschriften (BGBl. 2017 I 2541) mWv 25.5.2018 (Abs. 2, 5, 6) sowie das Gesetz Digitale Rentenübersicht (BGBl. 2021 I 154) mWv 12.2.2021 (Abs. 4b, 5). Die Abs. 2–5 gehen als speziellere Datenschutzvorschriften den Regelungen im BDSG und in den Datenschutzgesetzen der Länder vor, vgl. § 1 II 1 BDSG.

II. Grundsatz der Eindeutigkeit und Beständigkeit (Abs. 1)

2 **Allgemeines.** § 139b I normiert für das Identifikationsmerkmal natürlicher Personen den Grundsatz der Eindeutigkeit und Beständigkeit. An diesem Grundsatz kann bei wirtschaftlich Tätigen (§ 139a III) nicht uneingeschränkt festgehalten werden, da wirtschaftlich Tätige zivilrechtlich die Möglichkeit haben, das von dem Identifikationsmerkmal erfasste Subjekt zu verändern (BT-Drs. 15/1945, 39).

3 Nach **§ 139b I 1** darf jede natürliche Person nur eine IdNr. erhalten.

4 **§ 139b I 2** stellt klar, dass eine IdNr. nicht mehrfach vergeben werden darf.

III. Verwendung der Identifikationsnummer (Abs. 2)

5 **Allgemeines.** § 139b II regelt die Verarbeitung der IdNr. durch die FB und durch andere Stellen. Der Terminus „verarbeiten" orientiert sich an Art. 4 Nr. 2 DS-GVO und ersetzt die ursprüngliche Formulierung „erheben und verwenden".

6 **§ 139b II 1** betrifft die Verarbeitung der IdNr. durch die FB. Die FB dürfen die IdNr. nach Abs. 2 S. 1 Hs. 1 nur verarbeiten, soweit dies zur Erfüllung der ihnen obliegenden Aufgaben erforderlich ist. Eine weitergehende Verarbeitung der IdNr. ist nach Abs. 2 S. 1 Hs. 2 möglich, wenn eine Rechtsvorschrift (§ 4) dies ausdrücklich erlaubt oder anordnet.

§ 139b II 2 betrifft die Verarbeitung der IdNr. durch andere öffentliche oder nicht öffentliche Stellen ohne Einwilligung der betroffenen Person. Diese Stellen dürfen nach Abs. 2 S. 1 Nr. 1 die IdNr. nur verarbeiten, soweit dies für die Datenübermittlung zwischen ihnen und den FB erforderlich ist. Eine weitergehende Verarbeitung kann durch eine Rechtsvorschrift (§ 4) vorgesehen werden. Nach Abs. 2 S. 1 Nr. 2 dürfen die anderen Stellen ihre Datenbestände nur insoweit nach der IdNr. ordnen, als dies für die Datenübermittlung zwischen ihnen und den FB erforderlich ist. Die neu eingefügten Nr. 3 und 4 regeln die Verarbeitung einer IdNr. für weitere nach Nr. 1 zulässige Zwecke, soweit die IdNr. schon im Vorfeld selbst oder durch ein konzerninternes Unternehmen erhoben wurde. 7

§ 139b II 3 stellte klar, dass zivilrechtliche Vereinbarungen oder Einwilligungserklärungen, die eine nicht zulässige Erhebung oder Verwendung der IdNr. ermöglichen sollten, unwirksam waren. Die Vorschrift ist mWv 25.5.2018 weggefallen, weil die Verarbeitung personenbezogener Daten aufgrund einer Einwilligung der betroffenen Person nach der DS-GVO zulässig ist (Gosch AO § 139b Rn. 16). 8

IV. Speicherung von personenbezogenen Daten (Abs. 3 und Abs. 3a)

§ 139b III zählt auf, welche personenbezogenen Daten das BZSt speichert, um eine Identifizierung des Stpfl. zu ermöglichen. Die Aufzählung ist abschließend (BT-Drs. 15/1945, 39). Die Speicherung des zuständigen FA nach Abs. 3 Nr. 11 dient als einziges Merkmal nicht der Identifizierung des Stpfl., sondern ist wegen der zentralen Vergabe der IdNr. durch das BZSt erforderlich, damit die Nummer dem zuständigen FA mitgeteilt werden kann (BT-Drs. 15/1945, 39). 9

Abs. 3a regelt die Speicherung der nach Abs. 10 zum Zweck der Auszahlung öffentlicher Leistungen mitgeteilten Konteninformationen.

V. Verwendungszwecke und Zweckbindung (Abs. 4 bis 5)

§ 139b IV normiert abschließend, für welche Zwecke die gespeicherten Daten iSd Abs. 3 verwendet werden dürfen. Die Regelung ist § 150 I 1 SGB VI nachgebildet. Die gespeicherten Daten sollen sicherstellen, dass eine IdNr. nur einmal vergeben wird und ein Stpfl. nicht mehr als eine Nummer erhält (Abs. 4 Nr. 1), dass eine bereits vergebene IdNr. festgestellt werden kann (Abs. 4 Nr. 2), dass das gegenwärtig bzw. früher zuständige FA erkennbar ist (Abs. 4 Nr. 3), dass die Daten an die zuständigen Stellen weitergeleitet werden können (Abs. 4 Nr. 4) und dass die FB die ihnen zugewiesenen Aufgaben erfüllen kann (Abs. 4 Nr. 5). Bei natürlichen Personen dienen die gespeicherten Daten auch zum Identitätsnachweis bei Nutzerkonten iSd § 2 V Onlinezugangsgesetz (Abs. 4a) und werden für Zwecke der Digitalen Rentenübersicht gespeichert (Abs. 4b). Kontodaten, die natürliche Personen nach Abs. 10 übermittelt haben (→ Rn. 22) und die nach Abs. 3a gespeichert werden (→ Rn. 9), werden lediglich zum Zweck der Auszahlung unbarer Leistungen aus öffentlichen Mitteln gespeichert (Abs. 4c). Unzulässig ist damit jede anderweitige Verwendung, etwa zur Durchführung von Vollstreckungsmaßnahmen (vgl. BT-Drs. 20/3879, 140). 10

Nach § 139b V 1, IV bis IVc dürfen die gespeicherten Daten iSd § 139b III grds. nur zu den in § 139b genannten Zwecken verarbeitet werden. Eine Ausnahme gilt aufgrund des Verweises in § 139b V 1 Hs. 2 auf § 30 IV Nr. 5 Buchst. a nur, wenn dies zur Abwehr erheblicher Nachteile für das Gemeinwohl oder einer Gefahr für die öffentliche Sicherheit, die Verteidigung oder die nationale Sicherheit oder zur Verhütung oder Verfolgung von Verbrechen und vorsätzlichen, schweren Vergehen gegen Leib und Leben oder gegen den Staat und seine Einrichtungen erforderlich ist (→ § 30 Rn. 230 ff.). Diese strikte Zweckbindung schließt die Anwendbarkeit der allg. Zweckänderungsvorschriften der §§ 14–16 BDSG aus (BFH 18.1.2012 – II R 49/10, BStBl. II 2012, 168; BT-Drs. 15/1945, 39). Nach Abs. 5 S. 2 und 3 ist der besondere Schutz der Daten, die einer Übermittlungssperre 11 nach dem BMG unterliegen, auch von den FB oder Dritten, denen die Daten zulässigerweise übermittelt werden, zu gewährleisten (zum BMG → Rn. 1).

VI. Erstmalige Vergabe der Identifikationsnummer (Abs. 6)

12 **§ 139b VI 1** verpflichtet die Meldebehörden zur erstmaligen Erfassung aller Stpfl., die in Abs. 6 S. 1 Nr. 1–12 aufgeführten Daten der bei ihnen registrierten Einwohner dem BZSt zu übermitteln.

13 Nach **§ 139b VI 2** haben die Meldebehörden hierzu jedem in ihrem Melderegister gespeicherten Einwohner ein Vorläufiges Bearbeitungsmerkmal zu vergeben, um sicherzustellen, dass in dem Zeitraum zwischen der erstmaligen Übermittlung der Daten nach § 139b VI 3 diese trotz Veränderung im Datenbestand, zB bei einem Wohnungswechsel, sowohl der jeweiligen Meldebehörde beim BZSt als auch bei der jeweils zuständigen Meldebehörde richtig zugeordnet werden können (BR-Drs. 622/06, 137). Nach **§ 139b VI 3** übermittelt die Meldebehörde das Vorläufige Bearbeitungsmerkmal mit den Daten nach Abs. 6 S. 1 an das BZSt.

14 Gemäß **§ 139b VI 4 nF** (vormals S. 5) regelt die Rückmeldung der vom BZSt vergebenen IdNr. an die zuständige Meldebehörde und ordnet an, dass das BZSt das Vorläufige Bearbeitungsmerkmal anschließend löscht. Für die Meldebehörden ergibt sich die Verpflichtung, das Vorläufige Bearbeitungsmerkmal zu löschen, aus § 10 II 4 MRRG. Nach S. 4 aF bestand die Verpflichtung der Meldebehörden aus Abs. 6 S. 1 ab dem Zeitpunkt der Einführung des Identifikationsmerkmals, der vom BMF durch VO v. 28.11.2006 (BGBl. 2006 I 2726) auf den 1.7.2007 festgelegt worden ist. Die Regelung wurde durch Vollzug gegenstandslos und mWv 31.12.2014 aufgehoben.

16 **§ 139b VI 6 aF** regelte, wann das Datum des Ein- und Auszugs (Abs. 6 S. 1 Nr. 9) spätestens gelöscht werden muss. Da das Datum des Ein- und Auszugs nur als chronologisches Sortiermerkmal für die Meldungen der Meldebehörden benötigt wird, ist es zeitnah nach der Übermittlung durch die Meldebehörden zu löschen (BT-Drs. 16/6290, 117). Die Regelung fiel mWv 31.12.2014 weg, da nunmehr auch der Tag des Ein- und Auszugs zu den nach Abs. 3 zu speichernden Daten gehört.

VII. Vergabe der Identifikationsnummer in Fällen der Geburt (Abs. 7)

17 **§ 139b VII 1** regelt die Vergabe der IdNr. in Fällen der Geburt sowie bei der Speicherung einer Person im Melderegister, für die bisher noch keine IdNr. zugeteilt worden ist, wie zB beim Zuzug aus dem Ausland. In diesen Fällen hat die Meldebehörde die in Abs. 6 Nr. 1–10 aufgeführten Daten dem BZSt zu übermitteln, damit eine IdNr. vergeben werden kann.

18 Nach **§ 139b VII 2** gelten § 139b VI 2–5 entspr. somit hat nach Abs. 7 S. 2 iVm Abs. 6 S. 3 auch in den Fällen des Abs. 7 S. 1 eine Rückmeldung der vom BZSt erteilten IdNr. zu erfolgen.

VIII. Änderungen der gespeicherten Daten (Abs. 8)

19 **§ 139b VIII** verpflichtet die Meldebehörden, dem BZSt Änderungen der in § 139b VI 1 Nr. 1–10 aufgeführten Daten, wie zB einen Wechsel des Wohnsitzes, sowie in Sterbefällen den Sterbetag zu melden.

IX. Unrichtigkeit gemeldeter Daten (Abs. 9)

20 **§ 139b IX** ist durch das EURLUmsG (BGBl. 2004 I 3310) eingefügt worden. Durch die Unterrichtung des BZSt nach Abs. 9 werden die Meldebehörden in die Lage versetzt, den Unstimmigkeiten der von ihnen gemeldeten Daten nachzugehen und damit die Zweifel des BZSt auszuräumen. Hierdurch soll sichergestellt werden, dass jede natürliche Person tatsächlich nur eine IdNr. erhält (BR-Drs. 605/04, 76).

X. Mitteilung der Kontendaten (Abs. 10–13)

Durch das JStG 2022 wurde in den Abs. 10–13 eine Regelungsgrundlage dafür geschaffen, dass natürliche Personen ihre Kontodaten (IBAN und BIC) zum Zwecke der Auszahlung öffentlicher Leistungen auf sicherem Wege übermitteln können. Die Rechtsgrundlage für die streng zweckgebundene Speicherung der übermittelten Kontendaten findet sich in Abs. 4c, 5 (→ Rn. 10, 11). Ziel des Gesetzgebers ist es, eine unbürokratische und zugleich missbrauchssichere Auskehrung öffentlicher Mittel an alle Bürgerinnen und Bürger zu ermöglichen, was in der Vergangenheit bei verschiedenen Gelegenheiten (Auszahlung der Energiepreispauschale, Hochwasserkatastrophe 2021) offenbar nicht hinreichend gewährleistet war (BT-Drs. 20/3879, 137). Die Regelungen in Abs. 4c, 5 und 10 ermöglichen es der Verwaltung nunmehr, die Auskehrung über die steuerliche Identifikationsnummer abzuwickeln. 21

Abs. 10 S. 1 regelt die freiwillige Übermittlung der IBAN (und ggf. des BIC) des Kontos, das für Zwecke der Auszahlungen iSv Abs. 4c verwendet werden soll, durch bzw. für volljährige natürliche Personen. Satz 2 enthält die Rechtsgrundlage dafür, dass die Familienkassen die ihnen bekannten Kontoverbindungen von Minderjährigen, für die Kindergeld festgesetzt ist, dem BZSt zur Aufnahme in die IDNr-Datenbank mitteilen. Dies gilt nicht, wenn das Kindergeld nach § 74 I 4 oder II EStG an eine abzweigungsberechtigte Stelle oder andere Dritte ausgezahlt wird. Änderungen der IBAN/des BIC teilen die Familienkassen dem BZSt ebenfalls mit (Abs. 10 S. 3). S. 4 bis 6 enthalten die Rechtsgrundlage und Voraussetzungen dafür, dass das BZSt der Familienkasse auf Anfrage die IdNr mitteilt. 22

Nach Abs. 11 sind die in Abs. 10 genannten Daten dem BZSt elektronisch nach amtlich vorgeschriebenem Datensatz (§ 87b I) über die amtlich bestimmte Schnittstelle (§ 87b II) zu übermitteln. Daher gelten hierbei auch die datenschutzrechtlichen Anforderungen des § 87a VI und des § 93c. 23

Nach Abs. 12 übermittelt das BZSt den für die Auszahlung der in Abs. 4c genannten Ansprüche zuständigen Stellen die erforderlichen Daten durch automationsgestützten Abgleich oder stellt sie zum Abruf durch Datenfernübertragung bereit. 24

Abs. 13 enthält Anwendungsbestimmungen für Datenübermittlungen nach Abs. 10. 25

§ 139c Wirtschafts-Identifikationsnummer

(1) [1]**Die Wirtschafts-Identifikationsnummer wird auf Anforderung der zuständigen Finanzbehörde vergeben.** [2]**Sie beginnt mit den Buchstaben „DE“.** [3]**Jede Wirtschafts-Identifikationsnummer darf nur einmal vergeben werden.**

(2) [1]**Die Finanzbehörden dürfen die Wirtschafts-Identifikationsnummer verarbeiten, wenn die Verarbeitung zur Erfüllung der ihnen obliegenden Aufgaben erforderlich ist oder eine Rechtsvorschrift dies erlaubt oder anordnet.** [2]**Andere öffentliche oder nicht-öffentliche Stellen dürfen die Wirtschafts-Identifikationsnummer nur verarbeiten, soweit dies zur Erfüllung ihrer Aufgaben oder Geschäftszwecke oder für Datenübermittlungen zwischen ihnen und den Finanzbehörden erforderlich ist.** [3]**Soweit die Wirtschafts-Identifikationsnummer andere Nummern ersetzt, bleiben Rechtsvorschriften, die eine Übermittlung durch die Finanzbehörden an andere Behörden regeln, unberührt.**

(3) **Das Bundeszentralamt für Steuern speichert zu natürlichen Personen, die wirtschaftlich tätig sind, folgende Daten:**

1. **Wirtschafts-Identifikationsnummer,**
2. **Identifikationsnummer,**
3. **Firma (§§ 17 ff. des Handelsgesetzbuchs) oder Name des Unternehmens,**
4. **frühere Firmennamen oder Namen des Unternehmens,**

5. Rechtsform,
6. Wirtschaftszweignummer,
7. amtlicher Gemeindeschlüssel,
8. Anschrift des Unternehmens, Firmensitz,
9. Handelsregistereintrag (Registergericht einschließlich Altgericht, Datum und Nummer der Eintragung),
10. Datum der Betriebseröffnung oder Zeitpunkt der Aufnahme der Tätigkeit,
11. Datum der Betriebseinstellung oder Zeitpunkt der Beendigung der Tätigkeit,
12. zuständige Finanzbehörden,
13. Unterscheidungsmerkmale nach Absatz 5a,
14. Angaben zu verbundenen Unternehmen.

(4) **Das Bundeszentralamt für Steuern speichert zu juristischen Personen folgende Daten:**
1. Wirtschafts-Identifikationsnummer,
2. Identifikationsmerkmale der gesetzlichen Vertreter,
3. Firma (§§ 17 ff. des Handelsgesetzbuchs),
4. frühere Firmennamen,
5. Rechtsform,
6. Wirtschaftszweignummer,
7. amtlicher Gemeindeschlüssel,
8. Sitz gemäß § 11, insbesondere Ort der Geschäftsleitung,
9. Datum des Gründungsaktes,
10. Handels-, Genossenschafts- oder Vereinsregistereintrag (Registergericht einschließlich Altgericht, Datum und Nummer der Eintragung),
11. Datum der Betriebseröffnung oder Zeitpunkt der Aufnahme der Tätigkeit,
12. Datum der Betriebseinstellung oder Zeitpunkt der Beendigung der Tätigkeit,
13. Zeitpunkt der Auflösung,
14. Datum der Löschung im Register,
15. verbundene Unternehmen,
16. zuständige Finanzbehörden,
17. Unterscheidungsmerkmale nach Absatz 5a.

(5) **Das Bundeszentralamt für Steuern speichert zu Personenvereinigungen folgende Daten:**
1. Wirtschafts-Identifikationsnummer,
2. Identifikationsmerkmale der gesetzlichen Vertreter,
3. Identifikationsmerkmale der Beteiligten,
4. Firma (§§ 17 ff. des Handelsgesetzbuchs) oder Name der Personenvereinigung,
5. frühere Firmennamen oder Namen der Personenvereinigung,
6. Rechtsform,
7. Wirtschaftszweignummer,
8. amtlicher Gemeindeschlüssel,
9. Sitz gemäß § 11, insbesondere Ort der Geschäftsleitung,
10. Datum des Gesellschaftsvertrags,
11. Eintrag im Handels-, Partnerschafts- oder Gesellschaftsregister (Registergericht einschließlich Altgericht, Datum und Nummer der Eintragung),
12. Datum der Betriebseröffnung oder Zeitpunkt der Aufnahme der Tätigkeit,
13. Datum der Betriebseinstellung oder Zeitpunkt der Beendigung der Tätigkeit,
14. Zeitpunkt der Auflösung,
15. Zeitpunkt der Beendigung,
16. Datum der Löschung im Register,

17. verbundene Unternehmen,
18. zuständige Finanzbehörden,
19. Unterscheidungsmerkmale nach Absatz 5a.

(5a) [1]Bei jedem wirtschaftlich Tätigen (§ 139a Absatz 3) wird die Wirtschafts-Identifikationsnummer für jede einzelne seiner wirtschaftlichen Tätigkeiten, jeden seiner Betriebe sowie für jede seiner Betriebstätten um ein fünfstelliges Unterscheidungsmerkmal ergänzt, so dass die Tätigkeiten, Betriebe und Betriebstätten des wirtschaftlich Tätigen in Besteuerungsverfahren eindeutig identifiziert werden können. [2]Der ersten wirtschaftlichen Tätigkeit des wirtschaftlich Tätigen, seinem ersten Betrieb oder seiner ersten Betriebstätte wird vom Bundeszentralamt für Steuern hierbei das Unterscheidungsmerkmal 00001 zugeordnet. [3]Jeder weiteren wirtschaftlichen Tätigkeit, jedem weiteren Betrieb sowie jeder weiteren Betriebstätte des wirtschaftlich Tätigen ordnet das Bundeszentralamt für Steuern auf Anforderung der zuständigen Finanzbehörde fortlaufend ein eigenes Unterscheidungsmerkmal zu. [4]Das Bundeszentralamt für Steuern speichert zu den einzelnen wirtschaftlichen Tätigkeiten, den einzelnen Betrieben sowie den einzelnen Betriebstätten des wirtschaftlich Tätigen folgende Daten:

1. Unterscheidungsmerkmal,
2. Wirtschafts-Identifikationsnummer des wirtschaftlich Tätigen,
3. Firma (§§ 17 ff. des Handelsgesetzbuchs) oder Name der wirtschaftlichen Tätigkeit, des Betriebes oder der Betriebstätte,
4. frühere Firmennamen oder Namen der wirtschaftlichen Tätigkeit, des Betriebes oder der Betriebstätte,
5. Rechtsform,
6. Wirtschaftszweignummer,
7. amtlicher Gemeindeschlüssel,
8. Anschrift der wirtschaftlichen Tätigkeit, des Betriebes oder der Betriebstätte,
9. Registereintrag (Registergericht, Datum und Nummer der Eintragung),
10. Datum der Eröffnung des Betriebes oder der Betriebstätte oder Zeitpunkt der Aufnahme der wirtschaftlichen Tätigkeit,
11. Datum der Einstellung des Betriebes oder der Betriebstätte oder Zeitpunkt der Beendigung der wirtschaftlichen Tätigkeit,
12. Datum der Löschung im Register,
13. zuständige Finanzbehörden.

(6) Die Speicherung der in den Absätzen 3 bis 5a aufgeführten Daten erfolgt, um

1. sicherzustellen, dass eine vergebene Wirtschafts-Identifikationsnummer nicht noch einmal für einen anderen wirtschaftlich Tätigen verwendet wird,
2. für einen wirtschaftlich Tätigen die vergebene Wirtschafts-Identifikationsnummer festzustellen,
3. zu erkennen, welche Finanzbehörden zuständig sind,
4. Daten, die auf Grund eines Gesetzes oder nach über- und zwischenstaatlichem Recht entgegenzunehmen sind, an die zuständigen Stellen weiterleiten zu können,
5. den Finanzbehörden die Erfüllung der ihnen durch Rechtsvorschrift zugewiesenen Aufgaben zu ermöglichen.

(6a) Die in Absatz 3 Nummer 1, 3, 5, 7, 8 und 9, in Absatz 4 Nummer 1, 3, 5, 7, 8 und 10 sowie in Absatz 5 Nummer 1, 4, 6, 8, 9 und 11 aufgeführten Daten werden bei einem Unternehmen im Sinne des Unternehmensbasisdatenregistergesetzes, das ein Nutzerkonto im Sinne des § 2 Absatz 5 des Onlinezugangsgesetzes nutzt, auch zum Nachweis der Identität als Nutzer dieses Nutzerkontos

gespeichert; diese Daten dürfen auf Veranlassung des Nutzers eines Nutzerkontos elektronisch an das Nutzerkonto übermittelt werden.

(7) **Die in Absatz 3 aufgeführten Daten dürfen nur für die in Absatz 6 genannten Zwecke verarbeitet werden, es sei denn, eine Rechtsvorschrift sieht eine andere Verarbeitung ausdrücklich vor.**

I. Allgemeines

1 § 139c regelt die Vergabe und die Verarbeitung der Wirtschafts-Identifikationsnummer. Die Vergabe ist derzeit weder erfolgt noch terminiert (BZSt v. 2.12.2019, abrufbar unter https://www.bzst.de/DE/Unternehmen/Identifikationsnummern/Wirtschaftsidentifikationsnummer/wirtschaftsidentifikationsnummer_node.html). Zum Start des Vergabeprozesses bedarf es nach Art. 97 § 5 S. 1 EGAO einer RV des BMF mit Zustimmung des BR.

II. Vergabe und Zusammensetzung der Wirtschafts-Identifikationsnummer (Abs. 1)

2 Nach **§ 139c I 1** wird die Wirtschafts-Identifikationsnummer vom BZSt – im Gegensatz zur Identifikationsnummer (§ 139b) – nicht von Amts wegen, sondern nur auf Anforderung des zuständigen FA vergeben.

3 **§ 139c I 2** bestimmt, dass die Wirtschafts-Identifikationsnummer, wie auch die USt-Identifikationsnummer (§ 27a UStG), mit dem Präfix für Deutschland „DE" beginnt.

4 **§ 139c I 3** stellt klar, dass eine Wirtschafts-Identifikationsnummer nicht mehrfach vergeben werden darf. Die Regelung entspricht § 139b I 2.

III. Verwendung der Wirtschafts-Identifikationsnummer (Abs. 2)

5 **Allgemeines.** § 139c II regelt die Verarbeitung der Wirtschafts-Identifikationsnummer durch die FB und durch andere Stellen. Der Terminus „verarbeiten" orientiert sich an Art. 4 Nr. 2 DS-GVO und ersetzt die ursprüngliche Formulierung „erheben und verwenden".

6 **§ 139c II 1** betrifft die Verarbeitung der Wirtschafts-Identifikationsnummer durch die FB. Die Regelung entspricht § 139b II 1, sodass hier insoweit die Erl. zu § 139b II 1 entspr. gelten (→ § 139b Rn. 6).

7 **§ 139c II 2** regelt die Verarbeitung der Wirtschafts-Identifikationsnummer durch andere öffentliche Stellen oder nicht öffentliche Stellen. Diese Stellen dürfen nach Abs. 2 S. 2 die Wirtschafts-Identifikationsnummer nur verarbeiten, soweit dies zur Erfüllung ihrer Aufgaben oder Geschäftszwecke oder für die Datenübermittlung zwischen ihnen und den FB erforderlich ist.

8 **§ 139c II 3** stellt sicher, dass die Wirtschafts-Identifikationsnummer auch die Funktion der USt-Identifikationsnummer (§ 27a UStG) erfüllen kann, um diese ggf. zu einem späteren Zeitpunkt zu ersetzen (BT-Drs. 15/1945, 40).

IV. Speicherung von Daten bei natürlichen Personen (Abs. 3)

9 **§ 139c III** zählt auf, welche Daten das BZSt zu natürlichen Personen, die wirtschaftlich tätig sind, speichert, um eine Identifizierung zu ermöglichen. Die Aufzählung ist abschließend (BT-Drs. 15/1945, 40). Die Speicherung des zuständigen FA nach Abs. 3 Nr. 12 dient, wie auch die Speicherung des FA nach § 139b III Nr. 11, als einziges Merkmal nicht der Identifizierung, sondern ist erforderlich, damit das BZSt das Identifikationsmerkmal dem zuständigen FA mitteilen kann. Zudem werden mWv 31.12.2014 auch die neu eingeführten Unterscheidungsmerkmale sowie Angaben zu verbundenen Unternehmen gespeichert (Nr. 13 und 14). Dies dient der Nachvollziehbarkeit von Unternehmensver-

bünden zur Durchführung der zutreffenden steuerlichen Maßnahmen durch die FB (BT-Drs. 18/3017, 32).

V. Speicherung von Daten bei juristischen Personen (Abs. 4)

§ 139c IV zählt abschließend auf, welche Daten das BZSt zu juristischen Personen speichert, um eine Identifizierung zu ermöglichen. Für die Speicherung des zuständigen FA nach Abs. 4 Nr. 16 sowie der Unterscheidungsmerkmale nach Nr. 17 gilt → Rn. 9 entsprechend. 10

VI. Speicherung von Daten bei Personenvereinigungen (Abs. 5)

§ 139c V zählt abschließend auf, welche Daten das BZSt zu Personenvereinigungen, wie zB zu den Personenhandelsgesellschaften (OHG, KG) und zur wirtschaftlich tätigen GbR, speichert, um eine Identifizierung der Personenvereinigung und ihrer Beteiligten zu ermöglichen. Für die Speicherung des zuständigen FA nach Abs. 5 Nr. 18 sowie der Unterscheidungsmerkmale nach Nr. 19 gilt → Rn. 9 entsprechend. 11

VII. Unterscheidungsmerkmale (Abs. 5a)

Seit dem 31.12.2014 wird die Wirtschafts-Identifikationsnummer um ein fünfstelliges Unterscheidungsmerkmal erweitert („Anhang"). Dies dient der steuerlichen Handhabbarkeit, wenn die IdNr. und die Wirtschafts-Identifikationsnummer die herkömmlichen StNummern ablösen: Jeder gesondert zu behandelnden wirtschaftlichen Tätigkeit eines Stpfl. soll ein eigenes Unterscheidungsmerkmal zugewiesen werden, so wie auch derzeit schon verschiedene Betriebe eines Stpfl. verschiedene StNummern erhalten. Damit soll gewährleistet werden, dass steuerliche Sachverhalte nicht nur dem wirtschaftlich Tätigen selbst, sondern auch dem entsprechenden Unternehmensteil, zu dem die steuerlichen Sachverhalte gehören, zugeordnet werden können (BT-Drs. 18/3017, 32). Zu jedem Unterscheidungsmerkmal werden die in Abs. 5a aufgezählten Daten gespeichert. 12

VIII. Verwendungszwecke (Abs. 6 und 6a)

§ 139c VI, VIa normieren abschließend, für welche Zwecke die gespeicherten Daten iSd Abs. 3–5a verarbeitet werden dürfen. Die Regelungen sind § 150 I 1 SGB VI nachgebildet und entsprechen § 139b IV, IVa, die für die Identifikationsnummer (§ 139b) identische Verwendungszwecke normieren. 13

IX. Zweckbestimmung (Abs. 7)

Nach § 139c VII dürfen die in § 139c III genannten Daten nur zu den in § 139 VI genannten Zwecken verarbeitet werden, es sei denn, aus einer Rechtsvorschrift (§ 4) geht eindeutig und unmissverständlich hervor, dass die strikte Zweckbindung nach Abs. 7 durchbrochen werden soll. Nur in diesem Fall ist eine anderweitige Verarbeitung der in Abs. 3 aufgeführten Daten zulässig. § 139c VII schließt, wie auch § 139b V, die Anwendbarkeit der allg. Zweckänderungsvorschriften der §§ 14–16 BDSG aus (BT-Drs. 15/1945, 41). 14

§ 139d Verordnungsermächtigung

Die Bundesregierung bestimmt durch Rechtsverordnung mit Zustimmung des Bundesrates:

1. organisatorische und technische Maßnahmen zur Wahrung des Steuergeheimnisses, insbesondere zur Verhinderung eines unbefugten Zugangs zu Daten, die durch § 30 geschützt sind,

2. Richtlinien zur Vergabe der Identifikationsnummer nach § 139b und der Wirtschafts-Identifikationsnummer nach § 139c,

3. Fristen, nach deren Ablauf die nach §§ 139b und 139c gespeicherten Daten zu löschen sind, sowie

4. die Form und das Verfahren der Datenübermittlungen nach § 139b Absatz 6 bis 9.

1 § 139d enthält eine Ermächtigung zum Erlass einer VO, die organisatorische und technische Maßnahmen zur Wahrung des StGeheimnisses (§ 30) enthält (§ 139d Nr. 1) und weitere Einzelheiten zur Vergabe der Identifikationsnummern (§ 139d Nr. 2) sowie zur Löschung der Nummern und der gespeicherten Daten (§ 139d Nr. 3) und zur Übermittlung der Daten zwischen den Meldebehörden und dem BZSt (§ 139d Nr. 4) regelt. Von dieser Ermächtigung hat die BReg mit VO v. 28.11.2006 (BGBl. 2006 I 2726) Gebrauch gemacht. Durch die Rechtsverordnung soll sichergestellt werden, dass mittels des Identifikationsmerkmals ein unbefugter Zugriff auf Daten, die dem StGeheimnis (§ 30) unterliegen, ausgeschlossen ist (BT-Drs. 15/1945, 41).

§ 139e Direktauszahlungsmechanismus

(1) [1]**Der Direktauszahlungsmechanismus ist die Direktauszahlung öffentlicher Mittel an natürliche Personen unter Verwendung der nach § 139b Absatz 3 und 3a gespeicherten Daten, die durch Bundesgesetz vorgesehen ist.** [2]**Zuständige Behörde für den Direktauszahlungsmechanismus ist das Bundeszentralamt für Steuern (Direktauszahlungsbehörde).** [3]**Die Direktauszahlungsbehörde wird im Auftrag der nach dem jeweiligen Leistungsgesetz zuständigen Behörde (Leistungsbehörde) tätig.**

(2) **Die Direktauszahlung von öffentlichen Mitteln nach Absatz 1 Satz 1 erfolgt unbar auf die zum Zeitpunkt des Datenabrufs nach § 139b Absatz 3a gespeicherte Kontoverbindung.**

(3) **Erfolgt die Direktauszahlung öffentlicher Mittel auf Antrag, so ist dieser nach amtlich *bestimmten* Datensatz über die amtlich bestimmte Schnittstelle elektronisch zu übermitteln.**

(4) [1]**Werden an die Gewährung der Leistung Voraussetzungen geknüpft, die nicht aus den nach § 139b gespeicherten Daten bestimmt oder über amtlich bestimmte Schnittstellen der Direktauszahlungsbehörde zu anderen datenverwaltenden Stellen automatisiert bezogen werden können, sind die erforderlichen Daten von der Leistungsbehörde bei den öffentlichen Stellen zu erheben, die diese Daten verarbeiten.** [2]**Die Leistungsbehörde teilt der Direktauszahlungsbehörde das Ergebnis der Prüfung nach amtlich *bestimmten* Datensatz über die amtlich bestimmte Schnittstelle mit.**

(5) [1]**Die Gutschrift auf die nach Absatz 2 gespeicherte Kontoverbindung (Direktauszahlung) ist ein Verwaltungsakt nach dem jeweiligen Leistungsgesetz, der nicht schriftlich zu bestätigen ist sowie keiner Begründung und keiner gesonderten Rechtsbehelfsbelehrung bedarf.** [2]**Der Verwaltungsakt wird durch die Gutschrift bekannt gegeben.** [3]**Andere Verwaltungsakte werden durch Bereitstellung zum Datenabruf bekannt gegeben.** [4]**Für die Durchführung von Rechtsbehelfsverfahren ist die Leistungsbehörde zuständig.** [5]**Im Übrigen gelten die für das Leistungsgesetz maßgebenden Vorschriften über das Verwaltungs- sowie das Gerichtsverfahren.**

1 Bereits mit dem JStG 2022 v. 16.12.2022 (BGBl. 2022 I 2294) wurden in § 139b IIIa und IVc die rechtlichen Voraussetzungen für die zentrale Speicherung einer Kontover-

bindung (IBAN und ggf. BIC) in der IdNr-Datenbank geschaffen, um die schnelle Auszahlung öffentlicher Leistungen insb. in Krisensituationen (zB Pandemien oder Flutkatastrophen) zu ermöglichen. Seit dem JStG 2024 v. 2.12.2024 (BGBl. 2024 I Nr. 387) regelt § 139e nun den Direktauszahlungsmechanismus.

Abs. 1 S. 1 definiert den Begriff Direktauszahlungsmechanismus. Erfasst sind nur unbare 2
(vgl. Abs. 2) Auszahlungen an natürliche Personen, da für juristische Personen keine Daten in der IdNr-Datenbank gespeichert sind. Für den Direktauszahlungsmechanismus ist gem. S. 2 das BZSt verantwortlich. Die Zuständigkeit für die jeweilige Leistung richtet sich dagegen nach dem Leistungsgesetz. Ist das BZSt nicht zugleich Leistungsbehörde, übernimmt es gem. S. 3 im Auftrag der Leistungsbehörde die Direktauszahlung.

Die Modalitäten der Direktauszahlung sind in Abs. 2 bis 4 geregelt. Abs. 5 regelt, dass es 3
sich bei der Gutschrift auf dem Konto um einen VA nach dem jeweiligen Leistungsgesetz handelt, der schriftlich nicht zu bestätigen ist und keiner Begründung oder Rechtsbehelfsbelehrung bedarf. Die Direktauszahlung ersetzt damit den Bewilligungsbescheid über die jeweilige öffentliche Leistung. Andere VA, wie insb. die Ablehnung von beantragten Leistungen, werden gem. S. 3 durch Datenabruf bekannt gegeben. Gem. S. 5 gelten für den Direktauszahlungsmechanismus und die in diesem Zusammenhang ergehenden behördlichen Entscheidungen nicht die Verfahrensvorschriften der AO, sondern die Vorschriften der jeweiligen Leistungsgesetze.

Zweiter Abschnitt. Mitwirkungspflichten

1. Unterabschnitt. Führung von Büchern und Aufzeichnungen

§ 140 Buchführungs- und Aufzeichnungspflichten nach anderen Gesetzen

Wer nach anderen Gesetzen als den Steuergesetzen Bücher und Aufzeichnungen zu führen hat, die für die Besteuerung von Bedeutung sind, hat die Verpflichtungen, die ihm nach den anderen Gesetzen obliegen, auch für die Besteuerung zu erfüllen.

I. Allgemeines

Bedeutung der §§ 140–148. Die §§ 140 ff. enthalten besondere Regelungen über die 1
Führung von Büchern und Aufzeichnungen. Zum Begriff der Bücher und Aufzeichnungen → Rn. 6. Die Vorschriften konkretisieren die dem Stpfl. nach § 90 obliegende allg. Mitwirkungspflicht bei der Ermittlung des Sachverhalts. Gleichzeitig haben die §§ 140 ff. eine Beweisfunktion. Anhand der Bücher und Aufzeichnungen kann der Stpfl. die steuerlich relevanten Sachverhalte gegenüber der FB offenlegen und nachweisen. Die Buchführung und die Aufzeichnungen des Stpfl., die den Vorschriften der §§ 140 ff. entsprechen, sind nach § 158 der Besteuerung zugrunde zu legen, soweit nach den Umständen des Einzelfalls kein Anlass besteht, ihre sachliche Richtigkeit zu beanstanden.

Gegenstand und Zweck des § 140. § 140 macht die zahlreichen außersteuerlichen 2
Buchführungs- und Aufzeichnungspflichten für das StRecht nutzbar, indem er außersteuerliche Buchführungs- und Aufzeichnungspflichten, soweit sie für die Besteuerung von Bedeutung sind, zu steuerlichen Pflichten transformiert, sog. abgeleitete Buchführungspflicht (BT-Drs. VI/1982, 123; krit. zum Transformationsgedanken HHSp § 140 Rn. 34 f.). Aufgrund dieser umfassenden Transformation außersteuerlicher Vorschriften sind entsprechende Detailregelungen im StRecht entbehrlich (BT-Drs. VI/1982, 123). Erfüllt der Stpfl. seine außersteuerlichen Buchführungs- und Aufzeichnungspflichten, so hat er damit zugleich auch seine entsprechenden steuerlichen Pflichten miterfüllt. Die Transformation außersteuerlicher Vorschriften ist allerdings nicht unproblematisch, da sich

die Zielsetzung der außersteuerlichen Buchführungs- und Aufzeichnungsvorschriften regelmäßig nicht mit der steuerlichen Zielsetzung deckt. So soll im StRecht die Erfassung des richtigen Gewinns gewährleistet sein, während die Buchführungs- und Aufzeichnungspflichten im Handelsrecht (§§ 238 ff. HGB) der Dokumentation der Geschäftsvorfälle des Kaufmanns sowie dem Schutz der Gläubiger und im Gewerberecht dem Schutz des Publikums dienen (TK § 140 Rn. 2).

3 **Verhältnis zu § 5 I 1 EStG.** § 140 wird im Bereich der Ertragsteuern (ESt und KSt) durch den in § 5 I 1 EStG normierten Grundsatz der (materiellen) Maßgeblichkeit ergänzt. Nach dem Maßgeblichkeitsgrundsatz sind bei der Aufstellung der StBilanz die handelsrechtlichen GoB zu beachten, soweit der Maßgeblichkeitsgrundsatz nicht durch steuerliche Vorschriften eingeschränkt ist (s. hierzu im Einzelnen Schmidt EStG § 5 Rn. 26 ff.).

II. Voraussetzungen des § 140

1. Bücher und Aufzeichnungen

6 Die Begriffe „Bücher" und „Aufzeichnungen" sind in der AO nicht definiert. Beide Begriffe knüpfen an den Sprachgebrauch des Handelsrechts an (BT-Drs. VI/1982, 124). Der Begriff der **Bücher** umfasst die Handelsbücher iSd §§ 238 ff. HGB und die den Handelsbüchern entsprechenden Aufzeichnungen von Nichtkaufleuten (TK Vor § 140 Rn. 13). Die Handelsbücher dokumentieren nach § 238 I 1 HGB umfassend die Handelsgeschäfte eines Kaufmanns und die Lage seines Vermögens. Zu den Handelsbüchern iSd § 239 HGB gehören die Systembücher, wie das Inventar- und Bilanzbuch, das Grundbuch (Journal) und das Hauptbuch sowie die Nebenbücher, wie zB das Kassenbuch, das Lagerbuch, die Lohn- und Gehaltskonten, die Wareneingangs- und die Warenausgangskonten und das Wechselbuch (Winnefeld A Rn. 740 ff.). Keine Bücher iSd § 239 HGB sind Bücher, die nur aus ordnungsrechtlichen Erwägungen geführt werden müssen, wie zB Wildhandelsbücher und Metallbücher (TK Vor § 140 Rn. 13).

7 **Aufzeichnungen** sind alle übrigen Erfassungen, soweit sie nicht unter die Bücher fallen (TK Vor § 140 Rn. 14). Aufzeichnungen dienen einem begrenzten Zweck, indem sie einzelne Arten von Geschäftsvorfällen dokumentieren, wie zB die Aufzeichnungen nach §§ 4 IV a 6, VII, 6 II, 7a VIII EStG und nach § 22 UStG.

8 Eine bestimmte **Form** ist für Bücher und Aufzeichnungen steuerrechtlich nicht vorgeschrieben (aber → § 145 Rn. 5, 22). Die Bücher und Aufzeichnungen können in Buch-, Loseblatt- oder Karteiform sowie auf EDV-Datenträgern erfolgen. Sie können aber auch nach § 146 V 1 aus einer geordneten Ablage von Belegen bestehen, wie zB bei der Offene-Posten-Buchführung. Erforderlich ist lediglich, dass die Aufzeichnungen übersichtlich, prüfbar und lesbar geführt werden (vgl. § 239 HGB und §§ 145 f.).

2. Andere als steuerrechtliche Gesetze

11 Die Buchführungs- und Aufzeichnungspflicht muss sich nach § 140 aus anderen Gesetzen als den StGesetzen ergeben. Als anderes Gesetz kommt jede Rechtsnorm (§ 4) in Betracht. Unerheblich ist, ob es sich um Bundes- oder Landesrecht handelt (TK § 140 Rn. 6). Ausländische Rechtsnormen können ebenfalls über § 140 eine Buchführungspflicht im Inland begründen (BFH 20.4.2021 – IV R 3/20, BFH/NV 2021, 1256; BFH 14.11.2018 – I R 81/16, BStBl. II 2019, 390; BFH 25.6.2014 – I R 24/13, BStBl. II 2015, 141; TK § 140 Rn. 7; AEAO zu § 140; aA FG Nürnberg 28.2.2013 – 6 K 875/11, EFG 2013, 1018; FG Köln 14.10.1981 – I (VII) 565/79 G, EFG 1982, 422; HHSp § 140 Rn. 11; Schwarz/Pahlke/Keß § 140 Rn. 4; BFH 14.9.1994 – I R 116/93, BStBl. II 1995, 238). Verwaltungsanordnungen oder sonstige Richtlinien ohne Normcharakter können keine Buchführungspflicht über § 140 begründen, da es sich nicht um Rechtsnormen iSd § 4 handelt. Auch Richtlinien der EU (Art. 288 III AEUV) unterfallen nicht dem § 140, sofern sie nicht ausnahmsweise unmittelbare Wirkung im innerstaatlichen Bereich haben. Andernfalls kann sich eine Buchführungspflicht erst bei einem entsprechenden innerstaatli-

chen Umsetzungsakt ergeben (HHSp § 140 Rn. 12). Ferner erfasst § 140 nur außersteuerliche Gesetze, die eine Verpflichtung zum Führen von Büchern und Aufzeichnungen enthalten. Außersteuerliche Sollvorschriften können nach § 140 eine steuerliche Buchführungspflicht nicht begründen (Schwarz/Pahlke/Keß § 140 Rn. 7). Ebenso fallen vertraglich vereinbarte Buchführungspflichten nicht unter § 140 (TK § 140 Rn. 9; aA wohl FG Hamburg 24.8.1973 – III 9/73, EFG 1974, 7).

3. Bedeutung der Aufzeichnungspflicht für die Besteuerung

Nach § 140 werden außersteuerliche Buchführungs- und Aufzeichnungspflichten nur dann in eine steuerliche Pflicht transformiert, wenn sie für die Besteuerung von Bedeutung sind. Dies ist dann der Fall, wenn die Bücher und Aufzeichnungen Sachverhalte festhalten, die geeignet sind, den Tatbestand eines StGesetzes zu erfüllen oder aus denen möglicherweise Folgerungen für die Besteuerung gezogen werden können (Schwarz/Pahlke/Keß § 140 Rn. 8). So genügt es zB, wenn die außersteuerlichen Bücher und Aufzeichnungen als Grundlage für eine Nachkalkulation oder eine Schätzung (§ 162) geeignet sind, selbst wenn sie nur Eintragungen in ausschl. zu steuerlichen Zwecken geführten Büchern und Aufzeichnungen wiederholen (TK § 140 Rn. 15). Erfasst werden daher auch die Handelsbücher (§§ 238 ff. HGB) einer vermögensverwaltenden PersGes, die ihren Gewinn steuerlich durch Einnahmenüberschussrechnung (§ 4 III EStG) ermittelt (TK § 140 Rn. 17). Für die Besteuerung von Bedeutung sind allerdings nur Bücher und Aufzeichnungen, die für die Besteuerung des Aufzeichnungspflichtigen von Bedeutung sind. Nicht erfasst werden Bücher und Aufzeichnungen, soweit sie der Kontrolle Dritter dienen (TK § 140 Rn. 16; aA Schwarz/Pahlke/Keß § 140 Rn. 8). 14

4. Wichtige außersteuerliche Buchführungsvorschriften

a) Handelsrechtliche Buchführungsvorschriften. Die §§ 238 ff. HGB enthalten Buchführungs- und Aufzeichnungspflichten für Kaufleute (§§ 1 ff. HGB). Der Kaufmann kraft Eintragung (§ 2 HGB) ist nach §§ 238 ff. HGB rechnungslegungspflichtig, sofern ihm nicht der Nachweis der fehlenden gewerblichen Tätigkeit gelingt (str.; wie hier Winnefeld L Rn. 45a; s. auch BeBiKo § 238 Rn. 23). Einzelkaufleute, die an den Abschlussstichtagen von zwei aufeinanderfolgenden Geschäftsjahren nicht mehr als 500.000 EUR Umsatzerlöse und 50.000 EUR Jahresüberschuss aufweisen, brauchen jedoch nach § 241a S. 1 HGB die §§ 238 ff. HGB nicht anzuwenden. Die in §§ 238 ff. HGB normierten Buchführungs- und Aufzeichnungspflichten gelten zudem auch für die Personenhandelsgesellschaften OHG (§§ 105 ff. HGB) und KG (§§ 161 ff. HGB), die nach § 6 I HGB ebenfalls die Kaufmannseigenschaft haben. § 241a S. 1 HGB gilt allerdings nicht für Personenhandelsgesellschaften und Genossenschaften. Die handelsrechtliche Buchführungspflicht aus §§ 238 ff. HGB erstreckt sich nur auf das Gesamthandsvermögen der PersGes und nicht auch auf das Sonderbetriebsvermögen der einzelnen Gesellschafter (BFH 23.10.1990 – VIII R 142/85, BStBl. II 1991, 401; Winnefeld A Rn. 166). Zur steuerrechtlichen Buchführungspflicht der PersGes für das Sonderbetriebsvermögen ihrer Gesellschafter → § 141 Rn. 5. Ergänzende Vorschriften enthalten für KapGes (AG, KGaA und GmbH) und für bestimmte Handelsgesellschaften die §§ 264 ff. HGB sowie für eingetragene Genossenschaften die §§ 336 ff. HGB. Aus § 13d HGB folgt, dass die §§ 238 ff. HGB auch für inländische Zweigniederlassungen ausländischer Kaufleute, PersGes und juristische Personen mit Kaufmannseigenschaft gelten (FG Köln 14.10.1981 – I (VII) 565/79 G, EFG 1982, 422). Fehlt ausländischen Unternehmen die Kaufmannseigenschaft nach inländischem Recht, kommt für die inländische Zweigniederlassung eine Buchführungspflicht nur nach § 141 in Betracht (Schwarz/Pahlke/Keß § 140 Rn. 13). Kommunale Eigenbetriebe ohne eigene Rechtspersönlichkeit sind regelmäßig nach landesrechtlichen Vorschriften zur Buchführung nach allg. handelsrechtlichen Grundsätzen verpflichtet (vgl. § 263 HGB), wobei diese Buchführungspflicht dann auch nach § 140 für die Besteuerung zu erfüllen ist (Klein § 140 Rn. 13 mwN). Die Partenreederei (§§ 489 ff. HGB) ist dagegen mangels Kaufmanns- 17 eigenschaft nicht nach §§ 238 ff. HGB und damit auch nicht nach § 140 buchführungspflichtig. Ihre Buchführungspflicht bestimmt sich vielmehr nach § 141 (FG Hamburg 24.8.1973 – III 9/73, EFG 1974, 7). Beim gewerblichen Grundstückshandel kann sich dagegen aus den handelsrechtlichen Vorschriften (§§ 238 ff. HGB) eine Buchführungspflicht ergeben, da der gewerbliche Grundstückshändler grds. nach § 1 I HGB Kaufmann ist.

20 **b) Besondere Aufzeichnungspflichten für bestimmte Gewerbezweige.** Für bestimmte Gewerbezweige bestehen besondere Aufzeichnungspflichten, so zB für **Altenheime, Altenwohnheime und Pflegeheime** (nach § 13 HeimG, BGBl. 2001 I 2970 iVm BGBl. 2006 I 2407), **Apotheken** (Herstellungs- und Prüfungsbücher nach § 22 ApBetrO, BGBl. 1995 I 1195), **Auskunfteien und Detekteien** (Auftragsbücher nach § 38 III GewO), **Bewachungsbetriebe** (Auftragsbücher nach § 14 BewachVO, BGBl. 1995 I 1602 iVm § 34a II Nr. 2c GewO); **Bezirksschornsteinfegermeister** (Kehrbücher nach § 14 SchornsteinfegerVO, BGBl. 1969 I 2363 iVm § 19 SchornsteinfegerG, BGBl. 1998 I 2071); **Buchmacher** (§ 4 RennwLottG); **Effektenverwahrer** (Verwahrungsbücher nach § 14 I DepotG, BGBl. 1995 I 34); **Fahrschulen** (Aufzeichnungen über Ausbildung und Entgelt nach § 18 I, II FahrlG, BGBl. 1969 I 1336 idF BGBl. 2006 I 2407); **Heimarbeit** (Beschäftigungslisten und Entgeltsbücher nach §§ 6 S. 1, 8 I 9 HAG, BGBl. 1951 I 191 idF BGBl. 2001 I 266 iVm §§ 9 ff. der 1. DurchführungsVO BGBl. 1976 I 221); **Kassenärzte** (§§ 294 f. SGB V); **Krankenhäuser** (Bücher nach § 3 KrankenhausbuchführungVO, BGBl. 1987 I 1045 iVm § 16 Nr. 7 KHG, BGBl. 1991 I 886); **Kreditinstitute** (besondere Rechnungslegung nach VO über die Rechnungslegung der Kredit- und Finanzdienstleistungsinstitute, BGBl. 1998 I 3658 sowie Identifizierungs- und Aufzeichnungspflichten, §§ 2, 9 GwG, BGBl. 1993 I 1770); **Kursmakler** (Tagebücher nach § 33 I BörsG, BGBl. 1998 I 2682); **Lohnsteuerhilfevereine** (Aufzeichnungen über Einnahmen, Ausgaben und Vermögenswerte nach § 21 StBerG); **Makler** (Aufzeichnungen nach § 10 MaBV, BGBl. 1990 I 2479 idF BGBl. 1997 I 272 iVm § 34c III Nr. 6 GewO); **Mietwagenunternehmen** (§ 49 IV PBefG); Betriebe der **Milch- und Fettwirtschaft** (Geschäftsbücher nach § 25 MilchFettG, BGBl. 1952 I 811); **Pfandleiher** (Aufzeichnungen über jedes Pfandleihgeschäft und seine Abwicklung nach § 3 PfandlVO, BGBl. 1976 I 1334 idF BGBl. 1990 I 2476); **Reisebüros** (Aufzeichnungen nach § 38 III GewO); **Saatguterzeuger** (Aufzeichnungen nach §§ 13 III, 19 II SaatgutverkehrsG, BGBl. 1985 I 1633); Hersteller von **Schusswaffen und Munition** (Waffenherstellungsbücher, Waffenhandelsbücher und Munitionshandelsbücher nach §§ 23 ff. WaffG, BGBl. 2002 I 3970 iVm §§ 14–18 der 1. VO zum WaffG, BGBl. 1991 I 169 idF BGBl. 2002 I 3970; FG Niedersachsen 14.7.1997 – IX 998/89, EFG 1997, 1484); **Spielbanken** (§§ 2, 9 GwG); **Tierärzte,** die eine Hausapotheke betreiben (Aufzeichnungen über Erwerb und Abgabe von Arzneimitteln nach §§ 5 II, 13 VO über tierärztliche Hausapotheken, BGBl. 1996 I 554 idF BGBl. 2001 I 2131); **Verwalter** des gemeinschaftlichen Eigentums der Wohnungseigentümer (Wirtschaftspläne, Abrechnungen und Rechnungslegungen nach § 28 I, III, IV WEG, BGBl. 1951 I 175).

5. Adressat der Norm

23 Wer nach § 140 zur Aufzeichnung verpflichtet ist, ergibt sich aus den jeweiligen außersteuerlichen Rechtsnormen. Der Aufzeichnungspflichtige kann sich zur Erfüllung seiner Verpflichtung auch einer geeigneten Hilfsperson als Erfüllungsgehilfen bedienen, da es sich bei der Buchführungs- und Aufzeichnungspflicht nicht um eine höchstpersönliche Pflicht handelt (Schwarz/Pahlke/Keß § 140 Rn. 20). Die Buchführungs- und Aufzeichnungspflicht geht auf einen Einzel- oder Gesamtrechtsnachfolger des Aufzeichnungspflichtigen über. Wird über das Vermögen des Aufzeichnungsverpflichteten das Insolvenzverfahren eröffnet, muss der Insolvenzverwalter die Buchführungs- und Aufzeichnungspflicht nach § 155 I 2 InsO erfüllen.

6. Beginn und Ende der Buchführungs- und Aufzeichnungspflicht

Beginn und Ende der Buchführungs- und Aufzeichnungspflicht richten sich nach den jeweiligen außersteuerlichen Gesetzen. § 141 II findet auf § 140 keine Anwendung (BeckOK AO § 140 Rn. 80; TK § 140 Rn. 18). Die handelsrechtliche Buchführungspflicht der §§ 238 ff. HGB ist unmittelbar mit der Tätigkeit des Kaufmanns (§§ 1 ff. HGB) verknüpft. Sie beginnt mit dem ersten buchungspflichtigen Geschäftsvorfall und endet mit der Abwicklung des Unternehmens (Winnefeld A Rn. 200, 210). Für die AG, die KGaA, die GmbH und die eingetragene Genossenschaft beginnt die Buchführungspflicht spätestens mit der Eintragung in das Handelsregister (§§ 41 I, 278 III AktG, § 11 I GmbHG und §§ 13, 17 GenG) und zwar ohne Rücksicht darauf, ob die Gesellschaft ein Handelsgewerbe betreibt. Allerdings sind die Vor-AG und die Vor-GmbH bereits nach dem Recht der AG bzw. der GmbH buchführungspflichtig (Winnefeld A Rn. 202). Die Buchführungspflicht endet für die AG, die KGaA, die GmbH und die eingetragene Genossenschaft mit der Löschung der Gesellschaft im Handelsregister (BeckOK AO § 140 Rn. 83; Klein § 140 Rn. 25; TK § 140 Rn. 26). 26

III. Folgen der Verletzung der Buchführungs- und Aufzeichnungspflicht

Schätzungsbefugnis der FB (§ 162 II 2). Kommt der Stpfl. seinen Buchführungs- und Aufzeichnungspflichten nicht oder nur unvollständig nach, kann die FB die Besteuerungsgrundlagen gem. § 162 II 2 schätzen. Dies gilt gem. § 162 II 2 auch, wenn die Buchführung oder die Aufzeichnungen der Besteuerung nicht nach § 158 zugrunde gelegt werden können. Siehe im Einzelnen → § 162 Rn. 61 ff. 29

Versagung von Steuervergünstigungen. Eine StVergünstigung, deren Inanspruchnahme von der Führung gesonderter Aufzeichnungen abhängig ist, wie zB die StVergünstigung nach § 6b EStG, ist zu versagen, wenn der Stpfl. die Aufzeichnungspflichten nicht oder nicht ordnungsgemäß erfüllt. 30

Zwangsmaßnahmen (§§ 328 ff.). Die laufende Erfüllung der außersteuerlichen Buchführungs- und Aufzeichnungspflichten kann die FB nach §§ 328 ff. erzwingen. Nicht erzwungen werden kann dagegen die nachträgliche Erstellung von Büchern und Aufzeichnungen (TK Vor § 140 Rn. 22). 31

Straf- und bußgeldrechtliche Ahndung. Stpfl., die ihre Buchführungs- und Aufzeichnungspflichten nicht oder nicht richtig erfüllen, können eine StHinterziehung nach § 370 oder eine leichtfertige StVerkürzung nach § 378 begehen. Ferner kann ein Verstoß gegen außersteuerliche Buchführungs- und Aufzeichnungspflichten eine Ordnungswidrigkeit nach § 379 sein. Die Verletzung besonderer Aufzeichnungsvorschriften der Verbrauchsteuergesetze kann als Ordnungswidrigkeit nach § 381 geahndet werden. Die Verletzung der handelsrechtlichen Buchführungspflichten (§§ 238 ff. HGB) kann darüber hinaus die Straftatbestände der §§ 283, 283a bzw. 283b StGB erfüllen. 32

§ 141 Buchführungspflicht bestimmter Steuerpflichtiger

(1) [1]**Gewerbliche Unternehmer sowie Land- und Forstwirte, die nach den Feststellungen der Finanzbehörde für den einzelnen Betrieb**

1. einen Gesamtumsatz im Sinne des § 19 Absatz 2 Satz 1 des Umsatzsteuergesetzes von mehr als 800 000 Euro im Kalenderjahr oder
2. (weggefallen)
3. (weggefallen)
4. einen Gewinn aus Gewerbebetrieb von mehr als 80 000 Euro im Wirtschaftsjahr oder
5. einen Gewinn aus Land- und Forstwirtschaft von mehr als 80 000 Euro im Kalenderjahr

gehabt haben, sind auch dann verpflichtet, für diesen Betrieb Bücher zu führen und auf Grund jährlicher Bestandsaufnahmen Abschlüsse zu machen, wenn sich eine Buchführungspflicht nicht aus § 140 ergibt. ²Die §§ 238, 240, 241, 242 Absatz 1 und die §§ 243 bis 256 des Handelsgesetzbuchs gelten sinngemäß, sofern sich nicht aus den Steuergesetzen etwas anderes ergibt.

(2) **¹Die Verpflichtung nach Absatz 1 ist vom Beginn des Wirtschaftsjahrs an zu erfüllen, das auf die Bekanntgabe der Mitteilung folgt, durch die die Finanzbehörde auf den Beginn dieser Verpflichtung hingewiesen hat. ²Die Verpflichtung endet mit dem Ablauf des Wirtschaftsjahrs, das auf das Wirtschaftsjahr folgt, in dem die Finanzbehörde feststellt, dass die Voraussetzungen nach Absatz 1 nicht mehr vorliegen.**

(3) **¹Die Buchführungspflicht geht auf denjenigen über, der den Betrieb im Ganzen zur Bewirtschaftung als Eigentümer oder Nutzungsberechtigter übernimmt. ²Ein Hinweis nach Absatz 2 auf den Beginn der Buchführungspflicht ist nicht erforderlich.**

Übersicht

A. Allgemeines

1 **Inhalt und Anwendungsbereich.** § 141 normiert eine selbständige steuerrechtliche Verpflichtung zur Buchführung und zur Erstellung von Abschlüssen aufgrund jährlicher Bestandsaufnahmen. Diese originäre Buchführungspflicht besteht nach § 141 I 1 nur, wenn sich die Pflicht zur Buchführung nicht schon aus § 140 ergibt. § 141 ist insoweit gegenüber § 140 subsidiär (BT-Drs. VI/1982, 124). Die Subsidiarität des § 141 bezieht sich allerdings nur auf die Buchführungspflicht und auf die Pflicht, Abschlüsse zu machen. Bestehen dagegen nach § 140 nur sonstige Aufzeichnungspflichten, so ist § 141 neben § 140 anwendbar (Schwarz/Pahlke/Keß § 141 Rn. 3).

2 **Verhältnis zu § 241a HGB.** § 241a S. 1 HGB ermöglicht Einzelkaufleuten, die an den Abschlussstichtagen von zwei aufeinander folgenden Geschäftsjahren nicht mehr als 600.000 EUR Umsatzerlöse und 60.000 EUR Jahresüberschuss aufweisen, auf eine handelsrechtliche Buchführung zu verzichten. Diese handelsrechtliche Befreiung von der Buchführungspflicht wirkt sich nur auf die Buchführungspflicht nach § 140 aus, hat aber auf die Buchführungspflicht nach § 141 keinen Einfluss (Klein § 141 Rn. 2). Allerdings hat der Gesetzgeber die Buchführungsgrenzen des § 241a S. 1 HGB bewusst den Grenzen des § 141 I angenähert, um zumindest in der Mehrzahl der Fälle einen gewissen Gleichlauf zwischen dem Handelsrecht und dem StRecht zu erreichen (BT-Drs. 16/10067, 46).

§ 241a HGB und § 141 I sind in ihrer Anwendung in Randbereichen jedoch nicht vollständig kongruent (→ Rn. 14, 17). Zudem gilt § 241a HGB nur für Einzelkaufleute und nicht für Personenhandelsgesellschaften und Genossenschaften (BT-Drs. 16/10067, 47).

B. Buchführungspflicht bestimmter Steuerpflichtiger (Abs. 1)

I. Voraussetzungen der Buchführungspflicht (Abs. 1 S. 1)

1. Adressat der Norm

Gewerbliche Unternehmer iSd § 141 I 1 sind alle Unternehmer, die gem. § 15 II, III EStG Einkünfte aus Gewerbebetrieb erzielen (TK § 141 Rn. 3). Dies setzt eine Gewinnerzielungsabsicht voraus. § 141 I 1 erfasst auch ausländische Unternehmer, soweit sie im Inland eine Betriebstätte unterhalten oder einen ständigen Vertreter bestellt haben (§ 49 I Nr. 2a EStG) und nicht bereits unter § 140 fallen, wobei für die Buchführungsgrenzen des Abs. 1 S. 1 dann die im Inland erzielten Umsätze und Gewinne maßgeblich sind, soweit sie hier steuerbar sind (BFH 14.9.1994 – I R 116/93, BStBl. II 1995, 238; → § 140 Rn. 17). Ohne Bedeutung ist die Rechtsform, in der das Unternehmen betrieben wird. § 141 I 1 erfasst neben Einzelunternehmen auch PersGes, nicht rechtsfähige Vereine und (atypische und typische) stille Gesellschaften. Bei einer stillen Gesellschaft trifft die Buchführungspflicht allerdings nur den Geschäftsinhaber, und nicht auch den stillen Gesellschafter (Schwarz/Pahlke/Keß § 141 Rn. 7). Handelt es sich bei dem Unternehmen um eine **PersGes,** ist die PersGes, nicht dagegen der einzelne Mitgesellschafter buchführungspflichtig (TK § 141 Rn. 3). Die PersGes ist steuerrechtlich auch für das **Sonderbetriebsvermögen** ihrer Gesellschafter buchführungspflichtig, obwohl sich die handelsrechtliche Buchführungspflicht nach §§ 238 ff. HGB nur auf das Gesamthandsvermögen der PersGes erstreckt (BFH 23.10.1990 – VIII R 142/85, BStBl. II 1991, 401; BFH 11.3.1992 – XI R 38/89, BStBl. II 1992, 797; aA Tipke/Lang § 10 Rn. 116; TK § 141 Rn. 3; Knobbe-Keuk Bil/UntStR, 442; wohl auch HHSp § 141 Rn. 15 iVm § 140 Rn. 19 f.). Entgegen dem BFH lässt sich die Buchführungspflicht für das Sonderbetriebsvermögen allerdings nicht mit § 141 I 1 begründen, da § 141 I 1 lediglich bestimmte Buchführungsgrenzen konstituiert, ohne jedoch den sachlichen Umfang der Buchführungspflicht zu regeln. Die Buchführungspflicht der PersGes für Sonderbetriebsvermögen ihrer Gesellschafter kann vielmehr nur im Wege der Lückenausfüllung aus § 5 I EStG iVm § 15 I Nr. 2 EStG abgeleitet werden (Tipke/Lang § 10 Rn. 115). Für die Einbeziehung des Sonderbetriebsvermögens spricht jedenfalls, dass die steuerrechtliche Buchführungsverpflichtung der Ermittlung des richtigen Gesamtgewinns der Mitunternehmerschaft (§ 15 I Nr. 2 EStG) dient (HHSp § 141 Rn. 15). 5

Land- und Forstwirte iSd § 141 I 1 sind alle Stpfl., die Einkünfte aus Land- und Forstwirtschaft nach § 13 EStG erzielen (TK § 141 Rn. 5). Unerheblich ist, in welcher Rechtsform die Einkünfte aus Land- und Forstwirtschaft erzielt werden (Schwarz/Pahlke/Keß § 141 Rn. 10). 6

Im **Insolvenzverfahren** über das Vermögen des Buchführungspflichtigen hat nach § 155 I 1 InsO der Insolvenzverwalter die Buchführungspflicht aus § 141 zu erfüllen. 7

Stpfl., die **Einkünfte aus selbständiger Tätigkeit** (§ 18 EStG) erzielen, fallen nicht unter § 141 I 1. Entsprechendes gilt für **Überschusseinkünfte** iSd §§ 19–22 EStG (vgl. BFH 11.2.2010 – V R 38/08, BStBl. II 2010, 873). 8

2. Betriebsbezogenheit der Buchführungspflicht

Die Buchführungspflicht nach § 141 I 1 ist betriebsbezogen. Sie bezieht sich auf jeden einzelnen Betrieb des Stpfl. (Schwarz/Pahlke/Keß § 141 Rn. 13). Der Begriff des Betriebs ist im Wesentlichen mit dem Begriff des Betriebs iSd §§ 14, 16 EStG identisch (BFH 13.10.1988 – IV R 136/85, BStBl. II 1989, 7). Ein Betrieb iSd § 141 I 1 ist demnach jede planmäßig organisierte Wirtschaftseinheit, in der Arbeitskräfte, Betriebsmittel und Werk- 11 stoffe zur Produktion von Sachgütern und Bereitstellung von Dienstleistungen kombiniert werden (TK § 141 Rn. 8). Es muss sich um eine für sich lebensfähige organisatorische Einheit handeln, die unabhängig von der sonstigen wirtschaftlichen Betätigung des Unternehmens betrieben wird und nach außen als in sich geschlossenes, selbständiges Wirtschaftsgebilde in Erscheinung tritt (Schwarz/Pahlke/Keß § 141 Rn. 14). Übt ein Einzelunternehmer verschiedene Tätigkeiten aus, liegen regelmäßig mehrere Betriebe iSd § 141 I 1 vor (BFH 14.9.1965 – I 64/63 U, BStBl. III 1965, 656). Maßgebend ist das Gesamtbild der tatsächlichen Verhältnisse unter Berücksichtigung der Verkehrsanschauung (BFH 13.10.1988 – IV R 136/85, BStBl. II 1989, 7). Übt ein Unternehmer dagegen mehrere gleichartige gewerbliche Tätigkeiten aus, so spricht regelmäßig die Vermutung dafür, dass ein einheitlicher Gewerbebetrieb vorliegt (BFH 14.9.1965 – I 64/63 U, BStBl. III 1965, 656). Dies gilt insb. dann, wenn die Tätigkeiten in derselben Gemeinde ausgeübt werden (vgl. Schwarz/Pahlke/Keß § 141 Rn. 17; aA TK § 141 Rn. 10; vgl. auch R 2.4 II GewStR). Aus der Betriebsbezogenheit folgt, dass bei **PersGes** der Gewinn der PersGes aus dem jeweiligen Betrieb maßgeblich ist (BFH 23.2.1978 – IV R 166/74, BStBl. II 1978, 477). Der Gewinnanteil der einzelnen Gesellschafter ist ohne Bedeutung (Schwarz/Pahlke/Keß § 141 Rn. 24).

3. Die einzelnen Buchführungsgrenzwerte (Abs. 1 S. 1 Nrn. 1–5)

14 Die Buchführungsgrenze des **§ 141 I Nr. 1** ist mit Gesetz v. 22.8.2006 (BGBl. 2006 I 1970) zum 1.1.2007 von 350.000 EUR auf 500.000 EUR angehoben worden. Besondere Übergangsregelungen enthält Art. 97 § 19 VI 2 EGAO. Eine weitere Erhöhung auf 600.000 EUR erfolgte mWv 1.1.2016 (Art. 97 § 19 VIII 1 EGAO). Für die Buchführungsgrenze des Abs. 1 Nr. 1 sind die Umsätze des jeweiligen Betriebs im Kj. maßgebend. Aus der Bezugnahme auf § 4 Nr. 8–10 UStG ergibt sich, dass die Umsatzgrenze nach den Regelungen des UStG zu ermitteln ist (BFH 4.5.1999 – VIII B 111/98, BFH/NV 1999, 1444). Hinzuzurechnen sind auch steuerfreie Umsätze, ausgenommen die Umsätze nach § 4 Nr. 8–10 UStG (BFH 4.5.1999 – VIII B 111/98, BFH/NV 1999, 1444). Im Gegensatz zu § 241a HGB werden also bestimmte steuerfreie Umsätze bei der Ermittlung der Umsatzgrenze des Abs. 1 Nr. 1 nicht mitberücksichtigt (Klein § 141 Rn. 4; → Rn. 2). Ferner sind nicht umsatzsteuerbare Auslandsumsätze in den maßgebenden Umsatz einzubeziehen (BFH 7.10.2009 – II R 23/08, BStBl. II 2010, 219; AEAO zu § 141 Nr. 3). Gegebenenfalls sind die Umsätze entspr. § 162 I zu schätzen. Bei einem vom Kj. abweichenden Wirtschaftsjahr (§ 4a EStG) sind die zeitanteiligen Umsätze aus den beiden Wirtschaftsjahren anzusetzen (TK § 141 Rn. 14).

15 § 141 I 1 Nr. 3 und S. 3 gelten noch bis zum 31.12.2024 und fallen dann ersatzlos weg (Art. 5 GrStReFG v. 26.11.2019 (BGBl. 2019 I 1794)). Maßgebend für die Buchführungsgrenze des **§ 141 I Nr. 3** ist allein, dass der Land- und Forstwirt die Flächen selbst bewirtschaftet. Unerheblich ist, wem die bewirtschafteten Flächen gehören (vgl. hierzu Abs. 1 S. 3 sowie → Rn. 30). Einzubeziehen sind auch im Ausland belegene Nutzflächen (FG Düsseldorf 21.5.1986 – IV 237/82 AO, EFG 1986, 534). Bei beschränkt Stpfl. (§ 1 IV EStG) ist allerdings nur auf die inländische Betriebstätte abzustellen (TK § 141 Rn. 16). Im Rahmen des § 141 I Nr. 3 ist lediglich der Wirtschaftswert der selbst bewirtschafteten Flächen nach § 46 BewG zu ermitteln. Die übrigen Bestandteile des Wirtschaftswerts iSd § 46 BewG bleiben unberücksichtigt. So sind zB die Einzelertragswerte der im Einheitswert erfassten Nebenbetriebe nicht anzusetzen (BFH 6.7.1989 – IV R 97/87, BStBl. II 1990, 606). In die Ermittlung des Wirtschaftswerts der selbst bewirtschafteten Flächen sind auch bewertungsrechtliche Zu- und Abschläge nach § 41 BewG mit einzubeziehen, so zB der Zuschlag nach § 41 IIa BewG wegen verstärkter Tierhaltung (BFH 6.7.1989 – IV R 97/87, BStBl. II 1990, 606).

16 Die Buchführungsgrenze des **§ 141 I Nr. 4** ist zum 1.1.2016 von 50.000 EUR auf 60.000 EUR angehoben worden. Besondere Übergangsregelungen enthält (Art. 97 § 19 III 3 EGAO). Die Buchführungsgrenze des Abs. 1 Nr. 4 entspricht der Grenze des

§ 241a HGB, beiden Vorschriften liegen jedoch unterschiedliche Gewinndefinitionen zugrunde (→ Rn. 2). Maßgebend für die Buchführungsgrenze des Abs. 1 Nr. 4 ist allein das Wirtschaftsjahr (§ 4a EStG), unabhängig davon, ob es mit dem Kj. übereinstimmt (Mösbauer DStZ 1996, 726). In die Ermittlung des Gewinns ist bei Mitunternehmerschaften (§ 15 I Nr. 2 EStG) das Sonderbetriebsvermögen einzelner Gesellschafter mit einzubeziehen (BFH 11.3.1992 – XI R 38/89, BStBl. II 1992, 797; BFH 23.10.1990 – VIII R 142/85, BStBl. II 1991, 401; HHSp § 141 Rn. 38; Gosch AO § 141 Rn. 26; aA TK § 141 Rn. 21; hierzu auch → Rn. 5). Nach § 7a VI EStG sind dagegen erhöhte Absetzungen und Sonderabschreibungen bei der Gewinnermittlung nicht zu berücksichtigen. Erhöhte Absetzungen sind gem. § 7a III EStG dem Gewinn nur soweit zuzurechnen, als sie die Absetzungsbeträge nach § 7 I, IV EStG übersteigen (AEAO zu § 141 Nr. 4).

Die Buchführungsgrenze des **§ 141 I Nr. 5** ist zum 1.1.2016 auf 60.000 EUR angehoben worden (zur Anwendung s. Art. 97 § 19 IV 3 EGAO). Für die Gewinngrenze des Abs. 1 Nr. 5 ist das Kj. maßgebend. Bei einem vom Kj. abweichenden Wirtschaftsjahr (§ 4a EStG) werden die zeitanteiligen Gewinne aus zwei Wirtschaftsjahren angesetzt (Gosch AO § 141 Rn. 27; TK § 141 Rn. 22). Erhöhte Absetzungen und Sonderabschreibungen sind nach § 7a VI EStG nicht zu berücksichtigen. Erhöhte Absetzungen sind gem. § 7a III EStG dem Gewinn jedoch nur soweit zuzurechnen, als sie die Absetzungsbeträge nach § 7 I, IV EStG übersteigen (AEAO zu § 141 Nr. 4). Unberücksichtigt bleiben auch im Rahmen des Abs. 1 Nr. 5 Freibeträge nach § 13 III EStG (HHSp § 141 Rn. 41; TK § 141 Rn. 22). 17

4. Feststellung der Finanzbehörde

Die Buchführungspflicht kann gem. § 141 I 1 nur entstehen, wenn die FB zuvor festgestellt hat, dass die in § 141 I 1 Nr. 1–5 normierten Grenzwerte für den konkreten Betrieb überschritten sind. Diese Feststellung ist streng von der Mitteilung nach Abs. 2 zu unterscheiden. Die Feststellung der FB nach § 141 I 1 ist ein feststellender VA (§ 118), denn die Feststellung erfordert die Ermittlung des Sachverhalts, die Durchführung von Berechnungen sowie tatsächliche und rechtliche Wertungen (BFH 23.6.1983 – IV R 3/82, BStBl. II 1983, 768; TK § 141 Rn. 24; Gosch AO § 141 Rn. 33; AEAO zu § 141 Nr. 2; aA FG Niedersachsen 9.1.1986 – III (VII) 255/84, EFG 1986, 268; FG Düsseldorf 21.5.1986 – IV 237/82 AO, EFG 1986, 534; Schwarz/Pahlke/Keß § 141 Rn. 34; HHSp § 141 Rn. 42 ff.: nur Begründungsfunktion für die Mitteilung nach Abs. 2; offen gelassen BFH 13.10.1988 – IV R 136/85, BStBl. II 1989, 7). Sind die Buchführungsgrenzen überschritten, hat die FB zwingend die Feststellung nach § 141 I 1 zu treffen. Ein Ermessensspielraum (§ 5) steht ihr nicht zu (FG Saarland 18.12.1996 – 1 K 55/96, EFG 1997, 587). Zu Billigkeitsmaßnahmen beim einmaligen Überschreiten der Buchführungsgrenzen → § 148 Rn. 5. Die Feststellung nach § 141 I 1 kann innerhalb oder außerhalb des StFestsetzungsverfahrens getroffen werden, so zB im Rahmen einer Ap. (BFH 23.6.1983 – IV R 3/82, BStBl. II 1983, 768; TK § 141 Rn. 24). Die FB kann die Feststellung durch einen selbständigen VA eigener Art treffen (BFH 23.6.1983 – IV R 3/82, BStBl. II 1983, 768). Die Feststellung kann jedoch auch mit einem StBescheid oder mit der Mitteilung nach Abs. 2 verbunden werden. Wird die Feststellung mit der Mitteilung nach Abs. 2 verbunden, bildet sie mit der Mitteilung einen einheitlichen VA (BFH 23.6.1983 – IV R 3/82, BStBl. II 1983, 768; AEAO zu § 141 Nr. 2). 21

5. Inhalt und Umfang der Buchführungspflicht

Nach § 141 I 1 sind gewerbliche Unternehmer sowie Land- und Forstwirte verpflichtet, Bücher zu führen und Abschlüsse zu machen. Zum Begriff der Bücher → § 140 Rn. 6. Zur Anwendung handelsrechtlicher Vorschriften s. § 141 I 2. Die Abschlüsse sind nach Abs. 1 S. 1 aufgrund jährlicher Bestandsaufnahmen zu fertigen. Bei doppelter Buchführung müssen Bilanz (§ 242 I HGB) und Gewinn- und Verlust-Rechnung (§ 242 II HGB) erstellt werden (Winnefeld A Rn. 720). Bei einfacher Buchführung wird der Jahreserfolg 24 lediglich aus dem Vergleich des Vermögens am Anfang und am Ende des Geschäftsjahres ermittelt (Winnefeld A Rn. 712). Das FA kann dann die Vorlage einer Gewinn- und Verlust-Rechnung nicht verlangen (TK § 141 Rn. 35).

II. Ergänzende Anwendung handelsrechtlicher Vorschriften (Abs. 1 S. 2)

27 Ergänzend zu der Anordnung in § 141 I 1, Bücher zu führen und Abschlüsse zu machen, erklärt § 141 I 2 die §§ 238, 240, 241, 242 I, 243–256 HGB für sinngemäß anwendbar, sofern sich nicht aus den StGesetzen etwas anderes ergibt. § 241a HGB ist dagegen nicht sinngemäß anwendbar (→ Rn. 3). Der Buchführungsverpflichtete muss demnach gem. § 238 I 1 HGB die Grundsätze ordnungsmäßiger Buchführung beachten (s. hierzu Winnefeld D Rn. 1 ff.). Die Bestandsaufnahme des Vermögens und der Schulden des Unternehmers hat nach §§ 240 f. HGB zu erfolgen. Die Ausklammerung des § 242 II HGB dient dazu, den nach § 141 Buchführungspflichtigen nicht zwingend auf die doppelte Buchführung festzulegen (Gosch AO § 141 Rn. 30). Ferner stellt § 141 I 2 ausdrücklich klar, dass der nach § 141 Buchführungsverpflichtete die handelsrechtlichen Ansatz- und Bewertungsvorschriften der §§ 246–256 HGB zu beachten hat.

III. Wirtschaftswert im Sinne des Abs. 1 S. 1 Nr. 3 (Abs. 1 S. 3)

30 § 141 I 3 stellt nochmals ausdrücklich klar, dass für die Berechnung des Wirtschaftswerts nach § 141 I Nr. 3 alle vom Land- und Forstwirt selbstbewirtschafteten Flächen maßgebend sind, unabhängig davon, in wessen Eigentum sie stehen. Zu berücksichtigen sind also auch gepachtete Flächen, die der Land- und Forstwirt selbst bewirtschaftet. Verpachtete Flächen bleiben unberücksichtigt (HHSp § 141 Rn. 35).

C. Beginn und Ende der Buchführungspflicht (Abs. 2)

I. Beginn der Buchführungspflicht (Abs. 2 S. 1)

36 **Allgemeines.** Nach § 141 II 1 muss die FB dem Stpfl. mitteilen, dass er nach § 141 I zur Buchführung verpflichtet ist. Durch die Mitteilung nach § 141 II 1 soll dem bisher nicht buchführungspflichtigen Stpfl. Gelegenheit gegeben werden, sich innerhalb einer angemessenen Frist auf die Buchführungspflicht einzustellen (BFH 17.10.1985 – IV R 187/83, BStBl. II 1986, 39).

37 **Rechtscharakter.** Die Mitteilung nach § 141 II 1 ist ein selbständiger, rechtsgestaltender VA (hierzu → § 118 Rn. 58 f.). Der Erlass dieses VA ist für den Beginn der Buchführungspflicht zwingende Voraussetzung. Er hat konstitutive Wirkung (BFH 2.12.1982 – IV R 8/82, BStBl. II 1983, 254; BFH 17.10.1985 – IV R 187/83, BStBl. II 1986, 39; BFH 31.8.1994 – X R 110/90, BFH/NV 1995, 390; zu den Folgen → Rn. 41). Die Mitteilung nach § 141 II 1 ist selbst dann erforderlich, wenn der Stpfl. bereits freiwillig Bücher führt. Das gilt auch, wenn der Stpfl. von einem Angehörigen der steuerberatenden Berufe (§ 3 StBerG) betreut wird (BFH 31.8.1994 – X R 110/90, BFH/NV 1995, 390). Die Mitteilung kann sowohl als gesonderter VA ergehen als auch mit einem StBescheid verbunden werden (TK § 141 Rn. 43). Durch die Verbindung mit einem StBescheid verliert die Mitteilung nicht ihre rechtliche Selbständigkeit. Darüber hinaus kann die Mitteilung mit der Feststellung nach § 141 I 1 verbunden werden (→ Rn. 21).

38 Eine besondere **Form** ist für die Mitteilung in § 141 II nicht vorgeschrieben. Aus Gründen der Rechtssicherheit sollte die FB jedoch die Schriftform (§ 119 II) wählen.

39 **Inhalt.** Angaben zum Beginn der Buchführungsperiode **muss** die Mitteilung nur enthalten, wenn nach den Verhältnissen des Betriebs mehrere Zeitpunkte in Betracht kommen. In allen übrigen Fällen ist nach dem eindeutigen Wortlaut des § 141 II ein derartiger Hinweis entbehrlich (BFH 3.12.1987 – IV R 4/87, BStBl. II 1988, 269; BFH 19.10.1989 – IV R 10/88, BFH/NV 1990, 617).

Die Mitteilung nach § 141 II 1 wird, wie jeder VA, mit der **Bekanntgabe** wirksam (§§ 122, 124). Bei Mitunternehmerschaften in der Landwirtschaft (§ 13 VII EStG iVm § 15 I Nr. 2 EStG), an der lediglich Familienangehörige beteiligt sind, muss die Mitteilung iSd § 141 II 1 nur gegenüber demjenigen Angehörigen bekannt gegeben werden, der auch nach außen als Betriebsinhaber auftritt. Lassen die StErklärungen keine eindeutigen Rückschlüsse zu, genügt die Bekanntgabe an denjenigen, der bei summarischer Prüfung als Unternehmer in Betracht kommt (BFH 23.1.1986 – IV R 108/85, BStBl. II 1986, 539; BFH 26.11.1987 – IV R 22/86, BStBl. II 1988, 238; krit. HHSp § 141 Rn. 55). Nach AEAO zu § 141 Nr. 4 soll die Mitteilung wenigstens einen Monat vor Beginn des Wirtschaftsjahres bekannt gegeben werden, von dessen Beginn ab die Buchführungsverpflichtung zu erfüllen ist. 40

Rechtsfolgen. Nach § 141 II 1 hat der Stpfl. die Buchführungsverpflichtung mit dem Beginn des Wirtschaftsjahres (§ 4a EStG) zu erfüllen, das auf die Bekanntgabe der Mitteilung folgt. Auch wenn die FB die Mitteilung versehentlich erst nach dem Beginn des Wirtschaftsjahres bekannt gibt, in dem die Buchführungspflicht beginnen sollte, besteht die Buchführungspflicht gleichwohl erst ab dem folgenden Wirtschaftsjahr. Einer erneuten Mitteilung bedarf es in diesem Fall nicht mehr (FG Niedersachsen 13.9.1979 – VII 124/79, EFG 1980, 127). Aus einer verspätet bekannt gegebenen oder unzutreffend terminierten Mitteilung kann sich keine rückwirkende Verpflichtung zur Buchführung ergeben. Dies ergibt sich aus § 125 II Nr. 2 (BFH 17.10.1985 – IV R 187/83, BStBl. II 1986, 39). Entsprechendes gilt, wenn die Mitteilung nach § 141 II 1 nur deshalb nicht ergehen konnte, weil der Stpfl. keine oder unrichtige StErklärungen abgegeben hat (vgl. BFH 29.11.2001 – IV R 13/00, BStBl. II 2002, 147; BMF 15.12.1981, BStBl. I 1981, 878). Reicht der Stpfl. wissentlich falsche StErklärungen ein, kann das FA jedoch unterstellen, dass eine nach § 13a I 2 EStG erforderliche Mitteilung rechtzeitig erfolgt ist. Dies hat zur Folge, dass der Gewinn dann nach § 162 I, II durch Schätzung ermittelt werden muss (BFH 29.11.2001 – IV R 13/00, BStBl. II 2002, 147). Gleiches gilt, wenn der Stpfl. (rechtswidrigerweise) jahrelang keine StErklärungen abgibt, aus denen das FA den Wegfall der Voraussetzungen des § 13a I EStG hätte erkennen können (BFH 30.10.2014 – IV R 61/11, BStBl. II 2015, 478; s. auch BFH 22.9.2010 – IV B 120/09, BFH/NV 2011, 257). 41

II. Ende der Buchführungspflicht (Abs. 2 S. 2)

Allgemeines. Nach § 141 II 2 ist die FB unverzüglich zum Widerruf der Mitteilung iSd § 141 II 1 verpflichtet, wenn sie erkennt, dass die Voraussetzungen für die Buchführungspflicht nach Abs. 1 S. 1 nicht mehr vorliegen. § 141 II 2 ist keine Ermessensvorschrift iSd § 5. Die Regelung geht als Spezialvorschrift dem § 131 II Nr. 3 vor, indem sie in besonderer Weise die Beendigung der Buchführungspflicht aufgrund nachträglich eingetretener Tatsachen regelt (BFH 2.12.1982 – IV R 8/82, BStBl. II 1983, 254). Im Übrigen sind die §§ 130 f. anwendbar. Insb. kann eine rechtswidrige Mitteilung iSd Abs. 2 S. 1, die bestandskräftig geworden ist, auch nach Beginn der Buchführungspflicht gem. § 130 I zurückgenommen werden (HHSp § 141 Rn. 65). 44

Rechtscharakter. Die Feststellung der FB, dass die Voraussetzungen für die Buchführungspflicht nach § 141 I nicht mehr vorliegen, ist ein VA (§ 118), der dem Stpfl. nach § 122 bekannt zu geben ist (HHSp § 141 Rn. 69; Schwarz/Pahlke/Keß § 141 Rn. 60). Die Feststellung nach Abs. 2 S. 2 kann mit der StFestsetzung verbunden werden (FG Köln 10.9.1992 – 7 V 272/92, EFG 1993, 65). Trifft die FB keine Feststellung nach § 141 II 2, obwohl die Voraussetzungen für die Buchführungspflicht entfallen sind, so bleibt die Buchführungsverpflichtung aus § 141 II 1 weiterhin bestehen (BFH 24.2.1994 – IV R 4/93, BStBl. II 1994, 677). Der Stpfl. hat in diesen Fällen einen Anspruch gegen die FB auf Aufhebung der Mitteilung, mit der die Buchführungspflicht begründet wurde. § 141 II 2 ist außerdem einschlägig, wenn die Buchführungspflicht nach § 141 I dadurch entfällt, dass der Gesetzgeber die Voraussetzungen der Buchführungspflicht nach § 141 I ändert, indem 45 er zB die Buchführungsgrenzen des § 141 I Nr. 1–5 anhebt (BFH 2.12.1982 – IV R 8/82, BStBl. II 1983, 254; HHSp § 141 Rn. 70). Für die Änderungen des § 141 I durch das StBG enthielt Art. 97 § 19 IV EGAO idF des JStG 1997 ausdrücklich eine dementsprechende Regelung. Ebenso verhält es sich zur Anhebung mWv 1.1.2016, Art. 97 § 19 VIII 2 u. IX EGAO.

46 **Rechtsfolgen.** Hat die FB die Feststellung nach § 141 II 2 getroffen, muss der Stpfl. seine Buchführungspflicht aus Abs. 1 noch bis zum Ablauf des nachfolgenden Wirtschaftsjahres (§ 4a EStG) erfüllen. Durch diese zeitliche Verschiebung sollen wiederholte Wechsel zwischen verschiedenen Gewinnermittlungsarten vermieden werden (BFH 17.9.1987 – IV R 31/87, BStBl. II 1988, 20). Die Buchführungspflicht endet nicht, wenn die FB vor dem Erlöschen der Buchführungspflicht erneut die Feststellung trifft, dass die Buchführungsgrenzen des § 141 I 1 überschritten sind, und dem Stpfl. eine entsprechende Mitteilung nach § 141 II 1 bekannt gibt.

D. Übergang der Buchführungspflicht (Abs. 3)

49 **§ 141 III 1** regelt den Übergang einer bereits bestehenden Buchführungspflicht auf einen nachfolgenden Eigentümer oder Nutzungsberechtigten. Die Regelung folgt aus der Betriebsbezogenheit der Buchführungspflicht (→ Rn. 11). Eigentümer ist der zivilrechtliche Eigentümer. Die Nutzungsberechtigung kann dinglicher oder obligatorischer Natur sein (Mösbauer DStZ 1997, 201). Eine Betriebsübertragung im Ganzen liegt vor, wenn die wesentlichen Grundlagen des Betriebs als einheitliches Ganzes übernommen werden, sodass die Identität des Betriebs gewahrt ist (BFH 24.2.1994 – IV R 4/93, BStBl. II 1994, 677). Insoweit gelten die gleichen Grundsätze wie für die Geschäftsveräußerung im Ganzen nach § 75 (→ § 75 Rn. 23 ff.). Die Einbringung eines Betriebs in eine PersGes oder die Betriebsfortführung durch einen Gesellschafter nach Ausscheiden seiner Mitgesellschafter sind Übernahmefälle iSd Abs. 3 S. 1 (BFH 23.2.1978 – IV R 166/74, BStBl. II 1978, 477). Die Übernahme eines Betriebsteils oder eines Teilbetriebs genügt nicht (BFH 24.2.1994 – IV R 4/93, BStBl. II 1994, 677). Der Übergang der Buchführungspflicht entbindet den Übergeber und den Erwerber nicht von der Pflicht, ggf. ein Rumpfwirtschaftsjahr (§ 8b S. 2 EStDV) zu bilden und eine Schluss- bzw. eine Anfangsbilanz zu erstellen (BFH 23.8.1979 – V R 95/75, BStBl. II 1980, 8). Die Befugnis und Verpflichtung zur Beibehaltung der Gewinnermittlung nach Durchschnittssätzen (§ 13a EStG) geht nicht auf den neuen Eigentümer oder Nutzungsberechtigten über (BFH 26.6.1986 – IV R 151/84, BStBl. II 1986, 741; BFH 26.5.1994 – IV R 34/92, BStBl. II 1994, 891). Werden ein buchführungspflichtiger und ein nicht buchführungspflichtiger land- und forstwirtschaftlicher Betrieb zu einem Betrieb vereint, so erstreckt sich die aus der Betriebsübernahme resultierende Buchführungspflicht auf den Gesamtbetrieb (BFH 30.6.2005 – IV B 206/03, BFH/NV 2005, 1966; BFH 6.11.2003 – IV R 27/02, BFH/NV 2004, 753).

50 Nach **§ 141 III 2** ist eine gesonderte Mitteilung gegenüber dem neuen Eigentümer oder Nutzungsberechtigten entbehrlich. Die Regelung überzeugt nicht, da sie vollständig zugunsten der Betriebsbezogenheit der Buchführungspflicht die schutzwürdigen Interessen des Übernehmers vernachlässigt (TK § 141 Rn. 55; aA HHSp § 141 Rn. 73).

E. Folgen der Verletzung der Buchführungspflicht

56 Erfüllt der nach § 141 Buchführungspflichtige seine Verpflichtung nicht oder nicht ordnungsgemäß, gelten die Ausführungen zur Verletzung der Buchführungspflicht nach § 140 entspr. (→ § 140 Rn. 29 ff.).

F. Rechtsbehelfe

Gegen die **Feststellung nach § 141 I 1** kann der Stpfl. Einspruch (§ 347) einlegen und ggf. Anfechtungsklage (§ 40 I 1 FGO) erheben, sofern die FB die Feststellung nach § 141 I 1 durch einen selbständigen VA getroffen hat (TK § 141 Rn. 44; Mösbauer DStZ 1997, 201; → Rn. 21). 59

Gegen die **Mitteilung nach § 141 II 1** sind der Einspruch (§ 347) und die Anfechtungsklage (§ 40 I 1 FGO) statthaft. Dies gilt auch dann, wenn die Mitteilung äußerlich mit einem StBescheid verbunden ist (TK § 141 Rn. 44). Die Vollziehung der Buchführungsmitteilung kann nach § 361 bzw. nach § 69 II FGO ausgesetzt werden (BFH 6.12.1979 – IV B 32/79, BStBl. II 1980, 427; HHSp § 141 Rn. 64; Gosch AO § 141 Rn. 42; aA FG Niedersachsen 5.2.1979 – VIII 297/77, EFG 1979, 424). Ist die Vollziehung ausgesetzt worden und unterliegt der Stpfl. später im Einspruchs- bzw. im Klageverfahren, kann die FB die rückwirkende Erfüllung der Buchführungspflicht nicht verlangen (HHSp § 141 Rn. 64). Da die Buchführungspflicht jedoch ab dem mitgeteilten Zeitpunkt besteht, muss die FB den durch Bestandsvergleich (§ 4 I EStG) zu ermittelnden Gewinn nach § 162 I, II schätzen, sofern der Stpfl. tatsächlich keine Bücher geführt hat (BFH 6.12.1979 – IV B 32/79, BStBl. II 1980, 427). 60

Gegen die **Feststellung nach § 141 II 2** stehen dem Stpfl. keine Rechtsmittel zu Verfügung. Es handelt sich um einen begünstigenden VA, da auch nach einer Feststellung iSd § 141 II 2 noch freiwillig Bücher geführt werden dürfen. Mangels Beschwer (§ 350) sind Einspruch und Anfechtungsklage daher unzulässig (HHSp § 141 Rn. 72). 61

Gegen die **Ablehnung** der FB, die Buchführungspflicht nach § 141 II 2 aufzuheben, ist der Einspruch (§ 347) und ggf. die Verpflichtungsklage (§ 40 I 1 FGO) statthaft. Vorläufiger Rechtsschutz durch AdV nach § 361 II bzw. nach § 69 II FGO oder durch eine einstweilige Anordnung nach § 114 FGO kann in diesen Fällen regelmäßig nicht verlangt werden (vgl. Schwarz/Pahlke/Keß § 141 Rn. 63). 62

§ 142 Ergänzende Vorschriften für Land- und Forstwirte

[1]Land- und Forstwirte, die nach § 141 Absatz 1 Nummer 1 oder 5 zur Buchführung verpflichtet sind, haben neben den jährlichen Bestandsaufnahmen und den jährlichen Abschlüssen ein Anbauverzeichnis zu führen. [2]In dem Anbauverzeichnis ist nachzuweisen, mit welchen Fruchtarten die selbstbewirtschafteten Flächen im abgelaufenen Wirtschaftsjahr bestellt waren.

Schrifttum: Kanzler, Die neue Durchschnittssatzgewinnermittlung für Land- und Forstwirte – oder einfach und zielgenau in die Verfassungswidrigkeit?, DStZ 1999, 686.

I. Allgemeines

§ 142 normiert eine besondere steuerrechtliche Aufzeichnungspflicht für bestimmte Land- und Forstwirte. Zum Begriff der Land- und Forstwirte → § 141 Rn. 6. Die Pflicht der Land- und Forstwirte, im Gegensatz zu Gewerbetreibenden (§ 15 EStG) und Freiberuflern (§ 18 I Nr. 1 EStG), ein Anbauverzeichnis führen zu müssen, verstößt aufgrund der besonderen Produktionsverhältnisse in diesem Bereich nicht gegen Art. 3 I GG (BFH 23.3.1972 – IV R 60/68, BStBl. II 1972, 754). 1

II. Verpflichtung zur Führung eines Anbauverzeichnisses (S. 1)

Adressat der Norm. § 142 bezieht sich nur auf Land- und Forstwirte, die nach § 141 I Nr. 1, 3 oder 5 zur Buchführung verpflichtet sind. Sie müssen die Buchführungsgrenzen überschreiten und von der FB nach § 141 II zur Buchführung aufgefordert worden sein. 4

Nicht betroffen sind Land- und Forstwirte, die bereits nach § 140 buchführungspflichtig sind. Nicht erfasst werden auch Land- und Forstwirte, die nach § 13a II 1 EStG freiwillig Bücher führen (TK § 142 Rn. 3). Ein sachlicher Grund für diese Differenzierung ist nicht erkennbar (Schwarz/Pahlke/Keß § 142 Rn. 12; TK § 142 Rn. 4). Die Betriebsstrukturen dürften in allen Fällen idR übereinstimmen. Trotzdem kommt für diese Land- und Forstwirte eine analoge Anwendung des § 142 S. 1 mangels einer planwidrigen Regelungslücke nicht in Betracht (TK § 142 Rn. 3; Schwarz/Pahlke/Keß § 142 Rn. 12; HHSp § 142 Rn. 6).

5 § 142 S. 1 verpflichtet zur Führung eines **Anbauverzeichnisses,** um die Produktionsgrundlagen offenzulegen, sodass die FB Rückschlüsse auf das Betriebsergebnis ziehen kann (Kanzler DStZ 1999, 686). Das Anbauverzeichnis ist nach S. 1 zusätzlich neben den jährlichen Bestandsaufnahmen und Abschlüssen zu führen.

III. Inhalt des Anbauverzeichnisses (S. 2)

8 Nach § 142 S. 2 ist im Anbauverzeichnis nachzuweisen, mit welchen Fruchtarten die selbst bewirtschafteten Flächen im abgelaufenen Wirtschaftsjahr bestellt waren. In das Anbauverzeichnis sind neben den **Flächen,** die dem Land- und Forstwirt gehören, auch die zugepachteten oder die ihm sonst zur Nutzung überlassenen Flächen aufzunehmen. Nicht zu berücksichtigen sind hingegen verpachtete Flächen (HHSp § 142 Rn. 10). Die **Fruchtarten** müssen handelsüblich bezeichnet werden (TK § 142 Rn. 6). Mengenangaben können nicht verlangt werden (HHSp § 142 Rn. 13). Im Bereich der Vieh- und Fischzucht ist nach dem Wortlaut des S. 2 kein Anbauverzeichnis zu führen (aA Biedermann INF 1982, 53). Zu den weiteren Einzelheiten zum Inhalt des Anbauverzeichnisses s. BMF 15.12.1981, BStBl. I 1981, 878.

IV. Folgen eines Verstoßes

11 Kommt der Land- und Forstwirt seiner Pflicht aus § 142 nicht oder nicht ordnungsgemäß nach, so ist seine Buchführung nicht ordnungsmäßig erstellt (TK § 142 Rn. 7; s. auch BFH 12.12.1973 – I R 163/69, BStBl. II 1974, 188). Eine Schätzung der Bemessungsgrundlagen gem. § 162 II 2 kommt allerdings nur in Betracht, wenn Anhaltspunkte dafür vorhanden sind, dass die Geschäftsvorfälle nicht vollständig oder richtig aufgezeichnet sind (HHSp § 142 Rn. 19; TK § 142 Rn. 7; vgl. aber auch BFH 23.3.1972 – IV R 60/68, BStBl. II 1972, 754). Zu den weiteren Folgen → § 140 Rn. 30 ff.

§ 143 Aufzeichnung des Wareneingangs

(1) **Gewerbliche Unternehmer müssen den Wareneingang gesondert aufzeichnen.**

(2) [1] **Aufzuzeichnen sind alle Waren einschließlich der Rohstoffe, unfertigen Erzeugnisse, Hilfsstoffe und Zutaten, die der Unternehmer im Rahmen seines Gewerbebetriebs zur Weiterveräußerung oder zum Verbrauch entgeltlich oder unentgeltlich, für eigene oder für fremde Rechnung, erwirbt; dies gilt auch dann, wenn die Waren vor der Weiterveräußerung oder dem Verbrauch be- oder verarbeitet werden sollen.** [2] **Waren, die nach Art des Betriebs üblicherweise für den Betrieb zur Weiterveräußerung oder zum Verbrauch erworben werden, sind auch dann aufzuzeichnen, wenn sie für betriebsfremde Zwecke verwendet werden.**

(3) **Die Aufzeichnungen müssen die folgenden Angaben enthalten:**

1. den Tag des Wareneingangs oder das Datum der Rechnung,
2. den Namen oder die Firma und die Anschrift des Lieferers,
3. die handelsübliche Bezeichnung der Ware,

4. den Preis der Ware,
5. einen Hinweis auf den Beleg.

Schrifttum: Freitag, Aufzeichnung des Wareneingangs nach § 143 AO 1977, DB 1976, 1840; Bichel, Aufzeichnung des Wareneingangs nach § 143 AO und Verdichtung der Wareneinkaufskonten, StBp 1981, 62; Bichel, Ist ein Wareneingangsbuch noch erforderlich?, INF 1985, 557.

I. Allgemeines

Inhalt. § 143 verpflichtet gewerbliche Unternehmer zur gesonderten Aufzeichnung des Wareneingangs. Die Pflicht aus § 143 ist unabhängig von der Buchführungspflicht nach §§ 140 f. und von sonstigen Aufzeichnungspflichten, wie zB von der Aufzeichnungspflicht nach § 22 UStG (FG Düsseldorf 5.12.1996 – 14 K 4740/92 F, EFG 1997, 588; FG Hessen 26.3.1997 – 1 K 3108/93, EFG 1998, 252; TK § 143 Rn. 4). 1

Zweck. Die Aufzeichnung des Wareneingangs ermöglicht es der FB, das Betriebsergebnis zu überprüfen und ggf. eine Nachkalkulation durchzuführen (BT-Drs. VI/1982, 125). § 143 wird durch § 144 ergänzt. Beide Vorschriften ermöglichen es der FB, die Warenentwicklung vom Veräußerer bis zum Erwerber nachzuprüfen und durch Kontrollmitteilungen (§ 194 III) die Vollständigkeit des aufgezeichneten Wareneingangs zu überprüfen (BT-Drs. VI/1982, 125; → § 144 Rn. 2). 2

II. Verpflichtung zur Aufzeichnung des Wareneingangs (Abs. 1)

Adressat. Nach § 143 I sind gewerbliche Unternehmer verpflichtet, ihren Wareneingang vollständig gesondert aufzuzeichnen. § 143 I erfasst alle Stpfl., die Einkünfte iSd. § 15 EStG beziehen (→ § 141 Rn. 5). Ohne Bedeutung sind dabei Art und Umfang der gewerblichen Tätigkeit. Auch nicht buchführungspflichtige gewerbliche Unternehmer sind nach § 143 I zur Aufzeichnung ihres Wareneingangs verpflichtet, maßgeblich ist allein die Einkunftsart (BFH 19.1.2017 – III R 28/14, BStBl. II 2017, 743). Lediglich Gewerbetreibende, die keine Waren beziehen, wie zB Handelsvertreter oder Makler, brauchen keine Aufzeichnungen nach § 143 I zu führen. Nicht aufzeichnungspflichtig sind Land- und Forstwirte iSd § 13 EStG. 5

Gesonderte Aufzeichnung. Nach § 143 I ist für die gesonderte Aufzeichnung des Wareneingangs keine bestimmte Art oder Form vorgeschrieben, insb. erfordert Abs. 1 nicht die Aufzeichnung des Wareneingangs in gesondert zu führenden Wareneingangsbüchern. Es genügt, wenn der buchführungspflichtige Unternehmer die Aufzeichnung innerhalb seiner Buchführung macht, indem er zB ein gesondertes Wareneingangskonto führt (BT-Drs. VI/1982, 125; AEAO zu § 143 Nr. 1). Die erforderlichen Angaben iSd § 143 II, III müssen sich dann jedoch unmittelbar aus der Buchführung oder zumindest durch Verweis auf die entsprechenden Belege ergeben. Es genügen somit auch verdichtet geführte Wareneingangskonten, wenn die Angaben iSd § 143 II, III im Zusammenhang mit dem Wareneingangsbeleg ersichtlich sind (TK § 143 Rn. 5; Bichel StBp 1981, 62; Gosch AO § 143 Rn. 9). Die Aufzeichnungen nach § 143 II können auch mit der Aufzeichnung der Umsätze nach § 22 UStG technisch verbunden werden, indem die nach § 143 II erforderlichen Angaben mit aufgezeichnet werden (Schwarz/Pahlke/Keß § 143 Rn. 2). Auch Aufzeichnungen, die der Stpfl. nach außersteuerlichen Vorschriften führen muss, erfüllen die Anforderungen des § 143 I, wenn diese Aufzeichnungen die erforderlichen Angaben iSd § 143 II, III enthalten (TK § 143 Rn. 6). Die gesonderte Aufzeichnung iSd Abs. 1 kann nach § 146 V 1 auch in der geordneten Ablage der Belege oder der Erfassung der notwendigen Angaben auf Datenträgern bestehen. Ebenfalls zulässig ist es, die gesonderte Aufzeichnung iSd Abs. 1 getrennt nach Warengruppen vorzunehmen (TK § 143 Rn. 7). Hat ein Unternehmer mehrere Betriebe, so ist er nicht verpflichtet, für jeden Betrieb gesondert den Wareneingang aufzuzeichnen, da § 143 I, anders als § 141, nicht betriebsbezogen ist. In der Praxis sollte die gemeinsame Aufzeichnung des Wareneingangs für mehrere Betriebe jedoch im Hinblick auf § 145 II nur dann erfolgen, wenn die Waren 6 auch für alle Betriebe gemeinsam eingekauft werden (HHSp § 143 Rn. 9; ebenso BeckOK AO § 143 Rn. 18). Zum notwendigen Inhalt der Aufzeichnungen s. § 143 II, III.

III. Gegenstand der Aufzeichnungspflicht (Abs. 2)

1. Aufzeichnungspflichtige Waren (Abs. 2 S. 1)

9 **Waren iSd § 143 II 1** sind, in Übereinstimmung mit der im Handelsverkehr üblichen Ansicht, bewegliche Sachen, die nach der Verkehrsauffassung gewerbsmäßig umgesetzt werden. Es muss sich um körperliche Gegenstände (§ 90 BGB) handeln. Der Aggregatszustand ist unbeachtlich, sodass auch feste, flüssige und gasförmige Gegenstände erfasst werden (TK § 143 Rn. 9). Keine Waren sind Grundstücke und Rechte, wie zB Forderungs-, Urheber- und Patentrechte. Dies gilt auch dann, wenn das Recht in einem Wertpapier verbrieft ist und zivilrechtlich wie eine bewegliche Sache behandelt wird (TK § 143 Rn. 9). Gegenstände, die noch rechtlich unselbständige Bestandteile eines Grundstücks sind (§ 95 BGB), sind jedoch dann als Waren iSd § 143 II 1 zu behandeln, wenn sie durch Trennung bewegliche Sachen werden sollen, wie zB bei der Ernte von Obst und Gemüse (Schwarz/Pahlke/Keß § 143 Rn. 4).

10 Zu den Waren iSd § 143 II 1 gehören auch **Rohstoffe, unfertige Erzeugnisse, Hilfsstoffe und Zutaten.** Ob diese vor ihrer Weiterveräußerung noch be- oder verarbeitet werden sollen, ist ohne Bedeutung (BeckOK AO § 143 Rn. 22; TK § 143 Rn. 10). Zutaten iSd Abs. 2 S. 1 sind Stoffe, die zur Herstellung einer Ware erforderlich, aber im Vergleich zum Hauptstoff von geringer Bedeutung sind (HHSp § 143 Rn. 12). Hilfsstoffe und Zutaten werden aber nur dann von Abs. 2 S. 1 erfasst, wenn sie unmittelbar einem konkreten Produkt zugeordnet werden (BeckOK AO § 143 Rn. 23; HHSp § 143 Rn. 12; TK § 143 Rn. 10). Bei Gemeinkosten, wie zB Kosten für Brenn- und Treibstoffe, Strom und Wasser, ist eine derartige Zuordnung nicht möglich. Gemeinkosten müssen daher nicht nach Abs. 2 S. 1 aufgezeichnet werden, obwohl nach § 255 II 2 HGB angemessene Teile der Materialgemeinkosten und der Fertigungsgemeinkosten zu den Herstellungskosten gehören.

11 Der **Erwerb iSd § 143 II 1** beruht auf abgeleiteter Verfügungsmacht (TK § 143 Rn. 11). Der Stpfl. muss in der Lage sein, die Ware zu verbrauchen oder auf eigene oder fremde Rechnung zu veräußern (HHSp § 143 Rn. 14). Dies ist zB beim Kauf (§§ 433 ff. BGB), beim Tausch (§ 480 BGB), bei der Schenkung (§§ 516 ff. BGB) oder bei Verträgen, die die Lieferung herzustellender oder zu erzeugender beweglicher Sachen zum Gegenstand haben (§ 651 BGB), der Fall. Beim Kauf ist es ohne Bedeutung, ob die Ware unter Eigentumsvorbehalt (§ 449 BGB) geliefert worden ist. Erfasst werden auch Waren, die der Stpfl. unmittelbar nach Eingang an den Lieferanten zurückgibt, weil sie zB mangelhaft sind oder der Vertrag unwirksam ist (HHSp § 143 Rn. 15). Auch bei widerrechtlich erlangter Ware ist der Wareneingang aufzuzeichnen (Schwarz/Pahlke/Keß § 143 Rn. 9). Nicht erfasst werden dagegen gemietete, geleaste oder in Verwahrung genommene Sachen. Darüber hinaus erweitert § 143 II 1 die Erwerbsmöglichkeiten ausdrücklich um den unentgeltlichen Erwerb und um den Erwerb für fremde Rechnung. Selbstgewonnene Produkte (Urproduktion) sind mangels abgeleiteten Erwerbs von der Aufzeichnungspflicht des § 143 I ausgeschlossen.

12 Der Erwerb erfolgt **im Rahmen des Gewerbebetriebs,** wenn die Ware derart in die betriebliche Sphäre gelangt ist, dass der Stpfl. mit ihr als Unternehmer wirtschaften kann. Nicht notwendig ist, dass die erworbene Ware Teil des Betriebsvermögens wird (HHSp § 143 Rn. 16). S. auch § 143 II 2.

2. Betriebsfremde Verwendung (Abs. 2 S. 2)

15 Nach § 143 II 2 ist der Wareneingang auch dann aufzuzeichnen, wenn die Ware tatsächlich für betriebsfremde Zwecke verwendet wird. Auf diese Weise wird der FB eine

Kontrolle der Entnahmen (§ 4 I 2 EStG) gesichert. Abs. 2 S. 2 verhindert indes keinen unmittelbaren Erwerb für den Privatbereich.

IV. Erforderliche Angaben (Abs. 3)

Allgemeines. Die nach § 143 III erforderlichen Angaben dienen zur Identifizierung der Waren und des Lieferanten (FG Baden-Württemberg 16.12.1992 – 14 K 33/91, EFG 1993, 277). 18

§ 143 III Nr. 1 verpflichtet den Stpfl. wahlweise, den Tag des Wareneingangs oder das Datum der Rechnung aufzuzeichnen. Waren sind in dem Zeitpunkt eingegangen, in dem der Unternehmer die Verfügungsmacht über sie erhält. 19

Nach **§ 143 III Nr. 2** hat der Unternehmer den Namen bzw. die Firma (§ 17 I HGB) und die Anschrift des Lieferers anzugeben. Diese Angaben ergeben sich regelmäßig aus der Rechnung des Lieferanten. In Zweifelsfällen ist der Unternehmer verpflichtet, sich durch eigene Ermittlungen Gewissheit über die Richtigkeit der Angaben des Lieferanten zu verschaffen, zB durch Vorlage des Personalausweises oder bei Überweisungen anhand des Zahlungswegs (FG Berlin 13.10.1987 – V 91/85, EFG 1988, 272; FG Baden-Württemberg 16.12.1992 – 14 K 33/91, EFG 1993, 277; s. auch FG Düsseldorf 5.12.1996 – 14 K 4740/92 F, EFG 1997, 588). 20

Nach **§ 143 III Nr. 3** muss der Unternehmer auch die handelsübliche Bezeichnung der Ware aufzeichnen. Sammelbezeichnungen reichen aus, wenn sie die Identifizierung der Ware ermöglichen. Mengenangaben sind nicht erforderlich. 21

Der Preis der Ware iSd **§ 143 III Nr. 4** ist das Nettoentgelt (§ 10 I 2 UStG) zzgl. der darauf gem. § 12 UStG entfallenden USt (TK § 143 Rn. 18). Warenbezugskosten, wie zB Frachten und Versicherungen, sind kein Bestandteil des Preises. Zahlungsabzüge wie Skonti und Rabatte mindern nicht den Preis der Ware (TK § 143 Rn. 18). Dies gilt auch für Skonti und Rabatte, die sofort vom Rechnungsbetrag abgezogen werden (aA HHSp § 143 Rn. 22). Beim Tausch oder beim tauschähnlichen Umsatz gilt als Wert der Ware der gemeine Wert der im Tauschwege hingegebenen Ware (vgl. § 10 II 2 UStG). Bei unentgeltlichem Erwerb ist ein entsprechender Vermerk aufzunehmen (HHSp § 143 Rn. 22). 22

Nach **§ 143 III Nr. 5** müssen die Aufzeichnungen einen Hinweis auf den Beleg enthalten, damit die FB die Einzelheiten des Erwerbsgeschäftes ggf. weiterverfolgen kann. 23

V. Verstoß gegen die Aufzeichnungspflicht

Erfüllt der Stpfl. seine Aufzeichnungspflicht aus § 143 nicht oder nicht ordnungsgemäß, ist eine Schätzung nach § 162 II 2 möglich (FG Hamburg 30.3.2007 – 7 K 10/06, BeckRS 2007, 26023385). Die Verletzung des § 143 kann nicht durch besondere Geschäftspraktiken eines Handelszweiges gerechtfertigt werden (FG Baden-Württemberg 16.12.1992 – 14 K 33/91, EFG 1993, 277; FG Hessen 26.3.1997 – 1 K 3108/93, EFG 1998, 252). Kommt ein Stpfl. seiner Verpflichtung aus § 143 nicht oder nicht ordnungsgemäß nach, so hat dies jedoch keinen Einfluss auf die Ordnungsmäßigkeit der Buchführung, da die Aufzeichnungspflicht aus § 143 neben der Buchführungspflicht aus §§ 140 f. besteht (→ Rn. 1; aA Klein § 143 Rn. 9). Erfolgt die Aufzeichnung des Wareneingangs innerhalb der Buchführung und lassen sich der Buchführung die erforderlichen Angaben iSd § 143 II, III nicht entnehmen, so ist die Buchführung nur dann nicht ordnungsgemäß, wenn sie ihrerseits fehlerhaft ist, weil zB der Wareneingang nur lückenhaft aufgezeichnet worden ist (TK § 143 Rn. 19). 26

§ 144 Aufzeichnung des Warenausgangs

(1) **Gewerbliche Unternehmer, die nach der Art ihres Geschäftsbetriebs Waren regelmäßig an andere gewerbliche Unternehmer zur Weiterveräußerung oder**

zum Verbrauch als Hilfsstoffe liefern, müssen den erkennbar für diese Zwecke bestimmten Warenausgang gesondert aufzeichnen.

(2) [1] **Aufzuzeichnen sind auch alle Waren, die der Unternehmer**

1. **auf Rechnung (auf Ziel, Kredit, Abrechnung oder Gegenrechnung), durch Tausch oder unentgeltlich liefert, oder**
2. **gegen Barzahlung liefert, wenn die Ware wegen der abgenommenen Menge zu einem Preis veräußert wird, der niedriger ist als der übliche Preis für Verbraucher.**

[2] **Dies gilt nicht, wenn die Ware erkennbar nicht zur gewerblichen Weiterverwendung bestimmt ist.**

(3) **Die Aufzeichnungen müssen die folgenden Angaben enthalten:**

1. **den Tag des Warenausgangs oder das Datum der Rechnung,**
2. **den Namen oder die Firma und die Anschrift des Abnehmers,**
3. **die handelsübliche Bezeichnung der Ware,**
4. **den Preis der Ware,**
5. **einen Hinweis auf den Beleg.**

(4) [1] **Der Unternehmer muss über jeden Ausgang der in den Absätzen 1 und 2 genannten Waren einen Beleg erteilen, der die in Absatz 3 bezeichneten Angaben sowie seinen Namen oder die Firma und seine Anschrift enthält.** [2] **Dies gilt insoweit nicht, als nach § 14 Absatz 2 des Umsatzsteuergesetzes durch die dort bezeichneten Leistungsempfänger eine Gutschrift erteilt wird oder auf Grund des § 14 Absatz 6 des Umsatzsteuergesetzes Erleichterungen gewährt werden.**

(5) **Die Absätze 1 bis 4 gelten auch für Land- und Forstwirte, die nach § 141 buchführungspflichtig sind.**

Schrifttum: Bichel, Zur Aufzeichnungspflicht des Warenausgangs durch Land- und Forstwirte, StBp 1986, 262; Langrock/Samson, Steuergefährdung durch Verletzung der Aufzeichnungspflicht nach § 144 AO?, DStR 2007, 700; Leisner-Egensperger, Verfassungsfragen der Aufzeichnungspflicht bei Warenausgang (§ 144 AO), DStZ 2010, 325.

I. Allgemeines

1 **Inhalt.** § 144 verpflichtet gewerbliche Unternehmer zur Aufzeichnung des Warenausgangs. Die Vorschrift begründet damit, ebenso wie § 143, eine weitere selbstständige Aufzeichnungspflicht. Die Verpflichtung aus § 144 ist, wie auch die Verpflichtung aus § 143, von anderen Aufzeichnungs- und Buchführungspflichten unabhängig (→ § 143 Rn. 1).

2 **Zweck.** § 144 ermöglicht es der FB zB im Rahmen einer Ap., Warenbewegungen im gewerblichen Bereich zu überprüfen und ggf. Kontrollmitteilungen (§ 194 III) zu fertigen (BT-Drs. VI/1982, 125). § 144 und § 143 ergänzen sich insoweit gegenseitig (→ § 143 Rn. 2).

II. Verpflichtung zur Aufzeichnung des Warenausgangs (Abs. 1)

4 **Adressat.** Der Begriff der gewerblichen Unternehmer entspricht dem des § 143 (→ § 143 Rn. 5). Anders als in § 143 sind jedoch nur solche gewerblichen Unternehmer verpflichtet, ihren Warenausgang aufzuzeichnen, die nach Art ihres Geschäftsbetriebs Waren regelmäßig an andere gewerbliche Unternehmer zur Weiterveräußerung oder zum Verbrauch liefern. § 143 wendet sich damit nur an Unternehmer, die sog. **Großhandelsgeschäfte** tätigen (TK § 144 Rn. 2). Ohne Bedeutung für die Aufzeichnungspflicht nach Abs. 1 sind Art und Umfang des Gewerbebetriebs, sofern Großhandelsgeschäfte den Betrieb prägen (Schwarz/Pahlke/Keß § 144 Rn. 2). Nicht erfasst werden Unternehmer, die Einzelhandelsgeschäfte tätigen und nur gelegentlich an gewerbliche Abnehmer liefern. Selbst Einzelhändler, deren Angebot regelmäßig auch von gewerblichen Abnehmern für

betriebliche Zwecke in Anspruch genommen wird, wie zB bei Baumärkten, müssen keine Aufzeichnungen nach § 144 I führen (HHSp § 144 Rn. 6). Zur Aufzeichnungspflicht der Land- und Forstwirte s. § 144 V.

§ 144 I ist verfassungsgemäß und verstößt weder gegen Art. 12 I GG noch gegen Art. 3 I GG, obwohl er nur für den Großhandel gilt und es für Einzelhändler keine vergleichbaren Aufzeichnungspflichten gibt. Die Differenzierung zwischen Groß- und Einzelhändler ist rechtlich nicht zu beanstanden, da bei Einzelhändlern – im Gegensatz zum Großhandelsgeschäft – der Abnehmerkreis idR anonym und unübersehbar groß ist (TK § 144 Rn. 2; Klein § 144 Rn. 1; aA Leisner-Egensperger DStZ 2010, 325; krit. auch HHSp § 144 Rn. 2). 5

Aufzeichnungspflichtige Waren. Nach § 144 I sind nur die Warenausgänge aufzuzeichnen, die erkennbar zum Zwecke der Weiterveräußerung oder zum Verbrauch als Hilfsstoffe geliefert werden. Zum Begriff der Ware und der Hilfsstoffe → § 143 Rn. 9 f. Waren werden dann erkennbar zum Zwecke der Weiterveräußerung oder zum Verbrauch als Hilfsstoffe geliefert, wenn dem Aufzeichnungspflichtigen aufgrund seiner beruflichen Erfahrung und anhand im Zeitpunkt der Lieferung für ihn ersichtlicher objektiver Kriterien (zB Art und Menge der Ware, Abnehmer, Preis) klar sein muss, dass der Empfänger seiner Lieferung die Waren weiterveräußern wird oder sie als Hilfsstoffe verbraucht (ebenso BeckOK AO § 144 Rn. 15; vgl. auch TK § 144 Rn. 8; Gosch AO § 144 Rn. 14; → Rn. 13). Unter Lieferung iSd § 144 I ist jeder Mitwirkungsakt des Aufzeichnungspflichtigen zu verstehen, der beim Empfänger zu einem Erwerb iSd § 143 II 1 führt (→ § 143 Rn. 11). 6

Gesonderte Aufzeichnung. Zu Art und Form der gesonderten Aufzeichnung nach § 144 I gelten die Ausführungen zur Aufzeichnung des Wareneingangs nach § 143 entspr. (→ § 143 Rn. 6). Insbesondere können auch die Aufzeichnungen nach § 144 I innerhalb der Buchführung erfolgen. Gesonderte Warenausgangsbücher müssen nach § 144 I nicht geführt werden. 7

III. Aufzeichnungspflicht bestimmter Arten von Warenverkäufen (Abs. 2)

Nach **§ 144 II 1** sind bestimmte Arten von Warenverkäufen stets aufzuzeichnen, sofern nicht die Voraussetzungen des § 144 II 2 vorliegen. Hierdurch sollen Zweifel über die Aufzeichnungspflicht nach Abs. 1 ausgeschlossen werden (BT-Drs. VI/1982, 125). 10

§ 144 II 1 Nr. 1 betrifft unbare Lieferungen. Aufzuzeichnen sind alle Waren, die der Unternehmer auf Rechnung, durch Tausch oder unentgeltlich liefert. Bei der Lieferung auf Rechnung ist es unerheblich, welche Zahlweise mit dem Empfänger vereinbart worden ist. 11

§ 144 II 1 Nr. 2 erfasst Lieferungen gegen Barzahlung, bei denen, wie häufig im Großhandelsverkehr, der Preis für die abgegebene Menge niedriger ist als der übliche Preis. 12

§ 144 II 2 schränkt die erweiterte Aufzeichnungspflicht nach Abs. 2 S. 1 wieder ein, wenn für den Unternehmer erkennbar ist, dass die Ware nicht zur gewerblichen Weiterveräußerung oder zu einer anderen gewerblichen Weiterverwendung bestimmt ist. Der Unternehmer muss anhand objektiver Kriterien, wie zB der Art des Kunden oder der Art und Menge der gelieferten Ware, klar erkennen können, dass eine gewerbliche Weiterverwendung beim Empfänger der Ware nicht stattfinden wird. Eine bloße Vermutung des Lieferanten reicht allerdings nicht aus (BeckOK AO § 144 Rn. 15; Schwarz/Pahlke/Keß § 144 Rn. 4; TK § 144 Rn. 8). Unerheblich ist, ob der Empfänger die gelieferte Ware später dann tatsächlich nicht gewerblich weiterverwendet (Gosch AO § 144 Rn. 14). 13

IV. Inhalt der Aufzeichnungen (Abs. 3)

Die in § 144 III geforderten Einzelangaben entsprechen spiegelbildlich den nach § 143 III beim Wareneingang aufzuzeichnenden Angaben, sodass die Ausführungen zu § 143 III hier entspr. gelten (→ § 143 Rn. 18 ff.). 16

V. Belegerteilung (Abs. 4)

19 Nach **§ 144 IV 1** muss der Unternehmer dem Abnehmer über jede aufzeichnungspflichtige Lieferung einen Beleg erteilen. Dieser Belegzwang ermöglicht zB im Rahmen einer Ap. die Kontrolle des Wareneingangs beim Abnehmer und zugleich auch die Kontrolle des Warenausgangs beim Lieferer (BT-Drs. VI/1982, 125). Ein Beleg kann auch durch eine Rechnung iSd § 14 I–IV UStG erteilt werden (TK § 144 Rn. 11; s. auch § 144 IV 2).

20 Nach **§ 144 IV 2** entfällt der Belegzwang, wenn der Abnehmer dem Lieferer eine Gutschrift nach § 14 II UStG erteilt. Darüber hinaus gelten nach § 144 IV 2 für den Belegzwang auch die Erleichterungen nach § 14 VI UStG für die Ausstellung von Rechnungen, wie zB nach §§ 31, 33 UStDV.

VI. Aufzeichnungspflicht für Land- und Forstwirte (Abs. 5)

23 Nach § 144 V besteht die Aufzeichnungspflicht nach § 144 I–IV auch für Land- und Forstwirte. Dies ist geboten, da Land- und Forstwirte, ähnlich wie Großhändler, ihre Produkte regelmäßig an gewerbliche Wiederverkäufer veräußern. Durch § 144 V soll eine bessere Überprüfung der Käufer land- und forstwirtschaftlicher Produkte, wie zB Obst- und Gemüsehändler, ermöglicht werden (AEAO zu § 144 S. 2). Aufzeichnungspflichtig sind nur solche Waren, die erkennbar zur gewerblichen Weiterverwendung bestimmt sind (→ Rn. 5). Für Verkäufe an land- und forstwirtschaftliche Unternehmer besteht keine Aufzeichnungspflicht (TK § 144 Rn. 3). Zum Begriff der Land- und Forstwirte → § 141 Rn. 6. § 144 V erfasst nur Land- und Forstwirte, die nach § 141 buchführungspflichtig sind. Nicht betroffen sind Land- und Forstwirte, die nicht buchführungspflichtig sind oder die bereits nach § 140 zur Buchführung verpflichtet sind. Die Beschränkung des § 144 V auf die Buchführungspflicht nach § 141 ist sachlich allerdings nicht gerechtfertigt und verstößt somit gegen den Gleichheitssatz des Art. 3 I GG (TK § 144 Rn. 3 f.; krit. auch HHSp § 144 Rn. 9; Bichel StBp 1986, 262). Insb. lässt sich nicht überzeugend begründen, warum bei der großen Zahl der kleinen, nicht buchführungspflichtigen Land- und Forstwirte, im Gegensatz zu kleinen gewerblichen Unternehmen, die Aufzeichnung des Warenausgangs nicht erforderlich sein soll (HHSp § 144 Rn. 2). Aus den besonderen Produktionsumständen der kleinen Land- und Forstwirte ergibt sich dies jedenfalls nicht (TK § 144 Rn. 4; aA BT-Drs. VI/1982, 126).

VII. Verstoß gegen die Aufzeichnungspflicht

26 Erfüllt der Stpfl. seine Verpflichtung aus § 144 nicht oder nicht ordnungsgemäß, so gelten die Ausführungen zur Verletzung der Aufzeichnungspflicht des Wareneingangs entspr. (→ § 143 Rn. 26).

§ 145 Allgemeine Anforderungen an die Buchführung und Aufzeichnungen

(1) [1]**Die Buchführung muss so beschaffen sein, dass sie einem sachverständigen Dritten innerhalb angemessener Zeit einen Überblick über die Geschäftsvorfälle und über die Lage des Unternehmens vermitteln kann.** [2]**Die Geschäftsvorfälle müssen sich in ihrer Entstehung und Abwicklung verfolgen lassen.**

(2) **Aufzeichnungen sind so vorzunehmen, dass der Zweck, den sie für die Besteuerung erfüllen sollen, erreicht wird.**

Schrifttum: Hruschka, Rechtsgrundlage für die in den GoBD geforderte Verfahrensdokumentation, DStR 2019, 260.

I. Allgemeines

Inhalt. § 145 normiert für das StRecht, ähnlich wie die handelsrechtlichen GoB, allgemeine abstrakte Anforderungen, die Bücher und Aufzeichnungen erfüllen müssen. § 145 I bezieht sich dabei auf die Buchführung, während § 145 II Aufzeichnungen betrifft. Erfasst werden alle Bücher und Aufzeichnungen, die im Interesse der Besteuerung geführt werden. Zum Begriff der Bücher und Aufzeichnungen → § 140 Rn. 6 f. 1

Zweck des § 145 ist es, für die Besteuerung die Nachprüfbarkeit der Bücher und Aufzeichnungen sicherzustellen (BeckOK AO § 145 Rn. 1; Schwarz/Pahlke/Keß § 145 Rn. 3). 2

Adressaten des § 145 I sind Stpfl., die nach §§ 140 f. zur Buchführung verpflichtet sind. § 145 II richtet sich an Stpfl., die zum Führen von Aufzeichnungen verpflichtet sind und damit zusätzlich auch Einnahmen-Überschuss-Rechner nach § 4 Abs. 3 EStG (Klein § 144 Rn. 2). Darüber hinaus gilt § 145 für Stpfl., die freiwillig Bücher und Aufzeichnungen führen (HHSp § 145 Rn. 3; vgl. auch § 146 VI). 3

Verhältnis zu §§ 146 f. § 145 wird durch die §§ 146 f. ergänzt. Dabei haben die §§ 146 f. als speziellere Regelungen Vorrang vor § 145, soweit sie eine eindeutige Aussage enthalten (HHSp § 145 Rn. 9). Praktisch verdrängen die spezielleren §§ 146 f. den § 145 (Klein § 145 Rn. 1, 2). Zweifelsfragen bei der Anwendung der §§ 146 f. sind unter Berücksichtigung der Vorgaben aus § 145 zu klären. 4

Verhältnis zu §§ 238 ff. HGB. Die Geltung der handelsrechtlichen GoB im StRecht wird durch § 145 nicht eingeschränkt (→ Rn. 7). Vielmehr sind die steuerrechtlichen Anforderungen an eine ordnungsmäßige Buchführung mit den handelsrechtlichen GoB abgestimmt. Unauflösbare Wertungswidersprüche bestehen nicht. Soweit das Handelsrecht präzisere Anforderungen an die Ordnungsmäßigkeit der Buchführung stellt, können diese als Konkretisierung des § 145 verstanden werden (HHSp § 145 Rn. 5). 5

II. Anforderung an die Buchführung (Abs. 1)

Inhalt. § 145 I enthält allgemeine Anforderungen, die im StRecht an eine Buchführung zu stellen sind. Abs. 1 schreibt dem Stpfl. keine bestimmte Buchführungsart vor (BFH 23.9.1966 – VI 117/65, BStBl. III 1967, 23). Der Stpfl. hat daher hinsichtlich der Art und Weise seiner Buchführung eine weitgehende Gestaltungsfreiheit. Den Anforderungen des § 145 I kann sowohl eine einfache als auch die doppelte Buchführung gerecht werden (HHSp § 145 Rn. 11). Die kameralistische Buchführung genügt nur dann den Anforderungen des § 145 I, wenn sie ausnahmsweise auch mit einer Bewertung der Vermögensgegenstände arbeitet (TK § 145 Rn. 18). Für Betriebe der öffentlichen Hand gestattet § 263 HGB iVm § 140 AO landesrechtliche Sonderregelungen (→ § 140 Rn. 17). Neben der Buchführungsart kann der Stpfl. auch die Buchführungsform und die Buchführungstechnik frei wählen. So können die Aufzeichnungen zB handschriftlich oder mittels elektronischer Datenverarbeitung erstellt werden. Zur Buchführungsform → § 140 Rn. 8. 6

Bedeutung. § 145 I bestimmt lediglich, dass die Geschäftsvorfälle und die Lage des Unternehmens für Zwecke der Besteuerung nachvollziehbar dokumentiert werden müssen, ohne hierzu weitere Vorgaben zu machen (HHSp § 145 Rn. 10). Welche allgemeinen Anforderungen an eine ordnungsmäßige Buchführung zu stellen sind, wird handelsrechtlich durch die GoB beantwortet. § 238 I 1 HGB, der Kaufleute (§§ 1 ff. HGB) zur Buchführung verpflichtet, nimmt ausdrücklich auf die GoB Bezug (s. zum Inhalt der GoB Winnefeld D Rn. 1 ff.). Die handelsrechtlichen GoB wirken über § 140 AO und über § 5 I EStG in das StRecht hinein (→ § 140 Rn. 3). Ferner verweist auch § 141 I 2 AO auf § 238 I 1 HGB, (→ § 141 Rn. 27). Darüber hinaus haben freiwillig buchführende Land- und Forstwirte (§ 13 EStG) und Freiberufler (§ 18 I Nr. 1 EStG) nach Ansicht des BFH ebenfalls im Interesse der Gleichmäßigkeit der Besteuerung (§ 85 S. 1) die handelsrechtlichen GoB entspr. zu beachten (BFH 27.11.1997 – IV R 95/96, BStBl. II 1998, 375; 7

BFH 20.11.1980 – IV R 126/78, BStBl. II 1981, 398; BFH 6.12.1983 – VIII R 110/79, BStBl. II 1984, 227; vgl. auch Pickert DStR 1989, 374). Dies ergibt sich allerdings nicht aus den GoB selbst, sondern aus § 145 I (TK § 145 Rn. 5).

1. Überschaubarkeit der Buchführung (Abs. 1 S. 1)

13 **Allgemeines.** Nach § 145 I 1 muss die Buchführung so beschaffen sein, dass sie für einen sachverständigen Dritten in angemessener Zeit überschaubar ist. Die Regelung greift damit einen anerkannten Grundsatz ordnungsmäßiger Buchführung auf (s. Winnefeld D Rn. 80). Der Wortlaut des § 145 I 1 AO entspricht dem des § 238 I 2 HGB.

14 **Sachverständige Dritte** iSd § 145 I 1 sind nur Personen, die aufgrund ihrer beruflichen Tätigkeit mit Fragen des Buchführungswesens befasst sind, wie zB Buchhalter oder Angehörige der steuerberatenden Berufe (§ 3 StBerG). Dagegen sind Bedienstete im Veranlagungsdienst der FVerw. nicht notwendig sachkundige Dritte, da StRechtskenntnisse allein keine Sachkunde iSd § 145 I 1 sind (TK § 145 Rn. 20). Etwas anderes gilt jedoch regelmäßig für Bedienstete der FVerw., die im Außendienst (§§ 193 ff.) als Betriebsprüfer oder Fahnder tätig sind (vgl. BFH 22.9.1993 – X R 37/91, BStBl. II 1994, 172). § 145 I 1 stellt in erster Linie auf praktische Erfahrungen im Buchführungswesen ab. Maßgeblich ist ein durchschnittlicher Sachverstand.

15 **Überblick über die Lage des Unternehmens.** Der sachverständige Dritte muss in der Lage sein, sich allein und ohne fremde Hilfe einen Überblick über die Geschäftsvorfälle und die Vermögenslage des Unternehmers zu verschaffen (BFH 22.9.1993 – X R 37/91, BStBl. II 1994, 172). § 145 I 1 wird allerdings nicht schon dadurch verletzt, dass im Einzelfall ggf. Rückfragen beim Stpfl. erforderlich werden (BFH 26.8.1975 – VIII R 109/70, BStBl. II 1976, 210). Sowohl in der Buchführung als auch im Jahresabschluss müssen die Geschäftsvorfälle eindeutig bezeichnet, geordnet und gegliedert sein, sodass jeder Geschäftsvorfall nachvollzogen werden kann (Winnefeld D Rn. 80). Geschäftsvorfall ist jeder Sachverhalt, der den Gewinn oder die Zusammensetzung des Vermögens des Stpfl. beeinflusst (Klein § 145 Rn. 3). Bei einer EDV-Buchführung müssen die Daten jederzeit verfügbar und lesbar sein. Die hierfür erforderlichen Lesehilfen muss der Stpfl. stellen (TK § 145 Rn. 26).

16 Was als **angemessene Zeit** iSd § 145 I 1 anzusehen ist, bestimmt sich nach dem Umfang des Buchführungswerkes sowie der Anzahl der Geschäftsvorfälle (TK § 145 Rn. 21; s. auch BFH 9.3.1994 – X B 68/93, BFH/NV 1994, 760).

2. Verfolgung der Geschäftsvorfälle (Abs. 1 S. 2)

19 In der Buchführung müssen sich nach § 145 I 2 die einzelnen Geschäftsvorfälle in ihrer Entstehung und Abwicklung verfolgen lassen. Die Vorschrift stimmt wörtlich mit § 238 I 3 HGB überein. Die Anforderungen des § 145 I 2 sind erfüllt, wenn in der Buchführung der Zusammenhang zwischen der einzelnen Buchung und dem dazugehörigen Beleg sichtbar ist und sich jeder Geschäftsvorfall vom Beleg bis zur Bilanz verfolgen lässt, sog. Belegprinzip (BFH 24.6.1997 – VIII R 9/96, BStBl. II 1998, 51; BFH 26.3.1968 – IV 63/63, BStBl. II 1968, 527 und → § 146 Rn. 9). Das wiederum setzt Belege voraus, die den Geschäftsvorfall entweder selbst angeben oder auf die entsprechenden Geschäftsunterlagen verweisen. Auch ein Kontierungsvermerk auf dem Beleg ist grds. geboten, da hierdurch die Verbuchung des Belegs auf dem entsprechenden Konto nachvollzogen werden kann. Entbehrlich ist der Kontierungsvermerk, wenn in einer elektronischen Buchführung eingescannte Belege mit dem Buchungssatz elektronisch verknüpft werden (BMF 28.11.2019, BStBl. I 2019, 1269 Tz. 63). Umstritten ist, ob bei einer elektronischen Buchführung die sog. Verfahrensdokumentation erforderlich ist. Die FVerw. verlangt, dass für jedes DV-System eine übersichtlich gegliederte Verfahrensdokumentation vorhanden sein muss, aus der Inhalt, Aufbau, Ablauf und Ergebnisse des DV-Verfahrens vollständig und schlüssig ersichtlich sind. Für den Zeitraum der Aufbewahrungsfrist müsse gewährleistet und nachgewiesen sein, dass das in der Dokumentation beschriebene Verfahren dem

in der Praxis eingesetzten Verfahren voll entspricht; Änderungen einer Verfahrensdokumentation müssten historisch nachvollziehbar sein (BMF 28.11.2019, BStBl. I 2019, 1269 Tz. 154). Es gibt es keine gesetzliche Grundlage, die den Stpfl. unabhängig von den Umständen des Einzelfalls (vgl. TK § 147 Rn. 11, 12) verpflichtet, eine Verfahrensdokumentation entsprechend den Vorgaben des BMF zu erstellen (so zutreffend Klein § 145 Rn. 14 und § 147 Rn. 21; aA Hruschka DStR 2019, 260). Die Buchführung ist auch ordnungsgemäß, wenn Nachvollziehbarkeit und Nachprüfbarkeit iSv § 145 ohne Verfahrensdokumentation gewährleistet sind (Klein § 147 Rn. 21). Auch die FVerw. beanstandet in diesen Fällen das Fehlen einer Verfahrensdokumentation nicht (BMF 28.11.2019, BStBl. I 2019, 1269 Tz. 155).

III. Art und Weise der Aufzeichnungen (Abs. 2)

Inhalt. § 145 II betrifft jegliche zu Besteuerungszwecken gesetzlich geforderten Aufzeichnungen, also auch solche, zu denen der Stpfl. aufgrund anderer StGesetze verpflichtet ist, wie zB nach § 4 III EStG und nach § 22 UStG (BFH 24.6.2009 – VIII R 80/06, BStBl. II 2010, 452). Nach Abs. 2 muss der Stpfl. lediglich für eine zweckentsprechende Gestaltung seiner Aufzeichnungen sorgen. Darüber hinaus ergeben sich aus § 145 II keine zusätzlichen Pflichten über die Art und Weise der Aufzeichnungen. Insoweit hat der Stpfl. eine weitgehende Gestaltungsfreiheit (Schwarz/Pahlke/Keß § 145 Rn. 12). Zusätzliche Pflichten können sich jedoch aus der Norm ergeben, die den Stpfl. zur Aufzeichnung verpflichtet. 22

Natürlich ist auch die heute übliche **elektronische Buchführung** zulässig, sofern sie den Anforderungen des Abs. 1 entspricht (vgl. hierzu BMF 28.11.2019, BStBl. I 2019, 1269). Besondere Regelungen für die elektronische Buchführung finden sich in § 146 V 2 (Form der Aufzeichnungen), § 146 IIa (Verlagerung ins Ausland), § 147 V (Lesbarmachung) und § 147 VI (Datenzugriff in der Ap.). 22a

Bedeutung. Die Aussage des § 145 II ist selbstverständlich, da Aufzeichnungen nie um ihrer selbst willen geführt werden, sondern immer nur Mittel zum Zweck sind. Auch für die Buchführung (§ 145 I) gilt nichts anderes. 23

IV. Folgen eines Verstoßes

Erfüllt die Buchführung des Stpfl. nicht die in § 145 I normierten Anforderungen an eine ordnungsmäßige Buchführung oder hat der Stpfl. seine Aufzeichnungen nicht iSd § 145 II geführt, gelten die Ausführungen zur Verletzung der Buchführungspflicht nach § 140 entspr. (→ § 140 Rn. 29 ff.). 26

§ 146 Ordnungsvorschriften für die Buchführung und für Aufzeichnungen

(1) [1] **Die Buchungen und die sonst erforderlichen Aufzeichnungen sind einzeln, vollständig, richtig, zeitgerecht und geordnet vorzunehmen.** [2] **Kasseneinnahmen und Kassenausgaben sind täglich festzuhalten.** [3] **Die Pflicht zur Einzelaufzeichnung nach Satz 1 besteht aus Zumutbarkeitsgründen bei Verkauf von Waren an eine Vielzahl von nicht bekannten Personen gegen Barzahlung nicht.** [4] **Das gilt nicht, wenn der Steuerpflichtige ein elektronisches Aufzeichnungssystem im Sinne des § 146a verwendet.**

(2) [1] **Bücher und die sonst erforderlichen Aufzeichnungen sind im Geltungsbereich dieses Gesetzes zu führen und aufzubewahren.** [2] **Dies gilt nicht, soweit für Betriebstätten außerhalb des Geltungsbereichs dieses Gesetzes nach dortigem Recht eine Verpflichtung besteht, Bücher und Aufzeichnungen zu führen, und diese Verpflichtung erfüllt wird.** [3] **In diesem Fall sowie bei Organgesellschaften außerhalb des Geltungsbereichs dieses Gesetzes müssen die Ergebnisse der dorti-**

gen Buchführung in die Buchführung des hiesigen Unternehmens übernommen werden, soweit sie für die Besteuerung von Bedeutung sind. [4]Dabei sind die erforderlichen Anpassungen an die steuerrechtlichen Vorschriften im Geltungsbereich dieses Gesetzes vorzunehmen und kenntlich zu machen.

(2a) **[1]Abweichend von Absatz 2 Satz 1 kann der Steuerpflichtige elektronische Bücher und sonstige erforderliche elektronische Aufzeichnungen oder Teile davon in einem anderen Mitgliedstaat oder in mehreren Mitgliedstaaten der Europäischen Union führen und aufbewahren. [2]Macht der Steuerpflichtige von dieser Befugnis Gebrauch, hat er sicherzustellen, dass der Datenzugriff nach § 146b Absatz 2 Satz 2, § 147 Absatz 6 und § 27b Absatz 2 Satz 2 und 3 des Umsatzsteuergesetzes in vollem Umfang möglich ist.**

(2b) **[1]Abweichend von Absatz 2 Satz 1 kann die zuständige Finanzbehörde auf schriftlichen oder elektronischen Antrag des Steuerpflichtigen bewilligen, dass elektronische Bücher und sonstige erforderliche elektronische Aufzeichnungen oder Teile davon in einem Drittstaat oder in mehreren Drittstaaten geführt und aufbewahrt werden können. [2]Voraussetzung ist, dass**

1. der Steuerpflichtige der zuständigen Finanzbehörde den Standort oder die Standorte des Datenverarbeitungssystems oder bei Beauftragung eines Dritten dessen Namen und Anschrift mitteilt,

2. der Steuerpflichtige seinen sich aus den §§ 90, 93, 97, 140 bis 147 und 200 Absatz 1 und 2 ergebenden Pflichten ordnungsgemäß nachgekommen ist,

3. der Datenzugriff nach § 146b Absatz 2 Satz 2, § 147 Absatz 6 und § 27b Absatz 2 Satz 2 und 3 des Umsatzsteuergesetzes in vollem Umfang möglich ist und

4. die Besteuerung hierdurch nicht beeinträchtigt wird.

[3]Werden der Finanzbehörde Umstände bekannt, die zu einer Beeinträchtigung der Besteuerung führen, hat sie die Bewilligung zu widerrufen und die unverzügliche Rückverlagerung der elektronischen Bücher und sonstigen erforderlichen elektronischen Aufzeichnungen in einen oder mehrere Mitgliedstaaten der Europäischen Union zu verlangen. [4]Eine Änderung der unter Satz 2 Nummer 1 benannten Umstände ist der zuständigen Finanzbehörde unverzüglich mitzuteilen.

(2c) **Kommt der Steuerpflichtige der Aufforderung zur Rückverlagerung seiner elektronischen Buchführung oder seinen Pflichten nach Absatz 2b Satz 4, zur Einräumung des Datenzugriffs nach § 147 Absatz 6 nicht nach oder hat er seine elektronische Buchführung ohne Bewilligung der zuständigen Finanzbehörde in einen Drittstaat oder mehrere Drittstaaten verlagert, kann ein Verzögerungsgeld von 2500 Euro bis 250 000 Euro festgesetzt werden.**

(3) **[1]Die Buchungen und die sonst erforderlichen Aufzeichnungen sind in einer lebenden Sprache vorzunehmen. [2]Wird eine andere als die deutsche Sprache verwendet, so kann die Finanzbehörde Übersetzungen verlangen. [3]Werden Abkürzungen, Ziffern, Buchstaben oder Symbole verwendet, muss im Einzelfall deren Bedeutung eindeutig festliegen.**

(4) **[1]Eine Buchung oder eine Aufzeichnung darf nicht in einer Weise verändert werden, dass der ursprüngliche Inhalt nicht mehr feststellbar ist. [2]Auch solche Veränderungen dürfen nicht vorgenommen werden, deren Beschaffenheit es ungewiss lässt, ob sie ursprünglich oder erst später gemacht worden sind.**

(5) **[1]Die Bücher und die sonst erforderlichen Aufzeichnungen können auch in der geordneten Ablage von Belegen bestehen oder auf Datenträgern geführt werden, soweit diese Formen der Buchführung einschließlich des dabei angewandten Verfahrens den Grundsätzen ordnungsmäßiger Buchführung entsprechen; bei Aufzeichnungen, die allein nach den Steuergesetzen vorzunehmen sind,**

bestimmt sich die Zulässigkeit des angewendeten Verfahrens nach dem Zweck, den die Aufzeichnungen für die Besteuerung erfüllen sollen. [2]Bei der Führung der Bücher und der sonst erforderlichen Aufzeichnungen auf Datenträgern muss insbesondere sichergestellt sein, dass während der Dauer der Aufbewahrungsfrist die Daten jederzeit verfügbar sind und unverzüglich lesbar gemacht werden können. [3]Dies gilt auch für die Befugnisse der Finanzbehörde nach § 146b Absatz 2 Satz 2, § 147 Absatz 6 und § 27b Absatz 2 Satz 2 und 3 des Umsatzsteuergesetzes. [4]Absätze 1 bis 4 gelten sinngemäß.

(6) **Die Ordnungsvorschriften gelten auch dann, wenn der Unternehmer Bücher und Aufzeichnungen, die für die Besteuerung von Bedeutung sind, führt, ohne hierzu verpflichtet zu sein.**

Schrifttum: Mösbauer, Die an die Buchführung und die sonst erforderlichen Aufzeichnungen zu stellenden formellen Anforderungen, DB 2002, 498; Droscha/Reimer, Verlagerung der Buchführung in andere EG-Mitgliedstaaten? – § 146 Abs. 2 Satz 1 AO unter dem Einfluss des Gemeinschaftsrechts, DB 2003, 1689; Habel/Müller/Bauerfeld, Verlagerung der elektronischen Buchführung in das Ausland – Nähere Betrachtung des Tatbestandsmerkmals der Beeinträchtigung der Besteuerung, IWB 2019, 84.

Übersicht

I. Allgemeines

Inhalt. § 146 ist eine reine Ordnungsvorschrift. Die Regelung konkretisiert die allgemeinen Anforderungen aus § 145 an die Führung von Büchern und Aufzeichnungen (TK § 146 Rn. 1). Zum Begriff der Bücher und Aufzeichnungen → § 140 Rn. 6. § 146 I, II, sowie III bis VI geben im Wesentlichen einzelne GoB wieder. Zum Verhältnis zu den handelsrechtlichen GoB → § 145 Rn. 6. In § 146 II und IIa ist der Ort der Buchführung geregelt. § 146 IIb enthält die Regelung zum Verzögerungsgeld, die hier insofern in systematischer Hinsicht deplatziert ist, als sie bei Verstößen gegen Auskunfts- und Vorlageverlangen im Rahmen einer Außenprüfung (§ 200 I) und Verweigerung des Datenzugriffs nach § 147 VI eingreift. 1

Die **Adressatenkreise** des § 146 und des § 145 sind identisch (→ § 145 Rn. 3). Insb. gilt § 146 nach der ausdrücklichen Regelung in Abs. 6 auch für Stpfl., die freiwillig Bücher und Aufzeichnungen führen. Zur Anwendung auf Stpfl., die ihren Gewinn durch Einnahmenüberschussrechnung nach § 4 III EStG ermitteln, → Rn. 7 (zu § 246 I 1), → Rn. 19 (zu § 246 I 2). 3

II. Klarheit und Richtigkeit der Buchungen und Aufzeichnungen (Abs. 1)

1. Einzelne, vollständige, richtige, zeitgerechte und geordnete Buchungen (Abs. 1 S. 1)

6 **Allgemeines.** § 146 I 1 regelt für steuerliche Zwecke, dass die Buchungen und sonst erforderlichen Aufzeichnungen einzeln, vollständig, richtig, zeitgerecht und geordnet vorzunehmen sind. Damit greift die Vorschrift für das StRecht mehrere handelsrechtliche GoB auf. Abs. 1 S. 1 kodifiziert zum einen den Grundsatz der Wahrheit und Klarheit der Buchführung und Bilanzierung (§§ 238 I 2, 243 II, 247 I HGB) und zum anderen den Grundsatz der Richtigkeit und Vollständigkeit der Dokumentation sowie das Belegprinzip (§§ 238 I 3, II, 239 I 1, II, IV HGB). Auch wenn das Gesetz den Begriff der GoB an dieser Stelle nicht anführt, ist davon auszugehen, dass eine Buchführung, die den GoB entspricht, in aller Regel auch den Anforderungen des § 146 I 1 genügt (vgl. Klein § 146 Rn. 5; zur Bedeutung der GoB → § 145 Rn. 7). Die FVerw. hat ihr Verständnis der in § 146 I 1 geregelten Grundsätze in BMF 28.11.2019, BStBl. I 2019, 1269, zuletzt geändert durch BMF 11.3.2024, BStBl. I 2024, 374, niedergelegt.

7 **Buchungen und sonstige erforderliche Aufzeichnungen; Aufzeichnungspflicht bei Gewinnermittlung nach § 4 III EStG.** Soweit sich § 146 I 1 auf „Buchungen" bezieht, sind davon nur bilanzierende Stpfl. betroffen (Klein § 146 Rn. 20). Zu den „sonstigen erforderlichen Aufzeichnungen" gehört insb. die umsatzsteuerliche Pflicht, Entgelte für erbrachte und bezogene Lieferungen und Leistungen aufzuzeichnen (§ 22 UStG). Damit sind idR auch Stpfl., die ihren Gewinn nach § 4 III EStG als Überschuss der Einnahmen über die Betriebsausgaben ermitteln, erfasst. Da sich aus § 4 III EStG keine eigenständigen Vorgaben zu Aufzeichnungen ergeben, bedient sich die Rspr. des Rückgriffs auf § 22 UStG, um die Anwendbarkeit von § 146 I 1 auf § 4 III-Rechner auch für ertragsteuerliche Zwecke zu begründen (vgl. nur BFH 12.12.2017 – VIII R 5/14, BFH/NV 2018, 602; BFH 8.8.2019 – X B 117/18, BFH/NV 2019, 1219). Dies wird kritisiert (Klein § 146 Rn. 20 mwN), steht aber im Einklang mit dem eindeutigen Wortlaut des Gesetzes und dem Umstand, dass § 146 für alle StArten gilt (zustimmend iE auch Gosch AO § 146 Rn. 6 und Rn. 11.2; TK § 146 Rn. 3). Weitere „erforderliche Aufzeichnungen", für die § 146 I 1 gilt, haben Stpfl. insb. anzufertigen nach § 4 III 5 EStG (Verzeichnis der AK/HK nicht abnutzbarer WG), § 4 IVa 6 EStG (gesonderte Aufzeichnung der Einlagen und Einnahmen zur Ermittlung abzugsfähiger Schuldzinsen), § 4 VII EStG (gesonderte Aufzeichnung nicht abziehbarer BA), § 6 II 4, 5 EStG (Verzeichnis geringwertiger WG) und § 7a VIII EStG (erhöhte AfA oder SonderAfA).

8 Die Pflicht zur **Einzelaufzeichnung** wurde zur Klarstellung mit Gesetz vom 29.12.2016 durch Ergänzung des Wortes „einzeln" in § 146 I 1 aufgenommen. Zuvor hatte der BFH entschieden, dass sich eine entsprechende Pflicht für bilanzierende Stpfl. bereits aus den GoB ergab (BFH 16.12.2014 – X R 42/13, BStBl. II 2015, 519 unter Verweis auf BFH 12.5.1966 – IV 472/60, BStBl. III 1966, 371). Einzelaufzeichnung bedeutet, die Geschäftsvorfälle laufend zu erfassen, einzeln festzuhalten sowie aufzuzeichnen, sodass sich die Vorgänge in ihrer Entstehung und Abwicklung verfolgen lassen können (BT-Drs. 18/9535, 18). Zu Ausnahme und Rückausnahme bei Bargeschäften → Rn. 19 f.

9 **Vollständigkeit** iSd § 146 I 1 setzt lückenlose Aufzeichnung aller Geschäftsvorfälle voraus, selbst wenn sie erfolgsneutral sind (Mösbauer DB 2002, 498). Geschäftsvorfälle dürfen nicht miteinander verrechnet oder saldiert dargestellt werden (vgl. BFH 9.3.1994 – X B 68/93, BFH/NV 1994, 760).

10 Das Gebot der **Richtigkeit** bezieht sich in erster Linie auf die Behandlung des einzelnen Geschäftsvorfalls. Buchungen müssen formell und sachlich richtig sein. Hierzu gehört auch richtige Kontierung (TK § 146 Rn. 6). Ebenso ist eine zutreffende Bewertung der Wirtschaftsgüter (§§ 252 ff. HGB, § 6 EStG) erforderlich (HHSp § 146 Rn. 17). Ferner dürfen

die Bücher keine Konten enthalten, die auf einen falschen oder erdichteten Namen lauten. Dieses Verbot korrespondiert mit § 154, der die Errichtung eines Kontos oder Buchungen bei einem anderen auf einen falschen oder erdichteten Namen verbietet (TK § 146 Rn. 6).

Belegprinzip. Zur vollständigen und richtigen Buchung gehört auch, dass jede Eintragung durch einen Beleg ergänzt wird (BFH 24.6.1997 – VIII R 9/96, BStBl. II 1998, 51; BFH 25.3.1988 – III R 96/85, BStBl. II 1988, 655; Mösbauer DB 2002, 498; → § 145 Rn. 19). Bei Betriebsausgaben, für die üblicherweise keine Belege erteilt werden, muss der Stpfl. Eigenbelege erstellen (HHSp § 146 Rn. 18). 11

Kassenbuchführung. Ferner muss der Stpfl. Kasseneinnahmen und -ausgaben in einem Kassenbuch festhalten. An den Begriff „Kasse" sind keine hohen Anforderungen zu stellen. Es genügt jede Art von Behälter, zur Not auch die Hosentasche (FG Hamburg 28.2.2020 – 2 V 129/19, DStRE 2020, 1513). Zur zeitgerechten Verbuchung der Kasseneinnahmen und -ausgaben s. § 146 I 2. Das Kassenbuch dient der Überprüfung des Istbestands der Kasse anhand des kassenbuchmäßigen Sollbestands (BFH 20.10.1971 – I R 63/70, BStBl. II 1972, 273). Das Kassenbuch ist fortlaufend chronologisch zu führen (BFH 20.10.1971 – I R 63/70, BStBl. II 1972, 273; BFH 22.2.1973 – IV R 69/69, BStBl. II 1973, 480). Kassenbucheintragungen ohne Einzelnachweis dürfen nicht nur summenmäßig erfasst werden (BFH 20.6.1985 – IV R 41/82, BFH/NV 1985, 12). Etwas anderes gilt nach § 146 I 3, 4 nur für (Einzel)Händler, die Waren an eine Vielzahl von nicht bekannten Personen verkaufen und kein elektronisches Aufzeichnungssystem, sondern eine offene Ladenkasse verwenden, → Rn. 19. Die bloße rechnerische Ermittlung der Privatentnahmen aus der Kasse (§ 4 I 2 EStG) genügt nicht (BFH 24.6.1954 – IV 296/53 U, BStBl. III 1954, 282). Führt der Stpfl. kein ordnungsgemäßes Kassenbuch, ist idR die gesamte Buchführung nicht ordnungsgemäß (BFH 20.10.1971 – I R 63/70, BStBl. II 1972, 273). Lediglich Fehler in der Kassenbuchführung, die nur zu geringfügigen Fehlbeträgen führen, stellen nicht die Ordnungsmäßigkeit der gesamten Buchführung in Frage (vgl. BFH 14.12.1966 – VI 245/65, BStBl. III 1967, 247). Nach Abs. 1 S. 1 sind Stpfl. bei zulässiger Gewinnermittlung nach § 4 III EStG nicht zum Führen eines Kassenbuchs verpflichtet, da es bei der Einnahmenüberschussrechnung keine Bestandskonten und somit auch kein Kassenkonto gibt, → Rn. 19. Vereinnahmtes Geld wird vielmehr sofort Privatvermögen (BFH 22.2.1973 – IV R 69/69, BStBl. II 1973, 480). Es genügt daher bei Gewinnermittlung nach § 4 III EStG, wenn der Stpfl. sämtliche Ausgangsrechnungen chronologisch nach dem Tag des Geldeingangs ablegt und in handschriftliche Listen einträgt (BFH 16.2.2006 – X B 57/05, BFH/NV 2006, 940; vgl. auch BFH 22.2.1973 – IV R 69/69, BStBl. II 1973, 480). 12

Inventar. Zur Vollständigkeit und Richtigkeit der Buchführung gehört nach § 240 HGB auch ein genaues Verzeichnis (Inventar), das die einzelnen Vermögensgegenstände nach Art, Menge und unter Angabe des Wertes erfasst (BFH 23.6.1971 – I B 6/71, BStBl. II 1971, 709). Das Inventar ist regelmäßig aufgrund einer körperlichen Bestandsaufnahme zu erstellen. § 241 HGB normiert Erleichterungen für die Durchführung der Inventur (s. auch EStR 5.3). Für die Bewertung der Vermögensgegenstände (§§ 252 ff. HGB) sind nach § 252 I Nr. 3 HGB die Verhältnisse am Bilanzstichtag maßgebend. Für geringwertige Wirtschaftsgüter enthält § 6 II f. EStG zudem besondere steuerrechtliche Bewertungswahlrechte. 13

Das Gebot der **zeitgerechten Buchung** bezieht sich allein auf den zeitlichen Abstand zwischen dem Anfall der Aufwendungen und dem Zeitpunkt der buchmäßigen Erfassung. Die zeitgerechte Verbuchung erfordert, dass jede Buchung ohne schuldhaftes Zögern im Anschluss an den Geschäftsvorfall erfolgt (BFH 22.1.1988 – III R 171/82, BStBl. II 1988, 535; BFH 11.3.1988 – III R 62/87, BFH/NV 1989, 22). Zur buchmäßigen Erfassung genügt die journalmäßige Eintragung in den Grundbüchern (BFH 26.3.1968 – IV 63/63, BStBl. II 1968, 527; BFH 22.1.1988 – III R 171/82, BStBl. II 1988, 535). Die bloße fortlaufende Nummerierung und geordnete Aufbewahrung der Belege genügt dagegen nicht, es sei denn, dies geschieht nach den Grundsätzen der Offene-Posten-Buchhaltung 14

(BFH 22.1.1988 – III R 171/82, BStBl. II 1988, 535). Eine bestimmte Frist ist für die buchmäßige Erfassung nicht vorgeschrieben. Entscheidend sind die Umstände des Einzelfalls (Mösbauer DB 2002, 498). Es kommt auf die Art und auf den Aufbau der Buchführung sowie auf die Anzahl der Belege an. Je mehr Belege anfallen, desto früher müssen sie erfasst werden (TK § 146 Rn. 12). Verzögerungen bei der Verbuchung sind nur unschädlich, wenn sie die Glaubhaftigkeit der Eintragung nicht beeinträchtigen (BFH 26.3.1968 – IV 63/63, BStBl. II 1968, 527). Bei kleineren Betrieben mit wenigen Geschäftsvorfällen ist ein Buchungsrückstand bis zu einem Monat regelmäßig unschädlich (BFH 11.9.1969 – IV R 106/68, BStBl. II 1970, 307; BFH 24.3.1970 – I R 38/68, BStBl. II 1970, 540; BFH 26.8.1975 – VIII R 109/70, BStBl. II 1976, 210). Bei Stpfl. ohne eigene Buchhaltung, aber mit Dauerfristverlängerung iSv § 18 VI UStG iVm § 46 UStDV, ist auch die in diesen Fällen übliche Erstellung der Buchführung zum zehnten des übernächsten Monats grds. nicht zu beanstanden (Klein § 146 Rn. 14). Im Übrigen ist regelmäßig nur ein Rückstand von zehn Tagen zulässig (BFH 26.3.1968 – IV 63/63, BStBl. II 1968, 527; BFH 2.10.1968 – I R 8/66, BStBl. II 1969, 157; BFH 11.3.1988 – III R 62/87, BFH/NV 1989, 22). Entscheidend ist, inwieweit eine Verzögerung der Verbuchung dem Stpfl. Manipulationsmöglichkeiten eröffnet, die Gefahr des Verlustes der Buchungsunterlagen erhöht oder den Zweck der Aufzeichnungspflicht beeinträchtigt (BFH 7.7.1977 – IV R 205/72, BStBl. II 1978, 307; BFH 11.3.1988 – III R 62/87, BFH/NV 1989, 22; Mösbauer DB 2002, 498). Unschädlich sind zeitliche Verzögerungen bei der Fernbuchführung, sofern eine ausreichende Belegsicherung gewährleistet ist (TK § 146 Rn. 16; vgl. auch BFH 10.8.1978 – V R 17/73, BStBl. II 1979, 20).

15 Für die zeitgerechte Aufzeichnung von Wirtschaftsgütern in das nach **§ 7a VIII EStG** zu führende Verzeichnis reicht es aus, wenn das Verzeichnis erst in dem Zeitpunkt erstellt wird, zu dem die erhöhten Absetzungen oder Sonderabschreibungen in Anspruch genommen werden (TK § 146 Rn. 14). Dagegen genügt es nicht, dass der Stpfl. die Aufzeichnungen iSd **§ 4 VII 1 EStG** erst nach Ablauf des Geschäftsjahres vornimmt (BFH 22.1.1988 – III R 171/82, BStBl. II 1988, 535; BFH 11.3.1988 – III R 62/87, BFH/NV 1989, 22).

16 Der **Jahresabschluss iSd § 242 III HGB** ist nach § 243 III HGB innerhalb der einem ordnungsmäßigen Geschäftsgang entsprechenden Zeit nach Ablauf des Geschäftsjahres aufzustellen. Zum Begriff des Jahresabschlusses → § 147 Rn. 10. Für KapGes muss der Jahresabschluss nach § 264 I 2 HGB regelmäßig innerhalb einer Frist von drei Monaten nach Ablauf des jeweiligen Geschäftsjahres aufgestellt werden. Für kleine KapGes (§ 267 I HGB) verlängert sich die Frist nach § 264 I 4 HGB auf bis zu sechs Monate, sofern dies noch einem ordnungsmäßigen Geschäftsgang entspricht. Im Übrigen kommt es auf die Umstände des Einzelfalls an. Dabei ist in Krisenzeiten des Unternehmens eine zeitnahe Bilanzierung von besonderer Bedeutung. Feste Fristen lassen sich allerdings nicht angeben. Der Jahresabschluss muss jedoch spätestens binnen Jahresfrist nach dem jeweiligen Bilanzstichtag aufgestellt werden (BFH 6.12.1983 – VIII R 110/79, BStBl. II 1984, 227). Bei späterer Bilanzaufstellung besteht die Gefahr, dass die Wertansätze nicht nach den Verhältnissen am Bilanzstichtag, sondern nach dem Ergebnis mehrerer inzwischen abgelaufener Wirtschaftsjahre gebildet werden (BFH 6.12.1983 – VIII R 110/79, BStBl. II 1984, 227). Die Jahresfrist darf nicht in jedem Fall immer vollständig ausgenutzt werden. Ist der Stpfl. in der Lage, die Bilanz innerhalb einer kürzeren Frist aufzustellen, gilt diese Frist als angemessen (TK § 146 Rn. 21). Werden die Fristen zur Aufstellung der Bilanz überschritten, ist die Buchführung nicht ordnungsmäßig (BFH 28.10.1981 – I R 115/78, BStBl. II 1982, 485; BFH 6.12.1983 – VIII R 110/79, BStBl. II 1984, 227).

17 **Geordnet** iSd § 146 I 1 bedeutet, dass die Buchführung einem sachverständigen Dritten innerhalb einer angemessenen Zeit einen Überblick über die Geschäftsvorfälle und über die Vermögenslage des Unternehmens vermittelt (vgl. § 145 I 1). Die Buchungen müssen sich nach Zuordnungs- und Identifikationsmerkmalen vollziehen, die eine Rückverfolgung zum jeweiligen Geschäftsvorfall gewährleisten. Dabei reicht jede sinnvolle Ordnung der

Buchungen aus. Eine Ordnung der Zeitfolge nach ist nicht zwingend erforderlich. Die kontenmäßige Ordnung der Buchungen setzt einen Kontenplan voraus, der zu einer sachlichen Ordnung des Buchungsstoffs führt.

2. Kasseneinnahmen und -ausgaben (Abs. 1 S. 2)

Allgemeines. § 146 I 2 verschärft das Gebot der zeitgerechten Verbuchung für den Barverkehr. Kasseneinnahmen und -ausgaben müssen (geändert durch Gesetz v. 22.12.2016, BGBl. 2016 I 3152; davor Sollvorschrift) täglich aufgezeichnet werden, weil ansonsten die Aufklärung von Kassenfehlbeständen unnötig erschwert wird (s. zur alten Sollvorschrift BFH 31.7.1974 – I R 216/72, BStBl. II 1975, 96; BFH 21.2.1990 – X R 54/87, BFH/NV 1990, 683; BFH 23.12.2004 – III B 14/04, BFH/NV 2005, 667). Ein wesentlicher Buchführungsmangel liegt jedenfalls vor, wenn die Kasseneinnahmen erst nach 14 Tagen oder nur einmal im Monat aufgezeichnet wurden (BFH 22.2.1973 – IV R 69/69, BStBl. II 1973, 480; BFH 21.2.1990 – X R 54/87, BFH/NV 1990, 683). 18

Anwendung auf § 4 III-Rechner. § 146 I 2 gilt nicht für die Gewinnermittlung nach § 4 III EStG (so auch Gosch AO § 146 Rn. 6; Klein § 146 Rn. 35; aA BFH 8.8.2019 – X B 117/18, BFH/NV 2019, 1219). Ausweislich seiner systematischen Stellung als Ordnungsvorschrift für Buchführung und Aufzeichnungen regelt § 146 I 2 nur wann bzw. wie häufig Kasseneinnahmen und -ausgaben zu buchen bzw. aufzuzeichnen sind (nämlich täglich), nicht ob diese überhaupt zu buchen bzw. aufzuzeichnen sind (vgl. HHSp § 146 Rn. 5; aA wohl TK § 146 Rn. 30a). Für § 4 III-Rechner gibt es keine Pflicht, ein Kassenbuch zu führen (BFH 16.2.2006 – X B 57/05, BFH/NV 2006, 940). Eine solche Pflicht ergibt sich auch nicht etwa aus § 22 UStG (BFH 16.2.2006 – X B 57/05, BFH/NV 2006, 940; aA ohne nähere Begründung BFH 8.8.2019 – X B 117/18, BFH/NV 2019, 1219). Anders als bei § 146 I 1 (→ Rn. 8) kann der Anwendungsbereich des § 146 I 2 daher auch nicht durch Rückgriff auf umsatzsteuerliche Aufzeichnungspflichten auf § 4 III-Rechner erweitert werden (aA BFH 8.8.2019 – X B 117/18, BFH/NV 2019, 1219). 19

Einzelheiten. Die Kasseneinnahmen und -ausgaben können schriftlich oder auf EDV-Datenträgern festgehalten werden. Entscheidend ist es, die Daten abrufbereit zu konservieren (BFH 20.3.2017 – X R 11/16, BStBl. II 2017, 992). Dabei muss der Sollbestand nach dem Kassenbuch jederzeit mit dem inventurmäßigen Istbestand der Kasse auf seine Richtigkeit hin überprüft werden können (BFH 10.12.1953 – IV 182/53 U, BStBl. III 1954, 82; BFH 1.10.1969 – I R 73/66, BStBl. II 1970, 45; BFH 31.7.1974 – I R 216/72, BStBl. II 1975, 96; BFH 7.7.1977 – IV R 205/72, BStBl. II 1978, 307; BFH 12.9.1990 – I R 122/85, BFH/NV 1991, 573). Ein täglicher Kassensturz ist nicht erforderlich, entscheidend ist die Kassensturzfähigkeit (BFH 17.11.1981 – VIII R 174/77, BStBl. II 1982, 430; BFH 12.9.1990 – I R 122/85, BFH/NV 1991, 573; BFH 26.10.1994 – X R 114/92, BFH/NV 1995, 373; BFH 23.12.2004 – III B 14/04, BFH/NV 2005, 667). Werden neben der Hauptkasse Sonderkassen geführt, ist für jede Sonderkasse ein Nebenkassenbuch erforderlich (BFH 20.10.1971 – I R 63/70, BStBl. II 1972, 273; vgl. aber auch BFH 31.7.1974 – I R 216/72, BStBl. II 1975, 96). 20

3. Unzumutbarkeit der Einzelaufzeichnungspflicht (Abs. 1 S. 3, 4)

Voraussetzungen der Ausnahme. Nach Abs. 1 S. 3 besteht die Einzelaufzeichnungspflicht nicht bei Verkauf von Waren an eine Vielzahl von nicht bekannten Personen gegen Barzahlung. Hiermit wird die Rspr. zur Einzelaufzeichnungspflicht (BFH 12.5.1966 – IV 472/60, BStBl. III 1966, 371; → Rn. 10) gesetzlich verankert. Durch die Befreiung der Warenverkäufer mit Massenkundschaft von der Pflicht zur Einzelaufzeichnung bleibt § 146 I im Ganzen verhältnismäßig (TK § 146 Rn. 26). Die Regelung ist insofern strenger als die vorherige BFH-Rspr. (BFH 12.7.2017 – X B 16/17, BFH/NV 2017, 1204), als die Erbringung von Dienstleistungen gegen Barzahlung nicht erfasst ist. Die FVerw. wendet die Ausnahme in S. 3 über ihren eindeutigen Wortlaut hinaus auch auf Dienstleister an (AEAO zu § 146 Nr. 2.2.6). Die Finanzgerichte sind hieran nicht gebunden. 20a

20b **Rechtsfolge.** Liegen die Voraussetzungen des S. 3 vor, verlangt die FVerw., dass anstelle der Einzelaufzeichnung die Bareinnahmen zumindest anhand eines Kassenberichts auf Grundlage des gezählten Kassenbestands nachgewiesen werden (AEAO zu § 146 Nr. 2.3; BFH 12.2.2015 – V R 28/14, BStBl. II 2017, 10). Das kann nur für Stpfl., die ihren Gewinn durch Betriebsvermögensvergleich ermitteln, gelten (vgl. BFH 16.12.2016 – X B 41/16, BFH/NV 2017, 310). In Fällen der Einnahmenüberschussrechnung hält die Rspr. jedoch bei Sachverhalten, in denen die Führung von Einzelaufzeichnungen nicht geboten ist, die tägliche Auszählung der Kasse nicht für zwingend. Es genügt auch die Aufbewahrung der Ursprungsaufzeichnungen (zB Bons, Aufzeichnungen der Tagesendsummen) und der Abgleich von Soll- und Ist-Bestand der Kasse „in gewissen Abständen" (BFH 12.7.2017 – X B 16/17, BFH/NV 2017, 1204 unter Verweis auf FG Niedersachsen 8.12.2011 – 12 K 389/09, EFG 2013, 291). Das bloße Aufschreiben des täglichen (Gesamt-)Umsatzes ohne Aufbewahrung weiterer Belege genügt den Anforderungen hingegen nicht (BFH 12.7.2017 – X B 16/17, BFH/NV 2017, 1204).

20c **Rückausnahme.** Die Ausnahme nach Abs. 1 S. 3 kann nach S. 4 nicht in Anspruch nehmen, wer eine elektronische Registrierkasse iSv § 146a (ausführlich → § 146a Rn. 1 ff.) verwendet. Die Anwendung des S. 3 ist daher beschränkt auf Warenverkäufer mit sog. offener Ladenkasse. Bei Verwendung einer elektronischen Registrierkasse ist die Ausnahme vom Grundsatz der Einzelaufzeichnung nicht gerechtfertigt, da das Kassensystem jeden Zahlungsvorgang ohnehin automatisch erfasst und dem Stpfl. insoweit kein Mehraufwand entsteht.

III. Ort der Buchführung (Abs. 2)

21 Nach **§ 146 II 1** sind die Bücher und sonst erforderlichen Aufzeichnungen (→ Rn. 7) grds. innerhalb des Geltungsbereichs der AO zu führen und aufzubewahren. Die Buchführung darf sich unter den Voraussetzungen des Abs. 2a in anderen Mitgliedstaaten der EU, unter den weitergehenden Voraussetzungen des Abs. 2b (→ Rn. 27) auch in Drittstaaten befinden. Zum Geltungsbereich der AO → § 1 Rn. 1 ff. Die Regelung soll sicherstellen, dass die Bücher und Aufzeichnungen für die FB jederzeit erreichbar sind (BT-Drs. VI/1982, 126). Innerhalb des Geltungsbereichs der AO kann der Stpfl. den Ort der Buchführung und der Aufbewahrung frei wählen (TK § 146 Rn. 32).

22 Nach Abs. 2 S. 1 müssen auch die Bücher und Aufzeichnungen **ausländischer Betriebstätten** (§ 12) im Inland geführt werden, sofern kein Fall des § 146 II 2 vorliegt. Eine entsprechende handelsrechtliche Vorschrift besteht allerdings nicht. Aus § 13b HGB lässt sich handelsrechtlich keine dem § 146 II 1 vergleichbare Verpflichtung ableiten (FG Köln 14.10.1981 – I (VII) 565/79 G, EFG 1982, 422; HHSp § 146 Rn. 49). Darüber hinaus gilt Abs. 2 S. 1 auch für **inländische Betriebstätten ausländischer Stpfl.,** da sich für diese Stpfl. die steuerrechtlichen Buchführungs- und Aufzeichnungspflichten nach §§ 140 ff. bestimmen (TK § 146 Rn. 38; HHSp § 146 Rn. 56). Nach Ansicht des FG Köln 14.10.1981 – I (VII) 565/79 G, EFG 1982, 422 ist der Zweck der §§ 140 ff. allerdings nicht tangiert, wenn der ausländische Stpfl. die Bücher für seine inländische Betriebstätte auf Anforderung im Inland vorlegen kann. Der Grundgedanke des § 146 II 2, wonach für ausländische Betriebstätten unter bestimmten Voraussetzungen Abs. 2 S. 1 nicht gilt, lässt sich allerdings nicht auf inländische Betriebstätten ausländischer Stpfl. übertragen (TK § 146 Rn. 38). Unbillige Härten für den ausländischen Stpfl. können ggf. durch § 148 abgemildert werden.

23 § 146 II 1 wäre für sich betrachtet mit dem **Europarecht** nicht vereinbar. Bei unternehmensinterner Verlagerung der Buchführung in das EU-Ausland, wie zB bei ausländischen Betriebstätten und Organgesellschaften, schränkt Abs. 2 S. 1 die Niederlassungsfreiheit (Art. 49 ff. AEUV) ungerechtfertigt ein (Droscha/Reimer DB 2003, 1689; HHSp § 146 Rn. 53; Klein § 146 Rn. 46; Novacek DStZ 2004, 611; vgl. auch EuGH 15.5.1997

– C-250/95, DB 1997, 1211; aA TK § 146 Rn. 31a). Zur Verlagerung elektronischer Bücher und Aufzeichnungen in das EU-Ausland s. auch § 146 II a (→ Rn. 27).

Nach **§ 146 II 2** entfällt die Verpflichtung aus Abs. 1 S. 1, soweit für Betriebstätten (§ 12) im Ausland Bücher und Aufzeichnungen nach ausländischem Recht im Ausland geführt werden müssen und der Stpfl. seine ausländischen Verpflichtungen tatsächlich erfüllt. Abs. 2 S. 2 vermeidet hierdurch eine Pflichtenkollision. Ohne die Regelung des Abs. 2 S. 2 müsste der Stpfl. gegen ausländisches Recht verstoßen, um seine inländische Verpflichtung aus Abs. 2 S. 1 erfüllen zu können. Ist der Stpfl. nach ausländischem Recht nur zur Führung von Büchern und Aufzeichnungen, nicht aber auch zur Aufbewahrung der Bücher und Aufzeichnungen im Ausland verpflichtet, braucht er diese gleichwohl nicht im Inland aufzubewahren. § 146 II 2 stellt nur auf die Buchführungs- und Aufzeichnungspflicht nach ausländischem Recht ab. 24

Nach **§ 146 II 3** müssen in den Fällen des Abs. 2 S. 2 und bei Organgesellschaften mit Geschäftsleitung und Sitz außerhalb des Geltungsbereichs der AO die Ergebnisse der ausländischen Buchführung in die Buchführung des inländischen Unternehmens übernommen werden, soweit sie für die Besteuerung von Bedeutung sind. Ausländische Organgesellschaften sind weder handels- noch steuerrechtlich im Inland buchführungs- und aufzeichnungspflichtig. Zum Begriff der Organgesellschaft → § 73 Rn. 5 ff. Die Gleichstellung von Betriebstätten (§ 12) und Organgesellschaften außerhalb des Geltungsbereichs der AO beruht auf der Rspr. des BFH, nach der die Organgesellschaft nach Art einer Geschäftsabteilung oder einer unselbständigen Betriebstätte in das Unternehmen des Organträgers wirtschaftlich eingegliedert sein soll (so zB BFH 21.1.1976 – I R 21/74, BStBl. II 1976, 389; vgl. auch Mösbauer DB 2002, 498). 25

Nach **§ 146 II 4** sind bei der Übernahme der ausländischen Buchführungsergebnisse in die inländische Buchführung nach Abs. 2 S. 3 Anpassungen an die innerstaatlichen steuerrechtlichen Vorschriften vorzunehmen und kenntlich zu machen. Abs. 2 S. 4 enthält selbst keine materiell-rechtlichen Regelungen, durch die die allgemeinen innerstaatlichen Gewinnermittlungsvorschriften verdrängt werden (BFH 16.2.1996 – I R 43/95, BStBl. II 1997, 128). In Fremdwährungen ermittelte Gewinne sind in Euro umzurechnen (vgl. BFH 13.9.1989 – I R 117/87, BStBl. II 1990, 57; BFH 16.2.1996 – I R 43/95, BStBl. II 1997, 128). Ergeben sich bei der Übernahme der ausländischen Ergebnisse Härten, können diese ggf. nach § 148 gemildert werden (TK § 148 Rn. 35). 26

IV. Verlagerung der elektronischen Buchführung in das Ausland (Abs. 2a und Abs. 2b)

Allgemeines. § 146 II 1 wäre für sich betrachtet mit dem **Europarecht** nicht vereinbar. Bei unternehmensinterner Verlagerung der Buchführung in das EU-Ausland, wie zB bei ausländischen Betriebstätten und Organgesellschaften, würde Abs. 2 S. 1 die Niederlassungsfreiheit (Art. 49 ff. AEUV) ungerechtfertigt einschränken (Droscha/Reimer DB 2003, 1689; HHSp § 146 Rn. 53; Klein § 146 Rn. 46; Novacek DStZ 2004, 611; vgl. auch EuGH 15.5.1997 – C-250/95, DB 1997, 1211; aA TK § 146 Rn. 31a). Seit dem JStG 2020, das zum 29.12.2020 in Kraft trat, bestimmt § 146a daher, dass Stpfl. ihre elektronischen Bücher und sonstigen elektronischen Aufzeichnungen unter den dort genannten Voraussetzungen ohne gesonderten Antrag in einem anderen EU-Staat aufbewahren können. Der mit dem JStG 2020 eingeführte § 146 Abs. 2b regelt die nur auf Antrag zulässige Verlagerung der Buchführung in Nicht-EU-Staaten; die Regelung entspricht – abgesehen von der Beschränkung auf Drittstaaten – dem § 146a idF vor dem JStG 2020. 27

§ 146 IIa 1 erlaubt Stpfl., ihre elektronischen Bücher und sonstigen erforderlichen elektronischen Aufzeichnungen oder Teile davon in „einem" und seit einer klarstellenden Änderung durch das DAC 7-Gesetz v. 20.12.2022 (BGBl. 2022 I 2730) auch in „mehreren" anderen Mitgliedstaat der EU zu führen. Ein Antrag oder auch nur eine Anzeige bei 27a der zuständigen FB ist für die Verlagerung der Buchführung ins EU-Ausland nicht (mehr) erforderlich.

27b Nach **§ 146 IIa 2** sind Stpfl., die von der Möglichkeit des § 146a S. 2 Gebrauch machen, verpflichtet sicherzustellen, dass der Datenzugriff nach § 146b II 2, § 147 VI AO und § 27b II 2, 3 UStG (weiterhin) in vollem Umfang möglich ist. § 146 IIa 2 regelt keine Voraussetzung der Verlagerung der Buchführung ins EU-Ausland, sondern nur deren Rechtsfolge. Ist der Datenzugriff nicht sichergestellt, kann daher nicht etwa die Rückverlagerung der elektronischen Buchführung ins Inland verlangt werden. Der Stpfl. kann sich infolge seiner Pflicht aus § 146 IIa 2 lediglich nicht darauf berufen, dass der Datenzugriff wegen der Belegenheit der elektronischen Aufzeichnungen im EU-Ausland nicht möglich ist. Wird der Datenzugriff nicht eingeräumt, kommt ein Verzögerungsgeld nach § 146 IIc wegen des Verstoßes gegen § 147 VI in Betracht, ggf. ist Schätzung nach § 162 möglich. § 146 IIa und IIb sollen es insb. inländischen Tochterunternehmen ausländischer Konzerne ermöglichen, ihre Buchführungs- und Aufzeichnungsarbeiten in die Konzernzentralen oder zentralisierte Buchführungsstellen zu verlagern (BT-Drs. 16/10189, 80). Die Regelungen betreffen allerdings nur elektronische Bücher und Aufzeichnungen. Die Papierbuchführung, insb. die in Papierform vorliegenden Rechnungen iSd § 14 UStG, müssen weiterhin im Inland verbleiben. Auch der neue Abs. 2a S. 1 beseitigt daher nicht die Europarechtswidrigkeit des § 146 II 1, sondern schränkt diese nur dem Umfang nach ein (→ Rn. 23). Eine klare Trennung von EDV-Buchführung und Papierbuchführung ist zudem in der Praxis nur eingeschränkt möglich (so auch BR-Drs. 545/08, 85 (Beschluss)).

28 Nach **§ 146 IIb 1** kann die zuständige FB unter den Voraussetzungen des Abs. 2 S. 3 bewilligen, dass Stpfl. abw. von § 146 II 1 ihre elektronischen Bücher und sonstigen erforderlichen elektronischen Aufzeichnungen (→ Rn. 7) oder Teile davon in einem oder in mehreren Drittstaaten führen und aufbewahren dürfen. Zulässig ist selbstverständlich auch, die Buchführung daneben im Inland und/oder beliebig vielen EU-Mitgliedstaaten zu führen. Die Zustimmung des Staates, in den die Bücher und Aufzeichnungen verlagert werden sollen, ist nicht erforderlich (BT-Drs. 17/2249, 87). Die Bewilligung nach Abs. 2b S. 1 muss vom Stpfl. schriftlich beantragt werden (vgl. zu den Anforderungen der FVerw. an den Antrag s. FM Schleswig-Holstein 1.3.2012, BeckVerw 259227). Die FB entscheidet über die Verlagerung der Buchführungs- und Aufzeichnungsarbeiten in das Ausland nach pflichtgemäßem Ermessen (§ 5) durch VA (§ 118), der mit dem Einspruch (§ 347) angefochten werden kann.

29 **§ 146 IIb 2** regelt, unter welchen weiteren Voraussetzungen die FB die Bewilligung nach Abs. 2b S. 1 erteilen darf. Nach § 146 IIb 2 Nr. 1 muss der Stpfl. zunächst den Standort oder die Standorte des Datenverarbeitungssystems und bei Beauftragung eines Dritten dessen Namen und Anschrift angeben. Hierdurch will der Gesetzgeber sicherstellen, dass ggf. notwendige Beschlagnahmemaßnahmen weiterhin möglich bleiben (BT-Drs. 16/10189, 81). Überdies darf gem. § 146 IIb 2 Nr. 2 die Bewilligung zur Verlagerung der Buchführung iSd Abs. 2b S. 1 nur erteilt werden, wenn der Stpfl. seine sich aus den §§ 90, 93, 97, 140–147 und 200 I f. ergebenden Mitwirkungspflichten bisher ordnungsgemäß erfüllt hat, da in diesen Fällen regelmäßig anzunehmen ist, dass er dann auch in Zukunft seine Mitwirkungspflichten erfüllen wird. Weiter erfordert **§ 146 IIb 2 Nr. 3,** dass der Datenzugriff nach § 147 VI trotz der Verlagerung der Buchführung in das Ausland weiterhin uneingeschränkt möglich ist (vgl. hierzu Habel/Müller/Bauerfeld IWB 2019, 84 (90)). Schließlich verlangt **§ 146 IIb 2 Nr. 4,** dass die Besteuerung durch die Verlagerung der elektronischen Buchführung und Aufzeichnungen in das Ausland nicht beeinträchtigt wird. Erforderlich ist insoweit nach dem eindeutigen Wortlaut eine Prognose, ob gerade der Umstand, dass elektronische Bücher im Ausland geführt werden, für die Überprüfbarkeit der Bücher und damit auch für die Besteuerung zu einer Beeinträchtigung werden könnte. Zurückzuweisen ist daher die Auffassung der FVerw., nach der eine Beeinträchtigung der Besteuerung offenbar schon vorliegt, wenn der Stpfl. in der Vergangenheit irgendwelche steuerlichen Pflichten verletzt hat (keine fristgerechten StEr-

klärungen, unterlassene Meldungen nach § 138, s. FM Schleswig-Holstein 1.3.2012, BeckVerw 259227); Nr. 4 enthält keine allgemeine Compliance-Regel (ebenso HHSp § 146 Rn. 70; Klein Rn. 55; TK § 146 Rn. 46a). Vorzugswürdig ist daher die Definition der Literatur, nach der eine Beeinträchtigung der Besteuerung vorliegen soll, wenn die elektronische Buchführung nicht mehr uneingeschränkt und ohne Verzögerung überprüft werden könnte (Klein § 146 Rn. 55; TK § 146 Rn. 46a). IdR sollte dies aber schon durch den nach Nr. 3 vorausgesetzten Datenzugriff nach § 147 VI gewährleistet sein, sodass häufig kein eigenständiger Anwendungsbereich für Nr. 4 verbleiben wird (anders beim Widerruf nach S. 3 → Rn. 31); insb. ist hierfür keine große Auskunftsklausel nach einem DBA oder überhaupt die Anwendbarkeit eines DBA erforderlich (aA Klein § 146 Rn. 55; FM Schleswig-Holstein 1.3.2012, BeckVerw 259227; BayLfSt 29.1.2021, BeckVerw 506569). Der nach Nr. 4 erforderliche, spezifische Kausalitätszusammenhang zwischen Auslandsbuchführung und Beeinträchtigung der Besteuerung liegt selbst dann nicht ohne Weiteres vor, wenn der Stpfl. in der Vergangenheit Mitwirkungspflichten verletzt hat (s. hierzu aber die insoweit abschließende Regelung in Nr. 2) oder Beschuldigter in StStrafverfahren ist bzw. war (aA Klein § 146 Rn. 55; FM Schleswig-Holstein 1.3.2012, BeckVerw 259227; BayLfSt 29.1.2021, BeckVerw 506569).

Nach **§ 146 IIb 3** muss die FB die Bewilligung widerrufen, wenn ihr Umstände bekannt **31** werden, die zu einer Beeinträchtigung der Besteuerung (§ 146 IIb 2 Nr. 4) führen. Denkbar ist dies in Anbetracht des engen Anwendungsbereichs der Nr. 4 etwa, wenn der Stpfl. den Datenzugriff nach § 147 VI verweigert (→ Rn. 30; vgl. HHSp § 146 Rn. 78). Ferner muss die FB in diesen Fällen die Rückverlagerung der Buchführung und der sonstigen Aufzeichnungen auf einen inländischen Server verlangen. Der Widerruf der Bewilligung iSd Abs. 2b S. 1 sowie die Aufforderung zur Rückverlagerung der Buchführung und der sonstigen Aufzeichnungen steht nicht im Ermessen (§ 5) der FB. Der Widerruf ist, wie auch die Bewilligung selbst, ein VA (§ 118), der mit dem Einspruch (§ 347) angefochten werden kann. Liegt kein Verstoß gegen § 146 IIb 2 Nr. 4, sondern gegen Nr. 1, 2 oder 3 vor, bleibt der FB die Möglichkeit einer in ihrem Ermessen stehenden Rücknahme nach § 131 II Nr. 3, die allerdings eine „Gefährdung des öffentlichen Interesses" (→ § 131 Rn. 24) durch Verbleib der Buchführung im Ausland voraussetzt.

§ 146 IIb 4 verpflichtet den Stpfl. unverzüglich, dh ohne schuldhaftes Zögern (vgl. **32** § 121 I 1 BGB) der FB Änderungen der in Abs. 2a S. 2 Nr. 1 genannten Umstände mitzuteilen. Die Mitteilungspflicht erfasst einen veränderten Standort des Datenverarbeitungssystems, die Beauftragung eines Dritten und einen Wechsel eines bereits beauftragten Dritten sowie eine Änderung seines Namens oder seiner Anschrift.

V. Verzögerungsgeld (Abs. 2c)

Allgemeines. § 146 IIc erlaubt es der FB, bei Verletzung der in Abs. 2b genannten **34** Mitwirkungspflichten gegenüber dem Stpfl. ein Verzögerungsgeld von 2.500 EUR bis 250.000 EUR festzusetzen. Das Verzögerungsgeld ist eine steuerliche Nebenleistung iSd § 3 IV. Es soll den Stpfl. in erster Linie – ähnlich wie ein Zwangsgeld (§§ 328 I, 329) – zur zeitnahen Mitwirkung anhalten (BT-Drs. 16/10189, 81). Ferner sollen durch das Verzögerungsgeld aber auch Vorteile abgeschöpft werden, die sich möglicherweise aus dem verzögerten Mitwirkungsverhalten des Stpfl. ergeben können (FG Schleswig-Holstein 1.2.2011 – 3 K 64/10, EFG 2011, 846). Das Verzögerungsgeld ist damit wie der Verspätungszuschlag (§ 152) ein Druckmittel eigener Art, das zugleich repressiven und präventiven Charakter hat (BFH 24.4.2014 – IV R 25/11, BStBl. II 2014, 819; FG Schleswig-Holstein 1.2.2011 – 3 K 64/10, EFG 2011, 846). Das Verzögerungsgeld ist – anders als das Zwangsgeld (§§ 328 I, 329) – auch dann zu zahlen, wenn der Stpfl. seine Verpflichtung nach dessen Festsetzung doch noch erfüllt, da § 335 nicht entspr. anwendbar ist (FG Schleswig-Holstein 1.2.2011 – 3 K 64/10, EFG 2011, 846; BMF Fragen-Antworten-Katalog zum Verzögerungsgeld, Stand: 28.9.2011, www.bundesfinanzministerium.de).

§ 146 IIc ist systematisch missglückt, da er die Festsetzung eines Verzögerungsgelds wegen der Verletzung von Mitwirkungspflichten im Rahmen einer Ap. (§§ 193 ff.) mit der Festsetzung eines Verzögerungsgelds wegen der Verletzung anderer Verpflichtungen verbindet (vgl. BFH 16.6.2011 – IV B 120/10, BStBl. II 2011, 855). Systematisch wäre es richtiger gewesen, das Verzögerungsgeld in den §§ 193 ff. zu regeln (BFH 16.6.2011 – IV B 120/10, BStBl. II 2011, 855; TK § 146 Rn. 51; Dißars Stbg 2009, 247).

35 Abs. 2c ist **verfassungsgemäß,** da vom Gesetzgeber grds. Sanktionsinstrumente vorgesehen werden können, wenn Stpfl. ihre Mitwirkungspflichten nicht erfüllen (FG Schleswig-Holstein 1.2.2011 – 3 K 64/10, EFG 2011, 846; Schwarz/Pahlke/Keß § 146 Rn. 46; zweifelnd TK § 146 Rn. 51 f.). Im Einzelfall sind unbillige Härten der Regelung im Rahmen der Ermessensausübung zu korrigieren (→ Rn. 39).

36 **Verhältnis zum Zwangsgeld.** Das Verzögerungsgeld nach Abs. 2c besteht als eigenständige Sanktion selbständig neben der Möglichkeit, die Erfüllung von Mitwirkungspflichten ggf. durch Festsetzung eines Zwangsgelds (§§ 328 I 1, 329) durchzusetzen (FG Schleswig-Holstein 1.2.2011 – 3 K 64/10, EFG 2011, 846). Bei Verstößen gegen die Dokumentations- bzw. Vorlagepflicht nach § 90 III (Verrechnungspreisdokumentation) kommt ein Verzögerungsgeld nicht in Betracht, da insoweit der Zuschlag nach § 162 IV die speziellere Sanktion ist (HHSp § 146 Rn. 113; Neumann DStR 2013, 1213 (1215); Gosch AO § 146 Rn. 69.1).

37 **Verletzung von Mitwirkungspflichten.** Nach **§ 146 IIc** kann die FB ein Verzögerungsgeld festsetzen, wenn der Stpfl. trotz Aufforderung seine elektronische Buchführung nicht nach § 146 IIb 3 in das Inland rückverlagert (Alt. 1), seine Verpflichtung aus § 146 IIb 4 nicht erfüllt (Alt. 2), den Datenzugriff nach § 147 VI nicht ermöglicht (Alt. 3), im Rahmen einer Ap. (§§ 193 ff.) entgegen § 200 I Auskünfte nicht erteilt, angeforderte Unterlagen nicht vorlegt (Alt. 4), oder wenn er ohne Bewilligung nach § 146 IIa 1 f. seine elektronische Buchführung in das Ausland verlagert hat (Alt. 5). Eine ausdrückliche Androhung des Verzögerungsgelds sieht Abs. 2c dabei nicht vor. Ein Verzögerungsgeld kann bei Verletzung der in Abs. 2c genannten Mitwirkungspflichten auch gegen Stpfl. festgesetzt werden, die ihre Buchführung nicht in Drittstaaten verlagert haben. Abs. 2c erfasst nach seinem Wortlaut auch die Verletzung der in Abs. 2c genannten Mitwirkungspflichten im Rahmen einer Ap., wenn die Buchführung im Inland geführt wird (BFH 24.4.2014 – IV R 25/11, BStBl. II 2014, 819; BFH 16.6.2011 – IV B 120/10, BStBl. II 2011, 855; FG Schleswig-Holstein 1.2.2011 – 3 K 64/10, EFG 2011, 846; Schwarz/Pahlke/Keß § 146 Rn. 45; Dißars Stbg 2009, 247; aA TK § 146 Rn. 51). Hierdurch wird eine verfassungswidrige Ungleichbehandlung von Stpfl. vermieden, die ihre Bücher und sonstigen Aufzeichnungen im Nicht-EU-Ausland führen, gegenüber Stpfl., die dies im Inland tun (vgl. BT-Drs. 16/10189, 81). Im Rahmen einer Nachschau (§ 27b UStG; § 42g EStG; § 146b AO) ist § 146 IIc nicht anwendbar, da es sich bei der Nachschau nicht um eine Ap. handelt (Schwarz/Pahlke/Keß § 146 Rn. 45). Nicht zulässig ist die mehrfache Festsetzung eines Verzögerungsgelds wegen derselben Verpflichtung, zB wegen der fortdauernden Nichtvorlage derselben angeforderten Unterlagen. § 332 III ist im Rahmen des Abs. 2c nicht analog anwendbar (BFH 16.6.2011 – IV B 120/10, BStBl. II 2011, 855).

Verletzt der Stpfl. mehrere Mitwirkungspflichten, so kann nicht für jeden Pflichtverstoß jeweils ein gesondertes Verzögerungsgeld, zB in Höhe des Mindestbetrags von 2.500 EUR, ausgesprochen werden. Eine Vervielfältigung des Mindestsatzes (2.500 EUR) entspr. der Anzahl der Pflichtverstöße ohne deren eigenständige Gewichtung ist nicht möglich (FG Hessen 8.8.2011 – 8 V 1281/11, EFG 2011, 1949; FG Hamburg 16.11.2011 – 2 V 173/11, EFG 2012, 382; offengelassen BFH 28.8.2012 – I R 10/12, BStBl. II 2013, 266). Zur Festsetzung eines Verzögerungsgelds in den Fällen des § 147a → § 147a Rn. 18.

38 **Angemessene Frist.** Die Festsetzung eines Verzögerungsgelds in den Fällen des Abs. 2c Alt. 1–4 erfordert zudem, dass die FB eine angemessene Frist bestimmt, innerhalb derer der Stpfl. seine jeweilige Verpflichtung erfüllen soll. Die Fristsetzung ist eine unselbständige Nebenbestimmung des Anforderungsverlangens und kann nur gemeinsam mit diesem

angefochten werden (Schwarz/Pahlke/Keß § 146 Rn. 48). Welche Frist angemessen ist, bestimmt sich nach den jeweiligen Umständen des Einzelfalls. Die Frist kann ggf. nach § 109 I 1 verlängert werden.

Ermessen. Über die Frage, ob (Entschließungsermessen) und ggf. in welcher Höhe (Auswahlermessen) ein Verzögerungsgeld festgesetzt wird, entscheidet die FB nach pflichtgemäßem Ermessen (§ 5), wobei insb. das Verhältnismäßigkeitsprinzip zu beachten ist. Neben dem Zweck des § 146 IIc sind bei der Ermessensausübung zu berücksichtigen die Dauer der Fristüberschreitung, die Höhe des zu erwartenden Mehrergebnisses, das Ausmaß der Beeinträchtigung der Ap., die aus der verspäteten Mitwirkung gezogenen Vorteile, der Umfang der nicht vorgelegten Unterlagen sowie das Verschulden und die wirtschaftliche Leistungsfähigkeit des Stpfl. (BFH 24.4.2014 – IV R 25/11, BStBl. II 2014, 819). Hinsichtlich des Entschließungsermessens besteht kein vorgeprägtes Ermessen, sodass die Verletzung einer der in Abs. 2c genannten Mitwirkungspflichten nicht regelmäßig mit der Festsetzung eines Verzögerungsgelds zu sanktionieren ist, unabhängig davon, ob den Stpfl. ein Schuldvorwurf trifft (BFH 28.8.2012 – I R 10/12, BStBl. II 2013, 266; BFH 24.4.2014 – IV R 25/11, BStBl. II 2014, 819; BMF 28.9.2011, BeckVerw 255803; aA Gebbers Stbg 2010, 162). In Bagatellfällen wird die FB regelmäßig schon im Hinblick auf den gesetzlich vorgesehenen Mindestbetrag von 2.500 EUR von der Festsetzung eines Verzögerungsgelds absehen müssen (BFH 24.4.2014 – IV R 25/11, BStBl. II 2014, 819). Entsprechendes gilt, wenn nach Einleitung eines StStrafverfahrens (§ 208 I 1 Nr. 1) ein Verzögerungsgeld festgesetzt werden soll und sich der Stpfl. aufgrund der verlangten Mitwirkung selbst belasten würde. Hat die FB lediglich ein Verzögerungsgeld in Höhe des Mindestbetrags festgesetzt, ist regelmäßig zur Ausübung des Auswahlermessens keine Begründung erforderlich (FG Schleswig-Holstein 1.2.2011 – 3 K 64/10, EFG 2011, 846). Der Verhältnismäßigkeitsgrundsatz erfordert zudem, dass der Gegenstand des Entschließungsermessens mit demjenigen des Auswahlermessens übereinstimmt (BFH 28.8.2012 – I R 10/12, BStBl. II 2013, 266). Er ist daher verletzt, wenn das FA der Ausübung seines Entschließungsermessens die Summe (Bündel) der Pflichtverletzungen zugrunde legt, bei der anschließenden Ermessensentscheidung dazu, ob es im nämlichen Fall angemessen und zumutbar ist, den Mindestsatz zu überschreiten (Auswahlermessen), hingegen auf die einzelne Pflichtverletzung abstellt und diese jeweils ohne weitere die Gesamtheit der Verstöße betreffende Erwägungen in Höhe von 2.500 EUR (Mindestsatz) sanktioniert (BFH 28.8.2012 – I R 10/12, BStBl. II 2013, 266). 39

Rechtsbehelfe. Die Festsetzung des Verzögerungsgelds ist ein VA (§ 118), der mit dem Einspruch (§ 347) und der Anfechtungsklage (§ 40 I 1 FGO) angefochten werden kann. Das FG überprüft uneingeschränkt, ob die Voraussetzungen für die Festsetzung des Verzögerungsgelds vorliegen und ob die FB sich bei der Bemessung des Verzögerungsgelds innerhalb der gesetzlichen Bandbreite aufgehalten hat. Im Übrigen überprüft das FG die Festsetzung des Verzögerungsgelds als Ermessensentscheidung (§ 5) nur gem. § 102 FGO auf Ermessensfehler. Vorläufiger Rechtsschutz kann durch AdV gem. § 361 II AO bzw. § 69 II ff. FGO gewährt werden. 40

VI. Sprache und Symbole (Abs. 3)

Allgemeines. § 146 III konkretisiert den allgemeinen Grundsatz der Überschaubarkeit der Buchführung bzw. der Aufzeichnungen (→ § 145 Rn. 13 ff.). 41

§ 146 III 1 entspricht inhaltlich § 239 I 1 HGB. Lebende Sprachen sind alle Sprachen, die gegenwärtig gesprochen werden. Jede lebende Sprache ist zulässig (TK § 146 Rn. 52). Nicht statthaft ist die Verwendung einer Kunstsprache, wie zB Esperanto, oder einer alten Sprache, wie zB Altgriechisch (Schwarz/Pahlke/Keß § 146 Rn. 23; Latein ist allerdings Amtssprache im Vatikan und daher zulässig). 42

Aus **§ 146 III 2** ergibt sich, dass der Stpfl. nicht zwingend die deutsche Sprache verwenden muss. Verwendet der Stpfl. jedoch eine andere Sprache, so kann die FB nach 43

Abs. 3 S. 2 Übersetzungen verlangen. Die Kosten für die Übersetzung hat der Stpfl. zu tragen (TK § 146 Rn. 53). Im Rahmen ihrer Ermessensentscheidung (§ 5) muss die FB auch die dem Stpfl. entstehenden Kosten berücksichtigen. Handelsrechtlich muss der Jahresabschluss jedoch nach § 244 HGB in deutscher Sprache und in Euro aufgestellt werden.

44 **§ 146 III 3** entspricht wörtlich § 239 I 2 HGB. Die vom Stpfl. verwendeten Schriftzeichen müssen verständlich sein. Abkürzungen sind zulässig, wenn sie aus sich selbst heraus verständlich sind oder ein Verzeichnis der Abkürzungen vorliegt (TK § 146 Rn. 55 f.). Der Stpfl. kann allgemeingültige oder auch betriebsindividuelle Abkürzungen verwenden. Dasselbe gilt bei der Verwendung von Ziffern, Buchstaben und anderen Symbolen, wie dies zB bei der maschinellen Verarbeitung des Buchungsstoffes regelmäßig der Fall ist. Insb. muss die Bedeutung der einzelnen Zeichen und Symbole eindeutig festgelegt und dokumentiert sein.

VII. Unveränderlichkeit der Buchungen und Aufzeichnungen (Abs. 4)

45 **Allgemeines.** § 146 IV konkretisiert, ebenso wie § 146 III, den allgemeinen Grundsatz der Geordnetheit (→ Rn. 17). Für die handelsrechtliche Rechnungslegung enthält § 239 III HGB eine entsprechende Regelung.

46 Nach **§ 146 IV 1** dürfen Buchungen oder Aufzeichnungen nicht in einer Weise verändert werden, dass der ursprüngliche Inhalt nicht mehr feststellbar ist. Fehlbuchungen sind durch Stornobuchungen zu berichtigen (TK § 146 Rn. 60). Bei manueller Buchung oder Aufzeichnung dürfen keine unausgefüllten Zwischenräume gelassen werden (HHSp § 146 Rn. 121). Eintragungen müssen mit unauslöschlichem Schreibmaterial durchgeführt werden, wie zB mit Tinte oder Kugelschreiber. Ferner müssen EDV-Buchführungssysteme durch programmmäßige Sicherungen und Sperren verhindern, dass Daten nachträglich gelöscht oder neue Daten eingespeichert werden können (TK § 146 Rn. 59). Entsprechendes gilt, wenn Daten, zB bei einem Wechsel des EDV-Systems, auf einen anderen Datenträger überspielt werden.

47 Nach **§ 146 IV 2** dürfen keine Veränderungen vorgenommen werden, deren Beschaffenheit es ungewiss lässt, ob sie ursprünglich oder erst später gemacht worden sind. Unzulässig sind daher zB Durchstreichungen, Rasuren sowie Überkleben oder Auslöschen von Eintragungen (TK § 146 Rn. 58).

VIII. Form der Bücher und Aufzeichnungen (Abs. 5)

48 **Allgemeines.** Für die handelsrechtliche Rechnungslegung normiert § 239 IV HGB eine vergleichbare Regelung.

49 **§ 146 V 1** schreibt keine bestimmte Form der Bücher und Aufzeichnungen vor (BFH 24.6.2009 – VIII R 80/06, BStBl. II 2010, 452). Zur Form der Bücher und Aufzeichnungen → § 140 Rn. 8 und → § 145 Rn. 6. Nach § 146 V 1 müssen Bücher und Aufzeichnungen nur so geführt werden, dass sie den GoB entsprechen (s. hierzu Winnefeld D Rn. 1 ff.). Aufzeichnungen, die allein nach den StGesetzen zu führen sind, müssen nach § 146 V 1 HS 2 lediglich so geführt werden, dass sie dem konkreten Besteuerungszweck genügen. Ferner enthält Abs. 5 S. 1 zugleich auch die gesetzliche Grundlage für die Offene-Posten-Buchhaltung (BMF 19.6.2018, BStBl. I 2018, 706) und für die EDV-basierte Buchführung (s. hierzu BMF 28.11.2019, BStBl. I 2019, 1269). Belege erfüllen Buchfunktion, wenn sie übersichtlich geordnet abgelegt werden und die Vollständigkeit der Ablage sichergestellt ist (BFH 16.9.1964 – IV 42/61 U, BStBl. III 1964, 654; BFH 23.9.1966 – VI 117/65, BStBl. III 1967, 23; BFH 2.10.1968 – I R 8/66, BStBl. II 1969, 157; BFH 20.10.1971 – I R 63/70, BStBl. II 1972, 273).

50 Nach **§ 146 V 2** müssen beim Einsatz von EDV-Buchführungssystemen die Daten jederzeit verfügbar sein und unverzüglich lesbar gemacht werden können. Abs. 5 S. 2 soll die Überprüfbarkeit der zunehmend papierlosen Buchführungswerke sicherstellen

(BT-Drs. 14/2683, 129). Die handelsrechtliche Parallelvorschrift (§ 239 IV 2 HGB) erfordert dagegen nur, dass die Daten innerhalb angemessener Frist lesbar gemacht werden können. Unverzüglich iSd Abs. 5 S. 2 bedeutet nach der Legaldefinition des § 121 I 1 BGB ohne schuldhaftes Zögern. Nach § 146 V 2 besteht jedoch keine Verpflichtung, den gespeicherten Buchungsstoff zum Schluss eines Wirtschaftsjahres vollständig auszudrucken (TK § 146 Rn. 67). Im Übrigen schreibt § 146 V 2 keine bestimmte Form der Lesbarmachung vor. Nach § 147 V hat der Stpfl. jedoch auf seine Kosten die erforderlichen Hilfsmittel zur Verfügung zu stellen, um gespeicherte Daten lesbar zu machen. Gegebenenfalls muss der Stpfl. nach § 147 V auf seine Kosten die Daten unverzüglich ganz oder teilweise ausdrucken.

§ 146 V 3 regelt, dass gespeicherte Daten auch im Rahmen einer Ap. (§§ 193 ff.), einer Kassen-Nachschau (§ 146b) oder Umsatzsteuer-Nachschau (§ 27b UStG) jederzeit verfügbar sein müssen und unverzüglich lesbar gemacht werden können. Die Regelung ergänzt § 147 VI, § 146b II 2 und § 27b II 2, 3 UStG. 51

§ 146 V 4 stellt klar, dass die nach Abs. 5 S. 2 lesbar gemachten Daten die Anforderungen der Abs. 1–4 erfüllen müssen. 52

IX. Freiwillig geführte Bücher und Aufzeichnungen (Abs. 6)

§ 146 VI bestimmt, dass die Ordnungsvorschriften der Abs. 1–5 auch für Unternehmer gelten, die freiwillig Bücher oder Aufzeichnungen führen, ohne hierzu verpflichtet zu sein. Erfasst werden aber nur freiwillige Aufzeichnungen, die für die Besteuerung von Bedeutung sind (BFH 24.6.2009 – VIII R 80/06, BStBl. II 2010, 452). Abs. 6 verhindert so, dass die FB durch freiwillig, aber unrichtig geführte Bücher und Aufzeichnungen getäuscht wird (TK § 146 Rn. 71). Ferner ist auf freiwillig geführte Bücher und Aufzeichnungen ergänzend § 145 anzuwenden, da die Abs. 1–5 lediglich die allgemeinen Anforderungen konkretisieren, die Bücher und Aufzeichnungen nach § 145 erfüllen müssen (TK § 146 Rn. 71; → § 145 Rn. 4). Der Unternehmerbegriff iSd § 146 VI ist in Anlehnung an den umsatzsteuerlichen Begriff des Unternehmers (§ 2 UStG) auszulegen, da § 146 VI den Begriff des Unternehmers im Gegensatz zu § 141 I 1 nicht näher ausdifferenziert (TK § 146 Rn. 71; → § 141 Rn. 5). 53

X. Folgen eines Verstoßes

Erfüllen die Bücher und die sonst erforderlichen Aufzeichnungen des Stpfl. nicht die Anforderungen des § 146, gelten die Ausführungen zur Verletzung des § 145 entspr. (→ § 145 Rn. 26). Die FB kann allerdings die Einhaltung der Ordnungsvorschriften des § 146 nicht nach §§ 328 ff. erzwingen (TK § 146 Rn. 2; aA Gosch AO § 146 Rn. 104; AEAO zu § 146 Nr. 1). 54

§ 146a Ordnungsvorschrift für die Buchführung und für Aufzeichnungen mittels elektronischer Aufzeichnungssysteme; Verordnungsermächtigung

(1) [1]**Wer aufzeichnungspflichtige Geschäftsvorfälle oder andere Vorgänge mit Hilfe eines elektronischen Aufzeichnungssystems erfasst, hat ein elektronisches Aufzeichnungssystem zu verwenden, das jeden aufzeichnungspflichtigen Geschäftsvorfall und anderen Vorgang einzeln, vollständig, richtig, zeitgerecht und geordnet aufzeichnet.** [2]**Das elektronische Aufzeichnungssystem und die digitalen Aufzeichnungen nach Satz 1 sind durch eine zertifizierte technische Sicherheitseinrichtung zu schützen.** [3]**Diese zertifizierte technische Sicherheitseinrichtung muss aus einem Sicherheitsmodul, einem Speichermedium und einer einheitlichen digitalen Schnittstelle bestehen.** [4]**Die digitalen Aufzeichnungen sind auf dem Speichermedium zu sichern und für Nachschauen sowie Außenprüfungen durch elektronische Aufbewahrung verfügbar zu halten.** [5]**Es ist verboten, inner-**

halb des Geltungsbereichs dieses Gesetzes solche elektronischen Aufzeichnungssysteme, Software für elektronische Aufzeichnungssysteme und zertifizierte technische Sicherheitseinrichtungen, die den in den Sätzen 1 bis 3 beschriebenen Anforderungen nicht entsprechen, zur Verwendung im Sinne der Sätze 1 bis 3 gewerbsmäßig zu bewerben oder gewerbsmäßig in den Verkehr zu bringen.

(2) [1] **Wer aufzeichnungspflichtige Geschäftsvorfälle im Sinne des Absatzes 1 Satz 1 erfasst, hat dem an diesem Geschäftsvorfall Beteiligten in unmittelbarem zeitlichem Zusammenhang mit dem Geschäftsvorfall unbeschadet anderer gesetzlicher Vorschriften einen Beleg über den Geschäftsvorfall auszustellen und dem an diesem Geschäftsvorfall Beteiligten zur Verfügung zu stellen (Belegausgabepflicht).** [2] **Bei Verkauf von Waren an eine Vielzahl von nicht bekannten Personen können die Finanzbehörden nach § 148 aus Zumutbarkeitsgründen nach pflichtgemäßem Ermessen von einer Belegausgabepflicht nach Satz 1 befreien.** [3] **Die Befreiung kann widerrufen werden.**

(3) [1] **Das Bundesministerium der Finanzen wird ermächtigt, durch Rechtsverordnung mit Zustimmung des Bundestages und des Bundesrates und im Einvernehmen mit dem Bundesministerium des Innern und für Heimat und dem Bundesministerium für Wirtschaft und Klimaschutz Folgendes zu bestimmen:**

1. die elektronischen Aufzeichnungssysteme, die über eine zertifizierte technische Sicherheitseinrichtung verfügen müssen, und
2. die Anforderungen an
   a) das Sicherheitsmodul,
   b) das Speichermedium,
   c) die einheitliche digitale Schnittstelle,
   d) die elektronische Aufbewahrung der Aufzeichnungen,
   e) die Protokollierung von digitalen Grundaufzeichnungen zur Sicherstellung der Integrität und Authentizität sowie der Vollständigkeit der elektronischen Aufzeichnung,
   f) den Beleg und
   g) die Zertifizierung der technischen Sicherheitseinrichtung.

[2] **Die Erfüllung der Anforderungen nach Satz 1 Nummer 2 Buchstabe a bis c ist durch eine Zertifizierung des Bundesamts für Sicherheit in der Informationstechnik nachzuweisen, die fortlaufend aufrechtzuerhalten ist.** [3] **Das Bundesamt für Sicherheit in der Informationstechnik kann mit der Festlegung von Anforderungen an die technische Sicherheitseinrichtung im Sinne des Satzes 1 Nummer 2 Buchstabe a bis c beauftragt werden.** [4] **Die Rechtsverordnung nach Satz 1 ist dem Bundestag zuzuleiten.** [5] **Die Zuleitung erfolgt vor der Zuleitung an den Bundesrat.** [6] **Der Bundestag kann der Rechtsverordnung durch Beschluss zustimmen oder sie durch Beschluss ablehnen.** [7] **Der Beschluss des Bundestages wird dem Bundesministerium der Finanzen zugeleitet.** [8] **Hat sich der Bundestag nach Ablauf von drei Sitzungswochen seit Eingang der Rechtsverordnung nicht mit ihr befasst, so gilt die Zustimmung nach Satz 1 als erteilt und die Rechtsverordnung wird dem Bundesrat zugeleitet.**

(4) [1] **Wer aufzeichnungspflichtige Geschäftsvorfälle oder andere Vorgänge mit Hilfe eines elektronischen Aufzeichnungssystems im Sinne des Absatzes 1 erfasst, hat dem nach den §§ 18 bis 20 zuständigen Finanzamt nach amtlich *vorgeschriebenen* Datensatz durch Datenfernübertragung mitzuteilen:**

1. Name des Steuerpflichtigen,
2. Steuernummer des Steuerpflichtigen,
3. Art der zertifizierten technischen Sicherheitseinrichtung,
4. Art des verwendeten elektronischen Aufzeichnungssystems,

5. Anzahl der verwendeten elektronischen Aufzeichnungssysteme,
6. Seriennummer des verwendeten elektronischen Aufzeichnungssystems,
7. Datum der Anschaffung des verwendeten elektronischen Aufzeichnungssystems,
8. Datum der Außerbetriebnahme des verwendeten elektronischen Aufzeichnungssystems.

²Die Mitteilung nach Satz 1 ist innerhalb eines Monats nach Anschaffung oder Außerbetriebnahme des elektronischen Aufzeichnungssystems zu erstatten.

Schrifttum: Desens, Neuer Schutz vor Manipulationen an digitalen Grundaufzeichnungen, FR 2017, 507; Liepert/Sahm, Einzelaufzeichnungspflicht bei Kassen – Referentenentwurf des Gesetzes zum Schutz vor Manipulationen an digitalen Grundaufzeichnungen, BB 2016, 1313; Geuenich, Digitale Kassensysteme: Verschärfte Compliance-Anforderungen ab 2020, NWB 2017, 786.

I. Allgemeines

Inhalt. § 146a wurde durch Gesetz vom 22.12.2016 (BGBl. 2016 I 3152) eingefügt und ergänzt die Ordnungsvorschrift des § 146 um Vorgaben zur elektronischen Kassenführung (Abs. 1). Zudem statuiert sie in Abs. 2 eine Belegausgabepflicht bei Nutzung eines elektronischen Aufzeichnungssystems. Abs. 3 enthält eine Verordnungsermächtigung zur Ausgestaltung der Anforderungen an die Sicherheitseinrichtung; auf dieser Grundlage hat das BMF am 26.9.2017 die Kassensicherungsverordnung (KassenSichV) erlassen (BGBl. 2017 I 3515). Nach Abs. 4 sind Anschaffung und Außerbetriebnahme elektronischer Aufzeichnungssysteme anzeigepflichtig. Die Regelung ist seit dem 1.1.2020 anzuwenden, Art. 97 § 30 I 1 EGAO. Es galt eine Übergangsvorschrift für nach dem 25.11.2010 und vor dem 1.1.2020 angeschaffte Registrierkassen, die den Anforderungen des BMF 26.11.2010, BStBl. I 2010, 1342 entsprachen und nicht aufrüstbar waren. Diese durften noch bis zum 31.12.2022 verwendet werden, wenn sie den Anforderungen des § 146a I nicht entsprachen (Art. 97 § 30 III EGAO). 1

Zweck. Mit der gesetzlichen Neuregelung sollen Manipulationen an digitalen Grundaufzeichnungen erschwert, der FVerw. neue Möglichkeiten der Prüfung eröffnet und eine dem gesetzlichen Auftrag entsprechende Festsetzung und Erhebung der Steuern langfristig gewährleistet werden (BT-Drs. 18/9535, 11). 2

Der **Adressatenkreis** des § 146a deckt sich mit dem des § 146 I, da die Vorschrift aufzeichnungspflichtige Vorgänge voraussetzt. Die Norm trifft wegen der umsatzsteuerlichen Aufzeichnungspflicht (§ 22 UStG) auch Stpfl., die ihren Gewinn durch Einnahmenüberschussrechnung iSv § 4 III EStG ermitteln (→ § 146 Rn. 7; ebenso Gosch AO § 146a Rn. 8; vgl. auch Klein § 146 Rn. 2). Die Vorschrift gilt indes nur für Nutzer elektronischer Aufzeichnungssysteme (→ Rn. 4); die Nutzung sog. offener Ladenkassen bleibt weiterhin möglich (Schwarz/Pahlke/Keß § 146a Rn. 1; TK § 146a Rn. 5) und von § 146a unberührt. Angesichts des gesetzgeberischen Ziels, Manipulationsmöglichkeiten einzuschränken, wird kritisiert, dass weiterhin keine Pflicht besteht, eine elektronische Kasse zu verwenden (Klein § 146 Rn. 6). 3

Elektronisches Aufzeichnungssystem. Voraussetzung für die Anwendung der Abs. 1, 2 und 4 ist jeweils, dass der Stpfl. ein elektronisches Aufzeichnungssystem verwendet. Hierunter sind elektronische oder computergestützte Systeme zu verstehen, mit denen aufbewahrungspflichtige Grundaufzeichnungen geführt werden (zB Registrierkassen; s. BT-Drs. 18/9535, 19). Eine Legaldefinition sowie Negativabgrenzungen für bestimmte Automaten etc. enthält § 1 KassenSichV. 4

II. Vorgaben für elektronische Aufzeichnungssysteme (Abs. 1)

S. 1 regelt für die elektronischen Aufzeichnungssysteme die fortlaufende Einzelaufzeichnung sämtlicher aufzeichnungspflichtiger Geschäftsvorfälle, wie Kasseneinnahmen und -ausgaben, sowie auch andere Vorgänge, wie zB Trainingsbuchungen, Entnahmen oder 5

Einlagen, Sofort-Storno, Nachstorno, durchlaufende Posten etc. Die Einzelaufzeichnungspflicht bedeutet, dass aufzeichnungspflichtige Geschäftsvorfälle und andere Vorgänge laufend zu erfassen und einzeln festzuhalten sowie aufzuzeichnen sind, sodass sich die einzelnen Vorgänge in ihrer Entstehung und Abwicklung verfolgen lassen. Demnach müssen zB auch Trainingsbuchungen ab Inbetriebnahme eines elektronischen Aufzeichnungssystems als Daten erfasst, protokolliert und als solche gekennzeichnet werden. Die digitalen Aufzeichnungen und die darauffolgenden Buchungen sollen der Zeitfolge nach vollständig, zeitgerecht, richtig und geordnet erfolgen. Die Vollständigkeit setzt voraus, dass jeder einzelne Geschäftsvorfall bzw. andere Vorgang mit Gegenstand, Kaufpreis usw. erfasst wird. Die zeitgerechte Erfassung dient dazu, die Richtigkeit zu gewährleisten und so als sachgerechte Grundlage für die steuerliche Bemessung zu dienen. Hinsichtlich des Kriteriums „geordnet" genügt jede sinnvolle Ordnung, die es einem sachverständigen Dritten gestattet, sich in angemessener Zeit einen Überblick über die Geschäftsvorfälle und den Saldo im elektronischen Aufzeichnungssystem zu verschaffen. Alle Geschäftsvorfälle müssen sich in ihrer Entstehung und Abwicklung verfolgen lassen. Dies bedeutet ua, dass die direkte Nachprüfung der einzelnen Geschäftsvorfälle progressiv und retrograd möglich sein muss (BT-Drs. 18/9535, 19).

6 **Praktische Anwendung.** Zur Erfüllung der Pflichten aus S. 1 genügt es, zu den aufzeichnungspflichtigen Vorgängen die in § 2 KassenSichV katalogartig aufgezählten Daten zu erfassen. Erforderlich sind demnach die Aufzeichnung des Vorgangsbeginns, einer Transaktionsnummer, der Vorgangsart, der Vorgangsdaten, der Zahlungsart, der Vorgangsbeendigung bzw. des Vorgangsabbruchs, eines Prüfwerts sowie der Seriennummer des Aufzeichnungssystems oder des Sicherheitsmoduls. Zum Vorgangsbeginn ist der Zeitpunkt aufzuzeichnen, in dem das Aufzeichnungssystem aktiviert wird. Die Transaktionsnummer muss so beschaffen sein, dass Aufzeichnungslücken erkennbar sowie Änderungen von Aufzeichnungen nachvollziehbar sind (s. auch § 2 S. 4 KassenSichV). Die Vorgangsart beschreibt die Transaktion bspw. als Rechnung, Storno etc. Die Vorgangsdaten umfassen alle für die Transaktion relevanten Werte, so zB die nach § 14 UStG erforderlichen Rechnungsangaben. Als Zahlungsarten stehen die Kategorien „bar", „unbar" und „keine" (für Trainingsbuchungen) zur Verfügung. Als Vorgangsbeendigung oder -abbruch ist der Zeitpunkt aufzuzeichnen, zu dem das Geschehen seinen Abschluss gefunden hat. Der Prüfwert sichert die Integrität der Aufzeichnungen; dies kann durch Signaturverfahren sichergestellt werden (s. auch § 5 der Technischen Richtlinien des BSI). Die Angabe einer Seriennummer dient als Identifikationsmerkmal und wird zusätzlich auf den Belegen ausgewiesen, § 6 KassenSichV (insgesamt BR-Drs. 487/17, 9 f.).

7 **Zertifizierte technische Sicherheitseinrichtung.** Nach S. 2 bedarf ein elektronisches Aufzeichnungssystem einer zertifizierten Sicherung. Dies dient dem Schutz der Authentizität, Integrität und Vollständigkeit der Daten (BT-Drs. 18/9535, 19) und besteht nach S. 3 aus einem Sicherheitsmodul, einem Speichermedium sowie einer digitalen Schnittstelle. Die Zertifizierung erfolgt durch den Hersteller des Aufzeichnungssystems; hierzu enthalten §§ 4, 5 und 7 KassenSichV sowie § 9 BSI-Gesetz weitere Vorgaben. Werden Sicherheitslücken bekannt, wird darauf im BStBl. und seitens des BSI hingewiesen und der Hersteller zur Entwicklung eines Updates angehalten. Geschieht dies nicht, hat sich der Stpfl. letztendlich ein neues Gerät anzuschaffen (krit. Gosch AO § 146a Rn. 24).

8 **Speicherung.** Nach S. 4 besteht die Verpflichtung, die aufgezeichneten Daten zwecks Überprüfung vorzuhalten. Dies gilt auch bei Verkauf oder Verschrottung des Aufzeichnungssystems (BT-Drs. 18/9535, 20). § 3 KassenSichV enthält weitere Anforderungen an die Aufbewahrung der Daten, wie etwa ein Verkettungsgebot und ein Verdichtungsverbot (näher Gosch AO § 146a Rn. 28). Fehlende Schutzmechanismen können dazu führen, dass die Buchführung formell ordnungswidrig ist (TK § 146a Rn. 7; Schwarz/Pahlke/Keß § 146a Rn. 6).

9 **Vertriebsverbot.** S. 5 untersagt das Bewerben und Inverkehrbringen ordnungswidriger Aufzeichnungssysteme im Inland. Durch dieses Verbot soll die Integrität, die Authentizität

und die Vollständigkeit der aufgezeichneten Geschäftsvorfälle oder sonstigen Vorgänge gewährleistet werden. Unter Inverkehrbringen ist jede Handlung zu verstehen, durch die die beschriebenen Aufzeichnungssysteme oder Software aus der Verfügungsgewalt einer Person so entlassen werden, dass ein anderer tatsächlich in die Lage versetzt wird, mit diesen nach Belieben umzugehen. Bewerben ist eine schriftliche oder mündliche Äußerung, die dazu dient, jemanden zum Kauf der beschriebenen elektronischen Aufzeichnungssysteme oder Software zu bewegen. Gewerbsmäßig ist eine Handlung dann, wenn wiederholt Manipulationssoftware, technisch unzureichende elektronische Aufzeichnungssysteme oder technische Sicherheitseinrichtungen beworben oder in den Verkehr gebracht werden, um sich eine nicht nur vorübergehende Einnahmequelle zu verschaffen (BT-Drs. 18/9535, 20 f.). Die Regelung ist verfassungsmäßig (Schwarz/Pahlke/Keß § 146a Rn. 7; TK § 146a Rn. 8).

III. Belegausgabepflicht (Abs. 2)

Zweck. Die Belegausgabepflicht dient der Nachprüfbarkeit, ob sämtliche Geschäftsvorfälle auch tatsächlich aufgezeichnet wurden und ob stets dasselbe Kassensystem Verwendung findet (Ausschluss von verdeckten Zweitkassen; BT-Drs. 18/9957, 2). Diese Erwägungen des Gesetzgebers verfangen (glA Gosch AO § 146a Rn. 34); insb. die schlichte Nichterfassung von Geschäftsvorfällen ist im Rahmen einer Ap. sonst nur schwer nachzuweisen, wenn der Stpfl. auch den Wareneinsatz verkürzt. 10

Persönlicher Anwendungsbereich. Zur Belegausgabe ist nur verpflichtet, wer ein elektronisches Aufzeichnungssystem (→ Rn. 4) verwendet. Die Belegausgabepflicht trifft also insb. Nutzer einer „offenen Ladenkasse“ nicht. 11

Inhalt der Ausgabepflicht. Der Verpflichtete hat dem am Geschäftsvorfall Beteiligten (idR dem Kunden) einen Beleg auszustellen und zur Verfügung zu stellen. Mithin muss ein Beleg zunächst erstellt und sodann dem Kunden angeboten werden (TK § 146a Rn. 11). Zweckmäßig wäre es daher, von einer „Belegangebotspflicht“ zu sprechen; denn mitnehmen muss der Kunde den Beleg nicht (Schwarz/Pahlke/Keß § 146a Rn. 9; Gosch AO § 146a Rn. 36). Eine Belegausgabe ausschließlich auf Kundenwunsch, wie sie ursprünglich vorgesehen war (BT-Drs. 18/9535, 21), wurde durch die vorliegende Regelung ersetzt (BT-Drs. 18/9957, 2). Nicht zu beanstanden ist danach allerdings, wenn der Verpflichtete den Beleg ausstellt und auf Wunsch des Kunden unmittelbar vernichtet (Klein § 146a Rn. 26). 12

Anforderungen an den Beleg. § 6 KassenSichV regelt den Inhalt des Belegs. Aufzuführen sind demnach Name und Anschrift des Stpfl., Datum der Belegausstellung mit Angabe des Vorgangsbeginns und Vorgangsendes (→ Rn. 6), Menge und Art der gelieferten Gegenstände bzw. Umfang und Art der sonstigen Leistung, die Transaktionsnummer (→ Rn. 6), Betrag der umsatzsteuerlichen Gegenleistung (Entgelt und StBetrag) sowie Umsatzsteuersatz bzw. Hinweis auf eine StBefreiung und Seriennummer (→ Rn. 6). Nach § 6 S. 2 KassenSichV muss der Beleg (mit bloßem Auge, BR-Drs. 487/17, 12) für jedermann lesbar sein. Er kann schriftlich oder elektronisch ausgestellt werden, § 6 S. 3 KassenSichV. 13

Befreiung. Nach Abs. 2 S. 2 kann von der Belegausgabepflicht aus Zumutbarkeitsgründen befreit werden, wer Waren an eine Vielzahl unbekannter Personen verkauft. Wie bei § 146 I 3 (→ § 146 Rn. 19) lässt die FVerw. entgegen dem eindeutigen Wortlaut auch Befreiungen bei Dienstleistern zu (AEAO zu § 146a Nr. 6.9). Es handelt sich um eine Ermessensentscheidung (§ 5). Denkbare Anwendungsfälle sind dort zu finden, wo die Belegausgabe wegen des massiven Kundenandrangs den Geschäftsablauf beeinträchtigen würde (zB Essens- und Getränkeausgabe bei Sportveranstaltungen oder Konzerten, vgl. Klein § 146a Rn. 30). Gegen die Ablehnung eines Befreiungsantrags sind Einspruch und Verpflichtungsklage statthaft. 14

Widerruf. Abs. 2 S. 3 regelt, dass eine nach S. 2 erteilte Ausnahme widerruflich ist. 15

IV. Verordnungsermächtigung (Abs. 3)

16 **KassenSichV.** Abs. 3 sieht eine Verordnungsermächtigung vor, von der das BMF durch Erlass der KassenSichV Gebrauch gemacht hat. Dem BSI als zentraler Bundesbehörde für die Sicherheit in der Informationstechnik kommt dabei eine Schlüsselrolle zu (TK § 146a Rn. 16). In der Ermächtigung in Abs. 1 Nr. 1 zur Entscheidung über die Frage, welche elektronischen Aufzeichnungssysteme über eine zertifizierte technische Sicherheitseinrichtung verfügen müssen, wird teilw. ein Verstoß gegen das Wesentlichkeitsgebot aus Art. 80 I 2 GG gesehen (Gosch AO § 146a Rn. 44; HHSp § 146a Rn. 44; Klein § 146a Rn. 7; Liepert/Sahm BB 2016, 1313; aA Desens FR 2017, 507).

V. Mitteilungspflicht (Abs. 4)

17 Die Mitteilungspflicht in Abs. 4 soll den FB im Rahmen der risikoorientierten Fallauswahl zur Bestimmung prüfungsbedürftiger StFälle dienen (vgl. BT-Drs. 18/10667, 27). **Mitteilungspflichtig** ist jeder Stpfl., der zum Adressatenkreis nach Abs. 1 gehört (→ Rn. 3) und tatsächlich ein elektronisches Aufzeichnungssystem verwendet. Die Mitteilungspflicht wird ausgelöst durch jede Anschaffung oder Außerbetriebnahme eines elektronischen Aufzeichnungssystems (vgl. S. 2). **Adressat der Mitteilung** ist das nach §§ 18–20 zuständige FA.

18 **Inhalt.** Mitzuteilen sind nach Abs. 4 S. 1 der Name und die StNummer des Stpfl., die Art der zertifizierten technischen Sicherheitseinrichtung sowie Art, Anzahl, Seriennummer und Datum der Anschaffung oder Außerbetriebnahme des elektronischen Aufzeichnungssystems. Eine Pflicht, das elektronische Aufzeichnungssystem einer bestimmten Betriebstätte zuzuordnen (AEAO zu § 146a Nr. 2.2.3), lässt sich dem Gesetz nicht entnehmen (Klein § 146a Rn. 37).

21 **Form, Frist.** Die Mitteilung ist nach amtlichem Vordruck zu erstatten. Die Mitteilungsfrist beträgt einen Monat, Abs. 4 S. 2. Zum 31.1.2020 waren zudem sämtliche Systeme, die vor dem 1.1.2020 angeschafft wurden, anzuzeigen (Art. 97 § 30 I 2 EGAO).

VI. Folgen eines Verstoßes

22 Verwenden Stpfl. Kassensysteme, die den Anforderungen des Abs. 1 nicht genügen, droht die **Schätzung,** § 162 II 2. Ein Verstoß gegen die Pflichten aus Abs. 1 S. 1, 2 und das Verbot aus Abs. 1 S. 5 kann als **Steuergefährdung** mit einem Bußgeld geahndet werden (§ 379 I 1 Nr. 4–6). Verstöße gegen die Belegausgabepflicht nach Abs. 2 und die Mitteilungspflicht nach Abs. 4 sind nicht strafbewehrt, können aber mit **Zwangsmaßnahmen** nach §§ 328 ff. durchgesetzt werden (TK § 146a Rn. 25; Gosch AO § 146a Rn. 41, 48). Hinsichtlich Abs. 1 ist die Erzwingbarkeit wie auch bei § 146 umstritten, wohl aber anzunehmen (→ § 146 Rn. 54).

§ 146b Kassen-Nachschau

(1) [1] **Zur Prüfung der Ordnungsmäßigkeit der Aufzeichnungen und Buchungen von Kasseneinnahmen und Kassenausgaben können die damit betrauten Amtsträger der Finanzbehörde ohne vorherige Ankündigung und außerhalb einer Außenprüfung, während der üblichen Geschäfts- und Arbeitszeiten Geschäftsgrundstücke oder Geschäftsräume von Steuerpflichtigen betreten, um Sachverhalte festzustellen, die für die Besteuerung erheblich sein können (Kassen-Nachschau).** [2] **Der Kassen-Nachschau unterliegt auch die Prüfung des ordnungsgemäßen Einsatzes des elektronischen Aufzeichnungssystems nach § 146a Absatz 1.** [3] **Wohnräume dürfen gegen den Willen des Inhabers nur zur Verhütung dringender Gefahren für die öffentliche Sicherheit und Ordnung betreten werden.** [4] **Das**

Grundrecht der Unverletzlichkeit der Wohnung (Artikel 13 des Grundgesetzes) wird insoweit eingeschränkt.

(2) [1] **Die von der Kassen-Nachschau betroffenen Steuerpflichtigen haben dem mit der Kassen-Nachschau betrauten Amtsträger auf Verlangen Aufzeichnungen, Bücher sowie die für die Kassenführung erheblichen sonstigen Organisationsunterlagen über die der Kassen-Nachschau unterliegenden Sachverhalte und Zeiträume vorzulegen und Auskünfte zu erteilen, soweit dies zur Feststellung der Erheblichkeit nach Absatz 1 geboten ist.** [2] **Liegen die in Satz 1 genannten Aufzeichnungen oder Bücher in elektronischer Form vor, ist der Amtsträger berechtigt, diese einzusehen, die Übermittlung von Daten über die einheitliche digitale Schnittstelle zu verlangen oder zu verlangen, dass Buchungen und Aufzeichnungen auf einem maschinell auswertbaren Datenträger nach den Vorgaben der einheitlichen digitalen Schnittstelle zur Verfügung gestellt werden.** [3] **Die Kosten trägt der Steuerpflichtige.**

(3) [1] **Wenn die bei der Kassen-Nachschau getroffenen Feststellungen hierzu Anlass geben, kann ohne vorherige Prüfungsanordnung zu einer Außenprüfung nach § 193 übergegangen werden.** [2] **Auf den Übergang zur Außenprüfung wird schriftlich hingewiesen.**

Schrifttum: Geuenich, Digitale Kassensysteme: Verschärfte Compliance-Anforderungen ab 2020, NWB 2017, 786; Achilles, Kassen-Nachschau nach § 146b AO, DB 2018, 18.

I. Allgemeines

Überblick. § 146b wurde zusammen mit § 146a durch Gesetz vom 22.12.2016 eingeführt und regelt die Kassen-Nachschau. Die Kassen-Nachschau ist ein besonderes Verfahren zur zeitnahen Prüfung der Ordnungsmäßigkeit der Kassenaufzeichnungen und der ordnungsgemäßen Übernahme der Kassenaufzeichnungen in die Buchführung. Sie ist keine Ap. iSd § 193, sodass die Vorschriften für eine solche nicht gelten. Abs. 1 benennt die Voraussetzung und den Umfang der Kassen-Nachschau, Abs. 2 sodann die Mitwirkungspflichten des Stpfl. Nach Abs. 3 ist zudem der Übergang zu einer Ap. (§ 193) möglich. Kassen-Nachschauen können seit dem 31.12.2017 durchgeführt werden, Art. 97 § 30 II 1 EGAO. 1

II. Voraussetzung und Umfang der Kassen-Nachschau (Abs. 1)

Voraussetzungen. Eine Kassen-Nachschau ist zulässig zur Prüfung der Ordnungsmäßigkeit der Aufzeichnungen und Buchungen von Kasseneinnahmen und -ausgaben. Es versteht sich von selbst, dass sie damit nur zulässig ist bei Stpfl., die eine gewerbliche oder berufliche Tätigkeit ausüben (BT-Drs. 18/9535, 22). Die Kassen-Nachschau gilt nicht nur zur Überprüfung elektronischer Kassenaufzeichnungssysteme, sondern kann auch bei Stpfl., die eine offene Ladenkasse nutzen, durchgeführt werden (BT-Drs. 18/9535, 22). Die Auswahl eines Stpfl. für die Durchführung einer Kassen-Nachschau liegt im Ermessen der FB. Besondere Anforderungen, wie etwa Zweifel an der ordnungsgemäßen Kassenführung, stellt das Gesetz nicht. Teilweise wird gefordert, dass im konkreten Fall Anhaltspunkte für eine nicht ordnungsgemäße Kassenführung gegeben sein müssen (Gosch AO § 146b Rn. 14; aA Achilles DB 2018, 18 (19); TK § 146b Rn. 13). Dagegen spricht, dass der Gesetzgeber mit Erlass des § 146b bereits ein abstrakt erhöhtes Risiko im Bereich der Kassenführung in den Blick genommen hat (TK § 146b Rn. 13). Unverhältnismäßig dürfte eine Kassen-Nachschau daher erst sein, wenn die FB die Grenze zur Willkür überschreitet (zB wiederholte Kassen-Nachschauen beim selben Stpfl. in sehr kurzen Abständen, obwohl jeweils keine Beanstandungen festgestellt werden können). Anders als eine Ap., für die eine Prüfungsanordnung nach § 196 ergehen muss, ist die Kassen-Nachschau ohne jegliche vorherige Ankündigung zulässig. 2

4 **Örtlicher und Zeitlicher Umfang.** Die Kassen-Nachschau beschränkt sich grds. auf die öffentlich zugänglichen Geschäftsräume und die üblichen Geschäfts- und Arbeitszeiten (Abs. 1 S. 1). Möchte die FB nicht zugängliche Geschäftsräume durchsuchen, hat sich der zuständige Amtsträger auszuweisen (BT-Drs. 18/9535, 22). Das Betreten von Wohnräumen darf gegen den Willen des Inhabers nur zur Verhütung dringender Gefahren für die öffentliche Sicherheit und Ordnung erfolgen, Abs. 1 S. 3. Diese Möglichkeit beschränkt sich daher auf Ausnahmefälle (Schwarz/Pahlke/Keß § 146b Rn. 9). Gemischt genutzte Räume bzw. häusliche Arbeitszimmer gehören jedoch zur betrieblichen/beruflichen Sphäre, sodass sie dem Betretungsrecht nicht entzogen sind (TK § 146b Rn. 22).

5 **Sachlicher Umfang.** Geprüft werden darf die Ordnungsmäßigkeit der Aufzeichnungen und Buchungen von Kasseneinnahmen und Kassenausgaben, soweit die Sachverhalte für die Besteuerung von Bedeutung sein können (Abs. 1 S. 1). Dies kann zB erfolgen, indem der Amtsträger die Vorlage der entsprechenden Bücher anordnet oder Kassensturz verlangt. Klarstellend ist in S. 2 zudem die Prüfung des ordnungsgemäßen Einsatzes des elektronischen Aufzeichnungssystems nach § 146a I normiert. Sog. verdeckte **Testkäufe** zur Beobachtung der Kassen und ihrer Handhabung sind zulässig (BT-Drs. 18/9535, 22; TK § 146b Rn. 15; aA Geuenich NWB 2017, 786 (793)), hierfür ist jedoch nicht § 146b, sondern die Regelung zur Augenscheinseinnahme in § 98 Ermächtigungsgrundlage (vgl. Klein § 146b Rn. 2; aA Gosch AO § 146a Rn. 22).

III. Mitwirkungspflichten (Abs. 2)

7 **Vorlage- und Auskunftserteilungspflicht.** Der Stpfl. ist zur Mitwirkung im Rahmen der Kassen-Nachschau verpflichtet. Nachdem der Amtsträger sich ausgewiesen hat (TK § 146b Rn. 16 mwN), hat der Stpfl. nach Abs. 2 auf Verlangen für einen vom Amtsträger bestimmten Zeitraum Einsichtnahme in seine (digitalen) Kassenaufzeichnungen und -buchungen über die digitale Schnittstelle zu gewähren (→ § 146a Rn. 7) bzw. auf einem Datenträger nach den Vorgaben der digitalen Schnittstelle zur Verfügung zu stellen. Zudem kann der Amtsträger Auskünfte einholen (BT-Drs. 18/9535).

8 **Kostentragung.** Verursacht die Erfüllung der Mitwirkungspflicht Kosten, so trägt diese der Stpfl. (Abs. 2 S. 3). Dies gilt jedoch nur für die Kosten zur Bereitstellung der vorzulegenden Daten bzw. Auskünfte. Die Kosten der Datenauswertung trägt die FB.

IV. Übergang zu einer Außenprüfung (Abs. 3)

9 Nach Abs. 3 kann die FB ohne vorherige Prüfungsanordnung nach pflichtgemäßem Ermessen zu einer Ap. übergehen. Dies wird regelmäßig nur in Betracht kommen, wenn bei der Kassen-Nachschau schwerwiegende Verstöße gegen die Ordnungsmäßigkeit festgestellt werden (TK § 146b Rn. 34). Der Hinweis nach Abs. 3 S. 2 ersetzt die förmliche Prüfungsanordnung, sodass er Angaben zum Prüfungsumfang und Prüfungszeitraum enthalten muss (Gosch AO § 146b Rn. 30). Außerdem ist er zu begründen (TK § 146b Rn. 35). Durch den Übergang verliert die Prüfung die Beschränkungen der Abs. 1 und 2, sodass sich der sachliche Umfang nach § 194 richtet.

V. Verfahrensfragen

10 **Ablaufhemmung.** Die Kassen-Nachschau ist keine Ap., sodass die Ablaufhemmung nach § 171 IV nicht gilt. Sie greift erst nach Übergang zu einer Ap. nach Abs. 3.

11 **Rechtsschutz.** Einspruch (§ 347) und Anfechtungsklage (§ 40 FGO) sind nicht statthaft, da die Kassen-Nachschau schlichtes Verwaltungshandeln ist und auch keine Ankündigung oder Anordnung, die als VA zu qualifizieren wäre, ergehen muss. Stattdessen kommt grds. eine Leistungsklage in Gestalt der Unterlassungsklage in Betracht, die aber unzulässig wird, sobald die Kassen-Nachschau beendet ist; auch ein Übergang zur Fortsetzungsfeststellungsklage kommt dann nicht in Betracht (FG Hessen 6.3.2025 – 5 K 928/21, BeckRS

2025, 5156). Nur soweit einzelne Prüfungshandlungen bzw. Auskunftsersuchen Regelungscharakter haben, liegen VA vor. Rechtsmittel haben jedoch keine aufschiebende Wirkung (§ 361 I 1 AO, § 69 I 1 FGO), sodass Rechtsschutz regelmäßig nur im Wege der Fortsetzungsfeststellungsklage (§ 100 I 4 FGO) in Betracht kommt (TK § 146b Rn. 38). Der Übergang zur Ap. nach Abs. 3 ist ein VA; Einspruch und Anfechtungsklage sind statthaft.

Sanktionen. Die Mitwirkungspflichten können durch Zwangsmittel durchgesetzt werden, §§ 328 ff. Ein Verzögerungsgeld nach § 146 II b (→ § 146 Rn. 34) kommt nicht in Betracht, da die Kassen-Nachschau keine Ap. ist (Schwarz/Pahlke/Keß § 146b Rn. 14). 12

§ 147 Ordnungsvorschriften für die Aufbewahrung von Unterlagen

(1) **Die folgenden Unterlagen sind geordnet aufzubewahren:**

1. Bücher und Aufzeichnungen, Inventare, Jahresabschlüsse, Lageberichte, die Eröffnungsbilanz sowie die zu ihrem Verständnis erforderlichen Arbeitsanweisungen und sonstigen Organisationsunterlagen,
2. die empfangenen Handels- oder Geschäftsbriefe,
3. Wiedergaben der abgesandten Handels- oder Geschäftsbriefe,
4. Buchungsbelege,
4a. Unterlagen nach Artikel 15 Absatz 1 und Artikel 163 des Zollkodex der Union,
5. sonstige Unterlagen, soweit sie für die Besteuerung von Bedeutung sind.

(2) **Mit Ausnahme der Jahresabschlüsse, der Eröffnungsbilanz und der Unterlagen nach Absatz 1 Nummer 4a, sofern es sich bei letztgenannten Unterlagen um amtliche Urkunden oder handschriftlich zu unterschreibende nicht förmliche Präferenznachweise handelt, können die in Absatz 1 aufgeführten Unterlagen auch als Wiedergabe auf einem Bildträger oder auf anderen Datenträgern aufbewahrt werden, wenn dies den Grundsätzen ordnungsmäßiger Buchführung entspricht und sichergestellt ist, dass die Wiedergabe oder die Daten**

1. mit den empfangenen Handels- oder Geschäftsbriefen und den Buchungsbelegen bildlich und mit den anderen Unterlagen inhaltlich übereinstimmen, wenn sie lesbar gemacht werden,
2. während der Dauer der Aufbewahrungsfrist jederzeit verfügbar sind, unverzüglich lesbar gemacht und maschinell ausgewertet werden können.

(3) [1]**Die in Absatz 1 Nummer 1 und 4a aufgeführten Unterlagen sind zehn Jahre, die in Absatz 1 Nummer 4 aufgeführten Unterlagen acht Jahre und die sonstigen in Absatz 1 aufgeführten Unterlagen sechs Jahre aufzubewahren, sofern nicht in anderen Steuergesetzen kürzere Aufbewahrungsfristen zugelassen sind.** [2]**Kürzere Aufbewahrungsfristen nach außersteuerlichen Gesetzen lassen die in Satz 1 bestimmte Frist unberührt.** [3]**Bei empfangenen Lieferscheinen, die keine Buchungsbelege nach Absatz 1 Nummer 4 sind, endet die Aufbewahrungsfrist mit dem Erhalt der Rechnung.** [4]**Für abgesandte Lieferscheine, die keine Buchungsbelege nach Absatz 1 Nummer 4 sind, endet die Aufbewahrungsfrist mit dem Versand der Rechnung.** [5]**Die Aufbewahrungsfrist läuft jedoch nicht ab, soweit und solange die Unterlagen für Steuern von Bedeutung sind, für welche die Festsetzungsfrist noch nicht abgelaufen ist; § 169 Absatz 2 Satz 2 gilt nicht.**

(4) **Die Aufbewahrungsfrist beginnt mit dem Schluss des Kalenderjahrs, in dem die letzte Eintragung in das Buch gemacht, das Inventar, die Eröffnungsbilanz, der Jahresabschluss oder der Lagebericht aufgestellt, der Handels- oder Geschäftsbrief empfangen oder abgesandt worden oder der Buchungsbeleg entstanden ist, ferner die Aufzeichnung vorgenommen worden ist oder die sonstigen Unterlagen entstanden sind.**

(5) **Wer aufzubewahrende Unterlagen in der Form einer Wiedergabe auf einem Bildträger oder auf anderen Datenträgern vorlegt, ist verpflichtet, auf seine Kosten diejenigen Hilfsmittel zur Verfügung zu stellen, die erforderlich sind, um die Unterlagen lesbar zu machen; auf Verlangen der Finanzbehörde hat er auf seine Kosten die Unterlagen unverzüglich ganz oder teilweise auszudrucken oder ohne Hilfsmittel lesbare Reproduktionen beizubringen.**

(6) **[1] Sind die Unterlagen nach Absatz 1 mit Hilfe eines Datenverarbeitungssystems erstellt worden, kann die Finanzbehörde im Rahmen einer Außenprüfung**

1. Einsicht in die gespeicherten Daten nehmen und das Datenverarbeitungssystem zur Prüfung dieser Unterlagen nutzen,

2. verlangen, dass die Daten nach ihren Vorgaben maschinell ausgewertet zur Verfügung gestellt werden, oder

3. verlangen, dass die Daten nach ihren Vorgaben in einem maschinell auswertbaren Format an sie übertragen werden.

[2] Teilt der Steuerpflichtige der Finanzbehörde mit, dass sich seine Daten nach Absatz 1 bei einem Dritten befinden, so hat der Dritte

1. der Finanzbehörde Einsicht in die für den Steuerpflichtigen gespeicherten Daten zu gewähren oder

2. diese Daten nach den Vorgaben der Finanzbehörde maschinell auszuwerten oder

3. ihr nach ihren Vorgaben die für den Steuerpflichtigen gespeicherten Daten in einem maschinell auswertbaren Format zu übertragen.

[3] Die Kosten trägt der Steuerpflichtige. [4] In Fällen des Satzes 3 hat der mit der Außenprüfung betraute Amtsträger den in § 3 und § 4 Nummer 1 und 2 des Steuerberatungsgesetzes bezeichneten Personen sein Erscheinen in angemessener Frist anzukündigen. [5] Sofern noch nicht mit einer Außenprüfung begonnen wurde, ist es im Fall eines Wechsels des Datenverarbeitungssystems oder im Fall der Auslagerung von aufzeichnungs- und aufbewahrungspflichtigen Daten aus dem Produktivsystem in ein anderes Datenverarbeitungssystem ausreichend, wenn der Steuerpflichtige nach Ablauf des fünften Kalenderjahres, das auf die Umstellung oder Auslagerung folgt, diese Daten ausschließlich auf einem maschinell lesbaren und maschinell auswertbaren Datenträger vorhält.

(7) **[1] Die Verarbeitung und Aufbewahrung der nach Absatz 6 zur Verfügung gestellten Daten ist auch auf mobilen Datenverarbeitungssystemen der Finanzbehörden unabhängig von deren Einsatzort zulässig. [2] Die Finanzbehörde darf die nach Absatz 6 zur Verfügung gestellten und gespeicherten Daten bis zur Unanfechtbarkeit der die Daten betreffenden Verwaltungsakte auch auf den mobilen Datenverarbeitungssystemen unabhängig von deren Einsatzort aufbewahren.**

Schrifttum: Schaumburg, Der Datenzugriff und andere Kontrollmöglichkeiten der Finanzverwaltung, DStR 2002, 829; Apitz, Digitale Buchführung und Datenzugriff der Finanzverwaltung ab 1.1.2002, StBp 2002, 33; Kerssenbrock/Riedel/Strunk, Zur Verfassungsmäßigkeit des Datenzugriffs der Finanzverwaltung im Rahmen von Betriebsprüfungen nach § 147 Abs. 6 AO, DB-Beil. Nr. 9/2002; Schmitz, Zweifelsfragen im Zusammenhang mit dem Zugriffsrecht der Finanzverwaltung auf DV-gestützte Buchführungssysteme, StBp 2002, 189, 224, 256; Burkhard, Probleme beim EDV-Datenzugriff der Finanzverwaltung, DStZ 2003, 112; Drüen, Verfassungsfragen der digitalen Außenprüfung, StuW 2003, 205; Groß/Matheis/Bernhard/Lindgens, Rückstellungen für Kosten des Datenzugriffs durch die Finanzverwaltung, DStR 2003, 921; Drüen, Datenzugriffsrechte der Außenprüfung und Archivierungspflichten der Unternehmen – Aktuelle Verwaltungsansichten zum Zugriff auf Textdokumente und E-mails, AO-StB 2003, 83; Intemann/Cöster, Rechte und Pflichten bei der digitalen Außenprüfung – Zugleich Besprechung des sog. Frage-Antwort-Katalogs des BMF, DStR 2004, 1981; Warnke, Der Datenzugriff durch die Finanzverwaltung in Form der Datenträgerüberlassung – Verhältnismäßigkeit und Schutzbedürfnisse des Steuerpflichtigen, AO-StB 2005, 296; Haselmann/Berger, Darf der Betriebsprüfer die Vorlage des geschäftlichen E-Mailverkehrs verlangen? – Rechtliche Grenzen für Prüferanfragen, IWB 2020, 21; Uterhark/Peters/Braun, Uneingeschränkter Datenzugriff der Finanzverwaltung auf E-Mail-Konten?, beck.digitax 2020, 13; Haupt, Datenzugriff versus Datenschutz – Die (bisherigen) Grenzen beim Datenzugriff der Betriebsprüfung und ein überschießender Gesetzesentwurf, DStR 2022, 2185.

Übersicht

I. Allgemeines

Inhalt. § 147 regelt die Aufbewahrung von Buchführungsunterlagen und ergänzt so die Buchführungs- und Aufzeichnungspflichten. Ohne die in § 147 I genannten Unterlagen kann sich ein Dritter keinen Überblick gem. § 145 I 1 über die Geschäftsvorfälle und über die Lage des Unternehmens verschaffen. Auch Aufzeichnungen können ihren Zweck nach § 145 II ohne Aufbewahrung der in § 147 genannten Unterlagen nicht erfüllen (vgl. FG Hamburg 4.12.1990 – II 104/88, EFG 1991, 507). § 147 ist ebenso wie §§ 146, 146a eine Ordnungsvorschrift (BT-Drs. VI/1982, 127). 1

Umfang der Aufbewahrungspflicht. Die Pflicht zur Aufbewahrung von Unterlagen nach § 147 ist akzessorisch, dh sie setzt stets eine Aufzeichnungspflicht voraus und besteht grds. nur im Umfang der Aufzeichnungspflicht (BFH 16.12.2014 – X R 42/13, BStBl. II 2015, 519; BFH 12.2.2020 – X R 8/18, BFH/NV 2020, 1045). Eine eigenständige Pflicht zur Aufbewahrung von Unterlagen, die nicht mit einer Pflicht zur Aufzeichnung in Zusammenhang stehen, ist § 147 nicht zu entnehmen (BFH 24.6.2009 – VIII R 80/06, BStBl. II 2010, 452). 2

Adressat der Norm. Soweit ein Stpfl. nach § 140 oder nach anderen StGesetzen buchführungs- oder aufzeichnungspflichtig ist, hat er die Unterlagen iSd § 147 I aufzubewahren. Die Aufbewahrungspflicht nach § 147 wendet sich also an dieselben Personen, die auch §§ 145 ff. ansprechen. Sie ist eine notwendige Folge der Buchführungs- oder Aufzeichnungspflicht (TK § 147 Rn. 1; → § 145 Rn. 3 und → § 146 Rn. 3) und gilt daher auch für Stpfl., die freiwillig Bücher führen (vgl. § 146 VI, → § 146 Rn. 53), also insb. Stpfl., die ihren Gewinn freiwillig nach § 4 I EStG anstatt nach § 4 III EStG ermitteln (Klein § 147 Rn. 9). Wer freiwillig Aufzeichnungen macht, ohne eine Buchführung nach § 146 VI zu führen, unterliegt hingegen keiner Aufbewahrungspflicht nach § 147; Konsequenz ist insb., dass die Betriebsprüfung nur eine Vorlage nach § 200 I 1, aber keinen digitalen Zugriff nach § 147 VI verlangen kann (Klein § 147 Rn. 8). 3

Die Aufbewahrungspflicht aus § 147 geht auf den **Rechtsnachfolger** des Aufbewahrungspflichtigen über, wie zB auf den Erben des Stpfl. Bei einer **Betriebsveräußerung** im Ganzen (§ 16 I Nr. 1 EStG) verbleibt die Aufbewahrungspflicht dagegen beim Veräußerer. Erwerber und Veräußerer erfüllen eigene Buchführungspflichten und haben daher ihre eigenen Unterlagen aufzubewahren. Auch wenn der Erwerber die Unterlagen des Veräußerers übernimmt, wird er dadurch nicht selbst Träger der Aufbewahrungspflicht, sondern bewahrt die Unterlagen vielmehr nur als Erfüllungsgehilfe des Veräußerers auf (HHSp § 147 Rn. 9). Wird über das Vermögen des Aufbewahrungspflichtigen das Insolvenzverfahren eröffnet, geht mit der Buchführungs- und Aufzeichnungspflicht auch die Aufbewahrungspflicht aus § 147 nach § 155 I 2 InsO auf den Insolvenzverwalter über. Bei der Auflösung von PersGes oder KapGes sind über § 140 die § 157 II HGB, § 273 II AktG, § 74 II GmbHG und § 93 GenG zu beachten. 4

5 Auf Stpfl., die ihren Gewinn nach § 4 III EStG durch **Einnahmenüberschussrechnung** ermitteln, ist § 147 nur anwendbar, soweit eine besondere Aufzeichnungspflicht besteht, zB aus §§ 4 III 5, VII, 6 II 4, 7a VIII 1 EStG oder § 22 UStG (vgl. BFH 24.6.2009 – VIII R 80/06, BStBl. II 2010, 452; zu den erforderlichen Aufzeichnungen → § 146 Rn. 7). Auf Überschussrechner (§ 2 II Nr. 2 EStG) ist § 147 nicht anwendbar, da für Überschusseinkünfte keine allg. Aufzeichnungspflicht besteht. Aufbewahrungspflichten können sich jedoch aus § 147a ergeben (→ § 147a Rn. 1 ff.).

II. Aufbewahrungspflichtige Unterlagen (Abs. 1)

6 **Allgemeines.** § 147 I regelt, welche Unterlagen steuerrechtlich aufbewahrt werden müssen. Für das Handelsrecht enthält § 257 I HGB eine vergleichbare Regelung. In seiner Bilanz muss der Stpfl. für die zukünftigen Kosten der Aufbewahrung eine Rückstellung (§ 249 I 1 HGB) bilden (BFH 19.8.2002 – VIII R 30/01, BStBl. II 2003, 131; BFH 18.1.2011 – X R 14/09, BStBl. II 2011, 496).

7 **Geordnete Aufbewahrung.** Die Unterlagen müssen nach Abs. 1 geordnet aufbewahrt werden. Ein bestimmtes Ordnungssystem ist nicht vorgeschrieben. Es genügt jede Systematik, die es einem sachkundigen Dritten ermöglicht, in angemessener Zeit ohne fremde Hilfe die Belege und Geschäftspapiere zu überprüfen. Zur Aufbewahrung von Unterlagen, die nach § 147 V auf Datenträgern hergestellt worden sind, s. § 147 II.

8 Nach **§ 147 I Nr. 1** sind zunächst **Bücher und Aufzeichnungen** aufzubewahren. Die Begriffe Bücher und Aufzeichnungen haben die gleiche Bedeutung wie in § 140 (→ § 140 Rn. 7 f.). Darüber hinaus sind nach § 147 I Nr. 1 **Inventare** aufzubewahren. Inventare sind nach § 240 HGB Aufzeichnungen über körperliche Bestandsaufnahmen (Inventur). Zum Inventar → § 146 Rn. 13. Vorbereitende Aufzeichnungen, wie zB Aufnahmelisten oder Schmierzettel fallen nicht unter Abs. 1 Nr. 1. Aufnahmelisten werden jedoch regelmäßig von § 147 I Nr. 5 erfasst (BFH 23.6.1971 – I B 6/71, BStBl. II 1971, 709). Nur bei Unvollständigkeit der Aufnahmelisten müssen auch die den Listen zugrunde liegenden Schmierzettel nach § 147 I Nr. 5 aufbewahrt werden (BFH 6.12.1955 – I 169/55 U, BStBl. III 1956, 82; BFH 23.6.1971 – I B 6/71, BStBl. II 1971, 709). Weiterhin müssen nach § 147 I Nr. 1 **Jahresabschlüsse** aufbewahrt werden. Zum Jahresabschluss gehören nach § 242 III HGB die Bilanz und die Gewinn- und Verlustrechnung. Bei KapGes ist der Jahresabschluss nach § 264 I 1 HGB um einen Anhang iSd §§ 284 ff. HGB zu ergänzen. Entsprechendes gilt nach § 336 I 1 HGB für Genossenschaften. Ferner muss nach § 147 I Nr. 1 auch der **Lagebericht** (§ 289 HGB) aufbewahrt werden, der nicht mit zum Jahresabschluss iSd § 242 III HGB gehört. Ebenfalls nach § 147 I Nr. 1 aufbewahrungspflichtig sind **Eröffnungsbilanzen.** Die Eröffnungsbilanz ist nach § 242 I 1 HGB die vom Kaufmann zu Beginn seines Handelsgewerbes aufzustellende Bilanz. Nach § 147 I Nr. 1 sind auch aufzubewahren **Arbeitsanweisungen und Organisationsunterlagen,** die zum Verständnis der Bücher und Aufzeichnungen, Inventare, Jahresabschlüsse, Lageberichte und der Eröffnungsbilanz erforderlich sind. Hierzu gehören zB Kontenpläne und Abkürzungsverzeichnisse. Bei EDV-Buchführung ist eine Verfahrensdokumentation aufzubewahren, sofern den Stpfl. eine Pflicht trifft, eine solche zu erstellen, weil nur so die Nachvollziehbarkeit und Nachprüfbarkeit der Buchführung gewährleistet ist (→ § 145 Rn. 19; Klein § 147 Rn. 21). Dies gilt auch dann, wenn die gesamte Buchführung ausgedruckt wird und aus sich heraus verständlich ist (TK § 147 Rn. 11). Beauftragt der Stpfl. ein externes Rechenzentrum mit der Buchführung, müssen technisch und rechtlich Vorkehrungen getroffen werden, um die beim Rechenzentrum vorhandene Programm- und Systemdokumentation kurzfristig dem Stpfl. zur Verfügung stellen zu können (TK § 147 Rn. 15).

9 Ferner sind nach **§ 147 I Nr. 2 und Nr. 3** die empfangenen und die abgesandten Handels- und Geschäftsbriefe aufzubewahren. Der steuerrechtliche Begriff des Handelsbriefs deckt sich mit dem handelsrechtlichen Begriff in § 257 II HGB. Erfasst wird die

gesamte den betrieblichen Bereich des Kaufmanns (§§ 1 ff. HGB) betreffende Korrespondenz, soweit sie sich auf die Vorbereitung, Durchführung oder Rückgängigmachung eines Handelsgeschäfts (§§ 343 f. HGB) bezieht (TK § 147 Rn. 17). Die Form ist ohne Bedeutung. Auch Fernschreiben, Telegramme und E-Mails können unter den Begriff des Handelsbriefs fallen (HHSp § 147 Rn. 23; vgl. zu E-Mails FG Hamburg 23.3.2023 – 2 K 172/19, BeckRS 2023, 16645; Rev. XI R 15/23; Haselmann/Berger IWB 2020, 21 und Uterhark/Peters/Braun beck.digitax 2020, 13). Ein Gesamtjournal des E-Mailverkehrs, in dem auch nicht nach § 147 I aufbewahrungspflichtige E-Mails aufgelistet bzw. nach den Vorgaben der FVerw. dargestellt werden sollen, muss nicht geführt und vorgehalten werden (FG Hamburg 23.3.2023 – 2 K 172/19, BeckRS 2023, 16645; Rev. XI R 15/23; Gosch AO § 147 Rn. 13). Nicht erfasst wird die innerbetriebliche Korrespondenz, wie zB der innerbetriebliche E-Mail-Verkehr, sowie Aktennotizen über Telefongespräche mit Geschäftspartnern. Eine Aufbewahrungspflicht kann sich jedoch ggf. aus § 147 I Nr. 5 ergeben (TK § 147 Rn. 17b). Bei den Geschäftsbriefen iSd § 147 I Nr. 2 handelt es sich um die geschäftliche Korrespondenz der übrigen Buchführungs- und Aufzeichnungspflichtigen, die keine Kaufleute iSd §§ 1 ff. HGB sind. Der Begriff des Geschäftsbriefs ist dabei in Übereinstimmung mit dem Begriff des Handelsbriefs auszulegen (HHSp § 147 Rn. 23).

Buchungsbelege iSd **§ 147 I Nr. 4** sind alle Unterlagen, die sich auf die in den Büchern 10 und Aufzeichnungen enthaltenen Geschäftsvorfälle beziehen (→ § 146 Rn. 9). Hierzu gehören zB Kontoauszüge in Papierform oder E-Banking-Kontoauszüge (OFD München/Nürnberg, DB 2004, 2294), Rechnungen, Lieferscheine, Auftrags- und Bestellscheine sowie Lohn- und Gehaltslisten. Aufzubewahren sind auch Eigenbelege und interne Buchungsanweisungen, selbst wenn sie sich nur auf eine Stornobuchung beziehen (TK § 147 Rn. 20). Nicht erfasst werden dagegen Kontoauszüge eines rein privaten Bankkontos, sofern über das Konto nicht auch betriebliche Vorgänge abgewickelt werden, sog. gemischtes Konto (FG Rheinland-Pfalz 25.4.1988 – 5 K 351/87, EFG 1988, 502; vgl. auch BFH 15.9.1992 – VII R 66/91, BFH/NV 1993, 76). Die Form der Buchführung hat keinen Einfluss auf die Aufbewahrungspflicht aus § 147 I Nr. 4, insb. sind auch bei einer EDV-Buchführung nach Abs. 1 Nr. 4 sämtliche Buchungsbelege aufzubewahren (TK § 147 Rn. 21). Zur Form der Buchführung → § 140 Rn. 8 und → § 145 Rn. 6.

§ 147 I Nr. 4a ist durch das StÄndG 2003 eingefügt und durch das ZK-AnpG mWv 11 1.5.2016 geändert worden. Ergänzend zu Art. 15 I und 163 ZK, wonach der Zollbeteiligte Unterlagen für Zollkontrollen unter Verwendung von Mitteln aufzubewahren hat, die für die Zollbehörden zugänglich und akzeptabel sind, sind diese Unterlagen gesondert aufzubewahren (BT-Drs. 18/3017, 36).

§ 147 I Nr. 5 normiert eine eigenständige steuerrechtliche Aufbewahrungspflicht. Das 12 HGB enthält keine entsprechende Regelung. Abs. 1 Nr. 5 ist kein Auffangtatbestand, der lediglich die Abgrenzung zwischen Abs. 1 Nr. 1–4 erleichtern soll (TK § 147 Rn. 22; aA Groß/Matheis/Lindgens DStR 2003, 921). § 147 I Nr. 5 ist wegen der generellen Akzessorietät der Aufbewahrungspflicht einschränkend auszulegen. Nach Abs. 1 Nr. 5 müssen nur solche sonstigen Unterlagen aufbewahrt werden, die zum Verständnis und zur Überprüfung der für die Besteuerung gesetzlich vorgeschriebenen Aufzeichnungen im Einzelfall von Bedeutung sind (BFH 24.6.2009 – VIII R 80/06, BStBl. II 2010, 452). Sonstige Unterlagen iSd Abs. 1 Nr. 5 sind somit alle Unterlagen, sofern sie nicht schon von Abs. 1 Nr. 1–4a erfasst werden, die in einem Unternehmen anfallen und Auskünfte über steuerlich erhebliche Vorgänge beim Stpfl. (nicht Dritter) enthalten (TK § 147 Rn. 22). Nach dem Wortlaut des Abs. 1 Nr. 5 brauchen sich die Unterlagen aber nicht auf dokumentationspflichtige Vorgänge (so aber HHSp § 147 Rn. 25) oder auf konkrete Geschäftsvorfälle zu beziehen (TK § 147 Rn. 23). Der unbestimmte Wortlaut des Abs. 1 Nr. 5 ist praktisch unvermeidbar, da es nicht möglich ist, sämtliche steuerlich erheblichen Unterlagen im Einzelnen zu benennen (TK § 147 Rn. 22; krit. Burkhard DStZ 2003, 112). Entscheidend für die Aufbewahrungspflicht sind letztlich die Umstände des Einzelfalls. Die Einführung der digitalen Ap. (§ 147 VI) zum 1.1.2002 hat den Kreis der aufbewahrungspflichtigen

Unterlagen nach § 147 I Nr. 5 nicht erweitert (Intemann/Cöster DStR 2004, 1981). Aufbewahrungspflichtig nach Abs. 1 Nr. 5 sind idR Auftrags- und Bestellunterlagen, Aus- und Einfuhrunterlagen, Bewerbungsunterlagen sowie Preisverzeichnisse, wozu im Gastronomiebereich auch die Speise- und Getränkekarten gehören (FG Baden-Württemberg 18.2.1997 – 6 V 49/96, EFG 1997, 928). Regelmäßig müssen nach Abs. 1 Nr. 5 auch betriebliche Konto- und Depotauszüge sowie ggf. Grundbuch- und Handelsregisterauszüge aufbewahrt werden. Darüber hinaus sind Kassenunterlagen, wie zB Registrierkassenstreifen, Kassenzettel und Bons, aufbewahrungspflichtig, sofern der Stpfl. nicht auf andere Weise den Zweck der Aufbewahrung erfüllt und die Vollständigkeit der von ihm aufgezeichneten Kassenvorgänge gewährleistet (BFH 12.5.1966 – IV 472/60, BStBl. III 1966, 371; FG Hamburg 4.12.1990 – II 104/88, EFG 1991, 507; vgl. zur Aufbewahrung von digitalen Unterlagen bei Einsatz elektronischer Registrierkassen und Taxametern BMF 11.3.2024, BStBl. I 2024, 367). Dagegen brauchen Notizzettel mit etwaigem Auszählungsergebnis nicht als Einnahmeursprungsaufzeichnungen aufbewahrt zu werden, wenn deren Inhalt unmittelbar nach Auszählung der Tageskasse in das in Form aneinandergereihter Tageskassenberichte geführte Kassenbuch übertragen wird (BFH 7.7.1977 – IV R 205/72, BStBl. II 1978, 307; BFH 13.7.1971 – VIII 1/65, BStBl. II 1971, 729; BFH 23.12.2004 – III B 14/04, BFH/NV 2005, 667). Führt ein Unternehmer neben seinem Kassenbuch im Rahmen eines Warenwirtschaftssystems (freiwillig und programmgesteuert) eine Verkaufsdatei, die eine Kassenzeile, Einzeldaten sowie Bewegungsdaten zum Warenverkauf enthält, ist die Verkaufsdatei gem. § 147 I Nr. 5 aufzubewahren (BFH 16.12.2014 – X R 29/13, BFH/NV 2015, 790; BFH 16.12.2014 – X R 42/13, BStBl. II 2015, 519). Lohnberechnungsunterlagen, wie zB Akkord- und Stundenlohnzettel, Anweisungsbelege sowie Anwesenheitslisten, sind ebenfalls nach Abs. 1 Nr. 5 aufbewahrungspflichtig. Entsprechendes gilt für Schichtzettelaufzeichnungen bei Taxiunternehmen (BFH 26.2.2004 – XI R 25/02, BStBl. II 2004, 599; BFH 14.6.2006 – XI B 130–132/05, BFH/NV 2006, 2023). Die Aufbewahrung der Schichtzettel ist ausnahmsweise nicht erforderlich, wenn deren Inhalt unmittelbar nach Auszählung der Tageskasse in das Kassenbuch übertragen wird (BFH 25.10.2012 – X B 133/11, BFH/NV 2013, 341). Nicht aufbewahrungspflichtig sind nach § 147 I Nr. 5 Strategiepapiere des Stpfl. sowie Untersuchungen und Gutachten zu steuerlichen Vorgängen (TK § 147 Rn. 23; Weiß StBp 2004, 220). Abs. 1 Nr. 5 erfasst auch keine privaten Unterlagen. Dies gilt auch für Unterlagen, die der Stpfl. in seinem Betrieb erstellt hat, die aber ausschl. seine Privatsphäre betreffen, wie zB die Aufzeichnung von Sonderausgaben iSd § 10 EStG im betrieblichen Bereich (vgl. LfSt Bayern 10.12.2010, DStR 2011, 176). Zum sog. gemischten Bankkonto → Rn. 10.

III. Speicherung der Unterlagen auf Datenträgern (Abs. 2)

13 **Allgemeines.** § 147 II ist durch das StÄndG 2003 und durch das ZK-AnpG mWv 1.5.2016 geändert worden. Nach der Neufassung des § 147 II können praktisch alle Unterlagen iSd Abs. 1, die originär in Papierform vorliegen, auf Bild- und anderen Datenträgern aufbewahrt werden (BT-Drs. VI/1982, 127). Lediglich die Eröffnungsbilanz (§ 242 I 1 HGB) und der Jahresabschluss (§ 242 III HGB) müssen nach § 147 II wegen ihrer besonderen Bedeutung für die steuerrechtliche Gewinn- und Vermögensermittlung im Original aufbewahrt werden. Ferner sind Unterlagen iSd Abs. 1 Nr. 4a im Interesse einer effektiven Betrugsbekämpfung im Original aufzubewahren (BT-Drs. 15/1945, 42), wenn es sich um amtliche Urkunden oder handschriftlich zu unterzeichnende nicht förmliche Präferenznachweise handelt. Diese sind lediglich im Original nachprüfbar (BT-Drs. 18/3017, 36).

14 **Originär digitale Unterlagen,** dh alle Daten, die in das Datenverarbeitungssystem in elektronischer Form eingehen und die im Datenverarbeitungssystem erzeugt werden, müssen zwingend auf einem maschinell lesbaren und auswertbaren Datenträger (§ 147 II Nr. 2) archiviert werden. Sie dürfen nicht ausschließlich in ausgedruckter Form oder auf

Mikrofilm aufbewahrt werden (BMF 28.11.2019, BStBl. I 2019, 1269 Tz. 119), sodass Aufzeichnungen im COM-Verfahren (Computer-Output-Mikrofilm) nicht mehr ausreichen. Originär in Papierform angefallene Unterlagen können weiterhin mikroverfilmt werden. Eine Pflicht zur Archivierung originär digitaler Unterlagen besteht nur dann nicht, wenn diese Unterlagen zwar DV-gestützt erstellt wurden, sie aber nicht zur Weiterverarbeitung in einem DV-gestützten Buchführungssystem geeignet sind, wie zB Textdateien oder E-Mails (BMF 28.11.2019, BStBl. I 2019, 1269 Tz. 119). E-Mails dürfen also, wie in der betrieblichen Praxis weithin üblich, zur weiteren Bearbeitung ausgedruckt und anschließend gelöscht werden (Intemann/Cöster DStR 2004, 1981).

Bildträger sind zB Mikrokopien und Mikrofilme sowie alle sonstigen elektro-optischen Speichermedien, wie zB Bildplatten. Zu den anderen Datenträgern gehören Magnetbänder, Magnetplatten sowie Diskette, CDs und USB-Sticks. § 147 II enthält keine bestimmten technischen Vorgaben für die Bild- und Datenträger. Der Stpfl. kann sich entspr. der technischen Entwicklung frei entscheiden, sofern die Daten gem. § 147 II Nr. 2 jederzeit maschinell ausgewertet werden können. 15

Aufbewahrung. Hat sich der Stpfl. gem. § 147 II zur Aufbewahrung seiner Unterlagen iSd Abs. 1 auf Datenträgern entschlossen, muss er nach der Neufassung des Abs. 2 zwingend die Originaldatenträger aufbewahren, damit die FB nach § 147 VI tatsächlich Zugriff auf die vom Stpfl. erzeugten Daten nehmen kann (BT-Drs. 14/2683, 129). Im Gegensatz zur früheren Regelung (§ 147 II 2 aF) genügt es nicht mehr, wenn anstelle der Datenträger die gespeicherten Daten lediglich in ausgedruckter Form aufbewahrt werden (BT-Drs. 14/2683, 129). Dagegen können bei der Aufbewahrung der Unterlagen auf Datenträgern die Originalbelege vernichtet werden, sofern sie nicht nach anderen gesetzlichen Regelungen im Original aufbewahrt werden müssen, wie zB Rechnungen und Einfuhrbelege nach § 62 II UStDV (vgl. BFH 26.9.2007 – I B 53, 54/07, BStBl. II 2008, 415). 16

Die Aufbewahrung von Unterlagen iSd Abs. 1 auf Datenträgern ist nach § 147 II nur statthaft, wenn der Stpfl. dabei die **GoB** beachtet (s. hierzu Winnefeld D Rn. 1 ff. und speziell für den Bereich der DV-gestützten Buchführung BMF 28.11.2019, BStBl. I 2019, 1269). 17

Ferner muss nach **§ 147 II Nr. 1** die Speicherung der empfangenen Handels- und Geschäftsbriefe (§ 147 I Nr. 2) und der Buchungsbelege (§ 147 I Nr. 4) bildlich mit dem Original übereinstimmen, sodass die auf den Unterlagen angebrachten Sicht-, Kontroll- und anderen Bearbeitungsvermerke erhalten bleiben (TK § 147 Rn. 37). Dies entspricht dem besonderen Beweiswert der Unterlagen. Farbliche Übereinstimmung mit dem Original ist nur erforderlich, wenn die Farbe für das Verständnis des Belegs von Bedeutung ist. Bei farbigen Bearbeitungsvermerken wird es jedoch regelmäßig genügen, wenn sich die Urheberschaft auf andere Weise ermitteln lässt. Abs. 2 Nr. 1 erfordert keine formatgetreue Speicherung der Unterlagen. Bei den übrigen Unterlagen iSd Abs. 1 genügt nach Abs. 2 Nr. 1 die inhaltliche Wiedergabe. Die Wiedergabe muss lediglich wortgetreu und vollständig sein. 18

Ferner müssen nach **§ 147 II Nr. 2** die gespeicherten Daten während der Dauer der Aufbewahrungsfrist jederzeit verfügbar sein und unverzüglich, dh ohne schuldhaftes Zögern (§ 121 I 1 BGB), lesbar gemacht und maschinell ausgewertet werden können. Abs. 2 Nr. 2 soll sicherstellen, dass der digitale Datenzugriff nach § 147 VI nicht leerläuft (BT-Drs. 14/2683, 130). Zur Dauer der Aufbewahrungsfrist s. § 147 III. Zur Lesbarmachung der Unterlagen s. § 147 V. Die Anforderungen an die maschinelle Auswertbarkeit der gespeicherten Daten sind im Gesetz nicht näher geregelt. Der Stpfl. genügt den Anforderungen des § 147 II Nr. 2, wenn er seine Daten, die er mit Hilfe eines Datenverarbeitungssystems erstellt hat (§ 146 VI), in einem allg. erkennbaren Datenformat speichert und sein Datenträger keine Auswertungssperren enthält (TK § 147 Rn. 41c). Der Stpfl. muss es der FB nicht ermöglichen, dass sie mit ihrem eigenen Analyseprogramm IDEA den Datenträger lesen und maschinell auswerten kann, wenngleich eine IDEA-Konformität der Daten ratsam ist (TK § 147 Rn. 41c). Die maschinelle Auswertbarkeit während der 19 gesamten Aufbewahrungsfrist kann im Einzelfall, zB für kleinere und mittelständische Unternehmen, unverhältnismäßig sein. Insb. nach einem Systemwechsel müssen daher Abstriche von der ursprünglichen maschinellen Auswertbarkeit gemacht werden (TK § 147 Rn. 41b). Sonstige Unterlagen, die nicht maschinell weiterverarbeitbar digitalisiert wurden, wie zB Textdokumente, E-Mails oder eingescannte Eingangsrechnungen, müssen – entgegen dem Wortlaut des § 147 II Nr. 2 – nicht in maschinell auswertbarer Form archiviert werden (BMF 28.11.2019, BStBl. I 2019, 1269 Tz. 130 ff.). Hier genügt, wie bisher, der Nur-Lese-Zugriff (vgl. BFH 26.9.2007 – I B 53, 54/07, BStBl. II 2008, 415; aA FG Düsseldorf 5.2.2007 – 16 V 3454/06 A (AO), EFG 2007, 892, wonach jedoch eingescannte Dokumente bereits dann iSd § 147 II Nr. 2 maschinell auswertbar sind, wenn eine Volltextsuche nach bestimmten Eingabekriterien möglich ist; s. hierzu auch Weigel AO-StB 2007, 205).

IV. Dauer der Aufbewahrungsfrist (Abs. 3)

20 **§ 147 III 1** normiert für das StRecht zwei feste Aufbewahrungsfristen für die Unterlagen iSd § 147 I. Unterlagen iSd § 147 I Nr. 1 und 4a müssen zehn Jahre aufbewahrt werden, jene iSd § 147 I Nr. 4 acht Jahre, während die übrigen in Abs. 1 genannten Unterlagen lediglich sechs Jahre aufzubewahren sind. Zur Besonderheit bei Lieferscheinen s. § 147 III 3, 4; zur Ablaufhemmung der Aufbewahrungsfristen s. § 147 III 5. Die Aufbewahrungsfristen des Abs. 3 S. 1 stimmen mit den in § 257 IV HGB geregelten handelsrechtlichen Aufbewahrungsfristen überein. Die längere Aufbewahrungsfrist für Unterlagen iSd Abs. 1 Nr. 1 und 4 lässt sich mit dem höheren Beweiswert dieser Unterlagen für die steuerrechtliche Gewinn- und Vermögensermittlung rechtfertigen. Die längere Aufbewahrungsfrist für Unterlagen iSd Abs. 1 Nr. 4a dient der effektiven Betrugsbekämpfung, indem sie die nachträgliche Überprüfung der Unterlagen innerhalb der für strafbare Handlungen vorgesehenen Festsetzungsfrist von zehn Jahren (Art. 221 IV UZK iVm § 169 II 2 AO) ermöglicht (BT-Drs. 15/1945, 42). In der Praxis können die langen Aufbewahrungsfristen des Abs. 3 S. 1 insb. bei einer EDV-Buchführung zu erheblichen Problemen führen, da die Unterlagen auch dann jederzeit nach § 147 II Nr. 2 verfügbar sein müssen, wenn die verwendeten Anlagen und Programme entspr. dem technischen Fortschritt ausgetauscht werden. Gegebenenfalls muss der Stpfl. seine veralteten Systeme weiterhin pflegen oder sich vertraglich den Zugang zu geeigneten Anlagen sichern (krit. TK § 147 Rn. 47). Nach § 147 III 1 gelten die festen Aufbewahrungsfristen des Abs. 3 S. 1 nur dann nicht, wenn in anderen StGesetzen kürzere Aufbewahrungsfristen zugelassen sind, wie zB in § 41 I 9 EStG für das Lohnkonto oder in §§ 11, 13 RennLottAB für die Durchschriften der Wettscheine, sonstiger Unterlagen sowie für die Aufzeichnungen über die Einnahmen und Ausgaben aus dem Wettgeschäft. Im Zollrecht gilt für die Aufbewahrung von Unterlagen nach Art. 16 UZK eine Mindestfrist von drei Jahren, die jedoch die längere Frist des Abs. 3 S. 1 unberührt lässt (Henke/Huchatz ZfZ 1996, 262).

21 **§ 147 III 2** regelt ausdrücklich, dass kürzere Aufbewahrungsfristen nach außersteuerlichen Gesetzen die Dauer der steuerrechtlichen Aufbewahrungsfristen nicht berühren. Bis zur Einführung des Abs. 3 S. 2 waren kürzere außersteuerrechtliche Fristen nach der Rspr. des BFH über § 140 auch steuerrechtlich zu beachten (BFH 2.2.1982 – VIII R 65/80, BStBl. II 1982, 409; krit. HHSp § 147 Rn. 10).

21a **§ 147 III 3, 4** bestimmen eine Ausnahme für Lieferscheine, die keine Buchungsbelege sind. Hier endet die Aufbewahrungsfrist aus Entlastungsgründen bereits mit dem Erhalt bzw. dem Versand der jeweiligen Rechnung (Schwarz/Pahlke/Keß § 147 Rn. 46a).

22 **§ 147 III 5 HS 1** normiert für die steuerrechtlichen Aufbewahrungsfristen eine Ablaufhemmung. Danach ist der Ablauf der Aufbewahrungsfrist gehemmt, solange die Festsetzungsfrist (§ 169) noch nicht abgelaufen ist. § 147 III 5 HS 1 hat zur Folge, dass sich alle in §§ 170 f. geregelten anlauf- und ablaufhemmenden Sachverhalte auch auf den Lauf der Aufbewahrungsfrist auswirken. Eine Ausnahme besteht lediglich für § 171 VII (→ Rn. 23).

Abs. 3 S. 5 gilt nicht nur für die festen Aufbewahrungsfristen des Abs. 3 S. 1, sondern auch für die durch andere StGesetze verkürzten Aufbewahrungsfristen (HHSp § 147 Rn. 27). Durch § 147 III 5 HS 1 wird verhindert, dass die steuerrechtliche Aufbewahrungspflicht entfällt, soweit und solange die Unterlagen noch für die StFestsetzung von Bedeutung sein können (BT-Drs. VI/1982, 127). Im Handelsrecht besteht keine entsprechende Regelung, sodass die Übereinstimmung zwischen den handelsrechtlichen Aufbewahrungsfristen (§ 257 IV HGB) und den festen steuerrechtlichen Aufbewahrungsfristen (§ 147 III 1) verlorengeht. Durch § 147 III 5 HS 1 werden die festen Aufbewahrungspflichten des Abs. 3 S. 1 praktisch bedeutungslos, da der Stpfl. für jede einzelne Unterlage gesondert prüfen muss, ob sie noch für eine StFestsetzung Bedeutung hat, deren Festsetzungsfrist nach §§ 169 ff. noch nicht abgelaufen ist. Das BMF gewährt deshalb für die Praxis Erleichterungen. Nach Ablauf der in § 147 III 1 geregelten festen Aufbewahrungsfristen müssen Unterlagen iSd Abs. 1 unabhängig vom Ablauf der Festsetzungsfrist (§§ 169 ff.) nur noch aufbewahrt werden, wenn und soweit sie von Bedeutung sind für eine begonnene Ap. (§§ 193 ff.), für eine vorläufige StFestsetzung (§ 165), für anhängige steuerstraf- und bußgeldrechtliche Ermittlungen, für ein schwebendes oder aufgrund einer Ap. zu erwartendes Einspruchsverfahren (§§ 347 ff.) oder zur Begründung von Anträgen des Stpfl. In allen übrigen Fällen können die Unterlagen entgegen § 147 III 5 HS 1 vernichtet werden.

Nach **§ 147 III 5 HS 2** gilt § 169 II 2 nicht, sodass die verlängerten Festsetzungsfristen für hinterzogene Steuern (§ 370) und für leichtfertig verkürzte Steuern (§ 378) keinen Einfluss auf den Ablauf der Aufbewahrungsfristen haben. Dies muss auch für die Ablaufhemmung des § 171 VII gelten, da diese Ablaufhemmung unmittelbar mit § 169 II 2 in Verbindung steht und andernfalls die Regelung des § 147 III 3 HS 2 für den Stpfl. praktisch keine Erleichterung bringen würde (HHSp § 147 Rn. 35; aA TK § 147 Rn. 57). 23

V. Beginn der Aufbewahrungsfrist (Abs. 4)

Nach **§ 147 IV** beginnt die Aufbewahrungsfrist (§ 147 III) mit dem Schluss des Kj., in dem die letzte Eintragung in das Buch vorgenommen, das Inventar oder die Bilanz aufgestellt, die geschäftliche Korrespondenz empfangen oder abgesandt worden ist oder der Buchungsbeleg und die sonstigen Unterlagen entstanden sind. § 257 V HGB enthält für den Beginn der handelsrechtlichen Aufbewahrungsfrist (§ 257 IV HGB) eine entsprechende Regelung. Für die Berechnung der Frist gilt § 108 AO iVm §§ 187 ff. BGB. 24

VI. Lesbarmachung gespeicherter Unterlagen (Abs. 5)

Allgemeines. § 147 V legt dem Stpfl. gewisse Hilfspflichten auf, wenn er seine Unterlagen nach § 147 II auf Bildträgern oder auf anderen Datenträgern speichert (BT-Drs. VI/1982, 127). Nach Abs. 5 muss der Stpfl. diese Hilfspflichten auf seine Kosten erfüllen. Diese Kostenpflicht ist Teil der dem Stpfl. obliegenden Mitwirkungspflichten (Schmitz StBp 2002, 253). 25

Nach **§ 147 V HS 1** hat der Stpfl. die erforderlichen Hilfsmittel zur Verfügung zu stellen, um die gespeicherten Unterlagen lesbar zu machen. Zu den Hilfsmitteln gehört neben den Lesegeräten und den erforderlichen EDV-Programmen auch das Personal, das die eingesetzten Geräte bedient. Die Verpflichtung aus § 147 V HS 1 kann der Stpfl. nicht dadurch abwenden, dass er die gespeicherten Unterlagen ausdruckt (BFH 26.9.2007 – I B 53, 54/07, BStBl. II 2008, 415). 26

Nach **§ 147 V HS 2** kann die FB verlangen, dass der Stpfl. die gespeicherten Unterlagen ganz oder teilweise ausdruckt oder entsprechende ohne Hilfsmittel lesbare Reproduktionen beibringt. Die Aufforderung der FB, gespeicherte Unterlagen auszudrucken, ist eine Ermessensentscheidung iSd § 5 (BFH 26.1.2000 – IV B 49/99, BFH/NV 2000, 682). Bei der Ermessensausübung muss die FB sich am sachlichen Umfang der beabsichtigten Prüfung orientieren und auch den zusätzlichen Aufwand berücksichtigen, der dem Stpfl. durch den Ausdruck der Unterlagen entsteht (Schwarz/Pahlke/Keß § 147 Rn. 35; Schmitz 27

StBp 2002, 253). Die Entscheidung kann als selbständiger VA (§ 118) mit dem Einspruch (§ 347) angefochten werden. Vorläufiger Rechtsschutz kann durch AdV (§ 361 II AO bzw. § 69 II ff. FGO) gewährt werden.

VII. Zugriff auf gespeicherte Daten (Abs. 6)

28 **Allgemeines.** § 147 VI erweitert die Befugnisse der FB im Rahmen einer Ap. (§§ 193 ff.) und erlaubt den Zugriff auf datenverarbeitungsgestützte Buchführungssysteme. Abs. 6 ist mit dem JStG 2024 angepasst worden. Die Regelung wird durch § 200 I 2 ergänzt. Die Rechte aus Abs. 6 stehen der FB nur im Rahmen einer Ap. (§§ 193 ff.) zu (BMF 28.11.2019, BStBl. I 2019, 1269 Tz. 158 ff.) und treten neben die herkömmlichen Prüfungsmöglichkeiten. Keinesfalls wird der sachliche Umfang der Ap. (§ 194) durch Abs. 6 erweitert (BT-Drs. 14/2683, 129; BMF 28.11.2019, BStBl. I 2019, 1269 Tz. 158). Der Datenzugriff nach § 147 VI steht der FB nur in Bezug auf Unterlagen zu, die der Stpfl. nach § 147 I aufzubewahren hat (BFH 24.6.2009 – VIII R 80/06, BStBl. II 2010, 452; BFH 26.9.2007 – I B 53, 54/07, BStBl. II 2008, 415; BMF 28.11.2019, BStBl. I 2019, 1269 Tz. 159; Schaumburg DStR 2002, 829). Der Stpfl. kann die FB nicht mit Erfolg auf die Prüfung von Papierbelegen verweisen, wenn er seine Buchführung tatsächlich unter Nutzung eines Datenverarbeitungssystems erstellt hat (BFH 26.9.2007 – I B 53, 54/07, BStBl. II 2008, 415; BFH 9.2.2011 – I B 151/10, BFH/NV 2011, 962). Eine Pflicht zur Errichtung einer EDV-gestützten Buchführung ergibt sich aus Abs. 6 allerdings nicht (Intemann NWB Fach 17, 2007). Abs. 6 erfasst auch die LSt-Ap. und die USt-Sonderprüfung. Bei einer USt-Nachschau gem. § 27b UStG kann die FB dagegen nicht digital auf Daten des Stpfl. zugreifen, sofern die Prüfung nicht in eine allg. Ap. übergeleitet wird (TK § 147 Rn. 70). Die FB kann unmittelbar (Abs. 6 S. 1) oder mittelbar (Abs. 6 S. 2 Alt. 1) auf die Daten des Stpfl. zugreifen oder nach Abs. 6 S. 2 Alt. 2 die Überlassung von Datenträgern verlangen. Alternativ hierzu kann die FB nach § 147 V HS 2 den Ausdruck der Buchführung verlangen.

29 **Abs. 6 ist verfassungsgemäß** (Drüen StuW 2003, 205; aA Kerssenbrock/Riedel/Strunk DB-Beil. Nr. 9/2002, 7 ff.), insb. ist das Recht des Stpfl. auf informationelle Selbstbestimmung aus Art. 2 II GG iVm Art. 1 I GG nicht verletzt (s. zum Recht auf informationelle Selbstbestimmung → § 135 Rn. 2). Abs. 6 stellt der FB lediglich in verfassungsrechtlich gebotener Weise im Interesse der Gleichmäßigkeit der StErhebung (§ 85) wirksame Kontrollmöglichkeiten zur Verfügung, die der fortschreitenden Entwicklung moderner Buchführungssysteme entsprechen (Drüen StuW 2003, 205; Burchert INF 2001, 230). Durch das StGeheimnis (§ 30) ist zudem sichergestellt, dass die aufgrund des Datenzugriffs gewonnenen Informationen nicht anderweitig weitergegeben werden (Schaumburg DStR 2002, 829). Im Einzelfall muss der Datenzugriff jedoch, um verfassungsrechtlich gerechtfertigt zu sein, dem Grundsatz der Verhältnismäßigkeit genügen (Drüen StuW 2003, 205). Zu den weiteren Einzelheiten der Verfassungsmäßigkeit des § 147 VI s. Drüen StuW 2003, 205.

30 **Ermessensentscheidung.** Ob und in welcher Form die FB auf die Daten nach Abs. 6 zugreift, steht in ihrem pflichtgemäßen Ermessen iSd § 5 (FG Rheinland-Pfalz 20.1.2005 – 4 K 2167/04, EFG 2005, 667). Falls erforderlich, kann die FB auch mehrere Formen des Datenzugriffs in Anspruch nehmen (BMF 28.11.2019, BStBl. I 2019, 1269 Tz. 164). Bei der Ermessensausübung sind neben dem Umfang der beabsichtigten Prüfung der Zeit- und Arbeitsaufwand, die Kosten des Stpfl. (TK § 147 Rn. 76a) sowie die betrieblichen Begebenheiten des Unternehmens, wie zB seine Größe oder die Zahl der Mitarbeiter, zu berücksichtigen (BMF 28.11.2019, BStBl. I 2019, 1269 Tz. 175). Bei einer Ap. für weit zurückliegende VZ können zudem insb. nach einem Systemwechsel nicht alle Zugriffsmöglichkeiten nach Abs. 6 gleichermaßen verhältnismäßig sein (TK § 147 Rn. 76a). Die Entscheidung über den Datenzugriff ist ein VA (§ 118), der mit dem Einspruch (§ 347) angefochten werden kann. Nach erfolglosem Einspruch ist eine Anfechtungsklage (§ 40 I

FGO) möglich. Das FG überprüft die Ermessensentscheidung der FB jedoch ausschl. im Rahmen des § 102 FGO auf Ermessensfehler.

Für den **Ort des Datenzugriffs** gelten die allg. Grundsätze des § 200 II. Der Datenzugriff wird in der Praxis regelmäßig beim Stpfl. oder seinem StBerater erfolgen. Bei der EDV-Buchführung außer Haus kann der Datenzugriff nach § 147 VI 3 auch beim beauftragten Dritten, zB einem Rechenzentrum, durchgeführt werden (Schaumburg DStR 2002, 829). Der Stpfl. ist in diesen Fällen verpflichtet, den Datenzugriff beim Dritten durch entsprechende vertragliche Regelungen sicherzustellen (TK § 147 Rn. 77). Der zum 1.1.2023 eingeführte Abs. 7 (→ Rn. 37a) erlaubt im Rahmen von Betriebsprüfungen ortsunabhängig den Einsatz von mobilen Datenverarbeitungssystemen, allerdings nur zur Aufbewahrung und Bearbeitung der Daten; auf den erstmaligen Datenzugriff nach Abs. 6 (Einsicht, Auswertung durch den Stpfl., Übertragung) bezieht sich Abs. 7 allerdings nicht. 31

Nach **§ 147 VI 1** Nr. 1 hat die FB zunächst das Recht, Einsicht in die vom Stpfl. gespeicherten Daten zu nehmen und ggf. zur Prüfung der gespeicherten Daten das Datenverarbeitungssystem des Stpfl. zu nutzen, sofern der Stpfl. Unterlagen iSd Abs. 1 mit Hilfe des Datenverarbeitungssystems erstellt hat **(unmittelbarer Datenzugriff).** Datenverarbeitungssysteme iSd Abs. 6 S. 1 sind nur Systeme, die Daten originär erzeugen oder weiterverarbeiten. Hierzu gehören auch nicht für Buchhaltungszwecke unterhaltene EDV-Systeme (Datenmanagementsysteme). Zudem ist auch das Digitalisieren, Scannen und Speichern von papierenen Eingangsrechnungen nach § 147 II als Erstellen von Unterlagen mittels eines Datenverarbeitungssystems iSd § 147 VI 1 tatbestandsmäßig (BFH 9.2.2011 – I B 151/10, BFH/NV 2011, 962). Der unmittelbare Datenzugriff nach Abs. 6 S. 1 umfasst das Lesen, Filtern und Sortieren der Daten (BT-Drs. 14/2683, 129; BMF 28.11.2019, BStBl. I 2019, 1269 Tz. 165). Nach Abs. 6 S. 1 darf die FB lediglich gespeicherte Daten einsehen, die prüfungsrelevante Unterlagen iSd Abs. 1 betreffen (→ Rn. 28). Ein umfassender Zugriff auf alle gespeicherten Daten ist nicht zulässig. Auf Kostenstellenrechnungen (Kostenstellen) kann die Ap. daher nur digital zugreifen, soweit sie für die Bewertung von Wirtschaftsgütern oder Passiva relevant sind, da es sich nur dann um Unterlagen iSd Abs. 1 Nr. 5 handelt (FG Rheinland-Pfalz 13.6.2006 – 1 K 1743/05, EFG 2006, 1634). Ein Einnahmeüberschussrechner iSd § 4 III EStG ist nicht verpflichtet, der FB Daten zu überlassen, die er über seine Aufzeichnungspflichten hinaus freiwillig unter Verwendung eines Datev-Programms auf Sachkonten erfasst hat (BFH 24.6.2009 – VIII R 80/06, BStBl. II 2010, 452). Es obliegt dem Stpfl., den Datenzugriff durch Datentrennung und geeignete Zugriffsbeschränkungen auf zugriffspflichtige Daten zu begrenzen, sog. Erstqualifikationsrecht des Stpfl. (FG Rheinland-Pfalz 13.6.2006 – 1 K 1743/05, EFG 2006, 1634; FG Rheinland-Pfalz 20.1.2005 – 4 K 2167/04, EFG 2005, 667; TK § 147 Rn. 71). In Zweifelsfällen muss er dem Prüfer die Kriterien zur Einordnung seines Datenbestandes offenlegen (Drüen AO-StB 2003, 83). Bei einer unzutreffenden Qualifikation kann die FB nach pflichtgemäßem Ermessen (§ 5) nachträglich auch auf die fehlerhaft eingeordneten Daten zugreifen (BMF 28.11.2019, BStBl. I 2019, 1269 Tz. 161). Der Stpfl. ist nicht berechtigt, bestimmte Einzelkonten seiner EDV-gestützten Finanzbuchhaltung zu sperren, die aus seiner Sicht nur das handelsrechtliche Ergebnis, nicht aber die steuerliche Bemessungsgrundlage beeinflusst haben (BFH 26.9.2007 – I B 53, 54/07, BStBl. II 2008, 415). Abs. 6 S. 1 erlaubt es der FB nicht, mittels eigener Softwareprogramme Auswertungen im Datenverarbeitungssystem des Stpfl. vorzunehmen (Schaumburg DStR 2002, 829). 32

§ 147 VI 1 Nr. 2. Nach § 147 VI S. 1 Nr. 2 kann die FB verlangen, dass der Stpfl. Daten nach ihren Vorgaben vor Ort in seinem Datenverarbeitungssystem auswertet und zur Verfügung stellt **(mittelbarer Datenzugriff).** Abs. 6 S. 1 Nr. 2 Alt. 2 entbindet die FB nicht von ihrer Sachaufklärungspflicht nach §§ 193 ff. (Schaumburg DStR 2002, 829). Nach **§ 147 VI 1 Nr. 3** kann die FB darüber hinaus verlangen, dass der Stpfl. ihr die gespeicherten Unterlagen nach ihren Vorgaben in einem maschinell auswertbaren Format überträgt **(Datenüberlassung).** Zur Datenüberlassung gehört es auch, dass der Stpfl. dem Prüfer Informationen über Dateistruktur, Datenfelder sowie interne und externe Ver- 33 knüpfungen in maschinell auswertbarer Form überlässt (BMF 28.11.2019, BStBl. I 2019, 1269 Tz. 176). Das Verlangen der FB nach Abs. 6 S. 1 Nr. 3 ist nicht davon abhängig, dass der Prüfer dem Stpfl. zuvor bestätigt, er werde die Daten weder kopieren noch Unbefugten zugänglich machen. Der Stpfl. ist ausreichend durch das StGeheimnis (§ 30) geschützt (FG Thüringen 20.4.2005 – III 46/05, EFG 2005, 1406; Warnke AO-StB 2005, 296). Den überlassenen Datenträger darf die FB mit eigenen Analyse- und Prüfprogrammen auswerten (Schaumburg DStR 2002, 829). Die FVerw. verwendet hierzu bundeseinheitlich das Analyseprogramm IDEA (zu den Anforderungen an die maschinelle Auswertbarkeit der gespeicherten Daten → Rn. 19). Abs. 6 S. 1 Nr. 3 gestattet es der FB nicht, Buchführungsdaten vom Datenverarbeitungssystem des Stpfl. selbst auf einen Datenträger zu überspielen (Schaumburg DStR 2002, 829). Die zur Auswertung überlassenen Daten sind spätestens nach Bestandskraft der aufgrund der Ap. ergangenen StBescheide zu löschen (BMF 28.11.2019, BStBl. I 2019, 1269 Tz. 169).

34 **Nach § 147 VI 2** hat auch ein Dritter den Datenzugriff zu dulden, wenn der Stpfl. der FB mitteilt, dass sich bei diesem Daten nach Abs. 1 befinden. Sinn der Regelung ist die Gleichbehandlung von Stpfl., die ihre Aufbewahrungspflicht persönlich erfüllen, mit solchen, die Dritte mit der Wahrnehmung der Aufbewahrungspflicht betrauen (Schwarz/Pahlke/Keß § 147 Rn. 44b).

35 **§ 147 VI 3** regelt, dass der Stpfl. die Kosten für den Zugriff der FB auf sein datenverarbeitungsgestütztes Buchführungssystem zu tragen hat. Die Regelung entspricht § 147 V (→ Rn. 25). Der Stpfl. trägt demnach auch die Kosten für den Datenzugriff bei Dritten.

36 **§ 147 VI 4** ergänzt S. 3 in der Weise, dass die FB ihr Erscheinen bei Angehörigen steuerberatender Berufe (§§ 3, 4 Nr. 1, 2 StBerG) unter Einhaltung einer angemessenen Vorbereitungsfrist ankündigen muss. Dies dient der Effektivität der Prüfung, da dem Dritten die Möglichkeit der Vorbereitung eröffnet werden soll (Schwarz/Pahlke/Keß § 147 Rn. 44b).

37 **§ 147 VI 5** gilt, wenn die Aufbewahrungsfrist an diesem Tag noch nicht abgelaufen ist (Art. 97 § 19b II EGAO). Die Regelung ermöglicht es Stpfl., nach einem Systemwechsel oder einer Auslagerung aus dem Produktivsystem die aufbewahrungspflichtigen Unterlagen und Aufzeichnungen nach Ablauf von fünf Jahren nur noch auf einem maschinell lesbaren und auswertbaren Datenträger und nicht mehr im Altsystem vorzuhalten (sog. Z3-Zugriff), wenn bis dahin noch nicht mit einer Ap. begonnen wurde. Unmittelbare und mittelbare Datenzugriffe (sog. Z1- und Z2-Datenzugriffe) wären demnach nur noch auf freiwilliger Basis möglich (BT-Drs. 19/13959, 55).

37a **§ 147 VII** wurde mWv 1.1.2023 eingeführt und ermöglicht es der FB im Rahmen von Ap., die vom Stpfl. nach Abs. 6 zur Verfügung gestellten Daten auch auf mobilen Datenverarbeitungssystemen, also insb. auf Dienstlaptops, auszuwerten. Abs. 7 ist eine Reaktion des Gesetzgebers auf die BFH-Rechtsprechung, die eine mobile Datenverarbeitung als unverhältnismäßig eingestuft hatte, wenn die angeforderten Daten auch außerhalb der Geschäftsräume des Stpfl. und der Dienststelle gespeichert und ausgewertet werden sollten (BFH 7.6.2021 – VIII R 24/18, DStR 2021, 2015). Zum Schutz des StGeheimnisses und aus Verhältnismäßigkeitserwägungen ist indes erforderlich, dass die eingesetzten mobilen Datenverarbeitungssysteme hinreichend vor dem Zugriff durch Dritte geschützt sind (vgl. Peters AO-StB 2022, 353 (354); BeckOK AO § 147 Rn. 249.1).

VIII. Folgen eines Verstoßes

38 **Verstöße** gegen die Aufbewahrungspflicht aus § 147 haben die gleichen Rechtsfolgen wie Verstöße gegen die Buchführungs- und Aufzeichnungspflicht selbst, da die Aufbewahrungspflicht mit der Buchführungs- bzw. Aufzeichnungspflicht untrennbar verbunden ist (→ Rn. 1). Zu den Folgen der Verletzung von Buchführungs- und Aufzeichnungspflichten → § 140 Rn. 29 ff. Gehen aufbewahrungspflichtige Unterlagen iSd § 147 während der Aufbewahrungsfrist verloren, ist die Buchführung nicht (mehr) ordnungsgemäß (HHSp

§ 147 Rn. 12). Dies gilt auch bei einem unverschuldeten Verlust der Unterlagen (vgl. BFH 15.2.1973 – V R 152/69, BStBl. II 1973, 466). Die fehlenden Unterlagen können nicht durch andere Beweismittel (§ 92), wie zB durch Zeugen, ersetzt werden (BFH 28.6.1972 – I R 182/69, BStBl. II 1972, 819; aA HHSp § 147 Rn. 12). Beruht der Verlust der Unterlagen auf höherer Gewalt, wie zB bei der Vernichtung der Unterlagen durch Hochwasser oder Brand, kommt regelmäßig ein Billigkeitserlass nach §§ 163, 227 in Betracht, sofern keine weiteren Anhaltspunkte ersichtlich sind, die gegen die Ordnungsmäßigkeit der Buchführung sprechen (vgl. GmS-OGB 19.10.1971 – GmS-OGB 3/70, BStBl. II 1972, 603; BFH 27.10.1977 – V R 34/75, BStBl. II 1978, 169; BFH 19.6.1985 – I R 79/82, BFH/NV 1987, 279). Entsprechendes gilt bei einem Verlust der Unterlagen durch Diebstahl (BFH 27.10.1977 – V R 34/75, BStBl. II 1978, 169) oder wenn die Unterlagen außerhalb der Einflusssphäre des Stpfl. ohne sein Verschulden verlorengehen, wie zB beim Verlust der Unterlagen im Bereich der FB (BFH 19.12.1963 – V 274/60, HFR 1964, 264). Die fehlende maschinelle Auswertbarkeit der gespeicherten Daten allein berechtigt die FB nicht, die Besteuerungsgrundlagen gem. § 162 II 2 zu schätzen, wenn die Bücher und Aufzeichnungen des Stpfl. im Übrigen formell und materiell ordnungsgemäß sind (TK § 147 Rn. 64; Klein § 162 Rn. 26; Intemann/Cöster DStR 2004, 1981).

§ 147a Vorschriften für die Aufbewahrung von Aufzeichnungen und Unterlagen bestimmter Steuerpflichtiger

(1) [1]**Steuerpflichtige, bei denen die Summe der positiven Einkünfte nach § 2 Absatz 1 Nummer 4 bis 7 des Einkommensteuergesetzes (Überschusseinkünfte) mehr als *500 000 Euro* [*ab 1.1.2027:* 750 000 Euro] im Kalenderjahr beträgt, haben die Aufzeichnungen und Unterlagen über die den Überschusseinkünften zu Grunde liegenden Einnahmen und Werbungskosten sechs Jahre aufzubewahren.** [2]**Im Falle der Zusammenveranlagung sind für die Feststellung des Überschreitens des Betrags von *500 000 Euro* [*ab 1.1.2027:* 750 000 Euro] die Summe der positiven Einkünfte nach Satz 1 eines jeden Ehegatten oder Lebenspartners maßgebend.** [3]**Die Verpflichtung nach Satz 1 ist vom Beginn des Kalenderjahrs an zu erfüllen, das auf das Kalenderjahr folgt, in dem die Summe der positiven Einkünfte im Sinne des Satzes 1 mehr als *500 000 Euro* [*ab 1.1.2027*: 750 000 Euro] beträgt.** [4]**Die Verpflichtung nach Satz 1 endet mit Ablauf des fünften aufeinanderfolgenden Kalenderjahrs, in dem die Voraussetzungen des Satzes 1 nicht erfüllt sind.** [5]**§ 147 Absatz 2, Absatz 3 Satz 5 und Absatz 4 bis 7 gilt entsprechend.** [6]**Die Sätze 1 bis 3 und 5 gelten entsprechend in den Fällen, in denen die zuständige Finanzbehörde den Steuerpflichtigen für die Zukunft zur Aufbewahrung der in Satz 1 genannten Aufzeichnungen und Unterlagen verpflichtet, weil er seinen Mitwirkungspflichten nach § 12 Absatz 3 des Gesetzes zur Abwehr von Steuervermeidung und unfairem Steuerwettbewerb nicht nachgekommen ist.**

(2) [1]**Steuerpflichtige, die allein oder zusammen mit nahestehenden Personen im Sinne des § 1 Absatz 2 des Außensteuergesetzes unmittelbar oder mittelbar einen beherrschenden oder bestimmenden Einfluss auf die gesellschaftsrechtlichen, finanziellen oder geschäftlichen Angelegenheiten einer Drittstaat-Gesellschaft im Sinne des § 138 Absatz 3 ausüben können, haben die Aufzeichnungen und Unterlagen über diese Beziehung und alle damit verbundenen Einnahmen und Ausgaben sechs Jahre aufzubewahren.** [2]**Diese Aufbewahrungspflicht ist von dem Zeitpunkt an zu erfüllen, in dem der Sachverhalt erstmals verwirklicht worden ist, der den Tatbestand des Satzes 1 erfüllt.** [3]**Absatz 1 Satz 4 sowie § 147 Absatz 2, 3 Satz 5 und Absatz 5 bis 7 gelten entsprechend.**

Schrifttum: v. Wedelstädt, Die Änderungen der Abgabenordnung durch das Steuerhinterziehungsbekämpfungsgesetz, DB 2009, 1731; Kleinert/Göres, Das neue Gesetz zur Bekämpfung der Steuerhinterziehung, NJW 2009, 2713; Kessler/Eicke, Gedanken zur Verfassungs- und Europarechtskonformität des Steuerhinterziehungsbekämpfungsgesetzes, DB 2009, 1314; Birnbaum, SteuerHBekG: Vereinbarkeit mit Europarecht und Grundgesetz, StBW 2010, 272; Dißars, Aufbewahrungspflichten bei Überschusseinkünften nach § 147a AO, BB 2010, 2085; Goldshteyn, Auswirkungen des Steuerhinterziehungsbekämpfungsgesetzes auf Steuerpflichtige mit Überschusseinkünften, StBp 2010, 68.

Übersicht

I. Allgemeines

1 **Inhalt.** § 147a ist durch das StHBekG v. 29.7.2009 (BGBl. 2009 I 2302) eingefügt worden und ordnet in Abs. 1 für Stpfl., die hohe Überschusseinkünfte (§ 2 I Nr. 4–7 EStG) von 500.000 EUR im Kj. beziehen, eine besondere Aufbewahrungspflicht für einkunftsbezogene Aufzeichnungen und Unterlagen an. Dieselbe Verpflichtung trifft Stpfl., die beherrschenden Einfluss auf Drittstaat-Gesellschaften iSd § 138 III ausüben können. Die Vorschrift normiert allerdings für Stpfl. mit Überschusseinkünften selbst keine allg. Aufzeichnungspflicht, sondern setzt diese stillschweigend voraus und ordnet lediglich die nachgelagerte Aufbewahrung der Aufzeichnungen an (TK § 147a Rn. 3; aA Dißars BB 2010, 2085). § 147a enthält auch keine allg. Ordnungskriterien für Aufzeichnungen iSd § 147a. Die §§ 145 ff. sind nicht anwendbar (TK § 147a Rn. 3). Bezieher von Überschusseinkünften mussten praktisch allerdings schon immer ihre Einnahmen und Werbungskosten zumindest in Form einer Belegsammlung dokumentieren, um ihre allg. Mitwirkungspflicht gem. § 90 I erfüllen zu können. Für private Unterlagen, wie zB für Unterlagen zu Sonderausgaben iSd § 10 EStG, ergibt sich aus § 147a keine allg. Aufbewahrungspflicht (v. Wedelstädt DB 2009, 1731). § 147a I ist nach Art. 97 § 22 II EGAO idF des StHBekG iVm § 5 S. 1 StHBekV erstmals für Besteuerungszeiträume anzuwenden, die nach dem 31.12.2009 beginnen. § 147a II gilt erstmals für Besteuerungszeiträume, die nach dem 31.12.2017 beginnen, Art. 97 § 22 EGAO.

2 **Zweck der Vorschrift** ist es, die Angaben der Stpfl. mit hohen Überschusseinkünften und Einfluss auf Drittstaat-Gesellschaften, insb. im Rahmen einer Ap., die bei Stpfl. iSd § 147a nach § 193 I generell zulässig ist, besser und ohne zeitliche Verzögerungen überprüfen zu können (BT-Drs. 16/13106, 12). In der Praxis dürfte sich allerdings allein durch die Aufbewahrung von Unterlagen und Aufzeichnungen nach § 147a die Überprüfbarkeit steuerlicher Sachverhalte nicht wesentlich verbessern, da der Gesetzgeber für Bezieher von Überschusseinkünften gerade keine spezielle Aufzeichnungspflicht mit einem Mindestmaß an Überschaubarkeit angeordnet hat (TK § 147a Rn. 3).

3 § 147a ist **verfassungsgemäß** (TK § 147a Rn. 5 ff.; Dißars BB 2010, 2085; aA Kessler/Eicke DB 2009, 1314; Kleinert/Göres NJW 2009, 2713; Birnbaum StBW 2010, 272). Die Regelung verstößt nicht gegen Art. 3 I GG. Sie ist ein Beitrag zur Gleichmäßigkeit und Gesetzmäßigkeit des StVollzugs (§ 85). Die Begrenzung der Aufbewahrungspflicht auf Stpfl. mit Überschusseinkünften von 500.000 EUR im Kj. ist nicht willkürlich, da die Höhe der Einkünfte ein grobes, aber legitimes Kriterium ist, um prüfungswürdige Fälle zu bestimmen (TK § 147a Rn. 6).

4 § 147a ist **mit dem Europarecht vereinbar** (aA Kessler/Eicke DB 2009, 1314; Kleinert/Göres NJW 2009, 2713; Birnbaum StBW 2010, 272). Eine EU-rechtswidrige

Diskriminierung liegt nicht vor, da § 147a sowohl im Inland als auch im EU-Ausland erzielte Einkünfte gleichermaßen erfasst.

II. Aufzeichnungspflicht nach Abs. 1

1. Voraussetzungen der Aufbewahrungspflicht (S. 1)

Allgemeines. § 147a I 1 verpflichtet Stpfl. mit Überschusseinkünften iSd § 2 I Nr. 4–7 EStG zur Aufbewahrung von Unterlagen, wenn die Summe der positiven Einkünfte mehr als 500.000 EUR beträgt. Die Aufbewahrungspflicht nach S. 1 entsteht, anders als die Aufbewahrungspflicht nach § 147a I 6, kraft Gesetzes. Eine besondere Aufforderung der FB zur Aufbewahrung von Unterlagen ist nicht erforderlich. 5

Adressat der Norm. § 147a I 1 erfasst Stpfl. mit Einkünften aus nicht selbständiger Arbeit (§ 2 I Nr. 4 EStG iVm § 19 EStG), aus Kapitalvermögen (§ 2 I Nr. 5 EStG iVm § 20 EStG), aus Vermietung und Verpachtung (§ 2 I Nr. 6 EStG iVm § 21 EStG) sowie mit sonstigen Einkünften (§ 2 I Nr. 7 EStG iVm § 22 EStG), wie zB aus Renten oder privaten Veräußerungsgeschäften. Mit einzubeziehen sind auch Einkünfte aus Kapitalvermögen, die der Abgeltungsteuer (§ 43 V 1 EStG iVm § 32d EStG) unterliegen. Hierfür spricht der eindeutige Wortlaut des § 147a (TK § 147a Rn. 10; zweifelnd Dißars BB 2010, 2085). Nicht erfasst werden dagegen Gewinneinkünfte gem. § 2 I Nr. 1–3 EStG, für die vorrangig die §§ 140 f. gelten. Nicht erfasst werden daher auch Überschusseinkünfte, die aufgrund einer ertragsteuerlichen Konkurrenznorm, wie zB durch § 20 VIII EStG oder durch § 21 III EStG, einer Gewinneinkunftsart zugerechnet werden. Entsprechendes gilt, wenn Überschusseinkünfte ertragsteuerlich in Einkünfte aus Gewerbebetrieb umqualifiziert werden, wie zB durch § 15 I Nr. 2 S. 1 EStG, durch § 15 III EStG oder im Rahmen einer Betriebsaufspaltung (TK § 147a Rn. 10). 6

Die **Höhe** der Überschusseinkünfte ermittelt sich nach ertragsteuerlichen Grundsätzen. Es gilt das Zufluss- und Abflussprinzip des § 11 EStG. Eine Saldierung mit negativen Einkünften findet nicht statt (BT-Drs. 16/13106, 12). Ein horizontaler Verlustausgleich innerhalb einer Überschusseinkunftsart wird durch § 147a nicht ausgeschlossen, sodass innerhalb der einzelnen Überschusseinkunftsarten positive und negative Einkünfte zu verrechnen sind (TK § 147a Rn. 11). Bei der Berechnung der Einkünfte sind auch Einkünfte aus Kapitalvermögen mit einzubeziehen, die der Abgeltungsteuer (§ 43 V 1 EStG iVm § 32d EStG) unterliegen (TK § 147a Rn. 11; zweifelnd Schwarz/Pahlke/Keß § 147a Rn. 4). 7

Verhältnis zum ESt-Bescheid. Dem ESt-Bescheid kommt zwar weder für die Qualifikation noch für die Höhe der Einkünfte eine formelle Bindungswirkung zu, er bildet jedoch in der Praxis regelmäßig die Grundlage für die Anwendbarkeit des § 147a I (TK § 147a Rn. 10). 8

Aufzubewahrende Unterlagen. Aufzubewahren sind nach § 147a I einkunftsbezogene Aufzeichnungen und Unterlagen über die den Überschusseinkünften zugrunde liegenden Einnahmen und Werbungskosten (§ 2 II Nr. 2 EStG). Aufzubewahren sind zB bei den Einkünften aus selbständiger Arbeit (§ 2 I Nr. 4 EStG iVm § 19 EStG) Lohnsteuerbescheinigungen und Unterlagen über die Werbungskosten, bei den Einkünften aus Kapitalvermögen (§ 2 I Nr. 5 EStG iVm § 20 EStG) Erträgnisaufstellungen, Konto- und Depotauszüge, Abrechnungen zum An- und Verkauf von Wertpapieren, bei den Einkünften aus Vermietung und Verpachtung (§ 2 I Nr. 6 EStG iVm § 21 EStG) Mietverträge, Zusammenstellungen der vereinnahmten Mieten, Nebenkostenabrechnungen sowie Handwerkerrechnungen und ggf. Kreditabrechnungen sowie bei den sonstigen Einkünften (§ 2 I Nr. 7 EStG iVm § 22 EStG) alle Unterlagen, aus denen sich die Höhe der Einnahmen und Ausgaben ermitteln lässt, wie zB Kaufverträge und Kontoauszüge (TK § 147a Rn. 12; Dißars BB 2010, 2085). Werden über ein privates Girokonto auch einkunftsbezogene Zahlungen abgewickelt, sog. gemischtes Konto, müssen nicht die gesamten Kontounterla- 9 gen aufbewahrt werden, sondern nur die Kontoauszüge, auf denen die einkunftsbezogenen Zahlungen ausgewiesen sind (TK § 147a Rn. 12; aA Dißars BB 2010, 2085).

10 Die **Aufbewahrungsfrist** beträgt nach § 147a I 1 sechs Jahre. Sie beginnt nach § 147a I 5 iVm § 147 IV mit dem Schluss des Kj., in dem die Aufzeichnungen angefertigt wurden oder die Unterlagen entstanden sind. Nach § 147a I 5 iVm § 147 III 3 läuft die Aufbewahrungsfrist nicht ab, soweit und solange die Unterlagen für Steuern von Bedeutung sind, für die die reguläre Festsetzungsfrist (§ 169) noch nicht abgelaufen ist.

11 **Ort der Aufbewahrung.** § 147a I regelt nicht, wo die Unterlagen aufzubewahren sind. § 146 II oder § 146 IIa sind nicht anwendbar. Nach dem Zweck der Vorschrift, der verbesserten Überprüfbarkeit steuerlicher Sachverhalte im Rahmen einer Ap., sind die Unterlagen grds. im Inland aufzubewahren (TK § 147a Rn. 15a). Die Aufbewahrung im Ausland ist zulässig, wenn die Unterlagen im Rahmen einer Ap. zeitnah vorgelegt werden können (vgl. Goldshteyn StBp 2010, 68).

2. Zusammenveranlagung von Ehegatten und Lebenspartnern (S. 2)

12 Im Falle der **Zusammenveranlagung** von Ehegatten (§ 26b EStG) und Lebenspartnern (§§ 2 VIII, 26b EStG) sind für die Feststellung des Überschreitens des Betrags von 500.000 EUR die Summen der positiven Einkünfte nach § 147a I 1 eines jeden Ehegatten/Lebenspartners maßgebend. Die Aufbewahrungspflicht des § 147a I 1 ist damit für jeden Ehegatten/Lebenspartner gesondert zu ermitteln. Dies gilt auch dann, wenn Ehegatten/Lebenspartner gemeinsam Überschusseinkünfte iSd S. 1 erzielen. Eine Verdopplung des Schwellenwerts von 500.000 EUR sieht das Gesetz nicht vor.

3. Beginn und Ende der Aufbewahrungspflicht (S. 3–4)

13 Nach **§ 147a I 3** ist die Aufbewahrungspflicht des S. 1 vom Beginn des Kj. an zu erfüllen, das auf das Kj. folgt, in dem die Summe der positiven Einkünfte mehr als 500.000 EUR beträgt. Die Aufbewahrungspflicht beginnt nicht schon mit dem Überschreiten des Schwellenwerts des § 147a I 1.

14 Nach **§ 147a I 4** endet die Aufbewahrungspflicht nach S. 1 nicht schon, wenn der Schwellenwert des § 147a I 1 in der Folgezeit wieder unterschritten wird, sondern erst mit Ablauf des fünften aufeinanderfolgenden Kj., in dem die Voraussetzungen des S. 1 nicht erfüllt sind. Nach Ablauf dieses Zeitraums geht das Gesetz davon aus, dass die Summe der positiven Einkünfte auch in Zukunft 500.000 EUR nicht mehr erreichen wird (BT-Drs. 16/13106, 12). Die Aufbewahrungspflicht nach S. 1 muss auch dann für fünf Kj. erfüllt werden, wenn der Stpfl. nur einmalig den Schwellenwert von 500.000 EUR überschreitet. Die FB kann den Zeitraum der Aufbewahrungspflicht jedoch ggf. durch eine Billigkeitsmaßnahme nach § 148 S. 1 verkürzen, wenn der Stpfl. den Schwellenwert des S. 1 lediglich einmalig, zB aufgrund eines privaten Veräußerungsgeschäfts (§ 22 Nr. 2 EStG iVm § 23 EStG), überschritten hat (TK § 147a Rn. 14; Dißars BB 2010, 2085).

4. Form der Aufbewahrung, Datenzugriff, Verzögerungsgeld und Aufbewahrungsfrist (S. 5)

15 **Allgemeines.** § 147a I schreibt keine bestimmte Form vor, wie die Unterlagen iSd § 147a I 1 aufzubewahren sind. § 147a I 5 verweist lediglich auf § 147 II, V, VI, die im Rahmen des § 147a entspr. gelten. Zudem verweist § 147a I 5 zum Beginn und Ende der Aufbewahrungsfrist auf § 147 III 3, IV.

16 **Speicherung auf Bild- oder Datenträger.** Nach § 147a I 5 iVm § 147 II können Unterlagen iSd S. 1 auch als Wiedergabe auf einem Bild- oder Datenträger aufbewahrt werden, wenn die gespeicherten Unterlagen bildlich mit den Originalunterlagen übereinstimmen und die gespeicherten Daten jederzeit lesbar gemacht werden können (→ § 147 Rn. 16 ff.). § 147a I 5 iVm § 147 V regelt, wie der Stpfl. die nach § 147a I 5 iVm § 147 II gespeicherten Unterlagen lesbar machen muss (→ § 147 Rn. 25 ff.).

17 **Zugriff auf gespeicherte Daten.** Die FB kann nach § 147a I 5 im Rahmen einer Ap. gem. § 147 VI auf gespeicherte Daten zugreifen (→ § 147 Rn. 28 ff.). Der Stpfl. ist

allerdings nach § 147a I 5 iVm § 147 VI nicht verpflichtet, digitale Datenträger einzusetzen oder Unterlagen iSd S. 1 mit Hilfe eines Datenverarbeitungssystems zu erzeugen (TK § 147a Rn. 19).

Aufbewahrungsfrist. § 147a I 5 iVm § 147 III 3, IV ergänzt S. 1 und bestimmt, dass die Aufbewahrungsfrist mit dem Schluss des Kj. Entsteht, in dem der Beleg entstanden ist und dass die Ablaufhemmung des § 147 III 3 im Rahmen des § 147a I entspr. gilt (→ Rn. 10). 18

5. Anordnung der Aufbewahrung (S. 6)

Allgemeines. Die FB kann den Stpfl. für die Zukunft verpflichten, Unterlagen iSd S. 1 aufzubewahren, wenn dieser seiner Mitwirkungspflicht aus § 12 Abs. 3 StAbwG (bis zum 31.12.2021 verwies § 147a an dieser Stelle auf die inhaltlich entsprechende Regelung in § 90 II 3) nicht nachgekommen ist. Diese Maßnahme soll die Regelung in § 193 II Nr. 3 flankieren, nach der eine Ap. auch zulässig ist, wenn der Stpfl. seinen Mitwirkungspflichten nach § 90 II 3 nicht nachkommt (BT-Drs. 16/13106, 12). Zur Mitwirkungspflicht des § 93 II 3 → § 93 Rn. 1 ff. Der Schwellenwert des S. 1 von 500.000 EUR muss bei der behördlichen Anordnung nach S. 6 nicht überschritten sein (v. Wedelstädt DB 2009, 1731). 19

Ermessen. Über die Aufforderung nach § 147a I 6 entscheidet die FB nach pflichtgemäßem Ermessen (§ 5). Im Rahmen der Ermessenserwägungen ist zu berücksichtigen, ob die FB bei dem Stpfl. zukünftig eine Ap. durchführen möchte, da die Aufforderung nach S. 6 die Regelung in § 193 II Nr. 3 flankieren soll (→ Rn. 20). Es muss allerdings nicht bereits feststehen, dass tatsächlich eine Ap. beim Stpfl. durchgeführt werden soll (TK § 147a Rn. 16). Ferner sind auch die Höhe der Überschusseinkünfte sowie die Dauer und Intensität der Verletzung der Mitwirkungspflichten zu berücksichtigen (TK § 147a Rn. 16). Gegebenenfalls muss die FB die Anordnung nach S. 6 gem. § 120 II Nr. 1 befristen (TK § 147a Rn. 17). 20

Inhalt und Dauer der Verpflichtung. Hat die FB die Aufbewahrung von Unterlagen iSd S. 1 angeordnet, gelten die § 147a I 1–3 und S. 5 entsprechend. Der Verweis auf S. 2 ist allerdings verfehlt, da der Schwellenwert des S. 1 von 500.000 EUR bei Anordnung nach S. 6 nicht überschritten sein muss (→ Rn. 20). § 147a I 4 gilt nicht für die Anordnung nach S. 6. Die behördlich angeordnete Verpflichtung zur Aufbewahrung endet vielmehr im Falle der Befristung mit Ablauf der Frist, ansonsten mit dem Widerruf nach § 131 I (BT-Drs. 16/13106, 12). 21

Rechtsbehelfe. Die Aufforderung nach S. 6 ist ein rechtsgestaltender VA (§ 118 S. 1), der mit dem Einspruch (§ 347) und der Anfechtungsklage (§ 40 I 1 FGO) angefochten werden kann. Das FG überprüft uneingeschränkt, ob die Voraussetzungen für die Anordnung nach S. 6 vorliegen. Im Übrigen überprüft das FG die Anordnung nach S. 6 als Ermessensentscheidung (§ 5) nur gem. § 102 FGO auf Ermessensfehler. Vorläufiger Rechtsschutz kann durch AdV gem. § 361 II bzw. § 69 II ff. FGO gewährt werden. Ist die Vollziehung ausgesetzt worden und unterliegt der Stpfl. später im Einspruchs- bzw. im Klageverfahren, kann die FB allerdings die rückwirkende Erfüllung der Aufbewahrungspflicht nicht verlangen. 22

III. Aufbewahrungspflicht nach Abs. 2

§ 147a II gilt erstmals für Besteuerungszeiträume, die nach dem 31.12.2017 beginnen, Art. 97 § 22 EGAO. Demnach trifft die Aufbewahrungspflicht auch Stpfl., die allein oder zusammen mit nahestehenden Personen iSd § 1 II AStG unmittelbar oder mittelbar einen beherrschenden oder bestimmenden Einfluss auf die gesellschaftsrechtlichen, finanziellen oder geschäftlichen Angelegenheiten einer Drittstaat-Gesellschaft iSd § 138 III ausüben können (→ § 138 Rn. 23 ff.). Stpfl. haben insoweit Aufzeichnungen und Unterlagen über 23 diese Beziehung und alle damit verbundenen Einnahmen und Ausgaben sechs Jahre aufzubewahren (BT-Drs. 18/11132, 28).

24 **Zeitraum.** Die Aufbewahrungsverpflichtung beginnt ab dem Zeitpunkt, ab dem die Voraussetzungen des § 138 III vorliegen. Sie endet mit Ablauf des fünften aufeinanderfolgenden Kj., in dem die unmittelbare oder mittelbare Beherrschung der Drittstaat-Gesellschaft entfallen ist (BT-Drs. 18/11132, 28).

IV. Folgen der Verletzung der Aufbewahrungspflicht

25 Kommt der Stpfl. seiner Aufbewahrungspflicht gem. § 147a nicht nach, können die Besteuerungsgrundlagen ggf. unter den Voraussetzungen des § 162 I, II **geschätzt** werden. Die Nichtvorlage von Unterlagen iSd § 147a im Rahmen einer Ap. rechtfertigt allein allerdings noch keine Hinzuschätzungen von Einnahmen. Hat der Stpfl. jedoch seine Mitwirkungspflichten nach § 90 II 3 verletzt, wird nach § 162 II 3 widerlegbar vermutet, dass stpfl. Einkünfte oder höhere als die erklärten Einkünfte vorhanden sind. Ferner kann der Abzug von Werbungskosten versagt werden. Die Verletzung der Aufbewahrungspflicht nach § 147a hat dagegen keine straf- oder bußgeldrechtlichen Folgen.

26 Die FB kann in den Fällen des § 147a I 1 kein **Verzögerungsgeld** nach § 146 II c festsetzen, wenn ein Stpfl. im Rahmen einer Ap. seiner Verpflichtung zum Datenzugriff nicht nachkommt oder angeforderte Unterlagen und Aufzeichnungen nicht vorlegt (Gosch AO § 147 Rn. 40; TK § 147a Rn. 22; Schwarz/Pahlke/Keß § 147 Rn. 11; krit. auch Goldshteyn StBp 2010, 68; aA BT-Drs. 16/13106, 12; Klein § 147a Rn. 39, 42; offen gelassen in BeckOK AO § 147 Rn. 172). Zwar liegt dann ein Verstoß gegen § 200 I 1 vor (Gosch AO § 147 Rn. 40; Klein § 147a Rn. 39). § 146 II c unterscheidet auch nicht, worauf die BT-Drs. 16/13106, 12 zutreffend hinweist, zwischen der Verletzung von Mitwirkungspflichten für „Private" oder Unternehmer. § 147a I 5 verweist gerade nicht auf § 146 II c. Der Verweis in § 147a I 5 auf die Regelung zum Datenzugriff (§ 147 VI) umfasst auch nicht die Möglichkeit, zumindest in diesen Fällen ein Verzögerungsgeld festzusetzen (Dißars BB 2010, 2085). Hierzu hätte es vielmehr einer klaren gesetzlichen Regelung bedurft (TK § 147a Rn. 22).

§ 147b Verordnungsermächtigung zur Vereinheitlichung von digitalen Schnittstellen

[1]Das Bundesministerium der Finanzen kann durch Rechtsverordnung mit Zustimmung des Bundesrates einheitliche digitale Schnittstellen und Datensatzbeschreibungen für den standardisierten Export von Daten bestimmen, die mit einem Datenverarbeitungssystem erstellt worden und nach § 147 Absatz 1 aufzubewahren sind. [2]In der Rechtsverordnung kann auch eine Pflicht zur Implementierung und Nutzung der jeweiligen einheitlichen digitalen Schnittstelle oder von Datensatzbeschreibungen für den standardisierten Export von Daten bestimmt werden.

1 Die Verordnungsermächtigung gilt seit dem 1.1.2023 und dient der Vereinheitlichung der standardisierten Schnittstelle und der Datensatzbeschreibungen. Sie steht in engem Zusammenhang mit dem ebenfalls zum 1.1.2023 eingeführten § 158 II Nr. 2, wonach auch eine materiell richtige Buchführung der Besteuerung nicht zugrunde zu legen ist, soweit die elektronischen Daten nicht nach der Vorgabe der einheitlichen digitalen Schnittstellen des § 41 I 7 EStG iVm § 4 IIa LStDV, des § 146a oder des § 146b iVm der jeweiligen Rechtsverordnung zur Verfügung gestellt werden. Bislang hat das BMF von der Ermächtigung jedoch noch keinen Gebrauch gemacht.

§ 148 Bewilligung von Erleichterungen

[1] Die Finanzbehörden können für einzelne Fälle oder für bestimmte Gruppen von Fällen Erleichterungen bewilligen, wenn die Einhaltung der durch die Steuergesetze begründeten Buchführungs-, Aufzeichnungs- und Aufbewahrungspflichten Härten mit sich bringt und die Besteuerung durch die Erleichterung nicht beeinträchtigt wird. [2] Erleichterungen nach Satz 1 können rückwirkend bewilligt werden. [3] Die Bewilligung kann widerrufen werden.

I. Allgemeines

Inhalt. § 148 erlaubt es der FB, unter bestimmten Voraussetzungen Erleichterungen von den durch die StGesetze begründeten Buchführungs-, Aufzeichnungs- und Aufbewahrungspflichten zu bewilligen (BFH 11.2.2010 – V R 38/08, BStBl. II 2010, 873). Dagegen kann die FB nach § 148 keinen Einfluss auf außersteuerliche Buchführungs- und Aufzeichnungspflichten nehmen, insb. kann die FB für die handelsrechtliche Buchführungspflicht (§§ 238 ff. HGB) keine Erleichterung gewähren (BT-Drs. VI/1982, 127). In den Fällen des § 140 kommen also Erleichterungen nur insoweit in Betracht, als die außersteuerlichen Buchführungs- und Aufzeichnungspflichten für steuerliche Zwecke zu erfüllen sind (FG Köln 27.7.1994 – 10 K 4538/93, EFG 1995, 97). Nach § 20 I Nr. 2 UStG kann das FA auf Antrag gestatten, dass ein Stpfl., dem nach § 148 Erleichterungen bewilligt worden sind, die USt nach vereinnahmten Entgelten berechnet. 1

Zweck. Durch § 148 sollen im Einzelfall unnötige Härten ausgeglichen werden, die sich aus den steuerrechtlichen Buchführungs-, Aufzeichnungs- und Aufbewahrungspflichten ergeben. § 148 korrigiert damit, wie auch §§ 163, 222, 227, im Interesse der Einzelfallgerechtigkeit die abstrakte und generelle Regelung des Gesetzes (FG Saarland 18.12.1996 – 1 K 55/96, EFG 1997, 587). 2

II. Voraussetzungen für die Bewilligung von Erleichterungen (S. 1)

Härtefall. Nach § 148 S. 1 muss die Erfüllung der Buchführungs-, Aufzeichnungs- oder Aufbewahrungspflichten für den Stpfl. eine ungewöhnliche, planwidrige Härte mit sich bringen. Allgemeine Härten, die üblicherweise mit der Erfüllung der Buchführungs-, Aufzeichnungs- oder Aufbewahrungspflichten verbunden sind, genügen nicht (FG Saarland 18.12.1996 – 1 K 55/96, EFG 1997, 587). Die Härte iSd S. 1 muss auf sachlichen Gründen beruhen. Persönliche Gründe, wie zB Alter und Krankheit des Stpfl., begründen keinen Härtefall iSd § 148 S. 1 (BFH 14.7.1954 – II 63/53 U, BStBl. III 1954, 253; FG Saarland 18.12.1996 – 1 K 55/96, EFG 1997, 587). Persönliche Härten können ausschl. über §§ 163, 227 gemildert werden. Ein Härtefall iSd § 148 S. 1 liegt zB beim einmaligen Überschreiten der Buchführungsgrenzen des § 141 I 1 vor, wenn nicht zu erwarten ist, dass der Stpfl. die Grenze auch später überschreiten wird (AEAO zu § 141 Nr. 4). Dies ist regelmäßig der Fall, wenn ein Landwirt aufgrund eines besonderen Geschäftsvorfalls, wie zB bei der Veräußerung von Grund und Boden, die Buchführungsgrenzen des § 141 I 1 überschreitet (BFH 17.9.1987 – IV R 31/87, BStBl. II 1988, 20; BMF 15.12.1981, BStBl. I 1981, 878; krit. HHSp § 148 Rn. 5). Ein Härtefall kann auch dann vorliegen, wenn das FA den Stpfl. nach § 141 II 2 an der Buchführungspflicht festhält, obwohl es die Unrichtigkeit einer bestandskräftigen Buchführungsaufforderung (§ 141 II 1) erkannt hat und es für den Stpfl. ungewöhnlich hart ist, seine Buchführungspflicht weiter zu erfüllen (BFH 17.9.1987 – IV R 31/87, BStBl. II 1988, 20; krit. HHSp § 148 Rn. 5). Allein die Rechtswidrigkeit einer bestandskräftigen Buchführungsmitteilung (§ 141 II 1) rechtfertigt jedoch keine Billigkeitsmaßnahme nach § 148 S. 1 (BFH 17.9.1987 – IV R 31/87, BStBl. II 1988, 20). Ferner kann ein Härtefall vorliegen, wenn der Stpfl. den Schwellenwert des § 147a S. 1 von 500.000 EUR lediglich einmalig, zB aufgrund eines privaten 3

Veräußerungsgeschäfts (§ 22 Nr. 2 EStG iVm § 23 EStG), überschritten hat (→ § 147a Rn. 14) und eine Wiederholung nicht absehbar ist (BeckOK AO § 147 Rn. 24).

4 **Erleichterungen.** Die FB kann auf die Führung bestimmter Bücher und Aufzeichnungen sowie auf die Aufbewahrung bestimmter Belege oder Unterlagen verzichten. In Ausnahmefällen kann die FB den Stpfl. auch gänzlich von der Erfüllung der Buchführungs-, Aufzeichnungs- oder Aufbewahrungspflichten (vorübergehend) freistellen (BFH 17.9.1987 – IV R 31/87, BStBl. II 1988, 20; aA FG Saarland 18.12.1996 – 1 K 55/96, EFG 1997, 587; TK § 148 Rn. 11). Zudem kann die FB den Zeitraum der Aufbewahrungspflicht des § 147a I 4 nach § 148 S. 1 verkürzen, wenn der Stpfl. den Schwellenwert des § 147a I 1 lediglich einmalig überschritten hat (→ § 147a Rn. 14). Voraussetzung für diese größtmögliche Erleichterung ist jedoch, dass die Belastung des Stpfl. besonders hart ist und nur durch eine vollständige Freistellung abgemildert werden kann (HHSp § 148 Rn. 7). Möglich ist auch die Bewilligung von Buchführungserleichterungen unter einer Befristung (§ 120 II Nr. 1). Eine mehrfache jeweils befristete Bewilligung von Buchführungserleichterungen ist ein sog. Ketten-VA, der grds. nicht die Annahme eines Vertrauensschutzes in die weitere Gewährung von Buchführungserleichterungen von § 148 S. 1 rechtfertigt (→ § 120 Rn. 21). Für materielle Regelungen der Gewinnermittlung und des Bilanzsteuerrechtes, wie etwa für Regelungen zu Ansatz- und Bewertungswahlrechten, können nach § 148 S. 1 keine Erleichterungen gewährt werden. § 148 S. 1 regelt nur die Einhaltung der durch die StGesetze begründeten Buchführungs-, Aufzeichnungs- und Aufbewahrungspflichten, nicht aber das materielle Bilanzrecht (BFH 6.4.2000 – IV R 38/99, BStBl. II 2000, 422; BFH 18.3.2010 – IV R 23/07, BStBl. II 2011, 654; aA noch BFH 30.1.1986 – IV R 130/84, BStBl. II 1986, 399).

5 **Keine Beeinträchtigung der Besteuerung.** Nach § 148 S. 1 darf die Erleichterung die Besteuerung nicht beeinträchtigen. Eine Erleichterung beeinträchtigt die Besteuerung, wenn die Besteuerungsmerkmale nicht mehr in ausreichendem Maße nachprüfbar sind (FG Niedersachsen 24.8.1978 – VII 279/78, EFG 1979, 62). Für die Frage, ob die Besteuerung durch die Erleichterung beeinträchtigt wird, ist es dagegen gleichgültig, ob sich die Höhe der Steuer durch die gewährte Erleichterung gegenüber der gesetzlich angeordneten Gewinnermittlungsmethode verändert (BFH 17.9.1987 – IV R 31/87, BStBl. II 1988, 20; HHSp § 148 Rn. 6; aA BFH 11.7.1985 – IV R 191/84, BFH/NV 1987, 216; FG Saarland 18.12.1996 – 1 K 55/96, EFG 1997, 587; TK § 148 Rn. 7; Fichtelmann DStZ 1988, 335).

6 Über die tatbestandlichen Voraussetzungen des § 148 S. 1 entscheidet die FB nach ihrem **Ermessen** (§ 5), da der unbestimmte Rechtsbegriff der Härte auf der Tatbestandsseite mit der Ermessensermächtigung auf der Rechtsfolgenseite („können") zu einer einheitlichen Ermessensvorschrift verzahnt ist (vgl. GmS-OGB 19.10.1971 – GmS-OGB 3/70, BStBl. II 1972, 603; auch → § 5 Rn. 18 f.).

7 **Rechtsnatur der Entscheidung.** Erleichterungen können nach § 148 S. 1 für einzelne Fälle oder für bestimmte Gruppen von Fällen bewilligt werden. Die Erleichterung für einen einzelnen Fall wird durch VA (§ 118 S. 1) gewährt. Bezieht sich die Erleichterung auf bestimmte Gruppen von Fällen, handelt es sich um eine Allgemeinverfügung (§ 118 S. 2). In beiden Fällen handelt es sich um einen VA mit Dauerwirkung (→ § 118 Rn. 59). Das BMF ist idR nicht befugt, bestimmten Gruppen eine Erleichterung iSd § 148 zu gewähren, kann jedoch entspr. fachliche Weisungen veröffentlichen. Auch wenn diese unmittelbar nur verwaltungsintern gelten, entfalten sie über den Vertrauensschutz eine Wirkung zugunsten der betroffenen Gruppe (BFH 16.9.2024 – III R 28/22, BStBl. II 2025, 64).

8 Ein **Antrag** des Stpfl., ihm Erleichterungen nach § 148 S. 1 zu gewähren, ist nicht zwingend erforderlich. Die FB soll jedoch nur aufgrund eines entsprechenden Antrags tätig werden (AEAO zu § 148). Ein fehlender Antrag kann durch konkludente Zustimmung ersetzt werden (HHSp § 148 Rn. 9).

III. Rückwirkende Bewilligung (S. 2)

§ 148 S. 2 stellt klar, dass die Erleichterungen rückwirkend bewilligt werden können. Die rückwirkende Bewilligung von Erleichterungen nach S. 2 heilt einen bereits objektiv vorliegenden Verstoß gegen die gesetzlichen Buchführungs-, Aufzeichnungs-, oder Aufbewahrungspflichten. Insb. kann die FB durch die rückwirkende Bewilligung eine nicht ordnungsgemäße Buchführung als ordnungsgemäß anerkennen (HHSp § 148 Rn. 14; TK § 148 Rn. 19). Nach § 148 S. 2 kann die FB den Stpfl. auch rückwirkend von materiellen oder formellen Nachweispflichten befreien (FG Köln 27.7.1994 – 10 K 4538/93, EFG 1995, 97). 9

IV. Widerruflichkeit der Bewilligung (S. 3)

Nach § 148 S. 3 steht die gewährte Erleichterung kraft Gesetzes unter **Widerrufsvorbehalt.** Der Widerruf erfolgt nach § 131 II Nr. 1. Er wirkt nur für die Zukunft (§ 131 II 1). Eine Rücknahme der Bewilligung mit Wirkung für die Vergangenheit kann ggf. nach § 130 II erfolgen. 10

V. Rechtsbehelfe

Gegen die Ablehnung eines Antrags auf Bewilligung von Erleichterungen sind der Einspruch (§ 347) und ggf. die Verpflichtungsklage (§ 40 I FGO) gegeben. Das FG überprüft die Ermessensentscheidung der FB nach § 5 ausschl. im Rahmen des § 102 FGO (→ § 5 Rn. 38 ff.). Vorläufiger Rechtsschutz kann durch eine einstweilige Anordnung (§ 114 FGO) gewährt werden. 11

2. Unterabschnitt. Steuererklärungen

§ 149 Abgabe der Steuererklärungen

(1) **[1]Die Steuergesetze bestimmen, wer zur Abgabe einer Steuererklärung verpflichtet ist. [2]Zur Abgabe einer Steuererklärung ist auch verpflichtet, wer hierzu von der Finanzbehörde aufgefordert wird. [3]Die Aufforderung kann durch öffentliche Bekanntmachung erfolgen. [4]Die Verpflichtung zur Abgabe einer Steuererklärung bleibt auch dann bestehen, wenn die Finanzbehörde die Besteuerungsgrundlagen nach § 162 geschätzt hat.**

(2) **[1]Soweit die Steuergesetze nichts anderes bestimmen, sind Steuererklärungen, die sich auf ein Kalenderjahr oder auf einen gesetzlich bestimmten Zeitpunkt beziehen, spätestens sieben Monate nach Ablauf des Kalenderjahres oder sieben Monate nach dem gesetzlich bestimmten Zeitpunkt abzugeben. [2]Bei Steuerpflichtigen, die den Gewinn aus Land- und Forstwirtschaft nach einem vom Kalenderjahr abweichenden Wirtschaftsjahr ermitteln, endet die Frist nicht vor Ablauf des siebten Monats, der auf den Schluss des in dem Kalenderjahr begonnenen Wirtschaftsjahres folgt.**

(3) **Sofern Personen, Gesellschaften, Verbände, Vereinigungen, Behörden oder Körperschaften im Sinne der §§ 3 und 4 des Steuerberatungsgesetzes beauftragt sind mit der Erstellung von**

1. **Einkommensteuererklärungen nach § 25 Absatz 3 des Einkommensteuergesetzes mit Ausnahme der Einkommensteuererklärungen im Sinne des § 46 Absatz 2 Nummer 8 des Einkommensteuergesetzes,**
2. **Körperschaftsteuererklärungen nach § 31 Absatz 1 und 1a des Körperschaftsteuergesetzes, Feststellungserklärungen im Sinne des § 14 Absatz 5, § 27 Absatz 2 Satz 4, § 28 Absatz 1 Satz 4 oder § 38 Absatz 1 Satz 2 des Körperschaft-**

steuergesetzes oder Erklärungen zur Zerlegung der Körperschaftsteuer nach § 6 Absatz 7 des Zerlegungsgesetzes,

3. Erklärungen zur Festsetzung des Gewerbesteuermessbetrags oder Zerlegungserklärungen nach § 14a des Gewerbesteuergesetzes,

4. Umsatzsteuererklärungen für das Kalenderjahr nach § 18 Absatz 3 des Umsatzsteuergesetzes,

5. Erklärungen zur gesonderten sowie zur gesonderten und einheitlichen Feststellung einkommensteuerpflichtiger oder körperschaftsteuerpflichtiger Einkünfte nach § 180 Absatz 1 Satz 1 Nummer 2 in Verbindung mit § 181 Absatz 1 und 2,

6. Erklärungen zur gesonderten Feststellung von Besteuerungsgrundlagen nach der Verordnung über die gesonderte Feststellung von Besteuerungsgrundlagen nach § 180 Absatz 2 der Abgabenordnung oder

7. Erklärungen zur gesonderten Feststellung von Besteuerungsgrundlagen nach § 18 des Außensteuergesetzes,

so sind diese Erklärungen vorbehaltlich des Absatzes 4 spätestens bis zum letzten Tag des Monats Februar und in den Fällen des Absatzes 2 Satz 2 bis zum 31. Juli des zweiten auf den Besteuerungszeitraum folgenden Kalenderjahres abzugeben.

(4) **[1]Das Finanzamt kann anordnen, dass Erklärungen im Sinne des Absatzes 3 vor dem letzten Tag des Monats Februar des zweiten auf den Besteuerungszeitraum folgenden Kalenderjahres abzugeben sind, wenn**

1. für den betroffenen Steuerpflichtigen

a) für den vorangegangenen Besteuerungszeitraum Erklärungen nicht oder verspätet abgegeben wurden,

b) für den vorangegangenen Besteuerungszeitraum innerhalb von drei Monaten vor Abgabe der Steuererklärung oder innerhalb von drei Monaten vor dem Beginn des Zinslaufs im Sinne des § 233a Absatz 2 Satz 1 und 2 nachträgliche Vorauszahlungen festgesetzt wurden,

c) Vorauszahlungen für den Besteuerungszeitraum außerhalb einer Veranlagung herabgesetzt wurden,

d) die Veranlagung für den vorangegangenen Veranlagungszeitraum zu einer Abschlusszahlung von mindestens 25 Prozent der festgesetzten Steuer oder mehr als 10 000 Euro geführt hat,

e) die Steuerfestsetzung auf Grund einer Steuererklärung im Sinne des Absatzes 3 Nummer 1, 2 oder 4 voraussichtlich zu einer Abschlusszahlung von mehr als 10 000 Euro führen wird oder

f) eine Außenprüfung vorgesehen ist,

2. der betroffene Steuerpflichtige im Besteuerungszeitraum einen Betrieb eröffnet oder eingestellt hat oder

3. für Beteiligte an Gesellschaften oder Gemeinschaften Verluste festzustellen sind.

[2]Für das Befolgen der Anordnung ist eine Frist von vier Monaten nach Bekanntgabe der Anordnung zu setzen. [3]Ferner dürfen die Finanzämter nach dem Ergebnis einer automationsgestützten Zufallsauswahl anordnen, dass Erklärungen im Sinne des Absatzes 3 vor dem letzten Tag des Monats Februar des zweiten auf den Besteuerungszeitraum folgenden Kalenderjahres mit einer Frist von vier Monaten nach Bekanntgabe der Anordnung abzugeben sind. [4]In der Aufforderung nach Satz 3 ist darauf hinzuweisen, dass sie auf einer automationsgestützten Zufallsauswahl beruht; eine weitere Begründung ist nicht erforderlich. [5]In den Fällen des Absatzes 2 Satz 2 tritt an die Stelle des letzten Tages des Monats Februar der 31. Juli des zweiten auf den Besteuerungszeitraum folgenden Kalenderjahres. [6]Eine Anordnung nach Satz 1 oder Satz 3 darf für die Abgabe der

Erklärung keine kürzere als die in Absatz 2 bestimmte Frist setzen. [7] In den Fällen der Sätze 1 und 3 erstreckt sich eine Anordnung auf alle Erklärungen im Sinne des Absatzes 3, die vom betroffenen Steuerpflichtigen für den gleichen Besteuerungszeitraum oder Besteuerungszeitpunkt abzugeben sind.

(5) **Absatz 3 gilt nicht für Umsatzsteuererklärungen für das Kalenderjahr, wenn die gewerbliche oder berufliche Tätigkeit vor oder mit dem Ablauf des Besteuerungszeitraums endete.**

(6) **[1] Die oberste Landesfinanzbehörde oder eine von ihr bestimmte Landesfinanzbehörde kann zulassen, dass Personen, Gesellschaften, Verbände, Vereinigungen, Behörden und Körperschaften im Sinne der §§ 3 und 4 des Steuerberatungsgesetzes bis zu bestimmten Stichtagen einen bestimmten prozentualen Anteil der Erklärungen im Sinne des Absatzes 3 einreichen. [2] Soweit Erklärungen im Sinne des Absatzes 3 in ein Verfahren nach Satz 1 einbezogen werden, ist Absatz 4 Satz 3 nicht anzuwenden. [3] Die Einrichtung eines Verfahrens nach Satz 1 steht im Ermessen der obersten Landesfinanzbehörden und ist nicht einklagbar.**

Schrifttum: Fichtelmann, Abgabe von Einkommensteuererklärungen durch Ehegatten, FR 1973, 113; Birkenfeld, Erklärungen des Steuerpflichtigen und Steuerverwaltungsakt, StuW 1977, 31; Höllig, Steuererklärungsfristen – Ergänzung der AO 1977, INF 1980, 49; Rengier, Aushöhlung der Schweigebefugnis des auch steuerlich belangten Beschuldigten durch „nachteilige" Schätzung der Besteuerungsgrundlagen?, BB 1985, 720; Seer, Der Konflikt zwischen dem Schweigerecht des Beschuldigten und seiner Mitwirkungspflicht im Besteuerungsverfahren, StB 1987, 128; Schick, Die Steuererklärung, StuW 1988, 301; Bos, Ausgewählte Fragen zur Steuererklärung im internationalen Vergleich, StuW 1989, 267; Höck, Abgabe der Steuererklärungen – Das neue Fristverlängerungsverfahren, Stbg 2008, 56; Noack, Fristverlängerungsanträge für private Steuererklärungen von steuerlichen Beratern auf Grundlage der jährlich gleich lautenden Erlasse der obersten Finanzbehörden der Länder, Stbg 2012, 410; Ortmann-Babel/Franke, Gesetz zur Modernisierung des Besteuerungsverfahrens, DB 2016, 1521; Reddig, Rechtsschutz bei Vorabanforderungen von Steuererklärungen, NWB 2018, 742.

Übersicht

A. Allgemeines

Inhalt. § 149 betrifft die Frage, wer zur Abgabe einer StErklärung verpflichtet ist 1
(Abs. 1) und innerhalb welcher Frist die Erklärung abzugeben ist (Abs. 2). Die Pflicht zur Abgabe von StErklärungen konkretisiert die allg. Mitwirkungspflichten iSd § 90. Im Zollrecht ist § 149 nicht anwendbar, da der UZK abschließend regelt, wann eine StErklärung abzugeben ist, zB Art. 43 UZK (HHSp § 149 Rn. 4). Abs. 3 und 4 regeln besondere

Abgabefristen für StErklärungen, die von Personen iSd §§ 3, 4 StBerG erstellt werden. Abs. 5 enthält eine Ausnahme für die USt, wenn die unternehmerische Tätigkeit beendet ist. Abs. 6 regelt das sog. Kontingentierungsverfahren.

B. Verpflichtung zur Abgabe einer Steuererklärung (Abs. 1)

I. Erklärungspflicht durch Gesetz (Abs. 1 S. 1)

1. Allgemeines

2 Nach § 149 I 1 bestimmen die **Einzelsteuergesetze,** wer zur Abgabe einer StErklärung verpflichtet ist. Abs. 1 S. 1 normiert selbst keine entsprechenden Verpflichtungen, sondern verweist lediglich auf die sich aus den einzelnen StGesetzen ergebenden Erklärungspflichten. Abs. 1 S. 1 hat daher nur deklaratorische Bedeutung.

2. Begriff, Bedeutung und Rechtsnatur der Steuererklärung

3 **Begriff der Steuererklärung.** Die AO verzichtet im Gegensatz zu § 166 I RAO auf eine Legaldefinition des Begriffs der StErklärung. In Anlehnung an die Definition der RAO sind StErklärungen regelmäßig durch Vordrucke formalisierte Erklärungen des Stpfl. über den für die Besteuerung erheblichen Sachverhalt, die der Festsetzung einer Steuer (§ 155), der gesonderten Feststellung von Besteuerungsgrundlagen (§§ 179 ff.) oder der Festsetzung von StMessbeträgen (§ 184) dienen (BT-Drs. VI/1982, 128; BFH 22.5.2006 – VI R 49/04, BStBl. II 2006, 808). StErklärungen sind auch StAnmeldungen iSd § 150 I 2, wie zB die StAnmeldungen nach § 41a I EStG, § 45a I EStG, § 73e EStDV iVm § 50a EStG, § 18 I 1, III 1 UStG, § 31 ErbStG, § 8 I VersStG, § 8 SchaumwZwStG, §§ 8, 16, 17, 20–23, 30, 36, 37, 39, 42, 43 EnergieStG, oder § 12 II TabStG, und Verkehrsteueranzeigen, wie zB nach § 19 V GrEStG, § 3 II KraftStDV oder nach §§ 31 ff. RennLottAB. Zu den Unterlagen, die der StErklärung nach den jeweiligen StGesetzen beizufügen sind, s. § 150 IV 1. Keine StErklärungen sind Einzelauskünfte nach § 93 und Anzeigen, zB nach §§ 135, 137 ff. AO oder nach § 30 ErbStG. Ebenfalls keine StErklärung ist die Zusammenfassende Meldung nach § 18a UStG.

4 **Bedeutung der Steuererklärung.** Die StErklärung ist zumindest bei den Veranlagungssteuern die wesentliche Grundlage für die StFestsetzung. Sie dient der FB zur Informationsbeschaffung. Die meisten Besteuerungsverfahren beginnen idR mit der Zusendung der Erklärungsvordrucke bzw. mit der Aufforderung der FB, eine StErklärung abzugeben. Durch die Abgabe einer StErklärung wirkt der Stpfl. iSd § 90 I bei der Ermittlung des Sachverhalts mit. Zur verjährungsrechtlichen Bedeutung der StErklärungspflicht s. § 170 II 1 Nr. 1.

5 **Rechtsnatur der Steuererklärung.** Die Abgabe einer StErklärung ist eine Verfahrenshandlung iSd § 79 (BFH 24.5.2000 – VI R 182/99, BFH/NV 2000, 1481). Soweit sich die Erklärungen des Stpfl. auf den Sachverhalt beziehen, ist die StErklärung eine Wissenserklärung (BFH 16.8.1962 – I 216, 217/61 U, BStBl. III 1962, 493; BFH 8.7.1983 – VI R 80/81, BStBl. II 1984, 13). Insoweit kommt daher eine Anfechtung der StErklärung wegen Irrtums entspr. § 119 BGB nicht in Betracht. Darüber hinaus verlangen die Vordrucke regelmäßig auch rechtliche Schlussfolgerungen des Stpfl., wie zB die Zuordnung des Sachverhalts zu der jeweiligen Einkunftsart (§ 2 I Nr. 1–7 EStG) oder die Subsumtion unter den Werbungskostenbegriff des § 9 I EStG (BFH 24.5.2000 – VI R 182/99, BFH/NV 2000, 1481). Ferner kann die StErklärung (öffentlich-rechtliche) Willenserklärungen des Stpfl. enthalten, wie zB Anträge auf StErmäßigung wegen einer außergewöhnlichen Belastung nach §§ 33 I, 33a, 33b EStG oder die Ausübung von Wahlrechten nach §§ 7 I 6, 26 II EStG und nach §§ 9, 19 II UStG. Diese Willenserklärungen können nicht nach § 119 BGB angefochten werden (BFH 11.1.1967 – I 78/65, BStBl. III 1967, 208; BFH 9.4.1975 – I R 55/73, BStBl. II 1975, 616; aA FG Köln 9.10.1997 – 2 K 5347/95, EFG 1998, 552; offengelassen BFH 15.10.1996 – IX R 10/95, BStBl. II 1997, 178). Möglich ist jedoch

idR ein Widerruf bis zur Bestandskraft des StBescheids, in dem die Willenserklärung erstmalig steuerlich berücksichtigt worden ist (vgl. BFH 11.1.1967 – I 78/65, BStBl. III 1967, 208; BFH 9.4.1975 – I R 55/73, BStBl. II 1975, 616). Schließlich kann der Stpfl. mit der StErklärung auch Verfahrensanträge stellen, wie zB einen Antrag auf Veranlagung nach § 46 II Nr. 8 EStG.

3. Erklärungsverpflichtete Personen

Allgemeines. § 149 I 1 regelt nicht selbst, welche Personen zur Abgabe einer StErklärung verpflichtet sind. Dies ergibt sich vielmehr unmittelbar aus den einzelnen StGesetzen. StGesetz iSd § 149 I 1 ist jede Rechtsnorm (§ 4). Erklärungspflichten ergeben sich zB aus § 181 II für gesonderte Feststellungen iSd §§ 179 ff., aus § 3 VO zu § 180 II, aus § 25 III EStG iVm §§ 56, 60 EStDV sowie aus § 31 I KStG, § 18 I, III UStG, § 14a GewStG iVm § 25 GewStDV, § 19 GrEStG, § 28 BewG, § 18 III AStG und aus §§ 3, 11 KraftStDV. Die nach den EinzelStGesetzen zur Abgabe einer StErklärung verpflichteten Personen sind Stpfl. iSd § 33 I. 6

Im Fall der **Zusammenveranlagung** von Ehegatten zur ESt (§ 26b EStG) bzw. von Lebenspartnern (§§ 2 VIII, 26b EStG) ist die Erklärungspflicht der Ehegatten/Lebenspartner nach § 25 III 2 EStG eine gemeinsame Pflicht beider Ehegatten/Lebenspartner, da sie nach § 26b EStG gemeinsam als ein Stpfl. behandelt werden. Träger der Erklärungspflicht ist die Ehegattengemeinschaft bzw. die Lebenspartnergemeinschaft. Beide Ehegatten/Lebenspartner müssen bereits bei Abgabe der Erklärung in einer dem materiell-rechtlichen Ergebnis entsprechender Weise zusammenwirken. Es genügt daher nicht, wenn jeder Ehegatte/Lebenspartner nur eine Erklärung über die seine Person betreffenden Besteuerungsmerkmale abgibt (BFH 9.4.1987 – IV R 192/85, BStBl. II 1987, 540; BFH 19.5.1987 – VIII R 39/83, BStBl. II 1987, 590; BFH 2.10.1987 – VI R 1/86, BFH/NV 1988, 143; BFH 4.8.1987 – VIII R 276/83, BFH/NV 1988, 210; aA HHSp § 149 Rn. 11; TK § 149 Rn. 6; diff. Fichtelmann FR 1975, 113: Ehegatten/Lebenspartner werden erst im Laufe des Veranlagungsverfahrens und nicht schon bei Abgabe der StErklärung gemeinsam als ein Stpfl. behandelt). 7

Die hier vertretene Ansicht hat zur Folge, dass bei der Zusammenveranlagung von Ehegatten/Lebenspartnern zur ESt **stets nur ein Verspätungszuschlag** gegenüber beiden Ehegatten/Lebenspartnern festgesetzt werden muss (vgl. BFH 9.4.1987 – IV R 192/85, BStBl. II 1987, 540; BFH 4.8.1987 – VIII R 276/83, BFH/NV 1988, 210; BFH 2.10.1987 – VI R 1/86, BFH/NV 1988, 143). Ferner entfallen bei der Festsetzung des Verspätungszuschlags Ermittlungen der FB in die ehelichen Lebensverhältnisse, um für jeden Ehegatten/Lebenspartner den Grad seines Verschuldens aufzuklären (BFH 9.4.1987 – IV R 192/85, BStBl. II 1987, 540). 8

Gesamtrechtsnachfolge. Im Fall der Gesamtrechtsnachfolge, wie zB beim Tod des Stpfl., geht die Erklärungspflicht nach § 45 auf den Gesamtrechtsnachfolger über. 9

Handlungsunfähige Personen. Ist eine steuerrechtsfähige Person nicht handlungsfähig iSd § 79, werden die ihr obliegenden StErklärungspflichten von den in § 34 genannten Personen, wie zB den gesetzlichen Vertretern, erfüllt. So muss zB der Betreuer (§§ 1896 ff. BGB) für die von ihm betreute Person eine EStErklärung beim FA abgeben, wobei die Pflicht des Betreuers sich auch auf die vor seinem Eintritt in die Funktion als Betreuer liegenden VZ erstreckt (FG Rheinland-Pfalz 18.7.2012 – 5 K 1348/09, EFG 2012, 1897). Handlungsunfähige Personen können selbst eine StErklärung nicht wirksam abgeben. Zum Begriff und zur Bedeutung der Handlungsfähigkeit → § 79 Rn. 4 f. 10

Zur StErklärungspflicht des **Insolvenzverwalters** s. im Einzelnen → § 34 Rn. 28 ff. 11

Ein **Testamentsvollstrecker** (§§ 2197 ff. BGB) ist zur Abgabe einer Erbschaftsteuererklärung nach § 31 V 1 ErbStG nur verpflichtet, wenn sich die Testamentsvollstreckung auf den Gegenstand des Erwerbs bezieht und das FA die Abgabe der StErklärung vom Testamentsvollstrecker verlangt (BFH 11.6.2013 – II R 10/11, BStBl. II 2013, 924). S. im 12

Übrigen zur Verpflichtung des Testamentsvollstreckers und des Nachlassverwalters (§ 1985 BGB) nach § 31 V 1 ErbStG, eine Erbschaftsteuererklärung abzugeben → § 34 Rn. 34 ff.

13 **Keine Erklärungsverweigerung bei Strafverfahren.** Der Stpfl. kann die Abgabe seiner StErklärung nicht verweigern, selbst wenn parallel zum Besteuerungsverfahren gegen ihn ein StStrafverfahren für denselben Besteuerungszeitraum und dieselbe StArt läuft (BFH 5.9.2001 – X R 40/98, BStBl. II 2002, 6; aA JJR § 404 Rn. 128). Nach § 393 I 1 stehen das Besteuerungs- und das Strafverfahren unabhängig und gleichrangig nebeneinander. Das strafprozessuale Prinzip, dass niemand gezwungen ist, sich selbst wegen einer Straftat zu belasten (Nemo-Tenetur-Grundsatz) befreit nicht von gesetzlich normierten Mitwirkungspflichten im Besteuerungsverfahren, da andernfalls der in ein Strafverfahren verwickelte Stpfl. gegenüber anderen Stpfl. im Besteuerungsverfahren ungleich privilegiert werden würde (BFH 5.9.2001 – X R 40/98, BStBl. II 2002, 6; aA Seer StB 1987, 128; Rengier BB 1985, 720). Im Besteuerungsverfahren sind nach § 393 I 2 lediglich Zwangsmittel (§§ 328 ff.) unzulässig, wenn der Stpfl. sich durch die Abgabe einer StErklärung in einem laufenden StStrafverfahren selbst belasten müsste. Der Erlass eines Schätzungsbescheids gem. § 162 I f. ist weiterhin möglich (BFH 5.9.2001 – X R 40/98, BStBl. II 2002, 6). Dagegen ist die Strafbewehrung der Verletzung von Erklärungspflichten suspendiert (BGH 26.4.2001 – 5 StR 587/00, NJW 2001, 3638; BGH 10.1.2002 – 5 StR 452/01, NJW 2002, 1134).

II. Erklärungspflicht durch Aufforderung (Abs. 1 S. 2)

14 **Allgemeines.** § 149 I 2 räumt der FB das Recht ein, einzelne Stpfl. unmittelbar zur Abgabe einer StErklärung aufzufordern.

15 **Verhältnis zu § 149 I 1.** Abs. 1 S. 2 erweitert den Kreis der Erklärungspflichtigen auf Personen, für die die Erklärungspflicht nicht schon offensichtlich kraft Gesetzes besteht (BFH 20.10.1981 – VII R 13/80, BStBl. II 1982, 371; BFH 18.11.1986 – VII S 16/86, BFH/NV 1987, 669). Die Regelung ist keine Konkretisierung der gesetzlichen Erklärungspflicht (aA HHSp § 149 Rn. 14). § 149 I 2 ist in den Fällen, in denen der Aufgeforderte bereits kraft Gesetzes zur Erklärungsabgabe verpflichtet ist, nicht anwendbar (Schwarz/Pahlke/Keß § 149 Rn. 34). Die Aufforderung lässt eine schon bestehende gesetzliche Pflicht zur Abgabe der StErklärung nicht entfallen (BFH 30.10.2014 – IV R 61/11, BStBl. II 2015, 478).

16 **Rechtsnatur der Aufforderung.** Die Aufforderung zur Abgabe einer StErklärung ist ein VA iSd § 118 S. 1. Dies gilt idR auch, wenn der Stpfl. bereits kraft Gesetzes zur Abgabe einer StErklärung verpflichtet ist (Klein § 149 Rn. 6). Die bloße Zusendung der StErklärungsvordrucke an den Stpfl. ist aber nur dann eine Aufforderung iSd § 149 I 2 und damit ein VA, wenn sich aus einem Anschreiben der FB ausdrücklich ergibt, dass der Stpfl. nach Abs. 1 S. 2 zur Abgabe einer StErklärung aufgefordert werden soll. Andernfalls handelt es sich lediglich um einen Realakt, der den Empfänger an seine gesetzliche Erklärungspflicht erinnern soll (HHSp § 149 Rn. 17; TK § 149 Rn. 13; Schwarz/Pahlke/Keß § 149 Rn. 37). Eine bloße Erinnerung liegt hingegen nicht vor, wenn die FB erkennen lässt, dass die Pflicht zur Abgabe einer StErklärung ggf. mit Zwang durchgesetzt werden soll (BFH 4.10.2017 – VI R 53/15, BStBl. II 2018, 123). Allein das Fehlen einer Begründung bzw. einer Rechtsbehelfsbelehrung macht eine Aufforderung nicht zu einer bloßen Erinnerung (vgl. BFH 16.2.2012 – II B 99/11, BFH/NV 2012, 982).

17 **Voraussetzungen einer Aufforderung.** Die Aufforderung nach Abs. 1 S. 2 ist eine Ermessensentscheidung iSd § 5. Die FB kann eine StErklärung anfordern, wenn sie es zumindest abstrakt für möglich hält, dass der Aufgeforderte stpfl. ist. Ohne Bedeutung ist, ob der Aufgeforderte tatsächlich Steuern schuldet (BFH 17.1.2003 – VII B 228/02, BFH/NV 2003, 594). Ein Ermessensfehlgebrauch liegt nur dann vor, wenn einwandfrei feststeht, dass eine StSchuld nicht entstanden sein kann (BFH 10.10.1951 – IV 216/51 S, BStBl. III 1951, 209; BFH 5.12.1963 – IV 375/60 U, BStBl. III 1964, 146; BFH 20.7.1965 – I 416/

61, HFR 1965, 519; BFH 18.12.1974 – I R 161/73, BStBl. II 1975, 464; BFH 2.7.1997 – I R 45/96, BFH/NV 1998, 14). Entsprechende Vorfeldermittlungen der FB sind allerdings nicht erforderlich (aA Schick StuW 1988, 301). Eine Aufforderung nach Abs. 1 S. 2 ist auch dann ermessensfehlerfrei, wenn die gesetzliche StErklärungspflicht nur wegen einzelner Punkte zweifelhaft ist, zB wenn lediglich nicht feststeht, ob der Stpfl. nach § 1 I EStG unbeschränkt einkommensteuerpflichtig ist (BFH 10.10.1951 – IV 216/51 S, BStBl. III 1951, 209). Allein die allg. Erfahrung, dass die StGesetze nicht immer beachtet werden, rechtfertigt keine Aufforderung nach Abs. 1 S. 2 (BFH 11.10.1989 – I R 101/87, BStBl. II 1990, 280). Die FB kann nur StErklärungen anfordern, die in den einzelnen StGesetzen vorgesehen sind. Abs. 1 S. 2 begründet für die FB kein StErklärungs-Erfindungsrecht (BFH 28.11.1990 – I R 71/89, BStBl. II 1991, 440; BFH 11.10.1989 – I R 101/87, BStBl. II 1990, 280).

III. Aufforderung durch öffentliche Bekanntmachung (Abs. 1 S. 3)

Nach § 149 I 3 kann die Aufforderung zur Abgabe einer StErklärung auch durch **öffentliche Bekanntmachung erfolgen.** Die Aufforderung zur Abgabe einer StErklärung nach Abs. 1 S. 3 ist eine Allgemeinverfügung iSd § 118 S. 2 und nicht lediglich ein Hinweis an die Allgemeinheit auf die gesetzliche StErklärungspflicht (Schwarz/Pahlke/Keß § 149 Rn. 35; aA HHSp § 149 Rn. 18; TK § 149 Rn. 14). 18

IV. Erklärungspflicht und Schätzung (Abs. 1 S. 4)

Nach § 149 I 4 bleibt die Verpflichtung zur Abgabe der StErklärung bestehen, wenn das FA einen **Schätzungsbescheid** (§ 162) erlassen hat. Hierdurch soll zu niedrigen Schätzungen vorgebeugt werden (BT-Drs. VI/1982, 128). Nach Eingang der StErklärung kann der Schätzungsbescheid ggf. nach § 173 I Nr. 1 zum Nachteil des Stpfl. geändert werden, sofern die Schätzung nicht ohnehin unter dem Vorbehalt der Nachprüfung (§ 164) erfolgte. Geht dagegen nach einer überhöhten Schätzung innerhalb der Einspruchsfrist (§ 355) die StErklärung beim FA ein, so ist dies im Zweifel als Einspruch (§ 347) und nicht als bloßer Antrag nach § 172 I 1 Nr. 2 auf schlichte Änderung des Schätzungsbescheids zu werten (BFH 27.2.2003 – V R 87/01, BStBl. II 2003, 505). 19

C. Erklärungsfristen (Abs. 2)

Allgemeines. § 149 II regelt, innerhalb welcher Frist erklärungsverpflichtete Personen ihre StErklärungen beim FA abzugeben haben. Für die Einheitsbewertung enthält § 28 II BewG eine Sonderregelung. § 35c I Nr. 1 Buchst. e GewStG enthält eine Ermächtigung zum Erlass einer VO zur Abgabe von Gewerbesteuererklärungen. § 25 II 1 GewStDV gibt das Recht zur Bestimmung der Abgabefrist an die obersten FB der Länder weiter. 20

§ 149 II 1 normiert die gesetzliche Frist zur Abgabe von StErklärungen, die sich auf ein Kj. oder auf einen gesetzlich bestimmten Stichtag beziehen. StErklärungen sind nach Abs. 2 S. 1 spätestens sieben Monate nach Ablauf des Kj. bzw. des Stichtags beim FA einzureichen, dh grds. bis zum 31.7. des Folgejahres. Infolge der Coronakrise hat der Gesetzgeber diese Fristen für die Besteuerungszeiträume 2020 bis 2023 verlängert (vgl. Art. 97 § 36 III EGAO). Der Stpfl. kann seine Erklärung auch früher abgeben. Vor Ablauf der Siebenmonatsfrist kann die FB jedoch die Abgabe einer StErklärung nicht verlangen (Schick StuW 1988, 301). Auf ein Kj. Beziehen sich zB die ESt (§ 25 I EStG), die KSt (§ 7 III KStG), die USt (§ 18 III UStG) und die GewSt (§ 14 S. 2 GewStG). Auf einen gesetzlich bestimmten Stichtag beziehen sich zB Einheitsbewertungen nach §§ 19 ff. BewG. Für StErklärungen, die sich nicht auf ein Kj. Oder einen gesetzlich bestimmten Stichtag beziehen, ergeben sich die Abgabefristen regelmäßig aus den jeweiligen StGesetzen, so zB aus § 41a EStG, aus § 31 ErbStG, aus § 18 I UStG und aus § 19 GrEStG. 21

22 **§ 149 II 2** enthält eine Sonderregelung für Stpfl., die ihren Gewinn aus Land- und Forstwirtschaft nach einem vom Kj. Abw. Wirtschaftsjahr ermitteln (§ 4a I Nr. 1 EStG iVm § 8c EStDV). In diesen Fällen endet die Frist nicht vor Ablauf des siebten Monats (für 2020 und 2021: des zehnten Monats, 2022: des neunten Monats, 2023: des achten Monats, siehe Art. 97 § 36 III EGAO), der auf den Schluss des in dem Kalenderjahr begonnenen Wirtschaftsjahrs folgt. Dadurch haben Land- und Forstwirte mit einem abw. Wirtschaftsjahr für die Abgabe ihrer StErklärung genauso viel Zeit wie die übrigen Stpfl. nach Abs. 2 S. 1 (BT-Drs. 17/5125, 51). § 149 II 2 bezieht sich nur auf StErklärungen, denen unmittelbar eine Gewinnermittlung für den land- und forstwirtschaftlichen Betrieb des Stpfl. zugrunde liegt. Daher gilt Abs. 2 S. 2 nur für die Feststellungserklärung, wenn die Gewinnermittlung Gegenstand einer einheitlichen und gesonderten Feststellung der Einkünfte aus Land- und Forstwirtschaft ist (BFH 15.7.2005 – IV B 219/03, BFH/NV 2005, 1968). Die FB kann in den Fällen des § 149 II 2 die StErklärung nicht vor Ablauf der gesetzlichen Frist verlangen, auch nicht bei Geschäftsaufgabe oder Wegzug ins Ausland.

23 **Fristverlängerung.** Die FB kann im Einzelfall die Fristen des Abs. 2 zur Abgabe von StErklärungen nach § 109 I verlängern. Die Fristverlängerung kann nach § 109 I 2 ggf. auch rückwirkend erfolgen. Die FB entscheidet nach pflichtgemäßem Ermessen (§ 5) durch VA (§ 118). Wegen der weiteren Einzelheiten zur Fristverlängerung → § 109 Rn. 1 ff. Zur Fristverlängerung für von StBeratern erstellte Erklärungen → Rn. 24 ff.

D. Erklärungsfristen für beratene Steuerpflichtige (Abs. 3)

24 **Allgemeines.** Für die Abgabe bestimmter, jährlich wiederkehrender StErklärungen sieht Abs. 3 eine Fristverlängerung bis Ende Februar (Für 2020: Ende August 2021, für 2021: Ende August 2022, für 2022: Ende Juli 2024, für 2023: Ende Mai 2025, für 2024: Ende April 2026, siehe Art. 97 § 36 III EGAO) des Zweitfolgejahrs vor, wenn die Erklärung von Personen, Gesellschaften, Verbänden, Vereinigungen, Behörden oder Körperschaften iSd §§ 3 und 4 StBerG erstellt wird. Die Regelung ersetzt ab dem VZ 2018 die jährlich ergangenen gleich lautenden Erlasse der obersten FB der Länder zur allgemeinen Fristverlängerung (für 2017 letztmalig BStBl. I 2017, 46).

25 **Personenkreis.** Erfasst werden insb. Erklärungen, die von StBeratern, StBevollmächtigten, Rechtsanwälten und LSt-Hilfevereinen erstellt werden, vgl. §§ 3, 4 StBerG (Gosch AO § 149 Rn. 42).

26 **Erfasste Steuererklärungsarten.** Von der Fristverlängerung umfasst werden ESt- (hinsichtlich der Antragveranlagung → Rn. 27), KSt-, GewSt-, USt-Jahres- sowie Feststellungserklärungen nach § 180 AO und § 18 AStG (Abs. 3 Nr. 1–7).

27 **Antragsveranlagung.** Die Formulierung in Abs. 3 Nr. 1 ist widersprüchlich, da sie suggeriert, für Antragsveranlagungen gelte statt Abs. 3 die 7-Monats-Frist aus Abs. 2. Jedoch bezieht sich die gesamte Vorschrift des § 149 nicht auf die Anträge nach § 46 II Nr. 8 EStG: Mangels Erklärungspflicht gilt auch die normale Frist des Abs. 2 nicht. Der Veranlagungsantrag ist auch keine StErklärung, er ist nur durch Abgabe einer StErklärung zu stellen (KSM § 46 Rn. A 92). Daher besteht die „Erklärungsfrist" hier in der grds. vierjährigen (§ 169 II 1 Nr. 2) Festsetzungsfrist.

E. Vorweganforderung (Abs. 4)

28 **Allgemeines.** Abs. 4 regelt die Möglichkeit einer Vorabanforderung von Berater-Erklärungen. In den definierten Fallgruppen liegt jeweils ein wichtiger Grund vor, der die vorzeitige Anforderung der Erklärung rechtfertigt (TK § 149 Rn. 30). Zudem ist eine Zufallsauswahl möglich, was va bei Unterbelastung der Veranlagungsbezirke in den FÄ in Betracht kommen wird.

29 **Fallgruppen und Umfang.** Die Vorabanforderung ist zunächst in den Fallgruppen des Abs. 4 S. 1 zulässig. Diese haben gemein, dass bei ihrem Vorliegen idR eine zeitige Bearbeitung geboten ist. Zudem ist auch eine zufällige Auswahl der vorweg angeforderten Fälle möglich, worauf dann in der Aufforderung hingewiesen werden muss (S. 3, 4; dies gilt nicht bei Teilnahme am Kontingentierungsverfahren, → Rn. 33 f.). Eine Vorweganforderung bezieht sich stets auf sämtliche Erklärungen iSd Abs. 3, die vom betroffenen Stpfl. in dem betreffenden VZ abzugeben sind (S. 7).

30 Die vorweg angeforderten Erklärungen sind innerhalb von vier Monaten nach Bekanntgabe der Anforderung einzureichen. Dabei darf die Frist nach Abs. 2 nicht unterschritten werden (S. 6). Mithin kommt für Vorweganforderungen regelmäßig nur das Zeitfenster vom 1.4.-31.10. eines Jahres in Betracht (TK § 149 Rn. 30).

31 **Rechtsnatur.** Die Vorweganforderung ist ein VA (§ 118 I), der im Ermessen (§ 5) der FB steht. Einspruch (§ 347) und Anfechtungsklage (§ 40 FGO) sind statthaft. Das Vorliegen der Fallgruppen iSd Abs. 4 S. 1 ist gerichtlich voll überprüfbar; die weitere gerichtliche Kontrolle beschränkt sich auf Ermessensfehler (§ 102 FGO).

F. Ausnahme für die Umsatzsteuer (Abs. 5)

32 **Abs. 5** nimmt USt-Jahreserklärungen von der verlängerten Frist nach Abs. 3 aus, wenn die unternehmerische Tätigkeit vor oder mit dem Ablauf des Besteuerungszeitraums endete.

G. Kontingentierungsverfahren (Abs. 6)

33 **Einrichtung eines Kontingentierungsverfahrens.** Abs. 6 eröffnet den Ländern die Möglichkeit, ein sog. Kontingentierungsverfahren einzuführen. Derzeit hat hiervon nur Nordrhein-Westfalen Gebrauch gemacht (s. hierzu Klein § 149 Rn. 41). In diesem Fall steht es StBeratern und ihnen gleichgestellten Hilfspersonen frei, ob sie an dem Verfahren teilnehmen. S. 3 stellt klar, dass die Einrichtung des Kontingentierungsverfahrens allein im Ermessen der Länder liegt.

34 **Rechtsfolgen der Teilnahme.** Wer am Kontingentierungsverfahren teilnimmt, fällt nicht mehr unter die Regelung des Abs. 3. Stattdessen müssen zu bestimmten Zeitpunkten bestimmte Kontingente der jährlich abzugebenden StErklärungen eingereicht werden (bereits existierende Modelle sehen vor: bis 30.9. des Folgejahrs 40 %, bis 31.12. des Folgejahrs 75 %, bis Ende Februar des Zweitfolgejahrs schließlich 100 %; TK § 149 Rn. 36). Im Gegenzug sind zufallsweise ausgewählte Vorweganforderungen (Abs. 4 S. 3) beim teilnehmenden Berater nicht zulässig (S. 2). Eine Vorweganforderung aus wichtigem Grund (Abs. 4 S. 1) bleibt möglich.

H. Folgen der Verletzung der Erklärungspflicht

35 Gibt der Stpfl. die StErklärung nicht oder nicht fristgemäß ab, kann die FB die Abgabe nach §§ 328 ff. **erzwingen.** Alternativ hierzu kann die FB sogleich einen **Schätzungsbescheid** nach § 162 I, II erlassen. Zur weiterbestehenden Verpflichtung zur Abgabe einer StErklärung s. § 149 I 4. Ferner kann ein **Verspätungszuschlag** (§ 152) festgesetzt werden. Gegebenenfalls kommt eine Ahndung wegen **StHinterziehung** (§ 370) oder **leichtfertiger StVerkürzung** (§ 378) in Betracht.

J. Rechtsbehelfe

36 Gegen die Aufforderung, eine StErklärung abzugeben oder eine StErklärung innerhalb einer bestimmten Frist abzugeben, ist der **Einspruch** (§ 347) statthaft. Vorläufiger Rechtsschutz kann durch AdV (§ 361 II AO bzw. § 69 II ff. FGO) gewährt werden (BFH 3.6.1991 – IX B 13/90, BFH/NV 1991, 645).

§ 150 Form und Inhalt der Steuererklärungen

(1) [1] **Eine Steuererklärung ist nach amtlich vorgeschriebenem Vordruck abzugeben, wenn**

1. keine elektronische Steuererklärung vorgeschrieben ist,

2. nicht freiwillig eine gesetzlich oder amtlich zugelassene elektronische Steuererklärung abgegeben wird,

3. keine mündliche oder konkludente Steuererklärung zugelassen ist und

4. eine Aufnahme der Steuererklärung an Amtsstelle nach § 151 nicht in Betracht kommt.

[2] **§ 87a Absatz 1 Satz 1 ist nur anzuwenden, soweit eine elektronische Steuererklärung vorgeschrieben oder zugelassen ist.** [3] **Der Steuerpflichtige hat in der Steuererklärung die Steuer selbst zu berechnen, soweit dies gesetzlich vorgeschrieben ist (Steueranmeldung).**

(2) **Die Angaben in den Steuererklärungen sind wahrheitsgemäß nach bestem Wissen und Gewissen zu machen.**

(3) [1] **Ordnen die Steuergesetze an, dass der Steuerpflichtige die Steuererklärung eigenhändig zu unterschreiben hat, so ist die Unterzeichnung durch einen Bevollmächtigten nur dann zulässig, wenn der Steuerpflichtige infolge seines körperlichen oder geistigen Zustands oder durch längere Abwesenheit an der Unterschrift gehindert ist.** [2] **Die eigenhändige Unterschrift kann nachträglich verlangt werden, wenn der Hinderungsgrund weggefallen ist.**

(4) [1] **Den Steuererklärungen müssen die Unterlagen beigefügt werden, die nach den Steuergesetzen vorzulegen sind.** [2] **Dritte Personen sind verpflichtet, hierfür erforderliche Bescheinigungen auszustellen.**

(5) [1] **In die Steuererklärungsformulare können auch Fragen aufgenommen werden, die zur Ergänzung der Besteuerungsunterlagen für Zwecke einer Statistik nach dem Gesetz über Steuerstatistiken erforderlich sind.** [2] **Die Finanzbehörden können ferner von Steuerpflichtigen Auskünfte verlangen, die für die Durchführung des Bundesausbildungsförderungsgesetzes erforderlich sind.** [3] **Die Finanzbehörden haben bei der Überprüfung der Angaben dieselben Befugnisse wie bei der Aufklärung der für die Besteuerung erheblichen Verhältnisse.**

(6) [1] **Zur Erleichterung und Vereinfachung des automatisierten Besteuerungsverfahrens kann das Bundesministerium der Finanzen durch Rechtsverordnung mit Zustimmung des Bundesrates bestimmen, dass und unter welchen Voraussetzungen Steuererklärungen oder sonstige für das Besteuerungsverfahren erforderliche Daten ganz oder teilweise durch Datenfernübertragung oder auf maschinell verwertbaren Datenträgern übermittelt werden können.** [2] **In der Rechtsverordnung können von den §§ 72a und 87b bis 87d abweichende Regelungen getroffen werden.** [3] **Die Rechtsverordnung bedarf nicht der Zustimmung des Bundesrates, soweit die Kraftfahrzeugsteuer, die Luftverkehrsteuer, die Versicherungsteuer und Verbrauchsteuern, mit Ausnahme der Biersteuer, betroffen sind.**

(7) [1]Können Steuererklärungen, die nach amtlich vorgeschriebenem Vordruck abgegeben oder nach amtlich vorgeschriebenem Datensatz durch Datenfernübertragung übermittelt werden, nach § 155 Absatz 4 Satz 1 zu einer ausschließlich automationsgestützten Steuerfestsetzung führen, ist es dem Steuerpflichtigen zu ermöglichen, Angaben, die nach seiner Auffassung Anlass für eine Bearbeitung durch Amtsträger sind, in einem dafür vorgesehenen Abschnitt oder Datenfeld der Steuererklärung zu machen. [2]Daten, die von mitteilungspflichtigen Stellen nach Maßgabe des § 93c an die Finanzverwaltung übermittelt wurden, gelten als Angaben des Steuerpflichtigen, soweit sie in den Steuererklärungsformularen als eDaten gekennzeichnet sind oder bei nach amtlich vorgeschriebenem Datensatz durch Datenfernübertragung übermittelten Steuererklärungen für den Belegabruf bereitgestellt werden und er nicht in einem dafür vorzusehenden Abschnitt oder Datenfeld der Steuererklärung abweichende Angaben macht.

(8) [1]Ordnen die Steuergesetze an, dass die Finanzbehörde auf Antrag zur Vermeidung unbilliger Härten auf eine Übermittlung der Steuererklärung nach amtlich vorgeschriebenem Datensatz durch Datenfernübertragung verzichten kann, ist einem solchen Antrag zu entsprechen, wenn eine Erklärungsabgabe nach amtlich vorgeschriebenem Datensatz durch Datenfernübertragung für den Steuerpflichtigen wirtschaftlich oder persönlich unzumutbar ist. [2]Dies ist insbesondere der Fall, wenn die Schaffung der technischen Möglichkeiten für eine Datenfernübertragung des amtlich vorgeschriebenen Datensatzes nur mit einem nicht unerheblichen finanziellen Aufwand möglich wäre oder wenn der Steuerpflichtige nach seinen individuellen Kenntnissen und Fähigkeiten nicht oder nur eingeschränkt in der Lage ist, die Möglichkeiten der Datenfernübertragung zu nutzen.

Schrifttum: Schick, Die Steuererklärung, StuW 1988, 301; Slapio, Wirksamkeit der Einkommensteuererklärung bei Unterschrift durch einen Bevollmächtigten – Das Tatbestandsmerkmal der längeren Abwesenheit i. S. d. § 150 Abs. 3 Satz 1 AO, DStR 1995, 753

Übersicht

I. Allgemeines

Die Vorschrift regelt, welche **Anforderungen an Form und Inhalt** der StErklärung zu stellen sind. Zum Begriff der StErklärung → § 149 Rn. 3. 1

II. Form und Inhalt der Erklärungsvordrucke (Abs. 1)

1. Amtlich vorgeschriebene Vordrucke (Abs. 1 S. 1)

Nach § 150 I 1 sind StErklärungen **nur ausnahmsweise** nach (nicht „auf", → Rn. 9) 2
amtlich vorgeschriebenen Vordrucken beim FA abzugeben. Vorrangig ist stets die in

Einzelgesetzen normierte Pflicht zur Abgabe einer elektronischen StErklärung (§ 150 I 1, 2. HS Nr. 1). Auch die freiwillige Abgabe einer elektronischen StErklärung verdrängt die Pflicht, die amtlich vorgeschriebenen Vordrucke zu verwenden (Nr. 2, → Rn. 5). Damit ist die Abgabe elektronischer StErklärungen für praktische Zwecke der absolute Regelfall. Praktisch von geringer Bedeutung sind die Fälle, in denen die Verwendung der amtlich vorgeschriebenen Vordrucke suspendiert ist, weil entweder eine mündliche oder konkludente StErklärung zugelassen ist (Nr. 3 → Rn. 6) oder die Ausnahme der StErklärung an Amtsstelle nach § 151 in Betracht kommt (Nr. 4, → Rn. 7).

3 **Vorgeschriebene elektronische StErklärung (Nr. 1).** Nach den EinzelStGesetzen sind bestimmte StErklärungen zwingend nach amtlich vorgeschriebenem Datensatz auf elektronischem Wege nach Maßgabe der §§ 87b ff. dem FA zu übermitteln, so zB die LSt-Anmeldung nach § 41a I 2 EStG, die KapESt-Anmeldung nach § 45a I 1 EStG sowie die USt-Voranmeldung nach § 18 I 1 UStG und die Zusammenfassende Meldung nach § 18a I 1 UStG, wobei das FA jedoch regelmäßig auf Antrag des Stpfl. zur Vermeidung von unbilligen Härten auf eine elektronische Übermittlung verzichten kann. Das Steuerbürokratieabbaugesetz v. 20.12.2008 (BGBl. 2008 I 2850) normiert zudem weitere Verpflichtungen zur elektronischen Abgabe von StErklärungen nach amtlich vorgeschriebenem Datensatz, so zB in § 25 IV EStG iVm § 52 Abs. 39 EStG für die Abgabe der ESt-Erklärung ab dem Kj. 2011, wenn Gewinneinkünfte (§ 2 I 1 Nr. 1–3 EStG iVm § 2 II 1 Nr. 1 EStG) erzielt werden und es sich nicht um einen der Veranlagungsfälle des § 46 II Nr. 2–8 EStG handelt. Ferner sind nach § 5b EStG, der ebenfalls durch das Steuerbürokratieabbaugesetz eingefügt worden ist, auch Bilanzen sowie Gewinn- und Verlustrechnungen elektronisch dem FA zu übermitteln. Entsprechendes gilt gem. § 181 II a für die Übermittlung der Erklärung zur gesonderten Feststellung nach § 180 I Nr. 2 (→ § 181 Rn. 23). Überdies sind ab dem Kj. 2011 die KSt-Erklärung (§ 31 Ia 1 KStG iVm § 34 XIIIa KStG), die USt-Jahreserklärung (§ 18 III 1 UStG iVm § 27 XVII UStG) sowie die GewSt-Erklärung und in den Fällen des § 28 GewStG die Zerlegungserklärung (§ 14a S. 1 GewStG) dem FA elektronisch nach amtlich vorgeschriebenem Datensatz durch Datenfernübertragung zu übermitteln, wobei das FA auch in diesen Fällen auf Antrag des Stpfl. zur Vermeidung von unbilligen Härten auf eine elektronische Übermittlung verzichten kann. Zur elektronischen Übermittlung von StErklärungen → Rn. 14 sowie → § 87a Rn. 1 ff. Zum Begriff der unbilligen Härte s. § 150 VIII.

4 Die Pflicht, bestimmte StErklärungen auf elektronischem Wege abzugeben, ist **verfassungsgemäß** und verstößt nicht gegen Art. 12 I GG oder Art. 2 I GG, da die EinzelStGesetze in Härtefällen die Befreiung von der elektronischen StErklärungspflicht vorsehen (BFH 14.3.2012 – XI R 33/09, BStBl. II 2012, 477; HHSp § 150 Rn. 15a).

5 **Freiwillige elektronische Steuererklärung** (Nr. 2). Nr. 2 stellt klar, dass auch dann keine schriftliche StErklärung mehr einzureichen ist, wenn freiwillig eine elektronische StErklärung übermittelt wird. Die elektronische Übermittlung muss jedoch gesetzlich bzw. amtlich zugelassen sein.

6 **Mündliche StErklärungen (Nr. 3)** sind nur bei einer entsprechenden gesetzlichen Regelung zulässig. Sie sind derzeit nur im Bereich des Zollrechts vorgesehen (vgl. Art. 61c UZK), um dort eine beschleunigte Abwicklung zu erreichen (Schwarz/Pahlke/Keß § 150 Rn. 4). Gleiches gilt für konkludente StErklärungen.

7 Die **Aufnahme von StErklärungen an Amtsstelle** (Nr. 4) richtet sich nach § 151 und kommt nur in Ausnahmefällen in Betracht.

8 Aus § 150 I 1 ergibt sich **kein Anspruch auf kostenlose Übersendung der amtlichen StErklärungsvordrucke.** Der Stpfl. muss sich vielmehr im Rahmen seiner ihm obliegenden Mitwirkungspflichten im Besteuerungsverfahren die Vordrucke selbst beschaffen. Die FVerw. ist lediglich verpflichtet, die Vordrucke in öffentlich zugänglichen Räumlichkeiten in ausreichender Zahl zur Verfügung zu stellen (BFH 12.9.2002 – VII B 261/01, BFH/NV 2003, 6).

Vordruckverwendung. Die Verwendung eines amtlichen Vordrucks soll eine rasche Entscheidung der FB ermöglichen und insb. die maschinelle Beleglesung gewährleisten (BT-Drs. VI/1982, 128). Anhand der Vordrucke kann der Stpfl. außerdem erkennen, was er im Einzelnen erklären muss (TK § 150 Rn. 1). Die StErklärungen brauchen nach § 150 I 1 nicht auf, sondern nur nach einem amtlich vorgeschriebenen Vordruck abgegeben zu werden (ebenso die Regelungen in § 18 I 2, III 3 UStG und in § 14a S. 2 GewStG, für den Fall, dass die FB auf eine elektronische Übermittlung der StErklärung verzichtet hat). Die StErklärung kann daher auf einem fotokopierten oder privat gedruckten Vordruck abgegeben werden, wenn dieser in der drucktechnischen Ausgestaltung, in der Papierqualität und in den Abmessungen den amtlichen Vordrucken entspricht, wobei der amtliche Gründruck durch entsprechende Graustufen ersetzt werden muss. Geringfügige Veränderungen der Zeilen- und Schreibabstände sowie des Papierformats sind zulässig. Die Vordrucke müssen mindestens 15 Jahre haltbar und gut lesbar sein. Der selbst gefertigte Vordruck muss nicht (mehr) beidseitig bedruckt sein. Die Verbindung der Seiten mehrseitiger Vordrucke ist zu vermeiden (BMF 12.8.2022, BStBl. I 2022, 1334; vgl. hierzu auch BT-Drs. VI/1982, 128 sowie Nebe Stbg 2011, 337) Zu den strengen Anforderungen bei Anträgen auf Investitionszulage s. BFH 16.7.1997 – III R 266/94, BStBl. II 1998, 31. Darüber hinaus genügt auch die Übermittlung der StErklärung auf einem amtlichen Erklärungsvordruck per Telefax, sofern keine eigenhändige Unterschrift des Stpfl. erforderlich ist (FG Niedersachsen 19.12.2000 – 6 K 581/98, EFG 2001, 548; so auch BFH 4.7.2002 – V R 31/01, BStBl. II 2003, 45 für die USt-Voranmeldung in Schriftform nach § 18 I UStG aF; zum Erfordernis einer eigenhändigen Unterschrift → Rn. 18 ff.). Wird kein amtlicher Vordruck und kein zulässiger privater Vordruck verwendet, liegt keine ordnungsgemäße StErklärung vor, sodass die Festsetzung eines Verspätungszuschlags (§ 152) zulässig ist. Etwas anderes gilt nur bei nicht relevanten Abweichungen vom amtlichen Vordruck, sofern das FA nicht mit maschineller Beleglesung arbeitet (TK § 150 Rn. 8). Wegen der ständigen Änderungen im StRecht muss regelmäßig der für den jeweiligen VZ und das jeweilige Bundesland entwickelte Vordruck benutzt werden (FG Berlin 9.11.1977 – VI 207/77, EFG 1978, 309). Solange amtliche Vordrucke für das maßgebliche Kj. noch nicht vorliegen, entfällt bei einer Aufforderung zur vorzeitigen Abgabe einer StErklärung die Erklärungspflicht nicht, wenn der Vordruck des Vorjahres ebenfalls im Wesentlichen geeignet ist und die FB diesen Vordruck dem Stpfl. mit der Aufforderung übersandt hat (FG Berlin 16.12.1983 – III 473/83, EFG 1984, 328). 9

Zuständig für die Erstellung der Vordrucke ist nach Art. 108 GG das BMF, wobei in der Praxis eine Vordruck-Kommission der FVerw. die erforderlichen Vorarbeiten leistet (vgl. hierzu Schick StuW 1988, 301). 10

Inhalt der Vordrucke. Abs. 1 S. 1 regelt nicht, welche Fragen in den Erklärungsvordrucken zulässig sind. Es dürfen in den Vordrucken alle Angaben verlangt werden, die sich auf die rechtlichen und tatsächlichen Verhältnisse beziehen, die für die Stpfl. und die Bemessung der Steuer maßgebend sind. Auch nach Hilfstatsachen (Indizien), die der Sachaufklärung nur mittelbar dienen, darf gefragt werden; so dürfen zB in der USt-Erklärung Angaben zu Art und Umfang des Wareneingangs verlangt werden (TK § 150 Rn. 38). Ferner darf nach steuerfreien Einnahmen (HHSp § 150 Rn. 6), nach dem dauernden Getrenntleben von Ehegatten (aA Schick StuW 1988, 301) und nach der Religionszugehörigkeit des Stpfl. gefragt werden. Zur Angabe der Nummern von Konten und Depots, die der Stpfl. bei Kreditinstituten unterhält, vgl. § 30a IV. Unvollständige und unklare Vordrucke gehen zulasten der FVerw. (HHSp § 150 Rn. 5). Unzulässig sind Fragen, um gezielt Informationen über Dritte zu erhalten (HHSp § 150 Rn. 6). 11

Erläuterungen. Die StErklärungsvordrucke werden regelmäßig mit Erläuterungen (Anleitungen, Ratgebern) versehen, die den Umgang mit den Vordrucken erleichtern und Irrtümer vermeiden helfen sollen. Es handelt sich um eine nach § 89 gebotene Form der Beratung, die jedoch wegen der Komplexität des StRechts nicht vollständig sein kann (HHSp § 150 Rn. 11). 12

13 **Abgabe der StErklärung.** Eine StErklärung ist dann iSd § 150 I 1 abgegeben, wenn der FB aufgrund der eingereichten StErklärung die Festsetzung der Steuer oder die Feststellung der Besteuerungsgrundlagen möglich ist. Ob die Erklärung inhaltlich richtig oder vollständig ist, spielt für die Frage der Abgabe keine Rolle. Der Stpfl. hat seine StErklärung auch dann iSd § 150 I 1 abgegeben, wenn er die StErklärung wegen einzelner Punkte als vorläufig bezeichnet oder mit bestimmten Vorbehalten versehen hat, sofern die Erklärung im Übrigen nach Form und Inhalt den gesetzlichen Erfordernissen entspricht (BFH 6.11.1969 – IV 249/64, BStBl. II 1970, 168; HHSp § 150 Rn. 21; TK § 150 Rn. 52). An einer Abgabe der StErklärung fehlt es jedoch, wenn wegen der Mängel der eingereichten Erklärung ein ordnungsgemäßes Veranlagungsverfahren nicht in Gang gesetzt werden kann (BFH 6.11.1969 – IV 249/64, BStBl. II 1970, 168), so zB wenn der Stpfl. lediglich den Mantelbogen zu seiner Est-Erklärung abgegeben hat (FG Köln 14.2.2001 – 14 K 5238/99, EFG 2001, 897; zu den Folgen → § 149 Rn. 35).

2. Elektronische Übermittlung von Steuererklärungen (Abs. 1 S. 2)

14 **§ 150 I 2** betrifft die elektronische Übermittlung von StErklärungen nach amtlich vorgeschriebenem Vordruck gem. § 87a (zur elektronischen Kommunikation → § 87a Rn. 1 ff.). § 150 I 2 verpflichtet den Stpfl. allerdings nicht zur elektronischen Übermittlung seiner StErklärungen, sondern eröffnet lediglich die Möglichkeit hierzu. Durch die Regelung des Abs. 1 S. 2 soll klargestellt werden, dass § 87a nur anwendbar und damit eine elektronische Übermittlung von StErklärungen ausschließlich zulässig ist, soweit ein Gesetz oder eine nach § 150 VI erlassene Rechtsverordnung dies vorschreibt oder erlaubt (BT-Drs. 14/9000, 37). Eine solche Verpflichtung enthalten etwa § 25 IV EStG und § 18 I, III UStG. Bei der elektronischen Übermittlung von StErklärungen wird die nach Abs. 1 S. 1 erforderliche Schriftform gem. § 87a III 1 durch die elektronische Form ersetzt (→ § 87a Rn. 42). Zur elektronischen Signatur → § 87a Rn. 43 f. und Rn. 60.

3. Steueranmeldungen (Abs. 1 S. 3)

15 **StAnmeldungen** sind StErklärungen, in denen der Stpfl. die Steuer selbst zu berechnen hat. Beispiele hierfür → § 149 Rn. 3. Keine StAnmeldung iSd § 150 I 2 liegt vor, wenn das Gesetz zwar eine Selbstberechnung der Steuer vorsieht, gleichwohl aber eine förmliche StFestsetzung anordnet, wie zB in § 9 KraftStDV. Wegen einer von der StAnmeldung abw. StFestsetzung s. § 167. Zur Wirkung einer StAnmeldung s. § 168.

III. Wahrheitspflicht und Wahrheitsversicherung (Abs. 2)

16 § 150 II 1 normiert eine **Verpflichtung zur Wahrheit** bei der Erstellung einer StErklärung (vgl. auch § 90 I 2). Die Wahrheitspflicht bezieht sich nur auf Tatsachen, nicht auf die in der StErklärung enthaltenen Willenserklärungen oder rechtlichen Würdigungen, da nur Tatsachen wahr oder unwahr sein können. Rechtliche Würdigungen sind lediglich richtig oder falsch. Der Stpfl. darf jedoch nicht unsinnig oder grob falsch subsumieren und dadurch die für die Besteuerung erheblichen Tatsachen verschweigen. Ein Verstoß gegen § 150 II 1 liegt auch vor, wenn der Stpfl. in seine StErklärung Aufwendungen doppelt einträgt (BFH 14.5.2013 – X B 33/13, BFH/NV 2013, 1145).

17 Der Stpfl. muss nach § 150 II 1 bei der Erstellung seiner StErklärung die ihm nach seinen persönlichen Fähigkeiten und Verhältnissen **zumutbare Sorgfalt** walten lassen, wobei die Anforderungen jedoch nicht überspannt werden dürfen (BFH 23.7.2013 – VIII R 32/11, BFH/NV 2013, 1831). Aus Abs. 2 S. 1 folgt aber keine Verpflichtung, sich in seiner StErklärung an die höchstrichterliche Rspr. oder an die StRichtlinien der Verwaltung zu halten. Bei Abweichungen muss der Stpfl. auch keinen entsprechenden Hinweis in seine Erklärung aufnehmen (TK § 150 Rn. 47). Dies gilt ebenso, wenn bei der Erstellung der Erklärung ein Angehöriger der steuerberatenden Berufe (§ 3 StBerG) mitgewirkt hat, wobei jedoch die Anforderungen an die Qualität der rechtlichen Würdigungen entspr. steigen. Hat die FB frühere StErklärungen beanstandet, so muss der Stpfl. in

den Folgejahren dem nicht entsprechen. Ehegatten/Lebenspartner sind nach Abs. 2 S. 1 auch bei Zusammenveranlagung nach § 26b EStG nicht zu wechselseitiger Kontrolle verpflichtet.

IV. Unterschriften (Abs. 3)

§ 150 III 1 verweist hinsichtlich der **Unterzeichnung** der StErklärung auf die entsprechenden Regelungen in anderen StGesetzen. Die Vorschrift begründet keine selbständige Pflicht, die StErklärung eigenhändig zu unterschreiben. Eine eigenhändige Unterschrift ist zB vorgesehen in § 25 III 4 f. EStG, § 14a S. 2 GewStG, § 18 III 3 UStG (Jahressteuererklärung) oder in § 7 II 1 InvZulG 2010. Keine eigenhändige Unterschrift ist hingegen erforderlich bei der USt-Voranmeldung (§ 18 I 2 UStG) und bei der Erbschaftsteuererklärung (§ 31 IV 2 ErbStG). § 150 III 1 geht als lex specialis dem § 80 I 2 sowie den Unterschriftsvorschriften in den EinzelStGesetzen vor (BT-Drs. 7/4292, 31; vgl. auch BFH 29.3.2001 – III R 48/98, BStBl. II 2001, 629). 18

Zweck der eigenhändigen Unterschrift. Die Pflicht zur eigenhändigen Unterschrift dient zunächst der Identifizierung des Erklärenden. Die Pflicht zur Unterschrift ist jedoch mehr als ein reiner Autorisationsakt (aA HHSp § 150 Rn. 36). Sie ergänzt darüber hinaus auch die Wahrheitspflicht aus § 150 II 1. Der Stpfl. soll durch seine Unterschrift erkennbar die Verantwortung für die tatsächlichen Angaben in der Erklärung übernehmen. Die Unterschrift soll sicherstellen, dass er sich über die Lückenlosigkeit und Richtigkeit der ggf. von einer dritten Person vorgenommenen Eintragung und über den Umfang der im Vordruck vorgesehenen Angaben vergewissert hat (BFH 14.1.1998 – X R 84/95, BStBl. II 1999, 203; BFH 10.10.1986 – VI R 208/83, BStBl. II 1987, 77; BFH 25.6.1997 – VIII B 35/96, BFH/NV 1998, 8). Die Anforderungen an eine Kontrollpflicht des Stpfl. gegenüber Angehörigen der steuerberatenden Berufe (§ 3 StBerG) dürfen jedoch nicht überspannt werden. 19

Form der Unterschriftsleistung. Der Stpfl. muss mit seinem Familiennamen unterschreiben (BFH 17.12.1998 – III R 87/96, BStBl. II 1999, 313). Eine Paraphe genügt nicht (BFH 25.3.1983 – III R 64/82, BStBl. II 1983, 479). Der Stpfl. darf keine Blankounterschrift leisten, da diese mit dem Zweck des Abs. 3 S. 1 nicht vereinbar ist. Auch eine zuvor auf Papierstreifen gesetzte Unterschrift, die anschließend auf die StErklärung geklebt wird, genügt daher nicht (BFH 20.1.1984 – VI R 16/82, BStBl. II 1984, 436). Die Übermittlung der eigenhändig unterzeichneten Erklärung per Telefax ist zulässig (BFH 8.10.2014 – VI R 82/13, BStBl. II 2015, 359; Gosch AO § 150 Rn. 39). Der Antrag einer GmbH auf Gewährung einer Investitionszulage ist grds. nur wirksam, wenn er von dem Geschäftsführer eigenhändig unterschrieben ist; die Unterschrift eines Prokuristen oder sonstigen Vertreters genügt nicht (BFH 15.10.1998 – III R 58/95, BStBl. II 1999, 237; BFH 17.3.2008 – III B 41/07, BFH/NV 2008, 1200). 20

Unterzeichnung durch einen Bevollmächtigten ist nach § 150 III 1 zulässig, wenn der Stpfl. dazu aufgrund seines körperlichen oder geistigen Zustands oder infolge einer längeren Abwesenheit nicht in der Lage ist. Bevollmächtigte sind nur gewillkürte Vertreter (§ 80). Gesetzliche Vertreter (§ 34) unterschreiben die Erklärung selbst als Erklärungspflichtige. Abs. 3 S. 1 erfasst zunächst den Fall, dass der Stpfl. aus gesundheitlichen Gründen nicht in der Lage ist, seine StErklärung zu unterschreiben. Als Verhinderung iSd Abs. 3 S. 1 können daneben mangelnde geschäftliche oder rechtliche Erfahrungen in Betracht kommen (BFH 16.6.1989 – III R 119/85, BStBl. II 1989, 1022; aA HHSp § 150 Rn. 38). Der Begriff der längeren Abwesenheit iSd Abs. 3 S. 1 setzt voraus, dass es sich um einen längeren Aufenthalt in weiter Entfernung handelt, der eine sachgerechte Erfüllung der Erklärungspflicht ausschließt (Slapio DStR 1995, 753; vgl. auch BFH 29.3.2001 – III R 48/98, BStBl. II 2001, 629; FG Düsseldorf 13.9.1977 – XIII 254/77 L, EFG 1978, 24). Im Investitionszulagenrecht sind für die Frage, ob der Stpfl. durch längere Abwesenheit gehindert war, den Antrag auf Investitionszulage eigenhändig zu unterschreiben, die 21

Umstände zum Zeitpunkt des Ablaufs der Antragsfrist entscheidend (BFH 16.5.2002 – III R 27/01, BStBl. II 2002, 668). Eine längere Abwesenheit liegt regelmäßig bei einem Daueraufenthalt im Ausland bzw. bei einem Wegzug in das Ausland vor (BFH 10.4.2002 – VI R 66/98, BStBl. II 2002, 455). Ebenso werden Geschäftsreisen sowie Urlaubsaufenthalte und Kuren erfasst. Eine kurze Heimfahrt ist zumutbar. Ohne Bedeutung ist, ob der Stpfl. auswärts postalisch in zumutbarer Weise erreichbar ist (vgl. BFH 10.4.2002 – VI R 66/98, BStBl. II 2002, 455; aA BFH 29.3.2001 – III R 48/98, BStBl. II 2001, 629 für den Bereich des Investitionszulagenrechts bei einer mehrwöchigen Urlaubsreise). Antrags- und StErklärungsfristen können grds. voll ausgenutzt werden (BFH 15.10.1998 – III R 58/95, BStBl. II 1999, 237). Dies gilt auch dann, wenn der Stpfl. erst kurz vor Fristablauf abreist (FG Sachsen 23.5.1996 – 2 K 22/95, EFG 1997, 760; FG Baden-Württemberg 9.2.1995 – 6 K 155/93, EFG 1995, 784; Slapio DStR 1995, 753; aA BFH 15.10.1998 – III R 58/95, BStBl. II 1999, 237). Darüber hinaus liegt eine längere Abwesenheit iSd Abs. 3 S. 1 vor, wenn der Geschäftsführerposten einer GmbH für längere Zeit nicht besetzt ist (FG Brandenburg 13.6.2001 – 5 K 310/00, EFG 2001, 1533; offengelassen BFH 16.5.2002 – III R 27/01, BStBl. II 2002, 668). Die Unterzeichnung durch einen Bevollmächtigten bei eigenhändiger Unterschriftspflicht ist in der Erklärung kenntlich zu machen (BFH 10.4.2002 – VI R 66/98, BStBl. II 2002, 455; BFH 7.11.1997 – VI R 45/97, BStBl. II 1998, 54). Eine verdeckte Stellvertretung ist unzulässig (BFH 10.4.2002 – VI R 66/98, BStBl. II 2002, 455; BFH 7.11.1997 – VI R 45/97, BStBl. II 1998, 54).

22 **Unterschrift beim ELSTER-Verfahren.** Wird die StErklärung dem FA elektronisch übermittelt, wird die eigenhändige Unterschrift durch die Authentifizierung in ELSTER ersetzt (§ 87a VI 1).

23 Der **Pfändungsgläubiger eines StErstattungsanspruchs** ist nicht berechtigt, zur Realisierung des gepfändeten Anspruchs eine von ihm selbst unterschriebene StErklärung für den Vollstreckungsschuldner abzugeben (BFH 18.8.1998 – VII R 114/97, BStBl. II 1999, 84; BFH 15.12.2008 – VII B 155/08, BFH/NV 2009, 715). Entsprechendes gilt für einen Antrag auf Ehegattenzusammenveranlagung nach § 26b EStG (BFH 29.2.2000 – VII R 109/98, BStBl. II 2000, 573).

24 **§ 150 III 2** stellt es in das pflichtgemäße Ermessen der FB, die Nachholung der eigenhändigen Unterschrift zu verlangen, wenn der Hinderungsgrund weggefallen ist.

25 **Folgen einer fehlenden Unterschrift.** Wird eine eigenhändige Unterschrift verweigert oder fehlen die Voraussetzungen für eine Unterzeichnung durch einen Bevollmächtigten, liegt keine wirksam abgegebene StErklärung vor (BFH 10.11.2004 – II R 1/03, BStBl. II 2005, 244). Willenserklärungen in der StErklärung sind entspr. § 125 S. 1 BGB unwirksam (Schwarz/Pahlke/Keß § 150 Rn. 47). Der Mangel der fehlenden Unterschrift ist allerdings unbeachtlich, wenn auf eine solche StErklärung ein wirksamer StBescheid ergeht (BFH 28.2.2002 – V R 42/01, BStBl. II 2002, 642; so auch BFH 30.10.2001 – X B 63/01, BFH/NV 2002, 504 zur fehlenden Unterschrift eines Ehegatten unter die gemeinsame ESt-Erklärung gem. § 25 III 2 EStG). Die Unterzeichnung der StErklärung kann nach §§ 328 ff. erzwungen werden. Ferner können die Besteuerungsgrundlagen ggf. auf der Grundlage der eingereichten StErklärung nach § 162 I geschätzt werden.

V. Beizufügende Unterlagen (Abs. 4)

26 **§ 150 IV 1** begründet keine originäre Pflicht zur Vorlage von Unterlagen, sondern bestätigt lediglich eine sich aus anderen StGesetzen ergebende Verpflichtung, so zB die Pflicht aus § 60 I EStDV, mit der ESt-Erklärung eine Abschrift der Bilanz und der Gewinn- und Verlustrechnung einzureichen. Bilanzen und Gewinn- und Verlustrechnungen müssen allerdings nach § 5b EStG grds. nach amtlich vorgeschriebenem Datensatz durch Datenfernübertragung übermittelt werden, wobei das FA jedoch auf Antrag zur Vermeidung einer unbilligen Härte auf eine elektronische Übermittlung verzichten kann (vgl. wegen der Einzelheiten hierzu BMF 19.1.2010, BStBl. I 2010, 47). Für Stpfl., die

ihren Gewinn nach § 4 III EStG ermitteln, ordnet § 60 IV EStDV die elektronische Übermittlung der Einnahmenüberschussrechnung an. Nach § 60 IV EStDV muss der Stpfl. dem FA daher auch die Anlage EÜR übermitteln, die ebenfalls zu den beizufügenden Unterlagen iSd § 150 IV gehört (BFH 16.11.2011 – X R 18/09, BStBl. II 2012, 129). Die nach § 150 IV 1 beizufügenden Unterlagen sind nicht Teil der StErklärung, sondern selbständige Beweismittel iSd § 92 (TK § 150 Rn. 56; Gosch AO § 150 Rn. 45; aA HHSp § 150 Rn. 42). Hierfür spricht schon der Wortlaut der Vorschrift. Die Vorlage der Unterlagen iSd Abs. 4 S. 1 kann nach §§ 328 ff. erzwungen werden. Allerdings kommt die Festsetzung eines Verspätungszuschlags (§ 152) nicht in Betracht, wenn der Stpfl. der FB die Unterlagen nicht vorgelegt hat.

§ 150 IV 2 begründet eine öffentlich-rechtliche Verpflichtung Dritter zur Ausstellung 27
der vom Stpfl. nach § 150 IV 1 vorzulegenden Bescheinigungen (HHSp § 150 Rn. 46). Die FB kann gegenüber dem Dritten, wie zB einem gemeinnützigen Spendenempfänger, mittels VA iSd § 118 S. 1 die Erstellung der Bescheinigung anordnen und ggf. nach §§ 328 ff. erzwingen. § 150 IV 2 begründet keinen eigenen Rechtsanspruch des Stpfl. gegen den Dritten auf Ausstellung einer Bescheinigung. Der Stpfl. ist insoweit auf seine zivilrechtlichen Ansprüche gegen den Dritten beschränkt (Gosch AO § 150 Rn. 48; Schwarz/Pahlke/Keß § 150 Rn. 33).

VI. Fragen für Statistikzwecke und Auskünfte zum BAföG (Abs. 5)

§ 150 V 1 lässt in der StErklärung auch Fragen zu, die zur Ergänzung der Besteuerungs- 28
grundlagen für Zwecke einer Statistik nach dem Gesetz über StStatistiken v. 11.10.1995 (BGBl. 1995 I 1250 (1409)) erforderlich sind. Abs. 5 S. 1 stellt dabei sicher, dass die StErklärungsformulare entspr. gestaltet werden können, um die für statistische Zwecke erforderlichen Angaben zu erlangen (BFH 23.11.1998 – VII B 237/98, BFH/NV 1999, 897; vgl. auch BT-Drs. VI/1982, 128). Dem Gesetz ist nicht zu entnehmen, dass die abgefragten Daten deshalb nicht gesondert verlangt werden dürften, weil sie sich bereits aus anderen vom Stpfl. eingereichten Unterlagen ergeben und dass die Daten unmittelbar der Besteuerung dienen müssten (BFH 23.11.1998 – VII B 237/98, BFH/NV 1999, 897). Die Angaben iSd Abs. 5 S. 1 können nach §§ 328 ff. erzwungen werden.

§ 150 V 2–3 betreffen die Amtshilfe der FB zum Vollzug des BAföG. Die FB sind nach 29
Abs. 5 S. 2 f. befugt, die für den Vollzug des BAföG maßgebenden Daten selbständig zu sammeln und zu überprüfen. Durch die Regelung sollen datenschutzrechtliche Bedenken ausgeräumt werden. Ferner wird sichergestellt, dass die FB auch dann tätig werden können, wenn für eine Überprüfung allein aus steuerlichen Gründen kein Anlass besteht.

VII. Übermittlung durch Datenträger oder Datenfernübertragung (Abs. 6)

Allgemeines. § 150 VI betrifft die elektronische Abgabe von StErklärungen und sons- 30
tige Datenübermittlungen im Besteuerungsverfahren. Der Anwendungsbereich umfasst sowohl verpflichtet als auch freiwillig übermittelte elektronische StErklärungen (aA Gosch AO § 150 Rn. 52). Die Regelung ist durch das ModBestVerfG v. 18.7.2016 (BGBl. 2016 I 1679) mWv 1.1.2017 neu gefasst worden. Gleichzeitig trat die aufgrund von § 150 VI 1 aF erlassene StDÜV v. 28.1.2003 (BGBl. 2003 I 139) mWv 31.12.2016 außer Kraft; die bisher dort geregelten Einzelheiten zur Datenübermittlung an die FB wurden nunmehr in §§ 72a und 87b–87d aufgenommen (Schwarz/Pahlke/Keß § 150 Rn. 53). Diese Vorschriften sind die Grundlage des Einsatzes der Software ELSTER (zu Einzelheiten s. die Erl. zu §§ 72a, 87b–87d).

§ 150 VI 1, 2 ermächtigen das BMF mit Zustimmung des Bundesrates, eine Rechtsver- 31
ordnung zu erlassen, die das elektronische Übermittlungsverfahren abw. von §§ 72a, 87b bis 87d regelt. Von dieser Verordnungsermächtigung wurde bislang nicht Gebrauch gemacht (TK § 150 Rn. 22).

32 Nach **§ 150 VI 3** bedarf eine Rechtsverordnung nach Abs. 6 S. 1 nicht der Zustimmung des Bundesrates, soweit die KraftSt, die VersSt und VerbrauchSt mit Ausnahme der BierSt betroffen sind, da die Verwaltungskompetenz für die VersSt und die Verwaltungs- und Ertragskompetenz für die KraftSt zwischenzeitlich auf den Bund übergegangen sind (BT-Drs. 17/5125, 51). Entsprechendes gilt für die LuftVSteuer (vgl. BR-Drs. 302/12, 134). Regelungen zur BierSt bedürfen dagegen der Zustimmung des Bundesrates, da deren Aufkommen nach Art. 106 II Nr. 5 GG den Ländern zusteht. Abs. 6 S. 3 dient insgesamt der Verfahrensvereinfachung (vgl. BT-Drs. 14/7341, 18).

VIII. Freitextfeld und eDaten (Abs. 7)

33 **Allgemeines.** Die Vorschrift wurde durch das ModBestVerfG mWv v. 1.1.2017 grundlegend geändert. Sie ist seitdem im Kontext von § 155 IV zu sehen, der den FB die vollständig automatisierte StFestsetzung ermöglicht. Dies gilt jedoch nicht, wenn ein Anlass zur persönlichen Bearbeitung durch einen Amtsträger besteht (§ 155 IV 1). Dies ist nach § 155 IV 3 insb. der Fall, wenn der Stpfl. Angaben iSd § 150 VII gemacht hat. Hierzu sieht § 150 VII 1 vor, dass es dem Stpfl. zu ermöglichen ist, Angaben, die nach seiner Auffassung Anlass für eine Bearbeitung durch Amtsträger sind, in einem dafür vorzusehenden Datenfeld der StErklärung (sog. Freitextfeld) zu machen. Abs. 7 S. 2 enthält darüber hinaus eine Regelung zur Behandlung von Daten iSd § 93c (sog. eDaten).

34 Das **Freitextfeld** dient insb. der Übermittlung solcher Daten, die nicht maschinell auswertbar sind (TK § 150 Rn. 50) oder zu denen die StErklärung keine verkennzifferten Felder enthält. Fallgruppen zur Nutzung des Freitextfelds können daher sein: das Bedürfnis, weitergehende Angaben zu machen, die Äußerung von Zweifelsfragen oder Prüfbitten sowie (zur Vermeidung des Vorwurfs einer StVerkürzung) der Hinweis darauf, dass in der StErklärung bewusst eine Rechtsauffassung zugrunde gelegt wird, die von der bekannten Rechtsauffassung der FVerw. abweicht (BT-Drs. 18/7457, 49).

35 Abs. 7 S. 2 regelt, dass von Dritten übermittelte **eDaten** zur StErklärung als Angaben des Stpfl. gelten, sofern sie in den StErklärungsformularen als eDaten gekennzeichnet sind oder bei nach amtlich vorgeschriebenem Datensatz durch Datenfernübertragung übermittelten StErklärungen für den Belegabruf bereitgestellt werden und der Stpfl. keine abweichenden Angaben in einem dafür vorzusehenden Datenfeld macht. Denklogisch kann der Stpfl. das Freitextfeld jedoch nur nutzen, soweit ihm die eDaten bekannt sind (bspw. durch Abdruck der elektronischen LSt-Bescheinigung oder durch die Nutzung der sog. vorausgefüllten StErklärung). Sind die eDaten zuungunsten des Stpfl. falsch, ergeben sich iErg aber keine Nachteile, wenn keine abw. Angaben gemacht werden: Der fehlerhafte Bescheid ist – verschuldensunabhängig – nach § 175b II korrekturfähig (Gosch AO § 150 Rn. 58). Relevant wird § 150 VII 2 jedoch im steuerstrafrechtlichen Kontext: Weiß der Stpfl. um die Unrichtigkeit der eDaten zu seinen Gunsten, ist er zur Korrektur über das Freitextfeld verpflichtet. Ansonsten würde er unrichtige Angaben iSd § 370 I machen.

IX. Vermeidung unbilliger Härten bei Datenfernübertragung (Abs. 8)

36 **Allgemeines.** § 150 VIII, der durch das Steuerbürokratieabbaugesetz mit Wirkung zum 1.1.2009 eingefügt worden ist, knüpft an die in den EinzelStGesetzen vorgesehene Möglichkeit an, auf Antrag des Stpfl. zur Vermeidung unbilliger Härten auf eine elektronische Übermittlung der StErklärungen zu verzichten (→ Rn. 3).

37 **§ 150 VIII 1** konkretisiert zunächst den Begriff der „unbilligen Härte" und bestimmt, dass das FA einem Antrag, auf die Übermittlung der StErklärung nach amtlich vorgeschriebenem Datensatz zu verzichten, zu entsprechen hat, wenn die Datenfernübertragung dem Stpfl. wirtschaftlich oder persönlich unzumutbar ist. In diesen Fällen hat die FB keinen Ermessensspielraum und muss dem Antrag des Stpfl. entsprechen (BT-Drs. 16/10, 940, 13). Der Antrag bedarf keiner bestimmten Form. Er kann auch konkludent gestellt werden, zB durch Abgabe einer herkömmlichen StErklärung in Papierform. Sachverhaltsermitt-

lungen der FB sind in diesem Fall nur geboten, wenn das Vorliegen eines Härtefalls nicht als glaubhaft angesehen werden kann (BT-Drs. 16/10940, 13). Insgesamt soll die FB nach dem Willen des Gesetzgebers die Härtefallregelung des § 150 VIII großzügig anwenden (vgl. BT-Drs. 16/10940, 4).

Unzumutbarkeit liegt nach **§ 150 VIII 2** vor, wenn der finanzielle Aufwand für den 38
Stpfl. erheblich wäre, oder wenn er nach seinen individuellen Kenntnissen und Fähigkeiten nicht in der Lage ist, die Möglichkeit der Datenfernübertragung zu nutzen. In der Praxis dürften diese Voraussetzungen vor allem bei Kleinstbetrieben gegeben sein (BT-Drs. 16/10940, 13). Die Aufzählung in Abs. 8 S. 2 ist nicht abschließend („insbesondere"), sodass das FA im Einzelfall auch aus anderen Gründen auf eine elektronische Übermittlung der StErklärungen verzichten kann. Dies kann zB der Fall sein, wenn der Stpfl. seinen Betrieb bereits eingestellt hat, wirtschaftliche Unzumutbarkeit, oder wenn er aufgrund seines Alters keinen Zugang mehr zur Computertechnik finden kann, persönliche Unzumutbarkeit (BFH 14.3.2012 – XI R 33/09, BStBl. II 2012, 477). Der Stpfl. darf vom FA jedoch hinsichtlich der zur Erfüllung der Erklärungspflicht auf elektronischem Weg erforderlichen Hard- und Software grds. nicht auf den Internetzugang anderer Konzerngesellschaften verwiesen werden (BFH 14.3.2012 – XI R 33/09, BStBl. II 2012, 477).

§ 151 Aufnahme der Steuererklärung an Amtsstelle

Eine Steuererklärung, die schriftlich oder elektronisch abzugeben ist, kann bei der zuständigen Finanzbehörde zur Niederschrift erklärt werden, wenn dem Steuerpflichtigen nach seinen persönlichen Verhältnissen weder die elektronische Übermittlung noch die Schriftform zuzumuten ist, insbesondere, wenn er nicht in der Lage ist, eine gesetzlich vorgeschriebene Selbstberechnung der Steuer vorzunehmen oder durch einen Dritten vornehmen zu lassen.

I. Allgemeines

Zweck der Vorschrift. § 151 soll geschäftlich unerfahrenen Stpfl. helfen und Härten 1
bei der Abgabe der StErklärung mindern (BT-Drs. IV/1982, 128). Ferner wird dem Stpfl. die Möglichkeit abgeschnitten, sich darauf zu berufen, dass ihm die Erfüllung seiner Erklärungspflicht subjektiv unmöglich ist. Durch das ModBestVerfG v. 18.7.2016 (BGBl. 2016 I 1679) wurden mit Wirkung zum 1.1.2017 elektronisch zu übermittelnde StErklärungen in den Anwendungsbereich der Regelung einbezogen.

II. Begriff der Steuererklärung zur Niederschrift

Die StErklärung zur Niederschrift ist eine **besondere Form der schriftlichen Erklärung,** bei der die FB Erklärungshilfe leistet (BFH 30.11.1994 – V B 64/94, BFH/NV 1995, 651; HHSp § 151 Rn. 2). Es müssen daher die amtlichen Vordrucke benutzt werden (§ 150 I 1). Der Stpfl. muss die Erklärung eigenhändig unterschreiben, falls das Gesetz keine andere Regelung vorsieht und er dazu in der Lage ist (§ 150 III). Die Pflicht zur Beifügung von Unterlagen (§ 150 IV) und zur Berichtigung unrichtiger oder unvollständiger Erklärungen (§ 153) bleibt unberührt. 2

III. Unzumutbarkeit der elektronischen Übermittlung oder der Schriftform

Begriff. Nach § 151 muss die elektronische Übermittlung oder die Schriftform für den 3
Stpfl. nach seinen individuellen Verhältnissen unzumutbar sein. Dies ist bei der Schriftform der Fall, wenn die Einhaltung der Schriftform für den Stpfl. aus körperlichen oder geistigen Gründen nicht möglich ist. Die elektronische Übermittlung ist unzumutbar, wenn die Voraussetzungen des § 150 VIII erfüllt sind (→ § 150 Rn. 36 ff.). § 151 erfasst allerdings nicht den Fall, dass der Stpfl. nach § 79 handlungsunfähig ist, da in diesen Fällen Personen

iSd §§ 34, 35 für den Stpfl. handeln (FG Baden-Württemberg 19.1.2001 – 10 K 12/98, EFG 2001, 542). Unzumutbarkeit der Schriftform ist jedoch bei Analphabeten gegeben. Ferner liegt Unzumutbarkeit vor, wenn der Stpfl. aufgrund unzureichender Kenntnisse im StRecht komplizierte Sachverhalte und Fragen nicht bewältigen kann. Dies kann nach dem Wortlaut des § 151 insb. dann der Fall sein, wenn der Stpfl. die Steuer nach der gesetzlichen Regelung selbst berechnen muss und die Berechnung auch nicht durch einen Dritten vornehmen lassen kann (zur Selbstberechnung der Steuer → § 150 Rn. 15). Ausländer müssen sich bei Sprachschwierigkeiten nach dem Grundgedanken des § 87 der Hilfe eines Dolmetschers bedienen (Schwarz/Pahlke/Keß § 151 Rn. 7). Ohne Bedeutung ist für § 151, ob die StErklärung zur Niederschrift für die FB zB wegen Arbeitsüberlastung unzumutbar ist (Schwarz/Pahlke/Keß § 151 Rn. 3).

4 **Hilfe Dritter.** Grds. ist es einem Stpfl., der selbst an der Abgabe einer schriftlichen oder elektronischen StErklärung gehindert ist, zuzumuten, einen Dritten, insb. einen Angehörigen der steuerberatenden Berufe (§ 3 StBerG), mit der Erstellung seiner Erklärung zu beauftragen (TK § 151 Rn. 3; Gosch AO § 151 Rn. 5). Entscheidend für die Frage, ob der Stpfl. Hilfe Dritter in Anspruch nehmen muss, ist die tatsächliche Bedeutung der einzelnen StErklärung für den konkreten StFall (Schwarz/Pahlke/Keß § 151 Rn. 8). Unzumutbarkeit liegt regelmäßig vor, wenn der Stpfl. aus finanziellen Gründen ohne Gefährdung seines notwendigen Lebensunterhalts keinen Dritten beauftragen kann (BT-Drs. VI/1982, 128).

IV. Verfahrensfragen

5 Der Stpfl. muss innerhalb der Erklärungsfrist bei der zuständigen FB erscheinen und seine Bereitschaft zur Abgabe der Erklärung bekunden (HHSp § 151 Rn. 2). Gemäß § 89 S. 1 ist die FB verpflichtet, eine StErklärung zur Niederschrift anzuregen, wenn sie erkennt, dass der Stpfl. nicht in der Lage ist, eine ordnungsgemäße Erklärung abzugeben.

§ 152 Verspätungszuschlag

(1) [1] **Gegen denjenigen, der seiner Verpflichtung zur Abgabe einer Steuererklärung nicht oder nicht fristgemäß nachkommt, kann ein Verspätungszuschlag festgesetzt werden.** [2] **Von der Festsetzung eines Verspätungszuschlags ist abzusehen, wenn der Erklärungspflichtige glaubhaft macht, dass die Verspätung entschuldbar ist; das Verschulden eines Vertreters oder eines Erfüllungsgehilfen ist dem Erklärungspflichtigen zuzurechnen.**

(2) **Abweichend von Absatz 1 ist ein Verspätungszuschlag festzusetzen, wenn eine Steuererklärung, die sich auf ein Kalenderjahr oder auf einen gesetzlich bestimmten Zeitpunkt bezieht,**

1. nicht binnen 14 Monaten nach Ablauf des Kalenderjahrs oder nicht binnen 14 Monaten nach dem Besteuerungszeitpunkt,

2. in den Fällen des § 149 Absatz 2 Satz 2 nicht binnen 19 Monaten nach Ablauf des Kalenderjahrs oder nicht binnen 19 Monaten nach dem Besteuerungszeitpunkt oder

3. in den Fällen des § 149 Absatz 4 nicht bis zu dem in der Anordnung bestimmten Zeitpunkt

abgegeben wurde.

(3) **Absatz 2 gilt nicht,**

1. wenn die Finanzbehörde die Frist für die Abgabe der Steuererklärung nach § 109 verlängert hat oder diese Frist rückwirkend verlängert,

2. wenn die Steuer auf null Euro oder auf einen negativen Betrag festgesetzt wird,

3. wenn die festgesetzte Steuer die Summe der festgesetzten Vorauszahlungen und der anzurechnenden Steuerabzugsbeträge nicht übersteigt oder
4. bei jährlich abzugebenden Lohnsteueranmeldungen, bei Anmeldungen von Umsatzsteuer-Sondervorauszahlungen nach § 48 Absatz 2 der Umsatzsteuer-Durchführungsverordnung, bei jährlich abzugebenden Versicherungsteuer- und Feuerschutzsteueranmeldungen sowie bei Erklärungen nach § 95 des Mindeststeuergesetzes.

(4) [1]Sind mehrere Personen zur Abgabe einer Steuererklärung verpflichtet, kann die Finanzbehörde nach ihrem Ermessen entscheiden, ob sie den Verspätungszuschlag gegen eine der erklärungspflichtigen Personen, gegen mehrere der erklärungspflichtigen Personen oder gegen alle erklärungspflichtigen Personen festsetzt. [2]Wird der Verspätungszuschlag gegen mehrere oder gegen alle erklärungspflichtigen Personen festgesetzt, sind diese Personen Gesamtschuldner des Verspätungszuschlags. [3]In Fällen des § 180 Absatz 1 Satz 1 Nummer 2 Buchstabe a ist der Verspätungszuschlag festzusetzen

1. bei rechtsfähigen Personenvereinigungen vorrangig gegen die Personenvereinigung und
2. bei nicht rechtsfähigen Personenvereinigungen vorrangig gegen die nach § 181 Absatz 2 Satz 2 Nummer 4 erklärungspflichtigen Personen.

(5) [1]Der Verspätungszuschlag beträgt vorbehaltlich des Satzes 2, der Absätze 8 und 13 Satz 2 für jeden angefangenen Monat der eingetretenen Verspätung 0,25 Prozent der festgesetzten Steuer, mindestens jedoch 10 Euro für jeden angefangenen Monat der eingetretenen Verspätung. [2]Für Steuererklärungen, die sich auf ein Kalenderjahr oder auf einen gesetzlich bestimmten Zeitpunkt beziehen, beträgt der Verspätungszuschlag für jeden angefangenen Monat der eingetretenen Verspätung 0,25 Prozent der um die festgesetzten Vorauszahlungen und die anzurechnenden Steuerabzugsbeträge verminderten festgesetzten Steuer, mindestens jedoch 25 Euro für jeden angefangenen Monat der eingetretenen Verspätung. [3]Wurde ein Erklärungspflichtiger von der Finanzbehörde erstmals nach Ablauf der gesetzlichen Erklärungsfrist zur Abgabe einer Steuererklärung innerhalb einer dort bezeichneten Frist aufgefordert und konnte er bis zum Zugang dieser Aufforderung davon ausgehen, keine Steuererklärung abgeben zu müssen, so ist der Verspätungszuschlag nur für die Monate zu berechnen, die nach dem Ablauf der in der Aufforderung bezeichneten Erklärungsfrist begonnen haben.

(6) [1]Für Erklärungen zur gesonderten Feststellung von Besteuerungsgrundlagen, für Erklärungen zur Festsetzung des Gewerbesteuermessbetrags und für Zerlegungserklärungen gelten vorbehaltlich des Absatzes 7 die Absätze 1, 2 und 3 Nummer 1 sowie Absatz 4 Satz 1 und 2 entsprechend. [2]Der Verspätungszuschlag beträgt für jeden angefangenen Monat der eingetretenen Verspätung 25 Euro.

(7) Für Erklärungen zu gesondert festzustellenden einkommensteuerpflichtigen oder körperschaftsteuerpflichtigen Einkünften beträgt der Verspätungszuschlag für jeden angefangenen Monat der eingetretenen Verspätung 0,0625 Prozent der positiven Summe der festgestellten Einkünfte, mindestens jedoch 25 Euro für jeden angefangenen Monat der eingetretenen Verspätung.

(8) [1]Absatz 5 gilt nicht für

1. vierteljährlich oder monatlich abzugebende Steueranmeldungen,
2. nach § 41a Absatz 2 Satz 2 zweiter Halbsatz des Einkommensteuergesetzes jährlich abzugebende Lohnsteueranmeldungen,
3. nach § 8 Absatz 2 Satz 3 des Versicherungsteuergesetzes jährlich abzugebende Versicherungsteueranmeldungen,

4. nach § 8 Absatz 2 Satz 3 des Feuerschutzsteuergesetzes jährlich abzugebende Feuerschutzsteueranmeldungen und

5. Anmeldungen der Umsatzsteuer-Sondervorauszahlung nach § 48 Absatz 2 der Umsatzsteuer-Durchführungsverordnung.

[2]In diesen Fällen sind bei der Bemessung des Verspätungszuschlags die Dauer und Häufigkeit der Fristüberschreitung sowie die Höhe der Steuer zu berücksichtigen.

(9) **[1]Bei Nichtabgabe der Steuererklärung ist der Verspätungszuschlag für einen Zeitraum bis zum Ablauf desjenigen Tages zu berechnen, an dem die erstmalige Festsetzung der Steuer wirksam wird. [2]Gleiches gilt für die Nichtabgabe der Erklärung zur Festsetzung des Gewerbesteuermessbetrags, der Zerlegungserklärung oder der Erklärung zur gesonderten Feststellung von Besteuerungsgrundlagen.**

(10) **Der Verspätungszuschlag ist auf volle Euro abzurunden und darf höchstens 25 000 Euro betragen.**

(11) **[1]Die Festsetzung des Verspätungszuschlags soll mit dem Steuerbescheid, dem Gewerbesteuermessbescheid oder dem Zerlegungsbescheid verbunden werden; in den Fällen des Absatzes 4 kann sie mit dem Feststellungsbescheid verbunden werden. [2]In den Fällen des Absatzes 2 kann die Festsetzung des Verspätungszuschlags ausschließlich automationsgestützt erfolgen.**

(12) **[1]Wird die Festsetzung der Steuer oder des Gewerbesteuermessbetrags oder der Zerlegungsbescheid oder die gesonderte Feststellung von Besteuerungsgrundlagen aufgehoben, so ist auch die Festsetzung eines Verspätungszuschlags aufzuheben. [2]Wird die Festsetzung der Steuer, die Anrechnung von Vorauszahlungen oder Steuerabzugsbeträgen auf die festgesetzte Steuer oder in den Fällen des Absatzes 7 die gesonderte Feststellung einkommensteuerpflichtiger oder körperschaftsteuerpflichtiger Einkünfte geändert, zurückgenommen, widerrufen oder nach § 129 berichtigt, so ist ein festgesetzter Verspätungszuschlag entsprechend zu ermäßigen oder zu erhöhen, soweit nicht auch nach der Änderung oder Berichtigung die Mindestbeträge anzusetzen sind. [3]Ein Verlustrücktrag nach § 10d Absatz 1 des Einkommensteuergesetzes oder ein rückwirkendes Ereignis im Sinne des § 175 Absatz 1 Satz 1 Nummer 2 oder Absatz 2 sind hierbei nicht zu berücksichtigen.**

(13) **[1]Die Absätze 2, 4 Satz 2, Absatz 5 Satz 2 sowie Absatz 8 gelten vorbehaltlich des Satzes 2 nicht für Steuererklärungen, die gegenüber den Hauptzollämtern abzugeben sind. [2]Für die Bemessung des Verspätungszuschlags zu Steuererklärungen zur Luftverkehrsteuer gilt Absatz 8 Satz 2 entsprechend.**

Schrifttum: Bruschke, Der Verspätungszuschlag nach § 152 AO – Voraussetzungen und Abwehrmaßnahmen, DStZ 2007, 22; Zaumseil, Die Bemessung des Verspätungszuschlags zur Umsatzsteuer, AO-StB 2008, 166; Bruschke, Der Verspätungszuschlag als Druckmittel besonderer Art, DStR 2009, 1791; Baum, Modernisierung des Besteuerungsverfahrens, NWB 2016, 2706; Heuel/Harink, Steuererklärungsfristen und Neukonzeption des Verspätungszuschlages – Konsequenzen (auch steuerstrafrechtliche) der Fristüberschreitung, AO-StB 2017, 110; Jansen, Angriffsmöglichkeiten eines beibehaltenen Verspätungszuschlags im Änderungsbescheid – Alte und neue Rechtslage, DStR 2017, 1135; Zaumseil, Die Neuregelung des Verspätungszuschlags nach § 152 AO, BB 2019, 861.

Übersicht

A. Allgemeines

Inhalt. § 152 regelt die Festsetzung von Verspätungszuschlägen wegen verspäteter Abgabe oder Nichtabgabe von StErklärungen. Zur Abgabe einer StErklärung → § 150 Rn. 13; zum Begriff der StErklärung → § 149 Rn. 3. 1

Umfangreiche Änderung. Durch das ModBestVerfG v. 18.7.2016 (BGBl. 2016 I 1679) wurde § 152 für StErklärungen, die nach dem 31.12.2018 einzureichen sind (Art. 97 § 8 IV EGAO, zum zeitlichen Anwendungsbereich → Rn. 5), umfassend geändert. Die im Grundsatz gleich gebliebene Ermessensvorschrift (Abs. 1) ergänzen nun differenzierte Regelungen zur Festsetzung von Verspätungszuschlägen dem Grunde und der Höhe nach sowie Verfahrensvorschriften. 2

Aufbau. Abs. 1 enthält die Grundregelung des § 152, wonach die Festsetzung eines Verspätungszuschlags im Ermessen der FB steht. Daneben regelt Abs. 2 nunmehr eine Vielzahl von Fällen, in denen ein Verspätungszuschlag zwingend festzusetzen ist. Praktisch bleibt daneben kaum ein eigener Anwendungsbereich für Abs. 1 (so auch Schwarz/Pahlke/Keß § 152 Rn. 153; TK § 152 Rn. 7). Abs. 3 enthält Ausnahmen von Abs. 2; Abs. 4 regelt den Adressaten des Verspätungszuschlags, falls mehrere Personen in Betracht kommen. Abs. 5–10 regeln abschließend die Höhe des Verspätungszuschlags (ebenso TK § 152 Rn. 44). Abs. 11 und 12 enthalten Verfahrensvorschriften, während Abs. 13 Besonderheiten für Erklärungen enthält, die gegenüber den HZÄ abzugeben sind. 3

Verfassungsrechtliche Bedenken gegen die Regelung des § 152 bestehen nicht. Dies hat sich nicht durch die Einführung der Vollverzinsung (§ 233a) geändert (BFH 7.9.2006 – V B 203, 204/05, BFH/NV 2006, 2312; BFH 10.2.2005 – IV B 50, 52/03, BFH/NV 2005, 1215; TK § 152 Rn. 5). Keinesfalls ist § 152 deshalb verfassungswidrig, weil sich die Höhe des Verspätungszuschlags nach der insgesamt zu entrichtenden Steuer und nicht nach der Steuer bemisst, die auf die Einkünfte entfällt, welche die Erklärungspflicht ausgelöst 4 haben (BFH 26.5.2011 – VIII B 180/10, BFH/NV 2011, 1478). Auch die Änderungen durch das ModBestVerfG, insb. die Einführung ermessensunabhängiger Tatbestände, führen nicht zu verfassungsrechtlichen Bedenken.

I. Anwendungsbereich

5 **Sachlicher Anwendungsbereich.** Die Festsetzung eines Verspätungszuschlags nach § 152 kommt bei allen **Steuern** in Betracht, auf die die AO Anwendung findet (§ 1) und für die eine **StErklärungspflicht** besteht (§ 149 I 1). Sie erfolgt in erster Linie bei Steuern, für die formalisierte Erklärungen zu bestimmten Terminen oder innerhalb einer bestimmten Frist abgegeben werden müssen, zB im Bereich der ESt, KSt, GewSt oder der USt. Soweit die AO für Gemeindesteuern gilt, ist § 152 auch auf die verspätete Abgabe von Gemeindesteuererklärungen anwendbar (TK § 152 Rn. 6b). Im Bereich des Zollrechts gilt § 152 dagegen nicht (Friedrich StuW 1995, 15; Henke/Huchatz ZfZ 1996, 226).

Zeitlicher Anwendungsbereich. In seiner Neufassung findet § 152 Anwendung auf StErklärungen, die nach dem 31.12.2018 einzureichen sind (Art. 97 § 8 IV 1 EGAO). Erstmals anzuwenden ist die hier kommentierte Neufassung also auf die StErklärungen für den VZ 2018. Für die VZ 2017 und früher gilt § 152 aF (siehe hierzu die Erl. in der 3. Auflage) auch dann, wenn die StErklärungen aufgrund einer Fristverlängerung tatsächlich erst nach dem 31.12.2018 später abzugeben war (vgl. § Art. 97 § 8 IV 2 EGAO).

II. Zweck und Rechtsnatur

6 **Zweck.** § 152 dient in erster Linie dazu, den Stpfl. zur rechtzeitigen Abgabe der StErklärungen anzuhalten, um die rechtzeitige Festsetzung und Entrichtung der Steuern sicherzustellen (vgl. § 152 II 2 aF). Daneben bezweckt der Verspätungszuschlag einen Ausgleich der aus der verspäteten Abgabe der StErklärung gezogenen Vorteile (BFH 22.1.1993 – III R 92/89, BFH/NV 1993, 455) sowie eine gewisse Ahndung der Pflichtverletzung des Stpfl. Der Verspätungszuschlag hat somit zugleich repressiven und präventiven Charakter (BFH 19.6.2001 – X R 83/98, BStBl. II 2001, 618; BFH 10.2.2005 – VI B 108/04, BFH/NV 2005, 1003; BT-Drs. VI/1982, 129).

7 **Rechtsnatur.** Der Verspätungszuschlag ist ein Druckmittel eigener Art, das auf die besonderen Bedürfnisse des StRechts zugeschnitten ist (BFH 18.8.1988 – V R 19/83, BStBl. II 1988, 929; BFH 11.12.1991 – I R 73/90, BFH/NV 1992, 577; BFH 11.6.1997 – X R 14/95, BStBl. II 1997, 642; BT-Drs. VI/1982, 129). Er ist weder Geldbuße noch Geldstrafe. Er ist auch kein Zwangsmittel iSd §§ 328 ff. Materiell-rechtlich ist der Verspätungszuschlag eine steuerliche Nebenleistung iSd § 3 IV. Seine Festsetzung ist VA (§ 118 S. 1), jedoch kein StBescheid iSd § 155.

III. Verhältnis zu anderen Vorschriften

8 Die Festsetzung eines Verspätungszuschlags wird nicht dadurch ausgeschlossen, dass die Abgabe der StErklärung durch **Zwangsmittel** iSd §§ 328 ff. erzwungen worden ist. Handelt es sich nicht um eine gebundene (Abs. 2), sondern um eine Ermessensentscheidung (Abs. 1, Abs. 3), ist die kumulierende Wirkung der verschiedenen Druckmittel im Rahmen der Ermessensausübung zu beachten (Gosch AO § 152 Rn. 12; TK § 152 Rn. 4; aA HHSp § 152 Rn. 5).

9 Die Festsetzung eines Verspätungszuschlags hindert nicht eine **straf- und bußgeldrechtliche Ahndung** der Nichtabgabe oder der verspäteten Abgabe einer StErklärung. Ein zuvor festgesetzter Verspätungszuschlag ist jedoch bei der Straf- oder Bußgeldbemessung zugunsten des Stpfl. zu berücksichtigen (aA Henneberg DStR 1970, 657). Umgekehrt ist auch bei der späteren Festsetzung eines Verspätungszuschlags die Höhe einer Strafe

oder Geldbuße im Rahmen der Ermessenausübung zu beachten, sofern es sich nicht um eine gebundene Entscheidung handelt. (Schwarz/Pahlke/Keß § 152 Rn. 7).

Eine **strafbefreiende Selbstanzeige** (§§ 371, 378 III) schließt die Festsetzung eines Verspätungszuschlags nicht aus. 10

Verspätungs- und Säumniszuschlag (§ 240) schließen sich ebenfalls gegenseitig nicht aus, da beide Zuschläge an verschiedene Tatbestände anknüpfen. Die Festsetzung des Verspätungszuschlags bezieht sich (ua) auf die verzögerte Fälligstellung des StAnspruchs, während Säumniszuschläge gem. § 240 I 1 erst ab Fälligkeit des StAnspruchs entstehen. 11

Auch die **Vollverzinsung** von StNachforderungen nach § 233a schließt die Festsetzung eines Verspätungszuschlags nicht aus. Die Höhe der festgesetzten Zinsen ist jedoch im Rahmen einer evtl. Ermessensausübung zu berücksichtigen, soweit der Zinsvorteil hierdurch bereits mit abgeschöpft worden ist (Schwarz/Pahlke/Keß § 152 Rn. 10). 12

B. Ermessensabhängiger Grundtatbestand (Abs. 1)

I. Allgemeines

Abs. 1 bestimmt wie bisher, dass ein Verspätungszuschlag festgesetzt werden kann, wenn eine gesetzliche (§ 149 II 1, III) oder eine von der FB bestimmte Frist (§ 149 I 2) für die Abgabe einer StErklärung nicht eingehalten worden ist, wobei eine eventuelle (ggf. auch rückwirkende) Fristverlängerung (§ 109) zu berücksichtigen ist (BT-Drs. 18/7457, 79). 13

Da die Vorschrift im Wesentlichen unverändert ist, können die **zu § 152 idF bis zum 31.12.2016 entwickelten Grundsätze fortgelten.** Zwar findet sich in § 152 nF keine dem Abs. 2 aF entsprechende Vorschrift, in der das Gesetz den Zweck des Verspätungszuschlags im Rahmen einer Ermessensdirektive erläutert. Doch auch ohne gesetzliche Regelung gilt der Grundgedanke, dass die in Abs. 2 aF genannten Kriterien (Zweck, den Stpfl. zur rechtzeitigen Abgabe der StErklärung anzuhalten; Dauer der Fristüberschreitung; Höhe des sich aus der StFestsetzung ergebenden Zahlungsanspruchs; aus der verspäteten Abgabe der StErklärung gezogene Vorteile; Verschulden und wirtschaftliche Leistungsfähigkeit des Stpfl.) bei der Ermessensausübung zu berücksichtigen sind (näher hierzu → Rn. 33). 14

Ist ein Tatbestand des § 152 II erfüllt, findet **insoweit keine Ermessensprüfung** statt (Schwarz/Pahlke/Keß § 152 Rn. 153). Es handelt sich dann um gebundene Entscheidungen. 15

II. Nichtabgabe oder nicht fristgerechte Abgabe einer Steuererklärung (Abs. 1 S. 1)

1. Adressat des Verspätungszuschlags

Allgemeines. Adressat des Verspätungszuschlags ist nach § 152 I 1 derjenige, der seine Verpflichtung zur Abgabe einer StErklärung nicht ordnungsgemäß erfüllt. Die Verpflichtung zur Abgabe einer StErklärung ergibt sich entweder unmittelbar aus den einzelnen StGesetzen (§ 149 I 1) oder aus einer entsprechenden Aufforderung der FB (§ 149 I 2). Adressaten des Verspätungszuschlags können nicht nur natürliche Personen sein, sondern jedes Rechtsgebilde, das zur Abgabe einer StErklärung verpflichtet ist. Der Verspätungszuschlag kann daher auch gegen PersGes festgesetzt werden, soweit sie erklärungspflichtig sind (BFH 18.4.1991 – IV R 127/89, BStBl. II 1991, 675; Schwarz/Pahlke/Keß § 152 Rn. 123). Entsprechendes gilt für KapGes (BFH 12.12.1990 – I R 92/88, BStBl. II 1991, 384; BFH 18.4.1991 – IV R 127/89, BStBl. II 1991, 675). Ferner können auch Behörden Zuschlagsschuldner sein, wenn sie eine ihnen obliegende StErklärungspflicht verletzen (TK § 152 Rn. 58). Zur Haftung für Verspätungszuschläge → § 69 Rn. 122. 16

Gegen einen **Bevollmächtigten** (§ 80), der mit der Erstellung einer StErklärung beauftragt ist, kann dagegen mangels eigener StErklärungspflicht kein Verspätungszuschlag fest- 17 gesetzt werden. Dies gilt auch dann, wenn es sich bei dem Bevollmächtigten um einen Angehörigen der steuerberatenden Berufe (§ 3 StBerG) handelt (Schwarz/Pahlke/Keß § 152 Rn. 122).

18 **Gesetzliche Vertreter und Vermögensverwalter** iSd § 34 sowie sonstige Verfügungsberechtigte iSd § 35 können ebenfalls Adressaten eines Verspätungszuschlags sein (BFH 12.12.1990 – I R 92/88, BStBl. II 1991, 384; BFH 25.7.1991 – V R 89/88, BStBl. II 1992, 3; TK § 152 Rn. 55; aA HHSp § 152 Rn. 43; Schwarz/Pahlke/Keß § 152 Rn. 125). Die Festsetzung eines Verspätungszuschlags kann nicht nur gegen den StSchuldner selbst erfolgen, obwohl es sich nach § 3 IV um eine Nebenleistung zur StSchuld handelt (so aber Schwarz/Pahlke/Keß § 152 Rn. 125). Die gesetzlichen Vertreter, Vermögensverwalter oder Verfügungsberechtigten haben nach §§ 34 f. die steuerlichen Pflichten der von ihnen Vertretenen als eigene steuerliche Pflichten zu erfüllen. Sie sind daher neben dem StSchuldner auch selbst verpflichtet, eine StErklärung abzugeben (BFH 12.12.1990 – I R 92/88, BStBl. II 1991, 384; → § 149 Rn. 10).

19 Nach der Rspr. des BFH hat die FB grds. ein **Wahlrecht,** ob sie den Stpfl. selbst oder den gesetzlichen Vertreter in Anspruch nimmt, wobei die FB jedoch regelmäßig die Festsetzung des Verspätungszuschlags gegenüber dem vertretenen Stpfl. vorzunehmen hat und sich nur in besonderen Ausnahmefällen an den gesetzlichen Vertreter, Vermögensverwalter oder gesetzlichen Verfügungsberechtigten wenden kann (BFH 12.12.1990 – I R 92/88, BStBl. II 1991, 384; BFH 18.4.1991 – IV R 127/89, BStBl. II 1991, 675; BFH 25.7.1991 – V R 89/88, BStBl. II 1992, 3; BFH 11.12.1991 – I R 73/90, BFH/NV 1992, 577; so auch Gosch AO § 152 Rn. 22 ff.; aA noch BFH 27.6.1989 – VIII R 73/84, BStBl. II 1989, 955, wonach der Verspätungszuschlag grds. gegen den gesetzlichen Vertreter festzusetzen war). Ausnahmefälle, in denen eine Festsetzung auch gegen die Vertreter in Betracht kommt, sind insb. denkbar bei Insolvenz oder Liquidation einer KapGes, in Fällen, in denen eine Gesellschaft aufgelöst oder vermögenslos geworden ist, oder in Fällen, in denen sich bei einer Festsetzung gegen die Gesellschaft Schwierigkeiten bei der Beitreibung ergeben können. Wird der Verspätungszuschlag ausnahmsweise gegen den Vertreter festgesetzt, ist dies besonders nach § 121 I zu begründen. Lediglich die Festsetzung des Verspätungszuschlags gegen den Erklärungspflichtigen selbst bedarf insoweit keiner weiteren Begründung (BFH 25.7.1991 – V R 89/88, BStBl. II 1992, 3).

20 Sind **mehrere StErklärungspflichtige** zur Abgabe derselben Erklärung verpflichtet, wie zB mehrere Gesellschafter einer GbR zur Abgabe einer einheitlichen und gesonderten Feststellungserklärung über die Einkünfte der Gesellschaft (§ 179 iVm § 180 I Nr. 2a), so enthält § 152 IV eine eigenständige Regelung (→ Rn. 58 ff.)

21 Bei der **Zusammenveranlagung** von Ehegatten (§ 26b EStG) und Lebenspartnern (§§ 2 VIII, 26b EStG) gilt ebenfalls Abs. 4 (→ Rn. 58 ff.).

22 Ein im Fall der **Gesamtrechtsnachfolge** bereits gegen den Rechtsvorgänger festgesetzter Verspätungszuschlag besteht nach § 45 gegen den Rechtsnachfolger fort. Ist bei Eintritt der Gesamtrechtsnachfolge der Verspätungszuschlag noch nicht festgesetzt, so kann dieser gegen den Rechtsnachfolger festgesetzt werden (BFH 22.1.1993 – III R 92/89, BFH/NV 1993, 455).

23 **Einbehaltene Steuern.** In Fällen, in denen jemand eine Steuer für Rechnung eines Dritten einzubehalten, abzuführen und selbst entsprechende StErklärungen abzugeben hat, wie zB in den Fällen der §§ 41a, 44, 45a EStG, ist der Verspätungszuschlag gegen denjenigen festzusetzen, der zur Abführung der Steuer verpflichtet ist (Gosch AO § 152 Rn. 30).

2. Erlass eines Steuerbescheids

24 Die Festsetzung eines Verspätungszuschlags setzt zunächst voraus, dass von der FB ein **StBescheid** (§ 155 I), ein **StMessbescheid** (§ 184 I) oder ein **Feststellungsbescheid** (§ 179 I) erlassen worden ist (bzw. eine StAnmeldung nach § 168 S. 1 als Festsetzung gilt), da für die Höhe des Verspätungszuschlags nach § 152 V ff. die festgesetzte Steuer oder der

festgesetzte StMessbetrag bzw. die Höhe der gesondert festgestellten Besteuerungsgrundlage von grundlegender Bedeutung sind.

3. Verletzung der Steuererklärungspflicht

Allgemeines. § 152 I 1 knüpft an die Nichtabgabe oder nicht fristgemäße Abgabe einer StErklärung an. Zur Abgabe einer StErklärung → § 150 Rn. 13; zum Begriff der StErklärung → § 149 Rn. 3. Andere Formen des Fehlverhaltens können die Festsetzung eines Verspätungszuschlags nicht rechtfertigen, insb. kann die Festsetzung eines Verspätungszuschlags nicht mit der Verletzung der Wahrheitspflicht (§ 150 II) oder der Abgabe einer inhaltlich unrichtigen StErklärung begründet werden (BFH 7.5.1992 – V B 161/89, BFH/NV 1993, 141; Schwarz/Pahlke/Keß § 152 Rn. 19; → § 150 Rn. 13). Der einzelne Verspätungszuschlag bezieht sich ausschl. auf die jeweils abzugebende StErklärung (HHSp § 152 Rn. 10). Es können daher für USt-Voranmeldungen (§ 18 I UStG) und für die USt-Jahreserklärung (§ 18 III UStG) mehrere Verspätungszuschläge festgesetzt werden (BFH 16.5.1995 – XI R 73/94, BStBl. II 1996, 259; → Rn. 79, 85). Für die USt-Sondervorauszahlung nach § 47 UStDV kann ebenfalls ein Verspätungszuschlag festgesetzt werden, da die Anmeldung der Sondervorauszahlung eine StAnmeldung ist (BFH 7.7.2005 – V R 63/03, BStBl. II 2005, 813). Ein Verspätungszuschlag kann dagegen nicht festgesetzt werden, wenn ein Antrag auf Dauerfristverlängerung (§§ 46 ff. UStDV) verspätet beim FB abgegeben wird, da der Unternehmer (§ 2 UStG) lediglich berechtigt, nicht jedoch verpflichtet ist, einen entsprechenden Antrag bei der FB zu stellen (BFH 26.4.2001 – V R 9/01, BFH/NV 2001, 1167). 25

Verspätet ist die Abgabe einer StErklärung, wenn sie nicht innerhalb der Frist des § 149 II 1, III oder innerhalb der von der FB nach § 109 I verlängerten Abgabefrist bei der FB abgegeben wird. Verlängert die FB die StErklärungsfrist rückwirkend nach § 109 I, so entfällt rückwirkend auch die verspätete Abgabe der StErklärung und damit die Voraussetzung für die Festsetzung eines Verspätungszuschlags. Umgekehrt sind bei einer rückwirkenden Aufhebung einer Fristverlängerung die Voraussetzungen für die Festsetzung eines Verspätungszuschlags insoweit gegeben (Gosch AO § 152 Rn. 16). Bereits eine nur kurze Fristversäumnis kann zur Festsetzung eines Verspätungszuschlags führen. Die Dauer der Versäumnis hat allein Bedeutung für die Ermessensausübung der FB und für die Höhe des Verspätungszuschlags (s. Abs. 5–7). 26

Nichtabgabe. Wird eine StErklärung nicht abgegeben, so kann ein Verspätungszuschlag festgesetzt werden, wenn nach § 162 I–III ein Schätzungsbescheid erlassen worden ist. Die Höhe des Verspätungszuschlags richtet sich in diesem Fall nach Abs. 8 (→ Rn. 78). 27

Die **Verletzung von Formvorschriften** bei der Abgabe einer StErklärung kann die Festsetzung eines Verspätungszuschlags nur dann zur Folge haben, wenn der Formfehler so gravierend ist, dass die Erklärung als nicht abgegeben zu werten ist. Eine StErklärung, die nicht nach amtlich vorgeschriebenem Vordruck abgegeben wird, erfüllt nicht die Anforderungen an die Form einer StErklärung, sodass die Festsetzung eines Verspätungszuschlags in Betracht kommen kann (→ § 150 Rn. 9). Die fehlende Unterschrift nach § 150 III ist ebenfalls geeignet, einen Verspätungszuschlag auszulösen, da ohne Unterschrift keine wirksam abgegebene StErklärung vorliegt (Gosch AO § 152 Rn. 17; HHSp § 152 Rn. 11; aA Schwarz/Pahlke/Keß § 152 Rn. 29). Die Abgabe einer als vorläufig bezeichneten StErklärung rechtfertigt allein jedoch nicht die Festsetzung eines Verspätungszuschlags (→ § 150 Rn. 13). Fehlende Unterlagen nach § 150 IV können ebenfalls keinen Verspätungszuschlag auslösen (Gosch AO § 152 Rn. 17; aA HHSp § 152 Rn. 11). Entsprechendes gilt für fehlende steuerstatistische Angaben nach § 150 V (Schwarz/Pahlke/Keß § 152 Rn. 27). 28

4. Ermessen

Allgemeines. Die FB hat nach pflichtgemäßem Ermessen (§ 5) bei Vorliegen der Voraussetzungen für die Festsetzung eines Verspätungszuschlags zu entscheiden, ob sie 29 einen Verspätungszuschlag festsetzt. Dies gilt jedoch nur, wenn Abs. 2 nicht erfüllt ist oder die Ausnahme nach Abs. 3 greift (→ Rn. 57). Bei mehreren möglichen Adressaten eines Verspätungszuschlags steht der FB im Zusammenhang mit dem Entschließungsermessen zudem ein Auswahlermessen hinsichtlich des Adressaten zu (näher Abs. 4; → Rn. 58 ff.).

30 **Kein Auswahlermessen der Höhe nach.** Ein Auswahlermessen hinsichtlich der Höhe besteht nach § 152 V ff. regelmäßig nicht (Ausnahme: Abs. 8 S. 2; glA Baum NWB 2016, 2706; Gosch AO § 152 Rn. 70; Klein § 152 Rn. 65; TK § 152 Rn. 44. Zur Unterscheidung zwischen Entschließungs- und Auswahlermessen → § 5 Rn. 5.

31 **Begründung der Festsetzung.** Nach § 121 I muss die Festsetzung eines Verspätungszuschlags begründet werden. Dabei müssen die Ermessenserwägungen der FB im Festsetzungsbescheid, spätestens aber gem. § 126 I Nr. 2, II in der Entscheidung über den Einspruch (§ 367) gegen die Festsetzung des Zuschlags erkennbar sein. Dies gilt auch dann, wenn die Einspruchsentscheidung erst im Rahmen einer Untätigkeitsklage (§ 46 FGO) ergeht (BFH 26.9.2001 – IV R 29/00, BStBl. II 2002, 120; vgl. auch BFH 5.6.2002 – X R 40/01, BFH/NV 2002, 1419; → § 5 Rn. 37). Im finanzgerichtlichen Verfahren gegen einen Verspätungszuschlag kann die FB ihre Ermessenserwägungen ggf. nach § 102 S. 2 FGO ergänzen. Erforderlich ist eine einzelfallorientierte Betrachtungsweise, die das Für und Wider sämtlicher Umstände gegeneinander abwägt (BFH 18.8.1988 – V R 19/83, BStBl. II 1988, 929). Allerdings dürfen im Rahmen des § 152, insb. bei Massenverfahren, wie zB bei verspäteter Abgabe von USt-Voranmeldungen, keine überspannten Anforderungen an die Begründung gestellt werden. Eine formalisierte Praxis, die auch diesen Mindeststandard nicht erfüllt und sich ohne nähere Begründung auf die Festsetzung eines bestimmten Zuschlags beschränkt, ist jedoch rechtswidrig (Mösbauer DStZ 1983, 24). Allerdings bedarf es nach § 121 I auch bei der Festsetzung eines Verspätungszuschlags einer schriftlichen Begründung nur, soweit dies zum Verständnis erforderlich ist (BFH 11.6.1997 – X R 14/95, BStBl. II 1997, 642; BFH 19.1.1999 – X B 112/98, BFH/NV 1999, 904). Die FB kann nach § 121 II Nr. 2 auf eine schriftliche Begründung verzichten, wenn für den Betroffenen die Auffassung der FB ohne Weiteres erkennbar ist (BFH 19.1.1999 – X B 112/98, BFH/NV 1999, 904). Regelmäßig wird der Stpfl. jedoch ohne Mitteilung nicht erkennen können, wovon die FB sich bei der Festsetzung des Verspätungszuschlags hat leiten lassen (TK § 152 Rn. 85). Besondere Anforderungen an die Begründung sind immer dann zu stellen, wenn sich aus der verspätet abgegebenen StErklärung keine StNachzahlung ergibt oder wenn die Erklärung zu einer Erstattung führt (Gosch AO § 152 Rn. 132).

32 Die FB kann sich bei der Festsetzung eines Verspätungszuschlags auch **automatischer Verfahren** zur Vorbereitung und Ausführung der Entscheidung bedienen. Maschinell gefertigte Mustervorschläge und vorgefertigte Begründungen sind unbedenklich, wenn die FB auf dieser Grundlage individuell entscheidet, ob und inwieweit der maschinelle Vorschlag im konkreten Einzelfall akzeptabel ist (BFH 18.8.1988 – V R 19/83, BStBl. II 1988, 929; FG Düsseldorf 13.7.2000 – 18 K 8833/99 AO, EFG 2001, 119; krit. zu automatisierten Verfahren Rößler DStR 1982, 260; Mösbauer DStZ 1983, 24). Zur ausschließlich automationsgestützten Festsetzung nach Abs. 11 S. 2 → Rn. 89.

33 **Ermessensgesichtspunkte.** Auch ohne explizite gesetzliche Regelung gilt der Grundgedanke, dass die in Abs. 2 aF genannten Kriterien (Zweck, den Stpfl. zur rechtzeitigen Abgabe der StErklärung anzuhalten; Dauer der Fristüberschreitung; Höhe des sich aus der StFestsetzung ergebenden Zahlungsanspruchs; aus der verspäteten Abgabe der StErklärung gezogene Vorteile; Verschulden und wirtschaftliche Leistungsfähigkeit des Stpfl.) bei der Ermessensausübung berücksichtigt werden (vgl. FG Sachsen-Anhalt 27.4.2023 – 4 K 394/21, BeckRS 2023, 33085; Rev. V R 13/23; aA FG Berlin-Brandenburg 5.11.2024 – 8 K 8046/23, BeckRS 2024, 37176; Rev. XI R 31/24). Gegen eine Berücksichtigung der wirtschaftlichen Leistungsfähigkeit bei der Ermessensausübung nach Abs. 1 spricht mE nicht etwa die Regelung in Abs. 8 S. 2, wonach „in diesen Fällen“ die Dauer und Häufigkeit der Fristüberschreitung sowie die Höhe der Steuer zu berücksichtigen ist (so aber

BeckOK AO § 152 Rn. 240 ff., 270; Gosch AO § 152 Rn. 23). Denn nicht nur bezieht sich Abs. 8 S. 2 systematisch allein auf Fälle des Abs. 8 S. 1 (StAnmeldungen) (Gosch AO § 152 Rn. 23), ihm ist auch nicht zu entnehmen, dass die Ermessensentscheidung **ausschließlich** die dort genannten Kriterien berücksichtigen darf (TK § 152 Rn. 75). Vgl. auch → § 5 Rn. 20 ff. zu möglichen Ermessensfehlern bei der Ermessensausübung.

Verspätungszuschlag trotz verzögerter Veranlagung. Der Umstand, dass die FB, zB wegen Arbeitsüberlastung, an einer zeitgerechten Bearbeitung der verspätet eingereichten StErklärungen gehindert ist, steht der Festsetzung eines Verspätungszuschlags jedenfalls dann nicht entgegen, wenn die Verspätung nicht nur geringfügig war und die Veranlagung nach Eingang der StErklärung innerhalb einer angemessenen Frist, die bis zu acht Monate dauern kann, abschließend gezeichnet worden ist. Dies ergibt sich aus dem präventiven Charakter des Verspätungszuschlags, den Stpfl. auch zukünftig zur fristgerechten Abgabe seiner StErklärung anzuhalten (BFH 26.6.2002 – IV R 63/00, BStBl. II 2002, 679; BFH 19.6.2001 – X R 83/98, BStBl. II 2001, 618; BFH 26.9.2001 – IV R 29/00, BStBl. II 2002, 120; Gosch AO § 152 Rn. 40; → Rn. 6). Für die Festsetzung eines Verspätungszuschlags ist es nicht erforderlich, dass durch die verspätete Abgabe der StErklärung das laufende Veranlagungsgeschäft tatsächlich gestört worden ist (BFH 26.6.2002 – IV R 63/00, BStBl. II 2002, 679; BFH 19.6.2001 – X R 83/98, BStBl. II 2001, 618; aA TK § 152 Rn. 30 f.). Dieser Umstand kann jedoch im Rahmen der Ermessensausübung (§ 5) als eines von mehreren Kriterien berücksichtigt werden (BFH 19.6.2001 – X R 83/98, BStBl. II 2001, 618; BFH 10.10.2001 – XI R 41/00, BFH/NV 2002, 238). Desgleichen kann eine ungewöhnlich späte Bearbeitung der StErklärung im Rahmen der Ermessensausübung angemessen zu berücksichtigen sein (BFH 10.2.2005 – VI B 108/04, BFH/NV 2005, 1003). Die noch nicht durchgeführte Veranlagung der Vorjahre ist jedoch grds. kein Umstand, der die Nichtabgabe der StErklärung rechtfertigt und demzufolge der Festsetzung eines Verspätungszuschlags entgegensteht (BFH 10.10.2001 – XI R 41/00, BFH/NV 2002, 238). 34

Bereits bei einer **erstmaligen Fristüberschreitung** kann die FB einen Verspätungszuschlag festsetzen (BFH 11.6.1997 – X R 14/95, BStBl. II 1997, 642; BFH 29.9.1989 – III R 159/86, BFH/NV 1990, 615). 35

Ferner ist die Festsetzung eines Verspätungszuschlags grds. auch dann zulässig, wenn sich aus der verspätet abgegebenen StErklärung **keine StNachzahlung** ergibt oder die StErklärung zu einer **StErstattung** führt, sofern nur überhaupt eine Steuer festgesetzt worden ist (BFH 26.6.2002 – IV R 63/00, BStBl. II 2002, 679; BFH 15.3.2007 – VI R 29/05, BFH/NV 2007, 1076; BFH 1.4.2004 – V B 223/03, BFH/NV 2004, 1071; BFH 11.1.2001 – V B 168/00, BFH/NV 2001, 886). Die Festsetzung eines Verspätungszuschlags ist jedenfalls nicht deshalb unzulässig, weil die Abrechnung im StBescheid Festsetzungscharakter hat. Allerdings bedürfen die Voraussetzungen für die Festsetzung eines Verspätungszuschlags in den Fällen, in denen sich keine StNachzahlung ergibt oder die zu einer StErstattung führen, einer besonderen Prüfung und Begründung, da der staatliche StAnspruch bereits vollständig getilgt war. Regelmäßig dürfte daher in diesen Fällen von der Festsetzung eines Verspätungszuschlags abzusehen sein (Gosch AO § 152 Rn. 42). 36

Offenkundiges Versehen, wie zB die versehentlich unterlassene Unterschrift auf der StErklärung, die auf Anforderung der FB nachgeholt wird, stehen der Festsetzung eines Verspätungszuschlags idR entgegen. 37

Entfallen kann die Festsetzung eines Verspätungszuschlags nach seinem Zweck, den Stpfl. künftig zur rechtzeitigen Abgabe der StErklärung anzuhalten, wenn der Betroffene zB seinen Gewerbebetrieb aus Altersgründen bereits aufgegeben hat oder wenn die FB ihn lediglich als Gesamtrechtsnachfolger (§ 45) in Anspruch nimmt. 38

III. Glaubhaft gemachte entschuldbare Verspätung (Abs. 1 S. 2 HS 1)

39 **Allgemeines.** Die Änderung des § 152 mWv 1.1.2019 (→ Rn. 2) erstreckt sich auch auf Abs. 1 S. 2. Nunmehr ist von einem Verspätungszuschlag abzusehen, wenn der Erklärungspflichtige glaubhaft macht, dass die Verspätung entschuldbar ist. Im Gegensatz zur Vorfassung besteht damit keine Pflicht der FB zur Amtsermittlung. Vielmehr wird das Verschulden vermutet; dem Stpfl. wird die Entlastung durch Glaubhaftmachung ermöglicht (Gosch AO § 152 Rn. 25). Der Begriff der Entschuldbarkeit iSd § 152 I 2 ist ein unbestimmter Rechtsbegriff (s. zum Begriff des „Verschuldens" BFH 3.8.1961 – IV 96/59 U, BStBl. III 1961, 542; zum unbestimmten Rechtsbegriff → § 5 Rn. 14). Die Frage, ob das Fristversäumnis entschuldbar iSd Abs. 1 S. 2 ist, ist eine reine Rechtsfrage, für deren Beurteilung der FB kein Ermessensspielraum eingeräumt ist (BFH 11.6.1997 – X R 14/95, BStBl. II 1997, 642).

40 **Begriff des Verschuldens.** Das Verschulden iSd § 152 I 2 betrifft die Versäumnis der StErklärungsfrist. Der Vorschrift liegt ein subjektiver Verschuldensbegriff zugrunde, der dem Verschuldensbegriff des § 110 I entspricht, sodass auf die zu § 110 entwickelten Grundsätze zurückgegriffen werden kann (Gosch AO § 152 Rn. 25; → § 110 Rn. 25 ff.; aA Schuhmann DStZ/A 1978, 302). Er umfasst Vorsatz und Fahrlässigkeit. Vorsatz erfordert, dass dem Stpfl. seine Verpflichtung zur Abgabe seiner StErklärung und der Abgabetermin bekannt waren und er dennoch diese Pflicht nicht oder nur verspätet erfüllt hat. Fahrlässigkeit ist gegeben, wenn der Stpfl. seine Abgabepflicht oder den Termin nicht kannte, aber die Sorgfalt außer Acht gelassen hat, die ihm aufgrund der individuellen Umstände des Einzelfalls und seiner persönlichen Verhältnisse zuzumuten ist (Schwarz/Pahlke/Keß § 152 Rn. 33).

41 **Glaubhaftmachen der Entschuldigung.** Dem Stpfl. obliegt es, das gesetzlich vermutete Verschulden zu widerlegen. Dabei hat er die Entschuldigung nicht zu beweisen, sondern lediglich glaubhaft zu machen (vgl. § 294 ZPO). Der Behörde oder dem Gericht muss nur vermittelt werden, dass die entschuldigenden Tatsachen überwiegen (TK § 152 Rn. 16).

42 **Einzelfälle.** Die Fristversäumnis ist regelmäßig nicht als entschuldbar anzusehen, wenn der Stpfl. die StErklärung wiederholt nicht oder verspätet abgegeben hat oder eine antragsgemäß bewilligte Verlängerung der Abgabefrist (§ 109 I) nicht eingehalten hat (TK § 152 Rn. 18). Der Stpfl. ist ferner nicht schon dadurch entschuldigt, dass er einen Antrag auf Fristverlängerung bei der FB gestellt hat (BFH 9.4.1987 – IV R 7/86, BFH/NV 1988, 750; aA FG Niedersachsen 20.6.1984 – IX 550/82, EFG 1985, 51). Ergeht eine Einspruchsentscheidung (§ 367) wegen der Ablehnung eines Fristverlängerungsantrags erst nach Ablauf der beantragten Frist, ist die Festsetzung eines Verspätungszuschlags ebenfalls zulässig und nicht ermessensfehlerhaft. Arbeitsüberlastung ist grds. kein Entschuldigungsgrund (BFH 3.8.1961 – IV 96/59 U, BStBl. III 1961, 542; BFH 21.5.1987 – IV R 134/83, BStBl. II 1987, 764). Etwas Anderes kann nur bei außergewöhnlichen, nicht vorhersehbaren Umständen (wie zB den Auswirkungen der COVID-19-Pandemie) gelten (Gosch AO § 152 Rn. 25). Am Verschulden kann es fehlen, wenn der Stpfl. sich über die Verpflichtung zur Abgabe einer Erklärung geirrt hat, sofern er es nicht fahrlässig unterlassen hat, sich über seine Verpflichtung zu informieren (BFH 26.4.1989 – I R 10/85, BStBl. II 1989, 693). Der Stpfl. wird sich jedoch im Regelfall rechtzeitig auf die Erfüllung seiner Mitwirkungspflichten im Besteuerungsverfahren einstellen können, insb., wenn er zB ein Geschäft oder einen Gewerbebetrieb eröffnen will (TK § 152 Rn. 19). Die Fristversäumnis bei Abgabe der persönlichen StErklärung ist zudem auch nicht entschuldigt, wenn Feststellungserklärungen (§§ 179 ff.) für eine Mitunternehmerschaft (§ 15 I Nr. 2 EStG), der der Stpfl. angehört, noch nicht erstellt sind (BFH 11.6.1997 – X R 14/95, BStBl. II 1997, 642). Dies gilt auch, wenn ein Mitgesellschafter die notwendige Mitwirkung bei der Erstellung des Jahresabschlusses für die Mitunternehmerschaft verzögert (BFH 12.12.2003 – XI B 86/03, BFH/NV 2004, 466). Allg. sind an Stpfl., die steuerlich beraten sind, höhere

Anforderungen an die Entschuldbarkeit von Irrtümern zu stellen (vgl. BFH 11.6.1997 – X R 14/95, BStBl. II 1997, 642). Ein Angehöriger der steuerberatenden Berufe (§ 3 StBerG) kann die verspätete Abgabe der eigenen Erklärung nicht damit entschuldigen, dass er zunächst die Erklärungen seiner Mandanten habe erledigen müssen (BFH 3.8.1961 – IV 96/59 U, BStBl. III 1961, 542). Ehegatten/Lebenspartner trifft, wenn sie nach § 26b bzw. §§ 2 VIII, 26b EStG zusammen zur ESt veranlagt werden, eine einheitliche Verantwortung, sodass sich jeder Ehegatte/Lebenspartner das Verschulden des anderen Ehegatten zurechnen lassen muss (BFH 9.4.1987 – IV R 192/85, BStBl. II 1987, 540; → Rn. 60 und → § 149 Rn. 7 f.).

Darlegungslast. Bei einer Fristüberschreitung wird das Verschulden gesetzlich vermutet. Dem Stpfl. obliegt es, Entschuldigungsgründe iSd § 294 ZPO glaubhaft zu machen (Schwarz/Pahlke/Keß § 152 Rn. 154). Dies ist der Fall, wenn nach den vorgetragenen Tatsachen die Entschuldbarkeit überwiegend wahrscheinlich ist (vgl. die zu § 110 entwickelten Grundsätze in BFH 11.12.1986 – IV R 184/84, BStBl. II 1987, 303; → § 110 Rn. 86 ff.). Das gesetzlich vermutete Verschulden ist verfassungskonform (TK § 152 Rn. 16). Eine Pflicht zur Amtsermittlung (§ 88) besteht seit der Neufassung des § 152 nicht mehr. 43

IV. Verschulden des Vertreters oder des Erfüllungsgehilfen (Abs. 1 S. 2 HS 2)

Allgemeines. Der Stpfl. muss sich das Verschulden seines gesetzlichen Vertreters (§ 34) oder seines Erfüllungsgehilfen an der verspäteten Abgabe seiner StErklärung nach § 152 I 2 HS 2 zurechnen lassen, ohne sich exkulpieren zu können. Ehegatten/Lebenspartner, die nach § 26b bzw. §§ 2 VIII, 26b EStG zusammen zur ESt veranlagt werden, haben sich beide das Verschulden ihres StBeraters zurechnen zu lassen (BFH 10.8.2000 – IV B 130/99, BFH/NV 2001, 146). 44

Erfüllungsgehilfen iSd Abs. 1 S. 3 sind rechtsgeschäftlich bestellte Vertreter und Bevollmächtigte (§ 80), die vom Stpfl. mit der Erstellung und der Abgabe der Erklärung beauftragt sind, insb. auch Angehörige der steuerberatenden Berufe iSd § 3 StBerG (TK § 152 Rn. 21). 45

Einzelfälle. Arbeitsüberlastung eines StBeraters oder Personalengpass ist im Normalfall kein Entschuldigungsgrund (BFH 21.5.1987 – IV R 134/83, BStBl. II 1987, 764; BFH 9.4.1987 – IV R 8/85, BFH/NV 1989, 1; BFH 29.9.1989 – III R 159/86, BFH/NV 1990, 615). Entsprechendes gilt für einen schlechten Gesundheitszustand des StBeraters (FG Hessen 8.2.1993 – 4 K 513/92, EFG 1994, 378). Grds. ist der StBerater in diesen Fällen verpflichtet, neue Arbeitskräfte einzustellen oder vorhandene Mandate zurückzugeben (FG Niedersachsen 24.1.1978 – VI 245/77, EFG 1978, 416). Etwas anderes kann nur bei außergewöhnlichen Umständen gelten (Gosch AO § 152 Rn. 26). Beispiele wären eine Praxisverlegung oder die Übernahme einer Praxis. Ein Verschulden des StBeraters iSd Abs. 1 S. 2 Hs. 2 liegt selbst bei extrem hoher Arbeitsbelastung regelmäßig dann vor, wenn dem Berater bekannt war, dass die FB wegen hoher Abschlusszahlung auf Einhaltung der Frist drängt (BFH 30.4.1987 – IV R 42/85, BStBl. II 1987, 543). Ferner handelt ein StBerater schuldhaft, wenn er bereits vor Ablauf der von der FB gesetzten Frist die StErklärung erstellt hat, diese aber nach Fristablauf beim FA einreicht (BFH 5.6.2002 – X R 40/01, BFH/NV 2002, 1419). 46

C. Verspätungszuschlag kraft Gesetzes (Abs. 2)

Allgemeines. Abs. 2 verpflichtet die FB zur Festsetzung eines Verspätungszuschlags, wenn die genannten Fristen überschritten sind. Ein behördliches Ermessen besteht in diesen Fällen nicht („ist"); ebenso kommt es anders als bei Abs. 1 nicht auf ein Verschulden des Stpfl. an (BT-Drs. 18/7457, 80). Bei fehlendem Verschulden kann aber ein Erlass nach § 227 in Betracht kommen. Zum **zeitlichen Anwendungsbereich** → Rn. 2. 47

48 **Sachlicher Anwendungsbereich.** Ein Verspätungszuschlag kraft Gesetzes kommt nur bei StErklärungen in Betracht, die sich auf ein Kalenderjahr oder auf einen gesetzlich bestimmten Zeitpunkt beziehen. Damit betrifft Abs. 2 die Erklärungen zu den sog. Veranlagungssteuern (ESt, KSt, GewSt, USt) sowie die ErbSt-Erklärung, die Anzeigen nach § 19 GrEStG sowie die Feststellungserklärungen zu Einheits- und Grundbesitzwerten (AEAO zu § 152 Nr. 4.1 f.). Erfasst sind über § 181 I 1 auch Erklärungen zur gesonderten (und einheitlichen) Feststellung. Nicht betroffen sind USt-Erklärungen, wenn es sich um einen kürzeren Besteuerungszeitraum iSd § 18 III UStG handelt und die Erklärung zwar verspätet, aber noch im Laufe des nächsten VZ abgegeben wird. In diesen Fällen kann ein Verspätungszuschlags aber nach Abs. 1 festgesetzt werden (AEAO zu § 152 Nr. 4.4 mit Beispiel). Abs. 2 ist nicht anwendbar auf Erklärungen, die gegenüber den HZÄ abzugeben sind, s. Abs. 13 S. 1 (→ Rn. 94).

49 **Persönlicher Anwendungsbereich.** Abs. 2 gilt unabhängig davon, ob ein der Stpfl. durch einen Angehörigen der steuerberatenden Berufe vertreten ist (TK § 152 Rn. 44). Daher kann jeder Stpfl. vom gesetzlichen Verspätungszuschlag betroffen sein.

50 **Fristlänge.** Die regelmäßige Frist des Abs. 2 Nr. 1 beträgt 14 Monate; sie beginnt mit Ablauf des Kj. bzw. mit dem Besteuerungszeitpunkt. Eine längere Frist von 19 Monaten gilt nach Nr. 2 für Land- und Forstwirte in den Fällen des § 149 II 2 (→ § 149 Rn. 22). In Vorweganforderungsfällen (§ 149 IV; → § 149 Rn. 28 ff.) gilt nach Nr. 3 die in der Anordnung bestimmte Frist (4 Monate). Aus der jeweiligen Fristlänge des Abs. 2 Nr. 1–3 folgt: Überschreitet ein Berater die für ihn nach § 149 III geltende Frist (idR 28.2. des Zweitfolgejahres) ist stets ein Verspätungszuschlag festzusetzen. Überschreitet ein unberatener Stpfl. die Frist des § 149 II (idR 31.7. des Folgejahres; → § 149 Rn. 20 ff.), ist erst ein Verspätungszuschlag festzusetzen, wenn auch die Frist nach Abs. 2 Nr. 1 oder 2 überschritten wurde. Andernfalls richtet sich die Festsetzung nach Abs. 1 (→ Rn. 13 ff.).

D. Ausnahmen vom Verspätungszuschlag kraft Gesetzes (Abs. 3)

52 **Abs. 3** regelt Ausnahmen von gebundenen Entscheidungen nach Abs. 2. Ist ein Tatbestand des Abs. 3 erfüllt, greift die Ermessensvorschrift des Abs. 1 wieder ein (so auch Klein § 152 Rn. 50; TK § 152 Rn. 47 ff.; aA bzgl. Nr. 2 Gosch AO § 152 Rn. 51). Mithin ist die Festsetzung eines Verspätungszuschlags nicht ausgeschlossen, sondern richtet sich nunmehr nach Abs. 1 (→ Rn. 13 ff.).

53 **Fristverlängerung.** Eine (auch rückwirkend) gewährte Fristverlängerung nach § 109 schließt die Anwendung von Abs. 2 aus (Abs. 3 Nr. 1). Erfolgt die Abgabe innerhalb der Frist, besteht schon keine Säumnis des Stpfl. und daher auch kein Raum für einen Verspätungszuschlag. Abs. 3 Nr. 1 führt vielmehr auch dann zu einem Ausschluss von Abs. 2, wenn die verlängerte Frist überschritten wurde (Gosch AO § 152 Rn. 50).

54 **Null- oder Negativfestsetzung.** Nr. 2 nimmt Festsetzungen auf 0 EUR oder auf negative Beträge (insb. bei einem Vorsteuerüberhang) vom gesetzlichen Verspätungszuschlag aus.

55 **Keine positive verbleibende Steuer.** Nr. 3 regelt eine Ausnahme für Fälle, in denen sich keine Nachzahlung (dh idR eine StErstattung) ergibt.

56 **LSt-Anmeldung.** Schließlich ist die jährlich abzugebende LSt-Anmeldung (§ 41a II 2 HS 2 EStG) von Abs. 2 ausgenommen.

E. Mehrheit von Erklärungspflichtigen (Abs. 4)

58 **Abs. 4** regelt, gegen wen der Verspätungszuschlag festzusetzen ist, wenn mehrere Personen in Betracht kommen.

Sachlicher Anwendungsbereich. Abs. 4 gilt sowohl für den Verspätungszuschlag kraft Ermessens (Abs. 1 und 3) als auch für den gesetzlichen Verspätungszuschlag nach Abs. 2 (BT-Drs. 18/8434, 113; Klein § 152 Rn. 60). 59

Persönlicher Anwendungsbereich. Von Abs. 4 erfasst sind einerseits Gesellschaften und Gemeinschaften, unabhängig von der Rechtsform (Gosch AO § 152 Rn. 60). Denn diese können ihre Erklärungspflicht nicht selbst erfüllen, sodass die Pflicht nach §§ 79 I, 34 auf die gesetzlichen Vertreter als deren eigene Pflicht übergeht (TK § 152 Rn. 55). Für die Feststellungserklärungen nach § 180 I 1 Nr. 2 Buchst. a besteht jedoch schon keine Erklärungspflicht der Gesellschaft. Andererseits sind nach §§ 26, 26b EStG zusammenveranlagte Ehegatten betroffen. Denn diese haben nach § 25 III 2 EStG eine gemeinsame Erklärung abzugeben, selbst wenn nur einer von ihnen Einkünfte erzielt (BFH 14.6.2000 – X R 56/98, BStBl. II 2001, 60; TK § 152 Rn. 58). Nicht erfasst sind bloße Erfüllungsgehilfen, da sie keine eigene Erklärungspflicht trifft (TK § 152 Rn. 57) 60

Auswahlermessen. Abs. 4 S. 1 gibt der FB die Wahl, den Verspätungszuschlag gegenüber einem, mehreren oder sämtlichen Erklärungspflichtigen festzusetzen. Es bleibt jedoch stets bei der Festsetzung eines einzigen Zuschlags (Gosch AO § 152 Rn. 60). Dabei ist das Ermessen nach dem Zweck der Ermächtigung auszuüben (§ 5). Bei der Zusammenveranlagung ist der Verspätungszuschlag gegenüber beiden Ehegatten festzusetzen, da nur die Ehegattengemeinschaft Trägerin der Erklärungspflicht ist (→ § 149 Rn. 7 f.). Ist eine Gesellschaft oder Erbengemeinschaft primär erklärungspflichtig (bspw. bei der USt und GewSt von PersGes und bei allen Steuern von KapGes), so ist der Verspätungszuschlag regelmäßig nur gegen die Gesellschaft oder Erbengemeinschaft festzusetzen. Eine Inanspruchnahme der Vertreter kommt dagegen nur in Ausnahmefällen in Betracht (BFH 12.12.1990 – I R 92/88, BStBl. II 1991, 384; Klein § 152 Rn. 61; TK § 152 Rn. 56); in diesem Fall sind erhöhte Anforderungen an die Ermessensbegründung zu stellen. Allein die leichtere Beitreibbarkeit rechtfertigt noch keine Inanspruchnahme des Vertreters. Hinzutreten muss, dass eine Beitreibbarkeit bei der Gesellschaft fraglich ist, insb. bei Überschuldung oder Liquidation (glA Gosch AO § 152 Rn. 60; aA AEAO zu § 152 Nr. 6). 61

Rechtsfolge. Soweit ein Verspätungszuschlag gegen mehrere Personen festgesetzt wird, sind diese Personen nach Abs. 4 S. 2 Gesamtschuldner (§ 44). Jeder Gesamtschuldner schuldet den vollen Verspätungszuschlag; nach Zahlung findet uU ein Binnenregress nach § 426 I BGB statt (Gosch AO § 152 Rn. 61). 62

Ermessensdirektive. Abs. 4 S. 3 bestimmt, dass der Verspätungszuschlag bei der gesonderten und einheitlichen Feststellung (§ 180 I 1 Nr. 2 Buchst. a) vorrangig gegenüber den Geschäftsführern iSd § 34 festzusetzen ist. Diese trifft nach § 181 II 2 Nr. 4 eine besondere Erklärungspflicht. Eine Festsetzung gegenüber anderen Gesellschaftern bleibt im Ausnahmefall möglich, ist dann aber besonders begründungsbedürftig. Damit wird die bisherige Rspr. (BFH 21.5.1987 – IV R 134/83, BStBl. II 1987, 764; BFH 6.11.2012 – VIII R 19/09, BFH/NV 2013, 502) gesetzlich verankert (Klein § 152 Rn. 62). 63

F. Höhe des Verspätungszuschlags (Abs. 5)

Abs. 5 bestimmt die Höhe des Verspätungszuschlags als Grundregel (Schwarz/Pahlke/Keß § 152 Rn. 159). 64

Anwendungsbereich. Abs. 5 gilt sowohl beim ermessensgebundenen (Abs. 1, 3) als auch beim gesetzlichen Verspätungszuschlag (Abs. 2). Für Erklärungen zur gesonderten und einheitlichen Feststellung sowie für GewSt-Messbetrags- und GewSt-Zerlegungserklärungen enthält Abs. 6 S. 2 eine speziellere Vorschrift (→ Rn. 73). Ebenso enthalten Abs. 7 und 8 Sondernormen für die gesonderte Feststellung steuerpflichtiger Einkünfte bzw. für StAnmeldungen (→ Rn. 77, 80). Im Falle der Nichtabgabe gilt Abs. 9 (→ Rn. 84). 65

Kein Ermessen. Für die FB besteht (in allen vom Anwendungsbereich umfassten Fällen; → Rn. 65) wegen der abschließenden Regelung kein Auswahlermessen hinsichtlich 66 der Höhe des Verspätungszuschlags. Die Festsetzung eines höheren oder niedrigeren Verspätungszuschlags wäre rechtswidrig (→ Rn. 30).

67 **Anlassbezogene Steuern.** Abs. 5 S. 1 erfasst wegen des spezielleren Satzes 2 nur die anlassbezogenen Steuern, also insb. ErbSt und GrESt, jedoch auch die KapESt (zu dieser Differenzierung krit. TK § 152 Rn. 64). In diesen Fällen beträgt der Verspätungszuschlag 0,25 % der festgesetzten Steuer, jedoch mindestens 10 EUR für jeden angefangenen Monat der Verspätung (es sind also beide Werte zu berechnen und sodann der höhere festzusetzen).

68 **Abschnittsbezogene Steuern.** Für die abschnitts- und zeitpunktbezogenen Steuern (insb. ESt, KSt, USt, GewSt) beträgt der Verspätungszuschlag nach Abs. 5 S. 2 0,25 % des nach Anrechnung von Vorauszahlungen und Abzugssteuern verbleibenden StBetrags, mindestens jedoch 25 EUR für jeden angefangenen Monat der Verspätung (es ist daher ebenfalls der höhere der beiden Beträge festzusetzen).

69 **Aufforderung nach gesetzlichem Fristablauf.** Abs. 3 S. 3 enthält eine Sonderregelung für Stpfl., die nicht von ihrer Erklärungspflicht ausgehen mussten. In diesen Fällen berechnet sich der jeweilige Mindestbetrag erst ab dem Ablauf der von der FB bestimmten Erklärungsfrist. Der Gesetzgeber hatte hierbei vor allem Rentner im Blick, die uU erst Jahre später (nach Auswertung der Rentenbezugsmitteilungen in den FÄ) zur Erklärungsabgabe aufgefordert werden (BT-Drs. 18/8434, 113 f.; TK § 152 Rn. 62).

G. Besondere Regelung für Feststellungs-, GewSt-Messbetrags- und GewSt-Zerlegungserklärungen (Abs. 6)

70 **Abs. 6** regelt die Festsetzung von Verspätungszuschlägen für Feststellungs-, GewSt-Messbetrags- und GewSt-Zerlegungserklärungen dem Grunde (S. 1) sowie der Höhe nach (S. 2).

71 **Anwendungsbereich.** Abs. 6 S. 1 umfasst alle Feststellungserklärungen, GewSt-Messbetrags- und GewSt-Zerlegungserklärungen, auch jene, die unter Abs. 7 fallen, da Abs. 7 keine von Abs. 6 abw. Regelungen über die Festsetzung des Verspätungszuschlags dem Grunde nach enthält (vgl. Gosch AO § 152 Rn. 80). Unter Abs. 6 S. 2 fallen insb. die Feststellungserklärungen, die nach dem BewG abzugeben sind (namentlich die Einheits- bzw. (ab 1.1.2022) GrSt-Wertfeststellungen (§ 180 I 1 Nr. 1 iVm §§ 19 I, 219 I BewG) und die Bedarfswertfeststellungen (§ 151 BewG), jedoch bspw. auch die Feststellung von Verlustvorträgen nach § 10d IV EStG. Abs. 6 S. 2 gilt nicht für Feststellungserklärungen zur gesonderten Feststellung einkommensteuerpflichtiger oder körperschaftsteuerpflichtiger Einkünfte (§ 180 I 1 Nr. 2); insoweit enthält Abs. 7 eine gegenüber Abs. 6 S. 2 speziellere Regelung.

72 **Verspätungszuschlag dem Grunde nach.** Abs. 6 S. 1 verweist auf die Abs. 1, 2, 3 Nr. 1 sowie Abs. 4 S. 1 und 2, sodass die entsprechenden Bemerkungen sinngemäß gelten (→ Rn. 13 ff., 47 ff., 52 ff., 58 ff.). Dabei greift Abs. 3 Nr. 2 in den Fällen, in denen der festgestellte Wert auf 0 EUR oder einen negativen Betrag lautet; eine entsprechende Anwendung von Abs. 3 Nr. 3 und 4 scheidet aus (Gosch AO § 152 Rn. 80; aA hinsichtl. Abs. 3 Nr. 3 TK § 152 Rn. 69, ohne zu berücksichtigen, dass das Feststellungs-FA idR keine Kenntnis der vom Festsetzungs-FA (bzw. von der Gemeinde) zu erlassenden Vorauszahlungsbescheide hat. Abs. 4 S. 3 ist nicht vom Verweis umfasst, gilt jedoch ohnehin explizit für die dort genannten Feststellungserklärungen (→ Rn. 63; Klein § 152 Rn. 70).

73 **Verspätungszuschlag der Höhe nach.** Abs. 6 S. 2 führt zu einem pauschalen Verspätungszuschlag iHv 25 EUR für jeden angefangenen Monat der eingetretenen Verspätung. Ebenso wie bei Abs. 5 (→ Rn. 64 ff.) besteht auch hier keinerlei behördliches Ermessen (so wohl auch Klein § 152 Rn. 70; Gosch AO § 152 Rn. 80). Soweit TK § 152 Rn. 80 in den Fällen des Abs. 1 den Wert nach Abs. 6 S. 2 lediglich als Obergrenze betrachtet und dem FB ein Ermessen zugunsten eines niedrigeren Verspätungszuschlags

einräumt, ist dem nicht zu folgen. Abs. 1–4 regeln nämlich nur die Festsetzung von Verspätungszuschlägen dem Grunde nach. Hat sich die FB nach Abs. 1 zur Festsetzung entschlossen, wird die Höhe des Verspätungszuschlags abschließend vom Gesetz geregelt (insofern besteht in der Wirkungsweise ein Gleichlauf zu Abs. 7, wo auch TK § 152 Rn. 71 eine abschließende Regelung bejaht). Ein anderer Wille des Gesetzgebers ist nicht erkennbar; vielmehr führt diese Lösung zu mehr Rechtssicherheit (s. auch BT-Drs. 18/7457, 81).

H. Höhe des Verspätungszuschlags für Feststellungen steuerpflichtiger Einkünfte (Abs. 7)

Abs. 7 regelt die Höhe des Verspätungszuschlags für Erklärungen zu gesondert festzustellenden einkommensteuerpflichtigen oder körperschaftsteuerpflichtigen Einkünften. 74

Anwendungsbereich. Von Abs. 7 umfasst sind namentlich die Feststellungserklärungen iSd § 180 I 1 Nr. 2. 75

Verspätungszuschlag dem Grunde nach. Abs. 7 enthält keinerlei Aussage dazu, ob ein Verspätungszuschlag festzusetzen ist. Daher richtet sich diese Frage bei allen Feststellungserklärungen nach Abs. 6 S. 1 (→ Rn. 70 ff.), der auf Abs. 1–3 sowie Abs. 4 S. 1 und 2 verweist (Gosch AO § 152 Rn. 90; aA TK § 152 Rn. 71). 76

Verspätungszuschlag der Höhe nach. Der Verspätungszuschlag beträgt in Fällen des Abs. 7 für jeden angefangenen Monat der eingetretenen Verspätung 0,0625 % der positiven Summe der festgestellten Einkünfte. Dabei sind positive und negative festgestellte Einkünfte miteinander zu verrechnen (TK § 152 Rn. 71). Der Verspätungszuschlag beträgt mindestens 25 EUR für jeden angefangenen Monat der eingetretenen Verspätung. Es ist also der höhere von beiden Beträgen festzusetzen. Im Falle eines negativen Saldos der festgestellten Einkünfte greift der Mindestbetrag (Gosch AO § 152 Rn. 90). Ein behördliches Ermessen besteht in keinem Fall. 77

J. Höhe des Verspätungszuschlags für bestimmte Steueranmeldungen (Abs. 8)

Abs. 8 regelt eine Ausnahme zu Abs. 5 für die Berechnung der Höhe des Verspätungszuschlags bei bestimmten StAnmeldungen. 78

Anwendungsbereich. Abs. 8 gilt für vierteljährlich oder monatlich abzugebende StAnmeldungen. Damit umfasst die Regelung insb. die USt-Voranmeldungen und LSt-Anmeldungen, soweit sie vierteljährlich oder monatlich abzugeben sind. Außerdem wird die nach § 41a II 2 HS 2 EStG jährlich abzugebende LSt-Anmeldung umfasst. Die Vorschrift gilt nicht für die USt-Jahreserklärung (§ 18 III UStG), die KapESt-Anmeldung (§ 45a I iVm § 44 I 5 EStG), die Anmeldung der BauabzugSt (§ 48a EStG) und den StAbzug bei beschränkt Stpfl. nach § 50a EStG iVm § 73e EStDV (Klein § 152 Rn. 74; AEAO zu § 152 Nr. 8). 79

Rechtsfolge. Für die vom Anwendungsbereich umfassten StAnmeldungen gilt nach Abs. 8 S. 1 die Berechnungsvorschrift des Abs. 5 nicht. Daher liegt in diesen Fällen die Höhe des Verspätungszuschlags im Ermessen des FA. Somit bildet Abs. 8 eine Ausnahme, denn in allen anderen Fallgruppen gibt das Gesetz die Höhe des Verspätungszuschlags zwingend vor. Wann und gegen wen dem Grunde nach ein Verspätungszuschlag festzusetzen ist, richtet sich weiterhin nach Abs. 1–4 (glA Gosch AO § 152 Rn. 91; wohl ebenso Klein § 152 Rn. 74; aA TK § 152 Rn. 91). 80

Höhe des Verspätungszuschlags. Abs. 8 S. 2 gibt Kriterien vor, die bei der Bemessung des Verspätungszuschlags zu berücksichtigen sind. Demnach sind die Dauer und Häufigkeit der Fristüberschreitung sowie die Höhe der Steuer (= Nachzahlungsbetrag, 81

Klein § 152 Rn. 75) zu berücksichtigen (zu Recht krit. TK § 152 Rn. 73 f., da all diese Faktoren auch in einer gesetzlichen Berechnungsformel hätten aufgehen können; die aus der Gesetzesbegründung (BT-Drs. 18/7457, 81) ersichtlichen Motive überzeugen nicht). Als Kriterien nicht genannt sind insb. die wirtschaftliche Leistungsfähigkeit und das Verschulden des Stpfl. Beide können berücksichtigt werden, da Abs. 8 S. 2 kein Hinweis darauf zu entnehmen ist, dass es sich bei den dort genannten Kriterien um eine abschließende Aufzählung handeln soll (ebenso TK § 152 Rn. 75; aA Gosch AO § 152 Rn. 92 hinsichtlich des Verschuldens; aA BeckOK AO § 152 Rn. 242 hinsichtlich der wirtschaftlichen Leistungsfähigkeit). In der Praxis soll die Höhe des Verspätungszuschlags nach programmgesteuerten Vorschlägen bestimmt werden (BT-Drs. 18/7457, 81). Dies ist grds. unbeachtlich, wenn die Programmkriterien den gesetzlichen entsprechen (Klein § 152 Rn. 74). Diese sind grds. gleichwertig, können aber im Einzelfall unterschiedlich zu gewichten sein. Daher muss ein Amtsträger die abschließende Abwägung vornehmen und begründen (Gosch AO § 152 Rn. 92 f.).

K. Nichtabgabe der Erklärung (Abs. 9)

82 **Anwendungsbereich.** Abs. 9 regelt die Höhe des Verspätungszuschlags, wenn keine StErklärung abgegeben wurde. Praktisch betrifft die Regelung Schätzungsfälle nach § 162. Umfasst werden sämtliche StErklärungen (S. 1) sowie Feststellungs-, GewSt-Messbetrags- und GewSt-Zerlegungserklärungen (S. 2).

84 **Rechtsfolge.** Wird die Festsetzung vor Erklärungsabgabe wirksam (mit Bekanntgabe, § 124 I 1), so ist der Verspätungszuschlag nach Abs. 5–8 mit der Fiktion zu berechnen, dass die StErklärung am Bekanntgabetag eingereicht worden wäre. Wird die Erklärung im Nachhinein abgegeben (die Erklärungspflicht besteht auch nach einer Schätzung fort, § 149 I 4; → § 149 Rn. 19), ändert sich an dem Berechnungsmodus nichts: Die Erklärung gilt weiterhin am Bekanntgabetag als abgegeben. Der Verspätungszuschlag kann dennoch nach Abs. 12 anzupassen sein (→ Rn. 92).

L. Rundung und Höchstbetrag (Abs. 10)

85 **Abs. 10** bestimmt, dass der Verspätungszuschlag auf volle Beträge abzurunden ist. Centbeträge sind demnach „abzuschneiden". Außerdem darf der Verspätungszuschlag 25.000 EUR nicht überschreiten (für die GrESt ist jedoch eine Ausnahme geplant, s. Klein § 152 Rn. 77). Der Höchstbetrag gilt allerdings für jede verspätet bzw. nicht eingereichte Erklärung. Werden bspw. für ein ganzes Kj. weder USt-Voranmeldungen noch USt-Jahreserklärungen abgegeben, so gilt für jeden der 13 in Betracht kommenden Verspätungszuschläge jeweils der Höchstbetrag des Abs. 10 (TK § 152 Rn. 77; → Rn. 25).

M. Verbindung mit der Steuerfestsetzung; automatisierte Festsetzung (Abs. 11)

86 **Abs. 11** regelt Einzelheiten zum Festsetzungsverfahren des Verspätungszuschlags.

87 **Verbindungsgebot.** Abs. 11 S. 1 bestimmt, dass die Festsetzung des Verspätungszuschlags mit der Festsetzung der Steuer, des GewSt-Messbetrags, der GewSt-Zerlegung (HS 1) bzw. der Feststellung (HS 2) verbunden werden soll. Damit wird vorgegeben, dass idR eine verbundene Festsetzung erfolgen muss; jedoch in Ausnahmefällen auch eine getrennte Festsetzung erfolgen darf (Gosch AO § 152 Rn. 110). Ausnahmen sind denkbar bei nicht zustimmungsbedürftigen StAnmeldungen (denn diese gelten nach § 168 S. 1 mit Abgabe als StFestsetzung) sowie bei Feststellungen, bei denen mehrere Personen als Adressaten des Verspätungszuschlags in Betracht kommen (Klein § 152 Rn. 79).

Konsequenzen. Ab wann das Verbindungsgebot verletzt sein soll, ist str. Für die strengere Formulierung des Abs. 3 aF („ist“ statt „soll“) hatte der XI. Senat des BFH entschieden, dass eine Festsetzung noch dem Verbindungsgebot genügt, wenn sie binnen Jahresfrist nachgeholt wird (BFH 10.10.2001 – XI R 41/00, BStBl. II 2002, 124). Diese Frage ließ der IX. Senat offen (BFH 13.4.2010 – IX R 43/09, BStBl. II 2010, 815). In der Literatur werden unterschiedliche Ansätze vertreten (BeckOK AO § 152 Rn. 681; Gosch AO § 152 Rn. 110; TK § 152 Rn. 78; Klein § 152 Rn. 81). Im Ergebnis ist mit Klein dem XI. Senat beizupflichten, zumal die ehemals schärfere Formulierung des Verbindungsgebots („ist“) in eine schwächere („soll“) geändert wurde. Damit ist das Verbindungsgebot nicht verletzt, wenn der Verspätungszuschlag binnen Jahresfrist nach Wirksamwerden der ursprünglichen Festsetzung festgesetzt wird. Wird der Verspätungszuschlag später festgesetzt und liegt keine Ausnahme vor, führt ein Verstoß des Verbindungsgebots zur Rechtswidrigkeit des Verspätungszuschlags (BFH 13.4.2010 – IX R 43/09, BStBl. II 2010, 815). 88

Automationsgestützte Festsetzung. Abs. 11 S. 2 regelt, dass die Festsetzung des Verspätungszuschlags in den Fällen des Abs. 2 ausschließlich automationsgestützt erfolgen kann. Diese kommt in Betracht, da bei Abs. 2 keinerlei Entschließungsermessen und wegen Abs. 5–7 auch kein Auswahlermessen besteht; stattdessen regelt das Gesetz Tatbestand und Rechtsfolge abschließend (Klein § 152 Rn. 83). Die Regelung dient der Konformität mit Art. 22 II DS-GVO, der für die ausschließlich automationsgestützte Verarbeitung personenbezogener Daten eine Rechtsgrundlage verlangt (Klein § 152 Rn. 83; zurecht krit. bzgl. der systematisch falschen Stelle dieser Ermächtigungsgrundlage Gosch AO § 152 Rn. 110). 89

N. Korrektur des Verspätungszuschlags (Abs. 12)

Abs. 12 regelt die Korrektur (die Aufhebung oder Änderung) des Verspätungszuschlags. Er ist eine gegenüber §§ 130, 131 speziellere Korrekturvorschrift (Klein § 152 Rn. 85), welche §§ 130, 131 jedoch nicht vollständig verdrängt (Gosch AO § 152 Rn. 115). Insbesondere bleibt § 130 anwendbar, wenn ein Verspätungszuschlag festgesetzt wurde, ohne dass die gesetzlichen Voraussetzungen vorlagen (TK § 152 Rn. 93). 90

Aufhebung. Abs. 12 S. 1 bestimmt, dass der Verspätungszuschlag aufzuheben ist, wenn die korrespondierende Festsetzung oder Feststellung aufgehoben wird. Erfolgt anschließend eine Neufestsetzung, kann aber auch der Verspätungszuschlag erneut festgesetzt werden, wobei die Berechnungsmodalitäten an die erste Festsetzung anknüpfen (Gosch AO § 152 Rn. 115). 91

Änderung. Nach Abs. 12 S. 2 ist bei einer Änderung der korrespondierenden Festsetzung oder Feststellung eine Neuberechnung des Verspätungszuschlags vorzunehmen. Diese kann sich nur auf die Höhe auswirken, wenn nicht die Mindestbeträge anzusetzen sind. In den Fällen des Abs. 6 S. 2 findet ebenfalls keine Änderung statt, da der Verspätungszuschlag hier nicht mit dem festzustellenden Betrag korreliert (Klein § 152 Rn. 86). 92

Verlustrücktrag und rückwirkendes Ereignis. Abs. 12 S. 3 nimmt Verlustrückträge (§ 10d I EStG) und rückwirkende Ereignisse (§ 175 I 1 Nr. 2, II) von der Einbeziehung in die Korrektur nach Abs. 2 aus. Eine entsprechende Ausnahme besteht auch bei der Vollverzinsung, § 233a IIa, VII (TK § 152 Rn. 97). 93

O. Besondere Regelung für gegenüber den Hauptzollämtern abzugebende Erklärungen (Abs. 13)

94 **Abs. 13** schränkt in Satz 1 den Anwendungsbereich der Abs. 2, 4 S. 2, 5 S. 2 und 8 für solche StErklärungen ein, die gegenüber den HZÄ abzugeben sind. Dies sind insb. die VerbrauchSt- und LuftVStErklärungen (Klein § 152 Rn. 89). In diesen Fällen haben die HZÄ damit immer ihr Entschließungsermessen auszuüben, da es bei der Grundregel des Abs. 1 verbleibt; für die Höhe gilt jedoch weiterhin Abs. 5 S. 1 (Gosch AO § 152 Rn. 120). Abs. 8 S. 2 gilt für die LuftVStErklärungen entspr. (Abs. 13 S. 2).

P. Verfahrensfragen

95 **Entstehung.** Der Verspätungszuschlag entsteht nach § 38 kraft Gesetzes mit der Tatbestandsverwirklichung, sofern kein Ermessen besteht (Gosch AO § 152 Rn. 131; aA ohne Begründung Klein § 152 Rn. 90). Dies sind die Fälle des Abs. 2 und der Abs. 5–7. In allen Ermessensfällen (auch, wenn Ermessen nur hinsichtl. des „ob" (Abs. 1) oder des „wie" (Abs. 4 und 8) besteht) entsteht der Verspätungszuschlag mit seiner Bekanntgabe (TK § 152 Rn. 88).

96 **Fälligkeit** tritt grds. mit Bekanntgabe ein (§ 220 II 2), jedoch wird regelmäßig eine Zahlungsfrist gesetzt werden (§ 220 II 1; TK § 152 Rn. 89).

97 **Verjährung.** Zwar ist keine Verjährungsfrist bestimmt (Klein § 152 Rn. 91). Dennoch ist die Festsetzung eines Verspätungszuschlags wegen des Verbindungsgebots nicht unbegrenzt lang möglich (→ Rn. 87 f.). Zudem kann Verwirkung eintreten (TK § 152 Rn. 91).

98 Zur **Aufhebung und Änderung** s. Abs. 12, → Rn. 90 ff.

99 **Rechtsschutz.** Statthaft ist der Einspruch (§ 347). Dabei ist der Verspätungszuschlag gesondert von der Festsetzung oder Feststellung anzufechten, da es sich um einen eigenständigen VA handelt (Klein § 152 Rn. 98). Zu beachten ist § 351 II, wonach der Verspätungszuschlag nicht mit der Begründung angefochten werden kann, dass die korrespondierende Festsetzung oder Feststellung unrichtig sei. Es können daher regelmäßig nur Einwände gegen die Tatbestandsmerkmale der Abs. 1–4 und die Berechnung nach Abs. 5 ff. sowie Ermessensfehler vorgebracht werden (Gosch AO § 152 Rn. 135). Nach erfolglosem Einspruch kann Anfechtungsklage (§ 40 I FGO) erhoben werden, wobei die Ermessenseinhaltung nur nach § 102 FGO gerichtlich überprüft wird.

§ 153 Berichtigung von Erklärungen

(1) [1]**Erkennt ein Steuerpflichtiger nachträglich vor Ablauf der Festsetzungsfrist,**

1. **dass eine von ihm oder für ihn abgegebene Erklärung unrichtig oder unvollständig ist und dass es dadurch zu einer Verkürzung von Steuern kommen kann oder bereits gekommen ist oder**
2. **dass eine durch Verwendung von Steuerzeichen oder Steuerstemplern zu entrichtende Steuer nicht in der richtigen Höhe entrichtet worden ist,**

so ist er verpflichtet, dies unverzüglich anzuzeigen und die erforderliche Richtigstellung vorzunehmen. [2]**Die Verpflichtung trifft auch den Gesamtrechtsnachfolger eines Steuerpflichtigen und die nach den §§ 34 und 35 für den Gesamtrechtsnachfolger oder den Steuerpflichtigen handelnden Personen.**

(2) **Die Anzeigepflicht besteht ferner, wenn die Voraussetzungen für eine Steuerbefreiung, Steuerermäßigung oder sonstige Steuervergünstigung nachträglich ganz oder teilweise wegfallen.**

(3) **Wer Waren, für die eine Steuervergünstigung unter einer Bedingung gewährt worden ist, in einer Weise verwenden will, die der Bedingung nicht entspricht, hat dies vorher der Finanzbehörde anzuzeigen.**

(4) **Die Anzeige- und Berichtigungspflicht besteht ferner, wenn Prüfungsfeststellungen einer Außenprüfung unanfechtbar in einem Steuerbescheid, einem Feststellungsbescheid nach § 180 Absatz 1 Satz 1 Nummer 2 oder einem Teilabschlussbescheid nach § 180 Absatz 1a umgesetzt worden sind und die den Prüfungsfeststellungen zugrunde liegenden Sachverhalte auch in einer anderen vom oder für den Steuerpflichtigen abgegebenen Erklärung, die nicht Gegenstand der Außenprüfung war, zu einer Änderung der Besteuerungsgrundlagen führt.**

Schrifttum: Meier, Obliegt dem Steuerberater eine Korrekturpflicht gem. § 153 Abs. 1 AO?, StB 1985, 329; App, Anzeigepflicht gemäß § 153 Abs. 1 Nr. 1 AO von Einkünften des Ehegatten nach Zusammenveranlagung?, BB 1987, 1444; Brenner, Muß der Steuerberater die Steuererklärung berichtigen, wenn er zugunsten seines Mandanten Steuern verkürzt hat?, BB 1987, 1856; Samson, Strafbefreiende Fremdanzeige (§ 371 Abs. 4 AO) und Berichtigungspflicht (§ 153 Abs. 1 AO), wistra 1990, 245; Schuhmann, Berichtigung von Erklärungen (§ 153 AO) und Selbstanzeige, wistra 1994, 45; Joecks, Berichtigungspflichten des nachträglich bösgläubigen Steuerberaters, INF 1997, 21; Müller, Die Berichtigungserklärung nach § 153 Abs. 1 AO, StBp 2005, 195; Müller, Ausgewählte Fragen zur Berichtigungspflicht nach § 153 AO, DStZ 2005, 25; Helmrich, Berichtigungserklärung gemäß § 153 Abs. 1 Satz 1 Nr. 1 AO – insbesondere bei unaufklärbarem Sachverhalt, DStR 2009, 2132; Wulf, Praxishinweise zur Berichtigungspflicht nach § 153 AO, Stbg 2010, 295; Jesse, Anzeige- und Berichtigungspflichten nach § 153 AO, BB 2011, 1431; Jehke/Dreher, Was bedeutet „unverzüglich" i. S. von § 153 AO?, DStR 2012, 2467; Breuninger, Berichtigung von Erklärungen und Selbstanzeige, JbFfSt 2013/2014, 326; Fromm, § 153 AO im Angesicht der strafbefreienden Selbstanzeige, DStR 2014, 1747; Geberth/Welling, Abgrenzung zwischen einfacher Berichtigung und strafbefreiender Selbstanzeige, DB 2015, 1742; Neuling, Tax Compliance im Unternehmen: schlichte Anzeige (§ 153 AO) vs. Selbstanzeige, DStR 2015, 558; Beneke, Der Anwendungserlass des Bundesfinanzministeriums zu § 153 AO vom 23.5.2016, BB 2016, 2327; Breitenbach, § 153 AO – Reichweite des Tatsachenbegriffs und Auswirkungen des Kenntnisstands der Finanzbehörden auf die Berichtigungspflicht des Steuerpflichtigen, DStR 2016, 2033; Erdbrügger/Jehke, Das BMF-Schreiben vom 23.5.2016 zu § 153 AO – strafrechtliche Haftungsentlastung bei Einrichtung eines Tax-Compliance-Management-Systems, BB 2016, 2455; Erdbrügger/Kaiser, Neuer Anwendungserlass zu § 153 AO zu Tax Compliance Management Systemen – Auswirkungen für Unternehmen am Beispiel des Umsatzsteuer- und Zollrechts, Ubg 2016, 412; Binnewies/Schüller, Berichtigungspflicht (§ 153 AO) nach Umwandlungen, AG 2017, 70; Kemper, Berichtigung oder Selbstanzeige?, DStZ 2017, 245; Beyer, Praxisfall: Muss der Steuerpflichtige seine Erklärung gem. § 153 AO berichtigen, wenn sich die Rechtsprechung ändert?, AO-StB 2019, 122; Busch, Darf ich mich noch einigen? Der neue § 153 Abs. 4 AO aus Verrechnungspreissicht, DB 2023, 1562.

Übersicht

A. Allgemeines

1 **Inhalt der Vorschrift.** § 153 begründet für den Stpfl. rechtlich selbständige Mitwirkungspflichten, die ggf. durch besondere Pflichten in den EinzelStGesetzen ergänzt werden können (vgl. BT-Drs. VI/1982, 129).

2 **Zweck der Vorschrift.** Die Vorschrift dient der materiellen Richtigkeit der Besteuerung (§ 85). Abs. 1 Nr. 1 ergänzt insb. §§ 149, 150, indem er die Wahrheitspflicht des § 150 II 1 für Angaben in der StErklärung auch nach Abgabe der Erklärung fortbestehen lässt (Schwarz/Pahlke/Keß § 153 Rn. 1a).

B. Berichtigungspflicht nach Abs. 1

I. Inhalt und Voraussetzungen der Berichtigungspflicht (Abs. 1 S. 1)

1. Inhalt der Berichtigungspflicht

3 Die Berichtigungspflicht nach Abs. 1 S. 1 umfasst **zwei Verpflichtungen:** Zunächst ist unverzüglich, dh ohne schuldhaftes Zögern (§ 121 I 1 BGB), die **Unrichtigkeit** oder Unvollständigkeit steuererheblicher Angaben **anzuzeigen.** Die Anzeige ist an die zuständige FB zu richten (BFH 28.2.2008 – VI R 62/06, BStBl. II 2008, 595; → § 171 Rn. 140). Eventuelle Zuständigkeitsveränderungen sind zu beachten (Schwarz/Pahlke/Keß § 153 Rn. 5). Ferner besteht die **Pflicht zur Richtigstellung,** dh die fehlerhaften Angaben sind zu berichtigen und fehlende Angaben nachzuholen. Die Richtigstellung braucht nach dem Wortlaut nicht unverzüglich zu erfolgen. Hier ist dem Stpfl. von der FB eine angemessene Frist zu gewähren (Schwarz/Pahlke/Keß § 153 Rn. 4).

Eine besondere **Form** für die Abgabe der Anzeige und Berichtigung sieht § 153 I 1 nicht vor. Die Berichtigungspflicht kann schriftlich oder auch mündlich erfüllt werden. Aus Gründen der Beweisvorsorge sollte jedoch regelmäßig die Schriftform gewählt werden (Jesse BB 2011, 1431).

2. Berichtigungspflichtige Personen im Sinne des Abs. 1 S. 1

4 Der **Stpfl.** (§ 33) ist nach § 153 I 1 zur Berichtigung verpflichtet. Die Berichtigungspflicht kann also grds. jeden Stpfl. treffen. Da § 153 sich aber nur auf die Berichtigung von StErklärungen bezieht (→ Rn. 6 ff.), ist weitere Voraussetzung, dass der Stpfl. in der Vergangenheit zur Abgabe einer StErklärung verpflichtet war (aA Gosch AO § 153 Rn. 7; TK § 153 Rn. 2; HHSp § 153 Rn. 2; → Rn. 14). Wurde eine StErklärung für mehrere Personen abgegeben, so ist jede zur Berichtigung verpflichtet. Ehegatten/Lebenspartner müssen jedoch ihre steuererheblichen Angaben auch im Fall der Zusammenveranlagung zur ESt (§ 26b bzw. §§ 2 VIII iVm 26b EStG) nicht gegenseitig kontrollieren. Die Berichtigungspflicht nach § 153 I 1 bezieht sich vielmehr für jeden Ehegatten/Lebenspartner nur auf die ihn selbst betreffenden Angaben (Schwarz/Pahlke/Keß § 153 Rn. 8; Jesse BB 2011, 1431). Der Stpfl. bleibt auch dann nach § 153 I 1 berichtigungspflichtig, wenn er sich bei der Erfüllung seiner Erklärungspflicht der Hilfe anderer Personen bedient (→ Rn. 15 zum berichtigungspflichtigen Personenkreis nach Abs. 1 S. 2). Besteht keine Verpflichtung zur Abgabe einer StErklärung, kann auch keine Anzeige- oder Richtigstellungspflicht nach § 153 I 1 Nr. 1 bestehen (vgl. BFH 30.1.2002 – II R 52/99, BFH/NV 2002, 917).

5 **Bevollmächtigte** (§ 80) oder **Erfüllungsgehilfen** des Stpfl., die an der Erstellung der StErklärung mitgewirkt oder diese für den Stpfl. abgegeben haben, sind nicht nach § 153 I 1 berichtigungspflichtig (Schwarz/Pahlke/Keß § 153 Rn. 13; Jesse BB 2011, 1431). Dies gilt auch im Falle der Vertretung durch Angehörige der steuerberatenden Berufe iSd § 3 StBerG (BGH 20.12.1995 – 5 StR 412/95, HFR 1996, 683; Brenner BB 1987, 1856). Allerdings kann sich aus dem zivilrechtlichen Beratungsverhältnis zwischen

dem StBerater und seinem Mandanten die Pflicht für den StBerater ergeben, den Mandanten von seiner Berichtigungspflicht nach § 153 I 1 zu unterrichten und auf eine Berichtigung hinzuwirken (TK § 153 Rn. 4 f.). Eine eigene Berichtigungspflicht nach § 153 I 1 besteht für Angehörige der steuerberatenden Berufe selbst dann nicht, wenn sie die StErklärung ohne Wissen ihres Auftraggebers abgegeben oder unterzeichnet haben. In diesen Fällen ergibt sich jedoch regelmäßig aus dem Beratungsverhältnis das Recht und die Pflicht für den StBerater, die StErklärung im Namen seines Mandanten nach § 153 I 1 zu berichtigen (Schwarz/Pahlke/Keß § 153 Rn. 15). Die straf- und bußgeldrechtliche Verantwortung des StBeraters beurteilt sich ohne Rückgriff auf § 153 I 1 unmittelbar nach §§ 370, 378.

3. Berichtigung fehlerhafter Steuererklärungen (Abs. 1 S. 1 Nr. 1)

Abgabe einer StErklärung. Die Berichtigung einer fehlerhaften StErklärung nach § 153 I 1 Nr. 1 setzt die Abgabe einer StErklärung voraus. Ist die Erklärung noch nicht abgegeben, so besteht, auch wenn die FB die Besteuerungsgrundlagen nach § 162 I–III bereits geschätzt hat, die StErklärungspflicht nach § 149 I 4 unverändert fort. Eine Berichtigungspflicht nach Abs. 1 S. 1 besteht in diesen Fällen nicht (aA OLG Hamburg 2.6.1992 – 1 Ss 119/91, wistra 1993, 274). Eine Erklärung ist abgegeben, wenn sie der FB zugegangen ist, sodass sie im normalen Arbeitsablauf zur Kenntnis genommen werden kann. Auf eine tatsächliche Kenntnisnahme kommt es nicht an. Zur Abgabe einer StErklärung → § 150 Rn. 13; zum Begriff der StErklärung → § 149 Rn. 3. 6

Sonstige steuerrechtliche Erklärungen, die Einfluss auf die StFestsetzung oder die Erhebung bzw. Vollstreckung haben, wie zB Auskünfte des Stpfl. nach § 93 oder Angaben zur Erlangung eines begünstigenden VA, wie zB Anträge auf Stundung (§ 222) oder Erlass (§ 227), auf Herabsetzung einer Steuer oder StVorauszahlung sowie Anträge auf Vollstreckungsaufschub nach § 258, sind keine Erklärungen iSd § 153 I 1 Nr. 1 (Schwarz/Pahlke/Keß § 153 Rn. 20; so auch BFH 19.5.1992 – VII S 12/92, BFH/NV 1993, 144 für die Bestandsanmeldung im MinöStRecht aF; aA FG Nürnberg 24.3.1993 – V 168/90, EFG 1993, 698; BT-Drs. VI/1982, 129 zu § 98; Gosch AO § 153 Rn. 14; HHSp § 153 Rn. 7; Schick StuW 1988, 301; Helmrich DStR 2009, 2132; diff. TK § 153 Rn. 7 f., der Abs. 1 S. 1 Nr. 1 lediglich bei Stundungs- und Erlassanträgen nicht anwenden will, da diese Anträge nicht zu einer StVerkürzung, sondern allenfalls zur Erlangung ungerechtfertigter StVorteile führen können; ähnlich Jesse BB 2011, 1431, nach dem nur Erklärungen und Anträge von Abs. 1 S. 1 Nr. 1 erfasst werden, deren Folge nicht vom Ermessen (§ 5) der FB abhängig ist; vgl. auch OFD Münster 4.7.1994, DStR 1994, 1235 zur Berichtigungspflicht bei der Anpassung von ESt-Vorauszahlungen). Für die hier vertretene Ansicht spricht zunächst der Zweck des § 153, der lediglich die bei der Abgabe einer StErklärung geltende Wahrheitspflicht (§ 150 II 1) nach der Abgabe fortbestehen lässt (→ Rn. 3). Ferner knüpft Abs. 1 S. 1 ausdrücklich an den Ablauf der Festsetzungsfrist (§§ 169 ff.) an. Die Festsetzungsfrist betrifft jedoch nur StFestsetzungen und hat für sonstige steuerrechtliche Erklärungen keine Bedeutung (s. zum Ablauf der Festsetzungsfrist auch → Rn. 17). Entspr. gilt für den Begriff der StVerkürzung (§ 370 IV), den § 153 I 1 Nr. 1 verwendet und der ebenfalls eine StFestsetzung voraussetzt (→ Rn. 16). Darüber hinaus ist § 153 dem Unterabschnitt „StErklärungen“ zugeordnet. Wenn die Vorschrift über den Bereich der StErklärungen hinaus Gültigkeit hätte beanspruchen sollen, hätte sie im Rahmen des § 90 im Unterabschnitt „Besteuerungsgrundsätze“ angesiedelt werden müssen (Schwarz/Pahlke/Keß § 153 Rn. 20; vgl. auch TK § 153 Rn. 10, der eine Verallgemeinerung und Umpositionierung der Vorschrift für wünschenswert hält). 7

Fehlerhafte StErklärung. Schließlich setzt die Berichtigungspflicht nach § 153 I 1 Nr. 1 voraus, dass die abgegebene StErklärung unrichtig oder unvollständig ist. Ein Fehler der FB, den diese bei der Auswertung einer richtigen StErklärung macht, begründet für den Stpfl. keine Berichtigungspflicht, auch wenn sich der Fehler zu seinem Vorteil ausgewirkt hat (vgl.BFH 4.12.2012 – VIII R 50/10, BStBl. II 2014, 222; TK § 153 Rn. 11). 8

Unrichtigkeit einer Erklärung ist gegeben, wenn diese die tatsächlichen oder rechtlichen Verhältnisse, die für die Stpfl. und die Bemessung der Steuer maßgebend sind, falsch darstellt (BeckOK AO § 153 Rn. 81; HHSp § 153 Rn. 8; Schwarz/Pahlke/Keß § 153 Rn. 23). **Unvollständigkeit** liegt vor, wenn nicht alle in der Erklärung geforderten tatsächlichen Angaben gemacht werden. Unrichtigkeit oder Unvollständigkeit liegt nicht schon deshalb vor, weil der Stpfl. seiner Erklärung eine (ggf. auch fehlerhafte) Rechtsauffassung, die von der FB nicht geteilt wird, zugrunde gelegt und dementsprechend Angaben zu einem aus seiner Sicht steuerlich irrelevanten Sachverhalt unterlassen hat. Es genügt grds., wenn der Stpfl. die Tatsachengrundlage, aus der er seine rechtlichen Schlüsse zieht, vollständig und zutreffend dargelegt hat (BeckOK AO § 153 Rn. 83 f.; TK § 153 Rn. 10). Anders ist dies, wenn die Rechtsauffassung des Stpfl. von einer (insb. im BStBl. II) veröffentlichten Verwaltungsauffassung abweicht; in diesem Fall ist die Erklärung nur vollständig, wenn sie alle Angaben enthält, die nach der veröffentlichten Verwaltungsauffassung relevant sind (TK § 153 Rn. 47).

Die Unrichtigkeit oder Unvollständigkeit muss im Zeitpunkt der Erklärungsabgabe vorliegen. Eine Erklärung wird daher nicht dadurch unrichtig, dass sich nach Abgabe der Erklärung die tatsächlichen Verhältnisse mit steuerlicher Rückwirkung für die Vergangenheit verändert haben, sich die Rspr. gewandelt hat oder einschlägige Verwaltungsvorschriften geändert wurden (Gosch AO § 153 Rn. 19; HHsp § 153 Rn. 9; TK § 153 Rn. 11). Auch eine etwa wegen Geschäftsunfähigkeit des Erklärenden unwirksam abgegebene StErklärung kann nach § 153 zu berichtigen sein (BFH 29.8.2017 – VIII R 32/15, BStBl. II 2018, 223). Eine fehlende StErklärung steht einer fehlerhaften StErklärung hingegen nicht gleich und löst daher keine Berichtigungspflicht nach § 153 aus (stattdessen gilt die bestehende StErklärungspflicht fort).

9 **Steuerverkürzung.** Eine Berichtigungspflicht nach § 153 I 1 Nr. 1 wird ferner nur begründet, wenn die Unrichtigkeit oder Unvollständigkeit der StErklärung dazu führt, dass es zu einer Verkürzung von Steuern kommen kann oder bereits gekommen ist. Eine StVerkürzung liegt nach § 370 IV vor, wenn eine Steuer nicht, nicht in voller Höhe oder nicht rechtzeitig festgesetzt worden ist. Die Unrichtigkeit oder Unvollständigkeit der StErklärung muss für die StVerkürzung ursächlich geworden sein. Beruht die unrichtige oder nicht rechtzeitige StFestsetzung zumindest auch auf einem Fehler der FB, ist die Fehlerhaftigkeit der StErklärung nicht ursächlich für die StVerkürzung geworden (Gosch AO § 153 Rn. 20).

10 **Nichtablauf der Festsetzungsfrist.** Die Berichtigungspflicht nach § 153 I 1 Nr. 1 entfällt mit Ablauf der Festsetzungsfrist (§§ 169 ff.), da eine Änderung der StFestsetzung, die sich auf die fehlerhafte Erklärung stützt, ohnehin nicht mehr möglich ist (§ 169 I 1). Eine Berichtigungsanzeige wäre in diesen Fällen sinnlos. Die Berichtigungspflicht nach § 153 I 1 Nr. 1 besteht aber fort, wenn die fehlerhafte StFestsetzung wegen anderer Umstände, zB wegen erhöhter Bestandskraft nach § 173 II aufgrund einer Außenprüfung, nicht mehr geändert werden kann (Schwarz/Pahlke/Keß § 153 Rn. 26). Die fortbestehende Berichtigungspflicht verstößt in diesem Fall nicht gegen das Übermaßverbot (aA TK § 153 Rn. 19).

11 **Nachträgliches Erkennen.** Der Stpfl. muss die Unrichtigkeit oder die Unvollständigkeit der StErklärung und die mögliche oder eingetretene StVerkürzung tatsächlich erkannt haben. Ein Erkennenkönnen oder ein Erkennenmüssen genügt nicht.

12 Wenn dem Stpfl. die Unrichtigkeit oder Unvollständigkeit der StErklärung **schon bei ihrer Abgabe bewusst war,** liegt ein nachträgliches Erkennen nicht vor (BFH 7.3.2007 – I B 99/06, BFH/NV 2007, 1801; TK § 153 Rn. 15; HHSp § 153 Rn. 11). Der Stpfl. hat dann von vornherein vorsätzlich, dh mit Wissen und Wollen, eine fehlerhafte Erklärung abgegeben und ggf. dadurch eine StHinterziehung (§ 370 I Nr. 1) begangen. Ein nachträgliches Erkennen ist in solchen Fällen begrifflich ausgeschlossen. Dies gilt auch, wenn der Stpfl. bei Abgabe seiner StErklärung die Unrichtigkeit nicht gekannt, aber billigend in Kauf genommen hat und somit bedingt vorsätzlich eine fehlerhafte StErklärung abgegeben

hat (TK § 153 Rn. 21; aA BGH 17.3.2009 – 1 StR 479/08, NJW 2009, 1984). Hat der Stpfl. vorsätzlich eine fehlerhafte oder unvollständige StErklärung abgegeben, schließt dies allerdings nicht aus, dass seinen Gesamtrechtsnachfolger oder Nachfolger als gesetzlichen Vertreter, wenn dieser die Unrichtigkeit oder Unvollständigkeit entdeckt, eine Berichtigungspflicht trifft (→ Rn. 15).

Hat der Stpfl. dagegen **ohne Verschulden** oder leicht oder grob fahrlässig **(leichtfertig)** etwas Unrichtiges oder Unvollständiges erklärt, so entsteht die Berichtigungspflicht nach § 153 I 1 Nr. 1, wenn er nachträglich die Fehlerhaftigkeit der StErklärung erkennt. Soweit jedoch eine Ahndung wegen leichtfertiger StVerkürzung gem. § 378 droht, entfällt eine Berichtigungspflicht, da auch in diesem Fall keine Verpflichtung zur Selbstanzeige besteht (Schick StuW 1988, 301; aA TK § 153 Rn. 22). Aus § 378 III lässt sich ebenso wie aus § 371 keine Verpflichtung zur Selbstanzeige, sondern nur eine Rechtswohltat entnehmen. 13

4. Berichtigung fehlerhafter Verwendung von Steuerzeichen und Steuerstemplern (Abs. 1 S. 1 Nr. 2)

Die besondere Regelung in **§ 153 I 1 Nr. 2** ist notwendig, da es bei der Verwendung von StZeichen (Wertmarken, Banderolen) und StStemplern an einer StErklärung oder StAnmeldung fehlt. Entrichtet werden Steuern mittels StZeichen oder StStemplern zB gem. §§ 13 II, 22 RennwLottG und §§ 8, 10 TabStG. Berichtigungspflichtig ist nach § 153 I 1 Nr. 2 der Stpfl., der zur Verwendung der StZeichen oder der StStempler verpflichtet ist. Im Übrigen gelten hier die Ausführungen zu § 153 I 1 Nr. 1 entspr. (→ Rn. 13 ff.). 14

II. Weitere berichtigungspflichtige Personen (Abs. 1 S. 2)

§ 153 I 2 bezieht ausdrücklich **Gesamtrechtsnachfolger** (§ 45) des Stpfl. und die nach §§ 34, 35 für den Stpfl. bzw. den Gesamtrechtsnachfolger handelnden Personen in die Berichtigungspflicht nach § 153 I 1 ein. Der Gesamtrechtsnachfolger muss auch tätig werden, wenn er erkennt, dass Erklärungen des Rechtsvorgängers fehlerhaft waren, so zB wenn der Erbe erkennt, dass der Erblasser seine Einkünfte aus Kapitalvermögen (§ 20 EStG) nicht vollständig erklärt hat (BFH 29.8.2017 – VIII R 32/15, BStBl. II 2018, 223). Dementsprechend müssen **Personen iSd §§ 34, 35** fehlerhafte Erklärungen nach § 153 I 1 ebenfalls berichtigen, wenn diese vor ihrer Amtszeit bei der FB abgegeben worden sind. So trifft zB den Geschäftsführer einer GmbH für vor seiner Bestellung abgegebene unrichtige StErklärungen eine Berichtigungspflicht gem. § 153 I, wenn er deren Unrichtigkeit erkennt (BFH 7.3.2007 – I B 99/06, BFH/NV 2007, 1801). Zur Berichtigungspflicht des übernehmenden Rechtsträgers als Gesamtrechtsnachfolger nach Umwandlungen s. Binnewies/Schüller AG 2017, 70. 15

C. Anzeigepflicht bei unberechtigten Steuervergünstigungen (Abs. 2)

Allgemeines. § 153 II normiert eine Anzeigepflicht bei unberechtigten StBefreiungen, StErmäßigungen oder StVergünstigungen. Besondere Anzeigepflichten in den EinzelStGesetzen gehen Abs. 2 vor. 16

Die Begriffe StBefreiung, StErmäßigung und sonstige StVergünstigung sind gesetzlich nicht definiert. Der Begriff der **sonstigen StVergünstigung** umfasst auch StBefreiungen und StErmäßigungen (Schwarz/Pahlke/Keß § 153 Rn. 46). StVergünstigungen sind alle gegenüber dem Regelfall günstigeren Gestaltungen des StRechtsverhältnisses, also nicht nur Vergünstigungen, die sich unmittelbar auf die Höhe der Steuer auswirken, sondern auch StErleichterungen, die die Art und Weise ihrer Entrichtung betreffen (BFH 15.3.1963 – III 250/60 U, BStBl. III 1963, 309). Der Begriff der StVergünstigung entspricht somit dem Begriff des StVorteils iSd § 370 I, der nach § 370 IV 2 auch StVergütungen umfasst. 17

StVergünstigungen iSd § 153 II sind zB die Herabsetzung einer ESt-Vorauszahlung (§ 37 EStG) bzw. einer GewSt-Vorauszahlung (§ 19 GewStG), die zinslose Stundung der ErbSt (§ 28 ErbStG) oder der VorSt-Abzug (§ 15 UStG).

18 **Anzeigepflichtiger** ist der Stpfl., dem die StVergünstigung gewährt worden ist, und, entspr. § 153 I 2, der Gesamtrechtsnachfolger (§ 45), der gesetzliche Vertreter (§ 34) sowie der Vermögensverwalter (§ 35). Bevollmächtigte sind nicht nach Abs. 2 anzeigepflichtig.

19 **Voraussetzungen der Anzeigepflicht.** § 153 II setzt im Gegensatz zu § 153 I voraus, dass die StVergünstigung ursprünglich zu Recht gewährt worden ist. Die Vergünstigungsvoraussetzungen müssen nachträglich, dh nach Gewährung der StVergünstigung, ganz oder teilweise durch eine Veränderung des Lebenssachverhalts entfallen sein. Die Regelung betrifft StVergünstigungen, deren Voraussetzungen nicht nur zu einem bestimmten Zeitpunkt, sondern auch für eine bestimmte Dauer erfüllt sein müssen (Gosch AO § 153 Rn. 32). Nicht erforderlich ist, dass der StVergünstigung ein selbständiger, begünstigender VA zugrunde liegt. Erfasst werden zB Fälle des § 131 II Nr. 2 und 3 sowie Fälle des § 175 II. § 153 II ist zumindest entspr. anzuwenden, wenn die Voraussetzungen einer StVergünstigung, zB die Voraussetzungen für einen VorSt-Abzug nach § 15 UStG, nachträglich entfallen (FG Saarland 14.7.1992 – 1 K 78/92, EFG 1992, 706). Die Anzeigepflicht ist nicht davon abhängig, dass die FB das StRechtsverhältnis aufgrund der Anzeige tatsächlich noch ändern kann (Schwarz/Pahlke/Keß § 153 Rn. 51).

D. Anzeigepflicht bedingungswidriger Warenverwendung (Abs. 3)

20 **§ 153 III** betrifft StVergünstigungen für Verbrauchsteuern, die nach § 50 I unter der Bedingung gewährt werden, dass die verbrauchsteuerpflichtigen Waren einer besonderen Zweckbestimmung zugeführt werden. Die Anzeigepflicht nach Abs. 3 will sicherstellen, dass die FB von dem Unbedingtwerden der StSchuld erfährt (§ 50 III). Die Anzeige muss vor Änderung der Zweckbestimmung erstattet werden. Anzeigepflichtig ist jeder, der die Ware bestimmungswidrig verwenden will. Soweit die StVergünstigung auf einer fehlerhaften Erklärung iSd § 153 I 1 Nr. 1 beruht, geht die Berichtigungspflicht nach Abs. 1 vor.

E. Anzeigepflicht nach Außenprüfung (Abs. 4)

21 In Abs. 4 wurde durch Gesetz v. 20.12.2022 (BGBl. 2022 I 2730; vgl. BR-Drs. 605/22, 26) eine Berichtigungspflicht eingeführt, die eingreifen soll, wenn die FB infolge einer Ap. Prüfungsfeststellungen getroffen und diese bestandskräftig in StBescheiden umgesetzt hat. Der Stpfl. ist nach Abs. 4 dazu verpflichtet, bereits abgegebene StErklärungen für die Folgejahre entspr. anzupassen. Es erscheint fraglich, ob das gesetzgeberische Ziel, die Betriebsprüfung bei Anschlussprüfungen zu entlasten (vgl. BT-Drs. 20/3436, 87), eine solch weitgehende Korrekturpflicht rechtfertigt (kritisch auch Gosch AO § 153 Rn. 33.3).

22 Tatbestandsvoraussetzung ist zunächst eine bestimmte **Prüfungsfeststellung** infolge einer Ap. iSd § 193. Dazu gehören insb. auch USt-, LSt- und Kassen-Nachschau (→ § 193 Rn. 1 ff.). Eine Prüfungsfeststellung liegt nur vor, wenn die BP Tatsachen festgestellt hat, die der Besteuerung zuvor nicht zugrunde lagen; wendet die BP nur eine andere Rechtsauffassung an, die keinerlei ergänzende Sachverhaltsfeststellung erfordert, löst dies keine Korrekturpflicht nach Abs. 4 aus (BeckOK AO § 153 Rn. 182; Klein § 153 Rn. 18; vgl. auch Gude DStR 2023, 2261 (2264 f.)). Die FB trägt die Feststellungslast dafür, dass eine entsprechende Prüfungsfeststellung getroffen wurde. Praktisch wird dieser Nachweis in aller Regel nur zur erbringen sein, wenn der Prüfungsbericht entsprechende Ausführungen zu den neu festgestellten Tatsachen enthält.

Die Prüfungsfeststellung muss in einem **Steuerbescheid,** einem Feststellungsbescheid nach § 180 I 1 Nr. 2 oder einem Teilabschlussbescheid nach § 180 Ia umgesetzt worden sein. Weicht die FB beim Erlass geänderter Bescheide dem Grunde oder der Höhe nach von einer Prüfungsfeststellung ab (zB infolge einer Stellungnahme des Stpfl. zum Prüfungsbericht nach § 202 II vor der Auswertung durch die Veranlagungsstelle), wurde die Prüfungsfeststellung nicht umgesetzt (HHSp § 153 Rn. 33; BeckOK AO § 153 Rn. 182; Busch DB 2023, 1562 (1563)). Nach dem Gesetzeswortlaut („wenn") ist der Stpfl. dann nicht etwa verpflichtet, eine Anzeige nach Abs. 4 abzugeben, **soweit** die Prüfungsfeststellung umgesetzt wurde. Auch der Gesetzeszweck rechtfertigt eine Anzeigepflicht nur in Fällen, in denen die Prüfungsfeststellung eins zu eins umgesetzt wurde und sich in einem bestandskräftigen Bescheid wiederfindet. Im Übrigen wäre es unverhältnismäßig, dem Stpfl. das Risiko eines Pflichtverstoßes aufzuerlegen, wenn er bei Abweichungen zwischen Prüfungsfeststellung und Bescheid selbst die Wertung vornehmen müsste, ob eine verbleibende Übereinstimmung noch als Umsetzung zu werten ist. 23

Der StBescheid, in dem die Prüfungsfeststellung umgesetzt wurde, muss unanfechtbar sein, dh, die Rechtsbehelfsfristen müssen abgelaufen sein, ohne dass Einspruch bzw. Klage eingelegt wurde. Ein StBescheid ist auch unanfechtbar, wenn er wegen eines Vorbehalts der Nachprüfung gem. § 164 II oder auf Grund anderer Änderungsnormen geändert oder aufgehoben werden könnte. Wird der nach der Betriebsprüfung ergangene, unanfechtbar gewordene Bescheid später allerdings tatsächlich aufgehoben oder so geändert, dass die Prüfungsfeststellungen in diesem weiteren Änderungsbescheid nicht mehr enthalten sind, entfällt die Korrekturpflicht nach Abs. 4 wieder. 24

Die Korrekturpflicht nach Abs. 4 setzt anders als die Pflicht nach Abs. 1 nicht voraus, dass die vom Stpfl. abgegebene Erklärung unzutreffend oder unvollständig ist (TK § 153 Rn. 32). Stattdessen hat der Gesetzgeber versucht, die Anzeige- und Berichtigungspflicht nach Abs. 4 daran zu knüpfen, dass die abgegebene Erklärung nicht im Einklang steht mit den in einer Ap. (idR für die Vorjahre) getroffenen Prüfungsfeststellungen. Ob dem Gesetzgeber dies gelungen ist, erscheint indes fragwürdig: 25

Der Wortlaut des Abs. 4 verlangt, dass die den Prüfungsfeststellungen **zugrunde liegenden Sachverhalte** auch in einer anderen **vom oder für den Stpfl. abgegebenen Erklärung,** die nicht Gegenstand der Ap. war, zu einer **Änderung der Besteuerungsgrundlagen** führen. Der Wortlaut ist missglückt, da „Sachverhalte", nur weil sie BP-Feststellungen und entsprechenden Änderungsbescheiden zugrunde liegen, nicht zur Änderung der Besteuerungsgrundlagen „in einer […] vom oder für den Steuerpflichtigen abgegebenen Erklärung" führen. Nur der Stpfl. selbst kann seine StErklärung und die darin gemachten Angaben über die rechtlichen und tatsächlichen Verhältnisse, die für die Besteuerung maßgebend sind (vgl. Legaldefinition Besteuerungsgrundlagen § 199 I) ändern. Will man der Intention des Gesetzgebers, eine Arbeitserleichterung für die FVerw. in Anschlussprüfungen zu erreichen, gerecht werden, muss man als (zusätzliche) Tatbestandsvoraussetzung der Pflicht nach Abs. 4 überaus wohlwollend in den Gesetzestext hineinlesen, dass die vom Stpfl. abgegebene Erklärung unter Berücksichtigung der festgestellten Sachverhalte und unter Berücksichtigung der (ggf. unzutreffenden) Rechtsaufassung der Ap. unrichtig oder unvollständig ist. Im Gesetzeswortlaut ist eine solche Auslegung indes in keiner Weise angelegt.

Voraussetzung der Korrekturpflicht nach Abs. 4 ist zudem, dass sich *derselbe* Sachverhalt, der den Prüfungsfeststellungen zugrunde liegt, auf eine andere (zB für die Folgejahre) vom Stpfl. abgegebene Erklärung auswirkt (zB Korrektur der Anschaffungskosten für ein Wirtschaftsgut oder Zuordnung eines Wirtschaftsguts zum Betriebsvermögen aufgrund unveränderter Verhältnisse). Der Stpfl. muss hingegen keine Prüfungsfeststellungen im Wege der Berichtigung nach § 153 IV auf Folgejahre oder andere StArten übertragen, wenn in den Folgejahren zwar gleichgelagerte, aber doch nicht dieselben wie die geprüften Sachverhalte verwirklicht werden; es besteht daher regelmäßig keine Korrekturpflicht nach § 153 IV bei zB verrechnungspreislich oder umsatzsteuerlich zu beurteilenden Dauersachverhalten wie wiederkehrenden Leistungen oder Warenlieferungen (HHSp § 153 Rn. 34; TK § 153 Rn. 153; Busch DB 2023, 1562 (1564)).

26 Eine Änderung der Besteuerungsgrundlagen in der zu korrigierenden (Anschluss-)StErklärung liegt auch dann vor, wenn sich die Besteuerungsgrundlagen zugunsten des Stpfl. ändern (Gosch AO § 153 Rn. 33.1). Anders als bei Abs. 1 ist eine StVerkürzung keine Tatbestandsvoraussetzung der Berichtigungspflicht nach Abs. 4. Vor dem Hintergrund des Gesetzeszwecks des Abs. 4, der primär eine Arbeitserleichterung für die FVerw. in Anschlussprüfungen bewirken soll, ist dies zwar konsequent, wirft jedoch auch die Frage nach der (rechtspolitischen, wohl nicht verfassungsrechtlichen) Verhältnismäßigkeit der Regelung auf.

F. Folgen einer Berichtigungsanzeige

26 Erfüllt der Stpfl. seine Anzeige- und Berichtigungspflicht gem. § 153, sind bestandskräftige StFestsetzungen unter den **Voraussetzungen der §§ 172 ff.** zu ändern. Zu den Auswirkungen einer Anzeige auf den Ablauf der Festsetzungsverjährungsfrist s. § 171 IX. In einer Berichtigungsanzeige nach § 153 liegt keine Anzeige iSd § 170 II Nr. 1, die eine Anlaufhemmung der Festsetzungsfrist bewirken könnte (BFH 22.1.1997 – II B 40/96, BStBl. II 1997, 266; → § 170 Rn. 14 f.). Eine Berichtigungsanzeige nach § 153 kann unter den weiteren Voraussetzungen des § 371 bzw. des § 378 III auch eine strafbefreiende Selbstanzeige sein.

G. Folgen der Verletzung der Berichtigungspflicht

27 Mit den **Zwangsmitteln** der §§ 328 ff. kann die FB ggf. die Anzeige- und Berichtigungspflicht aus § 153 durchsetzen, sofern die Anwendung von Zwangsmitteln nicht nach § 393 I 2 unzulässig ist. Soweit dazu Anlass besteht, ist der Stpfl. nach § 393 I 4 zu belehren.

28 Ein **Verspätungszuschlag** (§ 152) kann bei Verletzung der Anzeige- und Berichtigungspflicht nicht festgesetzt werden, da eine Berichtigungsanzeige iSd § 153 keine StErklärung ist, sondern vielmehr eine bereits abgegebene Erklärung voraussetzt.

29 Eine **StHinterziehung** durch Unterlassen (§ 370 I Nr. 2) kann auch durch Verletzung der Verpflichtungen aus § 153 begangen werden. Hat der Stpfl. jedoch bereits durch die Abgabe einer unrichtigen StErklärung eine StHinterziehung nach § 370 I Nr. 1 begangen, handelt es sich bei der Verletzung der Anzeige- und Berichtigungspflicht aus § 153 regelmäßig um eine straflose Nachtat.

30 Eine **leichtfertige StVerkürzung** (§ 378) kann nicht durch Verletzung der Anzeige- und Berichtigungspflicht aus § 153 begangen werden, da die Verpflichtungen aus § 153 positive Kenntnis, also Vorsatz, über die Unrichtigkeit oder Unvollständigkeit der bereits abgegebenen StErklärung verlangt.

3. Unterabschnitt. Kontenwahrheit

§ 154 Kontenwahrheit

(1) **Niemand darf auf einen falschen oder erdichteten Namen für sich oder einen Dritten ein Konto errichten oder Buchungen vornehmen lassen, Wertsachen (Geld, Wertpapiere, Kostbarkeiten) in Verwahrung geben oder verpfänden oder sich ein Schließfach geben lassen.**

(2) [1] **Wer ein Konto führt, Wertsachen verwahrt oder als Pfand nimmt oder ein Schließfach überlässt (Verpflichteter), hat**

1. sich zuvor Gewissheit über die Person und Anschrift jedes Verfügungsberechtigten und jedes wirtschaftlich Berechtigten im Sinne des Geldwäschegesetzes zu verschaffen und
2. die entsprechenden Angaben in geeigneter Form, bei Konten auf dem Konto, festzuhalten.

[2]Für Verfügungsberechtigte sind § 11 Absatz 4 und 6, § 12 Absatz 1 und 2 und § 13 Absatz 1 des Geldwäschegesetzes sowie zu § 12 Absatz 3 und § 13 Absatz 2 des Geldwäschegesetzes ergangene Rechtsverordnungen, für wirtschaftlich Berechtigte der § 13 Absatz 1 des Geldwäschegesetzes sowie zu § 13 Absatz 2 des Geldwäschegesetzes ergangene Rechtsverordnungen entsprechend anzuwenden. [3]Der Verpflichtete hat sicherzustellen, dass er den Finanzbehörden jederzeit Auskunft darüber geben kann, über welche Konten oder Schließfächer eine Person verfügungsberechtigt ist oder welche Wertsachen eine Person zur Verwahrung gegeben oder als Pfand überlassen hat. [4]Die Geschäftsbeziehung ist kontinuierlich zu überwachen und die nach Satz 1 zu erhebenden Daten sind in angemessenem zeitlichen Abstand zu aktualisieren.

(2a) **[1]Kreditinstitute haben für jeden Kontoinhaber, jeden anderen Verfügungsberechtigten und jeden wirtschaftlich Berechtigten im Sinne des Geldwäschegesetzes außerdem folgende Daten zu erheben und aufzuzeichnen:**
1. die Identifikationsnummer nach § 139b und
2. die Wirtschafts-Identifikationsnummer nach § 139c oder, wenn noch keine Wirtschafts-Identifikationsnummer vergeben wurde und es sich nicht um eine natürliche Person handelt, die für die Besteuerung nach dem Einkommen geltende Steuernummer.

[2]Der Vertragspartner sowie gegebenenfalls für ihn handelnde Personen haben dem Kreditinstitut die nach Satz 1 zu erhebenden Daten mitzuteilen und sich im Laufe der Geschäftsbeziehung ergebende Änderungen unverzüglich anzuzeigen. [3]Die Sätze 1 und 2 sind nicht anzuwenden bei Kreditkonten, wenn der Kredit ausschließlich der Finanzierung privater Konsumgüter dient und der Kreditrahmen einen Betrag von 12 000 Euro nicht übersteigt.

(2b) **[1]Teilen der Vertragspartner oder gegebenenfalls für ihn handelnde Personen dem Kreditinstitut die nach Absatz 2a Satz 1 Nummer 1 zu erfassende Identifikationsnummer einer betroffenen Person bis zur Begründung der Geschäftsbeziehung nicht mit und hat das Kreditinstitut die Identifikationsnummer dieser Person auch nicht aus anderem Anlass rechtmäßig erfasst, hat es sie bis zum Ablauf des dritten Monats nach Begründung der Geschäftsbeziehung in einem maschinellen Verfahren beim Bundeszentralamt für Steuern zu erfragen. [2]In der Anfrage dürfen nur die in § 139b Absatz 3 genannten Daten der betroffenen Person angegeben werden. [3]Das Bundeszentralamt für Steuern teilt dem Kreditinstitut die Identifikationsnummer der betroffenen Person mit, sofern die übermittelten Daten mit den bei ihm nach § 139b Absatz 3 gespeicherten Daten übereinstimmen.**

(2c) **[1]Soweit das Kreditinstitut die nach Absatz 2a Satz 1 zu erhebenden Daten auf Grund unzureichender Mitwirkung des Vertragspartners und gegebenenfalls für ihn handelnder Personen nicht ermitteln kann, hat es dies auf dem Konto festzuhalten. [2]In diesem Fall hat das Kreditinstitut dem Bundeszentralamt für Steuern die betroffenen Konten sowie die hierzu nach Absatz 2 erhobenen Daten mitzuteilen; diese Daten sind für alle in einem Kalenderjahr eröffneten Konten bis Ende Februar des Folgejahrs zu übermitteln.**

(2d) **Die Finanzbehörden können für einzelne Fälle oder für bestimmte Fallgruppen Erleichterungen zulassen, wenn die Einhaltung der Pflichten nach den**

Absätzen 2 bis 2c unverhältnismäßige Härten mit sich bringt und die Besteuerung durch die Erleichterung nicht beeinträchtigt wird.

(3) **Ist gegen Absatz 1 verstoßen worden, so dürfen Guthaben, Wertsachen und der Inhalt eines Schließfachs nur mit Zustimmung des für die Einkommen- und Körperschaftsteuer des Verfügungsberechtigten zuständigen Finanzamts herausgegeben werden.**

Schrifttum: Hamacher, Umfang der Pflicht zur Legitimationsprüfung nach § 154 Abs. 2 AO, DB 1998, 1324; Philipowski, Zum Begriff des Verfügungsberechtigten im Sinne des § 154 Abs. 2 AO, WM 1992, 721, 765; Carl/Klos, Inhalt und Reichweite der Kontenwahrheitspflicht nach § 154 AO als Grundlage der steuerlichen Mitwirkungspflichten der Kreditinstitute, DStZ 1995, 296; Hamacher, Kontrollmitteilungen bei Banken und funktionaler Kontenbegriff des § 154 AO, DB 1999, 1824; Esskandari, „Misere der Zinsbesteuerung" und § 154 AO, DStZ 2001, 761; Bruschke, Kontenwahrheit und Haftung (§ 72 AO i. V. m. § 154 AO), StB 2010, 124; Cranshaw, Anderkonto, Insolvenz-Sonderkonto und Zahlungsdienstleister, NZI 2019, 609; Stolte, Neues zur sogenannten Kontoleihe, DStR 2019, 1044.

Übersicht

I. Allgemeines

1 § 154 begründet für einen bestimmten Personenkreis wegen der besonderen Gefahren im **Kontoführungs- und Verwahrverhältnis** eigene steuerliche Pflichten. Abs. 1 enthält das Verbot, unter falschem Namen Konten einzurichten und Buchungen vornehmen zu lassen sowie Wertsachen in Verwahrung zu geben. Die Abs. 2 (zuletzt geändert durch G v. 12.12.2019, BGBl. 2019 I 2602), 2b, 2c und 2d (alle eingefügt durch StUmgBG v. 23.6.2017, BGBl. 2017 I 1682) verpflichten Kreditinstitute zu einer Legitimationsprüfung und flankierenden Maßnahmen. Abs. 3 ordnet als Rechtsfolge bei Verstößen gegen Abs. 1 die sog. Kontosperre an.

1. Zweck der Vorschrift

2 § 154 soll verhindern, dass die **Nachprüfung der steuerlichen Verhältnisse** durch die Verwendung falscher oder erdichteter Namen erschwert oder unmöglich gemacht wird (BT-Drs. VI/1982, 123). Geschützt ist allein die formale Kontenwahrheit, dh von Bedeutung ist nur, wer formal Inhaber des Kontos oder sonst verfügungsberechtigt ist, unabhängig davon, wem das Konto materiell-rechtlich zuzuordnen ist (BFH 13.10.1998 – VIII R 61/96, BFH/NV 1999, 463; BGH 18.10.1994 – XI ZR 237/93, NJW 1995, 261). Daher liegt kein Verstoß gegen § 154 vor, wenn das Konto durch einen offenen oder verdeckten Treuhänder oder durch einen Strohmann geführt wird (TK § 154 Rn. 3).

2. Verhältnis zu anderen Vorschriften

Durch § 154 bleibt die Befugnis der FÄ unberührt, im Besteuerungsverfahren **Auskünfte nach §§ 93, 94** einzuholen oder die **Vorlage von Unterlagen nach § 97** zu verlangen. § 154 ergänzt lediglich die allgemeine Auskunftsverpflichtung für Dritte nach § 93 I 3 (HHSp § 154 Rn. 2). 3

II. Pflicht zur Wahrheit (Abs. 1)

1. Adressat der Vorschrift

Die Vorschrift wendet sich an jeden, der als **Kunde oder Geschäftspartner** bei einem anderen eine der in Abs. 1 genannten Handlungen vornimmt (TK § 154 Rn. 2; Gosch AO § 154 Rn. 10). Normadressaten des Abs. 1 sind die Kontoführer und nicht auch die Banken und ihre Bediensteten (Klein § 154 Rn. 8). § 154 I bezieht sich allerdings nicht nur auf die Kunden der Kreditinstitute, sondern gilt auch im gewöhnlichen Geschäftsverkehr und für Privatpersonen. Dagegen wendet sich Abs. 1 nicht an denjenigen, der im eigenen Geschäftsbetrieb falsche oder erdichtete Namen verwendet. Das Verbot, in den eigenen Büchern keine Konten zu führen, die auf einen falschen oder erdichteten Namen lauten, ist vielmehr in § 146 I 1 geregelt (→ § 146 Rn. 8). 4

2. Falscher oder erdichteter Name

Falsch ist ein Name, den es zwar gibt, der aber nicht den wirklichen Namen des Verfügungsberechtigten bezeichnet. **Erdichtet** ist ein Name, der frei erfunden ist (OLG Karlsruhe 7.9.2010 – 17 U 46/09, WM 2010, 2220). Regelmäßig ist der bürgerliche Name oder die Firma (§ 17 I HGB) zu verwenden. Auch wer als Treuhänder oder Strohmann handelt, muss seinen eigenen Namen benutzen (Schwarz/Pahlke/Keß § 154 Rn. 10). Die Verwendung eines Künstlernamens ist zulässig, wenn der Kunde ihn auch sonst verwendet und keine Zweifel über seine Identität bestehen (TK § 154 Rn. 5). Es ist auch zulässig, das Konto auf den Namen einer dritten Person zu errichten, die tatsächlich existiert (BFH 13.10.1998 – VIII R 61/96, BFH/NV 1999, 463). Eine Zustimmung des Dritten hierzu bedarf es nicht (Gosch AO § 154 Rn. 18). 5

3. Anwendungsbereiche der Wahrheitspflicht

Kontoerrichtung. Die Wahrheitspflicht iSd Abs. 1 ist bei jeder Errichtung eines Kontos zu beachten. Ein Konto iSd § 154 ist die buch- und rechnungsmäßige Darstellung einer laufenden Geschäftsbeziehung zwischen dem Kontoführer und dem Kontoinhaber, dh dem Verfügungsberechtigten. Der Neuerrichtung eines Kontos steht die Übertragung eines Kontos gleich (TK § 154 Rn. 4; Hamacher DB 1995, 2284). Nicht erfasst werden betriebsinterne Konten, wie zB Bestands-, Erfolgs- oder Betriebsverrechnungskonten (BFH 27.9.2010 – II B 164/09, BFH/NV 2011, 193; BFH 4.4.2005 – VII B 305/04, BFH/NV 2005, 1226). Zu CpD-Konten → Rn. 15. 6

Buchungen. Die Wahrheitspflicht erfasst auch Buchungsvorgänge auf einem bereits errichteten Konto. Verboten ist es nach Abs. 1 daher auch, Buchungen vornehmen zu lassen, die über den beteiligten Geschäftspartner des durch die Buchung dokumentierten Rechtsgeschäfts täuschen. 7

Wertsachenverwahrung und -verpfändung. Wertsachen iSd § 154 I sind Vermögensgegenstände wie Wertpapiere, Geld und Sachen, deren Wert nach der Verkehrsauffassung im Verhältnis zu ihrer Größe oder ihrem Gewicht verhältnismäßig groß ist (Schwarz/Pahlke/Keß § 154 Rn. 12). 8

Schließfachanmietung. Schließfächer iSd § 154 I müssen zum Zweck der Aufbewahrung von Vermögensgegenständen überlassen worden sein. Schließfächer auf Bahnhöfen oder Flughäfen gehören nicht dazu (Gosch AO § 154 Rn. 15). 9

III. Feststellung und Sicherstellung der Identität (Abs. 2)

1. Adressat und Anwendungsregelung

10 **§ 154 II** richtet sich an jeden, der ein Konto führt, Wertsachen verwahrt oder ein Schließfach überlässt, die sog. Verpflichteten. Damit ist Abs. 2 das Spiegelbild zu Abs. 1 (Gosch AO § 154 Rn. 23). Er wendet sich nicht nur an Kreditinstitute, auch wenn dies der Hauptanwendungsfall des Abs. 2 sein dürfte.

11 **Anwendung.** Nach Art. 97 § 26 IV, V Nr. 1 EGAO gilt Abs. 2 nF für Geschäftsbeziehungen, die nach dem 31.12.2017 begründet wurden. Für alle anderen Fälle war bis zum 31.12.2019 eine Nacherhebung der Daten durchzuführen (Klein § 154 Rn. 11).

2. Identifizierungs- und Registrierungspflicht (Abs. 2 S. 1, 2)

12 **Umfang der Identifizierungspflicht.** Wie sich der Kontoführer etc. Gewissheit über die persönlichen Daten des Verfügungsberechtigten zu verschaffen hat, regelt Abs. 2 S. 2. Bei **natürlichen Personen** sind daher Name, Geburtsort, -datum, Staatsangehörigkeit und die Wohnanschrift entspr. § 12 GwG (idR durch Vorlage eines Ausweisdokuments) aufzuzeichnen (Schwarz/Pahlke/Keß § 154 Rn. 20a). Bei Direktbanken reicht es aus, wenn die Stelle, die die Antragsunterlagen für die Direktbank entgegennimmt (zB die Deutsche Postbank AG oder ein anderes Kreditinstitut), die Legitimationsprüfung übernimmt und die Prüfungsunterlagen an das Direktbankunternehmen weiterleitet (Gosch AO § 154 Rn. 28). Bei **juristischen Personen** genügt es zur Legitimationsprüfung, wenn auf amtliche Veröffentlichungen oder Register Bezug genommen wird (Klein § 154 Rn. 12). Regelmäßig ist die Legitimationsprüfung vor Erledigung des ersten Auftrags durchzuführen. Hat ein Kunde bereits ein Konto bei dem Kreditinstitut, braucht die Legitimationsprüfung nicht ein zweites Mal durchgeführt zu werden. Entsprechendes gilt, wenn ein Konto auf Vermittlung eines anderen Kreditinstituts eröffnet wird, bei dem bereits eine Legitimationsprüfung durchgeführt worden ist (TK § 154 Rn. 11).

13 **Begriff des Verfügungsberechtigten.** Verfügungsberechtigter iSd § 154 ist sowohl der Gläubiger einer Forderung als auch der Kontobevollmächtigte, der zur Verfügung über das Konto im fremden Namen berechtigt ist. Verfügungsberechtigt ist dabei neben dem rechtsgeschäftlichen Vertreter auch der gesetzliche Vertreter (TK § 154 Rn. 10; aA Philipowski WM 1992, 721; Hamacher DB 1998, 1324). Wird ein Konto auf den Namen eines Dritten errichtet und ist der Dritte zugleich Verfügungsberechtigter, so sind seine Daten ebenfalls zu prüfen, es sei denn, der Dritte ist noch nicht bekannt, so zB wenn die Erben eines Nachlasses noch nicht ermittelt werden konnten. Bei Gemeinschaftskonten, wie zB bei Und- und Oderkonten, sind alle am Konto beteiligten Personen Verfügungsberechtigte iSd § 154. Bei nicht rechtsfähigen Gemeinschaften, wie zB bei der reinen BGB-Innengesellschaft, und nicht rechtsfähigen Vereinen sind entweder alle Mitglieder oder ein von ihnen benannter Bevollmächtigter verfügungsberechtigt, nicht jedoch die Personenvereinigung als solche. Die Personenhandelsgesellschaften (OHG und KG) können dagegen aufgrund ihrer Teilrechtsfähigkeit (§§ 124, 161 II HGB) selbst ein Konto eröffnen. Verfügungsberechtigt sind dann die vertretungsberechtigten Gesellschafter oder ein von der Gesellschaft benannter Bevollmächtigter. Entsprechendes gilt für die BGB-Außengesellschaft, die nach der Rspr. des BGH ebenfalls teilrechtsfähig ist (vgl. BGH 29.1.2001 – II ZR 331/00, BGHZ 146, 341).

14 **Wirtschaftlich Berechtigter.** Neben dem Verfügungsberechtigten ist auch jeder wirtschaftlich Berechtigte zu identifizieren. Nach § 3 GwG kann dies nur eine natürliche Person sein. Diese muss mehr als 25 % der Anteile einer kontoführenden Gesellschaft bzw. den Rechtsträger des Kontos selbst kontrollieren oder eine Transaktion bzw. die Kontoeröffnung veranlasst haben (Klein § 154 Rn. 14).

15 **CpD-Konten und Identifizierungspflicht.** CpD-Konten (conto pro Diverse) sind Sammelkonten ohne Zuordnung zu bestimmten Personen, die dazu dienen, buchmäßig nicht unterzubringende Geschäftsvorfälle bis zur Klärung zu erfassen, so zB bei falscher

oder unklarer Kontenbezeichnung oder unrichtiger Namensangabe (vgl. zu CpD-Konten in der Bankpraxis Carl/Klos DStZ 1995, 296). CpD-Konten sind mangels Zuordnung zu einer bestimmten Person keine Konten iSd § 154 (HHSp § 154 Rn. 21; Hamacher DB 1995, 2284). Aus der in § 154 II 1 geregelten Identifizierungspflicht ergibt sich jedoch, dass die Abwicklung von Geschäftsvorfällen über CpD-Konten nicht zugelassen ist, wenn der Name des Beteiligten bekannt oder unschwer zu ermitteln ist und für ihn bereits ein entsprechendes Konto geführt wird, das nach seiner Funktion geeignet ist, den Geschäftsvorfall aufzunehmen (TK § 154 Rn. 7; Schwarz/Pahlke/Keß § 154 Rn. 24). Zur ähnlich gelagerten Problematik bei Tafelgeschäften s. BFH 15.6.2001 – VII B 11/00, BStBl. II 2001, 624; Dahm/Hamacher DStZ 1992, 753; Carl/Klos DStZ 1991, 24.

Umfang der Registrierungspflicht. Die zur Identifizierung des Verfügungsberechtigten erforderlichen Angaben sind nach § 154 II 1 Nr. 2 auf dem Kontoblatt zu vermerken. Bei papierlosen Konten genügt ein Vermerk in den Eröffnungsunterlagen (Gosch AO § 154 Rn. 32). Es ist nicht zulässig, die Angaben nur in einer vertraulichen Liste zu führen. Nummernkonten sind unzulässig (TK § 154 Rn. 13). 16

3. Auskunftsverpflichtung (Abs. 2 S. 3)

Die Identifizierungspflicht nach S. 1 mündet in die Verpflichtung, der FB jederzeit darüber **Auskunft zu geben,** welche Person über Konten und Schließfächer verfügt. Entgegen dem Wortlaut bezieht sich die Auskunftsverpflichtung auf alle Personen, die nach Abs. 2 S. 1 zur Dokumentation von Daten verpflichtet sind (Gosch AO § 154 Rn. 33). Dies muss in der Praxis durch ein alphabetisches Namensverzeichnis der Verfügungsberechtigten und wirtschaftlich Berechtigten geschehen (Klein § 154 Rn. 25). 17

4. Überwachungspflicht (Abs. 2 S. 4)

Abs. 2 S. 4 führt zu einer Überwachungs- und Aktualisierungspflicht. Eine jährliche Aktualisierung soll hierfür genügen (Gosch AO § 154 Rn. 34.1). 18

IV. Erhebungspflicht für Kreditinstitute (Abs. 2a)

Abs. 2a statuiert eine weitergehende Datenerhebungspflicht für Kreditinstitute. Nicht verpflichtet sind Verwahrer und Pfandleiher (Klein § 154 Rn. 31). 19

Datenerhebungspflicht. Kreditinstitute haben für jeden Verfügungsberechtigten (→ Rn. 13) und jeden wirtschaftlich Berechtigten (→ Rn. 14) dessen IdNr. (Abs. 2a S. 1 Nr. 1) und dessen Wirtschafts-IdNr. bzw. bis zu deren Erteilung bei nicht natürlichen Personen dessen StNr. (Abs. 2a S. 1 Nr. 2) zu erheben und aufzuzeichnen. Dies gilt auch für ausl. Personen (Klein § 154 Rn. 31). Die Daten sind für Zwecke des § 93b Ia vorzuhalten (Gosch AO § 154 Rn. 34.3). 20

Mitteilungspflicht. Abs. 2a S. 2 verpflichtet die Kontoinhaber bzw. die für sie handelnden Personen, dem Kreditinstitut die Ordnungsmerkmale iSd S. 1 mitzuteilen. Ebenfalls sind Änderungen unverzüglich (ohne schuldhaftes Zögern, vgl. § 121 I 1 BGB) anzuzeigen. 21

Ausnahme bei Verbraucherkrediten. Abs. 2a S. 3 nimmt bestimmte Verbraucherkreditkonten von der Erhebungspflicht aus. Umfasst sind Kredite, wenn sie ausschließlich der Finanzierung privater Konsumgüter dienen und der Kreditrahmen einen Betrag von 12.000 EUR nicht übersteigt. Die Ausnahme gilt nicht für Kredite zur Finanzierung betrieblicher Investitionen oder Aufwendungen und auch nicht für den Erwerb privater Kapitalanlagen sowie von Vermögensgegenständen, die nicht zum privaten Ge- oder Verbrauch bestimmt sind. Soweit nicht ein verbundenes Geschäft iSd § 358 III 1 BGB über die Lieferung und Finanzierung eines privaten Konsumgutes vorliegt, kann das Kreditinstitut nur dann davon ausgehen, dass ein gewährter Kredit ausschließlich der Finanzierung privater Konsumgüter dient, wenn der Kreditnehmer dies ausdrücklich versichert hat und keine Anhaltspunkte für die Unrichtigkeit dieser Versicherung vorliegen (AEAO zu § 154 Nr. 10.3). Bei der Prüfung des Höchstbetrags sind Kredite zu addieren, die der 22

Finanzierung einer Sachgesamtheit dienen. Wird der Kreditrahmen nachträglich erhöht, so fällt die Ausnahme ex nunc weg (Klein § 154 Rn. 33).

V. BZSt-Abfrage (Abs. 2b)

23 **Grundsatz.** Für den Fall einer fehlgeschlagenen Datenerhebung nach Abs. 2a (zB durch Weigerung des Kunden, die Mitteilungen zu machen) führt Abs. 2b S. 1 zu einer Abfragepflicht des Kreditinstituts. Dieses hat bis zum Ablauf des 3. Monats nach Beginn der Geschäftsbeziehung beim BZSt die in § 139b III genannten Daten (→ § 139b Rn. 9) anzugeben (Abs. 2b S. 1, 2). Andere Daten dürfen nicht angegeben werden. Bei Übereinstimmung mit den beim BZSt gespeicherten Daten teilt das BZSt dem Kreditinstitut die IdNr. der betroffenen Person mit (Abs. 2b S. 3).

24 **Ausnahme.** Die Abfrage muss nicht durchgeführt werden, wenn die im Rahmen der Legitimationsprüfung nach Abs. 2 vorgelegten amtlichen Ausweispapiere oder Ausweisersatzpapiere und die erteilte Selbstauskunft des Geschäftspartners bzw. der für ihn handelnden Personen ergeben, dass der Kontoinhaber und ggf. alle weiteren zu identifizierenden Personen im Inland über keinen Wohnsitz oder gewöhnlichen Aufenthalt bzw. keinen Sitz, keine Betriebstätte und keine Geschäftsleitung verfügen und ihnen auch kein steuerliches Ordnungsmerkmal zugeteilt worden ist. Es darf jedoch kein Anlass bestehen, die Richtigkeit der Angaben in Zweifel zu ziehen. Ändern sich die Gegebenheiten (zB durch einen Umzug ins Inland), ist die Abfrage nachzuholen (AEAO zu § 154 Nr. 10.7; Klein § 154 Rn. 34).

VI. Vergeblichkeitsmeldung (Abs. 2c)

25 **Abs. 2c S. 1** verpflichtet das Kreditinstitut, die Vergeblichkeit einer Ermittlung iSd Abs. 2a S. 1 auf dem Konto festzuhalten. Es genügt bei papierlosen Konten ebenfalls ein Vermerk in den Eröffnungsunterlagen (Gosch AO § 154 Rn. 34.7). Zudem ist nach **Abs. 2c S. 2** bis Ende Februar des Folgejahres eine zusammengefasste Vergeblichkeitsmeldung beim BZSt zu erstatten, in der alle in einem Kalenderjahr eröffneten Konten iSd S. 1 anzuzeigen sind.

26 Hier greift ebenfalls die **Ausnahme** für Personen ohne Inlandsbezug (→ Rn. 24; Klein § 154 Rn. 34).

VII. Ausnahmeregelung (Abs. 2d)

27 Die FVerw. hat auf Grundlage des **Abs. 2d** im AEAO zu § 154 Nr. 11.1 bzw. Nr. 11.2 in einigen Fällen die Verpflichtung nach Abs. 2–2c aus Gründen der Verhältnismäßigkeit eingeschränkt, zB bei einigen gesetzlichen Vertretungsverhältnissen (Eltern für ihre Kinder), bei Parteien kraft Amtes (Insolvenzverwalter, Nachlassverwalter, Testamentsvollstrecker und ähnlichen Personen), bei Vollmachten auf den Todesfall und bei Verfügungsbefugnissen im Lastschriftverfahren. Die Besteuerung darf jedoch durch die Erleichterungen nicht beeinträchtigt werden. Auskunfts- und Vorlageberechtigungen nach §§ 93 ff. sowie Maßnahmen im StStraf- und Bußgeldverfahren bleiben weiterhin zulässig (Klein § 154 Rn. 35).

VIII. Kontosperre (Abs. 3)

28 Ist gegen die Wahrheitspflicht des Abs. 1 verstoßen worden, ordnet Abs. 3 eine **Kontosperre** an, die die Verfügungsmacht des Berechtigten öffentlich-rechtlich beschränkt. Der Verfügungsberechtigte muss die Zustimmung des FA beibringen, um die Herausgabe des Guthabens, der Wertsachen oder des Schließfachinhalts zu erreichen. Sind mehrere Personen über das Konto verfügungsberechtigt, bedarf es ggf. der Zustimmung mehrerer FÄ. Das FA entscheidet über die Erteilung der Zustimmung nach pflichtgemäßem Ermessen iSd § 5 (BFH 17.2.1989 – III R 35/85, BStBl. II 1990, 263). Das Kreditinstitut ist nicht

verpflichtet, den Verstoß des Kunden gegen Abs. 1 dem FA mitzuteilen (TK § 154 Rn. 15). Die Identifikationspflicht nach § 8 GwG erweitert den Anwendungsbereich des § 154 III nicht (BGH 18.10.1994 – XI ZR 237/93, NJW 1995, 261).

IX. Weitere Rechtsfolgen bei Verstößen

Haftungsrechtliche Folgen. Wird gegen die Kontosperre des Abs. 3 vorsätzlich oder grob fahrlässig verstoßen, haftet der Verletzer unter den Voraussetzungen des § 72, wenn durch seine Handlung die Verwirklichung von Ansprüchen aus dem StSchuldverhältnis beeinträchtigt wird (hierzu im Einzelnen die Erl. zu → § 72 Rn. 1 ff. sowie Bruschke StB 2010, 124). 29

Straf- und bußgeldrechtliche Folgen. Wer seiner Wahrheitspflicht nach Abs. 1–2c nicht nachkommt, handelt unter den Voraussetzungen des § 379 II Nr. 2 ordnungswidrig. Gegebenenfalls kann in diesen Fällen eine StHinterziehung (§ 370) oder zumindest eine Beihilfe zur StHinterziehung vorliegen (Klein § 154 Rn. 43). 30

Dritter Abschnitt. Festsetzungs- und Feststellungsverfahren

1. Unterabschnitt. Steuerfestsetzung

I. Allgemeine Vorschriften

§ 155 Steuerfestsetzung

(1) [1]**Die Steuern werden, soweit nichts anderes vorgeschrieben ist, von der Finanzbehörde durch Steuerbescheid festgesetzt.** [2]**Steuerbescheid ist der nach § 122 Abs. 1 bekannt gegebene Verwaltungsakt.** [3]**Dies gilt auch für die volle oder teilweise Freistellung von einer Steuer und für die Ablehnung eines Antrags auf Steuerfestsetzung.**

(2) **Ein Steuerbescheid kann erteilt werden, auch wenn ein Grundlagenbescheid noch nicht erlassen wurde.**

(3) [1]**Schulden mehrere Steuerpflichtige eine Steuer als Gesamtschuldner, so können gegen sie zusammengefasste Steuerbescheide ergehen.** [2]**Mit zusammengefassten Steuerbescheiden können Verwaltungsakte über steuerliche Nebenleistungen oder sonstige Ansprüche, auf die dieses Gesetz anzuwenden ist, gegen einen oder mehrere der Steuerpflichtigen verbunden werden.** [3]**Das gilt auch dann, wenn festgesetzte Steuern, steuerliche Nebenleistungen oder sonstige Ansprüche nach dem zwischen den Steuerpflichtigen bestehenden Rechtsverhältnis nicht von allen Beteiligten zu tragen sind.**

(4) [1]**Die Finanzbehörden können Steuerfestsetzungen sowie Anrechnungen von Steuerabzugsbeträgen und Vorauszahlungen auf der Grundlage der ihnen vorliegenden Informationen und der Angaben des Steuerpflichtigen ausschließlich automationsgestützt vornehmen, berichtigen, zurücknehmen, widerrufen, aufheben oder ändern, soweit kein Anlass dazu besteht, den Einzelfall durch Amtsträger zu bearbeiten.** [2]**Das gilt auch**

1. **für den Erlass, die Berichtigung, die Rücknahme, den Widerruf, die Aufhebung und die Änderung von mit den Steuerfestsetzungen sowie Anrechnungen von Steuerabzugsbeträgen und Vorauszahlungen verbundenen Verwaltungsakten sowie,**
2. **wenn die Steuerfestsetzungen sowie Anrechnungen von Steuerabzugsbeträgen und Vorauszahlungen mit Nebenbestimmungen nach § 120 versehen oder verbunden werden, soweit dies durch eine Verwaltungsanweisung des Bundes-**

ministeriums der Finanzen oder der obersten Landesfinanzbehörden allgemein angeordnet ist.

[3] Ein Anlass zur Bearbeitung durch Amtsträger liegt insbesondere vor, soweit der Steuerpflichtige in einem dafür vorgesehenen Abschnitt oder Datenfeld der Steuererklärung Angaben im Sinne des § 150 Absatz 7 gemacht hat. [4] Bei vollständig automationsgestütztem Erlass eines Verwaltungsakts gilt die Willensbildung über seinen Erlass und über seine Bekanntgabe im Zeitpunkt des Abschlusses der maschinellen Verarbeitung als abgeschlossen.

(5) **Die für die Steuerfestsetzung geltenden Vorschriften sind auf die Festsetzung einer Steuervergütung sinngemäß anzuwenden.**

Schrifttum: Rößler, Zweifelsfragen bei Einkommensteuerbescheiden gegen Ehegatten, DStR 1984, 359; Wilhelm, NV-Verfügung als Steuerbescheid?, DStZ 1985, 360; Söhn, „Vorauseilende" Steuerfestsetzung bei nicht mehr umsetzbarem Feststellungsbescheid?, DStZ 2004, 262; v. Wedelstädt, Folgebescheid vor Grundlagenbescheid – Abhängigkeit und Folgen, AO-StB 2014, 349; Braun Binder, Ausschließlich automationsgestützt erlassene Steuerbescheide und Bekanntgabe durch Bereitstellung zum Datenabruf, DStZ 2016, 526; Helbich, Rechtsfragen der „automatisierten" Ermessensausübung im Steuerrecht, DStR 2017, 574; Schmidt, Das Schattendasein vollautomatisierter Korrekturen von Steuerfestsetzungen: Gerechtfertigte graue Maus oder Superstar, DB 2024, 1572, 1641, 2324 und 2721.

Übersicht

A. Allgemeines

1 **Gegenstand und Zweck der Vorschrift.** § 155 regelt gemeinsam mit den nachfolgenden Vorschriften grundlegende Aspekte der StFestsetzung. Zweck einer StFestsetzung nach den §§ 155 ff. ist es, eine sichere Grundlage für die Verwirklichung von Ansprüchen aus dem StSchuldverhältnis zu schaffen (s. § 218 I iVm § 37 I).

3 **Sinngemäße Anwendung.** Die Vorschriften über die StFestsetzung (§§ 155 ff.) finden sinngemäße Anwendung gem. § 181 I 1 auch auf gesonderte Feststellungen von Besteuerungsgrundlagen (§§ 179 ff.), gem. § 184 I 3 auf StMessbescheide (§§ 184 ff.), gem. § 185 iVm § 184 I 3 auf Zerlegungsbescheide (§§ 185 ff.), gem. § 190 S. 2 iVm §§ 185, 184 I 3 auf Zuteilungsbescheide (§ 190) und gem. § 239 I 1 auf Zinsbescheide (§§ 233 ff.). Zur sinngemäßen Anwendung der §§ 155 ff. auf die Festsetzung einer StVergütung s. § 155 V.

B. Der Steuerbescheid (Abs. 1)

I. Steuerfestsetzung durch Bescheid (Abs. 1 S. 1)

1. Allgemeines

10 § 155 I 1 kodifiziert den Grundsatz, dass eine StFestsetzung regelmäßig durch Erlass eines StBescheids zu erfolgen hat (BT-Drs. VI/1982, 144). Die AO enthält allerdings keine Definition der Begriffe StFestsetzung und StBescheid (s. zu diesen Begriffen → Rn. 13 und → Rn. 16).

2. Begriff der Steuerfestsetzung

13 Die StFestsetzung ist ein Verfahren, das unmittelbar auf eine verbindliche Entscheidung der FB über den StAnspruch und über den StSchuldner gerichtet ist (Schwarz/Pahlke/Keß § 155 Rn. 1 f.). Zur Pflicht der FB, die Steuern nach §§ 155 ff. festzusetzen → Rn. 22 f.

3. Begriff des Steuerbescheids

16 Ein StBescheid ist ein VA iSd § 118, mit dem über das Bestehen oder Nichtbestehen eines StAnspruchs nach den jeweiligen materiellen StGesetzen entschieden wird. Zur Form und zum Inhalt eines StBescheids s. § 157. Keine Teile des StBescheids sind das regelmäßig mit ihm verbundene Leistungsgebot iSd § 254 I 2, sowie Kassenabrechnungen, die in den StBescheid mit aufgenommen sind. Theoretisch ist der StBescheid ein rechtsfeststellender (deklaratorischer) VA, da der StAnspruch bereits kraft Gesetzes durch die Verwirklichung des Tatbestands (§ 38) entsteht (s. hierzu die Erl. zu § 38). Praktisch wirkt der StBescheid jedoch als rechtsbegründender (konstitutiver) Akt, soweit die festgesetzte Steuer von der tatsächlich entstandenen Steuer abweicht. Dies dürfte in der Rechtspraxis regelmäßig nicht nur beim Erlass eines Schätzungsbescheids (§ 162 I–III) der Fall sein. StBescheid ist auch der LStPauschalierungsbescheid (LStNachforderungsbescheid) gegen den Arbeitgeber, wenn dieser die pauschale LSt nach §§ 40 ff. EStG als StSchuldner übernommen hat (BFH 30.8.1988 – VI R 21/85, BStBl. II 1989, 193; BFH 28.11.1990 – VI R 115/87, BStBl. II 1991, 488). Zum Ergehen eines Nachforderungsbescheids bei nicht ordnungsgemäß einbehaltener und abgeführter KapESt s. BFH 25.3.2021 – VIII R 1/18, BStBl. II 2021, 655. Ferner ist in den Fällen des § 100 II 2 die Neubekanntgabe des StBescheids mit dem geänderten Inhalt (§ 100 II 3 Hs. 2 FGO) ein selbständiger StBescheid (BFH 9.10.2000 – I B 51/00, BFH/NV 2001, 461; BFH 25.1.1989 – I R 289/83, BStBl. II 1989, 620; BFH 4.5.2011 – I R 67/10, BFH/NV 2012, 6). Anders verhält es sich dagegen bei der formlosen Mitteilung der Neuberechnung der Steuer nach § 100 II 3 Hs. 1 FGO (BFH 18.11.2004 – V R 37/03, BStBl. II 2005, 217; Klein § 155 Rn. 13). Keine StBescheide iSd § 155 I 1 sind zB Abrechnungsbescheide (§ 218 II), Haftungsbescheide (§ 191; zum sog. kombinierten Pauschalierungs- und Haftungsbescheid s. BFH 1.9.2021 – VI R 38/19, BFH/NV 2022, 321) sowie Bescheide über einen Erlass (§ 227) und Bescheide über eine abweichende StFestsetzung aus Billigkeitsgründen (§ 163).

17 **Teil- und Zwischenentscheidungen** sind im Rahmen der StFestsetzung nicht zulässig (FG Münster 16.1.1975 – IV 1426/67 Z, EFG 1975, 503; TK § 155 Rn. 2). In Zweifelsfällen kann die StFestsetzung jedoch unter dem Vorbehalt der Nachprüfung (§ 164) oder vorläufig (§ 165) erfolgen.

18 **Bindungswirkung des StBescheids.** Der StBescheid ist von der FB und den Beteiligten zu beachten, solange und soweit er nicht aufgehoben oder geändert wird. Die Bindungswirkung erstreckt sich auf den im Bescheid bezeichneten StSchuldner (zur Drittwirkung einer StFestsetzung s. § 166) sowie auf die im Bescheid genannte Steuer nach StArt und StBetrag und zusätzlich bei periodischen Steuern (zB § 25 EStG, § 31 KStG) auf den im Bescheid genannten Bemessungs- oder Veranlagungszeitraum. Dagegen prüft die FB bei weiteren StFestsetzungen für andere Zeiträume den StFall in rechtlicher und

tatsächlicher Hinsicht neu, ohne an ihren bisherigen Rechtsstandpunkt gebunden zu sein (BFH 15.12.1988 – IV R 36/84, BStBl. II 1989, 363; BFH 23.5.1989 – X R 17/85, BStBl. II 1989, 879). Lediglich über allg. anerkannte Rechtsfiguren, wie zB den Grundsatz der Bilanzidentität (§ 252 I Nr. 1 HGB iVm § 5 I 1 EStG), kann sich eine gewisse Bindung für spätere StFestsetzungen ergeben.

19 **Sonstige Festsetzungen,** wie zB die Festsetzung eines Verspätungszuschlags (§ 152) oder die Festsetzung von Annexsteuern, wie zB die Festsetzung des SolZ, sind kein Bestandteil des StBescheids. Dies gilt selbst dann, wenn sie mit der StFestsetzung zusammen auf einem Formular ergehen. Für einen mit dem StBescheid äußerlich verbundenen Abrechnungsteil oder für das Leistungsgebot iSd § 254 I 1 gilt entspr. Die Abrechnung ist Teil des Erhebungsverfahrens nach §§ 218 ff. und gehört somit nicht zum StFestsetzungsverfahren (→ § 218 Rn. 1 ff.). Das Leistungsgebot gehört zum VollstrVerfahren (§§ 249 ff.). Auch eine Entscheidung über eine mögliche abweichende StFestsetzung aus Billigkeitsgründen ist – selbst, wenn sie mit der StFestsetzung verbunden wird – Teil eines gesonderten Verwaltungsverfahrens und selbständig anzufechten (BFH 29.11.2016 – VI R 61/14, BStBl. II 2017, 718).

4. Pflicht zur Steuerfestsetzung

22 Die FB ist grds. zur StFestsetzung verpflichtet, da sie die Steuern nach Maßgabe der Gesetze gleichmäßig festzusetzen hat (vgl. § 85). Es liegt nicht in ihrem pflichtgemäßen Ermessen (§ 5), von einer Entscheidung im StFestsetzungsverfahren abzusehen.

23 Es gibt jedoch **Ausnahmen** von der Pflicht zur StFestsetzung: Eine StFestsetzung ist nicht mehr zulässig, wenn die Festsetzungsfrist abgelaufen ist (§ 169 I 1) oder wenn die Festsetzung gegen Treu und Glauben verstößt, insb. wenn ein Fall der Verwirkung gegeben ist. Ferner unterbleibt eine StFestsetzung beim StAbzug im Quellenabzugsverfahren, wie zB in den Fällen der §§ 38 ff., §§ 43 ff. und § 50a EStG, es sei denn, dass gleichwohl eine Veranlagung nach § 46 EStG durchzuführen ist oder der Stpfl. ein berechtigtes Interesse an der Erteilung eines StBescheides hat. Mit der Einführung der Abgeltungsteuer zum 1.1.2009 berücksichtigt das FA Einkünfte aus Kapitalvermögen (§ 20 EStG) von Privatanlegern, die der KapESt (§§ 43 ff. EStG) unterlegen haben, grds. nur noch im Rahmen einer StFestsetzung, wenn der Stpfl. nach § 32d EStG zur Veranlagung optiert oder auf den gesonderten StTarif für Einkünfte aus Kapitalvermögen (§ 32d I EStG) verzichtet hat. In einigen Fällen besteht ausnahmsweise, sofern gesetzlich zugelassen, ein gewisser Ermessensspielraum, ob eine Steuer festzusetzen ist, zB bei einem Absehen von der StFestsetzung bei Kleinstbeträgen (§ 156 I) oder beim Absehen von der StFestsetzung bei Erfolglosigkeit oder Unverhältnismäßigkeit der Einziehung (§ 156 II). Bei StAnmeldungen und bei Verwendung von StZeichen und StStemplern ist eine StFestsetzung nur erforderlich, wenn die Festsetzung zu einer abweichenden Steuer führt (§ 167 I 1, 2). Zu den Besonderheiten der Durchsetzung von StAnsprüchen im Insolvenzverfahren s. § 251 III.

II. Maßgeblichkeit des bekannt gegebenen Steuerbescheids (Abs. 1 S. 2)

26 § 155 I 2 stellt klar, dass der StBescheid iSd Abs. 2 S. 1 der nach § 122 bekannt gegebene Bescheid ist (BT-Drs. VI/1982, 144 f.). Diese Klarstellung entspricht § 124 I. Danach wird der VA mit dem Inhalt wirksam, mit dem er bekannt gegeben wird (§ 124 I 2). Die behördeninterne abschließend gezeichnete Verfügung ist weder eine StFestsetzung iSd § 155 I 1 noch ein StBescheid. Bei automatischer Bescheiderstellung kann auch der bloße Datensatz nicht als Bescheid angesehen werden (zur Bekanntgabe durch Bereitstellung zum Abruf s. § 122a).

III. Freistellungsbescheid und Ablehnung eines Antrags auf Steuerfestsetzung (Abs. 1 S. 3)

1. Freistellungsbescheid (Abs. 1 S. 3 Alt. 1)

Begriff. Freistellungsbescheide iSd § 155 I 3 Alt. 1 sind begrifflich StBescheide, die nach dem Willen des FA den Stpfl. verbindlich davon unterrichten, dass eine Steuer von ihm aufgrund des geprüften Sachverhalts dem Grunde nach überhaupt nicht oder für einen bestimmten Veranlagungs- oder Erhebungszeitraum nicht gefordert werden. Ob die Steuer förmlich auf null Euro festgesetzt wird, ist ohne Bedeutung. Der Freistellungsbescheid bezieht sich, wie der StBescheid, auf eine bestimmte StArt und ggf. auf eine bestimmte StPeriode (BFH 27.11.1984 – VIII R 376/83, BFH/NV 1985, 13; BFH 16.10.1991 – I R 65/90, BStBl. II 1992, 322; BFH 22.7.2008 – II B 18/08, BFH/NV 2008, 1866). 29

Zweck und Bedeutung. Der Freistellungsbescheid hat vor allem für die Erstattung von StAbzugsbeträgen Bedeutung, da die AO einen eigenständigen Erstattungsbescheid nicht kennt. So entscheidet die FB zB in den Fällen des § 44b EStG durch positiven oder negativen Freistellungsbescheid über einen geltend gemachten KapEStErstattungsanspruch (BFH 13.11.1985 – I R 275/82, BStBl. II 1986, 193; vgl. auch BT-Drs. VI/1982, 145). Entsprechendes gilt gem. § 50d I 3 EStG für das StErstattungsverfahren nach § 50d I EStG; zur Unterscheidung zwischen Freistellungsbescheid gem. § 50d I 3 und Freistellungsbescheinigung nach § 50d II 1 EStG → Rn. 31. Ferner hat der Freistellungsbescheid Bedeutung bei der Nichtfestsetzung von GrESt nach § 16 I, II GrEStG und bei der Anerkennung der Gemeinnützigkeit (§ 5 I Nr. 9 KStG bzw. § 3 Nr. 6 GewStG). Darüber hinaus war Abs. 1 S. 3 auch für den früheren LStJahresausgleich gedacht (BT-Drs. VI/1982, 145). 30

Abgrenzungsprobleme. Wenn das FA erkennbar deswegen einen StBescheid ersatzlos aufhebt, weil der Adressat keine Steuer schuldet, kann ein Freistellungsbescheid vorliegen. Die bloße Aufhebung eines StBescheids genügt jedoch idR nicht; die Frage, ob ein derartiger Aufhebungsbescheid ausnahmsweise als Verzicht auf künftige StFestsetzungen verstanden werden kann, richtet sich nach den Umständen des Einzelfalls (BFH 23.5.2000 – XI B 92/99, BFH/NV 2000, 1075; BFH 30.1.2019 – II B 104/17, BFH/NV 2019, 401). Die Mitteilung des FA an den Stpfl., er werde nicht veranlagt, enthält idR ebenfalls keine Freistellung (vgl. BFH 22.10.1986 – I R 254/83, BFH/NV 1988, 10). In Zweifelsfällen muss der Erklärungsgehalt der Mitteilung nach allg. Auslegungsregeln ermittelt werden. Dabei sind auch die Abfolge und der Inhalt eines zwischen dem FA und dem Stpfl. geführten Schriftwechsels zu berücksichtigen (BFH 9.4.2008 – II R 31/06, BFH/NV 2008, 1435). Die Freistellung eines Gewerbetreibenden von der ESt beinhaltet nicht zugleich die Freistellung von der GewSt (Gosch AO § 155 Rn. 17). Die Freistellungsbescheinigung gem. § 50d II 1 EStG (Freistellung im StAbzugsverfahren) ist ein VA, aber, im Gegensatz zum Freistellungsbescheid iSd § 50d I 3 EStG, kein StBescheid (BFH 20.3.2002 – I R 38/00, BStBl. II 2002, 819; BFH 11.10.2000 – I R 34/99, BStBl. II 2001, 291; BFH 28.6.2005 – I R 33/04, BStBl. II 2006, 489; vgl. auch Kempermann FR 2001, 266 und Wassermeyer FR 2001, 266). Das in § 50d II EStG vorgesehene Freistellungsverfahren geht § 155 I 3 vor (BFH 21.5.1997 – I R 79/96, BStBl. II 1998, 113). Entsprechendes gilt für die Freistellungsbescheinigungen nach § 44a II EStG und nach § 36b II EStG, der durch das StSenkG aufgehoben worden ist (BFH 11.10.2000 – I R 34/99, BStBl. II 2001, 291; BFH 16.10.1991 – I R 65/90, BStBl. II 1992, 322; s. auch → Rn. 40 zu gesetzlich vorgesehenen Nichtveranlagungsbescheinigungen). 31

2. Ablehnung eines Antrags auf Steuerfestsetzung (Abs. 1 S. 3 Alt. 2)

Begriff und Bedeutung. Die Ablehnung eines Antrags auf StFestsetzung ist nach § 155 I 3 Alt. 2 ein StBescheid. Eine Ablehnung nach Abs. 1 S. 3 Alt. 2 liegt vor, wenn die FB verbindlich zum Ausdruck bringt, dass eine StFestsetzung nicht durchgeführt wird (s. zur Ablehnung eines solchen Antrags durch das BZSt BFH 30.4.2019 – V B 43/17, 34

BFH/NV 2019, 847). Ist im Gesetz eine StFestsetzung vorgesehen, so muss die FB jedoch einen Freistellungsbescheid erteilen, wenn der Betroffene keine Steuer schuldet (→ Rn. 30). Die Ablehnung eines Antrags auf StFestsetzung iSd § 155 I 3 Alt. 2 kann zB bei einer Antragsveranlagung nach § 46 II Nr. 8 EStG Bedeutung erlangen.

35 Einen förmlichen **Antrag** setzt die Ablehnung auf StFestsetzung nicht voraus. Regelmäßig wird in der Abgabe einer StErklärung ein Antrag auf StFestsetzung zu sehen sein, sofern der Betroffene ein berechtigtes Interesse an einer StFestsetzung hat (BFH 4.6.1986 – IX R 52/82, BStBl. II 1987, 3).

36 **Ablehnung eines Antrags.** Ein Antrag auf StFestsetzung ist abzulehnen, wenn die formellen gesetzlichen Voraussetzungen für eine StFestsetzung nicht vorliegen. Entsprechendes gilt für einen Antrag auf Freistellung. Bei einem erkennbaren berechtigten Interesse sollte das FA die StFestsetzung auch ablehnen, wenn kein förmlicher Antrag gestellt ist (TK § 155 Rn. 12). Gegebenenfalls sollte die FB in diesen Fällen einen solchen Antrag nach § 89 S. 1 anregen.

3. Nichtveranlagungsverfügung

39 Der **Begriff** der Nichtveranlagungsverfügung (NV-Verfügung) ist gesetzlich nicht geregelt. IdR ist die NV-Verfügung ein interner Vermerk des FA, dass eine Veranlagung nicht durchzuführen ist (TK § 155 Rn. 13). Die NV-Verfügung enthält keine sachliche Entscheidung über den StAnspruch. Mangels einer Rechtswirkung nach außen ist sie kein VA iSd § 118. Wird die NV-Verfügung dem Stpfl. bekannt gegeben, ist durch Auslegung zu ermitteln, wie der Stpfl. sie verstehen durfte (vgl. BFH 22.10.1986 – I R 254/83, BFH/NV 1988, 10; BFH 12.5.1989 – III R 200/85, BStBl. II 1989, 920; BFH 16.2.1990 – VI R 40/86, BStBl. II 1990, 565). Die Frage nach der Rechtsnatur, dem Regelungsgehalt und der verfahrensrechtlichen Bedeutung einer derartigen Verfügung ist jeweils nach den Umständen des Einzelfalls zu bestimmen (BFH 17.4.2007 – VI B 136/06, BFH/NV 2007, 1267). Ist der NV-Verfügung zB eine Rechtsbehelfsbelehrung (§ 356 I) beigefügt, wird es sich regelmäßig um einen Freistellungsbescheid (§ 155 I 3 Alt. 1) oder um die Ablehnung eines Antrags auf StFestsetzung (§ 155 I 3 Alt. 2) handeln, auch wenn kein förmlicher Antrag gestellt worden ist (BFH 22.10.1986 – I R 254/83, BFH/NV 1988, 10). Entsprechendes kann gelten, wenn die FB ohnehin nach Abs. 1 zu einer Entscheidung durch StBescheid verpflichtet ist (HHSp § 155 Rn. 30; vgl. auch BFH 12.5.1989 – III R 200/85, BStBl. II 1989, 920). Einer NV-Verfügung, mit der das FA eine Veranlagung zur ESt abgelehnt hat, kann der Erklärungsinhalt beizumessen sein, dass keine LSt nachgefordert werde. Sie unterliegt dann den für StBescheide geltenden Änderungsvorschriften der §§ 172 ff. (BFH 16.2.1990 – VI R 40/86, BStBl. II 1990, 565).

40 **Gesetzlich vorgesehene NV-Bescheinigungen,** zB nach § 44a II EStG und nach § 36b II EStG, der durch das StSenkG aufgehoben worden ist, sind sonstige begünstigende VA iSd § 130 II und keine Freistellungsbescheide iSd § 155 I 3 Alt. 1 (BFH 11.10.2000 – I R 34/99, BStBl. II 2001, 291; BFH 16.10.1991 – I R 65/90, BStBl. II 1992, 322; auch → Rn. 31). Entsprechendes gilt für die Freistellungsbescheinigung nach § 50d II 1 EStG (→ Rn. 31).

C. Folgebescheid vor Grundlagenbescheid (Abs. 2)

I. Allgemeines

43 Nach § 155 II kann ein StBescheid (Folgebescheid), für den ein Feststellungsbescheid, ein StMessbescheid oder ein anderer VA bindend ist (Grundlagenbescheid), erteilt werden, auch wenn der Grundlagenbescheid noch nicht erlassen wurde (BFH 29.2.2012 – IX R 21/10, BFH/NV 2012, 1297). Zum Begriff des Grundlagenbescheids s. die Legaldefinition in § 171 X sowie die Erl. hierzu in → § 171 Rn. 143 ff. Zweck des § 155 II ist es, unangemessene zeitliche Verzögerungen beim Erlass des Folgebescheids aufgrund des

logischen Vorrangs des Grundlagenbescheids zu verhindern (HHSp § 155 Rn. 44). In den Fällen des § 155 II erweitert daher § 162 V die Schätzungsmöglichkeiten der FB (→ § 162 Rn. 92). Zum Verhältnis zwischen Folge- und Grundlagenbescheid → § 171 Rn. 147 f.

II. Inhalt und Umfang der Ermächtigung

Allgemeines. § 155 II ermächtigt nur zu einer vorläufigen Maßnahme (BFH 12.11.2003 – X B 57/03, BFH/NV 2004, 602). Das FA, das den Folgebescheid erlässt, muss sich der Notwendigkeit eines Grundlagenbescheids bewusst sein. Es muss wissen, dass dieser noch nicht erlassen wurde, und es muss den Grundlagenbescheid nicht abwarten wollen (BFH 26.7.1983 – VIII R 28/79, BStBl. II 1984, 290; BFH 19.4.1989 – X R 3/86, BStBl. II 1989, 596; BFH 20.9.1989 – X R 8/86, BStBl. II 1990, 177). Der Adressat des Folgebescheids muss aus dem Bescheid erkennen können, ob es sich um eine vorläufige Entscheidung nach § 155 II handelt oder ob er zur Vermeidung eines Rechtsverlustes bereits den Folgebescheid anfechten muss (BFH 11.12.1997 – III R 14/96, BStBl. II 1999, 401; BFH 19.4.1989 – X R 3/86, BStBl. II 1989, 596). Ist zweifelhaft, ob die FB eine Billigkeitsmaßnahme nach § 163 oder eine StFestsetzung nach § 155 II iVm 162 V vorgenommen hat, ist entscheidend, ob dem Stpfl. eine Abweichung von der gesetzlich vorgesehenen StFestsetzung und deren Umfang mitgeteilt worden ist (FG Baden-Württemberg 17.11.1999 – 5 K 118/99, EFG 2000, 338). 46

Es liegt im **Ermessen** (§ 5) der FB, ob sie von der Möglichkeit des § 155 II Gebrauch macht. Die FB hat bei der Ausübung des Ermessens ihr Interesse an einer schnellen, wenn auch nur vorläufigen StFestsetzung gegen die Interessen des Stpfl. abzuwägen (zur Frage der Begründung und des sog. intendierten Ermessens BFH 5.4.2011 – II B 153/10, BStBl. II 2011, 942 und Klein § 155 Rn. 57). Macht die FB von der Befugnis des § 155 II Gebrauch, muss sie im Folgebescheid das voraussichtliche Ergebnis des Grundlagenbescheids nach § 162 V vorläufig schätzen, ohne dass die Voraussetzungen für den Erlass des Schätzungsbescheids nach § 162 I, II vorliegen müssen. Deshalb können bei § 162 V die Besteuerungsgrundlagen nicht nur der Höhe, sondern auch dem Grunde nach geschätzt werden (BFH 20.7.2010 – X B 70/10, BFH/NV 2010, 2007). Das FA muss sich zunächst an der StErklärung des Stpfl. orientieren (BFH 3.8.2000 – III B 179/96, BStBl. II 2001, 33). Die FB darf allerdings keinen Folgebescheid auf der Grundlage einer Schätzung der durch den Grundlagenbescheid festzustellenden Besteuerungsgrundlagen erlassen, wenn sie den Grundlagenbescheid jederzeit erlassen könnte (BFH 8.10.1986 – I R 155/84, BFH/NV 1987, 564). Durch die §§ 155 II, 162 V erhält die FB rechtlich keine Befugnis, die Besteuerungsgrundlagen anstelle des nach § 18 zuständigen FA zu ermitteln (TK § 155 Rn. 29). Eine konkurrierende Regelungskompetenz der betroffenen FÄ lässt sich den §§ 155 II, 162 V nicht entnehmen (aA Schwarz/Pahlke/Keß § 155 Rn. 47). Durch die §§ 155 II, 162 V werden die allg. Zuständigkeitsregelungen der §§ 16 ff. nicht modifiziert. Eine Eingrenzung des Anwendungsbereichs auf Grundlagenbescheide, die von der FVerw. erlassen werden, ist dagegen §§ 155 II, 165 V nicht zu entnehmen. Da FA kann daher auch ressortfremde Grundlagenbescheide schätzen (BFH 14.5.2014 – X R 7/12, BStBl. II 2015, 12). 47

Anwendbar ist die Regelung des § 155 II nur, solange der Grundlagenbescheid noch nicht erlassen ist. Ist bereits ein Grundlagenbescheid erteilt, so entfällt die Befugnis der FB aus § 155 II. Ist zB aufgrund einer Ap. (§§ 193 ff.) mit einer Änderung des Grundlagenbescheids zu rechnen, darf der Folgebescheid erst geändert werden, wenn der Grundlagenbescheid geändert worden ist. § 155 II bietet keine Rechtsgrundlage dafür, bereits im Vorgriff auf diese Änderung den Folgebescheid anzupassen (BFH 6.12.1995 – II R 24/93, BFH/NV 1996, 450; Schwarz/Pahlke/Keß § 155 Rn. 48; Kohlhaas FR 1984, 305). 48

III. Verfahrensfragen

51 Der **Schätzungsbescheid** nach § 155 II, 162 V kann selbständig mit Einspruch und Klage angefochten werden. Ist noch unklar, ob und wie der Grundlagenbescheid geändert wird, ist es regelmäßig geboten, den Rechtsstreit über den Folgebescheid bis zur Entscheidung über den Grundlagenbescheid auszusetzen (BFH 7.11.2006 – IV B 34/06, BFH/NV 2007, 265 mwN). Eine Ausnahme hiervon kommt zB in Betracht, wenn das Vorbingen des Stpfl. auch den Folgebescheid betrifft (BFH 28.2.2001 – I R 41/99, BStBl. II 2001, 416). Dabei ist zu beachten, dass unbeschadet einer Entscheidung über den Folgebescheid dieser bei einer nachfolgenden Aufhebung oder Änderung des Grundlagenbescheids (auch im dagegen gerichteten Klageverfahren) gem. § 175 I S. 1 Nr. 1 AO 1977 zu erlassen, aufzuheben oder zu ändern ist, ohne dass es einer weiteren gerichtlichen Entscheidung bedarf (BFH 28.2.2001 – I R 41/99, BStBl. II 2001, 416).

52 **Vorläufiger Rechtsschutz** kann durch AdV (§ 361 AO bzw. § 69 FGO) gewährt werden. Diese kann der Stpfl. auch aus Gründen geltend machen, die den noch zu erlassenden Grundlagenbescheid betreffen BFH 1.2.2000 – IV B 138/98, BFH/NV 2000, 713).

53 Geht die **FB irrtümlich** davon aus, dass ein **Grundlagenbescheid nicht erforderlich** sei, so ist dieser Bescheid nicht von § 155 II gedeckt (zB wenn das FA irrigerweise davon ausgeht, eine entsprechende Feststellung bereits getroffen zu haben, BFH 20.8.2015 – IV R 41/12, BFH/NV 2016, 227). Die Rechtswidrigkeit dieses StBescheids kann jedoch durch Nachholung des Grundlagenbescheids geheilt werden (BFH 29.4.1987 – I R 167/83, BFH/NV 1987, 629). Ein Rechtsstreit über den StBescheid ist daher in diesen Fällen nach § 74 FGO auszusetzen (BFH 29.4.1987 – I R 167/83, BFH/NV 1987, 629; BFH 20.8.2015 – IV R 41/12, BFH/NV 2016, 227; HHSp § 155 Rn. 46). Eine Aussetzung nach § 74 FGO kommt in diesen Fällen nur dann nicht in Betracht, wenn es in dem Grundlagenverfahren nicht mehr zu einer Sachprüfung kommen kann (BFH 20.9.1989 – X R 8/86, BStBl. II 1990, 177).

54 **Ergeht der Grundlagenbescheid nachträglich,** so ist der Folgebescheid nach § 175 I Nr. 1 zu ändern, sofern die Feststellungen im Grundlagenbescheid nicht mit der Schätzung im Folgebescheid übereinstimmen (→ § 175 Rn. 12 ff.). Dies gilt auch, wenn ein negativer Grundlagenbescheid erteilt wird (TK § 155 Rn. 31).

55 **Unterbleibt der Erlass des Grundlagenbescheids,** so kann der Stpfl. wegen des noch ausstehenden Grundlagenbescheids Untätigkeitseinspruch (§ 347 I 2) und ggf. Klage wegen Unterlassens eines VA (§ 40 I FGO) erheben. Im Übrigen verbleibt es mangels einer Änderungsvorschrift bei der auf der Grundlage des § 155 II durchgeführten StFestsetzung (BFH 3.12.2008 – X R 3/07, BFH/NV 2009, 711; BFH 28.10.2021 – IV R 12/19, BFH/NV 2022, 244). Dies gilt auch dann, wenn es wegen Feststellungsverjährung nicht mehr zum Erlass eines Grundlagenbescheids kommen kann (Klein § 155 Rn. 62). Auch in diesem Fall können Einkünfte selbst dann endgültig zu berücksichtigen sein, wenn sie bisher lediglich nach § 155 II angesetzt waren (BFH 3.12.2008 – X R 31/05, BFH/NV 2009, 708; BFH 28.10.2021 – IV R 12/19, BFH/NV 2022, 244; FG München 21.2.2019 – 15 K 1181/18, DStRK 2019, 204BFH 28.10.2021 – IV R 12/19).

D. Zusammengefasste Steuerbescheide (Abs. 3)

I. Voraussetzungen (Abs. 3 S. 1)

58 **Gegenstand und Zweck.** § 155 III 1 stellt klar, dass zusammengefasste StBescheide ergehen können, wenn in materiellrechtlicher Hinsicht eine Gesamtschuldnerschaft iSd § 44 I 1 vorliegt (nach BFH 7.5.2020 – V R 1/18, BFH/NV 2020, 1211 soll die Vorschrift auch auf Bruchteilsgemeinschaften anwendbar sein, dies dürfte aber mangels Vorliegens einer Gesamtschuldnerschaft zweifelhaft sein, TK § 155 Rn. 35). Ohne Bedeutung

ist, von welchem Gesamtschuldner die StSchuld im Innenverhältnis zu tragen ist (BT-Drs. VI/1982, 145). Die Regelung dient in erster Linie der Verfahrensvereinfachung (vgl. BT-Drs. VI/1982, 145). Ferner läge ohne diese Regelung ein Verstoß gegen das StGeheimnis (§ 30) vor, da in einem zusammengefassten Bescheid stets alle Stpfl. bezeichnet werden müssen, an die sich der zusammengefasste Bescheid richtet, vgl. § 157 I 1, 2 (Klein § 155 Rn. 69).

Sonstige zusammengefasste VA. § 155 III 1 lässt allerdings nicht den Umkehrschluss zu, dass außerhalb seines Anwendungsbereichs keine zusammengefassten VA ergehen dürfen. Mehrere VA können grds. immer in einer Verfügung zusammengefasst werden, soweit dabei das Bestimmtheitsgebot des § 119 beachtet wird (HHSp § 155 Rn. 54; → § 118 Rn. 50). So ist zB der Erlass einer zusammengefassten Prüfungsanordnung (§ 196) gegenüber Ehegatten/Lebenspartnern zulässig (BFH 28.10.1988 – III R 52/86, BStBl. II 1989, 257; BFH 18.12.1990 – X R 7/89, BFH/NV 1991, 355; → § 196 Rn. 28). Zulässig ist auch eine zusammengefasste Aussetzungsverfügung iSd § 361 (vgl. BFH 14.1.1997 – VII R 66/96, BFH/NV 1997, 283). Werden mehrere nach § 44 I 1 gesamtschuldnerisch Haftende in Anspruch genommen, so kann § 155 III allenfalls analog angewendet werden (TK § 155 Rn. 36). 59

Zusammengefasste StBescheide iSd § 155 III 1 sind mehrere selbständige, aber inhaltsgleiche StBescheide, die aus Zweckmäßigkeitsgründen auf einem Bescheidformular ergehen und an alle oder mehrere Gesamtschuldner iSd § 44 I 1 gerichtet sind. Rechtlich handelt es sich um zwei oder mehrere Bescheide, die lediglich äußerlich miteinander verbunden sind und verfahrensrechtlich ein unterschiedliches Schicksal haben können (BFH 24.4.1986 – IV R 82/84, BStBl. II 1986, 545; BFH 8.6.1995 – IV R 104/94, BStBl. II 1995, 681). Jeder Betroffene kann daher den ihn betreffenden Bescheid anfechten, sodass die Steuer gegen die einzelnen Gesamtschuldner im Ergebnis in unterschiedlicher Höhe festgesetzt werden kann (BFH 14.1.1997 – VII R 66/96, BFH/NV 1997, 283). Eine unterschiedliche StFestsetzung von vornherein widerspricht jedoch regelmäßig dem Begriff des zusammengefassten StBescheids. 60

Ermessen. Die FB entscheidet nach ihrem Ermessen (§ 5), ob ein zusammengefasster StBescheid nach § 155 III 1 ergeht oder ob sie gegen jeden der Gesamtschuldner einen Einzelbescheid erlässt (BFH 24.5.1985 – VI R 204/82, BStBl. II 1985, 583; BFH 24.4.1990 – IX R 58/85, BFH/NV 1991, 139). 61

Zur **Bekanntgabe** von zusammengefassten Bescheiden s. § 122, dort insb. Abs. 6 und 7 zur vereinfachten Bekanntgabe zusammengefasster Bescheide. 62

Zusammenveranlagung von Ehegatten/Lebenspartnern zur ESt. Bei Ehegatten/Lebenspartnern, die zusammen zur ESt (§ 26b bzw. §§ 2 VIII, 26b EStG) veranlagt werden, ist § 155 III ebenfalls anwendbar, auch wenn nach § 26b EStG beide Ehegatten/Lebenspartner gemeinsam als ein Stpfl. behandelt werden (BFH 24.5.1985 – VI R 204/82, BStBl. II 1985, 583; TK § 155 Rn. 38; Gosch AO § 155 Rn. 35; aA FG Niedersachsen 21.4.1981 – VII 446/80, EFG 1981, 570; FG Rheinland-Pfalz 6.9.1982 – 5 K 103/82, EFG 1983, 4; Rößler DStR 1984, 359). § 26b EStG ist lediglich eine materiellrechtliche Vorschrift zur Ermittlung der Besteuerungsgrundlagen (§ 157 III) sowie der festzusetzenden ESt. Die Regelung berührt nicht die verfahrensrechtliche Ebene des § 155 III 1. Auch nach dem Tod eines der Ehegatten/Lebenspartner kann noch ein zusammengefasster StBescheid nach Abs. 3 ergehen (BFH 24.4.1986 – IV R 82/84, BStBl. II 1986, 545). 63

Steuerschuldner und Haftender (§§ 69 ff.) können nicht nach § 155 III 1 durch einen zusammengefassten Bescheid in Anspruch genommen werden, da StBescheid und Haftungsbescheid, selbst wenn man auf Grund der Leistungsidentität eine Gesamtschuld iSd § 44 I 1 annimmt, inhaltlich unterschiedliche Bescheide sind (HHSp § 155 Rn. 51; TK § 155 Rn. 36; vgl. zum Zusammentreffen von Haftung und StSchuld auch → § 44 Rn. 7). 64

Unzulässig sind auch zusammengefasste **Feststellungsbescheide** iSd §§ 179 ff. (HHSp § 155 Rn. 52). 65

II. Nebenleistungen und sonstige Ansprüche (Abs. 3 S. 2, 3)

68 **§ 155 III 2** stellt klar, dass VA über steuerliche Nebenleistungen (§ 3 IV) und über sonstige Ansprüche, auf die die AO anzuwenden ist, mit zusammengefassten StBescheiden iSd Abs. 3 S. 1 verbunden werden können. Die Verbindung nach Abs. 3 S. 2 ändert nichts an der Selbständigkeit der durch Abs. 3 S. 2 erfassten VA. Abs. 3 S. 2 führt auch nicht dazu, dass für die Festsetzung der Nebenleistungen die Sonderregeln über StBescheide (§§ 155 ff.) einschlägig sind. Die Regelung in Abs. 3 S. 2 betrifft vor allem Verspätungszuschläge (§ 152). Weitere Anwendungsgebiete sind die Festsetzung von Annexsteuern. Hierzu gehören zB die Festsetzung des SolZ sowie KiSt- und Prämienbescheide, wie zB Bescheide nach dem WoPG 1996.

69 **§ 155 III 3** gestattet die Verbindung von VA über Nebenleistungen mit einem zusammengefassten StBescheid auch dann, wenn sich die Nebenentscheidung nicht gegen alle, sondern nur gegen eine oder einige der Personen richtet, gegenüber die der zusammengefasste StBescheid nach Abs. 3 S. 1 ergangen ist. Auf unbeteiligte Dritte kann sich jedoch der VA über die Nebenleistung nicht beziehen (TK § 155 Rn. 40). Ein zusammengefasster StBescheid kann daher zB auch dann ergehen, wenn der Verspätungszuschlag (§ 152) sich ausnahmsweise nur gegen einen der Ehegatten/Lebenspartner richten sollte (→ § 149 Rn. 7, → § 152 Rn. 21). Entsprechendes gilt für die Festsetzung der KiSt bei glaubensverschiedenen Ehegatten/Lebenspartner oder wenn nur ein Ehegatte/Lebenspartner kirchensteuerpflichtig ist.

E. Automatisierter Erlass von Steuerbescheiden (Abs. 4)

70 **Allgemeines.** § 155 IV wurde durch das StModernG v. 18.7.2016 (BGBl. 2016 I 1679) mit Inkrafttreten zum 1.1.2017 eingefügt. Die Vorschrift gestattet den FB die automationsgestützte Festsetzung von St sowie Anrechnung von StAbzugsbeträgen und Vorauszahlungen verbunden mit den erforderlichen Änderungsmöglichkeiten. Grundlage für diese automatisierte Festsetzung, Änderung usw. sind die Angaben des Stpfl. (insb. in seiner aktuellen, dh der zu veranlagenden StErklärung) oder die der FB vorliegenden Informationen (zB auf früheren StErklärungen, Daten nach § 88a oder § 93c, BT-Drs. 18/7457, 82). Die Vorschrift bildet neben dem Einsatz sog. **Risikomanagementsysteme** (§ 88 V) eine der zentralen Maßnahmen zur Modernisierung des BeStVerfahrens durch Verstärkung der ausschließlich automationsgestützten Bearbeitung von dazu geeigneten StErklärungen (BT-Drs. 18/7457, 48). Erklärtes Ziel des Gesetzgebers ist es, durch den Einsatz der Risikomanagementsysteme die Quote der vollständig maschinell bearbeiteten StErklärungen zu erhöhen und den FB zugleich die Möglichkeit zu geben, sich auf die tatsächlich prüfwürdigen Fälle zu konzentrieren (BT-Drs. 18/7457, 69).

71a **§ 155 IV 1** enthält die allgemeine Ermächtigungsgrundlage für die FB, StFestsetzungen sowie Anrechnungen von StAbzugsbeträgen und -vorauszahlungen **ohne Mitwirkung eines Amtsträgers** vorzunehmen oder zu ändern. Die manuelle, bisher allenfalls automationsunterstützt vorgenommene, Prüfung der StErklärung durch Amtsträger erübrigt sich. Die StFestsetzung wird vielmehr aufgrund der – elektronisch übermittelten – Daten aus der StErklärung des Stpfl. und der beim FA hinterlegten Daten vorgenommen. § 155 IV 1 aE schränkt die Anwendung auf die Fälle ein, in denen kein Anlass dazu besteht, die Erklärung durch Amtsträger zu bearbeiten. Ein solcher Anlass soll insb. dann bestehen, wenn die sog. Risikomanagementsysteme nach § 88 V 1 zu einer Aussonderung des Falles zur manuellen Prüfung geführt haben (BT-Drs. 18/7457, 82). Über die Angaben nach § 150 VII 1 soll es zudem dem Stpfl. ermöglicht werden, um eine nähere – und mithin manuelle – Prüfung bestimmter Sachverhalts- oder Rechtsfragen zu bitten oder eine Ermessensentscheidung der FB zu beantragen (§ 155 IV 3; BT-Drs. 18/7457, 83). Diese Möglichkeit ist für den Stpfl. vor allem zur Vermeidung von Strafbarkeitsrisiken bedeutsam, zB wenn er in seiner Erklärung ausdrücklich von der Verwaltungsauffassung abweicht (TK § 155 Rn. 56). Außerdem schreibt § 88 V 3 Nr. 1 vor, dass über die Risikomanagementsysteme durch Zufallsauswahl die umfassende Prüfung einer hinreichenden Anzahl von Fällen durch Amtsträger gewährleistet wird.

Neben dem Erlass von StBescheiden nennt § 155 IV 1 auch ausdrücklich sämtliche **Korrekturmöglichkeiten** für StVA, sodass eine ausschließlich automationsgestützte Korrektur möglich ist. Bei der Aufzählung von Rücknahme und Widerruf liegt kein Redaktionsversehen vor (so wohl Klein § 155 Rn. 77; Braun Binder DStZ 2017, 526). Die Nennung war vielmehr erforderlich, da § 155 IV 1 auch Anrechnungsverfügungen (§ 36 II EStG) nennt und es sich bei diesen nicht um StBescheide, sondern sonstige StVA handelt (TK § 155 Rn. 50). Im Übrigen mag der Gedanke an eine – in der Praxis oftmals Anlass für rechtliche Auseinandersetzungen bietende – automatisierte Korrektur von StBescheiden zunächst befremden. Tatsächlich kommt dies aber ohnehin nur für die Fälle in Betracht, in denen „gegenläufige" Daten dem System zugeführt werden. Dagegen bestehen rechtliche Bedenken für die Fälle, in denen die Korrektur des VA mit einer Ermessensentscheidung verbunden ist (vgl. die Vorschrift in § 35a VwVfG und die Kritik bei Helbich DStR 2017, 574 (576) und Braun Binder DStZ 2016, 526 (529). Ein allgemeiner Ausschluss für Ermessensentscheidungen dürfte vor allem deshalb unangebracht sein, weil eine Vielzahl von Ermessensentscheidungen im StRecht durch sog. ermessensbindende Verwaltungsvorschriften (→ § 5 Rn. 31) genau strukturiert ist (Klein § 155 Rn. 87; Schmidt DB 2024, 1572 (1576)). In den Fällen, in denen auch für einen Sachbearbeiter der FB aufgrund der insoweit klaren Erlasslage kein eigenständiger Entscheidungsspielraum verbliebe, bestehen auch keine Bedenken, diese Entscheidungen automatisiert vorzunehmen. Bei der Frage, welche Fälle als risikobehaftet und mithin manuell prüfungswürdig durch das Risikomanagementsystem ausgesteuert werden, handelt es sich um eine Ermessensentscheidung der FB (Schwarz/Pahlke/Keß § 155 Rn. 94; TK § 155 Rn. 54). Als besonderen Fall für eine solche Aussteuerung nennt **§ 155 IV 3** den Fall, dass der Stpfl. Angaben in dem sog. Freitextfeld nach § 150 VII gemacht hat. Ein Recht des Stpfl. auf individuelle Bearbeitung seiner Erklärung ist hieraus allerdings nicht abzuleiten (Klein § 155 Rn. 84). **71b**

Durch **§ 155 IV 2 Nr. 1** wird auch für die mit StFestsetzungen regelmäßig verbundenen VA die Möglichkeit einer automatisierten Festsetzung, Änderung etc. eröffnet. Häufigster Anwendungsfall dürfte die Zinsfestsetzung sein (§ 233a IV sieht ausdrücklich die Verbindung mit der StFestsetzung vor). Weiterhin sollen hiervon zB die Festsetzung von Verspätungszuschlägen (kein Ermessensfall bei § 152 II) oder von AnnexSt sein (BT-Drs. 18/7457, 83). § 155 IV 2 Nr. 2 lässt außerdem zu, den StBescheid programmgesteuert mit Nebenbestimmungen iSd § 120 zu verbinden, soweit dies durch eine Verwaltungsanweisung des BMF oder der obersten LandesFB angeordnet ist. Durch die Einschränkung in HS 2 bestehen keine Bedenken im Hinblick auf die bei Nebenbestimmungen ansonsten erforderliche Ermessensprüfung (so auch die Gesetzesbegründung, BT-Drs. 18/7457, 83; krit. Helbich DStR 2017, 574 (577), der die fehlende Einzelfallprüfung bemängelt). **71c**

Die ausschließlich automationsgestützte Bearbeitung ändert nichts an der VA-Qualität des zu erlassenden Bescheides (Klein § 155 Rn. 75). Um Zweifel an der Existenz eines Regelungs- und Bekanntgabewillens zu vermeiden, fingiert **§ 155 IV 4** diesen und legt zugleich fest, dass der Willensbildungsprozess mit dem Abschluss der maschinellen Verarbeitung als abgeschlossen gilt. Der Zeitpunkt muss in den EDV-Systemen der FB dokumentiert werden, da sich hieraus zB Auswirkungen für Frage des nachträglichen Bekanntwerdens iSd § 173 I ergeben können (TK § 155 Rn. 60). Ein Hinweis auf die automatisierte Bearbeitung soll nicht erfolgen, da für den Stpfl. dieselben Rechtsfolgen wie bei manuell bearbeiteten VA vorliegen und für „Sonderfälle" die beschriebene Aussteuerung vorgenommen werden soll (BT-Drs. 18/7457, 83). Zur Anwendung von Korrekturnormen bei der Veranlagung unter Verwendung eines Risikomanagementsystems s. FG Niedersachsen 16.5.2023 – 9 K 90/22, EFG 2023, 1279. **71d**

F. Sinngemäße Anwendung auf Steuervergütungen (Abs. 5)

72 **Allgemeines.** Die Regelung in § 155 V ist erforderlich, da der Anspruch auf StVergütung kein StAnspruch iSd § 3 I ist. Ein Anspruch auf StVergütung besteht, wenn aufgrund gesetzlicher Regelungen eine rechtmäßig gezahlte Steuer an eine andere Person als den StSchuldner zurückzuzahlen ist (BT-Drs. VI/1982, 145; Einzelheiten → § 37 Rn. 7). Nicht zum Bereich der StVergütung gehört die Erstattung überzahlter Steuern, da diese sich aus der StFestsetzung (§ 155 I) ergibt und nach § 218 II 2 im Erhebungsverfahren geltend zu machen ist.

73 **Anwendungsbereich.** § 155 V betrifft unmittelbar nur Fälle, in denen der Vergütungsanspruch selbständig festgesetzt wird. Dies ist zB beim Kindergeld (§§ 62 ff. EStG) der Fall, das nach § 31 S. 3 EStG als StVergütung gezahlt wird (BFH 31.1.2007 – III B 167/06, BFH/NV 2007, 865; BFH 9.12.2020 – III R 43/18, BFH/NV 2021, 773). Ferner gewinnt § 155 V dann praktische Bedeutung, wenn in einzelgesetzlichen Regelungen hinsichtlich verschiedener Zulagen die für die StVergütung geltenden Vorschriften ganz oder teilweise für entspr. anwendbar erklärt werden, wie zB in § 8 I WoPG 1996 oder in § 5 I InvZulG 2005, in § 13 I InvZulG 2007 bzw. in § 14 InvZulG 2010. Für den VorStAnspruch nach § 15 UStG hat Abs. 5 dagegen keine Bedeutung, da diese StVergütung lediglich im Rahmen der UStFestsetzung durch Verrechnung mit der UStSchuld gewährt wird (TK § 155 Rn. 44; vgl. auch BT-Drs. VI/1982, 145).

§ 156 Absehen von der Steuerfestsetzung

(1) [1]**Das Bundesministerium der Finanzen kann zur Vereinfachung der Verwaltung durch Rechtsverordnung bestimmen, dass eine Steuer nicht festgesetzt wird, wenn der eigentlich festzusetzende Betrag den durch diese Rechtsverordnung zu bestimmenden Betrag voraussichtlich nicht übersteigt.** [2]**Der nach Satz 1 zu bestimmende Betrag darf 25 Euro nicht übersteigen.** [3]**Das Gleiche gilt für die Änderung einer Steuerfestsetzung, wenn der Betrag, der sich als Differenz zwischen der geänderten und der bisherigen Steuerfestsetzung ergeben würde, den in der Rechtsverordnung genannten Betrag nicht übersteigt.** [4]**Die Rechtsverordnung bedarf nicht der Zustimmung des Bundesrates, soweit sie die Kraftfahrzeugsteuer, die Luftverkehrsteuer, die Versicherungsteuer, Einfuhr- und Ausfuhrabgaben oder Verbrauchsteuern, mit Ausnahme der Biersteuer, betrifft.**

(2) [1]**Die Festsetzung einer Steuer und einer steuerlichen Nebenleistung sowie deren Änderung kann, auch über einen Betrag von 25 Euro hinausgehend, unterbleiben, wenn zu erwarten ist, dass**

1. **die Erhebung keinen Erfolg haben wird oder**
2. **die Kosten der Festsetzung und die Kosten der Erhebung außer Verhältnis zu dem Betrag stehen werden.**

[2]**Für bestimmte oder bestimmbare Fallgruppen können die obersten Finanzbehörden bundeseinheitliche Weisungen zur Anwendung von Satz 1 Nummer 2 erteilen.** [3]**Diese Weisungen dürfen nicht veröffentlicht werden, soweit dies die Gleichmäßigkeit und Gesetzmäßigkeit der Besteuerung gefährden könnte.** [4]**Auf dem Gebiet der von den Landesfinanzbehörden im Auftrag des Bundes verwalteten Steuern legen die obersten Finanzbehörden der Länder diese Weisungen zur Gewährleistung eines bundeseinheitlichen Vollzugs der Steuergesetze im Einvernehmen mit dem Bundesministerium der Finanzen fest.**

Schrifttum: Domann, Die Kleinbetragsverordnung, BB 1981, 292; Horn, Die steuerliche Kleinbetragsverordnung vom 10. Dezember 1980, INF 1981, 545; Muus, Die Kleinbetragsverordnung (KBV), DStZ

1981, 226; Sturm, Kleinbetragsregelungen im Steuerrecht, WM 1981, 506; Welz, Änderung der Kleinbetragsverordnung und die Auswirkungen auf ausgewählte besondere Verkehrsteuern, UVR 2017, 22.

I. Allgemeines

1 § 156 enthält eine Ausnahme des in § 85 normierten Grundsatzes, dass die Steuern nach Maßgabe der Gesetze gleichmäßig festzusetzen und zu erheben sind. Die Vorschrift dient der Praktikabilität und der Wirtschaftlichkeit des Verwaltungsverfahrens. Die Vorschrift verfolgt das Ziel, Kosten des Veranlagungsverfahrens, die außer Verhältnis zum festgesetzten StBetrag oder den betragsmäßigen Auswirkungen eines Änderungsbescheids stehen, zu vermeiden (BFH 16.2.2011 – X R 21/10, BStBl. II 2011, 671).

II. Absehen von der Steuerfestsetzung bei Kleinbeträgen (Abs. 1)

4 **§ 156 I 1** ist eine Ermächtigungsnorm iSd Art. 80 I GG. Nach Abs. 1 S. 1 kann der BMF durch Rechtsverordnung bestimmen, dass Steuern (§ 3 I) und steuerliche Nebenleistungen (§ 3 IV) nicht festgesetzt werden, wenn es sich um Kleinstbeträge handelt. Die in Abs. 1 S. 2 genannte Betragsgrenze bezieht sich auf die steuerliche Auswirkung einer ohne die Vorschrift sonst vorzunehmenden StÄnderung und differenziert nicht danach, ob eine StFestsetzung eine Nachzahlung oder eine StErstattung auslöst (BFH 16.2.2011 – X R 21/10, BStBl. II 2011, 671). Von der Ermächtigung hat der BMF in der KBV Gebrauch gemacht (zum Text der KBV mit Erläuterungen → Rn. 13 ff.). Die KBV gilt nach Art. 97 § 9a I 1 EGAO für alle Steuern, die nach dem 31.12.2001 entstanden sind bzw. entstehen. Sie betrifft nur das Festsetzungsverfahren. Zur Kleinstbetragsregelung im Erhebungsverfahren s. BMF 2.1.2025, BStBl. I 2025, 5. Die Vorschrift wurde durch das StModernG vom 18.7.2016 (BGBl. 2016 I 1679) überarbeitet, hat aber ihre wesentliche Struktur behalten. In diesem Zug hat der Gesetzgeber auch die KBV angepasst. § 156 I 2 übernimmt nunmehr die neue Betragsgrenze von 25 EUR. § 156 I 3 stellt klar, dass in den Fällen der Änderung oder Berichtigung die Betragsgrenze anhand der Differenz zwischen dem bisherigen und dem sich nach der Änderung ergebenden StBetrag zu ermitteln ist (BT-Drs. 18/7457, 83 unter Bezugnahme auf BFH 16.2.2011 – X R 21/10, BStBl. II 2011, 671). Die Neuregelung ist nach Art. 97 § 9a III 1 EGAO erst auf nach dem 31.12.2016 entstandene Steuern anzuwenden. Für vor dem 1.1.2017 entstandene Steuern ordnet Art. 97 § 9a III 2 EGAO dagegen die Fortgeltung der Kleinbeträge nach der früheren KBV an. Als Rechtsfolge führt die Anwendung des § 156 I entspr. dem Wortlaut lediglich zu einer Nichtfestsetzung der Steuer, nicht dagegen zu deren Erlöschen (BFH 24.3.1992 – VIII R 33/90, BStBl. II 1992, 869).

5 **§ 156 I 4** regelt für bestimmte Fälle, welche Rechtsverordnung der Zustimmung des Bundesrats bedarf. Die Vorschrift ist **durch das AmtshilfeRLUmsG mit Wirkung zum 30.6.2013 geändert worden.** Nach § 156 II 4 bedarf eine Rechtsverordnung nach Abs. 2 S. 1 nicht der Zustimmung des Bundesrates, soweit die KraftSt, die VersSt und VerbrauchSt mit Ausnahme der BierSt betroffen sind, da die Verwaltungskompetenz für die VersSt und die Verwaltungs- und Ertragskompetenz für die KraftSt zwischenzeitlich auf den Bund übergegangen sind (vgl. BR-Drs. 302/12, 134). Entsprechendes gilt für die bereits 2011 in Kraft getretene Luftverkehrsteuer (vgl. BR-Drs. 302/12, 134). Betrifft die Rechtsverordnung dagegen die BierSt, ist die Zustimmung des Bundesrates erforderlich, da das Aufkommen der BierSt – im Gegensatz zum Aufkommen der Zölle und VerbrauchSt (Art. 106 I Nr. 1, 2 GG) – nach Art. 106 II Nr. 5 GG den Ländern zusteht.

III. Absehen von der Steuerfestsetzung wegen Aussichtslosigkeit der Einziehung (Abs. 2)

8 **Allgemeines.** Nach § 156 II 1 kann die FB im Einzelfall von einer StFestsetzung absehen, wenn die Erhebung keinen Erfolg haben wird (Nr. 1) oder die Kosten der

Festsetzung und die Kosten der Erhebung außer Verhältnis zu dem Betrag stehen würden (Nr. 2). Das Absehen von der StFestsetzung ist kein VA (§ 118 S. 1), sondern eine innerdienstliche Maßnahme ohne Außenwirkung, die mit der Niederschlagung nach § 261 im VollstrVerfahren vergleichbar ist (HHSp § 156 Rn. 5). Das Absehen von der Festsetzung führt nicht zum Erlöschen des StAnspruchs (TK § 156 Rn. 22). Die StFestsetzung kann innerhalb der Festsetzungsfrist (§§ 169 ff.) jederzeit nachgeholt werden. § 156 II 1 übernimmt im Wesentlichen die Regelung des § 156 II aF. Bei Überschreiten bestimmter Mindestbeträge hat die FB regelmäßig die Zustimmung der jeweiligen Mittelbehörde einzuholen (vgl. GLE 17.11.2021, BStBl. I 2021, 2154).

9 **Erfolglosigkeit der Einziehung** nach § 156 II 1 Nr. 1 kann zB vorliegen, wenn ein Antrag auf Eröffnung des Insolvenzverfahrens nach § 26 I InsO abgewiesen oder das Insolvenzverfahren mangels Masse nach § 207 InsO eingestellt worden ist. Ferner, wenn VollstrVersuche wegen anderer StForderungen erfolglos geblieben sind oder der Stpfl. bereits die eidesstattliche Versicherung (§ 284) abgegeben hat. Darüber hinaus ist Erfolglosigkeit der Einziehung auch bei aussichtslosen Vollstr. in Fällen der beschränkten Erbenhaftung nach § 45 II 1 iVm §§ 1975 ff. BGB anzunehmen (Schwarz/Pahlke/Keß § 156 Rn. 41). In der Praxis setzt das FA auch bei Erfolglosigkeit der Einziehung die Steuer dennoch regelmäßig fest und sieht lediglich von einer Erhebung ab. Zu beachten ist, dass § 156 II 1 Nr. 1 nun nicht mehr voraussetzt, dass die Erfolglosigkeit der Erhebung „feststeht". Damit soll klargestellt werden, dass – wie in den Fällen der Nr. 2 – eine Prognoseentscheidung ausreichen soll (BT-Drs. 18/7457, 84).

10 Mit „Betrag" meint § 156 II 1 Nr. 2 die nach Anrechnung von StAbzugsbeträgen und nach Berücksichtigung geleisteter Vorauszahlungen sowie – bei Änderungen einer StFestsetzung – ggf. bereits erstatteter Beträge verbleibende StForderung (BT-Drs. 18/7457, 84). Bei kleineren Körperschaften iSd § 1 I KStG, die einen Freibetrag nach §§ 24 oder 25 KStG nicht beanspruchen können, kann bei der Festsetzung der KSt ein Missverhältnis iSd Abs. 2 dann vorliegen, wenn das Einkommen der Körperschaft (§§ 7 ff. KStG) offensichtlich 500 EUR nicht übersteigt (vgl. KStR 31.1 I 3). Ferner kann bei kleinen Körperschaften die Festsetzung des StMessbetrags nach § 14 GewStG im Einzelfall unterbleiben, wenn der Gewinn der Körperschaft offensichtlich 500 EUR nicht übersteigt (vgl. GewStR 7.1 VII 1).

13 In Abgrenzung von der nach Abs. 2 S. 1 Nr. 2 zulässigen Einzelfallprüfung lässt § 156 II 2 bis 4 nunmehr Verwaltungsvorschriften für bestimmte oder bestimmbare Fallgruppen zu. Die Gesetzesbegründung nennt hier als Beispiel Kontrollmitteilungen, die keiner Person zugeordnet werden können oder die nach abstrakter Risikobewertung nicht aufgriffswürdig sind. Ein weiteres Beispiel ist KStR 31.1 (keine Besteuerung von Körperschaften bei einem Einkommen unter 500 EUR). Durch die Untersagung der Veröffentlichung nach § 156 II 3 soll vermieden werden, dass Stpfl. ihr Erklärungsverhalten an den entsprechenden Verwaltungsvorschriften ausrichten (BT-Drs. 18/7457, 84). Die Vorschrift entspricht § 88 V 4 zur Ausgestaltung der Risikomanagementsysteme.

Anhang: Kleinbetragsverordnung (KBV)

vom 19.12.2000 (BGBl. 2000 I 1790, 1805), zuletzt geändert durch das StModernG vom 18.7.2016 (BGBl. 2016 I 1679)

§ 1 KBV Änderung oder Berichtigung von Steuerfestsetzungen

(1) [1] Festsetzungen der

1. Einkommensteuer,
2. Körperschaftsteuer,
3. Erbschaftsteuer (Schenkungsteuer),
4. Grunderwerbsteuer sowie
5. der Rennwett- und Lotteriesteuer

werden nur geändert oder berichtigt, wenn die Abweichung von der bisherigen Festsetzung bei einer Änderung oder Berichtigung zugunsten des Steuerpflichtigen mindestens 10 Euro oder bei einer Änderung oder Berichtigung zuungunsten des Steuerpflichtigen mindestens 25 Euro beträgt. [2]Bei der Einkommensteuer und bei der Körperschaftsteuer ist die jeweils nach Anrechnung von Steuerabzugsbeträgen verbleibende Steuerschuld zu vergleichen.

(2) [1]Eine angemeldete Umsatzsteuervorauszahlung, eine für das Kalenderjahr angemeldete Umsatzsteuer, eine angemeldete Feuerschutzsteuer oder eine angemeldete Versicherungsteuer wird von der Finanzbehörde nur abw. festgesetzt, geändert oder berichtigt, wenn die Abweichung von der angemeldeten Steuer im Fall einer Abweichung zugunsten des Steuerpflichtigen mindestens 10 Euro oder im Fall einer Abweichung zuungunsten des Steuerpflichtigen mindestens 25 Euro beträgt. [2]Dasselbe gilt, wenn diese Steuern durch Steuerbescheid festgesetzt worden sind.

(3) Ist Lohnsteuer durch Steuerbescheid festgesetzt oder ist eine durch Lohnsteuer-Anmeldung bewirkte Festsetzung unanfechtbar geworden, gilt Absatz 2 entsprechend.

§ 1 I KBV betrifft nur die dort ausdrücklich genannten Steuern. Er erfasst nicht Einfuhr- und Ausfuhrabgaben (§ 3 III) sowie VerbrauchSt, Einheitswerte, GrSt, steuerliche Nebenleistungen (§ 3 IV), KiSt und Kommunalabgaben. Auf andere Steuern und Abgaben ist § 1 I KBV nur anwendbar, wenn dies in den entsprechenden Gesetzen, Rechtsverordnungen oder Erlassen ausdrücklich bestimmt ist. Zur Anwendung der KBV im Bereich der KiSt s. zB OFD Frankfurt 18.2.2020, ofix HE KiStG/8, OFD Hannover 2.9.2003, LSt-Kartei ND Kirchensteuer Nr. 5. Für die Rückforderung der Arbeitnehmersparzulage ist § 1 KBV gem. § 1 VermBDV 1994 entspr. anwendbar. 14

§ 1 I KBV erfasst alle **Änderungen von StFestsetzungen, wie zB nach §§ 164 II, 165 II und nach §§ 172 ff., sowie Berichtigungen, wie zB nach § 129,** einschl. der Änderung und Berichtigung von Vorauszahlungsbescheiden, nicht jedoch die erstmalige Festsetzung von Steuern. Für die erstmalige Festsetzung finden sich in den einzelnen StGesetzen zT entsprechende Regelungen, deren Wirksamkeit durch die KBV nicht berührt wird, so zB in § 37 V EStG, § 46 II Nr. 1 EStG, § 19 V GewStG, § 18 V Nr. 3 S. 4 UStG, § 19 I UStG und in § 22 ErbStG. 15

§ 1 I 1 KBV löst eine **Änderungs- und Berichtigungssperre bis zur Grenze von 10 bzw. 25 EUR** aus. Die Regelung greift sowohl bei Änderungen zugunsten als auch zulasten des Stpfl. ein (BFH 16.2.2011 – X R 21/10, BStBl. II 2011, 671). Mittelbare Auswirkungen auf andere Bescheide oder sonstige VA sind nicht zu berücksichtigen (TK § 156 Rn. 3). Für die Bemessung der Grenze stellt § 1 I 2 KBV bei der ESt und der KSt nicht, wie in § 156 I 1 vorgesehen, unmittelbar auf die festgesetzte Steuer ab, sondern auf einen Vergleich der StSchuld nach Anrechnung von StAbzugsbeträgen. Durch die Änderung infolge des StModernG ergeben sich nach § 1 I 1 KBV nunmehr unterschiedliche Grenzbeträge bei Änderungen zugunsten (10 EUR) oder zuungunsten des Stpfl. (25 EUR). 16

Die **Änderung von Annexabgaben,** wie zB die KiSt, muss regelmäßig unterbleiben, wenn eine Änderung bzw. Berichtigung der Steuer nach § 1 I KBV unterbleibt. Wird dagegen die StFestsetzung geändert, muss ebenfalls die Änderung der Annexabgabe erfolgen, unabhängig von der Höhe der Änderung, sofern nicht für den Bereich der Annexabgabe eine dem § 1 I KBV entsprechende Regelung existiert oder eine entsprechende Anwendung der KBV bestimmt ist. 17

§ 1 II KBV. Die angemeldete USt, die angemeldete FeuerschSt und die angemeldete VersSt werden nach Abs. 2 nur dann von der Anmeldung abw. festgesetzt (§ 167 I), wenn die Differenz zur angemeldeten Steuer mindestens 10 EUR bzw. 25 EUR beträgt. Ist die angemeldete Steuer nach § 167 I festgesetzt worden, so kommt es bei der späteren Änderung bzw. Berichtigung auf die Differenz zur festgesetzten Steuer an. § 1 II KBV befreit den Stpfl. nicht, seine StAnmeldung ggf. nach § 153 zu berichtigen (TK § 156 Rn. 12). 18

§ 1 III KBV. Bei der LSt gilt die 10- bzw. 25-EUR-Grenze nur, wenn die LSt durch LStBescheid festgesetzt worden ist (zB durch einen Schätzungsbescheid iSd § 162 I–III) oder eine LStAnmeldung unanfechtbar geworden ist. Innerhalb der Einspruchsfrist des 19

§ 355 I 2 können LStAnmeldungen also auch bei einer geringeren Abweichung geändert werden.

§ 2 KBV Änderung oder Berichtigung der Festsetzung eines Gewerbesteuermessbetrages

Die Festsetzung eines Gewerbesteuermessbetrages wird nur geändert oder berichtigt, wenn die Abweichung von der bisherigen Festsetzung bei einer Änderung oder Berichtigung zugunsten des Steuerpflichtigen mindestens 2 Euro und bei einer Änderung oder Berichtigung zuungunsten des Steuerpflichtigen mindestens 5 Euro beträgt.

21 **§ 2 KBV** betrifft ausschl. GewSt-Messbescheide. Nicht erfasst werden von § 2 KBV GewStBescheide. Die Vorschrift bezieht sich, wie auch § 1 I KBV, nicht auf erstmalige Festsetzungen, sondern nur auf Änderungen und Berichtigungen. Auch nach der Anpassung des Grenzbetrages dürfte dieser aber so niedrig sein, dass ihm in der Praxis regelmäßig keine Bedeutung zukommen wird (Welz UVR 2017, 22).

§ 3 KBV Änderung oder Berichtigung der gesonderten Feststellung von Einkünften

(1) Bei gesonderten und einheitlichen Feststellungen von Einkünften wird die Feststellung zur Höhe der Einkünfte nur geändert oder berichtigt, wenn sich diese Einkünfte bei mindestens einem Beteiligten um mindestens 25 Euro ermäßigen oder erhöhen.

(2) Bei gesonderten Feststellungen wird in den Fällen des § 180 Absatz 1 Satz 1 Nummer 2 Buchstabe b der Abgabenordnung die Feststellung zur Höhe der Einkünfte nur geändert oder berichtigt, wenn sich diese Einkünfte um mindestens 25 Euro ermäßigen oder erhöhen.

23 **§ 3 I KBV** erfasst nur die Berichtigung bzw. Änderung der gesonderten und einheitlichen Feststellung von Einkünften (§ 180 I Nr. 2, II iVm § 179 II 2). Nicht erfasst werden Einheitswertfeststellungen, Feststellungen von Grundbesitzwerten (§§ 138 ff. BewG) und andere gesonderte Feststellungen, wie zB Feststellungen des Teilwerts für Grund und Boden nach § 55 V 3 EStG. Die Änderung einer gesonderten und einheitlichen Feststellung erfolgt nach § 3 I KBV stets bei einer Ermäßigung oder Erhöhung der Einkünfte bei mindestens einem der Beteiligten um mindestens 25 EUR. Erhöht sich dabei zugleich der Einkünfteanteil eines anderen Beteiligten um einen Bagatellbetrag, so entfällt eine Änderung des Folgebescheids nach § 1 I 1 KBV. Wird die gesonderte und einheitliche Feststellung wegen anderer Punkte geändert, zB wegen der Art der Zuordnung der Einkünfte, ergibt sich aus § 3 I KBV keine Änderungssperre.

24 Nach **§ 3 II KBV** gelten bei einer Feststellung nach § 180 I 1 Nr. 2b die Ausführungen zu § 3 I KBV entsprechend.

§ 4 KBV Rückforderung von Wohnungsbauprämien

25 Wohnungsbauprämien werden nur zurückgefordert, wenn die Rückforderung mindestens 25 Euro beträgt.

26 Der bisherige **§ 5 KBV aF** ist nunmehr in **§ 4 KBV** geregelt und betrifft Rückforderungsbescheide für Spar- und Wohnungsbauprämien. Auf andere Prämien und Zulagen ist § 4 KBV nicht entspr. anzuwenden. Maßgeblich für die Änderungssperre ist der einzelne Rückforderungsbescheid. Werden durch einen Rückforderungsbescheid mehrere gleich zu behandelnde Sparverträge bei demselben Kreditinstitut erfasst, gilt die Änderungssperre insgesamt nur einmal (TK § 156 Rn. 18). § 4 KBV aF, der die Änderung von Investitions- und Eigenheimzulagebescheiden betraf, ist durch das StModernG ersatzlos aufgehoben worden.

§ 5 KBV Kraftfahrzeugsteuer bei Beendigung der Steuerpflicht

[1]Bei Beendigung der Kraftfahrzeugsteuerpflicht wird die Steuer für den Entrichtungszeitraum, in den das Ende der Steuerpflicht fällt, auf null Euro festgesetzt, wenn der neu festzusetzende Betrag weniger als 5 Euro betragen würde. [2]Dies gilt nicht, wenn gleichzeitig für dasselbe Fahrzeug und denselben Steuerschuldner die Steuer in geänderter Höhe neu festgesetzt wird.

27 **§ 5 KBV** betrifft den Fall, dass ein Kfz wenige Tage nach einem Fälligkeitszeitpunkt abgemeldet wird. Es handelt sich um den bisherigen § 6 KBV aF, der durch das StMo-

dernG aus systematischen Gründen zu § 5 KBV geändert wurde. **§ 5 S. 1 KBV** bestimmt aus Vereinfachungsgründen, dass die KraftSt für den begonnenen neuen Entrichtungszeitraum (§ 11 I KraftStG) auf null EUR festgesetzt wird, wenn der neu festzusetzende Betrag weniger als 5 EUR betragen würde, und zwar unabhängig davon, ob der Stpfl. bereits eine Vorauszahlung geleistet hat. Nach **§ 5 S. 2 KBV** gilt die Regelung des § 6 S. 1 KBV nicht, wenn gleichzeitig für dasselbe Fahrzeug oder denselben Stpfl. die KraftSt in geänderte Höhe neu festgesetzt wird, so zB bei einer Änderung nach § 5 III KraftStG iVm § 12 II Nr. 1 KraftStG.

§ 157 Form und Inhalt der Steuerbescheide

(1) [1] **Steuerbescheide sind schriftlich oder elektronisch zu erteilen, soweit nichts anderes bestimmt ist.** [2] **Sie müssen die festgesetzte Steuer nach Art und Betrag bezeichnen und angeben, wer die Steuer schuldet.** [3] **Ihnen ist außerdem eine Belehrung darüber beizufügen, welcher Rechtsbehelf zulässig ist und binnen welcher Frist und bei welcher Behörde er einzulegen ist.**

(2) **Die Feststellung der Besteuerungsgrundlagen bildet einen mit Rechtsbehelfen nicht selbständig anfechtbaren Teil des Steuerbescheids, soweit die Besteuerungsgrundlagen nicht gesondert festgestellt werden.**

Schrifttum: Rainer, Formelle Fehler in Steuerbescheiden, KÖSDI 1984, 5374/5553; Martens, Wirkungsweise von Steuerbescheiden, StuW 1990, 252; Martens, Die Funktion von Besteuerungsgrundlagen, StuW 1993, 335.

I. Allgemeines

Inhalt und Bedeutung. § 157 enthält Bestimmungen über Form und Inhalt von StBescheiden. Die Vorschrift ergänzt und beschränkt die auch für StBescheide geltenden allg. Regelungen der §§ 118 ff., insb. die §§ 119, 121, 124, 125 (vgl. BT-Drs. IV/1982, 145). Zum Begriff des StBescheids → § 155 Rn. 16. Keine Aussage enthält § 157 über die Bekanntgabe von StBescheiden (s. hierzu § 122). 1

Anzuwenden ist die Vorschrift auf alle StBescheide iSd § 155 I, einschl. der Freistellungsbescheide (§ 155 I 3), der Bescheide über die Ablehnung einer StFestsetzung (§ 155 I 3) und der StVergütungsbescheide (§ 155 IV). Zur sinngemäßen Anwendung des § 157 auf andere Bescheide → § 155 Rn. 3. Form und Inhalt von Zerlegungsbescheiden (§ 185) und von Zuteilungsbescheiden (§ 190) sind in § 188 nochmals eigenständig geregelt. Nicht anwendbar ist § 157 dagegen auf sonstige StVA wie Haftungsbescheide und Billigkeitsentscheidungen nach § 163 (Gosch AO § 157 Rn. 2). Für Haftungsbescheide sind die Vorgaben des § 157 I aber entspr. heranzuziehen (BeckOK AO § 157 Rn. 41; → Rn. 14). Zur Festsetzung des Kindergeldes → Rn. 6. Für den Bereich des Zollrechts ist neben dem Unionsrecht auch das nationale, nicht durch Unionsvorschriften überlagerte Recht anzuwenden, sodass für die Mitteilung der Zollschuld ebenfalls auf § 157 zurückzugreifen ist (Witte UZK Art. 102 Rn. 2). 2

II. Form und Inhalt von Steuerbescheiden (Abs. 1)

1. Form des Steuerbescheids (Abs. 1 S. 1)

Schriftlich oder elektronisch. § 157 I 1 bestimmt, dass StBescheide entweder schriftlich oder elektronisch zu erteilen sind, soweit nichts anderes bestimmt ist (zu den Ausnahmen → Rn. 6). Die Regelung verdrängt § 119 II 1. Die Schriftform ist gewahrt, wenn die FB in einem Schriftstück eindeutig zum Ausdruck bringt, welche Regelung gelten soll. Die Abfassung kann handschriftlich und/oder maschinenschriftlich erfolgen. Ggf. kann auch die Übersendung einer Kopie des StBescheids genügen, wenn sich aus zusätzlichen Erläuterungen ergibt, dass das übersandte Schriftstück eine Regelung enthalten soll (BFH 5

26.7.1989 – X R 42/86, BFH/NV 1990, 345). Die Schriftform ist auch gewahrt, wenn die Aufhebung oder Änderung eines angefochtenen StBescheids zu Protokoll des FG erklärt wird (BFH 24.5.1991 – III R 105/89, BStBl. II 1992, 123; BFH 25.11.1997 – VIII R 4/94, BStBl. II 1998, 461; BFH 9.12.2014 – I B 48/14, BFH/NV 2015, 472; BFH 29.4.2020 – XI R 39/18, BStBl. II 2021, 517). Weitere Einzelheiten zur Schriftform ergeben sich aus § 119 II 1, III (→ § 119 Rn. 24 ff. und 33 ff.). Durch die Ergänzung des § 157 I 1 wird klargestellt, dass StBescheide mit Eröffnung eines Zugangs (§ 87a I 1) oder Einwilligung des Stpfl. (§ 122a I 1) auch in elektronischer Form erlassen werden können. Zu den besonderen Anforderungen für die Bekanntgabe durch Übermittlung oder Bereitstellung zum Datenabruf s. § 87a VII und VIII.

6 **Ausnahmen.** Bei einer entsprechenden gesetzlichen Regelung (§ 4) sind nach § 157 I 1 auch mündliche StBescheide zulässig (zu mündlichen StBescheiden → Rn. 10 und → § 119 Rn. 25). Bei der Festsetzung des Kindergelds, das nach § 31 S. 3 EStG als StVergütung ausgezahlt wird, kann nach § 70 I 2 Nr. 1–3 EStG von der Erteilung eines schriftlichen Bescheids abgesehen werden, wenn dem Antrag auf Festsetzung des Kindergeldes entsprochen wird, der Berechtigte anzeigt, dass die Voraussetzungen für die Berücksichtigung eines Kindes nicht mehr erfüllt sind (§ 63 EStG) oder ein Kind das 18. Lebensjahr vollendet, ohne dass der Berechtigte die Voraussetzungen für eine weitere Berücksichtigung des Kindes nachgewiesen hat. Im Bereich des Zollrechts sind mündliche Abgabenbescheide – anders als noch nach Art. 6 II ZK – nicht mehr möglich, da Art. 22 VII UZK nunmehr stets eine Begründung und Rechtsbehelfsbelehrung vorschreibt (Witte Art. 22 Rn. 140; Klein § 157 Rn. 2; aA TK § 157 Rn. 2). Nach dem FG Köln 16.9.2015 – 2 K 2040/12, EFG 2016, 159 soll auch eine Bekanntgabe per E-Mail ohne qualifizierte elektronische Signatur dem Schriftformerfordernis genügen. Durch die Neuregelung der §§ 87a, 122a dürfte dies aber überholt sein (Eröffnung eines Zugangs oder Einwilligung des StPflichtigen; zur ansonsten anzunehmenden Nichtigkeit vgl. TK § 157 Rn. 7).

7 **Rechtsfolgen bei Formverstoß.** Wird die Schriftform nicht eingehalten, ist der StBescheid gem. § 125 I nichtig (BFH 5.5.1999 – II R 44/96, BFH/NV 2000, 8; auch → § 119 Rn. 27).

2. Inhalt des Steuerbescheids (Abs. 1 S. 2)

10 **Allgemeines.** § 157 I 2 konkretisiert den Bestimmtheitsgrundsatz des § 119 I und regelt den Mindestinhalt eines StBescheids. Schriftliche StBescheide müssen die festgesetzte Steuer nach Art und Betrag bezeichnen und angeben, wer die Steuer schuldet (§ 157 I 2). Dem StBescheid muss sein Regelungsinhalt eindeutig und exakt entnommen werden können (BFH 22.8.2007 – II R 44/05, BStBl. II 2009, 754; BFH 21.5.2001 – II R 55/99, BFH/NV 2001, 1377). Welche Anforderungen in dieser Hinsicht an den jeweiligen StBescheid zu stellen sind, hängt von den Umständen des Einzelfalles ab, insb. auch von der StArt (BFH 3.4.2007 – VIII B 110/06, BFH/NV 2007, 1273). Zur Bestimmung des Regelungsgehalts kann der gesamte Inhalt des VA, einschl. seiner Begründung sowie beigefügter Erläuterungen, zur Auslegung herangezogen werden (BFH 25.2.2008 – XI B 198/06, BFH/NV 2008, 744; BFH 21.5.2001 – II R 55/99, BFH/NV 2001, 1377; BFH 21.5.2001 – II R 54/99, BFH/NV 2001, 1606). Eine besondere Vorschrift über die Begründung von StBescheiden ist nicht vorgesehen (BT-Drs. VI/1982, 146). Insoweit gilt ausschl. § 127. Bei Änderungsbescheiden kann wegen der nach § 157 I 2 erforderlichen Angaben eine Wiederholung der unverändert übernommenen Angaben aus dem Ursprungsbescheid durch eine entsprechende Bezugnahme ersetzt werden (BFH 9.8.1991 – III R 41/88, BStBl. II 1992, 219). Dies gilt insb. bei einem nur um Nebenbestimmungen geänderten StBescheid, wie zB bei Nebenbestimmungen nach §§ 164, 165 (BFH 9.8.1991 – III R 41/88, BStBl. II 1992, 219). Eine Bezugnahme auf die StFestsetzung des FG reicht bei einem geänderten StBescheid ebenfalls zur Bezeichnung der StSchuld aus (BFH 15.3.1994 – IX R 6/91, BStBl. II 1994, 599). Gegebenenfalls kann die Bezugnahme auf

Anlagen oder Unterlagen genügen, die dem Stpfl. beim Erlass des Bescheids bereits bekannt sind, wie zB ein finanzgerichtliches Urteil oder ein Betriebsprüfungs- bzw. StFahndungsbericht (BFH 9.8.1991 – III R 41/88, BStBl. II 1992, 219; BFH 15.3.1994 – IX R 6/91, BStBl. II 1994, 599; BFH 4.6.2008 – I R 72/07, BFH/NV 2008, 1977). Eine pauschale Bezugnahme auf einen Bericht mit einer Vielzahl von Textziffern genügt jedoch nicht. Dies gilt auch für eine pauschale Verweisung auf Unterlagen, die nicht den geringsten Anhaltspunkt dafür erkennen lässt, um welche Unterlagen es sich handeln könnte (BFH 15.3.2007 – II R 5/04, BStBl. II 2007, 472). Ausdrücklich bezieht sich § 157 I 2 nur auf schriftliche StBescheide. Für mündliche StBescheide gilt allein § 119 I (vgl. BT-Drs. VI/1982, 146). Im Ergebnis müssen jedoch auch mündliche StBescheide nach § 119 I die Mindestanforderungen des § 157 I 2 erfüllen. Entsprechendes gilt, wenn die Schriftform nach § 87a durch die elektronische Form ersetzt wird (→ § 87a Rn. 49).

Angabe der Steuer nach Art und Betrag. Nach § 157 I 2 muss die FB im StBescheid 11 zunächst angeben, um welche **StArt** es sich handelt. So muss die FB zB deutlich machen, ob der StBescheid sich auf die ESt, KSt oder USt bezieht. Dabei muss auch mitgeteilt werden, ob es sich um eine Jahressteuerschuld oder um eine StVorauszahlung handelt. Bei unterschiedlichen StSätzen trifft das FA eine Aufgliederungspflicht (FG Hamburg 23.5.1979 – V 30/76 S-H (IV), EFG 1979, 479). Bei **periodischen Steuern** ist überdies die Angabe des Jahres erforderlich (TK § 157 Rn. 12). Bei der **KiSt** muss die FB zudem die Konfessionszugehörigkeit angeben (BFH 7.8.1985 – I R 309/82, BStBl. II 1986, 42). Eine durch wirksamen StBescheid versehentlich zu niedrig festgesetzte Steuer kann die FB nicht durch einen einfachen „Ergänzungs- oder Nachforderungsbescheid" entspr. höher festsetzen (BFH 18.4.2023 – VII R 59/20, BStBl. II 2023, 950).

Bei **nichtperiodischen Steuern** ist zur Konkretisierung der StGegenstand anzugeben. 12 So muss bei der **ErbSt** der erbschaft- oder schenkungsteuerpflichtige Vorgang bezeichnet werden, damit für den Stpfl. erkennbar ist, welcher Lebenssachverhalt besteuert worden ist (BFH 2.7.2004 – II R 74/01, BFH/NV 2004, 1511; BFH 21.5.2001 – II R 55/99, BFH/NV 2001, 1377). Mehrere StFälle erfordern entweder eine Festsetzung in getrennten StBescheiden oder bei körperlicher Zusammenfassung in einem Schriftstück die genaue Angabe, welche Lebenssachverhalte (Besteuerungstatbestände) dem StBescheid zugrunde liegen (BFH 15.3.2007 – II R 5/04, BStBl. II 2007, 472; BFH 22.9.2004 – II R 50/03, BFH/NV 2005, 993; BFH 16.9.2020 – II R 24/18, BStBl. II 2021, 621). Eine unaufgegliederte Zusammenfassung mehrerer Erwerbe ist nicht möglich, da § 14 I ErbStG eine taggenaue Ermittlung des 10-Jahres-Zeitraums für jeden Erwerb erfordert (BFH 15.3.2007 – II R 5/04, BStBl. II 2007, 472). Bleiben dem FA jedoch die Umstände, die es ihm ermöglichen würden, die Steuer für die Einzelzuwendungen getrennt festzusetzen, unbekannt, weil der Stpfl. seine Mitwirkungspflichten (§ 90), insb. seine StErklärungspflichten (§ 149 I), verletzt hat, kann es sich darauf beschränken, die Steuer unter Angabe des mutmaßlichen Zeitraums, in dem mehrere, der Anzahl und Höhe nach unbekannte Zuwendungen vorgenommen wurden, nach einem einheitlichen Betrag, der alle Zuwendungen umfasst, festzusetzen (BFH 6.6.2007 – II R 17/06, BStBl. II 2008, 46; BFH 30.8.2017 – II R 46/15, BStBl. II 2019, 38). Die Rspr., nach der die unaufgegliederte Zusammenfassung mehrerer StFälle in einem StBescheid nicht zulässig ist, ist zudem nicht anwendbar, wenn sich dem StBescheid entnehmen lässt, dass das FA, wenn auch rechtsirrtümlich, bei der StFestsetzung vom Vorliegen eines einheitlichen Erwerbsvorgangs ausgegangen ist (BFH 20.1.2010 – II R 54/07, BStBl. II 2010, 463). Bei der **GrESt** muss das Grundstück und der Erwerbsvorgang im StBescheid konkret bezeichnet werden (BFH 22.11.1995 – II R 26/92, BStBl. II 1996, 162; BFH 13.9.1995 – II R 80/92, BStBl. II 1995, 903). Mehrere (getrennte) Fälle erfordern dabei, wie auch bei der ErbSt, grds. eine Festsetzung in getrennten StBescheiden bzw. bei körperlicher Zusammenfassung in einem Schriftstück für jeden StFall eine gesonderte Festsetzung der Steuer. Werden durch einen Vertrag mehrere Grundstücke erworben, verstößt es jedoch ausnahmsweise nicht gegen das Bestimmtheitsgebot, wenn die GrESt dafür in nur einem Bescheid in einem Betrag festgesetzt wird (BFH 22.11.1995 – II R 26/92, BStBl. II 1996, 162; vgl. hierzu auch Pahlke GrEStG Vorb. § 15 Rn. 5).

13 In einem **LSt-Pauschalierungsbescheid** gem. §§ 40 ff. EStG genügt die Angabe des Sachverhaltskomplexes, auf dem die Erhebung der pauschalen LSt beruht (BFH 28.11.1990 – VI R 115/87, BStBl. II 1991, 488; BFH 28.11.1990 – VI R 54/87, BFH/NV 1991, 666). Eine Aufteilung nach Arbeitnehmern oder nach Jahren ist nicht erforderlich.

14 Ferner muss die FB nach § 157 I 2 im StBescheid den **StBetrag** mitteilen. Der StBetrag ist dann nicht ordnungsgemäß angegeben, wenn Steuern und Nebenleistungen (§ 3 IV) oder mehrere StFälle bei körperlicher Zusammenfassung in einem Schriftstück lediglich unaufgegliedert im StBescheid dargestellt werden (BFH 9.12.1998 – II R 6/97, BFH/NV 1999, 1091). Die FB darf daher grds. nicht bei mehreren Lebenssachverhalten die verschiedenen StSchulden des StSchuldners in einem Betrag unaufgegliedert zusammenfassen (BFH 30.8.2017 – II R 46/15, BStBl. II 2019, 38 mit der Ausnahme für den Sonderfall eines SchenkStBescheids, wenn dem FA die Höhe der Einzelzuwendungen unbekannt war). Etwas anderes kann nur ausnahmsweise gelten, wenn unter keinem rechtlichen Gesichtspunkt eine Differenzierung erforderlich ist (BFH 9.12.1998 – II R 6/97, BFH/NV 1999, 1091) oder wenn zwischen den Beteiligten kein Streit darüber besteht, welche StFälle zusammengefasst worden sind (BFH 12.10.1983 – II R 56/81, BStBl. II 1984, 140). Dementsprechend können auch pauschalierte LSt gem. §§ 40 ff. EStG und Haftungsschulden gem. § 42d EStG nicht unaufgegliedert in einem Steuer- und Haftungsbescheid zusammengefasst und vom Arbeitgeber als ein Nachforderungsbetrag angefordert werden (BFH 28.1.1983 – VI R 35/78, BStBl. II 1983, 472; BFH 2.12.1983 – VI R 47/80, BStBl. II 1984, 362; BFH 16.11.1984 – VI R 176/82, BStBl. II 1985, 266). Eine unschädliche Zusammenfassung von Pauschalierungs- und Haftungsbescheid liegt jedoch vor, wenn sich aus einem Prüfungsbericht, auf den in der Begründung des VA Bezug genommen wird, eindeutig entnehmen lässt, ob und in welcher Höhe eine Steuer- oder eine Haftungsschuld festgesetzt wird (BFH 1.8.1985 – VI R 28/79, BStBl. II 1985, 664). Auch soll es unschädlich sein, einen zusammengefassten Bescheid lediglich mit „Haftungsbescheid" zu überschreiben, wenn in den im Tenor genannten St auch PauschalSt enthalten sind und sich dies aus einem Verweis auf die entsprechenden Pauschalierungsvorschriften oder eingereichte Unterlagen oder Schreiben des Stpfl. ergibt (BFH 1.9.2021 – VI R 38/19, BFH/NV 2022, 321).

15 **Angabe des Steuerschuldners.** Ferner muss die FB gem. § 157 I 2 angeben, wer die Steuer schuldet. Dies ist der Inhaltsadressat des StBescheids, auch wenn er materiell-rechtlich nicht der tatsächliche StSchuldner ist (HHSp § 157 Rn. 7; TK § 157 Rn. 16). Schreibfehler, die keine Verwechslungsgefahr mit sich bringen, sind unschädlich. Ggf. ist der StSchuldner durch Auslegung des StBescheids zu ermitteln (BFH 13.10.2005 – IV R 55/04, BStBl. II 2006, 404; BFH 6.6.2019 – IV R 34/16, BFH/NV 2019, 1078). Dabei sind Formalismus und Wortklauberei unangebracht (BFH 23.3.1998 – II R 7/95, BFH/NV 1998, 1329). Entscheidend ist, wie der StSchuldner selbst nach den ihm bekannten Umständen den materiellen Gehalt der Erklärung unter Berücksichtigung der Grundsätze von Treu und Glauben verstehen konnte (BFH 30.9.1988 – III R 218/84, BFH/NV 1989, 749). Es kommt dagegen nicht darauf an, ob sich der Empfänger eines Bescheids, in dem der Stpfl. unrichtig bezeichnet ist, im konkreten Fall tatsächlich als Adressat angesehen hat (BFH 11.4.2018 – X R 39/16, BFH/NV 2018, 1075). Die genaue Bezeichnung des StSchuldners muss nicht unbedingt im Anschriftenfeld des Bescheids enthalten sein (BFH 17.6.1992 – X R 47/88, BStBl. II 1993, 174). Entscheidend ist, ob sich der StSchuldner sicher identifizieren lässt (BFH 17.6.1992 – X R 47/88, BStBl. II 1993, 174; BFH 14.10.1992 – II R 3/89, BFH/NV 1993, 218). Es reicht aus, wenn der Inhaltsadressat durch Auslegung anhand der dem Betroffenen bekannten Umstände hinreichend sicher bestimmt werden kann (BFH 28.1.1998 – II R 40/95, BFH/NV 1998, 855). Dies ist der Fall, wenn für den Betroffenen erkennbar war, dass das FA von ihm als Stpfl. ausgeht und der Bescheid deshalb an ihn gerichtet ist (BFH 29.8.2012 – XI R 40/10,

BFH/NV 2013, 182). Der Adressat eines Änderungsbescheids kann uU unter Heranziehung des Erstbescheids bestimmt werden (BFH 28.3.1973 – I R 100/71, BStBl. II 1973, 544).

Zur Bezeichnung des StSchuldners ist bei **natürlichen Personen** der Name anzugeben. 16
Gegebenenfalls sind weitere Zusätze erforderlich. Bei **Kaufleuten** (§§ 1 ff. HGB) genügt regelmäßig die Angabe der Firma (§ 17 I HGB). Entsprechendes gilt für **KapGes** und für **Personenhandelsgesellschaften,** soweit sie selbst stpfl. sind, wie zB im Rahmen der GewSt oder der USt (TK § 157 Rn. 17). **PersGes,** wie zB die GbR, die sich nicht mit einem ihrer Identifizierung dienenden Namen am Rechtsverkehr beteiligen, müssen dagegen regelmäßig durch Angabe sämtlicher Gesellschafter bezeichnet werden (BFH 25.2.2008 – XI B 198/06, BFH/NV 2008, 744; BFH 17.3.1970 – II 65/63, BStBl. II 1970, 598; BFH 9.12.1992 – II R 43/88, BFH/NV 1993, 702; BFH 23.3.1998 – II R 7/95, BFH/NV 1998, 1329). Ausnahmsweise kann jedoch eine GbR je nach dem Inhalt des an sie gerichteten StBescheids auch dann als StSchuldnerin hinreichend bestimmt bezeichnet sein, wenn nicht alle Gesellschafter angegeben sind (BFH 23.3.1998 – II R 7/95, BFH/NV 1998, 1329). Die Bezeichnung einer GbR in einem StBescheid mit den Namen ihrer früheren Gesellschafter genügt den Anforderungen des Abs. 1 S. 2, wenn aufgrund fortbestehender Identität der Gesellschaft eine Verwechslungsgefahr ausgeschlossen ist und der Inhaltsadressat des Bescheides für den Bekanntgabeadressaten sicher erkennbar ist (BFH 8.11.1995 – V R 64/94, BStBl. II 1996, 256). Beteiligt sich die GbR mit einem eigenen Namen am Rechtsverkehr, so genügt die Angabe dieses Namens (BFH 11.2.1987 – II R 103/84, BStBl. II 1987, 325; BFH 28.5.1998 – II B 75/97, BFH/NV 1998, 1523). Die gleichzeitige Auswechslung aller Gesellschafter einer GbR, zB durch Abtretung der Gesellschaftsanteile, berührt die Identität der Gesellschaft nicht. Hieran ändert nichts, dass dieser Vorgang nach § 1 II a GrEStG ggf. der GrESt unterliegt (vgl. BFH 12.12.1996 – II R 61/93, BStBl. II 1997, 299). Sind dagegen die **Gesellschafter einer PersGes selbst StSchuldner,** müssen sich, wenn im verfügenden Teil des StBescheids die Firma (§ 17 I) bzw. der Name der Gesellschaft angegeben wird, alle Gesellschafter eindeutig aus dem für die Verteilung der Besteuerungsgrundlage vorgesehenen Teil des Bescheids ergeben (BFH 7.4.1987 – VIII R 259/84, BStBl. II 1987, 766). Umsatzsteuerrechtlich ist eine Vorgesellschaft unabhängig von ihrer Bezeichnung als „GmbH in Gründung" oder als „GbR" jedenfalls Unternehmerin iSd § 2 I UStG und damit StSchuldnerin (BFH 29.8.2012 – XI R 40/10, BFH/NV 2013, 182). Bei einer **atypisch stillen Gesellschaft** ist im GewSt- und GewSt-Messbescheid als StSchuldner nur der tätige Gesellschafter als Inhaber des Handelsgeschäfts zu bezeichnen (BFH 12.11.1985 – VIII R 364/83, BStBl. II 1986, 311; BFH 31.8.1999 – VIII R 22/98, BFH/NV 2000, 420; aA noch BFH 22.6.1983 – I R 55/80, BStBl. II 1984, 63). Bei einer **verdeckten Mitunternehmerschaft** (§ 15 I Nr. 2 EStG) gilt Entsprechendes (BFH 16.12.1997 – VIII R 32/90, BStBl. II 1998, 480). Bei einer **Erbengemeinschaft** muss klar und deutlich erkennbar sein, gegen welche Beteiligten der Erbengemeinschaft sich die Feststellungen richten. Hierfür soll aber genügen, wenn sich die Beteiligten zwar nicht aus dem Adressfeld, aber aus dem sonstigen Inhalt des Bescheids, zB der Erläuterung ergeben (BFH 30.9.2015 – II R 31/13, BStBl. II 2016, 637).

Beim **Tod** des Stpfl. ist die Benennung des Rechtsnachfolgers unter Bezeichnung der 17
Rechtsnachfolge erforderlich. Ebenso muss erkennbar sein, ob sich der StBescheid direkt an die Erben oder an den Testamentsvollstrecker (§§ 2197 ff. BGB) richtet (BFH 30.9.1987 – II R 42/84, BStBl. II 1988, 120). Bei einer Erbengemeinschaft sind sämtliche Erben anzugeben (FG Niedersachsen 23.11.1973 – I 151/69, EFG 1974, 228). Nimmt die FB einen Miterben durch Einzelbescheid in Anspruch, ist kein Hinweis auf die weiteren Miterben erforderlich (vgl. BFH 5.11.1980 – II R 25/78, BStBl. II 1981, 176). Auch genügt die Bezeichnung des (Mit-) Erben als „Rechtsnachfolger" des Erblassers (vgl. BFH 27.10.2015 – VIII R 59/13, BFH/NV 2016, 726). Auch in **anderen Fällen der Gesamtrechtsnachfolge** muss der Rechtsnachfolger genau bezeichnet werden, zB bei Verschmel-

zungen und Spaltungen nach dem UmwG (BFH 21.10.1985 – GrS 4/84, BStBl. II 1986, 230; BFH 30.1.2018 – VIII R 20/14, BStBl. II 2018, 487).

18 Bei einem **Vertretungsverhältnis** muss sich aus dem StBescheid eindeutig ergeben, wer Vertreter und wer StSchuldner ist.

19 **Rechtsfolgen bei Verstoß gegen § 157 I 2.** Ein StBescheid, der den Anforderungen des § 157 I 2 nicht entspricht, ist gem. § 125 I nichtig (BFH 11.1.1991 – III R 104/87, BStBl. II 1991, 501; Schwarz/Pahlke/Keß § 157 Rn. 5). Dies gilt insb. dann, wenn die Person des StSchuldners nicht erkennbar ist oder nicht mit hinreichender Sicherheit die Höhe der Steuer festgestellt werden kann (BFH 23.2.1995 – VII R 51/94, BFH/NV 1995, 862; BFH 17.8.1995 – II R 25/93, BFH/NV 1996, 196). Entsprechendes gilt, wenn das FA mehrere StFälle in unzulässiger Weise unaufgegliedert in einem StBescheid erfasst hat (BFH 20.1.2010 – II R 54/07, BStBl. II 2010, 463). Die Nichtigkeit des StBescheids kann nicht geheilt werden, selbst wenn die FB im Einspruchs- oder Klageverfahren den Mangel des StBescheids behebt (BFH 17.3.1970 – II 65/63, BStBl. II 1970, 598; BFH 7.5.1993 – VI R 93/92, BFH/NV 1994, 2; BFH 17.8.1995 – II R 25/93, BFH/NV 1996, 196). So können insb. Fehler, die hinsichtlich der Bezeichnung des StSchuldners im Bescheid unterlaufen sind, nicht durch Richtigstellung im Weiteren Verfahren geheilt werden, auch nicht, wenn sich derjenige, der einen solchen mangelhaften Bescheid erhalten hat, tatsächlich als Adressat ansieht (BFH 17.6.1992 – X R 47/88, BStBl. II 1993, 174; BFH 23.2.1995 – VII R 51/94, BFH/NV 1995, 862).

3. Rechtsbehelfsbelehrung (Abs. 1 S. 3)

20 § 157 I 3 enthält eine in den §§ 118 ff. nicht vorgesehene Regelung zur Beifügung einer Rechtsbehelfsbelehrung iSd § 356. Die Rechtsbehelfsbelehrung ist kein Teil der StFestsetzung (HHSp § 157 Rn. 12). Abs. 1 S. 3 bezieht sich nur auf schriftliche Bescheide. Eine Rechtsbehelfsbelehrung ist daher nicht erforderlich, wenn eine StAnmeldung nach § 168 I 1 als StFestsetzung unter dem Vorbehalt der Nachprüfung wirkt. Wegen der Form und des Inhalts der Rechtsbehelfsbelehrung → § 356 Rn. 10. Die Rechtsfolgen einer unterlassenen oder fehlerhaften Rechtsbehelfsbelehrung ergeben sich aus § 356 II.

III. Feststellung von Besteuerungsgrundlagen (Abs. 2)

21 § 157 II stellt klar, dass die Besteuerungsgrundlagen grds. einen unselbständigen Teil des StBescheids bilden, da ihre Angabe im StBescheid lediglich der Begründung des Bescheids dient (vgl. § 121 I). Nur die festgestellten oder festgesetzten Beträge, dh der Tenor eines StBescheids, nicht dagegen dessen Gründe erwachsen in Bestandskraft (BFH 26.4.2018 – III R 12/17, BFH/NV 2018, 948; zu einem möglichen Austausch von Besteuerungsgrundlagen nach Bestandskraft des StBescheids s. TK § 157 Rn. 24). Ein Einspruch (§ 347) muss sich daher gegen die im StBescheid festgesetzte Steuer selbst richten (BT-Drs. IV/1982, 146). Entsprechendes gilt für eine Anfechtungsklage (§ 40 I FGO). Streitgegenstand ist die angefochtene StFestsetzung und nicht die ihr zu Grunde liegenden einzelnen Besteuerungsgrundlagen (BFH 4.9.2002 – XI R 64/99, BFH/NV 2003, 183). Daher bildet zB die Einkünftequalifikation einen nach § 157 II nicht selbständig anfechtbaren Teil des EStBescheids (BFH 4.9.2023 – VI B 21/23, BFH/NV 2023, 1329). Etwas anderes gilt ausnahmsweise dann, wenn der Besteuerungsgrundlage Tatbestandswirkung für ein Rechtsverhältnis des StSchuldners zu anderen Behörden zukommt (BFH 24.1.1975 – VI R 148/72, BStBl. II 1975, 382; BFH 20.12.1994 – IX R 124/92, BStBl. II 1995, 628; Gräber FGO § 40 Rn. 96). Aus § 157 II folgt auch, dass nach Erlass eines Teileinspruchsbescheids (§ 367 IIa) im Weiteren Verfahren über den noch offenen Teil der angefochtenen StFestsetzung weiterhin mit Erfolg geltend gemacht werden kann, die in der Teileinspruchsentscheidung vertretene Rechtssauffassung entspreche nicht dem Gesetz (Bergan/Martin DStR 2007, 1384; TK § 367 Rn. 66; aA AEAO zu § 367 Nr. 6.6; → § 367 Rn. 67 ff.). Systematisch gehört die Vorschrift eher zu den Regelungen über das Ein-

spruchsverfahren (§§ 347 ff.). Besteuerungsgrundlagen iSd § 157 II sind nach § 199 I die tatsächlichen und rechtlichen Verhältnisse, die für die Stpfl. und für die Bemessung der Steuer maßgebend sind. Selbständig anfechtbar sind Besteuerungsgrundlagen nur, wenn diese nach §§ 179 ff. gesondert festgestellt worden sind (s. hierzu die Erl. zu §§ 179 ff.).

§ 158 Beweiskraft der Buchführung

(1) **Die Buchführung und die Aufzeichnungen des Steuerpflichtigen, die den Vorschriften der §§ 140 bis 148 entsprechen, sind der Besteuerung zugrunde zu legen.**

(2) **Absatz 1 gilt nicht,**

1. **soweit nach den Umständen des Einzelfalls Anlass besteht, die sachliche Richtigkeit zu beanstanden oder**
2. **soweit die elektronischen Daten nicht nach der Vorgabe der einheitlichen digitalen Schnittstellen des § 41 Absatz 1 Satz 7 des Einkommensteuergesetzes in Verbindung mit § 4 Absatz 2a der Lohnsteuer-Durchführungsverordnung, des § 146a oder des § 147b in Verbindung mit der jeweiligen Rechtsverordnung zur Verfügung gestellt werden.**

Schrifttum: Thesling, Mängel der Buchführung und ihre Rechtsfolgen, StBp 1996, 141; Becker/Giezek/Webel/Wähnert, Der Beanstandungsanlass nach § 158 AO, DStR 2016, 1878; Wähnert, Das Beweismaß des Besteuerungsverfahrens, StBp 2018, 199; Wulf/Schüller, Vorgaben des BFH zur Kassenbuchführung und Schätzungsbefugnisse des FA im digitalen Zeitalter, DB 2019, 328.

I. Allgemeines

Inhalt und Bedeutung. Die Vorschrift enthält die widerlegbare Vermutung, dass die Buchführung oder Aufzeichnungen des Stpfl., die den formellen Anforderungen der §§ 140–148 entsprechen, materiell richtig sind und daher der Besteuerung zu Grunde gelegt werden müssen. Sie bezieht sich nicht nur auf die handelsrechtliche (§§ 238 ff. HGB) und die steuerrechtliche (§ 141) Buchführung, sondern betrifft auch alle in den EinzelStGesetzen, wie zB in § 4 VII EStG und in § 22 UStG, enthaltenen oder durch § 140 transformierten außersteuerlichen Buchführungs- und Aufzeichnungsvorschriften (zu den außersteuerlichen Buchführungs- und Aufzeichnungspflichten → § 140 Rn. 11 ff.). § 158 gilt daher auch für Aufzeichnungen, zB nach § 22 UStG, im Rahmen einer Einnahmenüberschussrechnung iSd § 4 III EStG (TK § 158 Tz. 2; vgl. auch BFH 26.2.2004 – XI R 25/02, BStBl. II 2004, 599 und BFH 25.3.2015 – X R 19/14, BFH/NV 2016, 4). Überdies ist § 158 auch auf freiwillig geführte Bücher und Aufzeichnungen anzuwenden (FG Hessen 26.3.1997 – 1 K 3108/93, EFG 1998, 252). § 158 schafft kein Sonderrecht für buchführende Stpfl. Auch die Feststellungslast für einzelne Sachverhalte wird durch § 158 grds. nicht verändert. Vielmehr sind die allgemeinen Regeln über die Feststellungslast anwendbar (Klein § 158 Rn. 4). Im Übrigen bringen § 158 I und II Nr. 1 lediglich eine Selbstverständlichkeit zum Ausdruck, da Angaben des Stpfl., die keinen Grund zur Beanstandung geben, auch ohne ausdrückliche gesetzliche Regelung von der FB zugrunde zu legen wären. Durch die Änderung der Vorschrift zum 1.1.2023 (→ Rn. 2) wurde der Ausnahmetatbestand auf den Bereich der elektronischen Daten ausgeweitet. 1

Rechtsentwicklung. Die Vorschrift wurde durch das Gesetz zur Umsetzung der Richtlinie (EU) 2021/514 des Rates vom 22. März 2021 zur Änderung der Richtlinie 2011/16/EU über die Zusammenarbeit der Verwaltungsbehörden im Bereich der Besteuerung und zur Modernisierung des Steuerverfahrensrechts (BGBl. 2022 I 2730; im Folgenden: DAC 7-Umsetzungsgesetz) zum 1.1.2025 (zur Anwendung s. Art. 97 § 37 II, III EGAO) ergänzt und auf zwei Absätze aufgeteilt. Die zuvor in Hs. 2 enthaltene Ausnahme bei Anlass für eine Beanstandung der Richtigkeit der Buchführung findet sich nunmehr in 2

Abs. 2 Nr. 1. Abs. 2 Nr. 2 enthält eine ausdrückliche Ausnahme, soweit die Anforderungen der FVerw. hinsichtlich der digitalen Schnittstellen nicht erfüllt werden.

3 **Geltungsbereich.** § 158 ist grds. auf alle Steuern einschl. der StVergütungen (§ 155 IV) anwendbar (zum Begriff der StVergütung → § 37 Rn. 7, → § 155 Rn. 72). Ferner gilt § 158 auch im Bereich des Zollrechts, da der UZK insoweit keine eigenständige Regelung enthält (TK § 158 Rn. 2). Für das finanzgerichtliche Verfahren enthält § 96 I 1 Hs. 2 FGO einen Verweis auf § 158.

II. Formell ordnungsgemäße Buchführung und Aufzeichnungen

6 Die formelle Ordnungsmäßigkeit der Buchführung und der Aufzeichnungen beurteilt sich nach steuerlichen Vorschriften, insb. nach §§ 140 ff. Formelle Ordnungsmäßigkeit bedeutet, dass alle Ordnungsvorschriften voll erfüllt sein müssen (s. hierzu §§ 140 ff.). Sind die Ordnungsvorschriften zT nicht erfüllt, kann nach den Umständen des Einzelfalls dennoch eine formell ordnungsgemäße Buchführung vorliegen, sofern die Buchführung keinen wesentlichen Mangel aufweist (AEAO zu § 158 Nr. 2), wobei sich ein wesentlicher Mangel auch aus der Gesamtheit aller unwesentlichen Mängel ergeben kann. Es kommt nicht allein auf die formale Bedeutung eines Buchführungsmangels, sondern auf dessen sachliches Gewicht an (BFH 4.8.2010 – X B 19/10, BFH/NV 2010, 2229; BFH 14.12.2011 – XI R 5/10, BFH/NV 2012, 1921). Reine Rechenfehler haben gewöhnlich keine große Bedeutung. Bei kleineren Betrieben mit überschaubaren Verhältnissen ist auch bei formellen Mängeln die Buchführung noch ordnungsgemäß, wenn die Überprüfung der materiellen Ordnungsmäßigkeit durch die formellen Mängel nicht wesentlich beeinträchtigt wird (BFH 26.8.1975 – VIII R 109/70, BStBl. II 1976, 210; BFH 7.7.1977 – IV R 205/72, BStBl. II 1978, 307; vgl. auch EStR 5.2). Nachbuchungen beseitigen allerdings grds. nicht die formelle Ordnungswidrigkeit der Buchführung. Wenn sie jedoch versehentliche Nichtbuchungen zeitnah korrigieren, liegt uU kein schwerwiegender formeller Mangel der Buchführung vor (BFH 26.10.1994 – X R 114/92, BFH/NV 1995, 373). Ob ggf. nur unwesentliche Buchführungsmängel vorliegen, ist nach den Regeln der freien Beweiswürdigung zu beurteilen (BFH 14.12.2011 – XI R 5/10, BFH/NV 2012, 1921; HHSp AO § 158 Rn. 2).

III. Vermutung für die materielle Ordnungsmäßigkeit (Abs. 1)

9 Nach § 158 I besteht bei formeller Ordnungsmäßigkeit der Buchführung bzw. der sonstigen Aufzeichnungen die Vermutung, dass die Aufzeichnungen auch sachlich richtig sind. Natürlich kann auch eine formell ordnungsgemäße Buchführung sachlich unrichtig sein. In diesen Fällen ist es allerdings Aufgabe der FB, die gesetzliche Vermutung zu widerlegen. Der Stpfl. braucht die Richtigkeit seiner Aufzeichnungen nicht zu beweisen. Nur wenn die Würdigung des Sachverhalts ergibt, dass eine formell ordnungsgemäße Buchführung mit an Sicherheit grenzender Wahrscheinlichkeit sachlich unrichtig ist, kann das Ergebnis der Buchführung ganz oder teilweise verworfen werden (BFH 24.6.1997 – VIII R 9/96, BStBl. II 1998, 51; BFH 25.3.2015 – X R 19/14, BFH/NV 2016, 4). Ist nicht aufklärbar, ob die Aufzeichnungen des Stpfl. richtig sind, geht dies zulasten der FB. Diese trägt insoweit die objektive Beweislast (BFH 14.12.2011 – XI R 5/10, BFH/NV 2012, 1921). Im Gegenzug besteht auch bei einer formell ordnungswidrigen Buchführung die Möglichkeit, dass diese sachlich richtig ist (BFH 25.3.2015 – X R 20/13, BStBl. II 2015, 743; Gosch AO § 158 Rn. 24).

IV. Beanstandungen der materiellen Richtigkeit (Abs. 2 Nr. 1)

12 **Allgemeines.** Die Vermutung der sachlichen Richtigkeit ist widerlegt, wenn die Buchführung und die Aufzeichnungen mit an Sicherheit grenzender Wahrscheinlichkeit materiell ganz oder zT nicht ordnungsgemäß sind (BFH 9.8.1991 – III R 129/85, BStBl. II

1992, 55; TK § 158 Rn. 14). Die FB muss also nicht die Unrichtigkeit selbst und den genauen Umfang und das Ausmaß der Unrichtigkeit der Buchungen und Aufzeichnungen beweisen. Eine Schätzungsbefugnis des FA kann sich aus formellen Buchführungsmängeln aber nur insoweit ergeben, als diese Anlass bieten, die sachliche Richtigkeit des Buchführungsergebnisses anzuzweifeln (BFH 17.11.1981 – VIII R 174/77, BStBl. II 1982, 430; BFH 25.1.1990 – IV B 140/88, BFH/NV 1990, 484; BFH 28.11.2023 – X R 3/22, BStBl. II 2024, 329). Mängel der Kassenführung können aber vor allem in den Bereichen, in denen vorwiegend Bargeschäfte getätigt werden, der gesamten Buchführung die Ordnungsmäßigkeit nehmen (BFH 14.12.2011 – XI R 5/10, BFH/NV 2012, 1921). Auch hier ist stets zu prüfen, ob der jeweilige Mangel als wesentlich einzuordnen ist (→ Rn. 6). Wesentliche Mängel können gegeben sein, wenn in einem nicht geringen Umfang Kasseneinnahmen nicht aufgezeichnet werden (BFH 2.12.2008 – X B 69/08, BeckRS 2008, 25014572). Bei bargeldintensiven Betrieben kann sich die Schätzungsbefugnis auch schon aus dem Fehlen von Organisations- und Programmierunterlagen zum Kassensystem ergeben (FG Schleswig-Holstein 28.8.2023 – 3 K 25/22, EFG 2025, 73; Rev. X R 27/24; FG Hessen 26.6.2024 – 3 V 432/23, BeckRS 2024, 33245). Fehlen bei einem programmierbaren Kassensystem die Betriebsanleitung sowie die Protokolle nachträglicher Programmänderungen, liegt ein formeller Fehler vor, der dem Fehlen von Kassenberichten oder Tagesendsummenbons gleichsteht (BFH 25.3.2015 – X R 20/13, BStBl. II 2015, 743) Liegen solche Mängel nicht vor, sind an den Nachweis einer sachlichen Unrichtigkeit strenge Anforderungen zu stellen. Die FB muss nachweisen, dass das Buchführungsergebnis sachlich schlechterdings nicht zutreffen kann (BFH 25.3.2015 – X R 20/13, BStBl. II 2015, 743). Dabei ist es aber nicht Aufgabe der FB, das richtige Ergebnis darzulegen und zu beweisen (Schwarz/Pahlke/Keß § 158 Rn. 13).

Die FB hat im Wesentlichen folgende Möglichkeiten, die sachliche Richtigkeit der 13
Buchführung und der Aufzeichnungen zu beanstanden:

Aufgrund von **Einzelprüfungen** wird die sachliche Richtigkeit einer Buchführung erschüttert, wenn die FB nachweist, dass einzelne Geschäftsvorfälle nicht oder sachlich unrichtig dargestellt sind. Die FB hat hierzu Einzelermittlungen zu den jeweiligen Lebenssachverhalten anzustellen. Führen diese lediglich zu Zweifeln an der ordnungsgemäßen Erfassung einzelner Geschäftsvorfälle, hängt das weitere Verfahren davon ab, ob der Stpfl. seiner Mitverantwortung für die Sachverhaltsaufklärung nachkommt (BFH 19.2.2018 – II B 75/16, BFH/NV 2018, 706; TK § 158 Rn. 15).

Ferner kann die FB zum Nachweis, dass das Ergebnis der Buchführung sachlich nicht 14
richtig sein kann, einen **inneren Betriebsvergleich,** insb. eine **Nachkalkulation,** aus den eigenen Unterlagen des Betriebs durchführen (BFH 18.3.1964 – IV 179/60 U, BStBl. III 1964, 381; BFH 17.11.1981 – VIII R 174/77, BStBl. II 1982, 430; vgl. auch BT-Drs. VI/1982, 146; ergänzend auch → § 162 Rn. 105 f.). Beruhen geringfügige Abweichungen der Verprobung vom Buchführungsergebnis auf Schätzungsunschärfen, so ist die Vermutung des § 158 jedoch nicht widerlegt (BFH 26.4.1983 – VIII R 38/82, BStBl. II 1983, 618; BFH 22.8.1985 – IV R 29–30/84, BFH/NV 1986, 719). Schätzungsbedingte Unschärfen müssen ggf. durch Zu- und Abschläge ausgeglichen werden. Eine Besonderheit kommt in diesem Bereich dem sog. **Zeitreihenvergleich** zu. Dieser kann, wenn bereits aus anderen Gründen feststeht, dass die Buchführung sowohl formell als auch materiell unrichtig ist, zwar für die Ermittlung einer erforderlichen Hinzuschätzung herangezogen werden. Liegen aber keine oder nur geringe Buchführungsmängel vor, kann der Nachweis der Unrichtigkeit grundsätzlich nicht mittels Zeitreihenvergleichs geführt werden (BFH 25.3.2015 – X R 20/13, BStBl. II 2015, 743; zu den Besonderheiten in den Fällen der sog. Quantilsschätzung BFH 12.7.2017 – X B 16/17, BFHE 257, 523). Grundsätzlich ist bei den Ergebnissen eines solchen Zeitreihenvergleichs eine vorsichtige Interpretation der Ergebnisse geboten (BFH 25.3.2015 – X R 20/13, BStBl. II 2015, 743).

Darüber hinaus kann die FB auch mit einem **äußeren Betriebsvergleich,** insb. einem 15
Richtsatzvergleich, das Ergebnis der Buchführung beanstanden (vgl. BT-Drs. VI/1982,

146; auch → § 162 Rn. 108). Der äußere Betriebsvergleich gewinnt seine Vergleichsdaten ausschl. aus ähnlich strukturierten Konkurrenzbetrieben. Diese Verprobungsmethode kann jedoch wegen der ihr innewohnenden Unsicherheiten nur dann die Beweiskraft der formell ordnungsgemäßen Buchführung erschüttern, wenn die Abweichung eine erhebliche Größenordnung aufweist und damit deutlich außerhalb des Unschärfebereichs der Verprobung liegt (BFH 26.4.1983 – VIII R 38/82, BStBl. II 1983, 618; Schwarz/Pahlke/Keß § 158 Rn. 16). Bei Verwendung der Richtsätze der amtlichen Richtsatzsammlung führt das Unterschreiten des untersten Rohgewinnaufschlagsatzes nur dann zum Nachweis der sachlichen Unrichtigkeit der Buchführung, wenn zusätzlich weitere konkrete Umstände für die sachliche Unrichtigkeit des Buchführungsergebnisses sprechen oder wenn der Stpfl. selbst sachliche Unrichtigkeiten einräumt (BFH 18.9.1974 – I R 94/72, BStBl. II 1975, 217; BFH 18.10.1983 – VIII R 190/82, BStBl. II 1984, 88; BFH 24.11.1993 – X R 12/89, BFH/NV 1994, 766). Dies gilt insb. dann, wenn der Stpfl. beachtliche Gründe vorbringen kann, die das abweichende Ergebnis als möglich erscheinen lassen (vgl. BFH 18.9.1974 – I R 94/72, BStBl. II 1975, 217).

16 Schließlich kommen als weitere Methoden, die sachliche Richtigkeit der Buchführung zu beanstanden, die **Vermögenszuwachsrechnung** und die **Geldverkehrsrechnung** in Betracht. Vermögenszuwachs- und Geldverkehrsrechnung sind Methoden, einen Geldfehlbetrag nachzuweisen, den der Stpfl. gehabt haben muss, weil er einen entsprechenden Betrag ausgegeben hat. Bei einer formell ordnungsgemäßen Buchführung rechtfertigt ein ungeklärter Vermögenszuwachs die Annahme, dass der Stpfl. tatsächlich höhere Betriebseinnahmen erzielt und höhere Privatentnahmen getätigt hat als in seiner Buchführung ausgewiesen (BFH 28.5.1986 – I R 265/83, BStBl. II 1986, 732; BFH 8.11.1989 – X R 178/87, BStBl. II 1990, 268; BFH 7.11.1990 – III B 449/90, BFH/NV 1991, 724; BFH 8.9.1994 – IV R 6/93, BFH/NV 1995, 573; auch → § 162 Rn. 109 ff.). Die Beweislast für die Aufdeckung eines Ausgabenüberschusses oder eines nicht nachvollziehbaren Vermögenszuwachses liegt wiederum bei der FB (BFH 8.11.1989 – X R 178/87, BStBl. II 1990, 268; vgl. zur Frage der Mitwirkungspflicht des Stpfl. in diesem Zusammenhang BFH 28.1.2009 – X R 20/05, BFH/NV 2009, 912; BFH 4.12.2001 – III B 76/01, BFH/NV 2002, 476; TK § 158 Rn. 22).

V. Nicht ordnungsgemäße Übermittlung von elektronischen Daten (Abs. 2 Nr. 2)

18 **Digitale Schnittstellen.** Der neu eingeführte Abs. 2 Nr. 2 knüpft an verschiedene Normen mit Vorgaben zu digitalen Schnittstellen (§ 146a AO iVm § 4 KassensichV, § 147b AO, § 41 I 7 EStG iVm § 4 IIa LStDV) an. Danach sind die elektronischen Aufzeichnungen des Stpfl. entspr. diesen Vorgaben zur Verfügung zu stellen. Tut er dies nicht, erschwert er der FB die Prüfung. Hierdurch wird die Vermutung der Richtigkeit nach Abs. 1 aufgehoben (BT-Drs. 20/3436, 88). Zur erstmaligen Anwendung → Rn. 2. Die elektronischen Daten entsprechen nicht den Vorgaben, wenn sie nicht in dem geforderten Dateiformat vorgelegt werden (Gosch AO § 158 Rn. 22.1).

VI. Folgen der Beanstandung

19 Ist die Vermutung des § 158 I (nF) widerlegt, so sind die sachlich unrichtigen Teile der Buchführung richtig zu stellen. Korrigiert werden dürfen nur die Teile der Buchführung, auf die sich die sachlichen Beanstandungen beziehen (BFH 13.7.2010 – V B 121/09, BFH/NV 2010, 2015; BT-Drs. VI/1982, 146). Nur „soweit" die Beanstandung reicht, ist das Buchführungsergebnis nicht zu übernehmen (Klein § 158 Rn. 13). Dh, nur wenn eine gezielte Korrektur nicht möglich ist, kann auch eine Schätzung (§ 162 I–III) erfolgen. § 162 II 2 enthält hierfür einen ausdrücklichen Verweis auf § 158 II. Auch die Schätzungsbefugnis geht nur soweit, wie die Beanstandungen reichen, sodass ggf. nur Teil- oder Ergänzungsschätzungen zulässig sind (BFH 12.9.1990 – I R 122/85, BFH/NV 1991, 573).

Nur wenn die Beanstandungen das gesamte Buchführungsergebnis betreffen, kommt eine Vollschätzung in Betracht (AEAO zu § 158 Nr. 5 S. 5). Werden die aufbewahrungspflichtigen, digitalen Unterlagen nicht in dem geforderten Dateiformat vorgelegt (→ Rn. 18), kann insoweit eine Schätzungsbefugnis nach § 158 II 2 gegeben sein (AEAO zu § 158 Nr. 5 S. 6).

§ 159 Nachweis der Treuhänderschaft

(1) [1] **Wer behauptet, dass er Rechte, die auf seinen Namen lauten, oder Sachen, die er besitzt, nur als Treuhänder, Vertreter eines anderen oder Pfandgläubiger innehabe oder besitze, hat auf Verlangen nachzuweisen, wem die Rechte oder Sachen gehören; anderenfalls sind sie ihm regelmäßig zuzurechnen.** [2] **Das Recht der Finanzbehörde, den Sachverhalt zu ermitteln, wird dadurch nicht eingeschränkt.**

(2) **§ 102 bleibt unberührt.**

Schrifttum: Heidner, Die Behandlung von Treuhandverhältnissen in der Abgabenordnung, DB 1996, 1203; Schön, Zur Anwendung von § 159 AO auf die Verwahrung ausländischer Wertpapiere durch inländische Kreditinstitute, WM 1998, 2401.

I. Allgemeines

Inhalt und Bedeutung. § 159 betrifft Unklarheiten bei der tatsächlichen Zuordnung von Wirtschaftsgütern. Die Vorschrift enthält in erster Linie eine Beweislastregelung (BFH 6.10.2009 – IX R 14/08, BStBl. II 2010, 460; BT-Drs. VI/1982, 146). Darüber hinaus begründet § 159 eine Art Gefährdungshaftung, indem Rechte oder Sachen dem Rechtsinhaber oder dem Besitzer zugerechnet werden, wenn dieser nicht den Nachweis erbringt, dass das Wirtschaftsgut einem Dritten zuzurechnen ist (BFH 4.12.1996 – I R 99/94, BStBl. II 1997, 404; krit. TK § 159 Rn. 5). § 159 ist aus dem allg. Grundsatz gerechtfertigt, dass derjenige, der sich auf einen vom äußeren Anschein abweichenden Sachverhalt beruft, diesen Sachverhalt zu beweisen hat, will er keinen Rechtsnachteil erleiden (BT-Drs. VI/1982, 146). 1

Zweck der Regelung ist es, StAusfälle zu vermeiden, die dadurch entstehen können, dass nicht feststellbar ist, wem das Wirtschaftsgut zuzurechnen ist (BFH 4.12.1996 – I R 99/94, BStBl. II 1997, 404; Gosch AO § 159 Rn. 2). § 159 bezieht sich nicht nur auf die richtige Besteuerung des Inhabers oder Besitzers der in Rede stehenden Wirtschaftsgüter. 2

Anwendungsbereich. § 159 ist auf alle StArten einschl. der StVergütungen anwendbar. Der Anwendungsbereich ist nicht beschränkt auf StArten oder StVergütungen, die unmittelbar an die Rechtsinhaberschaft oder an das Eigentum anknüpfen. Die Zurechnungsfrage kann sich insb. bei der ESt, der KSt, der GewSt oder der USt stellen (vgl. hierzu Fuhrmann KöSDI 2006, 15293). Darüber hinaus ist § 159 auch im Bereich des Zollrechts grds. anwendbar. Der UZK enthält keine dem § 159 entsprechende Regelung. Allerdings hat § 159 im Zollrecht keine praktische Bedeutung, da das Zollrecht an die tatsächliche Verbringung anknüpft und für Vertretungsfälle eigenständige Regelungen (Art. 19 UZK) enthält (BeckOK AO § 159 Rn. 9). § 159 erfordert keinen Sachverhalt mit Auslandsbezug (BFH 24.10.2006 – XI B 112/05, BFH/NV 2007, 201), Im StStrafrecht ist § 159 dagegen nicht anwendbar (BFH 11.12.2012 – IX R 33/11, BFH/NV 2013, 1057; FG München 26.11.1997 – 1 K 805/92, EFG 1998, 524). 3

Verhältnis zu § 39. § 159 ist eine verfahrensrechtliche Korrespondenzvorschrift zu § 39, der die für die Besteuerung maßgebende Zuordnung von Wirtschaftsgütern materiell regelt (FG Niedersachsen 11.11.2005 – 6 K 741/02, EFG 2006, 541: TK § 159 Rn. 4; Heidner DB 1996, 1203). § 39 II erfasst wie § 159 alle Arten von Treuhandverhältnissen. Beide Regelungen sind insoweit deckungsgleich. 4

II. Nachweispflicht und Zurechnungsentscheidung (Abs. 1 S. 1)

Durch § 159 I 1 wird ein **zweistufiges** Verfahren begründet, dass sich aus dem Nachweisverlangen der FB und der sich anschließenden (im Ermessen der FB stehenden) Zurechnungsentscheidung zusammensetzt (TK § 159 Rn. 3 unter Hinweis auf BFH 3.2.1993 – X B 67/92, BFH/NV 1993, 374).

1. Voraussetzungen der Nachweispflicht

8 § 159 I 1 setzt die **Behauptung des Stpfl.** voraus, dass er Rechte, die auf seinen Namen lauten, oder Sachen, die er besitzt, nur als Treuhänder, Vertreter eines anderen oder als Pfandgläubiger innehat oder besitzt. Diese tatbestandlichen Voraussetzungen müssen für den Zeitpunkt oder Zeitraum vorliegen, für den die steuerliche Zurechnung (§ 39) str. ist (FG Niedersachsen 11.11.2005 – 6 K 741/02, EFG 2006, 541). Abs. 1 S. 1 setzt keinen dauerhaften Besitz an einer Sache bzw. eine längerfristige Inhaberschaft an einem Recht voraus (BFH 4.12.1996 – I R 99/94, BStBl. II 1997, 404). Insb. müssen im Zeitpunkt der Entscheidung über die Zurechnung die Voraussetzungen des Abs. 1 S. 1 nicht mehr vorliegen (BFH 4.12.1996 – I R 99/94, BStBl. II 1997, 404). Die Vorschrift ist nicht anwendbar für Zeitpunkte oder Zeiträume, in denen die Rechte nicht auf den Namen des Stpfl. lauten bzw. die Sachen nicht in seinem Besitz waren. Das gilt auch dann, wenn die Voraussetzungen für einen gewissen Zeitraum vorgelegen haben und lediglich nicht feststeht, an wen der Stpfl. die Rechte oder Sachen übertragen hat (Schwarz/Pahlke/Keß § 159 Rn. 12; TK § 159 Rn. 8; aA wohl FG Köln 21.6.1996 – 3 K 1001/91, EFG 1997, 537). Bei Wertpapieren ist für § 159 der Zeitpunkt des Zuflusses der Zinsen entscheidend (FG Niedersachsen 11.11.2005 – 6 K 741/02, EFG 2006, 541).

9 § 159 I 1 erfasst **alle Arten von Treuhandverhältnissen,** die (eigennützige) Sicherungstreuhand ebenso wie die (fremdnützige) Verwaltungstreuhand (zur Treuhand im Einzelnen → § 39 Rn. 50 ff.; vgl. auch BT-Drs. VI/1982, 146). Treugut können alle Arten von Rechten und Sachen sein. Unter die Rechte fallen auch Forderungen, wie zB die Zurechnung von Bankguthaben auf einem Konto, das auf den Namen des Stpfl. lautet (Schwarz/Palke § 159 Rn. 16). Ferner erfasst § 159 I 1 auch **alle Arten von Vertretungsverhältnissen,** gleichgültig ob vertragliche oder gesetzliche, offene oder verdeckte Stellvertretung (TK § 159 Rn. 7; zur verdeckten Treuhand s. FG Düsseldorf 17.10.2024 – 9 K 443/21 F, BeckRS 2024, 35217 NZB IV B 3/25). Entsprechendes gilt für **Pfandgläubiger.** Unter Pfandgläubigern sind sowohl Gläubiger von Pfandrechten an Sachen als auch Gläubiger von Pfandrechten an Rechten zu verstehen (Schwarz/Pahlke/Keß § 159 Rn. 14).

10 Wie man der Verwendung des Wortes „regelmäßig“ entnehmen kann, liegt die Anwendung des § 159 I 1 **im pflichtgemäßen Ermessen** der FB (BFH 27.9.2006 – IV R 45/04, BStBl. II 2007, 39). Bei der Ermessensausübung sind neben dem Zweck des § 159 auch Zumutbarkeitsgesichtspunkte zu berücksichtigen. Das Nachweisverlangen der FB dürfte zB dann ermessensfehlerhaft sein, wenn der Berechtigte weder unbeschränkt noch beschränkt steuerpflichtig ist, da kein Ausfall an inländischer Steuer droht. Entsprechendes gilt, wenn der Berechtigte auch ohne Nachweis des Stpfl. der FB bereits bekannt ist. Unzumutbarkeit kann zB vorliegen, wenn das Nachweisverlangen der FB zu einer Existenzgefährdung des Stpfl. führt, der nur eine geringe StEinnahme gegenübersteht. Das Bankgeheimnis (§ 30a) schließt ein Benennungsverlangen nach § 159 I 1 an eine Bank nicht aus, wenn diese behauptet, im Ausland treuhänderisch Wertpapiere für Bankkunden zu halten (BFH 27.9.2006 – IV R 45/04, BStBl. II 2007, 39; TK § 159 Rn. 16; aA Schön WM 1998, 2401; Leisner DB 2002, 2015; auch → Rn. 16).

2. Erfüllung der Nachweispflicht

13 Der Nachweis muss so geführt werden, dass das Wirtschaftsgut dem Dritten nach § 39 tatsächlich zugerechnet werden kann. Die Rspr. legt einen strengen Maßstab an (BFH

12.7.2016 – II R 42/14, BStBl. II 2016, 868 und BFH 6.10.2009 – IX R 14/08, BStBl. II 2010, 460) und fordert für die steuerliche Anerkennung einer Treuhandschaft einen klaren und eindeutigen Nachweis (BFH 23.2.2011 – VIII B 126/10, BFH/NV 2011, 1283; BFH 4.12.2007 – VIII R 14/05, BFH/NV 2008, 745; BFH 13.10.1998 – VIII R 61/96, BFH/NV 1999, 463). Dazu sind neben der genauen Benennung des Berechtigten sowohl die vertraglichen Vereinbarungen als auch das tatsächliche Verhalten der Beteiligten heranzuziehen (vgl. BFH 15.7.1997 – VIII R 56/93, BStBl. II 1998, 152). Für den Nachweis bietet sich idR die Vorlage eines Treuhandvertrags im Original an, möglichst verbunden mit einem Nachweis darüber, dass die Treuhandvereinbarung auch vertragsgemäß durchgeführt worden ist (vgl. BFH 15.7.1997 – VIII R 56/93, BStBl. II 1998, 152; BFH 2.10.1989 – X B 20/89, BFH/NV 1990, 616). Geht es um die Zurechnung an mehrere Personen, ist auch anzugeben, welches Recht in welchem Umfang welcher Person gehört (BFH 4.12.1996 – I R 99/94, BStBl. II 1997, 404). Es genügt nicht, wenn der Stpfl. lediglich nachweist, dass die Gegenstände nicht ihm zuzurechnen sind (BT-Drs. VI/1982, 146). Die bloße Benennung des Berechtigten mit vollem Namen und richtiger Adresse genügt ebenfalls nicht, da hierdurch der FB nicht die richtige Zurechnung iSd § 39 ermöglicht wird. Zur Erfüllung der Nachweispflicht genügt auch nicht der Nachweis eines (Unter-)Treuhänders (BFH 13.11.1985 – I R 7/85, BFH/NV 1986, 638). Es muss vielmehr zweifelsfrei erkennbar sein, dass der Treuhänder ausschließlich für Rechnung des Treugebers handelt (BFH 21.5.2014 – I R 42/12, BStBl. II 2015, 4; BFH 28.2.2001 – I R 12/00, BStBl. II 2001, 468). Bei Treuhandverhältnissen zwischen nahen Angehörigen sind aufgrund der Notwendigkeit eines Fremdvergleichs an den Nachweis besonders strenge Anforderungen zu stellen (BFH 14.4.2011 – VIII B 130/10, BFH/NV 2011, 1109). Zweifel hinsichtlich der Wirksamkeit und der Ernsthaftigkeit einer Treuhandabrede gehen zulasten des Stpfl. (BFH 15.7.1997 – VIII R 56/93, BStBl. II 1998, 152; BFH 13.10.1998 – VIII R 61/96, BFH/NV 1999, 463).

3. Folgen der Nichterfüllung

Erfüllt der Stpfl. die Nachweispflicht aus Abs. 1 S. 1 nicht, so sind ihm als Treuhänder, 16
Vertreter, Pfandgläubiger oder Besitzer die Rechte oder Sachen regelmäßig iSd § 39 zuzurechnen. **Art und Ausmaß der Zurechnung** der Wirtschaftsgüter liegen im Ermessen (§ 5) der FB (BFH 27.9.2006 – IV R 45/04, BStBl. II 2007, 39; TK § 159 Rn. 15; HHSp § 159 Rn. 18). Die zu § 160 entwickelten Grundsätze gelten entspr. (→ § 160 Rn. 36 ff.). Da die Zurechnung an den Stpfl. nach § 159 I 1 regelmäßig erfolgen soll, ist die Nichtinanspruchnahme des nachweisbelasteten Stpfl. die Ausnahme. Die Wirkung des § 159 I 1 beschränkt sich auf die Zurechnung iSd § 39. Es wird nicht vermutet, dass die dem Stpfl. zugerechneten Werte auch stpfl. sind oder einer bestimmten Einkunftsart (§ 2 I EStG) zugehören (BFH 28.2.1990 – I R 165/85, BFH/NV 1991, 75; BFH 13.11.1985 – I R 7/85, BFH/NV 1986, 638). Welche Rechtsfolge durch die Zurechnung ausgelöst wird, hängt vielmehr davon ab, welche Bedeutung die Zurechnungsentscheidung für das jeweilige materielle Recht hat. Die Zurechnung von Erträgen aus ausländischen Wertpapieren an eine Bank ist zumindest dann nicht ermessensfehlerhaft, wenn die Bank nicht den Nachweis erbracht hat, dass es die Erträge nur als Treuhänder für ihre Kunden in Empfang genommen hat. Das Auskunftsverweigerungsrecht einer Bank kann in diesem Fall im Hinblick auf das Bankgeheimnis (§ 30a) nicht weiter gehen, als wenn ein Angehöriger der in § 102 genannten Berufe behauptet, bestimmte Vermögensgegenstände treuhänderisch innezuhaben oder zu besitzen (BFH 27.9.2006 – IV R 45/04, BStBl. II 2007, 39; Heuermann StBp 2006, 382; zum Verhältnis § 102 zu § 159 I → Rn. 22).

III. Amtsermittlung (Abs. 1 S. 2)

§ 159 I 2 stellt klar, dass durch die Regelung des § 159 I 1 das Recht der FB den 19
Sachverhalt von Amts wegen nach § 88 zu ermitteln, nicht eingeschränkt wird. Eine Pflicht

zur Amtsermittlung besteht jedoch insoweit nicht (BFH 4.12.1996 – I R 99/94, BStBl. II 1997, 404; TK § 159 Rn. 12).

IV. Auskunftsverweigerungsrechte (Abs. 2)

22 § 159 II bestimmt, dass das in § 102 normierte Auskunftsverweigerungsrecht nicht durch § 159 durchbrochen wird. Die in § 102 genannten Personen brauchen, zB als Inhaber eines Anderkontos, lediglich nachzuweisen, dass es sich um fremde Gelder handelt, die sie in beruflicher Eigenschaft empfangen haben (BFH 16.10.1986 – II R 220/83, BFH/NV 1988, 424; BFH 21.4.1995 – VIII B 133/94, BFH/NV 1995, 954). Eine Benennung des Berechtigten ist nicht erforderlich (Schwarz/Pahlke/Keß § 159 Rn. 29). Die bloße Behauptung, es bestehe ein Auskunftsverweigerungsrecht, genügt allerdings nicht (BFH 27.9.2006 – IV R 45/04, BStBl. II 2007, 39). Vielmehr müssen auch diejenigen, die unter die in § 102 genannten Berufsgruppen fallen, alles Zumutbare unternehmen, um den Nachweis zu erbringen, dass es sich bei dem verwahrten Vermögen nicht um eigenes, sondern fremdes handelt (BFH 23.2.2011 – VIII B 126/10, BFH/NV 2011, 1283). Unabhängig davon kann die FB ggf. auch eigene Ermittlungen durchführen. Zu denken wäre hier zB an Auskunftsersuchen gegenüber einem Kreditinstitut (Klein § 159 Rn. 21).

V. Verfahrensfragen

25 **Anfechtbarkeit.** Das Nachweisverlangen des § 159 I 1 ist ebenso wie das Nachweisverlangen in § 160 kein selbständig anfechtbarer VA (§ 118), sondern nur eine Vorbereitungshandlung zur StFestsetzung (vgl. BFH 12.9.1985 – VIII R 371/83, BStBl. II 1986, 537; BFH 25.8.1986 – IV B 76/86, BFH/NV 1987, 13; BFH 9.4.1987 – IV R 142/85, BFH/NV 1987, 689; BFH 20.4.1988 – I R 67/84, BStBl. II 1988, 927; aA TK § 159 Rn. 18; Schwarz/Pahlke/Keß § 159 Rn. 31). Eine Überprüfung des Nachweisverlangens kann nur erfolgen im Rahmen der Anfechtung eines StBescheids, in dem das FA von der Beweislastregelung des Abs. 1 S. 1 Gebrauch gemacht hat.

26 Mit **Zwangsmitteln iSd §§ 328 ff.** kann ein Nachweisverlangen gem. § 159 I 1 nicht durchgesetzt werden (BFH 10.11.1998 – VIII R 3/98, BStBl. II 1999, 199).

27 Im **finanzgerichtlichen Verfahren** kann das FG, anders als bei § 160, nicht selbständig von § 159 Gebrauch machen, da in § 96 I 1 FGO nicht auf § 159 verwiesen wird (BFH 4.12.1996 – I R 99/94, BStBl. II 1997, 404; Schwarz/Pahlke/Keß § 159 Rn. 32; aA TK § 159 Rn. 6a). Das FG überprüft nur nach § 102 FGO die Ermessensentscheidung der FB auf mögliche Ermessensfehler (BFH 27.9.2006 – IV R 45/04, BStBl. II 2007, 39). Dem FG ist es mithin verwehrt, Sachen oder Rechte dem Stpfl. gem. § 159 zuzurechnen, wenn der Stpfl. den Eigentümer einer Sache oder den Inhaber eines Rechts nicht benennen kann, das FA ein entsprechendes Benennungsverlangen aber nicht gestellt hat (BFH 6.9.2018 – IV R 26/16, BFH/NV 2018, 1260). Angesichts der richterlichen Möglichkeiten, auf eine Mitwirkung der Prozessbeteiligten hinzuwirken, erübrigt sich auch eine starre Nachweisregel (Gräber FGO § 96 Rn. 9). Das FG muss ohnehin den Sachverhalt von Amts wegen nach § 76 FGO erforschen und, sofern dies nicht gelingt, nach den Grundsätzen der objektiven Beweislast entscheiden. § 159 befreit das FG nicht von der Pflicht des § 96 I 1 FGO, nach seiner freien, aus dem Gesamtergebnis des Verfahrens gewonnenen Überzeugung zu entscheiden (BFH 6.10.2009 – IX R 14/08, BStBl. II 2010, 460; BFH 13.11.2006 – II B 164/05, BFH/NV 2007, 470; BFH 10.1.2007 – VIII B 218/05, BFH/NV 2007, 1086). Der FB ist es aber unbenommen, noch im finanzgerichtlichen Verfahren ein auf § 159 gestütztes Benennungsverlangen an den Stpfl. zu richten. Das FG ist in diesem Fall gehalten, das Verfahren in entsprechender Anwendung des § 74 zunächst auszusetzen und das Ergebnis des Benennungsverlangens abzuwarten (BFH 6.9.2018 – IV R 26/16, BFH/NV 2018, 1260).

§ 160 Benennung von Gläubigern und Zahlungsempfängern

(1) [1]**Schulden und andere Lasten, Betriebsausgaben, Werbungskosten und andere Ausgaben sind steuerlich regelmäßig nicht zu berücksichtigen, wenn der Steuerpflichtige dem Verlangen der Finanzbehörde nicht nachkommt, die Gläubiger oder die Empfänger genau zu benennen.** [2]**Das Recht der Finanzbehörde, den Sachverhalt zu ermitteln, bleibt unberührt.**

(2) **§ 102 bleibt unberührt.**

Schrifttum: List, Probleme der Empfängerbenennung (§ 160 AO 1977), BB 1994, 1535; Meyer, Steuerliche Behandlung von Schmier- und Bestechungsgeldern und damit zusammenhängende Fragen der Empfängerbenennung, DStR 1995, 1369; Schmitz, Empfängerbenennung bei Auslandssachverhalten – § 16 AStG oder § 160 AO, IStR 1997, 193; Christian/Schwehm, Benennung von Gläubigern und Zahlungsempfängern nach § 160 AO, DStZ 1997, 324; Breuer, Pflicht zur Benennung von Gläubigern und Zahlungsempfängern, AO-StB 2002, 84; Sorgenfrei, Reichweite und Schranken des § 160 AO, IStR 2002, 469; Teufel/Wassermann, Domizilgesellschaft und Benennungsverlangen nach § 160 AO (Beispiel Schweiz), IStR 2003, 112; Hagen, Das Empfängerbenennungsverlangen nach § 160 AO, DStZ 2004, 564; Tipke, § 160 AO – nochmals systematisch überdacht, Gedächtnisschrift für Chr. Trzaskalik, Köln 2005; Radermacher, Bordellbesteuerung unter Anwendung des § 160 AO, AO-StB 2007, 213; v. Wedelstädt, Benennung von Gläubigern und Zahlungsempfängern – Voraussetzungen und Rechtsfolgen, AO-StB 2007, 325; Rehm/Nagler, Zurechnungsbesteuerung bei ausländischen Familienstiftungen (§ 15 AStG) und die Empfängerbenennung (§ 160 AO) auf dem Prüfstand des Gemeinschaftsrechts, IStR 2008, 284; Müller, Die Bedeutung der Gläubiger- und Empfängerbenennung nach § 160 AO im Steuerstrafrecht, StBp 2010, 82; Bruschke, Die Benennung von Zahlungsempfängern nach § 160 AO, DStZ 2014, 315; Gehm, Benennung von Gläubigern und Zahlungsempfängern gemäß § 160 AO – Risikoprofil in der Praxis, StBP 2015, 283.

Übersicht

A. Allgemeines

I. Inhalt und Einordnung der Vorschrift

Inhalt. § 160 versagt die steuermindernde Berücksichtigung von Schulden und Ausgaben, wenn der Stpfl. auf Verlangen der FB den Gläubiger oder Empfänger nicht benennt. Die Regelung sieht zwei Ermessensentscheidungen (§ 5) vor. Zunächst muss die FB entscheiden, ob sie überhaupt ein Benennungsverlangen nach § 160 I 1 stellen will. Anschließend trifft die FB eine Ermessensentscheidung darüber, ob und in welcher Höhe die Schulden und Ausgaben zum Abzug zugelassen werden, bei denen der Empfänger nicht genau benannt ist (BFH 9.8.1989 – I R 66/86, BStBl. II 1989, 995; BFH 25.8.1986 – IV B 76/86, BFH/NV 1987, 13; BFH 24.6.1997 – VIII R 9/96, BStBl. II 1998, 51; BFH 1.4.2003 – I R 28/02, BFH/NV 2003, 1241). § 160 kann dabei für jede StArt Bedeutung haben. 1

Einordnung. § 160 enthält eine Art Gefährdungshaftung. Der Stpfl., der dem Benennungsverlangen nicht nachkommt, kann von der FB gleichsam wie ein Haftender für den 2

StAusfall in Anspruch genommen werden (BFH 5.11.2001 – VIII B 16/01, BFH/NV 2002, 312; BFH 30.3.1983 – I R 228/78, BStBl. II 1983, 654; krit. TK § 160 Rn. 4 ff.). § 160 ist keine Schätzungsvorschrift (BFH 24.6.1997 – VIII R 9/96, BStBl. II 1998, 51) und auch keine Straf- oder Bußgeldnorm (BFH 17.12.1980 – I R 148/76, BStBl. II 1981, 333). Auch begründen weder ein Benennungsverlangen noch die (fehlende) Antwort hierauf die Tatbestandsvoraussetzungen einer selbständigen Änderungsvorschrift (BFH 9.3.2016 – X R 9/13, BStBl. II 2016, 815; BFH 19.1.2017 – III R 28/14, BStBl. II 2017, 743; FG Köln 1.10.2020 – 13 K 3220/17, EFG 2021, 1267). Etwas anderes gilt dann, wenn aufgrund des Benennungsverlangens nachträglich neue Tatsachen iSd § 173 bekannt werden (BFH 9.3.2016 – X R 9/13, BStBl. II 2016, 815).

3 § 160 ist **verfassungsgemäß,** insb. verstößt die Regelung nicht gegen den aus Art. 20 III GG abgeleiteten Grundsatz der Verhältnismäßigkeit (BFH 17.12.1980 – I R 148/76, BStBl. II 1981, 333; aA Scheuffele FR 1971, 359). Im Einzelfall können unbillige oder unzumutbare Folgen durch eine entsprechende Ermessensausübung der FB vermieden werden.

4 § 160 widerspricht nicht dem **EU-Recht** (vgl. BFH 24.4.2009 – IV B 104/07, BFH/NV 2009, 1398; FG München 26.7.2007 – 15 K 422/06, EFG 2007, 1843; vgl. auch BFH 16.11.2011 – X B 61/10, BFH/NV 2012, 374). Die Regelung verstößt weder gegen die Niederlassungsfreiheit (Art. 49 ff. AEUV) noch gegen die Dienstleistungsfreiheit (Art. 56 ff. AEUV). Eine (mittelbare) Diskriminierung von EU-Ausländern liegt nicht vor, da die Benennungspflicht des § 160 sowohl inländische als auch grenzüberschreitende Sachverhalte gleichermaßen betrifft. Soweit der BFH bei Auslandssachverhalten höhere Anforderungen an die Mitwirkung des Stpfl. stellt, beruht dies nicht auf § 160, sondern auf den gesteigerten Mitwirkungspflichten des § 90 II (Hruschka IStR 2002, 753; aA Sedemund IStR 2002, 279). Zudem sind funktionslose Domizilgesellschaften durch den AEUV nicht geschützt, da diese wirtschaftlich weder Lieferungen noch Leistungen erbringen (Schwarz/Pahlke/Keß § 160 Rn. 7; zur Domizilgesellschaft s. auch → Rn. 23, → Rn. 26 f. und → Rn. 32).

II. Zweck der Vorschrift

6 § 160 will in erster Linie mögliche StAusfälle im Inland verhindern, die dadurch eintreten können, dass bei dem Stpfl. geltend gemachte Schulden und Ausgaben zu einer StMinderung führen, während der Gläubiger oder Empfänger die Schulden und Ausgaben bei sich nicht korrespondierend steuererhöhend erfasst (BFH 30.3.1983 – I R 228/78, BStBl. II 1983, 654; BFH 25.1.2006 – I R 39/05, BFH/NV 2006, 1618; BFH 1.4.2003 – I R 28/02, BFH/NV 2003, 1241; BT-Drs. VI/1982, 146). Durch § 160 erhält die FB eine Kontrollmöglichkeit und kann StAusfälle, insb. durch Kontrollmitteilungen (§ 194 III), verhindern. Daneben beugt die Vorschrift mittelbar unlauterem Geschäftsgebaren vor, wie zB Schmiergeldzahlungen, Bestechungen, Schwarzarbeit und Ohne-Rechnung-Geschäften. Dieser Nebenzweck des § 160 ist jedoch allenfalls erschwerend bei den Ermessenserwägungen der FB zu berücksichtigen (BFH 9.4.1987 – IV R 142/85, BFH/NV 1987, 689). § 160 dient nicht dazu, beim Stpfl. die Besteuerungsgrundlagen (§ 157 II) zutr. zu ermitteln oder dem Staat zusätzliche Einnahmen zu verschaffen.

III. Verhältnis zu anderen Vorschriften

9 **§ 93.** Die FB kann die Benennung von Gläubigern und Zahlungsempfängern auch nach dem allg. Auskunftsrecht iSd § 93 verlangen (krit. HHSp § 160 Rn. 3a). Das Auskunftsersuchen iSd § 93 ist nach §§ 328 ff. erzwingbar, während das Benennungsverlangen nach § 160 dem Adressaten lediglich ein bestimmtes Verhalten nahelegt, verbunden mit der Sanktion der Nichtberücksichtigung der Ausgaben bzw. Schulden (BFH 12.9.1985 – VIII R 371/83, BStBl. II 1986, 537; aber auch → Rn. 49 f.).

§ 162 I–III. Die Regelung des § 160 ist auch anwendbar, wenn die FB die Besteuerungsgrundlagen nach § 162 I–III geschätzt hat, wobei die bei der Anwendung des § 160 zu treffenden Ermessensentscheidungen (§ 5) eine unterlassene Schätzung nicht ersetzen können (BFH 24.6.1997 – VIII R 9/96, BStBl. II 1998, 51). Die FB hat daher zunächst die Höhe der Betriebsausgaben zu ermitteln oder ggf. nach § 162 I–III zu schätzen. Anschließend hat sie zu prüfen, ob und inwieweit die fehlende Benennung der Zahlungsempfänger dem Abzug der Ausgaben nach § 160 entgegensteht (BFH 23.3.1966 – IV 248/63, BStBl. III 1966, 360; BFH 24.6.1997 – VIII R 9/96, BStBl. II 1998, 51). Die Vorschrift knüpft erst an das Ergebnis einer Schätzung an. Das schließt es aus, ihre Anwendung gleichzeitig über § 162 I 2 zur Voraussetzung der Schätzung zu machen (BFH 9.3.2016 – X R 9/13, BStBl. II 2016, 815). Denn § 160 ist keine Schätzungsnorm (BFH 24.6.1997 – VIII R 9/96, BStBl. II 1998, 51). 10

§ 159 und § 160 sind nebeneinander anwendbar (HHSp § 160 Rn. 3a). 11

Die **§§ 4 V, VI, 9 V EStG** gehen der Regelung in § 160 vor, da § 160 nur nach den EinzelStGesetzen berücksichtigungsfähige Lasten und Ausgaben erfasst (TK § 160 Rn. 6). 12

§§ 48 ff. EStG. § 160 ist nach § 48 IV Nr. 1 EStG nicht anwendbar, wenn der Empfänger einer Bauleistung (§ 48 I 1 EStG) seiner Verpflichtung aus §§ 48 f. EStG zur Anmeldung und Abführung des StAbzugsbetrags bei Bauleistungen nachgekommen ist. Die Sperrwirkung greift auch bei Zahlungen an eine inaktive ausländische **Domizilgesellschaft** ein (BFH 9.6.2022 – IV R 4/20, BStBl. II 2022, 721; zur Domizilgesellschaft auch → Rn. 23, → Rn. 26 f. und → Rn. 32). Entsprechendes gilt nach § 48b V EStG iVm § 48 IV Nr. 1 EStG, wenn dem Empfänger einer Bauleistung eine im Zeitpunkt der Gegenleistung gültige Freistellungsbescheinigung vorgelegen hat (vgl. aber FG Hamburg 12.5.2016 – 6 K 249/15, BeckRS 2016, 95026, wenn die Freistellungsbescheinigung nicht persönlich übergeben wurde). Es entfällt dann hinsichtlich der betroffenen Gegenleistung die Versagung des Betriebsausgaben- oder Werbungskostenabzugs nach § 160 I 1. § 160 ist dagegen anwendbar, wenn ein Stpfl. einen StAbzug angemeldet und abgeführt oder wenn ihm eine Freistellungsbescheinigung vorgelegen hat, obwohl es sich nicht um eine Bauleistung iSd § 48 I EStG, sondern zB nur um eine Arbeitnehmerüberlassung handelt (BMF 19.7.2022, BStBl. I 2022, 1229; Gosch AO § 160 Rn. 32). 13

§ 16 AStG verstärkt und präzisiert bei Auslandssachverhalten den Umfang der sich aus § 160 ergebenden Verpflichtung (FG Münster 8.3.2023 – 9 K 147/20, K, G, DStRK 2023, 252; Gosch StBp 1999, 80). Die Vorschrift enthält keine selbständige Eingriffsermächtigung. Keinesfalls schränkt § 16 AStG die Anwendbarkeit von § 160 ein (BFH 1.4.2003 – I R 28/02, BFH/NV 2003, 1241; FG Düsseldorf 4.12.2001 – 6 K 7875/98 K, G, F, EFG 2002, 884). 14

B. Das Benennungsverlangen (Abs. 1)

I. Voraussetzungen und Folgen des Benennungsverlangens (Abs. 1 S. 1)

1. Begriff der Lasten und Ausgaben

Lasten ist der Oberbegriff für Verpflichtungen aller Art, einschl. Schulden. Andere Lasten iSd § 160 I 1 sind, im Gegensatz zu Schulden, alle Verpflichtungen zu wiederkehrenden Leistungen, wie zB Renten- und Nießbrauchlasten (TK § 160 Rn. 7). 17

Ausgaben sind alle Zahlungsvorgänge, unabhängig davon, ob sich diese Ausgaben steuerlich sofort oder erst später auswirken, zB im Rahmen einer Absetzung für Abnutzung nach §§ 7 ff. EStG und/oder im Rahmen der Veräußerung eines aktivierungspflichtigen Wirtschaftsguts (BFH 23.2.1951 – IV 81/50 S, BStBl. III 1951, 77; BFH 23.3.1966 – IV 248/63, BStBl. III 1966, 360; BFH 17.12.1980 – I R 148/76, BStBl. II 1981, 333). Entsprechendes gilt bei Teilwertabschreibungen nach § 6 I Nr. 1, 2 EStG (aA BFH 15.10.1998 – IV R 8/98, BStBl. II 1999, 333 ohne Begründung; klarstellend insoweit 18

BFH 11.7.2013 – IV R 27/09, BStBl. II 2013, 989, wonach für den Fall erfolgswirksamer Teilwertabschreibungen die für den Erwerb des entsprechenden WG aktivierungspflichtigen Kosten sehr wohl unter § 160 fallen sollen). Der Begriff der Betriebsausgaben in Abs. 1 S. 1 deckt sich mit dem Betriebsausgabenbegriff des § 4 IV EStG. Der Begriff der Werbungskosten knüpft an den Werbungskostenbegriff des § 9 EStG an. Andere Ausgaben iSd § 160 I 1 sind zB Sonderausgaben nach § 10 EStG und außergewöhnliche Belastungen nach §§ 33, 33a EStG.

19 **Nicht erfasst** werden durchlaufende Posten, da es sich nicht um Betriebseinnahmen bzw. -ausgaben handelt (BFH 4.12.1996 – I R 99/94, BStBl. II 1997, 404; BFH 6.9.2018 – IV R 26/16, BFH/NV 2018, 1260). Werden Schmiergelder an einen Vermittler gezahlt mit der Auflage, diese an Dritte weiterzuleiten, so kommt eine Anwendung des § 160 nur bei den Auftraggebern, nicht aber bei dem Vermittler in Betracht (FG München 26.10.2000 – 10 V 388/00, EFG 2001, 189). Ferner kann § 160 bei der Festsetzung von Ertragsteuern nicht auf Schulden angewendet werden, deren Ansatz sich in der Jahresbilanz erfolgsneutral vollzogen hat (BFH 16.3.1988 – I R 151/85, BStBl. II 1988, 759). Überdies sind die Voraussetzungen für die Benennung als Zahlungsempfänger nach § 160 nur zu prüfen, wenn feststeht, dass tatsächlich Werbungskosten oder Betriebsausgaben vorliegen (BFH 14.6.2005 – VIII R 37/03, BFH/NV 2005, 2161). Ebenso kann aus der unzureichenden Beantwortung eines Benennungsverlangens lediglich eine Verminderung von steuermindernden Abzugspositionen, nicht aber eine Erhöhung von Einnahmen gefolgert werden (FG Münster 9.6.2021 – 13 K 3250/19 E, EFG 2021, 1906).

2. Verlangen der Finanzbehörde zur Empfängerbenennung

22 **Gläubiger und Empfänger.** Gläubiger iSd § 160 I 1 ist der wirtschaftliche Eigentümer einer Forderung. Bei Zahlungen ist derjenige Empfänger iSd § 160 I 1, an den wirtschaftlich die Zahlung erfolgt. Entscheidend ist somit, wem der in der Ausgabe enthaltene wirtschaftliche Wert übertragen wird (BFH 21.7.2009 – IX B 55/09, BFH/NV 2010, 3; BFH 1.4.2003 – I R 28/02, BStBl. II 2007, 855; BFH 12.8.1999 – XI R 51/98, BFH/NV 2000, 299; BFH 25.11.1986 – VIII R 350/82, BStBl. II 1987, 286). Dies muss nicht zwingend derjenige sein, der das Geld physisch erhalten hat (aA FG Hessen 3.12.1980 – X 369/76, EFG 1981, 323). Empfänger kann auch eine PersGes sein (BFH 25.11.1986 – VIII R 350/82, BStBl. II 1987, 286). Die Begriffe „Gläubiger" und „Empfänger" stehen gleichrangig nebeneinander (BFH 21.7.2009 – IX B 55/09, BFH/NV 2010, 3).

23 Ist für den Stpfl. bei der Vornahme des Geschäfts erkennbar, dass jemand den Wert für einen anderen entgegennimmt, der zB die entgoltene Leistung erbracht hat und für den die Zahlung deshalb nach dem übereinstimmenden Verhältnis der Beteiligten bestimmt ist, so ist nicht die **zwischengeschaltete Person** als Empfänger iSd § 160 I 1 anzusehen, sondern der hinter ihr stehende Dritte, an den die Gelder gelangt sind (BFH 17.11.2010 – I B 143/10, BFH/NV 2011, 198; BFH 24.10.2006 – I R 90/05, BFH/NV 2007, 849; BFH 10.11.1998 – I R 108/97, BStBl. II 1999, 121; BFH 25.1.2006 – I R 39/05, BFH/NV 2006, 1618; BFH 17.10.2001 – I R 19/01, BFH/NV 2002, 609). Dies gilt gleichermaßen für inländische und ausländische Personen (BFH 16.11.2011 – X B 61/10, BFH/NV 2012, 374; BFH 24.4.2009 – IV B 104/07, BFH/NV 2009, 1398). Der Stpfl. muss sich in einem solchen Fall Gewissheit über die Person des anderen verschaffen (BFH 25.11.1986 – VIII R 350/82, BStBl. II 1987, 286; BFH 25.8.1986 – IV B 76/86, BFH/NV 1987, 13). Unzumutbare Aufklärungsmaßnahmen darf das FA allerdings nicht verlangen (BFH 5.11.2001 – VIII B 16/01, BFH/NV 2002, 312). Wird eine (ausländische) Gesellschaft zwischengeschaltet, weil sie entweder mangels eigener wirtschaftlicher Betätigung die ausbedungene Leistung nicht erbringen konnte oder weil sie aus anderen Gründen die ihr erteilten Aufträge und die empfangenen Gelder an Dritte weiterleitete (sog. **Domizilgesellschaft** oder Briefkastenfirma), ist Empfänger der hinter ihr stehende Dritte (BFH 10.11.1998 – I R 108/97, BStBl. II 1999, 121; BFH 25.1.2006 – I R 39/05, BFH/NV 2006, 1618; BFH 1.4.2003 – I R 28/02, BFH/NV 2003, 1241; BFH 5.11.2001 – VIII B

16/01, BFH/NV 2002, 312; BFH 12.8.1999 – XI R 51/98, BFH/NV 2000, 299; BFH 30.8.1995 – I R 126/94, BFH/NV 1996, 267; BFH 1.6.1994 – X R 73/91, BFH/NV 1995, 2; BFH 19.1.1994 – I R 40/92, BFH/NV 1995, 181). Dieser kann, muss aber nicht Gesellschafter der Domizilgesellschaft sein (BFH 10.11.1998 – I R 108/97, BStBl. II 1999, 121; BFH 13.12.1999 – IV B 41/99, BFH/NV 2000, 817). Als Empfänger kommen auch die Auftragnehmer der Domizilgesellschaft in Betracht, die die vertraglich ausbedungene Leistung tatsächlich ausführen (BFH 10.11.1998 – I R 108/97, BStBl. II 1999, 121; BFH 5.11.2001 – VIII B 16/01, BFH/NV 2002, 312). Sind die Anteilseigner der Domizilgesellschaft lediglich Treuhänder, die die Gelder an verdeckte Treugeber weiterleiten, sind Empfänger iSd § 160 I 1 ausschl. die Treugeber (BFH 1.4.2003 – I R 28/02, BFH/NV 2003, 1241). Zur Domizilgesellschaft s. auch → Rn. 26 f. und → Rn. 32.

Leitet der Stpfl. über eine zwischengeschaltete Person Gelder an eigene **Schwarzarbeiter,** so sind diese die Empfänger iSd § 160 I 1 (BFH 4.4.1996 – IV R 55/94, BFH/NV 1996, 801). 24

Das im Rahmen des § 160 auszuübende Ermessen ist **zweistufig** ausgestaltet (BFH 25.8.1986 – IV B 76/86, BStBl. II 1987, 481; BFH 30.8.1995 – I R 126/94, BFH/NV 1996, 267). In einem ersten Schritt entscheidet die FB nach **pflichtgemäßem Ermessen** (§ 5), ob sie die Empfängerbenennung nach § 160 I 1 verlangen will (Entschließungsermessen). Die allg. Ermessensgrenzen des § 5 sind zu beachten, insb. der Zweck des § 160, der Grundsatz der Verhältnismäßigkeit und die Zumutbarkeit des Verlangens (BFH 20.4.2005 – X R 40/04, BFH/NV 2005, 1739). Für den Stpfl. zu befürchtende Nachteile, zB wirtschaftliche Existenzgefährdung, dürfen nicht außer Verhältnis zum beabsichtigten Aufklärungserfolg stehen, wie zB bei nur geringfügiger StNachholung bei den Empfängern (BFH 10.3.1999 – XI R 10/98, BStBl. II 1999, 434; BFH 25.11.1986 – VIII R 350/82, BStBl. II 1987, 286; BFH 25.8.1986 – IV B 76/86, BFH/NV 1987, 13; BFH 9.4.1987 – IV R 142/85, BFH/NV 1987, 689). Das Benennungsverlangen nach Abs. 1 S. 1 kann auch noch während einer Ap. (§§ 193 ff.) an den Stpfl. gerichtet werden (BFH 25.11.1986 – VIII R 350/82, BStBl. II 1987, 286). Zu den Grenzen des Ermessens → § 5 Rn. 20 ff. 25

Grundsätzlich gerechtfertigt ist das Benennungsverlangen der FB, wenn die Vermutung nahe liegt, dass der Zahlungsempfänger den Bezug nicht versteuert hat (BFH 15.3.1995 – I R 46/94, BStBl. II 1996, 51; BFH 20.7.1993 – XI B 85/92, BFH/NV 1994, 241; BFH 30.8.1995 – I R 126/94, BFH/NV 1996, 267; BFH 15.5.1996 – X R 99/92, BFH/NV 1996, 891). Dies ist regelmäßig bei Bestechungen, Schmiergeldzahlungen und Ohne-Rechnung-Geschäften der Fall. Entspr. gilt für Zahlungen mit ungewöhnlichen Zahlungswegen, wie zB Barzahlungen in größerem Umfang (BFH 30.11.2004 – XI B 48/04, BFH/NV 2005, 1209), sowie Zahlungen an ausländische Unternehmer für Tätigkeiten im Inland (vgl. FG Bremen 21.4.1989 – I 81/84, EFG 1990, 49). Bei ausländischen Gesellschaften genügen konkrete Anhaltspunkte, dass es sich um eine **Domizilgesellschaft** handelt (BFH 17.10.2001 – I R 19/01, BFH/NV 2002, 609). Das FA darf zur Beurteilung der Frage, ob eine Gesellschaft eine Domizilgesellschaft ist, auf Erkenntnisse des (damaligen) BfF zurückgreifen (BFH 30.8.1995 – I R 126/94, BFH/NV 1996, 267; BFH 13.12.1999 – IV B 41/99, BFH/NV 2000, 817). Dies gilt entsprechend für Mitteilungen des heutigen BZSt. Die Auskünfte des BfF beruhten regelmäßig auf der Sammlung von Tatsachen und haben selbst keine unmittelbaren Rechtswirkungen (BFH 25.11.1999 – I B 34/99, BFH/NV 2000, 677). Allein die fehlende wirtschaftliche Betätigung einer ausländischen Gesellschaft im Sitzstaat rechtfertigt allerdings nicht die Annahme, dass es sich um eine Domizilgesellschaft handelt (FG München 19.3.2002 – 6 K 5037/00, EFG 2002, 880; offengelassen BFH 5.11.2001 – VIII B 16/01, BFH/NV 2002, 312). Entspr. gilt für die Feststellung des BZSt, dass eine eigene Geschäftstätigkeit einer Gesellschaft nicht erkennbar ist (FG München 22.2.2000 – 2 K 1746/99, EFG 2000, 769). Etwas anderes dürfte jedoch regelmäßig gelten, wenn die Gesellschaft ihren Sitz in einem Niedrigsteuerland hat (FG Hamburg 30.11.2001 – III 101/01, EFG 2002, 881). Bei einem in der EU ansässigen Bauunternehmen, das Leistungen im Inland erbringt, besteht im 26

Allgemeinen jedoch kein Anlass für die Annahme, dass es sich um eine Domizilgesellschaft handelt, da eine generelle Verdächtigung derartiger Sachverhalte gegen die gemeinschaftsrechtliche Niederlassungsfreiheit (Art. 49 AEUV) verstoßen würde (BFH 17.10.2001 – I R 19/01, BFH/NV 2002, 609). Ein Benennungsverlangen ist allerdings nicht schon allein deshalb rechtswidrig, weil gegenüber dem zahlenden Unternehmer eine in der EU ansässige Person oder Gesellschaft als Vertragspartner aufgetreten ist (BFH 16.7.2003 – I B 163/02, BFH/NV 2004, 4). Zur Domizilgesellschaft auch → Rn. 23 und → Rn. 32.

27 Das Benennungsverlangen ist auch dann gerechtfertigt, wenn der Stpfl. dem Verlangen nicht nachkommen kann, weil er Namen und Anschrift des Empfängers nicht kennt, wenn er ihn aber bei einem ordentlichen Verhalten hätte kennen müssen (TK § 160 Rn. 18). Entscheidend ist, inwieweit für den Stpfl. im Zeitpunkt der entsprechenden Zahlung zumutbar war, sich nach den Gepflogenheiten eines ordnungsmäßigen Geschäftsverkehrs der Identität seines jeweiligen Geschäftspartners zu vergewissern (BFH 20.4.2005 – X R 40/04, BFH/NV 2005, 1739). Überdies ist das Verlangen des FA, die Empfänger nach § 160 I 1 zu benennen, auch bei einer **Vielzahl von Geschäftsvorfällen** zumindest hinsichtlich der Empfänger rechtmäßig, bei denen nicht nur geringfügige StAusfälle zu befürchten sind (BFH 10.3.1999 – XI R 10/98, BStBl. II 1999, 434; BFH 20.4.2005 – X R 40/04, BFH/NV 2005, 1739). Nur in Ausnahmefällen, in denen die Suche nach dem Empfänger auf nicht oder kaum zu bewältigende tatsächliche und rechtliche Schwierigkeiten stößt, ist dem Stpfl. eine Benennung billigerweise nicht zuzumuten. Das FA kann dann aber alle Angaben fordern, die es ihm ermöglichen, eigene Ermittlungen anzustellen (BFH 25.11.1986 – VIII R 350/82, BStBl. II 1987, 286). Etwas anderes kann bei Bargeschäften des täglichen Lebens gelten (Schwarz/Pahlke/Keß § 160 Rn. 55). Zudem ist ein Kreditinstitut als Emittent von Inhaberschuldverschreibungen (§§ 793 ff. BGB) selbst dann nicht verpflichtet, dem Verlangen des FA gem. § 160 I 1 nachzukommen und die Gläubiger der verbrieften Ansprüche zu benennen, wenn es von den Forderungsinhabern tatsächlich Kenntnis hat oder sich diese Kenntnis verschaffen kann, da Inhaberschuldverschreibungen zivilrechtlich gem. § 793 I BGB ein Forderungsrecht des jeweiligen Urkundeninhabers verbriefen (BFH 25.2.2004 – I R 31/03, BStBl. II 2004, 582; BFH 25.2.2004 – I R 13/03, BFH/NV 2004, 1209). § 30a verpflichtet die FB in diesem Zusammenhang dazu, bei der Ermittlung des Sachverhaltes auf das Vertrauensverhältnis zwischen den Kreditinstituten und deren Kunden besondere Rücksicht zu nehmen (BFH 25.2.2004 – I R 13/03, BFH/NV 2004, 1209). Bei zumutbarem Benennungsverlangen des FA trifft den Stpfl. das Risiko der Unaufklärbarkeit der wirtschaftlichen Zahlungsempfänger (BFH 5.11.2001 – VIII B 16/01, BFH/NV 2002, 312).

28 **Inhalt und Umfang des Benennungsverlangens.** Die FB kann grds. nicht die Angabe der hinter dem Gläubiger oder Empfänger stehenden Personen verlangen, wenn kein objektiver Anhaltspunkt dafür besteht, dass der Geschäftspartner des Stpfl. nicht selbst der endgültige Empfänger oder Gläubiger ist. Unsubstantiierte Vermutungen der FB genügen nicht (BFH 19.1.1994 – I R 40/92, BFH/NV 1995, 181). Das Benennungsverlangen muss hinreichend bestimmt sein (BFH 25.11.1986 – VIII R 350/82, BStBl. II 1987, 286). Die Aufforderung der FB, bei Zahlungen an eine (ausländische) **Domizilgesellschaft** die Empfänger, dh die hinter der Gesellschaft stehenden Personen, zu benennen, ist dann nicht ermessenfehlerhaft, wenn für den Stpfl. bei Vornahme des Geschäfts erkennbar war, dass die von der Domizilgesellschaft angebotene Leistung nicht von deren Personal erbracht werden kann und aus diesem Grund von der Einschaltung inländischer Leistungsträger auszugehen ist (BFH 10.11.1998 – I R 108/97, BStBl. II 1999, 121; BFH 17.10.2001 – I R 19/01, BFH/NV 2002, 609; BFH 13.12.1999 – IV B 41/99, BFH/NV 2000, 817; BFH 30.8.1995 – I R 126/94, BFH/NV 1996, 267; vgl. auch BFH 25.8.1986 – IV B 76/86, BStBl. II 1987, 481; BFH 1.6.1994 – X R 73/91, BFH/NV 1995, 2 sowie BFH 13.12.1999 – IV B 41/99, BFH/NV 2000, 817; krit. Spatscheck/Alvermann DStR 1999, 1427; Gosch StBp 1999, 80). Zur Domizilgesellschaft auch → Rn. 23, → Rn. 26 und → Rn. 32.

Bei **handelsüblichen Kaufgeschäften** kann die FB dagegen Angaben über die Person des Vorlieferanten des Verkäufers nicht verlangen (BFH 19.1.1994 – I R 40/92, BFH/NV 1995, 181). Bei **Darlehensgeschäften** gilt Entsprechendes für die Refinanzierung des Darlehens beim Darlehensgeber (BFH 1.6.1994 – X R 73/91, BFH/NV 1995, 2). 29

Ermessensfehlerhaft ist das Benennungsverlangen, wenn es nicht notwendig ist, so zB, wenn der Gläubiger oder Empfänger der FB bereits bekannt ist (FG Münster 2.10.1979 – VI 286/76 F, EFG 1980, 159). Die FB braucht sich jedoch nicht auf eigene Ermittlungen verweisen zu lassen, insb. dann nicht, wenn die Ermittlungen nicht einfach sind und ihr Ergebnis ungewiss ist (BFH 13.3.1985 – I R 7/81, BStBl. II 1986, 318; BFH 15.3.1995 – I R 46/94, BStBl. II 1996, 51). Bei Auslandssachverhalten trifft den Stpfl. ohnehin nach § 90 II eine erhöhte Mitwirkungspflicht, die auch im Rahmen des § 160 gilt (BFH 25.8.1986 – IV B 76/86, BFH/NV 1987, 13). Ist für den Stpfl. auch bei Ausschöpfung seiner zumutbaren Erkenntnismöglichkeiten bei Vornahme des Geschäfts allerdings nicht erkennbar, dass es sich bei dem Zahlungsempfänger um eine (ausländische) Domizilgesellschaft handelt, ist es ermessensfehlerhaft, wenn die FB ihn auffordert, die hinter der Gesellschaft stehenden Personen zu benennen (BFH 17.10.2001 – I R 19/01, BFH/NV 2002, 609). Das Benennungsverlangen der FB ist auch dann ermessensfehlerhaft, wenn keine Zweifel daran bestehen, dass durch die Schuld oder die Ausgabe beim Gläubiger oder Empfänger kein steuerpflichtiger Tatbestand verwirklicht worden ist und damit auch kein StAusfall entstanden sein kann (BFH 15.10.1998 – IV R 8/98, BStBl. II 1999, 333; BFH 18.9.1952 – IV 120/52 U, BStBl. III 1952, 275; BT-Drs. VI/1982, 146). Entsprechendes gilt, wenn feststeht, dass der Empfänger die Zahlung richtig versteuert hat oder wenn die Gefahr einer StVerkürzung gering ist (FG Hamburg 11.2.1999 – V 71/96, EFG 1999, 634). Die Anerkennung der Bildung einer Rückstellung nach § 249 I 1 HGB wegen Inanspruchnahme aus Bürgschaften (§§ 765 ff. BGB) kann nicht von der Benennung des Darlehensgläubigers abhängig gemacht werden, da der Bürge den Darlehensgläubiger lediglich von einem sonst eintretenden Verlust befreit (BFH 15.10.1998 – IV R 8/98, BStBl. II 1999, 333; zust. Gosch StBp 1999, 80). Das Benennungsverlangen ist auch dann ungerechtfertigt, wenn feststeht, dass die StAnsprüche gegen den Empfänger bereits verjährt sind (BFH 25.11.1986 – VIII R 350/82, BStBl. II 1987, 286). Ferner ist das Benennungsverlangen ermessensfehlerhaft, wenn mit an Sicherheit grenzender Wahrscheinlichkeit davon auszugehen ist, dass die Zahlung an einen im Ausland ansässigen Empfänger gelangt, dort verblieben und der Empfänger im Inland nicht stpfl. ist (BFH 25.8.1986 – IV B 76/86, BStBl. II 1987, 481; BFH 25.2.2004 – I B 66/02, BFH/NV 2004, 919). Die bloße Möglichkeit einer nicht bestehenden Stpfl. reicht allerdings nicht aus, um von einem Benennungsverlangen nach § 160 abzusehen (BFH 13.3.1985 – I R 7/81, BStBl. II 1986, 318; BFH 25.2.2004 – I B 66/02, BFH/NV 2004, 919). 30

Überdies ist ein Benennungsverlangen ausnahmsweise wegen **Unzumutbarkeit** ermessensfehlerhaft, wenn mit der Benennung konkrete Gefährdungen von Leib und Leben des Stpfl. oder seiner Angehörigen einhergehen, wie zB wenn Erpresser dem Lösegeldzahler für den Fall der Empfängerbenennung mit Mord drohen (FG Hessen 12.3.1981 – IX 9/78, EFG 1981, 571; TK § 160 Rn. 17a), oder eine Bedrohung seines Eigentums damit verbunden ist (Schwarz/Pahlke/Keß § 160 Rn. 76). Nach BFH 13.12.2016 – X B 23/16, BFH/NV 2017, 564 soll die Anwendung des § 160 aber auch jedenfalls nicht zwingend ausgeschlossen sein, wenn als unmittelbarer Zahlungsempfänger ein Strohmann auftritt, der einem Milieu angehört, in dem durch Einsatz körperlicher Gewalt ein Schweigegebot gegenüber staatlichen Stellen durchgesetzt wird. Durch den Zweck des § 160 soll auch gedeckt sein, den Stpfl. mittelbar dazu anzuhalten, Geschäfte mit derartigen Personen zu unterlassen und dadurch diejenigen, die nicht zu einer offenen Teilnahme am Wirtschaftsverkehr bereit sind, wirtschaftlich zu isolieren. Das Benennungsverlangen der FB kann auch unzumutbar sein, wenn hierdurch die wirtschaftliche Existenz des Stpfl. gefährdet wird, so zB wenn die Benennung bei einer außergewöhnlichen Notsituation, die zum Zusammenbruch der Versorgung durch den allg. Markt geführt hat, die Bezugsquelle des 31

Stpfl. auf dem Schwarzmarkt verschütten würde (BFH 23.2.1951 – IV 81/50 S, BStBl. III 1951, 77; BFH 16.7.1957 – I 316/56 U, BStBl. III 1957, 364). Hierfür genügt allerdings nicht schon, dass der Stpfl. die Geschäfte nur unter ungewöhnlichen Marktbedingungen abschließen konnte, wie zB auf dem grauen Mineralölmarkt (BFH 29.11.1978 – I R 148/76, BStBl. II 1979, 587). Ist der Stpfl. selbst über die Person des Gläubigers oder Empfängers getäuscht worden und konnte er diese Täuschung nicht bemerken, ist das Benennungsverlangen der FB ebenfalls ermessensfehlerhaft (BFH 4.4.1996 – IV R 55/94, BFH/NV 1996, 801). Nach BFH 11.7.2013 – IV R 27/09, BStBl. II 2013, 989 soll zudem auch eine zeitliche Komponente in die Zumutbarkeitsprüfung aufgenommen werden (dort der Zeitraum zwischen der Ausgabe zum Erwerb eines aktivierungspflichtigen WG, der darauf beruhenden erfolgswirksamen Buchung und dem Benennungsverlangen der FB).

3. Erfüllung des Benennungsverlangens

32 Der Stpfl. muss den wahren Empfänger benennen. Zur genauen Benennung des Empfängers bzw. Gläubigers gehört grds. die Angabe des vollen Namens und der richtigen Adresse (BFH 25.8.1986 – IV B 76/86, BStBl. II 1987, 481; BFH 6.4.1993 – XI B 94/92, BFH/NV 1993, 633; BFH 4.4.1996 – IV R 55/94, BFH/NV 1996, 801). Die Benennung des Empfängers muss so genau sein, dass seine Person ohne eigene zusätzliche Ermittlungen der FB und ohne besondere Schwierigkeiten exakt festgestellt werden kann. Die Empfängerbenennung iSd § 160 erfordert, dass das FA die Angaben nachprüfen kann (BFH 27.11.2000 – IV B 23/00, BFH/NV 2001, 424). Die Benennung ist nicht genau, wenn sich herausstellt, dass der Name und/oder die Adresse fingiert ist oder wenn der angegebene Empfänger nicht existiert (BFH 4.4.1996 – IV R 55/94, BFH/NV 1996, 801; BFH 24.6.1997 – VIII R 9/96, BStBl. II 1998, 51). Der Empfänger ist nicht benannt, wenn trotz vorgelegter Unterlagen nicht festgestellt werden kann, wer tatsächlicher Zahlungsempfänger ist (FG Münster 18.9.2002 – 9 K 5593/98 K, EFG 2003, 1436; etwas anderes gilt aber, wenn die Unterlagen im Verantwortungsbereich der FB untergehen, BFH 16.5.2013 – X B 131/12, BFH/NV 2013, 1260). Der Stpfl. muss sich in Zweifelsfällen Gewissheit verschaffen und ggf. eine Identitätsüberprüfung durchführen (BFH 10.3.1999 – XI R 10/98, BStBl. II 1999, 434). Hingegen ist es nicht erforderlich, dass der Empfänger auch in späteren Jahren unter der angegebenen Adresse tatsächlich zu erreichen ist und dass das FA ihn mit den erzielten Einnahmen zur Besteuerung heranziehen kann. Es genügt, wenn der Empfänger zum Zeitpunkt der Leistungserbringung unter dem angegebenen Namen und der angegebenen Adresse zu erreichen war (BFH 6.4.1993 – XI B 94/92, BFH/NV 1993, 633). Bei **natürlichen Personen** ist die Wohnanschrift anzugeben (BFH 15.3.1995 – I R 46/94, BStBl. II 1996, 51). Ist der Empfänger eine **Personenhandelsgesellschaft,** so genügt die Benennung mit deren Firma iSd § 17 I HGB. Bei einer **GbR** ist die Angabe einzelner Gesellschafter genügend, an die der Stpfl. die Zahlung geleistet hat (BFH 25.11.1986 – VIII R 350/82, BStBl. II 1987, 286). Ist eine (ausländische) **Domizilgesellschaft** eingeschaltet, muss der Stpfl. die hinter der Gesellschaft stehenden wirtschaftlichen Empfänger der Zahlung benennen, soweit ihm diese bekannt sind oder hätten bekannt sein müssen (BFH 1.4.2003 – I R 28/02, BFH/NV 2003, 1241). Der Zweck des § 160 ist bei Domizilgesellschaften erst erreicht, wenn sichergestellt ist, dass der wirkliche Empfänger der Zahlungen entweder im Inland nicht stpfl. ist oder seine steuerlichen Pflichten erfüllt hat (BFH 15.10.1998 – IV R 8/98, BStBl. II 1999, 333; BFH 25.8.1986 – IV B 76/86, BStBl. II 1987, 481; BFH 30.8.1995 – I R 126/94, BFH/NV 1996, 267; BFH 1.6.1994 – X R 73/91, BFH/NV 1995, 2; BFH 5.11.1992 – I R 8/91, BFH/NV 1994, 357; BFH 24.3.1987 – I B 156/86, BFH/NV 1988, 208). Gleiches gilt bei Zahlungen an eine ausländische Gesellschaft, die selbst nicht in nennenswertem Umfang wirtschaftlich tätig ist (sog. Basisgesellschaften, BFH 15.4.2021 – IV R 25/18, BStBl. II 2021, 703). Darüber hinaus muss der Stpfl. bei ausländischen Domizilgesellschaften nach § 16 I AStG auch über Beteiligungsverhältnisse der Gesellschaft, insb. über eigene Beteiligungen Aufklärung gewähren (BFH 24.3.1987 – I B 156/86, BFH/NV 1988, 208; s. auch

Christian/Schwehm DStZ 1997, 324). Verbleibende Unsicherheiten hinsichtlich der Person des Empfängers gehen zulasten des Stpfl. (BFH 5.11.2001 – VIII B 16/01, BFH/NV 2002, 312). Zur Domizilgesellschaft auch → Rn. 23 und → Rn. 26 f. Zur genauen Bezeichnung genügt es nicht, dass lediglich die Nummer eines **CpD-Kontos** einer Bank bezeichnet wird, auf das eine bestimmte Zahlung erfolgte (vgl. BFH 9.4.1987 – IV R 142/85, BFH/NV 1987, 689; zum CpD-Konto → § 154 Rn. 27). Bei **Zahlungen an Taxiunternehmer** genügt nicht die Benennung der Ordnungsnummer des Taxis (BFH 2.3.1967 – IV 309/64, BStBl. III 1967, 396).

Durch **andere Beweismittel** oder durch das Anerbieten einer eidesstattlichen Versicherung (§ 95) kann die Benennung des Gläubigers bzw. Empfängers nicht ersetzt werden (BFH 24.4.1998 – X B 155/97, BFH/NV 1998, 1331). Bei einem späteren Datenverlust in der Sphäre der FB kann das FG aber gehalten sein, dem Stpfl. unter erleichterten Beweisbedingungen den Nachweis zu ermöglichen (BFH 16.5.2013 – X B 131/12, BFH/NV 2013, 1260). 33

4. Folgen der Nichterfüllung des Benennungsverlangens

Kommt der Stpfl. dem Benennungsverlangen der FB nicht nach, so entscheidet die FB nach **pflichtgemäßem Ermessen** (§ 5), ob und in welcher Höhe die Lasten und Ausgaben steuerlich nicht zu berücksichtigen sind (BFH 20.4.1988 – I R 67/84, BStBl. II 1988, 927). Diese Entscheidung trifft die FB im Rahmen der StFestsetzung bzw. im Verfahren zur gesonderten Feststellung von Besteuerungsgrundlagen (§§ 179 ff.). Sie bildet einen unselbständigen Teil des Festsetzungs- bzw. Feststellungsbescheids (BFH 20.4.1988 – I R 67/84, BStBl. II 1988, 927). Hat der Stpfl. dem Benennungsverlangen voll entsprochen, ist für eine Ermessensausübung kein Raum mehr (BFH 25.2.2004 – I B 66/02, BFH/NV 2004, 919). 36

Maßstab für die **Ermessensausübung** ist der Zweck des § 160, StAusfälle im Inland zu vermeiden. Im Regelfall ist es bei unterlassener Empfängerbenennung nicht ermessensfehlerhaft, wenn die Lasten und Ausgaben unberücksichtigt bleiben („regelmäßig"). Hiervon ist nur in besonderen Ausnahmefällen abzuweichen (BFH 25.1.2006 – I R 39/05, BFH/NV 2006, 1618). Die Rechtsfolge des § 160 scheidet nicht deshalb aus, weil feststeht oder glaubhaft ist, dass die abgesetzte Last tatsächlich besteht oder dass dem Stpfl. die Ausgabe tatsächlich entstanden ist (BFH 10.12.2009 – X B 172/08, BFH/NV 2010, 596; BFH 17.12.1980 – I R 148/76, BStBl. II 1981, 333; BFH 20.7.1993 – XI B 85/92, BFH/NV 1994, 241). 37

Die **Verhältnisse des Empfängers** sind bei der Ermessensausübung zu berücksichtigen, soweit sie bekannt sind, da durch § 160 lediglich eine Art Haftung und keine Doppelbelastung erreicht werden soll (BFH 10.3.1999 – XI R 10/98, BStBl. II 1999, 434). Steht zB fest, dass der Empfänger die vom Stpfl. erhaltenen Beträge ganz oder zum Teil versteuert hat oder dass die Beträge nicht zu versteuern sind, so ist dies im Rahmen der Ermessensausübung zu berücksichtigen (BFH 30.3.1983 – I R 228/78, BStBl. II 1983, 654). Bedeutung hat auch, welche Kosten dem Zahlungsempfänger entstanden sind, wobei jedoch regelmäßig bei Ohne-Rechnung-Geschäften davon ausgegangen werden darf, dass beim Empfänger wegen der Beschaffung durch Diebstahl oder Unterschlagung die Kosten eher geringfügig sind (BFH 17.12.1980 – I R 148/76, BStBl. II 1981, 333; BFH 20.7.1993 – XI B 85/92, BFH/NV 1994, 241; BFH 4.4.1996 – IV R 55/94, BFH/NV 1996, 801). Ist bekannt, welcher Berufsgruppe der Empfänger angehört, ist auch zu berücksichtigen, welche weiteren Einkünfte er bezogen hat, wobei diese Einkünfte ggf. durch Schätzung zu ermitteln sind (BFH 9.4.1987 – IV R 142/85, BFH/NV 1987, 689; BFH 15.3.1995 – I R 46/94, BStBl. II 1996, 51). Bei der Ermittlung des drohenden StAusfalls ist auch eine eventuelle GewStPflicht des Empfängers zu beachten (BFH 20.7.1993 – XI B 85/92, BFH/NV 1994, 241). Berücksichtigt werden kann jedoch nur, was sicher feststeht, nicht aber, was bloß möglich ist. Jede Ungewissheit geht zulasten des Stpfl. (BFH 20.7.1993 – XI B 85/92, BFH/NV 1994, 241; BFH 9.8.1989 – I R 66/86, BStBl. II 1989, 995). 38

39 Ist der **Empfänger nicht gewerbesteuerpflichtig,** kann der Stpfl. dennoch die an den Empfänger geleistete Zahlung bei der Ermittlung seines Gewerbeertrags (§ 7 GewStG) nicht abziehen, soweit einem Abzug bei der Ermittlung seines einkommensteuerpflichtigen Gewinns § 160 entgegensteht (BFH 15.3.1995 – I R 46/94, BStBl. II 1996, 51; aA FG München 26.10.2000 – 10 V 388/00, EFG 2001, 189; Gosch StBp 1996, 44).

40 Führt die Versagung des Abzugs der Lasten und Ausgaben nach § 160 zu einer **Existenzgefährdung** des Stpfl., so ist dies grds. nicht im Rahmen des § 160 zu berücksichtigen. Ob in der steuerlichen Erfassung der Aufwendungen selbst eine unbillige Härte liegt, wird regelmäßig nur im Rahmen der §§ 163, 227 geprüft werden können (BFH 25.4.1963 – IV 376–378/60 U, BStBl. III 1963, 342).

II. Amtsermittlungspflicht (Abs. 1 S. 2)

43 Nach der ausdrücklichen Regelung in § 160 I 2 wird der Untersuchungsgrundsatz (§ 88) nicht eingeschränkt durch die Möglichkeit der FB nach § 160 I 1 die Benennung von Gläubigern und Zahlungsempfängern zu verlangen. Die FB kann also ggf. zweigleisig vorgehen (vgl. auch BFH 30.8.1995 – I R 126/94, BFH/NV 1996, 267).

C. Zeugnisverweigerungsrecht Dritter (Abs. 2)

46 § 160 II stellt klar, dass das in § 102 normierte Auskunftsverweigerungsrecht nicht durch ein Benennungsverlangen der FB nach § 160 I 1 eingeschränkt wird. Verweigert der Stpfl. nach § 102 die Benennung des Gläubigers bzw. Empfängers, so kann der Abzug nicht nach § 160 I 1 versagt werden. Der Ausspruch des Benennungsverlangens bleibt jedoch auch bei Bestehen eines Auskunftsverweigerungsrechts nach § 102 zulässig (Gosch AO § 160 Rn. 92).

D. Verfahrensfragen

49 **Anfechtbarkeit.** Die Entscheidungen über das Benennungsverlangen und über die Abzugsfähigkeit der Schulden bzw. Ausgaben kann erst im Rahmen der Anfechtung der StFestsetzung überprüft werden. Das Benennungsverlangen nach Abs. 1 S. 1 ist kein selbständig anfechtbarer VA (§ 118 S. 1), sondern nur eine unselbständige Vorbereitungshandlung zum Erlass eines StBescheids, die nicht selbständig angefochten werden kann. Das Benennungsverlangen konkretisiert lediglich die für den Stpfl. schon nach allg. Rechtsgrundsätzen bestehende Mitwirkungspflichten (BFH 10.11.1998 – VIII R 3/98, BStBl. II 1999, 199; BFH 12.9.1985 – VIII R 371/83, BStBl. II 1986, 537; BFH 20.4.1988 – I R 67/84, BStBl. II 1988, 927; BFH 10.11.1998 – VIII R 3/98, BStBl. II 1999, 199; Sorgenfrei IStR 2002, 469; aA FG Düsseldorf 26.10.1977 – VII 174/75 E, EFG 1978, 108; FG München 24.2.1984 – V 403/83 AO, EFG 1984, 433 aufgeh. durch BFH 20.4.1988 – I R 67/84, BStBl. II 1988, 927; TK § 160 Rn. 10 ff.).

50 Mit **Zwangsmitteln iSd §§ 328 ff.** kann ein Benennungsverlangen gem. § 160 I 1 nicht durchgesetzt werden. Im Rahmen einer **tatsächlichen Verständigung** über Einzelfragen des § 160 I ist zu beachten, dass diese sich auf die jeweiligen Tatsachenelemente beziehen muss (BFH 31.8.2009 – I B 21/09, BFH/NV 2010, 163; FG Niedersachsen 6.10.2021 – 9 K 188/18, EFG 2022, 633).

51 Im **finanzgerichtlichen Verfahren** überprüft das FG ein Benennungsverlangen der FB nach § 160 I 1 und die Entscheidung über die Behandlung der Ausgaben oder Schulden als Ermessensentscheidung iSd § 5 nur eingeschränkt nach § 102 FGO. Allerdings kann das FG auch selbst nach eigenem Ermessen von der Regelung des § 160 I 1 Gebrauch machen (BFH 24.6.1997 – VIII R 9/96, BStBl. II 1998, 51; BFH 15.5.1996 – X R 99/92, BFH/NV 1996, 891). Nach § 96 I FGO gilt § 160 im finanzgerichtlichen Verfahren sinngemäß

(aA Padberg StuW 1978, 47). FG Hamburg 30.11.2001 – III 101/01, EFG 2002, 881 geht daher allerdings unzutr. davon aus, dass das FG ein Benennungsverlangen der FB uneingeschränkt überprüfen darf. Gegebenenfalls hat das FG jedoch ein vom FA unterlassenes oder fehlerhaftes Benennungsverlangen im Klageverfahren nach eigenem Ermessen nachzuholen (BFH 25.11.1986 – VIII R 350/82, BStBl. II 1987, 286; BFH 24.6.1997 – VIII R 9/96, BStBl. II 1998, 51; BFH 25.1.2006 – I R 39/05, BFH/NV 2006, 1618). Eine Einvernahme von Zeugen ist im Hinblick auf § 160 iVm § 96 I FGO nicht erforderlich (BFH 7.5.2007 – IX B 192/06, BFH/NV 2007, 1523). Steht dagegen nicht eindeutig fest, ob eine Domizilgesellschaft vorliegt, ist das FG nach § 76 FGO verpflichtet, entscheidungserheblichen Beweisanträgen zu entsprechen (BFH 12.8.1999 – XI R 51/98, BFH/NV 2000, 299). Hat das FG es versäumt, ein gebotenes erneutes Benennungsverlangen an den Stpfl. zu richten, führt dies regelmäßig zu einem Verfahrensfehler und zur Aufhebung oder Zurückverweisung der Sache (BFH 15.4.2021 – IV R 25/18, BStBl. II 2021, 703). Der BFH darf als Revisionsgericht § 160 nicht anwenden; zuständig ist im finanzgerichtlichen Verfahren ausschl. das FG (BFH 24.6.1997 – VIII R 9/96, BStBl. II 1998, 51).

Nachholung der Empfängerbenennung. Der Stpfl. kann noch im Einspruchs- bzw. 52
im Klageverfahren bis zur letzten mündlichen Tatsachenverhandlung ein Benennungsverlangen der FB nach § 160 I 1 erfüllen mit der Folge, dass die Ausgaben und Schulden bei ihm zu berücksichtigen sind (BFH 27.6.2001 – I R 46/00, BFH/NV 2002, 1). Ist der StBescheid bereits bestandskräftig geworden, führt die nachträgliche Erfüllung des Benennungsverlangens nur unter den Voraussetzungen des § 173 I Nr. 2 zu einer entsprechenden Änderung des StBescheids (vgl. Klein § 160 Rn. 34; aA Schwarz/Pahlke/Keß § 160 Rn. 94; s. zur Anwendung des § 173 auch → Rn. 2).

§ 161 Fehlmengen bei Bestandsaufnahmen

[1]Ergeben sich bei einer vorgeschriebenen oder amtlich durchgeführten Bestandsaufnahme Fehlmengen an verbrauchsteuerpflichtigen Waren, so wird vermutet, dass hinsichtlich der Fehlmengen eine Verbrauchsteuer entstanden oder eine bedingt entstandene Verbrauchsteuer unbedingt geworden ist, soweit nicht glaubhaft gemacht wird, dass die Fehlmengen auf Umstände zurückzuführen sind, die eine Steuer nicht begründen oder eine bedingte Steuer nicht unbedingt werden lassen. [2]Die Steuer gilt im Zweifel im Zeitpunkt der Bestandsaufnahme als entstanden oder unbedingt geworden.

Schrifttum: Dewitz, Die Fehlmengenvorschrift des § 161 AO enthält keinen Steuerentstehungstatbestand, ZfZ 1984, 205; Jatzke, Das neue Verbrauchsteuerrecht im EG-Binnenmarkt, BB 1993, 41.

I. Allgemeines

Inhalt. § 161 betrifft die Behandlung von festgestellten Fehlmengen an verbrauchsteuer- 1
pflichtigen Waren. Die Vorschrift enthält widerlegbare Vermutungen für das Entstehen der VerbrauchSt (S. 1) und für den Zeitpunkt der StEntstehung (S. 2). Dies ist aufgrund der besonderen Beweisnähe des Stpfl. gerechtfertigt. Soweit sich § 161 auf bedingt entstandene VerbrauchSt bezieht, ist die Vorschrift überholt. Seit dem Inkrafttreten des VerbrauchSt-Binnenmarktgesetzes (BGBl. 1992 I 2150) sehen die VerbrauchSt-Gesetze keine bedingten StSchulden mehr vor (Jatzke ZfZ 1997, 326; s. hierzu auch § 50). Zum Begriff der bedingt entstandenen VerbrauchSt → § 50 Rn. 1.

Bedeutung. § 161 ist eine reine Beweisregel (vgl. BT-Drs. VI/1982, 147). Er enthält 2
selbst keinen StEntstehungstatbestand (BFH 12.10.1960 – VII 11/60 U, BStBl. III 1961, 9; Dewitz ZfZ 1984, 205). § 38 bleibt unberührt. Die VerbrauchSt entsteht also, auch im Anwendungsbereich des § 161, regelmäßig, wenn die verbrauchsteuerpflichtige Ware aus dem StLager entfernt wird, ohne dass sich ein weiteres StAussetzungsverfahren oder Zollverfahren anschließt, oder wenn die Ware im StLager zum Verbrauch oder zur Verwen-

dung entnommen wird (vgl. BT-Drs. VI/1982, 147). Ferner ergibt sich aus § 161 auch keine Rechtsgrundlage für die Durchführung von Bestandsaufnahmen. Die Ermächtigungen hierzu sind vielmehr in den einzelnen VerbrauchSt-Gesetzen und den jeweiligen Durchführungsbestimmungen enthalten. Darüber hinaus wird auch der Untersuchungsgrundsatz (§ 88) durch § 161 nicht eingeschränkt, da nur bei einem unaufklärbaren Sachverhalt die Beweisvermutungen des § 161 greifen (TK § 161 Rn. 7; BT-Drs. VI/1982, 147).

3 **Anwendungsbereich.** Die Vorschrift gilt unmittelbar für die bundesrechtlich geregelten besonderen VerbrauchSt (vgl. § 1 I). Für landesrechtliche VerbrauchSt-Regelungen gilt § 161 nur bei einem entsprechenden Verweis in den kommunalen Abgabengesetzen (BeckOK AO § 161 Rn. 7). Die Vorschrift ist nicht anwendbar, wenn sie mit Regelungen in verbrauchsteuerrechtlichen Einzelgesetzen konkurriert (Klein § 161 Rn. 1b). Zum Verhältnis zum Unionsrecht, insb. Art. 6 II VerbrSt-System-RL 2020, s. TK § 161 Rn. 11. Im Bereich des Zollrechts findet § 161 keine Anwendung (s. die Sonderregelungen in Art. 79 Abs. 1 Buchst. a und Art. 214 UZK, Gosch § 161 Rn. 9).

4 **Zweck.** Nach § 161 soll das Risiko eines auf der steuerbegünstigten Lagerhaltung beruhenden StAusfalls vom Stpfl. und nicht von der Allgemeinheit getragen werden, weil die Fehlmenge der Einflusssphäre des Stpfl. zuzurechnen ist (BFH 26.9.1989 – VII R 57/86, HFR 1990, 113). Ferner soll der Stpfl. durch § 161 auch zu einer sorgfältigen Betriebs- u. Buchführung angehalten werden, um so StVerkürzungen entgegenzuwirken (Schwarz/Pahlke/Keß § 161 Rn. 7).

5 **Verhältnis zu § 162 I–III.** Die Möglichkeit einer Schätzung der Besteuerungsgrundlagen nach § 162 I–III wird durch § 161 nicht berührt (Schwarz/Pahlke/Keß § 161 Rn. 37). Lässt sich die Fehlmenge nicht exakt ermitteln, können Zu- und Abgänge der verbrauchsteuerpflichtigen Waren nach § 162 I–III geschätzt werden. Hinsichtlich der geschätzten Fehlmengen kann dann die Vermutung des § 161 greifen (HHSp § 161 Rn. 10; TK § 161 Rn. 16). Eine Schätzung der tatsächlichen Voraussetzungen der StSchuld ist, sofern diese auch sonst zulässig sein könnten, durch § 161 ausgeschlossen (Klein § 161 Rn. 1).

II. Voraussetzungen für die gesetzlichen Vermutungen (S. 1)

1. Bestandsaufnahme

8 Der **Begriff der Bestandsaufnahme** ist gesetzlich nicht definiert. Nach allg. Auffassung ist eine Bestandsaufnahme iSd § 161 die in den EinzelStGesetzen vorgesehene **Feststellung des Ist-Bestandes** an verbrauchsteuerpflichtigen Waren durch körperliche Aufnahmen der tatsächlichen Bestände. Die **Feststellung des Soll-Bestandes** ist nur dann Teil der Bestandsaufnahme, wenn in den EinzelStGesetzen ausdrücklich dessen Feststellung (Aufnahme) vorgeschrieben ist (BFH 26.9.1989 – VII R 57/86, HFR 1990, 113; HHSp § 161 Rn. 9). Dies ist allerdings nicht schon dann der Fall, wenn die EinzelStG lediglich die Anmeldung des Soll-Bestandes verlangen, so zB in § 11 I BierStV, § 12 I AlkStV, § 11 I KaffeeStV, § 15 IV EnergieStDV, § 11 I SchaumwZwStV und aus § 12 I TabStV. Der Soll-Bestand ist der Bestand, der sich rechnerisch durch Abziehen des Gesamtabgangs von den Gesamtzugängen nach Maßgabe der in den Betriebsbüchern enthaltenen Anschreibungen ergibt (Schwarz/Pahlke/Keß § 161 Rn. 9). Eine Ap. (§§ 193 ff.) ist keine Bestandsaufnahme (BFH 25.4.1985 – IV R 10/85, BStBl. II 1985, 702; BFH 19.5.1992 – VII S 12/92, BFH/NV 1993, 144). Sie kann aber mit dieser verbunden werden. Das Gleiche gilt für StAufsichtsmaßnahmen iSd § 213 (BFH 23.3.1982 – VII R 62/79, BFHE 135, 256).

9 Die Bestandsaufnahme iSd § 161 muss **vorgeschrieben oder amtlich durchgeführt** worden sein. Eine Bestandsaufnahme ist vorgeschrieben, wenn sich dies aus Bestimmungen des Verbrauchsteuerrechts ergibt (BFH 23.3.1982 – VII R 62/79, BFHE 135, 256), wie zB aus § 11 I BierStV, § 12 I AlkStV, § 11 I KaffeeStV, § 15 IV EnergieStDV, § 11 I

SchaumwZwStV und aus § 12 I TabStV. Eine amtlich durchgeführte Bestandsaufnahme liegt vor, wenn die HZÄ als zuständige Behörden eine Bestandsaufnahme der verbrauchsteuerpflichtigen Waren angeordnet haben (Schwarz/Pahlke/Keß § 161 Rn. 19), zB nach § 11 III BierStV, § 12 II AlkStV, § 11 III KaffeeStV, § 15 V EnergieStDV, § 11 III SchaumwZwStV, § 12 III TabStV. Die Formen der Bestandsaufnahme unterscheiden sich dadurch, dass die vorgeschriebenen Bestandsaufnahmen turnusmäßig und durch den Lagerinhaber selbst (und allenfalls unter Beteiligung der mit der Aufsicht beauftragten Amtsträger) durchgeführt werden (TK § 161 Rn. 19).

Fehlerfreie Bestandsaufnahme. Die Bestandsaufnahme muss ordnungsgemäß und fehlerfrei nach den für sie maßgeblichen gesetzlichen Vorschriften durchgeführt worden sein, um die Vermutungen des S. 1 auszulösen (BFH 23.3.1982 – VII R 62/79, BFHE 135, 256). 10

2. Feststellung einer Fehlmenge

Eine **Fehlmenge** iSd § 161 an verbrauchsteuerpflichtigen Waren liegt vor, wenn der festgestellte Ist-Bestand geringer als der Soll-Bestand ist (BFH 6.11.1990 – VII R 31/88, BFHE 162, 191). Der Soll-Bestand kann dabei, wenn er nicht schon aufgrund besonderer Regelungen in den EinzelStGesetzen im Rahmen der Bestandsaufnahme festgestellt werden muss, auch erst später außerhalb einer Bestandsaufnahme ermittelt werden, zB im Rahmen einer Ap. nach §§ 193 ff. (BFH 26.9.1989 – VII R 57/86, HFR 1990, 113; BFH 19.5.1992 – VII S 12/92, BFH/NV 1993, 144). Eine Saldierung von festgestellten Mehr- und Mindermengen bei verschiedenen Warengruppen ist nicht zulässig. Vielmehr sind die festgestellten Mindermengen die Fehlmenge iSd § 161 (BFH 6.11.1990 – VII R 31/88, BFHE 162, 191). 13

Geringe Abweichungen zwischen dem festgestellten Ist-Bestand und dem Soll-Bestand rechnen idR allerdings nach den VerbrauchSt-Gesetzen, den Durchführungsverordnungen und den einschlägigen Dienstanweisungen nicht zur Fehlmenge. So können zB Toleranzen für Messungenauigkeiten oder eine gewisse Schwundmenge zu berücksichtigen sein (so ausdrücklich § 13 II AlkStV). Bei der Ermittlung des Soll-Bestandes ist ggf. der Anteil an Rückwaren bestandsmindernd zu berücksichtigen (s. § 30 BierStV). 14

3. Inhalt der Vermutung

§ 161 S. 1 enthält die **widerlegbare Vermutung,** dass hinsichtlich der festgestellten Fehlmengen eine VerbrauchSt entstanden ist. Diese gesetzliche Vermutung enthält eine vom sonstigen Ermittlungs- und Feststellungsverfahren abweichende Erleichterung, sodass eine etwaige Unaufklärbarkeit des StTatbestandes abw. nicht zugunsten, sondern zulasten des Stpfl. geht (BFH 17.3.1981 – VII R 60/77, BFHE 133, 158). Zu bedingt entstandenen VerbrauchSt → Rn. 1 und → § 50 Rn. 1. 17

4. Widerlegung der Vermutung

Der Stpfl. kann die Vermutung des § 161 S. 1 widerlegen, indem er glaubhaft macht, dass die Fehlmenge nicht auf steuerschuldbegründenden Umständen beruht. Eine Tatsache ist glaubhaft gemacht, wenn sie nach dem Vorbringen des Stpfl. überwiegend wahrscheinlich ist (BFH 17.3.1981 – VII R 60/77, HFR 1981, 407; BFH 6.11.1990 – VII R 31/88, BFHE 162, 191). Die Ausführungen des Stpfl. müssen die Verursachung der Fehlmengen durch bestimmte Umstände zum Gegenstand haben, wie zB das Auslaufen von Flüssigkeiten aus undichten Gefäßen, Verdunstungen, Gewichtsverlust durch Eintrocknen oder längerer Zeit gleichbleibender Verarbeitungsverlust (Schwarz/Pahlke/Keß § 161 Rn. 29). Nicht ausreichend ist die abstrakte Möglichkeit, dass keine steuerschuldbegründenden Umstände vorliegen (vgl. BFH 17.3.1981 – VII R 60/77, HFR 1981, 407). Stehen der festgestellten Fehlmenge Mehrmengen einer anderen Warengruppe gegenüber, so genügt idR nicht allein der pauschale Hinweis des Stpfl., dass Mehr- und Mindermengen auf Vertauschen oder Verwechseln zurückzuführen sind (BFH 6.11.1990 – VII R 31/88, HFR 1991, 262). 20

III. Zeitpunkt der Steuerentstehung und des Unbedingtwerdens (S. 2)

23 § 161 S. 2 ergänzt die Vermutung des S. 1 für die Frage, wann die Steuer entstanden oder unbedingt geworden ist. Die Vermutungsregel des S. 2 hat in erster Linie verjährungsrechtliche Bedeutung. Kann nicht festgestellt werden, wann die Steuer entstanden ist, beginnt die Festsetzungsverjährungsfrist nach § 170 I Alt. 2 iVm § 161 S. 2 mit Ablauf des Kalenderjahres, in dem die Bestandsaufnahme durchgeführt wurde, die zur Aufdeckung der Fehlmenge führte (BFH 23.3.1982 – VII R 62/79, BFHE 135, 256). Auch die Vermutung des S. 2 kann der Stpfl. durch Glaubhaftmachung des Gegenteils widerlegen.

IV. Verfahrensfragen

26 Der StÄnderungsbescheid, der wegen der festgestellten Fehlmenge eine Nachversteuerung vorsieht, kann als VA (§ 118 S. 1) mit dem Einspruch (§ 347) angefochten werden. Bestandsaufnahme und Fehlmengenermittlung sind keine VA, selbst wenn das Ergebnis dem Stpfl. mitgeteilt wird (Schwarz/Pahlke/Keß § 161 Rn. 36). Lediglich die Anordnung einer Bestandsaufnahme ist ein VA, gegen den Einspruch (§ 347) eingelegt werden kann. Wird das Entstehen einer VerbrauchSt für eine bei einer Bestandsaufnahme festgestellten Fehlmenge ganz oder teilweise verneint, so kann hierüber ein Freistellungsbescheid iSd § 155 I 3 erteilt werden (vgl. BFH 12.10.1960 – VII 11/60 U, BStBl. III 1961, 9).

27 Die amtlich durchgeführte Bestandsaufnahme wird als Nachschau iSd § 210 durchgeführt (TK § 161 Rn. 33). Sie ist keine Ap. (FG Hamburg 20.12.1983 – IV 93/82 N, EFG 1984, 388). Dementsprechend kommt die Ablaufhemmung nach § 171 IV nicht zum Tragen. Auch die für eine Ap. geltenden sonstigen Normen (§ 164 III 3, § 204) kommen nicht zur Anwendung (→ § 210 Rn. 1). Dabei ist aber zu beachten, dass sich die Bestandsaufnahme lediglich auf die Feststellung des Ist-Bestands bezieht. Die sich evtl. anschließende Ermittlung eines Soll-Bestands kann im Rahmen einer Ap. erfolgen (BFH 19.5.1992 – VII S 12/92, BFH/NV 1993, 144).

§ 162 Schätzung von Besteuerungsgrundlagen

(1) [1] **Soweit die Finanzbehörde die Besteuerungsgrundlagen nicht ermitteln oder berechnen kann, hat sie sie zu schätzen.** [2] **Dabei sind alle Umstände zu berücksichtigen, die für die Schätzung von Bedeutung sind.**

(2) [1] **Zu schätzen ist insbesondere dann, wenn der Steuerpflichtige über seine Angaben keine ausreichenden Aufklärungen zu geben vermag oder weitere Auskunft oder eine Versicherung an Eides statt verweigert oder seine Mitwirkungspflicht nach § 90 Absatz 2 verletzt.** [2] **Das Gleiche gilt, wenn der Steuerpflichtige Bücher oder Aufzeichnungen, die er nach den Steuergesetzen zu führen hat, nicht vorlegen kann, wenn die Buchführung oder die Aufzeichnungen nach § 158 Absatz 2 nicht der Besteuerung zugrunde gelegt werden oder wenn tatsächliche Anhaltspunkte für die Unrichtigkeit oder Unvollständigkeit der vom Steuerpflichtigen gemachten Angaben zu steuerpflichtigen Einnahmen oder Betriebsvermögensmehrungen bestehen und der Steuerpflichtige die Zustimmung nach § 93 Absatz 7 Satz 1 Nummer 5 nicht erteilt.** [3] **Hat der Steuerpflichtige seine Mitwirkungspflichten nach § 12 des Gesetzes zur Abwehr von Steuervermeidung und unfairem Steuerwettbewerb verletzt, so wird widerlegbar vermutet, dass in Deutschland steuerpflichtige Einkünfte in Bezug zu Staaten oder Gebieten im Sinne des § 3 Absatz 1 des Gesetzes zur Abwehr von Steuervermeidung und unfairem Steuerwettbewerb**

1. bisher nicht erklärt wurden, tatsächlich aber vorhanden sind, oder
2. bisher zwar erklärt wurden, tatsächlich aber höher sind als erklärt.

(3) [1]**Verletzt ein Steuerpflichtiger seine Mitwirkungspflichten nach § 90 Absatz 3 dadurch, dass er keine Aufzeichnungen über einen Geschäftsvorfall vorlegt, oder sind die über einen Geschäftsvorfall vorgelegten Aufzeichnungen im Wesentlichen unverwertbar oder wird festgestellt, dass der Steuerpflichtige Aufzeichnungen im Sinne des § 90 Absatz 3 Satz 5 nicht zeitnah erstellt hat, so wird widerlegbar vermutet, dass seine im Inland steuerpflichtigen Einkünfte, zu deren Ermittlung die Aufzeichnungen im Sinne des § 90 Absatz 3 dienen, höher als die von ihm erklärten Einkünfte sind.** [2]**Hat in solchen Fällen die Finanzbehörde eine Schätzung vorzunehmen und können diese Einkünfte nur innerhalb eines bestimmten Rahmens, insbesondere nur auf Grund von Preisspannen bestimmt werden, kann dieser Rahmen zu Lasten des Steuerpflichtigen ausgeschöpft werden.** [3]**Bestehen trotz Vorlage verwertbarer Aufzeichnungen durch den Steuerpflichtigen Anhaltspunkte dafür, dass seine Einkünfte bei Beachtung des Fremdvergleichsgrundsatzes höher wären als die auf Grund der Aufzeichnungen erklärten Einkünfte, und können entsprechende Zweifel deswegen nicht aufgeklärt werden, weil eine ausländische, nahe stehende Person ihre Mitwirkungspflichten nach § 90 Absatz 2 oder ihre Auskunftspflichten nach § 93 Absatz 1 nicht erfüllt, ist Satz 2 entsprechend anzuwenden.**

(4) [1]**Legt ein Steuerpflichtiger über einen Geschäftsvorfall keine Aufzeichnungen im Sinne des § 90 Absatz 3 vor oder sind die über einen Geschäftsvorfall vorgelegten Aufzeichnungen im Wesentlichen unverwertbar oder wird die Transaktionsmatrix gemäß § 90 Absatz 3 Satz 2 Nummer 1 nicht vorgelegt, ist ein Zuschlag von 5 000 Euro festzusetzen.** [2]**Der Zuschlag beträgt mindestens 5 Prozent und höchstens 10 Prozent des Mehrbetrags der Einkünfte, der sich nach einer Berichtigung auf Grund der Anwendung des Absatzes 3 ergibt, wenn sich danach ein Zuschlag von mehr als 5 000 Euro ergibt.** [3]**Der Zuschlag ist regelmäßig nach Abschluss der Außenprüfung festzusetzen.** [4]**Bei verspäteter Vorlage von verwertbaren Aufzeichnungen beträgt der Zuschlag bis zu 1 000 000 Euro, mindestens jedoch 100 Euro für jeden vollen Tag der Fristüberschreitung; er kann für volle Wochen und Monate der verspäteten Vorlage in Teilbeträgen festgesetzt werden.** [5]**Soweit den Finanzbehörden Ermessen hinsichtlich der Höhe des jeweiligen Zuschlags eingeräumt ist, sind neben dem Zweck dieses Zuschlags, den Steuerpflichtigen zur Erstellung und fristgerechten Vorlage der Aufzeichnungen nach § 90 Absatz 3 anzuhalten, insbesondere die von ihm gezogenen Vorteile und bei verspäteter Vorlage auch die Dauer der Fristüberschreitung zu berücksichtigen.** [6]**Von der Festsetzung eines Zuschlags ist abzusehen, wenn die Nichterfüllung der Pflichten nach § 90 Absatz 3 entschuldbar erscheint oder ein Verschulden nur geringfügig ist.** [7]**Das Verschulden eines gesetzlichen Vertreters oder eines Erfüllungsgehilfen steht dem eigenen Verschulden gleich.**

(4a) [1]**Verletzt der Steuerpflichtige seine Mitwirkungspflichten nach § 12 des Steueroasen-Abwehrgesetzes, ist Absatz 4 entsprechend anzuwenden.** [2]**Von der Festsetzung eines Zuschlags ist abzusehen, wenn die Nichterfüllung der Mitwirkungspflichten entschuldbar erscheint oder das Verschulden nur geringfügig ist.** [3]**Das Verschulden eines gesetzlichen Vertreters oder eines Erfüllungsgehilfen ist dem Steuerpflichtigen zuzurechnen.**

(5) **In den Fällen des § 155 Absatz 2 können die in einem Grundlagenbescheid festzustellenden Besteuerungsgrundlagen geschätzt werden.**

Schrifttum: Apitz, Nichtigkeit von Schätzungsbescheiden, DStZ 1994, 588; Apitz, Schätzungsbescheide bei „willkürlicher" Schätzung, StBp 2002, 107; Assmann, Schätzungen bei Außenprüfungen, StBp 2001, 255 (281); Freudenberg, Schätzung von Besteuerungsgrundlagen, INF 1987, 205; Heinsius, Folgen der Nichtabgabe einer Steuererklärung bei Einleitung eines Steuerstrafverfahrens, DStZ 2001, 816; Herff, Schätzungen durch Finanzbehörden und Finanzgerichte: Streitfragen und Probleme, KöSDI 1998, 11 545; Hild, Schätzungen im Steuer- und Strafrecht, DB 1996, 2300; Kutschka, Grobe Schätzungsfehler und Nichtigkeit, DStR 1993, 1815; Reichel, Schätzung bei formell ordnungsmäßiger Buchführung, BB 1983, 1272; Rößler, Zur Schätzung wegen Nichtabgabe der Steuererklärungen, DStZ 1988, 199; Ruppel, Beweismaß bei Schätzung aufgrund der Verletzung von Mitwirkungspflichten, BB 1995, 750; Schmidt-Liebig, Verfahrensrechtliche Überlegungen bei Schätzungen des Finanzamts, DStR 1996, 1669; v. Wedelstädt, Rechtsschutz bei Schätzungsveranlagungen, AO-StB 2002, 275; Meyer, Abwehrstrategien gegen die Schätzung von Besteuerungsgrundlagen im Betriebsprüfungsverfahren, DStR 2005, 2114; Bruschke, Die Schätzung von Besteuerungsgrundlagen bei der Nichtabgabe von Steuererklärungen, DStZ 2006, 222; Pump/Fittkau, Kann, darf oder muss die Vorsteuer geschätzt werden?, UStB 2008, 48; v. Wedelstädt, Wann darf das Finanzamt schätzen?, AO-StB 2008, 244; Schützeberg, Die Schätzung im Besteuerungs- und im Steuerstrafverfahren, StBp 2009, 33; Wähnert, Beweislast und Schätzung im Zusammenhang mit modernen Verprobungsnetzen, StBp 2011, 107; Ditz/Quilitzsch, Die Änderungen im internationalen Steuerrecht durch das Anti-BEPS-Umsetzungsgesetz, DStR 2017, 281; Brinkmann, Die Begründung des Sicherheitszuschlags, StBp 2018, 212; Wulf/Schüller, Vorgaben des BFH zur Kassenbuchführung und Schätzungsbefugnisse des FA im digitalen Zeitalter, DB 2019, 328; Benz/Böhmer, Das Steueroasen-Abwehrgesetz, DB 2021, 1630; Höring, Das Steueroasen-Abwehrgesetz, StBp 2022, 175; Gruber/Wolf, Viertes Bürokratieentlastungsgesetz (BEG IV) – Chancen und Grenzen der Prozessautomation für die Erstellung der Transaktionsmatrix ab 1.1.2025, DB 2025, 218.

Übersicht

A. Allgemeines

I. Inhalt und Zweck

§ 162 regelt, wann und unter welchen Voraussetzungen die FB zur Schätzung befugt bzw. verpflichtet ist (zur Schätzungspflicht → Rn. 46). Die Regelung ergänzt das Amtsermittlungsprinzip (§ 88) und die Vorschriften über die Ermittlung der Besteuerungsgrundlagen (§§ 92 ff.). Die Schätzung ist ein Verfahren, Besteuerungsgrundlagen (§ 157 II) mit Hilfe von Wahrscheinlichkeitsüberlegungen zu ermitteln, wenn eine sichere Feststellung trotz des Bemühens um Aufklärung nicht möglich oder nicht zumutbar ist (BFH 12.6.1986 – V R 75/78, BStBl. II 1986, 721; BFH 18.12.1984 – VIII R 195/82, BStBl. II 1986, 226; BFH 19.2.1987 – IV R 143/84, BStBl. II 1987, 412). Sie ist das äußerste Mittel der FB, um Besteuerungsgrundlagen dem Grunde und der Höhe nach möglichst zutr. festzustellen (BT-Drs. VI/1982, 147). § 162 normiert damit eine gesetzliche Beweismaßreduzierung auf eine größtmögliche Wahrscheinlichkeit (BFH 14.8.1991 – X R 86/88, BStBl. II 1992, 128; BFH 13.10.2003 – IV B 85/02, BStBl. II 2004, 25). § 162 ermöglicht allerdings keine Besteuerung auf bloßen Verdacht. Die Schätzung nach § 162 dient der Verwirklichung der Gesetz- und Gleichmäßigkeit der Besteuerung gem. § 85 S. 1 (TK § 162 Rn. 1). Ob die FB nach § 162 schätzt, steht nicht in ihrem Ermessen iSd § 5. Zur Schätzung bei Einleitung eines Strafverfahrens gegen den Stpfl. → Rn. 11. 1

II. Ziel der Schätzung

Ziel einer Schätzung gem. § 162 ist der Ansatz derjenigen Besteuerungsgrundlagen, die die größtmögliche Wahrscheinlichkeit der Richtigkeit für sich haben (BFH 18.12.1984 – VIII R 195/82, BStBl. II 1986, 226; BFH 18.8.1960 – IV 299/58 U, BStBl. III 1960, 451) und damit der Wirklichkeit am nächsten kommen dürften (BFH 19.1.1993 – VIII R 128/84, BStBl. II 1993, 594; BFH 16.12.2021 – IV R 1/18, BFH/NV 2022, 305). Schätzungsergebnisse müssen insgesamt schlüssig, wirtschaftlich möglich und vernünftig sein (BFH 18.12.1984 – VIII R 195/82, BStBl. II 1986, 226; BFH 13.10.2003 – IV B 85/02, BStBl. II 2004, 25; BFH 29.5.2008 – VI R 11/07, BFH/NV 2008, 1600). Sie dürfen nicht den Denkgesetzen und allg. Erfahrungssätzen widersprechen (BFH 4.6.1997 – X R 12/94, BStBl. II 1997, 740). Das Schätzungsergebnis muss insgesamt plausibel sein (BFH 26.10.1995 – I B 20/95, BFH/NV 1996, 378). 4

III. Anwendungsbereich

§ 162 gilt zunächst im **Ermittlungs- und StFestsetzungsverfahren,** das in Schätzungsfällen regelmäßig mit dem Erlass eines sog. Schätzungsbescheids abgeschlossen wird. Für den Schätzungsbescheid gelten, wie für jeden anderen StBescheid, die Vorschriften über die StFestsetzung (§§ 155 ff.). Im Rahmen der Festsetzung von **StVergütungen** (§ 155 IV) und **Prämien** ist § 162 ebenfalls anwendbar. Auch hier kann die Schätzung als gesetzliche Beweismaßreduzierung beim Erlass eines Bescheids relevant werden (Schwarz/Pahlke/Keß § 162 Rn. 7). Nach § 365 I gilt § 162 auch im **Einspruchsverfahren** (§§ 347 ff.). Im **finanzgerichtlichen Verfahren** gilt § 162 gem. § 96 I 1 HS 2 FGO sinngemäß (→ Rn. 131). 10

Besteuerungsgrundlagen sind auch dann gem. § 162 zu schätzen, wenn gegen den Stpfl. ein **Strafverfahren** wegen einer StStraftat (§§ 369 ff.) eingeleitet worden ist (BFH 11

19.9.2001 – XI B 6/01, BStBl. II 2002, 4; BFH 19.10.2005 – X B 88/05, BFH/NV 2006, 15; → Rn. 133). Der strafrechtliche Grundsatz „in dubio pro reo" steht der Schätzung von Besteuerungsgrundlagen nicht entgegen (BFH 11.7.2007 – IV B 121/06, BFH/NV 2007, 2241). Durch die Einleitung eines StStrafverfahrens (§§ 385 ff.) wird die Pflicht der FB zur Schätzung nach § 162 selbst dann nicht berührt, wenn der Stpfl. in dem parallel laufenden StStrafverfahren von seinem verfassungsrechtlich gesicherten Recht Gebrauch macht, Angaben zu verweigern. Der strafprozessuale Grundsatz, dass niemand gehalten ist, sich selbst zu beschuldigen (Nemo-Tenetur-Grundsatz), befreit nicht von den Mitwirkungspflichten im Besteuerungsverfahren (BFH 23.1.2002 – XI R 10, 11/01, BStBl. II 2002, 328; BFH 11.7.2007 – IV B 121/06, BFH/NV 2007, 2241; BFH 28.12.2006 – VIII B 48/06, BFH/NV 2007, 646; vgl. auch BVerfG 13.1.1981 – 1 BvR 116/77, BVerfGE 56, 37 (41)). Die Mitwirkungspflichten können in diesem Fall nach § 393 I 2 allerdings nicht mit Zwangsmitteln (§§ 328 ff.) durchgesetzt werden. Hängt die Rechtmäßigkeit eines Bescheids vom Vorliegen einer StHinterziehung (§ 370) ab, wie zB in den Fällen des § 169 II 2 (→ § 169 Rn. 52 ff.) sowie bei der Festsetzung von Hinterziehungszinsen (§ 235), kann eine Schätzung der hinterzogenen Steuern nach der Rspr. allerdings nicht – entspr. den allg. Grundsätzen – auf Wahrscheinlichkeitserwägungen, dh auf ein reduziertes Beweismaß, gestützt werden, da der strafrechtliche Grundsatz „in dubio pro reo" auch im StFestsetzungsverfahren zu beachten ist (BFH 7.11.2006 – VIII R 81/04, BStBl. II 2007, 364; BFH 20.9.2007 – VIII B 66/07, BFH/NV 2007, 2246; BFH 29.1.2002 – VIII B 91/01, BFH/NV 2002, 749). Nicht behebbare tatsächliche Zweifel dürfen deshalb selbst dann nicht im Rahmen der grds. zulässigen Schätzung des Hinterziehungsbetrags zulasten des Stpfl. gewürdigt werden, wenn die Unsicherheit auf der unterbliebenen Mitwirkung des Stpfl. beruht (BFH 14.8.1991 – X R 86/88, BStBl. II 1992, 128; BFH 29.1.2002 – VIII B 91/01, BFH/NV 2002, 749; großzügig dagegen BFH 1.8.2001 – II R 48/00, BFH/NV 2002, 155 für die Festsetzung von Hinterziehungszinsen). Zudem schließt es der Grundsatz „in dubio pro reo" aus, die Schätzung hinterzogener Steuern im Falle der Verletzung von Mitwirkungspflichten im Besteuerungsverfahren an der oberen Grenze des für den Einzelfall zu beachtenden Schätzungsrahmens auszurichten (BFH 7.11.2006 – VIII R 81/04, BStBl. II 2007, 364; zum Schätzungsrahmen vgl. auch → Rn. 66).

12 § 162 **gilt nicht** im **Erhebungsverfahren** (§§ 218 ff.) sowie im Rahmen der **Vollstreckung** (§§ 249 ff.), da die Erhebung und die Vollstr. bereits erlassene StBescheide voraussetzen. Die Schätzung eines **Haftungsanspruchs,** zB nach §§ 69 ff., ist ebenfalls nicht möglich, da nach § 162 nur die Schätzung von Besteuerungsgrundlagen gestattet ist. Denkbar ist jedoch, dass der Haftungsanspruch sich auf einen StAnspruch bezieht, den das FA durch Erlass eines Schätzungsbescheids realisiert hat. Darüber hinaus ist § 162 auch im **StStrafverfahren** (§§ 385 ff.) und im Verfahren über **StOrdnungswidrigkeiten** nicht anwendbar. Das Strafgericht muss die Besteuerungsgrundlagen, die für die StStraftat (§§ 69 ff.) maßgebend sind, aufgrund freier Beweiswürdigung nach § 261 StPO selbständig ermitteln. Hierbei sind Schätzungen nicht grds. unzulässig (TK § 162 Rn. 16). Das Strafgericht ist dabei aber nicht an die nach § 162 von der FB oder dem FG durchgeführte Schätzung gebunden (BFH 14.8.1991 – X R 86/88, BStBl. II 1992, 128). Bei tatsächlichen Zweifeln, die das Strafgericht nicht beseitigen kann, ist nach dem Grundsatz „in dubio pro reo" zugunsten des Angeklagten zu entscheiden.

13 Die Anwendung von § 162 im Bereich des **Zollrechts** ist umstritten. Der BFH hat dies in der Vergangenheit bejaht (BFH 18.5.1993 – VII R 44/92, BFH/NV 1993, 61; BFH 17.3.2009 – VII R 40/08, BFH/NV 2009, 1287). Die Art. 69–74 UZK enthalten allerdings Sonderregelungen zur Ermittlung von Zollwerten anhand bestimmter Bewertungsmethoden, die die jeweiligen Ermittlungs- und Beweisschwierigkeiten im Zollrecht umfassend berücksichtigen und somit § 162 verdrängen (TK § 162 Rn. 18; s. zur Darstellung des Meinungsstands auch Gosch AO § 162 Rn. 13). Im Zollrecht kommt § 162 daher nicht zur Anwendung (Schwarz/Pahlke/Keß § 162 Rn. 9).

IV. Schätzung, Pauschalierung und Pauschbeträge

Von der Schätzung nach § 162 sind gesetzlich vorgesehene **Pauschalierungen** zu unterscheiden. Bei einigen Pauschalierungstatbeständen verzichtet der Gesetzgeber bewusst aus verwaltungsökonomischen Gründen wegen Ermittlungsschwierigkeiten auf eine genaue Sachaufklärung. Die Pauschalierung wegen Ermittlungsschwierigkeiten ist, wie auch die Schätzung nach § 162, eine gesetzliche Beweismaßreduzierung (TK § 162 Rn. 10). Hierzu gehören zB die Pauschalierung in § 12 GrEStG und die LStPauschalierung nach § 40 I EStG. Soweit Pauschalierungsvorschriften wirtschaftspolitisch motiviert sind, wie zB §§ 34c V, 50 IV EStG, § 26 I KStG iVm § 34c V EStG oder § 15 GewStG, besteht dagegen keine Verbindung zur Schätzung nach § 162 (HHSp § 162 Rn. 8). 15

Darüber hinaus führt die Rspr. gelegentlich die Befugnis der FVerw. zur Festlegung von **Pauschbeträgen** in typisierenden Verwaltungsvorschriften zur Sachverhaltsermittlung auf § 162 zurück (vgl. BFH 20.3.1980 – IV R 11/76, BStBl. II 1980, 455 zu den Werbungskostenpauschsätzen für bestimmte Berufsgruppen; BFH 14.8.1981 – VI R 115/78, BStBl. II 1982, 24 für Mehraufwendungen bei einem Dienstgang; BFH 25.10.1985 – VI R 15/81, BStBl. II 1986, 200 für Verpflegungsmehraufwendungen und die Kilometerpauschalen der LStR bei Dienstreisen). Diese Rspr. übersieht jedoch, dass § 162 nicht als generelle Ermächtigung zur Vereinfachung der Sachverhaltsermittlung taugt. Eine Schätzung nach § 162 kommt immer erst dann in Betracht, wenn und soweit der Sachverhalt nicht aufgeklärt werden kann. 16

V. Schätzung und Bewertung

Unter den Anwendungsbereich des § 162 werden von der Rspr. üblicherweise auch Fragen der Wertermittlung, zB nach §§ 9, 10, 138 ff. BewG oder nach §§ 6 I Nr. 1 S. 3, 8 II 1, 16 III 7 EStG eingeordnet, da sich in diesen Fällen regelmäßig ein exakter Wert nicht mit an Sicherheit grenzender Wahrscheinlichkeit ermitteln lässt (so zB BFH 12.3.1980 – II R 143/76, BStBl. II 1980, 463; BFH 25.5.1992 – VI R 146/88, BStBl. II 1992, 700; BFH 29.8.1996 – VIII R 15/93, BStBl. II 1997, 317; BFH 28.10.1998 – II R 37/97, BStBl. II 1999, 51). Bei der Wertermittlung geht es jedoch nicht wie im Anwendungsbereich des § 162 um Besteuerungsgrundlagen, die die FB nicht ermitteln kann. Vielmehr enthält die jeweilige Rechtsnorm selbst eine Reduzierung des Beweismaßes, die als genereller Schätzungsauftrag verstanden werden kann (BFH 2.4.2008 – II R 59/06, BStBl. II 2009, 983; TK § 162 Rn. 12). 19

VI. Schätzung und Verprobung

Von der Schätzung ist die Verprobung zu unterscheiden. Sie dient nicht dazu, wie die Schätzung, die Besteuerungsgrundlagen zu ermitteln. Durch eine Verprobung soll vielmehr die sachliche Richtigkeit der Buchführung und sonstiger Aufzeichnungen des Stpfl. überprüft werden, um die Angaben des Stpfl. ggf. zu widerlegen. Schätzungsunschärfen müssen hier, anders als bei der Schätzung nach § 162, zugunsten des Stpfl. berücksichtigt werden (BFH 26.4.1983 – VIII R 38/82, BStBl. II 1983, 618; auch → Rn. 66). Schätzung und Verprobung sind – trotz ihrer unterschiedlichen Zwecke – nach denselben Methoden durchzuführen (→ Rn. 103 ff. und → § 158 Rn. 12 ff.). 22

VII. Schätzung und tatsächliche Verständigung

Kann die FB die Besteuerungsgrundlagen (§ 157 II) nicht ermitteln, muss sie die Besteuerungsgrundlagen gem. § 162 einseitig schätzen oder alternativ hierzu mit dem Stpfl. eine sog. tatsächliche Verständigung über die schwierig zu ermittelnden tatsächlichen Umstände abschließen (BFH 6.2.1991 – I R 13/86, BStBl. II 1991, 673; BFH 5.10.1990 – III R 19/88, BStBl. II 1991, 45; BFH 11.12.1984 – VIII R 131/76, BStBl. II 1985, 354). 25

Zu den Voraussetzungen und Wirkungen der tatsächlichen Verständigung im Einzelnen → § 88 Rn. 47 ff. und → § 38 Rn. 31. Der Sache nach handelt es sich bei einer tatsächlichen Verständigung in Schätzungsfällen um eine einvernehmliche Schätzung, die durch die Beteiligung des Stpfl. die höhere Wahrscheinlichkeit der Richtigkeit für sich hat und in besonderem Maße der Effektivität der Besteuerung und dem Rechtsfrieden dient (BFH 11.12.1984 – VIII R 131/76, BStBl. II 1985, 354; Schwarz/Pahlke/Keß § 162 Rn. 160 ff.; krit. HHSp § 162 Rn. 46, der eine tatsächliche Verständigung in Schätzungsfällen für problematisch hält, da der Stpfl. aus der Schätzung keinen Vorteil ziehen dürfe). In Schätzungsfällen kann eine tatsächliche Verständigung über die Besteuerungsgrundlage selbst oder auch über die einzuschlagende Schätzungsmethode getroffen werden (BFH 12.8.1999 – XI R 27/98, BFH/NV 2000, 537; zu den einzelnen Schätzungsmethoden → Rn. 103 ff.). Die tatsächliche Verständigung bindet die Beteiligten bereits vor Erlass des Schätzungsbescheids und ist vom FG zu beachten (TK § 162 Rn. 116).

VIII. Schätzung und Durchsetzung der Steuererklärungspflicht

28 **Schätzung kein Zwangsmittel.** In der Praxis verzichten die FÄ zur Durchsetzung der StErklärungspflicht häufig auf die Festsetzung von Zwangsgeldern (§§ 328 f.) und bedienen sich der Schätzung nach § 162, um den Stpfl. zur Abgabe der noch ausstehenden StErklärung zu veranlassen (auch → Rn. 53). Der Erlass eines Schätzungsbescheids ist jedoch von seiner gesetzlichen Funktion her kein Zwangsmittel zur Durchsetzung der StErklärungspflicht, sondern dient ausschl. dazu, nicht mit Sicherheit aufklärbare Besteuerungsgrundlagen mit einer größtmöglichen Wahrscheinlichkeit festzustellen (BFH 20.12.2000 – I R 50/00, BStBl. II 2001, 381; TK § 162 Rn. 13; unzutr. FG Düsseldorf 22.9.1995 – 14 K 5287/92 F, EFG 1996, 83).

29 **Verhältnis von Schätzung und Zwangsgeld.** Das FA ist nicht verpflichtet, vor dem Erlass eines Schätzungsbescheids wegen Nichtabgabe der StErklärung zunächst die Abgabe der StErklärung nach §§ 328 ff. zu erzwingen (BFH 12.1.1966 – I 269/63, BStBl. III 1966, 230; BFH 11.8.1992 – VII R 90/91, BFH/NV 1993, 346; aA BFH 15.6.1961 – VII 126/59, HFR 1961, 277; BFH 23.8.1994 – VII R 143/92, BStBl. II 1995, 194 jew. zur Durchsetzung der StErklärungspflicht des Konkursverwalters). Beide Maßnahmen stehen gleichgeordnet nebeneinander, sodass die FB je nach Lage des Falles die angemessenere Maßnahme auswählen kann (TK § 162 Rn. 13). Das Erzwingungsverfahrens nach §§ 328 ff. ist nicht vorrangig (Gosch AO § 162 Rn. 65; aA LfSt Bayern 26.2.2020, BeckVerw 465166; Rößler DStZ 1988, 199). Die Pflicht zur Abgabe einer StErklärung wird gem. § 149 I 4 durch die Schätzung nicht berührt. Die Abgabe der StErklärung kann auch nach Erlass eines Schätzungsbescheids weiterhin nach §§ 328 ff. erzwungen werden.

B. Besteuerungsgrundlagen als Gegenstand der Schätzung (Abs. 1)

I. Fehlende Ermittlung der Besteuerungsgrundlagen (Abs. 1 S. 1)

1. Besteuerungsgrundlagen im Sinne des Abs. 1 S. 1

32 **Allgemeines.** Nach dem Grundsatz des § 162 I 1 hat die FB die Besteuerungsgrundlagen zu schätzen, soweit sie diese nicht ermitteln oder berechnen kann. Die Höhe der Steuer kann dagegen nicht geschätzt werden.

33 Der **Begriff der Besteuerungsgrundlagen** iSd § 162 I 1 umfasst entspr. der Legaldefinition des § 199 I die tatsächlichen und rechtlichen Verhältnisse, die für die StPflicht und für die Bemessung der Steuer maßgebend sind (→ § 157 Rn. 21). Besteuerungsgrundlagen, die nach Abs. 1 S. 1 geschätzt werden dürfen, sind demnach in erster Linie Tatsachen. Ob und inwieweit § 162 I und II neben quantitativen auch die Schätzung qualitativer Besteuerungsmerkmale zulässt, ist sowohl in der Rspr. als auch in der Literatur nicht abschließend geklärt. Der BFH hat zuletzt mehrfach betont, dass § 162 I und II nur die Schätzung

quantitativer Größen erlaubt, nicht aber die Schätzung rein qualitativer Besteuerungsmerkmale (BFH 19.1.2017 – III R 28/14, BStBl. II 2017, 743; BFH 10.2.2015 – V B 87/14, BFH/NV 2015, 662; BFH 3.11.2010 – I R 4/10, BFH/NV 2011, 800; BFH 20.7.2010 – X B 70/10, BFH/NV 2010, 2007). Voraussetzung einer Schätzung soll daher die Gewissheit sein, dass überhaupt ein steuerlich bedeutsamer Sachverhalt vorliegt (BFH 19.1.2017 – III R 28/14, BStBl. II 2017, 743; BFH 10.2.2015 – V B 87/14, BFH/NV 2015, 662). Dagegen soll nach einem Teil der Literatur auch die Schätzung quantitativer Größen, dh des jeweiligen Grundsachverhaltes, möglich sein (Klein § 162 Rn. 9; v. Wedelstädt AO-StB 2008, 244). Andere wollen eine solche Schätzung von Grundsachverhalten nur zulassen, wenn diese innerhalb der vom Stpfl. beherrschten Sphäre liegen (TK § 162 Rn. 20; in diese Richtung dürfte auch die frühere Rspr. des BFH gehen, BFH 15.2.1989 – X R 16/86, BStBl. II 1989, 462; BFH 7.8.1985 – I R 309/82, BStBl. II 1986, 42). Diese Auffassung ist vorzugswürdig, da man anderenfalls auf die Grundzüge der Beweisvereitelung (§ 444 ZPO; vgl. FG München 11.11.2020 – 9 K 2397/18, EFG 2021, 255) entspr. zurückgreifen müsste (TK § 162 Rn. 20; Klein § 162 Rn. 9a, allerdings mit Zweifeln, ob dies zu vergleichbaren Ergebnissen führen wird), oder, ohne diesen Rückgriff, Stpfl. belohnt werden, die ihre Mitwirkungspflichten verletzen und dadurch die Aufklärung des Sachverhalts verhindern (so im Ergebnis auch BFH 21.9.2016 – V R 50/15, BStBl. II 2017, 1173). Nicht geschätzt werden darf dagegen, wenn lediglich Rechtsfragen nicht geklärt werden können, wie zB die Einordnung einer Tätigkeit als Gewerbebetrieb iSd § 15 I Nr. 1 EStG oder als Vermögensverwaltung (Schwarz/Pahlke/Keß § 162 Rn. 14).

Schätzbare Besteuerungsgrundlagen. Bei Stpfl., die Einkünfte aus Gewerbebetrieb 34
(§ 2 I Nr. 2 EStG iVm §§ 15 ff. EStG), Land- und Forstwirtschaft (§ 2 I Nr. 1 EStG iVm §§ 13 ff. EStG) oder selbständiger Arbeit (§ 2 I Nr. 3 EStG iVm § 18 EStG) erzielen, kommen **Gewinnschätzungen** in Betracht. Der Schätzung sind die jeweils einschlägigen Vorschriften zur Gewinnermittlung zu Grunde zu legen. § 162 I 1 ist keine eigenständige Gewinnermittlungsvorschrift. Ermittelt der Stpfl. seinen Gewinn zulässigerweise durch Einnahmenüberschussrechnung nach § 4 III EStG, so hat das FA die Schätzung nach dieser Gewinnermittlungsmethode durchzuführen (BFH 15.4.1999 – IV R 68/98, BStBl. II 1999, 481; BFH 19.1.1993 – VIII R 128/84, BStBl. II 1993, 594; vgl. auch EStH 4.1). Die Wahl der Gewinnermittlungsart obliegt ausschl. dem Stpfl. und nicht dem FA. Übt der Stpfl. sein Wahlrecht nicht aus, so ist der Gewinn durch Bestandsvergleich nach § 4 I EStG zu schätzen (BFH 21.7.2009 – X R 28/06, BFH/NV 2009, 1979; vgl. auch BFH 13.10.1989 – III R 30–31/85, BStBl. II 1990, 287; BFH 30.9.1980 – VIII R 201/78, BStBl. II 1981, 301). Schätzt das FA den Gewinn unter Anwendung von Richtsätzen und hat der Stpfl. im Vorjahr seinen Gewinn nach § 4 III EStG ermittelt, liegt ein Wechsel der Gewinnermittlungsart vor, mit der Folge, dass regelmäßig ein Übergangsgewinn im Jahr der Schätzung anzusetzen ist (EStR 4.6). Ermittelt der Stpfl. seinen Gewinn durch Bestandsvergleich nach §§ 4 I EStG oder nach § 5 EStG, muss sich das FA mit seiner Schätzung dem Ergebnis eines aufgrund ordnungsmäßiger Buchführung ermittelten Gewinns möglichst annähern (BFH 19.1.1993 – VIII R 128/84, BStBl. II 1993, 594). Das FA ist jedoch auch bei einer Vollschätzung nicht zur Erstellung einer Schlussbilanz verpflichtet (BFH 26.6.1986 – IV R 10/84, BFH/NV 1987, 682). Verwertbare Teile der Buchführung sind zu berücksichtigen. Nach EStR 6b.2 (4) ist eine nach § 6b III EStG gebildete Rücklage zwangsweise aufzulösen, wenn der Gewinn geschätzt werden muss, weil der Stpfl. keine Bilanz aufgestellt hat (aA Brandis/Heuermann EStG § 6b Rn. 290; Schmidt EStG § 6b Rn. 64). Schätzt das FA die Höhe einer **vGA,** muss es sich dabei an dem (hypothetischen) Verhalten eines ordentlichen und gewissenhaften Geschäftsleiters orientieren (BFH 3.2.2003 – I B 43/02, BFH/NV 2003, 1027). Ist die Buchführung der GmbH auf Grund falscher Verbuchung von Verkaufserlösen der GmbH auf dem Privatkonto des Gesellschafters nicht ordnungsgemäß, so rechtfertigt dies die Hinzuschätzung von Betriebseinnahmen bei der GmbH und die Annahme entsprechender vGA, wobei die ungeklärten Geldzugänge auf dem Privatkonto des Gesellschafters zur Bemessung der Höhe der Hin-

zuschätzung herangezogen werden können (BFH 24.1.2008 – VIII B 32/07, BFH/NV 2008, 787; vgl. auch BFH 26.2.2003 – I R 52/02, BFH/NV 2003, 1221). Dies gilt aber nicht für ungedeckte Einnahmen, die beim Gesellschafter-Geschäftsführer selbst festgestellt werden. Die Frage nach der Herkunft solcher Mittel fällt in den persönlichen Wissensbereich des Geschäftsführers. Dieses Wissen kann der GmbH nicht ohne Weiteres zugerechnet werden (BFH 26.2.2003 – I R 52/02, BFH/NV 2003, 1221; BFH 18.6.2003 – I B 178/02, BFH/NV 2003, 1450; FG Münster 18.5.2022 – 10 K 261/17 K, U, EFG 2022, 1461). Bei einem buchführungspflichtigen Landwirt, der die nach §§ 141 f. erforderlichen Bücher nicht geführt hat (sog. **Schätzungslandwirt**), kann die FB den Gewinn anhand einer anerkannten, für die betreffende Landwirtschaft brauchbaren Schätzungsmethode, wie zB anhand von Richtsätzen nach Hektarbeträgen oder nach Standarddeckungsbeiträgen schätzen (BFH 29.3.2001 – IV R 67/99, BStBl. II 2001, 484; BFH 8.11.1984 – IV R 33/82, BStBl. II 1985, 352; BFH 3.12.1981 – IV R 99/77, BStBl. II 1982, 273). Der Landwirt hat regelmäßig keinen Anspruch darauf, dass für die Veranlagung sein Gewinn durch eine Ap. nach §§ 193 ff. oder ein Sachverständigengutachten genauer ermittelt wird (BFH 8.11.1984 – IV R 33/82, BStBl. II 1985, 352). Bei einheitlichen und gesonderten **Gewinnfeststellungen** nach §§ 179, 180 I Nr. 2a bezieht sich die Schätzungsbefugnis des FA auch auf die Gewinnverteilung (FG Sachsen-Anhalt 2.9.2002 – 1 K 41/98, EFG 2003, 363).

35 Schätzt das FA im Rahmen der Festsetzung der USt den **Umsatz,** so muss es sich an der vom Stpfl. gewählten Umsatzermittlungsart ausrichten. Hat der Stpfl. keinen Antrag nach § 20 I UStG auf Berechnung der USt nach vereinnahmten Entgelten gestellt (sog. Ist-Versteuerung), so kann das FA den Umsatz nur entspr. § 16 I 1 UStG nach vereinbarten Entgelten (sog. Soll-Versteuerung) schätzen (TK § 162 Rn. 23). Nicht geschätzt werden können jedoch die tatbestandsmäßigen Voraussetzungen für die Besteuerung eines Verwendungseigenverbrauchs gem. § 1 I Nr. 1 UStG iVm § 3 IXa Nr. 1 UStG (vgl. BFH 10.6.1999 – V R 82/98, BFH/NV 1999, 1575).

36 **Steuermindernde Aufwendungen,** wie zB Betriebsausgaben (§ 4 IV EStG), Werbungskosten (§ 9 I EStG), Sonderausgaben (§§ 10 ff. EStG), außergewöhnliche Belastungen (§§ 33 ff. EStG) und **Schulden,** können ebenfalls nach § 162 I 1 geschätzt werden, wenn sie nicht ermittelt oder berechnet werden können. Zudem ist bei **gemischt beruflich (betrieblich) und privat veranlassten Aufwendungen** der beruflich veranlasste Teil unter Berücksichtigung aller maßgeblichen Umstände zu schätzten, wenn keine Zweifel bestehen, dass ein abgrenzbarer Teil der Aufwendungen beruflich veranlasst ist, sein konkreter Umfang aber nicht näher bestimmt werden kann (BFH 12.9.2009 – GrS 1/06, BStBl. II 2010, 672; BFH 21.3.2019 – VIII B 129/18, BFH/NV 2019, 812). Dies kann zB der Fall sein bei der Aufteilung von Reisekosten einer gemischt veranlassten Reise (BFH 12.9.2009 – GrS 1/06, BStBl. II 2010, 672; BFH 24.2.2011 – VI R 12/10, BStBl. II 2011, 796), bei der Ermittlung der betrieblichen (beruflichen) Aufwendungen für ein privates Kraftfahrzeug, das auch beruflich genutzt wird (BFH 7.4.1992 – VI R 113/88, BStBl. II 1992, 854; BFH 19.10.1970 – GrS 2/70, BStBl. II 1971, 17), bei der Ermittlung des beruflich veranlassten Anteils der gesamten Telekommunikationsaufwendungen eines privaten Telefon- und Internetanschlusses (vgl. BFH 19.12.1977 – VI R 198/76, BStBl. II 1978, 287; BFH 21.11.1980 – VI R 202/79, BStBl. II 1981, 131; LStR 9.1 V) sowie bei der Aufteilung der Kosten eines privat angeschafften und auch beruflich genutzten Computers (BFH 19.2.2004 – VI R 135/01, BStBl. II 2004, 958). Entsprechendes gilt bei der Ermittlung der Werbungskosten für die Reinigung typischer Berufskleidung mit einer privaten Waschmaschine (BFH 29.6.1993 – VI R 77/91, BStBl. II 1993, 837; BFH 29.6.1993 – VI R 53/92, BStBl. II 1993, 838; FG Nürnberg 24.10.2014 – 7 K 1704/13, EFG 2015, 1162), bei der Aufteilung von Kontogebühren eines gemischt genutzten Girokontos (BFH 9.5.1984 – VI R 63/80, BStBl. II 1984, 560) sowie für die Ermittlung der Aufwendungen für die Leerstandszeiten einer Ferienwohnung (BFH 6.11.2001 – IX R 97/00, BStBl. II 2002, 726). Ferner können auch die Einkunfts- und die Sonderausgaben-

sphäre im Wege der Schätzung voneinander abgegrenzt werden (vgl. BFH 22.6.1990 – VI R 2/87, BStBl. II 1990, 901 für ein häusliches Arbeitszimmer, das sowohl beruflich als auch gem. § 10 I Nr. 7 EStG zu Ausbildungszwecken genutzt wird; zur Abgrenzung BFH 27.7.2015 – GrS 1/14, BStBl. II 2016, 265 zur Aufteilung von Nutzungsanteilen). Entsprechendes gilt für die Abgrenzung der stpfl. von der steuerfreien bzw. nicht steuerbaren Sphäre (BFH 20.7.1988 – I R 49/84, BStBl. II 1989, 140 für die Abgrenzung zwischen in- und ausländischen Betriebstätten sowie BFH 24.3.1992 – VIII R 12/89, BStBl. II 1993, 18 für Schuldzinsen für ein Wertpapierdepot). Überdies können im Rahmen der USt für den VorStAbzug (§ 15 I UStG) die unternehmerische und die unternehmensfremde Nutzung eines Wirtschaftsguts geschätzt werden. Bei der Schätzung steuermindernder Posten muss der Stpfl. ggf. den Gläubiger und Zahlungsempfänger gem. § 160 benennen. § 160 ist auch anzuwenden, wenn die FB die Besteuerungsgrundlagen nach § 162 I 1 geschätzt hat (wegen der Einzelheiten hier → § 160 Rn. 10).

Bei der Festsetzung der USt ist die Schätzung von **VorStBeträgen** iSd § 15 I Nr. 1 UStG dem Grunde nach möglich, da die abziehbaren VorSt Besteuerungsgrundlage iSd § 162 I 1 sind (UStAE Abschn. 15.11 VI 3). Das Fehlen einer ordnungsgemäßen Rechnung (§ 14 UStG) kann allerdings nicht durch Schätzung korrigiert werden, da eine Schätzung immer dann ausgeschlossen ist, wenn das Vorliegen einer Besteuerungsgrundlage in einer bestimmten Form nachgewiesen werden muss (BFH 12.6.1986 – V R 75/78, BStBl. II 1986, 721; BFH 19.10.1978 – V R 39/75, BStBl. II 1979, 345; BFH 28.12.2001 – V B 148/01, BFH/NV 2002, 682; Pump/Fittkau, UStB 2008, 48; aA HHSp § 162 Rn. 29; TK § 162 Rn. 28; vgl. zu der Problematik auch EuGH 21.11.2018 – C-664/16, DStR 2018, 2524, wonach bei fehlender Rechnung die Vorsteuer nicht durch eine Schätzung aufgrund eines Sachverständigengutachtens begründet werden kann; nach BFH 15.10.2019 – V R 14/18, DStR 2020, 217 soll auch im Nachgang zur neueren EuGH-Rspr. das Rechnungserfordernis einer Schätzung der Vorsteuer entgegenstehen). Die Schätzung von VorStBeträgen kommt ausnahmsweise dann in Betracht, wenn mit ausreichender Sicherheit bewiesen ist, dass ursprünglich ordnungsgemäße Rechnungen iSd § 14 UStG vorgelegen haben, diese jedoch zB gestohlen oder durch höhere Gewalt vernichtet worden sind (FG Sachsen-Anhalt 20.2.2013 – 2 K 1037/10, DStRE 2014, 177, bestätigt durch BFH 23.10.2014 – V R 23/13, BStBl. II 2015, 313; Schwarz/Pahlke/Keß § 162 Rn. 8; s. auch UStAE 15.11 I 3). Eher missverständlich ist in diesem Zusammenhang die Aussage des BFH (BFH 19.10.1978 – V R 39/75, BStBl. II 1979, 345), dass die Person des Leistenden und dessen Unternehmereigenschaft (§ 2 UStG) nicht geschätzt werden können. Im Übrigen kommt die Anerkennung des VorStAbzugs allenfalls aus Billigkeitsgründen gem. § 163 in Betracht (s. hierzu UStAE 15.11 V). 37

Trinkgeldeinnahmen im Gastgewerbe können ebenfalls nach § 162 I 1 geschätzt werden (BFH 23.10.1992 – VI R 62/88, BStBl. II 1993, 117), soweit sie nicht ohnehin als Arbeitnehmertrinkgelder nach § 3 Nr. 51 EStG steuerfrei sind. 38

Keine Besteuerungsgrundlagen iSd § 162 I 1 sind die einbehaltene **LSt** (§§ 38 ff. EStG) oder die **KapSt** (§§ 43 ff. EStG), die nach § 36 II 2 Nr. 2 EStG auf die festgesetzte ESt angerechnet werden. Die Anrechnung ist Teil der StErhebung (BFH 14.11.1984 – I R 232/80, BStBl. II 1985, 216). Schätzt dagegen das FA zB Einkünfte aus nichtselbständiger Arbeit (§ 2 I Nr. 4 EStG iVm § 19 I EStG), so muss im Rahmen der Schätzung auch die anzurechnende LSt mit dem Betrag einbezogen werden, den der Stpfl. nach der Höhe der geschätzten Einkünfte wahrscheinlich bezahlt hätte (BFH 29.2.1996 – X B 303/95, BFH/NV 1996, 606; HHSp § 162 Rn. 5). Die Anrechnungsverfügung kann später bei besseren Erkenntnissen der FB nach § 130 korrigiert werden. Werden die Einkünfte aus nichtselbständiger Arbeit bei der Veranlagung in geringerer Höhe erfasst, als sie tatsächlich erzielt worden sind, so ist die einbehaltene LSt jedoch nur insoweit auf die ESt anzurechnen, als sie mit den bei der Veranlagung angesetzten Einkünften aus nichtselbständiger Arbeit der Höhe nach korrespondiert (BFH 10.1.1995 – VII R 41/94, BFH/NV 1995, 779; aA FG Düsseldorf 9.3.1994 – 13 K 143/90 AO, EFG 1994, 972; vgl. auch Rößler DStZ 1995, 39

153). Die Schätzung der **KiSt** in Höhe von 7 % der pauschalierten LSt (§§ 40 ff. EStG) aller Arbeitnehmer ist nicht durch § 162 gedeckt (BFH 7.12.1994 – I R 24/93, BStBl. II 1995, 507).

2. Unmöglichkeit der Ermittlung oder Berechnung der Besteuerungsgrundlagen

43 Die FB darf nur nach § 162 I 1 schätzen, wenn ihr die Ermittlung oder Berechnung der Besteuerungsgrundlagen nicht möglich ist (sog. **Vorrang der Sachverhaltsermittlung,** BFH 13.7.2010 – V B 121/09, BFH/NV 2010, 2015). Aus welchen Gründen die Besteuerungsgrundlagen nicht ermittelt oder berechnet werden können ist im Rahmen des Abs. 1 S. 1 ohne Bedeutung (Schwarz/Pahlke/Keß § 162 Rn. 16). Die Schätzung nach Abs. 1 S. 1 ist daher, im Gegensatz zu den besonderen Fallgruppen der Abs. 2–4, auch dann zulässig, wenn sich die Besteuerungsgrundlagen nicht oder nicht mit zumutbarem Aufwand ermitteln lassen, obwohl der Stpfl. seine Mitwirkungspflichten erfüllt hat (vgl. FG Schleswig-Holstein 4.2.1980 – II 223/79, EFG 1980, 242). Nicht zulässig ist eine Schätzung nach Abs. 1 S. 1, wenn Ermittlungen der FB möglich, aber zeitaufwändig sind (BFH 17.3.1994 – VI R 120/92, BStBl. II 1994, 536; Schätzung als **ultima ratio,** TK § 162 Rn. 30). Zur Schätzung gem. § 162 I 1 im Rahmen des digitalen Datenzugriffs → § 147 Rn. 38.

3. Schätzungsbefehl

46 Liegen die Voraussetzungen des § 162 I 1 vor, ist die FB aus Gründen der Gleichmäßigkeit und Gesetzmäßigkeit der Besteuerung (§ 85 S. 1) verpflichtet, die Besteuerungsgrundlagen zu schätzen („hat sie sie zu schätzen"). Ein Rechtsfolgeermessen iSd § 5 steht ihr nicht zu (→ Rn. 1). Die FB kann nicht von der Festsetzung einer Steuer absehen, nur weil sich die Besteuerungsgrundlagen nicht ermitteln lassen. Zur Schätzungspflicht des FA bei Einleitung eines Strafverfahrens gegen den Stpfl. → Rn. 11; zur Schätzungsbefugnis des FG → Rn. 131. Die FB ist nicht zur Schätzung steuermindernder Aufwendungen verpflichtet, wenn das zu überwindende Aufklärungsdefizit in die Risikosphäre des Stpfl. fällt (BFH 21.9.2016 – V R 50/15, BStBl. II 2017, 1173). Will der Stpfl. dabei auf bestimmte Erfahrungssätze zurückgreifen, muss er diese hinreichend begründen (BFH 19.1.2017 – III R 28/14, BStBl. II 2017, 743). Hiervon sind insb. die Fälle umfasst, bei denen die Sachaufklärung durch die FB an der fehlenden oder unzureichenden Mitwirkung des Stpfl. scheitert (TK § 162 Rn. 24a).

II. Berücksichtigung aller Umstände (Abs. 1 S. 2)

49 Nach § 162 I 2 hat die FB im Rahmen der Schätzung alle Umstände, die für die Schätzung von Bedeutung sind, sowohl zugunsten als auch zu Ungunsten des Stpfl. zu berücksichtigen. Die Wahrscheinlichkeit, dass eine Schätzung zutreffend ist, wird umso größer sein, je umfangreicher der zu Grunde gelegte gewisse Sachverhalt und je zuverlässiger die angewandte Schätzungsmethode ist (BFH 18.12.1984 – VIII R 195/82, BStBl. II 1986, 226). Die FB muss daher, soweit möglich, die Besteuerungsgrundlagen wenigstens teilweise ermitteln, selbst wenn eine Überprüfung von Angaben des Stpfl. während des Schätzungsverfahrens weitere Ermittlungen erforderlich macht (BFH 18.8.1960 – IV 299/58 U, BStBl. III 1960, 451; BFH 17.5.1990 – IV R 36/89, BFH/NV 1991, 646; BFH 14.9.1993 – VII R 84–85/92, BFH/NV 1994, 683). Die FB muss im Rahmen der Schätzung alle zugänglichen Unterlagen, Belege und Auskünfte des Stpfl. berücksichtigen, soweit gegen ihre Beweiskraft keine Bedenken bestehen (BFH 19.1.1993 – VIII R 128/84, BStBl. II 1993, 594; BFH 14.9.1993 – VII R 84–85/92, BFH/NV 1994, 683). Buchführungsunterlagen des Stpfl. sind selbst dann für die Schätzung von Bedeutung, wenn die Buchführung nicht den Grundsätzen ordnungsmäßiger Buchführung entspricht (BFH 19.1.1993 – VIII R 128/84, BStBl. II 1993, 594). Eine Schätzung kann daher auch zur Anerkennung von Verlusten führen (BFH 19.1.1993 – VIII R 128/84,

BStBl. II 1993, 594; BFH 18.8.1960 – IV 299/58 U, BStBl. III 1960, 451). Zur Schätzung der ErbSt bei unbekannten und noch nicht ermittelten Erben s. BFH 17.6.2020 – II R 40/17, BStBl. II 2020, 850.

C. Schätzung bei Verletzung von Mitwirkungspflichten (Abs. 2)

I. Allgemeines

Inhalt. § 162 II regelt einige in der Praxis besonders bedeutende Schätzungsfälle. Alle Fallgestaltungen des Abs. 2 betreffen die **Verletzung von Mitwirkungspflichten** des Stpfl. gegenüber der FB. § 162 II ist keine selbständige Schätzungsvorschrift. Die Regelung knüpft vielmehr an die Grundregel des Abs. 1 S. 1 an (HHSp § 162 Rn. 21; TK § 162 Rn. 32). Die Verletzung der Mitwirkungspflicht berechtigt die FB daher nur dann gem. Abs. 2 zur Schätzung, wenn sie aufgrund der Pflichtverletzung die Besteuerungsgrundlagen nicht ermitteln oder berechnen kann. Dabei reduziert sich entspr. dem Grad der Pflichtverletzung die Sachaufklärungspflicht der FB (vgl. BFH 17.10.2001 – I R 103/00, BStBl. II 2004, 171; BFH 15.2.1989 – X R 16/86, BStBl. II 1989, 462). Wenig erhellend ist in diesem Zusammenhang die Differenzierung des BFH (BFH 17.10.2001 – I R 103/00, BStBl. II 2004, 171), wonach die Verletzung einer Mitwirkungspflicht, die sich auf eine Tatbestandsvoraussetzung eines Besteuerungstatbestands bezieht, zur Reduzierung des Beweismaßes führt, während die Verletzung einer Mitwirkungspflicht, die die Rechtsfolge eines Besteuerungstatbestands betrifft, regelmäßig die Schätzung der Besteuerungsgrundlage rechtfertigt (krit. auch Seer FR 2002, 380). Eine solche Differenzierung ist entbehrlich, da § 162 selbst eine gesetzliche Beweismaßreduzierung normiert (→ Rn. 1). Die FB braucht keine unverhältnismäßigen Anstrengungen zu unternehmen, um die Beweisschwierigkeiten zu überwinden, die sich aus der Verletzung der Mitwirkungspflicht ergeben (TK § 162 Rn. 32). Andererseits darf die FB die Nichterfüllung der Mitwirkungspflicht jedoch nicht als Vorwand benutzen, um sich gänzlich von der eigenen Verantwortung für die Sachverhaltsermittlung zu entbinden (HHSp § 162 Rn. 22). Die Aufzählung der Mitwirkungspflichten in Abs. 2 ist nicht abschließend („insb."). Verletzt der Stpfl. eine nicht in Abs. 2 genannte Mitwirkungspflicht, kann die FB die Besteuerungsgrundlagen ggf. nach Abs. 1 schätzen. 52

Nichtabgabe von StErklärungen. Eine Schätzung wegen Nichtabgabe der StErklärung ist insb. dann zulässig, wenn der Stpfl. keine StErklärung abgibt und dadurch die sich aus § 149 I ergebende StErklärungspflicht verletzt (BFH 20.10.1993 – II R 59/91, BFH/NV 1994, 176). Eine Schätzung ist der FB in diesen Fällen grds. auch nicht verwehrt, wenn Geschäftsunterlagen des Stpfl., die er zur Erfüllung seiner Erklärungspflicht benötigt, beschlagnahmt worden sind (BFH 26.2.2010 – VIII B 17/08, BFH/NV 2010, 1083). Die Schätzung ist allerdings kein Zwangsmittel, um die StErklärungspflicht durchzusetzen (→ Rn. 28). Ebenso wenig sind nach § 162 Strafschätzungen zulässig (BFH 21.8.2019 – X R 16/17, BStBl. II 2020, 99; TK § 162 Rn. 36). Das FA ist bei Nichtabgabe der StErklärung, wie auch in allen übrigen Schätzungsfällen, nur dann zur Schätzung befugt, wenn es die Besteuerungsgrundlagen nicht ermitteln oder berechnen kann. Das FA muss daher den Stpfl. ernsthaft an die Abgabe der noch ausstehenden StErklärung erinnern (Schick StuW 1988, 301). Nicht erforderlich ist es jedoch, die Abgabe der StErklärung zunächst mit Zwangsmitteln (§§ 328 ff.) durchzusetzen. Bei fortdauernder Nichtabgabe von StErklärungen braucht das FA die Besteuerungsgrundlage auch nicht durch Anhörung von Dritten Personen nach § 93 zu ermitteln (vgl. FG Köln 8.2.1993 – 3 K 3313/92, EFG 1993, 444; FG Düsseldorf 18.11.1991 – 10 K 598/85 F, U, EFG 1992, 209). Der Schätzungsbescheid wegen Nichtabgabe der StErklärung kann unter dem Vorbehalt der Nachprüfung (§ 164 I) ergehen (→ § 164 Rn. 29). Das FG ist in einem Klageverfahren gegen einen Schätzungsbescheid nicht verpflichtet, auf Antrag des Stpfl. ein Sachverständigengut- 53 achten zur Höhe der Besteuerungsgrundlagen einzuholen (BFH 24.3.1998 – I B 106/97, BFH/NV 1998, 1200).

II. Verletzung von Mitwirkungspflichten im Sinne des Abs. 2 S. 1

56 **Verweigerte oder unzureichende Auskünfte.** Nach § 162 II 1 ist das FA zur Schätzung befugt, wenn der Stpfl. über seine Angaben keine ausreichende Aufklärung zu geben vermag oder weitere Auskünfte verweigert. Eine Schätzung nach Abs. 2 S. 1 ist nicht schon dann unzulässig, wenn der Stpfl. eine StErklärung abgegeben hat (BFH 23.3.1993 – I B 129/92, BFH/NV 1994, 285; BFH 12.4.1988 – VIII R 154/84, BFH/NV 1989, 636). Macht der Stpfl. zB in seiner StErklärung unverständliche oder widersprüchliche Angaben und verweigert er die vom FA nach § 93 geforderte Auskunft oder beantwortet das Auskunftsersuchen unzureichend, so ist das FA zur Schätzung befugt, sofern es mit zumutbarem Aufwand keine weiteren Beweismittel (§ 92) beschaffen kann. Eine Ap. (§§ 193 ff.) muss das FA nicht durchführen (BFH 24.11.1993 – X R 12/89, BFH/NV 1994, 766; aA Klein § 162 Rn. 22 iVm dem Verstoß gegen die Mitwirkungspflicht nach § 90 I und II). So ist das FA zB auch bei ordnungsmäßiger Buchführung ohne Anwendung einer gängigen Schätzungsmethode, wie zB einer Vermögenszuwachs- oder Geldverkehrsrechnung, berechtigt, **ungeklärte Vermögenszuwächse** im betrieblichen Bereich, wie zB ein angebliches Darlehen oder ungeklärte Bareinzahlungen auf ein betriebliches Bankkonto, die als Einlagen in das Betriebsvermögen verbucht wurden, als nicht versteuerte Einnahmen zu behandeln, wenn der Stpfl. die Darlehensgeber bzw. die Herkunft der Mittel nicht benennt (BFH 15.2.1989 – X R 16/86, BStBl. II 1989, 462; BFH 7.5.2004 – IV B 221/02, BFH/NV 2004, 1367; BFH 28.1.2009 – X R 20/05, BFH/NV 2009, 912; BFH 3.4.2013 – X B 8/12, BFH/NV 2013, 1065; BFH 13.6.2013 – X B 132–133/12, BFH/NV 2013, 1593). Etwas anderes gilt für ungeklärte Vermögenszuwächse im Privatvermögen. Hier ist bei ordnungsgemäßer Buchführung idR eine Vermögenszuwachs- oder Geldverkehrsrechnung erforderlich, um die Buchführung verwerfen zu können (BFH 3.4.2013 – X B 8/12, BFH/NV 2013, 1065; BFH 1.7.1987 – I R 284–286/83, BFH/NV 1988, 12). Bei Mitbenutzung eines privaten Kontos für betriebliche Zahlungen ist entscheidend, aus welchen Gründen dies geschieht. Ergibt sich, dass der Betriebsinhaber dafür die Veranlassung gibt, dass Betriebseinnahmen auf dem privaten Konto eingehen, liegt es in seinem Risiko- und Verantwortungsbereich, die Herkunft dort eingehender Mittelzuflüsse zu erläutern. Diese Grundsätze gelten auch dann, wenn der Betriebsinhaber das private Konto seines Ehegatten mitnutzt (BFH 28.1.2009 – X R 20/05, BFH/NV 2009, 912).

57 **Verweigerung einer Versicherung an Eides statt.** Darüber hinaus ist das FA zur Schätzung befugt, wenn der Stpfl. eine vom FA nach § 95 I angeforderte Versicherung an Eides statt verweigert. Dies ist gerechtfertigt, da die Versicherung an Eides statt nicht nach §§ 328 ff. erzwungen werden kann.

58 **Verletzung der Mitwirkungspflicht nach § 90 II.** Kommt der Stpfl. seiner gesteigerten Mitwirkungspflicht bei Auslandssachverhalten gem. § 90 II nicht nach, so ist das FA ebenfalls nach Abs. 2 S. 1 zur Schätzung befugt. Im Rahmen der Schätzung können aus der Pflichtverletzung auch Schlussfolgerungen zulasten des Stpfl. gezogen werden, die sich nicht auf bezifferbare Besteuerungsgrundlagen beschränken. Das gilt vor allem dann, wenn die Mitwirkungspflichten Tatsachen und Beweismittel aus der Wissens- und Einflusssphäre des Stpfl. betreffen (BFH 15.2.1989 – X R 16/86, BStBl. II 1989, 462; BFH 26.10.1994 – X R 114/92, BFH/NV 1995, 373; BFH 1.6.1994 – X R 73/91, BFH/NV 1995, 2). So ist das FA zB auch bei ordnungsmäßiger Buchführung berechtigt, ein angebliches Darlehen, das ein Stpfl. von einer ausländischen Domizilgesellschaft erhalten hat, als (verdeckte) Erlöse zu würdigen, wenn der Stpfl. entgegen §§ 90 II, 160 I 1 den hinter der Domizilgesellschaft stehenden Empfänger nicht benennt (FG Saarland 5.6.2002 – 1 K 291/98, EFG 2002, 948; vgl. auch BFH 1.6.1994 – X R 73/91, BFH/NV 1995, 2; → § 160 Rn. 23 und → § 160 Rn. 26). Eine Verletzung der Mitwirkungspflicht liegt auch dann vor, wenn sich

der Stpfl. weigert, einen angeblichen ausländischen Darlehensgeber namentlich zu benennen (FG Münster 9.6.2021 – 13 K 3250/19 E, EFG 2021, 1906).

III. Verletzung von Mitwirkungspflichten im Sinne des Abs. 2 S. 2

Nichtvorlage von Büchern und Aufzeichnungen. Nach § 162 II 2 sind die Be- 61
steuerungsgrundlagen insb. zu schätzen, wenn der Stpfl. Bücher und Aufzeichnungen, die er nach den StGesetzen zu führen hat, der FB nicht vorlegen kann (vgl. BFH 26.2.2004 – XI R 25/02, BStBl. II 2004, 599). Der Umfang der Buchführungs- und Aufzeichnungspflichten richtet sich nach §§ 140 ff. sowie ggf. nach den EinzelStGesetzen, wie zB nach § 22 UStG. Besteht keine Aufzeichnungspflicht, kann das FA gleichwohl nach § 162 I schätzen, wenn der Stpfl. ohne entsprechende Aufzeichnungen nicht in der Lage ist, vollständige Angaben iSd §§ 90 I 2, 150 II zu machen und das FA die Besteuerungsgrundlagen auch nicht auf andere Weise ermitteln kann (BFH 15.4.1999 – IV R 68/98, BStBl. II 1999, 481). Der Grund, warum der Stpfl. die Bücher und Aufzeichnungen nicht vorlegen kann, ist ohne Bedeutung (BFH 9.3.1994 – VIII S 9/93, BFH/NV 1995, 28; BFH 28.10.2015 – X R 47/13, BFH/NV 2016, 171). Ein Verschulden des Stpfl. ist keine Voraussetzung für eine Schätzung nach Abs. 2 S. 2 (BFH 19.7.2010 – X S 10/10 (PKH), BFH/NV 2010, 2017; BFH 26.10.2011 – X B 44/11, BFH/NV 2012, 168; BFH 3.5.2012 – III B 27/11, BFH/NV 2013, 497). Ein fehlendes Verschulden des Stpfl. kann nur im Rahmen der Schätzung als besonderer Umstand des Einzelfalls berücksichtigt werden (TK § 162 Rn. 37). Auf die Unmöglichkeit der Vorlage kann sich der Stpfl. nur dann berufen, wenn sie ihren Grund in Maßnahmen der FVerw. oder des FG hat (TK § 162 Rn. 37). Auch die vorübergehende Beschlagnahme von Unterlagen steht einer Schätzung nicht entgegen. Das FA sollte in diesen Fällen den Bescheid unter dem Vorbehalt der Nachprüfung (§ 164) erlassen (FG München 18.4.1995 – 7 K 2/93, EFG 1995, 866; zum Ermessen der FB in diesen Fällen FG Baden-Württemberg 19.5.2008 – 6 K 526/07, BeckRS 2008, 141171; FG Niedersachsen 25.8.2009 – 13 K 100/09, BeckRS 2009, 26029082, bestätigt durch BFH 24.2.2010 – VIII B 208/09, BFH/NV 2010, 1080). Sind Unterlagen vorübergehend, wie zB wegen einer Beschlagnahme im Strafverfahren, nicht erreichbar, sollte das FA einen Schätzungsbescheid zumindest gem. § 164 I 1 unter dem Vorbehalt der Nachprüfung erlassen. Abs. 2 S. 2 gilt entspr., wenn der Stpfl. der FB Bücher und Aufzeichnungen nicht vorlegen will (BFH 28.10.2015 – X R 47/13, BFH/NV 2016, 171). Für eine Schätzung ist in diesem Fall nicht erforderlich, dass die FB versucht, die Vorlage der Bücher und Aufzeichnungen nach §§ 328 ff. zu erzwingen.

Formell ordnungswidrige Buchführung. Ferner ist die FB nach § 162 II 2 zur 62
Schätzung befugt, wenn die Buchführung oder die Aufzeichnungen der Besteuerung nicht nach § 158 (bzw. Abs. 2 nF, → § 158 Rn. 2 und 12) zu Grunde gelegt werden, da sie formell ordnungswidrig sind. In diesem Fall genügen bereits ernsthafte Zweifel an der sachlichen Richtigkeit der Buchführung oder der Aufzeichnungen, um eine Schätzung vorzunehmen. Die Buchführung ist formell ordnungswidrig, wenn sie an wesentlichen Mängeln leidet (§§ 140 ff. und → § 158 Rn. 6). Für die Beurteilung der Frage, ob eine Buchführung ordnungsmäßig ist, kommt es nicht auf die formale Bedeutung eines Buchführungsmangels an, sondern auf dessen sachliches Gewicht (BFH 4.8.2010 – X B 19/10, BFH/NV 2010, 2229; BFH 14.12.2011 – XI R 5/10, BFH/NV 2012, 1921). Auch bei einem Buchführungsmangel sind im Rahmen der Schätzung alle relevanten Umstände zu berücksichtigen, die der FB bekannt sind oder in zumutbarer Weise ermittelt werden können (BFH 24.6.1997 – VIII R 9/96, BStBl. II 1998, 51). Berücksichtigt werden müssen ggf. auch die unzureichenden Buchführungsunterlagen, sodass uU auch nur eine ergänzende Schätzung erforderlich ist (BFH 13.10.1976 – I R 67/75, BStBl. II 1977, 260). Je schwerwiegender der einzelne Buchführungsmangel ist, umso gröber darf jedoch das Schätzungsverfahren nach Abs. 2 S. 2 sein (TK § 162 Rn. 40). Umfangreiche und zeitaufwändige Ermittlungen braucht die FB nicht durchzuführen. Ein Stpfl., der die Grund-

sätze der ordnungsmäßigen Buchführung verletzt, soll keinen Vorteil daraus ziehen, dass das Ausmaß der Pflichtverletzung im Nachhinein nicht mehr genau feststellbar ist (BFH 3.2.2011 – V B 132/09, BFH/NV 2011, 760). Hat das FA zB wegen mangelhafter Kassenführung geschätzt, braucht es keine weiteren Ermittlungen anzustellen, wenn sich der Stpfl. erstmals nach über einem Jahr gegen das Schätzungsergebnis mit dem allg. Einwand wendet, es seien nicht alle baren Betriebsausgaben verbucht worden (BFH 10.5.1961 – IV 101/60 U, BStBl. III 1961, 321; s. auch FG Saarland 15.7.2003 – 1 K 174/00, EFG 2003, 1437). Eine Schätzung scheidet allerdings aus, wenn die durch die Fehler der Buchführung verursachten Unklarheiten und Zweifel durch anderweitige zumutbare Ermittlungen beseitigt werden können (BFH 14.12.2011 – XI R 5/10, BFH/NV 2012, 1921). Ebenso kommt eine Schätzung nicht in Betracht, wenn der Stpfl. darauf vertrauen konnte, dass er von einer durch Verwaltungsvorschrift eingeräumten Erleichterung der Aufzeichnungspflicht Gebrauch machen durfte (BFH 16.9.2024 – III R 28/22, BStBl. II 2025, 64). Bei ordnungswidriger Buchführung ist der Stpfl. nicht verpflichtet, selbst eine Schätzung vorzunehmen. Er muss lediglich gezielte Fragen der FB beantworten (TK § 162 Rn. 43). Auch freiwillig durch den Stpfl. geführte Aufzeichnungen können bei Mängeln eine Schätzungsbefugnis begründen (BFH 13.3.2013 – X B 16/12, BFH/NV 2013, 902).

63 Das Ergebnis einer **formell ordnungsmäßigen Buchführung** ist nur dann nicht der Besteuerung zu Grunde zulegen, wenn das FA die Vermutung der sachlichen Richtigkeit der Buchführung (§ 158) widerlegt hat (→ § 158 Rn. 12 ff.). Ist das Ergebnis der Buchführung sachlich richtig, darf nicht geschätzt werden. Es müssen demnach stets zwei Schritte getrennt werden (HHSp § 158 Rn. 6; TK § 158 Rn. 39): zunächst muss die vollständige oder teilweise Verwerfung der Buchführung und im Anschluss die Frage der Schätzung geklärt werden.

64 **Keine Zustimmung nach § 93 VII Nr. 5.** Durch das UntStRefG 2008 ist § 162 II 2 ergänzt worden. Die Ergänzung steht in engem sachlichem Zusammenhang mit der Änderung des Kontenabrufs nach § 93 VII und tritt, wie diese, gem. Art. 14 UntStReFG am 1.1.2009 in Kraft. Nach der Ergänzung des Abs. 2 S. 2 wird nunmehr wegen der Beweisnähe des Stpfl. auch dann eine Schätzung der Besteuerungsgrundlagen ermöglicht, wenn konkrete Anhaltspunkte für die Unrichtigkeit oder Unvollständigkeit der Angaben des Stpfl. zu stpfl. Einnahmen oder Betriebsvermögensmehrungen bestehen und der Stpfl. keine Zustimmung zu einem Kontenabruf nach § 93 VII Nr. 5 erteilt (BT-Drs. 16/4841, 84). Konkrete Anhaltspunkte verlangen auf den Einzelfall bezogene Umstände. Auf bloße Erfahrungswerte kann in diesem Zusammenhang nicht zurückgegriffen werden. Ein bestimmter Wahrscheinlichkeitsgrad ist allerdings nicht gefordert (Gosch AO § 162 Rn. 252). Zum Kontenabruf im Einzelnen → § 93 Rn. 30 ff.

IV. Verletzung von Mitwirkungspflichten nach Abs. 2 Satz 3 bei Geschäftsbeziehungen zu Steueroasen

65 **§ 162 II 3** wurde durch das Gesetz zur Abwehr von Steuervermeidung und unfairem Steuerwettbewerb und zur Änderung weiterer Gesetze v. 25.6.2021 (Steueroasen-Abwehrgesetz, BGBl. 2021 I 2056) weitgehend neu gefasst. Während die frühere, durch das StHBekG v. 29.7.2009 (BGBl. 2009 I 2302) eingeführte Fassung im Wesentlichen an die Verletzung von Mitwirkungspflichten nach § 90 II 3 anknüpfte, greift die aktuelle Fassung nunmehr auf die sich aus § 12 StAbwG ergebenden gesteigerten Mitwirkungspflichten zurück. Durch § 2 StAbwV werden einzelne, nach Auffassung des Gesetzgebers steuerlich nicht kooperative Staaten (hierzu zählen aktuell ua die Bahamas oder Panama) festgelegt. Unterhält der Stpfl. Geschäftsbeziehungen zu diesen Staaten, muss er über die sich aus § 90 ergebenden Mitwirkungspflichten hinaus einer gesteigerten Mitwirkungspflicht genügen. Die einzelnen Aufzeichnungspflichten sind in § 12 II 1 StAbwG festgelegt. Die hiernach zu führenden Aufzeichnungen sind der FB oder dem BZSt nach § 12 II 2 StAbwG spätestens ein Jahr nach Ablauf des betreffenden Wirtschafts-/Kalenderjahres vorzulegen.

Verletzt der Stpfl. diese Aufzeichnungspflichten, enthält § 162 II 3 die widerlegbare Vermutung, dass stpfl. Einkünfte entweder nicht oder zu niedrig erklärt wurden. Durch diese Vermutung wird die Schätzung dem Grunde nach erleichtert. Für die Höhe des festzusetzenden Hinzuschätzungsbetrags bedarf es aber eines plausiblen Wahrscheinlichkeitsurteils (TK § 164 Rn. 43c). Die Vorschrift ist nach Art. 97 § 22 IV EGAO erstmals auf Besteuerungszeiträume anzuwenden, die nach dem 31.12.2021 beginnen. Für einzelne Staaten, die zum 1.1.2022 nicht auf der Liste der nicht kooperativen Staaten geführt wurden, ist die Regelung ab dem 1.1.2023 anzuwenden (Klein § 162 Rn. 30).

V. Unsicherheitszuschläge

Die FB ist berechtigt, bei einer Schätzung wegen Verletzung von Mitwirkungspflichten 66 iSd § 162 II bei der Ausfüllung ihres Beurteilungsspielraums an der für den Stpfl. ungünstigsten Grenze zu bleiben, indem sie je nach Einzelfall von mehreren möglichen Wertansätzen (Schätzungsrahmen) eine für den Stpfl. nachteilige, aber noch mögliche Besteuerungsgrundlage feststellt (BFH 29.3.2001 – IV R 67/99, BStBl. II 2001, 484; BFH 20.12.2000 – I R 50/00, BStBl. II 2001, 381; BFH 1.10.1992 – IV R 34/90, BStBl. II 1993, 259; BFH 9.3.1967 – IV 184/63, BStBl. III 1967, 349). Dies geschieht durch den Ansatz von Unsicherheitszuschlägen. Die Vernachlässigung der Mitwirkungspflichten darf nicht dazu führen, dass nachlässige Stpfl. gegenüber denjenigen einen Vorteil erzielen, die ihre Mitwirkungspflichten ordnungsgemäß erfüllen (BFH 1.10.1992 – IV R 34/90, BStBl. II 1993, 259; BFH 9.3.1967 – IV 184/63, BStBl. III 1967, 349). Ein Stpfl. muss es daher hinnehmen, dass die mit jeder Schätzung verbundenen Unsicherheiten zu seinem Nachteil ausschlagen, wenn er durch die Verletzung seiner Mitwirkungspflichten die Schätzung veranlasst hat (vgl. BFH 18.12.1984 – VIII R 195/82, BStBl. II 1986, 226; BFH 26.4.1983 – VIII R 38/82, BStBl. II 1983, 618; BFH 12.12.2017 – VIII R 6/14, DStRE 2018, 557). In diesen Fällen ist regelmäßig anzunehmen, dass der Stpfl. etwas zu verbergen hat (BFH 29.3.2001 – IV R 67/99, BStBl. II 2001, 484; BFH 20.12.2000 – I R 50/00, BStBl. II 2001, 381; BFH 1.10.1992 – IV R 34/90, BStBl. II 1993, 259). Macht ein Haftungsschuldner keine oder nur unvollständige Angaben zur Feststellung des Haftungsumfangs, kann er sich nur begrenzt auf Schätzungsfehler des FA berufen (BFH 25.5.2004 – VII R 8/03, BFH/NV 2004, 1498). Die Unsicherheitszuschläge dürfen daher umso höher sein, je stärker das Verschulden des Stpfl. zu werten ist (vgl. BFH 1.10.1992 – IV R 34/90, BStBl. II 1993, 259). Eine Schätzung erweist sich erst dann als rechtswidrig, wenn sie den durch die Umstände des Falles gezogenen Schätzungsrahmen verlässt. Das FA darf sich dabei auch am oberen Schätzungsrahmen orientieren (BFH 1.12.1998 – III B 78/97, BFH/NV 1999, 741). Allerdings darf die Mitwirkungspflichtverletzung des Stpfl. das FA nicht zu einer Strafschätzung veranlassen, indem es bewusst zum Nachteil des Stpfl. schätzt (BFH 1.10.1992 – IV R 34/90, BStBl. II 1993, 259). Ziel der Schätzung bleibt, auch bei einer Mitwirkungspflichtverletzung des Stpfl., die Besteuerungsgrundlagen festzustellen, für die die größtmögliche Wahrscheinlichkeit spricht (→ Rn. 4).

D. Schätzung bei Sachverhalten mit Auslandsbezug (Abs. 3)

I. Allgemeines

Inhalt. § 162 III regelt die Folgen der Verletzung von Mitwirkungspflichten bei Vorgängen mit Auslandsbezug nach § 90 III. § 90 III normiert besondere Aufzeichnungspflichten bei Geschäftsbeziehungen des Stpfl. mit ihm nahestehenden Personen iSd § 1 II AStG (§ 90 III 1–3) und bei der Aufteilung von Gewinnen zwischen inländischen Unternehmen und dessen ausländischer Betriebstätte bzw. der inländischen Betriebstätte und dessen ausländischem Unternehmen (§ 90 III 4). Wegen der weiteren Einzelheiten hierzu → § 90 Rn. 24 ff. 69

70 **Anwendbarkeit.** § 162 III 1–2 sowie § 162 IV wurden durch das StVergAbG eingefügt. Abs. 3–4 idF des StVergAbG gelten gem. Art. 97 § 22 S. 2 EGAO erstmals für Wirtschaftsjahre, die nach dem 31.12.2003 beginnen, frühestens sechs Monate nach Inkrafttreten der Rechtsverordnung iSd § 90 III 11. Aufgrund des § 90 III 11 ist zum 30.6.2003 die GaufzV in Kraft getreten (→ § 90 Rn. 33), sodass es für die Anwendbarkeit des § 162 III–IV idF des StVergAbG bei dem in Art. 97 § 22 S. 2 EGAO genannten Zeitpunkt bleibt. Die Vorschrift wurde (zusammen mit Abs. 4) durch das Anti-BEPS-Umsetzungsgesetz vom 20.12.2016 (BGBl. 2016 I 3000) an die Änderungen in § 90 III angepasst.

II. Vermutung steuerpflichtiger Einkünfte (Abs. 3 S. 1)

72 **Allgemeines.** § 162 III 1 begründet bei der Nichtvorlage der nach § 90 III vorgeschriebenen Aufzeichnungen die – widerlegbare – Vermutung, dass die Einkünfte des Stpfl. aus Geschäftsbeziehungen zu nahestehenden Personen (§ 1 II AstG) durch das Nahestehen gemindert wurden (BT-Drs. 15/119, 52). Die Vermutung des § 162 III 1 gilt auch, wenn die Aufzeichnungen im Wesentlichen unverwertbar sind oder wenn festgestellt wird, dass der Stpfl. Aufzeichnungen entgegen § 90 III 3 nicht zeitnah erstellt hat. Überdies gilt § 162 III 1 entspr., wenn der Stpfl. Aufzeichnungen iSd § 90 III nicht vorlegen will. Die Vermutung des Abs. 3 S. 1 erfordert nicht, dass die FB versucht, die Vorlage der Aufzeichnungen nach §§ 328 ff. zu erzwingen. Gemeinschaftsrechtlich werden Stpfl., die von ihrer Niederlassungsfreiheit (Art. 49 ff. AEUV) Gebrauch machen, durch Abs. 3 S. 1 nicht diskriminiert, da auch bei Inlandsfällen die Verletzung von Mitwirkungspflichten zu einem geminderten Beweismaß führt (Hahn/Suhrbier-Hahn IstR 2003, 84; auch → Rn. 1). Die Vorschrift ist unionsrechtsmäßig (BFH 10.4.2013 – I R 45/11, BStBl. II 2013, 771).

73 **Vermutung.** Nach Abs. 3 S. 1 wird vermutet, dass die im Inland stpfl. Einkünfte, zu deren Ermittlung die Aufzeichnungen iSd § 90 III dienen, höher sind als die erklärten Einkünfte, weil zB die Verrechnungspreise nicht dem angemessenen Preis nach dem Grundsatz des Fremdvergleichs entsprechen. (BT-Drs. 15/119, 52). Durch die Neuregelung des § 162 III 1 soll klargestellt werden, dass die Vermutung nur greift, wenn sich die Verletzung von Mitwirkungspflichten auf die Aufzeichnungen für einzelne Geschäftsvorfälle bezieht (BT-Drs. 18/9536, 43). Hierin liegt im Vergleich zur früheren Regelung eine Einschränkung dahingehend, dass die Verletzung von Mitwirkungspflichten, die keinen konkreten Geschäftsvorfall betreffen, weder eine Schätzung noch einen Strafzuschlag (§ 162 IV) begründen können (Ditz/Quilitzsch DStR 2017, 281). Zugleich wird der Anwendungsbereich dadurch erweitert, dass bei nicht ausreichender Dokumentation einzelner Geschäftsvorfälle eine ansonsten in ihrer Gesamtschau ordnungsgemäße Dokumentation eine Schätzungsbefugnis nicht ausschließt (TK § 162 Rn. 70).

74 **Widerlegung der Vermutung.** Der Stpfl. behält nach Abs. 3 S. 1 die Möglichkeit, die Vermutung, dass seine Einkünfte höher sind als erklärt, zu widerlegen. Hierzu muss er nachweisen, dass er seine Einkünfte sachlich zutreffend erklärt hat, indem er zB die Angemessenheit seiner Verrechnungspreise darlegt (BT-Drs. 15/119, 52).

III. Schätzungsrahmen in den Fällen des Abs. 3 S. 1 (Abs. 3 S. 2)

77 **Schätzungsbefehl.** Nach § 162 III 2 HS 1 ist die FB in den Fällen des Abs. 3 S. 1 zur Schätzung befugt, da sie die Besteuerungsgrundlagen außerhalb ihres hoheitlichen Einwirkungsbereichs regelmäßig nicht mit zumutbarem Aufwand wird aufklären können.

78 **Schätzungsrahmen.** Darüber hinaus stellt Abs. 3 S. 2 Hs. 2 klar, dass die FB bei der Schätzung ihren Schätzungsrahmen durch Unsicherheitszuschläge zulasten des Stpfl. ausschöpfen darf. Abs. 3 S. 2 trägt damit insb. Dem Umstand Rechnung, dass sich bei der Gewinnabgrenzung zwischen verbundenen Unternehmen in der Praxis regelmäßig kein zutreffender Verrechnungspreis zu Grunde legen lässt, da Fremdvergleichspreise am Markt variieren und sich daher allenfalls Preisspannen feststellen lassen (BT-Drs. 15/119, 52). Die

Regelung des Abs. 3 S. 2 führt gemeinschaftsrechtlich nicht zur Diskriminierung von Stpfl., die von ihrer Niederlassungsfreiheit (Art. 49–55 AEUV) Gebrauch machen. Auch in Inlandsfällen darf die FB im Rahmen der Schätzung bei der Ausfüllung ihres Beurteilungsspielraums an der für den Stpfl. ungünstigsten Grenze bleiben (Hahn/Suhrbier-Hahn IstR 2003, 84; → Rn. 66). Die Rspr. des BFH (BFH 17.10.2001 – I R 103/00, BStBl. II 2004, 171), wonach das FA die objektive Beweislast für den maßgeblichen Fremdvergleichspreis trägt und sich im Rahmen einer Schätzung regelmäßig an dem für den Stpfl. günstigeren Ober- und Unterwert der Bandbreite von Fremdvergleichspreisen orientieren muss, ist durch die Regelung des Abs. 3 S. 1 überholt.

IV. Verletzung von Mitwirkungspflichtigen durch nahestehende Personen (Abs. 3 S. 3)

§ 162 III 3 ist durch das UntStRefG 2008 angefügt worden. Abs. 3 S. 3 ermöglicht auch dann eine Schätzung auf den für den Stpfl. ungünstigsten Punkt eines Schätzungsrahmens, wenn der Sachverhalt wegen Verletzung der Mitwirkungspflichten gem. § 90 II oder der Auskunftspflichten gem. § 93 I einer ausländischen nahestehenden Person nicht aufgeklärt werden kann. Durch Abs. 3 S. 3 soll ausgeglichen werden, dass es der FB in diesen Fällen häufig kaum möglich ist, die Mitwirkungs- und Auskunftspflichten gegenüber der ausländischen nahestehenden Person durchzusetzen (BT-Drs. 16/4841, 84). Ein Verschulden des Stpfl. ist, anders als bei Abs. 4, nicht erforderlich (Klein § 162 Rn. 40; zurecht krit. TK § 162 Rn. 70, wonach auch im Bereich des Abs. 3 S. 3 die Verhältnismäßigkeit und Zumutbarkeit einer steuererhöhenden Schätzung zu prüfen ist). 79

E. Festsetzung eines Zuschlags in den Fällen des Abs. 3 (Abs. 4)

Allgemeines. § 162 IV 1 bestimmt, dass bei Verletzung der Mitwirkungs- und Aufzeichnungspflichten nach § 90 III ein Zuschlag zur Steuer festzusetzen ist und sanktioniert damit ein Fehlverhalten bei Auslandssachverhalten. Den Zuschlag setzt die FB innerhalb der von Abs. 4 S. 2–6 bestimmten Grenzen nach ihrem pflichtgemäßen Ermessen (§ 5) fest. Sind die Voraussetzungen des Abs. 4 erfüllt, hat die FB den Zuschlag festzusetzen. Ein Entschließungsermessen hinsichtlich des „ob" einer Festsetzung besteht dann nicht (BFH 15.2.2022 – I B 55, 56/21 (AdV), BFH/NV 2022, 801; Klein § 164 Rn. 81). § 162 IV ist deplatziert. Systematisch gehört die Vorschrift zu § 90 III und nicht zur Schätzungsbefugnis nach Abs. 3. Zur erstmaligen Anwendung des Abs. 4 → Rn. 70. 81

EU-Recht. § 164 IV wurde in der Literatur vielfach als unionsrechtswidrig angesehen (s. hierzu die Vorauflage; ebenso TK § 162 Rn. 82; Joecks/Kaminski IstR 2004, 65; Lüdicke IstR 2003, 433; Hahn/Suhrbier-Hahn IstR 2003, 84; Schnorberger DB 2003, 1241). Das FG Bremen 7.7.2021 – 2 K 187/17 (3), EFG 2021, 1665 hat diese Bedenken geteilt und dem EuGH die Frage vorgelegt, ob die in Abs. 4 geregelte Möglichkeit eines Zuschlags bei Nichtvorlage einer Verrechnungspreisdokumentation einen Verstoß gegen die Niederlassungs- und/oder die Dienstleistungsfreiheit bedeuten könne. Dies hat der EuGH (EuGH 13.10.2022 – C-431/21, DStR 2022, 2138) zwischenzeitlich dahingehend beantwortet, dass § 164 IV ausschließlich im Hinblick auf die Niederlassungsfreiheit und nicht auf die Dienstleistungsfreiheit zu prüfen ist. Art. 49 AEUV steht einem Zuschlag nach § 164 IV aber nicht entgegen. Zwar kann der Zuschlag eine Beschränkung der Niederlassungsfreiheit darstellen. Diese ist aber durch zwingende Gründe des Allgemeininteresses gerechtfertigt und daher zulässig. 82

Zweck und Rechtsnatur. Der Zuschlag iSd § 162 IV ist, ähnlich wie der Verspätungszuschlag (§ 152), ein Druckmittel eigener Art und keine Strafe für die Verletzung der Mitwirkungspflichten iSd § 90 III (aA Hahn/Suhrbier-Hahn IstR 2003, 84). Er dient in erster Linie dazu, den Stpfl. zur Erstellung und fristgerechten Vorlage der Dokumentationen nach § 90 III anzuhalten (BT-Drs. 15/119, 53; s. auch § 162 IV 4). Daneben be- 83 zweckt der Zuschlag auch einen gewissen Ausgleich der aus der Nichterfüllung der Mitwirkungs- und Aufzeichnungspflichten iSd § 90 III gezogenen Vorteile (s. § 162 IV 4). Materiell-rechtlich ist der Zuschlag, wie der Verspätungszuschlag, eine steuerliche Nebenleistung iSd § 3 IV. Seine Festsetzung erfolgt durch VA. Zum Rechtsschutz → Rn. 137 ff.

84 Nach **§ 162 IV 1** ist ein Mindestzuschlag von 5.000 EUR festzusetzen, wenn der Stpfl. keine Aufzeichnungen iSd § 90 III vorlegt oder wenn die Aufzeichnungen im Wesentlichen unverwertbar sind (BT-Drs. 15/481, 18). Mit der Änderung der Vorschrift durch das Anti-BEPS-Umsetzungsgesetz wurde parallel zu Abs. 3 S. 1 klargestellt, dass ein Zuschlag nur festzusetzen ist, wenn sich die Verletzung der Mitwirkungspflichten auf die Aufzeichnungen über einzelne Geschäftsvorfälle bezieht (BT-Drs.18/9536, 43). Hierin ist einerseits eine Einschränkung, andererseits aber auch eine Ausweitung des Anwendungsbereichs zu sehen (→ Rn. 73; TK § 162 Rn. 74). Die Vorschrift wurde zuletzt durch das Vierte Bürokratieentlastungsgesetz (BGBl. 2024 I Nr. 323) dahingehend ergänzt, dass zu den vorzulegenden Aufzeichnungen auch die Transaktionsmatrix nach § 90 III 2 Nr. 1 zählt. Inhaltlich geht es um eine Dokumentation von Verrechnungspreisen für Unternehmen mit grenzüberschreitenden Leistungsbeziehungen (Gruber/Wolf DB 2025, 218). Zur erstmaligen Anwendung ab 1.1.2015 s. Art. 97 § 37 V EGAO. Allg. zur Neuregelung des § 90 III 2 Nr. 1 BMF 2.4.2025, DStR 2025, 1045 und → § 90 Rn. 28.

85 Nach **§ 162 IV 2** beträgt der Zuschlag mindestens 5 % und höchstens 10 % des Mehrbetrags der Einkünfte, der sich nach einer Schätzung gem. Abs. 3 S. 2 ergibt, sofern der Zuschlag aufgrund der Schätzung den Mindestzuschlag von 5.000 EUR übersteigt. Die Regelung knüpft an das Mehrergebnis aus einer Ap. (§§ 193 ff.) an (BT-Drs. 15/481, 18; s. auch § 90 III 6).

85a Durch das Gesetz zur Umsetzung der Richtlinie (EU) 2021/514 vom 22. März 2021 zur Änderung der Richtlinie 2011/16/EU über die Zusammenarbeit der Verwaltungsbehörden im Bereich der Besteuerung und zur Modernisierung des Steuerverfahrensrechts (im Folgenden: DAC 7-Umsetzungsgesetz, BGBl. 2022 I 2730) wurde ein neuer **§ 162 IV 3** eingefügt. Dieser übernimmt die Regelung des früheren § 162 IV 7, wonach der Zuschlag regelmäßig nicht erst mit der StFestsetzung, sondern bereits nach Abschluss der Ap. festzusetzen ist. Zur erstmaligen Anwendung (grds. ab 1.1.2025) s. Art. 97 § 37 II und III EGAO).

86 **§ 162 IV 4** bestimmt die Höhe des Zuschlags bei verspäteter Vorlage verwertbarer Aufzeichnungen. Der Zuschlag kann nach Hs. 1 in diesen Fällen bis zu 1.000.000 EUR betragen. Der Zuschlag beträgt in diesen Fällen mindestens 100 EUR für jeden vollen Tag der Verspätung. Wie man dem durch das DAC 7-Umsetzungsgesetz (BGBl. 2022 I 2730, → Rn. 85a) neu eingefügten Hs. 2 entnehmen kann, kann der Zuschlag auch in Teilbeträgen festgesetzt werden. Hierdurch soll im Zusammenspiel mit S. 3 eine zeitliche Differenzierung hinsichtlich des Zeitpunkts, in dem der Zuschlag festzusetzen ist, eingeführt werden: Werden keine Aufzeichnungen vorgelegt oder sind diese unverwertbar, ist der Zuschlag nach § 162 IV 3 nach Abschluss der Ap. festzusetzen. Bei verspäteter Vorlage von verwertbaren Aufzeichnungen ist der Zuschlag dagegen bereits nach der Fristüberschreitung festzusetzen. Durch die Vorschrift sollen die Stpfl. angehalten werden, die Aufzeichnungspflichten pünktlich zu erfüllen (BT-Drs. 20/3436, 88). Zur Anwendung der Vorschrift siehe Art. 97 § 37 II und III EGAO (grds. erst für St und StVergütungen, die **nach dem 31.12.2024** entstehen; häufig dürfte aber die Ausnahme nach Abs. 3 zur Anwendung kommen).

87 **§ 162 IV 4 (bzw. 5 nF)** enthält für die Festsetzung des Zuschlags klarstellende Hinweise zur Ermessensausübung (§ 5). Die Regelung hat nur Bedeutung, soweit Abs. 4 der FB Ermessen einräumt, weil der Mindestzuschlag nach Abs. 4 S. 1 überschritten werden kann (zu den allg. Kriterien der Ermessensausübung → § 5 Rn. 20 ff.). Bei der Ermessensausübung muss die FB zunächst den Zweck des Zuschlags berücksichtigen, den Stpfl. zur Erstellung und fristgerechten Vorlage der Aufzeichnungen iSd § 90 III anzuhalten. Daneben sind im Rahmen der Ermessensausübung die Vorteile, die der Stpfl. aus der Verletzung seiner Mitwirkungs- und Aufzeichnungspflichten gem. § 90 III gezogen hat, von Bedeutung. In erster Linie handelt es sich hierbei um einen Zinsgewinn. Die kumulierende Wirkung von Zinsen iSd § 233a, Zwangsgeldern, Bußgeldern oder Geldstrafen muss angemessen berücksichtigt werden (zur Ermittlung des Zinsvorteils → § 152 Rn. 75). Bei verspäteter Vorlage verwertbarer Aufzeichnungen ist die Dauer der Fristüberschreitung ein Indiz für das Maß des Verschuldens.

Nach **§ 162 IV 5 (bzw. 6 nF)** ist von der Festsetzung eines Zuschlags abzusehen, wenn die Nichterfüllung der Mitwirkungs- und Aufzeichnungspflichten nach § 90 III entschuldbar erscheint oder nur ein geringfügiges Verschulden vorliegt. In den Fällen des § 162 III 3 kommt mangels eines Verschuldens des Stpfl. die Festsetzung eines Zuschlags nicht in Betracht (BT-Drs. 16/4841, 84; → Rn. 79). Der Begriff des Verschuldens ist ein unbestimmter Rechtsbegriff. Der Vorschrift liegt ein subjektiver Verschuldensbegriff zu Grunde. Er umfasst Vorsatz und Fahrlässigkeit. Auf die zum Verschuldensbegriff des § 110 I entwickelten Grundsätze kann im Rahmen des Abs. 4 S. 5 zurückgegriffen werden. Hinsichtlich des Verschuldens trifft den Stpfl. eine erhöhte Darlegungslast, da die Umstände, die die Nichterfüllung der Pflichten aus § 90 III entschuldbar erscheinen lassen oder die Geringfügigkeit des Verschuldens begründen, regelmäßig im persönlichen Bereich des Stpfl. liegen (→ § 152 Rn. 56). Die FB trifft insoweit – trotz der Pflicht zur Amtsermittlung (§ 88) – keine abschließende Ermittlungspflicht, da es nach Abs. 4 S. 5 genügt, dass die Nichterfüllung der Pflichten aus § 90 III entschuldbar erscheint. 88

Nach **§ 162 IV 6 (bzw. 7 nF)** muss sich der Stpfl. das Verschulden seines gesetzlichen Vertreters (§ 34) oder seines Erfüllungsgehilfen an der Nichterfüllung der Pflichten aus § 90 III zurechnen lassen. Erfüllungsgehilfen iSd Abs. 4 S. 6 sind rechtsgeschäftlich bestellte Vertreter (§ 80). Hierzu können auch Angehörige der steuerberatenden Berufe (§ 3 StBerG) gehören. Beispiele für ein Verschulden des Vertreters oder Erfüllungsgehilfen → § 152 Rn. 61. 89

F. Festsetzung eines Zuschlags bei Verletzung der Mitwirkungspflichten nach § 12 StAbwG (Abs. 4a)

Durch das Gesetz zur Abwehr von Steuervermeidung und unfairem Steuerwettbewerb und zur Änderung weiterer Gesetze v. 25.6.2021 (BGBl. 2021 I 2056) wurde **§ 162 IVa** neu eingefügt. Die Vorschrift soll der FB die Möglichkeit geben, bei Verletzung der Mitwirkungspflichten nach § 12 StAbwG einen Zuschlag festzusetzen und auf diese Weise die pünktliche Erfüllung dieser Pflichten sichern (BR-Drs. 272/21, 27). § 162 IVa setzt dies in S. 1 durch einen Verweis auf die Zuschlagsregelung nach § 162 IV um. Vergleichbar zur Regelung des § 162 IV 5 (bzw. 6 nF, → Rn. 88) sieht S. 2 eine Ausnahme vor, wenn die Nichterfüllung der Mitwirkungspflichten entschuldbar erscheint oder das Verschulden nur geringfügig ist (zum Verschuldensbegriff → Rn. 88). Nach S. 3 wird das Verschulden eines gesetzlichen Vertreters oder eines Erfüllungsgehilfen zugerechnet. Die Vorschrift ist nach Art. 97 § 22 IV EGAO erstmals auf Besteuerungszeiträume anzuwenden, die nach dem 31.12.2021 beginnen. 91

G. Schätzung vor Ergehen eines Grundlagenbescheids (Abs. 5)

§ 162 V erweitert in den Fällen des § 155 II die Schätzungsmöglichkeiten der FB. Nach Abs. 5 ist eine Schätzung auch dann zulässig, wenn nach § 155 II ein Folgebescheid vor einem notwendigen Grundlagenbescheid (§ 171 X) ergeht. Wegen der Einzelheiten zur Schätzung nach §§ 155 II, 162 V s. zunächst → § 155 Rn. 43 ff. Geschätzt werden bei dem Erlass des Folgebescheids nach § 162 V die Besteuerungsgrundlagen, die durch den Grundlagenbescheid festzustellen sind. Die Schätzung nach §§ 155 II, 162 V knüpft nicht 92 an die Voraussetzungen des § 162 I–IV an. Deshalb können die Besteuerungsgrundlagen nicht nur der Höhe, sondern auch dem Grunde nach geschätzt werden (BFH 20.7.2010 – X B 70/10, BFH/NV 2010, 2007). Die Schätzung nach § 162 V ist, im Gegensatz zur Schätzung nach § 162 I–IV, als vorläufige Maßnahme konzipiert und setzt insb. Nicht voraus, dass die Besteuerungsgrundlagen nicht oder nicht in zumutbarer Weise ermittelt werden können (BFH 12.11.2003 – X B 57/03, BFH/NV 2004, 602). Bei der Schätzung nach § 162 V muss das FA versuchen, dasjenige Ergebnis des Grundlagenbescheids zu treffen, das nach dem gegenwärtigen Verfahrensstand als das wahrscheinlichste erscheint (Schwarz/Pahlke/Keß § 162 Rn. 139; aA FG Münster 17.4.1986 – XII 7739/85 V, EFG 1987, 3). In erster Linie muss es sich daher an einer für den Folgebescheid abgegebene StErklärung orientieren (BFH 3.8.2000 – III B 179/96, BStBl. II 2001, 35). Bestehen Zweifel, ob die StErklärung inhaltlich richtig ist, darf sich das FA im Wege der Amtshilfe an das für den Erlass des Grundlagenbescheids zuständige FA wenden und ggf. die Besteuerungsgrundlagen abw. Von der StErklärung schätzen (TK § 162 Rn. 88; auch → § 155 Rn. 47).

H. Schätzungsverbote

95 **Allgemeines.** Soweit die Gewährung steuermindernder oder -begünstigender Rechtsfolgen von einem bestimmten Nachweis abhängt, ist eine Schätzung der jeweiligen Besteuerungsgrundlagen nach § 162 regelmäßig ausgeschlossen. Andernfalls würde durch die Reduzierung des Beweismaßes die Nachweispflicht ad absurdum geführt (Martin BB 1986, 1021). Ausnahmsweise kann sich jedoch durch Auslegung des jeweiligen materiellen Rechts ergeben, dass trotz einer Nachweispflicht kein Schätzungsverbot besteht (ähnlich HHSp § 162 Rn. 29; TK § 162 Rn. 91).

96 **Beispiele.** Im Rahmen der ESt wird zB durch die Listenpreisregelung in § 6 I Nr. 4 S. 2 EStG die Schätzung des privaten Nutzungsanteils an einem betrieblichen Kraftfahrzeug nach § 162 jedenfalls für den Regelfall ausgeschlossen, da der Stpfl. nach § 6 I Nr. 4 S. 3 EStG eine hiervon abweichende private Nutzung nur durch Vorlage eines ordnungsgemäßen Fahrtenbuchs nachweisen kann (BFH 24.2.2000 – III R 59/98, BStBl. II 2000, 273; BFH 1.3.2012 – VI R 33/10, BStBl. II 2012, 505). Im Rahmen der USt kann dagegen beim Verwendungseigenverbrauch iSd § 3 Ixa 1 Nr. 1 UStG die Bemessungsgrundlage (§ 10 IV Nr. 2 UStG) nach § 162 geschätzt werden, da der Wert der Nutzungsentnahme nach § 6 I Nr. 4 S. 2 EStG, falls der Stpfl. ihn nicht aus Vereinfachungsgründen selbst zu Grunde legt, grds. kein geeigneter Maßstab ist, um bei der privaten Nutzung eines betrieblichen Kraftfahrzeugs den Umfang des Eigenverbrauchs zu bestimmen (BFH 4.11.1999 – V R 35/99, BFH/NV 2000, 759; BFH 11.3.1999 – V R 78/98, BFH/NV 1999, 1178). Die Verpflichtung gem. § 4 VII 2 EStG, Betriebsausgaben iSd § 4 V 1 Nr. 1–4, 6b, 7 EStG einzeln und getrennt von den übrigen Betriebsausgaben aufzuzeichnen, schließt dagegen eine Schätzung der jeweiligen Betriebsausgaben regelmäßig aus. Die Aufzeichnungspflicht gem. § 4 VII 2 EStG kann nicht durch eine Schätzung ersetzt werden. Entsprechend gilt § 65 I EStDV für den Nachweis der Behinderung bei der Inanspruchnahme eines Pauschbetrags nach § 33b EStG, § 68b EStDV für die Höhe ausländischer Einkünfte und Steuern sowie §§ 8 ff. UStDV für die UStBefreiungen nach § 4 Nr. 1a UStG, bei Ausfuhrlieferungen (§ 6 UStG) und bei Lohnveredelung an Gegenständen der Ausfuhr (§ 7 UStG). Zur Schätzung von VorStBeträgen iSd § 15 I Nr. 1 UStG → Rn. 37.

J. Durchführung der Schätzung

I. Schätzungsarten

99 Die **Vollschätzung** ist die umfassende Schätzung aller Teile der Bemessungsgrundlage (§ 157 II) einer bestimmten Steuer für einen konkreten VZ oder einen bestimmten Zeitpunkt. Die Vollschätzung bezieht sich bei der ESt und bei der KSt auf die Einkünfte (§ 2 I–II EStG; § 8 I–II KStG) und bei der USt auf die Umsätze iSd § 1 UStG. Vorhandene

Buchführungsunterlagen sind, soweit möglich, zu berücksichtigen. Gegebenenfalls genügt auch eine Teil- oder Ergänzungsschätzung (BFH 13.10.1976 – I R 67/75, BStBl. II 1977, 260). Zur Vollschätzung ist das FA nur befugt und verpflichtet, wenn keine Möglichkeit besteht, die vorhandenen Unterlagen durch eine Teil- oder Ergänzungsschätzung zu vervollständigen (vgl. BFH 29.3.2001 – IV R 67/99, BStBl. II 2001, 484; BFH 15.4.1999 – IV R 68/98, BStBl. II 1999, 481). Auch bei der Vollschätzung sind zunächst die einzelnen Elemente der jeweiligen Besteuerungsgrundlage festzustellen, wie zB Umsätze, Einnahmen, Ausgaben, Wareneingang, Warenausgang oder Bestände. Es darf nicht sogleich das Endergebnis geschätzt werden (TK § 162 Rn. 47). Die **Rohgewinnschätzung** ist regelmäßig der **Reingewinnschätzung** vorzuziehen. Liegen die für eine Rohgewinnschätzung geeigneten Unterlagen nicht vor und ist eine ordnungsgemäße Buchung von Aufwendungen und Kosten nicht ersichtlich, so ist eine Reingewinnschätzung nicht zu beanstanden (BFH 17.5.1990 – IV R 36/89, BFH/NV 1991, 646).

Die **Teilschätzung** umfasst lediglich die Schätzung von Teilen der Bemessungsgrund- 100
lage (§ 157 II). Mit einer Teilschätzung kann das FA insb. Unvollständige Buchführungsunterlagen vervollständigen (BFH 15.2.1989 – X R 16/86, BStBl. II 1989, 462; BFH 13.10.1976 – I R 67/75, BStBl. II 1977, 260; BFH 28.4.1997 – X B 123–124/95, BFH/NV 1997, 641). So können zB Betriebseinnahmen, wie zB die Bareinnahmen nach Kassenfehlbeträgen (BFH 20.9.1989 – X R 39/87, BStBl. II 1990, 109; BFH 12.5.1999 – IV B 89/98, BFH/NV 1999, 1448; BFH 21.2.1990 – X R 54/87, BFH/NV 1990, 683), Betriebsausgaben oder Teile hiervon sowie der Wareneinsatz oder der Warenumsatz geschätzt werden. Die **Ergänzungsschätzung** dient dazu, punktuelle Ungewissheiten hinsichtlich einzelner Besteuerungsmerkmale auszuräumen. Erfasst werden zB die Schätzung der Nutzungsdauer von abnutzbaren Wirtschaftsgütern und die Kaufpreisaufteilung im Wege der Schätzung (BFH 15.1.1985 – IX R 81/83, BStBl. II 1985, 252) sowie die Schätzung von Telefon- und Kraftfahrzeugkosten.

II. Schätzungsmethoden

Allgemeines. Zur Ermittlung der Besteuerungsgrundlagen (§ 157 II), die die größte 103
Wahrscheinlichkeit der Richtigkeit für sich haben, hat die Praxis mehrere Schätzungsmethoden entwickelt. Die Auswahl einer von mehreren geeigneten Schätzungsmethoden steht im pflichtgemäßen Ermessen der FB. Der Stpfl. hat keinen Anspruch auf die Anwendung einer bestimmten Schätzungsmethode (BFH 1.3.2005 – X B 158/04, BFH/NV 2005, 1014). Das FA kann ggf. verschiedene Schätzungsmethoden miteinander kombinieren (TK § 162 Rn. 52). Es darf jedoch im Hinblick auf den maßgeblichen und bekannten Sachverhalt keine ungeeignete Schätzungsmethode anwenden. Das FA ist grds. nicht verpflichtet, das aufgrund einer Schätzungsmethode gewonnene Ergebnis noch durch die Anwendung einer weiteren Schätzungsmethode zu überprüfen (BFH 3.9.1998 – XI B 209/95, BFH/NV 1999, 290; BFH 27.1.2009 – X B 28/08, BFH/NV 2009, 717). Es besteht auch keine Verpflichtung, eine Ap. (§§ 193 ff.) durchzuführen, um eine präzisere Schätzungsmethode anwenden zu können (BFH 8.11.1984 – IV R 33/82, BStBl. II 1985, 352). Ein Wechsel zu einer anderen Schätzungsmethode kommt nur ausnahmsweise in Betracht, wenn neue Tatsachen iSd § 173 I in Form neuer Schätzungsunterlagen bekannt werden und die bisherige Schätzungsmethode angesichts der neuen Schätzungsunterlagen versagt (BFH 2.3.1982 – VIII R 225/80, BStBl. II 1984, 504; → § 173 Rn. 26 ff.). Zur Änderung von StBescheiden nach § 174 IV, wenn das FA im Einspruchsverfahren (§§ 347 ff.) eine dem Stpfl. günstigere Schätzungsmethode anwendet, → Rn. 145. Im Klageverfahren ist das FG nicht an die vom FA gewählte Schätzungsmethode gebunden, da es nach § 96 I 1 HS 2 FGO eine eigene, selbständige Schätzungsbefugnis besitzt. Im Wesentlichen haben sich in der Praxis folgende Schätzungsmethoden entwickelt:

Nach dem **Vorjahresvergleich** werden die Besteuerungsgrundlagen auf der Grundlage 104
der entsprechenden Angaben des Stpfl. für vorangegangene VZ ermittelt und ggf. durch

Unsicherheitszuschläge und -abschläge an die veränderten Verhältnisse des zu schätzenden Besteuerungszeitraums angepasst (TK § 162 Rn. 54). Der Vorjahresvergleich beruht auf der Annahme, dass die StErklärungen des Stpfl., die er in den Vorjahren abgegeben hat, richtig und vollständig sind und die Lebenssachverhalte regelmäßig über einen VZ hinaus Bestand haben (TK § 162 Rn. 54; FG Münster 5.12.2019 – 13 K 2338/17 E, DStRE 2020, 816). Der Vorjahresvergleich ist eine äußerst grobe Schätzungsmethode, die von den FÄ idR nur angewandt wird, wenn der Stpfl. für den zu schätzenden Besteuerungszeitraum keine StErklärung abgegeben hat.

105 Der **innere Betriebsvergleich,** insb. Die **Nachkalkulation,** beruht ebenfalls auf innerbetrieblichen Daten aus den Vorjahren des jeweiligen Betriebs, wie zB Erlöse, Wareneinsatz, Roh- und Reingewinn. Anhand dieser Daten werden Entwicklungstendenzen des Betriebs sichtbar, die im Rahmen der Schätzung verwertet werden können. Bestimmte Merkmale eines VZ dürfen dabei auf andere VZ übertragen werden (BFH 2.2.1982 – VIII R 65/80, BStBl. II 1982, 409). Bei der Nachkalkulation wird der Umsatz und der Gewinn nach den Kalkulationsdaten des jeweiligen Betriebs nachvollzogen (BFH 17.11.1981 – VIII R 174/77, BStBl. II 1982, 430). Die FB kann sich dabei auf die Angaben des Stpfl. stützen oder eigene Ermittlungen anstellen (BFH 17.11.1981 – VIII R 174/77, BStBl. II 1982, 430). Durch die Fortentwicklung der vorhandenen betriebsinternen Daten ermittelt die FB das Gesamtergebnis des zu schätzenden VZ (TK § 162 Rn. 59). Kalkuliert ein Betrieb mit unterschiedlichen Aufschlagsätzen, so muss im Rahmen der Schätzung der Wareneinsatz entspr. Aufgegliedert werden (BFH 20.6.1985 – IV R 41/82, BFH/NV 1985, 12; BFH 31.7.1974 – I R 216/72, BStBl. II 1975, 96). Schwerwiegende Buchführungsmängel rechtfertigen ein verhältnismäßig grobes Schätzungsverhalten, da sich die Anforderungen an die Genauigkeit einer Schätzung bei Buchführungsmängeln, aus denen auf sachliche Unregelmäßigkeiten geschlossen werden kann, mindern (BFH 17.11.1981 – VIII R 174/77, BStBl. II 1982, 430; BFH 7.12.1977 – I R 16–17/75, BStBl. II 1978, 278). In diesen Fällen können ggf. entsprechende Unsicherheitszuschläge gerechtfertigt sein (→ Rn. 66). Der Stpfl. ist nicht verpflichtet, selbst eine Nachkalkulation zu erstellen. Er muss lediglich gezielte Fragen des FA beantworten und ggf. weitere sachdienliche Unterlagen vorlegen (BFH 17.11.1981 – VIII R 174/77, BStBl. II 1982, 430). Erstellt das FA eine Nachkalkulation ohne Mitwirkung des Stpfl., sind diesem auf Verlangen die Kalkulationsgrundlagen mitzuteilen (BFH 17.11.1981 – VIII R 174/77, BStBl. II 1982, 430). Der interne Betriebsvergleich ist dem externen (→ Rn. 109) grundsätzlich vorzuziehen (FG Hamburg 31.10.2016 – 2 V 202/16, EFG 2017, 265; FG Düsseldorf 24.11.2017 – 13 K 3811/15 F, BeckRS 2017, 139977 – aufgehoben und zurückverwiesen durch BFH 16.12.2021 – IV R 2/18, BFH/NV 2022, 313, wobei die Nachrangigkeit des externen Betriebsvergleichs grds. bestätigt wurde; auch eine Verletzung der Mitwirkungspflicht des Stpfl. entbindet die FB nicht davon, zu begründen, warum die für den internen Betriebsvergleich herangezogenen Belege als repräsentativ für den gesamten Streitzeitraum angesehen werden (BFH 16.12.2021 – IV R 2/18, BFH/NV 2022, 313). Ein Problem kann sich aber dann ergeben, wenn die Aufzeichnungsmängel des Stpfl. so schwer wiegen, dass diese einen inneren Betriebsvergleich unmöglich machen (vgl. BFH 8.8.2019 – X B 117/18, BFH/NV 2019, 1219).

106 Eine weitere Form des inneren Betriebsvergleichs ist die **Schätzung nach Anteilen,** die die FB vor allem im Bereich der Gastronomie seit der Einführung des digitalen Datenzugriffs (§ 147 VI) verstärkt einsetzt. Der Schätzung nach Anteilen liegt die Annahme zu Grunde, dass ein nicht in der Kasse einer Gaststätte erfasster Geldbetrag nicht ausschließlich dem Getränke- oder Speiseumsatz zuzuordnen ist, sondern stets einen Teil des Gesamtumsatzes darstellt (vgl. zur Anteilskalkulation iVm mit einer Ausbeutekalkulation bei Gaststätten FG Niedersachsen 10.5.2016 – 8 K 175/15, BeckRS 2017, 94734, bestätigt durch BFH 11.1.2017 – X B 104/16, BFH/NV 2017, 561). Da sich regelmäßig das Verhältnis zwischen ausgewiesenem Getränkeumsatz und ausgewiesenem Gesamtumsatz aus den Unterlagen des Stpfl. ergibt, lässt sich dann zB auf der Grundlage des nachkalkulierten

Getränkeumsatzes der tatsächliche Gesamtumsatz berechnen (FG Düsseldorf 8.12.2004 – 8 V 5628/04 A E U, BeckRS 2004, 26025218). Die Schätzung nach Anteilen setzt jedoch die Feststellung der FB voraus, dass der Stpfl. nicht nur Teile des nachkalkulierten Getränkeumsatzes, sondern auch die übrigen Umsätze, kassenmäßig nicht vollständig berücksichtigt hat. Im Zweifel muss die FB daher nachweisen, dass auch die übrigen nicht nachkalkulierten Umsätze tatsächlich verkürzt worden sind (zur Zulässigkeit der sog. 30/70-Methode BFH 11.1.2017 – X B 104/16, BFH/NV 2017, 561).

Eine besondere Form des inneren Betriebsvergleichs ist der **Zeitreihenvergleich,** der 107
als Schätzungsmethode zwar grundsätzlich anerkannt ist, im Vergleich zu anderen Verprobungs- und Schätzungsmethoden aber einige technisch bedingte Besonderheiten aufweist, die seine Anwendbarkeit sowohl dem Grunde nach als auch hinsichtlich der Übernahme des sich ergebenden Mehrergebnisses als Betrag der Hinzuschätzung der Höhe nach einschränken (BFH 25.3.2015 – X R 20/13, BStBl. II 2015, 743). Bei ihm werden für jede Kalenderwoche eines Jahres separat aus den gebuchten Betriebseinnahmen und Wareneinkäufen der erzielte Rohgewinnaufschlag ermittelt, um festzustellen, ob auch eine wochen- oder monatsweise Untersuchung der Rohgewinnaufschläge eines Betriebs zum durchschnittlich erklärten Rohgewinnaufschlag des Kj. Führt (Högemann INF 2000, 585; Meyer DStR 2005, 2114). Bei einer formell ordnungsgemäßen Buchführung oder nur geringfügigen formellen Buchführungsmängeln kann ein Nachweis der materiellen Unrichtigkeit allerdings nicht allein aufgrund der Ergebnisse eines Zeitreihenvergleichs geführt werden (BFH 25.3.2015 – X R 19/14, BFH/NV 2016, 4). Selbst bei einer formell nicht ordnungsgemäßen Buchführung (die zwar dem Grunde nach zur Vornahme von Hinzuschätzungen berechtigt) lassen die einem Zeitreihenvergleich innewohnenden methodenbedingten Unsicherheiten noch keinen sicheren Schluss auf das Vorliegen und den Umfang auch materieller Unrichtigkeiten der Buchführung zu (BFH 25.3.2015 – X R 20/13, BStBl. II 2015, 743; vgl. auch BFH 12.7.2017 – X B 16/17, BFH/NV 2017, 1204, wenn die Ergebnisse eines Zeitreihenvergleichs durch Vornahme einer **Quantilsschätzung** zur Begründung der Höhe einer Hinzuschätzung herangezogen werden; zur Abwandlung des Zeitreihenvergleichs als Quantilsschätzung siehe auch Gosch AO § 162 Rn. 158). Die Ungeeignetheit ergibt sich regelmäßig schon daraus, dass Schwankungen, wie sie in der Praxis regelmäßig auftreten, sowie saisonale Unterschiede unberücksichtigt bleiben (Högemann INF 2000, 585). Hinsichtlich der technischen Durchführung setzt der Zeitreihenvergleich stets eine besonders sorgfältige Ermittlung der Tatsachengrundlagen voraus (BFH 25.3.2015 – X R 20/13, BStBl. II 2015, 743; BFH 25.3.2015 – X R 19/14, BFH/NV 2016, 4). Zudem muss im Betrieb das Verhältnis zwischen Wareneinsatz und Erlösen im betrachteten Zeitraum weitgehend konstant sein. Es darf im maßgebenden Zeitraum auch nicht zu solchen Änderungen in der Betriebsstruktur gekommen sein, die wesentliche Unsicherheiten bei der Aufstellung und Interpretation des Zahlenwerks mit sich bringen (BFH 25.3.2015 – X R 20/13, BStBl. II 2015, 743). Sind die Ausgangsparameter mit Unsicherheiten belastet, muss die FB eine Sensitivitätsanalyse durchführen, anhand derer die Auswirkungen der nicht behebbaren Unsicherheiten bei einzelnen Parametern nachzuvollziehen sind (TK § 162 Rn. 59). Grundsätzlich sind andere Schätzungsmethoden, die auf betriebsinternen Daten des Stpfl. aufbauen, vorrangig zu berücksichtigen. Ein Zeitreihenvergleich kann demnach nur dann als Anhaltspunkt für die Höhe der erforderlichen Hinzuschätzung herangezogen werden, wenn diese Daten, zB wegen mangelnder Mitwirkung des Stpfl., nicht vorliegen (BFH 25.3.2015 – X R 20/13, BStBl. II 2015, 743).

Ebenfalls eine besondere Form des inneren Betriebsvergleichs ist der sog. **Chi-Quadrat-Test.** 108
Der Chi-Quadrat-Test ist eine mathematische Methode, bei der empirisch beobachtete mit theoretisch erwarteten Häufigkeiten verglichen werden (FG Münster 7.12.2005 – 1 K 6384/03 E, EFG 2006, 652; FG Münster 10.11.2003 – 6 V 4562/03 E,U, EFG 2004, 236; FG Hamburg 31.10.2016 – 2 V 202/16, EFG 2017, 265). Getestet wird dabei, ob bestimmte Ziffern in der Buchführung überproportional häufig auftreten (Meyer

DStR 2005, 2114; Blenkers StBp 2003, 261; Watrin/Struffert DB 2006, 1748). Das Ergebnis eines Chi-Quadrat-Tests reicht jedoch für sich allein nicht aus, die sachliche Richtigkeit einer formell ordnungsgemäßen Buchführung zu widerlegen (Meyer DStR 2005, 2114). Der Chi-Quadrat-Test liefert nur eine gewisse Wahrscheinlichkeit und ist kein juristischer Beweis (FG Münster 14.8.2003 – 8 V 2651/03 E,U, EFG 2004, 9). Das häufige Auftreten bestimmter Zahlen in der Buchführung kann sich zB auch aus der Preisgestaltung des Stpfl. ergeben (FG Rheinland-Pfalz 24.8.2011 – 2 K 1277/10, EFG 2012, 10). Lediglich im Zusammenhang mit weiteren Gesichtspunkten, wie zB einer Geldverkehrs- oder Vermögenszuwachsrechnung, kann der Chi-Quadrat-Test daher eine Schätzung rechtfertigen. Entsprechendes gilt für eine Abweichung vom **Benford-Gesetz.** Das Benford-Gesetz ist eine weitere statistisch-mathematische Methode, um die Plausibilität einer Buchführung zu überprüfen. Nach dem Benford-Gesetz entsprechen Ziffern und Ziffernfolgen in einer Datenmenge immer einem bestimmten Muster, der sog. Benford-Verteilung (Müller StB 2006, 142; Watrin/Struffert DB 2006, 1748).

109 Ferner kann die FB die Besteuerungsgrundlagen mit einem **äußeren Betriebsvergleich,** insb. Mit einem **Richtsatzvergleich,** ermitteln (BFH 8.8.2019 – X B 117/18, BFH/NV 2019, 1219). Beim äußeren Betriebsvergleich werden die Besteuerungsgrundlagen durch Vergleich mit den Ergebnissen anderer, gleichartiger Betriebe ermittelt. Die Vergleichsbetriebe müssen zur gleichen Branche gehören und auch im Hinblick auf Betriebsgröße, Lage, Organisation und Kundenstamm dem jeweiligen Betrieb ähnlich sein (TK § 162 Rn. 55). Die Richtsatzschätzung ist eine anerkannte Schätzungsmethode (BFH 8.8.2019 – X B 117/18, BFH/NV 2019, 1219; FG Rheinland-Pfalz 23.3.2021 – 3 K 1862/19, EFG 2022, 145, Rev. X R 23/21; FG Hamburg 13.10.2020 – 2 K 218/18, EFG 2022, 834, Rev. X R 19/21). Der BFH hat aber bereits in der Vergangenheit betont, dass grds. ein innerer Betriebsvergleich als die zuverlässigere Schätzungsmethode anzusehen ist (BFH 26.4.1983 – VIII R 38/82, BStBl. II 1983, 618). Nach dem Urteil des BFH 18.6.2025 – X R 19/21, DStR 2025, 2300 sind außerdem erhebliche Zweifel angebracht, inwieweit die FVerw. zur Schätzungshöhe in der Zukunft weiterhin auf die von ihr verwendeten Richtsatzsammlungen zurückgreifen kann. Zwar darf die FVerw. zur Ermittlung von Vergleichsdaten auch Datenbanken aufbauen und verwenden, die nicht allg. zugänglich sind (BFH 17.10.2001 – I R 103/00, BStBl. II 2004, 171; BFH 28.5.2020 – X B 12/20, BFH/NV 2020, 1087). Der Richtsatzvergleich ist eine besondere Art des äußeren Betriebsvergleichs. Zur Schätzung aufgrund von Richtsätzen gibt die FVerw. jährlich sog. Richtsatzsammlungen heraus, in denen sie für eine Reihe von Gewerbezweigen Kennzahlen (Richtsätze) zum Rohgewinnaufschlag auf den Wareneinsatz, zum Rohgewinn-, zum Halbreingewinn und zum Reingewinnsatz zusammenstellt (vgl. Richtsatzsammlung 2023 BMF 17.9.2024, BStBl. I 2024, 1198). Die Kennzahlen werden regelmäßig aus den Betriebsergebnissen von Unternehmen bis mittlerer Größe gewonnen und stellen auf die Verhältnisse eines „normalen" Richtsatzbetriebs ab. Sie sind nicht verbindlich, sondern dienen der FB lediglich als Anhaltspunkte. Die Richtsätze können nicht angewandt werden, wenn der Betrieb des Stpfl. eine andere Umsatzgröße hat als der Richtsatzbetrieb (BFH 18.10.1983 – VIII R 190/82, BStBl. II 1984, 88; BFH 17.11.1981 – VIII R 174/77, BStBl. II 1982, 430) oder seine Betriebsgröße die der Richtsatzbetriebe wesentlich überschreitet (BFH 18.10.1983 – VIII R 190/82, BStBl. II 1984, 88; BFH 7.12.1977 – I R 16, 17/75, BStBl. II 1978, 278). Die Ungenauigkeiten einer Richtsatzschätzung muss der Stpfl. hinnehmen, wenn seine Buchführung nicht den Grundsätzen einer ordnungsmäßigen Buchführung entspricht. Bei einer formell ordnungsmäßigen Buchführung darf die FB ihre Schätzung nicht allein auf die Richtsätze stützen, wenn die erklärten Gewinne oder Umsätze von den Richtsätzen abweichen (BFH 26.10.1994 – X R 114/92, BFH/NV 1995, 373; BFH 24.11.1993 – X R 12/89, BFH/NV 1994, 766). Der BFH hat in der Entscheidung v. 18.6.2025 – X R 19/21, DStR 2025, 2300 klargestellt, dass die verwendete Datenbank Mindestanforderungen an die Qualität der Datenerfassung erfüllen muss. Kann oder will die FVerw. Rückfragen des Gerichts zur Zusammenstellung und

Ableitung der anonymisierten Vergleichsdaten nicht beantworten, geht dies zulasten des Beweiswertes der Vergleichsdaten. Der X. Senat hat im Übrigen die bereits in seinem Beschluss BFH 14.12.2022 – X R 19/21, DStR 2023, 517 anklingenden Zweifel bestätigt, ob die amtliche Richtsatzsammlung in ihrer bisherigen Form eine geeignete Grundlage für einen äußeren Betriebsvergleich darstellt. Im Bereich der Landwirtschaft werden die Besteuerungsgrundlagen üblicherweise anhand von Richtsätzen nach Hektarerträgen (BFH 8.11.1984 – IV R 33/82, BStBl. II 1985, 352) oder nach Standarddeckungsbeiträgen geschätzt (Schmidt EStG § 13 Rn. 206). Die Richtsatzschätzung hat dort eine andere Funktion als die Richtsatzschätzung bei den gewerblichen Einkünften. Während bei den gewerblichen Einkünften die Verwerfung der Buchführung und die Schätzung nach Richtsätzen eine der letzten Möglichkeiten ist, die Besteuerungsgrundlagen eines Gewerbebetriebs zu ermitteln, führen die von der Finanzverwaltung vorgehaltenen Richtsätze bei Schätzungslandwirten oftmals zu einer günstigeren Besteuerung (BFH 29.3.2001 – IV R 67/99, BStBl. II 2001, 484).

Ferner kommen als Schätzungsmethoden die **Geldverkehrsrechnung** als auch die **Vermögenszuwachsrechnung** in Betracht, eingehend hierzu Assmann StBp 1989, 252 (269). Beide Schätzungsmethoden beruhen auf dem Gedanken, dass ein Stpfl. in einem bestimmten Zeitraum nicht mehr Geld ausgeben kann, als ihm aus Einkünften oder sonstigen Quellen zufließt, sog. **Einnahmen-Ausgaben-Deckungsrechnung** (BFH 8.11.1989 – X R 178/87, BStBl. II 1990, 268; BFH 2.3.1982 – VIII R 225/80, BStBl. II 1984, 504; BFH 21.2.1974 – I R 65/72, BStBl. II 1974, 591). Ergibt sich ein nicht aufzuklärender Überschuss an verbrauchten Geldern, so rechtfertigt dies die Annahme, dass diese Mittel aus unversteuerten Einkünften stammen (BFH 21.2.1974 – I R 65/72, BStBl. II 1974, 591; BFH 25.7.1991 – XI R 27/89, BFH/NV 1991, 796). Der Stpfl. ist allerdings nicht verpflichtet, einen in sich geschlossenen Nachweis über die Herkunft seines Privatvermögens zu führen (BFH 7.6.2000 – III R 82/97, BFH/NV 2000, 1462). Anders als bei Einzahlungen auf ein privates Konto trifft den Stpfl. bei Einzahlungen auf ein betriebliches Konto eine erhöhte Mitwirkungspflicht zur Sachaufklärung hinsichtlich der Herkunft der verbuchten Guthaben (BFH 28.1.2009 – X R 20/05, BFH/NV 2009, 912; BFH 4.12.2001 – III B 76/01, BFH/NV 2002, 476; → Rn. 56). Wirkt der Stpfl. jedoch bei der Erstellung der Geldverkehrs- und Vermögensrechnung nicht mit, so geht dies zu seinen Lasten (BFH 2.7.1999 – V B 83/99, BFH/NV 1999, 1450; BFH 25.7.1991 – XI R 27/89, BFH/NV 1991, 796; BFH 24.11.1988 – IV R 150/86, BFH/NV 1989, 416). Es genügt nicht, wenn der Stpfl. der Schätzung des FA lediglich eigene Schätzungen gegenüberstellt (BFH 27.6.2011 – VIII B 138/10, BFH/NV 2011, 1662). Hinsichtlich der Lebenshaltungskosten kann das FA auf statistische Durchschnittswerte zurückgreifen, sofern keine besseren Erkenntnisquellen vorhanden sind (BFH 7.6.2000 – III R 82/97, BFH/NV 2000, 1462). Soweit die Geldverkehrsrechnung Werte und Wertbewegungen enthält, die nicht in Geld und Geldflüssen bestehen, findet eine Umrechnung in Geld statt oder muss eine solche zumindest möglich sein (BFH 8.11.1989 – X R 178/87, BStBl. II 1990, 268). 110

Die **Geldverkehrsrechnung** vollzieht die Geldflüsse in einem nicht zu groß bemessenen Zeitraum nach und will damit unabhängig von Buchführungsmängeln eine Gewinnverkürzung nachweisen. Die Geldverkehrsrechnung muss deswegen strengsten Anforderungen genügen. Die Vergleichszeiträume müssen überschaubar sein, die jeweiligen Anfangs- und Endbestände müssen genau ermittelt werden, Einnahmen- und Ausgabenvorgänge müssen vollständig erfasst werden, Vorgänge außerhalb des Vergleichszeitraums dürfen nicht berücksichtigt werden (BFH 2.3.1982 – VIII R 225/80, BStBl. II 1984, 504). Die Geldverkehrsrechnung kann sich auf den betrieblichen, den privaten, auf einzelne Teilbereiche oder auf den gesamten Geldverkehr des Stpfl. beziehen (vgl. BFH 8.11.1989 – X R 178/87, BStBl. II 1990, 268; BFH 4.6.1997 – X R 12/94, BStBl. II 1997, 740). Berücksichtigt werden grds. sowohl der Bargeldverkehr als auch die Bewegungen auf den Bankkonten des Stpfl. (TK § 162 Rn. 62). Die erklärten Einkünfte sind für die Geldverkehrsrechnung um Vermögensveränderungen und steuerliche Ansätze zu berei- 111 nigen, die die Geldrechnung nicht beeinflussen. So sind von den erklärten Einkünften zB der steuerlich nicht abziehbare Eigenverbrauch abzurechnen sowie Absetzungen für Abnutzungen und StBefreiungen hinzuzurechnen (BFH 1.3.1989 – V B 22/87, BFH/NV 1989, 746; BFH 4.6.1997 – X R 12/94, BStBl. II 1997, 740). Möglich ist auch eine reine Bargeldverkehrsrechnung, die ebenfalls geeignet ist, ungeklärte Einnahmen aufzudecken (BFH 8.7.1981 – VIII R 79/80, BStBl. II 1982, 369; BFH 24.11.1988 – IV R 150/86, BFH/NV 1989, 416). Die private Geldverkehrsrechnung geht von der Annahme aus, dass sämtliche Gewinne und/oder Überschüsse sogleich privat verbraucht oder privat angelegt werden (BFH 8.7.1981 – VIII R 79/80, BStBl. II 1982, 369). Die private Geldverkehrsrechnung ist insb. dann anwendbar, wenn der Stpfl. keinerlei Aufzeichnungen vorlegt (BFH 8.7.1981 – VIII R 79/80, BStBl. II 1982, 369; BFH 25.7.1991 – XI R 27/89, BFH/NV 1991, 796) oder wenn die Verhältnisse leicht überschaubar sind (BFH 28.5.1986 – I R 265/83, BStBl. II 1986, 732).

112 Bei der **Vermögenszuwachsrechnung** (Gesamtvermögensvergleich) wird das stpfl. Einkommen für einen längeren Zeitraum aus dem Vermögenszuwachs zuzüglich der Ausgaben für den Lebensunterhalt und abzüglich der steuerfreien Zuschüsse schätzungsweise ermittelt. Die Vermögenszuwachsrechnung unterscheidet sich von der Geldverkehrsrechnung lediglich dadurch, dass die Mittelverwendung für Vermögensanlagen stärker betont wird (BFH 8.11.1989 – X R 178/87, BStBl. II 1990, 268). Barentnahmen und -einlagen werden nicht angesetzt. Beide Rechnungen vollziehen die Geldflüsse nach und lassen sich ineinander überführen (BFH 8.11.1989 – X R 178/87, BStBl. II 1990, 268). Betriebsvermögen kann mit dem Kapitalkontowert angesetzt werden, sofern die Rechnung um die Sachentnahmen und -einlagen berichtigt wird (BFH 8.11.1989 – X R 178/87, BStBl. II 1990, 268).

113 **Gesetzliche Schätzungsregeln.** Bei der **Schätzung von Einkünften iSd § 1 I AStG** nach § 162 ist gem. § 1 III AStG als Anhaltspunkt von einer normalen Verzinsung des eingesetzten Kapitals bzw. von einer normalen Umsatzrendite auszugehen. Der **gemeine Wert von Anteilen an KapGes iSd § 11 II 1 BewG** ist ggf. nach § 11 II 2 BewG unter Berücksichtigung des Vermögens und der Ertragsaussichten der KapGes zu schätzen. Zu den Einzelheiten der Schätzung s. ErbStR R B 11.2 ff.

K. Verfahrensfragen und Rechtsschutz

I. Gebot rechtlichen Gehörs (§ 91)

114 **Allgemeines.** Die FB ist auch beim Erlass eines Schätzungsbescheids iSd § 162 verpflichtet, dem Stpfl. rechtliches Gehör (§ 91) zu gewähren. Der Stpfl. muss Gelegenheit haben, sich vor Erlass eines Schätzungsbescheids zu den für die Schätzung erheblichen Tatsachen zu äußern (BFH 2.2.1982 – VIII R 65/80, BStBl. II 1982, 409). Ein Wechsel der Schätzungsmethode ist dem Stpfl. zumindest dann im Voraus anzukündigen, wenn diese den bereits erörterten Schätzungsmethoden nicht mehr ähnlich ist (BFH 2.2.1982 – VIII R 65/80, BStBl. II 1982, 409). Stützt die FB eine Hinzuschätzung auf die Durchführung einer Kalkulation, ist es verpflichtet, sowohl die Kalkulationsgrundlagen als auch die Ergebnisse der Kalkulation sowie die Ermittlungen, die zu den Ergebnissen geführt haben, offenzulegen. Wurde die Kalkulation in elektronischer Form durchgeführt, kann der Stpfl. einen Anspruch auf Übermittlung der Kalkulationsgrundlagen in elektronischer Form haben (BFH 25.7.2016 – X B 213/15, X B 4/16, BFH/NV 2016, 1679; TK § 162 Rn. 52). Bei einer Schätzung wegen Nichtabgabe der StErklärung genügt es, wenn das FA den Stpfl. zur Abgabe der StErklärung aufgefordert hat. Eine zusätzliche Anhörung nach § 91 I ist in diesen Fällen idR nicht erforderlich (vgl. FG Köln 18.2.1998 – 11 K 1550/98, EFG 1998, 1561; FG Düsseldorf 22.9.1995 – 14 K 5287/92 F, EFG 1996, 83).

115 Stützt das FA einen äußeren Betriebsvergleich (→ Rn. 108) **auf Ergebnisse von Vergleichsbetrieben,** erfordert der Grundsatz des rechtlichen Gehörs, dass der Stpfl. auch die

Möglichkeit erhält, sich zu dem Vergleichsmaterial zu äußern. Ihm sind idR alle Einzelheiten der Vergleichsbetriebe bekannt zu geben, damit er die Vergleichbarkeit der Betriebe überprüfen kann (BFH 18.12.1984 – VIII R 195/82, BStBl. II 1986, 226). Eine Identifizierung der Betriebe darf allerdings im Hinblick auf das StGeheimnis (§ 30) nicht möglich sein (BFH 18.12.1984 – VIII R 195/82, BStBl. II 1986, 226). Beruft sich das FA wegen des StGeheimnisses auf einen Erfahrungswert aus seinem Amtsbezirk, so müssen wenigstens die Zahl der berücksichtigten Betriebe, ihre Größe und Lage sowie betriebliche Besonderheiten und die genauen Aufschlagsätze angegeben werden (BFH 18.10.1983 – VIII R 190/82, BStBl. II 1984, 88; BFH 17.6.2004 – IV R 45/03, BFH/NV 2004, 1618). Können wegen des StGeheimnisses Rückfragen über die Zusammenstellung und Ableitung anonymisierter Vergleichsdaten nicht beantwortet werden, geht dies zulasten des Beweiswertes der Daten (BFH 17.10.2001 – I R 103/00, BStBl. II 2004, 171). Lassen sich die gegensätzlichen Anforderungen nicht in Einklang bringen, muss die FB ggf. auf die Verwendung des Vergleichsmaterials verzichten (BFH 17.10.2001 – I R 103/00, BStBl. II 2004, 171). Im finanzgerichtlichen Verfahren genügt es uU, wenn ausschl. das FG durch Einsicht in die jeweiligen dem StGeheimnis unterliegenden Unterlagen die Vergleichbarkeit überprüft (BFH 18.12.1984 – VIII R 195/82, BStBl. II 1986, 226). Derartige „in camera"-Verfahren hat das BVerfG grds. gebilligt (BVerfG 27.10.1999 – 1 BvR 385/90, BVerfGE 101, 106).

II. Begründung der Schätzung (§ 121 I)

Die FB muss ihren Schätzungsbescheid gem. § 121 I begründen. Die Schätzungsergebnisse müssen schlüssig und nachvollziehbar dargelegt werden (BFH 8.11.1989 – X R 178/87, BStBl. II 1990, 268; FG Köln 21.3.1995 – 13 K 6492/94, EFG 1996, 571). Das rechnerische Ergebnis einer Nachkalkulation ist offenzulegen und auf Verlangen sind auch die Ermittlungen dem Stpfl. bekannt zu geben, die zu diesem Ergebnis geführt haben (BFH 11.2.1999 – V R 40/98, BStBl. II 1999, 382; BFH 17.11.1981 – VIII R 174/77, BStBl. II 1982, 430). Vermögenszuwachsrechnungen sind so zu gestalten, dass der Grundgedanke dieser Schätzungsmethode erkennbar bleibt (BFH 11.2.1999 – V R 40/98, BStBl. II 1999, 382; BFH 8.11.1989 – X R 178/87, BStBl. II 1990, 268). Dies kann ggf. auch in einem Prüfungsbericht (§ 202 I) erfolgen. Bei einer Schätzung wegen Nichtabgabe einer StErklärung sind allerdings idR keine über die bloßen Wertangaben hinausgehende Erläuterungen erforderlich, es sei denn, dass hierfür ein besonderer Anlass besteht (BFH 11.2.1999 – V R 40/98, BStBl. II 1999, 382; BFH 23.1.2003 – VIII B 161/02, BFH/NV 2003, 881; Schwarz/Pahlke/Keß § 162 Rn. 154; aA TK § 162 Rn. 96). Die Aufhebung eines Schätzungsbescheids, der nicht gem. § 125 nichtig ist, kann nicht allein deshalb beansprucht werden, weil die erforderliche Begründung fehlt und auch in der Einspruchsentscheidung (§ 367) nicht nachgeholt wurde (BFH 11.2.1999 – V R 40/98, BStBl. II 1999, 382). 118

III. Anwendbarkeit des § 127 auf Schätzungsbescheide

§ 127 ist auch auf Schätzungsbescheide anwendbar, da es sich um gebundene VA handelt (BFH 11.2.1999 – V R 40/98, BStBl. II 1999, 382; BFH 19.2.1987 – IV R 143/84, BStBl. II 1987, 412; BFH 5.4.2011 – VIII B 179/10, BFH/NV 2011, 1663; BFH 18.8.1999 – IV B 108/98, BFH/NV 2000, 165; HHSp § 162 Rn. 41; aA TK § 162 Rn. 97). Verfahrens- und Formfehler sind daher in Schätzungsfällen unbeachtlich. Der Entscheidungsspielraum der FB bei der Frage, welcher Ansatz von Besteuerungsgrundlagen nach größtmöglicher Wahrscheinlichkeit der richtige ist, unterscheidet sich im Grundsatz nicht von der Würdigung anderer steuererheblicher Sachverhalte (→ § 127 Rn. 25). 121

IV. Rechtswidrigkeit und Nichtigkeit von Schätzungsbescheiden

124 Die **Rechtmäßigkeit** eines Schätzungsbescheids ist nicht davon abhängig, dass das Ergebnis den tatsächlichen Verhältnissen entspricht. Dies ist allenfalls zufällig der Fall. Ein Schätzungsbescheid ist vielmehr immer dann rechtmäßig, wenn die Tatbestandsvoraussetzungen des § 162 vorliegen und das Ergebnis der Schätzung sich als schlüssig, wirtschaftlich vernünftig und möglich darstellt, wenn auch an der oberen Grenze des Schätzungsrahmens (BFH 25.5.2004 – VII R 8/03, BFH/NV 2004, 1498). Der Umstand, dass diejenigen StAkten und Unterlagen, auf die sich das FA bei Durchführung der Schätzung gestützt hat, mittlerweile im Bereich des FA verloren gegangen sind, beeinflusst nicht generell die Schätzung dem Grunde, allenfalls der Höhe nach (BFH 30.8.2012 – X B 27/11, BFH/NV 2013, 180).

125 **Rechtswidrig** ist eine Schätzung erst, wenn sie diesen Schätzungsrahmen verlässt und das Schätzungsergebnis unschlüssig, wirtschaftlich unvernünftig und unwahrscheinlich ist (BFH 1.10.1992 – IV R 34/90, BStBl. II 1993, 259; BFH 18.12.1984 – VIII R 195/82, BStBl. II 1986, 226; BFH 13.7.2000 – IV R 55/99, BFH/NV 2001, 3). Sie wird nicht deshalb rechtswidrig (oder gar nichtig), weil sie von den tatsächlichen Verhältnissen abweicht. Solche Abweichungen sind vielmehr notwendig mit einer Schätzung verbunden, die in Unkenntnis der wahren Gegebenheiten erfolgt (BFH 15.7.2014 – X R 42/12, BFH/NV 2015, 145). Eine möglicherweise überhöhte Schätzung macht den Bescheid nicht nichtig, sondern führt nur zu seiner Rechtswidrigkeit (BFH 20.7.1994 – I B 11/94, BFH/NV 1995, 198). Darüber hinaus ist ein Schätzungsbescheid rechtswidrig, wenn die FB zu Unrecht die Voraussetzungen für eine Schätzung nach § 162 bejaht hat, die Schätzungsmethode nicht richtig angewandt hat oder wenn sie nicht alle für die Schätzung relevanten Umstände berücksichtigt hat (vgl. BFH 1.10.1992 – IV R 34/90, BStBl. II 1993, 259). Entsprechendes gilt, wenn die Schätzungsgrundlagen weder nachprüfbar noch zumindest schlüssig begründet sind (BFH 17.6.2004 – IV R 45/03, BFH/NV 2004, 1618).

126 **Nichtigkeit.** Schätzungsfehler führen nur ausnahmsweise zur Nichtigkeit (§ 125 I) des Schätzungsbescheids. Selbst eine Mehrzahl grober Schätzungsfehler, die auf einer Verkennung der tatsächlichen Gegebenheiten oder der wirtschaftlichen Zusammenhänge des Einzelfalls beruhen, führt regelmäßig nicht zur Nichtigkeit des Bescheids (BFH 1.10.1992 – IV R 34/90, BStBl. II 1993, 259; BFH 20.10.2005 – IV B 65/04, BFH/NV 2006, 240). Angesichts der mit jeder Schätzung verbundenen Unsicherheit liegt kein besonders schwerwiegender, offenkundiger Fehler iSd § 125 I vor (BFH 1.10.1992 – IV R 34/90, BStBl. II 1993, 259; BFH 14.4.1989 – III B 5/89, BStBl. II 1990, 351; BFH 15.5.2002 – X R 33/99, BFH/NV 2002, 1415; Apitz StBp 2002, 107). Entsprechendes gilt, wenn die FB – verfahrensfehlerhaft – einen Schätzungsbescheid, zB zur Wahrung der Festsetzungsfrist (§§ 169 ff.) erlässt, ohne dass die Voraussetzungen des § 162 vorliegen (BFH 17.9.1997 – II R 15/95, BFH/NV 1998, 416; aA FG Niedersachsen 24.1.1995 – I 457/90, EFG 1995, 408; FG Niedersachsen 10.1.1995 – I 241/90, EFG 1995, 553). Ein Schätzungsbescheid kann nur ausnahmsweise nach § 125 I nichtig sein, wenn die FB unter Berücksichtigung aller Umstände des Einzelfalls offenkundig bewusst und willkürlich, also aus sachfremden Erwägungen, zulasten des Stpfl. geschätzt hat (vgl. BFH 12.12.2013 – X B 205/12, BFH/NV 2014, 490; BFH 20.12.2000 – I R 50/00, BStBl. II 2001, 381; BFH 1.10.1992 – IV R 34/90, BStBl. II 1993, 259; BFH 14.4.1989 – III B 5/89, BStBl. II 1990, 351; Gosch StBp 2001, 211). Entsprechendes gilt, wenn das Schätzungsergebnis trotz der vorhandenen Möglichkeiten, den Sachverhalt aufzuklären, krass von den tatsächlichen Gegebenheiten abweicht und in keiner Weise erkennbar ist, ob das FA überhaupt und ggf. welche Schätzungserwägungen angestellt hat (BFH 15.5.2002 – X R 33/99, BFH/NV 2002, 1415; vgl. zur Nichtigkeit eines Schätzungsbescheides in den Fällen einer sog. „Strafschätzung" FG Köln 22.5.2014 – 11 K 3056/11, EFG 2014, 1739), oder wenn das FA der Schätzung einen völlig anderen Sachverhalt zu Grunde gelegt hat, als er sich aus den StAkten ergibt (FG Brandenburg 27.1.1999 – 2 K 1760/97 U, EFG 1999, 590; FG Brandenburg 9.12.1997 – 3

K 967/96 E, EFG 1998, 706; zur Differenzierung zwischen „subjektiven“ und „objektiven Willkürmaßnahmen siehe BFH 21.8.2019 – X R 16/17, BStBl. II 2020, 99 mwN).

V. Rechtsschutzfragen

1. Rechtsschutz gegen Schätzungsbescheide

Gegen Schätzungsbescheide ist, wie auch sonst gegen StBescheide, der **Einspruch** 129 (§ 347) statthaft. Im Rahmen des Einspruchsverfahrens überprüft das FA, den Schätzungsbescheid gem. § 365 I in vollem Umfang. Der Stpfl. sollte gleichwohl substantiiert darlegen, dass der Schätzungsbescheid rechtswidrig ist, weil die Voraussetzungen des § 162 nicht vorliegen, weil das FA nicht alle schätzungsrelevanten Umstände berücksichtigt hat und/oder aus den vorliegenden Umständen falsche Schlüsse gezogen hat. Die schlichte Behauptung, die Schätzung sei fehlerhaft, genügt idR nicht, um den Einspruch substantiiert zu begründen. Der Stpfl. muss vielmehr erweisbare Tatsachen und Erfahrungssätze dafür vortragen, dass ein anderes Schätzungsergebnis wahrscheinlicher ist als das vom FA geschätzte Ergebnis (BFH 10.5.1961 – IV 101/60 U, BStBl. III 1961, 321). Er ist dabei allerdings nicht auf die vom FA angewandte Schätzungsmethode festgelegt (TK § 162 Rn. 104). Darüber hinaus kann der Stpfl. zur Begründung seines Einspruchs eine bisher verweigerte Mitwirkungshandlung, wie zB die Abgabe einer StErklärung, nachholen. Zur Begründung eines Einspruchs gegen einen Schätzungsbescheid wegen Nichtabgabe der StErklärung ist es allerdings nicht zwingend erforderlich, dass der Stpfl. seine StErklärung abgibt. Die Begründung kann in diesen Fällen auch in anderer Weise erfolgen, indem der Stpfl. zB die Besteuerungsgrundlagen formlos dem FA mitteilt (BFH 9.5.1996 – IV B 59/95, BFH/NV 1996, 801; BFH 8.9.2003 – V B 37/02, BFH/NV 2004, 8). Geht nach Erlass eines Schätzungsbescheids wegen Nichtabgabe der StErklärung innerhalb der Einspruchsfrist (§ 355) die StErklärung ohne weitere Erläuterungen beim FA ein, so ist dies im Zweifel als Einspruch (§ 347) und nicht als bloßer Antrag auf schlichte Änderung des Schätzungsbescheides nach § 172 I Nr. 2 zu werten (BFH 27.2.2003 – V R 87/01, BStBl. II 2003, 505). Zur Zulässigkeit der Anforderung einer StErklärung nach § 364b in Schätzungsfällen → § 364b Rn. 14.

Vorläufiger Rechtsschutz kann nach § 361 bzw. nach § 69 FGO durch AdV gewährt 130 werden (s. hierzu im Einzelnen → § 361 Rn. 53). Die nach dem Erlass eines Schätzungsbescheids wegen Nichtabgabe der StErklärung eingereichte Erklärung führt idR zu ernstlichen Zweifeln an der Rechtmäßigkeit des Schätzungsbescheids, sofern die StErklärung zu einer geringeren StSchuld führt als der Schätzungsbescheid (BFH 9.11.1994 – I S 12/94, BFH/NV 1995, 1039). Es genügt nicht, wenn der Stpfl. lediglich die Abgabe einer StErklärung ankündigt oder schlicht behauptet, die Schätzung sei überhöht, ohne einen Versuch zu unternehmen, die ihm obliegenden Mitwirkungspflichten zur Aufklärung des Sachverhalts zu erfüllen (vgl. BFH 26.11.1997 – V B 48/97, BFH/NV 1998, 563).

Im **finanzgerichtlichen Verfahren** ist jede Schätzung – anders als Ermessensentschei- 131 dungen der FB – voll nachprüfbar (BFH 17.10.2001 – I R 103/00, BStBl. II 2004, 171; BFH 23.4.2015 – V R 32/14, BFH/NV 2015, 1106). Zudem räumt § 96 I 1 HS 2 FGO iVm § 162 dem FG eine eigene selbständige Schätzungsbefugnis ein, die in gleicher Weise wie die Schätzungsbefugnis der FB ausgestattet ist. Das FG ist somit bei Anfechtung eines Schätzungsbescheids grds. zur eigenen Schätzung verpflichtet, kann seine Prüfung jedoch auf die Punkte beschränken, die der Stpfl. substantiiert bestritten hat (BFH 6.2.1991 – II R 87/88, BStBl. II 1991, 459; BFH 12.10.2005 – VIII B 241/04, BFH/NV 2006, 326; BFH 6.2.1991 – II R 88/88, BFH/NV 1991, 392; vgl. BFH 13.3.2000 – III B 62/99, BFH/NV 2000, 1119). Die Schätzungsbefugnis gem. § 96 I 1 HS 2 FGO iVm § 162 steht dem FG auch im gerichtlichen ADV-Verfahren (§ 69 FGO) zu. Macht das FG von seiner Schätzungsbefugnis Gebrauch, kann es seine Überzeugung von Schätzungsanlass, -methode und -höhe ganz oder teilweise an die Stelle der Überzeugung der FB setzen, ohne deshalb die Schätzung des FA als rechtsfehlerhaft einstufen zu müssen (BFH 21.2.1995 – IX R 41/94,

BStBl. II 1995, 381; BFH 20.9.1989 – X R 39/87, BStBl. II 1990, 109; BFH 18.12.1984 – VIII R 195/82, BStBl. II 1986, 226; BFH 17.10.2001 – I R 103/00, BStBl. II 2004, 171; BFH 16.12.2021 – IV R 1/18, BFH/NV 2022, 305). Das FG ist nicht auf eine Überprüfung beschränkt, ob das FA zu Recht geschätzt und sich in einem vertretbaren Schätzungsrahmen gehalten hat (BFH 20.9.1989 – X R 39/87, BStBl. II 1990, 109; BFH 17.10.2001 – I R 103/00, BStBl. II 2004, 171). Es darf sich insb. auch einer anderen Schätzungsmethode als das FA bedienen (BFH 12.5.1999 – IV B 56/98, BFH/NV 1999, 1488). Das FG muss die Schätzung weder regelmäßig noch in bestimmten Einzelfällen durch ein Sachverständigengutachten vorbereiten (BFH 27.1.2009 – X B 28/08, BFH/NV 2009, 717). Wie die FB ist auch das FG nicht verpflichtet, das aufgrund einer Schätzungsmethode gewonnene Ergebnis noch durch die Anwendung einer weiteren Schätzungsmethode zu überprüfen oder zu untermauern (BFH 14.5.2013 – X B 176/12, BFH/NV 2013, 1445). Bei einem Wechsel der Schätzungsmethode ist dem Stpfl. jedoch vorab rechtliches Gehör (§ 96 II FGO) zu gewähren, wenn die neue Schätzungsmethode der bisherigen nicht mehr ähnlich ist oder die Einführung neuen Tatsachenstoffs erfordert (BFH 2.2.1982 – VIII R 65/80, BStBl. II 1982, 409). Dementsprechend ist in diesem Fall auch das FA zu unterrichten. Allein der Umstand, dass das FG Besteuerungsgrundlagen ohne vorherige Ankündigung selbst schätzt, soweit es sie nicht ermitteln kann, kann das Recht des FA auf rechtliches Gehör jedoch nicht verletzen, da sich die Verpflichtung des FG zur Schätzung aus dem Gesetz ergibt (BFH 12.8.1999 – XI R 27/98, BFH/NV 2000, 537). Verwirft das FG eine Schätzung der FB, muss es in diesem Zusammenhang aber eine ggf. vorliegende Verletzung der Aufklärungspflicht durch den Stpfl. berücksichtigen (BFH 26.10.2011 – VII R 22/10, BFH/NV 2012, 777). Wenn sowohl der USt-Senat als auch der Ertragsteuer-Senat eines FG den privaten Anteil der Nutzung eines gemischt genutzten Wirtschaftsguts griffweise schätzen müssen, besteht weder aus materiell-rechtlichen noch aus verfahrensrechtlichen Gründen eine Bindung des zuletzt entscheidenden Senats an das Ergebnis der griffweisen Schätzung des zuerst entscheidenden Senats (BFH 18.5.2011 – X B 124/10, BFH/NV 2011, 1838).

132 **Schätzung wegen Nichtabgabe der StErklärung.** Hat das FA die Besteuerungsgrundlagen wegen Nichtabgabe der StErklärung geschätzt, ist es dem FG gem. § 100 III 2 FGO verwehrt, den Schätzungsbescheid ohne Entscheidung in der Sache aufzuheben und dem FA nach § 100 III 1 FGO weitere Ermittlungen aufzuerlegen, obwohl gerade in Schätzungsfällen die Voraussetzungen des § 100 III 1 FGO regelmäßig vorliegen dürften. Diese Sonderbehandlung von Schätzungsfällen ist sachlich nicht gerechtfertigt (so auch TK § 162 Rn. 108 und TK FGO § 100 Rn. 40; Gräber FGO § 100 Rn. 64). Die FG werden hierdurch uU mit umfangreichen Ermittlungen belastet, obwohl gerade in Schätzungsfällen das FA seiner Untersuchungspflicht (§ 88) nicht immer nachgekommen ist und der Stpfl. das gerichtliche Klageverfahren häufig zur weiteren Verlängerung der StErklärungsfrist missbraucht.

133 **Aussetzung des Klageverfahrens bei Strafverfahren.** Das FG ist grds. nicht verpflichtet, ein Klageverfahren gegen einen Schätzungsbescheid gem. § 74 FGO bis zum Abschluss eines Strafverfahrens auszusetzen. Eine Aussetzung des Verfahrens kann aber dann ausnahmsweise geboten sein, wenn das Strafverfahren kurz vor dem Abschluss steht und der Stpfl. vorträgt, nach dessen Ende seinen Mitwirkungspflichten voll genügen zu wollen (BFH 9.12.2004 – III B 83/04, BFH/NV 2005, 503).

134 Im **Revisionsverfahren** (§§ 115 ff. FGO) ist der BFH als Rechtsinstanz gem. § 118 II FGO an eine vom FG durchgeführte Schätzung gebunden, da es sich bei der Schätzung um eine Tatsachenfeststellung handelt (BFH 12.9.2001 – VI R 72/97, BStBl. II 2001, 775; BFH 18.12.1984 – VIII R 195/82, BStBl. II 1986, 226). Die revisionsrechtliche Überprüfung von Schätzungsergebnissen ist idR auf Schlüssigkeit, wirtschaftliche Möglichkeit und Plausibilität beschränkt (BFH 18.1.1989 – X R 10/86, BStBl. II 1989, 549; BFH 11.12.1987 – III R 267/84, BFH/NV 1989, 300; BFH 12.8.1999 – XI R 27/98, BFH/NV 2000, 537; BFH 3.2.2011 – V B 132/09, BFH/NV 2011, 760; BFH 12.11.2008 – V

B 41/08, BFH/NV 2009, 402; BFH 25.4.2017 – VIII R 52/13, BStBl. II 2017, 949). Der BFH prüft im Wesentlichen nur, ob die Schätzung gegen Denkgesetze verstößt, ob die allg. Erfahrungssätze und die anerkannten Schätzungsgrundsätze und -methoden beachtet worden sind, ob das FG den Sachverhalt weiter hätte aufklären müssen oder ob sonstige Verfahrensfehler vorliegen (BFH 24.1.2013 – V R 34/11, BStBl. II 2013, 460; BFH 12.9.2001 – VI R 72/97, BStBl. II 2001, 775; BFH 4.6.1997 – X R 12/94, BStBl. II 1997, 740; BFH 18.1.1989 – X R 10/86, BStBl. II 1989, 549; BFH 18.12.1984 – VIII R 195/82, BStBl. II 1986, 226). Soweit das FG eine Schätzung zu Unrecht nicht vorgenommen hat, kann ihm dies vom BFH aufgegeben werden (vgl. BFH 8.11.1989 – X R 178/87, BStBl. II 1990, 268). Eine eigene Schätzungsbefugnis steht dem BFH nicht zu.

2. Rechtsschutz gegen den Zuschlag nach § 162 IV

Gegen den Zuschlag nach § 162 IV kann **Einspruch** (§ 347 I) eingelegt werden. Ein innerhalb der Einspruchsfrist (§ 355) gestellter Erlassantrag (§ 227) wird regelmäßig rechtsschutzfreundlich in einen Einspruch umzudeuten sein (→ § 152 Rn. 99). Das Einspruchsverfahren kann gem. § 367 II 2 auch mit einer verbösernden Entscheidung enden. 137

Nach erfolglosem Einspruch ist eine **Anfechtungsklage** nach § 40 I FGO statthaft. Das FG prüft uneingeschränkt, ob die Voraussetzungen für die Festsetzung eines Zuschlags nach § 162 IV vorliegen und ob die FB die Grenzen des § 162 IV 2–6 eingehalten hat. Soweit § 162 IV der FB bei der Festsetzung des Zuschlags Ermessen (§ 5) einräumt, prüft das FG die Festsetzung nur im Rahmen des § 102 FGO auf Ermessensfehler. 138

Ablehnung der Korrektur. Lehnt die FB eine beantragte Korrektur des Zuschlags nach §§ 129 ff. ab, so kann der Stpfl. gegen die Ablehnung Einspruch (§ 347) und ggf. Verpflichtungsklage (§ 40 I FGO) beim FG erheben. 139

Vorläufiger Rechtsschutz kann nach § 361 bzw. nach § 69 FGO durch AdV gewährt werden. 140

VI. Korrektur von Schätzungsbescheiden

Ein Schätzungsbescheid kann nach **§ 164 II** jederzeit zugunsten wie zu Ungunsten des Stpfl. geändert werden, wenn er nach § 164 I unter dem Vorbehalt der Nachprüfung ergangen ist und der Vorbehalt noch wirksam ist (vgl. im Einzelnen → § 164 Rn. 1 ff.). 143

Im Übrigen kann ein bestandskräftiger Schätzungsbescheid unter den Voraussetzungen des **§ 173 I** geändert werden, wenn der FB bei Erlass des Schätzungsbescheids bereits existierende Tatsachen nachträglich bekannt werden (vgl. im Einzelnen → § 173 Rn. 26 ff.). Die Schätzung als solche ist keine Tatsache, sondern Ergebnis eines wertenden Denkprozesses (vgl. BFH 24.10.1985 – IV R 75/84, BStBl. II 1986, 233). Der Schätzung liegt regelmäßig kein im Einzelnen bestimmter Tatsachenstoff zu Grunde. Eine nachträglich bekannt gewordene Schätzungsgrundlage rechtfertigt daher nur dann die Anwendbarkeit des § 173 I, wenn die FB bei rechtzeitiger Kenntnis der Schätzungsgrundlage die Schätzung nicht oder nicht in dieser Weise vorgenommen hätte (BFH 20.9.1962 – IV 198/60 U, BStBl. III 1963, 60). Dies ist zB der Fall, wenn im Anschluss an eine Richtsatzschätzung neue Besteuerungsgrundlagen erstmals aufgedeckt werden, die zu einem höheren Vermögenszuwachs führen (BFH 24.10.1985 – IV R 75/84, BStBl. II 1986, 233) oder wenn die tatsächliche Höhe der Umsätze außerhalb des Schätzungsrahmens liegt (BFH 19.10.1995 – V R 60/92, BStBl. II 1996, 149; im Einzelnen → § 173 Rn. 26 ff.). Im Allgemeinen stellen auch die Angaben in einer nachträglich abgegebenen StErklärung neue Tatsachen dar (differenzierend FG Niedersachsen 4.3.2013 – 12 K 279/12, BeckRS 2014, 95638, bestätigt durch BFH 6.7.2016 – X R 57/13, BStBl. II 2017, 334, für die Fälle, in denen die eine bereits bekannte Tatsache nicht ausreichend im ersten Schätzungsbescheid gewürdigt wurde). Der Änderung eines Schätzungsbescheids zugunsten des Stpfl. nach **§ 173 I Nr. 2** wird regelmäßig das grobe Verschulden des Stpfl. entgegenstehen, sofern es nicht nach § 173 I Nr. 2 S. 2 unbeachtlich ist. Dies gilt insb. dann, wenn der Stpfl. seine 144

Erklärungspflicht nicht (BFH 16.9.2004 – IV R 62/02, BStBl. II 2005, 75; BFH 8.8.1991 – V R 106/88, BStBl. II 1992, 12) oder nicht ordnungsgemäß erfüllt hat, indem er zB eine unzutreffende oder unvollständige StErklärung abgegeben hat (BFH 12.5.1989 – III R 200/85, BStBl. II 1989, 920).

145 Die Änderung eines bestandskräftigen Schätzungsbescheids nach **§ 174 I** wegen fehlerhafter Mehrfachberücksichtigung eines bestimmten Sachverhalts ist nicht von vornherein ausgeschlossen. Eine solche Konstellation ist denkbar, wenn der bestimmte Sachverhalt bei der Schätzung als ein hierfür bedeutender Umstand berücksichtigt worden ist (BFH 6.3.1990 – VIII R 28/84, BStBl. II 1990, 558). Hat das FA dagegen aufgrund eines Einspruchs (§§ 347 ff.) einen Schätzungsbescheid unter Anwendung einer dem Stpfl. günstigeren Schätzungsmethode geändert und führt diese Schätzungsmethode in anderen Veranlagungszeiträumen zu einer höheren Steuer, können die für letztere Zeiträume ergangenen bestandskräftigen StBescheide nicht nach **§ 174 IV** geändert werden (BFH 26.2.2002 – X R 59/98, BFH/NV 2002, 1064).

146 Der Anwendungsbereich des **§ 175** ist auf die Fälle des § 162 V beschränkt.

§ 163 Abweichende Festsetzung von Steuern aus Billigkeitsgründen

(1) [1] **Steuern können niedriger festgesetzt werden und einzelne Besteuerungsgrundlagen, die die Steuern erhöhen, können bei der Festsetzung der Steuer unberücksichtigt bleiben, wenn die Erhebung der Steuer nach Lage des einzelnen Falls unbillig wäre.** [2] **Mit Zustimmung des Steuerpflichtigen kann bei Steuern vom Einkommen zugelassen werden, dass einzelne Besteuerungsgrundlagen, soweit sie die Steuer erhöhen, bei der Steuerfestsetzung erst zu einer späteren Zeit und, soweit sie die Steuer mindern, schon zu einer früheren Zeit berücksichtigt werden.**

(2) **Eine Billigkeitsmaßnahme nach Absatz 1 kann mit der Steuerfestsetzung verbunden werden, für die sie von Bedeutung ist.**

(3) [1] **Eine Billigkeitsmaßnahme nach Absatz 1 steht in den Fällen des Absatzes 2 stets unter Vorbehalt des Widerrufs, wenn sie**

1. **von der Finanzbehörde nicht ausdrücklich als eigenständige Billigkeitsentscheidung ausgesprochen worden ist,**
2. **mit einer Steuerfestsetzung unter Vorbehalt der Nachprüfung nach § 164 verbunden ist oder**
3. **mit einer vorläufigen Steuerfestsetzung nach § 165 verbunden ist und der Grund der Vorläufigkeit auch für die Entscheidung nach Absatz 1 von Bedeutung ist.**

[2] **In den Fällen von Satz 1 Nummer 1 entfällt der Vorbehalt des Widerrufs, wenn die Festsetzungsfrist für die Steuerfestsetzung abläuft, für die die Billigkeitsmaßnahme Grundlagenbescheid ist.** [3] **In den Fällen von Satz 1 Nummer 2 entfällt der Vorbehalt des Widerrufs mit Aufhebung oder Entfallen des Vorbehalts der Nachprüfung der Steuerfestsetzung, für die die Billigkeitsmaßnahme Grundlagenbescheid ist.** [4] **In den Fällen von Satz 1 Nummer 3 entfällt der Vorbehalt des Widerrufs mit Eintritt der Endgültigkeit der Steuerfestsetzung, für die die Billigkeitsmaßnahme Grundlagenbescheid ist.**

(4) [1] **Ist eine Billigkeitsmaßnahme nach Absatz 1, die nach Absatz 3 unter Vorbehalt des Widerrufs steht, rechtswidrig, ist sie mit Wirkung für die Vergangenheit zurückzunehmen.** [2] **§ 130 Absatz 3 Satz 1 gilt in diesem Fall nicht.**

Schrifttum: Lohmeyer, Die abweichende Festsetzung von Steuern aus Billigkeitsgründen, DStZ 1982, 257; Kapp, Der Billigkeitserlaß bei der Erbschaftsteuer, DStZ 1988, 46; Grams, Besteuerung von beschränkt steuerpflichtigen Künstlern: Billigkeitsverfahren nach § 163 AO, FR 1994, 489; Neyer, Billigkeitsmaßnahmen bei Nachzahlungszinsen, DStR 1995, 1299; Bodden, Steuergerechtigkeit im Billigkeitsverfahren nach

§ 163 AO, DStR 2016, 2617; Brühl/Süß, Die neuen §§ 163 und 89 AO: Alte Probleme beseitigt – neue geschaffen?, DStR 2016, 2617.

Übersicht

I. Allgemeines

1. Gegenstand, Zweck und Bedeutung der Vorschrift

Gegenstand. § 163 erlaubt es der FB ausnahmsweise unter bestimmten Voraussetzungen in einem gesonderten Verfahren, Steuern aufgrund sachlicher oder persönlicher Besonderheiten des Einzelfalls abw. von der gesetzlichen Regelung niedriger festzusetzen. § 163 betrifft ausschl. Billigkeitsmaßnahmen im Festsetzungsverfahren (§§ 155 ff.). Der Billigkeitserlass im Erhebungsverfahren (§§ 218 ff.) ist in § 227 geregelt. Die tatbestandsmäßigen Voraussetzungen beider Vorschriften sind trotz unterschiedlicher Rechtsfolgen identisch (BFH 26.10.1994 – X R 104/92, BStBl. II 1995, 297; BFH 30.8.1999 – X B 67/99, BFH/NV 2000, 301). Der Stpfl. hat daher die Wahl, Billigkeitsgründe bereits im StFestsetzungsverfahren oder erst im Rahmen der StErhebung geltend zu machen. 1

Zweck. Die Vorschrift dient, wie auch die Billigkeitsregelungen in den §§ 222, 227, der Einzelfallgerechtigkeit. Unbillige Härten, die sich aus der notwendigerweise abstrakt-generellen Regelung des Gesetzes ergeben, sollen im Einzelfall ausgeglichen werden. § 163 verdrängt jedoch nicht vollständig die gesetzliche Regelung. Vielmehr ist bei der Anwendung des § 163 zu beachten, dass das Prinzip der Einzelfallgerechtigkeit gleichwertig neben dem Prinzip der Gesetzesgerechtigkeit steht (BFH 26.10.1994 – X R 104/92, BStBl. II 1995, 297). 2

Bedeutung. Das Billigkeitsverfahren nach § 163 (und § 227) ist neben dem StFestsetzungsverfahren ein gesondertes Verfahren. Die Billigkeitsentscheidung kann im Einzelfall zwar (auch stillschweigend) mit der StFestsetzung verbunden werden. Inhaltlich handelt es sich aber um zwei VA, die vom Stpfl. auch jeweils gesondert angefochten werden müssen (BeckOK AO § 163 Rn. 4). Zu den weiteren Einzelheiten → Rn. 37 ff. 3

2. Anwendungsbereich

§ 163 gilt nur für Steuern iSd § 3 I 1, während § 227 alle Ansprüche aus dem StSchuldverhältnis (§ 37) zum Gegenstand hat. § 163 erfasst alle StAnsprüche, die nach §§ 155 ff. festgesetzt werden. § 163 gilt daher auch für StVergütungen iSd § 155 IV (FG Ba- 9 den-Württemberg 26.3.2003 – 2 K 359/01, EFG 2003, 908; FG München 26.5.2009 – 12 K 3947/08, BeckRS 2009, 26029005, best. durch BFH 24.2.2010 – III B 105/09, BFH/NV 2010, 884; TK § 163 Rn. 3; aA FG Düsseldorf 31.3.1976 – IV 38/70 EU, EFG 1976, 644; HHSp § 163 Rn. 62). Für das Kindergeld (§§ 62 ff. EStG), das nach § 31 S. 3 EStG als StVergütung ausgezahlt wird, ist in der Rspr. allerdings nach wie vor noch nicht abschließend geklärt, ob bei der Rückforderung in Fällen der sog. Weiterleitung des Kindergelds an den Berechtigten Billigkeitsgründe im Festsetzungsverfahren nach § 163 und/oder im Erhebungsverfahren nach § 227 oder als Verrechnungsvertrag zu berücksichtigen sind (BFH 11.3.2003 – VIII R 77/01, BFH/NV 2004, 14; BFH 30.4.2001 – VI B 217/99, BFH/NV 2001, 1364; siehe zusammenfassend zu den verschiedenen Auffassung FG Hessen 18.10.2018 – 6 K 837/18, BeckRS 2018, 32133, das selbst von der Anwendung des § 163 ausgeht; zur Anwendung von Billigkeitsmaßnahmen in sog. Anrechnungsfällen → § 227 Rn. 20a). Darüber hinaus gilt § 163 für die gesonderte Feststellung von Besteuerungsgrundlagen iSd §§ 179 ff. (vgl. § 181 I 1) und gem. § 184 II für die Festsetzung von StMessbeträgen iSd § 184. Überdies können gegen den Stpfl. gerichtete Erstattungsansprüche (§ 37 II) Gegenstand von Billigkeitsmaßnahmen nach § 163 sein (TK § 163 Rn. 4; aA HHSp § 163 Rn. 65). § 163 findet ebenso Anwendung auf den StAbzug bei beschränkt Stpfl. nach § 50a EStG. In diesen Fällen ist auch der beschränkt Stpfl. als StSchuldner berechtigt, die abw. Festsetzung der für seine Rechnung angemeldeten Steuer ggf. gerichtlich durchzusetzen (FG Hamburg 4.3.1997 – II 95/94, EFG 1997, 971). Bei der Zerlegung und Zuteilung von StMessbeträgen ist § 163 nach dem Wortlaut der §§ 185, 190 S. 2 iVm § 184 I 3 zwar anwendbar, der Sache nach aber nicht einschlägig, da die Zerlegung und Zuteilung von StMessbeträgen regelmäßig keiner Korrektur aus Billigkeitsgründen bedarf. Ferner sind Billigkeitsmaßnahmen nach § 163 S. 1 bei Zöllen und VerbrauchSt möglich. Im Bereich des Zollrechts wird § 163 allerdings, wie auch § 227, für Sachverhalte vor Inkrafttreten des UZK durch Art. 235 ff. ZK überlagert (EuGH 28.6.1977 – 118/76, NJW 1977, 1584; FG Hamburg 7.4.1981 – IV 99/79 H, EFG 1981, 576; FG Brandenburg 2.8.1995 – 4 K 359/95 Z, EFG 1995, 1067). Im Bereich des UZK finden sich die (vorrangigen) Regelungen für den Erlass von Einfuhr- oder Ausfuhrabgabenbeträgen in den Art. 119 ff. UZK (Klein § 163 Rn. 8; zur Anwendung des § 227 → § 227 Rn. 8). Entsprechendes gilt für die EUSt und die VerbrauchSt. Auf die EUSt sind nach § 21 II 1 UStG die Vorschriften für Zölle entspr. anzuwenden. Im Bereich der VerbrauchSt bleibt § 163 aber aufgrund spezialgesetzlicher Sonderregelungen zT unberührt, zB § 21 III 2 TabStG, § 18 III 2 BierStG, § 22 III AlkStG, § 3 AlkopopStG, § 18 III 2 SchaumwStG, § 15 III 2 KaffeeStG, § 19b III 2 EnergieStG (BeckOK AO § 163 Rn. 28). Für die KiSt gilt § 163 nach Maßgabe der KiStGesetze der jeweiligen Länder. Im Rahmen einer außergerichtlichen Schuldenbereinigung nach § 305 I Nr. 1 InsO kann die FB nur unter den Voraussetzungen der §§ 163, 227 auf Abgaben verzichten (FG Berlin 14.4.2003 – 10 K 10195/01, EFG 2003, 1062; BMF 27.1.2021, BStBl. I 2021, 152).

10 **§ 163 gilt,** im Gegensatz zu § 227, **nicht** für steuerliche Nebenleistungen iSd § 3 IV, wie zB für die Festsetzung von Verspätungszuschlägen (§ 152) und Zwangsgeldern (§ 329). Bei der Festsetzung von Verspätungszuschlägen und Zwangsgeldern können Billigkeitsgründe jedoch schon bei der Ausübung des Ermessens (§ 5) berücksichtigt werden. Lediglich auf **Zinsen** (§§ 233 ff.) ist § 163 anwendbar, da § 239 I 1 ausdrücklich die für Steuern geltenden Vorschriften für entspr. anwendbar erklärt, wobei allerdings der Erlass von Stundungs- und Aussetzungszinsen in § 234 II und in § 237 IV iVm § 234 II speziell geregelt sind. Überdies gilt § 163 nicht für Haftungsansprüche (Billigkeitsgesichtspunkte können hier aber in die Ermessensausübung einfließen, → § 191 Rn. 35 ff.). Ferner findet § 163 keine Anwendung auf Rückforderungsansprüche nach Maßgabe der Prämien- und Zulagengesetze. Die einschlägigen Vorschriften dieser Gesetze verweisen zwar auf die Vorschriften über die StFestsetzung, schließen aber die Geltung des § 163 ausdrücklich aus, so zB § 14 II 2 5. VermBG, § 8 I 2 WoPG 1996 und § 14 S. 1 InvZulG 2010. Im Übrigen kommen Billigkeitsmaßnahmen nach § 163 im Subventionsbereich, soweit nicht schon

gesetzlich ausgeschlossen, nur in sehr eingeschränktem Umfang in Betracht (BFH 21.9.2005 – X B 100/05, BFH/NV 2005, 2160; BFH 26.11.2003 – X B 124/02, BFH/NV 2004, 754). Darüber hinaus ist § 163 nach § 20 S. 2 BewG bei der Ermittlung der Einheitswerte (§§ 19 ff. BewG) nicht anwendbar, sofern es sich bei der Billigkeitsmaßnahme nicht um eine Übergangsregelungen durch koordinierte Ländererlasse handelt. Über Billigkeitsmaßnahmen kann vielmehr erst bei Erlass der entsprechenden Folgebescheide entschieden werden.

§ 163 I 2 findet nur auf Steuern vom Einkommen Anwendung. Dies sind die ESt, die KSt und der SolZ. Ferner sind auch bei der LSt sowohl gegenüber dem Arbeitgeber als auch gegenüber dem Arbeitnehmer Billigkeitsmaßnahmen nach § 163 I 2 zulässig, sofern die LSt festgesetzt wird, da die LSt nur eine besondere Erhebungsform der ESt ist (TK § 163 Rn. 6). 11

II. Unbilligkeit der Steuererhebung (Abs. 1 S. 1)

1. Begriff der Unbilligkeit

Allgemeines. Voraussetzung jeder Billigkeitsmaßnahme nach § 163 ist, dass die Erhebung der Steuer nach Lage des einzelnen Falles unbillig wäre. Der Begriff der Unbilligkeit ist derselbe wie in § 227 (BFH 28.11.2016 – GrS 1/15, BStBl. II 2017, 393), sodass grds. auf die Kommentierung zu § 227 verwiesen werden kann. Auch im Rahmen des § 163 kann sich die Unbilligkeit der StErhebung aus sachlichen und/oder persönlichen Gründen ergeben (BFH 23.7.2013 – VIII R 17/10, DStR 2013, 1982; BFH 26.5.1994 – IV R 51/93, BStBl. II 1994, 833). § 163 ist nicht auf die sachliche Unbilligkeit beschränkt (FG Berlin 28.5.1982 – III 739/81, EFG 1983, 259; FG Brandenburg 23.10.1995 – 1 V 1112/95 U, EFG 1996, 79; einschr. BT-Drs. VI/1982, 147). Ebenso wie bei § 227 sind Billigkeitsmaßnahmen nach § 163 auch dann möglich, wenn eine unbillige StBelastung in zahlreichen Fällen eingetreten ist, wie zB bei Naturkatastrophen. Eine Billigkeitsmaßnahme nach § 163 kommt nicht in Betracht, um verfassungsrechtliche Bedenken gegen eine Rechtnorm auszugleichen, da § 163 lediglich im Einzelfall unbillige Härten ausgleichen soll (BFH 26.11.2003 – X B 124/02, BFH/NV 2004, 754; aA BFH 17.12.2003 – XI R 63/00, BFH/NV 2004, 940). Die Frage nach der Verfassungswidrigkeit eines Gesetzes und der auf seiner Grundlage ergangenen StBescheide ist daher kein Gegenstand des Billigkeitsverfahrens (BVerfG 28.2.2017 – 1 BvR 1103/15, HFR 2017, 544; BFH 11.7.2018 – XI R 33/16, BStBl. II 2019, 258). Gleiches gilt für das Unionsrecht. Hat im Festsetzungsverfahren die Möglichkeit bestanden, die sachlich richtige Anwendung des Gemeinschaftsrechts geltend zu machen und ist diese aus vom Stpfl. zu vertretenden Gründen nicht wahrgenommen worden, gibt es keine gemeinschaftsrechtliche Grundlage, die den Mitgliedstaat dazu verpflichtet, die versäumte Rechtsverfolgung in einem Erlassverfahren erneut zu eröffnen (BFH 23.9.2004 – V R 58/03, BFH/NV 2005, 825). Eine für den Stpfl. ungünstige Rechtsfolge, die der Gesetzgeber bewusst angeordnet oder in Kauf genommen hat, rechtfertigt keine Billigkeitsmaßnahme (BFH 23.7.2013 – VIII R 17/10, DStR 2013, 1982; BFH 17.4.2013 – X R 6/11, BFH/NV 2013, 1537; BFH 21.10.2009 – I R 112/08, BFH/NV 2010, 606). Beschränkt der Gesetzgeber eine rückwirkende gesetzliche Neuregelung, die er aufgrund einer Entscheidung des BVerfG treffen muss, auf die noch nicht bestandskräftig abgeschlossenen Fälle, so besteht in den anderen Fällen regelmäßig kein Anspruch auf Erlass der bei einer Anwendung der rückwirkenden Regelung überhöht festgesetzten Steuer (BFH 9.9.1994 – III R 17/93, BStBl. II 1995, 8). 14

Die Billigkeitsprüfung nach § 163 verlangt, wie auch § 227, eine **Gesamtbetrachtung aller Normen,** die für die Entstehung des StAnspruchs im konkreten Fall maßgeblich sind. Nur so kann festgestellt werden, ob die steuerliche Belastung nach der gesetzlichen Regelung aus Gründen der Einzelfallgerechtigkeit einer Korrektur bedarf (BFH 26.10.1994 – X R 104/92, BStBl. II 1995, 297). Dies hat zur Folge, dass auch im Rahmen des § 163 typische Auswirkungen und Begleitumstände der gesetzlichen Regelung durch 15 allg. Billigkeitsmaßnahmen nicht korrigierbar sind, wie zB die Folge einer unentschuldigten Fristversäumnis (BFH 26.5.1994 – IV R 51/93, BStBl. II 1994, 833). Auch darf ein Erlass nicht zu Änderungsmöglichkeiten führen, die die Änderungsvorschriften der §§ 172 ff. nicht vorsehen und nach der gesetzgeberischen Konzeption nicht vorsehen sollen (BFH 11.5.2020 – V B 99/19, BFH/NV 2020, 851; Klein § 163 Rn. 34). **Offensichtlich und eindeutig unrichtige StFestsetzungen** sind jedoch ausnahmsweise im Billigkeitsverfahren sachlich zu überprüfen, wenn es dem Stpfl. nicht möglich oder zumutbar war, sich gegen die Fehlerhaftigkeit rechtzeitig zu wehren, sofern die Unrichtigkeit des Bescheides nicht auf ein nachlässiges Verhalten des Stpfl. zurückzuführen ist (BFH 17.6.2004 – IV R 9/02, BFH/NV 2004, 1505; BFH 24.7.2008 – II B 38/08, BFH/NV 2008, 1817). Dies gilt auch, wenn die unrichtige StFestsetzung auf einer fehlerhaften Anwendung des EG-Rechts beruht (BFH 23.9.2004 – V R 58/03, BFH/NV 2005, 825). Gründe außerhalb des StRechts wie zB wirtschafts-, arbeits-, sozial- oder kulturpolitische Gründe können einen Billigkeitsentscheid nicht rechtfertigen (BFH 28.11.2016 – GrS 1/15, BStBl. II 2017, 393).

16 Über die tatbestandlichen Voraussetzungen des § 163 entscheidet die FB nach ihrem **Ermessen** gem. § 5. Bei dem Begriff der Unbilligkeit handelt es sich aufgrund des engen Zusammenhangs mit der Handlungsermächtigung in § 163 („können") um einen Ermessensbegriff und nicht um einen unbestimmten Rechtsbegriff (GmS-OGB 19.10.1971 – GmS-OGB 3/70, BStBl. II 1972, 603; Schwarz/Pahlke/Keß § 163 Rn. 35; aA TK § 227 Rn. 20 ff.; auch → § 5 Rn. 18 f.).

17 **Allg. Verwaltungsvorschriften** (Ermessensrichtlinien), in denen die Verwaltung bestimmte generelle Erlasskriterien festlegt, können auch für Billigkeitsmaßnahmen nach § 163 ergehen. Die Bedeutung dieser Verwaltungsvorschriften ist dieselbe wie im Geltungsbereich des § 227 (HHSp § 163 Rn. 85; → § 227 Rn. 22 ff.). Auch im Rahmen des § 163 muss die FB allerdings in diesen Fällen eine Einzelfallprüfung vornehmen, da es sich bei allg. Verwaltungsvorschriften nur um eine eingeschränkte Selbstbindung der Verwaltung handelt. Andernfalls liegt eine Ermessensunterschreitung der FB vor (→ § 5 Rn. 23). S. zur Überprüfung von Ermessensrichtlinien im finanzgerichtlichen Verfahren im Zusammenhang mit dem sog. Sanierungserlass BFH 28.11.2016 – GrS 1/15, BStBl. II 2017, 393. Im Übrigen können auch **gemeinschaftsrechtliche Regelungen** das der FB eingeräumte Ermessen im Einzelfall auf null reduzieren (BFH 30.4.2009 – V R 15/07, BFH/NV 2009, 1342; FG Niedersachsen 15.8.2024 – 5 K 40/22, EFG 2025, 279; Rev. XI R 27/24).

18 Auch hinsichtlich des **Prüfungszeitpunkts** stimmen § 163 und § 227 überein. Auch bei § 163 kommt es, obwohl die Regelung formell dem Festsetzungsverfahren zugeordnet ist, darauf an, ob die Erhebung der Steuer unbillig ist.

19 Ein **Antrag des Stpfl.** auf eine abweichende StFestsetzung nach § 163 ist, wie auch bei § 227, nicht erforderlich (BT-Drs. VI/1982, 147). In der Praxis wird die FB jedoch regelmäßig nur dann eine abweichende StFestsetzung vornehmen, wenn der Stpfl. einen entsprechenden Antrag gestellt hat. Dies kann auch dadurch geschehen, dass der Stpfl. im Rahmen eines Einspruchsverfahrens gegen die StFestsetzung erstmals Billigkeitsgründe iSd § 163 geltend macht (Rößler DStZ 1995, 270). In zeitlicher Hinsicht regelt § 171 X 3 nunmehr, dass der Antrag vor Ablauf der für den Folgebescheid geltenden Festsetzungsfrist gestellt werden muss. Die Regelung wird nach Art. 97 § 10 XII EGAO auf alle am 31.12.2014 noch nicht abgelaufenen Fristen angewendet (s. zur Berücksichtigung des Zeitmoments bei der Ermessensentscheidung für die vorhergehenden Zeiträume BFH 21.7.2016 – X R 11/14, BStBl. II 2017, 22).

2. Niedrigere Steuerfestsetzung (S. 1 Alt. 1)

22 Eine **niedrigere StFestsetzung** iSd § 163 I 1 Alt. 1 liegt vor, wenn der StAnspruch nicht in der Höhe festgesetzt wird, in der er kraft Gesetzes nach § 38 entstanden ist. Die FB kann nach Abs. 1 S. 1 Alt. 1 die Steuer prozentual oder um einen absoluten Betrag mindern (HHSp § 163 Rn. 91; Schick StuW 1992, 197). Äußerste Grenze ist die Festsetzung der Steuer mit 0 EUR (TK § 163 Rn. 11). Die ESt kann zB entspr. § 34 EStG

berechnet werden, wenn eine Zusammenballung von Verzugszinsen zu einer übermäßigen StBelastung führt (FG Bremen 23.6.1992 – II 232/87 K, EFG 1992, 707). Ferner kann eine Änderung des Wohnungsbegriffs durch die Rspr. des BFH eine Billigkeitsmaßnahme nach Abs. 1 S. 1 Alt. 1 rechtfertigen (FG Rheinland-Pfalz 24.1.1989 – 2 K 158/88, EFG 1989, 608; FG Rheinland-Pfalz 14.2.1989 – 2 K 28/88, EFG 1989, 636). Die Entscheidung der FB über den Abzug von Kirchenbeiträgen nach EStR 10.7 (1) ist ebenfalls eine Billigkeitsmaßnahme nach Abs. 1 S. 1 Alt. 1 (BFH 12.6.2002 – XI R 96/97, BStBl. II 2003, 281; BFH 10.10.2001 – XI R 52/00, BStBl. II 2002, 201).

Bei **StMessbeträgen** (§ 184 I 3) kann der StMessbetrag nach Abs. 1 S. 1 Alt. 1 niedriger festgesetzt werden, als er ohne die Billigkeitsmaßnahme hätte festgesetzt werden müssen. Bei **StVergütungen** (§ 155 IV) kann die StVergütung höher festgesetzt werden, als sie kraft Gesetzes entstanden ist. Eine höhere Festsetzung einer StVergütung setzt dabei nicht voraus, dass materiell-rechtlich der Tatbestand für die Entstehung des Vergütungsanspruchs erfüllt ist. Ferner können auch **Erstattungsansprüche** (§ 37 II) nach S. 1 Alt. 1 aus Billigkeitsgründen höher festgesetzt werden. 23

3. Nichtberücksichtigung steuererhöhender Besteuerungsgrundlagen (S. 1 Alt. 2)

Allgemeines. Nach § 163 I 1 Alt. 2 können einzelne Besteuerungsgrundlagen, die die Steuer erhöhen, unberücksichtigt bleiben. Die Nichtberücksichtigung der Besteuerungsgrundlage muss zur Folge haben, dass die Steuer niedriger festgesetzt wird, als sie tatsächlich bei Berücksichtigung der Besteuerungsgrundlage entstanden ist. Wirkt sich die Besteuerungsgrundlage allerdings auf mehrere StAbschnitte aus, wie zB die Bildung einer steuerfreien Rücklage, so gilt ausschl. § 163 I 2. In der Praxis wird allerdings nur selten zwischen den unterschiedlichen Billigkeitsmaßnahmen des § 163 unterschieden, zumal die Wirkungen der einzelnen Billigkeitsmaßnahmen weitgehend identisch sind. 26

Der **Begriff der Besteuerungsgrundlage** iSd § 163 I 1 Alt. 2 umfasst in Anlehnung an die Legaldefinition des § 199 I jede einzelne Tatsache, die für sich allein oder zusammen mit anderen Tatsachen den konkreten Sachverhalt bildet, den die anspruchsbegründenden Tatbestandsmerkmale der StGesetze beschreiben. Der Begriff der Besteuerungsgrundlage iSd § 163 I 1 Alt. 2 ist dabei nicht auf die Besteuerungsgrundlagen beschränkt, die nach §§ 179 ff. gesondert festgestellt werden (TK § 163 Rn. 13). 27

Nach § 163 I 1 Alt. 2 können nur **einzelne Besteuerungsgrundlagen** unberücksichtigt bleiben. So kann die FB zB bei der Festsetzung der ESt stpfl. Gewinne ganz oder teilweise außer Ansatz lassen, indem sie zB Einnahmen aus einem bestimmten Geschäftsvorfall unberücksichtigt lässt. Bei der Festsetzung des GewStMessbetrags kann die FB auf die Hinzurechnung der Entgelte für Dauerschulden nach § 8 Nr. 1 GewStG ganz oder zum Teil verzichten. Bei der USt können einzelne Entgelte niedriger als vereinnahmt angesetzt werden oder bestimmte Umsätze von der Besteuerung ausgenommen werden. Bei allen StArten kann es im Einzelfall geboten sein, dass ein Geschäftsvorfall, der die Steuer ausgelöst hat, unberücksichtigt bleibt, wenn die Beteiligten den Geschäftsvorfall rückgängig machen, die steuerlichen Folgen ihrer Handlung nicht überblicken konnten und diese ungewöhnlich hart waren (BFH 2.8.1983 – VIII R 15/80, BStBl. II 1983, 736). 28

Nicht zulässig ist es nach § 163 I 1 Alt. 2 von der Zusammenfassung von Besteuerungsgrundlagen, wie zB vom Gewinn oder vom Einkommen, insgesamt einen pauschalen Abschlag zu machen (TK § 163 Rn. 14). Unzulässig ist es auch, steuermindernde Sachverhalte zu unterstellen. So können zB tatsächlich nicht angefallene Betriebsausgaben oder Aufwendungen für die allg. Lebensführung nicht als Betriebsausgaben oder Werbungskosten berücksichtigt werden. Nach der Rspr. können allerdings Billigkeitsmaßnahmen iSd Abs. 1 S. 1 Alt. 2 auch dann in Betracht kommen, wenn tatsächlich entstandene Aufwendungen nicht im Einzelnen nachgewiesen werden können, wie zB beim Verlust aufbewahrungspflichtiger Buchführungsunterlagen infolge höherer Gewalt (BFH 28.6.1972 – I R 182/69, BStBl. II 1972, 819; BFH 14.8.1974 – I R 189/72, BStBl. II 29

1974, 728; BFH 27.10.1977 – V R 34/75, BStBl. II 1978, 169). Bei der **USt** können StVergünstigungen nach der Rspr. dadurch gewährt werden, dass Buchnachweise nachträglich erleichtert werden (BFH 27.10.1977 – V R 34/75, BStBl. II 1978, 169). Ferner können beim VorStAbzug (§ 15 UStG) auch fehlende Rechnungsunterlagen iSd § 14 UStG berücksichtigt werden (BFH 19.10.1978 – V R 39/75, BStBl. II 1979, 345; vgl. auch UStAE Abschn. 15.11). Dagegen ist ein VorStAbzug aus einer Rechnung ohne StAusweis auch dann nicht aus Billigkeitsgründen zuzulassen, wenn die Rechnung nicht mehr korrigiert werden kann, weil der Aussteller nicht mehr auffindbar ist (BFH 12.12.2002 – V R 85/01, BFH/NV 2003, 829; aA FG Hessen 4.4.2001 – 6 K 3754/98, EFG 2001, 1250; zum Gutglaubensschutz des Leistungsempfängers im Rahmen des Festsetzungsverfahrens siehe BFH 22.7.2015 – V R 23/14, BStBl. II 2015, 914; BFH 16.5.2019 – XI B 13/19, DStR 2019, 1399). In allen diesen Fällen unterstellt die Rspr. jedoch entgegen Abs. S. 1 Alt. 2 steuermindernde Sachverhalte. Diese Billigkeitsmaßnahmen sollten daher besser auf Abs. 1 S. 1 Alt. 1 gestützt werden (so auch HHSp § 163 Rn. 97; TK § 163 Rn. 15).

III. Frühere oder spätere Berücksichtigung von Besteuerungsgrundlagen (Abs. 1 S. 2)

32 **Allgemeines.** Nach § 163 I 2 können bei den Steuern vom Einkommen abw. von der gesetzlichen Regelung steuererhöhende Besteuerungsgrundlagen in einem späteren Besteuerungszeitraum und steuermindernde Besteuerungsgrundlagen in einem früheren Besteuerungszeitraum berücksichtigt werden. Nicht möglich ist es dagegen nach Abs. 1 S. 2, steuermindernde Besteuerungsgrundlagen später und steuererhöhende Besteuerungsgrundlagen früher zu berücksichtigen. Im Ergebnis haben Billigkeitsmaßnahmen nach Abs. 1 S. 2 in erster Linie stundungsartigen Charakter (vgl. BT-Drs. VI/1982, 147). Denn anders als bei einer Billigkeitsmaßnahme nach Abs. 1 S. 1 Alt. 2 bleiben die Besteuerungsgrundlagen nicht unberücksichtigt, sondern werden lediglich in anderen VZ erfasst. Eine endgültige StMinderung oder StErhöhung kann sich im Einzelfall nur durch unterschiedliche Progressionsstufen in den jeweiligen Besteuerungszeiträumen ergeben. Ebenso wie die Billigkeitsmaßnahmen nach Abs. 1 S. 1 erfordert Abs. 1 S. 2 eine persönliche oder sachliche Unbilligkeit (BFH 23.7.2013 – VIII R 17/10, BStBl. II 2013, 820).

33 Abs. 1 S. 2 erfordert die **Zustimmung** des Stpfl., da sich nicht immer voraussehen lässt, wie sich die frühere oder spätere Berücksichtigung der Besteuerungsgrundlage auf die Höhe der dann zu zahlenden Steuer auswirkt. So können zB in der Zwischenzeit die StSätze erhöht worden sein oder es kann sich bei dem Stpfl. die Progression aufgrund gestiegener Einkünfte stärker bemerkbar machen. Die Zustimmung ist eine einseitige empfangsbedürftige Willenserklärung, die entspr. §§ 183, 184 BGB vor oder nach der abweichenden Berücksichtigung der StErklärung erteilt werden kann (TK § 163 Rn. 19).

34 **Einzelfälle.** Auf Abs. 1 S. 2 beruht die Möglichkeit nach S. 2 der EStR 4.6 (1) beim Wechsel von der Einnahmenüberschussrechnung iSd § 4 III EStG zum Betriebsvermögensvergleich nach § 4 I EStG oder nach § 5 EStG den Übergangsgewinn auf bis zu 3 Jahre zu verteilen (BFH 7.12.1971 – VIII R 22/67, BStBl. II 1972, 338; BFH 5.10.1973 – VIII R 20/68, BStBl. II 1974, 303; vgl. hierzu auch FG Münster 16.3.2001 – 11 K 1500/99 AO, EFG 2001, 764) sowie die Möglichkeit nach EStR 6.6 stille Reserven auf ein Ersatzwirtschaftsgut zu übertragen (BFH 6.5.1971 – IV R 59/69, BStBl. II 1971, 664). Ferner ist die Regelung im BMF-Schreiben 18.11.2009, BStBl. I 2009, 1326 zur Begrenzung der pauschalen Wertansätze im Rahmen des § 6 I Nr. 4 EStG auf die tatsächlichen Gesamtaufwendungen für das Kraftfahrzeug (sog. Kostendeckelung) eine Billigkeitsregelung iSd § 163 (BFH 14.3.2007 – XI R 59/04, BFH/NV 2007, 1838). Zur Billigkeitsmaßnahme für landwirtschaftliche Betriebe s. BFH 12.7.2012 – I R 32/11, BStBl. II 2015, 175; BFH 14.9.2017 – IV R 51/14, BStBl. II 2018, 78 sowie BFH 9.5.2019 – VI R 48/16, BFH/NV 2019, 908.

IV. Entscheidung über die abweichende Steuerfestsetzung (Abs. 2)

1. Umsetzung der Entscheidung

Die Entscheidung über eine Billigkeitsmaßnahme nach S. 1–2 ist ein **eigenständiger** 37
VA (§ 118 S. 1), der in einem vom StFestsetzungsverfahren unabhängigen Verfahren ergeht (BFH 7.7.2004 – II R 3/02, BStBl. II 2004, 1006; BFH 28.4.2004 – II B 64/03, BFH/NV 2004, 1216; BFH 21.1.1992 – VIII R 51/88, BStBl. II 1993, 3; BFH 4.5.1995 – V R 29/94, BStBl. II 1995, 747; BFH 30.3.1995 – V R 22/94, BStBl. II 1995, 567; BFH 12.10.2010 – I R 86/08, BFH/NV 2011, 579; BFH 21.7.2016 – X R 11/14, BStBl. II 2017, 22). Die Billigkeitsentscheidung ist kein StBescheid iSd §§ 155 ff. Die Rücknahme einer Billigkeitsmaßnahme erfolgt nach § 130 II, III (→ Rn. 52). Die Korrekturvorschriften der §§ 172 ff. gelten nicht (HHSp § 163 Rn. 136). Es ist auch nicht möglich, eine Billigkeitsentscheidung unter dem Vorbehalt der Nachprüfung gem. § 164 (BFH 12.7.2012 – I R 32/11, BFH/NV 2012, 1853) oder vorläufig gem. § 165 zu treffen (zur Verbindung mit einer StFestsetzung unter dem Vorbehalt der Nachprüfung oder einer vorläufigen StFestsetzung s. § 163 Abs. 3, → Rn. 42 ff.). Die Bestandskraft der StFestsetzung steht einer Billigkeitsentscheidung nach § 163 nicht entgegen. Dies gilt nach Ansicht des BFH jedenfalls dann, wenn der Stpfl. vor Bestandskraft des StBescheids einen Antrag auf abweichende StFestsetzung aus Billigkeitsgründen gestellt hat (BFH 21.1.1992 – VIII R 51/88, BStBl. II 1993, 3). Dies ist auch im Zusammenhang mit der Festsetzungsfrist für den betreffenden StBescheid zu beachten (§ 171 X 3, → Rn. 19). Eine Billigkeitsentscheidung nach § 163 ist auch möglich, wenn der Stpfl. die StFestsetzung selbst nicht angefochten hat (BFH 21.1.1992 – VIII R 51/88, BStBl. II 1993, 3; BFH 30.3.1995 – V R 22/94, BStBl. II 1995, 567). Zwischen der Billigkeitsentscheidung nach § 163 und der StFestsetzung besteht insoweit keine zwingende Rangfolge (vgl. BFH 21.1.1992 – VIII R 51/88, BStBl. II 1993, 3). Gegebenenfalls kann die Billigkeitsentscheidung auch schon vor der Entstehung des StAnspruchs (§ 38) getroffen werden, sofern der Stpfl. daran ein besonderes Interesse hat.

Im Verhältnis zum StBescheid ist die Billigkeitsentscheidung nach § 163 ein bindender 38
Grundlagenbescheid iSd § 171 X (BFH 12.7.2012 – I R 32/11, BFH/NV 2012, 1853). Eine Billigkeitsentscheidung des FA auf der Grundlage allg. Verwaltungsvorschriften ist daher auch vom FG im Anfechtungsverfahren gegen den StBescheid zu beachten, wenn der Stpfl. nur den StBescheid angefochten hat, die Billigkeitsentscheidung selbst aber bestandskräftig geworden ist. Dies gilt auch dann, wenn die Billigkeitsentscheidung des FA den materiell-rechtlichen und formellen Anforderungen an eine Ermessensentscheidung nach § 163 nicht entspricht (BFH 16.3.2004 – VIII R 33/02, BStBl. II 2004, 927; BFH 8.8.2001 – I R 25/00, BStBl. II 2003, 923). Wird eine Billigkeitsmaßnahme nach Erlass des StBescheids zugelassen oder geändert, muss der StBescheid als Folgebescheid nach § 175 I Nr. 1 entspr. angepasst werden (BFH 21.1.1992 – VIII R 51/88, BStBl. II 1993, 3; BFH 26.2.1991 – IX R 95/88, BStBl. II 1991, 572; BFH 18.3.1996 – V B 131/95, BFH/NV 1996, 692; BFH 15.5.1997 – IV R 46/96, BFH/NV 1997, 850; BFH 31.7.1997 – IX B 13/97, BFH/NV 1998, 201). Die Korrektur des StBescheids erfolgt somit mangels eines rückwirkenden Ereignisses nicht nach § 175 I Nr. 2. Statt der Billigkeitsmaßnahme nach § 163 mit anschließender Folgeänderung kann die Steuer allerdings auch gleich nach § 227 erlassen werden.

Die Billigkeitsentscheidung nach § 163 kann mit **Nebenbestimmungen** iSd § 120 39
versehen werden, insb. kann sie, wie sich nunmehr aus § 163 III ergibt, auch unter Widerrufsvorbehalt (§ 120 II Nr. 3) erlassen werden (aA noch BFH 22.9.1971 – I B 26/71, BStBl. II 1972, 83 mit der wenig überzeugenden Begründung, dass der Widerrufsvorbehalt mit dem Wesen des Erlasses nicht vereinbar sei).

2. Äußere Verbindung mit der Steuerfestsetzung

42 **§ 163 II** ermöglicht es der FB, die Billigkeitsentscheidung äußerlich mit der StFestsetzung zu verbinden. Dies gilt sowohl für die Gewährung als auch für die Ablehnung einer Billigkeitsmaßnahme (BFH 21.1.1992 – VIII R 51/88, BStBl. II 1993, 3). Trotz der äußerlichen Verbindung bleiben das Billigkeitsverfahren und das StFestsetzungsverfahren zwei eigenständige Verfahren (BFH 30.3.1995 – V R 22/94, BStBl. II 1995, 567; BFH 21.1.1992 – VIII R 51/88, BStBl. II 1993, 3; BFH 12.7.2012 – I R 32/11, BFH/NV 2012, 1853). Da die Billigkeitsentscheidung kein StBescheid, sondern ein sonstiger VA ist, gelten lediglich die Formvorschriften der §§ 118 ff., nicht die des § 157 I. Die Billigkeitsentscheidung kann daher auch konkludent im Rahmen einer StFestsetzung oder -Feststellung getroffen werden (BFH 1.10.2015 – X R 32/13, BStBl. II 2016, 139; eingrenzend dagegen BFH 9.5.2019 – VI R 48/16, BFH/NV 2019, 908 im Zusammenhang mit der Nichtaktivierung von Feldinventar bei der StErklärung). Bei einer konkludent ergangenen Entscheidung kommt eine Bindung über den jeweiligen VZ hinaus aber nur in Betracht, wenn Anhaltspunkte dafür vorliegen, dass sich die FB konkludent auch für nachfolgende VZ binden wollte (BFH 23.12.2021 – V B 22/21 (AdV), BFH/NV 2022, 741; BFH 16.1.2020 – VI R 49/17, BFH/NV 2020, 762). Die Entscheidung über die Billigkeitsmaßnahme verliert auch nicht dadurch ihren eigenständigen Charakter, dass sie in die Erläuterungen des StBescheids aufgenommen worden ist. Gegebenenfalls muss im Wege der Auslegung des StBescheids geklärt werden, ob und in welchem Umfang die FB von der gesetzlich entstandenen Steuer aus Billigkeitsgründen nach § 163 abgewichen ist (FG Münster 16.3.2001 – 11 K 1500/99 AO, EFG 2001, 764; FG Baden-Württemberg 17.11.1999 – 5 K 118/99, EFG 2000, 338). Zur Klarheit sollte die FB die Höhe der Steuer vor und nach der Billigkeitsmaßnahme im Bescheid angeben und bei Nichtberücksichtigung einzelner Besteuerungsgrundlagen nach Abs. 1 S. 1 Alt. 2 oder Abs. 1 S. 2 die jeweiligen Besteuerungsgrundlagen im Bescheid kennzeichnen. Nach Ansicht des BFH genügt es jedoch, dass sich die abweichende StFestsetzung aus der Höhe der festgesetzten Steuer ermitteln lässt (BFH 12.7.2012 – I R 32/11, BFH/NV 2012, 1853; BFH 25.3.2015 – X R 23/13, BStBl. II 2015, 696). Verbindet die FB die Billigkeitsentscheidung mit der StFestsetzung, so muss die Rechtsbehelfsbelehrung (§ 356 I) deutlich machen, dass sowohl gegen die Billigkeitsentscheidung als auch gegen die StFestsetzung jeweils der Einspruch (§§ 347 ff.) gegeben ist. Andernfalls ist die Rechtsbehelfsbelehrung unrichtig iSd § 356 II mit der Folge, dass die Einspruchsfristen des § 355 nicht zu laufen beginnen (TK § 163 Rn. 28).

V. Widerrufsvorbehalt (Abs. 3 und 4)

43 **Allgemeines.** Da es sich bei der Billigkeitsentscheidung um einen eigenständigen VA handelt, der zudem kein StBescheid iSd § 155 I 1 ist (→ Rn. 37), kommt eine Änderung ausschließlich nach §§ 130, 131 in Betracht. § 164 II und § 165 II finden ebenso wenig Anwendung wie §§ 172 ff. Da dies selbst dann gilt, wenn die Billigkeitsentscheidung mit der unter dem Vorbehalt der Nachprüfung stehenden StFestsetzung verbunden wird (BFH 12.7.2012 – I R 32/11, BStBl. II 2015, 175), hat der Gesetzgeber durch das Gesetz zur Modernisierung des Besteuerungsverfahrens v. 18.7.2016 (BGBl. 2016 I 1679) mit Wirkung zum 1.7.2017 die Abs. 3 und 4 angefügt. Die Neuregelung soll der Verfahrenserleichterung und Rechtsklarheit dienen (BT-Drs. 18/7457, 84). Ob dieses gesetzgeberische Ziel erreicht wird, bleibt fraglich. Tatsächlich dürfte die Neuregelung für den StPflichtigen vielmehr zu einer über einen längeren Zeitraum andauernden Rechtsunsicherheit führen, wenn die Billigkeitsentscheidung mit der StFestsetzung verbunden wurde (Klein § 163 Rn. 92; Brühl/Süß DStR 2016, 2617). Sie ist für alle nach dem 31.12.2016 getroffenen Billigkeitsmaßnahmen anzuwenden (Art. 97 § 29 EGAO).

44 **Widerrufsvorbehalt.** § 163 III 1 ordnet nunmehr an, dass in den dort genannten Fällen, eine Billigkeitsmaßnahme kraft Gesetzes unter Widerrufsvorbehalt steht. Dies ist

dann der Fall, wenn die Billigkeitsentscheidung nicht ausdrücklich als solche, sondern nur konkludent ergangen ist (Nr. 1), wenn sie mit einer StFestsetzung verbunden ist, die unter dem Vorbehalt der Nachprüfung steht (Nr. 2) oder wenn die Billigkeitsentscheidung mit einer vorläufigen StFestsetzung verbunden und der Grund für die Vorläufigkeitsfestsetzung auch für die Billigkeitsentscheidung von Bedeutung ist (Nr. 3). Abs. 3 S. 2 bis 4 enthalten für die verschiedenen Widerrufsvorbehalte jeweils Tatbestände, unter denen der Widerrufsvorbehalt wiederum kraft Gesetzes entfällt (Ablauf der Festsetzungsfrist für die StFestsetzung, Aufheben oder Entfallen des Vorbehaltes der Nachprüfung sowie Endgültigkeit der StFestsetzung nach § 165 oder § 171 VIII). Abs. 4 S. 1 erweitert für die FB nunmehr die Möglichkeit, eine rechtswidrige Billigkeitsmaßnahme **zurückzunehmen.** Für die FB ist eine Aufhebung danach ohne die weiteren Voraussetzungen des § 130 II möglich. Zudem ist nach Abs. 4 S. 2 die Jahresfrist nach § 130 III 1 nicht anzuwenden.

VI. Zuständigkeit

Allgemeines. Zuständig für die Entscheidung über eine Billigkeitsmaßnahme nach § 163 ist die FB, die auch den StBescheid zu erlassen hat. Überschreitet das Erlassvolumen jedoch eine bestimmte Höhe, ist für eine positive Erlassentscheidung behördenintern die Zustimmung der OFD/des LfSt bzw. des Landesfinanzministeriums und uU auch des BMF erforderlich (BMF 5.7.2023, BStBl. I 2023, 1468, Wertgrenze 200.000 EUR/ 400.000 EUR). 45

Bei **Realsteuern,** vor allem bei der **GewSt,** schließt die Befugnis zur Festsetzung des Messbetrags gem. § 184 II 1 auch die Befugnis zu Maßnahmen nach § 163 I 1 ein, soweit für solche Maßnahmen in einer allg. Verwaltungsvorschrift der BReg oder einer obersten Landesfinanzbehörde Richtlinien aufgestellt worden sind (zu den Einzelheiten → § 184 Rn. 25 ff.). Billigkeitsmaßnahmen nach § 163 I 2, die die FB bei Festsetzung der Steuern vom Einkommen hinsichtlich der gewerblichen Einkünfte getroffen hat, wirken nach § 184 II 2 auch für den Gewerbeertrag als Grundlage für die Festsetzung des GewStMessbetrags (→ § 184 Rn. 27). Nur soweit hiernach die FB nicht zur Entscheidung befugt ist, entscheidet die Gemeinde über die Billigkeitsmaßnahmen (BFH 24.10.1972 – VIII R 32/ 67, BStBl. II 1973, 233). Die FB kann in diesen Fällen dann nur mit Zustimmung der betroffenen Gemeinde über eine Billigkeitsmaßnahme entscheiden (TK § 163 Rn. 24; GewStR 6 I). 46

Im Bereich der **KiSt** sind nach den KiStG der jeweiligen Länder für Billigkeitsmaßnahmen die Kirchen zuständig. Erlässt die FB allerdings die ESt, erstreckt sich dieser Erlass regelmäßig nach den jeweiligen KiStG auch auf die KiSt. 47

VII. Erlöschen der Steuerschuld

Mit der Bekanntgabe der Billigkeitsentscheidung nach § 163 **erlischt** die StSchuld gem. § 47 in Höhe des Differenzbetrags zwischen dem kraft Gesetzes entstandenen StAnspruch (§ 38) und dem tatsächlich festgesetzten Betrag bzw. dem aus der Nichtberücksichtigung der Besteuerungsgrundlage resultierenden Betrag. Zu Unrecht geht Schwarz/Pahlke/Keß § 163 Rn. 203 davon aus, dass die StSchuld rückwirkend nach § 38 schon nicht entstanden ist. Ein Erstattungsanspruch, der nach § 163 höher festgesetzt worden ist, entsteht abw. von § 38 mit der Bekanntgabe der Billigkeitsentscheidung. Im Falle des § 163 I 2 erlischt der StAnspruch zwar insoweit, als die vom Gesetz abweichende Berücksichtigung der Besteuerungsgrundlagen sich auf seine Höhe auswirkt, zugleich entsteht der StAnspruch aber in einem späteren Zeitpunkt aufgrund der Billigkeitsentscheidung erneut (TK § 163 Rn. 18, 26). Wird die Erlassentscheidung später zurückgenommen oder korrigiert, lebt der ursprüngliche StAnspruch im Umfang der Korrektur wieder auf (HHSp § 163 Rn. 99). Entsprechendes gilt, wenn die FB von einem Widerrufsvorbehalt (§ 120 II Nr. 3) zulässigerweise Gebrauch gemacht hat oder eine unter Widerrufsvorbehalt nach Abs. 3 stehende Billigkeitsentscheidung nach Abs. 4 S. 1 zurückgenommen wird (BT-Drs. 18/7457, 85). 50

VIII. Verfahrensfragen

1. Korrektur von Billigkeitsentscheidungen

52 Die Entscheidung über eine Billigkeitsmaßnahme nach § 163 ist ein begünstigender VA, der unter den Voraussetzungen des § 130 II, III und 163 IV zurückgenommen werden kann. Die Rücknahme lässt die Rechtswirkung des § 47 rückwirkend entfallen (→ Rn. 50). Ein nur ex nunc wirkender Widerruf (§ 131 II) einer Billigkeitsentscheidung kommt allerdings nicht in Betracht, da dies mit § 47 nicht vereinbar wäre (→ § 227 Rn. 55).

2. Einspruch (§ 347)

53 Die Entscheidung über eine Billigkeitsmaßnahme nach § 163 kann mit dem Einspruch (§ 347) angefochten werden. Die Entscheidung über die abweichende StFestsetzung aus Billigkeitsgründen kann nach § 351 II nur durch Anfechtung dieser Entscheidung und nicht auch durch Anfechtung der StFestsetzung angegriffen werden, da die Entscheidung über die abweichende StFestsetzung aus Billigkeitsgründen für die StFestsetzung ein bindender Grundlagenbescheid (§ 171 X) ist (→ Rn. 38). Dies gilt auch dann, wenn die Billigkeitsgründe auf allg. Verwaltungsvorschriften, wie zB Übergangsregelungen, beruhen, da diese Verwaltungsvorschriften im Anfechtungsverfahren gegen StBescheide nicht berücksichtigt werden können (BFH 15.11.2006 – X B 11/06, BFH/NV 2007, 209). Gegebenenfalls muss der Stpfl. zwei Einsprüche einlegen und zwar gegen die Entscheidung über die Billigkeitsmaßnahme nach § 163 und gegen die StFestsetzung. Auch wenn die FB die Billigkeitsentscheidung nach § 163 II mit der StFestsetzung verbunden hat, muss das Rechtsbehelfsverfahren ggf. zweigleisig geführt werden, da es sich bei der StFestsetzung und der abweichenden StFestsetzung aus Billigkeitsgründen auch in diesem Fall um zwei eigenständige Verfahren handelt (BFH 21.1.1992 – VIII R 51/88, BStBl. II 1993, 3; auch → Rn. 37). Beide Einspruchsverfahren können nebeneinander geführt werden. Die FB muss dann ggf. zwei Einspruchsentscheidungen iSd § 367 erlassen. Diese Einspruchsentscheidungen können jedoch auch nach § 163 II äußerlich miteinander verbunden werden. Die FB ist nicht verpflichtet, erst über die abweichende StFestsetzung aus Billigkeitsgründen und dann über die StFestsetzung zu entscheiden (TK § 163 Rn. 29; aA FG Niedersachsen 6.10.1983 – XI 634/82, EFG 1984, 194; Rößler DStZ 1995, 270). Wird gegen die äußerlich miteinander verbundenen Entscheidungen über die Billigkeitsmaßnahme und über die StFestsetzung nur ein Einspruch eingelegt, so muss ggf. durch Auslegung der Einspruchsbegründung ermittelt werden, gegen welchen VA der Einspruch gerichtet ist.

3. Verpflichtungsklage (§ 40 I Alt. 2 FGO)

56 Die Verpflichtungsklage iSd § 40 I Alt. 2 FGO ist statthaft, wenn die FB dem Einspruch gegen die Nichtzulassung einer abweichenden StFestsetzung aus Billigkeitsgründen nach § 163 nicht entsprochen hat (FG Köln 16.6.2016 – 13 K 984/11, DStRE 2017, 1199). Wird daneben auch die StFestsetzung angefochten, kann das FG das gegen die StFestsetzung gerichtete Klageverfahren bis zur Entscheidung über die Klage gegen die Nichtzulassung einer abweichenden Billigkeitsentscheidung nach § 74 FGO aussetzen. Zwingend erforderlich ist dies jedoch nicht (BFH 26.2.1996 – V B 81/95, BFH/NV 1996, 571; BFH 31.7.1997 – IX B 13/97, BFH/NV 1998, 201). So kann von einer Aussetzung nach § 74 FGO zB abgesehen werden, wenn sich die Erledigung des anhängigen Rechtsstreits erheblich verzögern würde (BFH 14.4.2011 – IV R 15/09, BStBl. II 2011, 706) oder die Prüfung der Billigkeit erheblich von den materiell-rechtlichen Erwägungen des FG im betreffenden Festsetzungsverfahren beeinflusst wird (BFH 11.5.2010 – IX R 26/09, BFH/NV 2010, 2067). Auch wenn der Billigkeitsantrag erst kurz vor Abschluss des gerichtlichen Verfahrens über die StFestsetzung gestellt wird, entspricht eine Verfahrensaussetzung weder prozessökonomischen Gründen noch den Interessen der Beteiligten an einer zeitnahen Entscheidung (BFH 10.9.2015 – V R 17/14, BFH/NV 2016, 80). Das FG überprüft die

ablehnende Billigkeitsentscheidung der FB als Ermessensentscheidung iSd § 5 ausschl. im Rahmen des § 102 FGO auf Ermessensfehler (BFH 23.7.2013 – VIII R 17/10, DStR 2013, 1982; BFH 21.7.2016 – X R 11/14, BStBl. II 2017, 22; → § 5 Rn. 38 ff.). Beruht die ablehnende Billigkeitsentscheidung auf allg. Verwaltungsvorschriften, kann das FG grds. nur überprüfen, ob die FB sich an die Verwaltungsvorschriften gehalten hat und ob die Verwaltungsvorschriften selbst einer sachgerechten Ermessensausübung entsprechen (BFH 24.11.2005 – V R 37/04, BStBl. II 2006, 466). Wegen der Bindung der Gerichte an die gesetzlichen Vorschriften und der gem. § 102 S. 1 FGO gebotenen Rechtsprüfung ist zudem zu prüfen, ob die jeweilige Ermessensrichtlinie eine ausreichende Rechtsgrundlage hat und sie der Gesetzeslage nicht widerspricht (vgl. BFH 28.11.2016 – GrS 1/15, BStBl. II 2017, 393 zum sog. Sanierungserlass). Der Urteilsausspruch richtet sich nach § 101 FGO. Die Rechtskraft eines Urteils über eine abweichende StFestsetzung aus Billigkeitsgründen nach § 163 schließt bei identischem Sachverhalt eine Klage auf Gewährung eines Erlasses nach § 227 aus, da die tatbestandlichen Voraussetzungen beider Vorschriften identisch sind (FG Hamburg 31.10.1994 – III 193/90, EFG 1995, 408).

Gegen die ablehnende Billigkeitsentscheidung einer **Gemeinde** ist der Verwaltungs- 57
rechtsweg nach § 40 I VwGO und nicht der Finanzrechtsweg (§ 33 FGO) gegeben (BFH 9.1.1962 – I 101/60 S, BStBl. III 1962, 238). Für Billigkeitsmaßnahmen im Bereich der **KiSt** ist der Finanzrechtsweg nach § 33 FGO entspr. den KiStG der jeweiligen Länder eröffnet.

4. Vorläufiger Rechtsschutz

Vorläufiger Rechtsschutz gegen die ablehnende Entscheidung über eine Billigkeitsmaß- 60
nahme nach § 163 kommt nur nach § 114 FGO und nicht nach § 361 bzw. nach § 69 FGO in Betracht (BFH 18.3.1996 – V B 131/95, BFH/NV 1996, 692). Im Rahmen der Anfechtung der StFestsetzung kann der Stpfl. eine AdV nach § 361 bzw. nach § 69 FGO nicht unter Berufung auf eine nach § 163 gebotene Billigkeitsmaßnahme verlangen (BFH 25.2.1993 – V B 84/92, BFH/NV 1994, 422; BFH 31.7.2019 – XI B 15/19, BFH/NV 2019, 1259; aA FG Bremen 24.6.1998 – 298012V 2, EFG 1998, 1309).

§ 164 Steuerfestsetzung unter Vorbehalt der Nachprüfung

(1) [1]**Die Steuern können, solange der Steuerfall nicht abschließend geprüft ist, allgemein oder im Einzelfall unter dem Vorbehalt der Nachprüfung festgesetzt werden, ohne dass dies einer Begründung bedarf.** [2]**Die Festsetzung einer Vorauszahlung ist stets eine Steuerfestsetzung unter Vorbehalt der Nachprüfung.**

(2) [1]**Solange der Vorbehalt wirksam ist, kann die Steuerfestsetzung aufgehoben oder geändert werden.** [2]**Der Steuerpflichtige kann die Aufhebung oder Änderung der Steuerfestsetzung jederzeit beantragen.** [3]**Die Entscheidung hierüber kann jedoch bis zur abschließenden Prüfung des Steuerfalls, die innerhalb angemessener Frist vorzunehmen ist, hinausgeschoben werden.**

(3) [1]**Der Vorbehalt der Nachprüfung kann jederzeit aufgehoben werden.** [2]**Die Aufhebung steht einer Steuerfestsetzung ohne Vorbehalt der Nachprüfung gleich; § 157 Absatz 1 Satz 1 und 3 gilt sinngemäß.** [3]**Nach einer Außenprüfung ist der Vorbehalt aufzuheben, wenn sich Änderungen gegenüber der Steuerfestsetzung unter Vorbehalt der Nachprüfung nicht ergeben.**

(4) [1]**Der Vorbehalt der Nachprüfung entfällt, wenn die Festsetzungsfrist abläuft.** [2]**§ 169 Absatz 2 Satz 2, § 170 Absatz 6 und § 171 Absatz 7, 8 und 10 sind nicht anzuwenden.**

Schrifttum: Brandt-Pollmann, Probleme mit der Vorbehaltsfestsetzung, DStZ 1980, 198; Kammann, Die vorbehaltslose Steuerfestsetzung im Verhältnis zur Steuerfestsetzung unter Vorbehalt der Nachprüfung, StuW 1982, 149; Schuhmann, Schätzung der Besteuerungsgrundlagen unter dem Vorbehalt der Nachprüfung, DStZ 1986, 161; Trzaskalik, Über die Vorbehaltsfestsetzung und die Steueranmeldung, StuW 1993, 371;

Apitz, Aufnahme eines Vorbehalts der Nachprüfung in einen bestandskräftigen Steuerbescheid, StBp 1998, 187; Leisner, Vorbehaltsfestsetzungen und Vertrauensschutz, DStZ 1999, 358.

Übersicht

A. Allgemeines

I. Gegenstand und Zweck

1 **Gegenstand.** § 164 regelt die StFestsetzung unter dem Vorbehalt der Nachprüfung. Die Vorschrift ermöglicht es der FB, einen StFall auch nach Erlass des StBescheids offenzuhalten. Dies wird dadurch erreicht, dass nach § 164 eine StFestsetzung unter dem Vorbehalt der Nachprüfung nur formell, nicht aber materiell bestandskräftig wird (allg. zur Bestandskraft → Vorb. §§ 172 ff. Rn. 2 ff.). Durch § 164 wird die FB ermächtigt, den gesamten StFall später entspr. der ihr zur Verfügung stehenden Zeit und der ihr zur Verfügung stehenden Arbeitskraft in vollem Umfang (weiter) zu überprüfen und den StBescheid ggf. entspr. zu berichtigen, ohne hierzu jedoch verpflichtet zu sein (BT-Drs. VI/1982, 148).

2 **Zweck.** § 164 dient der Beschleunigung der ersten StFestsetzung, indem die Steuer ohne eine besondere Prüfung allein aufgrund der Angaben des Stpfl. festgesetzt werden kann und sich die FB eine spätere Überprüfung vorbehält. Die Vorschrift bezweckt eine rasche StFestsetzung ohne das Risiko materieller Bestandskraft. In der Praxis bedeutet dies, dass Zahlungen, die sich aus den eingereichten StErklärungen sowohl zulasten als auch zugunsten der Stpfl. ergeben, zeitnäher realisiert werden können, da eine StFestsetzung unter dem Vorbehalt der Nachprüfung bereits alle Wirkungen eines StBescheids entfaltet.

Insb. kann die FB den Vorbehaltsbescheid nach §§ 218 ff. vollziehen und nach §§ 249 ff. vollstrecken.

II. Rechtsnatur des Vorbehalts

8 Der Vorbehalt der Nachprüfung ist eine unselbständige Nebenbestimmung zum StBescheid iSd § 120 I und kein selbständiger VA (§ 118 S. 1). Er bildet zusammen mit dem StBescheid eine Einheit (BFH 30.10.1980 – IV R 168–170/79, BStBl. II 1981, 150; BFH 1.6.1983 – III B 40/82, BStBl. II 1983, 622; BFH 2.3.1993 – IX R 93/89, BFH/NV 1993, 704; aA HHSp § 164 Rn. 26; Kammann StuW 1982, 149). Daher ist der gesamte StBescheid rechtswidrig, wenn sich die Rechtswidrigkeit ausschl. aus der Beifügung des Nachprüfungsvorbehalts ergibt (Schwarz/Pahlke/Keß § 164 Rn. 6; TK § 164 Rn. 24). Zu den damit verbundenen Rechtsschutzfragen → Rn. 81 ff.

III. Anwendungsbereich

11 **§ 164 I 1** betrifft ausdrücklich nur StFestsetzungen iSd § 155 I 1. Die Vorschrift gilt aber auch für alle VA, für die die Regeln über die StFestsetzung (§§ 155 ff.) aufgrund gesetzlicher Anordnung entspr. gelten (→ § 155 Rn. 7). Insb. können auch Zinsbescheide iSd § 239 I 1 unter den Vorbehalt der Nachprüfung gestellt werden (TK § 164 Rn. 4; Dziadkowski StBp 1987, 265; Gosch AO § 164 Rn. 8). Die Vorschrift gilt ferner für Zulagen- und Prämienbescheide, sofern in den entsprechenden Gesetzen auf die Vorschriften über StVergütungen (§ 155 IV) verwiesen wird (→ § 155 Rn. 72 ff.).

12 **§ 164 II–IV** gelten nicht nur für den nach Abs. 1 S. 1 behördlich angeordneten Nachprüfungsvorbehalt, sondern auch für Vorbehalte, die unmittelbar durch das Gesetz angeordnet werden, sofern sich aus der gesetzlichen Regelung nichts anderes ergibt. Hierzu gehören zB nach § 164 I 2 StVorauszahlungen sowie nach § 168 S. 1 StAnmeldungen. Vergleichbar zu den früheren Eintragungen auf der LStKarte ist die elektronische Bildung von LStAbzugsmerkmalen nach § 39 EStG eine gesetzliche Feststellung, die kraft Gesetzes unter dem Vorbehalt der Nachprüfung steht (§ 39 I 4 EStG).

13 **§ 164 gilt nicht** für Haftungs- und Duldungsbescheide (§ 191). Zusätzlich ist bei Duldungsbescheiden zu beachten, dass das Wort „Vorbehalt" in § 164 AO und § 14 AnfG in rechtlicher Hinsicht nicht dasselbe meint; ein Duldungsbescheid muss also auch dann keine zusätzliche Bedingung iSd § 14 AnfG enthalten, wenn er aufgrund von in unter dem Vorbehalt der Nachforderung stehenden StBescheiden festgesetzten StForderungen ergeht (BFH 23.10.2018 – VII R 21/18, BStBl. II 2019, 299) sowie für Entscheidungen über Billigkeitsmaßnahmen, wie zB Entscheidungen nach § 227 oder nach § 163 (auch wenn diese mit dem StBescheid verbunden sind). Ferner ist § 164 nicht anwendbar auf Verspätungszuschläge (§ 152) und auf Säumniszuschläge (§ 240). Überdies gilt § 164 auch nicht im Zollrecht. Insoweit enthalten Art. 104 f. UZK über die nachträgliche buchmäßige Erfassung von Abgaben abschließende Regelungen (HHSp § 164 Rn. 5; TK § 164 Rn. 11; Henke/Huchatz ZfZ 1996, 226). Soweit ein wirksamer Vorbehalt der Nachprüfung besteht, geht dieser den Änderungsvorschriften der §§ 172 ff. vor (Schwarz/Pahlke/Keß § 164 Rn. 77; aA HHSp § 164 Rn. 13; Gosch AO § 164 Rn. 30, wonach die Vorschriften nebeneinander anwendbar sein sollen). Diese kommen allerdings zur Anwendung, wenn der Vorbehalt aufgehoben wird oder kraft Gesetzes entfällt (TK § 164 Rn. 9).

IV. Verhältnis zu § 165

16 § 165 betrifft ausschl. den Fall, dass die FB nicht abschließend über den StFall entscheiden kann, da einzelne für die StFestsetzung wesentliche Punkte in tatsächlicher oder rechtlicher, allerdings nicht steuerrechtlicher Hinsicht ungewiss sind, während im Fall des § 164 die FB aus verwaltungsinternen Gründen keine abschließende Entscheidung über

den (gesamten) StFall treffen will. Die vorläufige StFestsetzung nach § 165 ist nur bei außerhalb der Sphäre der FB liegenden Entscheidungshindernissen möglich, die gegenwärtig nicht ausgeräumt werden können (vgl. HHSp § 164 Rn. 12). Die Vorläufigkeit der StFestsetzung ist auf die von dem Entscheidungshindernis betroffene Besteuerungsgrundlage (§ 157 II) beschränkt. § 164 ermöglicht der FB dagegen das Offenhalten des gesamten StFalls. Gemäß § 164 III 3 muss der Nachprüfungsvorbehalt, im Gegensatz zu einem Vorläufigkeitsvermerk nach § 165, nach einer Ap. (§§ 193 ff.) zwingend aufgehoben werden (→ Rn. 72 f.). Der Nachprüfungsvorbehalt entfällt gem. § 164 IV mit Ablauf der Festsetzungsfrist (→ Rn. 77 f.). Beim Vorläufigkeitsvermerk ergibt sich dagegen aus § 171 VIII eine Ablaufhemmung der regulären Festsetzungsfrist. Nach § 165 III kann eine vorläufige StFestsetzung mit einer StFestsetzung unter dem Vorbehalt der Nachprüfung verbunden werden. Dies ist sinnvoll, wenn nur in einem Punkt Ungewissheit besteht und im Übrigen aber die StErklärung später noch nachgeprüft werden soll (BT-Drs. VI/1982, 148 f.). Im Verhältnis zwischen Vorbehaltsfestsetzung und Vorläufigkeitsvermerk kommt eine Umdeutung nach § 128 nicht in Betracht (BFH 26.9.1990 – II R 99/88, BStBl. II 1990, 1043). Zum Verhältnis §§ 164, 165 s. auch App DStR 1994, 127.

B. Steuerfestsetzung unter dem Vorbehalt der Nachprüfung (Abs. 1)

I. Behördlich angeordneter Nachprüfungsvorbehalt (Abs. 1 S. 1)

1. Steuerfestsetzung

19 Nach § 164 I 1 können nur StFestsetzungsbescheide iSd § 155 I 1 unter dem Vorbehalt der Nachprüfung erlassen werden (zum Anwendungsbereich im Übrigen → Rn. 11). Bei einer StFestsetzung unter dem Vorbehalt der Nachprüfung ist das FA nicht verpflichtet, die StFestsetzung entspr. der eingereichten StErklärung vorzunehmen. Das FA darf vielmehr auch bei einer Vorbehaltsfestsetzung Fehler sowie tatsächliche und rechtliche Unrichtigkeiten der eingereichten StErklärung korrigieren (BFH 4.8.1983 – IV R 79/83, BStBl. II 1984, 6). StFestsetzung iSd § 164 I 1 ist auch ein Schätzungsbescheid iSd § 162 I–III (→ Rn. 29). Auch geänderte StFestsetzungen können, selbst wenn die Änderung auf § 164 II 1 beruht, unter den Vorbehalt der Nachprüfung gestellt werden (TK § 164 Rn. 5).

2. Keine abschließende Prüfung des Steuerfalls

22 Einzige Voraussetzung für den behördlich angeordneten Nachprüfungsvorbehalt ist nach § 164 I 1, dass die FB den StFall noch nicht abschließend geprüft hat.

23 Der **Begriff des StFalls** iSd § 164 I 1 umfasst alle Vorgänge, die für die Besteuerung in irgendeiner Form von Bedeutung sein können.

24 **Prüfung** iSd § 164 I 1 ist jede im jeweiligen Verfahren zulässige Prüfung unabhängig davon, ob sie beim Stpfl. oder an Amtsstelle durchgeführt wird. Erfasst werden also nicht nur Ap. iSd §§ 193 ff., sondern auch Prüfungen an Amtsstelle (Klein § 164 Rn. 12). Die Prüfung iSd § 164 I 1 kann sich dabei sowohl auf die Sachverhaltsermittlung als auch auf die rechtliche Würdigung des StFalls erstrecken (TK § 164 Rn. 12). Nicht erfasst werden von Abs. 1 S. 1 jedoch reine verwaltungsinterne Prüfungen, zB Prüfungen der Rechnungshöfe und Prüfungen im Rahmen der Dienstaufsicht.

25 **Abschließend** ist eine Prüfung nach § 164 I 1 nur dann, wenn bei Erlass des entsprechenden StBescheids feststeht, dass keine weitere Überprüfung des StFalls mehr stattfinden wird oder wenn der StFall bereits umfassend und abschließend geprüft worden ist. Maßgebend ist dabei, ob die Überprüfung so intensiv ist, dass eine nochmalige Überprüfung unwahrscheinlich erscheint. Dies ist regelmäßig dann der Fall, wenn die erstmalige StFestsetzung bereits auf einer Ap. beruht, da das Gesetz selbst, wie § 164 III 3 zeigt, die Ap. als eine abschließende Prüfung iSd § 164 I 1 ansieht (HHSp § 164 Rn. 21). Darüber hinaus kann sich jedoch nur in Ausnahmefällen aus objektiven Umständen ergeben, dass

eine weitere Überprüfung des StFalls nicht mehr wahrscheinlich ist, zB wenn eine weitere Überprüfung des StFalls objektiv unmöglich ist oder wenn die FB bereits ausdrücklich auf eine weitere Überprüfung verzichtet hat. Letztlich hängt die Beurteilung der Frage, ob ein weiterer Prüfungsbedarf besteht, idR von den subjektiven **Einschätzungen und Planungen der FB** ab, die der Stpfl. regelmäßig nicht überprüfen kann (TK § 164 Rn. 17). Eine abschließende Überprüfung des StFalls liegt allerdings – trotz der in § 367 II 1 normierten Gesamtaufrollung des StFalles – nicht schon dann ohne Weiteres vor, wenn die FB im Rahmen eines Einspruchsverfahrens (§§ 347 ff.) eine StFestsetzung unter dem Vorbehalt der Nachprüfung überprüft (BFH 28.6.2001 – IV R 40/00, BStBl. II 2001, 714; BFH 12.6.1980 – IV R 23/79, BStBl. II 1980, 527). Dies gilt selbst dann, wenn das FA dem Einspruch voll abhilft (BFH 15.12.1992 – VIII R 52/91, BFH/NV 1993, 684).

3. Ermessen

Allgemeines. Es steht nach § 164 I 1 im Ermessen (§ 5) der FB, ob sie die Steuern, 28
sofern der StFall noch nicht abschließend geprüft worden ist, unter dem Vorbehalt der Nachprüfung festsetzt („können"). Das Ermessen kann nach der ausdrücklichen Regelung in § 164 I 1 im Einzelfall oder aufgrund allg. Regeln für eine Vielzahl gleichgelagerter Fälle (Ermessensrichtlinien) ausgeübt werden.

Die Ermessensausübung ist regelmäßig **ermessensfehlerfrei,** wenn die FB beabsichtigt, 29
beim Stpfl. eine Ap. (§§ 193 ff.) durchzuführen (TK § 164 Rn. 17). Darüber hinaus ist es auch nicht ermessensfehlerhaft, wenn die FB **Schätzungsbescheide** iSd § 162 I–III unter den Vorbehalt der Nachprüfung stellt, es sei denn, dass die Schätzung als mit Sicherheit abschließend gedacht ist, so zB wenn aufgrund einer Ap. geschätzt worden ist (HHSp § 164 Rn. 15; TK § 164 Rn. 14). Nach Auffassung der FVerw. (AEAO zu § 162 Nr. 4) sollen Schätzungen wegen Nichtabgabe der StErklärung regelmäßig unter dem Vorbehalt der Nachprüfung durchgeführt werden, wenn zB eine den Schätzungszeitraum umfassende Ap. vorgesehen ist oder wenn zu erwarten ist, dass der Stpfl. nach Erlass des Schätzungsbescheids die StErklärung nachreicht. In einigen Bundesländern existieren darüber hinaus Verwaltungsanweisungen, dass Schätzungen wegen Nichtabgabe der StErklärung stets zwingend unter dem Vorbehalt der Nachprüfung durchgeführt werden müssen, so zB in Bayern (vgl. LfSt Bayern 26.2.2020, BeckVerw 465166). Über diese Selbstbindung der FVerw. hinaus hat der Stpfl. nach § 164 I 1 in Schätzungsfällen jedoch keinen generellen Anspruch auf eine Vorbehaltsfestsetzung, selbst wenn er aus vertretbaren Gründen verhindert war, eine ordnungsgemäße StErklärung beim FA einzureichen (FG Hessen 15.3.2001 – 13 K 1061/00, EFG 2001, 798; FG Saarland 10.4.1996 – 1 K 135/95, EFG 1996, 956; FG Köln 10.11.1995 – 3 K 3229/94, EFG 1996, 899; FG München 18.4.1995 – 7 K 2/93, EFG 1995, 866). Die Interessen des Stpfl. bei einer nachträglichen Abgabe der StErklärung werden ausreichend durch die Änderungsvorschriften – insb. § 173 – und die Möglichkeit der Anfechtung des Schätzungsbescheides gewahrt (FG Niedersachsen 7.8.2020 – 9 K 278/19, DStRE 2021, 1007; HHSp § 164 Rn. 22). Eine Festsetzung unter dem Vorbehalt der Nachprüfung ist regelmäßig auch dann ermessensgerecht, wenn der Stpfl. nur eine **vorläufige StErklärung** abgegeben hat, weil er entscheidende Fragen noch nicht abschließend klären konnte (TK § 164 Rn. 20). Überdies ist es auch nicht ermessensfehlerhaft, wenn die FB sämtliche StFestsetzungen, bei denen die Voraussetzungen des Abs. 1 S. 1 vorliegen, unter dem Vorbehalt der Nachprüfung durchführt. Die FB ist nach § 164 I 1 nicht verpflichtet, einen gewissen Teil oder die Mehrzahl der StFälle sofort abschließend zu prüfen (Schwarz/Pahlke/Keß § 164 Rn. 22; aA Woerner/Grube S. 56).

Unverhältnismäßig und damit **ermessensfehlerhaft** ist es, einen **Folgebescheid** mit 30
einem Nachprüfungsvorbehalt zu versehen, nur weil noch kein **Grundlagenbescheid** iSd § 171 X ergangen ist, da die Änderung des Folgebescheids über § 175 I Nr. 1 erfolgen kann (TK § 164 Rn. 19).

4. Anbringung des Nachprüfungsvorbehalts

33 **Kennzeichnung als Vorbehaltsbescheid.** Der Vorbehalt der Nachprüfung wird als Nebenbestimmung nur wirksam, wenn der StBescheid mit dem Vorbehalt dem Stpfl. bekannt gegeben wird, §§ 122, 124 I. Für den Stpfl. muss nach § 119 I aus dem Bescheid klar erkennbar sein, dass es sich um eine Vorbehaltsfestsetzung handelt (BFH 2.12.1999 – V R 19/99, BStBl. II 2000, 284; BFH 15.3.2007 – III R 57/06, BFH/NV 2007, 1461). Andernfalls ist der StBescheid vorbehaltslos ergangen. Die Anordnung des Vorbehalts in einer Anlage zum Bescheid genügt nur, wenn für den Stpfl. auch in diesem Fall eindeutig erkennbar ist, ob der Bescheid endgültig oder unter dem Vorbehalt der Nachprüfung ergeht (BFH 2.3.1993 – IX R 93/89, BFH/NV 1993, 704). Ein wirksamer Vorbehalt kann nicht aus einer pauschalen Bezugnahme auf einen Prüfungsbericht (§ 202) hergeleitet werden (FG Düsseldorf 10.2.1999 – 5 K 2005/95 U, EFG 1999, 533). Der Vorbehalt der Nachprüfung darf anders als der Vorläufigkeitsvermerk nach § 165 inhaltlich nicht beschränkt werden, da er stets den gesamten StBescheid erfasst (BFH 23.3.1999 – III B 107/98, BFH/NV 1999, 1307; BFH 27.9.2007 – IX B 19/07, BFH/NV 2008, 27). Ein StBescheid, der dennoch einen solchen Vorbehalt enthält, ist nach § 125 I nichtig, sofern nicht eine vorläufige StFestsetzung nach § 165 angenommen werden kann (Klein § 164 Rn. 8; aA HHSp § 164 Rn. 28, wonach nur der Vorbehalt nichtig sein soll). Die Kennzeichnung als Vorbehaltsbescheid ist nur dann überflüssig, wenn sich der Vorbehalt unmittelbar aus dem Gesetz ergibt (HHSp § 164 Rn. 29).

34 **Nachträgliche Beifügung des Vorbehalts.** Die Nachholung des Vorbehalts ist unter den Voraussetzungen des **§ 129** möglich, wenn der dem Stpfl. bekannt gegebene Bescheid versehentlich den Vorbehaltsvermerk nicht erkennen lässt, so zB wenn die Übernahme des Vorbehalts aus der Aktenverfügung aufgrund eines Eingabefehlers unterblieben ist oder wenn die erforderliche Kennziffer nicht erfasst worden ist (BFH 17.11.1998 – III R 2/97, BStBl. II 1999, 62; BFH 2.3.1993 – IX R 93/89, BFH/NV 1993, 704; BFH 22.8.1989 – VIII R 110/86, BFH/NV 1990, 205; BFH 10.5.1989 – I R 104/85, BFH/NV 1990, 478; BFH 18.4.2012 – VIII B 10/12, BFH/NV 2012, 1326; HHSp § 164 Rn. 34; aA Schwarz/Pahlke/Keß § 164 Rn. 25; TK § 164 Rn. 25; Kammann StuW 1982, 149). Neben dem Akteninhalt sind regelmäßig auch im konkreten Fall einschlägige interne Arbeits- und Dienstanweisungen der FVerw. einzubeziehen (BFH 6.11.2012 – VIII R 15/10, BStBl. II 2013, 307; BFH 1.7.2010 – IV R 56/07, BFH/NV 2010, 2004). Darauf, ob der Stpfl. die Unrichtigkeit anhand des Bescheids und der ihm vorliegenden Unterlagen erkennen konnte, kommt es nicht an (BFH 18.4.2012 – VIII B 10/12, BFH/NV 2012, 1326; BFH 6.11.2012 – VIII R 15/10, BStBl. II 2013, 307).

35 Erlässt das FA einen **Änderungsbescheid,** zB aufgrund der §§ 172 ff., so ist es grds. nicht zulässig, den Änderungsbescheid unter Vorbehalt der Nachprüfung zu stellen, wenn der ursprüngliche Bescheid keinen Nachprüfungsvorbehalt enthielt. Nur wenn der Stpfl. der Vorbehaltsfestsetzung ausdrücklich nach § 172 I Nr. 2a zugestimmt hat, kann ein Änderungsbescheid unter dem Vorbehalt der Nachprüfung ergehen (BFH 30.10.1980 – IV R 168–170/79, BStBl. II 1981, 150; TK § 164 Rn. 5, 26). Auch bei Änderungen zugunsten des Stpfl. kann der Änderungsbescheid nur mit Zustimmung des Stpfl. nachträglich unter Vorbehalt der Nachprüfung gestellt werden, da ein auf den Änderungsumfang beschränkter Nachprüfungsvorbehalt gem. § 164 I 1 ebenfalls nicht zulässig ist (aA HHSp § 164 Rn. 38). Dies gilt auch, wenn es sich bei dem Änderungsbescheid um einen im Einspruchsverfahren (§§ 347 ff.) ergangenen Abhilfebescheid iSd § 367 II 3 handelt. Das FA darf allerdings auch bei Zustimmung des Stpfl. einen Änderungsbescheid nicht unter dem Vorbehalt der Nachprüfung erlassen, wenn der ursprüngliche Bescheid wegen des Ergehens eines Grundlagenbescheides lediglich nach § 175 I Nr. 1 geändert worden ist. Das FA ist, zB nach § 182 I, an den Grundlagenbescheid gebunden, sodass sich in diesem Fall kein weiterer Prüfungsbedarf iSd § 164 I 1 mehr ergeben kann (BFH 20.1.1987 – IX R 49/82, BFH/NV 1987, 433; HHSp § 164 Rn. 38; zur Bindungs-

wirkung von Grundlagenbescheiden → § 171 Rn. 148). Dies gilt auch dann, wenn der ursprüngliche Bescheid ein Schätzungsbescheid iSd § 162 I, II ist (BFH 30.10.1980 – IV R 168–170/79, BStBl. II 1981, 150).

Ferner kann die FB im **Einspruchsverfahren** (§§ 347 ff.) nachträglich dem angefochtenen StBescheid mit der Einspruchsentscheidung (§ 367) noch einen Vorbehalt der Nachprüfung beifügen, wenn sie erstmals im Einspruchsverfahren einen weiteren Prüfungsbedarf erkennt und den Stpfl. gem. § 367 II 2 auf die beabsichtigte Verböserung hingewiesen hat (BFH 12.6.1980 – IV R 23/79, BStBl. II 1980, 527; krit. HHSp § 164 Rn. 35; TK § 164 Rn. 23; zur Verböserung → § 367 Rn. 19 ff.). Im **gerichtlichen Verfahren** gilt dies dagegen nicht, da eine Verböserung nach § 367 II 2 nur im Einspruchsverfahren möglich ist und das FG nach § 96 I 2 FGO über das Klagebegehren nicht hinausgehen darf (BFH 30.10.1980 – IV R 168–170/79, BStBl. II 1981, 150; Schwarz/Pahlke/Keß § 164 Rn. 39). Unabhängig hiervon kann ein StBescheid nachträglich gem. § 172 I Nr. 2, der nach § 132 auch im finanzgerichtlichen Verfahren gilt, mit einem Nachprüfungsvorbehalt versehen werden, wenn der Stpfl. der Änderung zustimmt (BFH 30.10.1980 – IV R 168–170/79, BStBl. II 1981, 150). 36

5. Ohne Begründung

Das FA muss nach der ausdrücklichen Regelung in § 164 I 1 die Anbringung des Vorbehalts der Nachprüfung nicht begründen. Die Vorschrift enthält eine Einschränkung des in § 121 I normierten Zwangs, schriftliche VA zu begründen, soweit dies zu ihrem Verständnis erforderlich ist. Eine Begründung ist aber möglich und unschädlich (BFH 27.9.2007 – IX B 19/07, BFH/NV 2008, 27). Im Einzelfall kann sie zweckmäßig sein. 39

II. Vorauszahlungsbescheide (Abs. 1 S. 2)

Nach § 164 I 2 ist die Festsetzung von Vorauszahlungen stets kraft Gesetzes eine StFestsetzung unter dem Vorbehalt der Nachprüfung. Dies entspricht dem vorläufigen Charakter der Vorauszahlungen (HHSp § 164 Rn. 47; Schwarz/Pahlke/Keß § 164 Rn. 50). Ob Vorauszahlungen festzusetzen sind, ergibt sich aus den jeweiligen StGesetzen, so zB aus § 37 EStG oder aus § 19 GewStG. Die Festsetzung von Vorauszahlungen erfolgt durch StBescheid iSd § 155 I, wobei die Wirkung des Abs. 1 S. 2 auch dann eintritt, wenn der Vorauszahlungsbescheid nicht ausdrücklich als Vorbehaltsbescheid gekennzeichnet worden ist (Schwarz/Pahlke/Keß § 164 Rn. 50). Wird ein Vorauszahlungsbescheid dennoch ausdrücklich mit einem Nachprüfungsvorbehalt versehen, so handelt es sich lediglich um einen entbehrlichen Hinweis auf die bereits bestehende Rechtslage (TK § 164 Rn. 21). Zum Voranmeldungsverfahren nach § 18 I UStG s. § 168. 42

C. Wirkungen des Vorbehalts (Abs. 2)

I. Umfassende Aufhebungs- und Änderungsmöglichkeit (Abs. 2 S. 1)

Allgemeines. Nach § 164 II 1 kann die FB ohne weitere Einschränkungen eine StFestsetzung unter dem Vorbehalt der Nachprüfung jederzeit zugunsten oder zuungunsten des Stpfl. ändern oder aufheben. 45

Voraussetzung ist lediglich die **Wirksamkeit des Nachprüfungsvorbehalts.** Ein rechtswidriger Nachprüfungsvorbehalt ist wirksam und berechtigt die FB ebenfalls, den StBescheid aufzuheben oder zu ändern (BFH 14.9.1993 – VIII R 9/93, BStBl. II 1995, 2). Ein Nachprüfungsvorbehalt wird unwirksam entweder durch Aufhebung (§ 164 III 1) oder durch Ablauf der regulären Festsetzungsfrist (§ 164 IV). Ein erstmals nach Ablauf der Festsetzungsfrist gesetzter Vorbehalt der Nachprüfung ist im Hinblick auf § 164 IV unwirksam (FG Münster 13.10.2006 – 11 K 2803/05 E, EFG 2007, 81). 46

47 Überdies steht auch eine **unterbliebene Vorbehaltskennzeichnung** der Änderungsbefugnis aus § 164 II 1 nicht entgegen, wenn sie gem. § 129 nachgeholt werden kann (BFH 22.2.2006 – I R 125/04, BStBl. II 2006, 401; BFH 27.3.1996 – I R 83/94, BStBl. II 1996, 509; BFH 1.7.2010 – IV R 56/07, BFH/NV 2010, 2004; vgl. auch BFH 2.3.1993 – IX R 93/89, BFH/NV 1993, 704; auch → Rn. 34). Das FA muss dabei nicht zunächst den Bescheid nach § 129 berichtigen, um ihn anschließend nach § 164 II 1 ändern zu können. Vielmehr kann der Bescheid in diesem Fall unmittelbar nach Abs. 2 S. 1 geändert werden (BFH 1.7.2010 – IV R 56/07, BFH/NV 2010, 2004). Die Begründung für die Änderungsbefugnis kann ggf. auch noch in einem Einspruchsbescheid (§ 367) nachgeholt werden (BFH 22.2.2006 – I R 125/04, BStBl. II 2006, 401; BFH 27.3.1996 – I R 83/94, BStBl. II 1996, 509).

48 **Keine Ermessensentscheidung.** Trotz des Wortlauts des Abs. 2 S. 1 ist die Entscheidung der FB über die Aufhebung oder Änderung einer StFestsetzung keine Ermessensentscheidung iSd § 5. Hat die FB die Fehlerhaftigkeit einer StFestsetzung erkannt, muss sie den StBescheid nach § 164 II 1 korrigieren (BFH 11.11.2008 – IX R 53/07, BFH/NV 2009, 364; FG Berlin-Brandenburg 8.5.2019 – 7 K 7024/17, MwStR 2019, 610; HHSp § 164 Rn. 60). Die Korrektur des StBescheids nach § 164 II 1 setzt keine Ap. iSd §§ 193 ff. voraus. Auch der nach § 164 II 1 geänderte StBescheid kann weiterhin unter dem Vorbehalt der Nachprüfung stehen, wenn die FB noch keine abschließende Prüfung durchgeführt hat und eine weitere Überprüfung des StFalls für notwendig und möglich hält (BFH 10.3.1987 – IX R 48/83, BFH/NV 1988, 79).

49 **Umfang der Korrektur.** § 164 II 1 erlaubt es der FB, den gesamten StFall in tatsächlicher und rechtlicher Hinsicht umfassend zu überprüfen und den StBescheid aus tatsächlichen und/oder rechtlichen Gründen zugunsten oder zuungunsten des Stpfl. aufzuheben oder zu ändern (BFH 9.2.2011 – IV R 15/08, BStBl. II 2011, 764; BFH 20.12.2006 – XI B 23/06, BFH/NV 2007, 648). Die Aufhebung oder Änderung einer Vorbehaltsfestsetzung nach Abs. 2 S. 1 setzt allerdings keine weitere Überprüfung des StFalls in rechtlicher und oder tatsächlicher Hinsicht voraus (BFH 20.12.1994 – V B 3/94, BFH/NV 1995, 946; BFH 20.8.1998 – V B 61/98, BFH/NV 1999, 287). Ferner ist eine Änderung zugunsten des Stpfl. nicht von einem Antrag nach Abs. 2 S. 2 abhängig (FG Hamburg 5.9.1986 – II 62/81, EFG 1987, 222; Schwarz/Pahlke/Keß § 164 Rn. 80).

50 **Beschränkungen bei der rechtlichen Überprüfung und Korrektur** einer Vorbehaltsfestsetzung können sich jedoch aus § 176 ergeben, der auch im Falle von Vorbehaltsfestsetzungen gilt (BFH 2.11.1989 – V R 56/84, BStBl. II 1990, 253 zu § 176 I Nr. 2; BFH 11.1.1991 – III R 60/89, BStBl. II 1992, 5; BFH 28.10.1992 – X R 117/89, BStBl. II 1993, 261 zu § 176 I Nr. 3; BFH 28.9.1987 – VIII R 154/86, BStBl. II 1988, 40; BFH 23.2.2017 – V R 16/16, V R 24/16, BStBl. II 2017, 760 zu § 176 II; HHSp § 164 Rn. 57; TK § 164 Rn. 38; s. auch Leisner DStZ 1999, 358). Ferner können die Bindungswirkung einer verbindlichen Zusage iSd §§ 204 ff. (BFH 13.6.2002 – III B 22/02, BFH/NV 2002, 1421; BFH 20.12.1994 – V B 3/94, BFH/NV 1995, 946; BFH 19.1.1994 – XI R 72/90, BFH/NV 1994, 591) und die Rechtskraftwirkung eines finanzgerichtlichen Urt. (§ 110 FGO) der Korrektur einer Vorbehaltsfestsetzung entgegenstehen, solange die FB hierzu keinen neuen Sachverhalt festgestellt hat (→ Rn. 90).

51 **Keine Beschränkungen.** Die Korrektur einer StFestsetzung nach § 164 II 1 unterliegt dagegen nicht den Einschränkungen der §§ 172 ff. (→ § 172 Rn. 8). Insb. ist es unerheblich, ob Tatsachen, die bei der Korrektur nach § 164 II 1 zugrunde gelegt werden, der FB im Zeitpunkt der vorläufigen StFestsetzung bereits bekannt waren (Klein § 164 Rn. 21). Die FB kann bei der Änderung der StFestsetzung auch Tatsachen berücksichtigen, die ihr bei Erlass der Vorbehaltsfestsetzung bereits bekannt waren (BFH 28.4.1987 – IX R 7/83, BStBl. II 1987, 814; BFH 27.12.1991 – V B 48/91, BFH/NV 1992, 508). Die Korrekturmöglichkeit nach § 164 II 1 wird auch nicht eingeschränkt durch die **Änderungssperre** des § 173 II. § 173 II bezieht sich nur auf Aufhebungen und Änderungen von StBescheiden wegen neuer Tatsachen oder Beweismittel nach § 173 I (BFH 16.9.2004 – X R 22/

01, BFH/NV 2005, 322; → § 173 Rn. 140). Auch aus § 177 ergibt sich keine Einschränkung der Korrekturmöglichkeit gem. § 164 II 1 (→ § 177 Rn. 25). Nach § 164 II 1 können vielmehr sämtliche materiellen Fehler iSd § 177 III berichtigt werden. Bei der Korrektur der StFestsetzung nach Abs. 2 S. 1 ist die FB auch nicht an ihre bisherige Rechtsauffassung oder Sachverhaltswürdigung gebunden, die sie der Vorbehaltsfestsetzung zu Grunde gelegt hat (BFH 28.4.1987 – IX R 7/83, BStBl. II 1987, 814). Dies gilt auch dann, wenn die Vorbehaltsfestsetzung auf einer Ap. (§§ 193 ff.) beruht, die auf bestimmte Sachverhalte beschränkt ist wie zB eine UStSonderprüfung für den Bereich des VorStAbzugs, und sich die FB ein zweite umfassende und abschließende Prüfung ausdrücklich vorbehalten hat (BFH 28.10.1992 – X R 117/89, BStBl. II 1993, 261; krit. Zinn StBp 1994, 15). Eine Einschränkung des Korrekturumfangs besteht auch dann nicht, wenn die StFestsetzung unter Fortbestand des Vorbehalts bereits (mehrfach) nach § 164 II 1 geändert worden ist, da auch einem Änderungsbescheid nach § 164 II 1 kein gesteigerter Bestandsschutz zukommt. Dies gilt auch dann, wenn es sich bei dem vorläufigen Änderungsbescheid um einen **Abhilfebescheid** iSd § 367 II 3 handelt. Entsprechendes gilt für einen Abhilfebescheid nach Klageerhebung, durch den sich der Rechtsstreit in der Hauptsache erledigt hat (BFH 11.12.1996 – X R 228/93, BFH/NV 1997, 407). Auch eine **Einspruchsentscheidung** (§ 367) steht der Korrektur einer Vorbehaltsfestsetzung nach Abs. 2 S. 1 weder in rechtlicher noch in tatsächlicher Hinsicht entgegen (→ Rn. 85). Sind Tatsachen oder Beweismittel im Einspruchsverfahren nach § 364b präkludiert, wirkt die Präklusion im Änderungsverfahren nach § 164 II nicht fort (→ § 364b Rn. 36).

Treu und Glauben. Um die Korrektur einer Vorbehaltsfestsetzung zu verhindern, wird 52
sich der Stpfl. regelmäßig nicht auf Verwirkung oder sonstige Vertrauensschutzpositionen berufen können. Eine unter dem Vorbehalt der Nachprüfung stehende StFestsetzung verhindert grds. das Entstehen eines Vertrauenstatbestands, der einer späteren abweichenden Beurteilung entgegensteht (BFH 13.12.2011 – VIII B 136/11, BFH/NV 2012, 550; BFH 29.4.2008 – VIII R 75/05, BStBl. II 2008, 817; BFH 21.3.2002 – III R 30/99, BStBl. II 2002, 547; BFH 20.12.2006 – XI B 23/06, BFH/NV 2007, 648; BFH 5.6.2003 – III R 26/00, BFH/NV 2003, 1529; BFH 9.7.2002 – IV B 7/01, BFH/NV 2002, 1612; BFH 13.6.2002 – III B 22/02, BFH/NV 2002, 1421; BFH 26.11.2001 – V B 88/00, BFH/NV 2002, 551; BFH 14.8.1997 – III B 58/97, BFH/NV 1998, 83; BFH 15.12.1994 – V R 135/93, BFH/NV 1995, 938). Das FA ist daher auch bei Dauersachverhalten nicht an seine Rechtsauffassung für einen früheren Besteuerungszeitraum gebunden (BFH 28.8.2002 – V B 71/02, BFH/NV 2003, 4). Der Maßgeblichkeitsgrundsatz (§ 5 I 1 EStG) und die damit verbundenen Grundsätze ordnungsmäßiger Buchführung stehen der Änderung einer StFestsetzung nach § 164 II ebenfalls nicht entgegen (FG Schleswig-Holstein 27.9.2000 – I 402/97, EFG 2001, 254; vgl. auch BFH 5.9.2001 – I R 107/00, BStBl. II 2002, 134). Bei der Festsetzung der Investitionszulage ist das FA nicht gehindert, die Einhaltung der Verfahrensvorschriften bei jedem Antrag erneut zu prüfen; aus einem früheren entgegengesetzten Verhalten ergibt sich regelmäßig keine Bindungswirkung für die Zukunft (BFH 21.3.2002 – III R 30/99, BStBl. II 2002, 547). Eine Ausnahme gilt nur dann, wenn das FA eine bindende Zusage erteilt oder durch sein früheres Verhalten außerhalb einer Zusage einen Vertrauenstatbestand geschaffen hat (BFH 21.4.2005 – III B 40/04, BFH/NV 2005, 1480; BFH 5.6.2003 – III R 26/00, BFH/NV 2003, 1529). Unerheblich ist ferner im Rahmen des § 164 II 1, ob der Stpfl. oder die FB die Rechtswidrigkeit einer Vorbehaltsfestsetzung verursacht hat (TK § 164 Rn. 35). Unter den Voraussetzungen des § 164 II 1 ist eine Änderung der Festsetzung der LStEntrichtungsschuld (§§ 155, 167 I 1 iVm § 41a I 1 Nr. 1 EStG) auch nach Übermittlung oder Ausschreibung der LStBescheinigung (§ 41c III EStG) zulässig (BFH 30.10.2008 – VI R 10/05, BStBl. II 2009, 354; BFH 13.11.2012 – VI R 38/11, BFH/NV 2013, 647).

II. Antragsrecht des Steuerpflichtigen (Abs. 2 S. 2)

53 **Allgemeines.** Nach § 164 II 2 kann der Stpfl. jederzeit bis zum Ablauf der Festsetzungsfrist (§§ 169 ff.) die Aufhebung oder Änderung des Vorbehaltsbescheids beantragen. Der Antrag nach § 164 II 2 ist kein Rechtsbehelf, insb. leitet er kein Einspruchsverfahren nach §§ 347 ff. ein. Er nimmt dem Stpfl. auch nicht die Möglichkeit, Einspruch (§ 347) einzulegen. Die Möglichkeit, einen Änderungsantrag nach § 164 II 2 zu stellen, lässt nicht das Rechtsschutzbedürfnis für einen Einspruch entfallen (HHSp § 164 Rn. 70; aA Schick StuW 1992, 197). Der Antrag nach Abs. 2 S. 2 bedarf keiner bestimmten Form. Er kann auch nach Ablauf der Einspruchsfrist (§ 355) gestellt werden. Im Gegensatz zum Einspruch ermöglicht er keine AdV (§ 361). Dem Stpfl. kann jedoch ggf. Stundung (§ 222) gewährt werden. Nach § 171 III hemmt ein Antrag nach § 164 II 2 den Ablauf der Festsetzungsfrist nach § 169. Ein nach Eintritt der Festsetzungsverjährung gestellter Änderungsantrag geht aber ungeachtet späterer Änderungsbescheide ins Leere (BFH 30.12.2015 – IX B 98/15, BFH/NV 2016, 533).

54 **Antragsbefugt** ist der Stpfl. iSd § 33 I. Bei Bescheiden über die einheitliche und gesonderte Feststellung von Besteuerungsgrundlagen (§§ 179 ff.) ist jeder Feststellungsbeteiligte antragsbefugt. Eine Beschränkung der Antragsbefugnis auf nach § 352 einspruchsbefugte Personen lässt sich nicht rechtfertigen (so aber Schwarz/Pahlke/Keß § 164 Rn. 92). Der Antrag nach § 164 II 2 leitet gerade kein Rechtsbehelfsverfahren ein. Im Übrigen muss die FB den Feststellungsbescheid auch dann von Amts wegen nach Abs. 2 S. 1 ändern, wenn ein nicht einspruchsbefugter Feststellungsbeteiligter die Rechtswidrigkeit des Bescheids rügt.

55 **Inhalt des Antrags.** Der Antrag nach § 164 II ist sinnvoll, wenn der Stpfl. tatsächliche oder rechtliche Ausführungen machen kann, die die Aufhebung oder Änderung des Bescheids zu seinen Gunsten rechtfertigen. Ist der unter dem Vorbehalt der Nachprüfung ergangene Bescheid rechtswidrig, ist dem Antrag des Stpfl. regelmäßig zu entsprechen (BFH 24.1.2008 – IV R 87/06, BStBl. II 2008, 428). Ein als (erkennbar verfristeter) „Einspruch" bezeichnetes Schreiben kann ggf. als Änderungsantrag nach § 164 II zu werten sein (BFH 31.7.2012 – X B 164/11, BFH/NV 2012, 1985). Wahlrechte oder sonstige Antragsrechte können zusammen mit dem Antrag nach § 164 II 2 erstmals oder verändert ausgeübt werden, soweit das Gesetz für ihre Ausübung keine Frist bestimmt oder ihre Ausübung in sonstiger Weise begrenzt (vgl. BFH 3.2.1987 – IX R 255/84, BFH/NV 1987, 751). Mit dem Antrag nach § 164 II 2 kann jedoch nicht die Aufhebung des Vorbehalts der Nachprüfung begehrt werden (HHSp § 164 Rn. 71; aA Klein § 164 Rn. 35).

III. Hinausschieben der Entscheidung (Abs. 2 S. 3)

58 **Allgemeines.** Nach § 164 II 3 kann die FB die Entscheidung über einen Antrag des Stpfl. nach Abs. 2 S. 2 aus Gründen der Verwaltungsökonomie bis zur abschließenden Prüfung des StFalls hinausschieben. Dies ist sachgerecht, da der Stpfl. sein Begehren bereits in seiner StErklärung oder ggf. in einem sich anschließenden Einspruchsverfahren hätte geltend machen können (HHSp § 164 Rn. 75).

59 **Angemessene Frist.** Nach § 164 II 3 muss die abschließende Prüfung allerdings innerhalb einer angemessenen Frist stattfinden. Hierdurch soll sichergestellt werden, dass der Ablauf der Festsetzungsfrist nicht unnötig nach § 171 III gehemmt wird (BT-Drs. 7/4292, 32). Die Angemessenheit der Frist ist im Gesetz nicht geregelt. Entscheidend sind die Umstände des Einzelfalles, wie zB die Schwierigkeit und die Größenordnung des StFalls und das bisherige Verhalten des Stpfl. Die Sechsmonatsfrist für die Untätigkeitsklage nach § 46 FGO kann nicht ohne Weiteres als Maßstab herangezogen werden (Schwarz/Pahlke/Keß § 164 Rn. 94; aA HHSp § 164 Rn. 75). Nur in besonders gelagerten Einzelfällen

kann es ermessensfehlerhaft sein, wenn die FB nicht unverzüglich über einen Antrag nach Abs. 2 S. 2 entscheidet.

D. Aufhebung des Vorbehalts (Abs. 3)

I. Ermessen (Abs. 3 S. 1)

Allgemeines. Nach § 164 III 1 kann die FB den Vorbehalt der Nachprüfung jederzeit aufheben. Die Aufhebung des Vorbehalts steht im pflichtgemäßen Ermessen (§ 5) der FB. Sie muss nicht begründet werden, da auch die Beifügung des Vorbehalts nach § 164 I 1 nicht begründungsbedürftig ist (BFH 28.5.1998 – V R 100/96, BStBl. II 1998, 502; BFH 10.7.1996 – I R 5/96, BStBl. II 1997, 5). Die Ermessensausübung muss sich am Zweck des § 164 I 1 orientieren. Der Vorbehalt ist daher insb. dann aufzuheben, wenn der StFall zB im Rahmen einer Ap. (§§ 193 ff.) abschließend geprüft worden ist. Die FB kann den Vorbehalt jedoch auch ohne eine abschließende Prüfung aufheben, so zB wenn keine abschließende Prüfung mehr stattfinden soll (BFH 28.5.1998 – V R 100/96, BStBl. II 1998, 502; BFH 28.10.1988 – III R 49/85, BFH/NV 1989, 341; aA Kammann StuW 1982, 149). Die Aufhebung des Vorbehalts kann auch verbunden werden mit einer Änderung der StFestsetzung, zB nach § 164 II 1. Entsprechendes gilt, wenn es sich bei dem Änderungsbescheid um einen Abhilfebescheid iSd § 367 II 3 handelt. Ferner kann der Vorbehalt auch in einer Einspruchsentscheidung (§ 367) aufgehoben werden. Ein Hinweis auf die Möglichkeit einer verbösernden Entscheidung (§ 367 II 2) ist nicht erforderlich, da der Stpfl. durch Rücknahme des Einspruchs (§ 362) die Aufhebung des Vorbehalts nicht verhindern kann (BFH 10.7.1996 – I R 5/96, BStBl. II 1997, 5; BFH 17.2.1998 – IX R 45/96, BFH/NV 1998, 816). Der Stpfl. kann jederzeit, zB im Anschluss an eine Ap. (§§ 193 ff.), die Aufhebung des Vorbehalts bei der FB beantragen. Eine Teilaufhebung des Vorbehalts ist nicht möglich. Die Aufhebung eines Vorbehalts der Nachprüfung kann ggf. nach § 129 korrigiert werden (BFH 23.7.2002 – VIII R 6/02, BFH/NV 2003, 1; BFH 29.1.2003 – I R 20/02, BFH/NV 2003, 1139). 62

Die Aufhebung des Vorbehalts muss **ausdrücklich** erfolgen. Wird eine StFestsetzung, die das FA ausdrücklich unter den Vorbehalt der Nachprüfung gestellt hat, geändert, bleibt der Vorbehalt daher auch dann bestehen, wenn er im Änderungsbescheid nicht wiederholt wird (BFH 18.8.2009 – X R 8/09, BFH/NV 2010, 161; BFH 14.9.1993 – VIII R 9/93, BStBl. II 1995, 2; BFH 20.5.1992 – V B 73/91, BFH/NV 1993, 444; BFH 16.10.1984 – VIII R 162/80, BStBl. II 1985, 448). Dies gilt auch dann, wenn die StFestsetzung nach § 164 II 1 geändert worden ist. Der Vorbehalt der Nachprüfung bleibt auch dann bestehen, wenn in einer Einspruchsentscheidung (§ 367) über den Einspruch gegen eine Vorbehaltsfestsetzung der Vorbehalt nicht wiederholt wird (BFH 1.8.1984 – V R 91/83, BStBl. II 1984, 788). Ohne Bedeutung ist in diesem Zusammenhang, ob die FB zur Aufhebung des Vorbehalts verpflichtet ist (BFH 14.9.1993 – VIII R 9/93, BStBl. II 1995, 2). Zur abweichenden StFestsetzung nach wirksamer StAnmeldung → § 168 Rn. 9. Der Vorbehalt der Nachprüfung gilt auch ohne ausdrücklichen Hinweis fort bei Erlass eines VA, der Eintragungen auf der LStKarte ändert, die kraft Gesetzes unter dem Vorbehalt der Nachprüfung stehen (BFH 25.10.2005 – VI B 20/05, BFH/NV 2006, 547). Ein Bescheid, der die Aufhebung eines StBescheids anordnet, ist im Zweifel dahin zu verstehen, dass der StBescheid in Gänze und mit all seinen Rechtswirkungen beseitigt werden soll, sodass auch ein im StBescheid enthaltener Vorbehalt der Nachprüfung entfällt (BFH 25.3.2013 – I B 26/12, BFH/NV 2013, 1061). Zur Bekanntgabe der Aufhebung eines Vorbehalts in einem Zerlegungsbescheid gegenüber allen am Zerlegungsverfahren Beteiligten s. BFH 15.5.2024 – IV R 23/21, BFH/NV 2024, 1136. Danach ist die Aufhebung des im Zerlegungsbescheid enthaltenen Nachprüfungsvorbehalts allen Beteiligten bekanntzugeben. 63

Allerdings kann der **gesetzlich angeordnete Nachprüfungsvorbehalt in Vorauszahlungsfällen** von der FB nicht aufgehoben werden, da Vorauszahlungsbescheide nach 64

§ 164 I 2 stets unter dem Vorbehalt der Nachprüfung stehen. Dies gilt auch für Vorauszahlungsbescheide, die aufgrund einer Ap. (§§ 193 ff.) ergangen sind (FG Niedersachsen 13.2.1981 – V 110/80, EFG 1981, 648; HHSp § 164 Rn. 48). Betreffen dagegen **StAnmeldungen** (§ 168) keine Vorauszahlungen, wie zB die UStJahreserklärung (§ 18 III UStG) oder LStAnmeldungen (§ 41a EStG), so kann die FB den Vorbehalt nach § 164 III 1 jederzeit aufheben (BFH 17.2.1995 – VI R 52/94, BStBl. II 1995, 555).

65 **Folgen der Aufhebung des Vorbehalts.** Mit der Aufhebung des Vorbehalts entfällt für die FB die Möglichkeit, die StFestsetzung nach § 164 II 1 zu ändern. Änderungen nach anderen Vorschriften, wie zB nach §§ 172 ff., bleiben weiterhin möglich. Eine Änderung nach § 175 I 1 Nr. 2 kann jedoch nur auf Ereignisse gestützt werden, die sich nach der Aufhebung des Vorbehalts ereignet haben (BFH 17.3.1994 – V R 123/91, BFH/NV 1995, 274; BFH 4.11.1998 – IV B 146/97, BFH/NV 1999, 589). Einer nachfolgenden Ap. (§§ 193 ff.) steht die Aufhebung des Vorbehalts nicht entgegen (BFH 23.7.1985 – VIII R 197/84, BStBl. II 1986, 36). Wird bei einem Grundlagenbescheid (§ 171 X) der Vorbehalt der Nachprüfung aufgehoben, ist der Folgebescheid auch dann nach § 175 I 1 Nr. 1 anzupassen, wenn mit der Vorbehaltsaufhebung keine sachliche Änderung verbunden ist, sodass auch in diesen Fällen die Vorbehaltsaufhebung zur Ablaufhemmung nach § 171 X führt (BFH 11.4.1995 – III B 74/92, BFH/NV 1995, 943). Zum Wegfall der Änderungsmöglichkeit nach § 164 II nach rechtskräftiger Bestätigung eines Insolvenzplanes s. BFH 22.10.2014 – I R 39/13, BStBl. II 2015, 577.

66 Die **Aufhebung eines Vorbehalts entfällt wieder,** wenn ein Änderungsbescheid ersatzlos aufgehoben wird, mit dem ein Vorbehaltsbescheid unter Aufhebung des Vorbehalts geändert wurde. Mit dem ursprünglichen StBescheid wird dann auch wieder der Vorbehalt der Nachprüfung wirksam (BFH 17.2.1982 – II R 176/80, BStBl. II 1982, 524; FG Köln 18.9.1984 – XI A 323/84, EFG 1985, 216; aA noch FG Köln 7.6.1982 – XI 99/82 A, EFG 1983, 54).

II. Wirkung der Aufhebung (Abs. 3 S. 2)

69 **Allgemeines.** Nach § 164 III 2 HS 1 steht die Aufhebung des Vorbehalts nach Abs. 3 S. 1 einer StFestsetzung ohne Vorbehalt der Nachprüfung gleich. Diese Fiktion des § 164 III 2 HS 1 bezieht sich ausschl. auf die StFestsetzung und nicht auch auf das Leistungsgebot iSd § 254 I 1 (FG Köln 5.10.1988 – 11 K 1399/87, EFG 1989, 151). Die Regelung war erforderlich, da der Stpfl. möglicherweise die StFestsetzung unter dem Vorbehalt der Nachprüfung gerade wegen ihres vorläufigen Charakters nicht angefochten hat (BT-Drs. VI/1982, 148). Zur AdV bei der Aufhebung eines Nachprüfungsvorbehalts → § 361 Rn. 18. Nach § 164 III 2 HS 2 iVm § 157 I 1 und 3 muss die Aufhebung schriftlich erfolgen und mit einer Rechtsbehelfsbelehrung versehen werden. Die Wirkung des Vorbehalts der Nachprüfung entfällt nach § 124 mit der Bekanntgabe (§ 122) des entsprechenden Änderungsbescheids (FG Hamburg 25.1.2001 – V 57/96, EFG 2001, 725).

III. Aufhebung nach einer Außenprüfung (Abs. 3 S. 3)

72 **Verpflichtung zur Aufhebung des Vorbehalts.** Gemäß § 164 III 3 ist der Vorbehalt der Nachprüfung aufzuheben, wenn sich nach einer Ap. (§§ 193 ff.) keine Änderungen gegenüber der Vorbehaltsfestsetzung ergeben. Der Begriff der Ap. iSd § 164 III 3 umfasst allerdings nur solche Prüfungen, die den gesamten StFall abschließend prüfen, nicht aber Prüfungen, die sich auf bestimmte Sachverhalte beschränken (TK § 164 Rn. 48), wie zB eine auf den Bereich des VorStAbzugs beschränkte USt-Sonderprüfung (BFH 30.4.1987 – V R 29/79, BStBl. II 1987, 486; BFH 12.2.1990 – V R 183/84, BFH/NV 1990, 547). Maßgebend ist die Prüfungsanordnung (§ 196) und nicht der Umfang der tatsächlichen Prüfungshandlungen. Eine LStAp. (§§ 42f EStG) ist idR eine abschließende Prüfung iSd § 164 III 3 (HHSp § 164 Rn. 46). Auch eine abgekürzte Ap. (§ 203) kann eine abschlie-

ßende Prüfung iSd Abs. 3 S. 3 sein (TK § 164 Rn. 48). Trotz der Verpflichtung handelt es sich bei dem Aufhebungsbescheid nicht um einen „auf Grund der Außenprüfung zu erlassenden Steuerbescheid“ iSd § 171 IV, sodass eine Hemmung der Verjährung auf dieser Grundlage nicht in Betracht kommt (FG Baden-Württemberg 25.9.2019 – 12 K 516/19, EFG 2020, 172, rkr., die unter dem Az. XI R 37/19 geführte Revision wurde zurückgenommen).

Aufhebung nach einer Ap. (§§ 193 ff.). Über den Wortlaut des § 164 III 3 hinaus ist 73 der Vorbehalt der Nachprüfung auch dann aufzuheben, wenn die FB aufgrund einer abschließenden Ap. entsprechende Änderungsbescheide erlässt (BFH 14.9.1993 – VIII R 9/93, BStBl. II 1995, 2). Die Aufrechterhaltung des Nachprüfungsvorbehalts ist auch in diesen Fällen mit dem Zweck der Ap., den StFall abschließend zu prüfen, unvereinbar (HHSp § 164 Rn. 95; Schwarz/Pahlke/Keß § 164 Rn. 105). Entsprechendes gilt, wenn die FB den StFall an Amtsstelle abschließend geprüft hat (offengelassen BFH 28.5.1998 – V R 100/96, BStBl. II 1998, 502, wonach es jedenfalls nicht ermessensfehlerhaft ist, wenn das FA eine Prüfung an Amtsstelle zum Anlass nimmt, den Vorbehalt der Nachprüfung aufzuheben).

Nichterfüllung der Aufhebungsverpflichtung. Kommt die FB ihrer Verpflichtung 74 zur Aufhebung des Vorbehalts nicht nach, kann sie die Vorbehaltsfestsetzung weiterhin nach § 164 II 1 ändern (BFH 14.9.1993 – VIII R 9/93, BStBl. II 1995, 2; BFH 16.9.2004 – X R 22/01, BFH/NV 2005, 322; BFH 14.9.1994 – I R 125/93, BFH/NV 1995, 369; BFH 15.12.1994 – V R 135/93, BFH/NV 1995, 938). Die Änderungssperre des § 173 II steht dem nicht entgegen. Sie gilt nur für Änderungen nach § 173 I wegen nachträglich bekannt gewordenen Tatsachen oder Beweismittel (§ 92) und nicht auch für andere Änderungsvorschriften (BFH 15.12.1994 – V R 135/93, BFH/NV 1995, 938; → § 173 Rn. 140). Verstößt die FB gegen § 164 III 3, wird der Vorbehalt der Nachprüfung rechtswidrig, aber nicht nichtig iSd § 125 (BFH 16.9.2004 – X R 22/01, BFH/NV 2005, 322; BFH 18.8.2009 – X R 8/09, BFH/NV 2010, 161). Der Vorbehalt der Nachprüfung ist auch bei einem Verstoß gegen § 164 III 3 mehr als nur eine formale Rechtsposition, deren Ausnutzung treuwidrig ist (so aber HHSp § 164 Rn. 98; Schwarz/Pahlke/Keß § 164 Rn. 107), zumal die FB von der Änderungsbefugnis des § 164 II 1 zukünftig auch zugunsten des Stpfl. Gebrauch machen kann. Darüber hinaus hat der Stpfl. auch die Möglichkeit, die Aufhebung des Vorbehalts mit Rechtsbehelfen durchsetzen (→ Rn. 81 ff.).

E. Entfallen des Vorbehalts (Abs. 4)

Nach § 164 IV 1 entfällt der Vorbehalt der Nachprüfung kraft Gesetzes mit Ablauf der 77 Festsetzungsfrist (§§ 169 ff.), da nach § 169 I 1 die Aufhebung oder Änderung einer StFestsetzung mit Ablauf der Festsetzungsfrist ohnehin nicht mehr möglich ist. Auch die Regelung des § 181 V 1 führt nicht zu einem Wiederaufleben des Nachprüfungsvorbehalts und damit einer Änderungsmöglichkeit nach § 164 II (BFH 11.11.2014 – I R 46/13, BFH/NV 2015, 353; BFH 29.11.2017 – II R 52/15, BStBl. II 2018, 419). § 164 IV 1 gilt auch für Vorauszahlungsbescheide, die nach Abs. 1 S. 2 stets eine StFestsetzung unter dem Vorbehalt der Nachprüfung sind (FG Baden-Württemberg 23.2.1995 – 3 K 149/91, EFG 1995, 1039). Entfällt der Nachprüfungsvorbehalt nach Abs. 4 S. 1, so steht dies einer StFestsetzung ohne Vorbehalt der Nachprüfung nicht gleich, da § 164 III 2 nur die Aufhebung des Vorbehalts betrifft.

Nach **§ 164 IV 2** wirkt sich eine StHinterziehung (§ 370) oder eine leichtfertige StVer- 78 kürzung (§ 378) nicht auf das Entfallen des Vorbehalts nach Abs. 4 S. 1 aus. § 169 II 2 ist insoweit nicht anzuwenden. Darüber hinaus sind nach § 164 IV 2 auch § 171 VII, VIII und X nicht anzuwenden. Anwendbar sind jedoch die übrigen in § 171 normierten Fälle der Ablaufhemmung. Die Verweisung in Abs. 4 S. 2 auf § 171 X bewirkt, dass für die StFestsetzung die Ablaufhemmung des § 171 X nicht eingreift, wenn bei einem Grundlagenbescheid der Vorbehalt der Nachprüfung kraft Gesetzes nach § 164 IV 1 entfällt. Durch die Ergänzung des § 170 VI zum 1.1.2015 (BGBl. 2014 I 2415) soll vermieden werden, dass unehrliche Stpfl. im StFestsetzungsverfahren anlässlich des Aufgreifens zuvor nicht erklärter Kapitalerträge anderweitige StMinderungen (zB wegen RsprÄnderungen) geltend machen können (BT-Drs. 18/3018, 10).

F. Rechtsschutzfragen

I. Steuerfestsetzung unter Vorbehalt der Nachprüfung nach § 164 I

1. Einspruch (§ 347)

81 **Allgemeines.** Gegen einen StBescheid unter Vorbehalt der Nachprüfung ist der Einspruch (§ 347) statthaft. Mit dem Einspruch kann der Stpfl. sich sowohl gegen die Höhe der festgesetzten Steuer als auch gegen die Beifügung des Nachprüfungsvorbehalts wenden. Richtet sich der Einspruch gegen die Höhe der festgesetzten Steuer und hebt die FB während des Einspruchsverfahrens den Vorbehalt der Nachprüfung gem. § 164 III 1 auf, so wird dieser Änderungsbescheid nach § 365 III 1 Gegenstand des Einspruchsverfahrens (BFH 26.6.2002 – IV R 3/01, BStBl. II 2003, 112). Ein Einspruch gegen eine Vorbehaltsfestsetzung, der sich ausschl. gegen die Beifügung des Vorbehalts wendet, ist theoretisch denkbar. Der Stpfl. kann daher auch eine unter dem Vorbehalt der Nachprüfung stehende StFestsetzung in Höhe von 0 EUR mit der Begründung anfechten, der angebrachte Vorbehalt sei rechtswidrig (BFH 11.4.2018 – X R 39/16, BFH/NV 2018, 1075). Grund hierfür ist die vom StBescheid trennbare selbständige Belastung des Stpfl. wegen der umfassenden Änderungsmöglichkeiten der FVerw, die den Stpfl. in seinen Rechten verletzen kann. Ein Rechtsbehelf dürfte jedoch in der Praxis kaum Aussicht auf Erfolg haben, da nach § 164 I 1 Voraussetzung für die Vorbehaltsbeifügung lediglich ist, dass die FB den StFall noch nicht abschließend geprüft hat. Der Stpfl. wird kaum objektiv nachprüfbar geltend machen können, dass die FB den StFall bereits abschließend geprüft hat und keinerlei Unklarheiten mehr bestehen (Schwarz/Pahlke/Keß § 164 Rn. 67; Kammann StuW 1982, 149).

82 Der **Vorbehalt der Nachprüfung** ist als unselbständige Nebenbestimmung des StBescheids **nicht isoliert,** sondern nur mit dem gesamten VA **anfechtbar** (BFH 30.10.1980 – IV R 168–170/79, BStBl. II 1981, 150; → Rn. 8). Auch der Einspruch, der sich ausschl. gegen die Beifügung des Nachprüfungsvorbehalts richtet, betrifft daher die StFestsetzung insgesamt (BFH 30.6.1997 – V B 131/96, BFH/NV 1998, 817). Macht der Stpfl. allerdings im Rahmen eines Einspruchsverfahrens ausschl. die Rechtswidrigkeit des Vorbehalts der Nachprüfung geltend, kann die FB in einem Abhilfebescheid (§ 367 II 3) isoliert den Vorbehalt der Nachprüfung aufheben (Klein § 164 Rn. 60).

83 Zum **Antrag nach § 164 II 2** und zum Verhältnis zwischen Einspruch und Antrag nach § 164 II 2 → Rn. 53.

84 **Prüfungsumfang.** Die FB ist im Einspruchsverfahren trotz der in § 367 II 1 normierten Gesamtaufrollung des StFalls nicht verpflichtet den StFall abschließend iSd § 164 I 1 zu prüfen. Die Überprüfung eines StBescheids im Einspruchsverfahren muss nicht zwingend eine abschließende Prüfung iSd Abs. 1 S. 1 sein (BFH 12.6.1980 – IV R 23/79, BStBl. II 1980, 527). Dies gilt selbst dann, wenn die FB gem. § 367 II 3 dem Einspruch in vollem Umfang abhilft (BFH 15.12.1992 – VIII R 52/91, BFH/NV 1993, 684). Andererseits wird sich die FB im Einspruchsverfahren gegen eine Vorbehaltsfestsetzung selbst dann nicht auf eine summarische Überprüfung des StFalls in tatsächlicher und rechtlicher Hinsicht beschränken können, wenn sie den Vorbehalt der Nachprüfung nicht mit der Einspruchsentscheidung (§ 367) aufhebt (HHSp § 164 Rn. 113; s. aber auch AEAO zu § 367 Nr. 5). Soweit der Stpfl. seinen Einspruch abw. von § 357 III konkret begründet, ist die FB in tatsächlicher und rechtlicher Hinsicht verpflichtet, sich mit dem Vorbringen des Stpfl.

substantiiert auseinanderzusetzen. Eine summarische Überprüfung wäre nur vertretbar, wenn jeder StFestsetzung unter dem Vorbehalt der Nachprüfung zwingend eine abschließende Überprüfung folgen müsste, die dann weiteren Rechtsschutz ermöglicht (vgl. HHSp § 164 Rn. 113). Dies ist jedoch nicht der Fall (→ Rn. 62).

Bindungswirkung. Eine Einspruchsentscheidung (§ 367), die den Vorbehalt der Nachprüfung nicht aufhebt, beschränkt im Gegensatz zu einem finanzgerichtlichen Urt. nicht die Korrekturmöglichkeit nach § 164 II 1 (Schwarz/Pahlke/Keß § 164 Rn. 70; aA FG Köln 2.7.1980 – VIII 227/77 E, EFG 1980, 474; HHSp § 164 Rn. 113). FB und Stpfl. können also auch bei einer weiteren Änderung der Vorbehaltsfestsetzung nach § 164 II 1 erneut um die im Einspruchsbescheid entschiedenen Fragen streiten. Entsprechendes gilt bei einer Aufhebung des Vorbehalts nach § 164 II 1. 85

2. Anfechtungsklage (§ 40 I FGO)

Allgemeines. Die Anfechtungsklage (§ 40 I FGO) ist statthaft, wenn der Einspruch gegen den StBescheid unter Vorbehalt der Nachprüfung keinen Erfolg hat. Der Stpfl. kann seine Klage sowohl mit der Rechtswidrigkeit der StFestsetzung selbst wie auch mit der Rechtswidrigkeit der Vorbehaltsbeifügung begründen. Macht der Stpfl. lediglich geltend, die StFestsetzung sei zu Unrecht unter dem Vorbehalt der Nachprüfung ergangen, handelt es sich gleichwohl um eine Anfechtungs- und nicht um eine Verpflichtungsklage iSd 40 I FGO (HHSp § 164 Rn. 116; TK § 164 Rn. 57; aA FG Hamburg 5.9.1986 – II 62/81, EFG 1987, 222; Schwarz/Pahlke/Keß § 164 Rn. 68). Allerdings kann der Stpfl. in diesen Fällen seinen Klageantrag nicht auf die Aufhebung des Vorbehalts beschränken. Der Klageantrag kann in diesen Fällen vielmehr nur auf Aufhebung der StFestsetzung insgesamt gerichtet sein, da der Vorbehalt als Nebenbestimmung iSd § 120 I nicht isoliert anfechtbar ist. Das FG kann nach § 100 I 1 FGO im Rahmen einer Anfechtungsklage einen rechtswidrigen VA nur ganz oder teilweise aufheben, nicht aber seinen Inhalt verändern, indem es einen Vorbehaltsbescheid für endgültig erklärt. Lediglich wenn es um einen festgesetzten Geldbetrag oder um eine darauf bezogene Feststellung geht, kann das FG nach § 100 II 1 FGO eine Änderung des angefochtenen VA vornehmen (BFH 30.10.1980 – IV R 168–170/79, BStBl. II 1981, 150). Richtet sich die Anfechtungsklage (auch) gegen die Höhe der festgesetzten Steuer und hebt die FB während des Klageverfahrens den Vorbehalt der Nachprüfung gem. § 164 III 1 auf, so wird der geänderte Bescheid nach § 68 FGO zum Gegenstand des Klageverfahrens (vgl. BFH 20.3.2001 – VIII R 44/99, BFH/NV 2001, 1133 zu § 68 aF). 88

Prüfungsumfang. Auch das Klageverfahren führt, wie das Einspruchsverfahren, nicht zu einer umfassenden abschließenden Rechtmäßigkeitskontrolle des angefochtenen Vorbehaltsbescheids. Das Gericht hat den angefochtenen StBescheid jedoch im Rahmen des Klagebegehrens nach Maßgabe der Klagebegründung abschließend zu prüfen und endgültig zu entscheiden. Dies gilt auch dann, wenn sich der Stpfl. mit seiner Klage ausschl. nur gegen die Höhe der festgesetzten Steuer wendet (HHSp § 164 Rn. 117). Die FGO beschränkt die gerichtliche Überprüfung einer StFestsetzung unter Vorbehalt der Nachprüfung nicht auf eine summarische oder kursorische rechtliche Würdigung. Das FG kann sich daher nicht nur darauf beschränken, die Rechtsfragen abschließend zu entscheiden (BFH 21.5.1992 – IV R 107/90, BFH/NV 1993, 296; aA Klein § 164 Rn. 64; differenzierend TK § 164 Rn. 58). Der Rechtsschutz des Stpfl. darf sich nicht dadurch unzulässig verkürzen, dass das FG das Vorbringen des Stpfl. mit der Begründung zurückweist, es könne den StFall nicht prüfen, da das FA den Fall noch nicht abschließend geprüft habe (BFH 7.2.1990 – I R 145/87, BStBl. II 1990, 1032; BFH 21.5.1992 – IV R 107/90, BFH/NV 1993, 296; BFH 10.5.1994 – IX R 26/89, BStBl. II 1994, 902). 89

Bindungswirkung. Spätere Änderungen des StBescheids nach § 164 II 1 dürfen nicht im Widerspruch zur rechtlichen Beurteilung des Gerichts stehen, solange hierzu kein neuer Sachverhalt festgestellt wird. Das finanzgerichtliche Urt. erwächst nach § 110 FGO im Gegensatz zur Einspruchsentscheidung der FB (§ 367) in Rechtskraft und steht daher einer 90 späteren Änderung des StBescheids nach § 164 II 1 entgegen, soweit die Rechtskraft des Urt. reicht (BFH 7.2.1990 – I R 145/87, BStBl. II 1990, 1032; BFH 24.10.2006 – I B 41/06, BFH/NV 2007, 206; TK § 164 Rn. 33b; aA noch BFH 3.2.1987 – IX R 255/84, BFH/NV 1987, 751). Zur Bindungswirkung eines finanzgerichtlichen Urt. in einem Klageverfahren gegen die Aufhebung des Vorbehalts gem. § 164 III 1 → Rn. 100.

II. Aufhebungs- und Änderungsbescheid nach § 164 II 1

93 Gegen die Aufhebung oder Änderung der StFestsetzung (§ 164 II 1) ist der Einspruch (§ 347) und ggf. die Anfechtungsklage (§ 40 I FGO) gegeben. Die Anfechtungsbeschränkung des § 351 I greift nicht ein. Nach § 351 I besteht dann keine Anfechtungsbeschränkung, wenn sich aus den Vorschriften über die Aufhebung und Änderung eines VA etwas anderes ergibt. Zu diesen Aufhebungs- und Änderungsvorschriften gehört auch § 164 II 1 (→ § 351 Rn. 13). Die Bindungswirkung eines bereits ergangenen finanzgerichtlichen Urt. nach § 110 FGO ist jedoch im Gegensatz zu einer Einspruchsentscheidung der FB (§ 367) zu beachten. Ergeht der Änderungsbescheid nach § 164 II 1 jedoch nach Unanfechtbarkeit der Vorbehaltsfestsetzung, kann der Stpfl. im Rahmen des Einspruchs gegen den Änderungsbescheid nicht mehr geltend machen, der Nachprüfungsvorbehalt sei rechtswidrig (BFH 27.12.1991 – V B 48/91, BFH/NV 1992, 508).

III. Ablehnung eines Antrags nach § 164 Abs. 2 S. 2

96 Lehnt die FB einen Antrag nach Abs. 2 S. 2 auf Aufhebung oder Änderung des StBescheids ab, sind Einspruch (§ 347) und Verpflichtungsklage (§ 40 I FGO) statthaft. Gegenstand des Einspruchs- bzw. Klageverfahrens ist ausschl. der geltend gemachte Änderungsanspruch aus § 164 II 2 und nicht die Rechtmäßigkeit der Vorbehaltsfestsetzung nach § 164 I.

IV. Aufhebung des Vorbehalts der Nachprüfung nach § 164 Abs. 3 S. 1

99 Gegen die Aufhebung des Nachprüfungsvorbehalts nach § 164 III 1 kann der Stpfl. **Einspruch** (§ 347) einlegen und ggf. **Anfechtungsklage** (§ 40 I FGO) erheben. Wird der Nachprüfungsvorbehalt vom FA in der Einspruchsentscheidung (§ 367) aufgehoben, ist hiergegen unmittelbar die Klage als Rechtsbehelf gegeben. Ein weiterer Einspruch ist nicht statthaft (BFH 4.8.1983 – IV R 216/82, BStBl. II 1984, 85). Vorläufiger Rechtsschutz kann durch AdV gem. § 361 bzw. gem. § 69 FGO gewährt werden. Der Stpfl. kann sich gegen die Aufhebung des Vorbehalts und/oder gegen die Höhe der endgültig gewordenen StFestsetzung wenden, da die Aufhebung des Vorbehalts nach § 164 III 2 einer StFestsetzung ohne Vorbehalt der Nachprüfung gleichsteht (BFH 30.6.1997 – V B 131/96, BFH/NV 1998, 817). Lediglich die isolierte Anfechtung der Aufhebungsverfügung mit dem Ziel, die Wirkung des Vorbehalts der Nachprüfung wiederherzustellen, ist nicht statthaft, da ein nur gegen eine Nebenbestimmung (§ 120 I) gerichtetes Rechtsmittel unzulässig ist (FG Hamburg 25.1.2001 – V 57/96, EFG 2001, 725). Zum Erfordernis der gesonderten Anfechtung der Vorbehaltsaufhebung bei Verbindung dieses Bescheids mit einem LSt-Haftungsbescheid s. BFH 15.2.2023 – VI R 13/21, BFH/NV 2023, 745.

100 Im Rahmen einer **Klage gegen die Aufhebung eines Nachprüfungsvorbehalts** sind nach Ansicht des BFH auch Streitpunkte zu berücksichtigen, über die das FG bereits im Rahmen einer Anfechtung der Vorbehaltsfestsetzung rechtskräftig durch Urt. entschieden hat. Da die StFestsetzung unter dem Vorbehalt der Nachprüfung materiell nicht bestandskräftig geworden sei, könne auch die Rechtskraft einer gerichtlichen Entscheidung nicht weiter reichen (BFH 13.11.1975 – IV R 61/75, BStBl. II 1977, 126; BFH 3.2.1987 – IX R 255/84, BFH/NV 1987, 751; BFH 30.6.1997 – V B 131/96, BFH/NV 1998, 817); TK FGO § 110 Rn. 49 folgt dem BFH für den Fall, dass das FG erkennbar nur eine summarische Entscheidung getroffen hat. Der BFH übersieht jedoch, dass § 164 III 2 nicht

eine mehrfache gerichtliche Überprüfung desselben Streitpunkts ermöglichen will. § 164 III 2 hat ausschl. den Sinn, dem Stpfl. ohne prozessuale Nachteile zu ermöglichen, die endgültige Entscheidung der FB abzuwarten. Daher muss auch im Rahmen einer Klage gegen die Aufhebung eines Vorbehalts der Nachprüfung ein bereits ergangenes Urt. nach § 110 FGO Bindungswirkung entfalten (Schwarz/Pahlke/Keß § 164 Rn. 71), zumal das FG auch bei Anfechtung einer Vorbehaltsfestsetzung stets abschließend und endgültig über das Klagebegehren entscheiden muss (→ Rn. 89). Zur Bindungswirkung einer Einspruchsentscheidung (§ 367) → Rn. 85.

V. Nichterfüllung der Aufhebungsverpflichtung aus § 164 Abs. 3 S. 3

Hebt die FB nach einer Ap. (§§ 193 ff.) entgegen Abs. 3 S. 3 den Vorbehalt der Nachprüfung nicht auf, ist der **Einspruch** (§ 347) und ggf. eine **Anfechtungsklage** (§ 40 I FGO) statthaft. Der Stpfl. muss auch in diesem Fall beantragen, den weiterhin unter dem Vorbehalt der Nachprüfung stehenden Änderungsbescheid ersatzlos aufzuheben. Eine Verpflichtungsklage auf Aufhebung des Vorbehalts ist nicht statthaft (aA HHSp § 164 Rn. 123). Auch wenn die FB lediglich ihre Aufhebungsverpflichtung aus § 164 III 3 nicht erfüllt, kann der Stpfl. den Vorbehalt der Nachprüfung nicht isoliert anfechten, sondern nur die geänderte StFestsetzung insgesamt (→ Rn. 82). 103

VI. Entfallen des Vorbehalts nach § 164 Abs. 4

Nach § 164 IV entfällt der Vorbehalt der Nachprüfung mit Ablauf der regulären Festsetzungsfrist (§ 169 II 1), die sich bei StHinterziehung (§ 370) und leichtfertiger StVerkürzung (§ 378) nicht gem. § 169 II 2 verlängert. In den Fällen des § 164 IV kann der Stpfl. die endgültig gewordene StFestsetzung weder mit dem Einspruch noch mit einer Klage anfechten, da § 164 III 2 insoweit nicht anwendbar ist. 106

§ 165 Vorläufige Steuerfestsetzung, Aussetzung der Steuerfestsetzung

(1) [1]**Soweit ungewiss ist, ob die Voraussetzungen für die Entstehung einer Steuer eingetreten sind, kann sie vorläufig festgesetzt werden.** [2]**Diese Regelung ist auch anzuwenden, wenn**

1. ungewiss ist, ob und wann Verträge mit anderen Staaten über die Besteuerung (§ 2), die sich zugunsten des Steuerpflichtigen auswirken, für die Steuerfestsetzung wirksam werden,

2. das Bundesverfassungsgericht die Unvereinbarkeit eines Steuergesetzes mit dem Grundgesetz festgestellt hat und der Gesetzgeber zu einer Neuregelung verpflichtet ist,

2a. sich auf Grund einer Entscheidung des Gerichtshofes der Europäischen Union ein Bedarf für eine gesetzliche Neuregelung ergeben kann,

3. die Vereinbarkeit eines Steuergesetzes mit höherrangigem Recht Gegenstand eines Verfahrens bei dem Gerichtshof der Europäischen Union, dem Bundesverfassungsgericht oder einem obersten Bundesgericht ist oder

4. die Auslegung eines Steuergesetzes Gegenstand eines Verfahrens bei dem Bundesfinanzhof ist.

[3]**Umfang und Grund der Vorläufigkeit sind anzugeben.** [4]**Unter den Voraussetzungen der Sätze 1 oder 2 kann die Steuerfestsetzung auch gegen oder ohne Sicherheitsleistung ausgesetzt werden.**

(2) [1]**Soweit die Finanzbehörde eine Steuer vorläufig festgesetzt hat, kann sie die Festsetzung aufheben oder ändern.** [2]**Wenn die Ungewissheit beseitigt ist, ist eine vorläufige Steuerfestsetzung aufzuheben, zu ändern oder für endgültig zu erklä-**

ren; eine ausgesetzte Steuerfestsetzung ist nachzuholen. [3]In den Fällen des Absatzes 1 Satz 2 Nummer 4 endet die Ungewissheit, sobald feststeht, dass die Grundsätze der Entscheidung des Bundesfinanzhofs über den entschiedenen Einzelfall hinaus allgemein anzuwenden sind. [4]In den Fällen des Absatzes 1 Satz 2 muss eine vorläufige Steuerfestsetzung nach Satz 2 nur auf Antrag des Steuerpflichtigen für endgültig erklärt werden, wenn sie nicht aufzuheben oder zu ändern ist.

(3) **Die vorläufige Steuerfestsetzung kann mit einer Steuerfestsetzung unter Vorbehalt der Nachprüfung verbunden werden.**

Schrifttum: Neckels, Bedarf die Vorläufigerklärung von Steuerbescheiden im Hinblick auf die schwebende Verfassungswidrigkeit von Steuerrechtsnormen einer gesetzlichen Grundlage?, DStZ 1991, 641; Brockmeyer, Rechtsmittel wegen Streits über die Verfassungsmäßigkeit einer Norm, DStR 1992, 1222; Miehler/Kronthaler, Vorläufige Steuerfestsetzung nach § 165 Abs. 1 AO bei behaupteter Verfassungswidrigkeit von Steuernormen, DStZ 1992, 134; Seer, Das Spannungsverhältnis zwischen der Bestandskraft des Steuerbescheides und der Verfassungswidrigkeit einer Steuergesetzesnorm, DStR 1993, 307; Becker/Bur, Die Ungewissheit im Steuerrecht: Einzelprobleme bei vorläufigen Steuerbescheiden, INF 1994, 454; Lohmeyer, Vorläufige Steuerfestsetzung nach § 165 AO i. d. F. des StMBG, Stbg 1994, 461; Brockmeyer, Klagen gegen vorläufige Steuerbescheide wegen verfassungsrechtlicher Streitpunkte DStZ 1996, 1; Eschenbach, Umfang und Folgen eines Vorläufigkeitsvermerks nach § 165 Abs. 1 AO, DStZ 1997, 624; Nieland, Der vorläufige Steuerbescheid – Ein viel gebrauchtes Instrument der Finanzverwaltung, AO-StB 2004, 58; Ende, Der Vorläufigkeitsvermerk in der steuerlichen Beratungspraxis, DStR 2006, 878; Bergan/Martin, Vorläufige Steuerfestsetzung – Änderungsnorm für materielle Fehler?, DStR 2007, 658; Ende, Gesetzgeber plant Erweiterung der Regelung zum Vorläufigkeitsvermerk, DStR 2008, 2197; Hilbertz, Wegfall der Ungewissheit bei einer vorläufigen Steuerfestsetzung, NWB 2009, 849; Lühn/Tepper, Änderung der vorläufigen Festsetzung durch das Steuerbürokratieabbaugesetz, BB 2009, 591; Reddig, Vorläufige Steuerfestsetzung nach § 165 AO, AO-StB 2021, 25.

Übersicht

A. Allgemeines

I. Gegenstand und Zweck der Vorschrift

1 **Gegenstand.** § 165 regelt die vorläufige StFestsetzung und die Aussetzung der StFestsetzung, wenn ungewiss ist, ob und inwieweit die Voraussetzungen für die Entstehung einer StSchuld eingetreten sind (vgl. BT-Drs. VI/1982, 148). Der Vorläufigkeitsvermerk ist, wie auch der Vorbehalt der Nachprüfung (§ 164), eine unselbständige Nebenbestimmung zum

StBescheid iSd § 120 I (auch → § 164 Rn. 8). Zu den Unterschieden zwischen § 165 und § 164 → § 164 Rn. 16.

2 **Zweck.** § 165 ermöglicht der FB eine StFestsetzung, auch wenn ein Punkt oder einzelne Punkte noch ungewiss sind und nicht alsbald hinreichend geklärt werden können (vgl. BT-Drs. VI/1982, 148). Die FB soll wenigstens den Teil der Steuer festsetzen und vereinnahmen können, den der Stpfl. auf jeden Fall schuldet; umgekehrt soll auch der Stpfl. nicht auf eine ihm unzweifelhaft zustehende StErstattung (§ 37 II) nur deshalb verzichten müssen, weil noch ungewiss ist, ob uU ein noch höherer Betrag zu erstatten ist (TK § 165 Rn. 1). Ferner sollen durch die Regelung des Abs. 1 S. 2 auch Massenrechtsbehelfsverfahren vermieden werden: Bei einer vorläufigen StFestsetzung nach § 165 ist der Stpfl. nicht gezwungen, seinen Fall durch einen Einspruch (§§ 347 ff.) offenzuhalten, um in den Genuss einer Neuregelung oder Entscheidung des EuGH, des BVerfG oder eines obersten Bundesgerichts zu kommen (vgl. BT-Drs. 12/5630, 98). Abs. 2 S. 4 dient der Verwaltungsvereinfachung (BT-Drs. 12/5630, 98).

II. Anwendungsbereich

8 § 165 betrifft ausdrücklich nur StFestsetzungen iSd § 155 I 1. Die Vorschrift gilt aber auch für alle VA, für die die Regeln über die StFestsetzung (§§ 155 ff.) aufgrund gesetzlicher Anordnung entspr. gelten (→ § 155 Rn. 7). Ist ein Grundlagenbescheid (§ 171 X) nach § 165 vorläufig erlassen worden, so bedeutet dies nicht, dass auch der Folgebescheid zwingend vorläufig ergehen muss oder bereits kraft Gesetzes vorläufig ist (TK § 165 Rn. 4). Wird der Grundlagenbescheid nach § 165 II 1 geändert, ist der Folgebescheid nach § 175 I 1 Nr. 1 anzupassen. Haftungs- und Duldungsbescheide (§ 191) sowie Bescheide über Billigkeitsmaßnahmen (§§ 163, 227) können dagegen nicht mit einem Vorläufigkeitsvermerk nach § 165 versehen werden, obwohl hierfür in der Praxis uU ein Bedürfnis bestehen kann. Im Bereich des Zollrechts gilt § 165 nicht; insoweit gelten hier die Ausführungen zu § 164 entspr. (→ § 164 Rn. 13).

B. Voraussetzungen der vorläufigen Steuerfestsetzung und der Aussetzung (Abs. 1)

I. Ungewissheit über den Sachverhalt (Abs. 1 S. 1)

1. Voraussetzungen der vorläufigen Steuerfestsetzung

11 **Allgemeines.** Nach § 165 I 1 ist eine vorläufige StFestsetzung zulässig, soweit ungewiss ist, ob und inwieweit die tatbestandlichen Voraussetzungen für das Entstehen einer Steuer eingetreten sind.

12 Die **Ungewissheit** muss sich darauf beziehen, ob in der Vergangenheit der stpfl. Tatbestand verwirklicht worden ist. Ist der gesetzliche StTatbestand dagegen noch nicht erfüllt, darf überhaupt noch keine StFestsetzung, auch keine vorläufige, erfolgen (vgl. BFH 10.8.1994 – II R 103/93, BStBl. II 1994, 951 zu einem grunderwerbsteuerlichen Fall, in dem die erforderliche Grundverkehrsgenehmigung noch nicht erteilt war). Die tatsächliche Ungewissheit darf zzt. der StFestsetzung vorübergehend (stehen der Sachaufklärung dauernde Hindernisse entgegen, kann ggf. geschätzt werden, TK § 165 Rn. 7) überhaupt nicht oder nur unter unverhältnismäßig großen Schwierigkeiten zu beseitigen sein (BFH 26.9.1990 – II R 99/88, BStBl. II 1990, 1043). Abs. 1 S. 1 entbindet die FB allerdings nicht, den Sachverhalt nach § 88 aufzuklären. Sie muss im Rahmen des Zumutbaren ggf. Ermittlungen anstellen, bevor sie die Steuer nach § 165 vorläufig festsetzen darf (BFH 4.9.2008 – IV R 1/07, BStBl. II 2009, 335; BFH 17.3.2010 – IV R 60/07, BFH/NV 2010, 1446). Ein ohne Weiteres aufklärbarer Sachverhalt ist nicht ungewiss iSd Abs. 1 S. 1. Zu weitgehend daher BFH 30.6.1994 – V R 106/91, BFH/NV 1995, 466, wonach die FB nicht verpflichtet ist, mit zumutbaren Anstrengungen die Ungewissheit zu beseitigen. Eine

vorläufige StFestsetzung nach Abs. 1 S. 1 ist insb. in den Fällen gerechtfertigt, in denen die Voraussetzungen der Steuer erst durch Beurteilung eines längeren Zeitraums festgestellt werden können, wie zB bei der Frage, ob der Stpfl. Gewinn- oder Überschusserzielungsabsicht hat oder ob es sich um Liebhaberei handelt; bei der Gewinn- oder Überschusserzielungsabsicht handelt es sich um eine innere Tatsache und nicht um eine Unsicherheit in der steuerrechtlichen Beurteilung eines feststehenden Tatbestands (BFH 17.3.2010 – IV R 60/07, BFH/NV 2010, 1446; BFH 25.11.2005 – XI B 1/05, BFH/NV 2006, 484; BFH 3.5.2000 – IV B 59/99, BFH/NV 2000, 1075; BFH 25.10.1989 – X R 109/87, BStBl. II 1990, 278; BFH 25.10.1989 – X R 51/88, BFH/NV 1990, 502; BFH 22.12.1987 – IV B 174/86, BStBl. II 1988, 234; so auch EStH 15.3; krit. hierzu HHSp § 165 Rn. 21). Beim gewerblichen Grundstückshandel kommt eine vorläufige StFestsetzung in Betracht, wenn noch nicht absehbar ist, ob der Stpfl. die Drei-Objekt-Grenze überschreiten wird (zu den Voraussetzungen des gewerblichen Grundstückhandels s. BMF 26.3.2004, BStBl. I 2004, 434). Ferner ist eine vorläufige StFestsetzung möglich bei der Ungewissheit über die betriebsgewöhnliche Nutzungsdauer eines Wirtschaftsguts (TK § 165 Rn. 7), über ein angestrebtes Berufsziel (BFH 19.6.1997 – IV R 4/97, BStBl. II 1998, 239) oder über die Höhe der Einkünfte und Bezüge eines Kindes iSd § 32 VI 2 EStG aF im Rahmen der Festsetzung des Kindergeldes (BFH 26.7.2001 – VI R 122/99, BStBl. II 2002, 84). Gerechtfertigt ist eine vorläufige StFestsetzung ferner bei Ungewissheit darüber, ob ein Wirtschaftsgut innerhalb eines im Gesetz vorgesehenen Zeitraums nicht veräußert werden wird (TK § 165 Rn. 7) oder wenn zur Ermittlung eines Wertes noch ein Sachverständigengutachten eingeholt werden muss (BFH 20.5.1992 – X R 68–69/89, BFH/NV 1992, 819). Ebenso kommt eine vorläufige StFestsetzung in Betracht, wenn der Ausgang eines Strafverfahrens abgewartet werden soll, wie zB in den Fällen des § 4 V Nr. 10 EStG. Dagegen kann die FB keine vorläufige StFestsetzung erlassen, wenn nach dem jeweiligen materiellen Recht eine Entscheidung gerade auf unsicherer Grundlage gefordert ist, wie zB bei der Bildung einer Rückstellung wegen ungewisser Verbindlichkeiten nach § 5 I EStG iVm § 249 I HGB (BFH 4.2.1958 – I 173/57 U, BStBl. III 1958, 109). Kann nicht erwartet werden, dass die Ungewissheit im Laufe der Zeit überwunden werden kann, weil einer Sachaufklärung dauernde Hindernisse entgegenstehen, kommt nur eine endgültige StFestsetzung, ggf. unter Schätzung der Besteuerungsgrundlagen (§ 162 I–V), in Betracht. Im finanzgerichtlichen Verfahren kann in vollem Umfang nachgeprüft werden, ob eine Ungewissheit iSd Abs. 1 S. 1 vorliegt. Der Begriff der Ungewissheit ist ein unbestimmter Rechtsbegriff. Die FB hat insoweit keinen Ermessens- oder Beurteilungsspielraum (zum Ermessen → Rn. 17). Da die Ungewissheit immer an einen konkreten StTatbestand anknüpft, kennt § 165 anders als § 164 keine Vorläufigkeit zur Gänze (TK § 165 Rn. 2).

13 Die Ungewissheit muss sich nach § 165 I 1 auf die **Voraussetzungen für die Entstehung der StSchuld** beziehen. Zur Entstehung einer Steuer s. § 38. Erfasst werden alle Lebenssachverhalte, die für die Festsetzung der Steuer von Bedeutung sind. Die Ungewissheit kann sich auch auf präjudizielle Rechtsverhältnisse beziehen, über die eine andere Behörde oder ein Gericht zu befinden hat, wie zB über die Wirksamkeit von Gesellschaftsverträgen, über den familienrechtlichen Status oder die Erbberechtigung des Stpfl. sowie über das Eigentum an einer Sache (Schwarz/Pahlke/Keß § 165 Rn. 15a). Eine Unsicherheit in der steuerrechtlichen Beurteilung eines Sachverhalts rechtfertigt dagegen keine Anordnung einer Vorläufigkeit (BFH 4.9.2008 – IV R 1/07, BStBl. II 2009, 335; BFH 17.12.2014 – I R 32/13, BStBl. II 2015, 575). Darüber hinaus kann eine vorläufige StFestsetzung auch gerechtfertigt sein, wenn bei der Ertragsbesteuerung die Auswirkungen einer strittigen Bilanzierung der Vorjahre wegen der Folgewirkungen aus der Vorjahresbilanz ungewiss sind (BFH 24.2.1977 – VIII R 237/72, BStBl. II 1977, 392). IdR hat das FA über diese steuerrechtlichen Vorfragen jedoch selbst zu entscheiden; ist zur Klärung der Vorfrage aber verbindlich oder zuverlässig von einer anderen Stelle Klärung zu erwarten, so kann das FA die Steuer nach Abs. 1 S. 1 vorläufig festsetzen (TK § 165 Rn. 7). Erlässt das FA gleichwohl einen endgültigen StBescheid, so muss der Stpfl. gegen diesen Bescheid

Einspruch (§§ 347 ff.) einlegen und ggf. Klage (§ 40 I FGO) erheben; die Entscheidung über den Einspruch (§ 367) kann dann nach § 363 I bis zur Entscheidung eines präjudiziellen Rechtsstreits ausgesetzt werden. Für das finanzgerichtliche Verfahren enthält § 74 FGO eine dem § 363 I entsprechende Regelung. Die Ungewissheit darf sich bei Abs. 1 S. 1 nur auf die tatsächlichen Voraussetzungen der StSchuld beziehen (BFH 25.10.1989 – X R 109/87, BStBl. II 1990, 278). § 165 I 1 ist nicht anwendbar, wenn lediglich Zweifel im Hinblick auf die steuerrechtliche Beurteilung von Tatsachen bestehen (BFH 25.4.1985 – IV R 64/83, BStBl. II 1985, 648; BFH 21.8.2013 – X R 20/10, BFH/NV 2014, 524). Eine vorläufige StFestsetzung ist daher nicht möglich, wenn die Klärung einer Zweifelsfrage durch den BFH oder durch ein BMF-Schreiben zu erwarten ist. Entsprechendes gilt, wenn eine Gesetzesänderung mit rückwirkender Kraft erwartet wird; hier kann lediglich die StFestsetzung bis zur Klärung zurückgestellt werden, sofern nicht eine der Sonderregelungen des Abs. 1 S. 2 eingreift. Die bloß abstrakte Möglichkeit, dass in der Zukunft Ereignisse eintreten, die im Rahmen einer verfassungskonformen Auslegung aus den Besteuerungszeitraum zurückwirken könnten, führt nicht zu einer Ungewissheit iSd § Abs. 1 S. 1 (BFH 17.12.2014 – I R 32/13, BStBl. II 2015, 575; Klein § 165 Rn. 8).

2. Die vorläufige Steuerfestsetzung

Allgemeines. Nach § 165 I 1 kann die Steuer vorläufig festgesetzt werden, soweit 16
ungewiss ist, ob die Voraussetzungen für die Entstehung der Steuer (§ 38) eingetreten sind. Die Vorläufigkeit der Entscheidung bezieht sich dabei auf den StAnspruch und nicht auf einzelne, ungewisse Besteuerungsgrundlagen (§ 157 II); die Besteuerungsgrundlagen sind, außer bei einer gesonderten Feststellung (§§ 179 ff.), auch im Rahmen des Abs. 1 S. 1 verfahrensrechtlich unselbständig (BFH 2.3.2000 – VI R 48/97, BStBl. II 2000, 332; vgl. auch BFH 26.10.1988 – I R 189/84, BStBl. II 1989, 130). Zur Kennzeichnung des vorläufigen StBescheids gem. Abs. 1 S. 3 → Rn. 28 ff. Der Vorläufigkeitsvermerk kann von der FB auch noch im Einspruchsverfahren aufgenommen werden (zur Verböserungsproblematik vgl. BFH 23.1.2013 – X R 32/08, BStBl. II 2013, 423).

Ermessensentscheidung der Finanzbehörde. Ob die FB von der Möglichkeit des 17
§ 165 I 1 Gebrauch macht, liegt in ihrem Ermessen (§ 5). Dies gilt auch, wenn sich die Ungewissheit auf den ganzen Sachverhalt erstreckt. Die FB ist nicht auf die Aussetzung der StFestsetzung nach Abs. 1 S. 3 beschränkt (aA TK § 165 Rn. 25). Bei der Ermessensausübung sind, neben den Interessen des Stpfl., alle Umstände des Einzelfalls zu berücksichtigen. Zu berücksichtigen ist insb., wie wahrscheinlich das Entstehen der Steuer ist (Schwarz/Pahlke/Keß § 165 Rn. 59; im Ergebnis so auch BFH 22.12.1987 – IV B 174/86, BStBl. II 1988, 234). Die FB kann die Ungewissheit auch durch eigene Ermittlungen beseitigen. Ebenso kann das FA die Steuer nach Abs. 1 S. 4 mit oder ohne Sicherheitsleistung (§§ 241 ff.) aussetzen. Setzt die FB die Steuer vorläufig fest, kann sie ohne den ungewissen Teil festgesetzt werden. Möglich ist es aber auch nach dem Wortlaut des Gesetzes, dass die FB die Steuer unter Berücksichtigung der ungewissen Sachverhalte festsetzt. Diese Vorgehensweise ist nicht in jedem Fall ermessensfehlerhaft (Frenkel DStR 1978, 467; TK § 165 Rn. 25 spricht in diesem Zusammenhang davon, dass dem Stpfl. keine Aussetzung „aufgedrängt" werden darf). IdR wird es jedoch ermessensfehlerhaft sein, den Stpfl. zu belasten, solange nicht feststeht, dass die Steuer tatsächlich entstanden ist. Im Rahmen der Ermessensentscheidung kann die FB, wenn sie die Steuer unter Berücksichtigung des ungewissen Teils festsetzt, auch berücksichtigen, dass dem Stpfl. in diesem Fall uU Zinsvorteile gem. § 233a zugutekommen oder dass die spätere StErhebung gefährdet sein kann. Gegenüber verschiedenen Stpfl. können hinsichtlich einer Besteuerungsgrundlage die Aussetzung der StFestsetzung (Abs. 1 S. 3) und die Vorläufigkeit (Abs. 1 S. 1) kombiniert werden. Steht zB nicht fest, wer Erbe geworden ist, kann gegen denjenigen, der am wahrscheinlichsten Erbe geworden ist, eine vorläufige StFestsetzung ergehen, während gegenüber den übrigen möglichen Erben die Steuer ausgesetzt wird; lediglich eine vorläufige StFestsetzung gegenüber jedem der möglichen Erben ist nicht

zulässig, da die Steuer insgesamt nur einmal entstanden sein kann (HHSp § 165 Rn. 84; Schwarz/Pahlke/Keß § 165 Rn. 63).

18 **Offenheit nachrangiger Fragen.** Ferner liegt es im Ermessen (§ 5) der FB, den Umfang der Vorläufigkeit nach § 165 I 1 auf Fragen zu erstrecken, die von der tatsächlichen Ungewissheit nicht betroffen sind, die sich aber als nachrangige Fragen stellen, wenn die Ungewissheit der vorrangigen Hauptfrage endgültig beseitigt ist (BFH 22.12.1987 – IV B 174/86, BStBl. II 1988, 234; BFH 6.3.1992 – III R 47/91, BStBl. II 1992, 588; BFH 17.3.2010 – IV R 60/07, BFH/NV 2010, 1446; BFH 24.2.2009 – IX B 176/08, BFH/NV 2009, 889; BFH 30.6.1994 – V R 106/91, BFH/NV 1995, 466). Ohne Bedeutung ist dabei, ob sich die nachrangigen Fragen bei der späteren Beurteilung als einfach oder schwierig herausstellen (BFH 13.10.2009 – X B 55/09, BFH/NV 2010, 168). Bestehen zB Zweifel, ob der Stpfl. mit Gewinnerzielungsabsicht gehandelt hat oder ob es sich um Liebhaberei handelt, liegt es im pflichtgemäßen Ermessen der FB, den Vorläufigkeitsvermerk auf die Anerkennung von Betriebsausgaben bzw. Werbungskosten zu erstrecken (vgl. BFH 22.12.1987 – IV B 174/86, BStBl. II 1988, 234; aA FG Köln 4.4.1995 – 2 K 6990/94, EFG 1995, 598). Hierfür sprechen praktische Erwägungen, da es wenig Sinn macht, über einzelne Betriebsausgaben oder Werbungskosten zu diskutieren, solange nicht geklärt ist, ob der Stpfl. überhaupt im Rahmen einer Einkunftsart tätig geworden ist (krit. hierzu HHSp § 165 Rn. 100 f.). Die Entscheidung, nach welchen Vorschriften der Gewinn eines Betriebs zu ermitteln ist, hat allerdings Vorrang gegenüber der Frage, ob der Betrieb mit Gewinnerzielungsabsicht unterhalten wird (BFH 17.3.2010 – IV R 60/07, BFH/NV 2010, 1446).

II. Ungewissheit über das anzuwendende Recht (Abs. 1 S. 2)

21 **Inhalt.** § 165 I 2 enthält fünf Fallgruppen, bei denen die StFestsetzung vorläufig ergehen kann, weil eine nicht zu beseitigende Ungewissheit über das anzuwendende Recht besteht. In allen Fällen des Abs. 1 S. 2 ist sicher oder sicher zu erwarten, dass sich das Recht, das auf den in der Vergangenheit verwirklichten Sachverhalt anzuwenden ist, rückwirkend ändern wird. Die Aufzählung in Abs. 1 S. 2 ist abschließend und keiner weiteren Auslegung zugänglich. In allen übrigen Fällen können rechtliche Unsicherheiten bei der StFestsetzung nur durch Auslegung der betroffenen StRechtsnormen gelöst werden. Nach AEAO zu § 165 Nr. 6. S. 2 sollen die FVerw. von der Möglichkeit der Vorbehaltsfestsetzung nach § 165 I 2 nur Gebrauch machen, wenn sie hierzu durch BMF-Schreiben oder gleich lautende Erlasse der obersten FB der Länder angewiesen wurden (zB BMF 31.1.2022, BStBl. I 2022, 131). Diese Beschränkung wirkt allerdings nur verwaltungsintern. Ein unter Missachtung der Vorgabe aus dem AEAO angebrachter Vorläufigkeitsvermerk ist daher gegenüber dem Stpfl. gleichwohl wirksam (TK § 165 Rn. 11).

22 **Rechtsentwicklung.** Vor der Einfügung von Abs. 1 S. 2 Nr. 2–3 hat die Rspr. versucht, für die dort genannten Fälle teilweise eine Ermächtigung zum Erlass einer vorläufigen StFestsetzung in Abs. 1 S. 1 zu erkennen, da das BVerfG (BVerfG 3.11.1982 – 1 BvR 620/78, 1335/78, 1104/79, 363/80, BVerfGE 61, 319) in einem obiter dictum darauf hingewiesen hatte, dass bei einer verfassungsrechtlich gebotenen Neuregelung für die Übergangszeit nur eine nach § 165 I 1 vorläufige StFestsetzung erfolgen dürfe (vgl. BFH 9.8.1991 – III R 41/88, BStBl. II 1992, 219; BFH 7.2.1992 – III R 61/91, BStBl. II 1992, 592; s. hierzu auch Neckels DStZ 1991, 641).

23 Nach **§ 165 I 2 Nr. 1** kann eine StFestsetzung vorläufig vorgenommen werden, wenn ungewiss ist, ob und wann ein Vertrag mit einem anderen Staat über die Besteuerung wirksam wird. Es müssen konkrete Anhaltspunkte vorliegen, dass überhaupt ein völkerrechtlicher Vertrag abgeschlossen oder geändert wird, der auf den in der Vergangenheit verwirklichten Sachverhalt anzuwenden sein wird; es müssen zumindest entsprechende Verhandlungen zwischen den Staaten begonnen haben (Schwarz/Pahlke/Keß § 165 Rn. 34). Eine vorläufige StFestsetzung ist nach Abs. 1 S. 2 Nr. 1 allerdings nur zulässig,

wenn und soweit der völkerrechtliche Vertrag die Stellung des Stpfl. verbessert. Es genügt, wenn eine solche Regelung zu erwarten ist, etwa weil sie in dem veröffentlichten Vertragsentwurf enthalten ist oder dies dem OECD-MA entspricht. Zu völkerrechtlichen Verträgen über die Besteuerung s. § 2. Abs. 1 S. 2 Nr. 1 ist insb. zugeschnitten auf DBA mit Rückwirkung.

Nach **§ 165 I 2 Nr. 2** kann eine StFestsetzung vorläufig ergehen, wenn das BVerfG eine für die StFestsetzung maßgebliche steuerrechtliche Vorschrift gem. §§ 31 II, 79 I BVerfGG für mit dem GG nicht vereinbar erklärt und den Gesetzgeber zur Neuregelung verpflichtet hat. Die Entscheidung des BVerfG muss bereits ergangen sein, während bei Abs. 1 S. 2 Nr. 3 die Entscheidung des Gerichts noch aussteht. Abs. 1 S. 2 Nr. 2 betrifft nicht den Fall, dass das BVerfG das maßgebliche StGesetz gem. § 78 BVerfGG für nichtig erklärt hat, da in diesem Fall ein weiteres Tätigwerden des Gesetzgebers nicht mehr erforderlich ist (BT-Drs. 12/5630, 98). Eine vorläufige StFestsetzung nach Abs. 1 S. 2 Nr. 2 ist vorzunehmen, um eine rückwirkende Änderung von StBescheiden entspr. der vom BVerfG geforderten Neuregelung zu ermöglichen. Dabei ist es jedoch nicht erforderlich, dass das BVerfG, wie etwa im ErbStBeschluss (BVerfG 22.6.1995 – 2 BvR 552/91, BVerfGE 93, 165) im Urteilsausspruch ausdrücklich vorläufige Entscheidungen der FB anordnet (zweifelnd HHSp § 165 Rn. 34). Hat der Gesetzgeber die ihm vom BVerfG gesetzte Frist zur Neuregelung nicht eingehalten, so sind auch die StBescheide vorläufig zu erlassen, die erst nach dem Ablauf der vom BVerfG gesetzten Frist ergehen. Eine vorläufige StFestsetzung ist dagegen nicht erforderlich, wenn der Gesetzgeber die erforderliche Neuregelung rechtzeitig vor dem vom BVerfG für notwendig gehaltenen Zeitpunkt erlässt. Liegen die Voraussetzungen des § 165 I 2 Nr. 2 vor, ist die FB verpflichtet, die Steuer vorläufig festzusetzen; ihr Ermessen ist insoweit auf null reduziert (BFH 7.2.1992 – III R 61/91, BStBl. II 1992, 592). Der Stpfl. hat allerdings vorbehaltlich einer besonderen gesetzlichen Regelung keinen Anspruch darauf, dass die FB bereits bestandskräftige StBescheide, die nach den allg. Regeln nicht mehr änderbar sind, nachträglich für vorläufig erklärt (so BFH 11.2.1994 – III R 117/93, BStBl. II 1994, 380 zu § 165 I 2 Nr. 3). Insoweit verbleibt es bei der Regel des § 79 II BVerfGG, wonach lediglich die Vollstr. aus einer solchen Entscheidung unzulässig ist. Ordnet das BVerfG im Zusammenhang mit einer rückwirkenden Änderungsverpflichtung (s. zB den Beschluss über die partielle Unvereinbarkeit des § 8c S. 1 KStG mit Art. 3 I GG, BVerfG 29.3.2017 – 2 BvL 6/11, BVerfGE 145, 106) die Aussetzung der laufenden Verfahren an, kann dies über § 165 I 4 erreicht werden. 24

Durch das StModG vom 18.7.2016 (BGBl. 2016 I 1679) hat der Gesetzgeber **§ 165 I 2 Nr. 2a** eingefügt. Eine vorläufige Steuerfestsetzung ist danach auch dann möglich, wenn sich aufgrund einer Entscheidung des EuGH ein Bedarf für eine gesetzliche Neuregelung ergeben kann. Damit soll auch für diese Fälle vermieden werden, dass Stpfl. die betreffenden Bescheide mittels Einspruch offenhalten müssen (BT-Drs. 18/7457, 85). Für die Anwendung der Vorschrift genügt die bloße Möglichkeit einer Neuregelung („kann“, TK § 165 Rn. 14; siehe auch Gosch AO § 165 Rn. 65.3: „ernsthafte Möglichkeit einer Neuregelung“). Vom Wortlaut her mag die Norm auch (lediglich) anhängige Verfahren erfassen. Wie der Verweis in der Gesetzesbegründung auf Abs. 1 S. 2 Nr. 2 zeigt, sollen diese Fälle aber über Abs. 1 S. 1 Nr. 3 abgedeckt werden (BT-Drs. 18/7457, 85; ebenso Gosch AO § 165 Rn. 65.6). Nr. 2a erfasst sowohl für den Stpfl. günstige als auch ungünstige Sachverhalte (Klein § 165 Rn. 27; aA Gosch AO § 165 Rn. 65.2). Es reicht aus, wenn eine gesetzliche Neuregelung möglich und nicht ganz unwahrscheinlich ist. Anlass können also nicht nur Verfahren sein, die das deutsche Recht betreffen, sondern auch solche, die vergleichbare ausländische Regelungen zum Gegenstand haben (TK § 165 Rn. 14a; Gosch AO § 165 Rn. 65.5; Klein § 165 Rn. 26). 24a

Schließlich kann nach **§ 165 I 2 Nr. 3** eine StFestsetzung vorläufig ergehen, wenn die Vereinbarkeit einer für die StFestsetzung maßgeblichen Rechtsnorm mit höherrangigem Recht, also dem GG oder dem EU-Recht, Gegenstand eines Gerichtsverfahrens ist. Durch 25 das AmtshilfeRLUmsG ist in § 165 I 2 Nr. 3 der Begriff „Europäische Union" anstelle des Begriffs „Europäische Gemeinschaft" eingefügt worden, da die Europäische Union nach dem Vertrag über die Europäische Union idF des Vertrags von Lissabon Rechtsnachfolgerin der Europäischen Gemeinschaft geworden ist (vgl. BT-Drs. 17/12375, 47). Der Vorläufigkeitsvermerk nach § 165 I 2 Nr. 3 bezieht sich in erster Linie auf mögliche Zweifel an der Verfassungsmäßigkeit der in Bezug genommenen gesetzlichen Regelungen bzw. auf ihre Vereinbarkeit mit dem EU-Recht, zusätzlich aber nach der neueren Rspr. des BFH auch auf sämtliche noch offene Fragen der verfassungskonformen Auslegung der Norm (BFH 23.6.2017 – X B 152/16, BFH/NV 2017, 1622; BFH 23.1.2013 – X R 32/08, BStBl. II 2013, 423; BFH 30.9.2010 – III R 39/08, BStBl. II 2011, 11; aA noch BFH 31.5.2006 – X R 9/05, BStBl. II 2006, 858; BFH 2.7.2008 – X B 39/08, BFH/NV 2008, 1645). Eine vorläufige StFestsetzung hinsichtlich ungeklärter Rechtsfragen des einfachen Rechts sieht Abs. 1 S. 2 Nr. 3 dagegen nicht vor (BFH 23.1.2013 – X R 32/08, BStBl. II 2013, 423; BFH 30.9.2010 – III R 39/08, BStBl. II 2011, 11; BFH 26.2.2004 – XI R 50/03, BFH/NV 2004, 1064; aber → Rn. 27). Abs. 1 S. 2 Nr. 3 erfasst zudem nur Musterverfahren vor dem BVerfG, dem EuGH und vor einem obersten Bundesgericht, wie zB dem BFH, die im Zeitpunkt der StFestsetzung bereits anhängig waren (BFH 31.5.2006 – X R 9/05, BStBl. II 2006, 858; BFH 26.2.2004 – XI R 50/03, BFH/NV 2004, 1064). Dies gilt selbst dann, wenn das FA mit einem missverständlich weit gefassten Vorläufigkeitsvermerk auch künftig anhängig werdende Verfahren mit einbeziehen wollte (TK § 165 Rn. 17). Nach BFH 30.9.2010 – III R 39/08, BStBl. II 2011, 11 soll sich allerdings ein Vorläufigkeitsvermerk, der auf § 165 I 2 Nr. 3 und auf die Besteuerungsgrundlage hinweist, hinsichtlich derer die Steuer vorläufig festgesetzt wird, nicht nur auf die zum Zeitpunkt der vorläufigen Festsetzung anhängigen Verfahren beschränken. Sind die Verfahren, die der Vorläufigkeit zugrunde liegen, beendet und ist die vorläufige Festsetzung noch nicht für endgültig erklärt, bleibt die Festsetzung nach diesem Urt. vorläufig, wenn vor Ablauf der Festsetzungsfrist (§ 171 VIII 2) wieder ein einschlägiges Verfahren anhängig wird. Etwas anderes soll nur gelten, wenn die Vorläufigkeitsvermerke auf die zum Zeitpunkt der vorläufigen Festsetzung anhängigen Verfahren beschränkt werden. Diese Auffassung wurde durch BFH 23.6.2017 – X B 152/16, BFH/NV 2017, 1622 nunmehr dahingehend bestätigt, dass eine mangels Musterverfahren rechtswidrige, aber formal wirksame Vorläufigkeit durch ein später anhängig werdendes entsprechendes Verfahren „wieder aufgefüllt werden kann". Dies dürfte allerdings nur für die Fälle vertretbar sein, in denen der Vorläufigkeitsvermerk auch entspr. offen formuliert und nicht auf konkrete Verfahren beschränkt wurde (Schwarz/Pahlke/Keß § 165 Rn. 45; TK § 165 Rn. 17). Im Übrigen erlaubt Abs. 2 S. 2 Hs. 1 im Fall des Abs. 1 S. 2 Nr. 3 nur eine Änderung zugunsten des Stpfl. (BFH 30.11.2023 – IV R 13/21, BFH/NV 2024, 371). Ein nach Abs. 1 S. 2 Nr. 3 für vorläufig erklärter StBescheid kann dementsprechend nicht zu Lasten des Stpfl. abgeändert werden (BFH 29.4.2025 – VI R 14/23, DStR 2025, 1813). Das Musterverfahren vor dem BVerfG, dem EuGH und vor einem obersten Bundesgericht darf nicht von vornherein offensichtlich aussichtslos sein (BFH 22.3.1996 – III B 173/95, BStBl. II 1996, 506; s. auch BFH 6.10.1995 – III R 52/90, BStBl. II 1996, 20; wie hier auch Brockmeyer DStR 1992, 1222 und Seer DStR 1993, 307). Die Anforderungen dürfen jedoch nicht überspannt werden, da sich die Erfolgsaussichten eines Prozesses wegen der Verletzung von Verfassungs- oder EU-Recht ohnehin nur schwer prognostizieren lassen. Entsprechende Verfahren vor einem anderen Gericht, wie zB vor einem FG, genügen nicht. Dies gilt auch für Verfahren beim EGMR (TK § 165 Rn. 16; offengelassen BFH 10.5.2012 – X B 183/11, BFH/NV 2012, 1570). Abs. 1 S. 2 Nr. 3 kommt hier erst zum Zuge, wenn das FG die Rechtsnorm nach Art. 100 I GG dem BVerfG zur Kontrolle vorlegt. Die Vereinbarkeit mit EU-Recht kann sich entspr. dem Zweck des § 165 I 2 Nr. 3, Masseneinsprüche zu vermeiden, auch in Vorabentscheidungsverfahren nach Art. 267 AEUV stellen, obwohl es in diesem Verfahren nur um die Auslegung von Gemeinschaftsrecht und nicht um die Vereinbarkeit nationalen StRechts mit dem EU-

Recht geht; insoweit genügt jedoch die mittelbare Bedeutung der Vorabentscheidung für das nationale StRecht (zweifelnd HHSp § 165 Rn. 47). Ebenfalls nicht ausreichend ist es, wenn in der Literatur die Ansicht vertreten wird, eine Norm sei mit höherrangigem Recht unvereinbar. Das Verfahren vor dem EuGH, dem BVerfG oder dem obersten Bundesgericht muss gerade diejenige Frage betreffen, die auch für den Erlass des StBescheids von Bedeutung ist. Die verfassungsrechtlichen bzw. europarechtlichen Streitfragen müssen in allen wesentlichen Punkten gleich gelagert sein. In dem Musterverfahren darf es nicht um einen anders gelagerten Sachverhalt gehen, der andere oder zusätzliche Streitfragen aufwirft, die vorrangig sind (BFH 22.3.1996 – III B 173/95, BStBl. II 1996, 506). In diesen Fällen ist vielmehr in der Sache zu entscheiden, um so ggf. ein weiteres Musterverfahren einzuleiten (Schwarz/Pahlke/Keß § 165 Rn. 49). Nicht erforderlich ist, dass das Musterverfahren und der StBescheid den gleichen VZ betreffen. Es genügt, dass die maßgeblichen Rechtsnormen in den entscheidenden Punkten gleich sind (BFH 22.3.1996 – III B 173/95, BStBl. II 1996, 506). In den Fällen des Abs. 1 S. 2 Nr. 3 kann der Stpfl. einen Anspruch darauf haben, dass die StFestsetzung vorläufig durchgeführt wird, da regelmäßig nicht vorhersehbar ist, welche Entscheidung in dem Musterverfahren ergehen wird; das Ermessen der FB ist insoweit auf null reduziert (BFH 7.2.1992 – III R 61/91, BStBl. II 1992, 592; einschränkend TK § 165 Rn. 16a unter Hinweis auf die Ausgestaltung des § 165 I als Ermessenvorschrift). Unerheblich ist für § 165 I 2 Nr. 3, ob die FB von der Anhängigkeit des Musterverfahrens Kenntnis hat oder hätte haben können (BFH 18.12.2001 – VIII R 27/96, BFH/NV 2002, 747). Nicht anwendbar ist § 165 I 2 Nr. 3, wenn das Musterverfahren nicht mehr anhängig ist, da das BVerfG, der EuGH oder der BFH bereits entschieden haben (BFH 6.10.1995 – III R 52/90, BStBl. II 1996, 20). Ist ein StBescheid bereits unanfechtbar geworden und nicht mehr nach allg. Regeln änderbar, so kann er nicht nachträglich zugunsten des Stpfl. nach Abs. 1 S. 2 Nr. 3 für vorläufig erklärt werden (BFH 11.2.1994 – III R 117/93, BStBl. II 1994, 380; Brockmeyer DStR 1992, 1222; Seer DStR 1992, 307). Im Einspruchsverfahren (§§ 347 ff.) ist alternativ zur vorläufigen StFestsetzung nach § 165 I 2 Nr. 3 das Zwangsruhen des Einspruchsverfahrens gem. § 363 II 2 möglich, wenn der Stpfl. seinen Einspruch auf das anhängige Musterverfahren stützt und der StBescheid nicht bereits gem. § 165 I 2 Nr. 3 vorläufig ist (→ § 363 Rn. 49). Ein Ruhen des Einspruchsverfahrens nach § 363 II 2 kann die FB durch einen Vorläufigkeitsvermerk mit entsprechender Reichweite beenden (BFH 23.1.2013 – X R 32/08, BStBl. II 2013, 423).

Durch **BMF-Schreiben** werden die FÄ regelmäßig unterrichtet, wegen welcher ver- **26**
fassungsrechtlich umstrittenen Vorschriften Vorläufigkeitsvermerke in die StBescheide aufzunehmen sind (vgl. zB BMF 15.1.2018, BStBl. I 2018, 2). Ferner gibt das BMF vierteljährlich eine Liste der beim BFH, BVerfG und EuGH anhängigen Verfahren heraus. Diese Liste ist allerdings nicht vollständig und umschreibt die jeweilige Rechtsfrage nur unverbindlich (auch → § 363 Rn. 47).

§ 165 I 2 Nr. 4 ist durch das StBürokratieabbaugesetz v. 20.12.2008 (BGBl. 2008 I **27**
2850) mit Wirkung zum 1.1.2009 eingefügt worden. Die Regelung ermöglicht eine vorläufige StFestsetzung, wenn beim BFH wegen einer einfachgesetzlichen Rechtsfrage ein Verfahren anhängig ist. Die Regelung soll vor allem auch dann Masseneinsprüche vermeiden, wenn nicht nur verfassungsrechtliche, sondern, wie häufig, auch einfachgesetzliche Aspekte strittig sind (BR-Drs. 547/08, 37). In der Praxis wird die Entscheidung über die Anwendung des § 165 I 2 Nr. 4, wie schon bei der Anwendung des § 165 I 2 Nr. 3 (→ Rn. 26), durch BMF-Schreiben getroffen, damit die Regelung bundeseinheitlich tatsächlich nur in „Massen-Fällen" angewandt wird (vgl. BR-Drs. 547/08, 37). Nach § 165 I 2 Nr. 4 kann eine StFestsetzung nur dann vorläufig ergehen, wenn zum Zeitpunkt der StFestsetzung das Musterverfahren beim BFH bereits anhängig ist. Musterverfahren beim BFH können zudem nur Revisionsverfahren sein. Eine anhängige Nichtzulassungsbeschwerde gem. § 116 FGO genügt nicht (Schwarz/Pahlke/Keß § 165 Rn. 54). Die Revision muss dementsprechend jedenfalls zugelassen sein (TK § 165 Rn. 20). Dagegen ist

die Zulässigkeit der Revision, sofern diese nicht offenkundig zu verneinen ist, keine Voraussetzung für die Vorläufigkeitserklärung (Gosch AO § 165 Rn. 80).

III. Der Vorläufigkeitsvermerk (Abs. 1 S. 3)

28 **Allgemeines.** Nach § 165 I 3 sind Umfang und Grund der Vorläufigkeit im StBescheid selbst anzugeben. Diese Angaben dienen dem Rechtsschutzinteresse des Stpfl. (BFH 12.7.2007 – X R 22/05, BStBl. II 2008, 2). Es gilt daher das Schriftformerfordernis (§ 157 I 1). Ferner muss der Vorläufigkeitsvermerk hinreichend bestimmt formuliert werden (§ 119 I), da er Teil des StBescheids ist.

29 **Rechtsnatur des Vorläufigkeitsvermerks.** Der Vermerk über die Vorläufigkeit nach § 165 I 3 ist eine unselbständige Nebenbestimmung iSd § 120 I (BFH 25.10.1989 – X R 109/87, BStBl. II 1990, 278). Er ist unselbständiger Teil der StFestsetzung und kann in seinem rechtlichen Schicksal nicht von dem der StFestsetzung getrennt werden. Der Vorläufigkeitsvermerk bezieht sich unmittelbar auf den Regelungsgehalt des StBescheids, indem er eine Aussage über die Endgültigkeit der StFestsetzung trifft (BFH 25.10.1989 – X R 109/87, BStBl. II 1990, 278). Zu den sich hieraus ergebenden Rechtsschutzfragen → Rn. 57.

30 **Kennzeichnung als vorläufig.** Die vorläufige StFestsetzung muss zunächst als vorläufig gekennzeichnet werden. Eine Verwendung des Wortes vorläufig ist nicht erforderlich (BFH 26.7.2001 – VI R 122/99, BStBl. II 2002, 84). Der Stpfl. muss aber aus dem bekannt gegebenen StBescheid oder zumindest aus seinen Anlagen klar ersehen können, dass er hinsichtlich einer tatsächlichen oder rechtlichen punktuellen Ungewissheit noch mit einer abschließenden Klärung durch das FA rechnen muss.

31 **Nachträglicher Vorläufigkeitsvermerk.** Wird ein bereits erlassener StBescheid nachträglich mit einem Vorläufigkeitsvermerk versehen, handelt es sich um einen Änderungsbescheid, der den ursprünglichen Bescheid ersetzt. Es genügt zum Erlass des Änderungsbescheids, wenn die FB die Vorläufigkeit anordnet und im Übrigen auf den Ursprungsbescheid Bezug nimmt. Der Änderungsbescheid darf nur ergehen, wenn die Voraussetzungen einer entsprechenden Änderungsvorschrift vorliegen (BFH 14.5.2003 – XI R 21/02, BFH/NV 2003, 1355). So ist zB § 129 grds. anwendbar, wenn der Vorläufigkeitsvermerk im StBescheid fehlt, aber in der Aktenverfügung enthalten ist (HHSp § 165 Rn. 91). Überdies ist die nachträgliche Beifügung eines Vorläufigkeitsvermerks nach § 164 II 1 (BFH 23.1.2006 – IV B 80/04, BFH/NV 2006, 1242; BFH 25.10.1989 – X R 51/88, BFH/NV 1990, 502) und nach § 172 I Nr. 2a möglich (vgl. BFH 7.2.1992 – III R 61/91, BStBl. II 1992, 592; BFH 15.3.1994 – IX R 6/91, BStBl. II 1994, 599). Wird die Beseitigung der Ungewissheit jedoch ausschl. zu einer Änderung zugunsten des Stpfl. führen, ist die nachträgliche Beifügung eines Vorläufigkeitsvermerks nach § 172 I Nr. 2a nur zulässig, wenn der Stpfl. vor Ablauf der Einspruchsfrist zugestimmt oder einen entsprechenden Antrag gestellt hat (Gosch AO § 165 Rn. 98). Die nachträgliche Beifügung eines Vorläufigkeitsvermerks nach § 173 I kommt dagegen nicht in Betracht, da die Ungewissheit iSd Abs. 1 S. 1–2 keine Tatsache iSd § 173 I ist; § 173 I Nr. 2 ist deshalb nicht einschlägig, wenn die FB nach Erlass des StBescheids von der Anhängigkeit eines Musterverfahrens iSd Abs. 1 S. 2 erfährt (BFH 14.5.2003 – XI R 21/02, BFH/NV 2003, 1355; BFH 11.2.1994 – III R 117/93, BStBl. II 1994, 380). In diesen Fällen liegt auch kein rückwirkendes Ereignis iSd § 175 I Nr. 2 vor (BFH 11.2.1994 – III R 117/93, BStBl. II 1994, 380). Nach Erledigung eines finanzgerichtlichen Rechtsstreits in der Hauptsache kann ein weiterer Vorläufigkeitsvermerk in den Bescheid, den das FA entspr. seiner vor dem FG gegebenen Zusage erlässt, nicht mehr aufgenommen werden (BFH 14.5.2003 – XI R 21/02, BStBl. II 2003, 888).

32 **Angabe von Umfang und Grund der Vorläufigkeit.** Darüber hinaus muss die FB den Umfang der Vorläufigkeit entspr. § 119 I im StBescheid hinreichend bestimmt angeben und ihre Entscheidung begründen. Der Umfang der Vorläufigkeit ist nur dann

ausreichend konkret angegeben, wenn die Tatsachen bezeichnet sind, die die FB als ungewiss ansieht und deren Vorliegen geklärt werden müssen (BFH 25.4.1985 – IV R 64/83, BStBl. II 1985, 648). Diese Tatsachen können durch eine Sammelbezeichnung umschrieben werden. Gegebenenfalls genügt die Angabe einer möglichen rechtlichen Schlussfolgerung, die aus den Tatsachen gezogen werden kann, wie zB die Angabe des Begriffs der Liebhaberei. Beim Stpfl. darf hierdurch jedoch keine Unklarheit über den Umfang der Vorläufigkeit entstehen. Nicht erforderlich ist, obwohl Abs. 1 S. 3 dies an sich vorschreibt, dass die betragsmäßigen Auswirkungen des Vorläufigkeitsvermerks im StBescheid genannt werden; es reicht aus, wenn durch den Vorläufigkeitsvermerk jedenfalls mittelbar auch der Rahmen abgesteckt ist, innerhalb dessen die StFestsetzung gem. § 165 II abänderbar sein soll (vgl. BFH 30.9.2010 – III R 39/08, BStBl. II 2011, 11; BFH 6.3.1992 – III R 47/91, BStBl. II 1992, 588; krit. Paus DStZ 2005, 487). Bei einem Vorläufigkeitsvermerk nach § 165 I 2 Nr. 3 f. müssen die anhängigen Musterverfahren nicht nach Gericht und Aktenzeichen bezeichnet werden (BFH 30.9.2010 – III R 39/08, BStBl. II 2011, 11).

Auslegung des Vorläufigkeitsvermerks. Inhalt und Umfang der Vorläufigkeit sind, 33
falls erforderlich, aus seiner Begründung oder aus anderen Umständen durch Auslegung zu ermitteln (BFH 16.4.2013 – IX R 3/12, BFH/NV 2013, 1377; BFH 20.11.2012 – IX R 7/11, BStBl. II 2013, 359; BFH 20.6.2000 – VIII B 42/99, BFH/NV 2000, 1486; BFH 30.6.1994 – V R 106/91, BFH/NV 1995, 466; BFH 23.9.1992 – X R 10/92, BStBl. II 1993, 338; BFH 26.10.1988 – I R 189/84, BStBl. II 1989, 130). Lässt sich der Inhalt und Umfang der Vorläufigkeit durch Auslegung ermitteln, ist der Vorläufigkeitsvermerk nicht gem. § 125 I mangels Bestimmtheit (§ 119 I) nichtig (BFH 29.8.2001 – VIII R 1/01, BFH/NV 2002, 465; BFH 23.9.1992 – X R 10/92, BStBl. II 1993, 338). Für die Auslegung des Vorläufigkeitsvermerks gelten die gleichen Regeln wie für die Auslegung von VA. Es kommt somit entspr. § 133 BGB darauf an, wie der Bekanntgabeadressat den Vorläufigkeitsvermerk nach den ihm bekannten Umständen, seinem objektiven Verständnishorizont und unter Berücksichtigung von Treu und Glauben verstehen durfte und musste (BFH 16.9.2004 – X R 22/01, BFH/NV 2005, 322; BFH 19.10.1999 – IX R 23/98, BStBl. II 2000, 282; BFH 14.4.1999 – XI R 24/96, BFH/NV 1999, 1438; BFH 27.11.1996 – X R 20/95, BStBl. II 1997, 791; sehr großzügige Auslegung eines vollständig missglückten Vorläufigkeitsvermerks durch BFH 23.9.1992 – X R 10/92, BStBl. II 1993, 338). Da der Vorläufigkeitsvermerk mit dem bekannt gegebenen Inhalt wirksam wird, muss die Auslegung zumindest einen Anhalt in der bekannt gegebenen Regelung haben (BFH 27.11.1996 – X R 20/95, BStBl. II 1997, 791). Es genügt, dass sich der Umfang der Vorläufigkeit aus den Erläuterungen zum StBescheid ergibt. Selbst wenn der Bescheid in seiner Kopfzeile ohne einschränkenden Zusatz als vorläufig bezeichnet wird, kann den Erläuterungen zu entnehmen sein, dass eine teilweise Vorläufigkeit gemeint ist (BFH 27.11.1996 – X R 20/95, BStBl. II 1997, 791; BFH 30.6.1994 – V R 106/91, BFH/NV 1995, 466; aA noch BFH 29.9.1971 – II R 70/70, BStBl. II 1972, 195; BFH 9.10.1985 – II R 74/83, BStBl. II 1986, 38, wonach der StBescheid in diesen Fällen in vollem Umfang vorläufig war). Ein Vorläufigkeitsvermerk ist auch dann hinreichend bestimmt, wenn nach einem vorausgegangenen Schriftwechsel zwischen den Beteiligten kein Zweifel an Grund und Umfang der Vorläufigkeit bestehen kann (BFH 26.6.1992 – III R 8/91, BStBl. II 1993, 278). Überdies ist ein Vorläufigkeitsvermerk, der selbst keine Angaben über den Umfang der Vorläufigkeit enthält, wirksam, wenn der Umfang der Vorläufigkeit für den Stpfl. aufgrund seines dem Erlass des Bescheides vorausgehenden Verhaltens oder aufgrund des Inhalts seiner StErklärung oder des StBescheides erkennbar ist (BFH 12.7.2007 – X R 22/05, BStBl. II 2008, 2). Der in einem StBescheid enthaltene Vorläufigkeitsvermerk kann sich jedoch nur auf die von diesem Bescheid erfassten Besteuerungsgrundlagen beziehen (BFH 29.6.2004 – IX R 14/02, BFH/NV 2005, 2). In Zweifelsfällen ist das dem Stpfl. weniger belastende Auslegungsergebnis vorzuziehen (BFH 27.11.1996 – X R 20/95, BStBl. II 1997, 791). Da die Vorläufigkeit und ihr Umfang aus dem StBescheid hervorgehen müssen, genügen Verweisungen auf andere Dokumente, wie

zB auf einen Prüfungsbericht über eine Ap. (§ 202 I), idR nicht (BFH 5.7.1968 – III R 18/67, BStBl. II 1968, 710; BFH 11.8.1967 – VI R 199/66, BStBl. II 1968, 127). Dies gilt selbst dann, wenn in dem Prüfungsbericht eine vorläufige StFestsetzung vorgeschlagen wird (FG Düsseldorf 27.4.1999 – 11 K 8140/98 E, EFG 1999, 683). Angaben zum Umfang der Vorläufigkeit in einer Bescheidanlage können dagegen uU genügen (FG Hamburg 15.1.1987 – II 116/83, EFG 1987, 335). Hat das FA einen EStBescheid „im Hinblick auf anhängige Verfassungsbeschwerden hinsichtlich der **beschränkten Abzugsfähigkeit von Vorsorgeaufwendungen** (§ 10 III EStG)" gem. § 165 I Nr. 3 für vorläufig erklärt, erstreckt sich die Vorläufigkeit nur auf die Frage, ob auch bei zusammenveranlagten Ehegatten eine individuelle Kürzung des Vorwegabzugs dergestalt möglich ist, dass jedenfalls demjenigen Ehegatten, der nicht durch vorwegabzugschädliche Arbeitgeberleistungen begünstigt worden ist, ein eigener Vorwegabzug verbleibt (BFH 31.5.2006 – X R 9/05, BStBl. II 2006, 858). Nicht erfasst wird von diesem Vorläufigkeitsvermerk die Frage, ob der Stpfl. zum Abzug von Sonderausgaben mit oder ohne Kürzung des Vorwegabzugs (§ 10 III Nr. 2 EStG) berechtigt ist (BFH 27.11.1996 – X R 20/95, BStBl. II 1997, 791) sowie die Frage, ob der Kürzung des Vorwegabzugs auch nicht sozialversicherungspflichtiger Arbeitslohn zugrunde zu legen ist (BFH 26.2.2004 – XI R 50/03, BFH/NV 2004, 1064).

34 **Umfang unklar oder mehrdeutig.** Ist der Umfang der Vorläufigkeit auch nach Auslegung mehrdeutig oder unklar, so ist der Vorläufigkeitsvermerk inhaltlich iSd § 119 I nicht hinreichend bestimmt und folglich nichtig gem. § 125 I (BFH 30.6.1994 – V R 106/91, BFH/NV 1995, 466; BFH 12.3.1991 – IX R 282/87, BFH/NV 1991, 506; offengelassen BFH 23.9.1992 – X R 10/92, BStBl. II 1993, 338). Dies gilt selbst dann, wenn Gegenstand des Bescheides nur eine Einkunftsart ist (BFH 12.7.2007 – X R 22/05, BStBl. II 2008, 2). Ein nichtiger Vorläufigkeitsvermerk hat zur Folge, dass der gesamte StBescheid insgesamt gem. § 125 I nichtig ist (TK § 165 Rn. 34; Schwarz/Pahlke/Keß § 165 Rn. 80 f.). Zu Unrecht geht der BFH in diesen Fällen stillschweigend von einem endgültigen StBescheid aus und bejaht lediglich isoliert die Unwirksamkeit des Vorläufigkeitsvermerks (vgl. BFH 12.7.2007 – X R 22/05, BStBl. II 2008, 2; BFH 30.6.1994 – V R 106/91, BFH/NV 1995, 466; BFH 12.3.1991 – IX R 282/87, BFH/NV 1991, 506). Der Vorläufigkeitsvermerk kann jedoch als unselbständige Nebenbestimmung nicht allein selbständig nichtig sein; der Fehler der Nebenbestimmung wirkt sich vielmehr auf den ganzen StBescheid aus. Auch der älteren Rspr. des BFH, nach der bei unklarem Vorläufigkeitsvermerk der StBescheid in vollem Umfang vorläufig ist (vgl. BFH 12.12.1957 – IV 10/57 U, BStBl. III 1958, 154; BFH 29.9.1971 – II R 70/70, BStBl. II 1972, 195; BFH 9.10.1985 – II R 74/83, BStBl. II 1986, 38; BFH 13.11.1985 – II R 208/82, BStBl. II 1986, 241), kann nicht gefolgt werden. Nach der gesetzlichen Konzeption ist die Vorläufigkeit nach § 165 I 1–2 regelmäßig im Umfang auf bestimmte ungewisse Punkte beschränkt. Es ist daher nicht gerechtfertigt, dass die FB ihren durch § 165 I 1–2 gesetzlich begrenzten Handlungsspielraum durch einen fehlerhaften Vorläufigkeitsvermerk ausdehnt (BFH 25.4.1985 – IV R 64/83, BStBl. II 1985, 648).

35 Allein die **fehlende Begründung** für die Vorläufigkeit der StFestsetzung führt nicht zur Nichtigkeit, sondern nur zur Rechtswidrigkeit des Vorläufigkeitsvermerks (BFH 30.6.1994 – V R 106/91, BFH/NV 1995, 466; BFH 12.3.1991 – IX R 282/87, BFH/NV 1991, 506). Eine fehlende Begründung kann nach 126 I Nr. 2 nachgeholt werden. Angaben zum Umfang der Vorläufigkeit machen die Begründung nicht entbehrlich. Hat der Stpfl. wegen fehlender Angabe des Grundes die Einspruchsfrist (§ 355) versäumt, so gilt § 126 III für die Wiedereinsetzung in den vorigen Stand (§ 110).

IV. Die Aussetzung der Steuerfestsetzung (Abs. 1 S. 4)

38 **Allgemeines.** Nach § 165 I 4 kann die StFestsetzung unter den Voraussetzungen des Abs. 1 S. 1 und 2 mit oder ohne Sicherheitsleistung (§§ 241 ff.) ausgesetzt werden.

Den **Begriff der Aussetzung der StFestsetzung** erläutert das Gesetz nicht. Bei der Aussetzung der StFestsetzung handelt es sich um einen Freistellungsbescheid iSd § 155 I 3, der den StAnspruch ganz oder teilweise umfassen und damit auch differenziert nach Streitpunkten ausgesprochen werden kann (BFH 23.1.2013 – X R 32/08, BStBl. II 2013, 423; HHSp § 165 Rn. 75). Ob das FA die Steuer förmlich auf 0 EUR festsetzt, ist für Abs. 1 S. 4, wie auch sonst für einen Freistellungsbescheid, ohne Bedeutung. Wegen der weiteren Einzelheiten zum Begriff des Freistellungsbescheids → § 155 Rn. 29. 39

Ermessensentscheidung der FB. Es liegt im Ermessen (§ 5) der FB, ob sie die Steuer nach § 165 I 4 mit oder ohne Sicherheitsleistung aussetzt. Zur Ermessensentscheidung der FB s. zunächst → Rn. 17. Eine Aussetzung der StFestsetzung nach Abs. 1 S. 4 wird idR nur in Betracht kommen, wenn sich die Ungewissheit auf den gesamten Sachverhalt erstreckt, weil zB die Stpfl. selbst ungewiss ist. Sind dagegen nur einzelne Sachverhaltselemente bei unzweifelhaft bestehender Stpfl. ungewiss, kommt regelmäßig nur eine vorläufige StFestsetzung nach Abs. 1 S. 1–2 in Betracht. Nach BFH 23.1.2013 – X R 32/08, BStBl. II 2013, 423 soll in den Fällen des Abs. 1 S. 2 Nr. 2 und 3 (vergleichbar zur AdV, BFH 1.4.2010 – II B 168/09, BStBl. II 2010, 558) Voraussetzung für die Aussetzung stets ein besonderes Aussetzungsinteresse des Stpfl. sein (aA FG Düsseldorf 4.3.2021 – 14 K 53/18 F, EFG 2021, 1073; aufgehoben aus anderen Gründen durch BFH 30.11.2023 – IV R 13/21, BFH/NV 2024, 371). 40

Eine Aussetzung der StFestsetzung gegen **Sicherheitsleistung** (§§ 241 ff.) ist nur dann angezeigt, wenn der StAnspruch gefährdet erscheint. Das FA muss allerdings umso eher auf eine Aussetzung der StFestsetzung gegen Sicherheitsleistung verzichten, je ungewisser es ist, ob der StAnspruch überhaupt entstanden ist (TK § 165 Rn. 17). Die FB kann die Verpflichtung zur Leistung der Sicherheit nach § 328 I 2 iVm § 336 durchsetzen. 41

C. Aufhebung, Änderung und Endgültigkeitserklärung (Abs. 2)

Allgemeines. § 165 II regelt, welche Änderungsbefugnisse der FB aufgrund einer vorläufigen StFestsetzung zustehen (Abs. 2 S. 1) und normiert darüber hinaus eine Entscheidungspflicht der FB nach Beseitigung der Ungewissheit iSd § 165 I 1–2 (Abs. 2 S. 2–3). Die FB kann auch während eines Einspruchsverfahrens (§§ 347 ff.) und während eines finanzgerichtlichen Verfahrens den StBescheid nach Abs. 2 ändern oder für endgültig erklären (§ 132 S. 1). Sind in einem Einspruchsverfahren Tatsachen oder Beweismittel nach § 364b präkludiert, wirkt die Präklusion im Änderungsverfahren nach § 165 II nicht fort (→ § 364b Rn. 36). 44

Nach **§ 165 II 1** kann die FB eine vorläufige StFestsetzung aufheben oder ändern. Abs. 2 S. 1 erfasst in erster Linie den Fall, dass die Ungewissheit lediglich hinsichtlich einzelner Aspekte beseitigt ist und im Übrigen unverändert fortbesteht. Die Regelung ermöglicht der FB, die vorläufige StFestsetzung an ihre bessere Erkenntnis anzupassen oder ggf. eine endgültige Regelung zu treffen, wenn mit einem vollständigen Wegfall der Ungewissheit nicht mehr zu rechnen ist (BFH 25.4.1985 – IV R 64/83, BStBl. II 1985, 648). Die Änderung eines Bescheides nach Abs. 2 S. 1 muss nicht zwingend zu einer endgültigen Festsetzung führen (BFH 20.7.2004 – XI B 189/03, BFH/NV 2005, 206). Ob die FB von der Anpassungsbefugnis nach Abs. 1 S. 2 Gebrauch macht, steht in ihrem pflichtgemäßen Ermessen iSd § 5 (vgl. BFH 22.12.1987 – IV B 174/86, BStBl. II 1988, 234). 45

Die **Aufhebung oder Änderung eines StBescheids nach § 165 II 1** ist begrenzt durch den Vorläufigkeitsvermerk. Geändert werden kann die StFestsetzung daher nur in den Bereichen und wegen der Besteuerungsgrundlagen (§ 157 II), die ungewiss waren und auf die sich die Vorläufigkeit bezieht (vgl. BFH 6.3.1992 – III R 47/91, BStBl. II 1992, 588). Nur wenn die FB bei tatsächlich ungewisser Hauptfrage auch Folgefragen offengelassen hat, kann sie Rechtsfehler hinsichtlich der Folgefragen bis zur endgültigen Entschei- 46 dung korrigieren, wie zB in einem wegen Liebhaberei vorläufig ergangenen StBescheid die zunächst rechtsfehlerhaft anerkannten Betriebsausgaben oder Werbungskosten (BFH 22.12.1987 – IV B 174/86, BStBl. II 1988, 234; BFH 9.10.1991 – II B 71/90, BFH/NV 1992, 719; zur Offenheit nachrangiger Fragen → Rn. 18). Eine nach § 165 I 2 Nr. 3 vorläufige Festsetzung kann auch dann nach Abs. 2 S. 1 geändert werden, wenn das Gericht in dem Musterverfahren über die Vereinbarkeit eines StGesetzes mit höherrangigem Recht aufgrund verfassungskonformer Auslegung zu einem für den Stpfl. günstigen Ergebnis kommt, da die verfassungskonforme Auslegung keine einfachgesetzliche Auslegung eines StGesetzes ist, sondern das Ergebnis der Prüfung, ob das betreffende StGesetz mit höherrangigem Recht vereinbar ist (BFH 30.9.2010 – III R 39/08, BStBl. II 2011, 11; so auch AEAO zu § 165 Nr. 8; s. zur Änderung des StBescheides zuungunsten des Stpfl. in den Fällen des Abs. 1 S. 2 Nr. 3 → Rn. 25). Wegen anderer Besteuerungsgrundlagen oder wegen sonstiger Rechtsfehler, die nicht vom Vorläufigkeitsvermerk erfasste Besteuerungsgrundlagen betreffen, kommt dagegen eine Korrektur des Bescheids nach Abs. 2 S. 1 nicht in Betracht (vgl. BFH 25.4.1985 – IV R 64/83, BStBl. II 1985, 648; BFH 9.10.1991 – II B 71/90, BFH/NV 1992, 719). Rechtsfehler, die den materiell-bestandskräftigen Teil des StBescheids betreffen, können jedoch gem. § 177 im Rahmen der Änderung nach Abs. 2 S. 1 ganz oder teilweise korrigiert werden; § 177 IV steht dem nicht entgegen (BFH 2.3.2000 – VI R 48/97, BStBl. II 2000, 332; BFH 6.3.2003 – IX B 197/02, BFH/NV 2003, 742; aA Bergan/Martin DStR 2007, 658). Die Korrektur materieller Fehler iSd § 177 III ist nicht auf die Endentscheidung gem. Abs. 2 S. 2 beschränkt (HHSp § 165 Rn. 103). Ferner ist dem Stpfl. bei einer Änderung des StBescheids nach Abs. 2 S. 1 Vertrauensschutz gem. § 176 zu gewähren.

47 **Aufhebung oder Änderung bei rechtswidrigem Vorläufigkeitsvermerk.** Ein StBescheid kann auch dann aus Gründen der Vorläufigkeit geändert werden, wenn der Vorläufigkeitsvermerk rechtswidrig war, aber vom Stpfl. nicht angegriffen wurde und damit bestandskräftig geworden ist (BFH 20.11.2012 – IX R 7/11, BStBl. II 2013, 359; BFH 23.9.1992 – X R 10/92, BStBl. II 1993, 338; BFH 14.4.1999 – XI R 24/96, BFH/NV 1999, 1438; TK § 165 Rn. 25; Martin 132). Demgegenüber kann jedoch nach Ansicht des BFH eine vorläufige StFestsetzung nicht im Hinblick auf eine veränderte steuerliche Beurteilung geändert werden, selbst wenn das FA einen entspr. Vorbehalt aufgenommen hat und dieser Vorbehalt wirksam sein sollte (BFH 25.4.1985 – IV R 64/83, BStBl. II 1985, 648; BFH 29.8.2001 – VIII R 1/01, BFH/NV 2002, 465; offengelassen BFH 20.11.2012 – IX R 7/11, BStBl. II 2013, 359). Das FA dürfe seine Änderungsbefugnis nicht über den gesetzlich vorgegebenen Rahmen ausdehnen (BFH 8.7.1998 – I B 111/97, BStBl. II 1998, 702) und könne sich die rechtliche Überprüfung einer StFestsetzung nur dadurch vorbehalten, dass es die StFestsetzung gem. § 164 I 1 unter den Vorbehalt der Nachprüfung stelle (BFH 25.4.1985 – IV R 64/83, BStBl. II 1985, 648). Der BFH vermengt jedoch unzulässigerweise die tatbestandlichen Voraussetzungen des Abs. 1 mit den Rechtsfolgen des Abs. 2 (Martin 130 ff.) und behandelt damit einen rechtswidrigen, aber bestandskräftigen Vorläufigkeitsvermerk ohne sachlichen Grund anders als andere rechtswidrige Entscheidungen, die bestandskräftig geworden sind (HHSp § 165 Rn. 137; einschränkend TK § 165 Rn. 39).

48 **Änderung des StBescheids wegen anderer Punkte.** Wird ein vorläufiger StBescheid nicht nach § 165 II 1 wegen der Punkte, auf die sich die Vorläufigkeit bezieht, sondern wegen anderer Punkte nach einer anderen Vorschrift, wie zB nach § 172 I Nr. 2 oder nach § 175 I Nr. 1, geändert und wird der Vorläufigkeitsvermerk in dem Änderungsbescheid nicht wiederholt, bleibt der Bescheid trotzdem weiterhin im bisherigen Umfang vorläufig; die Vorläufigkeit entfällt in diesen Fällen nur, wenn sie ausdrücklich aufgehoben wird (BFH 9.9.1988 – III R 191/84, BStBl. II 1989, 9; BFH 24.4.1990 – IX R 58/85, BFH/NV 1991, 139; BFH 14.7.2015 – VIII R 21/13, BStBl. II 2016, 371; einschränkend dagegen BFH 16.6.2015 – IX R 27/14, BStBl. II 2016, 144, wonach darauf abzustellen ist, wie der Adressat den materiellen Inhalt des Bescheides auffassen konnte). Entsprechendes

gilt, wenn der StBescheid zunächst wegen mehrerer Punkte vorläufig war und nach § 165 II nur hinsichtlich einiger Punkte geändert wird. In diesem Fall bleibt der StBescheid hinsichtlich der übrigen Punkte unverändert vorläufig, sofern die Vorläufigkeit nicht ausdrücklich aufgehoben wird. Gleiches gilt, wenn die Ungewissheit nur zum Teil wegfällt. Hier kann der Änderungsbescheid dann mit entspr. eingeschränkter Vorläufigkeit erneut vorläufig erlassen werden (BFH 19.10.1999 – IX R 23/98, BStBl. II 2000, 282; BFH 14.7.2015 – VIII R 21/13, BStBl. II 2016, 371; TK § 165 Rn. 45). Ferner kann die FB durch einen geänderten Vorläufigkeitsvermerk in einem Änderungsbescheid den Umfang der Vorläufigkeit neu bestimmen, indem sie zB die Vorläufigkeit des Ursprungsbescheids inhaltlich einschränkt (BFH 19.10.1999 – IX R 23/98, BStBl. II 2000, 282). Der in dem Änderungsbescheid enthaltene Vorläufigkeitsvermerk tritt dann an die Stelle des bereits im Erstbescheid enthaltenen Vorläufigkeitsvermerks und regelt abschließend, inwieweit die Steuer nunmehr vorläufig festgesetzt ist (BFH 16.4.2013 – IX R 3/12, BFH/NV 2013, 1377; BFH 16.6.2020 – VIII R 12/17, BStBl. II 2020, 702). Dies gilt auch dann, wenn ein sowohl auf Abs. 1 S. 1 als auch Abs. 1 S. 2 gestützter Vorläufigkeitsvermerk im geänderten Bescheid durch einen allein auf Abs. 1 S. 2 gestützten Vorläufigkeitsvermerk ersetzt wird (BFH 14.7.2015 – VIII R 21/13, BStBl. II 2016, 371). Eine ausdrückliche Aufhebung der Vorläufigkeit liegt dagegen zB dann vor, wenn der Änderungsbescheid als endgültig bezeichnet wird (BFH 27.6.1991 – V R 62/88, BFH/NV 1992, 3).

Nach **§ 165 II 2** muss die FB eine endgültige Entscheidung treffen, wenn die den Vorläufigkeitsvermerk rechtfertigende Ungewissheit entfallen ist. Dies ist der Fall, wenn die Punkte, auf die sich der Vorläufigkeitsvermerk bezieht, mit hinreichender Zuverlässigkeit entschieden werden können. Auf diese Entscheidung nach Abs. 2 S. 2 hat der Stpfl. einen Anspruch; ein Ermessensspielraum steht der FB insoweit nicht zu. Die Ungewissheit, ob ein Stpfl. mit Einkünfteerzielungsabsicht tätig geworden ist oder ob eine sog. Liebhaberei vorliegt, ist beseitigt, wenn die für die Beurteilung der Einkünfteerzielungsabsicht maßgeblichen Hilfstatsachen festgestellt werden können und das FA davon positive Kenntnis hat (BFH 25.8.2010 – X B 25/10, BFH/NV 2010, 2234; BFH 21.8.2013 – X R 20/10, BFH/NV 2014, 524; BFH 13.12.2023 – VI R 3/22, BStBl. II 2024, 823). Dies ist regelmäßig zu dem Zeitpunkt der Fall, zu dem der Stpfl. seine unternehmerische Tätigkeit beendet hat und das FA hiervon Kenntnis erlangt. Nicht erforderlich ist, dass das FA sich zu diesem Zeitpunkt bereits die vollständige Kenntnis der maßgeblichen Hilfstatsachen verschafft hat (BFH 4.9.2008 – IV R 1/07, BStBl. II 2009, 335; BFH 19.1.2011 – X B 156/10, BFH/NV 2011, 745). Die neue Tatsachenlage kann sich auch allein durch Zeitablauf ergeben (BFH 16.6.2015 – IX R 27/14, BStBl. II 2016, 144 zur Vermietungsabsicht, wenn es über einen Zeitraum von zehn Jahren nicht zu einer Vermietung kommt). Sind die Verfahren iSd Abs. 1 S. 2 Nr. 3, die der vorläufigen Festsetzung zugrunde liegen, auf welche Weise auch immer beendet, ist die Ungewissheit entfallen, selbst wenn die betreffende Rechtsfrage noch nicht entschieden ist (BFH 30.9.2010 – III R 39/08, BStBl. II 2011, 11). 49

§ 165 II 2 **HS 1** normiert die verschiedenen Entscheidungsmöglichkeiten der FB, die sich nach der Beseitigung der Ungewissheit ergeben können. Danach ist die vorläufige StFestsetzung, soweit erforderlich, entweder aufzuheben oder zu ändern. Ein Änderungsbescheid nach § 165 II 2 HS 1 ergeht hinsichtlich der Punkte, auf die sich die Vorläufigkeit im Ursprungsbescheid bezog, endgültig, sofern die Vorläufigkeit nicht ausdrücklich aufrechterhalten wird. Zu den Saldierungsmöglichkeiten nach § 177 → Rn. 46; § 176 begrenzt wie auch bei Änderungen vorläufiger Bescheide nach Abs. 1 S. 1 die Änderungskompetenz der FB. Erweist sich die vorläufige StFestsetzung dagegen als zutreffend, ist sie für endgültig zu erklären, sofern die Endgültigkeitserklärung nicht ausnahmsweise nach Abs. 2 S. 3 entbehrlich ist. Die Entscheidung der FB nach Abs. 1 S. 2 Hs. 1 ist in jedem Fall ein StBescheid iSd § 155 I (HHSp § 165 Rn. 147; TK § 165 Rn. 44; aA Gosch AO § 165 Rn. 158; offen gelassen von BFH 26.7.2023 – II R 5/21, BStBl. II 2024, 166, 50 wonach es sich bei der Aufhebung „jedenfalls um einen Verwaltungsakt" handelt; zur Anfechtung → Rn. 74). Allein aufgrund einer Ap. (§§ 193 ff.) ist die vorläufige StFestsetzung, im Gegensatz zu einer StFestsetzung unter dem Vorbehalt der Nachprüfung gem. § 164 (s. § 164 II 3), nicht zwingend für endgültig zu erklären; vielmehr kann die FB die Vorläufigkeit auch nach einer Ap. aufrechterhalten, wenn die Ungewissheit fortbesteht. Zur Änderung einer vorläufigen StFestsetzung nach einer anderen Änderungsvorschrift als § 165 II → Rn. 48. Eine ausgesetzte StFestsetzung ist gem. § 165 II 2 **HS 2** nach Beseitigung der Ungewissheit nachzuholen.

51 **Festsetzungsverjährung.** Eine vorläufige StFestsetzung (§ 165 I 1–2) bzw. die Aussetzung einer StFestsetzung (§ 165 I 4) hemmen den Ablauf der regulären Festsetzungsfrist nach § 171 VIII. Für Änderungen, die Aufhebung oder die Nachholung einer ausgesetzten StFestsetzung stehen der FB in den Fällen des Abs. 1 S. 1 ein Jahr und in Fällen des Abs. 1 S. 2 zwei Jahre zur Verfügung, nachdem die Ungewissheit beseitigt ist und die FB hiervon Kenntnis erhalten hat (→ § 171 Rn. 131 ff.). Lässt die FB die Fristen des § 171 VIII ungenutzt verstreichen, wird eine vorläufige StFestsetzung endgültig; eine ausgesetzte StFestsetzung kann nicht mehr nachgeholt werden (HHSp § 165 Rn. 165). Unterbleibt eine für den Stpfl. günstige StFestsetzung, so hat er nur die Möglichkeit, durch einen entsprechenden Änderungsantrag nach § 171 III den Ablauf der Festsetzungsfrist nach § 171 VIII zu unterbrechen. Wird der Vorläufigkeitsvermerk nach § 165 II 2 aufgehoben, endet die Ablaufhemmung unabhängig von einem Wegfall der Ungewissheit oder einer Kenntnis der FB (BFH 26.7.2023 – II R 5/21, BStBl. II 2024, 166; → § 171 Rn. 134).

52 **§ 165 II 3** ist durch das StBürokratieabbaugesetz vom 20.12.2008 (BGBl. 2008 I 2850) mit Wirkung zum 1.1.2009 eingefügt worden, wobei der bisherige Abs. 2 S. 3 nunmehr Abs. 2 S. 4 geworden ist. Abs. 2 S. 3 ergänzt § 165 I 2 Nr. 4 und regelt, wann in diesen Fällen die Ungewissheit endet. Die Regelung ist erforderlich, da die Entscheidung des BFH in dem maßgebenden Musterverfahren nur die Verfahrensbeteiligten bindet, § 121 S. 1 FGO iVm § 110 I FGO. Die Ungewissheit endet in den Fällen des § 165 I 2 Nr. 4 erst dann, wenn die FVerw. sich entschieden hat, ob sie die Grundsätze der BFH-Entscheidung über den entschiedenen Einzelfall hinaus auf alle offenen Fälle anwenden will. Folgt die FVerw. dem BFH, wird sie die BFH-Entscheidung regelmäßig (zeitnah) im BStBl. veröffentlichen (vgl. FG Baden-Württemberg 15.10.2015 – 3 K 2913/13, DStRE 2017, 974). Andernfalls wird sie die Entscheidung mit einem sog. Nichtanwendungserlass belegen und/oder den Gesetzgeber zu einer (rückwirkenden) Neuregelung bewegen (vgl. Spindler DStR 2007, 1061). Überdies kann die FVerw. auch durch Erlass einer Allgemeinverfügung nach § 367 IIb auf die BFH-Entscheidung reagieren (→ § 367 Rn. 76 ff.).

53 Nach **§ 165 II 4** entfällt die Pflicht der FB, die vorläufige StFestsetzung nach Abs. 2 S. 2 für endgültig zu erklären, wenn sich die StFestsetzung in den Fällen von Abs. 1 S. 2 als richtig erwiesen hat. Die Vorläufigkeit entfällt dann mit Ablauf der Festsetzungsfrist gem. § 171 VIII. Eine Endgültigkeitserklärung der FB ist nach Abs. 2 S. 4 nur dann erforderlich, wenn der Stpfl. ausdrücklich einen entsprechenden Antrag stellt. In diesem Fall muss die FB die StFestsetzung für endgültig erklären. Die Regelung des Abs. 2 S. 4 ist gerechtfertigt, da es sich bei den Fällen des Abs. 1 S. 2 regelmäßig um Massenfälle handelt. Die Endgültigkeitserklärung führt daher für die FB regelmäßig zu einem erheblichen Verwaltungsaufwand, ohne dass hierfür ein entsprechendes Bedürfnis des Stpfl. besteht. Abs. 2 S. 4 gilt nicht, wenn die vorläufige StFestsetzung nach Beseitigung der Ungewissheit gem. Abs. 2 S. 1 aufzuheben oder zu ändern ist. Der Stpfl. wird einen Antrag auf Endgültigkeitserklärung nach Abs. 2 S. 4 sinnvollerweise nur dann stellen, wenn er seinerseits ein weiteres Musterverfahren iSd § 165 I 2 Nr. 3 einleiten möchte (vgl. BFH 22.3.1996 – III B 173/95, BStBl. II 1996, 506).

D. Verbindung von Vorläufigkeits- und Vorbehaltsvermerk (Abs. 3)

In § 165 III ist ausdrücklich die Möglichkeit vorgesehen, die Vorbehaltsfestsetzung (§ 164 I) und die vorläufige StFestsetzung (§ 165 I 1–2) gleichzeitig einzusetzen. Dies kann sinnvoll sein, da beide Nebenbestimmungen (§ 120 I) unterschiedliche Zwecke verfolgen. § 165 betrifft ausschl. den Fall, dass die FB aufgrund einer Ungewissheit hinsichtlich des Sachverhalts oder des anzuwendenden Rechts nicht abschließend über den StFall entscheiden kann, während im Fall des § 164 I die FB aus verwaltungsinternen Gründen keine abschließende Entscheidung über den (gesamten) StFall treffen will (→ § 164 Rn. 2 und Rn. 16). Der Vorbehalt der Nachprüfung (§ 164 I) ergreift die StFestsetzung auch, soweit sie nach § 165 I 1–2 vorläufig ergangen ist (TK § 165 Rn. 36). Entfällt die Ungewissheit, ist der StBescheid nach Abs. 2 S. 2 ggf. zu korrigieren, ohne dass zugleich auch der Vorbehalt der Nachprüfung gem. § 164 III aufgehoben werden müsste. Ferner entfällt mit Ablauf der Festsetzungsfrist der Nachprüfungsvorbehalt (§ 164 IV), während für den Vorläufigkeitsvermerk die Ablaufhemmung nach § 171 VIII greift. 54

E. Rechtsschutzfrage

I. Anfechtung des Vorläufigkeitsvermerks

Der Vorläufigkeitsvermerk nach § 165 I 1–2 stellt eine unselbständige Nebenbestimmung iSd § 120 I dar, die mit dem StBescheid eine Einheit bildet und nur mit ihm zusammen angefochten werden kann (BFH 25.10.1989 – X R 109/87, BStBl. II 1990, 278; BFH 9.12.2009 – II R 39/07, BFH/NV 2010, 821; BFH 6.5.2020 – X R 16/18, BStBl. II 2022, 109; krit. HHSp § 165 Rn. 176). Im Unterschied zu anderen Nebenbestimmungen, wie zB die mit einem VA verbundene Auflage (§ 120 II Nr. 4), berührt der Vorläufigkeitsvermerk unmittelbar den Regelungsgehalt des StBescheids, dem er beigefügt ist, indem er eine Aussage über die Verbindlichkeit und Endgültigkeit der StFestsetzung trifft. Durch die Ablehnung der isolierten Anfechtung eines Vorläufigkeitsvermerks wird der Rechtsschutz des Stpfl. nicht in unzulässiger Weise beschränkt. Dem Stpfl. bleibt es unbenommen, sich gegen den StBescheid insgesamt zu wenden und sein Begehren auf die Beseitigung des Vorläufigkeitsvermerks zu beschränken (BFH 25.10.1989 – X R 109/87, BStBl. II 1990, 278). 57

II. Anfechtung eines vorläufigen Steuerbescheids

Allgemeines. Gegen einen vorläufigen StBescheid ist der Einspruch (§§ 347 ff.) und ggf. die Anfechtungsklage (§ 40 I FGO) gegeben. 60

StBescheid inhaltlich unzutreffend. Mit dem Einspruch und der Anfechtungsklage kann der Stpfl. zunächst geltend machen, dass der StBescheid inhaltlich nicht zutreffend sei. Insoweit gelten keine verfahrensrechtlichen Besonderheiten. Die Statthaftigkeit eines Einspruchs und einer Klage werden nicht dadurch berührt, dass die FB den StBescheid nach § 165 I 1–2 für vorläufig erklärt hat (BFH 22.3.1996 – III B 173/95, BStBl. II 1996, 506; zur Anfechtung eines StBescheids wegen der Verfassungs- oder Europarechtswidrigkeit einer StRechtsnorm → Rn. 63 f.). Der Stpfl. kann seine Rechtsbehelfe auf die Teile des StBescheids beschränken, die von der Vorläufigkeit nicht erfasst werden; insoweit ergeht eine endgültige Entscheidung. Die Rechtskraft eines Urt. (§ 110 FGO) erfasst dann nur den nicht vorläufigen Teil des StBescheids (BFH 28.3.1996 – III R 208/94, BStBl. II 1997, 54). 61

StBescheid zu Unrecht vorläufig. Darüber hinaus kann der Stpfl. seinen Rechtsbehelf auch damit begründen, dass der Bescheid nicht als vorläufig hätte ergehen dürfen, weil keine Ungewissheit iSd § 165 I 1–2 bestehe oder weil die Aussetzung der StFestset- 62 zung in Betracht gekommen wäre. Ziel des Einspruchs ist dann der Erlass eines endgültigen StBescheids mit dem gleichen Inhalt. Im finanzgerichtlichen Verfahren darf der Stpfl. sein Rechtsschutzbegehren allerdings nicht auf die Aufhebung des Vorläufigkeitsvermerks beschränken. Vielmehr muss er die Aufhebung des vorläufigen StBescheids insgesamt beantragen, da eine isolierte Anfechtung und Aufhebung den Inhalt des Bescheids in unzulässiger Weise verändern würde (BFH 25.10.1989 – X R 109/87, BStBl. II 1990, 278; s. auch BFH 14.7.2003 – II B 121/01, BFH/NV 2004, 2 und → Rn. 57). Hat die vom FA angenommene Ungewissheit von Anfang an gefehlt oder ist sie während des finanzgerichtlichen Verfahrens entfallen, muss die FB die Gelegenheit haben, ihren durch § 165 I 1–2 suspendierten Verpflichtungen zur vollständigen Sachaufklärung und endgültigen StFestsetzung ohne jede Einschränkung nachzukommen (BFH 25.10.1989 – X R 109/87, BStBl. II 1990, 278). Das FA kann aber auch im Klageverfahren den angefochtenen Bescheid nach § 165 II 2 für endgültig erklären (vgl. BFH 14.7.2003 – II B 121/01, BFH/NV 2004, 2). Schließlich kann der Stpfl. sich mit seinen Rechtsbehelfen auch gegen den Vorläufigkeitsvermerk wenden und zugleich geltend machen, der Bescheid sei im Übrigen auch inhaltlich unzutreffend.

63 **Anfechtung eines wegen eines Musterverfahrens vorläufigen StBescheids wegen Verfassungs- oder EU-Rechtswidrigkeit einer StRechtsnorm.** Begehrt der Stpfl. im Einspruchsverfahren (§§ 347 ff.) eine Herabsetzung der festgesetzten Steuer mit der Begründung, dass eine entscheidungserhebliche StRechtsnorm nicht mit höherrangigem Recht, also dem GG oder dem EU-Recht, vereinbar sei, und hat das FA den angegriffenen StBescheid wegen dieser Frage im Hinblick auf ein bereits anhängiges Musterverfahren vor dem BVerfG oder dem EuGH nach § 165 I 2 Nr. 3 vorläufig erlassen, besteht für den Einspruch kein Rechtsschutzbedürfnis, sofern feststeht, dass sich die verfassungs- oder europarechtliche Streitfrage durch die Entscheidung in dem Musterverfahren erledigen wird. Entsprechendes gilt, wenn der Stpfl. gegen den nach § 165 I 2 Nr. 3 vorläufig erlassenen Bescheid eine Anfechtungsklage auf Herabsetzung der festgesetzten Steuer (§ 40 I FGO) erhebt und diese mit der Verfassungs- oder EU-Rechtswidrigkeit der StRechtsnorm begründet, die bereits Gegenstand eines Musterverfahrens ist, zumal wenn das FG das Verfahren ohnehin nach § 74 aussetzen müsste (BFH 22.3.1996 – III B 173/95, BStBl. II 1996, 506; BFH 9.8.1994 – X B 26/94, BStBl. II 1994, 803; BFH 10.11.1993 – X B 83/93, BStBl. II 1994, 119; BFH 17.12.1996 – X B 282/95, BFH/NV 1997, 278; BFH 11.6.1997 – X R 117/95, BFH/NV 1997, 853; BFH 13.4.2000 – XI R 3, 4/99, BFH/NV 2001, 41). Dem Stpfl. entstehen keine unzumutbaren Nachteile, wenn er zunächst die Klärung der Streitfrage in dem Musterverfahren abwartet. Eine weitere verfassungs- oder europarechtliche Klärung in eigener Sache kann er ggf. später durch Rechtsbehelfe gegen die vom FA nach § 165 II 2 zu treffende Entscheidung herbeiführen (BFH 22.3.1996 – III B 173/95, BStBl. II 1996, 506; BFH 14.1.1998 – IV B 127/97, BFH/NV 1998, 731; BFH 26.9.2023 – IX R 9/22, BStBl. II 2024, 282; die hiergegen gerichtete Verfassungsbeschwerde 2 BvR 1712/23 wurde nicht zur Entscheidung angenommen). Ein Rechtsschutzbedürfnis kann bei vorläufiger StFestsetzung nur dann ausnahmsweise bestehen, wenn der Stpfl. aus berechtigtem Interesse ein weiteres Musterverfahren einleiten will, weil er zB bisher im Musterverfahren nicht geltend gemachte Gründe vorträgt und diese an das BVerfG bzw. den EuGH herantragen möchte (vgl. Brockmeyer DStZ 1996, 1; Seer DStR 1993, 307 sowie BFH 9.8.1994 – X B 26/94, BStBl. II 1994, 803). Entsprechendes gilt, wenn besondere Gründe materiell-rechtlicher oder verfahrensrechtlicher Art geltend gemacht werden, wie zB die Unsicherheit, ob trotz des Vorläufigkeitsvermerks und einer vom BVerfG geforderten gesetzlichen Übergangsregelung dem Klagebegehren entsprochen werden wird (BFH 30.9.2010 – III R 39/08, BStBl. II 2011, 11; BFH 16.2.2005 – VI R 37/01, BFH/NV 2005, 1323). Das Rechtsschutzinteresse fehlt allerdings nur in den Fällen, in denen das Musterverfahren bereits beim BVerfG oder beim EuGH anhängig ist. Ist das Verfahren noch beim BFH anhängig, ist das Rechtsschutzbedürfnis regelmäßig (noch) zu bejahen, da unsicher ist, ob die beim BFH anhängige verfassungs- oder europa-

rechtliche Streitfrage jemals das BVerfG bzw. den EuGH erreichen wird (vgl. BFH 6.10.1995 – III R 52/90, BStBl. II 1996, 20). Ab dem 1.1.2009 fehlt das Rechtsschutzbedürfnis im Hinblick auf die Neuregelung in § 165 I 2 Nr. 4 allerdings auch für Musterverfahren, die beim BFH anhängig sind (→ Rn. 27 und → Rn. 52). Ist die im Klageverfahren aufgeworfene Rechtsfrage dagegen kein Gegenstand des Musterverfahrens, das Grund für die Aufnahme des Vorläufigkeitsvermerks im Bescheid war, bestehen auch keine Probleme hinsichtlich des Rechtsschutzbedürfnisses (BFH 30.8.2023 – X B 58/23, BFH/NV 2023, 1327).

Nachträglicher Vorläufigkeitsvermerk wegen eines Musterverfahrens. Erklärt das FA den StBescheid nach Erhebung einer Klage auf Herabsetzung der festgesetzten Steuer wegen eines Musterverfahrens für vorläufig, so entfällt das Rechtsschutzbedürfnis für diese Klage nicht, selbst wenn es in dem Klageverfahren nur um die Streitpunkte geht, die bereits Gegenstand des Musterverfahrens sind (BFH 18.9.1992 – III B 43/92, BStBl. II 1993, 123; BFH 10.2.1995 – III B 73/94, BStBl. II 1995, 415; offengelassen BFH 13.4.2000 – XI R 3, 4/99, BFH/NV 2001, 41; vgl. hierzu auch BFH 30.12.1996 – X B 89/95, BFH/NV 1997, 462 und BFH 19.6.1997 – X B 236, 237/95BFH/NV 1997, 883). Da der Stpfl. durch die nachträgliche Beifügung des Vorläufigkeitsvermerks nicht klaglos gestellt wird, darf er nicht aus dem Klageverfahren herausgedrängt werden; der vorläufige StBescheid wird vielmehr nach § 68 S. 1 FGO Gegenstand des Verfahrens (BFH 23.12.2005 – XI B 98/04, BFH/NV 2006, 952). Ist das Musterverfahren vor dem BVerfG oder dem EuGH anhängig, hat das FG das Klageverfahren regelmäßig nach § 74 FGO bis zur Entscheidung des Musterverfahrens auszusetzen (BFH 18.9.1992 – III B 43/92, BStBl. II 1993, 123). Dies gilt allerdings nicht, wenn das FA im Einvernehmen mit dem Stpfl. die Steuer gem. § 165 I 2 Nr. 3 vorläufig festgesetzt hat; in diesem Fall kann das FG die Streitsache entscheiden (BFH 18.9.2007 – IX R 42/05, BStBl. II 2008, 26). Für Musterverfahren, die noch nicht vor dem BVerfG oder dem EuGH, sondern erst vor dem BFH anhängig sind, kommt dagegen eine Aussetzung nach § 74 FGO nicht in Betracht (BFH 6.10.1995 – III R 52/90, BStBl. II 1996, 20; aA Gräber FGO § 74 Rn. 39). Hat das FA den Bescheid endgültig erlassen, so kann der Stpfl. überdies Einspruch einlegen und ggf. Klage erheben mit dem Ziel, dass wegen des Musterverfahrens dem Bescheid nachträglich ein Vorläufigkeitsvermerk beigefügt wird (→ Rn. 67). Das Rechtsschutzbedürfnis für eine Klage gegen einen StBescheid, der in dem verfassungsrechtlichen Streitpunkt nicht vorläufig ergangen ist, fehlt dagegen auch dann nicht, wenn der Stpfl. dem Angebot des FA, den Bescheid für vorläufig zu erklären, nicht zustimmt; die Klage kann in diesem Fall auch nicht als rechtsmissbräuchlich verworfen werden (BFH 13.4.2000 – XI R 3, 4/99, BFH/NV 2001, 41). 64

III. Ablehnung einer Vorläufigkeitserklärung

Lehnt das FA einen Antrag des Stpfl. ab, einen bereits erlassenen StBescheid nachträglich gem. § 165 I 1–2 für vorläufig zu erklären, so kann der Stpfl. gegen die Ablehnung Einspruch (§§ 347 ff.) einlegen und ggf. anschließend eine entsprechende Verpflichtungsklage (§ 40 I FGO) beim FG erheben (BFH 18.12.2001 – VIII R 27/96, BFH/NV 2002, 747). Das FG überprüft gem. § 102 FGO, ob das FA die gesetzlichen Grenzen des Ermessens überschritten oder in einer dem Zweck der Ermächtigung nicht entsprechenden Weise Gebrauch gemacht hat (BFH 18.12.2001 – VIII R 27/96, BFH/NV 2002, 747; BFH 17.12.2014 – I R 32/13, BStBl. II 2015, 575). Entsprechendes gilt, wenn der Stpfl. eine Erweiterung der Vorläufigkeit begehrt, weil er eine Vorläufigkeitserklärung zu seinem Nachteil für zu eng hält (TK § 165 Rn. 35). 67

IV. Änderungsbescheide nach § 165 II

Anfechtung des Änderungsbescheids. Wird ein vorläufiger StBescheid nach § 165 II geändert, so sind gegen den Änderungsbescheid der Einspruch (§§ 347 ff.) und ggf. die Anfechtungsklage (§ 40 I FGO) statthaft. Bei Anfechtung des geänderten Bescheids sind 70

§ 351 I und § 42 FGO zu beachten (→ § 351 Rn. 13). Im Rahmen der Anfechtung des Änderungsbescheids kann der Stpfl. nicht mehr geltend machen, dass der vorläufige StBescheid nicht hätte ergehen dürfen, da die Voraussetzungen für die Vorläufigkeit nicht vorgelegen hätten. Dieser Einwand ist nur gegen den vorläufigen StBescheid zulässig (BFH 16.8.1995 – VIII B 156/94, BFH/NV 1996, 125; BFH 23.9.1992 – X R 10/92, BStBl. II 1993, 338; BFH 25.10.1973 – IV R 80/72, BStBl. II 1974, 142; BFH 3.5.1963 – II 53/61 U, BStBl. III 1963, 389). Bei Anfechtung des geänderten Bescheids kann der Stpfl. lediglich geltend machen, dass der Vorläufigkeitsvermerk im Ursprungsbescheid gem. § 125 I nichtig sei (BFH 16.8.1995 – VIII B 156/94, BFH/NV 1996, 125; aber auch → Rn. 47).

71 **Ablehnung der Änderung.** Beantragt der Stpfl. den Erlass eines nach § 165 II geänderten StBescheids und lehnt die FB diesen Antrag ab, so sind gegen diese Ablehnung der Einspruch (§§ 347 ff.) und ggf. die Verpflichtungsklage statthaft (§ 40 I FGO).

V. Endgültigkeitserklärung nach § 165 II 2

74 **Anfechtung der Endgültigkeitserklärung.** Wird eine vorläufige StFestsetzung nach § 165 II 2 für endgültig erklärt, kann der Stpfl. gegen die Endgültigkeitserklärung Einspruch (§§ 347 ff.) einlegen und ggf. Anfechtungsklage (§ 40 I FGO) erheben, da die Endgültigkeitserklärung ein StBescheid iSd § 155 I ist (→ Rn. 50). Einwendungen können jedoch nur vorgebracht werden, soweit die StFestsetzung vorläufig war. Im Übrigen ist der Bescheid bestandskräftig. Überdies kann der Stpfl. einwenden, der Bescheid habe noch nicht für endgültig erklärt werden dürfen, da die Ungewissheit noch nicht beseitigt sei.

75 **Ablehnung der Endgültigkeitserklärung.** Lehnt das FA einen Antrag des Stpfl. ab, einen vorläufigen Bescheid nach § 165 II 2 für endgültig zu erklären, so ist hiergegen der Einspruch (§§ 347 ff.) und ggf. die Verpflichtungsklage (§ 40 I FGO) gegeben, da das FA in diesen Fällen einen Antrag des Stpfl. auf Erlass eines StBescheids abgelehnt hat.

VI. Steueraussetzung gem. § 165 I 4

78 **Anfechtung der StAussetzung.** Gegen die Aussetzung einer StFestsetzung gem. § 165 I 4 kann der Stpfl. Einspruch (§§ 347 ff.) einlegen und ggf. Anfechtungsklage (§ 40 I FGO) erheben. Wird die Aussetzung mit der Auflage einer Sicherheitsleistung (§§ 241 ff.) verbunden, so kann der Stpfl. auch gegen diesen selbständigen VA Einspruch einlegen und ggf. Anfechtungsklage erheben.

79 **Ablehnung der StAussetzung.** Lehnt die FB einen Antrag des Stpfl. ab, die StFestsetzung nach § 164 I 4 auszusetzen, so sind gegen diese Ablehnung der Einspruch (§§ 347 ff.) und ggf. die Verpflichtungsklage (§ 40 I FGO) statthaft.

80 **Nachholung der ausgesetzten StFestsetzung.** Wird eine ausgesetzte StFestsetzung gem. § 165 II 1 HS 2 nachgeholt, so sind gegen diesen nachgeholten StBescheid der Einspruch (§§ 347 ff.) und ggf. die Anfechtungsklage gegeben. Mit diesen Rechtsbehelfen kann der Stpfl. jedoch nicht mehr geltend machen, dass die Aussetzung der StFestsetzung zu Unrecht erfolgt sei.

§ 166 Drittwirkung der Steuerfestsetzung

Ist die Steuer dem Steuerpflichtigen gegenüber unanfechtbar festgesetzt, so hat dies neben einem Gesamtrechtsnachfolger auch gegen sich gelten zu lassen, wer in der Lage gewesen wäre, den gegen den Steuerpflichtigen erlassenen Bescheid als dessen Vertreter, Bevollmächtigter oder kraft eigenen Rechts anzufechten.

Schrifttum: Pump, Die Drittwirkung des gegen die GbR ergangenen Umsatzsteuerbescheids (§ 166 AO), StBp 1995, 217; Krumm, Die Drittwirkung eines Rechtserkenntnisaktes gegenüber dem Haftungsschuldner, StuW 2012, 329; Kahlert, Widerspruchslose Anerkennung einer Steuerforderung zur Insolvenztabelle – Kann der Geschäftsführer nach § 166 AO noch Einwendungen geltend machen?, NWB 2016, 409;

Rode, Auswirkungen der Feststellung einer verdeckten Gewinnausschüttung auf Ebene der Gesellschaft auf die Besteuerung des Gesellschafters, FR 2020, 984; Hummel, Drittwirkung der Steuerfestsetzung bei Organschaft, UR 2021, 853.

I. Allgemeines

1. Gegenstand und Zweck der Vorschrift

Gegenstand der Vorschrift. § 166 regelt die Drittwirkung von StBescheiden für zwei Fallgruppen: bei Gesamtrechtsnachfolge (§ 166 Alt. 1) und bei Bestehen einer eigenen Anfechtungsberechtigung (§ 166 Alt. 2). Drittwirkung iSd § 166 bedeutet, dass sich die materiellen Wirkungen eines StBescheids auf eine oder mehrere Personen erstrecken, die nicht Adressat des StBescheids sind. § 166 verkürzt damit das Recht des Dritten auf Anhörung (§ 91). Als Ausnahmevorschrift ist § 166 restriktiv auszulegen (Schwarz/Pahlke/Keß § 166 Rn. 3). 1

Zweck der Vorschrift ist es zu verhindern, dass das StFestsetzungsverfahren, das gegen den Stpfl. durchgeführt worden ist, nochmals im Rahmen eines Haftungsverfahrens (§ 191) gegen einen Dritten aufgerollt wird und sich damit das Verfahren unnötig verzögert (BFH 28.7.1966 – V 64/64, BStBl. III 1966, 610). Damit sollen Verfahrensabläufe insb. im Bereich der Haftung vereinfacht werden. Die Vorschrift ist verfassungsrechtlich nicht zu beanstanden (BFH 18.9.2018 – XI R 54/17, BFH/NV 2019, 100; BFH 10.12.2019 – I B 35/19, BStBl. II 2020, 517; TK § 166 Rn. 4). 2

2. Anwendungsbereich

§ 166 betrifft nur StBescheide und VA, auf welche die Vorschriften über die StFestsetzung (§§ 155 ff.) entspr. anzuwenden sind, einschl. der Festsetzung von StVergütungsansprüchen (→ § 155 Rn. 3). Außerdem ist § 166 auf Ein- und Ausfuhrabgaben nach dem UZK anwendbar (Gosch AO § 166 Rn. 7; Schwarz/Pahlke/Keß § 166 Rn. 5 noch zum ZK). 5

Nicht anwendbar ist § 166 auf Haftungs- und Duldungsbescheide iSd § 191 (BFH 16.11.1995 – VI R 82/95, BFH/NV 1996, 285; FG Niedersachsen 28.11.2002 – 11 K 504/00, EFG 2003, 746; HHSp § 166 Rn. 4; aA TK § 166 Rn. 11 unter Hinweis auf FG Düsseldorf 21.11.1997 – 3 K 8003/93 H (U), EFG 1998, 616). Allerdings können Haftungs- und Duldungsschulden nach § 45 auf den Gesamtrechtsnachfolger übergehen (→ § 45 Rn. 4 ff.). Ferner erstreckt sich die Drittwirkung einer StFestsetzung nach § 166 nicht auf das Leistungsgebot (§ 254 I 1), da für das Leistungsgebot nicht die Regeln der StFestsetzung (§§ 155 ff.) gelten. Darüber hinaus ist § 166 auch nicht auf Abrechnungsbescheide (§ 218 II) anwendbar. 6

II. Voraussetzungen der Drittwirkung

1. Unanfechtbare Steuerfestsetzung

§ 166 setzt zunächst voraus, dass die Steuer dem Stpfl. gegenüber unanfechtbar festgesetzt worden ist. Zum Begriff der StFestsetzung → § 155 Rn. 13. Unanfechtbarkeit liegt vor, wenn die Rechtsbehelfsfrist abgelaufen ist, ohne dass gegen die StFestsetzung ein Rechtsbehelf eingelegt worden ist, oder wenn über einen Rechtsbehelf bereits unanfechtbar entschieden worden ist. Keine Voraussetzung ist dagegen, dass die St gegenüber dem Stpfl. rechtmäßig festgesetzt wurde. Stpfl. iSd § 166 ist dementsprechend auch derjenige, gegenüber dem die St zu Unrecht festgesetzt wurde (BFH 26.8.2021 – V R 13/20, DStR 2021, 2345). § 166 erfordert nicht, dass die StFestsetzung unabänderbar ist (TK § 166 Rn. 13). § 166 greift also auch dann ein, wenn die StFestsetzung noch nach § 164 II, § 165 II oder nach den §§ 172 ff. geändert werden kann (BFH 22.4.2015 – XI R 43/11, BStBl. II 2015, 755; BFH 4.6.1996 – VII S 9/96, BFH/NV 1996, 915; aA BFH 28.3.2001 – VII B 213/00, BFH/NV 2001, 1217; FG Niedersachsen 28.11.2002 – 11 K 504/00, EFG 2003, 746; FG Saarland 25.2.1994 – 2 K 46/92, EFG 1994, 776; Pump StBp 1995, 217). Auch gem. 9

§ 164 I unter dem Vorbehalt der Nachprüfung stehende StBescheide sowie StAnmeldungen, die gem. § 168 S. 1 einer StFestsetzung unter dem Vorbehalt der Nachprüfung gleichstehen, sind somit unanfechtbar iSd § 166 (FG Köln 13.10.2011 – 13 K 4121/07, EFG 2012, 195, in der Revision offen gelassen von BFH 22.4.2015 – XI R 43/11, BStBl. II 2015, 755; aA BFH 28.3.2001 – VII B 213/00, BFH/NV 2001, 1217; FG Berlin-Brandenburg 11.8.2010 – 9 K 9059/08, EFG 2010, 2042). Die Rechte des Haftungsschuldners werden durch die Bindung an unter Vorbehalt (§ 164) stehende oder vorläufige (§ 165) StBescheide nicht beeinträchtigt, da wegen der Akzessorietät der Haftung eine später geänderte StFestsetzung im Rahmen des Haftungsverfahrens nach § 130 I berücksichtigt werden kann. Schließlich lässt die Drittwirkung der Unanfechtbarkeit nach § 166 bei einer StFestsetzung unter dem Vorbehalt der Nachprüfung (§ 164) auch den Anspruch des Stpfl. und seines Vertreters auf Änderung der StFestsetzung nach § 164 II 2 unberührt (BFH 4.6.1996 – VII S 9/96, BFH/NV 1996, 915; BFH 22.4.2015 – XI R 43/11, BStBl. II 2015, 755). Kann der Geschäftsführer einer GmbH (§ 35 GmbHG) wegen Verlusts seiner Vertretungsmacht, zB durch Eröffnung des Insolvenzverfahrens über das Vermögen der GmbH nach §§ 80 ff. InsO, keine Änderungsanträge nach § 164 II 2 mehr stellen, so ist dies ggf. im Rahmen der Ermessensentscheidung (§ 5) bei Erlass des Haftungsbescheids zu berücksichtigen. Die Drittwirkung einer unanfechtbaren StFestsetzung tritt nicht ein, wenn der als Haftungsschuldner in Anspruch genommene Geschäftsführer einer GmbH nicht während der gesamten Dauer der Rechtsmittelfrist berechtigt gewesen ist, als Vertreter der GmbH zu handeln (BFH 28.3.2001 – VII B 213/00, BFH/NV 2001, 1217; BFH 24.8.2004 – VII R 50/03, BStBl. II 2005, 127). Dies gilt gleichermaßen, wenn die Vertretungsbefugnis vor Ablauf der Festsetzungsfrist und damit verbunden vor dem Wegfall des Vorbehalts der Nachprüfung (§ 164 IV 1) entfällt, da hier keine Möglichkeit für einen Änderungsantrag nach § 164 II 2 mehr besteht (BFH 16.5.2017 – VII R 25/16, BStBl. II 2017, 934). Im Übrigen gilt § 166 auch im **Insolvenzverfahren** bei unterlassenem Widerspruch gegen die Forderungsanmeldung der FB (BFH 18.9.2018 – XI R 54/17, BFH/NV 2019, 100; BFH 27.9.2017 – XI R 9/16, BStBl. II 2018, 515; BFH 16.5.2017 – VII R 25/16, BStBl. II 2017, 934). Daran ändert sich auch nichts, wenn vor der Eröffnung des Insolvenzverfahrens zunächst noch ein Rechtsbehelf gegen den StBescheid eingelegt wurde (BFH 29.8.2018 – XI R 57/17, BFH/NV 2019, 7; FG Köln 18.1.2017 – 10 K 3671/14, EFG 2017, 625). Die Anwendung des § 166 scheitert auch nicht daran, dass vor Eröffnung des Insolvenzverfahrens noch kein StBescheid erlassen worden war und die Steuer erstmals mit der Anmeldung zur Insolvenztabelle konkretisiert wird (TK § 166 Rn. 12; zur Anfechtungsbefugnis → Rn. 17).

2. Gesamtrechtsnachfolge (Alt. 1)

12 § 166 Alt. 1 regelt die Drittwirkung einer StFestsetzung bei **Gesamtrechtsnachfolge** (§ 45). Alt. 1 greift überflüssigerweise die Regelung des § 45 auf. Der Gesamtrechtsnachfolger tritt bereits nach § 45 in die gesamte Rechtsposition seines Vorgängers ein (zum Begriff der Gesamtrechtsnachfolge → § 45 Rn. 1 ff.). Die Fälle der Gesamtrechtsnachfolge sind gesetzlich abschließend geregelt, so zB die Erbfolge in § 1922 I BGB. Kein Fall der Gesamtrechtsnachfolge ist die Geschäftsnachfolge iSd § 25 HGB und die Betriebsübernahme iSd § 75 (BFH 28.5.1963 – V 224/60 U, BStBl. III 1963, 371).

13 In den Fällen der **Einzelrechtsnachfolge** gilt § 166 Alt. 1 nicht. Die an einen Stpfl. gerichtete StFestsetzung wirkt somit regelmäßig nicht gegenüber dem Einzelrechtsnachfolger. Allerdings ist außerhalb des § 166 auch für die Fälle der Einzelrechtsnachfolge in bestimmten Fällen eine Drittwirkung angeordnet, so zB für Einheitswertbescheide in § 182 II, für GrSt-Messbescheide in § 184 I 4 iVm § 182 II und für Zerlegungs- u. Zuteilungsbescheide in §§ 185, 190 S. 2. Diese Drittwirkung erstreckt sich allerdings nicht auf die entsprechenden Folgebescheide, wie zB auf den GrSt-Bescheid oder den GewSt-Bescheid.

3. Eigene Anfechtungsbefugnis (Alt. 2)

Allgemeines. Drittbetroffene iSd § 166 Alt. 2 müssen ebenfalls eine unanfechtbare StFestsetzung gegenüber einem Stpfl. gegen sich gelten lassen, wenn sie in der Lage gewesen wären, diese StFestsetzung anzufechten. § 166 Alt. 2 hat (praktisch) nur Bedeutung im Rahmen eines Haftungsverfahrens (§ 191) gegen den Drittbetroffenen, so zB für die Haftung eines Geschäftsführers einer GmbH (§ 35 GmbHG) nach § 69 S. 1 iVm § 34 I für die StSchulden der GmbH (vgl. BFH 25.7.2003 – VII B 240/02, BFH/NV 2003, 1540). Keinesfalls ergibt sich in den Fällen des StAbzugsverfahrens, zB nach § 38 I EStG, nach § 43 I EStG, nach § 50a EStG oder nach § 18 VIII UStG iVm §§ 51 ff. UStDV, gegen den StSchuldner aus § 166 Alt. 2 die Drittwirkung einer StFestsetzung gegenüber dem Entrichtungsschuldner. Der StSchuldner kann also sämtliche Einwendungen uneingeschränkt geltend machen, wenn die FB ihm gegenüber die StSchuld durch Nachforderung bzw. im Rahmen einer StFestsetzung realisieren will (Giloy BB 1993, 1410). 16

Die **eigene Anfechtungsbefugnis** der Drittbetroffenen iSd § 166 Alt. 2 kann sich aus ihrer Stellung als gesetzlicher Vertreter, als Bevollmächtigter des Stpfl. oder aus eigenem Recht ergeben. § 166 Alt. 2 selbst verleiht diese Anfechtungsbefugnis nicht, sondern setzt sie voraus (BFH 17.5.1994 – IV B 54/93, BFH/NV 1995, 86). Eine eigene Anfechtungsbefugnis iSd § 166 Alt. 2 hat der Drittbetroffene, wenn er rechtlich in der Lage gewesen wäre, die StFestsetzung gegenüber dem Stpfl. anzugreifen (HHSp § 166 Rn. 8). Ohne Bedeutung ist es dagegen, ob dem Drittbetroffenen die Anfechtung des StBescheids tatsächlich auch möglich war (BFH 28.7.1966 – V 64/64, BStBl. III 1966, 610; BFH 16.12.1997 – VII R 30/97, BStBl. II 1998, 319). Eine eigene Anfechtungsbefugnis ist auch im Insolvenzfall für den Vertreter der Insolvenzschuldnerin gegeben (TK § 166 Rn. 17; aA Gosch AO § 166 Rn. 36). 17

Vertreter iSd § 166 Alt. 2 sind die gesetzlichen Vertreter natürlicher oder juristischer Personen iSd § 34 I. Zum Begriff der gesetzlichen Vertreter → § 34 Rn. 2 ff. Vertreter sind nur dann rechtlich in der Lage gewesen, den gegenüber dem Stpfl. erlassenen StBescheid anzufechten, wenn sie während der gesamten Dauer der Einspruchsfrist Vertretungsmacht und damit das Recht gehabt haben, für den Vertretenen zu handeln (BFH 24.8.2004 – VII R 50/03, BStBl. II 2005, 127; vgl. auch BFH 28.3.2001 – VII B 213/00, BFH/NV 2001, 1217). Es genügt nicht, wenn der Vertreter nur an den ersten Tagen der Einspruchsfrist zur Vertretung befugt war, da ihm nicht vorgeworfen werden kann, von seinem Anfechtungsrecht nicht sofort Gebrauch gemacht zu haben (HHSp § 166 Rn. 12). Ferner muss sich die Vertretungsmacht gerade auch auf die Befugnis zur Einlegung von Rechtsbehelfen erstreckt haben. Im Falle der Gesamtvertretung hat ein Gesamtvertretungsberechtigter dann keine eigene Anfechtungsmöglichkeit gem. § 166 Alt. 2, wenn die anderen Vertretungsberechtigten der Anfechtung nicht zustimmen (FG Düsseldorf 22.3.1985 – II 389/84 KA, EFG 1985, 581; HHSp § 166 Rn. 11; vgl. auch FG Düsseldorf 11.12.1996 – 5 K 2927/93 H (U), EFG 1997, 591; Pump StBp 1995, 245). Die bloße Möglichkeit eines Gesellschafters, als Notgeschäftsführer nach § 744 II BGB die gegenüber der Gesellschaft erlassenen StBescheide anzufechten, begründet keine eigene Anfechtungsbefugnis iSd § 166 Alt. 2 (BFH 16.12.1997 – VII R 30/97, BStBl. II 1998, 319). 18

Bevollmächtigte iSd § 166 Alt. 2 sind die gewillkürten Stellvertreter iSd § 80. Zum Begriff → § 80 Rn. 2. Hierunter fallen zB auch Rechtsanwälte oder Angehörige der steuerberatenden Berufe, wenn diese mangels entgegenstehender Weisung in der Lage gewesen wären, den gegen den StPflichtigen gerichteten Bescheid als dessen Bevollmächtigte anzufechten (BFH 14.2.2019 – V R 68/17, BStBl. II 2020, 65). Die Drittwirkung entfällt, wenn Bindungen im Innenverhältnis den Vertreter an der Einlegung des Rechtsbehelfs hindern (BFH 14.2.2019 – V R 68/17, BStBl. II 2020, 65; HHSp § 166 Rn. 11). 19

Drittbetroffene, die gem. § 166 Alt. 2 **kraft eigenen Rechts** den gegenüber dem Stpfl. ergangenen StBescheid anfechten können, sind alle Personen, die durch die StFestsetzung iSd § 350 beschwert sind (Gosch AO § 166 Rn. 65). Zum betroffenen Personenkreis 20

→ § 350 Rn. 14 ff. Bei einheitlichen und gesonderten Feststellungen (§§ 179 ff.) sind die in § 352 genannten Personen kraft eigenen Rechts anfechtungsberechtigt iSd § 166. Ferner gehören zu den kraft eigenen Rechts Anfechtungsberechtigten die Vermögensverwalter iSd § 34 III, wie zB der Insolvenzverwalter (§§ 56 f. InsO), der Zwangsverwalter (§§ 150 ff. ZVG), der Nachlassverwalter (§ 1985 BGB) und der Testamentsvollstrecker (§§ 2197 ff. BGB). Zum Begriff des Vermögensverwalters → § 34 Rn. 25 ff. Ehegatten/Lebenspartner haben nicht das Recht, die gegen den anderen Ehegatten/Lebenspartner gerichteten StBescheide anzufechten.

III. Inhalt und Umfang der Drittwirkung

23 Die in § 166 genannten Personen können mit Einwendungen gegen den StBescheid nicht mehr gehört werden, wenn und soweit sie diese Einwendungen bereits in einem Rechtsbehelfsverfahren gegen den StBescheid hätten geltend machen können. Erfasst werden Einwendungen des Dritten gegen die Rechtswirksamkeit und Bestandskraft des StBescheids (BFH 19.12.2000 – VII R 86/99, BFH/NV 2001, 742). Der Drittbetroffene kann also, zB im Rahmen eines Haftungsverfahrens, nicht mehr mit Erfolg geltend machen, die Steuer sei dem Grunde oder der Höhe nach gegenüber dem Stpfl. unrichtig festgesetzt worden (BFH 20.1.1998 – VII R 80/97, BFH/NV 1998, 814; BFH 25.7.2003 – VII B 240/02, BFH/NV 2003, 1540). Im Übrigen ist die Bindungswirkung bei verschiedenen StArten umstritten. Teilweise wird für die KSt angenommen, dass einem Gesellschafter in seinem Veranlagungsverfahren der Einwand, dass keine verdeckte Gewinnausschüttung vorliege, abgeschnitten sei, wenn diese im bestandskräftigen KStBescheid der Gesellschaft zugrunde gelegt wurde (FG Rheinland-Pfalz 23.1.2020 – 6 K 1497/16, EFG 2020, 423; dagegen zurecht FG München 2.12.2020 – 6 K 1754/20, EFG 2021, 353; TK § 166 Rn. 23a; Gosch AO § 166 Rn. 76; Rode FR 2020, 984). In Organschaftsfällen soll sich nach BFH 26.8.2021 – V R 13/20, BFH/NV 2021, 1537 für die Fälle, in denen für die Organgesellschaft entgegen § 2 II Nr. 2 UStG eine StFestsetzung ergangen ist, eine Drittwirkung nach § 166 zulasten des Organträgers ergeben (krit. Hummel UR 2021, 853 (858); vgl. zum umgekehrten Fall FG Münster 2.11.2021 – 15 K 2736/18 U, EFG 2022, 193; Revision als unzulässig verworfen durch BFH 24.5.2023 – XI R 34/21, BFH/NV 2023, 1172). Die Drittwirkung des § 166 greift aber im Hinblick auf § 79 II BVerfGG nicht ein, wenn der StBescheid auf einer Norm beruht, die das BVerfG für nichtig erklärt hat (BFH 26.4.1963 – I 220/61 U, BStBl. III 1963, 341). Der Stpfl. ist zudem nur dann von Einwendungen ausgeschlossen, wenn seine Anfechtungsbefugnis während der gesamten Dauer der Rechtsbehelfsfrist (oder Antragsfrist im Fall des § 164 II 2) bestanden hat (BFH 4.2.2003 – VI B 70/02, BFH/NV 2003, 798; FG Hamburg 17.8.2005 – III 406/03, DStRE 2006, 502; Klein § 166 Rn. 9; → Rn. 9).

24 Nicht von § 166 erfasst werden dagegen Einwendungen gegen die eigene Inanspruchnahme. Der Drittbetroffene kann daher weiterhin geltend machen, die haftungsrechtlichen Voraussetzungen für seine Inanspruchnahme lägen nicht vor oder seine Inanspruchnahme sei ermessensfehlerhaft (BFH 30.12.1998 – VII B 168/98, VII B 171/98, BFH/NV 1999, 1054). Überdies schließt § 166 Einwendungen des Haftungsschuldners, die sich gegen die Zuständigkeit des FA zum Erlass des angefochtenen Haftungsbescheids richten, nicht deshalb aus, weil dieser mit denselben Gründen schon den zugrunde liegenden StBescheid hätte anfechten können; Zuständigkeitsmängel des StBescheids und des Haftungsbescheids sind in den jeweiligen Einspruchsverfahren (§§ 347 ff.) gesondert zu prüfen (BFH 19.12.2000 – VII R 86/99, BFH/NV 2001, 742). Der Betroffene kann selbstverständlich auch geltend machen, die Voraussetzungen des § 166 lägen nicht vor. § 166 schließt zudem keine Einwendungen aus, die nicht an die Besteuerungsgrundlagen des bestandskräftigen StBescheids anknüpfen (Gosch AO § 166 Rn. 80). Deshalb ist auch im Bereich des § 166 die Prüfung der subjektiven Tatbestandsmerkmale des § 69 iVm § 34 nicht entbehrlich (FG Berlin-Brandenburg 11.7.2024 – 9 K 9159/18, BeckRS 2024, 26712; NZB VII B 109/24).

§ 167 Steueranmeldung, Verwendung von Steuerzeichen oder Steuerstemplern

(1) [1]Ist eine Steuer auf Grund gesetzlicher Verpflichtung anzumelden (§ 150 Absatz 1 Satz 3), so ist eine Festsetzung der Steuer nach § 155 nur erforderlich, wenn die Festsetzung zu einer abweichenden Steuer führt oder der Steuer- oder Haftungsschuldner die Steueranmeldung nicht abgibt. [2]Satz 1 gilt sinngemäß, wenn die Steuer auf Grund gesetzlicher Verpflichtung durch Verwendung von Steuerzeichen oder Steuerstemplern zu entrichten ist. [3]Erkennt der Steuer- oder Haftungsschuldner nach Abschluss einer Außenprüfung im Sinne des § 193 Absatz 2 Nummer 1 seine Zahlungsverpflichtung schriftlich an, steht das Anerkenntnis einer Steueranmeldung gleich.

(2) [1]Steueranmeldungen gelten auch dann als rechtzeitig abgegeben, wenn sie fristgerecht bei der zuständigen Kasse eingehen. [2]Dies gilt nicht für Einfuhr- und Ausfuhrabgaben und Verbrauchsteuern.

Schrifttum: Baum, Verfahrensrechtliche Fragen bei Steueranmeldungen, DStZ 1992, 588; Drüen, Zum Wahlrecht der Finanzbehörde zwischen Steuerschätzung und Haftungsbescheid bei unterbliebener Steueranmeldung, DB 2005, 299; Heuermann, Was ist eigentlich eine Entrichtungssteuerschuld?, StuW 2006, 332; Heuermann, Entrichtungspflicht – Steuerpflicht – Grundpflicht?, FR 2013, 354.

A. Allgemeines

Inhalt. § 167 I erlaubt es der FB in bestimmten Fällen von einer StFestsetzung durch StBescheid (§ 155 I 1) abzusehen, wenn der Stpfl. zur Abgabe einer StAnmeldung (§ 150 I 2) verpflichtet ist. Abs. 1 dient der Verwaltungsvereinfachung und der Beschleunigung des StFestsetzungsverfahrens (BT-Drs. VI/1982, 149). Die Vorschrift wird durch § 168 ergänzt, der die Wirkungen einer StAnmeldung regelt. § 167 II bestimmt, wann eine StAnmeldung rechtzeitig abgegeben ist. 1

Im Bereich des **Zollrechts** wird § 167 durch Art. 101 ff. UZK überlagert (BeckOK AO § 167 Rn. 9). 2

B. Steuerfestsetzung bei Anmeldung der Steuer und bei Verwendung von Steuerzeichen oder Steuerstemplern (Abs. 1)

I. Steuerfestsetzung bei Anmeldung der Steuer (Abs. 1 S. 1)

1. Verpflichtung zur Abgabe von Steueranmeldungen

§ 167 I 1 setzt die gesetzliche Verpflichtung zur Abgabe einer StAnmeldung voraus. Zum **Begriff der StAnmeldung** s. zunächst → § 150 Rn. 15. StAnmeldung iSd § 167 I 1 ist auch die StAnmeldung, die von einem Entrichtungsschuldner abzugeben ist (Klein § 167 Rn. 3; aA Schwarz/Pahlke/Keß § 167 Rn. 11 ff.). Dies ergibt sich daraus, dass in Abs. 1 S. 1 ausdrücklich auch der Haftungsschuldner (§ 191 I) erwähnt wird. Gemeint ist damit der Entrichtungspflichtige, der bei Verletzung seiner Pflicht für die Steuer haftet, da eine StAnmeldung über Haftungsschulden gesetzlich nicht vorgesehen ist. Die gesetzliche Formulierung ist insoweit missglückt. Zu den sich hieraus ergebenden Folgeproblemen → Rn. 13 ff. Keine StAnmeldungen iSd §§ 167 f. sind die Zollanmeldungen der Art. 158 ff. UZK. 6

Die **Verpflichtung zur Abgabe** von StAnmeldungen ergibt sich aus den jeweiligen EinzelStGesetzen. (s. hierzu die Beispiele in → § 149 Rn. 3). Abs. 1 S. 1 bestimmt nicht selbst, in welchen Fällen eine StAnmeldung abzugeben ist (BT-Drs. VI/1982, 149). 7

2. Steuerfestsetzung bei Steueranmeldung des Steuerschuldners

10 § 167 I 1 erfasst zunächst den systematisch unproblematischen Fall, dass der StSchuldner zur Abgabe einer StAnmeldung verpflichtet ist, so zB bei der USt-Anmeldung nach § 18 I 1, III 1 UStG. In diesen Fällen ist nach § 167 I 1 eine förmliche StFestsetzung iSd §§ 155 ff., ggf. im Wege der Schätzung (§ 162 I–III), nur erforderlich, wenn die FB die Steuer abw. von der eingereichten StAnmeldung festsetzen will oder wenn der StSchuldner seine Verpflichtung zur Abgabe einer StAnmeldung nicht erfüllt. Erübrigt sich nach Abs. 1 S. 1 eine förmliche StFestsetzung, ergibt sich die Wirkung der StAnmeldung aus § 168. Hat der StSchuldner die StAnmeldung abgegeben, kann die Festsetzung nach § 174 IV geändert werden, ohne dass es auf die Voraussetzungen für den Erlass eines Nacherhebungsbescheides ankommt (BFH 8.4.2014 – I R 51/12, BStBl. II 2014, 982).

3. Steuerfestsetzung bei Steueranmeldung des Haftungsschuldners

13 **Allgemeines.** Probleme ergeben sich daraus, dass § 167 I 1 durch die Erwähnung des Haftungsschuldners (§ 191 I) auch die Fälle erfasst, in denen der Stpfl. nicht StSchuldner, sondern Entrichtungspflichtiger ist und im Falle der Nichterfüllung seiner Verpflichtung für die Steuer haftet, so zB in den Fällen des § 41a EStG, § 45a I EStG und § 50a EStG § iVm § 73e EStDV. Abs. 1 S. 1 vermischt in diesen Fällen systemwidrig das StFestsetzungsverfahren (§§ 155 ff.) und das Haftungsverfahren (§ 191), indem es gegen den Haftungsschuldner den Erlass eines StBescheids ermöglicht, ohne einen Maßstab aufzustellen, wann ein StBescheid und wann ein Haftungsbescheid zu erlassen ist (FG Niedersachsen 29.6.1999 – VI 177/96, EFG 2000, 468; FG Münster 2.2.1998 – 15 V 7148/97 L, EFG 1998, 823; FG Hamburg 17.6.1996 – II 40/96, EFG 1997, 17; Drüen DB 2005, 299). Der BFH hat allerdings keine systematischen Bedenken und hält die Gesetzeslage für eindeutig. § 167 I 1 begründet in der Auslegung durch den BFH ein **Wahlrecht** für die FB, den Haftungsschuldner wahlweise durch Haftungsbescheid oder durch StBescheid in Anspruch zu nehmen, wenn dieser seine StAnmeldepflicht nicht erfüllt hat (vgl. BFH 21.9.2017 – VIII R 59/14, BStBl. II 2018, 163; BFH 17.12.2014 – II R 18/12, BStBl. II 2015, 619; BFH 19.12.2012 – I R 81/11, BFH/NV 2013, 698; BFH 18.3.2009 – I B 210/08, BFH/NV 2009, 1237; BFH 7.7.2004 – VI R 171/00, BStBl. II 2004, 1087; BFH 7.7.2004 – VI R 168/01, BFH/NV 2005, 357; krit. dagegen TK § 167 Rn. 8). Nach der Rspr. des BFH muss die FB auch nicht begründen, warum sie einen StBescheid und keinen Haftungsbescheid erlässt (BFH 19.12.2012 – I R 81/11, BFH/NV 2013, 698; BFH 18.3.2009 – I B 210/08, BFH/NV 2009, 1237; BFH 7.7.2004 – VI R 171/00, BStBl. II 2004, 1087; BFH 7.7.2004 – VI R 168/01, BFH/NV 2005, 357). Hat die FB sich für den Erlass eines Haftungsbescheids entschieden, darf das FG diesen Bescheid nicht aufheben und stattdessen einen Nachforderungsbescheid erlassen (BFH 16.3.1990 – VI R 88/86, BFH/NV 1990, 639; BFH 24.9.2015 – VI R 69/14, BStBl. II 2016, 176).

14 Die FB hat nach der **Rspr. des BFH** jedoch kein uneingeschränktes Wahlrecht zwischen dem Erlass eines StBescheids und dem Erlass eines Haftungsbescheids. Vielmehr muss die FB auch dann die tatbestandlichen Voraussetzungen der jeweiligen Haftungsnorm beachten, wenn sie sich nach § 167 I 1 für den Erlass eines StBescheids gegenüber dem Haftungsschuldner entscheidet (BFH 17.12.2014 – II R 18/12, BStBl. II 2015, 619; BFH 21.9.2017 – VIII R 59/14, BStBl. II 2018, 163). Materiell-rechtlich handelt es sich bei dem Erlass eines StBescheids nach § 167 I 1 gegenüber dem Haftungsschuldner um die Geltendmachung des jeweiligen Haftungsanspruchs und nicht um die Geltendmachung der Entrichtungsschuld (BFH 13.12.2011 – II R 26/10, BStBl. II 2013, 596). Nur in formaler Hinsicht wird der Entrichtungspflichtige durch den Erlass eines StBescheids nicht in seiner Funktion als Haftungsschuldner in Anspruch genommen (BFH 13.9.2000 – I R 61/99, BStBl. II 2001, 67; BFH 13.12.2011 – II R 52/09, BFH/NV 2012, 695; BFH 18.3.2009 – I B 210/08, BFH/NV 2009, 1237; aA FG Köln 10.11.2004 – 14 K 459/02, DStRE 2006, 203, offen gelassen BFH 30.10.2008 – VI R 10/05, BStBl. II 2009, 354).

Zu den **Voraussetzungen der jeweiligen Haftungsnorm,** die die FB nach Ansicht des BFH beim Erlass eines StBescheids gegenüber dem Haftungsschuldner beachten muss, gehört zB die Exkulpationsmöglichkeit des § 44 V EStG, nicht jedoch das Entschließungs- und Auswahlermessen, das die FB beim Erlass eines Haftungsbescheids stets auszuüben hat (BFH 19.12.2012 – I R 81/11, BFH/NV 2013, 698; BFH 13.9.2000 – I R 61/99, BStBl. II 2001, 67). Diese Einschränkung überzeugt jedoch nicht. Da der Erlass eines StBescheids gem. § 167 I 1 materiell-rechtlich gerade die Geltendmachung des jeweiligen Haftungsanspruchs sein soll, sind, wie immer beim Erlass eines Haftungsbescheids, auch Ermessenserwägungen erforderlich (Heuermann StuW 2006, 332; HHSp § 167 Rn. 14; s. zur Ermessenentscheidung der FB im Einzelnen → § 191 Rn. 35 ff.). 15

Die Rspr. des BFH hat zur **Folge,** dass die materiell-rechtlichen Unterschiede zwischen StSchuld und Haftung im Rahmen des § 167 I 1 nicht völlig vernachlässigt werden und dass die FB die Voraussetzungen für den Erlass eines Haftungsbescheids (§ 191) nicht einfach durch den Erlass eines StBescheids umgehen kann. Es besteht daher keine Veranlassung, die Anwendbarkeit des § 167 I 1 auf zeitraumbezogene Nachforderungen zu beschränken, dh auf Nachforderungen, die einen bestimmten Anmeldungszeitraum betreffen (so aber FG Niedersachsen 29.6.1999 – VI 177/96, EFG 2000, 468, die gegen dieses Urt. eingelegte Revision des FA ist aus anderen Gründen als unbegründet zurückgewiesen worden). Auch Nachforderungen, die sich auf einen bestimmten Sachverhalt beziehen (sachverhaltsbezogene Nachforderungen), wie zB Nachforderungen aufgrund von Feststellungen im Rahmen einer LStAp. hinsichtlich einzelner Arbeitnehmer, können nach Abs. 1 S. 1 gegenüber dem Haftungsschuldner durch StBescheid realisiert werden (BFH 13.9.2000 – I R 61/99, BStBl. II 2001, 67; so auch Gosch StBp 2001, 113). Trotz der Rspr. des BFH sollte der Gesetzgeber im Interesse der Rechtssicherheit eine eindeutige gesetzliche Regelung treffen und die Regelungen der AO und des EStG besser aufeinander abstimmen. 16

II. Steuerfestsetzung bei Verwendung von Steuerzeichen oder Steuerstemplern (Abs. 1 S. 2)

Bei der Verwendung von StZeichen (Wertmarken, Banderolen) oder StStempeln ist eine StFestsetzung in sinngemäßer Anwendung des Abs. 1 S. 1 nur dann erforderlich, wenn dies zu einer abweichenden StFestsetzung führt. Entrichtet werden Steuern mittels StZeichen oder StStempel zB gem. §§ 13 II, 22 RennwLottG und § 17 TabStG. Maßgebend für § 167 I 2 ist die Verwendung des StZeichens oder StStempels und nicht deren Erwerb. Eine abweichende StFestsetzung ist auch dann erforderlich, wenn die durch die Verwendung des StZeichens oder des StStempels entrichtete Steuer nicht der tatsächlich geschuldeten StArt entspricht. Zur Berichtigungspflicht bei nicht in der richtigen Höhe entrichteter Steuer s. § 153 I 1 Nr. 2. 19

III. Anerkenntnis als Steueranmeldung (Abs. 1 S. 3)

Allgemeines. Nach § 167 I 3 steht das Anerkenntnis des Steuer- oder Haftungsschuldners nach Abschluss einer Ap. (§§ 193 ff.) einer StAnmeldung gleich. Hierdurch wird in Anerkenntnisfällen der Erlass eines entspr. Steuer- bzw. Haftungsbescheids entbehrlich. § 167 I 3 ist eingefügt worden wegen der Rspr. des BFH, die das Anerkenntnis nach § 42d IV Nr. 2 EStG nicht als Grundlage für die Verwirklichung von Ansprüchen anerkannte und für den Fall der Nichtzahlung den Erlass eines entspr. Haftungsbescheids (§ 191) verlangte (vgl. BFH 14.11.1986 – VI R 214/83, BStBl. II 1987, 198). 22

Ein **Anerkenntnis** iSd § 167 I 3 liegt vor, wenn der Stpfl. sich freiwillig seiner Leistungsverpflichtung unterwirft. Abs. 1 S. 3 betrifft allerdings nur Anerkenntnisse, die der Stpfl. im Anschluss an eine Ap. für den geprüften Zeitraum abgegeben hat; nicht erfasst werden Anerkenntnisse des Stpfl. außerhalb oder während einer Ap. Zum Abschluss einer Ap. → Rn. 25. Zur Form des Anerkenntnisses → Rn. 26. 23

24 In **persönlicher Hinsicht** erfasst § 167 I 3 nur Fälle, in denen der Anerkennende verpflichtet ist, für Rechnung eines anderen Steuern zu entrichten oder Steuern einzubehalten und abzuführen. Dies ergibt sich aus der Verweisung auf § 193 II Nr. 1. So gilt § 167 I 3 zB für Anerkenntnisse nach § 42d IV Nr. 2 EStG, § 44 V 3 EStG und § 50a EStG iVm § 73g II EStDV. Abs. 1 S. 3 ist zudem anwendbar, wenn der Stpfl. die Steuer, statt sie für einen anderen einzubehalten und abzuführen, selbst als StSchuldner übernimmt. Dies ist zB bei der LSt-Pauschalierung nach § 40 III, § 40a V EStG und § 40b V 1 EStG der Fall. Dagegen werden andere Fälle, in denen der Stpfl. als StSchuldner seine Leistungsverpflichtung anerkannt hat, nicht von Abs. 1 S. 3 erfasst (Schwarz/Pahlke/Keß § 167 Rn. 34).

25 Eine **Ap.** ist dann iSd § 167 I 3 abgeschlossen, wenn der Prüfer keine weiteren Prüfungshandlungen mehr vornehmen will und den Prüfungsbericht erstellt hat. Abs. 1 S. 3 erfasst dabei, über den Wortlaut der Regelung hinaus, nicht nur Ap., die auf § 193 II Nr. 1 beruhen (TK § 167 Rn. 10). Im konkreten Einzelfall ist es vielmehr nach dem Zweck der Regelung, den Erlass eines Steuer- bzw. Haftungsbescheids entbehrlich zu machen, ohne Bedeutung, ob die Ap. auf § 193 I oder auf § 193 II Nr. 1 beruht. Erfasst werden nach dem Zweck der Regelung ebenso StFahndungsprüfungen zur Ermittlung der Besteuerungsgrundlagen (§ 208 I 1 Nr. 2) oder zur Aufdeckung und Ermittlung unbekannter StFälle (§ 208 I 1 Nr. 3).

26 **Form des Anerkenntnisses.** Nach Abs. 1 S. 3 muss der Stpfl. das Anerkenntnis schriftlich erteilen. Hierzu gehört auch, dass der Stpfl. das Anerkenntnis selbst unterschreibt (Schwarz/Pahlke/Keß § 167 Rn. 40).

27 **Wirkung des Anerkenntnisses.** Das Anerkenntnis nach Abschluss einer Ap. wirkt nach § 167 I 3 als StAnmeldung, die nach § 168 S. 1 die Wirkung einer StFestsetzung unter dem Vorbehalt der Nachprüfung (§ 164) entfaltet. Das Anerkenntnis ist kein Einspruchsverzicht iSd § 354. Zu den Einzelheiten der Wirkungen einer StAnmeldung und zu den damit verbundenen Rechtsschutzfragen → § 168 Rn. 26 ff.

C. Rechtzeitige Abgabe der Steueranmeldung (Abs. 2)

30 **§ 167 II 1** betrifft den Fall, dass für die Abgabe der StAnmeldung und für die Zahlung der angemeldeten Steuer örtlich verschiedene FA zuständig sind, zB durch Zentralisierung der Finanzkassen. Nach Abs. 2 S. 1 kann der Stpfl. die StAnmeldung auch fristgemäß bei der zuständigen Finanzkasse einreichen. Abs. 2 S. 1 vermeidet so, dass der Stpfl., der die angemeldete Steuer mit einem Scheck zahlt, zur Vermeidung von Verspätungsfolgen zwei FA anschreiben muss (BT-Drs. 10/1636, 43). Für den umgekehrten Fall, dass der Stpfl. seine StAnmeldung mit einem Scheck beim Veranlagungsfinanzamt einreicht, sieht das Gesetz wegen der damit verbundenen Zinsausfälle keine entspr. Regelung vor (BT-Drs. 10/1636, 43).

31 **§ 167 II 2** ist im Hinblick auf die Besonderheiten der Zahlungsabwicklung bei Einfuhr- und Ausfuhrabgaben (Art. 5 Nr. 20 f. UZK) und VerbrauchSt eingeführt worden (BT-Drs. 10/1636, 43).

§ 168 Wirkung einer Steueranmeldung

[1]Eine Steueranmeldung steht einer Steuerfestsetzung unter Vorbehalt der Nachprüfung gleich. [2]Führt die Steueranmeldung zu einer Herabsetzung der bisher zu entrichtenden Steuer oder zu einer Steuervergütung, so gilt Satz 1 erst, wenn die Finanzbehörde zustimmt. [3]Die Zustimmung bedarf keiner Form.

Schrifttum: Söhn, Entgegennahme von Steueranmeldungen, Selbsterrechnungserklärungen und Steuerzahlungen als formlose Steuerbescheide, StuW 1970, 185; Weiss, Anmerkung zum Urteil des BFH 28.2.1996 – XI R 42/94, UR 1997, 67.

Übersicht

I. Allgemeines

Zweck der Vorschrift. Die Vorschrift dient der Verwaltungsvereinfachung und der Beschleunigung des StFestsetzungsverfahrens, da die FB zur Verwirklichung ihres StAnspruchs keinen entsprechenden StBescheid erlassen muss. Ferner stellt § 168 sicher, dass schon mit Eingang der StAnmeldung die angemeldete Steuer entrichtet werden muss (BFH 2.12.1999 – V R 19/99, BStBl. II 2000, 284). 1

Im Bereich des **Zollrechts** wird § 168, wie auch § 164, durch Art. 104 f. UZK überlagert (Schwarz/Pahlke/Keß § 168 Rn. 4; → § 164 Rn. 13). 2

II. Wirkung einer Steueranmeldung

1. Steuerfestsetzung unter dem Vorbehalt der Nachprüfung (S. 1)

Allgemeines. Nach § 168 S. 1 entfaltet eine StAnmeldung iSd § 150 I 2 alle Wirkungen einer StFestsetzung unter dem Vorbehalt der Nachprüfung (§ 164). Zum Begriff der StAnmeldung → § 150 Rn. 15, → § 167 Rn. 6. Zum Begriff der StFestsetzung → § 155 Rn. 13. Zur StFestsetzung unter dem Vorbehalt der Nachprüfung s. § 164. 5

Wirkung der StAnmeldung. Die StAnmeldung wird nach § 168 S. 1 einer StFestsetzung unter dem Vorbehalt der Nachprüfung (§ 164) gleichgestellt, wenn die FB die StAnmeldung unverändert übernimmt und der StErhebung zugrunde legt (BFH 6.9.2012 – V B 14/12, BFH/NV 2013, 345). Die Wirkung des S. 1 tritt mit Eingang der StAnmeldung beim FA ein, sofern nicht nach S. 2 die Zustimmung der FB erforderlich ist. Will die FB die Steuer abw. von der StAnmeldung festsetzen, muss sie einen entsprechenden StBescheid erlassen. § 168 S. 1 ändert nichts daran, dass die StAnmeldung eine StErklärung des Stpfl. bleibt. Die StAnmeldung wird durch § 168 S. 1 nicht zum VA iSd § 118 S. 1, sie wird lediglich einer StFestsetzung unter Vorbehalt der Nachprüfung gleichgestellt (HHSp § 168 Rn. 3). Ist eine StAnmeldung jedoch entgegen der gesetzlichen Anordnung nicht eigenhändig unterschrieben, ist sie unwirksam und steht deshalb einer StFestsetzung nicht gleich (BFH 22.5.2007 – IX R 55/06, BStBl. II 2007, 857). Der Eingang der StAnmeldung beim FA wahrt die Festsetzungsfrist iSd §§ 169 ff. (Schwarz/Pahlke/Keß § 168 Rn. 8). Eine StAnmeldung nach § 168 S. 1 ist kein Antrag iSd § 171 III (BFH 11.5.1995 – V R 136/93, BFH/NV 1996, 1; krit. hierzu HHSp § 168 Rn. 24; → § 171 Rn. 27). Die StAnmeldung ist, wie ein StBescheid (§ 155 I 1), Grundlage des Erhebungsverfahrens (§ 218 I 2). Ein Leistungsgebot ist nach § 254 I 4 vor der Vollstr. der StAnmeldung nicht erforderlich (→ § 254 Rn. 10 ff.). 6

§ 168 S. 1 gilt nur für das Entstehen des Vorbehalts der Nachprüfung. Im Übrigen gelten die Regelungen des § 164. So kann die FB den nach § 168 S. 1 entstandenen Vorbehalt der Nachprüfung gem. § 164 III 1 jederzeit aufheben. Die Aufhebung steht nach § 164 III 2 einer StFestsetzung ohne Vorbehalt der Nachprüfung gleich. Ferner muss die FB auch einen gem. § 168 S. 1 entstandenen Nachprüfungsvorbehalt nach einer Ap. (§ 193) entspr. § 164 III 3 aufheben (→ § 164 Rn. 72 ff.). Darüber hinaus entfällt gem. § 164 IV auch der nach § 168 S. 1 entstandene Vorbehalt mit Ablauf der Festsetzungsfrist (§§ 169 ff.). Dementsprechend führt eine StAnmeldung, die nach Ablauf der Festsetzungsfrist beim FA eingereicht wird, zu einer StFestsetzung ohne Vor- 7 behalt der Nachprüfung (FG München 30.11.1994 – 1 K 529/90, EFG 1995, 510; offen gelassen von FG Hessen 8.5.2003 – 4 K 3024/01, EFG 2003, 1359).

8 Reicht der Stpfl. eine **berichtigte StAnmeldung** (§ 153 I 1 Nr. 1) beim FA ein, wirkt diese StAnmeldung ebenfalls nach § 168 S. 1 als StFestsetzung unter dem Vorbehalt der Nachprüfung, sofern nicht der Zustimmungsvorbehalt nach § 168 S. 2 eingreift. Die berichtigte StAnmeldung ist selbst eine StAnmeldung iSd § 168 S. 1 und führt nach § 164 II zu einer Änderung der in der ursprünglichen StAnmeldung liegenden StFestsetzung (Schwarz/Pahlke/Keß § 168 Rn. 11).

9 Nimmt das FA dagegen **nach wirksamer StAnmeldung** gem. § 164 II eine **abweichende StFestsetzung** vor, geht der der StAnmeldung anhaftende Nachprüfungsvorbehalt, anders als im Fall der Änderung einer unter Vorbehalt der Nachprüfung ergangenen StFestsetzung, nicht automatisch auf die abweichende StFestsetzung über (BFH 2.12.1999 – V R 19/99, BStBl. II 2000, 284; s. auch BFH 29.10.1987 – V B 61/87, BStBl. II 1988, 45). Die abweichende StFestsetzung steht nur dann unter dem Vorbehalt der Nachprüfung, wenn die FB der StFestsetzung nach § 164 I 1 einen entsprechenden Nachprüfungsvorbehalt beigefügt hat oder wenn es sich um die Festsetzung einer Vorauszahlung handelt, die nach § 164 I 2 stets eine StFestsetzung unter Vorbehalt der Nachprüfung ist. Für die FB kann aber auch nach Eintritt der Bestandskraft eine Änderung der StFestsetzung nach § 174 IV in Betracht kommen (vgl. BFH 8.4.2014 – I R 51/12, BStBl. II 2014, 982).

10 In **persönlicher Hinsicht** treten die Wirkungen einer StAnmeldung nach § 168 S. 1 nur gegenüber demjenigen ein, der die Steuer angemeldet hat. Fallen StAnmelder und StSchuldner auseinander, so gilt § 168 S. 1 unmittelbar nur gegenüber dem StAnmelder. Der Regelungsgehalt einer StAnmeldung durch den Entrichtungsschuldner ist somit darauf beschränkt, dass er die angemeldeten Beträge abzuführen hat (BFH 12.12.2012 – I R 27/12, BStBl. II 2013, 682). Der StSchuldner hat den StAbzug aber zu dulden, da die StAnmeldung ihm gegenüber Tatbestandswirkung besitzt (BFH 24.8.2004 – VII R 50/03, BStBl. II 2005, 127; HHSp § 168 Rn. 7 f.; TK § 168 Rn. 2; zur Einspruchs- und Klagebefugnis des StSchuldners → Rn. 28).

11 Die **Wirkungen des § 168 S. 1 treten nicht ein,** wenn das FA die anzumeldende Steuer durch den Erlass eines Schätzungsbescheids (§ 162 I–III) festgesetzt hat, weil der Stpfl. pflichtwidrig keine StAnmeldung abgegeben hat. Die Wirkung des § 168 S. 1 erstreckt sich auch nicht auf einen Haftungsbescheid gegen den Entrichtungsschuldner, der zur Abgabe der StAnmeldung verpflichtet ist, wie zB bei der LSt-Haftung des Arbeitgebers nach § 42d EStG oder bei der KapESt-Haftung des Schuldners der Kapitalerträge nach § 44 V EStG (TK § 168 Rn. 3). Wird für den StSchuldner die StVeranlagung durchgeführt, erledigt sich hierdurch die StAnmeldung nach § 124 II („in anderer Weise“, vgl. BFH 12.10.1995 – I R 39/95, BStBl. II 1996, 87 zur LSt; BFH 20.11.2018 – VIII R 45/15, BStBl. II 2019, 306 zur KapESt). Die Erledigung tritt dabei auch gegenüber dem StEntrichtungspflichtigen ein (TK § 168 Rn. 3a).

2. Zustimmungsbedürftigkeit (S. 2)

14 Führt die StAnmeldung zu einer Herabsetzung der bisher zu entrichtenden Steuer oder zu einer StVergütung, steht die StAnmeldung nach § 168 S. 2 nur dann einer StFestsetzung unter dem Vorbehalt der Nachprüfung gleich, wenn die FB der StAnmeldung zugestimmt hat. Der Stpfl. soll es nicht einseitig in der Hand haben, durch Abgabe einer StAnmeldung einen Auszahlungsanspruch gegen die FB zu begründen (HHSp § 168 Rn. 15; TK § 168 Rn. 5).

15 Eine **Herabsetzung der bisher zu entrichtenden Steuer** liegt vor, wenn der Stpfl. eine nach § 153 I Nr. 1 berichtigte StAnmeldung abgibt, die zu einem Mindersoll führt (aA HHSp § 168 Rn. 15).

16 Eine **StVergütung** ergibt sich zB, wenn der Stpfl. in seiner USt-Anmeldung (§ 18 III UStG) einen Überschuss an VorSt-Beträgen (§§ 15 f. UStG) errechnet.

Die **Zustimmung** der FB nach § 168 S. 2 ist ein VA iSd § 118 S. 1 (BFH 9.7.2003 – V R 29/02, BStBl. II 2003, 904; BFH 28.2.1996 – XI R 42/94, BStBl. II 1996, 660; so auch BFH 28.2.2002 – V R 42/01, BStBl. II 2002, 642 für eine Zustimmung, wenn sie dem Stpfl. durch eine Abrechnung bekannt gegeben worden ist; aA HHSp § 168 Rn. 16). In den Fällen des S. 2 verleiht erst die Zustimmung der FB der StAnmeldung die Wirkung einer StFestsetzung unter dem Vorbehalt der Nachprüfung; erst mit ihr entsteht ein fälliger Zahlungsanspruch des Stpfl. (BT-Drs. VI/1982, 149). Die Zustimmung nach S. 2 ist keine endgültige Entscheidung über den StAnspruch. Bei Abgabe einer berichtigten StAnmeldung (§ 153 I Nr. 1) hat sie keine Auswirkungen auf die Fälligkeit (§ 220) der ursprünglich angemeldeten Steuer und auf die bisher verwirkten Säumniszuschläge (§ 240 I 4). Ferner ist sie auch keine Voraussetzung für das Entstehen eines StVergütungsanspruchs (FG Bremen 12.9.2000 – 200174K 2, EFG 2000, 1214). Die FB kann die Zustimmung nach § 168 S. 2 regelmäßig erst erteilen, wenn ihr die StAnmeldung vorliegt (FG Hamburg 13.10.2000 – II 547/99, EFG 2001, 249). Nach AEAO zu § 168 Nr. 9 kann die FB die Zustimmung auch allg. erteilen. Entspricht die FB dem Einspruchsbegehren des Stpfl. dadurch, dass es einer im Einspruchsverfahren eingereichten StAnmeldung zustimmt, wird das Einspruchsverfahren beendet. Eine verbösernde Einspruchsentscheidung ist dann unzulässig (BFH 21.1.2015 – XI R 12/14, BFH/NV 2015, 957). 17

Erst mit der **Bekanntgabe an den Stpfl.** entfaltet die Zustimmung ihre Wirkung (BFH 28.2.1996 – XI R 42/94, BStBl. II 1996, 660). Hierfür spricht die Regelung in § 355 I 2, nach der die Einspruchsfrist (§ 355 I 1) in den Fällen des § 168 S. 2 mit Bekanntwerden der Zustimmung beginnt (BFH 9.7.2003 – V R 29/02, BStBl. II 2003, 904; → § 355 Rn. 19). Für die Bekanntgabe gilt § 122, insb. ist bei einer schriftlichen Zustimmung § 122 II einschlägig. Hat die FB die Zustimmung allgemein erteilt, ist, entgegen AEAO zu § 168 Nr. 9, die Bekanntgabe der Zustimmung an den Stpfl. nach § 122 nicht mehr erforderlich (aA Schwarz/Pahlke/Keß § 168 Rn. 11). 18

Eine **Frist zur Erteilung der Zustimmung** sieht das Gesetz nicht vor. Die FB hat daher in angemessener Frist über die Erteilung der Zustimmung zu entscheiden. Die Sechsmonatsfrist für die Erhebung einer Untätigkeitsklage (§ 46 I 1 FGO) kann als Anhaltspunkt auch für die Beurteilung der Frist zur Zustimmung nach § 168 S. 2 herangezogen werden (BFH 6.10.2005 – V B 140/05, BFH/NV 2006, 473). Zur Form der Zustimmung → Rn. 23. 19

Erteilt die FB keine Zustimmung nach S. 2, ist die Abgabe einer berichtigten StAnmeldung (§ 153 I Nr. 1), die zur Herabsetzung der bisher zu entrichtenden Steuer führt, als Antrag auf Änderung der StFestsetzung nach § 164 II 2 anzusehen, während die erstmalige StAnmeldung, die zu einer StVergütung führt, als Antrag auf StFestsetzung nach § 155 I 3 zu behandeln ist (vgl. AEAO zu § 168 Nr. 2 f.; HHSp § 168 Rn. 18). Bei Versagung der Zustimmung nach S. 2 muss die FB über den Antrag nach § 164 II 2 bzw. nach § 155 I 3 entscheiden. Erlässt die FB einen Ablehnungsbescheid nach § 155 I 3, steht dieser nicht unter dem Vorbehalt der Nachprüfung, sondern enthält die vorbehaltlose Ablehnung des Antrags auf StFestsetzung (BFH 30.4.2019 – V B 43/17, BFH/NV 2019, 847). 20

3. Form der Zustimmung (S. 3)

Nach § 168 S. 3 bedarf die Zustimmung nach § 168 S. 2 keiner bestimmten Form. Sie kann somit schriftlich, (fern-)mündlich oder auch konkludent erteilt werden (BFH 9.7.2003 – V R 29/02, BStBl. II 2003, 904; FG Hamburg 13.10.2000 – II 547/99, EFG 2001, 249). Eine konkludente Zustimmung liegt zB vor, wenn die FB die angemeldete Erstattung oder Vergütung an den Stpfl. auszahlt (BFH 28.2.1996 – XI R 42/94, BStBl. II 1996, 660), sofern die Auszahlung von einem entsprechenden Regelungswillen der FB getragen wird (FG Niedersachsen 26.7.2001 – 5 K 586/96, EFG 2001, 1409). Dagegen liegt eine konkludente Zustimmung mangels einer Bekanntgabe gegenüber dem Stpfl. (§ 124 I) nicht schon dann vor, wenn die Finanzkasse lediglich einen angemeldeten Rot- 23 betrag zum Soll stellt, ohne dies dem Stpfl. mitzuteilen (Schwarz/Pahlke/Keß § 168 Rn. 18).

III. Rechtsbehelfe

26 Gegen eine **StAnmeldung,** die nach § 168 einer StFestsetzung unter dem Vorbehalt der Nachprüfung gleichsteht, ist der **Einspruch** (§ 347) statthaft, da die StAnmeldung sämtliche Wirkungen einer StFestsetzung unter dem Vorbehalt der Nachprüfung entfaltet (BFH 21.2.2018 – VI R 25/16, BStBl. II 2018, 389). Alternativ kann der Stpfl. auch die Aufhebung oder Änderung der StFestsetzung nach § 164 II 2 beim FA beantragen. Das Rechtsschutzbedürfnis für einen Einspruch entfällt nicht schon dadurch, dass der Stpfl. auch eine berichtigte StAnmeldung (§ 153 I Nr. 1) abgeben könnte, die nach Zustimmung der FB zu einer geänderten StFestsetzung unter dem Vorbehalt der Nachprüfung führen würde. Denn die Abgabe einer berichtigten StAnmeldung ermöglicht im Gegensatz zum Einspruch keine AdV (§ 361). Zum Beginn der einmonatigen **Einspruchsfrist** s. § 355 I 2. Wirkt eine StAnmeldung ohne Zustimmung gem. § 168 S. 1 als StFestsetzung unter dem Vorbehalt der Nachprüfung, bedarf es keiner Rechtsbehelfsbelehrung, da der Stpfl. durch die Regelung des § 164 II hinreichend geschützt wird (BFH 25.6.1998 – V B 104/97, BStBl. II 1998, 649). Wird die nach § 168 S. 2 erforderliche Zustimmung zu einer StAnmeldung schriftlich oder elektronisch erteilt, beginnt die Einspruchsfrist nur, wenn eine Rechtsbehelfsbelehrung gem. § 356 I beigefügt worden ist (vgl. BFH 9.7.2003 – V R 29/02, BStBl. II 2003, 904). Hat die FB die Zustimmung nach S. 2 allg. erteilt, beginnt die Einspruchsfrist bereits mit Eingang der StAnmeldung bei der FB. Ferner muss die FB in den Fällen des § 168 dem Stpfl. keine Rechtsmittelbelehrung nach § 356 I erteilen, da die StAnmeldung kein schriftlicher VA iSd § 356 I ist (HHSp § 168 Rn. 2).

27 Nach erfolglosem Einspruch ist die **Anfechtungsklage** (§ 40 I FGO) statthaft. Zu den Besonderheiten einer Anfechtungsklage gegen eine StFestsetzung unter dem Vorbehalt der Nachprüfung → § 164 Rn. 88 ff.

28 **Einspruchs- und klagebefugt** iSd § 350 bzw. iSd § 40 II FGO ist der Anmeldende. Ist der Anmeldende nicht zugleich auch der StSchuldner, so ist zusätzlich auch der durch die Anmeldung betroffene StSchuldner im Wege der sog. Drittanfechtung einspruchs- und klagebefugt (BFH 27.7.1988 – I R 28/87, BStBl. II 1989, 449; BFH 16.5.1990 – I R 113/87, BStBl. II 1990, 983; BFH 20.11.2018 – VIII R 45/15, BStBl. II 2019, 306). Nach der Rspr. des BFH ist hierbei allerdings zu beachten, dass sich die mit der StAnmeldung verbundene StFestsetzung gegen den Entrichtungsschuldner richtet und deshalb im Rahmen einer hiergegen vom Vergütungsgläubiger erhobenen Klage die StFestsetzung nur darauf überprüft werden kann, ob der Entrichtungsschuldner die StAnmeldung vornehmen durfte (BFH 12.12.2012 – I R 27/12, BStBl. II 2013, 682; BFH 20.11.2018 – VIII R 45/15, BStBl. II 2019, 306).

29 Die **Zustimmung** nach § 168 S. 2 kann nicht isoliert mit dem Einspruch oder einer Klage angefochten werden. Für die Anfechtung der Zustimmung fehlt es am Rechtsschutzbedürfnis. Angefochten werden kann nur die durch die Zustimmung wirksam gewordene StFestsetzung. Versagt die FB die Zustimmung zu einer StAnmeldung, kann der Stpfl. Verpflichtungseinspruch (§ 347) und ggf. Verpflichtungsklage (§ 40 I FGO) erheben (HHSp § 168 Rn. 22).

II. Festsetzungsverjährung

§ 169 Festsetzungsfrist

(1) [1]**Eine Steuerfestsetzung sowie ihre Aufhebung oder Änderung sind nicht mehr zulässig, wenn die Festsetzungsfrist abgelaufen ist.** [2]**Dies gilt auch für die Berichtigung wegen offenbarer Unrichtigkeit nach § 129.** [3]**Die Frist ist gewahrt, wenn vor Ablauf der Festsetzungsfrist**

[*Fassung bis 31.12.2025:*

1. der Steuerbescheid oder im Fall des § 122a die elektronische Benachrichtigung den Bereich der für die Steuerfestsetzung zuständigen Finanzbehörde verlassen hat oder]

[*Fassung ab 1.1.2026:*

1. der Steuerbescheid

a) im Fall des § 122 Absatz 2, 2a oder Absatz 5 den Bereich der für die Steuerfestsetzung zuständigen Finanzbehörde verlassen hat oder

b) im Fall des § 122a zum Abruf bereitgestellt worden ist oder]

2. bei öffentlicher Zustellung nach § 10 des Verwaltungszustellungsgesetzes die Benachrichtigung bekannt gemacht oder veröffentlicht wird.

(2) [1]**Die Festsetzungsfrist beträgt:**

1. ein Jahr
für Verbrauchsteuern und Verbrauchsteuervergütungen,

2. vier Jahre
für Steuern und Steuervergütungen, die keine Steuern oder Steuervergütungen im Sinne der Nummer 1 oder Einfuhr- und Ausfuhrabgaben nach Artikel 5 Nummer 20 und 21 des Zollkodex der Union sind.

[2]**Die Festsetzungsfrist beträgt zehn Jahre, soweit eine Steuer hinterzogen, und fünf Jahre, soweit sie leichtfertig verkürzt worden ist.** [3]**Dies gilt auch dann, wenn die Steuerhinterziehung oder leichtfertige Steuerverkürzung nicht durch den Steuerschuldner oder eine Person begangen worden ist, deren er sich zur Erfüllung seiner steuerlichen Pflichten bedient, es sei denn, der Steuerschuldner weist nach, dass er durch die Tat keinen Vermögensvorteil erlangt hat und dass sie auch nicht darauf beruht, dass er die im Verkehr erforderlichen Vorkehrungen zur Verhinderung von Steuerverkürzungen unterlassen hat.**

Schrifttum: Höllig, Die Festsetzungsverjährung nach der Abgabenordnung 1977, BB 1978, 33; Ling, Ausgewählte Probleme der Festsetzungs- und Feststellungsverjährung, DStZ 1981, 402; Dörr, Die Verjährung vermögensrechtlicher Ansprüche im öffentlichen Recht, DÖV 1984, 12; Hummert, Die Verlängerung der Festsetzungsfrist gem. § 169 Abs. 2 Satz 2 AO und § 191 Abs. 3 Satz 2 AO für Kirchensteuer bei Steuerhinterziehung, DStZ 1993, 112; Pinternagel/Nommensen, Wahrung der Festsetzungsfrist gem. § 169 Abs. 1 Satz 3 AO auch ohne Zugang?, DB 1997, 1203; Raub, Einzelfragen und aktuelle Rechtsprechung zur Festsetzungsverjährung, INF 2001, 353 (393); Hartmann, Steuererstattungsansprüche nach Ablauf der Festsetzungsfrist, StW 2006, 48; Günther, Festsetzungsfrist und Feststellungsfrist, AO-StB 2009, 9.

Übersicht

A. Allgemeines

I. Inhalt

1 Die AO unterscheidet zwischen der Festsetzungsverjährung (§§ 169 ff.) und der Zahlungsverjährung (§§ 228 ff.). Dies entspricht der Trennung zwischen Festsetzungsverfahren (§§ 155 ff.) und Erhebungsverfahren (§§ 218 ff.). Die Festsetzungsverjährung (§§ 169 ff.) betrifft ausschl. die Frage, ob wegen des Ablaufs der Festsetzungsfrist eine StFestsetzung sowie ihre Aufhebung oder Änderung noch zulässig ist (§ 169 I 1). Die Zahlungsverjährung (§§ 228 ff.) regelt dagegen, ab wann ein bereits festgesetzter Anspruch nicht mehr verwirklicht werden darf.

II. Zweck der Verjährung

4 Die Verjährung dient dem **Rechtsfrieden** und der **Rechtssicherheit** (BFH 31.1.1989 – VII R 77/86, BStBl. II 1989, 442; BFH 15.6.1988 – I R 68/86, BFH/NV 1990, 128). Die Erweisbarkeit von Ansprüchen wird umso schwieriger, je älter sie werden (BFH 31.1.1989 – VII R 77/86, BStBl. II 1989, 442; BFH 9.9.1994 – III B 78/94, BStBl. II 1995, 385). Nach einer bestimmten Zeit soll der Stpfl. daher darauf vertrauen dürfen, dass er nicht mehr in Anspruch genommen wird (BFH 31.1.1989 – VII R 77/86, BStBl. II 1989, 442). Ferner soll auch der StGläubiger nach einer gewissen Zeit sicher sein, dass etwaige Erstattungsansprüche des Stpfl. nicht mehr bestehen.

5 **Kritik.** Die §§ 169 ff. verwirklichen den Zweck der Verjährung nur unvollkommen, da Beginn und Ablauf der Verjährungsfristen häufig durch eine Vielzahl von Hemmungstatbeständen weit hinausgeschoben werden, wie zB durch §§ 170 f., § 175 I 2, § 181 V. Ferner hat auch der BFH die Wirkung der Verjährungsvorschriften durch seine Rspr. weiter eingeschränkt und häufig zugunsten der StGerechtigkeit entschieden. Dies gilt insb. für die **Lehre vom formellen Bilanzzusammenhang.** Nach dieser Lehre können fehlerhafte Bilanzansätze in Zeiträumen, für die die Festsetzungsfrist bereits abgelaufen ist, durch die Berichtigung der Schlussbilanz des ersten noch berichtigungsfähigen Jahres erfolgswirksam ausgeglichen werden (BFH 29.11.1965 – GrS 1/65 S, BStBl. III 1966, 142; BFH 7.6.1988 – VIII R 296/82, BStBl. II 1988, 886; BFH 8.12.1988 – IV R 33/87, BStBl. II 1989, 407; BFH 16.5.1990 – X R 72/87, BStBl. II 1990, 1044; einschränkend BFH 8.2.2017 – X B 138/16, DStR 2017, 1259 für einen Fall, in dem sich der Fehler nicht in einer Bilanzposition, sondern einem Kapitalkonto auswirkt). Diese Lehre ist rechtsdogmatisch angreifbar, da im Berichtigungsjahr ein Gewinn besteuert wird, der in diesem Jahr nicht entstanden ist (so Knobbe-Keuk 58 f.; abl. auch HHSp Vorb. § 169 Rn. 8; TK Vorb. § 169 Rn. 7; Wieczorek DStR 1991, 1; v. Wallis DStZ 1991, 437; auch → § 173 Rn. 168). Im Ergebnis wird allerdings jeder Geschäftsvorfall sachlich zutreffend besteuert und damit der Ermittlung des richtigen Totalgewinns der Vorrang vor der Ermittlung des richtigen Periodengewinns eingeräumt (Schmidt EStG § 4 Rn. 303).

III. Anwendungsbereich der §§ 169 ff.

8 Gegenstand der Festsetzungsverjährung sind **alle Ansprüche aus dem StSchuldverhältnis** (§ 37 I), auf die sich der Anwendungsbereich der AO nach § 1 erstreckt. Dazu gehören neben den StAnsprüchen alle StErstattungsansprüche (§ 37 II). Erfasst werden auch die Ablehnung eines Antrags auf StFestsetzung und Anträge auf StFreistellung iSd § 155 I 3 (BFH 11.10.2000 – I R 34/99, BStBl. II 2001, 291; BFH 12.10.1995 – I B 65/95, BFH/NV 1996, 377). Hierzu gehört jedoch nicht die Freistellungsbescheinigung nach § 50d II EStG, da es sich zwar um einen VA (§ 118 S. 1), nicht jedoch um einen StBescheid (§ 155 I) handelt (BFH 11.10.2000 – I R 34/99, BStBl. II 2001, 291; aA wohl noch BFH 17.4.1996 – I R 82/95, BStBl. II 1996, 608; vgl. hierzu auch Wassermeyer FR

2001, 266). Entsprechendes gilt für Bescheinigungen nach § 44a II EStG und nach § 36b II EStG, der durch das StSenkG aufgehoben worden ist (BFH 11.10.2000 – I R 34/99, BStBl. II 2001, 291; BFH 16.10.1991 – I R 65/90, BStBl. II 1992, 322). Die §§ 169 ff. gelten ferner für Festsetzungen von StVergütungen (§ 155 IV), wie zB für die Festsetzung von Kindergeld (§§ 62 ff. EStG, vgl. BFH 8.12.2011 – III B 72/11, BFH/NV 2012, 379), das nach § 31 S. 3 EStG monatlich als StVergütung ausgezahlt wird, sowie gem. § 181 I 1 für gesonderte Feststellungen von Besteuerungsgrundlagen (§§ 179 ff.), wobei zusätzlich § 181 V zu beachten ist. Für gesonderte Feststellungen von Einheitswerten normiert § 181 III–IV ergänzende Sonderregelungen. Zum Erlass eines Ergänzungsbescheids (§ 179 III) nach Ablauf der Festsetzungsfrist → Rn. 20. Überdies gelten die §§ 169 ff. für die Festsetzung von StMessbeträgen (§ 184 I) und die Zerlegung und Zuteilung von StMessbeträgen (§§ 185, 190 S. 2). Darüber hinaus sind die §§ 169 ff. nach § 191 III 1 auch auf den Erlass von Haftungsbescheiden (§ 191) anwendbar, sodass nach Ablauf der Festsetzungsfrist kein Haftungsbescheid mehr erlassen werden darf. Allerdings kann ein vor Ablauf der Festsetzungsfrist erlassener Haftungsbescheid nach Ablauf der Festsetzungsfrist jederzeit ganz oder teilweise korrigiert werden (BFH 12.8.1997 – VII R 107/96, BStBl. II 1998, 131). Zu den weiteren zT von §§ 169 ff. abweichenden Regelungen für die Festsetzungsverjährung bei Haftungsbescheiden → § 191 Rn. 95 ff. Zu Vorauszahlungen → Rn. 23. Für den VorStAbzug (§ 15 UStG) haben die §§ 169 ff. dagegen keine unmittelbare Bedeutung, da die §§ 169 ff. nur für die Festsetzung der Steuer und nicht auch für unselbständige Berechnungsgrundlagen gelten (BFH 29.9.1995 – V B 38/95, BFH/NV 1996, 277).

Zulagen und Prämien. Die §§ 169 ff. sind entspr. anzuwenden auf die Eigenheimzulage (§ 15 I 1 EigZulG), die Investitionszulage § 13 S. 1 InvZulG 2007 (§ 14 S. 1 InvZulG 2010), die Arbeitnehmersparzulage (§ 14 II 1 5. VermBG) und die Wohnungsbauprämie (§ 8 I 1 WoPG 1996), wobei allerdings für die Wohnungsbauprämie § 4 IV WoPG 1996 bestimmt, dass der Rückforderungsanspruch erlischt, wenn er nicht bis zum Ablauf des vierten Kj. geltend gemacht worden ist, das auf das Jahr der Überweisung oder Auszahlung folgt (→ Rn. 49 und → Rn. 59). Zur Verlängerung der Festsetzungsfrist bei ungerechtfertigter Inanspruchnahme von Investitionszulage → Rn. 60. 9

Auf **steuerliche Nebenleistungen** (§ 3 IV) finden die §§ 169 ff. nur Anwendung, 10 wenn dies besonders bestimmt ist (§ 1 III 2). Dies ist nur der Fall nach § 239 I 1 für Zinsen (§§ 233 ff.) und nach § 178 IV 1 für Kosten, die bei der besonderen Inanspruchnahme von Zollbehörden (§ 178) angefallen sind. Für Zinsen beträgt die Festsetzungsfrist nach § 239 I 1 ein Jahr. Zum Beginn der Festsetzungsfrist s. § 239 I 2, zur Ablaufhemmung s. § 239 I 3. Für Verspätungszuschläge (§ 152) und Zwangsgelder (§ 329) fehlt eine entsprechende Bestimmung. Die Festsetzung von Verspätungszuschlägen nach Ablauf der Festsetzungsfrist für den zu Grunde liegenden StAnspruch ist jedoch regelmäßig ermessensfehlerhaft (HHSp § 169 Rn. 18, AEAO zu § 169 Nr. 5). Zwangsgelder können nur solange festgesetzt werden, wie die FB die zu erzwingende Handlung, Duldung oder Unterlassung noch fordern kann (HHSp § 169 Rn. 18). Säumniszuschläge (§ 240) bedürfen dagegen keiner Festsetzung, da sie nach § 240 I 1 kraft Gesetzes entstehen. Säumniszuschläge unterliegen somit nur der Zahlungsverjährung (§§ 228 ff.). Zur Festsetzung von VollstrKosten (§§ 337 ff.) s. § 346 II.

Im Bereich des **Zollrechts** werden die Festsetzungsfristen der §§ 169 ff. durch den UZK 11 für die Verjährung von Zollschulden (Art. 103 I UZK) iSd Art. 5 Nr. 18 UZK sowie für die Erstattung und den Erlass (Art. 121 I Buchst. a UZK) von Einfuhr- und Ausfuhrabgaben iSd Art. 4 Nr. 20 f. UZK durch eine dreijährige Frist ersetzt. Die regulären Festsetzungsfristen des § 169 II 1 sind insoweit nicht anwendbar (BT-Drs. 14/7341, 18). Nur wenn die Zollschuld aufgrund einer nach dem nationalen Strafrecht strafbaren Handlung entstanden ist, wird die Festsetzungsfrist des UZK für die Nacherhebung von Einfuhr- und Ausfuhrabgaben nach Art. 103 II UZK iVm § 169 II 2 auf zehn Jahre verlängert (FG Düsseldorf 19.10.2005 – 4 K 869/05, BeckRS 2005, 26018897; TK Vorb. §§ 169 ff. Rn. 11). Für die Anwendung des Art. 103 II UZK ist es unerheblich, wer die Einfuhrabgaben hinterzogen hat. Es kommt nur darauf an, dass es sich objektiv um hinterzogene Beträge handelt (FG Mecklenburg-Vorpommern 19.10.2016 – 3 K 93/13, BeckRS 2017, 94123). Ist die Zollschuld durch eine Ordnungswidrigkeit entstanden, bleibt es dagegen, abw. von § 169 II 2, bei der 3-Jahresfrist des UZK, da Ordnungswidrigkeiten keine strafbaren Handlungen iSd Art. 103 II UZK sind (EuGH 27.11.1991 – C-273/90, BeckRS 2004, 75883; Witte Art. 103 Rn. 6; Klein § 169 Rn. 20). Eine leichtfertige StVerkürzung iSd § 378 verlängert somit die 3-Jahresfrist des UZK nicht (FG Düsseldorf 10.6.2009 – 4 K 1770/08 Z, BeckRS 2009, 26027824). Zum Bereich des Zollrechts auch → Rn. 33.

12 Auch für die **EUSt** (§ 1 I Nr. 4 UStG) gelten die Festsetzungsfristen des UZK, da auf die EUSt nach § 21 II UStG die Vorschriften für Zölle sinngemäß anwendbar sind. Zwar ist die EUSt nach § 21 I UStG eine VerbrSt iSd AO. Dies gilt aber nur, soweit nicht die nach § 21 II UStG anzuwendenden Vorschriften für Zölle etwas anderes bestimmen. Hierdurch soll sichergestellt werden, dass die bei der Einfuhr zu erhebenden Abgaben von ein und derselben Behörde in einem Bescheid nach dem gleichen Verfahren aufgrund einheitlich getroffener Feststellungen einfach und zweckmäßig erhoben werden (BFH 3.5.1990 – VII R 71/88, BFHE 161, 260; BFH 23.5.2006 – VII R 49/05, DStRE 2007, 39).

13 Bei den **örtlichen Verbrauch- und Aufwandsteuern** richtet sich die Anwendung der §§ 169 ff. nach Landesrecht. Entsprechendes gilt für die **KiSt.** Die meisten KiStG erklären die AO für sinngemäß anwendbar, wie zB Art. 18 I KiStG Bayern, § 7 I KiStG Bremen, § 8 II KiStG Hamburg, § 15 I KiStG Hessen und § 6 I KiStG Niedersachsen. Dabei schließen die KiStG der Länder idR die Vorschriften der AO über das Straf- und Bußgeldverfahren (§§ 385 ff.) ausdrücklich von der sinngemäßen Anwendung aus, so zB Art. 18 II KiStG Bayern, § 7 II KiStG Bremen, § 8 II 2 KiStG Hamburg, § 15 II KiStG Hessen und § 6 I KiStG Niedersachsen. Dies hat zur Folge, dass dann insoweit auch eine Verlängerung der Festsetzungsfrist nach § 169 II 2 nicht in Betracht kommt (Gast-de Haan DStZ 1992, 525; HHSp § 169 Rn. 9; aA FG Köln 11.11.1998 – 11 K 4408/95, EFG 1999, 362).

14 Bei den **besonderen Verbrauchsteuern** ist zu differenzieren, ob diese aufgrund eines Einfuhrsachverhalts oder aufgrund des innergemeinschaftlichen oder innerstaatlichen Verbringens entstehen. Handelt es sich um einen Einfuhrsachverhalt (§ 15 III KaffeeStG, § 18 III BierStG, § 21 III TabStG, § 19b III EnergieStG) sind die Vorschriften des UZK anzuwenden (HHSp Art. 121 UZK Rn. 18; TK §Vorb. §§ 169 ff. Rn. 11a). §§ 169 ff. kommen nur zur Anwendung, wenn innergemeinschaftliche oder innerstaatliche Sachverhalte zur StEntstehung führen (Klein § 169 Rn. 18).

B. Ablauf und Wahrung der Festsetzungsfrist (Abs. 1)

I. Wirkung des Ablaufs der Festsetzungsfrist (Abs. 1 S. 1)

20 **Allgemeines.** § 169 I 1 regelt die verfahrensrechtlichen Folgen des Ablaufs der Festsetzungsfrist. Nach Abs. 1 S. 1 bewirkt der Ablauf der Festsetzungsfrist, dass eine StFestsetzung nicht mehr zulässig ist. Eine bereits ergangene StFestsetzung darf nicht mehr aufgehoben oder geändert werden. Dies gilt auch, wenn der StBescheid unter dem Vorbehalt der Nachprüfung (§ 164 I 1) ergangen ist (BFH 4.5.1994 – XI R 79/90, BFH/NV 1995, 83). Bei Bescheiden, die für mehrere Besteuerungszeiträume wirken, wie zB bei § 21 BewG, gilt dies allerdings nur für den Stichtag, für den die Verjährung eingetreten ist, und nicht auch für die nachfolgenden Stichtage (HHSp Vorb. § 169 Rn. 35). Im Falle der Zusammenveranlagung von Ehegatten zur ESt (§ 26b EStG) ist die Frage, ob Festsetzungsverjährung eingetreten ist gem. § 44 II 3 für jeden Ehegatten gesondert zu prüfen (BFH 25.4.2006 – X R 42/05, BStBl. II 2007, 220; vgl. zur Verlängerung der Festsetzungsfrist nach Abs. 2 S. 2 auch → Rn. 55). Darüber hinaus ist der Stpfl. nach Ablauf der Festsetzungsfrist mit Anträgen auf StFestsetzung, Aufhebung oder Änderung einer StFestset-

zung, Freistellung von einer Steuer und Festsetzung einer StVergütung regelmäßig ausgeschlossen (TK § 169 Rn. 35; vgl. auch BFH 5.3.1987 – VII R 29/84, BStBl. II 1987, 413). Wurde in einem einheitlichen und gesonderten Feststellungsbescheid (§§ 179 ff.) ein Beteiligter unrichtig bezeichnet, ist die Berichtigung gem. § 182 III durch einen sog. „Richtigstellungsbescheid" nur möglich, wenn die Feststellungsfrist noch nicht abgelaufen ist (BFH 23.9.1999 – IV R 59/98, BStBl. II 2000, 170; → § 182 Rn. 28). Auch ein Ergänzungsbescheid iSd § 179 III darf, vorbehaltlich des § 181 V, nur innerhalb der Feststellungsfrist ergehen (BFH 25.4.2001 – I R 80/97, BFH/NV 2001, 1541; aA Schwarz/Pahlke/Keß § 169 Rn. 68). Zur Berichtigung eines Bescheids wegen offenbarer Unrichtigkeit nach § 129 → Rn. 58. Zu den weiteren Folgen des Ablaufs der Festsetzungsfrist → Rn. 67 ff.

Sonderregelungen. § 181 V, § 174 I 2 und § 174 IV 3 enthalten Sonderregelungen 21
zu Abs. 1 S. 1, die es der FB ausnahmsweise erlauben, bei der gesonderten Feststellung von Besteuerungsgrundlagen (§§ 179 ff.) und bei widerstreitenden StFestsetzungen (§ 174) auch nach Ablauf der Festsetzungsfrist einen StBescheid zu erlassen, aufzuheben oder zu ändern. Zu den Einzelheiten dieser Sonderregelungen → § 181 Rn. 33 ff. und → § 174 Rn. 26, 76. Entsprechendes gilt zugunsten des Stpfl. bei **nicht fristgerechter Umsetzung einer EU-Richtlinie** durch einen Mitgliedstaat (Schwarz/Pahlke/Keß § 169 Rn. 78). Innerstaatliche Fristenregelungen stehen nach den Grundsätzen der sog. Emmott'schen Fristenhemmung (EuGH 25.7.1991 – C-208/90, HFR 1993, 137) einer Änderung von StBescheiden nicht entgegen, wenn ein Mitgliedstaat eine EU-Richtlinie nicht fristgerecht in innerstaatliches Recht umgesetzt hat und dadurch für den Stpfl. die Geltendmachung seines Anspruchs innerhalb der nationalen Fristenregelung unzumutbar erschwert oder versperrt war (BFH 21.3.1996 – XI R 36/95, BStBl. II 1996, 399). Die Emmott'sche Fristenhemmung greift allerdings nicht, wenn die EU-Richtlinie zwar umgesetzt, aber von den innerstaatlichen Gerichten unrichtig ausgelegt und angewendet wird (BFH 21.3.1996 – XI R 36/95, BStBl. II 1996, 399; FG Niedersachsen 4.1.1996 – V 362/95, EFG 1996, 405; FG Hamburg 22.1.1998 – II 145/96, EFG 1998, 1097). Die Hemmung der nationalen Verjährungsfristen setzt stets das Vorliegen besonderer Umstände voraus (BFH 18.8.2015 – VII R 5/14, BFH/NV 2016, 74). Solche Umstände liegen zB nicht vor, wenn der Stpfl. nicht daran gehindert war, innerhalb der allgemeinen Fristen seine Umsatzsteuerfestsetzungen anzufechten (BFH 16.9.2010 – V R 57/09, BStBl. II 2011, 151) oder einen Grundlagenbescheid in nicht verjährter Zeit zu beantragen (BFH 21.2.2013 – V R 27/11, BStBl. II 2013, 529).

Teilverjährung. Für verschiedene Teilbeträge ein und desselben StAnspruchs kann die 22
Festsetzungsfrist nach § 169 I 1 zu unterschiedlichen Zeitpunkten ablaufen. Dies ergibt sich daraus, dass sowohl die Verlängerung der Festsetzungsfrist nach § 169 II 2 als auch die Hemmung der Festsetzungsfrist nach § 171 nur für die Teile der StSchuld gilt, für die der jeweilige Tatbestand verwirklicht ist. Ferner kann sich die Teilverjährung auch auf die Ausübung von Wahlrechten beziehen, wie zB auf die Wahl der Veranlagungsart nach §§ 25 ff. EStG (FG Köln 13.12.1999 – 1 K 5469/97, EFG 2000, 367). Nach Eintritt der Teilverjährung dürfen bei einer erstmaligen StFestsetzung bzw. bei der Änderung einer StFestsetzung nach Abs. 1 S. 1 nur die Teile des StAnspruchs berücksichtigt werden, für die noch keine Festsetzungsverjährung eingetreten ist (HHSp § 169 Rn. 66).

Auch **Vorauszahlungen** unterliegen der Festsetzungsverjährung. Hat ein Stpfl. bereits 23
Vorauszahlungen auf seine EStSchuld geleistet, die wegen Eintritts der Festsetzungsverjährung nicht mehr durch einen JahresStBescheid festgesetzt werden kann, so sind die geleisteten Vorauszahlungen nach § 37 II 2 zu erstatten (BFH 13.2.1996 – VII R 55/95, BFH/NV 1996, 454; FG Rheinland-Pfalz 8.2.2012 – 2 K 2259/10, EFG 2012, 1113, Rev. VII R 11/12 durch Erledigung der Hauptsache beendet; FG Hamburg 5.12.1986 – VI 354/85, EFG 1988, 577; aA FG Baden-Württemberg 23.2.1995 – 3 K 149/91, EFG 1995, 1039). Entsprechendes gilt für UStVorauszahlungen iSd § 18 I UStG (aA BFH 17.9.1992 – V R 17/86, BFH/NV 1993, 279; offengelassen von BFH 22.5.2012 – VII R 47/11,

BStBl. II 2013, 3). Vorauszahlungen haben nur vorläufigen Charakter (→ § 38 Rn. 20). Der Eintritt der Festsetzungsverjährung führt zu einer Erledigung „auf andere Weise" iSd § 124 II (BFH 13.2.1996 – VII R 55/95, BFH/NV 1996, 454; FG Niedersachsen 20.10.2009 – 15 K 160/09, EFG 2010, 538; s. auch HHSp Vorb. § 169 Rn. 37; aA Gosch AO § 169 Rn. 22). Ein Anspruch auf Erstattung von EStVorauszahlungen besteht auch, wenn ein wirksamer JahresStBescheid nach Ablauf der Festsetzungsfrist aufgehoben wird. Der EStVorauszahlungsbescheid lebt nicht wieder auf (FG Baden-Württemberg 10.3.2004 – 2 K 147/01, EFG 2004, 1101). Im Anwendungsbereich der RAO war nach BFH 13.3.1979 – III R 79/77, BStBl. II 1979, 461 die StSchuld zum Zwecke der Erstattung der Vorauszahlungen auf null Euro festzusetzen (so auch BFH 25.10.1988 – VII R 21/87, BFH/NV 1989, 412). Für die AO kann jedoch ein JahresStBescheid nach Ablauf der Festsetzungsfrist gem. §§ 169 ff. auch dann nicht mehr erlassen werden, wenn er nur die Erstattung von Vorauszahlungen ermöglichen soll. Vgl. zur Erstattung von Vorauszahlungen auch → § 37 Rn. 59.

24 **Verfahrensfragen.** Der Ablauf der Festsetzungsfrist ist von Amts wegen in jeder Lage des Besteuerungsverfahrens zu beachten (BFH 7.2.2002 – VII R 33/01, BStBl. II 2002, 447; BFH 11.12.1984 – VIII R 263/82, BStBl. II 1985, 278; BFH 11.10.1983 – VIII R 11/82, BStBl. II 1984, 125). Der Stpfl. muss sich, anders als im Zivilrecht (§ 214 I BGB), nicht ausdrücklich auf den Eintritt der Festsetzungsverjährung berufen (Höllig BB 1978, 33; → Rn. 67). Eine **Wiedereinsetzung** in die Festsetzungsfrist nach § 110 bzw. nach § 56 FGO ist nicht möglich; Wiedersetzung in den vorigen Stand kommt nur für Handlungs- und Erklärungsfristen in Betracht, die der Stpfl. oder Dritte gegenüber der FB zu wahren haben (BFH 19.8.1999 – III R 57/98, BStBl. II 2000, 330; BFH 25.2.2010 – IX B 156/09, BFH/NV 2012, 176; BFH 2.3.2011 – IX B 88/10, BFH/NV 2011, 1295). Auch der Grundsatz von Treu und Glauben kann nicht dazu führen, dass ein erloschener (→ § 47) Anspruch aus dem StSchuldverhältnis wieder auflebt (BFH 11.11.2020 – XI R 11/18, BStBl. II 2021, 415; Klein § 169 Rn. 6; offen gelassen von BFH 28.7.2021 – X R 35/20, BFH/NV 2022, 1). Zu den Besonderheiten bei Feststellungsbescheiden → Rn. 8 und → Rn. 20 sowie § 181 V.

25 Für die Bestimmung des Fristendes ist § 108 III anzuwenden. Fällt das Ende der Festsetzungsfrist daher auf einen Sonntag, einen gesetzlichen Feiertag oder einen Sonnabend, endet sie erst mit dem Ablauf des nächstfolgenden Werktags (BFH 20.1.2016 – VI R 14/15, BStBl. II 2016, 380).

II. Berichtigung einer Steuerfestsetzung nach § 129 (Abs. 1 S. 2)

27 § 169 I 2 stellt klar, dass auch die Berichtigung einer StFestsetzung wegen einer offenbaren Unrichtigkeit nach § 129 nur innerhalb der Festsetzungsfrist zulässig ist (BT-Drs. 7/4292, 32). Wegen der besonderen Ablaufhemmung in diesen Fällen s. § 129 und § 171 II.

III. Wahrung der Festsetzungsfrist (Abs. 1 S. 3)

30 **Inhalt.** Die Festsetzungsfrist wird grds. dadurch gewahrt, dass die FB die Steuer vor Ablauf der Frist gegenüber dem Stpfl. festsetzt. Abw. hiervon bestimmt § 169 I 3, dass die Festsetzungsfrist in bestimmten Fällen auch ohne eine wirksame StFestsetzung innerhalb der Festsetzungsfrist gewahrt ist. Die Regelung ist § 270 III ZPO nachgebildet (BT-Drs. VI/1982, 150).

31 **Zweck.** § 169 I 3 soll die Einhaltung der Festsetzungsfrist von den Zufälligkeiten des Bekanntgabevorgangs unabhängig machen. Darüber hinaus wird der sonst mögliche Streit vermieden, wann dem Stpfl. der StBescheid zugegangen ist (BT-Drs. VI/1982, 150).

32 Auf **Anträge des Stpfl.,** wie zB auf Anträge auf Festsetzung einer Steuer oder einer StVergütung, findet § 169 I 3 keine Anwendung. Hier gilt vielmehr ausschl. § 170 III.

33 Im Bereich des **Zollrechts** hat § 169 I 3 keine Bedeutung, da nach Art. 103 I UZK der Bescheid über die Nacherhebung der zu entrichtenden Abgabe dem Zollschuldner inner-

halb der Ausschlussfrist von drei Jahren tatsächlich mitgeteilt werden muss (auch → Rn. 11; zur Form der Bekanntgabe s. Art. 102 I UZK).

1. Absendung des Steuerbescheids (Abs. 1 S. 3 Nr. 1)

Allgemeines. Nach § 169 I 3 Nr. 1 ist die Festsetzungsfrist schon dann gewahrt, wenn der StBescheid den Bereich der für die StFestsetzung zuständigen Behörde vor Ablauf der Festsetzungsfrist verlassen hat. Abs. 1 S. 3 Nr. 1 dient der Wahrung der Behördeninteressen und soll Beweisschwierigkeiten hinsichtlich des Zeitpunkts des Zugangs vermeiden (BFH 8.10.2010 – VII B 66/10, BFH/NV 2011, 403). Die Regelung ersetzt dabei nicht die Bekanntgabe des Bescheids nach § 122, sondern entbindet die FB nur davon, den Zeitpunkt des Zugangs nachzuweisen (BT-Drs. VI/1982, 150). Auf StErstattungsanträge findet § 169 I 3 Nr. 1 auch über die Verweisung in § 155 IV keine (sinngemäße) Anwendung (BFH 8.10.2010 – VII B 66/10, BFH/NV 2011, 403). 36

Wirksame StFestsetzung. Die Festsetzungsfrist ist nach Abs. 1 S. 3 Nr. 1 nur dann gewahrt, wenn der StBescheid später nach Ablauf der Festsetzungsfrist auch tatsächlich gem. § 124 wirksam wird. Ohne Bedeutung ist, ob die StFestsetzung rechtwidrig ist. Zu Verstößen gegen die örtliche, sachliche und verbandsmäßige Zuständigkeit → Rn. 40. StFestsetzungen, die nach § 125 nichtig sind, wahren die Festsetzungsfrist nicht (BFH 27.11.1981 – II R 18/80, BStBl. II 1982, 276; BFH 16.5.1990 – X R 147/87, BStBl. II 1990, 942). Die Wahrung der Festsetzung erfordert weiter, dass die StFestsetzung auch wirksam bleibt (BFH 16.5.1990 – X R 147/87, BStBl. II 1990, 942; BFH 13.12.2001 – III R 13/00, BStBl. II 2002, 406). Dies ist nicht der Fall, wenn eine rechtwidrige StFestsetzung aufgehoben wird, ohne dass eine Ablaufhemmung (§ 171) eingetreten ist (Schwarz/Pahlke/Keß § 169 Rn. 53). Darüber hinaus muss der StBescheid auch nach § 122 wirksam bekannt gegeben worden sein. Für die Wahrung der Festsetzungsfrist ist es dabei allerdings ohne Bedeutung, wann der Bescheid bekannt gegeben wird (Schwarz/Pahlke/Keß § 169 Rn. 54). Denn im Anwendungsbereich des § 169 I 3 Nr. 1 kommt es auf den Zeitpunkt der Bekanntgabe nicht an (BFH 28.1.2014 – VIII R 28/13, BStBl. II 2014, 552). Dies gilt auch für jahrelange Verzögerungen bei Zustellungen im Ausland (aA TK § 169 Rn. 30). Die Festsetzungsfrist ist daher auch dann gewahrt, wenn die Deutsche Post AG einen rechtzeitig abgesandten StBescheid trotz fehlerhafter Angabe der Postleitzahl, wenn auch mit zeitlicher Verzögerung, dem Empfangsberechtigten nach Ablauf der Frist zustellt (BFH 28.1.2004 – II R 21/01, BFH/NV 2004, 761). Überdies wahrt ein vor Fristablauf abgesandter StBescheid die Festsetzungsfrist auch dann, wenn er dem Stpfl., der dem FA einen Zustellungsbevollmächtigten benannt hat, unmittelbar zugesandt und von diesem nach Ablauf der Festsetzungsfrist an den Bevollmächtigten (§ 80) weitergeleitet wird (BFH 1.7.2003 – VIII R 29/02, BFH/NV 2003, 1397). Zur Nachholung der Bekanntgabe, wenn der Bescheid dem Stpfl. nicht zugegangen ist oder die FB den Zugang nicht nachweisen kann, → Rn. 38. Der StBescheid muss an den richtigen Adressaten gerichtet sein (BFH 30.10.1996 – II R 70/94, BStBl. II 1997, 11). Ein Bescheid, der an den falschen Adressaten gerichtet ist, wahrt die Festsetzungsfrist nicht (Kempermann DStR 1979, 63). Dies gilt auch dann, wenn der falsch adressierte StBescheid nach Ablauf der Festsetzungsfrist dem Stpfl. auf einem nicht vorgesehenen Weg zugeht (BFH 30.10.1996 – II R 70/94, BStBl. II 1997, 11). Bei Bescheiden über gesonderte und einheitliche Feststellungen von Besteuerungsgrundlagen (§§ 179 ff.), die nach § 183 II mehreren Feststellungsbeteiligten bekannt zu geben sind, ist die Festsetzungsfrist gegenüber allen Beteiligten bereits durch die wirksame Bekanntgabe an einen der Beteiligten gewahrt. Die Bekanntgabe gegenüber den anderen Beteiligten kann nachgeholt werden (BFH 27.4.1993 – VIII R 27/92, BStBl. II 1994, 3). Gegenüber den anderen Beteiligten tritt keine Teilverjährung ein (HHSp § 169 Rn. 85). 37

Nachholung der Bekanntgabe. Die Festsetzungsfrist ist gem. § 169 I 3 Nr. 1 nach BFH 25.11.2002 – GrS 2/01, BStBl. II 2003, 548 nur gewahrt, wenn der vor Ablauf der Frist zur Post gegebene StBescheid dem Stpfl. nach Fristablauf tatsächlich zugeht. Geht der 38

Bescheid nicht zu oder kann die FB den Zugang nicht nachweisen, genügt es zur Wahrung der Festsetzungsfrist nicht, dass die FB einen gleich lautenden Bescheid ein zweites Mal erlässt und dieser Bescheid dem Stpfl. tatsächlich nach § 122 bekannt gegeben wird, da es sich dann nicht um den StBescheid iSd Abs. 1 S. 3 Nr. 1 handelt, der den Bereich der für die StFestsetzung zuständigen FB vor Ablauf der Festsetzungsfrist verlassen hat (so auch Schwarz/Pahlke/Keß § 169 Rn. 60; TK § 169 Rn. 29; Guth DStZ 1990, 538; AEAO zu § 169 Nr. 1; aA noch die frühere Rspr.: BFH 28.9.2000 – III R 43/97, BStBl. II 2001, 211; BFH 22.7.1999 – V R 44/98, BStBl. II 1999, 749; BFH 19.3.1998 – IV R 64/96, BStBl. II 1998, 556). Die Ansicht des GrS ist zu begrüßen. Gemäß § 155 I 2 ist ein StBescheid nur der nach § 122 I bekannt gegebene VA. Vor der Bekanntgabe liegt noch kein VA und damit auch kein StBescheid vor, sondern ein bloßes Internum, das gegenüber dem Stpfl. keine Wirkung entfalten kann. Dies gilt auch für die Auslegung des Begriffs „StBescheid" in § 169 I 3 Nr. 1. Der Stpfl. kann sich nach der geänderten Rspr. des BFH durch die bloße Behauptung, er habe den Bescheid nicht erhalten, die Zugangsvermutung des § 122 II entkräften und sich damit endgültig der Besteuerung entziehen. Die FB wird daher zukünftig insb. in den Fällen, in denen der Ablauf der Festsetzungsfrist und damit ein solcher Einwand droht, vermehrt von der Möglichkeit Gebrauch machen müssen, den StBescheid förmlich nach § 122 V 1 zuzustellen (so ausdrücklich auch BFH 25.11.2002 – GrS 2/01, BStBl. II 2003, 548).

39 Der StBescheid hat den **Bereich** der für die StFestsetzung zuständige FB **verlassen,** wenn diese den Bescheid an die Stelle abgegeben hat, die für die Übermittlung des Bescheids an den Stpfl. zuständig ist. Bei Zusendung im Inland ist die Weitergabe des Bescheids an die Post erforderlich (TK § 169 Rn. 30). Die Anwendung von § 169 I 3 Nr. 1 ist auch eröffnet, wenn der StBescheid per Telefax übermittelt wird (BFH 28.1.2014 – VIII R 28/13, BStBl. II 2014, 552). Die Übergabe an die hauseigene Poststelle der FB genügt dagegen nicht (vgl. FG Hessen 20.8.1997 – 1 K 2976/96, EFG 1998, 81). Bei Zustellung im Ausland ist die Weitergabe an die OFD bzw. an das BZSt zur Veranlassung der Auslandszustellung (§ 14 I VwZG iVm § 5 I Nr. 5 FGV) erforderlich (BT-Drs. IV/1982, 150). Ist einem Rechenzentrum (§§ 2 II 1, 17 III FVG) die Absendung des StBescheids übertragen, genügt es zur Fristwahrung nicht, wenn die FB den Bescheid an das Rechenzentrum weiterleitet. Dies gilt auch für die Weiterleitung des StBescheids an die nach § 2 III FVG eingerichteten besonderen Stellen zur Erledigung von Kassenaufgaben (TK § 169 Rn. 30). Auf den Zeitpunkt, in dem eine StErklärung bei der FB eingereicht wurde, kommt es dagegen nicht an (BFH 28.7.2021 – X R 35/20, BFH/NV 2022, 1). Bei der Festsetzung von StMessbeträgen (§ 184) wird die Festsetzungsfrist nicht durch Absendung der Mitteilung iSd § 184 III gewahrt, sondern nur durch die rechtzeitige Absendung des StMessbescheids (HHSp § 169 Rn. 80). Versendet das FA den StMessbescheid aus verfahrensökonomischen Gründen an die Gemeinde, damit diese den Bescheid an den Stpfl. sendet, ist die Festsetzungsfrist nur gewahrt, wenn die Gemeinde den StMessbescheid vor Fristablauf an den Stpfl. absendet (AEAO zu § 169 Nr. 1; R 5 II GewStR).

40 **Zuständige FB.** Darüber hinaus erfordert der Wortlaut des § 169 I 3 Nr. 1, dass die FB zum Erlass des StBescheids sowohl sachlich (§ 16) als auch örtlich (§§ 17 ff.) zuständig ist. Der StBescheid eines örtlich unzuständigen FA wahrt die Festsetzungsfrist nicht. § 127 ist im Rahmen des § 169 I 3 Nr. 1 nicht anwendbar, da beide Regelungen in verschiedenen Regelungszusammenhängen stehen und unterschiedliche Zwecke verfolgen (wie hier auch BFH 13.12.2001 – III R 13/00, BStBl. II 2002, 406 für einen StBescheid, der zugleich auch materielle Rechtsfehler aufweist). § 169 I 3 Nr. 1 befasst sich – im Gegensatz zu § 127 – nicht mit den Folgen eines Verstoßes gegen Verfahrensvorschriften, sondern verlängert lediglich unter bestimmten Voraussetzungen die Festsetzungsfristen des Abs. 2 (BFH 13.12.2001 – III R 13/00, BFH/NV 2002, 385). Zu den unterschiedlichen Zwecken des § 169 I 3 Nr. 1 und des § 127 → Rn. 31 und → § 127 Rn. 2. Ist die Absendung des StBescheids einem Rechenzentrum übertragen, so ist das Rechenzentrum Teil der

zuständigen FB iSd Abs. 1 S. 3 Nr. 1. Entsprechendes gilt, wenn das FA den GewSt-Messbescheid durch die Gemeinde bekannt gibt (Schwarz/Pahlke/Keß § 169 Rn. 56).

Beweislast. Die FB trägt die Beweislast, dass der StBescheid vor Ablauf der Festsetzungsfrist ihren Bereich verlassen hat und dem Stpfl. tatsächlich zugegangen ist (vgl. BFH 28.9.2000 – III R 43/97, BStBl. II 2001, 211). Diesen Beweis kann die FB nicht nach den Regeln des Anscheinsbeweises führen, wenn die Absendung des StBescheids nicht in einem Absendevermerk festgehalten wird (BFH 28.9.2000 – III R 43/97, BStBl. II 2001, 211). In der Regel genügt ein Vermerk der Poststelle in der StAkte über die Aufgabe zur Post und eine Darlegung des Verfahrens innerhalb der FB, nach dem angenommen werden kann, dass nach dem gewöhnlichen Lauf der Dinge der StBescheid nach der Übergabe an die Poststelle auch tatsächlich abgesandt worden ist (vgl. BFH 28.9.2000 – III R 43/97, BStBl. II 2001, 211; BFH 19.12.1984 – I R 7/82, BStBl. II 1985, 485; BFH 3.3.2006 – II B 70/05, BFH/NV 2006, 1249). Ein Postausgangsbuch muss die FB allerdings nicht führen (aA Urban DStR 1998, 801). Ist der Absendevermerk dagegen nicht von der Poststelle, sondern von der Veranlagungsstelle oder einer anderen Dienststelle angebracht, so muss die FB regelmäßig den vollen Beweis der Absendung des StBescheids erbringen (BFH 3.3.2006 – II B 70/05, BFH/NV 2006, 1249; vgl. auch BFH 19.12.1984 – I R 7/82, BStBl. II 1985, 485). Die Grundsätze des Anscheinsbeweises sind insoweit nicht anwendbar (BFH 26.1.2010 – X B 147/09, BFH/NV 2010, 1081). Für die FB kann aber genügen, die organisatorischen Abläufe für den Postversand im Amt entspr. darzustellen (BFH 17.8.2012 – IX B 44/12, BFH/NV 2012, 1940; FG Berlin-Brandenburg 15.12.2011 – 9 K 9121/08, EFG 2012, 1227). 41

Durch das StModG vom 18.7.2016 (BGBl. 2016 I 1679) wurde § 169 I 3 Nr. 1 im Hinblick auf die Bekanntgabe eines StBescheides durch **Bereitstellung zum Datenabruf** nach § 122a ergänzt. Maßgebend für die Wahrung der Festsetzungsfrist ist in diesem Fall nicht die Bereitstellung der Daten zum Download oder der tatsächliche Download, sondern die rechtzeitige Versendung der elektronischen Benachrichtigung an die abrufberechtigte Person (BT-Drs. 18/7457, 86; Klein § 169 Rn. 37a). Die Norm wurde durch das Vierte BürokratieentlastungsG (BGBl. 2024 I Nr. 323) an den neu gefassten § 122a angepasst. Nunmehr enthält die Vorschrift einen ausdrücklichen Hinweis auf die Möglichkeit der Bereitstellung zum Datenabruf. Zur Bekanntgabefiktion in diesen Fällen → § 122a Rn. 19 ff. Zur Wahrung der Festsetzungsfrist genügt es, wenn die elektronische Benachrichtigung entweder tatsächlich zugegangen ist oder diese vor Ablauf der Festsetzungsfrist versandt wurde und der Adressat den VA tatsächlich abgerufen hat (BeckOK AO § 169 Rn. 151; aA Gosch AO § 169 Rn. 27.2). Die Neuregelung ist nach Art. 97 § 28 II EGAO erstmals auf VA anzuwenden, die nach dem 31.12.2025 erlassen worden sind. 42

2. Öffentliche Zustellung des Steuerbescheids (Abs. 1 S. 3 Nr. 2)

§ 169 I 3 Nr. 2 ist mit Wirkung zum 1.2.2006 an die Neufassung des VwZG angepasst worden (G v. 12.8.2005 (BGBl. 2005 I 2354)). Im Bereich des Zollrechts wird die Nacherhebungsfrist nur durch den rechtzeitigen Zugang der Mitteilung über die Höhe der Abgaben beim Zollschuldner gewahrt (TK § 169 Rn. 31). Zur Wahrung der Festsetzungsfrist nach § 169 I 3 Nr. 2 genügt es bei öffentlicher Zustellung, wenn die Benachrichtigung gem. § 10 II 1 VwZG vor Ablauf der Frist bekannt gemacht oder veröffentlicht wird. Die Grundsätze des BFH 25.11.2002 – GrS 2/01, BStBl. II 2003, 548 zur Wahrung der Festsetzungsfrist im Falle des § 169 I 3 Nr. 1 sind auf Zustellungen nach § 169 I 3 Nr. 2 übertragbar (→ Rn. 38). Es genügt daher, wenn der Aushang iSd § 10 II 1 VwZG vor Ablauf der Frist erfolgt, sofern der Aushang nach Ablauf der Festsetzungsfrist für die gesetzlich vorgesehene Dauer fortdauert und die übrigen Wirksamkeitsvoraussetzungen betreffend den Vermerk über die Abnahme erfüllt sind (BFH 30.8.2012 – III R 46/10, BFH/NV 2013, 3). 44

C. Dauer der Festsetzungsfrist (Abs. 2)

I. Dauer der regelmäßigen Festsetzungsfrist (Abs. 2 S. 1)

47 **Allgemeines.** § 169 II 1 bestimmt für VerbrauchSt und die entsprechenden Vergütungen (Nr. 1) sowie für alle übrigen Steuern und StVergütungen (Nr. 2) unterschiedliche reguläre Festsetzungsfristen. § 169 II 1 ist durch das StÄndG 2001 geändert und redaktionell angepasst worden (BT-Drs. 14/7341, 18). S. zur Anwendung des § 169 II 1 im Bereich des Zollrechts → Rn. 11.

48 Nach **§ 169 II 1 Nr. 1** beträgt die Festsetzungsfrist bei VerbrauchSt sowie den entsprechenden StVergütungen ein Jahr. Zu der Differenzierung hinsichtlich des StEntstehungstatbestands s. → Rn. 14. Die kurze Festsetzungsfrist ist gerechtfertigt, da VerbrauchStBescheide im Massenverfahren ergehen und innerhalb der Festsetzungsfrist ohne besondere Voraussetzungen nach § 172 I 1 Nr. 1 zurückgenommen und geändert werden können. Die Rechtssicherheit und der Rechtsfrieden erfordern daher eine kurze Festsetzungsfrist (vgl. BFH 16.10.1986 – V B 64/86, BStBl. II 1987, 95). Zum Begriff der VerbrauchSt → § 3 Rn. 84. Nicht zu den VerbrauchSt iSd § 169 II 1 Nr. 1 gehört die EUSt (auch → Rn. 12), die USt (BFH 12.5.2005 – V R 44/04, BFH/NV 2005, 2046; BFH 16.10.1986 – V B 64/86, BStBl. II 1987, 95) und die KraftSt (BFH 27.6.1973 – II R 179/71, BStBl. II 1973, 807).

49 Nach **§ 169 II 1 Nr. 2** beträgt für die nicht in § 169 II 1 Nr. 1 genannten Steuern die reguläre Festsetzungsfrist vier Jahre. Abs. 2 S. 1 Nr. 2 erfasst neben der ESt, der KSt und der GewSt auch die USt und die KraftSt. Die vierjährige Festsetzungsfrist nach Abs. 2 Nr. 2 gilt ferner für die Investitionszulage sowie die Wohnungsbauprämie. Erfasst werden dabei auch die entsprechenden Rückforderungsansprüche. Lediglich bei der Rückforderung von Wohnungsbauprämien nach § 4 IV WoPG 1996 wird die Festsetzungsfrist des § 169 II 1 Nr. 2 durch eine vierjährige Ausschlussfrist verdrängt. Die vierjährige Festsetzungsfrist des § 169 II Nr. 2 gilt überdies für gesonderte Feststellungen (§§ 179 ff.) und für die Festsetzung von StMessbeträgen (§ 184) sowie für die Festsetzung von Kindergeld (§§ 62 ff. EStG). Nicht erfasst werden nach dem Wortlaut des Abs. 2 S. 1 Nr. 2 die Einfuhr- und Ausfuhrabgaben iSd Art. 5 Nr. 20 f. UZK. Wegen der Festsetzungsfristen für steuerliche Nebenleistungen (§ 3 IV) → Rn. 10.

II. Verlängerung der Festsetzungsfrist (Abs. 2 S. 2)

52 **Allgemeines.** Die reguläre Festsetzungsfrist verlängert sich nach § 169 II 2 bei einer StHinterziehung (§ 370) auf 10 Jahre und bei einer leichtfertigen StVerkürzung (§ 378) auf 5 Jahre. In diesen Fällen ist der FB die richtige StFestsetzung regelmäßig erschwert. Diese Erschwernis soll Abs. 2 S. 2 zT ausgleichen (BFH 23.7.2013 – VIII R 32/11, DStR 2013, 1999; BT-Drs. VI/1982, 150). Die verlängerte Festsetzungsfrist greift nach Abs. 2 S. 2 nur ein, soweit die Steuer hinterzogen oder leichtfertig verkürzt worden ist. Da § 169 II 2 keine Legaldefinition der StHinterziehung und leichtfertigen StVerkürzung enthält, ist deren Vorliegen anhand der §§ 370, 378 zu prüfen (BFH 2.4.2014 – VIII R 38/13, BStBl. II 2014, 698). Im Übrigen tritt Teilverjährung ein (s. zum Begriff der Teilverjährung → Rn. 22). § 169 II 2 setzt zudem einen hinterzogenen Betrag voraus, der zu einem Anspruch des Fiskus auf eine Abschlusszahlung führt und der wegen der StHinterziehung bzw. wegen der leichtfertigen StVerkürzung vom FA bislang nicht geltend gemacht werden konnte. Eine Verlängerung der Festsetzungsfrist nach § 169 II 2 entfällt nicht dadurch, dass der Stpfl. seine unrichtigen Angaben vor Ablauf der regulären Festsetzungsfrist richtigstellt (BFH 24.3.2011 – IV R 13/09, BFH/NV 2011, 1826). Abs. 2 S. 2 bezweckt nicht, den StHinterzieher in die Lage zu versetzen, Erstattungsansprüche, zB auf Grund überzahlter KapESt, über die reguläre Festsetzungsfrist hinaus zu realisieren (BFH 26.2.2008 – VIII R 1/07, BStBl. II 2008, 659; BFH 23.4.2009 – VIII R 6/08,

BFH/NV 2009, 1397; Lindwurm AO-StB 2007, 218; TK § 169 Rn. 13). Für hinterzogene oder leichtfertig verkürzte Steuern gilt nach § 171 VII zusätzlich die besondere Hemmung der Verjährung, sofern die betreffende StHinterziehung oder StOrdnungswidrigkeit noch nicht verjährt ist (→ § 171 Rn. 125 ff.).

Anwendungsbereich. Abs. 2 S. 2 gilt für alle Steuern. Erfasst wird auch die VSt (OFD Karlsruhe 13.1.2000, BB 2000, 293). Trotz der Verfassungswidrigkeit der VSt (BVerfG 22.6.1995 – 2 BvL 37/91, BVerfGE 93, 121) kann diese Steuer hinterzogen (§ 370) und leichtfertig verkürzt (§ 378) werden (BFH 24.5.2000 – II R 25/99, BStBl. II 2000, 378; BGH 7.11.2001 – 5 StR 395/01, BStBl. II 2002, 259; aA Schlepp DStZ 2001, 282; Resing DStR 1999, 922). Entsprechendes gilt für die bis Ende 1992 verfassungswidrige (BVerfG 27.6.1991 – 2 BvR 1493/89, BStBl. II 1991, 654) Besteuerung von Zinseinkünften iSd § 20 I Nr. 5–7 EStG (BFH 27.10.2000 – VIII B 77/00, BStBl. II 2001, 16; Braun DStZ 2000, 44). Zur Anwendung des Abs. 2 S. 2 im Bereich des Zollrechts → Rn. 11. Hinsichtlich des Rückforderungsanspruchs nach § 4 IV WoPG 1996 werden die verlängerten Festsetzungsfristen ebenso wie die reguläre Festsetzungsfrist des Abs. 2 S. 2 Nr. 2 durch eine besondere Ausschlussfrist verdrängt (→ Rn. 9 und → Rn. 49). Dagegen findet Abs. 2 S. 2 keine Anwendung auf bestimmte Zulagen, da bei diesen im Betrugsfall keine StHinterziehung, sondern ein Subventionsbetrug vorliegt (für die Investitionszulage BFH 19.12.2013 – III R 25/10, BStBl. II 2015, 119; für die Eigenheimzulage BFH 12.1.2016 – IX R 20/15, BStBl. II 2017, 21). 53

Täter der StHinterziehung (§ 370) oder der leichtfertigen StVerkürzung (§ 378). Die verlängerte Festsetzungsfrist gilt auch, wenn die Tat nicht durch den Stpfl. begangen worden ist (BT-Drs. VI/1982, 150; s. hierzu § 169 II 3). Es genügt vielmehr, wenn die strafbaren Handlungen von Vertretern und Erfüllungsgehilfen des Stpfl. begangen worden sind (BFH 14.6.2007 – VII B 184/06, BFH/NV 2007, 2053). Die zehnjährige Festsetzungsfrist des § 169 II 2 greift daher auch dann ein, wenn ein StBerater eine StHinterziehung begangen hat, indem er erhebliche Informationen des Stpfl. in der StErklärung unberücksichtigt ließ (BFH 18.5.2005 – VIII R 107/03, HFR 2006, 115). Etwas anderes gilt aber, wenn der StBerater (oder dessen Angestellte) nur leichtfertig unzutreffende Angaben machen und den Stpfl. selbst kein Vorwurf trifft, dies nicht erkannt zu haben. Dem Stpfl. kann das leichtfertige Handeln seines StBeraters weder nach straf- oder bußgeldrechtlichen noch nach steuerrechtlichen Grundsätzen zugerechnet werden (BFH 29.10.2013 – VIII R 27/10, BStBl. II 2014, 295; aA noch BFH 19.12.2002 – IV R 37/01, BStBl. II 2003, 385, wobei der IV. Senat im Verfahren VIII R 27/10 der Abweichung zugestimmt hat). Eine Selbstanzeige des Täters nach § 371 bzw. nach § 378 II hat keinen Einfluss auf den Lauf der verlängerten Festsetzungsfrist (TK § 169 Rn. 13). 54

Bei **Gesamtschuldnern** (§ 44) verlängert sich die Festsetzungsfrist nach Abs. 2 S. 2 gegenüber jedem Gesamtschuldner und nicht nur gegenüber dem Gesamtschuldner, der die StHinterziehung bzw. die StVerkürzung begangen hat. Dies gilt auch für Ehegatten/Lebenspartner, die nach § 26b bzw. §§ 2 VIII, 26b EStG zusammen zur ESt veranlagt werden (BFH 20.8.2010 – IX B 41/10, BFH/NV 2010, 2239; BFH 19.2.2008 – VIII B 49/07, BFH/NV 2008, 1158; HHSp § 169 Rn. 65; Schwarz/Pahlke/Keß § 169 Rn. 46; TK § 169 Rn. 23). Die Gegenauffassung (RFH 19.5.1926 – IV A 147/26, RFHE 19, 96; BFH 7.3.1957 – V Z 231/56 S, BStBl. III 1957, 231; Gonnella/Mikic DStR 1999, 528) überzeugt nicht, da es für die verlängerte Festsetzungsfrist nicht darauf ankommt, wer die StHinterziehung oder die StVerkürzung begangen hat. Es ist auch nicht erforderlich, dass der Stpfl. Kenntnis von der StHinterziehung hat (BFH 29.8.2017 – VIII R 32/15, BStBl. II 2018, 223). Den Gesamtschuldnern, die die Tat nicht begangen haben, bleibt nur die Exkulpationsmöglichkeit nach § 169 II 3, selbst wenn sie keine Kenntnis von der StHinterziehung eines anderen Gesamtschuldners hatten (BFH 29.8.2017 – VIII R 32/15, BStBl. II 2018, 223; Klein § 169 Rn. 28; → Rn. 62 ff.). 55

Gesamtrechtsnachfolger (§ 45), wie zB Erben, müssen die in der Person ihres Rechtvorgängers eingetretenen Tatbestände, die zur Verlängerung der Festsetzungsfrist führen, 56 gegen sich gelten lassen (BFH 27.8.1991 – VIII R 84/89, BStBl. II 1992, 9; FG Köln 7.6.1990 – 2 K 2513/88, EFG 1991, 107). Sie können sich nur dann nach Abs. 2 S. 3 exkulpieren, wenn auch ihrem Rechtsvorgänger die Exkulpationsmöglichkeit zustand (Schwarz/Pahlke/Keß § 169 Rn. 48; → Rn. 62 ff.).

57 **Hinterzogene Steuer.** Eine Steuer ist hinterzogen, wenn der objektive und der subjektive Tatbestand einer StHinterziehung (§ 370) vorliegen. Hierzu gehören neben der Tatbestandsmäßigkeit auch die Rechtswidrigkeit und die Schuld des Täters (BFH 16.1.1973 – VIII R 52/69, BStBl. II 1973, 273; BFH 21.10.1988 – III R 194/84, BStBl. II 1989, 216; BFH 12.3.1992 – IV R 29/91, BStBl. II 1993, 36; FG Baden-Württemberg 25.2.1982 – I 90/78, I 94/78, EFG 1982, 499; FG Sachsen-Anhalt 18.4.2023 – 5 K 819/18, DStRK 2024, 33). Die Tat muss vollendet sein. Der bloße Versuch einer StHinterziehung genügt nicht. Die StHinterziehung (§ 370) setzt Vorsatz voraus, wobei bedingter Vorsatz genügt (BFH 18.12.1986 – I B 49/86, BStBl. II 1987, 408; BFH 24.8.1993 – VII B 203/92, BFH/NV 1994, 294; FG Saarland 10.9.1997 – 1 V 189/97, EFG 1998, 171). Rechtfertigungs- und Schuldausschließungsgründe stehen einer Verlängerung der Festsetzungsfrist nach Abs. 2 S. 2 entgegen (BFH 2.4.1998 – V R 60/97, BStBl. II 1998, 530; BFH 18.12.1986 – I B 49/86, BStBl. II 1987, 408; TK § 169 Rn. 15). Dagegen ist es für die Verlängerung der Festsetzungsfrist nach Abs. 2 S. 2 unerheblich, ob Strafausschließungs- und Strafaufhebungsgründe vorliegen. Ohne Bedeutung sind daher eine Selbstanzeige des Täters (§ 371), die Verfolgungsverjährung (§§ 78 ff. StGB) und die Einstellung des Strafverfahrens wegen Geringfügigkeit (§§ 153, 153a, 154a StPO). Die Festsetzungsfrist verlängert sich auch dann, wenn der Stpfl., der die StHinterziehung begangen hat, verstorben ist (Schwarz/Pahlke/Keß § 169 Rn. 35). Hat bei einer PersGes die StHinterziehung zu erhöhten Gewinnen geführt, die nur einem Teil der Gesellschafter zuzurechnen sind, verlängert sich die Festsetzungsfrist nach Abs. 2 S. 2 auch nur diesen Gesellschaftern gegenüber (HHSp § 169 Rn. 63; TK § 169 Rn. 21).

58 **Leichtfertig verkürzte Steuer.** Leichtfertig verkürzt sind Steuern, wenn der objektive und der subjektive Tatbestand des § 378 erfüllt sind. Leichtfertig bedeutet einen erhöhten Grad von Fahrlässigkeit. Sie kann sowohl in Form bewusster als auch unbewusster Fahrlässigkeit vorliegen (BFH 17.8.2023 – III R 24/21, BFH/NV 2024, 1). Der Begriff umfasst ein Verhalten, das gravierend gegen die Sorgfaltspflichten verstößt und dem Täter besonders vorzuwerfen ist, weil er den Erfolg leicht hätte vorhersehen und dementsprechend leicht hätte vermeiden können (BFH 4.2.1987 – I R 58/86, BStBl. II 1988, 215; BFH 31.10.1989 – VIII R 60/88, BStBl. II 1990, 518). Bloße Untätigkeit schließt Leichtfertigkeit nicht ohne Weiteres aus, da sich der Stpfl. bei rechtlichen Zweifeln über seine steuerlichen Pflichten bei qualifizierten Auskunftspersonen zu erkundigen hat. Die Erkundigungspflichten beschränken sich nicht auf die StPflicht einer Tätigkeit, sondern umfassen auch die an die StPflicht anknüpfenden Verfahrenspflichten (BFH 19.2.2009 – II R 49/07, BStBl. II 2009, 932). Missachtet der Stpfl. hartnäckig die ihm obliegenden Informations- und Erkundigungspflichten, kann dies den Vorwurf der Leichtfertigkeit begründen (BFH 24.4.1996 – II R 73/93, BFH/NV 1996, 731). Tatsachen, die den zum Vorliegen einer leichtfertigen StVerkürzung führenden Kausalverlauf möglicherweise unterbrochen hätten, können bei der Beurteilung, ob eine leichtfertige StVerkürzung vorliegt, nicht berücksichtigt werden (BFH 3.3.2015 – II R 30/13, BStBl. II 2015, 777; BFH 23.7.2013 – VIII R 32/11, BStBl. II 2016, 503; FG Münster 24.9.2009 – 8 K 2284/06 GrE, EFG 2010, 507). Etwas anderes ist nur für die Fälle der sog. überholenden Kausalität anzunehmen, dh wenn durch ein späteres Ereignis eine neue Ursachenreihe eröffnet wird und die alte nicht fortwirkt (BFH 23.7.2013 – VIII R 32/11, BStBl. II 2016, 503).

59 Durch die **ungerechtfertigte Inanspruchnahme der Wohnungsbauprämie** können ebenfalls StHinterziehung (§ 370) und leichtfertige StVerkürzung (§ 378) begangen werden (§ 8 II WoPG 1996). Dies führt jedoch nicht zu einer Verlängerung der Festsetzungsfrist nach § 169 II 2, weil für die Rückforderungsansprüche nach § 4 IV WoPG 1996 die verlängerte Festsetzungsfrist nach Abs. 2 S. 2, wie auch die normale Festsetzungsfrist nach

Abs. 2 S. 1, durch eine besondere Ausschlussfrist verdrängt wird (auch → Rn. 9 und → Rn. 49).

Andere Straftatbestände oder Ordnungswidrigkeiten führen nach Abs. 2 S. 2 nicht zu einer Verlängerung der Festsetzungsfrist. Dies gilt auch für die StHehlerei iSd § 374 (FG Düsseldorf 8.6.1977 – IV 33/74 Z, EFG 1978, 55; HHSp § 169 Rn. 40; TK § 169 Rn. 16; aA BFH 20.1.1976 – VII R 18/72, BStBl. II 1976, 394). Für die Haftung des StHehlers sieht § 191 III 2 iVm § 71 jedoch eine eigenständige Verlängerung der Festsetzungsfrist vor (vgl. BFH 20.1.1976 – VII R 18/72, BStBl. II 1976, 394). Entsprechendes gilt für den Subventionsbetrug iSd § 264 StGB, sodass auch die ungerechtfertigte Inanspruchnahme von Investitionszulagen die Festsetzungsfrist nicht nach Abs. 2 S. 2 verlängert (HHSp § 169 Rn. 42; Schwarz/Pahlke/Keß § 169 Rn. 29; TK § 169 Rn. 17; aA BFH 28.8.1997 – III R 3/94, BStBl. II 1997, 827; FG München 24.9.1991 – 13 K 13048/87, EFG 1992, 171; Beckmann DStZ 1997, 393). Dem steht nicht entgegen, dass auf die Investitionszulagen gem. § 13 S. 1 InvZulG 2007 bzw. § 14 S. 1 InvZulG 2010 die Vorschriften über die StVergütungen entspr. anwendbar sind (vgl. FG Rheinland-Pfalz 17.12.1984 – 5 K 38/84, EFG 1985, 431; FG Berlin 18.8.1993 – II 379/87, EFG 1994, 864; HHSp § 169 Rn. 42; Schwarz/Pahlke/Keß § 169 Rn. 29; so aber BFH 28.8.1997 – III R 3/94, BStBl. II 1997, 827; FG München 24.9.1991 – 13 K 13048/87, EFG 1992, 171). § 169 II 2 nimmt auf konkrete Straftatbestände Bezug und macht die Verlängerung der Festsetzungsfrist nicht allg. von einer vorsätzlichen Straftat abhängig. 60

Verfahrensfragen. Die FB entscheidet in eigener Verantwortung, ob eine StHinterziehung (§ 370) oder eine leichtfertige StVerkürzung (§ 378) vorliegt. Unerheblich ist, ob tatsächlich ein Straf- oder Bußgeldverfahren durchgeführt worden ist. Liegt jedoch eine Entscheidung eines Strafgerichts bzw. einer Strafsachenstelle vor, so kann die FB idR das Ergebnis übernehmen (BFH 10.10.1972 – VII R 117/69, BStBl. II 1973, 68). Die FB trägt auch in diesen Fällen die objektive Beweislast für das Vorliegen einer StHinterziehung bzw. leichtfertigen StVerkürzung (vgl. BFH 27.8.1991 – VIII R 84/89, BStBl. II 1992, 9; BFH 11.12.2012 – IX R 33/11, BFH/NV 2013, 1057). Auch für das FG ist die Frage, ob eine StHinterziehung oder eine StVerkürzung vorliegt, eine Vorfrage, über die es selbständig zu entscheiden hat (BFH 7.11.1973 – I R 92/72, BStBl. II 1974, 125; BFH 18.12.1986 – I B 49/86, BStBl. II 1987, 408; BFH 8.8.2005 – VI B 18/05, BFH/NV 2005, 2042). Allerdings kann sich auch das FG die Feststellungen aus einem in das finanzgerichtliche Verfahren eingeführten Strafurteil zu eigen machen, wenn die Beteiligten weder substantiierte Einwendungen vortragen, noch entsprechende Beweisanträge stellen (BFH 1.10.2012 – V B 9/12, BFH/NV 2013, 387). Bei der Entscheidung, ob eine StHinterziehung bzw. eine StVerkürzung vorliegt, hat die FB bzw. das FG, wie auch sonst, den Prüfungsmaßstab der AO bzw. FGO anzuwenden (BFH 19.1.2006 – VIII B 114/05, BFH/NV 2006, 709). Der strengere Prüfungsmaßstab des Strafrechts gilt nicht (BFH 18.12.1986 – I B 49/86, BStBl. II 1987, 408; BFH 14.8.1991 – X R 86/88, BStBl. II 1992, 128; BFH 27.11.2003 – II B 104/02, BFH/NV 2004, 463). Lediglich der strafrechtliche Grundsatz „in dubio pro reo" ist auch im Rahmen des Abs. 2 S. 2 zu beachten (BFH 5.3.1979 – GrS 5/77, BStBl. II 1979, 570; BFH 21.10.1988 – III R 194/84, BStBl. II 1989, 216; BFH 18.12.1986 – I B 49/86, BStBl. II 1987, 408; BFH 14.8.1991 – X R 86/88, BStBl. II 1992, 128). Dieser Grundsatz hindert jedoch weder die FB noch das FG, auf Grund ihrer Feststellungen zu der vollen Überzeugung zu gelangen, dass eine StHinterziehung vorliegt (BFH 24.10.2006 – XI B 112/05, BFH/NV 2007, 201; BFH 4.5.2005 – XI B 230/03, BFH/NV 2005, 1485). Eine Einstellung des Strafverfahrens zB nach § 153a StPO ist für die Beurteilung der Voraussetzungen des § 169 II 2 unerheblich (BFH 14.12.2011 – V B 21/11, BFH/NV 2012, 602; BFH 24.1.2008 – VIII B 163/06, BFH/NV 2008, 1099; Gosch AO § 169 Rn. 47). Die Voraussetzungen einer StHinterziehung müssen auch bei der Verletzung von Mitwirkungspflichten immer mit an Sicherheit grenzender Wahrscheinlichkeit festgestellt werden. Dies gilt auch für die Verletzung der gesteigerten Mitwirkungspflichten bei Auslandssachverhalten gem. § 90 II (BFH 7.11.2006 61

– VIII R 81/04, BStBl. II 2007, 364). Die Person des Täters muss nicht konkret festgestellt werden, sofern nur feststeht, dass von mehreren Verdächtigen einer eine StHinterziehung bzw. StVerkürzung schuldhaft begangen hat (BFH 19.3.1998 – V R 54/97, BStBl. II 1998, 466). Allein die Tatsache, dass die FB die Besteuerungsgrundlagen nach § 162 I–II geschätzt hat, genügt jedoch nicht, eine StHinterziehung bzw. leichtfertige StVerkürzung anzunehmen (vgl. BFH 14.8.1991 – X R 86/88, BStBl. II 1992, 128). Will das FG ein Zwischenurteil zur Frage der verlängerten Festsetzungsfrist erlassen, muss es auch Feststellungen über Grund und Höhe des jeweiligen StAnspruchs treffen (BFH 9.4.2025 – II R 39/21, BFH/NV 2025, 1442).

III. Exkulpationsbeweis (Abs. 2 S. 3)

62 **Allgemeines.** § 169 II 3 enthält eine Billigkeitsregelung, die für bestimmte Fälle die Härten des § 169 II 2 mildern soll (BFH 31.1.1989 – VII R 77/86, BStBl. II 1989, 442). Die Regelung gibt dem Stpfl. die Möglichkeit, die Anwendung der nach Abs. 2 S. 2 verlängerten Festsetzungsfrist zu vermeiden, wenn die StHinterziehung (§ 370) oder die leichtfertige StVerkürzung (§ 378) durch einen Dritten begangen wird, der nicht als Erfüllungsgehilfe des Stpfl. tätig geworden ist. Um sich nach Abs. 2 S. 3 zu exkulpieren, muss der Stpfl. nachweisen, dass er durch die Tat keinen Vermögensvorteil erlangt hat und dass er die im Verkehr erforderliche Sorgfalt zur Verhinderung der StVerkürzung angewandt hat. Zweifel gehen zu seinen Lasten. Die Regelung ist nur anwendbar, wenn der Täter weder der Stpfl. noch eine Person ist, derer er sich zur Erfüllung seiner steuerlichen Pflichten bedient. Eine analoge Anwendung des Abs. 2 S. 3 auf Erfüllungsgehilfen des Stpfl. ist nicht möglich (HHSp § 169 Rn. 59), selbst wenn der Erfüllungsgehilfe nicht Täter, sondern nur Teilnehmer der Tat war (BFH 30.10.1990 – VII R 18/88, BFH/NV 1991, 721).

63 Der Begriff des **Vermögensvorteils** in § 169 II 3 ist weiter als der Begriff des StVorteils iSd § 370 I, IV. Er entspricht dem Begriff des Vermögensvorteils in § 70 II 1 und umfasst somit jede Verbesserung der Vermögenslage, die durch die Tat verursacht ist (BFH 31.1.1989 – VII R 77/86, BStBl. II 1989, 442). Die Höhe des Vermögensvorteils ist für die Verlängerung der Festsetzungsfrist nach Abs. 2 S. 2 f. ohne Bedeutung (BFH 31.1.1989 – VII R 77/86, BStBl. II 1989, 442). Wegen der weiteren Einzelheiten zum Begriff des Vermögensvorteils → § 70 Rn. 10.

64 Ferner muss der Stpfl. nachweisen, dass er die im Verkehr **erforderliche Sorgfalt** zur Verhinderung der StVerkürzung angewandt hat. Welche Vorkehrungen der Stpfl. konkret treffen muss, richtet sich nach den Umständen des Einzelfalls. So muss der Stpfl. uU Stichproben nehmen oder stichprobenweise Aufzeichnungen nachprüfen (TK § 169 Rn. 20). Besteht ein erhöhtes Risiko, dass ein Dritter eine StHinterziehung oder leichtfertige StVerkürzung begeht, sind entspr. erhöhte Anforderungen an die Verhinderung der Tat zu stellen (BFH 31.1.1989 – VII R 77/86, BStBl. II 1989, 442). Dabei ist ggf. auch zu berücksichtigen, ob und inwieweit dem Stpfl. eine Überwachung des Dritten überhaupt möglich war (HHSp § 169 Rn. 62). Der Stpfl. braucht nur dann keine besonderen Maßnahmen zu ergreifen, soweit der Dritte einer amtlichen Überwachung unterliegt (FG Düsseldorf 28.10.1987 – IV 233/83 VM, EFG 1988, 150; aufgehoben durch BFH 30.10.1990 – VII R 18/88, BFH/NV 1991, 721).

D. Wirkungen der Verjährung

67 **Allgemeines.** Die formelle Wirkung der Festsetzungsverjährung ergibt sich aus § 169 I 1 (→ Rn. 20). Materiellrechtlich führt die Festsetzungsverjährung nach § 47 zum Erlöschen der Ansprüche aus dem StSchuldverhältnis, während im Zivilrecht die Verjährung nach § 214 I BGB lediglich ein Leistungsverweigerungsrecht begründet (Höllig BB 1978, 33; auch → Rn. 24).

Rechtsbehelfe. Ein nach Ablauf der Festsetzungsfrist ergangener StBescheid ist mit dem Einspruch (§ 347) bzw. der Anfechtungsklage (§ 40 I FGO) anfechtbar. Er ist rechtswidrig, aber nicht nach § 125 nichtig (TK § 169 Rn. 40). Der Fehler des Bescheids ist schon nicht offenkundig iSd § 125 I (BFH 6.5.1994 – V B 28/94, BFH/NV 1995, 275). Daher sind während eines finanzgerichtlichen Klageverfahrens nach Ablauf der Festsetzungsfrist ergangene Änderungsbescheide aufzuheben (FG Hessen 11.10.1994 – 4 K 5327/89, EFG 1995, 298). Ohne Bedeutung ist dabei, ob der StBescheid den Stpfl. belastet oder begünstigt. Überdies sind auch StAnmeldungen (§ 167 S. 1), die nach Ablauf der Festsetzungsfrist beim FA eingereicht werden, lediglich rechtswidrig, jedoch nicht unwirksam (FG Hessen 8.5.2003 – 4 K 3024/01, EFG 2003, 1359). 68

Ist Festsetzungsverjährung eingetreten, kann der Grundsatz von **Treu und Glauben** nicht dazu führen, dass zulasten des Stpfl. ein erloschener StAnspruch wieder auflebt. Dementsprechend kann auch ein Verschulden des FA idR nicht zu Folge haben, dass ein StBescheid nach Eintritt der Festsetzungsverjährung zugunsten des Stpfl. geändert wird (BFH 19.8.1999 – III R 57/98, BStBl. II 2000, 330). 69

Ermittlungshandlungen der FB (§§ 88, 92 f., 193 ff., 208) werden durch den Eintritt der Festsetzungsverjährung nicht ausgeschlossen. 70

§ 170 Beginn der Festsetzungsfrist

(1) **Die Festsetzungsfrist beginnt mit Ablauf des Kalenderjahrs, in dem die Steuer entstanden ist oder eine bedingt entstandene Steuer unbedingt geworden ist.**

(2) [1] **Abweichend von Absatz 1 beginnt die Festsetzungsfrist, wenn**

1. **eine Steuererklärung oder eine Steueranmeldung einzureichen oder eine Anzeige zu erstatten ist, mit Ablauf des Kalenderjahrs, in dem die Steuererklärung, die Steueranmeldung oder die Anzeige eingereicht wird, spätestens jedoch mit Ablauf des dritten Kalenderjahrs, das auf das Kalenderjahr folgt, in dem die Steuer entstanden ist, es sei denn, dass die Festsetzungsfrist nach Absatz 1 später beginnt,**
2. **eine Steuer durch Verwendung von Steuerzeichen oder Steuerstemplern zu zahlen ist, mit Ablauf des Kalenderjahrs, in dem für den Steuerfall Steuerzeichen oder Steuerstempler verwendet worden sind, spätestens jedoch mit Ablauf des dritten Kalenderjahrs, das auf das Kalenderjahr folgt, in dem die Steuerzeichen oder Steuerstempler hätten verwendet werden müssen.**

[2] **Dies gilt nicht für Verbrauchsteuern, ausgenommen die Energiesteuer auf Erdgas und die Stromsteuer.**

(3) **Wird eine Steuer oder eine Steuervergütung nur auf Antrag festgesetzt, so beginnt die Frist für die Aufhebung oder Änderung dieser Festsetzung oder ihrer Berichtigung nach § 129 nicht vor Ablauf des Kalenderjahrs, in dem der Antrag gestellt wird.**

(4) **Wird durch Anwendung des Absatzes 2 Nummer 1 auf die Vermögensteuer oder die Grundsteuer der Beginn der Festsetzungsfrist hinausgeschoben, so wird der Beginn der Festsetzungsfrist für die folgenden Kalenderjahre des Hauptveranlagungszeitraums jeweils um die gleiche Zeit hinausgeschoben.**

(5) **Für die Erbschaftsteuer (Schenkungsteuer) beginnt die Festsetzungsfrist nach den Absätzen 1 oder 2**

1. **bei einem Erwerb von Todes wegen nicht vor Ablauf des Kalenderjahrs, in dem der Erwerber Kenntnis von dem Erwerb erlangt hat,**
2. **bei einer Schenkung nicht vor Ablauf des Kalenderjahrs, in dem der Schenker gestorben ist oder die Finanzbehörde von der vollzogenen Schenkung Kenntnis erlangt hat,**

3. bei einer Zweckzuwendung unter Lebenden nicht vor Ablauf des Kalenderjahrs, in dem die Verpflichtung erfüllt worden ist.

(6) **Für die Steuer, die auf Kapitalerträge entfällt, die**

1. aus Staaten oder Territorien stammen, die nicht Mitglieder der Europäischen Union oder der Europäischen Freihandelsassoziation sind, und

2. nicht nach Verträgen im Sinne des § 2 Absatz 1 oder hierauf beruhenden Vereinbarungen automatisch mitgeteilt werden,

beginnt die Festsetzungsfrist frühestens mit Ablauf des Kalenderjahres, in dem diese Kapitalerträge der Finanzbehörde durch Erklärung des Steuerpflichtigen oder in sonstiger Weise bekannt geworden sind, spätestens jedoch zehn Jahre nach Ablauf des Kalenderjahres, in dem die Steuer entstanden ist.

(7) **Für Steuern auf Einkünfte oder Erträge, die in Zusammenhang stehen mit Beziehungen zu einer Drittstaat-Gesellschaft im Sinne des § 138 Absatz 3, auf die der Steuerpflichtige allein oder zusammen mit nahestehenden Personen im Sinne des § 1 Absatz 2 des Außensteuergesetzes unmittelbar oder mittelbar einen beherrschenden oder bestimmenden Einfluss ausüben kann, beginnt die Festsetzungsfrist frühestens mit Ablauf des Kalenderjahres, in dem diese Beziehungen durch Mitteilung des Steuerpflichtigen oder auf andere Weise bekannt geworden sind, spätestens jedoch zehn Jahre nach Ablauf des Kalenderjahres, in dem die Steuer entstanden ist.**

Schrifttum: Sosnitza, Anlaufhemmung nach § 170 Abs. 2 Nr. 1 der Abgabenordnung (AO) bei der Abgabe/Nichtabgabe von Erbschaftsteuer- und Schenkungsteuererklärungen und von Anzeigen, UVR 1990, 171; Jung, Bestimmung der Festsetzungsverjährung in Schenkungsteuerfällen, UVR 1993, 234; Brunner, Beginn der Festsetzungsfrist bei fehlender einzelgesetzlicher Erklärungsabgabepflicht i. S. des § 170 Abs. 2 Nr. 1 AO, DStR 1994, 456; Schwedhelm/Binnewies, Anlaufhemmung nach § 170 Abs. 2 Satz 1 Nr. 1 AO im Rahmen des Steuerabzugsverfahrens nach § 50a EStG, IStR 1998, 239; Themel, Unterschiedlicher Beginn der Festsetzungsfrist (§ 170 AO) im Erbschaftsteuerrecht für die an einem Erbfall beteiligten Erwerber, DStR 1998, 1118; Bruschke, Die Festsetzungsfrist bei der Erbschaft- und Schenkungsteuer, UVR 2005, 112; Demme, Der Beginn der Festsetzungsverjährung in der Erbschaftsteuer, ZEV 2008, 222; Riehl, Beginn der Festsetzungsverjährung bei mittelbarer Schenkung, HFR 2017, 682; Grotherr, Neuerungen bei den Anzeigepflichten des Steuerpflichtigen für Auslandsbeteiligungen durch das Steuerumgehungsbekämpfungsgesetz, Ubg 2017, 402; Dißars, Verschärfung der Rechtslage bei Beteiligung an Drittstaat-Gesellschaften, Stbg 2018, 261; Lindwurm, Aufforderung zur Abgabe einer Steuererklärung – Verjährungsfrist, AO-StB 2018, 37.

Übersicht

A. Allgemeines

§ 170 regelt den Beginn der Festsetzungsfrist und legt die Ereignisse fest, die die Festsetzungsfrist des § 169 II in Lauf setzen. 1

B. Regelmäßiger Beginn der Festsetzungsfrist (Abs. 1)

Allgemeines. § 170 I normiert den regelmäßigen Beginn der Festsetzungsfrist. Nach der Grundregel des Abs. 1 beginnt die Festsetzungsfrist mit Ablauf des Kj., in dem der StAnspruch entstanden ist (Abs. 1 Alt. 1) oder eine bedingt entstandene Steuer unbedingt geworden ist (Abs. 1 Alt. 2). Ohne Bedeutung ist, wann der StAnspruchs nach § 220 fällig wird. 4

Sonderregelungen. Der Anwendungsbereich der Grundregel des Abs. 1 ist durch zahlreiche Vorschriften eingeschränkt. Die Grundregel des Abs. 1 ist damit praktisch zur Ausnahme geworden. Eingeschränkt wird Abs. 1 zB durch § 170 II für alle Besitz- und VerkehrSt, für die eine StErklärung einzureichen ist (→ Rn. 11 ff.), sowie durch § 170 III für StFestsetzungen, die nur auf Antrag des Stpfl. erfolgen (→ Rn. 38). Sonderregelungen zu Abs. 1 enthalten ferner § 170 IV für die VSt und die GrSt (→ Rn. 41), § 170 V für die ErbSt und die SchenkungSt (→ Rn. 44 ff.), § 170 VI für ausländische Kapitalerträge (→ Rn. 55) sowie § 170 VII für Einkünfte im Zusammenhang mit Drittstaat-Gesellschaften. Weitere Einschränkungen ergeben sich aus § 181 III, IV für gesonderte Feststellungen von Einheitswerten nach § 180 I Nr. 1, aus § 184 I 3 iVm § 181 III, IV für die Festsetzung von StMessbeträgen, aus § 239 I 2 für die Festsetzung von Zinsen sowie aus § 12 S. 2 InvZulG 2010 bzw. § 11 S. 2 InvZulG 2007 für die Festsetzung von Zinsen bei der Rückforderung von Investitionszulagen. Ferner enthält § 175 I 2 eine Sonderregelung für den Beginn der Festsetzungsfrist bei Aufhebung und Änderung eines StBescheids wegen eines Ereignisses mit Rückwirkung. 5

Im Bereich des **Zollrechts** beginnt die Dreijahresfrist für die Nacherhebung von Einfuhr- und Ausfuhrabgaben (Art. 5 Nr. 20 f. UZK) gem. Art. 103 I UZK abw. von § 170 I mit dem Tag, an dem die Zollschuld für den ursprünglich angeforderten Betrag entstanden ist. Der Zeitpunkt der Entstehung der Zollschuld ergibt sich aus §§ 77 ff. UZK. Zur Anwendung der §§ 169 ff. im Bereich des Zollrechts s. ferner → § 169 Rn. 11. Zu den Besonderheiten im Bereich der Strom- und EnergieSt s. Klein § 170 Rn. 2a. 6

§ 170 I Alt. 1. Für den Beginn der Festsetzungsfrist nach Abs. 1 Alt. 1 ist entscheidend, wann der StAnspruch nach § 38 entstanden ist. Zum Entstehungszeitpunkt der einzelnen Steuern → § 38 Rn. 9 ff. Nach Abs. 1 Alt. 1 beginnt die Festsetzungsfrist jedoch nicht schon mit der Entstehung des StAnspruchs, sondern erst mit Ablauf des Kj., in dem der Anspruch entstanden ist, sog. **Grundsatz der Kalenderverjährung.** Die Festsetzungsfrist endet infolgedessen grds. mit Ablauf eines folgenden Kj., sofern der Ablauf der Festsetzungsfrist nicht gehemmt (§ 171) ist. Der Ablauf der Festsetzungsfrist muss nach der Grundregel des Abs. 1 Alt. 1 somit nur zum Jahresende überwacht werden (TK § 170 Rn. 1). Der Grundsatz der Kalenderverjährung gilt auch für die Fälle der Anlaufhemmung nach § 170 II–VII. Bei StGesetzen mit Rückwirkung beginnt die Festsetzungsfrist mit Ablauf des Jahres, in dem der Tatbestand verwirklicht ist, der durch die Rückanknüpfung erfasst wird (OVG Münster 28.7.1970 – II A 46/69, DStZ/B 1971, 69; HHSp § 170 Rn. 4; TK § 170 Rn. 3). Der Beginn der Festsetzungsfrist nach Abs. 1 Alt. 1 gilt zB für die erstmalige StFestsetzung aufgrund eines Antrags nach § 46 II Nr. 8 EStG (BFH 7

14.4.2011 – VI R 53/10, BStBl. II 2011, 746; BFH 23.2.2012 – VI B 118/11, BFH/NV 2012, 919; auch → Rn. 17, 38).

8 Ferner bestimmt sich für den StSchuldner (§ 33 I) bei Steuern vom Einkommen, die im **Abzugsverfahren** erhoben werden, wie zB die LSt (§§ 38 ff. EStG) und die KapESt (§§ 43 ff. EStG), der Beginn der Festsetzungsfrist nach Abs. 1 Alt. 1, sofern der StSchuldner nicht nach § 56 EStDV verpflichtet ist, eine EStErklärung abzugeben. Ist der StSchuldner nach § 56 EStDV zur Abgabe einer StErklärung verpflichtet, richtet sich der Beginn der Festsetzungsfrist für den gesamten StAnspruch nach § 170 II 1 Nr. 1, da LSt und KapESt lediglich besondere Erhebungsformen der ESt sind (HHSp § 170 Rn. 5). Die LStAnmeldung des Arbeitgebers (§ 41a EStG) bzw. die KapEStAnmeldung des Schuldners der Kapitalerträge (§ 45a EStG) beeinflussen nicht den Beginn der Festsetzungsfrist gegenüber dem StSchuldner, sondern führen lediglich gegenüber dem Entrichtungsschuldner zur Anlaufhemmung nach § 170 II 1 Nr. 1. Die Verjährung des gesamten StAnspruchs gegen den StSchuldner kann nicht aus Gründen hinausgeschoben werden, die er nicht kennt und auf die er keinen Einfluss hat (FG Hessen 31.10.1995 – 4 K 2023/92, EFG 1996, 164; TK § 170 Rn. 13; so auch das BMF 24.4.1997, BStBl. I 1997, 414, das allerdings durch BMF 8.9.2003, BStBl. I 2003, 427 aufgehoben wurde; im Ergebnis wohl auch BFH 14.7.1999 – I B 151/98, BStBl. II 2001, 556; aA HHSp § 170 Rn. 34). Nicht überzeugend daher BFH 17.4.1996 – I R 82/95, BStBl. II 1996, 608 und BFH 29.1.2003 – I R 10/02, BStBl. II 2003, 687, wonach der Ablauf der Festsetzungsfrist gegenüber dem StSchuldner gem. § 170 II 1 Nr. 1 gehemmt wird, wenn der Entrichtungsschuldner (§ 33 I) keine StAnmeldung abgibt, da dieser für Rechnung des StSchuldners handelt. Anderes gilt beim Haftungsschuldner, wenn dieser durch seine Stellung auch für die steuerlichen Belange der Stpfl. zuständig war (→ Rn. 29). Allerdings normiert § 171 XV, der durch das AmtshilfeRLUmsG mit Wirkung vom 30.6.2013 eingefügt worden ist, für StEntrichtungsfälle nunmehr eine Ablaufhemmung, nach der, soweit ein Dritter Steuern für Rechnung des StSchuldners einzubehalten und abzuführen hat, die Festsetzungsfrist gegenüber dem StSchuldner nicht vor Ablauf der gegenüber dem StEntrichtungspflichtigen geltenden Festsetzungsfrist endet. Wegen der weiteren Einzelheiten zu § 171 XV → § 171 Rn. 180 ff. Zum Beginn der Festsetzungsfrist gegenüber dem Entrichtungsschuldner → Rn. 20 und → Rn. 28. Entsprechendes gilt bei beschränkt Stpfl. (§ 1 IV EStG) für die im Abzugsverfahren nach § 50a EStG erhobene ESt (TK § 170 Rn. 13) sowie für Freistellungs- und Erstattungsanträge im Rahmen des StEntlastungsverfahrens nach § 50d I EStG (Schwedhelm/Binnewies IStR 1998, 239; aA BFH 17.4.1996 – I R 82/95, BStBl. II 1996, 608; zum Beginn der Festsetzungsfrist für den Freistellungsanspruch nach § 50d I EStG s. § 50d I 9 EStG; zur Rechtslage bis zur Änderung des § 50d EStG durch das StÄndG 2001 s. FG Köln 5.12.2001 – 2 K 4695/00, EFG 2002, 472, nachfolgend BFH 29.1.2003 – I R 10/02, BStBl. II 2003, 687).

9 Für den **Erlass eines Haftungsbescheids** iSd § 191 enthält § 191 III 3 eine dem Abs. 1 Alt. 1 entsprechende Regelung. Zum Haftungsbescheid → Rn. 29 sowie → § 169 Rn. 8 und → § 191 Rn. 95 ff. Zum Beginn der Festsetzungsfrist für **Kosten der Vollstr.** s. § 346 II 2.

10 **§ 170 I Alt. 2** ist im Hinblick auf § 50 in die AO aufgenommen worden. § 50 regelt das Erlöschen und Unbedingtwerden von VerbrauchSt. Die Regelung in Abs. 1 Alt. 2 ist erforderlich, da nur bedingt entstandene Steuern nicht geltend gemacht werden können. Zum Rechtsinstitut der bedingten Steuer → § 50 Rn. 1.

C. Anlaufhemmung durch Abgabe von Steuererklärungen, Steueranmeldungen und Anzeigen sowie durch Verwendung von Steuerzeichen und Steuerstemplern (Abs. 2)

I. Abgabe von Steuererklärungen, Steueranmeldungen und Anzeigen (Abs. 2 S. 1 Nr. 1)

1. Allgemeines

§ 170 II 1 Nr. 1 verhindert, dass durch späte Einreichung der StErklärung, StAnmeldung oder Anzeige die der FB zur Verfügung stehende Bearbeitungszeit – ggf. gezielt – verkürzt wird (BT-Drs. VI/1982, 151; vgl. auch BFH 22.8.2012 – X R 47/09, BStBl. II 2013, 158; BFH 14.4.2011 – VI R 53/10, BStBl. II 2011, 746; BFH 23.2.2012 – VI B 118/11, BFH/NV 2012, 919; BFH 7.12.1999 – II B 79/99, BStBl. II 2000, 233; BFH 8.11.1984 – IV R 19/82, BStBl. II 1985, 199). Zur Verfassungsgemäßheit der Anlaufhemmung gem. Abs. 2 S. 1 Nr. 1 bei der Abgabe von StErklärungen → Rn. 19. 11

2. Begriff der Steuererklärung, Steueranmeldung und Anzeige

Zum Begriff der StErklärung → § 149 Rn. 3. Darüber hinaus ist auch eine von einem Dritten unterschriebene und beim FA eingereichte StErklärung zumindest dann eine **StErklärung iSd § 170 II 1 Nr. 1,** wenn das FA aus der Erklärung die richtigen Schlüsse auf den StSchuldner und die zu veranlagende Steuer ziehen kann und in Kenntnis des Umstandes, dass die StErklärung von einem Dritten stammt, diese Erklärung zur Grundlage der Veranlagung macht (BFH 10.11.2002 – V B 190/01, BFH/NV 2003, 292). Für einen **Verlustfeststellungsbescheid** nach § 10d IV EStG bestimmt sich gem. § 181 I 1 der Beginn der Feststellungsfrist nach § 170 II 1 Nr. 1, da für die gesonderte Verlustfeststellung gem. § 181 II 1 eine Erklärungspflicht besteht (BFH 10.7.2008 – IX R 90/07, BStBl. II 2009, 816). Zum Begriff der StAnmeldung → § 150 Rn. 15. 14

Anzeigen iSd § 170 II 1 Nr. 1 sind Mitteilungen des Stpfl. über Vorgänge, die es dem FA ermöglichen, eine Steuer festzusetzen (FG Niedersachsen 8.5.1991 – III 418–420/88, EFG 1992, 112; FG Hamburg 29.4.1987 – II 208/84, EFG 1987, 572; TK § 170 Rn. 8). Erfasst werden nur Anzeigepflichten, die den StSchuldner selbst, seinen Vertreter oder eine sonst für ihn handelnde Person treffen (BFH 7.12.1999 – II B 79/99, BStBl. II 2000, 233). Hierzu gehört auch der Testamentsvollstrecker (§§ 2197 ff. BGB), der für den Nachlass die Rechte und Pflichten der Erben wahrnimmt (BFH 7.12.1999 – II B 79/99, BStBl. II 2000, 233). Erfasst werden zB die Anzeigen nach §§ 137 ff. sowie die Anzeigen des Stpfl. als Erwerber nach § 30 ErbStG (BFH 30.10.1996 – II R 70/94, BStBl. II 1997, 11). Die Anzeigen der StSchuldner nach § 19 GrEStG sind dagegen nach § 19 V GrEStG ohnehin StErklärungen iSd AO und damit zugleich auch StErklärungen iSd § 170 II 1 Nr. 1 (vgl. BFH 1.12.2004 – II R 10/02, BFH/NV 2005, 1365; BFH 27.9.2017 – II R 41/15, BStBl. II 2018, 667; → § 149 Rn. 3). Nach BFH 5.7.2012 – VI R 11/11, BStBl. II 2013, 190 soll auch bei einer Verpflichtung des Arbeitgebers, eine Anzeige nach § 41c IV 1 EStG abzugeben, der Anlauf der Festsetzungsfrist für den Erlass eines LStNachforderungsbescheids gegenüber dem Arbeitnehmer gem. § 170 II 1 Nr. 1 gehemmt werden, obwohl nicht der Arbeitnehmer, sondern nur der Arbeitgeber zur Anzeige verpflichtet ist (→ Rn. 8 zur StAnmeldung des Entrichtungsschuldners). 15

Keine Anzeigen iSd Abs. 2 S. 1 Nr. 1 sind Anzeigen, die von Dritten zu erstatten sind, wie zB die Anzeigen von Vermögensverwaltern und -verwahrern, von Versicherungsunternehmern nach § 33 ErbStG und die Anzeigen von Gerichten, Behörden, Beamten und Notaren nach § 34 ErbStG und nach § 18 GrEStG (BFH 16.2.1994 – II R 125/90, BStBl. II 1994, 866; BFH 10.11.2004 – II R 1/03, BStBl. II 2005, 244; BFH 3.3.2015 – II R 30/13, BStBl. II 2015, 777). Der Stpfl. muss sich das Verhalten dieser Personen, Gerichte und Behörden nicht zurechnen lassen, weil er nicht beeinflussen kann, ob sie ihre 16

Anzeigeverpflichtungen erfüllen (FG Mecklenburg-Vorpommern 16.7.1998 – 2 V 99/97, EFG 1998, 1354; vgl. auch BFH 26.2.2007 – II R 50/06, BFH/NV 2007, 1535). Verlangt das FA die Abgabe einer ErbStErklärung, richtet sich der Anlauf der Festsetzungsfrist daher auch dann nach § 170 II 1 Nr. 1, wenn das Nachlassgericht dem FA die Erteilung von Erbscheinen und die eröffneten Verfügungen von Todes wegen bereits angezeigt hat (BFH 10.11.2004 – II R 1/03, BStBl. II 2005, 244). Trifft eine Anzeigepflicht sowohl den Stpfl. als auch einen Dritten, so ist maßgebend, wann der Stpfl. seine Pflicht erfüllt hat (FG Niedersachsen 8.5.1991 – III 418–420/88, EFG 1992, 112). Nach der Gegenauffassung des BFH ist allerdings in diesen Fällen die Anzeige eines Dritten nicht unbeachtlich. Vielmehr soll die Festsetzungsfrist nicht dadurch weiter nach § 170 II 1 Nr. 1 hinausgeschoben werden, dass der Stpfl. seine Anzeigepflicht nicht erfüllt (BFH 5.2.2003 – II R 22/01, BStBl. II 2003, 502; BFH 30.10.1996 – II R 70/94, BStBl. II 1997, 11 für eine unterlassene Anzeige des Pflichtteilsberechtigten iSd §§ 2303 ff. BGB nach § 30 ErbStG, wenn sich der Erwerb bereits mit hinreichender Deutlichkeit aus der beim FA eingereichten ErbStErklärung des Erben ergibt, sowie BFH 6.7.2005 – II R 9/04, BStBl. II 2005, 780 und BFH 21.6.1995 – II R 11/92, BStBl. II 1995, 802 für eine unterlassene Anzeige des Stpfl. nach § 19 GrEStG, wenn der Notar seine Anzeigepflicht nach § 18 GrEStG erfüllt; ebenso Gosch AO § 170 Rn. 35). Die Gegenauffassung des BFH übersieht, dass es nach dem Wortlaut des § 170 II 1 Nr. 1 für den Beginn der Festsetzungsfrist nicht genügt, wenn die FB in sonstiger Weise von dem StFall Kenntnis erlangt. Erforderlich ist vielmehr nach der eindeutigen Regelung des Abs. 2 S. 1 Nr. 1 eine entsprechende Anzeige des Stpfl. Ferner sind **Anzeigen nach § 153** keine Anzeigen iSd Abs. 2 S. 1 Nr. 1. Bei § 153 geht es lediglich um die Berichtigung einer bereits abgegebenen StErklärung. Hat durch die Abgabe einer StErklärung die Festsetzungsfrist nach Abs. 2 S. 1 Nr. 1 bereits begonnen, so kann sie nicht durch eine Anzeige nach § 153 noch einmal nach Abs. 2 S. 1 Nr. 1 erneut in Gang gesetzt werden (BFH 22.1.1997 – II B 40/96, BStBl. II 1997, 266; zum Regelungsinhalt des § 153 → § 153 Rn. 1 f.). Der Eingang der Anzeige nach § 153 führt jedoch zur Ablaufhemmung nach § 171 IX. Überdies sind auch **Mitteilungen nach § 68 I 1 EStG** über Änderungen in den für das Kindergeld erheblichen Verhältnissen keine Anzeigen iSd Abs. 2 S. 1 Nr. 1 (BFH 18.5.2006 – III R 80/04, BStBl. II 2008, 371; FG Berlin-Brandenburg 1.3.2017 – 7 K 7210/15, NZFam 2017, 427; s. zu einer möglichen Hemmung nach § 171 VII in diesen Fällen BFH 26.6.2014 – III R 21/13, BStBl. II 2015, 886).

3. Pflicht zur Abgabe einer Steuererklärung oder Anzeige

17 **Allgemeines.** Für die Anlaufhemmung nach § 170 II 1 Nr. 1 genügt jede konkretisierte Verpflichtung zur Abgabe einer StErklärung, StAnmeldung oder Anzeige. Die Verpflichtung kann sich unmittelbar aus dem Gesetz oder aus einer Aufforderung der FB zur Abgabe einer StErklärung (§ 149 I 2) ergeben. Zur gesetzlichen Erklärungspflicht → § 149 Rn. 6 ff. Zur Aufforderung der FB → § 149 Rn. 14 ff. Die Anlaufhemmung nach Abs. 2 S. 1 Nr. 1 greift immer, wenn die objektiven Voraussetzungen einer Verpflichtung zur Abgabe einer StErklärung, StAnmeldung oder Anzeige vorliegen. Auf die subjektiven Vorstellungen des Stpfl. kommt es nicht an (BFH 25.3.1992 – II R 46/89, BStBl. II 1992, 680). Die Erteilung einer Nichtveranlagungsbescheinigung (NV-Bescheinigung) gem. § 44a II 1 Nr. 2 EStG beendet nicht die Anlaufhemmung wegen Nichtabgabe der StErklärung nach § 170 II 1 Nr. 1 (BFH 15.5.2013 – VI R 33/12, BStBl. II 2014, 238). Ist der Stpfl. nur berechtigt, nicht jedoch verpflichtet eine StErklärung abzugeben, wie zB bei der Antragsveranlagung nach § 46 II Nr. 8 EStG, bleibt es für den Beginn der Festsetzungsfrist bei der Grundregel des Abs. 1 (BFH 23.2.2012 – VI B 118/11, BFH/NV 2012, 919). Eine Anlaufhemmung gem. § 170 II 1 Nr. 1 kommt somit in den Fällen der Antragsveranlagung (§ 46 II Nr. 8 EStG) nicht in Betracht (BFH 17.1.2013 – VI R 32/12, BStBl. II 2013, 439). Dies gilt auch bei Anwendung der Übergangsregelung des § 52 LVj 2 EStG aF, die in das EStG durch das JStG 2008 eingefügt worden war (BFH 14.4.2011 – VI R 53/

10, BStBl. II 2011, 746; BFH 18.10.2012 – VI R 16/11, BFH/NV 2013, 340; BFH 6.10.2011 – VI R 17/11, BFH/NV 2012, 551; BFH 14.4.2011 – VI R 86/10, BFH/NV 2011, 1515; vgl. auch BFH 15.1.2009 – VI R 23/08, BFH/NV 2009, 755). Zur StFestsetzung auf Antrag s. auch § 170 III.

Rechtsentwicklung. Durch das StMBG ist § 170 II 1 Nr. 1 zum 1.1.1994 geändert worden. Bis zum 31.12.1993 trat die Ablaufhemmung nach Abs. 2 S. 1 Nr. 1 nur ein, wenn aufgrund einer gesetzlichen Vorschrift eine StErklärung abzugeben war, sodass zweifelhaft war, ob der Beginn der Festsetzungsfrist auch dann gehemmt war, wenn die FB den Stpfl. nach § 149 I 2 zur Abgabe einer StErklärung aufgefordert hat (abl. die frühere hM, wie zB FG München 9.3.1995 – 15 K 1985/90, EFG 1995, 787; FG Hamburg 19.6.1990 – II 141/88, EFG 1991, 131 für § 31 ErbStG; zust. Dagegen BFH 28.11.1990 – I R 71/89, BStBl. II 1991, 440; BFH 17.2.1993 – II R 83/90, BStBl. II 1993, 580; zum damaligen Meinungsstand in der Literatur s. TK § 170 Rn. 9 f.). Die Neuregelung erfolgte, um der Rspr. des BFH Rechnung zu tragen und um alle Stpfl. gleich zu behandeln, unabhängig davon, ob sie unmittelbar aufgrund gesetzlicher Anordnung oder aufgrund einer Aufforderung des FA eine StErklärung abzugeben haben (BT-Drs. 12/5764, 60). Abs. 2 S. 1 Nr. 1 idF des StMBG gilt nach Art. 97 § 10 V EGAO für alle Festsetzungsfristen, die am 30.12.1993 noch nicht abgelaufen waren. 18

§ 170 II 1 Nr. 1 ist verfassungsgemäß. Die Regelung verstößt nicht deshalb gegen Art. 3 I GG, weil sie für die Festsetzungsverjährung an den konkreten Abgabezeitpunkt der jeweiligen StErklärung anknüpft. Der Stpfl. hat es letztlich selbst in der Hand, durch die Abgabe der StErklärung den Zeitpunkt zu bestimmen, zu dem die Festsetzungsverjährung eintritt (BFH 7.12.1999 – II B 79/99, BStBl. II 2000, 233; BFH 15.6.1988 – I R 121/86, BStBl. II 1988, 962). Abs. 2 S. 1 Nr. 1 verstößt auch nicht deshalb gegen Art. 3 I GG, weil es die FB für einen Teil der Stpfl. selbst in der Hand hat, den Beginn der Festsetzungsfrist durch eine Aufforderung nach § 149 I 2 zu bestimmen. Die Stpfl., die aufgrund einer Aufforderung nach § 149 I 2 zur Abgabe einer StErklärung verpflichtet sind, können erst mit der Bekanntgabe der Aufforderung den Stpfl. gleichgestellt werden, die unmittelbar kraft Gesetzes zur Abgabe einer Erklärung verpflichtet sind (BFH 18.10.2000 – II R 50/98, BStBl. II 2001, 14; BFH 6.12.2000 – II R 44/98, BFH/NV 2001, 574). Ferner verstößt es auch nicht gegen Art. 3 I GG, dass bei der Antragsveranlagung nach § 46 II Nr. 8 EStG anders als in Fällen der Pflichtveranlagung nach § 46 II Nr. 1–7 EStG die Anlaufhemmung nach § 170 II 1 Nr. 1 nicht zur Anwendung kommt (BVerfG 18.9.2013 – 1 BvR 924/12, NJW 2014, 139). 19

Betroffener Personenkreis. Die Festsetzungsfrist ist nach § 170 II 1 Nr. 1 nur gegenüber demjenigen Stpfl. gehemmt, der gesetzlich zur Abgabe einer StErklärung verpflichtet ist (BFH 17.2.1993 – II R 83/90, BStBl. II 1993, 580). Bei AbzugsSt, wie zB bei der LSt (§§ 38 ff. EStG) und bei der KapESt (§§ 43 ff. EStG), führt die Verpflichtung zur Abgabe einer StAnmeldung für den Entrichtungsschuldner (§ 33 I) zu einer Anlaufhemmung nach Abs. 2 S. 1 Nr. 1, da es sich bei der Entrichtungssteuerschuld um eine eigene StSchuld und nicht um eine (fiktive) Haftungsschuld handelt (BFH 6.3.2008 – VI R 5/05, BStBl. II 2008, 597; BFH 7.2.2008 – VI R 83/04, BStBl. II 2009, 703; BFH 14.7.1999 – I B 151/98, BStBl. II 2001, 556; zur Anlaufhemmung nach Abs. 2 S. 1 Nr. 1 für den StSchuldner s. → Rn. 8 und für den Haftungsschuldner → Rn. 29). Für den Beginn der Festsetzungsfrist hinsichtlich der LSt ist die LstAnmeldung und nicht die EstErklärung der betroffenen Arbeitnehmer maßgebend (BFH 6.3.2008 – VI R 5/05, BStBl. II 2008, 597). Unerheblich ist bei einer gesetzlichen Verpflichtung zur Abgabe einer StErklärung, ob das FA den Stpfl. besonders zur Abgabe einer StErklärung aufgefordert oder ein Zwangsgeld (§§ 328 ff.) festgesetzt hat (BFH 19.5.1999 – IV B 100/98, BFH/NV 1999, 1312; BFH 15.9.1994 – XI R 59/93, BFH/NV 1995, 647). Bei einer Aufforderung iSd § 149 I 2 tritt die Anlaufhemmung nach Abs. 2 S. 1 Nr. 1 nur demjenigen gegenüber ein, an den die Aufforderung gerichtet ist. Ein nach Fristablauf gestellter Antrag auf Günstigerprüfung nach § 32d VI lässt die Anlaufhemmung nicht rückwirkend aufleben, auch wenn dessen Voraus- 20 setzungen bereits vor Ablauf der Frist vorlagen (FG Nürnberg 20.7.2023 – 8 K 1062/22, EFG 2023, 1234; Rev. VI R 17/23; aA wohl FG Sachsen 16.11.2017 – 6 K 1271/17, BeckRS 2017, 133148).

21 Die **Aufforderung nach § 149 I 2** führt nur dann nach § 170 II 1 Nr. 1 zu einem von § 170 I abweichenden Beginn der Festsetzungsfrist, wenn sie vor Ablauf der ungehemmten Festsetzungsfrist nach § 169 II dem Stpfl. zugegangen ist. Ist zum Zeitpunkt der Aufforderung die ungehemmte Festsetzungsfrist (§ 169 II) bereits abgelaufen, kann die bereits eingetretene Festsetzungsverjährung nicht rückwirkend durch die Aufforderung wieder beseitigt werden (BFH 18.10.2000 – II R 50/98, BStBl. II 2001, 14; BFH 6.12.2000 – II R 44/98, BFH/NV 2001, 574; BFH 9.6.1999 – II B 101/98, BStBl. II 1999, 529; aA Becker DStZ 1998, 421, der in diesen Fällen jedoch prüft, ob die Aufforderung zur Abgabe einer StErklärung wegen eines Ermessensfehlers aufgehoben werden muss). Zu weitgehend ist allerdings die Ansicht, nach der die Aufforderung nur innerhalb der Dreijahresfrist des § 170 II 1 Nr. 1 Alt. 2 ergehen darf; für die Aufforderung nach § 149 I 2 ist im Gesetz keine Frist vorgesehen (BFH 18.10.2000 – II R 50/98, BStBl. II 2001, 14; BFH 6.12.2000 – II R 44/98, BFH/NV 2001, 574; so aber Jung UVR 1993, 234).

22 Keine Ablaufhemmung nach § 170 II 1 Nr. 1 entfaltet ferner die eine **Pflichtveranlagung begründende StErklärung,** wenn diese StErklärung erst nach Ablauf der Festsetzungsfrist des § 169 II abgegeben wird. Die Pflicht zur Abgabe einer StErklärung begründet der Stpfl. zB dann selbst, wenn er einen Antrag nach § 46 II 1 Nr. 4a EStG stellt. Durch einen Antrag nach § 46 II 1 Nr. 4a EStG kann der Stpfl. jedoch die bereits eingetretene Festsetzungsverjährung nicht mehr rückwirkend aufheben (BFH 28.3.2012 – VI R 68/10, BStBl. II 2012, 711).

23 Das FA trägt die **Beweislast** dafür, dass eine Verpflichtung zur Abgabe einer StErklärung, StAnmeldung oder Anzeige besteht (BFH 26.1.1993 – VII R 62/92, BFH/NV 1993, 691).

4. Abgabe einer Steuererklärung oder Anzeige

24 Die **StErklärung** muss gem. § 150 I 1 nach amtlich vorgeschriebenem Vordruck abgegeben werden und eigenhändig unterschrieben sein (BFH 10.11.2004 – II R 1/03, BStBl. II 2005, 244; BFH 14.1.1998 – X R 84/95, BStBl. II 1999, 203; BFH 9.7.2012 – I B 11/12, BFH/NV 2012, 1576; offengelassen BFH 9.8.1995 – XI R 72/94, BFH/NV 1996, 312; → § 150 Rn. 2 ff. und → § 150 Rn. 18 ff.). Maßgebend für den Beginn der Festsetzungsfrist ist der Eingang der StErklärung bei der zuständigen FB. Wird die StErklärung bei einer anderen FB abgegeben, beginnt die Festsetzungsfrist nach Abs. 2 S. 1 Nr. 1 erst, wenn die zuständige FB die Erklärung erhalten hat (BFH 14.12.2021 – VIII R 31/19, BStBl. II 2022, 461; FG Niedersachsen 26.6.2019 – 9 K 49/18, EFG 2020, 8). Etwas anderes gilt nur, wenn nach der gesetzlichen Regelung die Erklärung bei einer anderen Behörde als der zuständigen FB abzugeben ist (BFH 26.11.1991 – VII R 38/90, BStBl. II 1992, 440; FG Schleswig-Holstein 27.3.1990 – III 917/89, EFG 1990, 492 für die Abgabe der KraftStErklärung gem. § 3 I KraftStDV bei der Zulassungsstelle). In diesen Fällen tritt selbst dann keine Anlaufhemmung nach § 170 II 1 Nr. 1 ein, wenn die StErklärung nicht an das zuständige FA weitergeleitet wird (BFH 26.11.1991 – VII R 38/90, BStBl. II 1992, 440; FG Schleswig-Holstein 27.3.1990 – III 917/89, EFG 1990, 492). Ausnahmsweise kann die Abgabe bei einem unzuständigen FA genügen, wenn das FA seine Fürsorgepflicht verletzt, indem es die Erklärung lediglich zu den Akten nimmt, obwohl ihm seine Unzuständigkeit bekannt ist (BFH 14.12.2021 – VIII R 31/19, BStBl. II 2022, 461). Für den Beginn der Festsetzungsfrist nach Abs. 2 S. 1 Nr. 1 ist es unerheblich, ob die StErklärung inhaltlich teilweise unvollständig oder unrichtig ist. Etwas anderes gilt nur dann, wenn die StErklärung derart lückenhaft ist, dass dies praktisch auf ein Nichteinreichen der Erklärung hinausläuft (BFH 22.1.1997 – II B 40/96, BStBl. II 1997, 266; BFH 7.4.2005 – IV R 39/04, BFH/NV 2005, 1229; BFH 25.4.2023 – II R 10/21, DStR 2023, 1934; → § 150 Rn. 13). Ein Beispiel wäre die fehlende Benennung aller zu einem

Erwerbsvorgang gehörenden Grundstücke im Rahmen der GrESt (BFH 25.4.2023 – II R 10/21, BStBl. II 2023, 1020). Auch eine als vorläufig gekennzeichnete StErklärung führt zur Anlaufhemmung nach Abs. 2 S. 1 Nr. 1 (BFH 17.9.2007 – I B 18/07, BFH/NV 2008, 18; anders dagegen bei einer mit dem Vermerk „Nicht geprüft, nur zur Kenntnis genommen." versehenen Erklärung, BFH 11.4.2018 – X R 39/16, BFH/NV 2018, 1075; zum Erfordernis der Unterschrift s. TK § 170 Rn. 12). Der Beginn der Festsetzungsfrist ist auch dann von der Abgabe der StErklärung abhängig, wenn das FA bereits vor Abgabe der Erklärung einen Schätzungsbescheid (§ 162) erlassen hat (BFH 29.1.1988 – X S 5/87, BFH/NV 1988, 480; BFH 15.1.2015 – I R 33/13, BFH/NV 2015, 797; Klein § 170 Rn. 13). Besteht eine Verpflichtung zur Abgabe einer Feststellungserklärung kann deren Abgabe grds. nicht durch die Abgabe einer EStErklärung ersetzt werden (BFH 12.12.2013 – IV R 33/10, BFH/NV 2014, 665). Nach BFH 12.12.2013 – IV R 33/10, BFH/NV 2014, 665 gilt jedoch ausnahmsweise dann etwas anderes, wenn der Stpfl. eine vom FA angeforderte EStErklärung abgibt, obwohl aus späterer Sicht die formal richtige StErklärung eine Feststellungserklärung gewesen wäre, sofern die abgegebene Erklärung ohne Verkürzung der Bearbeitungszeit eine rechtlich zutreffende Bearbeitung des StFalles ermöglicht (→ Rn. 11).

Eine **Anzeige** iSd § 170 II 1 Nr. 2 ist bereits dann abgegeben, wenn das FA aufgrund 25
der Mitteilung in der Lage ist, zu prüfen, ob ein steuerbarer Vorgang vorliegt. Die Festsetzungsfrist gem. § 170 II 1 Nr. 1 beginnt auch dann mit der Abgabe der Anzeige, wenn die Anzeige teilweise unvollständig oder unrichtig ist (BFH 23.5.2012 – II R 56/10, BFH/NV 2012, 1579). Eine Anzeige nach § 30 ErbStG muss nicht sämtliche nach § 30 IV ErbStG erforderlichen Angaben enthalten, da es sich bei § 30 IV ErbStG nur um eine Sollvorschrift handelt (FG Baden-Württemberg 20.9.1999 – 9 K 216/99, EFG 2000, 1021). Die Anzeige des Grundstückseigentumsübergangs nach den §§ 18, 19 GrEStG löst den Beginn der Feststellungsverjährung aus, wenn sie an das zuständige FA gerichtet ist und eindeutig einen grunderwerbsteuerlichen Sachverhalt bezeichnet (BFH 29.10.2008 – II R 9/08, BFH/NV 2009, 1832; BFH 11.6.2008 – II R 55/06, BFH/NV 2008, 1876; BFH 1.12.2004 – II R 10/02, BFH/NV 2005, 1365). Einer Anzeige nach §§ 18, 19 GrEStG kommt jedenfalls dann keine die Anlaufhemmung des § 170 II 1 Nr. 1 beendende Wirkung zu, wenn ihr die nach § 20 I Nr. 2 GrEStG erforderlichen Angaben vollständig fehlen (BFH 17.8.2009 – II B 172/08, BFH/NV 2009, 1970; BFH 26.1.2012 – II B 98/11, BFH/NV 2012, 710; auch → Rn. 14).

5. Wirkung des § 170 Abs. 2 S. 1 Nr. 1

Anlaufhemmung. Die Festsetzungsfrist beginnt nach § 170 II 1 Nr. 1 für jeden selb- 28
ständigen StAnspruch mit Ablauf des Kj., in dem die jeweilige StErklärung, StAnmeldung oder Anzeige bei der FB eingereicht wird. Die Anlaufhemmung des Abs. 2 S. 1 Nr. 1 bezieht sich dabei auf den gesamten StAnspruch. Daher tritt auch bei AbzugsSt, wie zB bei der LSt (§§ 38 ff. EStG) und bei der KapESt (§§ 43 ff. EStG), die Anlaufhemmung nach Abs. 2 S. 1 Nr. 1 ein, wenn die AbzugsSt auf Einkünften beruhen, für die eine StErklärung abzugeben ist. Fordert die FB nach Anzeigeerstattung gem. § 30 I f. ErbStG die Einreichung einer Schenkungsteuererklärung, endet die Anlaufhemmung gem. § 170 II 1 Nr. 1 erst mit Ablauf des Kj., in dem die StErklärung eingereicht wird, spätestens jedoch mit Ablauf des dritten Kj. nach dem Jahr der StEntstehung (BFH 27.8.2008 – II R 36/06, BStBl. II 2009, 232; BFH 17.4.2013 – II R 59/11, BStBl. II 2014, 663; für die GrESt BFH 17.4.2013 – II R 59/11, BStBl. II 2014, 663; aA TK § 170 Rn. 15a). Bei der **gesonderten Feststellung** von Besteuerungsgrundlagen (§§ 179 ff.) erstreckt sich die Wirkung des Abs. 2 S. 1 Nr. 1 auf sämtliche Besteuerungsgrundlagen (§ 157 II), die nach der gesetzlichen Regelung gesondert festzustellen sind und zwar unabhängig davon, ob sie tatsächlich im Feststellungsbescheid berücksichtigt wurden (FG Münster 25.2.2000 – 11 K 1590/97 F, EFG 2000, 565). Muss der Stpfl. sowohl StVoranmeldungen als auch Jahressteuererklärungen abgeben, endet die Anlaufhemmung für die Jahressteuer erst mit Abgabe

der Jahressteuererklärung und nicht bereits mit Abgabe einer Voranmeldung (BFH 31.1.1991 – V B 135/90, BFH/NV 1991, 563). Die nicht rechtzeitige Abgabe der ErbSt-Erklärung durch den Testamentsvollstrecker (§§ 2205 ff. BGB) hemmt den Ablauf der Festsetzungsfrist für die ErbSt gegenüber den Erben (BFH 7.12.1999 – II B 79/99, BStBl. II 2000, 233; auch → Rn. 14).

29 Auch gegenüber einem **Haftungsschuldner** greift die Anlaufhemmung des § 170 II 1 Nr. 1 ein, wenn der Haftungsschuldner gesetzlich zur Abgabe einer StAnmeldung oder zur Erstattung einer Anzeige verpflichtet ist und dieser Verpflichtung nicht nachkommt (BFH 9.8.2000 – I R 95/99, BStBl. II 2001, 13). § 191 III 4 steht dem nicht entgegen. Die Vorschrift begründet lediglich eine speziell im Haftungsverfahren wirkende Ablaufhemmung, schließt aber die sich aus § 191 III 1 iVm § 170 II 1 Nr. 1 ergebende Anlaufhemmung nicht aus (BFH 9.8.2000 – I R 95/99, BStBl. II 2001, 13). Darüber hinaus kommt die Anlaufhemmung auch dann zur Anwendung, wenn originär der Stpfl. zur Abgabe der StErklärung verpflichtet war und der Haftungsschuldner gemäß seiner Stellung deren Pflichten zu erfüllen hatte (BFH 18.3.2025 – VII R 20/23, DStR 2025, 1872; FG Düsseldorf 24.10.2024 – 8 K 1894/20 H, EFG 2025, 458).

30 **Begrenzung der Anlaufhemmung.** Erfüllt der Stpfl. seine Erklärungspflicht nicht oder nicht rechtzeitig, beginnt die Festsetzungsfrist nach § 170 II 1 Nr. 1 spätestens mit Ablauf des dritten Kj., das auf die Entstehung des StAnspruchs folgt, sofern die Festsetzungsfrist nicht nach § 170 I später beginnt. Dies gilt auch in den Fällen, in denen das FA den Stpfl. nach § 149 I 2 zur Abgabe einer StErklärung aufgefordert hat (BFH 18.10.2000 – II R 50/98, BStBl. II 2001, 14; BFH 6.12.2000 – II R 44/98, BFH/NV 2001, 574). Zum Entstehungszeitpunkt der einzelnen Steuern → § 38 Rn. 9 ff. Bei der gesonderten Feststellung nach **§ 18 I–II AStG** ist maßgebend, wenn der Stpfl. keine Erklärung nach § 18 III AStG abgegeben hat, zu welchem Zeitpunkt ihm die Besteuerungsgrundlagen der §§ 7 ff. AStG zugerechnet werden. Für den Hinzurechnungsbetrag nach § 10 AStG ergibt sich der für Abs. 2 S. 1 Nr. 1 maßgebende Zeitpunkt somit aus § 10 II AStG (FG Hessen 16.5.2000 – 4 K 243/98, EFG 2000, 979).

II. Verwendung von Steuerzeichen und Steuerstemplern (Abs. 2 S. 1 Nr. 2)

33 § 170 II 1 Nr. 2 regelt die Anlaufhemmung bei Verwendung von StZeichen (Wertmarken, Banderolen) und StStemplern. Inhaltlich entspricht die Regelung Abs. 2 S. 1 Nr. 1. Die Festsetzungsfrist beginnt nach Abs. 2 S. 1 Nr. 2 mit Ablauf des Kj., in dem für den StFall StZeichen oder StStempler verwandt worden sind, spätestens jedoch mit Ablauf des dritten Kj., das auf das Kj. folgt, in dem die StZeichen oder StStempler hätten verwendet werden müssen. Die Verwendung von StZeichen und StStemplern ist nur noch für die TabSt (§ 12 TabStG) vorgesehen.

III. Nichtanwendung bei Verbrauchsteuern (Abs. 2 S. 2)

35 Nach § 170 II 2 gilt die Regelung des § 170 II 1 nicht für VerbrauchSt mit Ausnahme der EnergieSt auf Erdgas und der StromSt. VerbrauchSt werden regelmäßig im Massenverfahren unmittelbar nach Verwirklichung des StTatbestands oder aufgrund monatlicher Anmeldungen nach sofortiger Prüfung festgesetzt. Eine Anlaufhemmung erübrigt sich somit. Bei der StromSt besteht allerdings ein erheblicher Prüfungsbedarf, da das StromStG im Gegensatz zu anderen VerbrauchStGesetzen komplizierte Befreiungstatbestände enthält. Entsprechendes gilt für die Besteuerung von Erdgas nach den Vorschriften des EnergieStG (HHSp § 170 Rn. 15). Abs. 2 S. 2 Hs. 2 soll der FB ausreichend Zeit zur Überprüfung der StAnmeldungen und zur Festsetzung der Steuer geben (vgl. BT-Drs. 14/2070, 32).

D. Anlaufhemmung bei Steuerfestsetzungen auf Antrag (Abs. 3)

§ 170 III enthält eine Sonderregelung zur Anlaufhemmung für Steuern oder StVergütungen, die nur auf Antrag festgesetzt werden, wie zB die ESt nach § 46 II Nr. 8 EStG, die Investitionszulage nach § 7 InvZulG 2010 bzw. nach § 6 InvZulG 2007, die Erstattung der VersSt nach § 9 VersStG oder das Kindergeld (§ 70 EStG). Ferner erfasst Abs. 3 auch den Bescheid über den früheren LStJahresausgleich (BFH 9.3.1990 – VI R 87/89, BStBl. II 1990, 608). Dies gilt nur dann nicht, wenn der Stpfl. einen Antrag auf LStJahresausgleich gestellt hat, obwohl er zur Abgabe einer EStErklärung verpflichtet war. In diesem Fall richtet sich der Beginn der Festsetzungsfrist nach § 170 II 1 Nr. 1 (BFH 27.4.1994 – VIII B 119/93, BFH/NV 1995, 82; vgl. auch BFH 9.3.1990 – VI R 87/89, BStBl. II 1990, 608). Die Regelung des Abs. 3 betrifft ausschl. eine **spätere Aufhebung oder Änderung,** nicht jedoch die erstmalige StFestsetzung. Für die erstmalige StFestsetzung auf Antrag verbleibt es bei der Grundregel des § 170 I 1 (BFH 9.3.1990 – VI R 87/89, BStBl. II 1990, 608 sowie BFH 29.3.2001 – III R 1/99, BStBl. II 2001, 432 für die Investitionszulage). Dies hat zu Folge, dass die Festsetzungsfrist für die erstmalige StFestsetzung und für eine spätere Aufhebung oder Änderung gesondert zu berechnen sind (BFH 29.3.2001 – III R 1/99, BStBl. II 2001, 432; vgl. auch BFH 9.3.1990 – VI R 87/89, BStBl. II 1990, 608). Durch das StMBG ist die Regelung auch auf Berichtigungen nach § 129 ausgedehnt worden. Zur erstmaligen Anwendung der Neuregelung s. Art. 97 § 10 V EGAO. **Zweck** des § 170 III ist es, der FB auch dann genügend Zeit für die Änderungen einer fehlerhaften StFestsetzung zu geben, wenn der Antrag erst kurz vor Ablauf der regulären Verjährungsfrist gestellt wird (BT-Drs. VI/1982, 151; vgl. auch BFH 29.3.2001 – III R 1/99, BStBl. II 2001, 432; BFH 24.7.1990 – IX B 138/89, BFH/NV 1991, 159; BFH 9.3.1990 – VI R 87/89, BStBl. II 1990, 608). Maßgebend für den Fristbeginn ist der Eingang des Antrags bei der FB (BFH 29.3.2001 – III R 1/99, BStBl. II 2001, 432). Die Regelung des Abs. 3 ergänzt § 171 III, der gem. § 171 III 1 im Gegensatz zu § 170 III nur eine Aufhebung oder Änderung im Rahmen des Antrags („insoweit") ermöglicht. Nach § 181 I 3 gilt Abs. 3 sinngemäß für Feststellungserklärungen iSd § 180 II, die ohne Aufforderung durch die FB abgegeben werden (→ § 181 Rn. 4 ff.). 38

E. Anlaufhemmung bei Vermögen- und Grundsteuer (Abs. 4)

§ 170 IV enthält eine spezielle Anlaufhemmung für die VSt und die GrSt. Die VSt und der GrStMessbetrag werden nach § 15 I VStG bzw. nach § 16 II GrStG regelmäßig für mehrere Kj. (Hauptveranlagungszeitraum) festgesetzt, wobei für beide Steuern die Anlaufhemmung des Abs. 2 S. 1 Nr. 1 gilt. Wird nach Abs. 2 S. 1 Nr. 1 für ein Kj. des Hauptveranlagungszeitraums der Beginn der Festsetzungsfrist hinausgeschoben, setzt sich nach Abs. 4 diese Anlaufhemmung für die folgenden Kj. des Hauptveranlagungszeitraums fort. Die Vorschrift verhindert damit, dass die Festsetzungsfristen für die folgenden Kj. des Hauptveranlagungszeitraums früher beginnen als die Festsetzungsfrist für das Kj., für das nach Abs. 2 S. 1 Nr. 1 der Beginn der Festsetzungsfrist hinausgeschoben wird. So gewährleistet die Regelung, dass die Festsetzungsfristen für die einzelnen Kj. des Hauptveranlagungszeitraums kontinuierlich ablaufen (BT-Drs. VI/1982, 151). § 170 IV berücksichtigt nicht nur die auf den Hauptveranlagungszeitpunkt (§ 19 I 1 VStG) bzw. auf den Hauptfeststellungszeitpunkt (§ 16 I GrStG) abzugebenden StErklärungen, sondern gilt auch für Erklärungen zur **Neu- und Nachveranlagung** (§§ 16 f. VStG, §§ 17 f. GrStG). Die Vorschrift ist durch das StBMG geändert worden und erfasst seitdem nicht nur StErklärungspflichten, die sich unmittelbar aus dem Gesetz ergeben, sondern berücksichtigt auch StErklärungen, die vom FA nach § 149 I 2 angefordert werden, wie zB nach § 19 I 2 VStG angeforderte StErklärungen zur Neu- oder Nachveranlagung iSd §§ 16 f. VStG. 41

Diese Neuregelung des Abs. 4 war wegen der Änderung des Abs. 2 S. 1 Nr. 1 durch das StBMG erforderlich geworden (BT-Drs. 12/5764, 60; zur Änderung des Abs. 2 S. 1 Nr. 1 → Rn. 18). Zur erstmaligen Anwendung der Neuregelung s. Art. 97 § 10 V EGAO. Für die Feststellung von Einheitswerten enthält § 181 III 3 eine dem Abs. 4 entsprechende Regelung.

F. Anlaufhemmung bei Erbschaft- und Schenkungsteuer (Abs. 5)

I. Allgemeines

44 § 170 V enthält eine Sonderregelung für die ErbSt und die SchenkungSt. Abs. 5 regelt für beide Steuern ergänzend zu Abs. 1–2 den Beginn der Festsetzungsfrist.

II. Erwerb von Todes wegen (Abs. 5 Nr. 1)

45 Nach **§ 170 V Nr. 1** ist der Beginn der Festsetzungsfrist bei einem Erwerb von Todes wegen (§ 1 I Nr. 1 ErbStG iVm § 3 ErbStG) bis zum Ablauf des Kj. gehemmt, in dem der Erwerber Kenntnis von dem Erwerb erlangt hat. Erlangt der Erbe Kenntnis von seinem Erwerb, ist er nach § 30 ErbStG verpflichtet, seinen Erwerb beim FA anzuzeigen. Versäumt er dies, bestimmt sich der Beginn der Festsetzungsfrist nach Abs. 2 S. 1 Nr. 1 (→ Rn. 11 ff.). Abs. 5 Nr. 1 soll lediglich vermeiden, dass die Festsetzungsfrist für die ErbSt ablaufen kann, bevor dem Erben der Erbfall bekannt geworden ist und es ihm tatsächlich möglich ist, seine Anzeigepflicht nach § 30 ErbStG zu erfüllen (BT-Drs. VI/1982, 151; vgl. auch FG München 18.7.2001 – 4 K 4507/98, EFG 2002, 5).

46 Der **Begriff der Kenntnis** in § 170 V Nr. 1 ist wie der Begriff in § 30 ErbStG auszulegen (FG Köln 6.7.2006 – 9 K 4362/02, EFG 2006, 1553; FG München 18.7.2001 – 4 K 4507/98, EFG 2002, 5; FG Hamburg 29.4.1987 – II 208/84, EFG 1987, 572; FG Niedersachsen 31.7.1985 – III 554/83, EFG 1986, 27; s. hierzu TGJG § 30 Rn. 14 ff. und MHH § 30 Rn. 5). Der Erbe erlangt dann Kenntnis iSd Abs. 5 Nr. 1, wenn er mit einer solchen Zuverlässigkeit und Gewissheit von seinem unangefochtenen Erbschaftserwerb erfahren hat, dass er in der Lage ist und von ihm erwartet werden kann, seine Anzeigepflicht nach § 30 ErbStG zu erfüllen (BFH 8.3.1989 – II R 63/86, BFH/NV 1990, 444; BFH 12.5.2016 – II R 56/14, BStBl. II 2020, 500; BFH 27.4.2022 – II R 17/20, BFH/NV 2022, 901; s. auch FG Düsseldorf 29.6.2022 – 4 K 896/20 Erb, EFG 2022, 1581, Rev. BFH II R 28/22 zu der Frage, ob ein nachträglich gefundenes Testament, welches zu einer abweichenden Aufteilung der Erbmasse führt, eine erneute Anlaufhemmung auslöst). Dabei ist es nicht erforderlich, dass der Erbe seinen Erbschaftserwerb rechtlich zutr. beurteilt (FG München 18.7.2001 – 4 K 4507/98, EFG 2002, 5; nach FG Schleswig-Holstein 14.10.2016 – 3 K 112/13, EFG 2016, 1965, aufgehoben aus anderen Gründen durch BFH 11.7.2019 – II R 36/16, DStR 2019, 2576, soll eine konkrete Kenntnis hinsichtlich einzelner Vermögensgegenstände nicht erforderlich sein). Dem Erben muss lediglich der Erwerbsgrund und die Höhe seines Erbanteils bekannt sein (FG Hamburg 29.4.1987 – II 208/84, EFG 1987, 572).

47 Dies ist bei **gewillkürter Erbfolge** regelmäßig erst im Zeitpunkt der Eröffnung des Testaments der Fall, da der Erblasser ein bekanntes Testament nach § 2253 BGB jederzeit widerrufen oder ändern kann (BFH 8.3.1989 – II R 63/86, BFH/NV 1990, 444; BFH 27.11.1981 – II R 18/80, BStBl. II 1982, 276; HHSp § 170 Rn. 59; Themel DStR 1998, 1118; TK § 170 Rn. 23). Etwas anderes gilt nur, wenn der Erblasser unmittelbar vor seinem Tod ein Testament errichtet hat und deshalb nicht mehr in der Lage war, dieses Testament zu ändern oder zu widerrufen (BFH 27.11.1981 – II R 18/80, BStBl. II 1982, 276). Die Eröffnung des Testaments ist für die Kenntniserlangung iSd Abs. 5 Nr. 1 allerdings dann nicht maßgebend, wenn objektiv erkennbare Umstände vorliegen, die

Zweifel am Bestand der letztwilligen Verfügung oder des Erbfalls aufkommen lassen (BFH 27.4.1988 – II R 253/85, BStBl. II 1988, 818).

Bei **gesetzlicher Erbfolge** liegt sichere Kenntnis iSd Abs. 5 Nr. 1 vor, wenn der Erbe davon ausgehen kann, dass kein Testament existiert, und wenn er sicher weiß, dass ein Verwandter einer vorhergehenden Ordnung nicht vorhanden ist (BFH 8.3.1989 – II R 63/86, BFH/NV 1990, 444). 48

Ist der Erbe angeklagt, den Erblasser ermordet zu haben, und bestand daher die Möglichkeit der Erbunwürdigkeit gem. § 2339 I Nr. 1 BGB, so soll der Erbe erst mit seinem Freispruch eine ausreichende Kenntnis seines Erwerbs erlangt haben (s. BFH 27.4.1988 – II R 253/85, BStBl. II 1988, 818). Mit dieser Entscheidung stellt der BFH abw. vom Wortlaut des Abs. 5 Nr. 1 nicht ausschl. auf die subjektiven Kenntnisse des Erben ab, sondern berücksichtigt zusätzlich auch die objektiven Umstände, die die Durchsetzung des Erbrechts zweifelhaft erscheinen lassen (krit. auch Schwarz/Pahlke/Keß § 170 Rn. 64a). 49

Nicht erforderlich für eine ausreichende Kenntnis iSd Abs. 5 Nr. 1 ist die Erteilung eines Erbscheins nach §§ 2353 ff. BGB (HHSp § 170 Rn. 59). Etwas anderes gilt nur, wenn die Verhältnisse des Erbfalls völlig unklar sind, sodass erst mit der Erteilung des Erbscheins die Erbberechtigung festgestellt wird (BFH 8.3.1989 – II R 63/86, BFH/NV 1990, 444). Wird durch gerichtliche Entscheidung die Wirksamkeit einer letztwilligen Verfügung festgestellt, hat spätestens mit diesem Zeitpunkt der darin ausgewiesene Erbe sichere Kenntnis von seiner Einsetzung. Ob die Gerichtsentscheidung mit Rechtsmitteln anfechtbar ist oder tatsächlich angefochten wird, ist für die Kenntnis iSd Abs. 5 Nr. 1 unerheblich (BFH 27.4.2022 – II R 17/20, BFH/NV 2022, 901). Bei einem Erwerb aufgrund eines Erbvergleichs über ein streitiges Erbrecht, zB wegen der Gültigkeit eines Testaments oder sonstiger Fragen der Erbeinsetzung, erlangt der Erbe Kenntnis von seinem Erwerb erst mit Abschluss des Vergleichs (FG München 24.6.1987 – X 74/82 Erb, EFG 1988, 32; Schwarz/Pahlke/Keß § 170 Rn. 66). Sind die Erben unbekannt, kann die Festsetzungsfrist nicht nach § 170 V Nr. 1 anlaufen, bevor der richtige Erbe ermittelt worden ist (TK § 170 Rn. 22). Dies gilt auch dann, wenn die ErbSt bereits gegen einen vermeintlichen Erben festgesetzt worden ist (HHSp § 170 Rn. 61). 50

III. Schenkung (Abs. 5 Nr. 2)

§ 170 V Nr. 2 enthält einen auf die SchenkungSt beschränkten selbständigen Hemmungstatbestand, der bei Schenkungen (§ 1 I Nr. 2 ErbStG iVm § 7 ErbStG) den Beginn der Festsetzungsfrist bis zum Ablauf des Kj. hemmt, in dem der Schenker gestorben ist oder die FB von der vollzogenen Schenkung Kenntnis erlangt hat. Maßgeblich ist die Alternative, die als erste eingetreten ist (BFH 8.3.2017 – II R 2/15, BStBl. II 2017, 751). Häufig werden dem FA Schenkungen unter nahen Angehörigen erst beim Tod des Schenkers bekannt, da diese dann bei der Festsetzung der ErbSt zB nach § 14 ErbSt als Vorschenkung berücksichtigt werden sollen (BT-Drs. VI/1982, 151). Die Festsetzungsfrist beginnt nach § 170 V Nr. 2 schon dann, wenn nur einer der beiden Tatbestände des Abs. 5 Nr. 2 erfüllt ist, da die FB die Schenkungsteuerpflicht bereits dann prüfen kann, wenn nur einer der beiden Tatbestände des Abs. 5 Nr. 2 erfüllt ist (BFH 5.2.2003 – II R 22/01, BStBl. II 2003, 502). 51

Verhältnis zu § 170 II 1 Nr. 1. § 170 V Nr. 2 ordnet lediglich den späteren Beginn der Festsetzungsfrist an. Der Anlauf der Festsetzungsfrist richtet sich daher bei Aufforderung zur Abgabe einer SchenkungStErklärung auch dann nach § 170 II 1 Nr. 1, wenn das FA bereits vor einer Aufforderung zur Erklärungsabgabe Kenntnis von dem Erwerb erlangt hat (BFH 26.10.2006 – II R 16/05, BFH/NV 2007, 852). Erlangt das FA dagegen erst drei Jahre nach StEntstehung Kenntnis von einer vollzogenen Schenkung, beginnt die Festsetzungsfrist mit Ablauf des Jahres der Kenntniserlangung, selbst wenn das FA den Erwerber nach Kenntniserlangung gem. § 31 ErbStG zur Abgabe einer StErklärung auffordert. Aus § 170 V Nr. 2 ergibt sich dann keine Rechtsgrundlage für eine weitere Anlaufhemmung 52 nach § 170 II 1 Nr. 1, da die Fristhemmung nach § 170 II 1 Nr. 1 bereits mit Ablauf des dritten Jahres verbraucht ist (BFH 6.6.2007 – II R 54/05, BStBl. II 2007, 954; BFH 6.6.2007 – II R 20/06, BFH/NV 2008, 4; BFH 6.6.2007 – II R 21/06, BeckRS 2007, 25012443; zust. Alvermann/Fraedrich DStR 2008, 393). Ferner kann § 170 V Nr. 2 auch nicht dazu führen, dass die Festsetzungsfrist zu einem früheren Zeitpunkt beginnt, etwa bereits mit Ablauf des Kj., in dem der Schenker verstorben ist, solange der Anlauf der Frist für die Festsetzung der Schenkungsteuer nach § 170 II 1 Nr. 1 gehemmt ist (BFH 14.7.2008 – II B 5/08, BFH/NV 2008, 1815).

53 Kenntnis von der vollzogenen Schenkung bedeutet **positive Kenntnis** der FB (BFH 28.5.1998 – II R 54/95, BStBl. II 1998, 647). Der Vorgang muss der FB in einer Weise bekannt geworden sein, dass sie prüfen kann, ob es sich um einen stpfl. Vorgang handelt. Die Kenntnis von Umständen, die nur aufgrund weiterer Ermittlungen eine Prüfung der Frage ermöglichen, ob ein schenkungsteuerpflichtiger Vorgang vorliegt, genügt dagegen nicht (BFH 28.5.1998 – II R 54/95, BStBl. II 1998, 647; BFH 8.3.2017 – II R 2/15, BStBl. II 2017, 751; BFH 26.7.2017 – II R 21/16, BStBl. II 2017, 1163). Ohne Bedeutung ist, in welcher Form die FB Kenntnis von der Schenkung erlangt hat (BFH 6.6.2007 – II R 54/05, BFH/NV 2007, 2157). Es genügt daher, wenn die FB von der Schenkung aufgrund einer Anzeige des Stpfl. oder eines Dritten nach § 30 ErbStG bzw. nach §§ 33 f. ErbStG erfahren hat (aA wohl BFH 8.3.2017 – II R 2/15, BStBl. II 2017, 751, wonach die FB „nicht durch Anzeige gem. § 30 ErbStG, sondern anderweitig in dem erforderlichen Umfang" Kenntnis erlangen muss; ebenso BFH 26.7.2017 – II R 21/16, BStBl. II 2017, 1163). Die Abgabe einer SchenkungStErklärung ist idR nicht erforderlich. Reicht der Stpfl. jedoch eine SchenkungStErklärung – ggf mit den entsprechenden Urkunden – beim FA ein, wird regelmäßig eine Kenntnis der FB nach Abs. 5 Nr. 2 gegeben sein (BFH 6.5.1981 – II R 61/77, BStBl. II 1981, 688). Hängt die Wirksamkeit einer Schenkung von einer vormundschaftlichen Genehmigung ab, muss die FB auch positive Kenntnis von der Erteilung der Genehmigung haben, denn erst mit der Genehmigung durch das Vormundschaftsgericht ist die Schenkung wirksam vollzogen (BFH 28.5.1998 – II R 54/95, BStBl. II 1998, 647). Wendet ein Schenker dem Bedachten mehrere Vermögensgegenstände gleichzeitig zu, erlangt die FB aber lediglich Kenntnis von der freigebigen Zuwendung eines dieser Gegenstände, führt dies nicht zum Anlauf der Festsetzungsfrist für die übrigen zugewendeten Vermögensgegenstände (BFH 26.7.2017 – II R 21/16, BStBl. II 2017, 1163).

54 Entscheidend für den Fristbeginn nach Abs. 5 Nr. 2 ist die Kenntnis der für die Festsetzung der SchenkungSt organisatorisch **zuständigen Dienststelle.** Auf die Kenntnis anderer Stellen innerhalb der zuständigen FB kommt es idR nicht an (BFH 5.2.2003 – II R 22/01, BStBl. II 2003, 502; FG München 25.1.1991 – 4 V 4408/89, EFG 1991, 584; FG Hessen 31.8.1989 – 10 K 572/86, EFG 1990, 217; FG Nürnberg 9.7.2021 – 4 K 84/19, EFG 2022, 75; HHSp § 170 Rn. 68; aA TK § 170 Rn. 25a). Die zuständige Dienststelle muss sich, wie auch in den ähnlich gelagerten Fällen des § 173 I, die Kenntnis anderer Stellen nicht zurechnen lassen (zu den Einzelheiten → § 173 Rn. 45 f.). Dies gilt auch dann, wenn eine unzuständige Dienststelle ihr Wissen unter Verstoß gegen verwaltungsinterne Anweisungen der zuständigen Dienststelle keine entsprechende Mitteilung über ihre Kenntnisse gemacht hat (FG Köln 29.3.2000 – 9 K 8228/98, EFG 2000, 770). Etwas anderes gilt nur, wenn dem zuständigen FA die Schenkung ausdrücklich zur Prüfung der Schenkungsteuerpflicht bekannt gegeben wird, die Informationen aber auf Grund organisatorischer Mängel oder Fehlverhaltens die berufene Dienststelle nicht unverzüglich erreicht (BFH 5.2.2003 – II R 22/01, BStBl. II 2003, 502). Keinesfalls wird der Anlauf der Festsetzungsfrist dadurch gehemmt, dass ein unzuständiges FA Kenntnis von der vollzogenen Schenkung erlangt (BFH 26.8.2004 – II B 149/03, BFH/NV 2004, 1626; BFH 5.2.2003 – II B 124/02, BFH/NV 2003, 739; BFH 7.12.2000 – II B 7/00, BFH/NV 2001, 575).

IV. Zweckzuwendung unter Lebenden (Abs. 5 Nr. 3)

Nach **§ 170 V Nr. 3** beginnt die Festsetzungsfrist bei einer Zweckzuwendung unter Lebenden (§ 1 I Nr. 3 ErbStG iVm § 8 Alt. 2 ErbStG) nicht vor Ablauf des Kj., in dem die Verpflichtung zur Zweckzuwendung erfüllt wird, da vielfach erst nach der Erfüllung der Verpflichtung festgestellt werden kann, ob die Zweckzuwendung überhaupt stpfl. ist (HHSp § 170 Rn. 71). 55

G. Anlaufhemmung für ausländische Kapitalerträge (Abs. 6)

§ 170 VI aF enthielt eine Sonderregelung zur sog. Wechselsteuer und wurde durch das Gesetz zur Änderung der Abgabenordnung und des Einführungsgesetzes zur Abgabenordnung (BGBl. 2014 I 2415) gestrichen. Die Vorschrift regelt nunmehr den Verjährungsbeginn für die Steuer auf bestimmte **ausländische Kapitalerträge** und geht als lex specialis § 170 I und II vor (BT-Drs. 18/3018, 10). Sie führt zu einer deutlich verlängerten Festsetzungsfrist und soll eine effektivere Durchsetzung des StAnspruchs gewährleisten (BT-Drs. 18/3018, 10). Die Vorschrift trägt der bei ausländischen Kapitalerträgen besonders hohen Hinterziehungsgefahr bzw. den Schwierigkeiten Rechnung, solche Einkünfte zu entdecken (Klein § 170 Rn. 45). Für die aufgeführten Kapitalerträge beginnt die Verjährung frühestens mit Ablauf des Kalenderjahres, in dem die Kapitalerträge der FB entweder durch eine (Nach-)Erklärung des Stpfl. oder auf andere Weise (zB durch den Ankauf einer Daten-CD) bekannt werden, spätestens jedoch zehn Jahre nach Ablauf des Jahres, in dem die Steuer auf die Kapitalerträge entstanden ist. 56

Die Vorschrift ist nach Art. 97 § 10 XIII EGAO für alle nach dem 31.12.2014 beginnenden Festsetzungsfristen anzuwenden. Damit gilt sie erstmals für ab dem Veranlagungszeitraum 2015 entstandene Steuern (HHSP § 170 Rn. 77). Im Zusammenspiel mit dem – regelmäßig vorliegenden – § 169 II 2 kann es zu einer **Gesamtfrist von 20 Jahren** bis zum Eintritt der Festsetzungsverjährung kommen (kritisch zur Angemessenheit der Regelung daher TK § 170 Rn. 30 und Klein § 170 Rn. 45). Erfasst werden alle Kapitalerträge iSd § 43 I EStG, unabhängig davon, welcher Einkunftsart sie zuzuordnen sind (HHSp § 170 Rn. 80; Schwarz/Pahlke/Keß § 170 Rn. 76). In territorialer Hinsicht begrenzt sich der Anwendungsbereich des Abs. 6 auf Drittstaaten (keine Mitglieder der EU oder der Europäischen Freihandelsgesellschaft) ohne hinreichende völkervertragliche Pflicht zu automatischen Mitteilungen über Kapitalerträge (TK § 170 Rn. 31). Dabei kommt es nur auf die Herkunft der Kapitalerträge und nicht auf den Sitz des Schuldners dieser Erträge an (HHSp § 170 Rn. 79, 81; TK § 170 Rn. 31; aA Schwarz/Pahlke/Keß § 170 Rn. 79). Für eine Aufzählung der betroffenen Staaten s. BMF 13.6.2024, BStBl. I 2024, 1037. 57

H. Anlaufhemmung bei Beziehungen zu Drittstaaten-Gesellschaften (Abs. 7)

§ 170 VII wurde durch das Steuerumgehungsbekämpfungsgesetz (StUmgBG) vom 23.6.2017 (BGBl. 2017 I 1682) eingeführt und bezieht sich auf Steuern auf Einkünfte und Erträge, die im Zusammenhang mit Beziehungen zu sog. **Drittstaaten-Gesellschaften** (zur Definition § 138 III) stehen. Auf diese muss der StPflichtige oder eine ihm nahestehende Person iSd § 1 II AStG unmittelbar oder mittelbar einen beherrschenden Einfluss ausüben können. Erforderlich ist nach § 1 II Nr. 1 AStG mindestens eine Beteiligung zu einem Viertel. Nach Art. 97 § 10 XIII ist die Vorschrift erstmals für alle nach dem 31.12.2017 beginnenden Festsetzungsfristen anzuwenden. Abs. 7 ergänzt Abs. 6 und kann wie dieser im Einzelfall zu einer Gesamtfrist von 20 Jahren seit StEntstehung führen (→ Rn. 57). Die Frist beginnt nur dann früher, wenn die Beziehungen durch Mitteilung des StPflichtigen oder auf andere Weise der FB bekannt werden. 60

§ 171 Ablaufhemmung

(1) **Die Festsetzungsfrist läuft nicht ab, solange die Steuerfestsetzung wegen höherer Gewalt innerhalb der letzten sechs Monate des Fristlaufs nicht erfolgen kann.**

(2) **[1]Ist beim Erlass eines Steuerbescheids eine offenbare Unrichtigkeit unterlaufen, so endet die Festsetzungsfrist insoweit nicht vor Ablauf eines Jahres nach Bekanntgabe dieses Steuerbescheids. [2]Das Gleiche gilt in den Fällen des § 173a.**

(3) **Wird vor Ablauf der Festsetzungsfrist außerhalb eines Einspruchs- oder Klageverfahrens ein Antrag auf Steuerfestsetzung oder auf Aufhebung oder Änderung einer Steuerfestsetzung oder ihrer Berichtigung nach § 129 gestellt, so läuft die Festsetzungsfrist insoweit nicht ab, bevor über den Antrag unanfechtbar entschieden worden ist.**

(3a) **[1]Wird ein Steuerbescheid mit einem Einspruch oder einer Klage angefochten, so läuft die Festsetzungsfrist nicht ab, bevor über den Rechtsbehelf unanfechtbar entschieden ist; dies gilt auch, wenn der Rechtsbehelf erst nach Ablauf der Festsetzungsfrist eingelegt wird. [2]Der Ablauf der Festsetzungsfrist ist hinsichtlich des gesamten Steueranspruchs gehemmt; dies gilt nicht, soweit der Rechtsbehelf unzulässig ist. [3]In den Fällen des § 100 Absatz 1 Satz 1, Absatz 2 Satz 2, Absatz 3 Satz 1, § 101 der Finanzgerichtsordnung ist über den Rechtsbehelf erst dann unanfechtbar entschieden, wenn ein auf Grund der genannten Vorschriften erlassener Steuerbescheid unanfechtbar geworden ist.**

(4) **[1]Wird vor Ablauf der Festsetzungsfrist mit einer Außenprüfung begonnen oder wird deren Beginn auf Antrag des Steuerpflichtigen hinausgeschoben, so läuft die Festsetzungsfrist für die Steuern, auf die sich die Außenprüfung erstreckt oder im Fall der Hinausschiebung der Außenprüfung erstrecken sollte, nicht ab, bevor die aufgrund der Außenprüfung zu erlassenden Steuerbescheide unanfechtbar geworden sind oder nach Bekanntgabe der Mitteilung nach § 202 Absatz 1 Satz 3 drei Monate verstrichen sind. [2]Dies gilt nicht, wenn eine Außenprüfung unmittelbar nach ihrem Beginn für die Dauer von mehr als sechs Monaten aus Gründen unterbrochen wird, die die Finanzbehörde zu vertreten hat. [3]Die Ablaufhemmung nach Satz 1 endet spätestens fünf Jahre nach Ablauf des Kalenderjahres, in dem die Prüfungsanordnung bekanntgegeben wurde; eine weitergehende Ablaufhemmung nach anderen Vorschriften bleibt unberührt. [4]Wird auf Antrag des Steuerpflichtigen der Beginn der Außenprüfung verschoben oder die Außenprüfung unterbrochen, so verlängert sich die Frist nach Satz 3 erster Halbsatz für die in Satz 1 genannten Steuern um die Dauer des Hinausschiebens oder der Unterbrechung. [5]Nimmt die Finanzbehörde für die in Satz 1 genannten Steuern vor Ablauf der Frist nach Satz 3 erster Halbsatz zwischenstaatliche Amtshilfe in Anspruch, verlängert sich diese Frist um die Dauer der zwischenstaatlichen Amtshilfe, mindestens aber um ein Jahr. [6]Satz 5 gilt nur, sofern der Steuerpflichtige auf die Inanspruchnahme der zwischenstaatlichen Amtshilfe vor Ablauf der Frist nach Satz 3 erster Halbsatz hingewiesen wurde. [7]Wird dem Steuerpflichtigen vor Ablauf der Festsetzungsfrist die Einleitung eines Strafverfahrens für eine der in Satz 1 genannten Steuern bekanntgegeben und wird infolgedessen mit einer Außenprüfung nicht begonnen oder eine bereits begonnene Außenprüfung unterbrochen, ist Satz 3 nicht anzuwenden; die Absätze 5 und 6 bleiben unberührt. [8]§ 200a Absatz 4 und 5 bleibt unberührt.**

(5) **[1]Beginnen die Behörden des Zollfahndungsdienstes oder die mit der Steuerfahndung betrauten Dienststellen der Landesfinanzbehörden vor Ablauf der Festsetzungsfrist beim Steuerpflichtigen mit Ermittlungen der Besteuerungsgrundlagen, so läuft die Festsetzungsfrist insoweit nicht ab, bevor die auf Grund der**

Ermittlungen zu erlassenden Steuerbescheide unanfechtbar geworden sind; Absatz 4 Satz 2 gilt sinngemäß. [2]Das Gleiche gilt, wenn dem Steuerpflichtigen vor Ablauf der Festsetzungsfrist die Einleitung des Steuerstrafverfahrens oder des Bußgeldverfahrens wegen einer Steuerordnungswidrigkeit bekannt gegeben worden ist; § 169 Absatz 1 Satz 3 gilt sinngemäß.

(6) **[1]Ist bei Steuerpflichtigen eine Außenprüfung im Geltungsbereich dieses Gesetzes nicht durchführbar, wird der Ablauf der Festsetzungsfrist auch durch sonstige Ermittlungshandlungen im Sinne des § 92 gehemmt, bis die auf Grund dieser Ermittlungen erlassenen Steuerbescheide unanfechtbar geworden sind. [2]Die Ablaufhemmung tritt jedoch nur dann ein, wenn der Steuerpflichtige vor Ablauf der Festsetzungsfrist auf den Beginn der Ermittlungen nach Satz 1 hingewiesen worden ist; § 169 Absatz 1 Satz 3 gilt sinngemäß.**

(7) **In den Fällen des § 169 Absatz 2 Satz 2 endet die Festsetzungsfrist nicht, bevor die Verfolgung der Steuerstraftat oder der Steuerordnungswidrigkeit verjährt ist.**

(8) **[1]Ist die Festsetzung einer Steuer nach § 165 ausgesetzt oder die Steuer vorläufig festgesetzt worden, so endet die Festsetzungsfrist nicht vor dem Ablauf eines Jahres, nachdem die Ungewissheit beseitigt ist und die Finanzbehörde hiervon Kenntnis erhalten hat. [2]In den Fällen des § 165 Absatz 1 Satz 2 endet die Festsetzungsfrist nicht vor Ablauf von zwei Jahren, nachdem die Ungewissheit beseitigt ist und die Finanzbehörde hiervon Kenntnis erlangt hat.**

(9) **Erstattet der Steuerpflichtige vor Ablauf der Festsetzungsfrist eine Anzeige nach den §§ 153, 371 und 378 Absatz 3, so endet die Festsetzungsfrist nicht vor Ablauf eines Jahres nach Eingang der Anzeige.**

(10) **[1]Soweit für die Festsetzung einer Steuer ein Feststellungsbescheid, ein Steuermessbescheid oder ein anderer Verwaltungsakt bindend ist (Grundlagenbescheid), endet die Festsetzungsfrist nicht vor Ablauf von zwei Jahren nach Bekanntgabe des Grundlagenbescheids. [2]Ist für den Erlass des Grundlagenbescheids eine Stelle zuständig, die keine Finanzbehörde im Sinne des § 6 Absatz 2 ist, endet die Festsetzungsfrist nicht vor Ablauf von zwei Jahren nach dem Zeitpunkt, in dem die für den Folgebescheid zuständige Finanzbehörde Kenntnis von der Entscheidung über den Erlass des Grundlagenbescheids erlangt hat. [3]Die Sätze 1 und 2 gelten für einen Grundlagenbescheid, auf den § 181 nicht anzuwenden ist, nur, sofern dieser Grundlagenbescheid vor Ablauf der für den Folgebescheid geltenden Festsetzungsfrist bei der zuständigen Behörde beantragt worden ist. [4]Ist der Ablauf der Festsetzungsfrist hinsichtlich des Teils der Steuer, für den der Grundlagenbescheid nicht bindend ist, nach Absatz 4 gehemmt, endet die Festsetzungsfrist für den Teil der Steuer, für den der Grundlagenbescheid bindend ist, nicht vor Ablauf der nach Absatz 4 gehemmten Frist.**

(10a) **Soweit Daten eines Steuerpflichtigen im Sinne des § 93c innerhalb von sieben Kalenderjahren nach dem Besteuerungszeitraum oder dem Besteuerungszeitpunkt den Finanzbehörden zugegangen sind, endet die Festsetzungsfrist nicht vor Ablauf von zwei Jahren nach Zugang dieser Daten.**

(11) **[1]Ist eine geschäftsunfähige oder in der Geschäftsfähigkeit beschränkte Person ohne gesetzlichen Vertreter, so endet die Festsetzungsfrist nicht vor Ablauf von sechs Monaten nach dem Zeitpunkt, in dem die Person unbeschränkt geschäftsfähig wird oder der Mangel der Vertretung aufhört. [2]Dies gilt auch, soweit für eine Person ein Betreuer bestellt und ein Einwilligungsvorbehalt nach § 1825 des Bürgerlichen Gesetzbuchs angeordnet ist, der Betreuer jedoch verstorben oder auf andere Weise weggefallen oder aus rechtlichen Gründen an der Vertretung des Betreuten verhindert ist.**

(12) **Richtet sich die Steuer gegen einen Nachlass, so endet die Festsetzungsfrist nicht vor dem Ablauf von sechs Monaten nach dem Zeitpunkt, in dem die Erbschaft von dem Erben angenommen oder das Insolvenzverfahren über den Nachlass eröffnet wird oder von dem an die Steuer gegen einen Vertreter festgesetzt werden kann.**

(13) **Wird vor Ablauf der Festsetzungsfrist eine noch nicht festgesetzte Steuer im Insolvenzverfahren angemeldet, so läuft die Festsetzungsfrist insoweit nicht vor Ablauf von drei Monaten nach Beendigung des Insolvenzverfahrens ab.**

(14) **Die Festsetzungsfrist für einen Steueranspruch endet nicht, soweit ein damit zusammenhängender Erstattungsanspruch nach § 37 Absatz 2 noch nicht verjährt ist (§ 228).**

(15) **Soweit ein Dritter Steuern für Rechnung des Steuerschuldners einzubehalten und abzuführen oder für Rechnung des Steuerschuldners zu entrichten hat, endet die Festsetzungsfrist gegenüber dem Steuerschuldner nicht vor Ablauf der gegenüber dem Steuerentrichtungspflichtigen geltenden Festsetzungsfrist.**

Schrifttum: Höllig, Die Ablaufhemmung der Festsetzungsverjährung nach der Abgabenordnung 1977, BB 1978, 88; Brandis, Feststellungsverjährung und Festsetzungsverjährung – geänderte Rechtslage durch das Steuerbereinigungsgesetz 1986, DStR 1986, 174; Raupach/Böckstiegel, „Verewigung" von Festsetzungsfristen durch Untätigkeit der Finanzverwaltung, DB 1997, 2560; Feindt/Rettke, Die Auswirkungen der Reform der strafrechtlichen Vermögensabschöpfung auf das Steuerrecht – Der späte Eintritt der Festsetzungsverjährung bei Steuerstraftaten, DStR 2018, 2357; Redeker/Bleifeld, Neue Rechtsprechung zu § 171 Abs. 14 AO – Entschärfung einer Geheimwaffe der Finanzverwaltung?, DStR 2022, 391; Günther, Ablaufhemmungstatbestände bei Ermittlung des Ablaufs der Festsetzungsfrist/Feststellungsfrist – Ein Rechtsprechungsupdate, DStZ 2023, 91.

Übersicht

A. Allgemeines

Inhalt. § 171 regelt die Fälle der Ablaufhemmung. Die Ablaufhemmung nach § 171 bewirkt, dass der planmäßige Eintritt der Festsetzungsverjährung bei bestimmten Sachverhalten hinausgeschoben wird (BFH 14.9.2007 – VIII B 20/07, BFH/NV 2008, 25). Der Zeitraum, während dessen der Ablauf der Festsetzungsfrist gehemmt ist, wird nicht in die Festsetzungsfrist eingerechnet. In den Fällen des § 171 endet die Festsetzungsfrist regelmäßig während des Kj. und nicht, wie im Normalfall, am Ende eines Kj. (→ § 170 Rn. 7). § 171 entfaltet dann keine Wirkung, wenn die Ablaufhemmung endet, bevor die regelmäßige Festsetzungsfrist (§ 169) abgelaufen ist (BFH 25.11.2020 – II R 3/18, BFH/NV 2021, 820; FG Niedersachsen 10.2.2011 – 6 K 241/09, DStRE 2011, 685; HHSp § 171 Rn. 3; aA zu § 32a KStG BFH 16.12.2014 – VIII R 30/12, BStBl. II 2015, 858). In einigen Fällen erstreckt sich der Ablauf der Festsetzungsfrist nur auf einen Teil des StAnspruchs mit der Folge, dass im Übrigen Teilverjährung eintritt („soweit" bzw. „insoweit"; zur Teilverjährung → § 169 Rn. 22). Die verschiedenen Tatbestände des § 171 stehen selbständig nebeneinander (Klein § 171 Rn. 1a). Eine StFestsetzung ist dann noch möglich, wenn auch nur ein Hemmungstatbestand des § 171 erfüllt ist. 1

Zweck. § 171 soll der FB in bestimmten Fällen auch dann eine StFestsetzung ermöglichen, wenn diese aus bestimmten Gründen während der regelmäßigen Festsetzungsfrist (§ 169) nicht möglich ist (vgl. BT-Drs. VI/1982, 151). 2

Analogiefähigkeit. Die Tatbestände des § 171 sind nicht analogiefähig (TK § 171 Rn. 1). Der Zeitpunkt, an dem die Ansprüche aus dem StSchuldverhältnis erlöschen, muss sich für den Stpfl. und die FB eindeutig aus dem Gesetz ergeben. 3

Einzelne **Verjährungsvorschriften des bürgerlichen Rechts,** wie zB §§ 203, 204 I, 211 BGB, können im Abgabenrecht nicht entspr. angewendet werden. Die Regelungen in der AO sind insoweit abschließend (BFH 26.11 1974 – VII R 45/72, BStBl. II 1975, 460). 4

Vereinbarungen zwischen der FB und dem Stpfl. über die Ablaufhemmung sind unwirksam (FG Hamburg 4.12.1984 – II 314/81, EFG 1985, 407). 5

Zur **sinngemäßen Anwendung** des § 171 auf StVergütungen (§ 155 VI), Feststellungen von Besteuerungsgrundlagen (§§ 179 ff.), Festsetzung von StMessbeträgen (§ 184 I), die Zerlegung und Zuteilung von StMessbeträgen (§§ 185, 190 S. 2), die Festsetzung von Haftungsansprüchen (§ 191 III 1) sowie auf die Festsetzung von Zinsen (§ 239 I 1) s. jeweils die Erl. zu den genannten Vorschriften. Zu steuerlichen Nebenleistungen (§ 3 IV) auch → § 169 Rn. 10 ff. 6

Im Bereich des **Zollrechts** ist § 171 grds. nicht anwendbar. Art. 103 UZK stellt insoweit eine abschließende Regelung dar (TK § 171 Rn. 3). Etwas anderes gilt nur für 7 den Bereich der strafbaren Handlungen, da Art. 103 II UZK hier auf das nationale Recht verweist.

8 **Weitere Regelungen.** § 171 regelt die Fälle der Ablaufhemmung nicht abschließend. So enthalten weitere Fälle der Ablaufhemmung zB § 174 III–V für widerstreitende StFestsetzungen, § 175a S. 2 für die Umsetzung von Verständigungsvereinbarungen, § 181 V für gesonderte Feststellungen, § 191 III 4, 5 für Haftungsbescheide sowie § 239 I 3 für Zinsen. Wegen der Einzelheiten zu diesen Fällen der Ablaufhemmung s. jeweils die Erl. zu den genannten Vorschriften. Weitere selbständige Regelungen einer Ablaufhemmung enthalten zB § 10d I 4 EStG für den Verlustabzug im Rahmen der ESt, § 7g III 3 EStG sowie § 7g IV 3 EStG für die rückwirkende Hinzurechnung des Investitionsabzugsbetrags, § 32a KStG bei Erlass, Aufhebung oder Änderung von StBescheiden bei vGA oder verdeckter Einlage und § 16 IV GrEStG für die Aufhebung oder Änderung einer GrEStFestsetzung.

B. Höhere Gewalt (Abs. 1)

11 **Allgemeines.** Nach § 171 I hemmt höhere Gewalt den Ablauf der Festsetzungsfrist. Eine entsprechende Regelung enthält § 230 für den Ablauf der Zahlungsverjährung. Im Bereich des **Zollrechts** wird die Frist für den Antrag auf Erstattung oder Erlass von Abgabenschulden (Art. 116 ff. UZK) nach Art. 121 I 2 UZK bei Fristversäumnis durch höhere Gewalt verlängert. Zur Anwendung des § 171 im Bereich des Zollrechts → Rn. 7.

12 **Voraussetzungen.** Unter höherer Gewalt sind alle von außen kommenden Ereignisse zu verstehen, die es bei Anwendung der äußersten den Umständen nach zu erwartenden Sorgfalt nicht zulassen, dass der StAnspruch verfolgt wird; schon geringstes Verschulden schließt höhere Gewalt aus (BFH 7.5.1993 – III R 95/88, BStBl. II 1993, 818). **Beispiele** sind: Krieg, Naturkatastrophen, Unfälle und andere unabwendbare Zufälle. Die **Corona-Pandemie** fällt nicht unter den Begriff der höheren Gewalt (TK § 171 Rn. 6; aA Gosch AO § 171 Rn. 12). Nicht erfasst werden Personalengpässe und andere organisatorische Mängel der FB. Das Ereignis der höheren Gewalt muss ursächlich dafür gewesen sein, dass das FA den StAnspruch nicht verfolgen konnte. Daran fehlt es, wenn das FA das Bestehen des StAnspruchs nicht kannte, selbst wenn die Unkenntnis durch ein Ereignis höherer Gewalt, wie zB durch einen Brand, verursacht ist. Denn eine Ablaufhemmung wegen höherer Gewalt ist nur gerechtfertigt, wenn das FA, abgesehen von dem Ereignis der höheren Gewalt, willens und in der Lage gewesen wäre, den StAnspruch zu verfolgen (BFH 7.5.1993 – III R 95/88, BStBl. II 1993, 818). Ferner führt höhere Gewalt nach Abs. 1 nur dann zu einer Ablaufhemmung, wenn sich das betreffende unvermeidbare Vorkommnis entweder **innerhalb der letzten sechs Monate** der Festsetzungsfrist ereignet hat oder seine Folgen unmittelbar in die letzten sechs Monate des Fristlaufes hineinwirken. Lag die höhere Gewalt zu einem früheren Zeitpunkt vor, so führt dies nicht zu einer Ablaufhemmung nach Abs. 1 (BFH 7.5.1993 – III R 95/88, BStBl. II 1993, 818). Die Ablaufhemmung nach Abs. 1 greift im Gegensatz zu den anderen Hemmungstatbeständen des § 171 auch dann ein, wenn sie sich vor dem Ablauf der regulären Festsetzungsfrist erschöpft (HHSp § 171 Rn. 16).

13 **Umfang der Ablaufhemmung.** Nach Abs. 1 verlängert sich die Festsetzungsfrist um den Zeitraum, in dem die StFestsetzung durch höhere Gewalt während der letzten sechs Monate der regulären Festsetzungsfrist verhindert war. Dauert die höhere Gewalt länger als sechs Monate an, berührt dies nicht den Ablauf der Festsetzungsfrist, soweit sie den Zeitraum von sechs Monaten überschreitet (HHSp § 171 Rn. 16). Der Ablauf der Festsetzungsfrist nach Abs. 1 kann sich also höchstens um sechs Monate verlängern (BFH 7.5.1993 – III R 95/88, BStBl. II 1993, 818).

C. Offenbare Unrichtigkeit (Abs. 2)

16 **Allgemeines.** Nach § 171 II 1 soll die FB zur Berichtigung einer offenbaren Unrichtigkeit (§ 129) eine Frist von einem Jahr seit Bekanntgabe des fehlerhaften Bescheids zur Verfügung stehen (BT-Drs. 7/4292, 33). Die Regelung ist erforderlich, da nach 169 I 2 die Berichtigung einer StFestsetzung wegen offenbarer Unrichtigkeit nach Ablauf der Festsetzungsfrist nicht mehr möglich ist. StBescheide werden jedoch uU erst am Ende der regulären Festsetzungsfrist erlassen, sodass ohne die Regelung in Abs. 2 in diesen Fällen die offenbare Unrichtigkeit nicht mehr korrigiert werden könnte.

17 **Voraussetzungen.** Zum Begriff der offenbaren Unrichtigkeit → § 129 Rn. 12 ff. Der Zeitpunkt der Bekanntgabe bestimmt sich nach § 122 und nach den Vorschriften des VwZG; § 169 I 3 gilt insoweit nicht. Wiederholt sich die offenbare Unrichtigkeit durch Übernahme in mehreren Änderungsbescheiden, so ist für die Ablaufhemmung nach Abs. 2 allein maßgeblich die Bekanntgabe des ursprünglichen Bescheids, der die offenbare Unrichtigkeit erstmals enthielt (BFH 8.3.1989 – X R 116/87, BStBl. II 1989, 531). Unterläuft dem FA bei Erlass eines Änderungsbescheides eine offenbare Unrichtigkeit, so wird der Ablauf der Festsetzungsfrist jedenfalls in dem Umfang nach Abs. 2 gehemmt, in dem bislang noch keine (Teil-)Verjährung eingetreten war (BFH 9.11.1994 – XI R 12/94, BFH/NV 1995, 563; zu Teilverjährung → § 169 Rn. 22). Ohne Bedeutung ist für die Ablaufhemmung nach Abs. 2, ob sich die offenbare Unrichtigkeit zugunsten oder zu Ungunsten des Stpfl. auswirkt. Bei einer offenbaren Unrichtigkeit zu Ungunsten des Stpfl. sollte dieser zweckmäßigerweise einen Antrag auf Berichtigung stellen, um so die Ablaufhemmung nach § 171 III herbeizuführen (→ Rn. 26).

18 **Umfang der Ablaufhemmung.** Die Festsetzungsfrist ist nur gehemmt, soweit sich die offenbare Unrichtigkeit auswirkt (BFH 8.3.1989 – X R 116/87, BStBl. II 1989, 531). Gehemmt werden kann nur eine noch nicht abgelaufene Festsetzungsfrist; ist die Festsetzungsfrist bereits abgelaufen, kann eine Änderung des fehlerhaften Bescheids nach § 129 auch innerhalb der Jahresfrist des Abs. 2 nicht mehr erfolgen (FG Hamburg 17.12.1993 – V 178/91, EFG 1994, 642; FG Baden-Württemberg 31.3.1999 – 5 K 64/98, EFG 1999, 754; TK § 171 Rn. 7a; offengelassen BFH 9.11.1994 – XI R 12/94, BFH/NV 1995, 563; aA BFH 3.3.2011 – III R 45/08, BStBl. II 2011, 673 und BFH 14.6.1991 – III R 64/89, BStBl. II 1992, 52, wonach auch ein StBescheid, der bereits seinerseits nach Ablauf der Festsetzungsfrist ergangen ist, noch innerhalb der Jahresfrist des Abs. 2 wegen einer offenbaren Unrichtigkeit berichtigt werden kann, soweit dadurch lediglich die in unverjährter Zeit vorgenommene StFestsetzung wiederhergestellt wird; krit. hierzu Klein § 171 Rn. 8).

19 Durch das Gesetz zur Modernisierung des Besteuerungsverfahrens (BGBl. 2016 I 1679) wurde mit Wirkung zum 1.1.2017 **§ 171 II 2** eingefügt. Danach ist die Ablaufhemmung entspr. Abs. 2 S. 1 auch auf die Fälle von Schreib- oder Rechenfehlern des Stpfl. bei der Erstellung der StErklärung (§ 173a) anzuwenden.

D. Anträge auf Steuerfestsetzung, auf Aufhebung, Änderung oder Berichtigung einer Steuerfestsetzung (Abs. 3)

Schrifttum: Spindler, Zum Umfang der Ablaufhemmung nach § 171 Abs. 3 AO, DB 1991, 1296.

I. Allgemeines

21 **Inhalt.** Bei Anträgen auf StFestsetzung, auf Aufhebung, Änderung oder Berichtigung einer StFestsetzung gem. § 129 wird nach § 171 III der Ablauf der Festsetzungsfrist bis zur Entscheidung der FB hinausgeschoben. § 171 III gilt nach § 191 III 1 auch für Haftungsbescheide (vgl. BFH 24.1.1995 – VII B 142/94, BStBl. II 1995, 227). Ohne Bedeutung ist

Abs. 3 allerdings, wenn nach § 191 V kein Haftungsbescheid mehr ergehen kann (TK § 171 Rn. 8a).

22 **Zweck.** § 171 III soll dem Antragsteller die Verwirklichung seines Anspruchs sichern und der FB die Möglichkeit geben, ohne Rücksicht auf den Ablauf der regulären Festsetzungsfrist den Antrag zu bearbeiten (BFH 23.3.1993 – VII R 38/92, BStBl. II 1993, 581; vgl. auch BT-Drs. VI/1982, 151). Sie stellt sicher, dass der Erfolg eines Antrags nicht von der Arbeitsweise und -geschwindigkeit der FB abhängt. Eine antragsgemäße Entscheidung soll nicht allein daran scheitern, dass die FB die Prüfung nicht innerhalb der nach anderen Vorschriften zu bestimmenden Festsetzungsfrist abschließt (BFH 12.8.2015 – I R 63/14, BFH/NV 2016, 161).

II. Antrag

26 **Inhalt des Antrags.** Der Antrag iSd § 171 III muss gerichtet sein auf die Festsetzung einer Steuer oder auf Aufhebung oder Änderung einer StFestsetzung, auf Festsetzung anderer Ansprüche aus dem StSchuldverhältnis oder auf die Feststellung von Besteuerungsgrundlagen (§§ 179 ff.), auf die Festsetzung von StMessbeträgen (§ 184), auf Zerlegung und Zuteilung von StMessbeträgen (§§ 185 ff.) oder jeweils auch auf Aufhebung oder Änderung der darauf gerichteten Bescheide. Der Begriff „Antrag auf StFestsetzung" ist sowohl in § 170 III als auch in § 171 III im selben Sinne zu verstehen (BFH 18.6.1991 – VIII R 54/89, BStBl. II 1992, 124; s. hierzu auch → § 170 Rn. 38; zum Begriff der StFestsetzung s. → § 155 Rn. 13). Abs. 3 gilt nur für Anträge, die außerhalb eines Einspruchs- oder Klageverfahrens gestellt werden. Zur Ablaufhemmung für Anträge im Rahmen der Anfechtung eines StBescheids s. § 171 IIIa. Die Ablaufhemmung tritt nur dann ein, wenn der Antrag innerhalb der Festsetzungsfrist bei der zust. FB eingeht (BFH 13.2.2020 – VI R 37/17, BStBl. II 2021, 856; Klein § 171 Rn. 15). Zu den Anträgen iSd Abs. 3 gehört auch der Antrag auf Berichtigung einer StFestsetzung wegen offenbarer Unrichtigkeit (§ 129). Bei einer offenbaren Unrichtigkeit wird der Ablauf der Festsetzungsfrist nicht nur durch Abs. 2 gehemmt, sondern zusätzlich auch durch Abs. 3, sofern der Stpfl. einen entsprechenden Antrag stellt (auch → Rn. 17). § 171 III erfasst zB Anträge auf Aufhebung oder Änderungen von Vorbehaltsfestsetzungen (§ 164 II) sowie Anträge auf schlichte Änderung nach § 172 I Nr. 2a und Anträge auf Aufhebung oder Änderung eines StBescheids nach § 173 I Nr. 2 (Klein § 171 Rn. 12). Zudem erfasst Abs. 3 auch Anträge auf Änderung eines Folgebescheids nach § 175 I Nr. 1, da der Stpfl. andernfalls keine Möglichkeit hätte, den Ablauf der Festsetzungsfrist zu verhindern, wenn die FB die Frist des Abs. 10 verstreichen lässt (BFH 24.5.2006 – I R 93/05, BStBl. II 2007, 76; BFH 27.11.2013 – II R 58/11, BFH/NV 2014, 662; BFH 24.5.2006 – I R 9/05, BFH/NV 2006, 2019; offengelassen BFH 19.8.1999 – III R 57/98, BStBl. II 2000, 330). Aus dem Antrag muss hinreichend konkret hervorgehen, inwieweit der Stpfl. eine Änderung des Folgebescheids begehrt (BFH 14.1.1998 – X R 84/95, BStBl. II 1999, 203). Beantragt der Stpfl. während einer Ap., einen VA zu erlassen oder zu ändern, und kommt die Ap. stattdessen zu dem Ergebnis, dass keine Änderung der Besteuerungsgrundlagen zu veranlassen ist und teilt dies dem Stpfl mit, so beseitigt dies nicht die Verpflichtung der FB, über den Antrag des Stpfl. zu entscheiden (BFH 20.2.2025 – IV R 17/22, BStBl. II 2025, 481 (485)). Ein im Verfahren über einen Grundlagenbescheid (§ 171 X) gestellter Antrag auf Änderung des Grundlagenbescheids kann nicht dahin ausgelegt werden, dass damit zugleich auch eine Änderung des Folgebescheids beantragt wird (BFH 27.11.2013 – II R 58/11, BFH/NV 2014, 662). Der Ablauf der Zweijahresfrist für die Folgebescheide (§ 171 X) wird daher nur gehemmt, wenn der von dem Folgebescheid betroffene Stpfl. selbst die Änderung des Folgebescheids vor Ablauf der Frist beantragt (BFH 27.11.2013 – II R 57/11, BStBl. II 2016, 506). Darüber hinaus gilt Abs. 3 auch für Anträge, die widerstreitende StFestsetzungen (§ 174) betreffen. Ferner erfasst Abs. 3 Anträge auf Erstattung der KapESt nach § 44b EStG, Anträge auf Veranlagung zur ESt nach § 46 II Nr. 8 EStG (BFH

30.3.2017 – VI R 43/15, BStBl. II 2017, 1046; BFH 20.1.2016 – VI R 14/15, BStBl. II 2016, 380; Klein § 171 Rn. 11; aA TK § 171 Rn. 12 unter Hinweis auf BFH 14.4.2011 – VI R 53/10, BStBl. II 2011, 746, der sich in der Entscheidung aber nur auf die Anlaufhemmung nach § 170 II 1 Nr. 1 bezieht) sowie Anträge auf Durchführung des früheren LStJahresausgleichs sowie Anträge auf Einzelveranlagung gem. § 26a EStG nach Erlass eines Zusammenveranlagungsbescheids (vgl. BFH 28.7.2005 – III R 48/03, BStBl. II 2005, 865; auch → Rn. 40). Entsprechendes gilt für Anträge auf Fortschreibung des Einheitswerts nach § 22 BewG. Schließlich kann Abs. 3 auch bei Anträgen auf Gewährung von Zulagen oder Prämien Bedeutung erlangen, wenn die FB die Bearbeitung des Antrags verzögert oder dem Zulagen- oder Prämiengläubiger hinsichtlich einer gesetzlich vorgesehenen Antragsfrist, wie zB in § 4 II WoPG 1996, Wiedereinsetzung in den vorigen Stand (§ 110) zu gewähren ist (auch → § 169 Rn. 9). Auf die Festsetzung von Kindergeld als StVergütung (§ 31 S. 3 EStG) sind gem. § 155 V die Vorschriften über die StFestsetzung einschließlich der Bestimmungen über die Festsetzungsverjährung sinngemäß anzuwenden (BFH 9.9.2015 – XI R 9/14, BFH/NV 2016, 166; vgl. auch BFH 31.8.2021 – III R 10/20, BStBl. II 2022, 186 zur Hemmung nach § 171 III bei einem Kindergeldantrag, der von einem im Inland lebenden, jedoch nur nachrangig berechtigten Elternteil gestellt worden ist).

Kein Antrag iSd § 171 III ist die **Abgabe einer gesetzlich vorgeschrieben StErklärung** (BFH 28.7.2021 – X R 35/20, BFH/NV 2022, 1; BFH 28.8.2014 – V R 8/14, BStBl. II 2015, 3; BFH 15.5.2013 – IX R 5/11, BStBl. II 2014, 143; BFH 18.6.1991 – VIII R 54/89, BStBl. II 1992, 124; BFH 21.11.1994 – VI B 49/94, BFH/NV 1995, 660; ebenso HHSp § 171 Rn. 28; TK § 171 Rn. 12). Dies gilt auch für USt-Voranmeldungen und für die UStJahreserklärung (BFH 17.9.1992 – V R 17/86, BFH/NV 1993, 279; BFH 11.5.1995 – V R 136/93, BFH/NV 1996, 1) sowie für die Erklärung zur Feststellung eines verbleibenden Verlustvortrags nach § 10d IV EStG (BFH 25.5.2011 – IX R 36/10, BStBl. II 2011, 807; BFH 29.6.2011 – IX R 38/10, BStBl. II 2011, 963). Die Abgabe einer StErklärung ist selbst dann kein Antrag iSd Abs. 3, wenn sie zu einer StErstattung führt (BFH 11.5.1995 – V R 136/93, BFH/NV 1996, 1). Entsprechendes gilt für einen Antrag auf Zustimmung zu einer StAnmeldung iSd § 168 (BFH 11.5.1995 – V R 136/93, BFH/NV 1996, 1). Hieran ändert auch ein der StErklärung beigefügtes Begleitschreiben nichts (BFH 15.5.2013 – IX R 5/11, BStBl. II 2014, 143). Etwas anderes kann nur dann gelten, wenn dem Schreiben ein über den mit der Abgabe der StErklärung hinausgehender eigenständiger Aussagewert zukommt (vgl. BFH 12.8.2015 – I R 63/14, BFH/NV 2016, 161 zu einem Begleitschreiben mit der „Bitte um weitere Veranlassung"). Als Antrag iSd Abs. 3 sind nur solche Willensbekundungen zu verstehen, die ein Tätigwerden der FB außerhalb des infolge der Amtsmaxime (§§ 85 ff.) ohnehin gebotenen Verwaltungshandelns auslösen sollen (BFH 18.6.1991 – VIII R 54/89, BStBl. II 1992, 124; BFH 11.5.1995 – V R 136/93, BFH/NV 1996, 1; dagegen soll nach FG Berlin-Brandenburg 29.6.2022 – 16 K 16128/21, EFG 2022, 1583 schon eine nach Abgabe der StErklärung eingereichte Bitte um Bearbeitung einen Antrag iSd Abs. 3 darstellen; aA FG München 20.10.2015 – 12 K 1733/11, EFG 2016, 8). Dementsprechend liegt auch dann kein Antrag iSd § 171 III vor, wenn der Stpfl. mit der Abgabe seiner StErklärung einen Antrag stellt, der sich nur auf die eingereichte StErklärung bezieht, wie zB einen Antrag auf Feststellung des verbleibenden Verlustabzugs. Derartige Anträge haben nur rein formalen Charakter und besitzen keinen über den mit der Abgabe der StErklärung hinausgehenden eigenständigen Aussagewert (BFH 15.5.2013 – IX R 5/11, BStBl. II 2014, 143). Ferner liegt auch dann kein Antrag iSd § 171 III vor, wenn **innerhalb der StErklärung bestimmte** Wahlrechte, wie zB nach § 7 I 6 EStG oder nach § 26 II EStG, ausgeübt und bestimmte Anträge, wie zB nach §§ 33 I, 33a, 33b EStG, gestellt werden (BFH 12.8.2015 – I R 63/14, BFH/NV 2016, 161; Schwarz/Pahlke/Keß § 171 Rn. 21; auch → § 149 Rn. 5). Zudem kann ein Antrag auf Übertragung des Haushaltsfreibetrags (§ 32 VII EStG aF) nicht als Antrag iSd Abs. 3 angesehen werden (FG Berlin-Brandenburg 24.3.2010 – 1 K 1691/06, DStRE 2011, 1479; 27

offengelassen von BFH 28.3.2012 – VI R 68/10, BStBl. II 2012, 711). Die Auswirkungen des Einreichungszeitpunkts von StErklärungen auf die Festsetzungsfrist sind in § 170 II 1 Nr. 1 abschließend geregelt und dort im Gegensatz zu Anträgen auf StFestsetzung iSd § 170 III abgehandelt (BFH 18.6.1991 – VIII R 54/89, BStBl. II 1992, 124).

28 Die Anzeige zur **Berichtigung einer StErklärung** nach § 153 ist ebenfalls kein Antrag iSd Abs. 3 (FG Rheinland-Pfalz 23.1.1997 – 6 K 2027/95, EFG 1997, 1486; TK § 171 Rn. 12; im Ergebnis ebenso HHSp § 171 Rn. 29; auch → § 170 Rn. 14). Entsprechendes gilt für eine Selbstanzeige bei StHinterziehung nach § 371 (BFH 8.7.2009 – VIII R 5/07, BStBl. II 2010, 583). Die Ablaufhemmung richtet sich in diesen Fällen ausschl. nach § 171 IX (vgl. BFH 22.1.1997 – II B 40/96, BStBl. II 1997, 266). Ein Antrag auf **Stundung** gem. § 222, auf **Erlass** der festgesetzten Steuer gem. § 227 oder auf AdV gem. § 361 bzw. gem. 69 FGO führt ebenfalls nicht zur Hemmung der Festsetzungsfrist nach Abs. 3, da diese Anträge dem Erhebungsverfahren (§§ 218 ff.) zuzuordnen sind und nicht unmittelbar die StFestsetzung berühren. Entsprechendes gilt, wenn ein Antrag auf **abweichende Festsetzung von Steuern aus Billigkeitsgründen** gem. § 163 gestellt wird (HHSp § 171 Rn. 30). Auch dieser Antrag betrifft nicht unmittelbar die StFestsetzung, da über den Antrag in einem selbständigen Verfahren entschieden wird. Wird der Erlass gewährt, ist die StFestsetzung nach § 175 I Nr. 1 zu ändern. Die Erlassentscheidung ist im Verhältnis zum StBescheid ein Grundlagenbescheid iSd § 171 X (→ § 163 Rn. 38). Die Ablaufhemmung richtet sich daher ausschl. nach § 171 X, sofern der Stpfl. keinen Antrag auf Anpassung des StBescheids nach § 175 I Nr. 1 gestellt hat (→ Rn. 26). § 171 III gilt schließlich auch nicht für Anträge auf Anerkennung der Gemeinnützigkeit, da die FB unabhängig von Anträgen und Erklärungen des Stpfl. verpflichtet ist, eine KStVeranlagung durchzuführen und dabei auch von Amts wegen eine etwaige Gemeinnützigkeit zu berücksichtigen hat (FG Berlin 24.2.1997 – 8435/96, EFG 1997, 1006; aA TK § 171 Rn. 11).

29 **Zulässigkeit und Begründetheit des Antrags.** Die Ablaufhemmung des § 171 III greift auch dann, wenn der Antrag unzulässig (vgl. FG Schleswig-Holstein 31.5.1995 – I 1128/94, EFG 1997, 1079; TK § 171 Rn. 14; aA HHSp § 171 Rn. 33; Klein § 171 Rn. 17; Höllig BB 1978, 88) oder unbegründet ist (BFH 12.12.2000 – VIII R 12/00, BStBl. II 2001, 218; BFH 22.2.2006 – I R 125/04, BStBl. II 2006, 401; TK § 171 Rn. 14). Der Wortlaut des Abs. 3 erfordert lediglich, dass ein Antrag gestellt worden ist. Ob der Antrag zulässig und begründet ist, muss die FB in tatsächlicher und rechtlicher Hinsicht regelmäßig erst eingehend prüfen. Der Antrag muss jedoch bei der zuständigen Behörde angebracht werden (BFH 30.3.2017 – VI R 43/15, BStBl. II 2017, 1046; aA für den Fall eines „steuerlich nicht beratenen Bürgers" FG Köln 23.5.2017 – 1 K 1637/14, DStRE 2018, 824, aufgeh. durch BFH 13.2.2020 – VI R 37/17, BFH/NV 2020, 979) und hinreichend bestimmt sein, dh, das Begehren des Stpfl. muss sich wenigstens in groben Zügen aus dem Antrag ergeben (BFH 23.9.2020 – XI R 1/19, BStBl. II 2021, 341; Klein § 171 Rn. 17).

III. Steuerfestsetzung

31 Richtet sich der Antrag auf Aufhebung oder Änderung einer bereits ergangenen StFestsetzung, muss diese wirksam sein. Ist der StBescheid nicht wirksam geworden oder gem. § 125 nichtig, so kann durch einen Antrag nach Abs. 3 der Ablauf der Festsetzungsfrist nicht gehemmt werden (BFH 11.10.1989 – X R 31/86, BFHE 158, 491; BFH 16.5.1990 – X R 147/87, BStBl. II 1990, 942; BFH 14.11.1990 – II R 255/85, BStBl. II 1991, 49; BFH 12.5.1993 – XI R 47/91, BFH/NV 1994, 77). Wird eine wirksame StFestsetzung, auf die sich ein Antrag auf Aufhebung oder Änderung bezieht, später aufgehoben, entfällt damit ex nunc die Ablaufhemmung nach Abs. 3 (BFH 16.5.1990 – X R 147/87, BStBl. II 1990, 942). § 171 III stellt auf den VA ab, der die StFestsetzung regelt, und nicht auf den Sachverhalt, der dem Antrag zu Grunde liegt (BFH 11.10.1989 – X R 31/86, BFHE 158,

491; BFH 16.5.1990 – X R 147/87, BStBl. II 1990, 942). Zur Ablaufhemmung bei Anfechtung eines unwirksamen StBescheids → Rn. 50.

IV. Antrag vor Ablauf der Festsetzungsfrist

Der Antrag muss nach § 171 III vor Ablauf der Festsetzungsfrist gestellt werden. Ein vor Ablauf der Festsetzungsfrist gestellter Antrag kann nach Ablauf der Festsetzungsfrist nicht mehr erweitert werden. Entscheidend ist der **Zugang** des Antrags bei der zuständigen FB (TK § 171 Rn. 10). Die rechtzeitige Absendung des Antrags genügt nicht. § 169 I Nr. 1 kann nicht entspr. angewandt werden; diese Regelung gilt nicht für Erklärungen des Stpfl. Es genügt, wenn der Antrag bis zum Ablauf des letzten Tages der Festsetzungsfrist, mithin bis 24:00 Uhr bei der zuständigen Behörde eingeht (BFH 13.2.2020 – VI R 37/17, BStBl. II 2021, 856; BFH 20.1.2016 – VI R 14/15, BStBl. II 2016, 380, wonach die Behörde zu den behördenüblichen Zeiten Kenntnis von dem Schriftstück erhalten musste, ist daher überholt). Wird der Antrag nicht vor Ablauf der Festsetzungsfrist gestellt, kann keine Wiedereinsetzung (§ 110) in die Festsetzungsfrist gewährt werden (BFH 24.1.2008 – VII R 3/07, BStBl. II 2008, 462), da die Festsetzungsfrist **keine wiedereinsetzungsfähige Frist** ist (BFH 21.10.1996 – VI R 4/94, BFH/NV 1997, 330; → § 169 Rn. 24). Dies gilt auch dann, wenn der Stpfl. mit der Festsetzungsfrist zugleich auch unverschuldet eine gesetzlich vorgesehene Antragsfrist versäumt hat. Auch in diesen Fällen scheitert der Antrag im Interesse des Rechtsfriedens und der Rechtssicherheit am Ablauf der Festsetzungsfrist (vgl. BFH 12.5.2009 – VII R 5/08, BFH/NV 2009, 1602; auch → § 169 Rn. 4). 34

V. Umfang der Ablaufhemmung

Betragsmäßiger Umfang. Der Ablauf der Festsetzungsfrist ist nach § 171 III betragsmäßig auf die Reichweite des vom Stpfl. gestellten Antrags beschränkt („insoweit"). Im Übrigen kommt es zur Teilverjährung (vgl. BFH 5.2.1992 – I R 76/91, BStBl. II 1992, 995; BFH 10.3.1993 – I R 93/92, BStBl. II 1995, 165; BFH 27.3.1996 – I R 182/94, BStBl. II 1997, 449; zum Begriff der Teilverjährung → § 169 Rn. 22). Dies gilt auch für StFestsetzungen, die gem. § 164 I unter dem Vorbehalt der Nachprüfung stehen (FG Köln 30.9.1997 – 8 K 2301/96, EFG 1998, 1593). In der Praxis wird der Antrag iSd Abs. 3 regelmäßig nicht ziffernmäßig bestimmt sein. Die Reichweite des Antrags ist dann durch Auslegung zu ermitteln (BFH 5.2.1992 – I R 76/91, BStBl. II 1992, 995). Maßgeblich ist eine willensorientierte Auslegung des Antrags entspr. § 133 BGB, die ggf. auch Umstände außerhalb des Einspruchsschreibens mitberücksichtigt (vgl. BFH 23.4.2003 – IX R 28/00, BFH/NV 2003, 1140). Schränkt der Stpfl. seinen Antrag nachträglich ein, endet die Ablaufhemmung nach Abs. 3, soweit sich die Einschränkung betragsmäßig auswirkt (TK § 171 Rn. 16). Erweitert der Stpfl. seinen Antrag nachträglich, so kann dadurch der Umfang der Ablaufhemmung nur dann beeinflusst werden, wenn im Zeitpunkt der **Antragserweiterung** die reguläre Festsetzungsfrist noch nicht abgelaufen war (TK § 171 Rn. 16; aA Spindler DB 1991, 1296). Bei Feststellungsbescheiden, die sich nicht auf betragsmäßige Feststellungen beziehen, wie zB die einheitliche und gesonderte Feststellung einer bestimmten Einkunftsart nach §§ 179, 180 I Nr. 2a, wird die Festsetzungsfrist nur hinsichtlich der Besteuerungsgrundlage gehemmt, die Gegenstand des Antrags ist (HHSp § 171 Rn. 44; zur Ablaufhemmung der Festsetzungsfrist für Folgebescheide s. § 171 X). Innerhalb des durch den Antrag vorgegebenen Umfangs der Ablaufhemmung, kann das FA **Änderungen** der StFestsetzung **aus anderen Gründen** zulasten oder zugunsten des Stpfl. berücksichtigen. So können zB die Auswirkungen von Änderungs- und Aufhebungsgründen nach §§ 172 ff. umgesetzt und Rechtsfehler in diesem Rahmen ggf. nach § 177 berichtigt werden (FG Nürnberg 12.11.1986 – V 32/81, EFG 1987, 224; TK § 171 Rn. 16a). Eine Beschränkung durch den Umfang der Ablaufhemmung nach Abs. 3 besteht nur dann nicht, wenn die Festsetzungsfrist insoweit aus einem anderen Grund noch nicht 37 abgelaufen ist. Stellt sich bei der Entscheidung über den Antrag heraus, dass der dem Antrag zu Grunde liegende Sachverhalt in einem anderen VZ oder bei einer anderen Steuer hätte berücksichtigt werden müssen, so hemmt der Antrag den Ablauf der Festsetzungsfrist für den anderen VZ bzw. für die andere Steuer nicht. Der dem Antrag zugrunde liegende Sachverhalt ist unbeachtlich (→ Rn. 31). In diesen Fällen greift vielmehr § 174 ein, der insoweit auch spezielle Regelungen über den Ablauf der Festsetzungsfrist enthält (s. auch die Erl. zu § 174 I 2, III 2 und IV 3 f; → § 174 Rn. 53 u. 76 f.).

38 **Dauer der Ablaufhemmung.** Die Festsetzungsfrist läuft nach § 171 III ab, wenn die Entscheidung der FB über den Antrag unanfechtbar geworden ist, sofern der Ablauf der Festsetzungsfrist nicht aus einem anderen Grund gehemmt ist. Unanfechtbarkeit bedeutet, dass die Entscheidung nicht mehr mit dem Einspruch (§§ 347 ff.), einer Klage (§§ 40 f. FGO), der Revision (§§ 115 ff. FGO) oder einer Beschwerde (§§ 128 ff. FGO) angefochten werden kann. Maßgeblich ist die **formelle Bestandskraft** bzw. Rechtskraft der Entscheidung. Die Möglichkeit, einen nichtförmlichen Rechtsbehelf (→ Vorb. §§ 347 ff. Rn. 16 ff.) oder eine Verfassungsbeschwerde (Art. 93 I Nr. 4a GG iVm §§ 90 ff. BVerfGG) einzulegen, haben keinen Einfluss auf die Unanfechtbarkeit der Entscheidung. Unerheblich ist auch, ob die StFestsetzung noch nach §§ 164 f., 172 ff. geändert werden kann (vgl. BFH 19.12.1985 – V R 167/82, BStBl. II 1986, 420). Ferner ist ohne Bedeutung, ob und wie die FB ihre Entscheidung begründet (vgl. TK § 171 Rn. 21a). Die Entscheidung muss jedoch wirksam sein. Dagegen läuft die Festsetzungsfrist mangels einer unanfechtbaren Entscheidung nicht ab, wenn die FB die Entscheidung über den Antrag verzögert. Abs. 3 bestimmt keine Frist, innerhalb derer die FB tätig werden muss. Die FB kann so den Eintritt der Festsetzungsverjährung theoretisch beliebig hinauszögern. Gegebenenfalls verwirkt sie jedoch durch ihre Untätigkeit den StAnspruch; dazu genügt allerdings bloßer Zeitablauf nicht. Nimmt der Stpfl. seinen Antrag zurück, endet die Ablaufhemmung nach Abs. 3. Mit der **Rücknahme des Antrags** ist der Grund für die Ablaufhemmung entfallen. Entsprechendes gilt, wenn der Stpfl. einen Einspruch oder eine Klage nach Ablauf der Rechtsbehelfsfrist nach § 362 bzw. nach § 72 FGO zurücknimmt, da in diesem Fall die den Antrag ablehnende Entscheidung des FA unanfechtbar wird (auch → Rn. 51).

39 **Sachliche Begrenzung.** Die Ablaufhemmung des § 171 III bezieht sich nur auf den StFall, der durch den Antrag des Stpfl. in Streit gezogen wurde (FG Düsseldorf 16.5.1997 – 11 K 1398/93 BG, EFG 1997, 1296). Keine Ablaufhemmung bewirkt Abs. 3 für einen anderen StAnspruch, auch wenn es sich um einen gleichgelagerten Parallelfall handelt (vgl. BFH 23.3.1993 – VII R 38/92, BStBl. II 1993, 581).

40 **Personelle Begrenzung.** Der Fristablauf wird nach § 171 III zugunsten des Antragstellers gehemmt. Im Falle der Gesamtrechtsnachfolge (§ 45) dauert die Ablaufhemmung, bis über den Antrag gegenüber dem Gesamtrechtsnachfolger unanfechtbar entschieden worden ist (FG Münster 14.8.1997 – 1 K 2759/97 U, EFG 1997, 1279). Gegenüber Personen, die keinen Antrag iSd Abs. 3 gestellt haben, ergibt sich aus Abs. 3 keine Ablaufhemmung. Entsprechendes gilt bei einem Antrag auf Änderung oder Aufhebung einer StFestsetzung für Personen, gegen die die StFestsetzung nicht gerichtet ist (vgl. BFH 22.5.1974 – I R 259/72, BStBl. II 1974, 722; BFH 8.3.1979 – IV R 75/76, BStBl. II 1979, 501). Dementsprechend bewirkt § 171 III auch keine Ablaufhemmung für den **Gesamtschuldner** (§ 44), der keinen Antrag gestellt hat (vgl. Schwarz/Pahlke/Keß § 171 Rn. 35; s. auch § 44 II 3) und für Personen, die statt des Antragstellers die festgesetzte Steuer schulden oder Gläubiger eines geltend gemachten Erstattungsanspruchs (§ 37 II) sind (TK § 171 Rn. 18). Nach Erlass eines Zusammenveranlagungsbescheids ist die Festsetzungsfrist allerdings auch dann gegenüber beiden Ehegatten/Lebenspartner nach § 171 III gehemmt, wenn nur ein Ehegatte/Lebenspartner einen Antrag auf Einzelveranlagung gem. § 26a EStG gestellt hat (vgl. BFH 28.7.2005 – III R 48/03, BStBl. II 2005, 865). Ferner tritt gem. Abs. 3 auch keine Ablaufhemmung gegenüber einem **Rechtsnachfolger** (§ 45) ein, wenn die FB den StBescheid an einen bereits verstorbenen Stpfl. gerichtet hat und der Rechtsnachfolger

beantragt, den Bescheid aufzuheben (BFH 8.3.1979 – IV R 75/76, BStBl. II 1979, 501; vgl. auch BFH 23.9.1999 – IV R 59/98, BStBl. II 2000, 170). Entsprechendes gilt, wenn eine stpfl. KapGes durch Umwandlung nach den Vorschriften des UmwG untergegangen ist (BFH 22.5.1974 – I R 259/72, BStBl. II 1974, 722). Der Antrag des Arbeitgebers auf Aufhebung eines LStPauschalierungsbescheids (§§ 40 ff. EStG) hemmt nicht die Festsetzungsfrist für die LStSchuld des Arbeitnehmers (TK § 171 Rn. 19; aA FG Baden-Württemberg 31.1.1985 – III 34/81, EFG 1985, 365). Beantragt der Geschäftsführer einer GmbH den gegenüber der GmbH ergangenen KStBescheid aufzuheben, so hemmt dies nicht den Ablauf der Festsetzungsfrist gegenüber dem Geschäftsführer für den Erlass eines EStBescheids bzw. eines Haftungsbescheids nach § 69 (vgl. FG Hamburg 18.10.1974 – I 71/72, EFG 1975, 84; zu vGA und verdeckte Einlagen s. auch § 32a KStG). Lediglich bei Bescheiden über gesonderte und einheitliche Feststellungen von Besteuerungsgrundlagen (§§ 179 ff.) läuft die Festsetzungsfrist gegenüber sämtlichen Feststellungsbeteiligten nicht ab, wenn einer von ihnen einen Antrag nach Abs. 3 gestellt hat (→ § 169 Rn. 37). Die FB muss aufgrund des Antrags die Möglichkeit haben, die notwendig einheitliche Feststellung gegenüber allen Feststellungsbeteiligten aufzuheben oder zu ändern (vgl. BFH 27.4.1993 – VIII R 27/92, BStBl. II 1994, 3).

E. Anfechtung eines Steuerbescheids (Abs. 3a)

Schrifttum: Wachenfeld, Probleme der Ablaufhemmung im außergerichtlichen Rechtsbehelfsverfahren, DStZ 1996, 302; Kamps, Keine Verlängerung der Festsetzungsfrist für die Folgesteuer durch Anfechtung des Grundlagenbescheids – Auswirkungen des BFH-Urteils vom 19.1.2005, DStR 2005, 1381.

I. Allgemeines

Inhalt. § 171 IIIa regelt die Ablaufhemmung bei Anfechtung eines StBescheids. Die Regelung ist durch das StBereinG 1999 eingefügt worden. Die Festsetzungsfrist läuft nunmehr abw. von der früheren Regelung in § 171 III 2–3 aF hinsichtlich des gesamten StAnspruchs nicht ab, bevor über den zulässigen Einspruch (§§ 347 ff.) oder die zulässige Klage (§§ 40 f. FGO) unanfechtbar entschieden worden ist. § 171 IIIa gilt nach Art. 97 § 10 IX EGAO für alle beim Inkrafttreten des StBereinG 1999 am 30.12.1999 noch nicht abgelaufenen Festsetzungsfristen (vgl. hierzu BFH 9.12.2009 – II R 33/08, BFH/NV 2010, 838). In den Fällen der Teilverjährung ist die Anwendung des Abs. 3a nach Art. 97 § 10 IX EGAO auf den zum Zeitpunkt des Inkrafttretens des StBereinG 1999 nicht verjährten Teil des StAnspruchs beschränkt (BFH 20.4.2004 – IX R 36/03, BFH/NV 2004, 1361; → Rn. 55). 43

Zweck. Die Regelung soll sicherstellen, dass die Durchführung eines Rechtsbehelfsverfahrens nicht durch den Ablauf der regulären Festsetzungsfrist sinnlos wird (vgl. auch BT-Drs. VI/1982, 151). 44

Verhältnis zu §§ 228 ff. Ist der Ablauf der Festsetzungsfrist nach Abs. 3a gehemmt, kann gleichwohl Zahlungsverjährung (§§ 228 ff.) eintreten. Um dies zu verhindern, muss die FB, soweit erforderlich, die Zahlungsverjährung durch Handlungen nach § 231 I unterbrechen. 45

II. Ablaufhemmung durch Anfechtung (Abs. 3a S. 1)

Allgemeines. Die Anfechtung eines vor Ablauf der regulären Festsetzungsfrist erlassenen StBescheids bewirkt nach § 171 IIIa 1 eine Ablaufhemmung. Während der Antrag nach Abs. 3 vor Ablauf der Festsetzungsfrist gestellt werden muss, kann die Anfechtung gem. Abs. 3a S. 1 Hs. 2 auch nach Ablauf der regulären Festsetzungsfrist erfolgen. Damit trägt Abs. 3a den Fällen Rechnung, in denen die FB den StBescheid erst kurz vor Ablauf der regulären Festsetzungsfrist erlassen hat, sodass die Rechtsbehelfsfrist länger läuft als die 49 reguläre Festsetzungsfrist und der Stpfl. deshalb den Bescheid nicht bis zum Ablauf der Festsetzungsfrist anzufechten braucht (BT-Drs. VI/1982, 151).

50 **Anfechtung** ist die Einlegung eines Einspruchs (§§ 347 ff.) oder die Erhebung einer Klage (§§ 40 f. FGO) gegen die StFestsetzung. § 171 IIIa gilt auch für den Untätigkeitseinspruch iSd § 347 I 2 (BFH 22.1.2013 – IX R 1/12, BStBl. II 2013, 663). Als Klage kommt nicht nur die Anfechtungsklage (§ 40 I FGO) in Betracht, sondern auch jede andere Klage, die dem Begehren des Stpfl. entspricht. Der Rechtsbehelf muss, anders als der Antrag nach Abs. 3 (→ Rn. 28), nach der ausdrücklichen Regelung des Abs. 3a S. 2 Hs. 2 zulässig sein (→ Rn. 55). Die Ablaufhemmung wird durch die Anfechtung und nicht durch das mit der Anfechtung eingeleitete Rechtsbehelfsverfahren ausgelöst. Die Anfechtung muss sich auf eine **bestimmte StFestsetzung** beziehen (BFH 11.10.1989 – X R 31/86, BFHE 158, 491). Diese muss wirksam sein, da nur eine wirksame StFestsetzung die reguläre Festsetzungsfrist wahren kann. Die Anfechtung eines nach § 125 nichtigen Bescheids führt nicht zur Ablaufhemmung nach Abs. 3a S. 3 (BFH 11.10.1989 – X R 31/86, BFHE 158, 491; BFH 27.2.1997 – IV R 38/96, BFH/NV 1997, 388; BFH 26.6.2019 – II R 58/15, BFH/NV 2019, 1222; aA Schrage DStZ 1997, 46). Durch Klageerhebung wird der Ablauf der Festsetzungsfrist auch dann gehemmt, wenn das FA nach Klageerhebung einen neuen Bescheid erlässt und danach den Erstbescheid einschl. der Einspruchsentscheidung aufhebt (BFH 15.9.1992 – VIII R 20/89, BFH/NV 1993, 576). Der Einspruch eines **Feststellungsbeteiligten** gegen den Bescheid über die gesonderte und einheitliche Feststellung von Einkünften (§§ 179 ff.) hemmt den Ablauf der Feststellungsfrist auch dann, wenn das FA den Bescheid bisher nur einem der anderen Feststellungsbeteiligten bekannt gegeben hat (BFH 13.9.1994 – IX R 89/90, BStBl. II 1995, 39). Auch wenn ein Haftungsbescheid (§ 191) angefochten wird, läuft die Festsetzungsfrist gem. § 171 IIIa iVm § 191 III 1 nicht ab, bevor über den Rechtsbehelf unanfechtbar entschieden ist (BFH 24.1.1995 – VII B 142/94, BStBl. II 1995, 227). Der Ablauf der Festsetzungsfrist wird auch dann nach Abs. 3a durch Anfechtung eines vor Fristablauf erlassenen **Änderungsbescheides** gehemmt, wenn das FA den Änderungsbescheid aufgrund rechtlicher Schlussfolgerungen in einer Kontrollmitteilung (§ 194 III) erlassen hat und ihm die zugrunde liegenden Tatsachen iSd § 173 I Nr. 1 erst nach Ablauf der regulären Festsetzungsfrist bekannt werden (BFH 12.12.2000 – VIII R 12/00, BStBl. II 2001, 218). Dagegen wird der Fristablauf nicht nach Abs. 3a gehemmt, wenn der Stpfl. den Erlass der festgesetzten Steuer nach §§ 163, 227 beantragt und die ablehnende Erlassentscheidung anficht (vgl. BFH 10.5.1974 – III 284/64, BStBl. II 1974, 620). Entsprechendes gilt, wenn sich der Stpfl. gegen eine ablehnende Entscheidung über eine beantragte Stundung (§ 222) oder eine beantragte AdV (§ 361 AO bzw. § 69 FGO) wendet (TK § 171 Rn. 26).

51 **Dauer der Ablaufhemmung.** Die Ablaufhemmung endet nach § 171 IIIa 1, sobald über den Rechtsbehelf unanfechtbar entschieden worden ist. Zum Begriff der Unanfechtbarkeit s. → Rn. 38. Die Ablaufhemmung nach Abs. 3a endet mit der Rücknahme des Rechtsbehelfs (TK § 171 Rn. 30). Die Rücknahme eines Einspruchs (§ 362) oder einer Klage (§ 72 FGO) nach Ablauf der Rechtsbehelfsfrist lässt den angefochtenen StBescheid unanfechtbar werden (vgl. BFH 30.7.1970 – IV R 10/70, BStBl. II 1970, 855). Ferner endet die Ablaufhemmung nach Abs. 3a S. 3, wenn die Beteiligten im finanzgerichtlichen Verfahren ohne Ergehen einer gerichtlichen Entscheidung übereinstimmende Erledigungserklärungen abgeben, da der angefochtene StBescheid hierdurch bestandskräftig und damit unanfechtbar wird. Erklären die Beteiligten allerdings den Rechtsstreit in der mündlichen Verhandlung vor dem FG in der Hauptsache für erledigt, weil sich das FA zuvor zum Erlass eines Änderungsbescheids zugunsten des Stpfl. verpflichtet hat, wirkt die Ablaufhemmung des Abs. 3a bis zum Erlass des zugesagten Änderungsbescheids fort (BFH 23.7.2020 – V R 37/18, BStBl. II 2021, 50; FG Düsseldorf 3.7.2006 – 11 K 2003/02 F, EFG 2007, 560; aA BFH 5.10.2004 – VII R 77/03, BStBl. II 2005, 122; BFH 22.5.1984 – VIII R 60/79, BStBl. II 1984, 697, wonach mit der übereinstimmenden Erledigungserklärung die Unanfechtbarkeit des StBescheids eintritt; HHSp § 171 Rn. 65). Die Rücknahme einer

Revision (§§ 115 ff. FGO) bewirkt die Unanfechtbarkeit des finanzgerichtlichen Urteils (BFH 30.7.1970 – IV R 10/70, BStBl. II 1970, 855). Ferner endet die Ablaufhemmung nach Abs. 3a, wenn der **StBescheid ersatzlos aufgehoben** wird, sofern nicht die Sonderregelung des § 171 IIIa 3 (→ Rn. 58 f.) oder des § 174 IV–V eingreift (vgl. BFH 24.1.1995 – VII B 142/94, BStBl. II 1995, 227; BFH 16.5.1990 – X R 147/87, BStBl. II 1990, 942). Ist der StBescheid aufgehoben worden, tritt bei einer erneuten Bescheiderteilung die Ablaufhemmung nicht wieder rückwirkend in Kraft (vgl. BFH 21.11.2001 – VII B 108/01, BFH/NV 2002, 315; BFH 26.11.1974 – VII R 45/72, BStBl. II 1975, 460; BFH 5.5.1976 – I R 119/74, BStBl. II 1976, 604). Die Festsetzungsfrist ist allerdings gewahrt, wenn die FB den angefochtenen StBescheid unter gleichzeitigem Erlass eines neuen StBescheids aufhebt (BFH 5.10.2004 – VII R 18/03, BStBl. II 2005, 323). Bei Gesamtrechtsnachfolge (§ 45) dauert die Ablaufhemmung, bis der Bescheid gegen den Gesamtrechtsnachfolger bestandskräftig geworden ist (FG Münster 14.8.1997 – 1 K 2759/97 U, EFG 1997, 1279). Für die Dauer des Rechtsbehelfsverfahrens gelten die Ausführungen zur verzögerten Bearbeitung eines Antrags iSd Abs. 3 entspr. (→ Rn. 38). § 171 IV 3 kann bei Anfechtung eines StBescheids mangels Analogiefähigkeit der Verjährungsvorschriften nicht entspr. angewandt werden (→ Rn. 3). Überdies kann bei Anfechtung eines Haftungsbescheids (§ 191) § 171 VIII nicht analog angewandt werden, mit der Folge, dass spätestens mit Ablauf der in Abs. 8 genannten Fristen Festsetzungsverjährung eintritt (aA App NJW 1994, 1710).

Für die **sachliche Begrenzung** der Ablaufhemmung nach Abs. 3a gilt → Rn. 39 entspr. **52**
Zur **personellen Begrenzung** der Ablaufhemmung nach Abs. 3a s. zunächst → Rn. 40, die hier entspr. gilt. Auch die Ablaufhemmung nach Abs. 3a wirkt in erster Linie gegenüber dem Anfechtenden. Gegenüber anderen Personen tritt regelmäßig keine Ablaufhemmung ein (Klein § 171 Rn. 43). Bei Bescheiden über gesonderte und einheitliche Feststellungen von Besteuerungsgrundlagen (§§ 179 ff.) läuft die Festsetzungsfrist gegenüber sämtlichen Feststellungsbeteiligten nicht ab, wenn einer von ihnen gegen den Bescheid einen Rechtsbehelf eingelegt hat (BFH 27.4.1993 – VIII R 27/92, BStBl. II 1994, 3). Dagegen bewirkt Abs. 3a keine Ablaufhemmung, wenn der Feststellungsbescheid von einer in ihm nicht als Inhaltsadressat aufgeführten Person angefochten wird (BFH 23.9.1999 – IV R 59/98, BStBl. II 2000, 170). Ein Grundlagenbescheid, der während des Einspruchsverfahrens gegen einen Folgebescheid ergeht, stellt keine unanfechtbare Entscheidung iSd des § 171 IIIa über den Einspruch gegen den Folgebescheid dar (BFH 17.2.2010 – II R 38/08, BFH/NV 2010, 1236).

III. Umfang der Ablaufhemmung (Abs. 3a S. 2)

Nach § 171 IIIa 2 hemmt die Anfechtung die Verjährung des gesamten StAnspruchs, **55**
soweit der Rechtsbehelf zulässig ist. Auf den vom Rechtsbehelfsführer gestellten Antrag kommt es nicht an. Hierdurch unterscheidet sich Abs. 3a von Abs. 3 (→ Rn. 37). Abs. 3a S. 2 soll es der FB ermöglichen, auch bei Anfechtung eines StBescheids nach Ablauf der regulären Festsetzungsfrist den StBescheid im Einspruchs- oder Klageverfahren **zum Nachteil der Stpfl.** zu ändern. Dies war bis zur Einführung des Abs. 3a durch das StBereinG 1999 nach der damaligen Rspr. nicht möglich (vgl. BFH 9.12.2009 – II R 39/07, BFH/NV 2010, 821; BFH 8.7.1998 – I R 112/97, BStBl. II 1999, 123; BFH 27.3.1996 – I R 182/94, BStBl. II 1997, 449; → Rn. 43). Abs. 3a S. 2 entspricht der Verpflichtung der FB, im Einspruchsverfahren (§§ 347 ff.) den StFall nach § 367 II 1 in vollem Umfang erneut zu überprüfen und den angefochtenen StBescheid ggf. nach § 367 II 2 auch zum Nachteil des Stpfl. zu ändern (BR-Drs. 475/99, 93). Ist ein Bescheid nur aufgrund der durch den Einspruch des Stpfl. verbundenen Verjährungshemmung nach Abs. 3a änderbar, muss auch bei einer Änderung nach § 164 II zuungunsten des Stpfl. § 367 II 2 (Verböserungshinweis) beachtet werden (BFH 25.2.2009 – IX R 24/08, BStBl. II 2009, 587). Durch Rücknahme des Rechtsbehelfs kann der Stpfl. die Verböse-

rung verhindern (BR-Drs. 475/99, 93). Die Ablaufhemmung tritt nach Abs. 3a S. 2 Hs. 2 nur ein, wenn der Rechtsbehelf zulässig ist. Ein unzulässiger Rechtsbehelf führt nicht zur Ablaufhemmung, da die FB in diesen Fällen ohnehin keine Sachentscheidung treffen kann (BR-Drs. 475/99, 93). Die Anfechtung eines Grundlagenbescheids (§ 171 X) hemmt nicht den Ablauf der Frist für die Festsetzung der Folgesteuern; die Hemmung der Festsetzungsfrist richtet sich vielmehr nach § 171 X (BFH 19.1.2005 – X R 14/04, BStBl. II 2005, 242; Kamps DStR 2005, 1381).

IV. Unanfechtbare Entscheidung in den Fällen des § 100 I 1, II 2, III 1 FGO und des § 101 FGO (Abs. 3a S. 3)

58 **Allgemeines.** Nach § 171 IIIa 3 wird der Ablauf der Festsetzungsfrist in den Fällen des § 100 I 1, II 2, III 1 FGO und des § 101 FGO verlängert, bis ein aufgrund der Vorschriften erlassener StBescheid unanfechtbar geworden ist. Abs. 3a S. 3 ergänzt Abs. 3a S. 1–2 für den Fall, dass ein Klageverfahren nicht mit einer Sachentscheidung nach § 100 II 1 FGO endet, sondern noch ein Tätigwerden der FB erfordert. Eine Frist für das Tätigwerden der FB besteht nicht (BFH 23.3.1993 – VII R 38/92, BStBl. II 1993, 581). Auch bei verzögertem Tätigwerden hat die FB ihre Rechte regelmäßig nicht verwirkt (vgl. BFH 3.5.1979 – I R 49/78, BStBl. II 1979, 738). Die verlängerte Ablaufhemmung nach Abs. 3a S. 3 soll die Durchführung dieses weiteren behördlichen Verfahrens sichern (vgl. BT-Drs. VI/1982, 151; BFH 5.10.2004 – VII R 77/03, BStBl. II 2005, 122).

59 **Voraussetzung der verlängerten Ablaufhemmung.** Die Ablaufhemmung bleibt nach § 171 IIIa 3 zunächst bestehen, wenn das FG den StBescheid aufhebt (§ 100 I 1 FGO) und dadurch die Sache in den ungeregelten Zustand vor Erlass des Bescheids zurückversetzt, sodass es noch einer weiteren Maßnahme der FB bedarf, sog. **echte Kassation.** Hat dagegen die Aufhebung des Bescheids durch das FG selbst regelnden Charakter und schließt ein weiteres Tätigwerden der FB aus, sog. **unechte Kassation,** gilt Abs. 3a S. 3 nicht (BFH 18.7.2013 – II R 46/11, BStBl. II 2016, 631). Ob eine echte oder eine unechte Kassation vorliegt, ist anhand der Rechtskraftwirkung des Urteils festzustellen (BFH 18.7.2013 – II R 46/11, BStBl. II 2016, 631). § 171 IIIa 3 gilt in erster Linie für Urteile, die fehlerhafte Ermessensentscheidungen (§ 5) der FB aufheben. Die verlängerte Ablaufhemmung nach Abs. 3a S. 3 gilt somit auch für Haftungsbescheide (§ 191), solange nicht ein neuer Haftungsbescheid, mit dem das FA seine Ermessensausübung nachgeholt hat, unanfechtbar geworden ist (BFH 23.3.1993 – VII R 38/92, BStBl. II 1993, 581; BFH 24.1.1995 – VII B 142/94, BStBl. II 1995, 227; aA Rößler DStZ 1992, 204). In diesem Fall kann das FA jedoch nicht durch einen weiteren Haftungsbescheid den Haftungsumfang über die zunächst getroffene Entscheidung hinaus erweitern (BFH 23.3.1993 – VII R 38/92, BStBl. II 1993, 581). Hebt das FG einen VA wegen örtlicher Unzuständigkeit der erlassenden Behörde nach § 100 I 1 FGO auf, so gilt die Ablaufhemmung nach Abs. 3a S. 3 bis der von der zuständigen Behörde erlassene Ersatzbescheid unanfechtbar geworden ist (BFH 25.1.1994 – I B 139/93, BFH/NV 1995, 273). Die verlängerte Ablaufhemmung gilt nur, wenn das FG den angefochtenen VA aufhebt (BFH 24.1.1995 – VII B 142/94, BStBl. II 1995, 227). Hebt das FA den angefochtenen Bescheid aufgrund besserer Erkenntnis selbst auf, kann Abs. 3a S. 3 nicht entspr. angewandt werden (BFH 5.10.2004 – VII R 77/03, BStBl. II 2005, 122; so auch BFH 21.11.2001 – VII B 108/01, BFH/NV 2002, 315 bei summarischer Prüfung im Rahmen eines AdV-Verfahrens; ebenso BFH 6.5.1994 – VI R 47/93, BStBl. II 1994, 715). Ferner erfasst Abs. 3a S. 3 die Fälle, in denen das FG nach § 100 II 2 FGO die Ermittlung des festzusetzenden StBetrags der FB überträgt, die Sache nach § 100 III 1 FGO zur weiteren Sachaufklärung an die FB verweist oder die FB nach § 101 FGO verpflichtet, einen abgelehnten VA zu erlassen. Für übereinstimmende Erledigungserklärungen in der mündlichen Verhandlung s. BFH 23.7.2020 – V R 37/18, BStBl. II 2021, 50 und → Rn. 51.

F. Außenprüfung (Abs. 4)

Schrifttum: Ehlers, Betriebsprüfung – Tod der Verjährung, StBp 1982, 25; Gosch, Teilverjährung und Außenprüfung, DStR 1988, 416; Wiese, Die Ablaufhemmung der Festsetzungsverjährung aufgrund einer Außenprüfung, DStZ 1994, 715; Wolf, Zur Verjährung von Steueransprüchen im Zusammenhang mit einer Außenprüfung, FR 1994, 147; Apitz, Außenprüfung und Verjährung, StBp 1997, 113 (156); Oberloskamp, Ablaufhemmung aufgrund einer Außenprüfung, AO-StB 2002, 194 und AO-StB 2003, 309; Wendt, Die erneute Festlegung des Prüfungsbeginns, StBp 2002, 266; Oberloskamp, Unterbrechung der Betriebsprüfung, AO-StB 2004, 178; Eberlein, Die Hemmung des Ablaufs der Festsetzungsfrist durch die Außenprüfung, DStZ 2005, 657; Zaumseil, Festsetzungsverjährung bei unterbrochener Außenprüfung, AO-StB 2010, 47; Zimmet, Ablaufhemmung bei unbefristetem Hinausschieben des Prüfungsbeginns, NWB 2013, 2553.

I. Allgemeines

§ 171 IV enthält eine Ablaufhemmung, wenn die FB vor Ablauf der regulären Festsetzungsfrist mit einer Ap. beginnt oder deren Beginn auf Antrag des Stpfl. hinausschiebt. Die Regelung stellt sicher, dass nach Abschluss einer Ap. noch StBescheide erlassen, aufgehoben und geändert werden können, ohne die Ap. durch enge Zeitvorgaben zu behindern (vgl. BFH 8.7.2009 – XI R 64/07, BStBl. II 2010, 4; BFH 15.12.1982 – II R 72/81, BStBl. II 1983, 384). Ist der Ablauf der Festsetzungsfrist nach § 171 IV gehemmt, kann offenbleiben, ob eine Ablaufhemmung auch auf andere Vorschriften gestützt werden kann (vgl. BFH 19.7.1995 – I R 56/94, BStBl. II 1996, 28). 62

Neufassung. Abs. 4 wurde durch das Gesetz zur Umsetzung der Richtlinie (EU) des Rates vom 22. März 2021 zur Änderung der Richtlinie 2011/16/EU über die Zusammenarbeit der Verwaltungsbehörden im Bereich der Besteuerung und zur Modernisierung des Steuerverfahrensrechts (DAC7-Umsetzungsgesetz, BGBl. 2022 I 2730) wesentlich ergänzt. Durch die vorgenommenen Änderungen soll die Durchführung und der Abschluss von Außenprüfungen wesentlich beschleunigt werden (BR-Drs. 409/22, 95). Das Gesetz ist zum 1.1.2023 in Kraft getreten. Nach Art. 97 § 37 II 1 EGAO soll die Neuregelung erstmals auf St und StVergütungen angewendet werden, die **nach dem 31.12.2024** entstehen. Für davor entstandene St und StVergütungen ist die Altfassung des § 171 anzuwenden. Dies gilt entspr. für die gesonderte Feststellung von Besteuerungsgrundlagen (Art. 97 § 37 II 3 EGAO; s. zur zeitlichen Anwendung auch Art. 97 § 37 III EGAO). 63

II. Begonnene oder hinausgeschobene Außenprüfung (Abs. 4 S. 1)

1. Begriff der Außenprüfung

Außenprüfungen iSd § 171 IV sind, wie auch Ap. nach §§ 193 ff., besonders angeordnete, idR umfassende Ermittlungen der tatsächlichen und rechtlichen Verhältnisse, die für die Besteuerung und für die Bemessung der Steuer maßgebend sind (vgl. BFH 13.5.1993 – IV R 1/91, BStBl. II 1993, 828). Die Ermittlungen müssen die Gesamtheit des StFalls betreffen und darauf gerichtet sein, eine abschließende Entscheidung zu ermöglichen (BFH 5.4.1984 – IV R 244/83, BStBl. II 1984, 790). Erforderlich sind Maßnahmen, die für den Stpfl. als Prüfungshandlungen erkennbar und geeignet sind, sein Vertrauen in den Ablauf der Verjährungsfrist zu beseitigen (BFH 24.4.2003 – VII R 3/02, BStBl. II 2003, 739). Die Ap. kann nach § 194 I 2 eine oder mehrere StArten und/oder Besteuerungsabschnitte umfassen oder sich auf bestimmte Sachverhalte beschränken (zum Begriff der Ap. im Einzelnen → § 193 Rn. 14 ff.). Prüft die FB die Verhältnisse für die Anrechnung oder Erstattung von KSt oder KapESt nach § 50b EStG, gelten die §§ 193 ff. nach § 50b S. 2 EStG sinngemäß, sodass es gerechtfertigt ist, auch die Ablaufhemmung nach Abs. 4 S. 1 eintreten zu lassen (aA Schwarz/Pahlke/Keß § 171 Rn. 65). 65

Keine Ap. iSd Abs. 4 S. 1 sind einzelne gezielte Ermittlungshandlungen der FB gem. §§ 85, 88, 90 ff., wie zB die Einsichtnahme in bestimmte Geschäftspapiere oder einzelne Konten; dies gilt auch dann, wenn die Ermittlungen umfassend und gewichtig sind (BFH 19.6.1979 – VII R 27/77, BStBl. II 1980, 31; BFH 5.4.1984 – IV R 244/83, BStBl. II 66

1984, 790). Dementsprechend führen Ermittlungshandlungen der FB im Rahmen einer sog. betriebsnahen Veranlagung ebenfalls nicht zur Ablaufhemmung nach Abs. 4 S. 1 (BFH 6.7.1999 – VIII R 17/97, BStBl. II 2000, 306; zur betriebsnahen Veranlagung s. auch AEAO zu § 85 Nr. 3 f.). Gegebenenfalls lösen solche Ermittlungen jedoch die Ablaufhemmung nach § 171 V aus. Ebenso ist eine Bestandsaufnahme nach § 161 keine Ap. iSd Abs. 4 S. 1 (FG Baden-Württemberg 6.6.1989 – XI K 91/85 Z, EFG 1989, 553; aA FG Münster 13.9.1979 – IV 232/78 Z, EFG 1980, 147; zum Begriff der Bestandsaufnahme → § 161 Rn. 8). Eine Ablaufhemmung nach Abs. 4 S. 1 tritt jedoch ein, wenn die Bestandsaufnahme im Rahmen einer Ap. erfolgt (→ § 161 Rn. 8). Dagegen können weder eine LStNachschau nach § 42g EStG noch die UStNachschau nach § 27b UStG die Hemmungswirkung nach Abs. 4 begründen (Gosch AO § 171 Rn. 60; zur LStNachschau TK § 171 Rn. 32 und BMF 16.10.2014, BStBl. I 2014, 1408; zur UStNachschau UStAE 27b.1 VII 1).

67 Ermittlungen, die die **StFahndung** (§ 208) auf Ersuchen der zuständigen FB im Rahmen einer Prüfung nach § 208 II Nr. 1 durchführt, sind ebenfalls eine Ap. iSd § 171 IV 1, nicht aber die übrigen Maßnahmen der Steuer- und Zollfahndung nach § 208 (BFH 16.1.1979 – VIII R 149/77, BStBl. II 1979, 453). Hier greift ggf. die Ablaufhemmung nach § 171 V ein. Ebenso wenig sind Ap. iSd Abs. 4 S. 1 Maßnahmen der **StAufsicht** (§§ 209 ff.), die Richtsatzprüfung (→ § 193 Rn. 74) und solche Prüfungen, die sich nicht auf Steuern beziehen, wie zB die Außenwirtschaftsprüfung (vgl. BFH 19.6.1979 – VII R 27/77, BStBl. II 1980, 31; BFH 21.11.1972 – VII B 80/71, BStBl. II 1973, 130).

68 **Prüfungsanordnung.** Die Ablaufhemmung nach Abs. 4 S. 1 tritt nur ein, wenn die Ap. auf einer wirksamen, wenn auch rechtswidrigen, Prüfungsanordnung (§ 196) beruht; dies ist erforderlich, da die Prüfungsanordnung den Rahmen bestimmt, innerhalb dessen eine Ablaufhemmung eintreten kann (BFH 2.2.1994 – I R 57/93, BStBl. II 1994, 377; BFH 14.3.1990 – X R 104/88, BStBl. II 1990, 612; BFH 18.10.1988 – VII R 123/85, BStBl. II 1989, 76; s. zum Umfang der Ablaufhemmung → Rn. 81 ff.). Die Prüfungsanordnung kann noch nach Vornahme der ersten Prüfungshandlungen erlassen werden, solange sie vor Ablauf der regulären Festsetzungsfrist ergeht; § 171 IV 1 sieht insoweit keine bestimmte zeitliche Reihenfolge vor (BFH 2.2.1994 – I R 57/93, BStBl. II 1994, 377). In diesem Fall muss die Prüfungsanordnung einen Hinweis auf die bereits begonnene Prüfung enthalten (FG Mecklenburg-Vorpommern 9.10.2001 – 1 V 102/01, EFG 2002, 583). Die Ablaufhemmung nach Abs. 4 S. 1 wird ebenso ausgelöst, wenn die Prüfungsanordnung erst **nach Durchführung der Schlussbesprechung** (§ 201), aber vor Absendung des Prüfungsberichts (§ 202) erteilt wird (FG Schleswig-Holstein 27.9.2002 – 1 K 167/02, EFG 2003, 130). Allein Ermittlungshandlungen der FB vor Erlass einer Prüfungsanordnung bewirken keine Ablaufhemmung.

69 Beruht die Ap. auf einer **unwirksamen Prüfungsanordnung** oder wird die Prüfungsanordnung aufgrund einer Anfechtung durch den Stpfl. aufgehoben, wird der Ablauf der Festsetzungsfrist nicht gehemmt; insoweit handelt es sich dann lediglich um Einzelermittlungen nach §§ 85, 88, 90 ff., die keine Ablaufhemmung nach Abs. 1 S. 1 bewirken (BFH 12.5.1993 – XI R 47/91, BFH/NV 1994, 77; BFH 13.12.1990 – V R 48/86, BFH/NV 1991, 790; BFH 10.4.1987 – III R 202/83, BStBl. II 1988, 165). Entsprechendes gilt, wenn die Prüfungsanordnung im Rahmen einer Fortsetzungsfeststellungsklage (§ 100 I 4 FGO) für rechtswidrig erklärt wird (BFH 21.4.1993 – X R 112/91, BStBl. II 1993, 649; → § 196 Rn. 82). Erlässt die FB in diesem Fall eine erneute (rechtmäßige) Prüfungsanordnung, unterliegen die nachfolgenden Prüfungshandlungen zwar keinem Verwertungsverbot. Der Ablauf der Festsetzungsfrist kann dadurch aber nicht rückwirkend beseitigt werden (BFH 21.4.1993 – X R 112/91, BStBl. II 1993, 649). Eine Prüfungsanordnung, die gegen ein nicht mehr existierendes Unternehmen gerichtet ist, ist unwirksam und führt nicht zur Ablaufhemmung nach Abs. 4 S. 1 (BFH 13.10.2016 – IV R 20/14, BFH/NV 2017, 475; BFH 10.4.1987 – III R 202/83, BStBl. II 1988, 165). Überdies tritt ebenfalls keine Ablaufhemmung ein, wenn die Prüfungsanordnung gegenüber einem nach

§ 79 handlungsunfähigen Stpfl. erlassen wird; die Prüfungsanordnung ist in diesen Fällen gegenüber dem gesetzlichen Vertreter zu erlassen (BFH 27.7.1994 – XI S 1/94, BStBl. II 1994, 787; s. auch § 171 XI). Dagegen tritt die Ablaufhemmung nach Abs. 4 S. 1 ein, wenn das FA gegenüber nicht prüfungspflichtigen Personen eine Prüfungsanordnung erlässt, da diese Prüfungsanordnung nicht nichtig ist, wenn das FA ohne grobe Rechtsfehler annehmen durfte, die Verjährung gegenüber diesen Personen durch eine Ap. hemmen zu können (BFH 16.1.1979 – VIII R 149/77, BStBl. II 1979, 453; aA BFH 18.5.1977 – I R 36/75, BStBl. II 1977, 652).

Bei **gebietsgebundenen Steuern** tritt die Ablaufhemmung nur ein, wenn die Ap. von 70 der verbandsmäßig zuständigen FB angeordnet worden ist (vgl. BFH 12.7.1978 – II R 166/75, BStBl. II 1978, 666). Gebietsgebundene Steuern sind insb. die GrSt, die GrESt und die GewSt (zum Begriff der gebietsgebundenen Steuern → § 16 Rn. 12). Bei örtlicher Unzuständigkeit des FA tritt dagegen gleichwohl die Ablaufhemmung nach Abs. 4 S. 1 ein (s. § 127; vgl. BFH 13.8.1981 – IV R 72/77, BStBl. II 1981, 787). Die Rechtswidrigkeit einer Prüfungsanordnung kann nicht rückwirkend durch eine nachträglich erlassene rechtmäßige Prüfungsanordnung geheilt werden (BFH 21.4.1993 – X R 112/91, BStBl. II 1993, 649; Mösbauer StBp 1997, 57).

2. Beginn der Außenprüfung

Aufnahme der Ermittlungshandlungen. Um die Ablaufhemmung nach § 171 IV 1 71 herbeizuführen, muss die Ap. begonnen haben. Die Prüfung ist dann begonnen, wenn der Prüfer die Prüfungsanordnung (§ 196) dem Stpfl. übergeben hat und konkrete Handlungen zur Ermittlung des StFalles aufnimmt (vgl. BFH 24.4.2003 – VII R 3/02, BStBl. II 2003, 739; BFH 9.5.1985 – IV R 111/82, BFH/NV 1985, 10). Der Prüfer muss ernsthaft mit der sachlichen Prüfung des StFalles beginnen. Ohne Bedeutung ist jedoch, ob die ersten Prüfungshandlungen zu verwertbaren Ergebnissen geführt haben, an die die weitere Prüfung anknüpfen konnte (BFH 24.4.2003 – VII R 3/02, BStBl. II 2003, 739). Die Ermittlungshandlungen des Prüfers müssen nicht gewichtig sein (so auch Schwarz/Pahlke/Keß § 171 Rn. 75; aA TK § 171 Rn. 37). Der Ablauf der Festsetzungsfrist wird jedoch nicht schon mit der Bekanntgabe der Prüfungsanordnung (§ 196) oder dem Erscheinen des Prüfers beim Stpfl. gehemmt. § 198 unterscheidet ebenfalls zwischen dem Erscheinen des Prüfers und dem Beginn der Prüfung. Folgen einer Prüfungsanordnung, in der das FA einen in der Zukunft liegenden Prüfungsbeginn ankündigt, keine Prüfungshandlungen, wird der Ablauf der Festsetzungsfrist nicht gehemmt (BFH 11.8.1993 – II R 34/90, BStBl. II 1994, 375). Für die Abgrenzung einer Ap. und daneben zulässigen Einzelermittlungen nach §§ 85, 88, 90 ff. ist entscheidend, wie der Stpfl. die ergriffenen Maßnahmen nach § 133 BGB verstehen konnte (BFH 24.4.2003 – VII R 3/02, BStBl. II 2003, 739; BFH 2.2.1994 – I R 57/93, BStBl. II 1994, 377).

Als **Maßnahme des Prüfungsbeginns** genügt es, wenn der Prüfer beginnt, allg. 72 Informationen über den zu prüfenden StFall zu sammeln; dies kann ggf. auch durch das Studium der StAkten am Ort der Ap. erfolgen (BFH 2.2.1994 – I R 57/93, BStBl. II 1994, 377; BFH 7.8.1980 – II R 119/77, BStBl. II 1981, 409; zur Aufnahme des Aktenstudiums als Beginn der Prüfung im Einzelnen → § 198 Rn. 2). Im Allgemeinen muss davon ausgegangen werden, dass Maßnahmen eines Ap.-Prüfers zur Ermittlung eines StFalles Prüfungshandlungen sind (BFH 19.3.2009 – IV R 26/08, BFH/NV 2009, 1405). Ferner sind **äußere Anzeichen für den Beginn der Ap.** das Verlangen des Prüfers gegenüber dem Stpfl., Aufzeichnungen, Bücher, Geschäftspapiere oder anderen Unterlagen vorzulegen (BFH 2.2.1994 – I R 57/93, BStBl. II 1994, 377); es ist nicht erforderlich, dass die angeforderten Unterlagen dem Prüfer innerhalb der regulären Festsetzungsfrist vorliegen und tatsächlich geprüft werden (unzutr. FG Düsseldorf 24.11.1998 – 8 K 424/96 AO, EFG 1999, 259). Auch ein informatives Gespräch kann den Beginn der Prüfungshandlungen begründen (BFH 26.4.2017 – I R 76/15, BStBl. II 2017, 1159). Beginnen kann die Ap. ebenso mit einer Betriebsbesichtigung oder einer ähnlichen Maßnahme, die sich konkret auf den zu prüfenden StFall bezieht. Es genügt auch, wenn der Prüfer beginnt, allgemeine Informationen über den zu prüfenden StFall zu sammeln; dies kann ggf. auch durch das Studium der StAkten erfolgen (BFH 2.2.1994 – I R 57/93, BStBl. II 1994, 377; BFH 7.8.1980 – II R 119/77, BStBl. II 1981, 409; konkretisierend FG Bremen 26.10.1984 – I 19/84 K, EFG 1985, 100, wonach Gegenstand des Aktenstudiums die besonderen Verhältnisse des zu prüfenden Betriebs sein müssen; ebenso FG Hessen 9.6.1988 – 9 K 72/84, EFG 1989, 151). Als hinreichend qualifizierte Prüfungshandlung ist auch das Einlesen der Buchführungsdaten mittels „IDEA" und die damit verbundene Plausibilitätskontrolle anzusehen (FG Düsseldorf 10.10.2024 – 14 K 2292/22 G, EFG 2025, 149; Rev. BFH IV R 18/24). Die Ermittlungshandlungen im Innendienst müssen aber anhand der Prüfungsakten nachvollzogen werden können (BFH 26.6.2014 – IV R 51/11, BFH/NV 2014, 1716). Ermittlungshandlungen, die sich nicht auf die zu prüfenden Steuern beziehen, genügen nicht (aA BFH 9.5.1985 – IV R 111/82, BFH/NV 1985, 10). Prüfungshandlungen für eines der zu prüfenden Jahre führen zu einer Verjährungshemmung für den gesamtem Prüfungszeitraum (BFH 26.4.2017 – I R 76/15, BStBl. II 2017, 1159). Unerheblich für den Eintritt der Ablaufhemmung ist, mit welcher der zu prüfenden StArten der Prüfer seine Ermittlungen beginnt; entscheidend ist lediglich, dass vor Ablauf der regulären Festsetzungsfrist überhaupt mit der Prüfung begonnen wird (BFH 7.8.1980 – II R 119/77, BStBl. II 1981, 409). Für den Eintritt der Ablaufhemmung ist es weiter nicht erforderlich, dass durch die Ap. neue tatsächliche Erkenntnisse gewonnen werden, die zu einer Änderung von StBescheiden führen (BFH 2.2.1994 – I R 57/93, BStBl. II 1994, 377; BFH 13.5.1993 – IV R 1/91, BStBl. II 1993, 828; BFH 7.8.1980 – II R 119/77, BStBl. II 1981, 409; vgl. auch § 202 I 3). Die Prüfungshandlungen müssen für den Stpfl. zwar als solche erkennbar sein und geeignet erscheinen, sein Vertrauen in den Ablauf der Verjährungsfrist zu beseitigen (BFH 24.4.2003 – VII R 3/02, BStBl. II 2003, 739; BFH 31.3.2014 – I B 120/13, BFH/NV 2014, 1009). Sie müssen für den Stpfl. aber nicht evident sein. Es kommt somit nicht auf die tatsächliche Kenntnis an, sondern nur darauf, ob dieser bei Kenntnis der Prüfungstätigkeit die Maßnahme als Prüfungshandlung ansehen müsste (BFH 26.4.2017 – I R 76/15, BStBl. II 2017, 1159; Klein § 171 Rn. 61). Bei der Prüfung konzernmäßig verbundener Unternehmen kommt es für die Ablaufhemmung auf den tatsächlichen Beginn der Ap. bei den jeweiligen zum Konzern gehörenden Unternehmen an; die Zugehörigkeit zum Konzern lässt die rechtliche Selbständigkeit der einzelnen Unternehmen unberührt (BFH 11.10.1983 – VIII R 11/82, BStBl. II 1984, 125). Der Aktenvermerk nach § 198 S. 2 über den Beginn der Prüfung legt den Zeitpunkt des tatsächlichen Beginns der Prüfung für die Ablaufhemmung nicht verbindlich fest.

73 **Vorbereitungshandlungen.** Handlungen der FB, die lediglich die Ap. vorbereiten, führen nicht zum Beginn der Ap.; Entsprechendes gilt für die bloße Kontaktaufnahme mit dem Stpfl. oder seinem Bevollmächtigten am Prüfungsort, um zB den Beginn der Prüfung abzusprechen.

Scheinhandlungen, die lediglich den Zweck verfolgen, die Ablaufhemmung herbeizuführen, stellen keinen Beginn der Ap. dar und hemmen somit nicht den Ablauf der Festsetzungsfrist (BFH 17.3.2010 – IV R 54/07, BStBl. II 2011, 7; BFH 24.4.2003 – VII R 3/02, BStBl. II 2003, 739). Dabei ist es unerheblich, ob die Ap. innerhalb der Sechsmonatsfrist des § 171 IV 2 tatsächlich aufgenommen wird, denn nach Abs. 4 S. 2 kann nur eine bereits ernsthaft begonnene Prüfung unterbrochen werden (Mösbauer StBp 1997, 57). Für die in der Praxis nicht immer einfache Abgrenzung zwischen ernsthaftem Prüfungsbeginn und einer bloßen Scheinhandlung kommt es auf die **Absicht des Prüfers** und seines Sachgebietsleiters an (HHSp § 171 Rn. 89; zur Abgrenzung zwischen ernsthaftem Prüfungsbeginn und Scheinhandlung s. auch Zaumseil AO-StB 2010, 47 und Rischar DStR 2001, 382). Eine Prüfung ist auch dann ernsthaft begonnen, wenn sie nach kurzer Zeit wegen Krankheit des Prüfers abgebrochen werden muss, es sei denn, dass mit der Krankheit des Prüfers gerechnet werden musste (TK § 171 Rn. 39). Bricht der Prüfer dagegen nach wenigen Tagen die Prüfung ab, weil er kurzfristig eine anderen Prüfungsauftrag erhalten hat, so sprechen jedenfalls die äußeren Umstände für eine Scheinhandlung (Mösbauer StBp 1997, 57; vgl. aber auch BFH 9.5.1985 – IV R 111/82, BFH/NV 1985, 10). Eine Scheinhandlung ist auch anzunehmen, wenn ein Prüfer kurz vor Ablauf der Festsetzungsfrist gleichzeitig die Prüfung mehrerer selbständiger Unternehmen beginnt, die konzernmäßig miteinander verbunden sind. Hier kann realistischerweise nur die Prüfung eines Unternehmens beginnen (TK § 171 Rn. 39; aA FG Bremen 24.11.1981 – I 241/79, EFG 1982, 226 sowie FG Hamburg 10.5.1995 – II 45/93, EFG 1995, 906 zur USt; zur Betriebsaufspaltung vgl. BFH 24.4.2003 – VII R 3/02, BStBl. II 2003, 739).

3. Prüfungsaufschub (Abs. 4 S. 1 Alt. 2; S. 4 nF)

Allgemeines. Nach § 171 IV 1 ist der Ablauf der Festsetzungsfrist auch dann gehemmt, 76
wenn der Beginn der Ap. auf Antrag des Stpfl. hinausgeschoben wird. Die Ablaufhemmung tritt auch dann ein, wenn der Beginn der Ap. nicht rechtzeitig nach § 197 I angekündigt wurde und der Verschiebungsantrag des Stpfl. hierdurch veranlasst worden ist (BFH 18.10.1988 – VII R 123/85, BStBl. II 1989, 76). Für die Ablaufhemmung des Abs. 4 S. 1 ist es unerheblich, ob die Festlegung des Prüfungsbeginns rechtmäßig ist; sie muss nur wirksam sein (BFH 18.10.1988 – VII R 123/85, BStBl. II 1989, 76). Ist die Festlegung des Prüfungsbeginns unwirksam, hemmt der Antrag auf Prüfungsaufschub den Ablauf der Festsetzungsfrist nicht. Maßgebend ist der Tag, an dem der Antrag bei der FB eingegangen ist; unerheblich ist, wann die FB über den Prüfungsaufschub entscheidet. Durch das DAC7-Umsetzungsgesetz (→ Rn. 63) wurde zudem ein neuer S. 4 eingefügt, der nunmehr ausdrücklich den Zeitraum bemisst, um den sich die Hemmung verlängert.

Der **Antrag** ist eine Verfahrenshandlung iSd § 79 (BFH 18.10.1988 – VII R 123/85, 77
BStBl. II 1989, 76). Ein förmlicher Antrag ist nicht erforderlich. Es genügt auch die mündlich geäußerte Bitte, den Prüfungsbeginn hinauszuschieben (BFH 11.10.1983 – VIII R 11/82, BStBl. II 1984, 125). Dem Stpfl. muss es eindeutig darauf ankommen, den Beginn der Prüfung über den vom FA bestimmten Prüfungstermin hinaus aufzuschieben (BFH 11.10.1983 – VIII R 11/82, BStBl. II 1984, 125; FG Schleswig-Holstein 9.11.2006 – 3 K 221/03, EFG 2007, 642; FG Baden-Württemberg 30.4.1985 – XI K 52/84 Z, EFG 1985, 535). Ohne Bedeutung ist, ob der Antrag auf Prüfungsaufschub befristet oder unbefristet gestellt wird (BFH 1.2.2012 – I R 18/11, BStBl. II 2012, 400). Es genügt allerdings nicht, dass der Stpfl. durch sein Verhalten, ohne einen entsprechenden Antrag gestellt zu haben, Anlass zu einer Verschiebung der Ap. gegeben hat (BFH 11.10.1983 – VIII R 11/82, BStBl. II 1984, 125). Der Stpfl. muss seinen Verschiebungsantrag nicht als verjährungshemmende Maßnahme erkennen (FG Münster 19.3.1996 – 15 K 5602/94 U, EFG 1996, 630; aA BFH 11.10.1983 – VIII R 11/82, BStBl. II 1984, 125). Der Antrag muss jedoch für den Prüfungsaufschub kausal sein (so ausdrücklich die Gesetzesbegründung zum DAC7-Umsetzungsgesetz, BR-Drs. 409/22, 95), wobei hinsichtlich der erforderlichen Kausalität auf den Tag des Antragseingangs abzustellen ist (BFH 17.3.2010 – IV R 54/07, BStBl. II 2011, 7; BFH 26.6.2012 – IX B 129/11, BFH/NV 2012, 1643). Ohne Bedeutung ist daher, ob nach der Antragstellung weitere Gründe hinzutreten, die auch ohne einen entsprechenden Antrag des Stpfl. einen Prüfungsaufschub erfordert hätten, dh es gibt keine sog. „überholende Kausalität" (BFH 17.3.2010 – IV R 54/07, BStBl. II 2011, 7; BFH 1.2.2012 – I R 18/11, BStBl. II 2012, 400). Der Fristablauf wird mangels Kausalität nicht gehemmt, wenn die FB den Beginn der Prüfung aus innerhalb ihrer Sphäre liegenden Gründen hinausschiebt und daher der Antrag des Stpfl. keine Rolle spielt, so zB wenn der Prüfer ungeachtet des Antrags bereits zu einem Lehrgang beordert worden ist oder wenn er wegen anderweitiger Eilprüfungen mit der Ap. ohnehin nicht hätte beginnen können (BFH 17.3.2010 – IV R 54/07, BStBl. II 2011, 7; BFH 30.3.1999 – I B 139/98, BFH/NV 1999, 1145). Dagegen wird die Festsetzungsfrist gehemmt, wenn die FB dem Antrag des Stpfl. stattgibt, weil der Prüfer noch genügend andere Fälle auf seinem Prüfungsplan hat. Der Antrag des Stpfl. muss sich auf genau bestimmbare Prüfungsgegenstände beziehen (BFH 9.5.1985 – IV R 111/82, BFH/NV 1985, 10). Ohne Bedeutung ist jedoch, ob der

Stpfl., wie es § 197 II verlangt, gewichtige Gründe für die Verlegung der Ap. glaubhaft gemacht hat (HHSp § 171 Rn. 93). Ferner kommt es nicht darauf an, ob und ggf. wann das FA über den Antrag des Stpfl. entscheidet (FG Münster 26.3.2010 – 4 K 3303/08 E, U, EFG 2010, 1004; HHSp § 171 Rn. 93). § 171 IV 1 gilt zudem auch bei einer Vereinbarung zwischen dem Stpfl. und dem Betriebsprüfer, den Prüfungsbeginn einvernehmlich hinauszuschieben, da der seitens des Stpfl. geäußerte Wille, den Beginn der Prüfung hinauszuschieben, conditio sine qua non einer solchen Vereinbarung ist (BFH 25.10.2005 – VIII B 290/04, BFH/NV 2006, 242; FG Münster 6.6.2016 – 13 K 460/14 E, EFG 2016, 1489). Voraussetzung für die Annahme eines Antrags ist aber, dass die FB den Prüfungsbeginn in einer Weise festgelegt hat, die den Mindestanforderungen an einen VA entspricht. Eine bloße Terminankündigung oder das Unterbreiten verschiedener Terminvorschläge stellt noch keinen VA auf Festlegung des Prüfungsbeginns dar (BFH 19.5.2016 – X R 14/15, BStBl. II 2017, 97).

78 Kein Antrag auf Hinausschieben des Prüfungsbeginns ist die Anfechtung der **Prüfungsanordnung** (§ 196), da sie nicht darauf abzielt, dass mit der Prüfung einstweilen nicht begonnen wird; der Stpfl. macht vielmehr die Unzulässigkeit der Prüfung schlechthin geltend (FG Niedersachsen 21.6.1984 – XI 151/82, EFG 1984, 590; FG Düsseldorf 22.4.1982 – II 177/81 AO, EFG 1982, 598). Etwas anderes gilt jedoch, wenn der Stpfl. zugleich die AdV der Prüfungsanordnung nach § 361 bzw. § 69 FGO beantragt (BFH 25.1.1989 – X R 158/87, BStBl. II 1989, 483; BFH 11.5.2011 – VIII B 70/10, BFH/NV 2011, 1475; FG Münster 26.3.2010 – 4 K 3303/08 E U, EFG 2010, 1004). Erforderlich ist dann jedoch, dass der VA, mit dem der Prüfungsbeginn festgesetzt wurde, rechtmäßig war. Ist ein solcher VA, etwa wegen der Kürze der zwischen dem Prüfungsbeginn und seiner Bekanntgabe liegenden Zeit, rechtswidrig, gilt die Anfechtung der Prüfungsanordnung und der Antrag auf AdV nicht zugleich auch als Antrag auf Terminverschiebung (BFH 10.4.2003 – IV R 30/01, BStBl. II 2003, 827; BFH 15.5.2007 – I B 10/07, BFH/NV 2007, 1624). Die Anfechtung der **Festlegung des Beginns der Prüfung** (§ 198 I 1), die ein eigenständiger VA ist (→ § 197 Rn. 54), steht dagegen dem Antrag auf Prüfungsaufschub gleich, wenn die Festlegung des Prüfungsbeginns rechtmäßig ist. Entsprechendes gilt für einen Antrag auf AdV. Diese Anträge betreffen unmittelbar den Beginn der Prüfung und schließen regelmäßig das Begehren ein, die Prüfung aufzuschieben (HHSp § 171 Rn. 96; vgl. auch BFH 17.6.1998 – IX R 65/95, BStBl. II 1999, 4; BFH 25.1.1989 – X R 158/87, BStBl. II 1989, 483).

79 **Beginn der hinausgeschobenen Prüfung.** Nach dem BFH sollte die FB auch nach einem Antrag des Stpfl. auf Prüfungsaufschub nicht unbegrenzt Zeit für einen Beginn der Ap. haben (BFH 17.3.2010 – IV R 54/07, BStBl. II 2011, 7; BFH 1.2.2012 – I R 18/11, BStBl. II 2012, 400). Danach muss sie mit der Prüfung vor Ablauf von zwei Jahren nach Eingang des Antrags bei ihr beginnen, wenn sie den Ablauf der Festsetzungsfrist nach § 171 IV 1 verhindern will (BFH 17.3.2010 – IV R 54/07, BStBl. II 2011, 7; BFH 22.10.2013 – X R 26/11, BStBl. II 2014, 374). Der BFH entnimmt diese Auffassung einem allgemeinen Rechtsgedanken der § 171 VIII 2 und § 171 X. Diese Vorschriften räume der FB in den Fällen des Wegfalls eines außerhalb ihrer Sphäre eingetretenen Hindernisses ebenfalls eine Zweijahresfrist für ein weiteres Tätigwerden ein (BFH 17.3.2010 – IV R 54/07, BStBl. II 2011, 7; s. zur Dauer der Ablaufhemmung auch → Rn. 91). Stellt der Stpfl. während der Zweijahresfrist einen weiteren Verlegungsantrag, soll die Zweijahresfrist erneut beginnen (BFH 19.5.2016 – X R 14/15, BStBl. II 2017, 97).

80 Eine starre Zweijahresfrist ab Eingang des Antrags bei der FB war schon der früheren Gesetzesfassung nicht zu entnehmen. Der I. Senat des BFH folgt dem IV. und X. Senat daher nur, wenn wie in dem vom IV. Senat entschiedenen Fall ein befristeter Aufschub des Prüfungsbeginns beantragt worden ist (BFH 1.2.2012 – I R 18/11, BStBl. II 2012, 400; so auch AEAO zu § 171 Nr. 3). Enthält der Antrag dagegen keine zeitlichen Vorgaben, kann die FB faktisch daran gehindert sein, den Prüfungsfall bereits im Zeitpunkt der Antrag-

stellung neu in die Prüfungspläne zu integrieren, weil zB Rechtsbehelfsverfahren betrieben werden und diese Rechtsbehelfsverfahren Prüfungsmaßnahmen betreffen, die mit der gegen den Stpfl. gerichteten Ap. in hinreichendem sachlichem Zusammenhang stehen (so ausdrücklich BFH 1.2.2012 – I R 18/11, BStBl. II 2012, 400). Mit der Neufassung des Abs. 6 S. 3 und 4 zum 1.1.2025 (→ Rn. 63) ist diese starre Frist nicht mehr vertretbar. Denn der neu gefasste S. 3 knüpft an die Bekanntgabe der Prüfungsanordnung an, wodurch eine Beschleunigung der Außenprüfung erreicht werden soll (BR-Drs. 409/22, 95). Zudem regelt S. 4 nunmehr explizit den Zeitraum, um den sich die Hemmung der Verjährung verlängert. Ein Rückgriff auf die oben beschriebenen allgemeinen Rechtsgedanken ist vor diesem Hintergrund nicht möglich.

4. Umfang der Ablaufhemmung

a) Sachlicher Umfang der Ablaufhemmung. Prüfungsanordnung und tatsächlicher Prüfungsumfang. 81 Die Ablaufhemmung nach § 171 IV 1 erstreckt sich in sachlicher Hinsicht auf die StAnsprüche, die in der Prüfungsanordnung (§ 196) ausdrücklich als Prüfungsgegenstand genannt und aufgrund dieser Prüfungsanordnung tatsächlich geprüft worden sind, wobei in erster Linie die tatsächlichen Prüfungshandlungen ausschlaggebend sind (BFH 25.1.1996 – V R 42/95, BStBl. II 1996, 338; BFH 11.8.1993 – II R 34/90, BStBl. II 1994, 375; BFH 4.11.1992 – XI R 32/91, BStBl. II 1993, 425; BFH 30.3.2011 – I R 41/10, BFH/NV 2011, 1285). Die Prüfungsanordnung gibt lediglich den Rahmen vor, innerhalb dessen die Ablaufhemmung für die jeweiligen StArten und Besteuerungszeiträume eintreten kann. Die Ablaufhemmung kann also hinter der Prüfungsanordnung zurückbleiben, weil zur Prüfungsanordnung die tatsächliche Prüfung hinzukommen muss (BFH 17.6.1998 – IX R 65/95, BStBl. II 1999, 4; BFH 25.1.1996 – V R 42/95, BStBl. II 1996, 338; BFH 2.2.1994 – I R 57/93, BStBl. II 1994, 377; BFH 4.11.1992 – XI R 32/91, BStBl. II 1993, 425; HHSp § 171 Rn. 171 Rn. 109; Gosch DStR 1988, 416; aA Schwarz/Pahlke/Keß § 171 Rn. 116, der allein auf die Prüfungsanordnung abstellt; zur Bedeutung der Prüfungsanordnung s. auch → Rn. 68 ff.). Ggf. ist der Umfang der Prüfungsanordnung anhand des objektiven Empfängerhorizonts auszulegen (FG München 6.8.2024 – 12 K 254/18, EFG 2024, 1954; Rev. I R 19/24). Dies gilt auch dann, wenn die Prüfungsanordnung erst nach Vornahme der tatsächlichen Prüfungshandlungen ergeht (BFH 2.2.1994 – I R 57/93, BStBl. II 1994, 377) oder wenn der Beginn der Ap. auf Antrag des Stpfl. hinausgeschoben worden ist; der sachliche Umfang der Ablaufhemmung kann dann erst später anhand der tatsächlichen Prüfungshandlungen abschließend bestimmt werden (BFH 17.6.1998 – IX R 65/95, BStBl. II 1999, 4; aA TK § 171 Rn. 48 und Gosch DStR 1988, 416, die in diesem Fall allein auf die Prüfungsanordnung abstellen; zum Prüfungsaufschub → Rn. 76 ff.). Bezieht sich die Ap. auf bestimmte Steuern wird der Fristablauf auch dann gehemmt, wenn der Prüfer bis zum Ende der regulären Festsetzungsfrist die in der Prüfungsanordnung genannten Steuern nicht vollständig geprüft, sondern nur angeprüft oder durch Stichproben geprüft oder noch gar nicht geprüft hat, da er bis dahin andere in der Prüfungsanordnung genannte Steuern geprüft hat (BFH 27.3.1996 – I R 182/94, BStBl. II 1997, 449; BFH 2.2.1994 – I R 57/93, BStBl. II 1994, 377; Gosch DStR 1988, 416). Der sachliche Umfang der Ablaufhemmung kann dann ebenfalls ggf. nur rückwirkend anhand der späteren tatsächlichen Prüfungshandlungen festgestellt werden (BFH 17.6.1998 – IX R 65/95, BStBl. II 1999, 4). Entsprechendes gilt, wenn sich die Ap. auf einen **Grundlagenbescheid** (§ 171 X) bezieht. Hier genügt es für die Ablaufhemmung, wenn die Besteuerungsgrundlagen (§ 157 II) angeprüft wurden oder bei mehreren Besteuerungszeiträumen die Besteuerungsgrundlagen eines Besteuerungszeitraums geprüft worden sind (TK § 171 Rn. 50a). Abs. 4 S. 1 findet dagegen keine Anwendung auf Besteuerungsgrundlagen, die gem. §§ 179 ff. gesondert festgestellt werden und deshalb nicht Gegenstand einer Ap. beim Stpfl. sein können (BFH 23.4.2010 – IX B 3/10, BFH/NV 2010, 1449; BFH 19.5.2006 – II B 78/05, BFH/NV 2006, 1620; BFH 26.10.2005 – II R 45/03, BFH/NV 2006, 252).

82 Wird die Prüfungsanordnung nachträglich erweitert, tritt die Ablaufhemmung für die einbezogenen Steuern mit dem tatsächlichen Beginn der erweiterten Ap. ein, wobei die **erweiterte Prüfungsanordnung** auch noch ergehen kann, wenn die erweiterte Ap. bereits begonnen hat (BFH 2.2.1994 – I R 57/93, BStBl. II 1994, 377; BFH 29.6.2004 – X B 155/03, BFH/NV 2004, 1510; offengelassen BFH 11.8.1993 – II R 34/90, BStBl. II 1994, 375; zur Erweiterung der Ap. → § 196 Rn. 44). In jedem Fall muss die Prüfungsanordnung jedoch bis zum Ablauf der regulären Festsetzungsfrist ergangen oder ggf. ergänzt worden sein (BFH 2.2.1994 – I R 57/93, BStBl. II 1994, 377; BFH 29.6.2004 – X B 155/03, BFH/NV 2004, 1510). Dehnt die FB die Ap. aus, ohne die Prüfungsanordnung entspr. zu erweitern, führt weder die rügelose Einlassung des Stpfl. noch dessen aktive Mitwirkung an den Prüfungshandlungen zur Ablaufhemmung nach Abs. 4 S. 1 (BFH 11.8.1993 – II R 34/90, BStBl. II 1994, 375). Allein die tatsächliche Prüfung genügt nicht, die Ablaufhemmung nach Abs. 4 S. 1 auszulösen (BFH 18.7.1991 – V R 54/87, BStBl. II 1991, 824). Soweit die Rspr. zu § 146a III RAO (BFH 10.12.1971 – III R 35/71, BStBl. II 1972, 331; BFH 15.12.1982 – II R 72/81, BStBl. II 1983, 384) eine Ablaufhemmung aufgrund tatsächlicher Prüfung ohne Prüfungsanordnung angenommen hat, kann diese Rspr. nicht mehr herangezogen werden, um den sachlichen Umfang der Ablaufhemmung nach Abs. 4 S. 1 zu bestimmen. § 196 hat die Ap. bewusst durch das Erfordernis einer Prüfungsanordnung formalisiert, um auch Unklarheiten hinsichtlich der Ablaufhemmung auszuschließen (BT-Drs. VI/1982, 162).

83 **Betragsmäßiger Umfang.** Betragsmäßig ist die Ablaufhemmung des § 171 IV 1 nicht auf den StAnspruch beschränkt, der sich aus den tatsächlich geprüften Besteuerungsgrundlagen (§ 157 II) oder Einzelsachverhalten ergibt. Selbst wenn, wie in der Praxis üblich, nicht sämtliche Sachverhalte der in der Prüfungsanordnung genannten Steuern umfassend überprüft werden, kommt es insoweit nicht zur Teilverjährung (BFH 2.2.1994 – I R 57/93, BStBl. II 1994, 377; HHSp § 171 Rn. 110; Gosch DStR 1988, 416; aA TK § 171 Rn. 54; zum Begriff der Teilverjährung → § 169 Rn. 22). Der Ablauf der Festsetzungsfrist wird also auch für die nur angeprüften Steuern nach Abs. 4 S. 1 gehemmt (BFH 2.2.1994 – I R 57/93, BStBl. II 1994, 377; Gosch DStR 1988, 416). Bezieht sich die Prüfungsanordnung zB auf die ESt eines bestimmten Kj. und prüft der Prüfer tatsächlich nur die Einkünfte aus Gewerbebetrieb (§ 2 I Nr. 2 EStG iVm §§ 15 ff. EStG) und nicht die weiteren Einkünfte des Stpfl. oder seine Sonderausgaben (§ 10 EStG) und außergewöhnlichen Belastungen (§§ 33 ff. EStG), so ist die Festsetzungsfrist hinsichtlich des gesamten EStAnspruchs für das jeweilige Kj. gehemmt. Die Rechtslagen nach § 171 IV 1 und nach § 146a III RAO sind insoweit nicht zu vergleichen; während § 146a III RAO hinsichtlich des sachlichen Umfangs der Ablaufhemmung auf den Sachverhalt abstellt, der Gegenstand der Betriebsprüfung war, hemmt § 171 IV 1 den Ablauf der Festsetzungsfrist hinsichtlich der Steuern, auf die sich die Ap. erstreckt hat. Zur Teilverjährung kann es im Rahmen des Abs. 4 S. 1 daher nur kommen, wenn nach der Prüfungsanordnung nur einzelne Besteuerungsgrundlagen oder Sachverhalte zu prüfen waren.

84 **StBescheide aufgrund der Ap.** Überdies betrifft § 171 IV 1 nur die Festsetzungsfrist für die unmittelbar aufgrund der Ap. zu erlassenden StBescheide. Auf Grund der Ap. ergangen ist auch ein StBescheid, der einen aufgrund der Ap. ergangenen Bescheid ändert (BFH 27.3.1996 – I R 182/94, BStBl. II 1997, 449). Bezieht sich die Ap. auf einen Grundlagenbescheid (§ 171 X), so gilt für die mittelbar aufgrund der Ap. zu erlassenden Folgebescheide Abs. 10, sofern sich die Ap. nicht auch auf den Folgebescheid bezieht.

86 **b) Persönlicher Umfang der Ablaufhemmung. Allgemeines.** In persönlicher Hinsicht wirkt die Ablaufhemmung des § 171 IV 1 nur gegenüber den Adressaten der Prüfungsanordnung (§ 196). Gegenüber Dritten ergibt sich aus Abs. 4 S. 1 keine Ablaufhemmung (BFH 7.11.1990 – X R 203/87, BStBl. II 1991, 547; BFH 10.8.1989 – III R 5/87, BStBl. II 1990, 38; so auch FG Düsseldorf 4.6.2002 – 10 K 1599/98 H (U), EFG 2002, 1343 für eine Prüfungsanordnung gegen einen angeblichen Rechtsnachfolger des Stpfl.).

Dies gilt auch für den Ehegatten/Lebenspartner des Stpfl. (BFH 23.4.2010 – IX B 3/10, BFH/NV 2010, 1449). Eine Ap., die aufgrund einer gegenüber dem Stpfl. nicht wirksam gewordenen Prüfungsanordnung durchgeführt wird, kann den Ablauf der Festsetzungsfrist nicht hemmen (BFH 11.11.2020 – XI R 11/18, BStBl. II 2021, 415). Selbst wenn anlässlich der Ap. gem. § 194 III Kontrollmitteilungen über steuerlich relevante Geschäftsvorfälle Dritter gefertigt werden, wirkt § 171 IV 1 nur gegenüber dem Adressaten der Prüfungsanordnung. Die Ablaufhemmung nach Abs. 4 S. 1 erstreckt sich auch dann nicht auf einen Dritten, wenn dieser mit dem Stpfl. konzernmäßig verbunden ist, soweit der Dritte durch die Konzerneingliederung nicht seine Selbständigkeit verloren hat (BFH 11.10.1983 – VIII R 11/82, BStBl. II 1984, 125). Soweit im Rahmen einer **Organschaft** (§§ 14 ff. KStG, § 2 II Nr. 2 UStG oder § 2 II 2–3 GewStG) eine Steuer beim Organträger zu erfassen ist, kommt es nur darauf an, ob beim Organträger die Ablaufhemmung nach Abs. 4 S. 1 eingetreten ist. Die beim Organträger zu erfassenden Steuern unterliegen bei der Organgesellschaft keiner eigenen Festsetzungsverjährung (Schwarz/Pahlke/Keß § 171 Rn. 123). Ein Gesamtrechtsnachfolger (§ 45) muss die Rechtsfolgen aus § 171 IV 1, die sich aus Handlungen gegenüber seinem Rechtsvorgänger ergeben haben, gegen sich gelten lassen (BFH 20.7.1988 – I R 81/84, BFH/NV 1989, 78).

Wird bei einer **PersGes** eine Ap. durchgeführt und sind die gesonderten und einheitli- **87**
chen Feststellungen der Einkünfte (§§ 179 I–II, 180 I Nr. 2a, b) Prüfungsgegenstand, so hemmt § 171 IV für diese Bescheide die Feststellungsfrist. Die Festsetzungsverjährung hinsichtlich der **Folgebescheide** wird dagegen nicht berührt; insoweit gilt § 171 X (BFH 4.4.1989 – VIII R 265/84, BStBl. II 1989, 593; so auch BFH 11.10.1983 – VIII R 11/82, BStBl. II 1984, 125 für mehrere PersGes, die zu einem Konzern gehören). Auch § 194 I 3 dehnt den Umfang der Ap. nicht generell auf die Gesellschafter aus, sondern ermöglicht nur Feststellungen in der Sphäre der Gesellschafter, die für die gesonderte Feststellung der Einkünfte von Bedeutung sind (BFH 4.4.1989 – VIII R 265/84, BStBl. II 1989, 593). Der bloße Hinweis in der Prüfungsanordnung (§ 196), dass die Gesellschafter mitgeprüft werden, ändert hieran nichts. Etwas anderes gilt nur, wenn neben der Gesellschaft auch die Gesellschafter selbst Adressaten der Prüfungsanordnung (§ 196) sind und bei ihnen auch eine Prüfung stattfindet. In diesem Fall finden dann mehrere Ap. parallel statt. Dagegen führt die Ap. bei einem Gesellschafter nicht zur Ablaufhemmung gegenüber den Mitgesellschaftern, da sich die Ap. nicht auf die Steuern der anderen Gesellschafter erstreckt (TK § 171 Rn. 60; aA BFH 28.1.1988 – IV R 2/85, BFH/NV 1989, 580 zu § 146a III RAO). Ferner hemmt die Ap. bei einem Gesellschafter nicht den Ablauf der Festsetzungsfrist hinsichtlich der Besteuerungsgrundlagen, die nach §§ 179 ff. gesondert und einheitlich festzustellen sind; die Ap. erstreckt sich nicht auf die Verhältnisse der Gesellschaft (BFH 4.11.1992 – XI R 32/91, BStBl. II 1993, 425).

Durch eine Ap. bei einer **KapGes** wird der Ablauf der Festsetzungsfrist hinsichtlich der **88**
StAnsprüche der Gesellschafter nicht gehemmt, wie zB hinsichtlich der Einkünfte aus Kapitalvermögen (§ 2 I Nr. 5 EStG iVm § 20 EStG), selbst wenn die ESt insoweit auf einer vGA beruht; dies gilt auch für den Alleingesellschafter einer GmbH (BFH 24.4.1979 – VIII R 64/77, BStBl. II 1979, 744).

Haftung. Nach Abs. 4 S. 1 bewirkt eine Ap. bei einem Stpfl. keine Ablaufhemmung **89**
gegenüber einem Haftungsschuldner; ebenso führt eine Ap. bei dem Haftungsschuldner zu keiner Ablaufhemmung gegenüber dem Stpfl. (BFH 22.10.1986 – I R 107/82, BStBl. II 1987, 293; BFH 9.8.1989 – I R 66/85, BFH/NV 1990, 433 für die KapEStHaftung nach § 44 V EStG). Überdies kann eine Ap. bei einem Haftungsschuldner nicht zur Ablaufhemmung bei einem anderen Haftungsschuldner führen (BFH 8.12.1981 – VII R 105/78, BStBl. II 1982, 226). Eine Ap. bei einer KapGes hemmt nicht den Ablauf der Festsetzungsfrist gegenüber ihrem gesetzlichen Vertreter wegen möglicher Haftungsansprüche (BFH 22.10.1986 – I R 107/82, BStBl. II 1987, 293; HHSp § 171 Rn. 117; aA BFH 11.7.1979 – VII R 64/76, BStBl. II 1980, 33). Beginn und Ablauf der Festsetzungsfrist gegen den Haftenden regelt speziell § 191 IV (vgl. BFH 8.12.1981 – VII R 105/78, BStBl. II 1982,

226). Entsprechendes gilt auch für alle übrigen Haftungsfälle, wie zB für die Haftung des Betriebsübernehmers § 75 (vgl. FG Hessen 10.11.1980 – VI 284/77, EFG 1981, 214).

90 Für den Bereich des **StAbzugs** enthält Abs. 15 eine Sonderregelung (→ Rn. 180 ff.). Auch § 194 I 4 dehnt nicht generell den Umfang einer Ap. auf Dritte aus, sondern ermöglicht nur Feststellungen in der Sphäre der durch § 194 I 4 angesprochenen Personen. Entsprechendes gilt für die Einkünfte beschränkt Stpfl. (§ 1 IV EStG), bei denen die Steuer gem. § 50a EStG durch den StAbzug abgegolten ist (TK § 171 Rn. 57; vgl. auch BFH 22.10.1986 – I R 107/82, BStBl. II 1987, 293).

91 **Dauer der Ablaufhemmung.** Der Ablauf der Festsetzungsfrist ist nach § 171 IV 1 solange gehemmt, bis die aufgrund der Ap. zu erlassenden StBescheide unanfechtbar geworden sind. Zum Begriff der Unanfechtbarkeit → Rn. 38. Dies gilt auch, wenn die FB auf Antrag des Stpfl. den Beginn der Ap. hinausgeschoben und anschließend innerhalb von zwei Jahren dann tatsächlich mit der Ap. begonnen hat. Hält die FB die Zweijahresfrist nicht ein, entfällt die Ablaufhemmung rückwirkend (BFH 17.3.2010 – IV R 54/07, BStBl. II 2011, 7; BFH 1.2.2012 – I R 18/11, BStBl. II 2012, 400; aA AEAO zu § 171 Nr. 3.3.2 für den Fall, dass der Stpfl. einen unbefristeten bzw. zeitlich unbestimmten Antrag auf Prüfungsaufschub gestellt hat; zur Zweijahresfrist → Rn. 79 f.). In seltenen Ausnahmefällen kann es jedoch zur Verwirkung des StAnspruchs kommen. Ein während des Verlaufs der Ap. unter dem Vorbehalt der Nachprüfung (§ 164) ergangener StBescheid, der eine Teilauswertung der Prüfungsfeststellungen vornimmt, führt allerdings nicht zum Ende der Ablaufhemmung, wenn das FA sodann die Prüfung fortführt oder wieder aufnimmt (BFH 20.8.2003 – I R 10/03, BFH/NV 2004, 7). Bezog sich die Ap. auf einen Grundlagenbescheid (§ 171 X), so sind die Folgebescheide keine aufgrund der Ap. zu erlassenden StBescheide; die Unanfechtbarkeit der Folgebescheide hat daher keinen Einfluss auf die Dauer der Ablaufhemmung (BFH 4.4.1989 – VIII R 265/84, BStBl. II 1989, 593). Die Ablaufhemmung nach Abs. 4 S. 1 entfällt auch dann, wenn die FB einen aufgrund der Ap. ergangenen Bescheid aufhebt; will die FB einen aufgrund einer Ap. ergangenen LStHaftungsbescheid (§ 42d EStG) durch einen Pauschalierungsbescheid (§§ 40 ff. EStG) ersetzen, muss sie daher zunächst den Pauschalierungsbescheid erlassen und darf erst dann den Haftungsbescheid aufheben (BFH 6.5.1994 – VI R 47/93, BStBl. II 1994, 715). Führt die Ap. zu **keiner Änderung** der Besteuerungsgrundlagen (§ 157 II), so genügt es, wenn dies dem Stpfl. gem. § 202 I 3 schriftlich mitgeteilt wird. In diesem Fall läuft die Festsetzungsfrist gem. § 171 IV 1 nicht ab, bevor nach Bekanntgabe der Mitteilung **drei Monate** verstrichen sind. Während dieser Frist kann der Stpfl. ggf. noch Anträge auf Änderung der StFestsetzung stellen, zB nach § 164 II 2; zur Ablaufhemmung durch die Antragstellung s. § 171 III. Eine Mitteilung iSd § 202 I 3 enthält auch der Prüfungsbericht (§ 202 I 1–2), sofern sich aus ihm ergibt, dass die Ap. zu keiner Änderung der Besteuerungsgrundlagen geführt hat. Dagegen ist die Aufhebung eines vor Beginn der Ap. erlassenen StBescheids keine schriftliche Mitteilung iSd § 202 I 3 (vgl. BFH 13.8.1981 – IV R 72/77, BStBl. II 1981, 787). Dagegen ist der Bescheid über die Aufhebung des Vorbehalts der Nachprüfung nach § 164 III 3 kein „aufgrund der Außenprüfung zu erlassender Steuerbescheid" iSd § 171 IV 1 (FG Baden-Württemberg 25.9.2019 – 12 K 516/19, EFG 2020, 172; Gosch AO § 171 Rn. 93). Zu den weiteren Einzelheiten einer Mitteilung bei ergebnisloser Prüfung → § 202 Rn. 15 ff.; zur Höchstdauer der Ablaufhemmung nach § 171 IV 1 → Rn. 100 ff.

III. Unterbrochene Außenprüfung (Abs. 4 S. 2)

94 **Allgemeines.** Wird die Ap. unmittelbar nach ihrem Beginn unterbrochen und hat die FB die Gründe hierfür zu vertreten, so bleibt nach § 171 IV 2 der Fristablauf nur gehemmt, wenn die Ap. innerhalb von sechs Monaten wieder aufgenommen wird. Abs. 4 S. 2 soll sicherstellen, dass Ap. nicht nur pro forma begonnen werden, um den Ablauf der Festsetzungsfrist hinauszuschieben (BT-Drs. 7/4292, 33). Die Regelung setzt voraus, dass

die Prüfung ernsthaft begonnen, dann aber unterbrochen worden ist. Abs. 4 S. 2 greift nicht ein, wenn die Ap. nur zum Schein begonnen worden ist (FG Nürnberg 23.5.1997 – VI 33/96, EFG 1998, 82; auch → Rn. 73).

Die **Unterbrechung der Ap.** muss unmittelbar nach dem Beginn der Prüfung erfolgt sein. Maßgebend ist hierfür der Umfang des Prüfungsfalls und die voraussichtliche Prüfungsdauer: Die Prüfung eines Kleinbetriebs, für die insgesamt drei Tage erforderlich sind, ist dann unmittelbar nach ihrem Beginn unterbrochen, wenn nur einen halben Tag lang geprüft worden ist; bei Großbetrieben kann dagegen eine Unterbrechung iSd Abs. 4 S. 2 auch noch nach mehreren Wochen unmittelbar nach dem Beginn der Ap. sein (TK § 171 Rn. 45). Eine Ap. ist jedenfalls dann nicht mehr unmittelbar nach ihrem Beginn unterbrochen, wenn die Prüfungshandlungen nach Umfang und Zeitaufwand, gemessen an dem gesamten Prüfungsstoff, erhebliches Gewicht erreicht oder erste verwertbare Ergebnisse gezeigt haben (BFH 18.2.2009 – V R 82/07, BStBl. II 2009, 876; BFH 24.4.2003 – VII R 3/02, BStBl. II 2003, 739; BFH 31.8.2011 – I B 9/11, BFH/NV 2011, 2011; BFH 12.6.2018 – VIII R 46/15, BFH/NV 2018, 1239; zu der Frage, ob die automatisierte Plausibilitätskontrolle der eingespielten Buchführungsdaten als qualifizierte Prüfungshandlung ausreicht FG Düsseldorf 10.10.2024 – 14 K 2292/22 G, EFG 2025, 149; Rev. IV R 18/24). Dagegen ist unabhängig vom Zeitaufwand eine Unterbrechung unmittelbar nach Beginn der Prüfung dann anzunehmen, wenn der Prüfer über Vorbereitungshandlungen, allgemeine Informationen über die betrieblichen Verhältnisse, das Rechnungswesen und die Buchführung und/oder die Sichtung der Unterlagen des zu prüfenden StFalls bzw. ein allgemeines Aktenstudium nicht hinausgekommen ist (BFH 18.2.2009 – V R 82/07, BStBl. II 2009, 876; BFH 26.6.2014 – IV R 51/11, BFH/NV 2014, 1716). Wird die Ap. später als nach ihrem unmittelbaren Beginn unterbrochen, greift § 171 IV 2 nicht ein. Ohne Bedeutung ist die Dauer der Unterbrechung; der Stpfl. kann sich auch bei mehrjähriger Unterbrechung regelmäßig nicht auf Verwirkung berufen (BFH 16.1.1979 – VIII R 149/77, BStBl. II 1979, 453; s. auch BFH 2.7.1998 – IV R 39/97, BStBl. II 1999, 28). Liegen nur für eines der Prüfungsjahre qualifizierte Prüfungshandlungen vor, führt dies dazu, dass die Ap. insgesamt, also auch bezogen auf die anderen Prüfungsjahre, als nicht unmittelbar nach dem Prüfungsbeginn unterbrochen gilt (BFH 26.4.2017 – I R 76/15, BStBl. II 2017, 1159). 95

Gründe für die Unterbrechung. Ferner muss nach Abs. 4 S. 2 die Prüfung aus Gründen unterbrochen worden sein, die die FB zu vertreten hat. Dieses Merkmal ist das Gegenstück zum Prüfungsaufschub auf Antrag des Stpfl. nach Abs. 4 S. 1 (BFH 17.3.2010 – IV R 54/07, BStBl. II 2011, 7). Entscheidend ist, dass die Gründe in der Sphäre der FB liegen. Zu vertreten hat die FB insb. fehlende Prüfungskapazitäten, Fehlstellen im Prüfungsdienst, anderweitigen Einsatz des Prüfers, Abordnung des Prüfers zu einem Lehrgang sowie Versetzung, Urlaub, Krankheit und Kuraufenthalte des Prüfers (aA Schwarz/Pahlke/Keß § 171 Rn. 92 bzgl. Krankheit des Prüfers). Dagegen hat die FB Gründe nicht zu vertreten, die in der Sphäre des Stpfl. liegen, wie zB Abwesenheit, Krankheit und Urlaub des Stpfl. oder seines Bevollmächtigten sowie Verhinderung des Stpfl. wegen anderweitiger Belastungen, wie zB durch Messen, Weihnachts- oder Saisongeschäfte, Ernten, Umzug, Betriebsverlegung oder Hochwasser. Erfasst werden praktisch alle Gründe, aus denen auch der Beginn der Ap. nach § 197 II hinausgeschoben werden kann. Bei einem Streit zwischen Prüfer und Stpfl. ist entscheidend, wer den Streit verursacht hat (TK § 171 Rn. 46). 96

Dauer der Unterbrechung. Die Unterbrechung der Ap. nach Abs. 4 S. 2 führt nur dann zur Ablaufhemmung, wenn sie nicht länger als sechs Monate dauert. Eine nach Abs. 4 S. 2 eingetretene Ablaufhemmung lässt sich über die Sechsmonatsfrist hinaus nicht dadurch verlängern, dass die FB zwischendurch unbedeutende Prüfungshandlungen durchführt. Erhalten lässt sich die Ablaufhemmung nur durch solche Prüfungshandlungen, die für sich genommen geeignet sind, den Beginn einer Ap. iSd Abs. 1 S. 1 darzustellen (→ Rn. 71 ff.). Wird eine unterbrochene Ap. erst nach Ablauf der Sechsmonatsfrist fortgesetzt, handelt es 97 sich um eine neue Ap., die nur unter den Voraussetzungen des Abs. 4 S. 1 den Ablauf der (regulären) Festsetzungsfrist hemmen kann. Der Stpfl. kann nicht darauf vertrauen, dass wegen der Unterbrechung keine neue Ap. mehr erfolgen wird (vgl. BFH 2.7.1998 – IV R 39/97, BStBl. II 1999, 28; FG Berlin 24.7.2000 – 9 K 9427/98, EFG 2001, 1471). Ferner wird der Ablauf der Festsetzungsfrist nach Abs. 4 S. 1 auch dann gehemmt, wenn das FA eine Ap. nach einer Unterbrechung von mehr als sechs Monaten vor Ablauf der regulären Festsetzungsfrist fortführt, selbst wenn keine neue Prüfungsanordnung erlassen wurde (BFH 13.2.2003 – IV R 31/01, BFH/NV 2003, 956; vgl. auch BFH 2.7.1998 – IV R 39/97, BStBl. II 1999, 28 zur Wiederaufnahme einer Fahndungsprüfung nach § 208).

IV. Höchstdauer der Ablaufhemmung (Abs. 4 S. 3)

100 **Allgemeines.** § 171 IV 3 beschränkt die Dauer der Ablaufhemmung und normiert bestimmte Fristen, innerhalb derer die FB die Ap. beenden und die StBescheide aufgrund der Ap. erlassen muss. Die Regelung in der alten Fassung knüpft an die Fristen des § 169 II an. Sie dient der Rechtssicherheit. Der FB soll nach Ermittlung des Sachverhalts im Wege der Ap. für den Erlass der StBescheide aufgrund der Ap. nicht unbegrenzt Zeit verbleiben, während erstmalige StFestsetzungen innerhalb der Festsetzungsfristen des § 169 II erfolgen müssen (BT-Drs. 10/1636, 44). Durch die Neufassung (→ Rn. 63) wird nunmehr anstatt eines Verweises auf § 169 eine 5-Jahres-Frist mit Anknüpfung an die Bekanntgabe der Prüfungsanordnung normiert.

101 **Rechtsentwicklung.** Abs. 4 S. 3 ist durch das StBereinG 1986 angefügt worden und gilt seit dem 1.1.1987. Für vor dem 1.1.1987 abgeschlossene Ap. enthält Art. 97 § 10 III EGAO eine spezielle Übergangsregelung. Bis zur Einführung des Abs. 4 S. 3 bestand keine bestimmte Frist, innerhalb derer die FB tätig werden musste, sodass uU StBescheide aufgrund einer Ap. noch viele Jahre nach Abschluss der Prüfung ergehen konnten; nur in Ausnahmefällen kam eine Verwirkung des Rechts zum Erlass von StBescheiden in Betracht (vgl. BFH 10.12.1971 – III R 35/71, BStBl. II 1972, 331; BFH 14.9.1978 – IV R 89/74, BStBl. II 1979, 121). Zur Anwendung der Neuregelung auf VZ ab 2025 → Rn. 63.

102 **Alte (noch aktuelle) Fassung.** Nach **Abs. 4 S. 3 Hs. 1** beginnt mit Ablauf des Kj., in dem die Schlussbesprechung (§ 201) oder, wenn diese unterblieben ist, die letzten Ermittlungen im Rahmen der Ap. stattgefunden haben, die jeweils geltende Frist des § 169 II erneut zu laufen. Innerhalb dieser Frist muss die FB die Ap. beenden und ggf. die StBescheide aufgrund der Ap. erlassen. Ist die Auswertung der Prüfungsfeststellung innerhalb dieses Zeitraums unterblieben, erlöschen die StAnsprüche nach § 47 durch Verjährung, sofern nicht aus anderen Gründen der Ablauf der Festsetzungsfrist gehemmt ist (s. § 171 IV 3 HS 2). Die Fristen des Abs. 4 S. 3 Hs. 1 beginnen mit Ablauf des Kj., in dem die Schlussbesprechung oder die letzten tatsächlichen Ermittlungen stattgefunden haben (BT-Drs. 10/1636, 44). Eine Schlussbesprechung hat erst dann stattgefunden, wenn die letzte von der FB anberaumte Besprechung beendet ist (BFH 12.6.2019 – XI B 71/18, BFH/NV 2019, 1329). Letzte Ermittlungen im Rahmen der Ap. setzen Maßnahmen des Prüfers voraus, die darauf gerichtet sind, bisher noch nicht bekannte Sachverhaltselemente festzustellen, etwa indem der Prüfer Unterlagen anfordert, den Stpfl. in irgendeiner anderen Weise zur Mitwirkung auffordert oder vom Stpfl. nachgereichte Unterlagen auswertet (BFH 28.6.2011 – VIII R 6/09, BFH/NV 2011, 1830). In der Regel wird die Ap. mit der Zusendung des Prüfungsberichts (§ 202 I) abgeschlossen, sodass nach diesem Zeitpunkt stattfindende Ermittlungen nicht mehr im Rahmen der Ap. erfolgen. Etwas anderes kann sich jedoch ggf. aus den Umständen des Einzelfalls ergeben, so zB wenn der Stpfl. nach Zusendung des Prüfungsberichts eine ausdrücklich vorbehaltene Stellungnahme und Unterlagen beim FA einreicht, die zu einem Wiedereintritt in Ermittlungshandlungen führen (BFH 8.7.2009 – XI R 64/07, BStBl. II 2010, 4). Die Zusammenstellung des Prüfungsergebnisses einer Ap. in einem Betriebsprüfungsbericht stellt keine letzte Ermittlungshandlung im Rahmen der Ap. nach § 171 IV 3 dar (BFH 8.7.2009 – XI R 64/07,

BStBl. II 2010, 4). Für die Annahme einer Ermittlungshandlung ist nicht zwingend erforderlich, dass diese dem Stpfl. bekannt gegeben wird. Allerdings kann allein die Untätigkeit des Prüfers allein auch kein Vertrauen darauf begründen, dass die FB die Außenprüfung als erledigt betrachtet (BFH 26.6.2014 – IV R 51/11, BFH/NV 2014, 1716). Dagegen hat es der Stpfl. ggf. in der Hand, durch den wirksamen Verzicht auf eine Schlussbesprechung die Verjährung herbeizuführen (BFH 20.10.2015 – IV B 80/14, BFH/NV 2016, 168).

Die Verweisung in Abs. 4 S. 3 Hs. 1 auf § 169 II bezieht sich allerdings nur auf die regulären Festsetzungsfristen des § 169 II 1 und nicht auf die verlängerten Festsetzungsfristen des § 169 II 2 bei StHinterziehung (§ 370) oder leichtfertiger StVerkürzung (§ 378). Die verlängerten Festsetzungsfristen des § 169 II 2 gleichen die Erschwernis aus, bei einer StHinterziehung oder einer leichtfertigen StVerkürzung die richtige Steuer festzusetzen (→ § 169 Rn. 52). Eine derartige Erschwernis besteht jedoch in den Fällen des Abs. 4 S. 3 Hs. 1 nicht, da die FB die notwendigen Ermittlungen bereits im Rahmen der Ap. durchgeführt hat, sodass diese auch bei einer StHinterziehung oder leichtfertigen StVerkürzung problemlos innerhalb der regulären Festsetzungsfristen des § 169 II 1 ausgewertet werden können (so auch Schwarz/Pahlke/Keß § 171 Rn. 105; im Ergebnis ebenso Kahrs DStZ 1998, 272). Im Übrigen sind die Fristen des § 169 II 1 ohnehin selbst für komplizierte StFälle, bei denen die Verarbeitung der Prüfungsergebnisse geraume Zeit in Anspruch nehmen kann, sehr großzügig bemessen. 103

Abs. 4 S. 3 Hs. 2 stellt klar, dass § 171 IV 3 die Ablaufhemmung nach anderen Vorschriften, wie zB nach § 171 IIIa, nicht ausschließt (BR-Drs. 140/84, 12). Ficht der Stpfl. zB die aufgrund der Ap. ergangenen StBescheide an, ist der Ablauf der Festsetzungsfrist bis zur Unanfechtbarkeit der StBescheide gehemmt. Dies ergibt sich entweder aus § 171 IV 1 oder aus § 171 IV 3 HS 2 iVm § 171 IIIa, wenn die Frist des § 171 IV 3 HS 1 überschritten wird (vgl. BR-Drs. 140/84, 12). 104

Neuregelung. Für St und StVergütungen, die **nach dem 31.12.2024** entstehen, sieht die Neufassung des S. 3 nunmehr eine Bindung der Ablaufhemmung an die Bekanntgabe der Prüfungsanordnung vor. Die Festsetzungsfrist endet fünf Jahre nach Ablauf des Kalenderjahres, in dem die Prüfungsanordnung bekanntgegeben wurde. Nach S. 3 Hs. 2 soll eine weitergehende Hemmung nach anderen Vorschriften aber unberührt bleiben. Hierdurch soll der für eine Ap. und die Auswertung der Prüfungsfeststellungen zur Verfügung stehende Zeitraum verkürzt und auf diesem Weg eine Beschleunigung der Ap. erreicht werden (BR-Drs. 409/22, 95). Zur Bekanntgabe der Prüfungsanordnung → § 196 Rn. 11. ff. Diese markiert nunmehr den Beginn der Berechnung des Fünf-Jahres-Zeitraums. Abzustellen ist nach dem Wortlaut des S. 3 auf den Ablauf des Kalenderjahres. Zur Verlängerung der Frist bei einem Antrag auf Prüfungsaufschub s. S. 4 und → Rn. 80. 105

Amtshilfe. Für die Neuregelung sehen S. 5 und 6 Ausnahmen für den Bereich der Amtshilfe vor. Nimmt die FB im Rahmen der Ap. und vor Ablauf der Fünf-Jahres-Frist nach Abs. 4 S. 3 zwischenstaatliche Amtshilfe in Anspruch, verlängert sich die Frist um die Dauer der Amtshilfe, mindestens aber um ein Jahr. Umfasst werden neben dem Ersuchen an das Ausland um die Übermittlung von Informationen auch koordinierte Ap., die auf die Initiative einer inländischen FB oder einer ausländischen StVerwaltung durchgeführt werden. Die Inanspruchnahme wird durch ein entsprechendes Amtshilfeersuchen an die zuständige Auslandsbehörde oder die Beantwortung eines solchen Ersuchens durch die zuständige deutsche Behörde dokumentiert (BR-Drs. 409/22, 95). Auf die Inanspruchnahme der Amtshilfe ist der Stpfl. nach S. 6 hinzuweisen. Unterbleibt ein solcher Hinweis, bleibt es bei der Ablaufhemmung nach Abs. 3 S. 1. Eine weitere Ausnahme sieht Abs. 4 S. 7 für die die Fälle vor, in denen im Rahmen der Prüfung ein steuerstrafrechtliches Ermittlungsverfahren gegen den Stpfl. eingeleitet wird. In diesen Fällen soll die Fünf-Jahres-Frist nach S. 3 nicht zur Anwendung kommen. Der Gesetzgeber befürchtete in diesen Fällen evtl. Verjährungsprobleme, da die Hemmung nach Abs. 5 ggf. nicht ausreichend sein könnte, wenn die Ermittlungen abgeschlossen sind, die Ap. aber noch nicht beendet 105a wurde (BR-Drs. 409/22, 95). S. 8 verweist auf die ebenfalls neu eingefügte Vorschrift des § 200a IV und V. Dieser regelt einzelne Fälle von Mitwirkungsverzögerungen, in denen die Fünf-Jahres-Frist nach Abs. 4 S. 3 ebenfalls keine Anwendung findet bzw. um die Dauer der Mitwirkungsverzögerung verlängert wird.

G. Zoll- und Steuerfahndung (Abs. 5)

Schrifttum: Söffing, Analoge Anwendung des § 171 Abs. 4 Satz 1 letzter Satzteil und Satz 3 AO bei Verjährungsunterbrechung durch Beginn von Steuerfahndungsermittlungen, DStZ 1996, 713; Kaligin, Nochmals: Analoge Anwendung von § 171 IV 3 AO bei Steuerfahndungsprüfungen, DStZ 1997, 314; Offerhaus/Kiesel, Fahndungsprüfung und Ablaufhemmung – analoge Anwendung des § 171 Abs. 4 Satz 3 AO, DB 2000, 1984; Söffing, Das Ende der durch Steuerfahndungsermittlungen eingetretenen Ablaufhemmung (§ 171 Abs. 5 AO), DStZ 2001, 739; Birk/Naujok, Der Ablauf der Festsetzungsfrist bei Maßnahmen der Steuerfahndung – Zur verfassungskonformen Anwendung des § 171 Abs. 5 AO, DStR 2003, 349; Buse, Die Ablaufhemmung des § 171 Abs. 5 AO durch Ermittlungshandlungen der Steuerfahndung, DB 2008, 313; Luft, Erfasst der Rechtsfolgenverweis des § 171 Abs. 5 Satz 2 AO auch die Unterbrechung der Ablaufhemmung?, DStR 2009, 2409; Hild, Ablaufgehemmte Steuerfestsetzungsfrist durch Ermittlungen der Steuerfahndung (§ 171 Abs. 5 AO), DB 2018, 2716.

I. Allgemeines

106 § 171 V enthält eine Ablaufhemmung bei Ermittlungshandlungen der StFahndung und der Zollfahndung (§ 208). Die Regelung stellt sicher, dass die Ergebnisse der Ermittlungen der StFestsetzung zu Grunde gelegt werden können, wenn und soweit die Prüfung vor Ablauf der Festsetzungsfrist begonnen hat (BFH 24.4.2002 – I R 25/01, BStBl. II 2002, 586). Abs. 5 macht die bisherige Rspr. des BFH (vgl. BFH 19.6.1979 – VII R 27/77, BStBl. II 1980, 31; BFH 16.4.1997 – XI R 61/94, BStBl. II 1997, 595) gegenstandslos, nach der für die Frage der Verjährung auch Steuer- und Zollfahndungsprüfungen als Ap. iSd Abs. 4 anzusehen sind. Ermittlungen im Rahmen einer Ap. sind darauf gerichtet, alle steuerlichen Sachverhalte zu erfassen, um den StAnspruch richtig festsetzen zu können; Steuer- und Zollfahndungsprüfungen sind dagegen punktuell angelegt, um straf- und bußgeldrechtlich relevante Vorgänge zu erforschen (§ 208 I Nr. 1–2) und unbekannte StFälle aufzudecken und zu ermitteln (§ 208 I Nr. 3). Die Vorschrift wurde zuletzt durch das Gesetz zur weiteren steuerlichen Förderung der Elektromobilität und zur Änderung weiterer steuerlicher Vorschriften (BGBl. 2019 I 2451) hinsichtlich der Bezeichnung der Ermittlungsbehörden ins Satz 1 geändert (BT-Drs. 19/13436, 267; s. auch die weitere Korrektur durch das JStG 2020 (BGBl. 2020 I 3096), BT-Drs. 19/22850, 167).

II. Beginn der Ermittlungen vor Ablauf der Festsetzungsfrist (Abs. 5 S. 1)

109 Nach **§ 171 V I HS 1** wird der Ablauf der Festsetzungsfrist gehemmt, wenn die Behörden des Zollfahndungsdienstes oder die mit der StFahndung betrauten Dienststellen der Landesfinanzbehörden (§ 208) vor Ablauf der regulären Festsetzungsfrist beim Stpfl. mit Ermittlungen der Besteuerungsgrundlagen (§ 157 II) beginnen. Nur Maßnahmen der in Abs. 5 S. 1 genannten Dienststellen können die Ablaufhemmung auslösen. Die Ermittlungen der StFahndung müssen rechtmäßig und von der Aufgaben- und Befugniszuweisung in § 208 gedeckt sein (BFH 9.3.2010 – VIII R 56/07, BFH/NV 2010, 1777). Wegen der Aufgaben und Befugnisse dieser Behörden und Dienststellen im Einzelnen s. §§ 208, 404. Ermittlungen der Strafsachen- und Bußgeldstelle des FA sind keine Ermittlungen der mit der StFahndung betrauten Dienststellen der Landesfinanzbehörden (BFH 8.7.2009 – VIII R 5/07, BStBl. II 2010, 583). Voraussetzung für die verjährungshemmende Wirkung der Ermittlungen ist zudem, dass vor Ablauf der regulären Festsetzungsfrist Ermittlungshandlungen tatsächlich vorgenommen werden (BFH 20.1.2000 – V R 98/98, BFH/NV 2000, 1143). Die Ermittlungen müssen sich gegen den betroffenen Stpfl. richten; Prüfungen bei Dritten genügen nicht (BFH 8.10.1976 – VI R 251/74, BStBl. II 1977, 223). Dies gilt auch, wenn die Ermittlungen bei einem Teilnehmer an einer StStraftat (§ 369) oder

StOrdnungswidrigkeit (§ 378) durchgeführt werden (BFH 30.10.1990 – VII R 18/88, BFH/NV 1991, 721). Die Ermittlungen müssen vor Ablauf der regulären Festsetzungsfrist **ernsthaft aufgenommen** werden. Die Ermittlungshandlungen müssen **von einigem Gewicht** sein und verwertbare Ergebnisse erbringen können, an die bei einer Fortsetzung der Prüfung angeknüpft werden kann. Schein- und Vorbereitungshandlungen scheiden hier ebenso aus wie bei der Ap. (→ Rn. 74). Bloße Kontaktaufnahme mit dem Stpfl., eine Aktenauswertung durch die StFahndung oder die Erkundung von Durchsuchungsmöglichkeiten genügen ebenfalls nicht (BFH 3.7.2018 – VIII R 9/16, BStBl. II 2019, 122). Eine förmliche Anordnung der Ermittlungen ist allerdings nicht erforderlich (BFH 9.3.1999 – VIII R 19/97, BFH/NV 1999, 1186; BFH 16.4.1997 – XI R 61/94, BStBl. II 1997, 595). Ein schriftliches Auskunftsverlangen der StFahndung mit der Aufforderung, bestimmte Unterlagen über ausländische Konten und Depots vorzulegen, hemmt als Ermittlungsmaßnahme den Ablauf der Festsetzungsverjährung (BFH 3.2.2010 – VIII B 164/09, BFH/NV 2010, 830). Überdies muss für den Stpfl. klar und eindeutig erkennbar sein, dass in seiner StAngelegenheit ermittelt wird (BFH 16.4.1997 – XI R 61/94, BStBl. II 1997, 595; BFH 27.7.1994 – XI S 1/94, BStBl. II 1994, 787; BFH 12.1.2010 – VIII B 159/08, BFH/NV 2010, 598; BFH 17.11.2015 – VIII R 67/13, BStBl. II 2016, 569). Nach der Rspr. des VIII. Senats des BFH muss sich diese Kenntnis des Stpfl. auch auf den betroffenen Sachverhaltskomplex beziehen (BFH 3.7.2018 – VIII R 9/16, BStBl. II 2019, 122 und BFH 3.7.2018 – VIII R 10/16, BFH/NV 2018, 1233; aA BFH 24.4.2002 – I R 25/01, BStBl. II 2002, 586; vgl. hierzu auch BFH 6.5.2020 – X R 26/19, BFH/NV 2020, 1238). Ist der Stpfl. Alleingesellschafter einer GmbH und wird im Zuge der Ermittlungen sowohl bei ihm als auch in den Geschäftsräumen der GmbH durchsucht, muss er aber erkennen, dass sich steuerliche Konsequenzen sowohl für ihn als auch die GmbH ergeben können (BFH 15.6.2010 – VIII B 2/10, BFH/NV 2010, 2001; BFH 2.12.2013 – III B 71/13, BFH/NV 2014, 570). Amtsinterne Ermittlungen genügen nicht. Insoweit gilt dasselbe wie im Fall des Abs. 4 (→ Rn. 71 ff.). Wurde die Einleitung des StStrafverfahrens wegen des Verdachts bestimmter StStraftaten dem Stpfl. bekannt gegeben, ist der Ablauf der Festsetzungsfrist nur für diejenigen StAnsprüche gehemmt, wegen deren vermeintlicher Verletzung das Strafverfahren tatsächlich eingeleitet und die Einleitung dem Stpfl. bekannt gegeben wurde (BFH 8.7.2009 – VIII R 5/07, BStBl. II 2010, 583). Ermittlungshandlungen gegenüber Handlungsunfähigen führen nicht zu Ablaufhemmung nach Abs. 5 S. 1, da Handlungsunfähige nicht erkennen können, dass die FB gegen sie ermittelt (BFH 16.4.1997 – XI R 61/94, BStBl. II 1997, 595; BFH 27.7.1994 – XI S 1/94, BStBl. II 1994, 787; FG Münster 23.5.2001 – 8 K 1768/99 E, EFG 2001, 1344; zum Begriff der Handlungsfähigkeit s. § 79 I). Hier kann ggf. § 171 XI einschlägig sein. Wird eine Fahndungsprüfung nach ihrem Beginn, zB aufgrund eines Zufallsfundes, auf bestimmte StAnsprüche erweitert und wird dies vor Ablauf der regulären Festsetzungsfrist für den Stpfl. erkennbar, tritt auch für diese StAnsprüche die Ablaufhemmung nach Abs. 5 S. 1 ein (BFH 20.1.2000 – V R 98/98, BFH/NV 2000, 1143; BFH 9.3.1999 – VIII R 19/97, BFH/NV 1999, 1186). Der Eintritt der Ablaufhemmung setzt jedoch nicht voraus, dass für den Stpfl. erkennbar war, auf welche Sachverhalte sich die zusätzlichen Ermittlungen erstrecken sollten (BFH 24.4.2002 – I R 25/01, BFH/NV 2002, 1195). Übernimmt die StFahndungsstelle eine bereits begonnene Ap., tritt die Ablaufhemmung nach Abs. 5 S. 1 neben den Hemmungstatbestand des § 171 IV (BFH 14.9.2010 – IV B 61/09, BFH/NV 2011, 2; FG Nürnberg 14.3.1988 – V 129–130/86, EFG 1988, 341).

Umfang der Hemmung. Der Fristablauf wird nach § 171 V 1 nur in dem Umfang 110
gehemmt, als die Ergebnisse der Ermittlungen sich auf die Höhe der festzusetzenden Steuer auswirken („insoweit"); die Ablaufhemmung umfasst, anders als im Fall des § 171 IV, nicht den gesamten StAnspruch, wenn sich die Ermittlungen lediglich auf bestimmte Sachverhaltsmerkmale beziehen (BFH 15.3.2007 – II R 5/04, BStBl. II 2007, 472; BFH 14.4.1999 – XI R 30/96, BStBl. II 1999, 478; BFH 15.6.2010 – VIII B 2/10, BFH/NV 2010, 2001; BFH 8.7.2009 – XI R 41/08, BFH/NV 2010, 1; BFH 14.4.2005 – XI R

83/03, BFH/NV 2005, 1961). Insoweit kommt es zur Teilverjährung (zum Begriff der Teilverjährung → § 169 Rn. 22). Der Umfang der Ablaufhemmung ergibt sich aus den tatsächlich durchgeführten Ermittlungen (BFH 2.7.1998 – IV R 39/97, BStBl. II 1999, 28; BFH 9.3.2010 – VIII R 56/07, BFH/NV 2010, 1777; BFH 13.2.2003 – X R 62/00, BFH/NV 2003, 740). Auch wenn feststeht, dass sich Ermittlungshandlungen auf bestimmte Veranlagungszeiträume erstrecken, ist der Umfang der Ablaufhemmung nicht abschließend bestimmt, da nicht die Festsetzungsfrist für den gesamten StAnspruch gehemmt wird, sondern Ablaufhemmung nur für die Steuern eintritt, die sich aus Sachverhalten ergeben, die Gegenstand der Ermittlungen waren (BFH 17.11.2015 – VIII R 68/13, BStBl. II 2016, 571). Wird die Fahndungsprüfung nach ihrem Beginn auf bestimmte StAnsprüche erweitert, zB wegen eines Zufallsfunds oder weil der Verdacht auf weitere StStraftaten entstanden ist, und wird dies vor Ablauf der Festsetzungsfrist für den Stpfl. erkennbar, tritt auch insoweit Ablaufhemmung ein (BFH 9.3.2010 – VIII R 56/07, BFH/NV 2010, 1777; BFH 13.2.2003 – X R 62/00, BFH/NV 2003, 740). Eine bereits abgelaufene Festsetzungsfrist wird aber nicht nachträglich gehemmt (TK § 171 Rn. 68a). Bei einer Fahndungsprüfung, die unmittelbar nach Beginn für mehr als sechs Monate aus von der FB zu vertretenden Gründen unterbrochen war, hängt der Umfang der Ablaufhemmung von den nach der Wiederaufnahme vorgenommenen Ermittlungshandlungen ab (BFH 2.7.1998 – IV R 39/97, BStBl. II 1999, 28; → Rn. 97). Für Sachverhalte, die der FB bereits vor Ablauf der regulären Festsetzungsfrist bekannt waren, ergibt sich aus Abs. 5 S. 1 keine Ablaufhemmung. Hierbei gehen Unklarheiten zulasten der FB (vgl. BFH 26.3.1974 – VII R 133/71, BFHE 112, 324).

111 **Dauer der Hemmung.** Nach § 171 V 1 läuft die Festsetzungsfrist nicht ab, bevor die aufgrund der Ermittlungen zu erlassenden StBescheide unanfechtbar geworden sind; insoweit gelten die Ausführungen zu den aufgrund einer Ap. erlassenen StBescheide entspr. (→ Rn. 91; zum Begriff der Unanfechtbarkeit → Rn. 38). Anders als bei der Ap. ist bei der StFahndungsprüfung keine Mitteilung darüber vorgeschrieben, dass die Ermittlungen zu keinem steuerlich relevanten Ergebnis geführt haben. Ergeht gleichwohl eine solche Mitteilung, beendet sie die Ablaufhemmung nach Abs. 5 S. 1 nicht; § 171 V 1 enthält keine § 171 IV 1 vergleichbare Regelung. Eine analoge Anwendung des § 171 IV 1 iVm § 202 I 3 kommt mangels einer Regelungslücke nicht in Betracht (Rößler DStZ 1997, 117; aA Söffing DStZ 1996, 713). In seltenen Ausnahmefällen kann es jedoch zur Verwirkung des StAnspruchs kommen (BFH 24.4.2002 – I R 25/01, BStBl. II 2002, 586; BFH 14.9.2010 – IV B 61/09, BFH/NV 2011, 2). Die Ablaufhemmung nach Abs. 5 S. 1 endet nicht mit der Einstellung des StStrafverfahrens (BFH 24.9.2001 – IV B 132/00, BFH/NV 2002, 159).

112 **Keine analoge Anwendung des § 171 IV 3.** Überdies bestimmt § 171 V 1 auch keine Höchstfrist, innerhalb derer die FB die Ermittlungsergebnisse nach Abschluss der Ermittlungen durch Erlass von StBescheiden auswerten müsste. Dies hat zur Folge, dass die durch Abs. 5 bewirkte Ablaufhemmung unbegrenzt fortdauert, wenn die Fahndungsprüfung nicht zu steuerlich erheblichen Feststellungen geführt hat und deshalb im Anschluss an die Prüfung keine Änderungsbescheide erlassen werden. Eine analoge Anwendung des § 171 IV 3 kommt nicht in Betracht (BFH 24.4.2002 – I R 25/01, BStBl. II 2002, 586; BFH 12.10.2012 – IX B 87/12, BFH/NV 2013, 179; BFH 16.3.2016 – V B 89/15, BFH/NV 2016, 993; Rößler DStZ 1997, 117; aA HHSp § 171 Rn. 153; TK § 171 Rn. 74; Birk/Naujok DStR 2003, 349; Söffing DStZ 2001, 739; Söffing DStZ 1996, 713; Offerhaus/Kiesel DB 2000, 1984; Raupach/Böckstiegel DB 1997, 2560). Von einer planwidrigen Regelungslücke des Gesetzes kann nicht ausgegangen werden. Da die Ablaufhemmung nach Abs. 5 S. 1, anders als die Ablaufhemmung bei einer Ap. nach § 171 IV, immer nur punktuell wirkt, besteht kein besonderes Bedürfnis, auf die StFestsetzung einen besonderen zeitlichen Druck auszuüben (BFH 24.4.2002 – I R 25/01, BStBl. II 2002, 586). Nur in Ausnahmefällen wird man auf den Rechtsgedanken der Verwirkung zurückgreifen können (vgl. BFH 21.1.2015 – VIII B 112/13, BFH/NV 2015, 800). In der Praxis

ist es häufig sogar zweckmäßig, zunächst den Ausgang eines Strafverfahrens abzuwarten (Schwarz/Pahlke/Keß § 171 Rn. 135).

Nach **§ 171 V 1 HS 2** gilt Abs. 4 S. 2 sinngemäß. Demnach tritt keine Ablaufhemmung ein, wenn die Fahndungsprüfung unmittelbar nach ihrem Beginn für die Dauer von sechs Monaten aus Gründen unterbrochen wird, die die FB zu vertreten hat. Die Wiederaufnahme einer Fahndungsprüfung, die unmittelbar nach Beginn für mehr als sechs Monate aus von der FB zu vertretenden Gründen unterbrochen war, gilt als Beginn einer neuen Prüfung (BFH 2.7.1998 – IV R 39/97, BStBl. II 1999, 28). Wird dagegen der Beginn der Ermittlungen auf Antrag des Stpfl. hinausgeschoben, tritt nach Abs. 5 S. 1 keine Ablaufhemmung ein; Abs. 5 enthält keine dem Abs. 4 S. 1 entsprechende Regelung zum Prüfungsaufschub. 113

III. Einleitung eines Steuerstrafverfahrens oder Bußgeldverfahrens (Abs. 5 S. 2)

Nach **§ 171 V 2 HS 1** tritt die Ablaufhemmung des Abs. 5 S. 1 ferner ein, wenn dem Stpfl. die Einleitung eines StStrafverfahrens gem. § 397 I oder die Einleitung eines Bußgeldverfahrens gem. § 397 I iVm § 410 I Nr. 6 bekannt gegeben wird. Die bloße Einleitung des Strafverfahrens oder des Bußgeldverfahrens genügt allerdings nicht. Die Ablaufhemmung wird nur ausgelöst, wenn eine schriftliche Mitteilung für den Stpfl. erkennbar macht, dass und weshalb gegen ihn ein Ermittlungsverfahren eingeleitet worden ist (BFH 14.4.2005 – XI R 83/03, BFH/NV 2005, 1961; BFH 8.7.2009 – VIII R 5/07, BStBl. II 2010, 583). Amtsinterne Maßnahmen wie ein behördlicher Aktenvermerk reichen nicht aus (BFH 5.6.2019 – V B 53/18, BFH/NV 2019, 1062). Eine genaue Bezeichnung der betroffenen Zeiträume ist allerdings nicht erforderlich. Die Bekanntgabe der Mitteilung muss vor Ablauf der regulären Festsetzungsfrist erfolgen. Ohne Bedeutung ist der Ausgang des Verfahrens (BFH 14.4.2005 – XI R 83/03, BFH/NV 2005, 1961). In den Fällen des § 171 V 2 gilt nicht die Einschränkung des § 171 IV 2, obwohl Abs. 5 S. 2 auch auf Abs. 5 S. 1 Hs. 2 verweist. Die Ablaufhemmungen nach § 171 IV und nach § 171 V 1 stellen jedoch – im Gegensatz zur Ablaufhemmung nach § 171 V 2 – auf tatsächliche Ermittlungshandlungen ab. Die Ablaufhemmung nach Abs. 5 S. 2 tritt daher auch dann ein, wenn nach der Einleitung eines StStrafverfahrens über einen Zeitraum von über sechs Monaten keine Ermittlungshandlungen aufgenommen werden (FG Münster 26.2.2009 – 5 K 320/06 U, EFG 2009, 812; aA Luft DStR 2009, 2409; offengelassen BFH 14.9.2010 – IV B 61/09, BFH/NV 2011, 2). Nach **§ 171 V 2 HS 2** iVm § 169 I 3 kommt es für die rechtzeitige Bekanntgabe der Mitteilung auf den Zeitpunkt der Absendung an (→ § 169 Rn. 36 ff.). 115

H. Sonstige Ermittlungshandlungen (Abs. 6)

Allgemeines. § 171 VI ergänzt, ebenso wie § 171 V, die Regelung des § 171 IV. 118

Nach **§ 171 VI 1** tritt die Ablaufhemmung durch Ermittlungshandlungen iSd § 92 ein, wenn der Stpfl. zwar der Ap. unterliegt, diese aber im Geltungsbereich der AO entweder überhaupt nicht oder nur eingeschränkt durchgeführt werden kann, weil zB bestimmte Besteuerungsgrundlagen (§ 157 II) nur außerhalb des Geltungsbereichs der AO geprüft werden können. Es genügt jede nach § 92 zulässige Ermittlungshandlung, also auch Ermittlungen bei einem Dritten. Die FB muss mit den Ermittlungshandlungen vor Ablauf der regulären Festsetzungsfrist ernsthaft begonnen haben. 119

Umfang der Ablaufhemmung. Die Ablaufhemmung nach Abs. 6 S. 1 umfasst, im Gegensatz zu den Fällen des § 171 Abs. 4, nicht den gesamten StAnspruch, sondern tritt nur punktuell in dem Umfang ein, in dem sich die Ergebnisse der Ermittlungen auf die festzusetzende Steuer auswirken; im Übrigen kommt es zur Teilverjährung (zum Begriff der Teilverjährung → § 169 Rn. 22). Insoweit gelten hier die Ausführungen zu § 171 V entspr. (→ Rn. 110). 120

121 **Dauer der Ablaufhemmung.** Die Ablaufhemmung nach Abs. 6 S. 1 endet, wenn die aufgrund der Ermittlungen erlassenen StBescheide unanfechtbar geworden sind (zum Begriff der Unanfechtbarkeit → Rn. 38). Bleiben die Ermittlungen erfolglos, ist die FB nicht verpflichtet, dies dem Stpfl. mitzuteilen; § 202 I 3 kann nicht entspr. angewandt werden, da die Ermittlungen nach § 92 nicht den Charakter einer Ap. haben (TK § 171 Rn. 75c; aA Schwarz/Pahlke/Keß § 171 Rn. 151). In Ausnahmefällen kann jedoch das Recht der FB zur Änderung oder Aufhebung der betroffenen StBescheide verwirkt sein. Eine analoge Anwendung des Abs. 4 S. 3 kommt im Rahmen des Abs. 6 mangels Regelungslücke ebenfalls nicht in Betracht (aA HHSp § 171 Rn. 160; Raupach/Böckstiegel DB 1997, 2560; auch → Rn. 112).

122 Nach **§ 171 VI 2 HS 1** wird der Ablauf der Festsetzungsfrist nach Abs. 6 S. 1 im Interesse der Rechtssicherheit nur gehemmt, wenn die FB den Stpfl. vor Ablauf der regulären Festsetzungsfrist auf den Beginn der Ermittlungshandlungen hingewiesen hat. Der Hinweis kann schriftlich oder mündlich erfolgen; er ist kein VA (§ 118). Der Stpfl. muss, wie bei einer Prüfungsanordnung iSd § 196, zweifelsfrei erkennen können, welche Ermittlungen die FB durchführen will und auf welche Sachverhalte sich diese beziehen sollen. Nach **§ 171 VI 2 HS 2** gilt für die rechtzeitige Erteilung des Hinweises § 169 I 3 entspr. (→ § 169 Rn. 36 ff.).

J. Steuerstraftaten und Steuerordnungswidrigkeiten (Abs. 7)

125 **Allgemeines.** § 171 VII enthält eine besondere Ablaufhemmung für StStraftaten (§ 369) und StOrdnungswidrigkeiten (§ 378). Die Regelung soll verhindern, dass auf hinterzogene oder verkürzte Beträge verzichtet werden muss, solange die Hinterziehung oder Verkürzung noch geahndet werden kann (BT-Drs. VI/1982, 152). Abs. 7 ist durch das StBereinG 1986 redaktionell an die Terminologie des § 369 angepasst worden. Bei einer StFestsetzung unter Vorbehalt der Nachprüfung (§ 164) entfällt der Nachprüfungsvorbehalt gem. § 164 IV 2 ohne Rücksicht auf eine Ablaufhemmung nach Abs. 7. Mit dem Wegfall der Rechtsfigur des Fortsetzungszusammenhangs (→ Rn. 127) ist § 171 VII praktisch bedeutungslos geworden.

126 **Fälle des § 169 II 2.** Abs. 7 verweist nur auf 169 II 2, nicht aber auf § 169 II 3. Gleichwohl ist Abs. 7 anwendbar, wenn die StHinterziehung oder StVerkürzung durch einen Dritten begangen wurde, da 169 II 3 insoweit nur deklaratorische Bedeutung hat. Die Exkulpationsmöglichkeit des 169 II 3 gilt auch im Rahmen des Abs. 7 (FG Düsseldorf 28.10.1987 – IV 233/83 VM, EFG 1988, 150; HHSp § 171 Rn. 164; TK § 171 Rn. 76). Zur Exkulpationsmöglichkeit im Einzelnen → § 169 Rn. 62 ff.

127 Maßgebend für Abs. 7 ist die **Verfolgungsverjährung** (§§ 78 ff. StGB), nicht die Vollstreckungsverjährung (§§ 79 ff. StGB). Die Verfolgungsverjährung setzt den objektiven und subjektiven Straftatbestand voraus, für dessen Vorliegen die FB die Beweislast trägt (vgl. BFH 12.3.1992 – IV R 29/91, BStBl. II 1993, 36; → § 169 Rn. 61). Die Verjährungsfrist beträgt für StHinterziehung und leichtfertige StVerkürzung nach § 78 III Nr. 4 StGB iVm §§ 369 II, 370 I bzw. nach § 384 gleichermaßen **fünf Jahre.** Sie kann im Falle ihrer Unterbrechung im Höchstfall gem. § 78c III StGB iVm § 369 II sowie gem. § 33 III OWiG iVm § 377 II **zehn Jahre** betragen. In besonders schweren Fällen der StHinterziehung (§ 370 III 2 Nr. 1–5) verlängert sich die reguläre Verjährungsfrist gem. § 376 I, der durch das JStG 2009 eingefügt worden ist, auf zehn Jahre; zur erstmaligen Anwendung s. Art. 97 § 23 EGAO. Im Rahmen des § 171 VII können mehrere Straftaten, wie zB eine StHinterziehung (§ 370) über mehrere Veranlagungszeiträume, seit 1994 auch bei einem entsprechenden Gesamtvorsatz des Täters nicht mehr mit Hilfe der Rechtsfigur des Fortsetzungszusammenhangs zu einer fortgesetzten Handlung zusammengefasst werden. Der Fortsetzungszusammenhang hatte zur Folge, dass die Verjährung erst mit Beendigung der letzten Tathandlung beginnt. Bei einer über Jahrzehnte fortgesetzten StHint-

erziehung konnte daher die Steuer noch lange nach Ablauf der Fristen des § 169 II nachgefordert werden (Weyand BB 1989, 404). Die Rechtsfigur des Fortsetzungszusammenhangs ist, nachdem der BGH dieses Institut für die Straftatbestände des Betruges (§ 263 StGB) und einiger Sexualdelikte (§§ 174 ff. StGB) aufgegeben hatte (BGH 3.5.1994 – GSSt 2/93 ua, BGHSt 40, 138), auch für den Bereich der StStrafrechts fallengelassen worden (BGH 20.6.1994 – 5 StR 595/93, BStBl. II 1994, 673; BFH 22.6.1995 – IV R 26/94, BStBl. II 1995, 575). Damit beginnt die Strafverfolgungsverjährung im **Zeitpunkt der Bekanntgabe eines jeden StBescheids** (BFH 22.6.1995 – IV R 26/94, BStBl. II 1995, 575). Ähnliches gilt für leichtfertige StVerkürzungen (§ 378). Hier kann ein sog. Dauerdelikt gegeben sein, wenn sich der Täter einer dauernden Unachtsamkeit schuldig macht mit der Folge, dass die Strafverfolgungsverjährung erst mit Beendigung des rechtswidrigen Zustands beginnt. Regelmäßig wird der Täter jedoch bei Abgabe mehrerer StErklärungen seine Pflichten aus § 378 jeweils von neuem verletzen, ohne dass ein einheitliches Gesamtverschulden angenommen werden kann. Durch Tatbestände der straf- oder ordnungswidrigkeitenrechtlichen Verfolgungsverjährung kann sich die Hemmung im Einzelfall verlängern (BFH 6.5.2020 – X R 26/19, BFH/NV 2020, 1238). Im **Kindergeldrecht** ist eine leichtfertige StVerkürzung regelmäßig erst mit der letzten zu Unrecht erhaltenen Kindergeldzahlung beendet, wenn der Stpfl. Änderungen der Verhältnisse, die für die Kindergeldfestsetzung erheblich sind, entgegen § 68 I 1 EStG nicht der FB mitteilt (BFH 18.12.2014 – III R 13/14, BFH/NV 2015, 948; BFH 13.9.2017 – III R 6/17, BFH/NV 2018, 403). Da es sich bei der Kindergeldfestsetzung um einen VA mit Dauerwirkung handelt, kann für den Beginn der Strafverfolgungsverjährung nicht auf die Bekanntgabe der Kindergeldfestsetzung oder allein auf Grund des geltenden Monatsprinzips (§ 66 II EStG) auf den jeweiligen Auszahlungsmonat abgestellt werden (aA FG München 16.10.2012 – 9 K 1226/12, EFG 2013, 135, aufgeh. durch BFH 26.6.2014 – III R 21/13, BStBl. II 2015, 886).

Umfang der Ablaufhemmung. Der Fristablauf ist nur insoweit gehemmt, als hinsicht- 128
lich der hinterzogenen oder leichtfertig verkürzten Beträge die Strafverfolgung noch möglich ist; im Übrigen tritt Teilverjährung ein (zur Teilverjährung → § 169 Rn. 22). Stirbt der Täter der StHinterziehung oder leichtfertigen StVerkürzung, so endet die Ablaufhemmung mit seinem Tod; da der Täter dann nicht mehr bestraft werden kann, entfällt der Grund für die Ablaufhemmung (BFH 2.12.1977 – III R 117/75, BStBl. II 1978, 359). Tritt der Erbe als Gesamtrechtsnachfolger in die zehnjährige Festsetzungsfrist ein und begeht hinsichtlich derselben St eine erneute StHinterziehung durch Unterlassen (durch fehlende Berichtigung nach § 153 I), wirkt sich dies auch über § 171 VII auf die Festsetzungsfrist aus. Die Ablaufhemmung dauert in diesem Fall an, solange der Erbe wegen seiner eigenen StHinterziehung verfolgt werden kann (BFH 21.6.2022 – VIII R 26/19, BFH/NV 2023, 50). Kommt es für die Frage, ob eine Ablaufhemmung eingetreten ist, auf die verjährungsunterbrechende Wirkung einer Durchsuchungsanordnung an, muss das FG Feststellungen dazu treffen, ob der Beschluss die inhaltlichen Mindestanforderungen erfüllt (BFH 31.1.2024 – X R 7/22, BFH/NV 2024, 1058).

K. Vorläufige und ausgesetzte Steuerfestsetzung (Abs. 8)

Allgemeines. § 171 VIII ergänzt § 165. Die vorläufige StFestsetzung und die Ausset- 131
zung der StFestsetzung nach § 165 hemmen gem. Abs. 8 den Ablauf der Festsetzungsfrist. § 171 VIII stellt sicher, dass die FB nach Beseitigung der Ungewissheit iSd § 165 I ausreichend Zeit hat, um die erforderlichen Konsequenzen zu ziehen (BT-Drs. VI/1982, 152). Abs. 8 S. 2 ist durch das StMBG angefügt worden. Zur erstmaligen Anwendung des Abs. 8 S. 2 s. Art. 97 § 10 V EGAO. Nach § 164 IV 2 entfällt der Nachprüfungsvorbehalt gem. § 164 ohne Rücksicht auf die Ablaufhemmung nach Abs. 8. § 171 VIII ist verfassungsgemäß, obwohl diese Vorschrift keine absolute zeitliche Begrenzung der Ände-

rungsbefugnis des FA enthält. Die FB kann daher auch 14 Jahre nach Beseitigung der Ungewissheit einen Änderungsbescheid erlassen, sofern die weiteren Voraussetzungen des Abs. 8 vorliegen (BFH 26.10.2005 – II R 9/01, BFH/NV 2006, 478; vgl. auch BFH 19.10.2011 – IV B 24/10, BFH/NV 2012, 164).

132 **Vorläufige oder ausgesetzte StFestsetzung.** Die Ablaufhemmung nach Abs. 8 wird durch Bekanntgabe einer vorläufigen StFestsetzung oder einer Aussetzungsverfügung ausgelöst. Abs. 8 erfasst dagegen nicht die StFestsetzung unter Vorbehalt der Nachprüfung (§ 164). Die vorläufige StFestsetzung und die Aussetzungsverfügung nach § 165 müssen wirksam sein. Andernfalls wird der Ablauf der Festsetzungsfrist nicht gehemmt. Hat der Stpfl. eine Maßnahme der FB nach 165 nicht angefochten, so kann er später nicht geltend machen, dass die Hemmung nicht eingetreten sei, weil keine Ungewissheit vorgelegen habe (BFH 25.10.1973 – IV R 80/72, BStBl. II 1974, 142). Auch ein rechtswidriger, aber nicht nichtiger Vorläufigkeitsvermerk führt zur Ablaufhemmung nach Abs. 8 (BFH 6.7.1999 – IX B 21/99, BFH/NV 2000, 4; BFH 7.2.1995 – IX R 68/92, BFH/NV 1995, 939). Wird eine Steuer ohne Vorläufigkeitsvermerk festgesetzt, ist der Eintritt der Festsetzungsverjährung auch dann nicht nach § 171 VIII gehemmt, wenn die FB zur vorläufigen StFestsetzung verpflichtet war (BFH 14.4.2011 – VI B 143/10, BFH/NV 2011, 1289).

133 **Umfang der Ablaufhemmung.** Die Ablaufhemmung nach Abs. 8 tritt nur ein, soweit die Maßnahme nach § 165 reicht. Im Übrigen kommt es zur Teilverjährung (s. zum Begriff der Teilverjährung → § 169 Rn. 22).

134 **Dauer der Ablaufhemmung.** Die Festsetzungsfrist endet nach Abs. 8 S. 1 nicht vor Ablauf eines Jahres, nachdem die Ungewissheit beseitigt ist und die FB hiervon Kenntnis erhalten hat. Für Vorläufigkeitserklärungen nach § 165 I 2 ist die Ablaufhemmung durch das StMBG von einem Jahr auf zwei Jahre erweitert worden. Die Verlängerung der Frist ist gerechtfertigt, da es sich in den Fällen des § 165 I 2 regelmäßig um Massenfälle handelt, sodass die FB idR eine längere Zeit zur Anpassung der vorläufigen StBescheide benötigt (BT-Drs. 12/5764, 60). Die Stpfl. sind dadurch nicht gezwungen, zur Wahrung ihrer Interessen sicherheitshalber Einspruch (§ 347) einzulegen oder einen sonstigen Antrag nach § 171 III stellen zu müssen (vgl. BT-Drs. 12/5764, 60). Die Festsetzungsfristen des Abs. 8 beginnen zu laufen, wenn die Ungewissheit beseitigt ist und die FB hiervon positive Kenntnis erlangt hat (BFH 16.5.2006 – VIII B 160/05, BFH/NV 2006, 1477). Auf die Kenntnis des Stpfl. oder Dritter kommt es nicht an; der Stpfl. kann jedoch ggf. die FB unterrichten und dadurch den Beginn der Fristen des Abs. 8 in Lauf setzen. Bloßes Kennenmüssen von Tatsachen, die die FB bei pflichtgemäßer Ermittlung erfahren hätte, reicht nicht aus (BFH 26.10.2005 – II R 9/01, BFH/NV 2006, 478; BFH 17.4.1996 – II R 4/94, BFH/NV 1996, 929; BFH 26.8.1992 – II R 107/90, BStBl. II 1993, 5). Welche Ungewissheit maßgebend ist, ergibt sich aus § 165 (BFH 21.8.2013 – X R 20/10, BFH/NV 2014, 524). Es genügt insofern nicht, wenn die objektiven Umstände einen Schluss auf eine Haupttatsache ermöglichen, der gezogen werden kann, aber nicht muss. Die Ungewissheit ist vielmehr erst dann beseitigt, wenn für jedermann erkennbar mit einer gewissen Eindeutigkeit feststeht, dass die ungewisse Tatsache vorliegt oder nicht vorliegt (BFH 16.6.2015 – IX R 27/14, BStBl. II 2016, 144 zur Vermietungsabsicht einer Immobilie; vgl. zu den Fällen der Abgrenzung von Einkünfteerzielungsabsicht und Liebhaberei BFH 25.8.2010 – X B 25/10, BFH/NV 2010, 2234; FG Münster 21.2.2018 – 7 K 288/16 E, EFG 2018, 613). Die Ablaufhemmung endet auch dann, wenn der Vorläufigkeitsvermerk von der FB aufgehoben wird. Auf den Wegfall der Ungewissheit und die Kenntnis von Tatsachen, aufgrund derer die Vorläufigkeit angeordnet wurde, kommt es in diesem Zusammenhang nicht mehr an (BFH 26.7.2023 – II R 5/21, BStBl. II 2024, 166). Die zu § 173 I 1 Nr. 1 entwickelten Grundsätze, wonach nachträglich bekannt gewordene Tatsachen nach Treu und Glauben nicht mehr berücksichtigt werden dürfen, wenn die FB sie bei gehöriger Erfüllung ihrer Ermittlungspflichten schon vorher hätte feststellen können, sind nicht auf § 171 VIII übertragbar (BFH 27.6.2012 – IX B 183/11, BFH/NV 2012,

1575). Die Ungewissheit iSd § 171 VIII 2 ist in den Fällen des § 165 I Nr. 1 beseitigt, wenn das Abkommen abgeschlossen und wirksam geworden ist, in den Fällen des § 165 I Nr. 2, wenn die gesetzliche Neuregelung in Kraft getreten ist und in den Fällen des § 165 I Nr. 3, wenn die entsprechende Gerichtsentscheidung des EuGH, des BVerfG oder des obersten Bundesgerichts ergangen und veröffentlicht worden ist (Schwarz/Pahlke/Keß § 171 Rn. 165). Allein die Verkündung und Zustellung der Gerichtsentscheidung genügt nicht (aA HHSp § 171 Rn. 179). Ist die Steuer im Hinblick auf mehrere ungewisse Sachverhalte vorläufig festgesetzt worden und wird hinsichtlich eines Sachverhalts die Ungewissheit beseitigt, so bleibt die Ablaufhemmung für die übrigen Sachverhalte nach Abs. 3 bestehen (TK § 171 Rn. 82a).

L. Erstattung einer Anzeige (Abs. 9)

Allgemeines. § 171 IX ergänzt § 171 VII, um der FB die Gelegenheit zu geben, die berichtigten StErklärungen (§ 153) und die Selbstanzeigen (§§ 371, 378 III) auszuwerten (BFH 21.4.2010 – X R 1/08, BStBl. II 2010, 771). Die Regelung gibt der FB ausreichend Zeit, um aus der Anzeige die steuerlichen Konsequenzen zu ziehen (vgl. BFH 8.7.2009 – VIII R 5/07, BStBl. II 2010, 583; BFH 22.1.1997 – II B 40/96, BStBl. II 1997, 266). Der Vorbehalt der Nachprüfung (§ 164) bleibt nach § 164 IV 1 auch während der nach Abs. 9 verlängerten Festsetzungsfrist bestehen. 137

Anzeige vor Ablauf der Festsetzungsfrist. Anzeigen iSd Abs. 9 sind nur die Anzeigen nach § 153 und die Selbstanzeige nach §§ 371, 378 III. Diese Aufzählung ist abschließend; andere gesetzlich vorgeschriebene Anzeigen führen nicht zur Ablaufhemmung nach Abs. 9 (BFH 19.5.1992 – VII S 12/92, BFH/NV 1993, 144 für die Bestandsmeldung nach § 21 VI MinöStV aF). Nicht nur eine zur Straffreiheit nach § 371 führende Selbstanzeige kann die Ablaufhemmung nach Abs. 9 auslösen. Ausreichend ist, dass die angezeigte StVerkürzung dem Grunde nach individualisiert werden kann. Dies setzt voraus, dass der Stpfl. StArt und VZ benennt und den Sachverhalt so schildert, dass der Gegenstand der Selbstanzeige erkennbar wird, sodass das FA eigene Ermittlungen anstellen und die Steuer – ggf. im Schätzungswege – festsetzen kann (BFH 21.4.2010 – X R 1/08, BStBl. II 2010, 771; BFH 8.7.2009 – VIII R 5/07, BStBl. II 2010, 583). Nicht erfasst werden zB Anzeigen nach §§ 137 ff. sowie nach § 30 ErbStG und nach § 19 GrEStG. Ebenfalls nicht erfasst werden Anzeigen, die von einem Dritten zu erstatten sind, wie zB die Anzeigen nach §§ 33, 34 ErbStG oder nach § 18 GrEStG. Die Ablaufhemmung nach Abs. 9 wird nur durch Anzeigen bewirkt, die vor Ablauf der regulären Festsetzungsfrist erstattet werden. Ist die Festsetzungsfrist bereits abgelaufen, so kann die FB die Anzeige nicht mehr auswerten. 138

Umfang der Ablaufhemmung. Abs. 9 hemmt den Ablauf der Festsetzungsfrist nur hinsichtlich der StAnsprüche, die auf Sachverhalten beruhen, die der Stpfl. in seiner Selbstanzeige offenbart hat (BFH 10.6.2005 – VIII B 324/03, BFH/NV 2005, 2149). Hat der Stpfl. vor Ablauf der regulären Festsetzungsfrist die Anzeige erstattet, kann die FB nicht unter Hinweis auf Abs. 9 nach Ablauf der regulären Festsetzungsfrist mit einer Ap. oder einer Fahndungsmaßnahme iSd Abs. 5 beginnen, um so den Ablauf der Festsetzungsfrist in einem über Abs. 9 hinausgehenden Umfang zu erreichen (BFH 8.7.2009 – VIII R 5/07, BStBl. II 2010, 583). Dies widerspräche dem Zweck der Anzeigen, dem Stpfl. aus fiskalpolitischen Gründen eine goldene Brücke anzubieten (TK § 171 Rn. 84). Dagegen schließt die Ablaufhemmung nach Abs. 9 den Eintritt der Ablaufhemmung nach Abs. 5 S. 1 nicht generell aus, wenn die Ermittlungen der StFahndung vor dem Ablauf der ungehemmten Festsetzungsfrist beginnen und die StFestsetzung auf den Ermittlungen der StFahndung beruht (BFH 17.11.2015 – VIII R 68/13, BStBl. II 2016, 571; BFH 3.7.2018 – VIII R 9/16, BStBl. II 2019, 122). § 171 IX entfaltet insoweit keine Sperrwirkung (TK § 171 Rn. 84a). 139

140 **Dauer der Ablaufhemmung.** Maßgebend für den Beginn der Jahresfrist des Abs. 9 ist der Eingang der Anzeige bei der für die StFestsetzung zuständigen FB. Dies gilt auch dann, wenn ein Stpfl. vor Ablauf der Festsetzungsfrist eine Anzeige nach § 153 I bei einem unzuständigen FA einreicht, das die Anzeige an das zuständige FA weiterleitet (BFH 28.2.2008 – VI R 62/06, BStBl. II 2008, 595; → § 153 Rn. 6). Ohne Bedeutung ist, ob die Anzeige zur Kenntnis genommen und ob sie an die zuständige Stelle innerhalb der FB weitergeleitet wird.

141 § 171 VIII kommt nicht zum Tragen, wenn die Jahresfrist vor Ablauf der regulären Festsetzungsfrist endet. Auch verdrängt Abs. 9 nicht andere Hemmungstatbestände, deren Voraussetzungen vor Ablauf der regulären Festsetzungsfrist verwirklicht wurden (BFH 8.7.2009 – VIII R 5/07, BStBl. II 2010, 583).

M. Grundlagenbescheide (Abs. 10)

Schrifttum: Giloy, Grundlagenbescheide im Lohnsteuer-Verfahren, FR 1983, 528; Balke, Änderung eines Grundlagenbescheids und Ablaufhemmung der Festsetzungsverjährungsfrist nach § 171 Abs. 10 AO, DStR 1987, 652; Baum, Bindungswirkung von Grundlagenbescheiden und Festsetzungsverjährung, DStZ 1992, 337; Reiter, Zur Ablaufhemmung des § 171 Abs. 10 AO, DStR 1994, 1253; Söhn, Festsetzungsverjährung nach § 171 Abs. 10 Satz 1 AO bei Anfechtung des Feststellungsbescheides, DStZ 2002, 811; Perrar, Verjährung von Folgebescheiden – Neuregelungen im Rahmen der Ablaufhemmung des § 171 Abs. 10 AO, DStZ 2016, 828; Behrens/Seemaier, Löst die bloße Endgültigkeitserklärung eines bisher unter dem Vorläufigkeitsvermerk stehenden Feststellungsbescheids die Ablaufhemmung nach § 171 Abs. 10 AO aus?, DStR 2018, 1649.

I. Allgemeines

143 § 171 X ergänzt § 175 I Nr. 1 in verjährungsrechtlicher Hinsicht. Die Vorschrift soll der für die StFestsetzung zuständigen FB unabhängig von der Festsetzungsfrist des Folgebescheids ausreichend Zeit geben, innerhalb der sie Grundlagenbescheide auswerten kann und muss (BT-Drs. VI/1982, 152; vgl. auch BFH 12.8.1987 – II R 202/84, BStBl. II 1988, 318; BFH 8.3.1989 – X R 116/87, BStBl. II 1989, 531; BFH 4.4.1989 – VIII R 265/84, BStBl. II 1989, 593). Ferner enthält Abs. 10 S. 1 eine Legaldefinition des Begriffs „Grundlagenbescheid" (BT-Drs. VI/1982, 152; auch → Rn. 147). Bei unter Vorbehalt der Nachprüfung (§ 164) ergangenen Folgebescheiden entfällt der Nachprüfungsvorbehalt gem. § 164 IV 2 ohne Rücksicht auf die Ablaufhemmung des § 171 X. Zur Rechtsentwicklung → Rn. 154 und → Rn. 157.

II. Ablaufhemmung bei Verwaltungsakten mit Bindungswirkung (Abs. 10 S. 1)

146 **Allgemeines.** Soweit und solange ein Feststellungsbescheid, der für die Festsetzung einer Steuer bindend ist, noch zulässig ergehen kann, ist nach Abs. 10 S. 1 der Ablauf der Festsetzungsfrist für die Folgesteuer im Ausmaß der Bindung dieses Grundlagenbescheids gehemmt; zugleich dehnt Abs. 10 S. 1 die Festsetzungsfrist auf zwei Jahre nach Bekanntgabe des Grundlagenbescheids aus (vgl. BFH 12.8.1987 – II R 202/84, BStBl. II 1988, 318). Die Ablaufhemmung des § 171 X 1 knüpft an die bloße rechtliche Möglichkeit an, einen Grundlagenbescheid erlassen, aufheben oder ändern zu können; sie setzt, im Gegensatz zu anderen Hemmungstatbeständen des § 171, kein reales Ereignis voraus, wie zB bei Abs. 3 die Antragstellung oder bei Abs. 4 der Beginn der Ap. (BFH 17.2.1993 – II R 15/91, BFH/NV 1994, 1; aA Eisenach/Weiske DStR 1992, 1261: Ereignis ist der Erlass des Grundlagenbescheids). Abs. 10 S. 1 bewirkt nicht, dass eine zunächst abgelaufene Festsetzungsfrist durch den Erlass eines Grundlagenbescheids im Umfang der von diesem ausgehenden Bindungswirkung wieder erneut in Lauf gesetzt wird (BFH 30.11.1999 – IX R 41/97, BStBl. II 2000, 173; BFH 12.8.1987 – II R 202/84, BStBl. II 1988, 318; aA Balke DStR 1987, 652). Der Ablauf der Festsetzungsfrist wird vielmehr unabhängig davon gehemmt, ob der Grundlagenbescheid bereits ergangen ist oder ein bereits ergangener

Grundlagenbescheid aufgehoben oder geändert wird (FG Hamburg 22.6.1993 – V 281/90, EFG 1994, 73; FG Münster 19.9.1997 – 4 K 6224/94 E, EFG 1998, 255). Daher greift die Ablaufhemmung nicht nur bei erstmaligem Erlass eines Grundlagenbescheids, sondern auch bei dessen Änderung oder Aufhebung ein, um der FB die entsprechende Folgeänderung nach § 175 I Nr. 1 zu ermöglichen (FG Schleswig-Holstein 2.2.1984 – II 202/83, EFG 1985, 7; FG Hamburg 10.4.1992 – VI 275/90, EFG 1992, 709). Dies gilt auch dann, wenn die FB zunächst bei Erlass des Folgebescheids einen bereits ergangenen Grundlagenbescheid übersehen hat und dieser dann später entspr. § 175 I Nr. 1 ausgewertet wird (BFH 14.6.1991 – III R 64/89, BStBl. II 1992, 52; aA FG Niedersachsen 15.12.1989 – XIII 148/88, EFG 1990, 341; Balke DStR 1987, 652). Überdies ist die Anpassung eines Folgebescheids nach § 175 I Nr. 1 an einen Grundlagenbescheid auch dann möglich, wenn ein zunächst nicht oder fehlerhaft ausgewerteter Grundlagenbescheid später geändert wird, und zwar auch dann, wenn für den Folgebescheid die reguläre Festsetzungsfrist sowie hinsichtlich des nicht oder fehlerhaft ausgewerteten Grundlagenbescheids die Anpassungsfrist nach § 171 X bereits abgelaufen ist (FG Hessen 13.5.2003 – 1 K 4335/02, BeckRS 2003, 26015820; vgl. auch BFH 17.2.1993 – II R 15/91, BFH/NV 1994, 1). Unbeachtlich ist im Rahmen des § 171 X, ob der Grundlagenbescheid durch die FB, das FG oder durch die FB aufgrund einer gerichtlichen Entscheidung gem. § 100 I 1, II 2 FGO oder § 101 FGO geändert oder aufgehoben wird. Ohne Bedeutung ist auch, ob der Grundlagenbescheid aufgrund einer Ap. (§§ 193 ff.) ergangen ist. In diesen Fällen ist der Ablauf der Festsetzungsfrist für den Grundlagenbescheid nach Abs. 4 und für den Folgebescheid nach Abs. 10 gehemmt (BGH 4.4.1989 – VIII R 265/84, BStBl. II 1989, 593). Ein Grundlagenbescheid, der nach Ablauf der Festsetzungsfrist bekannt gegeben wird, löst die Ablaufhemmung nach Abs. 10 S. 1 nicht aus (BFH 30.11.1999 – IX R 41/97, BStBl. II 2000, 173; TK § 171 Rn. 88; aA BFH 7.6.2006 – II B 129/05, BFH/NV 2006, 1616; HHSp § 171 Rn. 197). In diesen Fällen kann der Grundlagenbescheid nur noch nach § 181 V 1 wirksam werden, wobei Abs. 10 nach § 181 V 1 HS 2 außer Betracht bleibt (vgl. BFH 12.8.1987 – II R 202/84, BStBl. II 1988, 318; wegen der Einzelheiten hierzu s. die Erl. zu § 181 V 1). Vgl. auch die Sonderregelung in § 25 BewG, nach der eine Fortschreibung (§ 22 BewG), eine Nachfeststellung (§ 23 BewG) oder die Aufhebung eines Einheitswerts (§ 24 BewG) auch nach Ablauf der Feststellungsfrist (§ 181) mit Wirkung für einen späteren Feststellungszeitpunkt vorgenommen werden können. Für die GrSt enthalten §§ 16 III, 17 III Nr. 2, 18 III Nr. 2 GrStG eine entsprechende Sonderregelung.

Grundlagenbescheide sind nach der Legaldefinition des Abs. 10 alle Feststellungs- 147
bescheide (§§ 179 ff.), StMessbescheide (§ 184) und alle anderen VA (§ 118), die für die Festsetzung einer Steuer bindend sind. Auch Grundlagenbescheide können ihrerseits für andere Grundlagenbescheide bindend sein, wie zB Einheitswertbescheide für StMessbescheide und StMessbescheide für Zerlegungsbescheide. Diese Bescheide sind dann ihrerseits zugleich auch Folgebescheide.

Die **Bindungswirkung** der Grundlagenbescheide besteht darin, dass sie als selbständig 148
anfechtbare und eigener Bestandskraft fähige VA über bestimmte Besteuerungsgrundlagen (§ 157 II) Vorentscheidungen treffen. Gegenüber den Folgebescheiden sind sie daher inhaltlich vorrangig. Die Bindungswirkung erstreckt sich nur auf die im Tenor des Grundlagenbescheids getroffenen Feststellungen, nicht aber auf die diesen Feststellungen zu Grunde liegenden Besteuerungsgrundlagen iSd § 157 II (vgl. BFH 14.3.1989 – I R 8/85, BStBl. II 1989, 633). Die Bindungswirkung erschöpft sich allerdings nicht darin, dass das für den Erlass des Folgebescheids zuständige FA die im Grundlagenbescheid getroffenen Feststellungen unverändert in den Folgebescheid übernimmt. Sie schließt es vielmehr auch aus, dass über einen Sachverhalt, über den im Grundlagenbescheid entschieden ist, im Folgeverfahren in einem damit unvereinbaren Sinne anders entschieden wird (vgl. BFH 9.7.1987 – IV R 87/85, BStBl. II 1988, 342; BFH 30.8.2012 – X B 97/11, BFH/NV 2013, 13; BFH 19.2.2009 – II R 8/06, BFH/NV 2009, 1092; BFH 11.4.1990 – I R 82/

86, BFH/NV 1991, 143; s. zur Bindungswirkung auch → § 182 Rn. 9 ff.). Im Bereich des StRechts muss die Bindungswirkung eines VA ausdrücklich durch das Gesetz angeordnet sein (BFH 18.4.1980 – III R 34/78, BStBl. II 1980, 682). Darüber hinaus kann jedoch auch eine Bindungswirkung an VA anderer, ressortfremder Behörden auch ohne ausdrückliche gesetzliche Anordnung bestehen, soweit diese Sachverhalte zu beurteilen haben, die die FB mangels eigener Sachkunde nicht selbst überprüfen kann (BFH 18.4.1980 – III R 34/78, BStBl. II 1980, 682; BFH 13.12.1985 – III R 204/81, BStBl. II 1986, 245; BFH 10.6.1988 – III R 232/84, BStBl. II 1988, 981). Die Bindung reicht jedoch nur soweit wie die Regelungskompetenz der jeweiligen Behörde; an andere Entscheidungen in der Bescheinigung ist die FB nicht gebunden (BFH 20.3.1987 – III R 16/82, BStBl. II 1987, 506; BFH 15.9.1994 – XI R 101/92, BStBl. II 1995, 912). Zuständigkeitsvorschriften allein und die allg. Verpflichtung, von anderen Verwaltungsbehörden im Bereich ihrer Zuständigkeit erlassene VA zu beachten, reichen jedoch für die Annahme einer Bindungswirkung nicht aus (BFH 10.6.1988 – III R 232/84, BStBl. II 1988, 981). Zu den VA ressortfremder Behörden mit Bindungswirkung iSd Abs. 10 S. 1 → Rn. 151 f.).

149 Grundlagenbescheide sind im Bereich des StRechts nach der ausdrücklichen Regelung des Abs. 10 S. 1 Feststellungsbescheide (§§ 179 ff.) und StMessbescheide (§ 184). Erfasst werden auch negative Feststellungsbescheide (BFH 27.3.1991 – I B 187/90, BStBl. II 1991, 643; BFH 11.5.1993 – IX R 27/90, BStBl. II 1993, 820) und Bescheide, mit denen die Nichtigkeit eines Grundlagenbescheids festgestellt wird (BFH 20.8.2014 – X R 15/10, BStBl. II 2015, 109). Zu den anderen VA iSd Abs. 10 S. 1 zählen Zerlegungsbescheide (§ 188), Zuteilungsbescheide (§ 190) und die Entscheidungen über Billigkeitsmaßnahmen nach § 163 (BFH 4.12.1987 – V S 9/85, BStBl. II 1988, 702; BFH 26.2.1991 – IX R 95/88, BStBl. II 1991, 572; → § 163 Rn. 38). Grundlagenbescheid ist für die Festsetzung des SolZ außerdem der ESt- bzw. der KStBescheid nach § 51a V EStG bzw. nach § 51a V EStG iVm § 31 I KStG (BFH 9.11.1994 – I R 67/94, BStBl. II 1995, 305; BFH 17.4.1996 – I R 123/95, BStBl. II 1996, 619), der **Verlustfeststellungsbescheid** nach § 10d IV EStG für den nächsten EStBescheid und den nächsten Verlustfeststellungsbescheid (vgl. BFH 6.7.1999 – VIII R 12/98, BStBl. II 1999, 731; BFH 4.2.2000 – XI B 119/98, BFH/NV 2000, 948), der Feststellungsbescheid über den verrechenbaren Verlust nach § 15a IV EStG für den Gewinnfeststellungsbescheid (§ 179 iVm 180 I Nr. 2a) und den Feststellungsbescheid nach § 15a IV EStG für das nächste Jahr (BFH 22.6.2006 – IV R 31, 32/05, BStBl. II 2007, 687), der Bescheid über die Festsetzung der Steuer in einem Pauschbetrag, wie zB nach § 34c V EStG oder nach § 26 VI KStG iVm § 34c V EStG, der Feststellungsbescheid gem. § 180 V Nr. 2 über die Verteilung von StAbzugsbeträgen und KSt (FG Bremen 30.6.1994 – 1 94 055 K 1, EFG 1994, 1078), die Pauschalierungsgenehmigung für das LStPauschalierungsverfahren nach § 40 EStG (FG Hamburg 8.7.1988 – II 161/85, EFG 1989, 80; aA FG Nürnberg 13.10.1982 – V 282/82, EFG 1983, 255; s. hierzu auch Schmidt EStG § 40 Rn. 4; Giloy FR 1983, 528), die Eintragung eines Freibetrags auf der LStKarte gem. § 39a IV EStG (BFH 24.9.1982 – VI R 64/79, BStBl. II 1983, 60; BFH 27.3.1991 – I B 187/90, BStBl. II 1991, 643), nach Maßgabe des Landesrechts der EStBescheid im Verhältnis zum KiStBescheid (vgl. FG Baden-Württemberg 23.1.1992 – 9 V 2/90, EFG 1992, 245). Der Feststellungsbescheid nach § 17 III 1 Nr. 2 GrEStG ist Grundlagenbescheid sowohl für den Bescheid über die Feststellung des Grundbesitzwerts als auch für den GrEStBescheid (BFH 15.3.2017 – II R 36/15, BStBl. II 2017, 1215; BFH 25.4.2023 – II R 10/21, BStBl. II 2023, 1020). Grundlagenbescheid war außerdem gem. § 47 I 2–3 KStG aF der Feststellungsbescheid nach § 47 I 1 KStG aF (BFH 23.10.1991 – I R 97/89, BStBl. II 1992, 154) sowie gem. § 47 II KSt aF der KStBescheid (BFH 12.10.2010 – I R 99/09, BFH/NV 2011, 650; eingehend hierzu Dötsch DB 1988, 1516). Die Feststellung des Bestands des steuerlichen Einlagekontos (§ 27 I KStG) ist Grundlagenbescheid für den Bescheid über die gesonderte Feststellung zum folgenden Feststellungszeitpunkt, § 27 II 2 KStG. Zudem ist die Feststellung des EK 04 nach § 36 VII KStG Grundlagenbescheid für die folgende Feststellung des steuerlichen Einlagekontos (BFH 19.5.2010 – I R 51/09, BFH/NV 2010, 1886).

150 **Kein Grundlagenbescheid** iSd Abs. 10 S. 1 ist der ESt- bzw. KStBescheid im Verhältnis zum (BFH 6.5.1965 – IV 19/65 U, BStBl. III 1965, 419; BFH 31.7.1990 – I R 28/88, BStBl. II 1991, 244; GewSt Messbescheid zur Folgeänderung des GewSt Messbescheids s. § 35b I GewStG) oder der StBescheid im Verhältnis zum Haftungsbescheid iSd § 191 (BFH 5.10.2004 – VII R 7/04, BStBl. II 2006, 343). Für den Haftungsbescheid gilt insoweit die spezielle Regelung des § 191 IV. Gleiches gilt für das Verhältnis von Einkommensteuer- und Zinsbescheid. Hier verdrängt § 239 I 1 bis 3 § 171 I 1 (BFH 16.1.2019 – X R 30/17, BStBl. II 2019, 362; aA TK § 171 Rn. 91). Ebenfalls kein Grundlagenbescheid ist die Aufhebung des EStBescheides für das nach § 44b EStG durchzuführende KapEStErstattungsverfahren (BFH 16.12.1987 – I R 350/83, BStBl. II 1988, 600) sowie die im LStAbzugsverfahren nach §§ 40 ff. EStG getroffene Festsetzung der pauschalen LSt für die EStVeranlagung des Arbeitnehmers (BFH 10.6.1988 – III R 232/84, BStBl. II 1988, 981). Entsprechendes gilt für die Freistellungsbescheinigungen nach § 44a II EStG sowie nach § 36b II EStG, der durch das StSenkG aufgehoben worden ist (BFH 16.10.1991 – I R 65/90, BStBl. II 1992, 322; → § 155 Rn. 31). Kein Grundlagenbescheid ist auch der Feststellungsbescheid nach § 251 III im Insolvenzverfahren (FG Berlin 26.3.2001 – 9 K 9579/00, EFG 2001, 722; zur Ablaufhemmung im Insolvenzverfahren s. § 171 XIII) sowie eine Verteilungszusage des FA nach § 82b EStDV (BFH 20.11.2006 – IX B 105/06, BFH/NV 2007, 394). Für Kindergeldfestsetzungen nach §§ 62 ff. EStG ist der für das Kind ergangene EStBescheid ebenfalls kein Grundlagenbescheid, sodass die Familienkasse bis zum VZ 2011 selbständig die Höhe der Einkünfte und Bezüge des Kindes gem. § 32 IV EStG aF iVm § 63 I 2 EStG aF ermitteln musste (BFH 23.11.2001 – VI R 125/00, BStBl. II 2002, 296; BFH 22.2.2007 – III B 70/05, BFH/NV 2007, 1083). Überdies ist auch der KStBescheid für die Behandlung der vGA beim Anteilseigner kein Grundlagenbescheid (BFH 27.10.1992 – VIII R 41/89, BStBl. II 1993, 569). Dies hat sich auch mit der Einführung des § 32a KStG nicht geändert (BFH 6.9.2011 – VIII R 55/10, BFH/NV 2012, 269). Ein Gewinnfeststellungsbescheid für die Tochterpersonengesellschaft einer Organgesellschaft (§ 14 KStG) entfaltet gegenüber dem Organträger nicht die Wirkung eines Grundlagenbescheids (BFH 6.3.2008 – IV R 74/05, BStBl. II 2008, 663). Überdies stehen auch der StBescheid und das Leistungsgebot (§ 254 I) nicht in dem Verhältnis von Grundlagenbescheid und Folgebescheid zueinander (BFH 16.3.1995 – VII S 39/92, BFH/NV 1995, 950). Schließlich ist auch eine Einspruchsentscheidung (§ 367), durch die der Einspruch gegen einen Grundlagenbescheid als unbegründet zurückgewiesen wird, kein Grundlagenbescheid iSd § 171 X 1 (BFH 30.11.1999 – IX R 41/97, BStBl. II 2000, 173). Zur Bindungswirkung einer verbindlichen Zusage (§ 204) s. § 206.

Da auch **VA ressortfremder Behörden** für die FB bindend sein können, enthält Abs. 10 S. 2 nunmehr eine gesonderte Hemmungsregelung. Ist für den Erlass eines Grundlagenbescheids eine Behörde zuständig, die keine Finanzbehörde iSd § 6 II ist, endet die Festsetzungsfrist nicht vor Ablauf von zwei Jahren nach dem Zeitpunkt, in dem die für den Folgebescheid zuständige Finanzbehörde Kenntnis von der Entscheidung über den Erlass des Grundlagenbescheids erlangt. Die Vorschrift wurde durch das StModG (BGBl. 2016 I 1679) aufgenommen. Ausweislich der Gesetzesbegründung erfolgte die Neuregelung als Reaktion auf die BFH-Entscheidung vom 22.10.2014 – X R 15/13 (BStBl. II 2015, 367). Der BFH habe die FB mit dieser Entscheidung verpflichtet, ungeachtet der Ungewissheit, ob und wann und mit welchem Inhalt ein außersteuerlicher Grundlagenbescheid (im konkreten Fall eine Bescheinigung der Gemeinde nach § 7h II EStG) ergehen werde, die dort verbindlich zu regelnden Besteuerungsgrundlagen im Folgebescheid vorläufig anzusetzen. Um der FB nicht die Störungen im Informationsfluss mit ressortfremden Behörden anzulasten, soll durch die Neuregelung nunmehr an den Zeitpunkt angeknüpft werden, in dem die FB Kenntnis vom Erlass des Grundlagenbescheides oder der Ablehnung des Erlasses erlangt (BT-Drs., 18/7457, 86). Erforderlich ist eine positive Kenntnis der FB auch hinsichtlich des Inhaltes des anderen Bescheides (TK § 171 Rn. 97a; Perrar DStZ 2016, 828). Im Zusammenspiel mit Abs. 10 S. 3 sind nunmehr auch die früheren Bedenken erledigt, weil die VA ressortfremder Behörden regelmäßig ohne Rücksicht auf irgendwelche Festsetzungsfristen ergehen können (vgl. hierzu BFH 21.2.2013 – V R 27/11, BStBl. II 2013, 529, wonach eine Ablaufhemmung nur eintreten sollte, wenn der Grundlagenbescheid vor Ablauf der Festsetzungsfrist für die betreffende Steuer erlassen worden ist, sowie die Vertrauensschutzregelung des BMF 31.1.2014, BStBl. I 2014, 159; zur Sonderregelung des Abs. 10 S. 3 → Rn. 155). 151

152 Als Grundlagenbescheide iSd § 171 X 1 werden folgende ressortfremde VA angesehen: Rentenbescheide hinsichtlich der darin enthaltenen Regelungen, nicht jedoch im Hinblick auf die Höhe des einkommensteuerlichen Ertragsanteils und im Hinblick auf die Rentenbezugsdauer (BFH 27.5.2009 – X R 34/06, BFH/NV 2009, 1826; BFH 17.5.2000 – X B 20/00, BFH/NV 2001, 156). Ferner die Feststellung zum Nachweis einer Körperbehinderung gem. § 33b VII EStG iVm § 65 EStDV (BFH 13.12.1985 – III R 204/81, BStBl. II 1986, 245; zu den Nachweismöglichkeiten im Einzelnen s. Schmidt EStG § 33b Rn. 41). Dies gilt auch dann, wenn die Feststellung der Körperbehinderung bereits vor Erlass des StBescheids getroffen war und der Stpfl. den Antrag nach § 33b EStG erst nach Eintritt der Bestandskraft des StBescheids gestellt hat (BFH 13.12.1985 – III R 204/81, BStBl. II 1986, 245). Bindend ist nicht nur der festgestellte Grad der Behinderung, sondern auch der Zeitpunkt des Eintritts (FG Rheinland-Pfalz 4.3.1987 – 5 K 64/87, EFG 1987, 407). Entsprechendes gilt für die KraftStBegünstigung nach § 3a KraftStG. Grundlagenbescheide sind ferner Feststellungen der Zulassungsbehörde über **KraftStVergünstigung** für schadstoffarme Fahrzeuge gem. §§ 3b, 3c KraftStG (vgl. BFH 26.8.1986 – VII B 107/86, BStBl. II 1986, 865) sowie gem. § 2 II 2 KraftStG die in den Fahrzeugpapieren dokumentierten Feststellungen der Zulassungsbehörde zu den Schadstoffemissionen des Fahrzeugs (BFH 17.10.2006 – VII R 13/06, BStBl. II 2007, 134; FG Niedersachsen 30.6.2016 – 14 K 16/16, EFG 2016, 1671), die Entscheidung der Zulassungsstelle, ein bestimmtes Fahrzeug für eine bestimmte Person zum Verkehr zuzulassen (BFH 25.11.2009 – II B 105/09, BFH/NV 2010, 251), die Referenzmengenfeststellung nach § 8 II MOG (BFH 25.3.1986 – VII B 164–165/85, BFHE 146, 188), Bescheinigungen für erhöhte Absetzungen nach § 7d II Nr. 2 EStG (BFH 4.10.1988 – VIII R 161/84, BFH/NV 1989, 758), Bescheinigungen nach § 7h II EStG (BFH 21.8.2001 – IX R 20/99, BStBl. II 2003, 910) sowie Bescheinigungen nach § 7i II EStG (BFH 15.10.1996 – IX R 47/92, BStBl. II 1997, 176). Bei der **Bescheinigung nach § 7h II EStG** bezieht sich die Bindungswirkung auf die in § 7h I EStG genannten Tatbestände des Bau- und Raumordnungsrechts, nämlich darauf, ob entsprechende Modernisierungs- und Instandsetzungsmaßnahmen durchgeführt worden sind, ob das betreffende Gebäude in einem förmlich festgelegten Sanierungsgebiet oder städtebaulichen Entwicklungsbereich liegt und ob und in welcher Höhe für die Maßnahmen Zuschüsse aus Sanierungs- oder Entwicklungsförderungsmitteln gewährt worden sind (BFH 4.5.2004 – XI R 38/01, BStBl. II 2005, 171; BFH 17.4.2018 – IX R 27/17, BStBl. II 2018, 597). Grundlagenbescheide sind auch die Bescheide der Denkmalbehörde in den Fällen des § 7i II und § 10f EStG (BFH 19.2.2019 – X R 17/18, BFH/NV 2019, 801). Bei der Bescheinigung nach § 7i II EStG erfasst die Bindungswirkung nur die Denkmaleigenschaft und die Erforderlichkeit der Aufwendungen, nicht jedoch die Frage, ob es sich um Herstellungskosten handelt (BFH 15.10.1996 – IX R 47/92, BStBl. II 1997, 176). Die Bescheinigung der Gemeinde nach § 3 I 1 Nr. 4 Buchst. b InvZulG 1999 ist ebenfalls ein Grundlagenbescheid. Sie ist für das FA bindend, soweit sie das Vorliegen der in § 3 I 1 Nr. 4 Buchst. b InvZulG 1999 genannten außersteuerrechtlichen Voraussetzungen beurteilt. Eine solche Bescheinigung führt nicht dazu, dass die für die Antragstellung geltende regelmäßige Festsetzungsfrist nach § 171 X 1 gehemmt wird, da das Antragserfordernis gem. § 5 InvZulG 1999 eine eigenständige formelle Voraussetzung ist, die für die Einleitung des Verfahrens unabdingbar ist (BFH 24.5.2012 – III R 95/08, BFH/NV 2012, 1658). Ferner Bescheinigungen der zuständigen Landesbehörde nach § 4 Nr. 20 Buchst. a UStG (BFH 15.9.1994 – XI R 101/92, BStBl. II 1995, 912; Grams UR 1995, 41; zweifelnd Weber-Grellet DStR 1995, 96) oder nach § 4 Nr. 21 Buchst. a Doppelbuchst. bb UStG (BFH 20.8.2009 – V R 25/08, BStBl. II 2010, 15) sowie die stromsteuerrechtliche Verwendererlaubnis nach § 9 III f. StromStG im Verhältnis zur Festsetzung der Stromsteuer gegenüber dem leistenden Versorger (BFH 26.10.2011 – VII R 64/10, BFH/NV 2012, 712). Keine Bindungswirkung enthalten der Bescheid über die Sozialversicherungspflicht (FG Baden-Württemberg 29.3.1990 – III K 356/86, EFG 1990, 620) sowie die Anerkennung als Asylberechtigter durch das Bundesamt für die

Anerkennung ausländischer Flüchtlinge für die Anwendung des § 33 EStG (BFH 26.4.1991 – III R 69/87, BStBl. II 1991, 755). Ebenfalls keine Bindungswirkung hat die Feststellung der Schwerbehinderteneigenschaft nach § 2 II SGB IX für den Kindergeldanspruch nach § 32 IV 1 Nr. 3 EStG (FG Sachsen 25.7.2012 – 5 K 1995/09 Kg, BeckRS 2013, 96323, die Rev. XI R 3/13 führte zur Zurückverweisung an das FG).

Sachlicher Umfang der Ablaufhemmung. Die Ablaufhemmung nach Abs. 10 S. 1 153
ist sachlich auf die Bindungswirkung des Grundlagenbescheids beschränkt („soweit", BFH 27.1.2016 – X R 53/14, BFH/NV 2016, 889). Sie tritt nur für den Folgebescheid selbst ein, nicht jedoch für andere Bescheide, wie zB für die Bescheide der Folgejahre (vgl. FG Niedersachsen 15.12.1989 – XIII 148/88, EFG 1990, 341). Der Fristablauf wird nur insoweit gehemmt, als der Grundlagenbescheid für den Folgebescheid bindend ist. Wird der Folgebescheid nach § 175 I Nr. 1 geändert, können materielle Fehler des Folgebescheids ggf. nach § 177 berichtigt werden (BFH 8.3.1989 – X R 116/87, BStBl. II 1989, 531). Betragsmäßig ist die Ablaufhemmung des Abs. 10 S. 1 auf denjenigen StBetrag beschränkt, für den die Besteuerungsgrundlagen durch den Grundlagenbescheid abw. von § 157 II gesondert festgestellt werden (BFH 12.8.1987 – II R 202/84, BStBl. II 1988, 318; BFH 8.3.1989 – X R 116/87, BStBl. II 1989, 531; BFH 4.11.1992 – XI R 32/91, BStBl. II 1993, 425). Die Anfechtung eines Grundlagenbescheids mit Einspruch (§ 347) oder Klage (§ 40 I FGO) führt nicht dazu, dass die für die Festsetzung der Folgesteuern maßgebende Festsetzungsfrist bis zur Unanfechtbarkeit des Feststellungsbescheids gehemmt wird (BFH 19.1.2005 – X R 14/04, BStBl. II 2005, 242).

Dauer der Ablaufhemmung. Abs. 10 S. 1 gewährt der FB für die Folgeänderung nach 154
§ 175 I Nr. 1 eine Frist von **zwei Jahren.** Die Frist kann mehrfach nacheinander in Lauf gesetzt werden, so zB wenn ein Grundlagenbescheid geändert oder aufgehoben wird. Die Frist ist durch das JStG 1997 von einem Jahr auf zwei Jahre verlängert worden. Die Zweijahresfrist gilt gem. Art. 97 § 10 VII EGAO für alle am 28.12.1996 noch nicht abgelaufenen Festsetzungsfristen. Die Frist ist verlängert worden, damit bei einer Vielzahl von Grundlagenbescheiden die Folgeänderungen gebündelt werden können (BT-Drs. 13/5952, 56). Die Frist beginnt nach § 171 X 1 mit der Bekanntgabe des Grundlagenbescheids nach § 122 (BFH 6.7.2005 – XI R 43/04, BFH/NV 2006, 227). Ist der Grundlagenbescheid an **mehrere Adressaten** gerichtet, ist jeweils der Zeitpunkt maßgebend, an dem der Grundlagenbescheid dem jeweiligen Adressaten bekannt gegeben worden ist (HHSp § 171 Rn. 219; TK § 171 Rn. 96; vgl. auch BFH 27.4.1993 – VIII R 27/92, BStBl. II 1994, 3). Hebt das FA bei einem unter dem Vorbehalt der Nachprüfung (§ 164) ergangenen Grundlagenbescheid den Vorbehalt auf, wirkt dies gem. § 164 III 2 als Bekanntgabe eines Grundlagenbescheides (BFH 11.4.1995 – III B 74/92, BFH/NV 1995, 943). Ein Grundlagenbescheid, der einen bereits wirksam bekannt gegebenen Grundlagenbescheid **lediglich wiederholt,** setzt dagegen die Zweijahresfrist des Abs. 10 S. 1 nicht in Lauf, da es die FB andernfalls in der Hand hätte, sich beliebig durch Erlass eines wiederholenden Bescheids die Regelungswirkung des Abs. 10 zu verschaffen (BFH 13.12.2000 – X R 42/96, BStBl. II 2001, 471; BFH 6.7.2005 – XI R 43/04, BFH/NV 2006, 227). Ferner wird die Zweijahresfrist nicht durch eine bestätigende Einspruchsentscheidung (§ 367) ausgelöst (BFH 30.11.1999 – IX R 41/97, BStBl. II 2000, 173; aA FG Nürnberg 25.7.1997 – VII 29/96, EFG 1998, 3), wohl aber durch eine den angefochtenen Grundlagenbescheid ändernde Einspruchsentscheidung. Ebenso löst die Rücknahme eines Einspruchs (§ 362) gegen einen Grundlagenbescheid nicht erneut die Frist des Abs. 10 aus (FG Baden-Württemberg 25.4.2002 – 14 K 8/00, EFG 2002, 1069). Für den Beginn der Zweijahresfrist des Abs. 10 S. 1 ist nicht erforderlich, dass der Grundlagenbescheid bereits unanfechtbar geworden ist, da Bindungswirkung auch anfechtbare Grundlagenbescheide entfalten (vgl. § 182 I 1). Dies gilt auch dann, wenn der Grundlagenbescheid tatsächlich angefochten (§ 347 AO bzw. § 40 I FGO) und seine Vollziehung nach § 361 II bzw. nach § 69 II FGO ausgesetzt wird; zur Aussetzung des Folgebescheids in diesen Fällen s. § 361 III 1 bzw. § 69 II 4 FGO. Der Grundlagenbescheid muss lediglich wirksam sein (BFH

19.1.2005 – X R 14/04, BStBl. II 2005, 242; BFH 4.10.1988 – VIII R 161/84, BFH/NV 1989, 758). Die Anfechtung des Grundlagenbescheids hemmt den Ablauf der Festsetzungsfrist solange, bis über die Anfechtung unanfechtbar entschieden ist (§ 171 IIIa). Darüber hinaus ist der Fristablauf nicht gehemmt. Daher muss auch bei Anfechtung des Grundlagenbescheids der Folgebescheid innerhalb der Zweijahresfrist des Abs. 10 erlassen werden. Dies erklären § 361 III 2 bzw. § 69 II 5 FGO ausdrücklich für zulässig. Die Festsetzungsfrist des Folgebescheids verlängert sich bei Anfechtung des Grundlagenbescheids nicht bis zur rechtskräftigen Entscheidung über den Grundlagenbescheid (vgl. BFH 11.7.2007 – I R 96/04, BFH/NV 2008, 6) Nicht geregelt ist in § 171 X der Beginn der Zweijahresfrist, wenn das FG einen angefochtenen Grundlagenbescheid nach § 100 I 1 FGO bzw. nach § 100 II 1 FGO aufhebt oder ändert. In diesem Fall ist die Folgeänderung nach § 175 I Nr. 1 erst mit der Rechtskraft des Urteils möglich (vgl. § 151 II Nr. 1, III FGO), sodass auch die Zweijahresfrist nach dem Zweck des Abs. 10 S. 1, der der FB ausreichend Zeit zur Umsetzung des Grundlagenbescheids geben soll (→ Rn. 143), erst mit der Rechtskraft des Urteils beginnt (BFH 19.1.2005 – X R 14/04, BStBl. II 2005, 242). Bestätigt das FG dagegen den angegriffenen Grundlagenbescheid, wird keine weitere Zweijahresfrist nach Abs. 10 S. 1 ausgelöst (BFH 19.1.2005 – X R 14/04, BStBl. II 2005, 242; Baum DStZ 1992, 337).

III. Sonderregel für Grundlagenbescheide, die nicht der Festsetzungsverjährung unterliegen (Abs. 10 S. 3)

155 Durch das Gesetz zur Anpassung der AO an den UZK und zur Änderung weiterer steuerlicher Vorschriften (BGBl. 2014 I 2417) wurde – ursprünglich als Abs. 10 S. 2 – Abs. 10 S. 3 eingefügt. Die Vorschrift soll für die Stpfl. und die FB Rechtssicherheit schaffen und die Anpassung des Folgebescheids vom Ablauf des jeweiligen Verwaltungsverfahrens unabhängig machen (BT-Drs. 18/3017, 33). Sie ist eine Reaktion auf die Entscheidung BFH 21.2.2013 – V R 27/11 (BStBl. II 2013, 529). Danach sollte bei Grundlagenbescheiden ressortfremder Behörden, die nicht dem Anwendungsbereich der §§ 179 ff. und damit keiner Verjährungsfrist unterliegen, eine Ablaufhemmung nach Abs. 10 nur dann in Betracht kommen, wenn diese vor Ablauf der Festsetzungsfrist für die betreffende Steuer erlassen wurden. Neben Grundlagenbescheiden ressortfremder Behörden sollen insb. auch Billigkeitsentscheidungen nach § 163 erfasst sein (BT-Drs. 18/3017, 33). Das Gesetz setzt nunmehr voraus, dass ein Antrag auf Erlass des Grundlagenbescheids vor Ablauf der Festsetzungsfrist für den Folgebescheid gestellt wurde. Es kommt auf den Zeitpunkt der wirksamen Antragstellung bei der zuständigen Behörde an (HHSp § 171 Rn. 225a; TK § 171 Rn. 97b). Wird vom Stpfl. dagegen kein Antrag gestellt, kann es auch nicht zur Anwendung der Ablaufhemmung kommen.

IV. Ablaufhemmung bei Außenprüfung (Abs. 10 S. 4)

157 § 171 X 4 bestimmt, dass sich die Ablaufhemmung infolge einer Ap. (§§ 193 ff.) nach Abs. 4 auch auf die Ablaufhemmung nach Abs. 10 erstreckt, obwohl dieser Teil der Steuer nicht Gegenstand der Ap. ist. Die Regelung ist durch Gesetz v. 23.6.1998 (BGBl. 1998 I 1496) angefügt worden, um der FB bei Stpfl., die regelmäßig der Ap. unterliegen, die Möglichkeit zu geben, die Änderung des Folgebescheids nach § 175 I Nr. 1 zugleich mit der Auswertung der Feststellungen der Ap. gebündelt vornehmen zu können (BT-Drs. 13/10, 635, 14); zur erstmaligen Anwendung s. Art. 97 § 10 VIII EGAO. Abs. 10 S. 4 greift nur ein, wenn nach Ablauf der Zweijahresfrist des Abs. 10 S. 1 die Festsetzungsfrist hinsichtlich des vom Grundlagenbescheid nicht erfassten Teils der Folgesteuer noch nach Abs. 4 gehemmt ist. Es tritt dann für den vom Grundlagenbescheid erfassten Teil der Folgesteuer keine Teilverjährung ein.

N. Übermittlung von Daten nach § 93c (Abs. 10a)

Abs. 10a wurde durch das StModG (BGBl. 2016 I 1679) mit Wirkung zum 1.1.2017 eingeführt und bezieht sich auf elektronisch durch Dritte übermittelte Daten nach § 93c. Sie ergänzt in diesem Zusammenhang die Korrekturvorschrift des § 175b (BT-Drs. 18/7457, 87). Die Verjährung ist für einen Zeitraum von zwei Jahren nach Zugang der elektronischen Daten gehemmt. Voraussetzung ist aber, dass die Daten innerhalb von sieben Jahren nach dem betreffenden Besteuerungszeitraum oder -zeitpunkt zugegangen sind (krit. Wegen des langen Zeitraums Klein § 171 Rn. 170). Damit wird ein Gleichlauf mit der Aufbewahrungsfrist nach § 93 I Nr. 4 geschaffen (BT-Drs. 18/7457, 87). Der Umfang der Ablaufhemmung bemisst sich nach den Steuern, die von den übermittelten Daten betroffen sind (TK § 171 Rn. 98a). 158

O. Fehlen eines gesetzlichen Vertreters (Abs. 11)

Allgemeines. § 171 XI soll die StFestsetzung gegenüber geschäftsunfähigen (§ 104 BGB), beschränkt geschäftsfähigen (§§ 106 ff. BGB) und betreuten (§§ 1896 ff. BGB) Personen ohne gesetzlichen Vertreter sicherstellen. § 171 XI 1 ist § 210 BGB nachgebildet (vgl. BT-Drs. 7/4292, 33). Die Regelung erfasst die Festsetzung aller Ansprüche aus dem StSchuldverhältnis (§ 37), nicht nur die Festsetzung der Ansprüche des StGläubigers, sondern auch die Festsetzung der Erstattungs- und Vergütungsansprüche (zum Erstattungsanspruch → § 37 Rn. 13 ff.; zum Vergütungsanspruch → § 37 Rn. 7 und → § 155 Rn. 72 f.). Abs. 11 gilt nur für natürliche Personen. Juristischen Personen können zwar zeitweilig ihre gesetzlichen Vertretungsorgane fehlen, sie sind dann jedoch nicht geschäftsunfähig oder beschränkt geschäftsfähig (Schwarz/Pahlke/Keß § 171 Rn. 192a; aA FG Hessen 24.3.2015 – 4 K 556/12, DStRE 2016, 1192, aufgehoben aus anderen Gründen durch BFH 23.8.2017 – I R 52/15, BFH/NV 2018, 401; HHSp § 171 Rn. 227; TK § 117 Rn. 99, der in diesen Fällen § 171 XI entspr. anwenden will; im Ergebnis wie hier BGH 17.1.1968 – VIII ZR 207/65, NJW 1968, 692 zu § 206 BGB aF; auch → § 79 Rn. 4 und → Rn. 21). 160

Abs. 11 S. 1. Die Ablaufhemmung des § 171 XI wird ausgelöst, wenn die geschäftsunfähige oder beschränkt geschäftsfähige Person ohne gesetzlichen Vertreter ist. Zum Begriff der Geschäftsunfähigkeit und der beschränkten Geschäftsfähigkeit → § 79 Rn. 9 ff. Es muss sich um eine Verhinderung aus Rechtsgründen handeln, wie zB wenn die Geschäftsfähigkeit des gesetzlichen Vertreters wegfällt oder wenn er von der Vertretung ausgeschlossen wird (vgl. BGH 21.12.1970 – II ZR 258/67, BGHZ 55, 267 zu § 206 BGB aF); eine tatsächliche Verhinderung, wie zB bei Ortsabwesenheit oder Krankheit, genügt nicht. In diesen Fällen kann jedoch ggf. § 171 I eingreifen (→ Rn. 11). Überdies wird die Ablaufhemmung auch nicht gem. § 165 BGB durch eine beschränkte Geschäftsfähigkeit des gesetzlichen Vertreters ausgelöst. 161

Abs. 11 S. 2 ist durch Gesetz v. 12.9.1990 (BGBl. 1990 I 2002) angefügt worden. Bei Betreuung (§§ 1896 ff. BGB) tritt eine Ablaufhemmung nach Abs. 11 S. 2 nur insoweit ein, als ein Einwilligungsvorbehalt (§ 1903 BGB) angeordnet ist, der Betreuer verstorben oder auf andere Weise weggefallen oder aus rechtlichen Gründen an der Vertretung des Betreuten verhindert ist. Ist der Einwilligungsvorbehalt nicht angeordnet, bleibt die Handlungsfähigkeit des Betreuten bestehen, sodass es keiner Ablaufhemmung nach Abs. 11 bedarf. 162

Dauer der Ablaufhemmung. Die Ablaufhemmung des Abs. 11 endet sechs Monate nachdem die geschäftsunfähige oder beschränkt geschäftsfähige Person geschäftsfähig wird, ein gesetzlicher Vertreter bestellt wird oder das rechtliche Vertretungshindernis wegfällt. Ohne Bedeutung für die hemmende Wirkung ist die Dauer der fehlenden Vertretung. 163

P. Nachlasssachen (Abs. 12)

166 **Allgemeines.** § 171 XII ist § 211 BGB nachgebildet (vgl. BT-Drs. 7/4292, 33). Die Regelung soll StFestsetzungen gegenüber den Erben eines Stpfl. sicherstellen, soweit sich die Steuern gegen den Nachlass richten. Zur erstmaligen Anwendung des Abs. 12 in Insolvenzfällen s. Art. 97 § 11a EGAO.

167 **Inhalt.** Die Ablaufhemmung tritt nach Abs. 12 ein, wenn eine gegen den Nachlass gerichtete Steuer vor Ablauf der Festsetzungsfrist nicht festgesetzt werden kann, weil die Erben die Erbschaft nicht angenommen haben (§ 1943 BGB), das Nachlassinsolvenzverfahren (§§ 315 ff. InsO) noch nicht eröffnet worden ist oder die Erben nicht durch einen legitimierten Vertreter vertreten sind, wie zB durch einen Nachlasspfleger (§§ 1960 f. BGB), Testamentsvollstrecker (§§ 2197 ff. BGB) oder Abwesenheitspfleger (§ 1911 BGB).

168 **Steuern** iSd § 171 XII sind alle Ansprüche aus dem StSchuldverhältnis, also auch die Erstattungs- und Vergütungsansprüche des Stpfl. zum Erstattungsanspruch → § 37 Rn. 13 ff.; zum Vergütungsanspruch → § 37 Rn. 7 und → § 155 Rn. 72 f. Zu den Steuern gegen den Nachlass gehören auch StAnsprüche, die sich als Erbfallschulden (§ 1967 II BGB) gegen den Erben als Stpfl. richten. Hierzu gehören zB Verbindlichkeiten aus Pflichtteilsrechten (§§ 2303 ff. BGB), Vermächtnissen (§ 2147 BGB) oder Auflagen (§§ 2192 ff. BGB) sowie die ErbSt (§§ 9 I Nr. 1, 20 III ErbStG).

169 **Dauer der Ablaufhemmung.** Die Sechsmonatsfrist des Abs. 12 beginnt mit der Annahme der Erbschaft durch den Erben (§ 1943 BGB), mit der Eröffnung des Insolvenzverfahrens über den Nachlass (§§ 315 ff. InsO) oder mit der Bestellung eines legitimierten Vertreters, wobei die Annahme des Amtes maßgebend ist.

Q. Insolvenzverfahren (Abs. 13)

172 **Allgemeines.** § 171 XIII enthält eine besondere Ablaufhemmung bei Eröffnung des Insolvenzverfahrens. Die Regelung beruht darauf, dass während des Insolvenzverfahrens keine StBescheide erlassen werden dürfen (vgl. BFH 2.7.1997 – I R 11/97, BStBl. II 1998, 428; s. zu StForderungen im Insolvenzverfahren auch die Erl. zu § 251 I–II). Abs. 12 ermöglicht es der FB, bestrittene StForderung nach Beendigung des Insolvenzverfahrens in einem StBescheid gegen den Schuldner festsetzen zu können, auch wenn die reguläre Festsetzungsfrist abgelaufen ist (vgl. BT-Drs. VI/1982, 152: BFH 19.8.2008 – VII R 36/07, BStBl. II 2009, 90). Bei Steuern, die im Zeitpunkt der Eröffnung des Insolvenzverfahrens bereits festgesetzt sind, wird die Zahlungsverjährung durch Anmeldung im Insolvenzverfahren nach § 231 I unterbrochen (→ § 231 Rn. 19 f.). Bis zum 31.12.1998 erfasste Abs. 13 aF die Fälle der Konkurseröffnung. Abs. 13 aF galt entspr. für das Gesamtvollstreckungsverfahren in den neuen Bundesländern (TK § 171 Rn. 103). Zur Anwendung des Abs. 13 in Übergangsfällen s. Art. 97 § 11a EGAO.

173 **Inhalt.** § 171 XIII betrifft nur Steuern, die bei Eröffnung des Insolvenzverfahrens noch nicht oder nicht in voller Höhe festgesetzt worden sind. Die Steuern müssen zu ihrer Durchsetzung zur Tabelle des Insolvenzverwalters (§§ 174 ff. InsO) angemeldet werden. Sind die StForderungen im Insolvenzverfahren nicht vollständig befriedigt worden, können sie ggf. nach Aufhebung oder Einstellung des Verfahrens uneingeschränkt durch Erlass eines StBescheids geltend gemacht werden (§ 201 I InsO), sofern keine Restschuldbefreiung (§§ 286 ff. InsO) stattgefunden hat. Für die festgestellten und nicht bestrittenen Forderungen ist der Insolvenzplan iVm mit der Eintragung in die Tabelle (§ 257 InsO) VollstrTitel. Im Übrigen müssen die StForderungen durch StBescheid festgesetzt werden. Zu diesem Zweck hemmt Abs. 13 den Ablauf der Festsetzungsfrist (vgl. BT-Drs. IV/1982, 152).

Umfang der Ablaufhemmung. Der Ablauf der Festsetzungsfrist wird nach Abs. 13 für drei Monate gehemmt. Die Frist beginnt mit der Beendigung des Insolvenzverfahrens. Das Insolvenzverfahren endet mit seiner Aufhebung (§ 200 I InsO) oder Einstellung (§§ 207 ff. InsO). Die Einstellung oder Aufhebung werden öffentlich bekannt gemacht (§§ 200 II, 215 InsO). Legt der Stpfl. gegen den nach Beendigung des Insolvenzverfahrens erlassenen Bescheid Einspruch (§ 347) ein, gilt § 171 IIIa. 174

R. Korrespondierender Erstattungsanspruch (Abs. 14)

Allgemeines. § 171 XIV ermöglicht es der FB, eine StFestsetzung nachzuholen, solange ein damit zusammenhängender Erstattungsanspruch (§ 37 II) noch nicht durch Zahlungsverjährung (§§ 228 ff.) erloschen ist. Die Regelung verlängert damit die Festsetzungsfrist bis zum Ablauf der Zahlungsverjährung (AEAO zu § 171 Nr. 7). Durch Abs. 14 sollen für die FB nachteilige Folgen einer mangelhaften Bekanntgabe von StBescheiden vermieden werden (BT-Drs. 10/1636, 44). Die Vorschrift wälzt vermeidbare Behördenpannen einseitig auf den Stpfl. ab (HHSp § 171 Rn. 243; TK § 171 Rn. 106). Sie ist jedoch verfassungsgemäß und verstößt weder gegen das Rechtsstaatsprinzip (Art. 20 III GG) noch gegen Art. 3 I GG (BVerfG 18.2.2003 – 2 BvR 1114/01, HFR 2003, 718; BFH 13.3.2001 – VIII R 37/00, BStBl. II 2001, 430; aA Koops/Scharfenberg DStR 1995, 552). Abs. 14 ist durch das StBereinG 1986 zusammen mit § 155 IV eingefügt worden. Zur erstmaligen Anwendung s. Art. 97 § 10 IV EGAO. 177

Anwendungsbereich. § 171 XIV erfasst jede Erstattung rechtsgrundlos gezahlter Steuern (AEAO zu § 171 Nr. 8). Die Regelung ist ua dann von Bedeutung, wenn ein Stpfl. auf einen infolge fehlerhafter Bekanntgabe nach § 125 unwirksamen StBescheid Zahlungen leistet und diese nach Eintritt der Festsetzungsverjährung zurückverlangt, weil die fünfjährige Frist der Zahlungsverjährung erst mit Ablauf des Kj. Der Zahlung begonnen hat (§§ 228 S. 2, 229 I) und es einer Festsetzung des Erstattungsanspruchs (§ 37 II 1) nicht bedarf (BFH 13.3.2001 – VIII R 37/00, BStBl. II 2001, 430). Die Anwendung des Abs. 14 ist aber nicht auf Fälle unwirksamer StFestsetzungen beschränkt. Jeder mit dem StAnspruch zusammenhängende Erstattungsanspruch ist geeignet, eine Ablaufhemmung auszulösen (BFH 4.8.2020 – VIII R 39/18, BFH/NV 2021, 49). Erforderlich ist aber, dass der Erstattungsanspruch vor Ablauf der Festsetzungsfrist entstanden ist (BFH 25.11.2020 – II R 3/18, BFH/NV 2021, 820). In den sog. Bauträgerfällen führt ein Erstattungsanspruch des Leistungsempfängers (Bauträgers) nicht zu einer Ablaufhemmung für die StFestsetzung beim Bauleistenden, wenn im Zeitpunkt der Festsetzung des Erstattungsanspruchs bereits Festsetzungsverjährung beim Bauleistenden eingetreten ist (BFH 27.7.2021 – V R 3/20, BFH/NV 2022, 164; BFH 27.7.2021 – V R 27/20, BFH/NV 2022, 129; FG Niedersachsen 19.11.2019 – 5 K 193/18, EFG 2020, 428). Erfasst werden auch Erstattungsansprüche nach § 37 II 2 wegen späteren Wegfalls des rechtlichen Grundes für die StZahlung, zB wegen Aufhebung des angefochtenen StBescheids infolge eines formellen Fehlers (BFH 17.3.2004 – II R 47/98, BFH/NV 2004, 1066; FG Nürnberg 19.5.2011 – 4 K 632/10, EFG 2011, 1951, die gegen dieses Urt. eingelegte Rev. ist aus anderen Gründen als unbegründet zurückgewiesen worden, vgl. BFH 18.7.2013 – II R 46/11, BFH/NV 2013, 1957). Dagegen ist die Vorschrift nicht (direkt) auf Grundlagenbescheide anwendbar (BFH 5.2.2014 – X R 1/12, BStBl. II 2016, 567 zum GewSt-Messbescheid; Redeker/Bleifeld DStR 2022, 391; s. zu sog. mehrstufigen Verfahren BFH 25.11.2020 – II R 3/18, BFH/NV 2021, 820). Dies ist wegen des vorrangigen § 181 V auch nicht erforderlich (TK § 171 Rn. 105). 178

Umfang der Ablaufhemmung. Nach Abs. 14 tritt die Ablaufhemmung nur in Höhe des noch nicht verjährten Erstattungsanspruchs ein („soweit"). Der diesen Betrag übersteigende StAnspruch kann wegen Festsetzungsverjährung nicht mehr festgesetzt werden. 179

S. Steuerentrichtungspflicht (Abs. 15)

Schrifttum: Haupt, Neuregelung der Verjährung bei Lohnsteuer und anderen Abzugssteuern – der neue § 171 Abs. 15 AO, BB 2015, 983.

180 **§ 171 XV** ist durch das AmtshilfeRLUmsG eingefügt worden. Nach Art. 97 § 10 XI EGAO idF des AmtshilfeRLUmsG gilt § 171 XV für alle am 30.6.2013 noch nicht abgelaufenen Festsetzungsfristen. Die Vorschrift gilt für alle Fälle der StEntrichtungspflicht (TK § 171 Rn. 107, zB LSt, KapESt, BauabzugSt, StAbzug nach § 50a EStG). Anlass war die frühere Rspr. des BFH (BFH 13.12.2011 – II R 52/09, BFH/NV 2012, 695), nach der der Ablauf der Festsetzungsfrist gegenüber dem StSchuldner durch eine Ap. beim StEntrichtungspflichtigen nicht nach § 171 IV 1 gehemmt wird.

181 Nach § 171 XV läuft die Festsetzungsfrist gegenüber dem StSchuldner nicht vor Ablauf der gegenüber dem StEntrichtungspflichtigen geltenden Festsetzungsfrist ab. Die Regelung stellt damit für Steuern, die im Abzugsverfahren erhoben werden, einen Gleichlauf der Festsetzungsfristen beim StSchuldner und beim StEntrichtungspflichtigen her (BFH 17.3.2016 – VI R 3/15, BFH/NV 2016, 994 unter Hinweis auf BT-Drs. 17/11190, 3; Gosch AO § 197 Rn. 197). Aus Abs. 15 folgt, dass verjährungshemmende Maßnahmen gegenüber dem StEntrichtungspflichtigen, wie zB eine beim StEntrichtungsschuldner begonnene oder hinausgeschobene Ap. (§ 171 IV), auch gegenüber dem StSchuldner wirken. Entsprechendes gilt für die Anlaufhemmung nach § 170 II 1 Nr. 1, wenn der Entrichtungsschuldner seine StAnmeldung nicht oder verspätet beim FA abgibt (→ § 170 Rn. 8).

182 **Umfang der Hemmung.** Der Fristablauf wird nach § 171 XV allerdings nur in dem Umfang gehemmt, als ein Dritter Steuern für Rechnung des StSchuldners einzubehalten und abzuführen oder für Rechnung des StSchuldners zu entrichten hat („soweit", Klein § 171 Rn. 195; HHSp § 171 Rn. 250; aA Haupt DB 2015, 983).

III. Bestandskraft

Vorbemerkung zu §§ 172–177

Schrifttum: Tiedchen, Die Änderung von bestandskräftigen Kindergeldbescheiden, DStZ 2000, 237; Felix, Korrektur von Kindergeldfestsetzungen, FR 2001, 674; Winter, Änderung bestandskräftiger Steuerbescheide, GmbHR 2002, 477; Krömker, Aktuelle FG-Rechtsprechung zum Verfahrensrecht, AO-StB 2004, 414; Balmes/Graessner, Der Einfluss der EuGH-Rechtsprechung auf das deutsche Verfahrensrecht, AO-StB 2005, 139; Musil, Aktuelle Fragen der Bestandskraft von Steuerbescheiden, DStZ 2005, 362; Leonard/Szczekalla, Anwendungsvorrang und Bestandskraft, UR 2005, 420; Lindemann/Hackemann, Die Rückwirkung von EuGH-Urteilen unter besonderer Betrachtung des „Marks & Spencer"-Falls, IStR 2005, 786; Zaumseil, Die Bestandskraft von Steuerverwaltungsakten, VR 2017, 73; Rüsken, Die Änderung von Verbrauchsteuerbescheiden, ZfZ 2015, 2; Günther, Änderung und Berichtigung von Steuer- und Feststellungsbescheiden, AO-StB 2022, 363; Heinen, Das Wahlrecht und die Bestandskraft – Zeit zum Umdenken, DStR 2020, 361.

Übersicht

I. Bedeutung der §§ 172–177

1. Grundprinzipien

Hoheitliches Handeln ist durch die Bindung an Gesetz und Recht (Art. 20 III GG) der Rechtsrichtigkeit verpflichtet. Erstrebenswertes Idealziel ist die vollständige Verwirklichung des objektivierten Willens des Gesetzgebers. Dieses Ziel lässt sich durch die FVerw. schwerlich vollständig erreichen, da die Kompliziertheit des materiellen StRechts einerseits und die Schwierigkeit der Ermittlung des Gesetzeswillens andererseits die Fehleranfälligkeit einer auf Erledigung großer Massen von Einzelfallentscheidungen angelegten Verwaltungstätigkeit anwachsen lässt. Die jederzeitige Abänderbarkeit hoheitlicher Maßnahmen zugunsten der materiellen Richtigkeit stößt sich jedoch am Prinzip der Rechtssicherheit und dem Vertrauensschutz. Das Prinzip der Rechtssicherheit, das – als Anliegen des Rechtsstaatsprinzips – Verlässlichkeit als Gerechtigkeitskriterium postuliert, steht dem Grundsatz der Gesetzmäßigkeit der Verwaltung gleichwertig gegenüber (vgl. BVerfG 14.1.1987 – 1 BvR 1052/79, BVerfGE 74, 129 (152); BVerfG 22.7.1991 – 1 BvR 313/88, NJW 1992, 168; Sachs GG Art. 20 Rn. 75 ff.; StaatsR-HdB/Schmidt-Aßmann § 24 Rn. 81 ff.). Die Abwägung beider Verfassungsprinzipien, die dem Gesetzgeber obliegt (BVerfG 22.7.1991 – 1 BvR 313/88, NJW 1992, 168 mwN), hat seinen Niederschlag in der ausdifferenzierten Regelung der §§ 172 ff. für StBescheide und ihnen gleichgestellte VA gefunden. Hiernach wird die grds. Unabänderlichkeit bestandskräftiger VA zugunsten der materiellen Richtigkeit nur unter bestimmten tatbestandlichen Voraussetzungen zugelassen (BFH 10.8.2006 – II R 24/05, BStBl. II 2007, 87). In allen anderen Fällen ist die Rechtswidrigkeit des VA hinzunehmen (BFH 7.11.2006 – VI R 14/05, BStBl. II 2007, 236). 1

2. Bestandskraft

Verfassungsrechtliche Vorgaben. Die Korrekturvorschriften der §§ 172–177 werden unter der Überschrift „Bestandskraft" zusammengefasst. Die Fähigkeit zur Bestandskraft ist Kennzeichen eines jeden VA und Ausdruck seiner von ihm ausgehenden Bindungswirkung. Wie die Rechtskraft gerichtlicher Urteile gründet die Bestandskraft der VA auf dem Bedürfnis nach Rechtssicherheit; dieses ist Teil des Rechtsstaatsprinzips (SBS § 43 Rn. 8). In der Rspr. des BVerfG kommt der Bestandskraft des VA deshalb für die Rechtssicherheit eine der Rechtskraft vergleichbare Bedeutung zu (vgl. BVerfG 20.4.1982 – 2 BvL 26/81, BVerfGE 60, 253 (270)), wenngleich wegen der unterschiedlichen verfahrensrechtlichen Ausgestaltung der Entscheidungsfindung VA grds. nicht die weitreichende Bindungswirkung von Urteilen zukommt und mE auch nicht zukommen darf (vgl. BVerwG 6.6.1975 – IV C 15/73, BVerwGE 48, 271 (275 ff.); Merten NJW 1983, 1993; Schenke DÖV 1983, 320). Welches Maß an Verbindlichkeit einem VA zukommt, obliegt der Entscheidung des Gesetzgebers, der diese unter Abwägung der verfassungsrechtlichen Vorgaben von Gesetzmäßigkeit und Rechtssicherheit zu treffen hat (→ Rn. 1). Für die Aufhebung und Änderung von VA gem. §§ 172–177 bedeutet es zugleich, dass diese Vorschriften den Eintritt der Bestandskraft des VA als ungeschriebenes Tatbestandsmerkmal voraussetzen (HHSp Vor § 172 Rn. 8; vgl. AEAO zu Vor §§ 172–177 Nr. 1). 2

Begriff. Die Bestandskraft wird in Anlehnung an die Begriffsbildung der Rechtskraft von Urteilen in formelle und materielle Bestandskraft unterteilt. 3

Unter **formeller** Bestandskraft wird allg. die Unanfechtbarkeit des VA mit ordentlichen Rechtsbehelfen verstanden (vgl. BFH 24.1.2002 – III R 49/00, BStBl. II 2002, 408; BFH 28.5.1998 – V R 98/96, BFH/NV 1998, 1536; TK Vor § 172 Rn. 1; HHSp Vor § 172 Rn. 10). Sie tritt vor allem ein durch Versäumung der Fristen für die ordentlichen Rechtsbehelfsverfahren nach § 355 und § 47 FGO, durch rkr. gerichtliche Abweisung einer Klage, durch Rechtsbehelfsverzicht (§ 50 FGO, § 354), durch Rechtsbehelfsrücknahme (§ 72 FGO, § 362) oder durch übereinstimmende Abgabe von Erledigungserklärungen (§ 138 FGO), ggf. auch bei einseitiger Erledigungserklärung des Klägers, wenn er nur noch die Feststellung der Erledigung der Hauptsache begehrt. Der Eintritt formeller Bestandskraft wird nicht durch die Möglichkeit außerordentlicher Rechtsbehelfe, wie den Antrag auf Wiedereinsetzung in den vorigen Stand (§ 56 FGO, § 110) oder die Wiederaufnahmeklage (§ 134 FGO), gehindert, wenngleich sie im Erfolgsfall die Unanfechtbarkeit der Entscheidung nachträglich wieder beseitigen (vgl. HHSp Vor § 172 Rn. 16). Keine Auswirkung auf den Eintritt der formellen Bestandskraft hat auch die Abänderbarkeit der VA aufgrund gesetzlicher Korrekturvorschriften, insb. der §§ 172 ff., auch soweit die Ablehnung eines Änderungsantrages wiederum selbst anfechtbar ist (vgl. Merten NJW 1983, 1993; BFH 26.3.1991 – VII R 15/89, BStBl. II 1991, 552).

4 Eine klare Umschreibung der **materiellen** Bestandskraft gestaltet sich demgegenüber weitaus schwieriger (vgl. eingehend SBS § 43 Rn. 43 ff.). Nach verbreiteter Ansicht (HHSp Vor § 172 Rn. 12; SBS § 43 Rn. 52 mwN; Gosch AO § 172 Rn. 7) setzt die materielle Bestandskraft den Eintritt der formellen Bestandskraft voraus. Für den Zeitraum zwischen Wirksamkeit des VA (§ 124) und dessen Unanfechtbarkeit verbietet die Selbstbindungswirkung des VA der FB, eine abweichende Zweitentscheidung zu treffen (SBS § 43 Rn. 127; zur entsprechenden Problematik bei Urteilen vgl. Thomas/Putzo ZPO § 318 Rn. 4). Materielle Bestandskraft bewirkt in sachlicher Hinsicht eine Bindungswirkung an den Inhalt des VA (Schwarz/Pahlke/Keß Vor § 172 Rn. 5; Gosch AO § 172 Rn. 7). Die FB ist gehindert, bei einer von ihr zu treffenden Entscheidung den Inhalt des VA unbeachtet zu lassen, dh von der geregelten Sachfrage abzuweichen. Dies bedeutet einerseits, dass im Interesse der Verfahrensökonomie die bindend entschiedene Frage nicht erneut und selbständig geprüft werden muss, auf der anderen Seite muss mit der Bestandskraft der Grundsatz der Gesetzmäßigkeit der Verwaltung im Falle fehlerhaft ergangener Verwaltungsentscheidungen zurücktreten (BVerfG 20.4.1982 – 2 BvL 26/81, BVerfGE 60, 253 (270 f.); Merten NJW 1983, 1993 (1996 f.)). Hieraus erklärt sich zugleich, dass die FB durch die wirksame Einlegung eines Einspruchs von der Bindungswirkung des VA befreit ist und einer besonderen gesetzlichen Ermächtigung zur Abweichung von der angefochtenen Entscheidung nicht bedarf; Einschränkungen ergeben sich allerdings durch § 367 II 2 im Hinblick auf Verböserungen.

3. Korrektursystem

5 Die hohe Fehleranfälligkeit eines Massenverfahrens, wie im Fall des Erlasses von StBescheiden, erfordert mit Rücksicht auf das Gebot der Gesetzmäßigkeit der Verwaltung und im Interesse der materiellen Richtigkeit der Entscheidung eine stärkere Durchbrechung der Bestandskraft für StBescheide, als sie in anderen Bereichen des öffentlichen Rechts vorgesehen ist (ebenso HHSp Vor § 172 Rn. 25). Folge dieser Erkenntnis ist eine **Zweigleisigkeit** der Korrektursysteme (BFH 16.9.2010 – V R 57/09, BStBl. II 2011, 151). Für die Rücknahme und den Widerruf von VA gelten die §§ 130, 131, die den vergleichbaren Korrekturvorschriften des öffentlichen Verfahrensrechts (§§ 48, 49 VwVfG) entsprechen und die Korrektur des VA in das Ermessen der FB stellen. Für die Korrektur von StBescheiden und ihnen gleichgestellten VA hat der Gesetzgeber ein hiervon abweichendes, eigenständiges System geschaffen, das den Besonderheiten dieses VA-Typus Rechnung trägt (zur Typologie der VA s. Gräber FGO Vor § 40 Rn. 58 ff.). Grundnorm ist § 172, der die innerhalb dieser Vorschrift abschließend geregelten Korrekturtatbestände in § 172 I 1 Nr. 2d auf eine unbeschränkte Anzahl sonstiger Änderungsvorschriften (zu diesen gehören auch die nachfolgenden §§ 173–175b) erweitert. §§ 176, 177 schaffen keine eigene Korrekturmöglichkeit, sondern begrenzen aus Gründen des Vertrauensschutzes und der vorrangigen materiellen Richtigkeit den eröffneten Änderungsrahmen. Neben das geschlossene System der §§ 172 ff. treten die §§ 164, 165, die eine materielle Bindungswirkung der StBescheide vollständig (§ 164) bzw. im Umfang ihrer Anordnung (§ 165) ausschließen. Die Berichtigung von StBescheiden wegen offenbarer Unrichtigkeit (§ 129) bleibt ebenfalls daneben anwendbar (TK Vor § 172 Rn. 6; → § 129 Rn. 4).

II. Sachlicher Geltungsbereich

1. Gemeinsame Korrekturvoraussetzungen

Bestandskraft. Ungeschriebenes Tatbestandsmerkmal einer Korrektur gem. §§ 172 ff. ist der Eintritt der Bestandskraft (zum Begriff → Rn. 3 f.). Ohne eine Anfechtung des VA greift mit Verstreichen der Rechtsbehelfsfrist ein Aufhebungs- und Abweichungsverbot ein, dessen Durchbrechung einer gesetzlichen Ausnahmeregelung in Form der Korrekturvorschriften bedarf. Die Kehrseite dieser Erkenntnis ist, dass Abhilfen im Einspruchs- oder Klageverfahren nicht auf einen Korrekturtatbestand gestützt werden müssen (so zu Recht HHSp Vor § 172 Rn. 66; → § 172 Rn. 10). Die Anfechtung des VA hindert den Eintritt der Bestandskraft im Einspruchsverfahren umfassend (§ 367 II 1), im Klageverfahren gegen teilbare VA (zur Teilbarkeit unten → Rn. 30 und allg. → § 125 Rn. 36 f.) im Umfang des Klagebegehrens (vgl. BFH 23.10.1989 – GrS 2/87, BStBl. II 1990, 327 (330)). Der Regelung in § 132 S. 1 bedarf es folglich nicht. Nichtige Bescheide (§ 124 III) sind nicht der Bestandskraft fähig, sodass die §§ 172 ff. nicht gelten. 9

Rechtswidrigkeit. Für StBescheide, die den kraft Gesetzes verwirklichten StAnspruch konkretisieren, also eine durch die materielle Gesetzeslage gebundene Entscheidung treffen, ist eine Korrektur nur dann gerechtfertigt, wenn sie ihrerseits im Widerspruch zur materiellen Rechtslage stehen, folglich rechtswidrig sind (TK Vor § 172 Rn. 28; zweifelnd Klein § 172 Rn. 33; zu den Folgen der Rechtswidrigkeit des VA allg. → § 118 Rn. 65). Die Beseitigung der Abweichung des Regelungsinhaltes des VA von der materiellen Rechtslage und damit die Beseitigung der Rechtswidrigkeit ist das Grundanliegen der Korrekturvorschriften. Rechtswidrigkeit des VA ist ungeschriebene Tatbestandsvoraussetzung einer jeden Korrekturnorm im Regelungssystem der §§ 172 ff. Rechtswidrigkeit kann indes auch dadurch entstehen, dass eine gebotene StFestsetzung oder der Erlass einer sonstigen Einzelfallregelung gänzlich unterblieben ist, wie dies zB in §§ 174 IV, 175 zum Ausdruck kommt. Beruht die Rechtswidrigkeit auf Verfahrens- oder Formfehlern, die geheilt werden können (§ 126) bzw. keine andere Entscheidung in der Sache zulassen (§ 127), scheidet eine Korrektur nach den §§ 172 ff. aus (BFH 24.4.2008 – IV R 50/06, BStBl. II 2009, 35; aA FG Köln 25.5.2005 – 14 K 2275/01, EFG 2007, 316). Gleiches gilt im Fall der Umdeutung eines fehlerhaften VA (§ 128) oder mangels Rechtswidrigkeit bei Vorliegen einer offenbaren Unrichtigkeit (§ 129). 10

Antrags- und Wahlrechte gestatten es dem Stpfl., Einfluss auf die Höhe der StSchuld zu nehmen. Gestaltungsrechte, deren tatbestandliche Voraussetzungen im Entstehungszeitpunkt des StAnspruchs vorliegen, wirken in der Weise rückwirkend auf den bereits entstandenen Anspruch ein, dass der Rechtsfolgenausspruch der Norm durch die Ausübung des Wahl- oder Antragsrechts nachträglich verändert wird (BFH 12.7.1989 – X R 8/84, BStBl. II 1989, 957). Die vom Stpfl. getroffene Wahl wird im gesetzlich eingeräumten Gestaltungsrahmen von der Rechtsordnung als rechtmäßig akzeptiert, einerlei wie sie ausfällt (vgl. HHSp Vor § 172 Rn. 126). Dies hat zur Folge, dass auch die Entscheidung zugunsten der Nichtausübung des Gestaltungsrechts als rechtmäßig anzusehen ist. Mit Eintritt der Bestandskraft entfaltet die Bindungswirkung des VA gleichsam auch eine Bindung des Stpfl. an seine getroffene Wahl (vgl. BFH 30.8.2001 – IV R 30/99, BStBl. II 2002, 49; BFH 27.8.1997 – XI R 97/94, BFH/NV 1998, 309; BFH 27.9.1988 – VIII R 432/83, BStBl. II 1989, 225). Zuweilen wird davon ausgegangen, dass das Wahlrecht durch die erstmalige Ausübung verbraucht werde (vgl. BFH 13.2.1997 – IV R 59/95, BFH/NV 1997, 635; Klein § 172 Rn. 38). Eine erstmalige bzw. geänderte Ausübung des Gestaltungsrechts ist nach Eintritt der Bestandskraft unzulässig und wirkt nicht auf die rechtmäßige StFestsetzung ein. Die Ausübung eines Gestaltungsrechts allein erfüllt deshalb nicht die tatbestandlichen Voraussetzungen einer Korrekturnorm. 11

Zusammentreffen von Gestaltungsrechten mit Änderungsnorm. Wird die Bestandskraft durchbrochen, weil die Änderungsvoraussetzungen der Korrekturnorm einge- 12 treten sind, entfällt die Bindungswirkung im Umfang der Durchbrechung (vgl. BFH 14.7.2020 – VIII R 6/17, BStBl. II 2021, 92; AEAO zu Vor §§ 172–177 Nr. 8.5.1.). Dies hat zur Folge, dass Wahl- und Antragsrechte, soweit sie nicht befristet sind, innerhalb des Änderungsrahmens neu oder erstmals ausgeübt werden können (BFH 30.8.2001 – IV R 30/99, BStBl. II 2002, 49; BFH 27.9.1988 – VIII R 432/83, BStBl. II 1989, 225; BFH 9.7.1992 – XI R 29/91, BStBl. II 1993, 29; BFH 20.1.1999 – XI R 31/96, BFH/NV 1999, 1333 mwN; Weber-Grellet DStR 1992, 1417; Gosch § 172 Rn. 61). Ehegatten können insb. ihr Veranlagungswahlrecht nach Eintritt der Unanfechtbarkeit des StBescheids nur noch nach Maßgabe des § 26 II 4 EStG erneut ausüben (vgl. Schmidt EStG § 26 Rn. 23). Die Ausübung des Gestaltungsrechts ist auf den durch die Änderungsnorm eröffneten Korrekturspielraum beschränkt, da nur insoweit die Bestandskraft durchbrochen ist (BFH 27.8.1997 – XI R 97/94, BFH/NV 1998, 309; aA BFH 6.2.1998 – III ER S 4/97, BFH/NV 1999, 160; Gosch § 172 Rn. 62). Die nachträgliche oder geänderte Ausübung eines Gestaltungsrechts schafft für sich genommen keine Änderungsmöglichkeit (BFH 19.1.2022 – X R 32/20, BStBl. II 2022, 617; Klein § 172 Rn. 38; AEAO zu Vor §§ 172–177 Nr. 8.5.1.).

13 **Festsetzungsverjährung.** Stets zu beachtende Voraussetzung für den Erlass und die Korrektur eines StBescheids ist, dass der zu regelnde StAnspruch noch nicht durch Eintritt der Festsetzungsverjährung erloschen ist (§ 47). Der Verjährungseintritt bewirkt den Untergang des StAnspruchs in dem Umfang, in dem er nicht bereits durch Festsetzung konkretisiert wurde (→ § 47 Rn. 2). Die Festsetzung verjährter Ansprüche durch Erlass eines StBescheides ist ebenso unzulässig wie deren Veränderung durch Korrektur des VA (vgl. BFH 9.6.1999 – II B 101/98, BStBl. II 1999, 529; BFH 6.2.1996 – VII R 50/95, BStBl. II 1997, 112). Dieser Konsequenz hat der Gesetzgeber durch die zeitliche Staffelung der Verjährungsfristen und die unterschiedliche Ausgestaltung der Änderungsvoraussetzungen Rechnung getragen. Die unbeschränkte Änderungsmöglichkeit der VerbrauchSt-Bescheide ist auf eine kurze, einjährige Verjährungsfrist (§ 169 II Nr. 1) beschränkt, während die längere Festsetzungsverjährung bei den anderen Steuern (§ 169 II Nr. 2) mit einer eingeschränkten Änderungsmöglichkeit einhergeht.

2. Bescheide im Sinne der §§ 172–177

16 Die §§ 172 ff. sind für StBescheide, dh gebundene abgabenrechtliche VA, konzipiert, durch die verbindlich eine Steuer festgesetzt oder eine StBemessungsgrundlage festgestellt wird (BFH 24.2.1999 – X B 149/98, BFH/NV 1999, 1056). Ihre Korrektur verträgt sich wegen des Grundsatzes der Gesetzmäßigkeit der Verwaltung (Art. 20 III GG) nicht mit einer Ermessensentscheidung der FB (→ § 172 Rn. 15). Erfasst werden StBescheide (§§ 155 I, 157) und ihnen gleichgestellte Bescheide, auf welche die Vorschriften über die StFestsetzung entspr. anzuwenden sind. Das Korrektursystem der §§ 172 ff. gilt danach für folgende VA:

17 – **Abgabenbescheide zu Marktordnungszwecken** setzen keine Steuer fest. Nach §§ 8 II, 12 I 1 MOG sind die Vorschriften der AO, also auch §§ 172 I 1 Nr. 2, 173 ff., jedoch entspr. anzuwenden (BFH 16.1.1990 – VII R 102/87, BFHE 160, 87). Für **Zölle** (Einfuhr- und Ausfuhrabgaben), die EUSt und VerbrauchSt wird die AO weitgehend durch die Regelungen des UZK verdrängt (→ § 172 Rn. 13). Insb. werden durch **EU-Recht** die Korrekturmöglichkeiten der §§ 172 ff. nicht erweitert (BFH 16.9.2010 – V R 57/09, BStBl. II 2011, 151; BFH 1.12.2010 – XI R 39/09, BFH/NV 2011, 411).

18 – **Bescheide über steuerliche Nebenleistungen** (§ 3 IV) sind in bestimmten Einzelfällen aufgrund ausdrücklicher Verweisung den Regelungen für StBescheide unterworfen. Dies gilt für **Zinsbescheide** (§ 239 I 1; BFH 20.5.1992 – III R 176/90, BFH/NV 1993, 74) und **Kostenbescheide,** mit denen die Kosten bei besonderer Inanspruchnahme der Zollbehörden festgesetzt werden (§ 178 IV 1).

19 – **Feststellungsbescheide** sind VA, durch die Besteuerungsgrundlagen gesondert festgestellt werden (§ 179 I). Für die gesonderte Feststellung verweist § 181 I 1 auf die

sinngemäße Anwendung der Vorschriften über die Durchführung der Besteuerung (BFH 10.9.2020 – IV R 6/18, DStR 2021, 31). Von der Verweisung werden insb. erfasst: **Einheitswert- und Grundsteuerwertbescheide,** auch soweit sie Artfeststellungen (BFH 17.12.1991 – IX R 18/89, BFH/NV 1992, 469; BFH 16.9.1987 – II R 178/85, BStBl. II 1988, 174) und Fortschreibungen (BFH 24.6.1998 – II R 17/95, BFH/NV 1999, 282) betreffen.

– **StBescheide** sind VA (§ 118), mit denen über das Bestehen oder Nichtbestehen eines StAnspruchs entschieden wird (§ 155 I, 157). Neben dem eine StSchuld festsetzenden Bescheid zählen hierzu auch VA, durch die eine negative StSchuld (zB VorStÜberschuss im UStBescheid) festgesetzt wird (BFH 23.6.1993 – X R 214/87, BFH/NV 1994, 295). Die §§ 172 ff. gelten auch, wenn durch **Pauschalierungsbescheid** die vom Arbeitgeber übernommene LSt, deren StSchuldner er nach § 40 III EStG ist, nachgefordert wird (BFH 23.10.1992 – VI R 65/91, BStBl. II 1993, 844; BFH 4.4.2001 – VI R 173/00, BStBl. II 2001, 677). **Freistellungsbescheide** (§ 155 I 3) sind StBescheide, durch die verbindlich festgestellt wird, dass ein Stpfl. für einen bestimmten Besteuerungszeitraum keine Steuer schuldet (→ § 155 Rn. 29 ff.). **Ablehnungsbescheide** (§§ 172 II, 155 I 3, 2. Alt.), dh VA, durch die ein Antrag auf Erlass, Aufhebung oder Änderung eines StBescheids bzw. eines gleichgestellten Bescheids abgelehnt wird, sind ebenso wie ihre positiven Gegenstücke StBescheide. Dies gilt auch für eine sog. **NV-Verfügung** (→ § 155 Rn. 39), wenn hierdurch der Antrag auf StFestsetzung abgelehnt wird (BFH 12.5.1989 – III R 200/85, BStBl. II 1989, 920; BFH 16.2.1990 – VI R 40/86, BStBl. II 1990, 565). IdR ist die NV-Verfügung indes ein interner Vermerk des FA, der mangels Außenwirkung kein VA ist. 20

– **StMessbescheide** setzen die nach den StGesetzen ermittelten StMessbeträge fest (§ 184). Auf StMessbescheide sind die Vorschriften über die Durchführung der Besteuerung, also auch die §§ 172 ff., sinngemäß anzuwenden (§ 184 I 3). **Zerlegungsbescheide** sind VA, durch die StMessbeträge auf die beteiligten StBerechtigten aufgeteilt werden (§ 188). Für die Zerlegung der StMessbeträge verweist § 185 auf die für die StMessbeträge geltenden Vorschriften und damit auf die Normen über StBescheide (§§ 185, 184 I 3), soweit § 189 keine abweichende Regelung für die Änderung der Zerlegung enthält. §§ 172 ff. sind daneben anzuwenden (BFH 24.3.1992 – VIII R 33/90, BStBl. II 1992, 869; BFH 27.3.1996 – I R 83/94, BStBl. II 1996, 509). Dies gilt auch, soweit durch **Zuteilungsbescheid** (§ 190) entschieden wird, welchem StBerechtigten der StMessbetrag zusteht. 21

– **Vergütungsbescheide** (§ 155 IV), dh StBescheide, in denen eine StVergütung festgesetzt wird, und VA, die Vergütungsbescheiden gleichgestellt sind, unterliegen den für StBescheide geltenden Regeln. Die entsprechende Anwendung wird für Zulagen und Prämien gesetzlich angeordnet, zB §§ 19 VI, 29 I 1 BerlinFG; § 14 InvZulG 2010; § 8 I 1 WoPG 1996; § 5b I 1 SparPG; § 15 I 1 EigZulG). **Kindergeld** wird nach § 31 S. 3 EStG als StVergütung gezahlt, sodass neben der speziellen Änderungsnorm des § 70 II EStG die Änderungsvorschriften der §§ 172 ff. anzuwenden sind (BFH 23.11.2001 – VI R 125/00, BStBl. II 2002, 296; BFH 14.7.1999 – VI B 89/99, BFH/NV 1999, 1597). § 70 II EStG ist eine sonst gesetzlich zugelassene Korrekturregelung iSd § 172 I 1 Nr. 2d. 22

3. Sonstige Abgabenverwaltungsakte

Ermessen. Das Regelungssystem der §§ 172 ff. ist auf VA zugeschnitten, die den für StBescheide geltenden Vorschriften unterliegen. Die Korrektur sonstiger VA iSd AO, deren Regelungsgegenstand zumeist nicht die klaren Vorgaben gebundener Entscheidungen umsetzt, lässt Raum für eine in den §§ 130, 131 vorgesehene Ermessensentscheidung. Der Grundsatz der freien Rücknehmbarkeit rechtswidriger VA, der auf der Gebundenheit der Verwaltung an Recht und Gesetz (Art. 20 III GG) beruht, steht in Widerstreit zum Prinzip der Rechtssicherheit und des Vertrauensschutzes des Stpfl. (vgl. eingehend SBS 25

§ 48 Rn. 37 ff.). Diese Abwägung zwischen dem öffentlichen Interesse an der Wiederherstellung des gesetzmäßigen Zustands und dem privaten Interesse an der Aufrechterhaltung des VA ist Grundlage der Ermessensentscheidung der FB.

26 Zu diesen **Bescheiden im Einzelnen** gehören insb. (→ § 130 Rn. 4):
- Abrechnungsbescheide iSd § 218 II,
- Anrechnungsverfügungen (zum Verhältnis zum Abrechnungsbescheid vgl. einerseits BFH 15.4.1997 – VII R 100/96, BStBl. II 1997, 787; andererseits BFH 28.4.1993 – I R 123/91, BStBl. II 1994, 147),
- Aufteilungsbescheide, die nur nach § 280 geändert und nach § 129 berichtigt werden können,
- begünstigende VA, soweit nicht ausdrücklich etwas anderes bestimmt ist (HHSp Vor § 172 Rn. 42; TK Vor § 172 Rn. 29),
- Duldungs- und Haftungsbescheide (§ 191; vgl. BFH 12.8.1997 – VII R 107/96, BStBl. II 1998, 131),
- Feststellungsbescheide iSd § 251 III (BFH 22.6.1999 – VII B 244/98, BFH/NV 1999, 1583),
- Prüfungsanordnungen (§ 196; vgl. BFH 14.9.1993 – VIII R 56/92, BFH/NV 1994, 677),
- Tabelleneintragung in Insolvenztabelle (BFH 24.11.2011 – V R 13/11, BStBl. II 2012, 298),
- Verbindliche Zusagen (→ § 204 Rn. 5 f.; → § 204 Rn. 45 ff.; vgl. BFH 25.11.1988 – III R 159/85, BFH/NV 1989, 420), einschl. der LSt-Anrufungsauskunft, die jedoch lediglich für das LSt-Abzugsverfahren verbindlich ist (vgl. BFH 9.10.1992 – VI R 97/90, BStBl. II 1993, 166),
- Verspätungszuschläge (§ 152),
- Zwangsgelder (§ 329).

27 StFestsetzungen unter dem **Vorbehalt der Nachprüfung** und **vorläufige** StBescheide können unter den erleichterten Voraussetzungen der §§ 164, 165 geändert und aufgehoben werden, sodass es keiner zusätzlichen Korrekturvorschriften bedarf. Die Anwendung der §§ 172 ff. ist jedoch trotz der uneingeschränkten Änderungsmöglichkeit ebenso wenig wie die Durchführung eines Rechtsbehelfsverfahrens ausgeschlossen. § 172 I stellt lediglich klar, dass derartige Bescheide „nicht nur" unter den Voraussetzungen der §§ 172 ff. korrigiert werden dürfen (BFH 10.5.2007 – IX R 30/06, DStR 2007, 1205; aA TK Vor § 172 Rn. 27 f.; HHSp Vor § 172 Rn. 39 ff.).

III. Rechtswirkungen

28 Zur Beseitigung des rechtswidrigen Zustands eines VA sehen die §§ 172 ff. die Aufhebung oder Änderung des bestandskräftigen Bescheids vor. Auf welche Vorschrift die Änderung gestützt wird, ist unerheblich, sofern der Tatbestand einer Änderungsnorm tatsächlich erfüllt ist (BFH 10.6.1999 – IV R 25/98, BStBl. II 1999, 545).

29 **Aufhebung** eines Bescheids bewirkt den vollständigen und endgültigen Wegfall des aufgehobenen VA und der von ihm ausgehenden Rechtswirkungen (§ 124 II) einschl. eines durch seine Existenz begründeten Rechtsscheins (TK § 172 Rn. 52; HHSp Vor § 172 Rn. 112). Mit Beseitigung des Aufhebungsbescheids lebt der aufgehobene VA nicht wieder auf (BFH 24.3.1992 – VII B 62/91, BFH/NV 1993, 605; aA die inzwischen hM BFH 9.12.2004 – VII R 16/03, BStBl. II 2006, 346; BFH 28.3.2007 – II R 25/05, BStBl. II 2007, 461; Klein § 172 Rn. 2). Ein Aufhebungsbescheid stellt auch grds. keinen Freistellungsbescheid dar (BFH 23.5.2000 – XI B 92/99, BFH/NV 2000, 1075). Im Falle der Aufhebung eines Änderungsbescheids entsteht indes kein ungeregelter Zustand, sondern der ursprüngliche VA lebt wieder auf (BFH 13.9.2001 – IV R 79/99, BStBl. II 2002, 2).

Änderung meint die teilweise inhaltliche Umgestaltung unter identitätswahrender Aufrechterhaltung des VA im Übrigen (Gosch AO § 172 Rn. 52; HHSp Vor § 172 Rn. 113). Teilweise Aufhebung bedeutet Änderung des VA. Dies verdeutlicht zugleich, dass Änderung die Teilbarkeit des Entscheidungsgegenstandes voraussetzt. Teilbarkeit ist insb. bei VA anzunehmen, die auf eine nach Menge, Größe, Zahl oder Zeitdauer bemessene Leistung, vor allem eine Geldleistung, gerichtet sind, oder denen eine Nebenbestimmung beigefügt ist (SBS § 43 Rn. 182; Gräber FGO Vor § 40 Rn. 42; → § 125 Rn. 36). Der geänderte VA ist im Umfang seines aufrechterhaltenen Regelungsgegenstandes in den Änderungsbescheid aufgenommen und als solcher Teil der neuen, inhaltlich umgestalteten Einzelfallregelung. Diese verdrängt den ursprünglichen VA für die Dauer ihrer eigenen Geltung; der ursprüngliche VA lebt jedoch mit der Aufhebung des Änderungsbescheids wieder auf (BFH 13.9.2001 – IV R 79/99, BStBl. II 2002, 2; BFH 25.10.1972 – GrS 1/72, BStBl. II 1973, 231). 30

Umfang der Änderung. Anders als das Einspruchsverfahren schiebt ein Änderungsantrag nach § 172 I 1 Nr. 2a oder das Vorliegen der Korrekturvoraussetzungen nach §§ 172–175a die Bestandskraft nicht vollumfänglich hinaus, sondern lässt lediglich im Umfang der steuerlichen Auswirkung, die dem Änderungsgrund zugrunde liegt, eine Durchbrechung der Bestandskraft zu. An die Stelle der Gesamtaufrollung (§ 367 II 1) tritt die **partielle Überprüfung** des VA auf seine Rechtmäßigkeit (vgl. BFH 7.7.2004 – XI R 10/03, BStBl. II 2004, 911). Diese Überprüfung wird begrenzt durch den Anwendungsbereich der Änderungsnorm, also die Beseitigung des Widerstreits gem. § 174, die Berücksichtigung des rückwirkenden Ereignisses nach § 175 I Nr. 2 oder einer neuen Tatsache nach § 173. Die Rechtswidrigkeit des VA außerhalb des Änderungsrahmens bleibt aufgrund der eingetretenen Teilbestandskraft unangetastet, soweit sie nicht durch eine gegenläufige Fehlerkorrektur (§ 177) beseitigt werden kann. 31

IV. Zeitlicher Geltungsbereich

§§ 172 ff. sind anzuwenden, wenn nach dem 31.12.1976 ein Aufhebungs- oder Änderungsbescheid ergeht, unabhängig davon, wann der aufzuhebende oder zu ändernde VA erlassen worden ist (Art. 97 § 9 I 1, 2 EGAO; BFH 5.11.1992 – I R 41/92, BStBl. II 1993, 407). Die Änderung solcher Bescheide, die vor dem 1.1.1977 ergangen sind, ist jedoch nur innerhalb der Verjährungsfristen der §§ 144 f. RAO zulässig (BFH 18.5.1990 – VI R 17/88, BStBl. II 1990, 770). Nach denselben Grundsätzen ist die zeitliche Geltung der §§ 172 ff. im Beitrittsgebiet zum Stichtag 3.10.1990 geregelt (vgl. Art. 97a § 2 Nr. 4 S. 1, 2 EGAO). Für die späteren Änderungen durch das StBereinG 1999 und das StÄndG 2001 ist nicht der Erlasszeitpunkt des Änderungsbescheids ausschlaggebend. Diese Änderungen sind vielmehr auf alle bei Inkrafttreten des Gesetzes anhängigen Verfahren anzuwenden (vgl. Art. 97 § 1 VII EGAO; Art. 39 I StÄndG 2001; zum Inhalt der Änderungen → § 172 Rn. 3). Neu geschaffene Änderungsnormen sind ab dem Zeitpunkt ihres Inkrafttretens und nicht rückwirkend anzuwenden. 34

§ 172 Aufhebung und Änderung von Steuerbescheiden

(1) [1]**Ein Steuerbescheid darf, soweit er nicht vorläufig oder unter dem Vorbehalt der Nachprüfung ergangen ist, nur aufgehoben oder geändert werden,**

1. wenn er Verbrauchsteuern betrifft,

2. wenn er andere Steuern als Einfuhr- oder Ausfuhrabgaben nach Artikel 5 Nummer 20 und 21 des Zollkodex der Union oder Verbrauchsteuern betrifft,

a) soweit der Steuerpflichtige zustimmt oder seinem Antrag der Sache nach entsprochen wird; dies gilt jedoch zugunsten des Steuerpflichtigen nur, soweit er vor Ablauf der Einspruchsfrist zugestimmt oder den Antrag gestellt hat oder soweit die Finanzbehörde einem Einspruch oder einer Klage abhilft,

b) soweit er von einer sachlich unzuständigen Behörde erlassen worden ist,

c) soweit er durch unlautere Mittel wie arglistige Täuschung, Drohung oder Bestechung erwirkt worden ist,

d) soweit dies sonst gesetzlich zugelassen ist; die §§ 130 und 131 gelten nicht.

[2] Dies gilt auch dann, wenn der Steuerbescheid durch Einspruchsentscheidung bestätigt oder geändert worden ist. [3] In den Fällen des Satzes 2 ist Satz 1 Nummer 2 Buchstabe a ebenfalls anzuwenden, wenn der Steuerpflichtige vor Ablauf der Klagefrist zugestimmt oder den Antrag gestellt hat; Erklärungen und Beweismittel, die nach § 364b Absatz 2 in der Einspruchsentscheidung nicht berücksichtigt wurden, dürfen hierbei nicht berücksichtigt werden.

(2) **Absatz 1 gilt auch für einen Verwaltungsakt, durch den ein Antrag auf Erlass, Aufhebung oder Änderung eines Steuerbescheids ganz oder teilweise abgelehnt wird.**

(3) **[1] Anhängige, außerhalb eines Einspruchs- oder Klageverfahrens gestellte Anträge auf Aufhebung oder Änderung einer Steuerfestsetzung, die eine vom Gerichtshof der Europäischen Union, vom Bundesverfassungsgericht oder vom Bundesfinanzhof entschiedene Rechtsfrage betreffen und denen nach dem Ausgang des Verfahrens vor diesen Gerichten nicht entsprochen werden kann, können durch Allgemeinverfügung insoweit zurückgewiesen werden. [2] § 367 Absatz 2b Satz 2 bis 6 gilt entsprechend.**

Schrifttum: Nieland, Erneuter Einspruch gegen vollumfänglichen Abhilfebescheid zulässig?, AO-StB 2006, 114; Nothnagel, Keine erneute Änderung eines bestandskräftigen Änderungsbescheids nach § 172 Abs. 1 Satz 1 Nr. 2a AO bei Berufung auf vorausgegangene Zustimmung des Steuerpflichtigen, HFR 2007, 310; Kamps, „Schlichter" Änderungsantrag nach Erlass einer Einspruchsentscheidung – einschränkende Zulassungsvoraussetzungen?, Stbg 2008, 429; Müller, Antragstellung auf Änderung des Steuerbescheids oder Einspruch?, AO-StB 2009, 111; Sobanski, Anrechnung ausländischer Körperschaftsteuer nach den EuGH-Urteilen in den Rs. Meilicke und Meilicke II, DStR 2011, 1485; v. Wedelstädt, Steuerliche Wahlrechte im Korrektursystem der AO, AO-StB 2012, 150; Müller, Probleme der Punktberichtigung von Steuerbescheiden gem. §§ 172 ff. AO, AO-StB 2016, 106; Kranenberg, Antrag auf schlichte Änderung nach Einspruchsentscheidung, AO-StB 2016, 235; Günther, Erstbescheid – Änderungsbescheid – Antrag auf Bescheidänderung, AO-StB 2017, 46; Bruschke, Aufhebung und Änderung von Steuerbescheiden nach § 172 AO, StB 2018, 91.

Übersicht

A. Allgemeines

Bedeutung. § 172 ist die Grundnorm zur Aufhebung und Änderung von StBescheiden (ebenso HHSp § 172 Rn. 20; TK § 172 Rn. 1; Gosch AO § 172 Rn. 1; BeckOK AO § 172 Rn. 1); dies folgt aus dem Wortlaut des Abs. 1 S. 1 („darf nur") und der systematischen Stellung dieser Vorschrift. Einerseits legt die Vorschrift den Geltungsbereich des für StBescheide und ihnen gleichgestellte VA geschaffenen Korrektursystems fest; andererseits erweitert § 172 I 1 Nr. 2d durch seine Bezugnahme auf sonstige gesetzliche Änderungsvorschriften den durch Abs. 1 S. 1 eng begrenzten Katalog der Korrekturtatbestände auf eine Fülle zusätzlicher, gesetzlich erweiterbarer Änderungsregelungen. Hieraus folgt zudem, dass § 172 I 2 und 3, II auch für die nach § 172 I 1 Nr. 2d einbezogenen Korrekturvorschriften gelten. Desgleichen erstreckt sich die klarstellende Feststellung, dass die Änderungsmöglichkeiten vorläufiger oder unter dem Vorbehalt der Nachprüfung ergangener Bescheide nicht durch andere Korrekturvorschriften eingeschränkt werden, ebenso auf alle Normen des Korrektursystems. 1

Inhalt. § 172 I 1 enthält in seiner Nr. 1 eine spezielle Korrekturmöglichkeit für StBescheide über VerbrauchSt, die an keinerlei Voraussetzungen geknüpft ist. Diese einfache Möglichkeit der Fehlerbeseitigung schließt – anders als § 172 I 1 Nr. 2d – durch seine abschließende Regelung andere Korrekturvorschriften und damit die §§ 173–175b aus (TK § 172 Rn. 2; HHSp § 172 Rn. 11; aA Klein § 172 Rn. 27). Allerdings wird der Anwendungsbereich des § 172 I 1 Nr. 1 für Einfuhrtatbestände bei VerbrauchSt durch die vorrangigen Vorschriften des UZK überlagert (→ Rn. 13). Für Bescheide über andere Steuern iSd § 172 I 1 Nr. 2 gelten zum einen die fest umrissenen Korrekturregelungen in Nr. 2a–c; darüber hinaus eröffnet Nr. 2d den Rückgriff auf die in und außerhalb der AO vorhandenen Änderungsvorschriften. Diese besonderen Änderungsvorschriften verdrängen als Spezialregelungen im Umfang ihres eigenen Anwendungsbereichs die allg. Korrekturnormen (HHSp § 172 Rn. 181). § 172 II erstreckt Abs. 1 auf die Fälle, in denen es die FB ablehnt, einen VA zu erlassen, aufzuheben oder zu ändern. 2

Rechtsentwicklung. Mit Einführung des § 172 durch die AO 1977 hat sich der Gesetzgeber für ein in sich geschlossenes Korrektursystem entschieden, das lediglich die punktuelle Durchbrechung im Umfang des Änderungstatbestandes zulässt. Nach der ursprünglichen Fassung des § 172 I 1 Nr. 2a durfte die Korrektur zugunsten des Stpfl. jedoch nur erfolgen, wenn die tatbestandlichen Voraussetzungen und der Vollzug der Regelung, also der Erlass des Korrekturbescheides, vor Eintritt der Bestandskraft verwirklicht worden war. Diese Unzulänglichkeiten suchte das StBereinG 1986 mit Wirkung zum 1.1.1987 (Art. 97 § 1 II 1 EGAO) zu beseitigen, indem lediglich der Antrag vor Ablauf der Rechtsbehelfsfrist gestellt bzw. die Zustimmung erteilt sein musste. In der Folgezeit ersetzte Art. 4 Nr. 15 des GrenzpendlerG mit Wirkung ab 1.1.1996 die bisher mit Rechtsbehelfsfrist bezeichnete zeitliche Grenze durch das Wort „Einspruchsfrist". Die hierdurch eingetretene sachliche Beschränkung des § 172 I 1 Nr. 2a wurde durch das StBereinG 1999 mit Wirkung vom 30.12.1999 (Art. 97 § 1 VII EGAO) wieder beseitigt (→ Rn. 40). Neben der Neufassung der Nr. 2a, die nunmehr ausdrücklich auch eine Abhilfe nach Einspruch oder Klage erwähnt, wurde Abs. 1 um S. 3 ergänzt, wonach der Anwendungsbereich des § 172 I 1 Nr. 2a auf den Antrag und die Zustimmung vor Ablauf der Klagefrist erweitert wird. Die nunmehr geltende Fassung des § 172 I 1 Nr. 1 und 2 durch das StÄndG 2001 hat mit Wirkung vom 21.12.2001 (Art. 39 I StÄndG 2001) lediglich klarstellend die Übereinstimmung des Wortlautes und des Anwendungsbereichs im Bereich der durch den ZK vorrangig geregelten Ein- und Ausfuhrabgaben herbeigeführt (BT-Drs. 14/7341, 40 f.). Durch Art. 10 Nr. 12 JStG 2007 ist Abs. 3 angefügt worden. 3

B. Aufhebung und Änderung von Steuerbescheiden (Abs. 1)

I. Gemeinsame Voraussetzungen (Abs. 1 S. 1)

6 Die in § 172 geregelten Korrekturtatbestände unterliegen einigen gemeinsamen Voraussetzungen, die sich zT unmittelbar aus S. 1 ergeben sowie zT aus dem Normzweck und der Gesetzessystematik herzuleiten sind.

1. Steuerbescheide

7 In den Regelungsbereich des § 172 fallen lediglich StBescheide und ihnen gleichgestellte VA, auf welche die für StBescheide geltenden Vorschriften entspr. anzuwenden sind (→ Vorb. §§ 172 ff. Rn. 16 ff.). Die Vorschrift gilt nicht für die sonstigen abgabenrechtlichen VA (zB Duldungs- und Haftungsbescheide, Abrechnungsbescheide, Anrechnungsverfügungen, Prüfungsanordnungen), deren Rücknahme und Widerruf sich nach den §§ 130, 131 bestimmt (vgl. im Einzelnen → Vorb. §§ 172 ff. Rn. 25 ff.).

8 Für unter dem **Vorbehalt der Nachprüfung** ergangene StBescheide bedarf es grds. nicht der Korrekturmöglichkeit des § 172, weil sie gem. § 164 jederzeit ohne weitere Beschränkungen abänderbar sind. Ähnliches gilt für vorläufige StFestsetzungen im Umfang ihrer Vorläufigkeit. Gleichwohl werden alle diese VA mit Ablauf der Rechtsbehelfsfrist formell bestandskräftig und unterliegen denselben Korrekturregeln wie andere StBescheide (TK § 172 Rn. 1; aA BFH 4.11.1998 – IV B 146/97, BFH/NV 1999, 589). Mit Eintritt der formellen Bestandskraft bedarf die FB zur Korrektur der unanfechtbaren Einzelfallregelung einer besonderen gesetzlichen Änderungsvorschrift, die ihr sowohl mit den §§ 164, 165 als auch durch §§ 172 ff. zur Verfügung steht (BFH 10.5.2007 – IX R 30/06, DStR 2007, 1205).

2. Ungeschriebene Tatbestandsmerkmale

9 Die **Rechtswidrigkeit** des StBescheids ist ungeschriebenes Tatbestandsmerkmal einer Änderung nach § 172 (BFH 19.5.2020 – X R 22/19, BFH/NV 2020, 1241; TK Vorb. §§ 172 ff. Rn. 28). Der im StBescheid geregelte StAnspruch bedarf nur dann der Anpassung an den kraft Gesetzes entstandenen StAnspruch, wenn er zu diesem in Widerspruch steht, die StFestsetzung fehlerhaft und damit **rechtswidrig** ist. Folgerichtig bezweckt die Korrektur eines VA, die behördliche Einzelfallregelung in Übereinstimmung zum gesetzlichen Tatbestand zu bringen. Die erstmalige Ausübung von **Wahlrechten** bzw. eine Antragstellung und die Änderung dieser Gestaltungsrechte kann durch eine schlichte Änderung nicht erreicht werden (BFH 19.1.2022 – X R 32/20, BStBl. II 2022, 617; Gosch AO § 172 Rn. 62 f.; s. zur Ausübung von Gestaltungsrechten → Vor §§ 172 ff. Rn. 11 f.). Die veränderte Willensbekundung hat keinen Einfluss auf die Rechtmäßigkeit des StBescheids, weil mit Eintritt der Bestandskraft die einmal ausgeübte Wahl/Antragstellung bindend wird (BFH 30.8.2001 – IV R 30/99, BStBl. II 2002, 49).

10 Der zu korrigierende Bescheid muss ferner grds. **bestandskräftig** sein (→ Vorb. §§ 172 ff. Rn. 9). Systematisch verfehlt ist und im Widerspruch hierzu steht die Abhilfemöglichkeit nach § 172 I 1 Nr. 2a im Einspruchs- und Klageverfahren. Ein zulässiger, wirksam eingelegter Einspruch schiebt den Eintritt der Bestandskraft in vollem Umfang hinaus (s. § 367 II). Eine für die FB mit Bekanntgabe des VA eingetretene Bindung an den Inhalt der Einzelfallregelung entfällt mit Einlegung des Rechtsbehelfs, der den Eintritt der formellen Bestandskraft hinausschiebt (vgl. BFH 14.7.2003 – II B 121/01, BFH/NV 2004, 2). Die Behörde ist mangels Bestandskraft und der deshalb fehlenden Bindungswirkung nicht gehindert, den angefochtenen VA aufzuheben oder zu ändern (vgl. eingehend zur Unterscheidung zwischen formeller und materieller Bestandskraft und deren Wirkungsweise SBS § 43 Rn. 6 ff.). Einer besonderen gesetzlichen Änderungsnorm bedarf es insoweit nicht (glA HHSp § 172 Rn. 11). Eine Aufhebung und Änderung ist bis zum Eintritt der Festsetzungs- bzw. Feststellungsverjährung (§ 169 I 1) zulässig.

Verstoß gegen Unionsrecht. Bei einem erst nachträglich erkannten Verstoß gegen das Unionsrecht gelten für die Korrektur des StBescheides keine anderen Bedingungen als bei einer Verletzung innerstaatlichen Rechts, da in diesem Fall die Bestandskraft die freie Änderbarkeit ausschließt (vgl. Gosch DStR 2004, 1988). Vielmehr gilt das Korrektursystem der §§ 172 ff. auch für die Durchsetzung der sich aus dem Unionsrecht ergebenden Ansprüche. Insofern muss das nationale Verfahrensrecht auch keine weitergehenden Korrekturmöglichkeiten für StBescheide vorsehen (BFH 16.9.2010 – V R 57/09, BStBl. II 2011, 151; BFH 27.3.2019 – V R 19/17, BFH/NV 2019, 677).

II. Aufhebung und Änderung von Bescheiden über Verbrauchsteuern (Abs. 1 S. 1 Nr. 1)

1. Geltungsbereich

§ 172 I 1 Nr. 1 wird seit dem 1.5.2016 für Einfuhr- oder Ausfuhrabgaben iSd Art. 5 Nr. 20, 21 UZK durch die Vorschriften des UZK vollständig verdrängt (Klein § 172 Rn. 18; TK § 172 Rn. 8). In der Neufassung des § 172 I 1 durch das StÄndG 2001 (→ Rn. 3) hat sich diese sachliche Beschränkung bereits im Wortlaut der Norm klarstellend niedergeschlagen. Der verbleibende – nicht durch vorrangiges Gemeinschaftsrecht verdrängte – Anwendungsbereich der Regelung bezieht sich nur auf VerbrauchSt, soweit diese bei der Herstellung oder Freigabe im Inland anfallen (vgl. Klein § 172 Rn. 26; Witte ZfZ 1993, 162), nicht aber auf eine Zinsfestsetzung zur VerbrauchSt (FG Düsseldorf 13.6.2018 – 4 K 1304/17 AO, BeckRS 2018, 14817; aus anderen Gründen teilweise aufgehoben durch BFH 22.10.2019 – VII R 24/18, BFH/NV 2020, 844). Die EUSt ist durch gesetzliche Definition (§ 21 I UStG) eine VerbrauchSt iSd AO, auf welche die Vorschriften des UZK gem. § 21 II UStG entspr. Anwendung finden. Die USt ist von ihrer wirtschaftlichen Funktion ebenfalls eine VerbrauchSt, von der Anknüpfung des gesetzlichen Tatbestands indes eine VerkehrSt, sodass § 172 I 1 Nr. 2 anzuwenden ist (HHSp § 172 Rn. 94; TK § 172 Rn. 7). Zum Begriff der VerbrauchSt → § 3 Rn. 84. Auf Ansprüche aus dem StSchuldverhältnis, die widerspruchslos in die Insolvenztabelle eingetragen wurden, finden die §§ 172 ff. keine Anwendung (BFH 24.11.2011 – V R 13/11, BStBl. II 2012, 298; BFH 5.7.2018 – XI B 18/18, BFH/NV 2018, 1284). 13

2. Tatbestand und Rechtsfolge

Rechtswidrigkeit. Für die Aufhebung und Änderung eines Bescheids über VerbrauchSt enthält § 172 I 1 Nr. 1 keine speziellen gesetzlichen Korrekturvoraussetzungen. Alleiniger Grund für eine Änderung des VA ist seine Fehlerhaftigkeit. Innerhalb der einjährigen Festsetzungsfrist (§ 169 II Nr. 1) dürfen die Bescheide ohne Antrag entspr. dem Umfang der Rechtswidrigkeit zugunsten und zuungunsten des Stpfl. geändert werden. Nach Eintritt der Festsetzungsverjährung ist eine Korrektur, auch zugunsten des Stpfl., nicht mehr zulässig (BFH 5.3.1987 – VII R 29/84, BStBl. II 1987, 413). Hierin kommt der uneingeschränkte Vorrang des Prinzips der materiellen Richtigkeit gegenüber dem Prinzip des Vertrauensschutzes und der Rechtssicherheit (Vorb. §§ 172 ff. Rn. 1) bis zur Grenze der Festsetzungsverjährung in aller Deutlichkeit zum Ausdruck. 14

Rechtsfolge. Die Beseitigung der Unrichtigkeit des StBescheides steht **nicht im Ermessen** der FB (FG Köln 9.2.1994 – 1 K 51/94, EFG 1995, 238; FG Niedersachsen 28.8.2009 – 13 K 144/09, EFG 2009, 1811; TK § 172 Rn. 14; vgl. auch Klein § 172 Rn. 26; Gosch AO § 172 Rn. 121: Ermessensreduzierung auf null; aA BFH 22.3.1988 – VII R 8/84, BStBl. II 1988, 517; FG München 22.4.2010 – 13 V 451/10, BeckRS 2010, 26030281; FG Köln 29.1.2014 – 7 K 2316/13, EFG 2014, 1061; nunmehr jedoch BFH 11.10.2017 – IX R 2/17, BFH/NV 2018, 322; BFH 22.5.2019 – XI R 17/18, BStBl. II 2019, 647; BFH 19.5.2020 – X R 22/19, BFH/NV 2020, 1241: Änderung zwingend, wenn Tatbestand des § 172 erfüllt und damit der VA rechtswidrig ist). Hierdurch wird faktisch das Ermessenskriterium aufgegeben. Hierfür spricht nicht nur die Gleichstellung 15 von Bescheiden über VerbrauchSt, soweit sie den Regelungen des UZK unterliegen, mit den VerbrauchStBescheiden iSd § 172 I 1 Nr. 1, sondern auch Wortlaut und Zweck der Norm (→ Rn. 9; glA HHSp § 172 Rn. 83). Die Gegenauffassung benachteiligt einseitig den Stpfl., indem sie für Änderungen zu seinen Gunsten zusätzliche Anforderungen stellt. So geht die Rspr. davon aus, dass eine schlichte Änderung zugunsten des Stpfl. regelmäßig nur dann ermessensfehlerhaft versagt wird, wenn die Durchführung eines Rechtsbehelfsverfahrens billigerweise nicht erwartet werden konnte (BFH 31.3.1981 – VII R 1/79, BStBl. II 1981, 507; BFH 22.11.1988 – VII R 24/86, BFH/NV 1989, 359). Die von Teilen der Literatur (TK § 172 Rn. 14) geforderte Ausrichtung des Ermessens am Grundgedanken des § 173 I 1 Nr. 2 erhebt auf diesem Wege unzulässigerweise Tatbestandsmerkmale einer nicht anwendbaren Änderungsvorschrift zu Korrekturvoraussetzungen des § 172 I 1 Nr. 1.

III. Aufhebung und Änderung von Bescheiden über andere Steuern (Abs. 1 S. 1 Nr. 2)

1. Allgemeines

19 StBescheide, die andere Steuern als Einfuhr- oder Ausfuhrabgaben iSd Art. Art. 5 Nr. 20 und 21 UZK oder VerbrauchSt betreffen, dürfen nach Eintritt der Bestandskraft (→ Vorb. §§ 172 ff. Rn. 3 f.) nur unter den Voraussetzungen des § 172 I 1 Nr. 2a–d geändert oder aufgehoben werden.

2. Zustimmung oder Antrag des Steuerpflichtigen, sog. schlichte Änderung (Abs. 1 S. 1 Nr. 2a)

20 Mit dem Einverständnis (Zustimmung oder Antrag) des Stpfl. darf ein rechtswidriger, bestandskräftiger StBescheid sowohl zugunsten als auch zuungunsten des Stpfl. geändert werden (sog. schlichte Änderung). Die Korrektur zugunsten des Stpfl. ist grds. an die rechtzeitige Abgabe der Einverständniserklärung gebunden (→ Rn. 39). Dies gilt nicht, soweit die FB einem Einspruch oder einer Klage abhilft (→ Rn. 40). An einer Änderung zu seinen Ungunsten kann der Stpfl. interessiert sein, wenn die Folgewirkung dieser Korrektur in einem anderem Veranlagungszeitraum zu seinen Gunsten ausschlägt und die Gesamtsteuerbelastung hierdurch sinkt. Die nachträgliche Beifügung einer Nebenbestimmung nach §§ 164, 165 bedeutet wegen der damit verbundenen erleichterten Änderungsmöglichkeit grds. eine Korrektur zuungunsten des Stpfl. (BFH 30.10.1980 – IV R 168–170/79, BStBl. II 1981, 150).

21 **a) Zweck der Regelung.** Die als Alternative zum Einspruchsverfahren konzipierte sog. schlichte Änderung (vgl. BT-Drs. VI/1982, 152) kann diese Aufgabe in keiner Weise erfüllen. Die im Verhältnis zum Einspruchsverfahren bestehenden Nachteile werden weder durch entsprechende Vorteile aufgewogen noch bietet der Änderungsantrag hinreichende Sicherheit zur Beseitigung der Rechtswidrigkeit eines StBescheids. Die sog. schlichte Änderung steht nach hM im Ermessen der FB (→ Rn. 41), eine AdV für die beantragte Korrektur ist mangels Anfechtung des VA nicht zulässig und die Streitsache wird lediglich punktuell, beschränkt auf das rechtzeitig konkretisierte Änderungsbegehren, geprüft (BFH 27.2.2003 – V R 87/01, BStBl. II 2003, 505; FG Nürnberg 25.4.1996 – IV 202/95, EFG 1996, 1195; FG Brandenburg 14.5.1997 – 3 V 1652/96 F, EFG 1998, 49), und zwar auch dann, wenn im Anschluss an die versagte Änderung über die Rechtmäßigkeit der Ablehnung gestritten wird (BFH 27.10.1993 – XI R 17/93, BStBl. II 1994, 439). Anders als im Einspruchsverfahren, in dem eine Erweiterung des Begehrens oder eine Auswechslung der Begründung erfolgen kann, ist der Stpfl. durch den Eintritt der Bestandskraft auf die beantragte Korrektur auch sachlich, nicht nur betragsmäßig beschränkt (→ Rn. 36). Selbst Kostenvorteile bietet der Antrag auf schlichte Änderung nicht. Das im Einspruchsverfahren bestehende Risiko der Verböserung schlägt nur als vermeintlicher Nachteil zu Buche, da sie ggf. durch Rücknahme des Einspruchs vermieden werden kann (→ § 367 Rn. 21).

Jedem Rechtsuchenden kann deshalb nur eindringlich empfohlen werden, sich für den Einspruch als das umfassende Rechtsschutzverfahren zu entscheiden. In Zweifelsfällen muss anhand von Auslegung ermittelt werden, ob der Stpfl. Einspruch einlegen oder einen Änderungsantrag stellen wollte (BFH 1.4.2009 – IX R 5/08, BFH/NV 2009, 1081; BeckOK AO § 172 Rn. 83). Lässt sich trotz Rückfrage keine eindeutige Zuordnung vornehmen, ist aufgrund der umfassenderen Rechtswahrung im Zweifel zugunsten des Stpfl. von einem Einspruch auszugehen (BFH 27.2.2003 – V R 87/01, BFH/NV 2003, 958; AEAO zu § 172 Nr. 2 S. 5).

b) Einverständnis des Steuerpflichtigen. Für eine Änderung oder Aufhebung des VA nach § 172 I 1 Nr. 2a ist das Einvernehmen des Stpfl. erforderlich. Korrigiert werden darf der rechtswidrige StBescheid, soweit der Stpfl. zustimmt oder seinem Antrag entsprochen wird. Zugunsten des Stpfl. gilt dies jedoch nur, soweit das Einverständnis (Zustimmung, Antrag) vor Eintritt der Bestandskraft gegenüber der FB erklärt wird. 22

aa) Zustimmung. Zustimmung ist die **Einverständniserklärung** des Stpfl. mit einer von der FB beabsichtigten Aufhebung oder Änderung des Bescheids. Die Zustimmung ist nach allg. Sprachgebrauch als Einwilligung in die Korrektur zu verstehen und damit vor Erlass des Änderungsbescheids zu erklären (aA HHSp § 172 Rn. 124; TK § 172 Rn. 22). Das abweichende Begriffsverständnis des § 184 BGB lässt sich nicht auf § 172 I Nr. 2a übertragen, da die ohne Einwilligung erfolgte Korrektur des StBescheids rechtswidrig ist. Bei nachträglicher Zustimmung (Genehmigung) wird der Fehler lediglich entspr. § 126 I Nr. 1 geheilt; dies gilt zugunsten des Stpfl. allerdings nur innerhalb der Rechtsbehelfsfrist. 23

Die Zustimmungserklärung ist **nicht formgebunden.** Sie kann schriftlich, mündlich oder konkludent abgegeben werden (vgl. BFH 24.6.1998 – II R 17/95, BFH/NV 1999, 282; BFH 14.11.1989 – VIII R 270/84, BFH/NV 1990, 776). So kann das in der Schlussbesprechung einer Ap. erklärte Einverständnis mit der steuerlichen Behandlung der getroffenen Feststellungen als Zustimmung zu einer Änderung zu Ungunsten des Stpfl. gesehen werden (BFH 14.11.1989 – VIII R 270/84, BFH/NV 1990, 776; BFH 3.8.2005 – I B 20/05, BFH/NV 2005, 1971; BFH 27.4.2005 – X B 145/04, BFH/NV 2005, 1494). Anders als für den Abschluss einer tatsächlichen Verständigung kann die Erklärung auch gegenüber den Ap.-Beamten erklärt werden (BFH 5.6.2003 – IV R 38/02, BStBl. II 2004, 2). Mit der Wahl einer anderen Veranlagungsart innerhalb der Einspruchsfrist stimmen die Ehegatten nur einer anderweitigen Zurechnung der Besteuerungsgrundlagen zu (BFH 3.3.2005 – III R 60/03, BStBl. II 2005, 564). Aus der Willensäußerung muss **eindeutig** erkennbar sein, dass der Stpfl. die konkrete Korrektur des Regelungsgehalts des VA ohne Bedingung akzeptiert (BFH 15.11.1988 – II R 241/84, BStBl. II 1989, 370). Unklarheiten können ggf. durch Auslegung beseitigt werden (BFH 14.11.1989 – VIII R 270/84, BFH/NV 1990, 776). 24

Mit der Einlegung eines Einspruchs oder der **Klageerhebung** stimmt der Stpfl. grds. zugleich (stillschweigend) der Korrektur nach § 172 I 1 Nr. 2a zu, soweit sie zugunsten des Stpfl. erfolgt (Gosch AO § 172 Rn. 135). Zwar bedarf es nach der hier vertretenen Ansicht (→ Vorb. §§ 172 ff. Rn. 4; ebenso HHSp § 172 Rn. 54) für eine (Teil-)Abhilfe im Einspruchs-/Klageverfahren keiner besonderen gesetzlichen Korrekturvorschrift, da durch die Anfechtung des VA der Eintritt der Bestandskraft hinausgeschoben wird (BFH 5.6.2003 – IV R 38/02, BStBl. II 2004, 2). Dies schließt jedoch nicht aus, dass dem Begehren des Stpfl. im förmlichen Rechtsschutzverfahren durch schlichte Änderung entsprochen wird. Diese Möglichkeit ist seit der Änderung durch das StBereinG 1999 nunmehr – systemwidrig (→ Rn. 10) – ausdrücklich in § 172 I 1 Nr. 2a erwähnt (→ Rn. 3). Umgekehrt kann die Zustimmungserklärung nicht als Einspruchs- oder Klageverzicht (§ 354 I 1, § 50 I 1 FGO) gewertet werden, da ein Verzicht erst nach Erlass des Änderungsbescheids zulässig ist (BFH 20.1.1967 – VI 371/65, BStBl. III 1967, 380; → § 354 Rn. 6). Eine Klagebegründung, mit der die Aufhebung eines Bescheids begehrt wird, enthält demgegenüber nicht 25 die konkludente Zustimmung zur Ergänzung des VA (BFH 24.6.1998 – II R 17/95, BFH/NV 1999, 282).

26 Die Abgabe der Zustimmungserklärung steht im **freien Belieben** des Stpfl. Allerdings kann die Weigerung, einer Korrektur des VA zuzustimmen, im Einzelfall als widersprüchliches Verhalten gegen den Grundsatz von Treu und Glauben (dazu allg. → § 4 Rn. 25 ff.) verstoßen und damit unbeachtlich sein (BFH 8.2.1996 – V R 54/94, BFH/NV 1996, 733; BFH 23.6.1993 – X R 214/87, BFH/NV 1994, 295). Die Weigerung ist nicht schon deshalb treuwidrig, weil die rechtswidrige Begünstigung nicht aufgrund anderer Korrekturvorschriften beseitigt werden kann (BFH 3.12.1998 – V R 29/98, BStBl. II 1999, 158). Nimmt der Stpfl. seinen Einspruch zurück, entfällt zugleich eine ggf. erklärte Zustimmung zur schlichten Änderung. Der Widerruf der Zustimmungserklärung ist in diesem Fall nicht treuwidrig (BFH 5.11.2009 – IV R 40/07, BStBl. II 2010, 720).

27 Der Korrektur des Bescheids müssen alle **betroffenen Stpfl.** zustimmen (vgl. FG Düsseldorf 4.4.2008 – 18 K 3366/07 F, BeckRS 2008, 26026037, zur Gewinnfeststellung einer KG). Die Zustimmung eines Ehegatten enthält nicht zugleich die Einwilligung des anderen Ehegatten. Das Einverständnis kann auch von einem rechtsgeschäftlich zur Vertretung bevollmächtigten Dritten erklärt werden (BFH 15.10.1996 – IX R 10/95, BStBl. II 1997, 178). Nicht betroffen sind die nach § 352, § 48 FGO nicht rechtsbehelfsbefugten Personen (Krumsiek DStZ 1988, 85; Gosch AO § 172 Rn. 137; TK § 172 Rn. 25). Dies gilt im Fall der Abhilfe auch für den zum Rechtsbehelfsverfahren notwendig Hinzugezogenen bzw. Beigeladenen (→ § 360 Rn. 41; BFH 11.4.1991 – V R 40/86, BStBl. II 1991, 605; BFH 21.9.1994 – V B 196/93, BFH/NV 1995, 469; Klein § 360 Rn. 37; aA BFH 30.5.1963 – III 380/61, HFR 1964, 51).

28 **Widerruf.** Die Zustimmungserklärung ist ebenso wie der Antrag eine Verfahrens- und Sachentscheidungsvoraussetzung für die Korrektur. Liegt das Einverständnis des Stpfl. nicht vor, darf die FB das Änderungsverfahren nicht durchführen (vgl. § 126 I 1 Nr. 1). Es liegt in der Entscheidungsfreiheit des Stpfl., ob und in welchem Umfang ein Korrekturverfahren in Gang gesetzt wird (Dispositionsgrundsatz). An der Dispositionsmaxime ist die Entscheidung auszurichten, inwieweit die Einverständniserklärung (Zustimmung, Antrag) widerrufen oder zurückgenommen werden kann (SBS § 22 Rn. 66). Danach ist die Zustimmung wie jede Willenserklärung bis zum Zugang bei der FB frei widerruflich mit der Folge, dass die Erklärung nicht wirksam wird (vgl. § 130 I 2, III BGB). Mit Zugang der Erklärung wird das Einverständnis wirksam und kann nicht mehr widerrufen werden (HHSp § 172 Rn. 127).

29 Die Einverständniserklärung kann nach Zugang der Erklärung nur noch **zurückgenommen** werden (eine klare begriffliche Trennung zwischen Widerruf und Rücknahme findet häufig in Literatur und Rspr. nicht statt). Die Rücknahme verfahrensrechtlicher Anträge ist ein allg. bekanntes Rechtsinstitut (vgl. zB § 362; s. auch BFH 19.5.1999 – XI R 97/94, BStBl. II 1999, 762 zum Widerruf des Antrags auf Zusammenveranlagung). Die Rücknahme der Zustimmungserklärung ist deshalb entspr. § 183 BGB bis zum Erlass des Änderungsbescheids zulässig (im Ergebnis ebenso Gosch AO § 172 Rn. 143; TK § 172 Rn. 26; HHSp § 172 Rn. 127).

34 **bb) Antrag. Abgrenzung.** Der Antrag ist ebenso wie die gleichgestellte Zustimmung als verwaltungsaktsbezogene Willenserklärung des Stpfl. Verfahrens- und Sachentscheidungsvoraussetzung. Es gelten daher im Wesentlichen dieselben Grundsätze wie für die Zustimmung (→ Rn. 23 ff.). Begehrt der Stpfl. innerhalb der Rechtsbehelfsfrist die Änderung eines VA, bedarf es wegen der unterschiedlichen Rechtswirkung (→ Rn. 21) der beiden möglichen Korrekturverfahren (schlichte Änderung und Einspruch) der eindeutigen Feststellung des Gewollten. Der Inhalt unklarer Erklärungen ist durch **Auslegung** der Willenserklärung nach objektivem Verständnis aus Empfängersicht zu ermitteln (→ § 357 Rn. 7 f.; BFH 7.11.2001 – XI R 14/00, BFH/NV 2002, 745; BFH 5.5.2003 – II B 1/03, BFH/NV 2003, 1142; zu unklaren Formulierungen vgl. auch Mihatsch StBp 1988, 153;

Krumsiek DStZ 1988, 87). Im Zweifel ist wegen der Vorteilhaftigkeit des Rechtsbehelfsverfahrens davon auszugehen, dass der Stpfl. Einspruch einlegen wollte (vgl. BFH 29.10.1998 – XI R 25/98, BFH/NV 1999, 633; AEAO vor § 347 Nr. 1; zum telefonischen Änderungsbegehren vgl. BFH 10.5.2007 – III R 67/06, BFH/NV 2007, 2063). Allerdings darf ein schlichter Antrag gegen den erkennbaren Willen des Stpfl. nicht als Einspruch behandelt werden. Die kommentarlose Abgabe einer StErklärung ist indes grds. als Einspruch und nicht nur als Antrag auf schlichte Änderung des Schätzungsbescheids anzusehen (BFH 27.2.2003 – V R 87/01, BFH/NV 2003, 958; aA FG München 28.6.2000 – 3 K 3186/96, EFG 2000, 1107; FG Nürnberg 11.9.2003 – VI 322/2002, DStRE 2003, 1358 für Vorbehaltsfestsetzung; HHSp § 172 Rn. 135; TK § 172 Rn. 34; zur Abgabe der Erklärung innerhalb der Klagefrist ebenso BFH 28.6.1989 – I R 67/85, BStBl. II 1989, 848; BFH 21.2.1991 – V R 2/87, BFH/NV 1992, 44; zur Einspruchsfrist BFH 5.5.2003 – II B 1/03, BFH/NV 2003, 1142). Demgegenüber stellt die bloße Mitteilung von Tatsachen mangels Willensbekundung keinen Antrag nach § 172 I 1 Nr. 2a dar (BFH 7.11.2001 – XI R 14/00, BFH/NV 2002, 745).

Antragsinhalt. Die nur punktuelle Änderungsbefugnis verlangt vom Stpfl., sein Begehren inhaltlich dergestalt zu konkretisieren, dass die FB aus dem Antrag erkennen kann, in welchem Maße die angegriffene Einzelfallregelung rechtsfehlerhaft ist. Die **inhaltliche Bestimmtheit** ist Wirksamkeitsvoraussetzung des Antrags (BFH 22.3.1988 – VII R 8/84, BStBl. II 1988, 517; BFH 21.10.1999 – I R 25/99, BStBl. II 2000, 283; Schwarz/Pahlke/Keß § 172 Rn. 22). Begehrt der Stpfl. eine Änderung zu seinen Gunsten, muss der Antrag vor Ablauf der Einspruchsfrist inhaltlich hinreichend bestimmt sein (HHSp § 172 Rn. 132; Gosch AO § 172 Rn. 146; aA TK § 172 Rn. 35). Im Antrag ist der zu berücksichtigende Lebenssachverhalt so konkret darzulegen, dass für das FA erkennbar wird, worauf der Stpfl. sein Änderungsbegehren stützt (BFH 25.9.2013 – VIII R 46/11, BeckRS 2014, 94167). Die Angabe des Änderungsrahmens (StHerabsetzung auf null oder einen anderen Betrag) allein genügt nicht (BFH 23.9.2020 – XI R 1/19, BStBl. II 2021, 341). Das gilt auch dann, wenn der Antrag hinsichtlich der Korrekturpunkte im Einzelnen auf eine zu einem späteren Zeitpunkt (außerhalb der Einspruchsfrist) nachzureichende StErklärung verweist (BFH 20.12.2006 – X R 30/05, BStBl. II 2007, 503). Die Anforderungen zur inhaltlichen Bestimmtheit entsprechen insoweit den Anforderungen zur Bezeichnung des Klagebegehrens iSd § 65 FGO, insb. ist in Schätzungsfällen nicht in jedem Fall die Vorlage der vollständigen StErklärung erforderlich (BFH 22.5.2019 – XI R 17/18, BStBl. II 2019, 647; FG Niedersachsen 16.4.2018 – 4 K 120/17, EFG 2019, 1252). Anders als der Einspruch, der zu einer vollständigen Überprüfung des VA führt (§ 367 II 1), durchbricht der Antrag iSd § 172 I 1 Nr. 2a die Bestandskraft lediglich partiell („soweit"), mithin im Umfang der begehrten Korrektur (BFH 4.5.2011 – I R 67/10, BFH/NV 2012, 6). Die strukturellen Unterschiede zwischen Einspruchs- bzw. Klage- und schlichtem Änderungsverfahren verbieten eine einschränkende Auslegung des Bestimmtheitserfordernisses im Wege des sog. Erstrecht-Schlusses (als Unterfall des Analogieschlusses; so aber TK § 172 Rn. 35; zu Recht dagegen HHSp § 172 Rn. 132; Gosch AO § 172 Rn. 146). Der Hinweis auf die Zulässigkeit der betragsmäßigen Erweiterung der Klage gegen einen EStBescheid nach Ablauf der Klagefrist (vgl. BFH 23.10.1989 – GrS 2/87, BStBl. II 1990, 327; aA Gräber Vorb. § 33 Rn. 11) geht insoweit fehl, da die Klage nach hM bis zur ausdrücklichen Beschränkung des Begehrens vollumfänglich erhoben ist (vgl. hierzu Koenig DStR 1990, 512). 35

Ein Austausch der **Begründung** des Antrags ist nach Fristablauf auch im Rahmen der betragsmäßigen Auswirkung unzulässig, da das Änderungsbegehren auch der Sache nach durch Benennung der Besteuerungsgrundlagen bestimmt sein muss. Dies schließt zugleich eine betragsmäßige Erweiterung des Antrags nach Ablauf der Einspruchsfrist aus (BFH 27.10.1993 – XI R 17/93, BStBl. II 1994, 439; FG Hessen 24.7.2014 – 1 K 2144/09, EFG 2014, 2015; Krumsiek DStZ 1988, 87; Klein § 172 Rn. 37c; aA FG Köln 14.6.2000 – 11 K 3573/99, EFG 2000, 1044; TK § 172 Rn. 35). 36

Durch einen Antrag nach Nr. 2a lässt sich die Wirkung von Rechten, die nur bis zur Bestandskraft der Festsetzung ausgeübt werden können, nach Eintritt dieses Zeitpunktes nicht beseitigen (vgl. BFH 7.7.2005 – IX R 74/03, BStBl. II 2005, 807).

37 **Antragsbefugt** ist, wer durch den VA unmittelbar betroffen ist. Einer Beschwer iSd § 350 AO bedarf es nicht, da nach dem klaren Wortlaut der Stpfl. auch einen Antrag zu seinen Ungunsten stellen kann, ggf. auch hierzu verpflichtet ist (vgl. BFH 7.11.2006 – VI R 14/05, BStBl. II 2007, 236). Eine sachliche Differenzierung zwischen Antrag und Zustimmung enthält die Regelung nicht. Ein vor Ablauf der Festsetzungsfrist gestellter Antrag auf schlichte Änderung hemmt gem. § 171 III den Ablauf der Festsetzungsfrist, bis über den Antrag unanfechtbar entschieden ist. Zum Umfang der Ablaufhemmung → § 171 Rn. 37.

38 **c) Korrektur zugunsten des Steuerpflichtigen.** Während das Einverständnis für eine Korrektur zuungunsten des Stpfl. bis zum Eintritt der Festsetzungsverjährung erteilt werden kann, setzt eine Änderung **zugunsten** des Stpfl. voraus, dass das Einverständnis **innerhalb der Einspruchsfrist** erteilt wird (BFH 28.2.2007 – II B 33/06, BFH/NV 2007, 1265). Ob eine Korrektur zugunsten oder zuungunsten begehrt wird, ist nach dem Vergleich der begehrten StFestsetzung mit derjenigen des betroffenen StBescheids zu entscheiden. Maßgeblich ist die durch die Korrektur eintretende Veränderung des **Tenors** des StBescheids. Folgeänderungen (zB §§ 174, 175) in anderen VA sind nicht in die Betrachtung einzubeziehen (glA HHSp § 172 Rn. 140). Ebenso wenig sind der Abrechnungsteil des StBescheids, zB durch die Verminderung der anzurechnenden KapESt, oder Auswirkungen im Rahmen von Annexsteuern erheblich (vgl. BFH 9.11.1994 – I R 67/94, BStBl. II 1995, 305). Wird nachträglich die Erfassung anrechenbarer (ausländischer) KSt – Stichwort: Manninen – beantragt, ist die anzurechnende Steuer im Abrechnungsteil für die Beurteilung der durch die Korrektur eintretenden Änderung nicht zu berücksichtigen (vgl. Balster/Petereit DStR 2004, 1985; Engel/Hammerschmidt IStR 2005, 405; Lindemann BB 2005, 1931; aA Gosch DStR 2004, 1988). Die Änderung zuungunsten des Stpfl. wird nach hM jedoch idR an der fehlenden Ermessensreduzierung scheitern (→ Rn. 41; ferner → § 175 Rn. 69).

39 **d) Zustimmungs- und Antragsfrist.** Eine Korrektur zugunsten des Stpfl. darf nur erfolgen, soweit der Betroffene vor Ablauf der **Einspruchsfrist** zugestimmt oder den Antrag gestellt hat (BFH 7.6.2018 – VI B 101/17, BFH/NV 2018, 931; FG Düsseldorf 25.2.2021 – 9 K 141/20 F, BeckRS 2021, 5715). Die Begründung kann nachgereicht werden, soweit der Antrag inhaltlich hinreichend bestimmt ist (→ Rn. 35 f.). Die Entscheidung über den Antrag darf auch noch nach Ablauf der Rechtsbehelfsfrist erfolgen. Die Anknüpfung an die Einspruchsfrist bewirkt, dass alle Umstände, die auf den Lauf dieser Frist einwirken (zB verzögerte Bekanntgabe, § 355 I 1; unrichtige Rechtsbehelfsbelehrung, § 356 II), unmittelbar entspr. auf die Antragsfrist durchschlagen (Klein § 172 Rn. 40; Gosch AO § 172 Rn. 162). Die Frist ist nicht verlängerbar (BFH 22.5.2019 – XI R 17/18, BStBl. II 2019, 647). **Wiedereinsetzung** in den vorigen Stand (§ 110) ist zulässig (Krumsiek DStZ 1988, 85 (87); HHSp § 172 Rn. 147).

40 **Abhilfe.** Die bis zur Änderung durch das StBereinG 1999 geltende Fassung (→ Rn. 3) des § 172 I 1 Nr. 2a ging auf das GrenzpendlerG zurück. Im Zuge der Vereinheitlichung des Rechtsbehelfsverfahrens durch das GrenzpendlerG führte die als rein redaktionelle Maßnahme (BT-Drs. 12/7427) gedachte Anpassung (Einspruchsfrist statt Rechtsbehelfsfrist) zu einer sachlichen Einschränkung, die das StBereinG 1999 durch Einfügung des S. 3 (→ Rn. 60) wieder beseitigte. Der ebenfalls aus dem StBereinG 1999 stammenden Ergänzung der Nr. 2a um den Satzteil „soweit die FB einem Einspruch oder einer Klage abhilft“, hätte es nicht bedurft (deklaratorischer Natur). Sie ist systematisch verfehlt (HHSp § 172 Rn. 138; → Rn. 10). Nach dieser Regelung kann die FB dem Begehren im Einspruchs- oder Klageverfahren durch schlichte Änderung abhelfen. Die hierin zum Ausdruck kommende Parallelität des Rechtsbehelfsverfahrens neben dem Änderungsverfahren

ist wenig sinnvoll. Nach der schon bisher vertretenen hA (BFH 29.2.1984 – II R 69/81, BStBl. II 1984, 414; Unvericht DStR 1987, 279; Wüllenkemper DStR 1989, 702), die § 172 I 1 Nr. 2a als Rechtsgrundlage für eine Abhilfe ansieht, hat die Änderung des § 172 I 1 Nr. 2a nur klarstellende Bedeutung (BFH 5.6.2003 – IV R 38/02, BStBl. II 2004, 2).

e) Rechtsfolge. Korrekturpflicht. Der StBescheid ist im Umfang seiner Rechtswidrigkeit, begrenzt auf das Antragsbegehren, aufzuheben oder zu ändern. Sind die tatbestandlichen Voraussetzungen des § 172 I 1 Nr. 2a erfüllt, „darf" ein StBescheid geändert oder aufgehoben werden. Hieraus schließt die hM, dass die Änderung des StBescheids im Ermessen der FB steht (BFH 28.4.1998 – IX R 49/96, BStBl. II 1998, 458; BFH 11.10.2017 – IX R 2/17, BFH/NV 2018, 322; BFH 19.5.2020 – X R 22/19, BFH/NV 2020, 1241; Klein § 172 Rn. 46; Gosch AO § 172 Rn. 170 mwN; aA Heinke DStZ 1988, 406; Unvericht DStR 1987, 279; FG Köln 9.2.1994 – 1 K 51/94, EFG 1995, 238). Eine Ermessenseinräumung lässt sich indes nicht dem Wortlaut der Vorschrift entnehmen. Der Begriff „darf" umschreibt lediglich die eingeschränkte, nur unter den besonderen tatbestandlichen Voraussetzungen des § 172 I 1 Nr. 2a zulässige Änderungsbefugnis. Er ist Ausdruck der gesetzlichen Änderungsermächtigung, nicht jedoch der Einräumung eines gesonderten Entschließungsermessens (ebenso HHSp § 172 Rn. 83). Eine Ermessensausübung widerspricht nicht nur dem Grundprinzip der Änderungsvorschriften, der materiellen Rechtsrichtigkeit bei Erfüllung des Tatbestands Vorrang einzuräumen, sondern auch dem Grundsatz der Gesetzmäßigkeit der Verwaltung. Die FB ist deshalb nicht berechtigt, eine bei Vorliegen der tatbestandlichen Voraussetzungen gebotene Änderung durch Rückgriff auf Tatbestandsmerkmale anderer Vorschriften (zB grobes Verschulden iSd § 173) zu versagen (so zu Recht HHSp § 172 Rn. 58; FG Sachsen 22.6.2005 – 5 K 687/04 Kg, BeckRS 2005, 26020910). Hierdurch wird unter dem Deckmantel des Ermessens die Änderungsvorschrift in unzulässiger Weise verschärft. Dementsprechend nimmt die neuere Rspr. eine Ermessensreduzierung auf null an, wenn die Änderungsvoraussetzungen vorliegen (BFH 11.10.2017 – IX R 2/17, BFH/NV 2018, 322; BFH 22.5.2019 – XI R 17/18, BStBl. II 2019, 647; BFH 19.5.2020 – X R 22/19, BFH/NV 2020, 1241: Rechtswidrigkeit des VA; ebenso Klein § 172 Rn. 46). 41

Der **Umfang** der Korrektur ist auf das im Antrag bzw. in der Zustimmung konkretisierte Begehren begrenzt. Die FB entspricht dem Antrag „der Sache nach", wenn der StBescheid dem Grunde und der Höhe nach genau diejenige Korrektur erfährt, die der Stpfl. begehrt (Woerner/Grube S. 75; BFH 10.4.1953 – IV 461/52 U, BStBl. III 1953, 149). Dies schließt ein teilweises Entsprechen nicht aus (Klein § 172 Rn. 46). Antrag und Korrektur müssen sich decken (FG Münster 18.12.1980 – VII 2966/75 F, EFG 1981, 430; Schwarz/Pahlke/Keß § 172 Rn. 33; TK § 172 Rn. 40). Eine Korrektur hat demnach zu unterbleiben, wenn der StBescheid in Bezug auf die beantragte Änderung rechtmäßig, hinsichtlich einer anderen Besteuerungsgrundlage jedoch rechtswidrig ist (Gosch AO § 172 Rn. 167; Klein § 172 Rn. 46). Eine Abhilfe kann zudem ganz oder teilweise an § 176 oder § 177 scheitern (HHSp § 172 Rn. 150; Gosch AO § 172 Rn. 167). 42

Den Erlass eines **Teiländerungsbescheides** sieht die Regelung – anders als § 365 III – nicht vor (Klein § 172 Rn. 46a; aA Schwarz/Pahlke/Keß § 172 Rn. 33c). Entspricht der Änderungsbescheid nicht dem Begehren des Stpfl., muss er deshalb zur Wahrung seiner Rechte Einspruch einlegen. Auch der rechtswidrige Änderungsbescheid beendet grds. das Antragsverfahren (vgl. BFH 7.11.2006 – VI R 14/05, BStBl. II 2007, 236; anders für einen Änderungsbescheid, der offensichtlich nicht aus Anlass des Änderungsbegehrens erging: BFH 16.9.2008 – X B 88/08, BFH/NV 2008, 1984).

Verstöße. Fehlt das Einverständnis des Stpfl., ist der Änderungsbescheid lediglich rechtswidrig und nicht nichtig (BFH 3.8.2005 – I B 20/05, BFH/NV 2005, 1971). Der Mangel des fehlenden Einverständnisses ist gem. § 126 I Nr. 1 heilbar. Das Vorstehende gilt gleichermaßen für andere Verstöße gegen § 172 I 1 Nr. 2a (zB Korrektur zugunsten trotz 43 verspätet gestelltem Antrag; Abhilfe trotz gegenläufigen Rechtsfehlers; nicht sachliche Entsprechung des Antrags).

44 **Abhilfebescheid.** Ein StBescheid darf gem. § 172 I 1 Nr. 2a auch aufgehoben oder geändert werden, soweit die FB einem Einspruch oder einer Klage abhilft (→ Rn. 10). Das für das Änderungsverfahren notwendige Einverständnis ist zugleich im Rechtsbehelfsantrag enthalten (Gosch AO § 172 Rn. 172, auch wenn es in diesem Fall mangels Eintritts der Bestandskraft des § 172 I 1 Nr. 2a nicht bedarf). Hilft die FB einem Einspruch oder dem Klagebegehren vollumfänglich ab, erledigt sich hierdurch zugleich der Rechtsbehelf in der Hauptsache (→ § 367 Rn. 44 ff.). Die übereinstimmende Erklärung der Erledigung der Hauptsache oder der Klagerücknahme nach Zusage der Änderung durch die FB führt auch ohne objektive Erledigung zur Beendigung des Klageverfahrens. Die FB ist aufgrund ihrer bindenden Zusage jedoch zur entsprechenden Korrektur auch nach Abschluss des Rechtsbehelfsverfahrens verpflichtet und berechtigt, weil in der verfahrensbeendenden Erklärung des Stpfl. zugleich seine Zustimmung zur Änderung nach § 172 I 1 Nr. 2a liegt (Wüllenkemper DStR 1992, 1680; FG Düsseldorf 15.5.1992 – 14 K 298/89, DStR 1992, 1686; Gosch AO § 172 Rn. 181).

3. Sachlich unzuständige Behörde (Abs. 1 S. 1 Nr. 2b)

48 Die Regelung entspricht § 130 II Nr. 1 (→ § 130 Rn. 32). Sachlich unzuständig ist eine Behörde, die eine Sachaufgabe außerhalb eines ihr zugewiesenen Aufgabenkreises erledigt. Unterarten der sachlichen Zuständigkeit sind die instanzielle und die verbandsmäßige Zuständigkeit, nicht jedoch die interne Aufgabenzuweisung innerhalb der jeweiligen FB (im Einzelnen → § 16 Rn. 8 ff.). Die Verletzung der sachlichen Zuständigkeit ist immer ein wesentlicher Verfahrensmangel, der im Unterschied zu Verstößen gegen die örtliche Zuständigkeit nicht nach § 127 geheilt wird (HHSp § 172 Rn. 160; TK § 172 Rn. 43; → § 127 Rn. 15). Gleichwohl führt die Missachtung der sachlichen Zuständigkeit idR nicht zur Nichtigkeit gem. § 125 I (BFH 15.12.1992 – VIII R 42/90, BStBl. II 1994, 702; § 16 Rn. 34), sondern nur zur Anfechtbarkeit des von der unzuständigen FB erlassenen VA. Die sachlich zuständige Behörde darf (→ Rn. 41) ebenso wie die erlassende Behörde nach Eintritt der Bestandskraft den rechtswidrigen VA ohne weitere Voraussetzungen korrigieren, soweit die Fehlerhaftigkeit des Bescheids auf der sachlichen Unzuständigkeit beruht (vgl. BFH 28.12.2006 – III B 91/05, BFH/NV 2007, 864).

4. Unlautere Mittel (Abs. 1 S. 1 Nr. 2c)

49 § 172 I 1 Nr. 2c entspricht § 130 II Nr. 2 (→ § 130 Rn. 33 ff.). Arglistige Täuschung, Drohung oder Bestechung (zu diesen Merkmalen → § 130 Rn. 34 f.) sind nicht abschließend aufgezählte Beispiele unlauteren Verhaltens (HHSp § 172 Rn. 173). Bei arglistiger Täuschung ist idR auch § 173 I 1 Nr. 1 erfüllt (BFH 14.12.1994 – XI R 80/92, BStBl. II 1995, 293). Arglist liegt vor, wenn die Irreführung darauf gerichtet ist, auf den Erklärungswillen der FB einzuwirken. Dazu gehört auch das pflichtwidrige Verschweigen entscheidungserheblicher Tatsachen (BFH 28.3.2018 – I R 10/17, BFH/NV 2018, 1073). Bedingter Vorsatz genügt, unabhängig davon, welches Mittel eingesetzt wird (BFH 10.8.1961 – IV 320/59 U, BStBl. III 1961, 488).

50 **Erwirken.** Das unlautere Verhalten muss für den Erlass des VA nicht nur ursächlich gewesen sein (so noch § 96 II RAO: „veranlasst"; hierzu BFH 5.2.1975 – I R 85/72, BStBl. II 1975, 677). Erwirken setzt vielmehr ein zweck- und zielgerichtetes Handeln voraus, das auf eine bestimmte Folge gerichtet ist (Klein § 172 Rn. 55; SBS § 48 Rn. 155; BFH 28.3.2018 – I R 10/17, BFH/NV 2018, 1073; aA FG Münster 16.6.2004 – 1 K 6434/01, EFG 2004, 1739; BFH 14.12.1994 – XI R 80/92, BStBl. II 1995, 293; Gosch AO § 172 Rn. 197). Dementsprechend scheidet eine Änderung aus, wenn die Täuschung erst nach Erlass des StBescheides begangen wurde (FG Düsseldorf 18.12.2023 – 8 K 686/23 E, StB 2024, 227). Unerheblich ist, durch wen die unlauteren Mittel eingesetzt wurden, insb., ob mehrere Person kollusiv zusammengewirkt haben. Die Korrekturmöglichkeit ist

auch in den Fällen eröffnet, in denen nicht der Adressat selbst, sondern eine **andere Person** (zB Bevollmächtigter) den Erlass des VA durch unlautere Mittel erreicht hat (BFH 9.10.1992 – VI S 14/92, BStBl. II 1993, 13; FG Münster 29.5.2000 – 9 K 7673/97 G, EFG 2000, 908); zB durch fingierte LStAnmeldungen eines ArbN (FG Münster 8.6.2018 – 1 K 1085/17 L, EFG 2018, 1482). Dies gilt auch, wenn ein Dritter den ArbG bei Abgabe einer LStAnmeldung arglistig täuscht (BFH 30.9.2020 – VI R 34/18, BStBl. II 2021, 446). Der den VA erlassende Amtsträger kann idR nicht als andere Person die Erteilung des VA auf unlautere Weise erwirkt haben (so zu Recht TK § 130 Rn. 26; krit. auch Klein § 172 Rn. 56; aA BFH 9.10.1992 – VI S 14/92, BStBl. II 1993, 13; Gosch AO § 172 Rn. 197.1). Dies schließt seine bewusste Mitwirkung im Fall der Bestechung nicht aus.

Kein Ermessen. § 172 I 1 Nr. 2c ist Rechtsgrundlage für die Korrektur des durch unlautere Mittel erwirkten StBescheids, ohne der FB ein Entschließungsermessen einzuräumen (ebenso HHSp § 172 Rn. 171; → Rn. 41; aA BFH 28.4.1998 – IX R 49/96, BStBl. II 1998, 458 mwN; FG Münster 29.5.2000 – 9 K 7673/97 G, EFG 2000, 908). Die Annahme eines Ermessens führt zu der widersinnigen Konsequenz, dass das FG die Klage gegen den geänderten StBescheid nicht mit Hinweis auf § 172 I 1 Nr. 2c abweisen könnte, wenn das FA sich lediglich auf eine andere (nicht zutreffende) Änderungsnorm gestützt hat (so zB BFH 28.11.1996 – V R 143/92, BFH/NV 1997, 741; BFH 28.4.1998 – IX R 49/96, BStBl. II 1998, 458). § 172 I 1 Nr. 2c lässt dabei sowohl eine Änderung zugunsten wie zulasten des FA zu (BFH 30.9.2020 – VI R 34/18, BStBl. II 2021, 446). 51

5. Sonstige gesetzliche Korrekturmöglichkeiten (Abs. 1 S. 1 Nr. 2d)

Im geschlossenen System der Korrektur von Bescheiden (→ Vorb. §§ 172 ff. Rn. 5, 16 ff.) über andere Steuern als VerbrauchSt bzw. Einfuhr- und Ausfuhrabgaben bildet § 172 I 1 Nr. 2 gewissermaßen die **Grundnorm** (BFH 26.1.1994 – X R 57/89, BStBl. II 1994, 597). Eine Aufhebung und Änderung von StBescheiden ist danach nur zulässig, soweit eine ausdrückliche gesetzliche Regelung die Durchbrechung der Bestandskraft zulässt (BFH 9.8.1990 – X R 5/88, BStBl. II 1991, 55). Nur ausnahmsweise kann bei einer eindeutigen gesetzgeberischen Wertentscheidung eine planwidrige Regelungslücke durch Analogie geschlossen werden (ebenso HHSp § 172 Rn. 180; vgl. auch BFH 19.10.2006 – III R 41/06, BFH/NV 2007, 419). § 172 I 1 Nr. 2d ist selbst keine Korrekturvorschrift (TK § 172 Rn. 45; aA FG Berlin 17.2.2000 – 1 K 1291/98, EFG 2000, 644), sondern bezieht andere Korrekturtatbestände in das vorhandene System ein, mit der Folge der Maßgeblichkeit der allg. Regeln (vgl. HHSp § 172 Rn. 180 ff.). 52

Beispielsfälle. Sonst gesetzlich zugelassene Änderungsvorschriften sind insb.: 53

- **in der AO** die §§ 173–175a sowie § 367 II 1 und 2, soweit man die Korrektur im förmlichen Rechtsbehelfsverfahren in dieses Korrektursystem einbezieht (s. zur hier vertretenen Auffassung Vorb. §§ 172 ff. Rn. 9). Durch den Einleitungssatz des § 172 I 1 wird die Aufhebung oder Änderung gem. §§ 164 II, 165 II ausdrücklich ausgegrenzt (HHSp § 172 Rn. 186; aA TK § 172 Rn. 45; → Rn. 8). Nicht erfasst wird ferner die Berichtigung nach § 129, da in diesem Fall lediglich die materielle Rechtslage durch Berichtigung mit der äußeren Form im Bescheid in Einklang gebracht wird (BFH 8.3.1989 – X R 116/87, BStBl. II 1989, 531; Schwarz/Pahlke/Keß § 172 Rn. 50; aA TK § 172 Rn. 45; → § 129 Rn. 3 f.).
- **in den Einzelsteuergesetzen** die § 7g III 2 (BFH 25.3.2021 – VIII R 45/18, BStBl. II 2021, 530), §§ 10d I 4, 36a III, IV aF, 70 II, 91 I 3 EStG (BFH 8.9.2020 – X R 2/19, BStBl. II 2022, 157); § 35b GewStG; §§ 5 II, 6 II, 7 II, 8, 22 III, 24, 24a BewG; § 16 III GrEStG (BFH 22.7.2020 – II R 32/18, BStBl. II 2021, 167); §§ 20, 21, 27 II GrStG; § 12 II Nr. 1–4 KraftStG; § 6 III 2 UmwStG; Art. 19 Einigungsvertrag (vgl. BFH 25.1.1995 – X R 146/93, BStBl. II 1995, 686); keine Änderungsvorschrift iSd § 172 I 1 Nr. 2d ist § 15a UStG (BFH 13.11.1997 – V R 140/93, BStBl. II 1998, 36; HHSp § 172 Rn. 192); zur Korrekturregelung des § 27 Ia UStG s. FG Niedersachsen 19.4.2001 – 5 K 290/00, EFG 2001, 1167. 54

55 Die Verweisung in **§ 172 I 1 Nr. 2d, HS 2** auf die §§ 130, 131 hat nur klarstellende Bedeutung (TK § 172 Rn. 45). Die Anwendungsbereiche beider Korrektursysteme schließen sich aufgrund der unterschiedlichen Tatbestandsmerkmale gegenseitig aus (→ Vorb. §§ 172 ff. Rn. 5, 25).

C. Korrektur von Einspruchsentscheidungen (Abs. 1 S. 2 und 3)

58 **Gegenstand der Korrektur** kann auch ein StBescheid sein, wenn er durch Einspruchsentscheidung bestätigt oder geändert worden ist **(§ 172 I 2).** Die Einspruchsentscheidung ist – ebenso wie der StBescheid – selbst VA; sie ergeht inhaltlich zu demselben Einzelfall wie der VA, über dessen Rechtmäßigkeit sie entscheidet (HHSp § 172 Rn. 200). Folgerichtig erwächst die Einspruchsentscheidung als VA weder in erhöhte Bestandskraft noch Rechtskraft (BFH 22.3.1988 – VII R 8/84, BStBl. II 1988, 517; TK § 172 Rn. 46; Gosch AO § 172 Rn. 201). Dies gilt gleichermaßen auch für Abhilfebescheide (BFH 11.12.1996 – X R 228/93, BFH/NV 1997, 407). War die Rechtsfrage jedoch bereits im Einspruchsverfahren geprüft worden, versagte die Rspr. ein Rechtsschutzbedürfnis für eine erneute Prüfung im Änderungsverfahren (vgl. BFH 5.2.2010 – VIII B 139/08, BFH/NV 2010, 831BFH 19.5.2020 – X R 22/19). Diese Auffassung hat der BFH zu Recht aufgegeben (BFH 27.10.2020 – VIII R 30/17, BStBl. II 2021, 927; TK § 348 Rn. 1; s. zu dem Sonderfall der Präklusion im Einspruchsverfahren nach § 364b II FG Düsseldorf 3.11.2016 – 11 K 2694/13 E, EFG 2017, 709; bestätigt durch BFH 11.10.2017 – IX R 2/17, BFH/NV 2018, 322).

59 **Neue Tatsachen.** StBescheide, die durch Einspruchsentscheidung geändert oder bestätigt werden, können folglich auch nach § 173 I korrigiert werden. Neu ist eine Tatsache in diesem Fall nur, wenn sie den zuständigen Beamten nach abschließender Willensbildung (→ § 173 Rn. 66 ff.), dh nach Zeichnung der Aktenverfügung der Einspruchsentscheidung, bekannt wird. Erlangt der Sachbearbeiter während des Einspruchsverfahrens Kenntnis über einen neuen Sachverhalt, muss er die bekannt gewordenen Tatsachen – ggf. nach Hinweis gem. § 367 II 2 – in der Einspruchsentscheidung berücksichtigen. Nimmt der Stpfl. den Einspruch zurück, ist für die Neuheit der Tatsache mangels Einspruchsentscheidung wieder auf die abschließende Zeichnung des Eingabewertbogens abzustellen (→ § 173 Rn. 72).

60 **Satz 3 HS 1** lässt ausdrücklich eine Änderung nach § 172 I 1 Nr. 2a auch ohne Klageerhebung zu, wenn der Stpfl. vor Ablauf der Klagefrist zugestimmt oder den Antrag gestellt hat (→ Rn. 40, 44). Diese Gesetzesfassung, die auf dem StBereinG 1999 beruht (→ Rn. 3), stellt den bis zur Neuordnung des außergerichtlichen Rechtsbehelfsverfahrens durch das GrenzpendlerG (→ § 347 Rn. 1) geltenden Rechtszustand wieder her. Das GrenzpendlerG hatte in § 172 I 1 Nr. 2a das Wort „Rechtsbehelfsfrist" durch das Wort „Einspruchsfrist" ersetzt. Diese Gesetzesänderung führte nach der damals hM (BFH 21.10.1999 – I R 25/99, BStBl. II 2000, 283 mwN; FG Niedersachsen 17.11.1999 – 2 K 775/98, EFG 2000, 407; HHSp § 172 Rn. 206) nach Bekanntgabe der Einspruchsentscheidung zum Ausschluss der Änderungsmöglichkeit lediglich aufgrund eines schlichten Antrags außerhalb des Klageverfahrens. Die Gegenmeinung (v. Wedelstädt DB 1996, 2523) begriff die Änderung des Gesetzeswortlauts als redaktionelles Versehen, das auf die Rechtslage keinen Einfluss hatte. Die hierdurch entstandene Rechtsunsicherheit wurde durch Satz 3 HS 1 beseitigt.

61 **Satz 3 HS 2** lässt nach Bekanntgabe der Einspruchsentscheidung eine Berücksichtigung von Erklärungen und Beweismittel, mit denen der Stpfl. gem. § 364b ausgeschlossen ist, bei der Änderung aufgrund schlichten Antrags nicht zu (v. Wedelstädt AO-StB 2002, 200 (201); Gosch AO § 172 Rn. 202). Diese Regelung trägt dem Umstand Rechnung, dass der VA und die ihn bestätigende Einspruchsentscheidung bezüglich der präkludierten Tatsachen oder Beweismittel rechtmäßig ist (zutr. v. Groll FS Offerhaus S. 837/885 ff.;

→ § 364b Rn. 37). Die Präklusionswirkung des § 364b II soll durch einen Antrag nach § 172 I 1 Nr. 2a nicht unterlaufen werden (vgl. BT-Drs. 14/1514, 47). Soweit der Wortlaut lediglich auf den Umstand der Nichtberücksichtigung der Tatsachen in der Einspruchsentscheidung gem. § 364b II abstellt, bedarf § 172 I 3 HS 2 einer am Normzweck ausgerichteten, einschränkenden Auslegung. Eine rechtswidrige Präklusion schlägt sich in der Einspruchsentscheidung nieder, infiziert sie gewissermaßen und führt zur Rechtswidrigkeit des VA in Gestalt der Einspruchsentscheidung. Diese Rechtswidrigkeit – auch soweit der StBescheid durch Einspruchsentscheidung bestätigt wurde – wird durch die schlichte Änderung nach § 172 I beseitigt. Die Auflösung eines Normwiderspruchs zwischen § 364b und § 172 ist deshalb nur erforderlich, soweit die Präklusion durch § 346b gedeckt ist (vgl. HHSp § 172 Rn. 208). Allerdings dürfte der für die schlichte Änderung fortwirkende Ausschluss nach § 172 I 3 HS 2 weitgehend wirkungslos bleiben (glA Gosch AO § 172 Rn. 87), weil die Präklusion im Klageverfahren gem. § 76 III iVm § 79b III FGO nur sehr eingeschränkt bestehen bleibt (vgl. BFH 9.6.1999 – I R 23/98, BFH/NV 2000, 51; FG Köln 19.9.2002 – 3 K 2002/02, EFG 2003, 405; BFH 13.5.2004 – IV B 230/02, BStBl. II 2004, 833).

Von § 172 I 3 HS 2 unberührt bleibt die schlichte Änderung bezüglich solcher Erklärungen und Beweismittel, die nicht der Präklusionswirkung des § 364b unterfallen. Soweit die FVerw. (OFD Stuttgart 26.4.2002, DB 2002, 1134; anders nunmehr AEAO zu § 364b Nr. 5) offenbar auch eine schlichte Änderung gem. § 172 I 1 Nr. 2a im Klageverfahren (→ Rn. 40) nach rechtmäßiger Präklusion ausschließt, lässt sich eine Rechtsgrundlage hierfür weder § 172 (insb. nicht § 172 I 3) noch § 364b entnehmen. Die FB ist im Klageverfahren an die von den Gerichten nach § 76 III FGO zugelassene Tatsachengrundlage gebunden, sodass eine Abhilfemöglichkeit auch unter Berücksichtigung der für das Einspruchsverfahren präkludierten Tatsachen besteht (vgl. BFH 13.5.2004 – IV B 230/02, BStBl. II 2004, 833). 62

D. Korrektur der Ablehnung auf Erlass, Aufhebung oder Änderung (Abs. 2)

Die vollständige oder teilweise Ablehnung eines Antrags auf Erlass, Aufhebung oder Änderung eines StBescheids erfolgt durch VA (§ 118 S. 1), der in seiner Rechtsnatur dem erstrebten VA entspricht (HHSp § 172 Rn. 215). Infolgedessen gilt die Ablehnung einer StFestsetzung gem. § 155 I 3 selbst als StBescheid. Dieser Rechtslage entspr. stellt § 172 II klar, dass das Korrektursystem der §§ 172 ff. auch für ablehnende StBescheide und ihnen gleichgestellte Bescheide gilt. 65

E. Zurückweisung mittels Allgemeinverfügung (Abs. 3)

Abs. 3 dient der vereinfachten Zurückweisung von Massenanträgen auf schlichte Änderung, soweit eine Korrektur der StFestsetzung wegen eines Verfahrens vor dem EuGH, dem BVerfG oder des BFH begehrt worden ist. Widerspricht die dem Antrag zugrunde liegende Entscheidung im Ergebnis dem Änderungsbegehren, scheidet eine Aufhebung oder Änderung der StFestsetzung aus. Die Zurückweisung des Antrags kann in diesem Fall durch Allgemeinverfügung (→ § 118 Rn. 61) erfolgen. Gegen die Zurückweisung des Antrags ist unmittelbar Klage gegeben (→ § 348 Rn. 9). Für die Zuständigkeit, Veröffentlichungspflicht und den Beginn der Einspruchsfrist gilt § 367 II b entspr. (→ § 367 Rn. 75 ff.). § 172 III gilt auch, soweit Anträge vor Verkündung des JStG 2007 gestellt wurden und die Allgemeinverfügung nach dem 19.12.2006 veröffentlicht wird (Art. 97 § 18 XII EGAO). 66

F. Rechtsbehelfe

67 Gegen die Korrektur eines StBescheids nach § 172 I 1 Nr. 1 und Nr. 2b–d zuungunsten des Stpfl. ist der Einspruch statthaft (§ 347 I 1). Dies gilt auch, soweit eine Änderung nach § 172 I 1 Nr. 2a ohne sein Einverständnis erfolgt. Ebenso kann die Ablehnung einer beantragten Änderung oder Aufhebung mit dem Einspruch angefochten werden (BFH 27.10.1993 – XI R 17/93, BStBl. II 1994, 439; Heinke DStZ 1986, 187/190; Unvericht DStR 1987, 279). Nach erfolglosem Einspruchsverfahren gegen die Ablehnung eines Antrags nach § 172 I 1 Nr. 2a ist die Verpflichtungsklage gegeben. Neben einem laufenden Einspruchsverfahren gegen den StBescheid, dessen schlichte Änderung begehrt wird, fehlt der Verpflichtungsklage grds. das Rechtsschutzbedürfnis (BFH 27.9.1994 – VIII R 36/89, BStBl. II 1995, 353). Dies schließt es jedoch nicht aus, dass die FB dem Einspruchsbegehren mit Zustimmung des Stpfl. durch schlichte Änderung entspricht (→ Rn. 44).

Das Einspruchsbegehren ist in der Sache auf das im Antrag konkretisierte Änderungsverlangen begrenzt (FG Köln 14.11.1991 – 5 K 1078/90, EFG 1992, 246). Wird dem Antrag auf schlichte Änderung nur teilweise entsprochen, ist der Stpfl. durch die Ablehnung der weitergehenden Korrektur beschwert (Krumsiek DStZ 1988, 85 (93); Mihatsch StBp 1988, 149 (152)). Lehnt die FB die Änderung eines innerhalb der Klagefrist gestellten Antrags auf Korrektur einer Einspruchsentscheidung ganz oder teilweise ab, ist hiergegen nicht unmittelbar das Klageverfahren eröffnet, sondern zunächst Einspruch gegen den ablehnenden VA einzulegen (aA TK § 172 Rn. 59). Entspricht die FB dem Antrag des Stpfl. vollständig, kann der geänderte StBescheid mangels Beschwer nicht mehr mit Erfolg angegriffen werden (TK § 172 Rn. 53; vgl. FG Düsseldorf 18.2.2005 – 18 K 4607/03 E, EFG 2005, 883: zu weitgehend, da Änderung im Einspruchsverfahren; Schwarz/Pahlke/Keß § 172 Rn. 39).

§ 173 Aufhebung oder Änderung von Steuerbescheiden wegen neuer Tatsachen oder Beweismittel

(1) Steuerbescheide sind aufzuheben oder zu ändern,

1. soweit Tatsachen oder Beweismittel nachträglich bekannt werden, die zu einer höheren Steuer führen,

2. soweit Tatsachen oder Beweismittel nachträglich bekannt werden, die zu einer niedrigeren Steuer führen und den Steuerpflichtigen kein grobes Verschulden daran trifft, dass die Tatsachen oder Beweismittel erst nachträglich bekannt werden. [2]Das Verschulden ist unbeachtlich, wenn die Tatsachen oder Beweismittel in einem unmittelbaren oder mittelbaren Zusammenhang mit Tatsachen oder Beweismitteln im Sinne der Nummer 1 stehen.

(2) [1]Abweichend von Absatz 1 können Steuerbescheide, soweit sie auf Grund einer Außenprüfung ergangen sind, nur aufgehoben oder geändert werden, wenn eine Steuerhinterziehung oder eine leichtfertige Steuerverkürzung vorliegt. [2]Dies gilt auch in den Fällen, in denen eine Mitteilung nach § 202 Absatz 1 Satz 3 ergangen ist.

Schrifttum: Müller, Mitverschulden des Finanzamts?, AO-StB 2007, 19; Stapperfend, Die Änderbarkeit der Steuerfestsetzung als Voraussetzung für die Bilanzberichtigung, FR 2008, 937; Graw/Loose, Das Merkmal der Rechtserheblichkeit neuer Tatsachen iSd. § 173 AO, AO-StB 2008, 336; Balmes/Graessner, „Tipke-Urteil" als verfahrensrechtlicher Änderungsgrund, BB 2009, 468; Bergan/Martin, Keine Durchbrechung der Änderungssperre des § 173 Abs. 2 AO bei Subventionsbetrug, DStRE 2009, 882; de Weerth, Bestandskraft von deutschen Steuerbescheiden und europäisches Gemeinschaftsrecht, DB 2009, 2677; Geimer, Ist dem Mandanten Beraterverschulden stets uneingeschränkt zuzurechnen – ohne Berücksichtigung des Verhaltens der Finanzbehörde, AO-StB 2010, 113; Geserich, Die Rechtserheblichkeit neuer Tatsachen und Beweismittel, NWB 2010, 2366; Schwenke, Grobes Verschulden des steuerlichen Beraters und eingeschalteter Dritter, NWB 2010, 814; Loose, Rechtserheblichkeit neuer Tatsachen i. S. d. § 173 AO – Wer trägt die

Feststellungslast?, AO-StB 2013, 313; Geserich, Die Beweislast bei Änderungen aufgrund nachträglich bekanntgewordener Einkünfte, NWB 2015, 2511; von Wedelstädt, Verfahrensrechtliche Fragen bei der Anwendung des ELSTER-Verfahrens, AO-StB 2015, 99; Weßling, Änderung von Steuerbescheiden bei „schlichtem Vergessen" von Angaben in der Steuererklärung, NWB 2015, 2582; Schuster, Beweisverwertungsverbote im finanzgerichtlichen Verfahren, AO-StB 2018, 21; Hild, Das Vorliegen einer neuen Tatsache (§ 173 Abs. 1 Nr. 1 AO) – Vorfrage in einem Steuerstrafverfahren, AO-StB 2019, 118; Günther, Änderungssperre nach einer Außenprüfung (§ 173 Abs. 2 AO), AO-StB 2019, 322.

Übersicht

A. Allgemeines

Im System der Änderungsvorschriften (→ Vor §§ 172 ff. Rn. 5) bietet § 173 die rechtlich wie praktisch bedeutendste Möglichkeit der Durchbrechung bestandskräftiger StBescheide und ihnen gleichgestellter VA. Diese Vorschrift räumt grds. dem öffentlichen Interesse an der Richtigkeit der StFestsetzung Vorrang vor dem Vertrauensschutz zugunsten des Stpfl. ein (BFH 12.7.2001 – VII R 68/00, BStBl. II 2002, 44; vgl. zum Widerstreit dieser verschiedenen Verfassungsprinzipien → Vor §§ 172 ff. Rn. 1). § 173 lässt keine allgemeine Rechtsfehlerberichtigung zu, sondern dient der Festsetzung der materiell richtigen Steuer, soweit die bisherige StFestsetzung auf rechtserheblich unzutreffender Tatsachengrundlage erfolgte (BFH 22.4.2010 – VI R 40/08, BStBl. II 2010, 951). 1

Anwendbar ist § 173 auf StBescheide und VA, für welche die Vorschriften über die StFestsetzung entspr. gelten (→ Vor §§ 172 Rn. 16 ff.). StBescheid ist auch der Freistellungsbescheid (BFH 13.11.1996 – I R 152/93, BStBl. II 1998, 711), die Ablehnung des Antrags auf StFestsetzung (BFH 12.5.1989 – III R 200/85, BStBl. II 1989, 920) und der 2

StÄnderungsbescheid (BFH 12.1.1989 – IV R 8/88, BStBl. II 1989, 438; BFH 10.12.1991 – VII R 10/90, BStBl. II 1992, 324); zur strafbefreienden Erklärung s. FG Niedersachsen 14.2.2007 – 2 K 672/04, EFG 2007, 1220. Mangels bestandskräftiger Regelung unterliegt der erstmalige Erlass eines StBescheids hingegen nicht den Beschränkungen des § 173 (BFH 12.11.1985 – VIII R 240/81, BStBl. II 1986, 296; ebenso für Grundlagenbescheide BFH 1.7.2003 – VIII R 61/02, BFH/NV 2004, 27). Die Aufnahme eines Vorläufigkeitsvermerks lässt sich mit § 173 nicht erreichen (BFH 7.3.2006 – X B 158/05, BFH/NV 2006, 1053). Die Sonderregelung des § 189 für die Änderung von GewSt-Zerlegungsbescheiden genießt als lex specialis Vorrang, schließt eine Anwendung des § 173 im Übrigen jedoch nicht aus (BFH 24.3.1992 – VIII R 33/90, BStBl. II 1992, 869 mwN; → § 189 Rn. 8).

B. Aufhebung oder Änderung von Steuerbescheiden (Abs. 1)

I. Tatsachen

6 Ansprüche aus dem StSchuldverhältnis entstehen durch die Verwirklichung des gesetzlichen Tatbestands, dessen Merkmale durch einen konkreten Lebenssachverhalt erfüllt werden (→ § 38 Rn. 8). Tatsachen iSd § 173 I sind damit die Grundlage der Entscheidungsfindung jeglicher StFestsetzung. Sie sind Gegenstand des Beweises; über ihr Vorliegen oder Nichtvorliegen kann Beweis erhoben werden (Gräber FGO § 81 Rn. 2 aE; vgl. auch §§ 92 ff.). Für eine allgemeine Bestimmung des Tatsachenbegriffs kann infolgedessen auch auf die prozessrechtliche Literatur und Rspr. zurückgegriffen werden. Dies gilt auch für den Tatsachenbegriff in § 131 II 1 Nr. 3 (BFH 9.12.2008 – VII R 43/07, BStBl. II 2009, 344).

1. Begriff

7 **Tatsachen** sind konkrete Vorgänge oder Zustände der Vergangenheit oder Gegenwart, die sinnlich wahrnehmbar in die Wirklichkeit getreten und damit dem Beweis zugänglich sind. Dieser normunspezifische Tatsachenbegriff wird im Kontext des § 173 dahingehend eingeschränkt, dass unter Tatsache alles zu verstehen ist, was Merkmal oder Teilstück eines gesetzlichen StTatbestands sein kann, also **Zustände, Vorgänge, Beziehungen, Eigenschaften** materieller oder immaterieller Art (vgl. BFH 2.8.1994 – VIII R 65/93, BStBl. II 1995, 264; BFH 11.5.1999 – IX R 72/96, BFH/NV 1999, 1446; BFH 23.1.2001 – XI R 42/00, BStBl. II 2001, 379; BFH 25.7.2001 – VI R 82/96, BFH/NV 2001, 1533; BFH 7.7.2004 – XI R 10/03, BStBl. II 2004, 911). Unerheblich ist, ob sich eine einzelne Tatsache mit dem abstrakten Tatbestandsmerkmal des Gesetzes deckt oder erst mehrere Tatsachen in ihrer Gesamtheit ein Teilstück des gesetzlichen StTatbestands erfüllen (vgl. BFH 26.11.1996 – IX R 77/95, BStBl. II 1997, 422; BFH 27.10.1998 – X R 157/95, BStBl. II 1999, 91; vgl. zum einheitlichen Vertragswerk BFH 14.5.2003 – II R 25/01, BFH/NV 2003, 1395; FG Köln 24.2.2000 – 15 K 3056/93, EFG 2001, 143). Eine Tatsache kann sowohl in einem positiven Zustand (zB Zu- oder Abfluss von Zahlungsmitteln, Begründung einer Forderung usw.) als auch im Fehlen einer Eigenschaft oder Nichteintritt eines Vorgangs (zB fehlende Vereinbarung über Gehaltszahlung an einen Gesellschafter-Geschäftsführer; Rückstellung für ungewisse Verbindlichkeit bei nachträglicher Kenntnis vom Fehlen einer Verpflichtung) bestehen (vgl. FG Köln 23.10.2013 – 4 K 1589/10, EFG 2014, 411; Schwarz/Pahlke/Keß § 173 Rn. 53). Ebenso geben Begriffe, die komplexe Sachverhalte bezeichnen, wie etwa die Rückstellung für Entsorgungskosten, neben einer bestimmten rechtlichen Wertung auch eine Zusammenfassung von Tatsachen wieder (BFH 25.1.2017 – I R 70/15, BStBl. II 2017, 780; → Rn. 24). So ist die Art und Weise, in der ein Stpfl. seine Aufzeichnungen geführt hat, insb. ein Verstoß gegen § 143 AO, eine Tatsache (BFH 9.3.2016 – X R 9/13, BStBl. II 2016, 815; BFH 19.1.2017 – III

R 28/14, BStBl. II 2017, 743). Dies gilt im Fall der EÜR auch für sonstige Aufzeichnungen und die übrige Belegsammlung (BFH 6.5.2024 – III R 14/22, BFH/NV 2024, 1067).

Sog. **innere Tatsachen** (zB Einkunftserzielungsabsicht, Entnahmewille) gehören ebenfalls zu den Tatsachen iSd § 173, soweit der gesetzliche Tatbestand (auch) an das subjektive Merkmal anknüpft (vgl. BFH 25.10.1989 – X R 109/87, BStBl. II 1990, 278). Innere Tatsachen treten als subsumtionsfähige Tatsache, die sich mit dem abstrakten Tatbestandsmerkmal des Gesetzes deckt (Haupttatsache), nicht selbst sinnlich wahrnehmbar nach außen hervor, sondern lassen sich nur anhand anderer äußerer Tatsachen (Indiz- oder Hilfstatsachen) feststellen, die ihrerseits den Schluss auf das Vorliegen oder Nichtvorliegen der Haupttatsache zulassen (BFH 6.12.1994 – IX R 11/91, BStBl. II 1995, 192). Die einzelne **Indiztatsache** selbst ist **keine Tatsache** iSd § 173. Sie erfüllt – auch in der Summe aller Indiztatsachen – nicht ein Teilstück der Norm, sondern versetzt das FA und FG lediglich in die Lage, im Wege der Beweiswürdigung auf das Vorliegen der Haupttatsache zu schließen (vgl. hierzu BFH 4.12.2001 – IX R 70/98, BFH/NV 2002, 635; BFH 14.9.1999 – IX R 59/96, BStBl. II 2000, 67). So ist der für eine Entnahme erforderliche Entnahmewille idR daraus zu folgern, dass der Stpfl. innerhalb oder außerhalb seines Buchführungswerks die naheliegenden steuerrechtlichen Folgerungen aus einer Entnahme zieht (BFH 17.4.2002 – X R 8/00, BFH/NV 2002, 1093). Der für die Annahme eines gewerblichen Grundstückshandels maßgebende gewerbliche Betätigungswille lässt sich aus Indizien entnehmen, wie der Zahl der veräußerten Objekte und dem zeitlichen Abstand der maßgeblichen Tätigkeiten (BFH 6.7.1999 – VIII R 17/97, BStBl. II 2000, 306; BFH 5.12.2002 – IV R 58/01, BFH/NV 2003, 588). 8

Da die einzelne **Hilfstatsache** nur ein Beweisanzeichen (kein Beweismittel, → Rn. 36) und damit nicht selbst Tatsache iSd § 173 ist, kommt es auf den **Zeitpunkt der Entstehung** der Hilfstatsache nicht an (FG Niedersachsen 25.2.2020 – 9 K 112/18, EFG 2020, 1077). Durch die nachträgliche Kenntnis der neuen Hilfstatsache muss nunmehr aus der Gesamtheit der Indiztatsachen der sichere Schluss auf das Vorliegen oder Nichtvorliegen der Haupttatsache möglich sein (BFH 6.12.1994 – IX R 11/91, BStBl. II 1995, 192; BFH 19.10.2011 – X R 29/10, BFH/NV 2012, 227). Eine nach dem Zeitpunkt der StFestsetzung entstandene oder bekannt gewordene Hilfstatsache, die für diesen Zeitpunkt zu einer veränderten Würdigung in Bezug auf eine innere Tatsache führt, rechtfertigt eine Berichtigung nach § 173 I; denn durch sie wird die Haupttatsache nachträglich bekannt (vgl. BFH 7.9.1965 – I 69/63 U, BStBl. III 1965, 677; BFH 19.6.1974 – I R 94/71, BStBl. II 1974, 586; BFH 14.5.2003 – II R 25/01, BFH/NV 2003, 1395; Schwarz/Pahlke/Keß § 173 Rn. 31). 9

Der Inhalt **ausländischen Rechts** (einschl. des nicht fortgeltenden Rechts der ehemaligen DDR) ist, auch wenn es mit deutschem Recht übereinstimmt, dem Beweis zugänglich (vgl. § 293 ZPO; BGH 29.9.1977 – II ZR 204/75, BeckRS 1977, 31113849; BGH 30.4.1992 – IX ZR 233/90, NJW 1992, 2026). Gleichwohl sind ausländische Rechtsnormen keine Tatsachen, sondern Rechtssätze, deren Rechtsfolge sich durch die Subsumtion unter einen Auslandssachverhalt ergibt (ebenso BFH 13.10.1983 – I R 11/79, BStBl. II 1984, 181; Klein § 173 Rn. 38; BeckOK AO § 173 Rn. 22; aA Schwarz/Pahlke/Keß § 173 Rn. 21; Gosch AO § 173 Rn. 11; FG München 14.2.2008 – 15 K 779/05, EFG 2008, 1381). Die Regelung zur Feststellung ausländischen Rechts (§ 293 ZPO) sowie die Bindung des Revisionsgerichts hieran (§ 562 ZPO) wie an tatsächliche Feststellungen erweitert nicht fiktiv den Tatsachenbegriff, sondern erstreckt lediglich prozessuale Rechtsfolgen auf irreversibles Recht (vgl. Gräber FGO § 118 Rn. 44 ff.). 10

Abzugrenzen sind Tatsachen von Werturteilen, Schlussfolgerungen, juristischen Subsumtionen (zB die Zuordnung von Besteuerungsgrundlagen zu einem bestimmten VZ, BFH 18.7.2023 – IX R 17/22, BStBl. II 2024, 90), Rechtsansichten und Bewertungen jeglicher Art. Wenngleich es abstrakt klar und einfach möglich ist, Tatsachen von Schlussfolgerungen zu unterscheiden, können im konkreten Einzelfall erhebliche Schwierigkeiten auftreten. Knüpft der gesetzliche Tatbestand etwa in einzelnen Merkmalen an Wertungen 11 an, lassen sich die als Grundlage für das Werturteil, die Bewertung oder Schätzung heranzuziehenden Einzeltatsachen vielfach nicht mit hinreichender Sicherheit feststellen (vgl. zum Problem der normspezifischen Unsicherheit Seer, 196 f.). Dies gilt beispielsweise für die Angemessenheit von Geschäftsführergehältern (BFH 27.10.1992 – VIII R 41/89, BStBl. II 1993, 569; BFH 14.7.1999 – I B 91/98, BFH/NV 1999, 1645), die Feststellung des Werts eines Wirtschaftsguts (BFH 1.4.1998 – X R 150/95, BStBl. II 1998, 569) oder auch die Bestimmung der betriebsgewöhnlichen Nutzungsdauer (vgl. BFH 9.12.1999 – III R 74/97, BStBl. II 2001, 311).

12 **Schlussfolgerungen,** Wertungen usw. sind keine Tatsachen (BFH 14.5.2003 – X R 60/01, BFH/NV 2003, 1144); ihnen fehlt die Eignung zur Feststellung im Beweisverfahren, da sie lediglich das Ergebnis eines gedanklichen Prozesses wertender und/oder logischer Beurteilung sind. Als solche treten sie nicht in die wahrnehmbare Wirklichkeit hervor, stellen keine Vorgänge, Beziehungen oder Eigenschaften einer Person oder Sache dar (vgl. BFH 28.4.1987 – IX R 108/83, BFH/NV 1987, 172). Die steuerrechtliche Würdigung des festgestellten Sachverhalts und seine Subsumtion unter den gesetzlichen Tatbestand sind deshalb keine Tatsachen. **Fehlerhafte Würdigung** der Tatsachengrundlage, Rechtsirrtümer und die falsche Beurteilung einer Rechtsfrage berechtigen folgerichtig auch nicht zu einer Änderung oder Aufhebung des StBescheids (BFH 20.12.1988 – VIII R 121/83, BStBl. II 1989, 585; BFH 27.10.1992 – VIII R 41/89, BStBl. II 1993, 569; BFH 2.8.1994 – VIII R 65/93, BStBl. II 1995, 264; FG Brandenburg 5.2.1998 – 4 K 1659/96 AO, EFG 1998, 711; BFH 14.5.2003 – II R 25/01, BFH/NV 2003, 1395); ebenso nicht die Änderung der eigenen Rechtsauffassung (BFH 3.7.1964 – VI 78/63 S, BStBl. III 1964, 566; FG Köln 24.10.1995 – 8 K 875/90, EFG 1996, 949), die **Änderung der Rspr.** sowie die erstmalige Klärung einer Rechtsfrage durch höchstrichterliche Entscheidungen des BFH oder EuGH (BFH 31.3.1981 – VII R 1/79, BStBl. II 1981, 507; FG München 15.11.1985 – I 321/82 E, EFG 1986, 156; FG Hessen 6.4.1995 – 6 K 74/95, EFG 1995, 1088), die Änderung von Erlassen, Richtlinien oder Verfügungen der FVerw. (BFH 14.5.2003 – X R 60/01, BFH/NV 2003, 1144; FG Hessen 14.11.1984 – 10 K 107/84, EFG 1985, 154), der nachträgliche Wegfall der Rechtsgrundlage aufgrund einer Entscheidung des BVerfG (glA TK § 173 Rn. 3; Gosch AO § 173 Rn. 8; Schwarz/Pahlke/Keß § 173 Rn. 24; BFH 12.5.2009 – IX R 45/08, BStBl. II 2009, 891). Desgleichen ist eine rückwirkende Gesetzesänderung keine Tatsache, auch soweit hierdurch eine für verfassungswidrig erklärte Regelung ersetzt wird (FG Nürnberg 28.10.1992 – V 50/92, EFG 1993, 123; Neckels DStZ 1993, 321; Baum DStZ 1993, 146; offengelassen von BFH 11.2.1994 – III R 50/92, BStBl. II 1994, 389).

13 **Vermutungen,** Mutmaßungen, Erwartungen und Verdachtsmomente sind keine Tatsachen (TK § 173 Rn. 2; Schwarz/Pahlke/Keß § 173 Rn. 26; BFH 6.12.1994 – IX R 11/91, BStBl. II 1995, 192). Sie sind Annahmen eines vorgestellten, jedoch nicht mit Gewissheit eingetretenen Sachverhalts. Das gilt auch für Prognosen, die lediglich einen mit mehr oder weniger großer Wahrscheinlichkeit erst zukünftig eintretenden Sachverhalt vorhersagen. Ist eine Prognoseentscheidung Teil des gesetzlichen Tatbestands, sind nachträglich bekannt gewordene Tatsachen zu berücksichtigen, soweit die neue Tatsachengrundlage mit Sicherheit zu einer anderen Prognoseentscheidung geführt hätte.

2. Einzelheiten

18 **a) Ausübung von Gestaltungsrechten.** Die Ausübung von Gestaltungsrechten (Stellung eines Antrags, Ausübung eines Wahlrechts) ist **Verfahrenshandlung** (BFH 13.12.2001 – III R 24/99, BStBl. II 2002, 159; BFH 3.3.1998 – VII R 109/97, BFH/NV 1998, 1265; TK § 173 Rn. 16; Gosch AO § 173 Rn. 22). Als solche ist der Antrag bzw. das Wahlrecht verfahrensrechtliche Willenserklärung. Seine **Existenz,** also das Faktum der Ausübung des Gestaltungsrechts, ist jedoch eine **Tatsache** (BFH 30.9.1981 – II R 105/81, BStBl. II 1982, 80; BFH 12.11.1986 – II R 191/84, BFH/NV 1987, 703; vgl. FG München 11.12.2002 – 1 K 1882/02, EFG 2003, 616: Ausübung eines Wandlungsrechts).

Wird der Antrag nach Eintritt der Bestandskraft erstmals gestellt, dann wird seine Existenz nicht nachträglich bekannt, sondern die Tatsache entsteht erst nachträglich (BFH 30.10.2003 – III R 24/02, BStBl. II 2004, 394; Schwarz/Pahlke/Keß § 173 Rn. 43). Entsprechendes gilt für eine geänderte Ausübung eines Wahlrechts (BFH 13.2.1997 – IV R 59/95, BFH/NV 1997, 635). Unerheblich ist, ob der Stpfl. aus Unkenntnis oder anderen Gründen die rechtzeitige Antragstellung versäumt. Weder die Kenntnis der Rechtslage noch die Gründe für die Ausübung des Gestaltungsrechts sind Merkmal des gesetzlichen Tatbestands (BFH 25.1.2001 – II R 52/98, BStBl. II 2001, 414; aA FG Köln 12.12.1997 – 9 K 1208/96, EFG 1999, 205).

Wird hingegen eine Tatsache nachträglich bekannt, die das Merkmal eines **antragsgebundenen Tatbestands** erfüllt, ist die Ausübung des **nicht fristgebundenen** Gestaltungsrechts im Rahmen der Änderung nach § 173 zulässig (BFH 28.9.1984 – VI R 48/82, BStBl. II 1985, 117; BFH 21.7.1989 – III R 303/84, BStBl. II 1989, 960; BFH 9.8.1991 – III R 24/87, BStBl. II 1992, 65; HHSp § 173 Rn. 90; Klein § 173 Rn. 36). Dem Antrag kann im Umfang des Änderungsrahmens entsprochen werden, weil insoweit die Bestandskraft durchbrochen wird (→ Vor §§ 172 ff. Rn. 11 f.; TK § 173 Rn. 17). Wird der Änderungsbescheid wieder aufgehoben, entfällt zugleich die Wirkung des erstmals ausgeübten oder geänderten Gestaltungsrechts (BFH 24.5.1991 – III R 105/89, BStBl. II 1992, 123). Bei **fristgebundenen** Gestaltungsrechten scheidet eine Änderung nach § 173 aus, weil der Antrag oder das Wahlrecht nach Fristablauf nicht mehr wirksam gestellt bzw. ausgeübt werden kann (BFH 18.12.1986 – III R 150/82, BStBl. II 1987, 307), es sei denn, dem Stpfl. ist Wiedereinsetzung (§ 110) zu gewähren (Gosch AO § 173 Rn. 22; Schwarz/Pahlke/Keß § 173 Rn. 46). 19

b) Vorgreifliche Rechtsverhältnisse. Vorgreiflichkeit. Knüpfen steuerrechtliche Tatbestände an das Bestehen oder Nichtbestehen von Rechtsverhältnissen an, stellt sich sowohl **die Entscheidung** über die Qualifizierung (Miete oder Kauf) oder die Wirksamkeit des Rechtsverhältnisses als auch **das Rechtsverhältnis** als Tatsache dar, wenn das Rechtsverhältnis unmittelbare Auswirkung auf den StTatbestand hat und die FB an die rechtliche Bewertung durch eine andere Behörde oder ein Gericht gebunden ist (ähnlich HHSp § 173 Rn. 81; Schwarz/Pahlke/Keß § 173 Rn. 51; TK § 173 Rn. 4; BFH 6.8.1985 – VII B 3/85, BStBl. II 1985, 672). Die Entscheidung über das Rechtsverhältnis erfolgt in einem speziell für diesen Vorgang eigenständigen Verfahren, dessen rechtliches Ergebnis als Tatsache in die Seinswelt tritt (zB Wirksamkeit des Eintritts oder Ausscheidens eines Gesellschafters; Wirksamkeit einer Eheschließung; Annahme eines Kindes). Solange ein solches Verfahren nicht durchgeführt ist, darf die FB selbst über das vorgreifliche Rechtsverhältnis im Rahmen der steuerrechtlichen Subsumtion entscheiden (zur Aussetzung eines Einspruchsverfahrens wegen Vorgreiflichkeit → § 363 Rn. 12 ff.). 20

Dies gilt sowohl für **Gestaltungsentscheidungen** (zB Eheschließung, Einbürgerung, Stiftungsgenehmigung), durch die unmittelbar eine Änderung der Rechtslage herbeigeführt wird, als auch für Gerichts- und Verwaltungsentscheidungen, die lediglich die rechtliche Beurteilung des streitigen Rechtsverhältnisses zum Gegenstand haben (BFH 14.5.2003 – X R 60/01, BFH/NV 2003, 1144; Schwarz/Pahlke/Keß § 173 Rn. 63). Dabei ist allerdings zu beachten, dass durch die konstitutive Wirkung von Gestaltungsentscheidungen eine Änderung der Rechtslage erst im Zeitpunkt der Rechtskraft des Urteils eintritt. Die Entscheidung muss folglich bei der Veranlagung bereits vorgelegen haben, der FB jedoch nicht bekannt gewesen sein. Schreibt das Urteil bzw. der VA demgegenüber lediglich fest, wie die Rechtslage im Einzelfall zu beurteilen ist, stellt die Erkenntnis, welche Rechtslage von Anfang an bestand, eine neue Tatsache dar. 21

Rechtsnatur des vorgreiflichen Rechtsverhältnisses. Das präjudizielle Rechtsverhältnis entstammt zumeist einem **fremden Rechtsgebiet,** also etwa dem Zivil-, Arbeits-, Sozial- oder Verwaltungsrecht, kann in Einzelfällen aber auch im StRecht begründet sein (Schwarz/Pahlke/Keß § 173 Rn. 52; diff. TK § 173 Rn. 6). Für Rechtsverhältnisse **steu-** 22

errechtlicher Natur geht die Rspr. davon aus, dass diese jedenfalls dann keine Tatsachen sind, soweit die Subsumtion der FB obliegt, die auch zur Aufhebung oder Änderung der StBescheide befugt ist (BFH 27.10.1992 – VIII R 41/89, BStBl. II 1993, 569; BFH 25.3.1969 – II R 5/66, BStBl. II 1969, 445). Dem ist insoweit zuzustimmen, als ein präjudizielles Rechtsverhältnis nur vorliegen kann, soweit ein steuerrechtlicher Tatbestand seinerseits an ein derartiges Rechtsverhältnis anknüpft. So fehlt etwa der Feststellung einer vGA bei der KapGes die tatbestandliche Bindungswirkung für den Anteilseigner (BFH 27.10.1992 – VIII R 41/89, BStBl. II 1993, 569; vgl. zur vGA nach § 8 KStG nF Meyer/Ball DStR 2002, 1285). Demgegenüber ist die bestandskräftig festgesetzte KraftSt für den betrieblichen Pkw oder die Höhe der GewSt ein für die Ermittlung des Gewinns tatbestandsmäßig relevanter Vorgang (vgl. BFH 18.7.1973 – I R 11/73, BStBl. II 1973, 860; BFH 13.1.2005 – II R 48/02, BStBl. II 2005, 451; aA TK § 173 Rn. 7; BFH 21.8.1962 – I 248/60 U, BStBl. III 1962, 501). Folglich ist das Bestehen von Steuern einer anderen StArt oder eines anderen Besteuerungszeitraums eine Tatsache, soweit sie sich tatbestandsmäßig auf eine andere StSchuld auswirkt (so zu Recht Schwarz/Pahlke/Keß § 173 Rn. 53).

23 **Rechtsverhältnis** ist jede aus einem konkreten Sachverhalt resultierende, aufgrund von Rechtsnormen geordnete rechtliche Beziehung einer Person zu einer anderen oder zu einer Sache (BVerwG 26.6.1981 – 4 C 5/78, BVerwGE 62, 342; BGH 3.5.1983 – VI ZR 79/80, NJW 1984, 1556; BFH 8.4.1981 – II R 47/79, BStBl. II 1981, 581). Zu den Rechtsverhältnissen gehören neben Forderungen und Ansprüchen auch gesellschaftsrechtliche Mitgliedschaften, Eigentum, Nutzungsrechte und Belastungen; desgleichen werden einzelne rechtliche Folgen des Rechtsverhältnisses, wie zB zivilrechtliche Verjährungseinreden oder der Einwand der Erfüllung, erfasst. Soweit es sich um ein Rechtsverhältnis steuerrechtlicher Natur handelt, wird es idR an der Vorgreiflichkeit fehlen (→ Rn. 20 ff.). Die Vorgreiflichkeit fehlt indes ebenso für sonstige Rechtsverhältnisse, die nicht steuererheblich sind. So ist die zivilrechtliche Forderung auf Abführung des Ergebnisses aus einem Ergebnisabführungsvertrag für die Veranlagung des Organträgers steuerlich unerheblich, weil steuerlich nicht der abgeführte Gewinn, sondern das Einkommen der Organgesellschaft zugerechnet wird (so zu Recht Schwarz/Pahlke/Keß § 173 Rn. 34; aA TK § 173 Rn. 8).

24 **Rechtsbegriffe der Alltagssprache** (Kauf, Miete, Leihe, Besitz) werden häufig zur Bezeichnung eines Sachverhaltsgeschehens verwendet, ohne dass dabei auf die richtige juristische Wertung geachtet wird (wie zB der gemietete „Leihwagen"). Eine solche Bezeichnung enthält eine Zusammenfassung von Tatsachen, zu denen auch subjektive Tatbestandsmerkmale gehören, wie beispielsweise der von den Vertragsparteien einverständlich bestimmte Vertragszweck (BFH 20.12.1988 – VIII R 121/83, BStBl. II 1989, 585; BFH 14.5.2003 – X R 60/01, BFH/NV 2003, 1144; FG Bremen 25.9.2003 – 1 K 570/02, EFG 2004, 78). Stellt sich nachträglich heraus, dass die mit dem Begriff verbundene Sachverhaltsgestaltung eine andere war, also die rechtliche Wertung des Stpfl. nicht zutraf, kommt eine Änderung nach § 173 in Betracht (BFH 13.10.1983 – I R 11/79, BStBl. II 1984, 181; BFH 18.3.1988 – V R 206/83, BFH/NV 1990, 1; BFH 2.8.1994 – VIII R 65/93, BStBl. II 1995, 264). Ist die Sachverhaltsgestaltung bekannt, führt allein die Erkenntnis, dass die von der FB übernommene Wertung des Stpfl. unzutreffend war, nicht zu einer Änderungsmöglichkeit. Umstände zum Abschluss und Inhalt von Vereinbarungen unter nahen Angehörigen können Tatsachen iSd § 173 sein (BFH 7.7.2004 – VI R 93/01, HFR 2005, 90; FG Münster 23.9.2016 – 14 K 256/14 E, BeckRS 2016, 134805).

25 **c) Wert eines Gegenstandes.** Der Wert eines Gegenstandes ist grds. keine Tatsache, sondern nur das Ergebnis von Schlussfolgerungen aus wertbegründenden Eigenschaften. Dagegen sind die wertbildenden oder wertbegründenden Merkmale, zB die Beschaffenheit eines Wirtschaftsguts, die Bebauung eines Grundstücks oder die Belastung mit Altlasten, Tatsachen iSd § 173 (BFH 7.4.2008 – IV B 55/07, BFH/NV 2008, 1433 zu Planungs-

schriften der Gemeinde; BFH 25.7.2001 – VI R 82/96, BFH/NV 2001, 1533; BFH 11.5.1999 – IX R 72/96, BFH/NV 1999, 1446; BFH 1.4.1998 – X R 150/95, BStBl. II 1998, 569). Dies gilt auch für die Höhe eines geldwerten Vorteils, der eine Folgerung aus verschiedenen Berechnungsgrundlagen ist (BFH 25.7.2001 – VI R 82/96, BFH/NV 2001, 1533; FG München 24.10.2001 – 1 K 5122/00, EFG 2002, 406). Der Einheitswert ist gleichermaßen keine Tatsache, sondern Resultat einer Subsumtion verschiedener Tatsachen unter den Gesetzesbegriff (BFH 14.1.1998 – II R 9/97, BStBl. II 1998, 371). Hat ein Stpfl. einen Wert angesetzt, ohne die wertbegründenden Eigenschaften zu erläutern, rechtfertigt die nachträgliche Kenntnis dieser Eigenschaften eine Änderung des StBescheids aufgrund neuer Tatsachen, wenn die Schlussfolgerung des Stpfl. nicht zum richtigen Wert führte (BFH 26.6.2014 – VI R 94/13, BStBl. II 2014, 864).

d) Schätzung. Schlussfolgerung. Schätzung ist die Ermittlung eines Betrags (einer 26 Besteuerungsgrundlage) auf unzureichender Tatsachengrundlage unter Berücksichtigung aller wertbildenden Faktoren (Schätzungsgrundlagen), ggf. unter Zuhilfenahme anerkannter Schätzungsmethoden (BFH 26.2.2002 – X R 59/98, BFH/NV 2002, 1064). Als solches ist die Schätzung keine Tatsache, sondern Ergebnis eines wertenden Denkprozesses (BFH 14.1.1998 – II R 9/97, BStBl. II 1998, 371). Tatsachen sind nur die Schätzungsgrundlagen (BFH 19.10.1995 – V R 60/92, BStBl. II 1996, 149; BFH 27.10.1992 – VIII R 41/89, BStBl. II 1993, 569 mwN). Insgesamt geht es bei der Schätzung darum, rechtliche Folgerungen aus einem mehr oder weniger unvollständig aufgeklärten bzw. aufklärbaren Sachverhalt zu ziehen (BFH 24.10.1985 – IV R 75/84, BStBl. II 1986, 233; BFH 3.6.1987 – X R 61/81, BFH/NV 1988, 342). Durch die Feststellung einzelner neuer Schätzungsgrundlagen werden Tatsachen nachträglich bekannt (BFH 22.5.2006 – VI R 17/05, BStBl. II 2006, 806; TK § 173 Rn. 10; Schwarz/Pahlke/Keß § 173 Rn. 70). Zur Befugnis, den Gründen und Methoden einer Schätzung → § 162 Rn. 1 ff.

Rechtserheblichkeit. Nicht jede nachträglich bekannt werdende **Schätzungsgrundlage** rechtfertigt eine Änderung nach § 173 I. Eine Schätzung ist grds. nicht zielgenau auf ein bestimmtes, ausschl. anzunehmendes Ergebnis gerichtet, sondern aufgrund der unvollständigen Tatsachengrundlage mit Unsicherheiten verbunden, die eine gewisse Bandbreite an Ergebnissen als sachgerecht erscheinen lassen (Gosch AO § 173 Rn. 17; Schwarz/Pahlke/Keß § 173 Rn. 69; → § 162 Rn. 123 f.). Aus diesem Grund führt auch nicht jede berücksichtigte Schätzungsgrundlage bei ihrem Wegfall notwendigerweise zu einer Änderung des Schätzungsergebnisses. Umgekehrt zwingt eine neue Schätzungsgrundlage nicht zwangsläufig zu einer Veränderung der Schätzung. Erforderlich für die Anwendbarkeit des § 173 I ist vielmehr, dass solche Schätzungsgrundlagen bekannt werden, welche die FB bei rechtzeitiger Kenntnis veranlasst hätten, die Schätzung nicht oder nicht in dieser Weise vorzunehmen (BFH 20.9.1962 – IV 198/60 U, BStBl. III 1963, 60). Ob eine neue Tatsache zu einem Schätzungsergebnis führt, das außerhalb der Schätzungsbandbreite liegt, ist nicht aufgrund einer fehlerhaft durchgeführten Schätzung zu beurteilen, sondern unter Berücksichtigung einer ordnungsgemäßen Anwendung der Schätzungsmethode (BFH 20.9.1973 – IV R 236/69, BStBl. II 1974, 74; BFH 3.12.1981 – IV R 99/77, BStBl. II 1982, 273). § 173 dient nicht zur Korrektur von Schätzungsfehlern (vgl. BFH 2.3.1982 – VIII R 225/80, BStBl. II 1984, 504). Eine Schätzung des Teilwerts kann folglich nicht deshalb berichtigt werden, weil das Wirtschaftsgut später zu einem erheblich höheren Preis verkauft wird (BFH 17.1.1964 – III 416/60 U, BStBl. III 1964, 145). 27

Einzelfälle. Schätzt das FA die Besteuerungsgrundlagen mangels Abgabe der StErklärung, berechtigt die Kenntnis vom Zufluss eines höheren Arbeitslohns zur Änderung (BFH 5.8.1986 – IX R 13/81, BStBl. II 1987, 297). Tatsachen sind auch die für einen Vermögensvergleich erforderlichen Besteuerungsgrundlagen und der sich daraus ergebende, gegenüber einer ursprünglichen Gewinnschätzung wesentlich höhere Vermögenszuwachs (BFH 29.10.1987 – IV R 69/85, BFH/NV 1988, 346). Laufender Gewinn und Veräußerungsgewinn stellen bei einer Gewinnschätzung jeweils getrennte Tatsachen dar (BFH 28

30.10.1986 – III R 163/82, BStBl. II 1987, 161). Die tatsächliche Höhe der Umsätze ist eine neue Tatsache, die zur Änderung des Schätzungsbescheids berechtigt, soweit die tatsächlichen Umsätze außerhalb des Schätzungsrahmens liegen (BFH 19.10.1995 – V R 60/92, BStBl. II 1996, 149; BFH 10.4.2003 – V R 26/02, BStBl. II 2003, 785; Schwarz/Pahlke/Keß § 173 Rn. 71). Entspr. beruhen auch VorSt-Beträge auf neuen Tatsachen, soweit sie die vom FA im Schätzungsbescheid bereits erfasste VorSt übersteigen (BFH 10.4.2003 – V R 26/02, BStBl. II 2003, 785).

Der Übergang von einer **Schätzungsmethode** zu einer anderen bedeutet lediglich die Auswechslung eines die Schlussfolgerung erleichternden Hilfsmittels und rechtfertigt für sich keine Änderung nach § 173 (BFH 26.2.2002 – X R 59/98, BFH/NV 2002, 1064). Hingegen ist die Änderungsbefugnis gegeben, wenn aufgrund einer nachträglich bekannt gewordenen Schätzungsgrundlage die angewendete Methode versagt (BFH 5.12.1957 – IV 515/56 U, BStBl. III 1958, 52). Hat die FB den Gewinn zunächst nach Richtsätzen geschätzt, so berechtigen zB nachträglich bekannt gewordene Buchführungsunterlagen zu einer geänderten Gewinnschätzung (BFH 10.5.1961 – IV 101/60 U, BStBl. III 1961, 321). Eine Richtsatzschätzung kann durch eine Schätzung nach dem Vermögensvergleich anhand einer Vermögenszuwachsrechnung ersetzt werden, wenn unverhältnismäßig hohe Vermögenszuwächse bekannt werden (BFH 3.10.1985 – IV R 197/83, BFH/NV 1987, 477).

II. Beweismittel

34 **Begriff.** Beweismittel iSd § 173 I ist jedes Erkenntnismittel, das geeignet ist, das Vorliegen oder Nichtvorliegen von Tatsachen zu beweisen (BFH 20.12.1988 – VIII R 121/83, BStBl. II 1989, 585). Zu den Beweismitteln gehören **Sachverständigengutachten** (zB zur künstlerischen Tätigkeit, vgl. BFH 23.9.1998 – XI R 71/97, BFH/NV 1999, 460), **Urkunden,** wie zB Schriftstücke, Verträge (BFH 20.12.1988 – VIII R 121/83, BStBl. II 1989, 585), ärztliche Bescheinigungen (vgl. ArbG Hamm 29.7.1986 – 1 Ca 485/86, BB 1986, 2127; FG Düsseldorf 20.2.1974 – II 2/71 E, EFG 1974, 475), Spendenbescheinigungen (Schmidt EStG § 10b Rn. 51; aA HHR § 10b Rn. 73), Rechnungen mit gesondertem VorSt-Ausweis, StBescheinigungen über anrechenbare KSt, LSt-Karte, Akten usw., **Augenscheinseinnahme, Zeugenaussagen** (zB Auskünfte jeder Art) und **Parteivernehmung.** Eine **eidesstattliche Versicherung** ist im gerichtlichen Verfahren als Beweismittel zur Führung des Vollbeweises nicht zugelassen (s. §§ 76 I 4, 81 I 2 FGO; Gräber FGO § 81 Rn. 17 ff.), sondern dient lediglich der Glaubhaftmachung (zB §§ 56, 69, 114 FGO). Demgegenüber kann sich das FA vom Beteiligten nach § 95 die Richtigkeit von Tatsachen durch Versicherung an Eides statt bestätigen lassen (zu den Voraussetzungen → § 95 Rn. 8). Die eidesstattliche Versicherung iSd § 95 scheidet wegen der unmittelbaren Beteiligung des FA an ihrer Entstehung idR als „neues Beweismittel" aus (aA Schwarz/Pahlke/Keß § 173 Rn. 89; Gosch AO § 173 Rn. 23 mwN). Tatsachen werden nicht dadurch zu Beweismitteln, dass sie als Grundlage für die Anwendung eines Erfahrungssatzes dienen. So können aus Tatsachen, die für bestimmte Zeiträume nicht verwertet werden dürfen, zwar Schlussfolgerungen auf die tatsächlichen Gegebenheiten in anderen Jahren vor oder nach dem Prüfungszeitraum gezogen werden. Dies rechtfertigt indes keine Änderung nach § 173 (offen gelassen von BFH 28.8.1987 – III R 189/84, BStBl. II 1988, 2; TK § 173 Rn. 21), es sei denn, die Tatsachen lassen den Schluss auf eine neue innere Tatsache zu (vgl. BFH 21.10.1986 – VIII R 243/83, BStBl. II 1987, 284 zum gewerblichen Grundstückshandel).

35 Ein **Sachverständigengutachten** ist Beweismittel iSd § 173 insoweit, als es die Erkenntnis neuer Tatsachen vermittelt und nicht lediglich Schlussfolgerungen enthält (BFH 3.10.1951 – IV 40/51 U, BStBl. III 1951, 202; BFH 27.10.1992 – VIII R 41/89, BStBl. II 1993, 569; TK § 173 Rn. 22; Schwarz/Pahlke/Keß § 173 Rn. 91). So beruht der im Gutachten ermittelte Wert eines Grundstücks auf Schlussfolgerungen aus den wertbilden-

den Umständen (BFH 1.4.1998 – X R 150/95, BStBl. II 1998, 569). Dies gilt auch für die Schätzung von Gewinnen (vgl. BFH 22.12.2000 – XI B 128/99, BFH/NV 2001, 800).

Hilfstatsachen (Indiztatsachen) sind tatbestandsfremde Tatsachen, aus denen auf andere subsumtionsfähige (Haupt-)Tatsachen iSd § 173 geschlossen wird. Als solche sind sie Grundlage des mittelbaren Beweises der Haupttatsache. Kernstück des Indizienbeweises ist nicht die Indiztatsache, sondern der daran anknüpfende Denkprozess, kraft dessen auf das Gegebensein der rechtserheblichen weiteren Tatsache geschlossen wird (BGH 17.2.1970 – III ZR 139/67, BGHZ 53, 245 (260 f.)). Sie sind folglich nicht selbst Beweismittel, sondern nur Beweisanzeichen. Tatsachen, die lediglich die **Beweiskraft** eines anderen Beweismittels erschüttern (zB die Beeinflussung eines Zeugen oder die Fälschung einer Urkunde), sind weder Hilfstatsachen noch Beweismittel (so aber TK § 173 Rn. 23; Schwarz/Pahlke/Keß § 173 Rn. 89; Gosch AO § 173 Rn. 23). Sie beweisen nicht das Vorliegen oder Nichtvorliegen einer Tatsache, die Merkmal eines StTatbestands sein kann, sondern wirken nur auf die Überzeugungskraft eines anderen Beweismittels (zB Echtheit der Urkunde, Glaubwürdigkeit des Zeugen) ein. Auf die Änderung eines StBescheids, der durch unlautere Mittel erwirkt wurde, ist § 172 I Nr. 2c und nicht § 173 anwendbar. 36

III. Nachträgliches Bekanntwerden

1. Grundsatz

Tatsachen müssen nachträglich – nach einem bestimmten Zeitpunkt – bekannt geworden und nicht erst nachträglich entstanden sein. Nachträglich bekannt werden können Tatsachen nur, wenn sie zu dem nach § 173 maßgebenden Zeitpunkt zwar bereits vorhanden, der FB aber noch unbekannt waren (BFH 16.9.1987 – II R 178/85, BStBl. II 1988, 174; BFH 23.1.2002 – XI R 55/00, BFH/NV 2002, 1009). Nachträglich entstandene Tatsachen fallen deshalb nicht unter § 173. Eine steuerliche Rückwirkung tatsächlicher Geschehnisse ist ausschl. gem. § 175 I 2 zu berücksichtigen (BFH 12.8.1997 – IV B 98/96, BFH/NV 1998, 147; Schwarz/Pahlke/Keß § 173 Rn. 14a; Gosch AO § 173 Rn. 43.1; TK § 173 Rn. 26). § 173 und § 175 I 2 schließen sich gegenseitig aus (BFH 21.4.1988 – IV R 215/85, BStBl. II 1988, 863). Demgegenüber kommt es für **Hilfstatsachen** nicht auf den Zeitpunkt ihres Entstehens an (→ Rn. 9). Sie sind selbst keine Tatsachen, die ein Teilstück des steuerlichen Tatbestands erfüllen, sondern lassen ggf. den Schluss auf eine solche Tatsache zu (→ Rn. 36). 42

Auch **Beweismittel** müssen nachträglich bekannt geworden sein. Erst nach dem maßgeblichen Zeitpunkt entstandene Beweismittel (zB nachträglich gefertigte Urkunden oder Gutachten) rechtfertigen weder eine Änderung nach § 173 noch nach § 175 I 2 (BFH 17.3.1982 – II R 39/81, BStBl. II 1982, 491; Schwarz/Pahlke/Keß § 173 Rn. 94; Gosch AO § 173 Rn. 46); zu StBescheinigungen als rückwirkendes Ereignis → § 175 Rn. 69. Eine analoge Anwendung des § 173 oder des § 175 I 2 scheidet mangels planwidriger Regelungslücke aus (TK § 173 Rn. 27). Es wäre auch nicht sachgerecht, jederzeit nachträglich einzuholende Gutachten als Mittel zur Durchbrechung der Bestandskraft zuzulassen (Schwarz/Pahlke/Keß § 173 Rn. 117). 43

2. Maßgebliche Dienststelle

Der Wortlaut des § 173 I lässt offen, auf wessen Kenntnisstand es für die Frage ankommt, ob eine Tatsache neu ist. Nach dem Sinn und Zweck der Vorschrift ist für das nachträgliche Bekanntwerden nicht die Kenntnis des Stpfl., sondern allein die **Kenntnis der FB** entscheidend (BFH 29.6.1984 – VI R 34/82, BStBl. II 1984, 694; BFH 28.4.1998 – IX R 49/96, BStBl. II 1998, 458). Diese ist als Trägerin des Verwaltungsverfahrens zur Ermittlung des Sachverhalts, zum Erlass sowie zur Korrektur von StBescheiden berufen (TK § 173 Rn. 28). Sie entscheidet aufgrund ihres jeweiligen Kenntnisstands, welche Verwaltungsmaßnahme zu veranlassen ist. Der Zeitpunkt der Kenntnis des Stpfl. kann jedoch bei einer Änderung zu seinen Gunsten für die Prüfung des Verschuldens Bedeutung 44 erlangen. Der **Grund der Unkenntnis** ist grds. unerheblich; er kann allerdings bei Verletzung der Amtsermittlungspflicht durch das FA die Änderungsbefugnis ausschließen (→ Rn. 100).

45 **a) Zuständige Dienststelle.** Nach dem Wortlaut des § 173 I könnte entweder die Kenntnis der FVerw. als Einheit oder die Kenntnis des FA (so TK § 173 Rn. 31; HHSp § 173 Rn. 196; vgl. auch Thouet/Thouet DStZ 1999, 528) oder auch die Kenntnis der zur Bearbeitung des Streitfalls innerhalb des FA organisatorisch berufenen Dienststelle maßgeblich sein (so BFH 28.4.1998 – IX R 49/96, BStBl. II 1998, 458; BFH 11.2.1998 – I R 82/97, BStBl. II 1998, 552; BFH 16.1.2002 – VIII B 96/01, BFH/NV 2002, 621; Schwarz/Pahlke/Keß § 173 Rn. 118; Klein § 173 Rn. 60; Gosch AO § 173 Rn. 56). Die Zurechnung einer Kenntnis hat zunächst die gesetzlichen Zuständigkeitsregeln zu berücksichtigen, die die Aufgaben nicht der FVerw. insgesamt, sondern einzelnen sachlich und örtlich zuständigen FB zuweisen (vgl. §§ 16 ff.). Daneben darf im Interesse einer sinnvollen Arbeitsteilung auch die innerhalb der FB geregelte Zuständigkeit für die Bearbeitung des StFalls nicht unbeachtet bleiben. Maßgebend für das nachträgliche Bekanntwerden einer Tatsache ist deshalb idR die Kenntnis der zur Bearbeitung des StFalles **organisatorisch berufenen Dienststelle** (BFH 23.3.1983 – I R 182/82, BStBl. II 1983, 548; BFH 14.11.2007 – XI R 48/06, BFH/NV 2008, 367).

46 **Andere Dienststelle.** Kenntnisse einer anderen Stelle innerhalb der FB sind der zuständigen Dienststelle nicht bekannt (BFH 12.10.1983 – II R 55/81, BStBl. II 1984, 144; BFH 20.7.1988 – I R 136/84, BFH/NV 1990, 64; FG Hessen 24.2.1988 – 11 K 294/86, EFG 1989, 482; FG Köln 29.3.2000 – 9 K 8228/98, EFG 2000, 770; aA TK § 173 Rn. 38). Das gilt selbst dann, wenn zwei Dienststellen denselben Sachgebietsleiter haben, es sei denn, ihm ist der Sachverhalt aus der anderen Dienststelle bei der Unterzeichnung des StFalls positiv bekannt (so zu Recht Schwarz/Pahlke/Keß § 173 Rn. 121; Gosch AO § 173 Rn. 65; offengelassen von BFH 12.10.1983 – II R 55/81, BStBl. II 1984, 144; aA TK § 173 Rn. 38). Das Wissen des **Außenprüfers** ist der Veranlagungsstelle grds. nicht zuzurechnen (BFH 20.4.1988 – X R 40/81, BStBl. II 1988, 804; BFH 4.12.1992 – III R 50/91, BFH/NV 1993, 496; BFH 30.1.1992 – V B 153/91, BFH/NV 1992, 635; BFH 16.6.2004 – X R 56/01, BFH/NV 2004, 1502; aA TK § 173 Rn. 35). Ebenfalls nicht zuzurechnen sind die Kenntnisse der Angehörigen von StFahndungsstellen (BFH 16.1.1964 – V 94/61 U, BStBl. III 1964, 149; Klein § 173 Rn. 64; Schwarz/Pahlke/Keß § 173 Rn. 132) oder einer weisungsbefugten Oberbehörde (BFH 13.1.2011 – VI R 61/09, BStBl. II 2011, 479). Gleiches gilt für das Verhältnis zwischen der Veranlagungsstelle und dem mit einer Wertermittlung beauftragten Beamten der Bewertungsstelle (BFH 1.4.1998 – X R 150/95, BStBl. II 1998, 569; FG Hessen 19.4.2000 – 13 K 1499/97, EFG 2000, 1107; HHSp § 173 Rn. 185), zwischen der KSt- und der ESt-Veranlagungsstelle (BFH 17.11.1998 – VIII R 24/98, BStBl. II 1999, 223; FG Köln 13.3.2003 – 6 K 5158/99, EFG 2003, 1060), zwischen ErbSt- oder GrESt-Stellen und Bewertungsstelle, es sei denn, die ErbSt-Stelle bemisst den Wert einzelner Gegenstände unter Zuhilfenahme der von der Bewertungsstelle festgesetzten Einheitswerte (BFH 14.1.1998 – II R 9/97, BStBl. II 1998, 371) sowie zwischen der LSt-Stelle und der Veranlagungsstelle (BFH 20.6.1985 – IV R 114/82, BStBl. II 1985, 492).

47 **Berichte, Kontrollmitteilungen.** Erkenntnisse anderer Dienststellen sind der zuständigen Dienststelle nur insoweit bekannt, als diese tatsächlich mitgeteilt worden sind. Die Tatsache muss sich aus dem übersandten Außenprüfungsbericht (BFH 11.12.1997 – V R 56/94, BStBl. II 1998, 367), Berichtsauszügen (BFH 20.4.1988 – X R 40/81, BStBl. II 1988, 804), Aktenvermerken (BFH 4.12.1992 – III R 50/91, BFH/NV 1993, 496) oder Ergebnismitteilungen einer Ap. (BFH 12.12.2000 – VIII R 12/00, BStBl. II 2001, 218) ergeben. Ausreichend ist grds. auch eine dienstliche Mitteilung in mündlicher (telefonischer) Form, da diese idR in einem Aktenvermerk festzuhalten ist (vgl. BFH 7.5.1987 – V R 108/79, BFH/NV 1988, 602 zur telefonischen Mitteilung durch den Stpfl.; Klein

§ 173 Rn. 63a), oder die Teilnahme des Sachbearbeiters an der Schlussbesprechung (TK § 173 Rn. 40).

Andere Behörden. Kenntnisse anderer Behörden (zB Arbeitsamt, Baubehörde, Zulassungsstelle) sind der zuständigen FB nicht zuzurechnen (BFH 17.10.1989 – VII R 58/87, BStBl. II 1990, 249 betr. Zulassungsstelle; FG München 6.11.1996 – 4 K 638/96, EFG 1997, 311; Schwarz/Pahlke/Keß § 173 Rn. 119). Dies gilt grds. auch im Verhältnis verschiedener FB zueinander; zB Betriebs-FA zu Veranlagungs-FA, FA für Großbetriebsprüfung oder StFahndung zu Veranlagungs-FA. Setzt die zuständige Dienststelle die Steuer jedoch unter Rückgriff auf Ermittlungsergebnisse eines anderen FA fest, macht es sich die Kenntnisse der anderen FB regelmäßig zu eigen (BFH 14.1.1998 – II R 9/97, BFH/NV 1998, 766). 48

b) Maßgebliche Personen. Die zuständige Dienststelle wird personell durch den zuständigen **Sachbearbeiter,** seinen **Sachgebietsleiter** und den **Vorsteher** repräsentiert (BFH 27.11.2001 – VIII R 3/01, BFH/NV 2002, 473; BFH 28.4.1998 – IX R 49/96, BStBl. II 1998, 458; BFH 3.5.1991 – V R 36/90, BFH/NV 1992, 221; FG Hessen 19.4.2000 – 13 K 1499/97, EFG 2000, 1107). Dazu gehört auch der zur Vertretung berufene Beamte während der Abwesenheit des zuständigen Bearbeiters oder Sachgebietsleiters (Gosch AO § 173 Rn. 56; TK § 173 Rn. 33). Durch einen Wechsel des Bearbeiters oder eine Änderung der Zuständigkeit einzelner Dienststellen werden einmal bekannte Tatsachen nicht wieder unbekannt (BFH 15.10.1993 – III R 74/92, BFH/NV 1994, 315). Sind Einkünfte zunächst einer und später mehreren Personen zuzurechnen, ist die Tatsachengrundlage aus der ESt-Veranlagung grds. auch im Feststellungsverfahren bekannt (vgl. BFH 16.4.2015 – IV R 2/12, BFH/NV 2015, 1331). 54

Zuzurechnen ist der Dienststelle auch die Kenntnis eines **Mitarbeiters,** der dem Sachbearbeiter zuarbeitet oder dem die Aktenführung obliegt (Schwarz/Pahlke/Keß § 173 Rn. 122; TK § 173 Rn. 34; aA BFH 24.2.1972 – V R 90/68, BStBl. II 1972, 558). Dies gilt auch, soweit die Aktenführung in einer gesonderten Registratur erfolgt. Innerbehördliche Organisationsmaßnahmen, wie zB der Zuschnitt der Veranlagungsstellen, eine zentrale Aktenverwaltung oder eine gestufte Bearbeitung des StFalls abwechselnd durch unterschiedliche Bearbeiter, dürfen nicht zulasten des Stpfl. zu einer Zergliederung der Veranlagungsstelle und Begrenzung der Wissenszurechnung führen (FG München 23.9.1983 – V 431/82 F, EFG 1984, 160; FG Niedersachsen 10.9.1998 – XI 202/95, EFG 1999, 154; TK § 173 Rn. 34). 55

Erlangt der Bearbeiter in einem steuerlichen **Verfahren anderer Stpfl.** positive Kenntnis von Tatsachen, die eindeutig erkennbar einen von ihm zu bearbeitenden StFall betreffen, sind sie ihm ebenfalls bekannt (aA Klein § 173 Rn. 66). Über dienstlich erworbene Erkenntnisse hat der Bearbeiter ggf. einen Aktenvermerk zu fertigen, um deren Verwertung sicherzustellen (vgl. für den umgekehrten Fall eines StBeraters FG Berlin-Brandenburg 3.3.2010 – 5 K 1460/06 B, EFG 2010, 1568). Im Übrigen beschränkt sich die Kenntnis aber auf Verwaltungsvorgänge des jeweiligen Stpfl., sodass Tatsachen, die sich aus den Akten anderer Stpfl. ergeben, nicht als bekannt gelten (BFH 13.6.2012 – VI R 85/10, BStBl. II 2013, 5). 56

Die Kenntnisse der Bearbeiter der **Rechtsbehelfsstelle** im Einspruchsverfahren und das Wissen der Veranlagungsstelle sind jeweils gegenseitig zuzurechnen (BFH 23.3.1983 – I R 182/82, BStBl. II 1983, 548; BFH 27.11.2001 – VIII R 3/01, BFH/NV 2002, 473). Der Rechtsbehelfsstelle obliegt im Einspruchsverfahren die erneute Prüfung der Sache im vollen Umfang und zugleich die Entscheidungskompetenz im Veranlagungsverfahren (BFH 3.5.1991 – V R 36/90, BFH/NV 1992, 221). Wegen der engen Verzahnung zwischen Einspruchs- und Veranlagungsverfahren gehört die Rechtsbehelfsstelle deshalb nach den Grundsätzen zur Neuorganisation der Finanzämter ebenfalls zur Veranlagungsstelle (vgl. GLE 19.11.1996, BStBl. I 1996, 1391).

61 **c) Umfang der Kenntnis von Tatsachen.** Für die Zuordnung der Kenntnis einer Tatsache genügt zwar positive Kenntnis einer (nicht aller) zur Bearbeitung des StFalls berufenen Person (BFH 16.1.2002 – VIII B 96/01, BFH/NV 2002, 621; BFH 13.4.1989 – IV R 20/88, BFH/NV 1990, 477). Die individuelle Kenntnis des einzelnen Beamten ist jedoch nicht erforderlich (BFH 20.6.1985 – IV R 114/82, BStBl. II 1985, 492; BFH 28.4.1998 – IX R 49/96, BStBl. II 1998, 458), sodass auch das Vergessen einmal zur Kenntnis genommener Tatsachen unerheblich ist (Gosch AO § 173 Rn. 56; TK § 173 Rn. 34). Soweit der Vorsteher nicht auch Sachgebietsleiter für eine bestimmte Dienststelle ist, führt lediglich die positive Kenntnis des Vorstehers zugleich zur Kenntnis der zuständigen Dienststelle (vgl. BFH 16.1.2002 – VIII B 96/01, BFH/NV 2002, 621; TK § 173 Rn. 33).

62 **Aktiver Datenbestand.** Bekannt ist grds. der gesamte Inhalt der von der jeweiligen Dienststelle geführten Akten und der für ihre Arbeit zugänglichen Computerdateien (BFH 11.2.1998 – I R 82/97, BStBl. II 1998, 552); einschl. elektronisch übermittelter Daten (BFH 18.8.2015 – VII R 24/13, BStBl. II 2016, 255). Dies gilt auch dann, wenn die Unterlagen der zwei bis drei Vorjahre bereits im Keller abgelegt waren (BFH 9.12.1998 – IV B 22/98, BFH/NV 1999, 900) oder eine aktenlose Bearbeitung nach der innerdienstlichen Verwaltungsanweisung zu erfolgen hat (BFH 13.7.1990 – VI R 109/86, BStBl. II 1990, 1047; FG Niedersachsen 10.9.1998 – XI 202/95, EFG 1999, 154; Schwarz/Pahlke/Keß § 173 Rn. 123; Gosch AO § 173 Rn. 62). Unerheblich ist folglich, ob der Sachbearbeiter den aktiven Datenbestand tatsächlich liest, in sein Wissen aufnimmt oder nur flüchtig überfliegt (BFH 12.3.2019 – IX R 29/17, BFH/NV 2019, 1057). Der Inhalt älterer, bereits **ausgesonderter** oder **archivierter Akten** ist der zuständigen Dienststelle nach der Rspr. nur dann bekannt, wenn zur Hinzuziehung dieser Vorgänge nach den Umständen des Falles, insb. nach dem Inhalt der zu bearbeitenden StErklärung oder der präsenten Akten, eine besondere Veranlassung bestand (BFH 13.7.1990 – VI R 109/86, BStBl. II 1990, 1047; BFH 18.5.2010 – X R 49/08, BFH/NV 2010, 2225; FG Rheinland-Pfalz 16.6.2015 - 5 K 1154/13, DStRE 2016, 811). Dieser Rspr. ist nur im Ergebnis zuzustimmen. Durch das Unterlassen der Beiziehung ausgesonderter Akten gelangt das Aktenmaterial gerade nicht in den aktiven Datenbestand und wird deshalb nicht bekannt. Eine Änderung nach § 173 ist jedoch wegen der Verletzung der Ermittlungspflicht ausgeschlossen (→ Rn. 100). Bekannt sind zudem alle losen oder in Sammelordnern abgelegten, den StFall betreffenden Dokumente und Mitteilungen, die in der Dienststelle vorliegen oder vorlagen (BFH 20.6.1985 – IV R 114/82, BStBl. II 1985, 492; FG Köln 28.9.1995 – 5 K 6652/91, EFG 1997, 141). Kennenmüssen einer Tatsache ist nicht Kenntnis und deshalb für die Feststellung des nachträglichen Bekanntwerdens unerheblich, sondern wirkt sich stets erst im Rahmen des Vertrauensschutzes und Verschuldens aus (vgl. BFH 4.9.2008 – IV R 1/07, BStBl. II 2009, 335; daher nur iErg zutr. FG Hessen 9.12.2008 – 1 K 1169/06, BeckRS 2008, 26026700; vgl. auch BFH 19.11.2008 – II R 10/08, BFH/NV 2009, 548).

67 **d) Art der Kenntnisnahme.** Ohne Bedeutung ist grds. die Art und Weise der Kenntniserlangung (BFH 28.4.1998 – IX R 49/96, BStBl. II 1998, 458; TK § 173 Rn. 40; Schwarz/Pahlke/Keß § 173 Rn. 164). Tatsachen gelangen zumeist schriftlich durch Abgabe der StErklärung, beigefügte Schriftstücke, Schreiben des Stpfl., Kontrollmitteilungen anderer Dienststellen und Behörden, Übersendung von Berichten oder anonyme Anzeigen Dritter in den aktiven Datenbestand der Dienststelle. Auch **mündlich** mitgeteilte Erkenntnisse sind dem Bearbeiter bekannt, soweit sie in einer Form übermittelt wurden, die eine sachgerechte Wahrnehmung ermöglicht. So sind ehrverletzende Äußerungen oder Drohungen, die zugleich Tatsachenmitteilungen enthalten, nicht in gehöriger Form bekannt gegeben. Dies gilt auch für unklare Äußerungen, versteckte Hinweise oder in einem Wortschwall mitgeteilte Tatsachen (FG Bremen 21.6.1983 – II 2/83 K, EFG 1984, 94; FG Hessen 19.4.2000 – 13 K 1499/97, EFG 2000, 1107; TK § 173 Rn. 40). Kenntnis kann

der Bearbeiter zudem durch eigene dienstliche Wahrnehmungen (zB Ortsbesichtigung, Teilnahme an einer Schlussbesprechung) erlangen.

Privat erlangtes Wissen ist hingegen stets unbeachtlich (BFH 28.4.1998 – IX R 49/ 68
96, BStBl. II 1998, 458; Gosch AO § 173 Rn. 59). Dies gilt auch, soweit der Stpfl. kollusiv mit dem Beamten zum Zwecke der StHinterziehung zusammengewirkt hat. Hat der Beamte dienstlich erlangte Erkenntnisse im Einvernehmen mit dem Stpfl. der Veranlagung nicht zugrunde gelegt, resultiert hieraus keine Unkenntnis der Tatsachen (so aber BFH 28.4.1998 – IX R 49/96, BStBl. II 1998, 458; Gosch AO § 173 Rn. 59). Weder das rechtswidrige Verhalten des Beamten noch die Veranlassung oder die einverständliche Mitwirkung des Stpfl. lassen eine eingetretene Kenntnis entfallen. In diesen Fällen hat jedoch eine Änderung des rechtswidrigen StBescheids nach § 172 I Nr. 2c zu erfolgen (ebenso Schwarz/Pahlke/Keß § 173 Rn. 130).

Verwertungsverbot. Kenntnisse, die in rechtswidriger Weise erlangt wurden, dürfen 69
nicht verwertet werden (Schwarz/Pahlke/Keß § 173 Rn. 97a; zum Verwertungsverbot von durch Ap. ermittelten Tatsachen → § 196 Rn. 63 ff.; BFH 25.7.2000 – VII B 28/99, BStBl. II 2000, 643: Verwertungsverbot bei unzulässiger Ausforschung durch StFahndung). Die FB ist in diesem Fall trotz des nachträglichen Bekanntwerdens der Tatsache nicht zur Änderung befugt.

3. Maßgeblicher Zeitpunkt

§ 173 I eröffnet die Korrekturmöglichkeit von StBescheiden, soweit Tatsachen oder 74
Beweismittel „nachträglich bekannt werden". Eine gesetzliche Definition des Zeitpunkts, ab dem die Kenntnisnahme nachträglich erfolgt, fehlt. **Maßgeblicher Zeitpunkt** für die „Neuheit einer Tatsache" ist grds. derjenige der abschließenden Willensbildung durch den zuständigen Beamten (BFH 28.4.1998 – IX R 49/96, BStBl. II 1998, 458; BFH 11.12.1997 – V R 56/94, BStBl. II 1998, 367; BFH 26.11.1996 – IX R 77/95, BStBl. II 1997, 422; Klein § 173 Rn. 53; Schwarz/Pahlke/Keß § 173 Rn. 98). Dies gilt gleichermaßen für § 173 I Nr. 1 wie für § 173 I Nr. 2 (BFH 27.11.2001 – VIII R 3/01, BFH/NV 2002, 473). Unerheblich ist der Zeitpunkt der Bekanntgabe des VA (ebenso Weber-Grellet StBp 1979, 145) oder des Verlassens der FB iSd § 169 I 3 Nr. 1 bzw. der Absendung des StBescheids (so jedoch TK § 173 Rn. 45; Weber-Grellet StBp 1979, 145; Kalmes BB 1990, 1605; dagegen zu Recht Gosch AO § 173 Rn. 47). Denn schon mit der abschließenden Willensbildung erstarkt die in die Welt gesetzte Einzelfallregelung bei normalem Verlauf ohne weiteres Hinzutun zum VA. Bürdet man der FB die Überwachung sämtlicher VA zwischen Zeichnung und Absendung auf, werden die Anforderungen bei weitem überspannt.

Ebenso wenig kann bei einer **programmgesteuerten Erstellung** eines StBescheids 75
mittels EDV auf den Zeitpunkt der Einrichtung des EDV-Programms abgestellt werden (so zu Unrecht BFH 24.3.1998 – VII R 59/97, BStBl. II 1998, 450). Die abschließende Willensbildung erfolgt auch in diesem Fall nicht durch Einrichtung des Programms, sondern durch die Entscheidung des zuständigen Sachbearbeiters, die maschinelle Erstellung des StBescheids für den konkreten StFall in Gang zu setzen (glA Schwarz/Pahlke/Keß § 173 Rn. 99).

Bei maschineller Bearbeitung des Bescheids ist die **abschließende Zeichnung** des 76
Eingabewertbogens (BFH 20.6.2001 – VI R 70/00, BFH/NV 2001, 1527) – bei papierlosem Verfahren: die endgültige Datenfreigabe – entscheidend (BFH 24.3.1998 – VII R 59/97, BStBl. II 1998, 450). Der Zeitpunkt der abschließenden Zeichnung ist auch dann maßgeblich, wenn der StBescheid vor seiner Absendung zwar tatsächlich keiner weiteren, aber doch an sich möglichen sachlichen Prüfung oder nur einer **Prüfung in formeller Hinsicht** (zB Prüfung der richtigen Adressierung, richtige Übernahme der Daten des Eingabewertbogens, Plausibilitätskontrollen) unterzogen wird und diese Prüfung die Feststellung der ermittelten Tatsachen sowie deren rechtliche Würdigung unberührt lässt (BFH 29.11.1988 – VIII R 226/83, BStBl. II 1989, 259; FG Münster 7.5.2002 – 1 K

2106/00 E, EFG 2002, 1076). Erfährt der Sachbearbeiter nach abschließender Zeichnung und vor Absendung des Erstbescheids neue Tatsachen, hat er deshalb grds. die Wahl zwischen der Korrektur des Erstbescheids und dessen unveränderter Bekanntgabe unter gleichzeitiger Fertigung eines Änderungsbescheids (BFH 29.11.1988 – VIII R 68/85, BStBl. II 1989, 263). Bei **vollständig automationsgestützter** StFestsetzung gilt die Willensbildung im Zeitpunkt des Abschlusses der maschinellen Verarbeitung als abgeschlossen (§ 155 IV 4).

77 **Nachträgliche materielle Prüfung.** Mit einer nach der abschließenden Zeichnung des Eingabewertbogens tatsächlich erfolgten Überprüfung (zB wegen eines maschinell erstellten Hinweises) einzelner Besteuerungsgrundlagen tritt der Bearbeiter in eine neue Willensbildung ein. Für die überprüften Besteuerungsgrundlagen verlagert sich damit der maßgebliche Zeitpunkt auf den Moment des Abschlusses der Überprüfung; im Übrigen verbleibt es bei der Maßgeblichkeit der ursprünglichen Abzeichnung des Eingabewertbogens (BFH 27.11.2001 – VIII R 3/01, BFH/NV 2002, 473; Schwarz/Pahlke/Keß § 173 Rn. 100; Gosch AO § 173 Rn. 48; Hellwig DStR 1989, 117). Erstreckt sich die Prüfung tatsächlich auf den **gesamten StBescheid,** tritt der Überprüfungszeitpunkt in vollem Umfang an die Stelle des bisherigen Moments der ursprünglichen Zeichnung des Eingabewertbogens.

78 **Unterlassene Prüfung.** Bei der Maßgeblichkeit der abschließenden Zeichnung des Eingabewertbogens verbleibt es demnach auch in den Fällen, in denen der zuständige Bearbeiter des FA – zB aufgrund eines Prüfhinweises oder einer Dienstanweisung – Veranlassung hatte, den gesamten StBescheid einer erneuten materiellen Überprüfung zu unterziehen, diese Prüfung aber tatsächlich nicht vorgenommen hat. Unerheblich ist, ob die verletzte Prüfungspflicht sich auf einzelne Besteuerungsgrundlagen oder den gesamten StBescheid bezog. Denn nur im Umfang der tatsächlichen Prüfung fand eine neue Willensbildung statt. Die Verletzung der Prüfungspflicht führt allerdings idR zum Ausschluss der Änderungsmöglichkeit (→ Rn. 100), soweit die Ermittlungspflicht reicht (ebenso Schwarz/Pahlke/Keß § 173 Rn. 102; aA BFH 27.11.2001 – VIII R 3/01, BFH/NV 2002, 473; BFH 29.11.1988 – VIII R 226/83, BStBl. II 1989, 259; Gosch AO § 173 Rn. 48: Gleichstellung von tatsächlicher Prüfung und Prüfungspflicht).

79 Bei StFestsetzungen unter dem **Vorbehalt der Nachprüfung** bedarf es wegen der fehlenden materiellen Bestandskraft (→ § 118 Rn. 71; → Vor §§ 172 ff. Rn. 4) zur Änderung des VA keines Rückgriffs auf § 173 (→ Vor §§ 172 ff. Rn. 27). Tatsachen, die nach der abschließenden Zeichnung des Vorbehaltsbescheids bekannt werden, können uneingeschränkt gem. § 164 II berücksichtigt werden. Für die Neuheit von Tatsachen nach § 173 ist die abschließende Zeichnung des **endgültigen** StBescheids maßgeblich (str.; wie hier Klein § 173 Rn. 57). Mit der Aufhebung des Vorbehalts der Nachprüfung trifft die FB eine abschließende Entscheidung über den StFall; denn die Aufhebung steht der Festsetzung ohne Vorbehalt gleich (§ 164 III 2). Die der Vorbehaltsaufhebung vorausgehende abschließende Willensentscheidung zur endgültigen Festsetzung gleicht hierin der erstmaligen vorbehaltslosen Veranlagung, und zwar unabhängig davon, ob der Bearbeiter den StFall tatsächlich geprüft oder die Angaben des Stpfl. ungeprüft zugrunde gelegt hat (glA Schwarz/Pahlke/Keß § 173 Rn. 113; ähnlich TK § 173 Rn. 52; Gosch AO § 173 Rn. 50). Entfällt der Vorbehalt der Nachprüfung mit Ablauf der Festsetzungsfrist (§ 164 IV), fehlt eine erneute Willensbildung. In diesem Fall können auch Tatsachen, die vor Ablauf der Festsetzungsfrist bekannt werden, einer Änderung nach § 173 zugrunde gelegt werden (Gosch AO § 173 Rn. 51; Schwarz/Pahlke/Keß § 173 Rn. 113; aA FG Rheinland-Pfalz 14.9.1983 – 1 K 110/83, EFG 1984, 212; TK § 173 Rn. 52).

Tatsachen, die vor Erlass eines **Änderungsbescheids** bekannt werden, muss das FA grds. berücksichtigen, auch wenn diese Tatsachen nicht Grund der Änderung sind. Dies gilt nicht, wenn das FA lediglich eine Änderung gem. § 175 I Nr. 1 vornimmt (BFH 12.1.1989 – IV R 8/88, BStBl. II 1989, 438; ebenso für Massenrechtsbehelfsverfahren FG München 26.9.2006 – 13 K 4282/02, EFG 2007, 237) oder eine auf § 165 II gestützte

Änderung im vollmaschinellen Verfahren erfolgt (BFH 28.5.2020 – X B 19/20, BeckRS 2020, 19820).

Einspruchsverfahren. Wird der StBescheid angefochten, prüft die FB die Sache in vollem Umfang erneut (§ 367 II 1). Eine materielle Überprüfung des gesamten StBescheids erfolgt auch, wenn der Rechtsbehelf nicht begründet ist (vgl. BFH 2.8.1994 – VIII R 65/93, BStBl. II 1995, 264) und die Rechtmäßigkeit der StFestsetzung lediglich anhand der StAkten kontrolliert wird. Tatsachen, die bis zur Unterzeichnung der Einspruchsentscheidung bekannt werden, sind deshalb nicht neu. Nimmt der Stpfl. den Einspruch nach einem Hinweis auf eine Verböserung (§ 367 II 2) zurück, kommt es hinsichtlich der Anwendbarkeit des § 173 weiterhin auf die abschließende Zeichnung des Eingabewertbogens an (vgl. BFH 11.3.1987 – II R 206/83, BStBl. II 1987, 417; Birkenfeld DStZ 1989, 395). 80

IV. Höhere oder niedrigere Steuer (Abs. 1 Nr. 1 und 2)

1. Vergleich zur festgesetzten Steuer

Die Tatsachen oder Beweismittel müssen gem. § 173 I Nr. 1 zu einer höheren oder gem. § 173 I Nr. 2 zu einer niedrigeren Steuer führen. Ob sich Tatsachen erhöhend oder ermäßigend auf die Steuer auswirken, hängt vom Vergleich der nachträglich bekannt gewordenen Tatsachen mit den Tatsachen ab, die der ursprünglichen StFestsetzung zugrunde gelegt wurden (BFH 8.12.1998 – IX R 14/97, BFH/NV 1999, 743; BFH 1.10.1993 – III R 58/92, BStBl. II 1994, 346). Dabei kann in Fällen gegenläufiger steuerlicher Auswirkung einzelner nachträglich festgestellter Sachverhaltselemente von entscheidender Bedeutung sein, ob sie je für sich eine Tatsache darstellen oder jeweils nur Teilstücke eines einheitlichen Vorgangs bilden. Wegen der eingeschränkten Änderungsmöglichkeit nach § 173 I Nr. 2 scheidet zB die Berücksichtigung eines grob schuldhaft nachträglich bekannt gewordenen Verlustes nur aus, wenn nicht die Einnahmen und Ausgaben getrennt als Tatsachen zu beurteilen sind (→ Rn. 131). 85

Maßgeblich ist die **festgesetzte Steuer** ohne Abzug von anrechenbaren Vorauszahlungen oder Abzugsbeträgen (BFH 25.3.2021 – VIII R 7/18, DStR 2021, 1654; Klein § 173 Rn. 103; aA TK § 173 Rn. 58; BFH 16.3.1990 – VI R 90/86, BStBl. II 1990, 610 für den Sonderfall der Nettolohnvereinbarung). Der Vergleich ist für die jeweilige StArt und den jeweiligen Besteuerungsabschnitt gesondert durchzuführen (BFH 12.8.1981 – I R 78/78, BStBl. II 1982, 100). Die neue Tatsache muss sich bei der StFestsetzung des Stpfl. – nicht gegenüber einem Dritten – auswirken (vgl. BFH 5.3.1970 – V R 81/66, BStBl. II 1970, 589). Wegen der Besonderheiten des gesonderten Tarifs für KapEinkünfte nach § 32d I EStG ist nicht nur die festgesetzte ESt, sondern auch die nach § 43 V EStG abgegoltene ESt einzubeziehen (BFH 21.8.2019 – X R 16/17, BStBl. II 2020, 99; BFH 25.3.2021 – VIII R 7/18, DStR 2021, 1654). 86

2. Rechtserheblichkeit

Kausalität. Die nachträglich bekannt gewordene Tatsache muss ursächlich (rechtserheblich) für die Rechtsfehlerhaftigkeit des StBescheids sein. § 173 lässt die Durchbrechung der Bestandskraft nicht wegen jeder Rechtswidrigkeit zu, sondern nur wenn die Unkenntnis der Tatsachen zu einer fehlerhaften StFestsetzung geführt hat. Deshalb sind nachträglich bekannt gewordene Tatsachen und Beweismittel nicht rechtserheblich, wenn das FA bei rechtzeitiger Kenntnis der Tatsachen oder Beweismittel schon bei der ursprünglichen Veranlagung mit an Sicherheit grenzender Wahrscheinlichkeit zu keiner anderen StFestsetzung gelangt wäre (BFH 23.11.1987 – GrS 1/86, BStBl. II 1988, 180; BFH 14.12.1994 – XI R 80/92, BStBl. II 1995, 293; BFH 11.6.1997 – X R 242/93, BStBl. II 1997, 612; BFH 29.7.1998 – II R 39/96, BFH/NV 1999, 154; BFH 15.12.1999 – XI R 22/99, BFH/NV 2000, 818 mwN). Die Rechtserheblichkeit einer Tatsache entfällt nicht, wenn das FA aufgrund einer anderen nachträglich bekannt gewordenen Tatsache eine Änderung 87 unterlassen hat (vgl. BFH 11.2.2010 – VI R 65/08, BStBl. II 2010, 628). Die Möglichkeit einer anderweitigen Entscheidung muss idR ausgeschlossen sein, dh, das FA hätte auch in Kenntnis des vollen Sachverhalts mit an Sicherheit grenzender Wahrscheinlichkeit nicht anders veranlagt (BFH 29.7.1998 – II R 39/96, BFH/NV 1999, 154). Unrichtige Rechtsanwendung kann durch § 173 grds. nicht beseitigt werden, es sei denn, der Rechtsfehler wäre bei Kenntnis des vollen Sachverhalts unterblieben (BFH 7.6.1989 – II R 13/86, BStBl. II 1989, 694).

88 **Objektiver Maßstab.** Welche Entscheidung das FA in voller Kenntnis des Sachverhalts zum Zeitpunkt der ursprünglichen StFestsetzung getroffen hätte, ist nach objektiven Maßstäben auf der Grundlage der damaligen Auslegung des Gesetzes durch die BFH-Rspr., bestehender Verwaltungsanweisungen (vgl. BFH 2.8.1994 – VIII R 65/93, BStBl. II 1995, 264; BFH 24.3.1998 – VII R 59/97, BStBl. II 1998, 450; FG Köln 22.4.1999 – 5 K 5366/94, EFG 1999, 1262) und der einhelligen Auffassung in der Literatur zu treffen (BFH 9.8.1989 – X R 7/84, BFH/NV 1990, 613; Schwarz/Pahlke/Keß § 173 Rn. 77). Dabei ist grds. davon auszugehen, dass die FB die dem Sachverhalt entspr. zutreffende Entscheidung getroffen hätte (BFH 23.11.1987 – GrS 1/86, BStBl. II 1988, 180 (182)), es sei denn, die Nichtanwendung der Rspr. oder der Verwaltungserlasse ist im konkreten Einzelfall ausdrücklich ausgeschlossen worden (BFH 10.3.1999 – II R 99/97, BStBl. II 1999, 433). Auf die konkrete Kenntnis des jeweiligen Sachbearbeiters kommt es nicht an (BFH 26.7.2012 – III R 72/10, DStR 2012, 2591). Maßgeblicher Zeitpunkt für die Rechtserheblichkeit ist der Abschluss der Willensbildung für die StFestsetzung (BFH 22.4.2010 – VI R 27/08, BFH/NV 2010, 1607).

89 **BFH-Urteile** geben auch für die FB die maßgebliche Gesetzesauslegung wieder, soweit kein Nichtanwendungserlass existiert (BFH 10.2.1989 – VI R 60/86, BFH/NV 1989, 623). Auf die Veröffentlichung im BStBl. kommt es nicht an (aA FG Baden-Württemberg 13.7.1990 – IX K 206/85, EFG 1991, 57). Widerspricht ein BFH-Urteil einer Verwaltungsanweisung, ist es für die FVerw. allerdings erst mit der Veröffentlichung im BStBl. maßgeblich, soweit das Urteil nach Erlasslage nicht nur auf den entschiedenen Einzelfall anzuwenden ist (BFH 28.2.1990 – I R 123/86, BFH/NV 1991, 19). Die fehlerhafte Behandlung in einer Parallelsache ist für die Feststellung der mutmaßlichen Entscheidung unerheblich (BFH 11.5.1988 – I R 216/85, BStBl. II 1988, 715). Zur Änderungsmöglichkeit von Dauer-VA (zum Begriff → § 118 Rn. 59) vgl. BFH 31.3.1998 – VII R 125/97, BFH/NV 1998, 1321.

90 **Beweislast.** Fehlt zum maßgeblichen Zeitpunkt eine klare BFH-Rspr., eine Verwaltungsanweisung und eine einhellige Auffassung in der Literatur, muss grds. von der Möglichkeit einer anderen Entscheidung ausgegangen werden (BFH 29.7.1998 – II R 39/96, BFH/NV 1999, 154; Schwarz/Pahlke/Keß § 173 Rn. 77; aA FG Berlin 11.4.1997 – III 318/92, EFG 1997, 932; FG Niedersachsen 17.1.1996 – III 261/94, EFG 1996, 724; FG Hamburg 29.6.2001 – II 202/00, EFG 2001, 1412). Im Zweifel ist also von der Rechtserheblichkeit der Tatsache auszugehen (BFH 13.5.1998 – II R 67/96, BFH/NV 1999, 1). Die FB trägt die objektive Feststellungslast dafür, welche Verwaltungsanweisungen und BFH-Rspr. zum Zeitpunkt der damaligen Entscheidung maßgeblich waren (BFH 15.1.1991 – IX R 238/87, BStBl. II 1991, 741).

3. Vergleichsmaßstab in Sonderfällen

91 **Bescheide ohne Steuerfestsetzung.** Setzen StBescheide oder ihnen gleichgestellte Bescheide keine Steuer fest, kann § 173 mangels eines direkten Vergleichsmaßstabs nur sinngemäß angewendet werden (BFH 12.5.1989 – III R 200/85, BStBl. II 1989, 920). Bei **Freistellungsbescheiden** bedarf es grds. eines Vergleichs zur festzusetzenden Steuer unter Berücksichtigung der neuen Tatsache (BFH 7.3.1984 – II R 40/80, BStBl. II 1984, 459; TK § 173 Rn. 59). Begehrt der Stpfl. statt einer „NV-Verfügung" eine StFestsetzung, um so die Erstattung von StAbzugsbeträgen zu erreichen, ist auf die steuerliche Gesamtwirkung der Änderung abzustellen. Nur so kann dem Sinn und Zweck der Regelung, den Stpfl. zur

rechtzeitigen Angabe steuerlich relevanter Tatsachen anzuhalten, ausreichend Rechnung getragen werden (BFH 12.5.1989 – III R 200/85, BStBl. II 1989, 920). Allein aus dem Antrag des Stpfl. auf Änderung kann jedenfalls nicht „unwiderlegbar" vermutet werden, dass hieraus eine niedrigere Steuer resultiert; umgekehrt kann ebenfalls nicht vermutet werden, dass aus einer Änderung von Amts wegen gegen den Willen des Stpfl. eine höhere Steuer resultiert (so aber BFH 16.9.1987 – II R 178/85, BStBl. II 1988, 174; Schwarz/Pahlke/Keß § 173 Rn. 170; dagegen zu Recht TK § 173 Rn. 59). Die der Antragstellung beigelegte Vermutung wird zwar in den meisten Fällen zutreffen. So kann jedoch eine für den Stpfl. günstige Fernwirkung einer StFestsetzung auch das Begehren einer nachteiligen Änderung motivieren.

Bei **Feststellungsbescheiden** tritt an die Stelle der Steuer die festzustellende Besteuerungsgrundlage jedes einzelnen Feststellungsbeteiligten (vgl. BFH 22.9.2016 – IV R 1/14, BStBl. II 2017, 171; TK § 173 Rn. 60; Schwarz/Pahlke/Keß § 173 Rn. 167). Dies bedeutet für die einheitliche und gesonderte Feststellung des Gewinns bzw. der Einkünfte, dass auf die Veränderung des festgesetzten Gewinns abzustellen ist. Die Auswirkung bei der ESt der beteiligten Stpfl. ist unerheblich, da beispielsweise trotz Gewinnerhöhung in Fällen der Verlustverrechnung keine StErhöhung eintreten muss (BFH 24.6.2009 – IV R 55/06, BStBl. II 2009, 950). Für neue Tatsachen, die ausschl. eine Änderung der Gewinnverteilung bewirken, fehlt jeglicher Vergleichsmaßstab, da die Ermäßigung bei einem Gesellschafter zur entsprechenden Belastung bei den anderen Gesellschaftern führt. Auf das Verschulden einzelner Gesellschafter kommt es nicht an, sodass § 173 I Nr. 1 sinngemäß anzuwenden ist (BFH 24.6.2009 – IV R 55/06, BStBl. II 2009, 950; aA TK § 173 Rn. 60: Schätzung der Folgewirkungen). Dies gilt gleichermaßen für die Änderung von Zerlegungsbescheiden für die GewSt (BFH 24.3.1992 – VIII R 33/90, BStBl. II 1992, 869). 92

Für Einheitswertfeststellungen (Art- und Zurechnungs- und Wertfeststellung) kann mit Ausnahme der Wertfeststellung ebenfalls nicht eindeutig entschieden werden, ob aus einer neuen Tatsache eine Erhöhung oder Ermäßigung der Besteuerungsgrundlagen resultiert. Wegen der vergleichbaren Interessenlage zu Freistellungsbescheiden ist in diesen Fällen die Belastungswirkung widerlegbar (→ Rn. 91) aus dem Begehren des Stpfl. zu folgern (weitergehend BFH 6.9.1989 – II R 175/85, BFH/NV 1990, 414; BFH 16.9.1987 – II R 261/83, BFH/NV 1988, 689; BFH 16.9.1987 – II R 237/84, BFH/NV 1988, 690; Schwarz/Pahlke/Keß § 173 Rn. 168: unwiderlegbare Vermutung).

Für Bescheide über die **Gewährung einer StVergütung** gilt § 173 I Nr. 1, soweit die neue Tatsache zu einer Verringerung der StVergütung führt; es gilt § 173 I Nr. 2, wenn die neue Tatsache eine Erhöhung der festgesetzten StVergütung bewirkt (BFH 26.7.2001 – VI R 163/00, BStBl. II 2002, 174; BFH 14.5.2002 – VIII R 67/01, BFH/NV 2002, 1294; BFH 20.12.2000 – III B 43/00, BFH/NV 2001, 744). 93

V. Ausschluss der Änderung

Die Aufhebung oder Änderung des StBescheids kann ausgeschlossen sein, soweit der Stpfl. auf den Bestand des VA **vertrauen** durfte (→ § 176 Rn. 4; BFH 23.11.1987 – GrS 1/86, BStBl. II 1988, 180) oder der auch im StSchuldrecht geltende Rechtsgedanke aus Treu und Glauben (dazu allg. → § 4 Rn. 25 ff.) der Korrektur entgegensteht (BFH 11.11.1987 – I R 108/85, BStBl. II 1988, 115). Treuwidrig verhält sich grds. derjenige, der die Änderungsmöglichkeit durch eigene erhebliche Pflichtverstöße selbst herbeiführt und so die im Gesetz angelegte Verteilung der Mitwirkungs- und Ermittlungslast verschiebt. Der FB ist deshalb eine Änderung nach § 173 I Nr. 1 verwehrt, wenn dem FA die Tatsache vor dem Erlass des zu ändernden Bescheids infolge Verletzung der ihm obliegenden Ermittlungspflicht zunächst unbekannt geblieben ist (BFH 15.10.1998 – IV R 18/98, BStBl. II 1999, 286; BFH 13.11.1985 – II R 208/82, BStBl. II 1986, 241). Desgleichen handelt der Stpfl. treuwidrig, falls er eine Änderung des StBescheids begehrt, obwohl das nachträgliche Bekanntwerden (auch) auf einer klaren Verletzung seiner Mitwirkungspflicht 99 beruht (BFH 4.3.1999 – II R 79/97, BFH/NV 1999, 1301; BFH 23.1.2002 – XI R 55/00, BFH/NV 2002, 1009 mwN).

1. Verletzung der Ermittlungspflicht

100 **Anlass für Ermittlungen.** Maßgeblicher Ausschlussgrund für eine Änderung der StFestsetzung zulasten des Stpfl. nach § 173 I Nr. 1 ist die Verletzung der amtlichen Ermittlungspflicht trotz ordnungsgemäßer Mitwirkung des Stpfl. (BFH 10.12.1991 – VII R 10/90, BStBl. II 1992, 324). Bei der Bestimmung der Ermittlungspflicht kommt es wesentlich auf die Gesamtumstände des Einzelfalls an, insb. welche Angaben der Stpfl. zu dem steuerlich relevanten Sachverhalt macht. Die FB darf auf die Richtigkeit und Vollständigkeit eindeutiger StErklärungen und eingereichter Jahresabschlüsse vertrauen, ohne besondere Ermittlungen anstellen zu müssen (BFH 14.12.1994 – XI R 80/92, BStBl. II 1995, 293; BFH 17.12.1997 – III R 39/93, BFH/NV 1998, 812; BFH 7.7.2004 – XI R 10/03, BStBl. II 2004, 911; FG Rheinland-Pfalz 7.6.2000 – 1 K 1915/97, EFG 2001, 334; zu Familienkassen s. BFH 25.2.2003 – VIII R 26/02, BFH/NV 2003, 1158: sehr weitgehend). Dies gilt insb. dann, wenn bei der Erstellung der StErklärung ein StBerater mitgewirkt hat (BFH 28.4.1987 – IX R 9/83, BFH/NV 1988, 151; FG Köln 18.1.2001 – 7 K 9214/98, EFG 2001, 545). Die FB muss nicht von jeder theoretisch bestehenden Ermittlungsmöglichkeit Gebrauch machen, sondern hat Ermittlungen nur aufzunehmen, die sich ihr bei Beachtung des § 88 hätten aufdrängen müssen (BFH 29.11.2017 – II R 52/15, BStBl. II 2018, 419; BFH 12.7.2001 – VII R 68/00, BStBl. II 2002, 44; BFH 14.5.1998 – VII R 139/97, BStBl. II 1998, 579). Die Erklärung einer Entschädigung iSd § 24 Nr. 1a EStG zwingt deshalb allein nicht zur Anforderung der vertraglichen Unterlagen (BFH 7.7.2004 – XI R 10/03, BStBl. II 2004, 911). Sich bei der Prüfung des StFalls aufdrängenden Zweifeln muss nachgegangen werden; geschieht dies nicht, so muss der StBescheid unter dem Vorbehalt der Nachprüfung erlassen werden, um so den Eintritt der materiellen Bestandskraft zu verhindern (BFH 16.11.1989 – V R 169/84, BFH/NV 1990, 754). Doch selbst bei schwieriger tatsächlicher oder rechtlicher Beurteilung verstärkt sich die allg. Ermittlungspflicht grds. nur bei Unklarheiten und Zweifeln, die sich aus der Erklärung ergeben (BFH 28.6.2006 – XI R 58/05, BStBl. II 2006, 835).

101 Eine **Ermittlungspflicht der FB** besteht, wenn

- die Angaben des Stpfl. widersprüchlich sind (BFH 2.9.1971 – V R 8/67, BStBl. II 1972, 45),
- Angaben offensichtlich nicht vollständig gemacht wurden (BFH 29.4.1997 – VII R 1/97, BStBl. II 1997, 627; FG Niedersachsen 13.2.1992 – VI 127/91, BeckRS 1992, 8694),
- nach dem lückenhaft dargestellten Sachverhalt die Verwirklichung eines steuerlichen Tatbestands naheliegt (FG Hessen 26.10.1978 – I 18/77, EFG 1979, 340; FG Baden-Württemberg 29.1.1998 – 14 K 188/93, EFG 1998, 795),
- bei Verzicht auf die Abgabe einer Feststellungserklärung, die vom Stpfl. vollständig beantworteten Fragen, für die Ermittlung des für die Grundbesitzbewertung maßgebenden Sachverhalts nicht ausreichen (BFH 29.11.2017 – II R 52/15, BStBl. II 2018, 419);
- sich gegenseitig ausschließende Tatbestände mit unterschiedlichen Rechtsfolgen erfüllt sein können (BFH 15.11.1974 – VI R 58/72, BStBl. II 1975, 369: Wohnungsbauprämie oder Sonderausgabenabzug),
- sich zB aus den abgegebenen Erläuterungen die Vermutung eines gewerblichen Grundstückshandels wegen der Existenz von Grundstückskaufverträgen hätte aufdrängen müssen (BFH 22.11.1988 – VIII R 184/84, BFH/NV 1989, 726),
- Zweifel am Vorliegen eines unfreiwilligen Arbeitsplatzverlustes naheliegend sind, weil die Auflösung des Dienstvertrags des alleinigen Gesellschafter-Geschäftsführers mit dem Verkauf der GmbH-Anteile zeitlich zusammenfällt (BFH 3.7.2002 – XI R 17/01, BFH/NV 2003, 137; FG Köln 17.12.2002 – 9 K 4254/99, EFG 2003, 668 aufgeh. durch BFH 7.7.2004 – XI R 10/03, BStBl. II 2004, 911; vgl. ferner zu Abfindungsfällen FG Köln

18.7.2000 – 8 K 3485/99, EFG 2002, 3; FG Köln 14.2.2001 – 14 K 5161/00, EFG 2001, 1016; FG Düsseldorf 29.11.2000 – 17 K 2101/98 E, EFG 2001, 443; FG Düsseldorf 18.12.1998 – 11 K 9757/97 E, EFG 1999, 260; FG Münster 8.11.1999 – 4 K 154/98 E, EFG 2000, 319).

Unstimmigkeiten zwischen eingereichten Bescheinigungen und Angaben des Stpfl. sind aufzuklären (BFH 2.9.1971 – V R 8/67, BStBl. II 1972, 45). Versteht das FA eindeutige Bescheinigungen in fremder Sprache falsch, weil es keine deutsche Übersetzung der Bescheinigung verlangt (dazu § 87 II), darf es bei Aufklärung des Missverständnisses den StBescheid nicht nach § 173 I Nr. 1 ändern (BFH 5.10.1966 – VI 328/65, BStBl. III 1967, 231). Durch die unterlassene Beiziehung archivierter oder fremder Akten verletzt die FB ihre Ermittlungspflicht, wenn ein konkreter Anlass für die Beiziehung besteht (BFH 9.12.1998 – IV B 22/98, BFH/NV 1999, 900 mwN).

Schätzung. Bei der Schätzung der Besteuerungsgrundlagen hat die FB ebenfalls ihre Ermittlungspflichten in zumutbarem Umfang zu erfüllen. Vor Durchführung der auf einer Schätzung beruhenden Veranlagung kann es das FA regelmäßig bei der Anmahnung der Erklärung bewenden lassen. Das FA ist insb. nicht verpflichtet, darüber hinaus ein Erzwingungsgeld anzudrohen und ggf. festzusetzen (BFH 12.1.1966 – I 269/63, BStBl. III 1966, 230). 102

2. Verletzung der Mitwirkungspflicht

Eigene Pflichtverletzung. Auf den Grundsatz von Treu und Glauben kann sich nicht nur derjenige berufen, der sich selbst rechtstreu verhalten hat (BGH 14.7.1971 – VIII ZR 49/70, NJW 1971, 1747; BAG 6.6.1974 – 2 AZR 278/73, DB 1974, 2355). Verletzt der Stpfl. indessen seine Erklärungs- und Mitwirkungspflichten in erheblichem Maße, wird eine Änderung zu seinen Lasten grds. zulässig sein (BFH 4.3.1999 – II R 79/97, BFH/NV 1999, 1301; BFH 14.12.1994 – XI R 80/92, BStBl. II 1995, 293; BFH 4.12.1992 – III R 50/91, BFH/NV 1993, 496). Davon geht die gesetzliche Regelung letztlich auch durch das Merkmal des groben Verschuldens bei einer Änderung nach § 173 I Nr. 2 aus (vgl. zu den schuldhaften Pflichtverletzungen → Rn. 112 ff.). 103

Pflichten. Der Stpfl. muss den steuerlich relevanten Sachverhalt richtig, vollständig, klar und eindeutig darstellen (BFH 13.11.1985 – II R 208/82, BStBl. II 1986, 241; BFH 20.4.2004 – IX R 39/01, BFH/NV 2004, 1138); Angaben, die sich nachträglich als unrichtig oder unvollständig erweisen, sind unverzüglich richtig zu stellen (BFH 29.11.2001 – IV R 13/00, BStBl. II 2002, 147); bei falschen oder unvollständigen Angaben darf die FVerw. grds. ändern (BFH 11.11.1987 – I R 108/85, BStBl. II 1988, 115; BFH 20.12.1988 – VIII R 121/83, BStBl. II 1989, 585; BFH 20.12.2000 – III B 43/00, BFH/NV 2001, 744). Bei zweideutigen Erklärungen muss die FB nicht jeder Verständnismöglichkeit nachgehen, sondern kann die naheliegendste zugrunde legen, da der Stpfl. für eindeutige Erklärungen zu sorgen hat (BFH 17.12.1997 – III R 39/93, BFH/NV 1998, 812). Schuldhaftigkeit der Pflichtverletzung ist für die Anwendbarkeit des § 173 I nicht erforderlich (BFH 21.6.1968 – VI R 135/66, BStBl. II 1968, 698; FG Köln 20.3.1997 – 5 K 6277/96, EFG 1997, 1347). Der Grad des Verschuldens ist jedoch bei beiderseitigen Pflichtverstößen in die erforderliche Abwägung zwischen den Pflichtverstößen (dazu nachfolgend → Rn. 105) einzubeziehen (ebenso Schwarz/Pahlke/Keß § 173 Rn. 156). Zu weiteren Mitwirkungs- und Erklärungspflichten des Stpfl. → Rn. 112, 114 ff. 104

3. Abwägung der beiderseitigen Pflichtverletzungen

Bei beiderseitigen Pflichtverletzungen (sowohl des Stpfl. als auch der FB) sind die jeweiligen Verstöße grds. gegeneinander abzuwägen (BFH 10.4.1997 – IV R 47/96, BFH/NV 1997, 757; BFH 20.12.1988 – VIII R 121/83, BStBl. II 1989, 585; FG Köln 18.7.2000 – 8 K 3485/99, EFG 2002, 3). Für die Abwägung ist die Schwere des Pflichtverstoßes, insb. der Umfang der Pflichtverletzung und der Verschuldensgrad, maßgeblich 105 zu berücksichtigen. So lässt ein grober Verstoß gegen die Ermittlungspflicht durch die FB geringe Nachlässigkeiten des Stpfl. bei seinen Mitwirkungspflichten in den Hintergrund treten (BFH 9.3.1990 – VI R 19/85, BFH/NV 1990, 619; BFH 4.12.1992 – III R 50/91, BFH/NV 1993, 496; Krömker AO-StB 2002, 15; HHSp § 173 Rn. 248). Der Grundsatz von Treu und Glauben steht dem Erlass eines Änderungsbescheids gem. § 173 I Nr. 1 nur dann entgegen, wenn die Pflichtverletzung der FB den Verstoß des Stpfl. deutlich überwiegt (BFH 20.12.1988 – VIII R 121/83, BStBl. II 1989, 585; FG Düsseldorf 9.11.2000 – 2 K 3152/99 E, EFG 2001, 186; FG Köln 18.7.2000 – 8 K 3485/99, EFG 2002, 3; FG Köln 25.4.2002 – 13 K 8659/98, EFG 2002, 1348). Haben es sowohl der Stpfl. als auch das FA in gleicher Weise versäumt, ihre Pflichten zu erfüllen, trifft idR den Stpfl. die Verantwortung (BFH 24.1.2002 – XI R 2/01, BFH/NV 2002, 715; BFH 4.3.1999 – II R 79/97, BFH/NV 1999, 1301; BFH 15.10.1998 – IV R 18/98, BStBl. II 1999, 286; BFH 10.4.1997 – IV R 47/96, BFH/NV 1997, 757; BFH 26.2.2003 – IX B 221/02, BFH/NV 2003, 1029). Ein Verstoß gegen die Ermittlungspflicht fällt grds. nicht ins Gewicht, wenn der Stpfl. bewusst lückenhafte oder falsche Angaben macht (BFH 11.11.1987 – I R 108/85, BStBl. II 1988, 115; BFH 15.10.1998 – IV R 18/98, BStBl. II 1999, 286; FG München 11.12.2002 – 1 K 1882/02, EFG 2003, 616) oder im amtlichen Vordruck irreführend an unzutreffender Stelle einträgt (BFH 24.3.2004 – X B 110/03, BFH/NV 2004, 1070), und zwar auch bei falscher Sachverhaltsdarstellung im Einspruchsverfahren (BFH 6.2.2013 – X B 164/12, BFH/NV 2013, 694).

VI. Verschulden

1. Kein grobes Verschulden (Abs. 1 Nr. 2 S. 1)

110 **a) Grundlagen. Zweck der Vorschrift.** Die Aufhebung oder Änderung eines StBescheids zugunsten des Stpfl. ist grds. ausgeschlossen, wenn ihn am nachträglichen Bekanntwerden der Tatsachen oder Beweismittel ein „grobes Verschulden" trifft. Durch dieses zusätzliche Merkmal in § 173 I Nr. 2 soll der Stpfl. dazu angehalten werden, die zu seinem Verantwortungsbereich gehörenden, steuerlich erheblichen Tatsachen rechtzeitig vorzubringen (vgl. BT-Drs. VI/1982, 153 zu § 154; BFH 19.8.1983 – VI R 177/82, BStBl. II 1984, 48; BFH 12.5.1989 – III R 200/85, BStBl. II 1989, 920). Die durch das Merkmal des Fehlens eines groben Verschuldens eingeschränkte Änderungsmöglichkeit zugunsten des Stpfl. findet ihre Rechtfertigung vor dem Hintergrund der Abgrenzung von Verantwortungsbereichen. Kommt der Stpfl. seiner Verpflichtung zur rechtzeitigen Mitwirkung schuldhaft nicht nach, so hat er es hinzunehmen, wenn eine erst nachträglich bekannt gewordene Tatsache, die zu einer niedrigeren Steuer führen würde, unberücksichtigt bleibt (BFH 24.3.1992 – VIII R 33/90, BStBl. II 1992, 869).

111 **Begriff.** Grobes Verschulden bedeutet Vorsatz und grobe Fahrlässigkeit. Leicht fahrlässige Pflichtverletzungen bleiben folgenlos. Vorsätzlich handelt, wer seine Erklärungs- und Mitwirkungspflichten kennt und ihre Verletzung will oder bewusst in Kauf nimmt (FG Niedersachsen 14.12.1982 – XII (VII) 475/80, EFG 1983, 327). Grob fahrlässig handelt, wer die ihm nach seinen persönlichen Verhältnissen und Fähigkeiten zumutbare Sorgfalt in ungewöhnlich großem Maße und in nicht entschuldbarer Weise verletzt (BFH 1.10.1993 – III R 58/92, BStBl. II 1994, 346; BFH 23.1.2001 – XI R 42/00, BStBl. II 2001, 379; BFH 23.11.2001 – VI R 125/00, BStBl. II 2002, 296; Gosch AO § 173 Rn. 85; Klein § 173 Rn. 112; Schwarz/Pahlke/Keß § 173 Rn. 185). Eine solches Handeln liegt vor, wenn schon einfachste, ganz naheliegende Überlegungen nicht angestellt werden und das nicht beachtet wird, was im gegebenen Fall jedem einleuchten musste (BFH 3.6.1982 – VI R 41/79, BStBl. II 1982, 749; BGH 29.9.1992 – XI ZR 265/91, NJW 1992, 3235; FG Düsseldorf 1.2.2001 – 11 K 1902/99 E, EFG 2001, 729; FG München 16.7.1996 – 16 K 3638/94, EFG 1997, 322). Die umfassende Kenntnis steuerrechtlicher Vorschriften kann vom Stpfl. nicht erwartet werden, sodass ein auf mangelnder StRechtskenntnis beruhender Irrtum grds. nicht auf grober Fahrlässigkeit beruht (BFH

13.6.1989 – VIII R 174/85, BStBl. II 1989, 789; BFH 1.10.1993 – III R 58/92, BStBl. II 1994, 346). Für die Beurteilung des groben Verschuldens kommt es auf die persönlichen Umstände, Fähigkeiten und Kenntnisse des Stpfl. und die besonderen Umstände des Einzelfalls an (BFH 9.2.2017 – VI B 58/16, BFH/NV 2017, 763), nicht jedoch auf die Art der Übermittlung (vgl. BFH 10.2.2015 – IX R 18/14, BStBl. II 2017, 7 zu elektronisch gefertigter StErklärung).

Bezugspunkt des groben Verschuldens ist die Verletzung von **Mitwirkungs- und Erklärungspflichten.** So hat der Stpfl. insb. die Angaben in seiner StErklärung gem. § 150 II 1 wahrheitsgemäß nach bestem Wissen und Gewissen zu machen (zu Einzelheiten → § 150 Rn. 15) und gem. § 90 I bei der Aufklärung des Sachverhalts durch wahrheitsgemäße Offenlegung der erheblichen Tatsachen und Beweismittel mitzuwirken (→ § 90 Rn. 11 f.). Erfüllt er seine Aufklärungspflicht nicht oder nur schlecht, indem er unzutreffende oder unvollständige Erklärungen abgibt, muss gerade diese Pflichtverletzung grob schuldhaft erfolgt sein (BFH 16.9.2004 – IV R 62/02, BStBl. II 2005, 75; BFH 12.5.1989 – III R 200/85, BStBl. II 1989, 920). Die Einlegung von Rechtsbehelfen (zB Einspruch oder Klage) gehört indes nicht zu den einzuhaltenden Mitwirkungspflichten (BFH 5.11.1985 – VIII R 258/82, BFH/NV 1986, 443; BFH 20.11.2008 – III R 107/06, BFH/NV 2009, 545; Heinke DStZ 1999, 789; TK § 173 Rn. 76b; Schwarz/Pahlke/Keß § 173 Rn. 180, 207; HHSp § 173 Rn. 280; aA BFH 25.11.1983 – VI R 8/82, BStBl. II 1984, 256; BFH 4.2.1993 – III R 78/91, BFH/NV 1993, 641; BFH 3.7.2006 – IV B 98/05, BFH/NV 2006, 2226). Grobes Verschulden kann mithin nicht deshalb vorliegen, weil ein Stpfl. es unterlässt, gegen einen StBescheid rechtzeitig Einspruch einzulegen, um die Berücksichtigung nachträglich bekannt gewordener Tatsachen zu erwirken (FG Baden-Württemberg 4.5.2006 – 14 K 90/02, EFG 2007, 1132; aA BFH 25.7.2001 – VI R 82/96, BFH/NV 2001, 1533; BFH 26.10.2016 – X R 1/14, BFH/NV 2017, 257). Ebenso wenig besteht eine Verpflichtung des Stpfl. zur Weiterleitung des (endgültigen) StBescheids an den StBerater zum Zwecke der Überprüfung (so aber FG Hamburg 2.12.1981 – VI 33/80, EFG 1982, 278; dagegen zu Recht TK § 173 Rn. 77). Zur Verkennung der doppelten Berücksichtigung von Einnahmen durch Stpfl. und StBerater vgl. BFH 18.4.2023 – VIII R 9/20, DStR 2023, 1312. 112

Kausalität. Die grob schuldhafte Pflichtverletzung muss für das nachträgliche Bekanntwerden der Tatsachen oder des Beweismittels kausal gewesen sein (BFH 16.4.1997 – XI R 27/96, BFH/NV 1998, 1). Konnte die FB auch bei gehöriger Erfüllung der Mitwirkungspflichten nicht rechtzeitig Kenntnis erlangen (zB bei einem vom Stpfl. zwar unverzüglich beantworteten, jedoch aufgrund verzögerten Postlaufs erst verspätet beim FA eingegangenen Auskunftsverlangen), beruht die verspätete Kenntnisgabe nicht auf einer Pflichtverletzung des Stpfl. Ob die FVerw. auch bei rechtzeitiger Kenntnis anders entschieden hätte, betrifft nicht die Kausalität der Pflichtverletzung, sondern die Rechtserheblichkeit der Tatsache (→ Rn. 87; aA FG München 24.6.1983 – V 4/83 E, EFG 1984, 102). 113

b) Sorgfaltsanforderungen an die Pflichterfüllung. Pflichten. Der Stpfl. muss die StErklärungsformulare sorgfältig lesen und ausfüllen (FG Baden-Württemberg 10.12.1997 – 12 K 175/95, EFG 1998, 703), steuerliche Bescheinigungen auswerten (BFH 24.7.1996 – I R 62/95, BStBl. II 1997, 115), ausdrückliche Hinweise in übersandten Merkblättern beachten und bei Zweifelsfragen Klärung durch Rückfrage beim FA suchen (AEAO zu § 173 Nr. 5.1.2.; FG Hessen 28.1.2019 – 9 K 1382/18, EFG 2019, 751; FG Düsseldorf 5.12.2024 – 8 K 673/22 E, BeckRS 2024, 41324). Dies gilt auch bei Verwendung der elektronischen ESt-Erklärung Elster (vgl. BFH 20.3.2013 – VI R 5/11, BFH/NV 2013, 1142). Vorsorgliche Angaben zu einem im Erklärungsvordruck nicht vorgesehenen Punkt zu ähnlichen Aufwendungen sind nicht erforderlich (BFH 9.11.2011 – X R 53/09, BFH/NV 2012, 545). Eine Verpflichtung zur Schätzung von Ausgaben, die dem Grunde nach feststehen, deren Höhe aber noch unbekannt ist, besteht nicht (FG Köln 24.8.2016 – 11 K 1319/16, BeckRS 2016, 124318). Die Einschaltung eines StBeraters wird vom Stpfl. 114

wegen der damit verbundenen Kosten idR nicht verlangt werden können (BFH 23.1.2001 – XI R 42/00, BStBl. II 2001, 379; FG Sachsen 12.5.2016 – 8 K 1790/15 Kg, BeckRS 2016, 95280; TK § 173 Rn. 77; s. zu den Pflichten bei Inanspruchnahme eines Dritten → Rn. 122). Zu weit geht allerdings die Auffassung, nach der bereits das Verstreichenlassen der Einspruchsfrist ein grobes Verschulden begründen kann (FG Hessen 15.5.2024 – 5 K 160/23, EFG 2024, 1542; Rev. II R 17/24). Hinweise in übersandten Broschüren, Merkblättern und Erläuterungen in Erklärungsvordrucken für einen steuerlichen Laien ausreichend verständlich, klar und eindeutig abgefasst sein. An die Intensität der Lektüre von Merkblättern dürfen keine unzumutbaren Anforderungen gestellt werden (BFH 22.5.1992 – VI R 17/91, BStBl. II 1993, 80; Schwarz/Pahlke/Keß § 173 Rn. 189; TK § 173 Rn. 77) – dies wird zuweilen von der Rspr. nicht genügend beachtet (vgl. etwa FG Baden-Württemberg 17.10.1996 – 14 K 95/92, EFG 1997, 112; FG München 11.7.2000 – 2 K 5054/97, EFG 2000, 1158; FG Düsseldorf 16.8.2000 – 9 K 737/99, EFG 2001, 5).

115 **Entschuldbare Pflichtverletzungen.** Übliche Unzulänglichkeiten, wie sie jedem einmal passieren können und mit deren Vorkommen regelmäßig gerechnet werden muss, begründen nicht den Vorwurf groben Verschuldens (BFH 25.4.1968 – VI B 47/67, BStBl. II 1968, 608; BFH 5.11.1985 – VIII R 258/82, BFH/NV 1986, 443: vermögenswirksame Leistungen; FG Baden-Württemberg 17.10.1996 – 14 K 95/92, EFG 1997, 112: einmaliger Werbungskostenbetrag; FG Münster 30.10.2024 – 4 K 925/23 E, EFG 2025, 217: StB in eigener Sache). So sind Fehler, die allein auf mangelnden steuerrechtlichen Kenntnissen eines Stpfl. ohne einschlägige Ausbildung beruhen, gewöhnlich nicht grob fahrlässig verursacht, wenn der Rechtsirrtum subjektiv entschuldbar ist (BFH 21.7.1989 – III R 303/84, BStBl. II 1989, 960; BFH 22.5.1992 – VI R 17/91, BStBl. II 1993, 80; BFH 19.12.2006 – VI R 59/02, BFH/NV 2007, 866). Missverständnisse, die durch unklare StErklärungsformulare, Hinweisblätter oder StBescheinigungen ausgelöst werden, sind idR nicht dem Stpfl. anzulasten (BFH 9.11.2011 – X R 53/09, BFH/NV 2012, 545; FG Saarland 2.7.1991 – 1 K 137/91, EFG 1992, 5: Zinsbescheinigung einer Bank; FG Rheinland-Pfalz 23.6.1999 – 1 K 2553/98, EFG 1999, 1061: Anleitung zur Anlage FW zu berücksichtigungsfähigen Vorbezugskosten; FG Köln 25.5.1999 – 8 K 9148/98, EFG 2000, 533: Sonderausgaben nach § 10i EStG; FG Niedersachsen 21.1.2003 – 13 K 389/99, EFG 2003, 749: keine Angaben zur Anwartschaft auf Altersversorgung eines Geschäftsführers, weil die Frage nicht verstanden wurde – Ausnahmefall; FG Niedersachsen 8.2.2012 – 9 K 276/09, BeckRS 2012, 95644: Unterhaltszahlungen; BFH 20.3.2013 – VI R 9/12, BFH/NV 2013, 1143 zum Elster-ESt-Formular). Nicht vorwerfbar ist die doppelte Angabe von Versorgungsbezügen als „Betriebsrente“ aus Unkenntnis darüber, dass die Einnahmen bereits im Bruttoarbeitslohn enthalten sind (FG Hessen 20.2.2001 – 7 K 2042/00, EFG 2001, 1347; BFH 19.11.2002 – X R 30/01, BeckRS 2002, 25001233; anders bei Doppelansatz von Altersvorsorgeaufwendungen aufgrund unklarer Bescheinigung, BFH 14.5.2013 – X B 33/13, BStBl. II 2013, 997); ebenso die versehentlich unterlassene Euro-Umrechnung (FG Sachsen 5.5.2010 – 8 K 553/05, BeckRS 2010, 26029338). Ganz besondere Ausnahmesituationen persönlicher oder beruflicher Art, in denen sich der Stpfl. vorübergehend befindet, können ausnahmsweise den ansonsten begründeten Vorwurf grober Fahrlässigkeit ausschließen (vgl. BFH 16.11.2006 – III R 44/06, BFH/NV 2007, 643; FG Niedersachsen 11.2.1998 – IV 411/95, EFG 1998, 1622); eine starke berufliche Anspannung allein genügt indes nicht (FG Hessen 28.8.1996 – 1 K 777/95, EFG 1997, 518).

116 **Besondere Anforderungen für Berufsträger.** Ein vom Stpfl. beauftragter StBerater muss hingegen auch schwierige Rechtsfragen sachgerecht behandeln und ggf. weiteren Rat von dritter Seite einholen (zur Zurechnung des Verschuldens → Rn. 123). Ihm obliegt eine umfassende Beratungspflicht gegenüber seinem Mandanten, sodass er regelmäßig die im StErklärungsvordruck gestellten Fragen und den zugrunde liegenden Sachverhalt durch Nachfragen beim Stpfl. klären muss (BFH 3.12.2009 – VI R 58/07, BStBl. II 2010, 531; anders zu nicht enthaltenen Punkten, BFH 9.11.2011 – X R 53/09, BFH/NV 2012, 545). Die Unkenntnis häufig anzuwendender steuerlicher Vorschriften, des Inhalts amtlicher

Verlautbarungen und Anweisungen ist stets grob fahrlässig; steuerberatend tätige Personen unterliegen erhöhten Sorgfaltsanforderungen (BFH 26.8.1987 – I R 144/86, BStBl. II 1988, 109; BFH 13.6.1989 – VIII R 174/85, BStBl. II 1989, 789; FG Saarland 29.6.1999 – 1 K 50/98, EFG 1999, 1060). Dies gilt auch, soweit der StBerater in eigenen Angelegenheiten tätig wird (s. auch FG Münster 30.10.2024 – 4 K 925/23 E, EFG 2025, 217). Grobes Verschulden wird indes regelmäßig ausscheiden, wenn die FB eine komplizierte Rechtsfrage unzutreffend löst, sich der StBerater dieser Auffassung anschließt und hierdurch einen Verlust nicht im richtigen Zeitraum geltend macht (FG Saarland 29.6.1999 – 1 K 50/98, EFG 1999, 1060). Der Berater hat grds. die durch seine Mitarbeiter gefertigten Entwürfe und Vorarbeiten abschließend zu prüfen. Umfang und Intensität der Prüfung hängen von der Schwierigkeit der zu erledigenden Arbeiten, der Qualifikation des Mitarbeiters und seiner Zuverlässigkeit ab (vgl. BFH 26.8.1987 – I R 144/86, BStBl. II 1988, 109). So muss zB ein mechanisches Versehen der Mitarbeiterin eines StBeraters nicht auf einer groben Nachlässigkeit beruhen (BFH 13.9.1990 – V R 110/85, BStBl. II 1991, 124). Einen Widerspruch zwischen Angaben in der StErklärung und einer Kontrollmitteilung muss der StBerater aufklären (im Ergebnis zutr. FG München 29.4.2003 – 2 K 2286/02, EFG 2003, 1278). Die Vorlage einer komprimierten ESt-Erklärung zur Prüfung durch den Stpfl. ist grds. grob schuldhaft (BFH 16.5.2013 – III R 12/12, DStR 2013, 1727). Das Unterlassen der Angaben zu ausländischen Investmentbeteiligungen ist auch dann grob schuldhaft, wenn die Höhe der Erträge noch nicht bekannt ist (BFH 9.11.2011 – VIII R 18/08, BFH/NV 2012, 370).

c) Einzelfälle aus der Rechtsprechung. Eine grob fahrlässige Verletzung der Mitwirkungspflicht ist regelmäßig gegeben, wenn der Stpfl. 121

- seine StErklärung trotz Aufforderung oder gesetzlicher Verpflichtung nicht (BFH 8.8.1991 – V R 106/88, BStBl. II 1992, 12) oder nicht fristgerecht einreicht (BFH 4.2.1998 – XI R 47/97, BFH/NV 1998, 682; BFH 24.4.1991 – XI R 28/89, BStBl. II 1991, 606 mwN), soweit die Nichtabgabe nicht ausnahmsweise auf einem entschuldbaren Rechtsirrtum beruht (BFH 23.1.2001 – XI R 42/00, BStBl. II 2001, 379). Die gesetzliche Verpflichtung zur Abgabe von StErklärungen hat regelmäßig auch ein Ausländer zu kennen (FG Saarland 1.2.1991 – 1 K 159/90, EFG 1991, 443);
- einen ausdrücklichen Hinweis der FB nicht beachtet oder eine ausdrückliche Frage in einer StErklärung nicht beantwortet (BFH 9.8.1991 – III R 24/87, BStBl. II 1992, 65; BFH 23.10.2002 – III R 32/00, BFH/NV 2003, 441; BFH 19.12.2006 – VI R 59/02, BFH/NV 2007, 866; BFH 20.11.2008 – III R 107/06, BFH/NV 2009, 545: **kein entschuldbarer Rechtsirrtum**), seine Erklärungspflicht unzureichend erfüllt, indem er unzutreffende oder unvollständige Erklärungen abgibt (BFH 8.12.1998 – IX R 14/97, BFH/NV 1999, 743: Einkünfte aus einem von mehreren Mietobjekten; BFH 17.6.1994 – III R 41/93, BFH/NV 1995, 2: Ausbildungsfreibetrag; ebenso FG Münster 14.11.2001 – 13 K 6697/99 E, EFG 2003, 62; BFH 19.12.2006 – VI R 59/02, BFH/NV 2007, 866: pauschaler Ansatz von Aufwendungen unterhalb des gesetzlichen Höchstbetrags; BFH 1.10.1993 – III R 58/92, BStBl. II 1994, 346: Verlust aus Gewerbebetrieb; BFH 12.5.1989 – III R 200/85, BStBl. II 1989, 920: Einnahmen aus Vermittlungstätigkeit; FG Brandenburg 4.7.2001 – 1 K 2707/99, EFG 2001, 1257: keine Angabe von Schuldzinsen vor Bezug; FG München 11.12.2002 – 1 K 1882/02, EFG 2003, 616: geldwerter Vorteil aus Ausübung eines Wandlungsrechts);
- wesentliche Abweichungen von den Bauplänen bei der Einheitsbewertung nicht angibt (FG Baden-Württemberg 11.11.1982 – I 80/80, EFG 1983, 326 (327));
- die vorgefertigte StErklärung ungeprüft unterzeichnet (FG Hamburg 4.12.1990 – II 185/89, EFG 1991, 445; FG Köln 22.10.1996 – 7 K 6779/95, EFG 1997, 516; aA FG Köln 7.8.2002 – 11 K 406/02, EFG 2003, 209: Blankounterschrift vor Urlaubsantritt – Einzelfall), bzw. nicht daraufhin prüft, ob alle wesentlichen Erwerbsgrundlagen dem FA mitgeteilt wurden (BFH 8.12.1998 – IX R 14/97, BFH/NV 1999, 743) oder die

Angaben aus einer Entwurfsfassung unvollständig überträgt und die Auslassung durch flüchtige Kontrolle der StErklärung unschwer hätte feststellen können (BFH 30.1.1997 – III B 99/95, BFH/NV 1997, 385), oder auf jegliche Kontrolle der angesetzten Ausgaben verzichtet (BFH 14.11.2002 – XI B 69/02, BFH/NV 2003, 293);
– seiner Buchführungspflicht nicht nachkommt (BFH 24.10.1985 – IV R 75/84, BStBl. II 1986, 233) und keine Bilanzen erstellt (BFH 20.1.1988 – I R 1/84, BFH/NV 1988, 348);
– es grundlos versäumt, Tatsachen bis zum Eintritt der materiellen Bestandskraft (zB Bekanntgabe der Einspruchsentscheidung oder der Aufhebung des Vorbehalts der Nachprüfung) mitzuteilen (BFH 10.12.1997 – VIII B 17/97, BFH/NV 1998, 1063 mwN);
– wenn das Abflussprinzip durch den StB nicht beachtet wird (BFH 17.5.2017 – X R 45/16, BFH/NV 2018, 10);
– offen zu Tage tretenden Zweifelsfragen nicht nachgeht (BFH 13.6.1989 – VIII R 174/85, BStBl. II 1989, 789; BFH 1.10.1993 – III R 58/92, BStBl. II 1994, 346).

122 **d) Verschuldenszurechnung bei Einschaltung Dritter. Einschaltung Dritter.** Nimmt der Stpfl. zur Erledigung der ihm obliegenden Erklärungs- und Mitwirkungspflicht die Hilfe eines Dritten in Anspruch, mindert dies nicht seine eigene Verantwortlichkeit (BFH 26.8.1987 – I R 144/86, BStBl. II 1988, 109). Die ihm durch das StRecht auferlegten öffentlich-rechtlichen Verpflichtungen treffen ihn weiterhin in vollem Umfang (vgl. BFH 30.10.1986 – III R 163/82, BStBl. II 1987, 161; BFH 18.5.1988 – X R 57/82, BStBl. II 1988, 713). Demzufolge hat er dafür Sorge zu tragen, dass der Dritte die ihm übertragene Tätigkeit ordnungsgemäß erledigt und erledigen kann (BFH 19.3.2009 – IV R 84/06, BFH/NV 2009, 1394). Dazu muss der Stpfl. dem Dritten den gesamten steuerrelevanten Sachverhalt vollständig unterbreiten (BFH 8.12.1998 – IX R 14/97, BFH/NV 1999, 743; FG Bremen 28.5.1996 – 4 95 158 K 5, EFG 1996, 900) und Nachfragen des FA selbst beantworten oder an den Dritten weiterleiten (TK § 173 Rn. 80). Zur ordnungsgemäßen Pflichtenerfüllung gehört es auch, dass der Stpfl. die durch einen StBerater erledigten Vorarbeiten im Rahmen seiner Möglichkeiten (Abgleich der tatsächlichen Angaben) kontrolliert. So handelt der Stpfl. grob fahrlässig, wenn er die vom StBerater gefertigte StErklärung ohne jede Prüfung unterzeichnet (FG Hamburg 4.12.1990 – II 185/89, EFG 1991, 445; FG Köln 22.10.1996 – 7 K 6779/95, EFG 1997, 516; FG Hamburg 23.4.1998 – III 243/97, EFG 1998, 1236; dagegen nicht bei Unterzeichnung nach persönlicher Erläuterung ohne weitere Kontrolle FG Köln 7.8.2002 – 11 K 406/02, EFG 2003, 209). Dies gilt auch, soweit es sich um einen zuverlässigen und besonders qualifizierten StBerater handelt (TK § 173 Rn. 81). Eine Exkulpation für eigene Pflichtverletzung findet durch die sorgfältige Auswahl des Dritten nicht statt.

123 **Verschuldenszurechnung.** Dem Stpfl. ist das Verschulden seines **gesetzlichen Vertreters** (§ 34) zuzurechnen (BFH 20.1.1988 – I R 1/84, BFH/NV 1988, 348). Die unrichtige Beantwortung einer Anfrage durch Angehörige, die nicht zur gesetzlichen Vertretung berufen sind, und die grob schuldhafte Pflichtverletzung durch sonstige Hilfspersonen können dem Stpfl. nicht angelastet werden (BFH 17.11.2005 – III R 44/04, BStBl. II 2006, 412). Doch wird in diesen Fällen in der mangelnden Überprüfung ggf. eine eigene schuldhafte Pflichtverletzung des Stpfl. liegen (BFH 18.5.1988 – X R 57/82, BStBl. II 1988, 713; → Rn. 121).

124 Für zusammen zu veranlagende **Ehegatten** besteht gem. § 25 III 2 EStG die Verpflichtung zur Abgabe einer gemeinsamen StErklärung. Hierbei handelt es sich um eine gemeinschaftliche Pflicht, die die Eheleute im Zusammenwirken zu erbringen haben. Diese Behandlung als ein Stpfl. bedingt, dass sich jeder Ehegatte das grobe Verschulden des anderen als eigenes zurechnen lassen muss (BFH 24.7.1996 – I R 62/95, BStBl. II 1997, 115; FG München 10.5.2016 – 2 K 1669/15, BeckRS 2016, 132590).

125 Der Stpfl. hat ebenfalls das Verschulden eines zur Erfüllung seiner steuerlichen Pflichten beauftragten **StBeraters** zu vertreten (BFH 25.6.1997 – VIII B 35/96, BFH/NV 1998, 8;

BFH 2.8.1994 – VIII R 65/93, BStBl. II 1995, 264; BFH 3.2.1983 – IV R 153/80, BStBl. II 1983, 324 mwN; AEAO zu § 173 Nr. 5.4; Klein § 173 Rn. 125; aA TK § 173 Rn. 82; Dißars DStZ 1997, 732). Die Verschuldenszurechnung lässt sich zwar mangels eines die AO bestimmenden einheitlichen Rechtsprinzips nicht aus einer Gesetzesanalogie zu §§ 110 I 2, 152 I 3 (so aber zB BFH 24.3.1987 – X R 66/81, BFH/NV 1988, 411 mwN; HHSp § 173 Rn. 283) herleiten. Ebenso lehnt die Rspr. überwiegend eine analoge Anwendung des § 278 BGB ab (BFH 26.8.1987 – I R 144/86, BStBl. II 1988, 109). Jedoch liegt allen Zurechnungsregelungen das gesetzesübergreifende Prinzip zugrunde, dass jemand seine Stellung im Rechtsverkehr nicht dadurch verbessern darf, dass er Dritten die Wahrnehmung seiner Interessen oder die Erfüllung seiner Verpflichtungen überlässt. Verfährt er so, muss er sich Wissen und Verhalten des für ihn Tätigen zurechnen lassen (BFH 3.2.1983 – IV R 153/80, BStBl. II 1983, 324). Rechtsdogmatisch kann für die Erfüllung der steuerlichen Erklärungs- und Mitwirkungspflichten auf die Anwendung der Grundsätze des § 166 BGB zurückgegriffen werden (so zu Recht Schwarz/Pahlke/Keß § 173 Rn. 213; aA FG Niedersachsen 9.11.1979 – V 5/79, EFG 1980, 265; Späth DStZ 1980, 130), da die durch diese Vorschrift normierte Wissenszurechnung nicht auf die Fälle der rechtsgeschäftlichen Vertretung begrenzt ist (vgl. BFH 7.11.1990 – X R 143/88, BStBl. II 1991, 325; BGH 24.1.1992 – V ZR 262/90, BGHZ 117, 104 (106)).

2. Unbeachtlichkeit des Verschuldens (Abs. 1 Nr. 2 S. 2)

Sachzusammenhang. Die Änderung des StBescheids zugunsten des Stpfl. hat gem. § 173 I Nr. 2 S. 2 trotz dessen groben Verschuldens am nachträglichen Bekanntwerden zu erfolgen, wenn die steuermindernden Tatsachen in einem unmittelbaren oder mittelbaren Zusammenhang mit nachträglich bekannt gewordenen Tatsachen stehen, die zu einer höheren Steuer führen. Der Zusammenhang zwischen steuererhöhenden und steuermindernden Tatsachen muss auf einer sachlichen Verknüpfung beruhen (BFH 28.3.1985 – IV R 159/82, BStBl. II 1986, 120). Eine solche Verknüpfung ist gegeben, wenn der steuererhöhende Vorgang nicht ohne den steuermindernden Vorgang denkbar ist (BFH 8.8.1991 – V R 106/88, BStBl. II 1992, 12; BFH 19.10.1995 – V R 60/92, BStBl. II 1996, 149; TK § 173 Rn. 86). Ein rein zeitliches Zusammentreffen von steuererhöhenden und steuermindernden Tatsachen genügt nicht (BFH 21.2.1991 – V R 25/87, BStBl. II 1991, 496). Liegt eine sachliche Verknüpfung der entgegengesetzt wirkenden Tatsachen vor, müssen sich diese Tatsachen weder auf dieselbe StArt (FG Hamburg 31.10.1997 – II 116/97, EFG 1998, 236) noch auf denselben Veranlagungszeitraum beziehen (vgl. Widmann DStZ 1990, 66; Schwarz/Pahlke/Keß § 173 Rn. 223). Die vom FA angegebene Änderungsnorm ist unerheblich, wenn zugleich § 173 I Nr. 1 tatbestandlich erfüllt ist (BFH 13.1.2005 – II R 48/02, BStBl. II 2005, 451). 130

Der nachträglich bekannt gewordene Sachverhalt darf nicht nur aus einer einzigen Tatsache, sondern muss aus **zwei steuerlich gegenläufig auswirkenden** Tatsachen bestehen. Entscheidend dabei ist die steuerrechtliche Einordnung der nachträglichen Umstände. Werden Werbungskosten und Einnahmen jeweils als getrennte Tatsachen beurteilt, wäre bei einem negativen Überschuss ein grobes Verschulden unbeachtlich, auch wenn es sich lediglich um ganz geringfügige Einnahmen handelte. Denn die einzelnen Tatsachen werden nicht gegeneinander gewichtet (TK § 173 Rn. 88; aA Thiel JbFSt 1977/1978, 108). Betrachtet man hingegen die negativen Einkünfte als die maßgebliche Tatsache, könnten diese mangels groben Verschuldens nicht steuermindernd berücksichtigt werden. 131

Die **steuerrechtliche Einordnung** hängt von der bisher bekannt gewordenen Tatsachengrundlage ab (BFH 8.12.1998 – IX R 14/97, BFH/NV 1999, 743). Waren eine Einkunftsart, Einkünfte aus einem Objekt oder ein Spekulationsgeschäft bislang nicht erfasst, so stellen diese Einkünfte die nachträglich bekannt gewordene steuerlich relevante Tatsache dar (BFH 1.10.1993 – III R 58/92, BStBl. II 1994, 346; BFH 23.1.2001 – XI R 42/00, BStBl. II 2001, 379; Schwarz/Pahlke/Keß § 173 Rn. 228; aA TK § 173 Rn. 87). Eine Aufspaltung der Einkünfte in steuererhöhende Betriebseinnahmen oder Vermögens- 132 mehrungen auf der einen und steuermindernde Betriebsausgaben oder Vermögensminderungen auf der anderen Seite scheidet aus (BFH 10.7.2008 – IX R 4/08, BFH/NV 2008, 1803). Deckt die FB hingegen verschwiegene Betriebseinnahmen aus einer erklärten gewerblichen Tätigkeit auf, sind die damit im Zusammenhang stehenden Betriebsausgaben ebenfalls anzusetzen (BFH 2.8.1983 – VIII R 190/80, BStBl. II 1984, 4: Zinsen und StVergünstigung nach BerlinFG). Dies gilt auch für die als Sonderausgabe anzusetzende KiSt, die mit bislang nicht erfassten Einnahmen zusammenhängt. In gleicher Weise ist die Erhöhung der GewSt-Rückstellung durch nachträgliche Betriebseinnahmen oder die Minderung des Bruttoarbeitslohns unter gleichzeitiger Erfassung des Arbeitslosengeldes im Progressionsvorbehalt zu behandeln (vgl. FG Hamburg 19.2.1991 – V 305/88, EFG 1992, 4; Schwarz/Pahlke/Keß § 173 Rn. 228). Hat das FA die ESt im Wege der Vollschätzung festgesetzt, ist nicht die Abweichung einzelner Besteuerungsgrundlagen (Einkünfte, Sonderausgaben), sondern die Veränderung des zu versteuernden Einkommens maßgeblich (BFH 24.4.1991 – XI R 28/89, BStBl. II 1991, 606; FG Köln 10.6.2009 – 7 K 3999/08, EFG 2009, 1712). Dagegen liegt kein hinreichender Sachzusammenhang bei Kapitalerträgen mit und ohne inländischem StAbzug vor (FG Berlin-Brandenburg 30.1.2020 – 4 K 4105/18, EFG 2020, 535; aA FG Niedersachsen 17.5.2017 – 3 K 268/15, EFG 2018, 1333); ebenso bei Nacherklärung von Einkünften aus KapVerm und nachträglicher Geltendmachung von Verlusten aus privaten Veräußerungsgeschäften (FG München 12.9.2019 – 10 K 3043/18, EFG 2019, 1817).

133 Desgleichen sind bei der **USt** die nachträglich bekannt gewordenen Umsätze und die hierzu im sachlichen Zusammenhang stehenden VorSt getrennt zu berücksichtigen (BFH 8.8.1991 – V R 106/88, BStBl. II 1992, 12; BFH 10.4.2003 – V R 26/02, BStBl. II 2003, 785). Die nicht erfassten VorSt-Beträge stehen mit den nachträglich bekannt gewordenen Umsätzen grds. nur insoweit im Zusammenhang, als sie zur Ausführung dieser Umsätze verwendet wurden (BFH 10.4.2003 – V R 26/02, BStBl. II 2003, 785 zugleich zur Berücksichtigung darüber hinausgehender VorSt-Beträge gem. § 177). Eine Aufteilung der VorSt-Beträge kann ggf. im Schätzungswege erfolgen (BFH 19.10.1995 – V R 60/92, BStBl. II 1996, 149).

C. Änderungssperre nach einer Außenprüfung (Abs. 2)

I. Allgemeines

138 **Erhöhte Bestandskraft.** StBescheide, die aufgrund einer Ap. ergangen sind, unterliegen gem. § 173 II einer besonderen Änderungssperre, die nur im Falle einer StHinterziehung oder leichtfertigen StVerkürzung durchbrochen werden darf. Die Regelung geht davon aus, dass durch eine Ap. der steuerlich relevante Sachverhalt umfassend und abschließend geprüft wurde und ein nachträgliches Bekanntwerden neuer Tatsachen regelmäßig ausscheidet (BFH 4.2.1987 – I R 58/86, BStBl. II 1988, 215). Ob die Tatsachen bei der vorausgegangenen Ap. tatsächlich hätten festgestellt werden können, ist dabei unerheblich (BFH 13.1.1989 – VI R 153/85, BStBl. II 1989, 447). Die erhöhte Bestandskraft, die den aufgrund einer Ap. ergangenen StBescheiden beigelegt wird, schafft ein höheres Maß an Rechtsfrieden (vgl. BT-Drs. VI/1982, 153 zu § 154; TK § 173 Rn. 89; Schwarz/Pahlke/Keß § 173 Rn. 238). Für nach einer Ap. erlassene Zollbescheide tritt keine erhöhte Bestandskraft ein, da § 173 II auf Zollbescheide nicht anzuwenden ist (BFH 24.1.1989 – VII R 35/86, BStBl. II 1989, 440; BFH 6.8.1996 – VII B 35/96, BFH/NV 1997, 207). Ebenso wenig führt die umfassende Prüfung des StFalls im Einspruchsverfahren zum Eintritt einer erhöhten Bestandskraft (BFH 15.12.1992 – VIII R 52/91, BFH/NV 1993, 684).

139 **Anwendungsbereich.** Die erhöhte Bestandskraft gilt einschränkungslos für Änderung zugunsten des **Stpfl.** und zu seinen Lasten, also zugunsten des **Fiskus** (BFH 29.1.1987 – IV R 96/85, BStBl. II 1987, 410; BFH 11.11.1987 – X R 54/82, BStBl. II 1988, 307; FG

Hamburg 23.5.2000 – I 250/99, EFG 2000, 1043). Rechtsfriede lässt sich nur erreichen, wenn die erschwerte Abänderbarkeit sowohl für den Stpfl. als auch für die FB gilt (ebenso Schwarz/Pahlke/Keß § 173 Rn. 239; TK § 173 Rn. 89). Dieses Verständnis entspricht dem Wortlaut sowie dem Sinn und Zweck der Regelung, die der Rechtssicherheit einen Vorrang vor der Rechtsrichtigkeit einräumt.

Verhältnis zu anderen Vorschriften. In sachlicher Hinsicht bezieht sich die Änderungssperre nach § 173 II nur auf beabsichtigte Änderungen nach § 173 I, nicht auch auf Korrekturen nach anderen Änderungsvorschriften (BFH 16.1.2007 – IX R 48/05, BFH/NV 2007, 886; BFH 25.9.1996 – III R 53/93, BStBl. II 1997, 269). Nach einer Ap. bleibt deshalb weiterhin zulässig: 140

- Berichtigung nach § 129 (BFH 10.9.1987 – V R 69/84, BStBl. II 1987, 834),
- Änderung der unter Vorbehalt der Nachprüfung stehenden StFestsetzung nach § 164 II (BFH 14.9.1993 – VIII R 9/93, BStBl. II 1995, 2; BFH 21.7.1999 – V B 27/99, BFH/NV 2000, 6),
- Änderung mit Zustimmung des Stpfl. nach § 172 I 1 Nr. 2a (BFH 16.9.2008 – X B 88/08, BFH/NV 2008, 1984); Änderung nach § 172 I 1 Nr. 2c (BFH 2.12.2013 – III B 71/13, BFH/NV 2014, 570);
- Änderung widerstreitender StFestsetzungen nach § 174 (BFH 28.11.1989 – VIII R 83/86, BStBl. II 1990, 458),
- Änderung des Folgebescheids aufgrund eines geänderten Grundlagenbescheids oder des Eintritts eines rückwirkenden Ereignisses gem. § 175 (BFH 25.9.1996 – III R 53/93, BStBl. II 1997, 269; BFH 13.12.1995 – XI R 43–45/89, BStBl. II 1996, 232),
- der Erlass eines Erstbescheids (BFH 22.8.1990 – I R 76/88, BFH/NV 1991, 341; aA BFH 31.8.1990 – VI R 78/86, BStBl. II 1991, 537).

II. Voraussetzungen der Änderungssperre (Abs. 2 S. 1)

1. Tatbestand

a) Begriff der Außenprüfung. Die Änderungssperre tritt nur für StBescheide ein, die aufgrund einer Ap. ergangen sind. Bei der Ap. muss es sich um eine **Prüfung iSd § 193** handeln (BFH 11.12.1997 – V R 56/94, BStBl. II 1998, 367; BFH 4.9.2000 – I B 17/00, BStBl. II 2000, 648). Ap. ist jede gesondert angeordnete Ermittlung (Ausnahme: § 27b III UStG) der tatsächlichen und rechtlichen Verhältnisse, die für die Stpfl. und für die Bemessung der Steuer maßgeblich sind (§ 199 I; zu Einzelheiten → § 193 Rn. 14 ff.). Hierzu zählen neben der turnusmäßigen Prüfung einschl. der Anlassprüfung (vgl. BFH 2.10.1991 – X R 89/89, BStBl. II 1992, 220) auch die abgekürzte Ap. (BFH 21.7.1999 – V B 27/99, BFH/NV 2000, 6), die USt-Sonderprüfung (BFH 18.8.1988 – V R 194/83, BStBl. II 1988, 932; BFH 7.12.2006 – V R 52/03, BStBl. II 2007, 420: keine Sperre, soweit Ap. nur Voranmeldungen und Vorauszahlungen erfasst), die LSt-Ap. (BFH 24.7.1996 – X R 123/94, BFH/NV 1997, 161; BFH 21.7.1995 – I B 214/94, BFH/NV 1996, 103) sowie die Ap. nach § 10 VersStG (vgl. BFH 11.3.1992 – II R 129/88, BStBl. II 1992, 707). Die Anwendung der Änderungssperre setzt jedoch stets voraus, dass die Prüfungsmaßnahmen auf eine umfassende und zusammenhängende Ermittlung der Besteuerungsgrundlagen angelegt sind (BFH 11.11.1987 – X R 54/82, BStBl. II 1988, 307). 141

Keine Ap. in dem von § 173 II 1 vorausgesetzten Sinne sind deshalb Prüfungen, die lediglich einzelne Besteuerungsmerkmale überprüfen (zB VorSt-Abzug oder Einzelprüfungen nach § 93). Sie sind nicht geeignet, die Änderungssperre auszulösen (BFH 21.7.1999 – V B 27/99, BFH/NV 2000, 6). Eine **StFahndungsprüfung** nach § 208 I ist ebenfalls keine Ap. (BFH 16.6.2004 – X R 56/01, BFH/NV 2004, 1502; BFH 11.12.1997 – V R 56/94, BStBl. II 1998, 367; FG Saarland 7.12.1999 – 1 K 293/96, EFG 2000, 158; Schwarz/Pahlke/Keß § 173 Rn. 244; TK § 173 Rn. 92). Die Ermittlung von Besteuerungsgrundlagen durch die StFahndung beschränkt sich – anders als die Ap. – regelmäßig auf die zielgerichtete Erforschung von StStraftaten und StOrdnungswidrigkeiten und nicht 142 auf die umfassende Prüfung eines StFalls. Keine Ap. ist auch die zollrechtliche Nachschau iSd § 210 (BFH 25.4.1985 – IV R 10/85, BStBl. II 1985, 702). Dies gilt ebenso für die durch das StVBG vom 19.12.2001 mit Wirkung vom 1.1.2002 eingeführte USt-Nachschau gem. § 27b UStG (→ § 193 Rn. 7).

143 **b) Aufgrund einer Außenprüfung.** Die Änderungssperre gilt nur für StBescheide, die **aufgrund** einer Ap. ergangen sind. Dies bedeutet in zeitlicher Hinsicht (→ Rn. 144), dass die StBescheide nach Abschluss der Ap. ergangen sein müssen und dass sachlich der besteuerte Zeitraum Gegenstand der im StBescheid erfassten StArt war (→ Rn. 145). Unerheblich ist, ob die StBescheide erstmals erlassen, als Änderungsbescheid oder als Abhilfebescheid ergehen (FG München 31.8.2022 – 3 K 2738/19, EFG 2022, 1885).

144 **Nach Abschluss der Ap.** Die verstärkte Bestandskraft erfasst sowohl StBescheide und ihnen gleichgestellte VA, die bereits vor der Ap. ergangene StBescheide ändern, als auch aufgrund der Ap. ergangene StBescheide, die erstmals eine Steuer festsetzen und dabei den durch die Prüfung festgestellten Sachverhalt verwerten (BFH 18.8.1988 – V R 194/83, BStBl. II 1988, 932). Ein StBescheid beruht nur auf der Ap., wenn er zeitlich nach Abschluss der Prüfungstätigkeit ergeht (ebenso Schwarz/Pahlke/Keß § 173 Rn. 246). Dies wird regelmäßig der Fall sein, wenn dem Stpfl. die Besprechungspunkte zur Vorbereitung der Schlussbesprechung mitgeteilt werden (vgl. § 11 BpO), spätestens nach Abschluss der Schlussbesprechung bzw. mit der Zusendung des Prüfungsberichts (§ 202 II). Ändert die FB einen StBescheid während der Ap. (zB nach § 175 I Nr. 1) und verwertet sie dabei zugleich bereits einzelne Prüfungsfeststellungen, ergeht der VA nicht aufgrund der Ap. Eine verstärkte Bestandskraft tritt erst ein, wenn nach der Ap. **weitere** Feststellungen durch einen erneuten Änderungsbescheid berücksichtigt werden oder eine **Mitteilung nach § 202 I 3** (→ Rn. 161 f.) ergeht. Dies gilt auch für einen Abhilfebescheid, der einen nach Abschluss der Ap. erlassenen VA aufhebt (vgl. BFH 29.1.1987 – IV R 96/85, BStBl. II 1987, 410).

145 **Inhalt der Prüfungsanordnung.** Ob ein StBescheid sachlich auf einer Ap. beruht, ergibt sich aus dem Umfang der Ap. (§§ 194, 196). Dabei bemisst sich die Reichweite der Änderungssperre ausschl. nach dem Inhalt der Prüfungsanordnung, die den Umfang der Ap. in persönlicher – auch im Hinblick auf Eheleute als jeweils selbständige Prüfungssubjekte (zu Prüfungsanordnungen gegen Ehegatten → § 196 Rn. 28; BFH 28.10.1988 – III R 52/86, BStBl. II 1989, 257) – wie in sachlicher und zeitlicher Hinsicht abschließend festlegt (BFH 12.10.1994 – XI R 75/93, BStBl. II 1995, 289; BFH 11.2.1998 – I R 82/97, BStBl. II 1998, 552; BFH 25.3.2003 – IX R 106/00, BFH/NV 2004, 1379; FG Baden-Württemberg 22.10.1998 – 6 K 465/97, EFG 1999, 155; FG Münster 18.9.2000 – 4 K 6019/99 F, EFG 2001, 192; TK § 173 Rn. 93). Dies gilt auch, soweit die FB die Prüfungsanordnung nachträglich erweitert (Gosch AO § 173 Rn. 143). Unterlässt die FB die Prüfung bestimmter StArten, Zeiträume oder Stpfl., muss die Prüfungsanordnung förmlich eingeschränkt werden, um den Eintritt der erhöhten Bestandskraft zu vermeiden. Der Vorbehalt weiterer Prüfungen oder Änderungen im Prüfungsbericht bzw. StBescheid entfaltet insoweit keine Wirkung (ebenso Schwarz/Pahlke/Keß § 173 Rn. 247; aA Hillebrandt StBp 1983, 63). Zur Sperrwirkung des Betriebsprüfungsberichts → Rn. 162.

2. Rechtsfolge

146 Ergeht ein StBescheid aufgrund einer Ap., beschränkt § 173 II die Abänderbarkeit des VA und damit die Anwendbarkeit des § 173 I auf die Fälle der StHinterziehung und leichtfertigen StVerkürzung. Rechtsfolge ist, soweit weder StHinterziehung noch leichtfertige StVerkürzung vorliegen, der Eintritt einer Änderungssperre wegen erhöhter Bestandskraft.

147 **Umfang der Änderungssperre.** Die erhöhte Bestandskraft tritt nur ein, soweit die StBescheide aufgrund einer Ap. ergangen sind. Der Umfang der Änderungssperre korrespondiert mit dem Umfang der Ap. Denn nur soweit die Ap. reicht, können StBescheide

aufgrund der Ap. ergehen. Maßgebend ist der Inhalt der Prüfungsanordnung (→ Rn. 145). Dass das tatsächliche Prüfungsverhalten möglicherweise dahinter zurückbleibt und nicht sämtliche StArten oder Zeiträume umfasst, ist unerheblich (BFH 18.8.1988 – V R 194/83, BStBl. II 1988, 932; Schwarz/Pahlke/Keß § 173 Rn. 253; aA FG Niedersachsen 8.2.1991 – VI 263/89, EFG 1992, 5). Ohne Bedeutung ist desgleichen, ob der im StBescheid berücksichtigte Sachverhalt auch tatsächlich durch die Ap. ermittelt oder der FB auf andere Weise bekannt wurde (zB Kontrollmitteilungen, anonyme Anzeigen). Andererseits tritt keine Änderungssperre für Feststellungen des Prüfers ein, die außerhalb des Prüfungsrahmens liegen (BFH 11.2.1998 – I R 82/97, BStBl. II 1998, 552; BFH 12.10.1994 – XI R 75/93, BStBl. II 1995, 289; BFH 4.12.1992 – III R 50/91, BFH/NV 1993, 496; Gosch AO § 173 Rn. 143).

III. Durchbrechung der Änderungssperre

Tatbestandsmäßigkeit. Nach § 173 II ist eine Durchbrechung der erhöhten Bestandskraft nur dann zulässig, wenn eine vollendete **StHinterziehung** oder eine **leichtfertige StVerkürzung** vorliegt (BFH 17.2.1999 – IV B 66/98, BFH/NV 1999, 1188; FG Düsseldorf 16.2.2001 – 1 K 7435/97 G, EFG 2002, 366). Das bedeutet, dass es sich bei den durch Änderungsbescheid nachgeforderten Beträgen um hinterzogene (bzw. verkürzte) Steuern handeln muss (BFH 21.10.1988 – III R 194/84, BStBl. II 1989, 216). Der Tatbestand des § 370 bzw. § 378 muss vollständig, also in objektiver und subjektiver Hinsicht erfüllt sein (vgl. BFH 12.3.1992 – IV R 29/91, BStBl. II 1993, 36; BFH 19.3.1998 – V R 54/97, BStBl. II 1998, 466). Trotz Strafbarkeit der versuchten StHinterziehung (§ 370 II) fehlt der versuchten Tat mangels Erfolgseintritt die Eignung zur Änderung des StBescheids. Andererseits bedarf es einer strafrechtlichen Verurteilung des Täters nicht. So können auch nach seinem Tod Änderungsbescheide gegen die Erben ergehen (vgl. BFH 27.8.1991 – VIII R 84/89, BStBl. II 1992, 9; BFH 1.8.2001 – II R 48/00, BFH/NV 2002, 155; zur Hinterziehung zugunsten Dritter s. FG Münster 22.6.2006 – 8 K 6609/03 G U, EFG 2006, 1799). Ebenso führen persönliche Strafausschließungs- und Strafaufhebungsgründe (zB §§ 78 ff., 153 ff. StGB, § 371 AO) zwar zur Straflosigkeit des Täters, schließen eine Durchbrechung der Änderungssperre aber nicht aus (Schwarz/Pahlke/Keß § 173 Rn. 259a; TK § 173 Rn. 96; vgl. zur ähnlichen Problematik bei Hinterziehungszinsen eingehend → § 235 Rn. 5 ff.). Eine Exkulpationsmöglichkeit – wie in § 169 II 3 – besteht für § 173 II nicht (Gosch AO § 173 Rn. 146; Gerber DStR 1987, 225). Für die Feststellung der Tatbestandsmäßigkeit gilt ausschl. das steuerrechtliche Verfahrensrecht (BFH 19.3.1998 – V R 54/97, BStBl. II 1998, 466). 151

Andere Vermögensdelikte oder Ordnungswidrigkeiten (zB Betrug, § 263 StGB; Subventionsbetrug, § 264 StGB) durchbrechen die Änderungssperre nicht (FG Niedersachsen 7.5.1992 – II 216/89, EFG 1993, 248; TK § 173 Rn. 97; Gosch AO § 173 Rn. 147 mwN; Klein § 173 Rn. 145; Zinn StBp 1985, 137 (233); krit. BFH 7.9.1995 – III R 64/92, BeckRS 1995, 11304). In diesen Fällen wird eine Änderung des Zulagen- oder Prämienbescheids jedenfalls regelmäßig auf § 172 I 1 Nr. 2c gestützt werden können. 152

Umfang. Die erhöhte Bestandskraft wird nur insoweit durchbrochen, als die Verkürzung durch den Stpfl. oder einen **Dritten** (BFH 14.12.1994 – XI R 80/92, BStBl. II 1995, 293) reicht, also straf- oder bußgeldrechtlich relevant ist (FG Hamburg 23.5.2000 – I 250/99, EFG 2000, 1043; TK § 173 Rn. 98). Demzufolge kann eine Durchbrechung nur zulasten des Stpfl. erfolgen (vgl. FG Niedersachsen 26.2.2004 – 6 K 727/01, EFG 2004, 1102). Handelt es sich bei dem ändernden VA um einen Gewinnfeststellungsbescheid, darf demzufolge nur derjenige Gewinn zusätzlich erfasst werden, der den hinterzogenen Steuern zugrunde liegt (BFH 17.2.1999 – IV B 66/98, BFH/NV 1999, 1188). Andere nachträglich bekannt gewordene Tatsachen können lediglich im Rahmen der Rechtsfehlerberichtigung nach § 177 berücksichtigt werden (BFH 18.12.2008 – V R 38/06, BStBl. II 2009, 749). 153

erforderlich (FG Niedersachsen 30.1.1978 – VII 330/77, EFG 1978, 360). Die Korrektur ist **von Amts wegen** durchzuführen; ein Ermessen besteht nicht (TK § 173 Rn. 104; Schwarz/Pahlke/Keß § 173 Rn. 234; vgl. allg. zum Ermessen im Rahmen der Änderungsvorschriften → Vor §§ 172 ff. Rn. 16; → § 172 Rn. 15).

167 **Begrenzte Fehlerberichtigung.** Der Umfang der Aufhebung oder Änderung ist auf die Reichweite der nachträglich bekannt gewordenen Tatsachen und Beweismittel beschränkt. Eine Gesamtaufrollung des StFalls findet nicht statt. Dies schließt es allerdings nicht aus, Rechtsfehler, die nicht Anlass der Aufhebung oder Änderung sind, nach § 177 zu korrigieren. Diese Rechtsfehlerberichtigung ist jedoch auf den Änderungsrahmen des § 173 beschränkt (vgl. FG Düsseldorf 25.9.2002 – 2 K 2421/97 E, EFG 2003, 14 zur Berücksichtigung von steuermindernden und -erhöhenden Tatsachen bei steuererhöhenden Rechtsfehlern sowie → § 177 Rn. 9). Andererseits erfordert § 173 im Gegensatz zum früheren § 222 I Nr. 1 RAO keine Mindestschwelle „von einigem Gewicht" (BFH 12.8.1981 – I R 78/78, BStBl. II 1982, 100). Eine Änderung hat jedoch zu unterbleiben, soweit die Grenzen der KBV nicht überschritten sind (→ § 156 Rn. 13 ff.).

168 **Bilanzielle Folgeänderungen.** Wird der FB ein Sachverhalt nachträglich bekannt, aufgrund dessen ein Bilanzansatz nach § 173 I zu ändern ist, stellt sich wegen des Grundsatzes des Bilanzzusammenhangs die Frage nach einer bilanziellen Folgeänderung. Nach der Rspr. des BFH ist eine Berichtigung der StBilanz nur in dem Rahmen zulässig, in dem auch der StBescheid noch aufgehoben oder geändert werden kann (vgl. BFH 29.11.1965 – GrS 1/65 S, BStBl. III 1966, 142; BFH 11.2.1998 – I R 150/94, BStBl. II 1998, 503 mwN). Dabei scheidet eine Rückwärtsberichtigung bestandskräftiger StBescheide grds. aus (vgl. BFH 10.11.1997 – GrS 1/96, BStBl. II 1998, 83 zu § 174 IV). Für die Umsetzung der bilanziellen Folgeänderung wird zT eine Anwendung des § 173 (Schwarz/Pahlke/Keß § 173 Rn. 66), zT die Anwendung des § 175 I 1 Nr. 2 (BFH 19.8.1999 – IV R 73/98, BStBl. II 2000, 18 mwN; → § 175 Rn. 48) befürwortet.

II. Feststellungslast

169 **Grundsatz.** Nach den allg. Grundsätzen über die Feststellungslast hat jeweils derjenige die Tatsachen zu beweisen, auf deren Vorliegen er sich zur Durchsetzung seines Anspruchs oder Rechts beruft (vgl. BFH 25.7.2000 – IX R 93/97, BStBl. II 2001, 9). Die Feststellungslast für das Vorliegen der tatbestandlichen Voraussetzungen einer Änderung zulasten des Stpfl. hat die FB zu tragen (BFH 18.6.2015 – VI R 84/13, BFH/NV 2015, 1342; BFH 22.11.2006 – II B 6/06, BFH/NV 2007, 395). Der Stpfl. trägt hingegen die Feststellungslast für das Vorliegen der tatbestandlichen Voraussetzungen zu seinen Gunsten. Innerhalb des jeweiligen Änderungstatbestands hat wiederum jeder für die Feststellung seiner eigenen Verteidigungsmittel Sorge zu tragen.

170 **Einzelfragen.** Will das FA folglich einen bestandskräftigen StBescheid gem. **§ 173 I Nr. 1** zulasten des Stpfl. ändern, so trägt es grds. die objektive Beweislast (Feststellungslast) dafür, dass die für die Änderung des Bescheids erforderlichen tatsächlichen Voraussetzungen vorliegen (BFH 13.12.1985 – III R 183/81, BStBl. II 1986, 441; BFH 20.12.1988 – VIII R 121/83, BStBl. II 1989, 585; BFH 6.12.1994 – IX R 11/91, BStBl. II 1995, 192), insb. dafür, dass ihr Tatsachen nachträglich bekannt geworden sind (BFH 19.5.1998 – I R 140/97, BStBl. II 1998, 599). Die Grundsätze über eine Reduzierung des Beweismaßes gelten auch im Rahmen des § 173 I Nr. 1 (BFH 23.3.2011 – X R 44/09, BStBl. II 2011, 884). Im Fall eines ungeklärten und auch nicht mehr aufklärbaren Sachverhalts („non liquet") darf eine Änderung nicht vorgenommen werden (BFH 23.1.2002 – XI R 55/00, BFH/NV 2002, 1009). Verteidigt sich demgegenüber der Stpfl. mit dem Ausschluss der Änderungsmöglichkeit, insb. wegen einer Verletzung der Ermittlungspflicht, obliegt ihm der Nachweis der Pflichtverletzung (BFH 19.5.1998 – I R 140/97, BStBl. II 1998, 599; BFH 18.6.2015 – VI R 84/13, BFH/NV 2015, 1342; FG Hamburg 15.6.2020 – 2 K 6/17, BeckRS 2020, 18752). Dagegen trägt das FA die Beweislast für eine die eigenen

aufgrund der Ap. ergehen. Maßgebend ist der Inhalt der Prüfungsanordnung (→ Rn. 145). Dass das tatsächliche Prüfungsverhalten möglicherweise dahinter zurückbleibt und nicht sämtliche StArten oder Zeiträume umfasst, ist unerheblich (BFH 18.8.1988 – V R 194/83, BStBl. II 1988, 932; Schwarz/Pahlke/Keß § 173 Rn. 253; aA FG Niedersachsen 8.2.1991 – VI 263/89, EFG 1992, 5). Ohne Bedeutung ist desgleichen, ob der im StBescheid berücksichtigte Sachverhalt auch tatsächlich durch die Ap. ermittelt oder der FB auf andere Weise bekannt wurde (zB Kontrollmitteilungen, anonyme Anzeigen). Andererseits tritt keine Änderungssperre für Feststellungen des Prüfers ein, die außerhalb des Prüfungsrahmens liegen (BFH 11.2.1998 – I R 82/97, BStBl. II 1998, 552; BFH 12.10.1994 – XI R 75/93, BStBl. II 1995, 289; BFH 4.12.1992 – III R 50/91, BFH/NV 1993, 496; Gosch AO § 173 Rn. 143).

III. Durchbrechung der Änderungssperre

Tatbestandsmäßigkeit. Nach § 173 II ist eine Durchbrechung der erhöhten Bestandskraft nur dann zulässig, wenn eine vollendete **StHinterziehung** oder eine **leichtfertige StVerkürzung** vorliegt (BFH 17.2.1999 – IV B 66/98, BFH/NV 1999, 1188; FG Düsseldorf 16.2.2001 – 1 K 7435/97 G, EFG 2002, 366). Das bedeutet, dass es sich bei den durch Änderungsbescheid nachgeforderten Beträgen um hinterzogene (bzw. verkürzte) Steuern handeln muss (BFH 21.10.1988 – III R 194/84, BStBl. II 1989, 216). Der Tatbestand des § 370 bzw. § 378 muss vollständig, also in objektiver und subjektiver Hinsicht erfüllt sein (vgl. BFH 12.3.1992 – IV R 29/91, BStBl. II 1993, 36; BFH 19.3.1998 – V R 54/97, BStBl. II 1998, 466). Trotz Strafbarkeit der versuchten StHinterziehung (§ 370 II) fehlt der versuchten Tat mangels Erfolgseintritt die Eignung zur Änderung des StBescheids. Andererseits bedarf es einer strafrechtlichen Verurteilung des Täters nicht. So können auch nach seinem Tod Änderungsbescheide gegen die Erben ergehen (vgl. BFH 27.8.1991 – VIII R 84/89, BStBl. II 1992, 9; BFH 1.8.2001 – II R 48/00, BFH/NV 2002, 155; zur Hinterziehung zugunsten Dritter s. FG Münster 22.6.2006 – 8 K 6609/03 G U, EFG 2006, 1799). Ebenso führen persönliche Strafausschließungs- und Strafaufhebungsgründe (zB §§ 78 ff., 153 ff. StGB, § 371 AO) zwar zur Straflosigkeit des Täters, schließen eine Durchbrechung der Änderungssperre aber nicht aus (Schwarz/Pahlke/Keß § 173 Rn. 259a; TK § 173 Rn. 96; vgl. zur ähnlichen Problematik bei Hinterziehungszinsen eingehend → § 235 Rn. 5 ff.). Eine Exkulpationsmöglichkeit – wie in § 169 II 3 – besteht für § 173 II nicht (Gosch AO § 173 Rn. 146; Gerber DStR 1987, 225). Für die Feststellung der Tatbestandsmäßigkeit gilt ausschl. das steuerrechtliche Verfahrensrecht (BFH 19.3.1998 – V R 54/97, BStBl. II 1998, 466). 151

Andere Vermögensdelikte oder Ordnungswidrigkeiten (zB Betrug, § 263 StGB; Subventionsbetrug, § 264 StGB) durchbrechen die Änderungssperre nicht (FG Niedersachsen 7.5.1992 – II 216/89, EFG 1993, 248; TK § 173 Rn. 97; Gosch AO § 173 Rn. 147 mwN; Klein § 173 Rn. 145; Zinn StBp 1985, 137 (233); krit. BFH 7.9.1995 – III R 64/92, BeckRS 1995, 11304). In diesen Fällen wird eine Änderung des Zulagen- oder Prämienbescheids jedenfalls regelmäßig auf § 172 I 1 Nr. 2c gestützt werden können. 152

Umfang. Die erhöhte Bestandskraft wird nur insoweit durchbrochen, als die Verkürzung durch den Stpfl. oder einen **Dritten** (BFH 14.12.1994 – XI R 80/92, BStBl. II 1995, 293) reicht, also straf- oder bußgeldrechtlich relevant ist (FG Hamburg 23.5.2000 – I 250/99, EFG 2000, 1043; TK § 173 Rn. 98). Demzufolge kann eine Durchbrechung nur zulasten des Stpfl. erfolgen (vgl. FG Niedersachsen 26.2.2004 – 6 K 727/01, EFG 2004, 1102). Handelt es sich bei dem ändernden VA um einen Gewinnfeststellungsbescheid, darf demzufolge nur derjenige Gewinn zusätzlich erfasst werden, der den hinterzogenen Steuern zugrunde liegt (BFH 17.2.1999 – IV B 66/98, BFH/NV 1999, 1188). Andere nachträglich bekannt gewordene Tatsachen können lediglich im Rahmen der Rechtsfehlerberichtigung nach § 177 berücksichtigt werden (BFH 18.12.2008 – V R 38/06, BStBl. II 2009, 749). 153

erforderlich (FG Niedersachsen 30.1.1978 – VII 330/77, EFG 1978, 360). Die Korrektur ist **von Amts wegen** durchzuführen; ein Ermessen besteht nicht (TK § 173 Rn. 104; Schwarz/Pahlke/Keß § 173 Rn. 234; vgl. allg. zum Ermessen im Rahmen der Änderungsvorschriften → Vor §§ 172 ff. Rn. 16; → § 172 Rn. 15).

167 **Begrenzte Fehlerberichtigung.** Der Umfang der Aufhebung oder Änderung ist auf die Reichweite der nachträglich bekannt gewordenen Tatsachen und Beweismittel beschränkt. Eine Gesamtaufrollung des StFalls findet nicht statt. Dies schließt es allerdings nicht aus, Rechtsfehler, die nicht Anlass der Aufhebung oder Änderung sind, nach § 177 zu korrigieren. Diese Rechtsfehlerberichtigung ist jedoch auf den Änderungsrahmen des § 173 beschränkt (vgl. FG Düsseldorf 25.9.2002 – 2 K 2421/97 E, EFG 2003, 14 zur Berücksichtigung von steuermindernden und -erhöhenden Tatsachen bei steuererhöhenden Rechtsfehlern sowie → § 177 Rn. 9). Andererseits erfordert § 173 im Gegensatz zum früheren § 222 I Nr. 1 RAO keine Mindestschwelle „von einigem Gewicht" (BFH 12.8.1981 – I R 78/78, BStBl. II 1982, 100). Eine Änderung hat jedoch zu unterbleiben, soweit die Grenzen der KBV nicht überschritten sind (→ § 156 Rn. 13 ff.).

168 **Bilanzielle Folgeänderungen.** Wird der FB ein Sachverhalt nachträglich bekannt, aufgrund dessen ein Bilanzansatz nach § 173 I zu ändern ist, stellt sich wegen des Grundsatzes des Bilanzzusammenhangs die Frage nach einer bilanziellen Folgeänderung. Nach der Rspr. des BFH ist eine Berichtigung der StBilanz nur in dem Rahmen zulässig, in dem auch der StBescheid noch aufgehoben oder geändert werden kann (vgl. BFH 29.11.1965 – GrS 1/65 S, BStBl. III 1966, 142; BFH 11.2.1998 – I R 150/94, BStBl. II 1998, 503 mwN). Dabei scheidet eine Rückwärtsberichtigung bestandskräftiger StBescheide grds. aus (vgl. BFH 10.11.1997 – GrS 1/96, BStBl. II 1998, 83 zu § 174 IV). Für die Umsetzung der bilanziellen Folgeänderung wird zT eine Anwendung des § 173 (Schwarz/Pahlke/Keß § 173 Rn. 66), zT die Anwendung des § 175 I 1 Nr. 2 (BFH 19.8.1999 – IV R 73/98, BStBl. II 2000, 18 mwN; → § 175 Rn. 48) befürwortet.

II. Feststellungslast

169 **Grundsatz.** Nach den allg. Grundsätzen über die Feststellungslast hat jeweils derjenige die Tatsachen zu beweisen, auf deren Vorliegen er sich zur Durchsetzung seines Anspruchs oder Rechts beruft (vgl. BFH 25.7.2000 – IX R 93/97, BStBl. II 2001, 9). Die Feststellungslast für das Vorliegen der tatbestandlichen Voraussetzungen einer Änderung zulasten des Stpfl. hat die FB zu tragen (BFH 18.6.2015 – VI R 84/13, BFH/NV 2015, 1342; BFH 22.11.2006 – II B 6/06, BFH/NV 2007, 395). Der Stpfl. trägt hingegen die Feststellungslast für das Vorliegen der tatbestandlichen Voraussetzungen zu seinen Gunsten. Innerhalb des jeweiligen Änderungstatbestands hat wiederum jeder für die Feststellung seiner eigenen Verteidigungsmittel Sorge zu tragen.

170 **Einzelfragen.** Will das FA folglich einen bestandskräftigen StBescheid gem. **§ 173 I Nr. 1** zulasten des Stpfl. ändern, so trägt es grds. die objektive Beweislast (Feststellungslast) dafür, dass die für die Änderung des Bescheids erforderlichen tatsächlichen Voraussetzungen vorliegen (BFH 13.12.1985 – III R 183/81, BStBl. II 1986, 441; BFH 20.12.1988 – VIII R 121/83, BStBl. II 1989, 585; BFH 6.12.1994 – IX R 11/91, BStBl. II 1995, 192), insb. dafür, dass ihr Tatsachen nachträglich bekannt geworden sind (BFH 19.5.1998 – I R 140/97, BStBl. II 1998, 599). Die Grundsätze über eine Reduzierung des Beweismaßes gelten auch im Rahmen des § 173 I Nr. 1 (BFH 23.3.2011 – X R 44/09, BStBl. II 2011, 884). Im Fall eines ungeklärten und auch nicht mehr aufklärbaren Sachverhalts („non liquet") darf eine Änderung nicht vorgenommen werden (BFH 23.1.2002 – XI R 55/00, BFH/NV 2002, 1009). Verteidigt sich demgegenüber der Stpfl. mit dem Ausschluss der Änderungsmöglichkeit, insb. wegen einer Verletzung der Ermittlungspflicht, obliegt ihm der Nachweis der Pflichtverletzung (BFH 19.5.1998 – I R 140/97, BStBl. II 1998, 599; BFH 18.6.2015 – VI R 84/13, BFH/NV 2015, 1342; FG Hamburg 15.6.2020 – 2 K 6/17, BeckRS 2020, 18752). Dagegen trägt das FA die Beweislast für eine die eigenen

unzureichenden Ermittlungen überwiegende Verletzung der Mitwirkungspflicht des Stpfl. (Schwarz/Pahlke/Keß § 173 Rn. 176). Auf eine Verletzung der Ermittlungspflicht kann sich der Stpfl. jedoch nicht mit Erfolg berufen, wenn er schuldhaft und vorwerfbar den zu ändernden StBescheid durch unrichtige oder unvollständige Angaben erwirkt oder ohne Rücksicht auf Verschulden Tatsachen verschwiegen hat, die anzugeben im Wesentlichen nur er in der Lage war (vgl. BFH 13.12.1985 – III R 183/81, BStBl. II 1986, 441; BVerwG 26.11.1969 – VI C 121/65, BVerwGE 34, 225; Gosch AO § 173 Rn. 77).

Die Feststellungslast für eine **Änderung zugunsten** des Stpfl. obliegt diesem (Klein § 173 Rn. 76). Hierzu gehört auch die Pflicht des Stpfl. zur substantiierten Darlegung der Gründe für das verspätete Vorbringen der Tatsachen, die ein mögliches grobes Verschulden ausschließen. Denn regelmäßig fehlt der FB eine Kenntnis dieser in der Sphäre des Stpfl. liegenden Umstände (so zu Recht Schwarz/Pahlke/Keß § 173 Rn. 175a; TK § 173 Rn. 53). Es genügt grds. die Angabe der Umstände, aus denen sich entnehmen lässt, weshalb der Stpfl. die Tatsachen nicht früher vorgebracht hat. Der FB obliegt hingegen der Nachweis, dass der Stpfl. zur Angabe der Tatsache aufgefordert wurde (zB in der StErklärung) bzw. ihm die steuerliche Relevanz der verspätet vorgetragenen Tatsache bereits vor dem maßgeblichen Zeitpunkt bekannt war (vgl. BFH 22.5.1992 – VI R 17/91, BStBl. II 1993, 80). Erfüllt der Stpfl. seine Darlegungspflicht, trifft die Nichterweislichkeit des groben Verschuldens das FA. 171

Widerlegbare Vermutungen. Nach der Rspr. kann gewöhnlich davon ausgegangen werden, dass Fehler eines Stpfl., die nicht durch eine klare Verletzung seiner Mitwirkungspflicht verursacht wurden (→ Rn. 104), auf einem Versehen, also auf leichter Fahrlässigkeit, beruhen (BFH 22.5.1992 – VI R 17/91, BStBl. II 1993, 80; FG Hessen 20.2.2001 – 7 K 2042/00, EFG 2001, 1347). 172

E. Rechtsbehelfe

Gegen die Änderung eines StBescheids und die Ablehnung einer Änderung nach § 173 I ist der **Einspruch** statthaft. Allerdings ist die Zulässigkeit des Einspruchs auf den Umfang der Änderung beschränkt (§ 351 I). Gegenläufige Auswirkungen, die nicht die Änderung nach § 173 I betreffen, können lediglich nach § 177 berücksichtigt werden. Eine Verböserung (§ 367 II) darf die FB nur insoweit vornehmen, als sie ihren Grund in den der Änderung zugrunde liegenden Tatsachen hat, dh, die neuen Tatsachen haben rechtsfehlerhaft zu einer zu niedrigen StFestsetzung geführt (BFH 24.10.2000 – IX R 62/97, BStBl. II 2001, 124; → § 367 Rn. 23). 176

Nachträgliche Änderungsbefugnis. Für die Rechtmäßigkeit eines StBescheids ist zwar grds. nicht die zu seiner Begründung herangezogene Vorschrift maßgebend, sodass die Angabe einer unzutreffenden Änderungsnorm unschädlich ist. Erforderlich ist jedoch, dass der Änderungsbescheid zum Zeitpunkt seines Ergehens durch (irgend) eine Befugnisnorm gedeckt ist (BFH 11.5.1999 – IX R 72/96, BFH/NV 1999, 1446; BFH 25.9.1996 – III R 53/93, BStBl. II 1997, 269). Fehlt zum Zeitpunkt des Erlasses eines Änderungsbescheids jegliche Änderungsvorschrift, ist die FB nicht zur Durchbrechung der Bestandskraft befugt. Erlangt das FA deshalb erst im Klageverfahren gegen einen Änderungsbescheid Kenntnis von Tatsachen, die eine zum Zeitpunkt der Änderung nicht bestehende Änderungsbefugnis nach § 173 nachträglich begründen, beseitigt die später entstehende Korrekturmöglichkeit die Rechtswidrigkeit des angefochtenen StBescheids nicht (FG München 11.7.2000 – 2 K 5054/97, EFG 2000, 1158). Der Änderungsbescheid ist aufzuheben. Die fehlende Änderungsbefugnis ist weder ein nach § 127 unbeachtlicher Verfahrens- oder Formfehler noch ein bloßer Begründungsmangel (vgl. BFH 11.5.1999 – IX R 72/96, BFH/NV 1999, 1446; BFH 25.9.1996 – III R 53/93, BStBl. II 1997, 269). Das FA kann jedoch, soweit keine Festsetzungsverjährung eingetreten ist, einen neuen Änderungsbescheid wegen neuer Tatsachen erlassen (vgl. Gosch AO Vor § 172 Rn. 73). § 110 FGO 177

quittungen. Dient die fehlerbehaftete Tätigkeit indes einem anderen Zweck, ist § 173a nicht erfüllt. So sind Additionsfehler, die im Rahmen einer Nebenkostenabrechnung für den Mieter erfolgen und unbemerkt übernommen werden, nicht bei der Erstellung einer StErklärung erfolgt.

15 **Dem Stpfl.** müssen die Fehler unterlaufen sein (FG Niedersachsen 21.9.2022 – 9 K 203/21, BeckRS 2022, 32067, bestätigt durch BFH 18.7.2023 – IX R 17/22, BStBl. II 2024, 90). Erfasst werden stets Fehler, die durch den Stpfl. persönlich verursacht werden. Dies gilt aber auch, wenn Besteuerungsgrundlagen vom StBerater fehlerhaft ermittelt und vom Stpfl. in die StErklärung übertragen werden. Hier hat der Stpfl. den Ermittlungsfehler seines StBeraters als eigenen übernommen. Unterlaufen dem StBerater bei der Erstellung der StErklärung Schreib- oder Rechenfehler, handelt es sich ebenfalls um Fehler des Stpfl., wenn er den StBerater mit der Erfüllung der Erklärungspflicht beauftragt hat. Insoweit greifen die allgemeinen Zurechnungsregeln bei Einschaltung Dritter (§§ 166, 278 BGB).

III. Rechtserhebliche Tatsachen

18 § 173a verwendet denselben Tatsachenbegriff wie § 173 (Gosch AO § 173a Rn. 16; TK § 173a Rn. 9). Dementsprechend gilt die zu § 173 ergangene Rspr. uneingeschränkt (→ § 173 Rn. 7 ff.).

Tatsachen sind konkrete Vorgänge oder Zustände der Vergangenheit oder Gegenwart, die sinnlich wahrnehmbar in die Wirklichkeit getreten und damit dem Beweis zugänglich sind. Unter Tatsache ist alles zu verstehen, was Merkmal oder Teilstück eines gesetzlichen StTatbestands sein kann, also **Zustände, Vorgänge, Beziehungen, Eigenschaften** materieller oder immaterieller Art (vgl. BFH 2.8.1994 – VIII R 65/93, BStBl. II 1995, 264; BFH 11.5.1999 – IX R 72/96, BFH/NV 1999, 1446; BFH 23.1.2001 – XI R 42/00, BStBl. II 2001, 379; BFH 25.7.2001 – VI R 82/96, BFH/NV 2001, 1533; BFH 7.7.2004 – XI R 10/03, BStBl. II 2004, 911). Dabei ist unerheblich, ob sich eine einzelne Tatsache mit dem abstrakten Tatbestandsmerkmal des Gesetzes deckt oder erst mehrere Tatsachen in ihrer Gesamtheit ein Teilstück des gesetzlichen StTatbestands erfüllen (vgl. BFH 26.11.1996 – IX R 77/95, BStBl. II 1997, 422; BFH 27.10.1998 – X R 157/95, BStBl. II 1999, 91).

19 **Abzugrenzen** sind Tatsachen von Werturteilen, Schlussfolgerungen, juristischen Subsumtionen, Rechtsansichten und Bewertungen jeglicher Art. Wenngleich es abstrakt klar und einfach möglich ist, Tatsachen von Schlussfolgerungen zu unterscheiden, können im konkreten Einzelfall erhebliche Schwierigkeiten auftreten (→ § 173 Rn. 11 ff.).

20 Die Tatsachen müssen zudem **rechtserheblich** (ursächlich) für die Rechtsfehlerhaftigkeit des StBescheids sein. § 173a lässt die Durchbrechung der Bestandskraft nicht wegen jeder Rechtswidrigkeit zu, sondern nur wenn die mitgeteilte Unrichtigkeit zu einer fehlerhaften StFestsetzung geführt hat. Deshalb sind Tatsachen nicht rechtserheblich, wenn das FA bei rechtzeitiger Kenntnis der Tatsachen schon bei der ursprünglichen Veranlagung mit an Sicherheit grenzender Wahrscheinlichkeit zu keiner anderen StFestsetzung gelangt wäre (BFH 23.11.1987 – GrS 1/86, BStBl. II 1988, 180; BFH 14.12.1994 – XI R 80/92, BStBl. II 1995, 293; BFH 11.6.1997 – X R 242/93, BStBl. II 1997, 612; BFH 29.7.1998 – II R 39/96, BFH/NV 1999, 154; BFH 15.12.1999 – XI R 22/99, BFH/NV 2000, 818 mwN; → § 173 Rn. 87 ff.). Die Möglichkeit einer anderweitigen Entscheidung muss idR ausgeschlossen sein, dh, das FA hätte auch in Kenntnis des vollen Sachverhalts mit an Sicherheit grenzender Wahrscheinlichkeit nicht anders veranlagt (BFH 29.7.1998 – II R 39/96, BFH/NV 1999, 154). Das Merkmal der Rechtserheblichkeit soll verhindern, dass aufgrund der Änderung der Rechtslage bisher nicht relevante Tatsachen nachträglich steuerlich bedeutsam werden (vgl. BT-Drs. 18/7457, 88).

aufgrund der Ap. ergehen. Maßgebend ist der Inhalt der Prüfungsanordnung (→ Rn. 145). Dass das tatsächliche Prüfungsverhalten möglicherweise dahinter zurückbleibt und nicht sämtliche StArten oder Zeiträume umfasst, ist unerheblich (BFH 18.8.1988 – V R 194/83, BStBl. II 1988, 932; Schwarz/Pahlke/Keß § 173 Rn. 253; aA FG Niedersachsen 8.2.1991 – VI 263/89, EFG 1992, 5). Ohne Bedeutung ist desgleichen, ob der im StBescheid berücksichtigte Sachverhalt auch tatsächlich durch die Ap. ermittelt oder der FB auf andere Weise bekannt wurde (zB Kontrollmitteilungen, anonyme Anzeigen). Andererseits tritt keine Änderungssperre für Feststellungen des Prüfers ein, die außerhalb des Prüfungsrahmens liegen (BFH 11.2.1998 – I R 82/97, BStBl. II 1998, 552; BFH 12.10.1994 – XI R 75/93, BStBl. II 1995, 289; BFH 4.12.1992 – III R 50/91, BFH/NV 1993, 496; Gosch AO § 173 Rn. 143).

III. Durchbrechung der Änderungssperre

Tatbestandsmäßigkeit. Nach § 173 II ist eine Durchbrechung der erhöhten Bestands- 151
kraft nur dann zulässig, wenn eine vollendete **StHinterziehung** oder eine **leichtfertige StVerkürzung** vorliegt (BFH 17.2.1999 – IV B 66/98, BFH/NV 1999, 1188; FG Düsseldorf 16.2.2001 – 1 K 7435/97 G, EFG 2002, 366). Das bedeutet, dass es sich bei den durch Änderungsbescheid nachgeforderten Beträgen um hinterzogene (bzw. verkürzte) Steuern handeln muss (BFH 21.10.1988 – III R 194/84, BStBl. II 1989, 216). Der Tatbestand des § 370 bzw. § 378 muss vollständig, also in objektiver und subjektiver Hinsicht erfüllt sein (vgl. BFH 12.3.1992 – IV R 29/91, BStBl. II 1993, 36; BFH 19.3.1998 – V R 54/97, BStBl. II 1998, 466). Trotz Strafbarkeit der versuchten StHinterziehung (§ 370 II) fehlt der versuchten Tat mangels Erfolgseintritt die Eignung zur Änderung des StBescheids. Andererseits bedarf es einer strafrechtlichen Verurteilung des Täters nicht. So können auch nach seinem Tod Änderungsbescheide gegen die Erben ergehen (vgl. BFH 27.8.1991 – VIII R 84/89, BStBl. II 1992, 9; BFH 1.8.2001 – II R 48/00, BFH/NV 2002, 155; zur Hinterziehung zugunsten Dritter s. FG Münster 22.6.2006 – 8 K 6609/03 G U, EFG 2006, 1799). Ebenso führen persönliche Strafausschließungs- und Strafaufhebungsgründe (zB §§ 78 ff., 153 ff. StGB, § 371 AO) zwar zur Straflosigkeit des Täters, schließen eine Durchbrechung der Änderungssperre aber nicht aus (Schwarz/Pahlke/Keß § 173 Rn. 259a; TK § 173 Rn. 96; vgl. zur ähnlichen Problematik bei Hinterziehungszinsen eingehend → § 235 Rn. 5 ff.). Eine Exkulpationsmöglichkeit – wie in § 169 II 3 – besteht für § 173 II nicht (Gosch AO § 173 Rn. 146; Gerber DStR 1987, 225). Für die Feststellung der Tatbestandsmäßigkeit gilt ausschl. das steuerrechtliche Verfahrensrecht (BFH 19.3.1998 – V R 54/97, BStBl. II 1998, 466).

Andere Vermögensdelikte oder Ordnungswidrigkeiten (zB Betrug, § 263 StGB; Sub- 152
ventionsbetrug, § 264 StGB) durchbrechen die Änderungssperre nicht (FG Niedersachsen 7.5.1992 – II 216/89, EFG 1993, 248; TK § 173 Rn. 97; Gosch AO § 173 Rn. 147 mwN; Klein § 173 Rn. 145; Zinn StBp 1985, 137 (233); krit. BFH 7.9.1995 – III R 64/92, BeckRS 1995, 11304). In diesen Fällen wird eine Änderung des Zulagen- oder Prämienbescheids jedenfalls regelmäßig auf § 172 I 1 Nr. 2c gestützt werden können.

Umfang. Die erhöhte Bestandskraft wird nur insoweit durchbrochen, als die Verkür- 153
zung durch den Stpfl. oder einen **Dritten** (BFH 14.12.1994 – XI R 80/92, BStBl. II 1995, 293) reicht, also straf- oder bußgeldrechtlich relevant ist (FG Hamburg 23.5.2000 – I 250/99, EFG 2000, 1043; TK § 173 Rn. 98). Demzufolge kann eine Durchbrechung nur zulasten des Stpfl. erfolgen (vgl. FG Niedersachsen 26.2.2004 – 6 K 727/01, EFG 2004, 1102). Handelt es sich bei dem ändernden VA um einen Gewinnfeststellungsbescheid, darf demzufolge nur derjenige Gewinn zusätzlich erfasst werden, der den hinterzogenen Steuern zugrunde liegt (BFH 17.2.1999 – IV B 66/98, BFH/NV 1999, 1188). Andere nachträglich bekannt gewordene Tatsachen können lediglich im Rahmen der Rechtsfehlerberichtigung nach § 177 berücksichtigt werden (BFH 18.12.2008 – V R 38/06, BStBl. II 2009, 749).

IV. Anwendbarkeit auf Abzugssteuern

154 **Steueranmeldung.** § 173 II ist auch auf Abzugssteuern (LSt, KapESt) anzuwenden (glA TK § 173 Rn. 95; Schwarz/Pahlke/Keß § 173 Rn. 270: analoge Anwendung). Die StAnmeldung steht unabhängig davon, ob sie durch den Stpfl. oder (wie bei den Abzugssteuern) durch den Entrichtungspflichtigen (→ § 33 Rn. 30) abzugeben ist, einer StFestsetzung unter dem Vorbehalt der Nachprüfung gleich. Hebt die FB nach einer LSt-Ap. den Vorbehalt der Nachprüfung auf, greift für die LSt-Anmeldungen zugunsten des Arbeitgebers die Änderungssperre des § 173 II (vgl. BFH 15.5.1992 – VI R 106/88, BStBl. II 1993, 840; BFH 17.2.1995 – VI R 52/94, BStBl. II 1995, 555). Eine Änderung der StAnmeldungen ist nur noch unter den eingeschränkten Voraussetzungen des § 173 II zulässig (Gosch AO § 173 Rn. 124).

155 **LSt-Nachforderungs-/Haftungsbescheid.** Der in der Praxis weitaus gebräuchlichere Weg zur Festsetzung nicht angemeldeter LSt-Beträge ist der Erlass eines LSt-Nachforderungsbescheids gegen den Arbeitgeber für den Fall, dass er die Steuer selbst schuldet (zB pauschalierte LSt, § 40 III 2 EStG). Ist der Arbeitgeber lediglich Entrichtungspflichtiger, kann er durch Erlass eines LSt-Haftungsbescheids in Anspruch genommen werden. Sowohl der Pauschalierungsbescheid als auch der Haftungsbescheid sind – soweit LSt-Anmeldungen vorliegen – keine erstmaligen Bescheide oder Ergänzungsbescheide iSd § 179 III, sondern ihrem Inhalt nach Änderungsbescheide zur LSt-Anmeldung (BFH 15.5.1992 – VI R 183/88, BStBl. II 1993, 829; Schmidt EStG § 41a Rn. 7; vgl. zur KapESt BFH 14.7.1999 – I B 151/98, BStBl. II 2001, 556; BFH 13.9.2000 – I R 61/99, BStBl. II 2001, 67). Hebt das FA den Vorbehalt der Nachprüfung (einerlei, ob wegen der Mitteilung nach § 202 I 3 oder mit der Änderung der Voranmeldung) auf, verhindert die erhöhte Bestandskraft die spätere inhaltliche Änderung der Voranmeldung durch Erlass eines Haftungsbescheids (BFH 15.5.1992 – VI R 106/88, BStBl. II 1993, 840; Schwarz/Pahlke/Keß § 173 Rn. 270 ff.; TK § 173 Rn. 95; Gosch AO § 173 Rn. 128) oder eines Nachforderungsbescheids (BFH 15.5.1992 – VI R 183/88, BStBl. II 1993, 829).

156 **Änderung eines Nachforderungsbescheids.** Nach Auffassung des BFH können wegen der Sachverhaltsbezogenheit von Haftungs- und Nachforderungsbescheid für einen Zeitraum, für den bereits aufgrund einer LSt-Ap. ein Haftungs- oder Nachforderungsbescheid ergangen ist, in einem weiteren Haftungs-/Nachforderungsbescheid bislang im Prüfungszeitraum nicht festgestellte Sachverhalte mit steuerlicher Auswirkung erfasst werden (BFH 30.8.1988 – VI R 21/85, BStBl. II 1989, 193 mwN).

Diese Rspr. widerspricht der unter → Rn. 155 aufgezeigten Rspr.-Linie und vermag auch in der Sache nicht zu überzeugen. LSt-Ap. sind ebenso wie LSt-Anmeldungen (§ 41a I Nr. 1 EStG) zeitraumbezogen. Beschränkt das FA die Ap. nicht auf bestimmte Sachverhalte, erfasst die Prüfungsanordnung – unabhängig von der Sachverhaltsbezogenheit des Haftungs-/Nachforderungsbescheids – alle Sachverhalte für den gesamten Zeitraum (ebenso FG Hessen 18.5.1994 – 1 K 2556/93, EFG 1995, 2; v. Groll DStjG 1986, 443; Schwarz/Pahlke/Keß § 173 Rn. 275; Klein § 173 Rn. 158). Insofern macht es keinen Unterschied, ob die FB nach Abschluss der Ap. die LSt-Anmeldungen selbst ändert oder eine inhaltliche Änderung durch Erlass eines Nachforderungs-/Haftungsbescheids herbeiführt. In beiden Fällen hindert die erhöhte Bestandskraft eine weitere inhaltliche Änderung der LSt-Anmeldungen. Dabei kommt es für den Umfang der Änderungssperre – wie allg. bei einer Ap. – allein auf den Inhalt der Prüfungsanordnung an, unabhängig davon, ob der Sachverhalt tatsächlich geprüft wurde (→ Rn. 145). Die Änderungssperre knüpft in diesen Fällen auch nicht an den Regelungsbereich des aufgrund der Ap. erlassenen Bescheids (so aber BFH 21.6.1989 – VI R 31/86, BStBl. II 1989, 909; BFH 31.8.1990 – VI R 78/86, BStBl. II 1991, 537), sondern an den Inhalt der Prüfungsanordnung an. Ansonsten dürfte aufgrund der Mitteilung nach § 202 I 3, dass die Ap. zu keiner Änderung der Besteuerungsgrundlagen führt, keine erhöhte Bestandskraft eintreten (so zu Recht Schwarz/Pahlke/Keß § 173 Rn. 276).

ESt-Bescheid. Die LSt-Ap. beim Arbeitgeber schließt indes eine spätere Änderung des ESt-Bescheids des **Arbeitnehmers** nicht aus, weil die Änderungssperre aufgrund der Ap. nur gegenüber dem Adressaten der Prüfungsanordnung wirkt (BFH 9.11.1984 – VI R 157/83, BStBl. II 1985, 191; BFH 24.7.1996 – X R 123/94, BFH/NV 1997, 161). Umgekehrt hat eine Änderung zu unterbleiben, wenn die Ap. beim Arbeitnehmer selbst stattgefunden hat (BFH 13.1.1989 – VI R 153/85, BStBl. II 1989, 447). 157

V. Mitteilung nach § 202 Abs. 1 S. 3 (Abs. 2 S. 2)

Schriftliche Mitteilung. Führt die Ap. zu keiner Änderung der Besteuerungsgrundlagen, kann aufgrund der Ap. kein StBescheid ergehen, dem eine erhöhte Bestandskraft zukommt (→ Rn. 143 ff.). In diesen Fällen bedarf es auch nicht der Zusendung eines Prüfungsberichts. Es genügt vielmehr, wenn dem Stpfl. schriftlich mitgeteilt wird, dass sich keine Änderungen ergeben haben (§ 202 I 3). Diese Mitteilung enthält – ebenso wie der StBescheid – die Auswertung der Ap. und schließt damit die Ap. endgültig ab. Folgerichtig ist der Mitteilung durch § 173 II 2 dieselbe Sperrwirkung wie StBescheiden für die Änderung nach § 173 I zugebilligt. Nach dem BFH handelt es sich bei der Mitteilung nicht um einen VA sondern einen Realakt (BFH 20.2.2025 – IV R 17/22, BStBl. II 2025, 481; FG Niedersachsen 17.5.2022 – 13 K 254/20, EFG 2022, 1661; aA die Lit., ua Gosch AO § 202 Rn. 27; TK § 202 Rn. 16; auch → § 202 Rn. 17). 161

Konkludente Mitteilung. Führt die Ap. nur vereinzelt zu relevanten Feststellungen, so ergeht hinsichtlich derjenigen Besteuerungszeiträume und StArten, für die keine Änderung der Besteuerungsgrundlagen erfolgt, keine gesonderte schriftliche Mitteilung nach § 202 I 3. Der in diesem Fall zu erstellende **Prüfungsbericht** enthält neben den einzelnen Prüfungsfeststellungen auch die konkludente Mitteilung nach § 202 I 3 für die nicht änderungsbedürftigen Zeiträume und StArten (TK § 173 Rn. 94; Schwarz/Pahlke/Keß § 173 Rn. 249). Im Hinblick auf die **Dokumentationsfunktion** der Mitteilung fordert der BFH die ausdrückliche Erwähnung im Prüfungsbericht, dass sich für den jeweiligen Zeitraum und die jeweilige StArt keine Änderung ergeben hat (BFH 14.12.1989 – III R 158/85, BStBl. II 1990, 283). Diese Rspr. ist in dieser Allgemeinheit nicht gerechtfertigt. Aus der Auflistung der einzelnen Prüfungsfeststellungen ergibt sich für den gesamten Prüfungszeitraum und die geprüften StArten zwingend, dass sich keine weiteren Änderungen ergeben haben (FG Düsseldorf 16.2.2001 – 1 K 7435/97 G, EFG 2002, 366; aA BFH 2.10.2003 – IV R 36/01, BFH/NV 2004, 307). Die ausdrückliche Feststellung keiner sonstigen Änderungen wäre reine Förmelei (glA Schwarz/Pahlke/Keß § 173 Rn. 249; TK § 173 Rn. 94). Die Änderungssperre greift folglich für den gesamten Umfang der vom Prüfungsbericht abgedeckten Ap. ein, auch wenn ausschl. die zu einer StÄnderung führenden Feststellungen erwähnt sind. Gleichermaßen enthält die **Aufhebung des Vorbehalts** der Nachprüfung gem. § 164 II 2 im Anschluss an die Ap. eine schlüssige Mitteilung nach § 202 I 3, sodass auch hier die Änderungssperre eintritt (Gosch AO § 173 Rn. 140; FG Rheinland-Pfalz 17.12.1984 – 5 K 38/84, EFG 1985, 431). Hebt die FB den Vorbehalt der Nachprüfung nicht auf, obwohl sie eine Mitteilung nach § 202 I 3 versandt hatte, geht die Wirkung der erhöhten Bestandskraft ins Leere, da eine Änderung nach § 164 II erfolgen kann (BFH 14.9.1993 – VIII R 9/93, BStBl. II 1995, 2; BFH 15.12.1994 – V R 135/93, BFH/NV 1995, 938). 162

D. Umfang und Verfahren der Änderung

I. Aufhebung oder Änderung

Kein Ermessen. Liegen die Voraussetzungen des § 173 I vor, hat die FB den auf der neuen Tatsache beruhenden Rechtsfehler durch Aufhebung oder Änderung des VA zu beseitigen. Ein Antrag des Stpfl. ist auch für Korrekturen nach § 173 I Nr. 2 nicht 166

erforderlich (FG Niedersachsen 30.1.1978 – VII 330/77, EFG 1978, 360). Die Korrektur ist **von Amts wegen** durchzuführen; ein Ermessen besteht nicht (TK § 173 Rn. 104; Schwarz/Pahlke/Keß § 173 Rn. 234; vgl. allg. zum Ermessen im Rahmen der Änderungsvorschriften → Vor §§ 172 ff. Rn. 16; → § 172 Rn. 15).

167 **Begrenzte Fehlerberichtigung.** Der Umfang der Aufhebung oder Änderung ist auf die Reichweite der nachträglich bekannt gewordenen Tatsachen und Beweismittel beschränkt. Eine Gesamtaufrollung des StFalls findet nicht statt. Dies schließt es allerdings nicht aus, Rechtsfehler, die nicht Anlass der Aufhebung oder Änderung sind, nach § 177 zu korrigieren. Diese Rechtsfehlerberichtigung ist jedoch auf den Änderungsrahmen des § 173 beschränkt (vgl. FG Düsseldorf 25.9.2002 – 2 K 2421/97 E, EFG 2003, 14 zur Berücksichtigung von steuermindernden und -erhöhenden Tatsachen bei steuererhöhenden Rechtsfehlern sowie → § 177 Rn. 9). Andererseits erfordert § 173 im Gegensatz zum früheren § 222 I Nr. 1 RAO keine Mindestschwelle „von einigem Gewicht" (BFH 12.8.1981 – I R 78/78, BStBl. II 1982, 100). Eine Änderung hat jedoch zu unterbleiben, soweit die Grenzen der KBV nicht überschritten sind (→ § 156 Rn. 13 ff.).

168 **Bilanzielle Folgeänderungen.** Wird der FB ein Sachverhalt nachträglich bekannt, aufgrund dessen ein Bilanzansatz nach § 173 I zu ändern ist, stellt sich wegen des Grundsatzes des Bilanzzusammenhangs die Frage nach einer bilanziellen Folgeänderung. Nach der Rspr. des BFH ist eine Berichtigung der StBilanz nur in dem Rahmen zulässig, in dem auch der StBescheid noch aufgehoben oder geändert werden kann (vgl. BFH 29.11.1965 – GrS 1/65 S, BStBl. III 1966, 142; BFH 11.2.1998 – I R 150/94, BStBl. II 1998, 503 mwN). Dabei scheidet eine Rückwärtsberichtigung bestandskräftiger StBescheide grds. aus (vgl. BFH 10.11.1997 – GrS 1/96, BStBl. II 1998, 83 zu § 174 IV). Für die Umsetzung der bilanziellen Folgeänderung wird zT eine Anwendung des § 173 (Schwarz/Pahlke/Keß § 173 Rn. 66), zT die Anwendung des § 175 I 1 Nr. 2 (BFH 19.8.1999 – IV R 73/98, BStBl. II 2000, 18 mwN; → § 175 Rn. 48) befürwortet.

II. Feststellungslast

169 **Grundsatz.** Nach den allg. Grundsätzen über die Feststellungslast hat jeweils derjenige die Tatsachen zu beweisen, auf deren Vorliegen er sich zur Durchsetzung seines Anspruchs oder Rechts beruft (vgl. BFH 25.7.2000 – IX R 93/97, BStBl. II 2001, 9). Die Feststellungslast für das Vorliegen der tatbestandlichen Voraussetzungen einer Änderung zulasten des Stpfl. hat die FB zu tragen (BFH 18.6.2015 – VI R 84/13, BFH/NV 2015, 1342; BFH 22.11.2006 – II B 6/06, BFH/NV 2007, 395). Der Stpfl. trägt hingegen die Feststellungslast für das Vorliegen der tatbestandlichen Voraussetzungen zu seinen Gunsten. Innerhalb des jeweiligen Änderungstatbestands hat wiederum jeder für die Feststellung seiner eigenen Verteidigungsmittel Sorge zu tragen.

170 **Einzelfragen.** Will das FA folglich einen bestandskräftigen StBescheid gem. **§ 173 I Nr. 1** zulasten des Stpfl. ändern, so trägt es grds. die objektive Beweislast (Feststellungslast) dafür, dass die für die Änderung des Bescheids erforderlichen tatsächlichen Voraussetzungen vorliegen (BFH 13.12.1985 – III R 183/81, BStBl. II 1986, 441; BFH 20.12.1988 – VIII R 121/83, BStBl. II 1989, 585; BFH 6.12.1994 – IX R 11/91, BStBl. II 1995, 192), insb. dafür, dass ihr Tatsachen nachträglich bekannt geworden sind (BFH 19.5.1998 – I R 140/97, BStBl. II 1998, 599). Die Grundsätze über eine Reduzierung des Beweismaßes gelten auch im Rahmen des § 173 I Nr. 1 (BFH 23.3.2011 – X R 44/09, BStBl. II 2011, 884). Im Fall eines ungeklärten und auch nicht mehr aufklärbaren Sachverhalts („non liquet") darf eine Änderung nicht vorgenommen werden (BFH 23.1.2002 – XI R 55/00, BFH/NV 2002, 1009). Verteidigt sich demgegenüber der Stpfl. mit dem Ausschluss der Änderungsmöglichkeit, insb. wegen einer Verletzung der Ermittlungspflicht, obliegt ihm der Nachweis der Pflichtverletzung (BFH 19.5.1998 – I R 140/97, BStBl. II 1998, 599; BFH 18.6.2015 – VI R 84/13, BFH/NV 2015, 1342; FG Hamburg 15.6.2020 – 2 K 6/17, BeckRS 2020, 18752). Dagegen trägt das FA die Beweislast für eine die eigenen

unzureichenden Ermittlungen überwiegende Verletzung der Mitwirkungspflicht des Stpfl. (Schwarz/Pahlke/Keß § 173 Rn. 176). Auf eine Verletzung der Ermittlungspflicht kann sich der Stpfl. jedoch nicht mit Erfolg berufen, wenn er schuldhaft und vorwerfbar den zu ändernden StBescheid durch unrichtige oder unvollständige Angaben erwirkt oder ohne Rücksicht auf Verschulden Tatsachen verschwiegen hat, die anzugeben im Wesentlichen nur er in der Lage war (vgl. BFH 13.12.1985 – III R 183/81, BStBl. II 1986, 441; BVerwG 26.11.1969 – VI C 121/65, BVerwGE 34, 225; Gosch AO § 173 Rn. 77).

Die Feststellungslast für eine **Änderung zugunsten** des Stpfl. obliegt diesem (Klein 171 § 173 Rn. 76). Hierzu gehört auch die Pflicht des Stpfl. zur substantiierten Darlegung der Gründe für das verspätete Vorbringen der Tatsachen, die ein mögliches grobes Verschulden ausschließen. Denn regelmäßig fehlt der FB eine Kenntnis dieser in der Sphäre des Stpfl. liegenden Umstände (so zu Recht Schwarz/Pahlke/Keß § 173 Rn. 175a; TK § 173 Rn. 53). Es genügt grds. die Angabe der Umstände, aus denen sich entnehmen lässt, weshalb der Stpfl. die Tatsachen nicht früher vorgebracht hat. Der FB obliegt hingegen der Nachweis, dass der Stpfl. zur Angabe der Tatsache aufgefordert wurde (zB in der StErklärung) bzw. ihm die steuerliche Relevanz der verspätet vorgetragenen Tatsache bereits vor dem maßgeblichen Zeitpunkt bekannt war (vgl. BFH 22.5.1992 – VI R 17/91, BStBl. II 1993, 80). Erfüllt der Stpfl. seine Darlegungspflicht, trifft die Nichterweislichkeit des groben Verschuldens das FA.

Widerlegbare Vermutungen. Nach der Rspr. kann gewöhnlich davon ausgegangen 172 werden, dass Fehler eines Stpfl., die nicht durch eine klare Verletzung seiner Mitwirkungspflicht verursacht wurden (→ Rn. 104), auf einem Versehen, also auf leichter Fahrlässigkeit, beruhen (BFH 22.5.1992 – VI R 17/91, BStBl. II 1993, 80; FG Hessen 20.2.2001 – 7 K 2042/00, EFG 2001, 1347).

E. Rechtsbehelfe

Gegen die Änderung eines StBescheids und die Ablehnung einer Änderung nach § 173 I 176 ist der **Einspruch** statthaft. Allerdings ist die Zulässigkeit des Einspruchs auf den Umfang der Änderung beschränkt (§ 351 I). Gegenläufige Auswirkungen, die nicht die Änderung nach § 173 I betreffen, können lediglich nach § 177 berücksichtigt werden. Eine Verböserung (§ 367 II) darf die FB nur insoweit vornehmen, als sie ihren Grund in den der Änderung zugrunde liegenden Tatsachen hat, dh, die neuen Tatsachen haben rechtsfehlerhaft zu einer zu niedrigen StFestsetzung geführt (BFH 24.10.2000 – IX R 62/97, BStBl. II 2001, 124; → § 367 Rn. 23).

Nachträgliche Änderungsbefugnis. Für die Rechtmäßigkeit eines StBescheids ist 177 zwar grds. nicht die zu seiner Begründung herangezogene Vorschrift maßgebend, sodass die Angabe einer unzutreffenden Änderungsnorm unschädlich ist. Erforderlich ist jedoch, dass der Änderungsbescheid zum Zeitpunkt seines Ergehens durch (irgend) eine Befugnisnorm gedeckt ist (BFH 11.5.1999 – IX R 72/96, BFH/NV 1999, 1446; BFH 25.9.1996 – III R 53/93, BStBl. II 1997, 269). Fehlt zum Zeitpunkt des Erlasses eines Änderungsbescheids jegliche Änderungsvorschrift, ist die FB nicht zur Durchbrechung der Bestandskraft befugt. Erlangt das FA deshalb erst im Klageverfahren gegen einen Änderungsbescheid Kenntnis von Tatsachen, die eine zum Zeitpunkt der Änderung nicht bestehende Änderungsbefugnis nach § 173 nachträglich begründen, beseitigt die später entstehende Korrekturmöglichkeit die Rechtswidrigkeit des angefochtenen StBescheids nicht (FG München 11.7.2000 – 2 K 5054/97, EFG 2000, 1158). Der Änderungsbescheid ist aufzuheben. Die fehlende Änderungsbefugnis ist weder ein nach § 127 unbeachtlicher Verfahrens- oder Formfehler noch ein bloßer Begründungsmangel (vgl. BFH 11.5.1999 – IX R 72/96, BFH/NV 1999, 1446; BFH 25.9.1996 – III R 53/93, BStBl. II 1997, 269). Das FA kann jedoch, soweit keine Festsetzungsverjährung eingetreten ist, einen neuen Änderungsbescheid wegen neuer Tatsachen erlassen (vgl. Gosch AO Vor § 172 Rn. 73). § 110 FGO steht einer weiteren Änderung nach § 173 I nicht entgegen, weil sich die Rechtskraft lediglich auf die fehlende Änderungsbefugnis zum damaligen Zeitpunkt bezieht.

178 **Materielle Rechtskraft.** Durch rechtskräftiges Urteil bestätigte oder abgeänderte StBescheide können nach § 173 geändert werden, soweit der dem Urteil zugrunde liegende Entscheidungsgegenstand nicht gem. § 110 II FGO entgegensteht (Gräber FGO § 110 Rn. 18). Tatsachen, die zu Sachverhalten nachträglich bekannt werden, die nicht zur Entscheidung standen (zB hinsichtlich anderer Besteuerungsgrundlagen), können unbeschränkt berücksichtigt werden. Maßgeblicher Zeitpunkt für das nachträgliche Bekanntwerden ist der Abschluss des Einspruchsverfahrens (aA Schwarz/Pahlke/Keß § 173 Rn. 116: Schluss der mündlichen Verhandlung). Folglich kann das FA den Änderungsbescheid zulasten des Stpfl. auch nach Abschluss des Klageverfahrens erlassen.

§ 173a Schreib- oder Rechenfehler bei Erstellung einer Steuererklärung

Steuerbescheide sind aufzuheben oder zu ändern, soweit dem Steuerpflichtigen bei Erstellung seiner Steuererklärung Schreib- oder Rechenfehler unterlaufen sind und er deshalb der Finanzbehörde bestimmte, nach den Verhältnissen zum Zeitpunkt des Erlasses des Steuerbescheids rechtserhebliche Tatsachen unzutreffend mitgeteilt hat.

Schrifttum: Habel/Müller, Korrekturvorschriften 2.0 – Einführung eines § 173a AO, DStR 2016, 2791; Dißars, Änderungen im Bereich der Korrekturvorschriften der AO durch das Gesetz zur Modernisierung des Besteuerungsverfahrens, BB 2017, 1307; Nöcker, § 173a AO – eine unvollendete Neuerung, AO-StB 2017, 317; v. Wedelstädt, Neue Änderungsvorschriften in der Abgabenordnung (§ 173a, § 173b AO), AO-StB 2017, 19; Bruschke, Korrekturmöglichkeiten über § 173a AO, StB 2020, 8; Ost, Die Korrektur von offenbaren Unrichtigkeiten nach § 129 AO und § 173a AO – insbesondere im Ertragsteuerrecht, FR 2023, 827.

A. Allgemeines

1 **Inhalt und Zweck.** § 173a bildet eine spiegelbildliche Änderungsmöglichkeit zu § 129, wenn dem Stpfl. bei Erstellung seiner StErklärung Schreib- oder Rechenfehler unterlaufen und hierdurch dem FA rechtserhebliche Tatsachen für die StFestsetzung unzutreffend mitgeteilt werden. Die Vorschrift dient der Durchsetzung der materiellen Rechtsrichtigkeit (TK § 173a Rn. 1). Flankierend erstreckt § 171 II 2 die Ablaufhemmung der Festsetzungsfrist für § 129 auf § 173a.

Die Norm ist Ausfluss der Fehleranfälligkeit im Rahmen der fortschreitenden Technisierung und Digitalisierung des Besteuerungsverfahrens (Gosch AO § 173a Rn. 2). Durch den Einsatz elektronischer Verfahren und den weitgehenden Verzicht auf überprüfbare Unterlagen scheidet eine Anwendung des § 129 aus, da die FB einen nicht erkannten Fehler nicht als eigenen übernehmen kann (Klein § 173a Rn. 1). Wird die StErklärung dem FA im ELSTER-Verfahren elektronisch und ohne zusätzliche Unterlagen übermittelt, bedarf es für die Korrektur offenbarer Unrichtigkeiten des Stpfl. folglich einer gesonderten Änderungsvorschrift (Seer StuW 2015, 315).

2 **Anwendungsbereich.** § 173a ist durch das StModernG v. 18.7.2016 (BGBl. 2016 I 1679) neu eingefügt worden. Die Regelung gilt nur für die Änderung von StBescheiden und diesen gleich gestellten Bescheiden, nicht hingegen für sonstige VA (→ Vorb. zu §§ 172–177 Rn. 16 ff.). Für Ein- und Ausfuhrabgaben sowie VerbrauchSt ist § 173a nicht anwendbar, weil § 172 I Nr. 2 auf andere Steuern als Zölle und VerbrauchSt verweist (Gosch AO § 173a Rn. 4). § 173a wird nicht durch andere Änderungsnormen (§§ 164, 165, 172, 173, 175) ausgeschlossen. §§ 176, 177 sind im Rahmen der Änderung ebenfalls zu berücksichtigen (Gosch AO § 173a Rn. 30).

§ 173a ist **erstmals** auf StBescheide anzuwenden, die nach dem 31.12.2016 erlassen werden (Art. 97 § 9 IV EGAO).

B. Offenbare Unrichtigkeiten

I. Schreib- oder Rechenfehler

§ 173a ermöglicht die Korrektur von Schreib- oder Rechenfehlern, die dem Stpfl. bei der Erstellung der StErklärung unterlaufen sind. **Schreibfehler** sind Fehler, die bei der schriftlichen Mitteilung von Tatsachen erfolgen, zB Auslassungen, Verwechslungen, falsche Wortstellung oder Rechtschreibung, und zwar auch bezogen auf Zahlen (FG Niedersachsen 21.9.2022 – 9 K 203/21, BeckRS 2022, 32067, bestätigt durch BFH 18.7.2023 – IX R 17/22, BStBl. II 2024, 90; nach FG Niedersachsen 16.5.2023 – 9 K 90/22, EFG 2023, 1279 nicht bei fehlerhafter Übertragung: zweifelhaft). **Rechenfehler** sind mechanische Anwendungsfehler im Rahmen des Rechenvorgangs, insb. im Bereich der Grundrechenarten (→ § 129 Rn. 22 ff.). Anders als § 129 erfasst § 173a die Korrektur aufgrund ähnlicher offenbarer Unrichtigkeiten nach seinem Wortlaut nicht (BFH 26.5.2020 – IX R 30/19, DStR 2020, 2247; TK § 173a Rn. 5). 6

Das **bewusste Weglassen** eines Eintrags in die StErklärung ist ebenso wie das schlichte Vergessen kein Schreib- oder Rechenfehler iSd § 173a (BFH 26.5.2020 – IX R 30/19, DStR 2020, 2247; Klein § 173a Rn. 7). Dasselbe gilt für Fehler bei der Sachverhaltsermittlung, einer falschen Tatsachenwürdigung, Denkfehlern oder der Anwendung einer falschen Rechenmethode (TK § 173a Rn. 7). Nicht zu den Fehlern iSd § 173a zählen ebenso die fehlerhafte Auswahl des Eintragungsfeldes, das falsche Anklicken einer Wahlmöglichkeit, Unvollständigkeiten im Rahmen der Datenübertragung an das FA, zB bei Abbruch der Internetverbindung, oder Fehlern der genutzten Software (BFH 27.4.2022 – IX B 57/21, BFH/NV 2022, 803). Auch ein „Verklicken" beim Import steuerlicher Daten in das ELSTER-Portal ist kein Schreibfehler iSd § 173a (BFH 18.7.2023 – IX R 17/22, BStBl. II 2024, 90). Die Grenzen zwischen einem mechanischen Flüchtigkeitsfehler und bewussten Sachaufklärungs- und Rechtsanwendungsfehlern sind fließend. Die bei § 129 bekannten Abgrenzungsprobleme werden bei der Anwendung des § 173a ebenfalls auftreten. Die spätere Mitteilung der vergessenen Tatsache kann, soweit kein grobes Verschulden vorliegt, zu einer Änderung nach § 173 führen (vgl. BFH 10.2.2015 – IX R 18/14, BStBl. II 2017, 7). Eine Erweiterung des § 173a auf ähnliche offenbare Unrichtigkeiten scheidet mangels Regelungslücke aus (BFH 27.4.2022 – IX B 57/21, BFH/NV 2022, 803). 7

Der Schreib- oder Rechenfehler muss als solcher **offenbar** sein. Bei Offenlegung des Sachverhalts muss für jeden unvoreingenommenen (objektiven) Dritten bei Kenntnis aller im Zuge der Erstellung der StErklärung maßgebenden Umstände klar und deutlich, „aus sich heraus" erkennbar sein, dass es sich um einen mechanischen Fehler handelt. Auf die Abfrage subjektiver Einschätzungen des Stpfl. kommt es nicht an. Eine unrichtige Tatsachenwürdigung, ein Rechtsirrtum oder ein Rechtsanwendungsfehler schließen einen mechanischen Fehler aus (BT-Drs. 18/7457, 87; vgl. zu § 129 BFH 8.12.2011 – VI R 45/10, BFH/NV 2012, 694). Unerheblich ist auch, ob der Fehler für die FB erkennbar ist und ob den Stpfl. ein Verschulden an dem Schreib- oder Rechenfehler trifft (Gosch AO § 173a Rn. 19). 10

II. Bei der Erstellung einer Steuererklärung

Der Fehler muss **bei der Erstellung** einer StErklärung aufgetreten sein. Der Ursprung des Fehlers muss mit Tätigkeiten verknüpft sein, die unmittelbar zur Anfertigung der StErklärung erfolgen oder ihrer Vorbereitung dienen. Der Begriff „bei der Erstellung" erfasst nicht nur Fehler, die unmittelbar beim Ausfüllen der StErklärung auftreten, sondern auch solche, die im Rahmen von Vorbereitungshandlungen geschehen. Das fehlerhafte Auszählen von Fahrten zur Arbeit und der nachfolgende korrekte Übertrag der falsch ermittelten Summe zählt ebenso dazu wie die fehlerhafte Addition verschiedener Spenden- 12 quittungen. Dient die fehlerbehaftete Tätigkeit indes einem anderen Zweck, ist § 173a nicht erfüllt. So sind Additionsfehler, die im Rahmen einer Nebenkostenabrechnung für den Mieter erfolgen und unbemerkt übernommen werden, nicht bei der Erstellung einer StErklärung erfolgt.

15 **Dem Stpfl.** müssen die Fehler unterlaufen sein (FG Niedersachsen 21.9.2022 – 9 K 203/21, BeckRS 2022, 32067, bestätigt durch BFH 18.7.2023 – IX R 17/22, BStBl. II 2024, 90). Erfasst werden stets Fehler, die durch den Stpfl. persönlich verursacht werden. Dies gilt aber auch, wenn Besteuerungsgrundlagen vom StBerater fehlerhaft ermittelt und vom Stpfl. in die StErklärung übertragen werden. Hier hat der Stpfl. den Ermittlungsfehler seines StBeraters als eigenen übernommen. Unterlaufen dem StBerater bei der Erstellung der StErklärung Schreib- oder Rechenfehler, handelt es sich ebenfalls um Fehler des Stpfl., wenn er den StBerater mit der Erfüllung der Erklärungspflicht beauftragt hat. Insoweit greifen die allgemeinen Zurechnungsregeln bei Einschaltung Dritter (§§ 166, 278 BGB).

III. Rechtserhebliche Tatsachen

18 § 173a verwendet denselben Tatsachenbegriff wie § 173 (Gosch AO § 173a Rn. 16; TK § 173a Rn. 9). Dementsprechend gilt die zu § 173 ergangene Rspr. uneingeschränkt (→ § 173 Rn. 7 ff.).

Tatsachen sind konkrete Vorgänge oder Zustände der Vergangenheit oder Gegenwart, die sinnlich wahrnehmbar in die Wirklichkeit getreten und damit dem Beweis zugänglich sind. Unter Tatsache ist alles zu verstehen, was Merkmal oder Teilstück eines gesetzlichen StTatbestands sein kann, also **Zustände, Vorgänge, Beziehungen, Eigenschaften** materieller oder immaterieller Art (vgl. BFH 2.8.1994 – VIII R 65/93, BStBl. II 1995, 264; BFH 11.5.1999 – IX R 72/96, BFH/NV 1999, 1446; BFH 23.1.2001 – XI R 42/00, BStBl. II 2001, 379; BFH 25.7.2001 – VI R 82/96, BFH/NV 2001, 1533; BFH 7.7.2004 – XI R 10/03, BStBl. II 2004, 911). Dabei ist unerheblich, ob sich eine einzelne Tatsache mit dem abstrakten Tatbestandsmerkmal des Gesetzes deckt oder erst mehrere Tatsachen in ihrer Gesamtheit ein Teilstück des gesetzlichen StTatbestands erfüllen (vgl. BFH 26.11.1996 – IX R 77/95, BStBl. II 1997, 422; BFH 27.10.1998 – X R 157/95, BStBl. II 1999, 91).

19 **Abzugrenzen** sind Tatsachen von Werturteilen, Schlussfolgerungen, juristischen Subsumtionen, Rechtsansichten und Bewertungen jeglicher Art. Wenngleich es abstrakt klar und einfach möglich ist, Tatsachen von Schlussfolgerungen zu unterscheiden, können im konkreten Einzelfall erhebliche Schwierigkeiten auftreten (→ § 173 Rn. 11 ff.).

20 Die Tatsachen müssen zudem **rechtserheblich** (ursächlich) für die Rechtsfehlerhaftigkeit des StBescheids sein. § 173a lässt die Durchbrechung der Bestandskraft nicht wegen jeder Rechtswidrigkeit zu, sondern nur wenn die mitgeteilte Unrichtigkeit zu einer fehlerhaften StFestsetzung geführt hat. Deshalb sind Tatsachen nicht rechtserheblich, wenn das FA bei rechtzeitiger Kenntnis der Tatsachen schon bei der ursprünglichen Veranlagung mit an Sicherheit grenzender Wahrscheinlichkeit zu keiner anderen StFestsetzung gelangt wäre (BFH 23.11.1987 – GrS 1/86, BStBl. II 1988, 180; BFH 14.12.1994 – XI R 80/92, BStBl. II 1995, 293; BFH 11.6.1997 – X R 242/93, BStBl. II 1997, 612; BFH 29.7.1998 – II R 39/96, BFH/NV 1999, 154; BFH 15.12.1999 – XI R 22/99, BFH/NV 2000, 818 mwN; → § 173 Rn. 87 ff.). Die Möglichkeit einer anderweitigen Entscheidung muss idR ausgeschlossen sein, dh, das FA hätte auch in Kenntnis des vollen Sachverhalts mit an Sicherheit grenzender Wahrscheinlichkeit nicht anders veranlagt (BFH 29.7.1998 – II R 39/96, BFH/NV 1999, 154). Das Merkmal der Rechtserheblichkeit soll verhindern, dass aufgrund der Änderung der Rechtslage bisher nicht relevante Tatsachen nachträglich steuerlich bedeutsam werden (vgl. BT-Drs. 18/7457, 88).

IV. Rechtsfolge

§ 173a schreibt die Aufhebung oder Änderung der unrichtigen StBescheide bindend vor, 24
wenn sie auf einem Schreib- oder Rechenfehler des Stpfl. beruhen. Ein Ermessen besteht nicht (Klein § 173a Rn. 2). Weder grobe Fahrlässigkeit bei der Fehlerverursachung noch eine Ermittlungspflichtverletzung des FA lassen die Korrekturpflicht eines materiell unrichtigen StBescheids entfallen. Entspricht der StBescheid trotz der unzutreffenden Tatsachenmitteilung der materiellen Rechtslage, scheidet eine Korrektur aus. Die Änderung nach § 173a schließt eine Berichtigung nach § 129 nicht aus (BT-Drs. 18/7457, 88).

Die Änderung ist bis zum Ablauf der Festsetzungsfrist für den fehlerhaften StBescheid zulässig. § 171 II 2 enthält eine entsprechende Ablaufhemmung. Danach endet die Festsetzungsfrist nicht vor Ablauf eines Jahres nach Bekanntgabe des fehlerhaften StBescheids.

C. Rechtsbehelfe

Gegen die Änderung des StBescheids zulasten des Stpfl. und gegen die Ablehnung der 26
Änderung zugunsten des Stpfl. ist **Einspruch** statthaft. Die Zulässigkeit des Einspruchs ist auf den Umfang der Änderung beschränkt (§ 351 I). Gegenläufige Auswirkungen, die nicht die Änderung nach § 173a betreffen, können nach § 177 berücksichtigt werden. Die **objektive Feststellungslast** für das Vorliegen der Voraussetzungen einer Aufhebung oder Änderung des StBescheids trägt derjenige, der die Änderung für sich beansprucht.

§ 174 Widerstreitende Steuerfestsetzungen

(1) [1] **Ist ein bestimmter Sachverhalt in mehreren Steuerbescheiden zuungunsten eines oder mehrerer Steuerpflichtiger berücksichtigt worden, obwohl er nur einmal hätte berücksichtigt werden dürfen, so ist der fehlerhafte Steuerbescheid auf Antrag aufzuheben oder zu ändern.** [2] **Ist die Festsetzungsfrist für diese Steuerfestsetzung bereits abgelaufen, so kann der Antrag noch bis zum Ablauf eines Jahres gestellt werden, nachdem der letzte der betroffenen Steuerbescheide unanfechtbar geworden ist.** [3] **Wird der Antrag rechtzeitig gestellt, steht der Aufhebung oder Änderung des Steuerbescheids insoweit keine Frist entgegen.**

(2) [1] **Absatz 1 gilt sinngemäß, wenn ein bestimmter Sachverhalt in unvereinbarer Weise mehrfach zugunsten eines oder mehrerer Steuerpflichtiger berücksichtigt worden ist; ein Antrag ist nicht erforderlich.** [2] **Der fehlerhafte Steuerbescheid darf jedoch nur dann geändert werden, wenn die Berücksichtigung des Sachverhalts auf einen Antrag oder eine Erklärung des Steuerpflichtigen zurückzuführen ist.**

(3) [1] **Ist ein bestimmter Sachverhalt in einem Steuerbescheid erkennbar in der Annahme nicht berücksichtigt worden, dass er in einem anderen Steuerbescheid zu berücksichtigen sei, und stellt sich diese Annahme als unrichtig heraus, so kann die Steuerfestsetzung, bei der die Berücksichtigung des Sachverhalts unterblieben ist, insoweit nachgeholt, aufgehoben oder geändert werden.** [2] **Die Nachholung, Aufhebung oder Änderung ist nur zulässig bis zum Ablauf der für die andere Steuerfestsetzung geltenden Festsetzungsfrist.**

(4) [1] **Ist auf Grund irriger Beurteilung eines bestimmten Sachverhalts ein Steuerbescheid ergangen, der auf Grund eines Rechtsbehelfs oder sonst auf Antrag des Steuerpflichtigen durch die Finanzbehörde zu seinen Gunsten aufgehoben oder geändert wird, so können aus dem Sachverhalt nachträglich durch Erlass oder Änderung eines Steuerbescheids die richtigen steuerlichen Folgerungen gezogen werden.** [2] **Dies gilt auch dann, wenn der Steuerbescheid durch das Gericht auf-**

gehoben oder geändert wird. [3]Der Ablauf der Festsetzungsfrist ist unbeachtlich, wenn die steuerlichen Folgerungen innerhalb eines Jahres nach Aufhebung oder Änderung des fehlerhaften Steuerbescheids gezogen werden. [4]War die Festsetzungsfrist bereits abgelaufen, als der später aufgehobene oder geänderte Steuerbescheid erlassen wurde, gilt dies nur unter den Voraussetzungen des Absatzes 3 Satz 1.

(5) **[1]Gegenüber Dritten gilt Absatz 4, wenn sie an dem Verfahren, das zur Aufhebung oder Änderung des fehlerhaften Steuerbescheids geführt hat, beteiligt waren. [2]Ihre Hinzuziehung oder Beiladung zu diesem Verfahren ist zulässig.**

Schrifttum: Rüsken, Der Dritte im Verfahren zur Änderung eines Steuerbescheids, NWB 2009, 2488; v. Wedelstädt, Der „bestimmte Sachverhalt" i. S. d. § 174 AO, AO-StB 2009, 294; v. Wedelstädt, „Berücksichtigung" i. S. d. § 174 Abs. 1–3 AO, AO-StB 2009, 332; Günther, Änderung und Berichtigung von Steuerbescheiden, AO-StB 2010, 337; Bruschke, Hinzuziehung und Beiladung – Rechtsfolgen beachten, DStR 2011, 753; Hilbert, Berücksichtigung ausländischer Bescheide im Rahmen des § 174 Abs. 1 AO, IWB 2012, 662; Süß, Irrige Beurteilung bei der widerstreitenden Steuerfestsetzung, DStR 2017, 1021; Bruschke, Korrekturmöglichkeiten bei widerstreitende Steuerfestsetzungen über § 174 AO, StB 2018, 222; Steck, Änderung eines Steuerbescheids auf Grund irriger Beurteilung eines bestimmten Sachverhalts gem. § 174 Abs. 4, DStZ 2018, 38; v. Wedelstädt, Korrektur von Verwaltungsakten bei widerstreitenden Steuerfestsetzungen, AO-StB 2019, 187; v. Wedelstädt, Rechtsschutz in den Änderungsverfahren nach § 174 Abs. 4 AO und nach § 174 Abs. 4 iVm Abs. 5 AO, AO-StB 2021, 169.

Übersicht

A. Allgemeines

I. Inhalt und Zweck

Zweck. Die Vorschrift dient der Beseitigung inhaltlich widerstreitender StFestsetzungen zugunsten der materiellen Richtigkeit. Der Grundsatz der Rechtssicherheit tritt demgegenüber, soweit die Durchbrechung der Bestandskraft zugelassen ist, in den Hintergrund. Aus Gründen des Vertrauensschutzes erfasst § 174 jedoch nicht jeglichen Widerstreit oder gar die Beseitigung sämtlicher Doppelerfassungen. Vielmehr ist die Regelung auf bestimmte Fälle des Widerstreits beschränkt (TK § 174 Rn. 2; FG Niedersachsen 4.4.2000 – 1 K 75/99, EFG 2001, 335). Einerseits soll derjenige, der erfolgreich gegen eine steuerliche Belastung in einem StBescheid vorgeht, obwohl ihm bewusst ist, dass sie in einem anderen Bescheid zu erfassen ist, den Vorteil nicht ohne den Nachteil erlangen (→ Rn. 58 ff.). Andererseits soll eine materiell ungerechtfertigte mehrfache Belastung oder Begünstigung beseitigt werden können. 1

Inhalt. In den ersten beiden Absätzen des § 174 wird der positive Widerstreit geregelt. Während Abs. 1 die Fälle widerstreitender Bescheide zuungunsten eines oder mehrerer Stpfl. erfasst, behandelt Abs. 2 den zugunsten des Stpfl. bestehenden Widerstreit. Ein positiver Widerstreit liegt vor, wenn ein und derselbe Sachverhalt in mehreren StFestsetzungen geregelt ist, obwohl nach der materiellen Rechtslage nur eine der getroffenen Regelungen zutreffen kann. § 174 III und IV befassen sich mit dem negativen Widerstreit, also Fällen, in denen ein bestimmter Sachverhalt überhaupt nicht berücksichtigt ist, obwohl er steuerlich hätte erfasst werden müssen. § 174 IV wird durch § 174 V ergänzt. Durch die Beteiligung Dritter an dem Verfahren, das zur Aufhebung oder Änderung des fehlerhaften StBescheides geführt hat, können auch ihnen gegenüber die steuerlichen Folgerungen gezogen werden. Der Widerstreit kann sich in allen Fällen aus einer (Nicht-)Berücksichtigung bei mehreren StArten (sog. Objektkollision), mehreren Stpfl. (sog. Subjektkollision), mehreren Besteuerungszeiträumen (sog. Periodenkollision) und/oder durch mehrere FB ergeben (vgl. TK § 174 Rn. 3). 2

II. Geltungsbereich

§ 174 regelt die Änderungs- und Aufhebungsbefugnis nach Eintritt der Bestandskraft für sämtliche StBescheide. Soweit die Fehlerhaftigkeit durch den erstmaligen Erlass von StBescheiden (§ 174 III–V) beseitigt werden kann, bedarf es keiner Korrekturnorm. Die Tatbestände der Abs. 3–5 behandeln insoweit lediglich die Durchbrechung der Festsetzungsfrist. Sämtliche Tatbestände gelten nicht nur für widerstreitende StFestsetzungen in StBescheiden, sondern sind ebenso auf alle Bescheide, die wie StBescheide zu behandeln sind (→ Vorb. §§ 172 ff. Rn. 16 ff.), anzuwenden. Auf Zoll- und VerbrauchStBescheide ist § 174 nicht anwendbar, weil § 172 I Nr. 2 auf andere Steuern als Zölle und VerbrauchSt verweist (Schwarz/Pahlke/Keß § 174 Rn. 9; Gosch AO § 174 Rn. 7). 3

III. Verhältnis zu anderen Änderungsvorschriften

§ 174 wird nicht durch andere Änderungsnormen (§§ 164, 165, 172, 173, 175) ausgeschlossen (glA TK § 174 Rn. 59; Schwarz/Pahlke/Keß § 174 Rn. 15a; vgl. BFH 10.5.2007 – IX R 30/06, BStBl. II 2007, 807). Der Einleitungssatz zu § 172 I stellt lediglich klar, dass die beschränkte Änderbarkeit nicht für die §§ 164, 165 gilt (Klein § 172 Rn. 23). Die Regelungsbereiche der §§ 172 ff. und des § 174 schließen sich tatbestandsmäßig gegenseitig aus. § 175 behandelt die Umsetzung bindender Feststellungen des Grundlagenbescheides im Folgebescheid, also die folgerichtige Übertragung des Inhalts, nicht die Beseitigung eines Widerstreits als Folge einer Doppelerfassung (vgl. Schwarz/Pahlke/Keß § 174 Rn. 14). § 174 tritt deshalb selbständig neben § 175 I 1 Nr. 1 (FG 4

Hamburg 27.6.2000 – I 293/99, EFG 2000, 1159; vgl. auch BFH 9.4.2003 – X R 38/00, BFH/NV 2003, 1035; kein Verbrauch der Änderungsmöglichkeit BFH 11.3.2008 – IV B 49/07, BFH/NV 2008, 1106). Ähnliches gilt auch im Verhältnis zu § 173, sodass die Änderungssperre des § 173 II nicht bei § 174 eingreift (BFH 13.12.1995 – XI R 43–45/89, BStBl. II 1996, 232). Soweit im Einzelfall mehrere Änderungsvorschriften erfüllt sind, kann die Änderung wahlweise auf jede dieser Vorschriften gestützt werden.

B. Widerstreitende Steuerfestsetzung zuungunsten eines oder mehrerer Steuerpflichtiger (Abs. 1)

I. Tatbestandliche Voraussetzungen (Abs. 1 S. 1)

7 § 174 I enthält die Ermächtigungsgrundlage zur Beseitigung eines positiven Widerstreits in mehreren StBescheiden, der sich zulasten eines oder mehrerer Stpfl. ausgewirkt hat. Auf Antrag ist der VA, in dem der bestimmte Sachverhalt nach der materiellen Regelung nicht zusätzlich hätte berücksichtigt werden dürfen, aufzuheben oder zu ändern. Es besteht indes kein Anspruch auf Erlass eines StBescheids, der seinerseits (erstmalig) eine widerstreitende StFestsetzung herbeiführt (BFH 16.2.2005 – II R 59/02, BFH/NV 2005, 1369).

1. Bestimmter Sachverhalt

8 **Sachverhalt** iSd § 174 I 1 ist jeder einzelne Lebensvorgang, an den das Gesetz steuerliche Folgen knüpft (BFH 6.3.1990 – VIII R 28/84, BStBl. II 1990, 558; BFH 18.2.1997 – VIII R 54/95, BStBl. II 1997, 647; BFH 2.5.2001 – VIII R 44/00, BStBl. II 2001, 562 mwN). Der Begriff des bestimmten Sachverhalts ist dabei nicht auf eine einzelne steuererhebliche Tatsache oder ein einzelnes Merkmal beschränkt, sondern erfasst den einheitlichen, für die Besteuerung maßgeblichen Geschehenskomplex (BFH 22.8.1990 – I R 42/88, BStBl. II 1991, 387; BFH 8.4.1992 – X R 213/87, BFH/NV 1993, 406; BFH 14.3.2012 – XI R 2/10, BStBl. II 2012, 653; v. Wedelstädt DStZ 1998, 377). Ebenso wenig ist ein bestimmter Sachverhalt periodenbezogen beschränkt zugrunde zu legen (BFH 14.11.2012 – I R 53/11, BFH/NV 2013, 690). Der einheitliche Lebenssachverhalt muss nicht vollständig in dem jeweiligen StBescheid berücksichtigt werden. Es ist ohne Weiteres denkbar, dass zwei oder mehrere StTatbestände jeweils unterschiedliche Teile des gleichen Sachverhalts erfassen (BFH 19.8.2015 – X R 50/13, BStBl. II 2017, 15; Schwarz/Pahlke/Keß § 174 Rn. 25b; Klein § 174 Rn. 18). So kann zB aufgrund desselben Ereignisses beim Stpfl. eine abziehbare Ausgabe und beim Dritten eine Einnahme in Betracht kommen (BFH 24.11.1987 – IX R 158/83, BStBl. II 1988, 404). Ein bloß zeitlicher oder örtlicher Zusammenhang mehrerer Tatsachen ohne innere sachliche Verknüpfung ergibt indes keinen einheitlichen Sachverhaltskomplex (Schwarz/Pahlke/Keß § 174 Rn. 25a; Gosch AO § 174 Rn. 16). Bei einer Schätzung ist die fehlerhafte Mehrfachberücksichtigung eines bestimmten Sachverhalts als Schätzungsgrundlage grds. möglich (BFH 6.3.1990 – VIII R 28/84, BStBl. II 1990, 558). Die Änderung des Schätzungsergebnisses durch Anwendung einer anderen Schätzungsmethode beruht jedoch nicht auf einer irrigen Beurteilung eines Sachverhaltes, da die Schätzung der Besteuerungsgrundlagen wertende Schlussfolgerung (Subsumtion) aus einem unvollständig aufklärbaren, unveränderten Sachverhalt ist (BFH 26.2.2002 – X R 59/98, BStBl. II 2002, 450).

9 Entscheidend ist, dass **ein bestimmter,** also derselbe deckungsgleiche Sachverhalt verschiedenen Bescheiden zugrunde gelegt wurde (BFH 14.1.2010 – IV R 33/07, BStBl. II 2010, 586; TK § 174 Rn. 5; Schwarz/Pahlke/Keß § 174 Rn. 25b). Unterschiedliche Sachverhalte, die zwar gleichartig, aber nicht identisch sind, werden von § 174 nicht erfasst (Klein § 174 Rn. 18; Gosch AO § 174 Rn. 16.4). So darf die steuerliche Rechtsfolge in dem anderen StBescheid nicht erst durch Ergänzung weiterer Tatsachen eingetreten sein (BFH 18.2.1997 – VIII R 54/95, BStBl. II 1997, 647; BFH 17.10.1990 – I R 9/89, BFH/NV 1991, 354).

2. Mehrfache Berücksichtigung

Mehrere Steuerbescheide. Der Sachverhalt muss in mehreren StBescheiden eines oder verschiedener Stpfl. berücksichtigt worden sein. Erfasst werden auch Bescheide, auf die die für StBescheide geltenden Vorschriften Anwendung finden. Von dem Widerstreit müssen also zwei oder mehr Bescheide betroffen sein (Klein § 174 Rn. 23; Schwarz/Pahlke/Keß § 174 Rn. 27). Die doppelte Erfassung einer Tatsache in ein und demselben Bescheid wird von § 174 I nicht erfasst (FG Münster 15.2.2019 – 14 K 2122/16 E, EFG 2020, 629, offen gelassen v. BFH 18.4.2023 – VIII R 9/20, BStBl. II 2023, 895; BFH 8.7.1992 – XI R 54/89, BStBl. II 1992, 867; aA BFH 8.6.2000 – IV R 65/99, BStBl. II 2001, 89 jeweils zu § 174 IV; wie hier TK § 174 Rn. 7; Schwarz/Pahlke/Keß § 174 Rn. 37; Klein § 174 Rn. 23; Gosch AO § 174 Rn. 22). Zusammengefasste Bescheide (§ 155 III), insb. der StBescheid zusammenveranlagter Ehegatten, sind zwei getrennte Bescheide, sodass ein Widerstreit auch in der doppelten Berücksichtigung einer Tatsache in der jeweiligen Einkünfteermittlung liegen kann (TK § 174 Rn. 7). 10

Im Verhältnis von **Grundlagen- und Folgebescheid** kann ein Widerstreit grds. dadurch auftreten, dass eine im Grundlagenbescheid berücksichtigte Besteuerungsgrundlage zusätzlich, also doppelt, im Folgebescheid erfasst wurde (BFH 13.11.1996 – XI R 61/96, BStBl. II 1997, 170; BFH 12.4.2000 – XI R 96/96, BFH/NV 2001, 151; FG Hamburg 27.6.2000 – I 293/99, EFG 2000, 1159; FG Mecklenburg-Vorpommern 16.10.2001 – 2 K 99/99, EFG 2002, 368). Ein Widerstreit entfällt nicht deshalb, weil der Sachverhalt in beiden Bescheiden zu berücksichtigen ist (so aber TK § 174 Rn. 7), da eine doppelte Erfassung – sowohl über die Umsetzung des Grundlagenbescheides als auch als zusätzliche eigene Besteuerungsgrundlage – nicht Gegenstand der Bindungswirkung ist (ebenso Schwarz/Pahlke/Keß § 174 Rn. 40; Gosch AO § 174 Rn. 24). 11

Wird ein **grenzüberschreitender** Sachverhalt sowohl in einem inländischen als auch in einem ausländischen StBescheid berücksichtigt, liegen die Voraussetzungen des § 174 I nicht vor (Haug-Adrion DB 1985, 1969; Schwarz/Pahlke/Keß § 174 Rn. 9a; FG Düsseldorf 28.1.2014 – 13 K 3534/12 E AO, EFG 2014, 705 zu Nicht-EU-Staaten; aA App DB 1985, 939; TK § 174 Rn. 8; Klein § 174 Rn. 15; offengelassen BFH 20.3.2019 – II R 61/15, DStR 2019, 1090). Die Beseitigung der mehrfachen steuerlichen Erfassung eines Sachverhaltes durch unterschiedliche Staaten ist Gegenstand zwischenstaatlicher DBA und nicht auf ein Staatsgebiet beschränkter nationaler Regelungen (ähnlich Schwarz/Pahlke/Keß § 174 Rn. 9a; FG Düsseldorf 7.7.2010 – 7 K 369/10, EFG 2010, 2045; aA zu Recht BFH 9.5.2012 – I R 73/10, DStR 2012, 1750 bei Widerstreit zwischen zwei EU-Staaten; ebenso AEAO zu § 174 Nr. 5). Dies gilt auch, wenn derselbe Sachverhalt Grundlage der UStFestsetzung in zwei EU-Staaten ist (Schwarz/Pahlke/Keß § 174 Rn. 9a). Ein Widerstreit liegt nicht vor, wenn aufgrund DBA eine doppelte Berücksichtigung (einerseits Bemessungsgrundlage, andererseits Progressionsvorbehalt) zulässig ist (BFH 20.3.2019 – II R 61/15, DStR 2019, 1090). 12

Berücksichtigt ist ein Sachverhalt, wenn er der FB bei der Entscheidungsfindung bekannt war und als Entscheidungsgrundlage herangezogen und verwertet wurde (FG München 9.4.2018 – 7 K 2496/17, BeckRS 2018, 14288; BFH 6.3.1990 – VIII R 28/84, BStBl. II 1990, 558; Weber-Grellet StBp 1982, 29; Schwarz/Pahlke/Keß § 174 Rn. 43). Maßgeblich ist die Zuordnung des Sachverhalts zum Regelungsbereich einer StFestsetzung und seine steuerliche Würdigung (TK § 174 Rn. 10). Unerheblich ist das Ergebnis der Subsumtion, also ob sich der Sachverhalt steuerlich ausgewirkt hat. So ist zB auch ein als steuerfrei behandelter Umsatz in den Regelungsbereich der StFestsetzung einbezogen, also berücksichtigt worden (vgl. FG Hessen 7.3.1984 – VI 293/78, EFG 1984, 478; Gosch AO § 174 Rn. 28). Legt das FA der StFestsetzung einen vom Stpfl. erklärten Gewinn zugrunde, so sind damit alle Geschäftsvorfälle berücksichtigt, die der Stpfl. bei seiner Gewinnermittlung erfasst hat (BFH 6.3.1990 – VIII R 28/84, BStBl. II 1990, 558). Grundsätzlich kann auch bei Schätzungen, soweit sie nicht pauschal erfolgen, ein bestimmter Sachverhalt 13 berücksichtigt sein (vgl. BFH 6.3.1990 – VIII R 28/84, BStBl. II 1990, 558; Gosch AO § 174 Rn. 29).

14 Die mehrfache **Nichtberücksichtigung** steuermindernder Tatsachen kann nicht der mehrfachen Berücksichtigung eines steuererhöhenden Sachverhaltes gleichgestellt werden. Der Fall der Nichtberücksichtigung eines Sachverhaltes ist erkennbar mit eigenen Tatbestandsvoraussetzungen ausschl. in Abs. 3 geregelt (BFH 27.8.1996 – IX R 56/94, BFH/NV 1997, 273; FG Hamburg 27.6.2000 – I 293/99, EFG 2000, 1159).

3. Zuungunsten eines oder mehrerer Steuerpflichtiger

17 Die Berücksichtigung in mehreren StBescheiden kann einen oder mehrere Stpfl. betreffen. Welche StBescheide betroffen sind, ist aus dem in Bestandskraft erwachsenden Ausspruch des Bescheides zu ermitteln. So wirkt sich die doppelte Berücksichtigung einer Einnahme in einem Verlustjahr ggf. nicht in der StFestsetzung, sondern in der Verlustfeststellung aus (vgl. Schwarz/Pahlke/Keß § 174 Rn. 59; Gosch AO § 174 Rn. 37). **Zuungunsten** hat sich die mehrfache Erfassung ausgewirkt, wenn der Regelungsgehalt der betroffenen Bescheide insgesamt zu einer höheren steuerlichen Belastung führt. Unbeachtlich sind mittelbare, auch günstige Folgewirkungen, zB Abschreibungen in anderen Veranlagungszeiträumen oder eine günstigere Progression (TK § 174 Rn. 11).

4. Widerstreit in den Steuerfestsetzungen

18 **Materielle Unvereinbarkeit.** § 174 I setzt einen Widerstreit mehrerer StBescheide voraus. Ein bestimmter Sachverhalt muss in mehreren Bescheiden berücksichtigt worden sein, obwohl er nur einmal hätte berücksichtigt werden dürfen. Die aus demselben Sachverhalt in verschiedenen Bescheiden gezogenen Schlussfolgerungen müssen nach den Vorschriften des materiellen StRechts unvereinbar sein, dh, sie schließen sich zwingend gegenseitig aus (BFH 11.7.1991 – IV R 52/90, BStBl. II 1992, 126; BFH 2.8.1994 – VIII R 65/93, BStBl. II 1995, 264; FG Hamburg 27.6.2000 – I 293/99, EFG 2000, 1159; TK § 174 Rn. 12). Anders als § 174 IV setzt Abs. 1 nicht voraus, dass die doppelte Erfassung des Sachverhalts auf einer irrtümlichen Beurteilung beruht (BFH 6.9.1995 – XI R 37/95, BStBl. II 1996, 148). Auch eine bewusste, in Kenntnis der Doppelberücksichtigung durchgeführte StFestsetzung eröffnet die Korrekturmöglichkeit (ebenso Gosch AO § 174 Rn. 31; Schwarz/Pahlke/Keß § 174 Rn. 45).

19 **Ausschließlichkeitsverhältnis.** Ob ein Sachverhaltskomplex nur einmal hätte berücksichtigt werden dürfen, ist nach der jeweiligen Regelung im EinzelStGesetz zu beurteilen. Dabei müssen sich die materiellen Rechtsgrundlagen unvereinbar gegenüberstehen. Eine lediglich nicht folgerichtige Umsetzung einer Entscheidung in miteinander verknüpften Sachverhalten führt nicht zu einem Widerstreit (BFH 13.12.1984 – V R 47/80, BStBl. II 1985, 282; Schwarz/Pahlke/Keß § 174 Rn. 49). Ein solches Verhältnis materiell-rechtlicher Ausschließlichkeit besteht zwischen ErbSt bzw. SchenkungsSt und ESt sowie zwischen ErbSt bzw. SchenkungsSt und GrESt (FG Mecklenburg-Vorpommern 19.9.2023 – 1 K 233/22, EFG 2024, 1961; Rev. II R 11/24; FG Münster 8.11.1979 – III 3796/78 Erb, BeckRS 1979, 1060; TK § 174 Rn. 13; Gosch AO § 174 Rn. 33); desgleichen zwischen USt und sonstigen VerkehrSt (Schwarz/Pahlke/Keß § 174 Rn. 50; Klein § 174 Rn. 11). Hierzu gehören schließlich auch die Fälle doppelter Berücksichtigung derselben Einnahme (desselben Wirtschaftsgutes) in unterschiedlichen Veranlagungszeiträumen oder bei verschiedenen Stpfl. (TK § 174 Rn. 15), der vollen Berücksichtigung größerer Erhaltungsaufwendungen und der anteiligen Berücksichtigung in den Folgejahren nach § 82b EStDV, der Gewährung eines Kinderfreibetrages für dasselbe Kind bei zwei Stpfl. (FG Niedersachsen 23.5.1997 – XII 103/97, EFG 1997, 1313) und der Versteuerung einer Leistung nach vereinbarten und vereinnahmten Entgelten (Schwarz/Pahlke/Keß § 174 Rn. 55).

20 In **Korrespondenzfällen** liegt lediglich eine logische, keine rechtliche Unvereinbarkeit vor. Kein Widerstreit besteht deshalb bei rechtswidrig unterschiedlicher Behandlung von Einnahme und Ausgabe (FG Hamburg 18.4.1984 – V 349/81, EFG 1984, 589), Bilanzie-

rung von Schuld und Forderung (FG Hamburg 23.8.1989 – VII 9/89, EFG 1990, 208), volle Abzugsfähigkeit und Erfassung mit Ertragsanteil (Schwarz/Pahlke/Keß § 174 Rn. 53; aA BFH 22.7.1980 – VIII R 114/78, BStBl. II 1981, 101), Versteuerung einer Leibrente nach § 22 Nr. 1 EStG unter Versagung des Sonderausgabenabzugs (BFH 26.1.1994 – X R 57/89, BStBl. II 1994, 597), nicht korrespondierender Hinzurechnung und Kürzung von Mietzahlungen nach §§ 8 Nr. 7, 9 Nr. 4 GewStG (BFH 7.7.2004 – X R 26/01, BStBl. II 2005, 145), unterschiedlicher Behandlung einer Leistung in Bezug auf USt und VorSt oder allg. bei mehrseitigen Verträgen (TK § 174 Rn. 13). Ein allgemeines Korrespondenzprinzip existiert weder im EStRecht noch ist § 174 Ausdruck eines solchen Grundsatzes (BFH 11.7.1991 – IV R 52/90, BStBl. II 1992, 126; BFH 26.1.1994 – X R 57/89, BStBl. II 1994, 597).

5. Antrag

Der rechtswidrige Bescheid ist nur auf Antrag zu ändern oder aufzuheben. Der Antrag 23
kann formlos, also auch mündlich gestellt werden (TK § 174 Rn. 20). Antragsberechtigt ist derjenige, der durch den fehlerhaften Bescheid zu Unrecht herangezogen wurde. Ist die widerstreitende StFestsetzung gegen **einen** Stpfl. ergangen, ist der Antrag gegen den rechtswidrigen Bescheid zu richten (BFH 17.5.2006 – II R 48/04, BFH/NV 2006, 1611). Wendet sich der Stpfl. irrtümlich gegen den rechtmäßigen Bescheid, kann der Antrag entspr. dem wahren Willen des Stpfl. allg. als Antrag auf Beseitigung der widerstreitigen StFestsetzung behandelt werden (allg. Meinung; AEAO zu § 174 Nr. 2; anders bei Unabänderbarkeit des rechtswidrigen StBescheids BFH 17.5.2006 – II R 48/04, BFH/NV 2006, 1611). Betrifft der Widerstreit **mehrere** Stpfl., ist bei Ungewissheit über die richtige Zuordnung des Sachverhalts der Antrag sicherheitshalber von jedem Betroffenen zu stellen (ebenso Schwarz/Pahlke/Keß § 174 Rn. 64).

II. Rechtsfolgen

Umfang. Der fehlerhafte StBescheid, dh derjenige Bescheid, in dem der Sachverhalt 24
nach der materiellen Regelung nicht hätte berücksichtigt werden dürfen, ist **(ohne Ermessen)** aufzuheben oder zu ändern. Der Umfang der Korrektur beschränkt sich auf die Beseitigung des Widerstreits (Weber-Grellet StBp 1982, 29 (32); Klein § 174 Rn. 24). Anderweitige materielle Fehler, die nicht auf der Doppelerfassung beruhen, dürfen nur berichtigt werden, soweit hierfür eine eigenständige Änderungsvorschrift existiert (TK § 174 Rn. 18; Gosch AO § 174 Rn. 41). Erlässt neben der örtlich zuständigen FB ein örtlich unzuständiges FA einen inhaltlich richtigen StBescheid, ist dieser Bescheid aufzuheben, auch wenn der VA der zuständigen FB materielle Rechtsfehler enthält (Schwarz/Pahlke/Keß § 174 Rn. 61). Die fehlende Befugnis zum Erlass des Bescheides ist der Grund für die doppelte Erfassung. Innerhalb des Korrekturrahmens ist eine Fehlerberichtigung nach § 177 zulässig. § 176 ist dabei zu beachten (TK § 174 Rn. 18).

Rechtskraftwirkung (§ 110 FGO). Hat das FG durch rkr. Urteil über den rechts- 25
widrigen Bescheid, der nach § 174 I aufzuheben oder zu ändern wäre, entschieden, ist die Rechtskraftwirkung des Urteils (§ 110 FGO) zu beachten. Bei Sachentscheidungen wird die Bindungswirkung durch den tatsächlich zugrunde gelegten Sachverhalt und die hierzu angestellten rechtlichen Erwägungen begrenzt (Gräber FGO § 110 Rn. 15; vgl. auch BFH 8.6.2000 – IV R 65/99, BStBl. II 2001, 89 zu § 174 IV). War dem FG der Sachverhalt bekannt und hat es ihn zum Gegenstand seiner Entscheidung gemacht, hindert § 110 FGO die FB an einer nachfolgenden Änderung nach § 174 I (Klein § 174 Rn. 25 f.; TK § 174 Rn. 19; FG Hamburg 27.6.2000 – I 293/99, EFG 2000, 1159). Dies gilt auch, wenn sich nachträglich herausstellt, dass die Rechtsauffassung des FG rechtsfehlerhaft war (Schwarz/Pahlke/Keß § 174 Rn. 20; aA BFH 18.3.2004 – V R 23/02, BStBl. II 2004, 763). Widerstreitende rkr. Urteile hindern mangels Rechtskraftwirkung hingegen nicht die Anwendung von § 174 (BFH 18.3.2004 – V R 23/02, BStBl. II 2004, 763; kein Widerstreit bei

verschiedenen Veranlagungszeiträumen vgl. BFH 12.1.2012 – IV R 3/11, BFH/NV 2012, 779). Gerade in Fällen der Periodenzuordnung steuerlich relevanter Vorgänge kann es trotz § 174 I deshalb zu einer Mehrfachberücksichtigung kommen. Greift der Stpfl. die Zuordnung einer Einnahme in 01 erfolglos an, obwohl sie zu Recht in 02 zu erfassen ist, muss die FB die Einnahme zusätzlich in 02 berücksichtigen, obwohl sie an einer Korrektur des StBescheids 01 gehindert ist (Klein § 174 Rn. 26; vgl. BFH 16.4.1997 – XI R 66/96, BFH/NV 1997, 738 für den umgekehrten Fall erfolgreicher Anfechtung).

III. Antragsfrist (Abs. 1 S. 2 und 3)

26 **§ 174 I 2** verdrängt als speziellere Regelung § 169 I 1. Ist die Festsetzungsfrist für die unrichtige StFestsetzung im Zeitpunkt der Antragstellung bereits abgelaufen, darf eine Aufhebung oder Änderung des fehlerhaften StBescheides erfolgen, wenn der Antrag bis zum Ablauf eines Jahres gestellt wird, nachdem der Letzte der betroffenen Bescheide unanfechtbar geworden ist (vgl. BFH 3.3.2011 – III R 45/08, BStBl. II 2011, 673). Bei Ablauf der Festsetzungsfrist allein für den korrekten StBescheid kann der Stpfl. den Antrag bereits wirksam nach § 174 I 1 stellen (Schwarz/Pahlke/Keß § 174 Rn. 70). Die zeitliche Reihenfolge der StBescheide („letzte") bezieht sich auf den Eintritt der Unanfechtbarkeit, nicht auf deren Bekanntgabe (Gosch AO § 174 Rn. 44). Unanfechtbar ist ein StBescheid, wenn er mit ordentlichen Rechtsbehelfen nicht mehr angefochten werden kann. Dies gilt auch, soweit eine Änderung noch nach §§ 164, 165 zulässig ist (Klein § 174 Rn. 28; Schwarz/Pahlke/Keß § 174 Rn. 72).

27 **Satz 3** hat lediglich klarstellende Bedeutung (Schwarz/Pahlke/Keß § 174 Rn. 74). Wird der Antrag rechtzeitig gestellt, ist die Aufhebung oder Änderung der StFestsetzung zeitlich unbefristet zulässig. Dies entspricht dem Rechtsgedanken des § 171 III 1 (TK § 174 Rn. 22), erschließt sich aber zugleich aus der Regelung des § 174 I (Schwarz/Pahlke/Keß § 174 Rn. 74; Weber-Grellet StBp 1982, 29).

C. Widerstreitende Steuerfestsetzung zugunsten eines oder mehrerer Steuerpflichtiger (Abs. 2)

30 § 174 II bildet das Gegenstück zu Abs. 1. Wirkt sich ein positiver Widerstreit zugunsten eines oder mehrerer Stpfl. aus, ist die FB nach Abs. 2 befugt, die Begünstigung durch Aufhebung oder Änderung des rechtswidrigen VA zu beseitigen, wenn die Berücksichtigung des Sachverhalts auf Veranlassung des Stpfl. erfolgt ist. Dies gilt auch bei doppelter Kindergeldfestsetzung (BFH 11.12.2013 – XI R 42/11, BFH/NV 2014, 954).

I. Tatbestandliche Voraussetzungen (Abs. 2 S. 1)

31 Der Tatbestand des § 174 II 1 unterscheidet sich von Abs. 1 S. 1 nur dadurch, dass sich der berücksichtigte Sachverhalt nicht zulasten, sondern zugunsten eines oder mehrerer Stpfl. ausgewirkt hat. Insofern kann auf die entsprechenden Erläuterungen zu § 174 I 1 (→ Rn. 8 ff.) verwiesen werden. Für die Änderung bedarf es keines Antrages des Stpfl.; die FB muss von Amts wegen tätig werden (§ 174 II 1 HS 2).

II. Veranlassung der Sachverhaltsberücksichtigung (Abs. 2 S. 2)

32 **Vertrauensschutz.** S. 2 beschränkt die für den Stpfl. nachteilige Korrekturmöglichkeit im Hinblick auf den Vertrauensschutzgedanken auf diejenigen Fälle, in denen die fehlerhafte Berücksichtigung des Sachverhaltes durch den Stpfl. selbst veranlasst wurde (Gosch AO § 174 Rn. 50; TK § 174 Rn. 25). Wer eine Begünstigung durch Angaben oder Erklärungen erwirkt, die in wesentlicher Beziehung unrichtig oder unvollständig sind, kann nicht darauf vertrauen, dass ihm der Vorteil erhalten bleibt. Dabei handelt es sich um

einen allg. Rechtsgrundsatz (vgl. zB §§ 130 II Nr. 3, 153 I 1; §§ 39a I 1 Nr. 2, 46 I StBerG; § 48 II 3 Nr. 2 VwVfG). Dem Vertrauen in die Bestandskraft eines StBescheids wird deshalb dadurch Rechnung getragen, dass nach § 174 II 2 eine Änderung nur dann möglich ist, wenn der Stpfl. selbst (allein oder überwiegend) die fehlerhafte Berücksichtigung verursacht hat (BFH 6.9.1995 – XI R 37/95, BStBl. II 1996, 148; TK § 174 Rn. 25; vgl. auch Begründung zu § 155, BT-Drs. VI/1982, 154).

Erklärung. Der StBescheid muss durch einen Antrag oder eine Erklärung des Stpfl. beeinflusst sein. Erklärung ist nicht nur die unter Verwendung eines amtlichen Vordrucks abgegebene StErklärung, sondern jede – auch formlose – Mitteilung eines Sachverhalts, einzelner Tatsachen oder Umstände, die für die Besteuerung erheblich sind (BFH 13.11.1996 – XI R 61/96, BStBl. II 1997, 170). Der Antrag muss dementsprechend eine Sachverhaltsmitteilung enthalten (TK § 174 Rn. 26). Äußert der Stpfl. lediglich eine irrige Rechtsansicht, ist § 174 II nicht anwendbar (vgl. BFH 21.10.1980 – VIII R 186/78, BStBl. II 1981, 388; Gosch AO § 174 Rn. 54; Schwarz/Pahlke/Keß § 174 Rn. 83); desgleichen bei irriger Beurteilung durch das FA (FG Nürnberg 26.11.1996 – II 108/94, EFG 1998, 1238; BFH 3.12.1998 – V R 29/98, BStBl. II 1999, 158). Die Äußerung einer falschen Rechtsansicht lässt grds. nicht den Vertrauensschutz entfallen, da die FB eigenständig über die Rechtsanwendung zu entscheiden hat. Die Erklärung muss dem Stpfl. zuzurechnen sein, dh von ihm selbst oder einer bevollmächtigten Person abgegeben worden sein (TK § 174 Rn. 25). Sind mehrere Stpfl. an dem Widerstreit beteiligt, muss die Erklärung von demjenigen Stpfl. stammen, der den fehlerhaften StBescheid erhalten hat (Gosch AO § 174 Rn. 51). 33

Kausalität. Die unrichtige Erklärung muss ursächlich für die Aufnahme des Sachverhalts in den falschen Bescheid gewesen sein. Die Fehlerhaftigkeit der Äußerung kann folglich nicht hinweggedacht werden, ohne dass zugleich die Berücksichtigung im falschen Bescheid entfiele. Eine Verursachung durch den Stpfl. scheidet deshalb aus, wenn der Sachverhalt richtig dargestellt wurde, die FB jedoch rechtsirrig davon ausging, dass er in dem fehlerhaften StBescheid zu berücksichtigen ist (BFH 21.10.1980 – VIII R 186/78, BStBl. II 1981, 388; Tiedtke/Wälz DStZ 2000, 353 (357); TK § 174 Rn. 26). Teilt der Stpfl. einen unvollständigen oder unrichtigen Sachverhalt mit, beruht der fehlerhafte VA nicht auf der unrichtigen Erklärung, wenn die FB auch in Kenntnis des wahren oder vollständigen Sachverhalts dieselbe Entscheidung getroffen hätte (Gosch AO § 174 Rn. 55). Andererseits entfällt die Kausalität einer falschen Erklärung nicht bereits dadurch, dass die FB bei gehöriger Sachaufklärung die fehlerhafte Festsetzung vermieden hätte (TK § 174 Rn. 26). Durch ein Unterlassen der FB wird der Kausalbeitrag des Stpfl. idR nicht beseitigt. Die Ursächlichkeit entfällt nur dann, wenn sich eine weitere Sachverhaltsaufklärung der FB hätte aufdrängen müssen und die FB in Kenntnis der neuen Tatsachen zu einer anderen Entscheidung gekommen wäre (vgl. BFH 22.9.1983 – IV R 227/80, BStBl. II 1984, 510; BFH 24.6.2004 – XI B 63/02, BFH/NV 2005, 1). Unklarheiten aufgrund von zweideutigen Erklärungen gehen zulasten des Stpfl. (Schwarz/Pahlke/Keß § 174 Rn. 80; TK § 174 Rn. 26). 34

Treu und Glauben. Hat der Stpfl. die widerstreitende Festsetzung nicht verursacht, darf der fehlerhafte Bescheid nur noch mit Zustimmung des Stpfl. nach § 172 I Nr. 2a geändert werden. Die Weigerung, einer nachteiligen Änderung zuzustimmen, verstößt grds. nicht gegen den Grundsatz von Treu und Glauben (BFH 3.12.1998 – V R 29/98, BStBl. II 1999, 158). Zu diesem Grundsatz allg. → § 4 Rn. 25 ff. 35

III. Rechtsfolge

Beseitigung der Mehrfachbegünstigung. Der fehlerhafte Bescheid ist aufzuheben oder zu ändern, soweit es erforderlich ist, um den Widerstreit, also die mehrfache Berücksichtigung des Sachverhaltes zu beseitigen. Die Änderung nach § 174 II ist nicht auf die irrtümliche Doppelberücksichtigung beschränkt, sondern ist auch anzuwenden, wenn die 37 widerstreitende StFestsetzung bewusst herbeigeführt wurde (BFH 6.9.1995 – XI R 37/95, BStBl. II 1996, 148). Eines Antrages des Stpfl. bedarf es hierfür nicht (§ 174 II 1 HS 2). Die Korrektur steht nicht im Ermessen der FB (Gosch AO § 174 Rn. 57). Innerhalb des Änderungsrahmens sind sonstige inhaltliche Fehler nach § 177 zu berichtigen.

38 **Frist.** Ist die Festsetzungsfrist für den fehlerhaften StBescheid abgelaufen, gilt § 174 I 2 sinngemäß. Der Verweis auf Abs. 1 ist insofern missverständlich, als dort die Fristbestimmung für die Antragstellung geregelt ist, während die Änderung nach Abs. 2 keinen Antrag voraussetzt. Bei sinngemäßer Anwendung ist die Regelung deshalb so zu verstehen, dass die Aufhebung oder Änderung des fehlerhaften Bescheides trotz Ablaufs der Festsetzungsfrist noch bis zum Ablauf eines Jahres erfolgen kann, nachdem der letzte der betroffenen Bescheide unanfechtbar geworden ist (allg. Meinung; HHSp § 174 Rn. 161; Klein § 174 Rn. 35). Die Frist ist gewahrt, wenn der Korrekturbescheid vor Ablauf der Jahresfrist den Bereich der zuständigen FB verlassen hat (§ 169 I 3 Nr. 1; ebenso TK § 174 Rn. 27; Gosch AO § 174 Rn. 59; Schwarz/Pahlke/Keß § 174 Rn. 90).

D. Negativer Widerstreit (Abs. 3)

I. Tatbestandliche Voraussetzungen (Abs. 3 S. 1)

41 Abs. 3 regelt im Unterschied zu Abs. 1 und 2 den negativen Widerstreit, also Fälle, in denen ein Sachverhalt **nicht** berücksichtigt worden ist, weil die FB erkennbar davon ausgeht, der Sachverhalt müsse bei einer anderen StFestsetzung berücksichtigt werden (BFH 9.4.2003 – X R 38/00, BFH/NV 2003, 1035). Die Fallalternativen entsprechen den Kollisionsfällen des positiven Widerstreits. Erweist sich die Annahme der FVerw. als falsch, soll die Regelung eine Änderung oder erstmalige StFestsetzung zur Erfassung des Sachverhaltes ermöglichen (BFH 23.5.1996 – IV R 49/95, BFH/NV 1997, 89). Abs. 3 gilt sowohl zugunsten als auch zuungunsten des Stpfl. Dritte können ebenfalls beteiligt sein (→ Rn. 50). Im Zerlegungsverfahren ist § 174 III nicht anzuwenden (FG Schleswig-Holstein 27.3.1990 – II 315/84 (III), EFG 1990, 590).

1. Nichtberücksichtigung eines bestimmten Sachverhalts

42 Ein bestimmter Sachverhalt (→ Rn. 8) darf überhaupt nicht steuerlich erfasst worden sein, obwohl er in einem Bescheid (→ Rn. 10 f.) hätte berücksichtigt werden müssen (BFH 27.5.1993 – IV R 65/91, BStBl. II 1994, 76; BFH 29.5.2001 – VIII R 19/00, BStBl. II 2001, 743; BFH 12.4.2000 – XI R 96/96, BFH/NV 2001, 151). Nicht berücksichtigt ist ein Sachverhalt, wenn er in die Entscheidungsfindung über den Bescheid nicht einbezogen, mithin keine Regelung für ihn getroffen wurde (FG Köln 19.9.2002 – 10 K 6755/00, EFG 2003, 280; TK § 174 Rn. 28; Gosch AO § 174 Rn. 65) oder wenn er erkennbar nicht abschließend geregelt wurde (BFH 16.4.2013 – IX R 22/11, DStR 2013, 1433). Dabei ist unerheblich, ob der Sachverhalt bereits anfänglich oder erst nachträglich durch Änderung nicht berücksichtigt wurde (vgl. BFH 28.11.1989 – VIII R 83/86, BStBl. II 1990, 458). Berücksichtigt kann ein Sachverhalt auch dann sein, wenn er sich nicht im StBescheid ausgewirkt hat (→ Rn. 13). So kann die FB den StBescheid nicht nach § 174 III ändern, wenn sie eine Einnahme rechtsfehlerhaft steuerfrei belassen hat. Falsche Rechtsanwendung allein berechtigt nicht zur Korrektur (vgl. BFH 27.10.2020 – VIII R 19/18, BStBl. II 2021, 819; BFH 3.9.1997 – IV B 166/96, BFH/NV 1998, 148; FG Niedersachsen 4.4.2000 – 1 K 75/99, EFG 2001, 335; BFH 29.5.2001 – VIII R 20/00, BFH/NV 2001, 1372). Entfällt nachträglich die steuerliche Verstrickung stiller Reserven aufgrund einer Rspr.-Änderung (keine gewerbliche Prägung der GbR), kann die gescheiterte steuerfreie Übertragung nicht stattdessen als stpfl. Entnahme erfasst werden. Der Sachverhalt der Übertragung der Wirtschaftsgüter auf die GbR wurde von der FB durch den derzeitigen Verzicht auf die Besteuerung berücksichtigt (ebenso Tiedtke/Szczesny NJW 2002, 3733 (3736); aA BMF 28.8.2001, BStBl. I 2001, 614).

2. Annahme anderweitiger Berücksichtigung

Vorstellung. Die Berücksichtigung eines bestimmten Sachverhalts muss in der Annahme unterblieben sein, dass er in einem anderen Bescheid zu berücksichtigen sei. Erforderlich ist, dass die FB bei der unrichtigen StFestsetzung die konkrete Vorstellung hatte, dass der betroffene Sachverhalt einem anderen Stpfl., einem anderen Zeitraum oder einem anderen Bescheid (zB GrESt statt USt; EStBescheid statt Gewinnfeststellungsbescheid) zuzuordnen ist. Die Nichtberücksichtigung darf folglich nicht auf Gründen beruhen, durch die eine entsprechende Meinungsbildung verhindert wird, wie zB ein bloßes Versehen oder ein Rechtsirrtum, der nicht die Zuordnung betrifft (BFH 17.5.2017 – X R 45/16, BFH/NV 2018, 10; Schwarz/Pahlke/Keß § 174 Rn. 105; Klein § 174 Rn. 40 f.). 43

Die Annahme, der Sachverhalt müsse in einer anderen StFestsetzung erfasst werden, muss ferner **ursächlich** für die Nichtberücksichtigung gewesen sein (allg. Meinung; BFH 29.5.2001 – VIII R 19/00, BStBl. II 2001, 743 mwN). Die erforderliche Kausalität fehlt, wenn die Nichtberücksichtigung des Sachverhalts darauf beruht, dass das FA von diesem Sachverhalt gar keine Kenntnis hatte oder annahm, dieser Sachverhalt sei – jetzt und auch später – ohne steuerrechtliche Bedeutung (BFH 14.1.2010 – IV R 46/07, BFH/NV 2010, 1073; FG Münster 22.6.2006 – 8 K 6609/03 G U, EFG 2006, 1799; TK § 174 Rn. 29). Dies gilt auch, wenn das FA während des Einspruchsverfahrens seine Ansicht zur anderweitigen Berücksichtigung aufgibt (BFH 6.12.2006 – XI R 62/05, BStBl. II 2007, 238). In allen diesen Fällen fehlt bei dem zuständigen Bearbeiter bereits die konkrete Vorstellung, der Sachverhalt müsse anderweitig berücksichtigt werden. 44

Die Annahme muss sich später als **unrichtig** erweisen (BFH 15.2.2001 – IV R 9/00, BFH/NV 2001, 1007; BFH 12.4.2000 – XI R 96/96, BFH/NV 2001, 151). Unerheblich ist, worauf die Fehlbeurteilung beruht; es kann sich um eine sachliche, aber auch um eine rechtliche Fehleinschätzung des FA gehandelt haben (BFH 27.5.1993 – IV R 65/91, BStBl. II 1994, 76). Der Irrtum, der Sachverhalt sei in einem anderen StBescheid zu berücksichtigen, muss bei dem für die StFestsetzung zuständigen Amtsträger auftreten (TK § 174 Rn. 29). Auf die Vorstellung des Stpfl. kommt es nicht an (FG Hamburg 14.8.1991 – VII 49/91, EFG 1992, 172). 45

3. Erkennbarkeit

Vertrauensschutz. Das Erfordernis der Erkennbarkeit ist Ausfluss des Vertrauensschutzprinzips (BFH 13.11.1985 – II R 208/82, BStBl. II 1986, 241). Derjenige, demgegenüber die StFestsetzung geändert oder nachgeholt werden soll, verdient nur dann Vertrauensschutz, wenn für ihn nicht erkennbar war, dass die Nichtberücksichtigung in der irrigen Annahme anderweitiger Erfassung erfolgte (BFH 1.8.1984 – V R 67/82, BStBl. II 1984, 788; BFH 27.8.1996 – IX R 56/94, BFH/NV 1997, 273; BFH 15.10.1998 – IV B 15/98, BFH/NV 1999, 449). Der Vertrauensschutzgedanke trägt umgekehrt nicht, wenn der Betroffene die Möglichkeit hat, durch Rechtsbehelfe gegen die Auffassung des FA vorzugehen (BFH 6.12.2006 – XI R 62/05, BStBl. II 2007, 238). Der Vertrauensschutz greift indes nicht ein, wenn die Berücksichtigung eines für den Stpfl. günstigen Sachverhaltes unterblieben ist. Hieraus folgt jedoch nicht, dass in diesem Fall auf das Merkmal der Erkennbarkeit verzichtet werden kann (BFH 27.8.1996 – IX R 56/94, BFH/NV 1997, 273; FG München 29.11.2005 – 6 K 2990/04, BeckRS 2005, 26021306; Gosch AO § 174 Rn. 83 mwN; so aber TK § 174 Rn. 34). Ist dem Stpfl. die unrichtige Vorstellung nicht bekannt, muss er davon ausgehen, dass der Sachverhalt gänzlich unberücksichtigt bleiben soll, sodass er auch in diesem Fall gehalten ist, Einspruch einzulegen (ebenso Schwarz/Pahlke/Keß § 174 Rn. 98; Klein § 174 Rn. 45). 48

Erkennbar bedeutet, dass der Stpfl. bei verständiger Würdigung des fehlerhaften Bescheids und dazugehöriger Unterlagen erkennen konnte, dass der streitige Vorgang nicht berücksichtigt wurde, weil das FA von der Annahme einer anderweitigen Erfassung ausgeht (BFH 29.10.1991 – VIII R 2/86, BStBl. II 1992, 832; BFH 8.4.1992 – X R 213/87, BFH/NV 1993, 406). Diese Umstände können sich sowohl aus dem StBescheid, weiteren 49

Unterlagen (zB Bericht über die Ap., Anlage zum StBescheid, Schriftwechsel im Einspruchsverfahren), ausdrücklichen Mitteilungen oder auch aus dem gesamten Geschehensablauf ergeben (BFH 1.8.1984 – V R 67/82, BStBl. II 1984, 788; BFH 21.12.1984 – III R 75/81, BStBl. II 1985, 283). § 174 III stellt insoweit nur auf den erkennbaren äußeren Ablauf der StFestsetzung, nicht auf Motive, Verschulden oder sonstige Begleitumstände ab (BFH 8.4.1992 – X R 213/87, BFH/NV 1993, 406). Erkennbarkeit der Nichtberücksichtigung liegt deshalb auch vor, wenn der Stpfl. selbst das FA zu der Annahme anderweitiger Berücksichtigung des Sachverhaltes veranlasst (BFH 21.2.1989 – IX R 67/84, BFH/NV 1989, 687). Ist sich das FA bis zum Ablauf der Festsetzungsverjährung weder über die Besteuerung noch über den Zeitpunkt im Klaren, fehlt es an der Erkennbarkeit (BFH 15.1.2009 – III R 81/07, BFH/NV 2009, 1073).

50 Für die Erkennbarkeit kommt es auf den **Zeitpunkt der Bekanntgabe** des fehlerhaften Bescheids an (TK § 174 Rn. 33). Ein späterer Hinweis, der zur Erkennbarkeit führt, ist nur zu berücksichtigen, solange der fehlerhafte StBescheid aufgrund anderer Vorschriften (zB §§ 164, 165 oder im Einspruchsverfahren) insoweit geändert werden konnte (Gosch AO § 174 Rn. 82; vgl. BFH 6.12.2006 – XI R 62/05, BStBl. II 2007, 238). § 174 III gestattet auch die Änderung des StBescheids eines Stpfl., wenn der alternative StBescheid einen anderen Stpfl. betrifft (BFH 29.10.1991 – VIII R 2/86, BStBl. II 1992, 832; BFH 16.3.2023 – V R 14/21, DStR 2023, 766 betr. Organschaft zwischen KG und GmbH). Die Beteiligung des Stpfl. am Verfahren des Dritten ist hierfür nicht erforderlich (BFH 1.8.1984 – V R 67/82, BStBl. II 1984, 788; BFH 21.2.1989 – IX R 67/84, BFH/NV 1989, 687).

II. Frist (Abs. 3 S. 2)

53 Die Nachholung, Aufhebung oder Änderung ist bis zum Ablauf der Festsetzungsfrist zulässig, die für den StBescheid gilt, in dem das FA den Sachverhalt ursprünglich berücksichtigen wollte (FG Münster 29.1.1997 – 8 K 6290/94 E, EFG 1997, 852). Auf den Ablauf der Festsetzungsfrist für den rechtswidrigen StBescheid kommt es nicht an (BFH 27.8.2014 – II R 43/12, BStBl. II 2015, 241; FG Düsseldorf 26.10.2006 – 11 K 3205/05 G, F, EFG 2007, 318; aA Schwarz/Pahlke/Keß § 174 Rn. 129). Die Abweichung von § 169 ergibt sich mit hinreichender Deutlichkeit aus dem Wortlaut des § 174 III, ohne dass es einer klarstellenden Regelung bedarf.

III. Rechtsfolge

54 **Kein Ermessen.** Die fehlerhafte StFestsetzung, bei der die Berücksichtigung des Sachverhalts unterblieben ist, kann nachgeholt, aufgehoben oder geändert werden. Trotz des Wortlauts der Vorschrift („kann") steht die Korrektur nicht im Ermessen der FB (BFH 21.2.1989 – IX R 67/84, BFH/NV 1989, 687; BFH 28.11.1989 – VIII R 83/86, BStBl. II 1990, 458; FG München 8.12.1999 – 1 K 3087/98, EFG 2000, 247; Gosch AO § 174 Rn. 85; aA TK § 174 Rn. 38; Schwarz/Pahlke/Keß § 174 Rn. 125a). Die Vorschrift stellt erkennbar die materielle Richtigkeit in den Vordergrund, sodass in der gesetzlichen Formulierung lediglich die Befugnis zur Änderung zum Ausdruck kommt (BFH 13.11.1985 – II R 208/82, BStBl. II 1986, 241).

55 **Umfang.** Die Korrektur ist auf die nachträgliche Berücksichtigung des Sachverhalts in dem Änderungsbescheid beschränkt. Folgewirkungen sind entspr. umzusetzen (Gosch AO § 174 Rn. 86). Anders als in § 174 IV kann der Änderungsbescheid bereits vor Korrektur des fehlerhaften VA erlassen werden (BFH 27.8.2014 – II R 43/12, BStBl. II 2015, 241; BFH 5.11.2009 – IV R 99/06, BStBl. II 2010, 593). § 176 ist zugunsten des Stpfl. zu beachten (TK § 174 Rn. 38; aA Schwarz/Pahlke/Keß § 174 Rn. 235). Die Änderung nach § 174 III ist nicht auf einen Stpfl. beschränkt. Die Regelung gestattet auch die Änderung des StBescheids eines Stpfl., wenn der StBescheid, in dem der Sachverhalt berücksichtigt werden sollte, einen anderen Stpfl. betrifft (BFH 29.10.1991 – VIII R 2/86,

BStBl. II 1992, 832). Der Stpfl., dessen StBescheid nach § 174 III geändert werden soll, muss nicht zum Rechtsbehelfsverfahren des anderen Stpfl. hinzugezogen oder beigeladen werden, weil ihm bereits bei Bekanntgabe seines StBescheids erkennbar war, dass ein bestimmter Sachverhalt nicht bei ihm, sondern bei einem anderen berücksichtigt wird (BFH 1.8.1984 – V R 67/82, BStBl. II 1984, 788; BFH 21.2.1989 – IX R 67/84, BFH/NV 1989, 687; FG Baden-Württemberg 26.10.2017 – 1 K 2431/17, EFG 2018, 867). Die Änderungssperre des § 173 II greift nicht ein (BFH 28.11.1989 – VIII R 83/86, BStBl. II 1990, 458).

E. Änderung aufgrund eines Rechtsbehelfs oder Antrags des Steuerpflichtigen (Abs. 4)

Die Vorschrift bezweckt den Ausgleich einer zugunsten des Stpfl. eingetretenen Änderung durch die Möglichkeit, die damit verbundenen Nachteile an anderer Stelle zu verwirklichen (BFH 10.3.1999 – XI R 28/98, BStBl. II 1999, 475). Es soll folglich sichergestellt werden, dass die FB die richtige Entscheidung später so durchsetzen kann, wie dies im Zeitpunkt der fehlerhaften Entscheidung – gleichgültig aufgrund welcher Änderungsnorm – möglich gewesen wäre (BFH 29.6.2005 – X R 38/04, BFH/NV 2005, 1751). Hierdurch hat der Gesetzgeber dem Prinzip der materiellen Rechtmäßigkeit ohne Verletzung des Vertrauensschutzes Vorrang eingeräumt. Die gesetzliche Regelung trägt dem Vertrauensschutz dadurch hinreichend Rechnung, dass eine Folgeänderung nur zulässig ist, wenn die Änderung im Ausgangsverfahren aufgrund eines Rechtsbehelfs oder Antrages des Stpfl. erfolgt (TK § 174 Rn. 40; Gosch AO § 174 Rn. 99). 58

I. Tatbestandliche Voraussetzungen (Abs. 4 S. 1)

§ 174 IV schafft eine **eigenständige Änderungsmöglichkeit** für den Fall, dass die FB aus einem bestimmten Sachverhalt (→ Rn. 8) die steuerlichen Folgerungen nicht in dem richtigen StBescheid (→ Rn. 10) zieht, weil es einem Irrtum im Rechtlichen oder Tatsächlichen unterliegt (BFH 14.11.2012 – I R 53/11, BFH/NV 2013, 690). Wird der rechtswidrige Bescheid auf Betreiben des Stpfl. **zu seinen Gunsten** aufgehoben oder geändert, darf das FA die richtigen steuerlichen Folgen nachträglich in dem richtigen StBescheid ziehen (BFH 8.7.1992 – XI R 54/89, BStBl. II 1992, 867; BFH 4.5.2011 – I R 67/10, BFH/NV 2012, 6: bei Änderung zulasten dagegen nicht). Die Regelung ist nicht auf die Fälle alternativ zu berücksichtigender Sachverhalte beschränkt (BFH 18.2.1997 – VIII R 54/95, BStBl. II 1997, 647; BFH 14.11.2012 – I R 53/11, BFH/NV 2013, 690; aA TK § 174 Rn. 42). Eine entspr. korrespondierende Übertragung der Rechtsfolge lässt § 174 IV hingegen nicht zu (vgl. BFH 10.3.1999 – XI R 28/98, BStBl. II 1999, 475). Im Verhältnis zwischen Grundlagen- und Folgebescheid greift § 174 IV nicht ein (BFH 28.9.2009 – IV B 99/08, BFH/NV 2010, 167). 59

Eine **irrige Beurteilung** eines bestimmten Sachverhalts liegt vor, wenn das FA, in der Annahme richtig zu handeln, aus dem Sachverhalt objektiv unzutr. steuerrechtliche Folgerungen zieht und diese fehlerhafte Beurteilung sich in einem StBescheid auswirkt (BFH 20.11.2019 – XI R 49/17, BFH/NV 2020, 497; BFH 25.10.2016 – X R 31/14, BStBl. II 2017, 287; BFH 28.6.1990 – V R 93/85, BFH/NV 1991, 210). Auf den Grad des Verschuldens der Fehlbeurteilung kommt es grds. nicht an (BFH 6.4.2022 – X R 28/19, BFH/NV 2023, 230; BFH 25.10.2016 – X R 31/14, BStBl. II 2017, 287: auch Vorsatz schadet nicht). Der Irrtum der FB kann sich auf das StObjekt (zB Erfassung eines Grundstücks durch ErbSt und GrESt), das StSubjekt (den Stpfl., Inhaltsadressaten) oder den Zeitraum der Folgerungen (Veranlagungszeitraum) beziehen (BFH 26.10.1994 – II R 84/91, BFH/NV 1995, 476; BFH 29.6.2005 – X R 38/04, BFH/NV 2005, 1751). So ist das FA befugt, für jeden Betrieb gewerblicher Art einen gesonderten KStBescheid zu erlassen, 60 wenn zuvor das FG den für alle Untergliederungen erlassenen einheitlichen Bescheid aufgehoben hat, den das FA in der Annahme erließ, dass lediglich ein einheitlicher Betrieb gewerblicher Art unterhalten werde (FG Baden-Württemberg 25.2.1999 – 6 K 276/98, EFG 1999, 798; BFH 28.2.2001 – I R 29/99, BFH/NV 2001, 1099). Ob der Fehler im tatsächlichen oder rechtlichen Bereich anzusiedeln ist, ist unerheblich (BFH 21.9.2017 – VIII R 59/14, BStBl. II 2018, 163; BFH 29.6.2005 – X R 38/04, BFH/NV 2005, 1751). Selbst das Übersehen einer möglichen Rechtsfolge erlaubt eine Änderung nach Abs. 4 (BFH 8.4.1992 – X R 213/87, BFH/NV 1993, 406). Eine lediglich vom FA angenommene, objektiv aber nicht bestehende Fehlerhaftigkeit des StBescheides genügt hingegen nicht (BFH 4.3.2009 – I R 1/08, BStBl. II 2010, 407; FG Düsseldorf 17.3.1998 – 9 K 1307/95 G, EFG 1998, 1308; Gosch AO § 174 Rn. 95). Die objektive Unrichtigkeit muss irrtümlich, also durch die subjektiv unzutr. Annahme richtig zu handeln, ausgelöst sein (Gosch AO § 174 Rn. 96). Hieran fehlt es, wenn die FB den Fehler vor Erlass des StBescheides erkennt, den VA gleichwohl unverändert, also bewusst fehlerhaft bekannt gibt (vgl. BFH 22.12.1988 – V B 148/87, BFH/NV 1990, 341; FG Düsseldorf 15.5.1997 – 15 K 85/93 F, EFG 1997, 1352; Schwarz/Pahlke/Keß § 174 Rn. 151; Woerner/Grube, S. 115; aA BFH 25.10.2016 – X R 31/14, BStBl. II 2017, 287: Ausschluss nur bei treuwidrigem Verhalten).

61 § 174 IV eröffnet nicht die Möglichkeit, **fehlerhafte Bilanzansätze** im Wege der Rückwärtsberichtigung zu korrigieren; aufgrund des formellen Bilanzzusammenhangs sind die Bilanzansätze des bestandskräftigen Vorjahres zu übernehmen, sodass es an einer irrigen Beurteilung fehlt (BFH 10.11.1997 – GrS 1/96, BStBl. II 1998, 83; Klein § 174 Rn. 61; Stapperfend FR 1998, 103; v. Wedelstädt DB 1998, 351).

62 Die irrige Beurteilung muss nicht durch den Stpfl. **veranlasst** sein (BFH 28.1.2009 – X R 27/07, BStBl. II 2009, 620; Schwarz/Pahlke/Keß § 174 Rn. 143; aA Weber-Grellet StBp 1982, 29 (33); FG Niedersachsen 4.2.1986 – V 632/85, EFG 1986, 371). Unerheblich ist auch, ob das FA den Sachverhalt missverstanden hat oder die Anwendung einer Rechtsnorm fehlerhaft erfolgte (BFH 8.4.1992 – X R 213/87, BFH/NV 1993, 406; TK § 174 Rn. 39; Schwarz/Pahlke/Keß § 174 Rn. 150); selbst das Übersehen einer Rechtsfolge wird von § 174 IV erfasst (BFH 14.12.1990 – VI B 98/88, BFH/NV 1991, 503).

63 Aufgrund der irrigen Beurteilung eines bestimmten Sachverhalts muss der StBescheid rechtswidrig sein. Die Veranlassung der fehlerhaften StFestsetzung durch einen Irrtum setzt voraus, dass die FB in Kenntnis des zugrunde liegenden Sachverhaltes entschieden hat (BFH 25.1.2017 – X R 45/14, BFH/NV 2017, 1039; BFH 14.3.2006 – I R 8/05, DStR 2006, 1076). Eine umfassende Prüfung des Sachverhaltes ist indes nicht erforderlich (BFH 22.12.1988 – V B 148/87, BFH/NV 1990, 341). Betrifft der Irrtum nicht den Sachverhalt, sondern die Geltendmachung des StAnspruchs, zB durch Verwechslung des Bekanntgabeadressaten, wird keine Änderungsmöglichkeit nach § 174 IV eröffnet (BFH 26.10.1994 – II R 84/91, BFH/NV 1995, 476); ebenso bei lediglich veränderter, fortbestehender Berücksichtigung des Sachverhalts (FG Münster 13.10.2006 – 11 K 1377/04 E, EFG 2007, 84).

64 Die fehlerhafte Beurteilung muss sich in einem bestandskräftigen, also **wirksamen StBescheid** ausgewirkt haben (BFH 16.5.1990 – X R 147/87, BStBl. II 1990, 942; BFH 8.2.1995 – I R 127/93, BStBl. II 1995, 764; Gosch AO § 174 Rn. 102). Dabei kann es sich auch um einen Änderungsbescheid handeln, mit dem die zunächst richtige StFestsetzung zu Unrecht geändert wird (TK § 174 Rn. 46; aA BFH 21.11.2017 – VIII R 17/15, BFH/NV 2018, 522); nicht jedoch, wenn materiell zutreffende Änderung ohne Änderungsbefugnis erfolgte (FG Nürnberg 9.5.2006 – I 43/2003, EFG 2007, 447). Eine zeitliche Reihenfolge besteht nicht, sodass der Widerstreit auch nach der Änderung zugunsten des Stpfl. entstehen kann (vgl. BFH 28.1.2009 – X R 27/07, BStBl. II 2009, 620). Für den rechtmäßigen Erlass des Änderungsbescheids reicht es aus, wenn die Änderungsvoraussetzungen, insb. die Aufhebung oder Änderung des anderen StBescheids zugunsten des Stpfl., bis zur Entscheidung über den Einspruch gegen den auf § 174 IV

gestützten Änderungsbescheid vorliegen (BFH 12.5.2022 – VI R 20/19, BStBl. II 2023, 6). Nichtige StBescheide (§ 125) sind unwirksam (§ 124 III) und damit nicht nach § 174 IV, V änderbar (BFH 10.11.1993 – I R 20/93, BStBl. II 1994, 327; TK § 174 Rn. 45). Existiert das in Anspruch genommene StSubjekt nicht, kann nach Aufhebung des StBescheids der richtige Stpfl. nicht nach § 174 IV, V in Anspruch genommen werden (BFH 7.2.1997 – V B 82/96, BFH/NV 1997, 733; vgl. demgegenüber BFH 29.11.2000 – I B 64/00, BFH/NV 2001, 573 zur Bekanntgabe des StBescheids an eine GmbH für den Zeitraum vor ihrer Existenz).

Antrag. Der unrichtige StBescheid muss aufgrund eines Rechtsbehelfs oder Antrags des Stpfl. durch die FB oder durch das Gericht (→ Rn. 75) aufgehoben oder geändert worden sein (vgl. FG München 23.10.2003 – 14 K 4321/01, EFG 2004, 237: Einspruch durch nicht Rechtsbehelfsbefugten). Der Antrag ist nicht formgebunden (BFH 12.4.2012 – VIII B 91/11, BFH/NV 2012, 1320). Wird das FA eigenständig aufgrund besserer Erkenntnis oder auf Anregung Dritter (zB Hinweis des StBeraters des Miterben) tätig, ist eine Folgeänderung nach § 174 IV nicht gerechtfertigt (vgl. BFH 11.5.2010 – IX R 25/09, BStBl. II 2010, 953: Antrag und Änderung betreffen unterschiedliche Zeiträume). Weist der Stpfl. auf die zu seinen Ungunsten bestehende Fehlerhaftigkeit des StBescheides hin, liegt darin idR das erkennbare Begehren, eine Änderung zu erreichen. Der ausdrückliche Vorbehalt, einen Antrag nicht stellen zu wollen, wäre idR widersprüchlich und daher unbeachtlich (aA TK § 174 Rn. 44). Der bloße Hinweis auf eine für den Stpfl. günstige, aber unrichtige Beurteilung kann demgegenüber grds. nicht als Antrag gewertet werden (vgl. Schwarz/Pahlke/Keß § 174 Rn. 142; Gosch AO § 174 Rn. 101). Nicht erforderlich ist, dass die Änderung des StBescheids antragsgemäß erfolgt (BFH 5.5.2011 – V R 45/09, BFH/NV 2011, 1655). Das Rechtsbehelfsverfahren muss lediglich die Änderung ausgelöst haben (BFH 26.10.1989 – IV R 25/88, BStBl. II 1990, 373; BFH 19.5.2005 – IV R 17/02, BStBl. II 2005, 637). 65

Beweislast. Das FA trägt die objektive Feststellungslast dafür, dass die Änderungsvoraussetzungen vorliegen. Dabei muss sie insb. darlegen, aufgrund welcher Erwägungen die irrige Beurteilung zustande gekommen ist, mithin wieso eine Erfassung in dem falschen StBescheid erfolgte (Schwarz/Pahlke/Keß § 174 Rn. 153; TK § 174 Rn. 46). Die dargelegten Umstände müssen den Schluss auf einen Irrtum des Sachbearbeiters zulassen, der zur rechtswidrigen StFestsetzung führte. 66

II. Rechtsfolge

Verschiedene Besteuerungsverfahren. Nach Aufhebung oder Änderung des rechtswidrigen Bescheides darf die FB (nachträglich) die Folgerungen aus demselben Sachverhalt, die zunächst im falschen Bescheid gezogen wurden, durch Änderung des richtigen StBescheides oder erstmaligen Erlass eines solchen ziehen (BFH 11.7.1991 – IV R 52/90, BStBl. II 1992, 126). Die Folgeänderung nach § 174 IV setzt nicht die Bestandskraft der antragsgemäß geänderten Bescheide voraus (aA FG Düsseldorf 26.10.2006 – 11 K 3205/05 G, F, EFG 2007, 318), jedoch die Korrektur des rechtswidrigen Bescheides (FG Düsseldorf 30.10.2003 – 15 K 7289/00, EFG 2004, 160). Eine Heilung nach § 127 AO findet insoweit nicht statt (→ § 127 Rn. 12; aA BFH 24.4.2008 – IV R 50/06, BStBl. II 2009, 35). Die nochmalige Änderung des StBescheides, der die Korrekturmöglichkeit erst eröffnet hat, wird durch § 174 IV nicht ermöglicht (BFH 8.7.1992 – XI R 54/89, BStBl. II 1992, 867). Dies gilt auch, wenn das FG unter Verkennung seiner Saldierungsbefugnis eine entsprechende Änderung unterlässt (aA BFH 8.6.2000 – IV R 65/99, BStBl. II 2001, 89; BFH 11.3.2002 – IX B 116/01, BFH/NV 2002, 895). Ein durch Gerichtsbescheid geänderter StBescheid kann nicht erneut im streitgegenständlichen Umfang nach § 174 IV geändert werden (BFH 13.6.2012 – VI R 92/10, BStBl. II 2013, 139). Die Regelung dient nicht der Korrektur fehlerhafter Urteile oder der Umgehung des im gerichtlichen Ver- 69 fahren geltenden Verböserungsverbots. Das Verböserungsverbot steht einer Korrektur jedoch nicht entgegen (BFH 18.2.2016 – V R 53/14, BStBl. II 2019, 333).

Die Folgerungen können in einem oder mehreren **anderen** StBescheiden getroffen werden (BFH 24.3.1981 – VIII R 85/80, BStBl. II 1981, 778; FG Hamburg 24.6.2005 – I 144/04, EFG 2005, 1584), unabhängig davon, ob sie sich in derselben StArt, demselben Veranlagungszeitraum oder im Fall des § 174 V bei demselben Stpfl. auswirken (BFH 3.8.1988 – I R 115/84, BFH/NV 1989, 482; BFH 30.8.2007 – IV R 50/05, DStR 2007, 2201). Bestehen Unklarheiten über den Zeitraum der Änderung, darf die FB jedoch dieselben steuerlichen Folgerungen nach der Korrektur des vermeintlich zu ändernden StBescheids nicht sicherheitshalber in einen weiteren Veranlagungszeitraum ziehen (FG Düsseldorf 30.10.2003 – 15 K 7289/00, EFG 2004, 160). Die Gesamtheit der steuerlichen Auswirkungen (Entlastung im Ausgangsverfahren und Belastung im Folgeänderungsverfahren) kann auch zu einer StMehrbelastung des Stpfl. führen (BFH 26.10.1989 – IV R 25/88, BStBl. II 1990, 373; TK § 174 Rn. 50). § 174 enthält kein allgemeines Verböserungsverbot (FG Niedersachsen 16.6.1993 – IX 167/88, EFG 1994, 332; vgl. BFH 13.6.2012 – VI R 92/10, BStBl. II 2013, 139). Eines Verböserungshinweises bedarf es nicht (BFH 19.5.2005 – IV R 17/02, BStBl. II 2005, 637).

Die **Rechtskraftwirkung** des § 110 FGO hindert eine Änderung nach § 174 IV FGO, wenn die Änderung nicht durch die Entscheidung des FG veranlasst, sondern Folge einer neuen Periodenzuordnung ist (vgl. BFH 13.6.2012 – I B 137/11, BFH/NV 2012, 1574).

70 Im Folgeänderungsverfahren hat die FB die **richtigen,** also die bei zutr. Gesetzesanwendung entsprechenden steuerlichen Folgerungen zu ziehen (BFH 21.10.1993 – IV R 42/93, BStBl. II 1994, 385). Dabei ist das FA nicht an die Rechtsauffassung gebunden, die der Änderung im Ausgangsverfahren zugrunde lag, auch sofern die Korrektur durch Urteil erfolgte (BFH 2.5.2001 – VIII R 44/00, BStBl. II 2001, 562). Welches die „richtigen Folgerungen" sind, entscheidet sich im Zeitpunkt der Änderung (aA Gosch AO § 174 Rn. 111). Zwischenzeitlich ergangene Rspr. ist grds. zu berücksichtigen. § 176 I 1 Nr. 3 greift für die Folgeänderung jedenfalls dann nicht ein, wenn aufgrund der Rspr.-Änderung die Aufhebung des StBescheides im Ausgangsverfahren erfolgte (BFH 8.2.1995 – I R 127/93, BStBl. II 1995, 764). Allerdings kann die FB gem. § 176 II gehindert sein, die richtigen Folgerungen zu ziehen, wenn sie die begünstigende Verwaltungsvorschrift für eine Übergangszeit weiterhin anwendet (BFH 24.9.1998 – IV R 65/96, BFH/NV 1999, 535).

71 **Sachverhaltsverknüpfung.** Aus dem Sachverhalt sind alle steuerlichen Folgerungen zu ziehen, einschl. etwaiger Folgeauswirkungen. Eine unbeschränkte Übertragung der entsprechenden Änderungen, eine vollständige Korrektur von Rechtsfehlern oder die Umsetzung ergänzender Rechtsfolgen für die gesamte StVeranlagung, einschl. Zinsfestsetzung, ist jedoch nicht vorgesehen (BFH 23.7.2019 – IX R 25/18, BFH/NV 2020, 1; BFH 10.3.1999 – XI R 28/98, BStBl. II 1999, 475; TK § 174 Rn. 48). Die Änderungsmöglichkeit ist darauf beschränkt, dass **aus dem Sachverhalt,** nicht aber, dass aus den steuerrechtlichen Folgen dieses Sachverhaltes Folgerungen durch Änderung eines Bescheides gezogen werden (BFH 15.3.1994 – XI R 45/93, BStBl. II 1994, 600; Schwarz/Pahlke/Keß § 174 Rn. 177a; Gosch AO § 174 Rn. 108). Die bloße Änderung der rechtlichen Beurteilung eines Dauersachverhalts kann deshalb nicht zu einer folgerichtigen Rechtsanwendung in allen Streitjahren führen (BFH 20.11.2019 – XI R 49/17, BFH/NV 2020, 497). Erwirkt zB der Stpfl. die Verringerung des GewStMessbetrages, indem die Hinzurechnung von Dauerschuldzinsen entfällt, lässt sich hieraus nicht die Korrektur der GewStRückstellung ableiten (vgl. FG Köln 20.3.1985 – IX 437/80 BB, EFG 1985, 433). Denn die kurzfristige Kreditierung (Sachverhalt) führt zu keiner anderen steuerlichen Beurteilung im Rahmen der ESt (aA FG Berlin 2.12.1986 – V 84/85, EFG 1987, 441). Demgegenüber ist bei Aufhebung des GewSt-Messbescheids mangels Vorliegens eines Gewerbebetriebs auch die Tarifbegrenzung nach § 32c EStG zu versagen (BFH 4.2.2016 – III R 12/14, BStBl. II 2016, 818). Ebenso kann ein Veräußerungsgewinn erfasst werden, der dadurch entsteht, dass die FB nachträglich die Buchwertfortführung eingebrachter GmbH-Anteile zulässt (BFH 19.11.2003 – I R 41/02, BFH/NV 2004, 604; BFH 19.11.2003 – I R 41/02, DStRE 2004, 423). Folgt aus der Tätigkeit des Stpfl. nachträglich aufgrund des Einspruchs die StBefreiung bei der USt, kann im KStBescheid der Wegfall der USt einkommenserhöhend erfasst werden (BFH 17.3.2022 – XI R 5/19, BStBl. II 2022, 607). Hat die FB aufgrund irriger Beurteilung des Sachverhalts in einem Feststellungsbescheid den Zeitpunkt des grunderwerbsteuerlichen Erwerbsvorgangs fehlerhaft angegeben und wurde der Feststellungsbescheid deshalb in der Folge wegen Rechtswidrigkeit aufgehoben, kann die FB nach § 174 IV 1, 3 in einem weiteren Feststellungsbescheid die richtigen steuerlichen Folgerungen aus der Aufhebung innerhalb eines Jahres nach Aufhebung des Feststellungsbescheides ziehen (BFH 10.5.2023 – II R 24/21, BStBl. II 2023, 1060).

Ob eine StFestsetzung nach § 174 IV korrigiert werden soll, steht nach verbreiteter **72** Ansicht im **Ermessen** der FB (Schwarz/Pahlke/Keß § 174 Rn. 174). Ebenso wie in § 174 I–III ist das Wort „kann" als „darf" zu verstehen (→ Rn. 54). Der Zweck der Vorschrift, materielle Rechtmäßigkeit zu erreichen, lässt einen Ermessensgebrauch durch die FVerw. nicht zu (BFH 14.3.2012 – XI R 2/10, BStBl. II 2012, 653; FG Köln 25.5.2005 – 14 K 2275/01, EFG 2007, 316; ebenso Gosch AO § 174 Rn. 114).

III. Änderung durch Urteil (Abs. 4 S. 2)

§ 174 IV 2 ergänzt die Korrekturmöglichkeit insoweit als nicht die FB, sondern das **75** Gericht den StBescheid zugunsten des Stpfl. aufhebt oder ändert. Das Urteil des FG im Ausgangsverfahren hat damit Tatbestandswirkung für die Folgeänderung (BFH 14.1.1987 – II B 108/86, BStBl. II 1987, 267).

IV. Festsetzungsfrist (Abs. 4 S. 3 und 4)

Satz 3. Der Ablauf der Festsetzungsfrist für die zu ändernden Bescheide ist nach **76** § 174 IV 3 unbeachtlich, wenn die steuerlichen Folgerungen innerhalb eines Jahres nach Aufhebung oder Änderung des fehlerhaften Bescheids gezogen werden (BFH 16.5.1990 – X R 72/87, BStBl. II 1990, 1044; FG Baden-Württemberg 11.11.1997 – 1 K 40/93, EFG 1999, 756). Dies gilt nach S. 4 nur, wenn der aufgehobene Bescheid noch innerhalb der Festsetzungsfrist für die spätere richtige Festsetzung ergangen war (BFH 23.4.2008 – II R 52/06, BFH/NV 2008, 1493). Die Jahresfrist beginnt mit der Bekanntgabe des Aufhebungs- oder Änderungsbescheides bzw. mit Rechtskraft des Urteils zu laufen (BFH 12.5.2022 – VI R 20/19, BStBl. II 2023, 6; BFH 15.6.2004 – VIII R 7/02, BStBl. II 2004, 914; Schwarz/Pahlke/Keß § 174 Rn. 184; aA Gosch AO § 174 Rn. 119: mit Zustellung des Urteils). Dies bedeutet indes nicht, dass eine Änderung vor Eintritt der Rechtskraft noch nicht zulässig ist (aA FG Düsseldorf 26.10.2006 – 11 K 3205/05 G, F, EFG 2007, 318). Nach Eröffnung des Insolvenzverfahrens wahrt die Anmeldung der StForderung zur Insolvenztabelle die Jahresfrist (BFH 28.2.2002 – V B 167/01, BFH/NV 2002, 1010).

Satz 4. War im Zeitpunkt des Erlasses des fehlerhaften StBescheides die Festsetzungsfrist **77** für den Bescheid, in dem die richtigen Folgerungen zu ziehen wären, bereits abgelaufen, gilt die Jahresfrist gem. § 174 IV 4 nur unter den Voraussetzungen des Abs. 3 S. 1. Der Ablauf der Festsetzungsfrist ist folglich nur dann unbeachtlich, wenn der Sachverhalt erkennbar in der Annahme nicht berücksichtigt wurde, dass er in einem anderen StBescheid zu berücksichtigen sei (FG Niedersachsen 22.2.1996 – XIV 541/92, EFG 1997, 385; Gosch AO § 174 Rn. 117). Wird ein Feststellungsbescheid geändert, ist der Ablauf der Festsetzungsfrist gegenüber einzelnen Feststellungsbeteiligten unerheblich (FG Münster 5.7.1995 – 10 K 1503/94 F, EFG 1996, 204).

Dritten gegenüber findet § 174 IV Anwendung, wenn sie vor Eintritt der Festsetzungs- **78** verjährung zu dem Verfahren hinzugezogen oder beigeladen wurden (BFH 5.5.1993 – X R 111/91, BStBl. II 1993, 817; BFH 13.4.2000 – V R 25/99, BFH/NV 2001, 137).

F. Hinzuziehung und Beiladung Dritter (Abs. 5)

81 Folgerungen aus der irrigen Beurteilung eines Sachverhalts iSd § 174 IV dürfen nach Abs. 5 gegenüber einem Dritten nur gezogen werden, wenn er an dem Verfahren über die Aufhebung oder Änderung des fehlerhaften StBescheids beteiligt war und hierdurch die Entscheidung auch ihm gegenüber wirksam ist (→ Rn. 84). § 174 V dient der Wahrung der Interessen des Dritten, indem ihm die Möglichkeit der Einflussnahme auf das Ausgangsverfahren eingeräumt wird (vgl. Gräber FGO § 60 Rn. 2). Versäumt die FB, die Beteiligung des Dritten zu beantragen, ist dieser nicht verpflichtet, einer Änderung nach § 172 I 1 Nr. 2a zuzustimmen (BFH 5.11.2009 – IV R 40/07, BStBl. II 2010, 720).

I. Beteiligung Dritter (Abs. 5 S. 1)

82 **Dritter** ist in Bezug auf den fehlerhaften StBescheid, dessen Änderung nach § 174 IV begehrt wird, jeder, der darin nicht als StSchuldner angegeben ist (§§ 157 I 2, 43; vgl. BFH 5.5.1993 – X R 111/91, BStBl. II 1993, 817; BFH 27.3.1996 – I R 100/94, BFH/NV 1996, 798). Darunter fällt jeder, der nicht aus eigenem Recht am StFestsetzungs- und Rechtsbehelfsverfahren beteiligt ist. Maßgeblich ist allein die formale Stellung im Verfahren (BFH 19.12.2013 – V R 5/12, BStBl. II 2016, 585). Der Gesamtrechtsnachfolger ist – wie der StSchuldner selbst – nicht Dritter, da er vollständig in die Rechtsposition des StSchuldners eintritt (FG Baden-Württemberg 23.2.1994 – 5 K 228/93, EFG 1994, 952; FG Düsseldorf 9.5.2012 – 7 K 4177/11 E, EFG 2012, 2080). Bei PersGes ist der einzelne Gesellschafter stets Dritter hinsichtlich der Betriebssteuern (zB USt, GewSt), die von der Gesellschaft selbst als StSchuldnerin zu zahlen sind (BFH 18.6.1991 – VIII R 54/89, BStBl. II 1992, 124; Schwarz/Pahlke/Keß § 174 Rn. 194). Für die einheitlich und gesonderte Feststellung des Gewinns bzw. der Einkünfte einer PersGes oder Gemeinschaft sind die Gesellschafter oder Gemeinschafter indes nicht Dritte iSd § 174 V (BFH 15.6.2004 – VIII R 7/02, BStBl. II 2004, 914; BFH 10.5.2012 – IV R 34/09, BFH/NV 2012, 1644). Inhaltsadressat des Feststellungsbescheides ist nicht die PersGes, sondern die einzelnen Gesellschafter. Ihnen gegenüber sind die Anteile aus der einheitlichen und gesonderten Feststellung zuzurechnen (BFH 26.3.1991 – VIII R 210/85, BFH/NV 1992, 73; BFH 15.6.2004 – VIII R 7/02, BStBl. II 2004, 914; einschr. FG Baden-Württemberg 19.7.2006 – 2 K 158/04, EFG 2006, 1551). Im Verhältnis von StAnmeldung und Nachforderungsbescheid ist der StEntrichtungspflichtige jeweils Inhaltsadressat und deshalb nicht Dritter (vgl. BFH 8.4.2014 – I R 51/12, BStBl. II 2014, 982). Im Falle einer umsatzsteuerlichen Organschaft stehen Organträger und Organgesellschaft auch während der Dauer der Organschaft als Dritte gegenüber (vgl. BFH 19.12.2013 – V R 5/12, BStBl. II 2016, 585). Zum Insolvenzschuldner als Dritter vgl. FG Münster 13.2.2017 – 9 K 3343/13 E, EFG 2018, 2005.

83 **Beteiligung.** Gegenüber Dritten können die richtigen steuerlichen Folgerungen nur gezogen werden, wenn sie an dem Verfahren, das zur Aufhebung oder Änderung des fehlerhaften StBescheides geführt hat, beteiligt waren. Eine Beteiligung des Dritten an dem Änderungsverfahren liegt vor, wenn er als Hinzugezogener nach § 360 bzw. Beigeladener nach § 60 FGO **Verfahrensbeteiligter** iSd § 359 bzw. § 57 FGO gewesen ist (BFH 20.5.1992 – III R 176/90, BFH/NV 1993, 74; BFH 21.9.1994 – V B 195/93, BFH/NV 1995, 487; BFH 7.2.1997 – V B 82/96, BFH/NV 1997, 733). Daneben nimmt die Rspr. eine Beteiligung an, wenn der Dritte durch eigene verfahrensrechtliche Initiative auf die Aufhebung oder Änderung des Bescheides hingewirkt hat, zB indem er den entsprechenden Aufhebungs- oder Änderungsantrag gestellt hatte (BFH 12.2.2015 – V R 28/14, BStBl. II 2017, 10; BFH 8.2.1995 – I R 127/93, BStBl. II 1995, 764; BFH 27.3.1996 – I R 100/94, BFH/NV 1996, 798; BFH 28.4.2003 – III B 82/01, BFH/NV 2003, 1142; FG München 10.11.1999 – 7 K 3772/97, EFG 2000, 205; zust. Gosch AO § 174 Rn. 124;

TK § 174 Rn. 55). Dies kann jedoch nur gelten, soweit ihm ein eigenständiges Antragsrecht zusteht (zB der Abzweigungsberechtigte, vgl. hierzu BFH 26.1.2001 – VI B 310/00, BFH/NV 2001, 896) oder er in der Lage war, die StFestsetzung wirksam anzufechten (FG Sachsen 11.4.2006 – 2 V 18/06, BeckRS 2006, 26022742). Denn nur in diesen Fällen hat die StFestsetzung Drittwirkung (§ 166), ohne dass es einer förmlichen Verfahrensbeteiligung bedarf (zu weitgehend daher FG Nürnberg 21.7.1993 – III 80/90, EFG 1994, 137: ausreichend sei die tatsächliche Kenntnis infolge Vertretung durch denselben StBerater).

Bindungswirkung. Die Beteiligung des Dritten an dem Verfahren über die Recht- 84
mäßigkeit des StBescheids erfordert neben der verfahrensrechtlichen Einwirkungsmöglichkeit (→ Rn. 83) weiter, dass ihm gegenüber die Aufhebung oder Änderung des fehlerhaften Bescheids wirksam wird (BFH 5.5.1993 – X R 111/91, BStBl. II 1993, 817). Da er durch die Beteiligung die verfahrensrechtliche Stellung erlangt, die der eines notwendig Hinzugezogenen oder notwendig Beigeladenen vergleichbar ist (BFH 25.8.1987 – IX R 98/82, BStBl. II 1988, 344), müssen ihm auch die entsprechenden Rechte, insb. Rechtsbehelfe, eingeräumt werden (BFH 11.4.1991 – V R 40/86, BStBl. II 1991, 605). Endet das Verfahren nicht durch Einspruchsentscheidung, sondern nur durch einen ohne seine Zustimmung oder seinen entsprechenden Antrag ergangenen Abhilfebescheid, fehlt deshalb eine Beteiligung des Dritten (BFH 11.4.1991 – V R 40/86, BStBl. II 1991, 605; BFH 4.7.2001 – VI B 301/98, BStBl. II 2001, 729; zust. TK § 174 Rn. 56; Klein § 174 Rn. 72; krit. Gosch AO § 174 Rn. 126); anders bei vollständiger Abhilfe durch Einspruchsentscheidung wegen des Klagerechts des Hinzugezogenen (BFH 29.4.2009 – X R 16/06, BStBl. II 2009, 732). Der Dritte kann in diesem Fall nicht den gegen den Stpfl. gerichteten Änderungsbescheid angreifen, sondern lediglich den gegen ihn gerichteten auf § 174 IV, V gestützten StBescheid anfechten (FG Münster 19.12.2000 – 15 K 5138/95 U, EFG 2001, 473). Eine Beiladung des Dritten ist wegen der Bindungswirkung auch nicht deshalb entbehrlich, weil dessen Veranlagung für das Streitjahr hinsichtlich des strittigen Sachverhalts nach § 165 vorläufig durchgeführt worden war (BFH 13.3.1997 – III R 300/94, BFH/NV 1997, 659).

II. Hinzuziehung, Beiladung (Abs. 5 S. 2)

§ 174 V 2 gestattet als **eigenständige Regelung** die Hinzuziehung bzw. Beiladung 87
(BFH 25.8.1987 – IX R 98/82, BStBl. II 1988, 344; Klein § 174 Rn. 73; Schwarz/Pahlke/Keß § 174 Rn. 199) sowohl im Rechtsbehelfs- bzw. Klageverfahren als auch bei Änderungen im Veranlagungsverfahren (zB nach §§ 164 II, 172 I 1 Nr. 2a, 173; ebenso Gosch AO § 174 Rn. 127; Schwarz/Pahlke/Keß § 174 Rn. 209). Eine Beiladung oder Hinzuziehung ist unabhängig davon zulässig, ob die Voraussetzungen des § 60 FGO bzw. § 360 erfüllt sind (BFH 29.11.2000 – I B 64/00, BFH/NV 2001, 573; BFH 17.5.1994 – IV B 84/93, BFH/NV 1995, 87). Für eine Beiladung nach § 174 V 2 ist lediglich erforderlich, dass ein StBescheid möglicherweise wegen irriger Beurteilung eines Sachverhalts aufzuheben oder zu ändern ist, sich hieraus rechtliche Folgerungen für einen Dritten ergeben können und die Beiladung durch das FA beantragt oder veranlasst ist (BFH 31.1.2006 – III B 18/05, BFH/NV 2006, 1046 zu Kindergeldverfahren; BFH 22.9.2016 – X B 42/16, BFH/NV 2017, 146; BFH 29.5.2018 – VII B 112/17, BFH/NV 2018, 972).

Es genügt bereits, dass die **Möglichkeit** einer Änderung nach § 174 IV besteht und aus 88
demselben Lebenssachverhalt auch steuerliche Folgerungen gegenüber dem Dritten zu ziehen sind (BFH 29.11.2022 – X B 59/22, BFH/NV 2023, 257; BFH 29.11.2000 – I B 64/00, BFH/NV 2001, 573; BFH 20.10.2000 – I B 55/00, BFH/NV 2001, 422). Nicht erforderlich ist, dass im Zeitpunkt der Beiladung die materiell-rechtlichen Auswirkungen feststehen (BFH 30.10.1996 – II B 85/96, BFH/NV 1997, 333; BFH 20.10.2000 – I B 55/00, BFH/NV 2001, 422) oder geklärt ist, ob eine etwaige Folgeänderung Bestand haben wird (BFH 7.4.2003 – III B 127/02, BFH/NV 2003, 887; BFH 4.3.1998 – V B 3/98, BFH/NV 1998, 1056; BFH 14.1.1987 – II B 108/86, BStBl. II 1987, 267) oder ob

bereits Festsetzungsverjährung eingetreten ist (BFH 20.11.2013 – X R 7/11, BFH/NV 2014, 482).

89 Eine **Beiladung scheidet aus,** wenn eindeutig Interessen des Betroffenen nicht berührt sein können (BFH 5.5.1993 – X R 111/91, BStBl. II 1993, 817; BFH 22.10.2001 – XI B 16/00, BFH/NV 2002, 308), weil etwa gegenüber dem Dritten im Zeitpunkt der Hinzuziehung oder Beiladung die Festsetzungsfrist für den gegen ihn gerichteten StAnspruch bereits abgelaufen war (BFH 22.9.1993 – II B 67/93, BFH/NV 1994, 216; BFH 26.7.1995 – X R 45/92, BFH/NV 1996, 195; BFH 14.2.2001 – I B 136/00, BFH/NV 2001, 1005 mwN); anders jedoch, wenn trotz abgelaufener regulärer Festsetzungsfrist die Ablaufhemmung des § 32a II 2 KStG für die beizuladende KapGes anwendbar sein könnte (BFH 29.11.2022 – X B 59/22, BFH/NV 2023, 257). Ein möglicher Streit über den Ablauf der Festsetzungsfrist ist nicht im Rahmen der Beiladung zu entscheiden, sondern im Hauptsacheverfahren (BFH 15.10.2010 – III B 149/09, BFH/NV 2011, 404). Ebenso scheidet eine Beiladung aus, wenn die steuerlichen Folgen lediglich durch Erlass eines Haftungsbescheides gezogen werden können (BFH 18.9.2001 – V B 227/00, BFH/NV 2002, 158) oder der belastende Ansatz bereits erfolgt ist (BFH 1.4.2008 – I B 18/08, BFH/NV 2008, 1109); ebenso bei nicht konkretisierter Benennung der Betroffenen (BFH 12.12.2013 – VI R 47/12, DStR 2014, 320).

90 Die Beiladung des Dritten darf nur auf **Antrag** des FA erfolgen (BFH 27.1.1982 – VII B 141/81, BStBl. II 1982, 239; BFH 4.3.1998 – V B 3/98, BFH/NV 1998, 1056), jedenfalls muss sie vom FA veranlasst sein, zB indem es sein Interesse an der Beiladung durch vorangegangene Hinzuziehung im Einspruchsverfahren bekundet hat (BFH 2.6.1986 – IV B 48/86, BFH/NV 1987, 695). Hierzu genügt regelmäßig auch ein Beiladungsantrag nach § 60 FGO (BFH 15.12.2021 – XI B 5/21, BFH/NV 2022, 405). Denn die Entscheidung, ob der Dritte zu dem Verfahren hinzugezogen oder beigeladen werden soll, steht allein im Ermessen der FB. Nur diese hat zu prüfen und zu entscheiden, ob wegen eines möglichen Verfahrenserfolges des Stpfl. rechtliche Folgen gegenüber einem Dritten zu ziehen sind (BFH 25.9.2001 – VI B 153/01, BFH/NV 2002, 160; FG Köln 5.6.2002 – 10 K 2363/98, EFG 2002, 1183). Die Beiladung setzt die vorherige Hinzuziehung zum Einspruchsverfahren nicht voraus (BFH 14.1.1987 – II B 108/86, BStBl. II 1987, 267).

91 Der Beigeladene oder Hinzugezogene hat die **verfahrensrechtliche Stellung** eines notwendig Beigeladenen nach § 60 III FGO bzw. Hinzugezogenen nach § 360 III (BFH 11.1.1994 – VII B 100/93, BStBl. II 1994, 405; BFH 27.8.1998 – III B 41/98, BFH/NV 1999, 156). Da im Ausgangsverfahren verbindlich über die richtigen steuerlichen Folgerungen entschieden wird (vgl. BFH 24.11.1987 – IX R 158/83, BStBl. II 1988, 404; BFH 3.8.1988 – I R 115/84, BFH/NV 1989, 482; v. Wedelstädt DB 1994, 2469), ist dem Dritten sowohl rechtliches Gehör zu verschaffen als auch die Einflussnahme auf das Verfahren zu ermöglichen (BFH 26.7.1995 – X R 45/92, BFH/NV 1996, 195). Der Einspruchsbescheid ist auch dem Dritten bekannt zu geben (vgl. BFH 11.4.1991 – V R 40/86, BStBl. II 1991, 605). Das StGeheimnis steht dem nicht entgegen (vgl. § 30 IV Nr. 1 iVm II Nr. 1a; BFH 6.12.1979 – IV B 56/79, BStBl. II 1980, 314; BFH 26.7.1995 – X R 45/92, BFH/NV 1996, 195).

G. Rechtsbehelfe

94 Gegen VA nach § 174 ist der Einspruch statthaft (§ 347). Der Änderungsbescheid gegenüber dem Dritten kann lediglich mit Einwendungen gegen die verfahrensrechtlichen Voraussetzungen der Änderung, nicht jedoch gegen die im Ausgangsverfahren bindend festgestellte materiell-rechtliche Beurteilung des Sachverhalts angegriffen werden (BFH 24.11.1987 – IX R 158/83, BStBl. II 1988, 404; Gosch AO § 174 Rn. 142). Gegen die Einspruchsentscheidung ist Anfechtungsklage (§ 40 I FGO) gegeben. Der Hinzugezogene ist klagebefugt, wenn die FB dem Einspruch des Stpfl. abhilft und die dem Hinzugezoge-

nen bekannt gegebene Einspruchsentscheidung bindende Feststellungen enthält, die im Folgeänderungsverfahren für den Hinzugezogenen zu einer nachteiligen Korrektur führen können (BFH 29.4.2009 – X R 16/06, BStBl. II 2009, 732).

Gegen die **Hinzuziehung** ist gem. § 347 der Einspruch statthaft. Die Beiladung und ihre Ablehnung ist nach § 128 I FGO mit der Beschwerde anfechtbar (BFH 14.1.1987 – II B 108/86, BStBl. II 1987, 267). Lehnt das FG eine Beiladung nicht durch Beschluss, sondern in den Gründen des Endurteils ab, kann die Ablehnung grds. nur als Verfahrensmangel (§ 115 II Nr. 3 FGO) im Rahmen der Beschwerde wegen Nichtzulassung der Revision gerügt werden; für eine gesonderte Beschwerde gegen die Ablehnung der Beiladung besteht kein Rechtsschutzbedürfnis (BFH 21.6.1994 – VIII B 5/93, BStBl. II 1994, 681), es sei denn, der Betroffene ist zur Einlegung der Nichtzulassungsbeschwerde nicht berechtigt (vgl. BFH 28.8.1990 – VIII B 25/90, BStBl. II 1990, 1072). Eine Verzögerung des Klageverfahrens durch Einwendungen und Rechtsmittel des Beigeladenen ist als gesetzliche Folge der Beiladung vom Stpfl. hinzunehmen (BFH 22.10.2001 – XI B 16/00, BFH/NV 2002, 308). 95

§ 175 Änderung von Steuerbescheiden auf Grund von Grundlagenbescheiden und bei rückwirkenden Ereignissen

(1) [1]**Ein Steuerbescheid ist zu erlassen, aufzuheben oder zu ändern,**

1. **soweit ein Grundlagenbescheid (§ 171 Absatz 10), dem Bindungswirkung für diesen Steuerbescheid zukommt, erlassen, aufgehoben oder geändert wird,**
2. **soweit ein Ereignis eintritt, das steuerliche Wirkung für die Vergangenheit hat (rückwirkendes Ereignis).**

[2]**In den Fällen des Satzes 1 Nummer 2 beginnt die Festsetzungsfrist mit Ablauf des Kalenderjahrs, in dem das Ereignis eintritt.**

(2) [1]**Als rückwirkendes Ereignis gilt auch der Wegfall einer Voraussetzung für eine Steuervergünstigung, wenn gesetzlich bestimmt ist, dass diese Voraussetzung für eine bestimmte Zeit gegeben sein muss, oder wenn durch Verwaltungsakt festgestellt worden ist, dass sie die Grundlage für die Gewährung der Steuervergünstigung bildet.** [2]**Die nachträgliche Erteilung oder Vorlage einer Bescheinigung oder Bestätigung gilt nicht als rückwirkendes Ereignis.**

Schrifttum: Heuermann, Voraussetzungen eines gewerblichen Grundstückshandels – Verfahrensrechtliche Folgen und Korrekturvorschriften, StBp 2007, 28; Tiedtke/Szczesny, Behandlung von Aufwendungen, die dem Steuerpflichtigen in späteren Veranlagungszeiträumen ganz oder teilweise erstattet werden, FR 2008, 996; v. Wedelstädt, Bindungswirkung von Grundlagenbescheiden: Voraussetzungen – Umfang – Rechtsfolgen, AO-StB 2009, 203; Hoffmann, Satzungsklausel und rückwirkendes Ereignis, GmbH-StB 2010, 181; Steinhauff, Abgrenzung Grundlagenbescheid von bloßer Tatbestandswirkung, AO-StB 2010, 271; Bruschke, Die Anwendung des § 175 Abs. 1 Satz 1 Nr. 2 AO – Wann ist ein Ereignis mit steuerlicher Rückwirkung anzunehmen?, SteuK 2011, 209; Schön, Körperschaftsteueranrechnung und § 175 Abs. 2 S. 2 AO, JbFSt 2010/2011, 32; Klose, Die Anpassung von Folgebescheiden bei Erlass oder Änderung ressortfremder Grundlagenbescheide, AO-StB 2012, 308; Heuermann, Rückwirkendes Ereignis bei nachträglicher Änderung des Kaufpreises, StBp 2012, 269; Bering, Korrekturmöglichkeiten eines Folgebescheids bei fehlenden Angaben im Grundlagenbescheid, FR 2016, 1125; Welzer, Rückwirkende Ereignisse iSv § 175 Abs. 1 S. 1 Nr. 2 AO durch Steuerklauseln in Unternehmenskaufverträgen, DStR 2016, 1393; Sanna/Kiral, Steuerklauseln: steuerliche Zeitreise aufgrund vertraglicher Anordnung, BB 2016, 2583; Moritz, Zur Anwendbarkeit der Verwendungsfestschreibung gemäß § 27 Abs. 5 S. 1 und 2 KStG bei nachträglichen Änderungen an den Bestandteilen der Differenzrechnung, GmbHR 2017, 511; Bruschke, Die Anwendung des § 175 AO in der Praxis, StB 2018, 377; Günther, Bescheidänderung durch Anpassung an Grundlagenbescheide, DStZ 2019, 923; Heinen, Das Wahlrecht und die Bestandskraft – Zeit zum Umdenken, DStR 2020, 361.

Übersicht

A. Allgemeines

1 § 175 enthält trotz seiner Überschrift keine Generalklausel, die eine Korrektur „in sonstigen Fällen" erlaubt. Vielmehr fasst die Vorschrift zwei spezielle, nicht verallgemeinerungsfähige und gänzlich verschiedene Tatbestände zusammen. In Nr. 1 wird die Durchbrechung der Bestandskraft des Folgebescheides angeordnet, um der materiellen Bindungswirkung eines Grundlagenbescheides verfahrensrechtlich Geltung zu verschaffen (BFH 9.9.1988 – III R 253/84, BFH/NV 1989, 138). Nr. 2 beruht auf der Erkenntnis, dass ein nach Entstehung des StAnspruchs eintretendes Ereignis die Bewertung des verwirklichten Sachverhaltes dergestalt ändern kann, dass er nunmehr den Wertungen des StGesetzes zuwiderläuft. Um die Folgerungen aus dieser geänderten Situation ziehen zu können, lässt § 175 I 1 Nr. 2 die Durchbrechung der Bestandskraft zu.

B. Korrektur des Folgebescheides nach Abs. 1 S. 1 Nr. 1

I. Allgemeines

2 § 175 I 1 Nr. 1 behandelt die Fälle, in denen der Regelungsgehalt eines VA von den Feststellungen eines weiteren VA abhängig ist, die VA also im Verhältnis von Grund- und Folgebescheid zueinanderstehen. Die notwendige Umsetzung des Grundlagenbescheides fände jedoch grds. seine Grenze in der Bestandskraft des Folgebescheides. Diesen Widerspruch zwischen Vertrauensschutz und Rechtssicherheit einerseits und materieller Richtigkeit andererseits löst § 175 I 1 Nr. 1 zugunsten der materiellen Richtigkeit des Folgebescheides (BFH 14.4.1988 – IV R 219/85, BStBl. II 1988, 711; BFH 17.2.1993 – II R 15/91, BFH/NV 1994, 1). Die Verpflichtung der FB zur inhaltlich richtigen Anpassung erlischt erst mit Eintritt der Festsetzungsverjährung (BFH 19.8.1999 – III R 57/98, BFH/NV 2000, 543).

II. Grundlagenbescheid

Bedeutung. Die von der FB festgestellten Besteuerungsgrundlagen sind idR ein der Ermittlung und Begründung der festgesetzten Steuer dienender, aber zugleich unselbständiger Teil (§ 157 II), dem keine Bindungswirkung für die StFestsetzung zukommt. Grundlagenbescheide stellen demgegenüber mit verbindlicher Wirkung Besteuerungsgrundlagen für Folgebescheide (§ 182 I) fest. Grundlagenbescheid (§ 171 X) ist insb. ein Feststellungsbescheid (§§ 179–183) und ein StMessbescheid (§ 184); ebenso zB abweichende StFestsetzung nach § 163 (BFH 12.12.1990 – I R 43/89, BStBl. II 1991, 427; BFH 16.3.2004 – VIII R 33/02, BStBl. II 2004, 927; BFH 21.7.2016 – X R 11/14, BStBl. II 2017, 22), Feststellungen nach §§ 10d III, 10e VII, 15a IV EStG, 18 AStG, Freibeträge als LStAbzugsmerkmal (vgl. Schmidt EStG § 39a Rn. 20), KStBescheid nach § 47 II KStG aF, Bescheid über die Bedarfswertfeststellung (BFH 20.10.2004 – II R 32/02, BFH/NV 2005, 574); Feststellungen der Zulassungsbehörde (BFH 17.10.2006 – VII R 13/06, BStBl. II 2007, 134); Feststellung von StAbzugsbeträgen bindend für Anrechnungsverfügung (BFH 29.10.2013 – VII R 68/11, BFH/NV 2014, 393); StBescheid für Zinsfestsetzung iSd § 233a (BFH 23.7.2019 – IX R 25/18, BFH/NV 2020, 1). Zu den Einzelheiten → § 171 Rn. 143 ff. Kein Grundlagenbescheid ist der ESt-, KSt- und Feststellungsbescheid im Verhältnis zum GewSt-Messbescheid. Aus diesem Grund enthält § 35b GewStG eine in den Rechtsfolgen vergleichbare Sonderregelung (vgl. ausf. Brandis/Heuermann GewStG § 35b). Ebenso handelt es sich bei dem EStBescheid des Kindes mangels Bindungswirkung für die Kindergeldfestsetzung nicht um einen Grundlagenbescheid (BFH 23.11.2001 – VI R 125/00, BStBl. II 2002, 296). StBescheid gegenüber der Organgesellschaft entfaltet für StBescheid des Organträgers keine Grundlagenfunktion (BFH 28.1.2004 – I R 84/03, BStBl. II 2004, 539). StBescheinigung über einen KapEStAbzug ist kein Grundlagenbescheid (FG Berlin-Brandenburg 30.1.2020 – 4 K 4105/18, EFG 2020, 535). 5

Behörden, die nicht FB sind, können gleichfalls VA iSd § 171 X erlassen, wenn eine Bindung im Gesetz ausdrücklich vorgeschrieben ist (BFH 20.7.1961 – II 201/57 S, BStBl. III 1961, 418) oder der VA konstitutive (rechtsbegründende) Wirkung entfaltet (BFH 8.11.1955 – I 86/55 U, BStBl. III 1956, 20). Zu diesen VA zählen zB Feststellungen des Versorgungsamtes über den Grad der Behinderung nach § 33b EStG (BFH 22.9.1989 – III R 167/86, BStBl. II 1990, 60), die Feststellung der Zulassungsbehörde über die Abgaseinstufung eines Kfz (BFH 15.5.1990 – VII R 78/89, BFH/NV 1991, 123), die Bescheinigung der zuständigen Landesbehörde iSd § 4 Nr. 21b UStG (FG Saarland 12.11.1992 – 1 K 195/92, EFG 1993, 477), die Bescheinigung nach §§ 83, 93 des II. WoBauG (BFH 18.4.1980 – III R 34/78, BStBl. II 1980, 682). 6

Bindungswirkung entfalten Grundlagenbescheide, soweit die in den Grundlagenbescheiden getroffenen Feststellungen für die Folgebescheide von Bedeutung sind (→ § 182 Rn. 9 ff.). Die Bedeutung von Grundlagenbescheiden für Folgebescheide resultiert aus dem ihnen kraft Gesetzes zugewiesenen selbstständigen Regelungsbereich (BFH 12.7.1989 – X R 32/86, BFH/NV 1990, 366). Deshalb kann die Bindungswirkung eines Grundlagenbescheids nur so weit reichen wie sein notwendiger, nach den einschlägigen gesetzlichen Bestimmungen zulässiger Inhalt (BFH 31.10.1991 – X R 126/90, BFH/NV 1992, 363). Bei StErmäßigungen wird ggf. nicht nur über Grund und Höhe, sondern auch über Art und Weise der Gewährung entschieden (BFH 23.8.2000 – X R 63/96, BFH/NV 2001, 729). Überschreitet die FB im Grundlagenbescheid die Kompetenzverteilung zulasten des Folgebescheides, indem sie Feststellungen trifft, die dem Folgebescheid vorbehalten sind, ist der Grundlagenbescheid rechtswidrig, aber gleichwohl bindend (BFH 8.5.1985 – I R 108/81, BStBl. II 1985, 523; BFH 31.10.1991 – X R 126/90, BFH/NV 1992, 363; ebenso bei rechtswidriger Gemeindebescheinigung BFH 17.4.2018 – IX R 27/17, BStBl. II 2018, 597). Dabei bestimmt sich der Umfang der Bindungswirkung nach dem in Bestandskraft wachsenden Tenor des Grundlagenbescheides. Der Inhalt ist ggf. durch Auslegung des Bescheides zu ermitteln. Er richtet sich nicht nach den hierzu ergangenen 7 behördeninternen (sog. ESt 4 B-)Mitteilungen (BFH 9.9.1988 – III R 253/84, BFH/NV 1989, 138; BFH 10.6.1999 – IV R 25/98, BStBl. II 1999, 545).

8 Ein **nichtiger** oder nicht wirksam bekannt gegebener Grundlagenbescheid ist unwirksam (§ 124 I, III) und kann deshalb keine Bindungswirkung erzeugen (vgl. BFH 25.3.1986 – III B 6/85, BStBl. II 1986, 477; BFH 16.3.1993 – XI R 42/90, BFH/NV 1994, 75). Eine Anpassung des Folgebescheides darf nicht erfolgen (FG Saarland 22.4.1983 – I 639/81, EFG 1983, 392; TK § 175 Rn. 9), auch wenn der nichtige Grundlagenbescheid durch Einspruchsentscheidung bestätigt wurde (vgl. BFH 30.11.1999 – IX R 41/97, BStBl. II 2000, 173; aA FG Nürnberg 25.7.1997 – VII 29/96, EFG 1998, 3). Wird die Nichtigkeit erst nach Erlass des Folgebescheides erkannt, muss der Folgebescheid nach § 175 I 1 Nr. 1 entspr. angepasst werden (FG Hamburg 22.6.1993 – V 281/90, EFG 1994, 73; BFH 24.9.2009 – III R 19/06, BFH/NV 2010, 164; BFH 20.8.2014 – X R 15/10, BStBl. II 2015, 109), es sei denn, die FB schätzt die festzustellenden Besteuerungsgrundlagen nach § 162 III zulässigerweise in gleicher Höhe (vgl. BFH 12.1.1995 – IV R 83/92, BStBl. II 1995, 488).

9 **Folgebescheid.** Eine Anpassung ist nach § 175 I 1 Nr. 1 ausschl. für StBescheide vorgesehen, obwohl auch Feststellungsbescheide, StMessbescheide und andere VA, wie § 182 I zeigt, Folgebescheide sein können. Die vorhandene Regelungslücke ist durch analoge Anwendung des § 175 I 1 Nr. 1 zu schließen, da für die Umsetzung der materiellen Bindungswirkung eines Grundlagenbescheides die Art des Folgebescheides unerheblich ist (ähnlich TK § 175 Rn. 2). Demzufolge ist der Änderung des GewSt-Messbescheides durch Anpassung des Zerlegungsbescheides (Folgebescheid) Rechnung zu tragen (BFH 24.3.1992 – VIII R 33/90, BStBl. II 1992, 869). Wird der Feststellungsbescheid nach § 47 I KStG aF geändert, ist der Feststellungsbescheid des Folgejahres entspr. anzupassen (vgl. BFH 23.10.1991 – I R 97/89, BStBl. II 1992, 154).

III. Erlass, Aufhebung oder Änderung des Grundlagenbescheids

12 **Wirksamkeit.** Ein Folgebescheid ist anzupassen, wenn der Grundlagenbescheid erlassen, aufgehoben oder geändert wird. Hierdurch soll gewährleistet werden, dass die materiellen Feststellungen des Grundlagenbescheides, soweit sie Bindungswirkung entfalten, vollständig in den StBescheid übernommen werden können. Einzige Voraussetzung für die Korrektur des Folgebescheides ist deshalb, dass der Grundlagenbescheid dem Adressaten wirksam bekannt gegeben wurde (§ 124 I; BFH 25.3.1986 – III B 6/85, BStBl. II 1986, 477). Mit seiner Wirksamkeit entfaltet er Bindungswirkung für den Folgebescheid (§ 182 I). Die Bindungswirkung hängt nicht davon ab, ob der Grundlagenbescheid rechtmäßig, bestandskräftig oder vollziehbar ist (vgl. BFH 16.3.1993 – XI R 42/90, BFH/NV 1994, 75). Ein nichtiger oder gegenüber einzelnen Adressaten nicht wirksam bekannt gegebener Grundlagenbescheid begründet diesen gegenüber jedoch keine Bindungswirkung (vgl. BFH 7.4.1987 – VIII R 259/84, BStBl. II 1987, 766; FG Rheinland-Pfalz 27.10.1982 – 1 K 136/82, EFG 1983, 392 sowie → Rn. 8). Ein teilweise wiederholender Grundlagenbescheid berechtigt nicht zur Änderung des Folgebescheids hinsichtlich der unveränderten, selbständigen Feststellungen (BFH 6.7.2005 – XI R 43/04, BFH/NV 2006, 227).

13 **Erlass.** Der Änderungsbefugnis steht nicht entgegen, dass der Grundlagenbescheid erst nach Ergehen des Folgebescheides bekannt gegeben wird. Die FB darf den StBescheid bereits vorher erteilen und die festzustellenden Besteuerungsgrundlagen schätzen (§§ 155 II, 162 III). Der Folgebescheid ist auch entspr. anzupassen, wenn der nachfolgende Grundlagenbescheid erstmalig erlassen wurde (BFH 13.3.1986 – IV S 16/85, BFH/NV 1986, 606). Eine Änderung des Folgebescheides nach § 175 I 1 Nr. 1 darf jedoch nicht vor Ergehen des Grundlagenbescheides erfolgen (TK § 175 Rn. 7). Der Erlass eines Ergänzungsbescheides nach § 179 III ist entspr. dem Zweck des § 175 I 1 Nr. 1 als erstmaliger Erlass einer bisher unterbliebenen Feststellung zu behandeln (Schwarz/Pahlke/Keß § 175 Rn. 20; TK § 175 Rn. 4: Änderung). In der Fortschreibung von Feststellungsbescheiden

(zB Einheitswert) liegt ebenfalls ein erstmaliger Erlass eines Grundlagenbescheides auf den jeweiligen Fortschreibungszeitpunkt vor (Gosch AO § 175 Rn. 10; Schwarz/Pahlke/Keß § 175 Rn. 21).

Änderung. Der Grundlagenbescheid wird geändert, wenn sein für den Folgebescheid bindender Ausspruch (Tenor) eine inhaltliche Umgestaltung erfährt, die auch in der Beifügung oder Beseitigung einer Nebenbestimmung bestehen kann (vgl. HHSp Vorb. §§ 172–177 Rn. 113). Wird im Grundlagenbescheid lediglich der Vorbehalt der Nachprüfung oder eine Vorläufigkeit aufgenommen oder beseitigt, ohne dass die Steuer oder die Feststellung betragsmäßig verändert wird, so löst dies jedoch keine Änderung des Folgebescheides aus (TK § 175 Rn. 5). Die FB ist aber nicht gehindert, den Folgebescheid anlässlich der Aufhebung des Vorbehalts der Nachprüfung im Grundlagenbescheid anzupassen, soweit er diesem noch nicht entspricht (FG Hamburg 10.4.1992 – VI 275/90, EFG 1992, 709; Gosch AO § 175 Rn. 13). Da die Aufhebung des Vorbehalts der Nachprüfung einer StFestsetzung ohne Vorbehalt gleichsteht, wird die Festsetzungsverjährung nach § 171 X hinausgeschoben (BFH 11.4.1995 – III B 74/92, BFH/NV 1995, 943). An einer Änderung des Grundlagenbescheides fehlt es auch, wenn dieser ausschl. die bisher getroffene bindende Regelung wiederholt und nur eine unzutreffende Bezeichnung richtigstellt (BFH 13.12.2000 – X R 42/96, BStBl. II 2001, 471; zweifelhaft daher FG Hamburg 21.2.2020 – 3 K 20/19, BeckRS 2020, 8165 bei nur verfahrensrechtlichen Änderungen). 14

Berichtigung nach § 129. Die Frage nach der Korrekturnorm erlangt Bedeutung wegen des unterschiedlichen Ablaufs der Festsetzungsfrist (vgl. § 171 II und X). Nach der Terminologie der §§ 172 ff. ist § 175 I 1 Nr. 1 nicht auf die Berichtigung, sondern lediglich auf den Erlass, die Änderung und Aufhebung eines Grundlagenbescheides anzuwenden (Schwarz/Pahlke/Keß § 175 Rn. 29). Hieraus lässt sich jedoch keine verdrängende Spezialität des § 129 ableiten (FG Düsseldorf 30.6.2006 – 11 K 4107/05 E, EFG 2006, 1556; FG Rheinland-Pfalz 8.11.2006 – 3 K 2141/02, EFG 2007, 485; aA Schwarz/Pahlke/Keß § 175 Rn. 27). Vielmehr wird die Verpflichtung zur Anpassung des Folgebescheids nicht dadurch beseitigt, dass das für den Erlass des Folgebescheids zuständige FA den ihm bereits bekannten Grundlagenbescheid übersehen hat (BFH 9.8.1983 – VIII R 55/82, BStBl. II 1984, 86). 15

Die Verpflichtung zur zutreffenden Anpassung bleibt auch dann bestehen, wenn das FA bei Erlass des Folgebescheids den Inhalt des Grundlagenbescheids nicht oder nicht in der richtigen Weise in den Folgebescheid übernommen hat (BFH 17.2.1993 – II R 15/91, BFH/NV 1994, 1). Denn für eine selbständige steuerrechtliche Würdigung der im Grundlagenbescheid mit Bindungswirkung festgestellten Besteuerungsgrundlagen bleibt für das FA kein Raum (BFH 9.10.1985 – I R 193/84, BStBl. II 1986, 93). Zugleich ergibt sich aus der absoluten Bindungswirkung, dass die unterlassene Anpassung des Folgebescheides infolge des Übersehens des Grundlagenbescheides grds. nicht auf rechtlichen Erwägungen beruhen kann (v. Wedelstädt DB 1992, 606; aA BFH 14.6.1991 – III R 64/89, BStBl. II 1992, 52). § 129 ist in diesen Fällen also neben § 175 I 1 Nr. 1 anwendbar (ebenso FG Baden-Württemberg 31.3.1999 – 5 K 64/98, EFG 1999, 754; BFH 16.7.2003 – X R 37/99, BStBl. II 2003, 867; Klein § 175 Rn. 30; Gosch AO § 175 Rn. 19; Gosch StBp 1992, 74; → § 129 Rn. 10; TK § 175 Rn. 4).

Aufhebung. § 175 I 1 Nr. 1 begründet eine Anpassungspflicht auch bei der Aufhebung des Grundlagenbescheides (→ Rn. 19). Dem steht nicht entgegen, dass die ersatzlose Aufhebung nicht zur Begründung, sondern zum Wegfall der Bindungswirkung führt. Damit die für den Folgebescheid zuständige FB nun den nicht mehr vom Grundlagenbescheid erfassten Sachverhalt eigenständig prüfen und das Ergebnis im Folgebescheid berücksichtigen kann, beseitigt § 175 I 1 Nr. 1 auch in diesem Fall die Bestandskraft (BFH 30.10.1986 – IV R 175/84, BStBl. II 1987, 89). 16

IV. Rechtsfolge

1. Anpassungsverpflichtung

19 Nach Erlass, Änderung oder Aufhebung eines Grundlagenbescheides ist die FB nach § 175 I 1 Nr. 1 **von Amts wegen** (ohne Ermessen) verpflichtet, den Folgebescheid anzupassen (BFH 10.6.1987 – I R 149/83, BStBl. II 1988, 25). Die Anpassung des Folgebescheides hat so bald wie möglich zu erfolgen (zur Zulässigkeit eines Untätigkeitseinspruchs nach beantragter Anpassung vgl. § 347 I 2). Eine Pflicht zur Anpassung besteht jedoch nur, soweit die bindenden Feststellungen des Grundlagenbescheides zu einer Änderung der Steuer führen (FG Köln 3.12.1986 – XI K 64/84, EFG 1987, 220; TK § 175 Rn. 8). Die Anpassungspflicht dient keinem Selbstzweck, sondern soll die Festsetzung der materiell richtigen StSchuld ermöglichen. Wird der Grundlagenbescheid mangels Feststellungsbefugnis ersatzlos aufgehoben, hat das Wohnsitz-FA die Besteuerungsgrundlagen selbst zu ermitteln und den Folgebescheid entspr. seiner Feststellung nach § 175 I 1 Nr. 1 zu korrigieren (BFH 25.6.1991 – IX R 57/88, BStBl. II 1991, 821).

20 Die Pflicht zur Anpassung besteht auch, soweit der Grundlagenbescheid unter dem Vorbehalt der Nachprüfung oder vorläufig ergangen ist, durch Urteil aufgehoben bzw. geändert wird oder gegen den Folgebescheid ein Rechtsbehelfsverfahren läuft (TK § 175 Rn. 9; BFH 23.11.2005 – X B 61/05, BFH/NV 2006, 251). § 175 I 1 Nr. 1 setzt lediglich die **Wirksamkeit** des VA voraus (→ Rn. 12). Die im Urteil ausgesprochene Änderung des Grundlagenbescheides wird gem. § 110 I FGO mit Rechtskraft wirksam. Erst zu diesem Zeitpunkt entsteht die Pflicht zur Folgeänderung (TK § 175 Rn. 9). Ist für den Erlass des Folgebescheides ein Antrag (zB § 46 EStG) erforderlich, der jedoch nicht fristgerecht gestellt wurde, beseitigt § 175 I 1 Nr. 1 nicht die Ausschlusswirkung (BFH 14.3.1989 – I R 77/85, BFH/NV 1991, 311). Der Folgebescheid darf trotz Erlass des Grundlagenbescheides nicht ergehen (BFH 29.9.1988 – IV R 217/85, BStBl. II 1989, 196).

2. Reichweite der Änderung

21 **Punktuelle Änderung.** Der Umfang der Änderung folgt aus der Bindungswirkung des Grundlagenbescheides. Soweit die bindenden Feststellungen reichen, sind sie als punktuelle Änderung vollständig in den Folgebescheid zu übernehmen (FG Niedersachsen 13.10.1997 – IX 316/96, EFG 1998, 258; allg. zur Feststellungslast BFH 28.11.2007 – X R 11/07, BStBl. II 2008, 335). Dabei ist nicht erforderlich, dass die Bindungswirkung sich auf sämtliche Tatbestandsmerkmale einer im Folgebescheid anzuwendenden steuerrechtlichen Norm erstreckt (BFH 19.2.2019 – X R 17/18, BFH/NV 2019, 801). Eine Wiederaufrollung der gesamten StVeranlagung ist nicht zulässig (BFH 25.6.1991 – IX R 57/88, BStBl. II 1991, 821; BFH 27.7.2021 – V R 39/20, BStBl. II 2021, 964). Die FB ist verpflichtet, den bindenden Regelungsgehalt des Grundlagenbescheides umzusetzen und alle Folgerungen hieraus zu ziehen. Sie darf es bei der alleinigen betragsmäßigen Übernahme der geänderten Feststellung nicht bewenden lassen, wenn hierdurch der steuerliche Sachverhalt nur unvollständig erfasst wird. Die Bindungswirkung beschränkt sich nicht auf eine bloße mechanische Übernahme der Feststellungen des Grundlagenbescheids (BFH 11.4.1990 – I R 82/86, BFH/NV 1991, 143), sondern schließt eine selbständige Würdigung des relevanten Sachverhalts ein (BFH 30.8.2012 – X B 97/11, BFH/NV 2013, 13); sie verhindert im Folgebescheid vielmehr jeden Ansatz der dem Inhalt des Grundlagenbescheids widerspricht (BFH 10.6.1999 – IV R 25/98, BStBl. II 1999, 545), insb. auch bei Übernahme nur vermeintlich bindender Feststellungen (BFH 29.8.2007 – XI R 5/07, BFH/NV 2008, 12). Durch den Grundlagenbescheid ausgelöste steuerrechtliche Folgewirkungen sind zu berücksichtigen (FG Düsseldorf 24.11.2006 – 1 K 530/03 U, EFG 2007, 462). Wird etwa bei der geänderten Feststellung des Gewinns das Gehalt der mitarbeitenden Ehefrau aus dem Gewinnanteil des Gesellschafters ausgeschieden, weil das Arbeitsverhältnis anerkannt wird, so ist nicht nur der geminderte Gewinnanteil in den

EStBescheid zu übernehmen, sondern auch das Gehalt der Ehefrau als Einkünfte aus nichtselbständiger Arbeit anzusetzen (BFH 24.11.1965 – VI 128/65 U, BStBl. III 1966, 131; vgl. auch BFH 8.4.1965 – III 132/61 U, BStBl. III 1965, 376).

Anpassungsfehler. Die Bindungswirkung des Grundlagenbescheides bewirkt eine absolute Anpassungsverpflichtung, die weder durch eine unvollständige noch eine unrichtige oder unterlassene Anpassung des Folgebescheids beseitigt wird (vgl. BFH 28.11.2007 – X R 11/07, BStBl. II 2008, 335; BFH 23.8.2000 – X R 63/96, BFH/NV 2001, 729; FG Düsseldorf 14.10.2003 – 3 V 4017/03, EFG 2004, 238). Erst mit zutreffender Anpassung ist sie erfüllt (BFH 29.6.2005 – X R 31/04, BFH/NV 2005, 1749), und zwar auch, wenn die zunächst zutreffende Erfassung später wieder rückgängig gemacht wird (BFH 9.8.2006 – II R 24/05, BStBl. II 2007, 87). Übersieht das FA bei einer Änderung des Folgebescheides den ihm bereits bekannt gegebenen Grundlagenbescheid, sind die übersehenen Feststellungen durch erneute Änderung des Folgebescheides zu übernehmen (BFH 9.8.1983 – VIII R 55/82, BStBl. II 1984, 86; BFH 23.12.2004 – IV B 224/03, BFH/NV 2005, 996). Dies gilt auch, wenn das FA bei Erlass des Folgebescheids die rechtliche Bedeutung des Grundlagenbescheids verkennt und deshalb den Inhalt des Grundlagenbescheids nicht oder unvollständig überträgt. Der Anpassungsfehler ist durch entsprechende Änderung zu berichtigen (BFH 14.4.1988 – IV R 219/85, BStBl. II 1988, 711). 22

Inhaltliche Begrenzung. Andererseits berechtigt die Anpassung des Folgebescheides nicht zu einer Änderung, die ihre Grundlage nicht im Feststellungsbescheid hat (BFH 20.4.2023 – III R 25/22, BStBl. II 2023, 823; FG Rheinland-Pfalz 8.11.2006 – 3 K 2141/02, EFG 2007, 485). Aufgrund einer geänderten Gewinnfeststellung darf nicht die unterlassene Aufteilung der festgestellten Einkünfte wegen Wechsel der Stpfl. im Folgebescheid nachgeholt werden (FG Köln 8.5.1981 – VII (XIII) 84/75 E, EFG 1982, 192; FG Bremen 13.3.1990 – II 179/86 K, EFG 1991, 299). Desgleichen kann bei folgerichtiger Umsetzung des Inhalts des Grundlagenbescheides die FB des Folgebescheides eine sich hieran anschließende fehlerhafte Entscheidung nicht durch erneute Änderung des Folgebescheides nach § 175 I 1 Nr. 1 korrigieren. Berechnet das FA die Höhe der Begünstigung für einen begünstigt festgestellten Gewinn falsch, darf deshalb eine Fehlerberichtigung nur im Rahmen des § 177 erfolgen (FG Baden-Württemberg 22.9.1995 – 9 K 284/91, EFG 1996, 846; vgl. auch BFH 20.4.2023 – III R 25/22, BStBl. II 2023, 823). Entfällt der Gewinn aus einem Einzelunternehmen durch die Eintragung des Gewinnanteils an einer PersGes unter der falschen Kennzahl, ist der durch die richtige Auswertung des Grundlagenbescheides verursachte Fehler nicht nach § 175, sondern ggf. nach § 129 zu korrigieren (BFH 15.2.2001 – IV R 9/00, BFH/NV 2001, 1007). Derartige Fehler des FA des Folgebescheides bei der StFestsetzung, die sie in eigener Entscheidungskompetenz getroffen hat, liegen außerhalb des Änderungsrahmens des § 175 I 1 Nr. 1 (Schwarz/Pahlke/Keß § 175 Rn. 40; zweifelhaft daher FG München 10.11.1997 – 10 V 879/97, EFG 1998, 256). Besteuerungsgrundlagen dürfen im Folgebescheid anlässlich der Änderung nach § 175 I 1 Nr. 1 insoweit korrigiert werden als sich bezogen auf den ursprünglichen Folgebescheid hieraus keine steuerlichen Auswirkungen (zB Freistellungsbescheid; Nullfestsetzung) ergeben (BFH 18.3.1987 – II R 223/84, BStBl. II 1987, 415). 23

Die **Aufnahme des Vorbehalts** der Nachprüfung oder eines Vorläufigkeitsvermerks anlässlich der Anpassung des Folgebescheids an den Grundlagenbescheid ist nicht durch die Bindungswirkung des Grundlagenbescheides gedeckt (Schwarz/Pahlke/Keß § 175 Rn. 40; Gosch AO § 175 Rn. 30). Dies gilt auch, soweit ein ersatzlos aufgehobener Grundlagenbescheid unter dem Vorbehalt der Nachprüfung stand (aA BFH 30.10.1986 – IV R 175/84, BStBl. II 1987, 89). Die Bestandskraft des Folgebescheides hindert das FA zwar nicht, den bisher im Grundlagenbescheid erfassten steuerlichen Sachverhalt in eigener Zuständigkeit zu ermitteln und gem. § 175 I 1 Nr. 1 im Folgebescheid zu berücksichtigen. Der Vorbehalt der Nachprüfung kann auf diese punktuelle Durchbrechung der Bestandskraft indes nicht beschränkt werden, sondern überschreitet den Änderungsrahmen, indem er für 24 den gesamten Folgebescheid gilt (vgl. BFH 20.1.1987 – IX R 49/82, BFH/NV 1987, 433 (436)).

25 **Aufhebung des Grundlagenbescheides.** Mit der Bindung des Folgebescheides an die Feststellungen des Grundlagenbescheides geht eine entsprechende Kompetenzverteilung einher (BFH 11.5.1993 – IX R 27/90, BStBl. II 1993, 820). Die FB des Folgebescheides ist hierdurch gehindert, abschließend eigene Ermittlungen oder Feststellung zu treffen. Erst mit der ersatzlosen Aufhebung des Grundlagenbescheides, wird die Bindungswirkung beseitigt, soweit der zuvor geregelte Sachverhalt erkennbar nicht dem Feststellungsverfahren unterliegen soll (negative Feststellung). Das für den Erlass des StBescheides zuständige FA ist nun befugt, aufgrund eigener Ermittlungen den ursprünglichen Folgebescheid anzupassen (BFH 25.6.1991 – IX R 57/88, BStBl. II 1991, 821). Wird ein Grundlagenbescheid aus anderen Gründen aufgehoben, so muss eine von dem Feststellungsbescheid ausgelöste Änderung des Folgebescheids rückgängig gemacht werden (BFH 24.5.2006 – I R 93/05, BStBl. II 2007, 76; BFH 19.8.2009 – I R 23/08, BFH/NV 2009, 1961). Entsprechendes gilt, wenn einzelne Besteuerungsgrundlagen aus dem Feststellungsverfahren durch Änderung des Grundlagenbescheids ausgeschieden werden (BFH 11.4.1990 – I R 82/86, BFH/NV 1991, 143). Der negative Feststellungsbescheid entfaltet als Grundlagenbescheid dieselbe Wirkung wie die Aufhebung einer zunächst durchgeführten Feststellung (BFH 11.5.1993 – IX R 27/90, BStBl. II 1993, 820). Enthält ein Feststellungsbescheid jedoch aus sachlichen Gründen eine negative Feststellung, wie zB die Verneinung einer Gewinnerzielungsabsicht, wird durch ihn bindend festgelegt, dass die beteiligten Stpfl. keine Einkünfte aus dem fraglichen Rechtsverhältnis erzielen (BFH 17.1.1985 – IV B 65/84, BStBl. II 1985, 299).

3. Verlust des Änderungsrechts

28 Eine Anpassung des Folgebescheides ist nur bis zum Ablauf der **Festsetzungsfrist** (§ 169 I 1) zulässig. Die Festsetzungsfrist endet nach § 171 X nicht vor Ablauf von zwei Jahren nach Bekanntgabe des Grundlagenbescheides (vgl. zur Geltung der verlängerten Frist Art. 97 VII EGAO sowie → § 171 Rn. 154). Bei gesonderten Feststellungen begründet jede Einzelfeststellung für sich die Änderungsbefugnis nach § 175 I 1 und damit die Ablaufhemmung nach § 171 X (BFH 27.1.2016 – X R 53/14, BFH/NV 2016, 889). Die Anfechtung des Grundlagenbescheids hemmt die für die Festsetzung der Folgesteuern maßgebende Festsetzungsfrist nicht (BFH 19.1.2005 – X R 14/04, BStBl. II 2005, 242). Ist Festsetzungsverjährung eingetreten, kann eine Anpassungspflicht weder durch Wiedereinsetzung (§ 110) noch nach Treu und Glauben erneut begründet werden (BFH 19.8.1999 – III R 57/98, BFH/NV 2000, 543). Dies gilt selbst dann, wenn das FA eine Anpassung innerhalb der Festsetzungsfrist schuldhaft zugunsten des Stpfl. versäumt hat (BFH 27.11.2013 – II R 57/11, DStR 2014, 474: verfassungsgemäß).

29 Die Befugnis zur Anpassung des Folgebescheides kann in Ausnahmefällen auch nach dem Grundsatz von Treu und Glauben, insb. durch **Verwirkung,** entfallen (BFH 4.9.1996 – XI R 50/96, BStBl. II 1997, 261; BFH 14.1.1992 – IX B 177/90, BFH/NV 1992, 467; FG Rheinland-Pfalz 26.2.2007 – 5 K 2354/06, EFG 2007, 978). Der für eine Verwirkung neben dem Zeitablauf erforderliche Vertrauenstatbestand (→ § 4 Rn. 43) wird idR nur selten erfüllt sein (ebenso FG Schleswig-Holstein 21.2.2001 – II 345/99, EFG 2001, 610). Der Stpfl. darf nicht allein aufgrund der ggf. auch langfristigen Verzögerung in der Umsetzung des Grundlagenbescheides darauf vertrauen, die FB verzichte auf eine Anpassung (BFH 23.3.1999 – VII R 16/98, BFH/NV 1999, 1179). Die FB ist aber an der Änderung insoweit gehindert, als sie durch ihr Verhalten den Stpfl. veranlasst hat, Aufwendungen im Grundlagenbescheid nicht geltend zu machen (BFH 19.1.1989 – IV R 2/87, BStBl. II 1989, 393). Vgl. ferner FG Düsseldorf 11.5.1988 – 5 K 523/82 E, EFG 1988, 504; FG Münster 8.7.1986 – VI 3392/83 E, EFG 1987, 51; FG Hamburg 10.4.1992 – VI 275/90, EFG 1992, 709.

4. Verhältnis zu anderen Änderungsnormen

Rechtsfehler im Folgebescheid können, soweit der Änderungsrahmen des § 175 I 1 Nr. 1 reicht, anlässlich der Anpassung an den Grundlagenbescheid gem. § 177 berichtigt werden (Schwarz/Pahlke/Keß § 175 Rn. 47). Bei der Rechtsfehlerkorrektur ist § 176 zu beachten (TK § 177 Rn. 17). Die Änderungspflicht des § 175 I 1 Nr. 1 lässt andere Änderungsvorschriften unberührt. Liegen bei Erlass des nach § 175 I 1 Nr. 1 geänderten Folgebescheides zugleich die Voraussetzungen für eine Korrektur wegen nachträglich bekannt gewordener Tatsachen (§ 173) vor, schließt die alleinige Anpassung an den Grundlagenbescheid die spätere Änderung nach § 173 nicht aus (BFH 12.1.1989 – IV R 8/88, BStBl. II 1989, 438; ebenso zu § 174 IV BFH 11.3.2008 – IV B 49/07, BFH/NV 2008, 1106; zu § 175 I 1 Nr. 2 FG Düsseldorf 14.3.2008 – 2 K 2106/06 E, EFG 2008, 910). § 50 III DMBilG geht als speziellere Norm § 175 vor (BFH 28.4.2004 – I R 86/02, BStBl. II 2005, 151). Die verfahrensrechtliche Anpassungspflicht nach § 175 I 1 Nr. 1 ist keine Vollziehung iSd § 69 III 1 FGO (BFH 20.5.2022 – IV B 50/21 (AdV), BFH/NV 2022, 819). 30

V. Rechtsbehelfe

Dem Stpfl. steht gegen den Änderungsbescheid der **Einspruch** und nach erfolglosem Einspruchsverfahren die Anfechtungsklage (§ 40 I FGO) zu. Mit Einspruch kann ebenso die ablehnende Entscheidung über die Anpassung des Folgebescheides an den Grundlagenbescheid angefochten werden. Nach Ergehen der bestätigenden Einspruchsentscheidung ist die Verpflichtungsklage gegen den Ablehnungsbescheid gegeben (BFH 24.5.2006 – I R 93/05, BStBl. II 2007, 76). 33

Die **Einwendungen** gegen den geänderten Folgebescheid können sich sowohl darauf gründen, dass die Voraussetzungen des § 175 I 1 Nr. 1 nicht vorgelegen haben, insb. wegen der Unwirksamkeit des Grundlagenbescheides, als auch bemängeln, dass eine unzutreffende Umsetzung des Grundlagenbescheides erfolgte (BFH 15.4.1988 – III R 26/85, BStBl. II 1988, 660; BFH 2.9.1987 – I R 110/86, BFH/NV 1988, 176). Die Prüfung der materiellen Richtigkeit der Feststellungen im Grundlagenbescheid hat ausschl. im Verfahren gegen den Grundlagenbescheid selbst zu erfolgen (§ 351 II; § 42 FGO). War der Folgebescheid vor seiner Änderung bereits unanfechtbar, ist die Anfechtungsbefugnis zudem auf den Umfang der Änderung beschränkt (§ 351 I; § 42 FGO), es sei denn, die unzureichende Umsetzung des Grundlagenbescheids wird geltend gemacht (FG Münster 28.10.2005 – 11 K 1808/05 E, EFG 2006, 156). Zur AdV des Folgebescheids bei rechtskräftiger Verurteilung des FA zur Änderung der Grundlagenbescheids → § 361 Rn. 136.

C. Korrektur wegen eines rückwirkenden Ereignisses (Abs. 1 S. 1 Nr. 2)

I. Allgemeines

Gegenstand. Nach § 38 entsteht der StAnspruch, sobald der Tatbestand verwirklicht ist, an den das Gesetz die Leistungspflicht knüpft. Spätere Änderungen im Sachverhalt berühren den bereits verwirklichten StAnspruch nicht, weil das tatsächliche Geschehen nicht mit Wirkung für die Vergangenheit beseitigt werden kann. So beziehen sich etwa nach der StFestsetzung eintretende Indiztatsachen lediglich auf die Erkenntnislage über den verwirklichten Sachverhalt, ohne ihn selbst zu verändern (vgl. BFH 6.7.1999 – VIII R 17/97, BStBl. II 2000, 306). Ausnahmsweise legt das materielle StRecht derartigen Geschehnissen aber rückwirkende Bedeutung bei (vgl. BFH 19.7.1993 – GrS 2/92, BStBl. II 1993, 897). Durch das rückwirkende Ereignis wird der zunächst rechtmäßige StBescheid nachträglich rechtswidrig (Gosch AO § 175 Rn. 45). Dementsprechend bildet § 175 I 1 Nr. 2 die verfahrensrechtliche Generalnorm für die Änderung von StBescheiden in den Fällen, in denen der für die Besteuerung maßgebende Sachverhalt sich im Nachhinein mit steuerli- 34 cher Rückwirkung ändert (vgl. BT-Drs. VI/1982, 155). Nicht entscheidend ist, welche Gründe rechtlicher oder tatsächlicher Art zur Sachverhaltsänderung geführt haben.

35 **Anwendungsbereich.** Die Vorschrift gilt für alle Steuern iSd AO (TK § 175 Rn. 24). Zu den Einschränkungen bei laufend veranlagten Steuern → Rn. 43. Nach § 19 VII 1 BerlinFG ist die Regelung auf die Gewährung der Zulagen entspr. anzuwenden (ebenso § 7 I 1 InvZulG 1996; § 6 I 1 InvZulG 1999; § 14 InvZulG 2010). Neben StBescheiden findet § 175 I 1 Nr. 2 auch auf ihnen gleichgestellte Bescheide Anwendung (→ Vorb. §§ 172 ff. Rn. 16 ff.). Vereinzelt enthält das StGesetz bereits eine eigenständige, vorrangige Änderungsvorschrift. Hierzu zählen insb. § 10d EStG; § 10 V EStG (BFH 15.12.1999 – XI R 53/99, BStBl. II 2000, 292; vgl. auch FG Baden-Württemberg 14.2.2001 – 2 K 353/99, EFG 2001, 641 zur unterbliebenen Nachversteuerung), §§ 5 II, 7 II, 8, 14 II BewG; § 17 UStG (BFH 11.10.2007 – V R 27/05, BStBl. II 2008, 438); § 16 GrEStG (BFH 4.11.2019 – II B 48/19, BFH/NV 2020, 182); § 9 VersStG; § 61 III 2 (BFH 25.4.2001 – I R 22/00, BFH/NV 2001, 1161). Keine eigenständige Korrekturnorm ist hingegen § 29 ErbStG (vgl. BFH 24.5.2000 – II R 62/97, BFH/NV 2001, 39). §§ 164, 165 schließen § 175 nicht aus (→ § 172 Rn. 8). Das EURLUmsG brachte mit der Anfügung des S. 2 in § 175 II eine als „lex Manninen" bezeichnete, bedeutende Einschränkung des Anwendungsbereichs, wonach die nachträgliche Erteilung oder Vorlage einer Bescheinigung nicht als rückwirkendes Ereignis gilt (so bereits Gosch DStR 2004, 1988; vgl. im Einzelnen → Rn. 69). Die Regelung ist erstmals auf Bescheinigungen oder Bestätigungen anzuwenden, die nach dem 28.10.2004 vorgelegt oder erteilt worden sind (Art. 97 § 9 III 1 EGAO).

II. Ereignis mit steuerlicher Wirkung für die Vergangenheit

1. Ereignis

38 Unter Ereignis ist jede Begebenheit zu verstehen, die den Sachverhalt oder einen Teil des Sachverhaltes ausfüllt, der den gesetzlichen Tatbestand verwirklicht (§ 38). Der Sachverhalt umfasst die gesamten Tatsachen, also Zustände, Vorgänge, Beziehungen, Verhältnisse und Eigenschaften, die im konkreten Einzelfall vorliegen (Schwarz/Pahlke/Keß § 175 Rn. 59). Neben tatsächlichen Lebensvorgängen zählen auch vorgreifliche Rechtsverhältnisse (zB Rechtsgeschäfte, rechtsgestaltende VA und Urteile) zu den Tatsachen (BFH 8.12.1998 – IX R 14/97, BFH/NV 1999, 743); ebenso der Widerruf des Verzichts auf UStBefreiung (BFH 1.2.2001 – V R 23/00, BFH/NV 2001, 991; BFH 10.12.2009 – XI R 7/08, BFH/NV 2010, 1497). Weder der Ablauf der Feststellungsfrist noch das Unterlassen einer gesonderten Feststellung stellen ein rückwirkendes Ereignis dar (BFH 8.11.2006 – II R 13/05, BFH/NV 2007, 641; BFH 28.10.2021 – IV R 12/19, BFH/NV 2022, 244). Urteile des EuGH, BVerfG, BFH oder eines FG und behördliche Verfügungen enthalten Gesetzesauslegungen und juristische Subsumtionen, sind selbst jedoch kein Ereignis iSd § 175 (BFH 23.11.2006 – V R 28/05, BFH/NV 2007, 872; BFH 2.8.1994 – VIII R 65/93, BStBl. II 1995, 264; FG Niedersachsen 21.3.2006 – 13 K 398/05, EFG 2006, 1261 → Rn. 55). Desgleichen sind Veränderungen des gesetzlichen Tatbestandes, wie rückwirkende Gesetzesänderungen, Nichtigerklärung von Normen durch das BVerfG, keine Ereignisse (BFH 9.8.1990 – X R 5/88, BStBl. II 1991, 55; BFH 28.10.1964 – I 143/64 S, BStBl. III 1965, 196).

2. Steuerliche Wirkung für die Vergangenheit

39 Der Eintritt des Ereignisses muss eine steuerliche Wirkung für die Vergangenheit auslösen. Wirkung für die Vergangenheit kann ein Ereignis nur haben, wenn es nach Ablauf des für die steuerliche Beurteilung maßgeblichen Zeitraums eintritt und dem gesetzlichen Tatbestand zu entnehmen ist, dass der veränderten Sachlage rückwirkende Kraft beigelegt wird. Knüpft die gesetzliche Regelung tatbestandlich an in der Zukunft eintretende (wie zB Vorkostenabzug für die in einem späteren Zeitraum eigengenutzte Wohnung, vgl. BFH

1.10.2003 – X R 67/01, BFH/NV 2004, 154) oder fortbestehende Sachverhaltsumstände an, legt das Gesetz dem Ereignis regelmäßig rückwirkende Kraft bei.

Nachträglicher Eintritt. Das Ereignis muss nachträglich, dh nach Erlass des StBescheides, eingetreten sein und darf deshalb – anders als bei § 173 – zurzeit des Ergehens des StBescheides noch nicht bestanden haben (BFH 26.7.1984 – IV R 10/83, BStBl. II 1984, 786; BFH 26.10.1988 – II R 55/86, BStBl. II 1989, 75; BFH 27.6.2001 – I R 69/00, BFH/NV 2002, 3; BFH 26.7.2023 – II R 5/21, BStBl. II 2024, 166). In der Zeit zwischen Entstehen des StAnspruchs und dem Zeitpunkt der abschließenden Willensbildung für die StFestsetzung hat die FB eintretende Veränderungen des Lebenssachverhaltes noch zu berücksichtigen (BFH 19.7.1993 – GrS 2/92, BStBl. II 1993, 897; BFH 26.1.2006 – VI R 2/03, BFH/NV 2006, 1045; BFH 25.2.2009 – IX R 95/07, BFH/NV 2009, 1393; aA Schwarz/Pahlke/Keß § 175 Rn. 83). Maßgeblicher Zeitpunkt ist der Eintritt der Bestandskraft, ggf. nach Abschluss eines Rechtsbehelfsverfahrens (aA BFH 19.8.2003 – VIII R 67/02, BStBl. II 2004, 107). Mangels Eintritts der Bestandskraft bedarf es der Änderungsnorm zur Erfassung des materiell zutr. Ergebnisses nicht. § 175 I 1 Nr. 2 greift deshalb nicht ein, wenn das FA lediglich nachträglich Kenntnis von einem bereits gegebenen Sachverhalt erlangt (BFH 21.4.1988 – IV R 215/85, BStBl. II 1988, 863; Woerner/Grube S. 128) oder wenn das FA den Sachverhalt nur anders würdigt (BFH 3.8.1988 – I R 115/84, BFH/NV 1989, 482). Bei StFestsetzungen nach § 164 sind ausschl. solche Ereignisse bedeutsam, die nach der Aufhebung des Vorbehalts eintreten. § 175 I gilt nur für eine ohne entsprechende Nebenbestimmung ergangene bestandskräftige StFestsetzung (vgl. § 172 I 1 Nr. 2d; BFH 17.3.1994 – V R 123/91, BFH/NV 1995, 274). 40

Änderung des Sachverhaltes. Durch das Ereignis muss sich der konkrete Lebenssachverhalt in rechtserheblicher Weise verändert haben. Hieran fehlt es, wenn der geänderte Sachverhalt dieselben steuerlichen Folgen hervorruft (BFH 5.5.2011 – IV R 7/09, BFH/NV 2011, 2007: kein rückwirkender Wegfall eines Freibetrags, wenn Voraussetzungen von Anfang an nicht vorlagen). Im Fall der Zusammenveranlagung kann die Sachverhaltsänderung lediglich einen Ehegatten betreffen (vgl. BFH 14.10.2009 – X R 14/08, BStBl. II 2010, 533). Keine Änderungen des Lebenssachverhaltes, sondern des gesetzlichen Tatbestandes tritt ein, wenn StGesetze rückwirkend erlassen oder geändert werden (FG Hamburg 26.11.1993 – V 79/92, EFG 1994, 629; Klein § 175 Rn. 145). Nachträgliche Änderungen der Rechtslage werden – entspr. dem Willen des Gesetzgebers – durch § 175 I 1 Nr. 2 nicht erfasst (vgl. BT-Drs. 7/4294, 34). Dies gilt auch für rückwirkend in Kraft gesetzte DBA (TK § 175 Rn. 43). Die nachträgliche Besteuerung ausländischer Einkünfte im Quellenstaat kann indes zu einem Ereignis iSd § 175 I 1 Nr. 2 führen (vgl. BFH 11.6.1996 – I R 8/96, BStBl. II 1997, 117; zum Fristablauf nach Abschn. II Abs. 1 des Auslandstätigkeitserlasses vgl. FG Münster 25.2.2003 – 6 K 5165/00 E, EFG 2003, 897; Zahlung einer ausländischen ErbSt vgl. BFH 22.9.2010 – II R 54/09, BStBl. II 2011, 247); ebenso die nachträgliche Belastung mit StSchulden des Erblassers als Nachlassverbindlichkeit (BFH 11.7.2019 – II R 36/16, BStBl. II 2020, 391). Erklärt das BVerfG ein Gesetz für nichtig oder unvereinbar mit dem GG, berechtigt die geänderte Rechtslage nicht zu einer rückwirkenden Korrektur (BFH 28.6.2006 – III R 13/06, DStR 2006, 1836; FG München 3.9.1992 – 15 K 645/92, EFG 1993, 124; HHSp § 175 Rn. 254). § 79 II 1 BVerfGG räumt der Bestandskraft grds. den Vorrang ein, soweit nicht der Gesetzgeber eine Erstreckung der Neuregelung im Einzelfall für erforderlich hält (Stirnberg/Pietsch Rn. 555). § 175 II 1 Nr. 2 ist deshalb keine besondere gesetzliche Regelung iSd § 79 II BVerfGG (FG Nürnberg 20.7.1992 – V 103/92, EFG 1992, 676). Zu EuGH-Urteilen → Rn. 69. 41

Steuerliche Rückwirkung. Das spätere Ereignis muss den rechtserheblichen Sachverhalt nicht nur anders gestalten. Die Änderung muss darüber hinaus eine steuerliche Wirkung für die Vergangenheit auslösen, und zwar in der Weise, dass nunmehr der veränderte anstelle des zuvor verwirklichten Sachverhalts der Besteuerung zugrunde zu legen ist (BFH 12.7.1989 – X R 8/84, BStBl. II 1989, 957 mwN). 42

Eine solche Wirkung kann nicht auf dem realen Lebensvorgang beruhen. Das tatsächliche Geschehen ist als Vorkommnis unabänderlich und lässt sich nicht rückwirkend verändern, lediglich seine Folgen können nachträglich beseitigt werden (vgl. BFH 25.4.2006 – X R 57/04, BFH/NV 2006, 1819: Entnahme eines Wirtschaftsguts; BFH 2.10.1997 – IV R 84/96, BStBl. II 1998, 104). Rückwirkende Bedeutung erlangt ein Ereignis allein durch die gesetzliche Bestimmung, Veränderungen im tatsächlichen Geschehen auf den Zeitpunkt der Tatbestandsverwirklichung zurückzubeziehen. So wirkt die Ausstellung einer Rechnung mit überhöhtem StAusweis für den nach § 14 II 1 UStG geschuldeten Mehrbetrag auf den Zeitpunkt der StEntstehung (§ 13 I UStG) zurück (BFH 13.11.2003 – V R 79/01, BStBl. II 2004, 375). Ob einer nachträglichen Änderung des Sachverhalts rückwirkende steuerliche Bedeutung zukommt, bestimmt sich allein nach dem jeweils einschlägigen materiellen Recht (BFH 19.7.1993 – GrS 2/92, BStBl. II 1993, 897; BFH 21.12.1993 – VIII R 69/88, BStBl. II 1994, 648).

43 Das **materielle Recht** ist Maßstab dafür, ob die Sachverhaltsänderung rechtserheblich ist (→ Rn. 41), etwa den StTatbestand überhaupt betrifft und ob darüber hinaus der bereits entstandene materielle StAnspruch mit steuerlicher Rückwirkung noch geändert werden oder entfallen kann (Woerner/Grube S. 129). Aus einer gesetzlichen Normierung der Berücksichtigung einer Änderung der Bemessungsgrundlage lässt sich ein einheitliches Prinzip, dass dies durch Rückwirkung Berücksichtigung finden müsse, nicht erkennen.

Bei den laufend veranlagten Steuern (zB ESt, KSt) werden die aufgrund des Eintritts neuer Ereignisse materiell-rechtlich erforderlichen steuerlichen Anpassungen von der Rspr. regelmäßig nicht rückwirkend, sondern in dem Besteuerungszeitraum vorgenommen, in dem sich der maßgebende Sachverhalt ändert (vgl. BFH 26.7.1984 – IV R 10/83, BStBl. II 1984, 786; FG Niedersachsen 7.12.1995 – II 252/94, EFG 1996, 408; FG Baden-Württemberg 27.6.2001 – 7 K 70/99, EFG 2003, 430; unzutr. FG Düsseldorf 22.9.2003 – 7 K 1172/03, EFG 2003, 1793 zu KiStErstattungen (→ Rn. 54); BFH 4.5.2006 – VI R 17/03, BStBl. II 2006, 830: Rückerstattung zu viel gezahlten Gehalts; BFH 4.5.2006 – VI R 33/03, BStBl. II 2006, 911). Beruht die StFestsetzung hingegen auf einmaligen punktuellen Vorgängen (zB Veräußerungsgeschäfte iSd §§ 16, 17 EStG), ist § 175 I 1 Nr. 2 anzuwenden (BFH 13.9.2000 – X R 148/97, BFH/NV 2001, 233; BFH 6.3.1997 – IV R 47/95, BStBl. II 1997, 509), es sei denn, die punktuelle Veränderung beruht auf einem neuen Rechtsgeschäft (BFH 4.2.2020 – IX R 7/18, GmbHR 2020, 967). Für die anderen StArten führt die Veränderung der steuerlichen Bemessungsgrundlage idR zu einer steuerlichen Rückwirkung (vgl. zu § 29 ErbStG BFH 24.5.2000 – II R 62/97, BFH/NV 2001, 39). So entfällt der Kindergeldanspruch rückwirkend, wenn die Einkünftegrenze des § 32 IV 2 EStG überschritten wird (BFH 26.7.2001 – VI R 102/99, BFH/NV 2002, 178; BFH 26.7.2001 – VI R 55/00, BStBl. II 2002, 86; BFH 26.7.2001 – VI R 83/98, BStBl. II 2002, 85), und zwar auch dann, wenn nach den bei Festsetzung des Kindergeldes eingereichten Unterlagen ein Überschreiten der Einkünftegrenze bei planmäßigem Verlauf sicher war (BFH 6.11.2001 – VI R 76/01, BFH/NV 2002, 343; aA FG Niedersachsen 10.4.2001 – 6 K 810/98, EFG 2001, 1019; FG Niedersachsen 6.3.2002 – 11 K 397/00, EFG 2002, 1048).

3. Anwendungsfälle

46 **a) Antrags- und Wahlrechte.** Ein erstmaliger, geänderter oder erneut gestellter Antrag wirkt grds. nicht auf den bestandskräftig festgesetzten StAnspruch zurück (BFH 14.5.2009 – IV R 6/07, BFH/NV 2009, 1989; FG Niedersachsen 2.2.1981 – IX 320/77, EFG 1981, 565; FG Schleswig-Holstein 5.2.1992 – III 698/91, EFG 1992, 308; Schwarz/Pahlke/Keß § 175 Rn. 138). Dem Antrag kommt als Verfahrenshandlung bzw. rein formelle Voraussetzung für die Berücksichtigung eines steuerlich relevanten Sachverhalts keine materielle Rückwirkung zu (BFH 21.4.1988 – IV R 215/85, BStBl. II 1988, 863 zu § 2 I 1 AIG; BFH 6.5.1999 – IX B 6/99, BFH/NV 1999, 1335: Eigenheimzulage; BFH 13.2.1997 – IV R 59/95, BFH/NV 1997, 635: Sonderabschreibung; BFH 17.9.2008 – IX R 72/06,

BStBl. II 2009, 639: Absehen vom Verlustrücktrag). Kein rückwirkendes Ereignis ist dementsprechend ein nachträglich erstmals ausgeübtes Wahlrecht, das aus verfahrensrechtlichen Gründen Voraussetzung für eine von mehreren steuerlichen Folgen oder für einen bestimmten Tatbestand ist (BFH 27.10.2015 – X R 44/13, BStBl. II 2016, 278; BFH 20.4.2023 – III R 25/22, BStBl. II 2023, 823). Ist der nicht fristgebundene Antrag hingegen Tatbestandsmerkmal wirkt die Antragstellung unmittelbar rechtsgestaltend auf die StSchuld ein (vgl. BFH 10.10.1996 – III R 94/93, BStBl. II 1997, 325 zur Übertragung des Kinderfreibetrages; FG Hessen 30.8.2002 – 8 K 844/01, EFG 2003, 368 zum Vorkostenabzug gem. § 10i I 1 Nr. 1 EStG bei nachträglicher Inanspruchnahme). In diesem Fall hat die Stellung des Antrages rückwirkende Kraft (BFH 12.7.1989 – X R 8/84, BStBl. II 1989, 957; FG Hamburg 13.6.1995 – III 170/93, EFG 1995, 894; aA Schwarz/Pahlke/Keß § 175 Rn. 145). Entsprechendes gilt auch für die geänderte Ausübung eines Wahlrechts (BFH 2.4.1998 – V R 34/97, BStBl. II 1998, 695; vgl. auch zur Bilanzänderung BFH 21.1.1992 – VIII R 72/87, BStBl. II 1992, 958).

Einzelfälle aus der Rspr.: 47

- Antrag auf Übertragung des Kinderfreibetrages (BFH 10.10.1996 – III R 94/93, BStBl. II 1997, 325);
- Antrag auf Übertragung des Freibetrages gem. nach § 32 VI 6 EStG (FG München 9.5.2007 – 1 K 1324/07, EFG 2007, 1245);
- Antrag auf Anwendung neuen Rechts nach § 23 I 2 GrEStG 1983 (BFH 12.1.1994 – II R 72/91, BStBl. II 1994, 302);
- Antrag auf Realsplitting und die Zustimmung des Ehegatten (BFH 12.7.1989 – X R 8/84, BStBl. II 1989, 957; BFH 28.7.2021 – X R 15/19, DStR 2022, 302), auch bei betragsmäßiger Erweiterung (BFH 28.6.2006 – XI R 32/05, BStBl. II 2007, 5);
- die Wahl der Veranlagungsart kann bis zur Bestandskraft der Einkommensteuerbescheide, auch im Falle der Änderung ohne Beschränkung durch einen Änderungsrahmen erneut ausgeübt werden (BFH 20.1.1999 – XI R 31/96, BFH/NV 1999, 1333); Antrag eines Ehegatten bei Unanfechtbarkeit des Bescheides des anderen Ehegatten (BFH 3.3.2005 – III R 22/02, BStBl. II 2005, 690; BFH 28.7.2005 – III R 48/03, BStBl. II 2005, 865);
- kein rückwirkendes Ereignis ist ein Antrag nach § 19 II EigZulG, wenn das Wahlrecht zur Anwendung des EigZulG wegen der Bestandskraft des EStBescheides ausgeschlossen ist (BFH 6.5.1999 – IX B 6/99, BFH/NV 1999, 1335);
- Wahlrecht auf Inanspruchnahme von Sonderabschreibungen nach FördG (BFH 13.2.1997 – IV R 59/95, BFH/NV 1997, 635); Wegfall der Voraussetzungen der Abschreibungen (BFH 25.6.2009 – IX R 13/07, BFH/NV 2009, 1801);
- Wahlrecht auf Gewinnübertragung nach § 6c EStG (BFH 30.8.2001 – IV R 30/99, BStBl. II 2002, 49);
- Wahlrecht nach § 9 UStG (BFH 6.8.1998 – V B 146/97, BFH/NV 1999, 223); Widerruf des Verzichts auf UStBefreiung (BFH 1.2.2001 – V R 23/00, BFH/NV 2001, 991);
- Antrag auf Gewährung des Freibetrags nach § 14a V EStG (BFH 14.5.2009 – IV R 6/07, BFH/NV 2009, 1989);
- Antrag auf Tarifglättung ist kein rückwirkendes Ereignis (FG Niedersachsen 6.4.2022 – 3 K 20/22, EFG 2022, 941;
- Inanspruchnahme des Betriebsvermögens nach § 13 IIa 1 Nr. 2 ErbStG aF durch Erklärung des Schenkers (BFH 10.11.2004 – II R 24/03, BStBl. II 2005, 182); Annahme der Erbschaft nach italienischem Recht (BFH 17.11.2021 – II R 39/19, BStBl. II 2022, 478);
- Antrag auf Freistellung eines Sanierungsertrags nach § 52 IVa 3 EStG und § 36 IIc 3 GewStG in einem sog. Altfall (BFH 10.10.2024 – IV R 1/22, BFH/NV 2025, 426; FG Münster 7.2.2022 – 9 V 2784/21 F, DStRE 2022, 920);

– Anderweitige Ausübung der Pauschalierungswahlrechte nach § 37b I 1, II 1 EStG ist ein rückwirkendes Ereignis (BFH 15.6.2016 – VI R 54/15, BStBl. II 2016, 1010);
– Rücknahme des Antrags nach § 34 III EStG (BFH 20.4.2023 – III R 25/22, BStBl. II 2023, 823).
– Feststellung von Wertansätzen eröffnet nicht die Möglichkeit einer nachträglichen Wahlrechtsausübung auf Vollverschonung nach § 13a Abs. 8 ErbStG a. F. (BFH 5.3.2020 – II B 99/18, BFH/NV 2020, 852).

48 **b) Bilanzänderung und -berichtigung.** Die rückwirkende Änderung eines Bilanzansatzes für ein früheres Jahr führt zu einer Änderung des Betriebsvermögens am Schluss des Wirtschaftsjahres. Das Vorjahresendvermögen ist nach dem Grundsatz des Bilanzzusammenhangs der Anfangsbilanz des Folgejahres zugrunde zu legen (Schmidt EStG § 4 Rn. 297). Durch die Anpassung des Anfangsvermögens wird der für die Gewinnermittlung (Besteuerung) maßgebliche Sachverhalt rückwirkend umgestaltet, soweit diese Änderung Auswirkungen auf die Gewinnermittlung des Folgejahres hat (ebenso v. Wedelstädt DB 1993, 1543; aA Schwarz/Pahlke/Keß § 175 Rn. 104). Dabei ist es unerheblich, ob sich der Bilanzansatz aufgrund einer Bilanzberichtigung, einer Bilanzänderung oder aufgrund anderer, nicht mit einer förmlichen Bilanzkorrektur verbundenen Umstände ändert (BFH 19.8.1999 – IV R 73/98, BStBl. II 2000, 18; BFH 30.6.2005 – IV R 11/04, BStBl. II 2005, 809; BFH 25.10.2007 – III R 39/04, BStBl. II 2008, 226; aA TK § 175 Rn. 38). Das Betriebsvermögen am Schluss des vorangegangenen Wirtschaftsjahres ist als Tatbestandsmerkmal des § 4 I EStG Teil des Sachverhalts für die StFestsetzung des Folgejahres (BFH 28.4.1998 – VIII R 46/96, BStBl. II 1998, 443). Deshalb führt die Bilanzberichtigung zur Sachverhaltsumgestaltung, auch wenn sich der Lebenssachverhalt, der Anlass für die Korrektur des Wertansatzes ist, als solcher nicht ändert (BFH 19.8.1999 – IV R 73/98, BStBl. II 2000, 18; BFH 13.2.2003 – IV R 72/00, BFH/NV 2003, 1155; aA HHR § 4 Rn. 379). Vgl. ebenso für die Gliederungsrechnung iSd § 30 KStG (BFH 9.10.1985 – I R 193/84, BStBl. II 1986, 93).

49 **c) Unwirksame Rechtsgeschäfte (§ 41).** Rechtsgeschäfte, die von Anfang an (ex tunc) unwirksam sind oder nachträglich unwirksam werden, der Eintritt der Unwirksamkeit aber auf den Beginn des Rechtsgeschäfts zurückwirkt, sind der Besteuerung gleichwohl zugrunde zu legen, soweit und solange die Beteiligten trotz der Unwirksamkeit das Rechtsgeschäft vollziehen und das wirtschaftliche Ergebnis bestehen lassen (→ § 41 Rn. 8). Zu den Arten zivilrechtlicher Unwirksamkeit und deren Folgen → § 41 Rn. 10 ff. Gewähren sich die Vertragsparteien die Leistungen vollständig zurück, erfolgt also eine gänzliche Rückabwicklung des Geschäfts, tritt die Unwirksamkeit auch steuerlich mit rückwirkender Kraft ein (BFH 10.7.1996 – II B 139/95, BFH/NV 1997, 61; BFH 23.11.2006 – II R 38/05, BFH/NV 2007, 498; BFH 28.10.2009 – IX R 17/09, BStBl. II 2010, 539; BFH 29.3.2012 – IV R 18/08, BFH/NV 2012, 1095: Zivilurteil zur Gewinnverteilung), soweit nicht die gesetzliche Regelung (zB Zu- und Abflussprinzip → Rn. 51; Grundsätze ordnungsgemäßer Buchführung → Rn. 52) eine Rückwirkung ausschließt (FG Baden-Württemberg 27.6.2001 – 7 K 70/99, EFG 2003, 430). Zur aufschiebenden Bedingung vgl. BFH 8.2.2006 – II R 38/04, BStBl. II 2006, 475.

50 Für **Verträge zwischen nahen Angehörigen** und einem beherrschenden Gesellschafter und seiner KapGes fordert die Rspr. grds. die zivilrechtliche Wirksamkeit als Voraussetzung für deren Anerkennung. § 41 findet keine Anwendung (BFH 13.7.1999 – VIII R 29/97, BStBl. II 2000, 386), sodass die Rückabwicklung unwirksamer Rechtsgeschäfte kein Ereignis mit steuerlicher Rückwirkung ist.

51 Stellt ein steuerlicher Tatbestand allein auf die Verwirklichung **tatsächlicher Vorgänge** ab oder ist die zivilrechtliche Wirksamkeit eines Rechtsvorganges Merkmal des gesetzlichen Tatbestandes, schließt diese Norm die Anwendung des § 41 I 1 aus (§ 41 I 2). Das Zufluss- und Abflussprinzip des § 11 EStG gebietet es, Einnahmen und Ausgaben in dem

Kalenderjahr zu erfassen, in dem sie dem Stpfl. zugeflossen sind bzw. von ihm geleistet wurden. Die Rückzahlung von Einnahmen ist nicht rückwirkend, sondern für den Veranlagungszeitraum zu berücksichtigen, in dem sie tatsächlich zurückfließen (BFH 13.10.1989 – III R 30–31/85, BStBl. II 1990, 287; BFH 13.12.1963 – VI 22/61 S, BStBl. III 1964, 184). Denn die steuerlichen Wirkungen sollen abw. von ihrer wirtschaftlichen Verursachung ausschl. nach den Zahlungsströmen zugeordnet werden, sodass die abweichende zeitliche Zuordnung des § 41 I 1 nicht maßgeblich ist (BFH 30.1.1975 – IV R 190/71, BStBl. II 1975, 776; aA TK § 175 Rn. 30 mwN).

Desgleichen schließen die **Grundsätze ordnungsgemäßer Buchführung** und Bilanzierung die steuerliche Rückwirkung laufender Geschäftsvorfälle aus (BFH 26.7.1984 – IV R 10/83, BStBl. II 1984, 786; BFH 26.3.1991 – VIII R 315/84, BStBl. II 1992, 472). Mit Erfüllung des Rechtsgeschäfts realisiert sich der Gewinn, ohne dass es auf die zivilrechtliche Wirksamkeit ankommt. Die spätere Rückabwicklung dieses Vorgangs führt zu einer gegenläufigen Gewinnauswirkung im Zeitpunkt der Rückgewähr (BFH 17.11.1987 – VIII R 348/82, BStBl. II 1988, 430). Eine Bilanzänderung oder Bilanzberichtigung scheidet aus (BFH 21.1.1992 – VIII R 72/87, BStBl. II 1992, 958; Lauer BB 1981, 1518). § 41 I 1 enthält hierzu keine spezielle Ausnahme (so aber TK § 175 Rn. 29 mwN; wie hier Gosch AO § 175 Rn. 64). **52**

d) Punktuelle Besteuerungstatbestände. Knüpft der steuerliche Tatbestand an einen einmaligen, in sich abgeschlossenen Gesamtvorgang, wie die **Betriebsveräußerung** an, finden weder die GoB noch das Zuflussprinzip Anwendung. Vielmehr bedarf es der Berücksichtigung aller den StTatbestand beeinflussenden Vorkommnisse, unabhängig vom Zeitpunkt ihres Eintritts (BFH 19.7.1993 – GrS 2/92, BStBl. II 1993, 897; BFH 6.3.1997 – IV R 47/95, BStBl. II 1997, 509). Nachträglich eintretende Ereignisse, die rückwirkend den steuerlichen Sachverhalt beeinflussen, sind deshalb nach § 175 I 1 Nr. 2 zu berücksichtigen (Theisen DStR 1994, 1560; Klein § 175 Rn. 95; Schwarz/Pahlke/Keß § 175 Rn. 78). StTatbestände dieser Art sind insb. die einzelnen Veräußerungsgeschäfte iSd §§ 16, 17, 34 EStG, Umwandlungsvorgänge iSd UmwStG (vgl. hierzu Berg DStR 1997, 1390) und einmalige sonstige Leistungen iSd § 22 Nr. 3 EStG (BFH 3.6.1992 – X R 91/90, BStBl. II 1992, 1017). **53**

Einzelfälle aus der Rspr.: **54**

- Herabsetzung des Kaufpreises bei **Betriebsveräußerung** aufgrund von Einwendungen des Käufers gegen die Wirksamkeit des Kaufvertrags (BFH 23.6.1988 – IV R 84/86, BStBl. II 1989, 41); bei vorläufigem Kaufpreis (BFH 6.3.2007 – IX R 51/04, BFH/NV 2007, 1456);
- Ist die Gegenleistungspflicht mit Einräumung eines Aktienoptionsrechts bereits vollständig erfüllt, ist die spätere Ausübung des Optionsrechts regelmäßig nicht mehr im ursprünglichen Rechtsgeschäft angelegt und wirkt dann auch nicht auf den Zeitpunkt der Entstehung des Veräußerungsgewinns zurück (BFH 4.2.2020 – IX R 7/18, GmbHR 2020, 967);
- Nachträgliche Erhöhung des Abfindungsanspruchs eines ausgeschiedenen Gesellschafters aufgrund Vergleichs (BFH 26.7.1984 – IV R 10/83, BStBl. II 1984, 786);
- Kaufpreisforderung wird nachträglich (teilweise) uneinbringlich (BFH 7.12.1993 – VIII R 55/86, BFH/NV 1994, 542);
- Späterer Ausfall einer Forderung des ausgeschiedenen Gesellschafters gegen die Gesellschaft (BFH 28.7.1994 – IV R 53/91, BStBl. II 1995, 112; BFH 14.12.1994 – X R 128/92, BStBl. II 1995, 465);
- Änderung der Höhe des insolvenzbedingten Ausfalls einer privaten Kapitalforderung iSd § 20 I Nr. 7 EStG durch Massebesserung nach Einstellung des Insolvenzverfahrens (BFH 1.7.2021 – VIII R 28/18, BStBl. II 2021, 911);
- Inanspruchnahme des Veräußerers aus Haftung für Betriebsschulden mangels Eintritts des Erwerbers (BFH 21.12.1993 – VIII R 315/84, BFH/NV 1994, 626);

– Erlass einer betrieblichen Verbindlichkeit nach Betriebsaufgabe (BFH 6.3.1997 – IV R 47/95, BStBl. II 1997, 509; FG Köln 27.4.1995 – 2 K 928/90, EFG 1995, 839); Erteilung der Restschuldbefreiung im Rahmen eines Insolvenzverfahrens für die Ermittlung des Gewinns aus einer Betriebsaufgabe (BFH 6.4.2022 – X R 28/19, BFH/NV 2023, 230);
– vgl. zur nachträglichen Änderung der Höhe des Veräußerungsgewinns ferner BFH 14.12.1993 – VIII R 35/90, BFH/NV 1994, 543; BFH 10.2.1994 – IV R 37/92, BStBl. II 1994, 564; BFH 21.12.1993 – VIII R 69/88, BStBl. II 1994, 648; BFH 11.9.1997 – IV B 81/96, BFH/NV 1998, 317; FG Düsseldorf 8.3.2007 – 15 K 52/04 F, EFG 2007, 1023: uneinbringliche Lästigkeitsabfindung; Ausübung einer Besserungsoption für Teilnahme an Wertentwicklung nach Veräußerung (BFH 23.5.2012 – IX R 32/11, BStBl. II 2012, 675); Erstellung einer Eröffnungsbilanz für die Bemessung des Einbringungsgewinns (BFH 12.10.2011 – VIII R 12/08, BStBl. II 2012, 381); nachträgliche Herabsetzung des Kaufpreises bei der Veräußerung einbringungsgeborener Anteile (BFH 19.8.2009 – I R 3/09, BStBl. II 2010, 249);
– Hofaufgabe oder -übernahme bei Abfindung nach § 14a IV EStG (BFH 18.6.1998 – IV R 53/97, BStBl. II 1998, 621; BFH 23.11.2000 – IV R 85/99, BFH/NV 2001, 362);
– rückwirkende Aufstockung einer 6b-Rücklage wegen nachträglicher Kaufpreiserhöhung (BFH 13.9.2000 – X R 148/97, BFH/NV 2001, 233);
– nachträgliche Anschaffungskosten oder Änderung des Veräußerungspreises einer **wesentlichen Beteiligung** iSd § 17 II EStG (BFH 21.12.1993 – VIII R 69/88, BStBl. II 1994, 648; BFH 25.6.1998 – VIII B 45/97, BFH/NV 1999, 33; FG Rheinland-Pfalz 14.5.2002 – 2 K 1856/01, EFG 2003, 166; BFH 22.7.2008 – IX R 79/06, BStBl. II 2009, 227; BFH 1.7.2003 – VIII R 71/02, BFH/NV 2003, 1398: Bürgschaftsinanspruchnahme); vgl. zur Rückabwicklung BFH 19.8.2003 – VIII R 67/02, BStBl. II 2004, 107;
– Erhöhung der Einkünfte nach § 20 I Nr. 3 EStG wegen nachträglich **anzurechnender KSt** (BFH 18.4.2000 – VIII R 75/98, BStBl. II 2000, 423; FG Baden-Württemberg 1.4.1999 – 14 K 219/97, EFG 1999, 757);
– geänderte Einkommensermittlung bei **Organgesellschaft;** keine Rückwirkung (BFH 28.1.2004 – I R 84/03, BStBl. II 2004, 539; aA FG München 13.8.2003 – 7 K 5147/00, EFG 2003, 1667);
– Drittanfechtungsverfahren des Einbringenden eines Mitunternehmeranteils (BFH 25.4.2012 – I R 2/11, BFH/NV 2012, 1649);
– fehlende Beitreibbarkeit der anzurechnenden KSt (BFH 24.3.1999 – I R 48/98, BStBl. II 1999, 527);
– Wegfall der **Leistung nach § 22 Nr. 3 EStG** durch Anrechnung auf Kaufpreis eines nachfolgenden Geschäfts (BFH 10.8.1994 – X R 42/91, BStBl. II 1995, 57) und Zuordnung von Werbungskosten abw. von § 11 EStG (BFH 3.6.1992 – X R 91/90, BStBl. II 1992, 1017);
– Rückfluss von Sozialversicherungsabgaben bei **Sonderausgabenabzug** (BFH 28.5.1998 – X R 7/96, BStBl. II 1999, 95); nicht verrechenbare KiStErstattung (BFH 7.7.2004 – XI R 10/04, BStBl. II 2004, 1058; BFH 2.9.2008 – X R 46/07, BStBl. II 2009, 229); keine Rückwirkung des Pensionsverzichts auf Kürzung des Vorwegabzugs (BFH 7.7.2005 – XI B 134/03, BFH/NV 2005, 1755); Antrag auf Sonderausgabenabzug für geleisteten Unterhalt und die hierfür erforderliche Zustimmung des Empfängers (BFH 29.6.2022 – X R 33/20, DStR 2022, 2600);
– die Erteilung einer **Spendenbescheinigung** nach § 48 III EStDV aF (BFH 6.3.2003 – XI R 13/02, BFH/NV 2003, 959);
– Lösegeldrückflüsse in späteren Jahren als nachträgliche Minderung der **außergewöhnlichen Belastung** (FG Münster 11.11.1986 – VI-I 3814/83 E, EFG 1987, 186); unzutreffende Schätzung von Erstattungsbeträgen (FG Köln 17.3.1988 – 7 K 1037/87,

EFG 1988, 422); Rückbau eines Aufzugs (BFH 25.1.2007 – III R 7/06, BFH/NV 2007, 1081); allg. zum Belastungsgedanken BFH 30.7.1982 – VI R 67/79, BStBl. II 1982, 744; Schmidt EStG § 33 Rn. 12);
- **ErbSt** wird nicht durch nachträgliche Veränderungen des Wertes beeinflusst, weil etwa der Kaufpreis nachträglich ermäßigt wird oder die Kurse der Aktien fallen (FG Köln 16.6.1998 – 9 K 2667/95, EFG 1998, 1554); ebenso bei nachträglichem Ausfall einer Forderung (BFH 18.10.2000 – II R 46/98, BFH/NV 2001, 420); zur Erfüllung eines formunwirksamen Vermächtnisses (BFH 28.3.2007 – II R 25/05, BStBl. II 2007, 461);
- Geltendmachung des Pflichtteilsanspruch als Nachlassverbindlichkeit (BFH 19.2.2013 – II R 47/11, BStBl. II 2013, 332);
- **Gewinnverwendungsbeschluss** und Gewinnausschüttung stellen rückwirkendes Ereignis dar (BFH 18.5.1999 – I R 60/98, BStBl. II 1999, 634 zugleich zur Auswirkung auf § 233a IIa; BFH 29.11.2000 – I R 45/00, BStBl. II 2001, 326);
- **USt** nach § 14 II 1 UStG, die ein Unternehmer in einer Rechnung überhöht ausweist (BFH 13.11.2003 – V R 79/01, BStBl. II 2004, 375);
- Änderung der Verhältnisse für den **Vorsteuerabzug** im Kalenderjahr der erstmaligen Verwendung abw. vom Abzugsjahr (BFH 12.6.1997 – V R 36/95, BStBl. II 1997, 589);
- **Investitionszulage** entfällt rückwirkend, wenn die Verbleibensvoraussetzungen nicht eingehalten werden (BFH 20.12.2000 – III B 43/00, BFH/NV 2001, 744; Sonderabschreibungen auf Anzahlungen nach § 4 I 5 FördG bei späterem Nichteintritt der Förderungsvoraussetzungen FG München 14.4.1999 – 13 V 445/99, EFG 1999, 780; BFH 13.12.2005 – X R 49/03, BFH/NV 2006, 1094 zu § 2 Nr. 2 FördG); Inanspruchnahme erhöhter Abschreibungen (BFH 26.7.2012 – III R 72/10, DStR 2012, 2591);
- endgültige Höhe der Netto-Einnahmen aus Stillhalterprämien nach § 20 I Nr. 11 Hs. 2 EStG steht erst nach Abzug der Prämien aus dem dazugehörigen Glattstellungsgeschäft fest (BFH 2.8.2022 – VIII R 27/21, DStR 2022, 1997).

e) Gestaltende Rechtsakte der öffentlichen Gewalt. Urteilen und VA kann steuerliche Rückwirkung zukommen, wenn sie den maßgeblichen Sachverhalt nachträglich umgestalten (BFH 19.10.2006 – III R 31/06, BFH/NV 2007, 392). **Gestaltungsentscheidungen** führen unmittelbar eine Änderung des bestehenden Rechtszustandes herbei. Die Rechtsänderung tritt mit der Unanfechtbarkeit des Urteils oder VA ein. In gleicher Weise kann eine Rechtsänderung durch Abschluss eines Prozessvergleichs herbeigeführt werden (FG Brandenburg 16.5.2001 – 2 K 1335/99 E, EFG 2001, 1049; BFH 28.6.2011 – X B 146/10, BFH/NV 2011, 1831: Vergleich zur Klärung eines Rechtsverhältnisses wirkt nicht zurück). Die Wirkung der Änderung kann ausschl. zukunftsbezogen, wie zB bei einem Scheidungsurteil, oder mit rückwirkender Kraft ausgestattet sein, wie zB bei der Nichtigerklärung einer Ehe. Eine nachträgliche Umgestaltung des Sachverhaltes bewirken die Entscheidungen nur, soweit sie selbst auf die Vergangenheit einwirken (vgl. FG Hessen 19.6.1991 – 2 K 5027/90, EFG 1991, 640). Dies wird bei VA nur in seltenen Ausnahmefällen vorkommen. Leistungs- und **Feststellungsurteile** klären grds. lediglich die gegebene Rechtslage, ändern die Tatsachenlage jedoch nicht (TK § 175 Rn. 45). Entspricht der Urteilsspruch nicht der materiellen Rechtslage, tritt in diesem Fall eine Änderung lediglich für die Zukunft ein. Dies gilt auch, soweit durch Prozessvergleich lediglich die rechtliche Beurteilung, ohne Einwirkung auf den Sachverhalt, geändert wird (BFH 4.5.2011 – I R 67/10, BFH/NV 2012, 6). **55**

Die **Änderung der Rspr.** – einschl. der Urteile des EuGH – ist hingegen kein rückwirkendes Ereignis (BFH 21.3.1996 – XI R 36/95, BStBl. II 1996, 399). Urteile entfalten ihre Rechtskraftwirkung nur zwischen den Beteiligten (FG Hessen 6.4.1995 – 6 K 74/95, EFG 1995, 1088). Bereits bestandskräftige VA bleiben hiervon unberührt, da der Stpfl. auf die Auslegung des Rechts durch die obersten Bundesgerichte vertrauen darf (vgl. § 176 Nr. 3). Ein anderes Verständnis des rückwirkenden Ereignisses würde zu einem unlösbaren **56**

Widerspruch zu § 176 führen und die Bestandskraft von VA nahezu vollständig aushöhlen (TK § 175 Rn. 44). Ohne Auswirkung auf den Sachverhalt ist auch eine geänderte Verwaltungsanweisung (BFH 11.7.1991 – IV R 52/90, BStBl. II 1992, 126).

57 **Einzelfälle aus der Rspr.:**

- Das für den Kinderfreibetrag (das Kindergeld) erforderliche Kindschaftsverhältnis entfällt rückwirkend mit erfolgreicher Anfechtung der Ehelichkeit (FG Düsseldorf 13.8.1998 – 8 K 9878/97 E, EFG 1998, 1448);
- Aufhebung der Kindergeldfestsetzung kein rückwirkendes Ereignis für Unterhaltsaufwendungen (FG Köln 18.10.2006 – 14 K 5952/04, EFG 2007, 427);
- Anfechtung des Vaterschaftsanerkenntnisses (FG Niedersachsen 3.3.1994 – II 297/92, EFG 1994, 1006; BFH 28.7.2005 – III R 68/04, DStRE 2006, 180: nachträgliche Anerkennung der Vaterschaft);
- nachträgliche Anerkennung der Ehe rassisch Verfolgter (BFH 21.12.1960 – II 244/56 U, BStBl. III 1961, 77);
- Umwandlung einer Lebenspartnerschaft nach § 20a LPartG in eine Ehe bis zum 31.12.2019 ist als rückwirkendes Ereignis zu behandeln, soweit die Ehegatten bis zum 31.12.2020 einen entsprechenden Antrag gestellt haben (vgl. Art. 97 V EGAO; FG Hamburg 31.7.2018 – 1 K 92/18, EFG 2018, 1518);
- Wegfall der Erbenstellung durch Anfechtung eines Testaments (BFH 25.6.1954 – III 179/53 S, BStBl. III 1954, 239);
- nachträgliche Erteilung eines Erbscheins (FG München 28.6.1990 – 10 K 10070/87, EFG 1991, 5, zweifelhaft);
- Feststellung der Schwerbehinderung (FG Münster 27.8.2012 – 12 K 2574/11 Kg, EFG 2013, 102).

58 **f) Steuerklauseln.** Tritt eine StKlausel (zum Begriff → § 41 Rn. 26) ein, hängt die steuerliche Wirkung der Klausel davon ab, ob hierdurch die Rechtsfolgen des § 41 I 1 ausgelöst werden können (sehr str., wie hier Gosch AO § 175 Rn. 59). So ergibt sich für laufend veranlagte Steuern grds. aus den Vorschriften der EinzelStGesetze, dass eine Anpassung an den veränderten Sachverhalt nicht rückwirkend, sondern im Veranlagungszeitraum der Änderung zu erfassen ist (→ Rn. 43; HHSp § 41 Rn. 142). Ebenso lassen sich Tathandlungen (Entnahmen, Einlagen) nicht durch rechtsgeschäftliche Vereinbarungen negieren. Dasselbe gilt für die Zurechnung von Einkünften (HHSp § 41 Rn. 145; aA FG Düsseldorf 22.10.1987 – XV 221/83 E, EFG 1988, 307). Deshalb lässt auch der durch StKlauseln entstehende Rückgewähranspruch eine vGA nicht wieder entfallen, sondern begründet eine Einlageforderung der KapGes (BFH 29.5.1996 – I R 118/93, BStBl. II 1997, 92; BFH 25.5.1999 – VIII R 59/97, BFH/NV 1999, 1542: Rückgewähr aufgrund Satzungsklausel). Demgemäß wird grds. nur bei Einmaltatbeständen eine steuerliche Rückwirkung von StKlauseln in Betracht kommen (→ Rn. 53 f.; abl. Klein § 175 Rn. 162). Der Zweck einer StKlausel erfordert es, diese der FB rechtzeitig zu offenbaren (BFH 24.11.1992 – IX R 30/88, BStBl. II 1993, 296; Flume DB 1970, 77/80).

59 **g) Schuldrechtliche Rückbeziehung.** Die schuldrechtlich vereinbarte Rückwirkung eines Vertrages hat steuerlich grds. keine rückwirkende Kraft. Der einmal aufgrund der Tatbestandsverwirklichung entstandene StAnspruch ist der Parteivereinbarung entzogen und kann deshalb nicht durch schuldrechtlich rückwirkende Vereinbarungen wieder beseitigt werden (BFH 30.11.1994 – XI R 84/92, BFH/NV 1995, 665; FG Niedersachsen 7.12.1995 – II 252/94, EFG 1996, 408; Schwarz/Pahlke/Keß § 175 Rn. 93). In gleicher Weise wirken sich zivilrechtliche Gestaltungsrechte aus, die das Schuldverhältnis lediglich in ein Rückabwicklungsverhältnis umgestalten, wie beim Rücktritt (§§ 437 Nr. 2, 440, 323 BGB), der auflösenden Bedingung (§§ 158 II, 159 BGB) oder dem Wegfall der Geschäftsgrundlage (§ 242 BGB). Vgl. näher → § 41 Rn. 3, 16.

Einzelfälle aus der Rspr.: 60

- Rückwirkende Schenkung von Gesellschaftsanteilen zur Beseitigung einer wesentlichen Beteiligung (BFH 18.9.1984 – VIII R 119/81, BStBl. II 1985, 55);
- Verlagerung von Gewinnanteilen auf neu eintretende Gesellschafter oder die Verschiebung in andere Veranlagungszeiträume zu (BFH 17.3.1987 – VIII R 293/82, BStBl. II 1987, 558);
- rückwirkender Eintritt von Gesellschaftern (BFH 21.12.1972 – IV R 194/69, BStBl. II 1973, 389);
- rückwirkende Aufhebung des Gewinnverteilungsbeschlusses unter Rückforderung der Ausschüttung (BFH 1.3.1977 – VIII R 106/74, BStBl. II 1977, 545);
- rückwirkende Änderung der Gewinnverteilung (BFH 15.3.2000 – IV B 35/99, BFH/NV 2000, 1185);
- Rückgewähr offener Gewinnausschüttungen (BFH 21.7.1999 – I R 57/98, BFH/NV 2000, 273);
- Rückgewähr von vGA (BFH 29.4.1987 – I R 176/83, BStBl. II 1987, 733);
- Rückerstattung überzahlten Arbeitslohns (BFH 4.5.2006 – VI R 19/03, BStBl. II 2006, 832);
- rückwirkende Vereinbarung von Gehältern oder sonstigen Entgelten mit beherrschenden Gesellschaftern (BFH 11.12.1991 – I R 49/90, BStBl. II 1992, 434; BFH 10.7.1974 – I R 205/72, BStBl. II 1974, 719).

III. Festsetzungsfrist (Abs. 1 S. 2)

Die erstmalige StFestsetzung, Änderung oder Aufhebung ist nur bis zum Eintritt der 63
Festsetzungsverjährung zulässig. § 175 I 2 enthält jedoch eine von § 170 I abweichende Regelung des Beginns der Festsetzungsverjährung, die systematisch besser in § 170 platziert worden wäre (Schwarz/Pahlke/Keß § 175 Rn. 56; TK § 175 Rn. 56). Die Festsetzungsfrist beginnt nach § 175 I 2 mit Ablauf des Kalenderjahres, in dem das rückwirkende Ereignis eingetreten ist. Die Dauer der Verjährungsfrist bestimmt sich nach § 169. Dabei beginnt die Festsetzungsfrist für jedes rückwirkende Ereignis erneut zu laufen, auch soweit die Ereignisse denselben Veranlagungszeitraum betreffen (vgl. BFH 28.8.1997 – III R 3/94, BStBl. II 1997, 827). Der fortgesetzte Verstoß gegen Verbleibensvoraussetzungen bei der Investitionszulage oder die fehlende Kenntnis der FB vom Eintritt des rückwirkenden Ereignisses rechtfertigen nicht die Verschiebung des Verjährungsbeginns auf den Ablauf des Begünstigungszeitraums (so aber BFH 25.9.1996 – III R 53/93, BStBl. II 1997, 269). Die Investitionszulage entfällt mit dem erstmaligen Verstoß, sodass die weitere zweckfremde Verwendung keine steuerliche Rückwirkung iSd § 175 I 1 Nr. 2 entfaltet (Schwarz/Pahlke/Keß § 175 Rn. 165; aA BFH 20.12.2000 – III B 43/00, BFH/NV 2001, 744). Anders als in § 48 VI VwVfG und § 130 III kommt es für den Eintritt der Rückwirkung nicht auf die Kenntnisnahme der FB an. Diese Regelung ist nicht auf § 175 I 2 übertragbar (aA BFH 25.9.1996 – III R 53/93, BStBl. II 1997, 269).

IV. Rechtsfolge

Nach Eintritt des rückwirkenden Ereignisses ist (ohne Ermessen) der StBescheid zu 64
erlassen, aufzuheben oder zu ändern, in dem die steuerlichen Auswirkungen der Sachverhaltsänderung zu erfassen sind. Da es sich um eine punktuelle Änderung handelt, ist eine Anpassung nur derjenigen Besteuerungsgrundlagen zulässig, auf die sich das rückwirkende Ereignis auswirkt (BFH 21.8.1962 – I 248/60 U, BStBl. III 1962, 501; BFH 14.10.2009 – X R 14/08, BStBl. II 2010, 533). Weitergehende Änderungsvorschriften (zB §§ 164 II, 165 II) bleiben unberührt. Im Rahmen der Anpassung können Rechtsfehler nach § 177 berücksichtigt werden (BFH 23.11.2000 – IV R 85/99, BStBl. II 2001, 122). § 173 I und

§ 175 I 1 Nr. 2 schließen einander grds. aus (BFH 21.4.1988 – IV R 215/85, BStBl. II 1988, 863). Zum Änderungsverbrauch → Rn. 30.

V. Rechtsbehelfe

65 Gegen den Bescheid, in dem das rückwirkende Ereignis berücksichtigt wurde, ist der Einspruch (§ 347 I) statthaft. Dies gilt auch, wenn die FB die Aufhebung oder Änderung ablehnt. Nach erfolglosem Einspruchsverfahren ist gegen den Änderungsbescheid die Anfechtungsklage und gegen den Ablehnungsbescheid die Verpflichtungsklage (§ 40 I FGO) zulässig.

D. Fingierte Rückwirkung (Abs. 2)

I. Wegfall einer Voraussetzung für eine Steuervergünstigung

66 **Allgemeines.** Abs. 2 fingiert im Falle des Wegfalls einer Voraussetzung für eine StVergünstigung die Rückwirkung. Der Wegfall einer Vergünstigungsvoraussetzung wird materiell auf den Zeitpunkt der Gewährung der StVergünstigung zurückbezogen und hierdurch mit der verfahrensrechtlichen Änderungsvorschrift des § 175 I 1 Nr. 2 verknüpft (Klein § 175 Rn. 157). Systematisch hätte die Vorschrift in den jeweiligen Begünstigungstatbestand oder zu § 41 gehört (TK § 175 Rn. 52).

67 **Gesetzliche Bestimmung.** Hängt nach der gesetzlichen Regelung (Gesetz, RechtsVO) die Gewährung der StVergünstigung davon ab, dass die oder einzelne Voraussetzungen für eine gewisse Zeit gegeben sein müssen, wirkt der Wegfall der Voraussetzung auf den Beginn des Vergünstigungszeitraums zurück (BFH 5.9.2001 – I R 107/00, BStBl. II 2002, 134). Hierdurch eröffnet sich eine Änderungsmöglichkeit des Bescheides über die StVergünstigung nach § 175 I 1 Nr. 2. Wird eine Voraussetzung für die Gewährung der StVergünstigung von Anfang an nicht erfüllt oder wird der vom Gesetzgeber gewollte Zweck nicht erreicht, ist § 175 II hingegen nicht anwendbar (vgl. BR-Drs. 363/81, 76). Der Begriff der StVergünstigung ist weit iSe steuermindernden Vorschrift zu verstehen (ebenso TK § 175 Rn. 52). Bestimmte Mindestverbleibens- oder Verwendungsvoraussetzungen werden zB in § 2 S. 1 InvZulG 1999, §§ 7c IV, 7d VI, 7k II Nr. 4 EStG, § 2 Nr. 2 und 3 FördG vorgeschrieben. Soweit die StGesetze eigenständige Regelungen über die materielle Rückwirkung enthalten, gehen diese § 175 II vor.

68 **Feststellung durch VA.** Wird durch VA festgestellt, dass einzelne Voraussetzungen, die Grundlage für die Gewährung einer StVergünstigung bilden, gilt der Wegfall dieser Voraussetzung als rückwirkendes Ereignis iSd § 175 I 1 Nr. 2. Ob die StVergünstigung von der tatbestandlichen Voraussetzung abhängt, richtet sich nach der gesetzlichen Regelung in den EinzelStGesetzen (zB Bescheinigung nach § 4 Nr. 21b UStG). Die Zulässigkeit der Anordnung einer Nebenbestimmung ergibt sich nicht aus § 175 II, sondern richtet sich nach § 120.

II. Vorlage einer Bescheinigung

69 **Europarechtliche Bedeutung.** Die unmittelbar nach Ergehen des EuGH-Urteils v. 8.9.2004 in Sachen Manninen (EuGH 7.9.2004 – C-319/02, DStRE 2004, 1220) eingeführte Regelung ist trotz der gegenteiligen Gesetzesbegründung (vgl. BR-Drs. 15/4050, 31, 61) als unmittelbare Reaktion zur Begrenzung der aus der Entscheidung resultierenden Folgen anzusehen (vgl. Ritzer/Stangl DStR 2004, 2176; Loose AO-StB 2005, 49). Die gesetzgeberische Motivation allein begründet, soweit sie nicht zum Erlass einer speziellen Nichtanwendungsvorschrift führt, indes nicht die Europarechtswidrigkeit einer Neuregelung. Entgegen einer im Schrifttum weit verbreiteten Ansicht (vgl. Balster/Petereit DStR 2004, 1985; Eicker/Ketteler BB 2005, 131; Hahn IStR 2005, 145) enthält § 175 II 2 eine solche speziell auf die Verhinderung eines gemeinschaftsrechtlichen Erstat-

tungsanspruchs abzielende Beschränkung nicht (BFH 10.5.2016 – X R 34/13, BFH/NV 2017, 23; HHSp § 175 Rn. 267; Gosch AO § 175 Rn. 51.2; Schwarz/Pahlke/Keß § 175 Rn. 137). Das aus dem **Äquivalenz-** und den **Effektivitätsgrundsatz** (vgl. EuGH 8.3.2001 – C-397/98, IStR 2001, 215) abgeleitete Verbot der verfahrensrechtlichen Diskriminierung gemeinschaftsrechtlicher Erstattungsansprüche greift lediglich dann ein, wenn der Anwendungsbereich der gesetzlichen Regelung sich im Wesentlichen auf den gemeinschaftsrechtlich begründeten Anspruch beschränkt. So erkennt der EuGH an, dass die Durchsetzung von Erstattungsansprüchen durch nationale Bestandskraftregelungen gehindert sein kann (EuGH 13.1.2004 – C-453/00, NVwZ 2004, 459; BFH 23.11.2006 – V R 67/05, BStBl. II 2007, 436). § 175 II 2 begrenzt die Durchbrechung der Bestandskraft ohne gesetzlichen Bezug zur gemeinschaftsrechtlichen Regelung, sondern allg. ohne Rücksicht auf die Art der Bescheinigung (ebenso HHSp § 175 Rn. 261 ff.) und stellt damit den Grundsatz der Unabänderbarkeit bestandskräftiger Verwaltungsakte in einem Teilbereich allg. wieder her. Eine Ausnahme bildet lediglich die Bescheinigung der anrechenbaren KSt bei vGA (Art. 97 § 9 III 2 EGAO). Der rückwirkende Ausschluss der Anrechnung der ausländischen KSt auf Dividenden verstößt allerdings gegen den Effektivitätsgrundsatz, soweit keine Übergangsfrist eingeräumt wurde (vgl. EuGH 30.6.2011 – C-262/09, DStR 2011, 1262).

Vorlage einer Bescheinigung. Bei einer Bescheinigung handelt es sich um eine schriftlich verkörperte Bestätigung über das (Nicht-)Vorliegen bestimmter Tatsachen und/oder Umstände. Eine nach der StFestsetzung erstellte Bescheinigung oder Bestätigung ist ein rückwirkendes Ereignis, wenn die Vorlage der Bescheinigung materiell-rechtliche Voraussetzung des gesetzlichen Tatbestandes ist (BFH 6.3.2003 – XI R 13/02, BStBl. II 2003, 554; BFH 9.11.2011 – VIII R 18/08, BFH/NV 2012, 370: Ertragsbescheinigung ausländischer Investmentgesellschaften – keine Rückwirkung). Die mit der Vorlage einer nachträglich erstellten Bescheinigung grds. eintretende Änderungsmöglichkeit iSd § 175 I Nr. 2 beseitigt § 175 II 2 (BFH 10.5.2016 – X R 34/13, BFH/NV 2017, 23 zu Spendenbescheinigung). Die gesetzliche Fiktion beschränkt den Anwendungsbereich des § 175 I Nr. 2 und beseitigt die entsprechende Rechtsfolgenanordnung der Änderungsbefugnis. Auf weitere Korrekturvorschriften (§§ 175 I Nr. 1, 172 ff.) wirkt die Fiktion nicht ein (vgl. TK § 175 Rn. 49a; HHSp § 175 Rn. 426), da die unwiderlegliche Vermutung weder den Charakter einer Bescheinigung als Grundlagenbescheid noch als Beweismittel beseitigt. Zudem bleibt die Berücksichtigung der durch die Bescheinigung dokumentierten Tatsachen im Wege der Rechtsfehlerberichtigung iSd § 177 unberührt (HHSp § 175 Rn. 431).

Die Neuregelung ist auch **verfassungsrechtlich** unbedenklich (vgl. BFH 26.9.2005 – XI B 50/05, BFH/NV 2006, 236; BFH 10.5.2016 – X R 34/13, BFH/NV 2017, 23; aA HHSp § 175 Rn. 440; v. Wedelstädt DB 2004, 2500). Dem Gesetzgeber steht es generell frei, den Umfang der Durchbrechung der Bestandskraft durch ausdifferenzierte Regelungen zu bestimmen (→ Vorb. §§ 172 ff. Rn. 1). Diese Befugnis beinhaltet auch die Ausgrenzung einzelner Korrekturmöglichkeiten, einerlei ob generell durch Versagung der Korrektureigenschaft oder im Einzelfall durch Umqualifizierung des materiellen Tatbestandsmerkmals in eine Beweislastregelung.

§ 175a Umsetzung von Verständigungsvereinbarungen

[1]Ein Steuerbescheid ist zu erlassen, aufzuheben oder zu ändern, soweit dies zur Umsetzung einer Vorabverständigungsvereinbarung nach § 89a, einer Verständigungsvereinbarung oder eines Schiedsspruchs nach einem Vertrag im Sinne des § 2 Absatz 1 geboten ist. [2]Verbindliche Auskünfte nach § 89, verbindliche Zusagen nach § 204 oder rechtlich bindende Vereinbarungen zwischen dem Steuerpflichtigen und der Finanzverwaltung stehen dem nicht entgegen. [3]Die Festsetzungsfrist endet insoweit nicht vor Ablauf eines Jahres nach dem Wirksamwerden

der Verständigungsvereinbarung oder des Schiedsspruchs oder der einvernehmlichen rückwirkenden Anwendung einer Vorabverständigungsvereinbarung.

Schrifttum: Lühn, Scheitern internationale Lösungen von Verrechnungspreisfragen an § 175a AO?, BB 2009, 412; Flüchter, Verständigungsverfahren und die Beilegung grenzüberschreitender Streitigkeiten, IStR 2012, 694; Riegel/Sassmann, Der Verrechnungspreisstreit – Möglichkeiten zur Vermeidung von Doppelbesteuerungen, BB 2019, 2519; Busch, RefE eines ATAD-Umsetzungsgesetzes: Überblick über die Verrechnungspreisaspekte, DB 2020, 191.

I. Allgemeines

1 **Gegenstand und Zweck.** Die Vorschrift ermöglicht die Umsetzung von Vorabverständigungsvereinbarungen nach § 89a, Verständigungsvereinbarungen und Schiedssprüchen aufgrund eines Vertrages iSd § 2, insb. von DBA (→ § 2 Rn. 3). Zu diesem Zweck sind StBescheide, ohne dass die eingetretene Bestandskraft dies hindert (§ 172 I 1 Nr. 2d), aufzuheben, zu ändern oder zu erlassen. Auf StBescheide, die nicht Gegenstand des Verständigungsverfahrens waren, ist § 175a nicht analog anzuwenden (FG München 28.10.2008 – 6 K 2831/07, BeckRS 2008, 26026287). Soweit ein DBA eine dem Art. 25 II 2 OECD-MA entsprechende Regelung enthält, hat § 175a nur klarstellende Bedeutung. Zum Verständigungsverfahren selbst s. das Merkblatt des BMF 21.2.2024, BStBl. I 2024, 254.

2 S. 2 enthält eine **Ablaufhemmung** für die Festsetzungsfrist, die systematisch zu § 171 gehört (TK § 175a Rn. 9). Hierdurch wird gewährleistet, dass eine Umsetzung der Verständigungsvereinbarung nicht am Erlöschen des StAnspruchs mit Ablauf der Festsetzungsfrist scheitert. Im Übrigen steht § 175a selbständig neben den sonstigen Korrekturnormen (BeckOK AO § 175a Rn. 7). Die Vorschrift findet allerdings keine Anwendung, soweit §§ 164, 165 greifen (FG München 22.5.2023 – 7 K 2545/19, EFG 2024, 583; Rev. I R 39/23; Gosch AO § 175a Rn. 4.1).

3 **Anwendungsbereich.** § 175a ist auf alle Besitz-, Verkehrs- und RealSt, nicht jedoch auf VerbrauchSt und Einfuhr- und Ausfuhrabgaben nach dem UZK anwendbar (Gosch AO § 175a Rn. 4). Dem Wortlaut nach ist der Anwendungsbereich zwar auf StBescheide beschränkt. Er gilt aber auch für gleichgestellte Bescheide, dh über § 181 I 1 auch für Feststellungsbescheide (BeckOK AO § 175a Rn. 5). Die Vorschrift gilt für alle steuerlichen Folgen, die sich aus einem Verständigungsverfahren oder Schiedssprüchen ergeben, soweit die Umsetzung der Ergebnisse für die beteiligten Staaten aufgrund eines Vertrages iSd § 2 völkerrechtlich verbindlich ist. Bei der Mehrzahl dieser Verträge handelt es sich um zwischenstaatliche Abkommen zur Vermeidung der Doppelbesteuerung (DBA). Zu den Verträgen iSd § 2 zählt auch das Übereinkommen zwischen den EU-Staaten über die Beseitigung der Doppelbesteuerung im Falle von Gewinnberichtigungen zwischen verbundenen Unternehmen (ABl. EG Nr. L 225 S. 10; ABl. EG 2008 Nr. L 174 S. 1; BR-Drs. 612/93, 102; → § 2 Rn. 2). Dementsprechend gilt § 175a nur für die StBescheide, die Gegenstand eines Verständigungs- oder Schiedsverfahrens waren, nicht aber für mittelbare Folgen gegenüber Dritten (FG Köln 6.5.2015 – 2 K 3712/10, EFG 2015, 2088; Klein § 175a Rn. 1). Eine tatsächliche Verständigung zwischen Stpfl. und FA ist keine nach einem DBA vorgesehene Verständigungsvereinbarung (BFH 28.2.2002 – V B 167/01, BFH/NV 2002, 1010).

4 § 175a wurde durch Art. 26 Nr. 16 StMBG eingefügt. Die Vorschrift ist auf alle bei Inkrafttreten der Regelung am 30.12.1993 noch anhängigen Verfahren anzuwenden (Art. 97 § 1 IV EGAO). Die Ablaufhemmung tritt für alle Verfahren ein, bei denen die Festsetzungsfrist zu diesem Zeitpunkt noch nicht abgelaufen ist (Art. 97 § 10 V EGAO). Durch das AbzStEntModG v. 2.6.2021 (BGBl. 2021 I 1259) wurde § 175a um die Regelung zur Vorabverständigungsvereinbarung nach § 89a mWv 8.6.2021 (Art. 97 § 34 EGAO) ergänzt. Mit dem JStG 2024 (BGBl. 2024 I Nr. 387) wurde ein neuer S. 2 eingefügt, der die Bindungswirkung einer verbindlichen Auskunft etc. in Bezug auf die Verständigungsvereinbarung einschränkt (→ Rn. 9).

II. Umsetzung einer Verständigungsvereinbarung (S. 1)

Hat ein bilaterales Verständigungs- oder Schiedsverfahren zu einer Einigung geführt, wirken die Ergebnisse dieses Verwaltungsabkommens nicht unmittelbar gegenüber dem Stpfl. Es bedarf erst der Übertragung in nationale Verwaltungsentscheidungen. Die **Umsetzung** ermöglicht § 175a, in dem die zuständige nationale FB entweder erstmalig einen StBescheid entspr. der getroffenen Verständigung erlässt oder einen bestandskräftigen StBescheid aufhebt bzw. ändert. 5

1. Tatbestandsvoraussetzungen

Verständigungsvereinbarung. § 175a betrifft Sachverhalte mit Auslandsbezug, die eine Verständigung zwischen Deutschland und einem Drittstaat über das Besteuerungsrecht erfordern. Das Verfahren über die Verständigung muss auf einem Vertrag iSd § 2 beruhen. Im Zweifel ist deshalb für die Frage, ob eine Einigung im Rahmen eines Verwaltungsabkommens eine Verständigungsvereinbarung iSd § 175a enthält, auf den bilateralen Vertrag abzustellen (ebenso Schwarz/Pahlke/Keß § 175a Rn. 9). Die zuständige deutsche Behörde für internationale Verständigungsverfahren ist das BMF. 6

Vorabverständigungsverfahren sind in § 89a geregelt. Dabei handelt es sich um ein zwischenstaatliches Verfahren über die steuerliche Beurteilung von konkret festgelegten Sachverhalten, die im Zeitpunkt der Antragstellung noch nicht verwirklicht sind, für einen bestimmten Geltungszeitraum (vgl. Klein § 89a Rn. 5). Durch eine Vorabverständigungsvereinbarung soll eine Doppelbesteuerung vermieden werden (vgl. im Einzelnen → § 89a Rn. 5 ff.). 6a

Schiedsspruch. Einige DBA sehen nach einem fruchtlos verlaufenen Verständigungsverfahren die Möglichkeit eines Schiedsverfahrens vor (zB Art. 25 V DBA USA; Art. 41 V DBA Schweden). Die Entscheidung der Schiedskommission erfolgt durch einen die Vertragsparteien bindenden Schiedsspruch. § 175a erstreckt das Umsetzungsgebot auf eben diese Schiedssprüche. 7

2. Rechtsfolgen

Ergeht ein Schiedsspruch oder erfolgt eine Verständigung iSd § 175a S. 1, hat die FB das Ergebnis durch Erlass, Aufhebung oder Änderung in den betroffenen StBescheiden umzusetzen. Die FB ist ohne ein Ermessen zur vollständigen Umsetzung einschließlich evtl. Folgewirkungen verpflichtet (Gosch AO § 175a Rn. 16, 20). § 175a führt lediglich zu einer punktuellen Änderung, die eine Anwendung der §§ 176, 177 im Rahmen der Änderung nicht ausschließt (Schwarz/Pahlke/Keß § 175a Rn. 18). 8

III. Kein Entgegenstehen einer verbindlichen Auskunft, verbindlichen Zusage oder rechtlich bindender Vereinbarungen (S. 2)

Durch das JStG 2024 (BGBl. 2024 I Nr. 387) wurde ein neuer S. 2 in § 175a eingefügt. Danach stehen verbindliche Auskünfte nach § 89, verbindliche Zusagen nach § 204 oder rechtlich bindende Vereinbarungen der Änderung nach S. 1 nicht entgegen. Die Vorschrift soll möglichen Rechtsunsicherheiten vorbeugen. Die Bindungswirkung der genannten Verständigungen oder Zusagen ist insoweit aufgehoben (BT-Drs. 20/12780, 163). 9

IV. Ablaufhemmung (S. 3)

Die Umsetzung von Verständigungsverfahren kann nur erfolgen, soweit die Festsetzungsfrist nach § 169 I 1 noch nicht abgelaufen ist. § 175a S. 2 enthält deshalb eine Ablaufhemmung für diejenigen StFestsetzungen, deren Grundlagen Gegenstand eines zwischenstaatlichen Verständigungs- oder Schiedsverfahrens sind. Eine Ablaufhemmung tritt ein, wenn das Verständigungsverfahren vor Ablauf der Festsetzungsfrist eingeleitet wurde (TK § 175a Rn. 9). Es genügt auch, wenn der Stpfl. die Einleitung eines derartigen 10

Verfahrens vor Eintritt der Verjährung beantragt hatte (BMF 21.2.2024, BStBl. I 2024, 254; Schwarz/Pahlke/Keß § 175a Rn. 13, 15). Demzufolge lebt ein StAnspruch, der mit Ablauf der Festsetzungsfrist erlischt, durch Einleitung eines Verständigungsverfahrens nicht wieder auf (TK § 175a Rn. 9; aA Klein § 175a Rn. 3).

§ 175b Änderung von Steuerbescheiden bei Datenübermittlung durch Dritte

(1) **Ein Steuerbescheid ist aufzuheben oder zu ändern, soweit von der mitteilungspflichtigen Stelle an die Finanzbehörden übermittelte Daten im Sinne des § 93c bei der Steuerfestsetzung nicht oder nicht zutreffend berücksichtigt wurden.**

(2) **Gelten Daten, die von mitteilungspflichtigen Stellen nach Maßgabe des § 93c an die Finanzverwaltung übermittelt wurden, nach § 150 Absatz 7 Satz 2 als Angaben des Steuerpflichtigen, ist der Steuerbescheid aufzuheben oder zu ändern, soweit diese Daten zu Ungunsten des Steuerpflichtigen unrichtig sind.**

(3) **Ist eine Einwilligung des Steuerpflichtigen in die Übermittlung von Daten im Sinne des § 93c an die Finanzbehörden Voraussetzung für die steuerliche Berücksichtigung der Daten, so ist ein Steuerbescheid aufzuheben oder zu ändern, soweit die Einwilligung nicht vorliegt.**

(4) **Die Absätze 1 und 2 gelten nicht, wenn Daten nach § 93c Absatz 1 oder Absatz 3 nicht rechtserheblich sind.**

Schrifttum: Seer, Modernisierung des Besteuerungsverfahrens, StuW 2015, 315; v. Wedelstädt, Neue Änderungsvorschriften in der Abgabenordnung (§ 173a, § 175b AO), AO-StB 2017, 19; Bruschke, Der Anwendungsbereich des § 175b AO, StB 2019, 272.

A. Allgemeines

1 **Anwendungsbereich.** § 175b I–III ist durch das StModernG v. 18.7.2016 (BGBl. 2016 I 1679) eingefügt worden. Erstmals anzuwenden ist die Vorschrift, wenn steuerliche Daten eines Stpfl. für Besteuerungszeiträume nach 2016 oder Besteuerungszeitpunkte nach dem 31.12.2016 auf Grund gesetzlicher Vorschriften von einem Dritten als mitteilungspflichtiger Stelle elektronisch an FB zu übermitteln sind (vgl. Art. 97 § 27 II EGAO; BFH 8.9.2021 – X R 5/21, BStBl. II 2022, 398). Der durch das StUmgBG v. 23.6.2017 (BGBl. 2017 I 1682) angefügte Abs. 4 ist erstmals anzuwenden, wenn Daten iSd § 93c der FB nach dem 24.7.2017 zugehen (vgl. Art. 97 § 27 III EGAO).

§ 175b gilt für die Änderung von StBescheiden und gleichgestellten Bescheiden (vgl. Vorb. zu §§ 172–177 Rn. 16 ff.). Dies gilt auch, soweit der StBescheid unter dem Vorbehalt der Nachprüfung (§ 164) oder vorläufig (§ 165) ergangen ist (Schwarz/Pahlke/Keß § 175b Rn. 1b; einschr. Gosch AO § 175b Rn. 7). Auf Bescheide über Einfuhr- und Ausfuhrabgaben iSd Art. 5 Nr. 20 und 21 UZK) und VerbrauchStBescheide findet die Norm keine Anwendung (TK § 175b Rn. 4; Gosch AO § 175b Rn. 5).

2 **Zweck der Vorschrift.** § 175b schafft eine neue einheitliche Korrekturmöglichkeit für StBescheide, die aufgrund fehlerhafter Auswertung übermittelter Daten iSd § 93c erlassen wurden. Sie ersetzt ua die für Vorsorgeaufwendungen bisher in § 10 IIa 8 EStG geregelte Änderungsbefugnis. Die Norm dient dabei erkennbar (Ausnahme Abs. 3: → Rn. 14) der Durchsetzung der materiell-rechtlichen Richtigkeit, indem sie die Korrektur rechtswidriger StBescheide unter Durchbrechung der Bestandskraft bis zum Ablauf einer nach § 171 Xa stark erweiterten Festsetzungsfrist ermöglicht (TK § 175b Rn. 1). In diesem Zusammenhang lässt § 203a eine Ap. bei der mitteilungspflichtigen Stelle zu.

3 Aufgrund gesetzlicher Verpflichtung übermittelte Datensätze iSd § 93c erleichtern die Ermittlungsarbeit der FB, indem für die StFestsetzung erhebliche Tatsachen elektronisch zur Verfügung gestellt werden (BT-Drs. 18/7457, 89). Werden korrigierte Daten nach-

träglich übertragen, erfüllt dies grds. auch den Tatbestand des § 173. § 175b erweitert dabei die Änderungsmöglichkeit, indem er die Einschränkungen des § 173 (Verschulden des Stpfl. bzw. Ermittlungspflichtverletzung der FB) nicht übernimmt (TK § 175b Rn. 3). Zugleich erweitert er den Anwendungsbereich auf jegliche materielle Unrichtigkeit, einerlei ob diese durch offenbare Unrichtigkeit (§§ 129, 173a) verursacht ist oder auf falscher Rechtsanwendung oder unrichtiger Tatsachenwürdigung beruht (FG Münster 9.3.2021 – 1 K 2809/19 E, EFG 2021, 989; Schwarz/Pahlke/Keß § 175b Rn. 1a). Die Notwendigkeit einer gesonderten Änderungsvorschrift ergibt sich letztlich aus der mangelnden Wirkung der mitgeteilten Daten als Grundlagenbescheid iSd § 175 I 1 Nr. 1, sodass eine korrigierte Mitteilung keine Anpassungsverpflichtung auslöst (Gosch AO § 175b Rn. 3; Klein § 175b Rn. 3). Wenngleich sich die FB regelmäßig auf die übermittelten Daten verlassen wird (vgl. Trossen FR 2015, 1021; Baldauf DStR 2016, 833), ersetzt die Mitteilung nicht die eigene Tatsachen- und Rechtswürdigung durch die FB (Klein § 175b Rn. 1).

B. Korrektur bei fehlerhafter Berücksichtigung von Daten (Abs. 1)

Nach § 175b I ist ein StBescheid zu korrigieren, soweit von der mitteilungspflichtigen Stelle an die FB übermittelte Daten bei der StFestsetzung gänzlich oder teilweise nicht bzw. unzutreffend berücksichtigt wurden. Erfasst werden alle steuerlichen **Daten** eines Stpfl., die auf Grund gesetzlicher Vorschriften von einer mitteilungspflichtigen Stelle an die FB elektronisch zu übermitteln sind. Hierzu gehören auch diejenigen Daten, deren Übermittlung erst in einem EinzelStG angeordnet wird (BFH 8.9.2021 – X R 5/21, BStBl. II 2022, 398). **Nichtberücksichtigt** sind übermittelte Daten, wenn sie nicht ausgewertet oder verarbeitet wurden und damit nicht Eingang in die StFestsetzung gefunden haben (BFH 27.11.2024 – X R 25/22, DStR 20225, 1638; FG Niedersachsen 13.10.2022 – 2 K 123/22, BeckRS 2022, 46458; FG Hessen 19.9.2024 – 10 K 932/22, EFG 2025, 82; Rev. X R 28/24). Unerheblich ist, worauf die unzutreffende Berücksichtigung durch die FB zurückzuführen ist. Ursache hierfür kann auch ein Fehler der FB sein (BFH 20.2.2024 – IX R 20/23, BStBl. II 2024, 587). Erfolgte die Auswertung oder Verarbeitung fehlerhaft, sind die Daten nicht zutr. berücksichtigt. Eine fehlerhafte Auswertung liegt jedoch nur vor, soweit die Verwendung falscher Daten zu einer materiell unrichtigen StFestsetzung geführt hat. Wirkt sich die unzutr. Berücksichtigung steuerlich nicht aus, fehlt es an der Rechtserheblichkeit des Fehlers und einer Korrekturmöglichkeit (Gosch AO § 175b Rn. 10). Gemessen am Zweck der Norm bezieht sich die Korrekturmöglichkeit zudem nur auf eine materiell zutreffende Datenlage. Unrichtige Daten muss die FB der StFestsetzung nicht zugrunde legen (Klein § 175b Rn. 3; Schwarz/Pahlke/Keß § 175b Rn. 5). Andererseits kommt es auch nicht darauf an, ob der Kläger die Daten korrekt erklärt hat (vgl. BFH 20.2.2024 – IX R 20/23, BStBl. II 2024, 587; FG Münster 14.8.2023 – 8 K 294/23 E, DStRK 2023, 280). 5

§ 175b ist trotz seines Wortlauts nicht auf die Korrektur eines StBescheids aufgrund **erstmalig** übermittelter Daten beschränkt. Zwar kann der Wortlaut der Vorschrift dahingehend verstanden werden, dass die nachträgliche Übermittlung korrigierter Daten nicht erfasst wird (so TK § 175b Rn. 7; Gosch AO § 175b Rn. 13); übermittelt die mitteilungspflichtige Stelle indes abweichende, also korrigierte Daten, die bei ihrer Berücksichtigung zu einer Änderung der StFestsetzung führen, sind diese neu übermittelten Daten auch nicht iSd § 175b I berücksichtigt, also ausgewertet worden (ebenso Schwarz/Pahlke/Keß § 175b Rn. 8). Dieses Verständnis der Norm entspricht dem vom Gesetzgeber zugedachten Zweck, eine stets vollständige Korrektur an die richtige Datengrundlage zu ermöglichen (BT-Drs. 18/7457, 89; im Ergebnis ebenso TK § 175b Rn. 7; Klein § 175b Rn. 5). 6

§ 175b I erfasst nur Daten, die **elektronisch** von der mitteilungspflichtigen Stelle (vgl. hierzu § 93c) übermittelt werden, also nicht auch solche, die der Stpfl. zur Erfüllung seiner 7

Erklärungspflicht elektronisch an das FA übersendet (Dißars BB 2017, 1307). Erforderlich ist zudem, dass die Daten tatsächlich an die zuständige FB übermittelt wurden und vor der StFestsetzung in verarbeitungsfähiger Form eingegangen sind (Schwarz/Pahlke/Keß § 175b Rn. 4). Dagegen kommt es nicht darauf an, ob die Daten bereits bei Erlass des zu ändernden Ausgangsbescheides vorgelegen haben oder erst zu einem späteren Zeitpunkt an die FB übermittelt wurden (BFH 27.11.2024 – X R 25/22, DStR 2025, 1638).

8 Liegen die tatbestandlichen Voraussetzungen vor, ist die FB verpflichtet, den StBescheid aufzuheben oder zu ändern, um die materiell-rechtlich richtige StFestsetzung umzusetzen. Die Korrektur steht folglich nicht im Ermessen der FB (BFH 20.2.2024 – IX R 20/23, BStBl. II 2024, 587; TK § 175b Rn. 8). Eine Frist, innerhalb derer die Änderung vorzunehmen wäre, enthält § 175b nicht (BFH 27.11.2024 – X R 25/22, DStR 2025, 1638; s. zur Ablaufhemmung für die Übermittlung von Daten nach § 93c → § 171 Rn. 158).

C. Korrektur von unrichtigen Daten im Sinne des § 150 Abs. 7 (Abs. 2)

12 Soweit Daten von mitteilungspflichtigen Stellen nach Maßgabe des § 93c an die FB übermittelt wurden, gelten diese gem. § 150 VII 2 als eigene Angaben des Stpfl., falls er nicht in seiner StErklärung abweichende Angaben gemacht hat. Verzichtet der Stpfl. folglich im Vertrauen auf die Richtigkeit der übermittelten, aber nicht bekannten Daten auf eigene Angaben in der StErklärung, schafft § 175b II eine Korrekturmöglichkeit im Fall einer unvollständigen oder unzutreffenden Datenübermittlung (BT-Drs. 18/8434, 115). Anders als Abs. 1 regelt Abs. 2 nicht die fehlerhafte Verwendung oder Verarbeitung sachlich richtiger Daten, sondern die fehlerfreie Verwendung sachlich unrichtiger Daten zu Ungunsten des Stpfl. Dabei stellt die Regelung nicht darauf ab, ob die Berücksichtigung automatisch im maschinellen Verfahren oder durch eine manuelle Eingabe durch den Finanzbeamten erfolgte (Schwarz/Pahlke/Keß § 175b Rn. 14). Maßgeblich ist lediglich, dass die übermittelten Daten sachlich unrichtig waren und diese Unrichtigkeit zulasten des Stpfl. zu einer höheren StFestsetzung geführt haben. Die Änderung nach § 175b II gilt ausdrücklich nur zugunsten des Stpfl.

13 Liegen die tatbestandlichen Voraussetzungen vor, muss die FB den StBescheid von Amts wegen aufheben oder ändern, soweit sich die unrichtigen Daten ausgewirkt haben. Ein Antrag des Stpfl. ist nicht erforderlich (Schwarz/Pahlke/Keß § 175b Rn. 15).

D. Korrektur bei fehlender Einwilligung zur Übermittlung von Daten (Abs. 3)

14 § 175b III ermöglicht eine Korrektur des StBescheids, wenn ohne Vorliegen einer **gesetzlich vorgeschriebenen Einwilligung** des Stpfl. Daten iSd § 93c übermittelt und bei der StFestsetzung berücksichtigt wurden. Liegt die erforderliche Einwilligung des Stpfl. nicht vor, ist der StBescheid von Amts wegen aufzuheben oder zu ändern, soweit sich die Daten, in deren Übermittlung der Stpfl. nicht eingewilligt hat, ausgewirkt haben. Schutzzweck der Norm ist das Recht des Stpfl. auf informationelle Selbstbestimmung, sodass die ohne Einwilligung des Stpfl. übermittelten Daten, auch soweit sie sachlich richtig sind, nicht berücksichtigt werden dürfen (aA Gosch AO § 175b Rn. 36). Dem steht nicht entgegen, dass die Aufhebung oder Änderung der StFestsetzung zu einem sachlich unrichtigen Ergebnis führt, da Schutzzweck der Norm nicht die sachliche Richtigkeit der StFestsetzung, sondern der Grundrechtsschutz des Stpfl. ist (Schwarz/Pahlke/Keß § 175b Rn. 17). Zudem ist die Einwilligung zur Übermittlung von Daten idR nur bei steuermindernden Angaben erforderlich. Eine Korrekturpflicht entfällt, wenn der Stpfl. der Verwertung der Daten nachträglich zustimmt, also die Verwertung genehmigt.

E. Rechtserheblichkeit nachträglich übermittelter Daten (Abs. 4)

Abs. 4 begrenzt den Anwendungsbereich der Abs. 1 und 2 auf rechtserhebliche Korrekturen, soweit nach einer erstmaligen Datenübermittlung nach § 93c I Daten übermittelt werden oder diese Gegenstand einer berichtigten Datenübermittlung nach § 93c III sind. Die Vorschrift wurde durch das JStG 2024 (BGBl. 2024 I Nr. 387) geändert und der Zusatz gestrichen, dass es sich um **nachträglich** übermittelte Daten handeln muss. Der Gesetzgeber wollte damit erreichen, dass auch in den Fällen, in denen aus Vereinfachungsgründen oder gesetzlichen Gründen keine nachträgliche Übermittlung von eDaten erfolgt, die Rechtserheblichkeit der fraglichen eDaten Voraussetzung für eine Änderung der StFestsetzung ist (BT-Drs. 20/12780, 163). Die Regelung ist nach Art. 97 § 27 V EGAO erstmals auf VA anzuwenden, die nach dem 5.12.2024 erlassen wurden. Zur Rechtslage bis zum 5.12.2024 vgl. die Vorauflage. Sie gilt sowohl zugunsten als auch zulasten des Stpfl. (BeckOK AO § 175b Rn. 161). 17

Rechtserheblich sind nachträglich übermittelte Daten, wenn das FA bei rechtzeitiger Kenntnis der Daten schon bei der ursprünglichen Veranlagung mit an Sicherheit grenzender Wahrscheinlichkeit zu einer anderen StFestsetzung gelangt wäre (vgl. BFH 23.11.1987 – GrS 1/86, BStBl. II 1988, 180; BFH 14.12.1994 – XI R 80/92, BStBl. II 1995, 293; BFH 11.6.1997 – X R 242/93, BStBl. II 1997, 612; BFH 29.7.1998 – II R 39/96, BFH/NV 1999, 154; BFH 15.12.1999 – XI R 22/99, BFH/NV 2000, 818 mwN). Insoweit kann auf die von der Rspr. zu § 173 I entwickelten Grundsätze verwiesen werden (→ § 173 Rn. 87 ff.; ebenso AEAO zu § 175b Nr. 1). Eine Korrektur ist folglich ausgeschlossen, wenn die Nichtberücksichtigung oder die unzutreffende Berücksichtigung der Daten auf einer nach Erlass des StBescheides eingetretenen Änderung der Rspr. oder einer allgemeinen Verwaltungsvorschrift beruht (TK § 175b Rn. 15). 19

F. Rechtsbehelfe

Gegen eine nach § 175b I zuungunsten des Stpfl. erfolgte Änderung des StBescheides ist der Einspruch und die anschließende Anfechtungsklage gegeben. Der Ablehnung einer Änderung zugunsten des Stpfl. nach § 175b II kann durch Einspruch und Verpflichtungsklage begegnet werden. Die **objektive Feststellungslast** für das Vorliegen der Voraussetzungen einer Aufhebung oder Änderung des StBescheides obliegt demjenigen, der eine Änderung zu seinen Gunsten beansprucht (vgl. Seer StuW 2015, 315). 25

§ 176 Vertrauensschutz bei der Aufhebung und Änderung von Steuerbescheiden

(1) [1]Bei der Aufhebung oder Änderung eines Steuerbescheids darf nicht zuungunsten des Steuerpflichtigen berücksichtigt werden, dass

1. **das Bundesverfassungsgericht die Nichtigkeit eines Gesetzes feststellt, auf dem die bisherige Steuerfestsetzung beruht,**
2. **ein oberster Gerichtshof des Bundes eine Norm, auf der die bisherige Steuerfestsetzung beruht, nicht anwendet, weil er sie für verfassungswidrig hält,**
3. **sich die Rechtsprechung eines obersten Gerichtshofes des Bundes geändert hat, die bei der bisherigen Steuerfestsetzung von der Finanzbehörde angewandt worden ist.**

[2]Ist die bisherige Rechtsprechung bereits in einer Steuererklärung oder einer Steueranmeldung berücksichtigt worden, ohne dass das für die Finanzbehörde erkennbar war, so gilt Nummer 3 nur, wenn anzunehmen ist, dass die Finanzbe-

hörde bei Kenntnis der Umstände die bisherige Rechtsprechung angewandt hätte.

(2) **Bei der Aufhebung oder Änderung eines Steuerbescheids darf nicht zuungunsten des Steuerpflichtigen berücksichtigt werden, dass eine allgemeine Verwaltungsvorschrift der Bundesregierung, einer obersten Bundes- oder Landesbehörde von einem obersten Gerichtshof des Bundes als nicht mit dem geltenden Recht in Einklang stehend bezeichnet worden ist.**

Schrifttum: Dötsch, Vertrauensschutz gegen die rückwirkende Anwendung einer zum Nachteil des Bürgers wirkenden Änderung der höchstrichterlichen Rechtsprechung, DStR 2009, 409; Dötsch, Gewährung von Vertrauensschutz durch den Bundesfinanzhof bei einer Verschärfung seiner Rechtsprechung zu Lasten der Steuerbürger, FS Meilicke 2010, 73; Klass, Vertrauensschutz im Steuerrecht außerhalb von verbindlicher Auskunft und verbindlicher Zusage, DB 2010, 2464; v. Wedelstädt, Vertrauensschutz bei der Aufhebung und Änderung von Steuerbescheiden, AO-StB 2010, 301; Lippross, Vertrauensschutz nach § 176 Abs. 2 AO bei der Änderung von Umsatzsteuervoranmeldungen durch Jahresumsatzsteuerbescheid?, DStR 2014, 879; Kahlert, Anwendbarkeit des § 176 Abs. 2 AO auf das alte BMF-Schreiben zu § 55 Abs. 4 InsO, DStR 2015, 2004; Weßling, Umsatzsteuerliche Organschaft bei Personengesellschaften und Vertrauensschutz nach § 176 AO, DStR 2016, 1151; Fischer, Vertrauensschutz im Steuerstaat – eine Bestandsaufnahme, DStZ 2019, 826; L'habitant, Vertrauensschutz bei vorläufiger Festsetzung von Erstattungszinsen?, NWB 2019, 2283.

Übersicht

A. Allgemeines

I. Gegenstand und Zweck

1 **Grundlagen.** Die Vorschrift regelt die Gewährung von Vertrauensschutz anlässlich der Korrektur von StBescheiden. Die Änderungsvorschriften der AO folgen nicht dem Prinzip der freien Änderungsmöglichkeit rechtswidriger StBescheide, sondern enthalten eine differenzierte, einschränkende Regelung für die Rücknehmbarkeit. Der Grundsatz der Gebundenheit der Verwaltung an Recht und Gesetz (Art. 20 III GG) erfährt hierdurch eine Einschränkung, die durch das Prinzip der Rechtssicherheit als Teil des Rechtsstaatsprinzips gerechtfertigt ist (vgl. Sachs GG Art. 20 Rn. 131 ff. mwN). In diesem Spannungsverhältnis greift der Vertrauensschutz, der Ausfluss des Rechtsstaatsprinzips ist, ergänzend zugunsten des StBürgers ein. Dabei bleibt es dem Gesetzgeber überlassen, den Umfang des Vertrauensschutzes zu bestimmen, bis zur Reduzierung auf das verfassungsrechtlich Unabdingbare (vgl. BVerwG 16.12.1992 – 11 C 6/92, NVwZ 1994, 75). Vgl. zum Ausschluss des Vertrauensschutzes durch § 27 XIX 2 UStG in Bauträgerfällen (BFH 22.8.2019 – V R 21/18, BStBl. II 2020, 35). Insbesondere folgt aus Art. 3 I GG kein Anspruch auf eine zukünftig gleichbleibende Rechtslage (BVerfG 12.5.2009 – 2 BvL 1/00, BStBl. II 2009, 685; BFH 16.12.2020 – I R 23/18, BFH/NV 2021, 944).

2 **Inhalt.** Die Regelung des § 176 beschreitet einen Mittelweg zwischen umfassender Gewährung und verfassungsrechtlichem Mindestmaß an Vertrauensschutz. Die vier unterschiedlichen Tatbestände verknüpfen den Vertrauensschutz jeweils mit einem konkreten

Rechtssatz, der in der Entscheidung, in der Norm oder in der Verwaltungsvorschrift seinen Ausdruck gefunden hat. So wird die Änderbarkeit des StBescheides durch § 176 weiter eingeschränkt, soweit diese darauf gestützt wird, dass die Rechtsgrundlage für den VA weggefallen oder ihr Verständnis durch die Rspr. geändert worden ist (TK § 176 Rn. 2). Demzufolge schützt § 176 nicht das Vertrauen in die Gesetzgebung, die höchstrichterliche Rspr. oder in allg. Verwaltungsvorschriften oberster Behörden, sondern das Vertrauen in die Bestandskraft der StFestsetzung (BFH 6.7.2023 – V R 5/21, BStBl. II 2024, 457; BFH 22.12.2011 – III R 65/10, BFH/NV 2012, 929; BFH 10.9.1991 – VII R 11/89, BFH/NV 1992, 565; Klein § 176 Rn. 1; aA HHSp § 176 Rn. 40). Der Grundsatz von Treu und Glauben, die Vertrauensschutzgrundsätze und die von der Rspr. zu § 163 entwickelten Billigkeitsgedanken sind neben § 176 anzuwenden (vgl. BFH 24.3.1999 – I R 114/97, BStBl. II 2000, 399; s. auch AEAO zu § 176 Nr. 4).

II. Anwendungsbereich

§ 176 ist auf **alle StBescheide** und ihnen gleichgestellten VA anzuwenden. Dazu zählen 3 neben den nach §§ 172 ff. änderbaren VA einschl. der Freistellungsbescheide (BFH 7.6.1984 – IV R 180/81, BStBl. II 1984, 780) auch die StFestsetzungen unter dem Vorbehalt der Nachprüfung und vorläufige StFestsetzungen (BFH 28.9.1987 – VIII R 154/86, BStBl. II 1988, 40; BFH 3.2.1993 – I R 61/91, BStBl. II 1993, 459; TK § 176 Rn. 3; aA FG Berlin 16.6.1986 – VIII 220/84, EFG 1987, 278; FG Saarland 8.2.1994 – 1 K 285/92, EFG 1994, 693). Dagegen finden auf Haftungsbescheide nicht die für StBescheide geltenden Korrekturvorschriften der §§ 172–177, sondern die allg. Vorschriften über die Rücknahme und den Widerruf von VA (§§ 129 ff.) Anwendung (BFH 12.8.1997 – VII R 107/96, BStBl. II 1998, 131; für Abrechnungsbescheide vgl. FG Nürnberg 14.5.2019 – 2 K 798/15, BeckRS 2019, 46335). § 176 ist auch auf StAnmeldungen anzuwenden, die in § 176 I 2 ausdrücklich erwähnt werden (BFH 2.11.1989 – V R 56/84, BStBl. II 1990, 253). Die Eintragung eines Freibetrages auf der LStKarte fiel ebenso in den Anwendungsbereich des Vertrauensschutzes, und zwar gleichermaßen zugunsten des Arbeitnehmers und des Arbeitgebers.

Der Vertrauensschutz erfasst **alle Änderungen** nach §§ 172 ff., 164, 165, dagegen nicht 4 die Berichtigung nach § 129 (vgl. BFH 23.11.1987 – GrS 1/86, BStBl. II 1988, 180; BFH 27.11.2003 – V R 52/02, BFH/NV 2004, 605; AEAO zu § 176 Nr. 1) oder Erstbescheide (BFH 24.1.2013 – V R 34/11, BStBl. II 2013, 460). Die Anwendung ist auch bei Änderungen nach §§ 173, 174 nicht ausgeschlossen (Klein § 176 Rn. 6). Allerdings beschränkt sich die Bedeutung im Rahmen des § 173 auf der Berichtigung von Rechtsfehlern iSd § 177. Werden nachträglich Tatsachen bekannt, die eine niedrigere Steuer rechtfertigen, so können zum Nachteil des Stpfl. keine Rechtsfehler berücksichtigt werden, die auf Ereignisse der in § 176 I genannten Art zurückgehen (BFH 23.11.1987 – GrS 1/86, BStBl. II 1988, 180). Der Vertrauensschutz wird idR nur in den Fällen des § 174 III und IV eingreifen (ähnlich Gosch AO § 176 Rn. 7.2; vgl. auch Tiedtke/Szczesny NJW 2002, 3733 (3737)). So hat eine Änderung nach § 174 IV etwa zu unterbleiben, wenn die FVerw. die der Rspr. entgegenstehende begünstigende Verwaltungsvorschrift allen anderen Stpfl. gegenüber für eine Übergangszeit anwendet (BFH 24.9.1998 – IV R 65/96, BStBl. II 1999, 46). § 176 verhindert grds. nicht die anderweitige Berücksichtigung des Sachverhaltes, sondern lediglich die Berücksichtigung einer verschärfenden Rechtsfolge aufgrund geänderter Rspr. Mit der Änderung des StBescheides muss folglich eine anderweitige rechtliche Subsumtion verbunden sein (BFH 17.12.2003 – XI R 22/02, BFH/NV 2004, 1629).

§ 176 ist auch anzuwenden bei der fehlerberichtigenden **Neuveranlagung** des 5 GrStMessbetrages (§ 17 II 2 GrStG) und Fortschreibung des Einheitswertes (§ 22 III 2 BewG) sowie GrStWertes (§ 22 III 2 BewG). Erforderlich ist jedoch, dass die Veranlagungs- oder Fortschreibungszeitpunkte vor der Verkündung der maßgeblichen Entscheidung liegen (TK § 176 Rn. 5). Bei einer Fehlerberichtigung der Kindergeldfestsetzung gem. § 70 III 3 EStG ist § 176 für diejenigen Monate anzuwenden, die vor Verkündung der maßgeblichen Entscheidung des obersten Gerichtshofes beginnen (Schwarz/Pahlke/Keß § 176 Rn. 26).

6 Im **Einspruchsverfahren** steht § 176 einer verbösernden Entscheidung nicht entgegen (BFH 7.5.2008 – VI S 4/08 (PKH), BeckRS 2008, 25013531; BFH 29.8.2002 – V R 30/01, BStBl. II 2003, 441; TK § 176 Rn. 3). Die Verböserung kann der Stpfl. durch Rücknahme des Einspruchs verhindern. Für eine anschließende Änderung nach allg. Korrekturvorschriften greift § 176 wieder ein (Schwarz/Pahlke/Keß § 176 Rn. 22). Dies gilt auch für ein anschließendes gerichtliches Verfahren (BeckOK AO § 176 Rn. 40). Für Zölle sowie Einfuhr- und Ausfuhrabgaben enthält Art. 116 ff. UZK eine eigenständige Regelung durch die § 176 verdrängt wird (BeckOK AO § 176 Rn. 6; Klein § 176 Rn. 6). Dies gilt auch für VerbrauchSt, soweit die EinzelStG auf die Vorschriften des UZK verweisen. Für die Einfuhrumsatzsteuer enthält § 21 II UStG einen entsprechenden Verweis.

B. Vertrauensschutz zugunsten des Steuerpflichtigen (Abs. 1)

9 § 176 gewährt Vertrauensschutz allein zugunsten des Stpfl., nicht auch zugunsten der FB. Veränderungen, die sich zulasten des Stpfl. auswirken, dürfen nicht berücksichtigt werden, soweit der Vertrauensschutz greift. Eine für den Stpfl. günstigere Rechtslage ist hingegen stets anzuwenden. Dabei tritt die Rechtsfolge des § 176 grds. unabhängig von der subjektiven Schutzwürdigkeit des Stpfl. oder die konkreten Umstände des Einzelfalls ein (FG Hamburg 21.12.1984 – II 7/82, EFG 1985, 536; TK § 176 Rn. 6; Tiedtke/Szczesny NJW 2002, 3733 (3737)). In Ausnahmefällen kann Vertrauensschutz bei widersprüchlichem Verhalten des Stpfl. entfallen (BFH 8.2.1995 – I R 127/93, BStBl. II 1995, 764; FG Münster 8.5.2019 – 9 K 1452/18 E, F, AO, EFG 2019, 1781; BFH 6.4.2022 – X R 28/19, BStBl. II 2023, 341; gl. Rößler BB 1981, 842; AEAO zu § 176 Nr. 4).

10 **Zuungunsten** des Stpfl. wirkt sich die Aufhebung oder Änderung aus, wenn aus der Nichtigkeit, Verfassungswidrigkeit oder Änderung der Rspr. eine betragsmäßig höhere StFestsetzung oder niedrigere StVergütung oder Erstattung folgt. Eine mittelbare Wirkung zulasten des Stpfl. genügt nicht (vgl. FG Münster 19.12.2012 – 11 K 4773/10 E AO, BeckRS 2013, 94681). Für die Beurteilung ist jede StArt und jeder StAbschnitt getrennt zu betrachten (vgl. BFH 18.7.1973 – I R 11/73, BStBl. II 1973, 860). Auswirkungen auf mehrere StAbschnitte infolge des Bilanzzusammenhanges sind nach der Rspr. in der ersten Schlussbilanz richtigzustellen, in der dies unter Beachtung der für den Eintritt der Bestandskraft und der Verjährung maßgeblichen Vorschriften möglich ist (BFH 16.5.1990 – X R 72/87, BStBl. II 1990, 1044). Die Gewährung des Vertrauensschutzes führt in diesem Fall zu einem Hinausschieben der Änderungsmöglichkeit in die Zukunft (aA TK § 176 Rn. 8). Demgegenüber hat eine Änderung zu unterbleiben, wenn eine Bilanzierungspflicht mangels Gewerblichkeit der GbR infolge Rspr.-Änderung von Anfang an nicht bestand (vgl. Tiedtke/Szczesny NJW 2002, 3733).

11 **Feststellungsbescheide** werden zuungunsten des Stpfl. geändert, wenn die Besteuerungsgrundlagen gegenüber der bisherigen Feststellung zu erhöhen sind. Dabei kommt es auf die Folgewirkungen nicht an. Verändert sich lediglich die Zurechnung der Besteuerungsgrundlagen auf die einzelnen Beteiligten, tritt in ihrer Gesamtheit keine nachteilige Änderung ein. Betrachtet man die Auswirkungen in den Folgebescheiden aller Beteiligten, können sich durch die unterschiedliche StProgression gleichwohl Auswirkungen zuungunsten der Gesamtheit der Beteiligten ergeben. Zu diesem Zweck sind die Folgewirkungen bei jedem Beteiligten vor und nach der Änderung (ggf. schätzungsweise) zu ermitteln und die Gesamtbelastung aller Beteiligten zu vergleichen. Diese Verfahrensweise gewährt das höchste Maß an Vertrauensschutz gegenüber den Feststellungsbeteiligten in ihrer Gesamtheit (ebenso TK § 176 Rn. 9).

I. Berücksichtigung anlässlich einer Korrektur (Abs. 1 S. 1)

Eine eigenständige Befugnis zur Änderung eines bestandskräftigen StBescheides lässt sich aus § 176 nicht herleiten (FG Niedersachsen 13.5.1981 – V 336/80 V, EFG 1982, 160). Vertrauensschutz greift nach § 176 nur ein, wenn die Aufhebung oder Änderung eines StBescheides aus anderen Gründen erfolgt. Erfasst werden alle Änderungen nach §§ 172 ff., 164, 165 (→ Rn. 4). Aus diesem Grund darf auch beim erstmaligen Erlass eines StBescheides eine nachteilige Rspr.-Änderung usw. unbeschränkt berücksichtigt werden (BFH 30.6.1993 – XI R 76/92, BFH/NV 1994, 303; BFH 30.10.1997 – IV R 76/96, BFH/NV 1998, 578; ebenso zu Feststellung des verbleibenden Verlustabzugs BFH 1.2.2012 – IX B 128/11, BFH/NV 2012, 707). Keine Aufhebung oder Änderung eines StBescheides erfolgt, wenn der Bescheid nach § 129 berichtigt wird (BFH 27.11.2003 – V R 52/02, BFH/NV 2004, 605). Die Korrektur nach § 129 bringt lediglich die formell unzutreffende StFestsetzung mit dem tatsächlich Gewollten in Übereinstimmung, ohne eine sachliche Änderung herbeizuführen. 12

Die tatbestandlichen Voraussetzungen müssen bereits im Zeitpunkt der Änderung („bei") vorliegen. So muss etwa die Änderung der Rspr., Nichtigkeitsfeststellung oder Unvereinbarkeitserklärung zeitlich vor Erlass des Änderungsbescheides erfolgen (vgl. BFH 11.10.1988 – VIII R 419/83, BStBl. II 1989, 284; BFH 14.2.2007 – XI R 30/05, BStBl. II 2007, 524). 13

1. Nichtigkeit eines Gesetzes (Abs. 1 S. 1 Nr. 1)

Nichtigkeitsfeststellung. Die Feststellung des BVerfG, ein Gesetz ist ganz oder teilweise nichtig, soll nicht zulasten des Stpfl. gehen, da er darauf vertrauen darf, dass Gesetze mit Verfassungsrecht im Einklang stehen (TK § 176 Rn. 10: Bestandsschutz). Beruht die bisherige StFestsetzung auf dem nichtigen Gesetz, darf deshalb anlässlich einer Korrektur des VA die Nichtigkeit trotz Durchbrechung der Bestandskraft aus Gründen des Vertrauensschutzes nicht zulasten des Stpfl. berücksichtigt werden. Den Regelungsinhalt unanfechtbarer VA berührt die Nichtigkeitsfeststellung gem. § 79 II BVerfGG nicht mehr, untersagt jedoch eine Vollstr. aus dem VA, soweit er noch nicht vollzogen ist. 14

Unvereinbarkeitserklärung. Erklärt das BVerfG eine Vorschrift für unvereinbar mit dem GG, darf die Norm grds. ebenfalls nicht mehr angewendet werden (vgl. BVerfG 14.7.1986 – 2 BvE 2/84, 2 BvR 442/84, BVerfGE 73, 40 (101); BFH 24.5.2000 – II R 25/99, BStBl. II 2000, 378). Dies rechtfertigt es, § 176 I 1 Nr. 1 entspr. auf die Unvereinbarkeitserklärung anzuwenden (Woerner/Grube, 147). Soweit die mit dem GG unvereinbare Vorschrift übergangsweise fortgelten soll, bedarf es des Rückgriffs auf § 176 nicht. Die verfassungswidrige Norm ist in diesem Fall weiterhin anzuwenden. 15

Hält der **EuGH** eine Vorschrift des Gemeinschaftsrechts für nichtig oder stellt er die Unvereinbarkeit einer nationalen Norm mit dem Gemeinschaftsrecht fest, tritt eine für den Stpfl. vergleichbare Situation ein. Nr. 1 ist für diesem Fall deshalb analog anzuwenden (Klein § 176 Rn. 71; aA TK § 176 Rn. 13). 16

Gesetz ist abw. von § 4 nur das nachkonstitutionelle Gesetz im formellen Sinne, also keine RechtsVO oder Satzung (Schwarz/Pahlke/Keß § 176 Rn. 29). Diese Begrenzung lässt sich sowohl dem unterschiedlichen Wortlaut des § 176 I 1 Nr. 1 und 2 als auch der Zuständigkeit des BVerfG nach Art. 100 GG entnehmen (Gosch AO § 176 Rn. 21). 17

2. Verfassungswidrigkeit einer Norm (Abs. 1 S. 1 Nr. 2)

Norm. § 176 I 1 Nr. 2 ergänzt die Regelung in Nr. 1 für Rechtsnormen im Range unterhalb des Gesetzes (VO, Satzungen) und förmliche Gesetze, die vor Inkrafttreten des GG erlassen wurden. Über die Verfassungsmäßigkeit dieser Normen entscheidet jedes Gericht selbst und wendet sie nicht an, soweit es sie für verfassungswidrig hält (BVerfG 20.2.1952 – 1 BvF 2/51, BVerfGE 1, 117 (128)). Die Verfassungswidrigkeit der Norm muss weder förmlich festgestellt noch ausdrücklich ausgesprochen werden. Es genügt, 20 wenn das Gericht die Vorschrift, etwa wegen Verstoßes gegen Art. 80 GG, für unwirksam hält und sie deshalb nicht anwendet (BFH 2.11.1989 – V R 56/84, BStBl. II 1990, 253). Resultiert die Unanwendbarkeit der Norm aus einer Kollision mit einfachem Recht, ist aufgrund der vergleichbaren Sachlage eine Erstreckung der Nr. 2 im Wege der Analogie geboten (ebenso Klein § 176 Rn. 74; Schwarz/Pahlke/Keß § 176 Rn. 31; krit. Gosch AO § 176 Rn. 25).

21 Vertrauensschutz greift nur ein, wenn ein **oberster Gerichtshof des Bundes** die Norm für verfassungswidrig hält. Die rkr. Entscheidung eines Gerichts unterhalb eines Bundesgerichts genügt nicht. Oberste Gerichtshöfe sind der BFH, der BGH, das BVerwG, das BAG und das BSG (Art. 95 I GG). Der Gemeinsame Senat der obersten Gerichtshöfe (Art. 95 III GG) ist ebenso wie der Große Senat eines obersten Gerichtshofes kein eigenständiger Gerichtshof, sondern eine Institution zur Wahrung der Einheitlichkeit der Rechtsprechung (§ 2 I RsprEinhG; aA TK § 176 Rn. 13; BeckOK AO § 176 Rn. 72). Der Gemeinsame Senat entscheidet eine Rechtsfrage, die sich bindend in der Entscheidung des erkennenden Gerichts niederschlägt (§ 16 RsprEinhG). Kein oberster Gerichtshof ist das BVerfG und der EuGH (vgl. FG Hamburg 30.10.1978 – IV 41/77 S-H, EFG 1979, 239). Erklärt das BVerfG abw. von Art. 100 I GG ein nicht förmliches Gesetz für nichtig, ist die Regelung jedoch nach ihrem Sinn und Zweck analog heranzuziehen. Dies gilt im Übrigen auch, wenn ein solcher Ausspruch durch den EuGH erfolgt (Friedrichs DStjG 11, 101; aA TK § 176 Rn. 13).

3. Änderung der Rechtsprechung eines Bundesgerichts (Abs. 1 S. 1 Nr. 3)

24 § 176 I 1 Nr. 3 erstreckt den Vertrauensschutz auch auf die Rspr. der obersten Gerichtshöfe des Bundes, soweit sie von der FB bei der bisherigen StFestsetzung angewandt wurde. Eine sich zwischen dem Erlass des ursprünglichen StBescheides und dem Erlass eines Änderungsbescheides verschärfende Rspr. soll nicht zulasten des Stpfl. gehen. Der Regelung liegt die Annahme zugrunde, dass eine verschärfende Rspr. grds. auf alle noch offenen StFälle anzuwenden ist (Schwarz/Pahlke/Keß § 176 Rn. 38; BFH 19.11.1985 – VIII R 4/83, BStBl. II 1986, 289 (293)). Die Änderung der Rspr. ist im Hinblick auf das verfassungsrechtliche Verbot der rückwirkenden Verschärfung des Rechts nicht zu beanstanden. Die verschärfende Neuinterpretation des Rechts verändert nicht die gesetzliche Regelung, sondern gibt nur die bessere Erkenntnis vom Verständnis der Norm wieder (vgl. BFH 25.6.1984 – GrS 4/82, BStBl. II 1984, 751). Auch der Grundsatz des Vertrauensschutzes steht dem nicht entgegen, solange sich das Vertrauen nicht durch eine bestandskräftige StFestsetzung manifestiert hat. Denn der Gesetzgeber ist nicht verpflichtet, jedes Vertrauen vollumfänglich zu schützen (vgl. BVerwG 16.12.1992 – 11 C 6/92, NVwZ 1994, 75).

25 **a) Höchstrichterliche Rechtsprechung.** § 176 I 1 Nr. 3 setzt voraus, dass sich die Rspr. eines obersten Gerichtshofs des Bundes geändert hat. Zum Begriff des obersten Gerichtshofs des Bundes → Rn. 21. Maßgebend ist in erster Linie eine geänderte Rspr. des BFH. Unerheblich ist, ob durch ein oder mehrere FG, in der Literatur oder in Verwaltungsanweisungen abweichende oder geänderte Ansichten vertreten werden (FG Saarland 31.5.1985 – I 17/84, EFG 1985, 574). Eine Abweichung von der Rspr. des RFH oder des RG genügt indes nicht, weil es sich bei Reichsgerichten nicht um Bundesgerichte handelt (BFH 28.10.1992 – X R 117/89, BStBl. II 1993, 261). Dies gilt auch für eine länger bestehende Verwaltungsübung (BFH 7.12.1962 – III 315/61 U, BStBl. III 1963, 161).

26 **Rechtsprechung** eines Gerichts ist die Bildung eines bestimmten Rechtssatzes in einem Urteil oder Beschluss, den es den tragenden rechtlichen Erwägungen seiner Entscheidung des Streitfalles zugrunde legt (Schwarz/Pahlke/Keß § 176 Rn. 42). Ausreichend ist eine einzige Entscheidung eines Gerichts, also dass die konkrete Rechtsfrage einmal ausdrücklich oder jedenfalls eindeutig entschieden ist (BFH 10.6.2008 – VIII R 79/05, BStBl. II 2008, 863). Einer gefestigten oder ständigen Rspr. bedarf es nicht (TK § 176 Rn. 16; Thiel

DB 1988, 1344; aA FG Rheinland-Pfalz 20.11.1995 – 3 K 2335/90, EFG 1997, 749). Nicht ausreichend ist eine ungeklärte Rechtslage (BFH 7.10.2010 – V R 17/09, BFH/NV 2011, 865). Bei komplexen Rechtsfragen kann allerdings der Zeitpunkt, in dem eine Rechtsfrage eindeutig entschieden ist, schwer zu bestimmen sein. Die Rspr. konkretisiert sich in diesen Fällen Stück für Stück zu einer klaren und eindeutigen Aussage (BFH 20.8.1997 – X R 58/93, BFH/NV 1998, 314). Erst in diesem Zeitpunkt kann von einer vertrauensbegründenden Rspr. gesprochen werden (BFH 8.12.1998 – IX R 49/95, BStBl. II 1999, 468).

Ein **obiter dictum** oder eine inzident entschiedene Rechtsfrage enthält keine deutliche 27
Aussage zu einem entscheidungserheblichen Rechtssatz, stellt also keine Rspr. iSd § 176 I 1 Nr. 3 dar (FG München 15.9.1992 – 12 K 2754/91, EFG 1993, 302; FG Baden-Württemberg 29.10.1992 – 6 K 179/88, EFG 1993, 337; aA TK § 176 Rn. 15). Vertrauen auf die Beständigkeit der Rspr. kann nur entstehen, wenn einer Abweichung durch andere Gerichte rechtliche Bedeutung zukommt (ebenso Schwarz/Pahlke/Keß § 176 Rn. 45; Gosch AO § 176 Rn. 28). Ebenso lässt sich aus dem Gesamtbild der Rspr. keine konkrete, entscheidungserhebliche Aussage herleiten, die eine Abweichung oder Änderung zur bisherigen Rspr. begründen kann, also justiziabel ist (BFH 7.12.1988 – X R 15/87, BStBl. II 1989, 421; BFH 10.6.2008 – VIII R 79/05, BStBl. II 2008, 863; Klein § 176 Rn. 79).

Eine **unklare Rechtslage** verhindert das Entstehen eines Vertrauenstatbestands bzw. 28
zerstört diesen für die Zukunft. Unklar ist die Rechtslage zwar nicht bereits bei jeder abweichenden Entscheidung zwischen verschiedenen Gerichten oder Senaten eines Gerichts, weil dies auch zuweilen unbemerkt geschehen kann (TK § 176 Rn. 16). Tritt ein Widerspruch jedoch offen zutage, kann der Stpfl. nicht darauf vertrauen, dass die Rechtsfrage in einer bestimmten Weise gelöst wird (FG Niedersachsen 24.11.2014 – 5 K 238/13, BeckRS 2015, 95685). Hiervon ist auszugehen, wenn eine Rechtsfrage wegen beabsichtigter Abweichung dem Großen Senat eines Bundesgerichts oder dem Gemeinsamen Senat der obersten Gerichtshöfe vorgelegt wird oder Zweifel an der Fortführung der eigenen Rspr. geäußert werden (Schwarz/Pahlke/Keß § 176 Rn. 48; Klein § 176 Rn. 79).

Änderung der Rspr. tritt ein, wenn ein in den wesentlichen Sachverhaltsumständen 29
gleichgelagerter Fall anders entschieden wird (BFH 7.12.1988 – X R 15/87, BStBl. II 1989, 421; BFH 18.2.1998 – IV B 16/97, BFH/NV 1998, 939). Dabei ist weder auf ein Gesamtbild der Rspr. noch auf bloße Schlussfolgerungen aus früheren Entscheidungen des BFH abzustellen (BFH 15.11.2017 – I R 55/15, BStBl. II 2018, 287). Die maßgebliche Rechtsfrage muss in beiden Entscheidungen unterschiedlich beantwortet worden sein (BFH 3.2.1993 – I R 61/91, BStBl. II 1993, 459). Eine Fortentwicklung, Präzisierung oder Klarstellung der bisherigen Rspr. enthält keine Abweichung zu einer bereits entschiedenen Rechtsfrage (BFH 5.5.2011 – X B 155/10, BFH/NV 2011, 1294; Klein § 176 Rn. 77). So hat sich zB die Rspr. des BFH in Zwischenvermietungsfällen allmählich entwickelt und nicht geändert (BFH 27.7.2001 – V B 35/01, BFH/NV 2001, 1623); ebenso zu wesentlichen Betriebsgrundlagen (BFH 24.4.2002 – I R 20/01, BStBl. II 2003, 412). Ob die Änderung der Rspr. erkannt wird, ausdrücklich geschieht oder unabsichtlich erfolgt, ist dabei unerheblich. Maßgeblich ist allein die objektive Abweichung von dem abstrakten Rechtssatz für den Sachverhalt, der in den wesentlichen Aspekten sachlich gleich gelagert ist.

b) Anwendung. Die FB muss die Rspr. bei der bisherigen StFestsetzung angewendet 32
haben (BFH 11.1.1991 – III R 60/89, BStBl. II 1992, 5; BFH 21.10.1993 – IV R 42/93, BStBl. II 1994, 385; FG Niedersachsen 26.3.1996 – I 167/91, EFG 1996, 797). Entscheidungen eines Gerichts können von der FVerw. grds. erst angewendet werden, wenn sie **veröffentlicht** worden sind (FG Baden-Württemberg 29.10.1992 – 6 K 179/88, EFG 1993, 337; Gosch AO § 176 Rn. 31). Auf das Datum der Entscheidung kommt es nicht an (BFH 6.12.2007 – V R 3/06, BStBl. II 2009, 203). Dabei macht es keinen Unterschied,

ob es sich um einen Abdruck in der amtlichen Sammlung, im BStBl. oder in einer Fachzeitschrift handelt (FG Nürnberg 23.2.2021 – 2 K 309/16, DStRE 2022, 799; Schwarz/Pahlke/Keß § 176 Rn. 57). Ausreichend ist auch die Abrufbarkeit der Entscheidung im Internet über die Homepage des BFH (www.bundesfinanzhof.de). Eine Pressemitteilung des BFH über das zur Veröffentlichung bestimmte Urteil wird idR ausreichen (Klein § 176 Rn. 82a; aA BeckOK AO § 176 Rn. 87). Die bloße Besprechung einer Rechtsfrage unter Hinweis auf unveröffentlichte Entscheidungen genügt hingegen nicht (TK § 176 Rn. 17). Zwischen Ergehen der Entscheidung und Publikation kann ein StBescheid folglich mangels Kenntnis nicht auf dieser Rspr. beruhen.

33 **Anwendung der Rspr.** bedeutet nicht, dass der jeweilige Sachbearbeiter des FA bei Erlass des StBescheides bewusst und gewollt eine konkrete BFH-Entscheidung herangezogen hat. Die Verknüpfung des Vertrauensschutzes mit dem subjektiven Kenntnisstand eines Finanzbeamten hinge einerseits von zahlreichen Zufälligkeiten ab, andererseits wären die Voraussetzungen kaum mehr feststellbar (BFH 11.1.1991 – III R 60/89, BStBl. II 1992, 5). Dies verträgt sich nicht mit dem Grundgedanken des Vertrauensschutzes (ebenso TK § 176 Rn. 17).

34 **Vermutung.** Entspricht ein StBescheid im Zeitpunkt seines Erlasses der in diesem Zeitpunkt maßgebenden, aber später geänderten Rspr. des BFH, ist zu vermuten, dass diese Rspr. von der FB angewendet worden ist (BFH 15.9.2011 – V R 36/09, BStBl. II 2012, 365). Für das Entstehen der Vermutung ist stets Voraussetzung, dass die maßgebende Rspr. bei Erlass des StBescheides der FB bereits bekannt sein konnte (BFH 8.2.1995 – I R 127/93, BStBl. II 1995, 764; BFH 8.12.1998 – IX R 49/95, BStBl. II 1999, 468). Die Vermutung kann zudem widerlegt werden, wenn die FB gegenüber dem Stpfl. ausdrücklich erklärt, dass es die Rspr. nicht anwendet oder sich eine Abweichung von der Rspr. im Rahmen einer abschließenden Prüfung des Streitfalles unmissverständlich vorbehält (ähnlich Schwarz/Pahlke/Keß § 176 Rn. 62b). Bei eindeutigen Aktenvermerken über die Nichtanwendung der Rspr. entfaltet die Übereinstimmung der StFestsetzung mit der maßgeblichen Rspr. ebenfalls keine Vermutungswirkung (Gosch AO § 176 Rn. 30; Klein § 176 Rn. 83). Aus dem Bestehen einer abweichenden Richtlinienlage oder Erlassregelung allein kann nicht gefolgert werden, dass die Rspr. nicht angewendet wurde. Da es allein auf die tatsächliche (ggf. auch weisungswidrige) Anwendung ankommt, spricht auch in diesem Fall die Übereinstimmung der StFestsetzung mit der Rspr. dafür, dass diese der StFestsetzung zugrunde liegt (ebenso Klein § 176 Rn. 83). Anderenfalls lässt sich die Übereinstimmung kaum erklären. Dies gilt im Übrigen unabhängig davon, ob der StBescheid endgültig oder unter dem Vorbehalt der Nachprüfung ergangen ist (ebenso Schwarz/Pahlke/Keß § 176 Rn. 13; aA BFH 30.10.1997 – IV R 76/96, BFH/NV 1998, 578; Gosch AO § 176 Rn. 31). Der Vorbehalt der Nachprüfung hindert nach der Rspr. die Entstehung eines Vertrauenstatbestandes (BFH 4.2.2009 – VI B 142/08, BFH/NV 2009, 716).

Die Anwendung von Nr. 3 darf nicht zu einem Widerspruch zum Grundsatz von Treu und Glauben führen. So zB wenn der Stpfl. verlangt, einen belastenden VA aufgrund einer Rspr.-Änderung aufzuheben, später aber geltend macht, er habe auf die Anwendung der früheren Rspr. vertraut und sei nicht bereit, die für ihn negativen Folgen der Rspr.-Änderung hinzunehmen (BFH 26.8.2021 – V R 13/20, DStR 2021, 2345).

37 **c) Zeitliche Abfolge.** § 176 I 1 Nr. 3 setzt voraus, dass im Zeitpunkt des Erlasses des ursprünglichen StBescheides eine veröffentlichte Rspr. angewendet wurde (→ Rn. 32). Hat ein oberster Gerichtshof eine Rechtsfrage nach Erlass des StBescheides erstmals entschieden, greift die Regelung folglich nicht ein (FG Köln 28.3.2012 – 15 K 4080/09, EFG 2012, 1758). Zudem muss sich die Rspr. zwischen Erlass des bisherigen StBescheides und des Änderungsbescheides geändert haben (BFH 11.10.2007 – V R 27/05, BStBl. II 2008, 438; BFH 19.7.2007 – V B 66/06, BFH/NV 2007, 2067). Dabei kommt es nicht auf die Beschlussfassung durch den obersten Gerichtshof an (so aber FG München 30.10.1997 – 7 K 1974/93, EFG 1998, 433), sondern auf die Veröffentlichung, also den Zeitpunkt der

Möglichkeit der Kenntnisnahme (BFH 25.4.2013 – V R 2/13, BStBl. II 2013, 844; Schwarz/Pahlke/Keß § 176 Rn. 47; Klein § 176 Rn. 82; aA Gosch AO § 176 Rn. 32). Vertrauensschutz entsteht nicht, wenn die Änderung der Rspr. erst nach Erlass des Änderungsbescheides – zB während des Einspruchsverfahrens – eintritt (BFH 14.2.2007 – XI R 30/05, BStBl. II 2007, 524; BFH 20.12.2000 – I R 50/95, BStBl. II 2001, 409; TK § 176 Rn. 16a).

II. Begrenzung mangels Erkennbarkeit (Abs. 1 S. 2)

§ 176 I 2 begrenzt den Vertrauensschutz in § 176 I 1 Nr. 3 für den Fall, dass der Stpfl. 38
die bisherige Rspr. bei Abgabe der StErklärung oder StAnmeldung berücksichtigt hat, ohne dass dies für die FB erkennbar war. Die Vorschrift trägt dem Umstand Rechnung, dass StAnmeldungen – auch in Gestalt von Jahreserklärungen – zumeist keine eigene StFestsetzung durch die FB erfordern (vgl. § 168). Nicht entscheidend ist, ob der Stpfl. die Rspr. kannte oder ihr bewusst gefolgt ist (TK § 176 Rn. 19).

Von einer **Anwendung der Rspr.** durch die FB ist auszugehen, wenn die Rspr. im 39
BStBl. veröffentlicht wurde ohne die Anweisung, die jeweilige Entscheidung nicht über den entschiedenen Einzelfall hinaus anzuwenden (AEAO zu § 176 Nr. 3). Dies ist auch anzunehmen, wenn die FB die Rspr. in gleichgelagerten Fällen in früheren Veranlagungszeiträumen oder gegenüber anderen Stpfl. angewendet hat (Gosch AO § 176 Rn. 33).

III. Ungeschriebene Vertrauensschutztatbestände

§ 176 regelt den Vertrauensschutz des Stpfl. lückenhaft und nicht abschließend (TK 40
§ 176 Rn. 4). Das Rechtsstaatsprinzip, aus dem sich der Grundsatz des Vertrauensschutzes herleitet, bleibt weiterhin anwendbar. Die Gewährung von Vertrauensschutz beschränkt sich jedoch auf das verfassungsrechtlich Unabdingbare (vgl. BVerwG 16.12.1992 – 11 C 6/92, NVwZ 1994, 75). Daneben umfasst auch der Grundsatz von Treu und Glauben den Gedanken des Vertrauensschutzes (BFH 11.10.1988 – VIII R 419/83, BStBl. II 1989, 284; FG Rheinland-Pfalz 12.9.2002 – 6 K 2812/99, EFG 2003, 10). Zu einer verschärfenden Rspr. muss in diesem Fall eine im Vertrauen auf die bisherige Rechtslage erfolgte Disposition hinzutreten (BFH 2.4.2012 – III B 189/10, BFH/NV 2012, 1101). Auf dem Vertrauensschutzgedanken beruhen auch die sog. Übergangsregelungen im Anschluss an eine verschärfende Rspr. des BFH (vgl. BFH 25.6.1984 – GrS 4/82, BStBl. II 1984, 751 (757)). Fehlt eine Übergangsregelung, kann im Einzelfall Vertrauensschutz durch eine Billigkeitsmaßnahme gem. §§ 163, 227 gewährt werden (vgl. Willibald DStZ 1993, 445; BFH 26.9.2019 – V R 36/17, BFH/NV 2020, 86).

C. Rechtswidrigkeit einer allgemeinen Verwaltungsvorschrift (Abs. 2)

§ 176 II gewährt keinen umfassenden Vertrauensschutz, sondern begrenzt den Schutz- 43
bereich in mehrfacher Hinsicht (BFH 22.7.1987 – I R 224/83, BStBl. II 1987, 842). Eine Begrenzung erfolgt hinsichtlich der Art des Verwaltungshandelns, des die Rechtswidrigkeit feststellenden Gerichts und des zeitlichen Umfangs.

Verwaltungsvorschrift. Die Vorschrift schützt das Vertrauen auf die Richtigkeit allg. 44
Verwaltungsvorschriften der Bundesregierung, einer obersten Bundes- oder Landesbehörde. Erfasst werden alle über den Einzelfall hinausgehenden Verwaltungsvorschriften (Richtlinien, Erlasse, Weisungen) jeder obersten Behörden (TK § 176 Rn. 20; allg. zu Verwaltungsvorschriften → § 4 Rn. 53 ff.). Praktisch dürfte dies lediglich für die FM der Länder und das BMF werden, da die Vorschrift eine steuerlich relevante Frage bindend geregelt haben muss (BFH 17.1.2019 – III R 35/17, BStBl. II 2019, 407: keine Bindung an Ländererlass eines anderen Bundeslandes). Verfügungen anderer Behörden (zB OFD) begründen keinen Vertrauenstatbestand (BFH 28.10.1992 – X R 117/89, BStBl. II 1993,

261). Dies gilt auch für eine allgemeine Verwaltungsübung (BFH 29.8.2012 – I R 65/11, BStBl. II 2013, 555). Vertrauensbildung setzt die Möglichkeit der Kenntnisnahme voraus. Eine Veröffentlichung der Vorschrift muss allerdings nicht in amtlichen Organen erfolgen, sondern ein Abdruck oder Hinweis in Fachzeitschriften ist hinreichend (Gosch AO § 176 Rn. 35).

45 **Rechtswidrigkeit.** Die allg. Verwaltungsvorschrift muss von einem obersten Gerichtshof des Bundes als nicht mit dem geltenden Recht in Einklang stehend bezeichnet worden sein. Nicht erforderlich ist, dass eine höchstrichterliche Entscheidung die Vorschrift ausdrücklich für gesetzeswidrig erklärt. Es genügt, dass die Entscheidung von anderen Rechtsgrundsätzen ausgeht und dadurch sinngemäß die Unvereinbarkeit der Verwaltungsmeinung mit geltendem Recht zum Ausdruck bringt (BFH 27.8.2014 – II R 43/12, BStBl. II 2015, 241; BFH 28.9.1987 – VIII R 154/86, BStBl. II 1988, 40; BFH 20.8.1997 – X R 58/93, BFH/NV 1998, 314). Der aufgestellte Rechtssatz muss nicht entscheidungserheblich sein. Der Widerspruch zur Verwaltungsvorschrift kann sich auch aus den nicht tragenden Gründen (obiter dictum) ergeben (BFH 28.9.1987 – VIII R 163/84, BFH/NV 1988, 117). Wird die Vorschrift durch die Behörde vor Feststellung der Rechtswidrigkeit aufgehoben oder geändert, greift § 176 II nicht ein (BFH 22.7.1987 – I R 224/83, BStBl. II 1987, 842). Billigkeitsmaßnahmen (§§ 163, 227) können in diesem Fall allenfalls dann in Betracht kommen, wenn die Rechtswidrigkeit der Verwaltungsauffassung anderweitig eindeutig feststellbar ist. Hieran fehlt es auch, wenn die FB eine Richtlinie im Rahmen des möglichen Wortsinns vertretbar anders interpretiert (BFH 11.10.1988 – VIII R 419/83, BStBl. II 1989, 284).

46 **Entstehen von Vertrauensschutz.** Vertrauensschutz kann nicht entstehen, wenn die Verwaltungsvorschrift die im Änderungsbescheid zugrunde liegende Rechtsfrage nicht positiv entscheidet (Schall DStZ 1993, 542) oder der Widerspruch zur Rspr. eine andere Rechtsfrage betrifft (BFH 20.8.1997 – X R 58/93, BFH/NV 1998, 314) bzw. bei Erlass der Verwaltungsvorschrift bereits offen zu Tage tritt (BFH 17.1.2019 – III R 35/17, BStBl. II 2019, 407; BFH 21.4.2005 – III B 40/04, BFH/NV 2005, 1480; BFH 29.8.2012 – I R 65/11, BStBl. II 2013, 555). Vielmehr muss ein bestimmtes Rechtsproblem nach der zeitlich früheren allg. Verwaltungsvorschrift auf für den Stpfl. günstigere Weise zu lösen sein als nach der späteren Gerichtsentscheidung (BFH 28.10.1992 – X R 117/89, BStBl. II 1993, 261). Daran fehlt es, wenn die Verwaltungsvorschrift erst nach Erlass des StBescheides ergangen ist, also nicht auf dieser Verwaltungsvorschrift beruhen kann (BFH 6.4.2022 – X R 28/19, BFH/NV 2023, 230).

47 Die Unvereinbarkeit der Verwaltungsvorschrift mit dem geltenden Recht wirkt sich lediglich **bei Aufhebung oder Änderung** des StBescheides aus. Deshalb muss die Gerichtsentscheidung zeitlich vor Erlass des Änderungsbescheides ergehen (BFH 11.10.1988 – VIII R 419/83, BStBl. II 1989, 284). § 176 II gewährt keinen Vertrauensschutz, wenn eine dort bezeichnete Verwaltungsvorschrift erst nach dem Erlass des angefochtenen Änderungsbescheids als nicht mit dem geltenden Recht in Einklang stehend bezeichnet wird (BFH 24.8.2023 – V R 49/20, BFH/NV 2024, 53). Aus diesem Grund gewährt § 176 II auch keinen Vertrauensschutz beim erstmaligen Erlass eines StBescheides (BFH 30.6.1993 – XI R 76/92, BFH/NV 1994, 303; BFH 30.10.1997 – IV R 76/96, BFH/NV 1998, 578). Beim LStPauschalierungsbescheid handelt es sich im Verhältnis zur LStAnmeldung nicht um einen Erstbescheid, da er die LStAnmeldung ändert (BFH 23.10.1992 – VI R 65/91, BStBl. II 1993, 844). Bei der Festsetzung von USt-Voranmeldungen und dem nachfolgenden USt-Jahresbescheid kommt es für die Unvereinbarkeit der Verwaltungsvorschrift auf die jeweilige Voranmeldungsfestsetzung an (BFH 6.7.2023 – V R 5/21, DStR 2023, 2173). Vertrauensschutz ist grds. auch im Rahmen der Änderung nach § 174 IV zu gewähren, sodass bei Fortgeltung der begünstigenden Regelung für eine Übergangszeit eine Änderung ausgeschlossen sein kann (BFH 24.9.1998 – IV R 65/96, BStBl. II 1999, 46). § 50d IX EStG hindert nicht die Gewährung von Vertrauensschutz (BFH 9.12.2010 – I R 49/09, BStBl. II 2011, 482).

§ 177 Berichtigung von materiellen Fehlern

(1) **Liegen die Voraussetzungen für die Aufhebung oder Änderung eines Steuerbescheids zuungunsten des Steuerpflichtigen vor, so sind, soweit die Änderung reicht, zugunsten und zuungunsten des Steuerpflichtigen solche materiellen Fehler zu berichtigen, die nicht Anlass der Aufhebung oder Änderung sind.**

(2) **Liegen die Voraussetzungen für die Aufhebung oder Änderung eines Steuerbescheids zugunsten des Steuerpflichtigen vor, so sind, soweit die Änderung reicht, zuungunsten und zugunsten des Steuerpflichtigen solche materiellen Fehler zu berichtigen, die nicht Anlass der Aufhebung oder Änderung sind.**

(3) **Materielle Fehler im Sinne der Absätze 1 und 2 sind alle Fehler einschließlich offenbarer Unrichtigkeiten im Sinne des § 129, die zur Festsetzung einer Steuer führen, die von der kraft Gesetzes entstandenen Steuer abweicht.**

(4) **§ 164 Absatz 2, § 165 Absatz 2 und § 176 bleiben unberührt.**

Schrifttum: Bergan/Martin, Vorläufige Steuerfestsetzung – Änderungsnorm für materielle Fehler?, DStR 2007, 658; Hundt-Eßwein, Berichtigung materieller Fehler nach § 177 AO – Wie weit reicht die Begrenzungswirkung der Norm?, DStR 2007, 751; v. Wedelstädt, Fehlerberichtigung anläßlich der Änderung von Steuerbescheiden, AO-StB 2008, 103; Dreßler, Möglichkeit in sich gegenläufiger freiwilliger Bilanzänderungen gem. § 4 Abs. 2 S. 2 EStG, BB 2016, 2731.

A. Allgemeines

Rechtsentwicklung. Die ursprüngliche Fassung des § 177 sah eine Berichtigung von „Rechtsfehlern" vor, ohne den Begriff selbst zu definieren. Nach der Rspr. des BFH sollte eine offenbare Unrichtigkeit iSd § 129 nicht zu den Rechtsfehlern zählen (BFH 8.3.1989 – X R 116/87, BStBl. II 1989, 531). Hierdurch sah sich der Gesetzgeber veranlasst, den materiellen Fehlerbegriff einzuführen und ihn zugleich in § 177 III zu definieren. Nunmehr können offenbare Unrichtigkeiten – im Umfang des Änderungsrahmens – auch dann noch berichtigt werden, wenn die allg. Festsetzungsfrist abgelaufen ist, jedoch die Aufhebung oder Änderung der StFestsetzung wegen einer Anlauf- oder Ablaufhemmung erfolgen konnte (BT-Drs. 12/5630, 100; Klein § 177 Rn. 13; zur Differenzierung zwischen Rechtsfehlerberücksichtigung und Änderungsnorm vgl. BFH 11.12.2007 – VIII B 90/07, BeckRS 2007, 25012896). Die Änderung ist auf alle Verfahren anzuwenden, die am Tag des Inkrafttretens des StMBG, dem 30.12.1993, noch anhängig waren (Art. 97 § 1 IV EGAO). 1

Normzweck. Die Änderung und Aufhebung von VA nach Eintritt der materiellen Bestandskraft erfolgt punktuell – ohne Gesamtaufrollung – beschränkt auf die durch die Änderungsnorm (§§ 172 ff.) zugelassene Korrektur (vgl. BFH 11.4.1990 – I R 82/86, BFH/NV 1991, 143). Die begrenzte Durchbrechung der Bestandskraft richtet sich an der anteiligen Steuer aus, da die Besteuerungsgrundlagen gem. § 157 II weder in Bestandskraft erwachsen noch verjähren. Demzufolge könnte der Stpfl. den für ihn nachteiligen Änderungsbescheid anfechten, soweit die Änderung reicht (§ 351 I), und materielle Fehler zum Zwecke der StMinderung geltend machen (vgl. FG Nürnberg 13.12.1995 – III 98/90, EFG 1996, 710). Dem könnte die FB wiederum mit einer gegenläufigen Fehlerberichtigung begegnen. Diesen Mechanismus nimmt § 177 vorweg, indem er die FVerw. verpflichtet, materielle Fehler zugunsten und zuungunsten zu berichtigen, die nicht Anlass der Änderung sind. Die Gesamtregelung zerfällt in zwei gleich lautende Absätze, die sich lediglich danach unterscheiden, ob die Voraussetzungen für eine Änderung zuungunsten (§ 177 I) oder zugunsten (§ 177 II) des Stpfl. vorliegen. Hierbei stellt § 177 II die Waffengleichheit für die FB her (FG Münster 19.2.1982 – XI-VII 3244/79 E, EFG 1982, 523). Die Regelung des § 177 I und II dient der größeren Einzelfallgerechtigkeit (BFH 5.8.1986 – IX R 13/81, BStBl. II 1987, 297). Es verbleibt nicht bei der punktuellen Änderung, 2 sondern es sollen im Umfang der Durchbrechung der Bestandskraft die materiell zutreffenden Besteuerungsgrundlagen möglichst vollständig Eingang in die StFestsetzung finden (vgl. v. Groll StuW 1993, 317).

B. Fehlerberichtigung

5 **Materielle Fehler** sind zu berichtigen, soweit die Voraussetzungen für die Korrektur eines StBescheides vorliegen. Die Fehlerberichtigung steht nicht im Ermessen der FB. Wird der Fehler erkannt, ist er im Rahmen des § 177 zu berücksichtigen (HHSp § 177 Rn. 4). Die Fehlerberichtigung stellt sich als gegenläufige Korrektur einer beabsichtigten Änderung dar. Sie begrenzt im Einzelfall die Wirkung der Korrekturvorschriften zugunsten der materiell zutreffenden StFestsetzung (BFH 22.4.2015 – X R 24/13, BFH/NV 2015, 1334). Eine eigenständige Änderungsnorm enthält § 177 dagegen nicht (BFH 7.2.2012 – VIII B 63/11, BFH/NV 2012, 914; Gosch AO § 177 Rn. 1).

I. Aufhebung oder Änderung eines Steuerbescheides (Abs. 1 und 2)

6 **Korrekturnorm.** § 177 betrifft jede Aufhebung oder Änderung eines StBescheides nach Eintritt der Bestandskraft. Unerheblich ist, ob die Korrektur auf §§ 172 ff., 164 II, 165 II gestützt wird oder auf einzelsteuerliche Normen, wie zB §§ 10d, 10 VI EStG, § 35b GewStG, § 21 S. 2 GrStG, beruht (BFH 2.3.2000 – VI R 48/97, BStBl. II 2000, 332; BFH 27.9.1988 – VIII R 432/83, BStBl. II 1989, 225; BFH 1.6.1994 – X R 90/91, BStBl. II 1994, 849). Eine Beschränkung auf Korrekturvorschriften der AO lässt sich weder dem Wortlaut noch dem Sinn und Zweck der Norm entnehmen (vgl. FG Münster 19.2.1982 – XI-VII 3244/79 E, EFG 1982, 523; Klein § 177 Rn. 3). Die Berichtigung offenbarer Unrichtigkeiten nach § 129 eröffnet nicht die Möglichkeit der Fehlerkorrektur (BFH 11.12.2007 – VIII B 90/07, BeckRS 2007, 25012896; BFH 8.3.1989 – X R 116/87, BStBl. II 1989, 531; BFH 30.4.1998 – III B 110/97, BFH/NV 1999, 1; → § 129 Rn. 57: zur Berücksichtigung der Saldierungsmöglichkeit als Ermessenskriterium bei § 129). Dies lässt sich zum einen aus dem Wortlaut des § 177 ableiten, der nur von Aufhebung oder Änderung spricht (TK § 177 Rn. 1a). Zum anderen durchbricht § 129 nicht die Bestandskraft, sondern bringt lediglich die äußere Form mit dem eigentlichen Regelungsgehalt des VA in Übereinstimmung (Schwarz/Pahlke/Keß § 177 Rn. 6). Für das Zerlegungsverfahren kann ein Ausschluss des § 177 nicht aus § 189 S. 2 hergeleitet werden. § 189 S. 2 betrifft einen nicht verallgemeinerungsfähigen Sonderfall. Im Verhältnis der steuerberechtigten Gemeinden untereinander ist § 177 analog anzuwenden (BFH 20.4.1999 – VIII R 13/97, BStBl. II 1999, 542).

7 **Steuerbescheid.** § 177 gilt bei der Korrektur eines StBescheides iSd §§ 155 I 1, 157 sowie von einem StBescheid gleichgestellten Bescheiden, da sie denselben Änderungsnormen unterworfen sind (→ Vorb. §§ 172 ff. Rn. 16 ff.). § 177 ist gem. § 181 I 1 auch auf Gewinnfeststellungsbescheide anzuwenden und ermöglicht für jede einzeln eigenständig festzustellende Besteuerungsgrundlage gegenläufige Fehlerkorrekturen (BFH 13.11.2019 – VIII S 37/18, BFH/NV 2020, 196). Zur Anwendung bei Zinsbescheiden s. BFH 13.12.2022 – VIII R 16/19, BFH/NV 2023, 696. Auf VA, die nur nach §§ 130, 131 widerrufen oder zurückgenommen werden können, ist die Vorschrift nicht anwendbar (Gosch AO § 177 Rn. 4). So sind ua Duldungs- und Haftungsbescheide iSd § 191, Anrechnungsverfügungen, Abrechnungsbescheide iSd § 218 II, die Festsetzung von Verspätungszuschlägen (§ 152) und Zwangsgeldern (§ 329) nicht in den Regelungsbereich der Norm einbezogen (Stirnberg/Pietsch Rn. 692). Auch im Zollrecht findet § 177 keine Anwendung (Klein § 177 Rn. 5a).

II. Umfang der Fehlerberichtigung

1. Änderungsrahmen für die Kompensation

Die Berichtigung hat zu erfolgen, soweit die Änderung reicht (BFH 14.10.2009 – X R 14/08, BStBl. II 2010, 533). Der Änderungsrahmen ergibt sich aus einem Vergleich der bestandskräftigen StFestsetzung und dem im Änderungsbescheid festzusetzenden StBetrag. Allerdings wird der Änderungsrahmen nicht allein durch den letzten Änderungsbescheid bestimmt, sondern – wie in § 351 I – auch durch alle nicht formell bestandskräftigen vorangegangenen Änderungen (BFH 9.8.2006 – II R 24/05, BStBl. II 2007, 87). Maßgebend ist der so ermittelte StMehr- oder StMinderbetrag, nicht die zugrunde liegende Besteuerungsgrundlage (FG München 20.3.1984 – II (XII) 241/80 E, EFG 1984, 589). Zur Berechnung kann allerdings auch auf die Besteuerungsgrundlage zurückgegriffen werden, wenn alle Berechnungsgrößen sich in gleicher Weise auf die StFestsetzung auswirken (BFH 9.6.1993 – I R 90/92, BStBl. II 1993, 822). Änderungsvorschriften mit gegenläufiger Auswirkung dürfen bei der Ermittlung des Korrekturrahmens nicht saldiert werden. 8

Getrennte Änderungsrahmen. § 177 regelt in Abs. 1 und 2 voneinander unabhängige Tatbestände. Liegen sowohl die Voraussetzungen für Änderungen zugunsten des Stpfl. als auch solche für Korrekturen zu dessen Ungunsten vor, sind die oberen und unteren Grenzen der Fehlerberichtigung jeweils getrennt voneinander zu ermitteln (BFH 14.7.1993 – X R 34/90, BStBl. II 1994, 77; FG Düsseldorf 25.9.2002 – 2 K 2421/97 E, AO, EFG 2003, 14; aA Schwarz/Pahlke/Keß § 177 Rn. 39). Eine Saldierung würde auch nicht zu sachgerechten Ergebnissen führen, da der Umfang der Fehlerberichtigung davon abhing, ob die Voraussetzungen des § 177 I und II gleichzeitig oder zu verschiedenen Zeitpunkten erfüllt sind (ebenso TK § 177 Rn. 9). 9

Beispiel: Die Steuer ist auf 5.000 EUR festgesetzt. 10

Änderung nach § 173 I Nr. 1	2.000 EUR
Änderung nach § 175 I Nr. 1	– 3.000 EUR
Materieller Fehler	2.000 EUR

Der Änderungsrahmen nach § 177 II beträgt 3.000 EUR, sodass der materielle Fehler in voller Höhe gegenzurechnen ist. Die Steuer ist auf 6.000 EUR festzusetzen. Bestimmt man den Änderungsrahmen nach Saldierung, verbliebe lediglich ein Änderungsrahmen von 1.000 EUR. Es verbliebe unzutreffenderweise bei der bisher festgesetzten Steuer.

Bei der Änderung von gesonderten Feststellungen ist der Berichtigungsrahmen für jede einzelne Feststellung gesondert zu ermitteln (Schwarz/Pahlke/Keß § 177 Rn. 40).

2. Saldierungsgebot

Ist der StBescheid in mehreren Punkten fehlerhaft, die teils zu Mehrsteuern und teils zu Mindersteuern führen, sind sämtliche Fehler zu saldieren und der Saldo innerhalb des Berichtigungsrahmens zu berücksichtigen (BFH 9.6.1993 – I R 90/92, BStBl. II 1993, 822; BFH 22.4.2015 – X R 24/13, BFH/NV 2015, 1334). 11

Beispiel: Die Steuer ist auf 5.000 EUR festgesetzt.

Änderung nach § 173 I Nr. 1	2.000 EUR
Änderung nach § 175 I Nr. 1	3.000 EUR
Materieller Fehler	– 1.000 EUR
Materieller Fehler	4.000 EUR

Nach Saldierung der materiellen Fehler verbleibt ein Kompensationsbetrag von 3.000 EUR. Die Steuer ist damit auf 7.000 EUR festzusetzen. Ohne Saldierung bliebe eine Fehlerberichtigung iHv 1.000 EUR Mehrsteuern unberücksichtigt.

Für **zusammenveranlagte Ehegatten** ist der Berichtigungsrahmen für beide Ehegatten gemeinsam zu ermitteln. Steuererhöhende Fehler bei einem Ehegatten sind mit steuermindernden Fehlern beim anderen Ehegatten zu saldieren. Die festgesetzte Steuer beruht 12 auf einer gemeinsamen Einkommensermittlung der Ehegatten, sodass sich jede Änderung der Besteuerungsgrundlage stets für beide Stpfl. auswirkt (BFH 5.8.1986 – IX R 13/81, BStBl. II 1987, 297; FG Hamburg 10.6.2022 – 2 K 55/21, BeckRS 2022, 19710). Wechseln die Ehegatten anlässlich der Änderung zur Einzelveranlagung (§ 26a EStG), ist für jeden Ehegatten der Berichtigungsrahmen getrennt zu ermitteln. Die Änderung der StFestsetzung des einen Ehegatten kann in diesem Fall daher nicht mit Fehlern in der Einkunftsermittlung des anderen Ehegatten kompensiert werden (FG Düsseldorf 25.6.1996 – 6 K 3526/92, EFG 1996, 1075; Schwarz/Pahlke/Keß § 177 Rn. 41; Klein § 177 Rn. 7; aA Gosch AO § 177 Rn. 31).

3. Kompensation nach Ablauf der Festsetzungsfrist

13 Eine StFestsetzung darf nach Ablauf der Festsetzungsfrist nicht mehr nach §§ 172 ff. geändert werden (§ 169 I 1). Mit Eintritt der Festsetzungsverjährung erlischt der StAnspruch, soweit er nicht durch StFestsetzung konkretisiert ist (→ § 47 Rn. 10). Wird der Ablauf der Festsetzungsfrist durch § 171 hinsichtlich eines Teils des StAnspruchs gehemmt, tritt insoweit keine Verjährung ein mit der Folge einer Korrekturmöglichkeit. In diesem Rahmen sind materielle Fehler in vollem Umfang zu berücksichtigen, ohne dass es darauf ankommt, auf welche Besteuerungsgrundlage sich die Fehlerkorrektur bezieht (str., ebenso Apitz DStZ 1991, 300). Die Teilverjährung des StAnspruchs führt wegen § 157 II nicht zu einer materiellen Verhaftung der entsprechenden Besteuerungsgrundlagen (BFH 18.12.1991 – X R 38/90, BStBl. II 1992, 504; BFH 14.12.1994 – X R 111/92, BFH/NV 1995, 566; FG Berlin-Brandenburg 25.9.2015 – 4 K 4074/15, EFG 2016, 356; Klein § 175 Rn. 11; aA TK § 177 Rn. 6a; Söhn StuW 2000, 232). Deshalb kann auch die bis zum Eintritt der Festsetzungsverjährung nicht erfolgte Auswertung eines Grundlagenbescheids als Fehler des Folgebescheids korrigiert werden (BFH 9.5.2007 – X B 33/05, BFH/NV 2007, 1466; BFH 17.3.2010 – I R 86/06, BFH/NV 2010, 1779; BVerfG 10.6.2009 – 1 BvR 571/07, DStRE 2009, 1021: kein Vertrauensschutzverstoß). So tritt eine Ablaufhemmung nach § 171 III in Höhe der beantragten StHerabsetzung ein, auch wenn der Stpfl. erst nach Ablauf der regulären Festsetzungsfrist seinen rechtzeitig gestellten Antrag durch Benennung der unrichtigen Besteuerungsgrundlagen konkretisiert (vgl. Klein § 171 Rn. 22). Ebenso wenig berührt das teilweise Erlöschen des StAnspruchs das Vorliegen eines materiellen Fehlers. Durch den Eintritt der Verjährung wird der StAnspruch lediglich ex nunc und nicht rückwirkend beseitigt. Der Begriff des materiellen Fehlers iSd § 177 III stellt indes auf die kraft Gesetzes einmal entstandene Steuer ab, auf welche die Verjährung keinen Einfluss hat (BFH 11.7.2007 – I R 96/04, BFH/NV 2008, 6; Schwarz/Pahlke/Keß § 177 Rn. 22; aA v. Groll StuW 1993, 312).

III. Begriff des materiellen Fehlers (Abs. 3)

17 Nach der **Legaldefinition** des § 177 III ist die StFestsetzung materiell fehlerhaft, wenn sie nicht die kraft Gesetzes (§ 38) entstandene Steuer ausweist. Maßgebend für den Fehlerbegriff ist danach nur, dass die im Bescheid festgesetzte Steuer nicht der tatsächlich entstandenen Steuer entspricht (BFH 3.3.2011 – IV R 35/09, BFH/NV 2011, 2045). Ob diese Abweichung auf einem Fehler im berücksichtigten Sachverhalt, in der rechtlichen Würdigung oder auf einer offenbaren Unrichtigkeit iSd § 129 beruht, ist dabei unerheblich (so bereits BFH 5.8.1986 – IX R 13/81, BStBl. II 1987, 297; BFH 10.10.2007 – VI B 48/06, BFH/NV 2008, 191; zum Begriff Rechtsfehler → Rn. 1). Ein materieller Fehler liegt folglich vor, wenn bei der Subsumtion von einem unvollständigen oder falschen Sachverhalt ausgegangen wurde oder Fehler in der Rechtsanwendung auftreten. Ein falscher Sachverhalt liegt vor, wenn der StFestsetzung ein Sachverhalt zugrunde gelegt worden ist, der sich als unrichtig erweist (BFH 18.12.1991 – X R 38/90, BStBl. II 1992, 504; BFH 30.10.2019 – IV R 59/16, BStBl. II 2020, 147). Zu den Fehlern in der Rechtsanwendung zählen sowohl das falsche Rechtsverständnis von einer Norm als auch die unrichtige

Subsumtion bzw. deren Unanwendbarkeit infolge Verstoßes gegen Europarecht und Verstöße gegen Erfahrungssätze (BFH 18.12.1991 – X R 38/90, BStBl. II 1992, 504) sowie die nicht rechtzeitige Auswertung eines Grundlagenbescheids (BFH 9.8.2006 – II R 24/05, BStBl. II 2007, 87 mwN). Unerheblich ist, ob die Fehlerhaftigkeit des Bescheides schuldhaft verursacht, leicht erkennbar ist, bereits bei Erlass des VA vorlag (BFH 5.8.1986 – IX R 13/81, BStBl. II 1987, 297; BFH 1.6.1994 – X R 90/91, BStBl. II 1994, 849) oder die Besteuerungsgrundlagen mangels Abgabe der StErklärung geschätzt wurden. Zu berücksichtigen sind deshalb auch Tatsachen, die wegen groben Verschuldens des Stpfl. nicht nach § 173 zu berücksichtigen wären (ebenso Klein § 177 Rn. 7a; Gosch AO § 177 Rn. 13.3). § 173 II schränkt die Saldierung nicht ein (FG Sachsen 8.6.2006 – 3 K 2006/03, EFG 2006, 1862).

Die Verletzung von **Verfahrensvorschriften** führt lediglich dann zu einem materiellen Fehler, wenn dadurch nicht die kraft Gesetzes entstandene Steuer festgesetzt wurde (TK § 177 Rn. 4a). Durch die Verletzung von Verwaltungsvorschriften wird die StFestsetzung fehlerhaft, wenn die Verwaltungsregelung eine richtige Norminterpretation oder zulässigerweise typisierende Regelungen zur Sicherung des gleichmäßigen Gesetzesvollzuges enthielt (Gosch AO § 177 Rn. 13). Soweit die Verwaltungsvorschrift Ermessensrichtlinien festlegt, bedeutet ein Verstoß hiergegen wegen der Selbstbindung der Verwaltung idR einen Ermessensfehlgebrauch. Eine fehlerhafte Ermessensausübung führt jedoch nur dann zu einem materiellen Fehler, wenn die StFestsetzung im Rahmen einer fehlerfreien Ermessensprüfung keinen Bestand haben könnte. 18

Anträge oder **Wahlrechte,** die nicht fristgebunden sind oder fristgerecht nachträglich gestellt werden, sind im Rahmen der Änderung des StBescheides zu berücksichtigen, weil die materielle Rechtslage sich hierdurch nachträglich verändert (→ § 38 Rn. 15; BFH 3.3.2011 – IV R 35/09, BFH/NV 2011, 2045; BFH 11.7.2007 – I R 96/04, BFH/NV 2008, 6; BFH 9.7.1992 – XI R 29/91, BStBl. II 1993, 29; FG Nürnberg 13.12.1995 – III 98/90, EFG 1996, 710). Zu beachten ist, dass die Änderung der Antrags- oder Wahlrechtsausübung nur dann möglich ist, wenn die dadurch zu erzielende StÄnderung den durch die partielle Durchbrechung der Bestandskraft gesetzten Rahmen nicht verlässt (BFH 9.12.2015 – X R 56/13, BStBl. II 2016, 967; BFH 20.4.2023 – III R 25/22, BStBl. II 2023, 823). Wird der Antrag verspätet gestellt, kann ein materieller Fehler nur vorliegen, wenn dem Stpfl. Wiedereinsetzung zu gewähren ist (Woerner/Grube, 154). Umgekehrt ist die StFestsetzung auch fehlerhaft, wenn ein Antrag zulässigerweise zurückgenommen wird (TK § 177 Rn. 5). Dagegen beinhaltet § 177 I keine selbständige Rechtfertigung für den Stpfl., ein einmal ausgeübtes Wahlrecht zu ändern (BFH 9.12.2015 – X R 56/13, BStBl. II 2016, 967). Dies ist auch nicht verfassungsrechtlich geboten (BFH 27.11.2024 – X R 1/23, DStR 2025, 383 zum Wechsel der Gewinnermittlungsart). Bei zusammenveranlagten Ehegatten kann die Wahl der Veranlagungsart bei jeder Änderung des StBescheides erneut ausgeübt werden, sodass die StFestsetzung hierdurch fehlerhaft werden kann (vgl. BFH 27.9.1988 – VIII R 98/87, BStBl. II 1989, 229). Wird der Änderungsbescheid wieder aufgehoben, entfallen die Wirkungen des Antrags auf getrennte Veranlagung/Einzelveranlagung (BFH 24.5.1991 – III R 105/89, BStBl. II 1992, 123). 19

Präklusion von Tatsachen. Mit Eintritt der Präklusionswirkung des § 364b gilt der StBescheid, soweit er wegen der präkludierten Tatsachen und Beweismitteln vom entstandenen StAnspruch iSd § 38 abweicht, als rechtmäßig (vgl. v. Groll in FS Offerhaus, 837 (843 ff.)). Die Abweichung der StFestsetzung vom materiellen StAnspruch führt dennoch zu einem materiellen Fehler iSd § 177 III (HHSp § 364b Rn. 170; v. Wedelstädt DB 1996, 113; Siegert DStZ 1995, 25; aA Spaeth DStZ 1995, 175). Hierin liegt lediglich ein scheinbarer Widerspruch, da einerseits die Präklusion nur auf das Einspruchsverfahren bezogen ist (→ § 364b Rn. 2), andererseits der materielle Fehlerbegriff des § 177 anders als noch der Rechtsfehler aF nicht ausschl. auf die richtige Rechtsanwendung abstellt (so aber v. Groll in FS Offerhaus, 837 (846 ff. mwN)). Die FB begeht nicht mit jeder unvollständigen Tatsachenerfassung, zB bei Schätzung nach § 162, zugleich einen Rechtsfehler. 20

So ist die abgelehnte Änderung nach § 173 I Nr. 2 rechtmäßig, wenn die Tatsachen grob schuldhaft erst nachträglich bekannt gegeben werden. Gleichwohl sind diese Tatsachen im Rahmen einer Fehlerkorrektur iSd § 177 zu berücksichtigen (ebenso Stirnberg/Pietsch Rn. 695; v. Wedelstädt AO-StB 2002, 200 (202)). Zur Berücksichtigung präkludierter Tatsachen → § 364b Rn. 37.

21 **Rechtskraftwirkung.** Hiervon zu trennen sind die Folgen nach Ergehen eines rechtskräftigen Urteils. Die Bestätigung der außergerichtlichen Präklusion wirkt über das Klageverfahren hinaus und bleibt auch bei einer nachfolgenden Korrektur des VA nach § 110 II FGO zu berücksichtigen (v. Groll StuW 1993, 312; HHSp § 364b Rn. 174). Wird lediglich über die Zulässigkeit des Einspruchs entschieden, bezieht sich die Rechtskraftwirkung allein auf die Bestandskraft des VA (Gräber FGO § 76 Rn. 53).

IV. Verhältnis zu anderen Vorschriften (Abs. 4)

25 Nach § 177 IV bleiben die §§ 164 II, 165 II, 176 unberührt, also ihr Anwendungsbereich uneingeschränkt erhalten. Hierdurch wird klargestellt, dass der beschränkte Rahmen für eine Berichtigung von materiellen Fehlern bei Änderungen nach § 164 II nicht gilt. Da die StFestsetzung unter Vorbehalt der Nachprüfung nicht in materielle Bestandskraft erwächst, ist eine Änderung und damit auch die Korrektur jeglicher Rechtsfehler uneingeschränkt zulässig (Klein § 177 Rn. 16; Schwarz/Pahlke/Keß § 177 Rn. 8). Bei der **Änderung nach § 165 II** wird hingegen die Abänderbarkeit der StFestsetzung von der Rspr. auf die der vorläufig festgesetzten Steuer zugrunde liegende Besteuerungsgrundlage begrenzt (BFH 6.3.1992 – III R 47/91, BStBl. II 1992, 588). Im Umfang der Vorläufigkeit tritt partiell eine materielle Bestandskraft der StFestsetzung nicht ein (→ § 165 Rn. 46). Die unbeschadete Anwendung des § 165 II bedeutet indes nicht, dass damit materielle Fehler, die bei der ursprünglichen, vorläufigen StFestsetzung unterlaufen sind, nicht zu berichtigen sind. Vielmehr verdeutlicht § 177 IV die unbeschränkte Möglichkeit der materiellen Fehlerberichtigung innerhalb des Änderungsrahmens des § 165 II (BFH 2.3.2000 – VI R 48/97, BStBl. II 2000, 332). Einer Anwendung des § 177 bedarf es insoweit nicht (vgl. BT-Drs. VI/1982, 155; zutr. Gosch AO § 177 Rn. 10). Bei einer Änderung nach § 165 II sind im Umfang des Änderungsrahmens folglich auch materielle Fehler zu berücksichtigen, die nicht mit dem Grund der Vorläufigkeit zusammenhängen (FG Niedersachsen 27.2.1997 – XIV 126/95, EFG 1997, 930; BFH 2.3.2000 – VI R 48/97, BStBl. II 2000, 332).

26 **§ 176** ist auch bei der Fehlerkorrektur nach § 177 zu beachten; § 176 bleibt von der Bestimmung des § 177 unberührt. Das Vertrauen des Stpfl. wird ebenso im Rahmen der Fehlerkorrektur geschützt. Der Grundsatz der materiellen Richtigkeit tritt hinter die schutzwürdigen Interessen des Stpfl. zurück. Die FB kann daher nicht mit Rechtsfehlern saldieren, die als solche erst durch eine Entscheidung des BVerfG oder eines obersten Bundesgerichts offenbart werden (Klein § 177 Rn. 17).

C. Verfahrensfragen

30 Gegen den Änderungsbescheid, in dem sich die Fehlerberichtigung ausgewirkt hat, ist der Einspruch gegeben. Im Einspruchsverfahren sind sowohl das Vorliegen eines materiellen Fehlers als auch die Zulässigkeit und der Umfang der Kompensation zu klären. Unterbleibt eine Korrektur, weil der Änderung ein gegenläufiger Fehler im selben Umfang entgegensteht, muss der Stpfl. zunächst den Erlass eines Änderungsbescheides beantragen. Gegen den ablehnenden VA ist der Einspruch statthaft (vgl. BFH 8.8.1997 – VI R 3/97, BFH/NV 1998, 145).

IV. Kosten

§ 178 Kosten bei besonderer Inanspruchnahme der Zollbehörden

(1) Die Behörden der Bundeszollverwaltung sowie die Behörden, denen die Wahrnehmung von Aufgaben der Bundeszollverwaltung übertragen worden ist, können für eine besondere Inanspruchnahme oder Leistung (kostenpflichtige Amtshandlung) Gebühren erheben und die Erstattung von Auslagen verlangen.

(2) Eine besondere Inanspruchnahme oder Leistung im Sinne des Absatzes 1 liegt insbesondere vor bei

1. Amtshandlungen außerhalb des Amtsplatzes und außerhalb der Öffnungszeiten, soweit es sich nicht um Maßnahmen der Steueraufsicht handelt,

2. Amtshandlungen, die zu einer Diensterschwernis führen, weil sie antragsgemäß zu einer bestimmten Zeit vorgenommen werden sollen,

3. Untersuchungen von Waren, wenn

a) sie durch einen Antrag auf Erteilung einer verbindlichen Zolltarifauskunft, Gewährung einer Steuervergütung oder sonstigen Vergünstigungen veranlasst sind oder

b) bei Untersuchungen von Amts wegen Angaben oder Einwendungen des Verfügungsberechtigten sich als unrichtig oder unbegründet erweisen oder

c) die untersuchten Waren den an sie gestellten Anforderungen nicht entsprechen,

4. Überwachungsmaßnahmen in Betrieben und bei Betriebsvorgängen, wenn sie durch Zuwiderhandlungen gegen die zur Sicherung des Steueraufkommens erlassenen Rechtsvorschriften veranlasst sind,

5. amtlichen Bewachungen und Begleitungen von Beförderungsmitteln oder Waren,

6. Verwahrung von Nichtgemeinschaftswaren,

7. Fertigung von Schriftstücken, elektronischen Dokumenten, Abschriften und Ablichtungen sowie bei der elektronischen Übersendung oder dem Ausdruck von elektronischen Dokumenten und anderen Dateien, wenn diese Arbeiten auf Antrag erfolgen,

8. Vernichtung oder Zerstörung von Waren, die von Amts wegen oder auf Antrag vorgenommen wird.

(3) Das Bundesministerium der Finanzen wird ermächtigt, durch Rechtsverordnung, die der Zustimmung des Bundesrates nicht bedarf, die kostenpflichtigen Amtshandlungen näher festzulegen, die für sie zu erhebenden Kosten nach dem auf sie entfallenden durchschnittlichen Verwaltungsaufwand zu bemessen und zu pauschalieren sowie die Voraussetzungen zu bestimmen, unter denen von ihrer Erhebung wegen Geringfügigkeit, zur Vermeidung von Härten oder aus ähnlichen Gründen ganz oder teilweise abgesehen werden kann.

(4) [1] Auf die Festsetzung der Kosten sind die für Verbrauchssteuern geltenden Vorschriften entsprechend anzuwenden. [2] Im Übrigen gilt für diese Kosten das Verwaltungskostengesetz in der bis zum 14. August 2013 geltenden Fassung. [3] Die §§ 18 bis 22 des Verwaltungskostengesetzes in der bis zum 14. August 2013 geltenden Fassung finden keine Anwendung.

I. Allgemeines

Rechtsentwicklung. Durch das StÄndG 2003 wurde Nr. 6 ohne inhaltliche Änderung an der Terminologie des ZK angepasst und mit Nr. 8 ist ein weiterer Kostentatbestand mWv 16.12.2003 aufgenommen worden. Die Änderung in Abs. 4 S. 1 durch das JStG 2008 dient lediglich der Klarstellung. Durch das Gesetz zur Strukturreform des Gebühren- 1 rechts des Bundes (BGBl. 2013 I 3154) wird mWv 15.8.2013 die in Abs. 4 bisher enthaltene Verweisung auf die im Zeitpunkt des Bundesgebührengesetzes geltende Fassung konserviert, sodass spätere Änderungen nicht einbezogen werden. Eine inhaltliche Änderung ist hiermit nicht verbunden. Abs. 2 Nr. 7 ist durch das ZKAnpG v. 22.12.2014 neu gefasst worden (BGBl. 2014 I 2417).

2 **Gegenstand.** Die Vorschrift bildet die Rechtsgrundlage für die Erhebung von Kosten bei besonderer Inanspruchnahme der Zollbehörden. Kosten ist der Oberbegriff für die im Gesetz genannten Gebühren und Auslagen. Sie sind steuerliche Nebenleistungen iSd § 3 IV. Gebühren stellen die Gegenleistung für die erbrachte Amtshandlung dar. Ihre Höhe muss in einem angemessenen Verhältnis zum verursachten Aufwand stehen (sog. Äquivalenzprinzip; HHSp § 178 Rn. 4; vgl. allg. BVerwG 24.3.1961 – VII C 109/60, BVerwGE 12, 162). Im Übrigen gilt auch der Verhältnismäßigkeitsgrundsatz (TK § 178 Rn. 4). Die Behörde muss demzufolge von mehreren gleich geeigneten Maßnahmen die kostengünstigste auswählen (FG Hamburg 30.1.1981 – IV 105/80 H, EFG 1981, 592).

3 **Anwendungsbereich.** Kosten können als Nebenleistungen steuerlicher Art nur gem. § 178 erhoben werden, wenn ihr Entstehungsgrund in der Vornahme einer Amtshandlung liegt, die einen Gegenstand der AO (Steuern einschl. der StVergütungen, § 1 Abs. 1) betrifft. Die Vorschrift ist keine Rechtsgrundlage für die Gebührenerhebung wegen Amtshandlungen der Zollbehörden in Bezug auf andere Gegenstände, zB Subventionen marktordnungsrechtlicher Art (BFH 17.2.1988 – VII R 68/86, BFHE 152, 377). § 178 findet durch umfangreiche Verweisungen auch in diesen Bereich zT entsprechende Anwendung. So gilt § 178 im Marktordnungsrecht nach § 17 II–IV MOG (HHSp § 178 Rn. 9; BFH 17.2.1988 – VII R 68/86, BFHE 152, 377; BFH 18.8.1998 – VII R 8/98, DStRE 1998, 942). Nach § 28 II AWG finden für bestimmte Amtshandlungen im Bereich des Außenwirtschaftsverkehrs für die Bemessung der Kosten und für das Verfahren zu ihrer Erhebung die Vorschriften über Kosten, die auf Grund des § 178 erhoben werden Anwendung. Die Bemessung der Kosten und die Erhebung richten sich folglich nach der ZollKostV (→ Rn. 4 ff.). Für den Bereich des Zollrechts wird § 178 durch die vorrangige Regelung in Art. 52 UZK überlagert (BeckOK AO § 178 Rn. 7). Dies schließt eine ergänzende Anwendung des § 178 jedoch nicht aus (ebenso Klein § 178 Rn. 3).

II. Kostenpflicht bei besonderer Inanspruchnahme

1. Voraussetzungen für die Kostenerhebung (Abs. 1)

4 Das Verwaltungsverfahren vor den Behörden der Bundeszollverwaltung ist grds. kostenfrei. Eine Kostenpflicht besteht lediglich, soweit ein Gesetz dies ausdrücklich vorsieht (BVerfG 11.10.1966 – 2 BvR 179/64, BVerfGE 20, 257 (269); BFH 27.6.1978 – VII R 68/77, BFHE 125, 321). Eine vertragliche Vereinbarung ist keine hinreichende Rechtsgrundlage für die Kostenerhebung (FG Hamburg 9.6.1977 – IV 68/76, EFG 1977, 490). Kosten dürfen von den Behörden der Bundeszollverwaltung deshalb nur für besondere Amtshandlungen erhoben werden. § 178 I iVm der Zollkostenverordnung (ZollKostV) gestattet die Kostenerhebung für eine besondere Inanspruchnahme oder Leistung. Die Erhebung der Kosten steht nicht im Ermessen der Behörde (HHSp § 178 Rn. 17).

2. Einzelfälle (Abs. 2)

5 Das Gesetz zählt eine Reihe von kostenpflichtigen Tatbeständen auf, in denen eine besondere Inanspruchnahme oder Leistung gegeben ist. Die Aufzählung ist nicht abschließend („insb."). Durch die lediglich beispielhafte Aufzählung sollte sichergestellt werden, dass eine Kostenerhebung nicht ausgeschlossen ist, wenn der Zollverwaltung in Zukunft neue Aufgaben übertragen werden, durch die zugleich eine besondere Inanspruchnahme oder Leistung vorliegt (BT-Drs. 7/4292, 34). Die Kostenpflicht bei der Erfüllung neuer Aufgaben tritt ein, wenn sie mit den gesetzlich normierten Fällen substantiell vergleichbar sind (ebenso Schwarz/Pahlke/Keß § 178 Rn. 4; TK § 178 Rn. 5).

3. Verordnungsermächtigung (Abs. 3)

Der BMF hat von der ihm erteilten Ermächtigung, durch VO die kostenpflichtigen Amtshandlungen näher festzulegen, die Bemessung der Kosten und die Voraussetzungen, unter denen von einer Erhebung abgesehen werden kann, zu regeln, durch Änderungen der ZollKostV Gebrauch gemacht. Die Bemessung der Kosten erfolgt nach dem Kostendeckungsprinzip, wobei dem VO-Geber ein weiter gebührenrechtlicher Gestaltungsspielraum zusteht (BFH 22.9.2009 – VII R 4/07, BFH/NV 2010, 110). Der Erlass der ZollKostV (BGBl. 2009 I 3001) beruht auf der Vorgängervorschrift des § 227 III RAO. Nach Inkrafttreten der AO waren die nachfolgenden Änderungen durch § 178 III legitimiert. Die Zustimmung des BR ist nicht erforderlich. Dem steht Art. 80 GG nicht entgegen (vgl. BVerfG 11.10.1966 – 2 BvR 179/64, BVerfGE 20, 257 (268)). 6

Die ZollKostV idF vom 6.9.2009 (BGBl. 2009 I 3001; zuletzt geändert BGBl. 2019 I 1514) findet auch für die besondere Inanspruchnahme der Zollbehörden beim Außenwirtschaftsverkehr hinsichtlich der Bemessung der Kosten (§ 28 II AWG) und für Warenuntersuchungen aufgrund § 17 II, III, IV MOG Anwendung (HHSp § 178 Rn. 23). Im Zollrecht überlagert Art. 52 UZK teilweise § 178, schließt die Anwendung der ZollKostV im Übrigen aber nicht aus (Klein § 178 Rn. 3). Die ZollKostV wird in den Dienstanweisungen des BMF in VSF S V 2201–2220 näher erläutert.

4. Festsetzung und Erhebung der Kosten (Abs. 4)

Die entsprechende Anwendung der für VerbrauchSt geltenden Vorschriften führt dazu, dass die Kosten durch VA festzusetzen sind (§ 155 I, III). Die Festsetzungsfrist beträgt gem. § 169 II 1 Nr. 1 ein Jahr. § 178 IV 2 beschränkt den Geltungsbereich des VwKostG (Ausschluss der §§ 18–22 VwKostG), sodass die Regelungen der AO über das Erhebungs- (§§ 218, 222, 227, 228 ff.), das Vollstreckungs- (§§ 249 ff.) und das Rechtsbehelfsverfahren (§§ 347 ff.) gelten. Auf die Korrektur der Kostenbescheide finden die §§ 172 ff. entspr. Anwendung. Säumniszuschläge und Zinsen werden auf Kosten nicht erhoben (§§ 233, 240 II). Im Übrigen gelten die allg. Kostenregelungen in den §§ 8–17 VwKostG idF bis zum 14.8.2013 (→ Rn. 1; BFH 20.2.2018 – VII R 21/16, BFH/NV 2018, 923). Gegen den Kostenfestsetzungsbescheid ist der Einspruch statthaft (§ 347 I). Vorläufiger Rechtsschutz ist nach § 361 und § 69 FGO zu gewähren (BFH 22.2.2011 – VII B 210/10, BFH/NV 2011, 1038). 7

2. Unterabschnitt. Gesonderte Feststellung von Besteuerungsgrundlagen, Festsetzung von Steuermessbeträgen

I. Gesonderte Feststellungen

§ 179 Feststellung von Besteuerungsgrundlagen

(1) **Abweichend von § 157 Absatz 2 werden die Besteuerungsgrundlagen durch Feststellungsbescheid gesondert festgestellt, soweit dies in diesem Gesetz oder sonst in den Steuergesetzen bestimmt ist.**

(2) [1] **Ein Feststellungsbescheid richtet sich gegen den Steuerpflichtigen, dem der Gegenstand der Feststellung bei der Besteuerung zuzurechnen ist.** [2] **Die gesonderte Feststellung wird gegenüber mehreren Beteiligten einheitlich vorgenommen, wenn dies gesetzlich bestimmt ist oder der Gegenstand der Feststellung mehreren Personen zuzurechnen ist.** [3] **Ist eine dieser Personen an dem Gegenstand der Feststellung nur über eine andere Person beteiligt, so kann insoweit eine besondere gesonderte Feststellung vorgenommen werden.**

(3) **Soweit in einem Feststellungsbescheid eine notwendige Feststellung unterblieben ist, ist sie in einem Ergänzungsbescheid nachzuholen.**

Schrifttum: Steger, Feststellungsverfahren bei einer vermögensverwaltenden Schwesterpersonengesellschaft, DStR 2009, 784; Schoor, Miteigentum an Vermietungsobjekten, StBp 2010, 143; Kaiser, Der anhängige Steuerstreit in der Insolvenz der Personengesellschaft, NZI 2013, 332; Hageböke, Einheitliche und gesonderte Feststellung bei der KGaA und ihrem persönlich haftenden Gesellschafter, Ubg 2015, 295; Levedag, Ausgewählte ertragsteuerliche Entwicklungen bei der atypischen stillen Gesellschaft und (a)typisch stillen Unterbeteiligung, GmbHR 2019, 699; Zantopp, Neues zum gesonderten und einheitlichen Feststellungsverfahren in Fondsstrukturen, FR 2019, 1085.

Übersicht

A. Allgemeines

1 **Rechtsentwicklung.** Die Vorschrift geht im Wesentlichen auf die in den §§ 213 ff. RAO enthaltenen Regelungen und die hierzu geübte Verwaltungspraxis zurück. Durch das StBereinG 1986 wurde § 179 II erweitert. Diese Regelung ist auf alle bei Inkrafttreten (25.12.1985) anhängigen Verfahren anzuwenden (Art. 97 § 1 II EGAO).

2 **Zweck der Regelung.** Die Besteuerungsgrundlagen, die zur Erläuterung und Begründung der StFestsetzung in den StBescheid aufgenommen werden, bilden grds. einen mit Rechtsbehelfen nicht anfechtbaren unselbständigen Teil des StBescheids (§ 157 II; Klein § 179 Rn. 1). Die Ermittlung der Besteuerungsgrundlagen erfolgt deshalb idR im Rahmen eines einheitlichen Verfahrens mit dem Zweck einer daraus abgeleiteten StFestsetzung (vgl. TK Vorb. § 179 Rn. 1). Von diesem Grundsatz lässt § 179 Ausnahmen zu, soweit die AO selbst oder sonst ein StGesetz die gesonderte Feststellung der Besteuerungsgrundlagen bestimmt. Diese Abspaltung eines gesonderten Feststellungsverfahrens dient sowohl der Vereinfachung (Verfahrensökonomie) als auch der Sicherstellung einer einheitlichen Rechtsanwendung (BFH 8.11.2005 – VIII R 21/01, BFH/NV 2006, 491; Vermeidung widersprüchlicher Entscheidungen, vgl. BFH 26.6.2008 – IV R 89/05, BFH/NV 2008, 1984). So bedarf es zB bei der Beteiligung mehrerer Personen an den Einkünften nicht der jeweiligen Ermittlung durch jedes WohnsitzFA mit der Gefahr unterschiedlicher Ermittlungs- und Rechtsanwendungsergebnisse. Das StGeheimnis steht der Offenbarung steuerlicher Verhältnisse eines Beteiligten regelmäßig nicht entgegen. Dies gilt selbst dann, wenn bereits streitig ist, ob die Voraussetzungen für die Durchführung des Feststellungsverfahrens vorliegen (BFH 30.3.2021 – VII B 62/20, BStBl. II 2021, 587).

3 Aus Gründen der Gleichmäßigkeit der Besteuerung ist eine **einheitliche** Feststellung sinnvoll, wenn ein steuerlicher Sachverhalt mehrere, mind. zwei Personen betrifft (vgl. BFH 9.3.1994 – VIII S 9/93, BFH/NV 1995, 28; BFH 5.7.2002 – IV B 42/02, BFH/NV 2002, 1447). Hierdurch wird vermieden, dass es trotz Tatbestandsidentität zu einer unterschiedlichen steuerlichen Berücksichtigung kommt. Eine Vereinfachung tritt durch **gesonderte** Feststellung der Besteuerungsgrundlagen ein, wenn derselbe Sachverhalt bei verschiedenen StArten, in verschiedenen Besteuerungszeiträumen oder vom orts- und sachnäheren FA einmal verbindlich festgeschrieben wird.

B. Gesonderte Feststellung von Besteuerungsgrundlagen (Abs. 1)

I. Gegenstand der Feststellung

Gegenstand der Feststellung sind die nach den jeweiligen Vorschriften verbindlich festzuhaltenden Besteuerungsgrundlagen. Zur Bestimmung wird man nicht streng auf die Definition des § 199 I zurückgreifen können (Klein § 179 Rn. 9; BeckOK AO § 179 Rn. 16.2). Entsprechend dem Zweck der Vorschrift (→ Rn. 2) fallen hierunter vielmehr die in den jew. Regelungen benannten rechtlichen Inbegriffe oder quantifizierte Zwischengrundlagen, an die die Besteuerung anknüpft (TK § 179 Rn. 1). Dazu gehören insb. Die Höhe der stpfl. Einkünfte und ihre Zurechnung gegenüber den Beteiligten sowie die Zurechnung von Wirtschaftsgütern, auch soweit sie nicht zur Erzielung von Einkünften dienen (vgl. § 1 I 2 der VO zu § 180 II). Festgestellt werden können darüber hinaus auch Betriebseinnahmen und -ausgaben von Gesellschaften und Gemeinschaften ohne eigene Gewinnerzielungsabsicht, die den Beteiligten anteilig zuzurechnen sind (vgl. § 1 I 1 Nr. 1 der VO zu § 180 II sowie zu näheren Einzelheiten die Erläuterungen zu § 180). Was im Einzelfall letztlich Gegenstand der Feststellung ist, ergibt sich aus der jeweiligen Vorschrift, auf deren Grundlage die gesonderte Feststellung zu erfolgen hat. Dies gilt bereits dann, wenn zweifelhaft oder nur möglich erscheint, dass Einkünfte vorliegen, an denen mehrere beteiligt sind. Ob diese Zweifel tatsächlicher oder rechtlicher Natur sind, ist unerheblich (BFH 12.4.2021 – VIII R 46/18, BStBl. II 2021, 614; BFH 19.11.2024 – VIII R 10/22, DStR 2025, 456; zur Pflicht des FG, ein laufendes Klageverfahren in diesen Fällen nach § 74 FGO auszusetzen s. BFH 4.4.2023 – IV R 19/20, BFH/NV 2023, 1062). 8

Liegen die Voraussetzungen für eine gesonderte und ggf. einheitliche Feststellung vor, hat diese zwingend zu erfolgen. Dies gilt auch, wenn die Feststellung durch das Wohnsitz-FA der Beteiligten durchzuführen ist (BFH 9.6.2015 – X R 38/12, BFH/NV 2015, 1588; Ausnahme: § 180 III 1 Nr. 2). Das jeweilige Feststellungsverfahren bezieht sich auf jedes selbständige Einkünfteerzielungssubjekt, sodass eine Zusammenfassung der Besteuerungsgrundlagen für verschiedene Subjekte (Gesellschaften oder Gemeinschaften) in einem Bescheid unzulässig ist (BFH 21.10.2015 – IV R 43/12, BStBl. II 2016, 517; BFH 7.11.2019 – IV R 9/18, BFH/NV 2020, 338).

II. Feststellungsbescheid

Der Feststellungsbescheid ist VA iSd § 118 S. 1, auf den die Vorschriften über die Durchführung der Besteuerung sinngemäß anzuwenden sind (§ 181 I). Er bildet zumeist eine Zusammenfassung der Feststellungen verschiedener Besteuerungsgrundlagen, die auch selbständiger Gegenstand eines Rechtsbehelfsverfahrens sein können (BFH 6.7.2005 – XI R 43/04, BFH/NV 2006, 227), zB die Qualifikation der Einkünfte (BFH 1.7.2010 – IV R 34/07, BFH/NV 2010, 2246), das Bestehen einer Mitunternehmerschaft (BFH 15.12.2005 – IV R 23/05, BFH/NV 2006, 941), die Höhe des Gewinnanteils und dessen Zurechnung (BFH 12.10.2005 – VIII R 66/03, BStBl. II 2006, 307), die Höhe des Gesamtgewinns, des laufenden Gewinns, das Vorliegen und die Höhe eines Veräußerungsgewinns (BFH 6.12.2000 – VIII R 21/00, BStBl. II 2003, 194; BFH 1.7.2010 – IV R 34/07, BFH/NV 2010, 2246) oder Sondergewinns (BFH 9.2.2011 – IV R 15/08, BStBl. II 2011, 764). Sind die einzelnen Besteuerungsgrundlagen ausnahmsweise untrennbar miteinander verbunden, verlieren sie ihre selbständige Anfechtbarkeit (BFH 23.2.2012 – IV R 32/09, BFH/NV 2012, 1479). Bei der in einem Bescheid über die Feststellung des verrechenbaren Verlustes nach § 15a IV EStG dargestellten Kapitalkontenentwicklung handelt es sich nicht um eine selbständig anfechtbare Besteuerungsgrundlage (BFH 27.11.2019 – IV B 16/19, BFH/NV 2020, 181). Für seinen Erlass gelten die §§ 155 ff. sowie für die Korrektur bestandskräftiger Feststellungen die §§ 172 ff. Zur hinreichenden inhaltlichen Bestimmtheit (§ 119 I) gehört die genaue Bezeichnung der festgestellten Besteuerungsgrundlagen und der Feststellungs- 9 beteiligten. Diese für die Wirksamkeit des Bescheides notwendigen Feststellungen können nicht durch Ergänzungsbescheid vervollständigt werden (→ Rn. 45). Der Feststellungsbescheid ist Grundlagenbescheid iSd § 171 X, dessen Feststellungen nach § 182 I 1 für den Folgebescheid verbindlich sind. Seine Wirksamkeit erlangt der Feststellungsbescheid mit der Bekanntgabe an den Adressaten (§ 124 I). Die Bindungswirkung der Regelungen eines Feststellungsbescheids wird durch den Feststellungsbereich begrenzt (BFH 8.11.2005 – VIII R 11/02, BStBl. II 2006, 253). Hiervon zu trennen ist der nicht selbständig anfechtbare Begründungsteil mit den der Feststellung zugrunde liegenden Erwägungen tatsächlicher oder rechtlicher Art (BFH 8.11.2005 – VIII R 21/01, BFH/NV 2006, 491; BFH 27.11.2019 – IV B 16/19, BFH/NV 2020, 181).

III. Vorgeschriebene Feststellungen

10 Eine gesonderte Feststellung von Besteuerungsgrundlagen ist nur zulässig, soweit dies gesetzlich bestimmt ist. Die mit der Durchführung eines Feststellungsverfahrens verbundene Durchbrechung des Grundsatzes der Einheit des StFestsetzungsverfahrens steht unter dem Vorbehalt des Gesetzes (BFH 8.11.2005 – VIII R 11/02, BStBl. II 2006, 253). Der Vorrang des Feststellungsverfahrens und die Bindungswirkung eines Feststellungsbescheids (§ 179 I, § 182 I) unterliegen dem Gesetzesvorbehalt (BFH 4.10.2016 – IX R 9/16, BFH/NV 2017, 567). Zweckmäßigkeitserwägungen können das Fehlen einer gesetzlichen Grundlage nicht ersetzen (BFH 20.11.2018 – VIII R 39/15, BStBl. II 2019, 239). So fehlt es für die gesonderte und einheitliche Feststellung eines Gewinns aus privaten Veräußerungsgeschäften iSd § 23 III 1 EStG es an einer gesetzlichen Grundlage (BFH 19.11.2019 – IX R 24/18, BStBl. II 2020, 225). Vorschriften, die ein der StFestsetzung „vorgelagertes" Feststellungsverfahren ermöglichen bzw. vorschreiben, ergeben sich aus der AO und den sonstigen StGesetzen. Eine ausfüllungsbedürftige Regelungslücke fehlt angesichts der eindeutigen gesetzlichen Anordnung (BFH 13.5.2013 – I R 39/11, BFH/NV 2013, 1284).

11 **Innerhalb der AO** schreibt insb. § 60a, § 179 II 3, § 180 iVm der VO über die gesonderte Feststellung von Besteuerungsgrundlagen nach § 180 II (s. hierzu die Erläuterungen zu → § 180 Rn. 50 ff.), § 239 III die gesonderte Feststellung für näher bestimmte Fallgruppen vor. Soweit die Vorschriften über das Besteuerungsverfahren sinngemäß anzuwenden sind (zB § 239 I), kann dies wiederum Grundlage für eine Anwendung der §§ 179 ff. sein (BFH 19.4.1989 – X R 3/86, BStBl. II 1989, 596; BFH 11.7.2013 – IV R 9/12, BStBl. II 2014, 609; TK § 179 Rn. 2). So ist die für die Zinsfestsetzung nach § 235 maßgebliche Frage, ob und in welchem Umfang StNachforderungen gegen die Gesellschafter einer PersGes auf Hinterziehungshandlungen beruhen, im Verfahren einer einheitlichen und gesonderten Feststellung zu klären (BFH 27.8.1997 – XI R 72/96, BStBl. II 1997, 750; BFH 19.4.1989 – X R 3/86, BStBl. II 1989, 596).

12 **In den sonstigen StGesetzen** ist eine gesonderte Feststellung zB vorgesehen in § 18 I AStG (BFH 4.8.2006 – VIII B 239/05, BFH/NV 2006, 2228; BFH 14.11.2018 – I R 47/16, BStBl. II 2019, 419), §§ 151 ff., 138 BewG (bis 31.12.2024, aufgeh. durch das GrStRefG, BGBl. 2019 I 1794); § 11 VI EigZulG; §§ 2a I 5, 4h IV, 5a IV 2 (BFH 13.4.2017 – IV R 14/14, BStBl. II 2022, 716), 10a IV 1, 10b I 10, 10d IV, 10e VII, 10f IV 3, 10g IV 2, § 15 IV 2 (FG Niedersachsen 15.12.2010 – 9 K 299/08, EFG 2011, 1060), 15a IV (BMF 15.9.2020, BStBl. I 2020, 919), 15b IV 5 (BFH 20.12.2018 – IV R 2/16, BStBl. II 2019, 526), 34a X 1 (BFH 9.1.2019 – IV R 27/16, BStBl. II 2020, 11), 35 II, 37a III, 39, 55 V EStG; § 13a IV, IXa ErbStG (vgl. BFH 5.9.2018 – II R 57/15, BStBl. II 2019, 42); §§ 9 Nr. 5 S. 13, 10a GewStG; § 17 II, III GrEStG; § 8 InvZulG 2010; §§ 6 Va 6, 8 IX 8, 8d I 6, 9 I Nr. 2 S. 10, 14 V, 27 II, VIII 3, 28 I 3, 29 VI 2 (zum 31.12.2024 aufgeh. durch das JStG 2024, BGBl. 2024 I Nr. 387; über die Höhe übergehender Einlagen wird zukünftig im Feststellungsverfahren des übernehmenden Rechtsträgers ent-

schieden, s. BeckOK KStG § 29 Rn. 20), 36 VII, 37 II 4, 38 I KStG sowie § 51 InvStG 2018.

Die speziellen Feststellungen aus den EinzelStGesetzen können mit einer gesonderten Feststellung iSd § 180 verbunden werden (vgl. BFH 22.9.2011 – IV R 8/09, BStBl. II 2012, 183). Die äußerliche Verbindung in einem (Sammel-)Bescheid berührt nicht die **Selbständigkeit** der jeweiligen Feststellung (vgl. v. Wedelstädt DB 1997, 696). Dementsprechend können die jeweiligen Feststellungen auch unabhängig voneinander angefochten werden und selbständig in Rechtskraft erwachsen (BFH 19.9.2019 – IV R 32/16, BStBl. II 2020, 199; BFH 18.5.2017 – IV R 36/14, BStBl. II 2017, 905; BFH 20.11.2014 – IV R 47/11, BStBl. II 2015, 532). 13

Die Selbständigkeit der jeweiligen Feststellungen spielt eine besondere Rolle, wenn es darum geht, in welchem Umfang ein während des Klageverfahrens geänderter StBescheid nach **§ 68 FGO** Gegenstand des Verfahrens wird. Dies ist jeweils nur hinsichtlich der bereits zulässig mit der Klage angefochtenen Besteuerungsgrundlagen der Fall (BFH 9.2.2011 – IV R 15/08, BStBl. II 2011, 764). Gegen die übrigen mit dem Änderungsbescheid korrigierten Besteuerungsgrundlagen kann der Stpfl. dagegen Einspruch einlegen (BFH 23.2.2012 – IV R 31/09, BFH/NV 2012, 1448; Gosch AO § 179 Rn. 64). Insoweit sind die Grenzen des § 351 I (→ § 351 Rn. 19 ff.) zu beachten. 14

C. Inhalt und Gegenstand des Feststellungsbescheides (Abs. 2)

Abw. von der Regel des § 157 II enthalten Feststellungsbescheide verbindliche Feststellungen von Besteuerungsgrundlagen und deren Zurechnung auf eine oder mehrere Personen. Der Feststellungsbescheid muss deshalb die Besteuerungsgrundlage, ggf. einschl. der anteiligen Zurechnung auf verschiedene Stpfl. und ferner diejenigen angeben, für die der VA bestimmt ist (Inhaltsadressat). Ein Verfahren zur einheitlichen und gesonderten Feststellung muss bereits dann durchgeführt werden, wenn ernstlich zweifelhaft ist, ob überhaupt einkommensteuerpflichtige Einkünfte erzielt werden und/oder ob diese mehreren Personen zuzurechnen sind (BFH 31.5.2010 – X B 162/09, BFH/NV 2010, 2011). Eine Feststellung muss auch dann durchgeführt werden, wenn EStVeranlagung bereits bestandskräftig ist (BFH 1.7.2003 – VIII R 61/02, BFH/NV 2004, 27). 17

I. Adressat des Feststellungsbescheides (Abs. 2 S. 1)

Inhaltsadressat. Ein Feststellungsbescheid ist dem Stpfl. bekannt zu geben, dem der Gegenstand der Feststellung bei der Besteuerung zuzurechnen ist (BFH 6.3.2008 – IV R 74/05, BStBl. II 2008, 663 zu Organgesellschaft). Zurechnungssubjekt der Besteuerung ist grds. derjenige, für den der VA Wirkungen entfaltet (→ § 119 Rn. 12). Erfolgt die Feststellung erst zu einem Zeitpunkt, an dem derjenige, dem der Gegenstand der Feststellung zuzurechnen ist, bereits verstorben oder erloschen ist, bleibt dieser zwar Zurechnungssubjekt; der Bescheid ist jedoch gegen den Gesamtrechtsnachfolger zu richten (BFH 4.4.2008 – IV R 91/06, BFH/NV 2008, 1298; BFH 25.11.1987 – II R 227/84, BStBl. II 1988, 410). Aus dem Feststellungsbescheid muss sich deshalb klar und eindeutig ergeben, für wen der Inhalt des VA bestimmt ist (BFH 30.1.2018 – VIII R 20/14, BStBl. II 2018, 487). Dazu ist nicht erforderlich, dass der Stpfl. im Anschriftenfeld des Bescheides genannt wird. Seine Person muss lediglich aus dem Gesamtinhalt des Bescheides eindeutig bestimmbar sein (vgl. BFH 18.12.1991 – XI R 42–43/88, BStBl. II 1992, 585 sowie → § 119 Rn. 13). Wird ein Feststellungsbescheid nicht an alle Beteiligten gerichtet, für die er inhaltlich bestimmt ist, ist er nichtig (BFH 2.7.2004 – II R 73/01, BFH/NV 2005, 214). Eine Heilung im Einspruchsverfahren ist nicht möglich (BFH 30.9.2015 – II R 31/13, BStBl. II 2016, 637). Hiervon abzugrenzen sind die Fälle der bloßen Falschbezeichnung (BFH 8.11.1995 – V R 64/94, BStBl. II 1996, 256; BFH 19.11.2009 – IV R 89/06, BFH/NV 2010, 818; BFH 16.7.2015 – IV B 72/14, BFH/NV 2015, 1351). Zur Bekannt- 18 gabe einer einheitlichen Feststellung an eine Personenmehrheit s. die nachfolgenden Erläuterungen.

II. Feststellung gegenüber mehreren Personen (Abs. 2 S. 2)

19 **Einheitliche Feststellung.** Ist der Gegenstand der Feststellung (→ Rn. 8) mehreren Personen zuzurechnen, ist die gesonderte Feststellung den Beteiligten gegenüber einheitlich vorzunehmen. Dies gilt auch, soweit eine einheitliche Feststellung sonst gesetzlich bestimmt ist. Einheitlich bedeutet, dass die erforderlichen Feststellungen von Amts wegen unter Beteiligung aller in einem eigenständigen Feststellungsverfahren – nicht zwingend in einem Bescheid – zu treffen sind (BFH 26.6.2008 – IV R 89/05, BFH/NV 2008, 1984; BFH 9.1.2019 – IV R 27/16, BStBl. II 2020, 11). Durch die Einheitlichkeit der Feststellung wird die inhaltsgleiche Geltung des Feststellungsbescheides gegenüber allen Beteiligten bezweckt (Gosch AO § 179 Rn. 3; TK § 171 Rn. 4). Demzufolge ist ein inhaltsgleicher Feststellungsbescheid, in dem sämtliche Feststellungsbeteiligte als Inhaltsadressaten anzusprechen sind, jedem Beteiligten bekannt zu geben. Zur Bezeichnung der Gesellschafter als richtige Adressaten eines einheitlichen Gewinnfeststellungsbescheids einer PersGes genügt es jedoch, wenn im Anschriftenfeld die PersGes als solche bezeichnet wird und sich alle Gesellschafter eindeutig als Adressaten aus dem weiteren Inhalt des Bescheids ergeben (BFH 18.12.1991 – XI R 42–43/88, BStBl. II 1992, 585 mwN). Zur Rechtsnachfolge durch Verschmelzung vgl. BFH 8.9.2011 – IV R 43/07, BFH/NV 2012, 222; zum Grundstückswert nach § 138 V 3 BewG vgl. BFH 8.10.2003 – II R 27/02, BStBl. II 2004, 179; zur schenkweisen Übertragung von Miteigentumsanteilen BFH 18.8.2004 – II R 22/04, BStBl. II 2005, 19; zur Feststellung, ob im Gewinn Einkünfte enthalten sind, die unter § 3 Nr. 40, § 3c II EStG fallen (BFH 25.7.2019 – IV R 61/16, DStR 2019, 2131) sowie zum Feststellungsbescheid nach § 17 II und III GrEStG vgl. BFH 31.3.2004 – II R 54/01, BStBl. II 2004, 658; BFH 4.3.2020 – II R 35/17, DStRE 2020, 1007 zum notwendigen Inhalt des Feststellungsbescheids; zu Kapitaleinkünften nach § 20 II EStG s. BFH 20.11.2018 – VIII R 39/15, BStBl. II 2019, 239.

20 **Bekanntgabe.** Wirksam wird der einheitliche Bescheid und nicht etwa jeweils ein inhaltsgleicher VA für jeden Beteiligten (BFH 27.4.1993 – VIII R 27/92, BStBl. II 1994, 3) gegenüber demjenigen Feststellungsbeteiligten, dem der Feststellungsbescheid bekannt gegeben worden ist (vgl. BFH 23.6.1988 – IV R 33/86, BStBl. II 1988, 979). Ob der Feststellungsbescheid auch den anderen Feststellungsbeteiligten gegenüber wirksam bekannt gegeben wurde, ist insoweit unerheblich (BFH 3.5.2017 – X R 12/14, BFH/NV 2017, 1485). Mit der wirksamen Bekanntgabe an einen Beteiligten tritt gegenüber der FB die volle Bindungswirkung des VA ein (BFH 25.11.1987 – II R 227/84, BStBl. II 1988, 410; HHSp § 179 Rn. 212; TK § 179 Rn. 13). Den anderen Feststellungsbeteiligten ist jeweils eine Ausfertigung mit unverändertem Inhalt bekannt zu geben, um die volle Wirksamkeit des VA herbeizuführen. Dabei kann der Mangel der Bekanntgabe auch noch im Klageverfahren beseitigt werden (BFH 19.5.1983 – IV R 125/82, BStBl. II 1984, 15). Soweit der Feststellungsbescheid gegenüber einem Beteiligten wirksam bekannt gegeben wurde, kann er auch von den Beteiligten angefochten werden, die den Bescheid bisher nicht erhalten haben (BFH 31.7.1980 – IV R 18/77, BStBl. II 1981, 33; BFH 26.4.1988 – VIII R 292/82, BStBl. II 1988, 855). Wird der Feststellungsbescheid gegenüber der PersGes als Inhaltsadressat erlassen, ist der VA nichtig (BFH 24.7.2013 – I R 57/11, DStR 2014, 199). Etwas anderes kann dann gelten, wenn die Angabe der PersGes lediglich als Kurzbezeichnung der Gesellschafter zu verstehen ist und sich der weitere Kreis der Gesellschafter aus dem weiteren Inhalt des Bescheids erschließen lässt (BFH 18.12.1991 – XI R 42–43/88, BStBl. II 1992, 585; BFH 1.9.2008 – IV B 12/08, BFH/NV 2008, 2039; TK § 179 Rn. 8). Die Insolvenz eines Gesellschafters unterbricht das Gewinnfeststellungsverfahren der PersGes nur in Bezug auf die Feststellung dieses Gesellschafters; sie hindert den Fortgang dieses Verfahrens gegen die übrigen Gesellschafter nicht (BFH 24.8.2004 –

VIII R 14/02, BStBl. II 2005, 246). Zur Bestellung eines Empfangsbevollmächtigten bei der einheitlichen Feststellung vgl. § 183 sowie zu den Beschränkungen der Einspruchsbefugnis s. § 352.

Negativer Feststellungsbescheid. Geht die FB aufgrund eines Antrag auf Durchführung eines Feststellungsverfahrens davon aus, dass eine Personenmehrheit nicht besteht oder einzelne Personen nicht an der PersGes bzw. Gemeinschaft beteiligt sind, muss sie durch negativen Feststellungsbescheid entscheiden, ob für die Besteuerung ein Gegenstand der Feststellung (zB stpfl. Einkünfte, gemeinschaftlich genutzte Wirtschaftsgüter) nicht besteht oder gegenüber einzelnen Personen eine Zurechnung nicht erfolgen kann (vgl. BFH 14.4.1987 – GrS 2/85, BStBl. II 1987, 637; BFH 22.8.2002 – IV R 6/01, BFH/NV 2003, 36; BFH 21.5.1992 – IV R 47/90, BStBl. II 1992, 865). Der Regelungsgehalt des negativen Feststellungsbescheides erschöpft sich nicht in der Ablehnung einer einheitlichen Feststellung insgesamt oder gegenüber einzelnen Personen, sondern enthält eine bindende Entscheidung darüber, dass durch einzelne Personen oder insgesamt keine gemeinschaftlichen Einkünfte erzielt werden (vgl. BFH 24.3.1975 – IV S 22/74, BStBl. II 1975, 711; BFH 17.1.1985 – IV B 65/84, BStBl. II 1985, 299). Nach Erlass eines negativen Feststellungsbescheides hat das WohnsitzFA die betreffenden Einkünfte des Stpfl. selbst zu ermitteln (BFH 11.5.1993 – IX R 27/90, BStBl. II 1993, 820). 21

Der **negative** Feststellungsbescheid kann mit einem **positiven** Feststellungsbescheid **verbunden** werden (BFH 7.4.1987 – VIII R 259/84, BStBl. II 1987, 766) oder getrennt vom positiven Feststellungsbescheid selbständig ergehen (BFH 26.6.2008 – IV R 89/05, BFH/NV 2008, 1984). Eine Zusammenfassung beider Feststellungen in einem Bescheid wird idR erfolgen, wenn lediglich die Beteiligung einzelner Personen an den gemeinschaftlichen Einkünften verneint wird. Als Inhaltsadressat sind in einem solchen zusammengefassten VA grds. alle Personen zu bezeichnen, die an den gemeinschaftlichen Einkünften beteiligt sind und deren Beteiligung ausgeschlossen wird. Zudem muss eindeutig zu erkennen sein, welcher Personengruppe der jeweilige Inhaltsadressat zugeordnet wird, also ob er an den gemeinschaftlichen Einkünften beteiligt ist oder ob für ihn eine derartige Beteiligung verneint wird (BFH 26.3.1991 – VIII R 20/91, BFH/NV 1991, 793). Der (selbständige oder verbundene) negative Feststellungsbescheid ist dem Inhaltsadressaten einzeln bekannt zu geben (BFH 26.6.2008 – IV R 89/05, BFH/NV 2008, 1984). 22

III. Besondere gesonderte Feststellung (Abs. 2 S. 3)

1. Allgemeines

Mittelbare Beteiligung. Ist eine Person an dem Gegenstand der Feststellung nur über eine andere Person, also mittelbar beteiligt, kann gem. § 179 II 3 eine besondere gesonderte Feststellung vorgenommen werden (BFH 4.3.2009 – I R 58/07, BFH/NV 2009, 1953). Die besondere Feststellung soll den mittelbar Beteiligten nach der Gesetzesbegründung vor dem Zwang einer Offenbarung der geheim gehaltenen Unterbeteiligung schützen (vgl. BT-Drs. VI/1982, 156). Dem Wortlaut der Vorschrift lässt sich indes eine Beschränkung auf Unterbeteiligungen nicht entnehmen. Vielmehr umfasst die Regelung sämtliche Formen mittelbarer Beteiligungen, wie etwa die schuldrechtliche Treuhand (ebenso HHSp § 179 Rn. 236 f.; TK § 179 Rn. 14). 26

§ 179 II 3 findet indes keine Anwendung, wenn zwar eine zweistufiges Feststellungsverfahren erforderlich ist, jedoch keine mittelbare Beteiligung vorliegt (BFH 7.11.2019 – IV R 9/18, BFH/NV 2020, 338). Beteiligt sich eine PersGes (Obergesellschaft) atypisch still am Gewerbe einer KapGes, so sind zunächst für die atypisch stille Gesellschaft (Untergesellschaft) die vom Inhaber des Handelsgeschäfts und dem atypisch stillen Gesellschafter gemeinschaftlich erzielten Einkünfte gesondert und einheitlich festzustellen. Für eine atypisch stille Gesellschaft, die aus einer GmbH als Inhaberin des Handelsgeschäfts und einer PersGes als atypisch stiller Gesellschafterin besteht, sind in der Folge die in dem entsprechenden Grundlagenbescheid festgestellten Einkünfte in den KStBescheid der Kap- 26a

Ges und in den die GbR betreffenden weiteren Bescheid über eine gesonderte und einheitliche Feststellung von deren Einkünften zu übernehmen (BFH 12.2.2015 – IV R 48/11, BFH/NV 2015, 1075; zur atypisch stillen Beteiligung einer KapGes an einer KapGes FG Mecklenburg-Vorpommern 5.9.2018 – 1 K 396/14, EFG 2019, 1228, aufgeh. durch BFH 15.7.2020 – I R 33/18, BFH/NV 2021, 776).

27 **Zweistufiges Verfahren.** Wie die Bezugnahme des § 179 II 3 („eine dieser Personen") zeigt, geht die Regelung von einem gestuften Feststellungsverfahren aus. Eine besondere Feststellung kann vorgenommen werden, wenn eine von mehreren Personen dem bzw. den mittelbar Beteiligten einen Anteil an dem gemeinschaftlichen Gegenstand der Feststellung vermittelt. Auf der ersten Stufe erfolgt eine gesonderte und einheitliche Feststellung iSd § 179 II 2, die für die nachfolgende zweite Stufe, also die besondere Feststellung nach § 179 II 3 als Grundlagenbescheid bindend ist (vgl. BFH 10.4.2002 – XI B 125/01, BFH/NV 2002, 1278: keine Bindungswirkung für den EStBescheid des Treuhänders). Eine einheitliche und eine besondere Feststellung ist nicht erforderlich, wenn von zwei Gesellschaftern einer PersGes einer seine Beteiligung als Treuhänder für den anderen Gesellschafter hält (BFH 1.10.1992 – IV R 130/90, BStBl. II 1993, 574). **Örtlich zuständig** für die besondere Feststellung ist das FA, das für die Hauptgesellschaft zuständig ist (AEAO zu § 179 Nr. 4; TK § 179 Rn. 14).

28 **Ermessen.** Nach dem Wortlaut („kann") steht der Erlass eines Bescheides über die besondere gesonderte Feststellung im Ermessen der FB. Eine am Zweck der Vorschrift orientierte Ermessensausübung reduziert den Spielraum des FA auf diejenigen Fälle, in denen ein Geheimhaltungsbedürfnis für die mittelbare Beteiligung offensichtlich fehlt, zB weil die Beteiligten mit der Offenbarung einverstanden sind (in diesen Fällen besteht regelmäßig kein schutzwürdiges Interesse an der Durchführung getrennter Verfahren, vgl. BFH 12.1.1995 – VIII B 43/94, BFH/NV 1995, 759 sowie → Rn. 26a) oder ein Fall von geringer Bedeutung vorliegt. In allen anderen Fällen ist von der Möglichkeit der besonderen Feststellung regelmäßig Gebrauch zu machen (AEAO zu § 179 Nr. 4; Klein § 179 Rn. 34).

2. Unterbeteiligung

29 **Voraussetzungen.** Eine Unterbeteiligung ist gegeben, wenn aufgrund des zwischen dem Gesellschafter einer KapGes oder PersGes (dem Hauptbeteiligten) und einem Unterbeteiligten zur Erreichung eines gemeinsamen Zwecks geschlossenen Gesellschaftsvertrags der Unterbeteiligte ohne Bildung eines Gesellschaftsvermögens mit einer Einlage an dem Gesellschaftsanteil beteiligt ist und eine Gewinnbeteiligung erhält (Schmidt GesR, § 63 I 1; vgl. auch BFH 2.3.1995 – IV R 135/92, BStBl. II 1995, 531). Zu steuerlichen Zwecken wird zwischen der typischen und der atypischen Unterbeteiligung unterschieden. Diese Unterscheidung entspricht der Abgrenzung zwischen typischer und atypischer stiller Gesellschaft (vgl. hierzu BFH 6.7.1995 – IV R 79/94, BStBl. II 1996, 269; Schmidt EStG § 15 Rn. 340 ff.).

30 Der **atypisch** Unterbeteiligte wurde vor Regelung der in § 15 I 1 Nr. 2 S. 2 EStG enthaltenen Fiktion idR nicht Mitunternehmer der PersGes, an der die Hauptbeteiligung besteht, sondern lediglich Mitunternehmer der im Innenverhältnis bestehenden Unterbeteiligungsgesellschaft (vgl. BFH 29.10.1991 – VIII R 51/84, BStBl. II 1992, 512 mwN). Aus diesem Grund bedurfte es grds. eines zweistufigen Feststellungsverfahrens, in dem der Feststellungsbescheid für die Hauptgesellschaft Grundlagenbescheid für den Feststellungsbescheid über die Unterbeteiligung war. Im ersten Feststellungsbescheid wurden die Einkünfte der PersGes und der Anteil des Hauptbeteiligten festgestellt, die sodann im zweiten Bescheid auf die Mitunternehmer der Unterbeteiligung aufgeteilt worden sind.

31 Nach Einfügung des § 15 I 1 Nr. 2 S. 2 EStG durch das StÄndG 1992 ist der mittelbar über eine (andere) PersGes beteiligte Gesellschafter als Mitunternehmer des Betriebs der Untergesellschaft und zugleich **als Mitunternehmer der Hauptgesellschaft** anzusehen (BFH 2.10.1997 – IV R 75/96, BStBl. II 1998, 137; Schmidt EStG § 15 Rn. 365). Trotz

dieser Fiktion bestehen weiterhin zwei getrennte PersGes, deren Einkünfte unabhängig voneinander zu ermitteln und gesondert festzustellen sind (Schmidt EStG § 15 Rn. 370; einschr. TK § 179 Rn. 17: eine Einbeziehung sei jedoch naheliegend). Deshalb sind zB Betriebsausgaben des Unterbeteiligten grds. nur bei der Feststellung für die Unterbeteiligungsgesellschaft zu erfassen (BFH 2.3.1995 – IV R 135/92, BStBl. II 1995, 531). Dieses auch bisher durchgeführte zweistufige Verfahren wird dem naheliegenden Interesse der Beteiligten an der Geheimhaltung der Unterbeteiligung am ehesten gerecht (ebenso AEAO zu § 179 Nr. 4).

Eine **Zusammenfassung** der gesonderten Feststellungen beider Gesellschaften darf nur 32
im Einverständnis aller Beteiligten erfolgen (BFH 24.5.1977 – IV R 47/76, BStBl. II 1977, 737; BFH 2.3.1995 – IV R 135/92, BStBl. II 1995, 531). Von einem Einverständnis kann grds. ausgegangen werden, wenn die Unterbeteiligung in der Feststellungserklärung für die Hauptgesellschaft geltend gemacht wird (AEAO zu § 179 Nr. 4).

Bei **typischer** Unterbeteiligung erzielen der Hauptgesellschafter und der Unterbeteiligte 33
ihre Einkünfte nicht aus derselben Einkunftsquelle. Der Unterbeteiligte erwirtschaftet aufgrund der entgeltlichen Kapitalüberlassung grds. Einkünfte gem. § 20 I Nr. 4 EStG (Ausnahme: Beteiligung gehört zum Betriebsvermögen), die beim Hauptbeteiligten regelmäßig zu Sonderbetriebsausgaben führen. Die Voraussetzungen für eine gesonderte und einheitliche Feststellung der Einkünfte aus der Unterbeteiligung nach § 180 I Nr. 2a liegen deshalb nicht vor (BFH 9.11.1988 – I R 191/84, BStBl. II 1989, 343; BFH 24.7.1990 – VIII R 162/84, BFH/NV 1991, 35; ebenso Klein § 179 Rn. 32; vgl. auch BFH 14.5.2002 – VIII R 8/01, BStBl. II 2002, 532). Desgleichen scheidet eine besondere gesonderte Feststellung gem. § 179 II 3 aus (TK § 179 Rn. 18; aA HHSp § 179 Rn. 270). Über die **Anerkennung** einer typischen Unterbeteiligung am Anteil eines Gesellschafters ist folglich im Gewinnfeststellungsverfahren für die Hauptgesellschaft zu entscheiden (BFH 9.11.1988 – I R 191/84, BStBl. II 1989, 343). Der Hauptbeteiligte wird hierdurch gezwungen, sowohl die Tatsache der Unterbeteiligung als auch die Leistungen an den Unterbeteiligten als Sonderbetriebsausgaben im Feststellungsverfahren der PersGes geltend zu machen (BFH 11.9.1991 – XI R 35/90, BStBl. II 1992, 4; AEAO zu § 179 Nr. 5).

Analoge Anwendung. Diese Verfahrenssituation (→ Rn. 33) wird dem berechtigten 34
Interesse an einer evtl. Geheimhaltung der Unterbeteiligung nicht gerecht (ebenso TK § 179 Rn. 18). Sie lässt sich sowohl durch eine Berücksichtigung der Unterbeteiligung im Veranlagungsverfahren des Hauptgesellschafters (vgl. TK § 179 Rn. 18; HHSp § 179 Rn. 270) als auch durch eine entsprechende Anwendung des § 179 II 3 bereinigen (glA Gosch AO § 179 Rn. 42 ff.). Folgerichtig müsste dann auch bei einer atypischen stillen Beteiligung an einem GmbH-Anteil eine gesonderte Feststellung erfolgen (TK § 179 Rn. 18; aA FG Hamburg 19.9.2024 – 6 K 112/23, EFG 2025, 145; Rev. VIII R 33/24).

3. Treuhandverhältnisse

Wird die Beteiligung an einer PersGes im Rahmen eines offenen oder verdeckten 35
Treuhandverhältnisses (allg. zur Treuhand → § 39 Rn. 50 ff.) gehalten, ist zivilrechtlich lediglich der Treuhänder als Gesellschafter beteiligt. Zurechnungssubjekt für die Einkünfte aus der Mitunternehmerschaft ist hingegen allein der **Treugeber** (BFH 25.6.1984 – GrS 4/82, BStBl. II 1984, 751 (768); BFH 25.2.1991 – GrS 7/89, BStBl. II 1991, 691; BFH 1.10.1992 – IV R 130/90, BStBl. II 1993, 574; BFH 12.10.1999 – VIII R 67/98, BFH/NV 2000, 427 mwN). Die mittelbare Beteiligung des Treugebers an der PersGes erfüllt die Voraussetzungen des § 179 II 3 (AEAO zu § 179 Nr. 4).

Bei Treuhandverhältnissen ist deshalb – ebenso wie bei einer Unterbeteiligung – grds. 36
ein **zweistufiges Feststellungsverfahren** durchzuführen (BFH 13.7.1999 – VIII R 76/97, BStBl. II 1999, 747; BFH 1.10.1992 – IV R 130/90, BStBl. II 1993, 574; BFH 17.11.1987 – VIII R 83/84, BFHE 152, 230). Im ersten Feststellungsverfahren wird gem. § 180 I Nr. 2a festgestellt, welchen Gewinn die PersGes erzielt hat und wie sich dieser Gewinn auf ihre Gesellschafter, also einschl. des Treuhänders, verteilt oder ob der Treu-

händer mangels Mitunternehmerschaft unberücksichtigt bleibt (BFH 15.4.2003 – IV B 188/01, BFH/NV 2003, 1283; BFH 16.5.2013 – IV R 35/10, BFH/NV 2013, 1945). In einer zweiten Feststellung wird nach § 179 II 3 der für den Treuhänder bindend (§ 182 I) festgestellte Gewinnanteil dem Treugeber zugerechnet oder auf mehrere Treugeber aufgeteilt (BFH 28.11.2001 – X R 23/97, BFH/NV 2002, 614; keine Umqualifizierung FG Düsseldorf 21.8.2007 – 17 K 7757/01 F, EFG 2008, 429). Beide Feststellungen können im Fall eines offenen, dh allen Beteiligten bekannten Treuhandverhältnisses miteinander verbunden werden (BFH 13.7.1999 – VIII R 76/97, BStBl. II 1999, 747; BFH 2.2.1994 – I R 73/93, BFH/NV 1995, 81). Zur Klagebefugnis vgl. BFH 4.11.2003 – VIII R 38/01, BFH/NV 2004, 1372.

37 Auf einen **besonderen Feststellungsbescheid** gem. § 179 II 3 kann **verzichtet** werden, wenn gegen ein solches Verfahren keine Einwendungen erhoben werden und kein schutzwürdiges Interesse an der Durchführung getrennter Verfahren besteht (BFH 10.8.1989 – III R 5/87, BStBl. II 1990, 38 mwN). Eine Verbindung ist regelmäßig in den Fällen der sog. offenen Treuhand angezeigt (zB bei Publikums-KGs, vgl. BFH 13.7.1999 – VIII R 76/97, BStBl. II 1999, 747; BFH 14.9.2010 – IV B 15/10, BFH/NV 2011, 5). Die rechtliche Selbständigkeit der jew. Feststellungen wird hiervon nicht betroffen. In Fällen geringer Bedeutung (§ 180 III Nr. 2) ist ein zweistufiges Verfahren ebenfalls entbehrlich (vgl. BFH 18.8.1997 – IX B 29/97, BFH/NV 1998, 416). Wird der positive Feststellungsbescheid der ersten Stufe aufgehoben und stattdessen ein negativer Feststellungsbescheid erlassen, ist für ein anschließendes Verfahren der zweiten Stufe kein Raum mehr (BFH 28.11.2001 – X R 23/97, BFH/NV 2002, 614).

D. Ergänzungsbescheid (Abs. 3)

41 **Ergänzungspflicht.** Ein (bestandskräftiger) Feststellungsbescheid ist von Amts wegen oder auf Antrag durch Erlass eines weiteren Feststellungsbescheides (Ergänzungsbescheid) zu vervollständigen, soweit in dem ursprünglichen VA eine notwendige Feststellung unterblieben ist. Der FB steht insoweit kein Ermessen zu (AEAO zu § 179 Nr. 2 S. 9). Einwendungen, mit denen die Ergänzung des Feststellungsbescheids geltend gemacht werden, sind als Antrag auf Erlass eines Ergänzungsbescheides auszulegen (BFH 11.7.2013 – IV R 9/12, DStR 2013, 1891). Die Vorschrift gilt nur für lückenhafte Feststellungsbescheide, nicht für StFestsetzungen (BFH 28.7.2021 – IX R 29/19, BFH/NV 2022, 62).

42 **Wirksamkeit.** Eine Ergänzung des vorangegangenen Feststellungsbescheids setzt voraus, dass der Feststellungsbescheid zum einen lückenhaft bzw. unvollständig ist und dass zum anderen durch die bestehende Unvollständigkeit seine Wirksamkeit nicht beeinträchtigt wird (TK § 179 Rn. 21; AEAO zu § 179 Nr. 2). Ein nichtiger VA ist nicht ergänzungsfähig, sondern muss erst noch erlassen werden. Ein ergangener Ergänzungsbescheid kann in diesem Fall jedoch ggf. als erstmaliger Feststellungsbescheid auszulegen sein (BFH 14.9.1989 – IV R 129–130/88, BFH/NV 1990, 750). Führen die unterbliebenen Feststellungen dazu, dass der Bescheid inhaltlich nicht hinreichend bestimmt ist, tritt Nichtigkeit nach § 125 ein (näher → § 119 Rn. 20 f.). Der Mangel der Wirksamkeit kann durch § 179 III nicht beseitigt werden (HHSp § 179 Rn. 313; vgl. auch BFH 14.10.1987 – I R 381/83, BFH/NV 1989, 141).

43 **Unterblieben** ist eine Feststellung, wenn sie zwar im Feststellungsbescheid hätte getroffen werden müssen, tatsächlich aber nicht erfolgte (BFH 11.5.1999 – IX R 72/96, BFH/NV 1999, 1446). Aus welchem Grund die Feststellung unterlassen wurde, ist grds. unerheblich (AEAO zu § 179 Nr. 2). Enthält der Bescheid eine Feststellung nicht, weil das FA eine solche Feststellung ablehnt oder (konkludent) eine negative Entscheidung über die Feststellung trifft, ist der Bescheid nicht lückenhaft, mithin eine Feststellung nicht unterblieben (BFH 22.9.1977 – IV R 120/73, BStBl. II 1978, 152; BFH 23.8.2011 – IX R 8/11, BFH/NV 2012, 2). Hieran ist zB zu denken, wenn eine Feststellung ausdrücklich

unterblieben ist oder wenn die Feststellung ausdrücklich als abschließend gewollt war (BFH 2.12.2015 – I R 13/14, BStBl. II 2016, 927; BFH 14.11.2018 – I R 47/16, BStBl. II 2019, 419). Dies gilt jedoch nicht, wenn die FB bewusst über eine Feststellung nicht entscheidet, weil sie eine Feststellung in Verkennung der Rechtslage für nicht erforderlich hält. Eine bewusst herbeigeführte Lücke bewirkt nicht die Rechtswidrigkeit des Feststellungsbescheids (ebenso BFH 11.5.1999 – IX R 72/96, BFH/NV 1999, 1446; FG Berlin 15.12.1995 – III 141/92, EFG 1996, 862; HHSp § 179 Rn. 309a). Es kommt folglich nicht darauf an, ob notwendige Feststellungen bewusst oder unbewusst unterblieben sind (BFH 11.11.2015 – VIII R 74/13, BStBl. II 2016, 388; Gosch AO § 179 Rn. 60; Klein § 179 Rn. 39; aA TK § 179 Rn. 23). Gegebenenfalls ist durch Auslegung anhand des Empfängerhorizonts zu ermitteln, ob eine notwendige Feststellung in einem Feststellungsbescheid – positiv oder als Negativfeststellung – enthalten ist (BFH 3.3.2011 – IV R 8/08, BFH/NV 2011, 1649; BFH 25.2.2009 – IX R 43/07, BFH/NV 2009, 1235; BFH 25.11.2014 – I R 78/12, BFH/NV 2015, 523).

Unrichtige Feststellungen. Durch inhaltliche Fehler in tatsächlicher oder rechtlicher Hinsicht sind die richtigen Feststellungen nicht iSd § 179 III unterblieben (vgl. BFH 26.4.2012 – IV R 19/09, BFH/NV 2012, 1569; BFH 17.12.2008 – IX R 94/07, BStBl. II 2009, 444 zu § 10d IV EStG). Denn ein Ergänzungsbescheid kann nur dazu dienen, einen lückenhaften Feststellungsbescheid zu vervollständigen, nicht hingegen dazu, einen fehlerhaften Feststellungsbescheid zu berichtigen oder die in dem ursprünglichen Feststellungsbescheid getroffenen Feststellungen zu ändern (BFH 26.6.2002 – IV R 3/01, BFH/NV 2003, 231; BFH 11.5.1999 – IX R 72/96, BFH/NV 1999, 1446; BFH 15.6.1994 – II R 120/91, BStBl. II 1994, 819; BFH 14.9.1989 – IV R 129–130/88, BFH/NV 1990, 750). Derartige Fehler dürfen nur nach den entsprechenden Korrekturvorschriften (insb. §§ 172 ff.) beseitigt werden. Der Feststellungsbescheid kann daher auch nicht mit dem Antrag auf Ergänzung angefochten werden. Die Ergänzung ist vielmehr durch Antrag auf Erlass eines Ergänzungsbescheids iSd § 179 III geltend zu machen (BFH 11.7.2013 – IV R 9/12, BStBl. II 2014, 609). Ein entsprechender Rechtsbehelf ist im Zweifel als Antrag auf Erlass eines Ergänzungsbescheids umzudeuten (HHSp § 179 Rn. 355; auch → Rn. 41). 44

Notwendige Feststellungen. Die Ergänzung ist nicht auf unwesentliche Nebenfeststellungen beschränkt, sondern erfasst alle unterbliebenen Feststellungen, die nach der materiellen Rechtslage zur Verwirklichung des StAnspruchs erforderlich sind. Soweit notwendige Feststellungen bereits zur Wirksamkeit des Feststellungsbescheides erforderlich sind, werden sie nicht von § 179 III erfasst (→ Rn. 9). 45

Beispiele aus der Rspr. für notwendige, ergänzungsfähige Feststellungen sind: 46

- Feststellungen über Art, Wert und Zurechnung der wirtschaftlichen Einheit (BFH 13.11.1981 – III R 116/78, BStBl. II 1983, 88; BFH 10.12.1986 – II R 88/85, BStBl. II 1987, 292);
- Feststellung über die Beteiligung an einer Gemeinschaft eines bisher nicht berücksichtigten Stpfl. und der zuzurechnenden Sonderwerbungskosten (BFH 15.1.2002 – IX R 21/98, BStBl. II 2002, 309); Feststellung über Sonderbetriebsausgaben, soweit nicht darüber entschieden wurde (FG München 6.7.2004 – 12 K 3017/03, EFG 2004, 1654; FG Münster 29.3.2006 – 1 K 4668/04 F, EFG 2007, 1134);
- Feststellung über den Hinzurechnungsbetrag nach § 2 I 3 AIG (BFH 25.4.2001 – I R 80/97, BFH/NV 2001, 1541);
- Feststellung, ob die Buchführung ordnungsgemäß ist (BFH 31.10.1989 – VIII R 323/83, BFH/NV 1990, 480);
- Feststellung über die Verteilung des Gewinns auf mehrere Feststellungsbeteiligte (BFH 13.12.1983 – VIII R 90/81, BStBl. II 1984, 474);
- Feststellung über die Beteiligung eines Treuhandkommanditisten als Gesellschafter und seine Beteiligung am Gewinn (BFH 13.3.1986 – IV R 204/84, BStBl. II 1986, 584); Aufnahme der Treugeber anstelle des Treuhandgesellschafters im Feststellungsbescheid (BFH 19.2.2004 – IX B 3/03, BFH/NV 2004, 918);
- Feststellung über das Ausscheiden eines Gesellschafters während eines abweichenden Wirtschaftsjahres (BFH 22.9.1997 – IV B 113/96, BFH/NV 1998, 454);

– Hinweis über die Reichweite der Bekanntgabe nach § 183 I 5 (BFH 13.7.1994 – XI R 21/93, BStBl. II 1994, 885);
– Feststellung, wie hoch die Anteile der Gesellschafter am Freibetrag nach § 16 IV EStG bei einem als solchem bereits festgestellten Veräußerungsgewinn sind (BFH 28.3.1974 – IV B 58/73, BStBl. II 1974, 459; BFH 4.8.1988 – IV R 78/86, BFH/NV 1989, 281 mit weiteren Anwendungsfällen), nicht jedoch, wenn nachträglich festgestellt werden soll, es handle sich bei einem Teil des festgestellten Gewinns nicht um einen laufenden, sondern um einen tarifbegünstigten Gewinn iSd § 34 Abs. 2 EStG (BFH 26.11.1975 – I R 44/74, BStBl. II 1976, 304);
– Feststellung, ob und in welcher Höhe ein Freibetrag nach § 16 IV EStG zu gewähren ist (AEAO zu § 179 Nr. 2 mit weiteren Beispielen);
– Feststellung, welcher Anteil am Gesamtgewinn nach § 32c EStG tarifbegünstigt ist (BFH 6.12.2005 – VIII R 99/02, BFH/NV 2006, 1041);
– Feststellung der auf Hinterziehung beruhenden Besteuerungsgrundlagen einer PersGes iSd § 235 (FG Hamburg 30.3.2007 – 7 K 122/06, BeckRS 2007, 26023386);
– Nicht dagegen: Feststellung eines verbleibenden Verlustvortrags für eine Einkunftsart, wenn für weitere Einkunftsarten eine Feststellung erfolgte (BFH 17.12.2008 – IX R 94/07, BStBl. II 2009, 444); Feststellung eines Veräußerungsgewinns im Rahmen einer Mitunternehmerschaft (BFH 3.3.2011 – IV R 8/08, BFH/NV 2011, 1649); Erfassung von Sonderbetriebseinnahmen, wenn die FB diese erklärungsgemäß nicht berücksichtigt (BFH 25.3.2021 – VIII R 47/18, BStBl. II 2021, 696).

47 Die Nachholung oder Ergänzung eines fehlenden oder unklaren Hinweises nach § 181 V 2 ist durch einen Ergänzungsbescheid iSv § 179 III nicht möglich (BFH 24.6.1998 – II R 17/95, BFH/NV 1999, 282).

48 Der **Ergänzungsbescheid** ist selbständiger VA iSd § 118 und damit eigenständig anfechtbar. Er ist unabhängig vom Feststellungsbescheid auf seine inhaltliche Bestimmtheit und Rechtmäßigkeit zu prüfen. Es muss sich aus dem Ergänzungsbescheid insb. ergeben, **welcher** Feststellungsbescheid vervollständigt und **welche** Feststellung nachträglich getroffen wird. Auf den Ergänzungsbescheid sind die für die StFestsetzung geltenden Vorschriften sinngemäß anzuwenden (§ 181 I 1). Für die Ergänzung ist die für die gesonderte Feststellung geltende Festsetzungsfrist zu beachten (BFH 25.4.2001 – I R 80/97, BFH/NV 2001, 1541; Klein § 179 Rn. 38; TK § 179 Rn. 21). Der Ergänzungsbescheid ergänzt zwar seinem Regelungsinhalt nach den vorangegangenen Feststellungsbescheid, durchbricht aber wegen seiner rechtlichen Selbständigkeit dessen Bestandskraft nicht (BFH 15.6.1994 – II R 120/91, BStBl. II 1994, 819). Aufgrund seines lediglich ergänzenden Charakters wird der Ergänzungsbescheid gegenstandslos, wenn der vorangegangene Feststellungsbescheid aufgehoben wird (BFH 14.9.1989 – IV R 129–130/88, BFH/NV 1990, 750).

§ 180 Gesonderte Feststellung von Besteuerungsgrundlagen

(1) [1] **Gesondert festgestellt werden insbesondere:**

1. die Grundsteuerwerte nach Maßgabe des Bewertungsgesetzes,

2. a) die einkommensteuerpflichtigen und körperschaftsteuerpflichtigen Einkünfte und mit ihnen im Zusammenhang stehende andere Besteuerungsgrundlagen, wenn an den Einkünften mehrere Personen beteiligt sind und die Einkünfte diesen Personen steuerlich zuzurechnen sind,

b) in anderen als den in Buchstabe a genannten Fällen die Einkünfte aus Land- und Forstwirtschaft, Gewerbebetrieb oder einer freiberuflichen Tätigkeit, wenn nach den Verhältnissen zum Schluss des Gewinnermittlungszeitraums das für die gesonderte Feststellung zuständige Finanzamt nicht auch für die Steuern vom Einkommen zuständig ist,

3. der Wert der vermögensteuerpflichtigen Wirtschaftsgüter (§§ 114 bis 117a des Bewertungsgesetzes) und der Wert der Schulden und sonstigen Abzüge (§ 118 des Bewertungsgesetzes), wenn die Wirtschaftsgüter, Schulden und sonstigen

Abzüge mehreren Personen zuzurechnen sind und die Feststellungen für die Besteuerung von Bedeutung sind.

[2] Wenn sich in den Fällen von Satz 1 Nummer 2 Buchstabe b die für die örtliche Zuständigkeit maßgeblichen Verhältnisse nach Schluss des Gewinnermittlungszeitraums geändert haben, so richtet sich die örtliche Zuständigkeit auch für Feststellungszeiträume, die vor der Änderung der maßgeblichen Verhältnisse liegen, nach § 18 Absatz 1 Nummer 1 bis 3 in Verbindung mit § 26.

(1a) **[1] Einzelne, im Rahmen einer Außenprüfung für den Prüfungszeitraum ermittelte und abgrenzbare Besteuerungsgrundlagen können gesondert festgestellt werden (Teilabschlussbescheid), solange noch kein Prüfungsbericht nach § 202 Absatz 1 ergangen ist. [2] Auf Antrag des Steuerpflichtigen soll ein Teilabschlussbescheid ergehen, wenn daran ein erhebliches Interesse besteht und dies vom Steuerpflichtigen glaubhaft gemacht wird.**

(2) **[1] Zur Sicherstellung einer einheitlichen Rechtsanwendung bei gleichen Sachverhalten und zur Erleichterung des Besteuerungsverfahrens kann das Bundesministerium der Finanzen durch Rechtsverordnung mit Zustimmung des Bundesrates bestimmen, dass in anderen als den in Absatz 1 genannten Fällen Besteuerungsgrundlagen gesondert und für mehrere Personen einheitlich festgestellt werden. [2] Dabei können insbesondere geregelt werden**

1. **der Gegenstand und der Umfang der gesonderten Feststellung,**
2. **die Voraussetzungen für das Feststellungsverfahren,**
3. **die örtliche Zuständigkeit der Finanzbehörden,**
4. **die Bestimmung der am Feststellungsverfahren beteiligten Personen (Verfahrensbeteiligte) und der Umfang ihrer steuerlichen Pflichten und Rechte einschließlich der Vertretung Beteiligter durch andere Beteiligte,**
5. **die Bekanntgabe von Verwaltungsakten an die Verfahrensbeteiligten und Empfangsbevollmächtigte,**
6. **die Zulässigkeit, der Umfang und die Durchführung von Außenprüfungen zur Ermittlung der Besteuerungsgrundlagen.**

[3] Durch Rechtsverordnung kann das Bundesministerium der Finanzen mit Zustimmung des Bundesrates bestimmen, dass Besteuerungsgrundlagen, die sich erst später auswirken, zur Sicherung der späteren zutreffenden Besteuerung gesondert und für mehrere Personen einheitlich festgestellt werden; Satz 2 gilt entsprechend. [4] Die Rechtsverordnungen bedürfen nicht der Zustimmung des Bundesrates, soweit sie Einfuhr- und Ausfuhrabgaben und Verbrauchsteuern, mit Ausnahme der Biersteuer, betreffen.

(3) **[1] Absatz 1 Satz 1 Nummer 2 Buchstabe a gilt nicht, wenn**

1. **nur eine der an den Einkünften beteiligten Personen mit ihren Einkünften im Geltungsbereich dieses Gesetzes einkommensteuerpflichtig oder körperschaftsteuerpflichtig ist oder**
2. **es sich um einen Fall von geringer Bedeutung handelt, insbesondere weil die Höhe des festgestellten Betrags und die Aufteilung feststehen; dies gilt sinngemäß auch für die Fälle des Absatzes 1 Satz 1 Nummer 2 Buchstabe b und Nummer 3.**

[2] Das nach § 18 Absatz 1 Nummer 4 zuständige Finanzamt kann durch Bescheid feststellen, dass eine gesonderte Feststellung nicht durchzuführen ist. [3] Der Bescheid gilt als Steuerbescheid.

(4) **Absatz 1 Satz 1 Nummer 2 Buchstabe a gilt ferner nicht für Arbeitsgemeinschaften, deren alleiniger Zweck in der Erfüllung eines einzigen Werkvertrages oder Werklieferungsvertrages besteht.**

(5) **Absatz 1 Satz 1 Nummer 2 sowie die Absätze 2 und 3 sind entsprechend anzuwenden, soweit**

1. die nach einem Abkommen zur Vermeidung der Doppelbesteuerung von der Bemessungsgrundlage ausgenommenen Einkünfte bei der Festsetzung der Steuern der beteiligten Personen von Bedeutung sind oder

2. Steuerabzugsbeträge und Körperschaftsteuer auf die festgesetzte Steuer anzurechnen sind.

Schrifttum: von Wedelstädt, Feststellungsbescheide im Rechtsbehelfsverfahren, AO-StB 2004, 211; Steger, Feststellungsverfahren bei einer vermögensverwaltenden Schwesterpersonengesellschaft, DStR 2009, 784; Falter, Die einheitliche und gesonderte Feststellung von Besteuerungsgrundlagen bei der KGaA, FS Spiegelberger 2009, 113; Steinhauff, Systemwidrige Erstreckung der Ewigkeitstheorie auf Rechtsbehelfsverfahren wegen einheitlicher und gesonderter Feststellungsbescheide, AO-StB 2010, 182; Bodden, Verfahrensrechtliche Zusammenhänge der Thesaurierungsbesteuerung nach § 34a EStG, FR 2011, 829; Dißars, Einspruchs- und Klagebefugnis bei einheitlicher und gesonderter Feststellung, NWB 2011, 1715; Brinkmann, Die förmliche Feststellung von Besteuerungsgrundlagen einer Organgesellschaft, StBp 2016, 189; Hageböke, Einheitliche und gesonderte Feststellung bei der KGaA und ihrem persönlich haftenden Gesellschafter, Der Konzern 2017, 28; Zantopp, Neues zum gesonderten und einheitlichen Feststellungsverfahren in Fondsstrukturen, FR 2019, 1085; Töben, Feststellungsverfahren für mittelbar bezogene Einkünfte eines ausländischen Private Equity-Fonds, DStR 2019, 2105; Schulze zur Wiesche, Gewinngemeinschaftsvertrag als Mitunternehmerschaft, DStZ 2019, 656; Brühl/Weiss, „Check the box" from good old Germany – Die Option zur Besteuerung als Körperschaft nach dem KöMoG, DStR 2021, 889; Weber-Grellet, Bilanzsteuerrecht der Personengesellschaften nach MoPeG, BB 2022, 2345; Bruschke, Der Teilabschlussbescheid nach § 180 Abs. 1a AO, DStZ 2025, 224.

Übersicht

A. Allgemeines

1 § 180 konkretisiert den Anwendungsbereich der in § 179 I normierten gesonderten Feststellung von Besteuerungsgrundlagen durch die Aufzählung einiger besonders wichtiger Fallgruppen. Die Aufzählung ist nicht abschließend („insb.“), sondern wird durch Regelungen in den EinzelStGesetzen ergänzt (→ § 179 Rn. 12). Als Gegenstand der Feststellung werden ua die gesonderte Feststellung von Einheitswerten (§ 180 I Nr. 1) und die einheitliche und gesonderte Feststellung von Einkünften (§ 180 I Nr. 2) aufgezählt. Neben dieser umfassenden Ermittlung von Besteuerungsgrundlagen enthält § 180 V spezielle Einzelfeststellungen (freigestellte DBA-Einkünfte; anzurechnende StAbzugsbeträge und KSt), wie sie sich zumeist auch in den Regelungen der EinzelStGesetze wiederfinden (zB Feststellung eines verbleibenden Spendenabzugsbetrages gem. § 10b I 5 EStG, Feststellung des verbleibenden Verlustvortrags, § 10d IV 1 EStG). In bestimmten Ausnahmefällen (§ 180 III, IV) wird die FB von der Verpflichtung zur gesonderten Feststellung freigestellt. Die Nichtdurchführung des Feststellungsverfahrens kann die FB durch VA feststellen (→ Rn. 94 f.). Der erstmalige Erlass eines Gewinnfeststellungsbescheides unterliegt nicht den Beschränkungen der Änderungsvorschriften (§§ 172 ff.), auch soweit der Folgebescheid bereits zu diesem Zeitpunkt bestandskräftig ist (→ § 175 Rn. 13; BFH 1.7.2003 – VIII R 61/02, DStRE 2003, 1469).

Abs. 3–5 sind durch das StModernG v. 18.7.2016 (BGBl. 2016 I 1679) redaktionell neu gefasst worden. § 180 I 1 Nr. 1 wurde mWv 1.1.2022/1.1.2025 durch das GrStReFG v. 26.11.2019 (BGBl. 2019 I 1794) geändert (→ Rn. 4 ff.). Durch das Gesetz zur Umsetzung der Richtlinie (EU) 2021/514 des Rates vom 22. März 2021 zur Änderung der Richtlinie 2011/16/EU über die Zusammenarbeit der Verwaltungsbehörden im Bereich der Besteuerung und zur Modernisierung des Steuerverfahrensrechts v. 20.12.2022 (DAC 7-Umsetzungsgesetz; BGBl. 2022 I 2730) wurde ein neuer Abs. 1a eingefügt (→ Rn. 44a). Zur erstmaligen Anwendung s. Art. 97 § 37 II und III EGAO.

B. Gesonderte Feststellung von Einheitswerten (Abs. 1 Nr. 1)

I. Voraussetzungen der Feststellung

Feststellung des Einheitswertes. Nach § 180 I Nr. 1 iVm § 19 I BewG werden Einheitswerte für inländischen Grundbesitz bis 31.12.2024 (→ Rn. 5), und zwar für Betriebe der Land- und Forstwirtschaft (§§ 33, 48a und 51a BewG), für Grundstücke (§§ 68 und 70 BewG) und für Betriebsgrundstücke (§ 99 BewG) gesondert – bei Beteiligung mehrerer Personen auch einheitlich (§ 179 II 2) – festgestellt. Zu anderweitigen Feststellungen nach dem BewG, die nicht auf § 19 BewG beruhen, ermächtigt Abs. 1 Nr. 1 nicht. Materielle Bewertungsvorschriften über die Bewertung der wirtschaftlichen Einheiten und die Höhe der festzustellenden Werte sind dem BewG zu entnehmen. Hierüber trifft § 180 I Nr. 1 keine Aussage. 4

Einheitswertabhängige Steuern. Der Geltungsbereich des § 180 I Nr. 1 ist durch die Nichterhebung der VSt ab dem 1.1.1997, den Fortfall der Gewerbekapitalsteuer ab dem 5

Erhebungszeitraum 1998 (für die neuen Bundesländer bereits seit 1991) und die Einschränkung von Regelungen, deren Tatbestand an die Feststellung von Einheitswerten anknüpfen (zB § 141 I 1 Nr. 2), erheblich reduziert worden. Einheitswerte gelten ab dem VZ 1998 folglich nur noch für Grundbesitz, und zwar für die GrSt (§ 13 GrStG), Kürzungen bei der Gewerbeertragsteuer (§ 9 Nr. 1 GewStG) und die Einkünfteermittlung nach § 13a EStG. Für die ErbSt oder GrESt erforderliche Grundbesitzwerte sind gem. § 138 BewG ebenfalls gesondert festzustellen (Bedarfsbewertung; BFH 20.10.2004 – II R 32/02, BFH/NV 2005, 574); gegenüber mehreren Personen auch einheitlich (BFH 24.5.2005 – II R 57/03, BFH/NV 2005, 1982).

Infolge der Verfassungswidrigkeit wesentlicher Teile des BewG (vgl. BVerfG 10.4.2018 – 1 BvL 11/14, BVerfGE 148, 147) bedurfte es einer Neuregelung der Einheitsbewertung, die durch das GrStRefG (→ Rn. 1) erfolgte. Ab dem 1.1.2022 ist die Bewertung des Grundvermögens für Zwecke der GrSt in den §§ 219 ff. BewG neu geregelt worden. Die bisherigen Einheitswerte werden von Grundsteuerwerten abgelöst, deren Feststellung durch Hauptfeststellung erstmals zum 1.1.2022 (§ 266 I BewG) in Abständen von 7 Jahren erfolgen soll (§ 221 BewG). Der GrStWertbescheid ist Grundlagenbescheid für die Folgebescheide und somit ist der festgestellte GrStWert bei der Berechnung der GrSt und des GewStMessbetrages anzusetzen (BeckOK AO § 180 Rn. 22). Die erste Hauptveranlagung erfolgt auf den 1.1.2025 (§ 266 I BewG). Bis zu diesem Zeitpunkt findet die Einheitsbewertung parallel weiterhin Anwendung und entfällt danach (Art. 97 Xb 3 EGAO). Die gesonderten Feststellungen der GrStWerte sind erstmals für die Veranlagung zum 1.1.2025 bindend (§ 266 I BewG und § 36 I GrStG). Entspr. wurde zum 1.1.2025 der Begriff des Einheitswerts in § 180 I S. 1 Nr. 1 gestrichen.

6 **Für die Besteuerung von Bedeutung.** Wegen des dienenden Zwecks des Feststellungsverfahrens für die StFestsetzung ist eine Einheitswertfeststellung/GrStWertfeststellung nur zulässig, wenn und soweit die Einheitswerte für die Besteuerung von Bedeutung sind (BFH 30.11.1993 – II B 183/92, BStBl. II 1994, 150; vgl. ausdrücklich auch § 19 IV BewG; hierzu BFH 15.3.2001 – II R 38/99, BFH/NV 2001, 1449; BFH 22.2.2001 – II B 39/00, BStBl. II 2001, 476). Die Bedeutung der Feststellung der Besteuerungsgrundlagen entfällt nicht bereits dann, wenn zweifelhaft ist, ob der Feststellung keine steuerliche Bedeutung mehr zukommt (vgl. FG Niedersachsen 2.8.1988 – I 453/83, EFG 1989, 94; TK § 180 Rn. 2). Denn Zweifel an der steuerrechtlichen Relevanz der gesonderten Feststellung können grds. erst im nachfolgenden StFestsetzungsverfahren beseitigt werden (vgl. BFH 30.11.1993 – II B 183/92, BStBl. II 1994, 150).

II. Inhalt des Feststellungsbescheides

7 Zum unverzichtbaren **Mindestinhalt** des Feststellungsbescheides über den Einheitswert gehört die Angabe des Inhaltsadressaten, also derjenigen Person, der die wirtschaftliche Einheit zuzurechnen ist, und die Höhe des festgestellten Einheitswertes (§ 181 I 1 iVm § 157 I 2). Lassen sich diese Angaben nicht zweifelsfrei aus dem Bescheid ermitteln (zu Auslegungsfragen betr. Inhaltsadressat → § 119 Rn. 13), ist der Feststellungsbescheid gem. § 125 I nichtig (ebenso Gosch AO § 180 Rn. 10; TK § 180 Rn. 5; einschr. HHSp § 180 Rn. 54 ff.: Zurechnung ergänzbar nach § 179 III). Ist ein Beteiligter nicht als Inhaltsadressat aufgeführt, wird der Feststellungsbescheid dadurch nicht unbestimmt, also nichtig, sondern lediglich rechtswidrig (BFH 19.11.2009 – IV R 89/06, BFH/NV 2010, 818). Die Feststellung des Wertes bezieht sich auf eine bestimmte, abgrenzbare wirtschaftliche Einheit, die im Einheitswertbescheid zu bezeichnen ist (vgl. BFH 18.9.1975 – III R 96/74, BStBl. II 1975, 874). Vgl. wegen weiterer Einzelheiten zur inhaltlichen Bestimmtheit von VA → § 119 Rn. 12 ff. und zum notwendigen Inhalt des StBescheides → § 157 Rn. 10 ff.

8 **Ergänzbarer Inhalt.** Nach § 19 III BewG sind im Feststellungsbescheid auch Feststellungen über die Art und die Zurechnung der wirtschaftlichen Einheit und bei mehreren Beteiligten über die Höhe ihrer Anteile zu treffen. Derartige Feststellungen können, soweit

sie nicht zur inhaltlichen Unbestimmtheit des VA führen (§ 119 I), durch Ergänzungsbescheid nachgeholt werden (§ 179 III). Nicht erfasst wird die Zurechnung des Bewertungsgegenstandes (der wirtschaftlichen Einheit), da die Bezeichnung des vom Feststellungsbescheid steuerlich betroffenen Rechtssubjektes zur inhaltlichen Bestimmtheit des VA erforderlich ist (ebenso TK § 180 Rn. 6; HHSp § 180 Rn. 69). Sind demgegenüber bei mehreren Personen sämtliche Beteiligte bezeichnet, kann die fehlende Angabe der Höhe ihrer Anteile am Einheitswert nachträglich durch Ergänzungsbescheid bestimmt werden. Der Grund für die Zurechnung ist nicht Teil der Feststellung, sondern Begründung der getroffenen Entscheidung (BFH 7.4.1993 – II R 107/89, BFH/NV 1994, 453). Stellt das FA ausdrücklich fest, dass eine wirtschaftliche Einheit einer bestimmten Person nicht zuzurechnen ist, ergeht ein negativer Feststellungsbescheid (→ § 179 Rn. 21).

Tritt ein **Eigentumswechsel** in Bezug auf den Bewertungsgegenstand ein, so ist die bisherige Zurechnungsfeststellung auf den nächsten Feststellungszeitpunkt durch Zurechnungsfortschreibung zu ändern (§ 22 II BewG). Der Bescheid über die Zurechnungsfortschreibung ergeht wegen der bindenden Feststellung über den Wechsel der Zuordnung gegenüber dem neuen und dem früheren Eigentümer einheitlich, und zwar auch dann, wenn ein entsprechender Antrag abgelehnt wird (BFH 8.6.1988 – II R 219/84, BStBl. II 1988, 760).

III. Wirkung der Feststellung

9 Der Einheitswertbescheid ist Grundlagenbescheid iSd § 171 X. Er entfaltet als Feststellungsbescheid gem. § 182 I Bindungswirkung für alle Folgebescheide, soweit die getroffenen Feststellungen für die Folgebescheide von Bedeutung sind. Bindend sind dabei sowohl die positiven als auch die negativen Feststellungen (vgl. BFH 18.9.1975 – III R 96/74, BStBl. II 1975, 874; BFH 7.4.1993 – II R 107/89, BFH/NV 1994, 453). Zur dinglichen Wirkung der Einheitswertbescheide s. die Erl. zu § 182 II (→ § 182 Rn. 18 ff.). Die in einem Einheitswertbescheid getroffenen Feststellungen zu Wert, Art und Zurechnung sind je für sich als VA zu qualifizieren (vgl. BFH 5.5.1999 – II R 44/96, BFH/NV 2000, 8; BFH 19.2.2009 – II R 8/06, BFH/NV 2009, 1092) und damit auch je für sich der Bestandskraft zugänglich. Die Anfechtung des Einheitswertbescheids kann folglich auf einzelne Feststellungen beschränkt werden (allg. Meinung; vgl. zB BFH 5.5.1999 – II R 44/96, BFH/NV 2000, 8 mwN; Klein § 180 Rn. 3; Hofmann DStR 1990, 331). Die Teilanfechtbarkeit des Einheitswertbescheides beruht auf der Teilbarkeit des VA, mit der Folge, dass er in Bestandskraft erwächst, soweit ein selbständiger Teil nicht angefochten wird (so zu Recht TK § 180 Rn. 8, der allerdings nicht von einzelnen VA, sondern von einem einheitlichen Bescheid ausgeht). Die einzelne Feststellung ist Teil des einheitlichen VA für eine bestimmte wirtschaftliche Einheit (HHSp § 180 Rn. 95; TK § 180 Rn. 8; Tipke/Lang § 21 Rn. 122; aA std. Rspr. seit BFH 13.11.1981 – III R 116/78, BStBl. II 1983, 88; BFH 19.2.2009 – II R 8/06, BFH/NV 2009, 1092; Klein § 180 Rn. 3; Hofmann DStR 1990, 331). Wert, Art und Eigentums- bzw. Beteiligungsverhältnisse sind untrennbare Eigenschaften des Bewertungsgegenstandes. Sie werden folglich auch in Bezug auf diesen getroffen und lassen sich nicht als eigenständige Regelung von diesem lösen.

C. Gesonderte Feststellung der Einkünfte mehrerer Personen (Abs. 1 Nr. 2a)

I. Feststellung von Einkünften und anderen Besteuerungsgrundlagen

1. Feststellung von Einkünften

13 Eine einheitliche und gesonderte Feststellung hat gem. § 180 I Nr. 2a für Einkünfte zu erfolgen, die der Stpfl. nach dem EStG oder KStG unterliegen. In den Regelungsbereich fallen alle sieben Einkunftsarten des § 2 I EStG, also anders als bei § 180 I Nr. 2b nicht nur die Gewinneinkünfte, sondern auch die Überschusseinkünfte iSd § 2 I Nr. 4–7 EStG (vgl.

BFH 21.11.2000 – IX R 2/96, BStBl. II 2001, 789; BFH 10.8.1994 – X R 45/91, BFH/NV 1995, 387). Zu den stpfl. Einkünften gehören nicht lediglich Gewinne und Einnahmeüberschüsse, sondern desgleichen entspr. negative Einkünfte, sodass auch Verlustfeststellungen vorzunehmen sind. Die Feststellung anderer Besteuerungsgrundlagen, soweit sie mit den festzustellenden Einkünften in Zusammenhang stehen, ist seit 1995 zulässig (→ Rn. 14). Die Feststellung der Einkünfte entfaltet für die Ermittlung des Gewerbeertrages weder dem Grunde noch der Höhe nach Bindungswirkung (BFH 17.12.2003 – XI R 83/00, BStBl. II 2004, 699). Unerheblich ist, ob die Einkünfte im Inland oder Ausland erzielt werden, soweit sie der deutschen Stpfl. unterliegen. Deshalb sind bei der Einkünftefeststellung aus dem Gewinn einer PersGes sowohl die in Deutschland nicht steuerbaren als auch die hier steuerfreien Einkünfte auszuscheiden (BFH 24.2.1988 – I R 95/84, BStBl. II 1988, 663). Die Feststellung von steuerfreien Einkünften kann ggf. für den einzelnen Mitunternehmer gem. § 180 V erfolgen (→ Rn. 98 f.).

2. Feststellung anderer Besteuerungsgrundlagen

14 Durch das StMBG ist § 180 I Nr. 2a um die Möglichkeit der Feststellung von Besteuerungsgrundlagen, die mit den stpfl. Einkünften im Zusammenhang stehen, erweitert worden. Die Neuregelung ist erstmals auf Feststellungszeiträume ab 1995 anzuwenden (Art. 97 § 10b EGAO). Neben der Feststellung der durch mehrere Personen erwirtschafteten Einkünfte können Besteuerungsgrundlagen erfasst werden, die mit den gemeinschaftlich erzielten Einkünften in einem Zusammenhang stehen. Dieser Zusammenhang kann rechtlicher, wirtschaftlicher oder tatsächlicher Art sein (AEAO zu § 180 Nr. 1; Schwarz/Pahlke/Keß § 180 Rn. 51 f.). Erforderlich ist stets, dass es sich um Aufwendungen handelt, die der Personenzusammenschluss kraft eigener Verpflichtung leistet bzw. Besteuerungsgrundlagen betroffen sind, die auf der Ebene der Gemeinschaft verwirklicht werden (ebenso TK § 180 Rn. 64; Schwarz/Pahlke/Keß § 180 Rn. 52). Einkünfte, die dem Halbeinkünfteverfahren oder Teileinkünfteverfahren unterliegen, sind grds. unter Verwendung der sog. Nettomethode (Angabe nach Anwendung der § 3 Nr. 40, § 3c EStG) in Höhe des stpfl. Betrages festzustellen (BFH 25.7.2019 – IV R 61/16, DStR 2019, 2131). Allerdings können sie auch in voller Höhe („brutto") festgestellt werden, wenn aus den weiteren Feststellungen erkennbar ist, dass zur Ermittlung der stpfl. Einkünfte eine weitere Berechnung erforderlich ist (BFH 18.7.2012 – X R 28/10, BStBl. II 2013, 444; BFH 6.2.2020 – IV R 5/18, BStBl. II 2020, 448). Private Gesellschafteraufwendungen, die lediglich durch die PersGes oder über ein Verrechnungskonto der PersGes abgewickelt werden, gehören nicht hierzu (HHSp § 180 Rn. 164). Festgestellt werden können zB Spenden oder andere Sonderausgaben, auch soweit sie lediglich für einen oder einzelne Beteiligte geleistet werden (Klein § 180 Rn. 25), nicht jedoch Kinderbetreuungskosten eines Gesellschafters (vgl. BFH 3.7.2002 – VI R 87/99, BStBl. II 2002, 857).

II. Beteiligung mehrerer Personen

15 **Einheitliche Einkunftsquelle.** Eine gesonderte und einheitliche Feststellung nach § 180 I Nr. 2a darf nur erfolgen, wenn an den stpfl. Einkünften mehrere Personen beteiligt sind und ihnen die Einkünfte steuerlich zuzurechnen sind. Unerheblich ist, welcher – ggf. unterschiedlichen – Einkunftsart die jeweiligen Einkünfte zuzuordnen sind, soweit nicht der Einkünftetatbestand eine gemeinschaftliche Verwirklichung durch mehrere StSubjekte ausschließt (zB § 22 Nr. 1a, 4, 5 EStG). An Einkünften sind mehrere Personen beteiligt, wenn die Einkünfte gemeinschaftlich erzielt werden, also aus einer einheitlichen Einkunftsquelle stammen (BFH 19.4.2005 – VIII R 6/04, DStR 2005, 1603; BFH 19.11.2019 – IX R 24/18, BStBl. II 2020, 225). In diesem Fall sind die gemeinschaftlichen Einkünfte den beteiligten Personen auch steuerlich zuzurechnen. Steuerliche Beteiligung und steuerliche Zurechnung laufen daher grds. parallel. Eine einheitliche Einkunftsquelle kann sowohl bei

Gesellschaften durch den Einsatz von Gesamthandsvermögen zum Zwecke der gemeinsamen Teilnahme am allg. wirtschaftlichen Verkehr als auch bei bloßen Rechtsgemeinschaften (zB Gütergemeinschaft, Erbengemeinschaft, Bruchteilsgemeinschaft) durch die Verwendung gemeinsamen Vermögens entstehen (BFH 7.10.1986 – IX R 167/83, BStBl. II 1987, 322). Entscheidend ist ausschl. die gemeinschaftliche Verwirklichung der Einkünfteerzielung durch eine Mehrzahl von Personen (vgl. BFH 26.1.1999 – IX R 17/95, BStBl. II 1999, 360 mwN; BFH 19.11.2019 – IX R 24/18, BStBl. II 2020, 225). Regelfall ist danach die PersGes und das für diese geltende Transparenzprinzip. Die FB muss das Verfahren zur einheitlichen und gesonderten Feststellung bereits dann durchführen, wenn zweifelhaft ist oder es auch nur möglich erscheint, dass Einkünfte vorliegen, an denen mehrere im Inland ansässige Personen beteiligt sind (BFH 17.12.2003 – I R 47/02, BFH/NV 2004, 771; BFH 19.2.2020 – I R 38/17, BFH/NV 2021, 1). Es macht keinen Unterschied, ob diese Zweifel rechtlicher oder tatsächlicher Natur sind (BFH 12.4.2021 – VIII R 46/18, BStBl. II 2021, 614). Das Feststellungsverfahren ist auch dann durchzuführen, wenn das für dieses Verfahren zuständige FA gleichzeitig für die Festsetzung der ESt aller möglicherweise an den Einkünften beteiligten Stpfl. zuständig ist (BFH 22.2.2017 – I R 35/14, BStBl. II 2018, 33). Etwas anderes gilt nur, wenn ein Fall von geringer Bedeutung nach Abs. 3 S. 1 Nr. 2 (→ Rn. 89 ff.) vorliegt (BFH 9.6.2015 – X R 38/12, BFH/NV 2015, 1588). Für jede gemeinschaftliche Einkünfteerzielung (Gemeinschaft, Gesellschaft) ist ein selbständiges Feststellungsverfahren durchzuführen (BFH 21.10.2015 – IV R 43/12, BStBl. II 2016, 517; BFH 7.11.2019 – IV R 9/18, BFH/NV 2020, 338; FG Münster 16.7.2013 – 2 K 2087/10 F, EFG 2014, 96). Bei **doppelstöckigen PersGes** ist stets ein zweistufiges Feststellungsverfahren durchzuführen (BFH 18.9.2007 – I R 79/06, BFH/NV 2008, 729). Ist eine PersGes atypisch still an einer KapGes beteiligt, dürfen die Feststellungen der Einkünfte aus der PersGes und aus der atypisch stillen Gesellschaft folglich nicht in einem einheitlichen Feststellungsbescheid getroffen werden (BFH 21.10.2015 – IV R 43/12, BStBl. II 2016, 517). Die im Feststellungsverfahren für die Untergesellschaft festgestellten Besteuerungsgrundlagen sind der Obergesellschaft – nicht aber unmittelbar deren Gesellschaftern – zuzurechnen und zugleich für ihr eigenes Feststellungsverfahren bindend (BFH 9.7.2003 – I R 5/03, BFH/NV 2004, 1; BFH 9.8.2006 – II R 24/05, BStBl. II 2007, 87). Eine wesentliche Änderung ergibt sich bei der durch das Gesetz zur Modernisierung des Körperschaftsteuerrechts (BGBl. 2021 I 2050) neu geschaffenen Optionsmöglichkeit nach **§ 1a KStG.** Danach soll die PersGes auch verfahrensrechtlich wie eine KapGes behandelt werden (BR-Drs. 244/21, 18; Brühl/Weiss DStR 2021, 889).

Selbständiges Steuersubjekt. Schließen sich hingegen mehrere Personen zu einem selbständigen StSubjekt (zB KapGes) zusammen, verwirklicht dieses StSubjekt selbst den Tatbestand der Einkünfteerzielung, sodass eine gesonderte Feststellung ausscheidet (vgl. zB BFH 23.6.1992 – IX R 182/87, BStBl. II 1992, 972; BFH 20.9.2018 – IV R 6/16, BStBl. II 2019, 160). Die Beteiligten erzielen Einkünfte erst durch offene und verdeckte Ausschüttungen der KapGes. Gleiches gilt für die **KGaA** Sie ist als KapGes selbst Subjekt der KSt und erzielt eigenständig Einkünfte, an denen auch die Komplementäre nicht als Mitunternehmer beteiligt sind. Die Komplementäre werden gem. § 15 I 1 Nr. 3 EStG lediglich wie Mitunternehmer behandelt (BFH 23.10.1985 – I R 235/81, BStBl. II 1986, 72). Ihre Einkünfte bilden bei der KGaA Betriebsausgaben. Der Gesamtgewinn der KGaA wird folglich nicht zwischen Aktionären und Komplementären aufgeteilt. Demzufolge sind die Einkünfte der KGaA nicht gesondert festzustellen (so zu Recht Schwarz/Pahlke/Keß § 180 Rn. 32; FG München 16.1.2003 – 7 K 5340/01, EFG 2003, 670 mwN; aA FG Hamburg 9.7.2015 – 3 K 308/14, EFG 2015, 1682; TK § 180 Rn. 17; Gosch AO § 180 Rn. 32; HHSp 180 Rn. 176; Schaumburg DStZ 1998, 525; offen gelassen BFH 15.3.2017 – I R 41/16, BFH/NV 2017, 1548). Sind mehrere Komplementäre an der KGaA beteiligt, sind ihre Einkünfte iSd § 15 I 1 Nr. 3 EStG einheitlich und gesondert festzustellen (TK § 180 Rn. 17; Schwarz/Pahlke/Keß § 180 Rn. 32; aA FG Hamburg 14.11.2002 – V 231/ 16

99, EFG 2003, 711; FG Schleswig-Holstein 12.4.2011 – 5 K 136/07, EFG 2011, 2038; FG Düsseldorf 7.12.2010 – 13 K 1214/06 E, EFG 2011, 878).

17 **Fehlen gemeinsamer Einkünfteerzielung.** Sind mehrere Personen gemeinsam an Wirtschaftsgütern, Gemeinschaften oder Gesellschaften beteiligt, ohne dass die erzielten Einkünfte auf einer gemeinschaftlichen Tätigkeit beruhen, entsteht keine einheitliche Einkunftsquelle. Das verbindende Glied für eine einheitliche und gesonderte Feststellung nach § 180 I Nr. 2a fehlt. Fehlt eine gemeinsame Einkünfteerzielung insgesamt oder die Teilnahme durch einzelne Personen, kann das Nichtvorliegen dieser Voraussetzungen allg. bzw. gegenüber einzelnen Nichtgesellschaftern durch negativen Feststellungsbescheid bindend festgestellt werden (vgl. BFH 16.10.2007 – VIII R 8/05, BeckRS 2007, 25012629). Demzufolge ist der Streit über die Existenz einer gemeinsamen Einkünfteerzielung (zB Vorliegen einer Mitunternehmerschaft) stets im Feststellungsverfahren zu entscheiden (BFH 17.12.2003 – I R 47/02, BFH/NV 2004, 771; BFH 2.12.2015 – I R 13/14, BStBl. II 2016, 927). Eine einheitliche Feststellung ist nicht durchzuführen, soweit im Gesamthandseigentum stehende Wirtschaftsgüter nach § 39 II Nr. 2 den Beteiligten getrennt zuzurechnen sind, weil sie nicht zur Erzielung gemeinschaftlicher Einkünfte eingesetzt werden. So sind Kapitalbeteiligungen einer vermögensverwaltenden PersGes den Gesellschaftern anteilig zuzurechnen (sog. Bruchteilsbetrachtung), wenn die Beteiligung veräußert wird. Der Veräußerungsgewinn iSd § 17 EStG ist daher nicht gesondert festzustellen (BFH 9.5.2000 – VIII R 41/99, BStBl. II 2000, 686; BFH 9.5.2000 – VIII R 40/99, BFH/NV 2001, 17; vgl. zu Veräußerungsgewinnen nach § 20 II EStG BFH 20.11.2018 – VIII R 39/15, BStBl. II 2019, 239). Auch das Ausscheiden eines Gesellschafters aus einer vermögensverwaltenden PersGes gegen Zahlung einer Abfindung führt nicht zu gemeinschaftlichen Einkünften (BFH 19.11.2019 – IX R 24/18, BStBl. II 2020, 225). **Nachträgliche gewerbliche Einkünfte** eines ehemaligen Gesellschafters, die ihm nach Ausscheiden aus der PersGes zufließen, können mangels Beteiligung nicht gesondert festgestellt werden (BFH 14.5.2002 – VIII R 8/01, BStBl. II 2002, 532; BFH 22.1.2003 – X R 60/99, BFH/NV 2003, 900: einschl. nachträglicher Sonderbetriebsausgaben). Dies gilt entspr. für Aufwendungen vor Eintritt in die Gesellschaft als vorweggenommene Sonderbetriebsausgaben (BFH 6.11.2012 – VIII R 49/10, BStBl. II 2013, 309; vgl. zu vorweggenommenen Sonderwerbungskosten FG Köln 13.10.2004 – 14 K 2088/00, DStRE 2005, 1438). Abw. Hiervon sind nachträglich bezogene Versorgungsbezüge (§ 24 Nr. 2 EStG) wegen der Fiktion des § 15 I 2 EStG gesondert und einheitlich festzustellen (BFH 2.12.1997 – VIII R 11/96, BFH/NV 1998, 835). Entstehen Gewinne oder Verluste ausnahmsweise nach Vollbeendigung einer PersGes, kann aufgrund des fortwirkenden Gemeinschaftsverhältnisses eine gesonderte Feststellung erforderlich sein (BFH 13.2.1996 – VIII R 18/92, BStBl. II 1996, 291).

18 **Einzelfälle aus der Rspr.:** Gemeinschaftliche Einkünfte erzielen: **Mitunternehmerschaften,** insb. PersGes jeglicher Form (vgl. BFH 7.3.1996 – IV R 2/92, BStBl. II 1996, 369; BFH 22.6.2017 – IV R 42/13, BFH/NV 2018, 265; zur FamilienGes BFH 16.12.2008 – VIII R 83/05, BFH/NV 2009, 1118; zur VermietungsGes BFH 29.10.2019 – IX R 38/17, BStBl. II 2021, 202; auch nach Insolvenzeröffnung BFH 5.6.2003 – IV R 36/02, BFH/NV 2003, 1490) und atypische stille Gesellschaften (BFH 15.10.1998 – IV R 18/98, BStBl. II 1999, 286, BFH 13.7.2017 – IV R 41/14, BStBl. II 2017, 1133), ggf. beschränkt auf einzelne Geschäftszweige (vgl. BFH 4.8.1988 – IV R 60/86, BFH/NV 1990, 19: hier Innengesellschaft zur Herstellung und Verwertung eines Films); Erbengemeinschaft (vgl. BFH 21.9.1995 – IV R 1/95, BStBl. II 1995, 893; BFH 17.10.1991 – IV R 97/89, BStBl. II 1992, 392); Beteiligung mehrerer Treugeber über einen Treuhänder (BFH 15.4.2003 – IV B 188/01, BFH/NV 2003, 1283); **Gütergemeinschaft** (BFH 26.11.1992 – IV R 15/91, BStBl. II 1993, 876, BFH 1.10.1992 – IV R 130/90, BStBl. II 1993, 574; BFH 19.7.1990 – IV R 11/89, BFH/NV 1991, 649); **Bruchteilsgemeinschaften,** wie zB Miteigentümergemeinschaft an Grundstücken (BFH 7.10.1986 – IX R 167/83, BStBl. II 1987, 322: BFH 26.1.1999 – IX R 17/95, BStBl. II 1999, 360; BFH

18.5.2004 – IX R 49/02, BStBl. II 2004, 929); bei gemeinschaftlicher Beteiligung von Nießbraucher und Eigentümer (BFH 30.8.1994 – IX R 73/93, BFH/NV 1995, 568); Wohnungseigentümergemeinschaft bei gemeinschaftlicher Vermietung (FG Köln 22.1.2020 – 3 K 1065/16, ZWE 2020, 353) bzw. dem Betrieb eines Blockheizkraftwerkes (BFH 20.9.2018 – IV R 6/16, BStBl. II 2019, 160); **dagegen nicht** für bloßen Ertragsnießbrauch an Kommanditbeteiligung (FG Köln 15.11.2002 – 5 K 4243/93, EFG 2003, 587); reine Innengesellschaften, die keine Mitunternehmerschaft bilden, wie grds. Meta-Verbindungen (FG Hamburg 3.9.1975 – I 73/73, EFG 1976, 136; FG Baden-Württemberg 20.5.1992 – 12 K 247/88, EFG 1993, 225; vgl. jedoch FG Köln 22.3.2001 – 10 K 2394/93, EFG 2001, 1287; BFH 18.12.2002 – I R 92/01, BFH/NV 2003, 964: Mitunternehmerschaft bei Meta-Verbindung), typische stille Gesellschaft/Unterbeteiligung (BFH 9.11.1988 – I R 191/84, BStBl. II 1989, 343), Poolverträge (BFH 9.10.1964 – VI 317/62 U, BStBl. III 1965, 71; FG Niedersachsen 2.12.2003 – 8 K 10406/01, EFG 2004, 1665); PersGes, an der ausschl. eine Person persönlich und über Treuhänder beteiligt ist (BFH 1.10.1992 – IV R 130/90, BStBl. II 1993, 574); Vermietung durch zweigliedrige GbR an einen Gesellschafter (FG Niedersachsen 29.4.2003 – 11 K 118/98, EFG 2003, 1135); Veräußerung von Gesellschaftsanteilen durch die Beteiligten als Spekulationsgeschäft iSd § 23 EStG (vgl. BFH 13.7.1994 – X R 7/91, BFH/NV 1995, 303; BFH 21.1.2014 – IX R 9/13, DStR 2014, 515); anders hingegen, wenn eine PersGes selbst den Tatbestand des § 23 EStG verwirklicht (BFH 11.5.1999 – IX R 72/96, BFH/NV 1999, 1446). Zu den Auswirkungen durch das **MoPeG** (BGBl. 2021 I 3436) s. TK § 180 Rn. 10; Weber-Grellet DB 2022, 2345.

III. Inhalt der Feststellungen

Allgemeines. Nach § 180 I Nr. 2a werden die durch mehrere Personen gemeinschaftlich erzielten Einkünfte und alle im Zusammenhang mit der gemeinschaftlichen Erzielung stehenden Besteuerungsgrundlagen festgestellt. Die Feststellung der Einkünfte bedeutet die bindende Festschreibung des Gewinns und Verlustes der Einkunftsarten iSd § 2 I 1 Nr. 1–3 EStG und des Über- oder Unterschusses der Einnahmen über die Werbungskosten der Einkunftsarten iSd § 2 I 1 Nr. 4–7 EStG. Dabei erstreckt sich die Feststellung auf die StBarkeit, Stpfl. bzw. StBefreiung der Einkünfte (→ Rn. 23), ihre Zuordnung zu einer Einkunftsart (→ Rn. 24 ff.), die Höhe der Einkünfte (→ Rn. 28), StErmäßigungen (→ Rn. 30), die Zurechnung zu den Beteiligten und den Feststellungszeitraum (→ Rn. 35 f.). Daneben können weitere Besteuerungsgrundlagen festgestellt werden (→ Rn. 31), die sich auf der Ebene der Mitunternehmerschaft vollzogen haben und deshalb sinnvollerweise vom sachnäheren FA zu ermitteln sind. Hierbei handelt es sich um Sachverhalte, die im Rahmen der Einkünfteerzielung nur einzelne Gesellschafter betreffen, wie zB Sonderbetriebseinnahmen und -ausgaben einschl. der Entscheidung über ihre StFreiheit, und um Umstände, die zwar von der Mitunternehmerschaft verwirklicht werden, sich steuerlich bei den Beteiligten jedoch erst nach der Ermittlung der Einkünfte auswirken (zB von der PersGes geleistete Spenden). Feststellungen sind letztlich zu allen Umständen zu treffen, die die Besteuerung der gemeinschaftlichen Einkünfte beeinflussen und nach Sinn und Zweck des Feststellungsverfahrens vorab mit Bindungswirkung für die Veranlagung der Beteiligten festgestellt werden sollen (HHSp § 180 Rn. 227), insb. auch die Verteilung der Einkünfte (BFH 8.2.2007 – IV R 65/01, BStBl. II 2009, 699). 22

Nach std. Rspr. des BFH kann ein Gewinnfeststellungsbescheid eine Vielzahl selbständiger und damit auch **selbständig anfechtbarer Feststellungen** enthalten, die eigenständig in Rechtskraft erwachsen. Hierunter fallen zB die Qualifikation der Einkünfte (BFH 15.6.2005 – IV B 124/03, BeckRS 2005, 25008230), das Bestehen einer Mitunternehmerschaft und wer an ihr beteiligt ist, die Höhe des laufenden Gesamthandgewinns sowie dessen Verteilung auf die Mitunternehmer und die Höhe eines Sondergewinns oder einer Sondervergütung (BFH 18.11.2020 – VI R 17/18, BFH/NV 2021, 625). Auch die Fest- 22a stellung eines Veräußerungs- oder Aufgabegewinns (sowohl auf Ebene des einzelnen Mitunternehmers als auch auf Ebene der Gesamthand) ist selbständig anfechtbar (BFH 2.10.2018 – IV R 24/15, BFH/NV 2019, 516). Keine selbständige Feststellung ist dagegen der sich aus den einzelnen Feststellungen ergebende Gesamtgewinn. Bei diesem handelt es sich lediglich um eine nicht isoliert anfechtbare Rechengröße (BFH 1.3.2018 – IV R 38/15, BStBl. II 2018, 587; BFH 17.4.2019 – IV R 12/16, BStBl. II 2019, 745). Welche Besteuerungsgrundlagen der Stpfl. mit seinem Rechtsbehelf angreift und damit zum Gegenstand des Verfahrens macht, ist durch Auslegung zB der Klageschrift zu ermitteln (BFH 17.4.2019 – IV R 12/16, BStBl. II 2019, 745). Für den Stpfl. können sich hierdurch erhebliche Risiken ergeben, falls einzelne Besteuerungsgrundlagen in Rechtskraft erwachsen (TK § 180 Rn. 11 spricht deshalb zurecht von einer „Falle im gerichtlichen Rechtsschutz"; s. auch von Wedelstädt AO-StB 2004, 211). Eine Ausnahme besteht für die Fälle, in denen die Änderung einer gesondert festgestellten Besteuerungsgrundlage zwangsläufig Auswirkungen auf eine andere Besteuerungsgrundlage hat (BFH 3.9.2020 – IV R 29/19, BFH/NV 2021, 438), zB indem die beantragte Herabsetzung eines Veräußerungsgewinns zwangsläufig zur Erhöhung des laufenden Gewinns führt oder umgekehrt. Die Anfechtung kann sich in diesen Fällen auch auf die materiell-rechtlich ebenfalls hiervon betroffenen Besteuerungsgrundlagen erstrecken mit der Folge, dass hierfür keine Teilbestandskraft eintritt (BFH 8.6.2000 – IV R 65/99, BStBl. II 2001, 89; BFH 8.6.2017 – IV R 6/14, BStBl. II 2017, 1053). Dafür muss aber eine untrennbare Verknüpfung zwischen den betreffenden Besteuerungsgrundlagen bestehen und dies durch den Stpfl. nicht in Abrede gestellt werden (BFH 3.9.2020 – IV R 29/19, BFH/NV 2021, 438).

23 **Steuerpflicht und Steuerbefreiung.** Im Feststellungsbescheid ist über die StBarkeit, die Stpfl. und StBefreiungen der Einkünfte zu entscheiden. So hat das FeststellungsFA darüber zu urteilen, ob Geldzuflüsse im Rahmen einer Einkunftsart zu erfassen sind (vgl. BFH 12.11.1985 – IX R 85/82, BStBl. II 1986, 239 zu Wohnungsmietentschädigung), mehrere Personen mit Einkünfteerzielungsabsicht oder aus privaten Neigungen (Liebhaberei) tätig werden oder der Tatbestand einer StBefreiung vorliegt (zB Sanierungsgewinn iSd § 3 Nr. 66 EStG aF; vgl. BFH 3.7.1997 – IV R 31/96, BStBl. II 1997, 690). In der Feststellung ist ferner verbindlich festzulegen, ob Ausgaben mit steuerfreien Einnahmen im Zusammenhang stehen und deshalb gem. § 3 Nr. 40, § 3c EStG bzw. § 8b KStG nicht oder nur anteilig abzugsfähig sind (Schwarz/Pahlke/Keß § 180 Rn. 59; BFH 25.7.2019 – IV R 47/16, BStBl. II 2020, 142). Für Einkünfte einer PersGes, die im Ausland erzielt werden, ist festzustellen, ob sie im Inland steuerpflichtig sind oder durch ein DBA von der Besteuerung freigestellt werden (BFH 9.9.1986 – VIII R 318/83, BFH/NV 1987, 158), wie ausländische Verluste im Inland nach § 2 AIG bzw. § 2a EStG steuerlich zu berücksichtigen sind (BFH 28.11.2007 – I R 25/07, BFH/NV 2008, 1097; BFH 30.4.1991 – VIII R 68/86, BStBl. II 1991, 873) und ob für ausländische Verluste die Voraussetzungen des § 2a I, II EStG vorliegen (BFH 18.12.1989 – IV B 37/89, BFH/NV 1990, 570). Das Vorliegen einer vGA kann im Rahmen der Gewinnfeststellung einer PersGes zu entscheiden sein, wenn diese Frage untrennbar mit der Höhe des Gewinnanteils der KapGes verbunden ist (BFH 29.11.2006 – I R 78–80/05, BFH/NV 2007, 1091). Über die Höhe der anzurechnenden ausländischen Steuern für gemeinschaftlich erzielte Einkünfte ist ebenfalls im Gewinnfeststellungsbescheid zu entscheiden (BFH 18.7.1990 – I R 115/88, BFHE 161, 499). Zur Feststellung von KStAnrechnungsbeträgen s. BFH 27.6.2001 – I R 65/00, BFH/NV 2001, 1528. Soweit die Zuflüsse steuerlich nicht relevant sind, hat sich die Feststellung auf den Umstand der fehlenden StBarkeit oder Stpfl. zu beschränken, umfasst also nicht die Höhe der nicht steuerbaren Einkünfte (BFH 24.2.1988 – I R 95/84, BStBl. II 1988, 663; → Rn. 98 f. zur Feststellung steuerfreier Auslandseinkünfte). Bei einer **Mehrmütterorganschaft** sind die den jeweiligen Muttergesellschaften zuzurechnenden Gewerbeerträge und Gewerbekapitalien einheitlich und gesondert festzustellen (BFH 22.11.2006 – I B 85/05, BFH/NV 2007, 729).

Zur Entscheidung über die beschränkte oder unbeschränkte Stpfl. der Beteiligten vgl. FG München 24.9.1990 – 13 K 13707/85, EFG 1991, 328.

Einkunftsart. Im Feststellungsbescheid ist über die Zuordnung der Einkünfte zu einer Einkunftsart zu befinden. Zu Einkünften, die bei den Beteiligten zu unterschiedlichen Einkunftsarten gehören → Rn. 25 ff. Mit der Feststellung der Einkunftsart entscheidet das FA zugleich bindend über steuerliche Folgewirkungen, die unmittelbar mit der Zuordnung der Einkünfte verknüpft sind (BFH 11.12.2018 – VIII R 11/16, BFH/NV 2019, 746). So wirkt sich die negative Feststellung des Vorliegens einer Mitunternehmerschaft, die zugleich die Qualifizierung der Einkünfte als gewerblich ausschließt, ggf. auf das Besteuerungsrecht ausländischer Einkünfte aufgrund eines DBA aus (BFH 24.3.1998 – I R 83/97, BStBl. II 1998, 601). Werden für eine gemeinnützige Körperschaft in einem Feststellungsbescheid Einkünfte aus Gewerbebetrieb festgestellt, ist hierdurch zugleich bindend über die Führung eines wirtschaftlichen Geschäftsbetriebs entschieden (BFH 27.7.1988 – I R 113/84, BStBl. II 1989, 134). Mit der Zuordnung zu den Überschusseinkunftsarten wird gleichzeitig über den Umfang der Stpfl. von (privaten) Veräußerungsgeschäften (nur gem. § 23 EStG) entschieden (vgl. BFH 11.5.1999 – IX R 72/96, BFH/NV 1999, 1446; BFH 13.12.2006 – VIII R 48/04, BFH/NV 2007, 863; unzutr. daher FG Niedersachsen 9.1.2001 – 7 K 303/97, EFG 2003, 303). Die Feststellung einer falschen Einkunftsart begründet deshalb eine Beschwer für den Stpfl., ohne dass im Einzelfall die konkreten steuerlichen Auswirkungen beim einzelnen Beteiligten festgestellt werden müssen (BFH 24.1.1985 – IV R 249/82, BStBl. II 1985, 676; BFH 24.4.1991 – X R 84/88, BStBl. II 1991, 713). Eine Beschwer liegt bereits darin, dass eine vom Stpfl. behauptete Rechtsposition allg. mit verbindlicher Wirkung festgestellt oder geleugnet wird (BFH 14.6.1994 – VIII R 20/93, BFH/NV 1995, 318). 24

Sog. Zebragesellschaften. Die steuerrechtliche Qualifizierung der Einkünfte von Gesellschaftern einer PersGes hängt grds. davon ab, welche Einkunftsart durch die Tätigkeit der Gesellschafter in ihrer gesamthänderischen Verbundenheit, also durch die PersGes verwirklicht wird (BFH 25.6.1984 – GrS 4/82, BStBl. II 1984, 751). Hält ein Gesellschafter seinen Anteil an einer vermögensverwaltenden PersGes, die Überschusseinkünfte erzielt, im gewerblichen Betriebsvermögen, stellt sich die Frage, auf welcher Ebene (PersGes oder Gesellschafter) die anteiligen Einkünfte des Gesellschafters in gewerbliche Einkünfte umqualifiziert und nach den für ihn geltenden Gewinnermittlungsvorschriften umgerechnet werden müssen. Nach uneinheitlicher Rspr. hat der BFH 11.4.2005 – GrS 2/02, BStBl. II 2005, 679 dazu entschieden, dass die verbindliche Entscheidung über die Einkünfte eines betrieblich an einer vermögensverwaltenden PersGes beteiligten Gesellschafters sowohl ihrer Art als auch ihrer Höhe nach durch das für die persönliche Besteuerung dieses Gesellschafters zuständige (Wohnsitz-)FA zu treffen ist. 25

Unter Berücksichtigung des Zwecks des Feststellungsverfahrens bietet die Feststellung der Art und Höhe der Einkünfte durch das WohnsitzFA die dogmatisch richtige Lösung. **Gegenstand des Feststellungsverfahrens** sind diejenigen Umstände, die auf der Ebene der Gesellschaft, also durch mehrere Personen gemeinschaftlich, verwirklicht wurden. Insoweit bedarf es einer einheitlich für alle Beteiligten gleichermaßen verbindlichen Entscheidung. Diese erfolgt auf der Ebene der PersGes durch die Ermittlung der Höhe der Einkünfte, die Verteilung auf die Beteiligten und die grds. Einkünftequalifizierung. Soweit besondere Faktoren, die allein in der Person des Beteiligten begründet sind, wie die Zugehörigkeit einer Beteiligung zum Betriebsvermögen, zu einer abw. Einkünftequalifizierung nötigen, vollzieht sich die Entscheidung auf der Ebene des Gesellschafters (BFH 9.10.2008 – IX R 72/07, BStBl. II 2009, 231). Die Bindungswirkung des Feststellungsbescheides steht dem nicht entgegen, da dieser nicht verbindlich über Umstände der Gesellschafterebene entscheiden konnte. Obliegt danach dem WohnsitzFA in diesen Fällen die Entscheidung über die Umqualifizierung, hat es konsequenterweise auch über die Höhe der Einkünfte zu entscheiden (FG München 27.9.2012 – 5 K 857/09, BeckRS 2013, 94380). Eine Abweichung der Höhe nach kann nur insoweit erfolgen, als die persönlichen Umstän- 26 de auf Gesellschafterebene hierzu zwingen (BFH 8.1.2013 – X B 203/12, BFH/NV 2013, 511; FG München 5.7.2007 – 6 V 1097/07, EFG 2007, 1392). Denn die Umrechnung der anteiligen Einkünfte (zB § 4 III EStG in § 4 I EStG) ist Folge der Umqualifizierung, die sich allein auf der Ebene des Gesellschafters im Rahmen seines Gewerbebetriebes vollzieht (BFH 11.4.2005 – GrS 2/02, BStBl. II 2005, 679; Schwarz/Pahlke/Keß § 180 Rn. 43).

27 Auf der **Ebene der ZebraPersGes** sind im Hinblick auf die Gemeinschaftsbezogenheit des Einkünftetatbestandes grds. alle Fragen der Einkünfteermittlung zu entscheiden, die den Gesamtgewinn und die Höhe des Anteils des Gesellschafters bestimmen (ebenso TK § 180 Rn. 56). Ferner ist festzustellen, ob in den Einkünften der PersGes außerordentliche Einkünfte gem. § 34 II EStG enthalten sind, insb. Entschädigungen iSd § 24 Nr. 1 EStG vorliegen (BFH 21.6.2007 – IX B 5/07, BFH/NV 2007, 1628); die für eine gewerbliche PersGes mögliche Feststellung, ob und inwieweit gewerbliche Einkünfte der Tarifbegrenzung des § 32c EStG aF unterliegen (BFH 6.12.2005 – VIII R 99/02, BFH/NV 2006, 1041), scheidet bei einer Zebragesellschaft aus.

Das **WohnsitzFA des Gesellschafters** entscheidet mit der Einordnung der Einkünfte auch über das Vorliegen eines gewerblichen Grundstückshandels durch einzelne Gesellschafter und hieraus erzielte Einkünfte (BFH 15.9.2005 – III R 18/03, BFH/NV 2006, 235; BFH 30.10.2002 – IX R 80/98, BFH/NV 2003, 224). Dementsprechend darf der Gewinn aus der Veräußerung eines Anteils an einer grundbesitzenden PersGes im Rahmen eines vom Stpfl. betriebenen gewerblichen Grundstückshandels auch in einen laufenden Gewinn umqualifiziert werden (BFH 18.4.2012 – X R 34/10, BStBl. II 2012, 647). Nachträgliche Einnahmen oder Ausgaben des Gesellschafters nach Beendigung seiner Beteiligung sind mangels gemeinschaftlicher Einkünfteerzielung nicht im Feststellungsbescheid zu erfassen (vgl. BFH 22.1.2003 – X R 60/99, DStRE 2003, 514); ebenso Einkünfte nach § 17 EStG (BFH 8.11.2005 – VIII R 11/02, BStBl. II 2006, 253; BFH 8.11.2005 – VIII R 21/01, BFH/NV 2006, 491). Anders als bei gewerblich geprägten PersGes hat bei einer Zebragesellschaft eine Ermittlung von Veräußerungsgewinnen nach §§ 14, 14a, 16, 18 EStG durch das WohnsitzFA ebenso wie die Verwirklichung des § 16 IV EStG zu erfolgen (aA TK § 180 Rn. 58).

28 **Höhe der Einkünfte.** Gegenstand der Feststellung ist der Gewinn bzw. Verlust der Mitunternehmerschaft in derjenigen Höhe, die sich als Differenz aus dem Vergleich des Betriebsvermögens eines Gewinnermittlungszeitraums und des Betriebsvermögens des vorhergehenden Zeitraums ergibt (vgl. § 4 I EStG). Der Gesamtgewinn der Mitunternehmerschaft umfasst dabei die Vermögensänderungen der StBilanz der Gesellschaft einschl. der Ergänzungsbilanzen und die Sonderbilanzen der Mitunternehmer (vgl. BFH 30.3.1993 – VIII R 63/91, BStBl. II 1993, 706; BFH 26.6.2003 – XI B 194/01, BFH/NV 2003, 1420: Ergänzungsbilanz bei Einbringung einer Einzelpraxis). Der Veräußerungsgewinn, der durch Einbringung eines Betriebes gegen Zuzahlung in das Privatvermögen des einbringenden Gesellschafters entsteht, ist nicht in der Feststellung der aufnehmenden PersGes zu erfassen (BFH 16.12.2004 – III R 38/00, BStBl. II 2005, 554; BFH 4.5.2004 – XI R 7/03, BStBl. II 2004, 893). Mit der Feststellung der Höhe des betrieblichen Ergebnisses wird beispielsweise zugleich verbindlich entschieden über

- Sonderbetriebseinnahmen und -ausgaben (BFH 11.9.1991 – XI R 35/90, BStBl. II 1992, 4; BFH 11.9.1991 – XI R 37/90, BFH/NV 1992, 154); ebenso zur Frage der StFreiheit eines im Sonderbetriebsvermögen entstandenen Gewinns (BFH 3.7.1997 – IV R 31/96, BStBl. II 1997, 690);
- die Entstehung eines Verlustes aus dem Wertloswerden einer Ausgleichsforderung eines Gesellschafters gegen einen anderen Gesellschafter (BFH 19.1.1993 – VIII R 128/84, BStBl. II 1993, 594);
- die Ermittlung und Verteilung des der Mitunternehmerschaft als Organträgerin zuzurechnenden Einkommens der Organgesellschaft (BFH 14.4.1992 – VIII R 149/86, BStBl. II 1992, 817);

– die Höhe der Entnahmen, insb., ob eine Entnahme oder Betriebsausgabe vorliegt, und die Höhe der Einlagen (BFH 16.1.1958 – IV 246/56 U, BStBl. III 1958, 327);
– die Frage, ob der Gewinn als laufender oder als Veräußerungsgewinn der PersGes zu erfassen ist (BFH 10.9.1957 – I 294/56 U, BStBl. III 1957, 414).

Dagegen soll es sich bei den Ergebnissen aus Ergänzungsbilanzen um gesondert festzustellende Besteuerungsgrundlagen handeln (BFH 27.10.2015 – VIII R 47/12, BStBl. II 2016, 600). Dies gilt unabhängig davon, ob es sich um eigenständige Besteuerungsgrundlagen oder Bestandteile des laufenden Gewinns handelt (BFH 17.12.2020 – IV R 14/20 (IV R 42/16), BFH/NV 2021, 753; Klein § 180 Rn. 17).

Von der Einbeziehung der **Sonderbetriebseinnahmen** und -ausgaben in die einheitliche und gesonderte Feststellung kann mangels gesetzlicher Ausnahme von der Feststellungsverpflichtung nicht abgesehen werden (so zu Recht Schwarz/Pahlke/Keß § 180 Rn. 56). Die Feststellung dieser Vorgänge verstößt auch nicht gegen das StGeheimnis (krit. HHSp § 180 Rn. 245 ff.; TK § 180 Rn. 61; Knobbe-Keuk StuW 1974, 1). Veränderungen des Sonderbetriebsvermögens beeinflussen als Teil der additiven Gesamtbilanz der PersGes den gewerbesteuerlich zu berücksichtigenden Ertrag des Erhebungszeitraums. Als solche Vorgänge müssen sie der PersGes zur Ermittlung des Gewerbeertrages und der korrekten GewStRückstellung bekannt sein (vgl. BFH 11.9.1991 – XI R 35/90, BStBl. II 1992, 4). Die Mitteilung dieser Besteuerungsgrundlagen ist folglich jedenfalls nach § 30 IV Nr. 1 zulässig (ebenso Schwarz/Pahlke/Keß § 180 Rn. 56a). 29

Steuerermäßigungen, die auf der Ebene der Mitunternehmerschaft begründet werden, sind in den Feststellungsbescheid aufzunehmen. Danach ist im Feststellungsverfahren zu entscheiden, ob begünstigte Einkünfte iSd § 34 EStG vorliegen (BFH 21.2.1991 – IV R 93/89, BStBl. II 1991, 455; BFH 24.6.2009 – IV R 94/06, DStRE 2009, 1237), so zB für Veräußerungs- und Aufgabegewinne iSd § 16 EStG (BFH 8.2.2007 – XI B 126/06, BFH/NV 2007, 1150; BFH 14.4.1988 – IV R 219/85, BStBl. II 1988, 711) einschl. der Gewährung des Freibetrages nach § 16 IV EStG und des Umfangs der Beteiligung des Gesellschafters am Freibetrag (jedoch wird über die Höhe des Freibetrags bei der Veranlagung zur ESt entschieden, BFH 10.7.1986 – IV R 12/81, BStBl. II 1986, 811); über die Zulässigkeit einer Rücklage nach § 6b EStG bei Ausscheiden eines Mitgesellschafters (BFH 25.7.1979 – I R 175/76, BStBl. II 1980, 43); über die gem. § 34c IV iVm § 34 I 1 EStG dem ermäßigten StSatz unterliegenden Einkünfte aus dem Betrieb von Handelsschiffen im internationalen Verkehr (BFH 21.2.1991 – IV R 93/89, BStBl. II 1991, 455), auch soweit diese Einkünfte negativ sind (BFH 8.2.1995 – I R 17/94, BStBl. II 1995, 692); über vermögenswirksame Leistungen der PersGes an ihre Arbeitnehmer (BFH 13.4.1978 – IV R 91/74, BStBl. II 1978, 479). Die Feststellung, ob Gewinne bzw. Gewinnanteile nach § 32c II EStG zu den tarifbegünstigten gewerblichen Einkünften gehören, ist auf der Ebene der Mitunternehmerschaft zu treffen (BFH 22.8.2007 – X R 39/02, BStBl. II 2008, 4); über die Tarifbegrenzung entscheidet jedoch das WohnsitzFA. Soweit die StBegünstigung oder deren Höhe von persönlichen Merkmalen des Beteiligten abhängt, ist hierüber im Veranlagungsverfahren des jeweiligen Stpfl. zu befinden (vgl. FG Niedersachsen 13.10.1997 – IX 316/96, EFG 1998, 258). 30

Sonstige Feststellungen. In der gesonderten Feststellung ist zudem über Umstände zu entscheiden, die nicht unmittelbar die Höhe und Besteuerung der Einkünfte betreffen, jedoch durch die Gesellschaft tatsächlich bewirkt werden. Leistet die Gesellschaft (Gemeinschaft) für alle oder einzelne Mitunternehmer Sonderausgaben (zB Versicherungs- und Bausparkassenbeiträge, Spenden), werden hiervon die Einkünfte der Mitunternehmerschaft nicht berührt. Diese Aufwendungen mindern als Entnahmen der Gesellschafter nicht den Gewinn. Über die Abzugsfähigkeit dem Grunde nach entscheidet gleichwohl das sachnähere FeststellungsFA (FG München 26.7.2005 – 6 K 85/03, EFG 2006, 11; → Rn. 14; anders für Abzugsfähigkeit einer dauernden Last als Sonderausgabe: BFH 10.6.2015 – I R 63/12, BFH/NV 2016, 1). Im Verfahren der einheitlichen und gesonderten Feststellung ist 31 auch darüber zu entscheiden, ob und in welchem Umfang der von den Gesellschaftern erlangte steuerliche Vorteil bei der ESt auf einer StHinterziehung beruht (BFH 19.4.1989 – X R 19/88, BFH/NV 1990, 73; BFH 10.10.1994 – I B 30/94, BFH/NV 1995, 471; FG Niedersachsen 5.6.1996 – II 390/95, EFG 1996, 1144; vgl. hingegen zur Nichtfestsetzung von Steuern nach dem Gesetz über die strafbefreiende Erklärung von Einkünften aus Kapitalvermögen FG Hamburg 20.3.2003 – V 317/98, EFG 2003, 1359). Die Feststellung ist für die Festsetzung der Hinterziehungszinsen nach § 235 bindend (BFH 19.4.1989 – X R 3/86, BStBl. II 1989, 596).

IV. Feststellungszeitraum

35 **Zeitraum der Einkünfteermittlung.** Die Feststellung der Einkünfte ist für denjenigen Zeitraum festzustellen, für den sie zum Zwecke der Besteuerung zu ermitteln sind. Wenngleich § 180 I Nr. 2a zum Feststellungszeitraum keine Regelung trifft, ergibt sich der Feststellungsturnus und -zeitraum aus den für die Einkünfteermittlung geltenden Vorschriften, die auch anzuwenden sind, wenn die StFestsetzung auf unselbständigen Besteuerungsgrundlagen iSd § 157 II beruht. Der Feststellungszeitraum entspricht daher grds. dem Veranlagungszeitraum (§ 2 VII 2 EStG). Die Zuordnung der Einkünfte zum jeweiligen Veranlagungszeitraum erfolgt im Veranlagungsverfahren des Stpfl. (vgl. BFH 18.8.2010 – X R 8/07, BStBl. II 2010, 1043).

Der Gewinnermittlungszeitraum kann bei Land- und Forstwirten sowie Gewerbetreibenden vom Kj. abweichen, wenn ein abweichendes Wirtschaftsjahr besteht (§ 4a I EStG). Der Gewinn ist bei Gewerbetreibenden folglich für das Wirtschaftsjahr festzustellen (BFH 24.11.1988 – IV R 252/84, BStBl. II 1989, 312; BFH 28.11.1989 – VIII R 40/84, BStBl. II 1990, 561). Folgt dem abweichenden Wirtschaftsjahr ein Rumpfwirtschaftsjahr, erstreckt sich der Feststellungszeitraum auf beide Wirtschaftsjahre (BFH 14.10.1987 – I R 381/83, BFH/NV 1989, 141). Bei Gewinnen aus Land- und Forstwirtschaft ist der nach Wirtschaftsjahren ermittelte Gewinn zum Zwecke der Besteuerung den Kalenderjahren anteilig zuzuordnen. Diese Zuordnung hat bereits im Rahmen der Feststellung zu erfolgen, sodass die gesonderte Feststellung den für ein Kalenderjahr zu erfassenden Gewinn umfasst (BFH 19.7.1984 – IV R 87/82, BStBl. II 1985, 148; BFH 25.4.1985 – IV R 135/84, BFH/NV 1987, 278).

36 **Ausscheiden eines Gesellschafters.** Endet die Mitunternehmerschaft eines Beteiligten durch Ausscheiden bzw. tritt ein Gesellschafter unterjährig in die PersGes ein, wird der Feststellungszeitraum hiervon nicht berührt (BFH 28.2.2013 – IV R 50/09, BStBl. II 2013, 494). Es findet keine Aufteilung der auf das Kalenderjahr bezogenen Feststellung in den Zeitraum vor Eintritt/Ausscheiden und danach statt. Neben der Höhe des anteiligen Gewinns ist auch der Zeitpunkt des Ausscheidens verbindlich festzustellen (BFH 18.8.2010 – X R 8/07, BStBl. II 2010, 1043). Die nur zeitanteilig bestehende Beteiligung des Gesellschafters ist lediglich bei der Gewinnverteilung zu berücksichtigen (BFH 29.4.1993 – IV R 107/92, BStBl. II 1993, 666 mwN; BFH 14.3.1996 – IV R 86/94, BStBl. II 1996, 469; BFH 22.9.1997 – IV B 113/96, BFH/NV 1998, 454). Wird indes die Mitunternehmerschaft infolge Auflösung der PersGes oder Ausscheiden des vorletzten Gesellschafters vollständig beendet, entfällt der Tatbestand der gemeinschaftlichen Einkünfteerzielung. Die Feststellung ist auf den Zeitraum der Mitunternehmerschaft zu begrenzen (BFH 23.9.1999 – IV R 59/98, BStBl. II 2000, 170). Von einer formwechselnden Umwandlung einer PersGes wird dementsprechend der Feststellungszeitraum nicht berührt, wenn die Identität der PersGes erhalten bleibt (vgl. BFH 28.11.1989 – VIII R 40/84, BStBl. II 1990, 561, der sogar den Wechsel von einer GbR zu einer atypischen stillen Gesellschaft erfasst; krit. zu diesem Sonderfall Schwarz/Pahlke/Keß § 180 Rn. 92). Mit der Umwandlung einer PersGes in eine KapGes entsteht ein eigenständiges StSubjekt, sodass der Feststellungszeitraum endet (vgl. BFH 10.11.1988 – IV R 15/86, BFH/NV 1989, 499).

D. Gesonderte Feststellung der Einkünfte durch Feststellungsfinanzamt (Abs. 1 Nr. 2b)

Anwendungsbereich. § 180 I Nr. 2b schreibt eine gesonderte Feststellung für die Einkünfte aus Land- und Forstwirtschaft, Gewerbebetrieb und eine freiberufliche Tätigkeit in anderen als den in § 180 I Nr. 2a genannten Fällen vor (BFH 4.4.2008 – IV R 91/06, BFH/NV 2008, 1298: Vorrang des § 180 I Nr. 2a). Eine gesonderte Feststellung der Einkünfte durch das FeststellungsFA (LageFA, BetriebsFA oder TätigkeitsFA) kommt folglich nur in Betracht, soweit die Einkünfte lediglich durch eine Person erzielt werden; hier ist § 180 I Nr. 2a tatbestandlich ausgeschlossen (vgl. BFH 21.11.2008 – IV B 150/07, BFH/NV 2009, 358: wesensmäßig unterschiedliche Verfahren). Der Umfang der Feststellung nach Nr. 2b deckt sich indes mit derjenigen nach Nr. 2a (BFH 9.11.1978 – IV R 185/74, BStBl. II 1979, 330; vgl. dazu → Rn. 22 ff.). Nr. 2b erfasst nicht sämtliche Gewinneinkünfte. Die Vorschrift nennt neben den Einkünften aus § 13 EStG und § 15 EStG ausdrücklich nur die freiberufliche Tätigkeit (§ 18 I Nr. 1 EStG) und damit nicht die sonstige selbständige Arbeit gem. § 18 I Nr. 2 und 3 EStG. Ein (positiver oder negativer) Feststellungsbescheid ist bereits dann zu erlassen, wenn das Vorliegen der tatbestandlichen Voraussetzungen streitig ist oder möglich erscheint (BFH 22.8.2013 – X B 16–17/13, BFH/NV 2013, 1763). Im Übrigen gilt auch für den Bescheid nach Nr. 2b, dass dieser eine Vielzahl selbständiger und damit auch selbständig anfechtbarer Feststellungen enthalten kann, die eigenständig in Bestandskraft erwachsen und deshalb für die in dem nämlichen Bescheid getroffenen und rechtlich nachgelagerten Feststellungen Bindungswirkung entfalten kann (FG Nürnberg 27.4.2020 – 6 K 143/20, DStRE 2020, 1134; TK § 180 Rn. 73). 37

Zuständigkeit unterschiedlicher FÄ; Verhältnis zu §§ 18, 19. Eine gesonderte Feststellung ist gem. § 180 I Nr. 2b nur zulässig, wenn der Betriebs- bzw. Tätigkeitsort nicht im Bezirk des für die Einkommensbesteuerung des Stpfl. zuständigen FA (§ 19) liegt. Dieses Auseinanderfallen ist Tatbestandsvoraussetzung der gesonderten Feststellung und nicht bloße Zuständigkeitsregelung (BFH 17.12.2003 – XI R 13/01, BFH/NV 2004, 909). § 127 hilft nicht über ein Fehlen der Tatbestandsvoraussetzung des Auseinanderfallens von Betriebs- und Wohnort hinweg (vgl. BFH 10.6.1999 – IV R 69/98, BStBl. II 1999, 691). Liegen die Voraussetzungen des § 180 I Nr. 2b vor, ist § 127 anwendbar, soweit der Feststellungsbescheid durch ein örtlich unzuständiges BetriebsFA erlassen wurde (FG Thüringen 22.9.2011 – 4 K 255/10, EFG 2012, 894). Übt der Stpfl. seine Tätigkeit innerhalb einer Gemeinde aus, liegen Wohnsitz und Betrieb jedoch im Bezirk unterschiedlicher FÄ, schließt § 19 III eine Anwendung des § 180 I Nr. 2b aus, indem es die alleinige Zuständigkeit des BetriebsFA begründet. Die gesetzlichen Zuständigkeiten (§§ 18, 19) können auch nicht durch eine Zuständigkeitsvereinbarung (§ 27) mit Wirkung für § 180 I Nr. 2b abgeändert werden (BFH 15.4.1986 – VIII R 325/84, BStBl. II 1987, 195; BFH 9.8.1995 – XI R 109/92, BFH/NV 1996, 404). 38

Maßgeblicher Zeitpunkt. Vor Änderung des § 180 I Nr. 2b durch das StBMG war der Zeitpunkt der StFestsetzung, nicht die im Besteuerungszeitraum vorliegenden Verhältnisse entscheidend (vgl. zur alten Rechtslage BFH 30.10.1986 – IV R 175/84, BStBl. II 1987, 89). Nach der Neuregelung, die auf alle bei Inkrafttreten anhängigen Verfahren Anwendung findet (Art. 97 § 1 IV EGAO; vgl. BFH 28.7.1994 – IV R 53/93, BFH/NV 1995, 184), ist maßgeblicher Zeitpunkt für das Auseinanderfallen von Betriebs- und WohnsitzFA der Schluss des Gewinnermittlungszeitraums (BFH 30.5.2012 – III B 239/11, BFH/NV 2012, 1470; BFH 1.10.2019 – VIII R 29/16, BFH/NV 2020, 349). Änderungen der Verhältnisse, die nach dem Ende des Gewinnermittlungszeitraums (= Wirtschaftsjahr) bis zum Zeitpunkt der Veranlagung eintreten, bleiben außer Betracht (vgl. BFH 26.2.2014 – III B 123/13, BFH/NV 2014, 823; FG Hessen 6.6.2002 – 3 K 4101/99, EFG 2002, 1270 39 für Antrag auf Änderung des Feststellungsbescheides). Die gesonderte Feststellung ist daher auch noch durchzuführen, wenn der Stpfl. nach dem Ende des Wirtschaftsjahres seinen Wohnsitz an den Betriebsort verlegt bzw. mit seiner Praxis in den Bezirk des WohnsitzFA umzieht. Umgekehrt hat eine gesonderte Feststellung zu unterbleiben, wenn die Voraussetzungen erst nach Ablauf des Gewinnermittlungszeitraums eintreten. In diesem Fall ist eine Veranlagung des Stpfl. durch das bisher zuständige BetriebsFA gem. § 26 zweckmäßig (glA Schwarz/Pahlke/Keß § 180 Rn. 100a). Nach § 26 Satz 1 kommt es bei der Beurteilung zudem auf die Kenntnis der FB vom Zuständigkeitswechsel an (BFH 1.10.2019 – VIII R 29/16, BFH/NV 2020, 349). Mit dem Zollkodex-Anpassungsgesetz v. 22.12.2014 (BGBl. 2014 I 2417) wurde mit Wirkung für Feststellungszeiträume nach dem 31.12.2014 (Art. 97 § 10b S. 2 EGAO) der **§ 180 I 2** eingeführt. Dieser sieht vor, dass sich bei Änderung der für die örtliche Zuständigkeit maßgeblichen Umstände nach Schluss des Gewinnermittlungszeitraums die örtliche Zuständigkeit auch für bereits vergangene Zeiträume nach § 18 I Nr. 1 bis 3 iVm § 26 richtet (AEAO zu § 180 Nr. 2.1 III 1). Die Entscheidung der Frage, ob eine gesonderte Feststellung nach Abs. 1 Nr. 2b durchzuführen ist, richtet sich dagegen weiterhin allein nach den Verhältnissen zum Schluss des Gewinnermittlungszeitraums (BT-Drs. 18/3017, 33; Klein § 180 Rn. 33). Die vom BFH früher vertretene gegenteilige Auffassung (BFH 22.8.2013 – X B 16–17/13, BFH/NV 2013, 1763) ist damit überholt (TK § 180 Rn. 72).

40 **Zuständig** für die Feststellung ist gem. § 18 I das FA, von dessen Bezirk der maßgebliche Geschäftserfolg ausgeht (vgl. zu Einzelheiten die Erl. zu § 18). Zuständig ist **stets nur ein FA,** und zwar auch dann, wenn die Tätigkeit in mehreren Außenstellen an unterschiedlichen Orten ausgeübt wird (BFH 10.6.1999 – IV R 69/98, BStBl. II 1999, 691). Wird die Haupttätigkeit im Bezirk des WohnsitzFA ausgeübt, ist eine gesonderte Feststellung für auswärtige Tätigkeitsorte unzulässig (BFH 10.6.1999 – IV R 69/98, BStBl. II 1999, 691; BFH 28.2.2001 – I R 29/99, BFH/NV 2001, 1099 für Betriebe gewerblicher Art; Schwarz/Pahlke/Keß § 180 Rn. 98). In diesem Fall fehlt es an einem Auseinanderfallen der Zuständigkeiten. Betreibt der Stpfl. mehrere selbständige Gewerbebetriebe, ist für jeden einzelnen Betrieb ein gesondertes Feststellungsverfahren zu prüfen (FG Thüringen 22.9.2011 – 4 K 255/10, EFG 2012, 894). S. zur Zuständigkeit bei einer Änderung der Verhältnisse → Rn. 39.

E. Feststellung des Werts der vermögensteuerpflichtigen Wirtschaftsgüter (Abs. 1 Nr. 3)

44 Die Regelung gilt lediglich für Feststellungszeitpunkte vor dem 1.1.1997; für spätere Zeitpunkte ist sie gegenstandslos. Die §§ 114–117a, 118 BewG wurden durch das JStG 1997 aufgehoben, da die VSt ab diesem Stichtag nicht mehr erhoben wird. Zu Einzelheiten s. die Vorauflagen.

F. Gesonderte Feststellung von Besteuerungsgrundlagen durch Teilabschlussbescheid (Abs. 1a)

44a Mit dem DAC7-Umsetzungsgesetz v. 20.12.2022 (BGBl. 2022 I 2730; → Rn. 1) wurde ein neuer Abs. 1a eingefügt, der nunmehr die Möglichkeit vorsieht, einzelne im Rahmen einer Ap. ermittelte und abgrenzbare Besteuerungsgrundlagen mit Bindungswirkung (§ 182) gesondert durch Teilabschlussbescheid festzustellen, solange noch kein Prüfungsbericht ergangen ist. Zweck der Vorschrift ist es, dem Stpfl. frühzeitig Rechtssicherheit zu geben (BT-Drs. 20/3436, 89). Die Vorschrift stellt eine Ausnahme zu § 157 II dar (BeckOK AO § 180 Rn. 174a). Der Teilabschlussbescheid ist Grundlagenbescheid für den nach Abschluss der Ap. ergehenden StBescheid (Klein § 180 Rn. 34a).

Satz 2 sieht ein Antragsrecht des Stpfl. vor, wenn an der gesonderten Feststellung ein erhebliches Interesse besteht und dies vom Stpfl. glaubhaft gemacht wird. Bei der Frage, ob eine gesonderte Feststellung ergeht, handelt es sich um eine Ermessensentscheidung der FB. Dieses soll bei einem glaubhaft gemachten erheblichen Interesse allerdings reduziert sein (BT-Drs. 20/3436, 89). Um weiterhin die zügige Durchführung von Betriebsprüfungen zu gewährleisten, wird man den Begriff des erheblichen Interesses allerdings eng auslegen müssen. Dies gilt umso mehr, da nach § 202 III nF vor Erlass eines Teilabschlussbescheides die diesbezüglichen Prüfungsfeststellungen in einem Teilprüfungsbericht dargestellt werden sollen. Ein erhebliches Interesse ist zB anzunehmen, wenn der Stpfl. eine zeitnahe Umstrukturierung plant, für die er zeitnah Rechtssicherheit erlangen will (AEAO zu § 180 Nr. 7.3). Zur erstmaligen Anwendung der Vorschrift s. Art. 97 § 37 II und III EGAO. Gegen den Teilabschlussbescheid sind Einspruch und Klage statthaft (BeckOK AO § 180 Rn. 178n). Gleiches gilt, wenn die FB den Erlass eines Teilabschlussbescheides ablehnt (Bruschke DStZ 2025, 224 (227)). 44b

G. Gesonderte und einheitliche Feststellung der Besteuerungsgrundlagen aufgrund besonderer Rechtsverordnung (Abs. 2)

I. Inhalt und Zweck der Verordnungsermächtigung (Abs. 2 S. 1)

Das StBereinG 1986 hob die zunächst in Abs. 2 geregelte Feststellungsmöglichkeit wegen ihres umstrittenen Anwendungsbereichs (vgl. hierzu BFH 27.4.1982 – VIII R 131/80, BStBl. II 1982, 636; BFH 7.10.1986 – IX R 16/86, BFH/NV 1987, 141) auf und ersetzte die bisherige Regelung mit Wirkung vom 25.12.1985 (Art. 97 § 1 II EGAO) durch eine VO-Ermächtigung für das BMF. Diese kann durch RechtsVO mit Zustimmung des Bundesrates anordnen, dass in anderen als den in Abs. 1 genannten Fällen Besteuerungsgrundlagen gesondert und für mehrere Personen einheitlich festzustellen sind. Von dieser Ermächtigung hat das BMF durch die VO über die gesonderte Feststellung von Besteuerungsgrundlagen nach § 180 II vom 19.12.1986 (BGBl. 1986 I 2663; zuletzt geändert durch VO vom 19.12.2022, BGBl. 2022 I 2432) Gebrauch gemacht; diese VO ist nachfolgend → Rn. 50 ff. abgedr. und erläutert. 45

Sachlich wird der Umfang der VO-Ermächtigung des Abs. 2 zum einen durch den Anwendungsbereich des Abs. 1 begrenzt. Die VO darf nur solche Fälle erfassen, die nicht bereits § 180 I unterfallen. Zum anderen hat eine auf Abs. 2 gestützte VO den Zweck der Ermächtigung zu beachten, der in der Sicherstellung der einheitlichen Rechtsanwendung bei gleichen Sachverhalten und der Erleichterung des Besteuerungsverfahrens liegt. Eine VO, die nicht diesen Zwecken dient, ist nicht durch die Ermächtigung gedeckt. Die FB hat dementsprechend für Feststellungen diese Begrenzung der VO zu beachten. Im Übrigen ist der sachliche Anwendungsbereich des Abs. 2 nicht auf die Feststellung von Einkünften beschränkt, sondern umfasst alle Besteuerungsgrundlagen (zB auch umsatzsteuerliche Sachverhalte).

Verfassungsmäßigkeit. Die Ermächtigungsgrundlage genügt den Anforderungen des Art. 80 I 2 GG. § 180 II 2 bestimmt im Einzelnen Inhalt und Ausmaß der vom Verordnungsgeber zu treffenden Regelung. Der Zweck ergibt sich mit hinreichender Bestimmtheit aus § 180 II 1 und begrenzt zugleich Gegenstand und Umfang der gesonderten Feststellung (BFH 1.12.1987 – IX R 90/86, BStBl. II 1988, 319; Schwarz/Pahlke/Keß § 180 Rn. 114). Die aufgrund der Ermächtigung erlassene RechtsVO ist mithin wirksam (ebenso HHSp § 180 Rn. 497; Gosch AO § 180 Rn. 77; TK § 180 Rn. 80; aA Streck/Mack DStR 1987, 709). Soweit § 4 S. 1 der VO in das pflichtgemäße Ermessen der FB stellt, ob und in welchem Umfang sie ein Feststellungsverfahren durchführt, ist dies unbedenklich, da die Ermessensausübung sich am Zweck der Ermächtigung auszurichten hat (HHSp § 180 Rn. 285; TK § 180 Rn. 81). 46

II. Regelungsumfang (Abs. 2 S. 2)

47 § 180 II 2 zählt Inhalt und Umfang der vom Verordnungsgeber zu regelnden Voraussetzungen der gesonderten Feststellung auf. Die Aufzählung in den Nr. 1–6 ist lediglich beispielhaft („insb."). Eine darüber hinausgehende Regelung wird indes grds. nicht den durch Art. 80 GG vorgegebenen Bindungen des Verordnungsgebers genügen (aA Schwarz/Pahlke/Keß § 180 Rn. 112), da Umfang und Ausmaß der Ermächtigung durch das Gesetz selbst zu regeln sind. §§ 1–7 der VO beruhen auf der Ermächtigung zu § 180 II 1, 2.

III. Verzögerte steuerliche Auswirkung (Abs. 2 S. 3)

48 Die Regelung des § 180 II 3 ermächtigt zu einer Regelung im VO-Wege, wonach die Besteuerungsgrundlagen, die sich erst später auswirken, zur Sicherung der späteren Besteuerung gesondert und einheitlich festzustellen sind. Auf dieser Ermächtigung beruhen die §§ 8–10 der VO.

IV. Keine Zustimmung (Abs. 2 S. 4)

49 Soweit die VO Einfuhr- und Ausfuhrabgaben und VerbrauchSt, mit Ausnahme der BierSt, betrifft, bedarf sie nicht der Zustimmung des Bundesrates. Die Zustimmung der Länderkammer ist entbehrlich, weil diese Abgaben durch Bundesfinanzbehörden verwaltet werden (Art. 108 I GG).

Anhang

Verordnung über die gesonderte Feststellung von Besteuerungsgrundlagen nach § 180 Abs. 2 der Abgabenordnung (VO zu § 180 Abs. 2 AO)

Vom 19. Dezember 1986 (BGBl. 1986 I 2663)
zuletzt geänd. durch VO v. 19.12.2022 (BGBl. 2022 I 2432)

1. Feststellung bei der Beteiligung mehrerer Personen und bei Gesamtobjekten (§§ 1–7 VO)

§ 1 Gegenstand, Umfang und Voraussetzungen der Feststellung

(1) [1] Besteuerungsgrundlagen, insbesondere einkommensteuerpflichtige oder körperschaftsteuerpflichtige Einkünfte, können ganz oder teilweise gesondert festgestellt werden, wenn der Einkunftserzielung dienende Wirtschaftsgüter, Anlagen oder Einrichtungen

1. von mehreren Personen betrieben, genutzt oder gehalten werden oder
2. mehreren Personen getrennt zuzurechnen sind, die bei der Planung, Herstellung, Erhaltung oder dem Erwerb dieser Wirtschaftsgüter, Anlagen oder Einrichtungen gleichartige Rechtsbeziehungen zu Dritten hergestellt oder unterhalten haben (Gesamtobjekt).

[2] Satz 1 Nummer 2 gilt entsprechend bei Wohneigentum, das nicht der Einkunftserzielung dient, und bei Mietwohngebäuden, wenn die Feststellung für die Besteuerung von Bedeutung ist.

(2) Absatz 1 gilt für die Umsatzsteuer nur, wenn mehrere Unternehmer im Rahmen eines Gesamtobjekts Umsätze ausführen oder empfangen.

(3) [1] Die Feststellung ist gegenüber den in Absatz 1 genannten Personen einheitlich vorzunehmen. [2] Sie kann auf bestimmte Personen beschränkt werden.

50 **Feststellung von Besteuerungsgrundlagen (§ 1 Abs. 1).** Nach § 1 I 1 ist die gesonderte Feststellung von Besteuerungsgrundlagen zulässig, wenn Wirtschaftsgüter, Anlagen oder Einrichtungen der Einkunftserzielung dienen und entweder von mehreren Personen betrieben, genutzt oder gehalten werden (Nr. 1) oder diese ein Gesamtobjekt bilden (Nr. 2). Für selbstgenutztes Wohneigentum, die Anschaffung von Genossenschaftsanteilen

iSd § 17 EigZulG und Mietwohngrundstücken kann eine gesonderte Feststellung auch dann erfolgen, wenn die Feststellung für die Besteuerung (§§ 10e, 34f EStG) oder für die Festsetzung der Eigenheimzulage oder Investitionszulage von Bedeutung ist (§ 1 I 2 der VO).

§ 1 I 2 wurde durch VO v. 22.10.1990 (BGBl. 1990 I 2275) angefügt, durch G v. 15.12.1995 (BGBl. 1995 I 1783) und StBereinG 1999 geändert sowie durch G v. 20.12.2000 (BGBl. 2000 I 1850) neu gefasst. Die Feststellungen nach § 1 I 2a können erstmals ab dem 1.1.1991 vorgenommen werden. Die Regelung über Feststellungen für die Festsetzung der Eigenheimzulage gelten ab 1996; die Erweiterung auf Genossenschaftsanteile gilt ab 30.12.1999 (Art. 28 II StBereinG 1999). Für Mietwohngebäude ist die Änderung ab dem 28.12.2000 in Kraft getreten (Art. 11 I G v. 20.12.2000).

Wirtschaftsgüter, Anlagen oder Einrichtungen müssen der Einkunftserzielung dienen. **Wirtschaftsgut** ist entspr. der für das EStG geltenden Begriffsbestimmung iSd EStG zu verstehen. Es muss sich um einen als Vermögenswert realisierbaren Gegenstand iSd § 90 BGB oder einen bloßen vermögenswerten Vorteil einschl. tatsächlicher Zustände und konkreter Möglichkeiten handeln, die nach der Verkehrsauffassung einer selbständigen Bewertung zugänglich und veräußerlich sind sowie idR eine Nutzung für mehrere Wirtschaftsjahre erbringen (vgl. BFH 6.12.1990 – IV R 3/89, BStBl. II 1991, 346 mwN; Schmidt EStG § 5 Rn. 93 ff.). **Anlage** ist eine funktionsbezogene Zusammenfassung mehrerer körperlicher beweglicher und/oder unbeweglicher Gegenstände, die nach außen als Einheit in Erscheinung tritt (ähnlich Schwarz/Pahlke/Keß § 180 Rn. 117). Die Funktionsbezogenheit kann sich aus der Funktionsfähigkeit der Einzelgegenstände im gemeinsamen Zusammenspiel (zB Backstraße, Flaschenabfüllanlage) und aus der bloßen untrennbaren Verbindung einzelner Wirtschaftsgüter (zB Altenzentrum mit mehreren Wohnungen; Wohnanlage) ergeben. Unter **Einrichtung** ist eine Sachgesamtheit einschl. immaterieller Wirtschaftsgüter zu verstehen, die einem einheitlichen Zweck dient (zB Wirtschaftsgüter einer Bürogemeinschaft). 51

Der Einkunftserzielung dienend. Die einzelnen Objekte müssen der Einkunftserzielung dienen, also dazu bestimmt sein, stpfl. Einkünfte im Rahmen der Einkunftsarten des EStG zu erzielen. Dabei ist unerheblich, ob es sich um positive oder negative Einkünfte handelt. Andere Besteuerungsgrundlagen, die lediglich zur Ermittlung des Einkommens (zB Sonderausgaben), nicht aber für die Ermittlung der Einkünfte benötigt werden, können nicht festgestellt werden (vgl. BFH 23.9.1992 – X R 156/90, BStBl. II 1993, 11; Schwarz/Pahlke/Keß § 180 Rn. 118). Zur Beschränkung der Feststellung bei lediglich teilweiser Nutzung zur Einkünfteerzielung → Rn. 57. 52

Einsatz der Objekte (Abs. 1 Nr. 1). Eine Feststellung ist zulässig, wenn die der Einkunftserzielung dienenden Wirtschaftsgüter usw. von mehreren Personen betrieben, genutzt oder gehalten werden (FG München 14.8.2006 – 10 K 2725/06, EFG 2006, 1748: Höhe der Aufwendungen nach § 7i EStG für Eigentümergemeinschaft; s. hierzu auch BFH 28.7.2021 – IX R 8/19, BFH/NV 2022, 116). Der Einsatz der Objekte erfolgt jeweils zur getrennten Einkunftserzielung durch mindestens zwei Personen. Bei gemeinschaftlichen Einkünften greifen bereits die Voraussetzungen des § 180 I Nr. 2a ein. Betreiben, Nutzen und Halten ist jeglicher Einsatz des Wirtschaftsgutes im Rahmen einer Einkunftsart, unabhängig davon, ob dieser gegen oder ohne Entgelt erfolgt (BFH 24.2.2015 – VIII R 50/11, BFH/NV 2015, 1603). So wird zB die gemeinsame Fachbibliothek mehrerer selbständiger Freiberufler genutzt oder das gemeinsame Dentallabor durch mehrere Zahnärzte betrieben. Die Voraussetzung ist für die Veräußerung eines Gesellschaftsanteils dagegen nicht erfüllt, weil diese nicht von mehreren Personen, sondern nur vom jeweiligen Gesellschafter gehalten wird (BFH 20.11.2018 – VIII R 39/15, BStBl. II 2019, 239). 53

Gesamtobjekt (Abs. 1 Nr. 2). Eine Feststellung ist alternativ zulässig, wenn die Objekte mehreren Personen zwar getrennt zuzurechnen sind, diese aber bei der Planung, Herstellung, Erhaltung oder dem Erwerb gleichartige Rechtsbeziehungen zu Dritten her- 54 gestellt oder unterhalten haben (Gesamtobjekt). Ein Gesamtobjekt liegt insb. bei Bauherrenmodellen vor; der Anwendungsbereich der Vorschrift ist indes nicht auf diese beschränkt (vgl. BFH 1.12.1987 – IX R 90/86, BStBl. II 1988, 319; BFH 27.1.1994 – V R 31/91, BStBl. II 1994, 488). Gleichartige Rechtsbeziehungen bestehen nicht nur, wenn die einzelnen Rechtsbeziehungen im Wesentlichen vergleichbar sind, also diese nur in unwesentlichen Vertragsteilen voneinander abweichen, sondern erst recht, wenn innerhalb eines Vertrages ein Bündel von inhaltlich identischen Rechtsbeziehungen abgeschlossen wird (BFH 1.10.1998 – V R 31/98, DStR 1998, 2007: Erwerb eines Mähdreschers zu Bruchteilseigentum; aA Schwarz/Pahlke/Keß § 180 Rn. 125).

55 **Feststellungen für Wohngebäude und Genossenschaftsanteile (§ 1 I 2).** § 1 I 1 Nr. 2 gilt entspr. bei Wohneigentum, das nicht der Einkunftserzielung dient, bei der Anschaffung von Genossenschaftsanteilen iSd § 17 EigZulG und bei Mietwohngebäuden (§ 1 I 2 der VO). Für VZ ab 2016 gilt § 1 I 1 Nr. 2 entspr. bei Wohneigentum, das nicht der Einkunftserzielung dient, und bei Mietwohngebäuden, wenn die Feststellung für die Besteuerung von Bedeutung ist (s. § 11 S. 4 der VO). Für VZ bis zum 31.12.2015 gilt die alte Fassung fort. Entsprechende Anwendung bedeutet, dass Besteuerungsgrundlagen festgestellt werden können, wenn Wirtschaftsgüter, Anlagen oder Einrichtungen als Gesamtobjekte für die Besteuerung von Bedeutung sind. Feststellungen zu Wohneigentum, das im Miteigentum der Beteiligten steht und nicht Gesamtobjekt ist, können gem. § 11 VI 1 EigZulG erfolgen. Wohneigentum, das nicht der Einkunftserzielung dient, ist im Rahmen der Berücksichtigung nach § 10e EStG oder der Gewährung von Zulagen nach dem EigZulG für die Besteuerung von Bedeutung. Soweit Tatbestände an personenbezogene Merkmale anknüpfen (zB Ausnutzung der Abzugsbeträge nach § 10e III 1 EStG), ist hierzu keine gesonderte Feststellung zu treffen (vgl. Schwarz/Pahlke/Keß § 180 Rn. 129; FG Niedersachsen 16.5.1991 – VII 35/90, EFG 1992, 327). Soweit Genossenschaften Anteile iSd § 17 EigZulG ausgeben, sind gesonderte Feststellungen zum Zwecke der Gewährung von Eigenheimzulage zulässig (Einzelheiten hierzu vgl. BMF 2.5.2001, BStBl. I 2001, 256).

56 **Geltung für die USt (§ 1 II).** Für die USt findet eine gesonderte und einheitliche Feststellung entspr. § 1 I nur statt, wenn mehrere Unternehmer im Rahmen eines Gesamtobjektes Umsätze ausführen oder empfangen (§ 1 II). Durch die Begrenzung auf Gesamtobjekte darf eine Feststellung zum Zwecke der USt nicht erfolgen, wenn lediglich Wirtschaftsgüter usw. durch mehrere Personen gem. § 1 I 1 Nr. 1 betrieben, genutzt oder gehalten werden. Erforderlich ist ferner, dass mehrere Unternehmer sich im Rahmen eines Gesamtobjektes betätigen. Ist der Zusammenschluss mehrerer Personen selbst Unternehmer, greift § 1 II nicht ein. Ein Gesamtobjekt wird von der Rspr. bereits dann angenommen, wenn ein Wirtschaftsgut durch mehrere Unternehmer zu Bruchteilseigentum erworben wird (→ Rn. 54). Damit ermöglicht § 1 II die Feststellung der umsatzsteuerlichen Besteuerungsgrundlagen (VorSt und Umsätze; BFH 3.11.2005 – V R 53/03, BFH/NV 2006, 841; BFH 11.8.2011 – V B 108/10, BFH/NV 2011, 2133), insb. zu Bauherrengemeinschaften und vergleichbaren Rechtsgestaltungen. So kann festgestellt werden, inwieweit die gesondert ausgewiesene USt in einer Rechnung an die Bauherren einer Eigentumswohnanlage als VorSt abzugsfähig ist bzw. auf die Beteiligten verteilt und zugerechnet wird (BFH 27.1.1994 – V R 31/91, BStBl. II 1994, 488). Eine Feststellung scheidet aus, wenn sich von zwei Beteiligten lediglich einer unternehmerisch betätigt (BFH 16.5.2002 – V R 15/00, BFH/NV 2002, 1346). Eine gesonderte Feststellung der VorSt findet auch dann statt, wenn Leistungen von einer GbR empfangen werden (BFH 3.11.2005 – V R 53/03, BFH/NV 2006, 841). Scheidet eine VorSt-Abzugsfähigkeit aus, ist keine Feststellung durchzuführen (BFH 31.5.2017 – XI R 39/14, BFH/NV 2017, 1330).

57 **Beschränkung der einheitlichen Feststellung (§ 1 III).** Nach § 1 III 1 haben gesonderte Feststellungen gegenüber mehreren Personen einheitlich zu erfolgen. Dies entspricht der Regelung in § 179 II 2. Nutzen nicht alle Beteiligten die Wirtschaftsgüter usw.

zur Einkunftserzielung (zB Eigentumswohnanlage mit vermieteten und selbstgenutzten Wohnungen), liegen die Voraussetzungen des § 1 I bzw. II der VO nicht vor. Die Feststellungen gehen nach ihrem Wortlaut jeweils von einer **vollständigen** Nutzung zur Einkunftserzielung bzw. außerhalb der stpfl. Sphäre aus. Hierdurch wären indes die Feststellungsmöglichkeiten zT erheblich eingeschränkt. Um dies zu vermeiden, lässt § 1 III 2 eine Beschränkung der Feststellung auf diejenigen Personen zu, die den Tatbestand des § 1 I oder II erfüllen. Soweit für ein Gesamtobjekt für einige Beteiligte eine Feststellung nach Abs. 1 und für andere nach Abs. 2 zu erfolgen hat, können diese in einem Feststellungsbescheid zusammengefasst werden (ebenso TK § 180 Rn. 86; HHSp § 180 Rn. 541).

§ 2 Örtliche Zuständigkeit

(1) [1] Für Feststellungen in den Fällen des § 1 Abs. 1 Satz 1 Nr. 1 richtet sich die örtliche Zuständigkeit nach § 18 Abs. 1 Nr. 2 der Abgabenordnung. [2] Die Wirtschaftsgüter, Anlagen oder Einrichtungen gelten als gewerblicher Betrieb im Sinne dieser Vorschrift. 60

(2) Für Feststellungen in den Fällen des § 1 Abs. 1 Satz 1 Nr. 2 und Satz 2 ist das Finanzamt zuständig, das nach § 19 oder § 20 der Abgabenordnung für die Steuern vom Einkommen und Vermögen des Erklärungspflichtigen zuständig ist.

(3) Feststellungen nach § 1 Abs. 2 hat das für die Feststellungen nach § 1 Abs. 1 Satz 1 Nr. 2 zuständige Finanzamt zu treffen.

(4) § 18 Abs. 2 der Abgabenordnung gilt entsprechend.

Verweisung. § 2 verweist für die örtliche Zuständigkeit der nach § 1 zu treffenden Feststellungen auf die Vorschriften der AO (§§ 18–20). Für Wirtschaftsgüter, Anlagen oder Einrichtungen, die für die Bestimmung der örtlichen Zuständigkeit lediglich als gewerbliche Betriebe gelten, wird es regelmäßig an einer Geschäftsleitung iSd § 18 I Nr. 2 fehlen. In diesem Fall ist das FA zuständig, in dessen Bezirk sich das Wirtschaftsgut usw. befindet (fiktive Betriebstätte). Für Feststellungen in Bezug auf ein Gesamtobjekt iSd § 1 I 1 Nr. 2 und S. 2 (zB Bauherrenmodelle) richtet sich die örtliche Zuständigkeit nach dem WohnsitzFA (§ 19) des Erklärungspflichtigen. Erklärungspflichtig ist nach § 3 I Nr. 2 nicht der einzelne Beteiligte, sondern der Initiator, Treuhänder Verwalter usw. Bei mehreren Erklärungspflichtigen bestimmt sich die Zuständigkeit nach der Person, die die für das Gesamtobjekt bedeutendste Tätigkeit entfaltet (Schwarz/Pahlke/Keß § 180 Rn. 147; HHSp § 180 Rn. 549; aA FG Berlin 30.10.1995 – VIII 132/94, EFG 1996, 320; TK § 180 Rn. 89: Zuständigkeit nach § 25). Auf erklärungspflichtige Körperschaften, Personenvereinigungen und Vermögensmassen findet § 20 Anwendung (vgl. FG Berlin 14.1.1992 – V 28/88, EFG 1992, 382). 61

§ 3 Erklärungspflicht

(1) [1] Eine Erklärung zur gesonderten Feststellung der Besteuerungsgrundlagen haben nach Aufforderung durch die Finanzbehörde abzugeben:

1. in den Fällen des § 1 Abs. 1 Satz 1 Nr. 1 die Personen, die im Feststellungszeitraum die Wirtschaftsgüter, Anlagen oder Einrichtungen betrieben, genutzt oder gehalten haben,
2. in den Fällen des § 1 Abs. 1 Satz 1 Nr. 2 und Satz 2 die Personen, die bei der Planung, Herstellung, Erhaltung, dem Erwerb, der Betreuung, Geschäftsführung oder Verwaltung des Gesamtobjektes für die Feststellungsbeteiligten handeln oder im Feststellungszeitraum gehandelt haben; dies gilt in den Fällen des § 1 Abs. 2 entsprechend.

[2] § 34 der Abgabenordnung bleibt unberührt.

(2) [1] Die Erklärung ist nach amtlich vorgeschriebenem Vordruck abzugeben und von der zur Abgabe verpflichteten Person eigenhändig zu unterschreiben. [2] Name und Anschrift der Feststellungsbeteiligten sind anzugeben. [3] Der Erklärung ist eine Ermittlung der Besteuerungsgrundlagen beizufügen. [4] Ist Besteuerungsgrundlage ein nach § 4 Abs. 1 oder § 5 des Einkommensteuergesetzes zu ermittelnder Gewinn, gilt § 5b des Einkommensteuergesetzes entsprechend; die Beifügung der in Satz 3 genannten Unterlagen kann in den Fällen des § 5b Abs. 1 des Einkommensteuergesetzes unterbleiben.

(3) Die Finanzbehörde kann entsprechend der vorgesehenen Feststellung den Umfang der Erklärung und die zum Nachweis erforderlichen Unterlagen bestimmen.

(4) Hat ein Erklärungspflichtiger eine Erklärung zur gesonderten Feststellung der Besteuerungsgrundlagen abgegeben, sind andere Erklärungspflichtige insoweit von der Erklärungspflicht befreit.

62 Die Pflicht zur Abgabe einer Feststellungserklärung entsteht nach § 3 nur nach **Aufforderung** durch die FB. Die FB darf zur Erklärungsabgabe auffordern, wenn sie es zumindest abstrakt für möglich hält, dass die Voraussetzungen des § 1 der VO erfüllt sind (→ § 149 Rn. 18). Die aus der Aufforderung resultierende Verpflichtung zur Abgabe der Feststellungserklärung löst die Anlaufhemmung des § 170 II 1 Nr. 1 iVm § 181 I 1 aus. Zur Anlaufhemmung in den Fällen der freiwilligen Abgabe der Erklärung → § 181 Rn. 11.

Erklärungspflichtig sind in den Fällen des § 1 I 1 Nr. 1 der VO die Personen (Nutzer, Betreiber), denen die Besteuerungsgrundlagen steuerlich zuzurechnen sind und in den Fällen des § 1 I 1 Nr. 2 und S. 2 die Personen, die für die Stpfl. handeln, also zB die Baubetreuer, Treuhänder, Initiatoren und Verwalter (vgl. BFH 1.12.1987 – IX R 90/86, BStBl. II 1988, 319; BFH 23.2.1988 – IX R 173/87, BFH/NV 1988, 618). **Keine Erklärungspflicht** besteht dagegen für Personen, die in Bezug auf das Gesamtobjekt einzelne Leistungen erbringen, wie zB Kreditinstitute, Bauunternehmer (Schwarz/Pahlke/Keß § 180 Rn. 149); ebenso nicht Insolvenzverwalter (FG Schleswig-Holstein 24.4.1991 – III 57/91, EFG 1991, 578; TK § 180 Rn. 90). Für die Erklärungspflicht kommt es auf die Tätigkeit im Feststellungszeitraum an. Sie muss im Zeitpunkt der Aufforderung oder Erfüllung der Verpflichtung nicht mehr fortgeführt werden (BFH 26.3.1991 – IX R 39/88, BStBl. II 1991, 439). Zur Befreiung von der Erklärungspflicht bei mehreren Verpflichteten vgl. die entsprechende Regelung in § 181 II 3. Zwangsgeldfestsetzung ist bei Verstoß gegenüber jedem Verpflichteten möglich (FG Nürnberg 10.10.2003 – IV 340/2002, BeckRS 2003, 26015358).

63 **Form und Inhalt.** Die Erklärung (StErklärung iSd §§ 149 ff., vgl. § 181 I) ist gem. § 3 II der VO nach amtlichem Vordruck abzugeben und vom Erklärungspflichtigen eigenhändig zu unterschreiben. Stets beizufügen ist eine Ermittlung der Besteuerungsgrundlagen (§ 3 II 3 der VO). Der durch das StBürAbG mit Wirkung vom 1.1.2009 (Art. 17 StBürAbG) eingefügte Abs. 2 S. 4 überträgt die durch § 5b EStG geregelte Verpflichtung zur elektronischen Übermittlung von Bilanzen und GuVRechnungen auf die beizufügende Ermittlung der Besteuerungsgrundlagen. Erfolgt eine Übermittlung der Bilanz und GuV bereits gem. § 5b EStG, bedarf es keiner weiteren Übermittlung von Unterlagen. Den sachlichen Umfang der Erklärungspflicht und der zum Nachweis erforderlichen Unterlagen kann die FB nach pflichtgemäßem Ermessen bestimmen. Allein die Erklärungspflicht – ohne Empfangsbevollmächtigung – führt nicht zur Rechtsbehelfsbefugnis (BFH 20.3.2006 – IX B 205/05, BFH/NV 2006, 1054).

§ 4 Einleitung des Feststellungsverfahrens

[1]Die Finanzbehörde entscheidet nach pflichtgemäßem Ermessen, ob und in welchem Umfang sie ein Feststellungsverfahren durchführt. [2]Hält sie eine gesonderte Feststellung nicht für erforderlich, insbesondere weil das Feststellungsverfahren nicht der einheitlichen Rechtsanwendung und auch nicht der Erleichterung des Besteuerungsverfahrens dient, kann sie dies durch Bescheid feststellen. [3]Der Bescheid gilt als Steuerbescheid.

64 **Feststellungsverfahren (S. 1).** Über die Einleitung des Feststellungsverfahrens und den Umfang des Verfahrens entscheidet die FB nach ihrem pflichtgemäßen **Ermessen** (§ 4 S. 1 der VO; hierzu eingehend BMF 2.5.2001, BStBl. I 2001, 256). Das Ermessen hat sich am Zweck des Feststellungsverfahrens (vgl. BFH 1.12.1987 – IX R 90/86, BStBl. II 1988, 319; zum Zweck des Verfahrens → Rn. 45) auszurichten. Der hierbei der FVerw. zustehende Spielraum ist hinzunehmen, und zwar auch insoweit, als hierdurch nachträglich eine Folgeänderung für bestandskräftige StBescheide ermöglicht wird (FG Baden-Württemberg 17.3.2010 – 1 K 3609/09, EFG 2010, 1280; krit. TK § 180 Rn. 92). Dem kann der Stpfl. durch einen frühzeitigen Antrag auf Durchführung eines Feststellungsverfahrens oder freiwillige Abgabe einer Feststellungserklärung begegnen. Ausnahmsweise kann auch die

Durchführung eines Feststellungsverfahrens aufgrund der langjährigen Untätigkeit der FB ermessensfehlerhaft sein (vgl. BFH 1.12.1987 – IX R 104/83, BFH/NV 1989, 99 für mehr als 10 Jahre zurückliegende Zeiträume; vgl. allg. zur Verwirkung → § 4 Rn. 39 ff.). Umgekehrt kann das Ermessen in der Weise gebunden sein, dass nur die beantragte Feststellung in Betracht kommt (Ermessensreduzierung auf null; vgl. BFH 1.10.1998 – V R 31/98, DStR 1998, 2007).

Eingeleitet wird das Verfahren regelmäßig durch Aufforderung zur Abgabe einer Feststellungserklärung. Bei freiwilliger Abgabe einer Erklärung, die einen konkludenten Antrag auf Durchführung enthält, wird das Verfahren grds. durch Ermittlungen der Besteuerungsgrundlagen aufgenommen. Die FVerw. kann von der Einleitung eines Feststellungsverfahrens absehen, wenn es sich um einen Fall von geringer Bedeutung handelt (vgl. BFH 1.10.1998 – V R 31/98, DStR 1998, 2007; BMF 2.5.2001, BStBl. I 2001, 256). Ein eingeleitetes Verfahren ist durch einen rechtsmittelfähigen VA (ggf. auch Nichtfeststellungsbescheid) abzuschließen. 65

Nichtfeststellungsbescheid (S. 2). Liegen die Voraussetzungen für die Durchführung eines Feststellungsverfahrens nicht vor oder hält die FB es nach pflichtgemäßer Ermessensausübung nicht für erforderlich, kann („Ermessen") sie durch Bescheid feststellen, dass ein Feststellungsverfahren nicht durchzuführen ist (Nichtfeststellungs- oder Negativbescheid; zur vergleichbaren Regelung des § 180 III → Rn. 94). Der Antrag auf Erlass eines Feststellungsbescheides kann stattdessen auch abgelehnt werden (s. § 155 I 3). Die Ablehnung des Antrages erfolgt lediglich mit Bindungswirkung gegenüber dem Antragsteller. Im Zweifel ist deshalb der Erlass eines Nichtfeststellungsbescheides vorzuziehen. 66

Fiktion (S. 3). Der Nichtfeststellungsbescheid gilt als StBescheid. Zu den Wirkungen → Rn. 95. 67

§ 5 Verfahrensbeteiligte

Als an dem Feststellungsverfahren Beteiligte gelten neben den Beteiligten nach § 78 der Abgabenordnung auch die in § 3 Abs. 1 Nr. 2 genannten Personen.

§ 5 dehnt den Kreis der Beteiligten, die nach allg. Verfahrensvorschriften in Betracht kommen, fiktiv auf die in § 3 I Nr. 2 genannten Personen aus (vgl. zur Klagebefugnis BFH 25.6.2009 – IX R 56/08, BStBl. II 2010, 202). Beteiligte am Verfahren sind zunächst die zukünftigen Adressaten der von der FB in Aussicht genommenen Feststellungsbescheide (§ 78 Nr. 2). Daneben gelten auch die Baubetreuer, Treuhänder, Initiatoren und Verwalter (→ Rn. 62) als Beteiligte. Neben der Verpflichtung zur Abgabe der Feststellungserklärung wird hierdurch die verfahrensrechtliche Stellung der genannten Personen erweitert. Dies ist aufgrund ihrer zumeist umfassenden Handlungs- und Entscheidungsbefugnis bei Gesamtobjekten gerechtfertigt. Folgerichtig sind die FA gehalten, Ermittlungen und Verfahrenshandlungen bei Gesamtobjekten primär gegenüber diesem Personenkreis vorzunehmen (BMF 2.5.2001, BStBl. I 2001, 256). 68

§ 6 Bekanntgabe

(1) [1] Die am Gegenstand der Feststellung beteiligten Personen sollen einen gemeinsamen Empfangsbevollmächtigten bestellen, der ermächtigt ist, für sie alle Verwaltungsakte und Mitteilungen in Empfang zu nehmen, die mit dem Feststellungsverfahren und dem anschließenden Verfahren über einen außergerichtlichen Rechtsbehelf zusammenhängen. [2] Ein Widerruf der Empfangsvollmacht wird der Finanzbehörde gegenüber erst wirksam, wenn er ihr zugeht. [3] Ist ein Empfangsbevollmächtigter nicht bestellt, kann die Finanzbehörde die Beteiligten auffordern, innerhalb einer angemessenen Frist einen Empfangsbevollmächtigten zu benennen. [4] Hierbei ist ein Beteiligter vorzuschlagen und darauf hinzuweisen, daß diesem die in Satz 1 genannten Verwaltungsakte und Mitteilungen mit Wirkung für und gegen alle Beteiligten bekanntgegeben werden, soweit nicht ein anderer Empfangsbevollmächtigter benannt wird. [5] Bei der Bekanntgabe an den Empfangsbevollmächtigten ist darauf hinzuweisen, daß die Bekanntgabe mit Wirkung für und gegen alle Feststellungsbeteiligten erfolgt.

(2) Der Feststellungsbescheid ist auch den in § 3 Abs. 1 Nr. 2 genannten Personen bekanntzugeben, wenn sie die Erklärung abgegeben haben, aber nicht zum Empfangsbevollmächtigten bestellt sind.

(3) Absatz 1 Sätze 3 und 4 ist insoweit nicht anzuwenden, als der Finanzbehörde bekannt ist, daß zwischen den Feststellungsbeteiligten und dem Empfangsbevollmächtigten ernstliche Meinungsverschiedenheiten bestehen.

(4) Ist Einzelbekanntgabe erforderlich, sind dem Beteiligten nur die ihn betreffenden Besteuerungsgrundlagen bekanntzugeben.

69 § 6 entspricht in seinen wesentlichen Teilen dem auch für die Feststellungen nach § 180 II geltenden § 183. Insoweit kann auf die Erl. Zu § 183 verwiesen werden (vgl. allg. zur Bekanntgabe nach § 6 der VO BMF 2.5.2001, BStBl. II 2001, 256). Abweichende Regelungen enthalten die Abs. 2 und 4. Nach § 6 II ist der Feststellungsbescheid bei Gesamtobjekten nicht nur den Beteiligten iSd § 78, sondern auch den in § 3 I 1 Nr. 2 genannten Personen bekannt zu geben, wenn sie die Erklärung abgegeben haben, aber nicht gleichzeitig Empfangsbevollmächtigte sind. Feststellungserklärung ist die durch **Vordrucke formalisierte Mitteilung** des Stpfl. über den für die Besteuerung erheblichen Sachverhalt (vgl. zum Begriff der StErklärung → § 149 Rn. 4). Einzelauskünfte nach § 93 oder die Abgabe ergänzender Unterlagen sind keine Erklärung idS (aA Schwarz/Pahlke/Keß § 180 Rn. 161). Ist wegen ernstlicher Meinungsverschiedenheiten zwischen den Feststellungsbeteiligten und dem Empfangsbevollmächtigten eine Einzelbekanntgabe erforderlich, sichert § 6 IV die Gewährleistung des StGeheimnisses (§ 30). Dem einzelnen Beteiligten sind nur die ihn betreffenden Besteuerungsgrundlagen bekannt zu geben. Zumindest in den Fällen des § 1 I 1 Nr. 2 erfolgt die Feststellung wegen der getrennten Zurechnung der Wirtschaftsgüter usw. lediglich aus Zweckmäßigkeitsgründen einheitlich, sodass jederzeit auch eine getrennte Darstellung der zusammengefassten Einzelposten erfolgen kann (FG Hessen 1.11.2011 – 11 K 439/11, EFG 2012, 1129).

§ 7 Außenprüfung

(1) Eine Außenprüfung zur Ermittlung der Besteuerungsgrundlagen ist bei jedem Verfahrensbeteiligten zulässig.

(2) Die Prüfungsanordnung ist dem Verfahrensbeteiligten bekanntzugeben, bei dem die Außenprüfung durchgeführt werden soll.

70 **Zulässigkeit.** Zur Ermittlung der festzustellenden Besteuerungsgrundlagen ist eine Ap. bei jedem Verfahrensbeteiligten zulässig. § 7 ermächtigt eigenständig zur Anordnung einer Ap., auch soweit die Voraussetzungen des § 193 nicht vorliegen. Die Anordnung der Ap. und die Auswahl des Verfahrensbeteiligten steht im pflichtgemäßen Ermessen der FB. Bei mehreren Beteiligten ist die Ap. regelmäßig bei derjenigen Person durchzuführen, die in der Lage ist, über die Besteuerungsgrundlagen Auskunft zu geben und auf die maßgeblichen Unterlagen zugreifen kann. Bei Gesamtobjekten (§ 1 I 1 Nr. 2) wird dies grds. die für die Stpfl. handelnde Person iSd § 3 I 1 Nr. 2 sein (vgl. BMF 2.5.2001, BStBl. I 2001, 256 Nr. 9.1). Soweit erforderlich, darf die Ap. auch bei mehreren Beteiligten durchgeführt werden (Schwarz/Pahlke/Keß § 180 Rn. 164).

71 **Bekanntgabe.** Die Prüfungsanordnung ist an denjenigen zu richten und bekannt zu geben, bei dem die Ap. durchgeführt werden soll (§ 197, § 7 II). Die Prüfungsanordnung muss den Inhaltsadressaten, gegen den sich die Prüfung richtet, eindeutig erkennen lassen. Der Inhaltsadressat ist genügend bestimmt, wenn Zweifel durch Auslegung behoben werben können. Zur Auslegung können beigefügte Unterlagen und zeitlich vorhergehende Bescheide herangezogen werden (vgl. BFH 29.6.1988 – IV B 70/88, BFH/NV 1989, 613 mwN). Eine an die Beteiligten der Bauherrengemeinschaft adressierte Prüfungsanordnung richtet sich nicht gegen die GbR, sondern gegen jeden einzelnen Beteiligten (vgl. BFH 25.9.1990 – IX R 84/88, BStBl. II 1991, 120). Ergeht die Prüfungsanordnung an eine in § 3 I 1 Nr. 2 genannte Person, ist darauf hinzuweisen, dass sie die Prüfung nach § 7 I iVm §§ 5, 3 I 1 Nr. 2 zu dulden hat (vgl. BFH 14.3.1989 – I B 50/88, BStBl. II 1989, 590). Bei Gesamtobjekten iSd § 1 I 1 Nr. 2 VO ist die Ap. bei einem materiell betroffenen Feststellungsbeteiligten nur durchzuführen, wenn die Prüfung bei den in § 3 I 1 Nr. 2 VO genannten Personen keine hinreichende Sachaufklärung verspricht (BMF 2.5.2001,

BStBl. I 2001, 256; FG Sachsen 23.7.2004 – 7 V 836/04, BeckRS 2004, 26020678). Ergänzend gelten die Vorschriften über die Ap. (§§ 193 ff.) auch bei einer Prüfung nach § 7. Durch die Ap. wird die **Feststellungsfrist** gem. § 171 IV iVm § 181 I 1 gegenüber allen Beteiligten hinausgeschoben, auch soweit die Prüfung nur bei einem Stpfl. oder bei einer Person iSd § 3 I 1 Nr. 2 durchgeführt wird (HHSp § 180 Rn. 610; TK § 180 Rn. 94; aA Schwarz/Pahlke/Keß § 180 Rn. 166). Denn Gegenstand der Prüfung sind die allen Beteiligten gegenüber gesondert und einheitlich festzustellenden Besteuerungsgrundlagen.

2. Feststellung beim Übergang zur Liebhaberei (§ 8 VO)

§ 8 Feststellungsgegenstand beim Übergang zur Liebhaberei

[1] Dient ein Betrieb von einem bestimmten Zeitpunkt an nicht mehr der Erzielung von Einkünften im Sinne des § 2 Abs. 1 Nr. 1 bis 3 des Einkommensteuergesetzes und liegt deshalb ein Übergang zur Liebhaberei vor, so ist auf diesen Zeitpunkt unabhängig von der Gewinnermittlungsart für jedes Wirtschaftsgut des Anlagevermögens der Unterschiedsbetrag zwischen dem gemeinen Wert und dem Wert, der nach § 4 Abs. 1 oder nach § 5 des Einkommensteuergesetzes anzusetzen wäre, gesondert und bei mehreren Beteiligten einheitlich festzustellen. [2] Auf eine gesonderte Feststellung nach Satz 1 kann verzichtet werden, wenn es sich um einen Fall von geringer Bedeutung handelt.

Zweck. Die Vorschrift dient der verbindlichen Feststellung der steuerverhafteten stillen Reserven jedes Wirtschaftsgutes des Anlagevermögens. Die in der betrieblichen Zeit entstandenen stillen Reserven sind im Rahmen der Gewinneinkunftsarten im Zeitpunkt ihrer Realisierung steuerlich zu erfassen. Stille Reserven werden indes nicht bereits mit dem Übergang der betrieblichen Betätigung zur Liebhaberei verwirklicht, sondern erst mit der Veräußerung oder Entnahme des Wirtschaftsgutes (vgl. BFH 15.5.2002 – X R 3/99, BStBl. II 2002, 809; BFH 18.5.2000 – IV R 27/98, BStBl. II 2000, 524; BFH 29.10.1981 – IV R 138/78, BStBl. II 1982, 381). Da der Zeitraum zwischen dem Übergang zur Liebhaberei und der späteren Realisierung mitunter mehrere Jahre dauern kann, bedarf es der zeitnahen Ermittlung des Wertes der stillen Reserven. 75

Voraussetzungen. Auf den Zeitpunkt des Übergangs zur Liebhaberei ist der Unterschiedsbetrag zwischen gemeinem Wert und Buchwert für jedes einzelne Wirtschaftsgut des Anlagevermögens festzustellen. Dies gilt auch, soweit der Gewinn nach § 4 III EStG ermittelt wurde. Die gesonderte (bei mehreren Beteiligten auch einheitliche) Feststellung ist zwingend vorzunehmen, da § 180 III nicht anzuwenden ist (HHSp § 180 Rn. 615; TK § 180 Rn. 96; Schwarz/Pahlke/Keß § 180 Rn. 180; Becker INF 2001, 491). Die Beteiligten sind zur Abgabe einer Feststellungserklärung erst nach Aufforderung durch die FB verpflichtet (§ 149 I 2). Die Feststellungsfrist beginnt mit Ablauf des Kj., in dem der Übergang zur Liebhaberei erfolgte, da dies der maßgebliche Feststellungszeitpunkt ist (§ 181 iVm § 170 I). Die sinngemäße Anwendung der Vorschriften über die Festsetzungsverjährung führt zur Anknüpfung an den Zeitpunkt der Feststellung und nicht an den Zeitpunkt der StEntstehung (so zu Recht Schwarz/Pahlke/Keß § 180 Rn. 182; aA BR-Drs. 493/86, 13; TK § 180 Rn. 96; HHSp 180 Rn. 404). Mit der letzten Änderung der VO wurde mit Wirkung zum 23.12.2022 eine Ausnahmemöglichkeit für Fälle von geringer Bedeutung geschaffen. Für die Bestimmung der geringen Bedeutung kann auf die Rspr. zu Abs. 3 S. 1 Nr. 2 (→ Rn. 89 ff.) zurückgegriffen werden. 76

3. Feststellung bei Einsatz von Versicherungen zu Finanzierungszwecken (§ 9 VO)

§ 9 Feststellungsgegenstand bei Einsatz von Versicherungen auf den Erlebens- oder Todesfall zu Finanzierungszwecken

[1] Das für die Besteuerung des Einkommens des Versicherungsnehmers zuständige Finanzamt stellt die Steuerpflicht der außerrechnungsmäßigen und rechnungsmäßigen Zinsen aus den in den Beiträgen zu Versicherungen auf den Erlebens- oder den Todesfall enthaltenen Sparanteilen (§ 20 Absatz 1 Nummer 6 in Verbindung mit § 10 Absatz 1 Nummer 2 Buchstabe b Doppelbuchstabe bb bis dd des Einkommensteuergesetzes in der am 31. Dezember 2004 geltenden Fassung) gesondert fest, wenn

1. die Ansprüche aus den Versicherungsverträgen während deren Dauer im Erlebensfall der Tilgung oder Sicherung eines Darlehens dienen, dessen Finanzierungskosten Betriebsausgaben oder Werbungskosten sind und
2. nicht die Voraussetzungen für den Sonderausgabenabzug nach § 10 Absatz 2 Satz 2 Buchstabe a oder Buchstabe b des Einkommensteuergesetzes in der am 31. Dezember 2004 geltenden Fassung erfüllt sind oder soweit bei Versicherungsbeiträgen Zinsen in Veranlagungszeiträumen gutgeschrieben werden, in denen die Beiträge nach § 10 Absatz 2 Satz 2 Buchstabe c des Einkommensteuergesetzes in der am 31. Dezember 2004 geltenden Fassung nicht abgezogen werden können.

[2] Versicherungen im Sinne des Satzes 1 sind solche, deren Versicherungsvertrag vor dem 1. Januar 2005 abgeschlossen worden ist.

77 **Inkrafttreten.** Die Vorschrift ist durch VO vom 16.12.1994 (BGBl. 1994 I 3834) nachträglich eingefügt worden und am 24.12.1994 in Kraft getreten. Sie ist ab diesem Zeitpunkt auch in allen anhängigen Verfahren anzuwenden. Dies gilt auch, soweit die Stpfl. der Zinsen auf einer Verwendung vor dem Inkrafttreten beruht (BMF 16.7.2012, BStBl. I 2012, 686), es sei denn, der maßgebliche ESt-Bescheid ist bereits bestandskräftig (OFD Hannover, StEK § 180 Nr. 49). § 9 wurde durch VO vom 18.7.2016 (BGBl. 2016 I 1722) sprachlich neu gefasst. Die nF ist seit dem 23.7.2016 in Kraft (Art. 11 I der VO).

78 **Zweck.** § 9 dient der zeitnahen Feststellung der Stpfl. außerrechnungsmäßiger und rechnungsmäßiger Zinsen aus den in den Versicherungsbeiträgen enthaltenen Sparanteilen (BFH 27.3.2007 – VIII R 27/05, BStBl. II 2010, 21). Die unter bestimmten Voraussetzungen eintretende StFreiheit der Zinsen aus Sparanteilen, die in den Beiträgen zu Versicherungen auf den Erlebens- oder Todesfall enthalten sind, entfällt nach § 20 I Nr. 6 S. 2 EStG, wenn es sich um eine Versicherung handelt, die während der Vertragsdauer im Erlebensfall zur Tilgung oder Sicherung eines Darlehens dient, dessen Finanzierungskosten Betriebsausgaben oder Werbungskosten sind (sog. Policendarlehen), es sei denn, mit dem Darlehen wird unmittelbar und ausschl. ein Wirtschaftsgut angeschafft oder hergestellt, das dauernd zur Erzielung von Einkünften bestimmt ist (§ 20 I Nr. 6 S. 4 iVm § 10 II 2 EStG). Durch die steuerschädliche Verwendung entfällt zugleich der Sonderausgabenabzug der Versicherungsbeiträge nach § 10 II 2 EStG (FG Münster 9.3.2005 – 1 K 1191/02, EFG 2005, 1678; BFH 25.9.2018 – VIII R 3/15, BStBl. II 2019, 235). Zu einer Versteuerung kommt es nicht im Zeitpunkt der schädlichen Verwendung, sondern erst – mitunter Jahre später – mit Auszahlung der Versicherungssumme. Demzufolge ist es sachgerecht, zeitnah die für die Besteuerung maßgeblichen Tatsachen im Feststellungsverfahren zu ermitteln und über die Stpfl. verbindlich zu entscheiden (vgl. BR-Drs. 972/94, 3; BFH 12.10.2011 – VIII R 30/09, BStBl. II 2014, 153: verfassungsgemäß).

79 **Feststellungsbescheid.** Durch die gesonderte Feststellung wird verbindlich über die Stpfl. der außerrechnungsmäßigen und rechnungsmäßigen Zinsen entschieden (FG Münster 13.3.2007 – 1 K 3976/05 F, BeckRS 2007, 26022921; FG München 20.10.2010 – 9 K 2830/10, EFG 2011, 522; BFH 2.12.2014 – VIII R 16/12, BeckRS 2015, 94872). Verneint das FA eine EStPflicht der Zinsen, kann ein negativer Feststellungsbescheid ergehen. Negative Feststellungen trifft die FB nur auf Antrag des Stpfl. (vgl. BMF 16.7.2012, BStBl. I 2012, 686). **Adressat** des Feststellungsbescheides ist der Versicherungsnehmer. Das Versicherungsunternehmen ist hingegen nicht am Feststellungsverfahren beteiligt oder Inhaltsadressat des VA. Die Bindungswirkung des Feststellungsbescheides entfaltet sich daher lediglich zwischen FB und Stpfl. (ebenso Schwarz/Pahlke/Keß § 180 Rn. 187; TK § 180 Rn. 98). Demzufolge tritt auch keine Drittwirkung der Feststellung (§ 166) im Haftungsverfahren über die KapESt ein. Die Aufhebung eines positiven Feststellungsbescheides erschöpft sich als actus contrarius in der Beseitigung der bisherigen Feststellungen (aA TK § 180 Rn. 98; Baum DB 1995, 402: Wirkung eines negativen Feststellungsbescheides). Innerhalb der Feststellungsfrist kann folglich ein erneuter Feststellungsbescheid ergehen. Die **Feststellungsfrist** beginnt frühestens mit dem Einreichen der Anzeige gem. § 29 EStDV (§ 170 II Nr. 1; vgl. FG Niedersachsen 17.6.2002 – 14 K

434/00, EFG 2002, 1546). Zuständig ist das für die Einkommensbesteuerung des Versicherungsnehmers zuständige FA.

4. Feststellung bei steuerverstrickten Anteilen an Kapitalgesellschaften (§ 10 VO)

80 § 10 ist durch Art. 12 Nr. 1 SEStEG mit Wirkung vom 13.12.2006 aufgehoben worden, in einem begrenzten Teilbereich aber weiterhin anwendbar (s. § 11 S. 3 VO sowie die Kommentierung zur 2. Aufl.).

5. Zeitlicher Geltungsbereich (§ 11 VO)

§ 11 Inkrafttreten, Anwendungsvorschriften

[1]Diese Verordnung tritt am Tage nach der Verkündung in Kraft. [2]Sie tritt mit Wirkung vom 25. Dezember 1985 in Kraft, soweit einheitliche und gesonderte Feststellungen nach § 180 Abs. 2 der Abgabenordnung in der bis zum 24. Dezember 1985 geltenden Fassung zulässig waren. [3]§ 10 ist für Anteile, bei denen hinsichtlich des Gewinns aus der Veräußerung der Anteile die Steuerfreistellung nach § 8b Abs. 4 des Körperschaftsteuergesetzes in der am 12. Dezember 2006 geltenden Fassung oder nach § 3 Nr. 40 Satz 3 und 4 des Einkommensteuergesetzes in der am 12. Dezember 2006 geltenden Fassung ausgeschlossen ist, weiterhin anzuwenden. [4]§ 1 Absatz 1 Satz 2 in der am 23. Juli 2016 geltenden Fassung ist erstmals auf Feststellungszeiträume anzuwenden, die nach dem 31. Dezember 2015 beginnen; für Feststellungszeiträume, die vor dem 1. Januar 2016 geendet haben, ist § 1 Absatz 1 Satz 2 in der am 22. Juli 2016 geltenden Fassung weiterhin anzuwenden.

83 **Inkrafttreten.** Die VO ist am 30.12.1986 verkündet worden, sodass die Vorschriften der VO am 31.12.1986 in Kraft getreten sind. Abweichend von diesem Wirksamkeitszeitpunkt misst § 11 S. 2 den Vorschriften insoweit rückwirkende Kraft zu, als auch nach der alten Fassung der VO, die am 25.12.1985 außer Kraft trat, Feststellungen zulässig waren (dazu nachfolgend). Zum Inkrafttreten der §§ 9, 10 der VO sowie weiterer Änderungen s. die Erl. zu den einzelnen Vorschriften. Satz 3 wurde durch Art. 12 Nr. 1 SEStEG angefügt. S. 4 wurde durch VO vom 18.7.2016 (BGBl. 2016 I 1722) angefügt.

84 **Rückwirkung.** Mit ihrem Inkrafttreten ist die VO auf alle zu diesem Zeitpunkt offenen, dh nicht bestandskräftig abgeschlossenen Verfahren anzuwenden. Dies gilt auch, soweit die Verfahren Zeiträume betreffen, die vor dem Inkrafttreten der VO liegen (BFH 1.12.1987 – IX R 90/86, BStBl. II 1988, 319; BFH 23.9.1992 – X R 156/90, BStBl. II 1993, 11; Schwarz/Pahlke/Keß § 180 Rn. 177). Das verfassungsrechtliche Rückwirkungsverbot erfasst grds. nur materielle Regelungen und nicht solche des Verfahrensrechts. Soweit nicht die allg. Grundsätze rechtsstaatlichen Handels verletzt werden, ist die rückwirkende Anwendung verfahrensrechtlicher Vorschriften verfassungskonform (vgl. BVerfG 22.3.1983 – 1 BvR 154/82, BVerfGE 63, 340 (358 ff.); TK § 180 Rn. 100). Fordert die FB den Stpfl. erstmals nach dem Inkrafttreten der VO auf, eine Erklärung für davor liegende Zeiträume abzugeben, liegt hierin ebenfalls kein Verstoß gegen die Grundsätze rechtsstaatlichen Handelns, soweit die Feststellungserklärung auch nach der alten Rechtslage hätte angefordert werden dürfen (vgl. BFH 26.3.1991 – IX R 39/88, BStBl. II 1991, 439). Eröffnet die VO erstmals die Durchführung eines Feststellungsverfahrens, darf hierdurch nicht rückwirkend eine Verlängerung der Festsetzungsfristen der betroffenen Steuern bewirkt werden (vgl. zum Ablauf der Feststellungsfrist BFH 17.8.1989 – IX R 76/88, BStBl. II 1990, 411; aA HHSp § 180 Rn. 646; Gosch AO § 180 Rn. 99; TK § 180 Rn. 100; Sieversen BB 1988, 1504, die eine Anwendung gänzlich ausschließen; dagegen Schwarz/Pahlke/Keß § 180 Rn. 177: grds. unbeschränkte Anwendbarkeit).

H. Ausnahmen von der Feststellungspflicht (Abs. 3)

87 Das Feststellungsverfahren ist nach § 180 I und II obligatorisch durchzuführen, und zwar auch dann, wenn die festzustellenden Besteuerungsgrundlagen und ihre Aufteilung feststehen oder aus anderen Gründen eine Feststellung nicht erforderlich erscheint. Um zu

verhindern, dass die gesetzliche Verpflichtung auch dann erfüllt werden muss, wenn für die StFestsetzung kein besonderes Feststellungsverfahren erforderlich erscheint, befreit Abs. 3 die FB ausnahmsweise von der Pflicht zur Feststellung der Einkünfte und der Werte vermögensteuerpflichtiger Wirtschaftsgüter. Liegen die Voraussetzungen eines Befreiungstatbestandes vor, hat eine gesonderte Feststellung zu unterbleiben. Es steht jedoch im Ermessen der FB, ob sie die Nichtdurchführung des Feststellungsverfahrens durch Bescheid feststellt (→ Rn. 94).

I. Inländische Steuerpflicht nur eines Beteiligten (Abs. 3 S. 1 Nr. 1)

88 Eine einheitliche und gesonderte Feststellung nach § 180 I Nr. 2a ist nicht vorzunehmen, wenn lediglich eine von mehreren an den Einkünften beteiligte Person unbeschränkt oder beschränkt stpfl. ist. Für eine einheitliche Gewinnfeststellung besteht kein Bedürfnis, da es nicht zu gegensätzlichen Entscheidungen mehrerer FB kommen kann. Die Besteuerungsgrundlagen und der Anteil des stpfl. Beteiligten werden ausschl. durch das WohnsitzFA im Rahmen der StFestsetzung ermittelt. Ist an einer ausländischen PersGes lediglich eine inländische PersGes beteiligt, bedarf es keines gesonderten Feststellungsverfahrens für die ausländische PersGes (BFH 4.11.2003 – VIII R 38/01, BFH/NV 2004, 1372; BFH 9.12.2010 – I R 49/09, BStBl. II 2011, 482; s. zu den Fällen von mittelbaren Beteiligungen BFH 11.12.2018 – VIII R 11/16, BFH/NV 2019, 746). Ob die Voraussetzungen für ein Absehen von der Feststellung vorliegen, ist gem. § 180 III 2 durch Feststellungsbescheid zu entscheiden (BFH 19.7.2018 – IV R 10/17, BFH/NV 2018, 1268; auch → Rn. 94). Wirkt sich die Feststellung lediglich bei einer Person aus, obwohl mehrere Beteiligte stpfl. sind, greift § 180 III 1 Nr. 1 nicht ein (BFH 7.12.1977 – I B 16/77, BStBl. II 1978, 265).

II. Fälle von geringer Bedeutung (Abs. 3 S. 1 Nr. 2)

89 Gemäß § 180 III 1 Nr. 2 scheidet eine einheitliche Feststellung nach Abs. 1 Nr. 2a aus, wenn es sich um einen Fall von geringer Bedeutung handelt. Dies gilt entspr. auch für eine gesonderte Feststellung durch das BetriebsFA nach Abs. 1 Nr. 2b und die Feststellung des Wertes der vermögensteuerpflichtigen Wirtschaftsgüter.

90 Ein **Fall von geringer Bedeutung** ist entspr. dem Zweck des Feststellungsverfahrens grds. nur dann anzunehmen, wenn es sich um einen leicht überschaubaren Sachverhalt handelt, die Ermittlung der Einkünfte hinsichtlich Höhe und Zurechnung einfach und die Gefahr widersprüchlicher Entscheidungen nahezu ausgeschlossen ist (vgl. BFH 12.11.1985 – IX R 85/82, BStBl. II 1986, 239 (241); BFH 31.7.1990 – I R 3/90, BFH/NV 1991, 285; BFH 6.2.2020 – IV R 6/17, BStBl. II 2021, 17), zB bei Zuständigkeit derselben FB für die Gewinnfeststellung der PersGes und Besteuerung der Gesellschafter (BFH 7.2.2007 – I R 27/06, DStRE 2007, 1105; FG Münster 9.3.2021 – 1 K 2028/17 F, DStRE 2021, 1338). Dies veranschaulicht auch der gesetzliche Beispielsfall, wonach geringere Bedeutung insb. vorliegt, wenn die Höhe des festzustellenden Betrages und seine Aufteilung feststehen (vgl. BFH 26.4.2001 – IV R 14/00, BStBl. II 2001, 798). Die geringe Bedeutung kann ausnahmsweise auch aus dem geringen steuerlichen Gewicht der Besteuerungsgrundlagen resultieren (ebenso Schwarz/Pahlke/Keß § 180 Rn. 194; aA Gosch AO § 180 Rn. 109). Liegt ein Fall von geringer Bedeutung vor, muss die gesonderte und einheitliche Feststellung unterbleiben, ohne dass dies im Ermessen der FB steht (BFH 12.4.2016 – VIII R 24/13, BFH/NV 2016, 1537; TK § 180 Rn. 49).

91 **Einzelfälle.** Um einen Fall von geringer Bedeutung handelt es sich zB, wenn

– bei zusammenveranlagten Ehegatten die Vermietungseinkünfte aus einem Objekt zu ermitteln sind (BFH 16.3.2004 – IX R 58/02, BFH/NV 2004, 1211; BFH 4.7.2018 – IX B 114/17, BFH/NV 2018, 1088),

– bei zusammenveranlagten Ehegatten, die eine Photovoltaikanlage auf ihrem eigengenutzten Wohnhaus betreiben (BFH 6.2.2020 – IV R 6/17, DStR 2020, 1437),
– von Landwirts-Eheleuten gemeinschaftlich der Höhe nach unstreitige Einkünfte aus § 13 EStG erzielt werden, der Hof gemeinschaftliches Vermögen der Eheleute ist und diese im Güterstand der Gütergemeinschaft leben (BFH 1.6.1989 – IV R 54/87, BFH/NV 1990, 634; anders dagegen BFH 22.9.2010 – IV B 120/09, BFH/NV 2011, 257 bei Streit über die Anwendung des § 13a EStG),
– wenn lediglich ein Gesellschafter an einer vermögensverwaltenden GbR betrieblich beteiligt ist, die Höhe des Veräußerungsgewinns feststeht und seine Verteilung auf die Gesellschafter nicht zweifelhaft ist (BFH 26.4.2001 – IV R 14/00, BStBl. II 2001, 798),
– wenn eine Zurechnung von Einkünften auf mehrere Personen unter keinem rechtlichen Gesichtspunkt in Betracht kommt (BFH 31.10.1991 – X B 69/91, BFH/NV 1992, 289; eine inländische Beteiligte BFH 15.9.2004 – I R 30/04, BFH/NV 2005, 842),
– wenn der Stpfl. nach Ablauf des Wirtschaftsjahres seinen Wohnsitz in den Bezirk des BetriebsFA verlegt und damit dasselbe FA zuständig geworden ist (BFH 24.3.2011 – IV R 13/09, BFH/NV 2011, 1826).

Zusammenveranlagte Ehegatten. Ein Fall von geringer Bedeutung liegt allerdings 92
nicht allein deshalb vor, weil die Beteiligten Eheleute sind, die zusammen veranlagt werden (BFH 13.12.1985 – III R 214/81, BFH/NV 1986, 505 mwN) oder das FA zugleich für die einheitliche Feststellung und die EStVeranlagung zuständig ist (BFH 9.9.2010 – IV R 31/08, BFH/NV 2011, 413). Eine gesonderte und einheitliche Feststellung ist jedenfalls dann durchzuführen, wenn ein für die Besteuerung erhebliches Merkmal streitig ist, zB wenn zweifelhaft ist, ob stpfl. Einkünfte vorliegen, an denen die Eheleute beteiligt sind (vgl. BFH 31.10.1991 – X B 69/91, BFH/NV 1992, 289; BFH 10.10.1989 – IV B 135/88, BFH/NV 1990, 485), wenn die Ermittlung von Besteuerungsgrundlagen und deren Abgrenzung zwischen mehreren Veranlagungszeiträumen aufgrund eines nicht ohne Schwierigkeiten zu überblickenden Sachverhalts streitig ist (BFH 31.7.1990 – I R 3/90, BFH/NV 1991, 285) oder wenn bei gemeinschaftlichen Einkünften der Ehegatten über die Abgrenzung verschiedener Einkunftsarten zu entscheiden ist (BFH 26.7.1983 – VIII R 28/79, BStBl. II 1984, 290), zB über das Bestehen eines gewerblichen Grundstückshandels oder das Vorliegen von Überschusseinkünften (BFH 8.10.1986 – I R 58/83, BFH/NV 1987, 767; BFH 1.2.1989 – VIII R 49/84, BFH/NV 1990, 6). Andererseits schließt nicht jede Meinungsverschiedenheit mit dem FA einen Fall von geringer Bedeutung aus. So wirft die Ermittlung der Besteuerungsgrundlagen idR keine besondere Schwierigkeit auf, wenn weder die Einkunftsart noch die Beteiligungsverhältnisse und die Zuordnung zum Veranlagungszeitraum fraglich sind; ggf. auch dann, wenn lediglich die Abzugsfähigkeit einzelner weniger Aufwendungen (zB Einkünfteermittlung für ein gemeinschaftlich vermietetes Objekt) streitig ist.

Einzelfälle. Um einen Fall von geringer Bedeutung handelt es sich zB nicht, wenn 93
– zweifelhaft ist, ob überhaupt stpfl. Einkünfte vorliegen, an denen mehrere Personen beteiligt sind bzw. die Zurechnung zwischen mehreren Personen unklar ist (BFH 17.5.1995 – X R 64/92, BStBl. II 1995, 640; BFH 10.8.1994 – X R 45/91, BFH/NV 1995, 387; BFH 31.5.2010 – X B 162/09, BFH/NV 2010, 2011);
– es sich um Einkünfte aus Gewerbebetrieb handelt, die bereits dem Grunde nach streitig sind (BFH 8.10.1986 – I R 58/83, BFH/NV 1987, 767);
– es sich um die Gewinnfeststellung einer OHG handelt, und zwar auch dann, wenn an ihr nur zwei zusammenveranlagte Ehegatten beteiligt sind (BFH 29.4.1987 – I R 167/83, BFH/NV 1987, 629);
– zwischen den Beteiligten streitig ist, ob die Einkünfte teilweise einem Nießbraucher zuzurechnen sind (BFH 22.2.1994 – IX R 141/90, BFH/NV 1994, 866);
– für die an den Einkünften beteiligten Personen verschiedene FÄ örtlich zuständig sind (BFH 10.8.1994 – X R 45/91, BFH/NV 1995, 387);

– zweifelhaft ist, ob aufgrund von Verträgen zwischen Angehörigen gemeinschaftliche Einkünfte vorliegen (ebenso Schwarz/Pahlke/Keß § 180 Rn. 196; aA FG Niedersachsen 23.3.1999 – IX 43/94, EFG 1999, 776);
– die Höhe des Gewinns von einer zwischen den Parteien streitigen Rechtsfrage abhängig ist (BFH 14.2.2008 – IV R 44/05, BFH/NV 2008, 1156);
– die Beteiligten die Einkünfte durch tatsächliche Verständigung oder einvernehmliche Schätzung festlegen, da die Grundlagen der Einkünfteermittlung in diesen Fällen mit Unsicherheiten behaftet sind (BFH 12.4.2016 – VIII R 24/13, BFH/NV 2016, 1537; aA FG Köln 29.1.2013 – 1 K 1585/10, EFG 2013, 1287);
– die Zuordnung der Einkünfte zu den Gewinn- oder Überschusseinkünften streitig ist (BFH 15.4.2010 – IV R 58/07, BFH/NV 2010, 1785);
– die Festsetzungsverjährung für Folgebescheide bereits eingetreten ist, aber durch den Erlass des Bescheids zur gesonderten und einheitlichen Feststellung eine einheitliche StFestsetzung gewährleistet wird (BFH 12.4.2016 – VIII R 24/13, BFH/NV 2016, 1537);
– das Bestehen einer Mitunternehmerschaft streitig ist, insbesondere wenn dies einer der zentralen Streitpunkte zwischen Stpfl. und FB ist (BFH 9.6.2015 – X R 38/12, BFH/NV 2015, 1588).

III. Bescheid über die Nichtdurchführung der Feststellung (Abs. 3 S. 2 und 3)

94 **Nichtfeststellungsbescheid.** Aufgrund der Neufassung des § 180 III durch das StBereinG 1986 – anzuwenden auf alle bei Inkrafttreten (25.12.1985) anhängigen Verfahren (Art. 97 § 1 II 1 EGAO; BFH 31.10.1991 – X B 69/91, BFH/NV 1992, 289) – steht es im **Ermessen (§ 5)** der FB, durch Bescheid festzustellen, ob eine gesonderte Feststellung nicht durchzuführen ist. Die FB darf regelmäßig vom Erlass eines Negativbescheides absehen, wenn die Voraussetzungen des § 180 III 1 Nr. 2 offensichtlich vorliegen (BFH 31.10.1991 – X B 69/91, BFH/NV 1992, 289). Bestehen jedoch Zweifel oder Streitigkeiten über die Notwendigkeit einer gesonderten Feststellung, ist das Ermessen auf den Erlass eines Nichtfeststellungsbescheides reduziert (BFH 12.7.1988 – IX B 28/88, BFH/NV 1989, 87; BFH 17.12.2003 – I R 47/02, BFH/NV 2004, 771). Der Erlass des Negativbescheides hat durch das nach § 18 I Nr. 4 zuständige FA zu erfolgen. Die Entscheidung ist Teil des Feststellungsverfahrens und gehört nicht in das Verfahren über den Folgebescheid (BFH 26.7.1983 – VIII R 28/79, BStBl. II 1984, 290).

95 **Steuerbescheid.** Der Nichtfeststellungsbescheid gilt als StBescheid (§ 180 III 3). Er ist der Bestandskraft fähig, mit dem Einspruch anfechtbar (§ 347) und entfaltet Bindungswirkung. Während seiner Wirksamkeit hindert er die Durchführung eines Feststellungsverfahrens für den bezeichneten Gegenstand, den Feststellungszeitraum und die betroffenen Adressaten (TK § 180 Rn. 52; HHSp § 180 Rn. 228c; Schwarz/Pahlke/Keß § 180 Rn. 200). Auf den Nichtfeststellungsbescheid finden die für StBescheide geltenden Änderungsvorschriften (§§ 172 ff.) Anwendung (vgl. BFH 21.1.1999 – IV R 62/97, BFH/NV 1999, 906). Adressat des VA sind alle Personen, denen gegenüber ein Feststellungsbescheid hätte ergehen müssen. Soweit die Durchführung eines Feststellungsverfahrens aus anderen als den in § 180 III genannten Gründen ausscheidet, ist Adressat des Ablehnungsbescheids (§ 155 I 3) der Antragsteller.

J. Feststellungen bei projektbezogenen Arbeitsgemeinschaften (Abs. 4)

96 ArGe unterfallen als Zusammenschluss mehrerer Einzelunternehmen – zumeist in Form einer GbR (vgl. BGH 29.1.2001 – II ZR 331/00, NJW 2001, 1056; BFH 13.10.1998 – VIII R 61/96, BFH/NV 1999, 463) – grds. der gesonderten und einheitlichen Feststellung der gemeinschaftlich erzielten Einkünfte nach § 180 I Nr. 2a (vgl. BFH 2.12.1992 – I R

165/90, BStBl. II 1993, 577). Die Feststellungspflicht entfällt jedoch nach § 180 IV für ArGe, deren alleiniger Zweck sich in der Erfüllung eines einzigen Werkes erschöpft (FG Düsseldorf 18.4.1996 – 10 K 6465/92 F, EFG 1997, 207). Mit der Fertigstellung des Werkes ist die Gesellschaft wegen Zweckerreichung beendet (§ 726 BGB). Für diese auf eine begrenzte Dauer angelegte PersGes verneint § 180 IV ein Feststellungsbedürfnis (krit. Paus FR 1998, 994). Für Feststellungszeiträume bis einschl. 1994 galt die Regelung mit der Einschränkung, dass bei Abschluss des Vertrages seine Erfüllung innerhalb von 3 Jahren anzunehmen war (zur Geltungsdauer s. Art. 97 § 10b EGAO).

K. Feststellungen in Sonderfällen (Abs. 5)

Allgemeines. § 180 V enthält eine Sonderregelung über Feststellungsgegenstände, die nicht in die Ermittlung der stpfl. Einkünfte eingehen, sondern für die Bemessung des StSatzes (Nr. 1) oder die Abrechnung der festgesetzten Steuer (Nr. 2) von Bedeutung sind. Der Anwendungsbereich der Vorschrift wurde durch das StBMG mWv 1.1.1995 durch Einbeziehung des § 180 I Nr. 2b erweitert; zudem wurde Nr. 2 für Feststellungszeiträume ab 1995 angefügt (vgl. Art. 97 § 10b). 97

Auf die gesonderte Feststellung der steuererheblichen Gegenstände iSd Abs. 5 finden die § 180 Abs. 1 Nr. 2, Abs. 2 und Abs. 3 entsprechende Anwendung. Dies bedeutet, dass einerseits nach DBA steuerbefreite Einkünfte von einzelnen (§ 180 I Nr. 2b) oder mehreren Personen (§ 180 I Nr. 2a) und in Zusammenhang mit gesonderten Feststellungen stehende StAbzugsbeträge und anzurechnende KSt grds. festzustellen sind (vgl. BFH 14.7.1993 – I R 71/92, BStBl. II 1994, 91); andererseits darf eine Feststellung unterbleiben, soweit die Ausnahmetatbestände des § 180 III eingreifen. Feststellungen nach Abs. 5 können mit den gesonderten Feststellungen nach Abs. 2 verbunden werden (BFH 21.2.2017 – VIII R 46/13, BStBl. II 2017, 745; TK § 180 Rn. 102; HHSp § 180 Rn. 689a; Piltz StBp 1989, 193; Grützner IStR 1994, 65 (68)). Die Feststellung stellt einen eigenständigen VA dar (BFH 4.4.2007 – I R 110/05, BStBl. II 2007, 521). Die örtliche Zuständigkeit für die gesonderte Feststellung richtet sich nach § 18 (s. zu Einzelheiten dort). Zur örtlichen Zuständigkeit bei gesonderter Feststellung von Einkünften ausländischer PersGes, an denen inländische Gesellschafter beteiligt sind, s. BMF 26.1.2016, BStBl. I 2016, 155.

I. Feststellungen bei ausländischen Einkünften, die einem DBA unterliegen (Abs. 5 Nr. 1)

Bedeutung. Auf ausländische Einkünfte, die zur Vermeidung der Doppelbesteuerung aufgrund eines DBA nicht der inländischen Besteuerung unterliegen, findet § 180 I Nr. 2 keine unmittelbare Anwendung; eine gesonderte Feststellung kann hiernach nicht erfolgen (BFH 26.4.2005 – I B 159/04, BFH/NV 2005, 1560). Die in DBA ausgesprochene StFreistellung schließt jedoch nicht jegliche Auswirkung auf die inländische StFestsetzung aus. Aus diesem Grund erklärt § 180 V Nr. 1 die Vorschriften über die Feststellung von Einkünften für entspr. anwendbar, wenn die aufgrund eines DBA von der Bemessungsgrundlage ausgenommenen Einkünfte bei der StFestsetzung von Bedeutung sind. Eine solche Bedeutung haben diese Einkünfte, soweit ein Progressionsvorbehalt gem. § 32b EStG gilt (vgl. BFH 25.4.2001 – I R 80/97, BFH/NV 2001, 1541; BFH 14.7.1993 – I R 71/92, BStBl. II 1994, 91) und für die Berücksichtigung von Verlusten nach § 2a III EStG aF (früher § 2 AIG; vgl. BFH 30.4.1991 – VIII R 68/86, BStBl. II 1991, 873; BFH 25.4.2001 – I R 80/97, BFH/NV 2001, 1541) sowie die Feststellung der entgeltlichen Übertragung einer ausländischen Betriebstätte iSd § 2a IV Nr. 2 EStG (BFH 28.11.2007 – I R 25/07, BFH/NV 2008, 1097). Für doppelstöckige PersGes ist ein zweistufiges Feststellungsverfahren durchzuführen (BFH 9.8.2006 – II R 24/05, BStBl. II 2007, 87; BFH 4.3.2009 – I R 58/07, BFH/NV 2009, 1953). Der Feststellungsbescheid ist an die Gesell- 98 schafter und nicht an die PersGes zu richten (BFH 24.7.2013 – I R 57/11, DStR 2014, 199). Ist eine Feststellung zunächst unterblieben, kann diese auch noch während eines späteren finanzgerichtlichen Verfahrens nachgeholt werden (BFH 21.2.2017 – VIII R 46/13, BStBl. II 2017, 745).

99 **Inhalt der Feststellung** sind die durch DBA steuerfreien Einkünfte der Beteiligten für die maßgeblichen Besteuerungszeiträume entspr. § 180 I Nr. 2a. Der sachliche Umfang wird allerdings durch die spezifische Zweckbestimmung der gesonderten Feststellung nach § 180 V Nr. 1 beeinflusst. So sind in der Feststellung außerordentliche Einkünfte getrennt auszuweisen, da sie nicht dem Progressionsvorbehalt unterliegen (Grützner IStR 1994, 65; Schwarz/Pahlke/Keß § 180 Rn. 204b). Stellt das FA steuerfreie ausländische Einkünfte, die dem Progressionsvorbehalt unterliegen, lediglich mit dem Hinweis „für Zwecke des Progressionsvorbehalts" fest, ohne dass erkennbar ist, ob es sich um die nach DBA steuerfreien Einkünfte handelt, ist die Unklarheit durch Ergänzungsbescheid nach § 179 III zu beseitigen (BFH 14.7.1993 – I R 71/92, BStBl. II 1994, 91). Durch die alternative Feststellung nicht abzugsfähiger Verluste „für Zwecke des Progressionsvorbehalts bzw. des § 2 AIG" ist der Feststellungsbescheid weder inhaltlich unbestimmt noch nichtig (BFH 26.11.1997 – I R 63/97, BFH/NV 1998, 680). Die Feststellung nach § 180 V und die Einkünftefeststellung nach § 180 I hat in gesonderten Bescheiden zu erfolgen, die miteinander verbunden werden können (BFH 18.12.2002 – I R 92/01, BFH/NV 2003, 964; BFH 24.1.2018 – I B 81/17, BFH/NV 2018, 515). Ergeht für geltend gemachte Verluste ein Feststellungsbescheid nach § 32b I 3 iVm § 15b IV EStG (StStundungsmodelle) ist zu beachten, dass es sich bei diesem Bescheid und dem Bescheid nach Abs. 5 Nr. 1 um eigenständige VA mit eigenständigem Regelungsgehalt handelt (BFH 19.1.2017 – IV R 50/14, BStBl. II 2017, 456).

II. Feststellung anrechenbarer Steuerabzugsbeträge und Körperschaftsteuer (Abs. 5 Nr. 2)

100 **Geltungsbereich.** § 180 V Nr. 2 ist durch das StMBG mit Wirkung für Feststellungszeiträume, die nach dem 31. Dezember 1994 beginnen (Art. 97 § 10b EGAO), angefügt worden. Diese Regelung enthält erstmals eine ausdrückliche Befugnis zur Feststellung der KStAnrechnungsbeträge und StAbzugsbeträge. Sie verhindert divergierende Entscheidungen hinsichtlich der anrechenbaren StAbzugsbeträge und führt sowohl auf Seiten der FVerw. als auch der Stpfl. zur Verfahrensvereinfachung. Insb. bei Kapitalerträgen aus gemeinschaftlichem Vermögen muss die einheitliche StBescheinigung nur noch dem FeststellungsFA und nicht dem WohnsitzFA jedes einzelnen Beteiligten vorgelegt werden (vgl. BT-Drs. 12/5630, 101). Bereits zuvor war jedoch die gesonderte Feststellung der KStGuthaben gem. § 180 I Nr. 2a zulässig (vgl. BFH 27.6.2001 – I R 65/00, BFH/NV 2001, 1528; BFH 22.11.1995 – I R 114/94, BStBl. II 1996, 531; BFH 22.11.1995 – I R 185/94, BStBl. II 1996, 390; aA Helmschrott/Eberhart DStR 1994, 525 (529 f.)).

101 **Gegenstand der Feststellung** sind die StAbzugsbeträge, die gem. § 36 II 2 Nr. 2 EStG auf die ESt bzw. KSt (§ 31 KStG) anzurechnen sind. Eine Feststellung der anrechenbaren KSt gem. § 36 II 2 Nr. 3 EStG ist auf die Geltungsdauer des Anrechnungsverfahrens beschränkt. Der SolZ ist als Zuschlagsteuer auf den jeweiligen StAbzugsbetrag in die Feststellung einzubeziehen (analoge Anwendung des § 180 II Nr. 2; ebenso Helmschrott/Eberhart DStR 1994, 525; Gosch AO § 180 Rn. 119; TK § 180 Rn. 104). Zulässig ist die gesonderte Feststellung sowohl in den Fällen des § 180 I Nr. 2a und b als auch nach § 180 II, soweit nicht die Voraussetzungen des § 180 III erfüllt sind.

102 **Bindungswirkung** entfaltet die getroffene Feststellung als Grundlagenbescheid gem. § 182 I 2 in Bezug auf die Anrechnungsverfügung des betr. EStBescheides und für einen nachfolgenden Abrechnungsbescheid (BFH 29.10.2013 – VII R 68/11, BFH/NV 2014, 393; HHSp § 180 Rn. 692; TK § 180 Rn. 104). Dies gilt auch für KStAnrechnungs-

beträge, die noch auf der Grundlage des § 180 I Nr. 2a festgestellt wurden (BFH 27.6.2001 – I R 65/00, BFH/NV 2001, 1528).

§ 181 Verfahrensvorschriften für die gesonderte Feststellung, Feststellungsfrist, Erklärungspflicht

(1) [1] Für die gesonderte Feststellung gelten die Vorschriften über die Durchführung der Besteuerung sinngemäß. [2] Steuererklärung im Sinne des § 170 Absatz 2 Satz 1 Nummer 1 ist die Erklärung zur gesonderten Feststellung. [3] Wird eine Erklärung zur gesonderten Feststellung nach § 180 Absatz 2 ohne Aufforderung durch die Finanzbehörde abgegeben, gilt § 170 Absatz 3 sinngemäß. [4] In den Fällen des § 180 Absatz 1a ist keine Erklärung zur gesonderten Feststellung abzugeben; als Steuererklärung nach § 170 Absatz 2 Satz 1 Nummer 1 gilt in diesem Fall die Steuererklärung, für deren Besteuerungszeitraum der Teilabschlussbescheid unmittelbar Bindungswirkung entfaltet.

(2) [1] Eine Erklärung zur gesonderten Feststellung hat derjenige abzugeben, dem der Gegenstand der Feststellung ganz oder teilweise zuzurechnen ist. [2] Erklärungspflichtig sind insbesondere

1. in den Fällen des § 180 Absatz 1 Satz 1 Nummer 2 Buchstabe a
   a) bei rechtsfähigen Personenvereinigungen vorrangig die Personenvereinigung und nachrangig jeder Feststellungsbeteiligte, dem ein Anteil an den einkommensteuerpflichtigen oder körperschaftsteuerpflichtigen Einkünften zuzurechnen ist,
   b) bei nicht rechtsfähigen Personenvereinigungen und in sonstigen Fällen jeder Feststellungsbeteiligte, dem ein Anteil an den einkommensteuerpflichtigen oder körperschaftsteuerpflichtigen Einkünften zuzurechnen ist;
2. in den Fällen des § 180 Absatz 1 Satz 1 Nummer 2 Buchstabe b der Unternehmer;
3. in den Fällen des § 180 Absatz 1 Satz 1 Nummer 3 jeder Feststellungsbeteiligte, dem ein Anteil an den Wirtschaftsgütern, Schulden oder sonstigen Abzügen zuzurechnen ist;
4. in den Fällen des § 180 Absatz 1 Satz 1 Nummer 2 Buchstabe a und Nummer 3 bei nicht rechtsfähigen Personenvereinigungen auch die in § 34 bezeichneten Personen.

[3] Hat ein Erklärungspflichtiger eine Erklärung zur gesonderten Feststellung abgegeben, sind andere Beteiligte insoweit von der Erklärungspflicht befreit.

(2a) [1] Die Erklärung zur gesonderten Feststellung nach § 180 Absatz 1 Satz 1 Nummer 2 ist nach amtlich vorgeschriebenem Datensatz durch Datenfernübertragung zu übermitteln. [2] Auf Antrag kann die Finanzbehörde zur Vermeidung unbilliger Härten auf eine elektronische Übermittlung verzichten; in diesem Fall ist die Erklärung zur gesonderten Feststellung nach amtlich vorgeschriebenem Vordruck abzugeben und vom Erklärungspflichtigen eigenhändig zu unterschreiben.

(3) [1] Die Frist für die gesonderte Feststellung von Grundsteuerwerten (Feststellungsfrist) beginnt mit Ablauf des Kalenderjahres, auf dessen Beginn die Hauptfeststellung, die Fortschreibung, die Nachfeststellung oder die Aufhebung eines Grundsteuerwerts vorzunehmen ist. [2] Ist eine Erklärung zur gesonderten Feststellung des Grundsteuerwerts abzugeben, beginnt die Feststellungsfrist mit Ablauf des Kalenderjahres, in dem die Erklärung eingereicht wird, spätestens jedoch mit Ablauf des dritten Kalenderjahres, das auf das Kalenderjahr folgt, auf dessen Beginn die Grundsteuerwertfeststellung vorzunehmen oder aufzuheben ist. [3] Wird der Beginn der Feststellungsfrist nach Satz 2 hinausgeschoben, wird der

Beginn der Feststellungsfrist für die weiteren Feststellungszeitpunkte des Hauptfeststellungszeitraums jeweils um die gleiche Zeit hinausgeschoben.

(4) **In den Fällen des Absatzes 3 beginnt die Feststellungsfrist nicht vor Ablauf des Kalenderjahrs, auf dessen Beginn der Grundsteuerwert erstmals steuerlich anzuwenden ist.**

(5) [1]**Eine gesonderte Feststellung kann auch nach Ablauf der für sie geltenden Feststellungsfrist insoweit erfolgen, als die gesonderte Feststellung für eine Steuerfestsetzung von Bedeutung ist, für die die Festsetzungsfrist im Zeitpunkt der gesonderten Feststellung noch nicht abgelaufen ist; hierbei bleibt § 171 Absatz 10 außer Betracht.** [2]**Hierauf ist im Feststellungsbescheid hinzuweisen.** [3]**§ 169 Absatz 1 Satz 3 gilt sinngemäß.**

Schrifttum: v. Wedelstädt, Gesonderte Feststellung von Besteuerungsgrundlagen nach Ablauf der Feststellungsfrist, AO-StB 2009, 238; Ettlich, Die gesonderte Feststellung des verbleibenden Verlustvortrags zur Einkommensteuer, DB 2009, 18; Heuermann, Gesonderte Feststellung des Verlustvortrags – Symbiose zwischen materiellem Recht und Verfahrensrecht, DStR 2011, 1489; Adam, Erlass von Feststellungsbescheiden nach § 181 Abs. 5 AO bei bloßer Möglichkeit der Mitberichtigung nach § 177 AO, DStR 2020, 1175; Baum, Anpassung der AO an das MoPeG, NWB 2023, 2662.

Übersicht

A. Allgemeines

1 Das StBereinG 1986 fügte ua Abs. 2 ein, sodass die bisherigen Abs. 2–4 zu Abs. 3–5 wurden. Die Neuregelung ist auch auf Feststellungserklärungen anzuwenden, die Zeiträume vor dem 1.1.1987 betreffen (Art. 97 § 10a EGAO). Durch das StMBG wurde § 181 I 3 angefügt (→ Rn. 11) und Abs. 3 neu gefasst. Die Neuregelung gilt für alle bei Inkrafttreten (30.12.1993) des StMBG noch nicht abgelaufenen Festsetzungsfristen (Art. 97 § 10 V EGAO). Abs. 1, 2 und 2a wurden durch G v. 18.7.2016 (BGBl. 2016 I 1679) mwV 1.1.2017 neu gefasst. Abs. 3 S. 1 und 2, Abs. 4 wurden durch GrStReFG v. 26.11.2019 (BGBl. 2019 I 1794) mWv 1.1.2022/2025 geändert. Zuletzt wurde § 181 II durch das KreditzweitmarktförderungsG (BGBl. 2023 I Nr. 411) an die Änderungen durch das MoPeG (BGBl. 2021 I 3436) angepasst (→ Rn. 17, 20).

B. Verfahrensvorschriften für die gesonderte Feststellung (Abs. 1)

I. Sinngemäß anzuwendende Vorschriften (Abs. 1 S. 1)

Verweisung. Für das Verfahren der gesonderten und einheitlichen Feststellung enthält § 181 I 1 keine eigenständige Regelung, sondern verweist auf die Vorschriften über die Durchführung der Besteuerung. Die jetzige umfassende Verweisung geht auf die Änderung durch das StBereinG 1986 zurück und stellt klar, dass grds. sämtliche Vorschriften des Vierten Teils, also die §§ 134–217 anzuwenden sind (zur erstmaligen Anwendung s. Art. 97 § 1 II EGAO). Soweit die §§ 179–183 abweichende Regelungen enthalten, gehen diese als speziellere Normen vor. Die einleitenden Vorschriften des Ersten Teils (§§ 1–32) und die allg. Verfahrensvorschriften des Dritten Teils (§§ 78–133) gelten als verfahrensrechtliche Grundnormen auch für die gesonderte Feststellung, ohne dass hierauf gesondert verwiesen werden muss (ebenso TK § 181 Rn. 2; Schwarz/Pahlke/Keß § 181 Rn. 1). Dies gilt auch für das außergerichtliche Rechtsbehelfsverfahren, das Sonderregelungen für die Einspruchsbefugnis bei der einheitlichen Feststellung (§ 352) und Anfechtungsbeschränkungen für Folgebescheide (§ 351 II) enthält (zu Einzelheiten vgl. die Erl. Zu den genannten Vorschriften). 4

Für das Verfahren der gesonderten Feststellung sind aufgrund der Verweisung **folgende Vorschriften** anwendbar: 5

- die **§§ 134–154** über die Erfassung der Stpfl. und ihre Mitwirkungspflichten. Die Pflicht zur Abgabe der Erklärung zur gesonderten Feststellung ergibt sich unmittelbar aus § 181 II (→ Rn. 15). § 149 wird insoweit verdrängt. Für Form und Inhalt der Feststellungserklärung ist § 150 heranzuziehen, dh Abgabe nach amtlich vorgeschriebenem Vordruck (BFH 12.12.2013 – IV R 33/10, BFH/NV 2014, 665).
- die **§§ 155–168** über die StFestsetzung. Nach § 155 I 2 ist Feststellungsbescheid nicht die dem WohnsitzFA zugesandte ESt-4-Mitteilung, sondern der dem Feststellungsbeteiligten bekannt gegebene VA (BFH 26.2.1997 – X R 111/95, BFH/NV 1997, 734). Für Form und Inhalt des Feststellungsbescheides ist § 157 entspr. Anzuwenden. Aus dem Feststellungsbescheid muss sich ergeben, welche Besteuerungsgrundlagen festgestellt werden, für welchen Zeitraum die Feststellung erfolgt und wem die Besteuerungsgrundlagen zuzurechnen sind (→ § 157 Rn. 11 ff.; BFH 17.9.1997 – II R 49/95, BFH/NV 1998, 417). Für die einheitliche und gesonderte Feststellung können die Besteuerungsgrundlagen gem. § 162 geschätzt werden. Ebenso ist eine abweichende Festsetzung aus Billigkeitsgründen (§ 163 I) möglich (BFH 14.7.2004 – IX R 65/03, BFH/NV 2004, 1623). Der Feststellungsbescheid darf mit einer Nebenbestimmung (§ 120) versehen werden, insb. Vorläufig (§ 165; vgl. BFH 20.11.2012 – IX R 7/11, DStR 2013, 525) oder unter dem Vorbehalt der Nachprüfung ergehen (§ 164). 6
- die **§§ 169–171** über die Festsetzungsverjährung gelten grds. sinngemäß (FG Bremen 24.10.2002 – 3 K 155/01, EFG 2003, 364). Nach Ansicht des BFH folgt aus der sinngemäßen Anwendung, dass die Feststellungsfrist allen Beteiligten gegenüber gewahrt ist, wenn der Bescheid nur einem Beteiligten bekannt gegeben wird (BFH 27.4.1993 – VIII R 27/92, BStBl. II 1994, 3; BFH 14.1.2003 – VIII B 108/01, BStBl. II 2003, 335). Ficht ein Beteiligter – auch soweit ihm der Bescheid nicht bekannt gegeben wurde – den Feststellungsbescheid an, wird die Feststellungsfrist demzufolge allen Beteiligten gegenüber gehemmt (BFH 13.9.1994 – IX R 89/90, BStBl. II 1995, 39). Dies ist vor dem Hintergrund der Tatsache, dass ein nicht allen Inhaltsadressaten bekannt gegebener Feststellungsbescheid nicht nichtig, sondern lediglich dem Bekanntgabeadressaten ggü. wirksam ist (→ § 179 Rn. 20), nachvollziehbar (TK § 181 Rn. 6; Klein § 181 Rn. 15) Die für den Erlass von Feststellungsbescheiden geltende eigenständige Feststellungsfrist ist unabhängig von der Festsetzungsverjährung der Folgesteuern zu ermitteln (BFH 27.4.1993 – VIII R 27/92, BStBl. II 1994, 3; BFH 12.7.2005 – II R 10/04, BFH/NV 7

2006, 228). § 181 III–V enthalten zur Feststellungsfrist besondere Regelungen, die vorrangig anzuwenden sind (zu den Einzelheiten → Rn. 26 ff. sowie → § 180 Rn. 71).

8 – die **§§ 172–177** über die Aufhebung und Änderung von bestandskräftigen StBescheiden. Für eine entsprechende Anwendung des § 173 ist nicht auf die steuerlichen Auswirkungen in den jeweiligen Folgebescheiden abzustellen, sondern auf die Veränderung der festzustellenden Besteuerungsgrundlagen (→ § 173 Rn. 92; ebenso Wüllenkemper DStZ 1993, 206). Bei der gesonderten und einheitlichen Feststellung nach § 180 I 1 Nr. 2 Buchst. a kommt es darauf an, ob und wie sich die Besteuerungsgrundlagen für jeden einzelnen Feststellungsbeteiligten erhöhen oder verringern (BFH 10.9.2020 – IV R 6/18, BStBl. II 2021, 197). Verändern sich durch die nachträglich bekannt gewordene Tatsache ausschl. die Beteiligungsverhältnisse, ohne dass die Höhe der gesamten Feststellungen berührt wird, wirkt sich die Änderung sowohl zugunsten als auch zu Lasten einzelner Beteiligter aus; insgesamt verbleibt es indes bei der festgestellten Höhe der Besteuerungsgrundlage. Welche Änderungsvorschrift (§ 173 I Nr. 1 oder Nr. 2) in diesem Fall anzuwenden ist, wird in Rspr. und Literatur unterschiedlich beantwortet (→ § 173 Rn. 92).

9 – die **§§ 193–208** über die Ap. und die StFahndung.

II. Erklärung zur gesonderten Feststellung (Abs. 1 S. 2)

10 Die Erklärung zur gesonderten Feststellung von Besteuerungsgrundlagen ist als Mitteilung des Stpfl. über den für die Besteuerung erheblichen Sachverhalt StErklärung iSd §§ 149 ff. (→ § 149 Rn. 4). Dies ergibt sich bereits aus der sinngemäßen Anwendung der Vorschriften über die Durchführung der Besteuerung (§ 181 I 1). Soweit Abs. 1 S. 2 die Feststellungserklärung daneben ausdrücklich als StErklärung iSd § 170 II Nr. 1 bezeichnet und ihr damit Bedeutung für den Beginn der Feststellungsfrist zumisst, handelt es sich lediglich um eine entbehrliche Klarstellung (vgl. Schwarz/Pahlke/Keß § 181 Rn. 11; TK § 181 Rn. 7).

III. Erklärung nach § 180 Abs. 2 (Abs. 1 S. 3)

11 § 3 der VO zu § 180 II begründet eine besondere Erklärungspflicht für die gesonderte Feststellung der Besteuerungsgrundlagen nach einer entsprechenden Aufforderung durch die FB (→ § 180 Rn. 62). Fordert die FB den Stpfl. auf, verschiebt sich – wegen der durch die Aufforderung begründeten Erklärungspflicht – der Beginn der Feststellungsfrist nach § 170 II Nr. 1. Reicht ein Feststellungsbeteiligter in den Fällen des § 180 II eine Erklärung freiwillig ohne vorhergehende Aufforderung durch das FA ein, fehlt eine gesetzliche Verpflichtung zur Abgabe der Feststellungserklärung. Die tatbestandlichen Voraussetzungen des § 170 II Nr. 1 sind deshalb nicht erfüllt. Diese Lücke schließt § 181 I 3, indem es die freiwillige Abgabe der Erklärung einem Antrag iSd § 170 III gleichstellt. Der Lauf der Feststellungsfrist beginnt frühestens mit Ablauf des Kj., in dem die Feststellungserklärung abgegeben wird.

IV. Keine Feststellungserklärung bei Teilabhilfebescheid (Abs. 1 S. 3 nF)

13 Durch das Gesetz zur Umsetzung der Richtlinie (EU) 2021/514 des Rates vom 22. März 2021 zur Änderung der Richtlinie 2011/16/EU über die Zusammenarbeit der Verwaltungsbehörden im Bereich der Besteuerung und zur Modernisierung des Steuerverfahrensrechts v. 20.12.2022 (DAC 7-Umsetzungsgesetz, BGBl. 2022 I 2730) wurde mit Wirkung zum 1.1.2025 (Art. 97 § 37 II, III EGAO) ein Verweis für die Fälle des Ergehens von Teilabschlussbescheiden nach § 180 Ia eingefügt (→ § 180 Rn. 44a). Nach Hs. 1 muss in diesen Fällen keine Erklärung zur gesonderten Feststellung abgegeben werden. Halbsatz 2 bestimmt, welche StErklärung für den Beginn der Festsetzungsfrist maßgeblich ist. Hierdurch wird ein Gleichlauf der Festsetzungsfrist für den Teilabschlussbescheid und der

Festsetzungs- oder Feststellungsfrist für seinen Folgebescheid gewährleistet, sodass ein Rückgriff auf § 181 V (→ Rn. 33 ff.) nicht erforderlich ist (BT-Drs. 20/3436, 89 f.).

C. Erklärungspflichtige Personen (Abs. 2)

I. Erklärungspflichtiger Personenkreis (Abs. 2 S. 1)

§ 181 II verknüpft die Pflicht zur Abgabe der Erklärung zur gesonderten Feststellung mit der materiellen Rechtslage. Erklärungspflichtig ist derjenige, dem der Gegenstand der Feststellung mit steuerlicher Wirkung ganz oder teilweise zuzurechnen ist (BFH 6.11.2012 – VIII R 19/09, BFH/NV 2013, 502). Die Verpflichtung trifft grds. jeden Beteiligten unabhängig von der Größe seines Anteils; nicht verpflichtet ist die Gesellschaft oder Gemeinschaft als solche (BFH 21.5.1987 – IV R 134/83, BStBl. II 1987, 764; BFH 23.8.1994 – VII R 143/92, BStBl. II 1995, 194). Nicht erklärungspflichtig nach § 181 II 1 sind auch diejenigen Personen, deren steuerliche Beteiligung von der FB durch Erlass eines negativen Feststellungsbescheides verneint wird (ebenso Schwarz/Pahlke/Keß § 181 Rn. 13). In Zweifelsfällen wird sich die Zurechnungsfrage und damit auch die Erklärungspflicht allerdings erst nach Ermittlung des Sachverhaltes beantworten lassen. In diesem Fall kann das FA eine Erklärungspflicht nach § 149 I 2 durch Aufforderung der möglichen Beteiligten begründen. **15**

II. Einzelfälle (Abs. 2 S. 2)

Zur Erläuterung des in S. 1 geregelten Grundsatzes führt § 181 II 2 die wichtigsten Anwendungsfälle auf. Für die nicht erwähnten Feststellungen (zB § 180 I Nr. 1) bleibt es bei der Verpflichtung nach § 181 II 1 oder nach den EinzelStGesetzen (BeckOK AO § 181 Rn. 91). Für die Einheitswertfeststellung ergibt sich diese für Zeiträume bis 31.12.2024 aus § 28 III BewG (TK § 181 Rn. 12). Für die Grundsteuerwertfeststellung ab dem 1.1.2025 ergibt sich die Erklärungspflicht aus § 228 BewG (BeckOK AO § 181 Rn. 91). **16**

Nr. 1 betrifft die Erklärungspflicht in den Fällen des § 180 I Nr. 2a. Die Vorschrift wurde durch das KreditzweitmarktförderungsG (BGBl. 2023 I Nr. 411) an die Rechtsänderungen im Zuge des MoPeG (BGBl. 2021 I 3436) angepasst. Die Änderungen gelten für alle Feststellungserklärungen, die nach dem 31.12.2023 einzureichen sind (Art. 97 § 39 I EGAO). Für Feststellungserklärungen, die vor dem 1.1.2024 einzureichen sind, trifft die Erklärungspflicht jeden, dem ein Anteil an den Einkünften zuzurechnen ist. Bei PersGes sind neben den zur Geschäftsführung und Vertretung berufenen Personen (→ Rn. 20) sämtliche Gesellschafter persönlich zur Abgabe der Feststellungserklärung verpflichtet (vgl. BFH 21.5.1987 – IV R 124/83, BFH/NV 1988, 760 für eine Rechtsanwaltssozietät). Die Erfüllung der Verpflichtung zur Abgabe der StErklärung kann gelegentlich bei einzelnen Gesellschaftern oder Gemeinschaftern auf Schwierigkeiten stoßen, wenn ihnen gesellschaftsrechtlich weder ein umfassendes Informationsrecht noch eine Einsichtnahme in die Bücher der Gesellschaft zusteht (vgl. zB das eingeschränkte Informationsrecht des Kommanditisten gem. § 166 I HGB; hierzu auch Schmidt GesR § 53 III 3). Dies nötigt indes nicht dazu, die gesetzliche Erklärungspflicht nach § 181 II 2 Nr. 1 auf die gesetzlichen Vertreter und Geschäftsführer zu beschränken (so aber TK § 181 Rn. 13; dagegen zu Recht Schwarz/Pahlke/Keß § 181 Rn. 14). Soweit ein Gesellschafter die öffentlich-rechtliche Verpflichtung mangels Informationsrechts nicht eigenständig erfüllen kann, obliegt die Abgabe der Erklärung dem jeweiligen Geschäftsführer oder gesetzlichen Vertreter (vgl. § 181 II 3). Die interne Regelung über Geschäftsführungs- und Informationsbefugnisse kann eine öffentlich-rechtliche Verpflichtung weder beseitigen noch beschränken. Die FB hat allerdings im Rahmen des Auswahlermessens grds. zunächst denjenigen zur Abgabe aufzufordern, dem sämtliche für die Erstellung der Erklärung erforderli- **17**

chen Informationen zugänglich sind (im Ergebnis ebenso Gosch AO § 181 Rn. 13; HHSp § 181 Rn. 50; Schwarz/Pahlke/Keß § 181 Rn. 14). Ein Insolvenzverwalter ist nicht zur Abgabe der Feststellungserklärung für die sich im Insolvenzverfahren befindende PersGes verpflichtet (BFH 23.8.1994 – VII R 143/92, BStBl. II 1995, 194). Eine Abgabeverpflichtung ergibt sich auch nach der gesetzlichen Neuregelung (→ Rn. 17a) nicht (BeckOK AO § 181 Rn. 86.3; aA TK § 181 Rn. 13; Gosch AO § 181 Rn. 13). Zur Erklärungspflicht in Insolvenzfällen s. Gosch AO § 181 Rn. 13.

17a Für nach dem 31.12.2023 einzureichende Feststellungserklärungen gilt die Neuregelung der Nr. 1 Buchst. a und b. Danach muss zwischen rechtsfähigen und nicht rechtsfähigen (→ Rn. 20) Personenvereinigungen unterschieden werden. Bei rechtsfähigen Personenvereinigungen trifft die Erklärungspflicht zum Zwecke der Verfahrensvereinfachung vorrangig die Vereinigung und nur nachrangig die Feststellungsbeteiligten, denen ein Anteil an den Einkünften zuzurechnen ist (BT-Drs. 20/9782, 201). Die Personenvereinigung ist von der Erklärungspflicht befreit, wenn eine der in § 181 II 2 Nr. 1 oder 4 genannten Personen die Feststellungserklärung abgibt (Art. 97 § 39 II EGAO). Bei nicht rechtsfähigen Personenvereinigungen (zB Bruchteilsgemeinschaften, § 741 BGB oder Erbengemeinschaften, § 2032 BGB) ist wie bei § 181 II 2 Nr. 1 aF jeder Feststellungsbeteiligte, dem ein Anteil an den stpfl. Einkünften zuzurechnen ist, erklärungspflichtig.

18 **Nr. 2.** Erklärungspflichtiger in den Fällen des § 180 I Nr. 2b (Einkünfte aus Land- und Forstwirtschaft, Gewerbebetrieb, freiberuflicher Tätigkeit) ist der Unternehmer. Unternehmer ist derjenige, der die betrieblichen Einkünfte erzielt und dem sie steuerlich zuzurechnen sind.

19 **Nr. 3** erfasst die Fälle des § 180 I Nr. 3 (Wert der vermögensteuerpflichtigen Wirtschaftsgüter, Schulden und sonstigen Abzüge). Die Erklärungspflicht obliegt jedem Feststellungsbeteiligten, dem ein Anteil an den Wirtschaftsgütern, Schulden oder sonstigen Abzügen zuzurechnen ist.

20 **Nr. 4** erweitert den Kreis der Erklärungspflichtigen in den Fällen des § 180 I Nr. 2a und 3, also der gesonderten und einheitlichen Feststellung für mehrere Personen (vgl. BFH 21.5.1987 – IV R 134/83, BStBl. II 1987, 764 zu § 180 I Nr. 2a) auf die gesetzlichen Vertreter und Vermögensverwalter iSd § 34. Zum Personenkreis und den einzelnen Pflichten → § 34 Rn. 15 ff. Neben den Beteiligten trifft die Erklärungspflicht zB die Geschäftsführer von PersGes (vgl. BFH 21.5.1987 – IV R 85/83, BFH/NV 1989, 21), die Liquidatoren oder den Testamentsvollstrecker (§§ 2197 ff. BGB), nicht dagegen den Insolvenzverwalter (BFH 23.8.1994 – VII R 143/92, BStBl. II 1995, 194; → § 34 Rn. 29). Durch das KreditzweitmarktförderungsG (BGBl. 2023 I Nr. 411) wurde der Anwendungsbereich im Zuge der Anpassungen an das MoPeG (BGBl. 2021 I 3436) und der Änderung der Nr. 1 (→ Rn. 17a) auf nicht rechtsfähige Personenvereinigungen beschränkt (BT-Drs. 20/9782, 202).

III. Befreiung (Abs. 2 S. 3)

21 Trifft die Erklärungspflicht mehrere Personen (zu den Anwendungsfällen → Rn. 17 ff.), ist jeder von ihnen selbständig zur Abgabe einer vollständigen Feststellungserklärung verpflichtet. Zwischen den Erklärungspflichtigen kann die FB nach pflichtgemäßem **Ermessen** auswählen. Bei der Ermessensausübung hat sie insb. den Umfang der tatsächlichen und rechtlichen Informationsmöglichkeiten der einzelnen Stpfl. zu berücksichtigen (zum beschränkten Informationsrecht von Gesellschaftern → Rn. 17). IdR sind diejenigen Personen vorrangig zur Abgabe der Feststellungserklärung aufzufordern, denen sämtliche Informationen vollständig zur Verfügung stehen (ebenso Schwarz/Pahlke/Keß § 181 Rn. 18). Hierzu gehören insb. die Vertreter und Vermögensverwalter (§ 34).

22 Erfüllt ein Beteiligter seine Erklärungspflicht durch **Abgabe der Feststellungserklärung,** wirkt dies auch zugunsten der anderen Beteiligten; sie sind von der weiteren Abgabepflicht befreit. Eine unrichtige oder unvollständige Erklärung ist nach § 153 bei nachträglicher Kenntnis der Fehlerhaftigkeit von jedem Beteiligten richtig zu stellen (→ § 153 Rn. 9; → § 150 Rn. 9; Schwarz/Pahlke/Keß § 182 Rn. 18: Abgabepflicht bleibt bestehen). Zum Inhalt der Feststellungserklärung s. § 150.

D. Elektronische Übermittlung

Der durch das Gesetz zur Modernisierung und Entbürokratisierung des StVerfahrens neu eingefügte Abs. 2a (BGBl. 2008 I 2850) stellt die Abgabe der Feststellungserklärung nach amtlich vorgeschriebenem Vordruck auf die elektronische Übermittlungsform um. Der Stpfl. ist danach verpflichtet eine Feststellungserklärung nach amtlich vorgeschriebenem Datensatz durch Datenfernübertragung zu übermitteln. Die Verpflichtung betrifft beide in § 180 Abs. 1 Nr. 2 geregelten Fälle. Andere Feststellungserklärungen sollen auch künftig nach amtlich vorgeschriebenem Vordruck, also in Papierform, abgegeben werden. **23**

Zur Vermeidung unbilliger Härten kann die FB auf Antrag gestatten, die Feststellungserklärung weiterhin nach amtlich vorgeschriebenem Vordruck beim FA einzureichen. Eine unbillige Härte kann insb. dann vorliegen, wenn dem Stpfl. nicht zuzumuten ist, die technischen Voraussetzungen für eine elektronische Übermittlung zu schaffen. Abs. 2a ist erstmals für Feststellungszeiträume anzuwenden, die nach dem 31.12.2010 beginnen (Art. 97 § 10a EGAO nF).

E. Beginn der Frist zur Feststellung von Einheitswerten (Abs. 3)

I. Regelmäßiger Beginn (Abs. 3 S. 1)

Für die gesonderte Feststellung von Einheitswerten und ab 1.1.2022 bei Grundsteuerwerten legt § 181 III 1 den regelmäßigen Beginn der Feststellungsfrist fest. Maßgebend sind nicht der Ablauf der Entstehungszeiträume der einheitswertabhängigen Steuern, sondern einheitlich jeweils der Ablauf des Kj., auf dessen Beginn die Hauptfeststellung, Fortschreibung, Nachfeststellung oder die Aufhebung eines Einheitswertes vorzunehmen ist. Die eigenständige Feststellungsfrist für Feststellungsbescheide ist unabhängig von der Festsetzungsverjährung der Folgesteuern zu ermitteln (BFH 12.7.2005 – II R 10/04, BFH/NV 2006, 228). **26**

II. Hinausgeschobener Beginn (Abs. 3 S. 2)

§ 181 III 2 enthält eine spezielle Anlaufhemmung für eine verspätete Abgabe der Feststellungserklärung. In der ursprünglichen Fassung galt die Vorschrift zunächst nur für den Hauptfeststellungszeitpunkt. Durch das StMBG wurde die Regelung auf alle Fälle erstreckt, in denen eine Feststellungserklärung abzugeben ist. Fordert die FB für einen Fortschreibungs- oder Nachfeststellungszeitpunkt eine Erklärung an, greift nunmehr auch die Anlaufhemmung nach Abs. 3 S. 2 ein (zur erstmaligen Anwendung → Rn. 1). Die Aufforderung setzt die Anlaufhemmung in Gang, solange die reguläre vierjährige Feststellungsfrist noch nicht abgelaufen war (→ § 170 Rn. 21; BFH 17.4.2013 – II R 59/11, BFH/NV 2013, 1149). Die Vorschrift entspricht der Regelung des § 170 II Nr. 1. Die Feststellungsfrist beginnt mit Ablauf des Kj., in dem die Erklärung eingereicht wird, spätestens jedoch mit Ablauf von vier Jahren (Ablauf des Kj., das mit dem Feststellungszeitpunkt beginnt, und die drei folgenden Jahre). **27**

III. Folgewirkungen für spätere Feststellungszeitpunkte (Abs. 3 S. 3)

§ 181 III 3 überträgt eine nach § 181 III 2 eingetretene Anlaufhemmung auf alle nachfolgenden Feststellungszeitpunkte desselben Hauptfeststellungszeitraums und schiebt den Beginn der Feststellungsfrist jeweils um die gleiche Zeit hinaus. Hierdurch wird erreicht, **28** dass die zeitlichen Abstände zwischen den Feststellungsfristen der jeweiligen Fortschreibungszeitpunkte trotz der Anlaufhemmung erhalten bleiben. Die derzeit gültige Fassung, die in der Sache der Regelung des § 170 IV entspricht, geht auf das StMBG zurück, das S. 3 der Erweiterung des S. 2 anpasste (zur erstmaligen Anwendung → Rn. 1).

F. Anlaufhemmung (Abs. 4)

32 Die Vorschrift hat gegenwärtig keine Bedeutung. Sie enthält eine besondere Anlaufhemmung für den Fall, dass der festzustellende Einheitswert erst zu einem späteren Zeitpunkt anzuwenden ist als dem nach § 181 III geltenden Beginn der Feststellungsfrist. Dies galt zB für die Feststellung der Einheitswerte für das Grundvermögen auf den Hauptfeststellungszeitpunkt 1.1.1964, die erstmals auf den 1.1.1974 anzuwenden waren. Durch Abs. 4 wird sichergestellt, dass die Feststellungsfrist nicht bereits abgelaufen ist, bevor die Feststellung ihre steuerliche Wirkung entfaltet. Demgemäß beginnt die Feststellungsfrist nicht vor Ablauf des Kj., auf dessen Beginn der Einheitswert erstmals steuerlich anzuwenden ist.

G. Feststellung nach Ablauf der Feststellungsfrist (Abs. 5)

I. Verknüpfung mit Steuerfestsetzung (Abs. 5 S. 1)

33 **Anwendungsbereich.** Anders als die Abs. 3 und 4, die ausschl. auf die gesonderte Feststellung des Einheitswertes anzuwenden sind, gilt § 181 V nach seinem Wortlaut für alle gesonderten und einheitlichen Feststellungen. Dabei erfasst die Regelung sowohl den Fall, dass der Folgebescheid ein StBescheid ist, als auch zweistufige Feststellungsverfahren, in denen die gesonderten Feststellungen für einen nachfolgenden Feststellungsbescheid bindend sind (vgl. BFH 13.7.1999 – VIII R 76/97, BStBl. II 1999, 747). Neben dem erstmaligen Erlass eines Feststellungsbescheides nach Ablauf der Feststellungsfrist fallen nach dem Normzweck der Vorschrift auch die Berichtigung, Änderung und Aufhebung von Feststellungsbescheiden in ihren Regelungsbereich (BFH 16.10.1991 – II R 23/89, BStBl. II 1992, 454; BFH 10.12.1992 – IV R 118/90, BStBl. II 1994, 381). § 181 V ist allerdings keine eigenständige Änderungsvorschrift (BFH 2.3.2011 – IX B 88/10, BFH/NV 2011, 1295). Das Feststellungsverfahren dient als vorbereitendes Verwaltungsverfahren der Ermittlung von Besteuerungsgrundlagen, die bei einer darauf aufbauenden StFestsetzung von Bedeutung sind. Diese dienende Funktion des Feststellungsverfahrens (vgl. BT-Drs. VI/1982, 157) rechtfertigt es die Zulässigkeit der Feststellung bis zum Ablauf der Festsetzungsfrist der maßgeblichen Folgesteuer nicht nur für den erstmaligen Erlass des Feststellungsbescheides, sondern auch für die Korrektur des VA zu bejahen (vgl. BFH 29.6.2011 – IX R 38/10, BStBl. II 2011, 963).

Von **Bedeutung** ist der Feststellungsbescheid grds. für diejenigen Bescheide, für die er unmittelbar Bindungswirkung entfaltet. Eine Beschränkung auf das Verhältnis zwischen Grundlagen- und unmittelbarem Folgebescheid findet nicht statt (vgl. zum dreistufigen Verfahren bei der GrSt BFH 11.11.2009 – II R 14/08, BStBl. II 2010, 723). Bei Bescheiden über den verbleibenden Verlustabzug nach § 10d EStG genügt auch eine mittelbare Bindungswirkung für spätere Veranlagungen und Feststellungen (BFH 12.6.2002 – XI R 26/01, BStBl. II 2002, 681; BFH 6.7.2005 – XI R 27/04, BFH/NV 2006, 16; BFH 11.5.2010 – IX R 48/09, BFH/NV 2010, 1788; BFH 11.11.2008 – IX R 53/07, BFH/NV 2009, 364 zu § 23 EStG; BFH 15.5.2013 – IX R 5/11, BStBl. II 2014, 143). Für die Frage, ob eine gesonderte Verlustfeststellung für andere Bescheide von Bedeutung ist, ist frühestens auf den Zeitpunkt der tatsächlichen Feststellung des verbleibenden Verlustabzugs abzustellen (BFH 1.8.2012 – IX R 14/11, BFH/NV 2012, 1934). Ein verbleibender Verlustvortrag kann nach Ablauf der Feststellungsfrist nicht mehr gesondert festgestellt werden, wenn der Stpfl. in bereits festsetzungsverjährten VZ über zur Verlustkompensation ausreichende Gesamtbeträge der Einkünfte verfügt hatte (BFH 29.6.2011 – IX R 38/10, BStBl. II 2011, 963). Gemäß § 10d IV 6 EStG idF des JStG 2007 (ebenso § 35b II 4 GewStG) ist § 181 V nur anzuwenden, wenn die FB die Feststellung des Verlustvortrags pflichtwidrig unterlassen hat (vgl. BFH 25.5.2011 – IX R 36/10, BStBl. II 2011, 807); verfassungsrechtliche Bedenken gegen diese Einschränkung bestehen nicht (BFH 14.4.2015 – IX R 17/14, BFH/NV 2015, 1089; aA FG München 14.8.2007 – 5 V 1558/07, BeckRS 2007, 26023998). Die Feststellung hat die FB nur dann pflichtwidrig unterlassen, wenn eine Verlustfeststellung bisher gänzlich fehlt; die Änderung einer bereits fristgerecht ergangenen Feststellung fällt nicht darunter (BFH 11.2.2015 – I R 5/13, BStBl. II 2016, 353). § 181 V bleibt folglich anwendbar, wenn das FA einen Verlustfeststellungsbescheid nicht erlassen hat, obwohl ihm dies möglich gewesen wäre (BFH 8.4.2014 – IX R 32/13, BFH/NV 2014, 1206). Geht dem FA eine Feststellungserklärung erst einen Tag vor Eintritt der Feststellungsverjährung zu, handelt das FA nicht pflichtwidrig, wenn der Feststellungsbescheid nicht innerhalb der Verjährungsfrist erlassen wird (BFH 25.5.2011 – IX R 36/10, BStBl. II 2011, 807). Die Bindungswirkung erstreckt sich auf diejenigen Veranlagungen und Feststellungen, die bei rechtmäßiger Verlustberücksichtigung vom Feststellungsbescheid betroffen wären (BFH 2.8.2006 – XI R 65/05, DStR 2006, 2082). Der Bedarfswertfeststellung (§ 138 V 2 Nr. 2 BewG) kommt für die Zugehörigkeit des Grundstücks keine Bindungswirkung für den ErbStFolgebescheid zu (BFH 29.11.2006 – II R 42/05, BStBl. II 2007, 319).

Kein Ermessen. Eine gesonderte Feststellung kann auch nach Ablauf der Feststellungs- 34
frist erfolgen, soweit für mindestens eine StFestsetzung, für die die Feststellung bindend ist, die Festsetzungsfrist noch läuft. Der Wortlaut („kann") lässt zunächst eine Ermessensregelung vermuten. Ein Ermessensspielraum ließe sich jedoch nicht mit dem Grundsatz der Gesetzmäßigkeit der Verwaltung vereinbaren, deren Ziel die Rechtsrichtigkeit der StFestsetzung und damit auch die Verwirklichung der Gleichmäßigkeit der Besteuerung sein muss (zum Widerstreit dieses Prinzips mit dem Grundsatz der Rechtssicherheit vgl. → Vorb. §§ 172–177 Rn. 1). Bei Vorliegen der tatbestandlichen Voraussetzungen ist die FB deshalb verpflichtet, die gesonderte Feststellung vorzunehmen. Die Wirkung der Feststellung beschränkt sich auf StBescheide für diejenigen Steuern, für die die Festsetzungsfrist bei Erlass oder Korrektur des Feststellungsbescheides noch nicht abgelaufen ist. Dies gilt grds. sowohl für die gesonderte als auch für die gesonderte und einheitliche Feststellung gegenüber mehreren Stpfl.

Festsetzungsfrist für Folgesteuern. Eine Feststellung ist nur zulässig, wenn für min- 35
destens eine Folgesteuer die Festsetzungsfrist noch nicht abgelaufen ist (BFH 29.6.2016 – I B 32/16, BFH/NV 2016, 1679). Dabei ist unerheblich, ob die Festsetzungsfrist noch regulär läuft oder Hemmungstatbestände (zB § 171 IIIa) eingreifen (vgl. FG Nürnberg 17.2.2005 – IV 37/2004, EFG 2005, 1007; FG Hamburg 3.1.2011 – 3 V 146/10, EFG 2011, 1222; ebenso Schwarz/Pahlke/Keß § 181 Rn. 33). Ist Verjährung sowohl für die StFestsetzung als auch für die gesonderte Feststellung eingetreten, darf ein Folgebescheid nicht mehr ergehen (BFH 8.11.2006 – II R 13/05, BFH/NV 2007, 641).

Den Ablauf der Festsetzungsfrist wird das für die gesonderte Feststellung zuständige FA vielfach nicht aus eigener Erkenntnis feststellen können. Sachverhalte, die entweder den Beginn der Frist hinausschieben oder deren Ablauf hemmen, werden regelmäßig durch das FA der StFestsetzung ausgelöst (zB § 171 IV, VI) oder nur ihm bekannt (zB § 170 II Nr. 1, § 171 III, IIIa). Dieser Erkenntnismangel ließe sich zwar zumeist durch Rückfrage beim zuständigen FA beheben. Ist der Ablauf der Festsetzungsfrist indes zweifelhaft oder besteht Streit darüber, hinge die Zulässigkeit der Feststellung von einer Rechtsfrage ab, die verbindlich auf der Ebene der StFestsetzung zu klären ist. Das Feststellungsverfahren mit diesen Unsicherheiten zu belasten, widerspricht dem Sinn der Regelung, sodass die Feststellung stets zulässig ist, soweit es möglich erscheint, dass die Festsetzungsfrist für eine Folgesteuer noch nicht abgelaufen ist (FG Hessen 29.3.2011 – 11 K 1736/09, DStRE 2012, 1218; ähnlich Schwarz/Pahlke/Keß § 181 Rn. 34). Stellt sich nachträglich heraus, dass die Festsetzungsfrist bereits verstrichen war, geht die Feststellung ins Leere, da sie nur für unverjährte Steuern („insoweit") Wirkung entfalten kann. Steht indes eindeutig fest, dass die Festsetzungsfrist der Folgesteuer abgelaufen ist, darf ein Feststellungsbescheid nicht mehr ergehen (aA FG Bremen 24.10.2002 – 3 K 155/01, EFG 2003, 364 für Verlustfeststellung nach § 10a GewStG).

36 **Anwendung des § 171 X.** Bei Anwendung des § 181 V 1 bleibt § 171 X außer Betracht. Dies bedeutet, dass das Vorliegen der tatbestandlichen Voraussetzungen ohne Berücksichtigung der Ablaufhemmung für Grundlagenbescheide (§ 171 X) zu entscheiden ist. Ist die Festsetzungsfrist für die Folgesteuer danach, also ohne die Ablaufhemmung, die erst durch den Erlass des Feststellungsbescheides ausgelöst wird, noch nicht abgelaufen, greift für die Umsetzung der gesonderten Feststellung allerdings die Ablaufhemmung des § 171 X wieder ein (ebenso BFH 19.5.2006 – II B 79/05, BFH/NV 2006, 1622; FG Berlin-Brandenburg 28.5.2015 – 15 K 4287/11, EFG 2015, 1418; Schwarz/Pahlke/Keß § 181 Rn. 39; TK § 181 Rn. 19; Wefers StuW 1997, 310). Hierdurch wird verhindert, dass ein Feststellungsbescheid, der zulässigerweise kurz vor Ablauf der Festsetzungsfrist der Steuer ergangen ist, nicht mehr im Folgebescheid berücksichtigt werden kann. Dagegen kann § 181 V kein Wiederaufleben eines nach § 164 IV entfallenen Nachprüfungsvorbehalts (→ § 164 Rn. 77 f.) herbeiführen (BFH 11.11.2014 – I R 46/13, BFH/NV 2015, 353). Ein unter dem Vorbehalt der Nachprüfung stehender Feststellungsbescheid kann aber nach Ablauf der Feststellungsfrist wegen des damit verbundenen Wegfalls des Vorbehalts der Nachprüfung nicht mehr geändert werden (BFH 29.11.2017 – II R 52/15, BStBl. II 2018, 419).

37 **Einheitliche Feststellungen.** Für gesonderte Feststellungen, in denen nur ein Stpfl. Adressat des VA ist, lässt sich die Regelung bezogen auf unterschiedliche Folgesteuern unproblematisch umsetzen. Zu dogmatischen Verwerfungen kommt es jedoch im Fall der gesonderten und einheitlichen Feststellung, von der mehrere Stpfl. betroffen sind. So ist nach der Regelung des § 181 V 1 der Erlass oder die Korrektur eines Feststellungsbescheides zulässig, wenn nur noch für einen Beteiligten die Festsetzungsfrist für die ESt läuft. Dies hat zur Folge, dass diese Feststellung, obgleich einheitlich zu treffen, nur gegen diesen Feststellungsbeteiligten wirkt. Die Einheitlichkeit der Feststellung ist aufgehoben. Für die Gewinnfeststellung einer PersGes bedeutet es, dass für den betroffenen Gesellschafter eine Ergänzungsbilanz aufzustellen ist, in welche die entsprechenden Änderungen aufzunehmen sind.

Zur Lösung dieser widerstreitenden Normzwecke wird zT eine Beschränkung des Anwendungsbereichs des 181 V 1 dahingehend befürwortet, dass die Festsetzungsfrist für die Folgesteuer noch bei keinem von der Folgewirkung Betroffenen abgelaufen sein darf (so TK § 181 Rn. 20; HHSp § 181 Rn. 123; ebenso BFH 10.12.1992 – IV R 118/90, BStBl. II 1994, 381; FG Baden-Württemberg 30.4.1997 – 4 K 271/94, EFG 1998, 857). Eine derartige Einschränkung lässt sich weder dem Wortlaut des § 181 V 1 noch dem Normzweck des § 179 II 1 entnehmen (glA BFH 23.9.1999 – IV R 56/98, DStR 1999, 1986; Klein § 181 Rn. 38; Gosch AO § 181 Rn. 28; Schwarz/Pahlke/Keß § 181 Rn. 63). Die Einheitlichkeit der Feststellung soll lediglich verhindern, dass durch ungleiche Sachverhaltsermittlungen oder rechtliche Erwägungen Besteuerungsgrundlagen gegenüber mehreren Beteiligten unterschiedlich festgestellt werden (→ § 179 Rn. 3). Damit ist nicht zugleich eine wirkungsgleiche Umsetzung der Feststellung bezweckt. Die Umsetzung der Feststellung hängt vielmehr von der materiellen und formellen Rechtslage bei jedem Beteiligten ab (ebenso Schwarz/Pahlke/Keß § 181 Rn. 63). Bei einer Vielzahl von Beteiligten führt die Gegenmeinung zu einer mit dem Zweck der Regelung nicht vereinbaren Beschränkung, da hiernach schon der Eintritt der Festsetzungsverjährung bei nur einem Beteiligten eine erstmalige Feststellung für alle anderen Beteiligten ausschließt (vgl. BFH 8.6.1995 – V R 20/94, BStBl. II 1995, 822 betr. USt; BFH 27.8.1997 – XI R 72/96, BStBl. II 1997, 750 betr. Feststellung von Grundlagen für die Festsetzung von Hinterziehungszinsen; BFH 23.9.1999 – IV R 56/98, DStR 1999, 1986 unter Einschränkung seiner

Auffassung in BFH 10.12.1992 – IV R 118/90, BStBl. II 1994, 381, wenn den Gesellschaftern, bei denen die Festsetzungsfrist bereits abgelaufen ist, aus dem Feststellungsbescheid keine Nachteile erwachsen können; ebenso BFH 29.8.2000 – VIII R 33/98, BFH/NV 2001, 414; FG Niedersachsen 5.6.1996 – II 390/95, EFG 1996, 1144).

II. Hinweis (Abs. 5 S. 2)

Im Feststellungsbescheid ist auf die eingeschränkte Wirksamkeit der gesonderten Feststellung nach § 181 V 1 („hierauf") hinzuweisen. Die besondere Hinweispflicht soll verdeutlichen, dass der Feststellungsbescheid nicht wie üblich für alle abhängigen Steuern und gegenüber allen Beteiligten gilt. Es muss daher deutlich zum Ausdruck kommen, dass die Feststellungen nach Ablauf der Feststellungsfrist getroffen wurden und nur noch für solche Folgesteuern von Bedeutung sind, für die die Festsetzungsfrist im Zeitpunkt der gesonderten Feststellung noch nicht abgelaufen war. Diese Einschränkung des Regelungsgehalts der gesonderten und einheitlichen Feststellung kann der Stpfl. nur erkennen, wenn ein inhaltlich richtiger Hinweis klar und eindeutig im VA selbst enthalten ist. Fehlt eine entsprechende Erläuterung oder ist sie unrichtig, ist der Feststellungsbescheid rechtswidrig (BFH 18.3.1998 – II R 7/96, BStBl. II 1998, 555; BFH 11.1.1995 – II R 125/91, BStBl. II 1995, 302; BFH 17.8.1989 – IX R 76/88, BStBl. II 1990, 411); keine Nichtigkeit (BFH 25.11.2008 – II R 11/07, BStBl. II 2009, 287). Da der Hinweis nicht lediglich Begründungsfunktion entfaltet, sondern den Regelungsgehalt des VA beschränkt, kann der Fehler nicht durch Nachbesserung beseitigt werden (→ § 179 Rn. 44; BFH 4.9.2008 – IV R 1/07, BStBl. II 2009, 335; BFH 5.2.2014 – X R 1/12, BStBl. II 2016, 567); Eine Korrektur kann nur bei Vorliegen einer Änderungsvorschrift erfolgen (BFH 14.6.2007 – XI R 37/05, BFH/NV 2007, 2227). §§ 126, 127 sind nicht anzuwenden (vgl. HHSp § 181 Rn. 131). Eine Nachholung des Hinweises ist ausgeschlossen, wenn zum Zeitpunkt der Nachholung die Festsetzungsfrist für die abhängigen Steuern bereits abgelaufen ist (FG Berlin-Brandenburg 24.7.2019 – 3 K 3109/18, EFG 2019, 1739). Die Rechtswidrigkeit des Feststellungsbescheides kann auch nicht durch Erlass eines Ergänzungsbescheides (§ 179 III) beseitigt werden (BFH 18.3.1998 – II R 45/96, BStBl. II 1998, 426; BFH 24.6.1998 – II R 17/95, BFH/NV 1999, 282). Im Einspruchsverfahren kann mangels Eintritts der Bestandskraft des Feststellungsbescheides der Fehler durch Ergänzung um den Hinweis nach § 181 V 2 geheilt werden (BFH 12.7.2005 – II R 10/04, BFH/NV 2006, 228; BFH 17.2.2010 – II R 38/08, BFH/NV 2010, 1236); Verböserungshinweis ist grds. erforderlich (HHSp § 181 Rn. 135b; TK § 181 Rn. 22). Ein zu Unrecht erteilter Wirkhinweis führt nicht zur Rechtswidrigkeit eines ansonsten gesetzeskonform ergangenen Feststellungsbescheides, sondern nur zur isolierten Aufhebung des Wirkhinweises. Dabei kann im finanzgerichtlichen Verfahren das Verböserungsverbot zu beachten sein, wenn hierdurch die Rechtsposition des Stpfl. verschlechtert würde (BFH 24.4.2024 – IV R 19/21, BFH/NV 2024, 1049). 38

Der **Inhalt** des Hinweises genügt den gesetzlichen Anforderungen, wenn zum Ausdruck kommt, dass der Feststellungsbescheid nach Ablauf der Feststellungsfrist ergangen ist und deshalb nur für die in diesem Zeitpunkt unverjährten Steuern Bedeutung hat (vgl. BFH 15.7.2021 – II R 38/19, BStBl. II 2022, 226). Die bloße Nennung des § 181 V genügt nicht (BFH 18.3.1998 – II R 7/96, BStBl. II 1998, 555). Der Hinweis darf keine konkrete Zeitangabe zu der vermeintlichen Verjährung im Folgebescheidsverfahren enthalten, da Feststellungen zur Festsetzungsverjährung nur im Folgebescheid zu treffen sind (BFH 15.7.2021 – II R 38/19, BStBl. II 2022, 226; Klein § 181 Rn. 41). Nicht erforderlich ist die genaue Angabe, für welche StArten und welche Besteuerungszeiträume den getroffenen Feststellungen Rechtswirkung zukommen soll (BFH 18.3.1998 – II R 48/96, BFH/NV 1998, 1190; BFH 18.3.1998 – II R 31/95, BFH/NV 1998, 1317; die gegenteilige Ansicht in BFH 11.1.1995 – II R 125/91, BStBl. II 1995, 302 wurde aufgegeben). Der Stpfl. muss also nicht konkret erkennen können, für welche Folgesteuern die Festsetzungs- 39 frist noch nicht abgelaufen ist (FG Baden-Württemberg 15.6.2021 – 8 K 1764/18, DStRE 2022, 944, offen gelassen v. BFH 24.4.2024 – IV R 19/21, BFH/NV 2024, 1049; Schwarz/Pahlke/Keß § 181 Rn. 53).

III. Sinngemäße Anwendung des § 169 Abs. 1 S. 3 (Abs. 5 S. 3)

40 Die Feststellungsfrist nach § 181 V 1 wird grds. dadurch gewahrt, dass die FB den Bescheid über die gesonderte und einheitliche Feststellung noch bis zum Ablauf der Festsetzungsfrist für die StFestsetzung, für die die gesonderte Feststellung Bedeutung hat, an den Stpfl. bekannt gibt. Abw. hiervon lässt § 181 V 3 infolge der sinngemäßen Anwendung des § 169 I 3 (s. hierzu im Einzelnen → § 169 Rn. 30 ff.) ausreichen, dass der VA vor dem Eintritt der Festsetzungsverjährung für die Folgesteuerbescheide die FB durch Absendung des Bescheides verlassen hat oder bei öffentlicher Zustellung ausgehängt worden ist. Die Absendung des Feststellungsbescheides wahrt die Frist allerdings nur, soweit der abgesandte VA auch tatsächlich zugeht (vgl. BFH 25.11.2002 – GrS 2/01, BStBl. II 2003, 548 mwN sowie → § 169 Rn. 37 f.). Wird der rechtzeitig abgesandte Feststellungsbescheid wirksam, endet die Festsetzungsfrist für die Folgebescheide nach § 171 X nicht vor Ablauf von zwei Jahren nach Bekanntgabe des Feststellungsbescheides (BFH 12.8.1987 – II R 202/84, BStBl. II 1988, 318; Gosch AO § 181 Rn. 30; TK § 181 Rn. 21; s. zu weiteren Einzelheiten → § 171 Rn. 143 ff.).

§ 182 Wirkungen der gesonderten Feststellung

(1) [1] **Feststellungsbescheide sind, auch wenn sie noch nicht unanfechtbar sind, für andere Feststellungsbescheide, für Steuermessbescheide, für Steuerbescheide und für Steueranmeldungen (Folgebescheide) bindend, soweit die in den Feststellungsbescheiden getroffenen Feststellungen für diese Folgebescheide von Bedeutung sind.** [2] **Dies gilt entsprechend bei Feststellungen nach § 180 Absatz 5 Nummer 2 für Verwaltungsakte, die die Verwirklichung der Ansprüche aus dem Steuerschuldverhältnis betreffen.** [3] **Wird ein Feststellungsbescheid nach § 180 Absatz 5 Nummer 2 erlassen, aufgehoben oder geändert, ist ein Verwaltungsakt, für den dieser Feststellungsbescheid Bindungswirkung entfaltet, in entsprechender Anwendung des § 175 Absatz 1 Satz 1 Nummer 1 zu korrigieren.**

(2) [1] **Ein Feststellungsbescheid über einen Grundsteuerwert nach § 180 Absatz 1 Satz 1 Nummer 1 wirkt auch gegenüber dem Rechtsnachfolger, auf den der Gegenstand der Feststellung nach dem Feststellungszeitpunkt mit steuerlicher Wirkung übergeht.** [2] **Tritt die Rechtsnachfolge jedoch ein, bevor der Feststellungsbescheid ergangen ist, so wirkt er gegen den Rechtsnachfolger nur dann, wenn er ihm bekannt gegeben wird.** [3] **Die Sätze 1 und 2 gelten für gesonderte sowie gesonderte und einheitliche Feststellungen von Besteuerungsgrundlagen, die sich erst später auswirken, nach der Verordnung über die gesonderte Feststellung von Besteuerungsgrundlagen nach § 180 Absatz 2 der Abgabenordnung entsprechend.**

(3) **Erfolgt eine gesonderte Feststellung gegenüber mehreren Beteiligten nach § 179 Absatz 2 Satz 2 einheitlich und ist ein Beteiligter im Feststellungsbescheid unrichtig bezeichnet worden, weil Rechtsnachfolge eingetreten ist, kann dies durch besonderen Bescheid gegenüber dem Rechtsnachfolger berichtigt werden.**

Schrifttum: Haberland, Die nachrichtliche Mitteilung des Sanierungsgewinns bei Personengesellschaften, FR 2015, 645; Brühl, Materielle Tatbestandwirkung in § 29 Abs. 2 KStG, DStZ 2016, 689; Drüen, „Quis iudicabit?" Zur Bindungswirkung der Begründung von Bußgeldbescheiden im Besteuerungsverfahren, Ubg 2016, 505; Levedag, BFH: Umfang der Bindungswirkung eines Feststellungsbescheids i. S. des § 18 Abs. 1 Satz 1 AStG, GmbHR 2019, R195.

Übersicht

A. Allgemeines

1 **Rechtsentwicklung.** § 182 III, der auf alle bei Inkrafttreten (25.12.1985) anhängigen Verfahren anzuwenden ist (Art. 97 § 1 II EGAO; BFH 21.5.1992 – IV R 47/90, BStBl. II 1992, 865), wurde durch das StBereinG 1986 angefügt und durch das JStG 1996 (→ Rn. 24) neu gefasst. § 182 I 2 und II 3 sind durch das StÄndG 1999 eingefügt worden. Die Neuregelungen sind auf alle bei Inkrafttreten des Gesetzes (30.12.1999) anhängigen Verfahren anzuwenden (Art. 97 § 1 VII EGAO). Die Vorschrift wurde durch G v. 18.7.2016 (BGBl. 2016 I 1679) mWv 1.1.2017 redaktionell neu gefasst. Abs. 2 S. 1 wurde durch GrStReFG v. 26.11.2019 (BGBl. 2019 I 1794) mWv 1.1.2022 bzw. 1.1.2025 geändert.

2 **Anwendungsbereich.** § 182 gilt nicht generell für alle Grundlagenbescheide, sondern unmittelbar nur für Feststellungsbescheide. Auf andere Grundlagenbescheide ist die Regelung nur anzuwenden, soweit ausdrücklich auf sie verwiesen wird. § 182 III ist auf StMessbescheide nicht anwendbar, da § 184 I 4 für StMessbeträge lediglich auf § 182 I verweist; für GrStMessbescheide wird zusätzlich auf § 182 II verwiesen (BFH 12.5.1993 – XI R 66/92, BStBl. II 1994, 5; BFH 12.2.2020 – II R 10/17, DStRE 2020, 864). § 182 II gilt wegen der eingeschränkten Verweisung jedoch nicht für GewSt-Messbescheide (ebenso TK § 182 Rn. 7; AEAO zu § 182 Nr. 2). Eine Bindung des Haftungsschuldners an den Einheitswertbescheid besteht nicht (AEAO zu § 182 Nr. 3).

B. Bindungswirkung der Feststellungsbescheide (Abs. 1)

I. Bindung des Folgebescheides (Abs. 1 S. 1)

1. Allgemeines

5 **Legaldefinition.** § 182 I 1 enthält die gesetzliche Definition des Folgebescheides (vgl. zum Begriff des Folgebescheides BFH 16.11.2000 – XI R 31/00, BStBl. II 2002, 119). Die Begriffsbestimmung seines Gegenstücks, des Grundlagenbescheides, befindet sich in § 171 X. Gemeinsames Merkmal beider Definitionen ist die **Bindungswirkung** des Grundlagenbescheides für den Folgebescheid. Die Bindungswirkung zwischen beiden VA ist das maßgebende Prinzip. Sie ist erforderlich, um den Zweck der gesonderten Feststellung von Besteuerungsgrundlagen (→ § 179 Rn. 2) sicherzustellen. Sowohl die gesonderte und gegenüber mehreren Betroffenen einheitlich bzw. für mehrere StArten erfolgte Feststellung als auch die durch die sachnähere FB getroffene Feststellung muss für darauf aufbauende andere VA unverändert und ohne erneute Prüfung Geltung beanspruchen können (Schwarz/Pahlke/Keß § 182 Rn. 2; TK § 182 Rn. 1). Nur so kann die Verein-

fachung und Vereinheitlichung des Verfahrens erreicht werden. Verfahrensrechtlich wird die Bindungswirkung durch § 175 I 1 Nr. 1 und § 171 X gewährleistet. Die Bindungswirkung verstößt nicht gegen EU-Recht (BFH 14.11.2018 – I R 47/16, BStBl. II 2019, 419).

6 **Inhalt.** § 182 I 1 regelt die Wirkung von Feststellungsbescheiden (Grundlagenbescheiden) für andere Feststellungsbescheide, für StMessbescheide und für StAnmeldungen. Danach sind Grundlagenbescheide bindend, soweit die getroffenen Feststellungen für den FolgeVA von Bedeutung sind. Von Bedeutung ist eine Feststellung, wenn die für den Erlass des Folgebescheides zuständige FB sie ohne ein verselbständigtes Feststellungsverfahren als Besteuerungsgrundlage selbst ermitteln müsste (BFH 10.6.1999 – IV R 25/98, BStBl. II 1999, 545; HHSp § 182 Rn. 7). S. 2 erstreckt die Bindungswirkung auf VA des StErhebungsverfahrens (→ Rn. 15).

2. Formelle Voraussetzungen

7 **Wirksamkeit.** Der Feststellungsbescheid entfaltet bereits mit seinem Wirksamwerden durch Bekanntgabe (§ 124) Bindungswirkung; nicht erforderlich ist seine Unanfechtbarkeit oder der Eintritt der materiellen Bestandskraft (BFH 29.2.2012 – IX R 21/10, BFH/NV 2012, 1297). Deshalb sind auch unter dem Vorbehalt der Nachprüfung ergangene oder vorläufige Feststellungsbescheide bindend (Klein § 182 Rn. 5). Die AdV des Grundlagenbescheides hat zwar die AdV des Folgebescheides zur Folge (§ 361 III 1), hindert aber nicht den Erlass eines Folgebescheides (§ 361 III 2). Keine Rechtswirkungen und damit auch keine Bindung entfaltet hingegen ein unwirksamer (nichtiger) Grundlagenbescheid (BFH 26.2.1997 – X R 111/95, BFH/NV 1997, 734; BFH 2.7.2004 – II R 73/01, BFH/NV 2005, 214). Zudem führt die Nichtigkeit des Grundlagenbescheids nicht bereits zur Nichtigkeit des Folgebescheids (BFH 26.9.2006 – X R 21/04, BFH/NV 2007, 186). Die bloße Rechtswidrigkeit eines VA berührt nicht seine Geltungskraft. Der erkennbar rechtswidrige Feststellungsbescheid ist ebenso wie ein rechtmäßiger VA im Folgebescheid umzusetzen (BFH 24.3.1998 – I R 83/97, BStBl. II 1998, 601; BFH 21.6.1989 – X R 14/88, BStBl. II 1989, 881; BFH 19.11.1991 – IX R 41/88, BStBl. II 1992, 719; HHSp § 182 Rn. 24). Dies gilt auch bei behaupteten Verstößen gegen das Unionsrecht (BFH 14.11.2018 – I R 47/16, BStBl. II 2019, 419). Zu bloßen Mitteilungen von Besteuerungsgrundlagen → Rn. 9.

8 **Prüfungszuständigkeit.** Vor Erlass des Folgebescheides hat das zuständige FA zu prüfen, ob der Grundlagenbescheid Bindungswirkung entfaltet (BFH 20.12.2000 – I R 50/00, BStBl. II 2001, 381; BFH 6.12.1995 – I R 131/94, BFH/NV 1996, 592). § 42 FGO iVm § 351 II steht dem nicht entgegen, da die Wirksamkeit der Bekanntgabe nicht Gegenstand der Entscheidung des Grundlagenbescheids ist (vgl. BFH 25.3.1986 – III B 6/85, BStBl. II 1986, 477; → § 351 Rn. 39). Die Pflicht zur Übernahme der getroffenen Feststellungen besteht vielmehr nur, soweit der wirksame Grundlagenbescheid eine verbindliche Regelung enthält. So hat das für den Erlass des Folgebescheides zuständige FA insb. die ordnungsmäßige Bekanntgabe einschl. der richtigen Adressierung und die inhaltliche Bestimmtheit des Grundlagenbescheides zu prüfen (vgl. BFH 15.4.1988 – III R 26/85, BStBl. II 1988, 660; BFH 26.2.1997 – X R 111/95, BFH/NV 1997, 734). Desgleichen ist zu untersuchen, ob eine ggf. erfolgte ersatzlose Aufhebung eines Feststellungsbescheides wirksam war, da hierdurch die Bindungswirkung entfällt (vgl. BFH 25.6.1991 – IX R 57/88, BStBl. II 1991, 821). Jedoch ist auch ein Feststellungsbescheid, der unter Verletzung der Kompetenzverteilung zwischen Betriebs- und WohnsitzFA ergangen ist, nicht nichtig (BFH 18.7.2012 – X R 28/10, BStBl. II 2013, 444).

3. Umfang der Bindungswirkung

9 **Objektiver Maßstab.** Die Bindung tritt ein, soweit die Feststellung nach der Regelung im materiellen StRecht von Bedeutung und für diese überhaupt ein solches Verfahren zulässig ist (BFH 12.7.1989 – X R 32/86, BFH/NV 1990, 366; BFH 13.7.1994 – X R 7/

91, BFH/NV 1995, 303). Deshalb kann die Bindungswirkung eines Grundlagenbescheids nur so weit reichen wie sein notwendiger, nach den einschlägigen Gesetzesbestimmungen zulässiger Inhalt (BFH 9.3.1995 – X B 242/94, BFH/NV 1995, 858; BFH 25.6.1991 – IX R 57/88, BStBl. II 1991, 821). Für die Festlegung des konkreten Umfangs der Bindung ist auf den **Inhalt des Feststellungsbescheides** abzustellen, wie er sich aus dem Tenor und dem materiellen Regelungsgehalt des Bescheides einschl. seiner Begründung ergibt (BFH 10.12.1998 – III R 61/97, BStBl. II 1999, 390; BFH 9.3.1995 – X B 242/94, BFH/NV 1995, 858). Ein Rückgriff auf die Gründe des Feststellungsbescheids ist zur Bestimmung des Tenors nur dann erforderlich, wenn der Verfügungssatz selbst Raum zu Zweifeln über seinen Inhalt lässt (BFH 16.6.2011 – IV R 11/08, BStBl. II 2011, 903). Die Auslegungsgrundsätze des § 133 BGB gelten entspr. (BFH 19.3.2018 – VI B 97/17, BFH/NV 2018, 733). Nicht maßgeblich ist der Inhalt der behördeninternen (ESt-4-)Mitteilung (BFH 31.10.1991 – X R 126/90, BFH/NV 1992, 363; BFH 9.9.1988 – III R 253/84, BFH/NV 1989, 138); erst recht sind etwaige Fehlvorstellungen der für den Erlass des Folgebescheides zuständigen Bediensteten über die rechtliche Qualifikation der (ESt-4-)Mitteilung unbeachtlich (BFH 10.6.1999 – IV R 25/98, BStBl. II 1999, 545). Desgleichen ist die nachrichtliche Mitteilung des ermittelten KSt-Guthabens ohne Bindungswirkung (Klein § 182 Rn. 5); ebenso die Mitteilung über die hebeberechtigte Gemeinde im GewStMessbetragsbescheid (BFH 11.5.2023 – IV R 3/19, BFH/NV 2023, 1206; FG München 14.9.2017 – 13 K 3144/15, EFG 2019, 1610). Die bloße rechtsfehlerhafte Anwendung der §§ 179 ff. im konkreten Fall lässt die Bindungswirkung nicht entfallen (BFH 13.7.1994 – X R 7/91, BFH/NV 1995, 303; BFH 18.7.2012 – X R 28/10, BStBl. II 2013, 444), sodass die Bindungswirkung auch dann besteht, wenn eine Besteuerungsgrundlage zu Unrecht durch Grundlagenbescheid festgestellt wurde (BFH 13.12.2006 – VIII R 48/04, BFH/NV 2007, 863). Die Feststellung der Höhe der gem. § 5 I 1 Nr. 1g InvStG 2004 festgestellten AfA-/AfS-Beträge entfaltet keine Bindungswirkung (BFH 30.7.2019 – VIII R 22/16, BStBl. II 2020, 82).

Bindend sind sowohl die **positiven** wie die **negativen Feststellungen** (BFH 24.3.1998 10
– I R 83/97, BStBl. II 1998, 601; BFH 7.4.1993 – II R 107/89, BFH/NV 1994, 453; BFH 18.9.1975 – III R 96/74, BStBl. II 1975, 874). Aus der Bindungswirkung folgt die Verpflichtung, die getroffene Entscheidung des Grundlagenbescheids vollständig in den Folgebescheid zu übernehmen (→ § 175 Rn. 21 ff.). Die Bindungswirkung schließt es aus, dass über einen Sachverhalt, über den im Feststellungsverfahren entschieden worden ist, im Folgeverfahren in einem damit unvereinbaren Sinn anders entschieden wird (vgl. BFH 10.12.1998 – III R 61/97, BStBl. II 1999, 390; BFH 9.7.1987 – IV R 87/85, BStBl. II 1988, 342; HHSp § 182 Rn. 39 ff.). Soweit die Feststellung die Existenz einer Besteuerungsgrundlage – ggf. auch konkludent – ausschließt, darf sie nicht im Folgebescheid berücksichtigt werden (vgl. BFH 6.7.1999 – VIII R 12/98, BStBl. II 1999, 731; BFH 18.11.1997 – VIII R 65/95, BFH/NV 1998, 573). Weist ein Feststellungsbescheid keinen Gewinn oder Verlust aus der Veräußerung eines Mitunternehmeranteils aus, wird dadurch für den Folgebescheid in negativer Hinsicht mit Bindungswirkung festgestellt, dass ein solcher Gewinn oder Verlust im Feststellungszeitraum nicht entstanden ist (BFH 10.4.2014 – III R 20/13, BStBl. II 2016, 583). Im mehrstufigen Feststellungsverfahren hindert die Bindungswirkung nicht die Umqualifizierung der Einkünfte auf der zweiten Stufe, soweit dies durch die persönlichen Verhältnisse eines Gesellschafters bedingt ist (BFH 11.4.2005 – GrS 2/02, BStBl. II 2005, 679).

Rechtsfolgen der Bindungswirkung. Der Folgebescheid kann zeitlich bereits vor 11
Erlass des Grundlagenbescheids ergehen (vgl. § 155 II; BFH 29.2.2012 – IX R 21/10, BFH/NV 2012, 1297; FG München 21.2.2019 – 15 K 1181/18, DStRK 2019, 204, bestätigt durch BFH 28.10.2021 – IV R 12/19, BFH/NV 2022, 244). Mit Wirksamkeit des positiven Grundlagenbescheids entsteht die aus der Bindungswirkung resultierende Anpassungspflicht nach § 175 I 1 Nr. 1 (kein Ermessen: BFH 10.6.2015 – I R 63/12, BFH/NV 2016, 1; → § 175 Rn. 19). Ausnahmsweise hat eine für den Stpfl. nachteilige

Anpassung zu unterbleiben, wenn das FA durch sein Verhalten im Folgebescheidsverfahren den Stpfl. von der (erfolgreichen) Anfechtung des Feststellungsbescheids abgehalten hat (BFH 19.1.1989 – IV R 2/87, BStBl. II 1989, 393). Wird ein negativer Feststellungsbescheid erlassen, fällt die Ermittlungspflicht auf das WohnsitzFA des Stpfl. zurück (BFH 9.3.1995 – X B 242/94, BFH/NV 1995, 858; BFH 25.6.1991 – IX R 57/88, BStBl. II 1991, 821). Dies gilt auch, soweit ein positiver Grundlagenbescheid ersatzlos aufgehoben oder inhaltlich beschränkt wird (vgl. BFH 7.12.1993 – IX R 134/92, BFH/NV 1994, 547), aber nur wenn es eines solchen Bescheids im konkreten Fall nicht bedarf (BFH 24.5.2006 – I R 9/05, BFH/NV 2006, 2019). Fehlt ein Grundlagenbescheid, obwohl es richtigerweise einer gesonderten Feststellung bedarf, so darf das zuständige WohnsitzFA dennoch nicht die Besteuerungsgrundlagen eigenständig ermitteln (BFH 24.5.2006 – I R 93/05, BStBl. II 2007, 76). Die Rechtswidrigkeit des Feststellungsbescheides kann nur durch seine Anfechtung, nicht auch durch Anfechtung des Folgebescheides beseitigt werden (vgl. § 351 II; § 42 FGO; BFH 30.6.2006 – IX B 31/06, BeckRS 2006, 25010423).

II. Entsprechende Geltung bei Feststellungen nach § 180 Abs. 5 Nr. 2 (Abs. 1 S. 2)

15 **Steuererhebungsverfahren.** § 180 V Nr. 2 sieht eine gesonderte Feststellung für StAbzugsbeträge und anrechenbare KSt vor. Diese gesonderte Feststellung entfaltet ihre Bindungswirkung anders als in den sonstigen Fällen des § 180 nicht im StFestsetzungsverfahren, sondern betrifft den Abrechnungsteil des StBescheides, wirkt sich folglich im StErhebungsverfahren aus. Die in § 182 I 1 geregelte Bindungswirkung für das Festsetzungsverfahren bedurfte deshalb einer Erweiterung, die durch die Verweisung in Abs. 1 S. 2 erfolgte.

16 **Bindungswirkung.** Die Feststellung von StAbzugsbeträgen und anrechenbarer KSt entfaltet Bindungswirkung für die Anrechnungsverfügung des jeweiligen StBescheides und für einen ggf. zu erlassenden Abrechnungsbescheid iSd § 218 II (Schwarz/Pahlke/Keß § 182 Rn. 48; TK § 180 Rn. 104). Für die KSt ist im Feststellungsbescheid auch bindend über die Anrechenbarkeit und das Eingreifen von Ausschlusstatbeständen (zB §§ 36 II Nr. 3e, 36a EStG) zu entscheiden (vgl. Schwarz/Pahlke/Keß § 182 Rn. 48).

17 **Folgeänderung.** Für die Änderung der VA im StErhebungsverfahren gelten nicht die Änderungsvorschriften für StBescheide, insb. die §§ 172 ff., sondern die Vorschriften über den Widerruf und die Rücknahme von VA nach §§ 130, 131. Diese Normen enthalten indes keine Regelung über die Anpassung der VA bei Änderung von Grundlagenbescheiden. Aus diesem Grund verweist § 180 I 2 für die Änderung des Folgebescheides (Anrechnungsverfügung, Abrechnungsbescheid) infolge von Erlass, Aufhebung oder Änderung des Feststellungsbescheides auf § 175 I 1 Nr. 1.

C. Bindungswirkung gegenüber dem Rechtsnachfolger (Abs. 2)

I. Feststellungsbescheid über einen Einheitswert (bis 31.12.2024) oder einen Grundsteuerwert (Abs. 2 S. 1)

18 § 179 II 1 regelt die dingliche Wirkung von Einheitswertbescheiden oder GrStWertbescheiden. Die Ergänzung für GrStWertbescheide erfolgte durch das GrStRefG (BGBl. 2019 I 1794) mWz 1.1.2022. Zugleich wurde mit Wirkung ab dem 1.1.2025 der Begriff des Einheitswerts gestrichen, da auf Feststellungszeitpunkte nach diesem Datum nur noch GrStWerte festgestellt werden (BeckOK AO § 182 Rn. 12). Die objektbezogene Feststellung des Einheitswertes (§ 180 I Nr. 1) hinsichtlich der Wert- und Art-Feststellung der wirtschaftlichen Einheit wirkt auch gegenüber dem Rechtsnachfolger, auf den die wirtschaftliche Einheit (Gegenstand der Feststellung) ganz oder teilweise nach dem Fest-

stellungszeitpunkt übergeht (BFH 12.2.2020 – II R 10/17, BStBl. II 2021, 535). Die Drittwirkung der Feststellung tritt sowohl für den Gesamtrechtsnachfolger (insoweit hätte es der Regelung nicht bedurft, vgl. §§ 181 I 1, 45, 166) als auch für den Einzelrechtsnachfolger, insb. den Erwerber der wirtschaftlichen Einheit ein. Die in einem Feststellungsbescheid über einen Einheitswert getroffenen Regelungen bleiben deshalb über den Eintritt der Rechtsnachfolge hinaus auch gegenüber dem Rechtsnachfolger wirksam, dh die Feststellungen wirken für in seiner Person originär entstehende StAnsprüche verbindlich fort (BFH 25.11.1987 – II R 227/84, BStBl. II 1988, 410). Die Bindungswirkung tritt mit der Rechtsnachfolge kraft Gesetzes ein. Einer Bekanntgabe des Einheitswertbescheides gegenüber dem Rechtsnachfolger bedarf es nicht. Dies gilt ebenso für den GrStMessbescheid einschl. der Zerlegungs- und Zuteilungsbescheide (§§ 185, 190 S. 2, § 184 I 4). Mit der Mitteilung, dass ein Einheitswertbescheid wegen einer GrStBefreiung gegenüber dem Rechtsnachfolger nicht erlassen wird, entfällt zugleich die durch Rechtsnachfolge eingetretene Bindungswirkung (BFH 30.6.2010 – II R 8/09, BFH/NV 2010, 2023).

Einspruch. Für den Rechtsnachfolger beginnt die Einspruchsfrist mit Rechtsübergang nicht neu zu laufen, und zwar auch dann nicht, wenn der Rechtsnachfolger von dem Bescheid keine Kenntnis hatte (im Einzelnen → § 353 Rn. 6 ff.; BFH 4.8.2005 – II B 40/05, BFH/NV 2005, 1983). Einspruch kann der Rechtsnachfolger fristgemäß nur einlegen, wenn die für den Rechtsvorgänger geltende Rechtsbehelfsfrist im Zeitpunkt der Rechtsnachfolge noch nicht abgelaufen ist (§ 353). Der Rechtsnachfolger kann allerdings gem. § 22 III BewG die Fortschreibung zur Fehlerbeseitigung anregen oder beantragen (vgl. auch FG Baden-Württemberg 28.6.1994 – 8 K 27/94, EFG 1995, 301). 19

II. Eintritt der Rechtsnachfolge vor Bekanntgabe (Abs. 2 S. 2)

Ist der Feststellungsbescheid im Zeitpunkt des Rechtsübergangs noch nicht ergangen, bindet der nachträglich dem Rechtsvorgänger bekannt gegebene Einheitswertbescheid den Rechtsnachfolger nicht. Maßgeblich ist der Zeitpunkt des zivilrechtlichen Wechsels der dinglichen Rechtsstellung und nicht der Zeitpunkt der Kenntnisnahme durch das FA (HHSp § 179 Rn. 119; TK § 182 Rn. 9). Gegen den Rechtsnachfolger wirkt er in diesem Fall nur dann, wenn der VA auch ihm bekannt gegeben wird (§ 182 II 2). 20

III. Entsprechende Geltung bei Feststellungen nach § 180 Abs. 2 (Abs. 2 S. 3)

Für gesonderte sowie gesonderte und einheitliche Feststellungen von Besteuerungsgrundlagen nach § 180 II iVm der hierzu ergangenen VO gelten die S. 1 und 2 entspr., soweit sich die Besteuerungsgrundlagen erst später auswirken (vgl. §§ 8–10 der VO; → § 180 Rn. 75 ff.). Die materiellen Wirkungen der Feststellungen nach §§ 8–10 der VO zu § 180 II treten typischerweise erst längere Zeit nach dem Feststellungszeitpunkt ein. Durch die entspr. Anwendung soll sichergestellt werden, dass die zeitnah getroffenen Feststellungen nicht durch einen Wechsel in der Rechtszuständigkeit unwirksam werden und hierdurch längere Zeit später ein erneutes Feststellungsverfahren erforderlich wird (glA Schwarz/Pahlke/Keß § 182 Rn. 58). 21

D. Berichtigung des Inhaltsadressaten im Fall der Rechtsnachfolge (Abs. 3)

Rechtsentwicklung. § 182 III wurde durch das StBereinG 1986 als Reaktion auf die frühere Rspr. (FG Rheinland-Pfalz 4.3.1980 – II 219, 222/77, EFG 1980, 370) eingefügt (BT-Drs. 10/1636, 46 f.). Nach dieser Rspr. war der gesamte Feststellungsbescheid unwirksam, wenn in ihm ein Feststellungsbeteiligter unrichtig bezeichnet war, zB bei Aufnahme eines verstorbenen oder nicht mehr existenten Beteiligten (vgl. BFH 23.9.1999 – IV R 59/98, BStBl. II 2000, 170). Die zunächst durch das StBereinG 1986 eingefügte Fassung erfasste weder alle Fälle einheitlicher Feststellung (so nicht § 180 I Nr. 3) noch 24 war sie auf die Fälle der Betroffenheit mehrerer Personen beschränkt (so für § 180 I Nr. 2b BFH 12.5.1993 – XI R 66/92, BStBl. II 1994, 5: teleologische Reduktion des Anwendungsbereichs). Diese Ungenauigkeiten beseitigte die Neufassung durch das JStG 1996 (vgl. BT-Drs. 13/901, 160).

25 **Regelungsinhalt.** Nunmehr gilt § 182 III ausdrücklich nur für die Fälle des § 179 II 2, in denen gegenüber mehreren Beteiligten eine gesonderte Feststellung **einheitlich** erfolgt. Die unrichtige Bezeichnung des bereits verstorbenen Rechtsvorgängers in einem Feststellungsbescheid, der sich an eine einzelne Person wendet, wird nicht erfasst. Eine Berichtigung scheidet aus, weil der VA in vollem Umfang nichtig ist (BFH 7.4.1987 – VIII R 259/84, BStBl. II 1987, 766; BFH 21.5.1992 – IV R 47/90, BStBl. II 1992, 865).

26 § 182 III erfasst nicht jegliche unrichtige Bezeichnung eines Feststellungsbeteiligten (BFH 16.6.1999 – II R 36/97, BFH/NV 2000, 170). Vielmehr muss die Bezeichnung eines oder mehrerer (jedoch nicht aller) Beteiligten unrichtig sein, weil **Rechtsnachfolge eingetreten** ist. Nicht erforderlich ist, dass die Falschbezeichnung ursächlich auf der Rechtsnachfolge beruht oder die FB kein Verschulden trifft (ebenso Schwarz/Pahlke/Keß § 182 Rn. 63). § 182 III ist auch auf Fälle anwendbar, in denen das FA versehentlich den Verstorbenen als Adressaten angegeben hat, obwohl dem FA die Rechtsnachfolge bekannt war (BFH 23.9.1999 – IV R 59/98, BStBl. II 2000, 170; HHSp § 182 Rn. 146; Gosch AO § 182 Rn. 21; Klein § 182 Rn. 25; aA TK § 182 Rn. 10). Unerheblich ist, ob die Rechtsnachfolge während oder nach dem maßgeblichen Feststellungszeitraum eintritt (BFH 21.5.1992 – IV R 47/90, BStBl. II 1992, 865). Die Berichtigung hat innerhalb der Feststellungsfrist zu erfolgen (BFH 16.6.1999 – II R 36/97, BFH/NV 2000, 170); § 181 V ist anzuwenden (FG München 4.5.2005 – 8 K 5288/02, EFG 2005, 1328).

27 **Rechtsfolge.** Die Benennung des nicht mehr existenten Rechtsvorgängers bewirkt nicht die Unwirksamkeit des gesamten Gewinnfeststellungsbescheids, sondern nur in Bezug auf den verstorbenen Feststellungsbeteiligten. Die gegenüber den richtig bezeichneten Beteiligten getroffenen Feststellungen bleiben wirksam. Die unrichtige Bezeichnung kann durch besonderen Bescheid „berichtigt" werden (BFH 23.9.1999 – IV R 59/98, BStBl. II 2000, 170; BFH 21.5.1992 – IV R 47/90, BStBl. II 1992, 865). Dieser sog. **Richtigstellungsbescheid** bewirkt die Einbeziehung des richtigen Adressaten in den Kreis der Feststellungsbeteiligten, sodass der Feststellungsbescheid mit unverändertem Regelungsinhalt nunmehr auch für den Rechtsnachfolger gilt (BFH 2.4.2008 – I R 38/07, BFH/NV 2009, 881; TK § 182 Rn. 10). Der Bescheid ist dem Rechtsnachfolger und – soweit noch existent – dem Rechtsvorgänger bekannt zu geben (HHSp § 182 Rn. 61). Gegen den VA ist der **Einspruch** statthaft (§ 347 I), mit dem Einwendungen lediglich gegen die Berichtigung geltend gemacht werden können (FG Köln 29.3.2007 – 10 K 4671/04, DStRE 2007, 1320; ebenso TK § 182 Rn. 10). Mit Bekanntgabe des Richtigstellungsbescheides beginnt die Einspruchsfrist gegen den Feststellungsbescheid für den einbezogenen Beteiligten zu laufen.

28 Der Erlass eines Richtigstellungsbescheides gem. § 182 III ist nur **innerhalb der Feststellungsfrist** zulässig (BFH 23.9.1999 – IV R 59/98, BStBl. II 2000, 170 mwN; HHSp § 182 Rn. 59; Schwarz/Pahlke/Keß § 182 Rn. 65). Zur Feststellungsfrist → § 181 Rn. 26 ff. Die Feststellungsverjährung wird nicht dadurch gehemmt, dass der teilunwirksame Feststellungsbescheid von dem nicht als Inhaltsadressaten aufgeführten Rechtsnachfolger angefochten wird (BFH 23.9.1999 – IV R 59/98, BStBl. II 2000, 170).

§ 183 Bekanntgabe bei der gesonderten und einheitlichen Feststellung gegenüber rechtsfähigen Personenvereinigungen

(1) [1] **Sind mehrere Personen am Gegenstand der gesonderten und einheitlichen Feststellung als Gesellschafter oder Gemeinschafter beteiligt (Feststellungsbeteiligte) und bilden sie eine rechtsfähige Personenvereinigung, sind alle Verwaltungsakte und Mitteilungen, die nach diesem Gesetz und den Steuergesetzen mit**

der gesonderten und einheitlichen Feststellung zusammenhängen, der Personenvereinigung in Vertretung der Feststellungsbeteiligten bekannt zu geben. [2]Bei der Bekanntgabe ist darauf hinzuweisen, dass die Bekanntgabe mit Wirkung für und gegen alle Feststellungsbeteiligten erfolgt.

(2) [1]**Absatz 1 ist nicht anzuwenden,**

1. wenn die Personenvereinigung vollbeendet ist oder der Finanzbehörde bekannt ist, dass die Personenvereinigung nicht mehr rechtsfähig ist, oder
2. soweit ein Feststellungsbeteiligter aus der Personenvereinigung ausgeschieden ist oder zwischen den Feststellungsbeteiligten ernstliche Meinungsverschiedenheiten bestehen.

[2]In den Fällen von Satz 1 Nummer 2 können die in Absatz 1 Satz 1 genannten Verwaltungsakte und Mitteilungen der Personenvereinigung auch mit Wirkung für und gegen einen in Satz 1 Nummer 2 genannten Feststellungsbeteiligten bekannt gegeben werden, soweit und solange dieser Feststellungsbeteiligte dem nicht widersprochen hat. [3]Ein Widerspruch nach Satz 2 wird der Finanzbehörde gegenüber erst wirksam, wenn er ihr zugeht.

(3) [1]**Ist nach Absatz 2 Satz 1 Einzelbekanntgabe erforderlich, so sind dem Feststellungsbeteiligten**

1. der Gegenstand der gesonderten und einheitlichen Feststellung,
2. die alle Feststellungsbeteiligten betreffenden Besteuerungsgrundlagen,
3. sein Anteil,
4. die Zahl der Feststellungsbeteiligten und
5. die ihn persönlich betreffenden Besteuerungsgrundlagen

bekannt zu geben. [2]Bei berechtigtem Interesse ist dem Feststellungsbeteiligten der gesamte Inhalt des Feststellungsbescheids mitzuteilen.

Schrifttum: Bruns, Keine Einzelbekanntgabe an Personengesellschaften in der Insolvenz bei Widerruf der Empfangsvollmacht (§ 183 AO), DStR 2015, 1953; Bruns, Empfangsbevollmächtigte bei Publikumsgesellschaften in Insolvenz, NWB 2019, 29; Baum, Änderungen der AO im Jahr 2023, NWB 2024, 658; Günther, Rechtsänderungen bei der einheitlichen und gesonderten Feststellung von Einkünften ab 1.1.2024, AO-StB 2024, 83.

Übersicht

I. Allgemeines

Rechtsentwicklung. Durch das StBereinG 1986 wurden mit Wirkung ab 1.1.1987 1
(Art. 97 § 1 II EGAO) Abs. 3 und 4 sowie S. 2 und 3 an Abs. 2 angefügt. Das StMBG erweiterte den Anwendungsbereich des § 183 II 2 (→ Rn. 28 f.). Diese Neuregelung ist auf alle am 30.12.1993 anhängigen Verfahren (Art. 97 § 1 IV EGAO) anzuwenden. Das GrenzpendlerG ersetzte – ohne inhaltliche Änderung – die Worte „außergerichtlicher Rechtsbehelf“ durch „Einspruch“. Schließlich passte der Gesetzgeber mit dem StBereinG 1999 wegen der Änderung der Bekanntgabevorschriften die Verweisung in Abs. 4 an.

Diese Neuregelung ist auf alle bei Inkrafttreten (30.12.1999) anhängigen Verfahren anzuwenden (Art. 97 § 1 VII EGAO). Durch G v. 18.7.2014 (BGBl. 2014 I 1042) sind Lebenspartner Ehegatten gleichgestellt worden (→ § 15 Rn. 7). Abs. 4 wurde durch GrStReFG v. 26.11.2019 (BGBl. 2019 I 1794) mWv 1.1.2022 bzw. mWv 1.1.2025 geändert.

Die Vorschrift wurde durch das **KreditzweitmarktförderungsG** (BGBl. 2023 I Nr. 411) in weiten Teilen neu gestaltet und an die Rechtsänderungen im Zuge des MoPeG (BGBl. 2021 I 3436) angepasst. Anders als bisher sieht Abs. 1 nunmehr die Bekanntgabe gegenüber der rechtsfähigen Personenvereinigung in Vertretung der Feststellungsbeteiligten vor. Abs. 2 enthält Ausnahmen, in denen keine Bekanntgabe an die Personenvereinigung zu erfolgen hat. Abs. 3 regelt in Anlehnung an den bisherigen Abs. 2 S. 2 und 3, welche Besteuerungsgrundlagen im Fall der Einzelbekanntgabe mitgeteilt werden müssen. Die Neufassung ist auf alle offenen Fälle (also auch für zurückliegende Zeiträume) anzuwenden (BeckOK AO § 183 Rn. 22). In der Zeit vom 1.1.2024 bis 31.12.2025 ist noch eine Bekanntgabe entspr. der alten Regelung gegenüber dem Empfangsbevollmächtigten möglich (Art. 97 § 39 III EGAO).

Zweck der Norm ist die Verfahrenserleichterung bei der Bekanntgabe von Feststellungsbescheiden. Damit soll zugleich verhindert werden, dass die Rechtsbehelfsfristen zu verschiedenen Zeitpunkten anlaufen und die getroffenen Feststellungen zu unterschiedlichen Zeitpunkten unanfechtbar werden (vgl. BT-Drs. VI/1982, S. 158; BFH 12.12.2007 – XI R 11/07, HFR 2008, 665 zugleich zum Verhältnis von § 183 und § 110). Durch die Neuregelung zum 1.1.2024 soll sich verfahrensrechtlich eine weitgehende Gleichbehandlung bzgl. der Steuern, die die PersGes selbst schuldet (USt, GewSt), und der einheitlich und gesondert festzustellenden Einkünfte und damit zusammenhängenden Besteuerungsgrundlagen ergeben (BT-Drs. 20/9782, 202).

2 **Anwendungsbereich.** § 183 gilt für die Bekanntgabe von Feststellungsbescheiden, in denen die Feststellung gegenüber mehreren Beteiligten einheitlich (§ 179 II 2) vorgenommen wurde. Mit der Neufassung zum 1.1.2024 (→ Rn. 1) wurde der Anwendungsbereich auf rechtsfähige Personenvereinigungen (→ § 14a) beschränkt (zu den nicht rechtsfähigen Personenvereinigungen → § 183a Rn. 2). Die Vorschrift dient der Bekanntgabeerleichterung von Feststellungsbescheiden gegenüber mehreren Personen, die am Gegenstand der Feststellung als Gesellschafter oder Gemeinschafter beteiligt sind. Demzufolge beschränkt sich der Anwendungsbereich der Norm auf die positive Zurechnung von Besteuerungsgrundlagen (Klein § 183 Rn. 2). Nicht erfasst werden negative Feststellungsbescheide (FG Hamburg 11.3.2015 – 2 K 194/13, EFG 2015, 1166; FG Münster 15.7.2011 – 14 K 4444/09 F, EFG 2012, 289; BFH 11.11.2014 – VIII R 37/11, BeckRS 2015, 94899), Personen, deren Beteiligung am Gegenstand der Feststellung nicht anerkannt wird (BFH 26.3.1991 – VIII R 20/91, BFH/NV 1991, 793), und (vermeintliche) Mitunternehmer, die nicht Gesellschafter sind (BFH 2.2.1989 – IV R 69/88, BFH/NV 1990, 343). Bei Feststellungsbescheiden mit positiven und negativen Feststellungen greift die Bekanntgabeerleichterung nur gegenüber denjenigen Adressaten, die von den positiven Feststellungen betroffen sind (vgl. FG Niedersachsen 8.9.2010 – 3 K 12136/06, EFG 2011, 15; FG Hamburg 15.12.2009 – 2 K 247/08, EFG 2010, 842). An die negativ Betroffenen ist eine Einzelbekanntgabe erforderlich (BFH 26.6.2008 – IV R 89/05, BFH/NV 2008, 1984). Nicht anzuwenden ist die Vorschrift auf StBescheide und sonstige VA, auch soweit hiervon mehrere Stpfl. betroffen sind. Dies gilt auch für Prüfungsanordnungen gegenüber einer PersGes (BFH 1.3.1994 – VIII R 35/92, BStBl. II 1995, 241; BFH 8.6.2017 – IV R 6/14, BStBl. II 2017, 1053). Bei einer lediglich gesonderten Feststellung gegenüber einem Stpfl. (zB nach § 180 I Nr. 2b) fehlt die von § 183 vorausgesetzte Beteiligung mehrerer Personen.

II. Bekanntgabe an rechtsfähige Personenvereinigungen (Abs. 1)

Grundlagen. § 183 enthält Erleichterungen für die Bekanntgabe von Feststellungsbescheiden bei der einheitlichen Feststellung, bei der sich der VA an mehrere Personen richtet. Nach allg. Bekanntgabegrundsätzen (→ § 122 Rn. 32) müsste jedem einzelnen Beteiligten eine Ausfertigung des Feststellungsbescheides bekannt gegeben werden. Hiervon abw. eröffnet § 183 die Möglichkeit, den VA ausschließlich gegenüber der Personenvereinigung (→ § 14a Rn. 4) mit Wirkung für und gegen alle Inhaltsadressaten bekannt zu geben (vgl. allg. → § 80 Rn. 63 ff.). Die vereinfachte Bekanntgabe nur an die Personenvereinigung verringert nicht nur den Verwaltungsaufwand, insb. in den Fällen einer Vielzahl von Feststellungsbeteiligten, sondern führt zu einem einheitlichen Bekanntgabezeitpunkt, der zugleich einen einheitlichen Beginn der Rechtsbehelfsfrist auslöst (vgl. BFH 12.12.2007 – XI R 11/07, HFR 2008, 665). Der Personenvereinigung bleibt es unbenommen, ihrerseits einen Empfangsbevollmächtigten nach § 80 (zB einen StB) zu bestellen (TK § 183 Rn. 5). 5

Die Vorschrift geht von einer **bestimmten Reihenfolge** der Bekanntgabe aus, die sich an einem größtmöglichen Ausgleich der Interessen der Feststellungsbeteiligten und der FVerw. orientiert. Diese gesetzlich festgelegten Stufen sind von der FB zwingend einzuhalten und stellen sich wie folgt dar: 6

- Die Bekanntgabe hat grds. gegenüber der rechtsfähigen Personenvereinigung zu erfolgen, wobei mit der Bekanntgabe darauf hingewiesen werden muss, dass die Bekanntgabe für und gegen alle Feststellungsbeteiligten erfolgt (§ 183 I 1).
- In Ausnahmefällen, zB bei Vollbeendigung der Personenvereinigung, kommt keine Bekanntgabe gegenüber der Personenvereinigung in Betracht. Hier hat die Bekanntgabe nach § 183a zu erfolgen.

Kein Ermessen. Die Inanspruchnahme der Bekanntgabeerleichterung steht anders als die Vorgängerregelung nicht im Ermessen (§ 5) der FB (BeckOK AO § 183 Rn. 48; Klein § 183 Rn. 14). Liegen die Voraussetzungen des § 183 I vor, hat die Bekanntgabe zwingend gegenüber der Personenvereinigung zu erfolgen. 7

1. Vorliegen einer rechtsfähigen Personenvereinigung (Abs. 1 S. 1)

Feststellungsbeteiligte. § 183 I 1 enthält wie die Vorgängernorm die Legaldefinition des Feststellungsbeteiligten. Voraussetzung für die Bekanntgabeerleichterung ist danach zunächst, dass mehrere Personen am Gegenstand der gesonderten und einheitlichen Feststellung (§ 179 II 2) als Gesellschafter oder Gemeinschafter beteiligt sind. Für Bescheide, die sich an die Gesellschaft als StSubjekt richten (zB USt, GewSt), ist § 183 dagegen nicht einschlägig (BeckOK AO § 183 Rn. 32.2). Der Begriff des Feststellungsbeteiligten ist materiell-rechtlich zu verstehen. Den Beteiligten müssen somit die Besteuerungsgrundlagen tatsächlich zuzurechnen sein (BFH 26.3.1991 – VIII R 20/91, BFH/NV 1991, 793). Zu den VA und Mitteilungen, die mit der gesonderten und einheitlichen Feststellung im Zusammenhang stehen, zählen auch alle Bekanntgaben iRd Einspruchsverfahrens (BT-Drs. 20/9782, 202). 8

Rechtsfähige Personenvereinigung. Die Bekanntgabeerleichterung gilt nur, wenn die Feststellungsbeteiligten an einer rechtsfähigen Personenvereinigung beteiligt sind. § 14a II enthält hierzu eine nicht abschließende Aufzählung (s. auch AEAO zu § 122 Nr. 2.4.1.1). Ist (noch) streitig, ob eine rechtsfähige Personenvereinigung vorliegt, kommt § 183 I nicht zur Anwendung (Klein § 183 Rn. 10). 9

Rechtsfolge. Liegen die Voraussetzungen des § 183 I 1 vor, ist der VA zwingend an die Personenvereinigung zuzustellen (kein Ermessen, → Rn. 7). Der Personenvereinigung bleibt es unbenommen, ihrerseits einen Empfangsbevollmächtigten nach § 80 (zB einen StB) zu bestellen (TK § 183 Rn. 5). Für die Kalenderjahre 2024 und 2025 sieht Art. 97 § 39 V EGAO außerdem eine Erleichterung dahingehend vor, dass eine wirksame Be- 10 kanntgabe auch noch gegenüber dem bisher bestellten Empfangsbevollmächtigten möglich ist.

2. **Hinweispflicht (Abs. 1 S. 2)**

12 **Inhalt und Umfang.** Nimmt das FA eine Bekanntgabeerleichterung des § 183 I in Anspruch, ist darauf hinzuweisen, dass die Bekanntgabe mit Wirkung für und gegen alle Feststellungsbeteiligten erfolgt. Nach der Gesetzesbegründung soll diese Regelung dem früheren § 183 I 5 entsprechen (BT-Drs. 20/9782, 202). Auf die Rspr. zum früheren § 183 I 5 kann daher zurückgegriffen werden (BeckOK AO § 183 Rn. 45). Die Hinweispflicht besteht gegenüber der Personenvereinigung iSd § 183 I, § 14a, nicht jedoch bei der Bekanntgabe an einen umfassend Bevollmächtigten iSd §§ 122 I 3, 80 (vgl. BFH 25.9.1990 – IX R 84/88, BStBl. II 1991, 120; BFH 18.8.1992 – VIII R 22/91, BFH/NV 1994, 299 zum früheren § 183 I 5 aF). Aus dem Hinweis muss sich klar und unmissverständlich ergeben, dass **die Bekanntgabe** an den Bevollmächtigten mit Wirkung für und gegen alle Beteiligten erfolgt, den Feststellungsbeteiligten also keine gesonderte Ausfertigung des VA bekannt gegeben wird (vgl. BFH 26.8.1982 – IV R 31/82, BStBl. II 1983, 23; BFH 28.1.1986 – VIII R 290/81, BFH/NV 1988, 749). Zweck des Hinweises ist es, dem Bevollmächtigten Gelegenheit zu geben, seiner Informationspflicht gegenüber den Feststellungsbeteiligten nachzukommen. Diesem Zweck kann auch die Formulierung genügen, dass der Bescheid (nicht: die Bekanntgabe) Wirkung für und gegen alle Beteiligte hat, wenn aus dem weiteren Inhalt des VA klar erkennbar ist, dass der Bescheid nur dem Bevollmächtigten zugegangen ist (BFH 23.7.1985 – VIII R 315/82, BStBl. II 1986, 123; Klein § 183 Rn. 15; aA FG Baden-Württemberg 5.6.1984 – I 280/81, EFG 1985, 9; TK § 183 Rn. 7).

14 Der Hinweis ist **in das bekannt gegebene Schriftstück** aufzunehmen. Er gehört weder zur Rechtsbehelfsbelehrung noch zum verfügenden Teil des VA. Zweckmäßig ist eine Beifügung an auffälliger Stelle. Allerdings genügt es grds., wenn er sich in der Rechtsbehelfsbelehrung befindet (BFH 18.12.1991 – XI R 42–43/88, BStBl. II 1992, 585; BFH 26.3.1991 – VIII R 20/91, BFH/NV 1991, 793; HHSp § 183 Rn. 59; Klein § 183 Rn. 15; aA TK § 183 Rn. 7).

15 **Rechtsfolgen.** Ein ordnungsgemäßer Hinweis ist Voraussetzung für eine wirksame Bekanntgabe gegenüber den Feststellungsbeteiligten (ebenso HHSp § 183 Rn. 58; TK § 183 Rn. 8). Ist der Hinweis unterblieben, missverständlich oder fehlerhaft, erfolgt die Bekanntgabe nicht zugleich gegenüber den Feststellungsbeteiligten, die keine Ausfertigung erhalten haben. Der Mangel kann durch erneute Bekanntgabe mit ordnungsgemäßer Belehrung iSd § 183 I 2 innerhalb der Feststellungsfrist geheilt werden (aA BFH 13.12.2000 – X R 42/96, BStBl. II 2001, 471: Heilung durch tatsächlichen Zugang; BFH 5.4.2005 – VIII B 185/04, BFH/NV 2005, 1492). Einen unterlassenen Hinweis kann das FA in einem Ergänzungsbescheid (§ 179 III) nachholen (BFH 13.7.1994 – XI R 21/93, BStBl. II 1994, 885; TK § 183 Rn. 8).

III. Ausnahmen von der Bekanntgabe gegenüber der Personenvereinigung (Abs. 2)

1. **Ausnahmefälle (Abs. 2 S. 1)**

18 **Verhältnis zu Abs. 1.** § 183 II 1 beschränkt den Anwendungsbereich des § 183 I in den vier hier ausdrücklich genannten Fällen. Hinter den Ausnahmen steht das Prinzip, dass die Bekanntgabeerleichterung des Abs. 1 grds. ein intaktes Gesellschaftsverhältnis voraussetzt (TK § 183 Rn. 9). Von diesem kann in den genannten Ausnahmefällen aber nicht mehr ausgegangen werden.

20 **Vollbeendigung der Personenvereinigung (S. 1 Nr. 1 Alt. 1).** Mit der Vollbeendigung der PersGes endet ihre rechtliche Existenz, sodass der Feststellungsbescheid nur noch einzeln an die ehemaligen Gesellschafter bekannt gegeben werden kann (BFH 27.4.1993 –

VIII R 27/92, BStBl. II 1994, 3; BFH 12.1.1995 – VIII B 43/94, BFH/NV 1995, 759). Während der Liquidationsphase befindet sich die noch bestehende Gesellschaft, zur deren Vertretung der Liquidator berufen ist, lediglich in Abwicklung, sodass eine Bekanntgabe an die Gesellschaft iSd § 183 I erfolgen kann (vgl. BFH 26.10.1989 – IV R 23/89, BStBl. II 1990, 333; BFH 21.1.1982 – IV R 146/78, BStBl. II 1982, 506; AEAO zu § 122 Nr. 2.5.2). Dies gilt jedoch nicht, soweit sich die Gesellschaft in Insolvenz befindet, da die Gesellschafter nicht vom Insolvenzverwalter vertreten werden (BFH 13.7.1967 – IV 191/63, BStBl. III 1967, 790; BFH 21.6.1979 – IV R 131/74, BStBl. II 1979, 780) oder die PersGes ohne Liquidation beendet wird (vgl. BFH 26.10.1989 – IV R 23/89, BStBl. II 1990, 333). Ist die Gesellschaft vollbeendet, muss der Feststellungsbescheid allen Feststellungsbeteiligten bekannt gegeben werden (BFH 30.3.1978 – IV R 72/74, BStBl. II 1978, 503; BFH 25.4.2002 – II R 34/01, BFH/NV 2002, 1593). Anders als bei Nr. 1 Alt. 2 muss die FB von der Vollbeendigung der Personenvereinigung keine Kenntnis haben (BeckOK § 183 Rn. 65).

Fehlende Rechtsfähigkeit der Personenvereinigung (S. 1 Nr. 1 Alt. 2). Eine weitere Ausnahme von der Bekanntgabe an die Personenvereinigung liegt vor, wenn diese nicht mehr rechtsfähig ist. Ein Beispiel hierfür ist der Wechsel von einer rechtsfähigen Außen-GbR in eine nicht rechtsfähige Innen-GbR (§ 705 II BGB; BeckOK AO § 183 Rn. 66). Die Bekanntgabe hat in diesen Fällen nach § 183a zu erfolgen. Dies setzt **positive Kenntnis** von Seiten der FB voraus (Gosch AO § 183 Rn. 17). Entspr. der Rspr. zum früheren § 183 II 1 aF ist hiervon auszugehen, wenn die für das Feststellungsverfahren zuständige Stelle der FB im Zeitpunkt der Bekanntgabe des VA positive Kenntnis von den die fehlende Rechtsfähigkeit begründenden Umständen hat (BFH 7.10.2003 – IX B 79/03, BFH/NV 2004, 11). Die FB muss zwar keine eigenen Ermittlungen anstellen (Klein § 183 Rn. 23), aber den Inhalt des Handelsregisters (BFH 14.12.1978 – IV R 221/75, BStBl. II 1979, 503) und Eintragungen im Genossenschafts-, Partnerschafts- oder Gesellschaftsregister gegen sich gelten lassen (Gosch AO § 183 Rn. 18). 21

Ausscheiden eines Beteiligten (S. 1 Nr. 2 Alt. 1). Soweit ein Feststellungsbeteiligter nicht mehr Inhaber des Gesellschaftsanteils (Bruchteils am Feststellungsgegenstand) ist, wirkt eine Bekanntgabe an die Personenvereinigung nur noch für die verbliebenen Beteiligten (vgl. BFH 23.5.1973 – I R 121/71, BStBl. II 1974, 746). „Ausscheiden" meint jeden Verlust der Beteiligung; dies gilt auch für den Tod des Anteilseigners ohne Übergang der Beteiligung auf den Erben (BFH 23.5.1973 – I R 121/71, BStBl. II 1974, 746; TK § 183 Rn. 12). Eine Kenntnis der FB vom Ausscheiden ist nicht erforderlich (BeckOK AO § 183 Rn. 77; aA Gosch AO § 183 Rn. 19). S. aber zur Widerspruchsregelung → Rn. 26. 22

Ernstliche Meinungsverschiedenheiten iSd Abs. 1 S. 1 Nr. 2 Alt. 2 liegen vor, wenn der Streit zwischen den Beteiligten eine derartige Intensität annimmt, dass eine weitere Zusammenarbeit unzumutbar ist und damit nicht mehr angenommen werden kann, dass zwischen den Beteiligten ein hinreichendes Vertrauensverhältnis besteht (BFH 7.10.2003 – IX B 79/03, BFH/NV 2004, 11). Diesem Maßstab genügen nicht jedwede Auseinandersetzungen, insb. über Sachfragen oder persönliche Reibereien zwischen den Beteiligten. Die Meinungsverschiedenheit muss in einem Maße eskaliert sein, dass der Gesprächsfaden zwischen den Beteiligten vollends abgerissen ist. Ernstliche Meinungsverschiedenheiten sind aber anzunehmen, wenn der FB bekannt ist, dass zwischen den Beteiligten str. ist, wer zur Abgabe der StErklärungen und zum Empfang der StBescheide berechtigt ist oder wie Gewinne und Verluste der Gesellschaft zu verteilen sind (FG Sachsen 19.1.2010 – 3 K 2286/03, BeckRS 2010, 26028618; Gosch AO § 183 Rn. 22). In diesem Fall ist demjenigen, der an der Meinungsverschiedenheit beteiligt ist, der VA persönlich bekannt zu geben (FG Bremen 22.2.2018 – 1 K 54/17 (5), BeckRS 2018, 7264). Eine Kenntnis der FB ist dem Wortlaut der Norm nach nicht erforderlich (aA Klein § 183 Rn. 26). 24

2. Widerspruch des Feststellungsbeteiligten (Abs. 2 S. 2 und 3)

26 **Widerspruch gegen die Bekanntgabe.** § 183 II 2 sieht eine Ausnahme zu Abs. 2 S. 1 Nr. 2 (für Nr. 1 würde dies aufgrund der Beendigung/fehlenden Rechtspersönlichkeit der Personenvereinigung leer laufen) vor. Die VA und Mitteilungen können auch bei Ausscheiden eines Beteiligten oder ernstlichen Meinungsverschiedenheiten weiter an die Personenvereinigung zugestellt werden, soweit und solange dieser nicht widersprochen hat. Eine bloße Kenntnis der FB reicht dementsprechend nicht aus. Vielmehr muss dieser auch der Widerspruch zugehen. Der Widerruf kann mündlich, schriftlich oder in Einzelfällen auch durch schlüssiges Handeln erfolgen (BFH 7.2.1995 – IX R 3/93, BStBl. II 1995, 357; TK § 183 Rn. 14).

27 **Zugang des Widerspruchs bei der FB (§ 183 II 3).** Gegenüber der FB wird der Widerspruch erst ab dem Zeitpunkt wirksam, in dem dieser ihr zugeht. Bekanntgaben, die vor diesem Zeitpunkt gegenüber der Personenvereinigung erfolgt sind, sind auch gegenüber allen Feststellungsbeteiligten wirksam. Bis zum Zugang des Widerspruchs steht es im Ermessen der FB („kann"), ob sie weiterhin VA und Mitteilungen gegenüber der Personenvereinigung bekanntgeben will (zurecht krit. Klein § 183 Rn. 28). Teilt der Feststellungsbeteiligte der FB sein Ausscheiden aus der Personenvereinigung mit, kann dies als konkludenter Widerspruch anzusehen sein (BFH 14.12.1978 – IV R 221/75, BStBl. II 1979, 503; TK § 183 Rn. 14). Aus Gründen der Rechtssicherheit sollte der Stpfl. aber stets ausdrücklich widersprechen.

IV. Bescheidinhalt bei Einzelbekanntgabe (Abs. 3)

30 **§ 183 III 1** regelt in Anlehnung an die bisherige Regelung des § 183 II 2, 3 aF, welche Besteuerungsgrundlagen dem Stpfl. im Fall der Einzelbekanntgabe mitzuteilen sind. Die Mitteilungspflicht besteht danach nicht für den gesamten Inhalt des Feststellungsbescheids, sondern nur für diejenigen Teile, die alle Beteiligten gleichermaßen oder nur den jeweils betroffenen Beteiligten betreffen. Danach sind dem Beteiligten der Gegenstand der Feststellung, die alle Beteiligten betreffenden Besteuerungsgrundlagen, der Anteil des Betroffenen, die Zahl der Feststellungsbeteiligten und die ihn persönlich betreffenden Besteuerungsgrundlagen mitzuteilen. Weitere Angaben dürfen nur enthalten sein, wenn keine datenschutzrechtlichen Bedenken entgegenstehen (BeckOK AO § 183 Rn. 95.1).

31 **Berechtigtes Interesse (S. 3).** Bei berechtigtem Interesse ist dem Feststellungsbeteiligten der gesamte Inhalt des Feststellungsbescheids bekanntzugeben (§ 183 III 2). Ausreichend ist ein eigenes wirtschaftliches Interesse des Beteiligten. Dieses Interesse kann er im Streitfall durch Leistungsklage vor dem FG verfolgen (TK § 183 Rn. 15).

V. Einspruchsbefugnis

40 Die Einspruchsbefugnis bei der einheitlichen Feststellung regelt § 352 (s. im Einzelnen dort → § 352 Rn. 17; zur Klagebefugnis vgl. § 48 FGO). Nach § 352 I Nr. 1 Buchst. a ist bei rechtsfähigen Personenvereinigungen zunächst die Personenvereinigung einspruchsbefugt. Besteht diese nicht mehr, kann nach § 352 I Nr. 1 Buchst. b jeder Gesellschafter oder Gemeinschafter, gegenüber dem der Feststellungsbescheid ergangen ist, Einspruch einlegen. Für die Fälle der Einzelbekanntgabe nach § 183 II 1 Nr. 2 ist ebenfalls jeder Gesellschafter oder Gemeinschafter, gegenüber dem der Feststellungsbescheid ergangen ist oder hätte ergehen müssen, einspruchsbefugt. Zur Übergangsregelung für vor dem 1.1.2024 wirksam gewordene Bescheide s. Art. 97 § 39 IV EGAO.

§ 183a Empfangsbevollmächtigte bei der gesonderten und einheitlichen Feststellung bei nicht rechtsfähigen Personenvereinigungen und in sonstigen Fällen

(1) [1] **Bilden die Feststellungsbeteiligten keine rechtsfähige Personenvereinigung, so sollen sie einen gemeinsamen Empfangsbevollmächtigten bestellen, der ermächtigt ist, für sie alle Verwaltungsakte und Mitteilungen in Empfang zu nehmen, die nach diesem Gesetz und den Steuergesetzen mit der gesonderten und einheitlichen Feststellung zusammenhängen.** [2] **Ist kein gemeinsamer Empfangsbevollmächtigter nach Satz 1 vorhanden, kann die Finanzbehörde die Feststellungsbeteiligten auffordern, innerhalb einer bestimmten angemessenen Frist einen Empfangsbevollmächtigten zu benennen.** [3] **Hierbei ist ein Feststellungsbeteiligter vorzuschlagen und darauf hinzuweisen, dass diesem die in Satz 1 genannten Verwaltungsakte und Mitteilungen mit Wirkung für und gegen alle Feststellungsbeteiligten bekannt gegeben werden, soweit nicht ein anderer Empfangsbevollmächtigter benannt wird.** [4] **Bei der Bekanntgabe an den Empfangsbevollmächtigten ist darauf hinzuweisen, dass die Bekanntgabe mit Wirkung für und gegen alle Feststellungsbeteiligten erfolgt.**

(2) [1] **Absatz 1 ist insoweit nicht anzuwenden, als der Finanzbehörde bekannt ist, dass**

1. **die Personenvereinigung nicht mehr besteht oder rechtsfähig geworden ist,**
2. **ein Feststellungsbeteiligter aus der Personenvereinigung ausgeschieden ist oder zwischen den Feststellungsbeteiligten ernstliche Meinungsverschiedenheiten bestehen.**

[2] **Ist ein Empfangsbevollmächtigter nach Absatz 1 Satz 1 vorhanden, können die in Absatz 1 Satz 1 genannten Verwaltungsakte und Mitteilungen ihm auch mit Wirkung für einen in Satz 1 Nummer 2 genannten Feststellungsbeteiligten bekannt gegeben werden, soweit und solange dieser Feststellungsbeteiligte oder der Empfangsbevollmächtigte nicht widersprochen hat.** [3] **Ein Widerruf der Empfangsvollmacht nach Absatz 1 Satz 1 und ein Widerspruch nach Satz 2 werden der Finanzbehörde gegenüber erst wirksam, wenn sie ihr zugehen.**

(3) **Ist nach Absatz 2 Einzelbekanntgabe erforderlich, gilt § 183 Absatz 3 entsprechend.**

(4) **Wird eine wirtschaftliche Einheit**

1. **Ehegatten oder Lebenspartnern oder**
2. **Ehegatten mit ihren Kindern, Lebenspartnern mit ihren Kindern oder Alleinstehenden mit ihren Kindern**

zugerechnet und haben die Feststellungsbeteiligten keinen gemeinsamen Empfangsbevollmächtigten bestellt, so gelten für die Bekanntgabe von Feststellungsbescheiden über den Grundsteuerwert die Regelungen über zusammengefasste Bescheide in § 122 Absatz 7 entsprechend.

Schrifttum: Baum, Anpassung der AO an das MoPeG, NWB 2023, 2662; Baum, Änderungen der AO im Jahr 2023, NWB 2024, 658; Hubert, Auswirkungen des MoPeG auf das Steuerrecht, StuB 2024, 127; Günther, Rechtsänderungen bei der einheitlichen und gesonderten Feststellung von Einkünften ab 1.1.2024, AO-StB 2024, 83.

Übersicht

I. Allgemeines

1 **Rechtsentwicklung.** § 183a wurde durch das KreditzweitmarktförderungsG (BGBl. 2023 I Nr. 411) neu eingefügt und enthält gesetzliche Folgeänderungen, die durch das MoPeG (BGBl. 2021 I 3436) erforderlich geworden sind. Da der Anwendungsbereich des § 183 auf rechtsfähige Personenvereinigungen beschränkt wurde (→ § 183 Rn. 2), regelt § 183a nunmehr die Bekanntgabe gegenüber nicht rechtsfähigen Personenvereinigungen. Die Regelung entspricht in weiten Teilen dem bisherigen § 183. Die Vorschrift ist seit dem 1.1.2024 auf alle offenen Fälle, dh auch für vorherige Feststellungszeitpunkte anzuwenden.

Zweck. Die Norm dient der Verfahrenserleichtung bei der Bekanntgabe an mehrere Feststellungsbeteiligte. Außerdem soll verhindert werden, dass Rechtsbehelfsfristen für unterschiedliche Feststellungsbeteiligte zu unterschiedlichen Zeitpunkten laufen und die getroffenen Feststellungen zu verschiedenen Zeitpunkten unanfechtbar werden (→ § 183 Rn. 1).

2 **Anwendungsbereich.** Hinsichtlich des sachlichen Anwendungsbereichs → § 183 Rn. 2. In Abgrenzung zu § 183 ist Voraussetzung für die Anwendung des § 183a das Vorliegen einer nicht rechtsfähigen Personenvereinigung. § 14a III, IV nennen beispielhaft (und nicht abschließend) Bruchteilsgemeinschaften, Gütergemeinschaften und Erbengemeinschaften (s. auch AEAO zu § 122 Nr. 2.4.1.2.).

II. Bekanntgabe an einen gemeinsamen Empfangsbevollmächtigten (Abs. 1)

4 **Grundlagen.** § 183a enthält Erleichterungen für die Bekanntgabe von Feststellungsbescheiden bei der einheitlichen Feststellung, bei der sich der VA an mehrere Personen richtet. Nach allg. Bekanntgabegrundsätzen (→ § 122 Rn. 32) müsste jedem einzelnen Beteiligten eine Ausfertigung des Feststellungsbescheides bekannt gegeben werden. Hiervon abw. eröffnet § 183a die Möglichkeit, den VA einem Empfangsbevollmächtigten mit Wirkung für und gegen alle Inhaltsadressaten bekannt zu geben (vgl. allg. → § 80 Rn. 73 ff.). Zur entsprechenden Regelung in § 6 der VO zu § 180 II → § 180 Rn. 69. Die vereinfachte Bekanntgabe an nur eine Person verringert nicht nur den Verwaltungsaufwand, insb. in den Fällen einer Vielzahl von Feststellungsbeteiligten, sondern führt zu einem einheitlichen Bekanntgabezeitpunkt, der zugleich einen einheitlichen Beginn der Rechtsbehelfsfrist auslöst (vgl. BFH 12.12.2007 – XI R 11/07, HFR 2008, 665).

6 Die Vorschrift geht von einer **zweistufigen Reihenfolge** der Empfangsbevollmächtigung aus, die sich an einem größtmöglichen Ausgleich der Interessen der Feststellungsbeteiligten und der FVerw. orientiert. Diese gesetzlich festgelegten Stufen sind von der FB zwingend einzuhalten und stellen sich wie folgt dar:

– Die Feststellungsbeteiligten sollen einen gemeinsamen Bevollmächtigten rechtsgeschäftlich bestellen, der ermächtigt ist, alle VA und Mitteilungen in Empfang zu nehmen (§ 183a I 1).
– Ist ein gemeinsamer Empfangsbevollmächtigter nicht bestellt worden, kann die FB die Beteiligten auffordern, innerhalb einer angemessenen Frist einen Empfangsbevollmächtigten zu benennen (§ 183a I 2). Dabei ist ein Feststellungsbeteiligter als gemeinsamer

Bevollmächtigter vorzuschlagen und darauf hinzuweisen, dass diesem VA und Mitteilungen mit Wirkung für und gegen alle Beteiligten bekannt gegeben werden können. Anders als der bisherige § 183 I 2 aF verzichtet § 183a auf die gesetzliche Fiktion eines zur Vertretung der Gesellschaft Berechtigten als Empfangsbevollmächtigtem (BT-Drs. 20/9782, 203).

Ermessen. Die Inanspruchnahme der Bekanntgabeerleichterung steht im Ermessen (§ 5) der FB (Gosch AO § 183a Rn. 9). Dabei hat sich das Ermessen sowohl am Umfang der Bekanntgabeerleichterung als auch an den Interessen der Beteiligten auszurichten. Je mehr Personen an dem Gegenstand der Feststellung beteiligt sind, desto stärker wiegt der Zweck der Vereinfachung. Dies bedeutet allerdings nicht, dass bei lediglich zwei bis drei Beteiligten grds. auf die Bekanntgabeerleichterung verzichtet werden muss. Sind mehrere Bevollmächtigte vorhanden, steht es im Ermessen der FB, an wen sie sich wendet. Dabei darf sie allerdings nicht willkürlich zwischen den Bevollmächtigten wechseln. 7

1. Bestellung eines gemeinsamen Empfangsbevollmächtigten (Abs. 1 S. 1)

Obliegenheit. Sind mehrere Personen an dem Feststellungsverfahren beteiligt, ist die Feststellung einheitlich durchzuführen (§ 179 II 2). Für diesen Fall geht § 183a I 1 davon aus, dass die Feststellungsbeteiligten regelmäßig von sich aus einen gemeinsamen Bevollmächtigten bestellen werden, der zum Empfang der Bescheide und Mitteilungen für das Feststellungsverfahren und zur Führung eines sich anschließenden Einspruchsverfahrens befugt ist. Die Bestellung eines Bevollmächtigten kann durch die FVerw. nicht erzwungen werden, da es sich hierbei lediglich um eine Obliegenheit der Beteiligten handelt (TK § 183a Rn. 9). Diese Obliegenheitsverletzung gibt nur den Zugriff auf die nachfolgenden Regelungen (§ 183a I 2) frei. Demgemäß darf die FB von § 183 I 2 und 3 keinen Gebrauch machen, wenn die Beteiligten ihre Obliegenheit erfüllt haben. 8

Grds. ist ein **gemeinsamer** Empfangsbevollmächtigter zu bestellen. Stimmt ein Beteiligter nicht zu oder widerruft er die Bestellung, fehlt die erforderliche Gemeinsamkeit (FG Bremen 22.2.2018 – 1 K 54/17 (5), BeckRS 2018, 7264). Demzufolge muss – soll es bei einem gemeinsamen Empfangsbevollmächtigten bleiben – ein neu eintretender Gesellschafter der Bestellung nachträglich zustimmen (TK § 183a Rn. 8). Durch die Benennung je eines Bevollmächtigten für jeden Beteiligten oder für eine Gruppe von Beteiligten wird die Obliegenheit nicht erfüllt (Schwarz/Pahlke/Keß § 183a Rn. 15). Allerdings kann das FA ausnahmsweise zulassen, dass für einige wenige Personengruppen jeweils unterschiedliche Bevollmächtigte bestellt werden oder einzelne Personen einen eigenen bzw. keinen Bevollmächtigten bestellen (TK § 183a Rn. 8). Zum Empfangsbevollmächtigten kann grds. jede Person – unabhängig von ihrer Beteiligung am Feststellungsgegenstand – bestellt werden (BFH 23.4.2009 – IV R 24/08, BFH/NV 2009, 1427). Die Benennung einer Person als Empfangsbevollmächtigter in der Feststellungserklärung genügt für eine wirksame Bestellung (BFH 18.1.2007 – IV R 53/05, BStBl. II 2007, 369). Die Bekanntgabe an einen gemeinsamen bevollmächtigten StBerater kann bereits nach § 122 I 3 iVm § 80 erfolgen (vgl. BFH 25.9.1990 – IX R 84/88, BStBl. II 1991, 120). 9

Benennung. Ist ein gemeinsamer Empfangsbevollmächtigter gegenüber der FB benannt, wirkt die Bekanntgabe des Feststellungsbescheides an den Bevollmächtigten für und gegen alle Beteiligten. Dies gilt auch, wenn die Vollmacht nicht wirksam erteilt wurde oder im Zeitpunkt der Bekanntgabe bereits erloschen ist. An den Empfangsbevollmächtigten können ab dem Zeitpunkt seiner Bestellung grds. unbeschränkt für sämtliche Feststellungszeiträume Bescheide bekannt gegeben werden (BFH 18.1.2007 – IV R 53/05, BStBl. II 2007, 369). Die Bestellung und der Widerruf eines Empfangsbevollmächtigten sind formlos möglich. Eine Empfangsvollmacht kann auch als Duldungs- und Anscheinsvollmacht entstehen (BFH 5.5.2011 – X B 139/10, BFH/NV 2011, 1291; Klein § 183a Rn. 6; aA TK § 183a Rn. 11). Die Anzeige der Bestellung eines neuen Empfangsbevollmächtigten enthält zugleich den konkludenten Widerruf der Empfangsvollmacht des bisherigen Empfangsbevollmächtigten (BFH 18.1.2007 – IV R 53/05, BStBl. II 2007, 369). 10

Zur Bestimmung eines Testamentsvollstreckers als Empfangsbevollmächtigten s. FG Hamburg 30.3.2020 – 3 K 218/19, DStRE 2021, 156.

2. Aufforderung zur Bestellung eines gemeinsamen Empfangsbevollmächtigten (Abs. 1 S. 2 und 3)

12 **Benennungsverlangen (S. 2).** Ist kein gemeinsamer Empfangsbevollmächtigter nach § 183a I 1 bestellt, kann die FB nach ihrem Ermessen (→ Rn. 7) die Beteiligten auffordern, innerhalb einer angemessenen Frist einen Empfangsbevollmächtigten zu bestellen. Das Verlangen muss unmissverständlich zum Ausdruck bringen, dass die Beteiligten aufgefordert sind, einen gemeinsamen Empfangsbevollmächtigten zu benennen. Für die Bestimmung eines Bevollmächtigten hat die FB den Beteiligten eine **bestimmte Frist** zu setzen. Das Fristende ist mit Datum zu bezeichnen. Bestimmbarkeit genügt, wenn aus Angabe von Fristbeginn und Dauer das Fristende kalendermäßig eindeutig errechenbar ist. Die den Beteiligten eingeräumte Frist muss **angemessen** sein. Die Länge der Frist ist so zu bemessen, dass den Beteiligten hinreichend Zeit verbleibt, einen eigenen gemeinsamen Empfangsbevollmächtigten zu bestimmen. Dabei hängt die Dauer der Frist von der Anzahl der Beteiligten und der Erreichbarkeit (zB Wohnsitz im Ausland) untereinander ab. Die Aufforderung ist allen Beteiligten bekannt zu geben.

13 **Weiterer Inhalt (S. 3).** Ferner ist in der Aufforderung ein Beteiligter als Empfangsbevollmächtigter vorzuschlagen. Der Vorschlag eines Nichtbeteiligten ist unzulässig, also unwirksam (BeckOK AO § 183a Rn. 56). Mit dem Vorschlag ist der Hinweis zu verbinden, dass dem Vorgeschlagenen die Mitteilungen und VA mit Wirkung für und gegen alle Beteiligten bekannt gegeben werden, soweit nicht ein anderer Empfangsbevollmächtigter benannt wird.

15 **Rechtsfolgen.** Bestellen die Beteiligten innerhalb der Frist einen Bevollmächtigten, tritt die Fiktion des § 183a I 3 nicht ein. Die FB kann in diesem Fall lediglich an den fristgemäß rechtsgeschäftlich bestellten Empfangsbevollmächtigten iSd § 183a I 1 VA und Mitteilungen bekannt geben. Erfolgt die Benennung nicht oder nicht fristgerecht, tritt aufgrund einer wirksamen Aufforderung die Fiktionswirkung des § 183a I 3 ein, dh, der von der FB vorgeschlagene Feststellungsbeteiligte gilt als Empfangsbevollmächtigter. Mit der nachträglichen Bestimmung des rechtsgeschäftlich bestellten Bevollmächtigten erlischt die fingierte Empfangsbevollmächtigung. Bereits bewirkte Bekanntgaben bleiben jedoch wirksam. Die Fiktionswirkung entsteht nach dem Zweck der Regelung nur dann nicht, wenn es sich um einen **gemeinsamen** Bevollmächtigten handelt. Es genügt nicht, dass jeder Beteiligte oder einzelne Gruppen jeweils einen Empfangsberechtigten benennen (so zu Recht HHSp § 183a Rn. 47; TK § 183a Rn. 17; Klein § 183a Rn. 10). Andernfalls ginge der Vereinfachungszweck der Regelung verloren.

16 **Hinweis (S. 4).** Vergleichbar zur Regelung des § 183 I 2 muss bei Bekanntgabe von VA oder Mitteilungen an den sich aus § 183a I 1, 2 ergebenden Empfangsbevollmächtigten ein Hinweis aufgenommen werden, dass die Bekanntgabe mit Wirkung für und gegen alle Feststellungsbeteiligten erfolgt. Hinsichtlich Inhalt und Umfang des Hinweises sowie der Rechtsfolgen → § 183 Rn. 12 ff.

III. Ausnahmen von der Bekanntgabe an einen gemeinsamen Empfangsbevollmächtigten (Abs. 2)

18 **Allgemeines.** § 183a II 1 entspricht weitgehend dem alten § 183 II 1 aF. Neu ist lediglich die Berücksichtigung der Rechtsfähigkeit der Personenvereinigung (und damit die Anwendbarkeit von § 183). § 183a II 2, 3 entsprechen dem § 183 III aF (BT-Drs. 20/9782, 203). Zu den Voraussetzungen der jeweiligen Ausnahmetatbestände s. auch die Kommentierung zu § 183 II 1 (→ § 183 Rn. 20 ff.). Anders als bei § 183 II ist eine Bekanntgabe nach § 183a I nur dann ausgeschlossen, wenn die FB **Kenntnis** vom Vorliegen der Ausnahmetatbestände hat. Erforderlich ist die positive Kenntnis der für die

Feststellung zuständigen Stelle der FB im Zeitpunkt der Bekanntgabe des VA (BFH 7.10.2003 – IX B 79/03, BFH/NV 2004, 11; BeckOK AO § 183a Rn. 92).

1. Ausnahmetatbestände (Abs. 2 S. 1 Nr. 1, 2)

19 **Nichtbestehen der Personenvereinigung (Abs. 2 S. 1 Nr. 1 Alt. 1).** Die nicht rechtsfähige Personenvereinigung besteht nicht mehr, wenn ihr gemeinschaftliches Vermögen aufgeteilt wurde (§§ 741, 749 BGB) oder sie sich auseinandergesetzt hat (§§ 1415, 1471 ff. BGB, §§ 2032, 2042 ff. BGB; Gosch AO § 183a Rn. 99). Dabei ist nicht zwingend auf die Beendigung der rechtlichen Existenz der Vereinigung abzustellen (TK § 183a Rn. 23).

20 **Erlangung der Rechtsfähigkeit (Abs. 2 S. 1 Nr. 1 Alt. 2).** Wird die Personenvereinigung rechtsfähig, richtet sich die Bekanntgabe nach § 183 (BT-Drs. 20/9782, 203).

21 Zum Ausscheiden eines Beteiligten (Abs. 2 S. 1 Nr. 2 Alt. 1) → § 183 Rn. 22.

22 Zu ernstlichen Meinungsverschiedenheiten (Abs. 2 S. 1 Nr. 2 Alt. 2) → § 183 Rn. 24.

2. Widerspruch gegen die Empfangsbevollmächtigung (S. 2, 3)

23 **Widerspruch (S. 2).** Nach § 183a II 2 kann die FB trotz Vorliegens der Ausnahmetatbestände nach S. 1 weiterhin gegenüber dem bestellten (oder vorgeschlagenen) Empfangsbevollmächtigten zustellen, wenn die Betroffenen oder der Empfangsbevollmächtigte selbst nicht widersprochen haben. Zur erforderlichen Kenntnis der FB von dem jeweiligen Ausnahmetatbestand (→ Rn. 18) muss demnach auch ein Widerspruch hinzukommen. Der Widerspruch wird erst dann wirksam, wenn er der zuständigen Stelle (→ Rn. 18) zugeht (§ 183a II 3). Daher wird in Feststellungssachen ohne einen vor Absendung des Feststellungsbescheids zugegangenen Widerspruch die Einspruchsfrist mit wirksamer Bekanntgabe des Feststellungsbescheids an die PersGes auch gegenüber dem Feststellungsbeteiligten wirksam, der widersprochen hat (BFH 8.2.2024 – VI R 25/21, BStBl. II 2025, 143; LfSt Nds. 8.4.2025, BeckVerw 652126).

24 **Widerruf der Empfangsvollmacht (S. 3).** S. 3 stellt zunächst klar, dass der Widerspruch nach S. 2 (→ Rn. 23) erst wirksam wird, wenn er der FB zugeht. In Ergänzung wird außerdem geregelt, dass die rechtsgeschäftlich erteilte gemeinsame Empfangsvollmacht – unabhängig von ihrem tatsächlichen Bestand – gegenüber der FB solange fortwirkt, bis sie im Außenverhältnis durch den Feststellungsbeteiligten widerrufen wurde (Klein § 183a Rn. 24). Auch in den Fällen der Pflicht zur Einzelbekanntgabe kann ohne einen solchen Widerruf weiterhin wirksam an den Empfangsbevollmächtigten bekannt gegeben werden (BFH 20.9.2022 – VIII B 65/21, BFH/NV 2022, 1281). Auch eine Kenntnis der FB hindert nicht an der Anwendung der Bekanntgabeerleichterung (Klein § 183a Rn. 24).

IV. Einzelbekanntgabe (Abs. 3)

26 **Verweis auf § 183 III.** § 183a III 1 verweist für den Inhalt des Bescheides bei Einzelbekanntgabe vollumfänglich auf § 183 III (→ § 183 Rn. 30 f.). Die Bekanntgabe wirkt nur gegenüber den Feststellungsbeteiligten, an die auch bekannt gegeben wurde (BeckOK AO § 183a Rn. 128). S. zur Einspruchs- und Klagebefugnis § 352 I Nr. 2, 3 und § 48 I Nr. 2, II FGO.

V. Bekanntgabe von Einheitswertbescheiden an Ehegatten/Lebenspartner und Familien (Abs. 4)

28 Die Vorschrift übernimmt die Regelung des früheren § 183 IV aF (BT-Drs. 20/9782, 203). Sie regelt einen bewertungsrechtlichen Sonderfall, wonach Einheitswertbescheide und GrStWertbescheide an Ehegatten, Lebenspartner, Ehegatten mit ihren Kindern oder Lebenspartner mit ihren Kindern entweder einem gemeinsamen Empfangsbevollmächtigten oder, wenn dieser nicht bestellt wurde, entspr. der Regelung des § 122 VII bekannt

gegeben werden. Danach reicht es für die Bekanntgabe an alle Feststellungsbeteiligten aus, wenn ihnen eine Ausfertigung unter der gemeinsamen Anschrift erteilt wird. Zum 1.1.2025 wurde der Hinweis auf den Einheitswert gestrichen, da auf Feststellungszeitpunkte ab dem 1.1.2025 ausschließlich GrStWerte festgestellt werden (Art. 24 KreditzweitmarktförderungsG, BGBl. 2023 I Nr. 411; BT-Drs. 20/9782, 205). Die Bescheide sind den Beteiligten allerdings einzeln bekannt zu geben, wenn sie dies beantragen oder der FB ernstliche Meinungsverschiedenheiten zwischen den Beteiligten bekannt sind (BeckOK AO § 183a Rn. 137).

II. Festsetzung von Steuermessbeträgen

§ 184 Festsetzung von Steuermessbeträgen

(1) [1]Steuermessbeträge, die nach den Steuergesetzen zu ermitteln sind, werden durch Steuermessbescheid festgesetzt. [2]Mit der Festsetzung der Steuermessbeträge wird auch über die persönliche und sachliche Steuerpflicht entschieden. [3]Die Vorschriften über die Durchführung der Besteuerung sind sinngemäß anzuwenden. [4]Ferner sind § 182 Absatz 1 und für Grundsteuermessbescheide auch Absatz 2 und § 183 sinngemäß anzuwenden.

(2) [1]Die Befugnis, Realsteuermessbeträge festzusetzen, schließt auch die Befugnis zu Maßnahmen nach § 163 Absatz 1 Satz 1 ein, soweit für solche Maßnahmen in einer allgemeinen Verwaltungsvorschrift der Bundesregierung, der obersten Bundesfinanzbehörde oder einer obersten Landesfinanzbehörde Richtlinien aufgestellt worden sind. [2]Eine Maßnahme nach § 163 Absatz 1 Satz 2 wirkt, soweit sie die gewerblichen Einkünfte als Grundlage für die Festsetzung der Steuer vom Einkommen beeinflusst, auch für den Gewerbeertrag als Grundlage für die Festsetzung des Gewerbesteuermessbetrags.

(3) [1]Die Finanzbehörden teilen den Inhalt des Steuermessbescheids sowie die nach Absatz 2 getroffenen Maßnahmen den Gemeinden mit, denen die Steuerfestsetzung (der Erlass des Realsteuerbescheids) obliegt. [2]Die Mitteilungen an die Gemeinden erfolgen durch Bereitstellung zum Abruf; § 87a Absatz 8 und § 87b Absatz 1 gelten dabei entsprechend.

Schrifttum: Schwedhelm/Olgemöller, Hinterziehungsmeßbescheid bei der Festsetzung von Hinterziehungszinsen zur Gewerbesteuer?, DStR 1995, 1263; Baum, Notwendigkeit der gesonderten Feststellung der hinterzogenen Besteuerungsgrundlagen bei Realsteuern, insb. bei hinterzogener Gewerbesteuer, DStR 1996, 416; Fuchsen, Notwendigkeit der gesonderten Feststellung der hinterzogenen Besteuerungsgrundlagen bei Realsteuern, insb. bei hinterzogener Gewerbesteuer, DStR 1996, 214; Mohl/Stähler, Beteiligung der Städte im gewerbesteuerlichen Messbetragsverfahren, KStZ 2000, 129; Wulf, Verfahrensrechtliche Hinweise zum Streit um die Gewerbesteuer, Stbg 2008, 547; Braun/Spannbrucker, Gewerbesteuerverfahren – Ein haftungsfreier Raum im Verhältnis Gemeinde und Finanzverwaltung, NVwZ 2011, 82; Hageböke, Verfassungsrechtliche Kompetenzfragen bei der Gewerbesteuer, FR 2015, 539; Bahn, Einwirkungsmöglichkeiten der Kommunen bei der Gewerbesteuer – Bestehende Rechte und praktische Vorteile, NWB 2016, 1367.

Übersicht

A. Allgemeines

I. Rechtsentwicklung

Durch das StBereinG 1986 wurden die Abs. 1 und 3 geändert (BT-Drs. 10/1636, 48). 1
Nach Abs. 1 S. 3 sind seit dem 1.1.1986 neben den §§ 155–168 auch die §§ 134–217 insgesamt anwendbar (BFH 24.3.1992 – VIII R 33/90, BStBl. II 1992, 869). Die Verweisung in Abs. 1 S. 4 auf § 182 I wurde für GrSt-Messbescheide durch eine Verweisung auf § 183 ergänzt. Nach Abs. 3 teilen die FB den Gemeinden nicht mehr die „festgesetzten Steuermessbeträge“ mit, sondern den „Inhalt des Steuermessbescheides“. Hierdurch wurde das bisher in der Praxis durchgeführte, kostensparende Verfahren rechtlich abgesichert. Die Änderungen des Abs. 1 S. 4 und des Abs. 3 gelten ab 1.1.1987. Mit G v. 22.12.2014 (BGBl. 2014 I 2417) wurde Abs. 2 S. 1 geändert. Zuvor hatte der BFH entschieden, dass der (nunmehr hinfällige, vgl. BFH 28.11.2016 – GrS 1/15, BStBl. II 2017, 393) Sanierungserlass weder eine allgemeine Verwaltungsvorschrift der BReg noch die einer obersten Landesfinanzbehörde iSd § 184 II AO ist (BFH 25.4.2012 – I R 24/11, BFHE 237, 403). Der Gesetzgeber änderte aufgrund des Urteils das G und fügte in Abs. 2 S. 1 die oberste Bundesfinanzbehörde ein (vgl. BT-Drs. 18/3017, 34; → Rn. 26). Durch G v. 18.7.2016 (BGBl. 2016 I 1679) erfolgten in Abs. 2 zwei kleine redaktionelle Folgeänderungen auf Grund der Änderung des § 163 (BT-Drs. 18/7457, 89). Mit dem JStG 2020 (BGBl. 2020 I 3096) wurde Abs. 3 S. 2 aus Gründen der Digitalisierung angefügt.

II. Inhalt und Bedeutung der Vorschrift

Selbständige Festsetzung der Besteuerungsgrundlagen. § 184 stellt klar, dass die 2
StMessbeträge durch StMessbescheid festgesetzt werden. Er regelt das Verfahren bei der Festsetzung von StMessbeträgen und beinhaltet neben § 179 eine weitere Ausnahme von dem in § 157 II HS 1 aufgestellten Grundsatz, dass die Feststellung von Besteuerungsgrundlagen einen unselbständigen, mit Rechtsbehelfen nicht selbständig anfechtbaren Teil des StBescheids bildet. In welchen Fällen StMessbeträge festzusetzen sind, ergibt sich aus den EinzelStGesetzen. Bislang hat der Gesetzgeber nur für die RealSt (vgl. § 3 II) hiervon Gebrauch gemacht.

III. Verhältnis zu anderen Vorschriften

Grundlagenbescheide iSv § 171 X sind die StMessbescheide für die Festsetzung der 3
RealSt. Im Fall der Zerlegung gilt dies auch für den Zerlegungsbescheid nach § 188 (BFH 20.4.1999 – VIII R 13/97, BStBl. II 1999, 542; → § 188 Rn. 5). Die StMessbescheide binden den Stpfl. und die Behörde, die die GrSt und GewSt festsetzen. Soweit den Gemeinden die Verwaltung der RealSt übertragen worden ist (Art. 108 IV 2 GG), gelten für diese gem. § 1 II weitgehend die Vorschriften der AO. Zu den Einzelheiten vgl. die Kommentierung zu → § 1 Rn. 19 ff.

Kammerbeiträge. Soweit durch GewSt-Messbescheid nach § 14 GewStG iVm § 184 I 2 über die persönliche und sachliche GewStPflicht entschieden wird, hat dies Tatbestandswirkung für die Festsetzung von IHK-Beiträgen (BVerwG 11.7.2011 – 8 C 23/10, HFR 2011, 1379; → § 185 Rn. 4).

4 **Werden RealSt hinterzogen,** so sind die Hinterziehungszinsen (§ 235) von der hebeberechtigten Gemeinde zu berechnen, festzusetzen und zu erheben. Das FA hat in entsprechender Anwendung des § 184 I hierfür die Berechnungsgrundlagen festzustellen (AEAO zu § 235 Nr. 6.2). Dieser Messbescheid ist Grundlagenbescheid für den von der Gemeinde zu erlassenden Zinsbescheid. Demgegenüber setzt die Geltendmachung der Haftung für Hinterziehungszinsen durch Haftungsbescheid nach § 191 (auch) bei hinterzogener GewSt nicht voraus, dass zuvor gegenüber dem StSchuldner Tatbestand und Umfang der StHinterziehung in einem Grundlagenbescheid gesondert festgestellt worden sind (BVerwG 16.9.1997 – 8 B 143/97, BStBl. II 1997, 782).

B. Festsetzung von Steuermessbeträgen (Abs. 1)

I. Maßgeblichkeit der Einzelsteuergesetze (Abs. 1 S. 1)

5 StMessbeträge werden durch StMessbescheide festgesetzt. Die Festsetzung obliegt allein der FB (BFH 21.7.1999 – I R 111/98, BFH/NV 2000, 346). Der sachliche Anwendungsbereich, der derzeit auf die RealSt beschränkt ist, ergibt sich aus den EinzelStGesetzen (→ Rn. 2).

II. Regelungsinhalt des Messbescheids (Abs. 1 S. 2)

6 **Verbindlicher Inhalt.** Was zum verbindlichen Inhalt eines Messbescheids gehört, wird von § 184 nicht abschließend festgelegt. § 184 I 2 bestimmt lediglich, dass mit der Festsetzung der StMessbeträge **„auch"** über die persönliche und sachliche Stpfl. entschieden wird. Daneben wird auch der Besteuerungszeitraum festgelegt.

1. Persönlicher Regelungsbereich

7 **Persönliche Stpfl.** bedeutet die Feststellung, wer StSchuldner ist (VGH Mannheim 25.6.2012 – 2 S 733/12, NVwZ-RR 2012, 942). Die persönliche StSchuldnerschaft ergibt sich aus § 5 GewStG, § 10 GrStG.

8 **Gewerbesteuer.** StSchuldner ist der Unternehmer (§ 5 I 1 GewStG); dh derjenige, für dessen Rechnung das Gewerbe betrieben wird (§ 5 I 2 GewStG). Bei der Auslegung dieser Vorschrift ist immer zu berücksichtigen, dass durch die Regelung der subjektiven Stpfl. zugleich der vollstreckungsrechtliche Zugriff sichergestellt werden soll (BFH 21.2.1980 – I R 95/76, BStBl. II 1980, 465). Eine **Bruchteilsgemeinschaft** als solche kann nicht GewStSchuldner sein, sondern nur die Bruchteilseigentümer (BFH 9.9.1993 – IV R 31/92, BFH/NV 1994, 266). Wird das Gewerbe von einer **PersGes** betrieben, ist die Gesellschaft selbst StSchuldner (§ 5 I 3 GewStG). Reine Innengesellschaften ohne Gesellschaftsvermögen können hingegen nicht StSchuldner iSv § 5 I 3 GewStG sein (vgl. zum verdeckten Gesellschaftsverhältnis BFH 16.12.1997 – VIII R 32/90, BStBl. II 1998, 480 mAnm Paus DStZ 1998, 691; zur atypisch stillen Gesellschaft BFH 12.11.1985 – VIII R 364/83, BStBl. II 1986, 311; BFH 20.12.2012 – IV B 141/11, BFH/NV 2013, 574). StSchuldner und Adressat des GewSt-Messbescheids ist allein der tätige Gesellschafter als Inhaber des Handelsgeschäfts (BFH 31.8.1999 – VIII R 22/98, BFH/NV 2000, 420). Wird ein Einzelunternehmen in eine PersGes eingebracht, so endet im Zeitpunkt der **Einbringung** die persönliche GewStpfl. des Einzelunternehmers. Der für den Erhebungszeitraum ermittelte Messbetrag ist dem jeweiligen StSchuldner anteilig zuzurechnen und getrennt festzusetzen (BFH 17.2.1989 – III R 36/85, BStBl. II 1989, 664). Anders verhält es sich bei einer mit einem **Rechtsformwechsel** eingetretenen Gesamtrechtsnachfolge.

Übernimmt der Gesellschafter einer KG das von dieser betriebene Unternehmen während des Kj. und führt er es als Einzelunternehmen im eigenen Namen fort, so endet im Zeitpunkt der Übernahme die persönliche Stpfl. der KG und entsteht die persönliche Stpfl. des Gesellschafters für dieses Jahr. Für das Jahr des Formwechsels sind zwei GewSt-Messbescheide jeweils für die Zeit vor und nach dem Wechsel zu erlassen (BFH 13.10.2005 – IV R 55/04, BStBl. II 2006, 404). Doch ist der Gesellschafter als Gesamtrechtsnachfolger der ohne Liquidation beendeten KG auch StSchuldner für die auf die Zeit der persönlichen Stpflicht der KG entfallenden GewSt (BFH 11.8.1993 – III R 83/89, BFH/NV 1994, 263). Zur Feststellung der persönlichen Stpfl. gehört auch die Entscheidung, ob **persönliche (subjektive) StBefreiungen** nach § 3 GewStG vorliegen (BFH 18.12.1997 – X B 133/97, BFH/NV 1998, 743; hier gibt es Überschneidungen mit dem sachlichen Regelungsbereich, → Rn. 11).

Grundsteuer. StSchuldner der GrSt ist derjenige, dem der StGegenstand bei der Feststellung des Einheitswerts zugerechnet ist (§ 10 I GrStG). Sind an dem StGegenstand mehrere Personen beteiligt, wird der GrStMessbetrag ebenso wie der Einheitswert mit (dinglicher) Wirkung für und gegen alle Beteiligte festgestellt. **Persönliche StBefreiungstatbestände** sind in den §§ 3 ff. GrStG geregelt, doch sind hierbei oftmals auch sachliche Merkmale zu berücksichtigen (→ Rn. 12). 9

2. Sachlicher Regelungsbereich

Sachliche StPflicht beinhaltet die Feststellung, was StGegenstand ist. Hierzu gehört auch die Höhe des Messbetrags, weshalb im StMessbescheid über alle Faktoren zu entscheiden ist, die die Höhe des Messbetrags beeinflussen. 10

Gewerbesteuer. Die GewSt knüpft an das Vorliegen eines Gewerbebetriebs an (§§ 2, 35a GewStG). Demnach ist im Messbescheid ua festzustellen, ob ein Gewerbebetrieb überhaupt besteht (BFH 21.7.1988 – V R 97/83, BFH/NV 1989, 356) sowie ob mehrere sachlich selbständige Gewerbebetriebe vorliegen (BFH 25.4.1989 – VIII R 294/84, BFH/NV 1990, 261). Die rechtliche Qualifikation von Einkünften in einem ESt-Bescheid kann eine Bindung des FA für die Festsetzung des GewSt-Messbetrags erzeugen (BFH 23.6.2004 – X R 59/01, BStBl. II 2004, 901 unter Aufgabe der bisherigen Rspr.: Änderung nach § 35b GewStG; BFH 5.7.2011 – X B 222/10, BFH/NV 2011, 1843). Daneben wird im Messbescheid die Feststellung über den Beginn und das Ende einer gewerblichen Betätigung getroffen sowie die Entscheidung über die beschränkte oder unbeschränkte Stpfl. Sachliche StBefreiungen ergeben sich aus § 3 GewStG (→ Rn. 8). 11

Grundsteuer. StGegenstand der GrSt ist der Grundbesitz iSd BewG (§ 2 GrStG). Sachliche StBefreiungen und StVergünstigungen ergeben sich aus den §§ 3 ff. GrStG und müssen demgemäß grds. im Messbetragsverfahren geltend gemacht werden. Allerdings ist nach Auffassung des BFH mit Rücksicht auf die durch § 19 II 2, IV BewG verursachte widersprüchliche Gesetzeslage der Stpfl. auch befugt, einen behaupteten Anspruch auf GrSt-Befreiung bereits durch Anfechtung des Einheitswertbescheids geltend zu machen (BFH 24.7.1985 – II R 227/82, BStBl. II 1986, 128: Wahlrecht; BFH 30.6.2010 – II R 12/09, BStBl. II 2011, 48). Ein solcher Wertungswiderspruch zwischen § 184 I 2 und § 19 II 2, IV BewG liegt indes nicht vor, vielmehr ist § 19 II 2, IV BewG aufgrund des § 184 I 4 iVm § 182 I vorgreiflich (TK § 184 Rn. 8). 12

3. Keine Entscheidung über den Steuergläubiger

Welche Gemeinde StGläubiger ist, wird nicht im StMessbescheid verbindlich festgelegt. 13
Die AO unterscheidet nämlich zwischen dem Messbetrags- und dem Zuteilungsverfahren (BFH 19.11.2003 – I R 88/02, BStBl. II 2004, 751). Somit ist die Entscheidung über die Hebeberechtigung einer Gemeinde grds. in einem besonderen Zerlegungs- oder Zuteilungsbescheid (§§ 185 ff., 190) zu treffen (BFH 19.11.2003 – I R 88/02, BStBl. II 2004, 751; BFH 9.1.2013 – IV B 64/11, BFH/NV 2013, 512; BFH 11.5.2023 – IV R 3/19, BFH/NV 2023, 1206; BFH 7.11.2024 – III R 27/23, BFH/NV 2025, 361; HHSp § 184

Rn. 35; TK § 184 Rn. 9; Gosch AO § 184 Rn. 9, teilweise aA Schwarz/Pahlke/Keß § 184 Rn. 10). Werden Betriebstätten in mehreren Gemeinden unterhalten (§ 28 GewStG) oder erstreckt sich der StGegenstand über mehrere Gemeinden (§ 22 GrStG), so bestimmt das FA die Anteile der hebeberechtigten Gemeinden an dem Messbetrag durch Zerlegungsbescheid (§§ 184–189 iVm §§ 28 ff. GewStG bzw. §§ 22 f. GrStG). Besteht unter mehreren Gemeinden Streit darüber, welche Gemeinde StGläubiger ist, so entscheidet das FA auf Antrag durch Zuteilungsbescheid nach § 190.

4. Festlegung des Besteuerungszeitraums

14 Für welchen Zeitraum der Messbetrag als Bemessungsgrundlage für die Steuer gilt, wird ebenfalls im Messbescheid festgelegt. Der GewSt-Messbescheid gilt gem. § 14 Nr. 2 GewStG für das Kj. Demgegenüber gilt der GrSt-Messbetrag gem. § 16 II 2 GrStG für den gesamten Hauptveranlagungszeitraum, wenn nicht eine Neuveranlagung nach § 17 GrStG durchzuführen ist.

III. Auf das Steuermessbetragsverfahren anwendbare Vorschriften (Abs. 1 S. 3 und 4)

1. Vorschriften über die Durchführung der Besteuerung (Abs. 1 S. 3)

15 **Allgemeine Verfahrensvorschriften.** Da ein StMessbescheid VA iSv § 118 ist, gelten die allg. Verfahrensvorschriften, insb. die §§ 85 ff. (Besteuerungsgrundsätze, Beweismittel), § 129 (Berichtigung wegen offenbarer Unrichtigkeit). Das FA kann seinen Anspruch auf Festsetzung des StMessbetrags auch verwirken (vgl. BFH 7.6.1984 – IV R 180/81, BStBl. II 1984, 780). Der StMessbescheid ist gem. § 122 dem Stpfl. bekanntzugeben. Die **Bekanntgabe** ist ein Akt der Behörde, die den Bescheid erlässt. Delegation auf eine andere Behörde (s. R 1.4 GewStR 2009) ohne landesgesetzliche Regelung führt nicht zur Nichtigkeit des Bescheids, sondern zur Rechtswidrigkeit; mittels fehlerfreier Bekanntgabe der Einspruchsentscheidung (durch das FA) kann eine Heilung erfolgen (TK § 184 Rn. 14, BFH 12.11.1992 – XI B 69/92, BStBl. II 1993, 263). Von der in Art. 108 IV 2 GG eingeräumten Möglichkeit, die Verwaltung der GewSt durch nachkonstitutionelles Landesgesetz ganz oder zT auf die Gemeinden zu übertragen, haben die Länder nur teilweise Gebrauch gemacht (zB Baden-Württemberg, Brandenburg, Mecklenburg-Vorpommern, Niedersachsen, Nordrhein-Westfalen, Sachsen, Sachsen-Anhalt und Thüringen; Einzelheiten s. HHSp § 184 Rn. 42, 43). Nach **Eröffnung des Insolvenzverfahrens** dürfen auch StBescheide, in denen ausschl. Besteuerungsgrundlagen ermittelt und festgestellt werden, wie zB GewSt-Messbescheide, nicht mehr erlassen werden (BFH 2.7.1997 – I R 11/97, BStBl. II 1998, 428; s. auch Abschn. 60 II 6 VollstrA; zu Einzelheiten → § 251 Rn. 42). Zum Erlass von Einheitswertbescheiden und GrStMessbescheiden → § 251 Rn. 65.

16 **Sinngemäße Anwendung.** Die Vorschriften über die Durchführung der Besteuerung – mithin auch die Vorschriften über die Ermittlung der Steuern und über die StErklärungen (§§ 149 ff.) – sind sinngemäß anzuwenden sind (→ Rn. 1). Demzufolge sind die Messbescheide grds. den StBescheiden gleichgestellt und es gelten alle für die StFestsetzung maßgeblichen Verfahrensvorschriften (zB §§ 164 f., 169–177; BFH 3.3.2011 – III R 45/08, DStR 2011, 1084). Demnach kann das FA gem. § 155 II einen StMessbescheid grds. auch erlassen, wenn die für die StMessbetragsfestsetzung bindende Einheitswertfeststellung noch nicht ergangen ist (BFH 8.10.1986 – I R 155/84, BFH/NV 1987, 564; TK § 184 Rn. 15). Umstr. ist, ob aber zB § 181 V auf StMessbescheide anwendbar ist (iE zu Recht zustimmend Gosch AO § 184 Rn. 10; Schwarz/Pahlke/Keß § 184 Rn. 18, s. auch Teller HFR 2014, 659; ablehnend TK § 184 Rn. 5; offen gelassen v. BFH 5.2.2014 – X R 1/12, BFH/NV 2014, 1117 mwN).

2. Anwendung der §§ 182 Abs. 1, 2 und 183 (Abs. 1 S. 4)

17 Gemäß § 184 I 4 sind § 182 I und für GrStMessbescheide zudem auch § 182 II und § 183 sinngemäß anzuwenden.

§ 182 I. Wie sich aus der Verweisung auf § 182 I ergibt, ist der StMessbescheid Grundlagenbescheid iSv 171 X. Der RealSt-Bescheid ist Folgebescheid. Mit der Verweisung auf § 182 I ist klargestellt, dass StMessbescheide, auch wenn sie noch nicht unanfechtbar geworden sind, inhaltlich für die RealSt-Bescheide als Folgebescheide bindend sind, soweit die in dem StMessbescheid getroffenen Feststellungen für den RealSt-Bescheid von Bedeutung sind. Der Regelungsgehalt des RealSt-Bescheids erschöpft sich grds. in der folgerichtigen Umsetzung der verbindlichen Feststellungen des Messbescheids durch richtige Anwendung des Hebesatzes. Ein nichtiger StMessbescheid kann keine Bindungswirkung entfalten. Dementsprechend steht der Gemeinde eine Prüfungskompetenz hinsichtlich der steuerlichen Existenz der in Anspruch genommenen BGB-Gesellschaft zu (OVG Magdeburg 29.8.2011 – 4 L 90/11, NVwZ-RR 2011, 955). Der Stpfl. ist durch den Messbescheid nur beschwert, wenn der StMessbetrag unrichtig festgesetzt ist (→ Rn. 33). Ist ein StMessbescheid noch nicht ergangen, so kann die Gemeinde dennoch in entsprechender Anwendung des § 155 II den RealSt-Bescheid erlassen (vgl. § 1 II Nr. 4; ebenso HHSp § 184 Rn. 75; aA TK § 184 Rn. 15: keine Kompetenz der Gemeinde zur Schätzung des Messbetrags; Brandis/Heuermann GewStG § 16 Rn. 36). Sobald der Messbescheid ergangen ist, ist der RealSt-Bescheid nach § 175 I Nr. 1 zu ändern. 18

§ 182 II legt fest, dass GrSt-Messbescheide nicht nur gegenüber dem Stpfl., dem die wirtschaftliche Einheit des Grundbesitzes zuzurechnen ist, wirkt, sondern auch gegenüber seinem Rechtsnachfolger, auf den der Grundbesitz nach dem Veranlagungszeitpunkt übergegangen ist (sog. dingliche Wirkung). War der GrSt-Messbescheid dem Rechtsvorgänger noch nicht bekanntgegeben, so muss nunmehr die Bekanntgabe an den Rechtsnachfolger vorgenommen werden. 19

§ 183. Diese Verweisung dient der Verwaltungsvereinfachung. Steht ein Grundstück im Eigentum von mehreren Personen, so kann der Einheitswertbescheid und der damit in der Praxis vielfach verbundene GrSt-Messbescheid einem gemeinsamen Empfangsbevollmächtigten mit Wirkung für diesen und alle weitere Eigentümer bekanntgegeben werden. 20

C. Billigkeitsmaßnahmen der Finanzbehörden (Abs. 2)

I. Allgemeines

Ist die Festsetzung und Erhebung der RealSt den Gemeinden übertragen (→ Rn. 3), so sind grds. nur sie für Billigkeitsmaßnahmen zuständig. Hiervon macht § 184 II Ausnahmen. Die Befugnis, RealSt-Messbeträge festzusetzen, schließt nach § 184 II für die dort geregelten Fälle auch die Befugnis zu Billigkeitsmaßnahmen nach § 163 I mit ein. Hier ist die FB, die den Messbetrag festzusetzen hat, auch für die abweichende StFestsetzung aus Billigkeitsgründen sachlich zuständig. Die von § 184 erfassten Fälle betreffen hauptsächlich Maßnahmen der sachlichen Unbilligkeit. Eine solche Entscheidung setzt Kenntnisse des materiellen Rechts und seiner Anwendung voraus. Da über diese Fachkenntnisse idR nur die Bediensteten der FB verfügen, ist eine Übertragung auf die FB auch zweckmäßig. 25

II. Maßnahmen nach § 163 I 1 (Abs. 2 S. 1)

Billigkeitsmaßnahmen nach § 163 I 1 können von den FB im Rahmen der Festsetzung der StMessbeträge vorgenommen werden. Um die Interessen der Gemeinden zu wahren (insb. StAusfälle), ist die sachliche Zuständigkeit der FB allerdings gem. § 184 II 1 nur dann gegeben, wenn in einer allg. Verwaltungsvorschrift der Bundesregierung, der obersten Bundesfinanzbehörde (Richtlinien, BMF-Schreiben) oder einer obersten Landesbehörde Richtlinien aufgestellt worden sind. Die Ermessensrichtlinien der Bundesregierung können nach Art. 108 VII, 84 II, 85 II GG nur mit Zustimmung des Bundesrats erfolgen. Der sog. Sanierungserlass (BMF 17.3.2003, BStBl. I 2003, 240) erfüllte diese Voraussetzungen nicht (BFH 25.4.2012 – I R 24/11, BFH/NV 2012, 1516; überholt an sich und 26 durch Gesetzesänderung → Rn. 1, vgl. Hageböke FR 2015, 539). Als Maßnahmen nach § 163 I 1 kommen in erster Linie **Fälle der sachlichen Gruppenunbilligkeit** in Betracht (zB, wenn durch eine Änderung der Rspr. ein großer Personenkreis betroffen ist; vgl. BT-Drs. VI/1982, 158 zu § 165 Abs. 2; → § 227 Rn. 24, 57). Zur Vermeidung unbilliger Härten bei bestimmten Gruppen gleichgelagerter Fälle können dann entweder der StMessbetrag niedriger festgesetzt oder einzelne Besteuerungsgrundlagen, die den StMessbetrag erhöhen, unberücksichtigt gelassen werden (vgl. R 1.5 GewStR 2009).

26a Sind die Voraussetzungen des § 184 II 1 nicht gegeben oder handelt es sich um Fälle der sog. **Individualunbilligkeit,** kann das FA grds. keine Billigkeitsmaßnahme ergreifen. Dies obliegt allein der **hebeberechtigten Gemeinde** (vgl.Schwarz/Pahlke/Keß § 184 Rn. 27; TK § 184 Rn. 10; Gosch AO § 184 Rn. 21: FG Düsseldorf 7.11.2013 – 11 K 83/12 AO, EFG 2014, 813; FG Nürnberg 5.10.2005 – V 205/2004, BeckRS 2005, 26019102; aA noch 4. Aufl.). Teilweise wird vertreten, dass die FB mit Zustimmung der hebeberechtigten Gemeinde Billigkeitsmaßnahmen ergreifen darf (BFH 8.11.1962 – IV 162/62 S, BStBl. III 1963, 143; BFH 25.5.1962 – I 129/59 S, BStBl. III 1962, 497; OVG Bautzen 8.12.2004 – 5 B 111/03, KStZ 2005, 54; H 1.5 GewStR 2009; Klein § 184 Rn. 15). Soweit der BFH in einem vormaligen noch zur RAO ergangenen Urteil (BFH 8.11.1962 – IV 162/62 S, BStBl. III 1963, 143) sogar von einer Pflicht zur Bescheidänderung ausging, wenn der Stpfl. eine Zustimmung der Gemeinde vorlegt, dürfte dies überholt sein und der aktuellen in § 184 II festgelegten Rechtslage widersprechen. Zwar ist die Billigkeitsmaßnahme seitens der FB (auch mit Zustimmung der Gemeinde) dogmatisch falsch, wird aber idR (mangels Nichtigkeit, dazu sogleich) aufgrund des anzunehmenden Einvernehmens zw. FA, Gemeinde und (den Antrag stellenden) Stpfl. Bestand haben. In der Umsetzung bzw. Übernahme der Billigkeitsmaßnahme in einen RealSt-Bescheid kann ggf. eine eigene (konkludente) Ermessensentscheidung der sachlich zuständigen Gemeinde gesehen werden. Spricht das FA eine Billigkeitsmaßnahme aus, so wäre der StMessbescheid auf Antrag der Gemeinde nach § 130 II Nr. 1 eigentlich durch einen Bescheid ohne die Billigkeitsmaßnahme zu ersetzen, de facto also zurückzunehmen (vgl. BFH 8.11.1962 – IV 162/62 S, BStBl. III 1963, 143; BFH 25.5.1962 – I 129/59 S, BStBl. III 1962, 497; HHSp § 184 Rn. 83). Allerdings kann die Gemeinde gegen den StMessbescheid nicht klagen (→ Rn. 34; Klein § 184 Rn. 15). Der Bescheid ist (nur) wegen der von der sachlich unzuständigen Behörde erlassenen Billigkeitsmaßnahme auch nicht zwingend nichtig (Klein § 184 Rn. 15; TK § 184 Rn. 10; aA HHSp § 184 Rn. 83; BeckOK AO § 184 Rn. 45.2). Entscheidend ist mE eine Würdigung aller in Betracht kommenden Umstände des Einzelfalls (→ § 125 Rn. 10). Die Gemeinde ist aber jedenfalls an die rechtswidrige Billigkeitsmaßnahme nicht gebunden. Sie darf dem RealSt-Bescheid den Messbescheid ohne Berücksichtigung der Billigkeitsmaßnahme zugrunde legen (TK § 184 Rn. 10 mwN; BeckOK AO § 184 Rn. 45.2; aA BFH 25.5.1962 – I 129/59 S, BStBl. III 1962, 497; 4. Aufl.). Andererseits steht es ihr frei, von einer (teilweisen) Erhebung der GewSt durch eine eigene Billigkeitsmaßnahme (Erlass, § 227) abzusehen (vgl. Schwarz/Pahlke/Keß § 184 Rn. 28; TK § 184 Rn. 10).

III. Maßnahmen nach § 163 I 2 (Abs. 2 S. 2)

27 Maßnahmen nach § 163 I 2 (mit Zustimmung des Stpfl. spätere Berücksichtigung von steuererhöhenden Maßnahmen oder frühere Berücksichtigung von steuermindernden Besteuerungsgrundlagen) bei der ESt oder KSt wirken sich, soweit sie die gewerblichen Einkünfte beeinflussen, gem. § 184 II 2 auch beim GewSt-Messbetrag aus (vgl. BFH 14.9.2017 – IV R 51/14, BStBl. II 2018, 78). Mit dieser Regelung wird der in § 35b GewStG zum Ausdruck kommende Rechtsgedanke auch auf das Billigkeitsverfahren übertragen.

D. Mitteilungspflicht gegenüber den Gemeinden (Abs. 3)

Soweit den Gemeinden die Festsetzung und Erhebung der RealSt übertragen ist, haben die FÄ diesen den Inhalt der StMessbescheide sowie die nach § 184 II getroffenen Billigkeitsmaßnahmen mitzuteilen. Diese Mitteilung ist weder Teil des StMessbescheids noch selbständiger Verwaltungsakt, sondern eine durch die Kompetenzverteilung gebotene verwaltungsinterne Maßnahme rein technischen Charakters ohne unmittelbare Außenwirkung (BFH 25.11.2015 – I R 85/13, BStBl. II 2016, 479). Der Messbescheid verpflichtet die hebeberechtigte Gemeinde, auf seiner Grundlage den Folgebescheid zu erlassen (BFH 21.7.1999 – I R 111/98, BFH/NV 2000, 346). Mit Abs. 3 S. 2 wird für die Mitteilung der StMessbeträge an die Gemeinden das **elektronische Abrufverfahren** festgeschrieben. Damit soll die Digitalisierung vorangetrieben werden. Für das Verfahren ist eine einmalige Anmeldung der jeweiligen Gemeinde über ELSTER erforderlich, sofern sie daran nicht bereits über die Gewerbesteuer angebunden ist (vgl. BT-Drs. 19/25160, 205). Das Verfahren findet nach Art. 97 § 35 EGAO erstmals für die StMessbeträge Anwendung, die für die Realsteuern des Jahres 2025 maßgeblich sind. 30

E. Verfahrensfragen

Die örtliche Zuständigkeit richtet sich nach § 22 I. Zuständig ist bei der GrSt das LageFA und bei der GewSt das BetriebsFA. Hat ein örtlich unzuständiges FA den Messbescheid erlassen und darin zugunsten einer falschen Gemeinde entschieden, so ist der Bescheid nicht aufzuheben (BFH 19.11.2003 – I R 88/02, BStBl. II 2004, 751). 31

Rechtsbehelfe des Stpfl. gegen den StMessbescheid. Der Stpfl. kann gegen den StMessbescheid Einspruch einlegen (§ 347). Dieser ist bei dem FA, das den StMessbescheid erlassen hat, einzulegen (§ 357 II 1); fristwahrend auch bei der Behörde, die für die Erteilung des RealSt-Bescheids zuständig ist, also bei der Gemeinde (§ 357 II 2), die den Einspruch dem zuständigen FA zu übermitteln hat. Gegen die ablehnende Einspruchsentscheidung kann der Stpfl. Anfechtungsklage gem. § 40 FGO erheben. Die Entscheidung über die persönliche und sachliche Stpfl. (→ Rn. 7 ff.) bzw. die Ablehnung einer Billigkeitsmaßnahme nach § 184 II (→ Rn. 26 f.) kann nur durch die Anfechtung des StMessbescheids und nicht durch die des Folgebescheids angegriffen werden (§ 351 II); und zwar unabhängig davon, ob das FA – wie in den Stadtstaaten – neben dem Messbescheid auch den RealSt-Bescheid erlassen hat (BFH 10.6.1987 – I R 301/83, BStBl. II 1987, 816). Diese Beschränkung der Rechtsbehelfsbefugnis ist im Verhältnis von GewSt-Messbescheid und GewSt-Bescheid immer zu beachten (BFH 25.8.1999 – VIII R 76/95, BFH/NV 2000, 300). Hat das FA im StMessbescheid die hebeberechtigte Gemeinde ausdrücklich festgestellt, so kann der Stpfl. im Einspruchs- und Klageverfahren nicht geltend machen, eine andere Gemeinde mit einem niedrigeren Hebesatz sei zuständig. Die Hebeberechtigung einer Gemeinde wird nämlich nicht von der Bindungswirkung des StMessbescheides erfasst (BFH 11.5.2023 – IV R 3/19, BFH/NV 2023, 1206; BFH 19.11.2003 – I R 88/02, BStBl. II 2004, 751; aA die verwaltungsgerichtliche Rspr.: BVerwG 30.12.1997 – 8 B 161/97, BeckRS 1997, 30005807, die sich bislang noch unverändert an eine frühere Rspr. des BFH anlehnt; vgl. BFH 14.11.1984 – I R 151/80, BStBl. II 1985, 607). Zur Klärung der Frage nach der Hebeberechtigung kann der Stpfl. im Rahmen eines Rechtsbehelfsverfahrens gegen den GewStBescheid (→ Rn. 33) die Bestimmung des StGläubigers prüfen lassen (vgl. BFH 11.5.2023 – IV R 3/19, BFH/NV 2023, 1206). Er kann auch als Beteiligter iSv § 186 Nr. 1 einen Zuteilungsbescheid nach § 190 beantragen. Dieser Antrag setzt keine Beschwer voraus (→ § 190 Rn. 2), der Einspruch gegen den Zuteilungsbescheid hingegen schon (→ § 190 Rn. 6). Wegen der Bindungswirkung für den Verlustfeststellungsbescheid (§ 35b II 2 GewStG) löst auch ein sog. 32

Nullbescheid eine Beschwer aus (BFH 6.12.2016 – I R 79/15, BStBl. II 2019, 173; vgl. Brandis/Heuermann GewStG § 14 Rn. 36). Das ist auch im Falle des Bestreitens der GewStPflicht der Fall (vgl. BFH 19.3.2009 – IV R 78/06, BStBl. II 2009, 803 mwN). Für die Zugehörigkeit zu einer IHK (§ 2 I IHKG) und die damit verbundene Erhebung des IHK-Beitrages liegt in der Festsetzung des GewStMessbescheids auf null hingegen keine positive Feststellung der GewStPflicht (vgl. BVerwG 11.7.2011 – 8 C 23/10, NVwZ 2011, 1390).

33 **Rechtsbehelfe des Stpfl. gegen den RealSt-Bescheid.** Hier ist das Widerspruchsverfahren nach §§ 68 ff. VwGO gegeben, soweit es in einzelnen Ländern nicht abgeschafft bzw. suspendiert worden ist (TK § 184 Rn. 20; Einzelheiten Wulf Stbg 2008, 574). Der Stpfl. kann neben Einwendungen gegen den Hebesatz geltend machen, dass aus dem Messbescheid nicht die richtigen Folgerungen gezogen worden sind (→ Rn. 18). Eine nochmalige Überprüfung des Grundlagenbescheids (Messbescheids) ist dagegen nicht möglich (VGH Mannheim 17.10.2013 – 2 S 692/13, NVwZ-RR 2014, 282).

34 **Rechtsbehelfe der Gemeinden** gegen den StMessbescheid bestehen grds. nicht (BFH 17.10.2001 – I B 6/01, BFH/NV 2002, 128). Das ergibt sich für das Klageverfahren aus § 40 III FGO. Diese Vorschrift enthält aber einen allg. Rechtsgedanken, der auch für das außergerichtliche Verfahren Gültigkeit besitzt (ebenso TK § 184 Rn. 21). Eine Rechtsbehelfsbefugnis der Gemeinden besteht nur im Zerlegungsverfahren (§ 186 Nr. 2; → § 186 Rn. 4). Die FÄ sollen aber die steuerberechtigten Gemeinden über anhängige Einspruchsverfahren gegen StMessbescheide von größerer Bedeutung unterrichten (AEAO zu § 184). Bei Fehlern des FA steht der Gemeinde **kein Schadensersatzanspruch** gegen das Land zu (BGH 25.9.2003 – III ZR 362/02, DStR 2003, 1940; BVerwG 15.6.2011 – 9 C 4/10, NVwZ 2011, 1388; s. auch Braun/Spannbrucker NvwZ 2011, 82)

35 **Der vorläufige Rechtsschutz** richtet sich grds. nach den Rechtsbehelfen im Hauptsacheverfahren. So ist in Bezug auf den StMessbescheid als Grundlagenbescheid AdV beim FA/FG zu beantragen (§ 361 II 1; §§ 69 II 1, III 1 FGO). Wird AdV gewährt, so ist die Gemeinde zur AdV des RealSt-Bescheids als Folgebescheid verpflichtet (§ 1 II Nr. 6 iVm § 361 III; § 69 II 4, III 1 FGO). Die Folgeaussetzung kann sich bei der GewSt wegen § 35b GewStG auch im Verhältnis zum ESt-Bescheid, KSt-Bescheid und Gewinnfeststellungsbescheid ergeben. Darüber, ob die AdV von einer Sicherheitsleistung abhängig gemacht werden soll (§ 361 II 3; §§ 69 II 3, III FGO), entscheidet die Gemeinde, es sei denn, das FA/FG schließt bei der AdV des StMessbetrags eine Sicherheitsleistung ausdrücklich aus (§ 361 III 3; § 69 II 6, III 1 FGO). Umstr. ist, ob der Stpfl. den Antrag auf AdV ohne/gegen geringere Sicherheitsleistung im Verfahren nach § 123 VwGO (so wohl die überwiegende Rspr., s. HHSp § 184 Rn. 107a mwN) oder nach § 80 V 1 VwGO stellen muss. Wird die Folgeaussetzung verweigert, richtet sich der einstweilige Rechtsschutz nach § 123 VwGO (BVerwG 27.11.1981 – 8 B 184/81, NVwZ 1982, 193; OVG Magdeburg 18.8.2009 – 2 M 114/09, NVwZ-RR 2010, 53).

3. Unterabschnitt. Zerlegung und Zuteilung

§ 185 Geltung der allgemeinen Vorschriften

Auf die in den Steuergesetzen vorgesehene Zerlegung von Steuermessbeträgen sind die für die Steuermessbeträge geltenden Vorschriften entsprechend anzuwenden, soweit im Folgenden nichts anderes bestimmt ist.

Schrifttum: Loberg, Berichtigung von Zerlegungsbescheiden für die Gewerbesteuer, ZKF 1984, 237; Seitrich, Die Änderung der Zerlegung eines einheitlichen GewSt-Meßbetrags, DStZ 1985, 401; Kohlbecker, Änderung von Zerlegungsbescheiden bei der Gewerbesteuer, ZKF 1987, 248; Reiff, Die besondere Bestandskraft von Gewerbesteuer-Zerlegungsbescheiden, ZKF 1991, 53; Olbrich, Ist die Gewerbesteuerzerlegung verfassungswidrig?, DB 1996, 958; Blasweiler, Ist die Gewerbesteuerzerlegung tatsächlich verfassungswidrig?, DB 1996, 1648 mit Replik Olbrich DB 1996, 1649; App, Die Frist für den Erlass eines Grundsteuer-Zerlegungsbescheides des Finanzamts, ZMR 2012, 852; Fritsche/Fritsche, Ausgleichsansprüche bei fehlerhaft vereinnahmten Gewerbesteuern, LKV 2017, 258.

I. Allgemeines

1. Rechtsentwicklung

1 Die heutige, auf das StBereinG 1986 zurückgehende Fassung ist am 1.1.1987 in Kraft getreten. Dieser Änderung kommt allerdings nur klarstellende Bedeutung zu (BT-Drs. 10/1636, 48; BFH 24.3.1992 – VIII R 33/90, BStBl. II 1992, 869).

2. Anwendungsbereich

2 Der **(unmittelbare) Anwendungsbereich** ist auf die Zerlegung von StMessbeträgen beschränkt. Da zzt. StMessbeträge lediglich bei RealSt festgesetzt werden, sind die Zerlegungsvorschriften nur auf die GewSt und GrSt anwendbar (→ § 184 Rn. 2). Die Norm regelt die Zerlegung auf mehrere zur Erhebung der jeweiligen RealSt in Betracht kommende Gemeinden. Kommt nur eine Gemeinde in Betracht, so kommt kein Zerlegungsbescheid, sondern nur ein Zuteilungsbescheid (→ § 189 Rn. 1 ff.) in Betracht. Die Zerlegung der KSt, LSt und des Zinsabschlags richtet sich nach den Vorschriften des ZerlG. Allerdings erklärt § 6 III ZerlG die §§ 185–188 für das Zerlegungsverfahren der KSt mit bestimmten Maßgaben als sinngemäß anwendbar. Demgegenüber verneint § 7 VIII ZerlG ausdrücklich eine Anwendbarkeit der §§ 185–189 auf das Verfahren bei der Zerlegung der LSt. Zur Zerlegung der GrESt vgl. Pahlke GrEStG § 17 Rn. 33 ff.

3 **Nur das Verfahren der Zerlegung** ist in der AO geregelt. Das materielle Zerlegungsrecht, dh in welchen Fällen und wie (Zerlegungsmaßstab) eine Zerlegung vorzunehmen ist, richtet sich nach den EinzelStGesetzen (§§ 28 ff. GewStG, §§ 22 ff. GrStG). Das Zerlegungsverfahren ist zwar ein selbständiges Verfahren, doch wird es in der Praxis häufig mit der Festsetzung der Messbeträge verbunden.

4 **Rechtsnatur.** Der Zerlegungsbescheid schiebt sich gleichsam zwischen StMessbescheid und RealSt-Bescheid (BFH 13.5.1993 – IV R 1/91, BStBl. II 1993, 828). Funktional ist er sowohl Folge- als auch Grundlagenbescheid, nämlich einerseits Folgebescheid des StMessbescheids (§ 182 I iVm §§ 185, 184 I 4) andererseits Grundlagenbescheid (§ 171 X) für die Real-StBescheide (vgl. App ZMR 2012, 852). Auch ergeht der Zerlegungsbescheid stets aufgrund einer Ap. iSv § 171 IV, es sei denn, die tatsächliche Prüfung hatte nicht die Zerlegung zum Gegenstand. Die Anordnung der Ap. für die GewSt umfasst auch die Zerlegung der GewSt (BFH 13.5.1993 – IV R 1/91, BStBl. II 1993, 828). Die Zerlegung stellt letztlich nur einen verfahrensrechtlich verselbständigten Teil im Rahmen der Festsetzung der GewSt dar. Zerlegungsbescheide sind zerlegte Messbescheide, die das Verhältnis des Stpfl. zum StGläubiger regeln (BFH 24.3.1992 – VIII R 33/90, BStBl. II 1992, 869). Darüber hinaus entfaltet der Zerlegungsbescheid auch Bindungswirkung bezüglich der IHK-Beiträge (OVG Münster 24.2.1997 – 25 A 4720/94, GewArch 1997, 296, ob eine Betriebstätte vorliegt; → § 184 Rn. 3a).

5 **Gegen das Zuteilungsverfahren bestehen keine verfassungsrechtlichen Bedenken.** Dies gilt auch im Hinblick auf die unterschiedlichen Hebesätze der steuerberechtigten Gemeinden, da durch § 33 GewStG unbillige Ergebnisse korrigiert werden können (ebenso in Bezug auf die §§ 28–34 GewStG Glanegger/Güroff GewStG § 29 Rn. 1b; Blasweiler DB 1996, 1648; aA Olbrich DB 1996, 958 u. 1649).

II. Regelungsinhalt

6 § 185 verweist hinsichtlich des Zerlegungsverfahrens bei StMessbeträgen auf § 184, soweit nicht in den §§ 186 ff. etwas anderes bestimmt ist.

7 **Geltung der allgemeinen Vorschriften.** Der Zerlegungsbescheid ist VA. Dementsprechend sind grds. die für den Erlass eines VA gültigen Vorschriften (§§ 85 ff.) unmittelbar anzuwenden. Zuständig für die Zerlegung ist nach § 22 bei der GrSt das LageFA und

bei der GewSt das BetriebsFA (→ § 184 Rn. 31). Für die Einleitung des Zerlegungsverfahrens bedarf es grds. keines Antrags (§§ 85 S. 1, 88). Eine besondere Erklärung der Zerlegungsgrundlagen ist gesetzlich nicht vorgesehen. Offenbare Unrichtigkeiten können gem. § 129 berichtigt werden (BFH 27.3.1996 – I R 83/94, BStBl. II 1996, 509).

8 **Entsprechende Anwendung der für StMessbeträge geltenden Vorschriften.** Indem § 185 (soweit die §§ 186 ff. keine besonderen Regelungen enthalten) die entsprechende Anwendung des § 184 anordnet, sind über § 184 I 3 iVm §§ 1 II Nr. 4 und 3 II die Vorschriften über die Besteuerung (§§ 134–217) sinngemäß anzuwenden. Die sinngemäße Anwendung dieser Vorschriften verlangt eine zweckgerichtete Anwendung unter Beachtung der Besonderheiten des Zerlegungsverfahrens (BFH 24.3.1992 – VIII R 33/90, BStBl. II 1992, 869 zu § 173 I und BFH 20.4.1999 – VIII R 13/97, BStBl. II 1999, 542 zu § 175 I Nr. 1). Auch kommt zB eine Schätzung nach § 162 in Betracht, wenn sich ein Anteil an der Zerlegung nicht sicher feststellen lässt (Gosch AO § 185 Rn. 11). Zur Änderung von Zerlegungsbescheiden → § 188 Rn. 5.

§ 186 Beteiligte

Am Zerlegungsverfahren sind beteiligt:

1. der Steuerpflichtige,

2. die Steuerberechtigten, denen ein Anteil an dem Steuermessbetrag zugeteilt worden ist oder die einen Anteil beanspruchen. [2] Soweit die Festsetzung der Steuer dem Steuerberechtigten nicht obliegt, tritt an seine Stelle die für die Festsetzung der Steuer zuständige Behörde.

Schrifttum: Seitrich, Die Änderung der Zerlegung eines einheitlichen GewSt-Messbetrags, DStZ 1985, 401.

1 **Wer Beteiligter** im Zerlegungsverfahren ist, wird in § 186 gesondert geregelt, da der Beteiligtenbegriff des § 78 die Besonderheiten dieses Verfahrens (insb. Einbeziehung der hebeberechtigten Gemeinden) nicht berücksichtigt. § 186 verdrängt demnach als Spezialvorschrift § 78 (TK § 186 Rn. 1).

2 **Steuerpflichtiger (Nr. 1).** Er ist stets Beteiligter, da die Hebesätze der RealSt (→ § 184 Rn. 2) in den Gemeinden unterschiedlich hoch sind und sich bei jeder Zerlegung (und zwar nicht nur bei Änderungen der Zerlegung) für ihn wirtschaftliche Auswirkungen ergeben können (HHSp § 186 Rn. 3). Zum Begriff des Stpfl. → § 184 Rn. 7 ff.

3 **Steuerberechtigte (Nr. 2).** Nach **S. 1** sind am Zerlegungsverfahren die Gemeinden beteiligt, denen (bereits) ein Anteil am StMessbetrag zugewiesen worden ist oder die einen solchen Anteil beanspruchen. Unerheblich ist, ob einer Gemeinde zu Recht ein Anteil am StMessbetrag zugewiesen worden ist oder ob eine Gemeinde tatsächlich einen Anspruch auf einen Anteil hat. Vielmehr genügt die bloße Geltendmachung eines solchen Anspruchs (BFH 12.10.1977 – I R 226/75, BStBl. II 1978, 111; Gosch AO § 186 Rn. 8). Werden die RealSt nicht von den Gemeinden festgesetzt und erhoben (wie in den Stadtstaaten Berlin und Hamburg), so sind die FÄ nach **S. 2** zu beteiligen (s. Art. 108 IV 2 GG; BFH 25.11.2009 – I R 18/08, BFH/NV 2010, 941).

4 **Verfahrensfragen.** Die Beteiligten haben im Zerlegungsverfahren sowohl **Mitwirkungsrechte** (§ 90) als auch Anspruch auf **rechtliches Gehör** (§ 91). Die Entscheidung über die Zerlegung kann gegenüber dem Stpfl. und den Gemeinden, die einen Anteil an dem zu zerlegenden Messbetrag beanspruchen, nur einheitlich ergehen (BFH 14.9.1994 – I R 60/93, BFH/NV 1995, 484; BFH 1.10.1981 – I B 31, 32/81, NVwZ 1982, 400). Ein Vorbehalt der Nachprüfung (§ 164) ist ebenfalls allen betroffenen Beteiligten gem. § 188 I bekanntzugeben (BFH 27.3.1996 – I R 83/94, BStBl. II 1996, 509). Von der Beteiligung am Zerlegungsverfahren ist die Beteiligung im außergerichtlichen und gerichtlichen **Rechtsbehelfsverfahren** zu unterscheiden. Hier richtet sich die Beteiligung nach § 360 bzw. § 60 III FGO. In Rechtsstreiten wegen der Zerlegung eines GewSt-Messbetrags sind

diejenigen Beteiligten **notwendig beizuladen,** deren Interessen vom Klagebegehren berührt werden (BFH 28.10.1999 – I R 8/98, BFH/NV 2000, 579). Eine Gemeinde ist auch dann beizuladen, wenn sie erfolglos einen Anteil am StMessbetrag beansprucht hat. Eine Gemeinde, die selbst keinen Anspruch geltend macht, ist hingegen nicht notwendig beizuladen (BFH 14.2.2012 – I B 50/11, BFH/NV 2012, 920). Übergangene Gemeinden, die nicht innerhalb der Jahresfrist des § 189 S. 3 einen Änderungsantrag stellen, sind jedoch keine Beteiligte und demnach auch nicht beizuladen (BFH 12.5.1992 – VIII R 45/90, BFH/NV 1993, 191). Eine gebotene, aber unterlassene Hinzuziehung im Einspruchsverfahren wird durch die Beiladung im Klageverfahren geheilt (BFH 24.3.1998 – I R 97/97, BFH/NV 1999, 179). Nach § 123 I 2 FGO ist die Nachholung einer unterlassenen notwendigen Beiladung im Revisionsverfahren zulässig (Gräber FGO § 123 Rn. 4 ff.; BFH 18.12.2002 – I R 12/02, BFH/NV 2003, 636); nicht jedoch im NZB-Verfahren und führt als Verstoß gegen die Grundordnung des Verfahrens zur Aufhebung des FG-Urt. und Zurückverweisung an das FG (§ 116 I FGO; BFH 26.6.2012 – IV B 108/11, BFH/NV 2012, 1620; BFH 21.12.2011 – IV B 101/10, BFH/NV 2012, 598). Von der Beteiligteneigenschaft ist zudem die für die **Einlegung eines Rechtsmittels** notwendige Beschwer nach § 350 bzw. § 40 II FGO zu unterscheiden (→ § 188 Rn. 7). Auch kann die Klagebefugnis (§ 42 FGO, § 351 I) sachlich begrenzt sein (BFH 20.4.1999 – VIII R 13/97, BStBl. II 1999, 542).

§ 187 Akteneinsicht

Die beteiligten Steuerberechtigten können von der zuständigen Finanzbehörde Auskunft über die Zerlegungsgrundlagen verlangen und durch ihre Amtsträger Einsicht in die Zerlegungsunterlagen nehmen.

Vergleichbare Vorschriften: § 29 VwVfG, § 25 SGB X

Allgemeines. Das Auskunfts- und Akteneinsichtsrecht der beteiligten StBerechtigten 1
soll sicherstellen, dass die beteiligten Gemeinden durch die Zerlegungsentscheidung nicht überrascht werden. Im Übrigen ergeben sich die Rechte aus § 187 bereits aus § 21 I, III 1 FVG.

Anspruchsberechtigung. Nur die beteiligten StBerechtigten (zum Begriff s. § 186 2
Nr. 2) und nicht der Stpfl. können von der zuständigen FB (gem. § 22 das LageFA bzw. BetriebsFA) **Auskunft** über die Zerlegungsgrundlagen verlangen und in die Zerlegungsunterlagen **Einsicht** nehmen. Die Begriffe „Zerlegungsgrundlagen" und „Zerlegungsunterlagen" lassen sich nicht scharf voneinander trennen. Zu den Zerlegungsgrundlagen zählen die Besteuerungsgrundlagen und die Zerlegungsmaßstäbe (HHSp § 187 Rn. 6). Die Gemeinden müssen sich über alle für die Entscheidung erheblichen Tatsachen informieren können. Das Einsichtsrecht in die Zerlegungsunterlagen der FB besteht aber nicht vorbehaltslos und allg., sondern **nur im Rahmen eines konkreten Zerlegungsverfahrens,** das mit einem Zerlegungsbescheid (§ 188) endet (BFH 21.7.1999 – I R 111/98, BFH/NV 2000, 346). Ist ein Zerlegungsbescheid bestandskräftig und hat die Gemeinde gem. § 189 keine Nachholungs-/Änderungsmöglichkeit, so besteht auch kein Einsichtsrecht. Bei einer Klage fehlt dann das für die begehrte Akteneinsicht erforderliche Rechtsschutzbedürfnis (BFH 29.3.1994 – VII B 58/94, BFH/NV 1995, 58). Nach dem eindeutigen Wortlaut des § 187 dürfen die Gemeinden die Einsichtnahme nur **durch ihre Amtsträger** (§ 7) vornehmen lassen und nicht durch Bevollmächtigte (FG Düsseldorf 11.9.1998 – 18 K 3888/96 AO, EFG 1998, 1555; offengelassen von BFH 21.7.1999 – I R 111/98, BFH/NV 2000, 346). Diese Einschränkung dient dem Schutz des StGeheimnisses, da Amtsträger gem. § 30 I das StGeheimnis zu wahren haben. § 30 III Nr. 1 ist entspr. anwendbar (TK § 187 Rn. 1; aA HHSp § 187 Rn. 7). Im finanzgerichtlichen Verfahren gilt allerdings § 78 FGO (HHSp § 187 Rn. 7).

§ 188 Zerlegungsbescheid

(1) [1]Über die Zerlegung ergeht ein schriftlicher oder elektronischer Bescheid (Zerlegungsbescheid), der den Beteiligten bekannt zu geben ist, soweit sie betroffen sind. [2]Die Bekanntgabe an Gemeinden erfolgt durch Bereitstellung zum Abruf nach § 122a; eine Einwilligung der Gemeinde ist nicht erforderlich.

(2) [1]Der Zerlegungsbescheid muss die Höhe des zu zerlegenden Steuermessbetrags angeben und bestimmen, welche Anteile den beteiligten Steuerberechtigten zugeteilt werden. [2]Er muss ferner die Zerlegungsgrundlagen angeben.

Schrifttum: Seitrich, Die Änderung der Zerlegung des einheitlichen GewSt-Meßbetrags, DStZ 1985, 401; Kohlbecker, Änderung von Zerlegungsbescheiden bei der Gewerbesteuer, ZKF 1987, 248; Reiff, Die besondere Bestandskraft von Gewerbesteuer-Zerlegungsbescheiden, ZKF 1991, 53; Schmitz/Ueffert, Grundsätze der Gewerbesteuer unter besonderer Berücksichtigung des Zusammenwirkens von Finanzamt und Kommune und des Rechtsbehelfsverfahrens, JuS 1992, 330; Bahn, Einwirkungsmöglichkeiten der Kommunen bei der Gewerbesteuer, NWB 2016, 1367.

I. Allgemeines

1 § 188 regelt die Bekanntgabe sowie den notwendigen Inhalt eines Zerlegungsbescheids. Zur Rechtsnatur des Zerlegungsbescheids → § 185 Rn. 4.

II. Regelungsinhalt

1. Bekanntgabe des Zerlegungsbescheids (Abs. 1)

2 Das FA hat über die Zerlegung gem. § 119 III, IV einen Bescheid (Zerlegungsbescheid) in schriftlicher oder elektronischer Form zu erteilen. Dieser ist gem. § 122 den Beteiligten (§ 186) bekannt zu geben, soweit sie betroffen sind. Es besteht ein Zwang zur inhaltlichen Einheitlichkeit der Entscheidung (BFH 15.5.2024 – IV R 23/21, BFH/NV 2024, 1136; → § 186 Rn. 4). Betroffen sind die Beteiligten immer dann, wenn ihre Interessen berührt sind (Gosch AO § 188 Rn. 11). Da der Stpfl. (§ 186 Nr. 1) von dem Zerlegungsbescheid immer betroffen ist, ist ihm der vollständige Zerlegungsbescheid bekannt zu geben (vgl. AEAO zu § 188). Demgegenüber erhalten die einzelnen beteiligten Gemeinden (§ 186 Nr. 2 S. 1; zum Begriff → § 186 Rn. 3) nur einen kurzgefassten Bescheid mit den sie betreffenden Daten (vgl. BT-Drs. 7/4292, 34). Die Daten müssen allerdings so ausführlich sein, dass die jeweilige Gemeinde nachprüfen kann, ob sie gegenüber anderen Gemeinden benachteiligt wird. Hierzu gehört die Kenntnis aller zugeteilten Zerlegungsanteile (BFH 12.10.1977 – I R 227/75, BStBl. II 1978, 160). Soweit den betroffenen Gemeinden Zerlegungsgrundlagen nicht bekannt gegeben werden, können sie diese im Wege einer Akteneinsicht (§ 187) erfahren. Soll die Zerlegung unter dem Vorbehalt der Nachprüfung oder vorläufig (§ 164 I bzw. § 165 I iVm §§ 185, 184 I 3) erfolgen, so ist diese Nebenbestimmung in allen Bescheiden aufzunehmen (vgl. BFH 15.5.2024 – IV R 23/21, BFH/NV 2024, 1136; Gosch AO § 188 Rn. 8). Zur Nachholung unterbliebener Vorbehaltsvermerke s. BFH 27.3.1996 – I R 83/94, BStBl. II 1996, 509. Ebenso ist die Aufhebung des Nachprüfungsvorbehalts allen am Zerlegungsverfahren Beteiligten bekannt zu geben. An den Inhalt einer vorbehaltslosen Zerlegungsentscheidung ist die FB aufgrund des Einheitlichkeitsgrundsatzes auch gegenüber den weiteren Beteiligten gebunden (vgl. BFH 15.5.2024 – IV R 23/21, BFH/NV 2024, 1136). Hat eine beteiligte Gemeinde zu Unrecht einen Zerlegungsanteil beansprucht, so sollte der von ihr geltend gemachte Anspruch schon im Hinblick auf die Regelungen in § 189 ausdrücklich zurückgewiesen werden (TK § 188 Rn. 3). Eine landesgesetzliche Delegation der Bekanntgabe auf die Gemeinden ist zulässig (→ § 184 Rn. 15). Zerlegungsbescheide, die für RealSt des Jahres 2025 und nachfolgend maßgeblich sind, werden an die Gemeinden zwingend im elektronischen Abrufverfahren nach § 122a bekannt gegeben. Auf die Zustimmung der Gemeinden kommt es nicht an (§ 184 I 2; vgl. Art. 97 § 35 EGAO; BT-Drs. 457/22, 161, 166). Sofern noch nicht

gegeben, müssen die Gemeinden die technischen Voraussetzungen bis dahin schaffen (→ § 184 Rn. 30).

2. Inhalt des Zerlegungsbescheids (Abs. 2)

Höhe und Anteilszuteilung. Der Zerlegungsbescheid muss die Höhe der zu zerlegenden StMessbeträge angeben und bestimmen, welche Anteile den beteiligten StBerechtigten zugeteilt werden. Die Zerlegung eines StMessbetrags muss in einem einheitlichen Bescheid vorgenommen werden. Unzulässig ist demnach, dass in einem Bescheid über die Zerlegung zwischen einer mehrgemeindlichen Betriebstätte und einer anderen Betriebstätte (Hauptzerlegung) und in einem weiteren Bescheid über die Zerlegung zwischen den zu der mehrgemeindlichen Betriebstätte gehörenden Gemeinden entschieden wird (BFH 12.10.1977 – I R 227/75, BStBl. II 1978, 160, Gosch AO § 188 Rn. 10). Die Höhe des zu zerlegenden StMessbetrags ergibt sich bindend aus dem StMessbescheid als Grundlagenbescheid (§ 182 I iVm §§ 185, 184 I 4). Ein Zerlegungsbescheid, der nicht bestimmt, welche Anteile den beteiligten StBerechtigten zugeteilt werden, ist inhaltlich nicht hinreichend bestimmt (§ 119) und damit nichtig (§ 125 I). Die Bindungswirkung des Zerlegungsbescheids umfasst den im Zerlegungsbescheid festgestellten Zerlegungsanteil nur nach seinem Betrag (BFH 20.4.1999 – VIII R 13/97, BStBl. II 1999, 542). 3

Die Zerlegungsgrundlagen, dh die Besteuerungsgrundlagen und die Zerlegungsmaßstäbe, gehören ebenfalls zum notwendigen Inhalt (→ § 187 Rn. 2). Für die Frage, ob ein GewStMessbetrag zu zerlegen ist und welcher Zerlegungsmaßstab anzuwenden ist, kommt es auf die Verhältnisse im Erhebungszeitraum (Kj.) an. Dies gilt auch bei einem abweichenden Wirtschaftsjahr (BFH 17.2.1993 – I R 19/92, BStBl. II 1993, 679). Die Angabe der Zerlegungsgrundlagen gehört zur Begründung des VA iSd § 121 (BFH 20.4.1999 – VIII R 13/97, BStBl. II 1999, 542). Die Begründung kann nachgeholt werden (§ 126 I Nr. 2; Gosch AO § 188 Rn. 15). 4

III. Korrektur von Zerlegungsbescheiden

Als allg. Verfahrensvorschrift gilt **§ 129** (Berichtigung offenbarer Unrichtigkeiten) für das Zerlegungsverfahren unmittelbar (BFH 27.3.1996 – I R 83/94, BStBl. II 1996, 509; Gosch AO § 188 Rn. 19). Daneben sind aufgrund der Verweisung in §§ 185, 184 I 3 die Vorschriften über die Aufhebung und Änderung von StBescheiden grds. entspr. anwendbar (→ § 185 Rn. 8). Eine auf **§§ 164 II, 165 II** gestützte Änderung der Zerlegung erfordert, dass die ursprünglichen Zerlegungsbescheide einen entsprechenden Vorbehalts- bzw. Vorläufigkeitsvermerk enthalten und allen am Zerlegungsverfahren Beteiligten (§ 186) bekannt gegeben worden sind (BFH 27.3.1996 – I R 83/94, BStBl. II 1996, 509; → Rn. 2). Soll gem. **§ 172 I Nr. 2a** geändert werden, ist die Zustimmung aller Beteiligten (§ 186) erforderlich. Der Anwendbarkeit des **§ 173 I** steht die Änderungsvorschrift des § 189 nicht entgegen, da diese allein für den Fall der Nichtberücksichtigung von Gemeinden bei der Zerlegung eine abschließende Regelung trifft. Weder dem Wortlaut noch der Entstehungsgeschichte des § 189 noch der Systematik des Zerlegungsverfahrens lässt sich zwingend entnehmen, dass § 173 I nicht anwendbar sein soll (BFH 24.3.1992 – VIII R 33/90, BStBl. II 1992, 869; BFH 7.9.2005 – VIII R 42/02, BFH/NV 2006, 498). Allerdings gebieten die Besonderheiten des Zerlegungsverfahrens bei sinngemäßer Anwendung des § 173 I, dass im Wege einer teleologischen Reduktion nur auf den einzelnen Zerlegungsanteil abgestellt und nicht mehr zwischen einer Änderung zuungunsten (§ 173 I Nr. 1) und einer solchen zugunsten (§ 173 I Nr. 2) unterschieden wird. Ebenso sind etwaige Ermittlungsfehler des FA und eventuelle Verletzungen von Mitwirkungspflichten durch den Stpfl. und/oder die Gemeinden unbeachtlich (BFH 12.5.1992 – VIII R 45/90, BFH/NV 1993, 191). Entsprechendes muss auch bei einer Änderung nach **§ 174** gelten; Erkennbarkeit hinsichtlich des einzelnen Zerlegungsanteils ist ausreichend (offengelassen von BFH 12.5.1992 – VIII R 45/90, BFH/NV 1993, 191). Wird der StMessbescheid (Grundlagen- 5 bescheid iSv § 171 X) aufgehoben oder geändert, so ist auch der Zerlegungsbescheid als Folgebescheid gem. **§ 175 I Nr. 1** aufzuheben oder zu ändern. Da sich diese Änderung auf eine Anpassung an den geänderten Messbescheid beschränkt, findet eine neue Zerlegung nicht statt. Dies schließt allerdings eine Berichtigung von materiellen Fehlern zugunsten und zuungunsten gem. **§ 177** nicht aus (BFH 20.4.1999 – VIII R 13/97, BStBl. II 1999, 542; HHSp § 185 Rn. 22; TK § 188 Rn. 4). Daneben enthält **§ 189** eine besondere Änderungsvorschrift.

IV. Rechtsbehelfe gegen Zerlegungsbescheide

6 Einspruch und Klage. Gegen den Zerlegungsbescheid können der Stpfl. und die beteiligten Gemeinden Einspruch einlegen (§ 347); dies auch, wenn ein Antrag auf Berücksichtigung bei der Zerlegung abgelehnt worden ist. Gegen die Einspruchsentscheidung des FA ist die Klage vor dem FG gegeben. Vorläufiger Rechtsschutz des Stpfl. kann auch bei Zerlegungsbescheiden durch AdV (§ 361; § 69 FGO) gewährt werden. Eine Gemeinde kann allerdings keine AdV des Zerlegungsbescheides erlangen, denn für sie hat der Zerlegungsbescheid keinen vollziehbaren Inhalt (BFH 20.5.2022 – IV B 50/21 (AdV), BFH/NV 2022, 819). Sie ist infolge der Gesetzmäßigkeit der Verwaltung (Art. 20 III GG) zur Umsetzung des Zerlegungsbescheides verpflichtet (§ 1 II Nr. 4, § 175 I 1 Nr. 1 AO; vgl. BFH 20.5.2022 – IV B 50/21 (AdV), BFH/NV 2022, 819).

7 **Beschwer (§ 350; § 40 II FGO).** Der Stpfl. ist beschwert, wenn er mit seinem Rechtsbehelf einen niedrigeren Hebesatz anstrebt. Dementsprechend ist ein Rechtsbehelf, mit dem er eine Umverteilung des StMessbetrags zwischen mehreren Gemeinden mit gleichen Hebesätzen begehrt, mangels Beschwer unzulässig (BFH 25.4.1977 – IV S 3/77, BStBl. II 1977, 612). Eine Gemeinde ist beschwert, wenn sie geltend macht, dass ihr ein höherer Anteil zusteht (BFH 24.3.1992 – VIII R 33/90, BStBl. II 1992, 869; Gosch AO § 188 Rn. 21). Ihre Klagebefugnis ist jedoch im Hinblick auf § 40 II FGO, § 351 I auf den Erhöhungsbetrag sachlich begrenzt (BFH 20.4.1999 – VIII R 13/97, BStBl. II 1999, 542). Dem steht § 40 III FGO nicht entgegen (Gräber FGO § 40 Rn. 123). Zur Beiladung → § 186 Rn. 4.

8 **Sachliche Einschränkung.** Es können nur Einwendungen gegen die Zerlegung selbst vorgebracht werden, nicht hingegen hinsichtlich der Messbetragsfestsetzung, da der Messbescheid für die Zerlegung einen Grundlagenbescheid iSv § 171 X darstellt. Zur Bindungswirkung eines Grundlagenbescheids vgl. BFH 10.8.1989 – III R 5/87, BStBl. II 1990, 38. Diese Bindungswirkung ist auch bei der Anpassung eines Zerlegungsbescheids an einen GewStMessbescheid zu beachten (BFH 24.3.1992 – VIII R 33/90, BStBl. II 1992, 869).

§ 189 Änderung der Zerlegung

[1] Ist der Anspruch eines Steuerberechtigten auf einen Anteil am Steuermessbetrag nicht berücksichtigt und auch nicht zurückgewiesen worden, so wird die Zerlegung von Amts wegen oder auf Antrag geändert oder nachgeholt. [2] Ist der bisherige Zerlegungsbescheid gegenüber denjenigen Steuerberechtigten, die an dem Zerlegungsverfahren bereits beteiligt waren, unanfechtbar geworden, so dürfen bei der Änderung der Zerlegung nur solche Änderungen vorgenommen werden, die sich aus der nachträglichen Berücksichtigung der bisher übergangenen Steuerberechtigten ergeben. [3] Eine Änderung oder Nachholung der Zerlegung unterbleibt, wenn ein Jahr vergangen ist, seitdem der Steuermessbescheid unanfechtbar geworden ist, es sei denn, dass der übergangene Steuerberechtigte die Änderung oder Nachholung der Zerlegung vor Ablauf des Jahres beantragt hatte.

Schrifttum: Seitrich, Die Änderung der Zerlegung des einheitlichen GewSt-Meßbetrags, DStZ 1985, 401; Kohlbecker, Änderung von Zerlegungsbescheiden bei der Gewerbesteuer, ZKF 1987, 248; Lohmeyer, Die Zerlegung von Steuermeßbeträgen, KStZ 1990, 86; App, Die Frist für den Erlass eines Grundsteuer-Zerlegungsbescheides des Finanzamts, ZMR 2012, 852.

I. Allgemeines

§ 189 ermöglicht die nachträgliche Berücksichtigung einer steuerberechtigten Gemeinde, die bislang unberücksichtigt geblieben und deren Anspruch auch nicht zurückgewiesen worden ist. Hat keine Zerlegung stattgefunden, so ist sie nachzuholen, ansonsten ist sie zu ändern. § 189 ist eine spezielle Änderungsvorschrift und trifft allein für den Fall der Nichtberücksichtigung von Gemeinden bei der Zerlegung eine abschließende Regelung (BFH 24.3.1992 – VIII R 33/90, BStBl. II 1992, 869; BFH 7.9.2005 – VIII R 42/02, BFH/NV 2006, 498). Eine Änderung gem. §§ 172 ff. ist im Übrigen nach § 185 iVm § 184 I 3 möglich (→ § 188 Rn. 5). § 189 S. 1 ist keine Rechtsgrundlage, um Fehler zu korrigieren, die auf der Berücksichtigung einer nicht steuerberechtigten Gemeinde beruhen (BFH 14.9.1994 – I R 60/93, BFH/NV 1995, 484). Wird die hebeberechtigte Gemeinde ohne Zuteilungs- oder Zerlegungsverfahren lediglich im GewStBescheid der Kommune bestimmt, so erfolgt die Überprüfung und ggf. Korrektur im Verwaltungsrechtsweg (vgl. BFH 11.5.2023 – IV R 3/19, BFH/NV 2023, 1206; → § 184 Rn. 32 f.). 1

II. Regelungsinhalt

1. Nichtberücksichtigung einer steuerberechtigten Gemeinde (S. 1)

Nichtberücksichtigung. Der Anspruch einer steuerberechtigten Gemeinde auf einem Anteil am StMessbetrag muss unberücksichtigt geblieben sein. Unerheblich ist, weshalb die Gemeinde übergangen worden ist (BFH 7.9.2005 – VIII R 42/02, BFH/NV 2006, 498; TK § 189 Rn. 1). Wurde der Antrag bereits zurückgewiesen, entfällt die Änderungsmöglichkeit nach § 189 S. 1. Im Hinblick hierauf ist es zweckmäßig, jeden geltend gemachten Anspruch, soweit er nicht begründet ist, ausdrücklich zurückzuweisen, obwohl dies in § 188 II nicht angeordnet ist (→ § 188 Rn. 2). 2

Antragsberechtigt ist lediglich die übergangene Gemeinde. Der Antrag muss so gestellt sein, dass ihm das Begehren eines Hoheitsakts der FB (nämlich Änderung der Zerlegung) mit ausreichender Klarheit zu entnehmen ist. Die Mitteilung der Gewerbeanmeldung durch die Gemeinde gem. § 138 I 1 genügt diesen Anforderungen nicht (vgl. BFH 25.2.1972 – VIII R 21/66, BStBl. II 1972, 472). Der Stpfl. ist nicht antragsberechtigt. So kann ein Antrag des Stpfl. auch nicht über die Grundsätze der öffentlich-rechtlichen Geschäftsführung ohne Auftrag als für den StBerechtigten gestellt behandelt werden (BFH 8.11.2000 – I R 1/00, BStBl. II 2001, 769). Auch ohne Antrag muss das FA von Amts wegen handeln, sobald es von der Nichtberücksichtigung einer steuerberechtigten Gemeinde erfährt („von Amts wegen", vgl. Gosch AO § 189 Rn. 8). 3

2. Änderung bei Unanfechtbarkeit des Zerlegungsbescheids (S. 2)

S. 2 bestimmt, dass im Fall der Unanfechtbarkeit des Zerlegungsbescheids nur solche Änderungen zulässig sind, die die nachträgliche Berücksichtigung notwendig machen. Der nach der nachträglichen Berücksichtigung verbleibende Betrag ist den übrigen Gemeinden weiterhin nach dem bisher angenommenen Verhältnis zuzuteilen (TK § 189 Rn. 3). Die bisher schon beteiligten steuerberechtigten Gemeinden können gegen die geänderte Zerlegung nur solche Einwendungen erheben, die die StBerechtigung des neuen Beteiligten und dessen Anteil betreffen. Eine völlig neue Zerlegung ist demnach ausgeschlossen. Die Nachholung einer unterbliebenen Zerlegung hingegen ist – auch bei Änderung eines gem. § 173 II erhöht bestandskräftigen StMessbescheides – nicht auf den Änderungsbetrag begrenzt (vgl. FG Niedersachsen 9.6.2022 – 10 K 129/19, EFG 2023, 215). 4

3. Ausschlussfrist für die Änderung oder Nachholung der Zerlegung (S. 3)

5 **Zerlegungssperre.** Die Änderung bzw. Nachholung der Zerlegung unterbleibt, wenn ein Jahr vergangen ist, seitdem der StMessbescheid unanfechtbar geworden ist (sog. Zerlegungssperre). Ob und wann eine Zerlegung stattgefunden hat, ist für die Ausschlussfrist unerheblich. § 189 S. 3 differenziert nicht zwischen Erst- und Änderungsbescheiden und auch nicht nach dem Rechtsgrund oder dem Umfang der Änderung (BFH 28.6.2000 – I R 84/98, BStBl. II 2001, 3; Gosch AO § 189 Rn. 12). Wird der Messbescheid geändert, so beginnt die einjährige Ausschlussfrist mit der Unanfechtbarkeit des geänderten Bescheids erneut zu laufen (BFH 13.1.1959 – I B 7/58 U, BStBl. III 1959, 106; aA Glanegger/Güroff GewStG § 28 Rn. 14). Gleiches gilt, wenn der Vorbehalt nach § 164 III aufgehoben oder ein vorläufiger Messbescheid gem. § 165 II für endgültig erklärt wird (BFH 12.10.1977 – I R 226/75, BStBl. II 1978, 111; HHSp § 189 Rn. 11). Die zeitliche Begrenzung ist unabhängig von der Festsetzungsfrist (BFH 28.6.2000 – I R 84/98, BStBl. II 2001, 3).

6 **Die Ausschlussfrist ist gewahrt,** wenn die übergangene Gemeinde vor Ablauf des Jahres einen Antrag auf erstmalige oder abweichende Zerlegung gestellt hat. Die Zerlegungssperre greift auch nicht ein, wenn eine (erstmalige oder abweichende) Zerlegung schon vor Erlass des StMessbescheids beantragt wurde (BFH 22.9.1977 – IV R 10/73, BStBl. II 1978, 120; BFH 2.2.2012 – IV B 60/10, BFH/NV 2012, 699). Es genügt nämlich, wenn bis zum Ablauf der Ausschlussfrist überhaupt ein Antrag gestellt worden ist. Denn der Sinn der Frist ist darin zu sehen, dass es bei der Zerlegung bleiben soll, wenn bis zum Fristablauf kein (weiterer) Zerlegungsanspruch geltend gemacht wurde. Der **Zweck** der Zerlegungssperre besteht vor allem darin, innerhalb eines Jahres nach Bestandskraft des StMessbescheids Klarheit darüber zu erlangen, ob noch weitere StBerechtigte einen Zerlegungsanteil beanspruchen (BFH 17.2.1993 – I R 19/92, BStBl. II 1993, 679; BFH 2.2.2012 – IV B 60/10, BFH/NV 2012, 699; Gosch AO § 189 Rn. 2). Die Jahresfrist dient damit dem erheblichen Interesse der übrigen StBerechtigten an einem baldigen Bestandsschutz (BFH 24.3.1992 – VIII R 33/90, BStBl. II 1992, 869). Die Gemeinden benötigen Planungssicherheit für ihr StAufkommen. Bei Versäumnis der Ausschlussfrist ist **Wiedereinsetzung** in den vorigen Stand gem. § 110 möglich; so zB wenn die betr. Gemeinde trotz Nachfragen nichts über den Erlass eines StMessbescheids erfahren oder von den für eine Zerlegung maßgebenden Veränderungen keine Kenntnis erlangt hat (Gosch AO § 189 Rn. 12; HHSp § 189 Rn. 13). Ein fristgerecht gestellter Antrag auf Änderung oder Nachholung der Zerlegung wirkt nur für den StBerechtigten, der den Antrag gestellt hat (BFH 17.2.1993 – I R 19/92, BStBl. II 1993, 679). Eine andere steuerberechtigte übergangene Gemeinde, die die Ausschlussfrist versäumt hat, ist nicht Beteiligte und kann an dem neuen Zerlegungsverfahren nicht teilnehmen (BFH 12.5.1992 – VIII R 45/90, BFH/NV 1993, 191).

III. Verfahrensfragen

7 Soweit durch die Änderung des bisherigen Zerlegungsbescheids in die Rechte eines Beteiligten eingegriffen wird, soll ihm nach § 91 rechtliches Gehör gewährt werden (TK § 189 Rn. 3). Diese Beteiligten sind im Einspruchsverfahren gem. § 360 III notwendig hinzuzuziehen bzw. im Klageverfahren gem. § 60 III FGO beizuladen (→ § 186 Rn. 4). Wird der (auf Antrag der übergangenen Gemeinde oder von Amts wegen) geänderte Zerlegungsbescheid angefochten, so ist § 351 I besonders zu beachten.

§ 190 Zuteilungsverfahren

[1] **Ist ein Steuermessbetrag in voller Höhe einem Steuerberechtigten zuzuteilen, besteht aber Streit darüber, welchem Steuerberechtigten der Steuermessbetrag zusteht, so entscheidet die Finanzbehörde auf Antrag eines Beteiligten durch**

Zuteilungsbescheid. [2]Die für das Zerlegungsverfahren geltenden Vorschriften sind entsprechend anzuwenden.

Schrifttum: Lohmeyer, Die Zerlegung von Steuermeßbeträgen, KStZ 1990, 86.

I. Allgemeines

§ 190 regelt die Zuteilung des vollen StMessbetrags, wenn Streit darüber besteht, welchem StBerechtigten der StMessbetrag zusteht. Die Höhe des StMessbetrags kann im Zuteilungsverfahren nicht überprüft werden. Gegenstand dieses Verfahrens ist ausschl. die Zuteilung des (bereits) festgesetzten StMessbetrags an den allein Berechtigten (bei mehreren StBerechtigten greift das Zerlegungsverfahren → § 185 Rn. 2). 1

II. Regelungsinhalt

Anders als das Zerlegungsverfahren (→ § 189 Rn. 3) wird das Zuteilungsverfahren **nur auf Antrag** in Gang gesetzt (BFH 8.11.2000 – I R 2/00, HFR 2001, 748). Es muss bereits ein Messbetrag festgesetzt sein (FG München 30.1.2023 – 7 K 2200/18, EFG 2023, 672). Antragsberechtigt sind die Beteiligten (§ 186; BFH 14.2.2012 – I B 50/11, BFH/NV 2012, 920). Neben den Gemeinden besitzt auch der Stpfl. ein Antragsrecht, und zwar unabhängig davon, ob er selbst beschwert ist. Das Zuteilungsverfahren ist ein eigenständiges Verfahren, auf das gem. § 190 S. 2 die Vorschriften über die Zerlegung entspr. anzuwenden sind. Dies sind die §§ 185–189. Darunter fallen nach § 190 S. 2 iVm § 185 iVm § 184 I 3 iVm §§ 1 II Nr. 4 und 3 II die Vorschriften über die Durchführung der Besteuerung im Vierten Teil des Gesetzes (§§ 134–217). 2

III. Verfahrensfragen

Die **Zuständigkeit** der FB ergibt sich aus der sinngemäßen Anwendung des § 22 (TK § 190 Rn. 1; Klein § 22 Rn. 3; aA Gosch AO § 190 Rn. 5: Es gilt die Ersatzzuständigkeit nach § 24; mit dem guten Argument einer Heilung über § 127 offengelassen vom FG München 30.1.2023 – 7 K 2200/18, EFG 2023, 672 mwN). Dem Meinungsstreit kommt kaum praktische Bedeutung zu, weil sich der Anlass für die Zuteilung idR im Zusammenhang mit der Festsetzung des StMessbetrags ergibt.BFH 19.11.2003 – I R 88/02, BStBl. II 2004, 751 3

Der Antrag auf Erlass eines Zuteilungsbescheids muss entspr. § 189 S. 3 spätestens ein Jahr nach Unanfechtbarkeit des StMessbescheids gestellt sein. Maßgeblich ist die formelle Unanfechtbarkeit, weshalb auch ein unter Vorbehalt der Nachprüfung (→ § 164 Rn. 1 ff.) stehender GewStMessbescheid die **Jahresfrist** auslöst; die bescheidmäßige Aufhebung des Vorbehalts (anders als der Entfall nach § 164 IV) allerdings auch (FG München 30.1.2023 – 7 K 2200/18, EFG 2023, 672). Dies sperrt den Erlass eines Zuteilungsbescheides nach verstrichener Jahresfrist grds. selbst dann, wenn falsche Angaben des Stpfl. dazu geführt haben, dass der Ort der Betriebstätte unzutreffend angenommen wurde und eine nicht hebeberechtigte Gemeinde die GewSt erhoben hat (zur Jahresfrist und ihrer Rechtfertigung → § 189 Rn. 5 f.). Wiedereinsetzung (§ 110) in die versäumte Frist ist aber möglich (→ § 189 Rn. 6). Kann der StMessbescheid noch geändert werden, läuft auch die Jahresfrist erneut (→ § 189 Rn. 5). 4

Die Jahresfrist betrifft aber nur das Zuteilungsverfahren. Sie führt nicht zu jeglichem Ausschluss einer anderen, tatsächlich hebeberechtigten Gemeinde. Wurde kein Zuteilungsverfahren durchgeführt, kann die Angabe der hebeberechtigten Gemeinde auch unmittelbar im GewStBescheid erfolgen. Hiergegen ist dann der Verwaltungsrechtsweg gegeben (→ § 184 Rn. 32 f. und → § 189 Rn. 1). Durch den Verweis in S. 2 kommen über § 185 und § 184 I 3 iVm § 1 II Nr. 4 und § 3 II die Vorschriften zur Besteuerung (§§ 134–217) sinngemäß zur Anwendung. Damit sind auch die Vorschriften über die Aufhebung und Änderung von StBescheiden grds. entspr. anwendbar (→ § 185 Rn. 8 und → § 188 Rn. 5). 5

So kann es über § 174 I iVm § 1 II Nr. 4 auch ohne einen Zuteilungsbescheid zur Aufhebung eines fehlerhaften GewStBescheids kommen (vgl. BFH 11.5.2023 – IV R 3/19, BFH/NV 2023, 1206). Ein vorliegender Zuteilungsbescheid sperrt diese Möglichkeit allerdings.

6 Gegen den Zuteilungsbescheid ist der **Einspruch** gegeben; es kann AdV (§ 361; § 69 FGO) beantragt werden. Trotz seines uneingeschränkten Antragsrechts (→ Rn. 2) ist der Stpfl. nur dann zur Einlegung von Rechtsbehelfen befugt, wenn er auch beschwert ist (§ 350; § 40 II FGO; BFH 19.11.2003 – I R 88/02, BStBl. II 2004, 751). Die Beschwer richtet sich wie im Zerlegungsverfahren (→ § 188 Rn. 7) nach der Höhe des Hebesatzes (Gosch AO § 190 Rn. 11; TK § 190 Rn. 3; HHSp § 190 Rn. 9). Die Beteiligten sind notwendig hinzuzuziehen (§ 360 III) bzw. beizuladen (§ 60 III FGO; HHSp § 190 Rn. 10; BFH 14.2.2012 – I B 50/11, BFH/NV 2012, 920). Bei einem bereits ergangenen Zerlegungsbescheid kann der Zuteilungsbescheid mit dem Ziel beantragt werden, die Zuteilung unter gleichzeitiger Aufhebung des Zerlegungsbescheides zu erreichen, wenn nur eine zuteilungsberechtigte Betriebstätte besteht (FG Niedersachsen 18.1.2022 – 8 K 100/19, EFG 2022, 1048).

4. Unterabschnitt. Haftung

§ 191 Haftungsbescheide, Duldungsbescheide

(1) [1]Wer kraft Gesetzes für eine Steuer haftet (Haftungsschuldner), kann durch Haftungsbescheid, wer kraft Gesetzes verpflichtet ist, die Vollstreckung zu dulden, kann durch Duldungsbescheid in Anspruch genommen werden. [2]Die Anfechtung wegen Ansprüchen aus dem Steuerschuldverhältnis außerhalb des Insolvenzverfahrens erfolgt durch Duldungsbescheid, soweit sie nicht im Wege der Einrede nach § 9 des Anfechtungsgesetzes geltend zu machen ist; bei der Berechnung von Fristen nach den §§ 3 und 4 des Anfechtungsgesetzes steht der Erlass eines Duldungsbescheids der gerichtlichen Geltendmachung der Anfechtung nach § 7 Absatz 1 des Anfechtungsgesetzes gleich. [3]Die Bescheide sind schriftlich oder elektronisch zu erteilen.

(2) Bevor gegen einen Rechtsanwalt, Patentanwalt, Notar, Steuerberater, Steuerbevollmächtigten, Wirtschaftsprüfer oder vereidigten Buchprüfer wegen einer Handlung im Sinne des § 69, die er in Ausübung seines Berufs vorgenommen hat, ein Haftungsbescheid erlassen wird, gibt die Finanzbehörde der zuständigen Berufskammer Gelegenheit, die Gesichtspunkte vorzubringen, die von ihrem Standpunkt für die Entscheidung von Bedeutung sind.

(3) [1]Die Vorschriften über die Festsetzungsfrist sind auf den Erlass von Haftungsbescheiden entsprechend anzuwenden. [2]Die Festsetzungsfrist beträgt vier Jahre, in den Fällen des § 70 bei Steuerhinterziehung zehn Jahre, bei leichtfertiger Steuerverkürzung fünf Jahre, in den Fällen des § 71 zehn Jahre. [3]Die Festsetzungsfrist beginnt mit Ablauf des Kalenderjahrs, in dem der Tatbestand verwirklicht worden ist, an den das Gesetz die Haftungsfolge knüpft. [4]Ist die Steuer, für die gehaftet wird, noch nicht festgesetzt worden, so endet die Festsetzungsfrist für den Haftungsbescheid nicht vor Ablauf der für die Steuerfestsetzung geltenden Festsetzungsfrist; andernfalls gilt § 171 Absatz 10 sinngemäß. [5]In den Fällen der §§ 73 und 74 endet die Festsetzungsfrist nicht, bevor die gegen den Steuerschuldner festgesetzte Steuer verjährt (§ 228) ist.

(4) Ergibt sich die Haftung nicht aus den Steuergesetzen, so kann ein Haftungsbescheid ergehen, solange die Haftungsansprüche nach dem für sie maßgebenden Recht noch nicht verjährt sind.

(5) [1]Ein Haftungsbescheid kann nicht mehr ergehen,

1. soweit die Steuer gegen den Steuerschuldner nicht festgesetzt worden ist und wegen Ablaufs der Festsetzungsfrist auch nicht mehr festgesetzt werden kann,

2. soweit die gegen den Steuerschuldner festgesetzte Steuer verjährt ist oder die Steuer erlassen worden ist.

[2]Dies gilt nicht, wenn die Haftung darauf beruht, dass der Haftungsschuldner Steuerhinterziehung oder Steuerhehlerei begangen hat.

Schrifttum: Kanzler, Der Einwand finanzbehördlichen Mitverschuldens gegenüber Haftungsansprüchen aus dem Steuerschuldverhältnis, DStR 1985, 339; Kilger, Keine Gläubigeranfechtung durch Duldungsbescheid des Finanzamts, BB 1988, 2440; Nieuwenhuis, Die Gläubigeranfechtung des Finanzamts durch Duldungsbescheid: Rechtsunsicherheit ohne Ende?, BB 1991, 1307; Beermann, Haftungsbescheid nach der AO und Entschließungsermessen, FS Klein, 2013, 453; Mösbauer, Grenzen der haftungsmäßigen Inanspruchnahme des Arbeitgebers für die Lohnsteuer der Arbeitnehmer, FR 1995, 727; App, Duldungsbescheide des Finanzamts nach neu gefasstem Anfechtungsgesetz und neu gefasstem § 191 AO, DStZ 2002, 279; Hannhorst, Die Haftung der Gesellschafter für Steuerschulden der GbR, DStZ 2003, 751; Heintzen, Steuerliche Haftung und Duldung auf zivilrechtlicher Grundlage, DStZ 2010, 199; Steiner, Die Steuerhaftung des Testamentsvollstreckers, ErbStB 2011, 201; Nacke, Haftung für Steuerschulden, Köln 2017, Berninghaus, Der Geschäftsführer-Haftungsbescheid nach § 69 AO im finanzgerichtlichen Verfahren – Ermittlungspflichten des Finanzamts und Mitwirkungspflichten des Geschäftsführers bei der Haftungsinanspruchnahme für rückständige Umsatz- und Körperschaftsteuer der GmbH, DStR 2012, 1001; Bruschke, Die „Geschäftsführerhaftung" nach § 69 AO, DStZ 2012, 407; Nacke, Steuerliche Haftung in der Insolvenz, DB 2013, 1628; Olbing/Hennig, Die Wirkung der Insolvenzeröffnung auf Rechtsbehelfsverfahren gegen einen Anfechtungs- und Duldungsbescheid, ZInsO 2013, 119; Pedak, Probleme der Bekanntgabe von Steuerbescheiden an den faktischen GmbH-Geschäftsführer, seine Haftung und die Anwendbarkeit des § 166 AO, StBp 2014, 52; Rose, Haftung im Steuerrecht – Keine Drittwirkung der Steuerfestsetzung nach § 166 AO im Haftungsverfahren, wenn ein Vorbehalt der Nachprüfung besteht?, DStR 2016, 1152; Adam, Die abgabenrechtliche Haftung des Geschäftsführers, schwachen vorläufigen Insolvenzverwalters und vorläufigen Sachwalters, ZInsO 2017, 862.

Übersicht

A. Allgemeines

1 **Bedeutung der Vorschrift.** Die Inanspruchnahme desjenigen, der kraft Gesetzes für eine Steuer haftet, setzt den Erlass eines Haftungsbescheids voraus. Vergleichbar mit der Inanspruchnahme eines StSchuldners (→ § 218 Rn. 1) reicht es nicht aus, dass der Haftende die tatbestandlichen Voraussetzungen einer Haftungsnorm verwirklicht hat. Die FB darf gegen den Haftenden nur vorgehen, wenn der Haftungsanspruch durch VA (Haftungsbescheid) festgesetzt wurde. Damit unterscheidet der Gesetzgeber auch für die Haftung systematisch zwischen der Entstehung des Haftungsanspruchs und dessen Festsetzung durch VA (HHSp § 191 Rn. 10). Ob die tatbestandlichen Voraussetzungen für das Entstehen eines Haftungsanspruchs erfüllt sind, entscheidet sich allein nach den materiell-rechtlichen Haftungsnormen (insb. §§ 69–76). § 191 schafft somit nicht die materielle Grundlage für die Haftungs- oder Duldungsinanspruchnahme, sondern setzt die Anwendbarkeit entsprechender materieller Haftungsvorschriften bzw. gesetzlicher Grundlagen von Duldungsansprüchen voraus.

2 **Begriff der Haftung.** Haftung im steuerlichen Sinne bedeutet, dass jemand für die Erfüllung einer fremden StSchuld mit seinem eigenen Vermögen einzustehen hat (BFH 11.7.2001 – VII R 29/99, BFH/NV 2002, 305). Wer StSchuldner ist, kann daher nicht gleichzeitig haften.

3 **Begriff der Duldung.** Duldung bedeutet, die Vollstr. in Vermögensgegenstände zur Befriedigung fremder Verpflichtungen zulassen zu müssen. Der Gesetzgeber hat die Duldungspflicht als Unterfall der Haftung angesehen (HHSp § 191 Rn. 7). Derjenige, der zur Duldung verpflichtet ist, hat keine aktive Leistungspflicht, sondern muss nur die Vollstr. und Verwertung (passiv) hinnehmen. Er steht nicht mit seinem gesamten Vermögen für die fremde Leistungspflicht ein. Vielmehr erstreckt sich die Duldungspflicht nur auf bestimmte Gegenstände. Eine Duldungspflicht kann sich sowohl aus steuerlichen als auch aus zivilrechtlichen Vorschriften ergeben. Sind die materiellen Voraussetzungen der Duldungspflicht erfüllt, bedarf es zu ihrer Durchsetzung des Erlasses eines Duldungsbescheids nach § 191 I 1; insoweit gelten die Ausführungen zur Systematik des Haftungsbescheids entspr. für den Duldungsbescheid, falls sich aus dem Charakter der Duldungspflicht nichts anderes ergibt (HHSp § 191 Rn. 9).

4 **Haftung nach Zivil- und Steuerrecht.** Ein Haftungsbescheid kann nur gegenüber demjenigen erlassen werden, der kraft Gesetzes für eine Steuer haftet. Die Haftung kann sich nicht nur aus steuerlichen Vorschriften ergeben, sondern kann auch auf zivilrechtliche Normen gestützt werden. Die FB ist berechtigt, einen Haftungsanspruch, der auf zivilrechtlichen Normen beruht, durch Haftungsbescheid festzusetzen (BFH 12.12.2012 – XI B 70/11, BFH/NV 2013, 705; BFH 23.3.1998 – II R 7/95, BFH/NV 1998, 1329). Die

FB kann hingegen keine Schadensersatzansprüche (zB gegen einen Insolvenzverwalter wegen Nichtabführung von Lohn- und USt) im Zivilrechtsweg geltend machen. Die §§ 69, 34 und § 191 gehen vor (LG Darmstadt 13.6.1985 - 13 O 352/84, DStR 1985, 674).

Verhältnis zu § 219. Die Regelung des § 219 ist bei Erlass des Haftungsbescheids grds. nicht zu beachten (HHSp § 191 Rn. 28). § 219 schränkt nur die Inanspruchnahme des Haftungsschuldners auf Zahlung ein: Eine Zahlungsaufforderung (Leistungsgebot) an den Haftenden darf erst ergehen, wenn die Vollstr. in das bewegliche Vermögen des StSchuldners ohne Erfolg geblieben ist oder aussichtslos erscheint. Die FB hat § 219 erst im **Erhebungsverfahren** zu berücksichtigen. Liegen die Voraussetzungen des § 219 vor, ist es zulässig, Haftungsbescheid und Zahlungsaufforderung in einem Schriftstück zu verbinden. 5

B. Haftungsbescheid (Abs. 1)

I. Allgemeines

Bedeutung des Haftungsbescheids. Zur Geltendmachung des materiell-rechtlich entstandenen Haftungsanspruchs ist dessen Festsetzung durch VA notwendig (BFH 14.3.2012 – XI R 6/10, BFH/NV 2012, 1686; Klein § 191 Rn. 2). Die Entstehung des materiellen Haftungsanspruchs erfolgt unabhängig von dem Erlass eines Haftungsbescheids (BFH 15.10.1996 – VII R 46/96, BStBl. II 1997, 171). Ob die tatbestandlichen Voraussetzungen für die Entstehung eines Haftungsanspruchs erfüllt sind, entscheidet sich allein nach der materiell-rechtlichen Haftungsnorm (TK § 191 Rn. 2). Der Haftungsbescheid konkretisiert lediglich den bereits entstandenen (materiellen) Haftungsanspruch und stellt die Grundlage für die Verwirklichung des Anspruchs gem. § 218 dar (BFH 15.10.1996 – VII R 46/96, BStBl. II 1997, 171). Er hat trotz der erforderlichen Ermessensentscheidung keine konstitutive, sondern – (die FB hat Entschließungsermessen und bei mehreren Haftungsschuldnern Auswahlermessen) – nur eine deklaratorische Bedeutung (BFH 23.9.2009 – VII R 43/08, BStBl. II 2010, 215). Dasselbe gilt für die Geltendmachung der Duldung, auch nach dem AnfG nF (BFH 1.12.2005 – VII B 95/05, BFH/NV 2006, 701: keine unzulässige Rückwirkung). 16

Rechtsnatur. Der Haftungsbescheid ist ein **VA** iSd § 118, der weder StBescheid ist noch diesem gleichgestellt wird (BFH 25.2.1997 – VII R 15/96, BStBl. II 1998, 2; BFH 25.7.1989 – VII R 39/86, BStBl. II 1989, 821). Auf den Haftungsbescheid sind die allg. Vorschriften der §§ 118–133 anwendbar. Die AO 1977 trennt zwischen dem StFestsetzungs- und dem Haftungsverfahren. Daher gelten die Vorschriften über StBescheide nicht für den Haftungsbescheid, mit der Folge, dass ein Haftungsbescheid **weder** unter dem **Vorbehalt der Nachprüfung (§ 164)** ergehen kann, **noch** dass er mit einem **Vorläufigkeitsvermerk (§ 165)** versehen werden darf (BFH 17.3.2008 – V B 173/06, BFH/NV 2008, 1108). Ebenso ist die Änderung eines Haftungsbescheids nur unter den Voraussetzungen der **§§ 129–131** und nicht unter denen der §§ 172 ff. zulässig (BFH 12.8.1997 – VII R 107/96, BStBl. II 1998, 131). Auch eine entsprechende Anwendung der Vorschriften über StBescheide ist nur möglich, wenn dies ausdrücklich angeordnet ist (BFH 16.11.1995 – VI R 82/95, BFH/NV 1996, 285). Eine entsprechende ausdrückliche Anordnung besteht für die Anwendung der Vorschriften über die Festsetzungsfrist (§§ 169 –171) auf Haftungsbescheide (§ 191 III). Bei Erlass eines zusammengefassten Haftungsbescheids liegt für jede StArt und für jeden StAbschnitt ein eigenständiger VA vor (BFH 4.7.2013 – X B 91/13, BFH/NV 2013, 1540; BFH 16.12.2003 – VII R 77/00, BStBl. II 2005, 249; BFH 7.4.2005 – I B 140/04, BStBl. II 2006, 530). 17

Die Haftungsvorschriften sind voneinander zu unterscheiden. Die §§ 69–76 enthalten die materiellen Voraussetzungen für die Entstehung des Haftungsanspruchs. Die §§ 191, 192 regeln demgegenüber die Inanspruchnahme des Haftungsschuldners und die Festset- 17a zung der Haftungsschuld durch Haftungsbescheid. § 219 bestimmt schließlich ergänzend, unter welchen Voraussetzungen der Haftungsschuldner zur Zahlung aufgefordert werden darf. Der Haftungsbescheid ist die Grundlage für die unter den besonderen Voraussetzungen des § 219 zulässige Verwirklichung des Haftungsanspruchs (Klein § 191 Rn. 5). Dies entspricht der Trennung zwischen Festsetzungs- und Erhebungsverfahren.

17b Die kraft Gesetzes Haftenden und Duldungspflichtigen werden durch Haftungs- oder Duldungsbescheid in Anspruch genommen. Bei sog. Entrichtungsverpflichteten, die zugleich Haftungsschuldner sind (zB §§ 42d Abs. 4, 44 Abs. 5 S. 3 EStG), eröffnet § 167 I 1 ein Wahlrecht für die FB, solche Haftungsschuldner entweder durch Haftungsbescheid oder durch StBescheid in Anspruch zu nehmen (BFH 18.3.2009 – I B 210/08, BFH/NV 2009, 1237; BFH 13.12.2011 – II R 52/09, BFH/NV 2012, 695). Ein StSchuldner kann für dieselbe Abgabe nicht Haftender sein (vgl. BFH 15.4.1987 – VII R 160/83, BStBl. II 1988, 167; einschränkend FG Hamburg 13.9.2018 – 4 K 123/17, EFG 2019, 401).

17c § 191 verbindet Haftung- und Duldungspflicht, in dem Haftungs- und Duldungsbescheide gleichbehandelt werden. § 191 behandelt allerdings nur den Haftungsbescheid. Vor diesem Hintergrund ist in Bezug auf die Duldungspflicht jeweils zu prüfen, ob die Regelungen der Abs. 2–5 abschließend oder lückenhaft sind (ähnlich HHSp § 191 Rn. 9; Schwarz/Pahlke/Keß § 191 Rn. 67a).

II. Voraussetzungen für den Erlass eines Haftungsbescheids

1. Haften kraft Gesetzes

18 **a) Haftungsanspruch.** Der Erlass eines Haftungsbescheids setzt voraus, dass ein Haftungsanspruch materiell entstanden ist und **noch besteht** (BFH 15.10.1996 – VII R 46/96, BStBl. II 1997, 171). Ob ein Haftungsanspruch besteht, richtet sich nur danach, ob der Haftende die tatbestandlichen Voraussetzungen einer Haftungsnorm (insb. §§ 69–76) verwirklicht hat. § 191 trifft keine Regelung in Bezug auf das Bestehen eines Haftungsanspruchs, sondern setzt sein Bestehen voraus.

19 **b) Bestehen einer Erstschuld; Grundsatz der Akzessorietät.** Ein Haftungsanspruch kann nur bestehen, wenn auch eine StSchuld (Erstschuld) existiert, denn für die Haftung gilt der **Grundsatz der Akzessorietät** (BFH 11.7.2001 – VII R 29/99, BFH/NV 2002, 305; BFH 15.10.1996 – VII R 46/96, BStBl. II 1997, 171; Nacke Rn. 710). Die Haftungsschuld ist daher von der Entstehung und dem Fortbestand der Erstschuld abhängig (BFH 11.9.2013 – I R 77/11, BFH/NV 2014, 105; BFH 11.7.2001 – VII R 28/99, BStBl. II 2002, 267), nicht aber von deren Festsetzung (→ Rn. 166). Somit führt das Erlöschen der StSchuld auch zum Untergang des Haftungsanspruchs (BFH 7.11.1995 – VII R 26/95, BFH/NV 1996, 379; BFH 5.11.1992 – I R 41/92, BStBl. II 1993, 407). Dieser Grundsatz wird allerdings für den Fall der StHinterziehung bzw. StHehlerei durchbrochen (zu Einzelheiten → Rn. 119). Nach diesen Grundsätzen kann ein Haftungsanspruch auch nicht vor dem StAnspruch entstehen. Ausnahme hierzu ist der Haftungsanspruch nach § 76; dieser Sachhaftungsanspruch kann bereits mit der Herstellung der verbrauchsteuerpflichtigen Ware entstehen.

20 **Festsetzung der Erstschuld entbehrlich.** Der Haftungsanspruch kann gegenüber dem Haftungsschuldner geltend gemacht werden, ohne dass die Erstschuld gegenüber dem StSchuldner bereits festgesetzt wurde (BFH 12.10.1999 – VII R 98/98, BStBl. II 2000, 486; BVerwG 16.9.1997 – 8 B 143/97, BStBl. II 1997, 782). Die Festsetzung des StAnspruchs ist für den Erlass eines Haftungsbescheids ohne Bedeutung (BFH 7.11.1995 – VII R 26/95, BFH/NV 1996, 379). Ausreichend ist vielmehr, dass der StAnspruch materiell entstanden ist.

21 **Bestandskraft des StBescheids unerheblich.** Da es nicht auf die Festsetzung der StSchuld ankommt, beeinflusst es die Rechtmäßigkeit des Haftungsbescheids auch nicht, wenn der StBescheid vorläufig ergeht (§ 165) oder unter dem Vorbehalt der Nachprüfung

steht (§ 164). Unerheblich ist ferner, ob der StBescheid angefochten wurde und daher noch nicht bestandskräftig ist.

Zu niedrige StFestsetzung. Hat die FB den StAnspruch zu niedrig festgesetzt, steht dies der Geltendmachung eines höheren Haftungsanspruchs grds. nicht entgegen (BFH 5.10.2004 – VII R 7/04, BStBl. II 2006, 343; aA wohl Schwarz/Pahlke/Keß § 191 Rn. 13a). Kann die FB die StFestsetzung mangels **Änderungsvorschrift** nicht mehr korrigieren, dürfte der Erlass eines Haftungsbescheids über den höheren StBetrag jedoch ermessensfehlerhaft sein (BFH 9.10.1992 – VI R 47/91, BStBl. II 1993, 169). 22

Erlöschen der Erstschuld. Ein Haftungsbescheid ist nur rechtmäßig, wenn die Erstschuld bei Erlass der letzten Verwaltungsentscheidung noch besteht (Klein § 191 Rn. 16). Letzte Verwaltungsentscheidung ist idR die Einspruchsentscheidung. Wird die Erstschuld vor Erlass des Haftungsbescheids getilgt oder wird die Steuer niedriger festgesetzt, so hat die FB dies bei Erlass des Haftungsbescheids zu berücksichtigen. Gleiches gilt, wenn die Erstschuld nach Erlass des Haftungsbescheids und noch vor Ergehen der Einspruchsentscheidung erlischt (BFH 8.8.1991 – V R 19/88, BStBl. II 1991, 939). Die FB muss den Haftungsbescheid aufheben bzw. gem. § 130 ändern (BFH 17.10.1980 – VI R 136/77, BStBl. II 1981, 138). Wird der StSchuldner dagegen in einem Insolvenzplan freigestellt, gilt dies nicht (BFH 15.5.2013 – VII R 2/12, BFH/NV 2013, 1543). Ebenso berührt der Eintritt der Zahlungsverjährung für den StAnspruch (Primäranspruch) nicht die Rechtmäßigkeit des Haftungsbescheids (BFH 11.7.2001 – VII R 28/99, BStBl. II 2002, 267). Der Haftungsbescheid erledigt sich nicht etwa von selbst. Im Klageverfahren gilt § 68 FGO (Klein § 191 Rn. 16). Zu berücksichtigen sind sowohl Zahlungen des Stpfl. als auch Zahlungen eines anderen Haftungsschuldners (BFH 4.12.2007 – VII R 37/06, BFH/NV 2008, 526; Nacke Rn. 725). Die FB kann die Zahlung eines anderen Haftungsschuldners jedoch unberücksichtigt lassen, wenn dieser Einspruch bzw. Klage gegen den Haftungsbescheid erhoben hat, weil sie in diesem Fall jederzeit mit der ersatzlosen Aufhebung des Haftungsbescheids rechnen muss (BFH 17.10.1980 – VI R 136/77, BStBl. II 1981, 138). 23

Haftung für USt-Vorauszahlung. Der Geltendmachung eines Haftungsanspruchs für USt-Vorauszahlungen steht der Erlass des USt-Jahresbescheids nicht entgegen (BFH 13.3.2014 – V B 47/13, BFH/NV 2014, 827; BFH 12.10.1999 – VII R 98/98, BStBl. II 2000, 486). Zwar erledigt sich ein Vorauszahlungsbescheid in verfahrensrechtlicher Hinsicht durch die Bekanntgabe des USt-Jahresbescheids (BFH 17.3.1994 – V R 39/92, BStBl. II 1994, 538). Dennoch kann ein Haftungsbescheid erlassen werden, weil die USt-Vorauszahlungsschuld durch den Erlass des Jahresbescheids weder **erloschen** noch **untergegangen** ist (BFH 12.10.1999 – VII R 98/98, BStBl. II 2000, 486). 24

Zahlungen, die **nach Bekanntgabe der den Haftungsbescheid betreffenden Einspruchsentscheidung** auf die Erstschuld geleistet werden, beeinflussen die Rechtmäßigkeit des Haftungsbescheids dagegen nicht mehr (BFH 16.6.2005 – VII B 295/04, BFH/NV 2005, 1748; BFH 17.10.1980 – VI R 136/77, BStBl. II 1981, 138). Die Minderung der Erstschuld nach diesem Zeitpunkt kann allerdings den **Widerruf des Haftungsbescheids** rechtfertigen (BFH 16.11.1995 – VI R 82/95, BFH/NV 1996, 285); eine Änderung zugunsten des Haftenden ist dabei auch nach Ablauf der Festsetzungsfrist für den Haftungsbescheid zulässig (BFH 12.8.1997 – VII R 107/96, BStBl. II 1998, 131). 25

Klageverfahren. Zahlungen während eines Klageverfahrens darf das FG bei seiner Entscheidung über den Haftungsbescheid nicht mehr zu berücksichtigen (aA BFH 18.5.1983 – I R 193/79, BStBl. II 1983, 544). Das FG hat die Rechtmäßigkeit der Entscheidung der FB im Zeitpunkt der letzten Verwaltungsentscheidung zu prüfen. Danach eintretende Umstände beeinflussen die Rechtmäßigkeit der Entscheidung nicht mehr (glA Klein § 191 Rn. 19). An diesem Grundsatz hat auch die Änderung des § 102 FGO nichts geändert. Zwar darf die FB nach § 102 S. 2 FGO ihre Ermessenserwägungen noch bis zum Abschluss der mündlichen Verhandlung vor dem FG ergänzen. Dennoch hat das Gericht weiterhin nur zu prüfen, ob zum Zeitpunkt der letzten Verwaltungsentscheidung ein rechtmäßiger VA vorlag (TK FGO § 102 Rn. 7). Auf Grundlage des § 102 S. 2 FGO 26 können zudem keine Änderungen der Rechtsfolgen des Haftungsbescheids, wie zB die Herabsetzung der Haftungssumme, vorgenommen werden. Insoweit liegt eine als Teilrücknahme iSd § 130 I zu wertende, aber wegen (idR) nicht hinreichend bestimmter Reduzierung der Haftungssumme, unwirksame Erklärung des FA vor (BFH 27.11.2019 – XI R 56/17, BFH/NV 2020, 775).

27 Eine nach Ergehen des Haftungsbescheids eintretende **Zahlungs- oder Festsetzungsverjährung** für die dem Haftungsbescheid zugrunde liegende StSchuld berührt die Rechtmäßigkeit des Haftungsbescheids ebenfalls nicht (BFH 11.7.2001 – VII R 29/99, HFR 2002, 277).

28 **Abrechnungsbescheid (§ 218 II).** Besteht Streit über die Frage, ob die Erstschuld tatsächlich getilgt wurde, muss hierüber durch Abrechnungsbescheid entschieden werden.

29 **c) Haften kraft Gesetzes.** Ein Haftungsschuldner kann durch Haftungsbescheid in Anspruch genommen werden, wenn er kraft Gesetzes für eine Steuer haftet. Dabei ist die Inanspruchnahme durch Haftungsbescheid nicht auf Haftungstatbestände begrenzt, die steuerlicher Natur sind (HHSp § 191 Rn. 26). Neben den Haftungsnormen der AO und der EinzelStG kommt insb. eine **Haftung nach Zivilrecht** in Betracht (std. Rspr., zB BFH 19.12.2013 – III R 25/10, BFH/NV 2014, 928; BFH 3.3.2011 – V B 17/10, BFH/NV 2011, 1105; BFH 7.4.1998 – VII R 82/97, BStBl. II 1998, 531).

30 Zivilrechtliche Haftungsnormen sind insb.:

Die Gesellschafter einer **OHG** haften für die betrieblichen Steuern der Gesellschaft (USt, GewSt) nach § 126 HGB nF – MoPeG v. 10.8.2021 (BGBl. 2021 I 3436) – (BFH 4.5.2011 – VII B 236/10, BFH/NV 2011, 1473).

Komplementäre einer **KG** haften nach § 161 HGB, während Kommanditisten in Höhe ihrer Einlage haften, soweit die Haftung nicht durch Leistung der Einlage nach § 171 I HGB ausgeschlossen ist (BFH 12.12.2012 – XI B 70/11, BFH/NV 2013, 705; BFH 24.6.1986 – VII R 193/82, BStBl. II 1986, 872).

Die Haftung der Gesellschafter einer **GbR** für die StSchulden der Gesellschaft hatte der BFH bisher wenig überzeugend auf den Rechtsgedanken der §§ 421, 427 BGB gestützt (BFH 26.8.1997 – VII R 63/97, BStBl. II 1997, 745; BFH 23.10.1985 – VII R 187/82, BStBl. II 1986, 156; ablehnend TK Vor § 69 Rn. 44). Nachdem der BGH nunmehr die Haftung der GbR-Gesellschafter auf die analoge Anwendung des § 128 HGB (nunmehr § 721 BGB – seit 1.1.2024 – Inkrafttreten des MoPeG) stützt (BGH 29.1.2001 – II ZR 331/00, BGHZ 146, 341), ist dieses Haftungsmodell auch auf die StSchulden der GbR anzuwenden (BFH 9.5.2006 – VII R 50/05, BStBl. II 2007, 600; TK Vor § 69 Rn. 43).

31 Die Gesellschafter einer **KapGes** haften grds. nicht persönlich für die Schulden der Gesellschaft. Hier kann eine Haftung nur ausnahmsweise nach den Grundsätzen der Konzernhaftung oder der Durchgriffshaftung in Betracht kommen (Klein § 69 Rn. 181 ff.). Darüber hinaus kann für nicht eingezahlte oder unter Verstoß gegen § 30 I GmbHG zurückgezahlte Einlagen gehaftet werden. Zur Haftung der Gesellschafter einer Vorgründungs- bzw. Vor-GmbH vgl. TK Vor § 69 Rn. 49 ff.

32 Weitere Haftungsnormen sind insb. §§ 2371, 2382, 2383 BGB für den Erbschaftskäufer, § 25 HGB für den Erwerber eines Handelsgeschäfts (zB BFH 11.6.2012 – VII B 198/11, BFH/NV 2012, 1572) und § 28 HGB für denjenigen, der in das Geschäft eines Einzelkaufmanns als persönlich haftender Gesellschafter oder Kommanditist eintritt. Als taugliche Haftungsnormen lässt der BFH dagegen – mE zu Recht – die §§ 823 ff. BGB nicht ausreichen (→ § 71 Rn. 19).

Zur Haftung eines **Vereinsvorstands** vgl. Nacke Rn. 292 ff.

Zur Haftung des **Insolvenzverwalters** oder Konkursverwalters vgl. TK Vor § 69 Rn. 59.

33 **d) Subsidiarität der Haftung.** Der Haftungsschuldner darf nach § 219 nur auf Zahlung in Anspruch genommen werden, soweit die Vollstr. in das bewegliche Vermögen des StSchuldners ohne Erfolg geblieben oder anzunehmen ist, dass die Vollstr. aussichtslos sein

würde (Grundsatz der Subsidiarität). Dies bedeutet allerdings nicht, dass ein Haftungsbescheid erst bei Vorliegen der Voraussetzungen des § 219 erlassen werden darf (TK § 191 Rn. 16). § 219 hat nur für die Erhebung der Haftungsschuld Bedeutung. Ein Haftungsbescheid kann schon vorher ergehen (zu Einzelheiten → Rn. 6 und → § 219 Rn. 40).

2. Haften für eine Steuer

Mit einem Haftungsbescheid kann die Haftung sowohl für Steuern als auch für **steuerliche Nebenleistungen** (§ 3 IV) geltend gemacht werden (BFH 4.5.2011 – VII B 236/10, BFH/NV 2011, 1473). Obwohl § 191 I nur von der Haftung für „Steuern" spricht, ist mit dieser Formulierung eine Begrenzung des Haftungsverfahrens nach § 191 nicht verbunden (BFH 24.2.1987 – VII R 4/84, BStBl. II 1987, 363; BFH 27.6.1989 – VII R 100/86, BStBl. II 1989, 952). § 191 regelt ausschl. die verfahrensrechtliche Seite des Haftungsanspruchs. Wird nach den materiellen Haftungsnormen auch für steuerliche Nebenleistungen gehaftet, ist es zulässig, diesen Haftungsanspruch gem. § 191 durch Haftungsbescheid geltend zu machen. § 191 ist auch auf die Eigenheimzulage bei Verletzung der Mitteilungspflicht nach § 12 II EigZulG anwendbar (FG Nürnberg 6.12.2018 – 4 K 268/17, EFG 2019, 1129). § 191 gilt auch bei einer Anfechtung wegen Ansprüchen aus dem StSchuldverhältnis nach dem AnfG (→ Rn. 135 ff.). 34

III. Ermessensentscheidung

1. Allgemeines

Zweigliedrige Entscheidung. Die Inanspruchnahme eines Haftungsschuldners steht im Ermessen (§ 5) der FB (BFH 19.12.2000 – VII R 63/99, BStBl. II 2001, 217; BFH 8.11.1988 – VII R 78/85, BStBl. II 1989, 118). Die Überprüfung eines Haftungsbescheids erschöpft sich aber nicht in der Kontrolle der Ermessensentscheidung. Vielmehr ist die Entscheidung über die Inanspruchnahme eines Haftungsschuldners zweigliedrig (BFH 12.12.1996 – VII R 53/96, BFH/NV 1997, 386; BFH 4.10.1988 – VII R 53/85, BFH/NV 1989, 274). Zunächst muss geprüft werden, ob der potenzielle Haftungsschuldner die tatbestandlichen Voraussetzungen einer Haftungsnorm erfüllt hat. Dabei handelt es sich um eine reine **Rechtsentscheidung,** die uneingeschränkt vom FG überprüft werden kann (Klein § 191 Rn. 30). Bejaht die FB die tatbestandlichen Voraussetzungen einer Haftungsnorm, hat sie in einem weiteren Schritt eine **Ermessensentscheidung** zu treffen. Auch diese Ermessensentscheidung kann sich wiederum in zwei Stufen vollziehen: Die FB hat vorrangig zu prüfen, ob ein Haftungsschuldner überhaupt in Anspruch genommen werden soll (Entschließungsermessen). Des Weiteren muss die FB eine Auswahlentscheidung treffen, welchen von mehreren Haftenden sie in Anspruch nehmen will (Auswahlermessen). 35

Die Ermessensentscheidung ist im Rahmen des § 102 FGO durch das FG nur daraufhin zu überprüfen, ob die gesetzlichen Grenzen des Ermessens überschritten sind oder von dem Ermessen in einer dem Zweck der Vorschrift nicht entsprechenden Weise Gebrauch gemacht worden ist (BFH 13.6.1997 – VII R 96/96, BFH/NV 1998, 4; zur gerichtlichen Kontrolle von Ermessensentscheidungen → § 5 Rn. 38 ff.).

Grundsätze der Ermessensentscheidung. Die FB hat ihre Ermessensentscheidung am Zweck der Haftungsnorm auszurichten (TK § 191 Rn. 45; zu Einzelheiten → § 5 Rn. 1 ff.). Die Verpflichtung der FB, geschuldete Abgaben auch einzutreiben, ist gegen die individuellen Interessen des Haftenden abzuwägen (BFH 25.7.1989 – VII R 54/86, BStBl. II 1990, 284). Fehlerhaft ist eine Ermessensentscheidung, wenn die FB bei ihrer Entscheidung Gesichtspunkte tatsächlicher oder rechtlicher Art außer Acht lässt, die nach Sinn und Zweck der Ermessensvorschrift zu berücksichtigen wären (BFH 15.5.2013 – VII R 2/12, BFH/NV 2013, 1543; BFH 12.12.1996 – VII R 53/96, BFH/NV 1997, 386). Der Haftungsanspruch ist gegenüber dem StAnspruch grundsätzlich subsidiär (BFH 23.9.2009 – VII R 43/08, BStBl. II 2010, 215): Wenn feststeht, dass der StSchuldner zur 36

Zahlung in der Lage und ohne Weiteres erreichbar ist, muss dieser in Anspruch genommen werden (BFH 12.9.2014 – VII B 99/13, BFH/NV 2015, 161). Die Inanspruchnahme des StSchuldners ist also idR vorrangig (BFH 23.9.2009 – VII R 43/08, BStBl. II 2010, 215). Der StSchuldner hat demgegenüber keinen Anspruch auf Prüfung und (Ermessens-)Entscheidung dahingehend, ob die StForderung durch Inanspruchnahme eines Haftungsschuldners realisiert werden kann (BFH 8.7.2004 – VII B 257/03, BFH/NV 2004, 1513).

37 **Sachverhaltsaufklärung.** Die Ermessensentscheidung genügt den gesetzlichen Anforderungen nur, wenn die FB den entscheidungserheblichen Sachverhalt einwandfrei und erschöpfend ermittelt hat (BFH 25.7.1989 – VII R 54/86, BStBl. II 1990, 284). Geht die FB von einem unvollständigen oder unrichtigen Sachverhalt aus, ist die Ermessensentscheidung rechtswidrig und der Haftungsbescheid ist aufzuheben (BFH 11.3.1986 – VII R 144/81, BFH/NV 1987, 137). Dies bedeutet jedoch nicht, dass sämtliche Umstände des Einzelfalls lückenlos aufzuklären wären. Die Ermittlung muss sich nur auf die Umstände erstrecken, die nach Sinn und Zweck der Ermessensvorschrift für die Ermessensausübung von Bedeutung sind (Nacke Rn. 730). Dabei kann auch die fehlende Aufklärung von Umständen, die sich auf die tatbestandlichen Voraussetzungen der Haftungsnorm beziehen, zu einem Ermittlungsdefizit führen, wenn sie Bedeutung für die Ermessensentscheidung haben können (BFH 12.12.1996 – VII R 53/96, BFH/NV 1997, 386). Dies ist zB der Fall, wenn bei der Geschäftsführerhaftung nach § 69 der Grad des Verschuldens Einfluss auf das Entschließungs- oder Auswahlermessen haben kann (BFH 12.5.1992 – VII R 15/91, BFH/NV 1993, 143; BFH 13.4.1978 – V R 109/75, BStBl. II 1978, 508).

38 **Begründung der Ermessensentscheidung.** Die Ermessensentscheidung über die Inanspruchnahme des Haftungsschuldners ist zu begründen, damit das Gericht die Entscheidung im Rahmen des § 102 FGO überprüfen kann (BFH 13.6.1997 – VII R 96/96, BFH/NV 1998, 4; BFH 29.9.1987 – VII R 54/84, BStBl. II 1988, 176). Dabei müssen aus der Begründung die für die Ausübung des Ermessens angestellten Erwägungen hinreichend erkennbar sein. Es muss deutlich werden, dass die FB das **Für und Wider** der Inanspruchnahme des Haftungsschuldners abgewogen hat (BFH 12.5.1992 – VII R 15/91, BFH/NV 1993, 143). Die FB hat zum Ausdruck zu bringen, warum sie den Haftungsschuldner statt des StSchuldners in Anspruch nimmt. Sie hat ferner ggf. zu erläutern, warum der Haftungsschuldner anstelle einer anderen, ebenfalls für die Haftung in Betracht kommenden Person, haften soll (BFH 22.9.1992 – VII R 73–74/91, BFH/NV 1993, 215). Darüber hinaus muss der Begründung der Sachverhalt, der der Ermessensentscheidung zugrunde gelegt wurde, entnommen werden können (Schwarz/Pahlke/Keß § 191 Rn. 39). Allein **floskelhafte Feststellungen** über Billigkeit und Zweckmäßigkeit der Inanspruchnahme des Haftungsschuldners genügen den Anforderungen an die Begründung der Ermessensentscheidung nicht (BFH 18.9.1981 – VI R 44/77, BStBl. II 1981, 801).

39 **Fehlende Begründung.** Fehlt eine Begründung, ist der Haftungsbescheid idR rechtswidrig, weil davon auszugehen ist, dass die FB ihr Ermessen nicht ausgeübt hat (BFH 1.3.1999 – VII B 292/98, BFH/NV 1999, 1182; BFH 7.4.1992 – VII R 104/90, BFH/NV 1993, 213; → § 5 Rn. 34). Eine Begründung ist lediglich entbehrlich, wenn die Ermessenserwägungen dem Haftenden bekannt sind (BFH 22.9.1992 – VII R 73–74/91, BFH/NV 1993, 215) oder die Ermessensentscheidung vorgeprägt ist (BFH 26.2.1991 – VII R 3/90, BFH/NV 1991, 504). Allerdings ist es auch in den Fällen der Entbehrlichkeit einer Begründung notwendig, dass erkennbar ist, dass sich die FB bewusst war, eine Ermessensentscheidung zu treffen (BFH 13.6.1997 – VII R 96/96, BFH/NV 1998, 4).

2. Entschließungsermessen

40 Es steht im Ermessen der FB, ob sie den Haftungsschuldner überhaupt in Anspruch nehmen will (BFH 8.11.1988 – VII R 78/85, BStBl. II 1989, 118; zu Recht krit. TK § 191 Rn. 36 ff.: Die Einräumung von Ermessen lässt sich nur schwer mit der Verpflichtung zur gleichmäßigen Erhebung von Steuern in Einklang bringen). Die FB unterliegt keiner strikten Verpflichtung, einen Haftungsanspruch auch durchzusetzen. Darin unter-

scheidet sich der Haftungsanspruch ganz entscheidend vom StAnspruch; den StAnspruch muss die FB durchsetzen (TK § 191 Rn. 37). Obwohl der FB vom Gesetzgeber Ermessen bzgl. der Inanspruchnahme des Haftungsschuldners eingeräumt wurde, gehört es dennoch zu den Pflichten der Behörde, geschuldete Abgaben zu erheben. Aus diesem Grund ist es idR ermessensgerecht, wenn die FB sich für den Erlass eines Haftungsbescheids entscheidet (BFH 18.4.2012 – I B 123/11, BFH/NV 2012, 1299; HHSp § 191 Rn. 33). Aufgrund der **Subsidiarität** des Haftungsanspruchs hat sich die FB jedoch zunächst an den StSchuldner zu wenden (BFH 28.2.1973 – II R 57/71, BStBl. II 1973, 573).

Bei **Uneinbringlichkeit der Erstschuld** ist die Inanspruchnahme des Haftungsschuld- 41
ners nur bei Vorliegen außergewöhnlicher Umstände ermessensfehlerhaft (BFH 18.4.2012 – I B 123/11, BFH/NV 2012, 1299; BFH 13.6.1997 – VII R 96/96, BFH/NV 1998, 4). Im öffentlichen Interesse ist die FB verpflichtet, geschuldete Abgaben nach Möglichkeit beizutreiben. Entscheidet sich die FB für die Inanspruchnahme des Haftungsschuldners, ist eine Begründung entbehrlich, wenn außergewöhnliche Umstände weder vorgetragen noch ersichtlich sind und der StAnspruch anderweitig nicht realisiert werden könnte (BFH 13.11.1990 – VII R 96/88, BFH/NV 1991, 641; Bruschke DStZ 2012, 407).

Erlass der StSchuld (§ 227). Bei der Ermessensausübung ist zu berücksichtigen, ob 42
dem StSchuldner die Steuern zu erlassen gewesen wären (BFH 25.7.1989 – VII R 54/86, BStBl. II 1990, 284). Es fehlt an einem Schaden, wenn ein Erlass der StSchuld aus Billigkeitsgründen in Betracht kommt. Gleiches gilt bei einer Haftung für **Säumniszuschläge.** Wären die Säumniszuschläge dem StSchuldner zu erlassen, weil er zahlungsunfähig oder überschuldet war und die Säumniszuschläge daher ihren Zweck nicht hätten erreichen können (vgl. BFH 16.7.1997 – XI R 32/96, BStBl. II 1998, 7), so scheidet eine Haftung für diese Beträge aus (BFH 26.7.1988 – VII R 83/87, BStBl. II 1988, 859). Der Haftungsschuldner kann sich im Hinblick auf die Akzessorietät der Haftung darauf berufen, dass ihm der Erlassanspruch, der dem StSchuldner zusteht, zugutekommen muss (BFH 16.11.2004 – VII R 8/04, BFH/NV 2005, 495; BFH 17.10.2001 – II R 67/98, BFH/NV 2002, 610). Ein Erlass der StSchuld liegt jedoch nicht vor, wenn das FA einem Insolvenzplan zustimmt und in diesem Zusammenhang der Insolvenzschuldner von der StSchuld (teilweise) befreit wird (BFH 15.5.2013 – VII R 2/12, BFH/NV 2013, 1543).

Vorgeprägte Ermessensentscheidung. Die Ermessensentscheidung ist vorgeprägt, 43
wenn der Haftende eine StHinterziehung begangen hat (BFH 29.8.2001 – VII B 54/01, ZfZ 2002, 55; BFH 26.2.1991 – VII R 3/90, BFH/NV 1991, 504; BFH 13.11.1990 – VII R 96/88, BFH/NV 1991, 641; BFH 13.4.1978 – V R 109/75, BStBl. II 1978, 508; FG München 19.5.1998 – 16 K 687/95, EFG 1998, 1241; aA FG Düsseldorf 3.3.1998 – 8 K 8367/91 H (U), EFG 1998, 1038) oder er hinsichtlich der Tatbestandsverwirklichung vorsätzlich gehandelt hat (BFH 8.11.1988 – VII R 141/85, BStBl. II 1989, 219).

Das Entschließungsermessen entfällt aber nicht bei jeder schuldhaften Handlung des Haftenden (TK § 191 Rn. 40). Wird der Haftungstatbestand durch (grob) fahrlässiges Verhalten erfüllt, ist die Ermessensentscheidung nicht vorgeprägt, sodass auf eine Begründung der Ermessensentscheidung durch die FB nicht verzichtet werden kann (BFH 5.3.1998 – VII B 36/97, BFH/NV 1998, 1325; BFH 13.11.1990 – VII R 96/88, BFH/NV 1991, 641; BFH 8.11.1988 – VII R 141/85, BStBl. II 1989, 219).

Keine Bedeutung für die Ermessensentscheidung darf die finanzielle Situation des 44
Haftenden im Vergleich zur Größenordnung der Haftungsschuld haben (BFH 7.3.1995 – VII B 172/94, BFH/NV 1995, 941). Weder die finanziellen Möglichkeiten noch der Grad des Verschuldens des Haftenden sind ins Verhältnis zur Haftungssumme zu setzen, weil diese Kriterien nicht in die Entscheidung über den Erlass eines Haftungsbescheids einfließen dürfen (BFH 18.8.1999 – VII B 106/99, BFH/NV 2000, 541).

Mitverschulden der FB. Ein (Mit-)Verschulden der FB kann die Inanspruchnahme des 45
Haftungsschuldners nur ausschließen, wenn das finanzbehördliche Fehlverhalten ein solches Ausmaß annimmt, dass demgegenüber das Verschulden des Haftungsschuldners nicht entscheidend ins Gewicht fällt (BFH 30.8.2005 – VII R 61/04, BFH/NV 2006, 232). Hat der

Haftende sogar vorsätzlich gehandelt, steht der Inanspruchnahme ein Mitverschulden der FB nicht entgegen (BFH 30.12.1998 – VII B 160/98, BFH/NV 1999, 902). Nach der Rspr. ist ein Mitverschulden der FB erst im Rahmen der **Ermessenserwägungen** zu berücksichtigen (BFH 19.3.1999 – VII B 158/98, BFH/NV 1999, 1304; BFH 29.7.1992 – I R 112/91, BFH/NV 1994, 357; aA Kanzler DStR 1985, 339; TK § 69 Rn. 28).

46 **Einzelfälle.** Der Inanspruchnahme des Haftungsschuldners steht es nicht entgegen, wenn

- die FB rückständige Steuern nicht anmahnt oder mangels entsprechenden Antrags des Stpfl. die Verrechnung mit Erstattungsbeträgen unterlässt (BFH 16.10.1986 – VII R 161/83, BFH/NV 1987, 616);
- die FB die Aufrechnung unterlässt, weil das Bestehen einer Aufrechnungslage noch ungeklärt war (BFH 4.5.1983 – II R 108/81, BStBl. II 1983, 592);
- die FB über einen längeren Zeitraum von ihrer Befugnis zur Überwachung und Beitreibung der LSt-Abzugsbeträge keinen Gebrauch macht (BFH 28.8.1990 – VII S 9/90, BFH/NV 1991, 290; BFH 11.8.1978 – VI R 169/75, BStBl. II 1978, 683);
- die FB trotz Kenntnis der angespannten finanziellen Lage des StSchuldners einem Stillhalteabkommen zustimmt, statt sofort zu vollstrecken (BFH 12.6.1986 – VII R 135/80, BFH/NV 1988, 76).

Die Inanspruchnahme des Arbeitgebers vor dem Arbeitnehmer ist der Regelfall, wenn der Arbeitgeber die Einbehaltung der LSt leichtfertig unterlassen hat, etwa weil er sich über seine lohnsteuerlichen Pflichten nicht ausreichend unterrichtet hat. Anderenfalls kommt es auf den Einzelfall an. Die Inanspruchnahme des Arbeitgebers ist idR der schnellere und einfachere Weg. Dies prägt die Ermessensausübung allerdings nicht im og Sinne (→ Rn. 43) vor, dass einzelfallbezogene Erwägungen überflüssig sind (Klein § 191 Rn. 54). Wenn der Arbeitgeber den LSt-Abzug nach Ausschöpfung ihm zumutbarer Erkenntnismittel in einem entschuldbaren Rechts- oder Tatsachenirrtum fehlerhaft berechnet, ist seine Haftungsinanspruchnahme idR ermessensfehlerhaft (BFH 24.1.1992 – VI R 177/88, BStBl. II 1992, 696); zB wenn er

- den LSt-Abzug nach Maßgabe einer LSt-Anrufungsauskunft oder einer von der FVerw. geäußerten Auffassung durchführt (BFH 20.3.2014 – VI R 43/13, BStBl. II 2014, 592);
- wenn er auf die LStR vertrauen konnte (BFH 18.9.1981 – VI R 44/77, BStBl. II 1981, 801);
- oder sonst nach den Umständen des Einzelfalls die Ursachen allein oder ganz überwiegend in der Sphäre der FVerw. liegen (Schmidt EStG § 42d Rn. 26).

47 **Höhe der Inanspruchnahme.** Gegenstand des Entschließungsermessens ist nicht nur die Frage, ob der Haftende überhaupt in Anspruch genommen werden soll, sondern auch, in welcher Höhe der Haftungsanspruch geltend zu machen ist (BFH 4.10.1988 – VII R 53/85, BFH/NV 1989, 274). Soweit der Haftungstatbestand keine Beschränkung der Haftungsschuld der Höhe nach vorsieht, ist es grds. ermessensgerecht, den Haftungsanspruch in voller Höhe geltend zu machen. Die Ermessensentscheidung kann sogar derart **vorgeprägt** sein, dass nur die volle Inanspruchnahme ermessensgerecht ist. Dies nimmt der BFH an, wenn der Haftungsschuldner eine StHinterziehung oder eine vorsätzliche Pflichtverletzung begangen hat (BFH 29.8.2001 – VII B 54/01, ZfZ 2002, 55; BFH 26.2.1991 – VII R 3/90, BFH/NV 1991, 504; BFH 5.9.1989 – VII R 61/87, BStBl. II 1989, 979; aA TK § 191 Rn. 40). Ist die Ermessensentscheidung vorgeprägt, braucht die FB keine Erwägungen zur Höhe der Inanspruchnahme anzustellen (BFH 26.2.1991 – VII R 3/90, BFH/NV 1991, 504).

3. Auswahlermessen

48 Kommen mehrere Personen als Haftende in Betracht, muss die FB entscheiden, welchen Haftungsschuldner sie in Anspruch nehmen will (Auswahlermessen; BFH 29.5.1990 – VII R 85/89, BStBl. II 1990, 1008). Die Haftenden sind Gesamtschuldner. Die FB ist berech-

tigt, alle Haftungsschuldner in Anspruch zu nehmen, insb. wenn es ungewiss erscheint, ob einer der Gesamtschuldner die Haftungsschuld wird allein begleichen können (BFH 23.6.1998 – VII R 4/98, BStBl. II 1998, 761; BFH 22.9.1992 – VII R 73–74/91, BFH/NV 1993, 215). Im Regelfall besteht zwischen den einzelnen Haftungstatbeständen keine Rangfolge (HHSp § 191 Rn. 37). Daher muss die FB ihr Auswahlermessen nicht dahingehend ausüben, dass ein nach § 69 haftender Geschäftsführer vor dem nach § 75 haftenden Betriebsübernehmer zur Haftung heranzuziehen ist (HHSp § 191 Rn. 37). Ebenso wenig besteht eine grds. Rangordnung zwischen den Haftungstatbeständen des § 69 und § 71 (BFH 14.10.1992 – II R 3/89, BFH/NV 1993, 218).

Die FB kann nur **einzelne Haftungsschuldner** auswählen. Diese Auswahlentscheidung ist spätestens in der Einspruchsentscheidung substantiiert zu begründen (BFH 11.3.2004 – VII R 52/02, BStBl. II 2004, 579). Eine Begründung ist nur entbehrlich, wenn die Ermessenserwägungen dem Haftenden bekannt sind (BFH 22.9.1992 – VII R 73–74/91, BFH/NV 1993, 215) oder er die weiteren Haftungsschuldner und ihre Inanspruchnahme kennt (BFH 1.3.1999 – VII B 292/98, BFH/NV 1999, 1182). Bei der Auswahlentscheidung darf die FB auch nach dem **Grad des Verschuldens** differenzieren (TK § 191 Rn. 47). Eine Verpflichtung, nur den Haftungsschuldner in Anspruch zu nehmen, dem der größte Verschuldensgrad zur Last gelegt wird, ergibt sich hieraus jedoch nicht (FG Münster 14.5.2020 – 5 K 256/18 U, BeckRS 2020, 12711). Unerheblich ist dagegen die Höhe der Kapitalbeteiligung. Dies ist kein geeignetes Differenzierungskriterium (BFH 29.5.1990 – VII R 85/89, BStBl. II 1990, 1008). 49

Wird der Haftungsbescheid gegen nur eine von mehreren potenziell haftungsrelevanten Personen erlassen (zB nur einen von zwei Geschäftsführern), muss die Auswahlentscheidung nicht nur dokumentiert, sondern auch sachlich gerechtfertigt sein. Dies betrifft insb. Fälle, in denen sich die Mitverantwortung weiterer Personen aufdrängt. Das FG Berlin-Brandenburg (9.5.2023 – 9 K 9157/22, EFG 2023, 1287, rkr.) hat zB in einem solchen Fall einen Haftungsbescheid aufgehoben, weil das FA sich nicht mit der möglichen Mitverantwortung einer weiteren Geschäftsführerin auseinandergesetzt hatte. Insbesondere bei einem Wechsel in der Geschäftsführung, der Berufung auf steuerliche Beratung oder wirtschaftlicher Leistungsunfähigkeit ist eine besonders sorgfältige Sachverhaltsermittlung und Abwägung erforderlich (FG Berlin-Brandenburg 9.5.2023 – 9 K 9157/22, EFG 2023, 1287 mAnm. Beckmann). 49a

Persönliche Umstände eines Haftenden sollte die FB in ihre Ermessenserwägungen einbeziehen. So kann die Geburt eines Kindes beim Auswahlermessen zwischen mehreren Geschäftsführern zu berücksichtigen sein (BFH 5.3.1998 – VII B 36/97, BFH/NV 1998, 1325; BFH 29.5.1990 – VII R 85/89, BStBl. II 1990, 1008). 50

Mehrere Geschäftsführer. Haften mehrere Geschäftsführer, kann die FB alle Geschäftsführer in Anspruch nehmen. Nimmt sie nur einen Geschäftsführer in Anspruch, muss sie dies begründen (BFH 11.3.2004 – VII R 52/02, BStBl. II 2004, 579; BFH 19.7.1988 – VII B 39/88, BFH/NV 1989, 145). Ist einem Geschäftsführer durch eine eindeutige schriftliche Regelung die Erfüllung der steuerlichen Aufgaben übertragen worden, kann dieser vorrangig zur Haftung herangezogen werden (BFH 23.6.1998 – VII R 4/98, BStBl. II 1998, 761; BFH 26.11.1997 – I B 81/97, BFH/NV 1998, 559). Die FB ist allerdings nicht gezwungen, die interne Geschäftsverteilung zu beachten. Kein ermessensgerechtes Auswahlkriterium ist der Grad der finanziellen Beteiligung (BFH 29.5.1990 – VII R 85/89, BStBl. II 1990, 1008). Lediglich, wenn ein Geschäftsführer die Gesellschaft in ihrem gesamten Geschäftsgebaren tatsächlich beherrscht, ist eine vorrangige Inanspruchnahme dieses Geschäftsführers zulässig (BFH 29.5.1990 – VII R 85/89, BStBl. II 1990, 1008). Auch die Tatsache, dass die Vertretungsbefugnis zwischen den Geschäftsführern unterschiedlich gestaltet ist, rechtfertigt keine unterschiedliche Behandlung der Geschäftsführer (BFH 30.6.1995 – VII R 87/94, BFH/NV 1996, 3). 51

Hat die FB übersehen, dass noch weitere Geschäftsführer als Haftende in Betracht kommen, liegt ein Ermessensfehler vor (BFH 12.5.1992 – VII R 15/91, BFH/NV 1993, 52

143). Die Ermessenserwägungen müssen sich auf sämtliche Geschäftsführer erstrecken. Dabei kann auch zu berücksichtigen sein, dass neben dem formellen Geschäftsführer möglicherweise ein faktischer Geschäftsführer haftet (BFH 11.3.2004 – VII R 52/02, BStBl. II 2004, 579). Auch ein Nachfolgegeschäftsführer kann für eine vom Vorgänger nicht abgeführte Steuer nach § 69 haften (BFH 17.1.1989 – VII R 88/86, BFH/NV 1990, 71), sodass die FB dies bei seiner Ermessensentscheidung zu berücksichtigen hat (TK § 191 Rn. 47).

53 Bei der **Haftung für LSt** ist die vorrangige Inanspruchnahme des Arbeitnehmers, der der eigentliche StSchuldner ist, nicht geboten (BFH 20.6.1990 – I R 157/87, BStBl. II 1992, 43). Der Arbeitgeber haftet neben dem Arbeitnehmer dafür, dass die LSt zutreffend einbehalten und abgeführt wird. Sie sind Gesamtschuldner der LSt. Das FA hat ein Auswahlermessen, ob sie den Arbeitgeber oder den Arbeitnehmer in Anspruch nimmt (BFH 15.5.2013 – VI R 28/12, DB 2013, 1881). Die Ausübung des Auswahlermessens wird wesentlich von den Gesamtumständen des Einzelfalls bestimmt, wobei der gesetzgeberische Zweck des LSt-Abzugsverfahrens, durch den Abzug an der Quelle den schnellen Eingang der LSt in einem vereinfachten Verfahren sicherzustellen, berücksichtigt werden muss (BFH 20.6.1990 – I R 157/87, BStBl. II 1992, 43). Eine für alle Fälle allgemein verbindliche Rangfolge der Inanspruchnahme kann daher nicht aufgestellt werden, sodass die FB ihr Auswahlermessen grds. in jedem Einzelfall unter Berücksichtigung aller Gesamtumstände tatsächlich auszuüben hat.

54 **Inanspruchnahme des Arbeitgebers.** Der Arbeitgeber kann insb. in Anspruch genommen werden, wenn es sich um eine große Zahl von Arbeitnehmern handelt, die der FB unbekannt sind (BFH 24.1.1992 – VI R 177/88, BStBl. II 1992, 696) oder eine Vielzahl kleinerer LSt-Beträge aufgrund gleichgelagerter Sachverhalte nachzuerheben ist (BFH 6.3.1980 – VI R 65/77, BStBl. II 1980, 289). Beruht der fehlerhafte LSt-Einbehalt dagegen auf einem entschuldbaren **Rechts- oder Tatsachenirrtum,** ist die Inanspruchnahme des Arbeitgebers idR ermessensfehlerhaft (BFH 2.4.1982 – VI R 34/79, BStBl. II 1982, 502; vgl. ausführlich TK § 191 Rn. 54 ff.). Die Überbürdung der durch das LSt-Abzugsverfahren entstehenden Lasten auf den Arbeitgeber ist nur gerechtfertigt, wenn er nicht auch noch in Fällen haftet, in denen er einem entschuldbaren Rechtsirrtum unterliegt (BFH 18.9.1981 – VI R 44/77, BStBl. II 1981, 801). Ermessensfehlerhaft ist die Inanspruchnahme des Arbeitgebers auch, wenn die Steuer beim Arbeitnehmer nicht mehr nachgefordert werden kann, weil eine Veranlagung zur ESt bestandskräftig ist und mangels Vorliegens der Voraussetzungen einer Änderungsvorschrift nicht mehr geändert werden kann (BFH 9.10.1992 – VI R 47/91, BStBl. II 1993, 169). Es entspricht nicht dem Zweck der Haftung, den Ausfall von Steuern zu kompensieren, die durch **fehlerhafte Rechtsanwendung** der FB verursacht wurden (Klein § 191 Rn. 54b). Kann die LSt aufgrund einer Veranlagung ebenso schnell und einfach beim Arbeitnehmer nacherhoben werden, kann die vorrangige Inanspruchnahme des Arbeitgebers ermessensfehlerhaft sein (BFH 20.6.1990 – I R 157/87, BStBl. II 1992, 43). Die Inanspruchnahme des Arbeitgebers ist idR auch ermessensfehlerfrei, wenn der Arbeitgeber die zur Inanspruchnahme des Arbeitnehmers erforderlichen Mitwirkungshandlungen (§ 41 EStG iVm § 7 LStDV) versäumt hat, sich mit der Inanspruchnahme einverstanden erklärt hat (BFH 7.12.1984 – VI R 72/82, BStBl. II 1985, 170; FG Berlin-Brandenburg 13.1.2020 – 9 V 9095/19, DStRE 2020, 848) oder bei seinem Arbeitnehmer keinen Rückgriff nehmen will (BFH 21.6.1989 – VI R 31/86, BStBl. II 1989, 909).

55 Der Arbeitgeber haftet nicht für Zahlungen Dritter an seine Arbeitnehmer (zB **Trinkgelder**), wenn ihm die Höhe dieser Zahlungen unbekannt ist (BFH 24.10.1997 – VI R 23/94, BStBl. II 1999, 323). Er haftet darüber hinaus nur, wenn sich die Leistungen Dritter als Frucht der Arbeit des Arbeitnehmers für seinen Arbeitgeber darstellen und im Zusammenhang mit dem Arbeitsverhältnis stehen (BFH 18.10.2012 – VI R 64/11, DStR 2012, 2433).

IV. Formelle Anforderungen an einen Haftungsbescheid

1. Rechtsnatur

Der Haftungsbescheid ist zwar **VA** iSd § 118, jedoch kein StBescheid und diesem auch nicht gleichgestellt (BFH 4.7.2013 – X B 91/13, BFH/NV 2013, 1540; BFH 10.7.1996 – II R 65/94, BFH/NV 1997, 212). Die Vorschriften über die StFestsetzung (§§ 155 ff.) sind daher grds. nicht anwendbar. 56

Mit dem Haftungsbescheid **konkretisiert** die FB den abstrakten Haftungsanspruch, der durch die Verwirklichung der tatbestandlichen Voraussetzungen einer materiell-rechtlichen Haftungsnorm entstanden ist. Der Haftungsbescheid hat dementsprechend wie ein StBescheid keine konstitutive, sondern nur deklaratorische Bedeutung (BFH 15.10.1996 – VII R 46/96, BStBl. II 1997, 171). Gleichzeitig bildet er die **Grundlage für die Verwirklichung** dieses abstrakten Haftungsanspruchs iSd § 218. Der Erlass eines Nachforderungsbescheids (StBescheids) ändert nichts daran, dass durch diesen materiell-rechtlich ein Haftungsanspruch geltend gemacht wird (BFH 13.12.2011 – II R 52/09, BFH/NV 2012, 695). Dies bedeutet, dass der Bescheid nicht mehr erlassen werden darf, wenn die StSchuld zB wegen Eintritts der Festsetzungsverjährung nicht mehr gegen den StSchuldner festgesetzt werden kann (BFH 13.12.2011 – II R 52/09, BFH/NV 2012, 695). 57

2. Bestimmtheit

Der Haftungsbescheid muss gem. § 119 **inhaltlich hinreichend bestimmt** sein (BFH 3.12.1996 – I B 44/96, BStBl. II 1997, 306). Es ist dazu ausreichend, dass dem Bescheid entnommen werden kann, wer vom wem was verlangt (TK § 191 Rn. 83). Die Anforderungen an den Inhalt eines Haftungsbescheids können allerdings nicht generalisierend für alle Fälle einheitlich festgelegt werden. Vielmehr ist nach Art des Haftungsbescheids und den Umständen des Einzelfalls zu bestimmen, welche Angaben der Bescheid enthalten muss (BFH 8.3.1988 – VII R 6/87, BStBl. II 1988, 480). Zumindest muss der Bescheid die erlassende Behörde, den Haftungsschuldner und die Höhe der Haftungsschuld angeben (BFH 3.12.1996 – I B 44/96, BStBl. II 1997, 306). Fehlt eine dieser Angaben, ist der Haftungsbescheid **nichtig.** Darüber hinaus ist die Erstschuld, für die gehaftet werden soll, grds. nach StArt, Besteuerungszeitraum und StSchuldner genau zu bezeichnen (BFH 28.11.1990 – VI R 55/87, BFH/NV 1991, 600). 58

Haftungsschuldner. Der Haftungsbescheid muss den Haftungsschuldner so genau bezeichnen, dass er **zweifelsfrei identifiziert** werden kann (→ § 119 Rn. 12 ff.). Wird der Name des Haftenden lediglich falsch geschrieben, ohne dass die falsche Schreibweise zu berechtigten Zweifeln an der Identität des Adressaten Anlass gibt, ist dies unschädlich (FG Baden-Württemberg 29.10.1991 – 2 K 217/90, EFG 1992, 243). Bestehen aufgrund von Ungenauigkeiten Zweifel an der Identität des Adressaten, ist der VA nur nichtig, wenn die Zweifel nicht durch **Auslegung** beseitigt werden können. Hierbei können sämtliche Angaben zur Bezeichnung des Adressaten und auch beigefügte Unterlagen Berücksichtigung finden (BFH 29.6.1988 – IV B 70/88, BFH/NV 1989, 613; BFH 17.11.1987 – V B 111/87, BFH/NV 1988, 682). Auch ein Betriebsprüfungsbericht kann herangezogen werden (BFH 7.4.2005 – I B 140/04, BStBl. II 2006, 530). Der Haftungsbescheid wird allerdings nicht wirksam, soweit seine Bekanntgabe wegen ungenauer Adressierung nicht erfolgt ist (BFH 28.8.1990 – VII R 59/89, BFH/NV 1991, 215). Ein Haftungsbescheid kann an eine nach ausländischem Recht gegründete KapGes unter dem Namen und in der Form gerichtet werden, die diese sich selbst im Rechtsverkehr beimisst (BFH 18.9.2012 – VI B 9/12, BFH/NV 2012, 1961). Werden **mehrere Haftungsschuldner** mit einem zusammengefassten Haftungsbescheid zur Haftung herangezogen, hat die FB eindeutig anzugeben, in welchem Umfang der einzelne Haftungsschuldner in Anspruch genommen werden soll (FG Rheinland-Pfalz 2.2.1990 – 3 K 97/87, EFG 1990, 399). 59

Trennung von Haftungs- und StSchuld. Dem VA muss mit hinreichender Klarheit entnommen werden können, ob der Adressat als **Haftender** oder als **StSchuldner** in 60

Anspruch genommen werden soll (TK § 191 Rn. 110). Bestehen in dieser Hinsicht Zweifel, ist zu prüfen, ob sie durch Auslegung behoben werden können. Bei der Auslegung des Haftungsbescheids kommt es nicht auf den subjektiven Willen der FB an, wenn sich dieser nicht erkennbar im Bescheid widerspiegelt. Maßgebend ist, wie der Adressat die Äußerung der FB bei verständiger Würdigung verstehen konnte und durfte. StSchuld und Haftungsschuld schließen sich gegenseitig aus; sie sind wesensverschieden (TK § 191 Rn. 110). Daher kann weder ein Haftungsbescheid in einen StBescheid noch ein StBescheid in einen Haftungsbescheid **umgedeutet** werden (BFH 18.7.1991 – V R 72/87, BStBl. II 1991, 781; BFH 2.12.1983 – VI R 47/80, BStBl. II 1984, 362). Allerdings kann ein StBescheid mit einem Haftungsbescheid äußerlich in einer Verfügung verbunden werden, wenn der Adressat eindeutig erkennen kann, inwieweit er als Haftender bzw. als StSchuldner in Anspruch genommen werden soll (BFH 16.11.1984 – VI R 176/82, BStBl. II 1985, 266: zur Verbindung von LSt-Pauschalierungs- und Haftungsbescheid). Fasst die FB die Haftungs- und StSchuld in einer Summe zusammen, fehlt es an einer hinreichend klaren Trennung, sodass der Bescheid unwirksam ist (BFH 1.8.1985 – VI R 28/79, BStBl. II 1985, 664). Ebenso fehlt es an der inhaltlichen Bestimmtheit eines **LSt-Haftungsbescheids,** der im Tenor von der Inanspruchnahme des Arbeitgebers als Haftender spricht, die Begründung aber nur von der Geltendmachung einer StSchuld ausgeht (BFH 15.3.1985 – VI R 30/81, BStBl. II 1985, 581).

61 **Haftungssumme.** Die konkrete Höhe der Haftungsschuld ist zwingend zu bezeichnen (TK § 191 Rn. 88). Ein Haftungsbescheid, der lediglich die Haftung dem Grunde nach feststellt, genügt nicht den Anforderungen an die inhaltliche Bestimmtheit gem. § 119 I (Nacke Rn. 669). Daher reicht es auch nicht aus, wenn ein Kommanditist „bis zur Höhe der nicht geleisteten Einlage" in Anspruch genommen wird (FG Bremen 24.6.1982 – II 71/78, EFG 1982, 600).

62 **Bezeichnung der Haftungsschuld.** Für jeden einzelnen Anspruch aus dem StSchuldverhältnis besteht ein entsprechender Haftungsanspruch. Die Erstschuld, für die gehaftet werden soll, ist durch Bezeichnung der StArt, des StSchuldners und des Erhebungszeitraums zu benennen (BFH 3.12.1996 – I B 44/96, BStBl. II 1997, 306). Soll der Haftende für verschiedene StSchulden in Anspruch genommen werden, können die (verschiedenen) Haftungsansprüche äußerlich in einem VA zusammengefasst werden (sog. **Sammelhaftungsbescheid**). Die verschiedenen Haftungsansprüche verlieren durch die Zusammenfassung in einem Bescheid nicht ihre rechtliche Selbständigkeit (BFH 4.7.2013 – X B 91/13, BFH/NV 2013, 1540; BFH 3.7.1979 – VII R 53/76, BStBl. II 1979, 655). In einem solchen Fall hat eine Aufgliederung der einzelnen Haftungsansprüche zu erfolgen (BFH 8.11.1985 – VI R 237/80, BStBl. II 1986, 274).

63 Nicht jeder **Mangel** der **inhaltlichen Bestimmtheit** führt zwingend zur Nichtigkeit des Haftungsbescheids (BFH 22.11.1988 – VII R 173/85, BStBl. II 1989, 220). Der Mangel muss einen besonders schwerwiegenden und offenkundigen Fehler darstellen. Daher kann eine Aufgliederung der Haftungssumme unterbleiben, ohne dass dies die Nichtigkeit des Bescheids zur Folge hätte (BFH 22.11.1988 – VII R 173/85, BStBl. II 1989, 220). Der Bescheid ist lediglich anfechtbar.

64 **Benennung des Stpfl.** Zur Konkretisierung der Erstschuld ist der StSchuldner zu benennen. Dieser Grundsatz gilt aber nicht ausnahmslos. Die fehlende Benennung des StSchuldners führt dann nicht zur Nichtigkeit eines Haftungsbescheids, wenn die Haftungsschuld in tatsächlicher und rechtlicher Hinsicht in anderer Weise ausreichend konkretisiert werden kann (BFH 3.12.1996 – I B 44/96, BStBl. II 1997, 306).

65 **LSt-Haftungsbescheid.** Soll der Arbeitgeber für die LSt mehrerer Arbeitnehmer in Anspruch genommen werden, ist die nachgeforderte LSt jeweils einem konkreten Arbeitnehmer zuzuordnen. Unterlässt die FB diese Aufgliederung, ist der Haftungsbescheid aber nicht wegen mangelnder Bestimmtheit nichtig (BFH 17.3.1994 – VI R 120/92, BStBl. II 1994, 536 unter Aufgabe der früheren Rspr.; krit. TK § 191 Rn. 91). Die konkrete Zuordnung der Haftungssumme ist lediglich eine Frage der **materiell-rechtlichen**

Rechtmäßigkeit des Haftungsbescheids (BFH 17.3.1994 – VI R 120/92, BStBl. II 1994, 536). Ausreichend für die inhaltliche Bestimmtheit ist die Angabe des konkreten Sachverhalts, der zu einem Lohnzufluss geführt hat, sowie die Bezeichnung des Zeitraums der Lohnzahlung (zu Einzelheiten s. Nacke Rn. 206 ff.).

Da die **Aufteilung der Haftungsschuld** auf verschiedene Arbeitnehmer der FB erhebliche Schwierigkeiten bereiten kann, hatte die Rspr. schon früh Ausnahmen zugelassen. Danach war eine Aufteilung nur notwendig, wenn dies der FB möglich und zumutbar war (BFH 20.5.1980 – VI R 169/77, BStBl. II 1980, 669). Auch muss ein LSt-Haftungsbescheid nicht jeden Arbeitnehmer namentlich benennen, wenn der Arbeitgeber von vornherein bei diesem keinen Regress nehmen will oder wenn der Arbeitgeber der FB die Namen der Arbeitnehmer vorenthalten hat (BFH 28.11.1990 – VI R 55/87, BFH/NV 1991, 600; BFH 8.11.1985 – VI R 237/80, BStBl. II 1986, 274). 66

Eine **Aufgliederung des LSt-Haftungsbetrags** auf die einzelnen LSt-Anmeldungszeiträume ist entbehrlich, wenn der Haftungsbescheid nach Ablauf des Kalenderjahrs bekannt gegeben wird (BFH 18.7.1985 – VI R 208/82, BStBl. II 1986, 152; aA FG Brandenburg 5.7.1996 – 3 V 365/96 H, EFG 1997, 81). 67

Die Bezugnahme auf Anlagen und andere Schriftstücke ist zulässig, obwohl die notwendigen Angaben zur inhaltlichen Bestimmtheit grds. dem Tenor des Bescheids zu entnehmen sein müssten (BFH 28.11.1990 – VI R 55/87, BFH/NV 1991, 600). Zur Auslegung der Entscheidungsformel können die Entscheidungsgründe herangezogen werden (BFH 16.11.1984 – VI R 176/82, BStBl. II 1985, 266). Die Bezugnahme auf einen Prüfungsbericht ist zulässig, wenn er dem Haftenden vor oder zumindest zeitgleich mit dem Haftungsbescheid zugegangen ist (BFH 1.8.1985 – VI R 28/79, BStBl. II 1985, 664). 68

3. Begründung

a) Allgemeines. Der Haftungsbescheid ist zu begründen, soweit dies für sein Verständnis notwendig ist (§ 121 I). In der Regel wird ein Haftungsbescheid für den Adressaten nur verständlich sein, wenn er begründet wurde (BFH 29.9.1987 – VII R 54/84, BStBl. II 1988, 176). Allein die Tatsache, dass die FB bei Erlass des Haftungsbescheids Ermessen auszuüben hat, zwingt sie grds. zur Abgabe einer Begründung (BFH 13.6.1997 – VII R 96/96, BFH/NV 1998, 4; BFH 29.9.1987 – VII R 54/84, BStBl. II 1988, 176). 69

Rechtsfolge einer fehlenden Begründung. Fehlt eine notwendige Begründung, ist der Haftungsbescheid allerdings nicht nichtig, sondern nur anfechtbar (BFH 30.4.1987 – VII R 48/84, BStBl. II 1988, 170; BFH 18.9.1981 – VI R 44/77, BStBl. II 1981, 801; → § 121 Rn. 21). Unterlässt der Haftende die fristgerechte Anfechtung des Haftungsbescheids, so gilt die Fristversäumnis als unverschuldet, wenn die rechtzeitige Anfechtung auf die fehlende Begründung zurückzuführen ist (§ 126 III). Es ist Wiedereinsetzung in den vorigen Stand gem. § 110 zu gewähren (HHSp § 191 Rn. 62). 70

Nachholung der Begründung. Die Begründung kann gem. § 126 II bis zum Abschluss der Tatsacheninstanz des erstinstanzlichen Klageverfahrens nachgeholt werden. Die Ergänzung von Ermessenserwägungen ist nach Maßgabe des § 102 S. 2 FGO zulässig, → § 126 Rn. 12 und → § 5 Rn. 41. 71

b) Umfang der Begründung. Die Begründung muss den Haftungsschuldner in die Lage versetzen, den Haftungsbescheid zu verstehen. Sie muss daher die tatsächlichen und rechtlichen Grundlagen der Haftungsschuld angeben, die der Haftende kennen muss, damit er seine Rechte wahrnehmen kann (BFH 24.10.1979 – VII R 7/77, BStBl. II 1980, 58). Dazu gehört die Angabe der **Haftungsnorm,** auf die sich die Inanspruchnahme stützt, die Darstellung des **Lebenssachverhalts,** der die Haftung auslösen soll sowie die Bezeichnung der Erstschuld, für die gehaftet werden soll (BFH 3.12.1996 – I B 44/96, BStBl. II 1997, 306). Die **Besteuerungsgrundlagen** (der Erstschuld) sind in einem zur Rechtsverteidigung ausreichenden Umfang mitzuteilen (BFH 4.4.1978 – VII R 71/77, BStBl. II 1978, 402). 72

73 Setzt die Haftung **Verschulden** voraus (zB § 69), ist darzulegen, worin das Verschulden zu sehen ist (TK § 191 Rn. 103). Soll StHinterziehung vorliegen, muss die Verwirklichung der Straftatbestände in objektiver und subjektiver Hinsicht erläutert werden (HHSp § 191 Rn. 63).

4. Rechtsbehelfsbelehrung

74 Es ist gesetzlich nicht vorgeschrieben, einem Haftungsbescheid eine Rechtsbehelfsbelehrung beizufügen (HHSp § 191 Rn. 74). Nach § 356 I beginnt die Rechtsbehelfsfrist bei fehlender Belehrung nicht zu laufen; die Jahresfrist des § 356 II ist zu beachten.

5. Leistungsgebot

75 Haftungsbescheid und Leistungsgebot (§ 219) sind **eigenständige VA,** die aber in einem Schriftstück zusammengefasst werden können. Die Verbindung in einem Schriftstück lässt die rechtliche Selbständigkeit beider VA nicht entfallen. Eine Verbindung ist aber nur zulässig, wenn die Voraussetzungen des § 219 bei Erlass beider VA erfüllt sind. Somit muss die Vollstr. in das bewegliche Vermögen des Erstschuldners ohne Erfolg geblieben sein oder aussichtslos erscheinen. Dies gilt nach § 219 S. 2 nicht bei StHinterziehung oder StHehlerei und in den Fällen, in denen der Haftungsschuldner gesetzlich verpflichtet war, Steuern einzubehalten oder abzuführen oder zulasten eines anderen zu entrichten (zu Einzelheiten → § 219 Rn. 26 ff.). Sind die Voraussetzungen des § 219 bei Erlass des Haftungsbescheids dagegen nicht erfüllt, darf ein Leistungsgebot noch nicht ergehen. Der Erlass eines Haftungsbescheids kann ohne Verbindung mit einem Leistungsgebot sinnvoll sein, um vor Ablauf der Festsetzungsfrist den Haftungsanspruch geltend zu machen (HHSp § 191 Rn. 87).

V. Schriftformerfordernis (Abs. 1 S. 3)

76 Der Haftungsbescheid ist nach § 191 I 3 schriftlich zu erteilen. Daher muss er gem. § 119 III die erlassende Behörde erkennen lassen und die Unterschrift oder die Namenswiedergabe des Behördenleiters, seines Vertreters oder seines Beauftragten enthalten. Auf die Unterschrift bzw. Namenswiedergabe kann verzichtet werden, wenn der VA formularmäßig oder mithilfe automatischer Einrichtungen erlassen wurde (§ 119 III). Eine formularmäßige Erstellung des Haftungsbescheids liegt nicht vor, wenn das verwendete Formular wesentlich ergänzt wird (BFH 18.7.1985 – VI R 41/81, BStBl. II 1986, 169).

Zum elektronischen VA → § 119 Rn. 40.

C. Inanspruchnahme von Berufsträgern (Abs. 2)

I. Grundsätze

80 **Zweck der Regelung.** Vor Erlass eines Haftungsbescheids gegen einen Rechtsanwalt, Patentanwalt, Notar, StBerater, StBevollmächtigten, Wirtschaftsprüfer oder vereidigten Buchprüfer (Berufsträger) ist der zuständigen Berufskammer Gelegenheit zur Stellungnahme zu geben, wenn der Haftungsbescheid auf § 69 gestützt wird. Mit dieser Regelung wird berücksichtigt, dass ein Berufsträger möglicherweise in einen **Interessenkonflikt** geraten kann (TK § 191 Rn. 28). Einerseits hat der Berufsträger die Interessen seines Auftraggebers wahrzunehmen, andererseits kann er bei schuldhaften Pflichtverstößen zur Haftung herangezogen werden. Mit der Anhörungspflicht trägt der Gesetzgeber der Tatsache Rechnung, dass die zuständige Berufskammer als sachnähere Institution diese Pflichtenkollision angemessen beurteilen kann.

II. Voraussetzungen der Anhörungspflicht

Berufsträger. Eine Anhörungspflicht nach § 191 II besteht nur bei der Haftungsinanspruchnahme eines Rechtsanwalts, Patentanwalts, Notars, StBeraters, StBevollmächtigten, Wirtschaftsprüfers oder vereidigten Buchprüfers (sog. Berufsträger). Die Aufzählung ist abschließend. Lediglich **bei Steuerberatungs-, Wirtschaftsprüfungs- und Rechtsanwaltsgesellschaften** ist die Vorschrift analog anzuwenden, weil sie ebenso schutzwürdig wie der einzelne Berufsträger sind, auch wenn diese in § 191 II nicht ausdrücklich erwähnt werden (FG Baden-Württemberg 18.6.2003 – 5 K 448/99, EFG 2003, 1664; Nacke Rn. 705). 81

Haftung nach § 69. Abs. 2 ist von der FB nur zu beachten, wenn ein Berufsträger nach § 69 in Haftung genommen werden soll. Nur in den Fällen des § 69 kann es zu einer Pflichtenkollision kommen, die die Privilegierung von Berufsträgern nach § 191 II rechtfertigt (TK § 191 Rn. 31). Wird die Haftung des Berufsträgers auf andere Haftungsnormen gestützt, kann eine Anhörung der Berufskammer unterbleiben. 82

In Ausübung seines Berufes. Der Berufsträger muss in Ausübung seiner beruflichen Tätigkeit gehandelt haben. Neben den typischen Tätigkeiten der Beratung des Mandanten in StSachen gehört auch die Aufgabe als **Testamentsvollstrecker** (zumindest bei einem Rechtsanwalt BFH 13.5.1998 – II R 4/96, BStBl. II 1998, 760), **Nachlassverwalter, Insolvenzverwalter** (BFH 17.10.1957 – V 167/55 U, BStBl. III 1957, 453; offen gelassen BFH 26.11.1985 – VII R 148/81, BFH/NV 1986, 134; FG Rheinland-Pfalz 18.1.1985 – 6 K 116/82, EFG 1985, 426; aA FG Niedersachsen 31.8.1981 – XI (VI) 119/80, EFG 1982, 281), **Vormund** (BFH 4.12.1980 – V R 27/76, BStBl. II 1981, 193) oder **gesetzlicher Vertreter** zur Ausübung seines Berufs (vgl. ausführlich HHSp § 191 Rn. 142). Dagegen soll ein StBevollmächtigter, der als Liquidator tätig ist, nach Auffassung des BFH nicht in Ausübung seines Berufs handeln (BFH 27.6.1973 – I R 172/71, BStBl. II 1973, 832). 83

Tätigkeit als Geschäftsführer/Vorstand. Dagegen fällt die hauptberufliche Tätigkeit als Geschäftsführer oder Vorstand nicht in den Aufgabenbereich eines Berufsträgers iSd § 191 II (Klein § 191 Rn. 90). Dementsprechend handelt ein StBerater nicht in Ausübung seines Berufs, wenn er als Geschäftsführer einer StBeratungs-GmbH tätig wird (BFH 11.11.1986 – VII R 87/82, BFH/NV 1987, 419; BFH 9.10.1985 – I R 154/82, BFH/NV 1986, 321). 84

III. Rechtsfolge

Anhörungspflicht. Sind diese Voraussetzungen erfüllt, muss der Berufskammer, der der Berufsträger angehört, Gelegenheit zur Stellungnahme gegeben werden. Die Stellungnahme sollte vor Erlass des Haftungsbescheids eingeholt werden. Ob die Berufskammer von ihrem Recht zur Stellungnahme Gebrauch macht, obliegt allein ihrer Entscheidungsbefugnis. Gehört der Berufsträger mehreren Berufskammern an, müssen alle zuständigen Kammern gehört werden (FG Rheinland-Pfalz 18.1.1985 – 6 K 116/82, EFG 1985, 426). Das Vorliegen einer Stellungnahme ist jedoch nicht Voraussetzung für den Erlass eines Haftungsbescheids. Ausreichend ist, dass die FB der Berufskammer die Möglichkeit zur Stellungnahme eingeräumt hatte. 85

Keine Bindung. Die FB ist an die Stellungnahme der Berufskammer nicht gebunden (HHSp § 191 Rn. 141). Allein die FB entscheidet, ob die tatbestandlichen Voraussetzungen für die Haftungsinanspruchnahme vorliegen (TK § 191 Rn. 29). Jedoch hat sie die Stellungnahme der Berufskammer bei ihrer Ermessensentscheidung zu berücksichtigen. Dies gilt insb. für eine mögliche Pflichtenkollision, die einen Berufsträger treffen kann, da er einerseits die Interessen seines Auftraggebers wahrzunehmen hat, andererseits aber für schuldhafte Pflichtverletzungen haften kann (Gosch AO § 191 Rn. 39). 86

87 **Frist.** Den Berufskammern ist eine angemessene Frist für die Abgabe ihrer Stellungnahme zu gewähren. Sie sollte im Regelfall zwei Monate betragen (AEAO zu § 191 Rn. 7). Da für die Bemessung der Frist auf den Einzelfall abzustellen ist, kommt sowohl eine Verlängerung als auch eine Verkürzung der Frist in Betracht (TK § 191 Rn. 34). Äußert sich die Berufskammer nicht innerhalb der Frist, darf ein Haftungsbescheid erlassen werden (BFH 26.11.1985 – VII R 148/81, BFH/NV 1986, 134).

88 **Erneute Stellungnahme.** Die Berufskammer ist erneut zur Stellungnahme aufzufordern, wenn ein Haftungsbescheid aus formellen Gründen aufgehoben worden ist und der neu zu erlassende Haftungsbescheid in tatsächlicher oder rechtlicher Hinsicht auf neue Gesichtspunkte gestützt werden soll, die für die Ausübung des Ermessens Bedeutung besitzen (BFH 4.7.1994 – X B 6/94, BFH/NV 1995, 84). Dagegen ist eine erneute Anhörung entbehrlich, falls der zu erlassende Haftungsbescheid auf einen unveränderten Sachverhalt gestützt werden soll (BFH 4.7.1994 – X B 6/94, BFH/NV 1995, 84). In einem solchen Fall reicht die einmalige Anhörung aus, da die Einschaltung der Berufskammer kein Selbstzweck ist.

IV. Verstoß gegen Anhörungspflicht

89 Versäumt die FB, der zuständigen Berufskammer Gelegenheit zur Stellungnahme zu geben, ist der Haftungsbescheid **anfechtbar** (TK § 191 Rn. 35). Er ist jedoch nicht nichtig (Nacke Rn. 707). Die versäumte Anhörung kann im Einspruchsverfahren gem. § 126 I Nr. 5 nachgeholt werden (BFH 13.5.1998 – II R 4/96, BStBl. II 1998, 760). Hat die Berufskammer keine Stellungnahme abgegeben, obwohl sie hierzu von der FB aufgefordert worden war, liegt kein Anfechtungsgrund vor. Nach § 191 II ist es allein ausreichend, dass der Berufskammer Gelegenheit zur Stellungnahme gewährt wurde (BFH 26.11.1985 – VII R 148/81, BFH/NV 1986, 134).

D. Festsetzungsverjährung bei steuerlichen Haftungsansprüchen (Abs. 3)

I. Geltung von Festsetzungsfristen (Abs. 3 S. 1)

95 **Entsprechende Anwendung der §§ 169–171.** Die Regelungen über StBescheide sind auf Haftungsbescheide grds. nicht unmittelbar anwendbar (BFH 25.2.1997 – VII R 15/96, BStBl. II 1998, 2). Für die Frage der Festsetzungsverjährung ordnet § 191 III 1 jedoch ausdrücklich an, dass die Vorschriften über die Festsetzungsfrist, die für StBescheide gelten (dh §§ 169–171), auf Haftungsbescheide entspr. anzuwenden sind; dies gilt insb. auch für die in § 171 geregelte Ablaufhemmung (BFH 5.10.2004 – VII R 7/04, BStBl. II 2006, 343; BFH 9.8.2000 – I R 95/99, BStBl. II 2001, 13; aA FG Düsseldorf 16.9.1999 – 7 K 884/95 H, EFG 1999, 1164; Kempf/Schiegl DB 2000, 1538). Die entsprechende Anwendbarkeit der §§ 169–171 erfährt allerdings aufgrund § 191 III 2 bis 5 Modifikationen.

96 **Rechtsfolge.** Ein Haftungsbescheid darf nur innerhalb der Festsetzungsfrist erlassen werden (BFH 4.9.2002 – I B 145/01, BStBl. II 2003, 223). Die **Änderung von Haftungsbescheiden** ist jedoch auch noch nach Ablauf der Festsetzungsfrist möglich, weil die entsprechende Anwendung der Vorschriften über die Festsetzungsfrist durch § 191 III 1 nur für den (erstmaligen) **Erlass** und nicht auch zusätzlich für die Änderung eines Haftungsbescheids angeordnet wird (BFH 12.8.1997 – VII R 107/96, BStBl. II 1998, 131).

97 **Festsetzungsfrist bei Aufhebung des Haftungsbescheids (§ 171 III a).** Hebt das FG einen Haftungsbescheid nach § 100 FGO auf, weil die FB ihr Ermessen fehlerhaft ausgeübt hatte, endet die Festsetzungsfrist für den Haftungsanspruch nach § 171 III a nicht, bevor der neue Haftungsbescheid, mit dem die FB ihre Ermessensausübung nach Ergehen der gerichtlichen Entscheidung nachgeholt hat, unanfechtbar geworden ist (BFH 6.5.1994 – VI R 47/93, BStBl. II 1994, 715; BFH 23.3.1993 – VII R 38/92, BStBl. II 1993, 581).

Dies gilt jedoch nur, soweit das **FG** den Haftungsbescheid aufgehoben hat. Hat die **FB** den Bescheid aufgrund eigener besserer Erkenntnis selbst aufgehoben, ist der Ablauf der Festsetzungsfrist nicht nach § 171 III a gehemmt (BFH 5.10.2004 – VII R 77/03, BStBl. II 2005, 122; BFH 24.1.1995 – VII B 142/94, BStBl. II 1995, 227). In diesem Fall ist die FB gehindert, später einen neuen Haftungsbescheid zu erlassen, wenn mit der Aufhebung die Festsetzungsfrist abgelaufen ist (HHSp § 191 Rn. 152a). Allerdings kann die FB gleichzeitig mit der Aufhebung einen neuen Haftungsbescheid erlassen (BFH 5.10.2004 – VII R 18/03, BStBl. II 2005, 323).

II. Dauer der Festsetzungsfrist (Abs. 3 S. 2)

Dauer. Die Festsetzungsfrist beträgt grds. vier Jahre. Sie verlängert sich auf zehn Jahre, 98
wenn jemand als StHinterzieher oder StHehler nach § 71 haftet. Eine zehnjährige Festsetzungsfrist gilt auch für den Fall, dass jemand nach § 70 als Vertretener wegen StHinterziehung haftet. Bei Haftung nach § 70 beträgt die Festsetzungsfrist jedoch nur fünf Jahre, soweit der Vertretene wegen leichtfertiger StVerkürzung haften muss.

Keine Verlängerung der Festsetzungsfrist tritt dagegen ein, wenn in anderen Haftungs- 99
fällen als denen der §§ 70, 71 StHinterziehung oder leichtfertige StVerkürzung vorgekommen ist (BFH 22.4.2008 – VII R 21/07, DStR 2008, 1533). Trotz des Vorliegens einer StStraftat beträgt die Frist lediglich vier Jahre.

III. Beginn der Festsetzungsfrist (Abs. 3 S. 3)

Der Lauf der Festsetzungsfrist beginnt mit Ablauf des Kalenderjahrs, in dem der Tat- 100
bestand verwirklicht worden ist, an den das Gesetz die Haftungsfolge knüpft (BFH 22.6.2011 – VII S 1/11, BFH/NV 2011, 2014). Verwirklicht ist der Haftungstatbestand erst, wenn **alle Tatbestandsmerkmale** der (materiellen) Haftungsnorm durch den Haftenden erfüllt wurden (FG Köln 5.12.2013 – 13 K 636/09, EFG 2014, 713; TK § 191 Rn. 69; FG München 1.7.2020 – 3 K 3072/18, EFG 2020, 1562, rkr.). Die haftungsbegründende Pflichtverletzung bei einer Haftung nach § 69 liegt bereits in der Nichtabgabe der StErklärung sowie der Nichtabführung der sich insoweit ergebenden Zahlungen (BFH 4.9.2002 – I B 145/01, BStBl. II 2003, 223). Weder der Eintritt des Schadens noch der Zeitpunkt der tatsächlichen Fälligkeit sind daher entscheidend für den Beginn der Festsetzungsfrist (BFH 21.11.2001 – VII B 108/01, BFH/NV 2002, 315; aA FG Bremen 26.11.1998 – 497257K 1, EFG 1999, 518). Sie stellen keine haftungsbegründenden Umstände dar und üben keinen Einfluss auf den Beginn der Festsetzungsfrist aus (BFH 4.9.2002 – I B 145/01, BStBl. II 2003, 223).

IV. Ablaufhemmung (Abs. 3 S. 4)

S. 4 sieht für die Festsetzungsfrist von Haftungsbescheiden verschiedene Ablaufhemmun- 101
gen vor, die an die Festsetzungsfrist der Erstschuld anknüpfen. Dabei differenziert das Gesetz, ob die Erstschuld, für die gehaftet werden soll, noch nicht festgesetzt wurde, oder ob die Festsetzung bereits erfolgt ist. Zwar spricht S. 4 nur von der Festsetzung einer Steuer, sodass nach dem Wortlaut der Vorschrift die Ablaufhemmung nur bezüglich der Haftung für Steuern in Betracht käme. Entspr. Der Auslegung des in § 191 I verwendeten Begriffs „Steuer“ (→ Rn. 88) ist aber davon auszugehen, dass die Festsetzungsfrist auch für einen Haftungsbescheid, der sich auf **steuerliche Nebenleistungen** bezieht, nach S. 4 verlängert wird (HHSp § 191 Rn. 156).

1. Erstschuld noch nicht festgesetzt

Hat die FB die Erstschuld, für die gehaftet werden soll, bisher noch nicht festgesetzt, 102
endet die Festsetzungsfrist für den Haftungsbescheid nicht vor Ablauf der für die Festsetzung der Erstschuld geltenden Festsetzungsfrist (§ 191 III 4 HS 1).

103 **Berücksichtigung von An- und Ablaufhemmung.** Unerheblich ist, ob die Festsetzungsfrist für den StBescheid wegen des Eingreifens einer Anlaufhemmung (§ 170) oder einer Ablaufhemmung (§ 171) noch nicht abgelaufen ist (BFH 6.3.2008 – VI R 5/05, BFH/NV 2008, 1225; aA Macher DStZ 1984, 216). Eine Anlaufhemmung der Erstschuld wirkt sich auf den Haftungsbescheid wie eine Ablaufhemmung aus (TK § 191 Rn. 70; BFH 6.3.2008 – VI R 5/05, BStBl. II 2008, 597 (599); OVG Münster 3.4.2020 – 14 B 313/20, BeckRS 2020, 5443). Das gilt auch bei Festsetzung der Steuer erst nach Ablauf der regulären Festsetzungsfrist für den Erlass des Haftungsbescheides (FG Hamburg 26.1.2017 – 6 K 132/16, BeckRS 2017, 94542). Solange die Erstschuld noch festgesetzt werden konnte, weil für sie noch keine Festsetzungsverjährung eingetreten ist, steht dem Erlass eines Haftungsbescheids ebenfalls nicht der Ablauf der Festsetzungsfrist entgegen. Insoweit verzahnt das Gesetz die Festsetzungsfristen von Erstschuld und Haftungsanspruch, obwohl die AO im Grundsatz voneinander unabhängige Festsetzungsfristen für StBescheide und Haftungsbescheide geschaffen hat (BFH 4.9.2002 – I B 145/01, BStBl. II 2003, 223).

2. Erstschuld ist bereits festgesetzt

104 Wurde die Erstschuld bereits festgesetzt, endet die Festsetzungsfrist für den Haftungsbescheid nicht vor Ablauf von zwei Jahren nach Bekanntgabe des Bescheids über die Erstschuld, weil § 171 X sinngemäß anzuwenden ist (BFH 22.6.2011 – VII S 1/11, BFH/NV 2011, 2014; FG Köln 5.12.2013 – 13 K 636/09, EFG 2014, 713). Die Festsetzungsfrist wird auch verlängert, wenn der Bescheid über die Erstschuld außerhalb des regulären Ablaufs der Haftungsverjährung ergeht (BFH 4.9.2002 – I B 145/01, BStBl. II 2003, 223; Nacke, Rn. 696; TK § 191 Rn. 70; aA Macher DStZ 1984, 216). Sinn und Zweck der Regelung ist die Vermeidung von „Haftungslücken“. Daher soll es der FB ungeachtet der grundsätzlichen Trennung zwischen der StFestsetzungs- und der Haftungsverjährung ermöglicht werden, nach Erlass eines Bescheids über die Erstschuld innerhalb einer Frist von zwei Jahren einen Haftungsbescheid erlassen zu können (BFH 4.9.2002 – I B 145/01, BStBl. II 2003, 223). Eine weitergehende Ablaufhemmung ist der Regelung aber nicht zu entnehmen, weil StBescheid und Haftungsbescheid nicht im Verhältnis von Grundlagen- zu Folgebescheid stehen. Daher wird der Ablauf der Festsetzungsfrist für den Haftungsbescheid nicht dadurch gehemmt, dass die Festsetzungsfrist für den StBescheid noch nicht abgelaufen ist (BFH 5.10.2004 – VII R 7/04, BStBl. II 2006, 343).

V. Verlängerte Festsetzungsfrist bei Haftung nach §§ 73, 74 (Abs. 3 S. 5)

105 Ein Haftungsbescheid kann bis zum Eintritt der Zahlungsverjährung für die Erstschuld (§ 228) erlassen werden, wenn die Haftung auf §§ 73, 74 gestützt wird (Klein § 191 Rn. 97). Die Verlängerung der Festsetzungsfrist ist in diesen Fällen gerechtfertigt, weil es sich bei den Haftungstatbeständen der §§ 73, 74 um eine echte Ausfallhaftung handelt, sodass über die Frage, ob der Haftende tatsächlich in Anspruch genommen werden soll, erst entschieden werden kann, wenn der Erstschuldner nicht zur Zahlung herangezogen werden konnte (HHSp § 191 Rn. 158).

E. Festsetzungsverjährung bei zivilrechtlichen Haftungsansprüchen (Abs. 4)

110 **Übersicht.** Die FB setzt auch einen auf Zivilrecht gestützten Haftungsanspruch durch Haftungsbescheid fest. § 191 IV verweist für die Frage der Verjährung von Haftungsbescheiden, die auf zivilrechtliche Anspruchsnormen gestützt werden, auf die zivilrechtlichen Verjährungsregelungen. Ein auf zivilrechtliche Anspruchsnormen gestützter Haftungsbescheid kann danach nur bis zum Eintritt der sich nach privatem Recht ergebenden Verjährung erlassen werden (BFH 26.8.1997 – VII R 63/97, BStBl. II 1997, 745). Der Abs. 4 suspendiert insoweit die Regelungen des § 191 III. Somit ist vor Erlass des Haftungsbescheids zu prüfen, ob Verjährung insb. nach § 195 BGB oder §§ 159, 160 HGB

eingetreten ist. Die Verjährung ist von Amts wegen zu prüfen (Klein § 191 Rn. 101; aA TK § 191 Rn. 74 für Fälle außerhalb der Nachhaftung des § 160 HGB).

Verjährung bei aufgelöster Handelsgesellschaft. Nach §§ 159, 160 HGB beträgt die Verjährungsfrist für Gesellschafter einer aufgelösten Handelsgesellschaft (OHG, KG) lediglich fünf Jahre. Die Frist beginnt mit der Eintragung der Auflösung ins Handelsregister, bei Fälligkeit der Forderung erst nach der Eintragung mit dem Zeitpunkt der Fälligkeit (zur Haftung des Kommanditisten einer aufgelösten Zwei-Mann-KG FG Sachsen 14.11.2018 – 2 K 1265/18, EFG 2019, 669). **111**

Anwendung auf Gesellschafter einer GbR. Die Vorschriften der §§ 159, 160 HGB sind nach § 736 II BGB auf den ausgeschiedenen Gesellschafter einer GbR entspr. anzuwenden. Eine analoge Anwendung der §§ 159, 160 HGB ist jedoch auch für den Fall der Auflösung der GbR geboten (BFH 26.8.1997 – VII R 63/97, BStBl. II 1997, 745). Mangels Eintragung der Auflösung einer GbR ins Handelsregister beginnt die Verjährungsfrist mit Kenntnis der FB von der Auflösung (BFH 26.8.1997 – VII R 63/97, BStBl. II 1997, 745). **112**

Verhältnis zu § 191 V. § 191 V findet auch bei einer Haftung nach Zivilrecht Anwendung (Nacke Rn. 702). Abs. 4 stellt keine abschließende Regelung für zivilrechtliche Haftungsansprüche dar und verdrängt Abs. 5 nicht als lex specialis (TK § 191 Rn. 76). Die nach § 191 V bestehende absolute Grenze für die Festsetzung des Haftungsanspruchs ist somit auch zu beachten, wenn sich die Haftung aus dem Zivilrecht ergibt. **113**

F. Ausschluss der Inanspruchnahme (Abs. 5)

I. Ablauf der Festsetzungsfrist für die Erstschuld (Abs. 5 S. 1 Nr. 1)

Abs. 5 berücksichtigt den im Haftungsrecht geltenden **Grundsatz der Akzessorietät** (→ Rn. 10 ff.). Ein Haftungsbescheid kann nicht mehr erlassen werden, wenn die Steuer, für die gehaftet werden soll, gegen den StSchuldner noch nicht festgesetzt worden ist und wegen Ablaufs der Festsetzungsfrist auch nicht mehr festgesetzt werden kann (BFH 17.3.2016 – VI R 3/15, BFH/NV 2016, 994). Obwohl die Geltendmachung eines Haftungsanspruchs grds. nicht von der Festsetzung der StSchuld gegenüber dem StSchuldner abhängig ist, darf ein Haftungsbescheid nicht mehr ergehen, wenn die FB wegen **Eintritts der Festsetzungsverjährung** an der Festsetzung der StSchuld endgültig gehindert ist (BFH 6.3.2008 – VI R 5/05, BFH/NV 2008, 1225). Diese Rechtsfolge ist gerechtfertigt, weil in diesem Fall der StAnspruch erloschen ist; wegen der Akzessorietät der Haftung muss dieser Umstand auf den Haftungsanspruch durchschlagen (Klein § 191 Rn. 105). **114**

Der Ablauf der Festsetzungsfrist für die Erstschuld hindert die Bekanntgabe eines Haftungsbescheids aber nur, wenn die Verjährung **vor Erlass des Haftungsbescheids** eingetreten ist (HHSp § 191 Rn. 170). Tritt die Festsetzungsverjährung der Erstschuld erst **nach** Erlass des Haftungsbescheids ein, bleibt seine Rechtmäßigkeit hiervon unberührt (BFH 7.11.1995 – VII R 26/95, BFH/NV 1996, 379). **115**

II. Zahlungsverjährung oder Erlass (Abs. 5 S. 1 Nr. 2)

Zahlungsverjährung. Ist für die gegen den StSchuldner festgesetzte Steuer Zahlungsverjährung eingetreten (§ 228), darf ein Haftungsbescheid nicht mehr ergehen. **116**

Tritt die Zahlungsverjährung der Erstschuld erst **nach** Erlass des Haftungsbescheids ein, bleibt seine Rechtmäßigkeit hiervon unberührt (FG Hessen 4.2.1999 – 13 K 2961/96, EFG 1999, 534).

Erlass (§§ 163, 227). Spricht die FB gegenüber dem StSchuldner den Erlass der Erstschuld aus, **bevor** ein Haftungsbescheid bekannt gegeben worden ist, darf dieser nicht mehr ergehen. Unerheblich ist, ob der Erlass gem. § 163 im Festsetzungsverfahren oder **117**

gem. § 227 im Erhebungsverfahren gewährt wurde (TK § 191 Rn. 20). Der Erlass der Erstschuld steht einem Haftungsbescheid auch unabhängig von der Frage entgegen, ob sie aus persönlichen oder sachlichen Gründen erlassen wurde (HHSp § 191 Rn. 171a).

118 **Erlass nach Ergehen des Haftungsbescheids.** Wird die StSchuld erst nach Ergehen des Haftungsbescheids erlassen, berührt dies die Rechtmäßigkeit des Haftungsbescheids nach § 191 V 1 Nr. 2 nicht. Die FB hat allerdings bei der Ausübung ihres **Entschließungsermessens** zu berücksichtigen, dass der Erlass der StSchuld gegenüber dem StSchuldner in Betracht kommt (BFH 16.11.2004 – VII R 8/04, BFH/NV 2005, 495; BFH 19.12.2000 – VII R 63/99, BStBl. II 2001, 217). Es entspricht dem Grundsatz der Akzessorietät, dass dem Haftungsschuldner die Vorteile zugutekommen, die der Erstschuldner durch einen Erlass aus Billigkeitsgründen erlangen kann (BFH 26.7.1988 – VII R 83/87, BStBl. II 1988, 859).

III. Steuerhinterziehung und Steuerhehlerei (Abs. 5 S. 2)

119 Festsetzungsverjährung, Zahlungsverjährung und Erlass der Erstschuld stehen dem Ergehen eines Haftungsbescheids nicht entgegen, wenn der Haftungsschuldner **StHinterziehung** oder **StHehlerei** begangen hat. In diesen Fällen wird die Akzessorietät des Haftungsanspruchs durchbrochen (Nacke Rn. 710). Die Inanspruchnahme beschränkt sich auf die durch die StStraftat verkürzten Steuern bzw. ungerechtfertigt erlangten StVorteile (TK § 191 Rn. 24). Die StStraftatbestände müssen in objektiver und subjektiver Hinsicht erfüllt sein; des Weiteren muss die StHinterziehung bzw. StHehlerei im ursächlichen Zusammenhang mit der Haftung stehen. Leichtfertige StVerkürzung (§ 378) und die verschiedenen Arten der StGefährdung (§§ 379–382) sind nicht gleichzustellen. Die Durchbrechung des Grundsatzes der Akzessorietät des Haftungsanspruchs im Hinblick auf die besondere Verwerflichkeit des Verhaltens des Haftenden ist nur bei StStraftaten (§§ 370, 374), nicht jedoch bei StOrdnungswidrigkeiten gegeben (TK § 191 Rn. 23). Die FB muss die StHinterziehung/-Hehlerei hierfür schlüssig darlegen (FG Sachsen-Anhalt 3.2.2004 – 1 V 1019/03, EFG 2004, 705) und trägt die objektive Feststellungslast für das Vorliegen der objektiven und subjektiven Tatbestandsmerkmale (VGH München 6.2.2012 – 4 ZB 11.2024, NJW 2012, 2293). Verbleiben daher „vernünftige" Zweifel, kann § 191 V 2 nicht angewendet werden. Die FB ist nicht an – unabhängig davon, ob eine Verurteilung oder ein Freispruch erfolgt – Feststellungen des Strafgerichts gebunden. Eine strafrechtliche Verurteilung ist für die Haftungsinanspruchnahme nach § 71 nicht erforderlich (BFH 26.9.2012 – VII R 3/11, BFH/NV 2013, 337 mwN). Zudem ist es – entgegen einzelner Auffassungen in Literatur und Praxis – nicht erforderlich, dass der Haftungsschuldner Täter der StHinterziehung war. Auch die bloße Teilnahme, insb. Beihilfe iSd §§ 27, 52 StGB zu einer qualifizierten StHinterziehung (zB gewerbsmäßiger Schmuggel, § 373) genügt, um die Ausnahme vom Haftungsausschluss nach § 191 V 2 auszulösen. Dies hat das FG Hamburg 25.7.2024 – 4 K 57/20, EFG 2025, 297, Rev. VII R 18/24) unter ausführlicher Auslegung des Gesetzeswortlauts sowie mit Blick auf Systematik und Sinn und Zweck zutreffend entschieden. Die Vorschrift durchbricht die Akzessorietät des Haftungsanspruchs daher auch in Fällen bloßer Teilnehmerschaft (Anstiftung und Beihilfe), sofern sich diese auf eine vollendete StHinterziehung bezieht. Die Entscheidung steht im Einklang mit dem FG Nürnberg 1.4.2008 – II 127/200, DStRE 2008, 1292 und dem FG Hessen 25.8.1999 – 7 K 2815/96, EFG 2000, 295 sowie HHSp § 191 Rn. 245; aA Gosch AO § 191 Rn. 49. Die Frage ist beim BFH unter dem Az. VII R 18/24 anhängig. § 191 V 2 gilt nur für Haftungs-, nicht für Duldungsbescheide.

G. Verfahrensfragen im Zusammenhang mit einem Haftungsbescheid

120 **Zuständigkeit.** Für den Erlass des Haftungsbescheids besteht keine spezielle Zuständigkeitsregel (Nacke Rn. 668). Somit richtet sich die Zuständigkeit nach § 24 (BFH

29.11.2006 – I R 103/05, BFH/NV 2007, 1067). Wegen des Sachzusammenhangs ist grds. die für die Erstschuld zuständige FB auch für den Erlass des Haftungsbescheids zuständig (BFH 19.12.2000 – VII R 86/99, BFH/NV 2001, 742; BFH 23.7.1998 – VII R 141/97, BFH/NV 1999, 433).

Korrektur von Haftungsbescheiden. Die Korrektur von Haftungsbescheiden kann 121
allein nach §§ 129–131 erfolgen (Klein § 191 Rn. 109). Die Vorschriften über die Aufhebung und Änderung von StBescheiden (§§ 172–177) sind auf Haftungsbescheide nicht anwendbar (BFH 22.1.1985 – VII R 112/81, BStBl. II 1985, 562; BFH 24.1.1995 – VII B 142/94, BStBl. II 1995, 227). Die damit im Vergleich zu StBescheiden teilweise erweiterten Änderungsmöglichkeiten sind sachlich gerechtfertigt (BFH 12.8.1997 – VII R 107/96, BStBl. II 1998, 131). Ein bestandskräftiger Haftungsbescheid entfaltet Sperrwirkung, soweit es sich um denselben Sachverhalt handelt (BFH 7.4.2005 – I B 140/04, BStBl. II 2006, 530). Ein Haftungsbescheid ist daher rechtswidrig, wenn der ihm zugrunde liegende Sachverhalt bereits Gegenstand eines bestandskräftigen und fortbestehenden Haftungsbescheids ist (BFH 25.5.2004 – VII R 29/02, BStBl. II 2005, 3). Allerdings kann ein weiterer – ergänzender – Haftungsbescheid erlassen werden, wenn die erhöhte StSchuld, für die gehaftet werden soll, auf neuen Tatsachen beruht, die das FA mangels Kenntnis im ersten Haftungsbescheid nicht berücksichtigen konnte (BFH 15.2.2011 – VII R 66/10, BStBl. II 2011, 534; Nieland AO-StB 2011, 132). Es ist nicht ermessensfehlerhaft, wenn die FB der Bestandskraft auch eines rechtswidrigen Haftungsbescheids gewichtige Bedeutung beimisst und den Bescheid daher nicht nach § 130 zurücknimmt (BFH 4.6.2008 – I R 9/07, BFH/NV 2008, 1647). Ein Haftungsbescheid kann zugunsten des Haftenden auch nach Ablauf der Festsetzungsfrist aufgehoben oder geändert werden, weil die Regelungen des § 191 III nur für den erstmaligen „Erlass" des Haftungsbescheids gelten.

Es besteht idR ein **Anspruch auf Widerruf** des Haftungsbescheids, wenn der Haftungs- 122
anspruch nach Erlass des Haftungsbescheids bzw. der Einspruchsentscheidung erlischt, weil zB Zahlungen auf die StSchuld geleistet wurden (zu Einzelheiten → Rn. 25 ff.).

§§ 164, 165. Da die Vorschriften über StBescheide nicht für den Haftungsbescheid 123
gelten, kann dieser weder mit einem Vorläufigkeitsvermerk gem. § 165 versehen werden, noch kann er unter dem Vorbehalt der Nachprüfung (§ 164) ergehen (HHSp § 191 Rn. 54).

Rechtsbehelf. Der Haftungsbescheid kann mit dem Einspruch angefochten werden. 124

Mögliche Einwendungen. Der (vermeintliche) Haftungsschuldner kann zunächst ein- 125
wenden, die haftungsbegründenden Voraussetzungen der (materiell-rechtlichen) Haftungsnorm seien nicht erfüllt. Darüber hinaus kann er auch alle Einwendungen geltend machen, die dem StSchuldner **gegen den StAnspruch** zustehen (BVerfG 29.11.1996 – 2 BvR 1157/93, NJW 1997, 726; BFH 12.1.2011 – XI R 11/08, BStBl. II 2011, 477; BFH 16.12.1997 – VII R 30/97, BStBl. II 1998, 319). Der Geltendmachung dieser Einwendungen steht die Bestandskraft der StBescheide nicht entgegen (Klein § 191 Rn. 115). Hätte der Haftungsschuldner die Einwendungen als Vertreter oder Bevollmächtigter des Erstschuldners jedoch bereits gegen die Erstschuld geltend machen können, kann er die Einwendungen gem. § 166 nicht mehr im Verfahren über den Haftungsbescheid geltend machen (BFH 28.3.2001 – VII B 213/00, BFH/NV 2001, 1217; BFH 6.6.1994 – VII B 2/94, BFH/NV 1995, 281; BFH 21.1.1986 – VII R 196/83, BFH/NV 1986, 512). Der Einwendungsausschluss reicht nur soweit wie die Vertretungsmacht (BFH 30.12.1998 – VII B 168/98, BFH/NV 1999, 1054). Eine zu niedrige StFestsetzung verhindert allerdings nicht die Inanspruchnahme des Haftungsschuldners in Höhe der tatsächlich (höher) entstandenen StSchuld. § 166 steht dem nicht entgegen, weil die unzutreffende StFestsetzung die StSchuld, für die gehaftet wird, nicht zum Erlöschen bringt. Folglich ist es zweifelhaft, dass eine Haftungsinanspruchnahme für eine Rückforderung zu Unrecht geltend gemachter VorSt voraussetzen soll, dass die betreffende StAnmeldung geändert wird (so BFH 14.3.2012 – XI R 6/10, BStBl. II 2014, 607). Die Festsetzung einer Steuer wirkt nicht verbindlich iSe Bestandskraft gegenüber dem Haftungsschuldner, der eine eigene Schuld in

Höhe des materiell-rechtlich gegenüber dem StSchuldner bestehenden StAnspruchs hat. Deshalb ist die Existenz einer StFestsetzung keine Voraussetzung der Haftungsinanspruchnahme (BFH 26.4.2004 – VII B 36/04, BeckRS 2004, 25006720). Ein Bescheid, mit dem eine Steuer nicht festgesetzt wurde (sog. verneinende Festsetzung), schließt dementsprechend die Haftung für eine entstandene Steuer nicht aus (ebenso Klein § 191 Rn. 14).

126 Der Anfechtungsmöglichkeit nach § 166 entspricht im Insolvenzverfahren die Möglichkeit des Widerspruchs im Feststellungsverfahren. Im Haftungsverfahren sollen daher Einwendungen gegen formell bestandskräftig festgesetzte Steuern (angemeldete LSt) ausgeschlossen sein, wenn den im Prüfungstermin angemeldeten Forderungen des FA vom Geschäftsführer nicht widersprochen worden ist (BFH 27.9.2017 – XI R 9/16, BStBl. II 2018, 515; BFH 29.8.2018 – XI R 57/17, BFH/NV 2019, 7; aA Kahlert EWiR 2017, 556: Widerspruch wirke sich allenfalls nach Abschluss des Insolvenzverfahrens aus).

127 Des Weiteren kann der Haftende die Rechtmäßigkeit der **Ermessensentscheidung,** die die FB bei Erlass des Haftungsbescheids zu treffen hatte, bestreiten (Klein § 191 Rn. 115). Das FA kann allerdings seine Ermessenserwägungen gem. § 102 FGO bis zum Abschluss der Tatsacheninstanz eines finanzgerichtlichen Verfahrens nachschieben (BFH 26.7.2011 – VII B 3/11, BFH/NV 2011, 2079). Im Revisionsverfahren können die Ermessenserwägungen jedoch nicht nachgeholt werden (BFH 15.5.2013 – VI R 28/12, DB 2013, 1881).

128 **Hinzuziehung/Beiladung.** Soll ein Gesellschafter einer PersGes für die noch offenen StSchulden der Gesellschaft in Anspruch genommen werden, müssen die übrigen Gesellschafter nicht notwendig hinzugezogen bzw. beigeladen (§ 360 III AO; § 60 III FGO) werden (BFH 23.1.2004 – VII B 184/03, BFH/NV 2004, 795; BFH 26.10.2001 – VII B 165/01, BFH/NV 2002, 502). Die Entscheidung über die Rechtmäßigkeit eines Haftungsbescheids gegen einen Gesellschafter hat nicht zwingend Einfluss auf die gegenüber den übrigen Gesellschaftern ergangenen Haftungsbescheide.

H. Duldungsbescheid

I. Allgemeines

130 Die FB kann einen ihr zustehenden Anspruch auf Duldung der Vollstr. gem. § 191 I durch Duldungsbescheid (zu Begriff und Bedeutung → Rn. 4 ff.) geltend machen. Die Duldungspflicht kann sich dabei sowohl aus steuerlichen als auch aus zivilrechtlichen Normen ergeben. Das Bestehen eines Duldungsanspruchs setzt – wie bei der Haftung – das Bestehen einer Erstschuld voraus. Den Duldungsanspruch kann die FB auch durch (hoheitlichen) Duldungsbescheid festsetzen, wenn sich die Verpflichtung zur Duldung der Vollstr. aus dem AnfG ergibt (Klein § 191 Rn. 21). Ebenso wie Haftungsschulden beziehen sich Duldungspflichten auf konkrete Erstschulden. Darum müssen auch Duldungsbescheide die Erstschuld nach Art, Betrag, Erhebungszeitraum und Schuldner individualisieren (BFH 31.7.1979 – VII B 11/79, BStBl. II 1979, 756; FG Brandenburg 23.3.2000 – 4 K 658/99, EFG 2000, 663). Trifft dies nicht zu, ist der Duldungsbescheid rechtswidrig, jedoch nicht nichtig (BFH 1.8.1985 – VI R 28/79, BStBl. II 1985, 664; HHSp § 191 Rn. 59). Die Erstschuld muss überdies vollstreckbar sein (TK § 191 Rn. 143).

II. Verhältnis zur Erstschuld

131 Der Duldungsanspruch setzt das Bestehen eines Anspruchs gegen den StSchuldner voraus (Erstschuld). Die Duldungspflicht ist **streng akzessorisch** (BVerfG 13.2.1987 – 8 C 25/85, BStBl. II 1987, 475). Änderungen des StAnspruchs wirken sich unmittelbar auf den Duldungsanspruch aus (HHSp § 191 Rn. 177).

132 **Festsetzung des StAnspruchs.** Ein Duldungsbescheid darf nur erlassen werden, wenn der zugrunde liegende Anspruch von der FB festgesetzt wurde. Der Duldungsbescheid ist

unzulässig, wenn die der Anfechtung zugrunde liegende StForderung noch nicht festgesetzt ist. Die Wirksamkeit des Grundlagenbescheids ist unverzichtbare Voraussetzung für die Anknüpfung an § 3 AnfG (BFH 24.4.2024 – VII R 57/20, BStBl. II 2024, 706). Darin unterscheidet sich die Rechtslage beim Duldungsanspruch von der beim Haftungsanspruch; Letzterer kann grds. auch dann geltend gemacht werden, wenn der StAnspruch noch nicht festgesetzt wurde (→ Rn. 11). Weitere Voraussetzung ist, dass der StAnspruch **fällig** ist und nach **§ 251 vollstreckt** werden kann.

Fehlende Bestandskraft. Der zugrunde liegende Anspruch der FB muss noch nicht bestandskräftig sein (App DStZ 2002, 279). Bei fehlender Bestandskraft ist ein Vorbehalt gem. § 14 AnfG vorzunehmen (vgl. zur Notwendigkeit des Vorbehalts gem. § 14 AnfG BFH 23.10.2018 – VII R 44/17, BStBl. II 2019, 142 Rn. 11). Auch eine StFestsetzung, die unter dem Vorbehalt der Nachprüfung steht (§ 164) oder vorläufig ergangen ist, berechtigt zur Geltendmachung des Duldungsanspruchs (zu Einzelheiten → Rn. 136). 133

III. Duldung kraft Gesetzes

Der Duldungsanspruch der FB kann sich aus steuerrechtlichen oder aus zivilrechtlichen Normen ergeben. Die in der Praxis wichtigsten Duldungspflichten ergeben sich aus dem **AnfG,** das mit Wirkung ab 1.1.1999 im Zusammenhang mit der Reform des Insolvenzrechts überarbeitet wurde (App DStZ 2002, 279). Der Erlass eines Duldungsbescheids hängt davon ab, dass die Voraussetzungen einer **Duldungsnorm** erfüllt sind (BFH 15.10.1996 – VII R 35/96, BStBl. II 1997, 17). Auch der Anspruch auf Duldung der Vollstr., der sich aus zivilrechtlichen Duldungsnormen ergibt, kann durch Duldungsbescheid gem. § 191 I durch die FB geltend gemacht werden (BFH 29.3.1994 – VII R 120/92, BStBl. II 1995, 225; BFH 2.3.1983 – VII R 120/82, BStBl. II 1983, 398). Die in Teilen der Literatur diskutierte Möglichkeit, die Rechtsfolgen des § 191 V (Durchbrechung der Akzessorietät bei StStraftaten) auch auf Duldungsbescheide gegenüber Dritten (zB Beschenkten) anzuwenden, wird überwiegend abgelehnt (Kilger BB 1988, 2440). Eine analoge Anwendung auf Anfechtungsfälle (→ Rn. 119) scheitert an der fehlenden Täterstellung sowie am Schutzzweck der Norm. Diese Argumentation richtet sich gegen eine Auslegung, die versucht, bei steuerstrafrechtlich motivierten Schenkungen über § 191 V auch den Empfänger der Schenkung haftbar zu machen – zB durch Analogie beim Duldungsbescheid nach § 3 AnfG. Eine Rechtsfortbildung ist auch aus verfassungsrechtlichen Gründen abzulehnen. 134

IV. Duldungsbescheid bei Anfechtung nach dem AnfG

§ 2 AnfG berechtigt den Gläubiger zur Anfechtung, wenn er einen vollstreckbaren Schuldtitel besitzt. Schuldtitel idS sind auch StBescheide, Haftungsbescheide und andere VA der FB, die eine Geldleistung festsetzen (HHSp § 191 Rn. 191). Strittig war, ob ein Wahlrecht zwischen einer Klage nach §§ 11, 13 AnfG und dem Erlass eines Duldungsbescheids nach § 191 besteht. Dies ist zu verneinen (BFH 30.6.2020 – VII R 63/18, BStBl. II 2021, 191). Die Anfechtung hat zwingend durch Duldungsbescheid zu erfolgen, soweit sie nicht im Wege der Einrede nach § 9 AnfG geltend zu machen ist, da die Anfechtung ein einfaches und wirkungsvolles Mittel ist, um dem Gläubiger den VollstrZugriff auf Gegenstände zu erhalten, die sein Schuldner in anfechtbarer Weise weggegeben hat (BFH 24.4.2024 – VII R 57/20, BStBl. II 2024, 706 Rn. 16; BVerwG 25.1.2017 – 9 C 30/15, NZI 2017, 354; BGH 27.7.2006 – IX ZB 141/05, ZIP 2006, 1603; Gosch AO § 191 Rn. 14; TK § 191 Rn. 148; anders noch BFH 1.12.2005 – VII B 95/05, BFH/NV 2006, 701). Bei der Schenkung eines Grundstücks, welches mit einem Grundpfandrecht belastet ist, erwirbt der Beschenkte den Grundbesitz von vornherein nur mit dinglicher Belastung, sodass eine objektive Gläubigerbenachteiligung nicht vorliegt, wenn die anfechtbare Rechtshandlung ein über seinen Wert belastetes Grundstück betrifft (BFH 135

14.7.1981 – VII R 49/80, BStBl. II 1981, 751; FG München 27.9.2018 – 10 K 2927/17, EFG 2019, 73).

135a Der Anfechtungsgegner kann sich nicht mit Einwendungen gegen die StFestsetzung verteidigen, wenn ein vollstreckbarer Schuldtitel vorliegt. Gemäß § 2 AnfG genügt für die Anfechtung nämlich ein vollstreckbarer Schuldtitel, ohne dass auf die Rechtmäßigkeit des Titels zurückgegriffen werden muss. Wird gegen den StSchuldner ein Insolvenzverfahren eröffnet, so kann nur der Insolvenzverwalter einen wegen des Duldungsbescheids des FA anhängigen Rechtsstreit, der zunächst unterbrochen wird (§ 17 AnfG), fortführen (BFH 14.11.2012 – II R 14/11, BFH/NV 2013, 693; FG Berlin-Brandenburg 4.10.2018 – 9 K 9159/17, EFG 2019, 575).

136 **Fehlende Bestandskraft.** Ist der der Anfechtung zugrunde liegende StBescheid noch nicht bestandskräftig (→ Rn. 133), steht er einem nur vorläufig vollstreckbaren Schuldtitel iSd AnfG gleich. Auch vorläufig vollstreckbare Schuldtitel reichen für die Anfechtungsbefugnis nach § 2 AnfG aus (BGH 3.3.1976 – VIII ZR 197/74, NJW 1976, 967). Liegt ein nur vorläufig vollstreckbarer Schuldtitel des Gläubigers vor, so schreibt § 14 AnfG lediglich vor, dass in dem den Anfechtungsanspruch für begründet erklärenden Urteil die Vollstr. desselben davon abhängig zu machen ist, dass die gegen den Schuldner ergangene Entscheidung rechtskräftig wird. Dementsprechend ist der Duldungsbescheid mit der **einschränkenden Klausel** zu versehen, dass die Vollstr. erst nach Eintritt der Bestands- bzw. Rechtskraft des StBescheids beginnen darf (BFH 9.2.1988 – VII R 62/86, BFH/NV 1988, 752). Der Duldungsbescheid muss allerdings keine zusätzliche Bedingung iSd § 14 AnfG enthalten, wenn die StFestsetzung rechtsbeständig ist, auch wenn sie noch unter dem Vorbehalt der Nachprüfung steht (BFH 22.10.2019 – VII R 61/18, BFH/NV 2020, 337).

1. Zulässigkeit eines Duldungsbescheids

137 Die FB ist berechtigt, denjenigen, der nach dem AnfG zur Duldung der Vollstr. verpflichtet ist, durch Duldungsbescheid nach § 191 I in Anspruch zu nehmen (BFH 29.3.1994 – VII R 120/92, BStBl. II 1995, 225; BFH 2.3.1983 – VII R 120/82, BStBl. II 1983, 398). Mit dem StBereinG 1999 (BStBl. I 2000, 13) wurde § 191 I zur Klarstellung insoweit ergänzt (Klein § 191 Rn. 21).

2. Anfechtungsgründe

138 Anfechtungsgründe sind nach **§ 3 AnfG** insb.:

- Rechtshandlungen, die der Schuldner in den letzten zehn Jahren vor der Anfechtung mit dem Vorsatz der Gläubigerbenachteiligung vorgenommen hat, soweit der andere Teil um den Vorsatz wusste; bloßes Annehmen oder Kennenmüssen genügt für eine Kenntnis ebenso wenig wie eine grob fahrlässige Unkenntnis des Anfechtungsgegners. Allerdings genügt es, wenn der Anfechtungsgegner um die Rechtshandlung und den Benachteiligungsvorsatz im Allgemeinen gewusst hat; eine Kenntnis der Einzelheiten ist ebenso wenig erforderlich wie ein eigener Gläubigerbenachteiligungsvorsatz (FG Münster 21.11.2023 – 2 K 2201/20 AO, ZInsO 2024, 1284 zur sog. Kontoleihe, bei der die Kontodaten an eine dritte Person weitergegeben werden, Rev. VII R 28/24).
- entgeltliche, in den letzten zwei Jahren vor der Anfechtung geschlossenen Verträge des Schuldners mit einer ihm nahestehenden Person, durch welche die Gläubiger unmittelbar benachteiligt werden, es sei denn, dem anderen Teil war der Vorsatz, Gläubiger zu benachteiligen, bei Vertragsschluss nicht bekannt;
- unentgeltliche Leistungen des Schuldners innerhalb der letzten vier Jahre vor der Anfechtung, falls Gegenstand der Leistung kein gebräuchliches Gelegenheitsgeschenk von geringem Wert war. Eine gemischte Schenkung unterliegt nur dann dem Anfechtungsregime des § 3 I Nr. 1 AnfG, wenn der unentgeltliche Teil der Leistung dominiert. Eine marktkonforme Gegenleistung schließt die Annahme eines anfechtbaren Vorgangs aus.

Bei der Prüfung der Anfechtungsvoraussetzungen des § 3 AnfG trägt das FA zwar die Feststellungslast, den Anfechtungsgegner trifft jedoch eine Mitwirkungspflicht hinsichtlich der in seinen Wissensbereich fallenden Umstände (BFH 22.10.2019 – VII R 61/18, BFH/NV 2020, 337).

Eine Leistung des Schuldners, die einen Bereicherungs- oder Herausgabeanspruch begründet, ist nicht nach § 4 I AnfG, sondern ggf. nach § 3 I, IV AnfG anfechtbar (BFH 30.6.2020 – VII R 63/18, BStBl. II 2021, 191). Ist der Empfänger von vornherein einem Bereicherungsanspruch ausgesetzt, fehlt es an einem endgültigen, vom Empfänger nicht auszugleichenden, freigiebigen Vermögensverlust des Schuldners (BFH 30.6.2020 – VII R 63/18, BStBl. II 2021, 191; BGH 20.4.2017 – IX ZR 252/16, BGHZ 214, 350 zu § 134 I InsO). Den Anfechtungsgläubiger trifft die objektive Feststellungslast dafür, dass eine im Sinne dieser Grundsätze objektiv unentgeltliche Leistung des Schuldners vorliegt (BFH 30.6.2020 – VII R 63/18, BStBl. II 2021, 191 und TK § 191 Rn. 151). 138a

3. Fristberechnung nach §§ 3 und 4 AnfG

§ 191 I 2 bestimmt, dass für die Fristberechnung nach den §§ 3, 4 und 6 AnfG der Erlass des Duldungsbescheids der gerichtlichen Geltendmachung der Anfechtung nach § 7 AnfG gleichsteht. Nach §§ 3 und 4 AnfG können Rechtshandlungen nicht zeitlich unbegrenzt angefochten werden. Vielmehr ist bei der vorsätzlichen Gläubigerbenachteiligung eine Frist von zehn Jahren, bei der unentgeltlichen Leistung eine Frist von vier Jahren und bei der Anfechtung einer Rechtshandlung gegenüber nahestehenden Personen eine Frist von zwei Jahren zu beachten. Weil das AnfG für die Fristberechnung allein auf die gerichtliche Geltendmachung der Anfechtung abstellt, ergänzt § 191 I 2 diese Regelung als lex specialis und stellt den Erlass des Duldungsbescheids der gerichtlichen Geltendmachung gleich (HHSp § 191 Rn. 203). 139

V. Ermessen

Der Erlass eines Duldungsbescheids steht im Ermessen der FB (Nacke Rn. 630). Die FB muss das Für und Wider der Inanspruchnahme des Duldungspflichtigen unter Berücksichtigung aller Umstände des Einzelfalls abwägen. Es gelten für die Ermessensausübung die gleichen Grundsätze wie für den Erlass eines Haftungsbescheids (→ Rn. 35 ff.). 140

VI. Inhalt des Duldungsbescheids

Der Duldungsbescheid ist gem. § 191 I 3 **schriftlich** zu erteilen. Im Übrigen sind die für Haftungsbescheide geltenden Anforderungen zu beachten. Da es sich bei dem Duldungsbescheid um einen VA iSd § 118 handelt, gelten auch die sich aus § 119 ergebenden Anforderungen. Insb. muss der Duldungsbescheid gem. § 119 I inhaltlich **hinreichend bestimmt** sein (BFH 8.2.2001 – VII B 82/00, BFH/NV 2001, 1003). 141

Duldungspflichtiger. Im Duldungsbescheid ist der Duldungspflichtige als Adressat des Duldungsbescheids genau zu bezeichnen, sodass eine Verwechslung ausgeschlossen ist. Wer Duldungspflichtiger ist, bestimmt sich allein nach der (materiell-rechtlichen) Duldungsnorm (zB nach dem AnfG). § 191 I regelt ausschl. die formelle Geltendmachung des materiell entstandenen Duldungsanspruchs (Schwarz/Pahlke/Keß § 191 Rn. 69). 142

Erstschuld. Wegen der strengen Akzessorietät des Duldungsanspruch muss die FB die Erstschuld nach **StArt, Betrag, Erhebungszeitraum** und **Schuldner** konkret bezeichnen (TK § 191 Rn. 143). Die Zusammenfassung verschiedener Ansprüche in einer Gesamtsumme ist nicht zulässig (FG Hamburg 12.12.1984 – I 107/83, EFG 1985, 476). Ein solch rechtswidriger Duldungsbescheid wahrt nicht die Anfechtungsfristen (FG Brandenburg 23.3.2000 – 4 K 658/99 AO, EFG 2000, 663). 143

Hat der Adressat des Duldungsbescheids die **Vollstr. nach AnfG** zu dulden, sind die Angaben, die nach § 13 AnfG für den Klageantrag gefordert werden, in den Bescheid aufzunehmen (BVerwG 18.4.1997 – 8 C 43/95, BVerwGE 104, 301). Neben der Bezeichnung der Erstschuld, die ggf. nach Erhebungszeiträumen aufzugliedern ist, muss der Anfechtungstatbestand nach dem AnfG angegeben werden. Der zurückzugewährende 144

Gegenstand ist zu benennen; ferner ist die Art und Weise darzustellen, wie die Rückgewährung zu erfolgen hat (App DStZ 2002, 279).

145 **Begründung.** Darüber hinaus ist der Haftungsbescheid zu begründen (zur Begründungspflicht allg. vgl. § 121). Dabei ist anzugeben, aus welcher Norm sich die Duldungspflicht ergibt und in welches Vermögen vollstreckt werden soll (FG Hamburg 12.12.1984 – I 107/83, EFG 1985, 476; HHSp § 191 Rn. 209). Des Weiteren muss die FB ihre Ermessensentscheidung nachvollziehbar darstellen; insb. ist der Abwägungsprozess des Für und Wider der Inanspruchnahme zu erläutern (BFH 31.5.1983 – VII R 7/81, BStBl. II 1983, 545). Der Duldungsbescheid ist dabei der Auslegung zugänglich und es gelten die allg. Grundsätze zur Auslegung von VA (BFH 8.2.2001 – VII B 82/00, BFH/NV 2001, 1003). Es ist sogar denkbar, dass unter Anwendung der Auslegungsregel „falsa demonstratio non nocet" eine irrtümliche Bezeichnung des zurückzugewährenden Gegenstands in einem Duldungsbescheid geheilt werden kann (BFH 24.8.1998 – VII B 151/98, BFH/NV 1999, 155).

145a Ein fehlerhafter Haftungsbescheid kann nicht in einen StBescheid (BFH 7.12.1984 – VI R 72/82, BStBl. II 1985, 170 (172)) umgedeutet werden. Umgekehrt kann ein fehlerhafter StBescheid nicht in einen Haftungsbescheid umgedeutet werden (BFH 18.7.1991 – V R 72/87, BStBl. II 1991, 781; HHSp § 191 Rn. 95). Ein Haftungsbescheid verfolgt eine andere Zweckrichtung als ein StBescheid (BFH 15.3.1985 – VI R 30/81, BStBl. II 1985, 581).

145b Ist nicht aufzuklären, ob ein StTatbestand oder ein Haftungstatbestand erfüllt ist, kann die FB den Stpfl. daher nicht wahlweise als Schuldner oder Haftenden in Anspruch nehmen (HHSp § 191 Rn. 96). StSchuldnerschaft und Haftung schließen sich wechselseitig vielmehr aus (BFH 23.6.2020 – VII R 56/18, BFH/NV 2021, 217; FG Hamburg 15.12.2020 – 4 V 118/20, BeckRS 2020, 41074).

VII. Verfahrensfragen, Rechtsbehelfe

146 **Zuständig** für den Erlass eines Duldungsbescheids ist die VollstrBehörde, die für die Vollstr. der Erstschuld zuständig ist.

147 Für den Duldungsbescheid gelten bzgl. der anzuwendenden **verfahrensrechtlichen Vorschriften** die gleichen Grundsätze wie für den Haftungsbescheid (→ Rn. 101 ff.). Jedoch sind die **§ 191 II bis IV** auf den Duldungsbescheid nicht anzuwenden (BVerwG 13.2.1987 – 8 C 25/85, BStBl. II 1987, 475). Dagegen hat **§ 191 V** unmittelbare Bedeutung für den Duldungsbescheid. Ist die Erstschuld durch Eintritt der Festsetzungsverjährung (§ 191 V 1 Nr. 1), durch Eintritt der Zahlungsverjährung oder durch Erlass (§ 191 V 1 Nr. 2) erloschen, darf ein Duldungsbescheid nicht ergehen (HHSp § 191 Rn. 224).

148 Die **Eröffnung des Insolvenzverfahrens** über das Vermögen des Erstschuldners führt nach § 17 I 1 AnfG zur Unterbrechung des Verfahrens über den Anfechtungsanspruch, auch wenn der Duldungsanspruch durch Duldungsbescheid geltend gemacht wurde (TK § 191 Rn. 147). Die FB ist für die Dauer des Insolvenzverfahrens an der Verfolgung ihres Anspruchs gehindert. Dies gilt selbst, wenn der Insolvenzverwalter auf die Aufnahme des Anfechtungsprozesses und auf den Rückgewähranspruch verzichtet (BFH 29.3.1994 – VII R 120/92, BStBl. II 1995, 225). Die FB darf erst nach Beendigung des Insolvenzverfahrens ihren Anspruch weiterverfolgen (HHSp § 191 Rn. 200).

149 Der Duldungsbescheid kann mit **Einspruch** angefochten werden. Dabei kann der Adressat des Duldungsbescheids einwenden, die Voraussetzungen der Duldungsnorm seien nicht erfüllt, die FB habe ihr Ermessen fehlerhaft ausgeübt oder die Erstschuld bestehe nicht oder nicht in dieser Höhe. Der Adressat des Duldungsbescheids kann grds. alle Einwendungen gegen die Erstschuld erheben, die dem StSchuldner zustanden, außer die Duldungspflicht richtet sich nach dem AnfG (HHSp § 191 Rn. 216).

150 **Einwendungen nach dem AnfG.** Wer nach dem AnfG zur Duldung der Vollstr. verpflichtet ist, kann keine Einwendungen gegen die Erstschuld erheben, wenn die zu-

grunde liegenden StBescheide bzw. Haftungsbescheide schon bestandskräftig sind (BFH 1.3.1988 – VII R 109/86, BStBl. II 1988, 408). Nur **nachträglich entstandene** Einwendungen, die der StSchuldner nicht gegen den (bestandskräftigen) StBescheid vorbringen konnte, kann er noch wirksam erheben (TK § 191 Rn. 147). Jedoch kann der Duldungsverpflichtete nicht erfolgreich einwenden, dass er nicht in Anspruch genommen werden dürfte, weil der Erstschuldner noch keine eidesstattliche Versicherung abgegeben habe. Denn die Abgabe der eidesstattlichen Versicherung ist keine Voraussetzung für die Inanspruchnahme des Duldungsverpflichteten (BFH 28.5.2003 – VII B 106/03, BFH/NV 2003, 1146).

§ 192 Vertragliche Haftung

Wer sich auf Grund eines Vertrags verpflichtet hat, für die Steuer eines anderen einzustehen, kann nur nach den Vorschriften des bürgerlichen Rechts in Anspruch genommen werden.

Schrifttum: Gehm, Die Haftung für Steuerschulden nach privatrechtlichen Normen, StBp 2019, 277; Steinhauff, Die Haftung für Steuerschulden nach privatrechtlichen Normen, AO-StB 2019, 354; von Bernstorff, Die Sicherheitsleistung im Zollrecht, RIW 2011, 657.

I. Allgemeines

1 Die Vorschrift hat nur **klarstellende Bedeutung** (HHSp § 192 Rn. 2). Sie bestätigt, dass derjenige, der sich nach bürgerlichem Recht zur Haftungsübernahme verpflichtet, nur auf dem Zivilrechtsweg und nicht durch VA in Anspruch genommen werden kann. Die Möglichkeit, eine Einstandspflicht für StSchulden auf privatrechtlicher Basis zu übernehmen, ist in § 48 II ausdrücklich geregelt. Die Durchsetzung dieses Haftungsanspruchs steht im Ermessen der FB (TK § 192 Rn. 4), wobei ein etwaig daneben bestehender öffentlich-rechtlicher Haftungsanspruch keinen Vorrang besitzt (Klein § 192 Rn. 1).

II. Voraussetzungen der Haftung

2 **Vertragliche Haftungsansprüche.** Die Haftungsansprüche der FB iSd § 192 können auf einer **Bürgschaft** (§§ 765 ff. BGB), einem **Schuldversprechen** (§ 780 BGB), einem **Garantievertrag** oder einem **(kumulativen) Schuldbeitritt** beruhen. Eine befreiende Schuldübernahme nach § 414 BGB ist dagegen ausgeschlossen (HHSp § 192 Rn. 7). Bei der befreienden Schuldübernahme wird der ursprüngliche Schuldner nämlich von seiner Schuld endgültig befreit. Ein solches Einwirken einer zivilrechtlichen Vereinbarung auf den öffentlich-rechtlichen StAnspruch ist unzulässig (TK § 192 Rn. 2). Da die zivilrechtliche Vereinbarung wirksam sein muss, sind bestehende **Formerfordernisse,** wie zB die Schriftform bei Abschluss einer Bürgschaft, selbstverständlich zu beachten. Auch die Bestellung einer **Hypothek** oder anderer **Grundpfandrechte** sowie die Verpfändung sind zulässig (TK § 192 Rn. 2).

3 **Steuern und steuerliche Nebenleistungen.** Die vertragliche Vereinbarung iSd § 192 ist nicht auf die Haftung für reine StSchulden beschränkt, obwohl die Vorschrift nur vom Einstehen für die „Steuern" eines anderen spricht (HHSp § 192 Rn. 5). Vielmehr kann die Haftung auch für steuerliche Nebenleistungen übernommen werden, wenn dies die vertragliche Vereinbarung vorsieht.

4 **Akzessorietät.** Auch die vertragliche Haftungsübernahme setzt das Bestehen einer Hauptschuld, für die gehaftet werden soll, voraus. Ist die Hauptschuld erloschen, kann die FB keinen Anspruch gegen den (zivilrechtlichen) Haftungsschuldner durchsetzen.

III. Durchsetzung des Haftungsanspruchs

5 Die FB kann gegen den vertraglich Haftenden nur vor den **Zivilgerichten** klagen. Klägerin ist der Gläubiger des Anspruchs aus dem StSchuldverhältnis (Bund, Land, Gemeinde, Gemeindeverband, Religionsgesellschaft). Ansprüche aus einem Vertrag gegen den Fiskus können ebenfalls nur im Zivilrechtsweg geltend gemacht werden (BFH 27.2.1974 – II 240/65, BStBl. II 1974, 557). Die Geltendmachung des Haftungsanspruchs durch Haftungsbescheid oder im Wege der Verwaltungsvollstreckung nach §§ 249 ff. ist unzulässig. Ein dennoch erlassener VA ist rechtswidrig und muss angefochten werden (zu Einzelheiten → Rn. 10). Sollte die FB ein (zivilrechtliches) Endurteil erfochten haben, darf sie dieses nicht mit den eigenen Vollstreckungsorganen durchsetzen. Auch die FB muss sich zur Vollstr. an das Amtsgericht bzw. einen Gerichtsvollzieher wenden (HHSp § 192 Rn. 12).

5a **Vertretung des Fiskus:** Welche Behörde den Fiskus vertritt, bestimmen die verfassungs- und verwaltungsrechtlichen Organisationsvorschriften des Bundes- oder Landesrechts. Die Vertretung des Fiskus geschieht, soweit ausdrückliche Regelungen nicht bestehen, durch seine Behördenspitzen (TK § 192 Rn. 8 ff. mit ergänzenden Ausführungen hierzu).

6 **Einwendungen des Verpflichteten.** Der vertraglich Haftende kann im Klageverfahren sowohl Einwendungen gegen seine zivilrechtliche Verpflichtung als auch Einwendungen gegen die primäre StSchuld erheben. Erhebt er Einwendungen gegen die StSchuld, muss er sich die **Bestandskraft des StBescheides** nicht entgegenhalten lassen, außer, dies wurde explizit vereinbart (TK § 192 Rn. 7). Eine Drittwirkung der StFestsetzung gem. § 166 AO gilt für den Bürgen nicht (aA FG Hamburg 8.3.1977 – IV 18/76 H, EFG 1977, 334). Das Bestehen einer Hauptschuld ist daher unabdingbare Voraussetzung für die Inanspruchnahme des Bürgen, da sogar ein den Hauptschuldner verurteilendes Urteil keine Rechtskraftwirkung gegenüber dem Bürgen entfaltet (Zöller ZPO § 325 Rn. 5). Jedoch können vertraglich abw. Vereinbarungen getroffen werden.

7 **Ermessen.** Die Inanspruchnahme des vertraglich Verpflichteten steht im Ermessen der FB (HHSp § 192 Rn. 12). Existiert neben dem vertraglichen Haftungsschuldner ein Haftender, der nach steuerrechtlichen Normen für eine fremde StSchuld einstehen muss, so ist die FB nicht verpflichtet, denjenigen vorrangig in Anspruch zu nehmen, der nach StRecht haftet (Klein § 192 Rn. 1). Der bürgerlich–rechtliche Haftungsanspruch ist nämlich nicht **subsidiär** (HHSp § 192 Rn. 14; Klein § 192 Rn. 1; Schwarz/Pahlke/Keß § 192 Rn. 9). Dennoch muss die FB ihre Auswahlentscheidung ermessensfehlerfrei ausüben und begründen.

8 **Übergang des Steueranspruchs auf den Verpflichteten.** Befriedigt der Verpflichtete den StGläubiger durch Zahlung (§ 47), kann die StForderung gegen den Stpfl. auf den Zahlenden übergehen, wenn dies nach Zivilrecht vorgesehen ist. Der Bürge hat im Falle der Zahlung einer fremden StSchuld nach § 774 I BGB daher einen **Rückgriffsanspruch** gegenüber dem ursprünglichen StSchuldner (HHSp § 192 Rn. 9). Sofern dies gesetzlich geregelt ist (zB in § 774 BGB), kann die Leistung auch zum Übergang der diesbezüglich bestehenden Sicherungsrechte auf den Verpflichteten führen (§ 774 I BGB). Dieser kann dann beim StSchuldner Rückgriff nehmen. Allerdings ist fraglich, ob der StAnspruch durch den Übergang auf den Verpflichteten seinen öffentlich–rechtlichen Charakter verliert (so aber BGH 2.4.1973 – VIII ZR 108/72, NJW 1973, 1077 und die wohl hM, zB TK § 192 Rn. 3, unter Hinweis darauf, dass Privatpersonen den auf sie übergegangenen Anspruch nicht durch einen VA durchsetzen können; Schwarz/Pahlke/Keß § 192 Rn. 10). Da die Rechtsnatur der Forderung durch den kraft Gesetzes angeordneten Übergang unberührt bleiben dürfte, bleibt zwar eine öffentlich-rechtliche Forderung bestehen, die – mangels Befugnis zum Erlass eines VA – zur Durchsetzung im Zivilrechtsweg geltend zu machen ist (Gosch AO § 192 Rn. 7).

9 **Erstattungsanspruch des vertraglich Haftenden.** Der vertraglich Haftende kann Zahlungen, die er ohne Rechtsgrund geleistet hat, ebenfalls nur nach § 812 BGB und

nicht nach § 37 II zurückfordern (BFH 12.5.2016 – VII R 50/14, BStBl. II 2016, 730; BFH 27.2.1974 – II 240/65, BStBl. II 1974, 557 und TK § 192 Rn. 4). Auch insoweit besteht nur ein privatrechtliches Schuldverhältnis zwischen dem vertraglich Haftenden und der FB, sodass für Streitigkeiten über den Rückforderungsanspruch die Zivilgerichte zuständig sind.

IV. Rechtsschutz

Erlässt die FB entgegen § 192 dennoch einen Haftungsbescheid, mit dem der zivilrecht- 10
liche Haftungsanspruch durchgesetzt werden soll, so ist der Bescheid nicht nichtig (HHSp § 192 Rn. 13). Der Haftungsschuldner muss sich daher mit dem **Einspruch** gegen diesen rechtswidrigen Bescheid wenden. Versäumt er dies, wird der Haftungsbescheid bestandskräftig.

Die FB kann auch – anstelle eines zivilrechtlichen Vorgehens – mit einer zivilrechtlich 11
erlangten Forderung die Aufrechnung (§ 226) erklären (FG Niedersachsen 6.11.2012 – 8 K 147/10, EFG 2013, 570). Derjenige, gegen dessen Forderung die FB aufgerechnet hat, muss zunächst einen Abrechnungsbescheid (§ 218) beantragen, falls er sich gegen die Aufrechnung zur Wehr setzen will. Dagegen ist – bei Streitigkeiten über die Abrechnung – der Einspruch (§ 347 I) und ggf. Klage vor dem FG eröffnet.

Vierter Abschnitt. Außenprüfung

1. Unterabschnitt. Allgemeine Vorschriften

§ 193 Zulässigkeit einer Außenprüfung

(1) **Eine Außenprüfung ist zulässig bei Steuerpflichtigen, die einen gewerblichen oder land- und forstwirtschaftlichen Betrieb unterhalten, die freiberuflich tätig sind und bei Steuerpflichtigen im Sinne des § 147a.**

(2) **Bei anderen als den in Absatz 1 bezeichneten Steuerpflichtigen ist eine Außenprüfung zulässig,**

1. **soweit sie die Verpflichtung dieser Steuerpflichtigen betrifft, für Rechnung eines anderen Steuern zu entrichten oder Steuern einzubehalten und abzuführen,**
2. **wenn die für die Besteuerung erheblichen Verhältnisse der Aufklärung bedürfen und eine Prüfung an Amtsstelle nach Art und Umfang des zu prüfenden Sachverhalts nicht zweckmäßig ist oder**
3. **wenn ein Steuerpflichtiger seinen Mitwirkungspflichten nach § 12 des Gesetzes zur Abwehr von Steuervermeidung und unfairem Steuerwettbewerb nicht nachkommt.**

Schrifttum: Papist, Zur Abgrenzung der Außenprüfung von den Einzelermittlungsmaßnahmen, DStR 1986, 356; Thiel, Steuerliche Betriebsprüfung im Rechtsstaat – Tipkes Engagement für die Außenprüfung, StuW 1986, 1; Wengert/Widmann, Läßt sich das Rechtsinstitut der Außenprüfung verfassungsrechtlich und vor dem Hintergrund einer europäischen Steuerharmonisierung noch rechtfertigen?, BB 1998, 22; Hillmann-Stadtfeld, Umsatzsteuernachschau und Verschärfung der Strafrechtslage durch das Steuerverkürzungsbekämpfungsgesetz, DStR 2002, 434; Balmes, Digitales Zeitalter der Außenprüfung, AO-StB 2002, 121; Schwaben, Mitwirkungspflichten, Belehrungspflichten und Verwertungsverbote im Besteuerungsverfahren unter dem Blickwinkel des Folgenbeseitigungsanspruchs, DB 2002, 1908; Seer, Reform des Veranlagungsverfahrens, StuW 2003, 40; Drüen, Neue Pflichten zur Vorlage von Unterlagen bei der Betriebsprüfung von Kapitalgesellschaften und Konzernen?, StbJb 2006/2007, 273; Haep, Umsatzsteuer-Nachschau und Unverletzlichkeit der Wohnung, UR 2008, 445; Rüsken, Außenprüfung, Nachschau und Steuerfahndung im Rechtsstaat, DStjG 2008, 243; Seer, Zeitnahe Außenprüfung bei Groß- und Konzernbetrieben, Ubg 2009, 673; Wünnemann, Gesetzlicher Regelungsbedarf für eine zeitnahe Betriebsprüfung, Ubg 2011, 197; Seer, Tax Compliance und Außenprüfung, FS Streck, 2011, 403; Brinkmann, Außenprüfung bei

Privatpersonen, StBp 2011, 125; Grune, Die Umsatzsteuernachschau gemäß § 27b UStG, 2012; Beckmann, Joint Audits – Aktuelle Problemfelder zwischenstaatlicher Gemeinschaftsprüfungen, IStR 2016, 627; Peters, Aus der digitalen Betriebsprüfung: Datenzugriff und Verfahrensdokumentation, DB 2018, 2846; Schumann, § 146b AO – Regelungen und Anwendungsfragen zur Kassen-Nachschau, AO-StB 2018, 246; Wargowske/Greil, Digitale steuerliche Außenprüfung, FR 2019, 608; Pieske-Kontny, Die Außenprüfung bei Steuerpflichtigen iSv § 147a I AO, StBp 2020, 151; Fischer, Das DAC7-Umsetzungsgesetz, StuB 2023, 129.

Übersicht

A. Allgemeines

1 **Regelungsgegenstand.** Die Ap. stellt ein spezielles Instrument zur Erfüllung der allgemeinen Ermittlungspflicht der FB dar (FG Niedersachsen 22.10.2017 – 13 K 179/15, EFG 2019, 179). Die Möglichkeit zur Durchführung einer Ap. soll bei Stpfl. mit Gewinneinkünften die umfassende Kontrolle dadurch sicherstellen, dass Einblick in die meist umfangreichen Bücher und betrieblichen Aufzeichnungen genommen wird (BT-Drs. VI/1982, 161). Nur so kann ein angemessener Gesetzesvollzug bei dieser Gruppe von Stpfl. gewährleistet werden. Das Institut der Ap. ist verfassungsgemäß (BFH 7.5.2003 – IV B 206/01, BFH/NV 2003, 1394; BFH 7.2.2002 – IV R 9/01, BStBl. II 2002, 269).

4 **Möglichkeit zur Beschränkung von Art und Umfang der Ermittlungen einer Ap.** Mit dem DAC7-UmsG v. 20.12.2022 (BGBl. 2022 I 2730) wird im Rahmen eines Erprobungsverfahrens gem. Art. 97 § 38 EGAO die Möglichkeit eröffnet, dem Stpfl. Beschränkungen von Art und Umfang der Ermittlungen unter der Voraussetzung verbindlich zusagen, dass keine Änderungen der Verhältnisse eintreten (Fischer StuB 2023, 129). Voraussetzung ist nach Art. 97 § 38 I EGAO, dass der Stpfl. ein StKontrollsystem (Tax Compliance Management-System – TCMS) in seinem Betrieb einsetzt und im Rahmen einer Ap. die Wirksamkeit eines von ihm eingesetzten StKontrollsystems hinsichtlich der erfassten StArten oder Sachverhalte überprüft wurde und kein oder nur ein unbeachtliches steuerliches Risiko für die in § 149 III genannten Steuern und gesonderten Feststellungen besteht. Die an das StKontrollsystem gestellten Anforderungen werden in Art. 97 § 38 II EGAO näher definiert. Liegen diese Voraussetzungen vor, kann das FA im Benehmen mit dem BZSt dem Stpfl. auf Antrag unter dem Vorbehalt des Widerrufs für die nächste Ap. nach § 193 I Beschränkungen von Art und Umfang der Ermittlungen verbindlich zusagen. Mit dieser Möglichkeit, den Prüfungsumfang zu beschränken, wenn der Stpfl. ein (wirksames) StKontrollsystem einsetzt, soll die Ap. sowohl im Interesse des

Stpfl., aber auch der FB beschleunigt werden (Fischer StuB 2023, 129). Es soll allerdings bis zum 30.4.2029 evaluiert werden, ob diese der Beschleunigung des Prüfungsverfahrens dienende Prüfungsmethode sein Ziel erreicht (Art. 97 § 38 III EGAO).

Umsatzsteuer-Nachschau. Mit dem StVBG v. 19.12.2001 wurde die USt-Nachschau 7 gem. § 27b UStG eingeführt. Danach kann die FB ab 1.1.2002 ohne vorherige Ankündigung Grundstücke und Räume von Personen, die eine gewerbliche und berufliche Tätigkeit selbständig ausüben, während der Geschäfts- und Arbeitszeiten betreten, um Sachverhalte festzustellen, die für die (Umsatz-)Besteuerung von Bedeutung sein können. Die Umsatzsteuer-Nachschau soll eine effektivere Bekämpfung des Umsatzsteuerbetrugs ermöglichen (BT-Drs. 14/6883, 9). Daher soll die FB sich kurzfristig einen Eindruck über die räumlichen Verhältnisse und den Umfang des vorliegenden Geschäftsbetriebes machen können. Auf diesem Wege soll festgestellt werden können, ob es sich bei dem überprüften Betrieb um ein Scheinunternehmen handelt, das nur zur Schädigung des Fiskus eingerichtet wurde (BT-Drs. 14/6883, 9). Es handelt sich hierbei ausdrücklich um eine Maßnahme **außerhalb der Ap.** (Grune Umsatzsteuernachschau, 25). Obwohl die USt-Nachschau keine Ap. ist, hat der Stpfl. auf Verlangen Aufzeichnungen und Bücher vorzulegen. Darüber hinaus kann von der USt-Nachschau ohne Ergehen einer Prüfungsanordnung (§ 196) zu einer Ap. nach § 193 übergegangen werden (§ 27b III UStG). Feststellungen, die anlässlich einer USt-Nachschau getroffen wurden, können darüber hinaus auch für andere StArten und andere Stpfl. ausgewertet werden. Die Ausgestaltung der USt-Nachschau geht damit unnötigerweise weit über das gesetzgeberisch festgelegte Ziel einer nur auf Plausibilität gerichteten Überprüfung eines Betriebes hinaus. Der Zweck der Regelung, betrügerische Scheinbetriebe zu ermitteln, hätte auch ohne so weitreichende Befugnisse erreicht werden können. Das Recht, ohne vorherige Prüfungsanordnung zur Ap. übergehen zu können, eröffnet der FB ohne ersichtlichen Grund die Möglichkeit, die rechtsschutzwahrenden Bestimmungen der §§ 193 ff. (teilweise) zu umgehen (Hillmann-Stadtfeld DStR 2002, 434, aA Grune Umsatzsteuernachschau, 72).

Lohnsteuer-Nachschau, Kassen-Nachschau: Mit dem AmtshilfeRLUmsG v. 8 26.6.2013 (BGBl. 2013 I 1809) wurde die Möglichkeit zur Durchführung einer **LSt-Nachschau** gem. § 42g EStG eingeführt. Die LSt-Nachschau soll die Überprüfung der ordnungsgemäßen Einbehaltung und Abführung der LSt außerhalb einer Ap. ermöglichen. Während der üblichen Geschäftszeiten kann die LSt-Nachschau ohne vorherige Ankündigung durchgeführt werden (§ 42g Abs. 2 EStG). Wie bei der USt-Nachschau kann von der LSt-Nachschau zu einer Ap. übergegangen werden, ohne dass es einer Prüfungsanordnung bedarf. Die Möglichkeit, eine **Kassen-Nachschau** gem. § 146b durchzuführen, wurde mit dem Gesetz zum Schutz vor Manipulationen an digitalen Grundaufzeichnungen v. 22.12.2016 (BGBl. 2016 I 3152) eingeführt, um etwaige Manipulationen an (insb. elektronischen) Kassensystemen aufdecken zu können (Klein § 146b Rn. 1). Auch bei der Kassen-Nachschau ist keine Ap., sodass keine Prüfungsanordnung ergehen muss. Es besteht wie bei der USt-Nachschau und der LSt-Nachschau die Möglichkeit, ohne vorherigen Erlass einer Prüfungsanordnung zu einer Ap. überzugehen (§ 146b III).

Zeitnahe Betriebsprüfung: Nach dem neu eingefügten § 4a BpO kann die FB Stpfl. 9 für eine sog. zeitnahe Betriebsprüfung auswählen. Die Ap. soll in diesem Fall einen oder mehrere gegenwartsnahe Prüfungszeiträume umfassen. Auch bei der zeitnahen Betriebsprüfung handelt es sich um eine „reguläre" Ap. (Seer FS Streck, 403), die den Regelungen der §§ 193 ff. unterliegt (BeckOK AO § 193 Rn. 20). Auch im Falle einer zeitnahen Betriebsprüfung ist gem. § 4a Abs. 3 ein Prüfungsbericht zu fertigen. Die Regelungen zur zeitnahen Betriebsprüfung gem. § 4a BpO sind aus verschiedenen Pilotprojekten der FVerw. hervorgegangen (zB „Osnabrücker Modell" oder „Darmstädter Modell", s. ausführlich Wünnemann Ubg 2011, 197; Hermenau FR 2011, 121; Drüen FR 2011, 112). Die zeitnahe Betriebsprüfung kann sowohl der FB als auch dem Stpfl. Vorteile bringen. Da gegenwartsnahe Besteuerungszeiträume geprüft werden, kann der Prüfungsaufwand für die

FB geringer sein, während es im Interesse des Stpfl. sein dürfte, schnelle Planungssicherheit durch frühzeitig bestandskräftige StBescheide zu erhalten und das Zinsrisiko für StNachzahlungen nach einer Ap. zu verringern (zutreffend Seer FS Streck, 403; Drüen FR 2011, 112). In der Modellphase konnten nur „steuerloyale" Unternehmen an einer zeitnahen Betriebsprüfung teilnehmen, die zu einer kooperativen Zusammenarbeit mit der FB bereit waren. Dazu wurden einvernehmlich Verfahrensverständigungen über die zeitnahe Betriebsprüfung abgeschlossen, wobei der FB insb. der unbeschränkte Datenzugriff, der nicht auf den Prüfungszeitraum der Ap. beschränkt sein sollte, zu gewähren war (kritisch zur Zulässigkeit einer zeitnahen Betriebsprüfung FG Köln 7.7.2009 – 13 V 1232/09, EFG 2009, 1802). Diese einschränkenden Voraussetzungen für die Durchführung einer zeitnahen Betriebsprüfung sieht der neu eingefügte § 4a BpO jedoch nicht mehr vor. Über die Durchführung einer zeitnahen Betriebsprüfung und die Beschränkung des Prüfungszeitraums auf weniger als drei Veranlagungsjahre ist somit nach pflichtgemäßem Ermessen im Rahmen des § 194 zu entscheiden.

10 **Gemeinsame Prüfung mit europäischen FB.** Mit dem AmtshilfeRLUmsG v. 26.6.2013 wird die Möglichkeit einer gemeinsamen Prüfung von grenzüberschreitend tätigen Stpfl. durch verschiedene europäische FB geschaffen. Auf Vorschlag eines Mitgliedstaats der EU können deutsche und ausländische FB gleichzeitig eine Ap. bei einem Stpfl. in den verschiedenen Staaten durchführen (§ 12 EUAHiG). Dabei ist es auch möglich, dass ein Bediensteter der ausländischen FB im Inland an einer Ap. teilnimmt, Unterlagen einsieht und Stpfl. befragt (§ 10 EUAHiG).

Zu den Voraussetzungen im Einzelnen s. FG Köln 12.9.2018 – 2 K 814/18, DStRK 2019, 175; FG Köln 23.2.2018 – 2 V 814/17, EFG 2018, 852; FG Köln 23.5.2017 – 2 V 2498/16, EFG 2017, 1322.

B. Zulässigkeit der Außenprüfung bei Steuerpflichtigen mit Gewinneinkünften (Abs. 1)

I. Zulässigkeit der Außenprüfung

11 Die Durchführung einer Ap. ist bei Stpfl., die einen gewerblichen oder land- und forstwirtschaftlichen Betrieb unterhalten oder die freiberuflich tätig sind, in den Grenzen des Verhältnismäßigkeitsprinzips und des Willkürverbots unbeschränkt zulässig (BFH 24.5.2022 – VIII B 53/21, BFH/NV 2022, 804; BFH 11.1.2018 – VIII B 67/17, BFH/NV 2018, 552; BFH 7.2.2002 – IV R 9/01, BStBl. II 2002, 269; BFH 10.4.1990 – VIII R 415/83, BStBl. II 1990, 721). Bei den in § 193 I genannten Stpfl. liegt eine tatbestandlich voraussetzungslose Prüfungsermächtigung vor (BFH 14.4.2020 – VI R 32/17, BStBl. II 2020, 487). Dies ist gerechtfertigt, weil die steuerlichen Verhältnisse dieser Stpfl. nur ausreichend geprüft werden können, wenn in die Buchführungsunterlagen und betrieblichen Aufzeichnungen Einblick genommen wird. Auch der (ggf. vollständige) Verlust von Buchführungsunterlagen steht einer Ap. nicht entgegen (BFH 15.4.2016 – X B 155/15, BFH/NV 2016, 1139).

1. Begriff der Außenprüfung

14 Die Ap. stellt ein spezialisiertes Verfahren zur Erfüllung des allgemeinen Ermittlungsauftrags der FB dar (TK vor § 193 Rn. 9). Sie ist grds. auf die nachträgliche Überprüfung steuerlich erheblicher Sachverhalte gerichtet. Den Stpfl. treffen im Rahmen der Ap. erhöhte Mitwirkungs- und Duldungspflichten. Ziel der Ap. ist die Sicherung der vollständigen und **richtigen Besteuerung** sowie die zutreffende Ermittlung der Besteuerungsgrundlagen im Einzelfall (BFH 6.6.2012 – I R 99/10, BStBl. II 2013, 196; BFH 2.10.1991 – X R 89/89, BStBl. II 1992, 220), wobei eine **abschließende Bearbeitung** des StFalls angestrebt wird. Daher sind die aufgrund einer Ap. ergangenen StBescheide

nach § 173 II mit einer erhöhten Bestandskraft ausgestattet und ein etwaig bestehender Vorbehalt der Nachprüfung ist nach § 164 III 3 aufzuheben.

Im Rahmen der **erstmaligen Veranlagung** liegt dagegen keine Ap. vor, selbst wenn die Ermittlungen einen Umfang annehmen, der einer Ap. gleichkommt (BFH 13.12.1995 – XI R 43–45/89, BStBl. II 1996, 232). Dies hat zur Folge, dass eine Prüfungsanordnung entbehrlich ist und ihr Fehlen kein Verwertungsverbot nach sich zieht. Dies gilt auch bei StBescheiden, die unter dem Vorbehalt der Nachprüfung gem. § 164 stehen (BFH 23.8.1994 – VII R 93/93, BFH/NV 1995, 572; BFH 25.11.1997 – VIII R 4/94, BStBl. II 1998, 461). 15

Abgrenzung zu allgemeinen Ermittlungsmaßnahmen. Es ist grds. zulässig, wenn der Prüfer anlässlich der Ap. auch Einzelermittlungen iSd § 88 I vornimmt. Für diese Einzelermittlungen bedarf es keiner Prüfungsanordnung. Für die Abgrenzung einer Prüfungsmaßnahme von einer Einzelermittlung kommt es auf die Sicht des Stpfl. an. Entscheidend ist, wie sich die Handlung des Prüfers für den Stpfl. entspr. den zu § 133 BGB entwickelten Rechtsgrundsätzen unter Berücksichtigung der ihm bekannten Umstände darstellt (BFH 6.7.1999 – VIII R 17/97, BStBl. II 2000, 306; BFH 2.2.1994 – I R 57/93, BStBl. II 1994, 377). Dabei ist davon auszugehen, dass die Handlungen eines Außenprüfers grds. Prüfungsmaßnahmen darstellen (BFH 25.11.1997 – VIII R 4/94, BStBl. II 1998, 461). Zum **Schutz des Stpfl.** muss der Prüfer deutlich zum Ausdruck bringen, wenn er Einzelermittlungen durchführen will, weil den Stpfl. in diesem Fall geringere Mitwirkungspflichten treffen (BFH 5.4.1984 – IV R 244/83, BStBl. II 1984, 790). 16

2. Zulässigkeit

Nach § 193 I ist die Durchführung einer Ap. bei Stpfl., die einen gewerblichen oder land- und forstwirtschaftlichen Betrieb unterhalten oder die freiberuflich tätig sind, voraussetzungslos zulässig (BFH 14.4.2020 – VI R 32/17, BStBl. II 2020, 487). Die Vorschrift des § 193 gewährt der FB nur die abstrakte Möglichkeit, eine Ap. durchzuführen (TK § 193 Rn. 3). Ob und bei wem eine Ap. tatsächlich durchgeführt wird, liegt dagegen im pflichtgemäßen Ermessen der FB (BT-Drs. VI/1982, 161). Obwohl die Durchführung einer Ap. nach Abs. 1 an keine besonderen Voraussetzungen geknüpft ist, ergeben sich aus dem Sinn und Zweck der Vorschrift Grenzen für die FB. Eine Ap. ist unzulässig, wenn ein Verstoß gegen das Willkür- und Schikaneverbot vorliegt (BFH 13.12.2018 – VIII B 114/18, BFH/NV 2019, 385). Obwohl die Ap. bei Stpfl. mit Gewinneinkünften voraussetzungslos zulässig ist, kann die Anordnung im Einzelfall ermessensfehlerhaft sein, wenn sich das FA maßgeblich von sachfremden Erwägungen hat leiten lassen, sodass die Prüfung der steuerlichen Verhältnisse in den Hintergrund tritt (BFH 28.9.2011 – VIII R 8/09, BStBl. II 2012, 395). 21

Abgabe einer Steuererklärung. Die Zulässigkeit einer Ap. hängt nicht von der Abgabe einer StErklärung ab (Gosch AO § 193 Rn. 8). Denn jede Ap. dient gem. § 194 der Ermittlung der steuerlichen Verhältnisse, sodass nicht die StErklärung an sich Gegenstand der Prüfung sein muss (TK § 193 Rn. 4). Weigert sich der Stpfl., eine StErklärung abzugeben, kann dies Anlass für die Durchführung einer Ap. sein. Ebenso steht einer Ap. nicht entgegen, wenn der Stpfl. tatsächlich keine Bücher geführt hat. 22

Bestandskraft von StBescheiden. Die Bestandskraft von StBescheiden steht der Durchführung einer Ap. nicht entgegen. Daher brauchen die StBescheide weder unter dem Vorbehalt der Nachprüfung nach § 164 stehen, noch muss die StFestsetzung gem. § 165 vorläufig erfolgt sein (BFH 23.7.1985 – VIII R 197/84, BStBl. II 1986, 36; BFH 13.3.1987 – III R 236/83, BStBl. II 1987, 664). Die Bestandskraft der StBescheide steht der steuerlichen Verwertung der Prüfungsfeststellungen nämlich nicht zwingend entgegen, da die Möglichkeit besteht, dass die FB eine Änderung dieser Bescheide auf § 173 stützen kann. Gerade im Rahmen einer Ap. kann es zur Aufdeckung neuer Tatsachen kommen, die eine Änderung nach § 173 rechtfertigen. Die Anordnung einer Ap. setzt nicht voraus, dass der FB bereits neue Tatsachen bekannt geworden sind (BFH 11.4.1990 – I R 167/86, BStBl. II 1990, 772). 23

25 **Verkauf oder Aufgabe eines Betriebes.** Eine Ap. kann entgegen dem Wortlaut der Vorschrift auch bei Stpfl. durchgeführt werden, die ihren Betrieb bereits verkauft oder aufgegeben haben (BFH 24.8.1989 – IV R 65/88, BStBl. II 1990, 2). Der Zweck der Vorschrift, der von einer besonderen Prüfungsbedürftigkeit der steuerlichen Verhältnisse von Unternehmern ausgeht, verlangt die Möglichkeit einer Prüfung auch nach Verkauf oder Veräußerung des Unternehmens (BFH 23.7.1985 – VIII R 48/85, BStBl. II 1986, 433). Daher darf eine Prüfung gegenüber dem nicht unternehmerisch tätigen Erben angeordnet werden (BFH 15.6.2022 – X B 87/21 (AdV), BFH/NV 2022, 1162; BFH 24.8.1989 – IV R 65/88, BStBl. II 1990, 2). Selbst nach handelsrechtlicher **Vollbeendigung einer Personengesellschaft** ist eine Ap. zulässig, wobei die Prüfungsanordnung an diese zu richten ist (BFH 3.2.2003 – VIII B 39/02, BFH/NV 2003, 1028; BFH 1.10.1992 – IV R 60/91, BStBl. II 1993, 82).

26 **Unzulässige Außenprüfung.** Die Ap. ist unzulässig, wenn die Prüfungsfeststellungen unter keinem denkbaren Gesichtspunkt steuerlich verwertet werden können (BeckOK AO § 193 Rn. 52). An einer Verwertungsmöglichkeit fehlt es bei Ablauf der Festsetzungsfrist (TK § 193 Rn. 2). Allerdings ist die Ap. nur unzulässig, wenn die fehlende Verwertungsmöglichkeit unzweifelhaft feststeht. Sie ist nicht schon deshalb rechtswidrig, weil die zu prüfenden StAnsprüche möglicherweise verjährt sind (BFH 28.9.2011 – VIII R 8/09, BStBl. II 2012, 395; BFH 2.9.2008 – X R 9/08, BFH/NV 2009, 3; BFH 3.3.2006 – IV B 39/04, BFH/NV 2006, 1250). Bestehen Zweifel, ob Festsetzungsverjährung eingetreten ist oder andere Umstände dem Erlass oder der Änderung eines StBescheides entgegenstehen, so darf eine Ap. durchgeführt werden, weil oftmals allein mit den Mitteln der Ap. eine zuverlässige Beurteilung dieser Zweifelsfragen möglich ist (BFH 28.9.2011 – VIII R 8/09, BStBl. II 2012, 395; BFH 19.3.2009 – IV R 26/08, BFH/NV 2009, 1405; BFH 25.1.1989 – X R 158/87, BStBl. II 1989, 483). Liegt der Eintritt der Festsetzungsverjährung auf der Hand, ist eine Ap. dagegen unzulässig (BFH 10.4.2003 – IV R 30/01, BFH/NV 2003, 1234). Eine Ap. ist auch unzulässig, wenn sich das FA von sachfremden Erwägungen leiten lässt, sodass die Prüfung der steuerlichen Verhältnisse in den Hintergrund tritt (BFH 28.9.2011 – VIII R 8/09, BStBl. II 2012, 395). Eine **Wiederholungsprüfung** ist dagegen zulässig (BeckOK AO § 193 Rn. 60). Eine Wiederholungsprüfung liegt vor, wenn eine Prüfungsanordnung aus formellen Gründen aufgehoben wurde, das FA aber aufgrund einer erneut erlassenen, formell ordnungsgemäßen Prüfungsanordnung die Ap. wiederholt (BFH 7.11.1985 – IV R 6/85, BStBl. II 1986, 435).

27 **Verwertung gegenüber Dritten.** Auch wenn der Verwertung von Prüfungsfeststellungen gegenüber dem zu Prüfenden Hindernisse entgegenstehen, kann eine Ap. zulässig sein, wenn anlässlich der Prüfung möglicherweise Feststellungen getroffen werden, die nach § 194 I S. 4 zu StNachforderungen gegenüber anderen Personen führen können (BFH 23.1.1985 – I R 53/81, BStBl. II 1985, 566).

28 **Ermittlung einer StStraftat.** Der Verdacht, dass eine StStraftat vorliegt, steht der Durchführung einer Ap. nach § 193 I nicht entgegen (BFH 24.5.2022 – VIII B 53/21, BFH/NV 2022, 804; BFH 14.4.2020 – VI R 32/17, BStBl. II 2020, 487; BFH 15.6.2016 – III R 8/15, BStBl. II 2017, 25; BFH 4.11.1987 – II R 102/85, BStBl. II 1988, 113; aA TK § 193 Rn. 6). Dies gilt nicht nur für eine Anschlussprüfung, sondern auch für die erstmalige Anordnung einer Ap. (BFH 14.4.2020 – VI R 32/17, BStBl. II 2020, 487). Auch der Außenprüfer – und nicht nur der Fahndungsprüfer – ist zur Ermittlung einer StStraftat berechtigt. Daher ist eine Ap. zulässig, wenn die Festsetzungsfrist nur noch nicht abgelaufen wäre, wenn eine StStraftat gegeben ist (BFH 23.7.1985 – VIII R 48/85, BStBl. II 1986, 433; BFH 14.7.1989 – III R 34/88, BFH/NV 1990, 347; BFH 29.12.2010 – IV B 46/09, BFH/NV 2011, 634).

II. Steuerpflichtige mit Gewinneinkünften und Steuerpflichtige iSd § 147a

1. Steuerpflichtiger

Eine Ap. ist nur bei Personen zulässig, die Stpfl. iSd § 33 sind (TK § 193 Rn. 11). Wer nicht Stpfl. ist, kann daher nicht nach § 193 geprüft werden. Dabei kann die Eigenschaft als Stpfl. dadurch begründet werden, dass die FB jemanden zur Abgabe einer StErklärung auffordert (§ 149). Allerdings müssen die Voraussetzungen nicht bei Erlass der Prüfungsanordnung, sondern in dem Zeitraum, der geprüft werden soll, vorgelegen haben. Aber die Durchführung einer Ap. für zurückliegende Besteuerungszeiträume ist auch dann zulässig, wenn der Betriebsinhaber verstorben ist. Mit dem Tod des Betriebsinhabers gehen die steuerlichen Pflichten auf die Erben über. Dazu gehört auch die Duldung der Betriebsprüfung (FG Hessen 10.5.2023 – 8 K 816/20, DStRE 2024, 1195). 33

Potenzieller Steuerpflichtiger. Fraglich ist, ob eine Ap. schon durchgeführt werden kann, wenn eine Stpfl. noch gar nicht feststeht. Der BFH lässt eine Ap. auch zur Überprüfung potenzieller Stpfl. zu, wenn ihre Stpfl. ernstlich in Betracht kommen (BFH 27.10.2020 – IX R 16/19, BFH/NV 2021, 813; BFH 15.7.2005 – I B 25/05, BFH/NV 2005, 1967; BFH 23.2.2005 – XI R 21/04, BFH/NV 2005, 1218) und **konkrete Anhaltspunkte** hierfür sprechen (BFH 23.10.1990 – VIII R 45/88, BStBl. II 1991, 278; BFH 11.8.1994 – IV R 126/91, BStBl. II 1994, 936; TK § 193 Rn. 14; Klein § 193 Rn. 39). Stellt sich aber während der Prüfung heraus, dass keine Stpfl. besteht, muss die Prüfung abgebrochen werden (Gosch AO § 193 Rn. 22). 34

Die Grenze ist dort zu ziehen, wo eine Ermittlung **ins Blaue hinein** vorgenommen werden würde. Bei einer Ermittlung ins Blaue hinein fehlt es schon an konkreten Anhaltspunkten für eine Stpfl. Darüber hinaus muss die Ap. nach § 193 von einer Fahndungsprüfung nach **§ 208** ausreichend abgegrenzt werden. Nur die **Fahndungsprüfung** dient der Ermittlung unbekannter StFälle (§ 208 I Nr. 3). Sind daher keine Informationen vorhanden, die überhaupt Anhaltspunkte für eine mögliche Stpfl. liefern, darf keine Ap. nach § 193 angeordnet werden, weil dies der Ermittlung eines unbekannten StFalles gleichkommt. Solche Maßnahmen dürfen nur nach § 208 I Nr. 3 durchgeführt werden. 35

2. Gewinneinkünfte

Der Stpfl. muss einen gewerblichen oder land- und forstwirtschaftlichen Betrieb unterhalten oder freiberuflich tätig sein, damit eine Ap. (voraussetzungslos) angeordnet werden kann. Ob der Stpfl. einer entsprechenden Tätigkeit nachgeht, ist nach den im Einkommensteuer- bzw. Gewerbesteuerrecht geltenden Grundsätzen zu entscheiden. Danach „unterhält" derjenige den fraglichen Betrieb, auf dessen Rechnung und Gefahr das Unternehmen betrieben wird (TK § 193 Rn. 14). Dies ist im Zweifel der **wirtschaftliche Eigentümer iSd § 39** (Gosch AO § 193 Rn. 21). Eine Prüfung ist auch zulässig, um zu ermitteln, ob der Stpfl. überhaupt einen gewerblichen oder land- und forstwirtschaftlichen Betrieb unterhält oder freiberuflich tätig ist (BFH 27.10.2020 – IX R 16/19, BFH/NV 2021, 813; zu Einzelheiten → Rn. 34). 39

Personengesellschaft. Unterhält eine PersGes einen gewerblichen oder land- und forstwirtschaftlichen Betrieb oder ist sie freiberuflich tätig, so ist die Ap. bei dieser durchzuführen (BFH 16.11.1989 – IV R 29/89, BStBl. II 1990, 272). Dementsprechend ist die Prüfungsanordnung an die Gesellschaft zu richten und ihr bekannt zu geben (zu Einzelheiten → § 196 Rn. 18). Dies gilt nicht nur für die USt und GewSt, sondern auch für die ESt (gesonderte Gewinnfeststellung), obwohl die PersGes nicht StSchuldnerin der ESt ist (BFH 27.10.2020 – IX R 16/19, BFH/NV 2021, 813; BFH 1.10.1992 – IV R 60/91, BStBl. II 1993, 82). 40

Stille Gesellschaft. Sowohl bei einer typischen als auch bei einer atypisch stillen Gesellschaft ist die Ap. nicht bei dieser, sondern bei dem Geschäftsinhaber durchzuführen (BFH 3.2.2003 – VIII B 39/02, BFH/NV 2003, 1028; BFH 3.5.2000 – IV B 46/99, BStBl. II 41

2000, 376). Diesen und nicht die (stillen) Gesellschafter trifft die Buchführungspflicht. Die Verhältnisse der (stillen) Gesellschafter dürfen gem. § 194 II mitgeprüft werden.

42 **Ausländische Unternehmen.** Grundsätzlich darf eine Ap. nicht im Ausland durchgeführt werden, außer die zuständige Botschaft des ausländischen Staates stimmt der Prüfung zu (BFH 19.12.1996 – V R 130/92, BStBl. II 1998, 279). Einer Ap. im Inland steht nicht entgegen, wenn sich der Wohnsitz oder die Geschäftsleitung des Stpfl. im Ausland befindet (BFH 2.3.1999 – I B 132/98, BFH/NV 1999, 1183). Ausreichend sind bereits konkrete Anhaltspunkte für eine unternehmerische Tätigkeit des ausländischen Stpfl. im Inland, da die Überprüfung der potenziellen Stpfl. dem Zweck des § 193 entspricht (BFH 11.12.1991 – I R 66/90, BStBl. II 1992, 595).

42a **Gemeinsame Prüfung mit ausländischen FB.** Nach § 12 EUAHiG kann auf Vorschlag einer FB mit einem oder mehreren Mitgliedstaaten der EU vereinbart werden, im jeweils eigenen Hoheitsgebiet eine gleichzeitige Prüfung einer oder mehrerer Personen von gemeinsamem oder ergänzendem Interesse durchzuführen. Somit können insb. grenzüberschreitend tätige Unternehmen von FB verschiedener Mitgliedstaaten der EU gleichzeitig und koordiniert einer Ap. unterzogen werden. Bedienstete ausländischer FB können dabei im Inland gem. § 10 EUAHiG an der Ap. teilnehmen.

43 **Konzernprüfung.** Die Prüfung von Gesellschaften, die zu einem Konzern gehören, ist nach § 13 BpO koordiniert durchzuführen. Dies ist zulässig (BFH 15.5.2013 – IX R 27/12, BFH/NV 2013, 1276; BFH 10.2.1987 – IV B 1/87, BStBl. II 1987, 360).

44 **Gemeinnützige Körperschaften** können grundsätzlich nur nach Abs. 2 Nr. 2 geprüft werden, weil sie keinen Betrieb unterhalten (BeckOK AO § 193 Rn. 73; TK § 193 Rn. 17). Prüfungsgegenstand ist die Frage, ob die Voraussetzungen der Gemeinnützigkeit eingehalten werden, insb. ob die tatsächliche Geschäftsführung den (steuerbegünstigten) Satzungszwecken entspricht (BFH 7.8.2019 – V B 7/18, BFH/NV 2019, 1331; Klein § 193 Rn. 36). Ausnahmsweise kommt eine Prüfung nach Abs. 1 jedoch in Betracht, wenn die gemeinnützige Körperschaft über einen **wirtschaftlichen Geschäftsbetrieb (§ 64)** verfügt. Denn insoweit unterhält die Körperschaft einen Betrieb, auch soweit er ohne Gewinnerzielungsabsicht betrieben wird (Reiffs StBp 1991, 205; aA TK § 193 Rn. 17: Prüfung nur nach Abs. 2 Nr. 2). Für die Prüfung reicht es aus, dass konkrete Anhaltspunkte dafür vorliegen, dass die gemeinnützige Körperschaft einen wirtschaftlichen Geschäftsbetrieb unterhält (FG Rheinland-Pfalz 24.9.1984 – 5 V 12/84, EFG 1985, 158).

45 **Betriebe gewerblicher Art (§ 4 KStG).** Betriebe gewerblicher Art von juristischen Personen des öffentlichen Rechts können nach Abs. 1 geprüft werden (BFH 7.8.2019 – V B 7/18, BFH/NV 2019, 1331; BFH 15.7.2005 – I B 25/05, BFH/NV 2005, 1967). Dies gilt auch für einen Betrieb gewerblicher Art, der ohne Gewinnerzielungsabsicht betrieben wird (aA TK § 193 Rn. 17). Auch dieser Betrieb ist ein solcher iSd § 193. Für diese Auslegung spricht der Gesetzeszweck des § 193. Gerade Betriebe gewerblicher Art sind nur durch Einblick in die Bücher und Aufzeichnungen sinnvoll zu überprüfen. Darüber hinaus deckt sich diese Auslegung mit dem Zweck der Stpfl. von Betrieben gewerblicher Art nach § 4 KStG. Die Stpfl. der juristischen Person des öffentlichen Rechts mit ihren Betrieben gewerblicher Art soll Wettbewerbsgleichheit mit privaten Anbietern gewährleisten (Seer/Wendt DStR 2001, 825). Dieses Ziel wäre nicht erreicht, wenn der private Konkurrent voraussetzungslos nach Abs. 1, der Betrieb gewerblicher Art dagegen nur unter den engeren Voraussetzungen des Abs. 2 Nr. 2 geprüft werden könnte. Auch die Prüfung einer kirchlichen Organisation in der Rechtsform einer juristischen Person des öffentlichen Rechts ist nach Abs. 1 zulässig, weil keine Verletzung des kirchlichen Selbstbestimmungsrechts gem. Art. 140 GG iVm Art. 137 Abs. 3 WRV vorliegt (BFH 7.8.2019 – V B 7/18, BFH/NV 2019, 1331).

46 **Freiberuflich tätig.** Nach Abs. 1 kann nicht jeder Selbständige iSd § 18 EStG geprüft werden, weil die Vorschrift nur die freiberuflich Tätigen erwähnt. Daher kann ein Stpfl., der zwar Einkünfte gem. § 18 EStG erzielt, jedoch nicht freiberuflich tätig ist (BFH 13.12.2018 – VIII B 114/18, BFH/NV 2019, 385), nicht nach Abs. 1 geprüft werden.

Dies schließt die Prüfung nach Abs. 1 bei einem **Testamentsvollstrecker** aus (BFH 5.11.1981 – IV R 178/79, BStBl. II 1982, 184).

Erstreckung der Prüfung auf private Einkünfte. Die Rspr. (zB BFH 14.4.2020 – VI R 32/17, BStBl. II 2020, 487; BFH 28.11.1985 – IV R 323/84, BStBl. II 1986, 437) billigt die Praxis der FB, die Prüfung nicht allein auf die Gewinneinkünfte zu beschränken, sondern diese auch auf die privaten Verhältnisse zu erstrecken. Einer gesonderten auf Abs. 2 Nr. 2 gestützten Prüfungsanordnung soll es hierfür nicht bedürfen. Diese Prüfungserweiterung ist nicht gerechtfertigt. Der Gesetzgeber hat die vorbehaltslose Prüfung nach Abs. 1 nur zugelassen, weil bei den Gewinneinkünften eine zuverlässige Überprüfung nur möglich ist, wenn Einblick in die (umfangreichen) Bücher und Aufzeichnungen genommen wird. Diese Rechtfertigung entfällt bei der Überprüfung der übrigen privaten Verhältnisse. Sollen diese (mit-)geprüft werden, müssen die Voraussetzungen des Abs. 2 Nr. 2 vorliegen und es ist eine entsprechende Prüfungsanordnung zu erlassen (glA TK § 193 Rn. 20; aA BeckOK AO § 193 Rn. 75). Ohne Prüfungsanordnung nach Abs. 2 Nr. 2 würde es sich nur um eine Prüfungshandlung bei Gelegenheit einer Ap. nach Abs. 1 handeln, die nicht von der Prüfungsbefugnis nach Abs. 1 gedeckt wäre. 47

Ehegatten. Es ist für jeden Ehegatten gesondert zu prüfen, ob die Voraussetzungen des § 193 I vorliegen. Dies gilt auch bei Zusammenveranlagung, weil die Ehegatten eigenständige Stpfl. bleiben (BFH 28.10.1988 – III R 52/86, BStBl. II 1989, 257). Unterhält nur ein Ehegatte einen gewerblichen Betrieb, kann nur bei diesem eine Ap. nach § 193 I angeordnet werden. Erfüllen beide Ehegatten die Voraussetzungen des § 193 I, kann die Prüfungsanordnung in einer Verfügung zusammengefasst werden (BFH 30.9.1988 – III R 218/84, BFH/NV 1989, 749). 48

Steuerberater und **Rechtsanwälte** dürfen ebenfalls geprüft werden, auch wenn sie zur Verschwiegenheit verpflichtet sind (BFH 30.6.2023 – VIII B 13/22, BFH/NV 2023, 1101; BFH 8.4.2008 – VIII R 61/06, BStBl. II 2009, 579; BFH 26.2.2004 – IV R 50/01, BStBl. II 2004, 502). Die Prüfung dieser Berufsgruppen rechtfertigt sich aus dem Gebot der gleichmäßigen Besteuerung (BFH 8.4.2008 – VIII R 61/06, BStBl. II 2009, 579). Die Verweigerungsrechte aus §§ 102, 104 stehen einer Pflicht zur Vorlage von Unterlagen nicht entgegen; allerdings hat die FB nur Anspruch auf Vorlage von Unterlagen in neutralisierter Form, soweit dies zum Schutz mandantenbezogener Daten notwendig ist (BFH 28.10.2009 – VIII R 78/05, BStBl. II 2010, 455). 49

3. Steuerpflichtige iSd § 147a

Der Kreis der Stpfl., bei denen nach Abs. 1 eine Außenprüfung durchgeführt werden kann, ist durch das StHintBekG v. 29.7.2009 (BGBl. 2009 I 2302) erweitert worden. Nunmehr kann auch bei Stpfl. iSd § 147a eine Ap. durchgeführt werden. Stpfl. iSd § 147a sind solche, die Überschusseinkünfte (§ 2 Abs. 1 Nr. 4–7 EStG) erzielen und bei denen die Summe der positiven Einkünfte mehr als 500.000 EUR im Kj. beträgt. Der Gesetzgeber sieht bei diesem Personenkreis eine erhöhte Prüfungsbedürftigkeit, weil bei ihnen eine erhöhte Wahrscheinlichkeit für beachtliche Mehrergebnisse bestehe (BT-Drs. 16/12852, 15; kritisch Klein § 193 Rn. 45). Die Regelungen des § 193 iVm § 147a sind verfassungsgemäß (BFH 11.1.2018 – VIII B 67/17, BFH/NV 2018, 552). Auch bei Stpfl. iSd § 147a ist eine Ap. ohne das Vorliegen besonderer Voraussetzungen zulässig (BFH 11.1.2018 – VIII B 67/17, BFH/NV 2018, 552; TK § 193 Rn. 24). Insoweit ist dieser Personenkreis den Stpfl. mit Gewinneinkünften gleichgestellt. Eine Ap. ist ab dem Jahr zulässig, in dem die Grenze von 500.000 EUR überschritten ist; Folgejahre dürfen auch geprüft werden, wenn die Einkünfte wieder unter diese Grenze gesunken sind (BeckOK AO § 193 Rn. 88). Zum Personenkreis des § 147a im Einzelnen → § 147a Rn. 6. 50

III. Ermessen

56 Die Vorschrift begründet keine Verpflichtung zur Durchführung einer Ap., sondern berechtigt die FB abstrakt entsprechende Maßnahmen durchzuführen. Ob und wie die FB von dieser Ermächtigung Gebrauch macht, steht in ihrem pflichtgemäßen Ermessen (BFH 13.12.2018 – VIII B 114/18, BFH/NV 2019, 385; BFH 6.6.2012 – I R 99/10, BStBl. II 2013, 196; BFH 16.11.1989 – IV R 29/89, BStBl. II 1990, 272). Dabei muss die FB sowohl entscheiden, welchen Stpfl. sie prüft (Auswahlermessen), als auch in welchen Zeitabständen und für welche Zeiträume geprüft werden soll (Gosch AO § 193 Rn. 31). Bei der Ermessensausübung ist zu berücksichtigen, dass der Gesetzgeber der FB einen Ermessensspielraum in dem Bewusstsein eingeräumt hat, dass die sachlichen und personellen Mittel nicht ausreichen, alle prüfungswürdigen Stpfl. tatsächlich zu kontrollieren (BFH 16.2.2011 – VIII B 246/09, BFH/NV 2011, 748; BFH 2.10.1991 – X R 89/89, BStBl. II 1992, 220; BT-Drs. VI/1982, 161). Das Ermessen wurde der FB allein eingeräumt, um die begrenzten Kapazitäten effektiv einsetzen zu können.

57 **Auswahlermessen.** Die Aussichten, sich mit Erfolg gegen die Durchführung einer Prüfung mit dem Argument der fehlerhaften Ermessensausübung zu wenden, sind nach den von der Rspr. aufgestellten Grundsätzen eher gering. Bei der Ausübung des Auswahlermessens sind keine **individuellen Interessen** des Stpfl. zu berücksichtigen (BFH 2.10.1991 – X R 89/89, BStBl. II 1992, 220; aA Gosch AO § 193 Rn. 35). Die Ermessensentscheidung ist ausschließlich an **öffentlich-rechtlichen Interessen** auszurichten (BFH 2.10.1991 – X R 89/89, BStBl. II 1992, 220; BeckOK AO § 193 Rn. 119). Ziel der Ermessensausübung ist die generelle Sicherung einer vollständigen und richtigen Besteuerung des Einzelnen. Daher ist die Prüfung der in Abs. 1 genannten Stpfl. regelmäßig nicht ermessensmissbräuchlich (BFH 2.10.1991 – X R 89/89, BStBl. II 1992, 220). Der Stpfl. kann sich nicht darauf berufen, er würde häufiger und intensiver als andere geprüft (BFH 10.4.1990 – VIII R 415/83, BStBl. II 1990, 721). Die Grenze zum Ermessensfehlgebrauch ist im Einzelfall erst überschritten, wenn sich die Ap. als reine **Willkürmaßnahme** oder **Schikane** darstellt (BFH 28.9.2011 – VIII R 8/09, BStBl. II 2012, 395). Im Rahmen des § 102 FGO kann die Ermessensentscheidung der FB durch das FG überprüft werden (BFH 16.2.2011 – VIII B 246/09, BFH/NV 2011, 748; BFH 28.6.2000 – I R 20/99, BFH/NV 2000, 1447).

58 **Bindung an BpO.** Bei der Überprüfung der Ermessensentscheidung sind die Bestimmungen der BpO zu berücksichtigen. Denn die Regelungen der BpO bewirken eine **Selbstbindung** der Verwaltung und verpflichten die FB zur Beachtung bei ihrer Ermessensausübung (BFH 3.8.2022 – XI R 32/19, DStR 2023, 39; BFH 13.12.2018 – VIII B 114/18, BFH/NV 2019, 385; BFH 19.8.1998 – XI R 37/97, BStBl. II 1999, 7). Die BpO ist eine ermessensleitende Verwaltungsvorschrift (BFH 28.6.2000 – I R 20/99, BFH/NV 2000, 1447; FG Münster 27.4.2023 – 1 K 2091/22 AO, EFG 2023, 1055). Diese Selbstbeschränkung ist auch im gerichtlichen Verfahren zu beachten (BFH 11.12.2019 – II B 67/18, BFH/NV 2020, 360; BFH 15.6.2016 – III R 8/15, BStBl. II 2017, 25; BFH 15.6.2016 – III R 8/15, BStBl. II 2017, 25; BFH 28.6.2000 – I R 20/99, BFH/NV 2000, 1447). Dies gilt allerdings für § 4 BpO nicht uneingeschränkt. Nach § 4 BpO sollen Großbetriebe lückenlos, andere Betriebe dagegen im zeitlichen Abstand geprüft werden (BFH 16.11.1989 – IV R 29/89, BStBl. II 1990, 272). Die FB darf von diesen Vorgaben im Einzelfall abrücken, weil die Regelung hinsichtlich der Großbetriebe lediglich die Fixierung einer Zielvorstellung und für die Mittel- und Kleinbetriebe nur eine Grenzziehung darstellt (BFH 2.10.1991 – X R 89/89, BStBl. II 1992, 220). Daher können auch Mittelbetriebe anschlussgeprüft werden (BFH 15.6.2016 – III R 8/15, BStBl. II 2017, 25). Gleichzeitig dient § 4 BpO auch der Sicherung der Gleichmäßigkeit der Besteuerung (BFH 23.2.2005 – XI R 21/04, BFH/NV 2005, 1218; BFH 28.6.2000 – I R 20/99, BFH/NV 2000, 1447). In diesem Spannungsverhältnis bleibt für eine gerichtliche Überprüfung der Ermessensausübung (§ 102 FGO) nur wenig Raum.

Prüfungsrhythmus. Somit ist die FB an keinen bestimmten Prüfungsrhythmus gebunden (BFH 14.3.2006 – IV B 14/05, BFH/NV 2006, 1253; BFH 30.6.1989 – III R 8/88, BFH/NV 1990, 273). Weicht die FB jedoch von den Vorgaben der BpO ab, bedarf es hierfür eines sachlichen Grundes. Auch bei Kleinbetrieben ist daher eine mehr als drei Jahre umfassende Ap. zulässig, wobei für die Einteilung in Größenklassen auf den Tag des Erlasses der Prüfungsanordnung abzustellen ist (BFH 21.6.1994 – VIII R 54/92, BStBl. II 1994, 678). Dabei kann eine zusätzliche Ap. nach § 4 III S. 2 BpO auf die Erwartung erheblicher Mehrsteuern gestützt werden (BFH 15.6.2016 – III R 8/15, BStBl. II 2017, 25; BFH 27.10.2003 – III B 13/03, BFH/NV 2004, 312). Ausreichend ist in diesem Fall eine reine **Prognoseentscheidung** der FB; ein Mehrergebnis muss also nicht feststehen (BFH 4.8.1997 – VIII B 77/96, BFH/NV 1998, 192). Auch bei Mittel-, Klein- und Kleinstbetrieben darf eine **Anschlussprüfung** durchgeführt werden (BFH 7.6.2022 – VIII B 105/21, BFH/NV 2022, 929; BFH 15.6.2016 – III R 8/15, BStBl. II 2017, 25; BFH 9.11.2010 – VIII S 8/10, BFH/NV 2011, 297; BFH 19.11.2009 – IV B 62/09, BFH/NV 2010, 595; BFH 14.3.2006 – IV B 14/05, BFH/NV 2006, 1253). In den Grenzen des Verhältnismäßigkeitsprinzips und des Willkürverbots ist grds. auch eine dritte Anschlussprüfung bei einem Freiberufler rechtmäßig (BFH 15.10.2021 – VIII B 130/20, BFH/NV 2022, 97), auch wenn er nur einen Kleinstbetrieb unterhält (BFH 7.6.2022 – VIII B 105/21, BFH/NV 2022, 929). Die Anordnung einer Folgeprüfung mit einem prüfungsfreien Jahr für ein gewerbliches Einzelunternehmen, das im Zeitpunkt der Bekanntgabe der Prüfungsanordnung als Mittelbetrieb eingestuft wurde, bedarf grds. keiner über Abs. 1 hinausgehenden Begründung (FG Hessen 10.5.2023 – 8 K 816/20, DStRE 2024, 1195). 59

Großbetriebe. Bei Großbetrieben soll nach § 4 II BpO eine Anschlussprüfung stattfinden. Die Regelung des § 4 II BpO, die eine Anschlussprüfung für Großbetriebe vorsieht, ist ermessensgerecht und verfassungsgemäß (BFH 7.2.2002 – IV R 9/01, BStBl. II 2002, 269; BFH 16.2.2001 – IV B 74/00, BFH/NV 2001, 1009; BFH 10.4.1990 – VIII R 415/83, BStBl. II 1990, 721; aA TK § 194 Rn. 24; Seer StuW 2003, 40). Das gilt auch bei einer als Großbetrieb eingestuften Gesellschaft nach dem PartGG (FG München 15.3.2023 – 1 K 661/21, BeckRS 2023, 52122; Rev. VIII R 24/24). Für die Frage, ob ein Großbetrieb vorliegt, ist bei PersGes auf die Verhältnisse der Gesellschaft und nicht auf die der einzelnen Gesellschafter abzustellen (BFH 13.12.2018 – VIII B 114/18, BFH/NV 2019, 385: für eine freiberufliche Rechtsanwaltskanzlei). 60

Anspruch auf Prüfungsverschonung. Trotz der einschränkenden Bestimmungen der BpO besteht kein Anspruch auf eine Prüfungspause (BFH 8.4.1992 – I R 85/89, BFH/NV 1993, 73). Die FB ist generell keiner Beschränkung bezüglich des zeitlichen Aufeinanderfolgens der Prüfungen unterworfen (BFH 2.10.1991 – X R 89/89, BStBl. II 1992, 220). Gegen eine Vorhersehbarkeit der Prüfungshäufigkeit sprechen generalpräventive Gesichtspunkte (BFH 2.9.1988 – III R 280/84, BStBl. II 1989, 4). Die FB dürfen die prophylaktische Wirkung nutzen, die in der Unberechenbarkeit eines prüfungsfreien Zeitraums zwischen den turnusmäßigen Prüfungen liegt (BFH 16.2.2011 – VIII B 246/09, BFH/NV 2011, 748). Seine generalpräventive Funktion kann die Ap. nur erfüllen, wenn es für den Stpfl. nicht vorhersehbar ist, wann mit einer (weiteren) Prüfung zu rechnen ist. 63

Routineprüfung. Die FB ist berechtigt, die zu prüfenden Betriebe nach Zufallsgesichtspunkten auszuwählen; ein besonderer Prüfungsanlass braucht nicht zu bestehen (BFH 2.10.1991 – X R 89/89, BStBl. II 1992, 220). Eine Prüfung ist auch zulässig, wenn nur mit einem geringen steuerlichen Mehrergebnis zu rechnen ist (BFH 28.9.2011 – VIII R 8/09, BStBl. II 2012, 395). Der Prüfungsturnus kann frei gewählt werden. Es besteht weder eine Bindung an einen einmal gewählten Prüfungsturnus noch an den für vergleichbare Größenklassen des zu prüfenden Betriebes üblichen Prüfungsturnus (BFH 30.6.1989 – III R 8/88, BFH/NV 1990, 273). Sollte es dadurch bei einzelnen Betrieben zu häufigeren Prüfungen als bei vergleichbaren anderen Unternehmen kommen, so liegt darin kein Verstoß gegen den verfassungsrechtlichen Gleichheitsgrundsatz (BFH 2.9.1988 – III R 280/84, BStBl. II 1989, 4; BFH 7.2.2002 – IV R 9/01, BStBl. II 2002, 269). Die 64

Anordnung der Ap. muss bei der Auswahl des Betriebes nach reinen Zufallsgesichtspunkten nicht näher begründet werden. Es reicht ein Hinweis auf die gesetzliche Bestimmung des § 193 I, weil der Gesetzgeber bei den Stpfl. des § 193 I von einer generellen Prüfungsbedürftigkeit ausgeht (BFH 3.12.1985 – VII R 17/84, BStBl. II 1986, 439). Dies gilt auch für Kleinstbetriebe (BFH 17.12.2002 – X S 10/02, BFH/NV 2003, 296). Erst wenn Anhaltspunkte für eine sachwidrige und willkürliche Auswahl des Stpfl. durch die FB vorliegen, kann ein Ermessensfehler angenommen werden (BFH 28.9.2011 – VIII R 8/09, BStBl. II 2012, 395). Bestehen Zweifel an der zufälligen Auswahl des Stpfl., so muss die FB nachweisen, dass der Stpfl. nach Zufallsgesichtspunkten ausgewählt wurde. Spätestens das FG hat zu ermitteln, ob das FA ein Zufallsverfahren angewandt hatte (BFH 16.11.1989 – IV R 29/89, BStBl. II 1990, 272).

65 **Anlassprüfung.** Ap. brauchen nicht ausschließlich nach dem Zufallsprinzip angeordnet werden. Vielmehr ist auch eine anlassbezogene Auswahl der prüfungswürdigen Betriebe zulässig (BFH 19.11.2009 – IV B 62/09, BFH/NV 2010, 595; BFH 20.10.2003 – IV B 67/02, BFH/NV 2004, 311). Auch eine anlassbezogene Ap. bedarf keiner näheren **Begründung** (BFH 12.8.2002 – X B 210/01, BFH/NV 2003, 3; BFH 2.10.1991 – X R 89/89, BStBl. II 1992, 220). Die anders lautende ältere Rspr. (BFH 25.1.1989 – X R 158/87, BStBl. II 1989, 483), die noch eine Differenzierung zwischen Routine- und Anlassprüfung vornahm, ist überholt. Auch bei einer Anlassprüfung ist ein Hinweis auf § 193 I zur Begründung nunmehr ausreichend. Die Auswahl des zu prüfenden Betriebes kann auf die Anregung der Veranlagungsstellen zurückgehen oder auf der Auswertung von Betriebskarteien oder Vormerklisten basieren (BFH 2.10.1991 – X R 89/89, BStBl. II 1992, 220).

67 **Erhebliche Mehrsteuern.** Mittel- oder Kleinbetriebe können in kurzer Zeit erneut geprüft werden, wenn die letzte Ap. zu erheblichen Mehrsteuern geführt hat (§ 4 III S. 2 BpO). Diese Vorgehensweise ist rechtmäßig (BFH 11.12.2019 – II B 67/18, BFH/NV 2020, 360; BFH 11.8.2005 – XI B 207/04, BFH/NV 2006, 9). Vor Erlass einer erneuten Prüfungsanordnung muss die FB nur eine Prognoseentscheidung treffen, wobei nicht feststehen muss, dass tatsächlich erhebliche Mehrsteuern entstehen werden (BFH 28.3.2000 – VIII R 77/96, BFH/NV 2000, 1156; FG Nürnberg 24.2.2022 – 6 K 1104/21, BeckRS 2022, 12001). Allerdings darf nicht nur eine vage Vermutung für eine derartige Mehrsteuer sprechen; vielmehr muss eine Mehrsteuer zumindest wahrscheinlich sein (BFH 1.8.1984 – I R 138/80, BStBl. II 1985, 350). Eine Ermittlung „ins Blaue hinein" ist unzulässig (BFH 11.12.2019 – II B 67/18, BFH/NV 2020, 360). Was als erhebliche Mehrsteuer zu qualifizieren ist, kann nur anhand des Einzelfalles entschieden werden. Absolute Beträge kann man nicht benennen. Bei Mittelbetrieben kann im Einzelfall schon eine Mehrsteuer von 1500 Euro jährlich eine Prüfungserweiterung rechtfertigen (BFH 24.2.1989 – III R 36/88, BStBl. II 1989, 445). Erhebliche Mehrsteuern aus einer vorhergehenden Prüfung rechtfertigen auch die Durchführung einer **Anschlussprüfung** (BFH 20.10.2003 – IV B 67/02, BFH/NV 2004, 311). Dies gilt auch, wenn die Prüfungsfeststellungen im (gerichtlichen) Streit stehen (BFH 23.6.1994 – I B 211/93, BFH/NV 1995, 183). Ist mit erheblichen Mehrsteuern zu rechnen, ist die FB bei der Prüfung im Erweiterungszeitraum nicht auf den Sachverhalt beschränkt, der Grund für die Erweiterung des Prüfungszeitraumes war (BFH 28.6.2000 – I R 20/99, BFH/NV 2000, 1447; aA Gosch AO § 194 Rn. 169). Die Erweiterung des Prüfungszeitraums ist substantiiert zu begründen (BFH 4.2.1999 – I B 64/97, BFH/NV 1999, 907 mwN).

IV. Liquiditäts- und Richtsatzprüfung

73 **Liquiditätsprüfung.** Eine Liquiditätsprüfung wird durchgeführt, um den Vermögens- und Liquidationsstatus eines Stpfl. zu ermitteln, damit über die Gewährung einer Stundung oder eines Erlasses der StSchuld entschieden werden kann. Diese Frage betrifft aber nur das Erhebungs- und nicht das Festsetzungsverfahren, sodass die Prüfung nicht auf § 193 gestützt werden kann (so auch Klein § 193 Rn. 62). Sie kann daher nur mit Zustimmung

des Stpfl. durchgeführt werden (BeckOK AO § 193 Rn. 29). Lediglich eine Prüfung, die ermitteln soll, ob ein Erlass nach § 163 in Betracht kommt, kann nach § 193 angeordnet werden, weil es sich insoweit um eine Maßnahme im Festsetzungsverfahren handelt.

Richtsatzprüfung. Für eine eigenständige Richtsatzprüfung fehlt es an einer Rechtsgrundlage (Klein § 193 Rn. 63). Sie kann daher nur mit Zustimmung des Stpfl. durchgeführt werden (TK § 193 Rn. 46). Dagegen ist es zulässig, die anlässlich einer regulären Prüfung gewonnenen Erkenntnisse entsprechend auszuwerten (Schwarz/Pahlke/Keß § 193 Rn. 76). 74

C. Zulässigkeit der Außenprüfung bei den übrigen Steuerpflichtigen (Abs. 2)

I. Außenprüfung bei zum Steuereinbehalt verpflichteten Steuerpflichtigen (Abs. 2 Nr. 1)

Abs. 2 Nr. 1 erlaubt die Ap. bei Stpfl., die für Rechnung eines anderen Steuern zu entrichten oder Steuern einzubehalten und abzuführen haben. Das Gesetz unterstellt – wie bei Abs. 1 – eine generelle Prüfungswürdigkeit dieser Stpfl., sodass es keinen besonderen Anlass zur Prüfung geben muss (TK § 193 Rn. 29). Dabei ist es ausreichend, dass die FB konkrete Anhaltspunkte hat, aus denen sich die Pflicht zur Einbehaltung und Abführung von Steuern ergibt. Daher fällt auch eine Prüfung, die klären soll, ob überhaupt eine entsprechende Pflicht besteht, unter Abs. 2 Nr. 1 (BFH 1.8.1986 – VI R 26/85, BFH/NV 1987, 77; TK § 193 Rn. 29). 77

Steuerabzug. Die Pflicht, Steuern für Rechnung eines anderen zu entrichten oder Steuern einzubehalten und abzuführen, besteht insb. für die **LSt,** die **KapESt** und die **AufsichtsratSt.** Gleiches gilt für den Quellensteuerabzug bei beschränkt Stpfl. gem. § 50a EStG, die neue Bauabzugsbesteuerung gem. § 48 I EStG und das (zwischenzeitlich abgeschaffte) umsatzsteuerliche Abzugsverfahren nach §§ 51 ff. UStDV. Für die LSt-Ap. ist nach § 42f Abs. 1 EStG das BetriebstättenFA zuständig. Nach § 42f Abs. 4 EStG kann der Arbeitgeber beantragen, dass die Ap. und die Prüfung durch die Träger der Rentenversicherung zur gleichen Zeit durchgeführt werden (zu Einzelheiten s. Schmidt NWB 2012, 3692). Zuständig für die Prüfung der StAbzugsverpflichtung nach § 50a EStG ist das örtliche FA (BFH 20.12.2023 – I R 21/21, BStBl. II 2024, 592; zu Einzelheiten → § 195 Rn. 21). 78

II. Außenprüfung bei anderen Steuerpflichtigen (Abs. 2 Nr. 2)

Eine Ap. ist nach Abs. 2 S. 2 bei Stpfl. mit Überschusseinkünften und bei Selbständigen iSd § 18 I Nr. 2 und 3 EStG zulässig, wenn die für die Besteuerung erheblichen Verhältnisse der Aufklärung bedürfen und eine Prüfung an Amtsstelle nach Art und Umfang des zu prüfenden Sachverhalts nicht zweckmäßig ist. Damit werden für diese Stpfl. erhöhte Anforderungen an die Zulässigkeit einer Ap. gestellt. Ob ein Aufklärungsbedürfnis besteht, kann vom FG umfassend geprüft werden, weil es sich insoweit um einen unbestimmten Rechtsbegriff handelt (BFH 26.7.2007 – VI R 68/04, BFH/NV 2007, 1950). Liegt ein solches Aufklärungsbedürfnis vor, hat die FB eine Ermessensentscheidung zu treffen, ob tatsächlich eine Ap. durchgeführt werden soll. Diese Ermessensentscheidung kann das Gericht nur eingeschränkt überprüfen (§ 102 FGO). 83

Aufklärungsbedürfnis. Die Durchführung einer Ap. nach Abs. 2 Nr. 2 setzt ein Aufklärungsbedürfnis im Einzelfall voraus. Ein solches ist zu bejahen, wenn Anhaltspunkte für die Abgabe einer unrichtigen oder unvollständigen StErklärung bestehen (BFH 26.7.2007 – VI R 68/04, BFH/NV 2007, 1950; BFH 8.3.1988 – VIII R 229/84, BFH/NV 1988, 550). Allerdings müssen der FB keine konkreten individuellen Umstände bekannt sein, die eine solche Annahme rechtfertigen. Ausreichend ist das Vorliegen von Anhaltspunkten, die es nach den **Erfahrungen der FVerw.** als möglich erscheinen lassen, 84 dass die eingereichte StErklärung unvollständig oder unrichtig ist (BFH 17.11.1992 – VIII R 25/89, BStBl. II 1993, 146; TK § 193 Rn. 36; aA Gosch AO § 193 Rn. 76). Somit darf eine Ap. nach Abs. 2 Nr. 2 auch durchgeführt werden, wenn eine StErklärung (noch) nicht abgegeben wurde (BFH 17.11.1992 – VIII R 25/89, BStBl. II 1993, 146). Ein Aufklärungsbedürfnis ist jedoch zu verneinen, soweit die FB **ins Blaue hinein** tätig wird (Klein § 193 Rn. 52). Es bedarf allgemeiner sachbezogener Erwägungen, die die Annahme rechtfertigen, Steuern seien verkürzt oder zu Unrecht erhoben worden (BFH 17.11.1992 – VIII R 25/89, BStBl. II 1993, 146). Vor Änderung des Abs. 1 durch das StHintBekG v. 29.7.2009 (→ Rn. 50) konnte bei sog. „Einkommensmillionären" eine Ap. nach Abs. 2 Nr. 2 angeordnet werden, wenn diese Kapitaleinkünfte nur in geringer Höhe erklärten und keine ausreichenden Auskünfte über eine anderweitige Mittelverwendung geben konnten (BFH 26.7.2007 – VI R 68/04, BStBl. II 2009, 338).

85 **Prüfung an Amtsstelle.** Weitere Voraussetzung für die Durchführung einer Ap. ist die Unzweckmäßigkeit der Prüfung des steuerlichen Verhältnisses an Amtsstelle. Davon ist auszugehen, wenn eine größere Zahl von Lebensvorgängen mit einem größeren Zeitaufwand zu prüfen sind (BFH 17.11.1992 – VIII R 25/89, BStBl. II 1993, 146). Die Entscheidung, ob eine Prüfung an Amtsstelle unzweckmäßig ist, muss die FB nach pflichtgemäßem Ermessen treffen (BFH 26.7.2007 – VI R 68/04, BFH/NV 2007, 1950; BFH 18.10.1994 – IX R 128/92, BStBl. II 1995, 291). Dabei muss die FB berücksichtigen, dass eine Ap. eine erhebliche Belastung für den Stpfl. darstellt (BFH 7.11.1985 – IV R 6/85, BStBl. II 1986, 435). Daher ist die Ap. unzulässig, wenn die Aufklärung des fraglichen Lebenssachverhalts auch durch Einzelermittlungsmaßnahmen erreicht werden kann, die vom FA aus durchgeführt werden können (BFH 9.11.1994 – XI R 16/94, BFH/NV 1995, 578).

86 **Begründung der Prüfungsanordnung.** Wird die Prüfungsanordnung auf § 193 II Nr. 2 gestützt, ist sie hinreichend zu begründen (BFH 13.3.1987 – III R 236/83, BStBl. II 1987, 664; zur Begründungspflicht allg. → § 121 Rn. 1 ff.). In Abweichung von § 193 I geht der Gesetzgeber in diesen Fällen nämlich nicht von einer generellen Prüfungsbedürftigkeit aus (zu Einzelheiten → § 196 Rn. 58). Die Begründung muss erkennen lassen, warum ein Aufklärungsbedürfnis besteht und eine Prüfung an Amtsstelle unzweckmäßig erscheint (TK § 196 Rn. 17).

87 **Ehegatten.** Eine Ap. darf nach Abs. 2 Nr. 2 nur gegen den Ehegatten angeordnet werden, in dessen (steuerlichen) Verhältnissen die entsprechenden Voraussetzungen gegeben sind (BFH 28.10.1988 – III R 52/86, BStBl. II 1989, 257). Die Prüfungsanordnung kann aber in einer Verfügung beiden Ehegatten bekannt gegeben werden (BFH 14.3.1990 – X R 104/88, BStBl. II 1990, 612).

88 **Gemeinnützige Körperschaften** können nach Abs. 2 Nr. 2 daraufhin überprüft werden, ob sie die Voraussetzungen für die Gemeinnützigkeit erfüllen; insb., ob die tatsächliche Geschäftsführung mit den steuerbegünstigten Satzungszwecken übereinstimmt (Gosch AO § 193 Rn. 87). Zu Einzelheiten → Rn. 44.

89 **Keine Anwendung von § 4 BpO.** Die Regelung des § 4 III BpO, die im Regelfall den Prüfungszeitraum bei Mittel- und Kleinbetrieben auf drei Besteuerungszeiträume beschränkt, gilt nicht für eine Ap. nach Abs. 2 Nr. 2 (BFH 27.3.2002 – XI B 49/00, BFH/NV 2002, 1013; BFH 18.10.1994 – IX R 128/92, BStBl. II 1995, 291). Somit kann die Ap. ohne nähere Begründung mehr als drei Prüfungszeiträume umfassen.

III. Verletzung der Mitwirkungspflicht nach § 12 StAbwG (Abs. 2 Nr. 3)

90 Eine Ap. ist nach Abs. 2 S. 3 auch bei Stpfl. zulässig, die ihren erhöhten Mitwirkungspflichten nach § 12 StAbwG nicht nachkommen. Die Vorschrift wurde mit dem StAbwG v. 25.6.2021 (BGBl. 2021 I 2056) geändert. Zuvor betraf die Regelung Stpfl., die ihren erhöhten Mitwirkungspflichten nach § 90 II 3 nicht nachkamen. Abs. 2 S. 3 bezieht sich auf Stpfl., bei denen objektiv erkennbare Anhaltspunkte dafürsprechen, dass diese Ge-

schäftsbeziehungen zu Finanzinstituten in einem Staat unterhalten, mit dem kein Abkommen über die Erteilung von Auskünften (entsprechend Art. 26 DBA-MA) besteht (vgl. § 7 StAbwG). Auch hier sieht der Gesetzgeber einen erhöhten Aufklärungsbedarf, der im Rahmen einer Ap. erfüllt werden kann (Klein § 193 Rn. 50). Bei einem Verstoß gegen die bestehenden erhöhten Mitwirkungspflichten nach § 12 StAbwG wird ein besonderer Aufklärungsbedarf vermutet (BeckOK AO § 193 Rn. 102 und 127). Zu den erhöhten Mitwirkungspflichten iSd § 90 II 3 ausführlich → § 90 Rn. 19.

D. Rechtsfolgen einer Außenprüfung

Der Stpfl. muss die Prüfungsmaßnahmen dulden und es obliegen ihm erhöhte Mitwirkungspflichten. Mit der Bekanntgabe einer Prüfungsanordnung kommt eine **Selbstanzeige** nach § 371 II Nr. 1a nicht mehr in Betracht. Der Beginn der Ap. kann den **Ablauf der Festsetzungsverjährung** hemmen (§ 171 IV). Die aufgrund der Ap. erlassenen StBescheide sind mit einer erhöhten Bestandskraft ausgestattet. Nach **§ 173 II** dürfen sie nur noch geändert werden, wenn eine StHinterziehung oder leichtfertige StVerkürzung vorliegt. Ergeben sich gegenüber der ursprünglichen Festsetzung keine Änderungen, ist der **Vorbehalt der Nachprüfung** gem. § 164 III 3 nach Abschluss der Prüfung aufzuheben. Im Anschluss an die Ap. kann nach § 204 eine **verbindliche Zusage** erteilt werden, die die steuerliche Behandlung eines Sachverhaltes für die Zukunft regelt. 95

Abschluss der Ap. Die Ap. ist entweder mit Übersendung des Prüfungsberichts oder mit der Mitteilung nach § 202 I 3 abgeschlossen (BFH 13.3.2002 – XI B 122/01, BFH/NV 2002, 1012; BFH 17.7.1985 – I R 214/82, BStBl. II 1986, 21). Eine **unterbrochene Ap.** kann auch nach einer Unterbrechung von mehreren Jahren wieder aufgenommen werden, ohne dass der StAnspruch als verwirkt gilt (BFH 21.1.2015 – VIII B 112/13, BFH/NV 2015, 800: Unterbrechung von 10 Jahren unschädlich; BFH 26.6.2014 – IV R 51/11, BFH/NV 2014, 1716). 96

E. Verfahrensfragen; Rechtsschutz

Die FB muss vor Durchführung einer Ap. eine Prüfungsanordnung erlassen (§ 196). Will der Stpfl. die Unzulässigkeit der Prüfung rügen, muss er daher die Prüfungsanordnung mit **Einspruch** und **Anfechtungsklage** anfechten. Einstweiliger Rechtsschutz kann durch einen Antrag auf Aussetzung der Vollziehung der Prüfungsanordnung erlangt werden (BFH 22.6.1995 – X S 5/95, BFH/NV 1995, 1082). Dagegen kann die Nichtigkeit bzw. Unwirksamkeit einer Prüfungsanordnung auch im Verfahren über die die Ap. auswertenden StBescheide geltend gemacht werden (BFH 25.11.1997 – VIII R 4/94, BStBl. II 1998, 461). 99

Verwertungsverbot. Nach der Rspr. gilt im Rahmen der Ap. ein sog. formelles Verwertungsverbot (BFH 25.11.1997 – VIII R 4/94, BStBl. II 1998, 461). Nur wenn die Rechtswidrigkeit der Prüfungsanordnung festgestellt oder die Prüfungsanordnung von der FB oder dem FG aufgehoben wurde, kann daher ein Verwertungsverbot eingreifen (BFH 10.4.1990 – VIII R 415/83, BStBl. II 1990, 721). Unterlässt der Stpfl. die Anfechtung der Prüfungsanordnung, kann er sich im Rechtsbehelfsverfahren gegen die StBescheide nicht mehr auf ein Verwertungsverbot für die Prüfungsfeststellungen berufen (BFH 25.11.1997 – VIII R 4/94, BStBl. II 1998, 461). Gleiches gilt auch für andere Prüfungsmaßnahmen, soweit sie auf einem eigenständig anfechtbaren VA beruhen (BFH 23.2.1984 – IV R 154/82, BStBl. II 1984, 512). Lediglich für den Fall, dass die Prüfungsmaßnahme nicht auf einem VA beruht, kann deren Rechtswidrigkeit unmittelbar im Einspruchsverfahren gegen den aufgrund der Ap. ergangenen StBescheid geltend gemacht werden (BFH 20.2.1990 – IX R 83/88, BStBl. II 1990, 789). Eine solche rein tatsächliche Handlung ist insb. 103

gegeben, wenn der Prüfer die sachlichen oder zeitlichen Grenzen der Prüfungsanordnung überschreitet (BFH 1.12.1992 – VII R 53/92, BFH/NV 1993, 515). Ebenso liegt kein Verwertungsverbot vor, wenn eine Ap. bei Vorliegen eines Anfangsverdachtes einer StStraftat angeordnet wird. Da eine solche Ap. rechtmäßig ist (BFH 14.4.2020 – VI R 32/17, BStBl. II 2020, 487; BFH 15.6.2016 – III R 8/15, BStBl. II 2017, 25), führen Prüferfeststellungen bezüglich strafrechtlich relevanten Verhaltens des Stpfl. nicht zu einem Verwertungsverbot (glA FG Nürnberg 24.11.2020 – 1 K 395/18, BeckRS 2020, 43550).

105 **Materiell-rechtliche Verstöße des Prüfers.** Liegen allerdings qualifizierte materiell-rechtliche Verstöße vor, kann dies ein Verwertungsverbot auslösen (BFH 19.8.2009 – I R 106/08, BFH/NV 2010, 5; BFH 4.10.2006 – VIII R 53/04, BStBl. II 2007, 227). Ein Verwertungsverbot greift dagegen bei einer Erstveranlagung oder bei einer Änderung nach § 164 II nicht ein, weil die FB in diesen Fällen auch ohne Ap. zur umfassenden Sachverhaltsaufklärung berechtigt ist (BFH 13.12.1995 – XI R 43–45/89, BStBl. II 1996, 232). Zu Einzelheiten → § 196 Rn. 63 ff.

107 **Fortsetzungsfeststellungsklage.** Wird die Ap. während eines laufenden Klageverfahrens durchgeführt und beendet, hat sich das ursprüngliche Klageziel erledigt. Will der Stpfl. weiterhin feststellen lassen, dass die Prüfung rechtswidrig war, muss er sein Begehren im Wege einer Fortsetzungsfeststellungsklage gem. § 100 I 4 FGO weiterverfolgen (BFH 30.11.1987 – VIII B 3/87, BStBl. II 1988, 183; BFH 10.5.1991 – V R 51/90, BStBl. II 1991, 825; zu Einzelheiten → § 196 Rn. 82).

§ 194 Sachlicher Umfang einer Außenprüfung

(1) [1]**Die Außenprüfung dient der Ermittlung der steuerlichen Verhältnisse des Steuerpflichtigen.** [2]**Sie kann eine oder mehrere Steuerarten, einen oder mehrere Besteuerungszeiträume umfassen oder sich auf bestimmte Sachverhalte beschränken.** [3]**Die Außenprüfung bei einer Personengesellschaft umfasst die steuerlichen Verhältnisse der Gesellschafter insoweit, als diese Verhältnisse für die zu überprüfenden einheitlichen Feststellungen von Bedeutung sind.** [4]**Die steuerlichen Verhältnisse anderer Personen können insoweit geprüft werden, als der Steuerpflichtige verpflichtet war oder verpflichtet ist, für Rechnung dieser Personen Steuern zu entrichten oder Steuern einzubehalten und abzuführen; dies gilt auch dann, wenn etwaige Steuernachforderungen den anderen Personen gegenüber geltend zu machen sind.**

(1a) **Das Ergebnis eines internationalen Risikobewertungsverfahrens nach § 89b und auch die bei dessen Durchführung erlangten Erkenntnisse, die nicht im Risikobewertungsbericht nach § 89b Absatz 6 enthalten sind, sollen bei der Bestimmung des sachlichen Umfangs einer Außenprüfung nach Absatz 1 Satz 2 berücksichtigt werden.**

(2) **Die steuerlichen Verhältnisse von Gesellschaftern und Mitgliedern sowie von Mitgliedern der Überwachungsorgane können über die in Absatz 1 geregelten Fälle hinaus in die bei einer Gesellschaft durchzuführende Außenprüfung einbezogen werden, wenn dies im Einzelfall zweckmäßig ist.**

(3) **Werden anlässlich einer Außenprüfung Verhältnisse anderer als der in Absatz 1 genannten Personen festgestellt, so ist die Auswertung der Feststellungen insoweit zulässig, als ihre Kenntnis für die Besteuerung dieser anderen Personen von Bedeutung ist oder die Feststellungen eine unerlaubte Hilfeleistung in Steuersachen betreffen.**

Schrifttum: Streck/Peschges, Die Fertigung von Kontrollmitteilungen bei Außenprüfungen in Banken, DStR 1997, 1993; Wengert/Widmann, Ist die Kontrollmitteilungspraxis im Rahmen einer steuerlichen Außenprüfung noch von rechtsstaatlichen Grundsätzen gedeckt?, StBp 1998, 57; Papperitz, Die Betriebsprüfungsordnung 2000 – Ein Fortschritt oder ein Rückschritt?, DB 2001, 1217; Klingelhöfer, Anfertigung von Kontrollmaterial – Möglichkeiten und Grenzen, StBp 2002, 1; Seer, Zeitnahe Außenprüfung bei Groß-

und Konzernbetrieben, Ubg 2009, 673; Wünnemann, Gesetzlicher Regelungsbedarf für eine zeitnahe Betriebsprüfung, Ubg 2011, 197; Seer, Tax Compliance und Außenprüfung, FS Streck, 2011, 403; Schmidt, Zeitgleiche Außenprüfung durch Finanzamt und Rentenversicherung, NWB 2012, 3692; Canz, Die Prüfungserweiterung wegen Grunderwerbsteuer, BB 2017, 791.

Übersicht

I. Allgemeines

Inhalt. Die Vorschrift regelt den Umfang einer Ap. sowohl in **sachlicher** als auch in **persönlicher** Hinsicht. Bei der Bestimmung des sachlichen Umfangs hat die FB neben § 194 die Regelungen der **BpO** zu beachten. Dies gilt insb. für die Bestimmung des **zeitlichen Umfangs** der Prüfung, bei dessen Festlegung § 4 BpO berücksichtigt werden muss. Den Umfang der Ap. im Einzelfall hat die FB durch Prüfungsanordnung (§ 196) festzulegen. Abs. 2 ermöglicht es, die steuerlichen Verhältnisse von Gesellschaftern im Rahmen der Prüfung der Gesellschaft mit zu prüfen. Dazu bedarf es jedoch einer selbständigen Prüfungsanordnung. Abs. 3 betrifft die Fertigung von **Kontrollmitteilungen,** die anlässlich einer Ap. über die steuerlichen Verhältnisse Dritter erstellt werden dürfen. 1

Im Zuge der Einführung internationaler Risikobewertungsverfahren wurde Abs. 1a durch das WachstChG v. 27.3.2024 (BGBl. 2024 I Nr. 108) neu eingefügt (§ 89b; → Rn. 42 f.). 2

II. Umfang der Außenprüfung (Abs. 1)

1. Ermittlung der steuerlichen Verhältnisse (Abs. 1 S. 1)

Die Ap. dient allein der Ermittlung der steuerlichen Verhältnisse des Stpfl. Daher muss sich die Ap. stets auf StAnsprüche beziehen; eine Prüfung allein zum Zwecke der Kontrolle einer ordnungsgemäßen Buchführung ist unzulässig (BFH 25.4.1985 – IV R 10/85, BStBl. II 1985, 702). Die Prüfung eines Stpfl., nur um Kontrollmaterial über die steuerlichen Verhältnisse Dritter zu fertigen, ist unzulässig (BFH 12.9.2017 – I R 97/15, BFH/NV 2018, 177). Auch die Durchführung einer Ap., um Straftaten wie Geldwäsche oder Drogenhandel zu ermitteln, wäre somit unzulässig. Zwar darf eine Ap. nur bei einem **Stpfl.** durchgeführt werden, sodass angenommen werden könnte, die Stpfl. des zu Prüfenden müsse vor der Anordnung und Durchführung der Prüfung bereits feststehen. Dies würde aber dem Zweck der Ap. widersprechen. Daher darf auch bei einem nur potenziell Stpfl. eine Ap. stattfinden, wobei allerdings **Anhaltspunkte** für eine Stpfl. vorliegen müssen (zu Einzelheiten → § 193 Rn. 33 ff.). Nach Einführung des § 203a durch das ModBestVerFG v. 18.7.2016 (BGBl. 2016 I 1679) darf ausnahmsweise auch bei einem Dritten, der nicht Stpfl. iSd § 193 ist, eine Ap. durchgeführt werden, um die zutreffende Erfüllung von Datenübermittlungspflichten nach § 93c zu überprüfen. 9

Abgrenzung zu Einzelermittlungsmaßnahmen. Der Außenprüfer ist auch im Rahmen einer Ap. zur Durchführung von Einzelermittlungsmaßnahmen gem. § 88 I berechtigt, für die eine Prüfungsanordnung entbehrlich ist (BFH 2.2.1994 – I R 57/93, BStBl. II 10

1994, 377). Zum Schutz des Stpfl. muss der Prüfer hinreichend deutlich machen, dass er Einzelermittlungen vornimmt, da der Umfang der Mitwirkungspflicht des Stpfl. in diesem Fall geringer ist (BFH 5.4.1984 – IV R 244/83, BStBl. II 1984, 790). Für die Abgrenzung der Einzelermittlungsmaßnahme von einer Prüfungsmaßnahme kommt es entscheidend darauf an, wie sich das Tätigwerden der FB aus Sicht des Betroffenen in entsprechender Anwendung des § 133 BGB darstellt (BFH 6.7.1999 – VIII R 17/97, BStBl. II 2000, 306). Zu Einzelheiten → § 193 Rn. 16.

11 **Prüfung nicht betrieblicher Einkünfte.** Bei einer Prüfung nach § 193 I darf die FB nach Auffassung des BFH auch die privaten Einkünfte, die nicht mit dem Betrieb im Zusammenhang stehen, in die Ap. einbeziehen (BFH 28.11.1985 – IV R 323/84, BStBl. II 1986, 437). Dagegen spricht allerdings, dass sich die vorbehaltlose Prüfung von Personen iSd § 193 I nur rechtfertigt, weil Einblick in die (meist) umfangreiche Buchführung und Belegsammlung zu nehmen ist. Daher ist eine Prüfung privater Einkünfte nur unter den einschränkenden Bedingungen des § 193 II Nr. 2 zulässig (zu Einzelheiten → § 193 Rn. 47).

12 **Anfangsverdacht für eine StStraftat.** Der Anfangsverdacht für das Vorliegen einer StStraftat steht der Durchführung einer Ap. nicht entgegen (BFH 3.4.2003 – XI B 60/02, BFH/NV 2003, 1034; Klein § 194 Rn. 5; aA TK § 193 Rn. 6). Die Befugnis zur Ermittlung einer StStraftat ist nicht auf die StFahndung beschränkt (BFH 4.11.1987 – II R 102/85, BStBl. II 1988, 113). Alle Angehörigen der FVerw. sind hierzu berechtigt, sodass auch der Betriebsprüfer an der Aufklärung einer StStraftat mitwirken darf. Selbst nach der förmlichen Einleitung eines StStrafverfahrens kann eine Ap. daher fortgesetzt werden (BFH 19.8.1998 – XI R 37/97, BStBl. II 1999, 7).

2. Umfang der Außenprüfung (Abs. 1 S. 2)

16 Die Bestimmung des Prüfungsumfangs sowohl in sachlicher als auch in zeitlicher Hinsicht steht im **Ermessen** der FB (§ 4 I BpO). Grundsätzlich kann die Ap. auf eine oder mehrere StArten bzw. ein oder mehrere Besteuerungszeiträume erstreckt werden (BFH 15.6.2016 – III R 8/15, BStBl. II 2017, 25; BFH 19.8.2009 – I R 106/08, BFH/NV 2010, 5). Auch die Beschränkung der Prüfung auf bestimmte Sachverhalte ist zulässig (BFH 21.6.2012 – IV R 42/11, BFH/NV 2012, 1927; aA HHSp § 194 Rn. 65). Allerdings muss bei der Beschränkung auf einzelne Sachverhalte das **Verhältnismäßigkeitsprinzip** besonders beachtet werden. Die Anordnung einer Ap., die auf einen einzelnen Sachverhalt beschränkt wird, ist nur zulässig, wenn der Sachverhalt nicht auch im Rahmen von Einzelermittlungsmaßnahmen angemessen aufgeklärt werden könnte. Der aufzuklärende Sachverhalt muss somit so komplex sein, dass eine Prüfung an Amtsstelle die angemessene Aufklärung nicht gewährleistet. Dies wird idR der Fall sein, wenn umfangreiche Unterlagen einzusehen sind. Die Beschränkung einer **USt-Sonderprüfung** auf die Kontrolle der geltend gemachten Vorsteuern ist von § 194 gedeckt (BFH 30.4.1987 – V R 29/79, BStBl. II 1987, 486). Werden beim selben Stpfl. mehrfach auf einzelne Sachverhalte beschränkte Ap. angeordnet (Prüfung in Raten), ist dies unzulässig (TK § 194 Rn. 8).

17 **Eine oder mehrere Steuerarten.** Die Ap. dient der umfassenden Aufklärung der steuerlichen Verhältnisse des Stpfl. (BFH 6.6.2012 – I R 99/10, BStBl. II 2013, 196; Gosch AO § 194 Rn. 30). Daher darf die Prüfung mehrere StArten umfassen, kann jedoch auch auf einzelne StArten beschränkt werden. Um dem Ziel der umfassenden Aufklärung gerecht zu werden, ist es üblich, ESt bzw. KSt, USt und GewSt gemeinsam zu prüfen. Auch die Prüfung der GrESt ist möglich (zu Einzelheiten s. Canz BB 2017, 791), wobei die Prüfung auf die GrESt beschränkt werden kann (FG Rheinland-Pfalz 19.7.2012 – 4 K 2384/11, EFG 2012, 1988; TK § 194 Rn. 7). Die in der Praxis wichtigsten Fälle der Beschränkung auf eine StArt sind die **USt-Sonderprüfung** und die **LSt-Ap.,** deren eingeschränkter Prüfungsumfang deutlich aus der Prüfungsanordnung hervorgehen muss (BFH 25.3.2003 – IX R 106/00, BFH/NV 2004, 1379; Klein § 194 Rn. 6). Nach § 42 f IV EStG können auf Verlangen des Arbeitgebers die Ap. und die Prüfung durch den

Träger der Rentenversicherung zur gleichen Zeit durchgeführt werden (Schmidt NWB 2012, 3692).

Einer oder mehrere Besteuerungszeiträume. Die Entscheidung, ob die Ap. einen oder mehrere Besteuerungszeiträume umfassen soll, liegt im **Ermessen** der FB (BFH 18.10.1994 – IX R 128/92, BStBl. II 1995, 291). Die FB hat ihren Ermessensspielraum mit dem Erlass der **BpO** eingeschränkt, weil es sich um eine ermessensleitende Verwaltungsanweisung handelt, die eine **Selbstbindung der Verwaltung** auslösen kann (BFH 15.6.2016 – III R 8/15, BStBl. II 2017, 25; BFH 28.6.2000 – I R 20/99, BFH/NV 2000, 1447; BFH 19.8.1998 – XI R 37/97, BStBl. II 1999, 7). Ein Verstoß gegen die Regelungen der BpO kann einen Ermessensfehler darstellen, der der gerichtlichen Prüfung zugänglich ist (BFH 16.9.2014 – X R 30/13, BFH/NV 2015, 150; Seer Ubg 2009, 673). Nach § 4 II BpO soll ein Großbetrieb (§ 3 BpO) zeitlich lückenlos geprüft werden. Bei den anderen Betrieben soll die Prüfung auf drei zusammenhängende Besteuerungszeiträume beschränkt werden (§ 4 III BpO). Nach § 4a BpO kann die FB bei einzelnen Stpfl. eine sog. zeitnahe Betriebsprüfung durchführen, die sich auf einen oder mehrere gegenwartsnahe Prüfungszeiträume beschränken soll (ausführlich → § 193 Rn. 5). Die Abhängigkeit des Prüfungsumfangs von der **Betriebsgrößenklasse** ist verfassungsrechtlich unbedenklich (BFH 7.2.2002 – IV R 9/01, BStBl. II 2002, 269; BFH 21.6.1994 – VIII R 54/92, BStBl. II 1994, 678; ablehnend TK § 194 Rn. 24; Seer StuW 2003, 40; Seer Ubg 2009, 673). Die FB ist an die Regelung des § 4 BpO für den Normalfall gebunden, auch wenn es sich nur um eine ermessensleitende Bestimmung handelt (BFH 21.6.2012 – IV R 42/11, BFH/NV 2012, 1927; BFH 18.10.1994 – IX R 128/92, BStBl. II 1995, 291). Jedoch ist die FB durch die BpO 2000 nicht an einen bestimmten Prüfungsturnus oder Prüfungsrhythmus im Einzelfall gebunden (BFH 14.6.2007 – VIII B 201/06, BFH/NV 2007, 1804; BFH 2.10.1991 – X R 1/88, BStBl. II 1992, 274). In **besonderen Fällen** kann die FB von den Bestimmungen des § 4 BpO abweichen (HHSp § 194 Rn. 53). § 4 III 2 lässt ausdrücklich eine Abweichung zu, wenn mit nicht unerheblichen Änderungen der Besteuerungsgrundlagen zu rechnen ist oder der Verdacht einer StStraftat oder StOrdnungswidrigkeit besteht. Will die FB von den Regelungen den § 4 BpO abweichen, muss sie dies in der Prüfungsanordnung begründen (BFH 3.2.2009 – VIII B 114/08, BFH/NV 2009, 887; BFH 27.10.2003 – III B 13/03, BFH/NV 2004, 312). § 4 BpO ist bei einer Ap. nach **§ 193 II Nr. 2** nicht zu beachten (BFH 18.10.1994 – IX R 128/92, BStBl. II 1995, 291). 18

Zu Einzelheiten einer Anschlussprüfung → Rn. 26.

Erweiterung des Prüfungszeitraums. Der Prüfungszeitraum einer Ap. darf erweitert werden. Es ist somit zulässig, die Ap. über mehr als drei Besteuerungszeiträume auszudehnen. Will der Außenprüfer über die ursprünglich zu prüfenden Zeiträume hinausgreifen, muss eine **weitere Prüfungsanordnung** erlassen werden (§ 5 II 5 BpO; Klein § 194 Rn. 45). Sie ist **substantiiert zu begründen** (BFH 15.4.2016 – X B 155/15, BFH/NV 2016, 1139; BFH 27.10.2003 – III B 13/03, BFH/NV 2004, 312; BFH 14.9.1993 – VIII R 56/92, BFH/NV 1994, 677). Auch über die Erweiterung des Prüfungszeitraums hat die FB nach pflichtgemäßem Ermessen zu entscheiden, wobei wiederum die Regelungen der BpO zu beachten sind. Nach § 4 III 2 BpO darf der Prüfungszeitraum erweitert werden, wenn mit nicht unerheblichen Änderungen der Besteuerungsgrundlagen zu rechnen ist oder wenn der Verdacht einer StStraftat oder StOrdnungswidrigkeit besteht. Diese Aufzählung ist nicht abschließend (Klein § 194 Rn. 36). Sind Umstände gegeben, die eine Prüfungserweiterung rechtfertigen, ist es zulässig, eine **umfassende Prüfung** des gesamten Veranlagungszeitraums durchzuführen (BFH 28.6.2000 – I R 20/99, BFH/NV 2000, 1447). Eine Beschränkung der Prüfungsmaßnahmen auf die Sachverhaltskomplexe, die die Erweiterung gerechtfertigt haben, ist nicht notwendig (aA Gosch AO § 194 Rn. 169; FG Brandenburg 11.3.1997 – 1 K 1449/96 AO, EFG 1997, 778). Kann aufgrund der bisherigen Prüfungsfeststellungen davon ausgegangen werden, dass sich bei der ESt nicht unerhebliche Änderungen der Besteuerungsgrundlagen ergeben werden, handelt das FA 21 ermessensgerecht, wenn sie auch die USt in die Prüfungserweiterung aufnimmt (BFH 21.6.2012 – IV R 42/11, BFH/NV 2012, 1927).

22 **Nicht unerhebliche Änderungen der Besteuerungsgrundlagen.** Eine die Prüfungserweiterung rechtfertigende Änderung der Besteuerungsgrundlagen kann sowohl zugunsten wie zuungunsten des Stpfl. gegeben sein. In beiden Fällen kann der Prüfungszeitraum ausgedehnt werden. Die FB darf die Ap. zuungunsten des Stpfl. auf über drei Besteuerungszeiträume hinaus erweitern, wenn mit nicht unerheblichen **StNachforderungen** zu rechnen ist (BFH 16.9.2014 – X R 30/13, BFH/NV 2015, 150; sa § 4 III BpO). Ob die zu erwartenden Mehrsteuern vom Umfang her „nicht unerheblich" sind, kann nicht anhand absoluter Beträge entschieden werden (BFH 28.4.1988 – IV R 106/86, BStBl. II 1988, 857). Vielmehr ist dies in jedem Einzelfall unter Berücksichtigung des geprüften Betriebes zu entscheiden (FG Nürnberg 24.2.2022 – 6 K 1104/21, BeckRS 2022, 12001). Der BFH hat die Prüfungserweiterung bei einem Mittelbetrieb für zulässig erachtet, bei dem mit einer **Mehrsteuer von 3000 DM** für ein Kalenderjahr gerechnet werden konnte (BFH 24.2.1989 – III R 36/88, BStBl. II 1989, 445). Zur Begründungspflicht der nachträglichen Prüfungserweiterung → § 196 Rn. 53.

23 **Beurteilungsmaßstab und -zeitpunkt.** Die FB muss bei der Entscheidung über eine Prüfungserweiterung eine **Prognoseentscheidung** über die Höhe der zu erwartenden Mehrsteuern treffen. Daher muss keine Gewissheit in Bezug auf die Höhe der Nachforderungen bestehen (BeckOK AO § 196 Rn. 64). Die Prognoseentscheidung muss auf Tatsachen gestützt werden (BFH 16.9.2014 – X R 30/13, BFH/NV 2015, 150). Die der FB im Zeitpunkt der Prüfungserweiterung bekannten Tatsachen müssen das Bestehen erheblicher Mehrsteuern **wahrscheinlich** erscheinen lassen (BFH 30.3.1989 – IV R 41/88, BStBl. II 1989, 592). Es müssen mehr Umstände für als gegen eine nicht unerhebliche StNachforderung sprechen (BFH 24.2.1989 – III R 36/88, BStBl. II 1989, 445; Gosch AO § 194 Rn. 181). Dies ist idR gegeben, wenn das Mehrergebnis der bisher durchgeführten Prüfung auf Sachverhalten beruht, die voraussichtlich auch in den Vorjahren vorlagen. Bedenklich erscheint die Auffassung des BFH, dass für die Beurteilung der Prognoseentscheidung auf den Zeitpunkt der Einspruchsentscheidung abzustellen ist (BFH 28.4.1988 – IV R 106/86, BStBl. II 1988, 857). Richtiger ist es, allein den Erkenntnisstand zum Zeitpunkt der Prüfungserweiterung zugrunde zu legen (glA Gosch AO § 194 Rn. 192). Die Prüfungsanordnung verliert ihre Rechtmäßigkeit auch nicht dadurch, dass die Erweiterungsprüfung tatsächlich zu keinen erheblichen Mehrsteuern geführt hat (FG Nürnberg 24.2.2022 – 6 K 1104/21, BeckRS 2022, 12001).

24 **Verdacht einer StStraftat.** Der Prüfungszeitraum kann auf mehr als drei Besteuerungszeiträume erweitert werden, wenn der Verdacht einer StStraftat oder StOrdnungswidrigkeit besteht (§ 4 III 2 BpO). Für den Verdacht müssen plausible Gründe vorliegen. Reine Vermutungen reichen nicht aus. Da eine Ap. auch bei Vorliegen eines strafrechtlichen Anfangsverdachtes durchgeführt werden darf (BFH 19.8.1998 – XI R 37/97, BStBl. II 1999, 7), rechtfertigt dieser eine Prüfungserweiterung (aA TK § 194 Rn. 21a).

25 **Ehegatten.** Richtet sich eine Prüfungsanordnung gegen beide Ehegatten, muss für jeden Ehegatten individuell geprüft werden, ob die Voraussetzungen für eine Prüfungserweiterung vorliegen (BFH 7.11.1985 – IV R 6/85, BStBl. II 1986, 435).

26 **Prüfungsrhythmus.** Einen bestimmten Prüfungsrhythmus braucht die FB weder bei Mittel- und Kleinbetrieben noch bei Kleinstbetrieben einzuhalten (BFH 23.6.2003 – X B 165/02, BFH/NV 2003, 1147). Vielmehr ist auch bei diesen Betrieben eine **Anschlussprüfung** zulässig (BFH 19.11.2009 – IV B 62/09, BFH/NV 2010, 595; BFH 14.6.2007 – VIII B 201/06, BFH/NV 2007, 1804; BFH 20.10.2003 – IV B 67/02, BFH/NV 2004, 311). Auch eine „zweite Anschlussprüfung" ist sowohl bei einem Mittelbetrieb (BFH 15.6.2016 – III R 8/15, BStBl. II 2017, 25) als auch bei einem Kleinbetrieb (FG Köln 24.5.2017 – 3 K 101/15, EFG 2017, 1856) zulässig. Einer besonderen Begründung bedarf es für eine Anschlussprüfung nicht (BFH 15.4.2016 – X B 155/15, BFH/NV 2016, 1139). Stpfl. haben auch keinen Anspruch auf Prüfungsverschonung (BFH 8.4.1992 – I R 85/89,

BFH/NV 1993, 73). Die FB dürfen die prophylaktische Wirkung nutzen, die in der Unberechenbarkeit eines prüfungsfreien Zeitraums zwischen den turnusmäßigen Prüfungen liegt (BFH 16.2.2011 – VIII B 246/09, BFH/NV 2011, 748).

Verjährung. Die (zeitliche) Prüfungsbefugnis der FB ist durch die Verjährung der StAnsprüche begrenzt. Steht zweifelsfrei fest, dass der StAnspruch eines bestimmten Jahres verjährt ist, so darf eine Ap. nicht durchgeführt werden (BFH 10.4.2003 – IV R 30/01, BFH/NV 2003, 1234). Anders liegt es, wenn erst aufgrund einer Ap. festgestellt werden soll, ob der StAnspruch **tatsächlich verjährt** ist. In diesem Fall ist eine Ap. zulässig (BFH 13.3.2002 – XI B 122/01, BFH/NV 2002, 1012; BFH 23.7.1985 – VIII R 48/85, BStBl. II 1986, 433). 27

Rechtsfolge fehlender (formeller) Prüfungserweiterung. Fehlt eine erweiternde Prüfungsanordnung, so steht dies der Verwertung der Prüfungsfeststellungen nicht entgegen, wenn es sich um die erstmalige Veranlagung handelt oder der StBescheid des zusätzlich geprüften Jahres gem. § 164 unter dem Vorbehalt der Nachprüfung steht (BFH 25.11.1997 – VIII R 4/94, BStBl. II 1998, 461). Die Prüfungsmaßnahmen sind in diesem Fall von der allgemeinen Pflicht der FB zur Erforschung des steuerlichen Sachverhalts nach §§ 85, 88 gedeckt (BFH 13.12.1995 – XI R 43–45/89, BStBl. II 1996, 232). Das Interesse an der gesetzmäßigen und gleichmäßigen Besteuerung hat Vorrang vor dem Anspruch des Stpfl. auf ein formell ordnungsmäßiges Verfahren (BFH 4.10.2006 – VIII R 53/04, BStBl. II 2007, 227). 28

3. Prüfung von Gesellschaftern für Zwecke der einheitlichen Feststellung (Abs. 1 S. 3)

Bei einer PersGes darf sich die Ap. nach S. 3 auch auf die steuerlichen Verhältnisse ihrer Gesellschafter erstrecken. Allerdings ist keine umfassende Prüfung der Gesellschafter zulässig. Eine Prüfung darf die steuerlichen Verhältnisse umfassen, die für das Feststellungsverfahren der PersGes relevant sind (BFH 8.6.2017 – IV R 6/14, BStBl. II 2017, 1053). Damit soll die abschließende Überprüfung der Feststellungsbescheide der PersGes sichergestellt werden BeckOK AO § 194 Rn. 17). Somit sind Prüfungsgegenstand das **Sonderbetriebsvermögen,** die **Sonderbetriebseinnahmen** und **-ausgaben** sowie die Einlagen und Entnahmen jedes einzelnen Gesellschafters (BFH 27.10.2020 – IX R 16/19, BFH/NV 2021, 813; Gosch AO § 194 Rn. 51). Auch Gesellschafter, die zum Zeitpunkt der Durchführung der Ap. bereits ausgeschieden sind, dürfen in die Prüfung einbezogen werden, wenn sie in den zu prüfenden Jahren an der PersGes beteiligt waren (FG Hamburg 9.3.1993 – I 195/90, EFG 1993, 700; Gosch AO § 194 Rn. 51). Eine Prüfungsanordnung ist gegenüber dem Gesellschafter nicht zu erlassen (zu Einzelheiten → § 196 Rn. 24). Soweit die PersGes aber nur Einkünfte aus Vermietung und Verpachtung erzielt, kann keine Ap. nach § 193 I 1 bei ihr durchgeführt werden, sodass auch eine Prüfung der Verhältnisse der Gesellschafter nach § 194 I 3 ausscheidet (BFH 27.10.2020 – IX R 16/19, BFH/NV 2021, 813; zu Einzelheiten → § 196 Rn. 23). 33

Gesellschafter nicht Beteiligter. Der einzelne Gesellschafter ist nicht Beteiligter des die PersGes betr. Außenprüfungsverfahrens – er ist lediglich Dritter. Eine Prüfungsanordnung braucht ihm nicht bekannt gegeben zu werden (Schwarz/Pahlke/Keß § 194 Rn. 30). Seine **persönlichen Steuerakten** dürfen aber beigezogen werden (FG Nürnberg 26.10.1987 – VI 3/85, EFG 1988, 97). Will der Prüfer Auskunft von einem Gesellschafter erhalten, kann dies nur nach § 93 erfolgen. 34

Abgrenzung zu Abs. 2. Auch nach Abs. 2 darf die Ap. bei einer Gesellschaft auf die steuerlichen Verhältnisse der Gesellschafter erstreckt werden. Allerdings darf die Prüfung nach Abs. 2 sämtliche steuerlichen Verhältnisse der Gesellschafter umfassen, während nach Abs. 1 S. 3 nur insoweit geprüft werden darf, als dies für das einheitliche Feststellungsverfahren von Interesse ist (zu Einzelheiten → Rn. 47). 35

4. Prüfungsrecht bei Steuerabzugsverpflichtung (Abs. 1 S. 4)

39 S. 4 erweitert die Zulässigkeit einer Ap. in persönlicher Hinsicht. Danach ist die Überprüfung der steuerlichen Verhältnisse **anderer Personen** zulässig, soweit der Stpfl., bei dem die Prüfung stattfindet, für Rechnung dieser Personen Steuern zu entrichten oder einzubehalten und abzuführen hat. Es handelt sich um eine Ap. iSd § 193 II Nr. 1. Die Pflicht, Steuern für Rechnung eines anderen zu entrichten oder Steuern einzubehalten und abzuführen, besteht insb. bei der **LSt** und der **KapESt.** Die Prüfung desjenigen, der die Steuern an der Quelle einzubehalten hat, ist oftmals nur sinnvoll möglich, wenn die steuerlichen Verhältnisse des eigentlichen StSchuldners mitgeprüft werden (Gosch AO § 194 Rn. 60). Diese Mitprüfung sichert S. 4 verfahrensrechtlich ab. Zulässig ist es aber auch, **allein** die steuerlichen Verhältnisse dieser anderen Personen zu überprüfen (BFH 23.1.1985 – I R 53/81, BStBl. II 1985, 566).

40 Die **verfahrensrechtliche Stellung** des **Dritten** ist nicht die eines Verfahrensbeteiligten (Gosch AO § 194 Rn. 67). Dem Dritten wird keine Prüfungsanordnung bekannt gegeben. Die durch eine Ap. ausgelösten Rechtsfolgen treffen den Dritten nicht. Daher greift diesem gegenüber weder die Änderungssperre gem. § 173 II, noch tritt die Hemmung der Festsetzungsverjährung nach § 171 IV ein (Gosch AO § 194 Rn. 67). Die Ergebnisse der Ap. dürfen jedoch auch gegenüber dem Dritten verwertet werden (BeckOK AO § 194 Rn. 23). Erst im Rahmen der Verwertung der Prüfungsfeststellungen durch Erlass eines (neuen) StBescheides kann sich der Dritte gegen die durch die Ap. ausgelösten Folgen wehren. Gegen die Prüfungsmaßnahmen selbst steht ihm kein Rechtsmittel zu.

41 **Steuernachforderung richtet sich nicht gegen den Geprüften.** Eine Ap. beim StAbzugsverpflichteten ist nach S. 4 auch zulässig, wenn mit einer StNachforderung nur gegenüber demjenigen, für den die Steuer einzubehalten ist, nicht jedoch gegenüber dem StAbzugsverpflichteten zu rechnen ist. Daher muss dieser eine Ap. dulden, obwohl er keine steuerlichen Nachteile zu gewärtigen hat (TK § 194 Rn. 14).

5. Berücksichtigung eines internationalen Risikobewertungsverfahrens (Abs. 1a)

42 Die Regelung steht im Zusammenhang mit der Einführung internationaler Risikobewertungsverfahren gem. dem neuen § 89b. Die FB bestimmt den Umfang der Ap. nach pflichtgemäßem Ermessen. Durch Einfügung des Abs. 1a sollen auch Ergebnisse eines internationalen Risikobewertungsverfahrens in die Bestimmung des Umfangs einer Ap. iSd § 194 einbezogen werden. Wurde für einen bestimmten Sachverhalt das Risiko eines endgültigen StAusfalls, einer StErstattung oder -vergütung oder einer nicht unbedeutenden Gewinnverlagerung im Ergebnis eines internationalen Risikobewertungsverfahrens nach § 89b als gering eingestuft, soll dies bei der Bestimmung des Umfangs der Ap. für den betreffenden Besteuerungszeitraum berücksichtigt werden. Das bedeutet, dass die Entscheidung, ob und in welchem Umfang aufgrund der Erkenntnisse aus dem internationalen Risikoanalyseverfahren weitere Ermittlungen im Rahmen einer Ap. unterbleiben, durch die Außenprüfungsstellen bei der Bestimmung des sachlichen Umfangs einer Ap. getroffen wird (BT-Drs. 433/23, 199 f.).

43 Noch gibt es keine Leitlinien, wie die Ergebnisse von internationalen Risikobewertungsverfahren bei der Bestimmung des Umfangs einer Ap. berücksichtigt werden sollen. Der Gesetzgeber ging bei Erlass der Norm davon aus, dass entsprechende Regelungen etwa in der BpO oder in einem BMF-Schreiben getroffen werden könnten. Er hat jedoch die Erwartung formuliert, dass bei als gering eingestuften Risiken der Umfang der Ap. in den meisten Fällen entspr. reduziert werden wird. Es ist aber rechtlich nicht ausgeschlossen, zB auch die im Rahmen eines Risikobewertungsverfahrens gemachten Angaben stichprobenartig im Zuge einer Ap. zu prüfen (vgl. BT-Drs. 433/23, 200).

III. Erstreckung der Prüfung auf Gesellschafter und Mitglieder (Abs. 2)

Die bei einer Gesellschaft durchgeführte Ap. kann nach Abs. 2 auf die Gesellschafter und Mitglieder sowie auf die Mitglieder der Überwachungsorgane erstreckt werden (sog. Erstreckungsprüfung). Mit „Gesellschaft" meint das Gesetz sowohl **PersGes** als auch **KapGes** (Klein § 194 Rn. 14; TK § 194 Rn. 12). 46

Umfang. Im Gegensatz zur Prüfung der Gesellschafter einer PersGes nach Abs. 1 S. 3 beschränkt sich die Prüfungsbefugnis nach Abs. 2 nicht auf die steuerlichen Verhältnisse, die für das Feststellungsverfahren relevant sind (BFH 8.6.2017 – IV R 6/14, BStBl. II 2017, 1053). Vielmehr darf eine **umfassende Prüfung** der steuerlichen Verhältnisse der Gesellschafter stattfinden (BFH 12.1.2006 – XI B 43/05, BFH/NV 2006, 1043; Schwarz/Pahlke/Keß § 194 Rn. 39; einschränkend HHSp § 194 Rn. 96). Die Erstreckungsprüfung ist eine eigenständige Ap., die lediglich aus (prüfungs-)ökonomischen Zwecken mit der Prüfung der Gesellschaft verbunden werden darf. Abs. 2 stellt daher keine eigenständige Kompetenznorm zur Durchführung einer Ap. dar (TK § 194 Rn. 11). Daher müssen für den Gesellschafter bzw. das Mitglied die Voraussetzungen des § 193 vorliegen (FG Nürnberg 8.12.1982 – V 235/82, EFG 1983, 334; offen gelassen von BFH 16.12.1986 – VIII R 123/86, BStBl. II 1987, 248; glA HHSp § 194 Rn. 90; Schwarz/Pahlke/Keß § 194 Rn. 39). Liegen die Voraussetzungen des § 193 vor, darf eine umfassende Prüfung der steuerlichen Verhältnisse auch der Gesellschafter durchgeführt werden. 47

Zweckmäßigkeit. Die Ap. darf nur auf die Gesellschafter bzw. Mitglieder erstreckt werden, wenn die Einbeziehung in die Prüfung der Gesellschaft zweckmäßig ist. Hierüber hat die FB nach pflichtgemäßem **Ermessen** zu entscheiden. Es muss ein Zusammenhang mit der Gesellschaft bestehen. Nur ein solcher Zusammenhang rechtfertigt eine gemeinsame Ap. (Gosch AO § 194 Rn. 79). Ein solcher kann insb. bei der Prüfung **verdeckter Gewinnausschüttungen** gegeben sein. Da eine KapGes ansonsten unabhängig von ihren Gesellschaftern besteuert wird, bedarf es besonderer Umstände, die eine Erstreckungsprüfung als zweckmäßig erscheinen lassen. Bei Gesellschaftern einer **PersGes** wird eine Prüfung überwiegend nach Abs. 1 S. 3 durchgeführt werden, weil die Rechtsverhältnisse zwischen diesen regelmäßig Gegenstand des Feststellungsverfahrens sein werden (Gosch AO § 194 Rn. 88). 48

Prüfungsanordnung. Die Erstreckung der Ap. auf die Gesellschafter oder Mitglieder der Gesellschaft setzt eine gesonderte Prüfungsanordnung voraus (BFH 8.6.2017 – IV R 6/14, BStBl. II 2017, 1053), die den Gesellschaftern bzw. Mitgliedern nach § 197 I 3 bekannt zu geben ist, weil es sich um eine verfahrensrechtlich eigenständige Prüfung handelt (§ 5 VI BpO). Dementsprechend ist die Prüfungsanordnung gesondert mit **Einspruch** anfechtbar. Ist das prüfende FA nicht für die Gesellschafter zuständig, bedarf es eines entsprechenden Prüfungsauftrags vom zuständigen FA (zu Einzelheiten → § 195 Rn. 23 ff.). Die Prüfungsanordnung gegenüber den Gesellschaftern kann mit der Prüfungsanordnung für die Gesellschaft verbunden werden. 49

IV. Fertigung von Kontrollmitteilungen (Abs. 3)

Die Ap. dient der Ermittlung der steuerlichen Verhältnisse desjenigen, für den die Ap. angeordnet wurde. Abs. 3 erweitert die Befugnisse des Außenprüfers in der Weise, dass diesem erlaubt wird, Kontrollmitteilungen über die **steuerlichen Verhältnisse anderer** als des geprüften Stpfl. zu fertigen und weiterzuleiten. Allerdings darf die Ap. nicht ausschließlich dazu angeordnet werden, um die steuerlichen Verhältnisse anderer zu überprüfen (BFH 12.9.2017 – I R 97/15, BFH/NV 2018, 177; BFH 18.2.1997 – VIII R 33/95, BStBl. II 1997, 499; AEAO zu § 194 Nr. 5). Dies gilt insb. für die Prüfung von Banken. Eine Prüfung, die allein den Zweck verfolgt, die Geldbewegungen der Bankkunden zu erforschen (zB CpD-Konten), ist unzulässig (BFH 9.12.2008 – VII R 47/07, BStBl. II 2009, 509; Streck/Peschges DStR 1997, 1993; TK § 194 Rn. 30). Kontrollmit- 54 teilungen dürfen im Rahmen einer solchen Ap. nicht erstellt werden (Gosch AO § 194 Rn. 236). Darüber hinaus darf der Prüfer die Unterlagen des außengeprüften Stpfl. nicht systematisch unter Anwendung eines **bestimmten Rasters** nach steuerlichen Verhältnissen Dritter durchforsten (BFH 4.10.2006 – VIII R 53/04, BStBl. II 2007, 227; BFH 2.8.2001 – VII B 290/99, BStBl. II 2001, 665). Auch die Weitergabe von Kontrollmitteilungen im Rahmen eines zwischenstaatlichen Informationsaustausches an **ausländische Steuerbehörden** ist zulässig (BFH 12.9.2017 – I R 97/15, BFH/NV 2018, 177; BFH 8.2.1995 – I B 92/94, BStBl. II 1995, 358). Die Anfertigung von Kontrollmitteilungen bei der Prüfung von Kreditinstituten konnte vor Aufhebung des § 30a durch das sog. **Bankgeheimnis gem. § 30a III** eingeschränkt sein (BVerfG 9.3.2004 – 2 BvL 17/02, BStBl. II 2005, 56; BFH 28.10.1997 – VII B 40/97, BFH/NV 1998, 424).

55 **Kein besonderer Anlass notwendig.** Kontrollmitteilungen dürfen auch ohne besonderen Anlass gefertigt werden (BFH 9.12.2008 – VII R 47/07, BStBl. II 2009, 509; BFH 17.7.2007 – IX R 1/06, BFH/NV 2007, 2263; BFH 4.11.2003 – VII R 28/01, BFH/NV 2004, 549; BFH 2.8.2001 – VII B 290/99, BStBl. II 2001, 665; einschr. aber BFH 18.2.1997 – VIII R 33/95, BStBl. II 1997, 499). Der Prüfer muss nicht den Verdacht haben, dass der Dritte den festgestellten Sachverhalt steuerlich unrichtig behandelt oder gar eine StStraftat begangen hat. Ausreichend ist vielmehr, dass die anlässlich der Ap. gesichteten Unterlagen Hinweise auf dritte Personen enthalten, die bei objektiver Betrachtungsweise für deren Besteuerung von Bedeutung sein können (BFH 2.8.2001 – VII B 290/99, BStBl. II 2001, 665). Denn das Instrument der Kontrollmitteilung dient der allgemeinen **Kontrolle und Überwachung** und sichert damit die gleichmäßige und gesetzmäßige Besteuerung (Gosch AO § 194 Rn. 221). Daher ist die **stichprobenartige Erstellung** von Kontrollmitteilungen zulässig (str.; glA FG Niedersachsen 30.9.1998 – X 437/98 V, EFG 1999, 10; s. ausführlich Klein § 194 Rn. 55 ff.). Als ressortinterne Datenweitergabe bedarf die Fertigung einer Kontrollmitteilung **keiner ausdrücklichen gesetzlichen Regelung** (Seer StuW 2003, 40; TK § 194 Rn. 28; aA Wengert/Widmann StBp 1998, 57).

57 **Anlässlich einer Ap.** § 194 III erlaubt die Anfertigung von Kontrollmitteilungen nur „anlässlich" einer Ap. Damit verlangt das Gesetz neben einem zeitlichen auch einen sachlichen Zusammenhang zwischen den Prüfungshandlungen und der Feststellung steuerrelevanter Verhältnisse Dritter (BeckOK AO § 194 Rn. 102). Ein sachlicher Zusammenhang ist gegeben, wenn bei einer konkreten und im Aufgabenbereich des Prüfers liegenden Tätigkeit ein Anlass auftaucht, der die Fertigung einer Kontrollmitteilung rechtfertigt (BFH 4.10.2006 – VIII R 53/04, BStBl. II 2007, 227; BFH 4.11.2003 – VII R 28/01, BStBl. II 2004, 1032). Unzulässig ist daher eine Prüfungstätigkeit, die losgelöst von der konkret angeordneten Ap. unmittelbar und ausschließlich auf die Überprüfung der steuerlichen Verhältnisse Dritter zur Anfertigung von Kontrollmitteilungen gerichtet ist (BFH 12.9.2017 – I R 97/15, BFH/NV 2018, 177; BFH 4.10.2006 – VIII R 53/04, BStBl. II 2007, 227; BFH 4.4.2005 – VII B 305/04, BFH/NV 2005, 1226).

58 **Beschränkung durch das sog. Bankgeheimnis (§ 30a III).** Das zwischenzeitlich abgeschaffte sog. Bankgeheimnis nach § 30a III konnte die Fertigung von Kontrollmitteilungen bei der Prüfung von Banken beschränken. Reichweite und Anwendungsbereich des § 30a III war nicht abschließend geklärt (BVerfG 9.3.2004 – 2 BvL 17/02, BStBl. II 2005, 56).

61 **Auskunftsverweigerungsrechte.** Entgegen der Überlegungen im Gesetzgebungsverfahren (BT-Drs. 7/4292, 35) dürfen Kontrollmitteilungen nicht gefertigt werden, wenn dem geprüften Stpfl. ein Auskunftsverweigerungsrecht (§§ 101 ff.) zusteht (offen gelassen BFH 8.4.2008 – VIII R 61/06, BStBl. II 2009, 579; Wissenschaftlicher Arbeitskreis des DWS DStR-Beih. 2012, 123 (131); Gosch AO § 194 Rn. 246; TK § 194 Rn. 34; aA Klein § 194 Rn. 80; BeckOK AO § 194 Rn. 119). Eine andere Auslegung würde den Schutzzweck der Auskunftsverweigerungsrechte in unzulässiger Weise umgehen. Diese Auslegung der Reichweite des Auskunftsverweigerungsrechts unterläuft nicht die Rege-

lungen des § 160. Der Prüfer ist lediglich an der Fertigung von Kontrollmitteilungen gehindert; der geprüfte Stpfl. muss dennoch seinen Zahlungsempfänger benennen. Der Stpfl. muss sich allerdings darauf einstellen, dass die FB trotz dieser Rechtslage Kontrollmitteilungen fertigen wird, denn in die BpO 2000 wurde die Regelung des § 8 BpO 1987, die den Prüfer anwies, keine Kontrollmitteilungen zu fertigen, nicht übernommen.

Unerlaubte Hilfe in Steuersachen. Kontrollmitteilungen dürfen auch gefertigt werden, wenn die Feststellungen des Prüfers eine unerlaubte Hilfe in StSachen betreffen. 62

V. Verfahrensfragen; Rechtsschutz

Umfang der Außenprüfung. Der Umfang einer Ap. ist mit der Prüfungsanordnung festzulegen. Hiergegen kann sich der Stpfl. mit dem **Einspruch** wenden. Bei der Prüfung des zeitlichen Umfangs haben auch die **FG** die ermessensleitenden Regelungen der **BpO** zu berücksichtigen. Will die FB von diesen Regelungen abweichen, muss sie die Prüfungsanordnung entsprechend begründen (BFH 14.9.1993 – VIII R 56/92, BFH/NV 1994, 677). 68

Rechtsschutz gegen Kontrollmitteilungen. Die Kontrollmitteilung ist kein VA, da sie keine Regelung mit Außenwirkung enthält (BFH 8.4.2008 – VIII R 61/06, BStBl. II 2009, 579; TK § 194 Rn. 33). Der Stpfl. kann sich daher nur mit der allgemeinen Leistungsklage (Unterlassungsklage) nach § 40 II FGO bzw. im vorläufigen Rechtsschutz mit der einstweiligen Anordnung nach § 114 FGO wehren (BFH 8.4.2008 – VIII R 61/06, BStBl. II 2009, 579; BFH 4.10.2006 – VIII R 53/04, BStBl. II 2007, 227; TK § 194 Rn. 33). Der Stpfl., dem ein Auskunftsverweigerungsrecht zusteht, soll rechtzeitig über die Absicht, Kontrollmitteilungen fertigen zu wollen, informiert werden, damit er von seinen Rechtsschutzmöglichkeiten Gebrauch machen kann (AEAO zu § 194; BFH 8.4.2008 – VIII R 61/06, BStBl. II 2009, 579). Allerdings ist der Stpfl. nicht gezwungen, sich schon gegen die Fertigung der Kontrollmitteilung zu wenden. Es ist ausreichend, die Einwendungen gegen die Auswertung des Kontrollmaterials erst im anschließenden Besteuerungsverfahren vorzubringen (Klein § 194 Rn. 85). Eine rechtswidrig erstellte Kontrollmitteilung entfaltet hinsichtlich eines Verwertungsverbots keine **Fernwirkung** (BFH 4.10.2006 – VIII R 53/04, BStBl. II 2007, 227). Aufgrund einer solchen Kontrollmitteilung anschließend vorgenommene – isoliert betrachtet – rechtmäßige weitere Ermittlungsmaßnahmen können daher ausgewertet werden. 69

§ 195 Zuständigkeit

[1]Außenprüfungen werden von den für die Besteuerung zuständigen Finanzbehörden durchgeführt. [2]Sie können andere Finanzbehörden mit der Außenprüfung beauftragen. [3]Die beauftragte Finanzbehörde kann im Namen der zuständigen Finanzbehörde die Steuerfestsetzung vornehmen und verbindliche Zusagen (§§ 204 bis 207) erteilen.

Schrifttum: Moll, Zur Teilnahmebefugnis der Gemeinden nach § 21 III FVG, KStZ 1979, 81; Koops, Wenn eine andere Finanzbehörde mit der Außenprüfung beauftragt wird – Klippen des § 195 Satz 2 der Abgabenordnung, BB 1989, 892; Gosch, Zu Voraussetzungen und Folgen von Außenprüfungen, StBp 1993, 237; Mösbauer, Zur Begründung der Anordnung einer Außenprüfung nach § 193 Abs. 1 AO, DB 1993, 67; Mösbauer, Steuerliche Außenprüfung durch beauftragte „andere" Finanzbehörden mit originären Prüfungskompetenzen, StBp 1996, 169; Romeis, Der Prüfungsauftrag nach § 195 Satz 2 AO, StBp 2006, 361; Canz, Die Prüfungserweiterung wegen Grunderwerbsteuer, BB 2017, 791; Habighorst, Die Beteiligung von Gemeindebediensteten an der Außenprüfung, FR 2019, 839; Kern, Die Reichweite der Mitwirkung des Bundeszentralamtes für Steuern bei Betriebsprüfungen gemäß §§ 5, 19 FVG, DStR 2023, 2089; Kempf/Marczok/Hoffmann, Zur Anordnungskompetenz für die Mitwirkung des Bundeszentralamts für Steuern (BZSt) bei steuerlichen Außenprüfungen, FR 2025, 72.

Übersicht

I. Allgemeines

1 **Regelungsgehalt.** S. 1 geht auf § 6 BpO 1965 zurück. S. 2 und 3 sind erstmals durch die AO eingefügt worden. Die Vorschrift regelt die Zuständigkeit für die Durchführung der Ap. in **sachlicher** wie in **örtlicher** Hinsicht. Dabei hat S. 1 nur deklaratorische Bedeutung (BFH 26.2.2014 – III B 123/13, BFH/NV 2014, 823; BFH 25.1.1989 – X R 158/87, BStBl. II 1989, 483), während S. 2 die Möglichkeit zur Zuständigkeitsverlagerung einräumt und S. 3 die „veranlagende Betriebsprüfung" im Falle der Beauftragung einer anderen FB im Außenverhältnis zum Stpfl. gesetzlich absichern soll (BT-Drs. 7/4292, 23).

2 **Verhältnis zu anderen Vorschriften.** Die Regelungen des § 195 werden durch die allgemeinen Zuständigkeitsnormen der §§ 16 ff. sowie durch die Bestimmungen des **FVG** ergänzt. Insb. die Möglichkeit, die Zuständigkeit für die Ap. auf wenige FÄ zu konzentrieren, ergibt sich nicht aus § 195, sondern aus § 17 II FVG (BFH 11.9.1991 – XI R 16/90, BStBl. II 1992, 132). Ebenso richtet sich das Recht des BZSt, an Prüfungen teilzunehmen und die Möglichkeit der LandesFB, dieses mit der Ap. zu betrauen, nach § 19 FVG (→ Rn. 20 ff.).

Zur Frage der Übertragung der **sachlichen Zuständigkeit** s. Gosch AO § 195 Rn. 41; TK § 195 Rn. 7; HHSp § 195 Rn. 13, 16.

II. Zuständigkeit der Finanzbehörde für die Außenprüfung (S. 1)

7 S. 1 bestimmt, dass die für die StFestsetzung zuständige Behörde auch für die Durchführung der Ap. zuständig ist. Da die Ap. Teil des Besteuerungsverfahrens ist, regelt S. 1 eine Selbstverständlichkeit. Daher wurde die Vorschrift bereits im Gesetzgebungsverfahren insoweit als rein **deklaratorisch** angesehen (BeckOK AO § 195 Rn. 2; HHSp § 195 Rn. 4).

1. Örtliche Zuständigkeit

10 Die örtliche Zuständigkeit für die Durchführung einer Ap. richtet sich grds. nach den §§ 18 ff. (BFH 15.5.2013 – IX R 27/12, BStBl. II 2013, 570; BFH 25.1.1989 – X R 158/87, BStBl. II 1989, 483), wobei für die Bestimmung auf die Verhältnisse im Zeitpunkt der Bekanntgabe der Prüfungsanordnung abzustellen ist (BFH 26.2.2014 – III B 123/13, BFH/NV 2014, 823; TK § 195 Rn. 1). Unerheblich ist dagegen, auf welchen Zeitraum sich die Prüfung erstrecken soll (FG Köln 18.5.1994 – 12 K 5161/91, EFG 1995, 459). Zu beachten ist, dass viele Bundesländer von der Möglichkeit des **§ 17 II FVG** Gebrauch gemacht und die Aufgaben der Ap. bei wenigen FÄ gebündelt haben (HHSp § 195 Rn. 15 ff.). Die Übertragung dieser Aufgaben auf wenige FÄ ist allerdings kein Fall der Beauftragung iSd S. 2 (BFH 20.8.2012 – III B 196/11, BFH/NV 2013, 48; FG Niedersachsen 14.3.2018 – 13 K 114/17, EFG 2018, 985), sodass eine generelle Zuweisung zulässig ist (BFH 14.4.2020 – VI R 32/17, BStBl. II 2020, 487). Unzulässig war jedoch die Übertragung der Prüfungstätigkeiten auf **Dienststellen der OFD,** wie dies in Nordrhein-Westfalen geschehen war (BFH 28.5.1986 – I B 22/86, BStBl. II 1986, 656). Als

Reaktion auf die Rspr. wurden die OFD-Großbetriebsprüfungsstellen in Nordrhein-Westfalen aufgelöst und durch FÄ für Großbetriebsprüfung ersetzt. Das **BZSt** kann nach § 19 III FVG im Auftrag der zuständigen Landesfinanzbehörde Ap. durchführen oder an Ap. der Landesfinanzbehörden gem. § 19 I FVG mitwirken (zu Einzelheiten s. §§ 20 ff. BpO).

Bei der **Prüfung von Gesellschaften** wird das prüfende FA oftmals nicht für die Prüfung der Gesellschafter zuständig sein. Für die Besteuerung der Gesellschafter kann häufig ein anderes FA zuständig sein. Damit ist dieses FA auch für die Durchführung einer Ap. bei den Gesellschaftern zuständig. Die die Gesellschaft prüfende Behörde ist in diesem Fall nicht berechtigt, die für die Erstreckung der Prüfung auf die Gesellschafter (§ 194 II 2) notwendige Prüfungsanordnung zu erlassen (Klein § 195 Rn. 6). Um eine ordnungsgemäße Prüfung durchführen zu können, muss das prüfende FA einen **Prüfungsauftrag iSd S. 2** von der für die Gesellschafter zuständigen Behörde erhalten (TK § 195 Rn. 11). Allerdings ist es zulässig, wenn der Prüfungsauftrag vom prüfenden FA angeregt wird (BFH 16.12.1986 – VIII R 123/86, BStBl. II 1987, 248). 11

Ein **Zuständigkeitswechsel** (zB durch Betriebsverlegung, Wohnsitzwechsel) ist erst relevant, wenn ein FA positive Kenntnis von den entsprechenden Umständen erlangt. Ein Kennenmüssen reicht nicht aus (BFH 25.1.1989 – X R 158/87, BStBl. II 1989, 483). Für die Zuständigkeit ist auf den Zeitpunkt des Erlasses der Prüfungsanordnung abzustellen (BFH 26.2.2014 – III B 123/13, BFH/NV 2014, 823). Trotz Wechsels der Zuständigkeit kann eine einmal begonnene Prüfung unter Wahrung der Voraussetzungen des **§ 26 S. 2** fortgesetzt werden. 12

Das Prüfungsrecht der zuständigen Behörde ist **örtlich nicht auf den FA-Bezirk** beschränkt (Klein § 195 Rn. 5). Die Ermittlungen können daher selbstverständlich auch auf Umstände und Tatsachen erstreckt werden, die außerhalb des örtlichen Zuständigkeitsbereichs der prüfenden Behörde liegen. Auch die Grenze eines Bundeslandes ist nicht zu beachten (TK § 195 Rn. 2). 13

Für eine **LSt-Ap.** sieht § 42f EStG eine spezielle Regelung vor, die dem § 195 vorgeht. Danach ist das BetriebstättenFA die zuständige Behörde für die LSt-Ap. Eine damit verbundene Prüfung der USt ist grds. mangels örtlicher Zuständigkeit unzulässig (FG Berlin-Brandenburg 2.4.2014 – 7 K 7058/13, EFG 2014, 1077). 14

Wird die Prüfungsanordnung von einer **unzuständigen Behörde** erlassen, so ist sie rechtswidrig (BFH 25.1.1989 – X R 158/87, BStBl. II 1989, 483; Klein § 195 Rn. 24). Der Stpfl. kann sie erfolgreich anfechten. Die Behörde kann sich nicht mit Erfolg auf **§ 127** berufen, der anordnet, dass die Aufhebung eines VA nicht allein wegen Verletzung von Vorschriften über die örtliche Zuständigkeit verlangt werden kann (BeckOK AO § 195 Rn. 22). Denn § 127 betrifft nur gebundene VA, da hier keine andere Entscheidung getroffen werden kann (Klein § 195 Rn. 24). Bei dem Erlass einer Prüfungsanordnung handelt es sich dagegen um eine Ermessensentscheidung, die grundsätzlich auch anders hätte ausfallen können (BFH 25.1.1989 – X R 158/87, BStBl. II 1989, 483; → § 127 Rn. 24). 17

2. Rechte der Gemeinde

Teilnahmerecht der Gemeinde. Die Gemeinde hat nach hM kein eigenständiges Prüfungsrecht (TK § 195 Rn. 22; Gosch AO § 195 Rn. 28; aA Mohl/Koppmann-Donath KStZ 1993, 146). Nach § 21 III FVG beschränkt sich ihr Recht auf die Teilnahme an einer Ap., die sie jedoch nicht selbständig anordnen kann (BVerwG 27.1.1995 – 8 C 30/92, BStBl. II 1995, 522). Die Anordnung der Teilnahme eines Gemeindebeamten hat das FA in der Prüfungsanordnung gegenüber dem Stpfl. vorzunehmen (glA BFH 23.1.2020 – III R 9/18, DStRE 2020, 944; BVerwG 27.1.1995 – 8 C 30/92, BStBl. II 1995, 522; FG Düsseldorf 19.1.2018 – 1 K 2190/17 AO, EFG 2018, 609). Die Gemeinde ist nicht zu einer solchen Anordnung berechtigt (BFH 23.1.2020 – III R 9/18, DStRE 2020, 944; aA FG Düsseldorf 17.1.2017 – 10 V 3186/16 A (AO), EFG 2017, 543; nachfolgend ausdrück- 19 lich offen gelassen von BFH 4.5.2017 – IV B 10/17, BFH/NV 2017, 1009). Die Gemeinde hat ihren Anspruch auf Teilnahme gegenüber der FB geltend zu machen. Dabei ist das Teilnahmerecht naturgemäß auf die Ermittlungen in Bezug auf die GewSt beschränkt und erschöpft sich in einer **beobachtenden Anwesenheit.** Eigene Prüfungshandlungen darf der Gemeindebeamte nicht vornehmen (Klein § 195 Rn. 7). Die Wahrung des StGeheimnisses ist sicherzustellen, sodass die Offenbarung von Kenntnissen gem. § 30 IV Nr. 1 iVm II Nr. 1a nur zulässig ist, soweit es der Gemeinde eine wirksame Durchsetzung ihres StAnspruchs ermöglicht (BFH 4.5.2017 – IV B 10/17, BFH/NV 2017, 1009).

3. Rechte des BZSt

20 Die Rechte des BZSt hinsichtlich der Ap. ergeben sich aus § 5 I 1 Nr. 1 FVG iVm § 19 FVG. Danach steht dem BZSt grds. ein **Mitwirkungsrecht** an Ap. zu. Der Stpfl. hat die – per VA vom PrüfungsFA angeordnete – Beteiligung des Bundesbetriebsprüfers zu dulden (TK FVG § 19 Rn. 2a, 3). Es kann aber auch zu prüfende Betriebe und den Zeitpunkt der Prüfung bestimmen. § 19 FVG stellt aber ebenso wie § 21 III FVG reines Innenrecht der Verwaltung dar (ebenso Kempf/Marczok/Hoffmann FR 2025, 72). Eine eigene Prüfungszuständigkeit hat das BZSt trotz dieser weitreichenden Möglichkeiten nicht. Das Prüfungsverlangen aus § 19 I 2 FVG besteht nur gegenüber der Landesfinanzbehörde – womit das sachlich und örtlich zuständige FA gemeint ist (vgl. Gosch FVG § 19 Rn. 6). Ohne Einvernehmen mit dem FA kann das BZSt nicht selbst tätig werden und insb. keine Prüfungsanordnung erlassen (vgl. Gosch FVG § 19 Rn. 6). Zwar wird dies unter Verweis auf den Wortlaut „Mitwirkung" in § 5 I 1 Nr. 1 FVG und § 19 I 1 FVG vertreten (Kern DStR 2023, 2089). Zuzustimmen ist jedoch der Gegenansicht, die darauf verweist, dass die Möglichkeit des eigenen Erlasses von VA (der Prüfungsanordnung) die Grenze des Begriffs der Mitwirkung „sprengt" (vgl. Kempf/Marczok/Hoffmann FR 2025, 72). Zudem regelt § 19 III 1 FVG eindeutig, dass das BZSt nur im Auftrag des zuständigen FA Ap. durchführen kann. § 5 BpO regelt nichts anderes. Damit kann das BZSt eine Prüfung selbst nur im Wege einer Auftragsprüfung (→ Rn. 23 ff.) durchführen. §§ 20–24 BpO konkretisieren, wie die Zusammenarbeit zwischen FA und BZSt ablaufen soll und wie Meinungsverschiedenheiten zu lösen sind.

21 Nach § 2 II BZSZustÜVO iVm § 5 I 1 Nr. 12 FVG ist dem BZSt die Zuständigkeit für das **StAbzugsverfahren nach § 50a EStG** zugewiesen worden Die Zuständigkeit für die Prüfung der StAbzugsverpflichtung nach § 50a EStG war umstritten. Nach einer Ansicht spricht die originäre Zuständigkeit des BZSt für das StAbzugsverfahren für dessen Zuständigkeit in der Ap. (FG Niedersachsen 10.3.2021 – 7 K 1/21, EFG 2021, 1161; TK FVG § 19 Rn. 1; so auch hier bis zur 5. Aufl. vertreten). Dem ist der BFH im Revisionsverfahren entgegengetreten. Seiner Ansicht nach beschränkt sich die sachliche Zuständigkeit des BZSt iSe funktionalen Aufgabenteilung auf die positiv-rechtlich im FVG enumerativ angeordneten Anwendungsfälle; im Übrigen bleibt es bei der Zuständigkeit des FA (BFH 20.12.2023 – I R 21/21, BStBl. II 2024, 592; Verfassungsbeschwerde nicht zur Entscheidung angenommen: BVerfG 29.1.2025 – 1 BvR 1886/24).

III. Beauftragung einer anderen Finanzbehörde (S. 2)

1. Rechtscharakter und Ausgestaltung der Beauftragung

23 Das an sich zuständige FA kann eine andere FB mit einer Ap. beauftragen. Die **Zustimmung des betroffenen Stpfl.** zur Beauftragung ist anders als bei § 27 nicht notwendig. Der Auftrag kann nicht nur einem anderen FA, sondern auch einer StFahndungsstelle erteilt werden (BFH 11.12.1991 – I R 66/90, BStBl. II 1992, 595). S. 2 knüpft die Beauftragung zwar an keine besonderen Voraussetzungen; als **Ermessensentscheidung** bedarf sie jedoch stets einer Begründung (BFH 29.2.2012 – III B 235/11, BFH/NV 2012, 981), die dem Stpfl. spätestens mit der Prüfungsanordnung mitzuteilen ist (BFH 6.8.2013 – VIII R 15/12, BStBl. II 2014, 232; BFH 15.5.2013 – IX R 27/12, BStBl. II 2013, 570;

BFH 10.12.1987 – IV R 77/86, BStBl. II 1988, 322). Ermessensgerecht ist die Übertragung der Prüfungstätigkeit zB, wenn die beauftragte FB die größere Sach- oder Spezialkenntnis besitzt oder die Gleichmäßigkeit der Besteuerung für gleichgelagerte Fälle gesichert werden soll (zB einheitliche Prüfung zusammenhängender Unternehmen s. BFH 15.5.2013 – IX R 27/12, BStBl. II 2013, 570; HHSp § 195 Rn. 44), oder das FA der Gesellschaft die persönlichen Verhältnisse der Gesellschafter mit prüfen soll (Klein § 195 Rn. 18). Eine Auftragsprüfung ist im Einzelfall auch möglich, wenn zur Vermeidung von Spannungen die Ap. bei einem StB, RA oder WP nicht durch das Wohnsitz- bzw. Betriebsstättenfinanzamt durchgeführt wird (BFH 29.2.2012 – III B 235/11, BFH/NV 2012, 981). Eine ermessenfehlerfreie Entscheidung über eine Auftragsprüfung soll auch die Prüfung und Begründung voraussetzen, warum gerade das beauftragte FA mit der Prüfung betraut werden soll (FG Sachsen 12.4.2018 – 4 K 273/14, BeckRS 2018, 31155; FG Münster 28.6.2021 – 1 K 3391/20 AO, DStRE 2022, 820). Der BFH hat diese FG-Rspr. insoweit eingeschränkt, als das beauftragte FA aber nicht die Umstände des Einzelfalls der Beauftragung ermitteln muss (zB die Mandantenstruktur des zu prüfenden StBeraters). Es genügt eine typisierende Beurteilung. Macht der Stpfl. im Einspruchsverfahren keine besonderen Umstände geltend, die im Einzelfall gegen die Grundannahme sprechen und deshalb Veranlassung zu einer Änderung der Ermessensentscheidung geben könnten, hat es dabei sein Bewenden (BFH 22.10.2024 – VIII R 18/21, BFH/NV 2025, 188).

Die Beauftragung nach S. 2 ist nur **im Einzelfall** zulässig (BeckOK AO § 195 Rn. 25). 24
Für jede Prüfung bedarf es daher eines gesonderten Auftrags, der den genauen Umfang der Prüfung sowohl in zeitlicher als auch in sachlicher Hinsicht angeben muss. Die Prüfungshandlungen der beauftragten FB sind nur insoweit zulässig, als sie von dem Auftrag gedeckt ist (TK § 195 Rn. 11), weil die beauftragende FB Herrin des Verfahrens bleibt. Dies wird besonders bei einer möglichen **Prüfungserweiterung** deutlich. Will die prüfende Behörde die Prüfung zB auf weitere Veranlagungszeiträume erweitern, so kann sie dies nicht selbständig entscheiden. Eine solche Maßnahme ist nur bei vorheriger neuerlicher Beauftragung durch das an sich zuständige FA rechtmäßig (Gosch AO § 195 Rn. 58). Wegen dieser Bedeutung der Beauftragung für die Wirksamkeit der Prüfungsanordnung ist der Auftrag unter analoger Anwendung des § 196 schriftlich zu erteilen. Eine nur mündliche bzw. telefonische Beauftragung ist nicht ausreichend.

Rechtscharakter der Beauftragung. Für die Beurteilung des rechtlichen Charakters 25
der Beauftragung ist nach der Rspr. zu unterscheiden, ob dem Stpfl. die Übertragung der Ap. vom beauftragenden FA bekannt gegeben wird oder ob das beauftragte FA dies dem Stpfl. mit der Prüfungsanordnung mitteilt. Gibt die beauftragende Behörde mit der Prüfungsanordnung dem Stpfl. bekannt, dass ein anderes FA mit der Prüfung beauftragt wird, so handelt es sich hierbei um einen **selbständig anfechtbaren VA** (BFH 21.4.1993 – X R 112/91, BStBl. II 1993, 649; BFH 21.6.1994 – VIII R 24/92, BFH/NV 1994, 763; HHSp § 195 Rn. 26). Die beauftragende FB darf die Beauftragung jedoch auch als rein **innerdienstlichen Auftrag** ausgestalten. In diesem Fall fehlt der Entscheidung die Außenwirkung, sodass der Stpfl. sie nicht anfechten kann. Erst die darauf beruhende Prüfungsanordnung, die anschließend von dem beauftragten FA erlassen wird, kann angefochten werden (BFH 10.12.1987 – IV R 77/86, BStBl. II 1988, 322; BFH 22.10.2024 – VIII R 18/21, BFH/NV 2025, 188). Die Rechtmäßigkeit der Beauftragung ist dann inzidenter im Rahmen der Anfechtung der Prüfungsanordnung zu kontrollieren (FG Sachsen 12.4.2018 – 4 K 273/14, BeckRS 2018, 31155; Klein § 195 Rn. 16).

Zuständigkeitswechsel. Die prüfende FB leitet ihre Prüfungsbefugnis von dem beauf- 26
tragenden FA ab, sodass die Zuständigkeit der prüfenden FB nur besteht, solange die beauftragende Behörde für die Ap. zuständig ist. Somit verliert die prüfende FB ihre Zuständigkeit, wenn die Zuständigkeit des beauftragenden FA durch einen Zuständigkeitswechsel endet (Gosch AO § 195 Rn. 58). § 26 S. 2 ist auch hier zu beachten, sodass die Zuständigkeit erhalten bleiben kann (FG Köln 28.6.1990 – 5 K 800/90, EFG 1991, 110).

2. Rechtsfolge einer fehlerhaften Beauftragung

31 **Rechtswidrige Beauftragung.** Wurde die Rechtswidrigkeit der Beauftragung festgestellt, unterliegen die Prüfungsfeststellungen einem **Verwertungsverbot** (BFH 21.4.1993 – X R 112/91, BStBl. II 1993, 649; Klein § 195 Rn. 24). Dies muss auch für die Prüfungsfeststellungen gelten, die über den Prüfungsauftrag hinausgehen. Weitere Folge der rechtswidrigen Beauftragung ist, dass die Prüfungshandlungen **keine Ablaufhemmung** der Festsetzungsfristen nach § 171 IV bewirken (BFH 25.2.2015 – I B 66/14, BFH/NV 2015, 803; BFH 21.4.1993 – X R 112/91, BStBl. II 1993, 649).

3. Prüfungsanordnung im Falle der Beauftragung

34 **Die Prüfungsanordnung** kann sowohl vom beauftragenden als auch vom beauftragten FA erlassen werden (BFH 15.5.2013 – IX R 27/12, BStBl. II 2013, 570; BFH 18.11.2008 – VIII R 16/07, BStBl. II 2009, 507; BFH 10.12.1987 – IV R 77/86, BStBl. II 1988, 322; BFH 21.4.1993 – X R 112/91, BStBl. II 1993, 649). Mit der Prüfungsanordnung müssen die Gründe für die Beauftragung mitgeteilt werden (BFH 6.8.2013 – VIII R 15/12, BStBl. II 2014, 232; BFH 15.5.2013 – IX R 27/12, BStBl. II 2013, 570; BFH 10.12.1987 – IV R 77/86, BStBl. II 1988, 322). Dabei muss sich der Umfang der Prüfungsanordnung mit dem Umfang der Beauftragung decken (TK § 195 Rn. 13; HHSp § 195 Rn. 34).

IV. Rechte der beauftragten Finanzbehörde (S. 3)

37 Die (wirksam) beauftragte FB kann im Namen der beauftragenden Behörde die StFestsetzung durchführen und verbindliche Auskünfte erteilen. Damit soll die beauftragte Behörde in die Lage versetzt werden, auch eine **veranlagende Betriebsprüfung** im Falle der Auftragsprüfung durchführen zu können (TK § 195 Rn. 16). Mit der Befugnis zur Erteilung einer verbindlichen Zusage wird sichergestellt, dass die Auftragsprüfung unter gleichen Bedingungen wie die Ap. der zuständigen Behörde abgewickelt werden kann. S. 3 soll diese Möglichkeiten im Außenverhältnis zum Stpfl. gesetzlich absichern (BT-Drs. 7/4292, 23).

38 Die beauftragte Behörde handelt bei der StFestsetzung und der Erteilung der verbindlichen Zusage nur in **Stellvertretung** für die eigentlich zuständige FB, denn sie handelt nach ausdrücklicher Anweisung des Gesetzes nur „im Namen" der beauftragenden Behörde. Dies muss im erlassenen VA deutlich zum Ausdruck kommen (Klein § 195 Rn. 25).

39 Vor Erteilung einer **verbindlichen Zusage** soll die beauftragte FB das Einvernehmen mit der für die Besteuerung zuständigen Behörde herstellen (AEAO zu § 204 Nr. 2). Jedoch hat die fehlende Zustimmung der beauftragenden Behörde keinen Einfluss auf die Wirksamkeit einer (dennoch) erteilten verbindlichen Zusage (TK § 195 Rn. 16).

40 Über den **Einspruch** gegen einen StBescheid, den die prüfende Behörde im Namen der beauftragenden Behörde erlassen hat, entscheidet nach § 367 III die beauftragende Behörde. Die prüfende Behörde hat allerdings das Recht, dem Einspruch abzuhelfen. Über den Einspruch gegen die Prüfungsanordnung hat das beauftragte FA zu entscheiden, wenn es die Prüfungsanordnung erlassen hatte (BFH 15.5.2013 – IX R 27/12, BStBl. II 2013, 570; BFH 18.11.2008 – VIII R 16/07, BStBl. II 2009, 507). Dabei hat das beauftragte FA auch zu entscheiden, ob die beauftragende Behörde ihr Ermessen im Rahmen der Beauftragung zutreffend ausgeübt hatte (BFH 17.2.2011 – VIII B 51/10, BFH/NV 2011, 761; aA ausführlich Gosch AO § 195 Rn. 69). Erlässt dagegen das beauftragende FA die Prüfungsanordnung, ist der Einspruch gegen die Behörde zu richten, die über den Einspruch auch zu entscheiden hat (BFH 18.11.2008 – VIII R 16/07, BStBl. II 2009, 507).

§ 196 Prüfungsanordnung

Die Finanzbehörde bestimmt den Umfang der Außenprüfung in einer schriftlich oder elektronisch zu erteilenden Prüfungsanordnung mit Rechtsbehelfsbelehrung nach § 356.

Übersicht

A. Allgemeines

Bedeutung der Vorschrift. Die FB muss vor der Durchführung einer Ap. eine Prüfungsanordnung erlassen, die den zeitlichen und sachlichen Umfang der Prüfungsmaßnahmen festlegt. Die Prüfungsanordnung konkretisiert die sich aus § 193 ergebende abstrakte Verpflichtung zur Duldung der Prüfungshandlungen für den Einzelfall (Gosch AO § 196 Rn. 1). Der Stpfl. ist nur in dem von der Prüfungsanordnung festgelegten Rahmen zur Duldung der Prüfungsmaßnahmen verpflichtet und muss nur in diesem Rahmen seine Mitwirkungspflichten gem. § 200 erfüllen (BFH 6.10.2015 – V B 23/15, BFH/NV 2016, 53; BFH 6.8.2013 – VIII R 15/12, BStBl. II 2014, 232; BFH 6.6.2012 – I R 99/10, BStBl. II 2013, 196). 1

Wirkung der Prüfungsanordnung. Die Festlegung des Prüfungsumfangs ist nicht nur für die eigentlichen Prüfungshandlungen von Bedeutung. Darüber hinaus zeitigt die Ap. weitergehende Rechtsfolgen, die nur in dem Umfang eintreten, den die Prüfungsanordnung festgelegt hatte (TK § 196 Rn. 3). Der Ablauf der Festsetzungsfrist gem. § 171 IV wird nur insoweit gehemmt, als dies aus der Prüfungsanordnung ersichtlich ist. Ebenso tritt die Sperrwirkung für die Änderung von StBescheiden nach § 173 II nur im durch die Prüfungsanordnung angeordneten Umfang ein. Selbiges gilt für die Vorbehaltsaufhebung gem. § 164 III und die Sperrwirkung für Selbstanzeigen nach § 371 II Nr. 1 Buchst. a. 2

Zeitliche Geltung einer Prüfungsanordnung. Die Prüfungsanordnung verliert ihre Wirkung nicht durch bloßen Zeitablauf. Sie gestattet die Durchführung von Prüfungsmaßnahmen bis zum Eintritt der Bestandskraft der aufgrund der Prüfung erlassenen StBescheide bzw. bis zur Mitteilung nach § 202 I 3 (BFH 13.2.2003 – IV R 31/01, BStBl. II 2003, 552; TK § 196 Rn. 4). Daher bedarf es auch keiner neuen Prüfungsanordnung, wenn eine für abgeschlossen gehaltene Prüfung wieder aufgenommen werden soll. Eine neue Prüfungsanordnung ist sogar entbehrlich, falls eine Prüfung für mehr als sechs Monate unterbrochen wurde und danach die Prüfung fortgesetzt werden soll (BFH 13.2.2003 – IV R 31/01, BStBl. II 2003, 552). Der neue Prüfungsbeginn ist dem Stpfl. allerdings gem. § 197 mitzuteilen (→ § 197 Rn. 17). 3

4 **Form der Prüfungsanordnung.** Die Prüfungsanordnung ist schriftlich oder elektronisch zu erteilen. Die Möglichkeit, die Prüfungsanordnung elektronisch erteilen zu können, ist mit dem ModBestVerFG v. 18.7.2016 (BGBl. 2016 I 1679) ausdrücklich gesetzlich geregelt worden. Eine unter Verletzung der Formvorschriften übermittelte Prüfungsanordnung ist unwirksam. Für die elektronische Übermittlung sind die Vorschriften des § 87a zu beachten. Die FB muss ein sicheres Verfahren verwenden, das die übermittelnde Stelle authentifiziert und die Vertraulichkeit und Integrität des behördlichen Datensatzes gewährleistet (zu Einzelheiten s. § 87a). Eine Übermittlung einer Prüfungsanordnung durch einfache E-Mail ist daher unzulässig (TK § 196 Rn. 15).

5 **Nachschau.** Die Umsatzsteuer-, Lohnsteuer- und Kassen-Nachschau stellen keine Ap. dar, sodass zu ihrer Durchführung eine Prüfungsanordnung nicht zu erlassen ist. Die Nachschau kann in eine Ap. übergeleitet werden. In diesem Fall ergeht keine Prüfungsanordnung, sondern nur eine schriftliche Überleitungsmitteilung (§ 27b III UStG, § 42g IV EStG, § 146b III AO). Gleiches gilt für die Steueraufsicht (§ 210 IV).

B. Inhalt der Prüfungsanordnung

6 **Zwingender Inhalt.** Die schriftlich oder elektronisch zu erteilende Prüfungsanordnung muss hinreichend deutlich erkennen lassen, wer geprüft werden soll und auf welche StArten und Besteuerungszeiträume sich die Prüfung erstrecken soll (BFH 6.8.2013 – VIII R 15/12, BStBl. II 2014, 232). Ohne diese Angaben ist die Prüfungsanordnung nicht hinreichend bestimmt (TK § 196 Rn. 13). Die Prüfungsanordnung muss wie jeder andere VA dem Bestimmtheitserfordernis genügen (§ 119). Dieses Bestimmtheitserfordernis bezieht sich zum einen auf den persönlichen Regelungsbereich (→ Rn. 11 ff.) und zum anderen auf den Regelungsgegenstand in sachlicher und zeitlicher Hinsicht (→ Rn. 39 ff.). Sollen mehrere StArten und/oder verschiedene Besteuerungszeiträume geprüft werden, handelt es sich jeweils um einen eigenständigen VA (BFH 19.3.2009 – IV R 26/08, BFH/NV 2009, 1405; BFH 25.1.1989 – X R 158/87, BStBl. II 1989, 483). Es ist jedoch zulässig, sie äußerlich in einer Prüfungsanordnung zu verbinden (TK § 196 Rn. 5). Jede Anordnung verliert dadurch nicht ihren Charakter als selbständiger VA und kann dementsprechend getrennt angefochten werden. Die Prüfungsanordnung ist gem. § 196 mit einer Rechtsbehelfsbelehrung zu versehen. Zu den Rechtsfolgen einer fehlenden Rechtsbehelfsbelehrung → § 356 Rn. 17 ff.

7 **Fakultative Bestandteile.** Üblicherweise wird mit der Prüfungsanordnung die Mitteilung über den Beginn der Prüfung und die Bestimmung des Prüfungsortes sowie die Mitteilung über den Namen des Prüfers verbunden (§ 5 II 3 BpO). Diese Angaben gehören jedoch nicht zum notwendigen Inhalt der Prüfungsanordnung (BFH 26.8.1991 – IV B 135/90, BFH/NV 1992, 509). Die Anordnung des Prüfungsbeginns und des Prüfungsorts sind vielmehr selbständige (anfechtbare) VA (BFH 25.1.1989 – X R 158/87, BStBl. II 1989, 483; FG Hamburg 8.2.2021 – 2 V 111/20, BeckRS 2021, 6887), die Bestimmung des Prüfers hingegen nicht (→ § 197 Rn. 35). Fehlen diese Angaben oder sind sie fehlerbehaftet, hat dies keinen Einfluss auf die Rechtmäßigkeit der Prüfungsanordnung (TK § 196 Rn. 14; aA FG Düsseldorf 2.7.1987 – VIII 204/82 AO, EFG 1987, 595). Nach § 5 II 2 BpO soll die Prüfungsanordnung mit Hinweisen auf die wesentlichen Rechte und Pflichten des Stpfl. versehen werden. Auch das Fehlen dieser Hinweise macht die Prüfungsanordnung nicht rechtswidrig.

8 **Teilnahme eines Gemeindebediensteten.** Gemeinden sind mit Blick auf die Gewerbesteuer berechtigt, durch Gemeindebedienstete an einer Ap. teilzunehmen. Die Gemeinde ist jedoch nicht selbst berechtigt, die Teilnahme eines Bediensteten gegenüber dem Stpfl. anzuordnen (BFH 23.1.2020 – III R 9/18, BStBl. II 2020, 436; BVerwG 27.1.1995 – 8 C 30/92, BStBl. II 1995, 522; FG Düsseldorf 19.1.2018 – 1 K 2190/17 AO, EFG 2018, 609). Vielmehr hat das FA das Recht, die Teilnahme einer Gemeinde im

Rahmen der Anordnung der Ap. nach §§ 193 ff. zu regeln (BFH 23.1.2020 – III R 9/18, BStBl. II 2020, 436). Es handelt sich um einen eigenständigen VA, der vom Stpfl. gesondert angefochten werden kann (BFH 23.1.2020 – III R 9/18, BStBl. II 2020, 436). Zu Einzelheiten → § 195 Rn. 19.

Auch das BZSt ist zur Mitwirkung an Ap. befugt. Selbst prüfen kann es nur im Wege einer Auftragsprüfung. Zu Einzelheiten → § 195 Rn. 20. 9

I. Bekanntgabe der Prüfungsanordnung

1. Inhaltsadressat und Bekanntgabeempfänger

Inhaltsadressat. Die Prüfungsanordnung muss erkennen lassen, wer Prüfungssubjekt sein soll (Inhaltsadressat). Sie ist dem Inhaltsadressaten bekannt zu geben (Gosch AO § 196 Rn. 39). Nur eine Prüfungsanordnung, die zweifelsfrei den Inhaltsadressaten erkennen lässt, ist hinreichend bestimmt (BFH 25.9.1990 – IX R 84/88, BStBl. II 1991, 120). Die Bestimmung des Inhaltsadressaten kann durch **Auslegung** ermittelt werden (BFH 30.9.2015 – II R 31/13, BStBl. II 2016, 637; FG München 27.2.2018 – 2 K 33/16, EFG 2018, 1018). Bei der Auslegung können der Prüfungsanordnung beigefügte Unterlagen und zeitlich vorhergehende Bescheide berücksichtigt werden (BFH 29.6.1988 – IV B 70/88, BFH/NV 1989, 613). Fehlt es an einer hinreichenden Bestimmung des Inhaltsadressaten, ist die Prüfungsanordnung nichtig, sodass der Auswertung der Prüfungsfeststellungen ein Verwertungsverbot entgegensteht (BFH 4.10.1991 – VIII B 93/90, BStBl. II 1992, 59). 11

Bekanntgabeempfänger. Vom Inhaltsadressaten ist der Bekanntgabeempfänger zu unterscheiden (Gosch AO § 197 Rn. 34; → § 122 Rn. 31). Diesem ist die Prüfungsanordnung für den Inhaltsadressaten bekannt zu geben (Klein § 197 Rn. 3 ff.). Dies kann insb. der Bevollmächtigte (StBerater, Rechtsanwalt) des Inhaltsadressaten sein. Als Bekanntgabeempfänger kommt auch ein Vertreter mit Anscheins- oder Duldungsvollmacht in Betracht (BFH 3.3.2003 – IX B 206/02, BFH/NV 2003, 884; BFH 26.6.1997 – XI B 174/96, BFH/NV 1998, 17). Ist ein Bevollmächtigter benannt, soll sich die FB gem. § 80 III 1 an diesen wenden. Fallen Bekanntgabeempfänger und Inhaltsadressat auseinander, muss der Prüfungsanordnung zweifelsfrei entnommen werden können, wer Prüfungssubjekt und wer Bekanntgabeempfänger ist (Gosch AO § 196 Rn. 40). Ist dies nicht zweifelsfrei zu klären, ist die Anordnung nichtig (BFH 17.7.1986 – V R 96/85, BStBl. II 1986, 834). 12

2. Einzelfälle

Einzelunternehmer. Die Prüfungsanordnung ist bei Prüfung eines Einzelunternehmers an diesen zu richten. Dies gilt auch, wenn er verheiratet ist und zusammenveranlagt wird, da jeder Ehegatte selbst Prüfungssubjekt ist (→ Rn. 28). Allerdings soll eine Prüfungsanordnung, die an beide Ehegatten gerichtet war, obwohl nur ein Ehegatte ein Unternehmen unterhalten hat, ausreichend bestimmt sein (BFH 14.3.1990 – X R 104/88, BStBl. II 1990, 612). 16

Bei **KapGes** ist die Prüfungsanordnung an diese selbst zu richten, weil sie selbst Stpfl. iSd § 193 ist (Schwarz/Pahlke/Keß § 196 Rn. 28). 17

Eine **PersGes** ist für USt und GewSt selbst Prüfungssubjekt, sodass die PersGes selbst und nicht die Gesellschafter Inhaltsadressaten der Prüfungsanordnung sind (BFH 16.11.1989 – IV R 29/89, BStBl. II 1990, 272). Dies gilt auch für eine Prüfung der einheitlichen Gewinnfeststellung, obwohl der festgestellte Gewinn von den Gesellschaftern zu versteuern ist (BFH 12.2.2015 – IV R 63/11, BFH/NV 2015, 832; BFH 19.2.1996 – VIII B 3/95, BFH/NV 1996, 685; BFH 23.7.1985 – VIII R 48/85, BStBl. II 1986, 433; aA FG Rheinland-Pfalz 25.7.1984 – 6 K 5/83, EFG 1985, 160). Gerechtfertigt ist dies, weil die PersGes selbst buchführungs- und aufzeichnungspflichtig ist und insoweit die Mitwirkungspflichten des § 200 zu erfüllen hat (BFH 16.11.1989 – IV R 29/89, BStBl. II 18

1990, 272). Auch bei **Ausscheiden eines Gesellschafters** ist die Prüfungsanordnung allein an die Gesellschaft zu richten, da sie Prüfungssubjekt bleibt (FG Hamburg 9.3.1993 – I 195/90, EFG 1993, 700; FG Nürnberg 7.7.1993 – V 192/90, EFG 1993, 760; BeckOK AO § 196 Rn. 33). Dem ausgeschiedenen Gesellschafter ist die Prüfungsanordnung nicht bekannt zu geben (FG Hamburg 23.5.2000 – I 30/98, EFG 2000, 1045). Die Prüfungsanordnung ist dagegen an den (letzten) Gesellschafter zu richten, wenn er nach dem Ausscheiden des vorletzten Gesellschafters das Gesellschaftsvermögen übernommen hat, da er Gesamtrechtsnachfolger der beendeten PersGes ist (BFH 13.10.2005 – IV R 55/04, BStBl. II 2006, 404; BFH 17.12.1992 – V R 135/89, BFH/NV 1994, 354). Führt der Gesellschafter die Geschäfte unter der Bezeichnung der beendeten PersGes (zB KG) fort, ist eine an die PersGes gerichtete Prüfungsanordnung nicht nichtig (BFH 13.10.2005 – IV R 55/04, BStBl. II 2006, 404). Für die Einheitsbewertung des Betriebsvermögens ist die PersGes richtiger Adressat der Prüfungsanordnung.

19 Bei der Prüfung einer **PersGes** mit Gewinneinkünften ist die Prüfungsanordnung dem zur Vertretung berechtigten Geschäftsführer nach § 34 bekannt zu geben (BFH 12.2.2015 – IV R 63/11, BFH/NV 2015, 832). Es gelten auch bei der Prüfung der einheitlichen Feststellung nicht die Regelungen des § 183 (FG Hamburg 20.11.1987 – V 177/86, EFG 1988, 334).

23 **Vermietung und Verpachtung.** Erzielt eine PersGes dagegen Einkünfte aus Vermietung und Verpachtung nach § 21 EStG und soll die ESt geprüft werden, ist die Prüfung bei den Gesellschaftern durchzuführen, sodass die Prüfungsanordnung an die Gesellschafter und nicht an die Gesellschaft zu richten ist (BFH 27.10.2020 – IX R 16/19, BFH/NV 2021, 813; BFH 18.10.1994 – IX R 128/92, BStBl. II 1995, 291; BFH 25.9.1990 – IX R 84/88, BStBl. II 1991, 120; Gosch AO § 196 Rn. 44). Anders ist zu verfahren, soweit die Ap. sich (auch) auf die USt erstrecken soll. Für die USt ist auch eine PersGes, die nur Einkünfte aus Vermietung und Verpachtung erzielt, Prüfungssubjekt, sodass die Prüfungsanordnung an die Gesellschaft zu richten ist (BFH 18.10.1994 – IX R 128/92, BStBl. II 1995, 291). Richtiger Inhaltsadressat ist die PersGes auch, wenn noch nicht feststeht, ob diese gewerbliche Einkünfte oder Einkünfte aus Vermietung und Verpachtung erzielt (BFH 27.10.2020 – IX R 16/19, BFH/NV 2021, 813). Stellt sich jedoch im Rahmen dieser Prüfung heraus, dass die PersGes keine gewerblichen Einkünfte, sondern nur solche aus Vermietung und Verpachtung erzielt, entfaltet die Prüfungsanordnung keine Rechtswirkungen gegenüber den Gesellschaftern (BFH 27.10.2020 – IX R 16/19, BFH/NV 2021, 813).

24 **Prüfung der Gesellschafter nach § 194 I 3.** Nach § 194 I 3 erstreckt sich die Prüfung bei der Gesellschaft auch auf die steuerlichen Verhältnisse der Gesellschafter, soweit dies für die zu prüfende einheitliche Feststellung von Bedeutung ist (BFH 27.10.2020 – IX R 16/19, BFH/NV 2021, 813). Daher ist in einem solchen Fall **keine gesonderte Prüfungsanordnung** für die Gesellschafter zu erlassen (BFH 8.6.2017 – IV R 6/14, BStBl. II 2017, 1053). Die Prüfung ist insoweit von der Prüfungsanordnung für die Gesellschaft gedeckt. Die Prüfungsanordnung für die Gesellschaft ist den Gesellschaftern auch nicht gesondert bekannt zu geben.

25 **Prüfung der Gesellschafter nach § 194 II.** Soll die Prüfung allerdings nach § 194 II auf die steuerlichen Verhältnisse der Gesellschafter erstreckt werden, muss eine gesonderte Prüfungsanordnung erlassen werden (BFH 8.6.2017 – IV R 6/14, BStBl. II 2017, 1053), die den Gesellschaftern bzw. Mitgliedern bekannt zu geben ist, weil es sich um eine verfahrensrechtlich eigenständige Prüfung handelt (BeckOK AO § 196 Rn. 34; § 5 VI BpO; → § 194 Rn. 49).

26 **Stille Gesellschaft.** Sowohl bei einer typischen als auch bei einer atypisch stillen Gesellschaft ist die Ap. nicht bei dieser, sondern bei dem Geschäftsinhaber durchzuführen (BFH 3.5.2000 – IV B 46/99, BStBl. II 2000, 376). Diesen und nicht die (stillen) Gesellschafter trifft die Buchführungspflicht. Daher ist die Prüfungsanordnung an den Geschäftsinhaber zu richten, wobei ein Hinweis darauf, dass die Verhältnisse der stillen Gesellschaft geprüft

werden sollen, aufzunehmen ist (BFH 3.2.2003 – VIII B 39/02, BFH/NV 2003, 1028; BFH 3.5.2000 – IV B 46/99, BStBl. II 2000, 376). Dem (atypisch) stillen Gesellschafter ist die Prüfungsanordnung nur bekannt zu geben, wenn auch er von der Prüfung betroffen sein soll (Gosch AO § 196 Rn. 53). Nach Auflösung der (atypisch) stillen Gesellschaft ist die Prüfungsanordnung weiterhin an den früheren Geschäftsinhaber zu adressieren (BFH 4.10.1991 – VIII B 93/90, BStBl. II 1992, 59), weil die Buchführungs- und Aufbewahrungspflichten nicht auf den stillen Gesellschafter übergehen (BFH 3.2.2003 – VIII B 39/02, BFH/NV 2003, 1028; BFH 11.5.1989 – IV R 12/88, BFH/NV 1990, 545).

Handelsrechtlich vollbeendigte Gesellschaft. Die Prüfungsanordnung ist auch noch 27
an die Gesellschaft zu richten, wenn sie handelsrechtlich vollbeendigt ist, weil sie steuerrechtlich so lange als existent behandelt wird, wie noch gemeinsame Rechtsbeziehungen, zu denen auch das Rechtsverhältnis zwischen der Gesellschaft und der FB gehört, bestehen (BFH 1.10.1992 – IV R 60/91, BStBl. II 1993, 82). Dies gilt sowohl für eine KG (BFH 10.7.1996 – I R 117/94, BFH/NV 1997, 177) als auch für eine GbR (BFH 1.3.1994 – VIII R 35/92, BStBl. II 1995, 241) und eine (atypisch) stille Gesellschaft (BFH 3.2.2003 – VIII B 39/02, BFH/NV 2003, 1028).

Ehegatten/Lebenspartner. Jeder Ehegatte/Lebenspartner ist selbst Prüfungssubjekt 28
(→ § 193 Rn. 48), sodass für jeden Ehegatten/Lebenspartner eine eigenständige Prüfungsanordnung zu erlassen ist. Dies gilt auch für den Fall der Zusammenveranlagung (Gosch AO § 196 Rn. 61). Sollen beide Ehegatten/Lebenspartner geprüft werden, können die (eigenständigen) Prüfungsanordnungen in einer Verfügung zusammengefasst werden (BFH 23.6.2003 – X B 165/02, BFH/NV 2003, 1147; BFH 28.10.1988 – III R 52/86, BStBl. II 1989, 257). Trotz Zusammenfassung muss erkennbar sein, auf welcher Rechtsgrundlage die Prüfung beruht und für welche StArten sowie Besteuerungszeiträume bei welchem Ehegatten geprüft werden soll (AEAO zu § 197 Nr. 3; Klein § 197 Rn. 20).

KapGes ausländischen Rechts. Soll eine Ap. bei einer KapGes, die nach auslän- 29
dischem Recht gegründet wurde, durchgeführt werden, so ist es für die hinreichende Bezeichnung des Inhaltsadressaten ausreichend, wenn die Gesellschaft mit dem Namen und in der Form bezeichnet wird, unter der sie selbst im Geschäftsverkehr auftritt (BFH 23.9.2009 – I B 95/09, BFH/NV 2010, 233; BFH 11.12.1991 – I R 66/90, BStBl. II 1992, 595).

Insolvenzverfahren. Nach Eröffnung des Insolvenzverfahrens ist die Prüfungsanord- 30
nung an den Insolvenzverwalter zu richten (BFH 4.10.1991 – VIII B 93/90, BStBl. II 1992, 59). Eine Differenzierung danach, ob Vorgänge vor oder nach Eröffnung des Insolvenzverfahrens geprüft werden, ist entgegen der Auffassung des BFH (BFH 4.10.1991 – VIII B 93/90, BStBl. II 1992, 59) nicht vorzunehmen (glA Gosch StBp 1992, 24). Zu beachten ist, dass der Insolvenzschuldner nach § 270 InsO das Recht zur Eigenverwaltung erhalten kann, sodass er trotz Eröffnung des Insolvenzverfahrens Inhaltsadressat der Prüfungsanordnung bleibt (Klein § 197 Rn. 21). Bei der Zwangsverwaltung ist die Prüfungsanordnung dem **Zwangsverwalter** (BFH 12.5.1993 – XI R 47/91, BFH/NV 1994, 77), bei **Testamentsvollstreckung** dem Testamentsvollstrecker bekannt zu geben (TK § 196 Rn. 26).

Erben. Der Erbe ist Inhaltsadressat einer Prüfungsanordnung, auch wenn sich die Ap. 31
auf die Zeit vor dem Erbfall erstrecken soll (BFH 15.6.2022 – X B 87/21 (AdV), BFH/NV 2022, 1162; BFH 24.8.1989 – IV R 65/88, BStBl. II 1990, 2). Der Erbe hat die Prüfung zu dulden. Insoweit tritt der Erbe in die verfahrensrechtliche Position des Erblassers ein (TK § 196 Rn. 22).

LSt-Ap. Eine LSt-Ap. hat nur der Arbeitgeber zu dulden, sodass auch nur dieser Inhalts- 32
adressat der Prüfungsanordnung ist (BFH 17.3.2016 – VI R 3/15, BFH/NV 2016, 994). Dem Arbeitnehmer ist die Prüfungsanordnung nicht bekannt zu geben.

II. Umfang der Außenprüfung

1. Zeitlicher und sachlicher Umfang

39 Mit der Prüfungsanordnung ist der zeitliche und sachliche Umfang der Ap. festzulegen (BFH 19.8.2009 – I R 106/08, BFH/NV 2010, 5). Der Prüfungsanordnung muss daher entnommen werden können, welche StArten, welche Besteuerungszeiträume bzw. welche bestimmten Sachverhalte geprüft werden sollen (BFH 21.6.2012 – IV R 42/11, BFH/NV 2012, 1927; BFH 1.12.1992 – VII R 53/92, BFH/NV 1993, 515). Der BFH lässt es für die Bestimmung des zeitlichen Umfangs genügen, wenn die Prüfungsanordnung nur den Hinweis enthält, der **„nicht verjährte Zeitraum"** solle geprüft werden (BFH 3.12.1985 – VII R 17/84, BStBl. II 1986, 439; BFH 1.12.1992 – VII R 53/92, BFH/NV 1993, 515). Er erachtet eine solch unbestimmte Festlegung auch dann noch als ausreichend, wenn der Prüfungsbeginn sich verzögert und dadurch der Prüfungszeitraum verschoben wird (BFH 1.12.1995 – VII R 44/95, BFH/NV 1996, 457). Dies ist in Anbetracht der Kompliziertheit der Bestimmung der Verjährung nicht gerechtfertigt. Der zu prüfende Stpfl. dürfte nur selten in der Lage sein, den Prüfungszeitraum in diesem Fall zu bestimmen. Daher entspricht eine solche Prüfungsanordnung nicht den Anforderungen, die an die Bestimmtheit eines VA gestellt werden.

40 **Abgekürzte Außenprüfung.** Beabsichtigt die FB, eine abgekürzte Ap. nach § 203 durchzuführen, muss sie hierauf in der Prüfungsanordnung hinweisen (→ § 203 Rn. 31).

2. Erweiterung der Außenprüfung

44 **Erweiterungsanordnung.** Auch eine laufende Ap. kann auf andere Veranlagungszeiträume erweitert werden (BFH 21.6.2012 – IV R 42/11, BFH/NV 2012, 1927). Will die FB die ursprüngliche Ap. entspr. auf weitere Veranlagungszeiträume erstrecken, muss eine eigenständige Prüfungsanordnung ergehen (TK § 196 Rn. 30). Hierin ist kein Widerruf der ursprünglichen Prüfungsanordnung zu sehen, sodass die einschränkenden Voraussetzungen des § 131 II nicht zu beachten sind (BFH 2.9.2008 – X R 9/08, BFH/NV 2009, 3; TK § 196 Rn. 30; aA Martens NJW 1978, 1467; → § 131 Rn. 6). Die Erweiterungsanordnung ist zu begründen (vgl. zu Einzelheiten → Rn. 53). Für die Berechnung der Ablaufhemmung nach § 171 IV ist nicht auf die ursprüngliche Prüfungsanordnung, sondern auf den Erlass der Erweiterungsanordnung abzustellen (Klein § 196 Rn. 30). Allerdings lässt es der BFH genügen, wenn die Prüfungsanordnung nachträglich erlassen wird, solange sie noch vor Ablauf der Festsetzungsfrist ergeht (BFH 2.2.1994 – I R 57/93, BStBl. II 1994, 377).

45 **Entbehrlichkeit einer Erweiterungsanordnung.** Der Erlass einer Erweiterungsanordnung ist nicht notwendig, wenn die FB lediglich in der Ap. erlangte Kenntnisse für nicht geprüfte Jahre auswertet, soweit keine selbständigen Prüfungshandlungen für diese Jahre vorgenommen werden. Auch für die Durchführung von **Einzelermittlungsmaßnahmen** (§ 88), die grds. vom Prüfer anlässlich einer Ap. durchgeführt werden dürfen, bedarf es keiner Erweiterungsanordnung (→ § 193 Rn. 16). Ob eine Einzelermittlungsmaßnahme vorliegt, ist aus der Sicht des Stpfl. zu beurteilen (BFH 2.2.1994 – I R 57/93, BStBl. II 1994, 377). Im Allgemeinen ist davon auszugehen, dass Maßnahmen eines Prüfers Prüfungshandlungen sind. Der Prüfer muss daher bei Einzelermittlungsmaßnahmen, die den angeordneten Prüfungszeitraum überschreiten, deutlich machen, dass die verlangten Auskünfte und sonstigen Maßnahmen nicht mehr im Zusammenhang mit der Ap. stehen (BFH 25.11.1997 – VIII R 4/94, BStBl. II 1998, 461).

III. Begründung der Prüfungsanordnung

1. Allgemeines

49 Die Durchführung einer Ap. liegt im Ermessen (§ 5) der FB (→ § 193 Rn. 56 ff.) und ist als solche grds. zu begründen (BFH 15.5.2013 – IX R 27/12, BStBl. II 2013, 570; Klein

§ 196 Rn. 17). Da die Prüfungsanordnung schriftlich zu ergehen hat, ergibt sich eine (schriftliche) Begründungspflicht schon aus § 121. Für den Umfang der Begründungspflicht ist allerdings zwischen einer Ap. nach § 193 I bzw. § 193 II Nr. 1 einerseits und § 193 II Nr. 2 andererseits zu unterscheiden.

2. Begründung einer Außenprüfung gem. § 193 I, II Nr. 1

Für die Begründung einer Prüfungsanordnung, die auf § 193 I bzw. § 193 II Nr. 1 gestützt wird, ist der Hinweis auf die gesetzliche Grundlage ausreichend (BFH 21.6.2000 – IV B 138/99, BFH/NV 2001, 2; krit. TK § 196 Rn. 19). Dies gilt auch für Klein- und Kleinstbetriebe (BFH 20.6.2011 – X B 234/10, BFH/NV 2011, 1829; BFH 11.11.1993 – IV R 119/92, BFH/NV 1994, 444). Eine weitergehende Begründung für die Ausübung ihres Auswahlermessens braucht die FB nicht zu geben. Denn bei Stpfl. iSd § 193 I geht das Gesetz von einer generellen Prüfungsbedürftigkeit aus, die keiner näheren Erläuterung bedarf. Daher ist eine Ap. bei Stpfl. mit Gewinneinkünften voraussetzungslos zulässig (BFH 28.9.2011 – VIII R 8/09, BStBl. II 2012, 395). Bei diesen Stpfl. ist die Ap. das geeignete Mittel zur Sachverhaltsermittlung. Der FB wurde ein Auswahlermessen in Bezug auf die Durchführung einer Ap. lediglich deshalb eingeräumt, weil die Ausstattung der FB mit Sach- und Personalmitteln nicht ausreicht, alle Betriebe lückenlos zu prüfen (BFH 2.10.1991 – X R 89/89, BStBl. II 1992, 220). Die Ermessensentscheidung ist daher allein unter Berücksichtigung öffentlicher Interessen vorzunehmen und als solche nicht begründungsbedürftig (BFH 2.10.1991 – X R 89/89, BStBl. II 1992, 220). Auch eine erste Anschlussprüfung muss nicht besonders begründet werden (BFH 15.4.2016 – X B 155/15, BFH/NV 2016, 1139; BFH 19.11.2009 – IV B 62/09, BFH/NV 2010, 595). Ebenso braucht eine zweite Anschlussprüfung bei einem Mittelbetrieb nicht besonders begründet zu werden (BFH 15.6.2016 – III R 8/15, BStBl. II 2017, 25). 50

Routine- und Anlassprüfung. Die FB ist berechtigt, den zu prüfenden Stpfl. sowohl unter reinen Zufallsgesichtspunkten auszuwählen als auch eine Prüfung aufgrund eines konkreten Anlasses durchzuführen. In beiden Fällen bedarf die Prüfungsanordnung keiner weiteren Begründung (BFH 2.10.1991 – X R 89/89, BStBl. II 1992, 220). Der Hinweis auf § 193 I ist ausreichend, außer eine Begründung ist im Einzelfall zum Verständnis der Prüfungsanordnung erforderlich (BFH 12.8.2002 – X B 210/01, BFH/NV 2003, 3). 51

Keine Bindung an einen bestimmten Prüfungsrhythmus. Es bedarf auch keiner weiteren Begründung, wenn die FB von ihrem üblichen Prüfungsrhythmus abweicht (BFH 11.11.1993 – IV R 119/92, BFH/NV 1994, 444). Der Stpfl. hat keinen Anspruch auf eine berechenbare **Prüfungspause** (FG Münster 27.4.2023 – 1 K 2091/22 AO, EFG 2023, 1055; BFH 16.2.2011 – VIII B 246/09, BFH/NV 2011, 748). Auch Mittel-, Klein- und Kleinstbetriebe können abw. von §§ 3, 4 BpO anschlussgeprüft werden, wobei die Prüfungsanordnung nur näher begründet werden muss, wenn es zu ihrem Verständnis wegen der besonderen Umstände oder nach Art der angeordneten Maßnahme erforderlich ist (BFH 20.10.2003 – IV B 67/02, BFH/NV 2004, 311). Bei einer ersten Anschlussprüfung bedarf es keiner weitergehenden Begründung (BFH 3.8.2022 – XI R 32/19, DStR 2023, 39; BFH 15.6.2016 – III R 8/15, BStBl. II 2017, 25; BFH 19.11.2009 – IV B 62/09, BFH/NV 2010, 595; aA TK § 196 Rn. 17). Bestehen im Einzelfall aber (ausnahmsweise) Anhaltspunkte, dass das FA sich bei der Anordnung einer (zweiten) Anschlussprüfung von sachfremden Erwägungen hat leiten lassen (zB möglicher Zusammenhang mit einer Dienstaufsichtsbeschwerde), bedarf die Prüfungsanordnung einer weitergehenden Begründung (BFH 22.12.2011 – VIII B 251/09, BFH/NV 2012, 443). Grundsätzlich können aber aus §§ 3, 4 BpO keine weitergehenden Anforderungen an die Begründungspflicht abgeleitet werden BFH 19.11.2009 – IV B 62/09, BFH/NV 2010, 595. 52

Prüfungserweiterung. Will die FB die Prüfung (zeitlich) erweitern, weil sie mit erheblichen Mehrsteuern rechnet (§ 4 III 2 BpO), muss sie die Entscheidung substantiiert begründen (BFH 27.10.2003 – III B 13/03, BFH/NV 2004, 312; BFH 4.2.1999 – I B 64/97, BFH/NV 1999, 907 mwN). Die FB muss darlegen, warum sie mit nicht unerheblichen 53

StNachforderungen rechnet. Es ist eine Prognoseentscheidung durch die FB zu treffen, sodass die Festsetzung von Mehrsteuern aufgrund der erweiterten Prüfung nicht festzustehen braucht (BFH 14.9.1993 – VIII R 56/92, BFH/NV 1994, 677). Es müssen mehr Umstände für als gegen die Annahme nicht unerheblicher StNachforderungen sprechen. Bloße Vermutungen oder die schlichte Möglichkeit von Mehrsteuern reichen nicht aus (BFH 14.9.1993 – VIII R 56/92, BFH/NV 1994, 677). Zur Begründung kann die FB in der Erweiterungsanordnung auf die dem Stpfl. bekannten bisherigen Prüfungsfeststellungen verweisen (BFH 16.9.2014 – X R 30/13, BFH/NV 2015, 150; Klein § 196 Rn. 31). Die Erweiterung einer ersten Anschlussprüfung von zunächst einem auf drei Jahre bedarf dagegen keiner besonderen Begründung (BFH 3.8.2022 – XI R 32/19, DStR 2023, 39).

55 **Begründungspflicht.** Eine besondere Begründungspflicht besteht, wenn streitig ist, ob ein Stpfl. überhaupt ein gewerbliches Unternehmen betreibt (BFH 15.7.2005 – I B 25/05, BFH/NV 2005, 1967) und bei Abweichungen vom üblichen Prüfungszeitraum nach § 4 III BpO oder zeitlichen Prüfungsumfang nach § 4 II BpO (BFH 3.8.2022 – XI R 32/19, DStR 2023, 39; BFH 20.6.1984 – I R 111/80, BStBl. II 1984, 815; BFH 15.7.2005 – I B 25/05, BFH/NV 2005, 1967).

3. Begründung einer Außenprüfung nach § 193 II Nr. 2

58 Das Gesetz geht bei einer Ap. nach § 193 II Nr. 2 nicht von einer generellen Prüfungsbedürftigkeit des Stpfl. aus. Daher ist eine Ap. bei diesen Stpfl. nicht ohne Weiteres zulässig (→ § 193 Rn. 83 ff.). Die Anordnung einer solchen Ap. bedarf daher einer ausführlicheren Begründung (BeckOK AO § 196 Rn. 63; TK § 196 Rn. 17). Allein der Hinweis auf die gesetzliche Grundlage ist im Unterschied zur Ap. nach § 193 I nicht ausreichend (BFH 13.3.1987 – III R 236/83, BStBl. II 1987, 664). Vielmehr muss die Begründung erkennen lassen, warum für die Besteuerung maßgebliche Verhältnisse der Aufklärung bedürfen, eine Prüfung an Amtsstelle nach Art und Umfang des zu prüfenden Sachverhalts nicht zweckmäßig ist und Einzelermittlungsmaßnahmen zur Aufklärung nicht genügen (BFH 9.11.1994 – XI R 16/94, BFH/NV 1995, 578; BFH 13.3.1987 – III R 236/83, BStBl. II 1987, 664; BFH 7.11.1985 – IV R 6/85, BStBl. II 1986, 435). Allein die Tatsache, dass die FB beim Ehegatten eine Ap. durchführt, reicht als Begründung nicht aus (BFH 7.11.1985 – IV R 6/85, BStBl. II 1986, 435). Ebenso ist als Begründung ungenügend, dass mit einer vollständigen und abschließenden Überprüfung der steuerlichen Verhältnisse des einen Ehegatten zweckmäßigerweise bei Zusammenveranlagung auch die vollständige und abschließende Prüfung der steuerlichen Verhältnisse des anderen Ehegatten verbunden wird (BFH 13.3.1987 – III R 236/83, BStBl. II 1987, 664). Die mangelnde Begründung ist gem. § 126 I Nr. 2, II unschädlich, wenn sie nachgeholt wird (BFH 16.12.1987 – I R 238/83, BStBl. II 1988, 233).

C. Rechtsfolge fehlender oder fehlerhafter Prüfungsanordnung (Verwertungsverbote)

63 **Voraussetzung eines Verwertungsverbots.** Ein Verwertungsverbot ist im StRecht nicht gesetzlich geregelt. Der Gesetzgeber hat eine Regelung ausdrücklich der Rspr. überlassen (BT-Drs. 7/4292, 25). Im Besteuerungsverfahren besteht nach der Rspr. des BFH kein allgemeines gesetzliches Verwertungsverbot für Tatsachen, die unter Verletzung von Verfahrensvorschriften ermittelt worden sind (BFH 19.8.2009 – I R 106/08, BFH/NV 2010, 5; BFH 4.10.2006 – VIII R 53/04, BFH/NV 2007, 119). Danach gilt, dass Prüfungsfeststellungen, die auf einer rechtswidrigen, unwirksamen oder nichtigen Prüfungsanordnung beruhen, einem Verwertungsverbot unterliegen, dh sie dürfen einer StFestsetzung nicht zugrunde gelegt werden. Allerdings hat sich der BFH grundsätzlich für ein (eingeschränktes) formelles Verwertungsverbot entschieden (BFH 20.8.2012 – III B 196/11, BFH/NV 2013, 48; BFH 25.3.2009 – VIII B 210/08, BFH/NV 2009, 1396;

BFH 4.10.2006 – VIII R 53/04, BStBl. II 2007, 227; BFH 25.11.1997 – VIII R 4/94, BStBl. II 1998, 461; BFH 24.8.1998 – III S 3/98, BFH/NV 1999, 436; krit. Wolff-Diepenbrock StuW 1998, 267; HHSp § 196 Rn. 111 ff.). Der Stpfl. kann danach ein Verwertungsverbot nur wirksam geltend machen, wenn die Prüfungsanordnung von der FB oder vom Gericht aufgehoben bzw. im Rahmen einer (Fortsetzungs-)Feststellungsklage die Rechtswidrigkeit festgestellt wurde (BFH 20.2.1990 – IX R 83/88, BStBl. II 1990, 789 mwN). Dies gilt auch für den Fall, dass die Feststellungen der Ap. bereits in StBescheiden ausgewertet wurden. Die Rechtswidrigkeit der Prüfungsanordnung kann somit nicht erst im Einspruchsverfahren gegen die aufgrund der Ap. ergangenen StBescheide geltend gemacht werden (Klein § 196 Rn. 49). Es ist immer zunächst die Prüfungsanordnung selbst anzufechten (zu Einzelheiten → Rn. 81). Gleiches gilt, wenn eine andere Maßnahme im Zusammenhang mit einer Ap. in Form eines VA ergangen ist (BFH 23.2.1984 – IV R 154/82, BStBl. II 1984, 512).

Materiell-rechtliches Verwertungsverbot. Ein (qualifiziert) materiell-rechtliches 64 Verwertungsverbot besteht dagegen, wenn die Tatsachen unter Verletzung des verfassungsrechtlich geschützten Bereichs des Stpfl. ermittelt wurden (BFH 19.8.2009 – I R 106/08, BFH/NV 2010, 5). Die aufgrund solcher Ermittlungsmaßnahmen festgestellten Tatsachen dürfen schlechthin und ohne Ausnahme nicht bei der StFestsetzung berücksichtigt werden (BFH 4.10.2006 – VIII R 53/04, BStBl. II 2007, 227). Zur unzulässigen Verwertung von Zufallserkenntnissen anlässlich einer Telefonüberwachung s. BFH 24.4.2013 – VII B 202/12, BFH/NV 2013, 1221.

Keine Fernwirkung. Der BFH lehnt eine Fernwirkung rechtswidriger Ermittlungs- 65 maßnahmen ab (BFH 4.10.2006 – VIII R 53/04, BStBl. II 2007, 227). Schließen sich an die rechtswidrigen Ermittlungsmaßnahmen – isoliert betrachtet – rechtmäßige Aufklärungsmaßnahmen an, so können die aufgrund der rechtmäßigen Handlungen erlangten Erkenntnisse verwertet werden. Das Individualinteresse, nicht durch fehlerhafte Ermittlungsmaßnahmen mit einer materiell-rechtlich zutreffenden Steuer belastet zu werden, muss hinter das Gebot der gesetzmäßigen und gleichmäßigen StFestsetzung zurücktreten (BFH 4.10.2006 – VIII R 53/04, BStBl. II 2007, 227). Ein Verwertungsverbot entfaltet dagegen Fernwirkung, wenn die Tatsachen durch qualifizierte, grundrechtsrelevante Verfahrensverstöße ermittelt wurden (materielles Verwertungsverbot).

Nichtige und unwirksame Prüfungsanordnung. Beruhen die Prüfungsfeststellungen 67 auf einer nichtigen bzw. unwirksamen Prüfungsanordnung oder ist eine Prüfungsanordnung gar nicht erlassen worden, kann die Rechtswidrigkeit der Prüfungsmaßnahmen ausschl. im Verfahren gegen die auf der Prüfung beruhenden StBescheide geltend gemacht werden (BFH 25.11.1997 – VIII R 4/94, BStBl. II 1998, 461 mwN). Denn in einem solchen Fall fehlt es an einem eigenständig anfechtbaren VA. Gleiches gilt für alle Maßnahmen im Rahmen einer Ap., die nicht auf einem eigenständig anfechtbaren VA beruhen. Über ihre Rechtswidrigkeit wird erst im Verfahren gegen die nach der Prüfung ergangenen StBescheide entschieden (Klein § 196 Rn. 48). Die schriftliche Aufforderung, während einer Ap. genau bezeichnete Belege, Verträge und Konten vorzulegen, stellt grds. einen VA dar, sodass die Aufforderung mit Einspruch angefochten werden muss (BFH 4.10.2006 – VIII R 53/04, BStBl. II 2007, 227; differenzierend allerdings BFH 10.11.1998 – VIII R 3/98, BStBl. II 1999, 199; zu Einzelheiten → § 200 Rn. 8).

Verwertungsverbot bei Erstveranlagung und Vorbehalt der Nachprüfung. Trotz 68 verfahrensfehlerhafter Prüfungsanordnung darf die FB Prüfungsfeststellungen auswerten, wenn es sich um eine Erstveranlagung handelt oder der zu ändernde StBescheid gem. § 164 unter dem Vorbehalt der Nachprüfung steht (BFH 2.4.2004 – II B 13/02, BFH/NV 2005, 58; BFH 25.11.1997 – VIII R 4/94, BStBl. II 1998, 461 mwN; zu Recht krit. Gosch AO § 196 Rn. 126). Bei der Erstveranlagung ist die FB nach Auffassung des BFH zur umfassenden Sachaufklärung von Amts wegen nach §§ 85, 88 verpflichtet und berechtigt; der Verfahrensfehler bei Erlass der Prüfungsanordnung ist daher unbeachtlich (BFH 13.12.1995 – XI R 43–45/89, BStBl. II 1996, 232). In gleicher Weise gelte dies für

Änderungsbescheide nach § 164 II, weil diese einer Erstveranlagung vergleichbar sind (BFH 23.8.1994 – VII R 93/93, BFH/NV 1995, 572). Die Grundsätze des formellen Verwertungsverbots werden insoweit eingeschränkt (BFH 2.4.2004 – II B 13/02, BFH/NV 2005, 58).

69 Ein **Verstoß gegen Form- und Ordnungsvorschriften** führt nicht zwangsläufig zu einem Verwertungsverbot (BFH 25.11.1997 – VIII R 4/94, BStBl. II 1998, 461; HHSp § 196 Rn. 111 ff.). So ist es unschädlich, wenn die Prüfungsanordnung vom Sachgebietsleiter der Veranlagungsstelle und nicht von demjenigen der Außenprüfungsstelle unterschrieben wurde (BFH 24.11.1988 – IV R 150/86, BFH/NV 1989, 416). Auch das Nichtabhalten einer Schlussbesprechung oder das Erscheinen eines anderen als in der Prüfungsanordnung angekündigten Prüfers führt nicht zu einem Verwertungsverbot (BFH 24.8.1998 – III S 3/98, BFH/NV 1999, 436).

70 **Kein Verwertungsverbot** in Bezug auf die StVeranlagung besteht, wenn die FB ihre (strafrechtliche) Belehrungspflicht nach § 393 I 4 verletzt hat (BFH 8.1.2014 – X B 112, 113/13, BFH/NV 2014, 487; BFH 28.10.2009 – I R 28/08, BFH/NV 2010, 432; BFH 30.5.2008 – V B 76/07, BFH/NV 2008, 1441; BFH 23.1.2002 – XI R 10, 11/01, BStBl. II 2002, 328).

71 **Anfechtung der StBescheide.** Für die Durchsetzung eines Verwertungsverbotes muss der Stpfl. auch die aufgrund der Ap. erlassenen StBescheide anfechten (Klein § 196 Rn. 51). Zwar reicht es nicht aus, die Rechtswidrigkeit der Prüfungsmaßnahmen, soweit über sie in der Form des VA entschieden wurde, erst im Einspruchsverfahren gegen die StBescheide geltend zu machen (→ Rn. 81). Um die Auswertung der Prüfungsfeststellungen erfolgreich zu verhindern, muss aber auch der die Prüfungsfeststellungen umsetzende StBescheid mit Einspruch angefochten werden (BFH 30.11.1987 – VIII B 3/87, BStBl. II 1988, 183; BFH 16.12.1986 – VIII R 123/86, BStBl. II 1987, 248). Wird dies unterlassen, ist die erfolgreiche Anfechtung der Prüfungsanordnung nutzlos.

72 **Wiederholung der Prüfung.** Die praktische Auswirkung eines Verwertungsverbotes ist deshalb stark eingeschränkt, weil die FB die Prüfung nach Erlass einer fehlerfreien Prüfungsanordnung wiederholen darf (BFH 24.8.1989 – IV R 65/88, BStBl. II 1990, 2 mwN; aA FG Niedersachsen 6.12.1984 – IX 125/80, EFG 1985, 266; FG Hamburg 11.1.1985 – IV 242/84 H, EFG 1985, 435; kritisch Wolff-Diepenbrock StuW 1998, 267). Dies gilt auch für den Fall, dass aufgrund der früheren Prüfungsanordnung bereits Prüfungshandlungen vorgenommen worden sind (BFH 20.10.1988 – IV R 104/86, BStBl. II 1989, 180). Daher kann die FB die Auswertung der Prüfungsfeststellungen durch erneute Ap. doch noch erreichen, falls der zwischenzeitliche Eintritt der Verjährung dem nicht entgegensteht (Klein § 196 Rn. 50). Voraussetzung ist jedoch, dass die Prüfung tatsächlich erneut durchgeführt wird.

73 **LSt-Ap.** Feststellungen, die die FB anlässlich einer LSt-Ap. beim Arbeitgeber getroffen hat, dürfen gegenüber dem Arbeitnehmer auch ausgewertet werden, wenn der Arbeitgeber die Prüfungsanordnung erfolgreich angefochten hatte (BFH 9.11.1984 – VI R 157/83, BStBl. II 1985, 191). Ein Verwertungsverbot gegenüber dem Arbeitnehmer besteht insoweit nicht, weil die gerichtliche Entscheidung über die Aufhebung nur zwischen den am Verfahren Beteiligten wirkt.

D. Verfahrensfragen

81 Die Prüfungsanordnung ist VA, sodass hiergegen der **Einspruch** nach § 347 gegeben ist (BFH 6.10.2015 – V B 23/15, BFH/NV 2016, 53). Der Stpfl. verliert sein Anfechtungsrecht nicht durch die zunächst widerspruchlose Duldung der Prüfungshandlungen (BFH 7.11.1985 – IV R 6/85, BStBl. II 1986, 435). Rechtsbehelfsbefugt ist der Inhaltsadressat der Prüfungsanordnung (Gosch AO § 196 Rn. 169). Um ein Verwertungsverbot erfolgreich geltend machen zu können, muss die Prüfungsanordnung selbst angegriffen werden.

Allerdings hat der (geprüfte) Stpfl. darüber hinaus auch die die Ap. auswertenden StBescheide anzufechten (BFH 30.11.1987 – VIII B 3/87, BStBl. II 1988, 183). Der Einspruch gegen die Prüfungsanordnung hat **keine aufschiebende Wirkung.** Trotz laufenden Einspruchs- bzw. Klageverfahrens kann die FB die Ap. durchführen. Will der Stpfl. nicht nur die Geltendmachung eines Verwertungsverbotes absichern, sondern darüber hinaus die Durchführung der Prüfung an sich verhindern, muss er um vorläufigen Rechtsschutz durch einen Antrag auf **AdV** ersuchen (BFH 17.9.1974 – VII B 122/73, BStBl. II 1975, 197; BFH 17.12.2002 – X S 10/02, BFH/NV 2003, 296). Gegen Prüfungshandlungen, die nicht durch eine wirksame Prüfungsanordnung gedeckt sind, kann vor Vollzug eine einstweilige Anordnung nach § 114 FGO beantragt werden (TK § 196. Rn. 42; Gosch AO § 196 Rn. 194). Die Anordnung über die Teilnahme eines Gemeindebeamten an der Ap. ist ein eigenständiger VA, der vom Stpfl. gesondert angefochten werden kann (BFH 23.1.2020 – III R 9/18, DStRE 2020, 944).

Fortsetzungsfeststellungsklage. Nach Beendigung der Prüfung kann eine Anfech- 82
tungsklage nicht mehr erhoben werden (BFH 6.10.2015 – V B 23/15, BFH/NV 2016, 53; TK § 196 Rn. 41). Ist die Prüfung abgeschlossen worden, kann nur noch Fortsetzungsfeststellungsklage (§ 100 I 4 FGO) mit dem Ziel der Feststellung der Rechtswidrigkeit der Prüfungsanordnung erhoben werden. Eine Klage auf Aufhebung der Prüfungsanordnung ist dagegen unzulässig (BFH 17.7.1985 – I R 214/82, BStBl. II 1986, 21). Erledigt sich die Prüfungsanordnung erst im Laufe des Klageverfahrens, ist der Klageantrag entspr. umzustellen. Das für eine Fortsetzungsfeststellungsklage erforderliche Feststellungsinteresse wird idR gegeben sein, denn die Feststellung der Rechtswidrigkeit der Prüfungsanordnung ist notwendige Voraussetzung für die erfolgreiche Geltendmachung eines Verwertungsverbots (BFH 10.5.1991 – V R 51/90, BStBl. II 1991, 825).

Nichtige Prüfungsanordnung. Die Nichtigkeit bzw. Unwirksamkeit einer Prüfungs- 83
anordnung kann der Stpfl. im Einspruchs- bzw. Klageverfahren gegen die im Anschluss an die Ap. erlassenen StBescheide geltend machen (BFH 20.2.1990 – IX R 83/88, BStBl. II 1990, 789). Für eine (Nichtigkeits-)Feststellungsklage fehlt das Feststellungsinteresse (BFH 10.11.1998 – VIII R 3/98, BStBl. II 1999, 199; BFH 14.8.1985 – I R 188/82, BStBl. II 1986, 2). Dem Stpfl. wird ausreichender Rechtsschutz gewährt, weil es ihm idR nur um die Folgen der Unwirksamkeit oder Nichtigkeit der Prüfungsanordnung gehen wird, nämlich um ein Verwertungsverbot bzw. um den Ablauf der Festsetzungsfrist. Diese Fragen können ausreichend im Verfahren gegen die StBescheide geprüft werden (BFH 20.2.1990 – IX R 83/88, BStBl. II 1990, 789; BFH 11.3.2025 – IX R 30/22, BFH/NV 2025, 759). Ein Feststellungsinteresse ist dagegen gegeben, wenn der Stpfl. die Durchführung der Ap. an sich noch verhindern will (BFH 25.9.1990 – IX R 84/88, BStBl. II 1991, 120). Am Feststellungsinteresse fehlt es darüber hinaus, wenn die FB die Prüfungsanordnung selbst nach § 130 aufgehoben hat (BFH 9.5.1985 – IV R 172/83, BStBl. II 1985, 579) oder die FB sich verpflichtet hatte, die Prüfungsfeststellungen nicht auszuwerten (FG Berlin 8.2.1985 – III 515/84, EFG 1985, 540). Ebenso ist die Rechtswidrigkeit der Prüfungsmaßnahmen erst im Einspruchs- bzw. Klageverfahren gegen die die Ap. auswertenden StBescheide geltend zu machen, wenn eine Prüfungsanordnung gar nicht erlassen wurde oder eine Ap. ohne Erlass einer neuen Prüfungsanordnung auf Jahre erweitert wurde, die nicht von der ursprünglichen Prüfungsanordnung erfasst wurden (BFH 14.8.1985 – I R 188/82, BStBl. II 1986, 2).

Anfechtung der StBescheide. Der Stpfl. muss die aufgrund der Ap. ergangenen 85
StBescheide anfechten. Diese sind **nicht nichtig,** sondern nur anfechtbar. Dies gilt selbst für den Fall, dass die Prüfung vorgenommen wurde, obwohl eine Prüfungsanordnung fehlte bzw. nichtig war.

Hinzuziehung/Beiladung. Die Gesellschafter einer PersGes sind bei einem Streit über 86
die Rechtmäßigkeit einer Prüfungsanordnung, die an die Gesellschaft gerichtet ist, nicht hinzuzuziehen (§ 360) bzw. gem. § 60 FGO beizuladen (BFH 19.2.1996 – VIII B 4/95, BFH/NV 1996, 660).

§ 197 Bekanntgabe der Prüfungsanordnung

(1) [1]Die Prüfungsanordnung sowie der voraussichtliche Prüfungsbeginn und die Namen der Prüfer sind dem Steuerpflichtigen, bei dem die Außenprüfung durchgeführt werden soll, angemessene Zeit vor Beginn der Prüfung bekannt zu geben, wenn der Prüfungszweck dadurch nicht gefährdet wird. [2]Der Steuerpflichtige kann auf die Einhaltung der Frist verzichten. [3]Soll die Prüfung nach § 194 Absatz 2 auf die steuerlichen Verhältnisse von Gesellschaftern und Mitgliedern sowie von Mitgliedern der Überwachungsorgane erstreckt werden, so ist die Prüfungsanordnung insoweit auch diesen Personen bekannt zu geben.

(2) Auf Antrag der Steuerpflichtigen soll der Beginn der Außenprüfung auf einen anderen Zeitpunkt verlegt werden, wenn dafür wichtige Gründe glaubhaft gemacht werden.

(3) [1]Mit der Prüfungsanordnung kann die Vorlage von aufzeichnungs- oder aufbewahrungspflichtigen Unterlagen innerhalb einer angemessenen Frist verlangt werden. [2]Sind diese Unterlagen mit Hilfe eines Datenverarbeitungssystems erstellt worden, sind die Daten in einem maschinell auswertbaren Format an die Finanzbehörde zu übertragen. [3]Im Übrigen bleibt § 147 Absatz 6 unberührt.

(4) [1]Sind Unterlagen nach Absatz 3 vorgelegt worden, sollen dem Steuerpflichtigen die beabsichtigten Prüfungsschwerpunkte der Außenprüfung mitgeteilt werden. [2]Die Nennung von Prüfungsschwerpunkten stellt keine Einschränkung der Außenprüfung auf bestimmte Sachverhalte nach § 194 dar.

(5) [1]Ist Grundlage der Außenprüfung ein Steuerbescheid, der aufgrund einer in § 149 Absatz 3 genannten Steuererklärung erlassen wurde, soll die Prüfungsanordnung bis zum Ablauf des Kalenderjahres erlassen werden, das auf das Kalenderjahr folgt, in dem der Steuerbescheid wirksam geworden ist. [2]Wird die Prüfungsanordnung aus Gründen, die die Finanzbehörde zu vertreten hat, zu einem späteren Zeitpunkt bekanntgegeben, beginnt die Frist nach § 171 Absatz 4 Satz 3 erster Halbsatz mit Ablauf des Kalenderjahres, das auf das Kalenderjahr folgt, in dem der in Satz 1 bezeichnete Steuerbescheid wirksam geworden ist. [3]Erstreckt sich die Außenprüfung zugleich auf mehrere Steuerbescheide, sind die Sätze 1 und 2 mit der Maßgabe anzuwenden, dass der Zeitpunkt des Wirksamwerdens des zuletzt ergangenen Steuerbescheids einheitlich maßgeblich ist.

Schrifttum: Meier, Die Bekanntgabe des Prüfernamens gem. § 197 Abs. 1 S. 1 AO, StBp 1989, 136; Papperitz, Verlegung einer Außenprüfung auf Antrag eines Steuerpflichtigen, StBp 1989, 193; Mösbauer, Zeitliche Anforderungen an die Bekanntgabe einer Prüfungsanordnung, StBp 2000, 65; Carlé, Die Besorgnis der Befangenheit – Ablehnung eines Außenprüfers, AO-StB 2003, 55; Tormöhlen, Aktuelle Rechtsprechung zur Außenprüfung, AO-StB 2018, 178; Habighorst, Die Beteiligung von Gemeindebediensteten an der Außenprüfung, FR 2019, 839; Peters, Modernisierung der Betriebsprüfung, AO-StB 2022, 353; Höring, DAC 7-Umsetzungsgesetz – Ein erster Überblick, DStZ 2023, 173; Kubik/Redeker/Keil, Änderungen im steuerlichen Verfahrensrecht in Bezug auf Außenprüfungen – Was bedeutet das für Steuerpflichtige und Finanzverwaltungen?, ISR 2023, 47, Tormöhlen, Neuerungen im Recht der Außenprüfung durch das sog. DAC 7-Umsetzungsgesetz, AO-StB 2024, 241.

Übersicht

I. Allgemeines

Zweck. § 197 I ordnet zum Schutz des Stpfl. an, dass die Prüfungsanordnung rechtzeitig vor Beginn der Prüfung bekannt zu geben ist, damit er sich zur Sicherung eines möglichst reibungslosen Ablaufs unter weitgehender Vermeidung von Störungen des Geschäftsbetriebs des Unternehmens auf die Ap. einstellen kann (BT-Drs. VI/1982, 162). 1

II. Bekanntgabe der Prüfungsanordnung (Abs. 1 S. 1 und 2)

1. Inhaltsadressat und Bekanntgabeempfänger

Die Prüfungsanordnung ist ein VA, der nur durch Bekanntgabe an den **Inhaltsadressaten** wirksam wird. Inhaltsadressat einer Prüfungsanordnung ist derjenige, der die Prüfung zu dulden verpflichtet ist (BFH 3.2.2003 – VIII B 39/02, BFH/NV 2003, 1028; BFH 14.3.1989 – I B 50/88, BStBl. II 1989, 590). Der Inhaltsadressat ist vom **Bekanntgabeadressaten** zu unterscheiden (→ § 122 Rn. 31). Die wirksame Bekanntgabe eines VA kann davon abhängen, ob dieser dem richtigen Bekanntgabeadressaten übersandt wurde (BeckOK AO § 197 Rn. 9). 2

Unklarheit über Inhaltsadressaten. Voraussetzung für die hinreichende Bestimmtheit der Prüfungsanordnung ist die **eindeutige** Bezeichnung des Inhaltsadressaten (BFH 25.9.1990 – IX R 84/88, BStBl. II 1991, 120). Dessen unzweideutige Bezeichnung ist konstituierender Bestandteil eines VA. Bestehen hier Unklarheiten, die auch durch Auslegung nicht beseitigt werden können, ist die Prüfungsanordnung nichtig (BFH 29.6.1988 – IV B 70/88, BFH/NV 1989, 613; FG München 27.2.2018 – 2 K 33/16, EFG 2018, 1018). Daher muss sich auch eindeutig aus dem Bescheid ergeben, ob er jemandem als Inhalts- oder als Bekanntgabeadressat bekannt gegeben wurde; Zweifel gehen zulasten der FB (BFH 14.3.1989 – I B 50/88, BStBl. II 1989, 590). 3

Eheleute/Lebenspartner. Die Rspr. lässt die Übersendung einer zusammengefassten Prüfungsanordnung in einem Schriftstück an Ehegatten/Lebenspartner unter einer gemeinsamen Anschrift für eine wirksame Bekanntgabe genügen, wenn eine Zusammenveranlagung beantragt war (BFH 23.6.2003 – X B 165/02, BFH/NV 2003, 1147; BFH 14.3.1990 – X R 104/88, BStBl. II 1990, 612), obwohl jeder Ehegatte für sich Prüfungssubjekt ist (krit. Klein § 197 Rn. 20). Die FB ist nunmehr angehalten, aus Gründen der Klarheit und Übersichtlichkeit getrennte Prüfungsanordnungen an die Ehegatten/Lebenspartner zu erlassen (AEAO zu § 197 Nr. 3). 8

Gesellschaften. Soll eine Ap. bei einer PersGes wegen betrieblicher Steuern durchgeführt werden, muss die Prüfungsanordnung grds. an die Gesellschaft und nicht an die Gesellschafter gerichtet werden. Denn **Inhaltsadressat** der Prüfungsanordnung ist die Gesellschaft (BFH 12.2.2015 – IV R 63/11, BFH/NV 2015, 832); dies gilt auch für die einheitliche und gesonderte Feststellung von gewerblichen Einkünften (BFH 8.6.2017 – IV R 6/14, BStBl. II 2017, 1053; Klein § 197 Rn. 10; zur Besonderheit bei Einkünften aus Vermietung und Verpachtung → § 196 Rn. 23). Die Gesellschafter können allerdings als Geschäftsführer der Gesellschaft Bekanntgabeadressaten sein. Daher reicht es bei einer GbR aus, dass die Prüfungsanordnung einem Gesellschafter bekannt gegeben wird, falls dieser, wie gesetzlich vorgesehen (gesamt-)vertretungsberechtigt ist (BFH 16.11.1989 – IV R 29/89, BStBl. II 1990, 272). In diesem Fall muss sich aus dem VA jedoch eindeutig ergeben, dass Inhaltsadressat die Gesellschaft und der Geschäftsführer nur Bekanntgabeadressat für die Gesellschaft ist (BFH 17.7.1986 – V R 96/85, BStBl. II 1986, 834). Auch 9 eine **vollbeendete Gesellschaft** kann noch Inhaltsadressat einer Prüfungsanordnung sein, weil eine Ap. selbst bei Vollbeendigung der Gesellschaft noch durchgeführt werden kann (BFH 18.11.2008 – VIII R 41/07, BeckRS 2008, 25014648; BFH 1.10.1992 – IV R 60/91, BStBl. II 1993, 82). Bei einer **KapGes** ist die Prüfungsanordnung an die Gesellschaft zu richten (Klein § 197 Rn. 18).

Zu Einzelheiten → § 196 Rn. 17 ff.

12 **Bevollmächtigter.** Die Prüfungsanordnung ist auch bei Bekanntgabe an den Bevollmächtigten, insb. den **Steuerberater** bzw. **Rechtsanwalt,** wirksam (BFH 8.6.2017 – IV R 6/14, BStBl. II 2017, 1053; BFH 25.9.1990 – IX R 84/88, BStBl. II 1991, 120). Für die Bekanntgabe einer Prüfungsanordnung findet § 183 keine Anwendung (BFH 8.6.2017 – IV R 6/14, BStBl. II 2017, 1053). Liegt dem FA eine Empfangs- und Zustellungsvollmacht vor, ist sie dem Bevollmächtigten zwingend bekannt zu geben (FG Berlin 26.6.1985 – II 33/84, EFG 1986, 162). Die Bevollmächtigung kann sich aus Rechtsscheingrundsätzen ergeben, sodass ein Stpfl. die Prüfungsanordnung gegen sich gelten lassen muss, wenn sie einem StBerater bekannt gegeben wird, der mit stillschweigender Duldung als Bevollmächtigter aufgetreten ist (BFH 26.6.1997 – XI B 174/96, BFH/NV 1998, 17). Ebenso darf die Prüfungsanordnung dem Initiator einer Bauherrengemeinschaft, der gegenüber dem FA als Bevollmächtigter aufgetreten ist, bekannt gegeben werden (BFH 25.9.1990 – IX R 84/88, BStBl. II 1991, 120).

Ausführliche Beispiele für die Bekanntgabe enthält der **AEAO** zu § 197.

2. Voraussichtlicher Prüfungsbeginn

17 Dem Stpfl. muss nur ein **„voraussichtlicher“** Prüfungsbeginn mitgeteilt werden. Damit wird deutlich, dass ein einmal angekündigter Prüfungsbeginn auch aus sachlichen Gründen verlegt werden kann. Dies kann zB wegen Erkrankung des vorgesehenen Prüfers geschehen (HHSp § 197 Rn. 17). Allerdings kann eine Verlegung des Prüfungsbeginns idR nur auf einen **späteren Zeitpunkt** erfolgen (TK § 197 Rn. 5; HHSp § 197 Rn. 17). Nur für den Fall, dass eine spätere Prüfung den Prüfungszweck gefährden würde, kann eine Vorverlegung zulässig sein. Eine solche Gefährdung des Prüfungszwecks kann gegeben sein, wenn der Stpfl. Einfluss auf Auskunftspersonen ausübt oder Unterlagen beseitigt (Gosch AO § 197 Rn. 19). Wurde eine Ap. für mehr als sechs Monate unterbrochen, jedoch innerhalb der Festsetzungsfrist wieder aufgenommen, bedarf es zwar keiner neuen Prüfungsanordnung, der erneute Prüfungsbeginn ist dem Stpfl. allerdings mitzuteilen (BFH 13.2.2003 – IV R 31/01, BStBl. II 2003, 552).

18 Die FB erfüllt ihre Mitteilungspflicht ausreichend, wenn sie den **Tag** des Prüfungsbeginns bekannt gibt. Die Mitteilung einer genauen **Uhrzeit** ist nicht erforderlich (BFH 12.6.2006 – XI B 123/05, BFH/NV 2006, 1791). Die Bekanntgabe des Prüfungsbeginns kann **mündlich** erfolgen (BFH 18.10.1988 – VII R 123/85, BStBl. II 1989, 76). Auch bei einer mündlichen Mitteilung des Prüfungsbeginns muss die FB eine angemessene Frist einhalten.

3. Bekanntgabe angemessene Zeit vor Beginn der Prüfung

23 Der Prüfungsbeginn soll dem Stpfl. angemessene Zeit vor Beginn der Prüfung mitgeteilt werden, damit er sich organisatorisch in ausreichendem Maße auf die Prüfung einstellen kann (FG Niedersachsen 26.6.2008 – 6 K 118/08, EFG 2008, 1680). Die organisatorische Vorbereitung soll sowohl einen reibungslosen Ablauf der Prüfung ermöglichen als auch eine weitergehende Störung des Geschäftsbetriebs vermeiden (BT-Drs. VI/1982, 162). Um diesem Zweck gerecht zu werden, muss unter Berücksichtigung des Einzelfalles bestimmt werden, welche Frist als angemessen angesehen werden kann (BFH 19.3.2009 – IV R 26/08, BFH/NV 2009, 1405; BFH 18.12.1986 – I R 49/83, BStBl. II 1987, 408). Die Bemessung der Frist dient aber nicht dazu, dem Stpfl. Gelegenheit zur Nachholung bisher versäumter steuerlicher (Aufzeichnungs-)Pflichten zu geben (TK § 197 Rn. 6).

Nach § 5 IV BpO 2000 soll bei Großbetrieben eine Frist von vier Wochen, bei Mittel-, Klein-, und Kleinstbetrieben eine Frist von zwei Wochen eingehalten werden. Eine solche Differenzierung nach der Betriebsgröße ist mit Blick auf den Zweck der Regelung gerechtfertigt, weil der Aufwand für die Prüfungsvorbereitung bei Großbetrieben idR umfangreicher sein wird. Eine zweiwöchige Frist ist bei Mittelbetrieben im Normalfall angemessen (BFH 25.1.1989 – X R 158/87, BStBl. II 1989, 483).

Prüfungserweiterung. Im Falle einer Prüfungserweiterung kann auf eine Frist zur Bekanntgabe der Prüfungsanordnung verzichtet werden (BFH 19.3.2009 – IV R 26/08, BFH/NV 2009, 1405; BFH 11.8.1993 – II R 34/90, BStBl. II 1994, 375). Die Prüfungsanordnung kann sogar mit Beginn der Erweiterungsprüfung übergeben werden, weil der Stpfl. durch die bereits stattfindende Ap. ausreichend vorbereitet ist (BFH 4.2.1988 – V R 57/83, BStBl. II 1988, 413). 25

Drohende Festsetzungsverjährung. Die drohende Festsetzungsverjährung, die nach § 171 IV durch Beginn einer Ap. abgewendet werden kann, rechtfertigt keine unangemessen kurzfristige Bekanntgabe der Prüfungsanordnung, weil sich die FB auf den Fristablauf einstellen kann (BFH 10.4.2003 – IV R 30/01, BFH/NV 2003, 1234; BFH 25.1.1989 – X R 158/87, BStBl. II 1989, 483). Dieser Grundsatz erfährt eine Ausnahme, wenn es sich um eine Prüfungserweiterung handelt. Die Notwendigkeit einer Prüfungserweiterung kann die FB im Regelfall nicht voraussehen, sodass eine kurzfristige Bekanntgabe rechtmäßig ist (BFH 23.2.2005 – XI R 21/04, BFH/NV 2005, 1218; BFH 24.2.1989 – III R 36/88, BStBl. II 1989, 445). 26

Kein Verwertungsverbot. Wurde keine angemessene Frist von der FB eingehalten, ist die Prüfungsanordnung rechtswidrig und der Stpfl. muss die Prüfung zu diesem Zeitpunkt nicht dulden. Ein Verstoß gegen die rechtzeitige Bekanntgabe steht der Auswertung der Prüfungsfeststellungen nicht entgegen, es besteht kein Verwertungsverbot (BFH 26.6.1997 – XI B 174/96, BFH/NV 1998, 17; BeckOK AO § 197 Rn. 43). Auch eine **während** der laufenden Prüfung erlassene Prüfungsanordnung reicht aus, um die **danach** vorgenommenen Prüfungshandlungen zu verwerten (BFH 21.4.1993 – X R 112/91, BStBl. II 1993, 649; BFH 26.1.2000 – IV B 97/99, BFH/NV 2000, 821). Die Hemmung der Festsetzungsverjährung tritt folgerichtig erst mit den nach Erlass vorgenommenen Prüfungshandlungen ein (BFH 11.8.1993 – II R 34/90, BStBl. II 1994, 375). 27

Nachträgliche Bekanntgabe. Wird eine Prüfungsanordnung erst nach Abschluss der Ap. bekannt gegeben, ist sie nicht nur rechtswidrig, sondern nichtig (TK § 197 Rn. 6; FG Düsseldorf 2.7.1987 – VIII 204/82 AO, EFG 1987, 595; aA FG Nürnberg 25.10.1988 – II (IV) 135/85, EFG 1989, 211). Regelungsinhalt der Prüfungsanordnung ist die Duldung der Prüfungshandlungen. Eine solche Duldung kann nicht nachträglich angeordnet werden, sodass eine nachträglich bekannt gegebene Prüfungsanordnung etwas Unmögliches verlangt. Dagegen lässt der BFH die Bekanntgabe während der laufenden Prüfung genügen. Gedeckt werden aber nur die danach getroffenen Prüfungsfeststellungen (BFH 26.1.2000 – IV B 97/99, BFH/NV 2000, 821; zu Recht krit. Gosch AO § 197 Rn. 56). 28

Gefährdung des Prüfungszwecks. Die Prüfungsanordnung muss nicht unter Einhaltung einer angemessenen Frist bekannt gegeben werden, wenn dadurch der Prüfungszweck gefährdet werden würde. Der Prüfungszweck ist gefährdet, wenn zu befürchten ist, dass der Stpfl. Unterlagen beseitigen oder verfälschen oder auf Zeugen Einfluss nehmen würde (HHSp § 197 Rn. 31). Hierfür müssen nachprüfbare Anhaltspunkte vorliegen; eine schlichte Behauptung der FB reicht nicht aus. 29

4. Namen der Prüfer

Neben der Prüfungsanordnung ist dem Stpfl. der Name des Prüfers bekannt zu geben. Dabei handelt es sich um eine selbständige, **amtsinterne** Entscheidung, die neben der Prüfungsanordnung steht (BFH 26.8.1991 – IV B 135/90, BFH/NV 1992, 509; HHSp § 197 Rn. 20). Sowohl die amtsinterne Entscheidung als auch die Bekanntgabe des Prüfernamens ist **kein VA** (BFH 13.12.1994 – VII R 46/94, BFH/NV 1995, 758; aA TK § 197 35

Rn. 10; HHSp § 197 Rn. 23; Gosch AO § 197 Rn. 29). Daher kann die Entscheidung, welcher Prüfer mit der Durchführung der Ap. beauftragt wird, grds. nicht gesondert angefochten werden (BFH 15.5.2009 – IV B 3/09, BFH/NV 2009, 1401; beachte aber BFH 29.4.2002 – IV B 2/02, BStBl. II 2002, 507 und → Rn. 36). Ein Verstoß gegen die Pflicht zur Benennung des Prüfers gem. § 197 stellt einen Verfahrensfehler dar, der wegen § 127 sanktionslos bleibt (Schwarz/Pahlke/Keß § 197 Rn. 12). Daher zieht eine solcher Verstoß auch **kein Verwertungsverbot** nach sich (BFH 24.8.1998 – III S 3/98, BFH/NV 1999, 436).

36 **Anfechtung der Prüfungsanordnung.** Die Prüfungsanordnung kann nicht mit der Begründung angefochten werden, die Bestimmung des Prüfers sei rechtswidrig, weil diese Entscheidung nicht Teil der Prüfungsanordnung ist (BFH 13.12.1994 – VII R 46/94, BFH/NV 1995, 758). Auch eine etwaige Befangenheit des Prüfers gem. § 83 rechtfertigt nicht die Anfechtung der Prüfungsanordnung (FG Hamburg 5.11.1993 – V 171/92, EFG 1994, 508). Eine Ausnahme macht die Rspr. nunmehr lediglich, wenn aufgrund des bisherigen Verhaltens des Prüfers – über die bloße Besorgnis der Befangenheit hinaus – zu befürchten ist, dass der Prüfer Rechte des Stpfl. verletzt, ohne dass diese Rechtsverletzung durch spätere Rechtsbehelfe rückgängig gemacht werden könnte (BFH 29.4.2002 – IV B 2/02, BStBl. II 2002, 507).

37 **Befangenheit des Prüfers.** Durch die Mitteilung des Namens des Prüfers kann der Stpfl. prüfen, ob der Prüfer gem. § 82 ausgeschlossen oder gem. § 83 befangen ist. Da die Mitteilung des Prüfernamens kein VA ist, kann er sich aber weder erfolgreich gegen die Prüfungsanordnung noch gesondert gegen die Mitteilung wenden (FG Münster 27.4.2023 – 1 K 2091/22 AO, EFG 2023, 1055; zur Ausnahme s. BFH 29.4.2002 – IV B 2/02, BStBl. II 2002, 507 und → Rn. 36). Auch die Entscheidung, den Antrag auf Ablehnung des Prüfers wegen Befangenheit zurückzuweisen, ist kein VA (BFH 29.5.2012 – IV B 70/11, BFH/NV 2012, 1412). Der Stpfl. kann diesen Einwand erst im Einspruchsverfahren gegen die StBescheide geltend machen, die aufgrund der Ap. erlassen werden (BeckOK AO § 197 Rn. 126).

III. Verzicht auf Fristwahrung (Abs. 1 S. 2)

41 Da die Regelung dem Schutz des Stpfl. dient, kann dieser auf die Einhaltung der Frist wirksam verzichten. Der Verzicht ist an keine Form gebunden, sodass sie auch mündlich oder fernmündlich erklärt werden kann. Allein in der **Duldung** der Prüfungsmaßnahmen kann kein Verzicht gesehen werden (BFH 7.11.1985 – IV R 6/85, BStBl. II 1986, 435).

IV. Prüfung bei Gesellschaftern und Mitgliedern (Abs. 1 S. 3)

45 **Erstreckung auf Gesellschafter nach § 194 II.** Die Ap. bei einer Gesellschaft kann nach § 194 II auf die Verhältnisse der Gesellschafter erstreckt werden. Konsequenterweise ist die Erstreckungsanordnung dem Gesellschafter bekannt zu geben, damit sich dieser auf die Prüfung einstellen kann (→ § 194 Rn. 49). Der Inhalt der Prüfungsanordnung ist den Gesellschaftern aber nur insoweit mitzuteilen, als sie davon betroffen sind (TK § 197 Rn. 14; Gosch AO § 197 Rn. 36).

46 **Prüfung nach § 194 I S. 3.** Die steuerlichen Verhältnisse der Gesellschafter können daneben auch nach § 194 I 3 mitgeprüft werden, soweit es für die einheitliche Feststellung von Bedeutung sind (→ § 194 Rn. 33). Für Prüfungen in diesem Rahmen bedarf es keiner gesonderten Prüfungsanordnung gegenüber den Gesellschaftern (Schwarz/Pahlke/Keß § 194 Rn. 28).

V. Verlegung der Prüfung (Abs. 2)

49 Die Prüfung **„soll"** auf Antrag des Stpfl. auf einen anderen Zeitpunkt verlegt werden, wenn der Stpfl. wichtige Gründe für die Verlegung glaubhaft macht. Liegen wichtige

Gründe vor, ist das Ermessen der FB dahingehend eingeschränkt, dass die Ap. idR zu verlegen ist (BeckOK AO § 197 Rn. 54; TK § 197 Rn. 19). In einem Antrag auf AdV der Prüfungsanordnung ist ein Antrag iSd § 197 II zu sehen, wenn die Festsetzung des Prüfungsbeginns rechtmäßig war (BFH 12.12.2017 – VIII R 6/14, BFH/NV 2018, 606; BFH 25.1.1989 – X R 158/87, BStBl. II 1989, 483). Kein Antrag auf Verschiebung des Prüfungsbeginns iSd § 197 II ist dagegen in einem Antrag auf AdV der Prüfungsanordnung zu sehen, wenn der den Prüfungsbeginn festsetzende VA rechtswidrig ist (BFH 10.4.2003 – IV R 30/01, BFH/NV 2003, 1234; BFH 15.5.2007 – I B 10/07, BFH/NV 2007, 1624). Kein Antrag auf Verlegung der Prüfung iSd § 197 II liegt vor, wenn der Stpfl. im Rahmen informeller Gespräche über den Prüfungsbeginn einen Terminwunsch äußert (BFH 19.5.2016 – X R 14/15, BStBl. II 2017, 97).

Wichtige Gründe müssen sich aus den tatsächlichen Gegebenheiten des Stpfl. ergeben. 50
Dies kann nach **§ 5 V BpO 2000** bei einer Erkrankung des Stpfl., seines steuerlichen Beraters oder wichtiger auskunftspflichtiger Mitarbeiter der Fall sein. Gleiches gilt, wenn der Betrieb aufgrund eines Umbaus oder aufgrund höherer Gewalt beträchtlich gestört ist. Das Vorliegen dieser Gründe muss der Stpfl. nicht beweisen, sondern nur glaubhaft machen. Trotz wichtiger Gründe kann die Ap. dennoch durchzuführen sein, wenn der Prüfungszweck ansonsten gefährdet werden würde (TK § 197 Rn. 20).

VI. Vorlage von Unterlagen (Abs. 3)

Nach dem durch das DAC 7-UmsG v. 20.12.2022 (BGBl. 2022 I 2730) eingefügten 51
Abs. 3 kann das FA schon mit der Prüfungsanordnung vom Stpfl. die Vorlage von aufzeichnungs- und aufbewahrungspflichtigen Unterlagen innerhalb einer angemessenen Frist verlangen. Gemeint ist die Vorlage vor Prüfungsbeginn, nicht die Vorlage bei Prüfungsbeginn, wie es durchaus üblich ist. Die Entscheidung, ob die Vorlage von Unterlagen verlangt wird, steht im Ermessen des FA (BeckOK AO § 197 Rn. 63). Die Befugnis, Unterlagen schon mit der Prüfungsanordnung anzufordern, soll eine effektivere und schnellere Durchführung der Ap. ermöglichen (BR-Drs. 409/22, 96). Die Regelung muss im Zusammenhang mit dem ebenfalls durch das DAC 7-UmsG neu eingeführten Abs. 4 gesehen werden, der nach Vorlage der Unterlagen die Nennung von Prüfungsschwerpunkten durch das FA vorsieht (BeckOK AO § 197 Rn. 62). Im Zusammenspiel beider Vorschriften soll einerseits dem Prüfer ein schnellerer Zugriff auf die Unterlagen ermöglicht werden und andererseits soll sich der Stpfl. durch die Nennung von Prüfungsschwerpunkten besser auf die Prüfung einstellen können (BR-Drs. 409/22, 96; Peters AO-StB 2022, 353 (361)). Die Vorschriften des Abs. 3 und Abs. 4 sollen also eine effektivere und schnellere Ap. ermöglichen (Kubik/Redeker/Keil ISR 2023, 47).

Das FA kann nur die Vorlage von aufzeichnungs- und aufbewahrungspflichtigen Unterlagen verlangen (BeckOK AO § 197 Rn. 65; kritisch zur Vorlagepflicht Höring DStZ 2023, 173 (181)). Nur solche Unterlagen sind Gegenstand der Ap. Welche Unterlagen danach betroffen sind, richtet sich vorrangig nach § 147 (im Einzelnen → § 147 Rn. 6 ff.). Sind die Unterlagen mit Hilfe eines Datenverarbeitungssystems erstellt worden, sind die Daten nach § 197 III 2 dem FA in einem maschinell auswertbaren Format zur Verfügung zu stellen. Mit der Übermittlung der angeforderten Daten in elektronischer Form werden aber die Rechte der Ap. nach § 147 VI nicht eingeschränkt. Auch nach Übermittlung der Daten kann der Prüfer daher im Rahmen der Ap. Einsicht in die gespeicherten Daten nehmen, das Datenverarbeitungssystem zur Prüfung der Unterlagen nutzen, vom Stpfl. die maschinelle Auswertung nach seinen Vorgaben verlangen oder die Datenaufbereitung in ein maschinell auswertbares Format verlangen (zu Einzelheiten → § 147 Rn. 28 ff.).

Das FA muss dem Stpfl. zur Vorlage der Unterlagen eine angemessene Frist einräumen. 52
Ob die Frist iSd § 197 III 1 angemessen ist, kann nur unter Berücksichtigung der Umstände des Einzelfalls bestimmt werden. Eine konkrete Vorgabe sieht die gesetzliche Regelung nicht vor (BeckOK AO § 197 Rn. 66). Nach der Gesetzesbegründung kann die

Frist auch vor Beginn der eigentlichen Ap. enden (BR-Drs. 409/22, 96). Dem ist zuzustimmen. Zwar enthält die gesetzliche Regelung keine entsprechende ausdrückliche Anordnung. Jedoch lässt sich aus dem Gesetzeszweck der Beschleunigung der Ap. zwanglos ableiten, dass das FA die Übergabe bzw. elektronische Übermittlung der Unterlagen schon vor Beginn der Ap. fordern kann (glA Kubik/Redeker/Keil ISR 2023, 47).

Abs. 3 ist auf alle am 1.1.2023 anhängigen Verfahren anzuwenden (Art. 97 § 37 I EGAO).

VII. Nennung von Prüfungsschwerpunkten (Abs. 4)

53 Nach Abs. 4, der mit dem DAC 7-UmsG v. 20.12.2022 (BGBl. 2022 I 2730) eingefügt wurde, soll die FB dem Stpfl. die beabsichtigten Prüfungsschwerpunkte der Ap. vorab mitteilen. Voraussetzung ist, dass der Stpfl. seiner Pflicht zur Vorlage von Unterlagen nach Abs. 3 nachgekommen ist. Die Regelung soll einerseits dem Stpfl. die Möglichkeit eröffnen, sich besser auf die Ap. vorbereiten zu können und andererseits soll es dem Prüfer ermöglicht werden, Unterlagen schneller zu erhalten, damit die Durchführung der Ap. beschleunigt werden kann (BR-Drs. 409/22, 96). Die Vorschriften des Abs. 3 und Abs. 4 sollen also eine effektivere und schnellere Ap. ermöglichen (Kubik/Redeker/Keil ISR 2023, 47). Gleichzeitig zielt die gesetzliche Regelung darauf ab, durch die Mitteilung der Prüfungsschwerpunkte die Prüfungsmaßnahmen für den Stpfl. transparenter zu machen und den Weg zu mehr Kooperation während der Ap. zu ebnen (Peters AO-StB 2022, 353 (361)).

Nach Vorlage der Unterlagen „sollen" dem Stpfl. die beabsichtigten Prüfungsschwerpunkte mitgeteilt werden. Die Entscheidung über die Mitteilung steht damit zwar im Ermessen der FB; jedoch ist das Ermessen dahingehend eingeschränkt, dass im Regelfall eine Mitteilung der beabsichtigten Prüfungsschwerpunkte zu erfolgen hat. Denn bei sog. „Soll-Vorschriften" darf die FB nur aus wichtigem Grund oder atypischen Fällen von der regelmäßig geforderten Entscheidung abweichen (zu Einzelheiten → § 5 Rn. 11). Ein atypischer Fall liegt zB vor, wenn die vorgelegten Unterlagen darauf schließen lassen, dass eine umfassende Prüfung ohne Bildung von Prüfungsschwerpunkten angezeigt ist (glA BeckOK AO § 197 Rn. 82). Ein wichtiger Grund, eine Mitteilung der beabsichtigten Prüfungsschwerpunkte zu unterlassen, liegt zB vor, wenn dies den Zweck der Ap. gefährden würde (glA BeckOK AO § 197 Rn. 82).

Die Mitteilung der beabsichtigten Prüfungsschwerpunkte führt nach § 197 III 2 nicht dazu, dass eine Einschränkung der Ap. auf bestimmte Sachverhalte nach § 194 I 2 erfolgt. Der Ap. ist auch nach Mitteilung der Prüfungsschwerpunkte nicht daran gehindert, andere Sachverhalte zu prüfen (BR-Drs. 409/22, 96). Dies gilt sowohl für den Fall, dass der Prüfer schon nach Durchsicht der vorab übermittelten Unterlagen die Prüfungsbedürftigkeit eines Sachverhalts erkennen konnte, als auch für den Fall, dass sich die Prüfungsbedürftigkeit eines Sachverhalts erst im Laufe der weiteren Prüfung ergeben sollte.

54 Abs. 4 ist auf alle am 1.1.2023 anhängigen Verfahren anzuwenden (Art. 97 § 37 I EGAO).

VIII. Beschleunigung von Außenprüfungen (Abs. 5)

56 Der ebenfalls durch das DAC 7-UmsG v. 20.12.2022 (BGBl. 2022 I 2730) eingefügte Abs. 5 soll der Beschleunigung von Ap. dienen und steht in engem Zusammenhang mit der Begrenzung der Ablaufhemmung nach § 171 IV 3 HS 1 (BT-Drs. 20/3436, 90).

57 Die Regelung gilt nur für Ap., denen eine in § 149 III genannte StErklärung zugrunde liegt. Grundsätzlich bezieht sich § 149 III auf durch einen steuerlichen Berater erstellte Erklärungen (→ § 149 Rn. 24). Für § 197 V ist aber nicht erforderlich, dass diese StErklärung von einer Person, einer Gesellschaft, einem Verband, einer Vereinigung, einer Behörde oder einer Körperschaft iSd §§ 3 und 4 StBerG erstellt worden ist. Nach dem Willen des Gesetzgebers gilt die Regelung gem. § 168 S. 1, § 181 I 1 und § 184 I 3 für in

§ 149 III genannte StAnmeldungen, Feststellungserklärungen und StMessbescheide sowie Feststellungsbescheide entspr. (vgl. BT-Drs. 20/3436, 90). Bei anderen als den in § 149 III genannten StErklärungen gilt Abs. 5 nicht.

Die Prüfungsanordnung soll in diesen Fällen nach S. 1 grds. bis zum Ablauf des Kalenderjahres erlassen werden, das auf das Kalenderjahr folgt, in dem der aufgrund der StErklärung erlassene StBescheid durch Bekanntgabe wirksam geworden ist. Wird die Prüfungsanordnung aus Gründen, die die FB zu vertreten hat, erst nach Ablauf des Kalenderjahres erlassen, das auf das Kalenderjahr folgt, in dem der aufgrund der StErklärung erlassene StBescheid wirksam geworden ist, beginnt die in § 171 IV 3 HS 1 geregelte Frist nach S. 2 bereits mit Ablauf des Kalenderjahres, das auf das Kalenderjahr folgt, in dem der StBescheid wirksam geworden ist. **58**

Erstreckt sich die Ap. – dies ist bei Ap. im Anwendungsbereich der BpO der Regelfall – zugleich auf **mehrere StBescheide,** sind die S. 1 und 2 mit der Maßgabe anzuwenden, dass der Zeitpunkt des Wirksamwerdens des **zuletzt** ergangenen StBescheids einheitlich maßgeblich ist. Dies vermeidet, dass bei einer Ap. für mehrere Besteuerungszeiträume die Frist zur Bekanntgabe der Prüfungsanordnung und mittelbar die Ablaufhemmung nach § 171 IVzu unterschiedlichen Zeitpunkten abläuft (BT-Drs. 20/3436, 90). **59**

Abs. 5 ist erstmals auf Steuern anzuwenden, die nach dem 31.12.2024 entstehen (Art. 97 § 37 II EGAO). **60**

IX. Verfahrensfragen

Die Prüfungsanordnung und die Festlegung des Prüfungsbeginns sind selbständige VA (BeckOK AO § 197 Rn. 6; → § 118 Rn. 75), die gesondert angefochten werden müssen (BFH 18.12.1986 – I R 49/83, BStBl. II 1987, 408). Sie sind lediglich äußerlich miteinander verbunden. Gegen die Festlegung des Prüfungsbeginns ist der **Einspruch** sowie die **Anfechtungsklage** gegeben. Der Stpfl. kann nicht erst im Verfahren gegen die aufgrund der Prüfung ergangenen StBescheide vorbringen, der Prüfungsbeginn sei unrechtmäßig festgelegt worden (BFH 18.10.1988 – VII R 123/85, BStBl. II 1989, 76). Ein (anfechtbarer) Verwaltungsakt über die Festlegung des Prüfungsbeginns liegt jedoch nicht vor, wenn der Prüfer den Prüfungstermin nur ankündigt und verschiedene Terminvorschläge unterbreitet (BFH 19.5.2016 – X R 14/15, BStBl. II 2017, 97). Nach Beginn der Prüfung ist die Klage auf ein Fortsetzungsfeststellungsbegehren (§ 100 I 4 FGO) umzustellen. Ein berechtigtes Interesse an der Feststellung der Rechtswidrigkeit im Rahmen einer **Fortsetzungsfeststellungsklage** besteht auch, wenn davon die Entscheidung abhängt, ob der Ablauf der Festsetzungsverjährung gehemmt ist (BFH 25.1.1989 – X R 158/87, BStBl. II 1989, 483). **65**

Der Stpfl. muss keinen Antrag nach § 197 II stellen, wenn er die Nichteinhaltung einer angemessenen Mitteilungsfrist rügen will (BFH 18.12.1986 – I R 49/83, BStBl. II 1987, 408). Wird ein **Verlegungsantrag nach Abs. 2** zurückgewiesen, kann er auch gegen diese Entscheidung gesondert Einspruch einlegen. Vorläufiger Rechtsschutz ist durch **einstweilige Anordnung** nach § 114 FGO zu gewähren (HHSp § 197 Rn. 63). **66**

Zu den Rechtsbehelfen gegen die Prüfungsanordnung selbst → § 196 Rn. 81 ff.

Die **Anforderung von Unterlagen** nach Abs. 3 ist ebenfalls ein eigenständiger VA, der zeitgleich „mit der Prüfungsanordnung" (so der Wortlaut der Norm) ergehen oder mit ihr verbunden werden muss (BeckOK AO § 197 Rn. 64; Tormöhlen AO-StB 2024, 241 (243)). Als eigenständiger VA kann das Vorlageverlangen gesondert angefochten werden. Mit der Anfechtung kann auch die Dauer der Frist gerügt werden. **67**

§ 198 Ausweispflicht, Beginn der Außenprüfung

[1]Die Prüfer haben sich bei Erscheinen unverzüglich auszuweisen. [2]Der Beginn der Außenprüfung ist unter Angabe von Datum und Uhrzeit aktenkundig zu machen.

I. Ausweispflicht der Prüfer (S. 1)

1 Der Prüfer hat sich bei Erscheinen unverzüglich, dh ohne schuldhaftes Zögern, unter Vorlage seines Dienstausweises (§ 10 BpO) auszuweisen. Die Pflicht besteht nur, wenn der Prüfer zum Zwecke der Aufnahme der Ap. erscheint (BeckOK AO § 198 Rn. 3). Der Stpfl. soll die Identität des Prüfers feststellen können. Nur bei einem erfolgten Ausweis durch den Prüfer hat der Stpfl. die Prüfungshandlungen zu dulden, insb. das Betreten seiner Räume zu gestatten (TK § 198 Rn. 2). Versäumt es der Prüfer sich auszuweisen, so führt dieser Verstoß nicht zu einem **Verwertungsverbot** für die Prüfungsfeststellungen, wenn der Stpfl. die Prüfungshandlungen geduldet hat (Gosch AO § 198 Rn. 11; Klein § 198 Rn. 1; BeckOK AO § 198 Rn. 4).

II. Beginn der Außenprüfung (S. 2)

2 Der Prüfer ist verpflichtet, den Beginn der Ap. unter Angabe von **Datum und Uhrzeit** aktenkundig zu machen. Die Ap. beginnt nicht bereits mit dem Erscheinen des Prüfers. Erst wenn der Prüfer ernsthaft mit den Prüfungshandlungen begonnen hat, kann von dem Beginn der Ap. gesprochen werden (Klein § 198 Rn. 2). Reine Scheinhandlungen genügen nicht. Auch eine Besprechung mit dem Stpfl. über den weiteren Ablauf der Prüfung reicht hierfür nicht aus (BeckOK AO § 198 Rn. 7; Gosch AO § 198 Rn. 12). Dagegen beginnt eine Prüfung schon mit dem informativen Gespräch und der Aufforderung, Belege und Unterlagen vorzulegen oder konkrete Auskünfte zu erteilen (BFH 24.4.2003 – VII R 3/02, BStBl. II 2003, 739). Auch die Entgegennahme von Buchführungsdaten am Prüfungsort ist eine vom Prüfer veranlasste und damit für den Stpfl. erkennbar auf die Ermittlung des StFalls gerichtete Handlung, sodass darin der Beginn der Außenprüfung zu sehen ist (BFH 26.4.2017 – I R 76/15, BStBl. II 2017, 1159). Ebenso stellt die Übergabe eines umfangreichen Aktenvermerks über die für die Fortsetzung der Betriebsprüfung erforderlichen Unterlagen den Prüfungsbeginn dar (FG Hamburg 16.5.2017 – 2 K 118/16, BeckRS 2017, 120524). Voraussetzung ist in allen Fällen, dass eine förmliche Prüfungsanordnung ergangen ist (BFH 26.4.2017 – I R 76/15, BStBl. II 2017, 1159). Bei Konzernprüfungen beginnt die Ap. erst, wenn die Prüfer Prüfungshandlungen in Bezug auf die einzelnen Konzerngesellschaften vorgenommen haben (AEAO zu § 198 Nr. 2). Allerdings liegt ein einheitlicher Prüfungsbeginn vor, wenn die Prüfer sich einen Überblick über die steuerlichen Belange aller konzernzugehörigen Gesellschaften verschaffen (BeckOK AO § 198 Rn. 9).

Es ist zwischenzeitlich in der Außenprüfungspraxis üblich, dass der Prüfer mit der Prüfungsanordnung den Stpfl. zur Übersendung der Buchführungsunterlagen auf einem maschinell verwertbaren Datenträger gem. § 147 VI 2 auffordert (zur Rechtmäßigkeit der Aufforderung s. BFH 7.6.2021 – VIII R 24/18, BFH/NV 2021, 1385 und → § 200 Rn. 29). Kommt der Stpfl. der Aufforderung nach, soll nach Auffassung des FG Rheinland-Pfalz die Übersendung des Datenträgers den Beginn der Außenprüfung darstellen (FG Rheinland-Pfalz 12.6.2019 – 2 K 1277/18, EFG 2019, 1884, offen gelassen von BFH 4.3.2020 – VIII B 140/19, BFH/NV 2020, 753). Dem ist uE nicht zuzustimmen. Im Falle der Übersendung eines maschinell verwertbaren Datenträgers stellt erst die Auswertung des Datenträgers durch den Prüfer den Beginn der Ap. dar (glA TK § 198 Rn. 3 mit Hinweis auf AEAO zu § 198 Nr. 1 S. 2). Anders liegt der Fall, wenn der Prüfer vor Ort erschienen ist und dann den elektronischen Datenträger entgegennimmt; dies steht der Aufforderung zur Vorlage von Belegen und Unterlagen gleich, die nach der Entscheidung des BFH

24.4.2003 – VII R 3/02, BStBl. II 2003, 739 den Beginn der Ap. markiert (glA FG Hessen 19.1.2021 – 8 K 1612/17, 8 K 822/20, DStRE 2022, 73; BeckOK AO § 198 Rn. 7).

Nimmt der Prüfer am Ort der Ap. das Aktenstudium auf, ist hierin eine ernsthafte Prüfungshandlung zu sehen (BFH 2.2.1994 – I R 57/93, BStBl. II 1994, 377). Die Aufnahme des Aktenstudiums im Amt reicht für den Prüfungsbeginn nur aus, wenn dessen Gegenstand nachweislich die konkreten Verhältnisse des zu prüfenden Betriebes sind (BFH 24.4.2003 – VII R 3/02, BStBl. II 2003, 739). Das Aktenstudium stellt aber nur den Beginn der Ap. dar, wenn es nach dem in der Prüfungsanordnung genannten Termin zum Prüfungsbeginn durchgeführt wird (BFH 8.7.2009 – XI R 64/07, BStBl. II 2010, 4). Ein Aktenstudium vor diesem Zeitpunkt gehört demnach noch zu den Vorbereitungshandlungen (so auch AEAO zu § 198 Nr. 2). Handlungen, die der Vorbereitung der Prüfung dienen, wie die Absprache des Prüfungsbeginns, reichen dagegen nicht aus. Der Beginn ist dem Stpfl. mit dem Prüfungsbericht mitzuteilen (AEAO zu § 198 Nr. 2). Der Vermerk über den Beginn der Ap. legt den Termin nicht verbindlich fest (Gosch AO § 198 Rn. 16). Das FG hat im Rahmen der freien Beweiswürdigung über die Richtigkeit des Vermerks zu entscheiden (BFH 31.8.2011 – I B 9/11, BFH/NV 2011, 2011). 3

Ablaufhemmung. Der Beginn der Ap. ist für die Frage der Ablaufhemmung gem. § 171 IV bedeutsam (zu Einzelheiten → § 171 Rn. 65 ff.). Der Ablauf der Festsetzungsfrist wird gehemmt, wenn mit einer Ap. begonnen wurde. Voraussetzung ist, dass zuvor eine Prüfungsanordnung ergangen ist (BFH 26.4.2017 – I R 76/15, BStBl. II 2017, 1159). Die genaue Angabe von Datum und Uhrzeit ist jedoch für die Ablaufhemmung nicht von so entscheidender Bedeutung, weil die Festsetzungsfrist immer am Ende eines Kalenderjahres abläuft (TK § 198 Rn. 6). Lediglich für den Fall, dass die Prüfung kurz vor Ablauf der Festsetzungsfrist begonnen wird, kann dem genauen Datum und der Uhrzeit eine erhöhte Bedeutung zukommen. 4

Selbstanzeige. Bis zur Änderung des § 371 II durch das SchwarzgeldbekämpfungsG v. 28.4.2011 (BGBl. 2011 I 676) konnte eine strafbefreiende Selbstanzeige bis zum Erscheinen des Prüfers abgegeben werden, sodass dem Vermerk über den Prüfungsbeginn hier indizielle Bedeutung zukommen konnte. Nunmehr ist eine strafbefreiende Selbstanzeige nach § 371 II Nr. 1 Buchst. a bereits ausgeschlossen, wenn dem Täter oder seinem Vertreter die Prüfungsanordnung bekannt gegeben worden ist (Klein § 198 Rn. 3). Allerdings ist die Selbstanzeige nach § 371 II Nr. 1 Buchst. c auch weiterhin ausgeschlossen, wenn der Amtsträger zur steuerlichen Ap. erscheint. 5

§ 199 Prüfungsgrundsätze

(1) **Der Außenprüfer hat die tatsächlichen und rechtlichen Verhältnisse, die für die Steuerpflicht und für die Bemessung der Steuer maßgebend sind (Besteuerungsgrundlagen), zugunsten wie zuungunsten des Steuerpflichtigen zu prüfen.**

(2) [1]**Der Steuerpflichtige ist während der Außenprüfung über die festgestellten Sachverhalte und die möglichen steuerlichen Auswirkungen zu unterrichten, wenn dadurch Zweck und Ablauf der Prüfung nicht beeinträchtigt werden.** [2]**Die Finanzbehörde kann mit dem Steuerpflichtigen vereinbaren, in regelmäßigen Abständen Gespräche über die festgestellten Sachverhalte und die möglichen steuerlichen Auswirkungen zu führen.** [3]**Sie kann im Einvernehmen mit dem Steuerpflichtigen Rahmenbedingungen für die Mitwirkung nach § 200 festlegen; werden die Rahmenbedingungen vom Steuerpflichtigen erfüllt, unterbleibt ein qualifiziertes Mitwirkungsverlangen nach § 200a.**

I. Allgemeines

§ 199 I stellt lediglich klar, dass die Ermittlungsgrundsätze gem. §§ 85 ff. auch für die Ap. gelten. Der allgemeine **Amtsermittlungsgrundsatz** des § 88 wird nicht ersetzt. 1

Vielmehr gilt § 88 I auch für die Ap. (TK § 199 Rn. 2). Abs. 1 wiederholt lediglich die Ermittlungsgrundsätze des § 88 und ist daher im Grunde **überflüssig** (TK § 199 Rn. 1). § 199 II bestimmt dagegen **originär,** dass der Stpfl. während der laufenden Prüfung über die Prüfungsfeststellungen zu unterrichten ist. Diese Mitteilungspflicht ersetzt allerdings nicht den Anspruch des Stpfl. auf Durchführung einer **Schlussbesprechung** nach § 201.

II. Prüfung der Besteuerungsgrundlagen (Abs. 1)

6 **Tatsächliche und rechtliche Verhältnisse.** Der Prüfer hat die tatsächlichen und rechtlichen Verhältnisse, die für die StPflicht und für die Bemessung der Steuer entscheidend sind, zu prüfen. § 199 I enthält insoweit eine Legaldefinition der „Besteuerungsgrundlagen". Mit der Formulierung „tatsächliche und rechtliche Verhältnisse" soll deutlich gemacht werden, dass der Prüfer alle Umstände, die für die Festsetzung der Steuer bedeutsam sind, umfassend zu ermitteln hat (FG Niedersachsen 22.10.2017 – 13 K 179/15, EFG 2019, 179). Daher sind sowohl der Lebenssachverhalt aufzuklären als auch die rechtlichen Beziehungen des Stpfl. zu ermitteln. Dazu bestimmt der Prüfer Art und Umfang der Ermittlungen (FG Köln 13.4.2018 – 2 V 174/18, EFG 2018, 1164).

8 **Beschränkung auf das Wesentliche.** Eine Beschränkung einer Ap. auf das Wesentliche ist § 199 I nicht zu entnehmen (Klein § 199 Rn. 1). Lediglich § 7 BpO schreibt vor, dass eine Ap. auf das Wesentliche zu beschränken ist. Der Prüfer soll Prüfungsschwerpunkte bilden und Bereiche prüfen, die besonders fehleranfällig sind oder bei denen mit endgültigen StAusfällen zu rechnen ist. Der Stpfl. kann trotz dieser Regelung keine tatsächliche Beschränkung der Prüfungstätigkeit auf bestimmte Prüfungsfelder erzwingen. § 7 BpO hindert den Prüfer nicht, Ermittlungen auch außerhalb der allgemeinen Prüfungsschwerpunkte anzustellen. Dem Stpfl. steht also **kein Recht auf Beschränkung** der Prüfung zu (Gosch AO § 199 Rn. 34).

13 **Prüfung zugunsten wie zuungunsten des Stpfl.** Die FVerw. darf die Sachverhaltsaufklärung nicht unter fiskalischen Gesichtspunkten betreiben, sondern ist verpflichtet, für eine rechtmäßige StErhebung Sorge zu tragen. Daher hat sie die Ap. so durchzuführen, dass zugunsten wie zuungunsten des Stpfl. ermittelt wird. Der Prüfer wird durch § 199 I nochmals auf seine Pflicht zur **Objektivität** hingewiesen (TK § 199 Rn. 5). Dementsprechend darf eine Prüfung nicht abgebrochen werden, weil bei einer Fortsetzung eine für den Stpfl. günstigere StFestsetzung zu erwarten ist (BeckOK AO § 199 Rn. 9).

III. Pflicht zur Unterrichtung des Steuerpflichtigen während der Außenprüfung (Abs. 2 S. 1)

17 Der Stpfl. muss nach Abs. 2 über die festgestellten Sachverhalte und über die sich daraus ergebenden steuerlichen Auswirkungen unterrichtet werden. Hierauf hat der Stpfl. einen Anspruch, sofern nicht Zweck und Ablauf der Prüfung durch die Mitteilungen beeinträchtigt werden. Der Stpfl. ist bereits während der **laufenden Ap.** zu informieren (Klein § 199 Rn. 3). Die Schlussbesprechung (§ 201) kann eine Unterrichtung während der Ap. nicht ersetzen (BeckOK AO § 199 Rn. 12). Ob der Prüfer die Informationen schriftlich oder mündlich erteilt, liegt in seinem Ermessen (TK § 199 Rn. 18).

18 **Zweck der Mitteilungspflicht** ist die ausreichende Gewährung rechtlichen Gehörs sowie der Schutz des Stpfl. vor Überraschungen (Klein § 199 Rn. 3). Gleichzeitig soll ein effizienter und reibungsloser Prüfungsablauf gesichert werden (TK § 199 Rn. 17).

19 **Inhalt der Mitteilungspflicht.** Der Stpfl. ist sowohl über die festgestellten Tatsachen als auch über die damit verbundenen steuerlichen Auswirkungen zu unterrichten. Damit soll der Stpfl. nicht im Unklaren über die faktischen Konsequenzen der Prüfungsfeststellungen gelassen werden. Allerdings hat der Prüfer nur über die **möglichen** Auswirkungen zu informieren. Eine endgültige steuerrechtliche Würdigung wird während einer laufenden Prüfung nicht verlangt (Klein § 199 Rn. 3). Der Stpfl. kann sich nicht auf eine während der Prüfung **erteilte Auskunft** berufen (TK § 199 Rn. 19). Die Mitteilungspflicht geht

zwar nicht so weit, dass der Stpfl. nach § 199 II während der laufenden Ap. einen Anspruch auf **Einsicht in die Prüferakte** hat (FG Baden-Württemberg 26.7.2021 – 10 K 3159/20, EFG 2021, 1777; glA Klein § 199 Rn. 3). Grundlegende Berechnungen des Prüfers (zB Kalkulationen zur Begründung einer Schätzungsbefugnis oder zur Ermittlung von Hinzuschätzungsbeträgen) müssen hingegen offengelegt werden, damit der Stpfl. sich mit den Berechnungen auseinandersetzen kann.

Ein Verstoß gegen die Mitteilungspflicht führt zu einem Verfahrensfehler, der jedoch nach § 126 I Nr. 3 geheilt werden kann, in dem die Gewährung des rechtlichen Gehörs nachgeholt wird (Klein § 199 Rn. 3). Ein **Verwertungsverbot** wird durch einen Verstoß gegen § 199 II 1 nicht ausgelöst (BFH 29.8.2017 – VIII R 17/13, BStBl. II 2018, 408; BFH 26.6.1997 – XI B 174/96, BFH/NV 1998, 17; TK § 199 Rn. 30). 20

Keine Beeinträchtigung der Prüfung. Der Anspruch des Stpfl. auf laufende Unterrichtung über die Prüfungsfeststellungen findet seine Grenze, wenn Zweck und Ablauf der Ap. beeinträchtigt werden würden. Dies ist der Fall, wenn zu befürchten ist, dass der Stpfl. aufgrund der erhaltenen Informationen Zeugen beeinflusst, Belege beseitigt oder andere Unterlagen manipuliert (Gosch AO § 199 Rn. 59; BeckOK AO § 199 Rn. 16). Gibt es hierfür Anhaltspunkte, kann der Außenprüfer die Auskunft über die Prüfungsfeststellungen verweigern. 21

IV. Vereinbarung von Gesprächen (Abs. 2 S. 2)

Der durch das DAC 7-UmsG v. 20.12.2022 (BGBl. 2022 I 2730) eingefügte Abs. 2 S. 2 kodifiziert etwas, das auch ohne diese Regelung schon möglich war bzw. gewesen wäre: Die FB kann in regelmäßigen Abständen **Gespräche** mit dem Stpfl. über die festgestellten Sachverhalte und die möglichen steuerlichen Auswirkungen führen. Dadurch wird nach der Vorstellung des Gesetzgebers mehr Transparenz zwischen der FVerw. und dem Stpfl. geschaffen. Die Gespräche können zudem zu einer schnelleren Klärung steuerlicher Sachverhalte beitragen und somit insgesamt zu einem zeitnäheren Abschluss der Ap. führen (vgl. BT-Drs. 20/3436, 90). 25

Die Vorschrift ist eine Ermessensnorm („kann"). Die FB hat über die Vereinbarung von regelmäßigen (Zwischen-)Gesprächen somit nach pflichtgemäßem **Ermessen** (§ 5) zu entscheiden. Der Anspruch des Stpfl. beschränkt sich in diesem Fall auf eine pflichtgemäße und fehlerfreie Ausübung des Ermessens durch die FB (vgl. BeckOK AO § 199 Rn. 20). Es wird auch vertreten, dass die Vorschrift jedenfalls bei auf eine bestimmte Dauer angelegten Ap. als Sollvorschrift zu verstehen sei (TK § 199 Rn. 23). Das würde dann ein sog. gebundenes Ermessen zugunsten einer Besprechung bedeuten. Dafür spricht, dass es dem Gesetzgeber durch Einfügung der Regelung scheinbar insb. auf die Förderung der Kommunikation ankam und er andernfalls eine Selbstverständlichkeit – beinahe nutzlos – ins Gesetz geschrieben hätte. Praktisch scheint diese Unterscheidung nahezu bedeutungslos, denn idR dürften alle Beteiligten einer Ap. gesprächsbereit sein und Interesse an einem schnellen Abschluss des Verfahrens haben. 26

Zwar gibt die Regelung das Heft des Handelns in die Hand der FB. Die Initiative für die Absprache kann natürlich aber auch vom Stpfl. bzw. dessen Berater ausgehen (TK § 199 Rn. 23). Er kann jederzeit einen Antrag auf Vereinbarung von Zwischenbesprechungen beim PrüfungsFA stellen. 27

V. Vereinbarung verbindlicher Rahmenbedingungen (Abs. 2 S. 3)

Der ebenfalls durch das DAC 7-UmsG v. 20.12.2022 (BGBl. 2022 I 2730) eingefügte S. 3 ermöglicht erstmals, verbindliche **Rahmenbedingungen** zwischen Verwaltung und dem geprüften Unternehmen zu vereinbaren. Die Vorschrift steht allen Arten von Vereinbarungen offen. Möglich ist etwa die Vereinbarung von Fristen, innerhalb derer Nachfragen beantwortet werden sollen, oder die Festlegung eines Prüfungsplans für die gesamte Prüfung. Durch die Vereinbarung kann sich auch die Verwaltung binden und ihre 31

Ermessensausübung vorprägen. Die Aussparung bestimmter Prüfungsfelder kann ebenfalls Gegenstand der Vereinbarung sein (vgl. BT-Drs. 20/3436, 91).

32 Nach dem Willen des Gesetzgebers soll insb. das **BZSt** regelmäßig an solchen Vereinbarungen gem. § 19 FVG zu beteiligen sein, wenn es an dem Fall mitwirkt (BT-Drs. 20/3436, 91).

33 Gegenüber Stpfl., die die vereinbarten Mitwirkungspflichten erfüllen und sich „compliant" (so die Gesetzesbegründung; BT-Drs. 20/3436, 91) verhalten, ist der Erlass eines qualifizierten Mitwirkungsverlangens nach § 200a unzulässig. Lediglich diesen Stpfl. kommen die Vorteile einer zeitnahen Ap. zugute. Die Vereinbarung kann von beiden Seiten gekündigt werden. Die Bedingungen für das Abstandnehmen vom Erlass eines qualifizierten Mitwirkungsverlangens sollten idR Gegenstand der Vereinbarungen sein (vgl. BT-Drs. 20/3436, 91).

34 Auch die Vereinbarung verbindlicher Rahmenbedingungen steht im **Ermessen** der FB („kann"). Der Anspruch des Stpfl. beschränkt sich in diesem Fall auf eine pflichtgemäße und fehlerfreie Ermessensausübung (→ Rn. 26). Ein Anspruch des Stpfl. auf die Vereinbarung bestimmter Verfahrensmodalitäten besteht nicht (BeckOK AO § 199 Rn. 23).

VI. Verfahrensfragen

40 Abs. 2 S. 2 und 3 sind iRv Ap. für solche Steuern und StVergütungen anzuwenden, die nach dem 31.12.2024 entstehen (Art. 97 § 37 II 1 EGAO). Auf früher entstandene Steuern und StVergütungen sind die Regelungen anwendbar, wenn für sie nach dem 31.12.2024 jeweils eine Prüfungsanordnung bekannt gegeben wird (Art. 97 § 37 III 1 EGAO).

41 Eine Ablehnung beantragter Unterrichtung (Abs. 2 S. 1) oder regelmäßiger Zwischengespräche (Abs. 2 S. 2) wäre wie auch die Ablehnung verbindlicher Rahmenbedingungen (Abs. 2 S. 3) vom FA zu bescheiden. Dies wäre ein VA (§ 118) und könnte mit **Rechtsmitteln** angegriffen werden. In der Praxis dürfte dies für Abs. 2 S. 2 aber wohl kaum zu erwarten sein. Nur in Ausnahmefällen wird sich das FA Gesprächen verweigern und in noch selteneren Fällen dürfte sich ein Stpfl. viel von auf dem Rechtsweg erzwungenen Gesprächen versprechen. Bei Abs. 2 S. 1 und 3 dürfte dies schon eher vorkommen. Gerade größeren und auch international agierenden Unternehmen dürfte es zur Bewältigung der Prüfung aus Gründen des Vorhaltens von Personal oder der Vorlage archivierter Unterlagen an einer Vereinbarung verbindlicher Rahmenbedingungen gelegen sein. Ob gegen einen erfolglosen Einspruch die Verpflichtungsklage statthaft ist oder stattdessen eine Anfechtungsklage erhoben werden muss, die mit einer Leistungsklage zu verbinden ist, ist umstr. (BeckOK AO § 199 Rn. 32), aber letztlich in der Sache bedeutungslos. Das FG muss ggf. auf einen unzulässigen Antrag hinweisen.

42 Ein Verwertungsverbot wird durch einen Verstoß der FB gegen § 199 II 2 und 3 nicht ausgelöst (→ Rn. 20).

§ 200 Mitwirkungspflichten des Steuerpflichtigen

(1) [1]**Der Steuerpflichtige hat bei der Feststellung der Sachverhalte, die für die Besteuerung erheblich sein können, mitzuwirken.** [2]**Er hat insbesondere Auskünfte zu erteilen, Aufzeichnungen, Bücher, Geschäftspapiere und andere Urkunden zur Einsicht und Prüfung vorzulegen, die zum Verständnis der Aufzeichnungen erforderlichen Erläuterungen zu geben und die Finanzbehörde bei Ausübung ihrer Befugnisse nach § 147 Absatz 6 zu unterstützen.** [3]**Sind der Steuerpflichtige oder die von ihm benannten Personen nicht in der Lage, Auskünfte zu erteilen, oder sind die Auskünfte zur Klärung des Sachverhalts unzureichend oder versprechen Auskünfte des Steuerpflichtigen keinen Erfolg, so kann der Außenprüfer**

auch andere Betriebsangehörige um Auskunft ersuchen. [4]§ 93 Absatz 2 Satz 2 gilt nicht.

(2) [1]**Die in Absatz 1 genannten Unterlagen hat der Steuerpflichtige in seinen Geschäftsräumen oder, soweit ein zur Durchführung der Außenprüfung geeigneter Geschäftsraum nicht vorhanden ist, in seinen Wohnräumen oder an Amtsstelle vorzulegen.** [2]**Werden mobile Endgeräte in der Außenprüfung eingesetzt, gilt die ortsunabhängige Tätigkeit als an Amtsstelle ausgeübt.** [3]**Ein zur Durchführung der Außenprüfung geeigneter Raum oder Arbeitsplatz sowie die erforderlichen Hilfsmittel sind unentgeltlich zur Verfügung zu stellen.** [4]**§ 147 Absatz 6 und 7 bleibt unberührt.**

(3) [1]**Die Außenprüfung findet während der üblichen Geschäfts- oder Arbeitszeit statt.** [2]**Die Prüfer sind berechtigt, Grundstücke und Betriebsräume zu betreten und zu besichtigen.** [3]**Bei der Betriebsbesichtigung soll der Betriebsinhaber oder sein Beauftragter hinzugezogen werden.**

Schrifttum: Schuhmann, Auskunftsverweigerungsrechte in der steuerlichen Außenprüfung, StBp 1996, 89; Buchert, Einführung eines Zugriffsrechts der Finanzverwaltung auf DV-gestützte Buchführungssysteme. INF 2001, 230; Hütt, Rechte und Mitwirkungspflichten bei der Außenprüfung, AO-StB 2002, 24; Apitz, Digitale Buchführung und Datenzugriff der Finanzverwaltung ab 1.1.2002, StBp 2002, 33; Eberlein, Zugriff der Finanzverwaltung auf Daten und Datenverarbeitungssysteme im Rahmen der steuerlichen Außenprüfung, DStZ 2002, 249; Schaumburg, Der Datenzugriff und andere Kontrollmöglichkeiten der Finanzverwaltung, DStR 2002, 829; Drüen, Verfassungsfragen der digitalen Außenprüfung, StuW 2003, 205; Intemann/Cöster, Rechte und Pflichten bei der digitalen Außenprüfung – Zugleich Besprechung des sog. Frage-Antwort-Katalogs des BMF, DStR 2004, 1981; Drüen, Neue Pflichten zur Vorlage von Unterlagen bei der Betriebsprüfung von Kapitalgesellschaften und Konzernen?, StbJb 2006/2007, 273; Krüger, Umfassende Vorlagepflicht von Konzernunternehmen in der Außenprüfung bei Sachverhalten mit Auslandsbezug, IStR 2017, 352; Wargowske/Greil, Digitale steuerliche Außenprüfung, FR 2019, 608; Haselmann/Berger, Darf der Betriebsprüfer die Vorlage des geschäftlichen E-Mailverkehrs verlangen?, IWB 2020, 21.

Übersicht

A. Allgemeines

Bedeutung der Vorschrift. Die Vorschrift konkretisiert die schon nach § 90 bestehen- 1
de **Mitwirkungspflicht** des Stpfl. für die Ap. Sie ist **lex specialis** zu den §§ 85, sodass § 200 für die Ap. Vorrang vor den allgemeinen Bestimmungen besitzt (TK § 200 Rn. 1). Die allgemeinen Mitwirkungspflichten des Stpfl. werden durch § 200 ergänzt und modifiziert (BFH 6.6.2012 – I R 99/10, BStBl. II 2013, 196; BFH 4.11.2003 – VII R 28/01,

BStBl. II 2004, 1032). Die Pflichten des Stpfl. werden nach § 200 I 2 zur reibungslosen Durchführung einer digitalen Ap. nach § 147 VI nicht unerheblich erweitert.

B. Mitwirkungspflichten im Rahmen der Außenprüfung (Abs. 1)

I. Allgemeine Mitwirkungspflichten (Abs. 1 S. 1)

6 Der Stpfl. ist nach Abs. 1 S. 1 auch während einer Ap. zur Mitwirkung verpflichtet. Insoweit wiederholt § 200 I 1 lediglich die bereits nach § 90 allgemein bestehende Mitwirkungsverpflichtung des Stpfl., die aber durch § 200 noch ergänzt und modifiziert wird (BFH 6.6.2012 – I R 99/10, BStBl. II 2013, 196; BFH 4.11.2003 – VII R 28/01, BStBl. II 2004, 1032). Es obliegt dem Prüfer, die Pflichten des Stpfl. nach pflichtgemäßem **Ermessen** genauer zu bestimmen (BFH 15.9.1992 – VII R 66/91, BFH/NV 1993, 76). Das Mitwirkungsverlangen ist nur rechtmäßig, wenn es notwendig, zumutbar, erfüllbar und verhältnismäßig ist (Klein § 200 Rn. 5).

7 **Mitwirkungspflichtige Person** ist vorrangig der geprüfte Stpfl. selbst. Er hat Urkunden vorzulegen und Auskünfte zu erteilen. Der Verpflichtung des Stpfl. steht die Verpflichtung des Prüfers gegenüber, sich grundsätzlich zuerst an den Stpfl. zu wenden (Gosch AO § 200 Rn. 21). Der Stpfl. hat darüber hinaus das Recht, Personen zu benennen, die dem Prüfer Auskunft erteilen können (§ 8 I BpO).

8 **Mitwirkungsverlangen als Verwaltungsakt.** Da die durch § 200 allgemein statuierte Mitwirkungspflicht erst durch das jeweilige Mitwirkungsverlangen für den Einzelfall konkretisiert wird, ist dies ein **VA,** dem der Stpfl. mit Einspruch und Anfechtungsklage begegnen kann (BFH 6.6.2012 – I R 99/10, BStBl. II 2013, 196; BFH 28.10.2009 – VIII R 78/05, BStBl. II 2010, 455; BFH 24.6.2009 – VIII R 80/06, BStBl. II 2010, 452; BFH 23.2.1984 – IV R 154/82, BStBl. II 1984, 512; BFH 5.4.1984 – IV R 244/83, BStBl. II 1984, 790; Klein § 200 Rn. 11; s. aber BFH 10.11.1998 – VIII R 3/98, BStBl. II 1999, 199). Allerdings muss aus der Aufforderung des Prüfers ausreichend deutlich werden, dass eine rechtlich verbindliche Forderung an den Stpfl. gerichtet wird (FG Niedersachsen 10.5.2012 – 6 K 27/12, EFG 2012, 1519; Tipke/Lang § 22 Rn. 245), weil im Umfeld von Außenprüfungen die Grenze zwischen reinen Hilfs- und Vorbereitungsmaßnahmen ohne Regelungscharakter und Verwaltungsakten nicht immer eindeutig zu ziehen ist (BFH 28.9.2011 – VIII R 8/09, BStBl. II 2012, 395; BFH 11.12.2018 – XI B 123/17, BFH/NV 2019, 565). Eine Differenzierung danach, ob die Maßnahme der Ermittlung steuermindernder oder steuererhöhender Tatsachen dient, ist abzulehnen (so aber BFH 10.11.1998 – VIII R 3/98, BStBl. II 1999, 199; FG Münster 14.9.2022 – 13 K 3154/21 AO, EFG 2022, 1857; krit. auch TK § 200 Rn. 6). Es ist allein darauf abzustellen, wie der Stpfl. das Mitwirkungsverlangen verstehen konnte und durfte. Stellt die Aufforderung zur Mitwirkung aus Sicht des Stpfl. eine bindende Regelung dar, so kann nicht danach differenziert werden, ob das Verlangen zu steuererhöhenden oder steuermindernden Feststellungen führen würde. Gegen eine solche Differenzierung spricht schon der Umstand, dass nicht bei jedem Mitwirkungsverlangen von vornherein feststeht, welche steuerlichen Auswirkungen sich ergeben werden (glA BeckOK AO § 200 Rn. 12). Auch die Aufforderung, Buchführungsunterlagen zum digitalen Datenzugriff auf CD-Rom zur Verfügung zu stellen, ist ein VA (BFH 24.6.2009 – VIII R 80/06, BStBl. II 2010, 452). Gibt das FA dem Mitwirkungsverlagen die Form eines VA, indem es zB einen Einspruch gegen das Mitwirkungsverlangen als unbegründet zurückweist, liegt aber auf jeden Fall ein VA vor (BFH 11.12.2018 – XI B 123/17, BFH/NV 2019, 565). Ob und in welchem Umfang der Prüfer ein Mitwirkungsverlangen an den Stpfl. richtet, ist eine **Ermessensentscheidung** (BFH 5.4.2022 – VIII B 42/21, BFH/NV 2022, 746). Das Schreiben eines Prüfers, mit dem die bisherigen Prüfungsergebnisse dargestellt werden, stellt mangels Regelungscharakter keinen VA dar (FG Münster 14.9.2022 – 13 K 3154/21 AO, EFG 2022, 1857).

II. Konkrete Mitwirkungspflichten (Abs. 1 S. 2)

Abs. 1 S. 2 konkretisiert die allgemeinen Mitwirkungspflichten, die den Stpfl. im Rahmen der Ap. treffen (Gosch AO § 200 Rn. 1). Die Mitwirkungsverpflichtung erstreckt sich nur auf den durch die Prüfungsanordnung festgelegten Rahmen (Drüen StbJb 2006/07, 273; Gosch AO § 200 Rn. 7). Ausdrücklich erwähnt ist die Pflicht, Auskünfte zu erteilen, Aufzeichnungen, Bücher, Geschäftspapiere und andere Urkunden zur Einsicht und Prüfung vorzulegen und die zum Verständnis der Aufzeichnungen erforderlichen Erläuterungen zu geben, sowie die Einsichtnahme in die Datenverarbeitungsanlagen zu ermöglichen (§ 147 VI). Die Aufzählung ist **nicht abschließend.** Kommt der Stpfl. seinen Mitwirkungspflichten nach § 200 nicht in angemessener Frist nach, kann gegen ihn gem. § 146 II b ein **Verzögerungsgeld** festgesetzt werden (BFH 24.4.2014 – IV R 25/11, BStBl. II 2014, 819). 13

1. Auskunftspflichten

Der Stpfl. ist nur verpflichtet, über **steuerlich erhebliche Tatsachen** Auskunft zu geben. Er muss weder Werturteile noch Vermutungen äußern noch rechtliche Bewertungen abgeben. Ein Auskunftsersuchen muss abw. von § 93 II 2 nicht schriftlich ergehen. Der Prüfer muss ein Auskunftsersuchen jedoch **schriftlich bestätigen,** wenn der Stpfl. ein berechtigtes Interesse daran hat. Der Wille, das Auskunftsersuchen anzufechten, stellt eine solches berechtigtes Interesse dar (Gosch AO § 200 Rn. 18; TK § 200 Rn. 7). 16

2. Vorlagepflichten

Aufzeichnungen, Bücher, Geschäftspapiere und andere Urkunden hat der Stpfl. am Ort der Prüfung vorzulegen. Der Prüfer kann die Vorlage nur verlangen, wenn die Unterlagen für die Besteuerung von Bedeutung sein können. Daher sind insb. alle **aufbewahrungspflichtigen Unterlagen** auszuhändigen (→ § 147 Rn. 8 ff.). Die Vorlagepflicht kann sich aber auch auf steuerlich relevante Unterlagen beziehen, die nicht von der Aufbewahrungspflicht erfasst sind (BFH 5.4.2022 – VIII B 42/21, BFH/NV 2022, 746; BFH 12.2.2020 – X R 8/18, BFH/NV 2020, 1045; BFH 24.6.2009 – VIII R 80/06, BStBl. II 2010, 452). Der BFH hat klargestellt, dass zu den vorlagepflichtigen Unterlagen auch sämtliche E-Mails mit steuerlichem Bezug gehören (BFH 30.4.2025 – XI R 15/23, DStR 2025, 2194). Hat der Stpfl. ursprünglich in Papierform erstellte Unterlagen digital archiviert, muss er dem Prüfer die Einsichtnahme über sein Computersystem per Bildschirm ermöglichen (BFH 26.9.2007 – I B 53, 54/07, BStBl. II 2008, 415). Dem **digitalen Datenzugriff** unterliegen nur Unterlagen, die der Stpfl. nach § 147 I aufzubewahren hat (BFH 12.2.2020 – X R 8/18, BFH/NV 2020, 1045; BFH 24.6.2009 – VIII R 80/06, BStBl. II 2010, 452; zu Einzelheiten → Rn. 28). Bei einem Stpfl., der seinen Gewinn nach § 4 III EStG ermittelt, ist daher ein Zugriff auf freiwillig geführte Sachkonten nicht zulässig (BFH 24.6.2009 – VIII R 80/06, BStBl. II 2010, 452). Nach Änderung des AEAO vertritt die FVerw. die Auffassung, dass der Stpfl. alle Aufzeichnungen und Unterlagen vorzulegen hat, die nach Einschätzung des Prüfers für eine ordnungsgemäße und effiziente Abwicklung der Ap. erforderlich sind, ohne dass dies einer weiteren Begründung bedürfe (AEAO zu § 200 Nr. 1). Vorlagepflichtig sind trotz dieser Anweisung nur Unterlagen, die für die Prüfung des Stpfl. notwendig sind, wobei nicht allein auf die Einschätzung des Prüfers, sondern auf die objektive Prüfungsrelevanz abzustellen ist (glA HHSp § 200 Rn. 62; BeckOK AO § 200 Rn. 26). Die Anforderung von Unterlagen „ins Blaue hinein" ist rechtswidrig (ausführlich Drüen StbJb 2006/2007, 273). 17

Der Stpfl. muss nur die Unterlagen präsentieren, die ihm tatsächlich zur Verfügung stehen (Schwarz/Pahlke/Keß § 200 Rn. 13). Eine **Urkundenbeschaffungspflicht** besteht nur für aufbewahrungspflichtige Unterlagen. Hätte der Stpfl. Unterlagen aufbewahren müssen, können aus dem Fehlen negative Folgerungen zulasten des Stpfl. gezogen werden.

Nur Unterlagen, die unter keinem Gesichtspunkt beweiserheblich sind, müssen nicht vorgelegt werden.

18 **Vorlagepflicht für Privatkonten.** Eine Vorlagepflicht für reine Privatkonten des Stpfl. besteht nicht (FG Rheinland-Pfalz 25.4.1988 – 5 K 351/87, EFG 1988, 502). Werden allerdings über das private (Giro-)Konto auch betriebliche Zahlungsvorgänge abgewickelt, kann der Prüfer die Vorlage dieser Konten verlangen, wenn keine anderen ausreichenden Beweismittel vorliegen (BFH 5.4.2022 – VIII B 42/21, BFH/NV 2022, 746; BFH 15.9.1992 – VII R 66/91, BFH/NV 1993, 76). Eine Vorlagepflicht besteht auch, wenn **ausreichende Anhaltspunkte** dafür bestehen, dass über Privatkonten betriebliche Einnahmen geflossen sind. Dem Prüfer muss es in diesem Fall möglich sein, den Anhaltspunkten nachzugehen. Verlangt der Prüfer die Vorlage von (reinen) Privatkonten, ohne dass ausreichende Anhaltspunkte für die Abwicklung betrieblicher Zahlungsvorgänge bestehen, ist die Aufforderung allerdings rechtswidrig.

19 **Vorlagepflichten im Konzern.** Nach AEAO zu § 200 Nr. 1 sollen Konzernunternehmen auf Anforderung des Prüfers insb. den Prüfungsbericht des Wirtschaftsprüfers über die Konzernabschlüsse der Konzernmuttergesellschaft, die Richtlinie der Konzernmuttergesellschaft zur Erstellung des Konzernabschlusses, die konsolidierungsfähigen Einzelabschlüsse der Konzernmuttergesellschaft sowie die Einzelabschlüsse und konsolidierungsfähigen Einzelabschlüsse von in- und ausländischen Konzernunternehmen vorlegen. Diese Unterlagen sind nur vorzulegen, wenn deren Relevanz für die Prüfung des Stpfl. ersichtlich ist (Drüen StbJb 2006/2007, 273).

Aufsichtsrats- und Vorstandsprotokolle dürfen vom Prüfer grds. angefordert werden, weil sie die Sachaufklärung fördern können (BFH 13.2.1968 – GrS 5/67, BStBl. II 1968, 365). Erklärt ein Vertreter der Gesellschaft jedoch, dass bestimmte Protokolle keine steuerlich erheblichen Informationen enthalten, soll nach der Rspr. des BFH eine Einsichtnahme nur bei **berechtigten Zweifeln** an dieser Versicherung zulässig sein (BFH 13.2.1968 – GrS 5/67, BStBl. II 1968, 365; BFH 27.6.1968 – VII 243/63, BStBl. II 1968, 592). Gegen diese Einschränkung spricht, dass es nicht im Belieben des Stpfl. liegen kann, welche Unterlagen er vorlegt. Darüber hinaus ist das Unternehmen vor dem Verrat geheimer Betriebsinterna durch das **Steuergeheimnis** (§ 30) ausreichend geschützt; vor unzulässigen Ermittlungen wird es durch die Möglichkeit, unberechtigte und damit unverhältnismäßige Auskunftsverlangen abzuwehren, bewahrt.

20 **Kopien** von Aufzeichnungen und Unterlagen für den Prüfer braucht der Stpfl. nicht anzufertigen (Klein § 200 Rn. 6). Er muss es ihm jedoch ermöglichen, im Amt selbst Kopien zu erstellen.

3. Erläuterungen

24 Neben der Verpflichtung, Auskunft über Tatsachen zu geben, muss der Stpfl. diejenigen Erläuterungen geben, die zum **Verständnis der Aufzeichnungen** erforderlich sind. Der Prüfer kann darüber hinaus Erläuterungen zur **Buchführung** und zu den **Urkunden** verlangen (TK § 200 Rn. 15). Die Erläuterungspflicht geht aber nicht soweit, dass dem Prüfer spezifische Branchenkenntnisse, wie zB der durchschnittliche Rohgewinn vergleichbarer Unternehmen oder das übliche Geschäftsführergehalt vergleichbarer Gesellschaften, mitgeteilt und nachgewiesen werden müssen. Auch ist es nicht Aufgabe des Stpfl., dem Prüfer die Arbeit abzunehmen, in dem er eine **Nachkalkulation** erstellt (BFH 17.11.1981 – VIII R 174/77, BStBl. II 1982, 430).

4. Einsichtnahme in gespeicherte Daten nach § 147 Abs. 6

28 **Grundsätze des Datenzugriffs.** Nach § 147 VI darf die FB Einsicht in das Datenverarbeitungssystem des Stpfl. nehmen und das System zur Prüfung dieser Daten nutzen. Eine Einsichtnahme ist nur **im Rahmen einer Ap.** zulässig (Seer FS Streck, 403; Apitz StBp 2002, 33). Mit der Einführung des Datenzugriffs ist der (sachliche und zeitliche) Umfang der Ap. nicht erweitert worden, sodass nur Daten eingesehen werden dürfen, die für die

Besteuerung des geprüften Stpfl. von Bedeutung sind (BFH 16.12.2014 – X R 29/13, BFH/NV 2015, 790; BT-Drs. 14/2683, 130; Klein § 147 Rn. 65). Die Rechte der FB werden lediglich hinsichtlich der Art der Prüfungshandlungen erweitert (BFH 12.11.2009 – IV B 66/08, BFH/NV 2010, 671). Der Stpfl. ist daher berechtigt, die Datenverarbeitungsprogramme technisch so zu gestalten, dass der Prüfer nur Einblick in die steuerlich relevanten Daten nehmen kann (BT-Drs. 14/3366, 126). Der Prüfer darf die Daten der Finanz-, der Lohn- und der Anlagenbuchhaltung uneingeschränkt einsehen (BFH 26.9.2007 – I B 53, 54/07, BStBl. II 2008, 415; BFH 16.12.2014 – X R 29/13, BFH/NV 2015, 790; TK § 147 Rn. 71). Der Datenzugriff beschränkt sich allerdings auf solche Unterlagen, die der Stpfl. nach § 147 I aufzubewahren hat (BFH 12.2.2020 – X R 8/18, BFH/NV 2020, 1045; BFH 16.12.2014 – X R 42/13, BStBl. II 2015, 519; BFH 12.2.2020 – X R 8/18, BFH/NV 2020, 1045; BFH 24.6.2009 – VIII R 80/06, BStBl. II 2010, 452; zum Datenzugriff auf die Dokumentation von Konzernverrechnungspreisen s. FG Hamburg 23.3.2023 – 2 K 172/19, IStR 2023, 573, Rev. XI R 15/23). Ein digitaler Datenzugriff auf freiwillig geführte Aufzeichnungen, die nicht der Besteuerung zugrunde gelegt werden, ist daher nicht zulässig (BFH 12.2.2020 – X R 8/18, BFH/NV 2020, 1045; BFH 24.6.2009 – VIII R 80/06, BStBl. II 2010, 452). Der Prüfer kann auch vor Ort beim Stpfl. das EDV-System zum Nur-Lese-Zugriff nutzen (Intemann/Cöster DStR 2004, 1981). Daneben kann er verlangen, dass die Daten nach seinen Vorgaben maschinell ausgewertet werden oder dass ihm die Daten auf einem maschinell verwertbaren Datenträger zur eigenen Auswertung überlassen werden (Apitz StBp 2002, 33). Die Art des Datenzugriffs liegt im Ermessen der FB (BFH 24.6.2009 – VIII R 80/06, BStBl. II 2010, 452). Jedoch besteht keine Pflicht, den Datenträger schon vor Beginn der Prüfung dem FA zu übersenden (Intemann NWB-Fach 17, 2007). Sind die (prüfungsrelevanten) Daten EDV-technisch einmal erzeugt, kann der digitale Datenzugriff nicht mit dem Hinweis verweigert werden, die Daten könnten vom Stpfl. auch in Papierform vorgelegt werden (BFH 12.11.2009 – IV B 66/08, BFH/NV 2010, 671; BFH 26.9.2007 – I B 53, 54/07, BStBl. II 2008, 415). Auch E-Mails, die einen aufbewahrungspflichtigen Inhalt haben (zB Geschäftsbriefe, Rechnungen), unterliegen dem Datenzugriff (FG Hamburg 23.3.2023 – 2 K 172/19, IStR 2023, 573, Rev. XI R 15/23). Zu weiteren Einzelheiten des Datenzugriffs → § 147 Rn. 28 ff.

Mitwirkungspflichten nach § 200 I 2. Nach § 200 I 2 hat der Stpfl. den Prüfer bei 29
der Wahrnehmung der Rechte aus § 147 VI **zu unterstützen.** Dafür hat er ihm den **Zugang** zum Datenverarbeitungssystem technisch zu ermöglichen und ihn in die Nutzung des Systems einzuweisen (HHSp § 200 Rn. 75). Befinden sich die Daten bei einem Dritten (zB StBerater) muss der Stpfl. dem Prüfer Zugang zu diesen Daten gewährleisten. Im Falle der Datenträgerüberlassung überprüft das FA die Unterlagen mithilfe einer Prüfungssoftware (IDEA). Daher ist der Stpfl. verpflichtet, dem FA alle Informationen über das Format, die Dateistruktur, die Feldinformationen sowie interne und externe Verknüpfungen in maschinell auswertbarer Form zu überlassen (BMF 28.11.2019, BStBl. I 2019, 1269). Die Kompatibilität der verwendeten Programme mit IDEA muss vom Stpfl. aber nicht gewährleistet werden (glA Gosch AO § 200 Rn. 20). Beim digitalen Datenzugriff hat die FB zu beachten, dass die Daten des Stpfl. nur in seinen Geschäftsräumen oder an Amtsstelle erhoben und verarbeitet werden und dass nach dem tatsächlichen Abschluss der Außenprüfung die nach § 146 VI überlassenen Daten bzw. die entsprechenden Datenträger nur noch in den Diensträumen der FVerw. gespeichert bzw. aufbewahrt werden, soweit und solange sie noch für Zwecke des Besteuerungsverfahrens (zB bis zum Abschluss etwaiger Rechtsbehelfsverfahren) benötigt werden (BFH 16.12.2014 – VIII R 52/12, BFH/NV 2015, 1455). Nach Auffassung des BFH ist die Aufforderung, einen Datenträger nach GDPdU zu überlassen, rechtswidrig, wenn die Aufforderung keine Regelung über den Umfang des Datenzugriffs und die Art der Datenspeicherung enthält (BFH 7.6.2021 – VIII R 24/18, BFH/NV 2021, 1385). Denn ein Vorlageverlangen, das den nur begrenzten Umfang der Befugnis des FA zur Anforderung von elektronischen Aufzeichnungen nach

§ 147 VI überschreitet, ist rechtswidrig. Ein Vorlageverlangen verstößt auch gegen den Grundsatz der Verhältnismäßigkeit, wenn das FA mittels der Datenüberlassung beabsichtigt, auch außerhalb der Geschäftsräume des Stpfl. und der Dienststelle, etwa auf den Dienstlaptops der Prüfer, auf Daten des Stpfl. zuzugreifen und diese auszuwerten (BFH 7.6.2021 – VIII R 24/18, BFH/NV 2021, 1385). Der Gesetzgeber hat auf die Entscheidung des BFH damit reagiert, dass er mit dem DAC 7-UmsG § 200 II durch einen neuen S. 2 und S. 4 ergänzt hat. Nach § 200 II 2 gilt eine ortsunabhängige Tätigkeit des Prüfers als an Amtsstelle ausgeübt, wenn das mobile Endgerät des Prüfers unter Berücksichtigung des Stands der Technik gegen unbefugten Zugriff gesichert ist (zu Einzelheiten → Rn. 50 und → Rn. 54).

Auch die Unterstützungshandlungen im Rahmen des § 147 VI müssen für den Stpfl. zumutbar sein und dem **Grundsatz der Verhältnismäßigkeit** genügen (Drüen StuW 2003, 205). Daher kann der Prüfer keinen jederzeitigen und unbeschränkten Zugriff auf das Datenverarbeitungssystem verlangen, wenn diesem Verlangen wichtige betriebliche Gründe entgegenstehen; zB dürfen die **Rechnerkapazitäten** durch die Prüfungshandlungen nicht dauernd erschöpft werden (glA Gosch AO § 200 Rn. 18). Allerdings muss der Stpfl. im Rahmen des Zumutbaren auch die Inanspruchnahme sowohl von Rechnerkapazität als auch von geschultem Personal hinnehmen.

III. Auskunftsersuchen an Dritte (Abs. 1 S. 3)

36 Erster **Adressat** der Mitwirkungspflichten ist der Stpfl. (TK § 200 Rn. 16). Er ist aber auch berechtigt, Personen zu benennen, die statt seiner Auskünfte erteilen oder Urkunden vorlegen sollen. Er kann insb. andere Betriebsangehörige oder seinen steuerlichen Berater als Auskunftspersonen benennen. Die Benennung eines Dritten beseitigt nicht die originäre Mitwirkungspflicht des Stpfl. (§ 8 I BpO).

37 **Nicht benannte Betriebsangehörige.** Der Prüfer darf sich erst an andere, nicht benannte Betriebsangehörige wenden, wenn der Stpfl. selbst oder die von ihm benannten Personen nicht in der Lage sind, Auskünfte zu erteilen, die Auskünfte unzureichend sind oder die erwarteten Auskünfte keinen Erfolg versprechen.

IV. Abweichungen von §§ 90 ff. (Abs. 1 S. 4)

41 § 200 konkretisiert nicht nur die allgemein im Besteuerungsverfahren geltenden Mitwirkungspflichten nach §§ 90 ff., sondern passt diese auch an die Erfordernisse der Ap. an. Daher wird § 93 II 2 suspendiert. Um eine praktikable Durchführung der Ap. zu ermöglichen, muss somit ein Auskunftsersuchen nicht schriftlich ergehen. Allerdings kann der Stpfl. eine nachträgliche schriftliche Bestätigung des Auskunftsersuchens verlangen, wenn hieran ein berechtigtes Interesse besteht (Gosch AO § 200 Rn. 25). Bis zur Änderung der AO durch das JStG 2013 war gem. § 200 I 4 auch die Anwendung des § 97 II im Rahmen einer Ap. ausgeschlossen – nachdem § 97 II aF durch das JStG 2013 ersatzlos aufgehoben wurde, ist als Folgeänderung auch § 200 I 4 angepasst worden.

C. Ort der Prüfung und Gestellung von Hilfsmitteln (Abs. 2)

I. Ort der Prüfung (Abs. 2 S. 1)

45 Die Ap. ist im Regelfall in den Geschäftsräumen des Stpfl. durchzuführen, soweit ein geeigneter Geschäftsraum vorhanden ist. Ist ein solcher vorhanden, muss die FB ohne einen ihr verbleibenden Ermessensspielraum die Ap. dort durchführen (BFH 15.5.2009 – IV B 24/09, BFH/NV 2009, 1402; BFH 11.3.1992 – X R 116/90, BFH/NV 1992, 757). Die FB ist nicht an die gesetzlich vorgesehene Reihenfolge des § 200 II gebunden, wenn der Stpfl. nicht im Besitz der Prüfungsunterlagen ist, weil diese beschlagnahmt wurden. Dann hat die FB den Prüfungsort nach pflichtgemäßem Ermessen festzulegen, sodass eine

Prüfung in der Asservatenkammer der StFahndung, in welcher sich die beschlagnahmten Unterlagen befinden, durchgeführt werden kann (BFH 15.5.2009 – IV B 24/09, BFH/NV 2009, 1402). § 200 II stellt eine ausreichende Ermächtigungsgrundlage für das Betreten der Geschäftsräume auch unter verfassungsrechtlichen Gesichtspunkten dar (BFH 20.10.1988 – IV R 104/86, BStBl. II 1989, 180). Zwar unterliegen Geschäftsräume dem Schutzbereich des Art. 13 GG. Ihr Schutz ist aber geringer, weil Betriebs- und Geschäftsräume nach außen offen und auf die Aufnahme sozialer Kontakte ausgerichtet sind (BVerfG 13.10.1971 – 1 BvR 280/66, BVerfGE 32, 54).

Vorlage von Unterlagen. Die zu prüfenden Unterlagen hat der Stpfl. an dem von der 46
FB bestimmten Prüfungsort vorzulegen. Befinden sich die Unterlagen nicht an diesem Ort, muss er sie auf eigene Kosten dorthin transportieren (BFH 11.3.1992 – X R 116/90, BFH/NV 1992, 757). Dies gilt selbstverständlich auch, wenn die Prüfung (zulässigerweise) an Amtsstelle durchgeführt wird. Da die Unterlagen nur am zuvor bestimmten Prüfungsort vorzulegen sind, besteht nach der Rspr. des BFH keine Ermächtigung für die FB, die Herausgabe digitalisierter StDaten auf mobile Rechner des Prüfers zur Verwendung außerhalb der Geschäftsräume oder ihrer Diensträume zu verlangen (BFH 16.12.2014 – VIII R 52/12, BStBl. II 2023, 61).

Ist kein geeigneter **Geschäftsraum** vorhanden, kann die Ap. in den **Wohnräumen** oder 47
an **Amtsstelle** durchgeführt werden (BFH 26.7.2007 – VI R 68/04, BFH/NV 2007, 1950), wobei die Wohnräume nur mit Genehmigung des Stpfl. betreten werden dürfen. Hinsichtlich der Ermessensentscheidung zwischen Wohnräumen und Amtsstelle ist die FB durch § 6 BpO dahingehend gebunden (Selbstbindung der Verwaltung), dass an Amtsstelle erst zu prüfen ist, wenn die Ap. nicht in den Wohnräumen des Stpfl. stattfinden kann.

Prüfung im Büro des StBeraters. Das Büro des StBeraters ist als Prüfungsort gesetz- 48
lich nicht vorgesehen. Dennoch können sich die FB und der Stpfl. auf eine Prüfung in diesen Räumen einigen. Über einen entsprechenden **Antrag des Stpfl.** hat die FB nach pflichtgemäßem **Ermessen** (§ 5) zu entscheiden, wobei die Belange der FB berücksichtigt werden dürfen (BFH 30.11.1988 – I B 73/88, BStBl. II 1989, 265). Allerdings haben weder der Stpfl. noch die FB Anspruch auf eine Prüfung in den Räumen des StBeraters (TK § 200 Rn. 37). Die gleichen Grundsätze gelten, wenn der Stpfl. beantragt, die Prüfung an einem **anderen Ort** durchzuführen (BFH 11.3.1992 – X R 116/90, BFH/NV 1992, 757).

Ortsbestimmung ist VA. Die Bestimmung des Prüfungsortes ist ein eigenständiger 49
VA (BFH 13.9.2017 – III B 109/16, BFH/NV 2018, 180; BFH 18.10.1994 – IX R 128/92, BStBl. II 1995, 291; BFH 21.4.1993 – X R 112/91, BStBl. II 1993, 649). Sie kann zwar mit der Prüfungsanordnung verbunden werden, behält aber dennoch ihren eigenständigen Charakter (BFH 13.9.2017 – III B 109/16, BFH/NV 2018, 180; BFH 24.2.1989 – III R 36/88, BStBl. II 1989, 445). Allein die Formulierung in der Prüfungsanordnung, die Prüfung werde „bei Ihnen" durchgeführt, legt den Prüfungsort nicht abschließend fest (BFH 15.5.2009 – IV B 24/09, BFH/NV 2009, 1402; BFH 5.11.1981 – IV R 179/79, BStBl. II 1982, 208). Der VA braucht nicht begründet zu werden, wenn in den Geschäftsräumen des Stpfl. geprüft werden soll (TK § 200 Rn. 40). Dagegen muss die Festlegung des Prüfungsortes bei einer Prüfung gem. § 193 II Nr. 2 begründet werden (BFH 13.9.2017 – III B 109/16, BFH/NV 2018, 180). Die Zurückweisung eines Antrags auf Verlegung des Prüfungsortes muss als Ermessensentscheidung ausreichend begründet werden. Ist der Stpfl. mit der Festlegung des Prüfungsortes nicht einverstanden, muss er sich gegen diesen VA mit dem **Einspruch** wenden (BFH 25.1.1989 – X R 158/87, BStBl. II 1989, 483). Hat die FB einen Prüfungsort noch nicht festgelegt, ist die eigentliche Prüfungsanordnung nicht rechtswidrig. Allerdings darf mit der Prüfung nicht begonnen werden, bevor der Prüfungsort bestimmt wurde (BFH 25.1.1989 – X R 158/87, BStBl. II 1989, 483).

II. Nutzung mobiler Endgeräte (Abs. 2 S. 2)

50 Mit dem DAC 7-UmsG v. 20.12.2022 (BGBl. 2022 I 2730) hat der Gesetzgeber Abs. 2 um einen neuen S. 2 erweitert und diesen mit dem JStG 2024 v. 2.12.2024 (BGBl. 2024 I Nr. 387) nochmal modifiziert. Nunmehr ist gesetzlich bestimmt, dass die ortsunabhängige Prüfungstätigkeit mittels mobiler Endgeräte („Prüfernotebook") als an Amtsstelle ausgeübt gilt. Die Regelung ist eine Reaktion des Gesetzgebers auf die Rechtsprechung des BFH zum Einsatz von mobilen Endgeräten zur Auswertung digitaler Buchführungsunterlagen des Stpfl. Nach der Rechtsprechung des BFH verstößt ein Vorlageverlangen gegen den Grundsatz der Verhältnismäßigkeit, wenn das FA mittels der Datenüberlassung beabsichtigt, auch außerhalb der Geschäftsräume des Stpfl. und der Dienststelle, etwa auf den Dienstlaptops der Prüfer, auf Daten des Stpfl. zuzugreifen und diese auszuwerten (BFH 7.6.2021 – VIII R 24/18, BFH/NV 2021, 1385). Um eine elektronische Auswertung digitaler Unterlagen des Stpfl. auch außerhalb der Geschäftsräume und des FA zu ermöglichen, gilt auch eine ortsunabhängige Prüfertätigkeit als an Amtsstelle ausgeübt. Im Zusammenhang mit dem durch das DAC 7-UmsG v. 20.12.2022 neu eingeführten § 147 VII, der das Speichern von Daten den Stpfl. auf technisch besonders geschützten mobilen Datenverarbeitungssystemen der FB erlaubt, ist der Gesetzgeber der Auffassung, dass er dadurch die vom BFH aufgestellten Anforderungen an eine rechtmäßige Auswertung digitaler Buchführungsunterlagen erfüllt.

III. Gestellung von Hilfsmitteln (Abs. 2 S. 3)

53 Der Stpfl. muss dem Prüfer einen geeigneten **Raum** oder **Arbeitsplatz** sowie die erforderlichen Hilfsmittel unentgeltlich zur Verfügung stellen. Zu einem geeigneten Raum bzw. Arbeitsplatz gehören Tisch, Stuhl, Lampe und Heizung. Erforderliches Hilfsmittel ist insb. ein **Mikrofilmlesegerät,** wenn die Daten auf Mikrofilm gespeichert sind. Zur Überlassung eines Zugangs zur betriebsinternen **EDV-Anlage** → Rn. 28. Zu den Hilfsmitteln in Sinne der Vorschrift gehören allerdings nicht: Telefon, Telefax, Fotokopiergerät, Fachliteratur, Schreib- oder Rechenmaschine, PC oder Büromaterial wie Papier und Ordner (TK § 200 Rn. 42).

IV. Datenspeicherung auf mobilen Endgeräten (Abs. 2 S. 4)

54 Mit dem DAC 7-UmsG v. 20.12.2022 (BGBl. 2022 I 2730) hat der Gesetzgeber Abs. 2 um einen neuen S. 4 erweitert, der klarstellt, dass die Vorschriften des § 147 VI und VII durch die Regelungen des § 200 II unberührt bleiben. Nach § 147 VII ist die Verarbeitung und Aufbewahrung der nach § 147 VI zur Verfügung gestellten Daten auch auf mobilen Datenverarbeitungssystemen der FB unabhängig von deren Einsatzort zulässig, sofern diese unter Berücksichtigung des Stands der Technik gegen unbefugten Zugriff gesichert sind. Die FB darf die nach § 147 VI zur Verfügung gestellten und gespeicherten Daten bis zur Unanfechtbarkeit der die Daten betreffenden VA auch auf den mobilen Datenverarbeitungssystemen unabhängig von deren Einsatzort aufbewahren. Mit der Regelung des § 147 VII setzt der Gesetzgeber die Vorgaben des BFH zur elektronischen Auswertung der elektronischen Daten um. Nach Auffassung des BFH ist die Aufforderung, einen Datenträger nach GDPdU zu überlassen, rechtswidrig, wenn die Aufforderung keine Regelung über den Umfang des Datenzugriffs und die Art der Datenspeicherung enthält (BFH 7.6.2021 – VIII R 24/18, BFH/NV 2021, 1385). Mit § 147 VII schafft der Gesetzgeber die gesetzliche Grundlage für die die Art und Dauer der Datenspeicherung.

D. Prüfungszeit und Betriebsbesichtigung (Abs. 3)

I. Prüfung während der üblichen Geschäfts- oder Arbeitszeit (Abs. 3 S. 1)

Die Ap. soll während der üblichen Geschäfts- oder Arbeitszeit durchgeführt werden. 55
Damit wird auf die Belange des Stpfl. Rücksicht genommen, um die Belastung durch die Ap. möglichst gering zu halten. Daher sind die bei dem jeweils geprüften Stpfl. **individuell** üblichen Geschäfts- oder Arbeitszeiten zu beachten (TK § 200 Rn. 43). **Im Einverständnis** mit dem Stpfl. kann auch außerhalb der bei ihm üblichen Geschäfts- oder Arbeitszeit geprüft werden.

II. Betriebsbesichtigung (Abs. 3 S. 2 und 3)

Betretungsrecht. § 200 III 2 ermächtigt den Prüfer, Grundstücke und Betriebsräume 58
im Rahmen der Ap. zu betreten und zu besichtigen. Darin liegt kein Verstoß gegen **Art. 13 GG** (BFH 20.10.1988 – IV R 104/86, BStBl. II 1989, 180), obwohl auch Geschäftsräume in den Schutzbereich des Art. 13 GG fallen (BVerfG 13.10.1971 – 1 BvR 280/66, BVerfGE 32, 54). Das Schutzbedürfnis ist hier allerdings geringer als bei Wohnräumen. Daher stellt § 200 auch unter verfassungsrechtlichen Gesichtspunkten eine ausreichende Ermächtigungsgrundlage für das Betreten der Betriebsräume dar (BeckOK AO § 200 Rn. 62). Der Prüfer soll sich ein Bild von dem geprüften Betrieb und dessen Betriebs- und Organisationsablauf machen können. Das Recht des Prüfers beschränkt sich auf die Besichtigung des Betriebes – eine **Durchsuchung der Geschäftsräume** ist durch die Vorschrift nicht gedeckt (TK § 200 Rn. 24).

Privaträume. S. 2 ermächtigt den Prüfer nicht, die Privaträume des Stpfl. ohne dessen 59
Zustimmung zu betreten. Hierzu bedarf der Prüfer einer richterlichen Anordnung. Verweigert der Stpfl. den Zutritt zu den Privaträumen, deren Besichtigung aber für steuerliche Feststellungen notwendig ist, so ist der Prüfer berechtigt, die Besteuerungsgrundlagen nach **§ 162 zu schätzen, wenn die Feststellungen nicht anders getroffen werden können** (Schwarz/Pahlke/Keß § 200 Rn. 58).

Recht auf Begleitung (S. 3). Der Stpfl. hat idR einen Anspruch darauf, den Prüfer bei 62
der Besichtigung des Betriebes zu begleiten oder ihm einen Beauftragten zur Seite zu stellen („**soll** hinzugezogen werden"). Nur für den Fall, dass die Begleitung durch den Stpfl. den Zweck der Besichtigung vereiteln würde, kann die Besichtigung allein durch den Prüfer durchgeführt werden, was jedoch nur in seltenen Ausnahmefällen zutreffen dürfte.

E. Verfahrensfragen

Die erweiterten Mitwirkungspflichten treffen den geprüften Stpfl. nur in dem von der 66
Prüfungsanordnung bestimmten Umfang (BFH 6.6.2012 – I R 99/10, BStBl. II 2013, 196). Der Prüfer kann zwar im Rahmen der Ap. auch Einzelermittlungsmaßnahmen durchführen, die Zeiträume oder StArten betreffen, die nicht von der Prüfungsanordnung erfasst sind (BFH 2.2.1994 – I R 57/93, BStBl. II 1994, 377; → § 193 Rn. 16 und → § 196 Rn. 45). In diesem Fall unterliegt der Stpfl. aber nicht der erweiterten Mitwirkungspflicht nach § 200 (TK § 200 Rn. 28). Insb. ist der Prüfer nicht zur Einsicht in das Datensystem des Stpfl. berechtigt, weil dieses Recht nach § 147 VI dem FA nur im Rahmen einer Ap. zusteht und somit als Einzelermittlungsmaßnahme unzulässig ist (Intemann NWB-Fach 17, 2007).

Rechtsbehelf gegen Mitwirkungsverlangen. Das Mitwirkungsverlangen stellt grund- 67
sätzlich einen mit Einspruch anfechtbaren VA dar, weil die in § 200 allgemein statuierte Mitwirkungspflicht erst durch das konkrete Verlangen des Prüfers für den Einzelfall recht-

lich verbindlich geregelt wird (beachte aber BFH 9.12.1998 – XI R 24/98, BStBl. II 1999, 201; zu Einzelheiten → Rn. 8). Die Entscheidung, ob und in welchem Umfang der Prüfer zur Herausgabe von Unterlagen zur weiteren Aufklärung steuererheblicher Umstände auffordert, ist eine Ermessensentscheidung, die im gerichtlichen Verfahren nur eingeschränkt (§ 102 FGO) überprüft werden kann (BFH 5.4.2022 – VIII B 42/21, BFH/NV 2022, 746). Ist das Mitwirkungsverlangen **unverhältnismäßig oder unzumutbar,** ist dem Rechtsbehelf zu entsprechen.

68 **Rechtsbehelf gegen Bestimmung des Prüfungsortes.** Die Bestimmung des Prüfungsortes ist ein eigenständiger VA, der mit dem Einspruch bzw. der Anfechtungsklage angefochten werden kann. Dies gilt auch für den Fall, dass die Bestimmung des Prüfungsortes mit der **Prüfungsanordnung** verbunden wird (BeckOK AO § 200 Rn. 78). Im Falle einer Verbindung in einem Schriftstück ist zu beachten, dass beide Maßnahmen (gesondert) angefochten werden müssen (BFH 13.9.2017 – III B 109/16, BFH/NV 2018, 180; BFH 18.10.1994 – IX R 128/92, BStBl. II 1995, 291; BFH 21.4.1993 – X R 112/91, BStBl. II 1993, 649).

§ 200a Qualifiziertes Mitwirkungsverlangen

(1) [1] **Nach Ablauf von sechs Monaten seit Bekanntgabe der Prüfungsanordnung kann der Steuerpflichtige zur Mitwirkung nach § 200 Absatz 1 in einem schriftlich oder elektronisch zu erteilenden Mitwirkungsverlangen mit Rechtsbehelfsbelehrung nach § 356 aufgefordert werden (qualifiziertes Mitwirkungsverlangen).** [2] **Hat die Finanzbehörde den Steuerpflichtigen auf die Möglichkeit eines qualifizierten Mitwirkungsverlangens hingewiesen und ist der Steuerpflichtige seinen Mitwirkungspflichten dennoch nicht oder nicht hinreichend nachgekommen, ist eine weitergehende Begründung nicht erforderlich.** [3] **§ 200 Absatz 2 gilt entsprechend.** [4] **Das qualifizierte Mitwirkungsverlangen ist innerhalb einer Frist von einem Monat nach Bekanntgabe zu erfüllen; in begründeten Einzelfällen kann die Frist verlängert werden.**

(2) [1] **Kommt der Steuerpflichtige dem qualifizierten Mitwirkungsverlangen innerhalb der Frist nach Absatz 1 Satz 4 nicht oder nicht hinreichend nach (Mitwirkungsverzögerung), ist ein Mitwirkungsverzögerungsgeld festzusetzen.** [2] **Das Mitwirkungsverzögerungsgeld beträgt 75 Euro für jeden vollen Kalendertag der Mitwirkungsverzögerung.** [3] **Es ist höchstens für 150 Kalendertage festzusetzen.** [4] **Die Festsetzung des Mitwirkungsverzögerungsgeldes kann für volle Wochen und Monate der Mitwirkungsverzögerung in Teilbeträgen erfolgen.** [5] **Die Mitwirkungsverzögerung endet mit Ablauf des Tages, an dem das qualifizierte Mitwirkungsverlangen vollständig erfüllt wurde, spätestens mit Ablauf des Tages der Schlussbesprechung.** [6] **Von der Festsetzung eines Mitwirkungsverzögerungsgeldes ist abzusehen, wenn der Steuerpflichtige glaubhaft macht, dass die Mitwirkungsverzögerung entschuldbar ist; das Verschulden eines Vertreters oder eines Erfüllungsgehilfen ist dem Steuerpflichtigen zuzurechnen.**

(3) [1] **Liegt eine Mitwirkungsverzögerung vor, kann ein Zuschlag zum Mitwirkungsverzögerungsgeld festgesetzt werden, wenn**

1. **in den letzten fünf Jahren vor dem ersten Tag der Mitwirkungsverzögerung ein Mitwirkungsverzögerungsgeld festgesetzt wurde und zu befürchten ist, dass der Steuerpflichtige ohne einen Zuschlag zum Mitwirkungsverzögerungsgeld seiner aktuellen Verpflichtung nach Absatz 1 nicht nachkommt, oder**
2. **zu befürchten ist, dass der Steuerpflichtige aufgrund seiner wirtschaftlichen Leistungsfähigkeit ohne einen Zuschlag zum Mitwirkungsverzögerungsgeld seiner aktuellen Verpflichtung nach Absatz 1 nicht nachkommt.** [2] **Dies ist insbesondere anzunehmen, wenn die Umsatzerlöse des Steuerpflichtigen in ei-**

nem der von der Außenprüfung umfassten Kalenderjahre mindestens 12 Millionen Euro betragen haben oder der Steuerpflichtige einem Konzern angehört, dessen im Konzernabschluss ausgewiesene konsolidierte Umsatzerlöse in einem der von der Außenprüfung umfassten Kalenderjahre mindestens 120 Millionen Euro betragen haben.

[2]Der Zuschlag zum Mitwirkungsverzögerungsgeld beträgt höchstens 25 000 Euro für jeden vollen Kalendertag der Mitwirkungsverzögerung und ist höchstens für 150 Kalendertage festzusetzen; er kann für volle Wochen und Monate der Mitwirkungsverzögerung in Teilbeträgen festgesetzt werden. [3]Absatz 2 Satz 5 und 6 gilt entsprechend.

(4) **[1]Wurde wegen einer Mitwirkungsverzögerung ein Mitwirkungsverzögerungsgeld nach Absatz 2 festgesetzt, verlängert sich die Frist nach § 171 Absatz 4 Satz 3 erster Halbsatz für die Steuern, auf die sich die Außenprüfung erstreckt, um die Dauer der Mitwirkungsverzögerung, mindestens aber um ein Jahr. [2]Abweichend von Satz 1 gilt § 171 Absatz 4 Satz 3 erster Halbsatz für die Steuern, auf die sich die Außenprüfung erstreckt, nicht, wenn außerdem in den letzten fünf Jahren vor dem ersten Tag der Mitwirkungsverzögerung ein Mitwirkungsverzögerungsgeld nach Absatz 2 festgesetzt wurde. [3]Ist die Erfüllung der geforderten Mitwirkung unmöglich, gelten die Sätze 1 und 2 entsprechend, wenn der Steuerpflichtige auf die Unmöglichkeit nicht unverzüglich hingewiesen hat.**

(5) **Wird ein qualifiziertes Mitwirkungsverlangen nach Absatz 1, die Festsetzung eines Mitwirkungsverzögerungsgeldes nach Absatz 2 oder die Festsetzung eines Zuschlags zum Mitwirkungsverzögerungsgeld nach Absatz 3 mit einem Einspruch oder einer Klage angefochten, so läuft die Festsetzungsfrist für die Steuern, auf die sich die Außenprüfung erstreckt, nicht vor Ablauf eines Jahres nach der Unanfechtbarkeit der Entscheidung über den Rechtsbehelf ab.**

(6) **Im qualifizierten Mitwirkungsverlangen ist auf die Möglichkeit der Festsetzung eines Mitwirkungsverzögerungsgeldes nach Absatz 2 und eines Zuschlags zum Mitwirkungsverzögerungsgeld nach Absatz 3 sowie auf die voraussichtliche Höhe des Zuschlags und auf die Rechtsfolgen nach den Absätzen 4 und 5 hinzuweisen.**

(7) **Die Betragsgrenzen nach Absatz 3 Satz 1 Nummer 2 sind mindestens alle drei Jahre und spätestens erstmals zum 1. Januar 2026 zu evaluieren.**

Schrifttum: Peters, Modernisierung der Betriebsprüfung, AO-StB 2022, 353; Brinkmann, Das qualifizierte Mitwirkungsverlangen nach § 200a AO, StBp 2023, 329; Krumm, Die sog. Modernisierung der Außenprüfung, Ubg 2023, 284; Krüger, Die Möglichkeit eines Entlastungsbeweises beim Mitwirkungsverzögerungsgeld, DStZ 2024, 917; Peuthert/Mannweiler, Führt die Modernisierung des Steuerverfahrensrechts in praxi zur Beschleunigung von Betriebsprüfungen?, DStR 2024, 143.

I. Allgemeines

Die Vorschrift des § 200a ist mit dem DAC 7-UmsG v. 20.12.2022 (BGBl. 2022 I 2730) eingefügt worden. Allerdings findet die Norm nach Art. 97 § 37 II 1 EGAO erstmals auf Steuern und StVergütungen Anwendung, die nach dem 31.12.2024 entstehen. Lediglich § 200a I bis III und VI sind auch für Steuern und StVergütungen anzuwenden, die vor dem 1.1.2025 entstehen, wenn für diese Steuern und StVergütungen nach dem 31.12.2024 eine Prüfungsanordnung nach § 196 bekannt gegeben wurde (Art. 97 § 37 III 1 EGAO). 1

Die Neuregelung führt ein neues Instrument zur Beschleunigung der Ap. in Form eines qualifizierten Mitwirkungsverlangens ein, welches an die Verletzung der Mitwirkungspflichten gem. § 200 durch den Stpfl. anknüpft. Der FVerw. wird ein weiteres Druckmittel zur Verfügung gestellt, um eine zeitnahe Mitwirkung des Stpfl. erzwingen zu können (BT-Drs. 20/3436, 91). Zugleich wurde das bisher in § 146 IIc normierte und auch hinsichtlich der Höhe als Ermessensentscheidung ausgestaltete Verzögerungsgeld abge- 2 schafft. Nun wird im Grundfall zweistufig vorgegangen: Das qualifizierte Mitwirkungsverlangen nach Abs. 1 ist eine Ermessensvorschrift, das Mitwirkungsverzögerungsgeld nach Abs. 2 ist ein gebundener VA, der Zuschlag nach Abs. 3 ist wiederum eine Ermessensentscheidung. Der VA kann frühestens nach Ablauf von sechs Monaten nach Erlass der Prüfungsanordnung erlassen werden. Der Gesetzgeber geht davon aus, dass aufgrund dieser Befristung kleine und mittlere Betriebe im Regelfall nicht von der Vorschrift des § 200a betroffen sein werden, weil bei diesen Betrieben die Prüfung oftmals innerhalb weniger Monate abgeschlossen wird (BT-Drs. 20/4376, 79). Die gesetzliche Regelung schließt kleine und mittlere Betriebe dennoch nicht aus.

II. Qualifiziertes Mitwirkungsverlangen (Abs. 1)

5 Abs. 1 S. 1 regelt das qualifizierte Mitwirkungsverlangen. Dieses darf nicht vor Ablauf von sechs Monaten seit Bekanntgabe der Prüfungsanordnung ergehen und bezieht sich auf die Erfüllung einer Mitwirkungspflicht nach § 200 II. Das qualifizierte Mitwirkungsverlangen ist ein vollstreckbarer **VA,** der mit einer Rechtsbehelfsbelehrung zu versehen ist. Der Erlass eines qualifizierten Mitwirkungsverlangens steht im **Ermessen** der FB („Kann-Vorschrift").

6 Dem qualifizierten – und mit dem Mitwirkungsverzögerungsgeld nach Abs. 2 sanktionierten – Mitwirkungsverlangen muss zunächst ein einfaches und unerfülltes Mitwirkungsverlangen nach § 200 vorausgehen sowie die Androhung eines qualifizierten Mitwirkungsverlangens (Abs. 1 S. 2). Das qualifizierte Mitwirkungsverlangen ist nur rechtmäßig, wenn der Stpfl. nach § 200 zur Mitwirkung verpflichtet ist, zu der er konkret mit einem entsprechenden Mitwirkungsverlangen aufgefordert wurde (Peters AO-StB 2022, 353 (359)). Hat der Stpfl. Zweifel, ob er zu einer solchen Mitwirkung verpflichtet ist, muss er das qualifizierte Mitwirkungsverlangen mit Einspruch anfechten und ggf. AdV beantragen (→ Rn. 28 f.), weil es ansonsten in Bestandskraft erwächst.

7 Eine besondere („weitergehende") **Begründung** des VA scheint nach dem Wortlaut von S. 2 entbehrlich, wenn der Stpfl. trotz Hinweis auf die Möglichkeit eines qualifizierten Mitwirkungsverlangens (= dessen Androhung) seiner Mitwirkungspflicht nach § 200 nicht oder nicht hinreichend nachgekommen ist. Da es sich bei dem qualifizierten Mitwirkungsverlangen allerdings um eine Ermessensentscheidung (→ Rn. 6) handelt, muss diese auf Ermessensfehler überprüfbar sein. Das qualifizierte Mitwirkungsverlangen sollte daher zumindest auf die fehlende Erfüllung eines einfachen und den erfolgten Hinweis auf das qualifizierte Mitwirkungsverlangen hinweisen (vgl. Peters AO-StB 2022, 353 (359); aA Peuthert/Mannweiler DStR 2024, 143 (149): keinerlei Begründung). Andernfalls könnte ein Ermessensausfall vorliegen (Peters AO-StB 2022, 353 (361)). Ggf. kommt zur Wahrung der Verhältnismäßigkeit zunächst ein zweites „einfaches" Mitwirkungsverlangen in Betracht, wenn damit „Mitwirkungsmängel" nachgesteuert werden können (Krumm Ubg 2024, 284 (287)). Bei der Ermessensausübung ist der jeweilige Einzelfall zu betrachten.

Mit dem Begriff „nicht hinreichend", welcher im Laufe des Gesetzgebungsverfahrens den Begriff „nicht vollständig" ersetzt hat, soll mehr Rechtssicherheit bei der Auslegung erreicht werden. Mit dem Begriff „nicht hinreichend" soll an die BFH-Rechtsprechung zu § 93 (BFH 16.1.2009 – VII R 25/08, BStBl. II 2009, 582; BFH 16.5.2013 – II R 15/12, BStBl. II 2014, 225) angeschlossen werden, sodass für die Prüfung der erfolgten Mitwirkung auf einen qualitativen und nicht auf einen quantitativen Maßstab abgestellt werden soll (BT-Drs. 20/4376, 79).

8 Für die Erfüllung des qualifizierten Mitwirkungsverlangens gelten die in § 200 II beschriebenen Regeln entspr. (→ § 200 Rn. 45 ff.).

9 Die Frist zur Erfüllung des qualifizierten Mitwirkungsverlangens ist in Abs. 1 S. 4 gesetzlich ausdrücklich geregelt und beträgt einen Monat, verbunden mit der Möglichkeit, dass die gesetzliche Frist in Ausnahmefällen verlängert werden kann.

III. Mitwirkungsverzögerungsgeld (Abs. 2)

Um die Durchsetzung einer pünktlichen und rechtzeitigen Erfüllung des qualifizierten Mitwirkungsverlangens sicherzustellen, sieht § 200a II als Rechtsfolge die Festsetzung eines Mitwirkungsverzögerungsgeldes vor. Die Höhe der Verzögerungsgeldes ist gesetzlich festgelegt und steht somit nicht im Ermessen der FB (vgl. BT-Drs. 20/3436, 92: „gebundene Verwaltungssanktion"). Es beträgt 75 EUR je vollem Tag der Mitwirkungsverzögerung, höchstens jedoch 11.250 EUR (Grenze: 150 Verzögerungstage x 75 EUR). Der Lauf beginnt mit dem Ablauf der Monatsfrist nach Abs. 1 S. 4 und endet mit dem Tag der Erfüllung des qualifizierten Mitwirkungsverlangens. Kommt der Stpfl. seiner Mitwirkungspflicht bis zum Tag der Durchführung der Schlussbesprechung nicht nach, endet spätestens zu diesem Zeitpunkt die Dauer der Verzögerung iSd Abs. 2 S. 2. Denn der Gesetzgeber geht davon aus, dass mit Durchführung der Schlussbesprechung der Bedarf an der Sicherstellung der Mitwirkung des Stpfl. entfällt (BT-Drs. 20/3436, 92). Für verschiedene Sachverhaltskomplexe, für die jeweils ein eigenes qualifiziertes Mitwirkungsverlangen vorliegt, kann jeweils ein eigenes Mitwirkungsverzögerungsgeld festgesetzt werden. Die Festsetzungen können auch kumulativ in einem SammelVA erfolgen (TK § 200a Rn. 24). Im Falle einer unverschuldeten Erfüllung des qualifizierten Mitwirkungsverlangens (gebundene Entscheidung) ist von der Festsetzung eines Mitwirkungsverzögerungsgeldes abzusehen (Abs. 2 S. 6). Der Stpfl. muss die Entschuldbarkeit der Mitwirkungsverzögerung glaubhaft machen. Hierfür kann er sich aller Beweismittel bedienen oder auch eine Versicherung an Eides statt abgeben (§ 294 I ZPO; Krüger DStZ 2024, 917 (920)). Allerdings ist bereits einfache Fahrlässigkeit schädlich (TK § 200a Rn. 25). 12

IV. Zuschlag zum Mitwirkungsverzögerungsgeld (Abs. 3)

§ 200a III sieht die Möglichkeit vor, einen Zuschlag von bis zu 25.000 EUR je Tag zusätzlich zum Mitwirkungsverzögerungsgeld nach Abs. 2 festzusetzen. Die Festsetzung steht dem Grunde und der Höhe nach im Ermessen der FB. Zulässig ist die Festsetzung eines Zuschlags, wenn in den letzten fünf Jahren bereits gegen den Stpfl. ein Verzögerungsgeld festgesetzt worden war und zu befürchten ist, dass der Stpfl. ohne einen Zuschlag zum Mitwirkungsverzögerungsgeld seiner aktuellen Verpflichtung nach Abs. 1 nicht nachkommt (drohender Wiederholungsfall). Des Weiteren kann bei Stpfl. mit einer hohen wirtschaftlichen Leistungsfähigkeit ein Zuschlag festgesetzt werden, um sicherzustellen, dass auch solche Stpfl. nicht von der Zielrichtung des Mitwirkungsverzögerungsgeldes ausgenommen werden (BT-Drs. 20/3436, 92). Zu diesen Stpfl. zählen insb. solche mit Umsätzen von mindestens 12 Mio. EUR bzw. konzernangehörige Stpfl. bei einem im Konzernabschluss ausgewiesenen konsolidierten Umsatzerlös von mindestens 120 Mio. EUR. Der Gesetzgeber geht offensichtlich davon aus, dass die Höhe des regulären Mitwirkungsverzögerungsgeldes nach Abs. 2 bei diesen wirtschaftlich starken Stpfl. keinen genügenden Anreiz setzt, um dem Mitwirkungsverlangen nachzukommen. 15

V. Verlängerte Ablaufhemmung (Abs. 4)

Mit dem DAC 7-UmsG hat der Gesetzgeber die Festsetzungsfrist im Falle einer Ap. mit Einfügung von § 171 IV 3 verkürzt. S. 3 regelt eine neue zeitliche Grenze für die Ablaufhemmung. Diese beträgt fünf Jahre nach Ablauf des Kalenderjahres, in dem die Prüfungsanordnung bekanntgegeben wurde. Durch die Beschränkung des für eine Ap. und die Auswertung der Prüfungsfeststellungen zur Verfügung stehenden Zeitraums soll eine Beschleunigung der Ap. erreicht werden (BT-Drs. 20/3436, 88). 18

Der Gesetzgeber will aber nicht, dass unkooperative Stpfl. von der Verkürzung der Festsetzungsfrist profitieren können, wenn sie die Mitwirkung verweigern (BT-Drs. 20/3436, 93). Daher verlängert sich gem. § 200a IV die Festsetzungsfrist iSd § 171 IV 3 um die Dauer der Mitwirkungsverzögerung, mindestens jedoch um ein Jahr, wenn eine Mitwirkungsverzögerung vorliegt. Die Fristverlängerung soll auch dazu dienen, den Stpfl. zu einer Mitwirkung anzuhalten (BT-Drs. 20/3436, 92). Dies kann aber nicht gelten, wenn das qualifizierte Mitwirkungsverlangen rechtswidrig erfolgte (Peters AO-StB 2022, 353 (360)). Im Wiederholungsfall greift die Regelung des § 171 IV 3 nicht ein, sodass die Festsetzungsfrist insoweit nicht abläuft, bevor die auf Grund der Ap. erlassenen StBescheide unanfechtbar geworden sind oder nach Bekanntgabe der Mitteilung nach § 202 I 3 drei Monate verstrichen sind.

VI. Verlängerte Festsetzungsfrist (Abs. 5)

21 Eine weitere Ablaufhemmung sieht § 200a V für den Fall vor, dass der Stpfl. das qualifizierte Mitwirkungsverlangen nach Abs. 1, die Festsetzung eines Mitwirkungsverzögerungsgeldes nach Abs. 2 oder die Festsetzung eines Zuschlags zum Mitwirkungsverzögerungsgeld nach Abs. 3 mit Einspruch oder Klage angefochten hat. Die Festsetzungsfrist endet nicht vor Ablauf eines Jahres nach der Unanfechtbarkeit der Entscheidung über den Rechtsbehelf. Nach der Gesetzesbegründung ist Hintergrund auch dieser Regelung, dass nicht hinreichend kooperative Stpfl. von der Neuregelung der Ablaufhemmung der Festsetzungsverjährung nach § 171 IV 3 nF ausgeschlossen werden sollen (BT-Drs. 20/3436, 93). Die Regelung findet unabhängig vom Ausgang des Rechtsbehelfsverfahrens, also auch für den Fall, dass die FB oder das FG aufgrund des Einspruchs bzw. der Klage den VA aufhebt, Anwendung. Ob diese Rechtfertigung der Gesetzesbegründung unter rechtsstaatlichen Gesichtspunkten tragfähig ist, muss bezweifelt werden. Die pauschale Einordnung eines Stpfl., der zur Überprüfung der Rechtmäßigkeit eines VA – ggf. sogar erfolgreich - die Gerichte anruft, als „nicht hinreichend kooperativ", lässt sich schwerlich mit dem Rechtsstaatsprinzip in Einklang bringen. Da das in der Gesetzesbegründung angeführte Motiv für die Regelung aber keinen Eingang in den Gesetzestext gefunden hat, dürfte deren Bedeutung für die Auslegung der Norm gering sein.

VII. Hinweispflicht (Abs. 6)

24 § 200a VI ordnet ausdrücklich an, dass auf die Rechtsfolgen (Verzögerungsgeld, Zuschlag und Aussetzung der Ablaufhemmung nach § 171 IV 3) hinzuweisen ist, wenn das qualifizierte Mitwirkungsverlangen nicht erfüllt wird.

VIII. Evaluation (Abs. 7)

26 Des Weiteren sieht § 200a VII eine regelmäßige Evaluierung der Betragsgrenzen des Abs. 3 S. 3 Nr. 2 vor, erstmals nach dem 1.1.2026.

IX. Rechtsschutz

28 Wie das einfache Mitwirkungsverlagen (→ § 200 Rn. 8; → § 200 Rn. 67) ist auch das qualifizierte Mitwirkungsverlangen nach Abs. 1 S. 1 ein VA, gegen den Einspruch eingelegt und ggf. Anfechtungsklage erhoben werden kann. Dies gilt auch für die Festsetzung des Mitwirkungsverzögerungsgeldes und ggf. des Zuschlages. Die Androhung des qualifizierten Mitwirkungsverlangens ist hingegen mangels Regelung kein mit Rechtsmitteln angreifbarer VA (aA TK § 200a Rn. 43; BeckOK AO § 200a Rn. 103; Brinkmann StBp 2023, 329). Es handelt sich nur um die bloße Ankündigung oder das Inaussichtstellen eines VA (so zur Androhung des Verzögerungsgeldes: FG Rheinland-Pfalz 29.7.2011 – 1 V 1151/11, DStRE 2012, 827).

29 Da das einfache und das qualifizierte Mitwirkungsverlangen, die Festsetzung des Mitwirkungsverzögerungsgeldes sowie des Zuschlages vollstreckbare VA sind, kann insoweit AdV (§ 364 II 2 AO bzw. § 69 III FGO) beantragt werden. Dies ist insb. bei einem qualifizierten Mitwirkungsverlangen sinnvoll, weil es ansonsten trotz eigelegten Rechtsmittels (zunächst) erfüllt werden müsste (vgl. Peters AO-StB 2022, 353 (360)).

§ 201 Schlussbesprechung

(1) [1]**Über das Ergebnis der Außenprüfung ist eine Besprechung abzuhalten (Schlussbesprechung), es sei denn, dass sich nach dem Ergebnis der Außenprüfung keine Änderung der Besteuerungsgrundlagen ergibt oder dass der Steuerpflichtige auf die Besprechung verzichtet.** [2]**Bei der Schlussbesprechung sind insbesondere strittige Sachverhalte sowie die rechtliche Beurteilung der Prüfungsfeststellungen und ihre steuerlichen Auswirkungen zu erörtern.** [3]**Eine Schlussbesprechung kann mit Zustimmung des Steuerpflichtigen auch fernmündlich oder nach § 87a Absatz 1a elektronisch durchgeführt werden.**

(2) **Besteht die Möglichkeit, dass auf Grund der Prüfungsfeststellungen ein Straf- oder Bußgeldverfahren durchgeführt werden muss, soll der Steuerpflichtige darauf hingewiesen werden, dass die straf- oder bußgeldrechtliche Würdigung einem besonderen Verfahren vorbehalten bleibt.**

Schrifttum: Pieske-Kontny, Die Schlussbesprechung gem. § 201 AO, StBp 2020, 210.

I. Allgemeines

Zweck der Regelung. Im Rahmen der Schlussbesprechung soll dem Stpfl. ausreichend rechtliches Gehör gewährt werden (FG München 19.12.2013 – 1 K 2603/11, BeckRS 2014, 94651; HHSp § 201 Rn. 5). Sie hat somit Schutzfunktion. Darüber hinaus soll durch die umfassende Erörterung der Prüfungsfeststellungen in tatsächlicher wie rechtlicher Hinsicht frühzeitig **Rechtsfrieden** hergestellt werden (FG Sachsen-Anhalt 23.2.2021 – 3 K 1195/17, BeckRS 2021, 18152; TK § 201 Rn. 5). Die Information des Stpfl. während der Ap. nach § 199 II kann die Schlussbesprechung nicht ersetzen (BeckOK AO § 201 Rn. 6; → § 199 Rn. 1). Die Schlussbesprechung dient auch der Anhörung des Stpfl. Ihm soll durch die Schlussbesprechung die Möglichkeit gegeben werden, zu den Prüfungsfeststellungen umfassend Stellung zu nehmen, sie mit dem Außenprüfer zu erörtern und so auch einvernehmliche Lösungen erzielen zu können (BFH 20.10.2015 – IV B 80/14, BFH/NV 2016, 168; BVerfG 21.7.2016 – 1 BvR 3092/15, DStR 2016, 1984). Trotz der Zielsetzung, möglichst frühzeitig für Rechtsfrieden zu sorgen, sind die Beteiligten nicht an die in der Schlussbesprechung getroffenen Absprachen gebunden, es sei denn, die FB erteilt eine verbindliche Zusage iSd § 204 oder die Beteiligten erzielen eine tatsächliche Verständigung (BFH 31.7.1996 – XI R 78/95, BStBl. II 1996, 625; zu Einzelheiten → Rn. 17). 1

II. Durchführung einer Schlussbesprechung (Abs. 1)

Die Schlussbesprechung wird idR im Anschluss an die Ap. durchgeführt. An der Schlussbesprechung können der Stpfl. und sein steuerlicher Berater teilnehmen (FG Berlin-Brandenburg 18.4.2012 – 12 K 12041/10, EFG 2012, 1806). Eine Pflicht des Stpfl. zur Teilnahme besteht nicht, auch weil die Schlussbesprechung keine Ermittlungshandlung ist (BFH 26.6.2014 – IV R 51/11, BFH/NV 2014, 1716; BFH 20.10.2015 – IV B 80/14, BFH/NV 2016, 168). Seine Anwesenheit kann nicht nach §§ 328 ff. erzwungen werden (TK § 201 Rn. 1a). Die Schlussbesprechung kann sich – auch mit Unterbrechungen – über mehrere Tage erstrecken, bleibt dabei aber rechtlich eine einheitliche Maßnahme (BFH 12.6.2019 – XI B 71/18, BFH/NV 2019, 1329: mit Auswirkung auf die Festsetzungsverjährung). Üblicherweise findet der Termin im Betrieb des Stpfl. statt. Dies ist gesetzlich zwar nicht vorgeschrieben (TK § 201 Rn. 10), hat sich aber als zweckmäßig erwiesen, da so ggf. dort befindliche Unterlagen oder Gegenstände in Augenschein genommen werden können. 6

1. Anspruch auf eine Schlussbesprechung (Abs. 1 S. 1)

9 Der Stpfl. hat einen Anspruch auf die Durchführung einer Schlussbesprechung (BFH 16.12.1987 – I R 66/84, BFH/NV 1988, 319; FG Sachsen-Anhalt 23.2.2021 – 3 K 1195/17, BeckRS 2021, 18152), sodass die Durchführung einer Schlussbesprechung **nicht im Ermessen** der FB steht. Die Ablehnung eines Antrags auf die Durchführung einer Schlussbesprechung ist ein anfechtbarer VA (BFH 24.10.1972 – VIII R 108/72, BStBl. II 1973, 542). Die fehlende Durchführung einer Schlussbesprechung stellt einen Verfahrensfehler dar (Klein § 201 Rn. 6). Dieser Verfahrensfehler kann nach § 126 I Nr. 3 geheilt werden (TK § 201 Rn. 2). Wenn eine Schlussbesprechung rechtswidrig unterblieben ist, können die Prüfungsfeststellungen dennoch verwertet werden (BFH 15.12.1997 – X B 182/96, BFH/NV 1998, 811). Beruht die Versäumung der Einspruchsfrist auf der fehlenden Schlussbesprechung, kann Wiedereinsetzung in den vorigen Stand gem. § 126 III zu gewähren sein.

10 **Entbehrlichkeit einer Schlussbesprechung.** Eine Schlussbesprechung muss nicht abgehalten werden, wenn die Ap. zu keiner Änderung der Besteuerungsgrundlagen geführt hat oder der Stpfl. auf sie verzichtet. Im ersten Fall wäre die Schlussbesprechung reiner Formalismus. Im zweiten Fall ist die Schlussbesprechung entbehrlich, weil sie im Interesse des Stpfl. abgehalten wird, um diesem rechtliches Gehör zu gewähren (BFH 26.6.2014 – IV R 51/11, BFH/NV 2014, 1716; BFH 20.10.2015 – IV B 80/14, BFH/NV 2016, 168). Verzichtet der Stpfl. auf die Schlussbesprechung, darf diese von der FB auch nicht durchgeführt werden (BFH 20.10.2015 – IV B 80/14, BFH/NV 2016, 168; BVerfG 21.7.2016 – 1 BvR 3092/15, DStR 2016, 1984). Der Verzicht auf die Durchführung einer Schlussbesprechung ist formfrei und kann daher auch mündlich oder konkludent erklärt werden (FG München 19.12.2013 – 1 K 2603/11, BeckRS 2014, 94651; BeckOK AO § 201 Rn. 25; Pieske-Kontny StBp 2020, 210). Ein Schweigen auf Terminvorschläge des FA zu einer Schlussbesprechung ist kein Verzicht auf eine solche. Lädt das FA dann aber zu einer von ihm terminierten Schlussbesprechung ein und beantragt der Stpfl. weder eine Verlegung noch erscheint er zu dem Termin, so liegt darin konkludent ein Verzicht auf die Schlussbesprechung (vgl. AEAO zu § 201 Nr. 3; FG München 18.3.2016 – 7 K 497/15, BeckRS 2017, 94476). Eine Schlussbesprechung muss nach § 203 II 3 auch nicht im Fall einer abgekürzten Ap. durchgeführt werden. Gleichwohl darf sie natürlich durchgeführt werden (→ § 203 Rn. 27).

11 **Verwertungsverbot.** Wird die an sich notwendige Schlussbesprechung nicht abgehalten, führt dies nicht zu einem Verwertungsverbot (BFH 26.6.1997 – XI B 174/96, BFH/NV 1998, 17; BFH 15.12.1997 – X B 182/96, BFH/NV 1998, 811; BFH 24.8.1998 – III S 3/98, BFH/NV 1999, 436; FG Sachsen-Anhalt 23.2.2021 – 3 K 1195/17, BeckRS 2021, 18152). Die aufgrund der Ap. erlassenen StBescheide sind nicht allein mangels Schlussbesprechung rechtswidrig (std. Rspr., zB BFH 24.8.1998 – III S 3/98, BFH/NV 1999, 436; aA FG Rheinland-Pfalz 6.11.1979 – II 201/79, EFG 1980, 108).

2. Inhalt der Schlussbesprechung (Abs. 1 S. 2)

16 In der Schlussbesprechung sollen die Prüfungsfeststellungen sowohl in **tatsächlicher** als auch in **rechtlicher** Hinsicht erörtert werden. Damit geht § 201 über § 91 und § 199 II hinaus, welche dem Stpfl. nur bezüglich der entscheidungserheblichen Tatsachen rechtliches Gehör einräumen. Die Schlussbesprechung hat sich dagegen auch mit den rechtlichen Konsequenzen der Prüfungsfeststellungen zu beschäftigen (Klein § 201 Rn. 5).

17 **Bindungswirkung.** Die Schlussbesprechung dient zwar auch dem Zweck, eine Einigung über die Prüfungsergebnisse zu erzielen, um weitere Auseinandersetzungen zu vermeiden. Sie hat insoweit auch **Befriedungsfunktion** (BVerfG 21.7.2016 – 1 BvR 3092/15, DStR 2016, 1984; FG Berlin-Brandenburg 18.4.2012 – 12 K 12041/10, EFG 2012, 1806; FG Sachsen-Anhalt 23.2.2021 – 3 K 1195/17, BeckRS 2021, 18152). Dennoch binden die Äußerungen in der Schlussbesprechung grds. weder die FB noch den Stpfl. (BeckOK AO § 201 Rn. 8; Klein § 201 Rn. 3). Vielmehr haben die Äußerungen idR nur

vorläufigen Charakter (BFH 11.4.1990 – I R 167/86, BStBl. II 1990, 772; FG Niedersachsen 28.1.1988 – II 513/85, EFG 1988, 453). Es handelt sich insoweit um rechtlich unverbindliche Absprachen (FG München 19.12.2013 – 1 K 2603/11, BeckRS 2014, 94651; FG Berlin-Brandenburg 18.4.2012 – 12 K 12041/10, EFG 2012, 1806; TK § 201 Rn. 13). Die FB ist daher berechtigt, vom Prüfungsbericht (§ 202), der auch das Ergebnis der Schlussbesprechung wiedergibt, abzuweichen. Die Zustimmung des Stpfl. zu den Prüfungsfeststellungen ist nicht als **Einspruchsverzicht** (§ 354) zu werten. FB und Stpfl. können allerdings in der Schlussbesprechung auch **Absprachen mit bindender Wirkung** treffen. Dabei kann es sich um eine tatsächliche Verständigung oder um eine verbindliche Zusage iSd § 204 handeln. Voraussetzung ist, dass sich die Beteiligten rechtlich tatsächlich binden wollten. Um dies annehmen zu können, müssen besondere Anhaltspunkte gegeben sein (TK § 201 Rn. 13). Eine **verbindliche Zusage** nach § 204 regelt, wie ein für die Vergangenheit geprüfter Sachverhalt in Zukunft steuerlich behandelt wird. Sie bindet einseitig die FB (zu Einzelheiten → § 204 Rn. 53). Die **tatsächliche Verständigung** soll Unklarheiten oder Ungewissheiten in Bezug auf die geprüften Sachverhalte beseitigen. Die erreichte Verständigung darf nicht zu einer offensichtlich unzutreffenden Besteuerung führen (BFH 31.7.1996 – XI R 78/95, BStBl. II 1996, 625). Eine Verständigung (nur) über **Rechtsfragen** ist unzulässig (BFH 20.7.2001 – I B 165/00, BFH/NV 2002, 7; BFH 6.2.1991 – I R 13/86, BStBl. II 1991, 673; kritisch Seer Verständigungen im Steuerverfahren, 392 f.).

Zu den Einzelheiten einer tatsächlichen Verständigung → § 88 Rn. 47 ff.

Mitteilung der Besprechungspunkte. Nach **§ 11 BpO** sind die Besprechungspunkte 18 dem Stpfl. angemessene Zeit vor der Schlussbesprechung mitzuteilen. Dies dient dem Schutz des Stpfl., damit er sich auf den Inhalt der Schlussbesprechung ausreichend vorbereiten kann und nicht von den Feststellungen des Außenprüfers überrascht wird (TK § 201 Rn. 6). Darüber hinaus ist der Außenprüfer nach **§ 199 II** auch während der Prüfung zur laufenden Unterrichtung des Stpfl. verpflichtet. Die laufende Unterrichtung nach § 199 II ersetzt weder die Schlussbesprechung noch entfällt durch sie die Pflicht zur Mitteilung der Besprechungspunkte gem. § 11 BpO.

3. Durchführung der Schlussbesprechung (Abs. 1 S. 3)

Mit dem DAC 7-UmsG vom 20.12.2022 (BGBl. 2022 I 2730) hat der Gesetzgeber 21 ausdrücklich geregelt, dass eine Schlussbesprechung mit Zustimmung des Stpfl. auch telefonisch oder elektronisch nach den Regeln des § 87a Ia durchgeführt werden kann. Der Gesetzgeber hat mit der Ergänzung durch S. 3 der fortschreitenden Digitalisierung in der StVerwaltung und der Ap. Rechnung tragen wollen (BR-Drs. 409/22, 89). Da die Form der Durchführung einer Schlussbesprechung gesetzlich zuvor nicht geregelt war, konnte diese auch vor der Gesetzesänderung mit Zustimmung des Stpfl. telefonisch oder elektronisch durchgeführt werden (glA FG Düsseldorf 11.5.2020 – 3 V 1087/20 AE (AO), BeckRS 2020, 42412, rkr.; BeckOK AO § 201 Rn. 19; Gosch AO § 201 Rn. 35; Eich AO-StB 2020, 148).

III. Strafrechtlicher Vorbehalt (Abs. 2)

In der Schlussbesprechung **soll** der Stpfl. darauf hingewiesen werden, dass die straf- und 23 bußgeldrechtliche Würdigung der Prüfungsfeststellungen einem besonderen Verfahren vorbehalten bleibt. Damit wird klargestellt, dass die straf- bzw. bußgeldrechtliche Würdigung nicht Gegenstand der Schlussbesprechung ist (Klein § 201 Rn. 7). Andererseits soll sich der Stpfl. auf ein etwaig einzuleitendes Straf- bzw. Bußgeldverfahren einstellen können. Wird ein entsprechender Hinweis erteilt, stellt dies aber noch nicht die Einleitung eines Strafverfahrens dar (BeckOK AO § 201 Rn. 28). Der Hinweis soll nur erfolgen, wenn die Durchführung eines straf- bzw. bußgeldrechtlichen Verfahrens möglich erscheint. Ein Anfangsverdacht im strafrechtlichen Sinne braucht nicht zu bestehen. Bei Vorliegen eines **strafrechtlichen Anfangsverdachtes** muss vielmehr unverzüglich ein Strafverfahren eingeleitet werden (§ 10 BpO). Bestehen keine Anhaltspunkte für eine Straftat bzw. Ordnungswidrigkeit, muss der Hinweis unterbleiben, damit der Stpfl. nicht unberechtigt verunsichert wird (TK § 201 Rn. 18).

24 **Bestehen eines Anfangsverdachtes.** Bei Vorliegen eines strafrechtlichen Anfangsverdachtes muss ein Strafverfahren eingeleitet werden (**§ 10 BpO;** FG Köln 22.3.2017 – 3 K 123/14, BeckRS 2017, 126626). Der Prüfer muss dem Stpfl. die Einleitung eines Strafverfahrens unverzüglich mitteilen und ihn über die Folgen belehren. Der Stpfl. kann dann nicht mehr zur Mitwirkung gezwungen werden (TK § 201 Rn. 16). Die **Mitteilung nach § 201 II ersetzt nicht** die Einleitung eines Strafverfahrens (HHSp § 201 Rn. 86). Wird der Stpfl. nicht gem. § 393 I 4 über seine Rechte aufgeklärt, können die Prüfungsfeststellungen dennoch im Veranlagungsverfahren ausgewertet werden (BFH 8.1.2014 – X B 112, 113/13, BFH/NV 2014, 487; BFH 23.1.2002 – XI R 10, 11/01, BStBl. II 2002, 328).

25 Im Ergebnis verbleibt mithin für eine Mitteilung nach § 201 II nur ein **enger Anwendungsbereich.** Es muss die Möglichkeit für die Durchführung eines Straf- bzw. Bußgeldverfahrens bestehen, gleichzeitig darf aber die Schwelle zum Anfangsverdacht noch nicht überschritten sein.

26 **Folgen eines Verstoßes.** Der Verstoß gegen die Mitteilungspflicht des § 201 II wird nicht sanktioniert. Ein Straf- bzw. Bußgeldverfahren darf auch eingeleitet werden, wenn ein Hinweis iSd § 201 II in der Schlussbesprechung unterblieben ist (TK § 201 Rn. 19). Es besteht weder für das Straf- noch für das Besteuerungsverfahren ein **Verwertungsverbot** (Klein § 201 Rn. 8; BeckOK AO § 201 Rn. 32).

§ 202 Inhalt und Bekanntgabe des Prüfungsberichts

(1) [1]**Über das Ergebnis der Außenprüfung ergeht ein schriftlicher oder elektronischer Bericht (Prüfungsbericht).** [2]**Im Prüfungsbericht sind die für die Besteuerung erheblichen Prüfungsfeststellungen in tatsächlicher und rechtlicher Hinsicht sowie die Änderungen der Besteuerungsgrundlagen darzustellen.** [3]**Führt die Außenprüfung zu keiner Änderung der Besteuerungsgrundlagen, so genügt es, wenn dies dem Steuerpflichtigen schriftlich oder elektronisch mitgeteilt wird.** [4]**Wurden Besteuerungsgrundlagen in einem Teilabschlussbescheid nach § 180 Absatz 1a gesondert festgestellt, ist im Prüfungsbericht darauf hinzuweisen.**

(2) **Die Finanzbehörde hat dem Steuerpflichtigen auf Antrag den Prüfungsbericht vor seiner Auswertung zu übersenden und ihm Gelegenheit zu geben, in angemessener Zeit dazu Stellung zu nehmen.**

(3) **Sollen Besteuerungsgrundlagen in einem Teilabschlussbescheid nach § 180 Absatz 1a gesondert festgestellt werden, ergeht vor Erlass des Teilabschlussbescheids ein schriftlicher oder elektronischer Teilprüfungsbericht; Absatz 1 Satz 2 bis 4 und Absatz 2 gelten entsprechend.**

I. Allgemeines

1 **Zweck der Regelung.** Die Regelung verfolgt den Zweck, dem Stpfl. in angemessener Form ausreichend **rechtliches Gehör** zu gewähren (BFH 17.7.1985 – I R 214/82, BStBl. II 1986, 21). Dies ist trotz der Pflicht zur laufenden Unterrichtung des Stpfl. (vgl. § 199 II) und der Abhaltung einer Schlussbesprechung (vgl. § 201) sinnvoll, weil die Ap. einen weitreichenden Eingriff in die Rechte des Stpfl. darstellt, dem ein möglichst umfangreiches Instrumentarium zu seinem Schutz gegenüberstehen muss. Daneben dient der Prüfungsbericht der Information der amtsinternen Veranlagungsstelle. Die Veranlagungsstelle ist allerdings nicht an den Bericht gebunden.

II. Abschluss der Prüfung (Abs. 1)

1. Prüfungsbericht (Abs. 1 S. 1 und S. 2)

Das Ergebnis einer Ap. ist in einem schriftlichen Bericht darzustellen, der dem Stpfl. zu übermitteln ist. Der Stpfl. hat einen **Anspruch** auf die Erstellung eines Prüfungsberichts, der gerichtlich durchgesetzt werden kann. Einen Anspruch auf eine bestimmte Darstellung hat der Stpfl. nicht (FG Rheinland-Pfalz 6.1.1992 – 5 K 1050/89, EFG 1992, 312). Der Prüfungsbericht ist dem Stpfl. idR mit den StBescheiden zu übersenden. Allerdings kann der Stpfl. die vorherige Übersendung zur Stellungnahme beantragen (Abs. 2). Mit der Übersendung des Prüfungsberichts wird die Ap. idR abgeschlossen (BFH 6.10.2015 – V B 23/15, BFH/NV 2016, 53), sodass nach diesem Zeitpunkt durchgeführte Ermittlungen nicht mehr im Rahmen der Ap. erfolgen (BFH 8.7.2009 – XI R 64/07, BStBl. II 2010, 4). Der Ermittlungsbericht der StFahndung ist dagegen kein Prüfungsbericht iSv Abs. 1, sodass die Regelungen des § 202 AO auf ihn nicht anzuwenden sind (BFH 12.9.2014 – VII B 99/13, BFH/NV 2015, 161). 6

Kein VA. Bei einem Prüfungsbericht handelt es sich nicht um einen VA (BFH 17.7.1985 – I R 214/82, BStBl. II 1986, 21; BFH 29.4.1987 – I R 118/83, BStBl. II 1988, 168). Er kann deshalb nicht förmlich mit einem Einspruch angefochten werden (TK § 202 Rn. 14). Er bindet weder die FB noch den Stpfl., auch wenn er diesem nicht widersprochen hat (zu Einzelheiten → Rn. 29). Weil ein Prüfungsbericht kein VA ist, kann mit ihm auch **keine Auflage** als Nebenbestimmung iSv § 120 II Nr. 4 verbunden werden. 7

Inhalt des Prüfungsberichts. Der Prüfungsbericht muss die für die Besteuerung erheblichen Prüfungsfeststellungen in tatsächlicher wie in rechtlicher Hinsicht darstellen (BFH 8.7.2009 – XI R 64/07, BStBl. II 2010, 4). Dazu gehört insb. eine umfassende Darstellung des festgestellten Sachverhalts (BeckOK AO § 202 Rn. 10). Dies gilt besonders, wenn zu einem Sachverhalt mit einem Rechtsbehelf oder einem Antrag auf verbindliche Zusage zu rechnen ist (§ 12 I BpO). Der Prüfer hat seine rechtliche Würdigung zu begründen; andernfalls wäre die Anordnung des § 202 I 2 sinnlos. 9

Darzustellen sind ferner die Änderungen der Besteuerungsgrundlagen. Dies bedeutet aber nicht, dass der Prüfer die zu zahlende Steuer aufgrund der Ap. errechnen muss (Klein § 202 Rn. 3). Die Prüfer sind verwaltungsintern jedoch angehalten, das Zahlenmaterial so aufzubereiten, dass die Veranlagungsstelle diese ohne weitere Prüfung in einen StBescheid umsetzen kann (Gosch AO § 202 Rn. 16).

Form des Prüfungsberichts. Der Prüfungsbericht kann in schriftlicher oder elektronischer Form ergehen. Eine mündliche Information über die Prüfungsergebnisse kann einen Prüfungsbericht also nicht ersetzen. Die Möglichkeit, den Prüfungsbericht in elektronischer Form zu übermitteln, ist mit dem DAC 7-UmsG v. 20.12.2022 mit Wirkung ab dem 1.1.2023 eingeführt worden. Der Gesetzgeber will damit der fortschreitenden Digitalisierung des Besteuerungsverfahrens Rechnung tragen (BR-Drs. 409/22, 89). 12

2. Mitteilung bei ergebnisloser Prüfung (Abs. 1 S. 3)

Mitteilung. Über eine Ap., die zu keiner Änderung der Besteuerungsgrundlagen führt, wird grds. kein Prüfungsbericht erstellt. Der Stpfl. soll jedoch nicht im Unklaren darüber gelassen werden, ob die Prüfung zu einer abweichenden StFestsetzung führen wird. Daher ist dem Stpfl. schriftlich oder elektronisch mitzuteilen, dass die Prüfung zu keinerlei Änderungen Anlass gegeben hat. Die Mitteilung hat Dokumentations- und Protokollfunktion (BFH 26.6.2014 – IV R 51/11, BFH/NV 2014, 1716). Sie ist für jede StArt und jeden Besteuerungszeitraum gesondert zu erteilen. Eine Zusammenfassung ist zulässig. Eine solche Mitteilung kann auch in einem Prüfungsbericht für einzelne StArten bzw. Besteuerungszeiträume enthalten sein (BFH 19.1.2010 – X R 30/09, BFH/NV 2010, 1234; FG Baden-Württemberg 25.9.2019 – 12 K 516/19, EFG 2020, 172). Der Prüfungsbericht muss wegen seiner Dokumentations- und Protokollfunktion ausdrücklich darauf hinweisen (BFH 26.6.2014 – IV R 51/11, BFH/NV 2014, 1716; BFH 2.10.2003 – IV R 36/01, 15

BFH/NV 2004, 307; BFH 13.3.1991 – X R 33/89, BFH/NV 1991, 643). Schweigt der Prüfungsbericht in diesem Punkt, steht dieses Schweigen einer Mitteilung nach Abs. 1 S. 3 nicht gleich (BFH 19.1.2010 – X R 30/09, BFH/NV 2010, 1234; BFH 14.12.1989 – III R 158/85, BStBl. II 1990, 283). Allein die Aufhebung des Vorbehalts der Nachprüfung gem. § 164 AO stellt aber keine (konkludente) Mitteilung iSd Abs. 1 S. 3 dar (aA FG München 25.9.2017 – 7 K 2461/16, DStRE 2019, 51; TK § 173 Rn. 94a).

16 **Wirkung.** Die Mitteilung nach Abs. 1 S. 3 verschafft dem Stpfl. zunächst Rechtssicherheit in Bezug auf das Ergebnis der Ap. (TK § 202 Rn. 16) und hat daneben folgende weitergehende Rechtswirkungen: Gemäß § 173 II 2 kann nach Ergehen einer Mitteilung eine Änderung der StBescheide nach § 173 I nicht mehr vorgenommen werden (BFH 2.10.2003 – IV R 36/01, BFH/NV 2004, 307). Die Änderungssperre wirkt sowohl zugunsten wie zuungunsten des Stpfl. Dadurch wird aber nicht jede Änderung ausgeschlossen. Vielmehr hindert die Mitteilung eine Änderung nach § 164 II nicht (BFH 9.11.2006 – V R 43/04, BStBl. II 2007, 344; BFH 15.12.1994 – V R 135/93, BFH/NV 1995, 938; BFH 29.4.1987 – I R 118/83, BStBl. II 1988, 168). Daneben ordnet § 171 IV an, dass die Festsetzungsverjährung für drei Monate gehemmt ist (BFH 19.1.2010 – X R 30/09, BFH/NV 2010, 1234), und nach § 164 III 3 hat der Stpfl. Anspruch auf die Aufhebung des Vorbehalts (TK § 202 Rn. 16).

17 **VA-Qualität der Mitteilung.** Die Mitteilung ist nach der Rspr. des BFH kein VA, weil sie mit dem Prüfungsbericht vergleichbar ist (BFH 29.4.1987 – I R 118/83, BStBl. II 1988, 168; BFH 14.9.1993 – VIII R 9/93, BStBl. II 1995, 2; BFH 20.2.2025 – IV R 17/22, BStBl. II 2025, 481; glA Klein Rn. 9; offen gelassen von BFH 31.8.1990 – VI R 78/86, BStBl. II 1991, 537; aA 5. Aufl.; TK § 202 Rn. 16; Gosch AO § 202 Rn. 27).

18 **Verbindliche Zusage nach § 204.** Besondere Bedeutung kommt dem Prüfungsbericht für die verbindliche Zusage nach § 204 zu. Denn eine verbindliche Zusage setzt die Darstellung des zu beurteilenden Sachverhalts im Prüfungsbericht voraus (TK § 202 Rn. 1). Ist bereits bei Abfassung des Prüfungsberichts mit einem Antrag auf verbindliche Zusage zu rechnen, soll der festgestellte Sachverhalt gem. § 12 I BpO möglichst ausführlich dargestellt werden. Aufgrund dieser Bedeutung der Sachverhaltsdarstellung für die verbindliche Zusage hat der Stpfl. dann auch Anspruch darauf, dass ein Prüfungsbericht erstellt wird, obwohl die Ap. zu keiner Änderung der Besteuerungsgrundlagen geführt hatte (aA Klein § 202 Rn. 4). Anderenfalls würde dem Stpfl. die Möglichkeit genommen, eine verbindliche Zusage nach § 204 zu erhalten, obwohl ihm diese ansonsten zu erteilen wäre (zu Einzelheiten → § 204 Rn. 20).

3. Hinweis auf Teilabschlussbescheid (Abs. 1 S. 4)

19 Bei S. 4 handelt es sich um eine durch das DAC7-UmsG v. 20.12.2022 (BGBl. 2022 I 2730) eingefügte Änderung infolge des neu eingeführten Teilabschlussbescheides in § 180 Ia (→ § 180 Rn. 44a). Die Darstellung der für die Besteuerung erheblichen Prüfungsfeststellungen im Prüfungsbericht ist in den Fällen zuvor ergangener Teilabschlussbescheide zweckmäßig. Dem Stpfl. sollen die Ergebnisse der Ap. umfassend dargelegt werden. Da der Teilabschlussbescheid als Grundlagenbescheid allerdings selbständig anfechtbar ist, erfolgt lediglich ein Hinweis auf diesen Bescheid im Prüfungsbericht (BT-Drs. 20/3436, 93).

III. Möglichkeit zur Stellungnahme (Abs. 2)

23 **Pflicht zur Übersendung.** Beantragt der Stpfl. die Übersendung des Prüfungsberichts zur Stellungnahme, ist die FB verpflichtet, diesem Antrag zu entsprechen (Gosch AO § 202 Rn. 28). Dies gilt nach § 203 II 3 nicht, wenn es sich um eine abgekürzte Ap. handelt (→ § 203 Rn. 27), was eine einvernehmliche Übersendung jedoch nicht ausschließt. Der Antrag kann formlos gestellt werden. Damit erhält der Stpfl. (erneut) Gelegenheit, sich zu den Prüfungsfeststellungen zu äußern. Sein Anspruch auf rechtliches Gehör wird dadurch zusätzlich gesichert (BFH 17.7.1985 – I R 214/82, BStBl. II 1986, 21). Der Stpfl. kann die

Übersendung mit der (allgemeinen) Leistungsklage gerichtlich erzwingen. Zuständig sind die FG (BFH 11.12.1980 – IV R 127/78, BStBl. II 1981, 457).

Angemessene Frist. Die FB muss dem Stpfl. eine angemessene Frist zur Stellungnahme gewähren. Was als angemessen in diesem Zusammenhang angesehen werden kann, richtet sich nach den Umständen des Einzelfalls (Klein § 202 Rn. 15). Dabei ist zu berücksichtigen, welche Punkte in der Schlussbesprechung streitig geblieben sind, wie schwierig die noch offenen Rechtsfragen einzuschätzen sind und wie umfangreich die Prüfung gewesen ist (Gosch AO § 202 Rn. 31). Eine weitere Stellungnahme der FB ist entbehrlich. Sie kann nach Eingang der Stellungnahme unmittelbar StBescheide erlassen, weil dem Stpfl. nunmehr ausreichend rechtliches Gehör gewährt wurde. 24

Steuergeheimnis. Bei der Übersendung des Prüfungsberichts ist das StGeheimnis (§ 30) zu beachten (Gosch AO § 202 Rn. 29; BeckOK AO § 202 Rn. 17). Dieses wird durch die Übersendung grds. nicht gefährdet, weil der Bericht nur dem **Stpfl.** zu übersenden ist. Wurde allerdings eine PersGes geprüft, darf der Bericht den einzelnen Gesellschaftern nur insoweit übersandt werden, als sie davon betroffen sind. Der Prüfungsbericht darf mit Blick auf das StGeheimnis einzelnen Gesellschaftern nicht für solche Prüfungszeiträume zugänglich gemacht werden, in denen sie noch nicht oder nicht mehr Gesellschafter waren (BFH 11.12.1980 – IV R 127/78, BStBl. II 1981, 457). 25

IV. Teilprüfungsbericht (Abs. 3)

Wie Abs. 1 S. 4 (→ Rn. 19) wurde Abs. 3 durch das DAC 7-UmsG v. 20.12.2022 (BGBl. 2022 I 2730) eingefügt. Die Regelung stellt sicher, dass vor Erlass eines Teilabschlussbescheides (→ § 180 Rn. 44a) die diesbezüglichen Prüfungsfeststellungen in einem Teilprüfungsbericht dargestellt werden. Hierdurch wird dem Stpfl. eine Überprüfung der Ergebnisse der Teilprüfung ermöglicht (BT-Drs. 20/3436, 93). Bis auf seinen nicht abschließenden Charakter hinsichtlich der Ap. ist der Teilprüfungsbericht nichts anderes als ein Prüfungsbericht und es finden dieselben Regelungen Anwendung (→ Rn. 7–12, 23–25). 27

V. Verfahrensfragen

Der Prüfungsbericht ist **kein VA** (BFH 29.4.1987 – I R 118/83, BStBl. II 1988, 168; BFH 17.7.1985 – I R 214/82, BStBl. II 1986, 21). Daher sind weder die FB noch der Stpfl. an die dort getroffenen Feststellungen gebunden. Ist der Stpfl. mit dem Ergebnis der Ap. nicht einverstanden, ist er mangels VA-Charakter des Prüfungsberichts nicht gezwungen, gegen diesen mit einem förmlichen Rechtsbehelf vorzugehen. Vielmehr kann er sich nur gegen die die Ap. auswertenden StBescheide mit dem **Einspruch** wenden. 29

Auswertung. Andererseits ist auch die Veranlagungsstelle weder gezwungen, die im Prüfungsbericht dargestellten Feststellungen zu übernehmen (TK § 202 Rn. 12), noch ist sie an die rechtliche Beurteilung des Prüfers gebunden (BFH 10.9.2015 – X B 5/15, BFH/NV 2016, 8). Eine Bindung der Veranlagungsstelle kann sich lediglich aus einer **verbindlichen Zusage** oder einer **tatsächlichen Verständigung** ergeben (Klein § 202 Rn. 12). Solche bindenden Absprachen werden jedoch nur ausnahmsweise getroffen. Selbst wenn dem Prüfungsbericht umfangreiche Verhandlungen im Rahmen einer Schlussbesprechung zugrunde liegen, bindet dies die Veranlagungsstelle idR nicht (zu Einzelheiten → § 201 Rn. 17). Will die Veranlagungsstelle allerdings von den Feststellungen der Ap. wesentlich abweichen, soll sowohl dem Stpfl. als auch der Betriebsprüfungsstelle Gelegenheit zur Stellungnahme gegeben werden (§ 12 II BpO). 30

Den Anspruch auf Übersendung eines Prüfungsberichts kann der Stpfl. gerichtlich im Wege einer allgemeinen Leistungsklage durchsetzen (Gosch AO § 202 Rn. 32). Zuständig sind die FG (BFH 11.12.1980 – IV R 127/78, BStBl. II 1981, 457). Wurde der Prüfungsbericht trotz Antrag nicht übersandt, liegt darin ein **Verfahrensfehler.** Nach § 127 recht- 31 fertigt dieser Verfahrensfehler allerdings nicht die Aufhebung der aufgrund der Ap. erlassenen StBescheide (FG Berlin 22.4.1996 – VIII 392/94, EFG 1997, 90).

§ 203 Abgekürzte Außenprüfung

(1) [1]**Bei Steuerpflichtigen, bei denen die Finanzbehörde eine Außenprüfung in regelmäßigen Zeitabständen nach den Umständen des Falls nicht für erforderlich hält, kann sie eine abgekürzte Außenprüfung durchführen.** [2]**Die Prüfung hat sich auf die wesentlichen Besteuerungsgrundlagen zu beschränken.**

(2) [1]**Der Steuerpflichtige ist vor Abschluss der Prüfung darauf hinzuweisen, inwieweit von den Steuererklärungen oder den Steuerfestsetzungen abgewichen werden soll.** [2]**Die steuerlich erheblichen Prüfungsfeststellungen sind dem Steuerpflichtigen spätestens mit den Steuerbescheiden schriftlich oder elektronisch mitzuteilen.** [3]**§ 201 Absatz 1 und § 202 Absatz 2 gelten nicht.**

I. Allgemeines

1 **Zweck der Vorschrift.** Die Vorschrift soll die Durchführung einer abgekürzten Ap. bei denjenigen Stpfl. ermöglichen, die nicht turnusmäßig von der FB geprüft werden (BT-Drs. VI/1982, 164). Dies soll insb. kleinere Betriebe und Stpfl. ohne betriebliche Einkünfte betreffen (BT-Drs. VI/1982, 164). Mit der Möglichkeit, eine abgekürzte Ap. anordnen zu können, wollte der Gesetzgeber der FB einen effizienten Einsatz seines Personals ermöglichen (Schwarz/Pahlke/Keß § 203 Rn. 1). In einfach gelagerten Fällen sollte eine rasche Abwicklung der Prüfung sichergestellt werden. Die rasche Durchführung der Prüfung liegt gleichzeitig auch im Interesse des Stpfl.

2 **Kritik.** Die Vorschrift ist überflüssig und **verfehlt ihren Zweck,** die Abwicklung des Besteuerungsverfahrens zu beschleunigen. Schon § 193 erlaubt zu Beschleunigungszwecken eine Beschränkung der regulären Ap. auf bestimmte Sachverhalte. Darüber hinaus hat die Einschränkung des rechtlichen Gehörs des Stpfl. durch die Suspendierung von § 201 I und § 202 II nur **vordergründig** eine Beschleunigung des Verwaltungsverfahrens und die Schonung von Verwaltungsressourcen zur Folge. Denn gerade die Abhaltung einer Schlussbesprechung und die Übersendung des Prüfungsberichts zur Stellungnahme führen in der Praxis zur Vermeidung der erheblich arbeitsintensiveren Rechtsbehelfs- bzw. Klageverfahren. Statt die Herstellung des Rechtsfriedens durch Abhaltung einer Schlussbesprechung zu befördern, wird die Auseinandersetzung über die Prüfungsfeststellungen in das aufwändige Rechtsbehelfsverfahren verlagert. Die Norm ist aber nicht wegen mangelnder Normenklarheit und mangelnder Bestimmtheit verfassungswidrig (BFH 25.1.1989 – X R 158/87, BStBl. II 1989, 483; glA Gosch AO § 203 Rn. 10; aA TK § 203 Rn. 6).

6 **Abgrenzung zur betriebsnahen Veranlagung.** Die betriebsnahe Veranlagung ist keine Ap. (BFH 6.7.1999 – VIII R 17/97, BStBl. II 2000, 306; TK vor § 193 Rn. 14). Rechtsgrundlage für ihre Durchführung sind daher nicht §§ 193 ff., sondern §§ 93 ff. (Klein § 203 Rn. 2). Die betriebsnahe Veranlagung dient der Beseitigung von Unklarheiten und Unstimmigkeiten, die sich bei der Durchsicht der StErklärung ergeben haben. Daher findet die Überprüfung beim Stpfl. vor Ort im Rahmen einer allgemeinen Einzelermittlung nach §§ 93 ff. statt. Eine betriebsnahe Veranlagung hemmt anders als eine Ap. nicht den Ablauf der Festsetzungsfrist nach § 171 IV (BFH 6.7.1999 – VIII R 17/97, BStBl. II 2000, 306).

7 **Abgrenzung zur zeitnahen Ap.** Nach § 4a BpO kann die FB auch eine sog. zeitnahe Ap. durchführen, die sich auf bestimmte Prüfungsschwerpunkte konzentrieren soll. Trotz Ähnlichkeit zur abgekürzten Ap. handelt es sich bei der zeitnahen Ap. um eine reguläre Ap. iSd § 193 (Buse AO-StB 2013, 90; TK § 203 Rn. 8).

II. Voraussetzungen und Ermittlungstätigkeit bei einer abgekürzten Außenprüfung (Abs. 1)

1. Voraussetzungen für eine abgekürzte Außenprüfung (Abs. 1 S. 1)

Eine abgekürzte Ap. darf nur bei denjenigen Stpfl. durchgeführt werden, bei denen die Voraussetzungen des § 193 vorliegen. Darüber hinaus ist eine abgekürzte Ap. nur zulässig, wenn die FB eine Ap. in regelmäßigen Zeitabständen nicht für erforderlich hält (BeckOK AO § 203 Rn. 9). Zwar ist dieses Tatbestandsmerkmal ausgesprochen unbestimmt; es kann jedoch bei Berücksichtigung des Normzwecks hinreichend konkret ausgelegt werden (BFH 25.1.1989 – X R 158/87, BStBl. II 1989, 483; Klein § 203 Rn. 1; aA TK § 203 Rn. 6). Ergibt sich aus Sicht der FB, dass eine turnusmäßige Überprüfung eines Stpfl. mit dem Mittel der Ap. nicht notwendig ist, kann eine abgekürzte Ap. durchgeführt werden. Bei dieser Entscheidung kann die FB auf ihre Erfahrungen, die sie bei der Prüfung vergleichbarer Stpfl. gesammelt hat, zurückgreifen. In der Regel ist daher bei kleineren Betrieben und bei Stpfl. iSd § 193 II Nr. 2 eine abgekürzte Ap. möglich (BT-Drs. VI/1982, 164), weil bei diesen Stpfl. eine regelmäßige Ap. allein aufgrund der beschränkten Kapazitäten der FB nicht durchgeführt werden soll. 11

Es steht im **Ermessen** (§ 5) der FB, ob sie eine reguläre oder eine abgekürzte Ap. durchführen will (BFH 21.6.1994 – VIII R 54/92, BStBl. II 1994, 678; § 5 II 4 BpO). Da die Durchführung einer abgekürzten Ap. die Ausnahme darstellt, ist die Ermessensentscheidung hinreichend zu begründen. Die FB darf die abgekürzte Ap. in eine reguläre Ap. (und umgekehrt) überleiten (AEAO zu § 203 Nr. 3; Gosch AO § 203 Rn. 20; TK § 203 Rn. 7). Jedoch ist in diesem Fall eine ergänzende Prüfungsanordnung zu erlassen (→ Rn. 31). 12

2. Beschränkung auf die wesentlichen Besteuerungsgrundlagen (Abs. 1 S. 2)

Die abgekürzte Ap. hat sich auf die wesentlichen Besteuerungsgrundlagen zu beschränken. Dies sieht § 7 BpO auch für die reguläre Ap. vor. Da § 203 die Durchführung einer gegenüber der regulären Ap. auch zeitlich abgekürzten Ap. ermöglichen soll, ist § 203 II 2 trotz identischer Formulierung anders als § 7 BpO auszulegen. Im Vergleich mit einer regulären Ap. muss die Prüfungsintensität einer abgekürzten Ap. im Ganzen geringer sein (Schwarz/Pahlke/Keß § 203 Rn. 6), eine reguläre Vollprüfung ist also unzulässig (Gosch AO § 203 Rn. 19), wobei die **tatsächliche Prüfungspraxis** der FB als Vergleichsmaßstab dienen kann. Nur im Vergleich mit einer regulären (durchschnittlichen) Ap. lässt sich bestimmen, ob eine abgekürzte Ap. vorliegt. Denn nur, wenn die Prüfungsintensität einer regulären (durchschnittlichen) Ap. festgelegt ist, kann bestimmt werden, welche Ap. als abgekürzt zu bezeichnen ist. 16

III. Unterrichtung über die steuerlich erheblichen Prüfungsfeststellungen (Abs. 2)

1. Hinweispflicht auf Abweichungen von der Steuererklärung bzw. Steuerfestsetzung (Abs. 2 S. 1)

Hinweispflicht. Bei einer abgekürzten Ap. muss der Stpfl. vor Abschluss der Prüfung auf die beabsichtigten Abweichungen von der StErklärung bzw. StFestsetzung hingewiesen werden. Diese Hinweispflicht steht im Zusammenhang mit Abs. 2 S. 3, der eine Schlussbesprechung für entbehrlich erklärt. Damit tritt die Hinweispflicht an die Stelle der Schlussbesprechung (TK § 203 Rn. 9). § 203 II 1 soll somit auch bei einer abgekürzten Ap. den Anspruch des Stpfl. auf rechtliches Gehör – aber nur in eingeschränkter Form – gewährleisten. Daneben hat der Prüfer § 199 II zu beachten, sodass der Stpfl. auch während der Prüfung laufend über die Prüfungsfeststellungen zu unterrichten ist (Klein § 203 Rn. 4). 21

2. Mitteilung der Prüfungsfeststellungen (Abs. 2 S. 2)

24 Die FB ist auch bei der abgekürzten Ap. verpflichtet, dem Stpfl. die steuerlich erheblichen Prüfungsfeststellungen **schriftlich oder elektronisch** mitzuteilen. Abs. 2 S. 2 erlaubt die Mitteilung der Prüfungsfeststellungen zeitgleich mit den die Ap. auswertenden StBescheiden, sodass eine Übersendung vor Auswertung der Feststellungen nicht verlangt werden kann. Eine vorherige Unterrichtung des Stpfl. steht der FB frei. Der Anspruch des Stpfl. auf die Gewährung rechtlichen Gehörs ist wegen § 203 II 1 ausreichend gewahrt (TK § 203 Rn. 9). Die Möglichkeit, dem Stpfl. die Prüfungsfeststellungen elektronisch zu übermitteln, ist mit dem DAC 7-UmsG v. 20.12.2022 eingeführt worden.

3. Keine Schlussbesprechung bzw. Übersendung des Prüfungsberichts (Abs. 3 S. 3)

27 Der wesentliche praktische Unterschied zur regulären Ap. besteht in der Suspendierung von § 201 I und § 202 II. Nach Abs. 3 S. 3 ist bei einer abgekürzten Ap. die Abhaltung einer Schlussbesprechung (§ 201 I) entbehrlich. Halten die Beteiligten eine Schlussbesprechung allerdings für sinnvoll, kann eine solche durchgeführt werden (→ § 201 Rn. 10), denn das Gesetz enthält kein Verbot zur Durchführung einer Schlussbesprechung (TK § 203 Rn. 9). Des Weiteren braucht der Prüfungsbericht dem Stpfl. nicht zur Stellungnahme vor seiner Auswertung übersandt werden. Auch hier darf sich natürlich darauf verständigt werden (→ § 202 Rn. 23). Die Suspendierung dieser Vorschriften soll wohl ebenfalls der Beschleunigung des StVerfahrens dienen. Dieses Ziel wird jedoch verfehlt (zur Kritik → Rn. 2).

IV. Verfahrensfragen

31 Eine **Prüfungsanordnung** ist auch für die Durchführung einer abgekürzten Ap. notwendig. In dieser ist darauf hinzuweisen, dass die Ap. in abgekürzter Form durchgeführt werden soll (§ 5 II 4 BpO). Die FB muss ihre Ermessensentscheidung, eine abgekürzte Prüfung abhalten zu wollen, ausreichend begründen. Will die FB im Laufe der Prüfung von einer abgekürzten zu einer regulären Ap. oder von einer regulären zu einer abgekürzten Ap. übergehen, muss eine (ergänzende) Prüfungsanordnung erlassen werden (Klein § 203 Rn. 3; TK § 203 Rn. 7; Gosch AO § 203 Rn. 20).

32 **Einspruch gegen die Prüfungsanordnung.** Die Prüfungsanordnung kann mit dem Einspruch angefochten werden. Stellt sich im Laufe der Prüfung heraus, dass die tatsächlichen Prüfungshandlungen den Rahmen einer abgekürzten Ap. überschreiten, ist die Prüfung insgesamt nicht durch die Prüfungsanordnung gedeckt (BeckOK AO § 203 Rn. 32; Schwarz/Pahlke/Keß § 203 Rn. 7). Der Stpfl. kann dies erst nach Abschluss der Prüfung feststellen, sodass dieser Mangel nur im Einspruchsverfahren gegen die aufgrund der Ap. erlassenen StBescheide gerügt werden kann. Ob die Prüfungsanordnung die tatsächlichen Prüfungshandlungen gedeckt hat, ist in diesem Verfahren inzident zu prüfen. Insoweit bedarf es keiner Anfechtung der Prüfungsanordnung.

33 **Rechtsfolgen einer abgekürzten Ap.** Eine abgekürzte Ap. zeitigt die gleichen Rechtsfolgen wie eine reguläre Ap. (Gosch AO § 203 Rn. 27). Eine Unterscheidung sieht das Gesetz nicht vor (BT-Drs. VI/1982, 164). Daher gelten die Regelungen über die Aufhebung eines Vorbehalts der Nachprüfung (§ 164 III), über die Ablaufhemmung für die Verjährung (§ 171 IV), über die Änderungssperre (§ 173 II), über die Erteilung einer verbindlichen Zusage (§§ 204 ff.) sowie über den Wegfall der Möglichkeit zur Selbstanzeige (§ 371 II Nr. 1 Buchst. a) uneingeschränkt auch für die abgekürzte Ap. nach § 203 (Klein § 203 Rn. 3).

§ 203a Außenprüfung bei Datenübermittlung durch Dritte

(1) **Bei einer mitteilungspflichtigen Stelle im Sinne des § 93c Absatz 1 ist eine Außenprüfung zulässig, um zu ermitteln, ob die mitteilungspflichtige Stelle**

1. ihre Verpflichtung nach § 93c Absatz 1 Nummer 1, 2 und 4, Absatz 2 und 3 erfüllt und

2. den Inhalt des Datensatzes nach den Vorgaben des jeweiligen Steuergesetzes bestimmt hat.

(2) **Die Außenprüfung wird von der für Ermittlungen nach § 93c Absatz 4 Satz 1 zuständigen Finanzbehörde durchgeführt.**

(3) **§ 195 Satz 2 sowie die §§ 196 bis 203 gelten entsprechend.**

I. Allgemeines

1 **Zweck der Vorschrift.** Die mit dem StModernG v. 18.7.2016 (BGBl. 2016 I 1679) neu eingeführte Vorschrift ermöglicht die Durchführung einer Ap. bei denjenigen Institutionen, die nach § 93c steuerliche Daten eines Stpfl. aufgrund gesetzlicher Vorschriften an die FB in elektronischer Form zu übermitteln haben. Ziel der Durchführung einer Ap. bei diesen mitteilungspflichtigen Stellen ist die Überprüfung, ob diese Stellen ihren Mitteilungspflichten ordnungsgemäß nachgekommen sind. Die Einführung der Möglichkeit zur Durchführung einer Ap. trägt der steigenden Bedeutung der von Dritten in elektronischer Form an die FB übermittelten steuerlichen Daten für die Durchführung des Besteuerungsverfahrens Rechnung. Um eine Ap. zur Überprüfung der ordnungsgemäßen Erfüllung der Mitteilungspflichten bei den mitteilungspflichtigen Stellen durchführen zu können, war die Einführung des § 203a zwingend notwendig. § 193 stellte keine ausreichende gesetzliche Grundlage hierfür dar, weil sich eine Ap. nach § 193 auf die Ermittlung der steuerlichen Verhältnisse desjenigen, für den die Ap. angeordnet wurde, richten muss, sodass eine Ap. unzulässig ist, die nur zur Überprüfung der steuerlichen Verhältnisse eines Dritten angeordnet wird (BFH 18.2.1997 – VIII R 33/95, BStBl. II 1997, 499; → § 194 Rn. 54). Da eine Ap. nach § 203a nicht die steuerlichen Verhältnisse der mitteilungspflichtigen Stelle, sondern die ordnungsgemäße Erfüllung der gesetzlichen Mitteilungspflichten überprüfen soll, könnte eine solche Ap. nicht auf § 193 gestützt werden (Gosch AO § 203a Rn. 3). Die Vorschrift stellt eine Ergänzung der Ermittlungsrechte der FB nach § 93c IV dar (TK § 203a Rn. 1). In **zeitlicher Hinsicht** ist die Vorschrift gem. Art. 97 § 27 II EGAO erstmals auf steuerliche Daten anzuwenden, die für Besteuerungszeiträume nach dem 31.12.2016 zu übermitteln sind.

II. Außenprüfung bei einer mitteilungspflichtigen Stelle (Abs. 1)

Zulässigkeit einer Außenprüfung. Eine Ap. nach § 203a ist ausschließlich bei einer 4
mitteilungspflichtigen Stelle iSd § 93c I zulässig. In den Fällen der §§ 43 II 7, 45d I 3 und III 6 EStG und § 65 IIIa 6 EStDV hat der Gesetzgeber die Anwendung des § 203a ausdrücklich suspendiert, sodass eine Ap. nicht durchgeführt werden darf (Klein § 203a Rn. 2; BeckOK AO § 203a Rn. 34).

Gegenstand der Prüfung. Den Umfang der Ap. nach § 203a hat der Gesetzgeber in 8
enumerativer Form abschließend festgelegt (TK § 203a Rn. 5; BeckOK AO § 203a Rn. 25). Die Ap. darf nur überprüfen, ob die mitteilungspflichtige Stelle ihre Verpflichtungen zur frist- und formgerechten Übermittlung der Daten (§ 93c I Nr. 1), die Verpflichtungen an die gesetzlichen Anforderungen an den Inhalt der zu übermittelnden Daten (§ 93c I Nr. 2: Erfüllung der inhaltlichen Vorgaben der zu übermittelnden Daten) und die Aufbewahrungspflichten (§ 93c I Nr. 3) ordnungsgemäß und vollständig erfüllt hat. Weiterhin darf überprüft werden, ob die mitteilungspflichtige Stelle die Vorgaben des § 93c II und § 93c III beachtet hat. Auch die Erfüllung der inhaltlichen Anforderungen

für die Datenübermittlung, welche sich aus den EinzelStGesetzen ergeben, darf nach § 203a I Nr. 2 Gegenstand einer Ap. sein.

12 Die Ap. bei der mitteilungspflichtigen Stelle soll nicht aufklären, ob die übermittelten Daten beim betroffenen Stpfl. einer zutreffenden steuerlichen Behandlung zugeführt wurden. Die zutreffende Besteuerung des einzelnen Stpfl., dessen Daten übermittelt wurden, bleibt seinem Besteuerungsverfahren vorbehalten (TK § 203a Rn. 5; Gosch AO § 203a Rn. 14). Ebenso soll sich die Ap. nach § 203a nicht auf die Überprüfung der gesetzlichen Verpflichtung zur Information des Stpfl. über den Inhalt der übermittelten Daten, die für die mitteilungspflichtige Stelle nach § 93c I Nr. 3 besteht, erstrecken (Klein § 203a Rn. 1).

14 **Ermessen.** Liegen die Voraussetzungen für die Durchführung einer Ap. vor, steht es im **Ermessen** des zuständigen FA (→ Rn. 16), ob und in welchem Umfang im konkreten Einzelfall eine Ap. angeordnet wird (Gosch AO § 203a Rn. 11; TK § 203a Rn. 7). Grundsätzlich gelten für die Ermessensausübung die für eine reguläre Ap. gem. § 193 von der Rspr. entwickelten Ermessenserwägungen (Gosch AO § 203a Rn. 11). Allerdings ist der besondere Zweck des § 203a, nämlich die ordnungsgemäße Erfüllung der Mitteilungspflichten zu überprüfen, bei der Ermessensausübung zu berücksichtigen.

III. Zuständigkeit der Finanzbehörde für die Außenprüfung (Abs. 2)

18 Die Zuständigkeit für die Durchführung einer Ap. gem. § 203a richtet sich nach § 93c IV 1. Nach § 203a III iVm § 195 S. 2 besteht die Möglichkeit, ein anderes FA mit der Ap. zu beauftragen.

IV. Anzuwendende Vorschriften (Abs. 3)

22 Für die Ap. nach § 203a gelten kraft ausdrücklichen gesetzlichen Verweises die Vorschriften des § 195 S. 2 und der §§ 196–203 entspr. Somit bedarf die Durchführung einer Ap. des Erlasses einer Prüfungsanordnung (§ 196), die der mitteilungspflichtigen Stelle gem. § 197 bekannt zu geben ist. Den einzelnen Stpfl., deren Daten übermittelt werden (sollen), ist eine Prüfungsanordnung dagegen nicht bekannt zu geben. Auch die Prüfungsgrundsätze des § 199 sind zu beachten, sodass die mitteilungspflichtige Stelle insb. über die festgestellten Sachverhalte laufend aufzuklären ist. Über mögliche steuerliche Auswirkungen der Prüfungsfeststellungen ist dagegen nicht zu informieren, weil die Ap. sich nur auf die Erfüllung der Mitteilungspflichten gem. § 93c erstreckt und sich steuerliche Auswirkungen für die mitteilungspflichtige Stelle nicht ergeben können (aA Gosch AO § 203a Rn. 19). Die mitteilungspflichtige Stelle treffen die erhöhten Mitwirkungspflichten gem. § 200, während ein Anspruch auf eine Schlussbesprechung besteht (§ 201) und der Prüfer einen Prüfungsbericht zu erstellen hat (§ 202). Eine verbindliche Zusage gem. §§ 204 ff. ist mangels entsprechenden Verweises dagegen nicht zu erteilen (glA Gosch AO § 203a Rn. 20; im Ergebnis auch TK § 203a Rn. 9). Das zuständige FA kann nach § 195 S. 2 ein anderes FA mit der Durchführung der Ap. beauftragen (BeckOK AO § 203a Rn. 39).

V. Verfahrensfragen

26 Die Durchführung einer Ap. iSd § 203a setzt den Erlass einer Prüfungsanordnung voraus. Die Prüfungsanordnung ist ein VA, der mit **Einspruch** angefochten werden kann. Rechtsbehelfsbefugt ist der Inhaltsadressat der Prüfungsanordnung. Vorläufiger Rechtsschutz gegen die Prüfungsanordnung ist im Wege eines Antrags auf **AdV** zu ersuchen.

Wegen weiterer Einzelheiten kann auf → § 196 Rn. 81 ff. verwiesen werden.

2. Unterabschnitt. Verbindliche Zusagen auf Grund einer Außenprüfung

§ 204 Voraussetzung der verbindlichen Zusage

(1) **Im Anschluss an eine Außenprüfung soll die Finanzbehörde dem Steuerpflichtigen auf Antrag verbindlich zusagen, wie ein für die Vergangenheit geprüfter und im Prüfungsbericht dargestellter Sachverhalt in Zukunft steuerrechtlich behandelt wird, wenn die Kenntnis der künftigen steuerrechtlichen Behandlung für die geschäftlichen Maßnahmen des Steuerpflichtigen von Bedeutung ist.**

(2) **Abweichend von Absatz 1 kann die Finanzverwaltung dem Steuerpflichtigen bereits nach Erlass eines Teilabschlussbescheids nach § 180 Absatz 1a auf Antrag verbindlich zusagen, wie ein für die Vergangenheit geprüfter und im Teilabschlussbericht dargestellter Sachverhalt in Zukunft steuerlich behandelt wird, wenn**

1. die Kenntnis der künftigen steuerrechtlichen Behandlung für die geschäftlichen Maßnahmen des Steuerpflichtigen von Bedeutung ist und

2. ein besonderes Interesse des Steuerpflichtigen an einer Erteilung vor dem Abschluss der Außenprüfung besteht und dies glaubhaft gemacht wird.

Schrifttum: Schuhmann, Zur verbindlichen Zusage außerhalb der gesetzlichen Regelungen, DStZ 1992, 231; Seer, Verständigungen in Steuerverfahren, Köln 1996; Buciek, Bindende Erklärungen der Finanzverwaltung, DStZ 1999, 389; Mösbauer, Verbindliche Zusage im Anschluss an eine Außenprüfung, StBp 2000, 289; Fittkau, Die Genehmigung einer tatsächlichen Verständigung durch das Veranlagungsfinanzamt, DStZ 2003, 231; Seer, Steuerplanungssicherheit durch Zusage – Zum Auskunftserlass vom 29.12.2003, FS Korn 2005, 707; Seer, Verbindliche Auskunft, FR 2017, 161; Becker, Rechtssicherheit bei der Festlegung von Verrechnungspreisen, DB 2019, 2600; Pieske-Kontny, Die verbindliche Zusage nach einer Außenprüfung, StBp 2020, 111, Bruschke, Verbindliche Zusagen auf Grund einer Außenprüfung, AO-StB 2021, 96; Denninger/Hürten, Die verbindliche Zusage nach § 204 Abs. 2 AO (sog. „verbindliche Teilzusage"), AO-StB 2024, 369; Bruschke, Verbindliche Zusagen auf Grund einer Außenprüfung, StB 2024, 374.

Übersicht

I. Allgemeines

Bedeutung. Der Gesetzgeber hatte zunächst davon abgesehen, die Voraussetzungen 1
und Rechtsfolgen verbindlicher Zusagen und Auskünfte gesetzlich ausdrücklich zu regeln. Erstmals mit dem Föderalismusreform-BegleitG v. 5.9.2006 wurde in § 89 II gesetzlich geregelt, unter welchen Voraussetzungen eine verbindliche Auskunft über die steuerliche Beurteilung noch nicht verwirklichter Sachverhalte von der FB erteilt werden kann (s. dazu BFH 16.5.2013 – V R 23/12, BStBl. II 2014, 325). Die Bestimmungen der §§ 204 ff. kodifizieren nur den speziellen Fall der Erteilung einer verbindlichen Zusage **im Anschluss an eine Ap.** Durch das DAC7-UmsG v. 20.12.2022 (BGBl. 2022 I 2730) wurde die verbindliche Zusage im Anschluss an eine Ap. zu Abs. 1 und in einem neuen Abs. auch die Erteilung einer verbindlichen Zusage bereits **vor Abschluss einer Ap.** geregelt. Dies folgte auf die Einführung eines bereits vor Abschluss einer Ap. möglichen Teilabschluss-

bescheides in § 180 Ia (→ § 180 Rn. 44a). Der Gesetzgeber wollte mit den Bestimmungen der §§ 204 ff. keine abschließende Regelung für den Bereich von verbindlichen Zusagen und Auskünften schaffen (BT-Drs. VI/1982, 95; BT-Drs. 7/4292, 35). Es sollte nicht ausgeschlossen werden, dass die FB auch außerhalb des Regelungsbereichs der §§ 204 ff. rechtlich verbindliche Auskünfte und Zusagen erteilen kann. Daher war die FB auch vor Änderung des § 89 in anderen Fällen berechtigt, Auskünfte mit verbindlicher Wirkung zu erteilen (std. Rspr., zB BFH 19.1.2007 – IV B 51/05, BFH/NV 2007, 1089; BFH 26.11.1997 – III R 109/93, BFH/NV 1998, 808). Liegt eine verbindliche Zusage nicht vor, ist die FB nicht an eine in den Vorjahren vorgenommene steuerliche Behandlung eines Sachverhalts in Zukunft gebunden (BFH 1.4.2015 – V B 63/14, BFH/NV 2015, 1001; Grundsatz der Abschnittsbesteuerung; Klein § 204 Rn. 7). Eine solche Bindung kann nur aus einer verbindlichen Zusage resultieren (BFH 1.4.2015 – V B 63/14, BFH/NV 2015, 1001). Die verbindliche Zusage ist auch bei Prüfungen der Hauptzollämter in Zoll- und Verbrauchsteuerangelegenheiten möglich (Bruschke AO-StB 2021, 96).

2 **Zweck.** Das Institut der verbindlichen Zusage nach § 204 trägt dem Interesse des Stpfl. an Planungs- und Rechtssicherheit Rechnung (FG Nürnberg 23.5.2019 – 4 K 862/17, BeckRS 2019, 42465; BeckOK AO § 204 Rn. 1). Gerade in Zeiten, in den allenthalben zu Recht die Kompliziertheit und die ständige Änderung des StRechts beklagt wird, hat die **Planungssicherheit** für den Stpfl. und seine Berater eine kaum zu überschätzende Bedeutung. Mit der verbindlichen Zusage nach § 204 kann der Stpfl. wenigstens in Einzelfällen bei seinen wirtschaftlichen Entscheidungen die zu erwartende steuerliche Belastung konkret berücksichtigen. Da die verbindliche Zusage im überwiegenden Interesse des Stpfl. erteilt wird, hat der Gesetzgeber angeordnet, dass die FB bei Vorliegen der übrigen Voraussetzungen eine Zusage erteilen **„soll“,** sodass eine Ablehnung nur in Ausnahmefällen in Betracht kommt (zu Einzelheiten → Rn. 45). Gleichzeitig bindet die verbindliche Zusage nur die FB und nicht den Stpfl. (§ 206 II).

4 **Tatsächliche Verständigung.** FB und Stpfl. können sich über die steuerliche Behandlung eines Sachverhalts einigen, wenn hinsichtlich dieses Sachverhalts Unklarheiten oder Unsicherheiten bestehen, deren Aufklärung nicht oder nur mit einem unverhältnismäßigen Aufwand erreicht werden könnte (BFH 24.1.2002 – III R 49/00, BFH/NV 2002, 697; BFH 31.7.1996 – XI R 78/95, BStBl. II 1996, 625), und deren Bindungswirkung sich aus dem Grundsatz von Treu und Glauben ergibt (BFH 20.10.2016 – VI R 27/15, BStBl. II 2018, 441). Diese sog. tatsächliche Verständigung unterscheidet sich von der verbindlichen Zusage dadurch, dass die tatsächliche Verständigung nur die steuerliche Behandlung **für die Vergangenheit** regelt, während die verbindliche Zusage nur für zukünftige Besteuerungszeiträume gilt (→ Rn. 53).

II. Verbindliche Zusage im Anschluss an eine Außenprüfung (Abs. 1)

1. Zusammenhang mit einer Außenprüfung

13 § 204 regelt die Erteilung einer verbindlichen Zusage nur im Zusammenhang mit einer bereits durchgeführten Ap. (Klein § 204 Rn. 1). Daher wird die verbindliche Zusage nur im Anschluss an eine Ap. erteilt, wobei auch ein zeitlicher Zusammenhang mit der Ap. bestehen muss (BFH 13.12.1995 – XI R 43–45/89, BStBl. II 1996, 232). Ap. sind dabei solche nach §§ 193 ff., aber keine (USt-/LSt-/Kassen-)Nachschauen (Bruschke AO-StB 2021, 96). Ein zeitlicher Zusammenhang ist zu bejahen, wenn kurz nach Übersendung des Prüfungsberichts ein Antrag gestellt wird (FG Baden-Württemberg 20.7.2000 – 3 K 67/95, EFG 2000, 1161). Aber auch noch nach einer Stellungnahme zum Prüfungsbericht kann der Stpfl. eine verbindliche Zusage beantragen (TK § 204 Rn. 9; aA Bruschke AO-StB 2021, 96: spätestens in der Schlussbesprechung). Einem Antrag, der erst vier Jahre nach Durchführung einer Ap. gestellt wird, fehlt es am zeitlichen Zusammenhang (FG Nürnberg 23.5.2019 – 4 K 862/17, BeckRS 2019, 42465). Der Stpfl. ist allerdings gut beraten, einen Antrag auf Erteilung einer verbindlichen Zusage frühzeitig, möglichst schon vor Beginn

der Ap., zu stellen. Denn nur so kann er wirksam darauf hinwirken, dass der Sachverhalt, der Anlass für die verbindliche Zusage ist, tatsächlich geprüft und in den Prüfungsbericht aufgenommen wird (TK § 204 Rn. 8). Eine verbindliche Zusage kann auch im Anschluss an eine abgekürzte Ap. erteilt werden (BeckOK AO § 204 Rn. 27).

2. Darstellung des geprüften Sachverhalts im Prüfungsbericht

Geprüfter Sachverhalt. Die verbindliche Zusage kann sich nur auf einen in der Vergangenheit verwirklichten Sachverhalt beziehen, der Gegenstand der Ap. gewesen ist (TK § 204 Rn. 19). Darüber hinaus muss der Sachverhalt in die Zukunft wirken, weil die verbindliche Zusage nur die **zukünftige** steuerliche Behandlung regelt. Hierzu zählen insb. Sachverhalte mit Dauerwirkung oder Dauerwiederkehr wie Miet-, Leasing-, Gesellschafts- oder Darlehensverhältnisse (TK § 204 Rn. 18). Die steuerliche Behandlung eines Sachverhalts für die Vergangenheit kann dagegen nicht Gegenstand einer Zusage sein (BFH 13.12.1995 – XI R 43–45/89, BStBl. II 1996, 232). 19

Darstellung im Prüfungsbericht. Eine verbindliche Zusage wird nur erteilt, wenn der zu beurteilende Sachverhalt im Prüfungsbericht dargestellt wurde. Nach § 12 I BpO ist der Prüfer angewiesen, einen Sachverhalt im Prüfungsbericht umfassend darzustellen, wenn mit einem Antrag auf verbindliche Zusage zu rechnen ist. Die Darstellung im Prüfungsbericht sollte möglichst genau und umfassend sein, denn sie bestimmt die Reichweite der Bindungswirkung der Zusage (HHSp § 204 Rn. 75). Grundsätzlich ist ausreichend, dass das Streitthema Gegenstand des Betriebsprüfungsberichtes war, nicht aber, dass der Betriebsprüfungsbericht nach Ansicht des Stpfl. vollständig und richtig war (BFH 6.8.2014 – V B 116/13, BFH/NV 2014, 1722). Der Stpfl. ist daher gut beraten, den Prüfer bereits vor oder während der Ap. darauf hinzuweisen, dass er die Erteilung einer verbindlichen Zusage beantragen will, damit der Prüfungsbericht entsprechend abgefasst wird (Gosch AO § 204 Rn. 22). Gleiches gilt für einen möglichen Teilprüfungsbericht (→ § 202 Rn. 27; Denninger/Hürten AO-StB 2024, 369).Weigert sich der Prüfer, den Sachverhalt im Prüfungsbericht darzustellen, kann der Stpfl. die Aufnahme in den Prüfungsbericht gerichtlich erzwingen (BeckOK AO § 204 Rn. 17; TK § 204 Rn. 21; aA Klein § 204 Rn. 20; Buciek DStZ 1999, 389; ebenfalls ablehnend in Bezug auf eine Sachverhaltsergänzung BFH 6.8.2014 – V B 116/13, BFH/NV 2014, 1722). Voraussetzung ist, dass der Stpfl. einen Anspruch auf Erteilung der verbindlichen Zusage hat. Ohne erzwingbaren Anspruch auf entsprechende Gestaltung des Prüfungsberichts könnte sich die FB ihrer nach § 204 bestehenden Verpflichtung auf Erteilung einer verbindlichen Zusage faktisch dadurch entziehen, dass eine Darstellung des zu beurteilenden Sachverhalts im Prüfungsbericht unterbleibt. Hätte der Stpfl. keinen gerichtlich durchsetzbaren Anspruch auf Darstellung im Prüfungsbericht, wäre der Anspruch auf ausreichenden Rechtsschutz entgegen Art. 19 IV GG nicht gewährleistet (glA BeckOK AO § 204 Rn. 74). Dementsprechend hat der Stpfl. entgegen des § 202 I 3 einen Anspruch auf Erstellung eines Prüfungsberichts, auch wenn die Ap. zu keiner Änderung der Besteuerungsgrundlagen geführt hat (aA TK § 204 Rn. 21: danach ist eine verbindliche Zusage trotz Fehlen eines Prüfungsberichts zu erteilen; so auch Gosch AO § 204. Rn. 23). Allerdings hat der BFH entschieden, dass der Stpfl. auf eine Ergänzung des im Bericht dargestellten Sachverhalts nicht erfolgreich klagen kann, auch wenn er insoweit später einen Antrag auf eine verbindliche Zusage gestellt hat (BFH 6.8.2014 – V B 116/13, BFH/NV 2014, 1722). 20

Kein Verzicht auf Darstellung im Prüfungsbericht. Der zu beurteilende Sachverhalt ist zwingend im Prüfungsbericht darzustellen. Auf diese Voraussetzung kann nicht verzichtet werden. Auch eine ausführliche Schilderung des Sachverhalts in der Zusage selbst kann die Sachverhaltsdarstellung im Prüfungsbericht nicht ersetzen (BeckOK AO § 204 Rn. 17; FG Niedersachsen 19.8.1981 – VI 81/80, EFG 1982, 170; aA TK § 204 Rn. 21; HHSp § 204 Rn. 75; FG Sachsen 27.12.2011 – 3 V 1830/11, BeckRS 2012, 94204). Für eine teleologische Reduktion des Wortlauts des § 204 besteht kein Bedürfnis (so aber TK § 204 Rn. 21), weil der Stpfl. die Darstellung des Sachverhalts im Prüfungs- 21 bericht erzwingen kann. Lediglich die Ergänzung und ausführlichere Darstellung kann mit der verbindlichen Zusage erfolgen (§ 205 II Nr. 1). Versäumt es der Stpfl., rechtzeitig auf die Darstellung des Sachverhalts im Prüfungsbericht hinzuwirken, kann er keine verbindliche Zusage nach § 204 erhalten. Es besteht dann nur noch die Möglichkeit, die Erteilung einer verbindlichen Auskunft außerhalb einer Ap. zu beantragen.

23 **Keine Bindung an Rechtsansicht.** Der Prüfungsbericht hat nur hinsichtlich der Darstellung des Sachverhalts prägende Bedeutung für die verbindliche Zusage. Die mit dem Prüfungsbericht geäußerte Rechtsansicht ist für die Beurteilung im Verfahren über die Erteilung der verbindlichen Zusage nicht verbindlich (Klein § 204 Rn. 20).

3. Bedeutung für geschäftliche Maßnahmen

27 Eine verbindliche Zusage soll nur erteilt werden, wenn die künftige steuerliche Behandlung für eine geschäftliche Maßnahme des Stpfl. von Bedeutung ist. Damit setzt § 204 ein **Zusageinteresse** des Stpfl. voraus (TK § 204 Rn. 12). Am Zusageinteresse fehlt es, soweit die steuerliche Beurteilung des geprüften Sachverhalts anhand der vorliegenden Rechtsprechung bzw. Verwaltungsanweisung zweifelsfrei vorgenommen werden kann (TK § 204 Rn. 16).

28 **Geschäftliche Maßnahme.** Die Bedeutung der steuerlichen Behandlung muss für eine „geschäftliche" Maßnahme des Stpfl. bestehen. Mit „geschäftlich" ist jede **wirtschaftliche** Maßnahme eines Stpfl. gemeint, die Gegenstand einer Ap. nach § 193 sein kann (TK § 204 Rn. 12; Mösbauer StBp 2000, 289). Eine Beschränkung auf betriebliche Dispositionen oder auf unternehmerische Maßnahmen ist nicht zulässig (TK § 204 Rn. 13). § 204 regelt die Erteilung einer verbindlichen Zusage im Anschluss an eine Ap., die sich nach § 193 II auch auf den nicht unternehmerischen Bereich eines Stpfl. erstrecken kann. Damit kann eine verbindliche Zusage zB für den Bereich der Vermietungs- oder Kapitaleinkünfte erteilt werden (Klein § 204 Rn. 22). Dies ist gerechtfertigt, weil auch im privaten Bereich ein vergleichbares legitimes Interesse an einer planbaren steuerlichen Belastung wie im betrieblichen Bereich existiert.

29 **Bedeutung.** Die Kenntnis der steuerlichen Behandlung ist nur von Bedeutung, wenn sie die Entscheidung des Stpfl. über zukünftig zu treffende wirtschaftliche Dispositionen beeinflussen kann (TK § 204 Rn. 12). Der zu beurteilende Sachverhalt muss vom Stpfl. also noch gestaltet werden können. Hat der Stpfl. bereits abschließend disponiert, ohne noch Einfluss auf den Sachverhalt nehmen zu können, entfällt sein Zusageinteresse. Das Institut der verbindlichen Zusage dient nämlich nicht dazu, die steuerliche Beurteilung eines Sachverhalts **vorzuverlagern** (TK § 204 Rn. 14). Aus diesem Grund kommt eine verbindliche Zusage auch nicht in Betracht, wenn keine berechtigten Zweifel an der steuerlichen Bewertung bestehen, weil die zu beurteilende Rechtsfrage bereits durch die Rspr. abschließend geklärt ist oder eine Verwaltungsanweisung vorliegt (HHSp § 204 Rn. 60). Es muss also eine (berechtigte) Ungewissheit über die steuerliche Behandlung des zu beurteilenden Sachverhalts bestehen. Zu bedenken ist dabei aber, dass gerade auch die Zuordnung eines Sachverhalts zu einer bestehenden Rspr. oder Verwaltungsanweisung in der Praxis erhebliche Probleme bereitet. Daher dürfte es eher die Ausnahme sein, dass die Zusage mit dem Hinweis auf einschlägige Rspr. oder Verwaltungsanweisungen verweigert werden darf. Das Zusageinteresse des Stpfl. besteht oftmals gerade darin, den von ihm geplanten Sachverhalt zweifelsfrei einer vorgegebenen Rechtslage zuzuordnen. Diese verbindliche Zuordnung gibt dem Stpfl. im komplizierten StRecht erst die Rechtssicherheit, die ihm mit dem Institut der verbindlichen Zusage gewährt werden soll.

30 Die in Frage stehende geschäftliche Maßnahme muss **kein besonderes Gewicht** haben. Allein der Stpfl. hat zu entscheiden, ob die steuerliche Behandlung dieser Maßnahme für ihn von Bedeutung ist. Allerdings kann die FB im Rahmen ihres Ermessens die Erteilung einer verbindlichen Zusage ablehnen, wenn es sich offensichtlich um einen bloßen Bagatellfall handelt, wobei die FB diese Frage aus der Sicht des Stpfl. zu beantworten hat (TK § 204 Rn. 13; HHSp § 204 Rn. 59).

III. Verbindliche Zusage vor Abschluss der Außenprüfung (Abs. 2)

Abs. 2 regelt die mögliche Erteilung einer verbindlichen Zusage in den Fällen von **Teilabschlussbescheiden** (→ § 180 Rn. 44a) bereits vor dem Abschluss der Ap., wenn der Stpfl. hieran ein besonderes Interesse hat und dies glaubhaft macht. Unter diesen Voraussetzungen ist es aufgrund der durch einen Teilabschlussbescheid geschaffenen Möglichkeit einer frühzeitigen Rechtssicherheit sachgerecht, auch die Möglichkeit der Erteilung einer verbindlichen Zusage zeitlich nach vorne zu verlagern (BT-Drs. 20/3436, 94). 34

Der **Tatbestand** von Abs. 2 entspricht im Wesentlichen dem des Abs. 1, ergänzt um ein weiteres Tatbestandsmerkmal (Abs. 2 Nr. 2). Auch bei einer verbindlichen Zusage nach Abs. 2 bedarf es eines Zusammenhangs mit einer Ap. (→ Rn. 13). Das ergibt sich aus der Bezugnahme auf Abs. 1 („Abweichend von Absatz 1"). Der geprüfte Sachverhalt muss ebenfalls im Prüfbericht – hier in einem Teilabschlussbericht (Synonym für Teilprüfungsbericht) nach § 202 III (→ § 202 Rn. 27) – dargestellt sein (→ Rn. 19 ff.) und der geprüfte Sachverhalt muss Bedeutung für künftige geschäftliche Maßnahmen des Stpfl. haben (Abs. 2 Nr. 1; → Rn. 27 ff.). 35

Ergänzt wird dieser Tatbestand um die Glaubhaftmachung eines besonderen Interesses des Stpfl. an einer Erteilung vor dem Abschluss der Ap. (Abs. 2 Nr. 2). Das **besondere Interesse** ist ein unbestimmter Rechtsbegriff, dessen Kriterien nicht klar sind (→ § 89 Rn. 25). Erforderlich ist ein doppeltes Interesse: Einerseits muss der Stpfl. darlegen, dass die verbindliche Zusage für seine geschäftlichen Maßnahmen von Bedeutung ist. Hinzukommen muss aber nach Abs. 2 Nr. 2 noch die Glaubhaftmachung eines besonderen Beschleunigungsinteresses, damit die verbindliche Zusage nicht erst nach Abschluss der Ap., sondern bereits während der Ap. erteilt wird (TK § 204 Rn. 27). 36

Zur **Glaubhaftmachung** genügt ein nicht nur geringes Maß an Wahrscheinlichkeit für die Richtigkeit der Tatsachenbehauptung; an Gewissheit grenzende Wahrscheinlichkeit ist nicht erforderlich, überwiegende Wahrscheinlichkeit reicht aus (BFH 9.10.1991 – II R 27/91, BFH/NV 1992, 604). 37

Abs. 2 ist nach Art. 97 § 37 II EGAO erstmals auf Steuern und StVergütungen anzuwenden, die nach dem 31.12.2024 entstehen. Gem. Art. 97 § 37 III EGAO kann die Zusage bei einer Prüfungsanordnung nach dem 31.12.2024 auch für früher entstandene Steuern und StVergütungen erteilt werden. 38

IV. Antrag

Ein **Antrag des Stpfl.** ist zwingende Voraussetzung für die Erteilung einer verbindlichen Zusage. Dem Antrag sollte entnommen werden können, inwieweit die verbindliche Zusage für geschäftliche Maßnahmen des Stpfl. von Bedeutung ist, da dies die FB nicht aus eigener Erkenntnis beurteilen kann (Gosch AO § 204 Rn. 15). Dagegen muss der zu beurteilende Sachverhalt nicht nochmal im Antrag dargestellt werden, weil dieser dem Prüfungsbericht zu entnehmen ist. Nur für den Fall, dass der Stpfl. der Auffassung ist, dass eine präzisere Darstellung des Sachverhalts sinnvoll wäre, sollte er die Angaben des Prüfungsberichts im Antrag ergänzen. 39

Antragsberechtigt ist nur der Stpfl., bei dem eine Ap. durchgeführt worden ist (TK § 204 Rn. 6). Ehegatten sind daher jeweils unabhängig voneinander antragsbefugt, weil sie – auch im Falle der Zusammenveranlagung – bzgl. der Durchführung einer Ap. als selbständige Stpfl. zu behandeln sind (HHSp § 204 Rn. 43). War Gegenstand der Ap. eine einheitliche und gesonderte Feststellung, muss der Antrag von einem zur Vertretung aller Gesellschafter berechtigten Geschäftsführer oder von allen Gesellschaftern gemeinsam gestellt werden, um eine uneinheitliche Behandlung zu vermeiden (Klein § 204 Rn. 11; TK § 204 Rn. 6; BeckOK AO § 204 Rn. 43; aA Schwarz/Pahlke/Keß § 204 Rn. 27). Eine solche uneinheitliche Behandlung würde den Zweck des Feststellungsverfahrens nach § 179 konterkarieren, ohne dass es hierfür eine ausreichende Rechtfertigung gäbe (TK 40

§ 204 Rn. 6). Neben dem geprüften Stpfl. sind diejenigen antragsberechtigt, auf die die Prüfung nach § 194 ausgedehnt wurde.

41 **Form des Antrags.** Der Antrag sollte schriftlich gestellt werden. Dies ist allerdings nicht zwingend (TK § 204 Rn. 7). Die Schriftform ist dem Stpfl. im eigenen Interesse zu empfehlen, da Unklarheiten des Antrags zu seinen Lasten gehen (AEAO zu § 204 Nr. 3).

42 **Zeitpunkt der Antragstellung.** Da zwischen Ap. und verbindlicher Zusage ein zeitlicher Zusammenhang gewahrt werden muss, ist der Antrag zeitnah nach Abschluss der Ap. zu stellen. Der Antrag ist noch rechtzeitig, wenn er kurz nach Übersendung des Prüfungsberichts gestellt wird (FG Baden-Württemberg 20.7.2000 – 3 K 67/95, EFG 2000, 1161). Ein vier Jahre nach Abschluss der Ap. gestellter Antrag ist verspätet (FG Nürnberg 23.5.2019 – 4 K 862/17, BeckRS 2019, 42465). Eine Antragstellung ist auch schon vor Beginn einer Ap. zulässig. Dies erscheint sinnvoll, weil in einem solchen Fall darauf hingewirkt werden kann, dass der Prüfer den zu beurteilenden Sachverhalt überhaupt prüft und ausführlich im Prüfungsbericht darstellt.

V. Ermessensentscheidung

45 **Ermessen.** Die Entscheidung über die Erteilung einer verbindlichen **Zusage im Anschluss an eine Ap.** (Abs. 1) steht im Ermessen der FB, wobei es sich um eine **Sollvorschrift** handelt, sodass nur in besonderen Ausnahmefällen eine Zusage von der FB verweigert werden kann (Buciek DStZ 1999, 389). Im Regelfall hat der Stpfl. bei Vorliegen der übrigen Voraussetzungen des § 204 einen Anspruch auf Erteilung der verbindlichen Zusage (Bruschke AO-StB 2021, 96).

45a Die Entscheidung über die Erteilung einer verbindlichen **Zusage vor Abschluss einer Ap.** (Abs. 2) ist hingegen als Kannvorschrift und damit als echte Ermessensentscheidung ausgestaltet. Der Anspruch des Stpfl. beschränkt sich in diesem Fall auf eine pflichtgemäße und fehlerfreie Ausübung des Ermessens durch die FB (§ 5). Das FA kann den Antrag zB ablehnen, wenn es sich wegen der bevorstehenden Veröffentlichung von Verwaltungsregelungen oder einer Grundsatzentscheidung des BFH nicht binden möchte oder der konkrete Sachverhalt bereits finanzgerichtlich überprüft wird (Denninger/Hürten AO-StB 2024, 369). Vielfach dürfte bei Vorliegen der Voraussetzungen von § 204 II Nr. 1 und 2 allerdings eine Ermessensreduzierung auf null zugunsten einer verbindlichen Teilzusage vorliegen.

46 **Ablehnungsgründe.** Eine Ablehnung der Zusageerteilung kommt in Betracht, wenn die steuerliche Beurteilung des Sachverhalts noch von in der Zukunft liegenden Entwicklungen abhängt, sodass die Qualifizierung einer Tätigkeit als Liebhaberei nicht zusagegeeignet ist (FG Hessen 26.7.1989 – 13 K 1637/89, EFG 1990, 210). Die Angemessenheit von Verrechnungspreisen kann dagegen für eine verbindliche Zusage geeignet sein (Becker DB 2019, 2600; Klein § 204 Rn. 15; Gosch AO § 204 Rn. 28; TK § 204 Rn. 16).

47 **Unverhältnismäßiger Verwaltungsaufwand.** Kein zulässiger Ablehnungsgrund ist der mit der Erteilung einer Zusage verbundene – ggf. auch erhebliche – Verwaltungsaufwand (glA BeckOK AO § 204 Rn. 62). Berücksichtigt man das berechtigte Interesse des Stpfl. an einer verbindlichen Zusage, so überwiegt dieses regelmäßig das Interesse der FB an einem ressourcenschonenden Personaleinsatz. Im Übrigen stellt sich hier die Frage, ob überhaupt ein unverhältnismäßiger Verwaltungsaufwand entstehen kann, wenn man bedenkt, dass das anschließende Veranlagungsverfahren von der Entscheidung über die in der Zusage geklärte Sachbehandlung entlastet wird.

48 **Anstehende höchstrichterliche Klärung.** Nach Auffassung der FB kann die Erteilung einer verbindlichen Zusage abgelehnt werden, wenn die steuerliche Beurteilung des geprüften Sachverhalts von einer Rechtsfrage abhängt, für die in absehbarer Zeit eine höchstrichterliche Klärung ansteht oder für die der Erlass einer Verwaltungsvorschrift zu erwarten ist (AEAO zu § 204 Nr. 5; Klein § 204 Rn. 14; HHSp § 204 Rn. 66; kritisch TK § 204 Rn. 16; Buciek DStZ 1999, 389). In der Praxis dürfte dieser Einschränkung nur

geringe Bedeutung zukommen, weil im Regelfall eine verbindliche Zusage begehrt wird, die lediglich auf die konkrete Zuordnung eines Sachverhalts zu einer feststehenden Rechtslage **im Einzelfall** abzielt. Darüber hinaus bestehen aber auch Bedenken gegen diese Einschränkung, weil gerade bei Rechtsfragen, die noch „im Fluss" sind, das Interesse des Stpfl. an einer berechenbaren steuerlichen Behandlung von erhöhter Bedeutung ist. Daher kann nur in Fällen, in denen tatsächlich lediglich die Rechtsfrage noch ungeklärt ist, die steuerliche Zuordnung des Sachverhalts zu dieser Rechtsfrage aber eindeutig feststeht, eine Zusage mit dem Hinweis auf die unmittelbar bevorstehende Klärung durch eine höchstrichterliche Rspr. oder Verwaltungsanweisung abgelehnt werden.

Zu Recht darf die FB die Erteilung einer verbindlichen Zusage allerdings ablehnen, 49
wenn die zu beurteilende geschäftliche Maßnahme bereits konkret Gegenstand eines **anhängigen Klageverfahrens** ist (BFH 13.7.2009 – IX B 22/09, BFH/NV 2010, 3; BFH 18.12.1989 – VIII B 27/89, BFH/NV 1990, 654). Bei Erteilung einer Zusage würde in unzulässiger Weise dem Ausgang des Klageverfahrens vorgegriffen.

Zuständige Behörde. Die verbindliche Zusage kann nur von dem FA erteilt werden, 50
das für die StFestsetzung zuständig ist (AEAO zu § 204 Nr. 2). Nur dieses FA ist für die endgültige Entscheidung über die steuerliche Behandlung zuständig. Es ist nicht an die rechtliche Beurteilung durch die Ap. gebunden (TK § 204 Rn. 4). Lediglich im Falle der Beauftragung eines anderen FA mit der Durchführung der Ap. nach § 195 ist auch dieses FA kraft ausdrücklicher gesetzlicher Anordnung zur Erteilung einer verbindlichen Zusage berechtigt (§ 195 S. 2). Sie hat dazu das Einvernehmen mit der für die Besteuerung zuständigen FB herzustellen (AEAO zu § 204 Nr. 2). Nichts anderes gilt für eine verbindliche Teilzusage nach Abs. 2 (so auch TK § 204 Rn. 28; Bruschke StB 2024, 374).

VI. Zukünftige steuerrechtliche Behandlung

Mit der verbindlichen Zusage wird die steuerliche Behandlung eines in der Zukunft 53
noch zu verwirklichenden Sachverhalts festgelegt. Sie ist für die Besteuerung in den zukünftigen Veranlagungszeiträumen auch bindend, wenn sie dem materiellen Recht widerspricht. Eine später erlangte bessere Erkenntnis kann die FB der Besteuerung nicht mehr zugrunde legen. Daran ist sie durch die verbindliche Zusage gehindert (TK § 206 Rn. 2). Allerdings wird nur die FB und nicht der Stpfl. durch die Zusage gebunden. Der Stpfl. kann sich trotz (bestandskräftiger) verbindlicher Zusage auf eine für ihn günstigere Rechtslage berufen, wenn diese dem materiellen Recht entspricht (§ 206 II). Zu weiteren Einzelheiten → § 206 Rn. 1 ff.

VII. Verfahrensfragen

Die verbindliche Zusage nach § 204 ist **VA** (BFH 29.2.2012 – IX R 11/11, BStBl. II 57
2012, 651; BFH 30.4.2009 – VI R 54/07, BStBl. II 2010, 996; HHSp § 204 Rn. 85). Dies gilt sowohl für die Erteilung einer verbindlichen Zusage als auch für die Ablehnung eines Antrags auf Erteilung (Klein § 204 Rn. 27). In beiden Fällen hat die FB den VA schriftlich zu erteilen (§ 205) und ihn **zu begründen.** Die Begründung muss die Ermessenserwägungen der FB erkennen lassen (Gosch AO § 205 Rn. 15). § 205 II bestimmt darüber hinaus den weiteren Inhalt der verbindlichen Zusage (→ § 205 Rn. 16 ff.).

Rechtsmittel. Der Stpfl. kann sowohl gegen die erteilte verbindliche Zusage als auch 58
gegen die Ablehnung seines Antrags auf Erteilung einer solchen **Einspruch** einlegen. Will er den Inhalt der verbindlichen Zusage gerichtlich überprüfen lassen, muss er nach erfolglosem Einspruchsverfahren Anfechtungsklage erheben. Der Stpfl. kann die verbindliche Zusage durch das Gericht jedoch nicht daraufhin überprüfen lassen, ob diese materiell rechtmäßig ist. Die Klärung dieser Frage ist dem Verfahren über die Rechtmäßigkeit des StBescheids vorbehalten (BFH 5.2.2014 – I R 34/12, BFH/NV 2014, 1014; BFH 29.2.2012 – IX R 11/11, BStBl. II 2012, 651 zu einer verbindlichen Auskunft nach § 89; glA Gosch AO § 204 Rn. 37). Es besteht nur ein Anspruch auf die Durchführung eines

fairen rechtsstaatlichen Verfahrens, sodass eine verbindliche Zusage nur aufzuheben ist, wenn sie evident rechtswidrig ist (BFH 15.1.2015 – VI B 103/14, BStBl. II 2015, 447). Wurde ein Antrag auf Erteilung einer verbindlichen Zusage abgelehnt, ist nach erfolglosem Einspruchsverfahren Verpflichtungsklage einzureichen (BFH 30.10.1987 – IV B 148/86, BFH/NV 1989, 558).

59 **Vorläufiger Rechtsschutz** kann nicht im Wege der Aussetzung der Vollziehung (§ 361 AO, § 69 FGO) erlangt werden, weil es an einem vollziehbaren VA fehlt (Klein § 204 Rn. 27; Gosch AO § 204 Rn. 38). Auch ein Antrag auf einstweilige Anordnung nach § 114 FGO kann keinen Erfolg haben, weil es an einem Anordnungsgrund fehlt (BFH 15.4.1988 – I B 21/88, BStBl. II 1988, 585). Allein der Hinweis, nicht die steuerlichen Folgen einer wirtschaftlichen Disposition tragen zu wollen, reicht hierfür nicht aus (BFH 15.4.1988 – I B 21/88, BStBl. II 1988, 585). Im Übrigen würde eine Zusage aufgrund einer einstweiligen Anordnung das Ergebnis der Hauptsache in unzulässiger Weise vorwegnehmen (BFH 18.12.1989 – VIII B 27/89, BFH/NV 1990, 654).

60 Während ein Antrag auf eine verbindliche Zusage **Gebühren** auslöst (§ 89 III), gilt dies mangels entsprechender Regelung nicht für Anträge auf verbindliche Zusagen aufgrund einer Ap. Die Gebührenfreiheit macht die verbindliche Zusage für den Stpfl. zu einem attraktiven Instrument, Planungssicherheit über den geprüften VZ hinaus zu erlangen (BeckOK AO § 204 Rn. 71).

§ 205 Form der verbindlichen Zusage

(1) **Die verbindliche Zusage wird schriftlich erteilt und als verbindlich gekennzeichnet.**

(2) **Die verbindliche Zusage muss enthalten:**

1. den ihr zugrunde gelegten Sachverhalt; dabei kann auf den im Prüfungsbericht dargestellten Sachverhalt Bezug genommen werden,
2. die Entscheidung über den Antrag und die dafür maßgebenden Gründe,
3. eine Angabe darüber, für welche Steuern und für welchen Zeitraum die verbindliche Zusage gilt.

Schrifttum: Bruschke, Verbindliche Zusagen auf Grund einer Außenprüfung, AO-StB 2021, 96.

I. Allgemeines

1 **Zweck.** Die Regelung bezweckt, dass Unklarheiten über den Inhalt und die Tragweite der verbindlichen Zusage vermieden werden (TK § 205 Rn. 1). Gleichzeitig soll die FB auch gezwungen werden, sich über Tragweite und Bedeutung der Zusage Gewissheit zu verschaffen. Dies dient dem Schutz der FB vor vorschnellen Entscheidungen (BeckOK AO § 205 Rn. 1). Trotz der ausführlichen Regelung sind die allg. Vorschriften über den Erlass eines VA anzuwenden, soweit § 205 den allg. Bestimmungen nicht als lex specialis vorgeht (TK § 205 Rn. 1; vgl. HHSp § 205 Rn. 3).

II. Form der verbindlichen Zusage (Abs. 1)

1. Schriftform

6 **Schriftlich.** Nach § 205 I muss die verbindliche Zusage schriftlich erteilt werden. Die Anordnung der Schriftform dient der Rechtssicherheit. In Anbetracht der Bedeutung der verbindlichen Zusage für die zukünftig durchzuführende StVeranlagung dient die Schriftform der Vermeidung von Auseinandersetzungen über ihre Reichweite. Die Schriftform ist materielle Wirksamkeitsvoraussetzung für die Zusage (BFH 13.2.2008 – I R 63/06, BFH/NV 2008, 1250). Mündliche Aussagen zB in der Schlussbesprechung können das FA daher nicht binden (FG Rheinland-Pfalz 12.4.2018 – 6 K 2254/17, EFG 2018, 994; FG Hamburg 30.4.2013 – 2 K 81/12, BeckRS 2013, 96312). Das Schriftformerfordernis ist

auch durch Erteilung der Zusage in elektronischer Form (§ 87a IV) erfüllt (Gosch AO § 205 Rn. 6; TK § 205 Rn. 3; BeckOK AO § 205 Rn. 9). Eine verbindliche Zusage in Schriftform liegt nicht vor, wenn das FA auf ein Bestätigungsschreiben des Stpfl. hin untätig bleibt und nicht in der Form des § 205 darauf antwortet (BFH 30.4.2009 – V R 3/08, BStBl. II 2013, 873; BFH 21.5.2010 – V B 91/09, BFH/NV 2010, 1619).

Ablehnung eines Antrags. Die Schriftform ist nach § 205 I auch einzuhalten, wenn ein Antrag auf Erteilung einer verbindlichen Zusage abgelehnt wird (TK § 205 Rn. 2; HHSp § 205 Rn. 5; aA Gosch AO § 205 Rn. 3). 7

2. Hinweis auf Verbindlichkeit

Kennzeichnungspflicht. Die Zusage muss nach Abs. 1 2. HS. zwingend als verbindlich gekennzeichnet werden. Fehlt es hieran, entfaltet die Erklärung keine Bindungswirkung (Klein § 205 Rn. 2). Die Anordnung, eine Zusage als verbindlich zu kennzeichnen, dient der Rechtssicherheit. Mit der Kennzeichnung der Zusage als verbindlich wird vermieden, dass bzgl. der Bedeutung des von der FB erteilten Schriftstücks Zweifel aufkommen können. Die Zusage ist als verbindlich gekennzeichnet, wenn sich die Verbindlichkeit eindeutig aus der gewählten Formulierung ergibt (Gosch AO § 205 Rn. 10). Der Begriff „verbindlich" muss nicht zwingend verwendet werden – auch eine andere Formulierung kann ausreichend sein (TK § 205 Rn. 4). 11

Zusage unter Vorbehalt. Wird die Verbindlichkeit dagegen von der FB ausdrücklich ausgeschlossen oder wird sie unter einen Vorbehalt gestellt, liegt keine verbindliche Zusage nach § 204 vor (BFH 20.10.2016 – VI R 27/15, BStBl. II 2018, 441; BFH 17.9.1992 – IV R 39/90, BStBl. II 1993, 218; TK § 205 Rn. 4; Gosch AO § 205 Rn. 10). Vielmehr handelt es sich in diesem Fall um die unverbindliche Äußerung einer Rechtsmeinung, die die FB nicht binden kann. Will der Stpfl. weiterhin eine Zusage erhalten, die die FB bindet, muss er sein Begehren mit (Verpflichtungs-)Einspruch und ggf. Klage verfolgen (HHSp § 204 Rn. 85; TK § 205 Rn. 4). 12

III. Inhaltliche Anforderungen an die verbindliche Zusage (Abs. 2)

1. Sachverhaltsdarstellung

Sachverhalt. Die verbindliche Zusage muss eine Darstellung des zugrunde gelegten Sachverhalts enthalten. Der zutreffenden Sachverhaltsdarstellung kommt entscheidende Bedeutung zu, weil eine Bindungswirkung nach § 206 I nur insoweit eintritt, als sich der später verwirklichte Sachverhalt mit dem der verbindlichen Zusage zugrunde gelegten Sachverhalt deckt (→ § 206 Rn. 6). Zwar muss der Sachverhalt mit Blick auf die Bindungswirkung möglichst detailliert und ausführlich geschildert werden. Entscheidend ist aber nur die Darstellung der für die steuerliche Beurteilung erheblichen Sachverhaltsmerkmale (TK § 205 Rn. 5). Denn Abweichungen des später verwirklichten Sachverhalts haben keinen Einfluss auf die Bindungswirkung, wenn es sich um solche handelt, die für die Tatbestandserfüllung ohne Bedeutung sind (→ § 206 Rn. 7). 16

Bezugnahme auf Prüfungsbericht. Ausreichend ist nach § 205 II Nr. 1 Hs. 2 eine Bezugnahme auf den im Prüfungsbericht dargestellten Sachverhalt. In diesem Fall kann auf eine (erneute) Sachverhaltsdarstellung vollständig verzichtet werden. Die Sachverhaltsdarstellung des Prüfungsberichts kann aber auch ergänzt werden, soweit eine wesentliche Übereinstimmung erhalten bleibt (TK § 205 Rn. 5). Auch eine nur punktuelle Bezugnahme auf den Prüfungsbericht ist ausreichend (Gosch AO § 205 Rn. 13). 17

2. Entscheidung und Gründe

Entscheidung. Die FB muss angeben, wie sie zukünftig den ihr vorgelegten Sachverhalt steuerlich behandeln will (Klein § 205 Rn. 4). 23

Gründe. Darüber hinaus muss die verbindliche Zusage die für die Entscheidung maßgebenden Gründe erkennen lassen. Insoweit geht § 205 II Nr. 2 der Regelung des § 121 als lex specialis vor. Daher gelten die Ausnahmen vom Begründungszwang nach § 121 II 24 nicht für die verbindliche Zusage (TK § 205 Rn. 6). Zur Begründung gehört auch die Angabe der **Rechtsvorschriften,** die die Entscheidung tragen (HHSp § 205 Rn. 21). Dies ist mit Blick auf die Bindungswirkung nach § 207 I von besonderer Bedeutung (TK § 205 Rn. 7). Denn die Änderung der Rechtsvorschriften, auf denen die Erteilung der verbindlichen Zusage beruht, lässt ihre Bindungswirkung nach § 207 I entfallen (Gosch AO § 205 Rn. 15; → § 207 Rn. 6 ff.).

3. Umfang der Zusage

29 **Sachlicher Umfang.** § 205 II Nr. 3 ordnet ausdrücklich an, dass die StArten, für die die verbindliche Zusage gelten soll, angegeben werden. Auch diese Angabe dient der Vermeidung von Unklarheiten. Allerdings ist es ausreichend, wenn sich die sachliche Reichweite aus den Umständen zweifelsfrei ergibt (TK § 205 Rn. 8).

30 **Zeitlicher Umfang.** Die verbindliche Zusage kann als Nebenbestimmung (Bruschke AO-StB 2021, 96) eine Angabe über den zeitlichen Umfang ihrer Bindungswirkung enthalten – muss dies aber nicht. § 205 II Nr. 3 stellt lediglich klar, dass die FB die Möglichkeit hat, die Zusage zeitlich zu befristen. Eine Pflicht zur zeitlichen Befristung ist der Regelung nicht zu entnehmen (HHSp § 205 Rn. 21; TK § 205 Rn. 9; kritisch Klein § 205 Rn. 7). Enthält die Zusage keine Angaben zu ihrer zeitlichen Geltungsdauer, ist sie daher wirksam und gilt **unbefristet** (TK § 205 Rn. 9; BeckOK AO § 205 Rn. 28). Allerdings endet die Bindungswirkung auch bei einer zeitlich unbefristeten Zusage mit der Änderung der zugrunde liegenden Rechtsvorschriften (Gosch AO § 205 Rn. 18).

§ 206 Bindungswirkung

(1) **Die verbindliche Zusage ist für die Besteuerung bindend, wenn sich der später verwirklichte Sachverhalt mit dem der verbindlichen Zusage zugrunde gelegten Sachverhalt deckt.**

(2) **Absatz 1 gilt nicht, wenn die verbindliche Zusage zuungunsten des Antragstellers dem geltenden Recht widerspricht.**

Schrifttum: Denninger/Hürten, Die verbindliche Zusage nach § 204 Abs. 2 AO (sog. „verbindliche Teilzusage"), AO-StB 2024, 369.

I. Allgemeines

1 **Bedeutung.** Das Institut der verbindlichen Zusage soll sicherstellen, wie die FB einen noch zu verwirklichenden Sachverhalt in der Zukunft steuerlich behandeln wird, um dem Stpfl. Rechtssicherheit zu vermitteln. Daher bestimmt § 206 I, dass die verbindliche Zusage FB und FG bei der späteren StFestsetzung bindet. Eine bessere Erkenntnis über die zutreffende Rechtslage darf weder die FB noch das FG auswerten. Dies gilt auch und gerade für Zusagen, die zu einer **rechtswidrigen StFestsetzung** führen, soweit sie sich zugunsten des Antragstellers auswirkt (BeckOK AO § 206 Rn. 2). Denn die verbindliche Zusage dient ausschließlich dem **Schutz des Stpfl.,** sodass sie nach Abs. 2 keine Bindungswirkung entfaltet, wenn sie zuungunsten des Stpfl. dem geltenden Recht widerspricht.

II. Voraussetzung und Umfang der Bindungswirkung (Abs. 1)

1. Voraussetzung der Bindungswirkung

6 **Sachverhaltsidentität.** Die verbindliche Zusage entfaltet ihre Bindungswirkung nur, wenn zwischen dem verwirklichten Sachverhalt und dem in der Zusage dargestellten Sachverhalt Identität besteht. Dies bedeutet allerdings nicht, dass eine vollständige Übereinstimmung des verwirklichten und des dargestellten Sachverhalts gegeben sein muss. Stimmen verwirklichter und dargestellter Sachverhalt lediglich in Punkten nicht überein,

die für die in Frage stehende Besteuerung ohne Bedeutung sind, bleibt die Bindungswirkung erhalten (Klein § 206 Rn. 1; Gosch AO § 206 Rn. 7). Denn nur die Sachverhaltsteile, die für die Verwirklichung der entscheidungserheblichen Norm von Bedeutung sind, müssen identisch sein.

Wesentliche Sachverhaltsabweichung. Unterscheidet sich der verwirklichte Sachver- 7
halt allerdings wesentlich von dem in der verbindlichen Zusage dargestellten Sachverhalt, so entfällt die Bindungswirkung. Die FB ist an ihre Zusage nicht mehr gebunden. Sie ist der StVeranlagung nicht mehr zugrunde zu legen. Die FB ist auch nicht verpflichtet, die Zusage ausdrücklich zu widerrufen, soweit der verwirklichte Sachverhalt wesentliche Abweichungen aufweist (TK § 206 Rn. 5).

Wirtschaftliche Dispositionen des Stpfl. sind keine Voraussetzung für die Bindungs- 8
wirkung der Zusage. Die FB ist auch gebunden, wenn der Stpfl. nicht im Vertrauen auf die verbindliche Zusage wirtschaftlich disponiert hat (Gosch AO § 206 Rn. 9).

2. Umfang der Bindung

Bedeutung für die StFestsetzung. Deckt sich der tatsächlich verwirklichte Sachver- 13
halt mit dem in der Zusage dargestellten Sachverhalt, entfaltet die verbindliche Zusage ihre Bindungswirkung. Die in der verbindlichen Zusage geregelte Rechtsfolge ist der nachfolgenden StFestsetzung zugrunde zu legen. Die verbindliche Zusage führt also nicht aus sich heraus zu einer StFestsetzung. Erst mit dem Erlass eines StBescheids wird die verbindliche Zusage für den Stpfl. wirksam umgesetzt. Entspricht die Umsetzung im StBescheid nicht der Zusage, muss der Stpfl. daher den StBescheid unter Berufung auf die Zusage anfechten. Die Anfechtung ist unverzichtbar, weil der StBescheid nicht wegen seiner Abweichung von der Zusage nichtig, sondern nur rechtswidrig ist (→ Rn. 29, 30).

Die verbindliche Zusage wirkt nur **zwischen dem Antragsteller** und der zuständigen 14
FB. Ein **Zuständigkeitswechsel** im Bereich der FB hat aber keinen Einfluss auf die Bindungswirkung der Zusage (Gosch AO § 206 Rn. 11; TK § 206 Rn. 16; BFH 12.10.2000 – V B 66/00, BFH/NV 2001, 296). Auch die nach dem Zuständigkeitswechsel handelnde FB ist an die verbindliche Zusage somit gebunden und muss diese bei Erlass eines StBescheids berücksichtigen. Wird einer **Personenmehrheit,** zB den Feststellungsbeteiligten einer Personengesellschaft, eine verbindliche Zusage erteilt, entfaltet die Zusage gegenüber allen Beteiligten Bindungswirkung (Gosch AO § 206 Rn. 12; TK § 206 Rn. 11).

Erstreckung auf Dritte. Nur der Antragsteller kann sich auf die verbindliche Zusage 15
berufen; grds. erstreckt sich die Zusage nicht auf unbeteiligte Dritte. Dies ist Ausfluss der Tatsache, dass die Zusage eine Einzelfallregelung trifft. Selbst wenn der vom unbeteiligten Dritten verwirklichte Sachverhalt mit dem identisch ist, der in der Zusage dargestellt wurde, kann er sich auch nicht unter dem Gesichtspunkt der Gleichbehandlung auf diese berufen (BeckOK AO § 206 Rn. 16). Die Erstreckung der verbindlichen Zusage auf Dritte kommt allerdings im Falle der **Gesamtrechtsnachfolge** und der **Einzelrechtsnachfolge** in Betracht. Der Gesamtrechtsnachfolger tritt uneingeschränkt in die verfahrensrechtliche Position seines Rechtsvorgängers ein, sodass er sich auf diese berufen kann (TK § 206 Rn. 11). Ein Einzelrechtsnachfolger kann sich auf die Zusage berufen, wenn sie nicht personen-, sondern gegenstandsbezogen ist (Gosch AO § 206 Rn. 12; HHSp § 206 Rn. 18).

Zeitlicher Umfang. Nach § 205 I Nr. 3 darf die FB die verbindliche Zusage zeitlich 16
befristen. Zwingend ist dies nicht (→ § 205 Rn. 30). Mit Zeitablauf tritt die verbindliche Zusage außer Kraft (TK § 206 Rn. 14). Darüber hinaus kann die verbindliche Zusage auch unter den Voraussetzungen des § 207 außer Kraft treten.

Weil der Teilabschlussbescheid (→ § 180 Rn. 44a) für die auf ihm basierende **verbindli-** 17
che Teilzusage nach § 204 II gem. § 182 I keine Grundlagenwirkung entfaltet, behält diese ihre Bindungswirkung auch, wenn der Teilabschlussbescheid aufgehoben oder geändert wird (TK § 207 Rn. 23; Denninger/Hürten AO-StB 2024, 369).

III. Ausschluss der Bindung (Abs. 2)

21 Die verbindliche Zusage entfaltet keine Bindungswirkung, wenn sie zuungunsten des Stpfl. dem geltenden Recht widerspricht. Das Institut der verbindlichen Zusage dient ausschließlich dem **Schutz des Stpfl.,** sodass es nicht gerechtfertigt wäre, diesen an einer fehlerhaften Zusage festzuhalten (HHSp § 206 Rn. 36).

22 Ein **Widerspruch zum geltenden Recht** liegt vor, wenn die zugesagte steuerliche Behandlung des zu beurteilenden Sachverhalts nicht dem materiellen oder formellen Recht entspricht (TK § 206 Rn. 19). Dabei wird nach Abs. 2 nur der Fall erfasst, dass die FB bei Erteilung der Zusage das Recht falsch ausgelegt hat. Hat sich dagegen das Gesetz nachträglich geändert, tritt die Zusage nach § 207 I ipso iure außer Kraft (→ § 207 Rn. 6 ff.).

23 **Zuungunsten.** Die Bindungswirkung entfällt, wenn die zugesagte steuerliche Behandlung ungünstiger ist als die bei richtiger Anwendung des Rechts vorzunehmende Besteuerung (Klein § 206 Rn. 3). Welche Behandlung ungünstiger ist, richtet sich allein nach der Höhe der Steuer, die durch die unterschiedliche Besteuerung ausgelöst wird (TK § 206 Rn. 20). Außersteuerliche Aspekte sind bei der Beurteilung dieser Frage nicht zu berücksichtigen.

24 **Keine Bindungswirkung.** Entfällt die Bindungswirkung nach § 206 II, darf die FB die verbindliche Zusage nicht mehr der StFestsetzung zugrunde legen. Sie hat dies von Amts wegen zu beachten (BeckOK AO § 206 Rn. 26). Weder muss die verbindliche Zusage ausdrücklich aufgehoben werden, noch muss der Stpfl. sie erfolgreich angefochten haben (TK § 206 Rn. 22). Auch die Bestandskraft der Zusage führt nicht zum Fortbestehen der Bindungswirkung (BeckOK AO § 206 Rn. 25). Erlässt die FB dennoch einen StBescheid, der die Zusage umsetzt, ist dieser rechtswidrig, aber nicht nichtig. Der Stpfl. muss daher gegen den StBescheid **Einspruch** einlegen.

IV. Verfahrensfragen

29 **Anfechtung des Steuerbescheids.** Die verbindliche Zusage stellt noch keine wirksame StFestsetzung dar. Vielmehr muss sie noch durch (späteren) Erlass eines StBescheids umgesetzt werden (Gosch AO § 206 Rn. 10). Entspricht die Umsetzung nicht der Bindungswirkung der verbindlichen Zusage, ist der StBescheid nicht nichtig, sondern nur rechtswidrig. Der Stpfl. muss den fehlerhaften StBescheid daher mit dem **Einspruch** anfechten.

30 **Anfechtung der Zusage entbehrlich.** Die verbindliche Zusage entfaltet nach § 206 II gegenüber dem Antragsteller keine Bindungswirkung, wenn sie zuungunsten von der (tatsächlich) geltenden Rechtslage abweicht. Daher ist der Antragsteller nicht gezwungen, die Zusage mit Einspruch anzufechten, wenn sie eine für ihn ungünstige rechtswidrige Regelung enthält (TK § 206 Rn. 22). Eine Bindungswirkung tritt auch dann nicht ein, wenn der Antragsteller gegen die verbindliche Zusage zunächst ohne Erfolg geklagt hatte (Klein § 206 Rn. 3).

Zur **Änderung** oder **Aufhebung** einer verbindlichen Zusage s. ausführlich → § 207 Rn. 1 ff.

§ 207 Außerkrafttreten, Aufhebung und Änderung der verbindlichen Zusage

(1) **Die verbindliche Zusage tritt außer Kraft, wenn die Rechtsvorschriften, auf denen die Entscheidung beruht, geändert werden.**

(2) **Die Finanzbehörde kann die verbindliche Zusage mit Wirkung für die Zukunft aufheben oder ändern.**

(3) **Eine rückwirkende Aufhebung oder Änderung der verbindlichen Zusage ist nur zulässig, falls der Steuerpflichtige zustimmt oder wenn die Voraussetzungen des § 130 Absatz 2 Nummer 1 oder 2 vorliegen.**

I. Allgemeines

Bedeutung. Die Vorschrift legt die Voraussetzungen fest, unter denen eine verbindliche Zusage außer Kraft tritt, geändert oder aufgehoben werden kann. Abs. 1 enthält den Grundsatz, dass eine Zusage außer Kraft tritt, wenn die sie tragenden Rechtsvorschriften geändert werden („clausula legibus sic stantibus"). Dies entspricht dem allgemeinen Grundsatz, dass das Vertrauen des Bürgers auf den unveränderten Fortbestand des Gesetzes keinen Schutz genießt (BVerfG 11.5.2015 – 1 BvR 741/14, DStR 2015, 2237; BFH 15.10.2014 – X B 38/14, BFH/NV 2015, 156). Die Änderung oder Aufhebung nach Abs. 2 und 3 steht im Ermessen der FB, die in ihre Ermessenserwägungen einbeziehen muss, dass der Stpfl. grds. auf die Bestandskraft der verbindlichen Zusage vertrauen darf. Von besonderer Bedeutung ist hierbei die Frage, ob er im Vertrauen auf die Zusage bereits unumkehrbare wirtschaftliche Dispositionen vorgenommen hat. Die Vorschrift des § 207 ist auf eine Anrufungsauskunft gem. § 42e EStG entspr. anzuwenden (BFH 2.9.2021 – VI R 19/19, BStBl. II 2022, 136; BFH 2.9.2010 – VI R 3/09, BStBl. II 2011, 233). 1

II. Änderung von Rechtsvorschriften (Abs. 1)

Grundlagen. Eine Änderung der Rechtsvorschriften, auf denen die verbindliche Zusage beruht, lässt die Bindungswirkung automatisch entfallen. Da die Zusage kraft Gesetzes außer Kraft tritt, muss die FB die Zusage nicht ausdrücklich widerrufen (BFH 21.3.1996 – XI R 82/94, BStBl. II 1996, 518). Die verbindliche Zusage gewährt dem Stpfl. also nicht die Sicherheit, dass die Gesetzeslage unverändert bleibt (BFH 15.10.2014 – X B 38/14, BFH/NV 2015, 156; Klein § 207 Rn. 1). Vielmehr ist die Zusage immer auf die bei Erteilung geltende Rechtslage beschränkt. Dem Stpfl. steht auch kein schutzwürdiges Vertrauen in den unveränderten Fortbestand der Rechtslage zu, sodass eine rückwirkende Änderung der Rechtsvorschriften die Bindungswirkung der Zusage entfallen lässt (BVerfG 11.5.2015 – 1 BvR 741/14, DStR 2015, 2237; FG Hamburg 17.5.2013 – 6 K 199/12, EFG 2013, 1458). 6

Änderung von Rechtsvorschriften. Die Zusage verliert ihre Bindungswirkung nur, wenn sich Rechtsvorschriften geändert haben. Allein die Änderung von **Richtlinien** oder anderen Verwaltungsanweisungen reicht nicht aus, die verbindliche Zusage außer Kraft treten zu lassen (TK § 207 Rn. 3). Ebenso führt eine geänderte **höchstrichterliche Rspr.** nicht zur Rechtsfolge des Abs. 1 (Gosch AO § 207 Rn. 8; aA FG Bremen 11.9.1990 – II 205/88 K, EFG 1991, 231). Anders ist dies lediglich bei einer Entscheidung des BVerfG, durch die eine Norm für nichtig erklärt wird. Dies steht einer Gesetzesänderung iSd § 207 I gleich (HHSp § 207 Rn. 5; TK § 207 Rn. 3; Klein § 207 Rn. 1). 7

Umfang der Änderung. Die Rechtsänderung ist nur insoweit erheblich, als sie die Tatbestandsmerkmale betrifft, die für die Entscheidung der durch die Zusage entschiedenen Frage von Bedeutung waren. Betrifft die Änderung dagegen Bereiche der Norm, die nicht entscheidungserheblich waren, geht die Bindungswirkung nicht verloren (Schwarz/Pahlke/Keß § 207 Rn. 1). Auch bloße **redaktionelle Änderungen** eines Gesetzes sind unschädlich (Klein § 207 Rn. 1). 8

Rechtsfolge. Die Wirkung der Zusage entfällt allein für die Zukunft (BeckOK AO § 207 Rn. 12). Soweit StBescheide bereits unter Berücksichtigung der verbindlichen Zusage ergangen sind, können sie nicht mehr geändert werden (TK § 207 Rn. 6). Für StBescheide, die erst noch erlassen werden müssen, ist die Zusage dagegen unbeachtlich. Die FB muss sie bei der Veranlagung nicht mehr berücksichtigen. 9

Billigkeitsmaßnahmen. Hat der Stpfl. im Vertrauen auf den Bestand der verbindlichen Zusage unumkehrbare wirtschaftliche Dispositionen getroffen, hat die FB zu prüfen, ob ihm durch Billigkeitsmaßnahmen (§§ 227, 222, 163) geholfen werden kann (AEAO zu § 207 Nr. 2; einschränkend Klein § 207 Rn. 1; BeckOK AO § 207 Rn. 15). Allerdings darf die FB auch im Rahmen einer Billigkeitslösung die Geltung des ganzen Gesetzes nicht 10 unterlaufen, sodass die mit der Gesetzesänderung vom Gesetzgeber in Kauf genommenen Härten einen Billigkeitserlass nicht rechtfertigen (BVerfG 11.5.2015 – 1 BvR 741/14, DStR 2015, 2237).

III. Aufhebung oder Änderung für die Zukunft (Abs. 2)

16 **Grundlagen.** Abs. 2 erlaubt die Änderung oder Aufhebung der verbindlichen Zusage mit Wirkung für die Zukunft, ohne weitere tatbestandliche Voraussetzungen aufzustellen. Die Entscheidung über eine Aufhebung oder Änderung steht im Ermessen der FB. Es wird nicht zwischen rechtmäßigen und rechtswidrigen Zusagen differenziert (TK § 207 Rn. 9). Auch unterscheidet die Vorschrift nicht, ob der Stpfl. bereits im Vertrauen auf die Zusage wirtschaftliche Dispositionen getroffen hat. Diese Umstände sind daher lediglich bei den Ermessenserwägungen zu berücksichtigen (TK § 207 Rn. 10). Der Grund für eine Änderung oder Aufhebung der verbindlichen Zusage kann in einer geänderten Rechtsauffassung der FB oder in einer neuen Rspr. liegen. Eine Anrufungsauskunft gem. § 42e EStG kann in entsprechender Anwendung des § 207 II mit Wirkung für die Zukunft aufgehoben oder geändert werden (BFH 2.9.2010 – VI R 3/09, BStBl. II 2011, 233).

17 **Ermessen.** Die Entscheidung über Änderung oder Aufhebung der Zusage steht im Ermessen der FB (BFH 2.9.2021 – VI R 19/19, BStBl. II 2022, 136). Die Aufhebung oder Änderung einer rechtswidrigen verbindlichen Zusage ist idR ermessensgerecht (BFH 2.9.2009 – I R 20/09, BFH/NV 2010, 391). Bei seinen Ermessenserwägungen hat die FB vorrangig zu berücksichtigen, ob der Stpfl. im Vertrauen auf die Gültigkeit der Zusage bereits wirtschaftliche Dispositionen getroffen hat, die er nicht mehr rückgängig machen kann (Gosch AO § 207 Rn. 18; Klein § 207 Rn. 7; TK § 207 Rn. 11). Denn in einem solchen Fall ist der Stpfl. besonders schutzwürdig. Das Vertrauen des Stpfl. in die Einhaltung der verbindlichen Zusage ist somit in die Ermessenserwägungen des FA einzubeziehen (BFH 2.9.2010 – VI R 3/09, BStBl. II 2011, 233). Auf der anderen Seite ist die Verpflichtung der FB zum rechtmäßigen Gesetzesvollzug zu berücksichtigen. Daher kann eine rechtmäßige Zusage nur in Ausnahmefällen geändert oder aufgehoben werden. Der Änderung oder Aufhebung einer rechtswidrigen Zusage müssen dagegen gewichtige Interessen des Stpfl. entgegenstehen (TK § 207 Rn. 11). Ein generelles Verbot der Änderung oder Aufhebung für den Fall, dass der Stpfl. bereits wirtschaftliche Dispositionen getroffen hat, kann Abs. 2 jedenfalls nicht entnommen werden (BeckOK AO § 207 Rn. 26; Thiel DB 1988, 1343; Sangmeister DStZ 1987, 235). Für die Aufhebung oder Änderung einer rechtmäßigen verbindlichen Zusage bedarf es dagegen einer besonderen Legitimation (BFH 2.9.2009 – I R 20/09, BFH/NV 2010, 391; FG Niedersachsen 22.8.2013 – 16 K 317/12, DStRE 2015, 674).

18 **Rechtsfolge.** Die Änderung oder Aufhebung wirkt nur für die Zukunft. Dies entspricht der Regelung nach Abs. 1, sodass für die Rechtsfolgen auf → Rn. 9 verwiesen werden kann.

19 **Form der Entscheidung.** Die Aufhebung oder Änderung der verbindlichen Zusage ist durch **VA** auszusprechen, der entsprechend § 205 I **schriftlich** zu ergehen hat (TK § 207 Rn. 24; BeckOK AO § 207 Rn. 39). Das FA muss seine Ermessensentscheidung begründen (BFH 2.9.2010 – VI R 3/09, BStBl. II 2011, 233). Vor der Entscheidung ist dem Stpfl. Gelegenheit zur Stellungnahme zu geben (AEAO zu § 207 Nr. 2). Der Stpfl. kann sich mit dem **Einspruch** gegen eine Änderung oder Aufhebung der verbindlichen Zusage wehren. Ein Antrag auf AdV der Aufhebung einer verbindlichen Zusage ist nicht zulässig, weil der Aufhebungsbescheid keinen vollziehbaren VA darstellt (BFH 15.1.2015 – VI B 103/14, BStBl. II 2015, 447).

IV. Aufhebung oder Änderung für die Vergangenheit (Abs. 3)

26 **Vergangenheit.** Aufhebung oder Änderung einer verbindlichen Zusage mit Wirkung für die Vergangenheit ist nach Abs. 3 nur unter engen Voraussetzungen möglich, wobei

die Entscheidung im **Ermessen** der FB steht (BeckOK AO § 207 Rn. 35). Damit trägt der Gesetzgeber dem Anspruch des Stpfl. auf erhöhten Vertrauensschutz gegenüber einer rückwirkenden Änderung Rechnung. Mit der rückwirkenden Änderung oder Aufhebung verliert die verbindliche Zusage auch ihre Bindungswirkung, wenn sie bereits durch Erlass eines entsprechenden StBescheids ausgewertet wurde (TK § 207 Rn. 19). Der StBescheid kann nach § 175 I 1 Nr. 2 geändert werden (HHSp § 207 Rn. 35). Die Aufhebung oder Änderung der verbindlichen Zusage hat unter entsprechender Anwendung des § 205 schriftlich zu ergehen und kann mit **Einspruch** angefochten werden.

Zustimmung. Eine rückwirkende Änderung ist möglich, falls der Stpfl. dem zustimmt. 27
Bei Zustimmung des Stpfl. besteht kein Bedürfnis, sein Vertrauen in die verbindliche Zusage zu schützen.

Voraussetzungen des § 130 II Nr. 1 oder 2. Die verbindliche Zusage kann darüber 28
hinaus unter den Voraussetzungen des § 130 II Nr. 1 oder 2 rückwirkend geändert oder aufgehoben werden. In diesen Fällen ist der Stpfl. idR nicht ausreichend schutzwürdig, sodass sein Vertrauen in die Gültigkeit der verbindlichen Zusage unberücksichtigt bleiben kann.

Sachlich unzuständige Behörde. Handelt die sachlich unzuständige Behörde 29
(§ 130 II Nr. 1), haftet der verbindlichen Zusage ein so schwerwiegender Mangel an, dass auch eine rückwirkende Änderung bzw. Aufhebung gerechtfertigt ist (TK § 207 Rn. 17; BeckOK AO § 207 Rn. 32).

Unlautere Mittel. Ist die Zusage durch unlautere Mittel wie arglistige Täuschung, 30
Drohung oder Bestechung erlangt worden (§ 130 II Nr. 2), ist der Stpfl. ebenfalls nicht schutzwürdig. Die Zusage kann rückwirkend aufgehoben oder geändert werden.

Fünfter Abschnitt. Steuerfahndung (Zollfahndung)

§ 208 Steuerfahndung (Zollfahndung)

(1) [1] **Aufgabe der Steuerfahndung (Zollfahndung) ist**

1. die Erforschung von Steuerstraftaten und Steuerordnungswidrigkeiten,
2. die Ermittlung der Besteuerungsgrundlagen in den in Nummer 1 bezeichneten Fällen,
3. die Aufdeckung und Ermittlung unbekannter Steuerfälle.

[2] **Die mit der Steuerfahndung betrauten Dienststellen der Landesfinanzbehörden und die Behörden des Zollfahndungsdienstes haben außer den Befugnissen nach § 404 Absatz 2 auch die Ermittlungsbefugnisse, die den Finanzämtern (Hauptzollämtern) zustehen.** [3] **In den Fällen der Nummern 2 und 3 gelten die Einschränkungen des § 93 Absatz 1 Satz 3, Absatz 2 Satz 2 und des § 97 Absatz 2 nicht; § 200 Absatz 1 Satz 1 und 2, Absatz 2, Absatz 3 Satz 1 und 2 gilt sinngemäß, § 393 Absatz 1 bleibt unberührt.**

(2) **Unabhängig von Absatz 1 sind die mit der Steuerfahndung betrauten Dienststellen der Landesfinanzbehörden und die Behörden des Zollfahndungsdienstes zuständig**

1. für steuerliche Ermittlungen einschließlich der Außenprüfung auf Ersuchen der zuständigen Finanzbehörde,
2. für die ihnen sonst im Rahmen der Zuständigkeit der Finanzbehörden übertragenen Aufgaben.

(3) **Die Aufgaben und Befugnisse der Finanzämter (Hauptzollämter) bleiben unberührt.**

Schrifttum: Messner, Steuerfahndung nach Spekulationsgewinnen, DB 2001, 560; Blesinger, Materielle Steuerpflicht von Zinseinkünften nach § 20 I Nr. 7 EStG und Ermittlungsbefugnisse der Finanzbehörden, NJW 2001, 1459; Weinreuter/Braun, Bankgeheimnis und Maßnahmen der Finanzverwaltung, DStZ 2001, 185; Dörn, Vorfeldermittlungen der Steuerfahndung gemäß § 208 Abs. 1 Nr. 3 AO während Durchsuchungsmaßnahmen bei Kreditinstituten?, DStR 2002, 574; Teubner/Wattenberg, Auskunftsersuchen der Steuerfahndungsämter gegenüber Kreditinstituten bei Spekulationsgewinnen im Wertpapierbereich, BB 2003, 444; Hamacher, Der heimliche Kontenzugriff und das Grundgesetz – Finanzbehörden als Geheimdienst?, DStR 2006, 633; Heuermann, Befragung Dritter durch die Steuerfahndung, StBp 2007, 91; Kemper, Der Anfangsverdacht in der Außenprüfung, StBp 2007, 263; Kemper, Kontrollbesuche der Finanzbehörde, DStZ 2008, 527; Mack, Erscheinen der Steuerfahndung in der Beraterpraxis, DStR 2011, 53; v. Wedelstädt, Sammelauskunftsersuchen – Zulässigkeit, Rechtsschutz, AO-StB 2011, 19; Kutzner, Sammelauskunftsersuchen – Zulässigkeit und Rechtsschutzmöglichkeiten, NWB 2012, 3031; Anders, Kontrollbesuche durch den „Flankenschutzfahnder", DStR 2012, 1779; Eisolt, Zulässigkeit von Sammelauskunftsersuchen zu den Nutzern einer Internethandelsplattform – Zugleich Anmerkungen zum Urteil des Niedersächsischen FG vom 23.2.2012, DStR 2012, 1840; Kusnik, Sammelauskunftsersuchen der Steuerfahndung zu Kunden von Unternehmen: Was darf die Finanzbehörde?, DB 2015, 697; Roth, Wirkungen einer Fahndungsprüfung, StBp 2017, 271; Schwindt/Blesius, Unangekündigte Wohnungsbesichtigungen durch Flankenschutzprüfer – Zugleich Anmerkung zum Urteil des BFH v. 12.7.2022 – VIII R 8/19, DStR 2023, 1459.

Übersicht

A. Allgemeines

I. Rechtsentwicklung

1 Die mit der Fahndung betrauten Dienststellen der FB wurden in früherer Zeit ohne besondere gesetzliche Grundlage tätig. Eine umfassende Regelung der Aufgaben und Befugnisse der StFahndung sahen weder die RAO noch das FVG vor. § 208 umschreibt nunmehr die Aufgaben und Befugnisse der StFahndung umfassend und abschließend, wenngleich die Vorschrift vereinzelt für missglückt gehalten wird (so TK § 208 Rn. 15: unklar, in welchen Fällen die StFahndung tätig werden kann und nach welcher gesetzlichen Grundlage sich das Verfahren zur Durchführung von StFahndungsmaßnahmen richtet). Durch das EMobStFG v. 12.12.2019 (BGBl. 2019 I 2451) erfolgte eine redaktionelle Änderung des § 208 I 2, II.

II. Organisationsstruktur

2 Die **Steuerfahndungsstellen** sind keine selbständigen Behörden, sondern unselbständige Dienststellen der FB (§ 208 I 2, II, § 404). Den Ländern bleibt es überlassen, die StFahndungsstellen organisatorisch den einzelnen FÄ als unselbständige Dienststellen zu-

zuordnen (so zB Baden-Württemberg und Bayern) oder als eigenständige FÄ für StFahndung (so zB Hamburg und Niedersachsen) einzurichten. In beiden Fällen sind die Fahndungsstellen allerdings keine selbständigen FB. Das Weisungsrecht steht dem jeweiligen Behördenleiter zu, dem sie als Dienststelle zugeordnet sind (aA TK § 208 Rn. 5). Nach § 17 II 3 FVG kann einem FA die Zuständigkeit für den Bezirk mehrerer FÄ übertragen werden. Von den StFahndungsstellen sind die Strafsachen- und Bußgeldstellen zu unterscheiden. Letzteren ist die unmittelbare Wahrnehmung der staatsanwaltschaftlichen Aufgabe zugewiesen (§ 386 I).

Die bis 2004 beim FA Wiesbaden II bestehende **Informationszentrale für den StFahndungsdienst** ist aufgelöst worden. Ihre Aufgaben erfüllt nunmehr das **Bundeszentralamt für Steuern (BZSt)** als Oberbehörde (§ 1 Nr. 2 FVG). Beim Bundeszentralregister besteht ein staatsanwaltschaftliches Verfahrensregister, aus dem die FB unmittelbar Auskünfte erlangen kann (vgl. Schneider NJW 1996, 302). Das BZSt unterhält auch eine Informationszentrale Ausland, bei der Daten über steuerrechtliche Auslandsbeziehungen gesammelt werden. 3

Die **Zollfahndungsämter** (nunmehr: Behörden des Zollfahndungsdienstes) sind nach § 1 Nr. 3 FVG – ebenso wie die HZÄ – örtliche selbständige Bundesfinanzbehörden. Die Generalzolldirektion bestimmt ihren Bezirk und Sitz (§ 12 I FVG). Sie waren bis zum 31.12.2015 dem Zollkriminalamt als Mittelbehörde nachgeordnet (§ 1 ZFdG); ab 1.1.2016 ist das Zollkriminalamt als Direktion Teil der neu gegründeten Generalzolldirektion (§ 1 S. 1 ZFdG), die Bundesoberbehörde ist (§ 1 Nr. 2 FVG). Das Zollkriminalamt kann den Zollfahndungsämtern fachliche Weisungen erteilen (§ 6 ZFdG). Die Zollfahndungsämter haben keine Befugnis zur Abgabenfestsetzung, sondern sind Hilfsorgan der zuständigen HZÄ (vgl. JJR § 387 Rn. 8). Das Zollkriminalamt ist Zentralstelle des Zollfahndungsdienstes (§ 2 ZFdG) mit umfassender eigener Aufgabenzuweisung (vgl. §§ 3 ff. ZFdG). 4

B. Aufgabe der Steuerfahndung (Abs. 1 S. 1)

Ermittlungsorgan. § 208 steht als Sonderbefugnisnorm im Beziehungsgeflecht zu den allg. Aufgaben der FVerw., die Steuern nach Maßgabe der Gesetze gleichmäßig festzusetzen und zu erheben (§ 85) und der weiteren Zuständigkeit der FB (Strafsachenstellen) bei StStraftaten nach §§ 386 ff. Entspr. dieser Doppelaufgabe der FÄ soll die StFahndung nach dem Willen des Gesetzgebers (BT-Drs. V/1812, 21) doppelfunktional tätig werden. § 208 I 1 Nr. 1 weist ihr die Aufgabe der Ermittlung auf steuerstrafrechtlichem und § 208 I 1 Nr. 2, 3 auf steuerrechtlichem Gebiet zu. Die StFahndung ist als „Kriminalpolizei" für StStraftaten Ermittlungsorgan der Staatsanwaltschaft und der FB, soweit diese das Ermittlungsverfahren selbständig durchführt (§§ 402, 399 II). Die Fahndungstätigkeit endet auch im steuerrechtlichen Bereich mit der vollständigen Ermittlung des Sachverhaltes und einer Berichtsvorlage an die zuständige FB (vgl. Schwarz/Pahlke/Keß § 208 Rn. 22b). Diese allein hat die Entscheidungskompetenz für StFestsetzungen, tatsächliche Verständigungen oder verbindliche Zusagen. 5

Trennung. § 208 I 2, 3 lässt eine eindeutige Zuordnung der Befugnisse (→ Rn. 25 ff.), die der StFahndung zur Erfüllung der unterschiedlichen Aufgaben im Besteuerungs- und StStrafverfahren zustehen, entspr. der klaren zweigleisigen Aufgabenzuweisung vermissen. Anders als in § 393 I 1, der die Rechte und Pflichten an den für das jeweilige Verfahren geltenden Vorschriften ausrichtet, verwischt § 208 I diese klare Trennlinie. Gleichwohl kann aus dem eindeutigen Wortlaut keine Beschränkung auf rein strafprozessuale Befugnisse abgeleitet werden (vgl. TK § 208 Rn. 15; Gosch AO § 208 Rn. 28 ff.; HHSp § 208 Rn. 41 ff.). Vielmehr bedarf es einer sachgerechten Trennung der Aufgabenzuweisung einerseits und der Befugniszuordnung im Rahmen der jeweiligen Aufgabe andererseits (BFH 16.12.1997 – VII B 45/97, BStBl. II 1998, 231). Die jeweilige Aufgabe stellt der Fahndung unterschiedliche Befugnisse zu ihrer Erfüllung zur Verfügung. Allerdings darf 6 hieraus nicht gefolgert werden, die Fahndung habe alle zur Erfüllung der Aufgabe notwendigen Befugnisse (BFH 28.10.1997 – VII B 40/97, BFH/NV 1998, 424).

7 **Rechtswirkung von StFahndungsmaßnahmen.** Der Beginn von Fahndungsmaßnahmen hemmt den Ablauf der Festsetzungsverjährung im Umfang der sich auf den StAnspruch auswirkenden Ermittlungsergebnisse (BFH 14.4.1999 – XI R 30/96, BStBl. II 1999, 478). Die Strafverfolgungsverjährung wird nach § 78c StGB iVm § 385 I unterbrochen. Nach Art. 2 IId DS-GVO findet die DS-GVO keine Anwendung, soweit die StFahndung nach § 208 I 1 Nr. 1 tätig wird, selbst wenn in diesem Zusammenhang Besteuerungsgrundlagen ermittelt werden (BFH 7.4.2020 – II B 82/19, BStBl. II 2020, 624).

I. Erforschung von Steuerstraftaten (Abs. 1 S. 1 Nr. 1)

8 **Legalitätsprinzip.** Der StFahndung obliegt als vorrangige Aufgabe, StStraftaten (§ 369) und StOrdnungswidrigkeiten (§ 377) zu erforschen. Erlangt die FB durch eine Anzeige oder auf andere Weise von Tatsachen Kenntnis, die den Tatbestand einer StStraftat erfüllen können, ist sie gehalten, den Sachverhalt zu ermitteln (§ 385 I iVm § 160 I StPO). Die Erforschungspflicht ist Ausfluss des Legalitätsprinzips, das im gesamten Strafverfahren einschl. des StStrafverfahrens gilt (§ 385 I iVm § 152 II StPO). Danach ist die FB zur Einleitung eines Ermittlungsverfahrens verpflichtet, wenn aus konkreten Tatsachen zureichende Anhaltspunkte bestehen, die den Anfangsverdacht für eine StStraftat begründen (vgl. § 152 II StPO). Unterhalb der Schwelle des Anfangsverdachts ermittelt die StFahndung lediglich informatorisch zur Sachverhaltsaufklärung (sog. Vorermittlungen), ob tatsächlich der Verdacht einer Straftat besteht (vgl. Klein § 397 Rn. 17). Der Anfangsverdacht muss es aufgrund der tatsächlichen Anhaltspunkte nach kriminalistischen Erfahrungen als wahrscheinlich erscheinen lassen, dass eine verfolgbare Straftat vorliegt. Bloße Vermutungen, die lediglich die Möglichkeit einer Straftat ergeben, genügen nicht (ebenso TK § 208 Rn. 19). Sog. **Flankenschutzprüfer,** die an Ermittlungen der FB teilnehmen, dürfen den Stpfl. nicht zielgerichtet auf Hinweise für einen Anfangsverdacht ausforschen oder bei Bestehen eines Anfangsverdachts ohne Belehrung (§ 397 III) Beweismittel sammeln (zurecht Klein § 397 Rn. 17). Andererseits ist für die Einleitung des Strafverfahrens (§ 397) weder dringender (§ 112 StPO) noch hinreichender (§ 203 StPO) Tatverdacht erforderlich. Die Beamten der StFahndung sind Ermittlungspersonen der Staatsanwaltschaft (§ 404 S. 2 2. HS).

9 **Opportunitätsprinzip.** Für die Verfolgung von StOrdnungswidrigkeiten gilt kein gesetzlicher Verfolgungszwang, sondern die FB entscheidet nach pflichtgemäßem Ermessen über die Einleitung des Bußgeldverfahrens (sog. Opportunitätsprinzip). Die Einleitung des Verfahrens setzt einen Anfangsverdacht einer StOrdnungswidrigkeit voraus. Für das Bußgeldverfahren gelten außer den verfahrensrechtlichen Vorschriften des OWiG die §§ 409, 410.

II. Ermittlung von Besteuerungsgrundlagen (Abs. 1 S. 1 Nr. 2)

10 **Verhältnis zu Nr. 1.** Im Zusammenhang mit der Erforschung von Sachverhalten nach § 208 I 1 Nr. 1 obliegt der StFahndung zugleich die Aufgabe der Ermittlung der Besteuerungsgrundlagen. Die steuerliche Ermittlungsaufgabe ist nicht Anlass, sondern Ausfluss des strafrechtlichen Ermittlungsansatzes (BFH 20.4.1983 – VII R 2/82, BStBl. II 1983, 482; Klein § 208 Rn. 30). Dies bedeutet allerdings nicht, dass die StFahndung Besteuerungsgrundlagen nur im Rahmen ihres steuerstrafrechtlichen Aufgabenbereichs ermitteln darf, also eine unmittelbare Verknüpfung und Beschränkung auf die für ein Strafverfahren erforderlichen tatsächlichen Umstände besteht (vgl. BFH 12.7.2022 – VIII R 8/19, DStR 2022, 2002; HHSp § 208 Rn. 95 ff.; so aber Rüping DStZ 1980, 179; Hamacher DStZ 1987, 224). Anderenfalls käme § 208 I 1 Nr. 2 keine eigenständige Bedeutung zu. Die Ermittlung der Besteuerungsgrundlagen, die für die Stpfl. und für die Bemessung der

Steuer maßgebend sind, ist zugleich wesentliches Tatbestandsmerkmal einer StStraftat oder StOrdnungswidrigkeit. Vor Erhebung der öffentlichen Klage (§ 160 I StPO) muss geklärt werden, in welcher Höhe der StAnspruch entstanden ist. Die Ermittlung der Besteuerungsgrundlagen dient damit zwar untrennbar auch der Erforschung der StStraftat. Umgekehrt ist die strafrechtliche Verfolgbarkeit aber keine Voraussetzung für die Ermittlung nach Nr. 2 (ebenso BFH 16.12.1997 – VII B 45/97, BStBl. II 1998, 231; FG Schleswig-Holstein 25.11.1999 – II 71/99, EFG 2000, 470; aA Dücker/Keune DStR 1999, 14). Die unangekündigte Wohnungsbesichtigung durch einen Beamten der StFahndung als sog. **Flankenschutzprüfer** im Besteuerungsverfahren ist bei Mitwirkung des Stpfl. idR wegen Verstoßes gegen den Verhältnismäßigkeitsgrundsatz rechtswidrig (BFH 12.7.2022 – VIII R 8/19, DStR 2022, 2002; Schwindt/Blesius DStR 2023, 1459).

Ermittlungsumfang. Eine Ermittlung nach Nr. 2 ist grds. zulässig, wenn die StFahndung in ihrem Aufgabenbereich nach Nr. 1 tätig ist oder war. Der Ermittlungsumfang ist indes nicht auf den verfolgbaren Strafanspruch begrenzt. Vielmehr ist eine in zeitlicher und sachlicher Hinsicht weitergehende Erforschung des steuerlichen Sachverhaltes zulässig, soweit ein tatsächlicher Bezug zum Aufgabenbereich nach Nr. 1 besteht. Bedeutung erlangt die Aufgabenzuweisung damit nicht nur wegen der unterschiedlichen Beweisgrundsätze im Straf- und Besteuerungsverfahren (vgl. Dörn wistra 1993, 50), sondern insb. auch, wenn sich ein Strafverfolgungshindernis (zB Selbstanzeige, Strafverfolgungsverjährung) herausstellt (BFH 15.6.2001 – VII B 11/00, BStBl. II 2001, 624). Eine StFestsetzung lässt sich idR bis zum Ablauf der Festsetzungsfrist durchführen, auch wenn der Strafanspruch des Staats nicht (mehr) durchsetzbar ist. Die Ermittlung der steuerlich erheblichen Umstände, unabhängig von ihrer strafrechtlichen Relevanz, weist Nr. 2 der StFahndung als eigenständige Aufgabe zu (so auch TK § 208 Rn. 24; Klein § 208 Rn. 35; Tormöhlen wistra 1993, 174). Die StFahndung ist auch nach Aufnahme strafrechtlicher Ermittlungen befugt, Besteuerungsgrundlagen nach § 208 I 1 Nr. 2 zum Zwecke der Besteuerung zu erforschen und die gewonnenen Erkenntnisse an die FB weiterzugeben (BFH 15.6.2001 – VII B 11/00, BStBl. II 2001, 624). 11

III. Aufdeckung und Ermittlung unbekannter Steuerfälle (Abs. 1 S. 1 Nr. 3)

1. Allgemeines

§ 208 I 1 Nr. 3 ergänzt die Zuständigkeit der StFahndung um die Aufgabe sog. steuerrechtlicher **Vorfeldermittlungen** unterhalb der Schwelle des für Ermittlungen nach § 208 I 1 Nr. 1 und 2 nötigen Anfangsverdachts (BFH 29.6.2005 – II R 3/04, BFH/NV 2006, 1). Die der FB umfassend zugewiesene Aufgabe, sicherzustellen, dass Steuern gleichmäßig festgesetzt und erhoben, insb. auch nicht verkürzt werden (§ 85 S. 2), schreibt die Regelung der StFahndung unter dem Teilaspekt der Aufdeckung und Ermittlung unbekannter StFälle zu (BFH 29.10.1986 – VII R 82/85, BStBl. II 1988, 359). Den allg. Ermittlungs- und Überwachungsauftrag aus § 85 kann die FB nur im konkreten StVerwaltungsverfahren gegenüber einem bereits bekannten Beteiligten iSd § 78 wahrnehmen. Die hierdurch auftretende Lücke schließt § 208 I 1 Nr. 3, indem der StFahndung – ebenso wie der Polizei für die Tätigkeit der Strafverfolgung – die Aufgabe der Vorfeldermittlungen im Besteuerungsverfahren übertragen ist (FG Sachsen 21.6.2005 – 3 K 2294/04, EFG 2006, 82; Schwarz/Pahlke/Keß § 208 Rn. 24a; HHSp § 208 Rn. 133). Dies lässt sich sowohl dem Wortlaut („Steuerfälle"), der Gesetzesbegründung (BT-Drs. 7/4292 zu § 208) als auch dem Umfang der zugewiesenen Befugnisse entnehmen (ebenso TK § 208 Rn. 26). 13

Verdichtet sich der Verdacht der StVerkürzung durch die Vorfeldermittlungen zu einem steuerstrafrechtlichen **Anfangsverdacht,** ist nach § 385 I iVm § 152 II StPO ein StStrafverfahren einzuleiten, auch soweit der Beschuldigte noch nicht bekannt ist. Dieser Übergang in das StStrafverfahren ist fließend, weil der StFahndung für die Annahme eines Anfangsverdachts ein gewisser Beurteilungsspielraum zusteht. Die Grenze der Vorermitt- 14 lungen darf indes nicht zulasten des Beschuldigten verschoben werden, um die abgabenrechtlichen Befugnisse missbräuchlich zur strafrechtlichen Sachverhaltsklärung einzusetzen (TK § 208 Rn. 28; vgl. auch BFH 19.8.1998 – XI R 37/97, BStBl. II 1999, 7 zu Maßnahmen der Ap. nach Einleitung eines Strafverfahrens). Verstößt die FB hiergegen, setzt sie sich der Gefahr des Verbots der Beweisverwertung im Strafverfahren aus (zu steuerrechtlichen Verwertungsverboten vgl. BFH 4.10.2006 – VIII R 53/04, BStBl. II 2007, 227).

2. Aufdeckung und Ermittlung

15 Der weit gefassten Aufgabenzuweisung lässt sich nicht entnehmen, anlässlich welchen Verdachtsgrades eine Ermittlungsbefugnis anzunehmen ist. Angesichts des Zwecks der Vorschrift (→ Rn. 13) müssen die tatsächlichen Anhaltspunkte und Verdachtsmomente nicht schon den Wahrscheinlichkeitsgrad eines Anfangsverdachtes iSd § 152 II StPO begründen, da die Regelung ansonsten überflüssig wäre (wie hier Klein § 208 Rn. 40; aA Rüping DStZ 1980, 181; HHSp § 404 Rn. 105 ff.). Die für alle Verfahren gemeinsam geltende Garantie eines rechtsstaatlichen Verfahrens und der Einhaltung des Verhältnismäßigkeitsgrundsatzes bilden andererseits die untere Grenze der Eingriffsbefugnis (vgl. BVerfG 23.3.1994 – 2 BvR 396/94, NJW 1994, 2079; ähnlich TK § 208 Rn. 30). Die scheinbar unbegrenzte Aufgabenstellung des § 208 I 1 Nr. 3 korreliert nicht mit einer unbegrenzten Befugnis zulasten jedes StBürgers. Ermittlungen ohne konkreten Anlass, die lediglich der Ausforschung dienen, also „ins Blaue hinein" erfolgen oder den Charakter von Rasterfahndungen haben, sind ebenso wie ähnliche Ermittlungsmaßnahmen unzulässig (BFH 29.10.1986 – VII R 82/85, BStBl. II 1988, 359; BFH 18.2.1997 – VIII R 33/95, BStBl. II 1997, 499; BFH 28.10.1997 – VII B 40/97, BFH/NV 1998, 424). Ist der Kreis der als Auskunftspflichtige in Anspruch zu nehmenden Personen eine homogene Gruppe und dadurch zwangsläufig begrenzt, scheidet eine Rasterfahndung aus (BFH 4.10.2006 – VIII R 53/04, DStR 2006, 2302; BFH 5.10.2006 – VII R 63/05, BStBl. II 2007, 155).

16 Dementsprechend fordert die Rspr. einen **hinreichenden Anlass** als Auslöser für Ermittlungen nach § 208 I 1 Nr. 3 (BFH 25.7.2000 – VII B 28/99, BStBl. II 2000, 643; BFH 19.2.2009 – II R 61/07, BFH/NV 2009, 1586). Ein solcher Anlass liegt vor, wenn aufgrund konkreter Anhaltspunkte oder allg. Erfahrung die Möglichkeit einer StVerkürzung in Betracht kommt und daher eine Anordnung bestimmter Art angezeigt ist (BFH 17.3.1992 – VII R 122/91, BFH/NV 1992, 791). So kann eine ungewöhnliche Handlungsweise (zB Verschleierung des Kapitalflusses durch Verwendung bankinterner Konten) genügen, um die Annahme zu rechtfertigen, hierdurch werde eine StVerkürzung vorbereitet (BFH 15.6.2001 – VII B 11/00, BStBl. II 2001, 624; BFH 6.2.2001 – VII B 277/00, BStBl. II 2001, 306; zu Zahlungen in die Schweiz vgl. BFH 29.6.2005 – II R 3/04, BFH/NV 2006, 1). Lässt sich aus dem bisherigen Erklärungsverhalten der Stpfl. vermuten, dass mit großer Wahrscheinlichkeit erzielte Spekulationsgewinne nicht versteuert wurden, besteht ein hinreichender Anlass zur Ermittlung (FG Niedersachsen 22.6.2001 – 6 V 672/00, EFG 2001, 1100; aA BFH 21.3.2002 – VII B 152/01, BStBl. II 2002, 495: Kenntnisse über Spekulationsgeschäfte der Kunden eines bestimmten Kreditinstitutes erforderlich). Stellt die StFahndung das Ermittlungsverfahren mangels hinreichendem Tatverdacht ein, ist eine weitere Erforschung des Sachverhalts durch die StFahndung regelmäßig nicht mehr veranlasst. In diesem Fall bedarf es zumindest im Hinblick auf die schutzwürdigen Interessen des Stpfl. einer besonderen Abwägung der Verhältnismäßigkeit der Maßnahmen (BFH 4.12.2012 – VIII R 5/10, DStR 2013, 253). Der Umfang der Ermittlung hängt von der Erforderlichkeit und Eignung zur Aufdeckung der Gesetzesverstöße ab (vgl. zu Kontrollbesuch in einem Bordell BFH 22.12.2006 – VII B 121/06, DStRE 2007, 510). Dabei sind auch umfangreiche Ermittlungen zulässig, wenn sie zur Klärung einer großen Zahl von StVerkürzungen notwendig erscheinen und dies zur Durchsetzung der steuerlichen Belastungsgleichheit geboten ist (BVerfG 23.3.1994 – 2 BvR 396/94, NJW 1994, 2079; Klein § 208 Rn. 41 ff.).

Ausforschungsmaßnahmen. Fehlen konkrete Anhaltspunkte oder ein aus in der Vergangenheit erworbenen Kenntnissen nachvollziehbarer Verdacht, erfolgt die Maßnahme nicht zur Aufdeckung oder Ermittlung eines StFalles, sondern zur unzulässigen Ausforschung „ins Blaue hinein". Erkenntnisse, die sich erst aufgrund einer Ermittlungsmaßnahme nach § 208 I 1 Nr. 3 ergeben, begründen keinen die Ermittlungsmaßnahme rechtfertigenden hinreichenden Anlass (Teubner/Wattenberg BB 2003, 444). Die bloße Möglichkeit, dass ein gesetzlich zulässiger Betrieb von Straftätern missbraucht werden könnte, bietet keinen hinreichenden Ermittlungsanlass (BVerfG 13.12.1994 – 2 BvR 894/94, NJW 1995, 2839). Vielmehr muss aufgrund des bereits bekannten Sachverhalts eine über die allg. Lebenserfahrung hinausgehende, erhöhte Wahrscheinlichkeit bestehen, dass unbekannte StFälle aufgedeckt werden (BFH 16.1.2009 – VII R 25/08, BStBl. II 2009, 582). Auch der Erwerb effektiver Stücke durch Tafelgeschäfte begründet für sich nicht den Verdacht einer StVerkürzung, es sei denn, die buchungstechnische Abwicklung bei der Bank dient der Verschleierung des Kapitaltransfers (BFH 15.6.2001 – VII B 11/00, BStBl. II 2001, 624; FG Schleswig-Holstein 25.11.1999 – II 71/99, EFG 2000, 470). Allein die Durchführung eines banküblichen Auslandsgeschäfts rechtfertigt nicht die Annahme steuerunehrlichen Verhaltens (BFH 6.2.2001 – VII B 277/00, BFH/NV 2001, 709). Wenige Einzelfälle, in denen zB ein Cash-Kreditkartenkonto zur Einzahlung von Schwarzgeld verwendet wurde, lassen grds. nicht den Schluss auf flächendeckenden Missbrauch zu (FG Köln 27.9.2005 – 6 K 5353/04, EFG 2006, 161). 17

Strafrechtliche Ermittlungen bei Kreditinstituten. Durchsuchungen bei Banken im Rahmen strafrechtlicher Ermittlungsverfahren rechtfertigen allein nicht die Erhebung von Daten hinsichtlich solcher Personen, die durch den strafrechtlichen Ermittlungsauftrag nicht erfasst werden. Deshalb kann eine unzulässige Ausforschung (Rasterfahndung) auch vorliegen, wenn ein steuerstrafrechtliches Ermittlungsverfahren in einem Kreditinstitut dazu benutzt wird, ohne Rücksicht auf einen etwaigen Zusammenhang mit dem Ermittlungsauftrag bestimmte Verhaltensweisen von Kunden möglichst vollständig zu erfassen mit dem Ziel, in allen Fällen ihre steuerlich korrekte Erfassung zu überprüfen (BFH 25.7.2000 – VII B 28/99, BStBl. II 2000, 643). Dies schließt jedoch nicht jede über den Umfang des Durchsuchungsbeschlusses hinausgehende Ermittlung aus, soweit zu Beginn der Fahndungsmaßnahmen auch die Voraussetzungen des § 208 I 1 Nr. 3 vorlagen (aA Dörn DStR 2002, 574). 18

Sammelauskunftsersuchen. Gründet sich der hinreichende Anlass auf Erkenntnisse (Erfahrungen), dass bestimmte Sachverhalte typischerweise zu StVerkürzungen benutzt werden, erweist sich die stichprobenweise Überprüfung einzelner Vorgänge zumeist als völlig unzureichend. In diesen Fällen besteht das Bedürfnis einer umfassenden Prüfung aller relevanten Sachverhalte, auf die sich die Verwaltungserfahrung bezieht. Das Besteuerungsverfahren darf nicht die Aufdeckung von StVerkürzung zulasten der Allgemeinheit verhindern, sondern muss der FB hinreichende Kontrollmöglichkeiten zur Gewährleistung der steuerlichen Belastungsgleichheit einräumen (BVerfG 27.6.1991 – 2 BvR 1493/89, BStBl. II 1991, 654). Die StFahndung darf daher grds. auch Sammelauskunftsersuchen an Dritte richten (BFH 24.10.1989 – VII R 1/87, BStBl. II 1990, 198; BFH 5.10.2006 – VII R 63/05, BStBl. II 2007, 155). Eine effektive Ermittlungstätigkeit, die zur Durchsetzung der StBelastungsgleichheit verfassungsrechtlich geboten ist, verstößt deshalb auch nicht gegen das Übermaßverbot (FG Bremen 17.10.1989 – II 119/87 K, EFG 1990, 151). 19

Beispielsfälle. Zulässig ist es, Auskunft zu erlangen zB 20

- von einem Pharmaunternehmen über diejenigen Apotheken, die ein bestimmtes Arzneimittel bezogen haben (BFH 5.10.2006 – VII R 63/05, BStBl. II 2007, 155);
- von einer Bank für Vermittlungsprovisionen, die sie an ihre Kreditvermittler gezahlt hatte (BFH 24.3.1987 – VII R 30/86, BStBl. II 1987, 484);
- von einer Bank zur Ermittlung von Bankkunden, die Bonusaktien aus dem zweiten Börsengang der Deutschen Telekom AG bezogen haben (FG Baden-Württemberg

14.7.2005 – 4 V 24/04, EFG 2005, 1823; FG Baden-Württemberg 8.5.2007 – 4 K 209/04, EFG 2007, 1483; anders im Streitfall mangels hinreichender Anhaltspunkte BFH 16.1.2009 – VII R 25/08, BStBl. II 2009, 582);
- von einer Tageszeitung über Namen und Anschriften der Auftraggeber von Chiffreanzeigen, in denen durch Inländer ausländische Immobilien zum Kauf angeboten wurden (BFH 29.10.1986 – VII R 82/85, BStBl. II 1988, 359);
- von einer Tageszeitung über Kontaktanzeigen von Personen des Rotlichtmilieus, die sexuelle Dienstleistung angeboten haben (BFH 12.5.2016 – II R 17/14, BStBl. II 2016, 822);
- von einer Bank über die Identität von Kunden, denen sie über gezahlte Leistungen zur Vorlage bei den FB Bescheinigungen ausgestellt hatte, die in hohem Maße missverständlich sind (BFH 24.10.1989 – VII R 1/87, BStBl. II 1990, 198);
- von einem Hundezuchtverband über noch unbekannte Züchter (FG Rheinland-Pfalz 28.2.2007 – 2 K 2455/05, EFG 2007, 1129);
- von einer Internethandelsplattform über Identität, Anschrift, Bankdaten und Verkaufslisten von Pseudonyme verwendenden Nutzern (BFH 16.5.2013 – II R 15/12, BStBl. II 2014, 225; FG Niedersachsen 30.6.2015 – 9 K 343/14, EFG 2015, 1662);
- von einem Yachtmakler über die Identität der Erwerber kostspieliger Motor- und Segelyachten (BFH 17.3.1992 – VII R 122/91, BFH/NV 1992, 791);
- von einer Sparkasse über die Käufer von effektiven Stücken (sog. Tafelgeschäfte) der Inhaberschuldverschreibungen ihres luxemburgischen Investmentfonds (FG Münster 7.12.1999 – 6 K 5022/99, EFG 2000, 299);
- von einem Verein, dem die Beschäftigungsdaten von Versicherungsvermittlern von Finanzdienstleistungsunternehmen mitgeteilt werden, über deren Identität (FG Sachsen 27.5.2010 – 2 K 2181/09, BeckRS 2010, 26030502);
- von einem Kreditinstitut über die Identität der Käufer von Neuemissionen am Neuen Markt, die ihre Aktien innerhalb der Spekulationsfrist wiederveräußert haben (FG Niedersachsen 22.6.2001 – 6 V 672/00, EFG 2001, 1100; BFH 21.3.2002 – VII B 152/01, BStBl. II 2002, 495; krit. Teubner/Wattenberg BB 2003, 444; aA BFH 21.10.2003 – VII B 85/03, BStBl. II 2004, 36; BFH 21.10.2003 – VII B 95/03, BFH/NV 2004, 191; FG Münster 11.2.2003 – 11 V 6957/02 AO, EFG 2003, 677 wegen Zweifeln an Verfassungsmäßigkeit der Besteuerung von Spekulationsgewinnen; § 23 I 1 Nr. 1b EStG ist für die VZ 1997 und 1998 bei Veräußerungsgeschäften von Wertpapieren wegen Vollzugsdefizits verfassungswidrig, BVerfG 9.3.2004 – 2 BvL 17/02, BStBl. II 2005, 56);
- von einem Versicherungsverein über die Auftraggeber von Versicherungsvertretern (FG Hamburg 18.4.2013 – 1 K 89/12, EFG 2013, 1195).

3. Unbekannte Steuerfälle

23 Die Ermittlung unbekannter StFälle umfasst sowohl die Erforschung unbekannter steuerlicher Sachverhalte als auch die Ermittlung unbekannter Stpfl., um die korrekte steuerliche Erfassung der Vorgänge überprüfen zu können. Um einen unbekannten StFall handelt es sich, wenn der FB Hinweise vorliegen, dass ein StTatbestand durch eine nicht bekannte Person verwirklicht ist. Des Weiteren liegt ein unbekannter StFall vor, wenn die Verwirklichung eines StTatbestandes durch eine namentlich bekannte Person aufgrund der typischen Sachverhaltsgestaltung naheliegt, ohne dass die Anhaltspunkte bereits einen Anfangsverdacht begründen (ebenso TK § 208 Rn. 29). Zumeist bezieht sich die Unkenntnis der FB auf beide Alternativen, zB wenn aufgrund allg. Verwaltungserfahrung eine typische Sachverhaltsgestaltung die Verwirklichung eines StTatbestandes durch namentlich nicht bekannte Personen als möglich erscheinen lässt (vgl. BFH 21.3.2002 – VII B 152/01, BStBl. II 2002, 495; FG Niedersachsen 22.6.2001 – 6 V 672/00, EFG 2001, 1100).

C. Befugnisse der Steuerfahndung (Abs. 1 S. 2 und 3)

Zuordnung der Befugnisnorm. Der StFahndung sind durch § 208 I 2 und 3 für die Erfüllung ihrer gesetzlichen Aufgaben abschließend die Befugnisse nach § 404 II (bis zum 6.12.2024 § 404 S. 2) und ferner die Ermittlungsbefugnisse der FÄ (HZÄ) zugewiesen. Diese Ermächtigung, die nicht nach der Aufgabenzuweisung differenziert, erlaubt indes nicht die beliebige Auswahl der Mittel zur Erfüllung der jeweiligen Aufgabe (Klein § 208 Rn. 45). Vielmehr ist zwischen der Aufgabenzuweisung nach § 208 I 1 Nr. 1–3 und den zur Erfüllung der jeweiligen Aufgabe verliehenen Befugnissen zu unterscheiden (TK § 208 Rn. 51). Die Aufgabenzuweisung enthält nicht zugleich die Ermächtigung, alle zu ihrer Erfüllung erforderlichen Befugnisse anzuwenden. Umgekehrt kann aus einer vorhandenen Befugnis nicht auf ein Handeln im Rahmen des zugewiesenen Aufgabenbereichs geschlossen werden (BFH 26.7.1988 – VII R 194/85, BStBl. II 1989, 3; BFH 16.12.1997 – VII B 45/97, BStBl. II 1998, 231). Die an der strikten Trennung zwischen Besteuerungs- und StStrafverfahren orientierte Zuordnung der Befugnisse kommt auch in § 208 I 3 letzter HS zum Ausdruck, da § 393 I unberührt bleibt. § 393 I 1 bestimmt ausdrücklich, dass sich die Rechte und Pflichten des Stpfl. und der FB im Besteuerungsverfahren und im Strafverfahren nach den für das jeweilige Verfahren geltenden Vorschriften richten. 24

I. Befugnisse im Steuerstraf- und Bußgeldverfahren

Verfahrensrechtliche Abgrenzung. Der StFahndung stehen, worauf § 208 I 2 lediglich klarstellend hinweist, die Befugnisse aus § 404 II (bis zum 6.12.2024 § 404 S. 2; Maßnahmen nach § 399 II 2 sowie § 110 I StPO) zu. Der Verweis auf die Ermittlungsbefugnisse der FÄ im Besteuerungsverfahren führt wegen § 208 I 3 iVm § 393 nicht zu einer Erweiterung der Befugnisse im StStraf- und Bußgeldverfahren. Soweit die StFahndung von den Ermittlungsbefugnissen der FÄ Gebrauch macht, muss sie zulässigerweise im Rahmen der Aufgabenzuweisung nach § 208 I 1 Nr. 2 tätig werden (Klein § 208 Rn. 45). Die StFahndung darf deshalb nicht ihre steuerverfahrensrechtlichen Ermittlungsbefugnisse zur Begründung eines hinreichenden Tatverdachts einsetzen, da hierdurch strafprozessuale Schutzrechte des Beschuldigten umgangen werden könnten (TK § 208 Rn. 51, → Rn. 14). Andererseits ist sie durch die Aufnahme strafrechtlicher Ermittlungen nicht gehindert, zugleich auch nach § 208 I 1 Nr. 2 vorzugehen (vgl. BFH 16.12.1997 – VII B 45/97, BStBl. II 1998, 231). 25

Befugnisse im Einzelnen. Die Zollfahndungsämter und die StFahndung haben in Strafverfahren wegen StStraftaten dieselben Rechte und Pflichten wie die Behörden und Beamten des Polizeidienstes nach den Vorschriften der StPO (§ 404 I 1). Die Befugnisse umfassen nach § 404 II Beschlagnahmen (§§ 94 ff. StPO), Notveräußerungen (§ 111l StPO), Durchsuchungen (§§ 102 ff. StPO) einschl. der Durchsicht der Papiere nach § 110 StPO, Untersuchungen (§ 81b StPO) sowie sonstige Maßnahmen (zB vorläufige Festnahme, § 127 II StPO). Zu den Einzelheiten muss auf die einschlägigen Erläuterungen zur StPO verwiesen werden. 26

II. Befugnisse im Besteuerungsverfahren

Die StFahndung hat zur Ermittlung der Besteuerungsgrundlagen die Befugnisse, die den FÄ zustehen (BFH 4.10.2006 – VIII R 53/04, DStR 2006, 2302; FG München 25.2.2016 – 13 K 2818/13, EFG 2016, 1225). Neben den allg. Beweiserhebungs- und Ermittlungsbefugnissen der §§ 93 ff., bei denen für die StFahndung bestimmte Erleichterungen gelten (§ 208 I 3 HS 1), umfasst die Verweisung in § 208 I 2 auch die Befugnisse der FÄ bei der Ap. (BFH 28.10.1997 – VII B 40/97, BFH/NV 1998, 424). Dabei ist sie nach § 194 III grds. auch befugt, die bei einer Prüfung festgestellten Verhältnisse anderer als der von der Prüfung unmittelbar betroffenen Personen auszuwerten, soweit die Kenntnis für die Be- 29 steuerung dieser Personen von Bedeutung ist (BFH 28.10.1997 – VII B 40/97, BFH/NV 1998, 424; zur Weiterleitung von Kontrollmaterial vgl. BFH 29.6.2005 – II R 3/04, BFH/NV 2006, 1). Da § 208 I 3 lediglich für die Mitwirkungspflichten des § 200 I 1, 2, II, III 1, 2 die sinngemäße Anwendung vorsieht, bedarf es für die StFahndungsprüfung weder einer Prüfungsanordnung noch einer Schlussbesprechung (BFH 11.12.1997 – V R 56/94, BStBl. II 1998, 367; BFH 9.3.1999 – VIII R 19/97, BFH/NV 1999, 1186). Die Fahndungsprüfung ist keine Ap. (BFH 4.9.2000 – I B 17/00, BStBl. II 2000, 648; BFH 20.8.2010 – VIII B 30/09, BFH/NV 2010, 2233; aA BFH 25.7.2000 – VII B 28/99, BStBl. II 2000, 643). Dies gilt allerdings nicht, wenn sie auf Ersuchen der FB eine Ap. nach § 208 II Nr. 1 durchführt (→ Rn. 40). Zur Durchsetzung der Ermittlungsbefugnisse stehen der StFahndung auch die den FÄ zugewiesenen VollstrRechte zu, soweit nicht die Einschränkungen des § 393 I greifen (TK § 208 Rn. 57; Gosch AO § 208 Rn. 48). Die Übertragung der Befugnisse wäre sinnlos, zumindest ineffizient, wenn zu ihrer Durchsetzung lediglich das jeweils zuständige FA berufen wäre. Erfasst werden auch die §§ 111 ff., einschließlich der Befugnis zur Inanspruchnahme zwischenstaatlicher Amtshilfe gem. § 117 I (FG Köln 28.12.2020 – 2 V 1217/20, EFG 2021, 713).

30 **Befreiung nach § 208 I 3.** Die Ermittlung der Besteuerungsgrundlagen durch die StFahndung nach § 208 I 1 Nr. 2 und 3 wäre zumeist wenig Erfolg versprechend, wenn sie – wie die FB im allg. Besteuerungsverfahren – grds. zunächst den Stpfl. zur Aufklärung veranlassen müsste (§ 93 I 3) und dabei auch noch an bestimmte Formen gebunden wäre (§ 93 II 2). § 208 I 3 hebt deshalb bestimmte Einschränkungen auf. Anders als nach § 93 I 3 können andere Personen als die Beteiligten sofort um Auskunft ersucht werden (BFH 24.3.1987 – VII R 30/86, BStBl. II 1987, 484). Das Auskunftsersuchen muss abw. von § 93 II 2 nicht schriftlich ergehen (AEAO zu § 208 Nr. 4). Weitergehend darf die StFahndung auch die Vorlage von Büchern, Aufzeichnungen, Geschäftspapieren und sonstigen Urkunden unmittelbar verlangen (AEAO zu § 208 Nr. 4). Sie braucht also entgegen § 97 II zuvor keine Auskunft des Vorlagepflichtigen einzuholen. Die Einsichtnahme der Urkunden beim Vorlagepflichtigen hängt nicht von dessen Einverständnis ab. Die Einschränkung des § 97 III gilt ebenfalls nicht. Das Verlangen der StFahndung um Auskunft und Vorlage von Urkunden ist als VA zu begründen, wenn er schriftlich ergeht oder schriftlich bestätigt wird (§ 121 I). Eine schriftliche Bestätigung mündlicher VA kann der Stpfl. grds. verlangen (vgl. § 119 II 2). Neben den inhaltlichen Anforderungen des Auskunftsersuchens nach § 93 II ist die Rechtsgrundlage und die Notwendigkeit des Auskunftsersuchens kurz zu begründen (vgl. BFH 22.2.2000 – VII R 73/98, BStBl. II 2000, 366).

31 Für Auskunftsersuchen (auch Sammelauskunftsersuchen) an **Kreditinstitute** gilt ebenfalls § 93 (§ 30a V 1). § 30a V 2 stellt indes, wenn die Person des Stpfl. bekannt und gegen ihn kein Verfahren wegen einer StStraftat oder einer StOrdnungswidrigkeit eingeleitet ist, auch im Verfahren nach § 208 I 1 Nr. 3 den Grundsatz des § 93 I 3 wieder her, sodass das Kreditinstitut erst nachrangig um Auskunft ersucht werden soll (BFH 16.12.1997 – VII B 45/97, BStBl. II 1998, 231; BFH 18.2.1997 – VIII R 33/95, BStBl. II 1997, 499).

III. Rechtsschutz

34 **Rechtsweg.** Die Doppelfunktion der StFahndung bringt es mit sich, dass diese sowohl im Straf- und Bußgeldverfahren als auch im Besteuerungsverfahren tätig werden kann. Für Maßnahmen, die im strafrechtlichen Ermittlungs- oder Bußgeldverfahren getroffen werden, findet die FGO keine Anwendung (§ 33 III FGO). Hier ist der Rechtsweg zu den ordentlichen Gerichten eröffnet (BGH 16.12.1977 – 1 BJs 93/77, NJW 1978, 1013; BFH 20.4.1983 – VII R 2/82, BStBl. II 1983, 482). Ist ein strafrechtliches Ermittlungsverfahren eingeleitet, erfolgen grds. sämtliche Maßnahmen, die sich gegen den Beschuldigten richten, im Strafverfahren, auch wenn im Zusammenhang hiermit gem. § 208 I 1 Nr. 2 Besteuerungsgrundlagen ermittelt werden (BFH 7.5.1985 – VII R 25/82, BStBl. II 1985,

571; BFH 6.2.2001 – VII B 277/00, BFH/NV 2001, 709). Unerheblich ist, ob sich die StFahndung auf ihre Befugnisse nach der AO oder der StPO beruft, es sei denn, sie wird nach außen objektiv und eindeutig erkennbar außerhalb des eingeleiteten StStrafverfahrens ausschl. im Besteuerungsverfahren tätig (BFH 25.6.1991 – VII B 136, 137/90, BFH/NV 1992, 254; BFH 6.2.2001 – VII B 277/00, BFH/NV 2001, 709). Bei Ermittlungen gegen Bankmitarbeiter erfolgen Maßnahmen gegen nicht verfahrensbeteiligte Bankkunden außerhalb des eingeleiteten Strafverfahrens, sodass der Finanzrechtsweg eröffnet ist (BFH 4.9.2000 – I B 17/00, BStBl. II 2000, 648).

Einspruch. Im Besteuerungsverfahren ist gegen Maßnahmen der StFahndung, die sich auf einen VA (zB Auskunftsersuchen gegenüber Dritten; BFH 16.12.1997 – VII B 45/97, BStBl. II 1998, 231) gründen, der Einspruch und die Anfechtungsklage gegeben. Wendet sich der Stpfl. lediglich gegen die Weitergabe von ermittelten Tatsachen, abgelichteten Unterlagen oder die Fertigung von Kontrollmitteilungen und damit gegen schlichtes Verwaltungshandeln (Realakte), ist eine Leistungsklage in Form der Unterlassungsklage zu erheben (§ 40 I FGO). Vorläufiger Rechtsschutz kann durch Antrag auf Erlass einer einstweiligen Anordnung (§ 114 FGO) begehrt werden (vgl. FG Niedersachsen 4.12.1998 – X 524/98 V, EFG 1999, 149; FG Niedersachsen 22.6.2001 – 6 V 672/00, EFG 2001, 1100). 35

D. Zuständigkeit für sonstige Ermittlungstätigkeit (Abs. 2)

I. Zuständigkeit für Ermittlungen auf Ersuchen (Abs. 2 Nr. 1)

§ 208 II Nr. 1 erweitert die Zuständigkeit der StFahndung für Besteuerungszwecke. Auf Ersuchen der zuständigen FB können die mit der StFahndung betrauten Dienststellen und Zollfahndungsämter steuerliche Ermittlungen einschl. der Ap. in den durch den Auftrag gesteckten Grenzen durchführen. Die Ermittlungszuständigkeit wird auf die StFahndung erstreckt, ohne dass die FB diese selbst verliert (BFH 11.12.1991 – I R 66/90, BStBl. II 1992, 595; unklar TK § 208 Rn. 35, der von „verlagert" spricht). 38

Ersuchen. Aus § 208 II Nr. 1 lassen sich explizit keine tatbestandlichen Voraussetzungen für ein Ersuchen entnehmen. Hieraus wird bisweilen ein freies – allein an verwaltungsökonomischen, ermittlungstaktischen Erwägungen orientiertes – Ermessen der zuständigen FB gefolgert (so Klein § 208 Rn. 51). Diese Auffassung würdigt jedoch nicht hinreichend die für den Stpfl. durch ein Auftreten der StFahndung mögliche belastende Außenwirkung (TK § 208 Rn. 36). Die Vorschrift verstößt jedenfalls nicht generell gegen das verfassungsrechtliche Übermaßverbot (HHSp § 208 Rn. 152; BFH 11.12.1991 – I R 66/90, BStBl. II 1992, 595). Die zusätzliche Belastung des Stpfl. ist indes nur dann zu rechtfertigen, wenn vernünftige sachliche Gründe ein Ersuchen notwendig erscheinen lassen (ebenso TK § 208 Rn. 36; aA Schwarz/Pahlke/Keß § 208 Rn. 28). Dabei kann die Beauftragung an den zur Amtshilfe normierten Gründen (§ 112 I Nr. 2, 5) ausgerichtet werden. Dies gilt auch für StFahndungsbeamte, die als sog. Flankenschützer, bei der Aufklärung steuerlich relevanter Sachverhalte auf Anforderung unterstützen (vgl. BFH 12.7.2022 – VIII R 8/19, DStR 2022, 2002; vgl. ferner Anders DStR 2012, 1779 (1781 f.); Beyer AO-StB 2013, 159 (161)). Das Ersuchen der StFahndung ist ein selbständiger, mit **Einspruch** anfechtbarer VA, wenn das Ersuchen dem Stpfl. von der ersuchenden FB bekannt gegeben wird (BFH 21.4.1993 – X R 112/91, BStBl. II 1993, 649 zur vergleichbaren Beauftragung gem. § 195 S. 2; BFH 11.12.1991 – I R 66/90, BStBl. II 1992, 595). 39

Befugnisse. Die StFahndung hat im Rahmen der Auftragsermittlung die den FB zustehenden Befugnisse. Führt sie auf Ersuchen des FA eine Ap. (§ 195 S. 2) durch, ist die beauftragte Dienststelle befugt, die erforderliche Prüfungsanordnung (§ 196) zu erlassen (BFH 11.12.1991 – I R 66/90, BStBl. II 1992, 595). Ebenso hat sie die zum Abschluss der Prüfung vorgeschriebene Schlussbesprechung (§ 201) abzuhalten (BFH 11.12.1997 – V R 56/94, BStBl. II 1998, 367). Anders als bei einer Auftragsprüfung vermittelt das Ersuchen 40 nach § 208 II Nr. 1 jedoch keine Entscheidungsbefugnis iSd § 195 S. 3. Die StFahndung darf deshalb weder die Steuer selbst festsetzen noch eine verbindliche Zusage erteilen oder eine tatsächliche Verständigung vereinbaren (Schwarz/Pahlke/Keß § 208 Rn. 30; TK § 208 Rn. 37).

41 **Außenprüfung.** Dies gilt aber nur, soweit die StFahndung nach § 208 II Nr. 1 tätig wird. Führt sie aufgrund originärer Zuständigkeit iSd § 208 I Nr. 2 und 3 Prüfungshandlungen durch, erfolgen die Ermittlungen nicht mittels einer Ap. iSd §§ 193 ff., sondern durch StFahndungsprüfung. Demgemäß bedarf es weder einer Prüfungsanordnung noch einer Schlussbesprechung. Die Änderungssperre des § 173 II und die Anlaufhemmung nach § 171 IV ist nicht anzuwenden (BFH 11.12.1997 – V R 56/94, BStBl. II 1998, 367; BFH 9.3.1999 – VIII R 19/97, BFH/NV 1999, 1186).

II. Zuständigkeit kraft besonderer Übertragung (Abs. 2 Nr. 2)

42 Der StFahndung können gem. § 208 II Nr. 2 weitere Aufgaben übertragen werden, soweit diese nach Art. 108 GG in die Zuständigkeit (Verwaltungshoheit) der FB fallen. Die Ermächtigung umfasst ausschl. die Aufgabenzuweisung zwischen FB und StFahndung. Eine Erweiterung des Aufgabenbereichs über die gesetzlich geregelte Zuständigkeit hinaus ist hiervon nicht gedeckt (vgl. BT-Drs. 7/4292, 36). Die Vorschrift enthält lediglich eine Ermächtigung zur Übertragung weiterer Aufgaben; sie regelt jedoch keine Übertragung konkreter Aufgaben. Hierfür bedarf es nicht nur einer Verwaltungsanweisung, sondern einer gesonderten gesetzlichen Regelung (TK § 208 Rn. 39; Schwarz/Pahlke/Keß § 208 Rn. 33; aA Klein § 208 Rn. 53).

E. Trennung von Besteuerungsverfahren und Ermittlungsverfahren (Abs. 3)

45 § 208 III stellt klar, dass die Aufgaben und Befugnisse der FÄ (HZÄ) durch steuerstrafrechtliche Ermittlungen der StFahndung nicht eingeschränkt werden (BFH 4.10.2006 – VIII R 53/04, DStR 2006, 2302). Die FÄ können unabhängig und gleichberechtigt neben den Ermittlungen durch die Fahndung eigene Ermittlungen im Besteuerungsverfahren durchführen (BFH 4.11.1987 – II R 102/85, BStBl. II 1988, 113; BFH 7.12.1999 – IV B 146/99, BFH/NV 2000, 413). So ist auch die Anordnung einer Ap. zulässig (BFH 19.8.1998 – XI R 37/97, BStBl. II 1999, 7; BFH 3.4.2003 – XI B 60/02, BFH/NV 2003, 1034; BFH 29.7.2015 – X R 4/14, BStBl. II 2016, 135). Die Rechte und Pflichten des Stpfl. richten sich nach den für das jeweilige Verfahren geltenden Vorschriften (§ 393 I 1). Dies bedeutet zum einen, dass die FÄ Normen, deren Tatbestände an das Vorliegen einer StStraftat oder StOrdnungswidrigkeit anknüpfen (zB §§ 70, 71, 169 II, 235), ohne Bindung an die Ermittlungen der Fahndung eigenständig zu beurteilen haben und ggf. auch insoweit selbst ermitteln dürfen (BFH 4.11.1987 – II R 102/85, BStBl. II 1988, 113). Umgekehrt ist auch die StFahndung nicht an die Ergebnisse und Wertungen des FA im Besteuerungsverfahren gebunden. Allerdings darf das unabhängige Nebeneinander beider Verfahren nicht zu einer Aushöhlung strafprozessualer Schutzrechte führen. Demgemäß dürfen nach § 393 I 2 auch im Besteuerungsverfahren keine Zwangsmittel eingesetzt werden, soweit der Stpfl. gezwungen würde, sich selbst wegen einer StStraftat oder StOrdnungswidrigkeit zu belasten (TK § 208 Rn. 57). Zum Verwendungsverbot des § 393 II vgl. BGH 5.5.2004 – 5 StR 548/03, NJW 2005, 2720.

§ 208a Steuerfahndung des Bundeszentralamts für Steuern

(1) **Dem Bundeszentralamt für Steuern obliegt, soweit Aufgaben der Steuerverwaltung übertragen wurden, die Aufgabe nach § 208 Absatz 1 Satz 1 Nummer 3.**

(2) [1]**Hierzu hat es die Ermittlungsbefugnisse, die den Finanzämtern (Hauptzollämtern) zustehen.** [2]**Die Einschränkungen des § 93 Absatz 1 Satz 3, Absatz 2 Satz 2 und des § 97 Absatz 2 gelten nicht; § 200 Absatz 1 Satz 1 und 2, Absatz 2 und 3 Satz 1 und 2 gilt sinngemäß, § 393 Absatz 1 bleibt unberührt.**

(3) **Die Aufgaben und Befugnisse des Bundeszentralamts für Steuern im Übrigen bleiben unberührt.**

A. Allgemeines

I. Rechtsentwicklung

§ 208a ist durch das JStG 2020 v. 21.12.2020 (BGBl. 2020 I 3096) mWv 29.12.2020 (Art. 50 I JStG 2020) in die AO eingefügt worden. 1

II. Inhalt und Zweck

§ 208a flankiert die bisherigen StVerwaltungsbefugnisse des BZSt um StFahndungsbefugnisse für die Bereiche, in denen das BZSt selbst steuerverwaltend tätig ist. Eigene Verwaltungskompetenzen besitzt das BZSt für Teilbereiche bei Gemeinschaftssteuern sowie für die Versicherung- und Feuerschutzsteuer. Inhalt der Verwaltungskompetenz ist jeweils auch die Wahrnehmung der Aufgabe zur Aufdeckung und Ermittlung unbekannter StFälle. Diese Aufgabe wurde durch die Neuregelung im Einklang mit Art. 108 IV 1 GG von den Landesfinanzbehörden auf die Oberbehörde, das BZSt, übertragen. 2

Nach der Gesetzesbegründung führten die StVerwaltungen der Länder, soweit die Aufgaben auf das BZSt übertragen wurden, keine oder nur sehr geringe Maßnahmen zur Ermittlung und Aufdeckung unbekannter StFälle durch. Damit in den übertragenen Bereichen wieder Maßnahmen durch das BZSt durchgeführt werden können, war eine entsprechende Erweiterung der Aufgaben des BZSt erforderlich (vgl. BT-Drs. 503/20, 187 f.).

B. Aufgabe der Steuerfahndung (Abs. 1)

Nach § 208a I obliegt dem BZSt die Aufdeckung und Ermittlung unbekannter StFälle nach § 208 I 1 Nr. 3 (→ § 208 Rn. 13 ff.), soweit das BZSt selbst Aufgaben der StVerwaltung wahrnimmt. Dies ist für Teilbereiche der Gemeinschaftssteuern und die Versicherung- und Feuerschutzsteuer der Fall (TK § 208a Rn. 2). Da § 208 I 1 Nr. 3 der StFahndung lediglich eine ergänzende Zuständigkeit im Bereich sog. steuerrechtlicher **Vorfeldermittlungen** unterhalb der Schwelle des für Ermittlungen nach § 208 I 1 Nr. 1 und 2 nötigen Anfangsverdachts zuweist (BFH 29.6.2005 – II R 3/04, BFH/NV 2006, 1), beschränkt sich die entsprechende Aufgabenzuweisung für das BZSt folglich nur auf Ermittlungen im StVerwaltungsverfahren, also die Aufgabe, sicherzustellen, dass Steuern gleichmäßig festgesetzt und erhoben, insb. auch nicht verkürzt werden (§ 85 S. 2). Die vorrangige Aufgabe der StFahndung, StStraftaten (§ 369) und StOrdnungswidrigkeiten (§ 377) zu erforschen, deckt die Aufgabenzuweisung des § 208a I hingegen nicht ab (ebenso BeckOK AO § 208a Rn. 48). 5

C. Ermittlungsbefugnisse (Abs. 2)

Für die durch Abs. 1 zugewiesene Aufgabe der Aufdeckung und Ermittlung unbekannter StFälle hat das BZSt die Ermittlungsbefugnisse, die den Finanzämtern und Hauptzollämtern zustehen. Hierzu kann auf die Ausführungen zu → § 208 Rn. 29 ff. verwiesen werden. § 208 I 3 entspricht wörtlich der Regelung in § 208a II 2. 10

D. Zusätzliche Aufgabenzuweisung (Abs. 3)

15 § 208a III regelt lediglich klarstellend (TK § 208a Rn. 6: überflüssig), dass durch die Aufgabenzuweisung aus Abs. 1 zusätzlich Aufgaben auf das BZSt übertragen wurden, also die bisherigen Aufgaben und Befugnisse iSd § 5 FVG von der neuen Regelung unberührt bleiben.

Sechster Abschnitt. Steueraufsicht in besonderen Fällen

§ 209 Gegenstand der Steueraufsicht

(1) **Der Warenverkehr über die Grenze und in den Freizonen und Freilagern sowie die Gewinnung und Herstellung, Lagerung, Beförderung und gewerbliche Verwendung verbrauchsteuerpflichtiger Waren und der Handel mit verbrauchsteuerpflichtigen Waren unterliegen der zollamtlichen Überwachung (Steueraufsicht).**

(2) **Der Steueraufsicht unterliegen ferner:**

1. **der Versand, die Ausfuhr, Lagerung, Verwendung, Vernichtung, Veredelung, Umwandlung und sonstige Bearbeitung oder Verarbeitung von Waren in einem Verbrauchsteuerverfahren,**
2. **die Herstellung und Ausfuhr von Waren, für die ein Erlass, eine Erstattung oder Vergütung von Verbrauchsteuer beansprucht wird.**

(3) **Andere Sachverhalte unterliegen der Steueraufsicht, wenn es gesetzlich bestimmt ist.**

I. Allgemeines

1 § 209 legt als **Aufgabenzuweisungsnorm** den sachlichen Anwendungsbereich der zollamtlichen Überwachung fest und definiert diese zugleich als StAufsicht (HHSp § 209 Rn. 4). Anders als die Ap. dient die StAufsicht nicht der Ermittlung der Besteuerungsgrundlagen im einzelnen StFall, sondern der laufenden Kontrolle der in Betracht kommenden Betriebe oder Unternehmen (BT-Drs. VI/1982, 166). Die im Vorfeld ansetzende, gleichsam präventiv wirkende Überwachungsbefugnis beruht auf der Eigenart der Zölle und Verbrauchsteuern. Diese Abgaben belasten stets bestimmte Waren im Vergleich zum Nettopreis der Waren meist sehr hoch und schaffen hierdurch einen besonderen Anreiz zur Hinterziehung. Zugleich begründet die dingliche Haftung (§ 76) eine enge rechtliche Beziehung zwischen Ware und der darauf ruhenden Abgabe (Mösbauer DB 1980, 1506). Zur Sicherstellung der ordnungsgemäßen Besteuerung hielt der Gesetzgeber daher eine permanente amtliche Aufsicht für erforderlich (HHSp § 209 Rn. 6).

3 **Befugnistatbestände.** Innerhalb des gegenständlichen Aufgabenbereichs des § 209 stehen der FB einzelne Kontroll- und Eingriffsbefugnisse zu, die in den §§ 210, 213, 215, 216 geregelt sind. Dabei stellt die Nachschau (§ 210) das bedeutendste Kontrollmittel dar. Die Befugnisse dürfen indes nur begrenzt durch den Zweck der Aufsichtsmaßnahme ausgeübt werden. Die FB sind insb. nicht befugt, steueraufsichtliche Maßnahmen zum Zwecke der Fahndungs- oder Außenprüfung einzusetzen (TK vor § 209 Rn. 3). Ein Übergang oder eine Kombination mehrerer Prüfungsmaßnahmen ist selbstverständlich zulässig, soweit die Tatbestandsvoraussetzungen für das jeweilige Verfahren erfüllt sind.

4 **Verhältnis zu anderen Vorschriften.** Nach Art. 263 ff. UZK unterliegen Waren, die aus dem Zollgebiet verbracht werden, der zollamtlichen Überwachung. Zudem ist die Aufsicht über die Einfuhr von Waren in das Zollgebiet der Union und die Überwachung

von Ein- sowie Ausgängen in Freizonen und Zolllagern unionsrechtlich normiert (Art. 143 und 243 ff. UZK; Klein § 209 Rn. 5). Dabei ist die Lagerung in Freizonen und Zolllagern als Unterfall der Lagerung nach Art. 210 Buchst. b UZK als Zollverfahren ausgestaltet (Gosch AO § 209 Rn. 6). Soweit das Gemeinschaftsrecht, insb. der UZK, eigenständige Regelungen enthält, gehen diese den §§ 209 ff. vor (Klein § 209 Rn. 5). Die Überlagerung erfasst weiterhin aber nur die Frage, ob eine StAufsicht erfolgt, nicht deren Umsetzung nach §§ 210 ff. (Gosch AO § 209 Rn. 7). § 10 ZollVG gestattet den Bediensteten der Zollverwaltung, unbeschadet der §§ 209–211 die Aufgaben der zollamtlichen Überwachung iSd § 1 ZollVG durch konkrete Kontrollmaßnahmen zu erfüllen. Insofern konkretisiert das ZollVG die StAufsicht iSd § 209 (Gosch AO vor § 209 Rn. 9). § 1 III ZollVG bezieht darüber hinaus die Einhaltung der Vorschriften ein, die Verbote und Beschränkungen enthalten (Kock DStR 1996, 1677). Soweit die VerbrauchStGesetze die StAufsicht ergänzend anordnen, erfolgt dies zur Konkretisierung oder Erweiterung der allg. Normen der AO. Wie § 209 III klarstellt, unterliegen diese Sachverhalte auch der StAufsicht.

II. Gegenstand der Steueraufsicht (Abs. 1)

§ 209 I zählt die wichtigsten Sachverhalte auf dem Gebiet der Verbrauchsteuern auf, die 5
der StAufsicht unterliegen. Im Gegensatz zu § 193 erfolgt keine Einschränkung auf einen bestimmten Personenkreis. Zu den Verbrauchsteuern gehören neben der BierSt, BranntweinSt (bis 31.12.2017), EnergieSt, KaffeeSt, SchaumwSt, AlkopopSt, KernbrSt, TabSt auch die EUSt (§ 21 I UStG). Die übrigen Steuern werden nicht erfasst, auch soweit Warenverkehr über die Grenze stattfindet (TK § 209 Rn. 2). Dies gilt etwa für Ausfuhrlieferungen iSd § 6 UStG.

Warenverkehr über die Grenze. Erfasst wird der Warenverkehr über die Grenze, also 6
nicht innerhalb des Grenzgebietes. Was als Ware anzusehen ist, bestimmt sich nach dem Regelungszweck der StGesetze. So meint etwa der zollrechtliche Warenbegriff alle im Gemeinsamen Zolltarif der EU aufgelisteten Güter, dh alle beweglichen Sachen und elektrischen Strom (Witte UZK Art. 1 Rn. 2; aA Schwarz/Pahlke/Keß § 209 Rn. 19; Gosch AO § 209 Rn. 12); nicht dagegen Software (TK § 209 Rn. 8). Grenze ist sowohl die Grenze des Zollgebietes der EU zu Drittländern als auch die Grenze zu den EU-Mitgliedstaaten, soweit es um die Überwachung des Verkehrs mit verbrauchsteuerpflichtigen Waren geht (Klein § 209 Rn. 9; Kock DStR 1996, 1677). Die StAufsicht sichert insb. die Erhebung der Einfuhr- und Ausfuhrabgaben sowie die Einhaltung des Zollrechts (vgl. § 1 I ZollVG).

Warenverkehr in Freizonen und Freilagern. Freizonen und Freilager sind abgetrenn- 7
te Teile des Zollgebietes oder darin gelegene Räumlichkeiten, in denen sich bestimmte Waren befinden (Art. 243 UZK). Freilager sind in Deutschland nicht eingerichtet (Schwarz/Pahlke/Keß § 209 Rn. 23).

Weitere Überwachungsgegenstände. Der StAufsicht unterliegen neben der Gewin- 8
nung und Herstellung seit dem 1.1.1993 auch die Lagerung, Beförderung, gewerbliche Verwendung sowie der Handel mit verbrauchsteuerpflichtigen Waren (BGBl. 1992 I 2150). Diese Erweiterung wurde erforderlich, weil durch den Wegfall der Grenzkontrollen eine Überwachungsmöglichkeit an der Grenze entfiel. Die unterschiedlichen StSätze in den Mitgliedstaaten machten eine erweiterte StAufsicht daher unentbehrlich. Welche Vorgänge im Einzelnen der StAufsicht unterliegen, regeln die VerbrauchStGesetze.

III. Einzelne Fallgruppen (Abs. 2)

Nr. 1 befasst sich mit verbrauchsteuerpflichtigen Waren, für die StVergünstigungen zu 10
gewähren sind, wenn sie einer besonderen Zweckbestimmung zugeführt werden. Die StAufsicht soll sicherstellen, dass die begünstigten Waren entspr. der Zweckbestimmung, für die die Vergünstigung gewährt wurde, verwendet werden. Die drei Zollverfahren, in

die eine Ware übergeführt werden kann, zählt Art. 5 Nr. 16 UZK abschließend auf (vgl. Witte Vorb. Art. 1 Rn. 18 ff.).

11 **Nr. 2** behandelt Fälle, in denen eine Abgabe in voller Höhe entstanden und ggf. entrichtet ist. Weiterverarbeitung oder Ausfuhr der Ware kann sodann einen Erlass-, Erstattungs- und Vergütungsanspruch begründen (zB §§ 45 ff. EnergieStG). Von der StAufsicht betroffen sind idR Stpfl., die durch Verwendung der Ware typischerweise StEntlastung beanspruchen können.

IV. Verweisung (Abs. 3)

12 § 209 III hat lediglich klarstellende Bedeutung. Eine gesetzliche Regelung einzelner Sachverhalte in den EinzelStGesetzen, die der StAufsicht unterliegen, steht dem Gesetzgeber ohnehin zu (TK § 209 Rn. 15). Solche Bestimmungen finden sich in § 26 BierStG, § 22 KaffeeStG, § 61 EnergieStG, § 26 SchaumwZwStG, § 33 TabStG. Für diese Steuern gelten die §§ 210 ff. sinngemäß, soweit die Verweisungen in den Einzelbestimmungen es vorsehen.

§ 210 Befugnisse der Finanzbehörde

(1) **Die von der Finanzbehörde mit der Steueraufsicht betrauten Amtsträger sind berechtigt, Grundstücke und Räume von Personen, die eine gewerbliche oder berufliche Tätigkeit selbständig ausüben und denen ein der Steueraufsicht unterliegender Sachverhalt zuzurechnen ist, während der Geschäfts- und Arbeitszeiten zu betreten, um Prüfungen vorzunehmen oder sonst Feststellungen zu treffen, die für die Besteuerung erheblich sein können (Nachschau).**

(2) **[1] Der Nachschau unterliegen ferner Grundstücke und Räume von Personen, denen ein der Steueraufsicht unterliegender Sachverhalt zuzurechnen ist ohne zeitliche Einschränkung, wenn Tatsachen die Annahme rechtfertigen, dass sich dort Schmuggelwaren oder nicht ordnungsgemäß versteuerte verbrauchsteuerpflichtige Waren befinden oder dort sonst gegen Vorschriften oder Anordnungen verstoßen wird, deren Einhaltung durch die Steueraufsicht gesichert werden soll. [2] Bei Gefahr im Verzug ist eine Durchsuchung von Wohn- und Geschäftsräumen auch ohne richterliche Anordnung zulässig.**

(3) **[1] Die von der Finanzbehörde mit der Steueraufsicht betrauten Amtsträger sind ferner berechtigt, im Rahmen von zeitlich und örtlich begrenzten Kontrollen, Schiffe und andere Fahrzeuge, die nach ihrer äußeren Erscheinung gewerblichen Zwecken dienen, anzuhalten. [2] Die betroffenen Personen haben sich auszuweisen und Auskunft über die mitgeführten Waren zu geben; sie haben insbesondere Frachtbriefe und sonstige Beförderungspapiere, auch nicht steuerlicher Art, vorzulegen. [3] Ergeben sich dadurch oder auf Grund sonstiger Tatsachen Anhaltspunkte, dass verbrauchsteuerpflichtige Waren mitgeführt werden, können die Amtsträger die mitgeführten Waren überprüfen und alle Feststellungen treffen, die für eine Besteuerung dieser Waren erheblich sein können. [4] Die betroffenen Personen haben die Herkunft der verbrauchsteuerpflichtigen Waren anzugeben, die Entnahme von unentgeltlichen Proben zu dulden und die erforderliche Hilfe zu leisten.**

(4) **[1] Wenn Feststellungen bei Ausübung der Steueraufsicht hierzu Anlass geben, kann ohne vorherige Prüfungsanordnung (§ 196) zu einer Außenprüfung nach § 193 übergegangen werden. [2] Auf den Übergang zur Außenprüfung wird schriftlich hingewiesen.**

(5) **[1] Wird eine Nachschau in einem Dienstgebäude oder einer nicht allgemein zugänglichen Einrichtung oder Anlage der Bundeswehr erforderlich, so wird die**

vorgesetzte Dienststelle der Bundeswehr um ihre Durchführung ersucht. [2]Die Finanzbehörde ist zur Mitwirkung berechtigt. [3]Ein Ersuchen ist nicht erforderlich, wenn die Nachschau in Räumen vorzunehmen ist, die ausschließlich von anderen Personen als Soldaten bewohnt werden.

Vergleichbare Vorschriften: §§ 98 IV, 105 III StPO entsprechen Abs. 5

I. Allgemeines

Die gleichmäßige Besteuerung nach Maßgabe der StGesetze (§ 85) soll durch die Befugnisse iSd § 210 im Bereich der StAufsicht sichergestellt werden. Korrespondierend hierzu werden den Betroffenen besondere Mitwirkungspflichten (§ 211) auferlegt. Im StAufsichtsverfahren gelten die allg. Vorschriften der §§ 86 ff. ergänzend (TK § 210 Rn. 1). Das Betreten von eingefriedetem Besitztum und Räumlichkeiten, um durch Inaugenscheinnahme steuerlich erhebliche Feststellungen zu treffen (Nachschau), ist von der Ap. zu unterscheiden. Eine Ablaufhemmung nach § 171 IV und V tritt durch StAufsichtsmaßnahmen, also eine Nachschau oder Durchsuchung iSd § 210, nicht ein. Die an eine Ap. anknüpfenden Normen (§§ 164 III 3, 204) sind nicht entspr. anwendbar. Spezialgesetzlich geregelte Nachschaurechte der FB befinden sich zB in § 27b UStG und § 42g EStG. Im Bereich des **Zollrechts** wird § 210 durch Art. 46 UZK iVm § 10 ZollVG überlagert (BeckOK AO § 210 Rn. 17). Durch das 2. DSAnpUG-EU v. 20.11.2019 (BGBl. 2019 I 1626) erfolgte eine redaktionelle Änderung („Pflichten des Betroffenen" in „Pflichten der betroffenen Person"). 1

II. Nachschau (Abs. 1)

§ 210 I schränkt das Grundrecht nach Art. 13 GG in zulässiger Weise ein (Mösbauer DStZ 1988, 279; TK § 210 Rn. 2). Dabei ist das Recht, Grundstücke und Räume zu betreten, an mehrere Voraussetzungen gebunden. 2

Zweck der Nachschau muss die Prüfung oder Feststellung von Umständen sein, die für die Besteuerung in Zoll- und Verbrauchsteuersachen erheblich sind. Das Recht, bestimmte Prüfungen oder Feststellungen vorzunehmen, ergibt sich aus den EinzelStGesetzen. § 210 eröffnet lediglich ein Betretensrecht zur Verwirklichung der Prüfungsbefugnis. Durchsuchungen sind von der Ermächtigung zur Nachschau nicht gedeckt (Gosch AO § 210 Rn. 10). 3

Adressat der StAufsichtsmaßnahmen. Eine Nachschau darf nur bei Personen erfolgen, denen ein der StAufsicht unterliegender Sachverhalt zuzurechnen ist (Schwarz/Pahlke/Keß § 210 Rn. 14). Dies sind diejenigen, die nach zoll- und verbrauchsteuerrechtlichen Normen für die Einhaltung der steuerlichen Pflichten verantwortlich sind (HHSp § 210 Rn. 6). 4

Nachschaugegenstände. Grundstücke und Räume iSd Abs. 1 sind Arbeits-, Betriebs- sowie Geschäftsräume und -grundstücke, die von Personen zur selbständigen Ausübung ihrer gewerblichen oder beruflichen Tätigkeit genutzt werden (BT-Drs. 12/3452, 96). Private Räumlichkeiten und Flächen sind hiervon ausgenommen (Klein § 210 Rn. 2). Bei gemischter Nutzung besteht ein Recht zur Nachschau, soweit der gewerbliche Charakter nach außen erkennbar ist (zB durch Betriebsanmeldung Gosch AO § 210 Rn. 14; zu gemischt genutzten Räumen s. auch HHSp § 210 Rn. 13). Auf die zivilrechtlichen Eigentumsverhältnisse oder eine Zurechnung nach § 39 kommt es nicht an, da die gewerbliche Tätigkeit auch in gemieteten Räumlichkeiten ausgeübt werden kann (Schwarz/Pahlke/Keß § 210 Rn. 13; TK § 210 Rn. 2). Der Stpfl. muss lediglich die tatsächliche Verfügungsgewalt ausüben (zB Nutzung nach Kündigung des Mietverhältnisses; ebenso TK § 210 Rn. 2). 5

Zeitrahmen. Das Betreten ist nur während der Geschäfts- und Arbeitszeiten gestattet. Die zeitliche Begrenzung dient dazu, die Beeinträchtigung für den Stpfl. gering zu halten. 6

Aus diesem Grund sind die tatsächlichen und nicht die branchenüblichen Geschäftszeiten maßgeblich (Gosch AO § 210 Rn. 16; TK § 210 Rn. 3). Zwischen den einzelnen Aufsichtsmaßnahmen muss keine bestimmte Karenzfrist eingehalten werden. Der Zweck der Aufsicht kann wirkungsvoll nur durch in unregelmäßigen Zeitabständen erfolgende Prüfungen erreicht werden (BVerwG 2.3.1971 – I C 37/69, BVerwGE 37, 283 (292)).

7 **Amtsträger** (§ 7) sind zur Nachschau berechtigt, soweit sie mit Aufgaben der StAufsicht betraut und gem. § 23 örtlich zuständig sind. Zu den Amtsträgern zählen auch StHilfspersonen iSd § 217 (Mösbauer DStZ 1988, 267).

III. Verdachtsnachschau (Abs. 2)

8 Bei Verdacht des Verstoßes gegen Vorschriften oder Anordnungen der StAufsicht erweitert § 210 II die Befugnis zur Nachschau. **Konkrete Tatsachen** müssen die Annahme rechtfertigen, dass Gesetzes- oder Pflichtverstöße vorliegen, die durch die StAufsicht verhindert werden sollen. Ob zureichende tatsächliche Anhaltspunkte vorliegen, ist keine Ermessensfrage, wenngleich ein gewisser Beurteilungsspielraum besteht. In die Erwägungen können auch entferntere Indizien einbezogen werden (BFH 8.11.2005 – VII B 249/05, DStRE 2006, 119). Ein bloßer auf allg. Erfahrungen der FB beruhender Verdacht oder die bloße Vermutung reicht nicht aus. Lassen die festgestellten Tatsachen den Schluss auf eine Zuwiderhandlung zu, dürfen sowohl Geschäftsgrundstücke und -räume als auch private Räumlichkeiten und Flächen ohne zeitliche Begrenzung betreten werden. Der tatsächlich über die Räume Verfügende muss nicht Unternehmer sein, sondern lediglich aufgrund des Sachverhalts zurechenbar der StAufsicht unterliegen (TK § 210 Rn. 4). Die Nachschau darf mit einer **Durchsuchung** verbunden werden. Durchsuchungen ohne richterliche Anordnung sind nur bei Gefahr im Verzug zulässig (§ 212 II 2). Gefahr im Verzug besteht, wenn die richterliche Anordnung nicht eingeholt werden kann, ohne dass der Zweck der Maßnahme gefährdet wird (BGH 12.2.1962 – III ZR 204/60, JZ 1962, 609). Die Durchsuchung, dh das zweckgerichtete Suchen zur Auffindung nicht ordnungsgemäß versteuerter Waren, muss wie bei der Nachschau zur Prüfung oder Tatsachenfeststellung erforderlich sein. Die Durchsuchung von Personen ist durch die Norm nicht gedeckt, aber ggf. nach § 10 III ZollVG zulässig.

IV. Anhalterechte (Abs. 3)

9 Den mit der StAufsicht betrauten Amtsträgern steht ein zeitlich und örtlich begrenztes Kontroll- und Anhalterecht zu. Flächendeckende oder dauerhafte Kontrollstellen sind unzulässig (TK § 210 Rn. 4). Eines konkreten Verdachtes bedarf es nicht. Denn die Maßnahmen dienen neben der Überwachung des Beförderungsverfahrens auch der Gefahrerforschung zur Aufdeckung und Bekämpfung von StStraftaten (BT-Drs. 651/1992, 278). Das Kontrollrecht betrifft alle Fahrzeuge, die nach ihrer äußeren Erscheinung gewerblichen Zwecken dienen. Hierzu gehören solche, die nach ihrer Bauart (Lkw), ihrer Beschriftung (Firmenaufdruck) oder ihrer sichtbaren Ladung zu gewerblichen Zwecken eingesetzt werden (vgl. zu Wasserfahrzeugen BFH 3.2.2004 – VII R 4/03, DStRE 2004, 909). Eine Kontrolle von Personenkraftwagen lässt § 10 ZollVG zu (Schwarz/Pahlke/Keß § 210 Rn. 24). Gleichzeitig sieht Abs. 3 über § 211 hinausgehende Mitwirkungspflichten vor. Bei hinreichenden Anhaltspunkten auf mitgeführte verbrauchsteuerpflichtige Waren ist der Amtsträger zur Warenprüfung berechtigt, ggf. auch zur Entnahme unentgeltlicher Proben. Vgl. hierzu auch die spezielle Regelung in § 26 II 3 MinöStG aF. Zur Überwachung des grenzüberschreitenden **Bargeldverkehrs** (Barmitteln und gleichgestellten Zahlungsmitteln) auf der Grundlage der § 1 IV, § 12a ZollVG (s. Schmitz DStZ 2003, 606).

V. Übergang zur Außenprüfung (Abs. 4)

Steueraufsichtliche Maßnahmen und Ap. ergänzen einander. Während die StAufsicht der laufenden Kontrolle beim Umgang mit abgabepflichtigen Waren dient, ist die Ap. auf in der Vergangenheit verwirklichte Sachverhalte, die ihre Konkretisierung in StBescheiden gefunden haben, gerichtet. In Zoll- und VerbrauchStSachen ist die Ap. deshalb grds. zulässig, weil nur durch sie eine vergangenheitsbezogene Prüfung ermöglicht wird (App StBp 1992, 125; TK § 210 Rn. 9). § 210 IV berechtigt die FB, ohne zeitliche Verzögerung und Einhaltung weiterer Förmlichkeiten, insb. „ohne vorherige Prüfungsanordnung", von der steueraufsichtlichen Maßnahme zur Ap. überzugehen, wenn die bei der StAufsicht getroffenen Feststellungen Anlass zu der Annahme geben, dass in der Vergangenheit steuerliche Pflichten verletzt wurden, die eine Aufklärung der steuerlichen Verhältnisse notwendig erscheinen lassen. Die Entscheidung zum Übergang steht im pflichtgemäßen Ermessen des Amtsträgers (Schwarz/Pahlke/Keß § 210 Rn. 29). 10

Hinweispflicht. Nach § 210 IV 2 ist auf den Übergang schriftlich hinzuweisen. Die an eine Ap. anknüpfenden Rechtswirkungen (zB §§ 171 IV, 173 II, 199 ff., 204) erfordern im Hinweisschreiben eine Festlegung des gegenständlichen und zeitlichen Umfangs der Ap. (Klein § 210 Rn. 13). Ferner sind die festgestellten Tatsachen mitzuteilen, die einen Anlass zum Übergang begründen (TK § 210 Rn. 9). Der Beginn der Ap. ist unter Angabe von Datum und Uhrzeit aktenkundig zu machen (§ 198 S. 2). Der Übergangshinweis ist unverzüglich, spätestens mit Prüfungsbeginn dem Stpfl. bekanntzugeben (vgl. auch BFH 4.2.1988 – V R 57/83, BStBl. II 1988, 413). Die Frist des § 197 I gilt indes nicht. Zu alternativen Ermittlungsmaßnahmen s. Teichner ZfZ 1977, 345. 11

VI. Nachschau in Bundeswehreinrichtungen (Abs. 5)

Bei der Bundeswehr wird die Nachschau durch deren Dienststellen durchgeführt. Die FB ist zur Anwesenheit und Mitwirkung berechtigt (vgl. Schwarz/Pahlke/Keß § 210 Rn. 30; aA HHSp § 210 Rn. 22). Dienstgebäude sind Kasernen, Werkstätten usw., nicht aber Unterkünfte und Wohnungen. Vorgesetzte Dienststelle ist diejenige, der die dienstliche Gewalt über das Gebäude oder die Einrichtung zusteht, in der die Nachschau erfolgen soll. 12

VII. Rechtsbehelfe

Die Anordnung der Nachschau, der Durchsuchung sowie der Maßnahmen nach Abs. 3 sind mit Zwangsmitteln durchsetzbare VA. § 393 I 2 ist zu beachten (TK § 210 Rn. 11; aA Dißars/Dißars ZfZ 1996, 132). Der Hinweis zum Übergang zur Ap. fordert den Betroffenen zugleich zur Duldung der Prüfungsmaßnahmen auf, ist folglich VA. Zulässiger Rechtsbehelf ist in allen Fällen der Einspruch. 13

§ 211 Pflichten der betroffenen Person

(1) [1]**Wer von einer Maßnahme der Steueraufsicht betroffen wird, hat den Amtsträgern auf Verlangen Aufzeichnungen, Bücher, Geschäftspapiere und andere Urkunden über die der Steueraufsicht unterliegenden Sachverhalte und über den Bezug und den Absatz verbrauchsteuerpflichtiger Waren vorzulegen, Auskünfte zu erteilen und die zur Durchführung der Steueraufsicht sonst erforderlichen Hilfsdienste zu leisten.** [2]**§ 200 Absatz 2 Satz 3 gilt sinngemäß.**

(2) **Die Pflichten nach Absatz 1 gelten auch dann, wenn bei einer gesetzlich vorgeschriebenen Nachversteuerung verbrauchsteuerpflichtiger Waren in einem der Steueraufsicht unterliegenden Betrieb oder Unternehmen festgestellt werden**

soll, an welche Empfänger und in welcher Menge nachsteuerpflichtige Waren geliefert worden sind.

(3) **Vorkehrungen, die die Ausübung der Steueraufsicht hindern oder erschweren, sind unzulässig.**

I. Allgemeines

1 Den Befugnissen der FB sowie den damit einhergehenden Duldungspflichten (§ 210) stehen weitere aktive Mitwirkungspflichten des von einer Aufsichtsmaßnahme Betroffenen gegenüber. § 211 I entspricht in seinem Pflichtenkatalog im Wesentlichen der vergleichbaren Bestimmung über die Ap. (§ 200 I). Als speziellere Vorschrift geht § 211 den allgemeinen Mitwirkungspflichten nach §§ 93 ff. vor, die allerdings ergänzend herangezogen werden können (TK § 211 Rn. 1). Der Grundsatz der eingeschränkten Vorlagepflicht des § 97 II lässt sich nicht auf Maßnahmen der StAufsicht übertragen (Klein § 211 Rn. 1). Soweit zollrechtliche Belange betroffen sind, wird § 211 durch Art. 15, 46 ff. UZK überlagert (Schwarz/Pahlke/Keß § 211 Rn. 2). Durch das StÄndG 2001 wurde der Wortlaut des § 211 durch Streichung des Wortes „zoll-„ mWv 21.12.2001 (Art. 39 I StÄndG 2001) an die geltende Rechtslage angepasst (BT-Drs. 14/7341, 41). Durch das 2. DSAnpUG-EU v. 20.11.2019 (BGBl. 2019 I 1626) erfolgte eine redaktionelle Änderung der Überschrift. Durch das Plattformen-SteuertransparenzGGesetz v. 20.12.2022 (BGBl. 2022 I 2730) wurde der Verweis in Abs. 1 S. 2 redaktionell an die Änderung in § 200 II angepasst.

II. Mitwirkungspflichten (Abs. 1)

2 § 211 bürdet den von einer Maßnahme der StAufsicht Betroffenen einzelne Mitwirkungspflichten auf. **Betroffen** iSd § 211 I sind der der StAufsicht unterliegende StSchuldner bzw. dessen gesetzlicher Vertreter, der Vermögensverwalter und der Verfügungsberechtigte. Die Mitwirkung hat vor allem durch Vorlage von aufbewahrungspflichtigen Unterlagen und Urkunden zu erfolgen (Schwarz/Pahlke/Keß § 211 Rn. 4). Die Unterlagen hat der Stpfl. idR in seinen Geschäftsräumen vorzulegen (vgl. § 200 II 1). Die zusätzlich bestehende Auskunftspflicht bezieht sich ausschl. auf Tatsachen, die Sachverhalte betreffen, die nach § 209 Gegenstand der StAufsicht sind (Gosch AO § 211 Rn. 12). Dies gilt auch, soweit Auskünfte über den Bezug und Absatz verbrauchsteuerpflichtiger Waren verlangt werden (TK § 211 Rn. 1). Die Auskunftspflicht greift grds. nur ein, wenn nach Erfüllung der Vorlagepflicht weitere Aufklärung erforderlich ist. Das Mitwirkungsverlangen ist formfrei zulässig. Bei Mündlichkeit ist es unter den Voraussetzungen des § 119 II schriftlich zu bestätigen; die weitergehende Regelung des § 93 II 2 gilt für § 211 I nicht.

3 Erforderliche **Hilfsdienste** sind vom Stpfl. zu erbringen, soweit diese zur unmittelbaren Durchführung der StAufsichtsmaßnahme notwendig sind (Schwarz/Pahlke/Keß § 211 Rn. 7). So ist der Betroffene zB verpflichtet, Urkunden in geordneter, lesbarer Form vorzulegen bzw. erforderliche Lesegeräte zur Verfügung zu stellen (vgl. § 146 V; Gosch AO § 211 Rn. 14). Gegebenenfalls müssen auch Maschinen und Betriebseinrichtungen eingesetzt werden, die durch Betriebsangehörige zu bedienen sind (HHSp § 211 Rn. 8). Die eigentliche Aufsichtstätigkeit obliegt indes allein dem Amtsträger (TK § 211 Rn. 3).

4 **Hilfsmittel.** Nach § 211 I 2 iVm § 200 II 2 ist der Betroffene verpflichtet, einen zur Durchführung der StAufsicht geeigneten Raum oder Arbeitsplatz sowie die erforderlichen Hilfsmittel unentgeltlich zur Verfügung zu stellen. Die Räumlichkeit muss so beschaffen sein, dass eine ordnungsgemäße Erledigung der Amtshandlung möglich ist (HHSp § 211 Rn. 8). Ist ein geeigneter Geschäftsraum oder Arbeitsplatz nicht vorhanden, kann von dem Betroffenen nicht das Anmieten eines Raumes verlangt werden (TK § 211 Rn. 4). Sonstige vorhandene betriebsspezifische Hilfsmittel sind, soweit sie benötigt werden, ebenfalls unentgeltlich zur Verfügung zu stellen. Übliche Büromaschinen zählen hierzu grds. nicht.

III. Nachversteuerung (Abs. 2)

Die zuweilen in Verbrauchsteuergesetzen angeordnete Nachversteuerung soll Bevorratungskäufen zu alten steuerlichen Bedingungen entgegenwirken (HHSp § 211 Rn. 10). Zu diesem Zweck wird bei Einführung einer neuen Verbrauchsteuer oder Erhöhung von StSätzen für einen bestimmten Zeitraum vor Inkrafttreten die Erhebung einer Nachsteuer angeordnet (vgl. zB § 15b MinöStG aF; BGBl. 1988 I 2277). Zur Verwirklichung des Nachversteuerungsanspruchs bedarf es der Feststellung, an wen und in welcher Menge die Waren geliefert wurden. Demgemäß dehnt § 211 II den Anwendungsbereich des Abs. 1 auf die Hersteller und Inhaber von StLagern verbrauchsteuerpflichtiger Waren aus, da hier die Feststellung der zur Nachversteuerung Verpflichteten einfach möglich ist (vgl. BT-Drs. VI/1982, 166). Die Nachsteuer ist eine Verbrauchsteuer (BFH 31.1.1967 – VII R 52/66, BStBl. III 1967, 218; aA Borggräfe DB 1981, 1060). 5

IV. Störverbot (Abs. 3)

§ 211 III enthält ein allgemeines Verbot, StAufsichtsmaßnahmen zu beeinträchtigen. Dem Stpfl. ist es untersagt, Vorkehrungen zu treffen, die die Kontrollhandlungen behindern, erschweren oder vereiteln (Schwarz/Pahlke/Keß § 211 Rn. 8). Bereits die **Eignung** einer Vorkehrung zur Störung führt zu deren Unzulässigkeit. Dies gilt selbstverständlich auch für unmittelbare Störaktivitäten während der Amtshandlung. 6

V. Zwangsmittel, Rechtsbehelfe

Zur Durchsetzung der Mitwirkungspflichten kann sich die FB der Zwangsmittel (§§ 328 ff.) bedienen, soweit nicht Auskunftsverweigerungsrechte bestehen (vgl. §§ 101 ff., § 393 I 2). Das Mitwirkungsverlangen nach § 211 ist ein VA, der formfrei erlassen werden kann. Hiergegen ist der Einspruch (§ 347) statthaft (TK § 211 Rn. 2). 7

§ 212 Durchführungsvorschriften

(1) **Das Bundesministerium der Finanzen kann durch Rechtsverordnung zur näheren Bestimmung der im Rahmen der Steueraufsicht zu erfüllenden Pflichten anordnen, dass**

1. **bestimmte Handlungen nur in Räumen vorgenommen werden dürfen, die der Finanzbehörde angemeldet sind oder deren Benutzung für diesen Zweck von der Finanzbehörde besonders genehmigt ist,**
2. **Räume, Fahrzeuge, Geräte, Gefäße und Leitungen, die der Herstellung, Bearbeitung, Verarbeitung, Lagerung, Beförderung oder Messung steuerpflichtiger Waren dienen oder dienen können, auf Kosten des Betriebsinhabers in bestimmter Weise einzurichten, herzurichten, zu kennzeichnen oder amtlich zu verschließen sind,**
3. **der Überwachung unterliegende Waren in bestimmter Weise behandelt, bezeichnet, gelagert, verpackt, versandt oder verwendet werden müssen,**
4. **der Handel mit steuerpflichtigen Waren besonders überwacht wird, wenn der Händler zugleich Hersteller der Waren ist,**
5. **über die Betriebsvorgänge und über die steuerpflichtigen Waren sowie über die zu ihrer Herstellung verwendeten Einsatzstoffe, Fertigungsstoffe, Hilfsstoffe und Zwischenerzeugnisse in bestimmter Weise Anschreibungen zu führen und die Bestände festzustellen sind,**
6. **Bücher, Aufzeichnungen und sonstige Unterlagen in bestimmter Weise aufzubewahren sind,**

7. Vorgänge und Maßnahmen in Betrieben oder Unternehmen, die für die Besteuerung von Bedeutung sind, der Finanzbehörde anzumelden sind,

8. von steuerpflichtigen Waren, von Waren, für die ein Erlass, eine Erstattung oder Vergütung von Verbrauchsteuern beansprucht wird, von Stoffen, die zur Herstellung dieser Waren bestimmt sind, sowie von Umschließungen dieser Waren unentgeltlich Proben entnommen werden dürfen oder unentgeltlich Muster zu hinterlegen sind.

(2) **Die Rechtsverordnung bedarf, außer wenn sie die Biersteuer betrifft, nicht der Zustimmung des Bundesrates.**

I. Allgemeines

1 Die Vorschrift enthält die gesetzliche Grundlage für den Erlass von RechtsVO, in denen die im Rahmen der StAufsicht zu erfüllenden Pflichten näher bestimmt werden können. Die Aufzählung ist im Hinblick auf Art. 80 I GG abschließend. Die gesetzliche Erweiterung der Norm und die Aufnahme konkurrierender Ermächtigungsvorschriften in EinzelStGesetzen bleibt indes zulässig (Klein § 212 Rn. 1). Verfassungsrechtliche Bedenken bestehen im Hinblick auf das Bestimmtheitsgebot des Art. 80 I GG auch beim Zusammentreffen mehrerer Ermächtigungsbestimmungen nicht (BeckOK AO § 212 Rn. 25; aA HHSp § 212 Rn. 2). Denn in der RechtsVO ist stets anzugeben, auf welcher gesetzlichen Vorschrift die RechtsVO beruht (Art. 80 I 3 GG). Verordnungsermächtigungen in StGesetzen finden sich zB in § 28 BierStG, § 23 KaffeeStG, § 66 EnergieStG. Soweit zollrechtliche Belange betroffen sind, wird § 212 durch die Vorschriften des UZK überlagert (zB Art. 48 ff. UZK).

§ 212 I Nr. 8 wird durch die abschließende Regelung der Art. 235–238 ZK für Zölle überlagert. Dementsprechend wurde durch Streichung des Wortes „Zoll" in § 212 I Nr. 8 durch das StÄndG 2001 mWv 21.12.2001 (Art. 39 I StÄndG 2001) der Wortlaut der geltenden Rechtslage angepasst (BT-Drs. 14/7341, 41).

II. Ermächtigungskatalog (Abs. 1)

2 § 212 I ermöglicht es dem Verordnungsgeber, die im Rahmen der StAufsicht durch den Betroffenen zu erfüllenden Pflichten nach §§ 210 f. durch RechtsVO näher zu konkretisieren, soweit die einzelne Ermächtigung reicht. Von der Ermächtigung ist sowohl der Erlass allg. geltender Durchführungsbestimmungen als auch solcher für einzelne Verbrauchsteuertatbestände gedeckt (Gosch AO § 212 Rn. 13). So beruhen etwa die TabStV und die EnergieStV auf § 212 (vgl. Klein § 212 Rn. 2 mit weiteren Beispielen). Die den Betroffenen hier auferlegten Pflichten verletzen angesichts der von ihnen ausgehenden lediglich geringfügigen Beeinträchtigungen keine Grundrechte aus Art. 12, 14 GG (HHSp § 212 Rn. 4; krit. Mösbauer DB 1980, 1506).

III. Verordnungsverfahren (Abs. 2)

3 § 212 II hat keine eigenständige Bedeutung. Ob RechtsVO der Zustimmung des Bundesrates bedürfen, ergibt sich aus Art. 80 II, 105 III, 106 I, II GG. Die Regelung gibt lediglich die geltende Rechtslage wieder.

§ 213 Besondere Aufsichtsmaßnahmen

[1]**Betriebe oder Unternehmen, deren Inhaber oder deren leitende Angehörige wegen Steuerhinterziehung, versuchter Steuerhinterziehung oder wegen der Teilnahme an einer solchen Tat rechtskräftig bestraft worden sind, dürfen auf ihre Kosten besonderen Aufsichtsmaßnahmen unterworfen werden, wenn dies zur Gewährleistung einer wirksamen Steueraufsicht erforderlich ist.** [2]**Insbesonde-**

re dürfen zusätzliche Anschreibungen und Meldepflichten, der sichere Verschluss von Räumen, Behältnissen und Geräten sowie ähnliche Maßnahmen vorgeschrieben werden.

I. Allgemeines

1 § 213 ermächtigt zu besonderen Aufsichtsmaßnahmen für eine bestimmte Personengruppe; diese Aufsichtsmaßnahmen können zu anderen Maßnahmen (§§ 210 ff.) hinzutreten. Der unbestimmte Rechtsbegriff der besonderen Aufsichtsmaßnahme begegnet keinen verfassungsrechtlichen Bedenken, da er sowohl durch die beispielhafte Aufzählung in S. 2 als auch das Merkmal der Erforderlichkeit hinreichend konkretisiert ist (aA Gosch AO § 213 Rn. 12). Zur Sicherung der Verfassungsmäßigkeit hat eine strenge Verhältnismäßigkeitsprüfung zu erfolgen (TK § 213 Rn. 1). Die Abwälzung der Kosten auf den Adressaten ist im Hinblick auf die durch ihn verursachten Zweifel an der Zuverlässigkeit gerechtfertigt (vgl. auch HHSp § 213 Rn. 3). Die Bedeutung der Vorschrift ist gering, allenfalls im Bereich der Verbrauchsteuern vorhanden.

II. Besondere Aufsichtsmaßnahmen

2 Ein **Betrieb oder Unternehmen** darf einer Aufsichtsmaßnahme unterworfen werden. Unternehmen ist eine von der Rechtsform unabhängige organisatorische Einheit, die durch den zumeist wirtschaftlichen Zweck der Tätigkeit bestimmt wird und mit den dieser Tätigkeit gewidmeten Sachen und Rechten betrieben wird. Der Betrieb ist eine wirtschaftliche Untereinheit eines Unternehmens (TK § 213 Rn. 2). Adressat der Aufsichtsmaßnahme kann wegen der fehlenden Rechtssubjektivität (→ § 33 Rn. 2) indes nicht der Betrieb oder das Unternehmen sein, sondern nur der von der StAufsicht betroffene Stpfl. (vgl. HHSp § 213 Rn. 2).

3 Der **Inhaber oder ein leitender Angehöriger** des Unternehmens oder Betriebes muss wegen bestimmter Straftaten verurteilt worden sein. Inhaber eines Unternehmens ist derjenige, dem die tatsächliche Entscheidungsgewalt für die laufende Geschäftsführung zukommt. Bei PersGes sind es die zur Geschäftsführung berufenen Gesellschafter (Schwarz/Pahlke/Keß § 213 Rn. 2). KapGes werden durch ihre gesetzlichen Vertreter (Geschäftsführer, Vorstand) geführt (HHSp § 213 Rn. 3). Leitende Angehörige sind idR leitende Angestellte des Unternehmens (TK § 213 Rn. 3). Dieser Personenkreis ist aufgrund seiner betrieblichen Stellung weisungsbefugt und kann hierdurch sicherstellen, dass die gesetzlichen Anforderungen der StAufsicht erfüllt werden. Die Einbeziehung jedes Betriebsangehörigen, der zur Überwachung der Erfüllung der StAufsichtspflichten eingesetzt wird, führt zu einer vom Gesetzeszweck nicht gedeckten Zurechnung von Fremdverschulden (Gosch AO § 213 Rn. 5; TK § 213 Rn. 3). Die Beschäftigung eines wegen StHinterziehung bestraften Arbeitnehmers rechtfertigt daher keine besondere Aufsichtsmaßnahme.

4 **Steuerhinterziehung.** Eine der vorgenannten Personen muss wegen vollendeter oder versuchter StHinterziehung als Täter oder Mittäter (§ 25 II StGB) oder wegen der Teilnahme (Anstiftung § 26 StGB, Beihilfe § 27 StGB) an einer solchen Tat rechtskräftig verurteilt worden sein. Auch der gewerbsmäßige Schmuggel iSd § 373 fällt als qualifizierte StHinterziehung unter § 213; hingegen rechtfertigen andere Straftaten, wie zB Bannbruch (Schwarz/Pahlke/Keß § 213 Rn. 3), nicht die Anwendung des § 213. Die aus der Straftat folgende Indizwirkung der steuerlichen Unzuverlässigkeit liegt bei Hinterziehung jeder Steuer vor und beschränkt sich nicht allein auf die Hinterziehung von Verbrauchsteuern und Zöllen (Klein § 213 Rn. 1; HHSp § 213 Rn. 7; TK § 213 Rn. 4; aA Gosch AO § 213 Rn. 10; Schwarz/Pahlke/Keß § 213 Rn. 4; Mösbauer DStZ 1988, 271). Unerheblich ist, ob die rechtskräftige Verurteilung vollstreckt wurde. Mit der Tilgung der Strafe im Bundeszentralregister dürfen aus der Verurteilung im Rechtsverkehr keine nachteiligen

Folgerungen mehr gezogen werden (§ 51 BZRG). Sie erfüllt deshalb nicht mehr den Tatbestand des § 213 (vgl. BFH 4.12.1952 – V z B 1/52 U, BStBl. III 1953, 52).

III. Ermessensentscheidung

5 Liegen die Tatbestandsvoraussetzungen des § 213 vor, darf die FB den Stpfl. besonderen Aufsichtsmaßnahmen unterwerfen, soweit dies zur Gewährleistung einer wirksamen StAufsicht erforderlich ist. Es liegt im Ermessen (dazu allg. § 5) der FB, ob sie eine und welche Maßnahme sie anordnet. Die einzelne Maßnahme wird nicht abschließend umrissen (Schwarz/Pahlke/Keß § 213 Rn. 6). Das Gesetz zählt in Satz 2 nur beispielhaft einige Maßnahmen auf (Klein § 213 Rn. 1). Das Auswahlermessen der FB wird durch die Voraussetzung der Erforderlichkeit der Maßnahme eingeschränkt. Diese Erforderlichkeit eines hoheitlichen Eingriffs ist Ausfluss des Verhältnismäßigkeitsgrundsatzes und verlangt, dass von mehreren geeigneten Maßnahmen die am wenigsten beeinträchtigende ergriffen wird. Daneben dürfen die Maßnahmen nicht zu einem Schaden führen, der zu dem beabsichtigten Erfolg (Verhinderung künftiger StHinterziehungen) erkennbar außer Verhältnis steht. Besonders kostenträchtige Maßnahmen dürfen daher nur bei erheblicher Gefahr von Gesetzesverstößen angeordnet werden (ähnlich Gosch AO § 213 Rn. 11).

6 **Rechtsbehelf.** Die Anordnung besonderer Aufsichtsmaßnahmen erfolgt durch VA, gegen den der Einspruch zulässig ist.

§ 214 Beauftragte

Wer sich zur Erfüllung steuerlicher Pflichten, die ihm auf Grund eines der Steueraufsicht unterliegenden Sachverhalts obliegen, durch einen mit der Wahrnehmung dieser Pflichten beauftragten Angehörigen seines Betriebs oder Unternehmens vertreten lässt, bedarf der Zustimmung der Finanzbehörde.

I. Allgemeines

1 **Bedeutung.** Die Erfüllung steuerlicher Pflichten obliegt in erster Linie dem Stpfl. Für handlungsunfähige Personen handeln ihre gesetzlichen Vertreter (§ 34), zuweilen auch Verfügungsberechtigte (§ 35). Soweit eine Verpflichtung nicht höchstpersönlicher Natur ist, lässt die Rechtsordnung zudem eine rechtsgeschäftlich begründete Vertretung durch Bevollmächtigte allg. auch bei Verfahrenshandlungen zu (s. §§ 80 f.; einschr. § 5 StBerG). Für den Bereich der StAufsicht schränkt § 214 diese Möglichkeit dahingehend ein, dass eine Vertretung durch Betriebsangehörige nur mit Zustimmung der FB erfolgen darf. Das Zustimmungserfordernis ermöglicht der FB, nicht hinreichend zuverlässige oder qualifizierte Personen von der Vertretung auszuschließen.

2 **Anwendungsbereich.** § 214 greift indes innerhalb seines begrenzten Anwendungsbereichs nur für eine Vertretung durch Betriebsangehörige. Sachlich beschränkt sich die Regelung im Wesentlichen auf die Gewinnung und Herstellung verbrauchsteuerpflichtiger Waren im Erhebungsgebiet (→ Rn. 7). Die Vertretung in Bezug auf Einfuhrabgaben fällt nicht unter § 214 (TK § 214 Rn. 2). Dabei tritt der Begriff des Beauftragten an die Stelle des früher verwandten, missverständlichen Begriffes des Betriebsleiters (vgl. § 190 RAO; Klein § 214 Rn. 1). Vereinzelt bestehen Sonderregelungen (zB §§ 21 IV, 26 I BierStG, § 26 I SchaumwZwStG; Art. 61 I Nr. 2 EnergieStG), gelegentlich auch für Betriebsleiter (§ 62 EnergieStG). Der Begriff des Beauftragten in den VerbrauchStG orientiert sich am Vorbild des Fiskalvertreters des französischen Strafrechts (Klein § 214 Rn. 4). Die Vorschrift wurde durch das StÄndG mit Wirkung ab 21.12.2001 (Art. 39 I StÄndG 2001) redaktionell (Anpassung an die Begriffsbestimmungen des Art. 4 Nr. 10, 15 ZK) geändert. Der bisherige S. 2 wurde mWv 1.5.2016 aufgehoben (Art. 2 Nr. 3 des Gesetzes v. 22.12.2014, BGBl. 2014 I 2417), da mit Einführung des UZK der Regelungsbedarf entfiel.

II. Vertretung bei der Erfüllung steuerlicher Pflichten

1. Erfüllung steuerlicher Pflichten

§ 214 erfasst alle steuerlichen Pflichten, die aufgrund eines der StAufsicht unterliegenden Sachverhaltes zu erfüllen sind. Zweifelsohne gehören hierzu die in den §§ 209 ff. aufgezählten Verpflichtungen, aber auch jene Stpfl., die sich aus anderen Vorschriften der AO oder Verbrauchsteuergesetzen ergeben, soweit sie in Zusammenhang mit einem steueraufsichtlichen Sachverhalt stehen (HHSp § 214 Rn. 3). Hier kommen etwa die §§ 139, 150, 153 in Betracht. Handelsrechtliche Pflichten, betriebswirtschaftlich notwendige Maßnahmen oder sonstige Verpflichtungen, die nicht gegenüber der FB erfüllt werden, scheiden allerdings aus (TK § 214 Rn. 3). Dies gilt auch für die Mitwirkung an der Feststellung von Tatsachen iSd § 217. 3

2. Vertretung durch Unternehmensangehörige

Die Vorschrift lässt eine Vertretung bei der Erfüllung steuerlicher Pflichten durch Angehörige des Betriebes oder Unternehmens zu. **Unternehmensangehörige** sind alle Personen, die mit dem Unternehmen arbeitsrechtlich verbunden sind, also als Arbeitnehmer oder leitende Angestellte beschäftigt werden (Gosch AO § 214 Rn. 9). Nur diese Personengruppe ist ohne Nachweis besonderer Befähigung zur Besorgung von Rechts- und StAngelegenheiten für den Arbeitgeber befugt (vgl. § 2 RDG, § 7 I StBerG). Hieraus ergibt sich zugleich, dass die Vertretung des Unternehmers durch selbständig Tätige nicht der Zustimmungspflicht unterliegt. Dieser Personenkreis ist ohnehin „qualitätssichernden" Zugangsbeschränkungen unterworfen (so zB Rechtsanwälte, StBerater) oder nur ganz beschränkt zur Hilfeleistung befugt (so zB Spediteure nach § 4 Nr. 9a StBerG). 4

Vertretung. Zur Erfüllung steuerlicher Pflichten bedarf es zumeist der Abgabe von Willens- und Wissenserklärungen, häufig verbunden mit der Erledigung von Tathandlungen. Dabei kann das schuldrechtliche Rechtsverhältnis (Arbeitsvertrag) zwischen Unternehmer (Arbeitgeber) und Beauftragtem (Arbeitnehmer) die Erfüllung sämtlicher Pflichten erfassen, gleichviel ob Realakt oder Willenserklärung. Rechtliche Bindung im Außenverhältnis erlangt das Handeln des Beauftragten erst, wenn er zur Abgabe der Willenserklärung bevollmächtigt wurde. Demgemäß ist nur die Erteilung der Vollmacht (Vertretungsmacht) zustimmungsbedürftig (TK § 214 Rn. 4). Ob ein wirksames Vertretungsverhältnis vorliegt, richtet sich nach bürgerlichem Recht. Die Vertretungsregeln (§§ 164 ff. BGB) finden lediglich auf Willens- und Wissenserklärungen Anwendung, nicht jedoch auf Tathandlungen (Grüneberg Vorb. BGB § 164 Rn. 3; aA TK § 214 Rn. 4). Die Zurechnung von Realakten durch Hilfspersonen erfolgt durch die §§ 278, 831 BGB. Die im Schrifttum (so HHSp § 214 Rn. 14; Gosch AO § 214 Rn. 11) befürwortete ausdehnende Auslegung des Vertretungsbegriffs lässt sich mit den zivilrechtlichen Grundlagen nicht in Einklang bringen und ignoriert den Wortlaut des § 214. Nicht zu den Beauftragten zählen die in §§ 34, 35 genannten Personen, da sie aufgrund eigener steuerlicher Pflichten handeln. 5

3. Zustimmung der Finanzbehörde

Nach dem Zweck der Vorschrift darf die FB nach Mitteilung der Person des beauftragten Vertreters prüfen, ob der Beauftragte geeignet ist, dh aufgrund seiner Kenntnisse, Fähigkeiten und persönlichen Zuverlässigkeit die Gewähr für eine ordnungsgemäße Pflichtenerfüllung bietet (Klein § 214 Rn. 1). Ergeben sich keine Anhaltspunkte für eine fehlende Eignung, ist die Zustimmung zu erteilen (Schwarz/Pahlke/Keß § 214 Rn. 8). Die Zustimmung ist begünstigender VA. Gegen die Versagung der Zustimmung ist Einspruch und Verpflichtungsklage durch den Stpfl. zulässig. Der Beauftragte ist mangels Verletzung eigener Rechte nicht beschwert (TK § 214 Rn. 6). Die Zustimmung ist eigenständige steuerrechtliche Wirksamkeitsvoraussetzung für die Vertreterbestellung (aA TK § 214 Rn. 6: Ordnungsvorschrift). Ohne Zustimmung der FB wirken die Erklärungen des Be- 6 auftragten nicht für und wider den Vertretenen. Die FB kann die Willens- und Wissenserklärungen des Vertreters wegen der fehlenden Zustimmung zurückweisen (Gosch AO § 214 Rn. 16). Sie kann indes nicht die Bestellung eines ordnungsgemäßen Beauftragten verlangen (TK § 214 Rn. 6; HHSp § 214 Rn. 10).

§ 215 Sicherstellung im Aufsichtsweg

(1) [1]**Die Finanzbehörde kann durch Wegnahme, Anbringen von Siegeln oder durch Verfügungsverbot sicherstellen:**

1. verbrauchsteuerpflichtige Waren, die ein Amtsträger vorfindet
   a) in Herstellungsbetrieben oder anderen anmeldepflichtigen Räumen, die der Finanzbehörde nicht angemeldet sind,
   b) im Handel ohne eine den Steuergesetzen entsprechende Verpackung, Bezeichnung, Kennzeichnung oder ohne vorschriftsmäßige Steuerzeichen,

2. Waren, die im grenznahen Raum oder in Gebieten, die der Grenzaufsicht unterliegen, aufgefunden werden, wenn sie weder offenbar Gemeinschaftswaren noch den Umständen nach in den zollrechtlich freien Verkehr überführt worden sind,

3. die Umschließungen der in den Nummern 1 und 2 genannten Waren,

4. Geräte, die zur Herstellung von verbrauchsteuerpflichtigen Waren bestimmt sind und die sich in einem der Finanzbehörde nicht angemeldeten Herstellungsbetrieb befinden.

[2]**Die Sicherstellung ist auch zulässig, wenn die Sachen zunächst in einem Strafverfahren beschlagnahmt und dann der Finanzbehörde zur Verfügung gestellt worden sind.**

(2) [1]**Über die Sicherstellung ist eine Niederschrift aufzunehmen.** [2]**Die Sicherstellung ist den betroffenen Personen (Eigentümer, Besitzer) mitzuteilen, soweit sie bekannt sind.**

I. Allgemeines

1 Die Sicherstellung ist eine durch die Besonderheiten des Zoll- und Verbrauchsteuerrechts geprägte Maßnahme, die den Eigentumserwerb des Bundes iSd § 216 vorbereitet (BT-Drs. VI/1982, 167). Sie ergänzt verfassungsgemäß das Eingriffsinstrumentarium durch die Befugnis einer amtlichen Gewahrsamsnahme oder den Ausspruch eines Verfügungsverbotes (Gosch AO § 215 Rn. 24). Als Inhalts- und Schrankenbestimmungen iSv Art. 14 I 2 GG trägt § 215 den Besonderheiten der VerbrauchSt Rechnung (BVerfG 13.5.2009 – 2 BvL 19/08, BFH/NV 2009, 1771). Als Regelung der StAufsicht unterscheidet sich § 215 durch seine Zweckrichtung von strafprozessualen Handlungen (zB § 111b StPO, §§ 375 II, 399 II 2). Abzugrenzen ist § 215 ferner von § 13 ZollVG, der an den UZK anknüpft, und von der Beschlagnahme iSd § 76 III. Die Beschlagnahme dient der Verwirklichung der Sachhaftung einer Sache wegen eines konkreten StAnspruchs. Eigenständige Regelungen der Sicherstellung im Aufsichtswege finden sich auch in den EinzelStGesetzen (zB § 26 II BierStG, § 22 II KaffeeStG, § 65 EnergieStG).

2 § 215 I 1 Nr. 2 wurde durch das StÄndG mit Wirkung ab 21.12.2001 (Art. 39 I StÄndG 2001) redaktionell (Anpassung an die Begriffsbestimmungen des ZK) geändert (→ Rn. 6). Die bislang in Nr. 3 enthaltene Regelung ist als gegenstandslos aufgehoben worden (BT-Drs. 14/7341, 42), da die früheren Zollfreigebiete, mit Ausnahme von Helgoland, zum Zollgebiet der EU gehören (Art. 4 UZK; §§ 13, 24 ZollVG).

II. Sicherstellung (Abs. 1)

Verfahren. Die Sicherstellung erfolgt durch Wegnahme, Anbringen von Siegeln oder Verhängung eines Verfügungsverbotes. Mit der Inbesitznahme (Wegnahme, ggf. auch Versiegelung) entsteht ein öffentlich-rechtliches Verwahrungsverhältnis (vgl. Kock ZfZ 1997, 222; HHSp § 215 Rn. 19). Die Sicherstellung ähnelt der präventiv-polizeilichen Beschlagnahme nach dem landesgesetzlichen Polizeirecht (BVerfG 13.5.2009 – 2 BvL 19/08, BFH/NV 2009, 1771). Sie ist wie diese VA, und zwar unabhängig davon, ob der von der Maßnahme Betroffene bekannt ist (Klein § 215 Rn. 11; aA Gosch AO § 215 Rn. 22). Der VA über die Sicherstellung ist eigenständig und vom VA zur Überführung der Waren in das Eigentum des Bundes zu trennen (→ § 216 Rn. 7; BFH 22.2.2023 – VII B 204/21, BFH/NV 2023, 497). Die Bekanntgabe eines „in anderer Weise" erlassenen VA (§ 119) erfolgt öffentlich etwa durch Anbringen der Siegelmarke (SBS § 41 Rn. 23). Gerade in Fällen dieser Art ist mangels Kenntnis des Adressaten eine Individualbekanntgabe untunlich (§ 122 III 2; vgl. SBS § 41 Rn. 78 ff.). Ob und durch welche Maßnahme eine Sicherstellung erfolgt, hat die FB nach ihrem Ermessen (dazu § 5) zu entscheiden (vgl. eingehend HHSp § 215 Rn. 16); unverhältnismäßige Eigentumsverluste können die Ermessensausübung begrenzen (→ § 216 Rn. 1). Widerruf und Rücknahme der Sicherstellung erfolgt nach §§ 130 f. Gegen die Sicherstellung ist der Einspruch statthaft (Gosch AO § 215 Rn. 30). 3

Voraussetzungen. Die aufgezählten Tatbestände setzen voraus, dass es sich um Sachverhalte handelt, die der StAufsicht iSd § 209 unterliegen. Die StAufsicht wird durch die beauftragten Amtsträger durchgeführt, die hierbei auch zur Sicherstellung befugt sind. 4

Nach **Nr. 1** kommt eine Sicherstellung in Betracht, wenn ein Amtsträger verbrauchsteuerpflichtige Waren anlässlich einer StAufsichtsmaßnahme vorfindet, die sich in anmeldepflichtigen, aber nicht angemeldeten Räumlichkeiten befinden oder Waren im Handel ohne die vorgeschriebene Deklaration oder Ausstattung entdeckt. Anmeldepflichten ergeben sich aus § 139; ferner aus § 212 iVm einer zu dieser Vorschrift ergangenen RechtsVO. Im Handel befindet sich eine Ware nach Entfernung aus der steuerlichen Gebundenheit (zB Herstellungsbetrieb) bis zur Empfangnahme durch den Endverbraucher (TK § 215 Rn. 3). Verpackungspflichten und die Verwendung vorschriftsmäßiger StZeichen finden sich etwa in §§ 14 I, 12 I TabStG. Kennzeichnungspflichten enthält § 66 I Nr. 12 EnergieStG iVm EnergieStV (BGBl. 2006 I 1753). Trotz des Wortlauts darf auch nach Erlöschen der Verbrauchsteuerpflicht eine Sicherstellung erfolgen, soweit nach den Umständen Klärungsbedarf besteht, ob es sich um verbrauchsteuerpflichtige Ware handelt. 5

Nr. 2 regelt die Sicherstellung von aufgefundenen Waren, also Waren bei denen kein tatsächliches Herrschaftsverhältnis zu einer bestimmten Person (Gewahrsamsinhaber) erkennbar ist. Ob tatsächlich noch Gewahrsam besteht (zB versteckte Waren), ist unerheblich (ähnlich TK § 215 Rn. 4). Die Bedeutung der Vorschrift ist allerdings gering, da sie durch §§ 13, 14 ZollVG überlagert wird. Die veralteten Begriffe Zollgrenzbezirk und Freigut sind durch das StÄndG 2001 (→ Rn. 2) durch die Begriffe grenznaher Raum (§ 14 ZollVG) und Gemeinschaftsware (Art. 5 Nr. 23 UZK; § 4 Nr. 7 ZK) ersetzt worden. Eine Sicherstellung darf erfolgen, soweit nicht erkennbar ist, ob die Ware Gemeinschaftsware oder abgabenfrei ist. 6

Nr. 3 lässt die Sicherstellung von Umschließungen (Verpackungen, Transportbehältnisse) der Waren iSd Nr. 1 und 2 zu, um so insb. den Abtransport der sichergestellten Waren zu ermöglichen oder zu erleichtern. 7

Nr. 4 erlaubt in Ergänzung zu Nr. 1 die Sicherstellung der Herstellungsgeräte dieser Waren. Es bedarf nicht der Feststellung, dass die Geräte tatsächlich zur Herstellung eingesetzt wurden (Schwarz/Pahlke/Keß § 215 Rn. 14). Eine entsprechende Zweckbestimmung reicht aus. Auffindungsort muss ein anmeldepflichtiger, nicht angemeldeter Raum sein. 8

9 **§ 215 I 2** stellt klar, dass eine Sicherstellung auch zulässig ist, wenn die Gegenstände zunächst in einem Strafverfahren beschlagnahmt waren, eine Einziehung (§ 375 II) aber nicht erfolgte. Ein genereller Vorrang der strafprozessualen Beschlagnahme folgt hieraus nicht, da ein bereits verhängtes Verfügungsverbot durch die Beschlagnahme nach § 111c StPO nicht beseitigt wird (aA TK § 215 Rn. 1).

III. Niederschrift (Abs. 2)

10 Art und Umfang der Sicherstellung sind zu Beweiszwecken durch Niederschrift zu dokumentieren. Ein Verstoß gegen die Ordnungsvorschrift des § 215 II 1 wirkt sich auf die Wirksamkeit der Sicherstellung nicht aus. Aus rechtsstaatlichen Gründen ist die erfolgte Sicherstellung den betroffenen Personen, soweit bekannt, mitzuteilen (→ Rn. 3).

§ 216 Überführung in das Eigentum des Bundes

(1) [1]**Nach § 215 sichergestellte Sachen sind in das Eigentum des Bundes überzuführen, sofern sie nicht nach § 375 Absatz 2 eingezogen werden.** [2]**Für Fundgut gilt dies nur, wenn kein Eigentumsanspruch geltend gemacht wird.**

(2) [1]**Die Überführung sichergestellter Sachen in das Eigentum des Bundes ist den betroffenen Personen mitzuteilen.** [2]**Ist eine betroffene Person nicht bekannt, so gilt § 10 Absatz 2 des Verwaltungszustellungsgesetzes sinngemäß.**

(3) [1]**Der Eigentumsübergang wird wirksam, sobald der von der Finanzbehörde erlassene Verwaltungsakt unanfechtbar ist.** [2]**Bei Sachen, die mit dem Grund und Boden verbunden sind, geht das Eigentum unter der Voraussetzung des Satzes 1 mit der Trennung über.** [3]**Rechte Dritter an einer sichergestellten Sache bleiben bestehen.** [4]**Das Erlöschen dieser Rechte kann jedoch angeordnet werden, wenn der Dritte leichtfertig dazu beigetragen hat, dass die in das Eigentum des Bundes überführte Sache der Sicherstellung unterlag oder er sein Recht an der Sache in Kenntnis der Umstände erwarb, welche die Sicherstellung veranlasst haben.**

(4) [1]**Sichergestellte Sachen können schon vor der Überführung in das Eigentum des Bundes veräußert werden, wenn ihr Verderb oder eine wesentliche Minderung ihres Werts droht oder ihre Aufbewahrung, Pflege oder Erhaltung mit unverhältnismäßig großen Kosten oder Schwierigkeiten verbunden ist; zu diesem Zweck dürfen auch Sachen, die mit dem Grund und Boden verbunden sind, von diesem getrennt werden.** [2]**Der Erlös tritt an die Stelle der Sachen.** [3]**Die Notveräußerung wird nach den Vorschriften dieses Gesetzes über die Verwertung gepfändeter Sachen durchgeführt.** [4]**Die betroffenen Personen sollen vor der Anordnung der Veräußerung gehört werden.** [5]**Die Anordnung sowie Zeit und Ort der Veräußerung sind ihnen, soweit tunlich, mitzuteilen.**

(5) [1]**Sichergestellte oder bereits in das Eigentum des Bundes überführte Sachen werden zurückgegeben, wenn die Umstände, die die Sicherstellung veranlasst haben, dem Eigentümer nicht zuzurechnen sind oder wenn die Überführung in das Eigentum des Bundes als eine unbillige Härte für die betroffenen Personen erscheint.** [2]**Gutgläubige Dritte, deren Rechte durch die Überführung in das Eigentum des Bundes erloschen oder beeinträchtigt sind, werden aus dem Erlös der Sachen angemessen entschädigt.** [3]**Im Übrigen kann eine Entschädigung gewährt werden, soweit es eine unbillige Härte wäre, sie zu versagen.**

I. Allgemeines

1 § 216 ordnet grds. als zwingende Folge aus der Sicherstellung von Sachen nach § 215 die Überführung in das Eigentum des Bundes an. Durch die Verknüpfung beider Normen wirkt sich die zollrechtliche Überlagerung (Art. 198 UZK; § 13 ZollVG) des § 215 auch

bei § 216 aus. Mit der Überführung des Eigentums tritt bei dem bisherigen Rechtsinhaber entschädigungslos ein entsprechender Rechtsverlust ein. Ein Verstoß gegen die Eigentumsgarantie des Art. 14 GG liegt hierin nicht (SchwarzPahlke § 216 Rn. 3; HHSp § 216 Rn. 5; Dißars/Dißars ZfZ 1996, 135): Der grundrechtliche Schutz des Eigentums ist nicht unbegrenzt. Dem Gesetzgeber obliegt es vielmehr gem. Art. 14 I 2 GG, Inhalt und Schranken des Eigentums durch Vorschriften des Privat- und öffentlichen Rechts näher zu bestimmen (BVerfG 15.7.1981 – 1 BvL 77/78, BVerfGE 58, 300 (330)). So ist der Freiheitsraum des Einzelnen, mit seiner Sache beliebig zu verfahren, mit den Belangen der Allgemeinheit in einen gerechten Ausgleich zu bringen (BVerfG 15.1.1969 – 1 BvL 3/66, BVerfGE 25, 112 (117)). Die Durchsetzung der Gemeinwohlbelange, im konkreten Fall der Sicherung der Besteuerung im Bereich der Verbrauchsteuern und der Gleichmäßigkeit der StErhebung, rechtfertigt eine strenge öffentlich-rechtliche Ordnung. Der Verlust des Eigentums als Folge eines Verstoßes gegen diese Ordnung stellt sich als zulässige Beschränkung des Eigentums dar (vgl. BT-Drs. VI/1982, 167; Gosch AO § 216 Rn. 2; Mösbauer DStZ 1988, 272). Unverhältnismäßige Eigentumsverluste können durch ermessensgerechte Anwendung des § 215 und des § 216 V vermieden werden (TK § 216 Rn. 1).

II. Überführung in das Eigentum des Bundes (Abs. 1)

Für Sachen, die nach § 215 sichergestellt wurden, ordnet § 216 I 1 zwingend (Ausnahme § 216 V) die Überführung in Bundeseigentum an. Ein Ermessensspielraum besteht nicht (Schwarz/Pahlke/Keß § 216 Rn. 9). Einer Überführung bedarf es nicht, wenn die Einziehung nach § 375 II angeordnet wird. Denn bereits mit der Einziehung der Sache geht das Eigentum auf den Staat über. Ist ein Strafverfahren wegen StHinterziehung, Bannbruch oder StHehlerei anhängig, in dem sichergestellte Sachen eingezogen werden können, ist deshalb grds. die Entscheidung des Strafgerichts über die Einziehung abzuwarten (Klein § 216 Rn. 4). Wird die Einziehung nicht angeordnet, hat eine Überführung nach § 216 zu erfolgen. § 375 II verdrängt § 216 indes nicht, sodass eine Überführung auch während eines Strafverfahrens möglich bleibt (HHSp § 216 Rn. 3; TK § 216 Rn. 4). 2

§ 216 I **2** ist bedeutungslos, da die Sicherstellung von Fundgut nach § 215 I Nr. 2 und Nr. 3 durch zollrechtliche Sondervorschriften überlagert wird (vgl. § 13 ZollVG).

III. Mitteilungspflicht (Abs. 2)

Die Entscheidung der FB, die Überführung in das Eigentum des Bundes zu bewirken, ist VA, der durch Bekanntgabe wirksam wird (§ 124 I). Mit der Bekanntgabe wird zugleich die Mitteilungspflicht erfüllt (Schwarz/Pahlke/Keß § 216 Rn. 10). Der Erlass des VA ist grds. formfrei zulässig. Ist ein Betroffener nicht bekannt, ist die Überführung öffentlich bekannt zu geben (§ 216 II 2 iVm § 10 II VwZG). In diesem Fall bedarf es der schriftlichen Fixierung des VA. Betroffener ist jeder, der durch die Überführung einen Rechtsverlust erleidet. 3

IV. Wirksamkeit des Eigentumsübergangs (Abs. 3)

Der Bund erwirbt das Eigentum mit Unanfechtbarkeit des VA, der die Überführung der Sachen in Bundeseigentum anordnet. Einspruch und Klage schieben den Eigentumswechsel auf. Einer Anordnung der sofortigen Vollziehung steht der Wortlaut der Norm („unanfechtbar") entgegen. Die Rechtswidrigkeit der Sicherstellung ist gegen den VA iSd § 215 geltend zu machen, greift gegenüber der Anordnung der Überführung folglich nicht durch (TK § 216 Rn. 5). Mit dem Grund und Boden verbundene Sachen gehen erst mit der Trennung in Bundeseigentum über. Eine Trennung darf erfolgen, sobald der VA unanfechtbar geworden ist (Klein § 216 Rn. 8). Rechte Dritter an einer sichergestellten Sache erlöschen mit Bestandskraft, wenn es gesondert angeordnet wurde (§ 216 III 3, 4). Der Dritte muss grob fahrlässig (leichtfertig) gehandelt haben. Wird der VA gem. § 130 I 4 zurückgenommen, fällt das Eigentum an den Enteigneten zurück. Durch die Überführung des Eigentums erlischt der StAnspruch nicht. Ob nach Eigentumsübergang die Sachhaftung gem. § 76 fortbesteht, erscheint zweifelhaft (so aber HHSp § 216 Rn. 10; TK § 216 Rn. 2). Denn mit Eintritt des Eigentümerwechsels entfällt die Sicherungsfunktion der Sache, da nunmehr der Fiskus selbst Vollrechtsinhaber ist.

V. Notveräußerung (Abs. 4)

5 Vor Eintritt des Eigentumswechsels ist eine Notveräußerung zur Wertsicherung und aus Kostengründen zulässig. Zum Zwecke der Veräußerung darf die Sache vom Grund und Boden getrennt werden. Die Verwertung ist gem. §§ 296 ff. durchzuführen. Den Betroffenen ist idR vor der Anordnung der Veräußerung rechtliches Gehör zu gewähren. Die nachfolgende Anordnung sowie Zeit und Ort der Veräußerung ist ihnen grds. mitzuteilen, damit sie an der Versteigerung teilnehmen können. Der Versteigerungserlös tritt im Wege dinglicher Surrogation an die Stelle der sichergestellten Sache.

VI. Rückgabe der Sachen (Abs. 5)

6 Soweit Umstände, die die Sicherstellung veranlasst haben, dem Eigentümer nicht zuzurechnen sind oder die Überführung zu unbilligen Härten führt, sind sichergestellte oder übergeführte Sachen zurückzugeben (FG Hamburg 20.6.2006 – 4 K 68/06, BeckRS 2006, 26021706). Nicht zurechenbar ist ein Drittverhalten, wenn es bei Beachtung der erforderlichen Sorgfalt gegen den Willen des Eigentümers erfolgt (vgl. Schwarz/Pahlke/Keß § 216 Rn. 15). Ist die Sache notveräußert, ist der Erlös auszuzahlen (Gosch AO § 216 Rn. 24). Gutgläubige Dritte, die durch die Veräußerung ihre Rechte an der Sache verloren haben, sind vorab anteilig aus dem Erlös zu befriedigen (§ 216 V 2). Rückgabe und Entschädigung sind von Amts wegen zu prüfen. Eines Antrages bedarf es nicht (TK § 216 Rn. 3).

7 **Rechtsbehelfe.** Gegen die Anordnung der Überführung in das Eigentum des Bundes ist der Einspruch statthaft. Einwendungen gegen die Sicherstellung nach § 215 sind ausgeschlossen, da sie unmittelbar im Verfahren gegen die Sicherstellung geltend zu machen sind (vgl. BFH 22.2.2023 – VII B 204/21, BFH/NV 2023, 497; BeckOK AO § 216 Rn. 8). Sicherstellung und Überführung in das Eigentum des Bundes sind selbständige VA (FG Hamburg 20.6.2006 – 4 K 68/06, BeckRS 2006, 26021706; TK § 216 Rn. 5). Gegen die Anordnung der Veräußerung (§ 216 IV) und die Ablehnung der Rückgabe oder der Entschädigung (§ 216 V) ist ebenfalls der Einspruch zulässig.

§ 217 Steuerhilfspersonen

Zur Feststellung von Tatsachen, die zoll- oder verbrauchsteuerrechtlich erheblich sind, kann die Finanzbehörde Personen, die vom Ergebnis der Feststellung nicht selbst betroffen werden, als Steuerhilfspersonen bestellen.

I. Allgemeines

1 Mit der Übertragung der Tatsachenfeststellung auf besonders bestellte Personen wird in erster Linie eine Entlastung der Zoll- und Verbrauchsteuerverwaltung bezweckt. Die für das Besteuerungsverfahren erhebliche Sachverhaltsermittlung erledigt die StHilfsperson anstelle der FB. Für den der StAufsicht unterliegenden Unternehmer sind idR Zeit- und Kostenvorteile mit der Bestellung verbunden, da die StHilfsperson zumeist vor Ort beschäftigt ist (Duric ZfZ 1982, 102). Zur Bestellung von StHilfspersonen im Marktordnungsrecht vgl. Schrömbges ZfZ 1993, 343.

§ 62 II EnergieStG und § 44 II BranntwMonG (bis 31.12.2017) verdrängen als lex specialis § 217 (Schwarz/Pahlke/Keß § 217 Rn. 5). Das Zollrecht enthält dagegen keine eigenständige Regelung (Gosch AO § 217 Rn. 5). Die sog. Zollhilfsorgane (§ 111 IV) sind aufgrund ihrer Stellung und des Aufgabenkreises von StHilfspersonen zu unterscheiden.

II. Voraussetzungen der Bestellung

Zur Feststellung von Tatsachen kann ein Dritter bestellt werden. Um Tatsachenfeststellung handelt es sich bei der Ermittlung der Menge, des Gewichts oder der Warenmerkmale, wie zB der Gattung oder Güteklasse einer Ware (Schwarz/Pahlke/Keß § 217 Rn. 6). Der Tatsachenbegriff ist mit demjenigen des § 173 identisch. So wird auch die Feststellung tatsächlicher Vorgänge, die etwaige Zuwiderhandlungen begründen, erfasst (TK § 217 Rn. 2). Das Entnehmen von Proben, das Entfernen von Plomben und ähnliche Realakte sind der StHilfsperson gestattet, soweit dies zur Tatsachenfeststellung erforderlich ist (HHSp § 217 Rn. 8; TK § 217 Rn. 2; Gosch AO § 217 Rn. 13). Tatsachen werden nicht festgestellt, wenn der Schwerpunkt der Tätigkeit auf einer wertenden Betrachtung der Tatsachengrundlage beruht (zB Sachverständigengutachten) oder Wertungen und Schlussfolgerungen (Rechtsanwendung) zu treffen sind (TK § 217 Rn. 2). 2

Rechtlich erheblich für die Zoll- oder Verbrauchsbesteuerung müssen die Tatsachen sein. Die sachliche Beschränkung der Ermittlungsgrundlage ist Ausdruck des Verhältnismäßigkeitsgrundsatzes (Duric ZfZ 1982, 102 mit Beispielen). 3

Als **StHilfsperson** kommt grds. jede natürliche Person in Betracht, die eine für die Tatsachenfeststellung hinreichende Sachkunde besitzt und persönlich zuverlässig ist. Unerheblich ist insb., ob der Dritte selbständig oder als Arbeitnehmer des Betriebes beschäftigt wird. Die StHilfsperson darf lediglich nicht selbst vom Ergebnis der Feststellungen betroffen sein. Selbstbetroffenheit begründet die Gefahr von Interessenkonflikten, die es zu vermeiden gilt. Nicht selbst betroffen ist eine Person, wenn für sie das Ergebnis der Feststellungen gleichgültig ist, sie also aus den Feststellungen keine unmittelbaren Vorteile zu ziehen vermögen (TK § 217 Rn. 3). Betriebsinhaber, Vertreter iSd § 34, also insb. am Erfolg des Unternehmens unmittelbar partizipierende Personen, sind grds. selbst betroffen (Schwarz/Pahlke/Keß § 217 Rn. 9). Ausgeschlossen sind ferner die am StVerfahren Beteiligten, also Stpfl. und steuerlich Beauftragte (§ 214), sowie die weiteren in § 82 genannten Personen. 4

III. Rechtsfolgen

Die Bestellung ist ein mitwirkungsbedürftiger VA (Schwarz/Pahlke/Keß § 217 Rn. 11; HHSp § 217 Rn. 11). Die zu bestellende Person und der von der Bestellung betroffene Stpfl. müssen zustimmen, wenngleich ein ausdrücklicher Antrag nicht erforderlich ist. Mit der Bestellung wird die StHilfsperson zum Amtsträger (§ 7 Nr. 3). Die hierdurch auferlegte Pflichtenstellung hat für den Bestellten eine belastende Wirkung. Für das Unternehmen steht die begünstigende Wirkung im Vordergrund, sodass es sich um einen VA mit Drittwirkung handelt. Demgemäß steht grds. nur der StHilfsperson ein Einspruch gegen die Bestellung zu. Umgekehrt ist der Unternehmer durch die Aufhebung der Bestellung beschwert, ggf. auch die Hilfsperson selbst (TK § 217 Rn. 6). 5

Organ der FB. Mit Erlangung der Amtsträgereigenschaft entsteht ein besonderes Treue- und Pflichtenverhältnis. Die StHilfsperson hat das StGeheimnis zu wahren (§ 30), genießt die Haftungsbeschränkung für Amtsträger (§ 32) und unterliegt den §§ 82, 371 II (mit Ausnahme des § 82 I Nr. 5; ebenso Klein § 217 Rn. 1). Die von der StHilfsperson getroffenen Feststellungen sind solche der FB. Der Stpfl. hat die erforderlichen Ermittlungsmaßnahmen zu dulden. Soweit es zur Tatsachenfeststellung erforderlich ist, darf die StHilfsperson von § 211 Gebrauch machen. 6

Fünfter Teil. Erhebungsverfahren

Vorbemerkung zu §§ 218–248

I. Allgemeines

1 **Systematik.** Die Verwirklichung der StAnsprüche (§ 37) vollzieht sich in mehreren Stufen. Nach § 38 entsteht der StAnspruch, sobald der Tatbestand verwirklicht ist, an den das Gesetz die Leistungspflicht knüpft. Die Verwirklichung des gesetzlichen Tatbestands allein berechtigt die FB aber noch nicht, die Erfüllung des materiell entstandenen StAnspruchs zu verlangen. Weitere Voraussetzung ist vielmehr, dass der materiell entstandene StAnspruch formell durch VA festgesetzt wurde. Erst nach Festsetzung kann die FB Erfüllung des StAnspruchs im Erhebungsverfahren verlangen. Letzte Stufe der Verwirklichung ist die zwangsweise Durchsetzung des StAnspruchs im Wege der Vollstreckung. Dieser Ablauf des Verwaltungsverfahrens spiegelt sich in der Gliederung der AO wider. Die Regelungen zum Festsetzungsverfahren (§§ 155 ff.), zum Erhebungsverfahren (§§ 218 ff.) und zum Vollstreckungsverfahren (§§ 249 ff.) sind in eigenständigen Teilen geregelt.

2 Die im Fünften Teil der AO unter der Überschrift **„Erhebungsverfahren"** zusammengefassten Vorschriften regeln im Kern die Verwirklichung des durch VA festgesetzten StAnspruchs. Der Abschnitt enthält dabei nur wenige rein verfahrensrechtliche Regelungen. Nur die §§ 218 und 219 stellen ausschließlich Verfahrensrecht dar. Bei den übrigen Bestimmungen handelt es sich ihrem Inhalt nach im Wesentlichen um steuerschuldrechtliche Regelungen, die der Gesetzgeber wegen des engen sachlichen Zusammenhangs mit der Erhebung von Steuern dem Fünften Teil zugeordnet hat (BT-Drs. VI/1982, 167).

II. Erhebungsverfahren

3 Die AO trennt systematisch zwischen Festsetzungs- und Erhebungsverfahren. Das Erhebungsverfahren schließt an das Festsetzungsverfahren an. § 218 I stellt dabei das **Bindeglied** zwischen beiden Verfahren dar. Die Ansprüche aus dem StSchuldverhältnis (§ 37) entstehen bereits, wenn der gesetzliche Tatbestand, an den das Gesetz die Stpfl. knüpft, tatsächlich erfüllt wird. Nach § 218 I setzt die Verwirklichung dieses materiell entstandenen Anspruchs die Festsetzung durch VA voraus. Die Frage der Festsetzung des materiell entstandenen StAnspruchs wird im Vierten Teil der AO (§§ 155 ff.) geregelt.

4 Der Fünfte Teil der AO enthält Regelungen zur Realisierung des Zahlungsanspruchs. Unter Verwirklichung iSd § 218 I ist das Erlöschen des StAnspruchs insb. durch Zahlung (§§ 224 ff.), Aufrechnung (§ 226), Erlass (§ 227) und Eintritt der Zahlungsverjährung (§§ 228 ff.) zu verstehen. Die Regelungen gelten sowohl für die StAnsprüche des Staates als auch für die Ansprüche des Bürgers gegenüber dem Staat, zu denen die StErstattungs- und StVergütungsansprüche gehören (BT-Drs. 7/4292, 37). Diese Tatbestände werden im Fünften Teil der AO geregelt, obwohl sie überwiegend an die Regelungen zum StSchuldverhältnis anschließen. Allerdings werden in diesem Teil die Erlöschensgründe nicht abschließend erfasst. Soweit die Erlöschensgründe bereits Einfluss auf die Festsetzung ausüben, werden sie dort geregelt; dies gilt für die abweichende Festsetzung aus Billigkeitsgründen gem. § 163 sowie für den Eintritt der Festsetzungsverjährung nach §§ 169 ff. Die Bestimmungen über die Befriedigung des StGläubigers im Wege der Vollstreckung wurden im Sechsten Teil der AO zusammengefasst.

5 Darüber hinaus hat der Gesetzgeber die Bestimmungen zur Verzinsung von StAnsprüchen (§§ 233 ff.) und über das Entstehen von Säumniszuschlägen (§ 240) wegen ihres engen **sachlichen Zusammenhangs** zur Erhebung von Steuern dem Fünften Teil der

AO zugeordnet (BT-Drs. VI/1982, 167). Fragen der Verzinsung eines StAnspruchs bzw. des Entstehens von Säumniszuschlägen schließen an die Fälligkeit, die ebenfalls im Fünften Teil (§§ 220 ff.) geregelt ist, an. Daher ist es systematisch gerechtfertigt, die Bestimmungen unter Durchbrechung des die AO bestimmenden Prinzips der Trennung von materiellem Recht und Verfahrensrecht in diesem Teil zusammenzufassen (HHSp Vor §§ 218–227 Rn. 1). Gleiches gilt für die Regelungen über Art und Verfahren der Sicherheitsleistung (§§ 241 ff.).

Neben den Regelungen des Fünften Teils der AO erhalten viele **EinzelStG** Bestimmungen zur Verwirklichung von StAnsprüchen. Die Bestimmungen der EinzelStG gehen den Regelungen der AO idR als lex specialis vor (Schwarz/Pahlke/Keß Vor § 218 Rn. 5).

III. Abgrenzung zum Vollstreckungsverfahren

6 In Abgrenzung zum Erhebungsverfahren regelt der Sechste Teil der AO die zwangsweise Realisierung des StAnspruchs. Die Vollstreckung ist die letzte Stufe der Geltendmachung des StAnspruchs. Auch die Vollstreckung kann nur auf der Grundlage der den StAnspruch festsetzenden VA oder der ihnen nach § 218 I 1 gleichstehenden VA erfolgen. Im Unterschied zum Erhebungsverfahren betrifft das Vollstreckungsverfahren nur die StAnsprüche des Staates gegenüber dem Stpfl.

IV. Bedeutung des Abrechnungsbescheids gem. § 218 Abs. 2

7 Mit einem Abrechnungsbescheid nach § 218 II entscheidet die FB über Streitigkeiten, die allein die Verwirklichung eines StAnspruchs betreffen (BFH 19.3.2019 – VII R 27/17, BStBl. II 2020, 31; BFH 28.2.2012 – VII R 36/11, BStBl. II 2012, 451). Durch Abrechnungsbescheid wird daher grds. nur die Frage geklärt, ob der Zahlungsanspruch der FB bzw. der Erstattungsanspruch des Stpfl. erloschen (also erfüllt) oder noch zu verwirklichen ist; dh, er entscheidet darüber, ob eine bestimmte Zahlungsverpflichtung durch Zahlung, Aufrechnung, Verrechnung, Erlass, Eintritt der Zahlungsverjährung erlischt oder ob eine Schuld bereits vor der Begründung der Zahlungspflicht oder infolge von VollstrMaßnahmen erloschen ist (→ § 218 Rn. 19). Dem Abrechnungsbescheid wird die formelle Rechtslage, so wie sie sich aus den vorliegenden StBescheiden oder anderen VA iSd § 218 I 1 ergibt, zugrunde gelegt (Klein § 218 Rn. 12). Eine Überprüfung der StFestsetzung erfolgt im Verfahren über den Abrechnungsbescheid nicht. Einwendungen gegen die materielle Richtigkeit der StFestsetzung können in diesem Verfahren daher nicht mehr erhoben werden (→ § 218 Rn. 6). Lediglich für das Entstehen und die Verwirklichung von Säumniszuschlägen und Erstattungsansprüchen gelten besondere Bedingungen (zu Einzelheiten hierzu → § 218 Rn. 22 ff.).

Erster Abschnitt. Verwirklichung, Fälligkeit und Erlöschen von Ansprüchen aus dem Steuerschuldverhältnis

1. Unterabschnitt. Verwirklichung und Fälligkeit von Ansprüchen aus dem Steuerschuldverhältnis

§ 218 Verwirklichung von Ansprüchen aus dem Steuerschuldverhältnis

(1) [1]**Grundlage für die Verwirklichung von Ansprüchen aus dem Steuerschuldverhältnis (§ 37) sind die Steuerbescheide, die Steuervergütungsbescheide, die Haftungsbescheide und die Verwaltungsakte, durch die steuerliche Nebenleistungen festgesetzt werden; bei den Säumniszuschlägen genügt die Verwirklichung**

des gesetzlichen Tatbestands (§ 240). [2]Die Steueranmeldungen (§ 168) stehen den Steuerbescheiden gleich.

(2) [1]**Über Streitigkeiten, die die Verwirklichung der Ansprüche im Sinne des Absatzes 1 betreffen, entscheidet die Finanzbehörde durch Abrechnungsbescheid. [2]Dies gilt auch, wenn die Streitigkeit einen Erstattungsanspruch (§ 37 Absatz 2) betrifft.**

(3) [1]**Wird eine Anrechnungsverfügung oder ein Abrechnungsbescheid auf Grund eines Rechtsbehelfs oder auf Antrag des Steuerpflichtigen oder eines Dritten zurückgenommen und in dessen Folge ein für ihn günstigerer Verwaltungsakt erlassen, können nachträglich gegenüber dem Steuerpflichtigen oder einer anderen Person die entsprechenden steuerlichen Folgerungen gezogen werden. [2]§ 174 Absatz 4 und 5 gilt entsprechend.**

Übersicht

A. Allgemeines

1 **Bedeutung.** Die AO 1977 differenziert zwischen dem Festsetzungsverfahren einerseits und dem Erhebungsverfahren andererseits (Gosch AO § 218 Rn. 5). Dieser Differenzierung trägt § 218 Rechnung. Die Vorschrift stellt die verfahrensrechtliche Klammer zwischen beiden Verfahren dar (BeckOK AO § 218 Rn. 1). Sie bestimmt, dass die FB ihre StAnsprüche nur einfordern kann, wenn sie diese zunächst durch VA festgesetzt hat. Es ist also nicht ausreichend, dass der StAnspruch durch Erfüllung der gesetzlichen Tatbestandsmerkmale gem. § 38 materiell entstanden ist. Der FB steht ein Recht auf Verwirklichung dieses materiell bereits entstandenen StAnspruchs nur zu, wenn er formell wirksam festgesetzt wurde. Eine Ausnahme gilt für Säumniszuschläge, weil diese bereits durch die Verwirklichung des gesetzlichen Tatbestandes entstehen, ohne dass eine Festsetzung durch VA erforderlich ist (BT-Drs. 7/4292, 37). Für das Erhebungsverfahren ist es unerheblich, ob der den StAnspruch festsetzende VA rechtmäßig ist. Solange der festsetzende VA

wirksam ist, stellt er die Grundlage für die Verwirklichung des StAnspruchs im Erhebungsverfahren dar (Klein § 218 Rn. 1).

2 Mit **Verwirklichung** meint § 218 die **Erfüllung** des im Festsetzungsverfahren durch StBescheid festgesetzten StAnspruchs im Rahmen des Erhebungsverfahrens (BFH 12.6.1986 – VII R 103/83, BStBl. II 1986, 702). Dies betrifft sowohl den Zahlungsanspruch der FB als auch den Erstattungsanspruch des Stpfl. (BT-Drs. 7/4292, 37). Der StAnspruch kann zB durch Zahlung, Aufrechnung, Verrechnung, Erlass, Eintritt der Zahlungsverjährung oder infolge von Vollstreckungsmaßnahmen erloschen sein (BFH 23.8.2001 – VII R 94/99, BStBl. II 2002, 330).

3 **Abrechnungsbescheid.** Nach § 218 II entscheidet die FB über Streitigkeiten, die die Verwirklichung eines StAnspruchs betreffen, durch Abrechnungsbescheid (BFH 9.4.2002 – VII R 108/00, BStBl. II 2002, 562). Der Abrechnungsbescheid ist ein VA im StErhebungsverfahren (BFH 29.10.2013 – VII R 68/11, BStBl. II 2016, 115). Sein Gegenstand ist allein die Frage, ob der Zahlungsanspruch der FB bzw. des Stpfl. bereits verwirklicht (also erfüllt) oder noch zu verwirklichen ist (BFH 17.8.2023 – III R 37/22, BStBl. II 2024, 99; BFH 28.2.2012 – VII R 36/11, BStBl. II 2012, 451; FG München 30.3.2020 – 12 K 2165/18, BeckRS 2020, 20369). Darüber hinaus kann die FB unter dem Gesichtspunkt der Gewährleistung effektiven Rechtsschutzes durch Abrechnungsbescheid Entscheidungen über solche Ansprüche treffen, denen kein VA iSd Abs. 1 zugrunde liegt. Daher entscheidet die FB auch bei Streitigkeiten über die Rechtmäßigkeit der Erhebung von **Säumniszuschlägen** durch Abrechnungsbescheid und zwar nicht nur über den Fortbestand der Zahlungsverpflichtung, sondern auch darüber, ob und ggf. in welcher Höhe überhaupt Säumniszuschläge entstanden sind (BFH 19.3.2019 – VII R 27/17, BStBl. II 2020, 31; BFH 12.8.1999 – VII R 92/98, BStBl. II 1999, 751; FG München 30.3.2020 – 12 K 2165/18, BeckRS 2020, 20369). Gleiches gilt für **Erstattungsansprüche** (BFH 12.11.2013 – VII R 15/13, BStBl. II 2014, 359; TK § 218 Rn. 6).

4 **Zollrecht.** Die Regelungen der Art. 101 ff. UZK verdrängen die Bestimmungen der AO, sodass sie bei Fragen zur Verwirklichung von Zöllen vorrangig zu beachten sind (Gosch AO § 218 Rn. 12). Die AO greift nur ein, wenn der Zollkodex keine speziellere Regelung enthält.

B. Verwirklichung von Ansprüchen aus dem Steuerschuldverhältnis (Abs. 1)

I. Grundlage für die Verwirklichung (Abs. 1 S. 1)

5 Die FB kann die Erfüllung eines StAnspruchs nur verlangen, wenn dieser durch **VA festgesetzt** worden ist (Klein § 218 Rn. 5). Allein die materielle Entstehung einer Steuer berechtigt die FB nicht, einen StAnspruch geltend zu machen (BFH 28.11.1990 – V R 117/86, BStBl. II 1991, 281). Grundlage für die Verwirklichung ist daher ein den StAnspruch festsetzender VA und nicht allein die Verwirklichung des gesetzlichen Tatbestands (BFH 14.3.2012 – XI R 6/10, BFH/NV 2012, 1686).

6 **Formelle Bescheidlage.** Für die Verwirklichung kommt es nicht darauf an, ob der VA die materielle Rechtslage zutr. wiedergibt (BFH 15.6.1999 – VII R 3/97, BStBl. II 2000, 46). Entscheidend ist allein die formelle Bescheidlage, sodass auch ein rechtswidriger VA Grundlage für die Verwirklichung des StAnspruchs sein kann (BFH 20.9.2024 – V B 15/23, BFH/NV 2024, 1424). Diese Funktion des VA entfällt erst, wenn er aufgehoben oder geändert wird (TK § 218 Rn. 13). An einer formellen Grundlage für die Verwirklichung iSd § 218 I fehlt es auch, wenn ein Vorsteueranspruch, der auf einer USt-Voranmeldung beruht, nachträglich entfällt, weil eine Berichtigung der Bemessungsgrundlage nach § 17 II Nr. 3 UStG erfolgen musste (BFH 9.4.2002 – VII R 108/00, BStBl. II 2002, 562).

7 Als **geeignete Grundlage** für die Verwirklichung von StAnsprüchen erwähnt Satz 1 ausdrücklich folgende VA, wobei die Aufzählung nicht abschließend ist (HHSp § 218 Rn. 24):

- StBescheide, einschließlich der Freistellungsbescheide;
- StVergütungsbescheide;
- Haftungsbescheide;
- VA über steuerliche Nebenleistungen iSd § 3 IV (zB Zinsen, Verspätungszuschlag oder Zwangsgeld).

Daneben ist auch ein **Abrechnungsbescheid** nach § 218 II (BFH 12.6.1986 – VII R 103/83, BStBl. II 1986, 702) sowie eine **StAnmeldung** (BFH 11.7.2024 – VI R 35/21, BStBl. II 2024, 710) geeignete Grundlage für die Verwirklichung von StAnsprüchen (Klein § 218 Rn. 5).

Vorauszahlungsbescheide stellen eine wirksame Grundlage für die Verwirklichung von StAnsprüchen dar, weil sie diese festsetzen. Allerdings verlieren sie mit dem Erlass des JahresStBescheids ihre Wirkung (BFH 25.10.1995 – VIII B 79/95, BStBl. II 1996, 316). Der JahresStBescheid löst die auf Vorauszahlungsbescheiden beruhende StFestsetzung ab (BFH 17.3.1994 – V R 39/92, BStBl. II 1994, 538). Der Vorauszahlungsbescheid hat sich durch Erlass des JahresStBescheids „auf andere Weise" erledigt (BFH 3.7.1995 – GrS 3/93, BStBl. II 1995, 730). Damit verliert der Vorauszahlungsbescheid seine Bedeutung für die Verwirklichung eines StAnspruchs. Versäumt es die FB jedoch, vor **Ablauf der Festsetzungsverjährung** einen JahresStBescheid zu erlassen, sind die. geleisteten Vorauszahlungen zu erstatten. Die Vorauszahlungsbescheide stellen nach Ablauf der Festsetzungsverjährung keine formelle Rechtsgrundlage für das Behaltendürfen der Vorauszahlungen (mehr) dar (BFH 13.2.1996 – VII R 55/95, BFH/NV 1996, 454). Für die USt behalten die Vorauszahlungsbescheide jedoch ihre Wirksamkeit, auch wenn ein JahresStBescheid bis zum Ablauf der Festsetzungsverjährung nicht mehr ergeht (BFH 17.9.1992 – V R 17/86, BFH/NV 1993, 279; BFH 29.11.1984 – V R 146/83, BStBl. II 1985, 370). Sie verlieren diese Funktion allerdings, sobald es in einem späteren Voranmeldungszeitraum nach § 17 II Nr. 3 UStG zu einer Berichtigung der Bemessungsgrundlage gekommen ist (BFH 9.4.2002 – VII R 108/00, BStBl. II 2002, 562). 8

Feststellungs- und Steuermessbescheide sind nicht als Grundlage für die Verwirklichung von StAnsprüchen geeignet, weil sie keinen Anspruch festsetzen (TK § 218 Rn. 10). Gleiches gilt für einen **Duldungsbescheid** nach § 191 I 1, der lediglich anordnet, dass der Betroffene die Zwangsvollstreckung in sein Vermögen zu dulden hat (HHSp § 218 Rn. 28). Ein StAnspruch wird mit dem Duldungsbescheid nicht festgesetzt. 9

II. Erstattungsanspruch

Ein Erstattungsanspruch wird häufig dadurch entstehen, dass der Stpfl. (Voraus-)Zahlungen auf einen StAnspruch leistet, die die später festgesetzte StSchuld übersteigen (HHSp § 218 Rn. 30). Diese Erstattungsansprüche bedürfen **keiner gesonderten Festsetzung** durch VA. Einen Erstattungsbescheid sieht die AO nicht vor (BFH 25.2.1992 – VII R 8/91, BStBl. II 1992, 713). Grundlage für die Verwirklichung des Erstattungsanspruchs iSd § 218 I ist der VA, der den (niedrigeren) StAnspruch festsetzt (BFH 9.4.2002 – VII R 108/00, BStBl. II 2002, 562; BFH 3.7.1995 – GrS 3/93, BStBl. II 1995, 730; BFH 25.10.1995 – VIII B 79/95, BStBl. II 1996, 316). Der StBescheid an sich löst den Erstattungsanspruch aus (TK § 218 Rn. 6). Gleiches gilt, wenn der Erlass bzw. die **Änderung** oder **Aufhebung** eines StBescheids dazu führt, dass Steuern zu Unrecht gezahlt oder erstattet wurden. Auch hier stellen die (geänderten) StBescheide die Grundlage für die Verwirklichung des Erstattungsanspruchs dar (BFH 21.10.1985 – GrS 2/84, BStBl. II 1986, 207; BFH 7.7.1998 – VII B 312/97, BFH/NV 1999, 150; BeckOK AO § 218 Rn. 70). Besteht anschließend Streit über die Erfüllung des Erstattungsanspruchs, weil zB die Anrechnung von StVorauszahlungen str. ist, entscheidet die FB hierüber durch einen Abrechnungsbescheid nach § 218 II (BFH 15.10.2007 – III B 101/06, BFH/NV 2008, 28; BFH 12.6.1986 – VII R 103/83, BStBl. II 1986, 702). Wird ein Streit über einen Erstattungsanspruch durch das FA entschieden, liegt ein Abrechnungsbescheid auch vor, 10 wenn er nicht ausdrücklich als solcher bezeichnet wurde (BFH 18.8.2020 – VII R 39/19, BFH/NV 2021, 329).

11 **Überzahlung/Doppelzahlung/fehlgeleitete Zahlung.** Ein Erstattungsanspruch kann sich auch durch eine schlichte Überzahlung, Doppelzahlung oder fehlgeleitete Zahlung ergeben. Das gilt zB dann, wenn das FA bzw. der Stpfl. (irrig) mehr bezahlt als festgesetzt wurde, einen festgesetzten StAnspruch (versehentlich) doppelt begleicht oder wenn die Zahlung an einen unbeteiligten Dritten gelangt. In diesen Fällen liegt der Zahlung (überhaupt) kein VA zugrunde. Die ausdrückliche Festsetzung eines solchen Erstattungsanspruchs ist ebenfalls entbehrlich. Das FA bzw. der Stpfl. erlangt ohne weitere Festsetzung einen Anspruch auf Rückerstattung der zu Unrecht gezahlten Beträge (BFH 18.6.1986 – II R 38/84, BStBl. II 1986, 704). Der Schuldner kann diesen Anspruch ohne Erlass eines Erstattungsbescheids erfüllen (TK § 218 Rn. 7). Das FA ist allerdings nach § 218 II (analog) auch ohne Streitigkeiten über den Erstattungsanspruch berechtigt, den Anspruch unmittelbar in einen als Erstattungs- oder Rückforderungsbescheid anzusehenden Abrechnungsbescheid aufzunehmen (BFH 18.6.1986 – II R 38/84, BStBl. II 1986, 704) und dadurch den allein durch die Verwirklichung des gesetzlichen Tatbestandes entstandenen und bestehenden Erstattungsanspruch festzusetzen (TK § 218 Rn. 8; BeckOK AO § 218 Rn. 202). Dieser VA bildet fortan die Grundlage für die Verwirklichung des betreffenden Erstattungsanspruchs (BFH 2.8.1988 – VII B 33/88, BFH/NV 1989, 146). Will das FA einen solchen Erstattungsanspruch zwangsweise durchsetzen, muss es einen solchermaßen festsetzenden Bescheid gem. § 218 II (analog) erlassen (BFH 2.8.1988 – VII B 33/88, BFH/NV 1989, 146), der bei Streitigkeiten über die Verwirklichung seinerseits Gegenstand eines späteren Abrechnungsbescheids werden kann (TK § 218 Rn. 18). Gleiches gilt, wenn das FA versehentlich Steuern an einen (unbeteiligten) Dritten ausgezahlt hat. Bei einer solchen fehlgeleiteten Zahlung entsteht der Erstattungsanspruch ebenfalls unmittelbar durch die Auszahlung, sodass für dessen Durchsetzung ein Abrechnungsbescheid nach § 218 II (analog) zu erteilen ist (BFH 18.6.1986 – II R 38/84, BStBl. II 1986, 704). Dagegen kann das FA nicht durch Abrechnungsbescheid entscheiden, wenn eine Bank aufgrund eines Pfändungs- und Überweisungsbeschlusses versehentlich einen das Guthaben des gepfändeten Kontos übersteigenden Betrag überweist. Ebenso darf das FA über einen Anspruch aus einer Insolvenzanfechtung gem. § 143 I InsO nicht durch Abrechnungsbescheid entscheiden (BFH 12.11.2013 – VII R 15/13, BStBl. II 2014, 359). In diesen Fällen liegt kein Anspruch aus dem StSchuldverhältnis vor; vielmehr richtet sich der Erstattungsanspruch nach dem Zivilrecht (BFH 11.12.2012 – VII R 13/12, BFH/NV 2013, 897).

12 **Geltendmachung des Erstattungsanspruchs durch Stpfl.** Eine vom Stpfl. unmittelbar erhobene **Leistungsklage** auf Auszahlung des Erstattungsanspruchs ist unbegründet (BFH 7.7.1998 – VII B 312/97, BFH/NV 1999, 150; BFH 12.6.1986 – VII R 103/83, BStBl. II 1986, 702). Es ist zunächst ein Abrechnungsbescheid nach § 218 II zu erlassen und ggf. mit dem Einspruch anzufechten. Auch eine **Feststellungsklage,** die einen Zahlungsanspruch betrifft, ist ausgeschlossen (BFH 8.1.1998 – VII B 137/97, BFH/NV 1998, 686). Zum Vorgehen bei bestandskräftigem Abrechnungsbescheid → Rn. 50. Verweigert das FA den Erlass eines Abrechnungsbescheids, ist die Verpflichtungsklage gegeben (BFH 12.12.2023 – VII R 60/20, BFH/NV 2024, 638).

III. Aussetzung der Vollziehung

13 AdV (§ 361 AO, § 69 FGO) hindert die Geltendmachung des mit dem VA festgesetzten StAnspruchs. Ein ausgesetzter VA kann daher nicht Grundlage für die Verwirklichung iSd § 218 I sein (HHSp § 218 Rn. 63), obwohl die Grundlage der Verwirklichung durch die Aussetzung nicht beseitigt wird (BFH 31.8.1995 – VII R 58/94, BStBl. II 1996, 55). Dennoch darf die FB während der Aussetzung keinen Gebrauch vom VA machen

(Schwarz/Pahlke/Keß § 218 Rn. 17). Auch eine Aufrechnung durch die FB ist nicht möglich (BFH 31.8.1995 – VII R 58/94, BStBl. II 1996, 55).

Die Trennung zwischen Erhebungs- und Festsetzungsverfahren führt darüber hinaus dazu, dass der Stpfl. seinen Aussetzungsantrag, der sich auf den zugrunde liegenden Festsetzungsbescheid bezieht, nicht mit **Einwendungen** begründen kann, die sich ausschließlich auf Fragen der Verwirklichung des festgesetzten StAnspruchs beziehen (BFH 30.9.1998 – X S 3/98, BFH/NV 1999, 492). Im Aussetzungsverfahren geht es um die Rechtmäßigkeit der StFestsetzung; diese wird nicht dadurch berührt, dass der Stpfl. den festgesetzten StAnspruch eventuell bereits getilgt hat. 14

IV. Säumniszuschläge (Abs. 1 S. 1 HS 2)

Der Grundsatz, dass Grundlage der Verwirklichung von StAnsprüchen ein diese festsetzender VA ist, wird für Säumniszuschläge durchbrochen (Gosch AO § 218 Rn. 8). Nach § 218 I 1 HS 2 genügt für Säumniszuschläge die Verwirklichung des gesetzlichen Tatbestands gem. § 240. Eine Festsetzung der Säumniszuschläge erfolgt nicht (TK § 218 Rn. 14). Bestehen jedoch Streitigkeiten über das Entstehen und die Höhe der Säumniszuschläge, entscheidet die FB durch einen Abrechnungsbescheid gem. § 218 II, der dann Grundlage für die Verwirklichung dieses StAnspruchs ist (BFH 28.10.2022 – VI B 15/22 (AdV), BStBl. II 2023, 12). 15

V. Steueranmeldung (Abs. 1 S. 2)

Abs. 1 S. 2 stellt klar, dass auch eine StAnmeldung Grundlage für die Verwirklichung von StAnsprüchen ist. Die Vorschrift hat rein deklaratorische Bedeutung, da sich die Gleichstellung von StAnmeldung und StBescheid bereits aus § 168 ergibt. Ist nach § 168 S. 2 allerdings eine Zustimmung der FB notwendig, kann die StAnmeldung erst nach Erteilung der Zustimmung Grundlage für die Verwirklichung iSd § 218 I 1 sein. 16

Der StAnmeldung steht nach § 167 I 3 wiederum das **Anerkenntnis** einer Zahlungsverpflichtung insb. durch den Haftungsschuldner gleich. Dies hat zur Folge, dass ein Anerkenntnis ausreichende Grundlage für die Verwirklichung eines Anspruchs ist. Somit ist ein Haftungsbescheid auch für die Durchsetzung eines Haftungsanspruchs entbehrlich, wenn ein Arbeitgeber nach § 42d IV Nr. 2 EStG seine Zahlungsverpflichtung anerkannt hat (TK § 218 Rn. 11).

C. Abrechnungsbescheid (Abs. 2)

I. Allgemeines

Nach Abs. 2 entscheidet die FB über Streitigkeiten, die die Verwirklichung von StAnsprüchen betreffen, durch VA, der als **Abrechnungsbescheid** bezeichnet wird. Die Entscheidung ergeht im Erhebungsverfahren und betrifft nicht das Festsetzungsverfahren (BFH 29.10.2013 – VII R 68/11, BStBl. II 2016, 115; BFH 15.10.2007 – III B 101/06, BFH/NV 2008, 28; BFH 12.8.1999 – VII R 92/98, BStBl. II 1999, 751). Einwendungen gegen Grund und Höhe der StFestsetzung können im Verfahren über den Abrechnungsbescheid nicht mehr erhoben werden (BFH 8.3.2012 – V R 24/11, BStBl. II 2012, 466; BFH 15.6.1999 – VII R 3/97, BStBl. II 2000, 46; BFH 17.1.1995 – VII R 28/94, BFH/NV 1995, 580). Die Rechtmäßigkeit der dem Abrechnungsbescheid zugrunde liegenden StBescheide ist nicht zu prüfen (BFH 22.7.1986 – VII R 10/82, BStBl. II 1986, 776; TK § 218 Rn. 18). Daher kann der Stpfl. im Einspruchsverfahren gegen den Abrechnungsbescheid nur mit Einwendungen gehört werden, die die **Verwirklichung** des (feststehenden) StAnspruchs betreffen. Da die Entstehung des StAnspruchs – von den benannten Ausnahmefällen (→ Rn. 10 ff., 15) abgesehen – nicht Gegenstand des Abrechnungs- 17 bescheids ist, setzt ein Abrechnungsbescheid somit grds. den (vorherigen) Erlass eines StFestsetzungsbescheids voraus (BFH 27.10.2010 – VII B 130/10, BFH/NV 2011, 197).

II. Gegenstand des Abrechnungsbescheids

18 Der Abrechnungsbescheid entscheidet allein über die Frage, ob der (festgesetzte) StAnspruch erloschen (§ 47) ist (BFH 19.3.2019 – VII R 27/17, BStBl. II 2020, 31; BFH 28.2.2012 – VII R 36/11, BStBl. II 2012, 451; BFH 23.8.2001 – VII R 94/99, BStBl. II 2002, 330; BFH 12.8.1999 – VII R 92/98, BStBl. II 1999, 751; BFH 28.4.1992 – VII R 33/91, BStBl. II 1992, 781). Er stellt sowohl für den Stpfl. als auch für die FB bindend fest, ob der StAnspruch durch Zahlung, Aufrechnung, Erlass oder Verjährung untergegangen ist (BFH 24.5.2023 – XI R 45/20, BStBl. II 2023, 1082; BFH 18.2.2020 – VII R 39/18, BFH/NV 2020, 1183; BFH 18.4.2006 – VII R 77/04, BStBl. II 2006, 578). Dabei ist auf die **formelle Bescheidlage** abzustellen (BFH 3.8.2010 – VII B 70/10, BFH/NV 2010, 2274; BFH 26.11.1996 – VII R 49/96, BFH/NV 1997, 537). Deckt sich die formelle nicht mit der materiellen Rechtslage, hat der Abrechnungsbescheid der formellen Bescheidlage zu folgen (BFH 26.11.1996 – VII R 49/96, BFH/NV 1997, 537). Ob die StFestsetzung rechtmäßig ist, ist nicht Gegenstand des Abrechnungsbescheids. Der Abrechnungsbescheid muss mithin auch eine materiell unzutr. StFestsetzung übernehmen (Schwarz/Pahlke/Keß § 218 Rn. 26). Selbst der Grundsatz von Treu und Glauben ist bei Erlass des Abrechnungsbescheids unberücksichtigt zu lassen (BFH 17.1.1995 – VII R 28/94, BFH/NV 1995, 580). Es wird nur über den reinen **Zahlungsanspruch** entschieden (BFH 28.2.2012 – VII R 36/11, BStBl. II 2012, 451; Klein § 218 Rn. 12).

19 Die **inhaltliche Feststellung** des Abrechnungsbescheids erstreckt sich somit allein darauf, inwieweit eine bestimmte Zahlungsverpflichtung zu einem bestimmten Stichtag noch besteht (BFH 19.3.2019 – VII R 27/17, BStBl. II 2020, 31). Der Zahlungsanspruch kann nach § 47 durch Zahlung, Aufrechnung, Erlass oder Verjährung erloschen sein. Zu entscheiden ist aber auch, ob Vorauszahlungen, StAbzugsbeträge oder anrechenbare KSt die Zahlungsverpflichtung zum Erlöschen gebracht haben (BFH 28.4.1993 – I R 123/91, BStBl. II 1994, 147). Insoweit ist der Abrechnungsbescheid von der Anrechnungsverfügung zu unterscheiden. Es handelt sich um unterschiedliche VA (BFH 26.6.2007 – VII R 35/06, BStBl. II 2007, 742; BFH 15.4.1997 – VII R 100/96, BStBl. II 1997, 787; zu Einzelheiten der Abgrenzung → Rn. 25). Ebenso ist mit dem Abrechnungsbescheid festzustellen, ob eine Forderung im Rahmen von Vollstreckungsmaßnahmen getilgt wurde (BFH 28.4.1992 – VII R 33/91, BStBl. II 1992, 781). Der Abrechnungsbescheid begründet aber kein eigenständiges VollstrHindernis iSd § 257 I (→ § 257 Rn. 2 ff.) und ist deshalb als VollstrAbwehrmittel ungeeignet (FG Sachsen 12.4.2023 – 4 K 796/20, BeckRS 2023, 48356; aA wohl FG Berlin-Brandenburg 19.2.2025 – 16 K 16133/24, BeckRS 2025, 6387; Rev. XI R 7/25). Auch ein in einem **Insolvenzverfahren** vom Insolvenzverwalter geltend gemachter Anspruch auf Rückgewähr in anfechtbarer Weise geleisteter Steuern nach § 143 I InsO ist kein Anspruch aus dem StSchuldverhältnis, sodass über den Anspruch nicht durch Abrechnungsbescheid entschieden werden kann (BFH 12.11.2013 – VII R 15/13, BStBl. II 2014, 359). Jedoch hat das FA durch Abrechnungsbescheid über die Frage zu entscheiden, ob eine erloschene Abgabenschuld nach § 144 I InsO rückwirkend wieder auflebt (BFH 14.12.2021 – VII R 15/19, BFH/NV 2022, 683).

20 Nur ein **konkreter StAnspruch** kann Gegenstand eines Abrechnungsbescheids sein (Schwarz/Pahlke/Keß § 218 Rn. 24). Beantragt der Stpfl. einen Abrechnungsbescheid, muss er daher den streitigen StAnspruch so genau bezeichnen, dass dieser erkennbar ist (BFH 5.7.1988 – VII R 142/84, BFH/NV 1990, 69). Der StAnspruch ist möglichst genau nach Art und Entstehungszeitpunkt zu bezeichnen (TK § 218 Rn. 20). Im Gegenzug muss die FB bei ihrer Entscheidung den StAnspruch ebenso möglichst präzise benennen und erläutern, in welcher Form der jeweilige Anspruch verwirklicht wurde. Dagegen ist es nicht zulässig, über alle StAnsprüche zwischen der FB und dem Stpfl. in einer Summe zu

entscheiden. Ein Antrag eines Stpfl. auf Feststellung, er schulde der FB nichts mehr, ist somit unzulässig. Vielmehr muss der oder müssen die (vermeintlich) erloschenen StAnsprüche der Art und Höhe nach konkret bezeichnet werden. Umgekehrt hat sich auch die Entscheidung der FB auf die konkret bezeichneten StAnsprüche zu beschränken (BFH 4.2.1997 – VII R 50/96, BStBl. II 1997, 479).

Der Stpfl. hat einen **Anspruch auf Erlass eines Abrechnungsbescheids** durch die FB, falls Streit über die Verwirklichung von StAnsprüchen besteht (BFH 19.2.2020 – III R 70/18, BStBl. II 2020, 707; BFH 28.4.1993 – I R 123/91, BStBl. II 1994, 147). Voraussetzung ist eine Meinungsverschiedenheit über das Bestehen konkreter Ansprüche aus dem StSchuldverhältnis. Trägt der Stpfl. jedoch (allein) Gründe vor, die sich gegen die Rechtmäßigkeit der StFestsetzung richten, muss ein Abrechnungsbescheid nicht erteilt werden, weil Einwendungen gegen die StFestsetzung nicht Gegenstand des Abrechnungsbescheids sind (TK § 218 Rn. 18). 21

Säumniszuschläge. Eine Besonderheit gilt für Säumniszuschläge, weil sie nach § 240 allein durch Verwirklichung des gesetzlichen Tatbestands entstehen. Sie werden **nicht** durch VA ausdrücklich **festgesetzt.** Daher wird mit dem Abrechnungsbescheid nicht nur über den Fortbestand der Zahlungsverpflichtung entschieden, sondern auch über das Entstehen der Säumniszuschläge (BFH 17.9.2019 – VII R 31/18, BFH/NV 2020, 252; BFH 27.10.2010 – VII B 130/10, BFH/NV 2011, 197; BFH 8.11.1989 – I R 30/84, BFH/NV 1990, 546; FG München 30.3.2020 – 12 K 2165/18, BeckRS 2020, 20369). Dies ist notwendig, um dem Stpfl. im Bereich der Säumniszuschläge effektiven Rechtsschutz gewähren zu können (BFH 18.4.2006 – VII R 77/04, BStBl. II 2006, 578; BFH 12.8.1999 – VII R 92/98, BStBl. II 1999, 751; glA BeckOK AO § 218 Rn. 191). Die systematische Stellung des § 218 im StErhebungsverfahren wird damit durchbrochen. Dies ist jedoch notwendig, da ein zusätzliches Regelungsbedürfnis hinsichtlich des Entstehens von Säumniszuschlägen anzuerkennen ist (BFH 19.3.2019 – VII R 27/17, BStBl. II 2020, 31). So kann streitig sein, ob für bestimmte Zeiträume Aussetzung der Vollziehung bzw. Stundung gewährt worden ist. Besteht ein solcher Streit über das Entstehen von Säumniszuschlägen oder über deren Höhe, hat der Stpfl. einen Anspruch darauf, dass die FB über diese Fragen durch Abrechnungsbescheid entscheidet (BFH 11.11.2022 – VIII B 64/22 (AdV), BFH/NV 2023, 165; BFH 6.7.2015 – III B 168/14, BFH/NV 2015, 1344; BFH 12.8.1999 – VII R 92/98, BStBl. II 1999, 751). Dies gilt auch, wenn der Stpfl. einwendet, die Höhe der Säumniszuschläge sei nicht verfassungsgemäß (BFH 11.11.2022 – VIII B 64/22 (AdV), BFH/NV 2023, 165; BFH 28.10.2022 – VI B 15/22 (AdV), BStBl. II 2023, 12). Der Anspruch auf Erteilung entfällt allerdings bei missbräuchlicher Antragstellung des Stpfl., etwa dann, wenn Entstehung und Fortbestehen des Säumniszuschlages aufgrund einer Mahnung oder Kassenmitteilung des FA leicht und einwandfrei nachvollziehbar sind (BFH 12.8.1999 – VII R 92/98, BStBl. II 1999, 751). Der Abrechnungsbescheid wird Grundlage für die Verwirklichung der StAnsprüche iSd § 218 I (HHSp § 218 Rn. 80). 22

Auch **Erstattungsansprüche** bedürfen keiner gesonderten Festsetzung durch VA (BFH 18.6.1986 – II R 38/84, BStBl. II 1986, 704). Der Erstattungsanspruch kann unmittelbar in den Abrechnungsbescheid aufgenommen werden, auch wenn es an einer Streitigkeit über diesen Anspruch mangelt (BFH 25.2.1992 – VII R 8/91, BStBl. II 1992, 713; zu Einzelheiten → Rn. 10 ff.). 23

Pfändungs- und Überweisungsbeschluss. Der Erlass eines Abrechnungsbescheids ist zulässig, wenn Streitigkeiten über einen durch (zivilgerichtlichen) Pfändungs- und Überweisungsbeschluss zuerkannten Erstattungsanspruch bestehen. Das Recht der FB, durch einen VA iSd § 218 II zu entscheiden, wird durch den Pfändungs- und Überweisungsbeschluss nicht berührt (BFH 14.7.1987 – VII R 72/83, BStBl. II 1987, 802). Dabei umfasst die Entscheidungsbefugnis der FB auch die Frage, ob der Pfändungs- und Überweisungsbeschluss wirksam ist. Solche Einwendungen müssen also nicht im Verfahren vor dem Vollstreckungsgericht vorgebracht werden (BFH 14.7.1987 – VII R 72/83, BStBl. II 1987, 802). 24

III. Abgrenzung zur Anrechnungsverfügung

25 **Anrechnungsverfügung** und Abrechnungsbescheid sind unterschiedliche VA (BFH 29.10.2013 – VII R 68/11, BStBl. II 2016, 115; BFH 26.6.2007 – VII R 35/06, BStBl. II 2007, 742; BFH 28.4.1993 – I R 123/91, BStBl. II 1994, 147). Mit der Anrechnungsverfügung werden StVorauszahlungen, StAbzugsbeträge und KSt auf eine festgesetzte StSchuld angerechnet (Klein § 218 Rn. 25a). Es handelt sich nach hM um einen deklaratorischen VA, der eine Aussage darüber trifft, in welcher Höhe die festgesetzte Steuer bereits getilgt ist (BFH 25.10.2011 – VII R 55/10, BStBl. II 2012, 220; BFH 26.6.2007 – VII R 35/06, BStBl. II 2007, 742). Die Anrechnungsverfügung wird zwar mit dem StFestsetzungsbescheid äußerlich verbunden, stellt aber einen eigenständigen VA dar, der in seiner rechtlichen Beurteilung vom Festsetzungsbescheid zu trennen ist (BFH 15.4.1997 – VII R 100/96, BStBl. II 1997, 787). Die Anrechnungsverfügung ist, wie der Abrechnungsbescheid, Teil des Erhebungsverfahrens. Davon zu unterscheiden ist eine formlose Kassenmitteilung, die keinen VA darstellt (BFH 26.10.2009 – II B 58/09, BFH/NV 2010, 174).

26 Da es sich bei der Anrechnungsverfügung um einen VA handelt, kann sie in **Bestandskraft** erwachsen (TK § 218 Rn. 19; aA Siegert DB 1997, 2398; kritisch auch Klein § 218 Rn. 26). Eine **Änderung** der Anrechnungsverfügung erfolgt nach § 130, sodass eine Änderung zugunsten des Stpfl. ohne Weiteres, zu seinen Lasten jedoch nur unter den weiteren Voraussetzungen des § 130 II möglich ist (BFH 15.4.1997 – VII R 100/96, BStBl. II 1997, 787). Für die ESt ist eine Änderung der Anrechnungsverfügung nicht an eine eigenständige **Frist** gebunden. Einer späteren Anpassung stehen insb. bis dahin ggf. bereits abgelaufene Zahlungsverjährungsfristen nicht entgegen (BFH 29.10.2013 – VII R 68/11, BStBl. II 2016, 115). Ändert sich die festgesetzte EStSchuld, wird der StAnspruch erst mit der entspr. angepassten Anrechnungsverfügung fällig und die fünfjährige Zahlungsverjährungsfrist, innerhalb derer die Anpassung zu erfolgen hat, mit der Bekanntgabe des geänderten StBescheids erneut in Lauf gesetzt (BFH 18.7.2000 – VII R 32, 33/99, BStBl. II 2001, 133). Liegt hingegen keine geänderte StFestsetzung vor, kann die Anrechnung nach Ablauf der Zahlungsverjährungsfrist weder zugunsten noch zulasten des Stpfl. geändert werden (BFH 9.12.2010 – VII R 3/10, BFH/NV 2011, 750).

27 Bei **Streitigkeiten über die Anrechnung** von Vorauszahlungen oder StAbzugsbeträgen muss die FB einen Abrechnungsbescheid erlassen (BFH 17.9.1998 – I B 2/98, BFH/NV 1999, 440). Will der Stpfl. gegen die Anrechnungsverfügung Einwendungen erheben, kann er ergänzend auch gegen diese Einspruch einlegen, weil die Anrechnungsverfügung ein VA ist (BFH 9.12.2008 – VII R 43/07, BFH/NV 2009, 627; HHSp § 218 Rn. 105). Mit dem Einspruch gegen die Anrechnungsverfügung wird gleichzeitig auch deutlich, dass Streitigkeiten iSd § 218 II bestehen (BFH 26.11.1997 – I R 110/97, BFH/NV 1998, 581; BFH 25.2.1992 – VII R 41/91, BFH/NV 1992, 716). In einem solchen Fall hat die FB durch Abrechnungsbescheid über die strittigen Fragen zu entscheiden, weil das Verfahren gem. § 218 II Vorrang gegenüber dem Verfahren bezüglich der Anrechnungsverfügung besitzt (BFH 17.9.1998 – I B 2/98, BFH/NV 1999, 440; BFH 28.4.1993 – I R 123/91, BStBl. II 1994, 147; BFH 20.10.1987 – VII R 32/87, BFH/NV 1988, 349). Ein Verstoß gegen das Gebot effektiven Rechtsschutzes liegt darin nicht (BFH 25.10.2006 – I B 79/06, BFH/NV 2007, 207). Das Verfahren über den Einspruch gegen die Anrechnungsverfügung ist nach § 363 bis zur Entscheidung über den Abrechnungsbescheid auszusetzen (BFH 28.4.1993 – I R 100/92, BStBl. II 1993, 836). Ergeht der Abrechnungsbescheid erst während des Klageverfahrens gegen die Anrechnungsverfügung, entfällt das Rechtsschutzbedürfnis für diese Klage; sie wird unzulässig, sodass eine Aussetzung nach § 74 FGO ausscheidet (BFH 25.10.2006 – I B 79/06, BFH/NV 2007, 207).

28 **Bindungswirkung der Anrechnungsverfügung.** Zwischen dem I. und dem VII. Senat des BFH ist str., welche Bedeutung einer bestandskräftigen Anrechnungsverfügung für den Abrechnungsbescheid zukommt. Nach vorzugswürdiger Auffassung des VII. Senats

ist bei Erlass eines Abrechnungsbescheids eine zuvor ergangene bestandskräftige Anrechnungsverfügung zu beachten (BFH 26.6.2007 – VII R 35/06, BStBl. II 2007, 742; BFH 15.4.1997 – VII R 100/96, BStBl. II 1997, 787; TK § 218 Rn. 19). Die Anrechnungsverfügung ist ein VA, der Bindungswirkung entfaltet (BFH 27.10.2009 – VII R 51/08, BStBl. II 2010, 382). Der Abrechnungsbescheid kann vom Inhalt der Anrechnungsverfügung nur abweichen, wenn die Anrechnungsverfügung noch gem. §§ 130, § 131 geändert werden kann (BFH 8.9.2010 – I R 90/09, BFH/NV 2011, 338; AEAO zu § 218 Nr. 3). Dabei ist es ausreichend, dass die Anrechnungsverfügung stillschweigend durch den später erlassenen Abrechnungsbescheid geändert wird (BFH 15.4.1997 – VII R 100/96, BStBl. II 1997, 787). Ist eine Änderung nach § 130 bzw. § 131 nicht möglich, muss der Abrechnungsbescheid die Regelung der bestandskräftigen Anrechnungsverfügung übernehmen (BFH 16.10.1986 – VII R 159/83, BStBl. II 1987, 405). Ändert sich allerdings die StFestsetzung, ist im Umfang dieser Änderung auch die mit dem Änderungsbescheid verbundene Anrechnungsverfügung anzupassen (BFH 29.10.2013 – VII R 68/11, BStBl. II 2016, 115; → Rn. 26). Eine Aufhebung des StFestsetzungsbescheids führt jedenfalls dazu, dass die Anrechnungsverfügung gem. § 131 II 1 Nr. 3 widerrufen werden kann (BFH 14.6.2016 – VII B 47/15, BFH/NV 2016, 1428; so auch BeckOK AO § 218 Rn. 171). Dagegen vertritt der I. Senat die Auffassung, dass die Anrechnungsverfügung keine Bindungswirkung gegenüber dem Verfahren über den Abrechnungsbescheid entfalte (BFH 28.4.1993 – I R 123/91, BStBl. II 1994, 147; BFH 28.4.1993 – I R 100/92, BStBl. II 1993, 836; offen gelassen BFH 8.9.2010 – I R 90/09, BFH/NV 2011, 338; BFH 18.9.2007 – I R 54/06, BFH/NV 2008, 290). Ob die Anrechnungsverfügung nach §§ 130, 131 geändert werden könne, sei für den Abrechnungsbescheid bedeutungslos. Es sei gerade der Sinn des Abrechnungsbescheids, ohne Rücksicht auf eine frühere Anrechnungsverfügung über das Bestehen oder Nichtbestehen eines StAnspruchs zu entscheiden (BFH 28.4.1993 – I R 100/92, BStBl. II 1993, 836).

IV. Materielle Voraussetzungen für den Erlass des Abrechnungsbescheids

1. Streitigkeiten über die Verwirklichung von Steueransprüchen

Der Erlass eines Abrechnungsbescheids setzt Streitigkeiten über die Verwirklichung von 29 StAnsprüchen voraus. Es müssen also zwischen der FB und einem Stpfl. Meinungsverschiedenheiten darüber bestehen, ob, in welcher Höhe oder durch welche Handlung ein festgesetzter StAnspruch erloschen ist (BFH 24.5.2023 – XI R 45/20, BStBl. II 2023, 1082; Gosch AO § 218 Rn. 50). Dies ist zunächst der Fall, wenn die eine Seite ein (teilweises) Erlöschen des StAnspruchs bejaht, die andere Seite dies hingegen negiert. Auch eine Streitigkeit über die Frage, ob eine erloschene Abgabenschuld nach § 144 I InsO rückwirkend wieder auflebt, ist eine solche über die Verwirklichung eines StAnspruchs, der durch Abrechnungsbescheid zu entscheiden ist (BFH 14.12.2021 – VII R 15/19, BFH/NV 2022, 683). Eine Streitigkeit iSd § 218 II liegt darüber hinaus auch vor, wenn zwar Einigkeit über das Erlöschen des StAnspruchs besteht, die Beteiligten aber unterschiedlicher Auffassung bezüglich des Erlöschensgrundes sind (BFH 18.10.1994 – VII S 16/94, BFH/NV 1995, 474). Schon bei Vorliegen einer solchen Divergenz ist ein Abrechnungsbescheid zu erteilen. Zur Erfassung des Anspruchs auf Herausgabe einer Bürgschaftsurkunde BFH 18.7.2024 – V B 68/23, BFH/NV 2024, 1145.

Anspruch auf einen Abrechnungsbescheid. Der Stpfl. hat bei Vorliegen einer 30 Streitigkeit iSd § 218 II einen Anspruch auf Erteilung eines Abrechnungsbescheids, den er ggf. gerichtlich durchsetzen kann. Die FB ist gehalten, zunächst die aufgetretenen Zweifelsfragen hinsichtlich der Verwirklichung des StAnspruchs informell zu klären. Dazu kann dem Stpfl. Einblick in die Unterlagen gewährt werden oder ihm wird ein Kontoauszug übersandt (TK § 218 Rn. 21). In der Übersendung eines Kontoauszugs ist allerdings noch kein formeller Abrechnungsbescheid zu sehen (BFH 25.2.1992 – VII R 41/91, BFH/NV

1992, 716). Sollte auf diesem Wege eine Einigung nicht erzielt werden können, muss die FB einen Abrechnungsbescheid erlassen.

31 Eine **Anrechnungsverfügung** ist mangels Streitigkeit über die Verwirklichung von StAnsprüchen kein Abrechnungsbescheid (Schwarz/Pahlke/Keß § 218 Rn. 28). Erst wenn eine Streitigkeit über die Höhe der anzurechnenden Steuern entsteht, ist hierüber durch Abrechnungsbescheid zu entscheiden (BFH 29.10.2013 – VII R 68/11, BStBl. II 2016, 115; BFH 28.4.1993 – I R 123/91, BStBl. II 1994, 147; zu Einzelheiten → Rn. 25 ff.).

32 Ist Gegenstand des Abrechnungsbescheids ein **Erstattungsanspruch,** darf er auch erlassen werden, wenn keine Streitigkeit iSd § 218 II besteht (BFH 18.6.1986 – II R 38/84, BStBl. II 1986, 704; → Rn. 11).

2. Entscheidung auf Antrag oder von Amts wegen

33 Die FB kann sowohl auf Antrag des Stpfl. als auch von Amts wegen einen Abrechnungsbescheid erlassen (BFH 12.8.1999 – VII R 92/98, BStBl. II 1999, 751; BFH 12.6.1986 – VII R 103/83, BStBl. II 1986, 702). Der Abrechnungsbescheid ist zwingend zu erteilen, wenn der Stpfl. das Bestehen eines konkreten Zahlungsanspruchs bestreitet oder behauptet (zu Einzelheiten → Rn. 29 ff.). Ebenso muss die FB von Amts wegen tätig werden, wenn sich der Stpfl. auf ein Guthaben zu seinen Gunsten beruft, mit dem er aufrechnen möchte (FG Thüringen 21.6.1995 – I 140/94, EFG 1995, 1043). Das Vorbringen des Stpfl. ist auszulegen, sodass ein Abrechnungsbescheid ggf. auch ohne ausdrücklichen Antrag zu erlassen ist (TK § 218 Rn. 24). In der Anfrage des Stpfl., in welcher Höhe noch StRückstände bestehen, ist allerdings **kein Antrag** auf Erteilung eines Abrechnungsbescheids zu sehen.

34 **Antragsberechtigt** ist zunächst derjenige, der sich einem Zahlungsanspruch der FB ausgesetzt sieht (HHSp § 218 Rn. 113). Daneben kann ein Antrag auch von demjenigen gestellt werden, der behauptet, ihm stehe ein Zahlungsanspruch gegen die FB zu, der noch nicht verwirklicht ist (TK § 218 Rn. 24). Der Antrag ist weder fristgebunden noch muss eine besondere Form beachtet werden. Die Bestandskraft des den StAnspruch festsetzenden VA ist für den Abrechnungsbescheid unbeachtlich (BFH 3.7.1995 – GrS 3/93, BStBl. II 1995, 730).

V. Formelle Anforderungen an den Abrechnungsbescheid

1. Form

35 Das Gesetz schreibt nicht ausdrücklich vor, dass ein Abrechnungsbescheid schriftlich zu ergehen hat. Dennoch vertritt die hM zu Recht die Auffassung, dass die Wahrung der **Schriftform** idR aufgrund der Komplexität der zu regelnden Materie notwendig ist (TK § 218 Rn. 25). Durch Beachtung der Schriftform wird gewährleistet, dass der Abrechnungsbescheid für den Stpfl. verständlich und nachprüfbar ist. Nur so kann ein Abrechnungsbescheid den Bestimmtheitsanforderungen des § 119 I genügen. Ist die Schriftform zur Sicherung der inhaltlichen Bestimmtheit erforderlich, ist ein mündlich erteilter Abrechnungsbescheid nichtig (zu Einzelheiten bei Verstoß gegen die Schriftform → § 119 Rn. 27).

36 **Auslegung.** Es ist nicht notwendig, dass die FB den VA als Abrechnungsbescheid bezeichnet (BFH 19.2.2020 – III R 70/18, BStBl. II 2020, 707). Vielmehr kann auch durch Auslegung ermittelt werden, ob eine Äußerung der FB einen Abrechnungsbescheid iSd § 218 II darstellt (BFH 7.8.1990 – VII R 120/89, BFH/NV 1991, 569; allg. zur Auslegung von VA → § 118 Rn. 54 f.). Ob ein Abrechnungsbescheid vorliegt, ist anhand der materiellen Regelung zu entscheiden, die ggf. mit der Äußerung der FB getroffen wurde (BFH 14.7.1987 – VII R 72/83, BStBl. II 1987, 802). Bei der Auslegung ist zu berücksichtigen, inwiefern Streitigkeiten über die Verwirklichung eines StAnspruchs vorlagen (Schwarz/Pahlke/Keß § 218 Rn. 36). Daher liegt ein Abrechnungsbescheid auch ohne ausdrückliche Kennzeichnung vor, wenn die FB sich weigert, ein Guthaben aus-

zuzahlen, weil die Forderung durch Aufrechnung erloschen sei (BFH 21.2.1989 – VII R 42/86, BFH/NV 1989, 762). Entscheidet die FB in einer Einspruchsentscheidung über die Höhe eines streitigen Auszahlungsanspruches, kann auch darin ein Abrechnungsbescheid zu sehen sein (BFH 19.2.2020 – III R 70/18, BStBl. II 2020, 707).

Ehegatten. Zusammenveranlagte Ehegatten sind Gesamtschuldner der festgesetzten 37
Steuer. Daher kann nach Auffassung der BFH gegenüber Ehegatten entspr. § 155 III ein zusammengefasster Abrechnungsbescheid ergehen, soweit der Zusammenfassung nicht das Bestimmtheitsgebot des § 119 III entgegensteht (BFH 14.4.2015 – VII B 149/14, BFH/NV 2015, 1073; str.; aA TK § 218 Rn. 27; BeckOK AO § 218 Rn. 149; Schwebel DB 1992, 9). Hiergegen spricht, dass zwar Erfüllung und Aufrechnung für und gegen alle Gesamtschuldner wirken, andere den Abrechnungsbescheid beeinflussende Tatsachen dagegen nicht (FG Köln 27.1.1988 – 6 K 257/83, EFG 1988, 344; TK § 218 Rn. 27).

2. Inhalt

Aufgliederung der StAnsprüche. Es sind auch für den Abrechnungsbescheid die 38
Bestimmtheitsanforderungen des § 119 zu beachten und am Regelungsziel des Abrechnungsbescheids auszurichten, die Klärung der im Einzelfall bestehenden Streitigkeit zu erreichen (BFH 17.8.2023 – III R 37/22, BStBl. II 2024, 99). Aufgrund des Bestimmtheitsgebots (§ 119) muss ein Abrechnungsbescheid die str. StAnsprüche im Einzelnen bezeichnen (BFH 18.10.1994 – VII S 16/94, BFH/NV 1995, 474). Die StAnsprüche müssen nach **StArt, Zeitraum** und **Höhe** genau benannt werden (BFH 5.7.1988 – VII R 142/84, BFH/NV 1990, 69; BFH 1.8.1979 – VII R 115/76, BStBl. II 1979, 714). Dabei ist es nicht ausreichend, wenn die FB darauf hinweist, dass die str. StAnsprüche der jeweiligen StFestsetzung entnommen werden könnten (BFH 1.8.1979 – VII R 115/76, BStBl. II 1979, 714; TK § 218 Rn. 26). Soweit es für das Verständnis des Abrechnungsbescheids notwendig ist, sind die Beträge und Ansprüche einzeln aufzugliedern (TK § 218 Rn. 26). Es kann auch angezeigt sein, mehrere Abrechnungsbescheide zu erlassen (Schwarz/Pahlke/Keß § 218 Rn. 38). Generell gilt, dass der Inhalt des Abrechnungsbescheids an den im Einzelfall bestehenden Streitigkeiten auszurichten ist (BFH 4.2.1997 – VII R 50/96, BStBl. II 1997, 479). Im Falle der **Aufrechnung** ist der Abrechnungsbescheid nicht wegen fehlender Bestimmtheit nichtig (§ 125), wenn die Gegenforderung, mit der aufgerechnet werden soll, nicht konkret bezeichnet wurde (BFH 4.2.1997 – VII R 50/96, BStBl. II 1997, 479). Erst wenn der Stpfl. das Bestehen der Gegenforderung bestreitet, ist die Gegenforderung zu konkretisieren.

Benennung des Erlöschensgrundes. Da mit dem Abrechnungsbescheid über die 39
Frage entschieden wird, ob ein StAnspruch erloschen ist, muss ihm zweifelsfrei entnommen werden können, ob und ggf. wodurch die streitige Zahlungsverpflichtung verwirklicht wurde (BFH 5.7.1988 – VII R 142/84, BFH/NV 1990, 69; BFH 27.3.1968 – VII 306/64, BStBl. II 1968, 501). Der Stpfl. muss dem Abrechnungsbescheid also entnehmen können, welche StForderung durch welche Tilgungshandlung erloschen ist bzw. mangels Tilgungshandlung noch besteht (Klein § 218 Rn. 30). Sind sich FB und Stpfl. zwar einig, dass die StForderung erloschen ist, besteht aber Streit über den Erlöschensgrund, hat die FB den ihrer Meinung nach zutr. Erlöschensgrund durch Abrechnungsbescheid festzustellen (BFH 18.10.1994 – VII S 16/94, BFH/NV 1995, 474). Ist die Verjährung eines StAnspruchs im Streit, hat die FB hierüber eine eindeutige Feststellung zu treffen (BFH 5.7.1988 – VII R 142/84, BFH/NV 1990, 69). Der Abrechnungsbescheid muss keine Angabe über ein Buchungsdatum enthalten (FG Münster 9.9.2020 – 9 K 1361/19 AO, BeckRS 2020, 26993).

Für Säumniszuschläge gilt ebenfalls, dass sie für jeden StAnspruch getrennt aufgeführt 40
werden müssen, weil nur durch eine konkrete Aufgliederung eine ausreichende Überprüfung durch den Stpfl. gewährleistet wird (BFH 19.3.2019 – VII R 27/17, BStBl. II 2020, 31; BFH 1.8.1979 – VII R 115/76, BStBl. II 1979, 714). Daher müssen Säumniszuschläge geordnet nach Art, Zeitraum und Betrag aufgeführt werden und zwar bezogen

auf jede einzelne StSchuld getrennt; es genügt nicht, wenn die Säumniszuschläge vom Gesamtbetrag der StForderungen berechnet werden (BFH 19.3.2019 – VII R 27/17, BStBl. II 2020, 31).

3. Adressat

41 Adressat des Abrechnungsbescheids ist zunächst der Stpfl., der unmittelbar am StSchuldverhältnis beteiligt ist (TK § 218 Rn. 27). Aber auch **Dritte** kommen als Adressaten in Betracht. Der Abrechnungsbescheid ist bei Abtretung, Verpfändung und Pfändung an denjenigen Dritten zu richten, der aus diesen Rechtsgeschäften berechtigt oder verpflichtet wurde (BFH 14.7.1987 – VII R 72/83, BStBl. II 1987, 802).

42 **Ehegatten.** Jeder Ehegatte für sich ist auch bei Zusammenveranlagung Adressat eines Abrechnungsbescheids. Dennoch lässt der BFH es zu, dass entspr. § 155 III diesen ein zusammengefasster Bescheid erteilt wird (BFH 6.2.1990 – VII R 48/87, BFH/NV 1991, 3; str., zu Einzelheiten → Rn. 37).

VI. Erstattungsanspruch (Abs. 2 S. 2)

43 § 218 II 2 stellt lediglich klar, dass bei Streitigkeiten über das Erlöschen eines Erstattungsanspruchs nach § 37 II ein Abrechnungsbescheid erlassen werden kann. Einer ausdrücklichen Regelung hätte es nicht bedurft, weil ein Erstattungsanspruch nach § 37 II bereits von § 218 II 1 erfasst wird (TK § 218 Rn. 7). Darüber hinaus kann über einen Erstattungsanspruch durch Abrechnungsbescheid entschieden werden, auch wenn keine Streitigkeit iSd § 218 II gegeben ist (BFH 18.6.1986 – II R 38/84, BStBl. II 1986, 704; → Rn. 11). Voraussetzung für den Erlass eines Abrechnungsbescheids ist jedoch, dass es sich überhaupt um einen Anspruch aus dem StSchuldverhältnis handelt. Ob überhaupt ein Anspruch aus dem StSchuldverhältnis vorliegt, ist ernstlich zweifelhaft, wenn mit dem FA iRe Insolvenzverfahrens über die Erstattung von (vermeintlich) nach §§ 129 ff. InsO anfechtbar erlangten StAnsprüchen gestritten wird (BFH 12.11.2013 – VII R 15/13, BStBl. II 2014, 359; BFH 27.9.2012 – VII B 190/11, BFH/NV 2013, 106 unter Aufgabe der in der Entscheidung BFH 23.9.2009 – VII R 43/08, BStBl. II 2010, 215 vertretenen, abweichenden Rechtsauffassung). Hierbei handelt es sich nämlich um einen bürgerlich-rechtlichen Anspruch, der nicht durch VA entschieden werden kann, sondern auf dem Zivilrechtsweg verfolgt werden muss (BGH 24.3.2011 – IX ZB 36/09, NJW 2011, 1365; BFH 12.11.2013 – VII R 15/13, BStBl. II 2014, 359).

D. Verfahrensfragen; Rechtsbehelfe

I. Verfahrensfragen

44 Für den Erlass eines Abrechnungsbescheids richtet sich die **Zuständigkeit** nach den allgemeinen Zuständigkeitsregelungen (BFH 19.3.2019 – VII R 27/17, BStBl. II 2020, 31). Die Rspr., nach der die FB, die die zu verwirklichenden StAnsprüche festgesetzt hat, auch für den Erlass des Abrechnungsbescheids zuständig ist (BFH 12.7.2011 – VII R 69/10, BFH/NV 2011, 1936), ist überholt. Ein Wohnsitzwechsel wirkt sich nunmehr auf die Zuständigkeit für den Erlass des Abrechnungsbescheids aus (BFH 19.3.2019 – VII R 27/17, BStBl. II 2020, 31).

45 **Änderung eines Abrechnungsbescheids.** Ein Abrechnungsbescheid kann unter den Voraussetzungen der §§ 129, 130, 131 geändert werden. Die für StBescheide geltenden Änderungsnormen (§§ 172 ff.) sind nicht anzuwenden (TK § 218 Rn. 31). Zur Änderungsbefugnis nach § 218 III im Dreiecksverhältnis → Rn. 56.

II. Rechtsbehelfe

Der Abrechnungsbescheid kann mit **Einspruch** angefochten werden. Hat der Einspruch gegen einen bereits erlassenen Abrechnungsbescheid keinen Erfolg, muss der Stpfl. **Anfechtungsklage** erheben (BFH 18.8.2020 – VII R 39/19, BFH/NV 2021, 329). Für die Entscheidung über die Rechtmäßigkeit des angefochtenen Abrechnungsbescheids sind die Verhältnisse im Zeitpunkt der letzten Verwaltungsentscheidung (Einspruchsentscheidung) maßgebend. Lehnt die FB es dagegen ab, überhaupt einen Abrechnungsbescheid zu erlassen, ist die **Verpflichtungsklage** die richtige Klageart (Klein § 218 Rn. 42). Maßgebend sind insoweit die Verhältnisse zum Zeitpunkt der letzten mündlichen Verhandlung in der Tatsacheninstanz oder – wenn eine solche nicht stattgefunden hat – die Verhältnisse im Zeitpunkt der gerichtlichen Entscheidung der Tatsacheninstanz (BFH 11.2.2021 – VI R 37/18, BFH/NV 2021, 1085). Das FG hat dabei auch über den Bestand und die Durchsetzbarkeit dem FA abgetretener zivilrechtlicher Forderungen zu entscheiden (BFH 26.9.2023 – V B 23/22 (AdV), BFH/NV 2023, 1475). 46

Keine Einwendungen gegen die StFestsetzung. Der Stpfl. wird im Einspruchs- bzw. Klageverfahren gegen den Abrechnungsbescheid nur mit Einwendungen gehört, die sich auf die Verwirklichung des StAnspruchs beziehen. Er kann also nur Argumente vortragen, die sich auf Zahlung, Aufrechnung, Erlass oder Verjährung des StAnspruchs beziehen. Einwendungen gegen Grund und Höhe der StFestsetzung können im Verfahren über den Abrechnungsbescheid nicht mehr erhoben werden (BFH 15.6.1999 – VII R 3/97, BStBl. II 2000, 46; zur formellen Bescheidlage → Rn. 18 f.). Auch der **Zessionar** kann gegen den StBescheid des Zedenten keine Einwendungen im Verfahren über den Abrechnungsbescheid vortragen (BFH 28.4.1998 – VII B 228/97, BFH/NV 1999, 43). 47

Hinzuziehung/Beiladung. Bei einem Einspruch bzw. einer Klage eines von mehreren Gesamtschuldnern gegen einen Abrechnungsbescheid sind die übrigen Gesamtschuldner nicht notwendig hinzuzuziehen bzw. beizuladen (BFH 11.1.1994 – VII B 100/93, BStBl. II 1994, 405). Dies gilt insb. für Ehegatten. Eine notwendige Hinzuziehung bzw. Beiladung nach § 360 III AO bzw. 60 III FGO muss selbst dann nicht erfolgen, wenn der Abrechnungsbescheid an alle Gesamtschuldner adressiert war (HHSp § 218 Rn. 127). 48

Ein Einspruch gegen eine **Anrechnungsverfügung** kann als Antrag auf Erlass eines Abrechnungsbescheids ausgelegt werden (BFH 25.2.1992 – VII R 41/91, BFH/NV 1992, 716). Das Verfahren über den Abrechnungsbescheid hat Vorrang vor dem Verfahren über die Anrechnungsverfügung (BFH 29.10.2013 – VII R 68/11, BFH/NV 2014, 393; BFH 17.9.1998 – I B 2/98, BFH/NV 1999, 440). Das Einspruchsverfahren gegen die Anrechnungsverfügung ist daher nach § 363 auszusetzen (BFH 28.4.1993 – I R 100/92, BStBl. II 1993, 836). Zu Einzelheiten → Rn. 25 ff.. 49

Leistungsklage. Eine allgemeine Leistungsklage des Stpfl. auf Auszahlung einer StErstattung kann nur Erfolg haben, wenn die FB zuvor aufgrund eines abgeschlossenen Verwaltungsverfahrens den geltend gemachten Zahlungsanspruch durch bestandskräftigen VA festgestellt hat und nur noch seine Verwirklichung nach § 218 I aussteht, weil das FA die vorzunehmende Handlung verweigert (BFH 12.12.2023 – VII R 60/20, BFH/NV 2024, 638). In allen übrigen Fällen muss zunächst ein Verfahren nach § 218 II eingeleitet werden (BeckOK AO § 218 Rn. 224). Auch die Wirksamkeit einer Aufrechnung kann deshalb nicht iRe unmittelbar erhobenen Leistungsklage überprüft werden (→ § 226 Rn. 55 ff.). Im Verfahren über den Abrechnungsbescheid ist **vorrangig** über das Bestehen des Erstattungsanspruchs zu entscheiden (BFH 12.6.1986 – VII R 103/83, BStBl. II 1986, 702). 50

III. Aussetzung der Vollziehung

Ein Abrechnungsbescheid hat nicht in jedem Fall einen **vollziehbaren Inhalt.** Daher ist er der AdV nur unter bestimmten Voraussetzungen zugänglich. AdV kommt in Betracht, 51 wenn der Abrechnungsbescheid eine eigenständige Regelung enthält, die die Rechtsposition des Stpfl. verschlechtert (FG Münster 29.5.2020 – 12 V 901/20 AO, EFG 2020, 1053; Klein § 218 Rn. 44). Enthält der Abrechnungsbescheid selbst eine belastende Regelung oder beseitigt er eine in den vorangegangenen Bescheiden nach § 218 I enthaltene positive Regelung ganz oder teilweise, ist er vollziehbar und damit der AdV zugänglich (BFH 10.11.1987 – VII B 137/87, BStBl. II 1988, 43). Beschränkt sich die Feststellung des Abrechnungsbescheids dagegen auf eine bloße **Negation,** ist er nicht vollziehbar und ein Antrag auf AdV ist unzulässig (BFH 8.11.2004 – VII B 137/04, BFH/NV 2005, 492; BFH 25.3.1997 – VII B 149/96, BFH/NV 1997, 547).

52 **Einzelfälle.** AdV eines Abrechnungsbescheids ist wegen einer eigenständigen Regelung in folgenden Fällen möglich:

- **Aufrechnung.** Der Abrechnungsbescheid trifft eine eigenständige Regelung, die vollziehbar ist, wenn die FB mit ihm die Aufrechnung erklärt. Durch die Aufrechnung verschlechtert sich die rechtliche Position des Stpfl., sodass die Gewährung vorläufigen Rechtsschutzes durch AdV gerechtfertigt ist (BFH 10.11.1987 – VII B 137/87, BStBl. II 1988, 43).
- **Änderung von Anrechnungsbeträgen.** Der Abrechnungsbescheid verändert die anzurechnenden StAbzugsbeträge bzw. StVorauszahlungen zulasten des Stpfl. (Klein § 218 Rn. 44).
- **Erstattungsanspruch und Säumniszuschläge.** Fragen der Entstehung eines StAnspruchs sind grds. nicht Gegenstand des Abrechnungsbescheids. Dies gilt jedoch nicht für Erstattungsansprüche iSd § 37 II und Säumniszuschläge, über deren Entstehung mit dem Abrechnungsbescheid entschieden wird (→ Rn. 3, 10 f.). Ein solcher Abrechnungsbescheid kann von der Vollziehung ausgesetzt werden (BFH 11.11.2022 – VIII B 64/22 (AdV), BFH/NV 2023, 165; BFH 28.10.2022 – VI B 15/22 (AdV), BStBl. II 2023, 12; Klein § 218 Rn. 44).

53 **Keine Aussetzung der Vollziehung** kommt in Betracht, wenn der Abrechnungsbescheid nur feststellt, dass der festgesetzte StAnspruch noch nicht erloschen ist (BFH 20.7.2009 – VII S 22/09, BFH/NV 2009, 1599). Grundlage der Verwirklichung der StAnsprüche bleibt hier der ursprüngliche St(Festsetzungs)Bescheid (BFH 25.3.1997 – VII B 149/96, BFH/NV 1997, 547). Der Abrechnungsbescheid enthält insoweit keinen vollziehbaren Inhalt.

IV. Korrektur im Dreiecksverhältnis (Abs. 3)

56 Der FB wird nach § 218 III 1 die Möglichkeit eröffnet, Folgerungen aus der auf einem Antrag des Stpfl. oder eines Dritten beruhenden Rücknahme einer Anrechnungsverfügung oder eines Abrechnungsbescheids zu ziehen. Die Regelung ist mit der Vorschrift des § 174 IV vergleichbar (Gosch AO § 218 Rn. 90). Sie soll sicherstellen, dass die zutr. Rechtsfolgen auch in einem Dreiecksverhältnis gegenüber einem Dritten oder auch gegenüber dem Stpfl. selbst gezogen werden können (Klein § 218 Rn. 35). Daher können nach § 218 III 1 nachträglich gegenüber dem Stpfl. oder einer anderen Person (Ehepartner, Lebenspartner, Abtretungsempfänger, Pfandgläubiger) die entsprechenden steuerlichen Folgerungen gezogen werden, wenn eine Anrechnungsverfügung oder ein Abrechnungsbescheid aufgrund eines Rechtsbehelfs oder auf Antrag des Stpfl. oder eines Dritten zurückgenommen und in dessen Folge ein für ihn günstigerer VA erlassen wird. Der Antrag muss vom Stpfl. oder einem Dritten – also zB einem Ehegatten oder einem Abtretungsempfänger – gestellt worden sein (Gosch AO § 218 Rn. 83). Insbesondere unter Ehegatten/Lebenspartnern wird mit der Regelung gewährleistet, dass aus einer Zahlung/Aufrechnung etc für alle Beteiligten die zutr. Folgerungen gezogen werden können (Klein § 218 Rn. 37). Dadurch soll verhindert werden, dass es zu einer ungerechtfertigten mehrfachen Anrechnung von StZahlungen in Dreiecksverhältnissen kommt (vgl. BT-Drs. 18/3017, 34; TK § 218 Rn. 34). Allerdings setzt eine Änderung gegenüber

einem Dritten gem. § 218 III 2 voraus, dass dieser entspr. § 174 V zum Verfahren wirksam **hinzugezogen** bzw. beigeladen worden war (BFH 20.2.2017 – VII R 22/15, BFH/NV 2017, 906). Hierfür ist bereits die Möglichkeit einer Folgeänderung ausreichend (BFH 29.5.2018 – VII B 112/17, BFH/NV 2018, 972). Nach § 218 III 2 wird bezüglich des Eintritts der Festsetzungsverjährung die entsprechende Anwendung des § 174 IV 3 angeordnet. Der Ablauf der Festsetzungsfrist ist danach unbeachtlich, wenn die notwendigen Änderungen innerhalb eines Jahres nach Korrektur der Anrechnungsverfügung oder des Abrechnungsbescheids beim Dritten gezogen werden.

§ 219 Zahlungsaufforderung bei Haftungsbescheiden

[1] Wenn nichts anderes bestimmt ist, darf ein Haftungsschuldner auf Zahlung nur in Anspruch genommen werden, soweit die Vollstreckung in das bewegliche Vermögen des Steuerschuldners ohne Erfolg geblieben oder anzunehmen ist, dass die Vollstreckung aussichtslos sein würde. [2] Diese Einschränkung gilt nicht, wenn die Haftung darauf beruht, dass der Haftungsschuldner Steuerhinterziehung oder Steuerhehlerei begangen hat oder gesetzlich verpflichtet war, Steuern einzubehalten und abzuführen oder zu Lasten eines anderen zu entrichten.

Übersicht

I. Allgemeines

Bedeutung. § 219 schränkt die Inanspruchnahme des Haftungsschuldners auf Zahlung 1 ein: Eine Zahlungsaufforderung (Leistungsgebot) an den Haftenden darf erst ergehen, wenn die Vollstr. in das bewegliche Vermögen des StSchuldners ohne Erfolg geblieben ist oder aussichtslos erscheint. Die Vorschrift folgt damit dem von der Rspr. zu § 118 RAO aufgestellten Grundsatz, dass der Haftende grds. nur nach dem StSchuldner in Anspruch genommen werden darf (Subsidiarität; BeckOK AO § 219 Rn. 1; TK § 219 Rn. 1). Die FB hat § 219 nur im **Erhebungsverfahren** zu beachten. Für den Erlass des Haftungsbescheids (§ 191), mit dem der Haftungsanspruch festgesetzt wird, ist die Regelung ohne Bedeutung (Gosch AO § 219 Rn. 3). Zu Ausnahmen vom Subsidiaritätsgrundsatz → Rn. 26 f.

II. Subsidiarität der Inanspruchnahme des Haftungsschuldners (S. 1)

1. Voraussetzungen der Inanspruchnahme

Der Haftungsschuldner darf aufgrund des Haftungsbescheids nur auf Zahlung in An- 9 spruch genommen werden, soweit die **Vollstreckung in das bewegliche Vermögen** des StSchuldners ohne Erfolg geblieben ist oder aussichtslos erscheint. Dies ist Ausdruck des Grundsatzes der Subsidiarität eines Haftungsanspruchs (BFH 4.6.2019 – VII R 16/18, BStBl. II 2020, 456). Die FB kann somit nicht frei entscheiden, ob sie den StSchuldner oder den Haftenden auf Zahlung in Anspruch nehmen will. Vor Erlass einer Zahlungsaufforderung an den Haftungsschuldner müssen die Voraussetzungen des § 219 erfüllt sein.

10 **Ohne Erfolg.** Die FB darf eine Zahlungsaufforderung nur erlassen, falls sie die Vollstr. in das bewegliche Vermögen (§§ 281–321) des StSchuldners ernsthaft versucht hat und dieser Versuch erfolglos geblieben ist (HHSp § 219 Rn. 21). Ohne Erfolg ist ein VollstrVersuch geblieben, wenn keine pfändbaren Gegenstände vorgefunden wurden oder ein Verwertungserlös die VollstrKosten nicht übersteigt (BeckOK AO § 219 Rn. 6). Reichte der Verwertungserlös nur zu einer teilweisen Befriedigung des StGläubigers aus, darf der Haftungsschuldner auf den Rest in Anspruch genommen werden, weil insoweit die Vollstr. erfolglos geblieben ist (TK § 219 Rn. 6).

11 **Vollstreckung aussichtslos.** Liegen der FB konkrete Informationen vor, die die Annahme rechtfertigen, dass eine Vollstr. in das bewegliche Vermögen des StSchuldners aussichtslos sein wird, ist ein VollstrVersuch entbehrlich (BFH 4.6.2019 – VII R 16/18, BStBl. II 2020, 456; TK § 219 Rn. 6). Die FB darf nur zeitnahe und zuverlässige Informationen berücksichtigen. Sie trifft die Feststellungslast. Allerdings muss die Aussichtslosigkeit der Vollstr. nicht feststehen, zB durch Vornahme eines erfolglosen VollstrVersuchs (BFH 24.4.2008 – VII B 262/07, BFH/NV 2008, 1448). Vielmehr ist es ausreichend, wenn die FB zu der Annahme gelangt, eine Vollstr. werde keinen Erfolg haben. Eine an Gewissheit grenzende Wahrscheinlichkeit der Erfolglosigkeit von VollstrVersuchen braucht nicht vorzuliegen (BFH 4.6.2019 – VII R 16/18, BStBl. II 2020, 456; BFH 30.8.2017 – II R 48/15, BStBl. II 2018, 24).

12 Die Vollstr. ist **nicht aussichtslos,** wenn dem StSchuldner Ratenzahlung aufgrund einer Stundung bzw. eines VollstrAufschubs gewährt wurde. In diesem Fall darf noch keine Zahlungsaufforderung an den Haftenden ergehen; es ist erst die Tilgung der StSchuld durch den Erstschuldner abzuwarten. Kommt der StSchuldner seiner Ratenzahlungsverpflichtung nicht mehr nach, muss die FB grds. zunächst wiederum einen VollstrVersuch erfolglos unternehmen, um ein Leistungsgebot gegenüber dem Haftenden erlassen zu können (HHSp § 219 Rn. 29).

13 **Unbewegliches Vermögen.** Die Vollstreckung in das unbewegliche Vermögen des StSchuldners muss nicht versucht worden sein (BFH 22.7.1986 – VII R 191/83, BFH/NV 1987, 140). Allerdings kann im Einzelfall ein Ermessensfehler vorliegen, wenn der StSchuldner über ausreichendes unbewegliches Vermögen verfügt, zuvor aber dennoch keine Vollstr. bei ihm versucht worden war (TK § 219 Rn. 5).

14 Der Grundsatz der Subsidiarität fordert, dass die FB zunächst durch **Aufrechnung** Befriedigung beim Erstschuldner suchen muss (Gosch AO § 219 Rn. 10; auch BFH 23.10.1985 – VII R 187/82, BStBl. II 1986, 156). Eine Aufrechnung muss auch erfolgen, wenn sich der StSchuldner in der Insolvenz befindet (BFH 21.9.1993 – VII R 119/91, BStBl. II 1994, 83; TK § 219 Rn. 4). Ist das Vorliegen einer Aufrechnungslage allerdings ungewiss, ist der Erlass einer Zahlungsaufforderung uneingeschränkt zulässig, wobei zum Schutz des Haftenden Stundung gewährt werden kann (BFH 4.5.1983 – II R 108/81, BStBl. II 1983, 592).

2. Steuerschuldner

19 Der Grundsatz der subsidiären Inanspruchnahme des Haftungsschuldners gilt nicht nur für StSchulden, obwohl S. 1 nur von der Vollstr. in das bewegliche Vermögen des **StSchuldners** spricht. Vielmehr ist § 219 für alle Ansprüche aus dem StSchuldverhältnis nach § 37 zu beachten (Gosch AO § 219 Rn. 9). Daher kann auch bei der Haftung für steuerliche Nebenleistungen (§ 3 IV) eine Zahlungsaufforderung nur ergehen, wenn die Voraussetzungen des § 219 erfüllt sind (BeckOK AO § 219 Rn. 7). Eine andere Auslegung würde zu dem widersinnigen Ergebnis führen, dass für die weitaus bedeutendere StSchuld nur eine subsidiäre Inanspruchnahme möglich wäre, während für alle übrigen (weniger bedeutenden) Ansprüche aus dem StSchuldverhältnis unmittelbar eine Zahlungsaufforderung ergehen könnte (TK § 219 Rn. 3).

3. Entschließungsermessen

Der Erlass einer Zahlungsaufforderung steht im (Entschließungs-)Ermessen der FB (Gosch AO § 219 Rn. 4). Bei Vorliegen der Voraussetzungen des S. 1 wird es allerdings idR sachgerecht sein, den Haftenden zur Zahlung aufzufordern, sodass die Ermessensentscheidung nicht besonders begründet werden muss (Klein § 219 Rn. 3). Die FB hat vor Erlass einer Zahlungsaufforderung eine **eigenständige Ermessensentscheidung** zu treffen, die unabhängig von der Ermessensentscheidung über den Erlass des Haftungsbescheids ist (FG Sachsen-Anhalt 26.9.2013 – 6 K 1458/09, BeckRS 2014, 94195; Gosch AO § 219 Rn. 4). Bei dieser Ermessensentscheidung ist zu berücksichtigen, ob nicht zunächst ein VollstrVersuch in das **unbewegliche Vermögen** des StSchuldners versucht werden muss (HHSp § 219 Rn. 64; zu Einzelheiten → Rn. 13). 22

III. Ausnahmen von der Subsidiarität (S. 2)

1. Allgemeines

Der Grundsatz der Subsidiarität gilt nicht ausnahmslos, sondern wird nach S. 2 für viele praxisrelevante Fälle aufgehoben. In den Haftungsfällen der §§ 69, 71 und bei einer Haftung für Abzugssteuern kann sich die FB nach § 219 S. 2 unmittelbar an den Haftenden wenden, ohne zuvor die Vollstr. beim StSchuldner versucht zu haben, weil der Haftende wesentlich zum Ausfall des StAnspruchs beigetragen hat (BFH 12.9.2014 – VII B 99/13, BFH/NV 2015, 161; Gosch AO § 219 Rn. 12). 26

2. Voraussetzungen

Die unmittelbare Inanspruchnahme auf Zahlung setzt voraus, dass der Haftende StHinterziehung oder StHehlerei begangen hat oder gesetzlich verpflichtet war, Steuern einzubehalten oder abzuführen oder zulasten eines anderen zu entrichten. S. 2 zählt die Ausnahmetatbestände abschließend auf (TK § 219 Rn. 10). 29

Im Falle der **StHinterziehung (§ 370) oder StHehlerei (§ 374)** wird der Grundsatz der Subsidiarität nur durchbrochen, wenn der Täter als Haftender in Anspruch genommen werden soll. **Teilnehmer** der Straftat (Anstifter oder Gehilfe) werden von S. 2 **nicht** erfasst (FG Rheinland-Pfalz 7.1.2015 – 5 V 2068/14, wistra 2015, 284; TK § 219 Rn. 10; BeckOK AO § 219 Rn. 15). Ob der Haftende tatsächlich eine solche Tat begangen hat, ist für die Inanspruchnahme unerheblich, solange der Haftungsbescheid dies feststellt (BFH 16.3.1995 – VII S 39/92, BFH/NV 1995, 950). Es ist allein im Verfahren über den Haftungsbescheid zu entscheiden, inwiefern die Haftungsvoraussetzungen erfüllt sind. 30

Auch die Verletzung der Verpflichtung, **zulasten eines anderen** Steuern entrichten zu müssen, kann eine Haftung nach § 69 auslösen, sodass S. 2 Anwendung findet (BFH 11.12.2012 – VII R 70/11, BStBl. II 2013, 475). 31

Wer nach den §§ 42d, 44 V, 48a III, 50a V EStG für **einzubehaltende und abzuführende** Steuern haftet, kann ebenfalls unmittelbar in Anspruch genommen werden (Klein § 219 Rn. 8). 32

Kein Fall des S. 2 liegt vor, wenn jemand wegen der Ausstellung einer falschen StBescheinigung haftet (zB § 27 V KStG). Der Haftende verstößt nicht gegen eine Pflicht, Steuern einzubehalten und abzuführen oder zulasten eines anderen zu entrichten (Schwarz/Pahlke/Keß § 219 Rn. 18). 33

3. Auswahlermessen

Auch in den Fällen des S. 2 ist die FB **nicht verpflichtet,** den Haftenden in Anspruch zu nehmen (TK § 219 Rn. 13). Vielmehr „darf" der Haftende nach S. 2 ohne die Einschränkungen des S. 1 zur Zahlung aufgefordert werden, sodass die FB eine Ermessensentscheidung zu treffen hat (Gosch AO § 219 Rn. 16). Das (Auswahl-)Ermessen der FB ist nicht dahingehend eingeschränkt, dass der Haftende **vor** dem StSchuldner in Anspruch genommen werden muss (HHSp § 219 Rn. 66). Die vorrangige Inanspruchnahme des 36

StHinterziehers ist nach Auffassung des BFH idR billig und gerecht, sodass eine Haftungsfreistellung ermessensfehlerhaft wäre (BFH 5.6.1985 – VII R 57/82, BStBl. II 1985, 688; aA Strunk StB 1996, 11; Müller DStZ 1998, 449).

IV. Verfahrensfragen; Rechtsbehelfe

39 Die Zahlungsaufforderung nach § 219 ist VA (Gosch AO § 219 Rn. 4). Die Voraussetzungen des § 219 sind für die **Festsetzung des Haftungsanspruchs** ohne Bedeutung (Gosch AO § 219 Rn. 3).

40 **Verbindung mit Haftungsbescheid.** Die Zahlungsaufforderung darf mit dem Haftungsbescheid in einem Schriftstück verbunden werden (allg. zum zusammengefassten Bescheid → § 118 Rn. 50). Trotz äußerlicher Verbindung handelt es sich um jeweils selbständige VA, die bezüglich der Rechtsfolgen, der Änderbarkeit und der Anfechtung unterschiedlich zu beurteilen sind (Gosch AO § 219 Rn. 7; TK § 219 Rn. 1). Eine Zusammenfassung mit dem Haftungsbescheid ist dagegen unzulässig, wenn die Voraussetzungen des § 219 bei Erlass des Haftungsbescheids noch nicht gegeben sind (BFH 16.3.1995 – VII S 39/92, BFH/NV 1995, 950).

41 Als selbständiger VA kann die Zahlungsaufforderung mit dem **Einspruch** angefochten werden, auch wenn sie mit dem Haftungsbescheid verbunden ist (BFH 8.2.2008 – VII B 156/07, BFH/NV 2008, 967). Sowohl für den Haftungsbescheid als auch für die Zahlungsaufforderung ist eine ordnungsgemäße Rechtsbehelfsbelehrung zu erteilen. Ist dies für die Zahlungsaufforderung unterblieben, beginnt die Einspruchsfrist nach § 356 nicht zu laufen. Die Jahresfrist des § 356 II 1 ist jedoch zu beachten.

44 **Einwendungen.** Im Einspruchsverfahren gegen die Zahlungsaufforderung sind nur die Einwendungen zugelassen, die sich gegen die Rechtmäßigkeit dieser Maßnahme an sich richten. So kann der Stpfl. einwenden, dass die FB noch nicht einmal den Versuch der Vollstr. beim StSchuldner unternommen hat (BFH 30.8.2017 – II R 48/15, BStBl. II 2018, 24). Ebenso kann er vorbringen, dass die StSchuld bereits erloschen ist. Einwendungen gegen die Rechtmäßigkeit des Haftungsbescheids (BFH 16.3.1995 – VII S 39/92, BFH/NV 1995, 950) oder gegen die Rechtmäßigkeit der StFestsetzung sind unbeachtlich (Klein § 219 Rn. 12; BeckOK AO § 219 Rn. 25). Für den Erlass der Zahlungsaufforderung kommt es insoweit nur auf die **formelle Bescheidlage** an (BFH 16.3.1995 – VII S 39/92, BFH/NV 1995, 950).

45 **Zahlungen auf die StSchuld,** die nach Ergehen der Zahlungsaufforderung geleistet werden, berühren die Rechtmäßigkeit der Zahlungsaufforderung nicht, weil es für die Frage der Rechtmäßigkeit allein auf den Zeitpunkt der letzten Verwaltungsentscheidung ankommt (BFH 12.8.1997 – VII R 107/96, BStBl. II 1998, 131). Selbstverständlich muss der Haftende nur noch die materiell-rechtlich bestehende StSchuld begleichen; die formelle Zahlungsaufforderung bleibt jedoch in der ursprünglichen Höhe bestehen (HHSp § 219 Rn. 75). Erfolgt die Zahlung auf die StSchuld dagegen vor dem Erlass der Zahlungsaufforderung, ist dies zu berücksichtigen.

§ 220 Fälligkeit

(1) **Die Fälligkeit von Ansprüchen aus dem Steuerschuldverhältnis richtet sich nach den Vorschriften der Steuergesetze.**

(2) [1] **Fehlt es an einer besonderen gesetzlichen Regelung über die Fälligkeit, so wird der Anspruch mit seiner Entstehung fällig, es sei denn, dass in einem nach § 254 erforderlichen Leistungsgebot eine Zahlungsfrist eingeräumt worden ist.** [2] **Ergibt sich der Anspruch in den Fällen des Satzes 1 aus der Festsetzung von Ansprüchen aus dem Steuerschuldverhältnis, so tritt die Fälligkeit nicht vor Bekanntgabe der Festsetzung ein.**

I. Allgemeines

Rechtsentwicklung. Abs. 2 S. 2 wurde durch Art. 26 Nr. 22 StMBG neu gefasst, an die Terminologie des § 37 I angepasst und es wurde klargestellt, dass § 220 II 2 auch auf Haftungsansprüche anzuwenden ist (HHSp § 220 Rn. 1). 1

Der Begriff der Fälligkeit ist in der AO nicht definiert. In Anlehnung an § 271 BGB wird unter Fälligkeit der Zeitpunkt verstanden, ab dem der Gläubiger eines Anspruchs aus dem StSchuldverhältnis die Leistung vom Schuldner verlangen kann und dieser die Leistung erbringen muss (Gosch AO § 220 Rn. 2). Ein Anspruch ist danach fällig, wenn er als gegenwärtig geschuldete Leistung zu bewirken ist und die mit einer Nichtleistung verbundenen Rechtsnachteile (→ Rn. 4) nicht eintreten sollen (TK § 220 Rn. 1). 2

Gegenstand der Fälligkeit sind alle in § 37 I abschließend aufgezählten Ansprüche aus dem StSchuldverhältnis (→ § 37 Rn. 5 ff.). 3

Bedeutung. An den Fälligkeitszeitpunkt knüpfen weitere steuerliche Regelungen an. So ist zB eine **Aufrechnung** gem. § 226 I iVm § 387 BGB nur mit fälligen Ansprüchen möglich. Wird eine Steuer nicht bis zum Ablauf des Fälligkeitstags entrichtet, wird für jeden angefangenen Monat der Säumnis ein **Säumniszuschlag** erhoben (§ 240 I 1); entspr. bei Zöllen Verzugszinsen (Art. 114 I UZK). Auch die **Vollstr.** setzt ua voraus, dass die zu vollstreckende Leistung fällig ist (§ 254 I 1). Die **Zahlungsverjährung** beginnt mit Ablauf des Kj., in dem der Anspruch erstmals fällig geworden ist (§ 229 I 1). Eine **Leistung vor Fälligkeit** ist zwar zulässig, kann aber nicht verlangt werden (HHSp § 220 Rn. 6). Nimmt das FA die freiwillige Zahlung an, ist die Leistung nicht rechtsgrundlos, solange sie (formal) auf einer wirksamen StFestsetzung beruht (→ § 37 Rn. 54; aA TK § 37 Rn. 29); der Zahlungsanspruch des FA erlischt (BFH 6.2.1996 – VII R 50/95, BStBl. II 1997, 112). 4

II. Fälligkeit nach den Einzelsteuergesetzen (Abs. 1)

Im Regelfall wird die Fälligkeit durch die EinzelStG bestimmt. Beispiele: §§ 13 I, 14 **EigZulG;** § 73e S. 1 **EStDV;** §§ 36 I, IV, 37 I, IV, 41a I, II, 44 I 5, 48a I 2, 50a V **EStG** → § 229 Rn. 5); § 8 **FeuerschStG;** §§ 19 I 1, III, 20 II **GewStG;** § 15 **GrEStG;** §§ 28, 29, 30 I, III, 31 **GrStG;** § 10 **InvZulG;** §§ 6, 11 **KraftStG;** § 31 I **KStG;** §§ 13, 21 **RennwLottG;** § 18 II **RennwLottGABest;** §§ 18 I 4, II, IIa, IV, Va **UStG;** § 8 I, III, IV **VersStG.** Auch **Verbrauchsteuergesetze** enthalten Fälligkeitsvorschriften (zB § 18 I, II TabStG; §§ 15 II 2, 20 V 2, 21 V 3 BierStG; § 19 AlkStG; §§ 15 I 2, II 2, 20 V 2, 21 V 3, 22 III 3, 23a III 6 SchaumwZwStG; §§ 8 V, VI 1, VIa 2, 9 II 3, 14 VII 2, 15 V 2, 16 III 2, 17 II 2, 18 IV 3, 18a III 3, 20 IV 4, 21 II 4, 22 II 4, 23 VI, 30 II 5, 33, 36 II 3, 37 III 7, IV 2, 39, 42 II 3, 43 II 4 EnergieStG; § 8 III, IV, VII, IX 2 StromStG; §§ 12 I 2, II 2, 17 V 2, 18 V 3, 19 III 3 KaffeeStG). Für **Zölle** tritt die Fälligkeit nach Art. 108 I 2 UZK spätestens 10 Tage nach dem Zeitpunkt der Mitteilung des geschuldeten Abgabenbetrags an den Zollschuldner ein, sofern die Frist nicht auf Antrag verlängert oder eine Zahlungserleichterung nach Art. 110–112 UZK gewährt wird. Bei **unmittelbaren Drittlandimporten** gelten die Zollvorschriften auch für die VerbrauchSt (vgl. § 21 III 1 TabStG, § 18 III 1 BierStG, § 22 III 1, IV AlkStG, § 18 III 1, IV SchaumwZwStG, § 19b III 1, IV EnergieStG, § 15 III 1, IV KaffeeStG). Für die **EUSt** ist Art. 108 UZK gem. § 21 II UStG sinngemäß anzuwenden. 5

III. Fälligkeit bei Fehlen einer besonderen gesetzlichen Regelung (Abs. 2)

Fehlt eine besondere gesetzlichen Regelung in den EinzelStGesetzen, bestimmt § 220 II, dass der Anspruch aus dem StSchuldverhältnis mit seiner Entstehung fällig wird (BFH 3.6.1981 – II R 78/80, BStBl. II 1981, 758). Nur die Zahlungsfrist aufgrund eines Leistungsgebots nach § 254 oder die Bekanntgabe der StFestsetzung können eine davon abweichende Fälligkeit bewirken. 6

1. Fälligkeit mit Entstehung (Abs. 2 S. 1 HS 1)

7 Ansprüche aus dem StSchuldverhältnis entstehen gem. § 38, sobald der Tatbestand verwirklicht ist, an den das Gesetz die Leistungspflicht knüpft. Die Entstehung hängt weder von einer StFestsetzung ab (BFH 29.2.2012 – II R 19/10, BStBl. II 2012, 489) noch ist sie vom Verwirklichungswillen des Stpfl. oder des FA abhängig (BFH 27.3.1990 – VII R 26/89, BStBl. II 1990, 939; → § 38 Rn. 3). Nicht unter Abs. 2 S. 1 fallen demnach solche Ansprüche aus dem StSchuldverhältnis, für deren Entstehen eine Ermessens- oder Prognoseentscheidung der FB erforderlich ist (zB Verspätungszuschlag gem. § 152 I (nunmehr anders bei Überschreitung der in § 152 II genannten Fristen), Zwangsgeld gem. § 328 I iVm § 329, Vorauszahlungen auf ertragsabhängige Jahressteuern gem. § 37 I EStG ua; → Rn. 9 und → § 38 Rn. 4, 20). Eine Fälligkeit vor Entstehung des Anspruchs ist ausgeschlossen.

Fälle, in denen ein Anspruch entsteht und sofort fällig wird, sind in der Praxis selten (Gosch AO § 220 Rn. 20). Hierzu gehören:

- **Säumniszuschläge,** die nach § 240 I kraft Gesetzes durch Nichtentrichtung der Steuer entstehen und keiner Festsetzung bedürfen.
- **Erstattungsansprüche nach § 37 II,** die sich ohne vorherige Festsetzung und ohne Aufhebung einer etwa entgegenstehenden Abgabenfestsetzung allein aus der ungerechtfertigten (Aus-)Zahlung ergeben (sog. Erstattungsansprüche im engeren Sinn), wie zB Zahlung aufgrund eines nichtigen Bescheids (BFH 9.7.1996 – VII R 136/95, BFH/NV 1997, 10) oder aufgrund einer unzulässigen Vollstr. (HHSp § 220 Rn. 45).
- **Rückforderungsansprüche des FA,** die in Fällen einer Doppelzahlung ebenfalls bereits mit der ungerechtfertigten Auszahlung oder Umbuchung des entspr. Geldbetrages entstehen und fällig werden (BFH 25.2.1992 – VII R 8/91, BStBl. II 1992, 713). Folgt der Rückforderungsanspruch aber aus der Aufhebung einer rechtswidrigen und damit anfechtbaren StFestsetzung, wird der Rückforderungsanspruch erst mit Bekanntgabe des Änderungs- oder Aufhebungsbescheides fällig (§ 220 Abs. 2 Satz 2; BFH 11.12.2013 – XI R 42/11, BStBl. II 2014, 840).

2. Einräumung einer Zahlungsfrist durch Leistungsgebot (Abs. 2 S. 1 HS 2)

8 Die Ausnahmeregelung des § 220 II 1 HS 2 besagt, dass die mit Entstehung des Anspruchs eintretende Fälligkeit durch ein Leistungsgebot nach § 254 hinausgeschoben werden kann. Der Anspruch wird dann erst mit Ablauf der im Leistungsgebot genannten Zahlungsfrist fällig und nach § 254 I 1 vollstreckbar (→ § 254 Rn. 5). Zur Zahlungsaufforderung bei Haftungs-/Duldungsbescheiden vgl. § 219.

3. Keine Fälligkeit vor Bekanntgabe (Abs. 2 S. 2)

9 Enthält der VA, durch den der Anspruch aus dem StSchuldverhältnis festgesetzt wird, keine Zahlungsfrist (kein Leistungsgebot) und ist auch keine gesetzliche Zahlungsfrist gegeben, tritt die Fälligkeit gem. § 220 II 2 mit der Bekanntgabe ein (BFH 14.3.1989 – VII R 152/85, BStBl. II 1990, 363; zur Anwendbarkeit des § 122 II Nr. 1 BFH 13.12.2000 – X R 96/98, BStBl. II 2001, 274; zur Fristberechnung BFH 23.1.2008 – VII B 169/07, BFH/NV 2008, 738). Von dieser Regelung werden alle Ansprüche aus dem StSchuldverhältnis erfasst, die aufgrund ausdrücklicher gesetzlicher Vorschrift zur Verwirklichung festzusetzen sind (HHSp § 220 Rn. 58; Gosch AO § 220 Rn. 22; aA Schwarz/Pahlke/Keß § 220 Rn. 20), wie zB StAnsprüche (§ 155 I), Vergütungsansprüche des Stpfl. (§ 155 V), Verspätungszuschläge (§ 152) sowie Zwangsgelder (§ 333). Wird der VA, durch den der Anspruch festgesetzt wurde, aufgehoben oder geändert, so wird der hieraus resultierende Zahlbetrag ebenfalls nicht vor Bekanntgabe des Aufhebungs- bzw. Änderungsbescheids fällig (BFH 11.12.2013 – XI R 42/11, BStBl. II 2014, 840). § 220 II 2 gilt auch für Haftungsansprüche (BFH 14.3.1989 – VII R 152/85, BStBl. II 1990, 363). Da die Haftung für die BauabzugSt ebenfalls durch Haftungs- (§ 191 I) oder Nacherhebungsbescheid (§ 167 I) geltend zu machen ist (Brandis/Heuermann EStG § 48a Rn. 120; BMF

19.7.2022, BStBl. I 2022, 1229 Tz. 76), wird auch dieser Anspruch mit der Bekanntgabe nach § 220 II 2 fällig (umstr.; ebenso Klein § 220 Rn. 13; TK § 220 Rn. 11; aA Brandis/Heuermann EStG § 48a Rn. 103: § 220 II 1; krit. Diebold DStZ 2002, 471). Ist das FA – wegen der Eröffnung eines **Insolvenzverfahrens** – durch § 87 InsO gehindert, seine StForderungen durch StBescheid festzusetzen, so greift § 220 II 2 nicht ein; die Fälligkeit richtet sich dann nach § 220 II 1 (BFH 4.5.2004 – VII R 45/03, BStBl. II 2004, 815; BGH 6.12.2012 – VII ZR 189/10, DB 2013, 109; HHSp § 220 Rn. 70). Dies gilt gleichermaßen für Haftungsansprüche (BFH 10.5.2007 – VII R 18/05, BFH/NV 2007, 1737).

Erstattungs- und Vergütungsansprüche. Erfolgt die StZahlung bzw. StErhebung auf der Grundlage einer (materiell unzutreffenden) Festsetzung (sonst → Rn. 7), tritt die Fälligkeit des Erstattungs- oder Vergütungsanspruchs erst mit der Bekanntgabe des Berichtigungsbescheides ein (BFH 18.3.1976 – V R 127/71, BStBl. II 1976, 438). Hierbei ist unerheblich, ob der Bescheid die Erstattung/Vergütung ausdrücklich anordnet oder ob er lediglich eine Überzahlung ausweist und sich die Pflicht zur Erstattung/Vergütung aus dem Gesetz (zB § 36 IV 2 EStG, § 20 III GewStG, § 30 II, III GrStG) ergibt (TK § 220 Rn. 12). Ergeht kein StBescheid (etwa, weil der Betrieb nicht der GewSt unterliegt), wird der Erstattungsanspruch dennoch erst mit Ergehen eines anderweitigen Bescheids fällig, der dem Nichtergehen Rechnung trägt (Glanegger/Güroff GewStG § 20 Rn. 4). Der Anspruch des Unternehmers auf Erstattung eines VorSt-Überschusses nach §§ 18 I iVm 16 I, II UStG wird gem. § 168 S. 2 iVm § 220 II 2 mit Zustimmung fällig (BFH 28.2.1996 – XI R 42/94, BStBl. II 1996, 660). Diese Zustimmung beinhaltet einen VA, der zwar keiner Form bedarf, jedoch dem Adressaten bekanntgegeben werden muss. Hat die FB aus Vereinfachungsgründen die Zustimmung allgemein erteilt (vgl. AEAO zu § 168 Nr. 9), steht die Anmeldung bereits vom Tag ihres Eingangs beim FA einer StFestsetzung unter dem Vorbehalt der Nachprüfung gleich (§ 168 S. 1). Der sich aus dieser Anmeldung ergebende Überschuss zugunsten des Stpfl. ist jedoch nach § 220 I iVm § 18 I 4 UStG frühestens am 10. des auf den Voranmeldungszeitraum folgenden Monats fällig (BFH 26.9.1989 – VII R 22/86, BFH/NV 1990, 334; aA Gosch AO § 220 Rn. 23; HHSp § 220 Rn. 67). 10

Durch Urteil entstehende Erstattungsansprüche. Wird der einen Steuer-/Vergütungsanspruch festsetzende VA durch das Gericht aufgehoben oder geändert (§ 100 I 1, II 1 FGO), wird das Urt. gem. § 104 FGO zwar mit seiner Bekanntgabe wirksam, es beseitigt oder ändert den angefochtenen VA jedoch erst mit Eintritt der formellen Rechtskraft (BFH 2.10.1968 – IV S 2/67, BStBl. II 1968, 825). Bis dahin ist der durch das Urt. festgestellte Erstattungs-/Vergütungsanspruch weder durchsetzbar (vgl. § 151 II Nr. 1, III FGO) noch fällig (BFH 13.1.1987 – VII B 74/86, BFH/NV 1987, 558). 11

IV. Änderungen der Fälligkeit

Hinausschieben der Fälligkeit. Eine bereits eingetretene Fälligkeit kann durch einen rechtsgestaltenden VA hinausgeschoben werden. Beispiele hierfür sind die Stundung nach § 222 (→ § 222 Rn. 2; BFH 25.4.1989 – VII R 36/87, BStBl. II 1990, 352) und der Zahlungsaufschub nach Art. 110, 111 UZK. Ein solches Hinausschieben der Fälligkeit wirkt sich allerdings nicht auf den Beginn der Verjährung aus; vielmehr ist gem. § 229 I 1 der Zeitpunkt entscheidend, in dem der Anspruch erstmals fällig geworden ist (→ § 229 Rn. 3). 12

Aussetzung der Vollziehung. Umstr. ist, ob die AdV (§ 361 II, § 69 II FGO) die Fälligkeit ändert. Im Schrifttum wird dies ua mit dem Hinweis bejaht, durch die AdV solle die Entstehung von Säumniszuschlägen verhindert werden. Dies könne nur durch Aufhebung der Fälligkeit geschehen, da die Entstehung der Säumniszuschläge gem. § 240 I 1 an die Nichtzahlung bei Fälligkeit anknüpfe (HHSp § 220 Rn. 82; Schwarz/Pahlke/Keß § 220 Rn. 26; TK § 220 Rn. 16; im Erg. nunmehr auch Klein § 220 Rn. 16). Dem- 13 gegenüber bestätigt der BFH, nachdem er diese Frage zwischenzeitlich ausdrücklich offengelassen hatte (BFH 31.8.1995 – VII R 58/94, BStBl. II 1996, 55), zuletzt wieder seine frühere und zutreffende Auffassung, dass eine AdV die Fälligkeit weder beseitigt noch hinausschiebt (BFH 18.4.2006 – VII R 77/04, BStBl. II 2006, 578 mwN). Säumniszuschläge entstehen während der Dauer der AdV dennoch nicht, da der materielle Regelungsgehalt des nach wie vor wirksamen VA bis auf weiteres nicht verwirklicht werden kann, sodass aus ihm vorerst keine rechtlichen Folgen gezogen werden dürfen (BFH 11.3.2004 – VII R 19/02, BStBl. II 2004, 967). Einstweilen untersagt ist damit nicht nur die zwangsweise Durchsetzung (→ § 222 Rn. 12), sondern jedes Gebrauchmachen vom Regelungsinhalt des VA, dh der in ihm ausgesprochenen Rechtsfolgen sowie der sich ergebenden Nebenfolgen, also auch das Entstehen von Säumniszuschlägen (→ § 240 Rn. 13; ebenso Gosch AO § 220 Rn. 15). Zur Aufhebung bereits verwirkter Säumniszuschläge (BFH 30.3.1993 – VII R 37/92, BFH/NV 1994, 4; → § 240 Rn. 13).

14 **Keine Änderung** der Fälligkeit bewirken Schonfrist (§ 240 Abs. 3; → § 240 Rn. 40), VollstrAufschub (§ 258; → § 258 Rn. 17), Mahnung (§ 259; → § 259 Rn. 2) und Niederschlagung (§ 261; → § 261 Rn. 2). Zur **Vorverlegung** der Fälligkeit → § 221.

§ 221 Abweichende Fälligkeitsbestimmung

[1]Hat ein Steuerpflichtiger eine Verbrauchsteuer oder die Umsatzsteuer mehrfach nicht rechtzeitig entrichtet, so kann die Finanzbehörde verlangen, dass die Steuer jeweils zu einem von der Finanzbehörde zu bestimmenden, vor der gesetzlichen Fälligkeit aber nach Entstehung der Steuer liegenden Zeitpunkt entrichtet wird. [2]Das Gleiche gilt, wenn die Annahme begründet ist, dass der Eingang einer Verbrauchsteuer oder der Umsatzsteuer gefährdet ist; an Stelle der Vorverlegung der Fälligkeit kann auch Sicherheitsleistung verlangt werden. [3]In den Fällen des Satzes 1 ist die Vorverlegung der Fälligkeit nur zulässig, wenn sie dem Steuerpflichtigen für den Fall erneuter nicht rechtzeitiger Entrichtung angekündigt worden ist.

I. Allgemeines

1 **Inhalt und Bedeutung.** § 221 dient der Sicherung des Aufkommens der VerbrauchSt sowie der USt und soll zudem den pünktlichen StEingang gewährleisten (Gosch AO § 221 Rn. 2). Hierfür kann die FB bei wiederholter Säumnis die Fälligkeit nach vorheriger Androhung vorverlegen (→ Rn. 3 ff.). Bei einer Gefährdung kann die FB anstelle der Vorverlegung auch eine Sicherheit verlangen (→ Rn. 7).

2 **Der Anwendungsbereich** des § 221 ist auf die VerbrauchSt einschl. der örtlichen Verbrauch- und AufwandSt (→ § 3 Rn. 84) sowie die USt beschränkt. Soweit durch Einfuhren in die EU (Drittlandimporte) Verbrauchsteuertatbestände verwirklicht werden, ordnen § 21 II 1 UStG, § 18 III 1 BierStG, § 22 III 1 AlkStG, § 15 III 1 KaffeeStG, § 19b III 1 EnergieStG, § 18 III 1 SchaumwZwStG sowie § 21 III 1 TabStG ua hinsichtlich der Fälligkeit die sinngemäße Anwendung der Zollvorschriften an. Da der UZK aber keine dem § 221 entspr. Regelung enthält, ist umstr., ob § 221 über die §§ 1 I, 3 III 1 auch bei VerbrauchSt zur Anwendung kommt oder ob trotz des Fehlens einer vergleichbaren Vorschrift von einer das nationale Recht überlagernden unionsrechtlichen Regelung auszugehen ist (so HHSp § 221 Rn. 26; Gosch AO § 221 Rn. 5; Klein § 221 Rn. 2; TK § 221 Rn. 2). Für letzteres dürfte sprechen, dass die oben genannten Verweise in den VerbrauchStG ausdrücklich auf die zollrechtlichen Regelungen über die Fälligkeit Bezug nehmen und der Zollkodex sowie seine Durchführungsverordnung mit dem Ziel einer unionsweiten Gleichbehandlung der Zollschuldner (Witte Vor Art. 101–115 Rn. 1) grundsätzlich als abschließend anzusehen sind (FG Baden-Württemberg 12.4.2016 – 11 K 2269/14, BeckRS 2016, 94822). Eine ergänzende Anwendung nationaler Vorschriften

kommt danach im Wesentlichen nur noch dann zum Tragen, wenn – was hier nicht der Fall ist – der Zollkodex einen Sachverhalt entweder zielgerichtet offenlässt oder auf nationales Recht verweist. Auch der BFH hat betont, dass zumindest die EUSt in wesentlichen Bereichen aus dem sachlichen Regelungsbereich nationaler Vorschriften ausgewiesen und durch das gemeinschaftsrechtliche Zollrecht bestimmt wird (BFH 23.9.2009 – VII R 44/08, BStBl. II 2010, 334 zu § 233a).

Nach § 18f UStG kann die Auszahlung eines (vorläufig) festgesetzten USt-Guthabens von einer Sicherheitsleistung abhängig gemacht werden. Insoweit ist § 18f UStG lex specialis zu § 221 S. 2 (HHSp § 221 Rn. 35). Ebenso ist § 8 I, VII EnergieStG (zuvor § 11 II MinöStG) lex specialis zu § 221 S. 2.

II. Vorverlegung der Fälligkeit (S. 1)

Voraussetzung für eine Vorverlegung der Fälligkeit ist, dass der Stpfl. entweder säumig gewesen ist oder der Eingang der Steuer gefährdet erscheint. 3

Säumnis liegt vor, wenn der Stpfl. die Steuer **mehrfach** nicht rechtzeitig entrichtet, dh mehr als einmal nicht bis spätestens zum Fälligkeitstag vollständig gezahlt hat. Wer die Schonfrist des § 240 III 1 ausnutzt, bewirkt keine rechtzeitige (pünktliche) Zahlung (BFH 15.5.1990 – VII R 7/88, BStBl. II 1990, 1007; FG Saarland 6.9.1974 – 198/74, EFG 1974, 563). Grund, Dauer und Häufigkeit der Säumnis sowie die Höhe der geschuldeten Steuer sind für die Frage der Säumnis unerheblich, aber bei der Ermessensentscheidung zu berücksichtigen (→ Rn. 8). Nach § 221 S. 3 **muss** dem Stpfl. für den Fall erneuter nicht rechtzeitiger Entrichtung die **Vorverlegung angekündigt** werden. Bevor die Ankündigung ergehen kann, muss der Stpfl. zumindest einmal säumig gewesen sein (Gosch AO § 221 Rn. 8; TK § 221 Rn. 4). 4

III. Gefährdungstatbestand (S. 2 HS 1)

Der Eingang einer Steuer ist gefährdet, wenn bei vernünftiger Abwägung aller Umstände angenommen werden muss, dass mit einer rechtzeitigen Zahlung nicht zu rechnen ist (TK § 221 Rn. 6; aA Gosch AO § 221 Rn. 10: Nichtentrichtung). Als Anzeichen einer Gefährdung können zB straf- und bußgeldrechtlich relevantes Verhalten, eine undurchsichtige wirtschaftliche Situation, Zahlung durch Vorlage ungedeckter Schecks und mehrmaliges Ausnutzen der Schonfrist des § 240 III 1 gewertet werden (aA HHSp § 221 Rn. 72 hinsichtlich des Ausnutzens der Schonfrist). Entscheidend sind immer die Umstände des Einzelfalls. 5

Die Vorverlegung kann nur bis zum Zeitpunkt der Entstehung des StAnspruchs (§ 38) erfolgen. Bevor nicht der Tatbestand verwirklicht wird, an den das Gesetz die Leistungspflicht knüpft, kann keine Fälligkeit eintreten. 6

IV. Verlangen einer Sicherheitsleistung (S. 2 HS 2)

Anstelle der Vorverlegung kann eine Sicherheitsleistung verlangt werden, falls der Gefährdungstatbestand des § 221 S. 2 Hs. 1 gegeben ist (→ Rn. 5). Aus dem Wortlaut der Vorschrift („an Stelle … kann auch Sicherheit verlangt werden") ergibt sich, dass auch die Sicherheit erst für die Zeit nach Entstehung des Anspruchs verlangt werden kann (ebenso TK § 221 Rn. 7; Gosch AO § 221 Rn. 13; aA Schwarz/Pahlke/Keß § 221 Rn. 5; offen gelassen v. BFH 19.8.1987 – V B 56/85, BStBl. II 1987, 830). Da Entstehung und Fälligkeit bei den erfassten Abgaben (→ Rn. 2) in aller Regel nahe beieinander liegen (vgl. nur §§ 13, 18 UStG), läuft die Vorschrift allerdings wegen der zeitaufwändigen Sicherheitsbestellung weitgehend leer. Es handelt sich um eine gesetzgeberische Fehlleistung (HHSp § 221 Rn. 86: es sollte eine eindeutige Klarstellung durch den Gesetzgeber erfolgen). Die Anforderung einer Sicherheitsleistung (§§ 241 ff.) muss Angaben über Höhe, Form und Zeitpunkt ihrer Bestellung enthalten, damit sie hinreichend bestimmt ist. Sie kann nur 7 gem. § 336 erzwungen werden; die §§ 328 ff. sind nicht anwendbar (HHSp § 221 Rn. 136).

V. Verfahrensfragen

8 **Ermessensentscheidung.** Es steht im pflichtgemäßen Ermessen (§ 5) der FB, ob und von welchen Maßnahmen des § 221 sie Gebrauch macht. Hierbei hat sie alle für eine Ermessensausübung beachtlichen Gesichtspunkte, vor allem das Übermaßverbot, zu beachten (→ § 5 Rn. 33). Ein Verstoß gegen das Übermaßverbot ist zB gegeben, wenn der Stpfl. nur in größeren Abständen säumig wird, den Fälligkeitstermin nur geringfügig überschritten hat oder aus entschuldbaren Gründen nicht rechtzeitig zahlt (TK § 221 Rn. 9). Demgegenüber war es früher nicht ermessensfehlerhaft, die Fälligkeit vorzuverlegen, wenn ein Stpfl. die (vormals fünftägige) Schonfrist ständig ausnutzt (FG Saarland 6.9.1974 – 198/74, EFG 1974, 563). Daran hat sich mit der Verkürzung der Schonfrist auf drei Tage grds. nichts geändert, wobei aber angesichts durchaus auch weiterhin üblicher Banklaufzeiten nicht (mehr) zwangsläufig von einem bewussten Ausnutzen der Schonfrist auszugehen sein dürfte (HHSp § 221 Rn. 15).

9 **Rechtsbehelf.** Gegen die Vorverlegung der Fälligkeit/die Anforderung einer Sicherheitsleistung ist der Einspruch gegeben. Die Ankündigung nach S. 3 ist wegen des fehlenden Regelungsgehalts kein VA und damit nicht anfechtbar (ebenso HHSp § 221 Rn. 143; Gosch AO § 221 Rn. 8; Klein § 221 Rn. 6; aA TK § 221 Rn. 10). Vorläufiger Rechtsschutz gegen das Verlangen einer Sicherheitsleistung wird durch AdV (§ 361 AO, § 69 FGO) gewährt (BFH 19.8.1987 – V B 56/85, BStBl. II 1987, 830).

§ 222 Stundung

[1]Die Finanzbehörden können Ansprüche aus dem Steuerschuldverhältnis ganz oder teilweise stunden, wenn die Einziehung bei Fälligkeit eine erhebliche Härte für den Schuldner bedeuten würde und der Anspruch durch die Stundung nicht gefährdet erscheint. [2]Die Stundung soll in der Regel nur auf Antrag und gegen Sicherheitsleistung gewährt werden. [3]Steueransprüche gegen den Steuerschuldner können nicht gestundet werden, soweit ein Dritter (Entrichtungspflichtiger) die Steuer für Rechnung des Steuerschuldners zu entrichten, insbesondere einzubehalten und abzuführen hat. [4]Die Stundung des Haftungsanspruchs gegen den Entrichtungspflichtigen ist ausgeschlossen, soweit er Steuerabzugsbeträge einbehalten oder Beträge, die eine Steuer enthalten, eingenommen hat.

Schrifttum: Carl/Klos, Beratungswissen zur Steuerstundung, StB 1993, 208; Ohlf, Die Verrechnungsstundung im Steuerrecht, DStZ 1994, 655; Wienands, Zur Neuregelung des § 222 AO, DStZ 1994, 734; Carl/Klos, Verrechnungsstundung mit LSt, DB 1995, 1146 mit Diskussion DB 1995, 2035; Wohlschlegel, Zahlungsaufschub für den Entrichtungspflichtigen der KapESt durch technischen (Verrechnungs-)Aufschub, DStR 1995, 712 mit Erwiderung Lahann DStR 1995, 1461; Gerber, Stundung von Abzugssteuern, DB 1999, 1729; Weinreuter, Stundung, Erlass und Vollstreckungsaufschub nach der Abgabenordnung, DStZ 1999, 853; Kraus, Stundung für Jedermann – Ein Plädoyer für Verhältnismäßigkeit im Steuerrecht, ZfZ 2005, 114; Obermair, Insolvenz als Erlassgrund, BB 2005, 212; Obermair, Stundung, Vollstreckungsaufschub, Insolvenzantrag, BB 2006, 582; Brete/Thomsen, Anspruch auf Ratenzahlung, AO-StB 2008, 73; Günther, Stundung von Steueransprüchen, AO-StB 2009, 280; Eich, Stundung von Erbschaft- und Schenkungsteuer, Erb-StB 2011, 114; Mindermann/Lukas, Stundung und Vollstreckungsaufschub – Voraussetzungen und Konsequenzen von ausgewählten Billigkeitsmaßnahmen, NWB 30/2012, 2472; Pump, Die sog. Verfallklausel gem. § 120 AO bei Stundung und Vollstreckungsaufschub – Teil 1 und 2, Die Steuer-Warte 2012, 127 (147); Farr, Die Stundung von Steuernachforderungen, StBp 2015, 323; Wackerbeck, Gerichtliche Überprüfbarkeit ablehnender Stundungsentscheidungen des Finanzamts, DStR 2016, 1514; Mindermann/Lukas, Anfechtung und Billigkeitsmaßnahmen – Einfluss der Anfechtung nach § 133 InsO auf die Gewährung von Billigkeitsmaßnahmen; NWB 11/2018, 692; Bolik/Gauß, Liquiditätsschonender Covid-19-Steuervollzug – Teil I: Steuerstundungen; DB 2020, 687.

Übersicht

A. Allgemeines

Die S. 3 und 4 wurden durch Art. 26 Nr. 23 des StMBG vom 21.12.1993 hinzugefügt. 1
Zur zeitlichen Anwendung vgl. Art. 97 § 1 IV EGAO. Zur Rechtsentwicklung s. HHSp § 222 Rn. 1–10.

I. Regelungsgegenstand und Anwendungsbereich

Billigkeitsmaßnahme. Die Stundung ist ein im Billigkeitswege getroffener einseitiger, 2
rechtsgestaltender VA, der die Fälligkeit eines Anspruchs aus dem StSchuldverhältnis hinausschiebt. Sie ist Teil des StErhebungsverfahrens und bezweckt eine befristete Korrektur der steuerlichen Belastung, wenn dem StSchuldner aus Gründen, die in der Sache selbst (→ Rn. 35 ff.) oder in der Person des Stpfl. begründet sind (→ Rn. 25 ff.), nicht zugemutet werden kann, die Zahlung zum Fälligkeitszeitpunkt zu entrichten (Schwarz/Pahlke/Keß § 222 Rn. 3). Der Billigkeitserweis soll in der Einziehung der fälligen StSchuld, dh im Gesetzesvollzug liegende Härten verhindern und dient damit der Einzelfallgerechtigkeit (BFH 25.4.2001 – II R 14/98, BFH/NV 2001, 1457; HHSp § 222 Rn. 20).

Gegenstand der Stundung sind grds. alle (Zahlungs-)Ansprüche aus dem StSchuld- 3
verhältnis iSd § 37 I, soweit es sich um Ansprüche des StGläubigers (FB) gegen den StSchuldner handelt. Diese Einschränkung folgt aus dem Abwehrcharakter des § 222 sowie mittelbar aus dem Umstand, dass nur die FB stunden kann (HHSp § 222 Rn. 100, 112). Erfasst werden Steuer- und Haftungsansprüche, Ansprüche auf steuerliche Nebenleistungen iSv § 3 IV (va Säumniszuschläge) sowie Rückforderungsansprüche nach § 37 II, zu denen zB zu Unrecht gezahltes Kindergeld gehört (BFH 10.3.2016 – III R 29/15, BFH/NV 2016, 1278). Nach allgemeiner Auffassung ist sie auch für zurückliegende Zeiträume zulässig (BFH 2.7.1986 – I R 39/83, BFH/NV 1987, 696).

Kirchensteuern. Auch auf die Erhebung der KiSt ist § 222 entspr. der landesrechtlichen 4
KiStG anwendbar, und zwar unabhängig davon, ob die KiSt von den Religionsgemein-

schaften selbst oder von den LandesFB verwaltet wird (vgl. Zusammenstellung bei TK § 222 Rn. 17).

5 **Örtliche Verbrauch- und Aufwandsteuern und sonstige Kommunalabgaben.** § 222 findet aufgrund ausdrücklicher Verweisungen in den KAG der Bundesländer auf örtliche Verbrauch- und Aufwandsteuern sowie sonstige Kommunalabgaben Anwendung (OVG Münster 19.5.2009 – 15 A 4164/06, NVwZ-RR 2009, 856; vgl. Zusammenstellung bei TK § 222 Rn. 16). Lediglich Hamburg und Berlin haben abw. Regelungen. Kommt § 222 zur Anwendung, so wird diese (an sich bundesrechtliche) Vorschrift der AO in das Landesrecht inkorporiert und teilt damit dessen Rechtscharakter (allg. zur Anwendung der AO aufgrund landesrechtlicher Vorschriften, vgl. BVerwG 20.10.2011 – 9 B 60/11, BFH/NV 2012, 543).

6 **Zölle.** Für Zölle (dh Eingangs- und Ausfuhrabgaben sowie EUSt und besondere VerbrauchSt, soweit in nationalen Vorschriften auf Zollvorschriften verwiesen wird) gilt der UZK (→ § 220 Rn. 5; Klein § 222 Rn. 10). Art. 112 UZK gestattet als „andere Zahlungserleichterung“ auch die Stundung des Anspruchs. Die Stundung kann allerdings nicht neben dem Zahlungsaufschub (Art. 110 UZK), der die Zahlungsverpflichtung und damit die in der Einziehung liegende Härte zeitweise entfallen lässt, sondern nur anstelle eines Zahlungsaufschubs oder im Anschluss an einen Zahlungsaufschub gewährt werden (HHSp § 222 Rn. 39 f.; TK § 222 Rn. 13; Witte Art. 112 Rn. 1). In Betracht kommt eine Stundung etwa in Nacherhebungsfällen, in denen die Abgaben nicht auf den Endabnehmer überwälzt werden können (vgl. Witte Art. 112 Rn. 1).

7 **Sondervorschriften.** Neben § 224a IV enthalten auch EinzelStG besondere Stundungsvorschriften, die dem § 222 als leges speciales vorgehen (TK § 222 Rn. 14); so zB § 6 V AStG; § 13 VI, § 95 II EStG; § 28 ErbStG (s. Eich ErbStB 2011, 114) oder § 39 RennwLottABest. Liegen die Stundungsvoraussetzungen nach den Sondervorschriften (idR gebundene Entscheidungen) nicht vor, greift § 222 ein (so ausdrücklich § 28 I 4 ErbStG), es sei denn, die Auslegung der Sondervorschrift ergibt, dass sie den betreffenden Bereich abschließend konkretisiert (echte Spezialvorschrift; HHSp § 222 Rn. 50 ff.; Gosch AO § 222 Rn. 13). Entgegen dem Gesetzeswortlaut („Verluste im Zusammenhang mit Steuerstundungsmodellen“) besteht kein Zusammenhang mit dem ein begrenztes Verlustabzugsverbot regelnden § 15b EStG (HHSp § 222 Rn. 77; Schmidt EStG § 15b Rn. 2).

8 **Nicht stundungsfähig sind:**

- der Anspruch des StBerechtigten (FA) gegen den Entrichtungspflichtigen auf **Einbehalt und Abfuhr von StAbzugsbeträgen** (BFH 15.12.1999 – I R 113/98, BFH/NV 2000, 1066; TK § 222 Rn. 5 mwN). Dieser Anspruch ist zwar dem StRechtsverhältnis, nicht aber dem StSchuldverhältnis zugeordnet (HHSp § 222 Rn. 111). Es handelt sich vielmehr um einen Anspruch eigener Art, der nicht unter die abschließende Aufzählung des § 37 I fällt; er ist auf die Weiterleitung der auf Rechnung des StSchuldners einbehaltenen StBeträge gerichtet. Einbehaltungs- und Abführungsansprüche gelten für die LSt (§ 39b EStG), für die KapESt (§ 44 I 3 EStG), für die Steuer auf Vergütungen an beschr. Stpfl. iSd § 50a I, VII EStG (§ 50a V EStG iVm § 73e EStDV) und für die BauabzugSt (§ 48 EStG; BMF 19.7.2022, BStBl. I 2022, 1229 Tz. 63 ff.). Gleiches gilt für die VersSt, die vom Versicherer vereinnahmt wird und abzuführen ist (§ 7 II VersStG).
- Ansprüche, die auf **Vornahme einer Handlung, auf Duldung oder Unterlassung** (§ 328 I) gerichtet sind. Hier kommen andere Maßnahmen (wie zB Fristverlängerung zur Einreichung von StErklärungen nach § 109) in Betracht.
- **Geldstrafen und Bußgelder** nach §§ 369 ff. sind keine Ansprüche aus dem StSchuldverhältnis (HHSp § 222 Rn. 115). Hier sehen § 42 StGB bzw. §§ 18, 93 OWiG iVm § 412 II 2 Zahlungserleichterungen vor. Eine strafrechtliche Frist ist auch die des § 371 III (Rolletschke DStZ 1999, 287). Ausgeschlossen war eine Stundung ferner bei **strafbefreienden Erklärungen** (§ 10 IV StraBEG).

– **Gerichtskosten** entstehen für die Inanspruchnahme der Gerichte. Bestimmung und Abwicklung erfolgen in einem gesonderten Verfahren nach dem GKG und den landesrechtlichen KostVfg (HHSp § 222 Rn. 116).
– **StErstattungsansprüche, StVergütungsansprüche** und **Ansprüche aus einem Überschuss der VorStAbzugsbeträge** sind Ansprüche des StSchuldners und damit nicht stundungsfähig (→ Rn. 3; HHSp § 222 Rn. 112 ff.).

II. Verhältnis zu anderen Vorschriften

Die **Aussetzung der Vollziehung** (§ 361 AO, § 69 FGO) bewirkt keine Verschiebung der Fälligkeit (→ § 220 Rn. 13; → § 226 Rn. 29), sondern die vorläufige Nichtdurchsetzbarkeit eines VA (Suspensiveffekt). Stundung und AdV schließen einander nicht aus (HHSp § 222 Rn. 74: Anspruchskonkurrenz). Sind die tatbestandlichen Voraussetzungen beider Maßnahmen erfüllt, besteht ein **Wahlrecht,** wobei im Zweifel davon auszugehen ist, dass der Stpfl. die für ihn zinsgünstigere AdV will (TK § 222 Rn. 12). Anders als Stundungszinsen (→ § 234 Rn. 15) fallen AdV-Zinsen nämlich gem. § 237 I nur im Umfang des Unterliegens an (→ § 237 Rn. 10). Ein bei der FB gestellter AdV-Antrag enthält aber grds. auch einen Hilfsantrag auf Stundung. 12

Der **Erlass** (§ 227) bzw. die **abweichende StFestsetzung** (§ 163) knüpfen tatbestandlich an eine dauerhafte Minderung der Leistungsfähigkeit des Stpfl. an und führen mit dem Ziel einer endgültigen Entlastung zum Erlöschen des Anspruchs (§ 47; → § 227 Rn. 54). Bei der Stundung darf die zur Unbilligkeit führende Härte hingegen nur zeitweise zum Zeitpunkt der Einziehung vorliegen (HHSp § 222 Rn. 21: zeitweiliges Hindernis); bei dauerhafter Zahlungsunfähigkeit kommt eine Stundung deshalb grds. nicht in Betracht (BFH 27.4.2001 – XI S 8/01, BFH/NV 2001, 1362; relativierend FG Berlin-Brandenburg 23.10.2019 – 3 K 3077/19, EFG 2020, 157: auch langfristige ratierliche Tilgung schließe Stundung unter Widerrufsvorbehalt für den Fall ausbleibender Raten nicht aus), wobei es immer auf die Umstände des Einzelfalles ankommt (Gosch AO § 222 Rn. 18). 13

Die **Niederschlagung** (§ 261) ist eine behördeninterne und vorläufige Maßnahme ohne Einfluss auf den Bestand und die Fälligkeit des Anspruchs aus dem StSchuldverhältnis. Sie wird dem VollstrSchuldner grds. nicht mitgeteilt; falls doch, hat ihre Bekanntgabe nicht die Wirkung einer Stundung oder eines Erlasses (→ § 261 Rn. 3). 14

Der **Vollstreckungsaufschub** (§ 258) soll VollstrSchutz bei einer vorübergehenden Notlage gewähren, die nicht die Einziehung der Forderung, sondern lediglich die Art und Weise sowie den Umfang oder den Zeitpunkt ihrer Vollstreckung als unbillig erscheinen lässt (BFH 10.3.2016 – III R 2/15, BStBl. II 2016, 508; → § 258 Rn. 2). Bei der Stundung stellt die FB hingegen allein auf die Wirkungen der Einziehung zum Fälligkeitszeitpunkt ab. Ein VollstrAufschub lässt im Gegensatz zur Stundung die StForderungen und damit auch deren Fälligkeit unberührt; es fallen weiterhin Säumniszuschläge (§ 240) an. 15

Der **Zahlungsaufschub** (Art. 110 f. UZK, § 223 aF) lässt bei Zöllen und VerbrauchSt, sofern sie (wie üblich) auf die zollrechtl. Regelungen verweisen, auf Antrag des Schuldners einen Aufschub fälliger Beträge gegen Sicherheitsleistung zu. Während die Stundung im Ermessen der FB liegt (→ Rn. 69), besteht ein Rechtsanspruch auf Zahlungsaufschub, sobald die tatbestandsmäßigen Voraussetzungen erfüllt sind (zu § 223 aF vgl. 3. Aufl.). 16

B. Tatbestandliche Voraussetzungen der Stundung (S. 1 und 2)

I. Allgemeine Grundprinzipien

Eine Stundung ist nur zulässig, wenn zwei Voraussetzungen kumulativ erfüllt sind: 20

– Die Einziehung des Anspruchs muss für den Schuldner eine erhebliche Härte bedeuten (→ Rn. 21 ff.) und
– der Anspruch darf durch die Stundung nicht gefährdet erscheinen (→ Rn. 43).

II. Erhebliche Härte (S. 1)

1. Allgemeines

21 **Momentane Härte.** Der Begriff „erhebliche Härte" ist nicht gleichbedeutend mit dem Begriff „Unbilligkeit der Einziehung" iSv § 227 (ebenso TK § 222 Rn. 22; aA HHSp § 222 Rn. 21: kein grds. Unterschied zu dem die Erlassvorschriften der §§ 163, 227 prägenden Begriff „unbillig"). Die Stundung setzt voraus, dass die Einziehung des Anspruchs aus dem StSchuldverhältnis für den Stpfl. eine momentane besondere – erhebliche – Härte bedeutet (BFH 23.6.1993 – X R 96/90, BFH/NV 1994, 517). Die Besteuerung als solche ist gerecht, lediglich die Einziehung zum Fälligkeitstag, dh der Gesetzesvollzug, scheint unter Berücksichtigung der Einzelfallumstände nicht zumutbar.

22 **Erheblichkeit der Härte.** Die typischerweise mit jeder Einziehung von Ansprüchen aus dem StSchuldverhältnis verbundene Belastung ist keine erhebliche Härte (BFH 23.2.1977 – II R 102/75, BStBl. II 1977, 436; Gosch AO § 222 Rn. 18). Hinzukommen müssen vielmehr besondere Umstände (die StZahlung führt zB zu erheblichen wirtschaftlichen Schwierigkeiten oder dem Stpfl. steht ein Erstattungsanspruch zu), die die Einziehung der Steuer zum Fälligkeitstermin als unbillig erscheinen lassen. Bei der Ermessensprüfung (§ 5), ob eine erhebliche Härte iSv § 222 vorliegt, hat die FB im Einzelfall zwischen dem Interesse des StGläubigers an einer vollständigen und gleichmäßigen StErhebung und dem Interesse des Stpfl. an einem Aufschub der Fälligkeit der StZahlung abzuwägen (BFH 30.5.1990 – I R 115/86, BFH/NV 1990, 757 mwN; → Rn. 69).

23 **Härte in der Steuererhebung.** Da die „erhebliche Härte" aus der Erhebung der Steuer zu einem bestimmten Fälligkeitstermin resultieren muss, darf im Rahmen des Stundungsverfahrens keine Überprüfung der Rechtmäßigkeit der der StErhebung zugrunde liegenden StFestsetzung erfolgen (Gosch AO § 222 Rn. 18). Auch eine (bestandskräftige) rechtswidrige StFestsetzung kann deshalb keine erhebliche Härte begründen und die Stundung eines Anspruchs aus dem StSchuldverhältnis rechtfertigen (ausnahmsweise aber ggf. Erlass bei offensichtlicher und eindeutiger Unrichtigkeit; BFH 21.10.1999 – V R 94/98, BFH/NV 2000, 610; → § 227 Rn. 15). Ein Normenkontrollverfahren vor dem BVerfG oder Zweifel an der Verfassungsmäßigkeit der der StFestsetzung zugrunde liegenden Norm rechtfertigen eine Stundung (selbst bei begründeter Aussicht auf Erfolg) ebenfalls nicht (Klein § 222 Rn. 41; aA BFH 14.8.1963 – V 132/59 U, BStBl. III 1963, 445 unter ausdrücklicher Hervorhebung eines Sonderfalles). Dies gilt auch dann, wenn die Entscheidung des BVerfG demnächst erfolgen soll. Erst wenn das BVerfG die gesetzliche Regelung für verfassungswidrig erklärt hat, wird dieser Umstand für die StErhebung relevant. Ab Verkündung des Urteils bzw. mit Zustellung des Beschlusses darf die rückständige Steuer nach § 79 II 2 BVerfGG, soweit sie auf der verfassungswidrigen Norm beruht, von Amts wegen nicht mehr eingezogen werden. Bis dahin hat die Entscheidung darüber, ob StAnsprüche einstweilen nicht eingezogen werden, grds. im Verfahren des vorläufigen Rechtsschutzes (§ 361 AO, §§ 69 und 114 FGO) zu erfolgen (BFH 11.10.1989 – I R 149/85, BFH/NV 1991, 14).

24 **Persönliche und sachliche Stundungsgründe.** Es ist zwischen persönlichen und sachlichen Stundungsgründen zu unterscheiden. Insoweit ist eine Parallelität zu § 227 gegeben (HHSp § 222 Rn. 23, 123: eine ebenso personen- und sachbezogene Variante). Ein persönlicher Stundungsgrund liegt vor, wenn der StSchuldner vorübergehend zahlungsunfähig (stundungsbedürftig) und stundungswürdig ist (→ Rn. 25 ff.). Ein sachlicher Stundungsgrund ist gegeben, wenn dem StSchuldner – unabhängig von seinen persönlichen (wirtschaftlichen) Verhältnissen – die Entrichtung der Steuer zum Fälligkeitstermin nicht zugemutet werden kann (→ Rn. 35 ff.).

2. Persönliche Stundungsgründe

25 **Minderung der wirtschaftlichen Leistungsfähigkeit.** Ist die wirtschaftliche Leistungsfähigkeit des Stpfl. derart gemindert, dass ihm die Allgemeinheit die Entrichtung der

Steuer zum Fälligkeitstermin nicht zumuten kann, kommt eine Stundung aus persönlichen Gründen in Betracht. Ist die persönliche Leistungsfähigkeit des StSchuldners hingegen endgültig beeinträchtigt, sodass ein Fall der Existenzgefährdung vorliegt, sind die §§ 163, 227 zu prüfen (→ Rn. 13; HHSp § 222 Rn. 140). In Anlehnung an den Erlass nach § 227 aus persönlichen Gründen kann eine Stundung nur gewährt werden, wenn sowohl Stundungsbedürftigkeit als auch -würdigkeit gegeben sind (→ § 227 Rn. 28).

a) Stundungsbedürftigkeit. Ernsthafte Zahlungsschwierigkeiten. Stundungsbedürftigkeit liegt vor, wenn sich der Stpfl. in einer vorübergehenden wirtschaftlichen Notlage befindet. Eine Existenzgefährdung muss nicht vorliegen (Gosch AO § 222 Rn. 33). Es genügt, dass die Einziehung des StAnspruchs bei Fälligkeit unverschuldet (→ Rn. 31) zu ernsthaften Zahlungsschwierigkeiten führen würde, die der Stpfl. nicht in zumutbarer Weise – zB durch Aufnahme eines Kredits – überwinden kann (Klein § 222 Rn. 23). Zur Berücksichtigung der Auswirkungen der Coronapandemie und der seit 2022 zeitweise sprunghaft angestiegenen Energiekosten → Rn. 29. 26

Kreditaufnahme. Der Stpfl. muss seine gesamte Wirtschaftskraft für die Zahlung der Steuer einsetzen (HHSp § 222 Rn. 138). Dementsprechend ist es für den Stpfl. **grds. zumutbar,** sich die für die Zahlung der Steuer erforderlichen Mittel auf dem Kreditweg zu beschaffen und notfalls auch seine Vermögenssubstanz anzugreifen, vor allem dann, wenn leicht verwertbare Vermögensgegenstände wie Wertpapiere vorhanden sind (BFH 21.8.1973 – VIII R 8/68, BStBl. II 1974, 307). Dadurch entstehende Zinsverluste sind grds. hinzunehmen (BFH 4.8.1986 – VIII B 97/86, BFH/NV 1987, 101; Gosch AO § 222 Rn. 34). Maßstab für die Zumutbarkeit der Mittelbeschaffung ist die auch sonst übliche Erwartung und Bereitschaft der Stpfl., ihren steuerlichen (Zahlungs-)Verpflichtungen mit den gebotenen Anstrengungen und unter Einsatz aller Mittel pünktlich nachzukommen (BFH 21.8.1973 – VIII R 8/68, BStBl. II 1974, 307). Ihre Grenze erreicht die Zumutbarkeit deshalb in aller Regel erst dann, wenn dem Stpfl. durch die aus der Finanzierung erwachsende Zahlungsverpflichtung nicht einmal das Existenzminimum verbliebe, dh dasjenige, was ihm der Staat zur Schaffung der Mindestvoraussetzungen für ein menschenwürdiges Dasein zu belassen hat (BVerfG 29.5.1990 – 1 BvL 20/84 ua, BStBl. II 1990, 653). Daher kann dem Stpfl. zur Einhaltung des Zahlungstermins grds. nicht zugemutet werden, Vermögensgegenstände (zB Lebensversicherungen, Wertpapiere, Grundstücke) zu veräußern, auf die er zur Altersvorsorge angewiesen ist (HHSp § 222 Rn. 138). Soweit möglich hat er diese Vermögenswerte aber durch Beleihung zu verwerten (→ § 227 Rn. 33). 27

Keine Wettbewerbsvorteile. Die Stundung darf dem Stpfl. weder Wettbewerbsvorteile gegenüber Mitkonkurrenten verschaffen noch soll sie ihn derart entlasten, dass er deshalb andere private oder betriebliche Investitionen vornehmen kann (Gosch AO § 222 Rn. 36). Notfalls sind betriebliche Investitionen zurückzustellen und ist der gewohnte Lebensstandard einzuschränken (BFH 12.4.1984 – VIII B 115/82, BStBl. II 1984, 492). Zur Konkurrentenklage s. Englisch StuW 2008, 43 (59). 28

Rückläufige Geschäfte. Eine durch rückläufige Geschäfte hervorgerufene Minderung des Gewinns bzw. ein negatives Betriebsergebnis sowie Vermögensverluste bedeuten für sich genommen keine erhebliche Härte. Nur wenn hierfür eine längere Krankheit oder eine Naturkatastrophe (idR ergehen bei Naturkatastrophen Erlasse durch die FM der Länder) ursächlich gewesen ist, kann eine Stundungsbedürftigkeit vorliegen. Zur Berücksichtigung der Auswirkungen der Coronapandemie vgl. bspw. BMF 31.1.2022, BStBl. I 2022, 132, wodurch für bis 31.3.2022 fällig gewordene Steuern ein vereinfachtes Antragsverfahren für zinslose Stundungen vorgesehen war. Die Vereinfachungsregelung galt im Hinblick auf die seit 2022 (kriegsbedingt) stark gestiegenen Energiekosten zunächst fort und wurde für StTatbestände, die nach dem 31.12.2022 verwirklicht werden, aufgehoben, vgl. BMF 15.3.2024, BStBl. I 2024, 450. Die FB sind aber weiterhin angewiesen, auf energiebedingte Kostensteigerungen gestützte Stundungen wohlwollend zu prüfen, vgl. 29

BMF 5.10.2022, BStBl. I 2022, 1402. Normale saisonbedingte Ertragsschwankungen (wie zB bei Hotels in einem Kur-/Badeort oder Gartenbauunternehmen) stellen keine erhebliche Härte dar. Diese Schwankungen sind **vorhersehbar,** sodass zB im Wege einer Rücklagenbildung entspr. Vorsorge getroffen werden kann und auch muss (→ Rn. 32). Saisonbedingte Absatzschwierigkeiten legen dem Stpfl. bei der Beurteilung der Liquiditätslage von vornherein eine gewisse Zurückhaltung auf (BFH 13.9.1966 – I 204/65, BStBl. III 1966, 694). Eine Stundung als antizyklische Konjunkturmaßnahme scheidet jedenfalls aus, da § 222 keine staatliche Wirtschaftslenkungsfunktion zukommt (ebenso Gosch AO § 222 Rn. 36; VG Dresden 20.2.2018 – 2 K 4467/17, BeckRS 2018, 31547).

30 **Verhältnisse Dritter** vermögen keine erhebliche Härte zu begründen. Ob die StZahlung für einen Dritten zu einer erheblichen Härte führen könnte, ist unbeachtlich, da es auf die Verhältnisse desjenigen ankommt, der die Steuer zu entrichten hat. Nur er ist Beteiligter des StSchuldverhältnisses. Dementsprechend muss auch eine (bei Zahlung der Steuer zum Fälligkeitstermin mögliche) Gefährdung von Arbeitsplätzen grds. unberücksichtigt bleiben (BFH 2.7.1986 – I R 39/83, BFH/NV 1987, 696).

31 **b) Stundungswürdigkeit. Kein Verstoß gegen die Interessen der Allgemeinheit.** Das Erfordernis der Stundungswürdigkeit bei der Geltendmachung persönlicher Stundungsgründe folgt aus dem Billigkeitscharakter dieser Maßnahme (BFH 2.7.1986 – I R 39/83, BFH/NV 1987, 696). Bei Ausübung des Ermessens sind die berechtigten Interessen des Einzelnen und das Recht des Staates auf wirksame Besteuerung gegeneinander abzuwägen (BFH 29.4.1965 – IV 346/64 U, BStBl. III 1965, 466). Als stundungswürdig gilt danach nur derjenige, dem die zur Erfüllung des Anspruchs notwendigen Mittel aus von ihm nicht zu vertretenden Gründen fehlen (TK § 222 Rn. 36). Hat der Stpfl. hingegen durch sein Verhalten in eindeutiger Weise gegen die Interessen der Allgemeinheit verstoßen (bspw. durch die Verletzung steuerlicher Mitwirkungspflichten, vgl. BFH 17.7.2019 – III R 64/18, BFH/NV 2020, 7 mwN zur Erlasswürdigkeit) und/oder seine mangelnde Leistungsfähigkeit selbst herbeigeführt (bspw. durch Zahlungsunwilligkeit, FG Münster 10.10.2019 – 5 K 1382/16 AO, DStRE 2020, 230), ist er stundungsunwürdig (BFH 1.7.1998 – IV B 7/98, BFH/NV 1999, 12). Maßgeblich sind – wie bei der Beurteilung der Stundungsbedürftigkeit (→ Rn. 26 ff.) – die Umstände des Einzelfalls (FG Bremen 7.6.2022 – 2 K 34/22, BeckRS 2022, 13856); unterlässt der Stpfl. diesbezüglich eine ihm mögliche und zumutbare Aufklärung, darf der Stundungsantrag abgelehnt werden (BFH 22.4.1988 – III R 269/84, BFH/NV 1989, 428; → Rn. 65 ff.). Nur dann, wenn der Stpfl. sein Möglichstes zur Abtragung der StRückstände getan hat, ist gegenüber den StZahlern, die mit den gebotenen Anstrengungen und unter Einsatz aller Mittel ihren steuerlichen Verpflichtungen pünktlich nachkommen, eine Stundung zu rechtfertigen (BFH 2.8.1962 – IV 152/59, HFR 1963, 86).

32 **Berücksichtigung steuerlicher Belange.** Bei jeder Verwendung von Geldmitteln muss der Stpfl. nicht nur die bestehenden, sondern auch die zukünftigen (von vornherein erkennbaren und damit für ihn vorhersehbaren) StVerpflichtungen (mit-)berücksichtigen, dh seine Dispositionen darauf einrichten (BFH 30.5.1990 – I R 115/86, BFH/NV 1990, 757). So sind saisonbedingte Absatzschwankungen einzuplanen und dementsprechend ausreichend Rücklagen zu bilden (BFH 13.9.1966 – I 204/65, BStBl. III 1966, 694; → Rn. 29). Dem Aspekt der **Vorhersehbarkeit** kommt im Rahmen der Gesamtbeurteilung (→ Rn. 69) besonderes Gewicht zu (→ Rn. 31; so HHSp § 222 Rn. 133 zur Frage der Stundungsbedürftigkeit). Nur unvorhergesehene Ereignisse – dh solche, auf die sich der Stpfl. nicht einstellen kann und muss – begründen idR eine Stundungswürdigkeit; beispielweise wenn die Stundungsbedürftigkeit auf eine Erkrankung zurückzuführen ist. Gleiches gilt, soweit für die mangelnde Leistungsfähigkeit unvorhergesehene betriebsnotwendige Investitionen (zB wegen eines plötzlichen Maschinenausfalls) oder überraschende Forderungsausfälle (Insolvenz eines Gläubigers, Forderungsverzicht im Rahmen eines Vergleichs) ursächlich sind. Unüberlegtes Finanzgebaren und Zahlungsunwilligkeit schließen

hingegen die Stundungswürdigkeit aus (Schwarz/Pahlke/Keß § 222 Rn. 10). Wer hohe Entnahmen zum Bestreiten eines aufwändigen Lebensstils tätigt, ist stundungsunwürdig; ebenso derjenige, der seine vorhandenen Mittel verwendet, um ein Wertpapierdepot anzulegen, Skonti zu erhalten oder Zahlungen für steuerbegünstigte Zwecke – wie zB einen Bausparvertrag – zu leisten (TK § 222 Rn. 36). Der StGläubiger ist keine Bank. Deshalb führt auch die vorrangige Tilgung anderer Verbindlichkeiten zur Stundungsunwürdigkeit, wenn der StGläubiger hierdurch gegenüber privaten Gläubigern benachteiligt wird (Gosch AO § 222 Rn. 37). Stehen zur Begleichung aller Verbindlichkeiten keine ausreichenden Mittel zur Verfügung, muss der Stpfl. seine Gläubiger gleichmäßig befriedigen (→ § 69 Rn. 35). Gegebenenfalls vorhandene Wertpapiere sind grds. zu veräußern und mögliche Bankkredite aufzunehmen (TK § 222 Rn. 37; → Rn. 27).

Steuerliches Fehlverhalten als Ursache. Eine verspätete Abgabe bzw. Nichtabgabe 33
der StErklärung mit der Folge einer erheblichen Nachzahlung, ja selbst eine Bestrafung wegen StHinterziehung, reichen für sich allein nicht aus, die Stundungswürdigkeit per se abzulehnen (BFH 2.3.1961 – IV 126/60 U, BStBl. III 1961, 288; offen gelassen in BFH 2.7.1986 – I R 39/83, BFH/NV 1987, 696; HHSp § 222 Rn. 146; TK § 222 Rn. 38). Entscheidend ist vielmehr, ob der Stpfl. die StSchuld bei pflichtgemäßem steuerlichen Verhalten hätte bezahlen können (BFH 9.2.1987 – IV B 53/86, BFH/NV 1987, 488). Ist dies nicht der Fall, ist für die ausbleibende StZahlung mangelnde Leistungsfähigkeit und nicht steuerliches Fehlverhalten ursächlich. Liegen die Umstände anders, ist jedenfalls dann regelmäßig Stundungsunwürdigkeit gegeben, wenn der Stpfl. seine steuerlichen Mitwirkungspflichten in erheblichem Umfang und über einen längeren Zeitraum grob fahrlässig verletzt hat (BFH 17.12.1993 – IV B 21/93, BFH/NV 1994, 606) und das vorwerfbare Verhalten des StSchuldners die zu stundende StForderung betrifft (FG Thüringen 5.6.2000 – I 419/00, EFG 2000, 910). Im Umkehrschluss bedeutet dies, dass nicht jede in der Vergangenheit einmal vorgekommene Säumnis bei StZahlungen zur Stundungsunwürdigkeit bzgl. künftiger StForderungen führt. Es muss vielmehr eine gewisse zusammenhängende Häufung von Verfehlungen vorliegen und die Feststellung hinzukommen, dass sich der Stpfl. um die Abdeckung der zur Zahlung anstehenden Steuern nicht ausreichend bemüht hat (BFH 7.5.1993 – III R 43/89, BFH/NV 1994, 144).

Fehlverhalten Dritter muss sich der Stpfl. analog § 278 BGB zurechnen lassen (HHSp 34
§ 222 Rn. 147); so zB ein Verschulden seines Buchhalters (BFH 29.6.1987 – X R 22/81, BFH/NV 1987, 693). Resultiert die Steuer aus einer vGA zugunsten des Gesellschafter-Geschäftsführers, muss die GmbH ihre Rückgewähransprüche gegen ihren Gesellschafter mit Entschiedenheit durchsetzen. Unterlässt sie dies, ist die Gesellschaft nicht stundungswürdig. Hat ein Strohmann durch sein Verhalten eine eigene maßgebliche Ursache dafür gesetzt, dass die streitigen StSchulden entstanden sind, ist er auch dann selbst stundungsunwürdig, wenn vermeintliche Dritte steuernd im Hintergrund agiert und die Vorteile aus der Betätigung gezogen haben (BFH 28.1.1991 – V B 164/90, BFH/NV 1991, 577 zur Erlassunwürdigkeit).

3. Sachliche Stundungsgründe

Objektive Umstände. Sachliche Stundungsgründe sind von den persönlichen (wirt- 35
schaftlichen) Verhältnissen des StSchuldners weitgehend unabhängig. Sie ergeben sich aufgrund objektiver Umstände, also infolge der Fälligkeit als solcher und wegen der Umstände, die zu diesem bestimmten Fälligkeitszeitpunkt geführt haben (TK § 222 Rn. 26).

Folgende **Fallgruppen** kommen in Betracht:

Größere Abschlusszahlungen, Erhöhungen der Vorauszahlungen und Nach- 36
forderungen in Folge einer Ap. oder aufgrund ergangener Änderungsbescheide führen nur ausnahmsweise dann zu einer erheblichen Härte, wenn sich der Stpfl. hierauf nicht rechtzeitig einstellen, mithin keine Vorsorge treffen konnte (TK § 222 Rn. 26). Dies wird namentlich bei einer (überraschenden) Änderung der Verwaltungspraxis oder Rspr. der

Fall sein. Verfügt der Stpfl. in einem solchen Fall am Fälligkeitstag nicht über die erforderlichen Geldmittel und kann er sie auch nicht in zumutbarer Weise (zB durch Kreditaufnahme) beschaffen, ist wegen dieser objektiven (sachlichen) Umstände eine erhebliche Härte gegeben und dem Stpfl. eine Verwertung seiner Vermögenssubstanz nicht zuzumuten. Das bloße Zusammentreffen verschiedener (vorhersehbarer) StZahlungsverpflichtungen genügt für sich allein aber nicht. Sachliche Härten können sich allerdings ergeben, wenn sich der Stpfl. erst kurz vor einem Vorauszahlungstermin mit wesentlich erhöhten Vorauszahlungen konfrontiert sieht und diese ggf. noch mit zeitgleich fällig werdenden Abschlusszahlungen zusammenfallen (BFH 22.8.1974 – IV R 86/74, BStBl. II 1975, 15).

Gegenansprüche (sog. „Verrechnungsstundung“)

37 – **Alsbaldige Rückerstattung.** Der Umstand, dass der Stpfl. mit späteren Rückzahlungen oder Aufrechnungsmöglichkeiten rechnen kann, ist grds. unbeachtlich (Klein § 222 Rn. 36). Es widerspräche jedoch den zur Auslegung des Tatbestandsmerkmals „erhebliche Härte“ heranzuziehenden Grundsätzen von Treu und Glauben, wenn der zu zahlende Betrag alsbald wieder zu erstatten wäre („dolo agit, qui petit, quod statim redditurus est“; BFH 5.7.1990 – I B 17/90, BFH/NV 1991, 146; allg. Grüneberg BGB § 242 Rn. 52). Infolgedessen kann die Einziehung einer Steuer eine erhebliche Härte darstellen, wenn der zu zahlende Betrag mit an Sicherheit grenzenden Wahrscheinlichkeit alsbald zurückgewährt werden muss (BFH 21.1.1982 – VIII B 94/79, BStBl. II 1982, 307). Auch die Einziehung von Vorauszahlungen beinhaltet eine erhebliche Härte, wenn Verluste oder Verlustrückträge zu erwarten sind (TK § 222 Rn. 30).

38 – **Ansprüche gegen die öffentliche Hand.** Entspr. gilt, wenn die FB die Erfüllung eines StAnspruchs fordert, dem mit an Sicherheit grenzender Wahrscheinlichkeit ein in absehbarer Zeit fälliger Erstattungsanspruch des Stpfl. gegenübersteht (BFH 6.10.1982 – I R 98/81, BStBl. II 1983, 397). Der Gegenanspruch muss nicht dieselbe StArt betreffen. Vielmehr kommen grds. alle Ansprüche gegen die öffentliche Hand in Frage, zB solche auf Auszahlung von Investitionszulagen (TK § 222 Rn. 27), aus einer Enteignung (BFH 29.4.1965 – IV 346/64 U, BStBl. III 1965, 466) oder aus (privatrechtlichen) Lieferverträgen (Schwarz/Pahlke/Keß § 222 Rn. 12).

39 – **Rechtlich und tatsächlich schlüssig belegt.** Eine nur ungewisse oder unbestimmte Aussicht auf Erstattung der Steuer genügt für die Annahme sachlicher Unbilligkeit nicht. Erforderlich ist, dass der Gegenanspruch mit an Sicherheit grenzender Wahrscheinlichkeit besteht und in absehbarer Zeit fällig wird (BFH 29.11.1984 – V B 44/84, BStBl. II 1985, 194). Der Gegenanspruch muss daher (spätestens) zum Fälligkeitszeitpunkt des zu stundenden Betrags bereits nach Grund und Höhe rechtlich und tatsächlich schlüssig belegt sein (BFH 6.10.1982 – I R 98/81, BStBl. II 1983, 397). Auch wenn dies häufig durch die Vorlage einer StErklärung erfolgen wird, steht das Fehlen einer Erklärung der Stundung nicht entgegen, wenn das Bestehen des Gegenanspruchs auf andere Weise, etwa durch Vorlage von Urkunden oder durch anderweitige Glaubhaftmachung mit der erforderlichen Sicherheit nachgewiesen werden kann (BFH 12.6.1996 – II R 71/94, BFH/NV 1996, 873; → Rn. 67). Das FA muss keine schwierige und zeitraubende Überprüfung der angeblichen Gegenforderung vornehmen (FG Bremen 17.12.1980 – II 102–105/78, EFG 1981, 487; Gosch AO § 222 Rn. 27). Ist der angebliche Erstattungsbetrag Gegenstand einer Betriebsprüfung, eines Rechtsbehelfsverfahrens oder eines Rechtsstreits, ist die Gegenforderung ungewiss. Demzufolge scheidet eine Verrechnungsstundung aus, wenn sich der geltend gemachte Gegenanspruch auf einen VorSt-Überschuss bezieht, der aufgrund ungeklärter Rechtsfragen streitiger Gegenstand einer USt-Prüfung ist (BFH 7.3.1985 – IV R 161/81, BStBl. II 1985, 449). Auf eine Zustimmung nach § 168 kommt es im Rahmen der Wahrscheinlichkeitsprüfung allerdings nicht an (Gosch AO § 222 Rn. 28; anders bei technischer Stundung → Rn. 41), ebenso wenig auf eine bereits erfolgte Festsetzung des Anspruchs. Mit der Zustimmung wird der Erstattungs-

anspruch fällig, mithin eine Aufrechnung nach § 226 möglich. Eine Verrechnungsstundung soll aber gerade den Zeitraum bis zur Fälligkeit des Gegenanspruchs überbrücken.

Beteiligung an Verlustzuweisungsgesellschaften. Eine Stundung bei einer Beteiligung an Verlustzuweisungsgesellschaften und vergleichbaren Modellen kommt nur noch in Betracht, wenn der Stpfl. negative Einkünfte zur Herabsetzung von ESt-Vorauszahlungen geltend macht (ebenso TK § 222 Rn. 30; aA Gosch AO § 222 Rn. 29). Nach Eingang des Herabsetzungsantrags kann das Wohnsitz-FA so lange stunden, bis das Betriebs-FA verwertbare Angaben mitgeteilt hat (längstens 6 Monate; länger, wenn die Gründe für die Verlängerung nicht von den Beteiligten zu vertreten sind; vgl. BMF 13.7.1992, BStBl. I 1992, 404 Tz. 4.1.5.). Die Stundung kann auch erfolgen, wenn vom Betriebs-FA keine verwertbaren Angaben vorliegen. Hier muss das Wohnsitz-FA den geltend gemachten Verlust selbst im Schätzungswege ermitteln (vgl. BMF 13.7.1992, BStBl. I 1992, 404 Tz. 4.1.8.). Dass ein neg. Feststellungsbescheid mit Einspruch und Klage angefochten ist, nimmt der Einziehung des StAnspruchs aber nicht die sachliche Berechtigung, sondern führt dazu, dass ungewiss ist, ob dem Stpfl. Erstattungsansprüche zustehen (BFH 11.10.1989 – I R 149/85, BFH/NV 1991, 14; → Rn. 39). Zur Stundung von **Sanierungsgewinnen** in Insolvenzfällen s. BMF 27.3.2003, BStBl. I 2003, 240 (sog. Sanierungserlass), den die FVerw. auch nach der Entscheidung des Großen Senats des BFH zur Rechtswidrigkeit (BFH 28.11.2016 – GrS 1/15, BStBl. II 2017, 393) weiter für Altfälle heranzieht, für die §§ 3a, 3c IV EStG nF noch nicht anzuwenden sind (BMF 29.3.2018, BStBl. I 2018, 588; ablehnend BFH 23.8.2017 – X R 38/15, BStBl. II 2018, 236, wonach eine Übergangsregelung nur durch den Gesetzgeber hätte getroffen werden können); zur StBefreiung von Sanierungserträgen nach § 3a EStG iVm § 52 Abs. 4a S. 3 EStG in Altfällen vgl. FG Münster 14.9.2022 – 13 K 1306/20 AO, BeckRS 2022, 31260; → § 227 Rn. 23. 40

Technische Stundung. Von der Verrechnungsstundung ist die sog. technische (interne) Stundung (zur Abgrenzung vgl. BFH 23.10.1993 – X R 170/90, BFH/NV 1994, 443) zu unterscheiden, die grds. fällige, wenn auch nicht zur Zahlung gestellte Ansprüche voraussetzt und ohne Anknüpfung an Billigkeitserwägungen allein zur zweckmäßigen kassentechnischen Abwicklung des Zahlungsverkehrs (Vermeidung von Zahlungsbewegungen) zinslos vorgenommen wird und daher kein Anwendungsfall des § 222 ist (ebenso FG Münster 10.10.2019 – 5 K 1382/16 AO, DStRE 2020, 230; Klein § 222 Rn. 38; Gosch AO § 222 Rn. 30; aA BFH 24.3.1998 – I R 120/97, BStBl. II 1999, 3; BFH 8.6.2010 – VII R 39/09, BStBl. II 2010, 839: Unterfall der Stundung). Zur Einordnung vgl. auch → Rn. 70. 41

Früheres Verhalten der FB. Der Grundsatz von Treu und Glauben gebietet ua, dass im StRechtsverhältnis jeder auf die berechtigten Belange des anderen Rücksicht nimmt und sich mit seinem eigenen früheren (nachhaltigen) Verhalten, auf das der andere vertrauen durfte, nicht in Widerspruch setzt (BFH 6.2.1991 – I R 13/86, BStBl. II 1991, 673). Hat das FA über einen längeren Zeitraum wiederholt einen Sachverhalt in bestimmter Weise tatsächlich und rechtlich beurteilt und hielt sich diese Beurteilung im Rahmen des rechtlich Möglichen, ist eine Entscheidung ermessensfehlerhaft, wenn sie die für die bisherigen Stundungen maßgeblichen Gesichtspunkte völlig außer Betracht lässt (BFH 23.6.1993 – X R 96/90, BFH/NV 1994, 517). Die Verrechnungsstundung als solche begründet aber keinen von den tatsächlichen Umständen losgelösten Vertrauenstatbestand, weswegen die FB nicht nur nicht gehindert, sondern vielmehr sogar verpflichtet ist, die der bisherigen Stundung zugrunde gelegten Ermessenserwägungen nach einer abweichende Erkenntnisse erbringenden Ap. zu korrigieren. Auch eine wiederholte technische Stundung begründet im Grundsatz weder Vertrauen noch einen Anspruch auf Fortsetzung (Gosch AO § 222 Rn. 30). 42

III. Keine Gefährdung des Anspruchs und Sicherheitsleistung (S. 1 und 2)

1. Keine Anspruchsgefährdung (S. 1)

43 **Gefährdet** wird der Anspruch aus dem StSchuldverhältnis, wenn er zu dem späteren Fälligkeitszeitpunkt nicht mehr oder nur mit Schwierigkeiten realisiert werden kann, mithin sich infolge der Stundung die Aussichten für die Durchsetzung des StAnspruchs entscheidend verschlechtern (Gosch AO § 222 Rn. 38; HHSp § 222 Rn. 160; FG Köln 28.7.2000 – 15 K 411/94, EFG 2000, 980).

44 **Prognoseentscheidung.** Aus der Formulierung **„gefährdet erscheint"** in S. 1 (unbestimmter Rechtsbegriff, → Rn. 69) folgt, dass die FB im Einzelfall unter Abwägung aller Umstände eine Prognoseentscheidung über die zukünftige Entwicklung der Liquidität des Stpfl. zu treffen hat (Gosch AO § 222 Rn. 38). Hierbei sind insb. auch die sonstigen Verbindlichkeiten, die hieraus resultierenden laufenden Zahlungsverpflichtungen (zB Unterhaltsverpflichtungen, vgl. BFH 8.2.1988 – IV B 102/87, BStBl. II 1988, 514), die Höhe der StSchulden, die Stundungsdauer, aber auch das mögliche Zusammentreffen mit später fällig werdenden StAnsprüchen zu berücksichtigen. Zur Prognose bezüglich der wirtschaftlichen Leistungsfähigkeit s. auch Lindemann/Lukas NWB 30/2012, 2472 (2474 ff.). Wird hinreichende Sicherheit geleistet, liegt keine Gefährdung vor (zur Sicherheitsleistung → Rn. 47 ff.).

45 **Stundungsdauer.** Begehrt ein Stpfl. unter Hinweis auf seine wirtschaftliche Situation die Stundung mit einer Tilgungslaufzeit von mindestens 10 Jahren ohne Sicherheitsleistung, so kann sich die Gefährdung des StAnspruchs auch aus der damit einhergehenden einseitigen Bindung des StGläubigers bezüglich der Tilgungsmodalitäten ergeben (BFH 8.2.1988 – IV B 102/87, BStBl. II 1988, 514; ggf. wäre Vollstreckungsaufschub gem. § 258 zu prüfen, der aber in aller Regel auch nur bei überschaubaren Tilgungszeiträumen in Betracht kommt; → § 258 Rn. 12 aE). Eine Besicherung ist jedenfalls bei einer Stundung von vier Jahren erforderlich; bei geringer Bonität auch schon bei kürzerer Laufzeit (FG Köln 28.7.2000 – 15 K 411/94, EFG 2000, 980).

46 **Früheres Verhalten des Stpfl.** Hat sich der Stpfl. in der Vergangenheit steuerlich unzuverlässig gezeigt – sei es, dass Steuern bereits beigetrieben werden mussten oder dass der StSchuldner steuerunehrlich gehandelt hat (StHinterziehung) –, kann grds. von einer Gefährdung des StAnspruchs ausgegangen werden.

2. Sicherheitsleistung (S. 2)

47 **Grundsatz der Sicherheitsleistung.** Um einer Gefährdung des StAnspruchs vorzubeugen, sieht § 222 S. 2 die Stellung einer Sicherheitsleistung (Auflage iSv § 120 II Nr. 4) als Regelfall vor. Daraus ergibt sich die Wertung des Gesetzgebers, dass bei der Abwägung zwischen dem Interesse des StGläubigers und jenem des StSchuldners hinsichtlich einer Sicherheitsleistung idR dem Interesse des StGläubigers an der vollständigen (gesicherten) StErhebung der Vorzug gebührt (BFH 13.5.1977 – VII B 9/77, BStBl. II 1977, 587; vgl. aber TK § 222 Rn. 41: in der Praxis ist die Regel wegen des damit verbundenen Aufwands de facto die Ausnahme).

48 **Sicherheitsleistung ist erforderlich** nicht nur bei einer Gefährdung, sondern auch bei der Stundung größerer Beträge oder über einen längeren Zeitraum (TK § 222 Rn. 41; aA HHSp § 222 Rn. 165). Stellt sich nach Bewilligung der Stundung heraus, dass der gestundete Anspruch gefährdet ist, kann die Sicherheitsleistung nachträglich verlangt werden. Im Rahmen ihrer Ermessensentscheidung über den Widerruf der Stundung nach § 131 II Nr. 3 (→ Rn. 71, 74) ist die FB zu dieser Maßnahme idR ohnehin verpflichtet, da die Anforderung einer Sicherheitsleistung den Stpfl. weniger belastet als der Widerruf. Zu den Formen der Sicherheitsleistungen s. § 241. In diesem Zusammenhang ist zu berücksichtigen, dass bei einer Stundung aus persönlichen (wirtschaftlichen) Gründen eine Bankbürgschaft nicht verlangt werden kann, denn eine solche Bürgschaft erhält nur derjenige, der

auch einen entspr. Kredit eingeräumt bekäme. Hier muss sich die FB flexibel zeigen (vgl. auch § 245).

Keine Sicherheitsleistung wird in der Praxis bei kurzfristigen Stundungen (dh solchen bis zu drei Monaten) und bei der Stundung kleinerer Beträge verlangt, weil der mit der Gestellung einer Sicherheit verbundene Aufwand in keinem vernünftigen Verhältnis zum erreichten Sicherungserfolg steht. Dies gilt für den Stpfl. (unnötige Kosten für Notar, Grundbuchamt, Avalzinsen und dergleichen) und für die FB (Überwachung des Eingangs und Prüfung der Werthaltigkeit der Sicherheit). 49

C. Ausschluss der Stundung von Steuerabzugsbeträgen (S. 3 und 4)

I. Allgemeines

Eine Stundung von Abzugssteuern (zum Begriff → Rn. 8) gegenüber dem StSchuldner wäre grds. nach S. 1 der Vorschrift möglich, da insoweit ein Anspruch aus dem StSchuldverhältnis gegeben ist. Beispielsweise könnte die LSt gegenüber dem Arbeitnehmer in der Weise gestundet werden, dass der Arbeitnehmer eine Bescheinigung seines Arbeitgebers über die einbehaltene und für seine Rechnung abgeführte LSt vorlegt und das Wohnsitz-FA dem Arbeitnehmer die Steuer sodann gem. § 37 II erstattet (so BFH 12.3.1993 – VI R 71/90, BStBl. II 1993, 479). Als Reaktion auf dieses Urteil hat der Gesetzgeber zur Sicherstellung einer einfachen und reibungslosen StErhebung bei Abzugsteuern die Stundungsmöglichkeiten durch das StMBG eingeschränkt und S. 3 und 4 hinzugefügt (→ Rn. 1). 55

II. Verfassungsmäßigkeit

Das Stundungsverbot des S. 3 zielt in erster Linie auf das LStAbzugsverf. (→ Rn. 58). Sieht man in dieser Vorschrift einen generellen, auch pers. Härtefälle (→ Rn. 24 ff.) des ArbN erfassenden Ausschluss, liegt ein Verstoß gegen Art. 3 I GG (Grundsatz der Belastungsgleichheit) vor (ebenso HHSp § 222 Rn. 180, 185; Gosch AO § 222 Rn. 47; TK § 222 Rn. 6; Schmidt EStG § 38 Rn. 20; aA Klein § 222 Rn. 4; zur Rechtslage vor Einf. des S. 3 BFH 12.3.1993 – VI R 71/90, BStBl. II 1993, 479). 56

Aus verfassungsrechtlicher Sicht ist es zwar nicht zu beanstanden, dass der Gesetzgeber dem Interesse der FVerw. an einer einfachen und reibungslosen StErhebung allg. den Vorrang gegenüber der Gleichbehandlung von LSt-Zahlern und ESt-Vorauszahlern einräumt und eine Stundung von LSt deshalb für den „typischen Normalfall" nicht zulässt (→ § 3 Rn. 66 ff.). Insbesondere ist es verfassungsrechtlich unbedenklich, dass der ArbN keine Stundung der LSt aufgrund eines zu erwartenden ESt-Erstattungsanspruchs begehren kann. Es verstößt allerdings gegen Art. 3 I GG, dass das Gesetz auch in den praktisch seltenen Fällen wirtschaftlicher oder persönlicher Existenzbedrohung (zB infolge von Krankheit oder Unglücksfällen, die zum Verlust sämtlichen Hab und Guts geführt haben) generalisierend eine Stundung verbietet (aA Ohlf DStZ 1994, 655). Hier ist die Funktionsfähigkeit des LStAbzugsverfahrens nicht gefährdet, da solcherlei besondere persönliche Härten in aller Regel nur vereinzelt auftreten und die Stundung in diesen Einzelfällen keine besonderen verfahrensrechtlichen Schwierigkeiten bereiten wird (ebenso Wienands DStZ 1994, 734). Im Gegensatz zu § 361 II 4 HS 2 und § 69 II 8 HS 2 FGO enthält § 222 S. 3 aber auch zur Abwendung derart „wesentlicher Nachteile" keine gesetzliche Ausnahme. Die Vorschrift kann auch nicht im Wege verfassungskonformer Auslegung dahingehend ausgelegt werden, dass in diesen Härtefällen eine Stundung möglich sein soll. Denn eine derartige Auslegung ist angesichts des klaren Wortlauts und Sinns der Bestimmung nicht möglich (vgl. BVerfG 11.6.1980 – 1 PBvU 1/79, BVerfGE 54, 277 (299)). Zur „Verrechnungsstundung" → Rn. 11 aE.

57 **Der Stundungsausschluss des S. 4** für Haftungsschulden des Entrichtungspflichtigen begegnet hingegen nach wohl hA keinen verfassungsrechlichen Bedenken (ebenso Gosch AO § 222 Rn. 50; auch Klein § 222 Rn. 6; aA HHSp § 222 Rn. 180; TK § 222 Rn. 9). Insb. ist hierin kein Verstoß gegen das aus der Rechtsstaatsidee (Art. 20 I GG) abgeleitete Übermaßverbot zu sehen (FG München 25.8.1997 – 7 K 592/97, EFG 1997, 1490; offenlassend BFH 24.3.1998 – I R 120/97, BStBl. II 1999, 3). Schließlich greift der Ausschluss nur dann und auch nur in dem Umfang, in dem der Pflichtige StAbzugsbeträge oder StBeträge, dh „fremdes Geld", vereinnahmt und abzuführen hat. Allerdings soll auch in diesen Fällen eine „Verrechnungsstundung" (→ Rn. 37 ff.) nach den Grundsätzen von Treu und Glauben möglich sein (so HHSp § 222 Rn. 152, 195; aA BFH 23.8.2000 – I R 107/98, BStBl. II 2001, 742: schon keine erhebliche Härte; ebenso Gosch AO § 222 Rn. 50).

III. Keine Stundung gegenüber dem Steuerschuldner (S. 3)

58 S. 3 untersagt die Stundung von StAnsprüchen gegen den StSchuldner, soweit ein Dritter (Entrichtungspflichtiger) die Steuer für Rechnung des StSchuldners zu entrichten, insb. einzubehalten und abzuführen hat. StSchuldner iSd Vorschrift sind zB der unbeschränkt oder beschränkt stpfl. Arbeitnehmer (§ 38 II 1 EStG; anders bei Pauschalierung gem. §§ 40 III 2, 40a V EStG: hier ist der Arbeitgeber LSt-Schuldner), der Gläubiger der Kapitalerträge (§ 44 I 1 EStG), der beschränkt Stpfl. (§ 50a V 2 EStG), derjenige, der Leistungen iSd § 48 EStG erbringt (aA Gosch AO § 222 Rn. 46 mwN) und der Versicherungsnehmer (§ 7 I VersStG).

IV. Keine Stundung gegenüber dem haftenden Entrichtungspflichtigen (S. 4)

59 S. 4 schließt die Stundung des Haftungsanspruchs gegen den Entrichtungspflichtigen aus, soweit er StAbzugsbeträge einbehalten oder Beträge, die eine Steuer enthalten, eingenommen hat. Mit Zahlung des Arbeitslohns, der Kapitalerträge, der Vergütung in den Fällen des § 50a EStG, des Entgelts aus Umsätzen und dem Erhalt des Versicherungsentgelts ist der Entrichtungspflichtige zur Einbehaltung und Abführung bzw. Entrichtung der entspr. Steuer verpflichtet. Kommt er dieser Verpflichtung nicht nach, so kann er durch Haftungsbescheid nach § 191 I 1 in Anspruch genommen werden (vgl. § 42d I EStG, § 44 V 1 EStG, § 48a III 1 EStG, § 50a V 4 EStG iVm § 73g EStDV und § 7 VII 1 VersStG; → § 191 Rn. 18, 29). Daneben haftet der Entrichtungspflichtige auch ohne Erlass eines förmlichen Haftungsbescheids in den Fällen des § 42d IV EStG (vgl. Schmidt EStG § 42d Rn. 44) und § 44 V 3 EStG (vgl. Schmidt EStG § 44 Rn. 17). Die Stundung soll in all diesen Fällen unterbleiben, weil der Entrichtungspflichtige die betr. Steuer bereits auf Rechnung des StSchuldners vereinnahmt und damit nicht aus dem eigenen Vermögen zu entrichten hat. Insoweit korrespondiert die Regelung des S. 4 mit der des S. 3.

D. Stundungsverfahren

I. Zuständigkeit

60 **Sachliche Zuständigkeit.** FB sind zur Stundung befugt, also die Behörden iSv § 6 II Nr. 5, nämlich die örtlichen FÄ und HZÄ (vgl. § 16 iVm §§ 12, 17 FVG). Bei ihnen ist der Antrag (→ Rn. 63) zu stellen; sie entscheiden im Rahmen ihrer Gesamtzuständigkeit auch über das Stundungsbegehren (→ Rn. 68 f.). Die obersten FB haben sich und den Mittelbehörden aber in bestimmten Fällen eine Zustimmung vorbehalten. Die Zustimmungserfordernisse und -grenzen für Steuern, die von den LandesFB im Auftrag des Bundes verwaltet werden (Art. 108 III GG; ESt, KSt, USt und VersSt), ergeben sich aus BMF 5.7.2023, BStBl. I 2023, 1467 sowie für die übrigen von den LandesFB verwalteten Steuern und Abgaben (Art. 108 II 1 GG) aus GLE 5.7.2023, BStBl. I 2023, 1468. Für die

Stundung einer Kindergeldrückforderung sind, soweit sich nicht ausnahmsweise im Anwendungsbereich des § 72 EStG etwas anderes ergibt (BFH 6.4.2017 – III R 33/15, BStBl. II 2017, 997), die Dienststellen der Bundesagentur für Arbeit (BA) als Familienkassen und damit als FB (§ 6 II Nr. 6) sachlich zuständig (FG Berlin-Brandenburg 23.10.2019 – 3 K 3077/19, EFG 2020, 157; vgl. allg. BFH 19.1.2017 – III R 31/15, BStBl. II 2017, 642; BZSt DA-KG 2024, BStBl. I 2024, 737 ff.). Dies sind nach § 19 I die (auch für die Festsetzung zuständigen) **Wohnsitz-Familienkassen.** Eine hiervon abweichende örtliche Zuständigkeitsregelung ist nach Maßgabe des § 5 I Nr. 11 S. 4 FVG möglich, erfordert aber nach zwischenzeitlich gefestigter Rspr. des BFH (zuletzt BFH 24.2.2022 – III R 1/21, BFH/NV 2022, 805 mwN) die Übertragung der Gesamtzuständigkeit für bestimmte Bezirke oder Gruppen von Berechtigten. Der isolierten Übertragung einzelner Sachaufgaben des Erhebungsverfahrens, also des „Inkasso-Bereichs", auf den Inkasso-Service der BA, fehlte es danach an einer hinreichenden Rechtsgrundlage (grundlegend BFH 25.2.2021 – III R 36/19, BStBl. II 2021, 712; zum vormaligen Streitstand vgl. Vorauflage). Durch die Praxis einer innerbehördlichen „temporären und virtuellen" Zu- bzw. Abordnung der Fachkräfte des Inkasso-Service an die Wohnsitz-Familienkassen kann sich die BA der Notwendigkeit einer förmlichen und nach außen bekannt gemachten (vgl. dazu FG Düsseldorf 26.7.2022 – 10 K 2692/21 Kg, BeckRS 2022, 19953) Zuständigkeitsregelung nicht entziehen (FG Niedersachsen 21.9.2022 – 3 K 159/22, BeckRS 2022, 27547). Auch die anschließende Einspruchsentscheidung der örtlich und sachlich zuständigen Familienkasse heilt den vorangegangenen Zuständigkeitsmangel nicht, es sei denn, die Einspruchsbehörde hebt den rechtswidrigen Ausgangsbescheid auf und entscheidet in der Form eines neuen Ausgangsbescheids selbst (BFH 16.2.2023 – III R 8/22, BFH/NV 2023, 843).

Zustimmung als verwaltungsinterner Vorgang. Soweit die Oberbehörden (OFD/ 61 Landesamt für Steuern bzw. Finanzen, die obersten LänderFB, das BMF) zustimmen müssen, handelt es sich jeweils um einen verwaltungsinternen Vorgang, der auf die sachliche Zuständigkeit der örtlichen FB (FÄ, HZÄ) und damit auf die Wirksamkeit der Entscheidung über einen Stundungsantrag keinen Einfluss hat (Gosch AO § 222 Rn. 55). Stundet das FA (HZA) ohne die erforderliche Zustimmung, ist die Stundung danach zwar wirksam; sie kann aber nach Maßgabe des § 131 II widerrufen werden. Wird die Zustimmung von einer der in den Verwaltungsanweisungen genannten Oberbehörden versagt, muss der Stpfl. gleichwohl gegen die ablehnende Entscheidung der FB vorgehen, da nur sie im Außenverhältnis handelt.

Gemeinde- und Kirchensteuern. RealSt (GewSt, GrSt), örtliche Verbrauch- und 62 Aufwandsteuern sowie KiSt stunden die Behörden, die diese Steuern verwalten. Soweit die FB für die RealSt die Verwaltungshoheit besitzen (vgl. auch R 1.6 GewStR 2009), benötigen sie für Stundungsmaßnahmen nicht die Zustimmung der ertragsberechtigten Gemeinde. In diesen Fällen sind die Gemeinden auch nicht Beteiligte iSv § 360 und § 60 II FGO. Die FÄ dürfen nach den auf § 222 bzw. eine Stundungsbefugnis der FÄ verweisenden kirchenrechtlichen Vorschriften (vgl. Aufstellung bei TK § 222 Rn. 17) KiSt nur in dem Umfang stunden, in dem die MaßstabsSt (ESt/LSt) als Bemessungsgrundlage für die betr. KiSt gestundet worden ist. Eines gesonderten Antrages bedarf es hierfür in aller Regel nicht. Unberührt bleibt das Recht der kirchlichen Stellen, die KiSt ihrerseits aus Billigkeitsgründen zu stunden; entsprechende Entscheidungen binden die FÄ.

II. Antrag und Nachweis der Stundungsgründe

Antrag als Regelfall. Die Stundung erfolgt idR auf Antrag, zwingend erforderlich ist 63 er nach dem Wortlaut des § 222 S. 2 jedoch nicht (BFH 23.11.1993 – IX R 28/89, BFH/NV 1994, 687). Wird ohne Antrag gestundet, ist beim Stpfl. trotz der anfallenden Stundungszinsen (§ 234) keine Zustimmung einzuholen, da er ohne Rücksicht auf die ausgesprochene Stundung jederzeit schuldbefreiend zahlen kann (Gosch AO § 222 Rn. 54;

TK § 222 Rn. 49). Dessen ungeachtet besteht für den Fall, dass der Stpfl. einen zinsgünstigeren Kredit zur Begleichung der StSchulden hätte aufnehmen können, ggf. eine Korrekturmöglichkeit nach § 234 II. Ein Erlassantrag (§ 227) beinhaltet auch einen Hilfsantrag auf Stundung (Gosch AO § 222 Rn. 54; TK § 222 Rn. 52). Entspr. gilt für einen AdV-Antrag (→ Rn. 12). Bei Zweifeln, ob eine Stundung oder ein VollstrAufschub (§ 258) begehrt wird, sollte der Antragsteller gem. § 89 gehört werden (zum Nebeneinander BFH 5.7.1990 – I B 17/90, BFH/NV 1991, 146). Beratern wird aus Gründen der Haftungsvermeidung empfohlen, stets Stundung und VollstrAufschub zugleich zu beantragen (Brete/Thomsen AO-StB 2008, 73).

64 **Zeitpunkt.** Der Stundungsantrag sollte rechtzeitig (dh vor Fälligkeit) gestellt werden, damit die Stundung ab Fälligkeit der StForderung ausgesprochen wird. Lehnt die FB eine rechtzeitig beantragte Stundung ab, gewährt sie dennoch regelmäßig eine kurze Zahlungsfrist. Wird die Steuer innerhalb dieser Nachfrist entrichtet, fallen keine Säumniszuschläge (§ 240) an. Erfolgt der Stundungsantrag nach Fälligkeit, wird die Stundung idR mit Wirkung ab Antragseingang ausgesprochen, sodass die bis dahin verwirkten Säumniszuschläge bestehen bleiben. Wird der nicht rechtzeitig gestellte Antrag abgelehnt, wird keine verlängerte Zahlungsfrist eingeräumt. Zu Einzelheiten s. AEAO zu § 240 Nr. 6a.

65 **Nachweis der Stundungsgründe.** Der StSchuldner hat in seinem Antrag die Stundungsvoraussetzungen (erhebliche Härte, keine Gefährdung des StAnspruchs, uU Angebot einer Sicherheitsleistung) konkret darzulegen; floskelhafte Redewendungen oder allg. gehaltene Hinweise auf eine wirtschaftliche Notlage genügen nicht. Den Stpfl. trifft im Rahmen seiner Mitwirkungspflicht für das Vorliegen der Stundungsvoraussetzungen die Beweislast. Ist der Antrag nicht oder nur unzulänglich begründet, muss die FB den Stpfl. im Rahmen ihrer Sachverhaltsermittlungspflicht (→ Rn. 68) auffordern, unzureichende Angaben zu vervollständigen und unter Beweis zu stellen; unterlässt der Stpfl. aber auch weiterhin eine ihm mögliche und zumutbare Aufklärung, darf der Stundungsantrag abgelehnt werden (BFH 22.4.1988 – III R 269/84, BFH/NV 1989, 428).

66 **Nachweis bei persönlichen Gründen.** Wird eine Stundung aus persönlichen Gründen begehrt, muss sich die FB ein zeitnahes Bild der wirtschaftlichen Verhältnisse verschaffen können (BFH 13.4.1961 – IV 363/58 U, BStBl. III 1961, 292; Gosch AO § 222 Rn. 56). Dies geschieht durch Einreichung eines Liquiditätsstatus, aus dem sich – durch eine Gegenüberstellung der flüssigen bzw. kurzfristig realisierbaren Vermögenswerte und der rückständigen bzw. kurzfristig fällig werdenden Verpflichtungen – die wirtschaftliche Situation ergibt (vgl. Aufstellung bei Carl/Klos StB 1993, 208). Weiter empfiehlt es sich, nicht nur eine Bankbestätigung (wonach eine Kreditaufnahme nicht möglich ist), sondern auch einen Ratenzahlungsplan einzureichen. Wird die Stundung eines größeren Betrags begehrt, sollte zusätzlich eine Vermögensübersicht vor- sowie dargelegt werden, aus welchen Gründen die Verwertung von Vermögensteilen zwecks sofortiger Entrichtung der Steuern nicht zumutbar ist. Bei Stundungen bis zu drei Monaten genügt es der FVerw. jedoch regelmäßig, dass das Stundungsbegehren in sich schlüssig begründet ist (→ Rn. 49; Janssen DStZ 1991, 77).

67 **Nachweis bei sachlichen Gründen.** Bei der Verrechnungsstundung muss der Stpfl. seinen Gegenanspruch rechtlich und tatsächlich schlüssig belegen, idR durch Vorlage einer StErklärung (→ Rn. 39).

III. Entscheidung über die Stundung

68 **Ermittlung des Sachverhalts.** Unabhängig von der Mitwirkungspflicht des Stpfl. (→ Rn. 65) hat die FB, will sie dem ihr eröffneten Ermessen gerecht werden (→ § 5 Rn. 26), im Rahmen ihrer allg. Ermittlungspflicht (§ 88) den entscheidungserheblichen Sachverhalt umfassend und einwandfrei zu ermitteln (BFH 4.6.2019 – VII R 16/18, BStBl. II 2020, 456). Hierzu gehört zumindest die Auswertung des gesamten zum Zeitpunkt des Erlasses der Einspruchsentscheidung vorhandenen Akteninhalts einschließlich

beigezogener Akten (FG Berlin-Brandenburg 10.5.2017 – 3 K 3040/17, EFG 2017, 1144). Regelmäßig ist auch eine genauere Auseinandersetzung mit dem bisherigen Zahlungsverhalten des Stpfl. erforderlich (BFH 1.7.1998 – IV B 7/98, BFH/NV 1999, 12; FG Bremen 7.6.2022 – 2 K 34/22, BeckRS 2022, 13856). Daneben kommt ggf. auch eine Sonderprüfung in Betracht; und zwar unabhängig vom Vorliegen der Voraussetzungen des § 193 I (TK § 222 Rn. 53). Die §§ 193 II Nr. 2, 194 I 2 kommen zur Anwendung.

Ermessensentscheidung. Die Stundung ist als Billigkeitsmaßnahme in das pflichtgemäße Ermessen der FB gestellt. § 222 S. 1 verbindet ein „Können" der Behörde mit unbestimmten Rechtsbegriffen („erhebliche Härte", „nicht gefährdet"; BFH 13.5.1977 – VII B 9/77, BStBl. II 1977, 587; → Rn. 20, 47). Durch diese Koppelung werden die äußeren Grenzen für die behördliche Ermessensausübung abgesteckt. Zwischen den beiden Polen – auf der einen Seite die Feststellung, ob die Einziehung der Steuer bei Fälligkeit eine erhebliche Härte bedeuten würde und auf der anderen die, ob der Anspruch durch die Stundung nicht gefährdet erscheint – hat die FB im Wege einer Wertung ihre Entscheidung zu treffen und dabei die Interessen des Stpfl. einerseits und diejenigen des StGläubigers andererseits angemessen abzuwägen (→ Rn. 22; HHSp § 222 Rn. 122). Im Rahmen der Ermessensentscheidung ist auch zu berücksichtigen, dass durch eine Stundung die Fälligkeit nur hinausgeschoben wird und damit steuerliche Zahlungsverpflichtungen des Stpfl. zu einem späteren Zeitpunkt zusammenfallen können (zB Zusammentreffen des gestundeten Betrags mit einer EStVorauszahlung; sog. Kumulierungseffekt; s. HHSp § 222 Rn. 81, 137). In einem solchen Fall ist eine Stundung nur dann sinnvoll, wenn die Kumulierung der steuerlichen Zahlungsverpflichtungen bewusst in Kauf genommen werden kann und das geringere Übel gegenüber der sofortigen Zahlung darstellt (TK § 222 Rn. 24). Durch die Kumulierung darf es aber keinesfalls zu einer Gefährdung des StAnspruchs kommen. Zur gerichtlichen Überprüfung → Rn. 76. 69

IV. Form und Umfang der Stundung

Form. Schriftform ist für den Fall der Gewährung zwar nicht vorgeschrieben (vgl. § 119 II), aber üblich und im Interesse der Rechtsklarheit und Rechtssicherheit auch geboten (HHSp § 222 Rn. 211). Andernfalls sollte sich der Antragsteller unter Berufung auf § 119 II 2 die Stundung unverzüglich schriftlich bestätigen lassen. Die Stundung ist ein begünstigender rechtsgestaltender VA, der erst mit der Bekanntgabe an den Adressaten wirksam wird (§ 124 I S. 1; BFH 8.7.2004 – VII R 55/03, BStBl. II 2005, 7). Dieses Wirksamkeitserfordernis grenzt die Stundung von der sog. technischen (internen) Stundung ab (→ Rn. 41), die als innerbehördliche Maßnahme eben nicht unmittelbar auf Außenwirkung gerichtet und deshalb auch nicht gegenüber dem Stpfl. bekanntzugeben ist. Aus der Stundungsverfügung, die nach ihrem objektiven Erklärungswert aus Empfängersicht auszulegen ist (BFH 23.10.1993 – X R 170/90, BFH/NV 1994, 443), müssen sich der Stundungszeitraum und der gestundete StBetrag ergeben. Zur Auslegung einer Ratenzahlungsvereinbarung als Stundungsverfügung mit Widerrufsvorbehalt vgl. FG Berlin-Brandenburg 23.10.2019 – 3 K 3077/19, EFG 2020, 157. Die Stundung kann auch rückwirkend vom Fälligkeitstag an gewährt werden (BFH 22.4.1988 – III R 269/84, BFH/NV 1989, 428), insb. dann, wenn das FA einen rechtzeitig gestellten Stundungsantrag erst einige Zeit später positiv bescheidet (zu den weiteren Folgen → Rn. 72). Die (auch teilweise) Ablehnung einer Stundung bedarf hingegen immer der Schriftform. Sie muss so ausführlich begründet werden (§ 121), dass sowohl der entscheidungserhebliche Sachverhalt (→ Rn. 68) als auch die für die Ermessensausübung maßgeblichen Erwägungen (→ Rn. 69) erkennbar werden (HHSp § 222 Rn. 213). Nur so ist eine außergerichtliche bzw. gerichtliche Überprüfung möglich (→ Rn. 75 ff., allgemein zur Begründungspflicht → § 5 Rn. 34). 70

Nebenbestimmungen. Die Stundungsverfügung kann mit einer Nebenbestimmung iSv § 120 II versehen werden (FG Hessen 11.7.2007 – 8 K 2379/01, EFG 2007, 1833). In 71

Frage kommen **Befristung,** aufschiebende und auflösende **Bedingung** (Aufnahme einer Verfallsklausel, vgl. BFH 12.10.1965 – I 385/62 U, BStBl. III 1965, 721; Pump Die Steuer-Warte 2012, 127), **Widerrufsvorbehalt** (vgl. GLE 5.7.2023, BStBl. I 2023, 1468 unter A. I; → Rn. 60, 73) und **Auflage** (fristgerechte Zahlung laufend fällig werdender übriger Steuern; Anzeigen einer Verbesserung der Vermögenslage). Die **Anforderung einer Sicherheitsleistung** ist ebenfalls eine Nebenbestimmung. Je nach Ausgestaltung handelt es sich um eine aufschiebende Bedingung (Stundung gilt erst mit der Erbringung der Sicherheitsleistung als bewilligt) oder um eine Auflage, was durch Auslegung zu ermitteln ist (→ § 120 Rn. 42). Im letzteren Fall treten die Stundungswirkungen unabhängig von der Sicherheitsleistung sofort ein (TK § 222 Rn. 59); die FB besitzt jedoch eine Widerrufsbefugnis nach § 131 II 1 Nr. 2, sofern der Stpfl. der Auflage nicht nachkommt (BFH 8.6.1982 – VIII B 29/82, BStBl. II 1982, 608).

V. Rechtsfolgen der Stundung

72 **Hinausschieben der Fälligkeit.** Durch die Stundung wird die Fälligkeit hinausgeschoben (→ Rn. 2). Deshalb fallen für die Dauer der Stundung keine Säumniszuschläge an. Dafür werden allerdings idR Stundungszinsen nach § 234 erhoben, sofern darauf nicht ausnahmsweise aus Billigkeitsgründen verzichtet wird (vgl. BMF 5.10.2022, BStBl. I 2022, 1402).Die Stundung bewirkt hinsichtlich des gestundeten Betrags eine Unterbrechung der Zahlungsverjährung (§ 231 I 1 Nr. 1). Nach Ablauf der Stundung wird die Steuer erneut fällig und es gilt die Schonfrist des § 240 III. Bei einer **rückwirkenden Stundung** ist zwar die (weitere) Vollstr einzustellen bzw. zu beschränken (§ 257 I Nr. 4). Von den zu diesem Zeitpunkt bereits eingetretenen rechtlichen Folgen seiner Säumnis wird der StSchuldner aber nicht automatisch frei. Verwirkte Säumniszuschläge müssen vielmehr gesondert erlassen und bereits durchgeführte Vollstreckungsmaßnahmen ausdrücklich aufgehoben werden (§ 257 II 3; BFH 8.7.2004 – VII R 55/03, BStBl. II 2005, 7). Dementsprechend werden Zwangshypotheken nur dann zu Eigentümergrundschulden, wenn mit der Stundung zugleich die Aufhebung der VollstrMaßnahmen angeordnet wird (§ 322 I 3; → § 322 Rn. 19).

VI. Korrektur der Stundung

73 **Widerrufsvorbehalt.** Er ist als Nebenbestimmung grds. zulässig (→ Rn. 71). Bedenklich erscheint jedoch die Praxis der FÄ, jede unbefristete Stundung mit einem Widerrufsvorbehalt zu versehen (Schwarz/Pahlke/Keß § 222 Rn. 27; TK § 222 Rn. 63; aA Klein § 222 Rn. 46: idR sachlich gerechtfertigt; ebenso Gosch AO § 222 Rn. 53). Auch der nach § 131 II 1 Nr. 1 vorbehaltene jederzeitige Widerruf berechtigt aber nicht ohne hinreichenden Grund zur Ausübung (→ § 131 Rn. 15), sondern rechtfertigt nur dann den Widerruf der Stundung, wenn sich herausstellt, dass die tatbestandlichen Voraussetzungen für eine Stundung nicht mehr gegeben sind oder wenn sich andere Gesichtspunkte ergeben, die es ermöglicht hätten, den Stundungsantrag von vornherein ermessensfehlerfrei abzulehnen (TK § 222 Rn. 63). Eine Änderung der Rechtsansicht der FB über die Recht- und Zweckmäßigkeit der Stundung sowie eine andere Würdigung des Sachverhalts genügen hingegen nicht (FG Niedersachsen 10.9.1975 – IV 101/73, EFG 1976, 207).

74 **Ohne Widerrufsvorbehalt** kann die Stundung nur unter den Voraussetzungen des § 130 II, III (auch mit Wirkung für die Vergangenheit; → § 130 Rn. 30) zurückgenommen oder unter den Voraussetzungen des § 131 II Nr. 2 und 3 (nur mit Wirkung für die Zukunft; → § 131 Rn. 5) widerrufen werden. Sowohl die Verbesserung als auch die Verschlechterung der wirtschaftlichen Verhältnisse können die FB zu einem Widerruf der Stundung nach § 131 II Nr. 3 berechtigen (Gosch AO § 222 Rn. 59), ebenso der Umstand, dass die Stundungsraten nicht bei Fälligkeit entrichtet werden (→ § 131 Rn. 25). Allerdings ist der Stpfl. nicht verpflichtet, seine wiedererlangte Liquidität anzuzeigen. Jedoch kann die FB eine solche Anzeigepflicht als Auflage in die Stundungsverfügung

aufnehmen (Klein § 222 Rn. 46). Auch der Erwerb eines aufrechenbaren Erstattungsanspruchs kann Widerrufsgrund sein (BFH 6.2.1973 – VII R 62/70, BStBl. II 1973, 513). Bei **offensichtlichen Unrichtigkeiten** bleibt es bei der Anwendbarkeit des § 129 (Gosch AO § 222 Rn. 59).

VII. Rechtsbehelfe und sonstige Verfahrensfragen

Einspruch. Gegen den eine Stundung ablehnenden VA und gegen die Rücknahme und den Widerruf einer bereits gewährten Stundung ist der Einspruch (§ 347) gegeben. 75

Verpflichtungsklage. Gegen die (ablehnende) Einspruchsentscheidung kann beim FG Verpflichtungsklage (§ 40 I FGO) erhoben werden. Für die gerichtliche Nachprüfung sind die Verhältnisse im Zeitpunkt des Ergehens der Einspruchsentscheidung maßgebend (BFH 13.4.1961 – IV 363/58 U, BStBl. III 1961, 292). Allerdings kann die FB ihre Ermessenserwägungen gem. § 102 S. 2 FGO bis zum Abschluss des finanzgerichtlichen Verfahrens ergänzen (hierzu Gräber FGO § 102 Rn. 25). Die Entscheidung der FB ist eine Ermessensentscheidung (→ Rn. 69), die vom FG nach § 102 S. 1 FGO nur daraufhin überprüft werden darf, ob die FB ihr Ermessen fehlerfrei ausgeübt hat (BFH 23.6.1993 – X R 96/90, BFH/NV 1994, 517 mwN; vgl. Gräber FGO § 102 Rn. 2 ff., 15). Eigene Ermessenserwägungen durch das FG sind unzulässig (BFH 13.11.2003 – VI B 329/00, BFH/NV 2004, 361). Die Tendenz der BFH-Rspr., der FB einen gewissen gerichtlich nicht nachprüfbaren Spielraum bei der Bewertung der Stundungslage zu belassen, hat die gerichtliche Praxis bislang nicht an einer umfassenden Prüfung gehindert, insb. dazu, ob eine „erhebliche Härte" gegeben ist (krit. zur gerichtlichen Handhabung HHSp § 222 Rn. 221). Inhalt und Grenzen des Ermessens werden durch die unbestimmten Rechtsbegriffe abgesteckt (→ Rn. 69). Kommt das FG zu dem Ergebnis, dass die FB ermessensfehlerhaft gehandelt hat, kann es die fehlerhafte Ermessensentscheidung der FB nicht durch eine eigene ersetzen, sondern nur den die Stundung ablehnenden VA aufheben. Dies sollte der Kläger bei seiner Antragstellung aus Kostengründen beachten und nur die Aufhebung nebst Neubescheidung beantragen (BFH 22.4.1988 – III R 269/84, BFH/NV 1989, 428; Gosch AO § 222 Rn. 60). Nur wenn die Ermessensgrenzen ausnahmsweise so eingeengt sind, dass nur eine bestimmte Entscheidung möglich wäre, während jede andere notwendig zu einem Ermessensfehler führen müsste (Ermessensreduzierung auf null), darf das FG die Verpflichtung zur Gewährung einer Stundung aussprechen (BFH 15.6.1983 – I R 76/82, BStBl. II 1983, 672). 76

Anfechtungsklage. Wird eine gewährte Stundung widerrufen oder zurückgenommen (→ Rn. 73 f.), ist Rechtsschutzziel allein die Wiederherstellung des früheren Rechtszustands. Dies ist nach einem erfolglosen Rechtsbehelfsverfahren nur durch eine Anfechtungsklage (§ 40 I iVm § 100 I 1 FGO) möglich. Umstr. ist, ob der Widerrufsvorbehalt als Nebenbestimmung selbst (isoliert) anfechtbar ist (→ § 120 Rn. 46 ff.), oder ob der Stpfl. Verpflichtungsklage mit dem Ziel einer vorbehaltlosen Stundung erheben muss (so Klein § 222 Rn. 46). 77

Erledigung der Rechtsbehelfe. Durch eine zwischenzeitliche Tilgung (Umbuchung) der rückständigen Beträge erledigen sich weder der die Stundung ablehnende VA noch ein hiergegen eingelegter Rechtsbehelf, da die Frage der Rechtmäßigkeit der abgelehnten Stundung für die Säumniszuschläge und Zinsen bedeutsam bleibt (BFH 6.9.2023 – I R 35/20, BFH/NV 2024, 302). Erst mit einer Stattgabe der FB tritt Erledigung ein. Demgegenüber ist eine Klage auf Stundung einer durch Verrechnung rückwirkend erloschenen StForderung wegen entfallenen Rechtsschutzbedürfnisses bereits unzulässig (BFH 3.5.1991 – V R 105/86, BFH/NV 1992, 77). 78

Einstweiliger Rechtsschutz: 79

– **AdV.** Bei Widerruf und Rücknahme einer Stundung kann ein Antrag auf AdV nach § 361 oder § 69 FGO gestellt werden, da es sich um vollziehbare VA handelt (BFH 20.2.1998 – VI B 205/97, BFH/NV 1998, 963 mwN).

80 – **Einstweilige Anordnung.** Wird eine Stundung hingegen abgelehnt, kann nur im Wege einer einstweiligen Anordnung nach § 114 FGO vorläufiger Rechtsschutz erreicht werden (BFH 2.2.1993 – VI B 132/91, BFH/NV 1993, 583). Ein offener und mit gewisser Wahrscheinlichkeit Erfolg versprechender Antrag auf Stundung kann iVm § 258 Anordnungsanspruch iSv § 114 I 2 FGO sein (BFH 15.1.2003 – V S 17/02, BFH/NV 2003, 738; Gräber FGO § 114 Rn. 38: Vollstreckungsaufschub). Erforderlich ist daneben das Vorliegen eines Anordnungsgrundes, dh es muss eine schwerwiegende Beeinträchtigung der Rechtsposition des Antragstellers in Form wesentlicher Nachteile, drohender Gewalt oder anderer ähnlich schwerwiegender Gründe bestehen. Bloße Rechtsbenachteiligungen genügen nicht. Darüber hinaus darf keine Vorwegnahme der Hauptsache erfolgen.

§ 223 (weggefallen)

1 Durch die abschließende Regelung des Zahlungsaufschubs im unmittelbar geltenden Unionszollrecht (Art. 110 f. UZK) blieb für eine innerstaatliche Regelung kein Anwendungsbereich (BT-Drs. 18/3017, 35). Die Norm wurde deshalb durch Art. 1 Nr. 11 des Gesetzes zur Anpassung der Abgabenordnung an den Zollkodex der Union und zur Änderung weiterer steuerlicher Vorschriften vom 22.12.2014 (StRÄndG; BGBl. I 2014, 2417) mWv 31.12.2014 aufgehoben (zu § 223 aF vgl. 3. Aufl.).

2. Unterabschnitt. Zahlung, Aufrechnung, Erlass

§ 224 Leistungsort, Tag der Zahlung

(1) [1] **Zahlungen an Finanzbehörden sind an die zuständige Kasse zu entrichten.** [2] **Außerhalb des Kassenraums können Zahlungsmittel nur einem Amtsträger übergeben werden, der zur Annahme von Zahlungsmitteln außerhalb des Kassenraums besonders ermächtigt worden ist und sich hierüber ausweisen kann.**

(2) **Eine wirksam geleistete Zahlung gilt als entrichtet:**

1. **bei Übergabe oder Übersendung von Zahlungsmitteln am Tag des Eingangs, bei Hingabe oder Übersendung von Schecks jedoch drei Tage nach dem Tag des Eingangs,**
2. **bei Überweisung oder Einzahlung auf ein Konto der Finanzbehörde und bei Einzahlung mit Zahlschein an dem Tag, an dem der Betrag der Finanzbehörde gutgeschrieben wird,**
3. **bei Vorliegen eines SEPA-Lastschriftmandats am Fälligkeitstag.**

(3) [1] **Zahlungen der Finanzbehörden sind unbar zu leisten.** [2] **Das Bundesministerium der Finanzen und die für die Finanzverwaltung zuständigen obersten Landesbehörden können für ihre Geschäftsbereiche Ausnahmen zulassen.** [3] **Als Tag der Zahlung gilt bei Überweisung oder Zahlungsanweisung der dritte Tag nach der Hingabe oder Absendung des Auftrags an das Kreditinstitut oder, wenn der Betrag nicht sofort abgebucht werden soll, der dritte Tag nach der Abbuchung.**

(4) [1] **Die zuständige Kasse kann für die Übergabe von Zahlungsmitteln gegen Quittung geschlossen werden.** [2] **Absatz 2 Nummer 1 gilt entsprechend, wenn bei der Schließung von Kassen nach Satz 1 am Ort der Kasse eine oder mehrere Zweiganstalten der Deutschen Bundesbank oder, falls solche am Ort der Kasse nicht bestehen, ein oder mehrere Kreditinstitute ermächtigt werden, für die Kasse Zahlungsmittel gegen Quittung anzunehmen.**

Übersicht

I. Allgemeines

1 Durch Art. 26 Nr. 24 StMBG und Art. 12 Abs. 37 PostneuordnungsG v. 14.9.1994 (BGBl. 1994 I 2325) wurden Abs. 2 Nr. 2 sowie Abs. 3 S. 2 und 3 an die geänderten Bezeichnungen der Bundesministerien und an die Veränderungen durch die Postreform angepasst. Gemäß Art. 20 I JStG 2007 ist § 224 II Nr. 1 dahingehend geändert worden, dass bei Hingabe/Übersendung von Schecks die Zahlung erst drei Tage nach Eingang als entrichtet gilt. Dies gilt für alle Schecks, die nach dem 31.12.2006 bei der FB eingehen (Art. 97 § 6 EGAO). Mit der Neuregelung ist der Tag des Geldeingangs nach hinten verlegt worden, um die bis dahin bestehende rechtliche Bevorzugung der Scheckzahlung (bislang war der Eingang des Schecks maßgeblich) auszugleichen (BT-Drs. 16/2712, 81). Im Übrigen hat der Scheck auf Grund der Weiterentwicklung moderner Zahlungsverfahren an Bedeutung verloren. Durch Art. 11 Nr. 21 AmtshilfeRLUmsG sind mit Wirkung ab 30.6.2013 die Worte „oder durch Postanweisung" in § 224 II Nr. 2 gestrichen worden. Hierdurch wurde dem Umstand Rechnung getragen, dass die Deutsche Post AG eine Zahlung per Postanweisung bereits 2002 abgeschafft hat (BT-Drs. 17/10000, 80). Die mit dem JStG 2022 erfolgte Ersetzung der „Einzugsermächtigung" in § 224 II Nr. 3 vollzieht ebenfalls nur die bereits 2014 erfolgte Einführung des einheitlichen Euro-Zahlungsverkehrsraums (SEPA) nach (BT-Drs. 20/3879, 139).

2 **Regelungsinhalt und Bedeutung.** § 224 regelt Leistungsort und -zeitpunkt für Zahlungen an und durch die FB. Zahlung beinhaltet nicht nur die Barzahlung, sondern auch die Hingabe von Schecks und deren Annahme erfüllungshalber (§ 364 II BGB), die (Giro-)Überweisung, die Einzahlung auf ein Konto und die Einziehung im Lastschriftverkehr. Eine wirksame Zahlung führt zum Erlöschen der Ansprüche aus dem StSchuldverhältnis (§§ 37, 47, Art. 124 I b UZK). Die schuldbefreiende Wirkung tritt ein, wenn die Zahlung den Gläubiger am Leistungsort erreicht. Bei nicht rechtzeitiger Zahlung fallen Säumniszuschläge (§ 240) bzw. Zinsen (§§ 233 ff.) an. Ob die Zahlung rechtzeitig ist, ergibt sich aus einem Vergleich zwischen Fälligkeitszeitpunkt (§ 220) und dem Zeitpunkt, in welchem die Zahlung erfolgt bzw. als erfolgt gilt. § 224 fingiert einen bestimmten Zahlungszeitpunkt für die Hingabe von Schecks in Abs. 2 Nr. 1 und für Überweisungen und Zahlungsanweisungen in Abs. 3 S. 3. Dies soll zB die Berechnung von Zinsen und Säumniszuschlägen erleichtern (BVerwG 26.4.1984 – 8 B 89/83, NJW 1984, 2114). Darüber hinaus zielt § 224 auf die Förderung des bargeldlosen Zahlungsverkehrs (Gosch AO § 224 Rn. 2).

3 **Rechtsnatur.** Die Zahlung iSv § 224 ist ein im Wesentlichen nach privatrechtlichen Vorschriften zu beurteilender Vorgang; Grund und Wirkung sind hingegen öffentlich-rechtlicher Natur (BFH 10.11.1987 – VII R 171/84, BStBl. II 1988, 41; BVerwG 26.4.1984 – 8 B 89/83, NJW 1984, 2114; HHSp § 224 Rn. 9). **Privatrechtlich** ist der technische Vorgang: die Sachübertragung des Geldes bei der Barzahlung, die Übertragung von Buchgeld bei der (Giro-)Überweisung und der Einziehung im Lastschriftverkehr durch die Belastung des Kontos des Überweisenden und die Gutschrift auf dem Empfängerkonto.

Dies gilt auch für die Ausstellung und Annahme eines Schecks erfüllungshalber, dh für die Gutschrift der Scheckvaluta beim Einlösenden und die Belastung des Kontos des Ausstellers. **Öffentlich-rechtlicher Natur** sind der Rechtsgrund für die Zahlung (Erfüllung eines Anspruchs aus dem StSchuldverhältnis, § 37) sowie deren in der AO angeordnete Rechtsfolgen in zeitlicher (Rechtzeitigkeit, § 224 II, III 3) und materieller Hinsicht (Erlöschen des Anspruchs aus dem StSchuldverhältnis, § 47). Zum Erlöschen der Zollschuld durch Entrichtung des Abgabenbetrages s. Art. 124 I b UZK.

4 **Sachlicher und persönlicher Anwendungsbereich.** § 224 ist auf alle Zahlungen unter Beteiligung der FB anzuwenden. Für die Abgabenentrichtung bei Ein- und Ausfuhrabgaben gilt Art. 109 UZK, wodurch § 224 grds. überlagert wird und damit im Bereich der Zölle allenfalls ergänzend herangezogen werden kann (Rüsken Art. 109 Rn. 3). § 224 regelt nur die Zahlung, lässt hingegen die Person des Zahlenden offen, da **Zahlungen** an die FB **durch Dritte** grds. zulässig sind (§ 48 I; Art. 109 II UZK). Zahlt ein Dritter, muss der StSchuldner dem weder zustimmen noch kann er widersprechen (Gosch AO § 224 Rn. 10; Klein § 224 Rn. 22). § 267 II BGB, der dem Gläubiger beim Widerspruch des Schuldners ein Ablehnungsrecht zubilligt, ist deshalb nicht anwendbar (ebenso TK § 224 Rn. 6; Gosch AO § 224 Rn. 10; aA Klein § 224 Rn. 22; auch BFH 13.6.1967 – II 157/63, BStBl. III 1967, 650). Erbringt der Dritte die Zahlung auf die StSchuld zur Erhaltung eigener Rechtspositionen, erlischt der Anspruch aus dem StSchuldverhältnis ausnahmsweise nicht. Stattdessen geht die StForderung des StGläubigers auf den Dritten über (→ § 48 Rn. 5); die StSchuld verliert damit ihren öffentlich-rechtlichen Charakter (HHSp § 224 Rn. 30).

5 **Spezielle Regelungen** enthalten die §§ 296 II, 301 II. Bei der Pfändung von Geld gilt die Wegnahme als Zahlung des VollstrSchuldners (§ 296 II; → Rn. 8), bei der Versteigerung gepfändeter Sachen die Entgegennahme des Erlöses durch den versteigernden Vollziehungsbeamten, es sei denn, der Erlös wird hinterlegt (§ 301 II).

6 **Zahlung unter Vorbehalt** kennt die AO nicht. Wird dennoch unter Vorbehalt gezahlt, ist diese Erklärung auszulegen (TK § 224 Rn. 7). Will sich der Zahlende die Rückforderung der Zahlung vorbehalten, will er die Schuld gerade nicht tilgen; damit fehlt der Zahlung schon grds. die schuldbefreiende (Erlöschens-)Wirkung. Mit Eingang des Geldbetrags bei der FB entsteht deshalb ein Erstattungsanspruch nach § 37 II, mit dem die FB aber ggf. nach § 226 aufrechnen kann (Gosch AO § 224 Rn. 9). Will sich der Zahlende hingegen nur die Bestimmung des zu tilgenden Anspruchs vorbehalten, erlischt der StAnspruch zwar, aber erst mit Eingang der Bestimmung bei der FB (TK § 224 Rn. 7). Soll der Vorbehalt schließlich lediglich zum Ausdruck bringen, dass mit der Zahlung keine Anerkennung der Rechtmäßigkeit des den Anspruch festsetzenden VA verbunden ist, wird die rechtliche Wirkung der Zahlung nicht beeinflusst und unmittelbar schuldbefreiend geleistet (BFH 14.5.1986 – VII B 159/85, BFH/NV 1986, 681; HHSp § 224 Rn. 22). Ein solcher Vorbehalt kann idR nicht zugleich als Rechtsbehelf gegen den VA gewertet werden, da es an der klaren und eindeutigen Erklärung fehlt, eine bestimmte Entscheidung angreifen zu wollen (BFH 20.2.1962 – I 150/60 S, BStBl. III 1962, 422). Der Stpfl. kann die Zahlung der Steuer auch nicht – etwa aus Gewissensgründen – mit Vorgaben für die Art der StVerwendung verbinden (BFH 6.12.1991 – III R 81/89, BStBl. II 1992, 303; BFH 26.1.2012 – II B 70/11, BFH/NV 2012, 735). Solcherlei **Auflagen** (wie zB keine Verwendung für Rüstungszwecke) ist für die FB unbeachtlich. Die Frage, für welche Zwecke Steuern verwendet werden, ist weder Gegenstand des StFestsetzungs- noch des StErhebungsverfahrens. Über die Verwendung des StAufkommens wird ausschließlich durch die gesetzgebenden Körperschaften entschieden (Art. 110 GG).

II. Zahlungen an die Finanzbehörde (Abs. 1)

7 Die Zahlung ist gem. **§ 224 I 1** an die **zuständige Kasse** zu entrichten, dh an die Kasse der für die StErhebung zuständigen FB. Zusammen mit S. 2 wird zum einen der Leistungs-

ort und zum anderen der Personenkreis bestimmt, der zur Entgegennahme der Zahlungen berechtigt ist: nämlich die Finanzkasse (Kassenraum) und das Kassenpersonal (Kassierer). Zahlungen an Amtsträger (§ 7) außerhalb des Kassenraums haben grds. keine schuldbefreiende Wirkung (BFH 17.2.1954 – II 171/52 U, BStBl. III 1954, 131). Eine Ausnahme gilt nach **§ 224 I 2** nur für solche Amtsträger, die zur Annahme von Zahlungen außerhalb des Kassenraums besonders ermächtigt sind und sich hierüber auch ausweisen können. Das sind Vollziehungsbeamte, die gem. §§ 285 II, 292 I durch schriftlichen VollstrAuftrag des Innendienstes ermächtigt sind, Zahlungen bis zur Höhe des beizutreibenden Betrages entgegenzunehmen. Zahlt der Stpfl. zwar im Kassenraum, aber nicht an den Kassierer, sondern an einen anderen dort anwesenden Amtsträger, leistet er ausnahmsweise dann schuldbefreiend, wenn der betr. Beamte mit Kenntnis der FB auch schon früher wiederholt Zahlungen des Stpfl. entgegengenommen hat (HHSp § 224 Rn. 14). Es gelten insoweit die Grundsätze der Anscheins- und Duldungsvollmacht (Gosch AO § 224 Rn. 13; TK § 224 Rn. 12).

III. Zahlungsmittel und Wirksamkeit der Zahlung (Abs. 2)

1. Allgemeines

Fiktion des Zahlungszeitpunkts. Wie der StSchuldner (bzw. ein für ihn leistender Dritter) Zahlungen bewirken kann und wann eine solche Zahlung als wirksam gilt, bestimmt Abs. 2. Die Vorschrift bezweckt, durch fingierte Zahlungszeitpunkte die Berechnung von Zinsen und Säumniszuschlägen zu erleichtern (David StVj 1990, 164 (170); auch → Rn. 2). Eine darüber hinausgehende Erfüllungsfiktion enthält die Vorschrift nicht, weshalb kein zwingender Gleichlauf zwischen Erfüllung und Entrichtung der StSchulden besteht (BFH 22.11.2017 – XI R 14/16, BStBl. II 2018, 455). Aus diesem Grund hat ein infolge wirksamer (aber erfolgreich angefochtener) Zahlung fingierter Zahlungszeitpunkt auch bei einem späteren Wiederaufleben der StForderung nach § 144 I InsO Bestand und schließt eine (rückwirkende) Säumnis aus (BFH 22.11.2017 – XI R 14/16, BStBl. II 2018, 455). Dass die generalisierende Regelung bei Scheck- und Lastschriftzahlungen regelmäßig eine solche Abweichung des Zahlungs- vom Erlöschenszeitpunkt gem. § 47 zur Folge hat, wurde vom Gesetzgeber im Vereinfachungsinteresse in Kauf genommen (BFH 28.8.2012 – VII R 71/11, BStBl. II 2013, 103; Gosch AO § 224 Rn. 15; TK § 224 Rn. 17). 8

Irrtümlich falsche Verbuchung der geleisteten Zahlung durch die Finanzkasse ändert nichts daran, dass der Stpfl. in dem durch Abs. 2 fingierten Zeitpunkt gezahlt hat und der Anspruch durch den Eintritt des Leistungserfolges (§ 362 BGB) erloschen ist (Klein § 224 Rn. 9). 9

Zuordnungsprobleme. Geht die Zahlung zwar rechtzeitig ein, kann sie aber aufgrund unvollständiger oder unrichtiger Angaben des Leistenden nicht sofort richtig zugeordnet und verbucht werden, ist rechtzeitig geleistet, wenn es für die Beteiligten hinreichend bestimmt oder bestimmbar ist, welcher Anspruch zugunsten welches StSchuldners durch die Zahlung getilgt werden soll (Gosch AO § 224 Rn. 16). Eine solche Bestimmung ist auch dann noch möglich, wenn zwar die StNr. fehlt oder unrichtig ist, jedoch Name, StArt und Besteuerungszeitraum zutr. angegeben sind (TK § 224 Rn. 19). Fehlt hingegen eine hinreichende Zuordnungsmöglichkeit, tritt die Erfüllung erst in dem Zeitpunkt ein, in dem die benötigten Informationen der FB zugehen oder die Unklarheit in sonstiger Weise beseitigt worden ist (Grüneberg BGB § 362 Rn. 10; MüKo BGB § 362 Rn. 25). 10

2. Übergabe/Übersendung von Zahlungsmitteln (Abs. 2 Nr. 1)

Zahlungsmittel iSd Vorschrift sind inländisches Bargeld (Euro-Münzen und -Banknoten) sowie Schecks, die auf Euro lauten und auf inländische Kreditinstitute gezogen sind (vgl. Abschn. 15 I VollzA). Ausländisches Bargeld (nicht auf Euro-Münzen und -Banknoten lautendes Bargeld) fällt nicht darunter; es muss vom Vollziehungsbeamten gepfändet (§ 286 I, II) und anschließend nach den für Wertpapiere geltenden Vorschriften verwertet, 11 dh zum Tageskurs verkauft werden (§ 302; Klein § 296 Rn. 6). Erst der erlangte Gegenwert gilt als Zahlung (TK § 286 Rn. 10; auch → Rn. 12).

12 **Fingierter Zahlungszeitpunkt.** Werden Zahlungsmittel übergeben oder übersandt, ist der Tag des Eingangs maßgebend. Dies gilt für inländisches Bargeld uneingeschränkt. Bei Schecks gilt eine Zahlung drei Tage nach dem Tag des Eingangs als entrichtet (→ Rn. 1); der Scheck muss demnach drei Tage vor Fälligkeit beim FA eingegangen sein. Dass die FB ggf. schon früher über den Scheckgegenwert verfügen kann, ändert daran nichts (→ Rn. 8). Die Schonfrist nach § 240 III 1 gilt nicht (§ 240 III 2). Auch bei einem vordatierten Scheck richtet sich die Rechtzeitigkeit der Zahlung nach dem Tag der Hingabe/des Eingangs, da der Gläubiger ihn wie jeden anderen Scheck sofort ohne Rücksicht auf das Ausstellungsdatum zur Einlösung vorlegen kann (BGH 7.10.1965 – II ZR 120/63, NJW 1966, 46). Für Schecks ist weiter erforderlich, dass die Finanzkasse den Scheck annimmt und das bezogene Kreditinstitut ihn später auch einlöst (BFH 29.10.1970 – IV R 103/70, BStBl. II 1971, 94). Bei der Pfändung von Geld gilt § 296 II (→ Rn. 11) und hinsichtlich des Erlöses einer Versteigerung § 301 II. Der Zeitpunkt der Wegnahme bzw. der Empfangnahme ist der Tag des Eingangs iSd § 224 II Nr. 1. Wird ein Scheck gepfändet, muss außer der Wegnahme durch den Vollziehungsbeamten (§ 286 I) noch gem. § 314 die Einziehung der Forderung angeordnet werden, sodass je nach Zahlungsweise des Drittschuldners § 224 II Nr. 1 oder Nr. 2 vorliegen wird (Gosch AO § 224 Rn. 19).

13 **Erlöschen des Anspruchs aus dem StSchuldverhältnis.** Bei Bargeld (→ Rn. 11) erlischt der StAnspruch mit Einigung und Übergabe der Banknoten und Münzen gem. §§ 362 I, 929 BGB. Die Scheckhingabe zur Tilgung einer Schuld ist dagegen nur eine Leistung erfüllungshalber (§§ 362 I, 364 II BGB). Die Erfüllung tritt somit erst ein, wenn der Gläubiger den Gegenwert des angenommenen Schecks auch wirklich erhält (BGH 7.10.1965 – II ZR 120/63, NJW 1966, 46; Grüneberg BGB § 364 Rn. 9). Die Gutschrift auf dem Gläubigerkonto genügt dafür nicht. Die Leistung ist erst erfüllt, wenn der Scheck endgültig eingelöst wird, entweder indem die bezogene Bank das Schuldnerkonto belastet oder die Empfängerbank die Gutschriftdaten vorbehaltlos gegenüber dem Gläubiger bekanntmacht (MüKo BGB § 362 Rn. 20). Dementsprechend erlischt der StAnspruch auch erst mit der Einlösung (ebenso TK § 224 Rn. 22). Zur fehlgeschlagenen Tilgung bei Rückbuchung durch eine Bank gem. ihrer Allgemeinen Geschäftsbedingungen und zur Frage der Inhaftungnahme desjenigen, der den Scheck ausgestellt hat s. FG Rheinland-Pfalz 28.7.1997 – 5 K 1942/96, EFG 1997, 1338. Pflichtverletzungen des FA bei der Entgegennahme eines Schecks des Stpfl. führen nicht dazu, dass die StSchuld trotz Nichteinlösung des Schecks getilgt wird (BFH 8.3.1999 – VII B 208/98, BFH/NV 1999, 1058 für den Fall, dass ein Scheck aus dem nur unzureichend gesicherten Briefkasten des FA gestohlen und von einem unbekannten Dritten eingelöst wird).

3. Überweisung oder Einzahlung (Abs. 2 Nr. 2)

14 Diese Vorschrift umfasst den gesamten unbaren Zahlungsverkehr in Form der Überweisung, der Einzahlung auf ein Konto der FB oder der Einzahlung mit Zahlschein. In diesen Fällen wird der **Tag der Gutschrift** als Zahlungszeitpunkt fingiert, nicht hingegen der Tag der Belastung auf dem Konto des Schuldners oder der Tag der Einzahlung auf das Konto des Empfängers (BFH 11.12.1990 – VIII R 8/87, BStBl. II 1992, 232). Bei einer Überweisung ist bis zur Gutschrift beim Empfänger ein jederzeitiger Rückruf möglich. Das Risiko einer verzögerten Bankbearbeitung trägt der Stpfl. (Klein § 224 Rn. 7). Dem wird durch die Schonfrist von drei Tagen (§ 240 III 1) bei geringfügigen Verzögerungen ausreichend Rechnung getragen (TK § 224 Rn. 23). Zur Haftung des beauftragten Kreditinstituts s. §§ 676b, 676c BGB. Fallen bei einer Gutschrift der Wertstellungs- und der Buchungstag auseinander, erfolgt die Gutschrift am Tag der Buchung, auch wenn der Tag der Wertstellung früher lag (FG Hamburg 30.8.2007 – 1 K 249/06, EFG 2008, 90). Am Tag der Gutschrift auf dem Konto der FB **erlischt** der Anspruch aus dem StSchuldverhältnis.

4. SEPA-Lastschriftmandat (Abs. 2 Nr. 3)

Beim SEPA-Lastschriftverfahren (vgl. MüKo BGB § 362 Rn. 30) hat der Schuldner das seinerseits zur Zahlung Erforderliche getan, wenn er dem Gläubiger (FB) ein schriftliches oder elektronisches Mandat zur Einziehung auf den Fälligkeitstag erteilt und dafür sorgt, dass auf seinem Konto Deckung vorhanden ist, damit der geschuldete Betrag bei Fälligkeit von seinem Konto abgebucht werden kann (BFH 8.3.2016 – VIII B 58/15, BFH/NV 2016, 1008). Der **Fälligkeitstag gilt als Zahlungszeitpunkt.** Voraussetzung ist allerdings, dass die Lastschrift dem Mandat entsprechend auch tatsächlich genutzt worden ist; auf den Zeitpunkt der Gutschrift beim Zahlungsempfänger kommt es aber nach dem klaren Wortlaut der Vorschrift nicht an (BFH 8.3.2016 – VIII B 58/15, BFH/NV 2016, 1008). Zur Notwendigkeit der begleitenden Einreichung einer USt-Voranmeldung FG Köln 13.9.2023 – 9 K 2150/20, EFG 2024, 294. Das Lastschriftmandat hat Gültigkeit, bis es gegenüber der FB widerrufen wird. Im Fall der Betriebsübergabe unter Übertragung des betrieblichen Kontos kann es fortwirken (FG Rheinland-Pfalz 24.10.1997 – 4 K 2569/95, EFG 1998, 250). Der Anspruch aus dem StSchuldverhältnis **erlischt** grds. an dem Tag, an dem der Gläubiger den mittels Lastschrift erhaltenen Betrag endgültig behalten darf (HHSp § 224 Rn. 76). Dieser Zustand tritt (auflösend bedingt) bereits mit wirksamer Belastung des Schuldnerkontos und korrespondierender Gutschrift auf dem Konto der FB ein (TK § 47 Rn. 4). Der (private) Schuldner im SEPA-Basislastschriftverfahren hat zwar – anders als beim SEPA-Firmenlastschriftverfahren – einen binnen acht Wochen geltend zu machenden Erstattungsanspruch gegenüber der Bank (§ 675x Abs. 2, 4 BGB; MüKo BGB § 675x Rn. 8 f., 34 ff.; Gosch AO § 224 Rn. 21). Eine endgültig gesicherte Rechtsposition erlangt der Gläubiger damit formal erst nach Ablauf dieser Frist. Gleichwohl ist die dem Einzug zugrunde liegende Forderung schon zuvor, nämlich mit der Belastungsbuchung einerseits und der vorbehaltlosen Gutschrift des einzulösenden Betrages auf dem Gläubigerkonto andererseits erfüllt. Denn mit letzterer erlangt der Gläubiger (FB) trotz der Rückbelastungsmöglichkeit die für die Erfüllungswirkung erforderliche uneingeschränkte Verfügungsbefugnis über den Zahlbetrag (BGH 20.7.2010 – XI ZR 236/07, BGHZ 186, 269: auflösend bedingte Erfüllung; MüKo BGB § 362 Rn. 30). 15

IV. Zahlungen der Finanzbehörde (Abs. 3)

Unbare Zahlung. Aus Rationalisierungsgründen schreibt § 224 III 1 die unbare Zahlung vor. Die Art der unbaren Auszahlung liegt im Ermessen der FB (§§ 88, 92), wobei dem Banküberweisungsverfahren als dem kostengünstigsten, sichersten und im Geschäftsleben üblichsten Verfahren der Vorzug gebührt (HHSp § 224 Rn. 58). Für den Zahlungsempfänger besteht aber keine Verpflichtung, ein ggf. Kosten auslösendes Konto bei einem Kreditinstitut zu unterhalten, damit eine unbare Zahlung erfolgen kann (TK § 224 Rn. 27; Gosch AO § 224 Rn. 22). Dies gilt auch für die monatliche Auszahlung von Kindergeld durch die Familienkasse (FG Köln 12.6.2003 – 2 K 5913/02, EFG 2003, 1282). Anfallende (Mehr-)Kosten hat in diesen Fällen die FB zu tragen (FG Mecklenburg-Vorpommern 19.1.2006 – 1 K 275/02, BeckRS 2006, 26021057). Dementsprechend können **nach § 224 III 2 Ausnahmen** zugelassen werden. Entspr. Ausnahmeregelungen befinden sich vor allem in den Verwaltungsvorschriften zu den Haushaltsgesetzen der Länder (HHSp § 224 Rn. 57). Ua kann dem Stpfl. ein auf ein Konto der Finanzkasse ausgestellter Barscheck gegen Quittung ausgehändigt werden. 16

Angabe der Kontoverbindung. Die Auszahlung muss auf das vom Stpfl. angegebene Konto erfolgen, um schuldbefreiend zu wirken (→ Rn. 19). Überweist das FA bei Zusammenveranlagung von Ehegatten den Erstattungsbetrag auf ein anderes Konto als das in der StErklärung angegebene, wird die FB deshalb nicht von ihrer Erstattungspflicht frei (BFH 5.4.1990 – VII R 2/89, BStBl. II 1990, 719), es sei denn, es handelt sich dabei um ein Konto des materiell Erstattungsberechtigten (FG Hessen 30.11.1990 – 9 K 9182/86, EFG 1991, 291). Eine Kontoverbindung kann schriftlich, aber auch mündlich oder fern- 17 mündlich widerrufen werden (FG Münster 9.11.1995 – 14 K 2561/95 AO, EFG 1996, 461; aA FG Bremen 17.3.1992 – II 140/91 K, EFG 1993, 63). Bis zum Widerruf kann die FB grds. weiter auf das ausdrücklich für Erstattungen angegebene Konto schuldbefreiend leisten (→ Rn. 19). Dies gilt auch dann, wenn das FA zum Zeitpunkt der Auszahlung positive Kenntnis vom Getrenntleben oder der Scheidung der Ehegatten hat (BFH 5.4.1990 – VII R 2/89, BStBl. II 1990, 719; FG Münster 15.11.2011 – 11 K 2203/10 AO, EFG 2012, 192; FG Nürnberg 26.9.2002 – IV 425/2000, DStRE 2003, 181; zum gegenteiligen Ergebnis bei Zahlungen eines Ehegatten an die FB s. FG München 29.1.2019 – 12 K 715/17, DStRE 2019, 970).

18 **Zahlungszeitpunkt.** § 224 III 3 fingiert als Tag der Zahlung den 3. Tag nach Hingabe oder Absendung des Überweisungsauftrags an das Kreditinstitut, wenn der Auftrag sofort ausgeführt werden soll, andernfalls den 3. Tag nach Abbuchung. Die Frist beginnt mit Ablauf des Tages, an dem der Auftrag hingegeben oder abgesandt worden ist (§ 187 I BGB iVm § 108 I). Fällt der 3. Tag auf einen Sonntag, einen gesetzlichen Feiertag oder einen Sonnabend, endet die Frist mit Ablauf des nachfolgenden Werktags (§ 108 III). Die Fiktion des Zahlungszeitpunkts setzt weiter die tatsächliche Gutschrift des Erstattungsbetrages auf dem (richtigen) Empfängerkonto voraus. Liegen diese Umstände vor, ist die Zahlungsfiktion unwiderlegbar (TK § 224 Rn. 29). Zu den Ausnahmen → Rn. 20. Der fingierte Zahlungszeitpunkt ist für die Berechnung von Prozesszinsen auf Erstattungsbeträge nach § 236 I 1 maßgeblich.

19 **Erlöschenszeitpunkt.** Gibt der Stpfl. eine neue Bankverbindung an, ist hierin grds. ein Widerruf aller früheren Angaben zu sehen (Klein § 224 Rn. 15b). Ab dem Zeitpunkt des Eingangs der Mitteilung kann das FA Erstattungsbeträge nicht mehr mit befreiender Wirkung auf frühere Konten des Stpfl. überweisen (BFH 14.12.2007 – III B 102/06, BFH/NV 2008, 526; FG Hessen 5.4.1993 – 10 K 1744/91, EFG 1994, 3). Auszahlungen durch die FB sind, ebenso wie Zahlungen des Stpfl. (→ Rn. 24), **Bringschulden** (§ 270 I BGB). Deshalb trägt die FB grds. die Gefahr einer fehlgeleiteten Überweisung oder einer Auszahlung an einen Nichtberechtigten (HHSp § 224 Rn. 63). Der Anspruch aus dem StSchuldverhältnis erlischt erst, wenn der überwiesene Betrag dem (richtigen) Konto des Empfängers tatsächlich gutgeschrieben worden ist (FG Berlin 10.3.1987 – V 456/85, EFG 1987, 442). Hieran fehlt es, wenn das FA eine Überweisung des USt-Erstattungsanspruchs der Ehefrau auf das für ESt-Erstattungen benannte Konto des getrennt lebenden Ehemanns vornimmt (FG Düsseldorf 10.12.1999 – 18 K 1019/97 AO, EFG 2000, 243). Das FA wird auch dann nicht von seiner Leistungspflicht gegenüber dem erstattungsberechtigten Ehegatten frei, wenn es den StErstattungsbetrag nach Scheidung der Ehe zwar auf das ihm in der gemeinsamen StErklärung benannte Konto überweist, die Bank den Überweisungsbetrag aber einem (anderen) Konto des auf dem Überweisungsträger als Empfänger benannten aber nicht erstattungsberechtigten früheren Ehegatten gutschreibt, weil das angegebene Konto zwischenzeitlich aufgelöst worden ist (BFH 8.1.1991 – VII R 18/90, BStBl. II 1991, 442). Bei beiderseitigen Erstattungsansprüchen tritt Erfüllung bei Ehegatten in Abweichung zu § 36 IV 3 EStG ferner nicht ein, wenn die FB den Gesamtbetrag an einen Ehegatten zahlt, obwohl sie erkennt oder – etwa aufgrund eines Aufteilungsantrages nach § 269 – erkennen musste, dass der eine Ehegatte mit der Auszahlung des auf ihn entfallenden Teils des Erstattungsbetrages an den anderen aus nachvollziehbaren Gründen nicht mehr einverstanden ist (FG Niedersachsen 14.2.2001 – 4 K 330/98, EFG 2001, 901; aber → Rn. 17; allg. → § 37 Rn. 69 f.).

20 **Nur in Ausnahmefällen,** in denen es unangemessen wäre, den Schuldner (FB) für Gefahren der Geldübermittlung haften zu lassen, weil der erstattungsberechtigte Stpfl. diese erst durch eigenes oder ein allein seiner Sphäre zuzurechnendes Verhalten Dritter – etwa der Bank – geschaffen hat, geht die Verlustgefahr nach dem Rechtsgedanken des § 270 III BGB und dem Grundsatz von Treu und Glauben auf den Stpfl. über (BFH 12.7.1994 – VII B 79/94, BFH/NV 1995, 179; HHSp § 224 Rn. 66;); zB Angabe eines nicht mehr bestehenden und von der Bank bereits auf einen Dritten umgeschriebenen Kontos in der

StErklärung (BFH 10.11.1987 – VII R 171/84, BStBl. II 1988, 41) oder Geldübermittlung ins Ausland, wenn der Gläubiger seinen Wohnsitz oder die Niederlassung erst nach Entstehung des Anspruchs ins Ausland verlegt hat (Gosch AO § 224 Rn. 12). In all diesen Fällen muss der erstattungsberechtigte Stpfl. die Gefahr tragen, dass eine für ihn bestimmte Erstattungszahlung des FA verlorengeht. Soll eine dem FA angegebene Kontoverbindung nur für Abbuchungen, nicht jedoch für Erstattungen gelten, hat der Stpfl. dies dem FA deutlich zu machen. Unterlässt er eine entsprechende Klarstellung, zahlt das FA selbst dann befreiend, wenn der Stpfl. nicht Kontoinhaber ist (HHSp § 224 Rn. 66; FG Münster 9.11.1995 – 14 K 2561/95, EFG 1996, 461).

V. Schließung der Finanzkasse für den Barzahlungsverkehr (Abs. 4)

Nach § 224 IV 1 kann die Finanzkasse für den Barzahlungsverkehr geschlossen werden. 21 Dies soll Verwaltungskosten einsparen und das Kassenwesen rationalisieren. Damit wird berücksichtigt, dass dem Barverkehr im Wirtschaftsleben schon seit einiger Zeit nur noch geringe Bedeutung zukommt. Im Schließungsfall bestimmt § 224 IV 2, dass Zweiganstalten der Deutschen Bundesbank bzw. ein oder mehrere Kreditinstitute am Ort zur Abwicklung des Barverkehrs eingeschaltet, dh zur Ersatzannahme ermächtigt werden. Durch die Ermächtigung werden die Annahmestellen aber weder zur Finanzkasse noch zu Amtsträgern. § 224 I 2 gilt im Anwendungsbereich des § 224 IV nicht, auch nicht entspr. Hinsichtlich anfallender Mehrkosten (→ Rn. 24) und der Zahlungsabwicklung gelten deshalb ausschließlich die privatrechtlichen Regelungen der Institute (FG Hessen 12.12.2017 – 11 K 1497/16, BeckRS 2017, 145663). Nur für die Rechtzeitigkeit der Zahlung ist kraft gesetzlicher Anordnung entsprechend auf § 224 II Nr. 1 abzustellen. Zu Einzelheiten → Rn. 12.

VI. Verfahrensfragen/Kosten

Rechtsbehelfe. Besteht zwischen den Beteiligten Streit, ob und zu welchem Zeitpunkt 22 eine Zahlung erfolgt ist, entscheidet die FB durch Abrechnungsbescheid (§ 218 II), der seinerseits anfechtbar ist und durch das FG im Klageverfahren überprüft werden kann. Entspr. gilt für Streitigkeiten darüber, ob der Anspruch aus dem StSchuldverhältnis durch Zahlung erloschen ist (§ 47). Die Entscheidung über die Verbuchung geleisteter Zahlungen auf bestimmte StSchulden oder Säumniszuschläge stellt keinen selbständig anfechtbaren VA dar (BFH 27.10.1972 – VI R 310/68, BStBl. II 1973, 89).

Rückforderungen. Ist eine Auszahlung der FB nicht an den Erstattungsberechtigten, 23 sondern versehentlich an einen Dritten erfolgt, wird die FB den Dritten durch Rückforderungsbescheid (§ 37 II) auf Rückzahlung des unrechtmäßig erlangten Betrages in Anspruch nehmen (HHSp § 224 Rn. 70). Hiergegen kann der Dritte Einspruch einlegen und notfalls den Klageweg (Finanzrechtsweg) beschreiten.

Kosten der Zahlung. Sowohl die Zahlung an als auch durch die FB sind Bringschulden 24 (zur privatrechtlichen Natur der Zahlung → Rn. 3, 19), sodass grds. der jeweils Zahlende die hierfür anfallenden (Mehr-)Kosten zu tragen hat (§ 270 I BGB; BFH 8.1.1991 – VII R 18/90, BStBl. II 1991, 442; FG Köln 12.6.2003 – 2 K 5913/02, EFG 2003, 1282). Für kostenpflichtige Bareinzahlungen nach Schließung der Finanzkasse (→ Rn. 21) gilt dies gleichermaßen (FG Hessen 12.12.2017 – 11 K 1497/16, BeckRS 2017, 145663).

§ 224a Hingabe von Kunstgegenständen an Zahlungs statt

(1) [1] **Schuldet ein Steuerpflichtiger Erbschaft- oder Vermögensteuer, kann durch öffentlich-rechtlichen Vertrag zugelassen werden, dass an Zahlungs statt das Eigentum an Kunstgegenständen, Kunstsammlungen, wissenschaftlichen Sammlungen, Bibliotheken, Handschriften und Archiven dem Land, dem das Steueraufkommen zusteht, übertragen wird, wenn an deren Erwerb wegen ihrer**

Bedeutung für Kunst, Geschichte oder Wissenschaft ein öffentliches Interesse besteht. [2]Die Übertragung des Eigentums nach Satz 1 gilt nicht als Veräußerung im Sinne des § 13 Absatz 1 Nummer 2 Satz 2 des Erbschaftsteuergesetzes.

(2) **[1]Der Vertrag nach Absatz 1 bedarf der Schriftform; die elektronische Form ist ausgeschlossen. [2]Der Steuerpflichtige hat das Vertragsangebot an die örtlich zuständige Finanzbehörde zu richten. [3]Zuständig für den Vertragsabschluss ist die oberste Finanzbehörde des Landes, dem das Steueraufkommen zusteht. [4]Der Vertrag wird erst mit der Zustimmung der für kulturelle Angelegenheiten zuständigen obersten Landesbehörde wirksam; diese Zustimmung wird von der obersten Finanzbehörde eingeholt.**

(3) **Kommt ein Vertrag zustande, erlischt die Steuerschuld in der im Vertrag vereinbarten Höhe am Tag der Übertragung des Eigentums an das Land, dem das Steueraufkommen zusteht.**

(4) **[1]Solange nicht feststeht, ob ein Vertrag zustande kommt, kann der Steueranspruch nach § 222 gestundet werden. [2]Kommt ein Vertrag zustande, ist für die Dauer der Stundung auf die Erhebung von Stundungszinsen zu verzichten.**

Schrifttum: Carl/Klos, Die Hingabe von Kunstgegenständen an Zahlungs Statt, StVj 1992, 156; Bruschke, Familienstiftung: Entstehung, Berechnung und Zahlung der Erbersatzsteuer unter Einbeziehung des § 224a AO, ErbStB 2013, 21; Hummel, Das Handeln eines Steuerpflichtigen als solchem – Zur Steuerbarkeit der Hingabe eines Gegenstands an Zahlungs statt zur Tilgung von Steuerschulden, FS 100 Jahre Umsatzsteuer in Deutschland 1918–2018, 497; Werner, Kunstgegenstände und Kunstsammlungen im Erbschafts- und Schenkungsteuerrecht, ErbR 2016, 438.

I. Allgemeines

1 **Regelungsgegenstand.** Nur wenn ein Stpfl. ErbSt (oder VSt) schuldet, kann ihm gestattet werden, diese Schulden durch Hingabe von Kunstgegenständen an Zahlungs statt zu begleichen, mithin zum Erlöschen (§ 47) zu bringen. Die Ausnahmevorschrift des § 224a ermöglicht es den FB, durch Abschluss eines öffentlich-rechtlichen Vertrages eine Verfügung über den StAnspruch zu treffen; eine Verwaltungsvorschrift in Form eines gemeinsamen Ländererlasses hätte nicht genügt (HHSp § 224a Rn. 3). Im Hinblick auf § 1 bzw. § 29 I Nr. 4 ErbStG gilt § 224a über den Wortlaut hinaus auch für die SchenkSt. Die **praktische Bedeutung** der Vorschrift dürfte gering sein. § 224a **soll verhindern,** dass Kunstgegenstände an Private oder sogar ins Ausland veräußert werden, um rückständige Erb- oder SchenkSt zu begleichen (HHSp § 224a Rn. 2). Die zu tilgende Steuer selbst muss nicht auf der Besteuerung der hingegebenen Kunstgegenstände beruhen. Zur Entstehungsgeschichte und zu verfassungsrechtlichen Bedenken s. Carl/Klos StVj. 1992, 156 (167 f.).

II. Übereignung von Kunstgegenständen an Zahlungs statt (Abs. 1 Satz 1)

2 **Vertragsgegenstand** können Kunstgegenstände, Kunstsammlungen, wissenschaftliche Sammlungen, Bibliotheken, Handschriften und Archive sein.

Zur Begriffsbestimmung → 1. Aufl. Rn. 7.

3 **Öffentliches Interesse.** Die Hingabe des Vertragsgegenstandes an Zahlungs statt ist nur zulässig, wenn an deren Erwerb wegen ihrer Bedeutung für Kunst, Geschichte oder Wissenschaft ein öffentliches Interesse besteht. Es handelt sich hierbei um unbestimmte Gesetzesbegriffe mit einem weiten Beurteilungsspielraum (Carl/Klos StVj 1992, 156 (168)). Die Entscheidung hierüber obliegt gem. § 224a II 3 der für die kulturellen Angelegenheiten zuständigen obersten Landesbehörde. Ein solches öffentliches Interesse ist grds. zu bejahen, wenn der Erwerb der Gegenstände auch außerhalb des § 224a ein zulässiger Verwendungszweck wäre, mithin besonders wertvolle Kulturgüter vorliegen. Das Interesse muss sich demgemäß auf den Erwerb der Gegenstände beziehen und nicht auf die Bezahlung der Steuern (Schwarz/Pahlke/Keß § 224a Rn. 5).

III. Vertragsabschluss (Abs. 2)

Vertragsschluss. Die Hingabe von Kunstgegenständen usw an Zahlungs statt erfolgt durch öffentlich-rechtlichen Vertrag zwischen dem Stpfl. und dem Land, dem das StAufkommen zusteht; für letzteres handelt die oberste FB (FM). Zum Antragsmuster s. HHSp § 224a Rn. 17. Stehen die Gegenstände im Eigentum eines Dritten, ist auch dieser Vertragspartner, mithin Beteiligter (§ 78 Nr. 3). Der öffentlich-rechtliche Vertrag bedarf der Schriftform. Die elektronische Form ist ausdrücklich ausgeschlossen (§ 224a II 1 HS 2). Für die Schriftform gilt § 126 BGB entspr. Die oberste FB (FM) hat die Zustimmung der für kulturellen Angelegenheiten obersten Landesbehörde einzuholen (§ 224a II 4). Erst mit deren Zustimmung kommt der Vertrag wirksam zustande (HHSp § 224a Rn. 21). 4

Inhalt. Im Vertrag sind die Leistungen der Vertragspartner hinreichend bestimmt bzw. bestimmbar zu bezeichnen. Dies erfordert nicht nur eine genaue Bezeichnung der zu tilgenden StAnsprüche sowie der Gegenstände, die an Zahlungs statt übereignet werden sollen, sondern auch eine Bewertung der Gegenstände. Steht der Wert der Gegenstände nicht fest, muss er geschätzt werden. Hierbei sind entspr. § 162 I 2 alle Umstände zu berücksichtigen, die für die Wertfindung von Bedeutung sind (HHSp § 224a Rn. 19). Daneben können sowohl vom Stpfl. selbst beigebrachte Gutachten als auch von der FB gem. § 96 erstellte Gutachten für die Ermittlung des Werts herangezogen werden (Gosch AO § 224a Rn. 13). Die Kosten der Gutachten hat grds. derjenige zu tragen, der das Gutachten in Auftrag gibt. Können sich die Vertragspartner nicht über den Wert der Gegenstände einigen, besteht die Möglichkeit, einem Sachverständigen die Bewertung gem. § 317 BGB mit bindender Wirkung für beide Vertragspartner zu übertragen (Gosch AO § 224a Rn. 13). 5

IV. Rechtsfolgen (Abs. 1 Satz 2, Abs. 3)

Eigentumsübertragung. Mit Wirksamwerden des öffentlich-rechtlichen Vertrags ist der Stpfl./ein Dritter (→ Rn. 4) verpflichtet, dem Fiskus das Eigentum zu verschaffen. Die Eigentumsübertragung erfolgt gem. §§ 929 ff. BGB und damit auf privatrechtlicher Grundlage (TK § 224a Rn. 9). 6

Erlöschen der StSchuld. Am Tag der Übertragung des Eigentums erlischt die StSchuld in der im Vertrag vereinbarten Höhe (§ 224a Abs. 3). Eine Rückwirkung auf den Fälligkeitszeitpunkt ist nicht möglich (HHSp § 224a Rn. 27). Säumniszuschläge (§ 240) fallen demnach grds. bis zum Zeitpunkt des Erlöschens der StSchuld an. Es besteht aber die Möglichkeit einer Stundung nach § 224a IV (→ Rn. 9). Ist der im Vertrag festgesetzte Wert der Gegenstände höher als die zu tilgende Steuer, besteht in Höhe des Differenzbetrages ein Erstattungsanspruch. 7

Keine Nachversteuerung nach dem ErbStG (Abs. 1 S. 2). Gemäß § 13 I Nr. 2 S. 2 ErbStG fällt die ErbSt-Befreiung des § 13 I Nr. 2 ErbStG für die Vergangenheit weg, wenn die Gegenstände innerhalb von 10 Jahren nach dem Erwerb veräußert werden. Zur Vermeidung derart nachteiliger Folgen gilt die Übertragung nach § 224a ausdrücklich nicht als Veräußerung iSv § 13 I Nr. 2 S. 2 ErbStG. Alle übrigen steuerlichen Folgen, die mit der Veräußerung der Gegenstände verwirklicht werden, hat der Stpfl. zu tragen (HHSp § 224a Rn. 29). 8

V. Einstweilige Stundungsmöglichkeit (Abs. 4)

Stundung. Nach dem Wortlaut des § 224a IV 1 ist eine Stundung des StAnspruchs möglich, solange nicht feststeht, ob ein Vertrag zustande kommt. Der Gesetzgeber dachte nur an eine Stundung für die Dauer der Vertragshandlungen (BT-Drs. 11/7584, 12). Diese Vorgabe ist zu eng (TK § 224a Rn. 11). Die Stundung muss bis zum vertraglich vereinbarten Zeitpunkt des Eigentumsübergangs möglich sein (HHSp § 224a Rn. 33). Der 9 gesetzliche Verweis auf § 222 stellt eine **Rechtsfolgenverweisung** dar (Gosch AO § 224a Rn. 18; Carl/Klos StVj 1992, 156 (166); HHSp § 224a Rn. 31; Schwarz/Pahlke/Keß § 224a Rn. 16; TK § 224a Rn. 11). Für eine Rechtsgrundverweisung hätte es eines ausdrücklichen Hinweises nicht bedurft (vgl. auch BT-Drs. 11/7584, 12).

10 **Verzicht auf Stundungszinsen.** Kommt der Vertrag zustande, muss die FB auf die Erhebung von Stundungszinsen verzichten. § 234 II kommt nicht zur Anwendung. Der Stpfl. hat losgelöst von etwaigen Billigkeitserwägungen einen Anspruch auf den Zinsverzicht; es besteht **kein Ermessensspielraum** (TK § 224a Rn. 11; Schwarz/Pahlke/Keß § 224a Rn. 16).

VI. Verfahrensfragen

11 **Keinen Rechtsanspruch auf Abschluss** eines öffentlich-rechtlichen Vertrags hat der Stpfl., da der Abschluss einer Vereinbarung im freien Ermessen der Beteiligten steht (Vertragsfreiheit, § 311 I BGB). Eine auf Vertragsschluss gerichtete Leistungs- oder Verpflichtungsklage ist demnach nicht möglich. Bei Rechts- und Sachmängeln kann die FB die Rechte aus §§ 434, 435, 437 BGB geltend machen. Im Fall der Rückabwicklung lebt der ursprüngliche StAnspruch nicht wieder auf, da § 38 eine allgemeine Wiederherstellung nicht kennt (Klein § 224a Rn. 5; → § 47 Rn. 2). Stattdessen besitzt die FB ein dem ursprünglichen StAnspruch inhaltlich, dh va der Höhe nach, entspr. Anspruch aus der Rückabwicklung des zivilrechtlichen Vollzugsgeschäfts auf Wertersatz (§ 346 II BGB; TK § 224a Rn. 10; Gosch AO § 224a Rn. 16: Wegfall der Geschäftsgrundlage).

12 **Aufhebung/Änderung der StFestsetzung.** Wird die StFestsetzung nach Vertragsabschluss und Eigentumsübergang aufgehoben, müssen die Kunstgegenstände zurückübertragen werden; eine Vergütung des für diese angerechneten Betrags scheidet aus (BGH 30.11.1983 – VIII ZR 190/82, DB 1984, 402; Grüneberg BGB § 364 Rn. 4; Gosch AO § 224a Rn. 16). Bei Änderungen der StFestsetzungen zugunsten des Stpfl. muss auf das Maß der Herabsetzung abgestellt werden. Ob eine vollständige bzw. teilweise Rückabwicklung oder ein anderweitiger Ausgleich zu erfolgen hat, hängt von den Umständen des Einzelfalles ab (HHSp § 224a Rn. 40).

13 **Rechtsweg.** Bei Streitigkeiten über die Wirksamkeit des Vertrags bzw. über die hieraus resultierenden privatrechtlichen (→ Rn. 6) Rechte und Pflichten ist der Zivilrechtsweg gegeben (TK § 224a Rn. 10; differenzierend HHSp § 224a Rn. 44 f. nur für Leistungsstörungsklagen Zivilrechtsweg gegeben; aA Klein § 224a Rn. 5; Gosch AO § 224a Rn. 21; Schwarz/Pahlke/Keß § 224a Rn. 18: wegen des öffentlich-rechtlichen Charakters des Vertrags Finanzrechtsweg gem. § 33 I Nr. 1 FGO). Lediglich für Streitigkeiten in Bezug auf die Stundung und den Verzicht auf Stundungszinsen (vgl. § 224a IV; → Rn. 9 f.) wird der Finanzrechtsweg eröffnet, weil hier die FB mittels VA hoheitlich tätig wird.

§ 225 Reihenfolge der Tilgung

(1) **Schuldet ein Steuerpflichtiger mehrere Beträge und reicht bei freiwilliger Zahlung der gezahlte Betrag nicht zur Tilgung sämtlicher Schulden aus, so wird die Schuld getilgt, die der Steuerpflichtige bei der Zahlung bestimmt.**

(2) [1] **Trifft der Steuerpflichtige keine Bestimmung, so werden mit einer freiwilligen Zahlung, die nicht sämtliche Schulden deckt, zunächst die Geldbußen, sodann nacheinander die Zwangsgelder, die Steuerabzugsbeträge, die übrigen Steuern, die Kosten, die Verspätungszuschläge, die Zinsen und die Säumniszuschläge getilgt.** [2] **Innerhalb dieser Reihenfolge sind die einzelnen Schulden nach ihrer Fälligkeit zu ordnen; bei gleichzeitig fällig gewordenen Beträgen und bei den Säumniszuschlägen bestimmt die Finanzbehörde die Reihenfolge der Tilgung.**

(3) **Wird die Zahlung im Verwaltungsweg erzwungen (§ 249) und reicht der verfügbare Betrag nicht zur Tilgung aller Schulden aus, derentwegen die Vollstreckung oder die Verwertung der Sicherheiten erfolgt ist, so bestimmt die Finanzbehörde die Reihenfolge der Tilgung.**

Schrifttum: Kraemer, Die Tilgungsreihenfolge im Vollstreckungsverfahren, DStZ 1986, 588; Pump, Eindeutige Steuertilgung als Gestaltungsmaßnahme, StW 1987, 459.

I. Allgemeines

Regelungsinhalt und Bedeutung. § 225 regelt die Tilgungsreihenfolge, wenn der Stpfl. mehrere Beträge schuldet und die Zahlung nicht zur Tilgung sämtlicher Schulden ausreicht. Die Ausübung des Bestimmungsrechts entspricht § 366 BGB, weshalb bei Anwendung und Auslegung der Vorschrift auf die im BGB geltenden Grundsätze zurückgegriffen wird (FG Saarland 9.2.1990 – 1 K 233/88, EFG 1990, 384; → Rn. 5). Mehrere Beträge liegen vor, wenn Art, Entstehung oder Fälligkeit einer Forderung voneinander abweichen. Der Art nach verschieden sind StAnsprüche, Haftungsansprüche, die einzelnen Nebenleistungen (§ 3 IV) und Geldbußen sowie Vorauszahlungen und Abschlusszahlungen. Nach dem Zeitpunkt des Entstehens verschieden sind beispielsweise die ESt 19 und 20, oder die USt-Voranmeldungszeiträume Juni 20 und Juli 20. Die Fälligkeit kann bei Teilen eines einheitlichen Anspruchs verschieden sein, wenn etwa für einen Teilbetrag Stundung (§ 222) bzw. eine verlängerte Zahlungsfrist bewilligt oder für einen Teilbetrag zunächst AdV gewährt, später aber wieder zurückgenommen wird. Die Abs. 1 und 2 regeln die Reihenfolge der Tilgung bei freiwilliger Zahlung, Abs. 3 regelt diejenige der im Verwaltungswege erzwungenen Zahlungen. 1

Sachlicher und persönlicher Anwendungsbereich. Die Vorschrift betrifft die Tilgungsreihenfolge von Geldbußen (§§ 377 ff., 410 ff.) und Ansprüchen aus dem StSchuldverhältnis (§ 37). Sie gilt nur für Zahlungen (zum Begriff der Zahlung → § 224 Rn. 2). Die Erklärung der Aufrechnung ist keine Zahlung (Gosch AO § 225 Rn. 6). Dies folgt aus dem Wortlaut des § 47, der eindeutig zwischen Zahlung und Aufrechnung als eigenständigen Erlöschenstatbeständen unterscheidet. Zudem sprechen neben der systematischen Stellung des § 225 zwischen § 224 und § 226 auch der abweichende Charakter der Aufrechnung als rechtsgeschäftlicher Willenserklärung und der Zahlung als rein tatsächlichem Vorgang gegen eine Anwendung der Vorschrift auf die Aufrechnung (TK § 225 Rn. 2). Das Bestimmungsrecht des Aufrechnenden folgt deshalb einzig aus § 226 I iVm § 396 I 1 BGB (BFH 17.11.1987 – VII R 90/84, BStBl. II 1988, 117; HHSp § 225 Rn. 9; → § 226 Rn. 46 f.). Seinem eindeutigen Wortlaut nach gilt § 225 nur für Schulden des Stpfl., nicht für solche der FB (ebenso Gosch AO § 225 Rn. 5; aA Schwarz/Pahlke/Keß § 22 Rn. 11: analog). Bei beschränkter Stpfl. iSd § 50a I EStG ist hinsichtlich der Abführung der einbehaltenen Steuer nicht der beschr. Stpfl. Steuerpflichtiger iS dieser Vorschrift, sondern der Entrichtungspflichtige, dem somit die Befugnis zusteht, eine Tilgungsbestimmung nach § 225 I vorzunehmen (BFH 23.10.2012 – VII R 18/11, BFH/NV 2013, 499). Ob der Stpfl. oder ein Dritter (vgl. § 48) die Zahlung vornimmt, ist gleichgültig (zum Bestimmungsrecht des Dritten → Rn. 6). 2

II. Ausübung des Bestimmungsrechts bei freiwilliger Zahlung (Abs. 1)

Eine freiwillige Zahlung liegt – wie aus Abs. 3 der Vorschrift folgt – vor, wenn sie nicht im Verwaltungsweg (§ 249) erzwungen wird. Demnach ist eine Zahlung auch als freiwillig anzusehen, wenn sie nach einer Mahnung bzw. Vollstreckungsankündigung erfolgt. Aber selbst Zahlungen zur Abwendung einer unmittelbar bevorstehenden Pfändung (zB Zahlung an den Vollziehungsbeamten, um eine Sachpfändung zu verhindern, § 292 I) oder einer sonstigen VollstrMaßnahme (zB Zahlung, um eine Versteigerung abzuwenden, §§ 296 I, 292 I) sind freiwillige Zahlungen (TK § 225 Rn. 3; FG Saarland 29.11.1990 – 2 K 153/86, EFG 1991, 580). Ebenso zahlt der Duldungspflichtige (§ 191 I) 3 nach Erlass des Duldungsbescheids und vor Beginn der Vollstr. freiwillig, da seine Zahlungen nicht notwendigerweise im Verwaltungsweg erzwungen sind (BFH 14.10.1999 – IV R 63/98, BFH/NV 2000, 357; Gosch AO § 225 Rn. 8). Demgegenüber sind Erlöse aus Verwertungshandlungen (wie Versteigerungen nach §§ 298 ff. oder freihändigem Verkauf gem. § 305) niemals freiwilliger Natur. Dies gilt auch für Zahlungen des Drittschuldners aufgrund einer Pfändung (BFH 25.2.2003 – VII B 385/02, BFH/NV 2003, 882; HHSp § 225 Rn. 16).

4 **Ausübung des Bestimmungsrechts.** Entspr. der Regelung des § 366 I BGB kann der freiwillig zahlende Stpfl. die zu tilgenden Schulden selbst bestimmen. Die FB hat hierauf grds. keinen Einfluss. Besteht zwischen dem Stpfl. und der FB eine **Tilgungsabsprache** (zB aufgrund eines VollstrAufschubs nach § 258), kann die FB lediglich die Annahme der Leistung verweigern, wenn der Stpfl. sein Bestimmungsrecht absprachewidrig ausübt, nicht jedoch eine Verrechnung mit einer anderen Schuld vornehmen (HHSp § 225 Rn. 7). **Rechnet die FB auf,** bevor der Stpfl. sein Bestimmungsrecht ausgeübt hat, verliert der Stpfl. insoweit sein Recht, die Tilgungsreihenfolge zu bestimmen, da nunmehr die FB gem. § 396 I BGB iVm § 226 I AO dieses Recht besitzt (HHSp § 225 Rn. 9; → § 226 Rn. 46). Eine bestimmte **Form** für die Ausübung des Bestimmungsrechts ist in der AO nicht vorgesehen. Die Bestimmung kann schriftlich, mündlich und durch konkludente Handlung erfolgen (FG Saarland 29.11.1990 – 2 K 153/86, EFG 1991, 580; Gosch AO § 225 Rn. 10). Sie kann sich auch aus den Umständen ergeben, jedoch muss die Beziehung der Leistung auf eine bestimmte Forderung für den Gläubiger (FB) ohne Weiteres ersichtlich sein (MüKo BGB § 366 Rn. 12). Für eine in diesem Sinn ausreichende Bestimmung genügt bereits, dass von mehreren offenen Rückständen genau ein bestimmter offener Betrag oder der unstreitige Teil einer Forderung, dh ein den Umständen nach passender Betrag gezahlt wird (FG Saarland 9.2.1990 – 1 K 233/88, EFG 1990, 384: Rückschluss aus dem bisherigen Verhalten), ebenso die Hingabe eines Schecks zusammen mit der StAnmeldung (FG Brandenburg 10.5.2000 – 6 K 1443/99 H, EFG 2000, 834; TK § 225 Rn. 5). Ist die Vollziehung des VA, durch den der Stpfl. in Anspruch genommen wird, zT ausgesetzt, kann hierin ein Indiz dafür zu sehen sein, dass der Leistende stillschweigend eine Bestimmung des Inhalts getroffen hat, dass zunächst die Beträge getilgt werden sollen, die nicht von der AdV betroffen sind (BFH 14.10.1999 – IV R 63/98, BFH/NV 2000, 357).

5 **Rechtsnatur und Zeitpunkt der Ausübung.** Die Ausübung des Bestimmungsrechts erfolgt durch **einseitige empfangsbedürftige Willenserklärung.** Es gelten die §§ 116 ff. BGB entspr. So ist die Willenserklärung zB auch gem. §§ 119 ff. BGB anfechtbar (ebenso HHSp § 225 Rn. 18, 23; TK § 225 Rn. 7). Denn auch im öffentlichen Recht können rechtsgeschäftliche Erklärungen (anders als VAe) grds. in entsprechender Anwendung der §§ 119 ff. BGB angefochten werden (FG Niedersachsen 24.9.2014 – 3 K 118/14, EFG 2015, 269; Grüneberg § 366 Rn. 7; WBSK Band 1 § 53 Rn. 6). Eine durch den Stpfl. wirksam erklärte Anfechtung führt dazu, dass die Erklärung als von Anfang an (ex tunc) nichtig anzusehen ist (§ 142 I BGB) und. der Stpfl. sein Bestimmungsrecht erneut ausüben kann. Wird das Bestimmungsrecht jedoch wirksam ausgeübt, kann die Willenserklärung nicht mehr frei geändert oder widerrufen werden (FG Münster 23.8.1978 – II 2011/73 E, EFG 1979, 131). Die Bestimmung muss grds. mit **der Leistung** (Zahlung) getroffen werden. Der Stpfl. kann aber bereits vor der Zahlung die zu bestimmende Schuld benennen (FG Saarland 29.11.1990 – 2 K 153/86, EFG 1991, 580). Für eine **rückwirkende Tilgungsbestimmung** ist hingegen grds. kein Raum (BFH 8.9.1994 – VII B 72/94, BFH/NV 1995, 373), auch nicht durch eine nachträgliche Tilgungsvereinbarung mit der FB (BFH 14.10.1999 – IV R 63/98, BStBl. II 2001, 329). Eine der Zahlung unmittelbar nachfolgende Bestimmung genügt ebenfalls nicht (MüKo BGB § 366 Rn. 11). Wie aus dem klaren Wortlaut des § 225 I („bei der Zahlung") hervorgeht, muss sich der Stpfl. deshalb spätestens im Zeitpunkt der Leistung die nachträgliche Ausübung seines Bestimmungsrechts vorbehalten haben (FG Niedersachsen 11.4.1991 – XI 433/87, EFG 1991,

579). Andernfalls könnte er die für den Fall einer fehlenden Bestimmung vorgesehene gesetzliche Tilgungsreihenfolge des § 225 II auch durch konkludentes Verhalten unterlaufen (TK § 225 Rn. 6). Eine „a-conto-Zahlung" wird idR als Vorbehalt einer solchen nachträglichen Bestimmung auszulegen sein (Gosch AO § 225 Rn. 11; HHSp § 225 Rn. 21). Hat sich der Stpfl. die endgültige **Bestimmung der Tilgungsreihenfolge vorbehalten,** erlischt die Schuld erst mit der Ausübung. Allerdings muss der Stpfl. von seinem Vorbehalt in angemessener Frist Gebrauch machen (MüKo BGB § 366 Rn. 11; Gosch AO § 225 Rn. 11). Unterlässt er dies, gilt die gesetzliche Tilgungsreihenfolge des § 225 II (HHSp § 225 Rn. 21; → Rn. 7).

Zahlung durch Dritte. Zwar steht nach dem Wortlaut des § 225 I das Bestimmungsrecht nur dem Stpfl. zu, doch wird hiermit wie in § 366 BGB nur der Regelfall (Zahlung durch den Schuldner) angesprochen. Leistet ein Dritter anstelle des Stpfl. (vgl. § 48 I), kann er die Tilgungsreihenfolge bestimmen (HHSp § 225 Rn. 8; allgM im Zivilrecht, vgl. MüKo BGB § 366 Rn. 10). Das Bestimmungsrecht knüpft nämlich an den Zahlungsvorgang an. Dritter in diesem Sinn kann nur sein, wer nicht selbst an dem StSchuldverhältnis beteiligt ist (BFH 25.7.1995 – VII R 71/94, BFH/NV 1996, 92). Zum Duldungspflichtigen nach § 191 I s. BFH 14.10.1999 – IV R 63/98, BFH/NV 2000, 357. 6

III. Nichtausübung des Bestimmungsrechts bei freiwilliger Zahlung (Abs. 2)

Wird das Bestimmungsrecht bei freiwilliger Zahlung nicht ausgeübt, tritt die gesetzliche Tilgungsfolge des § 225 II ein. 7

Die Tilgungsreihenfolge wird in Abs. 2 **zwingend** festgelegt. Die FB kann hiervon nicht abweichen (Ausnahme: § 225 II 2 HS 2), auch nicht durch eine nachträgliche Tilgungsvereinbarung mit dem Stpfl. (Gosch AO § 225 Rn. 13). Die Ansprüche aus dem StSchuldverhältnis erlöschen dementsprechend unabhängig von der Verbuchung durch die FB in der durch § 225 II festgelegten Reihenfolge (FG Hessen 24.1.1992 – 4 K 4341/86, EFG 1993, 565). Unerheblich ist, ob die FB die Verbuchung dem Stpfl. mitgeteilt hat oder nicht; ein Schweigen des Stpfl. kann demnach nicht als Zustimmung und Rechtfertigung einer abweichenden Verrechnung gewertet werden (TK § 225 Rn. 10). Rechnen FB oder Stpfl. gem. § 226 I auf, ohne die gegeneinander aufzurechnenden Ansprüche zu bestimmen, gilt § 225 II auch nicht entspr. (→ § 226 Rn. 46 f.). **Ausnahme:** Nur im Fall des § 225 II 2 HS 2 (bei gleichzeitig fällig gewordenen Beträgen gleicher Rangfolgefolge und bei Säumniszuschlägen) bestimmt die FB die Tilgungsreihenfolge. Diese Ermessensentscheidung, die sich neben dem Interesse des Fiskus an der Abdeckung weniger gesicherter Forderungen auch an den erkennbaren Interessen des Stpfl. orientieren muss (HHSp § 225 Rn. 30), ist als VA gem. § 347 I Nr. 1 anfechtbar. Mit Bekanntgabe des VA an den Stpfl. erlischt der Anspruch aus dem StSchuldverhältnis. 8

Der Reihenfolge in Abs. 2 liegt die Erwägung zugrunde, dass die für den Stpfl. am meisten **belastende Schuld zuerst** getilgt werden soll, wobei gleichermaßen belastende Schulden entspr. ihrer Fälligkeit getilgt werden (Lästigkeitsprinzip; vgl. Schwarz/Pahlke/Keß § 225 Rn. 6). Dementsprechend werden zunächst die durch Bußgeldbescheid gem. § 410 I iVm § 66 OWiG festgesetzten Geldbußen vor den anderen Ansprüchen aus dem StSchuldverhältnis getilgt. Danach sind die nach § 333 iVm § 329 festgesetzten Zwangsgelder an der Reihe, da ihr Zweck (den Stpfl. zu einem bestimmten Verhalten anzuhalten) nur erreicht wird, wenn die Zwangsgelder vor den Steuern getilgt werden (TK § 225 Rn. 12; Gosch AO § 225 Rn. 16). Im Hinblick auf die Bußgelddrohung des § 380 erfolgt im Anschluss die Tilgung der StAbzugsbeträge. Hiernach werden die übrigen Steuern getilgt und schließlich die verbleibenden Nebenleistungen (Kosten, Verspätungszuschläge, Zinsen sowie Säumniszuschläge). Zurückzuzahlende **StVergütungen** sind wie Steuern zu behandeln, weil sie – wie dies die §§ 155 VI, 169 III 1 Nr. 2, 170 III, 220 II 2, 236 I 1, 240 I 2 verdeutlichen – auch ansonsten den Steuern gleichgestellt sind. Gleiches gilt für Ansprüche auf Rückzahlung zu Unrecht gewährter **StErstattungen** und für **Haftungs-** 9

ansprüche, soweit die Haftung Steuern betrifft. Da die **Zuschläge** nach § 32 III ZollVG (Abgabe eigener Art als Ahndung für Abgabenverkürzungen von bis zu 250 Euro bei nur mäßiger krimineller Energie; vgl. Witte vor Art. 77–88 Rn. 17) nicht in § 225 II 1 aufgeführt sind, rangieren sie nach den Säumniszuschlägen (Gosch AO § 225 Rn. 16).

IV. Kein Bestimmungsrecht bei erzwungener Zahlung (Abs. 3)

10 Soweit die Zahlung im Verwaltungsweg nach § 249 erzwungen wird, ist keine bestimmte Reihenfolge vorgeschrieben. Zur freiwilligen Zahlung → Rn. 3.

11 **Keine bestimmte Reihenfolge.** Die FB entscheidet nach ihrem Ermessen, welche Schuld getilgt wird. Sie muss hierbei sowohl die eigenen wirtschaftlichen Interessen (Forderungen mit geringerer Sicherheit sind zunächst zu tilgen) als auch die des Stpfl. (Lästigkeitsprinzip, → Rn. 9) berücksichtigen (FG Saarland 23.6.1994 – 2 K 82/92, EFG 1995, 355). Orientiert sich die FB an der gesetzlichen Tilgungsreihenfolge (§ 225 II), wird sie stets ermessensfehlerfrei handeln (HHSp § 225 Rn. 37; FG Rheinland-Pfalz 29.1.1998 – 4 K 1141/93, EFG 1998, 914). Die im Anschluss an die Ermessensausübung erfolgte Verbuchung beinhaltet einen VA (Gosch AO § 225 Rn. 18; HHSp § 225 Rn. 38; aber umstr.). Mit Zugang der Buchungsmitteilung ist idR die Bekanntgabe erfolgt (§ 124 I 1) und die Schuld erlischt.

V. Verfahrensfragen/Rechtsbehelfe

12 **Absatz 1.** Hat die FB entgegen der Tilgungsbestimmung des Stpfl. verbucht, steht dem Stpfl. hiergegen kein Rechtsbehelf zur Verfügung, da weder die Verbuchung als solche noch die Buchungsmitteilung einen VA beinhalten (BFH 27.10.1972 – VI R 310/68, BStBl. II 1973, 89). Da die vom Stpfl. bezeichnete Schuld aber unabhängig von der Verbuchung erlischt, hat er die Möglichkeit, im Wege eines Abrechnungsbescheids nach § 218 II 1 das Bestehen bzw. Nichtbestehen von Ansprüchen aus dem StSchuldverhältnis feststellen zu lassen (Gosch AO § 225 Rn. 19). Gegen den Abrechnungsbescheid (VA) sind Einspruch (§ 347 I Nr. 1) und Klage (§ 40 I FGO) gegeben.

13 **Absatz 2.** Auch wenn die FB entgegen der gesetzlichen Tilgungsbestimmung eine Verbuchung vornimmt, erlischt die Schuld entspr. der in § 225 II festgelegten Reihenfolge (→ Rn. 8). Auch hier ist eine Klärung nur durch Beantragung eines Abrechnungsbescheids möglich (→ Rn. 12). **Anders** verhält es sich bei einer Entscheidung nach **§ 225 II 2 HS 2,** die einen VA beinhaltet und demzufolge gem. § 347 I Nr. 1 angefochten werden kann (→ Rn. 8). Hierbei ist zu beachten, dass die Mitteilung über die Verbuchung (Buchungsmitteilung) idR keine Rechtsbehelfsbelehrung enthalten wird; es gilt dann die Jahresfrist des § 356 II. Nach Ablauf der Jahresfrist ist eine Korrektur der Verbuchung nur noch gem. §§ 130, 131 möglich.

14 **Absatz 3.** Die Bestimmung der Tilgungsreihenfolge bei erzwungenen Zahlungen ist ein nach § 347 I Nr. 1 anfechtbarer VA (→ Rn. 11).

§ 226 Aufrechnung

(1) **Für die Aufrechnung mit Ansprüchen aus dem Steuerschuldverhältnis sowie für die Aufrechnung gegen diese Ansprüche gelten sinngemäß die Vorschriften des bürgerlichen Rechts, soweit nichts anderes bestimmt ist.**

(2) **Mit Ansprüchen aus dem Steuerschuldverhältnis kann nicht aufgerechnet werden, wenn sie durch Verjährung oder Ablauf einer Ausschlussfrist erloschen sind.**

(3) **Die Steuerpflichtigen können gegen Ansprüche aus dem Steuerschuldverhältnis nur mit unbestrittenen oder rechtskräftig festgestellten Gegenansprüchen aufrechnen.**

(4) **Für die Aufrechnung gilt als Gläubiger oder Schuldner eines Anspruchs aus dem Steuerschuldverhältnis auch die Körperschaft, die die Steuer verwaltet.**

Schrifttum: von Feldmann, Die Aufrechnung im BGB und im Steuerrecht, DStZ 1991, 22; Bahlau, Die Aufrechnung im Steuerrecht, 1994; Bultmann, Die Aufrechnung im Steuerrecht durch Umbuchungsmitteilung der Finanzverwaltung, DStZ 1994, 174; Gaa, Die Aufrechnung mit einer rechtswegfremden Gegenforderung, NJW 1997, 3343; Dißars, Die Aufrechnung von Steuerschulden und -erstattungen, INF 1999, 423; Bartone, Die Aufrechnung im Steuerrecht – Strategien gegen den fiskalisch „bequemen" Weg der Anspruchsdurchsetzung, AO-StB 2003, 122; Obermaier, Die Aufrechnung mit Steuerforderungen in der Insolvenz, BB 2004, 2610; Sauerland, Aufrechnung des FA mit Steuerforderungen gegen Erstattungsansprüche des anderen Ehegatten?, AO-StB 2009, 378; Bergan/Martin, Die Aufrechnung mit Steuerforderungen gegen staatliche Zuwendungen, DÖV 2013, 268.

Übersicht

A. Allgemeines

I. Rechtsentwicklung

1 § 226 IV ist durch Art. 1 Nr. 40 StBereinG 1986 zum 1.1.1987 dahingehend geändert worden, dass die Gegenseitigkeit der Forderungen auch der steuerverwaltenden Körperschaft gegenüber besteht (→ Rn. 20 ff.; TK § 226 Rn. 24 ff.; BFH 5.9.1989 – VII R 33/87, BStBl. II 1989, 1004).

II. Begriff und Bedeutung

2 **Aufrechnung** ist die wechselseitige Tilgung zweier sich gegenüberstehender gleichartiger Forderungen durch einseitige empfangsbedürftige Willenserklärung. Sie wirkt auf den Zeitpunkt zurück, in dem sich die Forderungen zum ersten Mal aufrechenbar gegen-

überstanden (§ 389 BGB; sog. Aufrechnungslage). Durch die gem. § 47 einer Zahlung gleichstehende (→ Rn. 3) Aufrechnung erlöschen die Ansprüche aus dem StSchuldverhältnis rückwirkend auf den Zeitpunkt der Aufrechnungslage (BFH 7.11.1989 – VII R 34/87, BStBl. II 1990, 201). Die Forderung, gegen die aufgerechnet wird, wird als **Hauptforderung** (Passivforderung) und die Forderung, mit der aufgerechnet wird, als **Gegenforderung** (Aktivforderung, Aufrechnungsforderung) bezeichnet (Grüneberg BGB § 387 Rn. 1; BFH 13.1.2000 – VII R 91/98, BStBl. II 2000, 246).

3 **Bedeutung.** Die Aufrechnung ist gem. § 47 Erfüllungsersatz (Erfüllungssurrogat) und bringt – wie die Zahlung – die sich gegenüberstehenden Forderungen zum Erlöschen (BFH 10.11.1953 – I 108/52 S, BStBl. III 1954, 26; Grüneberg BGB § 387 Rn. 1). Indem der Aufrechnende seine zur Aufrechnung verwendete Forderung als Erfüllungsersatz aufdrängt, verschafft er sich mit der Aufrechnung Befriedigung wegen seines eigenen Anspruchs (sog. Selbstexekution; HHSp § 226 Rn. 3; BGH 16.8.2007 – IX ZR 63/06, ZIP 2007, 1717). Der Aufrechnung kommt damit grds. eine Sicherungs- und VollstrFunktion zu, die vor allem beim Vermögensverfall des Aufrechnungsgegners von Bedeutung ist (Grüneberg BGB § 387 Rn. 1; BGH 4.5.1995 – IX ZR 256/93, NJW 1995, 1966). Ein weiterer Zweck der Aufrechnung besteht darin, den Inhabern von gegenseitigen und gleichartigen Forderungen statt eines Austauschs der gegenseitig geschuldeten Leistungen deren Verrechnung zum frühestmöglichen Zeitpunkt zu ermöglichen (BFH 22.8.1995 – VII B 107/95, BStBl. II 1995, 916). Dies erspart eine unwirtschaftliche Einzelerfüllung. Wie sich schon aus der systematischen Stellung des § 226 ergibt, gehört die Aufrechnung trotz ihrer VollstrFunktion zum StErhebungsverfahren (BFH 3.11.1983 – VII R 38/83, BStBl. II 1984, 185). Das StFestsetzungsverfahren bleibt von der Aufrechnung unberührt (HHSp § 226 Rn. 5).

III. Anwendbarkeit der Vorschriften des bürgerlichen Rechts (Abs. 1)

4 **Sinngemäße Anwendung.** Die Aufrechnung ist Ausdruck eines allg. Rechtsgedankens. Deshalb ist die Aufrechnung mit zivilrechtlichen Ansprüchen gegen öffentlich-rechtliche Ansprüche und umgekehrt zulässig (TK § 226 Rn. 4; BGH 11.1.1955 – I ZR 106/53, BGHZ 16, 124; BFH 1.8.2017 – VII R 12/16, BStBl. II 2018, 737). Entsprechend lässt § 226 I die Aufrechnung mit Ansprüchen und gegen Ansprüche aus dem StSchuldverhältnis (§ 37) zu und bestimmt, dass insoweit die Vorschriften des bürgerlichen Rechts sinngemäß gelten, soweit nichts anderes bestimmt ist. Aufgrund der allg. Verweisung auf die Vorschriften des bürgerlichen Rechts sind nicht nur die **§§ 387 ff. BGB** (Aufrechnung; → Rn. 9 ff.) sinngemäß anzuwenden, sondern auch die **§§ 406 ff. BGB** (Aufrechnung gegenüber dem neuen Gläubiger; → Rn. 13 ff.) und die **allg. Vorschriften des bürgerlichen Rechts** (wie zB Rechts- und Geschäftsfähigkeit, Willenserklärung, Vertretung und Vollmacht; vgl. BFH 4.2.1997 – VII R 50/96, BStBl. II 1997, 479; HHSp § 226 Rn. 11).

5 **Abweichende Regelungen** enthalten die Abs. 2–4 des § 226. Im Gegensatz zu § 214 BGB (die Verjährung gewährt zivilrechtlich lediglich eine peremptorische Einrede und schließt eine Aufrechnung deshalb dort nicht aus, MüKo BGB § 214 Rn. 1) führt die Verjährung im StRecht zum Erlöschen (§ 47). Deshalb verbietet **§ 226 II** abw. von § 215 BGB die Aufrechnung mit Ansprüchen aus dem StSchuldverhältnis, wenn sie durch Verjährung oder Ablauf einer Ausschlussfrist erloschen sind. Dementsprechend muss der StGläubiger vor Ablauf der Verjährungsfrist von seiner Aufrechnungsbefugnis Gebrauch machen (BFH 11.12.1984 – VIII R 263/82, BStBl. II 1985, 278; HHSp § 226 Rn. 14). Etwas anderes gilt nur dann, wenn sich die Forderungen schon vor der Verjährung aufrechenbar gegenübergestanden haben oder (ausnahmsweise) mit zivilrechtlichen Gegenforderungen aufgerechnet wird (§ 215 BGB; FG Münster 14.3.2024 – 5 V 3238/21, EFG 2024, 1001; HHSp § 226 Rn. 15). Gemäß **§ 226 III** kann der Stpfl. nur mit unbestrittenen oder rechtskräftig festgestellten Gegenansprüchen aufrechnen. **§ 226 IV** weicht von § 395 BGB ab und hebt das Erfordernis der sog. Kassenidentität auf (BFH 25.4.1989 – VII R

105/87, BFH/NV 1990, 141): Für die Gegenseitigkeit genügt auf Seiten des Fiskus wahlweise die Ertrags- oder Verwaltungshoheit (→ Rn. 20). Zu Besonderheiten der **Aufrechnung in der Insolvenz** → § 251 Rn. 82 ff.

IV. Anwendungsbereich

Persönlicher Anwendungsbereich. § 226 gilt – abgesehen von § 226 III, der nur die 6
Aufrechnung durch den Stpfl. betrifft – sowohl für die Aufrechnung durch den StGläubiger als auch für die durch den StSchuldner.

Gegenstand der Aufrechnung nach § 226 sind Ansprüche aus dem StSchuldverhältnis 7
und schuldrechtliche Ansprüche aller Art ohne Rücksicht darauf, ob sie zivilrechtlicher oder öffentlich-rechtlicher Natur sind (BFH 4.10.1983 – VII R 143/82, BStBl. II 1984, 178; → Rn. 24). Entscheidend ist nur, dass (zumindest) eine der Forderungen (Haupt- oder Gegenforderung) als **Anspruch aus dem StSchuldverhältnis** iSd § 37 anzusehen ist (zu Einzelheiten → § 37 Rn. 5 ff.).

Auf Zollschulden (Einfuhr- und Ausfuhrabgaben) ist § 226 nach Art. 109 I UZK 8
anwendbar (Witte Art. 109 Rn. 1), in entspr. Anwendung auch auf **KiSt-Ansprüche** (TK § 226 Rn. 16). Zur Aufrechnung gegen **Kindergeldansprüche** → Rn. 37.

B. Voraussetzungen der Aufrechnung (Aufrechnungslage)

I. Allgemeines

Nach § 387 BGB setzt die Aufrechnung voraus, dass Anspruch und Gegenanspruch 9
zwischen denselben Personen bestehen **(Gegenseitigkeit),** die Ansprüche ihrem Gegenstand nach gleichartig sind **(Gleichartigkeit),** die Hauptforderung erfüllbar **(Erfüllbarkeit)** und die Gegenforderung fällig **(Fälligkeit)** ist. Sind diese Voraussetzungen gegeben, liegt die sog. Aufrechnungslage vor. Sonderregelungen wie die eingeschränkte Aufrechnungsbefugnis des Stpfl. (§ 226 III) und Aufrechnungsverbote (§ 226 II sowie §§ 390 S. 1, 392–394 BGB) sind zu beachten. Zu den Besonderheiten der Aufrechnung im Insolvenzverfahren → § 251 Rn. 82 ff. Zur Möglichkeit einer Verrechnungsstundung vor Bestehen einer Aufrechnungslage → § 222 Rn. 39.

II. Gegenseitigkeit der Forderungen

1. Schuldner- und Gläubigeridentität

Personenidentität. Das Erfordernis der Gegenseitigkeit bedeutet, dass Gläubiger und 10
Schuldner identisch sein müssen, (sog. wechselseitige Identität; HHSp § 226 Rn. 23). Der Aufrechnende muss selbst Schuldner oder im eigenen Interesse zur Erfüllung des Anspruchs berechtigt sein (TK § 226 Rn. 18). Ein Dritter, also eine nicht aus Haupt- und Gegenforderung berechtigte bzw. verpflichtete Person, kann zwar die StSchuld eines Stpfl. durch Zahlung wirksam tilgen (§ 48), nicht jedoch die Schuld durch Aufrechnung zum Erlöschen bringen (HHSp § 226 Rn. 26). Dies ist nur ausnahmsweise möglich, wenn dem Dritten ein Ablösungsrecht (zB nach §§ 268 II, 1142 II, 1150, 1249 BGB) zusteht (Gosch AO § 226 Rn. 8).

Fehlende Personenidentität. Eine Aufrechnung ist mangels Gegenseitigkeit aus- 11
geschlossen, wenn Schuldner der Hauptforderung eine **PersGes** (zB GbR, OHG, KG), Gläubiger der Gegenforderung aber ein **Gesellschafter** ist und umgekehrt (§ 719 II BGB; BFH 9.5.2007 – XI R 2/06, BFH/NV 2007, 1622; TK § 226 Rn. 19). Die Gegenseitigkeit fehlt auch, wenn Schuldner und Gläubiger verschiedene PersGes oder KapGes sind, obwohl an den Gesellschaften die gleichen Personen beteiligt sind (HHSp § 226 Rn. 24), sowie bei organschaftlich verbundenen Gesellschaften (BFH 30.10.1984 – VII R 70/81, BStBl. II 1985, 114; BFH 23.8.2001 – VII R 94/99, BStBl. II 2002, 330). Entspr. gilt bei

einem Nebeneinander von **Haftungs- und StSchuld;** so kann zB die Haftungsschuld des Geschäftsführers (Haftungsschuldner) nicht durch Aufrechnung mit einer der GmbH (StSchuldner) zustehenden Forderung getilgt werden und umgekehrt (HHSp § 226 Rn. 25). Ebenso ist eine Aufrechnung des Arbeitgebers mit seinem USt-Erstattungsanspruch gegen die von ihm abzuführende LSt ausgeschlossen, da der Arbeitgeber nicht Schuldner der LSt ist (HHSp § 226 Rn. 23). Auch ein **Gesamtschuldner** (§ 44) kann nicht mit dem Anspruch eines anderen Gesamtschuldners aufrechnen (§ 422 II BGB). Der Gläubiger seinerseits ist zur Aufrechnung gegenüber jedem Gesamtschuldner befugt, dem er eine gleichartige Leistung schuldet (§ 421 S. 1 BGB „nach seinem Belieben"). Zur Aufrechnung bei zusammenveranlagten **Ehegatten** → Rn. 18 f. Der Mangel der Gegenseitigkeit kann durch Abtretung der Forderung (→ Rn. 12 ff.) oder durch den Abschluss eines Verrechnungsvertrags (→ Rn. 65) behoben werden.

2. Auswirkungen einer Forderungsabtretung

12 **Übergang der Gläubigerstellung.** IdR wird eine Abtretung durch den Stpfl. erfolgen und nicht durch die FB. Tritt der Stpfl. einen ihm zustehenden Erstattungs- oder Vergütungsanspruch an einen Dritten ab (Einzelheiten vgl. § 46), stehen sich fortan der Dritte und die FB als (Neu-)Gläubiger und Schuldner gegenüber (§ 226 I iVm § 398 S. 2 BGB).

13 **Verlängerung der Aufrechnungslage.** In dieser Lage schützt § 406 HS 1 BGB das Vertrauen des Schuldners in eine gegenüber dem bisherigen Gläubiger bestehende Aufrechnungslage sowie die Aussicht auf eine künftig ggf. entstehende Aufrechnungslage und dient damit dem Bestands- und **Schuldnerschutz** (BFH 13.12.2016 – VII R 1/15, BStBl. II 2017, 541; BGH 13.2.2003 – VII ZR 267/01, NJW 2003, 1182). Die Rechtsstellung des gutgläubigen Schuldners – hier der FB – soll sich durch die Abtretung der Hauptforderung nicht verschlechtern (MüKo BGB § 406 Rn. 1; BFH 25.4.1989 – VII R 36/87, BStBl. II 1990, 352: allg. Rechtsgrundsatz, der auch im öffentlichen Recht gilt). Deshalb durchbricht § 406 HS 1 BGB das Erfordernis der Gegenseitigkeit und ermöglicht es durch die Verweisung in § 226 I auch der FB, die Aufrechnung mit einer gegen den Stpfl. gerichteten Gegenforderung gegenüber dem neuen Gläubiger der Hauptforderung zu erklären. Eine Aufrechnungserklärung gegenüber dem Altgläubiger in und nach Kenntnis der Abtretung geht hingegen mangels Bestehens einer Aufrechnungslage ins Leere (BFH 12.7.1999 – VII B 29/99, BFH/NV 2000, 4). Für den Fall der Aufrechnung in Unkenntnis der Abtretung → Rn. 17.

Der durch § 406 HS 1 BGB normierte Vertrauensschutz ist in zweierlei Hinsicht eingeschränkt:

14 – **Kenntnis von der Abtretung.** Zum einen ist die Aufrechnung nach § 406 HS 2 Alt. 1 BGB ausgeschlossen, wenn der Schuldner zum Zeitpunkt des Erwerbs der Gegenforderung Kenntnis von der Abtretung der Hauptforderung hatte. Denn diese Kenntnis steht einem schutzwürdigen Vertrauen auf den Bestand oder die Entstehung einer Aufrechnungsmöglichkeit entgegen (Jauernig/Mansel BGB § 406 Rn. 2). Für die Kenntnis genügt nicht der bloße Eingang der Abtretungsanzeige beim FA; vielmehr muss der zuständige Sachbearbeiter hiervon Kenntnis oder infolge eines Organisationsmangels (treuwidrig) keine Kenntnis erlangt haben (BFH 21.11.1995 – VII R 30/95, BFH/NV 1996, 387; HHSp § 226 Rn. 43; BFH 21.11.1995 – VII R 30/95, BFH/NV 1996, 387). Im Übrigen steht die Kenntnis von einer Vorausabtretung gegenwärtiger und künftiger Forderungen der Kenntnis von der Abtretung iSd § 406 BGB gleich (Grüneberg BGB § 406 Rn. 7; BGH 26.6.2002 – VIII ZR 327/00, NJW 2002, 2865), soweit die abgetretene Forderung hinsichtlich des Gegenstands der Forderung und des zukünftigen Schuldners bestimmt und der Umfang der Forderung bestimmbar ist (HHSp § 226 Rn. 43; TK § 226 Rn. 21). Für einen iSd § 406 HS 2 Alt. 1 BGB die Aufrechnungsmöglichkeit erhaltenden **Erwerb** vor Kenntnis ist bei einer Gegenforderung aus eigenem Recht ausreichend, dass ihre rechtliche Grundlage im Zeitpunkt der Kenntniserlangung besteht (Grüneberg BGB § 406 Rn. 6). Bei Ansprüchen aus dem StSchuldverhältnis

reicht hierfür der materiell-rechtliche Entstehungstatbestand iSv § 38 aus; auf eine Festsetzung oder gar Fälligkeit der Gegenforderung kommt es (hier) nicht an (BFH 15.10.1996 – VII R 46/96, BStBl. II 1997, 171; vgl. aber → Rn. 15).

– **Nachlaufende Fälligkeit.** Ist die Gegenforderung bei Kenntnis der Abtretung noch nicht fällig, lässt § 406 HS 2 Alt. 2 BGB die Aufrechnung zum anderen nur zu, wenn die Gegenforderung spätestens mit der abgetretenen Forderung fällig geworden ist (BGH 27.4.1972 – II ZR 122/70, BGHZ 58, 327; BFH 15.10.1996 – VII R 46/96, BFH/NV 1997, 209). Eine nachlaufende (spätere) Fälligkeit der Gegenforderung ist demgemäß schädlich, denn in diesem Fall hätte der Schuldner ohne das Dazwischentreten der Abtretung auch dem alten Gläubiger gegenüber nicht aufrechnen können (BFH 25.4.1989 – VII R 36/87, BStBl. II 1990, 352). Für die Fälligkeit ist die tatsächliche Fälligkeit und nicht die erste gesetzliche Fälligkeit maßgeblich (HHSp § 226 Rn. 43). Deshalb ist eine ggf. gewährte Stundung zurückzunehmen oder zu widerrufen, um die Fälligkeit herbeizuführen; dies kann auch mit der Aufrechnungserklärung geschehen (BFH 25.4.1989 – VII R 36/87, BStBl. II 1990, 352). Sind die Rechtswirkungen des § 226 I iVm § 406 BGB einmal eingetreten, wird die Aufrechnungsmöglichkeit auch durch eine nach Kenntnis der Abtretung vom FA gewährte Stundung der Gegenforderung nicht beseitigt; sie bleibt vielmehr auch dann weiterhin bestehen, wenn die Stundung rückwirkend erfolgt (BFH 8.7.2004 – VII R 55/03, BStBl. II 2005, 7; HHSp § 226 Rn. 43; → Rn. 29). Zur Rückübertragung einer Forderung s. BGH 13.2.2003 – VII ZR 267/01, NJW 2003, 1182. 15

Neugläubiger. Auch der Neugläubiger kann aufrechnen (HHSp § 226 Rn. 44), sofern er seinerseits eine aufrechenbare Leistung gegenüber der FB zu erbringen hat. Der Neugläubiger ist durch die nach § 406 BGB fortbestehende Aufrechnungsmöglichkeit der FB (→ Rn. 13) nicht in seinem Recht beschränkt, die erworbene Forderung sofort nach dem Erwerb zu benutzen, um bei der FB seine eigene Schuld durch Aufrechnung zu tilgen (BFH 10.2.1976 – VII R 37/72, BStBl. II 1976, 549). Will die FB dies mit Blick auf die in diesem Fall bestehen bleibenden Schulden des Altgläubigers verhindern, muss sie der Aufrechnungserklärung des Neugläubigers rechtzeitig durch eine eigene Erklärung zuvorkommen. Erklärt der Neugläubiger die Aufrechnung mit der ihm abgetretenen Forderung indes früher als die FB, geht die Aufrechnungserklärung des FA ins Leere (BFH 6.2.1990 – VII R 86/88, BStBl. II 1990, 523). Die FB hat gegen eine frühere Aufrechnungserklärung des Neugläubigers kein Widerspruchsrecht (BFH 10.2.1976 – VII R 37/72, BStBl. II 1976, 549). Durch die Aufrechnung des Neugläubigers sind gem. § 226 I iVm § 389 BGB sowohl die Ansprüche des Altgläubigers gegen die FB als auch die Ansprüche der FB gegen den Neugläubiger erloschen. Der mit § 406 BGB bezweckte Schuldnerschutz ist gewährleistet, weil § 406 BGB den Schuldner lediglich schützen, nicht aber bevorzugen will. Deshalb können sowohl Schuldner als auch Neugläubiger uneingeschränkt aufrechnen. 16

Unkenntnis von der Abtretung. Nach § 226 I iVm § 407 I BGB muss der Neugläubiger eine in Unkenntnis der Abtretung gegenüber dem Altgläubiger erklärte Aufrechnung des Schuldners gegen sich gelten lassen (BFH 7.8.2007 – VII R 12/06, BStBl. II 2008, 307; HHSp § 226 Rn. 45). Da die Abtretung keine Unterrichtung oder Mitwirkung des Schuldners voraussetzt, ist es ein Gebot der Gerechtigkeit, dass alle Rechtshandlungen, die die FB in Unkenntnis der Abtretung gegenüber dem bisherigen Gläubiger (Zedenten) vornimmt, im Verhältnis zum Neugläubiger (Zessionar) wirksam sind (Grüneberg BGB § 407 Rn. 1). Zur Inkassozession s. Grüneberg BGB § 398 Rn. 29 ff. 17

3. Aufrechnung bei Zusammenveranlagung und Aufteilung der Gesamtschuld

Zusammenveranlagung. Bei der Zusammenveranlagung (§ 26b EStG) sind Ehegatten Gesamtschuldner (§ 44 I). Jeder von ihnen schuldet die gesamte festgesetzte Steuer. Ein Erstattungsanspruch auf Auszahlung überzahlter Steuer steht dem Ehegatten zu, auf dessen Rechnung die Zahlung bewirkt worden ist, bei „intakter" Ehe beiden Ehegatten hälftig (§ 37 II; BFH 20.2.2017 – VII R 22/15, BFH/NV 2017, 906). Obwohl Ehegatten nach 18

§ 26b EStG als ein Stpfl. behandelt werden, sind sie für Erstattungsansprüche **keine Gesamtgläubiger** (BFH 10.7.2008 – VII B 194/07, BFH/NV 2008, 1802: Teilgläubiger im Verhältnis der jeweils entrichteten Vorauszahlungen). Sie bleiben auch bei einer Zusammenveranlagung getrennte StSubjekte (HHSp § 226 Rn. 28). Eine Gesamtgläubigerschaft lässt sich auch nicht aus § 36 IV 3 EStG herleiten, da diese Vorschrift nur die Auszahlungsbefugnis des FA regelt, nicht jedoch bestimmt, welcher Ehegatte die Auszahlung fordern darf (BFH 2.2.1995 – VII R 105/94, BFH/NV 1995, 781). Deshalb ist es dem FA aufgrund der fehlenden Gegenseitigkeit verwehrt, gegen den Erstattungsanspruch des einen Ehegatten mit rückständigen StSchulden des anderen Ehegatten aufzurechnen (BFH 13.2.1996 – VII R 89/95, BStBl. II 1996, 436).

19 **Aufteilung einer Gesamtschuld.** Die Aufteilung einer StSchuld (§§ 268 ff.) kann auch beantragt werden, um eine Aufrechnung des FA auf den Aufteilungsbetrag zu beschränken, der auf den antragstellenden Ehegatten entfällt (BFH 1.3.1990 – VII R 135/87, BFH/NV 1991, 6). Die Aufteilung der StSchuld nach §§ 268 ff. lässt das Gesamtschuldverhältnis der Ehegatten als solches unberührt; es beschränkt lediglich die Vollstr. auf die aufgeteilten Beträge (§§ 268, 278). Zwar ist die Aufrechnung keine VollstrMaßnahme, sondern eine Maßnahme der StErhebung (→ Rn. 3). Doch kommt ihr vollstreckungsgleiche Tilgungswirkung zu (→ § 279 Rn. 4). Da die Aufteilung jegliche Verwirklichung der Gesamtschuld über den auf den jeweiligen Ehegatten entfallenden Aufteilungsbetrag hinaus ausschließt (BFH 1.3.1990 – VII R 135/87, BFH/NV 1991, 6), ist nach Aufteilung der StGesamtschuld eine Aufrechnung des FA gegenüber einem Ehegatten, soweit auf ihn kein Rückstand mehr entfällt, unzulässig (BFH 12.1.1988 – VII R 66/87, BStBl. II 1988, 406; HHSp § 226 Rn. 29). Die Aufteilung wirkt damit auch als **Aufrechnungsbeschränkung** (BFH 2.10.2018 – VII R 17/17, BFH/NV 2019, 4). Da eine Aufrechnungserklärung des FA unmittelbar zum Erlöschen der gegenseitigen Ansprüche führt (→ Rn. 50) und ein nach vollständiger Tilgung der StSchulden gestellter Aufteilungsantrag nicht mehr zulässig ist (§ 269 II 2), muss der Stpfl. einer Aufrechnung des FA mit einem rechtzeitig gestellten Aufteilungsantrag zuvorkommen (BFH 12.6.1990 – VII R 69/89, BStBl. II 1991, 493). Rechnet das FA im Anschluss zwischen Eingang des Antrags und seiner Bescheidung auf, nimmt dies dem Aufteilungsantrag nicht rückwirkend dessen Zulässigkeit (BFH 2.10.2018 – VII R 17/17, BFH/NV 2019, 4); vielmehr entfallen die eingetretenen Aufrechnungswirkungen wieder, sobald dem Aufteilungsantrag entsprochen wird (BFH 12.1.1988 – VII R 66/87, BStBl. II 1988, 406; HHSp § 226 Rn. 30). Die Befugnis allein, die Aufteilung der StSchuld zu verlangen, reicht zur Herbeiführung der Aufrechnungsbeschränkung indes nicht aus. Der Ehegatte, der im Innenverhältnis die ESt nicht schuldet, muss die Aufteilung der StSchuld vielmehr mit Erfolg herbeigeführt, dh in zulässiger Weise (rechtzeitig) beantragt haben (BFH 12.6.1990 – VII R 69/89, BStBl. II 1991, 493).

4. Fiktion des Gläubigers und des Schuldners (Abs. 4)

20 **Fiktion.** Für die Gegenseitigkeit (Schuldner-/Gläubigeridentität) stellt § 387 BGB darauf ab, wem die Forderungen zustehen. Deshalb ist Gläubiger der StForderung grds. diejenige Körperschaft, der die Ertragshoheit zusteht (§ 226 I iVm § 387 BGB). Nach § 226 IV in der ab dem 1.1.1987 gültigen Fassung (→ Rn. 1) gilt für die Aufrechnung als Schuldner oder Gläubiger eines Anspruchs aus dem StSchuldverhältnis auch die steuerverwaltende Körperschaft. In diesem Fall wird die Gegenseitigkeit kraft Gesetzes fingiert (TK § 226 Rn. 27). Es kann wahlweise aufgrund der Ertrags- oder Verwaltungshoheit aufgerechnet werden (TK § 226 Rn. 29). Bei der Aufrechnung durch den Stpfl. gegen Ansprüche aus dem StSchuldverhältnis findet deshalb das Erfordernis der Kassenidentität gem. § 395 BGB keine Anwendung (BFH 25.4.1989 – VII R 105/87, BStBl. II 1989, 949). § 226 IV enthält insoweit eine abw. Regelung (Grüneberg BGB § 395 Rn. 3).

21 Auf der Basis der **Ertragshoheit** (Art. 106 GG) kann der Stpfl. mit einer Forderung gegen den Bund nur gegen Ansprüche aus dem StSchuldverhältnis aufrechnen, die dem Bund zustehen (Art. 106 I GG), mit einer Forderung gegen das Land mit Ansprüchen des

Landes (Art. 106 II GG) und gegen GemeinschaftsSt (ESt, KSt und USt; Art. 106 III GG) nur in Höhe des dem Bund bzw. dem Land als jeweiligem StGläubiger zustehenden Anteils. Bei den GemeinschaftsSt sind Bund und Land nur Teil- und nicht Gesamtgläubiger (BGH 19.7.2007 – IX ZR 81/06, DB 2007, 1860).

Auf der Basis der **Verwaltungshoheit** (Art. 108 GG) kann der Stpfl. mit Erstattungsansprüchen auf LandesSt gegen Ansprüche auf BundesSt aufrechnen und umgekehrt, wenn diese von den Behörden derselben Körperschaft (zB Bundesland) verwaltet werden. Es kann sich um verschiedene FB derselben Körperschaft handeln (zB in Bayern FA Augsburg-Stadt und FA Regensburg), nicht aber um FB unterschiedlicher Körperschaften, zB um ein FA in Bayern und eines in Hessen. Die Gegenseitigkeit kann auch nicht im Wege eines VollstrErsuchens (§ 250 I) hergestellt werden (Klein § 226 Rn. 18). § 252 regelt ausschl. für das VollstrVerfahren, wer als Gläubiger gilt (→ § 252 Rn. 2). Deshalb kann das FA gegen einen LSt-Erstattungsanspruch auch dann nicht mit einer Forderung einer anderen Körperschaft des öffentlichen Rechts aufrechnen, wenn es von der zuständigen Behörde dieser Körperschaft (etwa der Agentur für Arbeit) um die Vollstr. der Forderung ersucht worden ist (BFH 3.11.1983 – VII R 38/83, BStBl. II 1984, 185). Zur 2015 aufgehobenen Sonderregelung in § 18 VIIa KrafStG vgl. 5. Aufl. 22

Abtretung zur Einziehung. Besteht nach § 226 IV keine Gegenseitigkeit, kann diese auf Seiten des Fiskus durch Abtretung des reinen Zahlungsanspruchs gem. §§ 398 ff. BGB zur Einziehung hergestellt werden, um im Einzelfall für eine schnelle und einfache Realisierung von StForderungen zu sorgen (ebenso BFH 15.6.1999 – VII R 3/97, BStBl. II 2000, 46; Klein § 226 Rn. 29; AEAO zu § 226 Nr. 3; einschr. zu § 226 IV aF BFH 5.9.1989 – VII R 33/87, BStBl. II 1989, 1004; nunmehr Zweifel anmeldend BFH 10.5.2007 – VII R 18/05, BStBl. II 2007, 914; aA HHSp § 226 Rn. 38: Verstoß gegen die staatliche Kompetenzordnung; wohl auch TK § 226 Rn. 27; Schwarz/Pahlke/Keß § 226 Rn. 25); zur Aufrechnung des FA mit einem im Rahmen der regionalen Wirtschaftsförderung durch Globalabtretung erworbenen Rückgriffsanspruchs FG Rheinland-Pfalz 16.1.2018 – 5 K 1955/14, EFG 2018, 1159. 23

III. Gleichartigkeit

Gleichartige Leistung. Haupt- und Gegenforderung müssen auf eine gleichartige Leistung gerichtet sein, also auf Geld gleicher Währungseinheit lauten (→ Rn. 25). Der Gegenstand der Leistungsverpflichtung muss gleichartig sein, der Schuldgrund (Rechtsnatur der Forderung) bzw. die StArt hingegen nicht (BFH 10.5.2007 – VII R 18/05, BStBl. II 2007, 914; HHSp § 226 Rn. 19). Ebenso spielt der Rechtsweg, in dem die Zahlungsverpflichtungen geltend zu machen sind, für die Gleichartigkeit keine Rolle. So kann gegen Ansprüche aus dem StSchuldverhältnis auch mit zivilrechtlichen Forderungen, bspw. mit Regressforderungen aus einer Rückbürgschaft, aufgerechnet werden (BFH 1.8.2017 – VII R 12/16, BStBl. II 2018, 737; → Rn. 7). Haupt- und Gegenforderung brauchen nicht deckungsgleich (gleich hoch) zu sein. Zur Rechtsverfolgung auch → Rn. 63. 24

Da der **Anspruch aus dem StSchuldverhältnis** (§ 37) immer auf eine **Geldleistung** (§ 3 I) gerichtet ist, kann gegen diesen Anspruch nur mit einem Geldanspruch aufgerechnet werden und umgekehrt (TK § 226 Rn. 31). Gleichartig mit einer Geldleistung ist auch der Anspruch auf Herausgabe von Geld und auf Einwilligung in die Auszahlung von hinterlegtem Geld (BGH 19.10.1988 – IVb ZR 70/87, NJW-RR 1989, 173). **Keine Gleichartigkeit** besteht hinsichtlich des Anspruchs auf Herausgabe von Sicherheiten und des Anspruchs auf Abgabe von StErklärungen (HHSp § 226 Rn. 19). Die Aufrechnung des FA mit einem Haftungsanspruch nach § 74 gegen einen USt-Erstattungsanspruch ist unzulässig, soweit der Anspruch nach § 74 I 1 nur durch die Zwangsvollstr. in den Gegenstand verwirklicht werden kann, weil damit die Gleichartigkeit fehlt (BFH 28.1.2014 – VII R 34/12, BStBl. II 2014, 551; auch → § 74 Rn. 14 f.). Auch kann der LSt-Pflichtige nicht 25 gegen die von seinem Arbeitgeber einzubehaltende LSt mit einem Anspruch auf Erstattung der KSt aufrechnen (TK § 226 Rn. 31). Geldforderungen in verschiedenen Währungen sind nicht gleichartig (BFH 10.5.2007 – VII R 18/05, BStBl. II 2007, 914; HHSp § 226 Rn. 20).

IV. Erfüllbarkeit der Hauptforderung

26 **Erfüllbarkeit.** Im Gegensatz zur Gegenforderung (→ Rn. 28) muss die Hauptforderung (Forderung, gegen die der Schuldner aufrechnet; → Rn. 2), nicht vollwirksam und fällig, sondern nur existent und erfüllbar sein, sodass auch gestundete Forderungen erfasst werden (BFH 10.5.2007 – VII R 18/05, BStBl. II 2007, 914; BGH 16.6.1993 – XII ZR 6/92, BGHZ 123, 49; Grüneberg BGB § 387 Rn. 12). Ansprüche aus dem StSchuldverhältnis (§ 37) sind erfüllbar, sobald sie nach § 38 entstanden sind (BFH 13.1.2000 – VII R 91/98, BStBl. II 2000, 246; HHSp § 226 Rn. 51). Entscheidend ist deshalb die Verwirklichung des Tatbestands, an den das Gesetz die Leistungspflicht knüpft und nicht die deklaratorische Festsetzung des Anspruchs durch einen VA, insb. durch einen StBescheid (BFH 6.2.1990 – VII R 86/88, BStBl. II 1990, 523). Doch muss bei FestsetzungsSt in jedem Fall einer vorausgehenden Aufrechnung die Festsetzung nachfolgen, um feststellen zu können, inwieweit sich die beiderseitigen Forderungen der Höhe nach entsprechen (HHSp § 226 Rn. 51). Im Insolvenzverfahren des Stpfl. richtet sich die Aufrechnung nach § 95 I 1 InsO (→ § 251 Rn. 82).

27 **Erstattungsanspruch.** Entspr. gilt für die Erfüllbarkeit eines Erstattungsanspruchs des Stpfl. nach § 37 II. Dabei ist gleichgültig, ob der Anspruch auf zu hohen bzw. nicht geschuldeten Vorauszahlungen oder der überhöhten Einbehaltung von StAbzugsbeträgen beruht (BFH 15.10.2019 – VII R 31/17, DB 2020, 599), oder ob der Erstattungsanspruch auf Überzahlungen gegenüber der materiell richtigen StSchuld, also auf fehlerhafte und deshalb änderungsbedürftige StBescheide zurückzuführen ist (BFH 26.4.1994 – VII R 109/93, BFH/NV 1994, 839). In dem einen wie in dem anderen Fall entsteht der Erstattungsanspruch bereits mit der Überzahlung der nach dem Gesetz geschuldeten Steuer, also mit der Einbehaltung bzw. Entrichtung der (überhöhten) Voraus- oder Abschlusszahlung, und ist mit Ablauf des jeweiligen Veranlagungszeitraums **erfüllbar** (BFH 8.3.2017 – VII R 13/15, BFH/NV 2017, 1011; HHSp § 226 Rn. 52). Die (verfahrensrechtliche) Festsetzung des Erstattungsanspruchs ist – ebenso wie die Änderung oder Aufhebung der StFestsetzung – für den Zeitpunkt der Entstehung (anders als für die Fälligkeit (→ § 220 Rn. 10) und die Verwirklichung des Anspruchs) nicht maßgeblich (BFH 13.1.2000 – VII R 91/98, BStBl. II 2000, 246; aA Gosch AO § 226 Rn. 32). Der Erstattungsanspruch kann deshalb auch vor der Änderung (Aufhebung) des fehlerhaften StBescheids abgetreten, verpfändet und gepfändet werden (BFH 26.4.1994 – VII R 109/93, BFH/NV 1994, 839). Er ist damit auch iSd § 226 erfüllbar (offen gelassen BFH 13.1.2000 – VII R 91/98, BStBl. II 2000, 246; aA Gosch AO § 226 Rn. 32; HHSp § 226 Rn. 52: erst mit Bekanntgabe des Berichtigungsbescheids). Ein Anspruch auf Erstattungszinsen entsteht hingegen erst mit der StFestsetzung, die zu dem eine Erstattung auslösenden Unterschiedsbetrag iSd § 233a I führt (BFH 14.5.2002 – VII R 6/01, BStBl. II 2002, 677). Der auf einem Verlustrücktrag nach § 10d I EStG beruhende Erstattungsanspruch entsteht erst mit Ablauf des Veranlagungszeitraums, in dem der Verlust entstanden ist (BFH 6.6.2000 – VII R 104/98, BStBl. II 2000, 491). Gegen Ansprüche auf Gewährung einer Investitionszulage kann die FB frühestens mit Ablauf des Wirtschaftsjahres aufrechnen, in dem die begünstigten Investitionen durchgeführt worden sind (TK § 226 Rn. 32). Entspr. gilt für den Anspruch auf Eigenheimzulage, der für jedes Jahr des Begünstigungszeitraums neu entsteht (FG Niedersachsen 3.3.2005 – 16 K 479/04, DStRE 2006, 60; auch → § 251 Rn. 62).

27a **Kostenerstattungsanspruch.** Gegen einen der Höhe nach unstr. und damit bestimmmsowie erfüllbaren Kostenerstattungsanspruch des Stpfl. kann das FA bereits nach Erlass der gerichtlichen Kostengrundentscheidung aufrechnen; dass der den Anspruch titulierende Kostenfestsetzungsbeschluss erst später ergeht, hindert die vorherige Aufrechnung nicht (BFH 16.3.2016 – VII B 102/15, BFH/NV 2016, 996; → Rn. 35).

V. Fälligkeit der Gegenforderung

Fälligkeit. Der Anspruch, mit dem aufgerechnet wird (Gegenforderung), muss nicht nur bestehen, sondern auch fällig sein (BFH 14.10.1998 – IV B 103/97, BFH/NV 1999, 447; HHSp § 226 Rn. 55). Seine Erfüllung muss **erzwungen** werden können (MüKo BGB §§ 387, 36). Zur Fälligkeit → § 220 Rn. 1 ff. Geht die Aufrechnungserklärung dem Aufrechnungsgegner vor Fälligkeit der Gegenforderung zu, ist die Aufrechnung unwirksam (Schwarz/Pahlke/Keß § 226 Rn. 28). Sie wird auch nicht mit späterem Eintritt der Fälligkeit wirksam (TK § 226 Rn. 34). Nur mit Zustimmung des Aufrechnungsgegners kann mit der Gegenforderung vor deren Fälligkeit aufgerechnet werden (BFH 13.10.1972 – III R 11/72, BStBl. II 1973, 66: Verrechnungsvertrag; → Rn. 65). Das Einverständnis darf nicht unterstellt werden (HHSp § 226 Rn. 60). 28

Stundung und AdV. Hat die FB die Gegenforderung gestundet, muss sie die Stundung (§ 222) gem. § 130 II zurücknehmen oder gem. § 131 II widerrufen (→ § 222 Rn. 74; HHSp § 226 Rn. 62). Dies ist nicht ermessensfehlerhaft, wenn hierdurch die Aufrechnungslage hergestellt wird (BFH 6.2.1973 – VII R 62/70, BStBl. II 1973, 513). Die Aufrechnungserklärung der FB beinhaltet als Willenserklärung keinen Widerruf der Stundung (TK § 226 Rn. 35). Widerruf der Stundung und Erklärung der Aufrechnung können aber gegenüber dem Aufrechnungsgegner gleichzeitig bekannt- bzw. abgegeben werden (BFH 25.4.1989 – VII R 36/87, BStBl. II 1990, 352). Eine **rückwirkende Stundung** führt allerdings nicht zum nachträglichen Entfallen der bereits eingetretenen Aufrechnungslage (BFH 8.7.2004 – VII R 55/03, BStBl. II 2005, 7; → Rn. 15). Eine Aufrechnung ist ebenfalls unwirksam, wenn hinsichtlich des die Gegenforderung festsetzenden Bescheids AdV (§ 361 AO; § 69 FGO) gewährt worden ist (TK § 226 Rn. 36). Die AdV berührt zwar nicht die materiell-rechtliche Fälligkeit der Forderung (str., → § 222 Rn. 12; HHSp § 226 Rn. 63 Fn. 1), sie begründet aber für das FA ein verfahrensrechtliches Hindernis **(Aufrechnungsverbot),** da der Behörde einstweilen jegliches Gebrauchmachen von den Wirkungen des VA und damit auch eine an den materiellen Regelungsinhalt des Bescheids anknüpfende Aufrechnung untersagt ist (BFH 31.8.1995 – VII R 58/94, BStBl. II 1996, 55). Dies gilt auch für ausgesetzte Rückforderungsbescheide des HZA (BFH 14.11.2000 – VII R 85/99, BStBl. II 2001, 247). Um aufrechnen zu können, muss die AdV deshalb ebenso wie die Stundung zurückgenommen oder widerrufen werden. Die Aufrechnung des FA gegen ein StGuthaben mit StSchulden setzt kein abgeschlossenes Rechtsbehelfsverfahren gegen den die StSchuld festsetzenden StBescheid voraus. Auch ein **VollstrAufschub** hindert die Aufrechnung nicht, da diese der StErhebung zuzuordnen ist (→ Rn. 3) und damit keine VollstrMaßnahme iSd § 258 darstellt (BFH 24.10.1996 – VII B 122/96, BFH/NV 1997, 257; HHSp § 226 Rn. 65; aA FG Hamburg 8.4.2010 – 6 K 269/09, EFG 2010, 1469: Gewähre das FA einen tilgungsfreien VollstrAufschub, könne es nicht aufrechnen, da der VollstrAufschub eine Einrede iSd § 226 I iVm § 390 BGB begründe). 29

USt-Guthaben. Mit Ansprüchen aus USt-Vorauszahlungsbescheiden kann die FB aufrechnen, sobald diese fällig geworden sind (TK § 226 Rn. 38). Eine mit der Fälligkeit entstandene Aufrechnungslage bleibt auch dann erhalten, wenn zu einem späteren Zeitpunkt ein die Regelungen der Vorauszahlungsbescheide in sich aufnehmender und damit zu deren Erledigung (§ 124 II) führender Jahres-StBescheid ergeht (BFH 17.9.2019 – VII R 31/18, BFH/NV 2020, 252; zum Verhältnis Vorauszahlung/JahresStBescheid s. BFH 25.7.2012 – VII R 44/10, BStBl. II 2013, 33). Die Aufrechnung ist dann aber der Höhe nach nur (noch) nach Maßgabe des im Jahres-StBescheid festgestellten Rückstands wirksam (BFH 22.8.1995 – VII B 107/95, BStBl. II 1995, 916). Zum umgekehrten Fall – wir- 30 kungslose Aufrechnung mit negativem StAnspruch aus USt-Voranmeldung bei einer Jahres-StFestsetzung auf 0 DM – vgl. BFH 5.10.1990 – V B 137/89, BFH/NV 1991, 633.

VI. Unbestrittene oder rechtskräftig festgestellte Gegenansprüche (Abs. 3)

31 **Einseitiger Aufrechnungsausschluss.** Der Stpfl. kann nur mit unbestrittenen oder rkr. festgestellten Gegenforderungen aufrechnen (§ 226 III). Ob es sich bei der Gegenforderung um einen Anspruch aus dem StSchuldverhältnis, einen sonstigen öffentlich-rechtlichen oder einen zivilrechtlichen Anspruch handelt, ist grds. unerheblich (BFH 6.8.1985 – VII B 3/85, BStBl. II 1985, 672). Durch § 226 III soll verhindert werden, dass die FB mit der Prüfung (verfahrens-)fremder und zweifelhafter Forderungen belastet wird (BFH 10.7.1979 – VII R 114/75, BStBl. II 1979, 690). Sie wäre überfordert, wenn sie im Erhebungsverfahren entscheiden sollte, ob der Stpfl. einen privatrechtlichen oder öffentlich-rechtlichen Anspruch gegen eine andere Behörde hat. Handelt es sich bei der Gegenforderung aber um einen Anspruch aus dem StSchuldverhältnis, der dem Stpfl. gegenüber dem FA zusteht, kann die FB selbst feststellen, ob dieser Anspruch zu Recht besteht. Hier soll § 226 III der FB Gelegenheit zur Sachaufklärung geben (HHSp § 226 Rn. 70; → Rn. 32).

32 **Unbestritten** ist die Gegenforderung, wenn keine Einwendungen gegen sie erhoben werden oder sie ausdrücklich anerkannt wird. Werden Einreden erhoben, handelt es sich ebenfalls um eine bestrittene Forderung, wenn die Einreden im Falle ihres Bestehens die Aufrechnung mit der Gegenforderung ausschließen (FG Hessen 2.9.2009 – 8 K 2080/08, EFG 2010, 296; HHSp § 226 Rn. 71). Bestritten werden kann die Gegenforderung des Stpfl., soweit es sich um einen Anspruch aus dem StSchuldverhältnis handelt, von der FB, ansonsten von der Behörde, die für die Entscheidung über den Anspruch zuständig ist (Klein § 226 Rn. 47). Ein substantiiertes Bestreiten ist nach dem Gesetzeswortlaut nicht erforderlich (TK § 226 Rn. 41). Vielmehr genügt zur Ablehnung der Aufrechnung der bloße Hinweis, dass die Gegenforderung noch nicht rechtskräftig (bestandskräftig) festgestellt oder aus anderen Gründen fragwürdig ist (BFH 10.7.1979 – VII R 114/75, BStBl. II 1979, 690; HHSp § 226 Rn. 73). Zur Aufrechnung mit rechtswegfremden Forderungen → Rn. 63. Rechnet der Stpfl. allerdings mit einem **Anspruch aus dem StSchuldverhältnis** auf, muss die FB substantiierte Einwendungen gegen das Bestehen bzw. die Fälligkeit der Forderung erheben, wenn sie selbst für deren Feststellung zuständig ist (→ Rn. 31; BFH 10.7.1979 – VII R 114/75, BStBl. II 1979, 690; HHSp § 226 Rn. 72). Wird gegen einen StAnspruch mit einem Gegenanspruch aus abgetretenem Recht aufgerechnet und ist für dessen Feststellung, ebenso wie für die Beurteilung der Abtretung, das FA nicht selbst zuständig, genügt zur Ablehnung der Aufrechnung hingegen der Hinweis, dass das zuständige FA die Wirksamkeit der Abtretung bestreitet (BFH 7.1.2003 – VII B 186/02, BFH/NV 2003, 446; Schwarz/Pahlke/Keß § 226 Rn. 11). Das Gesetz verlangt nicht, dass das Bestreiten unmittelbar im Zeitpunkt des Zugangs der Aufrechnungserklärung erfolgt. Dem Schuldner ist vielmehr eine gewisse Prüfungsfrist einzuräumen (BFH 5.2.1985 – VII R 124/80, BFH/NV 1987, 2; HHSp § 226 Rn. 74). Die Prüfungsfrist beurteilt sich hierbei nach den Umständen des Einzelfalls (Art der Forderung, Möglichkeit notwendige Informationen zu beschaffen etc.). Die Frist darf jedoch wegen der notwendigen Klarheit über die Wirksamkeit der Aufrechnung nicht zu lang bemessen werden; ein späteres Bestreiten – etwa erst im Verfahren über den Abrechnungsbescheid (§ 218 II) – ist grds. unbeachtlich (Klein § 226 Rn. 48).

33 **Rechtskraft.** Rechtskräftig festgestellt iSd § 226 III ist die Gegenforderung, wenn sie entweder durch unanfechtbare gerichtliche Entscheidung oder durch bestandskräftige Verwaltungsentscheidung (VA) feststeht (HHSp § 226 Rn. 75).

33a **Nichtgeltung für FB.** Die FB kann auch mit bestrittenen Forderungen aufrechnen, da § 226 III nach dem eindeutigen Wortlaut nur für den Stpfl. gilt (BFH 1.8.2017 – VII R 12/16, BStBl. II 2018, 737). Die Wirksamkeit einer solchen Aufrechnung (§ 226 I iVm

§§ 387, 389) hängt aber vom materiellen Bestehen der Gegenforderung ab (HHSp § 226 Rn. 76). Die Forderung muss deshalb festgesetzt sein, soweit das Gesetz eine Festsetzung vorsieht, da sonst die Grundlage für das Erhebungsverfahren fehlt (Schwarz/Pahlke/Keß § 226 Rn. 13). Sieht das Gesetz aber wie bei Säumniszuschlägen (§ 240) keine Festsetzung vor (§ 218 I 1 HS 2), kann die FB auch mit bestrittenen Ansprüchen auf Säumniszuschläge aufrechnen, ohne vorher nach § 218 II über deren Bestehen zu entscheiden (HHSp § 226 Rn. 76, aA FG Hamburg 16.1.1981 – IV 138/80 N, EFG 1981, 327). Zu den verfahrensrechtlichen Folgen → Rn. 62.

VII. Ausschluss der Aufrechnung

1. Verjährte Ansprüche aus dem Steuerschuldverhältnis (Abs. 2)

Erlöschen. Mit Ansprüchen aus dem StSchuldverhältnis kann gem. § 226 II nicht 34 aufgerechnet werden, wenn sie verjährt sind, da die Verjährung gem. § 47 zum Erlöschen des Anspruchs führt (→ Rn. 5).

2. Aufrechnungsverbote und -beschränkungen

Aufrechnungsverbote. Die Aufrechnungsverbote der §§ 390, 392, 393, 394 S. 1 BGB, 35 die über § 226 I sinngemäß anzuwenden sind, kommen in der Praxis idR nur bei der Aufrechnung durch die FB als StGläubiger zur Anwendung (HHSp § 226 Rn. 81). So ist die Aufrechnung mit einer einredebehafteten Gegenforderung nach **§ 390 BGB** ausgeschlossen. Eine (nur) mögliche Aufhebung der Festsetzung begründet allerdings keine Einrede iSd § 390 BGB (HHSp § 226 Rn. 82). Dies gilt auch für die Befugnis zusammenveranlagter Ehegatten, die Aufteilung der Gesamtschuld nach § 268 zu beantragen (→ Rn. 19). **§ 392 BGB** schließt die Aufrechnung gegen eine beschlagnahmte (gepfändete) Forderung aus. Das in der Beschlagnahme enthaltene Verbot, die Forderung zu erfüllen (§ 309 I, § 829 I 1 ZPO), erstreckt sich auch auf Erfüllungssurrogate wie die Aufrechnung (Grüneberg BGB § 392 Rn. 1). Das Aufrechnungsverbot gilt aber wie im Fall der Abtretung (→ Rn. 13 ff.) nicht, wenn die Aufrechnungslage im Zeitpunkt der Beschlagnahme bereits gegeben war oder begründete Aussicht auf eine Aufrechnung bestand (BGH 22.11.1979 – VII ZR 322/78, NJW 1980, 584: Rechtsgedanke des § 406 BGB). Praktische Bedeutung kommt dem Aufrechnungsverbot des **§ 393 BGB** zu. Danach ist eine Aufrechnung gegen eine Forderung aus einer vorsätzlich begangenen unerlaubten Handlung (einschl. Amtspflichtverletzung gem. § 839 BGB iVm Art. 34 GG) nicht zulässig. § 393 BGB soll dazu beitragen, dass der durch eine vorsätzlich begangene unerlaubte Handlung Geschädigte in angemessener Zeit und ohne Auseinandersetzung mit Gegenansprüchen des Schädigers zu seinem Recht kommt (Grüneberg BGB § 393 Rn. 1). Auch könnte der Gläubiger einer nicht beizutreibenden Forderung dem Schuldner ohne § 393 BGB bis zur Höhe der Schuld vorsätzlich Schaden zufügen, ohne zivilrechtliche Nachteile befürchten zu müssen. § 393 BGB versagt nur dem Schädiger die Aufrechnung gegen eine (Haupt-)Forderung aus einer vorsätzlich begangenen unerlaubten Handlung. Dem Geschädigten steht es hingegen frei, mit seiner Deliktsforderung aufzurechnen (Grüneberg BGB § 393 Rn. 2).

Prozessuale Kostenerstattungsansprüche, die im Kostenfestsetzungsverfahren gem. §§ 149 I, 155 FGO iVm §§ 103 ff. ZPO nach Obsiegen des Stpfl. festgesetzt werden, sind im FG-Prozess selbst dann keine Ansprüche aus unerlaubter Handlung, wenn ihnen die Amtspflichtverletzung eines Beamten (§ 839 BGB) zugrunde liegt (TK § 226 Rn. 44). Der Kostenerstattungsanspruch ist prozessualer Natur und gründet sich ausschl. auf die Kostenentscheidung des Gerichts (BFH 22.8.1995 – VII B 107/95, BStBl. II 1995, 916; HHSp § 226 Rn. 83; anders zT im Zivilrecht vgl. BGH 18.11.2010 – IX ZR 67/10, BeckRS 2010, 31038; MüKo BGB § 393 Rn. 3; → Rn. 27). Handelt es sich bei den vom Stpfl. geltend gemachten Aufwendungen um (außergerichtliche) Kosten, die nicht zu den erstattungsfähigen Kosten nach § 139 FGO gehören und deshalb nicht Gegenstand des

Kostenfestsetzungsverfahrens gem. § 149 FGO sein können, bleibt es allerdings bei der deliktischen Natur des Ersatzanspruchs und damit ua bei dem Verbot nach § 393 BGB (BFH 22.8.1995 – VII B 107/95, BStBl. II 1995, 916). Gegen unpfändbare Forderungen (§ 319 iVm §§ 850 ff. ZPO) darf gem. **§ 394 S. 1 BGB** ebenfalls nicht aufgerechnet werden. Damit soll im öffentlichen Interesse verhindert werden, dass dem Schuldner existenznotwendige Mittel entzogen werden, die ihm der Staat aus sozialen Gründen mit Leistungen der Sozialhilfe wieder zur Verfügung stellen müsste (BSG 16.10.2012 – B 14 AS 188/11 R, BSGE 112, 85). Zur Aufrechnung gegen Kindergeldansprüche (§§ 75, 76 EStG) s. FG Sachsen 19.7.2011 – 6 K 1290/06 Kg, BeckRS 2011, 96005; FG München 25.6.2002 – 12 K 591/02, EFG 2002, 1351; Anm. Braun EFG 2002, 1353; sowie BFH 7.4.2011 – III R 88/09, BFH/NV 2011, 1326. Vgl. auch → Rn. 37.

36 **Unzulässige Rechtsausübung.** Im Einzelfall kann die Aufrechnung gegen Treu und Glauben verstoßen, wenn sie auf die Ausnutzung einer lediglich formalen Rechtsposition hinausläuft und sich damit als unzulässige Rechtsausübung darstellt (BFH 19.10.1982 – VII R 64/80, BStBl. II 1983, 541; BGH 22.3.2011 – II ZR 271/08, DStR 2011, 1091; HHSp § 226 Rn. 92; Grüneberg BGB § 387 Rn. 15). Die FB verstößt nicht gegen Treu und Glauben, wenn sie eine vom Gesetz gewährte Rechtsposition ausnutzt, indem sie gegen ESt- bzw. LSt-Erstattungsansprüche aufrechnet (BFH 19.10.1982 – VII R 64/80, BStBl. II 1983, 541; BFH 26.9.1995 – VII B 117/95, BFH/NV 1996, 281) oder mit StAnsprüchen gegen Kostenerstattungsansprüche, die im Finanzprozess über das Bestehen des betr. StAnspruchs entstanden sind (BFH 30.7.1996 – VII B 7/96, BFH/NV 1997, 93). Insb. in Stadtstaaten ergeben sich aufgrund der vielfältigen Verknüpfungen Aufrechnungsmöglichkeiten mit nicht aus dem StSchuldverhältnis stammenden Ansprüchen gegen StErstattungsansprüche; eine Aufrechnung ist auch in diesen Fällen nicht rechtsmissbräuchlich (BFH 4.10.1983 – VII R 143/82, BStBl. II 1984, 178; TK § 226 Rn. 45).

37 **§ 75 EStG** schränkt die Aufrechnungsmöglichkeiten der Familienkassen ein (vgl. Schmidt EStG § 75 Rn. 1 ff.; BZSt V 28.1 DA-KG, BStBl. I 2024, 736). Im Hinblick auf § 76 EStG (→ Rn. 35 aE) enthält § 75 EStG im Ergebnis aber keine Einschränkung der Aufrechnungsbefugnis, sondern begründet diese erst zugunsten der Familienkassen (zutreffend FG Sachsen 19.7.2011 – 6 K 1290/06 Kg, BeckRS 2011, 96005; HHSp § 226 Rn. 85).

38 **Verfassungswidrige Besteuerungsgrundlagen.** Die Aufrechnung durch das FA steht einer Vollstr. iSd § 79 II 2 BVerfGG gleich (BFH 7.3.1967 – VII 164/62, BStBl. III 1967, 381). Deshalb ist die Aufrechnung mit festgesetzten Ansprüchen aus dem StSchuldverhältnis analog § 79 II 2 BVerfGG unzulässig, wenn das BVerfG die der Festsetzung zugrunde liegende Rechtsnorm für verfassungswidrig und nichtig erklärt hat (TK § 226 Rn. 46). Dies soll auch gelten, wenn die Aufrechnung zwar schon vor der Entscheidung erklärt, über diesbezüglichen Streit aber noch nicht durch Abrechnungsbescheid (§ 218 II; → Rn. 55 f.) entschieden worden ist (so HHSp § 226 Rn. 90). Dagegen ist eine Aufrechnung zulässig, wenn das BVerfG zwar die Unvereinbarkeit der Norm mit dem GG feststellt, aber die Norm für eine Übergangszeit für anwendbar erklärt (FG Rheinland-Pfalz 11.10.1994 – 2 K 1560/94, EFG 1995, 555; HHSp § 226 Rn. 91). Hier besteht weder ein Aufrechnungs- noch ein VollstrVerbot (→ § 251 Rn. 5).

C. Aufrechnungserklärung

45 **Allgemeines.** Die Aufrechnung erfolgt durch Erklärung gegenüber dem anderen Teil (§ 226 I iVm § 388 S. 1 BGB). Sie ist – unabhängig davon, ob sie vom Stpfl. oder von der FB abgegeben wird – eine einseitige empfangs-, aber nicht annahmebedürftige, aus Sicht der FB verwaltungsrechtliche (öffentlich-rechtliche) Willenserklärung (BFH 2.4.1987 – VII R 148/83, BStBl. II 1987, 536; HHSp § 226 Rn. 100). Nur wenn mit einer privatrechtlichen Gegenforderung aufgerechnet wird, ist auch die Aufrechnungserklärung des

FA privatrechtlicher Natur (HHSp § 226 Rn. 100). Als rechtsgeschäftliche **Ausübung eines Gestaltungsrechts** ist sie unwiderruflich, bedingungsfeindlich und darf nicht unter einer Zeitbestimmung abgegeben werden (§ 226 I iVm § 388 S. 2 BGB; BFH 29.11.2012 – VII B 88/12, BFH/NV 2013, 508; Grüneberg BGB § 388 Rn. 1). Sie wird mit Zugang wirksam (§ 226 I iVm § 130 I 1, III BGB). Da sie ohne Zutun des Erklärungsempfängers rechtsgestaltend auf dessen Rechtsstellung einwirkt, muss sich der Wille zur Tilgung und Verrechnung klar und eindeutig aus der Aufrechnungserklärung ergeben, wobei sie jedoch einer Auslegung gem. §§ 133, 157 BGB zugänglich ist (BFH 7.8.2007 – VII R 12/06, BStBl. II 2008, 307).

Aufrechnungserklärung des Stpfl. Der Stpfl. muss geschäftsfähig sein (§§ 104 ff. 46 BGB). Die Erklärung wird mit Zugang bei der (für die Erhebung zuständigen) FB wirksam. Die unrichtige Bezeichnung der Dienststelle ist unschädlich; die Zuleitung der Erklärung an die für die Bearbeitung zuständige Dienststelle ist interne Angelegenheit der FB (TK § 226 Rn. 47). Die Erklärung kann schriftlich, mündlich oder durch eine für den Empfänger erkennbare schlüssige Handlung abgegeben werden (BFH 3.11.1983 – VII R 153/82, BStBl. II 1984, 184; MüKo BGB § 388 Rn. 1: formlos). Auch elektronische und andere automatisierte Erklärungen sind zulässig (Grüneberg BGB Einf. v. § 116 Rn. 1). Ein besonderer **Inhalt** ist ebenfalls nicht vorgeschrieben. Die Erklärung braucht insb. nicht ausdrücklich abgegeben zu werden; es genügt, wenn sich aus ihr der Wille zur Tilgung und Verrechnung klar und unzweideutig ergibt (BFH 15.10.1996 – VII R 46/96, BStBl. II 1997, 171; Grüneberg BGB § 388 Rn. 1; → Rn. 45). Dies ist bei einem Antrag auf Verrechnungsstundung (→ § 222 Rn. 37 ff.) nicht der Fall (BFH 16.3.2016 – VII B 102/15, BFH/NV 2016, 996). Zweckmäßigerweise sollten die Erklärung aber schriftlich abgegeben und die Forderungen, die gegeneinander aufgerechnet werden sollen, nach Grund und Betrag genau bezeichnet werden. Die fehlende **Konkretisierung** der Gegenforderung kann der Aufrechnende noch bis zum Schluss der mündlichen Verhandlung vornehmen (BFH 4.2.1997 – VII R 50/96, BStBl. II 1997, 479). Stehen dem (aufrechnenden) Stpfl. mehrere Gegenforderungen zu, bestimmt er die **Reihenfolge der Tilgung** (§ 226 I iVm §§ 396 I 1, 366 I BGB). Trifft er keine Bestimmung, gilt § 226 I iVm §§ 396 I 2, 366 II, 367 BGB. § 225 II ist nicht entspr. anwendbar (BFH 23.4.2014 – VII R 28/13, BFH/NV 2014, 1489; HHSp § 226 Rn. 104; offen gelassen noch von BFH 17.11.1987 – VII R 90/84, BStBl. II 1988, 117). Eine Prozessvollmacht (§ 155 FGO iVm § 81 ZPO) ermächtigt sowohl zur Aufrechnung mit einem Kostenerstattungsanspruch gegen die Forderung, zu deren Abwehr die Vollmacht erteilt worden war, als auch zur Entgegennahme einer Aufrechnungserklärung des Kostenschuldners (BFH 7.8.2007 – VII R 12/06, BStBl. II 2008, 307; HHSp § 226 Rn. 100).

Aufrechnungserklärung der FB. Die Aufrechnungserklärung der FB ist **kein VA,** 47 sondern eine öffentlich-rechtliche Willenserklärung und zwar auch dann, wenn die FB mit einem Anspruch aus dem StSchuldverhältnis aufrechnet (→ Rn. 45). Die Erklärung bedarf keiner Bekanntgabe gem. § 122, sondern wird – wie diejenige des Stpfl. – mit ihrem Zugang wirksam (BFH 29.11.2012 – VII B 88/12, BFH/NV 2013, 508). StSchuldner und StGläubiger bewegen sich hinsichtlich der Aufrechnung auf der Ebene rechtlicher Gleichordnung (BFH 2.4.1987 – VII R 148/83, BStBl. II 1987, 536; HHSp § 226 Rn. 101; vgl. auch BVerwG 27.10.1982 – 3 C 6/82, BVerwGE 66, 218; anders BSG 31.8.2011 – GS 2/10, BeckRS 2011, 78402: Verrechnung nach § 52 SGB I durch VA möglich). Erfolgt die Aufrechnungserklärung unzulässigerweise durch VA, ist sie dennoch gem. § 226 I iVm §§ 388, 389 BGB wirksam, solange durch die fehlerhafte Form nicht die Erkennbarkeit des erklärten Willens beeinträchtigt wird (BFH 18.7.1989 – VII R 46/86, BFH/NV 1991, 69; HHSp § 226 Rn. 102). Rechtswidrig ist nicht die Aufrechnungserklärung, sondern nur die Form als VA. Auf die Anfechtung hin wird nur diese Form beseitigt, die Willenserklärung selbst bleibt aber bestehen (BFH 25.4.1989 – VII R 105/87, BFH/NV 1990, 141). Für die Aufrechnungserklärung des FA ist gleichsam weder eine bestimmte Form noch ein bestimmter Inhalt vorgeschrieben (→ Rn. 46). Deshalb kann auch eine maschinell erstellte **Umbuchungsmitteilung,** die kein VA ist (BFH 28.7.1987 – VII R 145/83, BFH/NV 1988, 213), eine Aufrechnungserklärung enthalten, wenn sie die klare Aussage einschließt, dass hierdurch Haupt- und Gegenforderung getilgt werden sollen (BFH 26.7.2005 – VII R 72/04, BStBl. II 2006, 350; HHSp § 226 Rn. 103). Dies gilt auch, wenn in ihr darauf hingewiesen wird, dass noch andere Buchungswünsche berücksichtigt werden können (BFH 26.7.2005 – VII R 70/04, BFH/NV 2006, 7); nicht jedoch, wenn die Voraussetzungen für eine Aufrechnung – zB mangels Gegenseitigkeit oder Fälligkeit – offensichtlich nicht gegeben sind. Fehlt es an der Aufrechnungslage (zB die Gegenforderung des FA ist nicht fällig), kann eine Umbuchungsmitteilung allenfalls als Angebot zum Abschluss eines Verrechnungsvertrags (→ Rn. 65) verstanden werden (BFH 26.7.2005 – VII R 59/04, BFH/NV 2006, 5). Zur Tilgungsreihenfolge → Rn. 46. **Sachlich zuständig** für die Erklärung der Aufrechnung ist die für die StErhebung zuständige FB. Sind die Kassengeschäfte (unter Einbeziehung der Aufrechnung) mehrerer Veranlagungs-FÄ einem FA übertragen worden, ist die vom Veranlagungs-FA erklärte Aufrechnung unwirksam (TK § 226 Rn. 54).

D. Wirkung der Aufrechnung

50 **Erlöschen.** Die Aufrechnung führt zum Erlöschen der Ansprüche aus dem StSchuldverhältnis (§ 47). Die Ansprüche gelten, soweit sie sich decken, als in dem Zeitpunkt erloschen, in dem sie zur Aufrechnung geeignet einander gegenübergetreten sind (§ 226 I iVm § 389 BGB; sog. Aufrechnungslage; → Rn. 2). Der **Zeitpunkt der Aufrechenbarkeit,** nicht der des Wirksamwerdens der Aufrechnungserklärung, ist entscheidend (HHSp § 226 Rn. 110). Die Rückwirkungsfiktion gilt also unabhängig von der Fälligkeit der Hauptforderung (→ Rn. 26). Wird die Gegenforderung des Aufrechnenden später fällig, besteht die Aufrechnungslage für den Aufrechnenden erst ab Fälligkeit seiner Forderung; mithin später als für den Aufrechnungsgegner (→ Rn. 28).

51 **Säumniszuschläge.** Trotz der Rückwirkung der Aufrechnung bestimmt **§ 240 I 5,** dass die bis zur Fälligkeit der Gegenforderung des Aufrechnenden entstandenen Säumniszuschläge bestehen bleiben (→ § 240 Rn. 34). Bei der Aufrechnung von StErstattungs- oder Vergütungsansprüchen aus zustimmungsbedürftigen StAnmeldungen (§ 168 S. 2) geht die FB im Billigkeitswege grds. vom Tag des Eingangs der StAnmeldung als Fälligkeitszeitpunkt aus; dies kann frühestens der erste Tag des auf den Anmeldungszeitraum folgenden Monats sein (AEAO zu § 226 Nr. 2 aE). Dies gilt entsprechend, wenn die StErstattung oder StVergütung abw. von der StAnmeldung festgesetzt wird.

52 **Gesamtschuldner.** Hat sich die FB durch Aufrechnung gegenüber einem Gesamtschuldner befriedigt, wirkt die Aufrechnung auch für die übrigen Schuldner (§ 44 II 2).

53 **Pfändung nach Aufrechnung.** Durch die Rückwirkung der Aufrechnung werden Pfändungen, die nach der Aufrechnungslage ausgebracht worden sind, gegenstandslos (§ 226 I iVm § 392 BGB). Umgekehrt gilt ein Aufrechnungsverbot, wenn die Hauptforderung im Zeitpunkt der Aufrechnungslage bereits gepfändet war (→ Rn. 35).

54 **StFestsetzungsverfahren.** Die Aufrechnung hat als Teil des StErhebungsverfahrens grds. keine Auswirkungen auf die StFestsetzung (→ Rn. 3 aE). Der Anspruch aus dem StSchuldverhältnis ist deshalb ohne Rücksicht auf die Aufrechnung festzusetzen. Ein etwaiges Rechtsbehelfsverfahren ist durchzuführen, denn die Rechtsbehelfsentscheidung hat nur darüber zu befinden, ob der Anspruch zutreffend festgesetzt worden ist (TK § 226 Rn. 58). Ausnahmsweise kann aber umgekehrt im Abrechnungsverfahren die Rechtmäßigkeit des StBescheids zu prüfen sein (BFH 15.6.1999 – VII R 3/97, BFH/NV 1999, 1659). Wird die StFestsetzung allerdings nach der Aufrechnung (durch Änderungsbescheid oder Urteil) **geändert,** verliert die Aufrechnung im Umfang der Herabsetzung die ihr zunächst beigemessene Erlöschenswirkung (BFH 5.8.1986 – VII R 167/82, BStBl. II

1987, 8; Klein § 226 Rn. 132). Die Aufrechnung wird insoweit rückwirkend unwirksam (BFH 6.2.1990 – VII R 86/88, BStBl. II 1990, 523).

E. Rechtsbehelfe

I. Abrechnungsbescheid (§ 218 Abs. 2 S. 1)

1. Allgemeines

Erlöschen des StAnspruchs. Entsteht im Erhebungsverfahren Streit darüber, ob ein Anspruch aus dem StSchuldverhältnis durch Aufrechnung erloschen ist (§ 47), ist – unabhängig davon, wer die Aufrechnung erklärt hat – zwingend durch Abrechnungsbescheid zu entscheiden (§ 218 II 1; BFH 2.4.1987 – VII R 148/83, BStBl. II 1987, 536; HHSp § 226 Rn. 125). Die **Beweislast** für das Vorliegen einer Aufrechnung und ihrer Voraussetzungen trägt der Aufrechnende (BFH 23.2.1988 – VII R 52/85, BStBl. II 1988, 500). 55

2. Aufrechnung der Finanzbehörde

Wirksamkeit der Aufrechnung. Hält der Stpfl. die Aufrechnung der FB für unwirksam, muss er einen Abrechnungsbescheid beantragen, und zwar auch dann, wenn die FB mit einer zivilrechtlichen Forderung aufrechnet (HHSp § 226 Rn. 126). Zum Streit über die Aufrechnung mit einer rechtswegfremden Forderung → Rn. 63. 56

Aufrechnungserklärung als VA. Die Aufrechnungserklärung der FB kann nur mit Einspruch angefochten werden, wenn die FB die Aufrechnung fehlerhaft in der Form eines VA erklärt. Dieser rechtswidrige VA muss aufgehoben werden (BFH 2.4.1987 – VII R 148/83, BStBl. II 1987, 536; → Rn. 47). 57

Streitige Gegenforderung. Ist der Stpfl. der Ansicht, die Gegenforderung (der StAnspruch, mit dem die FB aufgerechnet hat) bestehe nicht oder nicht in dieser Höhe, muss er die noch nicht bestandskräftige StFestsetzung anfechten (HHSp § 226 Rn. 128). Wird die Festsetzung aufgehoben, wird dadurch die Aufrechnung rückwirkend gegenstandslos (BFH 2.7.2009 – X S 4/08 (PKH), BFH/NV 2009, 1660; → Rn. 54). 58

3. Aufrechnung des Steuerpflichtigen

Erstattungsanspruch. Lässt die FB die Aufrechnungserklärung des Stpfl. nicht gelten, muss der Stpfl. die Erteilung eines Abrechnungsbescheids (§ 218 II) beantragen (TK § 226 Rn. 59). Hat der Stpfl. zwischenzeitlich gleichwohl gezahlt oder hat die FB den Anspruch vollstreckt, muss auch über einen aus der Aufrechnung resultierenden Erstattungsanspruch (§ 37 II) durch Abrechnungsbescheid entschieden werden (HHSp § 226 Rn. 129). 59

4. Rechtsbehelfe gegen den Abrechnungsbescheid

Einspruch und Anfechtungsklage. Hält der Stpfl. eine im Abrechnungsbescheid berücksichtigte Aufrechnung der FB für unwirksam (→ Rn. 56) oder bleibt seine Aufrechnung im Abrechnungsbescheid unberücksichtigt (→ Rn. 59), kann er gegen den Abrechnungsbescheid Einspruch (§ 347 I 1 Nr. 1) einlegen und gegen die Einspruchsentscheidung Anfechtungsklage (§ 40 I FGO) erheben (HHSp § 226 Rn. 130). **Vorläufiger Rechtsschutz** erfolgt durch AdV (§ 361, § 69 FGO; BFH 10.11.1987 – VII B 137/87, BStBl. II 1988, 43; HHSp § 226 Rn. 130; Gräber FGO § 69 Rn. 43, 55; aA TK § 226 Rn. 60: einstweilige Anordnung). Zur AdV in sog. Bauträgerfällen nach § 27 XIX UStG vgl. FG Münster 14.3.2024 – 5 V 3238/21, BeckRS 2024, 7145. 60

Verpflichtungsklage. Hat die FB die Erteilung eines Abrechnungsbescheids abgelehnt (→ Rn. 56, 59), kann der Stpfl. dagegen Einspruch (§ 347 I 1 Nr. 1) einlegen und gegen die Einspruchsentscheidung Verpflichtungsklage (§ 40 I FGO) erheben. Entscheidet die FB über einen nach § 218 II gestellten Antrag ohne Mitteilung eines zureichenden Grundes nicht binnen angemessener Frist, kann der Stpfl. **Untätigkeitseinspruch** (§ 347 I 2) 61 einlegen bzw. bei länger andauernder Untätigkeit **Untätigkeitsklage** (§ 46 I FGO) erheben (HHSp § 226 Rn. 131).

62 **Vorgreiflichkeit.** Anders als der Stpfl. kann die FB aufgrund des für die Behörde nicht anwendbaren § 226 III grds. auch mit einer Gegenforderung aufrechnen, die auf einem angefochtenen VA beruht (→ Rn. 33a). Ein Abrechnungsbescheid entscheidet aber nur darüber, ob eine bestimmte Zahlungsverpflichtung erloschen ist (§ 47), dh ob etwa wirksam aufgerechnet worden ist (BFH 13.1.2000 – VII R 91/98, BStBl. II 2000, 246). Dies ist dann der Fall (§ 226 I iVm §§ 387, 389 BGB), wenn die Gegenforderung materiell-rechtlich besteht, was ggf. erst dann feststeht, wenn ein diesbezügliches Anfechtungsverfahren rechtskräftig abgeschlossen ist (BFH 20.12.2002 – VII B 67/02, BFH/NV 2003, 444). Die in diesem Anfechtungsverfahren zu treffende Entscheidung über den materiell-rechtlichen Bestand der Gegenforderung (Rechtmäßigkeit des zugrunde liegenden VA) ist damit iSd § 74 FGO vorgreiflich (präjudiziell) für das gesonderte Verfahren über die im Rahmen der Anfechtung des Abrechnungsbescheids zu prüfende Wirksamkeit der Aufrechnung. Aus diesem Grund kann das FG das Verfahren gegen den Abrechnungsbescheid **gem. § 74 FGO aussetzen** (BFH 4.5.1993 – VII R 82/92, BFH/NV 1994, 285). Ist das die Gegenforderung betreffende Anfechtungsverfahren bereits beim FG anhängig, kommt auch eine Verbindung der Klageverfahren zur gemeinsamen Verhandlung und Entscheidung (§ 73 FGO) in Betracht (HHSp § 226 Rn. 132).

II. Aufrechnung mit einer rechtswegfremden Forderung

63 **Entscheidungsbefugnis und Rechtskrafterstreckung.** Im finanzgerichtlichen Rechtsstreit über die Wirksamkeit einer Aufrechnung wird rechtskräftig über das Bestehen oder Nichtbestehen sowohl der Forderung des Stpfl. als auch der Gegenforderung der FB entschieden (Ausdehnung der Rechtskraft gem. § 155 FGO iVm § 322 II ZPO; BFH 1.8.2017 – VII R 12/16, BStBl. II 2018, 737). Str. Gegenforderungen des Stpfl. scheiden wiederum wegen § 226 III aus (→ Rn. 31, 62). Bei einer Aufrechnung der FB mit einer solchen rechtswegfremden Gegenforderung kommt **§ 17 II 1 GVG,** der dem angerufenen Gericht grds. eine rechtswegüberschreitende (allumfassende) Sachkompetenz eröffnet, nicht bzw. nicht uneingeschränkt zur Anwendung (BFH 9.4.2002 – VII B 73/01, BStBl. II 2002, 509; BAG 23.8.2001 – 5 AZB 3/01, NJW 2002, 317; Grüneberg BGB § 388 Rn. 5; aA HHSp § 226 Rn. 138; sehr umstr.; zum Meinungsstand s. HHSp § 226 Rn. 137 ff.). Ist die rechtswegfremde Gegenforderung nämlich nicht rechtskräftig festgestellt und vom Anfechtungsgegner bestritten, besteht die Gefahr, dass ein für diesen Anspruch an sich nicht zuständiges Gericht mit Bindungswirkung (§ 322 II ZPO) gegenüber den nach der Rechtswegzuweisung entscheidungsbefugten Gerichten über das Nichtbestehen der zur Aufrechnung gestellten Forderung entscheidet. Deshalb hat das FG, sofern ihm eine Entscheidung über eine rechtswegfremde zur Aufrechnung gestellte Gegenforderung nicht zusteht und soweit die Bindungswirkung des § 322 II ZPO reicht, das Verfahren unter Verweis auf den Zivilrechtsweg nach **§ 74 FGO** bis zur rechtskräftigen Entscheidung über die Gegenforderung auszusetzen. Sofern noch keine diesbezügliche Klage anhängig ist, hat das FG dem mit der umstr. Gegenforderung aufrechnenden Beteiligten (FB) gleichzeitig eine Frist zur Klageerhebung zu setzen (BFH 9.4.2002 – VII B 73/01, BStBl. II 2002, 509). Zur Entscheidungsbefugnis des FG, wenn der Aufrechnende innerhalb der gesetzten Frist keine Klage erhebt s. BFH 31.5.2005 – VII R 56/04, BFH/NV 2005, 1759.

Abtretung. Wurde die Hauptforderung indes abgetreten (→ Rn. 12 ff.) und klagt der Neugläubiger (Zessionar) vor dem FG, weil die FB ihm gegenüber nach § 406 BGB (→ Rn. 13) mit einer gegen den Altgläubiger (Zedenten) gerichteten rechtswegfremden Gegenforderung aufgerechnet hat, kann es nicht zu der die Gegenforderung umfassenden (vorgreiflichen) Rechtskrafterstreckung nach § 322 II ZPO kommen. Denn die Rechtskraft eines Urteils erstreckt sich nur auf die unmittelbar Verfahrensbeteiligten und ihre

Rechtsnachfolger (§ 110 I FGO, § 325 I ZPO), nicht aber auf den Altgläubiger (Zedenten) als den Rechtsvorgänger des an dem Prozess als Kläger beteiligten Neugläubigers (BFH 1.8.2017 – VII R 12/16, BStBl. II 2018, 737; BFH 26.9.2023 – V B 23/22 (AdV), BFH/NV 2023, 1475). Im Fall der Abtretung ist das Bestehen der rechtswegfremden Gegenforderung somit lediglich eine Vorfrage zur Aufrechnung und als solche von der Entscheidungsbefugnis des FG umfasst. Ob es von dieser Kompetenz Gebrauch macht oder das Verfahren nach § 74 FGO aussetzt, liegt in seinem Ermessen (BFH 24.5.2023 – XI R 45/20, BStBl. II 2023, 1082 zu sog. Bauträger-Fällen nach § 27 XIX UStG).

F. Verrechnungsvertrag

Öffentlich-rechtlicher Aufrechnungsvertrag. Die Aufrechnung kann statt durch einseitige Aufrechnungserklärung auch durch Vertrag vollzogen werden (BFH 13.1.2000 – VII R 91/98, BStBl. II 2000, 246; Grüneberg BGB § 387 Rn. 19; HHSp § 226 Rn. 150). Ein Verrechnungsvertrag (Aufrechnungsvertrag) ist als Ausfluss der Vertragsfreiheit rechtlich zulässig (BFH 8.6.2010 – VII R 39/09, BStBl. II 2010, 839). Grundsätze des StRechts stehen der Anerkennung eines Verrechnungsvertrags nicht entgegen, weil der StGläubiger nicht auf seinen StAnspruch verzichtet und der Stpfl. bis zur Tilgung der StSchuld StSchuldner bleibt (BFH 5.8.1986 – VII R 167/82, BStBl. II 1987, 8). Deshalb können und werden die Beteiligten primär dann einen Verrechnungsvertrag erwägen, wenn die weitergehenden **Voraussetzungen für eine Aufrechnung** wie Gegenseitigkeit und/oder Fälligkeit fehlen. Auch eine aufschiebend bedingte Verrechnung ist möglich (BFH 8.6.2010 – VII R 39/09, BStBl. II 2010, 839). Ein tatsächlich abgeschlossener Verrechnungsvertrag bewirkt die unmittelbare Aufhebung beider Ansprüche, soweit sie sich decken, (TK § 226 Rn. 64) und führt damit zum Erlöschen der säumigen StSchuld sowie zum Wegfall verwirkter Säumniszuschläge (BFH 13.1.2000 – VII R 91/98, BStBl. II 2000, 246). Ist (zumindest) einer der zur Aufrechnung gestellten Ansprüche öffentlich-rechtlicher Natur, handelt es sich um einen öffentlich-rechtlichen Vertrag, der durch das Angebot der Aufrechnung und dessen Annahme zustande kommt (TK § 226 Rn. 64). Hierbei ist zwischen einem obligatorischen Verrechnungsvertrag, aufgrund dessen die FB einseitig verrechnen darf, und dem verfügenden Verrechnungsvertrag zu unterscheiden, durch den die Verrechnung unmittelbar erfolgt und damit die Forderungen erlöschen (BFH 11.12.1984 – VIII R 263/82, BStBl. II 1985, 278; BFH 8.6.2010 – VII R 39/09, BStBl. II 2010, 839; HHSp § 226 Rn. 152). Ob ein verfügender oder ein obligatorischer Verrechnungsvertrag vorliegt, ist durch Auslegung zu ermitteln. Im **Regelfall** ist von einem verfügenden Verrechnungsvertrag auszugehen (HHSp § 226 Rn. 152). Der Abschluss eines Verrechnungsvertrags steht im **Ermessen** der FB (TK § 226 Rn. 65). Der Stpfl. hat aber keinen Anspruch auf ermessensfehlerfreie Entscheidung über den Abschluss eines Verrechnungsvertrags wegen noch nicht fälliger Erstattungsansprüche; es fehlt eine entspr. gesetzliche Ermessensnorm iSd § 5 (BFH 13.1.2000 – VII R 91/98, BStBl. II 2000, 246; Klein § 226 Rn. 146). Ein solcher Anspruch lässt sich auch nicht aus grundrechtlichen Gewährleistungen herleiten (BVerfG 18.6.1997 – 2 BvR 483/95, 2 BvR 2501/95, 2 BvR 2990/95, BVerfGE 96, 100). Das Angebot zum Abschluss eines Verrechnungsvertrags und dessen Annahme sind empfangsbedürftige **Willenserklärungen,** die ausdrücklich oder konkludent erfolgen können. Die **Umbuchung** durch die FB ist, soweit nicht eine Aufrechnung in Betracht kommt (→ Rn. 47), ein konkludent erklärtes Angebot der FB zum Abschluss eines Verrechnungsvertrags (BFH 26.7.2005 – VII R 72/04, BStBl. II 2006, 350; HHSp § 226 Rn. 153). Im bloßen **Schweigen** des Stpfl. auf ein solches Angebot der FB (zB im StBescheid) liegt allein noch keine Annahme (BFH 18.7.1989 – VII R 46/86, BFH/NV 1991, 69). Ebenfalls kommt kein Verrechnungsvertrag zustande, wenn das FA einem Antrag auf „Verrechnungsstundung" (Stundung bis zur Aufrechnungslage; → § 222 Rn. 37 ff.) entspricht (BFH 8.6.2010 – VII R 39/09, BStBl. II 2010, 839; HHSp § 226

Rn. 153). Aus dem Verrechnungsvertrag muss erkennbar sein, welche Beträge für welches StKonto, welche StArt und welches Jahr verrechnet werden sollen. Er unterliegt zwar keiner besonderen **Form,** aus Beweisgründen empfiehlt sich aber eine schriftliche Fixierung (HHSp § 226 Rn. 153).

66 **Abrechnungsbescheid.** Streitigkeiten über das Zustandekommen bzw. die Wirksamkeit eines Verrechnungsvertrags sind durch Abrechnungsbescheid (§ 218 II) zu entscheiden, da es um das Erlöschen von Ansprüchen iSd § 47 geht (FG Münster 8.4.2008 – 11 K 6309/02 AO, EFG 2008, 1597; HHSp § 226 Rn. 155).

G. Aufrechnung in der Insolvenz

67 Für die Aufrechnung im eröffneten Insolvenzverfahren sind die §§ 94–96 InsO zu beachten, die die Aufrechnungsmöglichkeiten modifizieren und letztlich eine Aufrechnung nur eingeschränkt zulassen. Die §§ 94–96 InsO betreffen die Aufrechnung durch die FB als Insolvenzgläubiger in der Insolvenz des Stpfl. Zu Einzelheiten → § 251 Rn. 82 ff.

§ 227 Erlass

Die Finanzbehörden können Ansprüche aus dem Steuerschuldverhältnis ganz oder zum Teil erlassen, wenn deren Einziehung nach Lage des einzelnen Falls unbillig wäre; unter den gleichen Voraussetzungen können bereits entrichtete Beträge erstattet oder angerechnet werden.

Schrifttum: Weinreuter, Stundung, Erlass und Vollstreckungsaufschub nach der Abgabenordnung, DStZ 1999, 1953; App, Zinsverzicht bei und nach Steuerstundung, StB 2000, 17; Gerber, Stundung und Erlass von Steuern, 4. Aufl. 2000; Farr, Steuererlass als Beitrag zur Entschuldung privater Haushalte, BB 2002, 1989; Tiedtke/Szczesny, Gesetzlicher Vertrauensschutz und Billigkeitsregelungen, NJW 2002, 3733; Hollatz, Erlass von Ansprüchen aus dem Steuerschuldverhältnis, NWB F. 2 S. 8197; Bartone, Erlass von Ansprüchen aus dem Steuerschuldverhältnis, AO-StB 2004, 356; Meincke, Erlass von Erbschaftsteuer aus Billigkeitsgründen, DStR 2004, 573; Nieland, Die Unbilligkeit beim Steuererlass, AO-StB 2004, 284; Obermair, Insolvenz als Erlassgrund?, StB 2005, 212; Diezel, Selbstbindung der Verwaltung und Gewährung von Vertrauensschutz durch Billigkeitsmaßnahmen bei BMF-Schreiben, StuB 2006, 454; Günther, Stundung und Erlass von Ansprüchen aus dem Steuerschuldverhältnis, AO-StB 2009, 311; Haberland, Unzutreffender richterlicher Hinweis als sachlicher Billigkeitsgrund im Sinne von § 227?, BB 2010, 3063; Kohlhaas, Vollständiger Erlass von Säumniszuschlägen bei erfolgreichem Rechtsbehelfsverfahren?, DStR 2010, 2387; Seer, Der sog. Sanierungserlass vom 27.3.2003 als Rechtsgrundlage für Maßnahmen aus sachlichen Billigkeitsgründen, FR 2010, 306; Schöngart, Der Erlass nach der AO unter dem besonderen Blickwinkel der persönlichen Billigkeit, AO-StB 2011, 93; Förster, Unionsrechtswidrige Steuerbescheide: Beseitigung durch Änderung, Billigkeit oder unionsrechtlichen Staatshaftungsanspruch, FS Haarmann 2015, 491; Bodden, Steuergerechtigkeit im Billigkeitsverfahren nach § 163 AO, DStR 2016, 1714; Brühl, Billigkeit und Zeitmoment – zugleich Besprechung des BFH-Urteils vom 21.7.2016 – X R 11/14, DStZ 2017, 751; Becker, Veränderung von Ansprüchen durch Stundung, Niederschlagung und Erlass, SGb 2018, 129; Stadler, Übergangsregelungen und Gestaltungsmöglichkeiten für Insolvenzplanverfahren nach den Entscheidungen des BFH zum Sanierungserlass; Uhländer, Die Besteuerung von Sanierungsgewinnen im „Stresstest", DB 2018, 854; Epler/Petersen, Endlich Rechtssicherheit bei der Sanierung – Inkrafttreten der gesetzlichen Neuregelungen zum Sanierungsertrag –, Stbg 2019, 114 u. 123.

Übersicht

A. Allgemeines

I. Inhalt und Bedeutung

Inhalt. Die AO, die zwischen Festsetzungs- und Erhebungsverfahren unterscheidet, kennt zwei Erlasstatbestände: § 163 regelt die abw. StFestsetzung (→ § 163 Rn. 1) und § 227 normiert den Erlass festgesetzter Steuern, wenn deren Einziehung unbillig ist. § 227 ermächtigt die zuständige FB, außerhalb der StFestsetzung im Einzelfall aus Billigkeitsgründen ganz oder teilweise von der StErhebung abzusehen (HHSp § 227 Rn. 20). Durch den Erlass (§§ 163, 227) erlöschen die Ansprüche aus dem StSchuldverhältnis (§ 47; → Rn. 54). Deshalb bestimmt § 227 HS 2, dass im Fall des Erlasses bereits entrichtete Beträge erstattet oder angerechnet werden. Zur Rechtsentwicklung s. HHSp § 227 Rn. 1–14. 1

Bedeutung. StErlass ist planmäßiger Nichtvollzug des Gesetzes im Einzelfall und bedarf daher aus Gründen der Gesetzmäßigkeit und Gleichmäßigkeit der Besteuerung ebenso wie der Eingriff, von dem er dispensiert, der gesetzlichen Legitimation (BVerwG 18.4.1975 – VII C 15/73, BStBl. II 1975, 679; HHSp § 227 Rn. 30). Diese gesetzliche Grundlage für den Verzicht auf den StEingriff aus Billigkeitsgründen schafft § 227. Billigkeit ist die **Gerechtigkeit des Einzelfalles** (TK § 227 Rn. 3). Gesetze sind notwendigerweise generell und abstrakt. Ihre Anwendung führt nur im Regelfall zu einem gerechten Ergebnis. Es ist deshalb erforderlich, sachlichen und persönlichen Besonderheiten des Einzelfalles, die der Gesetzgeber in der Besteuerungsnorm nicht berücksichtigt hat, durch eine Korrektur des StBetrages Rechnung zu tragen, soweit die individuellen Besonderheiten die steuerliche Belastung unbillig erscheinen lassen (BFH 23.2.2017 – III R 35/14, BStBl. II 2017, 757). Die Möglichkeit, im Einzelfall Gerechtigkeit durch Billigkeitsmaßnahmen herbeizuführen, nimmt dem Gesetz als Ganzem oder auch einer einzelnen gesetzlichen Regelung die sonst drohende Verfassungswidrigkeit (BVerfG 5.4.1978 – 1 BvR 117/73, BStBl. II 1978, 441 mwN). StGerechtigkeit als Ausfluss des aus dem Rechtsstaatsprinzip abzuleitenden Gerechtigkeitsprinzips ist ohne das Korrektiv des § 227 bzw. des § 163 rechtlich und tatsächlich nicht möglich (HHSp § 227 Rn. 35 mwN). § 227 ist eine Dispensvorschrift, die es gestattet, den Stpfl. aus Gerechtigkeitsgründen besserzustellen, als er bei Anwendung des allg. Gesetzes stünde (TK § 227 Rn. 4). § 227 soll jedoch nicht solche Nachteile ausgleichen, die dadurch entstanden sind, dass der Stpfl. eine Rechtsbehelfsfrist schuldhaft versäumt hat (→ Rn. 15). 2

II. Anwendungsbereich

Ansprüche aus dem StSchuldverhältnis. Gegenstand des Erlasses sind Ansprüche aus dem StSchuldverhältnis (§ 37 I). Es muss sich hierbei um ein spezielles StRechtsverhältnis zwischen StGläubiger und StSchuldner handeln (BFH 19.10.1982 – VII R 45/80, 3

BStBl. II 1983, 51). § 227 ist auf StAnsprüche, Haftungsansprüche und auf steuerliche Nebenleistungen (§ 3 IV) wie zB Säumniszuschläge (BFH 19.12.2000 – VII R 63/99, BStBl. II 2001, 217), Rückforderungszinsen bei der InvZul (BFH 26.8.2010 – III R 80/07, BFH/NV 2011, 401), Gebühren für die verbindliche Auskunft (§ 89 III; BFH 30.3.2011 – I R 61/10, BStBl. II 2011, 536) und VollstrKosten (BFH 31.7.1991 – I R 143/90, BFH/NV 1992, 431) anwendbar. Bei strafbefreienden Erklärungen ist § 227 ausgeschlossen (§ 10 IV StraBEG). § 227 wirkt **nur zugunsten des Abgabenschuldners.** Deshalb werden gegen den StGläubiger gerichtete (Erstattungs-)Ansprüche des StSchuldners nicht erfasst; eine Billigkeit zulasten des Stpfl. gibt es nicht (TK § 227 Rn. 4). Die Einziehung muss unbillig sein. Somit kann sich § 227 nur auf die **Abwehr von Belastungen** beziehen und nicht etwa auf die Vereitelung ungerechtfertigter Vergünstigungen oder auf eine bessere (gerechtere) Umverteilung (HHSp § 227 Rn. 22). Wegen dieses Defensivcharakters begründen auf § 227 gestützte Billigkeitserwägungen auch keinen Anspruch auf StVergünstigungen oder Subventionen (BFH 2.12.1977 – III R 36/77, BStBl. II 1978, 272; Gosch AO § 227 Rn. 6). Dagegen fällt der Anspruch auf Rückzahlung zu Unrecht gezahlter StVergütungen wie der InvZul und EigZul (§ 14 S. 1 InvZulG, § 15 I 1 EigZulG; TK § 227 Rn. 5) sowie der Kindergeldrückforderungsanspruch (BFH 17.7.2019 – III R 64/18, BFH/NV 2020, 7) unter § 227, nicht jedoch der Rückforderungsanspruch nach § 17 II UStG (BFH 15.9.1983 – V R 125/78, BStBl. II 1984, 71). Zu verjährten und künftigen Ansprüchen → Rn. 54.

4 **Keine Ansprüche aus dem StSchuldverhältnis** sind solche, die eine sonstige Handlung, eine Duldung oder Unterlassung beinhalten, wie zB die Pflicht zur Abgabe einer StErklärung (→ § 249 Rn. 5). Geldstrafen und Geldbußen wegen StOrdnungswidrigkeiten fallen ebenfalls nicht unter § 227 (TK § 227 Rn. 6; Gosch AO § 227 Rn. 19); hier ist ein Erlass im Gnadenweg möglich. Zum StErlass im Zusammenhang mit dem Abschöpfungsteil einer Geldbuße vgl. BFH 9.1.1997 – IV R 5/96, BStBl. II 1997, 353; BFH 5.6.1996 – I B 127/95, BFH/NV 1997, 6; BFH 23.3.2011 – X R 59/09, BFH/NV 2011, 2047.

5 **Erweiterung des Geltungsbereichs.** § 227 ist Ausdruck eines allg. Rechtsgrundsatzes und daher auf **Kommunalabgaben** (örtliche Aufwands- und VerbrauchSt, Gebühren und Beiträge) und **KiSt** auch dann anwendbar, wenn die KAG und KiStGesetze der Länder § 227 nicht ausdrücklich für anwendbar erklären (zu Einzelheiten s. HHSp § 227 Rn. 91 ff., 100 ff.; BVerwG 21.5.2003 – 9 C 12/02, BVerwGE 118, 201; OVG Münster 2.2.2011 – 14 E 1202/10, NVwZ-RR 2011, 336 zum Erlass der HundeSt bei einem Sozialhilfeempfänger; VGH München 6.2.2012 – 4 ZB 11.1516, ZKF 2013, 22 zum Erlass der ZweitwohnungsSt bei einem Studenten).

III. Verhältnis zu anderen Vorschriften

6 **Weitere Billigkeitsvorschriften** enthalten neben der AO auch zahlreiche EinzelStGesetze. Sie gehen dem § 227 grds. als Spezialvorschriften vor (wohl hM s. TK § 227 Rn. 9, teilweise aA HHSp § 227 Rn. 44 ff.; 61, 238: einige Vorschriften enthielten nur eine Rechtsfolgenverweisung, da die Ausrichtung an der Einzelfallgerechtigkeit in der Ausgestaltung des jeweiligen gesetzlichen Tatbestandes nicht zu erkennen sei). Hierzu zählen zB §§ 234 II, 237 IV (→ § 234 Rn. 18 ff.; → § 237 Rn. 18); §§ 19 II, 23 I, 24 I BierStG; §§ 23 II AlkStG; §§ 34, 34b V, 34c V, 35 EStG; §§ 32, 33, 34 GrStG (BVerwG 21.9.1984 – 8 C 62/82, BStBl. II 1984, 870; BVerwG 25.6.2008 – 9 C 8/07, DVBl. 2008, 1313; BFH 24.10.2007 – II R 5/05, BStBl. II 2008, 384); § 21 KaffeeStG; § 3 KraftStG; §§ 45 ff. EnergieStG; § 10 StromStG; §§ 23, 23a SchaumwZwStG; § 22 TabakStG; § 26 III UStG (vgl. 26.1 ff. UStAE). Durch diese Vorschriften wird § 227 grds. nicht ausgeschlossen, sondern gilt subsidiär (BFH 7.3.2003 – IV B 163/02, BFH/NV 2003, 777 zu § 34 I EStG; BVerwG 10.2.1994 – 8 B 229/93, ZKF 1994, 203; VGH München 29.11.2010 – 4 B 10.144, KStZ 2011, 93 zu §§ 32, 33 GrStG). Da zB das AlkStG ein Erstattungsverfahren bei der Ausfuhr außerhalb eines StAussetzungsverfahrens nicht vorsieht, kann eine Ent-

lastung nach § 227 in Betracht kommen (BFH 20.2.2012 – VII B 146/11, BFH/NV 2012, 1103 noch zum BranntwMonG).

Vorschriften der InsO lassen Vereinbarungen über den Erlass von Forderungen zwischen dem Schuldner und seinen Gläubigern zu. Zu Einzelheiten → § 251 Rn. 117, 123, 127, 131. 7

Zölle und VerbrauchSt. Für Ein- und Ausfuhrabgaben iSd UZK, insb. Zölle, gelten die Art. 116–123 UZK (Gellert ZfZ 2008, 286) abschließend; § 227 ist nicht anwendbar (BFH 21.5.1999 – VII R 106/95, DStRE 1999, 727; Witte Vor Art. 116–123 Rn. 13 f.; zu Einzelheiten vgl. die Erl. bei Witte Art. 120; aA HHSp § 227 Rn. 70). Auf VerbrauchSt, die bei der Drittlandeinfuhr entstehen, sind die Art. 116–123 UZK entspr. anwendbar (vgl. § 18 III 1 BierStG, § 22 III 1 AlkStG, § 19b III 1 EnergieStG, § 15 III 1 KaffeeStG, § 18 III 1 SchaumwZwStG, § 21 III 1 TabakStG); dies gilt auch für die EUSt (§ 21 II UStG). Einen Erlass aus persönlichen Billigkeitsgründen nach § 227 für die bei der Wareneinfuhr entstehende VerbrauchSt gestatten einige Vorschriften (vgl. § 18 III 2 BierStG, § 22 III 2 AlkStG auch iVm § 3 AlkopopStG, § 19b III 1 EnergieStG, § 15 III 2 KaffeeStG, § 18 III 2 SchaumwZwStG, § 21 III 2 TabakStG). Für die EUSt fehlt eine entspr. Regelung. Deshalb kommt § 227 nicht zur Anwendung (BFH 17.8.2000 – VII R 108/95, BFH/NV 2001, 133; ebenso Witte Art. 120 Rn. 7; aA TK § 227 Rn. 12; HHSp § 227 Rn. 71). 8

B. Unbilligkeit der Einziehung (als Tatbestandsmerkmal)

I. Allgemeines

(Un)Billigkeit. Aufgabe der Billigkeit ist es, das bei der Anwendung der allg. Gesetze zustande kommende Ergebnis dem Einzelfall so anzupassen, dass der dem Gesetz zugrunde liegende Gedanke verwirklicht wird. Die Billigkeit verlangt nur eine Korrektur des Gesetzes, um Recht und damit Gerechtigkeit im konkreten Einzelfall zu verwirklichen. Deshalb ist Billigkeit Ausfluss der Gerechtigkeitsidee (TK § 227 Rn. 18). Der Zweck des § 227 liegt demnach darin, sachlichen und persönlichen Besonderheiten des Einzelfalles, die der Gesetzgeber in der typisierenden Besteuerungsnorm nicht berücksichtigt hat, durch eine nicht den StBescheid selbst ändernde Korrektur des StBetrags Rechnung zu tragen (BFH 20.9.2012 – IV R 29/10, BStBl. II 2013, 505). Mit der Anwendung des Gesetzes typischerweise verbundene Härten sind hingegen nie unbillig (BFH 27.2.2019 – VII R 34/17, BFH/NV 2019, 736). Insbesondere rechtfertigen Umstände, die der Gesetzgeber bei der Ausgestaltung des gesetzlichen Tatbestands einer steuerrechtlichen Vorschrift bedacht und bewusst in Kauf genommen hat, keinen Erlass aus sachlichen Billigkeitsgründen (BFH 18.9.2018 – XI R 36/16, BStBl. II 2019, 87). Billigkeitsmaßnahmen dürfen die einem gesetzlichen StTatbestand innewohnende Wertung des Gesetzgebers nicht generell durchbrechen oder korrigieren, sondern nur einem ungewollten Überhang des gesetzlichen StTatbestandes abhelfen (BVerfG 5.4.1978 – 1 BvR 117/73, BStBl. II 1978, 441). § 227 kann nicht als Rechtsgrundlage für eine vom Gesetzgeber nicht gewollte Befreiungsvorschrift dienen (BFH 10.3.2016 – III R 2/15, BStBl. II 2016, 508). Wäre zur Milderung unbilliger Härten ein den gesetzlichen Regelfall erfassendes und damit die allgemeine Geltung des Gesetzes aufhebendes Ausmaß an Billigkeitskorrekturen erforderlich, wäre das Gesetz als solches verfassungswidrig (TK § 227 Rn. 19; → Rn. 27). 10

Tatbestandsmerkmal. Tatbestandliche Voraussetzung für den Erlass ist die Unbilligkeit der Einziehung im konkreten Einzelfall (TK § 227 Rn. 20). Der Begriff „unbillig" in § 227 ist isoliert betrachtet ein unbestimmter, der näheren Definition bedürfender Rechtsbegriff. Dessen Auslegung und Anwendung sind aber nicht dem Ermessen der FB überlassen, und zwar auch dann nicht, wenn man in dem Begriff kein Tatbestandsmerkmal sieht, sondern aus der Entstehungsgeschichte und aus der unlösbaren Verzahnung des Begriffs „unbillig" mit der Rechtsfolge „können" folgert, dass es sich bei § 227 um eine 11 einheitliche Ermessensvorschrift handelt (vgl. GmS-OBG 19.10.1971 – GmS-OGB 3/70, BStBl. II 1972, 603). Denn § 227 beschränkt sich auch dann nicht darauf, der FB ein voraussetzungsloses Ermessen einzuräumen. Vielmehr hat die Verknüpfung zur Folge, dass Inhalt und Grenzen der pflichtgemäßen Ermessensausübung durch den im gerichtlichen Verfahren in vollem Umfang überprüfbaren Begriff der Unbilligkeit bestimmt werden (BFH 23.8.2017 – I R 52/14, BStBl. II 2018, 232). Dieser zu § 131 RAO entwickelten Auffassung ist der BFH in ständiger Rspr. auch zu § 227 gefolgt (vgl. BFH 28.11.2016 – GrS 1/15, BStBl. II 2017, 393 zum sog. Sanierungserlass); sie wird auch vom Schrifttum weitgehend vertreten (zB Gosch AO § 227 Rn. 100; iErg. auch TK § 227 Rn. 22). Zur Kritik aus dem Schrifttum vgl. HHSp § 227 Rn. 114 ff. Zur gerichtlichen Nachprüfung → Rn. 57.

12 **Erscheinungsformen der Unbilligkeit.** Die Unbilligkeit kann entweder in der Sache (→ Rn. 13 ff.) oder in der Person des Abgabenschuldners (→ Rn. 28 ff.) begründet sein. Deshalb können für Billigkeitsmaßnahmen nach § 227 (ebenso wie bei § 163 und § 222) sachliche oder persönliche Gründe in Betracht kommen, die auch verfahrensrechtlich auseinander zu halten sind (HHSp § 227 Rn. 125).

II. Sachliche Billigkeitsgründe

1. Begriff

13 **Wertungswiderspruch.** Sachliche Billigkeitsgründe sind gegeben, wenn nach dem erklärten oder mutmaßlichen Willen des Gesetzgebers angenommen werden kann, dass er die im Billigkeitswege zu entscheidende Frage – hätte er sie geregelt – iSd beabsichtigten Billigkeitsmaßnahme entschieden hätte (BFH 26.9.2019 – V R 13/18, BFH/NV 2020, 35), weil die Geltendmachung des den Buchstaben des Gesetzes entsprechenden Anspruchs aus dem StSchuldverhältnis mit dem Zweck des Gesetzes nicht oder nicht mehr zu rechtfertigen ist und dessen Wertungen zuwiderläuft (BFH 3.12.2019 – VIII R 25/17, BStBl. II 2020, 214). Dabei ist eine Gesamtbeurteilung aller Normen vorzunehmen, die für die Verwirklichung des in Frage stehenden StAnspruchs im konkreten Fall maßgeblich sind (BFH 27.2.2019 – VII R 34/17, BFH/NV 2019, 736). Dagegen rechtfertigen Härten, die der Gesetzgeber bei der Ausgestaltung des gesetzlichen Tatbestands einer steuerrechtlichen Vorschrift **bewusst in Kauf genommen** hat, keinen Erlass aus sachlichen Billigkeitsgründen (BFH 25.1.1996 – IV R 91/94, BStBl. II 1996, 289; BFH 4.2.2010 – II R 25/08, BStBl. II 2010, 663; → Rn. 10). Solche Härten können allenfalls durch eine Gesetzeskorrektur behoben werden (BVerfG 13.12.1994 – 2 BvR 89/91, HFR 1995, 220; FG Münster 18.12.2024 – 9 K 2015/21 Kap, BeckRS 2024, 39721). Die Einziehung eines Anspruchs aus dem StSchuldverhältnis wird auch für sachlich unbillig gehalten, wenn dies den Geboten der Gleichheit und des Vertrauensschutzes, den Grundsätzen von Treu und Glauben, dem Erfordernis der Zumutbarkeit oder dem der gesetzlichen Regelung zugrunde liegenden Zweck widersprechen würde (in Abkehr von der sog. subjektiven Auslegungstheorie TK § 227 Rn. 41 f.; FG Brandenburg 5.11.2001 – 1 K 446/00, EFG 2002, 177; ähnlich auch BFH 21.1.2015 – X R 40/12, BStBl. II 2016, 117). Die Versuche, den Begriff „sachliche Unbilligkeit" genauer zu fassen, haben zu einer uneinheitlichen Terminologie in der BFH-Rspr. geführt (HHSp § 227 Rn. 127 mwN). Ein weiterer Lösungsansatz wird im „Gebot der Abgabengleichheit" gesehen. Danach ist Sachverhalten Rechnung zu tragen, die im Verhältnis zu den vom Gesetz erfassten Regelfällen als **atypische Sonderfälle** erscheinen (BVerwG 3.5.1991 – 8 C 13/89, BStBl. II 1992, 580; HHSp § 227 Rn. 129). Auch der Große Senat des BFH hat zuletzt betont, dass eine sachliche Billigkeitsmaßnahme immer auf den Einzelfall abstellt und atypischen Ausnahmefällen vorbehalten ist (BFH 28.11.2016 – GrS 1/15, BStBl. II 2017, 393 zum sog. Sanierungserlass; ebenso BFH 27.2.2019 – VII R 34/17, BFH/NV 2019, 736). In die gleiche Richtung tendiert das BVerfG, das die Unbilligkeit danach beurteilt, ob ein in seinen generalisierenden Wirkungen verfassungsmäßiges Gesetz im Einzelfall zu Ergebnissen führt,

die dem Belastungsgrund zuwiderlaufen (BVerfG 13.12.1994 – 2 BvR 89/91, HFR 1995, 220; s. auch BFH 24.9.1987 – V R 76/78, BStBl. II 1988, 561; Isensee FS Flume, 1978, 129). Letztlich geht es bei beiden Ansätzen um die gleiche Frage: Handelt es sich bei der Abgabenlast des Stpfl. um eine aufgrund der gesetzlichen Regelung typische Folge bzw. Begleiterscheinung oder erweist sich ihre Einziehung im konkreten Einzelfall unter Berücksichtigung aller für das Rechtsverständnis maßgeblichen Wertungen (Gesetzeszweck, allg. Rechtsgrundsätze, Verfassung) als „abnorm", dh für den Rechtsstaat nicht hinnehmbar und für den Stpfl. unzumutbar (so zutreffend HHSp § 227 Rn. 127).

2. Billigkeitserwägungen vor Unanfechtbarkeit der Steuerfestsetzung

Vorrang der Änderung. Ist die StFestsetzung noch anfechtbar, muss vor einem Rückgriff auf Billigkeitserwägungen zunächst geprüft werden, ob das unbillige Ergebnis nicht schon durch eine entspr. Sachauslegung des Gesetzes vermieden werden kann (BFH 12.6.1997 – I R 70/96, BStBl. II 1998, 38; Niemeyer BB 1989, 2452). Aber auch wenn dies nicht gelingt, ist eine Korrektur durch § 227 selbst im Fall einer offensichtlich fehlerhaften StFestsetzung verfahrensrechtlich unzulässig, solange die **„billige" Anpassung** noch im Rahmen einer offenen oder änderbaren StFestsetzung vorgenommen werden kann (BFH 21.1.1992 – VIII R 51/88, BStBl. II 1993, 3). Der Stpfl. muss die Gründe für Billigkeitsmaßnahmen deshalb schon vor der Festsetzung oder im Rechtsbehelfsverfahren vortragen; erst wenn die (sachliche) Unbilligkeit auch dann nicht beseitigt werden kann, kommen Billigkeitsmaßnahmen (§§ 163, 227) zum Zuge (TK § 227 Rn. 45). 14

3. Billigkeitserwägungen nach Unanfechtbarkeit der Steuerfestsetzung

Unmöglichkeit/Unzumutbarkeit der Rechtsverfolgung. Mit seiner in den §§ 172 ff. zum Ausdruck kommenden Grundentscheidung (→ Vor §§ 172–177 Rn. 1) hat der Gesetzgeber der Rechtssicherheit im Allgemeinen den Vorrang vor der materiellen Gerechtigkeit eingeräumt (BFH 13.1.2005 – V R 35/03, BStBl. II 2005, 460). Es wäre aber mit der Bedeutung des StErlasses als verfassungsrechtlich gebotenem Korrektiv (→ Rn. 2) nicht vereinbar, im Einzelfall auftretende unbillige Härten generalisierender und typisierender Normen des StRechts allein unter Hinweis auf die eingetretene Bestandskraft hinzunehmen und in Fällen der Zahlung unanfechtbar festgesetzter Steuern keine Möglichkeit der Erstattung aus Billigkeitsgründen einzuräumen (BVerfG 5.4.1978 – 1 BvR 117/73, BStBl. II 1978, 441; BFH 8.10.1980 – II R 8/76, BStBl. II 1981, 82). Auch das Gesetz kennt keine zeitliche Obergrenze für einen Erlassantrag (TK § 227 Rn. 46; zur Relevanz des Zeitablaufs für die Ermessensentscheidung → Rn. 51). Aus diesem Grund kommen grds. auch nach Unanfechtbarkeit der StFestsetzung sachliche Billigkeitserwägungen in Betracht, wenn feststeht, dass dem Stpfl. **nicht auf anderem Weg geholfen** werden kann; zB durch eine Berichtigung wegen offenbarer Unrichtigkeit (§ 129), durch Wiedereinsetzung in den vorigen Stand (§ 110) oder durch eine Änderung der StFestsetzung nach §§ 172 ff. (TK § 227 Rn. 47). 15

Der Billigkeitserlass ist aber auch dann nicht dazu bestimmt, die **Folgen schuldhafter Versäumnis** eines Rechtbehelfs auszugleichen (BFH 11.8.1987 – VII R 121/84, BStBl. II 1988, 512). Eine bestandskräftige StFestsetzung kann deshalb im Billigkeitsverfahren nach § 227 nur dann sachlich überprüft werden, wenn die StFestsetzung – beurteilt nach der Rechtslage bei der Festsetzung der Steuer – offensichtlich und eindeutig falsch ist und wenn es dem Stpfl. nicht möglich oder zuzumuten war, sich rechtzeitig gegen die Fehlerhaftigkeit zu wehren (BFH 3.12.2019 – VIII R 25/17, BStBl. II 2020, 214).

Unmöglichkeit und Unzumutbarkeit kennzeichnen dabei eigenständige Kategorien fehlenden Verschuldens (BFH 8.2.2017 – X B 80/16, BFH/NV 2017, 760), wobei es auf besondere Umstände im Verhältnis zur FB ankommt und weniger auf Schuld und Verschuldenszurechnung (BFH 7.9.2017 – X B 52/17, BFH/NV 2018, 221). Von Unmöglichkeit oder Unzumutbarkeit ist etwa dann auszugehen, wenn die Unrichtigkeit auf unbemerkt gebliebene Doppelerfassungen oder Schreib- und Rechenfehler sowie andere offenbare Unrichtigkeiten zurückgeht (BFH 17.6.2004 – IV R 9/02, BFH/NV 2004, 1505). Unzumutbar soll die vorherige Anfechtung auch sein, wenn sich der Stpfl. im Einzelfall darauf beruft, von einer grds. als verfassungskonform angesehenen typisierenden Norm **unverhältnismäßig nachteilig betroffen** zu werden (BFH 20.9.2012 – IV R 29/10, BStBl. II 2013, 505; TK § 227 Rn. 77). Mangelnde Rechtskenntnisse sind solche „entschuldigenden" Umstände im Übrigen nicht, und zwar auch dann nicht, wenn sie unverschuldet sind (BFH 7.9.2017 – X B 52/17, BFH/NV 2018, 221). Auch sonst können Rechtsfolgen, die durch Nachlässigkeit, Bequemlichkeit oder gar Böswilligkeit des Stpfl. eingetreten sind, nicht im Wege eines Erlasses beseitigt werden (BFH 17.6.2004 – IV R 9/02, BFH/NV 2004, 1505; TK § 227 Rn. 46 f.). Mussten die Besteuerungsgrundlagen wegen fehlender oder unzureichender Angaben des Stpfl. geschätzt werden (§ 162 II), scheitert ein Erlassantrag folglich regelmäßig selbst bei einem kumulativen Vorliegen der sonstigen Erlass-Voraussetzungen (BFH 17.12.1997 – III R 8/94, BFH/NV 1998, 935). Hat die FVerw. selbst dazu beigetragen, dass der unrichtige StBescheid unanfechtbar geworden ist, kann ein Erlass unter dem **Gesichtspunkt von Treu und Glauben** geboten sein; so zB bei unrichtiger Auskunft oder grober Verletzung der Ermittlungspflicht (→ Rn. 21; TK § 227 Rn. 49), nicht aber, wenn der Stpfl. nach einem Gespräch im FA aus eigenem Antrieb und aus selbst angestellten, später enttäuschten Erwägungen heraus eine Klage zurücknimmt (BFH 8.2.2017 – X B 80/16, BFH/NV 2017, 760). Zweifelhaft ist, dass etwas anderes gelten soll, wenn die Klagerücknahme auf einem in der Rückschau sachlich unzutreffenden Hinweis des Gerichts beruht (BFH 9.1.1997 – IV R 5/96, BStBl. II 1997, 353; FG Düsseldorf 14.7.2010 – 4 K 4234/09 AO, BeckRS 2011, 94823; offenlassend BFH 8.2.2017 – X B 80/16, BFH/NV 2017, 760). Denn auch jenseits der Frage eines ggf. verbleibenden eigenen Verschuldens des Stpfl. steht das Gericht jedenfalls nicht in einer für die Anwendung allg. Rechtsgrundsätze erforderlichen konkreten Rechtsbeziehung zum Stpfl. (HHSp § 227 Rn. 178). In einem solchen Fall kann und muss der Stpfl. gem. § 72 II 3 iVm § 56 FGO die Unwirksamkeit der Klagerücknahme geltend machen (Haberland BB 2010, 3063). Ein Billigkeitserlass ist regelmäßig auch ausgeschlossen, wenn der **Gesetzgeber** aufgrund einer Entscheidung des BVerfG eine rückwirkende, auch aus Sicht bereits bestandskräftig veranlagter Stpfl. günstige gesetzliche Neuregelung, bewusst auf noch nicht bestandskräftig abgeschlossene Fälle beschränkt (BFH 9.9.1994 – III R 17/93, BStBl. II 1995, 8: Kinderfreibeträge für 1983 bis 1985; BFH 9.1.1997 – IV R 5/96, BStBl. II 1997, 353: Nichtabzugsfähigkeit von Geldbußen; FG Münster 14.9.2022 – 13 K 1306/20 AO, BeckRS 2022, 31260: Sanierungserträge in Altfällen). Zu weiteren Einzelheiten → Rn. 17 ff.

4. Sachliche Unbilligkeit gegenüber Gesamtschuldner und Rechtsnachfolger

16 Grds. sind sachliche Billigkeitsgründe unabhängig von der Person des Schuldners (Gosch AO § 163 Rn. 52). Sie gelten idR für sämtliche Gesamtschuldner und den Rechtsnachfolger. Anders verhält es sich, wenn sich die sachliche Billigkeit gerade in der oder gegen die Person eines der Gesamtschuldner verwirklicht; so zB, wenn die FB nur hinsichtlich eines der Gesamtschuldner gegen die Grundsätze von Treu und Glauben verstoßen hat (TK § 227 Rn. 51).

5. Fallgruppen für das Vorliegen einer sachlichen Unbilligkeit

17 **a) Allgemeines.** Billigkeit ist als Gerechtigkeit des Einzelfalles stets auf den konkreten Einzelfall bezogen und damit letztlich einer systematischen Einteilung nur schwer zugänglich (TK § 227 Rn. 52). Die Grenzen sind oftmals fließend. Eine Einteilung kann allenfalls entspr. einer Gewichtung erfolgen und nur beispielhaft sein (HHSp § 227 Rn. 251). Es lassen sich folgende Fallgruppen bilden:

18 **b) Zweckverfehlung. Gesetzesüberhang.** Im Einzelfall kann die Einziehung des Anspruchs aus dem StSchuldverhältnis ausnahmsweise dem Besteuerungszweck selbst widersprechen. Der Fehler liegt nicht beim Gesetz, sondern in dessen Auswirkung auf einen

besonders gelagerten Fall (HHSp § 227 Rn. 252: Zweckverfehlung wegen eines atypischen Geschehensablaufs). Es muss ein „Überhang" des gesetzlichen Tatbestandes über die Wertungen des Gesetzgebers bestehen (→ Rn. 10). Danach kommt ein Erlass in Betracht, wenn die Besteuerung eines Sachverhalts, der unter einen gesetzlichen Tatbestand fällt, im Einzelfall mit dem Sinn des StGesetzes nicht vereinbar ist, der Sachverhalt zwar den gesetzlichen Tatbestand erfüllt, die Besteuerung aber den Wertungen des Gesetzgebers zuwiderläuft (BFH 27.2.2019 – VII R 34/17, BFH/NV 2019, 736). Hierbei sind auch die Wertentscheidungen des GG zu berücksichtigen (BFH 27.2.2019 – VII R 34/17, BFH/NV 2019, 736; TK § 227 Rn. 77 ff.). Stets ist zu beachten, dass Härten, die der Gesetzgeber bewusst in Kauf genommen hat, keinen Billigkeitserlass aus sachlichen Gründen rechtfertigen können (BVerfG 13.12.1994 – 2 BvR 89/91, HFR 1995, 220; BFH 25.1.1996 – IV R 91/94, BStBl. II 1996, 289). Nach dem erklärten oder mutmaßlichen Willen des Gesetzgebers muss angenommen werden können, dass er die im Billigkeitswege zu entscheidende Frage – hätte er sie geregelt – iSd begehrten Billigkeitsmaßnahme entschieden hätte (BFH 26.9.2019 – V R 13/18, BFH/NV 2020, 35; → Rn. 13). Allgemeine **sozial-, wirtschafts- oder ordnungspolitische Gründe** scheiden als Kriterium sachlicher Billigkeitsentscheidungen aus (BFH 28.11.2016 – GrS 1/15, BStBl. II 2017, 393; HHSp § 227 Rn. 257). Solche „Fehler" des Gesetzgebers können grds. nicht gem. § 227 korrigiert werden (Gosch AO § 163 Rn. 65; Thouet/Baluch DB 2008, 1595 (1597)).

Eine (teilweise) Zweckverfehlung ist zB gegeben, wenn sich die **Einziehung von** 19 **Säumniszuschlägen** deshalb als sinnlos erweist, weil dem StSchuldner die rechtzeitige Begleichung der zugrunde liegenden StSchuld infolge Überschuldung oder Zahlungsunfähigkeit unmöglich war; hier verlieren die Säumniszuschläge als Druckmittel eigener Art ihren Sinn (BFH 30.3.2006 – V R 2/04, BStBl. II 2006, 612; Einzelheiten → § 240 Rn. 56 f.). Unbillig wäre die Einziehung/Erhebung von Säumniszuschlägen auch dann, wenn der Stpfl. mit seinem Rechtsmittel gegen die StFestsetzung Erfolg hatte und er die Verwirkung von Säumniszuschlägen nicht verhindern konnte, weil die FB eine beantragte und in der Sache ebenso mögliche wie gebotene AdV des StBescheids abgelehnt hat (BFH 24.4.2014 – V R 52/13, BStBl. II 2015, 106). Zur ermessenslenkenden Selbstbindung der FVerw. im AEAO zu § 240 Nr. 5 II Buchst. b s. BFH 11.3.2003 – VII B 208/02, BFH/NV 2003, 816; → Rn. 26. Zum Erlass aus persönlichen Gründen → Rn. 33.

Systemimmanente Härten, die sich zB durch den Grundsatz der Abschnittsbesteue- 20 rung oder durch die Progression des StTarifs ergeben, verfehlen nicht den Regelungszweck des Gesetzes; sie sind nicht unbillig (BFH 16.9.1970 – I R 64/68, BStBl. II 1970, 838; HHSp § 227 Rn. 254). Unbillig kann es aber sein, wenn sich infolge stark progressiver StSätze eine ungewöhnlich hohe Steuer ergibt, weil gem. § 11 EStG die Einnahmen mehrerer Jahre in einem Jahr versteuert werden (umstr., vgl. TK § 227 Rn. 76 mwN). Bei der Anschaffung eines Reinvestitionsgrundstücks, das infolge des Rechtsinstituts der mittelbaren Grundstücksschenkung dem Übergeber zuzurechnen ist, kann ein Erlass geboten sein (BFH 23.4.2009 – IV R 9/06, BStBl. II 2010, 664). Die Einziehung der ESt kann sachlich unbillig sein, wenn das **Zusammenwirken** verschiedener Regelungen zu einer hohen StSchuld führt, obwohl dem kein Zuwachs an Leistungsfähigkeit zugrunde liegt (BFH 26.10.1994 – X R 104/92, BStBl. II 1995, 297). Entspr. gilt für die Besteuerung eines aus der Auflösung des negativen Kapitalkontos eines Kommanditisten herrührenden Veräußerungsgewinns, wenn sich die Verluste zuvor steuerlich nicht ausgewirkt hatten (BFH 25.1.1996 – IV R 91/94, BStBl. II 1996, 289; → Rn. 27) oder der ausgeschiedene Gesellschafter ggf. künftig für Schulden der Gesellschaft in Anspruch genommen wird (BFH 6.9.2005 – X B 22/05, BFH/NV 2006, 11). Dagegen ist die Besteuerung eines Veräußerungsgewinns nicht sachlich unbillig, wenn sich die zuvor entstandenen Verluste nach § 10d EStG aF nicht steuerlich ausgewirkt hatten (BFH 31.3.2004 – X R 25/03, BFH/NV 2004, 1212). Ebenso ist die Festsetzung eines GewStMessbetrages ungeachtet der Mindestbesteuerung nach § 10a S. 1 und 2 GewStG nicht unbillig, wenn der Gewerbeertrag allein daraus resultiert, dass der Stpfl. zur Vermeidung der Insolvenz einen

Gläubiger zum Erlass seiner Forderung gedrängt hat (BFH 20.9.2012 – IV R 29/10, BStBl. II 2013, 505).

Erfordern gemeinschaftsrechtliche Regelungen eine Billigkeitsmaßnahme, bspw. bei irrtümlich oder zu Unrecht gezahlter USt, kann unter Rückgriff auf §§ 163, 227 auch ein unionsrechtlicher **Direktanspruch** in Betracht kommen (EuGH 5.9.2024 – C-83/23, DStR 2024, 2120; BFH 30.6.2015 – VII R 30/14, BStBl. II 2022, 246; FG Niedersachsen 15.8.2024 – 5 K 40/22, EFG 2025, 279; Rev. XI R 27/24; BMF 12.4.2022, BStBl. I 2022, 652). Zum (zwingenden) Erlass einer nach unberechtigtem StAusweis in einer Rechnung gem. § 14 III UStG entstandenen Steuer nach Rückgängigmachung des Vorsteuerabzugs s. BFH 25.4.2002 – V B 73/01, BStBl. II 2004, 343. Zur Gewährung des Vorsteuerabzugs im Billigkeitsverfahren bei unzutreffenden Rechnungsangaben aus Gründen des Vertrauensschutzes s. BFH 30.4.2009 – V R 15/07, BStBl. II 2009, 744. Es ist nicht unbillig, zwei dasselbe Grundstück betreffende aufeinanderfolgende Erwerbsvorgänge zwischen demselben Erwerber und verschiedenen Veräußerern jeweils gesondert zu besteuern, obwohl nur einer dieser Erwerbsvorgänge einen Rechtsträgerwechsel herbeigeführt hat (BFH 28.3.2012 – II R 42/11, BFH/NV 2012, 1486). Ebenso ist kein Erlass der StromSt geboten, wenn das Energieversorgungsunternehmen diese wegen der Zahlungsunfähigkeit des Letztverbrauchers nicht auf diesen abwälzen kann (BFH 17.12.2013 – VII R 8/12, BFH/NV 2014, 748). Gleichfalls ist die nachträgliche Versteuerung ererbten Betriebsvermögens auch bei Verlust durch Insolvenz innerhalb der Behaltensfrist des § 13a V aF ErbStG grds. nicht unbillig (BFH 4.2.2010 – II R 25/08, BStBl. II 2010, 663; FG Nürnberg 30.3.2006 – IV 205/2005, DStRE 2006, 1283). Erleidet das ererbte Wertpapiervermögen nach dem Erbfall Kursverluste, ist idR wegen des die ErbSt beherrschenden Stichtagsprinzips keine sachliche Unbilligkeit gegeben (FG Köln 23.10.1997 – 9 K 3954/89, EFG 1998, 1603; FG München 14.2.2001 – 4 K 153/98, EFG 2001, 769; FG Hessen 3.4.2007 – 1 K 1809/04, EFG 2007, 1534).

Unbilligkeit kann aber vorliegen, wenn durch die Erhebung der ErbSt und der nicht als Nachlassverbindlichkeiten berücksichtigten Steuer das verfassungsrechtliche **Übermaßverbot** oder Art. 14 I GG verletzt wäre (BFH 14.11.2007 – II R 3/06, BFH/NV 2008, 574; → Rn. 27). Zu unbeabsichtigten Doppelbelastungen kann es auch bei der Angleichung unterschiedlicher Rechtssysteme kommen, wie zB bei der des früheren DDR-Rechts an das Recht der Bundesrepublik (HHSp § 227 Rn. 257; offenlassend BFH 21.8.1997 – V R 47/96, BStBl. II 1997, 781). Soweit die **Doppelbelastung** aus der Überschneidung von Besteuerungstatbeständen herrührt, ist sie idR in der Systematik der zugrunde liegenden gesetzlichen Regelungen begründet und somit grds. als typische Beeinträchtigung nicht sachlich unbillig (HHSp § 227 Rn. 259). Zur unbeabsichtigten Doppelbelastung bei beschränkt Stpfl. vgl. FG München 14.5.1996 – 13 K 272/92, EFG 1996, 1227.

Sind Buchführungsunterlagen durch **höhere Gewalt** (Brand, Hochwasser, Sturmschäden) oder Diebstahl verloren gegangen, ist zwar die Buchführung nicht ordnungsgemäß und es kann kein Buchnachweis erbracht werden; gleichwohl sollen daraus aber aus sachlichen Billigkeitsgründen keine negativen steuerlichen Folgen gezogen werden (HHSp § 227 Rn. 257; Gosch AO § 163 Rn. 61). So kann zB ein Erlass der USt in Betracht kommen, wenn sie wegen aufgrund höherer Gewalt fehlender Ausfuhrnachweise festgesetzt worden ist (BFH 24.11.1988 – V R 186/83, BFH/NV 1989, 419). Entspr. gilt für den Nachweis von Geschenk- und Bewirtungsaufwendungen (TK § 227 Rn. 65). Sind die Buchführungsunterlagen aufgrund eines für den Stpfl. nicht erkennbaren Unvermögens des StBeraters nicht ordnungsgemäß, rechtfertigt dies hingegen keine Billigkeitsmaßnahme, da sich der Stpfl. grds. das Fehlverhalten seines steuerlichen Vertreters zurechnen lassen muss (aA TK § 227 Rn. 65). Zur möglichen sachlichen Unbilligkeit bei gefälschten Ausfuhrbelegen s. BFH 2.3.2006 – V R 7/03, BStBl. II 2006, 672; im Vorlageverfahren hat der EuGH hier Gutglaubensschutz gewährt, ohne auf die Frage der Unbilligkeit eingegangen zu sein (EuGH 21.2.2008 – C-271/06, DStR 2008, 450; Anm. Langer/Zugmaier DStR 2008, 453).

Auch die Gewährung eines **VollstrAufschubs** (§ 258) ist regelmäßig kein Grund für einen teilweisen Erlass wegen sachlicher (oder persönlicher) Unbilligkeit (BFH 10.3.2016 – III R 2/15, BStBl. II 2016, 508).

Kindergeld. Fordert die Familienkasse zu Unrecht gewährtes Kindergeld nach § 37 II zurück, kann ein Billigkeitserlass aus sachlichen Gründen (zu persönlichen Billigkeitsgründen → Rn. 28 ff.) in Betracht kommen, wenn das Kindergeld bei der Berechnung von Sozialhilfeleistungen als Einkommen angesetzt worden und eine nachträgliche Korrektur der Leistungen nicht möglich ist (sog. **Anrechnungsfälle;** BFH 22.9.2011 – III R 78/08, BFH/NV 2012, 204; TK § 227 Rn. 84 „Kindergeld"). Die Anrechnung allein und das Fehlen einer gesetzlichen Regelung für die systemübergreifende Rückabwicklung führen aber idR nicht zur zwingenden Annahme eines sachwidrigen, die Familienkasse zu einem Billigkeitserlass verpflichtenden Gesetzesüberhangs (BFH 13.9.2018 – III R 19/17, BStBl. II 2019, 187; → Rn. 10, 18). Eine sog. Ermessensreduktion auf null ist hingegen denkbar, wenn der Rückforderungsanspruch auf einer verzögerten oder zunächst unzutreffenden Sachbearbeitung der Familienkasse beruht (BFH 8.11.2018 – III R 31/17, BFH/NV 2019, 557; FG Münster 21.5.2019 – 15 K 1914/18 Kg, DStRE 2019, 950, beide mwN aus der finanzgerichtlichen Rspr.; Gosch AO § 227 Rn. 65.2). In solchen Fällen kann angenommen werden, dass der Gesetzgeber die im Billigkeitswege zu entscheidende Frage – hätte er sie geregelt – iSe Billigkeitserweises entschieden hätte (→ Rn. 13). Die fehlende Weitergabe kindergeldrelevanter Informationen an die Familienkasse durch andere Behörden führt indes weder zu einer Wissenszurechnung noch zu einem eigenen **Verschulden der Familienkasse** (BFH 8.8.2024 – III R 24/22, BFH/NV 2025, 17). Das gegenteilige Ergebnis lässt sich weder auf das Sozialstaatsprinzip (Art. 20 I GG; BFH 23.1.2020 – III R 16/19, BFH/NV 2020, 926; Gosch AO § 227 Rn. 65.1) noch auf dem Sozialgeheimnis (§ 35 I SGB II) unterfallende Erkenntnisse des Sozialleistungsträgers stützen (BFH 13.9.2018 – III R 19/17, BStBl. II 2019, 187; BFH 23.1.2020 – III R 16/19, BFH/NV 2020, 926; aA FG Schleswig-Holstein 25.3.2019 – 3 K 9/18, BeckRS 2019, 28410, aufgeh. durch BFH 27.5.2020 – III R 45/19, DStRE 2021, 282). 20a

Von einem überwiegenden behördlichen Verursachungsbeitrag wird aber ohnehin nur ausgegangen werden können, wenn sich der Kindergeldberechtigte seinerseits rechtstreu verhalten hat, er somit insb. seinen **Mitwirkungspflichten** (§ 68 I EStG) nachgekommen ist (BFH 8.8.2024 – III R 24/22, BFH/NV 2025, 17; aA FG Sachsen 7.11.2017 – 3 K 69/17 Kg, NZFam 2018, 44, aufgeh. durch BFH 8.11.2018 – III R 31/17, BFH/NV 2019, 557). Denn auch im Kindergeldrecht können Versäumnisse des Stpfl. während des Festsetzungsverfahrens nicht im Billigkeitswege zu seinen Gunsten korrigiert werden (BFH 17.7.2019 – III R 64/18, BFH/NV 2020, 7; → Rn. 15).

Die vorzunehmende Abwägung der Verursachungsbeiträge erfordert nähere Feststellungen (und Ausführungen → Rn. 52) dazu, worin die behördliche Schlechtleistung bzw. die Mitwirkungspflichtverletzung des Berechtigten bestand (BFH 13.9.2018 – III R 48/17, BStBl. II 2019, 189). Der Kindergeldberechtigte kann seine Erlassgründe iÜ nicht im Verfahren gegen den Aufhebungs- oder Rückforderungsbescheid geltend machen, sondern muss dies in einem gesonderten **Billigkeitsverfahren** tun (BFH 23.2.2015 – III B 41/14, BFH/NV 2015, 658; TK § 227 Rn. 84 „Kindergeld"); auch im steuerlichen Kindergeldrecht ist zwischen dem Festsetzungs-, Erhebungs- und Billigkeitsverfahren zu unterscheiden (BFH 24.10.2000 – VI B 144/99, BFH/NV 2001, 423). Umstr. ist, ob auch der den Familienkassen durch Verwaltungsanweisung gestattete Verzicht auf den Rückforderungsanspruch in sog. **Weiterleitungsfällen** (V 37 DA-KG 2024, BStBl. I 2024, 737 ff.) als (erlassähnliche) Billigkeitsentscheidung (BFH 22.7.1999 – VI B 344/98, BFH/NV 2000, 36; FG München 15.2.2006 – 9 K 1525/05, EFG 2006, 790; V 37 I 5 DA-KG 2024), als Verrechnungsvertrag (FG Köln 14.12.2017 – 1 K 2090/15, EFG 2018, 1073; offenlassend BFH 1.7.2003 – VIII R 94/01, BFH/NV 2004, 25; allg. → § 226 Rn. 65) oder lediglich als aus Vereinfachungsgründen berücksichtigter verkürzter Zahlungsweg

(BFH 12.8.2010 – III B 94/09, BFH/NV 2010, 2062; BFH 16.3.2004 – VIII R 48/03, BFH/NV 2004, 1218) anzusehen ist.

21 **c) Verstoß gegen allgemeine Rechtsgrundsätze. Fehlverhalten der FB.** Es widerspricht dem Grundsatz von Treu und Glauben (→ § 4 Rn. 25) und ist damit unbillig, wenn die FVerw. einen Anspruch aus dem StSchuldverhältnis durchsetzt, der letztlich aus ihrem Fehlverhalten herrührt. Eine sachliche Unbilligkeit kann sich aus einer falschen **Auskunft** der FB ergeben (BFH 8.11.2018 – III R 31/17, BFH/NV 2019, 557; HHSp § 227 Rn. 271); zB wenn die USt wegen einer falschen Auskunft nicht in Rechnung gestellt wird und nach Aufdeckung des Fehlers uneinbringlich wird (FG Brandenburg 4.4.1995 – 4 K 659/93 U, EFG 1995, 790). Auch der Vollzug einer gänzlich unvertretbaren Verwaltungsanweisung kann zu einem Erlass führen (BFH 30.3.2011 – I R 61/10, BStBl. II 2011, 536). Sachlich unbillig kann es ferner sein, wenn die FB nicht auf eine Abweichung von der StErklärung aufmerksam macht (TK § 227 Rn. 49) oder den Stpfl. von der rechtzeitigen Einlegung eines Rechtsbehelfs abgehalten hat (BFH 8.4.1987 – X R 14/81, BFH/NV 1988, 214). Entspr. gilt für Verstöße gegen die Ermittlungspflicht oder wenn die Zollbehörden die gesetzlich vorgeschriebenen Überprüfungen unterlassen haben (EuGH 22.3.2012 – C-506/09 P, ZfZ 2012, 131 zu Art. 239 ZK aF; → Rn. 8). Sachlich unbillig kann es sein, wenn die rückwirkend erhöhte GrSt nicht mehr auf den Mieter umgewälzt werden kann und dies auf einem schuldhaften Verhalten der FB beruht (BVerwG 4.6.1982 – 8 C 90/81, NJW 1982, 2682). Zur unterbliebenen Auswertung einer Verlustmitteilung bei einem Mitverschulden des Stpfl. vgl. FG Baden-Württemberg 25.4.2002 – 14 K 114/00, EFG 2002, 1072.

Eine qualifizierte **Verletzung von Gemeinschaftsrecht** kann ebenfalls zu einer sachlichen Unbilligkeit führen (BFH 21.4.2005 – V R 16/04, BStBl. II 2006, 96; BFH 29.5.2008 – V R 45/06, BFH/NV 2008, 1889), das Fehlverhalten anderer Behörden grds. nicht. So kann ein Verlust privater Geldeinlagen durch Bankinsolvenz nicht durch Billigkeitsmaßnahmen ausgeglichen werden, wenn das Verhalten der Bankaufsicht mitursächlich war (aA TK § 227 Rn. 70). Ausnahmsweise können aber unrichtige Auskünfte anderer Behörden eine sachliche Unbilligkeit beinhalten, wenn diese Auskünfte für die Verwirklichung des StTatbestandes ausschlaggebend waren (insb. sog. rechtsgestaltende VA; ebenso BFH 23.2.1966 – II 60/63, BStBl. III 1966, 438; BFH 24.8.2011 – I R 87/10, BFH/NV 2012, 161; zurückhaltend Klein § 227 Rn. 57; aA FG Berlin 5.8.1971 – V 50/71, EFG 1972, 74).

Eine überlange **Prozessdauer** und die damit verbundenen Beeinträchtigungen können idR nicht der FB angelastet werden (→ Rn. 27). Ein allein darauf gestützter Billigkeitserlass von Aussetzungszinsen scheidet deshalb regelmäßig aus (BFH 21.2.1991 – V R 105/84, BStBl. II 1991, 498; HHSp § 227 Rn. 276; aA List DB 2005, 571). Dagegen kann ein Erlass von Aussetzungszinsen bei einem im Einzelfall unangemessen langen Einspruchsverfahren durchaus in Betracht kommen. Im Allgemeinen wird eine zur sachlichen Unbilligkeit der Zinserhebung führende Verzögerung aber erst angenommen werden können, wenn die **Bearbeitungsdauer** des Steuerfalls den in § 233a typisierend als (noch) angemessen angesehenen (Karenz-)Zeitraum von 15 Monaten übersteigt (BFH 3.12.2019 – VIII R 25/17, BStBl. II 2020, 214; zu Einzelheiten → § 237 Rn. 18). Auch der (bspw. krankheitsbedingt) verzögerte Ablauf einer Ap. ist für sich genommen nicht geeignet, eine abweichende Zinsfestsetzung aus Billigkeitsgründen zu begründen (BFH 27.7.2022 – X R 5/20, BFH/NV 2023, 1).

22 **Vertrauensschutz.** Eine spezielle Regelung, die das Vertrauen des Stpfl. in eine ihm günstige Gesetzgebung, Rspr. oder Verwaltungsvorschrift schützt, enthält § 176 (→ § 176 Rn. 1 ff.; s. auch Tiedtke/Szczesny NJW 2002, 3733). Der Vertrauensschutzgedanke (→ § 4 Rn. 19) greift aber auch bei § 227. Hat ein Stpfl. im Vertrauen auf die Weitergeltung von Gesetzen, von Verwaltungsanweisungen oder einer bestimmten ständigen Rspr. Dispositionen getroffen, die er nicht mehr rückgängig machen kann, kommt ein Erlass in

Betracht (BVerfG 28.1.1970 – 1 BvL 4/67, BVerfGE 27, 375; BFH 17.4.2013 – X R 6/11, BFH/NV 2013, 1537; Gosch AO § 163 Rn. 145 ff.). Dies folgt unmittelbar aus dem Gebot der Gerechtigkeitsidee als besonderer Ausformung des Rechtsstaatsprinzips, wonach Rechtssicherheit und Gerechtigkeit zu gewähren sind (TK § 227 Rn. 53 mwN). Gibt zB der BFH seine bisherige ständige Rspr. auf, hat die FVerw. zu prüfen, ob wegen der Breitenwirkung allg. (gleichgelagerter) Vertrauensschutz durch auf §§ 163, 227 iVm Art. 108 VII GG gestützte Verwaltungserlasse (sog. **Übergangsregelungen**) zu gewähren ist (BFH 4.7.1990 – GrS 2–3/88, BStBl. II 1990, 817; BFH 23.8.2017 – I R 52/14, BStBl. II 2018, 232). Dies gilt grds. auch, wenn der BFH seine bisherige Rspr. aus Vertrauensschutzgründen für die Vergangenheit aufrechterhält und die neue nur für die Zukunft gilt, da in diesen Fällen bereits durch den BFH Vertrauensschutz gewährt wird (BFH 17.12.2007 – GrS 2/04, BStBl. II 2008, 608; BFH 2.7.2019 – IX R 13/18, BStBl. II 2020, 89; → Rn. 24). In der Regel wird eine Übergangsregelung geboten sein, wenn eine rückwirkende Änderung eines Gesetzes oder einer ständigen Rspr. vorliegt, oder die Rspr. von einer in Verwaltungserlassen niedergelegten, bisher allgemein ausgeübten Verwaltungsauffassung verschärfend abweicht (BFH 23.8.2017 – I R 52/14, BStBl. II 2018, 232; TK § 227 Rn. 54; einschränkend BFH 31.10.1990 – I R 3/86, BStBl. II 1991, 610: bei uneinheitlicher Wirkung der Rspr.-Änderung). Bleibt gruppenbezogener Vertrauensschutz aus, muss das FA ggf. auf Antrag im Einzelfall prüfen, ob Vertrauensschutz durch eine abweichende Festsetzung oder einen Erlass geboten ist (BFH 12.1.1989 – IV R 87/87, BStBl. II 1990, 261; Gosch AO § 163 Rn. 146).

Vertrauensschützende Übergangs- und Billigkeitsregelungen sind als ermessenslenkende Verwaltungsvorschriften (→ Rn. 26) **grds. auch von den Finanzgerichten zu beachten** (BFH 25.6.1984 – GrS 4/82, BStBl. II 1984, 751; BFH 8.8.2001 – I R 25/00, BFH/NV 2002, 461; vgl. auch BFH 26.9.2019 – V R 36/17, BFH/NV 2020, 86). Sie stehen jedoch nicht im Belieben der FVerw., sondern müssen, was der gerichtlichen Überprüfung unterliegt, jeweils durch § 163 und § 227 als Rechtsgrundlage gedeckt sein (BFH 23.8.2017 – I R 52/14, BStBl. II 2018, 232; HHSp § 227 Rn. 206). Andernfalls würde das aus Art. 20 GG abzuleitende verfassungsmäßige Recht der Rspr. auf Kontrolle der Gesetzmäßigkeit der Verwaltung beeinträchtigt (BFH 31.10.1990 – I R 3/86, BStBl. II 1991, 610). Die tatbestandlichen Anforderungen an eine Billigkeitsentscheidung sind deshalb auch im Fall einer gruppenbezogenen Übergangsregelung keine anderen (BFH 25.11.1980 – VII R 17/78, BStBl. II 1981, 204). Auf §§ 163, 227 kann die FVerw. eine Übergangsregelung danach nur stützen, wenn die sofortige Anwendung der geänderten gesetzlichen Regelung oder verschärften Rspr. aus Gründen der Gleichmäßigkeit der Besteuerung oder des Schutzes der Handlungsfreiheit in den von der Regelung erfassten Fällen zu sachlich unbilligen Härten führt und dies durch die Recht und Billigkeit entsprechende Übergangsregelung zutr. behoben wird (BFH 19.3.2009 – V R 48/07, BStBl. II 2010, 92; TK § 227 Rn. 55; s. auch BFH 23.2.1979 – III R 16/78, BStBl. II 1979, 455). Daran fehlt es ua, wenn es in Wahrheit keine verschärfende Rspr. gegeben hat und darum auch belastende Rechtsfolgen fehlen, die zu mildern wären (BFH 7.11.1996 – IV R 69/95, BStBl. II 1997, 245).

Im Einzelnen gilt Folgendes:

– **Gesetzesänderung.** Die Bestandskraft eines StBescheids steht der Anwendung einer Übergangsregelung nach einer Gesetzesänderung grds. nicht entgegen (FG Baden-Württemberg 5.6.1991 – 12 K 78/86, EFG 1992, 51; TK § 163 Rn. 20; zur ggf. entgegenstehenden Rechtskraft eines Urteils vgl. BFH 21.1.2015 – X R 40/12, BStBl. II 2016, 117). Die Frage, ob sich der Stpfl. auf Vertrauensschutz berufen und eine „billige" Besserstellung erreichen kann, ist in einem gesonderten Billigkeitsverfahren zu prüfen und durch gesonderten Bescheid festzustellen (BFH 14.4.2011 – IV R 15/09, BStBl. II 2011, 706). Unanfechtbare Entscheidungen und bestandskräftige StFestsetzungen sind ansonsten selbst dann hinzunehmen, wenn sie auf einer für nichtig erklärten Gesetzes- 23 norm beruhen (§ 79 II 1 BVerfGG; BFH 9.1.1997 – IV R 5/96, BStBl. II 1997, 353) oder gegen Unionsrecht verstoßen (BFH 21.1.2015 – X R 40/12, BStBl. II 2016, 117). Ordnet das BVerfG – wie im Fall der Vollverzinsung nach §§ 233a, 238 aF – mit der Feststellung des Verfassungsverstoßes einen **Übergangszeitraum bis zur gesetzlichen Neuregelung** an, steht die verfassungsrechtlich gebotene Fortgeltung der Norm der Annahme sachlicher Unbilligkeit entgegen (BFH 27.7.2022 – X R 5/20, BFH/NV 2023, 1; TK § 227 Rn. 57). Trotz des Vertrauens auf die Rechtmäßigkeit der StFestsetzung und die Verfassungsmäßigkeit der zugrunde liegenden gesetzlichen Regelung bleibt es dem Stpfl. idR zumutbar, sich vor Eintritt der Bestandskraft durch Rechtsbehelf gegen die StFestsetzung zur Wehr zu setzen (BFH 11.8.1987 – VII R 121/84, BStBl. II 1988, 512; → Rn. 15).

– Ebenso ist das **Vertrauen in den Fortbestand** begünstigender Regelungen allein grds. nicht schutzwürdig (BVerfG 13.3.1979 – 2 BvR 72/76, BStBl. II 1979, 322 mwN). Falls es aus Sicht der FVerw. dennoch im Anschluss an eine Gesetzesänderung geboten sein sollte, eine Vertrauensschutzregelung zu schaffen und in der Verwaltungsvorschrift Voraussetzungen für einen StErlass aus Billigkeitsgründen aufzustellen, muss sie die ihr durch den Grundsatz der **Gesetzmäßigkeit der Verwaltung** gezogenen Grenzen beachten. Eine Billigkeitsentscheidung darf nicht dazu führen, die generelle Geltungsanordnung des den Steueranspruch begründenden Gesetzes zu unterlaufen (BFH 3.12.2019 – VIII R 25/17, DB 2020, 540; → Rn. 10). Hebt der Gesetzgeber – wie im Fall der vormaligen Privilegierung von Sanierungsgewinnen durch § 3 Nr. 66 EStG aF – eine steuerliche Begünstigungsregelung ersatzlos auf, steht es der FVerw. nicht zu, diese aus wirtschafts- und arbeitsmarktpolitischen Gründen durch Verwaltungsvorschrift (sog. Sanierungserlass, BMF 27.3.2003, BStBl. I 2003, 240; BMF 22.12.2009, BStBl. I 2010, 18) faktisch wieder einzuführen (BFH 28.11.2016 – GrS 1/15, BStBl. II 2017, 393). Ebenso wenig kann die FVerw. korrigierend eingreifen, wenn der Gesetzgeber im Zuge der Wiedereinführung einer wirkgleichen Begünstigung – hier § 3a EStG nF – keine Übergangsregelung für Altfälle vorsieht (BFH 23.8.2017 – I R 52/14, BStBl. II 2018, 232). Tut sie dies dennoch, wie in BMF 27.4.2017, BStBl. I 2017, 741 und BMF 29.3.2018, BStBl. I 2018, 588, fehlt auch diesen Verwaltungsvorschriften die Rechtsgrundlage mit der Folge, dass die Regelungen im Rahmen eines gerichtlichen Verfahrens nicht beachtet werden dürfen (BFH 16.4.2018 – X B 13/18, BFH/NV 2018, 817). Will ein Stpfl. in einem Verfahren gegen einen (Teil-)Erlassbescheid oder einen Ablehnungsbescheid aus Billigkeitsgründen eine (weitergehende) Verpflichtung der FB erreichen, kann er dieses Begehren folglich nicht auf die Anwendung des (rechtswidrigen) Verwaltungserlasses stützen, sondern nur auf besondere, außerhalb dessen liegende Gründe des Einzelfalls, insbesondere auf persönliche Billigkeitsgründe (BFH 23.8.2017 – X R 38/15, BStBl. II 2018, 236).

– An einer vom Gesetzgeber nicht gewollten unbilligen Härte fehlt es idR auch, wenn ein Gesetz rückwirkend für einen bestimmten Zeitraum geändert wird und davor liegende bestandskräftig abgeschlossene StFälle nicht in die Rückwirkungsregelung einbezogen werden (BFH 9.9.1994 – III R 17/93, BStBl. II 1995, 8 zur Neuregelung der Kinderfreibeträge 1983–1985; FG Münster 14.9.2022 – 13 K 1306/20 AO, BeckRS 2022, 31260 zur StBefreiung von Sanierungserträgen nach § 3a EStG iVm § 52 IVa 3 EStG in Altfällen).

24 – **Änderung der Rspr.** Die Rechtskraft gerichtlicher Entscheidungen wirkt grds. nur zwischen den Beteiligten (sog. materielle Rechtskraft; §§ 121, 110 FGO; vgl. Gräber FGO § 110 Rn. 10 ff.). Deshalb ist eine Rspr.-Änderung zugunsten des Stpfl. nicht auf bereits bestandskräftige StFestsetzungen anzuwenden (BFH 22.9.1976 – I R 68/74, BStBl. II 1977, 15). Eine einzelfallbezogene Billigkeitsmaßnahme kann bei einem rechtskräftigen Urteil aber in Betracht kommen, wenn es so offenbar unrichtig ist, dass dessen Fehlerhaftigkeit ohne Weiteres erkannt werden konnte (BFH 21.1.2015 – X R 40/12, BStBl. II 2016, 117). Ein Anspruch auf erlassweise Erstattung der im Vertrauen auf den

Bestand der Rspr. gezahlten Steuer besteht aber nicht (BFH 7.10.1965 – IV 139/65 U, BStBl. III 1965, 700; TK § 227 Rn. 57). In Ausnahmefällen hält der BFH trotz des Grundsatzes der Gewaltenteilung **typisierenden Vertrauensschutz** durch die Rspr. für zulässig, wenn der Gesetzgeber die steuerlichen Folgen einer zum Wegfall langjähriger, höchstrichterlicher Rspr. führenden Gesetzesänderung weder bedacht noch geregelt hat (BFH 2.7.2019 – IX R 13/18, BStBl. II 2020, 89 zur Aufhebung des Eigenkapitalersatzrechts durch das MoMiG). Hat sich der Stpfl. in einem solchen Fall nicht rechtssicher auf die geänderte Rechtslage (und die dem nachfolgende Rspr.-Verschärfung) einstellen können, bleiben die bisherigen Rspr.-Grundsätze anwendbar, sofern der Stpfl. bis zum Bekanntwerden der Rspr.-Änderung endgültig disponiert hat (BFH 11.7.2017 – IX R 36/15, BStBl. II 2019, 208).

– **Änderung von Verwaltungsanweisungen.** Ändert die Verwaltung ihre Rechtsauf- 25
fassung, ist sie zwar nicht zu einer Übergangsregelung verpflichtet, wenn dem Stpfl. zumindest Zweifel an der günstigen bisherigen Behandlung hätten kommen müssen (zB unterschiedliche Auffassungen in Schrifttum und/oder Rspr. der FG und Fehlen einer höchstrichterlichen Rspr.) und deshalb kein schützenswertes Vertrauen vorlag, doch kann im Einzelfall gleichwohl ein Erlass in Betracht kommen (BFH 26.9.2007 – V B 8/06, BStBl. II 2008, 405; Gosch AO § 163 Rn. 59). Im Übrigen kann Vertrauensschutz, der zu einer Verdrängung gesetzten Rechts führt, nur in besonders liegenden Fällen in Betracht kommen, in denen das Vertrauen des Stpfl. in ein bestimmtes Verhalten der FVerw. nach allgemeinem Rechtsgefühl in einem so hohen Maß schutzwürdig ist, dass demgegenüber die Grundsätze der Gesetzmäßigkeit der Verwaltung zurücktreten (BFH 17.4.2013 – X R 6/11, BFH/NV 2013, 1537). Eine Verpflichtung der FVerw. zu einer Übergangsregelung besteht folglich nur, wenn der Stpfl. mit der weiteren Anwendung der Verwaltungsvorschriften rechnen konnte und deshalb entspr. Dispositionen getroffen hat (TK § 227 Rn. 56). Zur Selbstbindung der Verwaltung → Rn. 26.

– **Selbstbindung der Verwaltung.** Die Verpflichtung, Ermessen gleichmäßig auszuüben, 26
wird allg. aus dem Gleichheitsgebot (Art. 3 I GG) abgeleitet (BFH 20.11.2019 – XI R 42/18, DB 2020, 819; HHSp § 227 Rn. 183; → § 5 Rn. 31). Letztlich folgt das Gebot der rechtlichen Gleichbehandlung aus der Gerechtigkeitsidee (TK § 227 Rn. 61 mwN). Deshalb wird der Gedanke der Selbstbindung der Verwaltung auch auf den Bereich des Verwaltungsermessens und der Billigkeit übertragen (BFH 5.9.2013 – XI R 4/10, BStBl. II 2014, 95). Danach kann es sachlich unbillig sein, wenn eine zum Nachteil des Stpfl. geänderte Verwaltungsvorschrift (→ Rn. 25) vor ihrer Änderung bereits auf die Mehrzahl der Stpfl. angewendet worden ist; bspw. um grobe Wettbewerbsverzerrungen zu vermeiden (TK § 227 Rn. 61 f.). Ermessenslenkende Verwaltungsvorschriften sind bei der gerichtlichen Überprüfung von Billigkeitsentscheidungen aber nur bedeutsam, wenn sie ihrerseits Recht und Billigkeit entsprechen (BFH 19.3.2009 – V R 48/07, BStBl. II 2010, 92; → Rn. 22 aE). Sind diese Bedingungen erfüllt, ist es den FB verwehrt, die Anwendung der Billigkeitsregelung in offensichtlich von der Verwaltungsanweisung gedeckten Einzelfällen ohne zwingende Sachgründe abzulehnen (BFH 26.9.2019 – V R 36/17, BFH/NV 2020, 86; → § 4 Rn. 55). Eine Gleichbehandlung im Unrecht kann grds. aber nicht erreicht werden (BFH 3.2.2005 – I B 152/04, BFH/NV 2005, 1214; Klein § 5 Rn. 9; → § 5 Rn. 31).

d) Verstoß gegen verfassungsrechtliche Wertungen. Einzelfallgerechtigkeit. Die 27
Anwendung eines in seiner Allgemeinheit verfassungsmäßigen Gesetzes kann in einem atypischen Einzelfall (→ Rn. 13) sachlich unbillig sein, weil es den verfassungsrechtlichen Wertungen widerspricht (TK § 227 Rn. 77). Zur Wahrung der Grundrechte kann bei generalisierenden und typisierenden StTatbeständen ein Billigkeitserlass wegen sachlicher Härte geboten sein, wenn die Regelungen nur deshalb einer verfassungsrechtlichen Prüfung standhalten, weil im Einzelfall oder in einer Gruppe von Einzelfällen die Möglichkeit besteht, auftretenden Härten durch Billigkeitsmaßnahmen Rechnung zu tragen (BVerfG

5.4.1978 – 1 BvR 117/73, BStBl. II 1978, 441; BFH 20.9.2012 – IV R 29/10, DStR 2012, 2488). Das ist etwa dann der Fall, wenn der Gesetzgeber Zahl und Intensität, der von der typisierenden Regelung nachteilig betroffenen Fälle, mit zumutbarem Aufwand nicht ermitteln kann. Die Billigkeitsmaßnahme erweist sich in diesem Zusammenhang als eine flankierende Maßnahme der Typisierung (BFH 20.9.2012 – IV R 36/10, BStBl. II 2013, 498). In diesen Einzelfällen muss kraft Verfassungsrechts durch einen Billigkeitserlass eine gerechte Entscheidung getroffen werden (BFH 6.2.1976 – III R 24/71, BFHE 118, 151; BFH 21.4.1977 – IV R 161, 162/75, BStBl. II 1977, 512). Dabei sind Fragen der abstrakt-generellen **Verfassungsmäßigkeit** des jeweiligen Gesetzes und der auf seiner Grundlage ergangenen StBescheide unbeachtlich; solche sind im Ausgangsverfahren gegen den jeweiligen StBescheid vorzubringen (→ Rn. 59). Gegenstand des behördlichen und insb. des fachgerichtlichen Billigkeitsverfahrens sind nur diejenigen Gesichtspunkte, die die Unbilligkeit im konkret-individuellen Einzelfall betreffen (BVerfG 28.2.2017 – 1 BvR 1103/15, HFR 2017, 544; BFH 31.7.1990 – I R 62/86, BStBl. II 1990, 1083).

Im Hinblick darauf ist der „Wirkkraft" der Grundrechte Rechnung zu tragen (BFH 26.11.2003 – X B 124/02, BFH/NV 2004, 754; krit. HHSp § 227 Rn. 286), wobei für die Konkretisierung der sachlichen Unbilligkeit insb. die **Art. 3, 6, 12 und 14 GG** unter dem Postulat der **Gleichmäßigkeit** der Besteuerung, der Besteuerung nach dem Leistungsfähigkeitsprinzip, des Übermaßverbots oder des Schutzes von Ehe und Familie in Betracht kommen (HHSp § 227 Rn. 287 mwN). Anhand dieser Vorschriften ist einzelfallbezogen zu prüfen, ob atypische Härten, die bei der Anwendung des StGesetzes als Folge zulässiger Pauschalierung, Typisierung oder aus Gründen der Praktikabilität hinzunehmen sind, durch eine Billigkeitsmaßnahme korrigiert werden müssen (BFH 23.3.1998 – II R 41/96, BStBl. II 1998, 396). So kann zB die StEinziehung im Einzelfall konfiskatorisch oder erdrosselnd wirken (FG München 28.6.1990 – 10 K 10073/83, EFG 1991, 133, hier verneint). Entspr. gilt, wenn mehrere gesetzliche Regelungen dergestalt zusammenwirken, dass es ohne Zuwachs an Leistungsfähigkeit zu einer hohen StSchuld kommt (umstr., HHSp § 227 Rn. 287; vgl. zum Veräußerungsgewinn beim Wegfall eines negativen Kapitalkontos einerseits BFH 26.10.1994 – X R 104/92, BStBl. II 1995, 297, andererseits BFH 2.4.1996 – III B 171/95, BFH/NV 1996, 728), wenn die Versteuerung von Kapitalerträgen nach Nominalwerten einen Stpfl. trifft, der seinen Lebensunterhalt allein von Zinserträgen bestreitet (BVerfG 19.12.1978 – 1 BvR 335/76, BStBl. II 1979, 308) oder wenn es bei der Bemessung der KiSt für das Jahr des Kirchenaustritts aufgrund der sog. Zwölftelungsmethode zu einer unverhältnismäßigen und sachwidrigen Benachteiligung des Stpfl. kommt (BVerwG 12.2.1988 – 8 C 16/86, NJW 1988, 1804). Eine überlange Dauer des gerichtlichen Verfahrens macht die StEinziehung auch im Hinblick auf **Art. 19 IV GG** nicht unbillig, da das Gericht nicht Beteiligter des StSchuldverhältnisses ist und ein Fehlverhalten des Gerichts nicht der FB angelastet werden kann (HHSp § 227 Rn. 276, 288; TK § 227 Rn. 80; → Rn. 21). Seit 3.12.2011 besteht zudem bei einer unangemessenen Dauer des Gerichtsverfahrens ein Anspruch auf Entschädigung (§ 198 GVG). Die Werteausfüllung des abgaberechtlichen Billigkeitsbegriffs durch Grundrechtsnormen setzt immer eine sachliche Beziehung zwischen der angestrebten Billigkeitsmaßnahme und dem in Anspruch genommenen Grundrecht voraus (HHSp § 227 Rn. 181, 288: Wertkongruenz). Deshalb gibt **Art. 4 I GG** dem Stpfl. zwar das Recht, nicht zur KiSt herangezogen zu werden (BVerwG 12.2.1988 – 8 C 16/86, NJW 1988, 1804), jedoch kann ein Pazifist nicht unter Berufung auf Art. 4 I, III 1 GG die Zahlung von Steuern aus Gewissensgründen verweigern, weil das StAufkommen (auch) der Finanzierung militärischer Zwecke dient (BVerfG 2.5.2007 – 2 BvR 475/02, HFR 2007, 900; BFH 6.12.1991 – III R 81/89, BStBl. II 1992, 303; HHSp § 227 Rn. 181; allg. zur StZahlungspflicht BFH 26.1.2012 – II B 70/11, BFH/NV 2012, 735). Entspr. gilt für Abtreibungsgegner (FG Hessen 15.11.1990 – 2 K 1576/89, EFG 1991, 642).

III. Persönliche Billigkeitsgründe

1. Allgemeines

28 Ein Erlass aus persönlichen Gründen erfordert das Vorliegen sowohl der Erlassbedürftigkeit als auch der Erlasswürdigkeit (BFH 17.7.2019 – III R 64/18, BFH/NV 2020, 7; TK § 227 Rn. 86). Ein Erlass kann für bestimmte **StArten** regelmäßig ausgeschlossen sein; diese StArten indizieren die Erlassunwürdigkeit (→ Rn. 38 „abwälzbare Steuern").

2. Erlassbedürftigkeit

29 **Begriff.** Erlassbedürftigkeit liegt vor, wenn die StErhebung die wirtschaftliche oder persönliche Existenz des Stpfl. vernichten oder ernstlich gefährden würde (std. Rspr.; vgl. BFH 27.9.2001 – X R 134/98, BStBl. II 2002, 176; FG Niedersachsen 13.6.2017 – 8 K 167/16, EFG 2018, 432).

30 **Notwendiger Lebensunterhalt.** Eine Existenzgefährdung liegt vor, wenn der notwendige Lebensunterhalt ohne Billigkeitsmaßnahmen vorübergehend oder dauerhaft nicht mehr bestritten werden kann (BFH 29.4.1981 – IV R 23/78, BStBl. II 1981, 726). Zum notwendigen Lebensunterhalt gehören die Mittel für Nahrung, Kleidung, Wohnung, ärztliche Behandlung, notwendigen Hausrat und für die sonst erforderlichen Ausgaben des täglichen Lebens sowie für den Erhalt der Erwerbsfähigkeit. Der notwendige Lebensunterhalt ist nicht gleichzusetzen mit dem bloßen Existenzminimum, sondern bezeichnet darüber hinaus auch diejenigen Mittel, die eine angemessene, also zwar bescheidene, nicht aber ärmliche Lebensführung ermöglichen (BFH 10.3.1987 – VII B 169/85, BFH/NV 1988, 71). Auch Unterhaltsleistungen für die mit dem Stpfl. in Hausgemeinschaft lebenden Angehörigen, soweit sie von ihm unterhalten werden müssen, rechnen dazu (HHSp § 227 Rn. 302); das gilt insb. für den Unterhalt erwachsener Kinder, die wegen Krankheit nicht in der Lage sind, sich selbst zu unterhalten (BFH 26.2.1987 – IV R 298/84, BStBl. II 1987, 612).

31 **Verhältnisse des StSchuldners.** Maßgeblich ist die Existenzgefährdung des Stpfl. (TK § 227 Rn. 90). Deshalb kommt es für die Erlassbedürftigkeit auf die Existenzgefährdung des Betriebs der KG als StSchuldnerin und nicht auf die ihres Komplementärs an, wenn die KG den Erlass von USt begehrt (FG Baden-Württemberg 16.2.2000 – 12 K 233/96, EFG 2000, 719). Ebenso ist bei einer GmbH die Existenzgefährdung der Gesellschaft, nicht die ihrer Gesellschafter entscheidend. Bei einer Organschaft müssen die wirtschaftlichen Verhältnisse sowohl der Organgesellschaft als auch der Muttergesellschaft berücksichtigt werden (FG Baden-Württemberg 16.2.2000 – 12 K 233/96, EFG 2000, 719). Bei Stiftungen darf der Stiftungszweck nicht gefährdet sein (BFH 9.11.1966 – I 43/64, BStBl. III 1967, 156). Bei **Ehegatten** und eingetragenen Lebenspartnerschaften sind unter Berücksichtigung der Grundsätze des Familienunterhalts auch die Einkommens- und Vermögensverhältnisse des anderen Partners zu berücksichtigen (BFH 31.3.1982 – I B 97/81, BStBl. II 1982, 530; BFH 26.10.2011 – VII R 50/10, BFH/NV 2012, 552 mwN für nicht getrennt lebende Eheleute; → Rn. 33). Entspr. gilt in Anlehnung an die Arbeitslosen- und Sozialhilfevorschriften für eheähnliche Lebensgemeinschaften (TK § 227 Rn. 100). Bei getrennt lebenden Ehegatten ist wie bei anderen Unterhaltsberechtigten auf den Umfang der Unterhaltspflicht abzustellen (Klein § 227 Rn. 38). Im Hinblick auf Art. 6 I GG muss berücksichtigt werden, dass bei der Besteuerung einer Familie das Existenzminimum sämtlicher Familienmitglieder steuerfrei zu bleiben hat, unabhängig davon wie die Besteuerung ausgestaltet ist und welches Familienmitglied als Stpfl. herangezogen wird (HHSp § 227 Rn. 297). Bei **Gesamtschuldnern** kommt es auf die wirtschaftlichen Verhältnisse des jeweiligen Gesamtschuldners an. Wird einem Gesamtschuldner die Schuld aus persönlichen Gründen erlassen, wirkt sich dies nicht gegenüber den anderen aus (§ 44 II 3). In Haftungsfällen kann ein Haftungsbescheid nicht mehr ergehen, wenn die gegen den StSchuldner festgesetzte StSchuld erlassen worden ist (§ 191 V 1 Nr. 2; → § 191 Rn. 117); das gilt nicht, wenn dem Haftungsschuldner StHinterziehung oder StHehlerei vorzuwerfen

ist (§ 191 V 2). Bei einem **Rechtsnachfolger** (zB bei Erbfall oder Umwandlung) kommt es auf die wirtschaftliche Situation des Rechtsnachfolgers im Zeitpunkt der Einspruchsentscheidung an, soweit es sich um den Erlass noch nicht erfüllter Ansprüche handelt (BFH 24.9.1976 – I R 41/75, BStBl. II 1977, 127; TK § 227 Rn. 95). Geht es hingegen um einen Erlass aus persönlichen Billigkeitsgründen im Wege der Erstattung bereits entrichteter Steuern, sind die Verhältnisse im Zeitpunkt der Zahlung entscheidend (BFH 24.9.1976 – I R 41/75, BStBl. II 1977, 127); der Wert des Nachlasses spielt keine Rolle.

32 **Prognose.** Die künftige Entwicklung der wirtschaftlichen Verhältnisse des Stpfl. ist zu berücksichtigen, mithin auch die Aussicht auf Erzielung von Einnahmen bzw. die Erlangung von Vermögenswerten sowie die erfolgreiche zukünftige Verwertung vorhandenen Vermögens (BFH 15.7.1993 – III B 8/93, BFH/NV 1994, 439). Nur vorübergehende **Zahlungsschwierigkeiten** gefährden nicht in jedem Fall die wirtschaftliche Existenz des Stpfl.; in solchen Fällen können Maßnahmen wie eine (zinslose) Stundung der StForderung, Gewährung von Ratenzahlungen oder die einstweilige Einstellung der Vollstr. geboten sein (BFH 2.4.1996 – III B 171/95, BFH/NV 1996, 728).

33 **Einsatz der Vermögenssubstanz.** Ob die Existenz des Stpfl. gefährdet ist, ist auch anhand seiner Vermögenslage zu entscheiden. Die Aufnahme von Kreditmitteln zur Begleichung der StSchulden ist grds. zumutbar (BFH 29.9.1994 – III S 5/94, BFH/NV 1995, 370). Der Stpfl. muss **alle verfügbaren Mittel** einsetzen und auch seine Vermögenssubstanz angreifen (BFH 26.2.1987 – IV R 298/84, BStBl. II 1987, 612; → § 222 Rn. 27). Dies gilt nicht, wenn die Verwertung der Vermögenssubstanz den Ruin des Stpfl. bedeuten würde (zur Zumutbarkeit der Vermögensverwertung BSG 21.11.2002 – B 11 AL 10/02 R, NJW 2003, 2554). Grds. scheidet eine Verwertung des sog. Schonvermögens (§ 88 BSHG; § 90 SGB XII) aus (FG Hamburg 18.2.2014 – 3 K 257/13, EFG 2014, 1563). Jenseits dieser Zumutbarkeitsgrenze sind (auch immobile) Vermögenswerte idR verwertbar, sei es durch (weitere) Beleihung, durch Verkauf bzw. Kündigung oder durch Zwangsversteigerung. Älteren, nicht mehr erwerbsfähigen Stpfl. muss jedoch wenigstens so viel von ihrem Vermögen belassen werden, dass sie damit für den Rest ihres Lebens eine **bescheidene Lebensführung** bestreiten können. Dies schließt die notwendigen Mittel für zukunftssichernde Maßnahmen, etwa den Abschluss einer diesem Standard entsprechenden Versicherung über sofort fällige Leibrentenbezüge gegen eine Einmalprämie, ein (BFH 29.4.1981 – IV R 23/78, BStBl. II 1981, 726), es sei denn, zur Bestreitung des notwendigen Lebensunterhalts stehen ausreichende Einkommens- und Vermögensverhältnisse des Ehegatten zur Verfügung (BFH 31.3.1982 – I B 97/81, BStBl. II 1982, 530). Ebenso kann ein Erlass aus persönlichen Billigkeitsgründen trotz verfügbarer Vermögenswerte (Hausgrundstück) in Betracht kommen, wenn der Gegenstand für die **Altersversorgung** eines älteren Stpfl. von so grundlegender Bedeutung ist, dass die Verwertung der Vermögenssubstanz die Vernichtung der Existenz des Stpfl. bedeuten würde (BFH 27.5.1987 – X R 41/81, BFH/NV 1987, 691; krit. Klein § 227 Rn. 37). Entspr. gilt für sonstige Einkunftsquellen oder Vermögenswerte (zB Bankguthaben, Wertpapierdepot, Briefmarken-, Münz- oder Gemäldesammlung), die der StSchuldner zur Bestreitung eines angemessenen Lebensunterhalts benötigt (HHSp § 227 Rn. 307). Zum existenzsichernden Erlass von Kapitalertragsteuer auf Kapitalerträge aus einer Kapitallebensversicherung vgl. FG Niedersachsen 13.6.2017 – 8 K 167/16, EFG 2018, 432. Bestehen hingegen hinreichende Renteneinkünfte, ein Wohnrecht und ein Unterhaltsanspruch gegenüber Angehörigen, ist auch bei älteren Stpfl. vor einem Erlass die Verwertung der Vermögenssubstanz erforderlich (BFH 27.2.1991 – XI R 23/88, BFH/NV 1991, 430).

Der Maßstab für eine bescheidene Lebensführung ist an dem Ziel auszurichten, ein **menschenwürdiges Dasein** zu ermöglichen (HHSp § 227 Rn. 303 mwN). Hierbei ist den individuellen Lebensumständen – wie zB Alter, berufliche Situation (Ausbildungssituation), Gesundheit – Rechnung zu tragen, wobei auch die künftige Lebenssituation einzubeziehen ist (HHSp § 227 Rn. 303 mwN). Da es bei § 227 nicht auf das Existenzminimum, sondern auf die Erhaltung des lebensnotwendigen Unterhalts im Sinne einer angemessenen, dh zwar bescheidenen, nicht aber ärmlichen Lebensführung ankommt (→ Rn. 30), scheint es vorzugswürdig, für die Bemessung der Erlassbedürftigkeit nicht auf die jeweils gültigen Sozialhilfesätze zurückzugreifen (HHSp § 227 Rn. 297), sondern ein Einkommen in Höhe der nach § 850c ZPO pfändungsfrei zu belassenden Beträge für angemessen zu halten (FG Niedersachsen 13.6.2017 – 8 K 167/16, EFG 2018, 432; ähnlich TK § 227 Rn. 92; Gosch AO § 163 Rn. 161; offenlassend FG Köln 29.9.2003 – 5 K 4216/02, EFG 2004, 623). Der Bezug von Sozialhilfe allein rechtfertigt aber keinen Erlass (FG München 26.10.1994 – 4 K 603/93, UVR 1995, 53; Gosch AO § 163 Rn. 164). Besteht die Existenzgrundlage in einer **Erwerbstätigkeit,** darf der StSchuldner durch die Einziehung der StSchuld nicht zur Aufgabe dieser Tätigkeit gezwungen werden (TK § 227 Rn. 93). Dies folgt aus § 811 Nr. 4–7, 9 ZPO. Andererseits begründet ein unmittelbar drohender Widerruf der Rechtsanwaltszulassung nicht zwangsläufig die Erlassbedürftigkeit, da angesichts der Verpflichtung des StSchuldners, größtmögliche Anstrengungen zur Begleichung der Schulden zu unternehmen, selbst Tätigkeiten ohne juristische Qualifikationsanforderungen zumutbar sind (BFH 26.10.2011 – VII R 50/10, BFH/NV 2012, 552).

Kausalität. Die persönliche Unbilligkeit muss Folge der StErhebung sein (BFH 34
24.10.1988 – X B 54/88, BFH/NV 1989, 285). Ein Erlass ist demnach nur gerechtfertigt, wenn die wirtschaftliche **Notlage durch die steuerliche Inanspruchnahme** selbst verursacht wurde (BFH 27.4.2001 – XI S 8/01, BFH/NV 2001, 1362; Gosch AO § 163 Rn. 157; aA TK § 227 Rn. 91). Daran fehlt es, wenn das FA die StAnsprüche ohnehin nicht durchsetzen kann, weil Einkünfte und Vermögen gering sind und im Übrigen dem Pfändungsschutz unterliegen (BFH 24.10.1988 – X B 54/88, BFH/NV 1989, 285). Ein Erlass würde unter diesen Umständen an der wirtschaftlichen Notlage des Stpfl. nichts ändern; er wäre für ihn ohne wirtschaftlichen Vorteil (BFH 30.9.1996 – X B 131/96, BFH/NV 1997, 326). Bei unabhängig von der StEinziehung bestehender Überschuldung und Zahlungsunfähigkeit kommt ein Erlass aus persönlichen Gründen deshalb grds. nicht in Betracht (BFH 21.4.1999 – VII B 347/98, BFH/NV 1999, 1440 mwN; aA HHSp § 227 Rn. 307). Kann der Erlass die finanzielle Krise hingegen (wieder) beseitigen, weil erst die StSchuld, deren Erlass begehrt wird, die Überschuldung oder Zahlungsunfähigkeit verursacht hat, dann bleibt der Erlass für den Stpfl. wirtschaftlich vorteilhaft. Dass er bei fortbestehender Notlage auch Pfändungsschutz in Anspruch nehmen könnte, ändert daran nichts (BFH 7.9.2017 – X B 52/17, BFH/NV 2018, 221). Weitere Ausnahmen sind im Insolvenzverfahren möglich (→ § 251 Rn. 116, 123, 127, 131). Der Erlass muss letztlich immer **dem StSchuldner wirtschaftlich zugutekommen** und nicht Dritten (BFH 18.7.2002 – V B 52/02, BFH/NV 2002, 1546; aA HHSp § 227 Rn. 326: unbillig kann die Einziehung auch sein, wenn sie eine vorhandene Notlage verstärkt, und selbst dann, wenn sie (mittelbar) auch einem Dritten nutzt). Allein die psychische Belastung durch eine allzeit drohende Pfändung seitens des FA ist selbst bei einem älteren Menschen kein Grund für einen Erlass aus persönlichen Gründen (FG Schleswig-Holstein 27.11.2002 – 2 K 99/02, EFG 2003, 590). Eine persönliche Unbilligkeit kann aber gegeben sein, wenn die StRückstände den Stpfl. hindern, eine neue (selbständige) Erwerbstätigkeit aufzunehmen und sich so wieder eine eigene, von Sozialhilfeleistungen unabhängige wirtschaftliche Existenz aufzubauen (BFH 27.9.2001 – X R 134/98, BStBl. II 2002, 176). Die Würde des Menschen (Art. 1 GG) erfordert hier einen Erlass (Schuster HFR 2002, 379 f.; → Rn. 33).

Katastrophen – zB infolge von Sturm, Hochwasser, Feuer etc. – führen für sich allein 35
nicht zur Unbilligkeit der StEinziehung, ggf. aber zur Erlassbedürftigkeit, wenn diese unabwendbaren Ereignisse für die Existenzgefährdung ursächlich sind (TK § 227 Rn. 102). Die aus Anlass solcher Schadensereignisse üblichen Verwaltungsvorschriften unterscheiden oftmals nicht zwischen der Unbilligkeit aus sachlichen oder aus persönlichen Gründen (TK § 227 Rn. 102). Zu den Maßnahmen zur Abmilderung der Corona- und Energiekrise → § 222 Rn. 29.

3. Erlasswürdigkeit

36 **Begriff.** Erlasswürdigkeit setzt ein Verhalten voraus, das nicht in eindeutiger Weise gegen die Interessen der Allgemeinheit verstößt und bei dem die mangelnde Leistungsfähigkeit nicht auf einem Verhalten des Stpfl. selbst beruht (BFH 17.7.2019 – III R 64/18, BFH/NV 2020, 7; krit. HHSp § 227 Rn. 133). Bei der Prüfung der Erlasswürdigkeit ist nicht schematisch zu verfahren (Gosch AO § 163 Rn. 167); vielmehr sind stets die konkreten Umstände des Einzelfalles zu ermitteln und durch die FB im Rahmen des Ermessens in eine abwägende Gesamtwürdigung einzustellen (BFH 29.4.1981 – IV R 23/78, BStBl. II 1981, 726). Auch die Bejahung steuerlichen Fehlverhaltens hat deshalb nicht zwangsläufig (automatisch) die Erlassunwürdigkeit des Stpfl. zur Folge (BFH 9.2.1987 – IV B 53/86, BFH/NV 1987, 488). Ebenso wenig kann aus der Bedürftigkeit zum Erlass (→ Rn. 29 ff.) auf die Erlasswürdigkeit geschlossen werden (BFH 5.3.1987 – VII B 138/86, BFH/NV 1987, 619).

37 **Steuerunehrliches Verhalten** soll nicht durch einen Erlass belohnt werden. Deshalb schließt die Verurteilung wegen StHinterziehung eine Erlasswürdigkeit für die hinterzogenen Beträge grds. aus (BFH 5.3.1987 – VII B 138/86, BFH/NV 1987, 619). Ebenso wird ein Strohmann idR erlassunwürdig sein, wenn er eine maßgebliche (Mit-)Ursache für das Entstehen der StSchulden gesetzt hat (BFH 28.1.1991 – V B 164/90, BFH/NV 1991, 577). Dies gilt jedoch **nicht in jedem Fall.** Hat ein Stpfl. unter Einsatz seiner ihm zur Verfügung stehenden Mittel alles getan, um die Folgen seines steuerunehrlichen Verhaltens zu beseitigen, führt seine Verurteilung wegen StHinterziehung nicht automatisch zur Erlassunwürdigkeit (BFH 2.3.1961 – IV 126/60 U, BStBl. III 1961, 288; BFH 11.3.1988 – III R 236/84, BFH/NV 1989, 432; FG Berlin-Brandenburg 9.8.2011 – 1 K 1369/07, EFG 2012, 480). Liegt die StHinterziehung schon viele Jahre zurück, wiegt üblicherweise auch das Gewicht des mit der entspr. Verurteilung verbundenen Unwerturteils für die Erlasswürdigkeit mit der Zeit geringer, wobei ggf. auf die Tilgungsvorschriften des Bundeszentralregistergesetzes (§§ 45 ff. BZRG) zurückgegriffen werden kann (BFH 14.10.1993 – X B 52/93, BFH/NV 1994, 562).

38 **Verletzung steuerlicher Pflichten.** Der Stpfl. muss grds. seine Erklärungspflichten erfüllt und sich rechtzeitig um die Tilgung der StSchulden bemüht haben (TK § 227 Rn. 107). Die schuldhafte Nichtabgabe von **StErklärungen** kann hingegen die Erlasswürdigkeit ausschließen (BFH 18.8.1988 – V B 71/88, BFH/NV 1990, 137). Doch lässt die Verletzung steuerlicher Erklärungspflichten für sich allein nicht zwingend die Erlasswürdigkeit entfallen (BFH 15.10.1992 – X B 152/92, BFH/NV 1993, 80). Eine jahrelang verspätete Abgabe von StErklärungen führt bspw. nicht zur Erlassunwürdigkeit, wenn die Verspätung durch den Tod des gewerbetreibenden Ehemanns, Schwierigkeiten bei der Beschaffung von Geschäftsunterlagen oder eine pflichtwidrige Nichtbearbeitung der StFalls (für die Vorjahre) durch das FA mitverursacht worden ist (BFH 26.1.1988 – VIII R 151/84, BFH/NV 1988, 695). Entspr. gilt, wenn **besondere Umstände** – zB jugendliches oder hohes Alter, Krankheit, Abhängigkeit von Dritten, Schicksalsschläge, unterdurchschnittliche Intelligenz – zur Verletzung steuerlicher Pflichten geführt haben (BFH 15.10.1992 – X B 152/92, BFH/NV 1993, 80). Ein Verstoß gegen die Interessen der Allgemeinheit liegt aber vor, wenn der Stpfl. bei der Entstehung der Forderung seine steuerlichen **Mitwirkungspflichten** nach § 90 I und § 68 I EStG verletzt (BFH 17.7.2019 – III R 64/18, BFH/NV 2020, 7), wobei auch hier die Besonderheiten des Einzelfalls, etwa Art und Maß des Verschuldens, nicht aus dem Blick geraten dürfen (FG Bremen 7.6.2022 – 2 K 34/22, BeckRS 2022, 13856). Darüber hinaus ist der Stpfl. verpflichtet, seine StSchulden nicht gegenüber den übrigen Schulden zu vernachlässigen, weshalb vorhandenes Vermögen idR zu **gleichmäßiger Schuldentilgung** einzusetzen ist (BFH 27.2.1985 – II R 83/83, BFH/NV 1985, 6). Verfügen die anderen Gläubiger über werthaltige und durchsetzbare Sicherheiten, ist uU auch eine differenziertere Vorgehensweise unschädlich (FG Niedersachsen 13.6.2017 – 8 K 167/16, EFG 2018, 432; vgl. auch

BFH 29.4.1981 – IV R 23/78, BStBl. II 1981, 726 zur Geschäftsaufgabe). Grds. ist derjenige nicht erlasswürdig, der **USt** von seinen Kunden erhalten hat und sie entgegen § 18 I, III UStG weder erklärt noch abführt (BFH 18.8.1988 – V B 71/88, BFH/NV 1990, 137). Gleiches gilt für die vom Arbeitgeber einbehaltene und nicht abgeführte **LSt** (FG Düsseldorf 6.3.2002 – 4 K 5368/00 AO, DStRE 2003, 1065). Ausnahmsweise kommt ein Erlass der LSt in Betracht, um einen unverschuldet in Not geratenen Arbeitgeber vor dem Zusammenbruch zu retten und Arbeitsplätze zu erhalten (FG Hamburg 21.8.1985 – II 146/83, EFG 1986, 203; TK § 227 Rn. 36). Bei **abwälzbaren Steuern** wie VerbrauchSt scheidet idR die Möglichkeit eines Billigkeitserweises aus persönlichen Gründen aus, falls die Steuer überwälzt werden konnte (BFH 22.4.1975 – VII R 54/72, BStBl. II 1975, 727; krit. TK § 227 Rn. 32).

Selbst herbeigeführte Leistungsunfähigkeit macht grds. erlassunwürdig (BFH 14.11.1957 – IV 418/56 U, BStBl. III 1958, 153; Klein § 227 Rn. 45). Allerdings führen bloße wirtschaftliche Fehler in der Geschäftsführung – wie zB Fehlinvestitionen, überhöhte Kreditaufnahme, Eingehen besonders riskanter Geschäfte – regelmäßig nicht zur Erlassunwürdigkeit (Gosch AO § 163 Rn. 170). Wird die Leistungsunfähigkeit jedoch vorsätzlich oder durch grobe Nachlässigkeit herbeigeführt, ist der Stpfl. erlassunwürdig (FG Münster 14.3.2002 – 5 K 6321/00 AO, EFG 2002, 891; TK § 227 Rn. 107). So führt bspw. die **leichtfertige Verschwendung** vorhandenen Vermögens zur Erlassunwürdigkeit (BFH 28.10.1997 – VII B 183/96, BFH/NV 1998, 683: fehlgeschlagene Spekulationsgeschäfte). Auch ein zu hoher (unangemessener) **Lebenswandel** kann zur Erlassunwürdigkeit führen (BFH 7.2.1964 – III 307/61 U, BStBl. III 1964, 225), wobei aber nicht jeder über eine bescheidene Lebensführung hinausgehende Aufwand ausreicht (BFH 29.4.1981 – IV R 23/78, BStBl. II 1981, 726). Vielmehr ist auch in diesen Fällen auf die Umstände des Einzelfalls abzustellen (→ Rn. 36), etwa darauf, ob und ggf. in welchem Umfang der Stpfl. vor seiner Leistungsunfähigkeit Anstrengungen unternommen hat, um seine StRückstände abzutragen (BFH 2.3.1961 – IV 126/60 U, BStBl. III 1961, 288). Wer aber sein Arbeitsverhältnis ohne zwingende Gründe kündigt, ist erlassunwürdig (BFH 30.9.1996 – X B 131/96, BFH/NV 1997, 326; Gosch AO § 163 Rn. 169); ebenso derjenige, der sich um keine (neue) Erwerbstätigkeit bemüht (BFH 12.2.1991 – VII B 170/90, BFH/NV 1992, 42). Die Erlasswürdigkeit wird durch Alkoholabhängigkeit nicht ausgeschlossen, da diese als Krankheit anzusehen ist (BFH 13.3.1990 – VII S 3/90, BFH/NV 1991, 171). 39

C. Erlassverfahren

I. Zuständigkeit

Sachliche Zuständigkeit. Die FB sind zum Erlass befugt. Das sind die örtlichen Behörden iSv § 6 II Nr. 5, nämlich die FÄ und HZÄ (vgl. § 16 iVm §§ 12 II, 17 II FVG). Der Erlass ist Teil des Erhebungsverfahrens (BFH 12.6.2008 – VIII B 158/07, BeckRS 2008, 25013632). Der Antrag (→ Rn. 48) ist bei der die Steuer erhebenden FB zu stellen; sie entscheidet über das Erlassbegehren (→ Rn. 50 f.). Die obersten FB haben sich und den Mittelbehörden aber in bestimmten Fällen die Zustimmung vorbehalten. Die **Zustimmungserfordernisse und -grenzen** ergeben sich für Steuern, die von den LandesFB im Auftrag des Bundes verwaltet werden (Art. 108 III GG; ESt, KSt, SolZ, USt und VersSt), aus einem BMF-Schreiben (BMF 5.7.2023, BStBl. I 2023, 1467) sowie für die übrigen von den LandesFB verwalteten Steuern und Abgaben (Art. 108 II 1 GG) aus einem gleich lautenden Erlass der obersten FB der Länder v. 5.7.2023 (BStBl. I 2023, 1468). Ein Verstoß gegen die sachliche Zuständigkeit und/oder das Zustimmungserfordernis (→ Rn. 46) führt grds. nicht zur Nichtigkeit der Verwaltungsentscheidung (HHSp § 227 Rn. 355). Die Entscheidung ist jedoch nichtig (§ 125), wenn zB die Gemeinde über den Erlass von ESt entschieden hat. Die Verletzung von Zuständigkeitsregeln führt aber in aller Regel zur Rechtswidrigkeit, da es sich bei der Entscheidung über den Billigkeitserlass um eine 45

Ermessensentscheidung handelt (→ Rn. 11, 51) und § 127 deshalb nicht greift (BFH 19.4.2012 – III R 85/11, BFH/NV 2012, 1411; zur Ausnahme → § 127 Rn. 24). Zur Gesamtzuständigkeit im **kindergeldrechtlichen Billigkeitsverfahren** → § 222 Rn. 60.

46 **Zustimmung als verwaltungsinterner Vorgang.** Soweit die Oberbehörden (OFD, LfSt, die obersten LänderFB, der BMF) zustimmen müssen, handelt es sich jeweils um einen verwaltungsinternen Vorgang, der auf die sachliche Zuständigkeit der örtlichen FB (FÄ, HZÄ) und damit auf die Wirksamkeit der Entscheidung über einen Erlassantrag keinen Einfluss hat (Gosch AO § 227 Rn. 113). Fehlt die erforderliche Zustimmung, ist der Erlass dennoch wirksam. Wird die Zustimmung von einer der in den Verwaltungsanweisungen genannten Oberbehörden versagt, muss der Stpfl. gegen die ablehnende Entscheidung der FB vorgehen, da im Außenverhältnis nur die FB handelt.

47 **Gemeinde- und Kirchensteuern.** RealSt (GewSt, GrSt), örtliche Verbrauch- und AufwandSt sowie KiSt erlassen die Behörden, die diese Steuern verwalten. Soweit die FB für die RealSt die Verwaltungshoheit besitzen (vgl. auch R 1.6 GewStR 2009), benötigen sie für Erlassmaßnahmen nicht die Zustimmung der ertragsberechtigten Gemeinde. Ist die Gemeinde für den Erlass zuständig, ist sie bei ihrer Billigkeitsentscheidung nicht an einen vom FA ausgesprochenen Erlass der USt gebunden (BVerwG 23.8.1990 – 8 C 42/88, NJW 1991, 1073). Soweit die FÄ die KiSt verwalten, sind sie auch für den Erlass zuständig, sofern die KiStG der Länder nichts anderes regeln (TK § 227 Rn. 123 mwN).

II. Antrag und Nachweis der Erlassgründe

48 **Antrag als Regelfall.** Der Erlass erfolgt idR auf Antrag. Er ist jedoch nach dem Wortlaut des § 227 nicht zwingend erforderlich (BFH 13.9.2018 – III R 48/17, BStBl. II 2019, 189; HHSp § 227 Rn. 370). Ein Erlassantrag beinhaltet auch einen **Hilfsantrag auf Stundung** (TK § 227 Rn. 133). Hat der Stpfl. Erlass beantragt und anschließend die StBeträge entrichtet, ist der Antrag so auszulegen, dass nunmehr eine Erstattung/Anrechnung begehrt wird (Gosch AO § 227 Rn. 103). Ein Erlassantrag hat keine aufschiebende Wirkung und hat daher auf das VollstrVerfahren keinen Einfluss (BFH 12.6.2008 – VIII B 158/07, BeckRS 2008, 25013632; HHSp § 227 Rn. 370; → § 257 Rn. 4). **Antragsberechtigt** ist der StSchuldner des betreffenden Anspruchs (BFH 19.10.1982 – VII R 45/80, BStBl. II 1983, 51). Dies gilt auch dann, wenn er wirtschaftlich von der Einziehung nicht betroffen ist (TK § 227 Rn. 133). Dritte können den Erlass nur anregen. Wird der Erlass abgelehnt, ist der Dritte mangels Beschwer nicht rechtsbehelfsbefugt (Gosch AO § 227 Rn. 118). Der Antrag ist grds. **nicht fristgebunden** (→ Rn. 15); eine verhältnismäßig späte Antragstellung kann sich aber ggf. auf die Ermessensbetätigung auswirken (→ Rn. 51). Nach Ablehnung eines Erlasses ist eine **erneute Antragstellung** zulässig. Die FB ist aber nur zu erneuter Sachprüfung verpflichtet, wenn sich die maßgeblichen Umstände zugunsten des Stpfl. geändert haben oder ein früherer Antrag als unzulässig verworfen wurde (BFH 17.3.1987 – VII R 26/84, BFH/NV 1987, 620; Gosch AO § 227 Rn. 119; weitergehend TK § 227 Rn. 133).

49 **Nachweis der Erlassgründe.** Soweit ein Erlass aus persönlichen Gründen begehrt wird, muss der Stpfl. seine Einkommens- und Vermögensverhältnisse umfassend und zeitnah darlegen (Gosch AO § 227 Rn. 116.1). Dies erfordert auch eine rückhaltlose Auskunft über schenkweise zugeflossene Gelder (BFH 19.4.1989 – II B 204/88, BFH/NV 1990, 319). Der Stpfl. hat eine **erhöhte Mitwirkungspflicht** (§§ 90, 365 I; BFH 23.12.1993 – X B 91/93, BFH/NV 1994, 757). Er trägt für das Vorliegen der Erlassvoraussetzungen die **Beweislast** (BFH 29.4.1987 – X R 22/82, BFH/NV 1988, 73). Mangelnde Mitwirkung ist im gerichtlichen Verfahren nicht mehr heilbar (BFH 31.1.1996 – III B 75/95, BFH/NV 1996, 565); erst im Klageverfahren nachgeschobene Gründe gegen die Billigkeitsentscheidung sind deshalb unbeachtlich (BFH 23.11.2000 – III R 52/98, BFH/NV 2001, 882). Unrichtige Angaben können zur Versagung des Erlasses führen (BFH 29.3.2000 – XI B 147/99, BFH/NV 2000, 952). Ist der Antrag nicht oder nur unzulänglich begründet,

muss die FB den Stpfl. im Rahmen ihrer Sachverhaltsermittlungspflicht (→ Rn. 50) auffordern, unzureichende Angaben zu vervollständigen und unter Beweis zu stellen (BFH 22.4.1988 – III R 269/84, BFH/NV 1989, 428).

III. Entscheidung über den Erlass

Ermittlung des Sachverhalts. Unabhängig von der Mitwirkungspflicht des Stpfl. 50
(→ Rn. 49) hat die FB im Rahmen ihrer allg. Ermittlungspflicht (§ 88) den entscheidungserheblichen Sachverhalt umfassend zu ermitteln (HHSp § 227 Rn. 380 mwN). Die **Sachaufklärungspflicht der FB** wird allerdings durch die im Billigkeitsverfahren gesteigerte Verpflichtung des Stpfl. zur Mitwirkung bei der Sachaufklärung (→ Rn. 49) begrenzt (BFH 29.4.1987 – X R 22/82, BFH/NV 1988, 73). Dies entbindet die FB aber nicht, auch solchen tatsächlichen Umständen nachzugehen, die sich ihr bis zum Ergehen der Rechtsbehelfsentscheidung hätten aufdrängen und weitere Nachfragen und Ermittlungen auslösen müssen (BFH 23.11.2000 – III R 52/98, BFH/NV 2001, 882). Eine fehlerfreie Ermessensausübung setzt voraus, dass die FB ihre Ermessensentscheidung erkennbar (→ Rn. 52) aufgrund einer einwandfreien und erschöpfenden Ermittlung des entscheidungserheblichen Sachverhalts getroffen und alle für die Ermessensentscheidung wesentlichen Gesichtspunkte tatsächlicher und rechtlicher Art spätestens im Zeitpunkt der letzten Verwaltungsentscheidung berücksichtigt hat (BFH 12.8.2009 – XI R 4/08, BFH/NV 2010, 393; BFH 22.6.1990 – III R 150/85, BStBl. II 1991, 864). Im finanzgerichtlichen Verfahren kann die FB ihre Ermessenserwägungen nach § 102 S. 2 FGO bis zum Abschluss der Tatsacheninstanz ergänzen, dh vervollständigen (→ Rn. 57).

Ermessensentscheidung. Der Erlass ist eine Billigkeitsmaßnahme, die in das pflicht- 51
gemäße Ermessen der FB gestellt ist (→ Rn. 11). Die Ermessensentscheidung einer FB wird nicht durch die einer anderen FB vorgeprägt (BFH 6.9.2005 – X B 22/05, BFH/NV 2006, 11). Wegen des Verständnisses der Norm als (einheitlicher) Ermessens- bzw. Koppelungsvorschrift (→ § 5 Rn. 18 f.) wirkt sich der unbestimmte Rechtsbegriff der **Unbilligkeit** im Zuge der Entscheidungsfindung in zweifacher Hinsicht aus, nämlich sowohl auf der Tatbestands- als auch auf der Rechtsfolgenebene (→ Rn. 11). Wird die Unbilligkeit aus sachlichen oder persönlichen Gründen bejaht, ist nicht nur der Weg für die Ermessensentscheidung der FB frei, sondern regelmäßig zugleich die Ermessensausübung in der Weise vorbestimmt (reduziert), dass nur der Billigkeitserweis als pflichtgemäß iSd § 5 angesehen werden kann (Gosch AO § 227 Rn. 100; vgl. auch BFH 28.11.2016 – GrS 1/15, BStBl. II 2017, 393 Rn. 104). Allerdings stellt es unter dem Gesichtspunkt der Rechtsverwirkung durch Säumigkeit oder der Rechtssicherheit und der Wahrung des Rechtsfriedens keinen Ermessensfehler dar, wenn die FB einen unverhältnismäßig spät gestellten Antrag schon im Hinblick auf den **Zeitablauf** zwischen erfolgter StZahlung bzw. Festsetzung und Antragstellung ablehnt (BFH 21.7.2016 – X R 11/14, BStBl. II 2017, 22; HHSp § 227 Rn. 191; krit. Brühl DStZ 2017, 751). Anhaltspunkte hierfür können – auch für den Fall eines erneuten Erlassantrages – den gesetzlichen Fristen entnommen werden, deren Versäumung auch sonst zu Rechtsverlusten führt (etwa §§ 169 II, 228 S. 2; BFH 17.3.1987 – VII R 26/84, BFH/NV 1987, 620: 4 Jahre; vgl. auch BFH 15.3.1994 – VII B 196/93, BFH/NV 1995, 4: 11 Jahre). Dabei dürfen jedoch die jeweiligen Einzelfallumstände nicht aus dem Blick geraten (differenzierend auch Gosch AO § 227 Rn. 101). Zur gerichtlichen Überprüfung → Rn. 57 sowie → § 5 Rn. 38 ff.

IV. Form und Umfang

Schriftform ist zwar nicht vorgeschrieben (vgl. § 119 II), aber üblich und im Interesse 52
der Rechtsklarheit und -sicherheit auch geboten. Andernfalls sollte sich der Antragsteller unter Berufung auf § 119 II 2 den Erlass unverzüglich schriftlich bestätigen lassen. Der Erlass wird als begünstigender VA mit der Bekanntgabe an den Adressaten wirksam (§ 124 I 1). Mit dem Zugang erlischt der erlassene Anspruch (§ 47; → Rn. 54). Wird ein

Erlassantrag teilweise oder insgesamt **abgelehnt,** ist Schriftform erforderlich. Der VA ist zu begründen (§ 121 I, II Nr. 1). Aus der **Begründung** müssen die für die Ausübung des Ermessens maßgeblichen Umstände und Erwägungen der FB erkennbar sein (BFH 19.5.2022 – III R 16/20, BFH/NV 2022, 1160; HHSp § 227 Rn. 375; → § 5 Rn. 34).

53 **Nebenbestimmungen.** Ein Erlass unter Widerrufsvorbehalt (§ 120 II Nr. 3) ist unzulässig (BFH 22.9.1971 – I B 26/71, BStBl. II 1972, 83). Ein Erlass kann grds. nicht unter einer aufschiebenden Bedingung oder Auflage (§ 120 II Nr. 2, 4) – wie zB Tilgung alter Rückstände – ergehen (TK § 227 Rn. 136; aA Gosch AO § 227 Rn. 122: auflösende Bedingung). Möglich ist jedoch, dass die FB etwa einen Erlass von Säumniszuschlägen verbindlich zusichert, falls der Stpfl. bestimmte Rückstände tilgt (BFH 8.11.1989 – I R 30/84, BFH/NV 1990, 546).

V. Rechtsfolgen des Erlasses

54 Der Erlass führt entspr. seinem Umfang gem. § 47 zum völligen oder teilweisen **Erlöschen** des Anspruchs aus dem StSchuldverhältnis. Soweit die erlassenen Beträge bereits entrichtet sind, kommt es zur Erstattung bzw. Anrechnung (§ 227 HS 2). Werden bezahlte BetriebsSt erlassen, führt die Erstattung zu Betriebseinnahmen (BFH 26.1.1989 – IV R 86/87, BStBl. II 1989, 456). Auch verjährte Ansprüche können in besonderen Ausnahmefällen erstattet werden (BFH 17.3.1987 – VII R 26/84, BFH/NV 1987, 620; zum Zeitfaktor → Rn. 51). Künftige Ansprüche können nicht nach § 227 erlassen werden, da der Anwendungsbereich der Norm nur festgesetzte Steuern und erhobene steuerliche Nebenleistungen erfasst (Gosch AO § 227 Rn. 14; aA HHSp § 227 Rn. 211: Bestimmbarkeit genügt).

VI. Korrektur des Erlasses

55 **Rückwirkung.** Der durch Erlass erloschene Anspruch aus dem StSchuldverhältnis lebt wieder auf, wenn der Erlöschensgrund rückwirkend durch Rücknahme (§ 130) der Erlassverfügung beseitigt wird. Ein nur ex nunc wirkender Widerruf (§ 131) des Erlasses scheidet folglich aus. Eine rückwirkende Korrektur ist aber nur möglich, wenn die Erlassentscheidung aus einem der in **§ 130 II** aufgezählten Gründe rechtswidrig ist und deshalb mit rückwirkender Kraft zurückgenommen werden kann (BFH 3.8.1983 – II R 144/80, BStBl. II 1984, 321; HHSp § 227 Rn. 372). Dies ist bspw. bei bewusst unrichtigen Angaben des Stpfl. im Erlassantrag der Fall (BFH 5.2.1975 – I R 85/72, BStBl. II 1975, 677). Eine nachträgliche Besserung der wirtschaftlichen Verhältnisse des Stpfl. ist kein Rücknahmegrund iSd § 130 II (TK § 227 Rn. 137).

VII. Rechtsbehelfe und sonstige Verfahrensfragen

56 **Einspruch.** Gegen den einen Erlass ablehnenden VA und gegen die Rücknahme eines bereits gewährten Erlasses ist der Einspruch (§ 347) gegeben.

57 **Verpflichtungsklage.** Gegen die (ablehnende) Einspruchsentscheidung kann beim FG Verpflichtungsklage (§ 40 I FGO) erhoben werden. Für die gerichtliche Nachprüfung sind grds. die tatsächlichen Verhältnisse maßgebend, die der FB im Zeitpunkt der letzten Verwaltungsentscheidung (dh Einspruchsentscheidung) bekannt waren oder hätten bekannt sein müssen (BFH 6.3.1996 – II R 102/93, BStBl. II 1996, 396; Gosch AO § 163 Rn. 226). Die Entscheidung der FB ist eine Ermessensentscheidung (→ Rn. 11, 51), die vom FG nach **§ 102 FGO** nur daraufhin überprüft werden darf, ob die FB ihr Ermessen fehlerfrei ausgeübt hat (Gräber FGO § 102 Rn. 15). Ihre diesbezüglichen Erwägungen kann die FB gem. § 102 S. 2 FGO bis zum Abschluss des finanzgerichtlichen Verfahrens ergänzen, nicht aber erstmals anstellen (Gräber FGO § 102 Rn. 25; → § 5 Rn. 41). Ob der FB nach § 227 überhaupt Ermessen zustand, ob also die Einziehung der Steuer nach Lage des einzelnen Falls unbillig war (BFH 23.8.2017 – I R 52/14, BStBl. II 2018, 232; → Rn. 11), unterliegt hingegen uneingeschränkter gerichtlicher Kontrolle (BFH

28.11.2016 – GrS 1/15, BStBl. II 2017, 393 mwN). Liegen die Voraussetzungen der Unbilligkeit vor (→ Rn. 12), ist die gerichtliche Nachprüfung der Erlassablehnung darauf beschränkt, ob die FB bei ihrer Ermessensentscheidung die gesetzlichen **Grenzen des Ermessens** überschritten oder von dem ihr eingeräumten Ermessen in einer dem Zweck der Ermächtigung nicht entspr. Weise Gebrauch gemacht hat (BFH 19.12.2002 – V R 66/00, BFH/NV 2003, 591). Zu den Entscheidungsmöglichkeiten des Gerichts bei ermessensfehlerhafter Ablehnung des Erlassantrages vgl. Gräber FGO § 102 Rn. 21. Nur bei einer Ermessensreduzierung auf null darf das FG die Verpflichtung zur Gewährung eines Erlasses aussprechen (BFH 26.10.1994 – X R 104/92, BStBl. II 1995, 297), wobei es in diesem Ausnahmefall auf die Sach- und Rechtslage im Zeitpunkt der Entscheidung abstellen muss (BFH 11.10.2017 – IX R 2/17, BFH/NV 2018, 322). De facto geht die gerichtliche Kontrolle jedoch unter Verweis auf die materielle Verzahnung von Tatbestands- und Rechtsfolgenseite (→ Rn. 11, 51) vielfach über die formalen Vorgaben des § 102 FGO hinaus (HHSp § 227 Rn. 117). Beispiele aus der Rspr. finden sich im Zusammenhang mit dem Erlass von Säumniszuschlägen aus Gründen sachlicher Unbilligkeit (→ Rn. 19) und in persönlicher Hinsicht in der Anerkennung einer der Erlassbedürftigkeit nicht entgegenstehenden angemessenen Alterssicherung (→ Rn. 33).

Bezüglich der – insb. bei Übergangsregelungen relevanten – sog. **Gruppenunbilligkeit** (→ Rn. 22) gelten keine geringeren Anforderungen an die Billigkeitsentscheidung, weswegen im gerichtlichen Verfahren grds. geprüft werden muss, ob eine Gruppe gleichgelagerter Fälle einheitlich beurteilt wird und ob die Voraussetzungen für den Erlass auch im Einzelfall tatsächlich vorliegen (BFH 25.11.1980 – VII R 17/78, BStBl. II 1981, 204; TK § 227 Rn. 127 mwN). Mit einer (Konkurrenten-)Klage kann nicht erreicht werden, dass die FVerw. eine Billigkeitsmaßnahme gegenüber einem Konkurrenten unterlässt (BFH 18.9.2007 – I R 30/06, BStBl. II 2009, 126). Zur **Steuerberaterhaftung** s. BGH 13.3.2014 – IX ZR 23/10, DStR 2014, 1251.

Anfechtungsklage. Wird ein gewährter Erlass zurückgenommen (→ Rn. 55), ist das Rechtsschutzziel allein die Wiederherstellung des früheren Rechtszustands. Dies geschieht nach erfolglosem Einspruchsverfahren durch die Anfechtungsklage (§ 40 I iVm § 100 I 1 FGO). 58

Verhältnis zur StFestsetzung. Die zu prüfende Billigkeitsentscheidung ist materiell-rechtlich und formell-rechtlich unabhängig von der Rechtmäßigkeitsprüfung der StFestsetzung (BFH 26.10.1994 – X R 104/92, BStBl. II 1995, 297). Im Rahmen der auf § 227 gestützten gerichtlichen Rechtmäßigkeitsprüfung der Billigkeitsentscheidung bleiben deshalb – von Fällen offensichtlicher und eindeutiger Fehlerhaftigkeit abgesehen (→ Rn. 15) – sämtliche gegen die StFestsetzung gerichteten Einwendungen – auch zur Verfassungsmäßigkeit der einfach-gesetzlichen Grundlage – unberücksichtigt (BFH 9.10.2020 – VIII B 162/19, BFH/NV 2021, 289 zur Höhe der Säumniszuschläge); umgekehrt gilt dies gleichermaßen (BFH 13.4.2011 – X R 1/10, BStBl. II 2011, 915). Es gibt insoweit keine zwingende Rangfolge; selbst dann nicht, wenn der Billigkeitserlass nicht nach § 227, sondern nach § 163 erstrebt wird (BFH 26.10.1994 – X R 104/92, BStBl. II 1995, 297). Wegen dieser **Zweigleisigkeit** können beide Verfahren grds. nebeneinander betrieben werden (BFH 30.1.2007 – VII B 337/05, BFH/NV 2007, 1323), sodass idR auch keine Vorgreiflichkeit iSd § 74 FGO besteht (BFH 12.6.1997 – I R 70/96, BStBl. II 1998, 38; vgl. auch BFH 1.4.2015 – V B 121/14, BFH/NV 2015, 1003; zur Ausnahme s. BFH 31.5.1995 – I R 163/94, BFH/NV 1996, 310). 59

Einstweiliger Rechtsschutz: 60

– **AdV.** Bei Rücknahme eines Erlasses (→ Rn. 55) kann ein Antrag auf AdV (§§ 361, 69 FGO) gestellt werden, da es sich um einen vollziehbaren VA handelt (ebenso Gosch AO § 227 Rn. 141; aA TK § 227 Rn. 142: eA).
– **Einstweilige Anordnung.** Wird ein Erlass hingegen abgelehnt, kann nur im Wege einer einstweiligen Anordnung nach § 114 FGO vorläufiger Rechtsschutz erreicht 61

werden, wodurch dem FA untersagt wird, vor Beendigung des Hauptverfahrens den StBetrag einzuziehen; ein vorläufiger StErlass kann nicht begehrt werden (BFH 22.9.1971 – I B 26/71, BStBl. II 1972, 83). Zu Einzelheiten s. Gräber FGO § 114 Rn. 87.

3. Unterabschnitt. Zahlungsverjährung

§ 228 Gegenstand der Verjährung, Verjährungsfrist

[1] Ansprüche aus dem Steuerschuldverhältnis unterliegen einer besonderen Zahlungsverjährung. [2] Die Verjährungsfrist beträgt fünf Jahre, in Fällen der §§ 370, 373 oder 374 zehn Jahre.

Schrifttum: Kraemer, Erlöschen des Steueranspruchs durch Zahlungsverjährung, DStZ 1988, 330; Lemaire, Einwand der Zahlungsverjährung, AO-StB 2005, 106; Stahl/Carlé, Steuerverfahrensrechtliches Know-how in der Abwehrberatung, KÖSDI 2007, 15670; Kraus, Uneinbringlichkeit und Zahlungsverjährung – Die möglichen Schicksale von Zollschulden, ZfZ 2012, 225; Klomfaß, Die Verjährung von Geldforderungen – Endgültiges Erlöschen oder fortbestehender Anspruch, KKZ 2015, 145; Kleutgens, Cum/ex- bzw. cum/cum-Altfälle: Zahlungsverjährung nach § 228 AO bei Rückforderung bereits erstatteter oder angerechneter Kapitalertragsteuer, FR 2018, 774.

I. Allgemeines

1 Die AO unterscheidet zwischen der Festsetzungsverjährung (§§ 169–171) einerseits, die den abstrakten – durch die Tatbestandsverwirklichung entstandenen – StAnspruch betrifft, und der Zahlungsverjährung (§§ 228–232) andererseits, die sich auf fällige Ansprüche aus dem StSchuldverhältnis bezieht und zum StErhebungsverfahren gehört. Bis zur Änderung des Satz 2 durch Art. 1 Nr. 13 StUmgBGG v. 23.6.2017 (BGBl. 2017 I 1682) kannte die Zahlungsverjährung im Gegensatz zur Festsetzungsverjährung (§ 169 II) keine unterschiedlichen Verjährungsfristen, sondern nur eine einheitliche Frist von fünf Jahren (§ 228 S. 2 aF). Dies hat der Gesetzgeber mWv 25.6.2017 geändert (zur zeitl. Geltung s. Art. 97 § 14 V EGAO). Die §§ 228–232 sind auch auf Kommunalabgaben anwendbar (BVerwG 19.3.2009 – 9 C 10/08, NVwZ 2009, 848 zur Verjährung von Erschließungsbeiträgen nach dem BauGB).

II. Gegenstand der Verjährung (S. 1)

2 **Erlöschen durch Zeitablauf.** Zahlungsverjährung bedeutet das Erlöschen fälliger Ansprüche aus dem StSchuldverhältnis durch Ablauf der Verjährungsfrist. Allein der Zeitablauf ist entscheidend. Es ist grds. unerheblich, aus welchen Gründen die Verjährungsfrist abgelaufen ist. Ähnlich wie § 199 II bis V BGB normiert § 228 eine absolute (objektive) Verjährungsfrist, mithin eine solche, deren Lauf davon unabhängig ist, ob der Berechtigte von den seine Ansprüche begründenden Tatsachen Kenntnis hatte, Kenntnis haben musste oder auch nur Kenntnis haben konnte (BFH 27.10.2009 – VII R 51/08, BStBl. II 2010, 382). Das Institut der Zahlungsverjährung soll dafür sorgen, dass nach Ablauf einer angemessenen Frist von fünf bzw. zehn Jahren endgültig Rechtssicherheit darüber einkehrt, was der Stpfl. aufgrund der StFestsetzung unter Berücksichtigung anzurechnender Vorauszahlungen und AbzugsSt noch zu zahlen hat bzw. was ihm zu erstatten ist (BFH 23.8.2022 – VII R 46/20, BeckRS 2022, 33562). Das bedeutet nicht nur, dass fällig gewordene steuerliche Ansprüche nach Ablauf dieser Fristen nicht mehr geltend gemacht werden können, sondern auch, dass auf fällig gewordene Steuern nicht mehr angerechnet und dadurch ein Erstattungsanspruch iSd § 37 II nicht mehr ausgelöst werden kann (BFH 12.2.2008 – VII R 33/06, BStBl. II 2008, 504). Nach Ablauf der Verjährungsfrist kann überdies die Anrechnung von StAbzugsbeträgen nicht mehr geändert werden, weder zugunsten noch zulasten des Stpfl. (BFH 25.10.2011 – VII R 55/10, BStBl. II 2012, 220).

Ist bspw. abgeführte KapESt (wegen fehlender Bescheinigung) gem. § 45a II, III EStG nicht angerechnet worden, kann eine Anrechnung nach Ablauf der durch die Festsetzung der Abschlusszahlung in Gang gesetzten Zahlungsverjährungsfrist nicht mehr nachgeholt werden (BFH 12.2.2008 – VII R 33/06, BStBl. II 2008, 504; HHSp § 228 Rn. 25; → § 229 Rn. 5). Ob etwas anderes gilt, wenn die Berichtigung der Anrechnungsverfügung mit einer (wiederholt) geänderten StFestsetzung im Zusammenhang steht, ist strittig (→ Rn. 8).

Alle Ansprüche aus dem StSchuldverhältnis iSv § 37 unterliegen der Zahlungsverjährung, wobei es unerheblich ist, ob es sich hierbei um Zahlungsansprüche des StGläubigers oder des Stpfl. handelt. Soweit Gesetze allg. auf die AO verweisen oder die für StVergütungen geltenden Vorschriften für anwendbar erklären (zB §§ § 14 S. 1 InvZulG, § 8 I 1 WoPG), gelten auch insoweit die §§ 228 ff. (TK § 228 Rn. 1; Kraus ZfZ 2012, 225). Im UZK ist die Zahlungsverjährung nicht geregelt. Diese Lücke ist durch Anwendung der betr. Vorschriften in der AO zu schließen (TK § 228 Rn. 1; Witte Art. 103 Rn. 5). Dementsprechend sind die §§ 228 ff. auch auf Eingangs- und Ausfuhrabgaben sowie deren Erstattungen iSv Art. 5 Nr. 28 UZK anzuwenden (BFH 23.2.2010 – VII R 9/08, BStBl. II 2011, 667 noch zum ZK; Gosch AO § 228 Rn. 8). 3

Keine Ansprüche iSd § 228 sind solche, die nicht auf Zahlung von Geld gerichtet sind, wie zB der Anspruch gegen den Stpfl. auf Führung von Büchern und Aufzeichnungen, auf Auskunftserteilung usw. (HHSp § 228 Rn. 15). 4

Nur fällige Ansprüche aus dem StSchuldverhältnis unterliegen der Zahlungsverjährung. Während die Festsetzungsfrist auf die Entstehung der Steuer durch die bloße Verwirklichung des StTatbestands abstellt, ist Anknüpfungspunkt für die Zahlungsverjährung der Eintritt der Fälligkeit der Ansprüche aus dem StSchuldverhältnis (→ § 220 Rn. 4). Grundlage für die Verwirklichung dieser Ansprüche ist idR die formelle Festsetzung der Steuer oder StVergütung durch StBescheid (§ 155), StAnmeldung (§ 168), Haftungsbescheid (§ 191) oder VA, durch den steuerliche Nebenleistungen festgesetzt werden (§ 218 I). Diese Ansprüche unterliegen sowohl der Festsetzungs- als auch der Zahlungsverjährung. Ist die Festsetzungsverjährung bereits eingetreten, ist für die Zahlungsverjährung kein Raum, da der StAnspruch bereits erloschen ist (§ 47). Es gibt aber auch Ansprüche, die nicht der Festsetzungsverjährung unterliegen, wie zB Säumniszuschläge (§ 240), die kraft Gesetzes entstehen, oder Erstattungs- und Rückforderungsansprüche gem. § 37 II (BFH 25.2.1992 – VII R 8/91, BStBl. II 1992, 713; → § 220 Rn. 7). Zur Zahlungsverjährung eines Rückforderungsanspruchs wegen doppelter Kindergeldzahlung s. BFH 11.12.2013 – XI R 42/11, BFH/NV 2014, 954. Auch in diesen Fällen gelten allein die Vorschriften über die Zahlungsverjährung. Denn die Festsetzungsfrist nach § 169 bestimmt nur den möglichen zeitlichen Umfang der Aufhebung oder Änderung einer StFestsetzung, nicht dagegen den Zeitraum, innerhalb dessen Rückforderungsansprüche geltend gemacht werden können (FG Niedersachsen 6.10.2009 – 12 K 113/09, EFG 2010, 382). Zur Ausnahmeregelung der nachträglichen StFestsetzung nach § 171 XIV → § 171 Rn. 177 ff. 5

III. Verjährungsfrist (S. 2)

Dauer. Die Frist für die Verjährung von Zahlungsansprüchen beträgt im Allgemeinen fünf Jahre. Daneben gilt nunmehr nach S. 2 nF für alle bei Inkrafttreten des StUmgBGG (→ Rn. 1) noch nicht abgelaufenen Verjährungsfristen eine verlängerte Frist von zehn Jahren, soweit die Ansprüche aus dem StSchuldverhältnis mit Fällen hinterzogener Steuern (§ 370), schweren Schmuggels (§ 373) und der StHehlerei (§ 374) im Zusammenhang stehen. Hierdurch soll der unberechtigten und ohne Entsprechung im Bereich der Festsetzung bleibenden Anrechnung von KapESt auf die KSt sowie dem seit 2014 geänderten § 302 InsO Rechnung getragen werden, wonach Verbindlichkeiten aus dem StSchuldverhältnis von der Restschuldbefreiung nicht erfasst werden, wenn der Schuldner damit 6 zusammenhängend wegen einer der oben genannten StStraftaten rechtskräftig verurteilt worden ist. Die bisherige Verjährungsfrist hatte sich für den Abschluss solcher – nicht selten komplizierten und langwierigen – Strafverfahren als zu kurz erwiesen und damit zu einer Diskrepanz zwischen Insolvenz- und StRecht geführt (vgl. BT-Drs. 18/11132, 29). Für Fälle leichtfertiger StVerkürzung (§ 378) bleibt es auch nach der Änderung bei der allg. 5-jährigen Verjährungsfrist. Die Frist ist zudem auch weiterhin kürzer als die 30-jährige Frist, die nach § 197 I Nr. 3 BGB für rechtskräftig festgestellte bürgerlich-rechtliche Ansprüche sowie nach § 53 II VwVfG iVm § 197 I Nr. 3 BGB für unanfechtbar gewordene nicht steuerliche VAe besteht.

7 **Abschließende Regelung.** § 228 regelt die Verjährungsfrist für Ansprüche aus dem StSchuldverhältnis abschließend; sie ist allgemein verbindlich und damit einer am Einzelfall orientierten abweichenden Handhabung nicht zugänglich (BFH 25.10.2023 – I R 35/21, BStBl. II 2024, 343). Auch zur Tabelle des Insolvenzverwalters festgestellte StForderungen unterliegen der 5- bzw. 10-jährigen Verjährungsfrist; die 30-jährige Frist des § 197 I Nr. 5 BGB iVm §§ 178 III, 201 II, 215 II InsO kommt nicht zur Anwendung (BFH 26.4.1988 – VII R 97/87, BStBl. II 1988, 865; OLG Köln 22.6.1999 – 15 U 170/98, NJW 2000, 1044; → § 231 Rn. 19). Um ihrer Ausgleichsfunktion zwischen Fiskalinteresse und Rechtssicherheit gerecht zu werden, wird die Regelverjährung nur in den ausdrücklich im Gesetz geregelten Fällen gehemmt oder unterbrochen (§§ 229 ff.). Dieses Regel-Ausnahme-Verhältnis steht einer extensiven Auslegung der Hemmungs- und Unterbrechungstatbestände entgegen (BFH 23.8.2022 – VII R 46/20, BFH/NV 2023, 162). Eine verfassungswidrige Verletzung der Rechtsweggarantie liegt in diesem „starren" Regelwerk nicht (BFH 25.10.2023 – I R 35/21, BStBl. II 2024, 343).

8 **Gesondert für jeden Anspruch** aus dem StSchuldverhältnis läuft eine eigene Verjährungsfrist. Sie beginnt und endet unabhängig von anderen Ansprüchen gegen denselben oder einen anderen Stpfl. So verjährt der Haftungsanspruch unabhängig von dem StAnspruch oder dem Anspruch auf steuerliche Nebenleistungen und umgekehrt (TK § 228 Rn. 4; → § 191 Rn. 116). Schulden mehrere Personen nebeneinander dieselbe Leistung aus dem StSchuldverhältnis oder haften sie für die Erfüllung der Schuld eines anderen, läuft ebenfalls für jeden eine eigene Verjährungsfrist (BFH 15.12.1989 – VI R 151/86, BStBl. II 1990, 526 mwN). Umstritten war, ob der Anspruch aus dem StSchuldverhältnis eines Veranlagungszeitraums im Fall wiederholter Änderung der StFestsetzung anteilig hinsichtlich der unverändert bleibenden Teilbeträge zahlungsverjähren könne (FG Köln 19.5.2022 – 15 K 3317/17, BeckRS 2022, 25907; Klein § 229 Rn. 2). Diese Ansicht wird zwischenzeitlich allgemein abgelehnt (BFH 18.9.2018 – VII R 18/18, BFH/NV 2019, 107; BFH 29.10.2013 – VII R 68/11, BFH/NV 2014, 393; nunmehr auch FG Köln 2.5.2024 – 15 K 761/22, EFG 2024, 1276 unter Aufgabe seiner früheren Auffassung, Rev. X R 13/24; TK § 228 Rn. 5; AEAO zu § 228 Nr. 1; auch HHSp § 228 Rn. 22; aA Klein § 229 Rn. 2). Danach setzt die Bekanntgabe des Änderungsbescheides den Lauf der Zahlungsverjährungsfrist für die sich aus der Berichtigung der StBeträge ergebenden Abschlusszahlungen und Erstattungen einheitlich erneut in Gang. Wegen der aus § 36 II EStG hergeleiteten Verknüpfung zwischen StFestsetzungs- und StErhebungsverfahren hat dies zur Folge, dass auch die mit dem Änderungsbescheid verbundene Anrechnungsverfügung im Gesamtumfang der Festsetzungsänderung angepasst werden kann, ohne dass dem (anteilig) Zahlungsverjährung entgegenstünde (BFH 29.10.2013 – VII R 68/11, BFH/NV 2014, 393; vgl. auch → § 218 Rn. 26). Nach dieser Maßgabe konnte Zahlungsverjährung auch schon bislang nicht vor der Festsetzungsverjährung eintreten (FG Köln 19.10.2011 – 9 K 1772/10, EFG 2012, 200). Der Gesetzgeber hat mit der Einführung eines neuen Hemmungstatbestandes in § 230 II gleichwohl auf diese Problemlage reagiert (→ § 230 Rn. 3).

IV. Verfahrensfragen

Der Ablauf der Verjährungsfrist richtet sich nach § 108 iVm §§ 187 ff. BGB. Fällt das Ende der Verjährungsfrist auf einen Sonntag, einen gesetzlichen Feiertag oder Sonnabend, endet die Verjährungsfrist erst mit Ablauf des nächstfolgenden Werktags (§ 108 III). Soweit es um die Fälligkeit des Anspruchs geht (→ Rn. 5), ist § 122 II Nr. 1 zu beachten, denn die darin getroffene Regelung hat nicht ausschließlich verfahrensrechtliche Bedeutung, sondern gilt auch, wenn an den Zeitpunkt der Bekanntgabe materiell-rechtliche Folgen – hier für den Lauf der Verjährung – geknüpft sind (BFH 23.1.2008 – VII B 169/07, BFH/NV 2008, 738; HHSp § 228 Rn. 34). Ist streitig, ob ein Anspruch aus dem StSchuldverhältnis durch Zahlungsverjährung erloschen ist (§ 47), ist dies durch **Abrechnungsbescheid** (§ 218 II) zu entscheiden. Zu Einzelheiten → § 231 Rn. 43. Da Zahlungsansprüche gegen den StSchuldner auch während eines Rechtsstreits über die StFestsetzung verjähren und damit erlöschen können, sofern das FA in dieser Zeit keine taugliche Unterbrechungshandlung vornimmt, ist der Eintritt der Zahlungsverjährung in jeder Lage des Verfahrens zu prüfen (BFH 7.11.2018 – X R 34/16, BFH/NV 2019, 686; → § 232 Rn. 3). 9

§ 229 Beginn der Verjährung

(1) [1]**Die Verjährung beginnt mit Ablauf des Kalenderjahrs, in dem der Anspruch erstmals fällig geworden ist.** [2]**Sie beginnt jedoch nicht vor Ablauf des Kalenderjahrs, in dem die Festsetzung eines Anspruchs aus dem Steuerschuldverhältnis, ihre Aufhebung, Änderung oder Berichtigung nach § 129 wirksam geworden ist, aus der sich der Anspruch ergibt; eine Steueranmeldung steht einer Steuerfestsetzung gleich.** [3]**Wird die Festsetzung oder Anmeldung eines Anspruchs aus dem Steuerschuldverhältnis aufgehoben, geändert oder nach § 129 berichtigt, so beginnt die Verjährung des gesamten Anspruchs erst mit Ablauf des Kalenderjahrs, in dem die Aufhebung, Änderung oder Berichtigung wirksam geworden ist.**

(2) **Ist ein Haftungsbescheid ohne Zahlungsaufforderung ergangen, so beginnt die Verjährung mit Ablauf des Kalenderjahrs, in dem die Zahlungsaufforderung nachgeholt worden ist, spätestens aber fünf Jahre nach Ablauf des Kalenderjahrs, in dem der Haftungsbescheid wirksam geworden ist.**

Schrifttum: Hein, Zahlungsverjährung von Erstattungsansprüchen, die auf Zahlungen aufgrund nichtiger Steuerbescheide beruhen, DStZ 1996, 609; Carlé, Zahlungsverjährung in der Vollstreckungspraxis, AO-StB 2004, 293; Stahl/Carlé, Steuerverfahrensrechtliches Know-how in der Abwehrberatung, KÖSDI 2007, 15670.

I. Allgemeines

Entstehungsgeschichte. § 229 I 2 ist durch Art. 26 Nr. 26 des StMBG mWv 31.12.1993 (Art. 97 § 14 III EGAO) dahingehend klarstellend ergänzt worden, dass diese Vorschrift auch bei Berichtigung offenbarer Unrichtigkeiten (§ 129) zur Anwendung gelangt (BT-Drs. 12/5630, 102). Zur Sicherung des StAufkommens hat die Vorschrift mit dem JStG 2022 in Abs. 1 S. 3 und Abs. 2 eine weitere Ausdehnung erfahren (BT-Drs. 20/3879, 140). Die Änderungen gelten für alle am 21.12.2022 noch nicht abgeschlossenen Verjährungsfristen (Art. 97 § 14 VI EGAO). 1

Grundsatz der Kalenderverjährung. § 229 stellt für den Beginn der Zahlungsverjährung grds. auf den Zeitpunkt der erstmaligen Fälligkeit ab, da der Gläubiger eines Anspruchs aus dem StSchuldverhältnis die Zahlung des geschuldeten Geldbetrags idR erst nach Eintritt der Fälligkeit (§ 220) fordern kann. Für FälligkeitsSt sieht § 229 I 2, für alle anderen Ansprüche aus dem StSchuldverhältnis § 229 I 3 eine Anlaufhemmung vor. § 229 2 knüpft allerdings nicht unmittelbar an die Fälligkeit bzw. Festsetzung oder Anmeldung des Anspruchs an, sondern lässt den Fristablauf erst mit Ablauf des Kj. beginnen (Grundsatz der Kalenderverjährung).

II. Regelmäßiger Beginn der Verjährungsfrist (Abs. 1 S. 1)

1. Erstmalige Fälligkeit als Verjährungsbeginn

3 **Beginn.** Der Zeitpunkt der Fälligkeit ergibt sich aus den §§ 220, 221. Für den Beginn der Zahlungsverjährung ist die **erstmalige Fälligkeit** des Anspruchs entscheidend. Wird die (eingetretene) Fälligkeit später durch AdV (§ 361 AO, § 69 FGO), Stundung (§ 222) oder Zahlungsaufschub (Art. 110, 111 UZK) hinausgeschoben, hat dies keinen Einfluss auf den Verjährungsbeginn, führt aber zur Verjährungsunterbrechung (→ § 231 Rn. 11 ff.). Ebenso hat ein weiteres Leistungsgebot über denselben StZahlungsanspruch (zB nach Ersetzung einer StFestsetzung unter Vorbehalt der Nachprüfung durch einen endgültigen StBescheid gem. § 164 III) keinen Einfluss auf den Beginn der Zahlungsverjährung (HHSp § 229 Rn. 5). Nur wenn **AdV, Stundung und Zahlungsaufschub** vor Eintritt der ersten Fälligkeit gewährt werden, beginnt die Verjährungsfrist mit Ablauf des Kj., in dem die betreffende Maßnahme endet (Schwarz/Pahlke/Keß § 229 Rn. 7). Wird der VA, mit dem die Fälligkeit gem. § 221 vorverlegt worden ist, aufgehoben, beginnt die Verjährungsfrist mit Ablauf des Kj., in dem der Anspruch ohne Vorverlegung entstanden wäre (TK § 229 Rn. 5). Ist eine Steuer im Laufe eines Jahres für einen Zeitraum, der über das Kj. hinausgeht, im Voraus fällig (wie zB für die KraftSt gem. § 11 I KraftStG; Entrichtungszeitraum), beginnt die Verjährung für den gesamten StBetrag – mithin auch für den Teil, der auf das nächste Kj. entfällt – bereits mit Ablauf des Kj., in dem die KraftSt fällig geworden ist (BFH 7.3.1984 – II R 40/80, BStBl. II 1984, 459).

2. Ansprüche des Steuergläubigers

4 Diese Ansprüche werden zu dem in den jeweiligen EinzelStGesetzen festgelegten Zeitpunkt oder zu dem im Einzelfall von der FB bestimmten Zahlungstermin fällig (→ § 220 Rn. 5 ff.).

5 **VeranlagungsSt.** Bei ESt, GewSt, GrSt, KSt und USt sind die Ansprüche auf die Vorauszahlung und die Abschlusszahlungen entspr. den einzelgesetzlichen Bestimmungen jeweils zu verschiedenen Zeitpunkten fällig (vgl. §§ 36 IV, 37 EStG, §§ 19, 20 GewStG, §§ 28, 31 GrStG, § 31 KStG, § 18 UStG). Dadurch beginnt die Zahlungsverjährungsfrist **für einzelne Teilbeträge unterschiedlich.** Ob dies auch für StNachforderungen gilt, die auf einer Aufhebung oder Änderung der ursprünglichen StFestsetzung beruhen, ist str. (→ § 228 Rn. 8). Die Frist für die Zahlungsverjährung der festgesetzten Steuer wird stets durch die **(wirksame) Bekanntgabe** der (geänderten, → § 228 Rn. 8) StFestsetzung in Lauf gesetzt, und zwar ohne Rücksicht darauf, ob sich daraus – ggf. unter Berücksichtigung anzurechnender Vorauszahlungen und Abzugssteuern – eine Abschlusszahlung oder Erstattung ergibt und/oder ob sich dieses (dem StErhebungsverfahren zuzuordnende) Abrechnungsergebnis im Nachhinein als unzutreffend erweist (BFH 25.10.2011 – VII R 55/10, BStBl. II 2012, 220). Seine anderslautende, auf den Wortlaut des § 36 IV S. 1 2. Alt. EStG gestützte Auffassung, bei Ausweis einer zu geringen Abschlusszahlung werde die festgesetzte ESt nicht fällig und könne deshalb nicht (zahlungs-)verjähren (BFH 18.7.2000 – VII R 32, 33/99, BStBl. II 2001, 133), hat der BFH seit längerem aufgegeben (vgl. BFH 27.10.2009 – VII R 51/08, BStBl. II 2010, 382). Die nunmehrige Sichtweise des BFH hat uU zur Folge, dass ein Rückzahlungsanspruch des FA verjährt, bevor das FA überhaupt die Fehlerhaftigkeit seiner Abrechnung und den sich aus deren Korrektur ergebenden Anspruch erkennt (FG Hamburg 14.10.2016 – 3 V 201/16, EFG 2016, 1845 zu KapESt iVm cum/ex). Seine Rechtfertigung findet dieses Ergebnis einerseits in dem objektiven Charakter der Verjährung (→ § 228 Rn. 2) und andererseits darin, dass der Anspruch des FA materiell-rechtlich an die im StFestsetzungsverfahren ergangenen Entscheidungen anknüpft

und es deshalb nicht sachwidrig ist, wenn der Erstattungsanspruch das „Schicksal" der „verjährten Festsetzung" teilt (BFH 25.10.2011 – VII R 55/10, BStBl. II 2012, 220). Wegen der sich daraus ergebenden Folgerungen für die nachträgliche Änderung einer in diesem Sinn fehlerhaften Ab- bzw. Anrechnungsverfügung → § 228 Rn. 2, 8).

Nebenleistungen. Fehlt eine besondere gesetzliche Regelung über die Fälligkeit, wird der Anspruch grds. mit der Entstehung fällig (§ 220 II 1; → § 220 Rn. 7). In der Praxis wird aber vom FA regelmäßig eine Zahlungsfrist zu ihrer Entrichtung eingeräumt. Bei der Festsetzung eines Verspätungszuschlags (§ 152) oder eines Zwangsgelds (§ 329) ist immer ein Leistungsgebot (§ 254) erforderlich, um die Fälligkeit herbeizuführen; die Fälligkeit tritt aber nicht vor Bekanntgabe des Bescheids ein (§ 220 II 2; → § 220 Rn. 9). 6

Rückzahlungsanspruch. Rückforderungs- bzw. Erstattungsansprüche des FA nach § 37 II bedürfen, soweit sie nicht aus der Aufhebung einer rechtswidrigen und damit anfechtbaren StFestsetzung resultieren, keiner Festsetzung durch VA. Sie entstehen mit der ungerechtfertigten Auszahlung und werden zu diesem Zeitpunkt fällig (→ § 220 Rn. 7). Die Zahlungsverjährung des Rückzahlungsanspruchs beginnt demnach mit Ablauf des Kj. der Zahlung (BFH 12.5.2009 – IX R 2/08, BFH/NV 2009, 1404). Das gilt auch, wenn die Zahlung auf einer irrtümlichen Berücksichtigung in Wahrheit nicht festgesetzter und nicht geleisteter StBeträge in der Anrechnungsverfügung beruht; eine Korrektur der Anrechnungsverfügung ist nach Eintritt der Zahlungsverjährung nicht mehr möglich (→ § 228 Rn. 2). Wird der Zahlungsanspruch des FA hingegen erst durch einen Aufhebungsbescheid begründet (→ § 220 Rn. 7 aE), beginnt die Zahlungsverjährung nicht vor Ablauf des Kj., in dem die Aufhebung wirksam wurde (§ 229 I 2; BFH 11.12.2013 – XI R 42/11, BStBl. II 2014, 840 zum Verjährungsbeginn eines Rückforderungsanspruchs wegen doppelter Kindergeldzahlung). 7

3. Ansprüche des Steuerpflichtigen

StFestsetzung. Wurde der Erstattungsanspruch durch StBescheid festgesetzt, wird er grds. mit der Bekanntgabe (§ 124) fällig (zB § 36 IV 2 EStG, § 20 III GewStG, § 31 I KStG, § 18 IV UStG). Wird die StFestsetzung später zugunsten des Stpfl. geändert, tritt die Fälligkeit mit Bekanntgabe des Änderungsbescheids ein. Denn die Änderung des Ursprungsbescheids ist Voraussetzung für die erstmalige Fälligkeit des Erstattungsanspruches (→ Rn. 3) und war damit bislang auch für den Beginn der Zahlungsverjährung maßgeblich (BFH 18.3.1976 – V R 127/71, BStBl. II 1976, 438). Zur Neuregelung → Rn. 10. Steht dem Stpfl. ein Erstattungsanspruch aufgrund einer StAnmeldung zu, wird der Anspruch erst mit Zustimmung der FB (§ 168) wirksam und damit fällig (→ § 220 Rn. 10). Die Zahlungsverjährung für einen Erstattungsanspruch beginnt so lange nicht zu laufen, wie der Betrag, den der Stpfl. geltend machen kann, von ihm aufgrund der formellen Bescheidlage zurückverlangt werden kann (BFH 22.5.2012 – VII R 47/11, BStBl. II 2013, 3). Der formelle Rechtsgrund für das Behaltendürfen des FA besteht auch dann fort, wenn der Rechtsgrund für die vom Stpfl. geleisteten Zahlungen durch spätere Verrechnungen des FA ausgetauscht wird. 8

Ohne StFestsetzung. Bei Erstattungsansprüchen, die ohne vorherige Festsetzung entstehen – wie beispielsweise infolge Doppelzahlung, Zahlung aufgrund eines nichtigen Bescheids, Zahlung auf eine bereits erloschene StSchuld oder aufgrund unzulässiger VollstrMaßnahmen – ist der Zahlungsanspruch des Stpfl. gem. §§ 37 II, 220 II 1 in dem Zeitpunkt entstanden und damit auch fällig, in dem ohne Rechtsgrund gezahlt worden ist (BFH 21.8.2000 – VII B 46/00, BFH/NV 2001, 149; HHSp § 229 Rn. 13; → § 220 Rn. 7). Dies gilt auch, wenn der Stpfl. die Nichtigkeit im Zahlungszeitpunkt nicht kennt, sie sich ggf. erst nach gerichtlicher Klärung ergibt oder die FB dem Stpfl. die Nichtigkeit des StBescheids erst nach Eintritt der Zahlungsverjährung mitteilt (BFH 7.5.2013 – VII B 199/12, BFH/NV 2013, 1378; TK § 229 Rn. 3; Hein DStZ 1996, 609; offenlassend BFH 9.7.1996 – VII R 136/95, BFH/NV 1997, 10). § 229 I 2 ist in diesen Fällen nicht anwendbar, auch nicht entsprechend. Dem Stpfl. ist es insoweit zuzumuten, für den Fall 9 der Nichtigkeit des der Zahlung zugrunde liegenden StBescheids Vorsorge zu treffen und seinen (vermeintlichen) Erstattungsanspruch bspw. durch entsprechende Zahlungsaufforderung verjährungsunterbrechend geltend zu machen (Gosch AO § 229 Rn. 6; → § 231 Rn. 28). Für den „nichtsahnenden" Stpfl. gilt in dieser Situation nichts anderes als für das „unwissende" FA (→ Rn. 5).

III. Ausnahmeregelung für Fälligkeitssteuern und im Fall der Aufhebung, Änderung oder Berichtigung (Abs. 1 S. 2, 3)

10 **Anlaufhemmung.** Die Ausnahmeregelung des § 229 I 2 galt nach bisheriger Lesart nur für die sog. FälligkeitsSt, bei denen nach dem jeweiligen EinzelStGesetz die Fälligkeit bereits eintreten kann, bevor die Steuer angemeldet ist (zB §§ 41a I, 44 I 2, 50a V 3 EStG; § 18 I 4, II, III UStG; §§ 13 III, 21 II RennwLottG; § 8 I 2 VersStG; § 15 I V BierStG, § 19 AlkStG, §§ 8 VI, 23 VI 2, 33 I 2 EnergieStG; § 12 I 2, II 2 KaffeeStG; § 15 I 2, II 2 SchaumwZwStG, § 18 TabStG). Da es auch hier der StAnmeldung bzw. der StFestsetzung bedarf, um den Zahlungsanspruch (zwangsweise) durchzusetzen, bestimmt § 229 I 2, dass die Verjährung nicht vor Ablauf des Kj. beginnt, in dem die StFestsetzung (deren Aufhebung, Änderung oder Berichtigung nach § 129), aus der sich der Zahlungsanspruch ergibt, wirksam geworden ist (Anlaufhemmung). Ansonsten hätte es der Stpfl. in der Hand, die zur Erhebung der Steuer zur Verfügung stehende Frist durch eine verzögerte Abgabe der StAnmeldung zu verkürzen (HHSp § 229 Rn. 15). § 229 I 2 soll entspr. gelten, wenn nach § 125 V die Nichtigkeit der Festsetzung festgestellt wird (TK § 229 Rn. 6).

Aufhebung, Änderung oder Berichtigung. Durch die Einführung des S. 3 dehnt der Gesetzgeber die als Ausnahmeregelung konzipierte Anlaufhemmung des S. 2 auf den „gesamten" Anspruch aus dem StSchuldverhältnis aus, sofern dessen Festsetzung oder Anmeldung aufgehoben, geändert oder berichtigt wird. Weshalb hierfür ein der StGerechtigkeit dienendes Bedürfnis bestand (so BT-Drs. 20/3879, 140), erschließt sich nicht ohne Weiteres. Denn anders als im Anwendungsbereich des S. 2 wird der StAnspruch in den genannten Fällen durch die Bekanntgabe des entsprechenden Aufhebungs-, Änderungs- oder Berichtigungsbescheides konkretisiert und (regelmäßig) erst nachfolgend fällig, sodass es zu dem die Anlaufhemmung bei FälligkeitsSt rechtfertigenden Auseinanderfallen von Fälligkeit bzw. Durchsetzbarkeit und Fristbeginn nicht kommt. Dies gilt jedenfalls dann, wenn der Gesetzgeber – worauf der Wortlaut ggf. hinweist – der gefestigten und von der FVerw. geteilten (AEAO zu § 228 Nr. 1) Auffassung des BFH folgt, wonach für einen bestimmten Veranlagungszeitraum ein einheitlicher Anspruch aus dem StSchuldverhältnis besteht, der auch bei mehrfach geänderter StFestsetzung nicht in unterschiedlich (zahlungs-)verjährende StZahlungsansprüche oder Erstattungsansprüche aufgespalten werden kann (BFH 18.9.2018 – VII R 18/18, BFH/NV 2019, 107; FG Köln 2.5.2024 – 15 K 761/22, EFG 2024, 1276, Rev. X R 13/24; auch → § 228 Rn. 8). Der ursprüngliche Bescheid wäre dann in dem Umfang, in dem er in den Änderungsbescheid etc. aufgenommen ist, suspendiert (BFH 25.10.1972 – GrS 1/72, BStBl. II 1973, 231). Ob sich für beide Regelungen letztlich eigene (abgrenzbare) Anwendungs- und Wirkbereiche ergeben, bleibt abzuwarten, zumal der Gesetzgeber die Ergänzung in S. 3 offenbar im Grunde lediglich als Klarstellung eines sich aus S. 2 ergebenden allgemeinen Grundsatzes versteht (BT-Drs. 20/3879, 140; auch BFH 25.7.2025 – VIII B 17/24, DStR 2025, 1930).

IV. Änderung der Festsetzung durch gerichtliche Entscheidung

11 **Rechtskraft.** Wird die zugrunde liegende Festsetzung des Steuer-/Vergütungsanspruchs durch das Gericht als rechtswidrig bewertet und aufgehoben oder geändert (§ 100 I 1, II 1 FGO), wird der durch Urteil festgesetzte Erstattungs-/Vergütungsanspruch erst mit Rechtskraft der Gerichtsentscheidung fällig (→ § 220 Rn. 11). Daher beginnt die Verjährung mit Ablauf des Kj., in dem das Urteil rechtskräftig geworden ist (TK § 229 Rn. 7).

V. Haftungsbescheide ohne Zahlungsaufforderung (Abs. 2)

Fristbeginn mit Nachholung. Ein Haftungsbescheid (§ 191) kann auch ohne Zahlungsaufforderung erlassen werden. Die tatsächliche Inanspruchnahme ist aber erst möglich, wenn eine Zahlungsaufforderung ergeht und so die Fälligkeit eintritt (§ 219). Der Erlass eines Haftungsbescheids ohne Zahlungsaufforderung kann zB notwendig sein, wenn der Ablauf der Festsetzungsfrist gegenüber dem Haftenden droht, aber die Voraussetzungen für eine Inanspruchnahme des Haftenden auf Zahlung nach § 219 noch nicht vorliegen. Ist ein Haftungsbescheid ohne Zahlungsaufforderung ergangen, kann diese im Grundsatz jederzeit nachgeholt werden. Um in einem solchen Fall eine zeitlich unbegrenzte Inanspruchnahme des Haftenden auszuschließen, ordnete § 229 II aF bislang an, dass die Verjährungsfrist bereits mit Ablauf des Kj. begann, in dem der Haftungsbescheid wirksam geworden, dh bekannt gegeben worden ist (§ 124 I). Mit dem JStG 2022 hat der Gesetzgeber diese Fristbestimmung im Fiskalinteresse und unter Verminderung der Rechtssicherheit erheblich erweitert (BT-Drs. 20/3879, 140). Künftig beginnt die Verjährung in diesen Fällen unter Fortgeltung der Kalenderverjährung (→ Rn. 2) grds. erst mit der Nachholung der Zahlungsaufforderung. Da dies in Einzelfällen wieder eine (nahezu) unbegrenzte Inanspruchnahme des Haftenden ermöglicht hätte, wird zugleich eine feste **Obergrenze** von fünf Jahren eingeführt, die wie bisher an die Bekanntgabe des Haftungsbescheids anknüpft. Ob diese Regelung noch mit dem Sinn und Zweck der Zahlungsverjährung in Einklang zu bringen ist – einerseits aus Sicht der FB, vollzugsbedingten Erschwernissen Rechnung zu tragen und andererseits, für den Stpfl. nach angemessener Frist endgültige Rechtssicherheit zu gewährleisten (vgl. BFH 23.8.2022 – VII R 46/20, BFH/NV 2023, 162) – kann bezweifelt werden. Nutzt die FB die ihr nunmehr eröffnete Bearbeitungszeit vollständig aus, hat dies uU mehr als eine Verdoppelung der Regelverjährung zur Folge. Auch wenn es zu begrüßen ist, dass den FB durch die Neuregelung bislang anfallender Aufwand für Unterbrechungsmaßnahmen erspart bleibt, scheint diese Ausdehnung einem gegenwärtigen und zeitnahen StVollzug wenig förderlich zu sein (krit. zu dieser Regelungspraxis auch TK Vorb. §§ 169–171 Rn. 5). 12

Eingeschränkte Akzessorietät. Die Haftungsschuld hängt grds. vom Bestand der StSchuld ab; sie ist akzessorisch (→ § 191 Rn. 19). Dennoch kann ein Haftender trotz der Verjährung des Anspruchs gegen den Primärschuldner (StSchuldner) in Anspruch genommen werden, wenn die Zahlungsverjährung der Erst- oder Primärschuld erst nach Erlass des Haftungsbescheids eingetreten ist (→ § 191 Rn. 116). In diesem Fall bleibt die Rechtmäßigkeit des Haftungsbescheids vom Ablauf der Verjährungsfrist unberührt (BFH 11.7.2001 – VII R 28/99, BStBl. II 2002, 267). Für den StSchuldner und den Haftungsschuldner gelten eigene Verjährungsfristen bzw. können unterschiedliche Unterbrechungstatbestände gegeben sein (→ § 228 Rn. 8; → § 231 Rn. 9). 13

VI. Verfahrensfragen

Besteht Streit darüber, ob ein Anspruch aus dem StSchuldverhältnis durch Zahlungsverjährung erloschen ist (§ 47), ist darüber durch **Abrechnungsbescheid** gem. § 218 II zu entscheiden. Zu Einzelheiten → § 218 Rn. 18 f. 14

§ 230 Hemmung der Verjährung

(1) **Die Verjährung ist gehemmt, solange der Anspruch wegen höherer Gewalt innerhalb der letzten sechs Monate der Verjährungsfrist nicht verfolgt werden kann.**

(2) [1] **Die Verjährungsfrist läuft nicht ab, solange die Festsetzungsfrist des Anspruchs noch nicht abgelaufen ist.** [2] **§ 171 Absatz 14 ist dabei nicht anzuwenden.**

1 **Allgemeines.** Für den Bereich der Festsetzungsverjährung enthält § 171 I eine gleich lautende Regelung. § 230 I stimmt nahezu wörtlich mit § 206 BGB überein. Abs. 2 wurde durch das JStG 2022 neu eingefügt (→ Rn. 3) und durch das WachstChG v. 27.3.2024 (BGBl. 2024 I Nr. 108) sprachlich angepasst. Hierdurch soll lediglich klarstellend betont werden, dass es sich bei Abs. 2 um eine Ablaufhemmung handelt (BT-Drs. 20/8628, 176). Im Übrigen → § 228 Rn. 1.

2 **Höhere Gewalt.** Eine gesetzliche Definition ist nicht vorhanden. Der Begriff entspricht im Wesentlichen dem unabwendbaren Zufall (MüKo BGB § 206 Rn. 4). Nach allg. Ansicht muss das Hindernis auf Ereignissen beruhen, die unter den gegebenen Umständen auch durch die größte nach den Umständen des gegebenen Falles vernünftigerweise von dem Betroffenen unter Anlegung subjektiver Maßstäbe – also unter Berücksichtigung seiner Lage, Erfahrung und Bildung – zu erwartende und zumutbare Sorgfalt nicht abgewendet werden konnten (BAG 7.11.2002 – 2 AZR 297/01, NJW 2003, 2849; BVerfG 16.10.2007 – 2 BvR 51/05, NJW 2008, 429; Grüneberg BGB § 206 Rn. 4). Das Ereignis muss von außen kommen. An die Annahme höherer Gewalt sind **strenge Anforderungen** zu stellen. Schon das geringste Verschulden schließt höhere Gewalt aus; das Verschulden des Vertreters, zB des Prozessbevollmächtigten, muss sich der Stpfl. zurechnen lassen (BGH 7.5.1997 – VIII ZR 253/96, NJW 1997, 3164). **Beispiele** für höhere Gewalt: Krieg, Naturkatastrophen und andere für den Betroffenen unabwendbare Zufälle (BFH 7.5.1993 – III R 95/88, BStBl. II 1993, 818; HHSp § 230 Rn. 3). Eine so plötzlich auftretende Krankheit, dass Vorsorge nicht möglich ist, gilt als höhere Gewalt, nicht jedoch eine Strafhaft (Grüneberg BGB § 206 Rn. 5). Zur Einordnung der Insolvenz einer Organgesellschaft als höhere Gewalt s. FG Niedersachsen 11.7.2019 – 11 K 12119/17, EFG 2019, 1742. Die **Unkenntnis** vom Bestehen des Anspruchs ist in aller Regel keine höhere Gewalt. Ursache dafür, dass die StFestsetzung bzw. Geltendmachung nicht rechtzeitig erfolgen kann, ist in diesen Fällen nicht die höhere Gewalt, sondern der (auf Unkenntnis zurückgehende) fehlende Wille, einen nicht bekannten Anspruch zu konkretisieren (BFH 7.5.1993 – III R 95/88, BStBl. II 1993, 818: Brand im FA; Grüneberg BGB § 206 Rn. 6). Dies gilt auch für einen Rechtsirrtum, es sei denn, er ist durch ein Fehlverhalten von Behörden oder Gerichten hervorgerufen oder verstärkt worden (BGH 7.5.1997 – VIII ZR 253/96, NJW 1997, 3164), zB eine unrichtige Rechtsauskunft oder falsche Sachbehandlung durch eine Behörde (HHSp § 230 Rn. 3).

3 **Festsetzungsfrist.** Der mit dem JStG 2022 eingeführte Abs. 2 S. 1 schafft für noch nicht rechtskräftig abgeschlossene und deshalb nach § 171 IIIa zu einer Ablaufhemmung der Festsetzungsfrist führende Anfechtungsfälle (→ § 171 Rn. 49) zielgerichtet einen Gleichlauf zwischen dem Erhebungs- und dem Festsetzungsverfahren, um ein nach bisheriger Rechtslage mögliches „Überholen" der Zahlungsverjährung und damit ein der ausstehenden Sachentscheidung entgegenstehendes Erlöschen des StAnspruchs (→ § 232 Rn. 1) zu verhindern (BT-Drs. 20/3879, 140; HHSp § 230 Rn. 8 mit Anwendungsbeispiel). Die für dieses Ergebnis bislang notwendigen Unterbrechungshandlungen der FB nach § 231 I sind somit künftig nicht mehr erforderlich. Ferner soll mit der Neuregelung sichergestellt werden, dass innerhalb der Festsetzungsfrist auch die mit einem Änderungsbescheid verbundene (verfahrensrechtlich aber eigenständige, vgl. BFH 18.7.2000 – VII R 32, 33/99, BStBl. II 2001, 133) Anrechnungsverfügung uneingeschränkt im Gesamtumfang der Festsetzungsänderung angepasst werden kann (zur früheren Problematik → § 228 Rn. 8). Durch S. 2 wird ein tatbestandlicher Zirkelschluss vermieden, da § 171 XIV seinerseits den Ablauf der Festsetzungsfrist an den Ablauf der Zahlungsverjährung knüpft (BT-Drs. 20/3879, 140). Die Änderungen gelten für alle am 21.12.2022 noch nicht abgeschlossenen Verjährungsfristen (Art. 97 § 14 VI EGAO).

4 **Wirkung und Dauer der Hemmung.** Die Hemmung nach **Abs. 1** tritt nur ein, wenn und soweit sich das betreffende Ereignis – die höhere Gewalt – entweder in den letzten sechs Monaten der Verjährung ereignet hat oder seine Folgen unmittelbar in die letzten sechs Monate des Fristablaufs hineinwirken (BFH 7.5.1993 – III R 95/88, BStBl. II 1993,

818). Ist das Ereignis früher eingetreten und wieder weggefallen, bleibt die Verjährung unberührt. Durch die Hemmung verlängert sich die Verjährung des gesamten StAnspruchs um den Zeitraum, während dessen die Hemmung innerhalb der letzten sechs Monate der Frist andauerte (Ablaufhemmung). So kann sich die reguläre Verjährungsfrist bei Annahme höherer Gewalt um höchstens sechs Monate verlängern (Gosch AO § 230 Rn. 2). Läuft die Verjährung zB am 31.12.2021 ab, ist sie aber wegen höherer Gewalt ab 1.11.2021 bis 31.3.2022 gehemmt, so werden die zwei nicht abgelaufenen Monate des Jahres 2021 hinzugerechnet, womit die Verjährung am 31.5.2022 eintritt. Eine ähnlich konkrete zeitliche Anbindung findet sich im Anwendungsbereich des **Abs. 2** zwangsläufig nicht. Vielmehr dauert die Ablaufhemmung an, bis unanfechtbar über den Rechtsbehelf entschieden worden ist, sei es durch bestandskräftige Einspruchsentscheidung bzw. rechtskräftiges Urteil oder durch Rücknahme oder sonstige Hauptsacheerledigung (→ § 171 Rn. 51).

§ 231 Unterbrechung der Verjährung

(1) [1]**Die Verjährung eines Anspruchs wird unterbrochen durch**

1. Zahlungsaufschub, Stundung, Aussetzung der Vollziehung, Aussetzung der Verpflichtung des Zollschuldners zur Abgabenentrichtung oder Vollstreckungsaufschub,
2. Sicherheitsleistung,
3. eine Vollstreckungsmaßnahme,
4. Anmeldung im Insolvenzverfahren,
5. Eintritt des Vollstreckungsverbots nach § 210 oder § 294 Absatz 1 der Insolvenzordnung,
6. Aufnahme in einen Insolvenzplan oder einen gerichtlichen Schuldenbereinigungsplan,
7. Ermittlungen der Finanzbehörde nach dem Wohnsitz oder dem Aufenthaltsort des Zahlungspflichtigen und
8. schriftliche Geltendmachung des Anspruchs.

[2]**§ 169 Absatz 1 Satz 3 gilt sinngemäß.**

(2) [1]**Die Unterbrechung der Verjährung dauert fort**

1. in den Fällen des Absatzes 1 Satz 1 Nummer 1 bis zum Ablauf der Maßnahme,
2. im Fall des Absatzes 1 Satz 1 Nummer 2 bis zum Erlöschen der Sicherheit,
3. im Fall des Absatzes 1 Satz 1 Nummer 3 bis zum Erlöschen des Pfändungspfandrechts, der Zwangshypothek oder des sonstigen Vorzugsrechts auf Befriedigung,
4. im Fall des Absatzes 1 Satz 1 Nummer 4 bis zur Beendigung des Insolvenzverfahrens,
5. im Fall des Absatzes 1 Satz 1 Nummer 5 bis zum Wegfall des Vollstreckungsverbots nach § 210 oder § 294 Absatz 1 der Insolvenzordnung,
6. in den Fällen des Absatzes 1 Satz 1 Nummer 6, bis der Insolvenzplan oder der gerichtliche Schuldenbereinigungsplan erfüllt oder hinfällig wird.

[2]**Wird gegen die Finanzbehörde ein Anspruch geltend gemacht, so endet die hierdurch eingetretene Unterbrechung der Verjährung nicht, bevor über den Anspruch rechtskräftig entschieden worden ist.**

(3) **Mit Ablauf des Kalenderjahrs, in dem die Unterbrechung geendet hat, beginnt eine neue Verjährungsfrist.**

(4) **Die Verjährung wird nur in Höhe des Betrags unterbrochen, auf den sich die Unterbrechungshandlung bezieht.**

Schrifttum: Kraemer, Erlöschen des Steueranspruchs durch Zahlungsverjährung, DStZ 1988, 330; Carl, Verjährungsunterbrechung durch Vollstreckungsmaßnahmen, BB 1991, 46; App, Die Weiterwirkung der im Vollstreckungsverfahren eingetragenen Sicherungshypothek auf die Unterbrechung der Zahlungsverjährung von Steuerschulden, DStZ 1997, 329; Carlé, Zahlungsverjährung in der Vollstreckungspraxis, AO-StB 2004, 293; Stahl/Carlé, Steuerverfahrensrechtliches Know-how in der Abwehrberatung, KÖSDI 2007, 15670; Wenzler, Zahlungsverjährung – Unterbrechung der Frist durch Abrechnungsbescheid?, AO-StB 2009, 145; Kraus, Uneinbringlichkeit und Zahlungsverjährung – Die möglichen Schicksale von Zollschulden, ZfZ 2012, 225; Hartmann, Die Unterbrechung der Zahlungsverjährung durch Vollstreckungsmaßnahmen gem. § 231 AO, BB 2014, 2397.

Übersicht

A. Allgemeines

1 **Gesetzesentwicklung.** Nachdem die Vorschrift zuletzt durch Art. 9 Nr. 1c EGInsOÄndG v. 19.12.1998 und Art. 17 Nr. 15 StBereinG 1999 v. 22.12.1999 an die InsO angepasst (Art. 97 § 11a EGAO) und durch Art. 7 Nr. 3d StÄndG 2003 v. 19.12.2003 um den weiteren Unterbrechungstatbestand „die Aussetzung der Verpflichtung des Zollschuldners zur Abgabenentrichtung" ergänzt worden war, erfuhren Abs. 1 S. 1 und Abs. 2 S. 1 durch das StUmgBG v. 23.6.2017 (BGBl. 2017 I 1682) im Interesse der Übersichtlichkeit und der Erleichterung der Rechtsanwendung eine redaktionelle Überarbeitung und Neustrukturierung. Die Unterbrechungstatbestände (Abs. 1) sowie die Dauer der Unterbrechung bei Unterbrechungstatbeständen mit Dauerwirkung (Abs. 2) werden nunmehr numerisch aufgezählt. Inhaltliche Änderungen gegenüber der bisherigen Rechtslage waren mit der gewählten Darstellung nicht verbunden (BT-Drs. 18/11132, 30; zur zeitlichen Geltung s. Art. 97 § 14 V EGAO). Demgegenüber erweitert Art. 27 Nr. 26 JStG 2020 v. 21.12.2020 (BGBl. 2020 I 3096) mWv 29.12.2020 den Kanon der insolvenzbezogenen Unterbrechenstatbestände um einen Verweis auf das in § 210 InsO geregelte VollstrVerbot bei angezeigter Masseunzulänglichkeit (zu Einzelheiten → Rn. 20).

2 **Wesen und Wirkung der Unterbrechung.** Das Wesen der Verjährungsunterbrechung besteht darin, dass der Fristlauf durch ein im Gesetz bestimmtes Ereignis, das nach dem Beginn der Verjährung (§ 229) eingetreten sein muss (BFH 23.8.2022 – VII R 46/20, BFH/NV 2023, 162), abgebrochen wird und mit Ablauf des Kj., in dem das Ereignis endet, eine **neue fünf- bzw. zehnjährige Verjährung** beginnt (BFH 8.1.1980 – VII R 81/77, BStBl. II 1980, 306). Der gesamte bisher abgelaufene Teil der Verjährung wird hinfällig. Darin liegt der entscheidende Unterschied zur Hemmung (§ 230), bei der der

Fristablauf ruht und die Frist nur um die Zeitspanne des Ruhens verlängert wird. Abweichend von § 212 I BGB bestimmt § 231 III, dass die neue Verjährungsfrist erst **mit Ablauf des Kj.** beginnt, in dem die Unterbrechung geendet hat (Prinzip der Kalenderverjährung; vgl. TK § 231 Rn. 2; auch → § 229 Rn. 2). Dem Gläubiger des Zahlungsanspruchs soll damit genügend Zeit eingeräumt werden, seinen fälligen Anspruch zu verwirklichen. Da die Beteiligten des StSchuldverhältnisses in diesem Fall die Höhe des Zahlungsanspruchs kennen, besteht kein schutzwürdiges Interesse an einer alsbaldigen Verjährung (ebenso HHSp § 231 Rn. 4).

Verfassungsmäßigkeit. Der Umstand, dass der Gesetzgeber die Unterbrechung der Verjährung von der Maßnahme einer Verwaltungsbehörde abhängig macht, beinhaltet keinen Verstoß gegen die Verfassung; insb. sind die Art. 2 I, 20 III GG nicht verletzt (BVerfG 2.2.1990 – 1 BvR 1611/89, HFR 1990, 578). 3

Anwendungsbereich. Der sachliche und persönliche Anwendungsbereich der Vorschrift bezieht sich auf die Verjährung von Zahlungsansprüchen hinsichtlich aller in § 37 genannten Ansprüche aus dem StSchuldverhältnis. Dies folgt zum einen aus den in Abs. 1 S. 1 aufgezählten Unterbrechungstatbeständen, zum anderen aus § 228, der den Gegenstand der Verjährung festlegt. Demnach kann sowohl die Verjährung von Zahlungsansprüchen des StGläubigers als auch die Verjährung von Ansprüchen des Stpfl. unterbrochen werden. Allerdings kann der Stpfl. eine Verjährungsunterbrechung nur durch die „schriftliche Geltendmachung des Anspruchs“ herbeiführen (→ Rn. 24, 28). 4

B. Die einzelnen Unterbrechungshandlungen (Abs. 1 S. 1)

I. Allgemeines

Abschließende Aufzählung. Das Gesetz enthält eine abschließende Aufzählung der Unterbrechungstatbestände, die sowohl VA als auch Willenserklärungen und Realakte sein können (BFH 24.9.1996 – VII R 31/96, BStBl. II 1997, 8; TK § 231 Rn. 4;). Anders als § 212 I Nr. 1 BGB vermögen demnach Zahlungsanerkenntnisse, zB in Form von Teilzahlungen oder Vorauszahlungen, keine Unterbrechung der Verjährung herbeizuführen (BFH 13.3.1979 – III R 79/77, BStBl. II 1979, 461). Ebenso wenig unterbricht die Verfügung der FB über die Anrechnung geleisteter Vorauszahlungen (FG Saarland 9.2.1990 – 1 K 233/88, EFG 1990, 384) oder ein Erlassantrag nach § 227 die Verjährung (BFH 28.8.2003 – VII R 22/01, BStBl. II 2003, 933). Auch Einspruchs- und Gerichtsverfahren, die den Zahlungsanspruch betreffen, bewirken keine Unterbrechung (BFH 26.4.1990 – V R 90/87, BStBl. II 1990, 802; → § 232 Rn. 3). Ausnahmsweise kann aber der Tenor der Einspruchsentscheidung eine die Zahlungsverjährung unterbrechende Geltendmachung des Zahlungsanspruchs sein, wenn er eine ausdrückliche Zahlungsaufforderung enthält (BFH 8.11.1994 – VII R 1/93, BFH/NV 1995, 657; → Rn. 9, 27). Die Einordnung der Vorschrift als Ausnahmeregelung zur Regelverjährung schließt eine extensive Auslegung der Unterbrechungstagbestände aus (BFH 23.8.2022 – VII R 46/20, BFH/NV 2023, 162). 7

Außenwirkung. Allen Unterbrechungstatbeständen ist gemeinsam, dass es sich um eine nach außen wirkende Maßnahme handeln muss. Die Maßnahme muss nach außen eindeutig dokumentieren, dass der Anspruch weiter verfolgt werden soll (BFH 23.2.2010 – VII R 9/08, BFH/NV 2010, 1319). Verwaltungsinterne oder mangels Zugangs (→ Rn. 9) nicht nach außen wirkende Maßnahmen genügen nicht (BFH 28.8.2003 – VII R 22/01, BFH/NV 2003, 1624; FG Niedersachsen 3.11.2022 – 11 K 34/22, EFG 2023, 965). Dies dient weniger dem Vertrauensschutz des Stpfl, sondern vielmehr der Rechtssicherheit, denn bei nur innerdienstlichen Maßnahmen des FA ist es für den Betroffenen nicht mit der erforderlichen Klarheit feststellbar, ob er – weil die Verjährung unterbrochen ist – weiterhin zur Zahlung verpflichtet oder ob der Zahlungsanspruch durch Verjährung erloschen ist (BFH 28.11.2006 – VII R 3/06, BStBl. II 2009, 575; allg. HHSp § 231 Rn. 7). Deshalb muss das FA den sichtbaren Entschluss fassen, seinen Zahlungsanspruch durchzusetzen, und 8 dies auch über den rein innerdienstlichen Bereich hinaus manifestieren (BFH 28.11.2006 – VII R 3/06, BStBl. II 2009, 575). Die Unterbrechungshandlungen müssen mit anderen Worten **ernsthaft** gewollt sein (BFH 17.9.2014 – VII R 8/13, BFH/NV 2015, 4). Bloß schematische Anfragen oder ähnliche Scheinhandlungen, die die Verjährung lediglich formal unterbrechen sollen, reichen nicht (BFH 24.11.1992 – VII R 63/92, BStBl. II 1993, 220; → Rn. 22).

9 **(Nur) Wirksame Unterbrechungshandlungen** führen zur Unterbrechung der Verjährung (BFH 14.1.1997 – VII R 66/96, BFH/NV 1997, 283). Insbesondere müssen die Unterbrechungshandlungen dem Zahlungspflichtigen, soweit sie diesem gegenüber zu erfolgen haben, vor Ablauf der Verjährungsfrist bekannt gegeben werden; das bloße Absenden genügt nicht (BFH 21.6.2010 – VII R 27/08, BStBl. II 2011, 331; → Rn. 31). Ob eine Unterbrechungshandlung wirksam ist, ist jeweils nach den für den konkreten Unterbrechungstatbestand geltenden Kriterien zu beurteilen (BFH 24.4.1996 – II R 37/93, BFH/NV 1996, 865; vgl. zB BFH 23.4.1991 – VII R 37/90, BStBl. II 1991, 742 für den VollstrAufschub und BFH 17.10.1989 – VII R 77/88, BStBl. II 1990, 44 für eine VollstrMaßnahme). Von Anfang an unheilbar **nichtige VA** und ebenso nichtige Willenserklärungen können die Verjährung grds. nicht unterbrechen (BFH 15.12.2008 – VII B 95/08, BFH/NV 2009, 714). Hierbei ist jedoch zu beachten, dass die **neuere BFH-Rspr.** eine dem Stpfl. bekanntgegebene Maßnahme der FB bereits dann als taugliche schriftliche Geltendmachung ihres Zahlungsverlangens (§ 231 I 1 Nr. 8) ausreichen lässt, wenn sich aus ihr hinreichend deutlich der Wille der Behörde ergibt, an ihrer StForderung festhalten und diese durchsetzen zu wollen. Dies kann in tatsächlicher Hinsicht auch dann der Fall sein, wenn die eigentliche Maßnahme (bspw. eine Ladung zur Vermögensauskunft) im Übrigen aus materiellen Gründen rechtswidrig oder nichtig ist oder rückwirkend aufgehoben wird (BFH 21.6.2010 – VII R 27/08, BStBl. II 2011, 331; Klein § 231 Rn. 2; abl. Felten BB 2012, 2418). Demzufolge unterbricht jede an den Stpfl. gerichtete Maßnahme iSd § 231 I, aus der für den Stpfl. **erkennbar** wird, dass die FB ihren **Zahlungsanspruch nicht aufgibt,** als Realakt die Zahlungsverjährung. Auf den eigentlichen (inneren) Regelungsgehalt des VA kommt es in diesem Zusammenhang hingegen nicht an, auch nicht darauf, ob er Bestand hat, da die (äußere) Wirkung der Verjährungsunterbrechung keine Anordnung des VA ist, sondern als gesetzliche Folge seines bloßen Ergehens anzusehen ist (FG Düsseldorf 9.12.2020 – 4 K 1580/18 AO, BeckRS 2020, 40074). So enthielt zB die Ladung des VollstrSchuldners zur Vermögensauskunft auch schon vor der Änderung des § 284 I 1, der nunmehr eine solche ausdrücklich vorsieht (→ § 284 Rn. 6), eine Zahlungsaufforderung (BFH 21.6.2010 – VII R 27/08, BStBl. II 2011, 331) und liegt in der AdV oder der Ablehnung des Antrags auf Rücknahme des Insolvenzantrags zugleich die schriftliche Geltendmachung der offenen Abgabenforderungen (BFH 1.9.2015 – VII B 178/14, BFH/NV 2015, 1667). Die Handlungen einer **sachlich unzuständigen Behörde** sind aber grds. unwirksam (BVerwG 15.2.1991 – 8 C 85/88, NVwZ 1991, 580; TK § 231 Rn. 6; aA Klein § 231 Rn. 4: § 231 verlange anders als § 169 kein Handeln der zuständigen FB). Örtliche Zuständigkeitsmängel hindern die Unterbrechungswirkung demgegenüber nicht (BFH 21.12.2021 – VII R 21/19, BStBl. II 2022, 295; → Rn. 21).

Die Unterbrechungshandlung muss, sofern sie zur Herbeiführung ihrer verjährungsunterbrechenden Wirkung gegenüber einem bestimmten Empfänger auszubringen ist, gegenüber dem **richtigen Adressaten** vorgenommen werden (→ Rn. 30). Die Vornahme der Handlung gegenüber einer anderen Person genügt in diesen Fällen nicht (BFH 23.4.1991 – VII R 37/90, BStBl. II 1991, 742). Bei **Gesamtschuldnern** tritt eine Verjährungsunterbrechung nur in Bezug auf denjenigen ein, bei dem eine Unterbrechungshandlung vorgenommen worden ist (BFH 14.1.1997 – VII R 66/96, BFH/NV 1997, 283). Unterbrechungshandlungen gegenüber einem **Handlungsunfähigen** sind unwirksam (BFH 16.4.1997 – XI R 61/94, BStBl. II 1997, 595), auch die gegenüber einem **Verstorbenen** (Schwarz/Pahlke/Keß § 231 Rn. 15, 19; → Rn. 24). Daraus ist aber – wie sich an der Insolvenzanmeldung (→ Rn. 19) oder der Wohnsitzanfrage des FA zeigt (→ Rn. 21 ff.) – nicht zu schlussfolgern, dass es zur Wirksamkeit stets auf die **Kenntniserlangung** durch den Stpfl. oder VollstrSchuldner ankäme, der üblicherweise zunächst weder von dem Antrag noch von der Anfrage erfährt. Erforderlich zugleich aber auch ausreichend ist insoweit, dass die Unterbrechungshandlung **in anderer Weise Außenwirkung** erlangt (BFH 21.11.2006 – VII R 68/05, BStBl. II 2007, 291), etwa dadurch, dass sie Dritten gegenüber vorzunehmen ist. Auf die Handlungsunfähigkeit des VollstrSchuldners kommt es dann nicht an (BFH 21.11.2006 – VII R 68/05, BStBl. II 2007, 291; krit. Stahl/Carlé KÖSDI 2007, 15 670).

Ist die Frist der Zahlungsverjährung einmal durch eine Zahlungsaufforderung oder einen sonstigen tatsächlichen Vorgang (Realakt) des FA wirksam unterbrochen worden, steht es **nicht** in der Macht des FA, die Unterbrechungswirkung durch einen actus contrarius ex tunc **zu beseitigen** (BFH 28.11.2006 – VII R 3/06, BStBl. II 2009, 575; TK § 231 Rn. 5).

Erlöschen des StAnspruchs. Der Erlass (§ 227) einer StForderung führt nicht dazu, 10
dass auch die Unterbrechungshandlungen, die sich auf diese StForderung beziehen, mit dem Erlass gegenstandslos werden (FG Niedersachsen 22.1.1992 – XIII 158/88, EFG 1992, 646). Die Unterbrechungshandlungen bleiben vielmehr wirksam, es sei denn, sie werden zugleich mit dem Erlass nach § 130 II zurückgenommen.

II. Zahlungsaufschub, Stundung, Aussetzung der Vollziehung und der Verpflichtung zur Abgabenentrichtung, Vollstreckungsaufschub (Nr. 1)

Zahlungsaufschub wird im Bereich der Zölle und VerbrauchSt gem. Art. 110, 111 11
UZK gewährt. Er ist VA und schiebt die Fälligkeit hinaus.

Stundung (§ 222) wird durch VA gewährt, der die Fälligkeit hinausschiebt. Der das 12
Billigkeitsverfahren erst einleitende Stundungsantrag des Stpfl. reicht zur Verjährungsunterbrechung ebenso wenig aus wie der Antrag auf Erlass des StAnspruchs (HHSp § 231 Rn. 26). Die Niederschlagung (§ 261) entfaltet keine Stundungswirkung (TK § 231 Rn. 17).

Jede **AdV** (§ 361 II, III AO, § 69 II FGO) unterbricht die Verjährung. Dies gilt auch für 13
die AdV gegen Sicherheitsleistung, wenn die Sicherheit nicht geleistet wird (BFH 9.10.2002 – V R 29/01, BFH/NV 2003, 143). Die AdV muss den Bescheid betreffen, durch den der Zahlungsanspruch festgesetzt ist, da nur der festgesetzte Anspruch der Zahlungsverjährung unterliegt (TK § 231 Rn. 19). Deshalb unterbricht die AdV des Grundlagenbescheids (mangels Leistungsgebots) nicht die Verjährung des Zahlungsanspruchs aus dem Folgebescheid. Erst die nach §§ 361 III 1 AO, 69 II 4 FGO von Amts wegen angeordnete AdV des Folgebescheids unterbricht die Zahlungsverjährung (BFH 23.6.1998 – VII R 119/97, BFH/NV 1998, 1322). Eine vor Erlass des StBescheids erfolgte Zusage des FA, dessen Vollziehung später auszusetzen, bewirkt keine Unterbrechung (BFH 24.4.1996 – II R 37/93, BFH/NV 1996, 865). Dauer und Umfang der AdV ergeben sich aus dem Ausspruch der Entscheidung; dessen Inhalt ist ggf. durch Auslegung zu ermitteln (BFH 18.2.1997 – VII R 96/95, BStBl. II 1997, 339; HHSp § 231 Rn. 29).

Die **Aussetzung der Verpflichtung zur Abgabenentrichtung** ist als Unterbre- 14
chungstatbestand durch das StÄndG 2003 eingefügt worden (→ Rn. 1). Für den Bereich der Einfuhr- und Ausfuhrabgaben sieht Art. 108 III UZK in bestimmten Fällen vor, die Verpflichtung des Zollschuldners zur Abgabenentrichtung auszusetzen. Damit wird zumindest zeitweilig auf die Zahlung verzichtet. Eine zwangsweise Durchsetzung des Zollanspruchs ist nicht möglich (vgl. § 251 I 2). Insoweit entspricht die Aussetzung der Verpflichtung in ihrer Wirkung der AdV (→ Rn. 13). Um zu verhindern, dass die entspr. Zahlungsansprüche verjähren, wurde daher die Aussetzung der Verpflichtung des Zollschuldners zur Abgabenentrichtung als der AdV vergleichbarem Unterbrechungstatbestand aufgenommen (BT-Drs. 15/1945, 43).

15 Der **Vollstreckungsaufschub** (§ 258) muss dem Stpfl./VollstrSchuldner mitgeteilt werden (→ Rn. 9); eine nur interne, dem Stpfl. nicht bekanntgegebene Einstellung der Vollstr. ist deshalb kein VollstrAufschub (FG Düsseldorf 18.1.1990 – 7 K 452/84 H (L), EFG 1990, 280). Auf die rechtliche Qualität der Mitteilung (VA, Willens-/Absichtserklärung) kommt es aber nicht an, ebensowenig auf die Form (§ 119 II 1). Zur Herbeiführung der Wirkung des § 231 genügt deshalb auch eine an den VollstrSchuldner gerichtete einseitige schriftliche oder mündliche Erklärung der FB, vorerst (einstweilen) von Maßnahmen zur Durchsetzung des Anspruchs absehen zu wollen (BFH 4.11.2003 – VII B 382/02, BFH/NV 2004, 314; FG Niedersachsen 3.11.2022 – 11 K 34/22, EFG 2023, 965; → § 258 Rn. 18). Eine Mitteilung an Dritte genügt allgemein nicht (BFH 23.4.1991 – VII R 37/90, BStBl. II 1991, 742; zu Erklärungen innerhalb gerichtlicher Verfahren → Rn. 26). Auch die Niederschlagung (§ 261) kann Rechtswirkung entfalten, wenn sie nicht (wie üblich; Abschn. 14 III 2 VollstrA) ein Verwaltungsinternum bleibt, sondern dem Stpfl. ausnahmsweise mitgeteilt wird (BFH 5.8.1998 – IV B 129/97, BFH/NV 1999, 285; aA TK § 261 Rn. 11). Die Aussetzung der Verwertung (§ 297) steht dem VollstrAufschub gleich, da es sich hierbei nur um einen speziellen VollstrAufschub handelt, ohne lex specialis zu § 258 zu sein (TK § 231 Rn. 20; Klein § 231 Rn. 13; Kraemer DStZ 1988, 330 (332); → § 297 Rn. 1).

III. Sicherheitsleistung (Nr. 2)

16 **Anspruchsbezogene Beibringung.** Das Verlangen der FB, Sicherheiten zu leisten, genügt nicht, sondern erst die tatsächliche Leistung der Sicherheiten (§§ 241–248) durch den Stpfl. Ob die gesetzlichen Voraussetzungen für die Anordnung der Sicherheitsleistung erfüllt sind, ist für die Wirksamkeit der Unterbrechung unerheblich (HHSp § 231 Rn. 34). Die Sicherheit muss nach Beginn der Verjährungsfrist geleistet werden; eine schon vorher geleistete Sicherheit kann die Verjährung nicht unterbrechen (BFH 8.1.1980 – VII R 81/77, BStBl. II 1980, 306; aA OVG Münster 6.1.2015 – 14 B 198/14, KStZ 2015, 90: es komme nicht auf die Handlung, sondern auf den geschaffenen Zustand an). Deshalb ist eine vor Beginn der Verjährungsfrist vorgenommene Pfändung im Arrestverfahren (§ 324) nicht vom Sinn und Zweck des § 231 I 1 Nr. 2 gedeckt (BFH 23.8.2022 – VII R 46/20, BFH/NV 2023, 162); die durch den Arrestvollzug erlangten Sicherheiten bleiben davon losgelöst aber bestehen und behalten ihren Rang (BFH 7.7.1987 – VII R 167/84, BFH/NV 1987, 702). Die Sicherheit muss darüber hinaus für bestimmte StAnsprüche geleistet sein. Dauernde Sicherheitsleistungen (Globalsicherung) für sämtliche gegenwärtigen und zukünftigen Ansprüche, wie sie im Zoll- und Verbrauchsteuerrecht vorkommen, können die Verjährung deshalb nicht unterbrechen (HHSp § 231 Rn. 23; TK § 231 Rn. 22).

IV. Vollstreckungsmaßnahmen (Nr. 3)

17 **Vollstreckungsmaßnahmen** iSv § 231 sind alle Handlungen der FB, die der zwangsweisen Durchsetzung des Zahlungsanspruchs dienen sollen (BFH 24.9.1996 – VII R 31/96, BStBl. II 1997, 8). Sie sind in den **§§ 249 ff.** abschließend geregelt. Hierzu zählen zB die (erfolgreiche oder fruchtlose) Pfändung von Sachen (§§ 281, 285 ff.), von Forderungen und anderen Rechten (§§ 309 ff.), das Verwerten und Abholen der Pfandsache, der Antrag auf Eröffnung eines Insolvenzverfahrens (§ 251 II; BFH 1.9.2015 – VII B 178/14, BFH/NV 2015, 1667); der Antrag auf Eintragung einer Sicherungshypothek, der Antrag auf Zwangsversteigerung oder Zwangsverwaltung bei unbeweglichem Vermögen (§ 322), die Vollziehung des dinglichen Arrests (§§ 324 ff.), die Vorladung zur Abgabe der Vermögensauskunft (§ 284) und das Verlangen nach Vorlage eines Vermögensverzeichnisses (§ 249 II 1; BFH 24.9.1996 – VII R 31/96, BStBl. II 1997, 8; HHSp § 231 Rn. 36). Die mit dem späteren Ergehen des Haftungs- oder StBescheids erfolgende Überleitung des Arrestverfahrens in das VollstrVerfahren stellt allerdings keine eigenständige VollstrMaßnahme dar (BFH 23.8.2022 – VII R 46/20, BFH/NV 2023, 162). Wird beim Grundbuchamt die

Eintragung einer Sicherungshypothek oder beim VollstrGericht die Anordnung der Zwangsversteigerung oder Zwangsverwaltung beantragt, reicht das mit dem Vollstreckbarkeitsvermerk (§ 322 III 2) versehene Ersuchen an das AG (Grundbuchamt/VollstrGericht) für die Verjährungsunterbrechung aus. Unschädlich ist, wenn die verfahrensrechtlich gebotene Bekanntgabe des Ersuchens (VA) an den VollstrSchuldner unterbleibt (BFH 17.10.1989 – VII R 77/88, BStBl. II 1990, 44; → Rn. 9). Ebenso ist die Erklärung des Beitritts zu einem Zwangsverwaltungs- oder Zwangsversteigerungsverfahren VollstrMaßnahme. Auch die Durchsuchung der Wohnung und Geschäftsräume sowie der Behältnisse des VollstrSchuldners und die zwangsweise Öffnung von Türen und Behältnissen (§ 287) führen zur Unterbrechung (TK § 231 Rn. 24).

Waren die VollstrMaßnahmen **erfolglos** oder wurden sie **später aufgehoben,** hat dies auf die Unterbrechung der Verjährung grds. keinen Einfluss (BVerwG 10.4.1986 – 8 B 5.86, BeckRS 1986, 31255528; HHSp § 231 Rn. 39). Nur von Anfang an unheilbar nichtige VollstrHandlungen unterbrechen die Verjährung nicht (BFH 17.10.1989 – VII R 77/88, BStBl. II 1990, 44). Vgl. im Einzelnen aber → Rn. 9. Die Verjährung wird auch durch VollstrMaßnahmen der ersuchten in- und ausländischen Behörden unterbrochen (BMF 23.1.2014, BStBl. I 2014, 188 Tz. 1.8; Kraus ZfZ 2012, 225 (233)).

Keine Vollstreckungsmaßnahmen sind interne Maßnahmen (zB VollstrAuftrag des Innendienstes an den Vollziehungsbeamten, die Erlaubnis zur Nachtvollstr.) und sonstige die Vollstr. lediglich vorbereitende Maßnahmen. Hierzu gehören zB die VollstrAnkündigung, die aber ggf. als Zahlungsaufforderung (→ Rn. 24 ff.) auszulegen ist (FG Bremen 4.2.1997 – 2 96 049 K 2, EFG 1997, 779), das Aufsuchen der Wohnung bzw. Geschäftsräume des VollstrSchuldners (TK § 231 Rn. 24; aA Carl BB 1991, 46), die mündliche Aufforderung des Vollziehungsbeamten zur freiwilligen Zahlung, die Anfrage der FB gem. § 248 IV 2 an das AG, ob der VollstrSchuldner innerhalb der letzten 3 Jahre eine eidesstattliche Versicherung abgegeben hat (BFH 24.9.1996 – VII R 31/96, BStBl. II 1997, 8 zu § 284 III 2 aF), VollstrErsuchen an eine andere Behörde (ebenso HHSp § 231 Rn. 38; TK § 231 Rn. 26; aA Carl BB 1991, 46). Auch die Anordnung des dinglichen Arrests stellt keine VollstrMaßnahme dar, sondern erst deren Vollzug (TK § 231 Rn. 25). Die der Festsetzung des gesicherten Anspruchs nachfolgende Überleitung des Arrestverfahrens in ein normales Vollstreckungsverfahren rechtfertigt ebenfalls nicht die Annahme einer eigenständigen VollstrMaßnahme (BFH 23.8.2022 – VII R 46/20, BFH/NV 2023, 162). 18

V. Insolvenzverfahren (Nr. 4–6)

Die **Anmeldung** der Forderungen zum Insolvenzverfahren (Nr. 4; § 174 InsO) unterbricht die Verjährung, weil während des Verfahrens (Einzel-)VollstrMaßnahmen unzulässig sind (§ 251 II iVm § 87 InsO). Sie ist (wie der Insolvenzantrag; → § 251 Rn. 21) kein VA, sondern die Erklärung des StGläubigers, sich zwecks Befriedigung seiner Forderungen aus der Insolvenzmasse am Insolvenzverfahren beteiligen zu wollen (→ § 251 Rn. 47). Wird die Anmeldung zurückgenommen, wird dadurch die verjährungsunterbrechende Wirkung der Anmeldung nicht ex tunc beseitigt (Klein § 231 Rn. 17; HHSp § 231 Rn. 41; TK § 231 Rn. 27: Wirkung ex nunc). Denn hier kann grds. nichts anderes gelten als für die Aufhebung einer sonstigen Unterbrechungshandlung (→ Rn. 9). Der eindeutige Wortlaut („durch Anmeldung im Insolvenzverfahren“) lässt die Anmeldung als solche genügen. Die zur Tabelle des Insolvenzverwalters festgestellten StForderungen unterliegen der 5- bzw. 10-jährigen Verjährungsfrist des § 228 S. 2 (→ § 228 Rn. 7). 19

Weitere Unterbrechungshandlungen sind nach Nr. 6 – wie bisher – die Aufnahme des Anspruchs in den **Insolvenzplan** (§§ 217 ff. InsO) oder in den gerichtlichen **Schuldenbereinigungsplan** (§§ 305 ff. InsO) und nach Nr. 5 der **Eintritt des Vollstreckungsverbotes nach § 294 I InsO,** der die frühere Unterbrechung „durch Einbeziehung in ein Verfahren, welches die Restschuldbefreiung für den Schuldner zum Ziel hat“ ersetzt und verdeutlichen soll, dass die Unterbrechung erst mit Beendigung des Insolvenzverfahrens 20 beginnt. Für einen früheren Beginn bestand im Hinblick auf die in § 231 II 1 Nr. 4 geregelte Dauerwirkung (→ Rn. 37) kein Bedürfnis (BT-Drs. 18/11132, 30). Handelt es sich bei dem StAnspruch um eine Masseverbindlichkeit (zum Begriff → § 251 Rn. 56), führt die Anzeige der sog. Massearmut durch den Insolvenzverwalter (§ 208 I 1 InsO; zur Masseunzulänglichkeit → § 251 Rn. 99) wegen des in § 210 InsO geregelten VollstrVerbots ebenfalls dazu, dass das FA seine festgesetzte, aber zur Altmasseverbindlichkeit abgewertete Masseforderung (§ 209 I Nr. 2 InsO) bis zur Einstellung des Insolvenzverfahrens nicht mehr im Wege der Einzelvollstr. durchsetzen kann (→ § 251 Rn. 57 aE). Trotz dieser mit § 294 I InsO vergleichbaren Wirkung ging mit dem VollstrVerbot nach § 210 InsO bislang weder eine Hemmung (BGH 14.12.2017 – IX ZR 118/17, NZI 2018, 154) noch eine Unterbrechung der Verjährung einher. Um allen Beteiligten daraus erwachsenden Mehraufwand zu ersparen (BT-Drs. 19/25160, 206), wurde § 231 durch das JStG 2020 ergänzt (→ Rn. 1) und damit sichergestellt, dass auch solche StAnsprüche künftig nach Wegfall des VollstrVerbots ressourcenschonend durch das FA weiterverfolgt werden können.

VI. Wohn- oder Aufenthaltsermittlungen (Nr. 7)

21 **Durch Ermittlungen der FB** nach dem Wohnsitz und Aufenthalt des Zahlungspflichtigen wird die Verjährung ebenfalls unterbrochen. Die Wohnsitzanfrage des FA beim Einwohnermeldeamt (sog. EMA-Anfrage) kann auch online durch direkten Abruf erfolgen (BFH 17.9.2014 – VII R 8/13, BFH/NV 2015, 4). Da durch diese Recherche auf außerhalb der FVerw. geführte Datenbestände zugegriffen wird, liegt auch eine über den rein innerdienstlichen Bereich hinaus nach außen gerichtete und (bei entsprechender Dokumentation) sowohl sicht- als auch später nachvollziehbare Ermittlungsmaßnahme vor. Nichts anderes gilt für den automatisierten Datenabgleich mit den beim BZfSt nach § 139b III gespeicherten Personen- und Adressdaten (BFH 21.12.2021 – VII R 21/19, BStBl. II 2022, 295; auch Klein § 231 Rn. 20). Anfragen über Wohnsitz und Aufenthalt des Zahlungspflichtigen bei einer anderen Dienststelle derselben Behörde reichen hingegen nicht aus (HHSp § 231 Rn. 48; → Rn. 8). Dass der unbekannt verzogene Stpfl. von den Ermittlungen des FA zwangsläufig keine Kenntnis erlangt, ist für die verjährungsunterbrechende Wirkung unschädlich (Gosch AO § 231 Rn. 28; → Rn. 9). Diesem Minus an Rechtssicherheit (→ Rn. 8) entspricht es aber, den FB die **Feststellungslast** dafür aufzugeben, dass in ihrer Sphäre tatsächlich vor Verjährungseintritt eine EMA-Online-Anfrage durchgeführt worden ist (BFH 17.9.2014 – VII R 8/13, BFH/NV 2015, 4). Der Begriff der FB ist iSv § 6 zu verstehen. Er umfasst also auch Zollfahndungsämter und StFahndungsstellen. Ermittlungen sachlich unzuständiger Behörden können die Verjährung nicht unterbrechen, solche örtlich unzuständiger FB schon (BFH 21.12.2021 – VII R 21/19, BStBl. II 2022, 295; auch → Rn. 9).

22 **Zielgerichtete Ermittlungen.** Eine Ermittlung des steuerlich relevanten Sachverhalts schlechthin genügt nicht. Die Ermittlungen müssen vielmehr auf Wohnsitz und Aufenthalt des Zahlungspflichtigen ausgerichtet sein (TK § 231 Rn. 31). Erforderlich ist ein aktives Tun der FB (zB Anfrage beim Einwohnermeldeamt oder bei anderen Registern, tatsächliches Suchen durch einen Vollziehungsbeamten); ein passives Verhalten – wie beispielsweise die Entgegennahme von Mitteilungen über den Aufenthaltsort – genügt hingegen nicht (Schwarz/Pahlke/Keß § 231 Rn. 60). Das Tätigwerden muss hierbei ein **erhebungsspezifisches** Element enthalten, dh, die Ermittlungen müssen den Zweck verfolgen, den StAnspruch durchzusetzen. So führt eine Wohnsitzanfrage des FA beim Einwohnermeldeamt – gleich ob sie schriftlich oder elektronisch erfolgt – grds. nur dann zur Unterbrechung der Zahlungsverjährung, wenn das FA im Hinblick auf die Realisierung seines Anspruchs aus dem StSchuldverhältnis besonderen Anlass zu der Anfrage hat, weil ihm der Wohnsitz oder Aufenthalt des Schuldners nicht bekannt ist (BFH 24.11.1992 – VII R 63/92, BStBl. II 1993, 220). In dieser Hinsicht ist auch die Niederlegung eines Such-

vermerks gem. § 27 BZRG im Bundeszentralregister zielgerichtet (FG Köln 18.9.1996 – 13 K 3522/89, EFG 1997, 592). **Scheinhandlungen,** wie zB eine routinemäßig abgeschickte Anfrage an das Einwohnermeldeamt, ob der Zahlungspflichtige seinen Wohnsitz beibehalten oder aufgegeben hat, bezwecken lediglich die Verjährungsunterbrechung und reichen deshalb nicht aus (FG Baden-Württemberg 12.11.1996 – 1 K 118/90, EFG 1997, 454).

Zahlungspflichtiger. Dieser sonst nicht gebräuchliche und an die Stelle des „Stpfl." tretende Begriff bringt zum Ausdruck, dass die Ermittlungen über Wohnsitz und Aufenthalt die Verjährungsfrist nur solchen Stpfl. gegenüber unterbrechen, deren Zahlungspflicht bereits feststeht (TK § 231 Rn. 32). Bevor die FB ihre Ermittlungen anstellt, muss gegen den Stpfl. bereits ein Leistungsgebot (§ 254 I) ergangen, eine Leistung aufgrund einer StAnmeldung zu erbringen, oder ein Arrest angeordnet sein (HHSp § 231 Rn. 47). 23

VII. Schriftliche Geltendmachung des Anspruchs (Nr. 8)

1. Form und Inhalt

Schriftform und Bekanntgabe. Unter schriftlicher Geltendmachung ist die an den Schuldner gerichtete, ausdrückliche schriftliche Aufforderung zu verstehen, den Anspruch zu erfüllen. Eine besondere Form ist nicht vorgeschrieben. Mündliche Willenserklärungen oder schlüssiges Handeln genügen aber nicht (BFH 28.8.2003 – VII R 22/01, BFH/NV 2003, 1624). Der Schuldner muss im Zeitpunkt der Geltendmachung (noch) leben. Ist der Schuldner bereits verstorben, geht eine an ihn gerichtete Zahlungsaufforderung ins Leere (→ Rn. 9). Sie wirkt gegen den Rechtsnachfolger des Verstorbenen auch dann nicht, wenn dieser sie vorfindet oder sonst erhält (BFH 8.3.1979 – IV R 75/76, BStBl. II 1979, 501). Entspr. gilt bei einer nicht mehr existenten Gesellschaft (PersGes, GmbH; BFH 13.12.1990 – V R 48/86, BFH/NV 1991, 790). Keine Unterbrechungswirkung tritt ein, wenn die Zahlungsaufforderung an eine Adresse des Stpfl. gerichtet ist, an der dieser nicht mehr wohnt (BFH 28.8.2003 – VII R 22/01, BStBl. II 2003, 933). 24

Inhaltliche Bestimmtheit. Die schriftliche Geltendmachung muss inhaltlich so eindeutig erfolgen, dass der Adressat erkennen kann, wegen welcher Ansprüche die Verjährungsunterbrechung eintreten soll, dh sowohl die Art des Anspruchs aus dem StSchuldverhältnis als auch der (Veranlagungs-)Zeitraum und die Höhe müssen sich aus dem betr. Schriftstück ergeben. Eine allg. Aufforderung an den Stpfl., seine noch offenen StSchulden zu begleichen, ist zu unbestimmt (HHSp § 231 Rn. 52). Treten Zweifel am sachlichen, persönlichen oder zeitlichen Umfang der schriftlichen Geltendmachung auf, können diese durch Auslegung (§§ 133, 157, 242 BGB) behoben werden (BFH 9.7.1996 – VII R 136/95, BFH/NV 1997, 10; ebenso TK § 231 Rn. 34). Hierbei sind auch andere, dem Stpfl. bekannte Unterlagen (zB StBescheide) heranzuziehen (BFH 30.3.1993 – VII R 37/92, BFH/NV 1994, 4). Lassen sich die Zweifel nicht beseitigen, wird die Verjährung nicht unterbrochen. 25

Zielgerichtetes Verlangen. Der konkrete Wille zur Geltendmachung ist eine weitere Voraussetzung für eine wirksame Zahlungsaufforderung (BFH 4.8.2009 – VII B 16/09, BeckRS 2009, 25015692). Ausreichend sind zB der Erlass eines Abrechnungsbescheids, der einen bestimmten Betrag als offen ausweist (BFH 19.3.2019 – VII R 27/17, BStBl. II 2020, 31; Klein § 231 Rn. 21; wohl auch TK § 231 Rn. 35) oder die Mitteilung der FB im (gerichtlichen) AdV-Verfahren, an dem Anspruch festhalten, aber von der Vollstr. des angefochtenen VA bis zum rechtskräftigen Abschluss des Hauptverfahrens absehen zu wollen (BFH 23.2.2010 – VII R 9/08, BStBl. II 2011, 667). Die notwendige Außenwirkung (→ Rn. 8) erlangt eine solche Mitteilung dadurch, dass sie dem Zahlungspflichtigen bestimmungs- und erwartungsgemäß durch Vermittlung des Gerichts übersandt wird. Demgegenüber vermögen Anträge oder schriftliche Stellungnahmen der FB im Rechtsstreit über die StFestsetzung die Verjährung idR nicht zu unterbrechen, da sie keiner Zahlungsaufforderung gleichkommen (BFH 26.4.1990 – V R 90/87, BStBl. II 1990, 802; 26

HHSp § 231 Rn. 53). StBescheide unterbrechen nur, wenn sie schriftlich ergehen und eine Zahlungsaufforderung (Leistungsgebot) enthalten (TK § 231 Rn. 35). Automatisch mit jeder einzelnen Buchung hergestellte Kontoauszüge mit der Aufforderung, die nach diesem Kontoauszug geschuldeten Beträge zu zahlen, unterbrechen die Verjährung nicht (BFH 28.8.2003 – VII R 22/01, BStBl. II 2003, 933; ebenso Kraemer DStZ 1988, 330; Stahl/Carlé KÖSDI 2007, 15670; HHSp § 231 Rn. 53; TK § 231 Rn. 11). Pfändungen und fruchtlose Pfändungsversuche, die als solche eigene Unterbrechungshandlungen enthalten (→ Rn. 22), stehen einer Zahlungsaufforderung nicht gleich, da der vorzuweisende Pfändungsauftrag keine an den StSchuldner gerichtete Zahlungsaufforderung enthält (TK § 231 Rn. 36). Bloß verwaltungsinterne Maßnahmen (zB Sollstellung der angemeldeten Steuer) führen ebenfalls zu keiner Verjährungsunterbrechung (Gosch AO § 231 Rn. 32).

2. Geltendmachung durch den Steuergläubiger

27 Die schriftliche Zahlungsaufforderung der FB kann VA sein, muss es aber nicht. Sie kann mit dem StBescheid (§ 155) verbunden werden und ausnahmsweise auch im Tenor der Einspruchsentscheidung enthalten sein (→ Rn. 7). Sie kann aber auch durch ein (isoliertes) Leistungsgebot (§ 254 I 1), durch Mahnung (§ 259 S. 1), durch Zahlungsaufforderung bei Haftungsbescheiden (§ 219) und durch jedes andere Schreiben erfolgen, das den Stpfl. zur Zahlung auffordert, soweit sich aus dem Schreiben Art und Umfang des geltend gemachten Anspruchs ergeben (BFH 30.3.1993 – VII R 37/92, BFH/NV 1994, 4; → Rn. 13). Dementsprechend kann auch ein nichtiger bzw. aufgehobener VA – zB die Aufforderung zur Abgabe der Vermögensauskunft (§ 284) – sinngemäß eine Zahlungsaufforderung enthalten (→ Rn. 9).

3. Geltendmachung durch den Steuerpflichtigen

28 Der Stpfl. macht den ihm zustehenden Anspruch durch jedes Schreiben, mit dem er die zuständige FB zur Festsetzung oder Erfüllung des Anspruchs auffordert, geltend (BFH 9.7.1996 – VII R 136/95, BFH/NV 1997, 10). Art und Umfang des Anspruchs sind ggf. durch **Auslegung** zu ermitteln (HHSp § 231 Rn. 57). Elektronische Geltendmachung ist möglich (AEAO zu § 231 Nr. 1). Erfolgt die Geltendmachung gegenüber der sachlich unzuständigen FB, tritt die Unterbrechungswirkung nur bei Weiterleitung an die zuständige Behörde ein (Gosch AO § 231 Rn. 11); die örtliche Unzuständigkeit der FB ist hingegen unschädlich (TK § 231 Rn. 7; aA Klein § 231 Rn. 23). Die Einlegung eines Einspruchs gegen die StFestsetzung genügt nicht, da hiervon das Erhebungsverfahren, wozu auch die Verjährungsunterbrechung gehört, unberührt bleibt. Um die Verjährung seines Erstattungsanspruchs zu verhindern, muss der Stpfl. während eines Finanzgerichtsverfahrens den Zahlungsanspruch ggf. rechtzeitig schriftlich geltend machen (Gosch AO § 231 Rn. 12). Auch die mit einem schriftlichen Vorbehalt verbundene StZahlung wird idR für sich gesehen nicht als Aufforderung an die FB zur Festsetzung oder Erfüllung eines Erstattungsanspruchs angesehen werden können; anders ist es aber ggf., wenn die schriftliche Vorbehaltszahlung mit weiteren auslegungsfähigen Willenserklärungen des Stpfl. (Einspruch; Begleitschreiben) zusammenfällt (BFH 9.7.1996 – VII R 136/95, BFH/NV 1997, 10). Die **Beweislast** für die rechtzeitige Geltendmachung trägt der Stpfl., § 169 I 3 gilt nicht sinngemäß (→ Rn. 31). Hat der Stpfl. seinen Zahlungsanspruch abgetreten oder verpfändet (§ 46), muss der neue Gläubiger den Anspruch gegenüber der FB schriftlich geltend machen. Ist der Zahlungsanspruch durch einen Pfändungs- und Überweisungsbeschluss gepfändet worden, kann auch der Pfändungsgläubiger den Anspruch schriftlich geltend machen (HHSp § 231 Rn. 58).

C. Beginn der Unterbrechung und sinngemäße Anwendung des § 169 Abs. 1 S. 3 (Abs. 1 S. 2)

Spezifischer Unterbrechungsbeginn. Zu welchem Zeitpunkt die Unterbrechung beginnt, hängt vom Wesen der jeweiligen Unterbrechungshandlung ab. Soweit ein Tätigwerden verlangt wird, beginnt die Unterbrechung regelmäßig in dem Zeitpunkt, in dem die betr. Handlung (zB die tatsächliche Leistung der Sicherheit; Ermittlungen über den Wohnsitz und Aufenthalt) ausgeführt wird. Maßnahmen, die in der Form eines VA ergehen (wie beispielsweise Forderungspfändung, Leistungsgebot, AdV, Stundung, Zahlungsaufschub), werden grds. erst mit Bekanntgabe an den richtigen Adressaten wirksam (§ 124 I; → Rn. 9). Besteht die Unterbrechungshandlung in der Abgabe einer Willenserklärung (zB Zahlungsaufforderung, Mahnung), beginnt die Unterbrechung mit dem Zugang derselben (§ 130 I BGB). Macht ein Stpfl. einen Anspruch gegenüber der FB geltend, beginnt die Verjährung dementsprechend mit dem Eingang des betr. Schreibens bei der Behörde (vgl. auch AEAO zu § 231 Nr. 1). Sind Unterbrechungshandlungen gegenüber einem Dritten vorzunehmen – wie zB Anmeldung im Insolvenzverfahren; Antrag auf Eintragung einer Sicherungshypothek, Antrag auf Anordnung einer Zwangsversteigerung oder Zwangsverwaltung –, beginnt die Unterbrechung regelmäßig zu dem Zeitpunkt, in dem das mit dem Vollstreckbarkeitsvermerk versehene Schreiben (Anmeldung, Antrag) den Bereich der zuständigen FB verlassen hat (HHSp § 231 Rn. 60; → Rn. 17). 30

Sinngemäße Anwendung des § 169 I 3. Für die Rechtzeitigkeit der Unterbrechungshandlung gilt nach § 231 I 2 die Regelung in § 169 I 3. Die Vorschrift bestimmt zugunsten der FB, dass es auch für die Unterbrechung der Zahlungsverjährung ausreicht, wenn der mit der Unterbrechungshandlung verbundene VA bzw. die behördliche Willenserklärung noch vor Ablauf der Verjährung den Bereich der FB verlassen hat. § 169 I 3 dient lediglich der Fristwahrung, regelt mithin lediglich einen **Sonderfall der Fristwahrung** und vermag daher nicht die Bekanntgabe bzw. den Zugang an den richtigen Adressaten zu ersetzen (BFH 25.11.2002 – GrS 2/01, BStBl. II 2003, 548; TK § 231 Rn. 38). Auch eine Mahnung (§ 259) oder schriftliche Zahlungsaufforderung muss dem Stpfl. nachweislich zugegangen sein (BFH 28.8.2003 – VII R 22/01, BStBl. II 2003, 933). Eine bspw. an eine alte Adresse erfolgte und mangels Auftrags von der Post nicht nachgesandte, folglich missglückte Bekanntgabe muss nachgeholt werden. Auch die Nachholung muss aber vor Ablauf der Zahlungsverjährung erfolgen (BFH 18.11.2003 – VII R 5/02, BFH/NV 2004, 1057). Dass sich der Stpfl. im Nachhinein auf die fehlgeschlagene Bekanntgabe beruft, stellt idR ohne das Hinzutreten besonderer Umstände auch unter Berücksichtigung der Grundsätze von Treu und Glauben keine illoyale Rechtsausübung dar (BFH 18.11.2003 – VII R 5/02, BFH/NV 2004, 1057). Zugunsten des Stpfl. gilt § 169 I 3 nicht. Macht er seinen Anspruch geltend, muss sein Schreiben der FB vor Ablauf der Verjährungsfrist gem. § 130 I BGB zugegangen sein (TK § 231 Rn. 38). 31

D. Dauer der Unterbrechung (Abs. 2 und 3)

Fallgruppen. Die Art der Unterbrechung bestimmt die Dauer der Unterbrechung. § 231 II 1 regelt die wichtigsten Fälle von Unterbrechungshandlungen durch die FB. Es hängt vom Wesen des jeweiligen Unterbrechungstatbestandes ab, ob er nur punktuell eine Unterbrechung bewirkt oder aber über einen Zeitraum. Dementsprechend kann man folgende Fallgruppen unterscheiden: 35

– Auf eine **bestimmte Dauer** angelegte Unterbrechungshandlungen (Nr. 1) sind AdV, Aussetzung der Verpflichtung zur Abgabenentrichtung, Stundung, VollstrAufschub und Zahlungsaufschub. Sie enden mit Ablauf der Maßnahme, dh mit der jeweils gesetzten Frist. Zur Auslegung der Befristung einer AdV s. BFH 23.6.1998 – VII R 119/97, BFH/ 36

NV 1998, 1322. Ist keine Frist gesetzt, endet die Unterbrechung grds. mit Rücknahme oder Widerruf der betr. Maßnahme (BFH 8.1.1998 – VII B 137/97, BFH/NV 1998, 686). Erschöpft sich der VollstrAufschub in einer einmaligen Maßnahme (zB Aufhebung einer Pfändung), endet die Unterbrechung mit deren Abschluss (TK § 231 Rn. 40).

37 – Bei **unbefristete**n **Maßnahmen** mit Dauerwirkung endet die Unterbrechung mit Erledigung dieser Maßnahme, also mit ihrem Erlöschen, ihrer Rücknahme oder ihrem Widerruf. Bei Sicherheitsleistungen (Nr. 2) dauert die Unterbrechung, solange die Sicherheit besteht. Wird die Eintragung einer Sicherungshypothek (Nr. 3) beantragt, wird die Verjährung so lange unterbrochen, bis diese erloschen ist (BFH 17.10.1989 – VII R 77/88, BStBl. II 1990, 44). Dasselbe gilt bei Pfändungspfandrechten. Hier dauert die Unterbrechung bis zum Abschluss der Verwertung bzw. bei einem Verzicht auf das Pfändungspfandrecht (§ 843 ZPO iVm § 316 III) bis die Verzichtserklärung dem VollstrSchuldner zugegangen ist. Die mit der Anmeldung zum Insolvenzverfahren eintretende Unterbrechung (Nr. 4) dauert bis zum Abschluss des Verfahrens, zB durch Vollzug der Schlussverteilung (§ 200 I InsO), Einstellung mangels Masse (§ 207 InsO), Wegfall des Eröffnungsgrundes auf Antrag des Schuldners (§ 212 InsO), Insolvenzverzicht aller Gläubiger (§ 213 InsO). Während der sog. Wohlverhaltensphase (6-jährige Abtretungsfrist, § 287 II InsO) oder im Falle von deren vorzeitiger Beendigung durch Versagung der Restschuldbefreiung (§ 299 InsO) endet die Unterbrechung seit Inkrafttreten des StUmgBG (→ Rn. 1) mit dem Wegfall des VollstrVerbotes nach § 294 I InsO (Nr. 5) und seit dem JStG 2020 (→ Rn. 1) auch mit dem Ende eines Verbots nach § 210 InsO, sei es durch Einstellung (§ 211 InsO) oder durch Rückkehr ins reguläre Insolvenzverfahren nach Überwindung der Masseunzulänglichkeit (vgl. dazu BFH 17.9.2019 – VII R 31/18, BFH/NV 2020, 252). Bei Aufnahme in den Insolvenzplan oder den gerichtlichen Schuldenbereinigungsplan (Nr. 6) müssen die Pläne erfüllt oder hinfällig geworden sein (§ 255 InsO).

38 – **Nicht auf Dauer** angelegte Unterbrechungsmaßnahmen, wozu die Ermittlung des Wohnsitzes oder Aufenthalts, die fruchtlose Pfändung, die VollstrAnkündigung und die Zahlungsaufforderung zählen, werden, da mit ihnen keine Dauerwirkung verbunden ist, in § 231 II 1 nicht gesondert aufgeführt. Sie enden deshalb mit Abschluss der jeweiligen Maßnahme, also mit dem Zugang des Schreibens beim Empfänger oder Abbruch des VollstrVersuchs (HHSp § 231 Rn. 63). Wird ein Insolvenzantrag gestellt (→ Rn. 17), endet die Verjährungsunterbrechung anders als im Fall der Forderungsanmeldung (Nr. 4) nicht erst mit der Entscheidung über den Antrag, sondern mit Ablauf des Jahres der Antragstellung (FG Münster 19.8.2009 – 11 K 4229/08 AO, EFG 2009, 1890).

39 Die **neue Verjährung** beginnt gem. § 231 III mit Ablauf des Kj., in dem die Unterbrechung geendet hat (Prinzip der Kalenderverjährung, → Rn. 2). Die gesetzliche Bestimmung in Abs. 3 ist im Zusammenhang mit der Regelung in Abs. 4 (Umfang der Unterbrechung; → Rn. 41) zu sehen. Eine Teilverjährung des StAnspruchs ist folglich möglich, wenn nur für einen Teilbetrag eine wirksame Unterbrechungshandlung vorgelegen hat (→ Rn. 41) oder für unterschiedliche Teilansprüche verschiedene Unterbrechungstatbestände verwirklicht worden sind (TK § 231 Rn. 42: stufenweise Teilverjährung). Werden aber in Bezug auf den StAnspruch in Gänze mehrere Unterbrechungstatbestände iSd Absatz 1 verwirklicht, endet die Unterbrechung nach dem Willen des Gesetzgebers „wie bisher" mit dem unter Absatz 2 genannten Ereignis, welches zuletzt eintritt (BT-Drs. 18/11132, 30). Dies kann im Einzelfall zu einer erheblichen Verlängerung der Verjährungsfrist führen (Gosch AO § 231 Rn. 44).

E. Dauer bei Unterbrechungshandlungen durch den Steuerpflichtigen (Abs. 2 S. 2)

40 **Rechtskraft.** Der Stpfl. kann die Verjährung nur durch eine schriftliche Geltendmachung seines Anspruchs aus dem StSchuldverhältnis gegenüber der FB unterbrechen

(→ Rn. 4, 28). Hat er dies getan, endet die Unterbrechung nicht vor der rechtskräftigen (dh unanfechtbaren) Entscheidung über den Anspruch. Die Unterbrechung endet deshalb auch, wenn der Stpfl. die Einspruchsentscheidung der FB über den von ihm eingelegten Einspruch unanfechtbar (bestandskräftig) werden lässt (TK § 231 Rn. 41: gestzgeberische Ungenauigkeit).

F. Umfang der Unterbrechung (Abs. 4)

Betragsmäßiger Umfang. Gemäß § 231 IV wird die Verjährung nur in Höhe des Betrags unterbrochen, auf den sich die betr. Unterbrechungshandlung bezieht. Dies ist Ausdruck eines allg. Rechtsgedankens (TK § 231 Rn. 43). Eine **Teilverjährung** des Anspruchs aus dem StSchuldverhältnis ist demnach möglich (→ Rn. 39). Die Unterbrechungshandlung muss objektiv erkennen lassen, in welchem Umfang die Verjährung unterbrochen ist (BFH 5.7.1961 – VII 107/59 U, BStBl. III 1961, 371), mithin inhaltlich bestimmt sein (→ Rn. 25). Für die Berücksichtigung subjektiver Momente, insb. der Vorstellung der FB, ist insoweit kein Raum (TK § 231 Rn. 43). 41

Unterbrechungsspezifische Bestimmung. Im Allgemeinen lässt sich der betragsmäßige Umfang ohne Schwierigkeiten feststellen. So wird die Verjährung für die Beträge unterbrochen, die gestundet sind, für die eine AdV, eine Aussetzung der Verpflichtung zur Abgabenentrichtung oder ein Zahlungsaufschub gewährt worden, für die eine Mahnung oder Zahlungsaufforderung ergangen oder für die ein VollstrErsuchen gestellt worden ist. Ebenso unterbrechen VollstrMaßnahmen die Verjährung nur für die Beträge, derentwegen sie ergriffen wurden. Demgegenüber unterbrechen Ermittlungen zum Wohnsitz oder dem Aufenthalt des Zahlungspflichtigen die Verjährung für sämtliche zu diesem Zeitpunkt noch offenen und fälligen Zahlungsansprüche. 42

G. Verfahrensfragen

Abrechnungsbescheid. Bestehen zwischen dem Stpfl. und der FB Meinungsverschiedenheiten darüber, ob eine Zahlungsverpflichtung erloschen oder aber die Verjährung unterbrochen ist, ist diese Frage durch einen Abrechnungsbescheid gem. § 218 II 1 zu klären. Dieser ist entweder auf Antrag des Stpfl. oder ggf. von Amts wegen zu erlassen (BFH 8.1.1998 – VII B 137/97, BFH/NV 1998, 686; → § 218 Rn. 33). 43

Rechtsbehelf. Gegen den Abrechnungsbescheid stehen dem Stpfl. Einspruch (§ 347) und Anfechtungsklage, im Fall der Ablehnung seines Erlasses Verpflichtungsklage (§ 40 I FGO) zur Verfügung; eine Feststellungsklage ist unzulässig (BFH 21.1.1977 – III R 125/73, BStBl. II 1977, 396; → § 218 Rn. 46 ff.). Zum einstweiligen Rechtsschutz s. BFH 8.11.2004 – VII B 137/04, BFH/NV 2005, 492. Tritt die Verjährung während eines anhängigen Gerichtsverfahrens über die StFestsetzung ein, ist der Rechtsstreit in der Hauptsache erledigt (BFH 25.3.1993 – V B 73/92, BFH/NV 1994, 437).

§ 232 Wirkung der Verjährung

Durch die Verjährung erlöschen der Anspruch aus dem Steuerschuldverhältnis und die von ihm abhängenden Zinsen.

Allgemeines. Soweit die Vorschrift bestimmt, dass der Anspruch aus dem StSchuldverhältnis (§ 37 I) mit Eintritt der Verjährung erlischt, ist sie überflüssig. Dies ergibt sich bereits aus § 47 (ebenso TK § 232 Rn. 1). Eine eigenständige Bedeutung kommt § 232 nur hinsichtlich des Erlöschens der vom Anspruch aus dem StSchuldverhältnis abhängenden Zinsen zu. Für andere steuerliche Nebenleistungen wie zB Säumnis- und Verspätungs- 1 zuschläge laufen dagegen – wie üblich – selbständige Verjährungsfristen (BFH 8.11.2004 – VII B 137/04, BFH/NV 2005, 492). Denn im Grundsatz verjährt jeder einzelne Anspruch für sich (→ § 228 Rn. 8). Zinsen erlöschen nach § 232 somit unter Abkürzung der ansonsten auch für sie laufenden 5- bzw. 10-jährigen Verjährungsfrist bereits zusammen mit dem Hauptanspruch **(Akzessorietät).** Zur eingeschränkten Akzessorietät der Haftungsschuld → § 229 Rn. 13.

Wirkung der Verjährung. Im Gegensatz zur zivilrechtlichen Verjährung begründet die steuerrechtliche Verjährung nicht lediglich ein Leistungsverweigerungsrecht (vgl. § 214 I BGB), das im Wege der Einrede geltend gemacht werden muss. Vielmehr führt die Verjährung im StRecht zum Erlöschen des StAnspruchs; der Erfüllungsanspruch geht unter (→ § 47 Rn. 2). Die Verjährung beinhaltet damit einen **materiellen Rechtsbeendigungsgrund** (Gosch AO § 232 Rn. 2). Die FB darf nicht mehr vollstrecken und muss bereits getroffene VollstrMaßnahmen aufheben (§ 257 I Nr. 3, II). Umgekehrt kann ein Stpfl. seinen verjährten Erstattungs- oder Vergütungsanspruch ebenfalls nicht mehr geltend machen. Eine zunächst unterbliebene Anrechnung von KapESt kann nach Ablauf der Zahlungsverjährungsfrist nicht mehr nachgeholt werden (BFH 12.2.2008 – VII R 33/06, BFH/NV 2008, 845; → § 228 Rn. 2). Die eingetretene Zahlungsverjährung macht vielmehr jegliche Änderung von Anrechnungsverfügungen (nach §§ 130 f.) zugunsten wie auch zulasten des Stpfl. unzulässig (BFH 9.12.2010 – VII R 3/10, BFH/NV 2011, 750), es sei denn, die Berichtigung steht im Zusammenhang mit einer geänderten StFestsetzung (BFH 18.9.2018 – VII R 18/18, BFH/NV 2019, 107; str. → § 228 Rn. 8). Wird ein erloschener StAnspruch erfüllt, führt dies unmittelbar zu einem Erstattungsanspruch nach § 37 II, weil die Zahlung von Anfang an ohne rechtlichen Grund erfolgt ist. Mit einem durch Verjährung erloschenen Anspruch aus den StSchuldverhältnis kann gem. § 226 II auch nicht aufgerechnet werden, denn § 215 BGB ist weder unmittelbar noch entspr. anwendbar (BFH 11.12.1984 – VIII R 263/82, BStBl. II 1985, 278; → § 226 Rn. 34). Da es sich bei der Zahlungsverjährung nicht um ein Gestaltungsrecht der Beteiligten, sondern um einen kraft Gesetzes eintretenden Erlöschenstatbestand handelt, sind Vereinbarungen über die Dauer der Verjährungsfrist oder die Wirkungen ihres Ablaufs unzulässig und damit unwirksam (BFH 18.11.2003 – VII R 5/02, BFH/NV 2004, 1057; TK § 232 Rn. 2).

3 **Verfahrensfragen.** Die Verjährung ist in jeder Lage des Verfahrens **von Amts wegen** zu prüfen und zu beachten (BFH 7.2.2002 – VII R 33/01, BStBl. II 2002, 447). Dies gilt im Festsetzungsverfahren ebenso wie im Abrechnungs- oder VollstrVerfahren (BFH 24.4.1996 – II R 37/93, BFH/NV 1996, 865). Diese Pflicht obliegt auch dem FG (BFH 7.11.2018 – X R 34/16, BFH/NV 2019, 686; → § 228 Rn. 9). Besteht Streit darüber, ob ein Anspruch aus dem StSchuldverhältnis erloschen ist, entscheidet die FB durch **Abrechnungsbescheid** nach § 218 II (BFH 23.8.2001 – VII R 94/99, BStBl. II 2002, 330). Tritt die Verjährung während eines anhängigen Rechtsstreits ein, erledigt sich das Verfahren in der Hauptsache (BFH 26.4.1990 – V R 90/87, BStBl. II 1990, 802). Dies gilt ausnahmsweise dann nicht, wenn das FA im Einspruchs- und Klageverfahren den Eintritt der Zahlungsverjährung bestreitet und der Stpfl. insoweit weiterhin beschwert ist (BFH 24.4.1996 – II R 37/93, BFH/NV 1996, 865). Eine überlange Verfahrensdauer vor dem FG bewirkt weder eine Verjährung noch eine Verwirkung des streitigen StAnspruchs (BFH 24.8.1987 – V S 10/86, BFH/NV 1988, 59), sondern hat ggf. einen eigenständigen Anspruch auf angemessene Entschädigung zur Folge (§ 198 GVG; dazu Gräber FGO § 155 Rn. 40 ff.).

Zweiter Abschnitt. Verzinsung, Säumniszuschläge

1. Unterabschnitt. Verzinsung

§ 233 Grundsatz

[1] Ansprüche aus dem Steuerschuldverhältnis (§ 37) werden nur verzinst, soweit dies durch Bundesrecht oder Recht der Europäischen Union vorgeschrieben ist. [2] Ansprüche auf steuerliche Nebenleistungen (§ 3 Absatz 4) und die entsprechenden Erstattungsansprüche werden nicht verzinst.

Schrifttum: Prinz, Der Erstattungsbetrag nach § 11 Abs. 2 AStG a. F. ist nicht zu verzinsen, IStR 2006, 600; Beckmann/Thiele, „Besteuerungsgleichheit wider Fiskalinteresse" – Zur kapitalmarktunabhängigen Verzinsung bei Steuernachzahlungen, BB 2016, 2839; Felderhoff, Erstattungszinsen im Zollrecht, BB 2020, 29.

A. Allgemeines

Die **AO 1977** übernahm die bestehenden Regelungen des StSäumG im Wesentlichen, erweiterte sie um Stundungszinsen iSd § 234 und ging mit dem StReformG 1990 vom Prinzip der Teilverzinsung zur beschränkten Vollverzinsung (§ 233a) über. Durch das StÄndG 2001 wurde in § 3 ein neuer Abs. 3 eingefügt und die bisherige Legaldefinition der steuerlichen Nebenleistungen zu Abs. 4. In Satz 1 ist mWv 22.7.2022 (Art. 97 § 15 XIII EGAO) durch das Zweite Gesetz zur Änderung der Abgabenordnung und des Einführungsgesetzes zur Abgabenordnung v. 12.7.2022 (BGBl. 2022 I 1142) klargestellt worden, dass die Verzinsungsregeln sich auch auf StAnsprüche aus dem Recht der EU beziehen. 1

Die Zinsvorschriften der AO gelten erstmals für Zinsen, die nach dem 31.12.1976 entstehen (Art. 97 § 15 I EGAO). Die Änderungen des § 237 durch das StBereinG 1986 sind auf Rechtsbehelfe anzuwenden, die nach dem 1.1.1987 endgültig keinen Erfolg haben, auch soweit der Zinslauf vor dem 1.1.1987 begonnen hat (Art. 97 § 15 I 2 EGAO). Der durch das StReformG 1990 neu eingeführte § 233a sowie die Änderungen in §§ 235 IV, 236 IV, 239 I 1 Nr. 1, S. 3 gelten für alle Steuern, die nach dem 31.12.1988 entstehen (Art. 97 § 15 IV EGAO). § 233a war auch in der Folgezeit mehrfach Gegenstand von Änderungen (vgl. Art. 97 § 15 V–IX EGAO sowie → § 233a Rn. 2 f.). Auf die strafbefreiende Erklärung finden die §§ 233 ff. AO keine Anwendung (§ 10 IV StraBEG; Blochs BB 2004, 247). 2

B. Verzinsung

I. Einzelgesetzliche Regelungen (S. 1)

Ansprüche aus dem StSchuldverhältnis werden nur bei ausdrücklicher gesetzlicher Anordnung verzinst (BFH 26.7.2005 – VII ER -S- 1/05, BFH/NV 2006, 4; BFH 11.2.1987 – II R 176/84, BStBl. II 1987, 320). Einen hiervon abweichenden allg. Grundsatz, nach dem Geldleistungsansprüche stets zu verzinsen sind, kennt das öffentliche Recht nicht (BFH 16.12.2009 – I R 48/09, BFH/NV 2010, 827; FG Niedersachsen 10.3.2011 – 11 K 103/10, EFG 2011, 1587; FG Hessen 6.11.2023 – 4 K 465/23, BeckRS 2023, 49370; TK § 233 Rn. 1). Eine Rechtsanalogie, die den allg. Rechtsgedanken einer grds. Zinspflicht ableitet, ist durch § 233 S. 1 ausgeschlossen. Wenngleich § 233 einer Gesetzesanalogie einzelner Zinstatbestände nicht generell entgegensteht, scheidet diese indes grds. mangels planwidriger Regelungslücke aus (BFH 29.8.2012 – II R 49/11, BStBl. II 2013, 104; 4

VGH München 27.7.2006 – 4 B 05.2832, BeckRS 2009, 37036; vgl. auch BFH 16.12.1987 – I R 350/83, BStBl. II 1988, 600; aA FG Köln 16.2.2005 – 11 K 5427/02, EFG 2005, 1088). Eine allg. Zinspflicht für Geldleistungen ist dem öffentlichen Recht auch ansonsten fremd (vgl. BVerwG 7.2.1985 – 3 C 33/83, NJW 1985, 2208). Dies schließt es allerdings nicht aus, bestehende Zinstatbestände wortlauterweiternd auszulegen (BFH 19.4.2005 – VIII R 12/04, BStBl. II 2005, 683). Die Zinspflicht lässt sich auch nicht aus dem öffentlich-rechtlichen Folgenbeseitigungsanspruch herleiten (FG Saarland 27.9.1990 – 2 K 185/88, EFG 1991, 303; BFH 31.8.2011 – X R 49/09, BStBl. II 2012, 219) oder aus der grundgesetzlichen Gewährleistung von Kompensationsansprüchen (BVerfG 30.6.2022 – 2 BvR 737/20, HFR 2022, 974). Ebenso wenig besteht im Steuer- und Kommunalabgabenrecht eine allg. Zinspflicht wegen Verzugs (vgl. BVerwG 17.2.1971 – IV C 17/69, BVerwGE 37, 239). Wird bei Fälligkeit nicht gezahlt, fallen vielmehr Säumniszuschläge an. Die Lückenhaftigkeit der Verzinsungspflicht ist nicht verfassungswidrig (FG Hamburg 22.2.2019 – 4 K 123/18, EFG 2019, 1062). Zur Verfassungswidrigkeit der Zinshöhe des § 233a iVm § 238 → § 238 Rn. 3.

1. Allgemeines

5 Zinsen sind steuerliche Nebenleistungen (§ 3 IV). Wirtschaftlich stellen sie eine nach der Laufzeit bemessene, gewinn- und umsatzunabhängige Vergütung für den Gebrauch eines auf Zeit überlassenen oder vorenthaltenen Kapitals dar (BGH 15.11.1978 – VIII ZR 242/77, NJW 1979, 540; BFH 20.5.1987 – II R 44/84, BStBl. II 1988, 229). Die Zinsschuld ist in ihrer Entstehung von der Hauptschuld abhängig (akzessorisch). Besteht der Hauptanspruch nicht, entsteht auch kein Zinsanspruch (BFH 12.12.2007 – XI R 25/07, BFH/NV 2008, 339). Für die nachträgliche Veränderung des Anspruchs aus dem StSchuldverhältnis wird die Akzessorietät jedoch eingeschränkt (§§ 234 I 2, 235 III 3, 236 V, 237 V). Mit dem Erlöschen des Hauptanspruchs endet grds. die Zinspflicht (vgl. aber § 238 I 3). Durch Eintritt der Zahlungsverjährung erlöschen mit dem Anspruch aus dem StSchuldverhältnis zugleich die von ihm abhängigen Zinsen (§ 232). Jeder Gesamtschuldner schuldet sie in voller Höhe (§ 44 I 2), insgesamt allerdings nur einmal. Eine Aufteilung der Gesamtschuld, zu der nach § 276 IV auch die Zinsen gehören, ist auch wegen der allein rückständigen Zinsen zulässig (BFH 30.11.1994 – XI R 19/94, BStBl. II 1995, 487; Schwarz/Pahlke/Keß § 268 Rn. 5).

2. Zinstatbestände

6 Die AO regelt die **Zinspflicht** für StNachforderungen und StErstattungen im beschränkten Umfang (§ 233a), gestundete Ansprüche (§ 234), hinterzogene Steuern (§ 235), Erstattungsansprüche aufgrund gerichtlicher Entscheidungen (§ 236) und von der Vollziehung ausgesetzte Steuern (§ 237). Die §§ 233a–237 regeln die Verzinsung von StAnsprüchen abschließend (BFH 31.8.2011 – X R 49/09, BStBl. II 2012, 219). § 28 I 2 ErbStG verweist für die Verzinsung gestundeter ErbSt, die auf den Erwerb von Betriebsvermögen oder land- und forstwirtschaftliches Vermögen entfällt, auf §§ 234, 238. Zinspflichtig sind auch Ansprüche auf Rückzahlung von Investitionszulagen (§ 8 InvZulG 1996; § 7 InvZulG 1999; § 12 InvZulG 2010).

7 Für **Ein- und Ausfuhrabgaben** sieht der vorrangig geltende Art. 116 VI 1 UZK grds. keine Verzinsung vor. Erstattungszinsen sind gem. Art. 116 VI 2 UZK jedoch zu zahlen, wenn die Erstattungsentscheidung nicht innerhalb von drei Monaten nach ihrem Ergehen vollzogen wird, es sei denn, die Zollbehörde hat die verzögerte Auszahlung nicht zu vertreten. Die Regelung aus Art. 241 S. 2 ZK, nach der Zinsen zu zahlen waren, wenn das nationale Recht dies vorsah, wurde zwar nicht in den UZK übernommen. Dies schließt den Anspruch auf Prozesszinsen gem. § 236 jedoch nicht aus, da § 236 eine Verzinsung aufgrund Rechtshängigkeit und nicht wegen verzögerter Erstattung vorsieht (Krenzler/Herrmann/Niestedt Art. 116 Rn. 16; Klein § 233 Rn. 2). Eine Verzinsungspflicht des Erstattungsbetrags besteht zudem bei wegen eines Verstoßes gegen Unionsrecht erhobenen

Abgaben (EuGH 18.1.2017 – C-365/15, BB 2019, 293 mwN; BFH 5.12.2017 – VII B 85/17, BFH/NV 2018, 321; FG Hessen 23.7.2018 – 7 K 1579/17, RdTW 2019, 318; aA zu Antidumpingzöllen FG Bremen 15.8.2018 – 1 K 69/18 (2), DStRE 2019, 640); zur Erstattung von Produktionsabgaben infolge Änderung der Berechnungsmethode BFH 9.7.2024 – VII R 35/23, BFH/NV 2024, 1310. Darüber hinaus weist der UZK einige besondere Zinstatbestände (zB Säumniszinsen, Art. 114 UZK, Kreditzinsen, Art. 112 UZK) auf, auf welche die Vorschriften der AO über das Erhebungsverfahren Anwendung finden (→ § 3 Rn. 92). Für das Marktordnungsrecht verweist § 12 MOG auf die AO, soweit nicht die besondere Zinsregelung des § 14 MOG eingreift (vgl. BFH 14.12.1999 – VII R 9/99, BFH/NV 2000, 669; FG Düsseldorf 14.6.2023 – 4 K 1738/22 AO, BeckRS 2023, 18587).

Zudem sind Abgaben, die aufgrund nichtiger Vorschriften des Unionsrechts erhoben wurden, zu verzinsen, wenn sie zurückerstattet werden (EuGH 18.1.2017 – C-365/15, BB 2019, 293; BFH 22.9.2015 – VII R 32/14, BStBl. II 2016, 323). Ein Zinsanspruch besteht auch, wenn ein Mitgliedstaat eine obligatorische StBefreiung aufgrund einer Unionsrichtlinie nicht rechtzeitig in nationales Recht umgesetzt hat und der Stpfl. sich unmittelbar auf die Richtlinie berufen kann; desgleichen bei erhobenen Abgaben, die trotz einer im Unionsrecht geregelten StBegünstigung erhoben wurden (BFH 22.10.2019 – VII R 24/18, BFH/NV 2020, 844). Zur Frage eines Zinsanspruchs bei unrichtiger Anwendung von Unionsrecht vgl. EuGH 28.4.2022 – C-415/20, BFH/NV 2022, 796.

Örtliche Verbrauch- und Aufwandsteuern sind zu verzinsen, soweit die Landes- 8
gesetze auf die Zinsvorschriften der AO verweisen (zB § 11 I Nr. 5b NKAG idF v. 11.2.1992, Niedersachsen GVBl. 1992, 29). Eine allg. Verweisung auf sämtliche Zinsvorschriften der AO geht, soweit sie § 233a einbezieht, gleichsam ins Leere. § 233a sieht – anders als die §§ 234–237 – lediglich eine Verzinsung für bestimmte StArten vor. Aus einer pauschal verweisenden Norm kann indes nicht entnommen werden, dass der sachliche Anwendungsbereich des § 233a zugleich auf örtliche Verbrauch- und Aufwandsteuern erweitert werden soll (ähnlich TK § 233 Rn. 13; OVG Koblenz 14.3.2007 – 6 A 11636/06, KommJur 2008 Heft 3, 98). Eine vertragliche Vereinbarung zur Erweiterung der gesetzlichen Zinspflicht ist unwirksam (OVG Greifswald 11.10.2022 – 3 LB 58/14, ZKF 2023, 71).

Auf **Kirchensteuern** finden die Zinsvorschriften der AO idR keine Anwendung, weil 9
die Landesgesetze zumeist eine entsprechende Einschränkung der allg. Verweisung enthalten. Lediglich in Baden-Württemberg (§§ 11 S. 2, 16 II KiStG, BStBl. I 1998, 577; Ausnahme bei Verwaltung durch LandesFB vgl. § 21 III KiStG) und Berlin, sofern die Religionsgemeinschaften nicht hiervon absehen (§ 7 S. 1, 3 KiStG, BStBl. I 1997, 1030), verweisen die KiStG auch für die Verzinsung auf (einige) Normen der AO. Ob eine solche Verweisung für die Anwendung des § 233a ausreicht, ist zweifelhaft (vgl. Felix StKongrRep 1989, 399 (415); aA TK § 233 Rn. 16).

Nicht verzinst wird der Anspruch auf Rückzahlung hinterlegter Gelder (§ 242 S. 2). 10
Ebenso erfolgt keine Verzinsung zurückgezahlter Investitionshilfeabgaben vgl. FG Hamburg 4.3.1988 – I 366/85, EFG 1988, 431; BFH 7.12.1990 – III R 2/88, BStBl. II 1991, 422. Zur Verzinsung des allg. öffentlich-rechtlichen Erstattungsanspruchs vgl. BVerwG 12.3.1985 – 7 C 48/82, NJW 1985, 2436.

II. Ausschluss der Verzinsung von Nebenleistungen (S. 2)

Ansprüche auf steuerliche Nebenleistungen (§ 3 IV) und Ansprüche auf Erstattung 12
steuerlicher Nebenleistungen sind nicht zu verzinsen. Daher dürfen auf Verspätungszuschläge (§ 152), Zinsen (§§ 233–237), Säumniszuschläge (§ 240), Zwangsgelder (§ 329) und Kosten (§ 178, §§ 337–345) keine Zinsen erhoben werden. Das Zinseszinsverbot bezieht sich auch auf Zinstatbestände, die nicht in § 3 IV genannt sind (TK § 233 Rn. 4).

§ 233a Verzinsung von Steuernachforderungen und Steuererstattungen

(1) [1]**Führt die Festsetzung der Einkommen-, Körperschaft-, Vermögen-, Umsatz- oder Gewerbesteuer zu einem Unterschiedsbetrag im Sinne des Absatzes 3, ist dieser zu verzinsen.** [2]**Dies gilt nicht für die Festsetzung von Vorauszahlungen und Steuerabzugsbeträgen.**

(2) [1]**Der Zinslauf beginnt *15 Monate* nach Ablauf des Kalenderjahrs, in dem die Steuer entstanden ist.** [2]**Er beginnt für die Einkommen- und Körperschaftsteuer *23 Monate* nach diesem Zeitpunkt, wenn die Einkünfte aus Land- und Forstwirtschaft bei der erstmaligen Steuerfestsetzung die anderen Einkünfte überwiegen; hierbei sind Kapitalerträge nach § 32d Absatz 1 und § 43 Absatz 5 des Einkommensteuergesetzes nicht zu berücksichtigen.** [3]**Er endet mit Ablauf des Tages, an dem die Steuerfestsetzung wirksam wird.**

(2a) **Soweit die Steuerfestsetzung auf der Berücksichtigung eines rückwirkenden Ereignisses (§ 175 Absatz 1 Satz 1 Nummer 2 und Absatz 2) oder auf einem Verlustabzug nach § 10d Absatz 1 des Einkommensteuergesetzes beruht, beginnt der Zinslauf abweichend von Absatz 2 Satz 1 und 2 15 Monate nach Ablauf des Kalenderjahres, in dem das rückwirkende Ereignis eingetreten oder der Verlust entstanden ist.**

(3) [1]**Maßgebend für die Zinsberechnung ist die festgesetzte Steuer, vermindert um die anzurechnenden Steuerabzugsbeträge, um die anzurechnende Körperschaftsteuer und um die bis zum Beginn des Zinslaufs festgesetzten Vorauszahlungen (Unterschiedsbetrag).** [2]**Bei der Vermögensteuer ist als Unterschiedsbetrag für die Zinsberechnung die festgesetzte Steuer, vermindert um die festgesetzten Vorauszahlungen oder die bisher festgesetzte Jahressteuer, maßgebend.** [3]**Ein Unterschiedsbetrag zugunsten des Steuerpflichtigen ist nur bis zur Höhe des zu erstattenden Betrags zu verzinsen; die Verzinsung beginnt frühestens mit dem Tag der Zahlung.** [4]**Besteht der Erstattungsbetrag aus mehreren Teil-Leistungen, richtet sich der Zinsberechnungszeitraum jeweils nach dem Zeitpunkt der einzelnen Leistung; die Leistungen sind in chronologischer Reihenfolge zu berücksichtigen, beginnend mit der jüngsten Leistung.**

(4) **Die Festsetzung der Zinsen soll mit der Steuerfestsetzung verbunden werden.**

(5) [1]**Wird die Steuerfestsetzung aufgehoben, geändert oder nach § 129 berichtigt, ist eine bisherige Zinsfestsetzung zu ändern; Gleiches gilt, wenn die Anrechnung von Steuerbeträgen zurückgenommen, widerrufen oder nach § 129 berichtigt wird.** [2]**Maßgebend für die Zinsberechnung ist der Unterschiedsbetrag zwischen der festgesetzten Steuer und der vorher festgesetzten Steuer, jeweils vermindert um die anzurechnenden Steuerabzugsbeträge und um die anzurechnende Körperschaftsteuer.** [3]**Dem sich hiernach ergebenden Zinsbetrag sind bisher festzusetzende Zinsen hinzuzurechnen; bei einem Unterschiedsbetrag zugunsten des Steuerpflichtigen entfallen darauf festgesetzte Zinsen.** [4]**Im Übrigen gilt Absatz 3 Satz 3 und 4 entsprechend.**

(6) **Die Absätze 1 bis 5 gelten bei der Durchführung des Lohnsteuer-Jahresausgleichs entsprechend.**

(7) [1]**Bei Anwendung des Absatzes 2a gelten die Absätze 3 und 5 mit der Maßgabe, dass der Unterschiedsbetrag in Teil-Unterschiedsbeträge mit jeweils gleichem Zinslaufbeginn aufzuteilen ist; für jeden Teil-Unterschiedsbetrag sind Zinsen gesondert und in der zeitlichen Reihenfolge der Teil-Unterschiedsbeträge zu berechnen, beginnend mit den Zinsen auf den Teil-Unterschiedsbetrag mit dem ältesten Zinslaufbeginn.** [2]**Ergibt sich ein Teil-Unterschiedsbetrag zugunsten des Steuerpflichtigen, entfallen auf diesen Betrag festgesetzte Zinsen frühestens ab**

Beginn des für diesen Teil-Unterschiedsbetrag maßgebenden Zinslaufs; Zinsen für den Zeitraum bis zum Beginn des Zinslaufs dieses Teil-Unterschiedsbetrags bleiben endgültig bestehen. [3]Dies gilt auch, wenn zuvor innerhalb derselben Zinsberechnung Zinsen auf einen Teil-Unterschiedsbetrag zuungunsten des Steuerpflichtigen berechnet worden sind.

(8) **[1]Zinsen auf einen Unterschiedsbetrag zuungunsten des Steuerpflichtigen (Nachzahlungszinsen) sind entweder nicht festzusetzen oder zu erlassen, soweit Zahlungen oder andere Leistungen auf eine später wirksam gewordene Steuerfestsetzung erbracht wurden, die Finanzbehörde diese Leistungen angenommen und auf die festgesetzte und zu entrichtende Steuer angerechnet hat. [2]Absatz 3 Satz 4 ist hierbei entsprechend anzuwenden. [3]Soweit Nachzahlungszinsen aufgrund einer Aufhebung, Änderung oder Berichtigung der Steuerfestsetzung nach Absatz 5 Satz 3 zweiter Halbsatz entfallen, mindert sich der Zinsverzicht nach Satz 1 entsprechend. [4]Die §§ 163 und 227 bleiben unberührt.**

Schrifttum: Loose, Fiskalpolitisch geprägte Vollverzinsung (§ 233a AO), StuW 2003, 377; Romswinkel/Weßling, Verzinsung von Steuernachforderungen/-erstattungen, AO-StB 04, 405; Greulich/Krohn, Zinsfalle Betriebsprüfung durch Vollverzinsung nach § 233a AO?, DStR 2005, 1433; Meining, Sachliche Unbilligkeit von Nachzahlungszinsen bei unangemessen langer Bearbeitung des Steuerfalls, DStZ 2005, 341; Jacobsen/Tietjen, Kein Erlass festgesetzter Nachzahlungszinsen bei zu Unrecht erstatteten Vorsteuerbeträgen und vom Steuerpflichtigen an den Rechnungsaussteller entsprechend gezahlter Umsatzsteuer, UR 2005, 396; Heuermann, Verzinsung nach § 233a AO 1977 bei Verlustrücktrag, StBp 2006, 384; Linau, Vollverzinsung nach § 233a Abs 2a AO – Kein Fallstrick bei Betriebsprüfungen, DStR 2006, 1167; Körner, Für die Einführung einer Gesamtbetrachtungsweise bei der Vollverzinsung im Bereich der Umsatzsteuer de lege ferenda, DStR 2010, 1363; Weßling, Beginn des Zinslaufes bei Mehrsteuern wegen Rückgängimachung des Investitionsabzugsbetrages im Falle der Nicht- oder Andersinvestition, BB 2010, 1450; Walzer/Ponath, Rechtsmittel gegen Zinsen bei schleppender Bearbeitung durch das Finanzamt, DB 2011, 959; Englisch, Verzinsung von Steuernachforderungen wegen fehlerhafter Berechnung von Umsatzsteuer, UR 2011, 648; Löbe, Zinsen nach § 233a AO, NWB 2011, 2890; Ortheil, Rechtmäßigkeit eines typisierenden Zinssatzes, BB 2012, 1513; Slapio/Klaus, Vollverzinsung der Umsatzsteuer nach § 233a, UR 2014, 346; Ebner/Malzahn/Martini ua, Verzinsung von Ansprüchen aus dem Steuerschuldverhältnis sowie methodischer und verfassungsrechtlicher Rahmen richterlicher Gesetzeskorrektur, DStR-Beih. 2017, 77; Bürger, Keine verlängerte Ablaufhemmung nach § 171 Abs. 10 Satz 1 AO bei der Festsetzung von Zinsen gem. § 233a AO, DStZ 2019, 503; Lemper/Knodt, Kirchensteuer als Sonderausgabe und Zinsen nach § 233a AO als positive bzw. negative Erträge – Unterschätzte Vorarbeiten zur Einkommensteuererklärung, NWB 2020, 1580.

Übersicht

A. Allgemeines

I. Rechtsentwicklung

1 Die AO 1977 regelte zunächst nur spezielle Zinstatbestände (vgl. BT-Drs. 6/1982, 171). Erst das StReformG 1990 (BGBl. 1988 I 1093) hat mit § 233a die begrenzte Vollverzinsung in die AO eingefügt. Nach dem Willen des Gesetzgebers sollten hierdurch Zins- und Liquiditätsvor- bzw. -nachteile im Interesse der Gleichmäßigkeit der Besteuerung und zur Vermeidung von Wettbewerbsverzerrungen ausgeglichen werden (vgl. BT-Drs. 8/1410, 4; BFH 19.3.1997 – I R 7/96, BStBl. II 1997, 446; BFH 30.3.2006 – V R 60/04, BFH/NV 2006, 1434; AEAO zu § 233a Nr. 1; krit. zur Intention des Gesetzgebers TK § 233a Rn. 3 mwN).

2 Die Vorschrift ist seit ihrer Einführung Gegenstand **zahlreicher Änderungen** gewesen (zum Anwendungszeitraum der jeweiligen Änderung → Rn. 10). Bereits Art. 9 des Gesetzes v. 22.12.1989 (BGBl. 1989 I 2408) erstreckte die Sonderregelung für Stpfl. mit überwiegenden Einkünften aus Land- und Forstwirtschaft (§ 233a II 2) auf entsprechende Fälle bei der KSt. Durch Art. 26 Nr. 27 des StMBG wurden § 233a II 3 und V 1 geändert. Der Gesetzgeber nahm in § 233a V 1 auch die Berichtigung der StFestsetzung nach § 129 als weiteren Grund für die Änderung der Zinsfestsetzung auf. Bedeutsamer ist die Neuregelung des Endes des Zinslaufes (§ 233a II 3), das von der Fälligkeit des Anspruchs auf die Wirksamkeit der StFestsetzung vorverlegt wurde. Diese Änderung war erforderlich geworden, weil die Verrechnung von Guthaben mit festgesetzten, aber noch nicht fälligen StNachforderungen durch die FB zur Folge hatte, dass der Zinslauf fortlief, obwohl die Forderung bereits erloschen war (→ Rn. 35; HHSp § 233a Rn. 1). § 233a II 3 ist durch Art. 4 Nr. 1 des GrenzpendlerG erneut klarstellend geändert worden.

3 Das **JStG 1997** brachte erneut weitreichende Änderungen der Zinsregelung. Als Reaktion auf die Rspr. (BFH 15.3.1995 – I R 56/93, BStBl. II 1995, 490) ist klargestellt worden, dass die Erfüllung der StSchuld vor deren Festsetzung keine Auswirkung auf die Zinsentstehung hat, da Bemessungsgrundlage der Zinsen der Unterschiedsbetrag iSd § 233a III ist. Die neu eingefügten Abs. 2a und 7 enthalten eine vom Regelfall abweichende Sonderregelung des Zinslaufes für den Fall eines rückwirkenden Ereignisses und des Verlustrücktrags nach § 10d I EStG (→ Rn. 38 ff.). Der ursprünglichen Absicht des Gesetzgebers entspr. (vgl. BT-Drs. 11/217, 194 ff.) wurde in Abs. 3 S. 1 klargestellt, dass in die Ermittlung des Unterschiedsbetrages nur die bis zum Beginn des Zinslaufs festgesetzten Vorauszahlungen einzubeziehen sind (HHSp § 233a Rn. 4; TK § 233a Rn. 42;). Art. 17 Nr. 16 StBereinG 1999 schaffte schließlich die Begrenzung des Zinslaufs auf die Höchstdauer von 4 Jahren ab (§ 233a II 3) und ändert § 233a VII 3 redaktionell. Art. 3 Nr. 7 des StVereinfG 2011 verlängert die Karenzfrist für Einkünfte aus Land- und Forstwirtschaft um 2 Monate für Steuern, die nach dem 31.12.2009 entstehen (Art. 97 § 15 XI EGAO).

4 Durch die Entscheidung des BVerfG 8.7.2021 – 1 BvR 2237/14, 1 BvR 2422/17, BVerfGE 158, 282, die Höhe des Zinssatzes nach § 238 iVm § 233a ab dem 1.1.2014 für

unvereinbar mit Art. 3 I GG zu erklären bei gleichzeitiger Fortgeltungsanordnung bis zum 31.12.2018, war der Gesetzgeber aufgerufen, eine Neuregelung zu schaffen. Dementsprechend ist § 233a durch das Zweite Gesetz zur Änderung der Abgabenordnung und des Einführungsgesetzes zur Abgabenordnung v. 12.7.2022 (BGBl. 2022 I 1142) mWv 22.7.2022 (Art. 97 § 15 XIII und XIV EGAO) geändert worden. Gemäß § 233a II 2 HS 2 sind nunmehr Kapitalerträge nach §§ 32d I, 43 V EStG für die Frage der Anwendbarkeit der besonderen Karenzzeit bei der Beurteilung des Überwiegens von Einkünften aus LuF nicht mehr zu berücksichtigen. Die bisherige Verwaltungspraxis der Zuordnung der zu verzinsenden StZahlungen nach dem „last in – first out“-Prinzip ist in § 233a III 4 gesetzlich festgeschrieben worden. Dies gilt auch für die Berechnung von Erstattungszinsen in Änderungsfällen durch die Ergänzung in § 233a V 4. Zudem wurde Abs. 8 angefügt, der eine im AEAO geregelte Billigkeitsregelung für den Erlass von Nachzahlungszinsen bei freiwilligen Zahlungen übernimmt.

II. Inhalt und Gegenstand der Vollverzinsung

Bedeutung. Bis zur Einführung der Vollverzinsung enthielt die AO nur einzelne Zinsregelungen, die eine Verzinsung an besondere gesetzliche Voraussetzungen, zB Stundung (§ 234), Hinterziehung (§ 235), gerichtliche Anhängigkeit (§ 236) oder AdV (§ 237), knüpften. Vor allem für VeranlagungsSt traten bis zum erstmaligen Erlass eines StBescheides erhebliche Verzinsungslücken auf, die einerseits bei Nachzahlungen auf die festgesetzte StSchuld zu Zinsnachteilen für den Fiskus und andererseits in Erstattungsfällen zu Zinseinbußen für den Stpfl. führten. Die Unverzinslichkeit bis zum Eintritt der Fälligkeit wirkte sich, insb. beim Erlass von Änderungsbescheiden aufgrund einer Ap., die idR erst Jahre nach Entstehung des StAnspruchs durchgeführt wird, in besonderem Maße aus. Die Vollverzinsung soll die Ungleichbehandlung der Stpfl., die durch die unterschiedliche Dauer der Veranlagungsarbeiten entsteht, durch Abschöpfung des Zinsvorteils weitgehend beseitigen (BT-Drs. 11/2157, 194; BFH 8.9.1993 – I R 30/93, BStBl. II 1994, 81; BFH 19.4.2005 – VIII R 12/04, BStBl. II 2005, 683; BFH 19.6.2013 – XI R 41/10, DStR 2013, 2329; HHSp § 233a Rn. 10) und zugleich die Zinsvorteile und -nachteile zwischen Fiskus und Stpfl. ausgleichen (vgl. FG Bremen 28.4.1992 – II 143/87 K, EFG 1992, 503; Loose FS Kruse, 300; TK § 233a Rn. 3). Wegen dieses begrenzten Zwecks stellen Nachzahlungszinsen keine Abgaben iSd § 80 II 1 Nr. 1 VwGO dar (OVG Lüneburg 8.7.2013 – 9 ME 110/12, BeckRS 2013, 52956). 6

Inhalt. § 233a ordnet keine Verzinsung aller Ansprüche von ihrer Entstehung bis zu ihrem Erlöschen (Vollverzinsung) an, sondern enthält einen auf einzelne StArten (Abs. 1) begrenzten Zinstatbestand, soweit sich zwischen der festgesetzten Steuer und den anzurechnenden Steuern und StAbzugsbeträgen sowie den festgesetzten Vorauszahlungen ein Unterschiedsbetrag ergibt (Abs. 3). Eine zeitliche Beschränkung erfolgt durch den späteren Zinsbeginn infolge Berücksichtigung einer unverzinslichen Karenzzeit (Abs. 2) sowie durch die Regelung eines besonderen Beginns des Zinslaufs in den Fällen des Verlustabzugs oder des Eintritts eines rückwirkenden Ereignisses (Abs. 2a, 7). Die durch den weiten gesetzgeberischen Gestaltungsspielraum abgedeckten Beschränkungen des § 233a sind weder willkürlich (BFH 6.11.2002 – V R 75/01, BStBl. II 2003, 115; HHSp § 233a Rn. 40; vgl. auch BFH 20.9.1995 – X R 86/94, BStBl. II 1996, 53 zur Verfassungsmäßigkeit der Typisierung) noch führen sie zu einer übermäßigen, verfassungswidrigen Belastung des Stpfl. (BVerfG 3.9.2009 – 1 BvR 2539/07, BFH/NV 2009, 2115; BFH 22.12.2000 – IV B 5/00, BFH/NV 2001, 746; BFH 20.4.2011 – I R 80/10, BFH/NV 2011, 1654). Die Erhebung von Nachzahlungszinsen zur USt verstößt auch nicht gegen Art. 401 MwStSystRL 2006/112/EG (BFH 9.10.2002 – V R 81/01, BStBl. II 2002, 887; BFH 12.5.2003 – V B 265/02, BFH/NV 2003, 1350; FG Niedersachsen 26.7.2001 – 5 K 275/01, EFG 2001, 1413; allgemein zur Unionsrechtskonformität FG Düsseldorf 23.6.2023 – 1 K 1869/22 U, BeckRS 2023, 22102, Rev. V R 14/23; FG Rheinland-Pfalz 18.4.2024 – 3 7

K 1936/22, EFG 2024, 1329, Rev. V R 7/24). Das ertragsteuerliche Abzugsverbot von Nachzahlungszinsen ist verfassungsgemäß (BFH 15.11.2006 – XI R 73/03, BStBl. II 2007, 387), ebenso die Besteuerung von Erstattungszinsen (BFH 15.2.2012 – I B 97/11, BStBl. II 2012, 697 zur KSt; vgl. zu verfassungsrechtlichen Bedenken der rückwirkenden Anwendung BFH 22.12.2011 – VIII B 190/11, BStBl. II 2012, 243; aA FG Niedersachsen 21.9.2011 – 5 K 332/06, BeckRS 2012, 94868). Zur Verfassungswidrigkeit der Zinshöhe → § 238 Rn. 3.

III. Anwendungsbereich

1. Zeitlicher Anwendungsbereich

10 § 233a gilt für alle Ansprüche aus dem StSchuldverhältnis, die nach dem 31.12.1988 entstehen (Art. 97 § 15 IV EGAO; BFH 19.5.1999 – VIII B 16/99, BFH/NV 1999, 1312) und zwar auch, soweit § 233a I 1 durch das JStG 1997 neu gefasst wurde.

Die Neufassung des § 233a I ist gem. Art. 97 § 1 VI idF des Art. 20 Nr. 1 JStG 1997 auf alle bei Inkrafttreten am 28.12.1996 anhängigen Verfahren anzuwenden. Dabei verstößt die Anwendung der Neuregelung auf vor ihrem Inkrafttreten verwirklichte Sachverhalte nicht gegen das aus Art. 20 III GG folgende Rückwirkungsverbot (BFH 31.5.2001 – IV B 141/00, BFH/NV 2001, 1375; BFH 7.2.2001 – I B 151/00, BFH/NV 2001, 1269).

§ 233a II 3 idF des GrenzpendlerG gilt für Zinsfestsetzungen nach dem 31.12.1993 (Art. 97 § 15 V EGAO). § 233a V 1 idF des StMBG ist mWv 31.12.1993 anzuwenden (Art. 97 § 15 VI EGAO). Die durch das JStG 1997 eingeführten Abs. 2a und 7 sind erstmals auf die Fälle anzuwenden, in denen der Verlust nach dem 31.12.1995 entstanden oder das rückwirkende Ereignis nach diesem Zeitpunkt eingetreten ist (Art. 97 § 15 VIII EGAO; BFH 27.1.1998 – VIII R 47/96, BStBl. II 1998, 498; BFH 26.10.2010 – I B 122/10, BFH/NV 2011, 852: verfassungsgemäß). Die Abschaffung der Höchstdauer in § 233a II 3 durch Art. 17 Nr. 16 des StBereinG 1999 gilt für alle Steuern, die nach dem 31.12.1993 entstehen (Art. 97 § 15 IX EGAO).

Die § 233a II 2 HS 2, III 4, V 4 gelten in allen Fällen, in denen Zinsen nach dem 21.7.2022 festgesetzt werden. Abs. 8 ist vorbehaltlich des § 176 I 1 Nr. 1 in allen am 21.7.2022 anhängigen Verfahren anzuwenden.

2. Sachlicher Anwendungsbereich (Abs. 1 und 6)

11 **Festsetzung bestimmter Steuern (Abs. 1 S. 1).** Die Vollverzinsung umfasst nicht sämtliche StArten, sondern bezieht sich abschließend nur auf die ausdrücklich erwähnte ESt, KSt, GewSt, VSt (bis 31.12.1996) und USt (vgl. zu § 14 II UStG BFH 6.4.2005 – V B 60/04, BFH/NV 2005, 1976). Auf andere Steuern ist § 233a nur anwendbar, soweit andere Gesetze auf § 233a verweisen. Zu örtlichen Verbrauch- und AufwandSt → § 233 Rn. 8 und zur KiSt → § 233 Rn. 9. Zum Abwasserabgabenrecht s. OVG Sachsen-Anhalt 22.6.2010, BeckRS 2010, 50591. Eine Lückenschließung durch analoge Anwendung ist ausgeschlossen (BFH 19.12.2019 – XI B 115/18, BFH/NV 2020, 340).

12 **Nicht verzinst** werden Verkehr- und VerbrauchSt mit Ausnahme der ausdrücklich erwähnten USt (zur EUSt BFH 23.9.2009 – VII R 44/08, BStBl. II 2010, 334). Wegen der kurzen Festsetzungsfrist von einem Jahr (§ 169 II Nr. 1) und der damit verbundenen zeitnahen Erhebung besteht für VerbrauchSt ohnehin kein Bedürfnis auf Vollverzinsung (FG Bremen 28.4.1992 – II 143/87 K, EFG 1992, 503). Entsprechendes gilt für VerkehrSt (TK § 233a Rn. 7; HHSp § 233a Rn. 65). Auf Einfuhr- und Ausfuhrabgaben (§ 3 III) finden die vorrangig geltenden Art. 5 Nr. 20 und 21 UZK Anwendung (→ § 233 Rn. 7); anders hingegen für Marktordnungsabgaben wegen der Verweisung des § 12 MOG BFH 27.6.2006 – VII R 53/05, DStRE 2006, 1543 (zugleich zur Ausfuhrerstattung). Zahlungen und Erstattungen nach dem StraBEG sind als besondere AbgeltungSt nicht zu verzinsen (FG Hessen 11.4.2011 – 10 K 3043/07, EFG 2011, 1500; FG Thüringen 21.2.2019 – 3 K

401/18, EFG 2019, 1358; BFH 4.2.2020 – IX R 23/19, BStBl. II 2020, 631); vgl. zur WegzugSt nach § 6 V AStG FG Düsseldorf 27.9.2013 – 1 K 3233/11 AO, EFG 2014, 108; FG Köln 11.5.2021 – 2 V 1929/20, DStRE 2022, 449.

Steuervergütungen fallen mangels StFestsetzung ebenfalls nicht in den Anwendungsbereich des § 233a (BFH 20.4.2006 – III R 64/04, BStBl. II 2007, 240 zu Kindergeld; BFH 23.2.2006 – III R 66/03, BStBl. II 2006, 741 zum InvZulG; BFH 5.10.2005 – IX B 36/05, BeckRS 2005, 25009045). Dies gilt auch, soweit sie Steuern betreffen, die in Abs. 1 genannt sind, wie zB die Vergütung von KSt nach §§ 36b–e EStG aF, Erstattungsbetrag gem. § 11 II AStG aF (BFH 26.4.2006 – I R 122/04, BStBl. II 2006, 737); dagegen wird die Vergütung von VorStBeträgen nach §§ 59 ff. UStDV, 18 IX UStG als negative USt verzinst (BFH 17.4.2008 – V R 41/06, BStBl. II 2009, 2); Erstattung von GrESt nach § 16 GrEStG (BFH 13.1.2006 – II B 55/05, BFH/NV 2006, 978). Dasselbe gilt für den **Solidaritätszuschlag** (BFH 23.2.2007 – IX B 242/06, BFH/NV 2007, 1073). Ansprüche auf steuerliche Nebenleistungen (§ 3 IV) und die entsprechenden Erstattungsansprüche sind von der Verzinsung ausgeschlossen (§ 233 S. 2). 13

Haftungsschulden unterliegen nicht der Zinspflicht nach § 233a, weil sie weder ausdrücklich erwähnt sind noch der Erlass eines Haftungsbescheides mit der Festsetzung einer Steuer gleichgestellt werden kann (FG München 1.2.1995 – 1 K 2252/93, EFG 1995, 601; FG Niedersachsen 10.3.2011 – 11 K 103/10, EFG 2011, 1587; HHSp § 233a Rn. 66). 14

Vorauszahlungen und Steuerabzugsbeträge (Abs. 1 S. 2). Der Verzinsung unterliegt nur die festgesetzte oder angemeldete – nach § 168 S. 1 einer festgesetzten Steuer gleichstellte – Jahressteuer. Festgesetzte Vorauszahlungen und StAbzugsbeträge sind nicht zu verzinsen (BFH 17.11.2010 – I R 68/10, BFH/NV 2011, 737; BVerfG 3.9.2009 – 1 BvR 1098/08, HFR 2010, 66). Dies gilt auch, wenn die FB Vorauszahlungen für alle vier Quartale des Kalenderjahres zeitgleich festsetzt (aA FG Schleswig-Holstein 15.11.1995 – IV 679/93, EFG 1996, 637). Unverzinst bleibt ebenso die Nachforderung und Erstattung von AbzugsSt, zB nach §§ 44b, 44c, 50a IV 1 Nr. 1, 50d EStG (BFH 18.9.2007 – I R 15/05, BStBl. II 2008, 332; AEAO zu § 233a Nr. 2; HHSp § 233a Rn. 61). Ausgenommen von der Zinspflicht sind StAbzugsbeträge auch, soweit die StSchuld durch Dritte (befreiend) übernommen wird, zB die LStSchuld des Arbeitnehmers durch den Arbeitgeber (TK § 233a Rn. 9; Schwarz/Pahlke/Keß § 233a Rn. 27). 15

LStJahresausgleich (Abs. 6). Die Vorschrift ist durch die Abschaffung des LStJahresausgleichs mit Wirkung ab 1991 durch das StÄndG 1992 (BGBl. 1992 I 297) bedeutungslos geworden. Die an seine Stelle getretene Antragsveranlagung nach § 46 II Nr. 8 EStG fällt unmittelbar unter § 233a I. 16

B. Voraussetzungen des Zinsanspruchs (Abs. 1)

Bis zur Neufassung des § 233a I 1 durch das JStG 1997 konnte die Entstehung von Nachzahlungszinsen verhindert werden, wenn im Zeitpunkt der StFestsetzung die Steuer durch eine vorherige freiwillige Zahlung des Stpfl. bereits **vollständig** getilgt war (BFH 15.3.1995 – I R 56/93, BStBl. II 1995, 490; BFH 11.7.1996 – V R 18/95, BStBl. II 1997, 259; BFH 27.8.1998 – III R 243/94, BFH/NV 1999, 288 mwN). Diese Rspr. beruhte auf der Annahme, dass aufgrund des Wortlauts der Vorschrift eine Zinsschuld nur dann entstehen könne, wenn die StFestsetzung zu einer Nachforderung führen könne. Diese dem Zweck der Sollverzinsung widersprechende Rspr. ist durch die Gesetzesänderung überholt. Zum zeitlichen Anwendungsbereich der Neufassung → Rn. 10. 19

Voraussetzungen. Nach der derzeit gültigen Fassung des § 233a entstehen Nachzahlungszinsen für die Dauer des Zinslaufs (→ Rn. 22) auf die Bemessungsgrundlage, den sog. Unterschiedsbetrag (→ Rn. 51 f.), derzeit in Höhe des gesetzlichen Zinssatzes von 0,15 % für jeden vollen Monat des Zinslaufs (§ 238 Ia). § 238 Ia verstößt nicht gegen das verfassungsrechtliche Rückwirkungsverbot (→ § 238 Rn. 12). Die Höhe des Zinssatzes unter- 20 liegt einer fortlaufenden Evaluierung (§ 238 Ic). Freiwillige Zahlungen auf die festgesetzte StSchuld hatten bisher keinen Einfluss auf die Höhe des Zinsanspruchs (BFH 6.11.2002 – V R 75/01, BStBl. II 2003, 115; Rn. 32). Durch Anfügung des Abs. 8 sind jedoch Billigkeitsmaßnahmen oder eine Nichtfestsetzung der Zinsen gesetzlich vorgeschrieben (→ Rn. 91 ff.).

21 **Zinsschuldner** ist der Schuldner des StAnspruchs. Besteht für den StAnspruch Gesamtschuldnerschaft, erstreckt sich diese auch auf die Zinsverpflichtung.

C. Zinslauf (Abs. 2)

22 Der Zinslauf markiert den Zeitraum der Zinspflicht. Er beginnt nicht bereits mit der Entstehung des StAnspruchs, sondern erst nach Ablauf einer allgemeinen (→ Rn. 23 f.) oder besonderen (→ Rn. 25 ff.) Karenzzeit und endet mit der Wirksamkeit der StFestsetzung (→ Rn. 32). Eine spezielle Regelung bezüglich des Zinslaufs enthalten die Abs. 2a und 7 für rückwirkende Ereignisse und Verlustrückträge (→ Rn. 38). Da der Erlass oder die Änderung eines Grundlagenbescheides kein rückwirkendes Ereignis darstellt, ist der Zinslauf nach Abs. 2 zu berechnen, wenn der Unterschiedsbetrag auf der Anpassung eines EStBescheids an einen Grundlagenbescheid beruht (BFH 1.6.2016 – X R 66/14, BFH/NV 2016, 1668).

I. Beginn des Zinslaufs (Abs. 2 S. 1 und 2)

1. Allgemeine Karenzzeit (Abs. 2 S. 1)

23 **Regelfall.** Der Zinslauf beginnt frühestens nach Ablauf einer Karenzfrist von 15 Monaten (§ 233a II 1). Die Karenzzeit läuft mit Ablauf des Kalenderjahres an, in dem die Steuer entsteht. Sie endet mit dem letzten Tag des 15. Monats. Ausnahmen gelten ab dem Besteuerungszeitraum 2019 infolge der pandemiebedingten Verlängerung der StErklärungsfristen (→ Rn. 24). Auf die Karenzzeit findet § 108 keine Anwendung. Sie verlängert sich deshalb nicht, wenn ihr Ende auf einen Sonntag oder Feiertag fällt (HHSp § 233a Rn. 77). Die **Ertragsteuern** (ESt, KSt, GewSt) entstehen mit Ablauf des Veranlagungszeitraums (vgl. § 36 I EStG, § 30 Nr. 3 KStG, § 18 GewStG). Abweichende Entstehungszeitpunkte für Vorauszahlungen oder StAbzugsbeträge sind bedeutungslos, da sie gem. § 233a I 2 nicht in die Zinsberechnung einzubeziehen sind (→ Rn. 15; vgl. BFH 14.6.2005 – V B 111/04, BFH/NV 2005, 1963). Der Zeitpunkt der Entstehung des StAnspruchs (Ablauf des 31.12. eines jeden Kalenderjahres) und der Beginn der Karenzfrist fallen damit zusammen. Die **USt** entsteht mit Ablauf des jeweiligen Voranmeldungszeitraums (§ 13 UStG). Für die Jahressteuer bestimmt § 16 I 2 UStG jedoch das Kalenderjahr als maßgeblichen Besteuerungszeitraum, weil mit dem Ende des Kalenderjahres die USt für den Besteuerungszeitraum berechnet werden kann (BFH 9.5.1996 – V R 62/94, BStBl. II 1996, 662). Bei Bauträgerfällen nach § 13b UStG aufgrund des Wegfalls der StSchuldnerschaft des Bauträgers entstehen Erstattungszinsen nach regulärem Zinslauf (FG München 20.12.2017 – 2 K 1368/17, EFG 2018, 593; FG Baden-Württemberg 17.1.2018 – 12 K 2324/17, EFG 2018, 599; vgl. zum Erlass in diesen Fällen → Rn. 99). Die **VSt** entsteht am 1.1. des Kalenderjahres, für das die Steuer festgesetzt wird (§ 5 II VStG). Die Karenzfrist läuft jedoch erst mit Ablauf des Kalenderjahres an, sodass jeweils eine Verlängerung von einem Jahr eintritt. Bedeutung hat § 233a lediglich noch für Änderungen der VStFestsetzungen, die sich auf die Besteuerungszeiträume bis 1996 beziehen (vgl. BFH 30.7.1997 – II R 9/95, BStBl. II 1997, 635; HHSp § 233a Rn. 82).

24 Die allgemeine, 15-monatige **Karenzfrist endet** jeweils mit Ablauf des 31.3. des übernächsten Kalenderjahres; bei der VSt ist der um ein Jahr hinausgeschobene Beginn zu beachten. Der Zinslauf beginnt für die ESt, KSt, GewSt und USt folglich am 1.4. des

übernächsten auf die Entstehung des StAnspruchs folgenden Kalenderjahres; für die VSt ein Jahr später. Zum Zinsbeginn in Erstattungsfällen → Rn. 38.

Corona-Pandemie. Zur Entlastung der Stpfl. und ihrer Berater hat der Gesetzgeber die Erklärungsfristen nach § 149 III für die Besteuerungszeiträume ab 2019 verlängert. Demzufolge verlängert sich ab dem Besteuerungszeitraum 2019 auch die reguläre Karenzzeit für 2019 bis 2021 um jeweils 6 Monate auf 21 Monate, sodass der Zinslauf jeweils am 1.10. des übernächsten Jahres beginnt. Für den Besteuerungszeitraum 2022 beginnt der Zinslauf am 1.9.2024, für 2023 am 1.7.2025 und für 2024 am 1.6.2026. Für den besonderen Zinslauf des § 233a II 2 verlängert sich die Karenzzeit ebenfalls, sodass er für den Besteuerungszeitraum 2019 am 1.5.2022, für 2020 und 2021 jeweils am 1.6. des 3. Folgejahres, für 2022 am 1.5.2025, für 2023 am 1.3.2026 und für 2024 am 1.2.2027 beginnt (vgl. Art. 97 § 36 Nr. 8 EGAO). 24a

2. Besondere Karenzzeit (Abs. 2 S. 2)

Überwiegen bei der erstmaligen StFestsetzung die **Einkünfte aus Land- und Forstwirtschaft** die übrigen Einkünfte, gilt für die ESt und KSt eine verlängerte Karenzzeit von 23 Monaten (21 Monaten für entstandene Steuern bis zum 1.1.2010, → Rn. 3). Ausnahmen gelten ab dem Besteuerungszeitraum 2019 infolge der pandemiebedingten Verlängerung der Karenzzeiten (→ Rn. 24). Für die KSt kommt es auf die einkommensteuerliche Zuordnung der Einkünfte an; die abweichende Fiktion des § 8 II KStG ist unbeachtlich. Die besondere Karenzfrist beruht auf den Besonderheiten der Einkünfteermittlung dieser Einkunftsart. Das Wirtschaftsjahr weicht vom Kalenderjahr ab, sodass zu Besteuerungszwecken der Gewinn der Wirtschaftsjahre, die im Kalenderjahr beginnen und enden, zeitanteilig aufzuteilen ist (§ 4a II Nr. 1 EStG). Die Einkünfte lassen sich damit erst nach Ablauf des im folgenden Kalenderjahr endenden Wirtschaftsjahres ermitteln. Für diese Stpfl. gilt aus diesem Grund auch eine verlängerte Abgabefrist für die StErklärung (§ 149 II 2). 25

Überwiegen. Die land- und forstwirtschaftlichen Einkünfte überwiegen, wenn sie betragsmäßig die Summe der übrigen Einkünfte übersteigen (TK § 233a Rn. 19; Gosch AO § 233a Rn. 79; vgl. BFH 26.4.2012 – IV R 23/09, BFH/NV 2012, 1413 zugleich zum eingeschränkten Verlustausgleich nach § 2 III EStG aF). Dies gilt sowohl für insgesamt negative als auch für einheitlich positive Einkünfte. Sind die anderen Einkünfte teils positiv und teils negativ, erfolgt durch die Summenbildung eine Saldierung von Gewinnen und Verlusten (HHSp § 233a Rn. 91). Positive Einkünfte aus Land- und Forstwirtschaft übersteigen die übrigen Einkünfte, wenn ihre Summe kleiner positiv oder negativ ist. Negative Einkünfte aus Land- und Forstwirtschaft überwiegen die übrigen Einkünfte, wenn diese positiv oder in geringerem Umfang negativ sind (BFH 13.7.2006 – IV R 5/05, BStBl. II 2006, 881; FG Niedersachsen 10.5.2000 – 12 K 503/95, EFG 2000, 1293; HHSp § 233a Rn. 91; aA TK § 233a Rn. 19). Kapitalerträge nach §§ 32d I und 43 V EStG sind mWv 22.7.2022 in die Berechnung der übrigen Einkünfte nicht mehr einzubeziehen (§ 233a II 2 HS 2). Hierdurch wird die Regelung des § 2 Vb EStG auf § 233a AO übertragen. Ob die Vereinfachung des Besteuerungsverfahrens (BT-Drs. 20/1633, 21) die Nichtberücksichtigung der Kapitalerträge rechtfertigt, ist durchaus fraglich. Für die Ermittlung des Überwiegens sind die Feststellungen in der **erstmaligen StFestsetzung** maßgeblich, auch soweit diese materiell fehlerhaft sein sollte (BFH 26.4.2012 – IV R 23/09, BFH/NV 2012, 1413). Ändert sich das Verhältnis der Vergleichsgruppen infolge geänderter StFestsetzung, bleibt es bei der ursprünglichen Karenzzeit (TK § 233a Rn. 19; Klein § 233a Rn. 14). 26

Bei der **Zusammenveranlagung** (§ 26b EStG) werden die Einkünfte beider Ehegatten zur Ermittlung des gewichtigeren Anteils zusammengerechnet (HHSp § 233a Rn. 92; Schwarz/Pahlke/Keß § 233a Rn. 42). Dies gilt auch, wenn nur ein Ehegatte Einkünfte aus Land- und Forstwirtschaft hat (TK § 233a Rn. 19; aA Felix StbKongrRep 1989, 413). Die gemeinsame StErklärung kann auch in diesem Fall erst zu einem späteren Zeitpunkt erstellt werden. 27

28 Die besondere **Karenzfrist nach Abs. 2 S. 2 endet** mit Ablauf des 30.11. des übernächsten Kalenderjahres. Der Zinslauf für die ESt und KSt beginnt in diesen Fällen am 1.12. des übernächsten auf die Entstehung des StAnspruchs folgenden Kalenderjahres. Zur pandemiebedingten Verlängerung → Rn. 24.

II. Ende des Zinslaufs (Abs. 2 S. 3)

32 **Sollverzinsung.** Das Ende des Zinslaufs knüpfte zunächst an die Fälligkeit und seit dem 1.1.1994 an die Wirksamkeit der StFestsetzung an. Wegen des hierin zum Ausdruck kommenden Prinzips der Sollverzinsung beeinflussen Zahlungen vor Wirksamkeit der StFestsetzung den Zinslauf nicht (BFH 6.11.2002 – V R 75/01, BStBl. II 2003, 115; TK § 233a Rn. 25; zu sachlichen Billigkeitsgründen → Rn. 92 ff.). Umgekehrt endet der Zinslauf nicht vorzeitig, wenn die FB die StErklärung zögerlich bearbeitet (vgl. BFH 8.9.1993 – I R 30/93, BStBl. II 1994, 81; BFH 2.2.2001 – XI B 91/00, BFH/NV 2001, 1003). Für eine derartige fiktive StFestsetzung gibt es keine gesetzliche Grundlage.

33 Der Zinslauf endet mit Ablauf des Tages, an dem die StFestsetzung **wirksam** wird (§ 124 I 1). Die Wirksamkeit der StFestsetzung tritt mit der Bekanntgabe des StBescheides (§ 122), bei nicht zustimmungsbedürftigen StAnmeldungen mit dem Tag des Eingangs der StAnmeldung ein (HHSp § 233a Rn. 127; TK § 233a Rn. 23). Eine StAnmeldung mit einem Unterschiedsbetrag zugunsten des Stpfl. bedarf gem. § 168 S. 2 der Zustimmung durch die FB. Mit der Bekanntgabe der Zustimmungserklärung wird die StAnmeldung wirksam (BFH 9.5.1996 – V R 62/94, BStBl. II 1996, 662), und zwar auch dann, wenn die StAnmeldung nicht unterschrieben war (BFH 28.2.2002 – V R 42/01, BStBl. II 2002, 642). Zum zeitlichen Anwendungsbereich der Regelung → Rn. 10.

34 **Höchstdauer.** Durch Art. 17 Nr. 16 des StBereinG 1999 wurde die bisher gem. § 233a II 3 aF geltende Höchstdauer von vier Jahren rückwirkend für alle Steuern, die nach dem 31.12.1993 entstehen (Art. 97 § 15 IX EGAO), aufgehoben (zur Verfassungsmäßigkeit der Begrenzung vgl. FG Saarland 25.9.2002 – 1 K 286/99, EFG 2002, 1567). Hierdurch sollte die Zinsberechnung vereinfacht und ein größeres Maß an Besteuerungsgerechtigkeit eingeführt werden (BT-Drs. 14/1514, 48). Insb. sollten Stpfl. nicht durch selbst herbeigeführte Verzögerungen der Ap. von der Begrenzung profitieren können (krit. Loose FS Kruse, 304). Die Regelung gilt gleichermaßen für Nachzahlungs- und Erstattungsfälle. Soweit Steuern vor dem 31.12.1993 entstanden sind, verbleibt es bei der Höchstdauer von vier Jahren. Verzögerungen, die durch die FB zu verantworten sind, insb. eine unangemessen lange Bearbeitung des StFalles, kann der Stpfl. durch freiwillige Zahlungen begegnen (vgl. BT-Drs. 14/1514, 48; AEAO zu § 233a Nr. 70.1.2).

D. Zinslauf bei rückwirkenden Ereignissen und Verlustabzug (Abs. 2a, 7)

I. Beginn des Zinslaufs (Abs. 2a)

38 Nach § 233a IIa beginnt der Zinslauf, soweit die StFestsetzung auf der Berücksichtigung eines rückwirkenden Ereignisses (§ 175 I 1 Nr. 2, II), ggf. im Grundlagenbescheid (AEAO zu § 233a Nr. 74) oder auf einem Verlustabzug nach § 10d I EStG beruht, 15 Monate nach Ablauf des Kalenderjahres, in dem das rückwirkende Ereignis eingetreten oder der Verlust entstanden ist (vgl. zu Verlust nach § 23 III 9 EStG BFH 3.12.2002 – IX B 150/02, BFH/NV 2003, 295). Der abweichende Zinslauf gilt lediglich für den Teil des Unterschiedsbetrages iSd § 233a III („soweit"), der auf das rückwirkende Ereignis bzw. den Verlust zurückzuführen ist (→ Rn. 41). Die Karenzzeit beträgt einheitlich 15 Monate (Schwarz/Pahlke/Keß § 233a Rn. 55). Einer Verlängerung der Karenzzeit für Einkünfte aus Land- und Forstwirtschaft bedarf es wegen des um mindestens ein Jahr hinausgeschobenen Beginns des Zinslaufs nicht. In Erstattungsfällen beginnt die Verzinsung jedoch frühestens mit dem Tag der Zahlung des zu erstattenden Betrages (→ Rn. 43). Die

Regelung gilt erstmals für nach dem 31.12.1995 entstandene Verluste bzw. eingetretene rückwirkende Ereignisse (→ Rn. 10).

II. Teil-Unterschiedsbeträge (Abs. 7)

1. Anwendungsbereich

Die durch das JStG 1997 eingeführte Neuregelung der Abs. 2a und 7 beseitigt die sachlich nicht gerechtfertigte (→ Rn. 49) rückwirkende Verzinsung des Unterschiedsbetrages für Verlustrückträge und rückwirkende Ereignisse (vgl. BT-Drs. 13/5359, 56; Suhrbier-Hahn DStR 1997, 389; HHSp § 233a Rn. 171). Zur erstmaligen Anwendung → Rn. 10. 39

§ 233a II a, VII ist anzuwenden, wenn die StFestsetzung auf einem rückwirkenden Ereignis iSd § 175 I 1 Nr. 2 oder einem Verlustrücktrag nach § 10d EStG beruht. Soweit andere Vorschriften auf § 10d EStG verweisen bzw. eine entsprechende Anwendung vorsehen, greifen auch § 233a IIa und VII entspr. ein. Auf welcher verfahrensrechtlichen Umsetzung ein rückwirkendes Ereignis beruht, ist ohne Bedeutung. Entscheidend ist allein, ob nach der materiellen Rechtslage der Änderung des Sachverhalts steuerliche Rückwirkung zukommt (BFH 18.5.1999 – I R 60/98, BStBl. II 1999, 634; BFH 17.2.2010 – I R 52/09, BStBl. II 2011, 340; BFH 23.7.2019 – IX R 25/18, BFH/NV 2020, 1: bei fälschlicher Annahme eines rückwirkenden Ereignisses). Dabei unterscheidet die Regelung nicht danach, ob ein rückwirkendes Ereignis oder ein Verlustrücktrag bei der erstmaligen StFestsetzung zu berücksichtigen ist oder aufgrund eines Änderungsbescheides Eingang in die StFestsetzung findet (FG Niedersachsen 13.8.2002 – 6 K 646/99, EFG 2003, 18; TK § 233a Rn. 64). Ob die Änderung eines Gewinnfeststellungsbescheids auf einem rückwirkenden Ereignis beruht, ist im Feststellungsverfahren zu entscheiden (BFH 19.3.2009 – IV R 20/08, BStBl. II 2010, 528). Der Erlass oder die Änderung eines Grundlagenbescheides an sich stellt hingegen kein rückwirkendes Ereignis dar (BFH 3.12.2019 – VIII R 25/17, BStBl. II 2020, 214). 40

2. Begriff des Teil-Unterschiedsbetrages

Der Begriff des Teil-Unterschiedsbetrages resultiert aus der Begrenzung des abweichenden Beginns des Zinslaufs auf die steuerliche Auswirkung des Verlustrücktrages bzw. des rückwirkenden Ereignisses auf den Unterschiedsbetrag iSd § 233a III. Demzufolge ordnet Abs. 7 an, dass der Unterschiedsbetrag nach Abs. 3 in diejenigen Teilbeträge aufzuteilen ist, die dem Zinslauf nach Abs. 2 und einem besonderen Zinslauf nach Abs. 2a unterliegen (**§ 233a VII 1, 1. HS;** AEAO zu § 233a Nr. 28). Neben die Teil-Unterschiedsbeträge für das jeweilige Ereignis bzw. den Verlustrücktrag tritt ein verbleibender Teil-Unterschiedsbetrag, dessen Zinslaufbeginn sich nach § 233a II richtet. Beispiele zur Berechnung der Teil-Unterschiedsbeträge sind im AEAO zu § 233a Nr. 30 ff. aufgeführt. 41

§ 233a VII 1, 2. HS. Die Zinsen sind für jeden Teil-Unterschiedsbetrag gesondert zu berechnen (BFH 24.4.2007 – I R 35/06, BFH/NV 2007, 1619). Dies gilt auch, wenn ein positiver mit einem gleich hohen negativen Teil-Unterschiedsbetrag zusammentrifft, also der zusammengefasste Unterschiedsbetrag null beträgt (vgl. BFH 9.8.2006 – I R 10/06, BStBl. II 2007, 82). Für die Berechnung der Zinsen ist jeder Teil-Unterschiedsbetrag jeweils auf den nächsten durch fünfzig Euro teilbaren Betrag abzurunden (§ 238 II). Die Zinsermittlung für die Teil-Unterschiedsbeträge erfolgt in ihrer zeitlichen Reihenfolge. Zu beginnen ist mit dem Teilbetrag, dessen Zinslauf am weitesten zurückreicht. 42

Negativer Teil-Unterschiedsbetrag. Ergibt die Ermittlung einen Teil-Unterschiedsbetrag zugunsten des Stpfl., entstehen Erstattungszinsen frühestens ab Beginn des für diesen Teil-Unterschiedsbetrag maßgebenden Zinslaufs **(§ 233a VII 2, 1. HS).** Erstattungszinsen können folglich nicht vor Ablauf von 15 Monaten nach dem Kalenderjahr anfallen, in dem das Ereignis eingetreten bzw. der Verlust entstanden ist. Nachzahlungszinsen, die auf dem Zeitraum bis zu Beginn dieses Zinslaufs beruhen, können deshalb nicht nachträglich 43 entfallen **(§ 233a VII 2, 2. HS).** Durch die Verweisung in Abs. 7, die § 233a III 3 einschließt, wird die Sollverzinsung in Erstattungsfällen auch für Teil-Unterschiedsbeträge durch die Istverzinsung begrenzt (→ Rn. 50).

44 **§ 233a VII 3** hat lediglich klarstellende Funktion. Entspr. dem Grundgedanken des § 233a IIa bringt die Regelung zum Ausdruck, dass durch die in Abs. 2a genannten Fallgruppen eine Rückwirkung auf die Verzinsung des StAnspruchs ausgeschlossen ist (Klein § 233a Rn. 39). Nachzahlungszinsen für einen Teil-Unterschiedsbetrag bleiben deshalb auch dann bestehen, wenn sie in einen Zeitraum fallen, für den zuvor eine Zinsberechnung wegen eines Erstattungsbetrages erfolgt ist.

3. Einzelfälle

45 **Gewinnausschüttungen für ein abgelaufenes Wirtschaftsjahr.** Bis zur Abschaffung des Anrechnungsverfahrens bewirkten offene Gewinnausschüttungen gem. § 27 III KStG aF durch die Herstellung der Ausschüttungsbelastung idR eine rückwirkende Veränderung der festgesetzten KSt für das Jahr der Ausschüttung. Durch die Gewinnausschüttung trat folglich ein Ereignis mit steuerlicher Rückwirkung ein (BFH 29.11.2000 – I R 45/00, BStBl. II 2001, 326; BFH 18.5.1999 – I R 60/98, BStBl. II 1999, 634 mwN; BFH 2.7.1997 – I R 25/96, BStBl. II 1997, 714; Gumpp GmbHR 1998, 370; TK § 233a Rn. 73). Die Anwendung des § 233a IIa führt jedoch in den Fällen der erstmaligen Beschlussfassung über die Gewinnausschüttung für ein abgelaufenes Wirtschaftsjahr zu sinnwidrigen Ergebnissen (vgl. BFH 18.5.1999 – I R 60/98, BStBl. II 1999, 634; Gumpp GmbHR 1998, 370). Aus diesem Grund ist § 233a IIa im Fall der erstmaligen Beschlussfassung nicht anzuwenden (BFH 29.11.2000 – I R 45/00, BStBl. II 2001, 326; BFH 20.9.2006 – I R 17/04, BFH/NV 2007, 1065; FG Köln 25.1.2000 – 13 K 8580/98, EFG 2000, 339; Suhrbier-Hahn GmbHR 2001, 406; AEAO zu § 233a Nr. 10.3.1), jedoch nicht, soweit vor einer Ausschüttung zunächst die Einstellung in den Gewinnvortrag beschlossen wurde (BFH 22.10.2003 – I R 15/03, BStBl. II 2004, 398; BFH 22.10.2003 – I R 15/03, BStBl. II 2004, 398). Nur in Fällen, in denen eine bereits beschlossene Ausschüttung nachträglich geändert wird, greift § 233a IIa ein (vgl. zur Gewinnverteilung nach vorausgegangener Vorabausschüttung FG Hamburg 16.12.2002 – VI 261/00, EFG 2003, 970). Zur Bilanzberichtigung vgl. FG Niedersachsen 13.8.2002 – 6 K 646/99, EFG 2003, 18; zum Zinslauf bei rückwirkendem Wegfall des Investitionsabzugsbetrages vgl. BFH 11.7.2013 – IV R 9/12, DStR 2013, 1891.

46 **Nachträgliche Option zur UStPflicht.** Verzichtet der Stpfl. nachträglich auf die StFreiheit einer Leistung (zB § 4 Nr. 9 Buchst. a iVm § 9 I UStG), erhöht sich rückwirkend die StSchuld des Veranlagungszeitraums der Leistung (BFH 25.1.1996 – V R 42/95, BStBl. II 1996, 338). Nach der Rspr. (BFH 2.4.1998 – V R 34/97, BStBl. II 1998, 695; BFH 30.11.1994 – XI R 84/92, BFH/NV 1995, 665) ist der nachträgliche Verzicht auf die StFreiheit jedoch kein rückwirkendes Ereignis iSd § 175 I 1 Nr. 2, sodass eine Anwendung des § 233a IIa ausscheidet (BFH 28.11.2002 – V R 54/00, BStBl. II 2003, 175; BFH 5.5.2011 – V R 39/10, BFH/NV 2011, 1474; FG Münster 23.11.1999 – 15 K 641/98 U, EFG 2000, 1294; zum Erlass aus sachlichen Billigkeitsgründen vgl. BFH 23.10.2003 – V R 2/02, BStBl. II 2004, 39; aA FG Brandenburg 12.12.2001 – 1 K 332/99 AO, EFG 2002, 372). Dagegen entfaltet im umgekehrten Fall die Rückgängigmachung des Verzichts auf StBefreiung Tatbestandswirkung für den VorStAbzug des Leistungsempfängers und ist deshalb ein rückwirkendes Ereignis iSd § 175 I 1 Nr. 2 (BFH 1.2.2001 – V R 23/00, BFH/NV 2001, 991). Hieraus ergibt sich die Anwendbarkeit des § 233a IIa (ebenso Schwarz/Pahlke/Keß § 233a Rn. 61).

Die Feststellung der Rückwirkung eines Ereignisses im Grundlagenbescheid zum Zwecke der Zinsberechnung ist mWv 1.1.2017 durch § 239 III Nr. 1 (→ § 239 Rn. 17) geregelt worden. Im Grundlagenbescheid sind Feststellungen über die Auswirkungen eines erstmals berücksichtigten rückwirkenden Ereignisses auf die festgestellten Besteuerungsgrundlagen und den Zeitpunkt des Eintritts des rückwirkenden Ereignisses zu treffen

(AEAO zu § 234 Nr. 74). Dies gilt auch bei einer Änderung des Feststellungsbescheides in Bezug auf das bereits erfasste rückwirkende Ereignis.

Zum Wechsel der Veranlagungsart vgl. FG Münster 31.1.2014 – 4 K 1882/13 AO, EFG 2014, 807. Der Wechsel von der getrennten Veranlagung zur Zusammenveranlagung ist ein Ereignis mit steuerlicher Rückwirkung iSv § 175 I 1 Nr. 2 (BFH 12.8.2015 – III B 50/15, BFH/NV 2015, 1670). Die vor dem Eintritt des rückwirkenden Ereignisses entstandenen Nachzahlungszinsen bleiben unberührt (§ 233a VII, 2. HS; BFH 12.8.2015 – III B 50/15, BFH/NV 2015, 1670). Beantragen Stpfl. eine Zusammenveranlagung wegen der Umwandlung der Lebenspartnerschaft in eine Ehe, tritt das rückwirkende Ereignis mit der Umwandlung ein (FG Köln 20.3.2024 – 3 K 1764/22, EFG 2024, 2021, Rev. III R 17/24).

III. Rechtslage vor Inkrafttreten der Abs. 2a, 7

Vor Einführung der Abs. 2a und 7 durch das JStG 1997 (→ Rn. 10) führte die nachträgliche Änderung einer StFestsetzung aufgrund eines rückwirkenden Ereignisses oder eines Verlustrücktrages nach der Rspr. dazu, dass der Unterschiedsbetrag zwischen der StFestsetzung des Änderungsbescheides und derjenigen des vorhergehenden StBescheides vom normalen Beginn des Zinslaufs iSd § 233a II an zu verzinsen war (vgl. BFH 2.7.1997 – I R 25/96, BStBl. II 1997, 714; BFH 27.1.1998 – VIII R 47/96, BStBl. II 1998, 498; glA Baum DB 1993, 1491; Melchior DStR 1995, 82; Hoch DStZ 1997, 484; aA App NJW 1998, 1463; TK § 233a Rn. 63 ff.). Dies hatte zur Folge, dass Zinsen jeweils bereits für Zeiträume entstanden, für die eine wirtschaftliche Auswirkung noch nicht eingetreten war (ebenso HHSp § 233a Rn. 109). Aufgrund eines Verlustrücktrags waren Erstattungszinsen auch bereits für die Zeiten festzusetzen, in denen der Verlust noch nicht entstanden war. Vergleichbare Auswirkungen zeitigte die Rückbeziehung rückwirkender Ereignisse auf Veranlagungszeiträume, die zT erheblich vor ihrem tatsächlichen Eintritt lagen. In allen diesen Fällen trat nach der Rspr. die Zinspflicht ein, obwohl Liquiditätsnachteile, deren Ausgleich beabsichtigt war (→ Rn. 6), nicht eingetreten waren. Die dem Sinn der gesetzlichen Regelung widersprechende Auslegung überzeugt nicht (zweifelnd auch BFH 27.9.1994 – VIII B 21/94, BFHE 175, 516; FG München 5.6.1996 – 1 K 2516/95, EFG 1996, 906; Woerner BB 1995, 601; TK § 233a Rn. 63 ff.). Der Zinslauf war in diesen Fällen auf die Zeiträume des Eintritts der Liquiditätsvor- bzw. -nachteile zu begrenzen. 49

E. Bemessungsgrundlage des Zinsanspruchs (Abs. 3)

§ 233a beruht auf dem Prinzip der (eingeschränkten) Sollverzinsung. Für die Zinsberechnung bleiben – anders als bei einer Istverzinsung – die tatsächlichen Zahlungsvorgänge unberücksichtigt. Dieser Grundsatz wird hinsichtlich der Verzinsung von Erstattungsansprüchen durchbrochen. Die Verzinsung des Solls erfolgt nur, soweit sich aus einer Istverzinsung kein geringerer Anspruch ergibt (→ Rn. 62). Ausgangsgröße für die Berechnung des Zinsanspruchs ist bei erstmaliger StFestsetzung der Unterschiedsbetrag (s. nachfolgend). Diese Grundsätze gelten auch für Fälle der Aufhebung oder Änderung der StFestsetzung und ihre Berichtigung iSd § 129 (s. hierzu im Einzelnen → Rn. 71). Nach einer geänderten StFestsetzung ist der Zinsanspruch neu zu berechnen und die Festsetzung des Zinsanspruchs entspr. anzupassen. 50

I. Maßgeblicher Unterschiedsbetrag (Abs. 3 S. 1)

Der **Unterschiedsbetrag** ist bei der erstmaligen StFestsetzung Bemessungsgrundlage für die in Abs. 1 genannten Steuern. Dieser errechnet sich aus der Differenz zwischen der festgesetzten Steuer vermindert um die anzurechnenden StAbzugsbeträge sowie der anzurechnenden KSt (Soll) und dem Vorauszahlungssoll, dh den zum Beginn des Zinslaufs 51 festgesetzten Vorauszahlungen. Bei einem positiven Unterschiedsbetrag (Mehrsoll) entstehen Nachzahlungszinsen. Ist der Unterschiedsbetrag negativ (Mindersoll), sind Erstattungszinsen festzusetzen. Die Regelung des § 233a III 1 gilt nur für die Berechnung bei erstmaliger StFestsetzung. Die Änderung der Zinsfestsetzung infolge geänderter StFestsetzung bestimmt sich nach § 233a V (→ Rn. 70 ff.).

52 **Festgesetzte Steuer** ist der durch StBescheid konkretisierte StAnspruch des Veranlagungszeitraums. Die Steuer kann sowohl durch endgültigen, vorläufigen oder unter dem Vorbehalt der Nachprüfung stehenden StBescheid als auch durch JahresStAnmeldung iSd § 168 festgesetzt werden. Durch nichtigen VA wird eine Steuer nicht wirksam festgesetzt (§ 124 III).

53 **Anzurechnende Steuerabzugsbeträge** sind die durch StAbzug erhobene ESt iSd § 36 II 2 Nr. 2 EStG. Das sind die LSt (§ 38 EStG) und die KapESt (§ 43 EStG). Soweit StAbzugsbeträge die StSchuld abgelten oder vergütet wurden, ist ihre Anrechnung ausgeschlossen. Bei beschränkt Stpfl. kommt nur ausnahmsweise eine Anrechnung einbehaltener Beträge iSd § 50a EStG in Betracht (§ 50 V EStG). Die KSt einer unbeschränkt stpfl. Körperschaft ist letztmalig nach § 36 II 1 Nr. 3 EStG für den Veranlagungszeitraum 2001 anzurechnen (Schmidt EStG § 36 Rn. 20). Auf die KSt sind StAbzugsbeträge nach Maßgabe des § 31 KStG anzurechnen. Das durch eine ordentliche Gewinnausschüttung aktivierte KStGuthaben mindert die KSt des Ausschüttungszeitraums (§ 37 II 2 KStG). § 51 UStDV, der bestimmte umsatzsteuerliche Sachverhalte dem StAbzug unterwarf, ist mit Wirkung vom 1.1.2002 aufgehoben (Art. 19 Nr. 5 StÄndG 2001). Für die Anrechnung einbehaltener Abzugsbeträge kommt es grds. weder auf deren Anmeldung durch den Abführungspflichtigen noch die tatsächliche Zahlung an (HHSp § 233a Rn. 152; TK § 233a Rn. 40).

54 **Festgesetzte Vorauszahlungen** sind zur Ermittlung des Unterschiedsbetrages vom festgesetzten Soll abzuziehen, soweit sie bis zum Beginn des Zinslaufs wirksam festgesetzt sind (FG Münster 2.6.2004 – 5 K 1624/01, EFG 2005, 752). Die auf das JStG 1977 zurückgehende Fassung des § 233a III 1 war notwendig geworden, weil es nach der Rspr. (BFH 27.3.1996 – I B 30/95, BFHE 180, 15) zweifelhaft war, ob nach Beginn des Zinslaufs festgesetzte Vorauszahlungen bei der Zinsberechnung nicht zu berücksichtigen waren mit der Folge, dass die Zinsen auch für Zeiträume vor ihrer Festsetzung entfielen (vgl. BT-Drs. 13/5952, 118 f.: Klarstellung; ebenso HHSp § 233a Rn. 154; TK § 233a Rn. 42). Die Neufassung ist auf alle beim Inkrafttreten des Gesetzes anhängigen Verfahren anzuwenden (→ Rn. 10). An die Stelle der festgesetzten Vorauszahlungen auf die ESt (§ 37 I EStG), KSt (§ 31 KStG), GewSt (§ 19 I GewStG) und VSt (§ 21 I VStG) treten bei der USt die angemeldeten Beträge (§ 18 I UStG). Auf die tatsächliche Zahlung der festgesetzten bzw. angemeldeten Beträge kommt es wegen des Prinzips der Sollverzinsung grds. nicht an (HHSp § 233a Rn. 153; TK § 233a Rn. 42; zur Maßgeblichkeit der Zahlung in Erstattungsfällen → Rn. 63).

55 **Anpassung der Vorauszahlungen.** Der Stpfl. kann die Entstehung eines positiven Unterschiedsbetrages und damit eine Zinsbelastung vermeiden, wenn auf seinen Antrag hin die festgesetzten Vorauszahlungen erhöht werden. Leistet der Stpfl. vor Ablauf der Karenzfrist eine freiwillige Vorauszahlung, sieht die FVerw. darin einen Antrag auf Anpassung (AEAO zu § 233a Nr. 15). Eine Anpassung der EStVorauszahlungen ist gem. § 37 III 3 EStG innerhalb der Karenzzeit möglich; vgl. zur KSt § 31 I KStG, zur GewSt § 19 III GewStG. Die angemeldeten UStVorauszahlungen kann der Stpfl. grds. jederzeit selbst durch Abgabe einer berichtigten Voranmeldung anpassen (→ § 168 Rn. 8). Die Anpassung muss – wie die erstmalige Festsetzung der Vorauszahlung – bis zum Ablauf der Karenzzeit erfolgt sein. Maßgebend ist der Zeitpunkt des Wirksamwerdens des Vorauszahlungsbescheides, dh seiner Bekanntgabe gegenüber dem Stpfl. (§ 124 I 1) bzw. der Eingang der StAnmeldung beim FA. Zugunsten des Stpfl. wird man die Absendung des VA innerhalb der Karenzzeit ausreichen lassen können.

Überhöhte Vorauszahlungen. Da es für die Ermittlung des Unterschiedsbetrages auf die tatsächliche Erfüllung der Vorauszahlungsschuld nicht ankommt, bleiben auch freiwillige oder überhöhte Vorauszahlungen bei der Ermittlung des Vorauszahlungssolls außer Betracht (ebenso AEAO zu § 233a Nr. 27; TK § 233a Rn. 42). Demzufolge kann der Stpfl. in Zeiten niedriger Zinssätze die Vollverzinsung nicht zum Zwecke der Kapitalanlage nutzen. Nimmt das FA allerdings freiwillig geleistete Vorauszahlungen an, entsteht hierdurch regelmäßig ein sachlicher Billigkeitsgrund für den Erlass entstandener Nachzahlungszinsen (→ Rn. 94). 56

II. Unterschiedsbetrag bei der Vermögensteuer (Abs. 3 S. 2)

Die VSt wurde (für Besteuerungszeiträume bis zum 31.12.1996) idR für drei Jahre (Hauptveranlagung, § 15 I VStG) festgesetzt. Daneben bestand auch die Möglichkeit einer Neu- oder Nachveranlagung sowie der Aufhebung der Veranlagung (§§ 16 ff. VStG). Für die Zinsberechnung ist jedoch die für jedes Jahr festgesetzte Steuer getrennt zu behandeln. Diesen Besonderheiten der Zinsberechnung trägt § 233a III 2 dadurch Rechnung, dass alternativ der Unterschiedsbetrag zwischen der JahresSt und den festgesetzten Vorauszahlungen oder der bisher festgesetzten JahresSt maßgebend ist. Wurden bereits anlässlich der Hauptveranlagung Zinsen festgesetzt, ist die Zinsfestsetzung nach einer Neu- oder Nachveranlagung bzw. Aufhebung der Veranlagung entspr. § 233a V zu ändern (AEAO zu § 233a Nr. 61.2; HHSp § 233a Rn. 160). 61

III. Unterschiedsbetrag im Falle der Erstattung (Abs. 3 S. 3 und 4)

Begrenzung. Soweit sich bei der StFestsetzung ein Unterschiedsbetrag zugunsten des Stpfl. ergibt, begrenzt § 233a III 3 die Bemessungsgrundlage für die Zinsberechnung auf den zu erstattenden Betrag. Die Beschränkung des Grundsatzes der Sollverzinsung durch denjenigen der IstVerzinsung vermeidet die Zinspflicht, soweit der Stpfl. festgesetzte Vorauszahlungen gar nicht, nicht in der geforderten Höhe oder erst nach Ablauf der Karenzzeit (→ Rn. 23 ff.) entrichtet (vgl. BT-Drs. 11/1257, 195; Baum BB 1992, 2048). Der Übergang zur IstVerzinsung in Erstattungsfällen erhöht einerseits den Verwaltungsaufwand (vgl. Kruse FR 1988, 1; TK § 233a Rn. 47; HHSp § 233a Rn. 161) und wirft andererseits – de lege ferenda – die Frage nach der Gleichbehandlung in Nachzahlungsfällen auf. Zum Verzicht auf Erstattungsfälle durch zwischenstaatliche Verständigungsvereinbarung vgl. FG Münster 24.11.2021 – 3 K 3403/19 AO, EFG 2023, 1744, Rev. I R 55/23. 62

Bemessungsgrundlage. Der zu verzinsende Betrag (IstVerzinsung) ergibt sich aus der Differenz zwischen dem festgesetzten StBetrag und den tatsächlich gezahlten Beträgen. Nicht bzw. nur teilweise geleistete Vorauszahlungen vermindern damit die Bemessungsgrundlage, unabhängig vom Grund der Nichtleistung (BFH 16.12.2009 – I R 48/09, BFH/NV 2010, 827). Die durch StAbzug erhobenen, jedoch durch Dritte nicht abgeführten Beträge vermindern – anders als nicht entrichtete Vorauszahlungen – nicht den zu verzinsenden Unterschiedsbetrag (FG Düsseldorf 2.9.2005 – 1 K 6705/03, EFG 2006, 315 mwN). Behält der Dritte den StAbzugsbetrag ein, entsteht ein Anrechnungsanspruch, der den zu erstattenden Betrag erhöht (BFH 23.4.1996 – VIII R 30/93, DStR 1996, 1526 zur KapESt; BFH 18.6.1993 – VI R 67/90, BStBl. II 1994, 182 zur LSt). Nicht anrechenbare StAbzugsbeträge vermindern dagegen die Höhe des zu erstattenden Betrages. Wird die Steuer aufgrund einer **Aufhebung der Vollziehung** (§§ 361, 69 FGO) vor Herabsetzung der Steuer zurückgezahlt, ist der erstattete Betrag bis zum Zeitpunkt der Erstattung zu verzinsen (vgl. BFH 19.4.2005 – VIII R 12/04, BStBl. II 2005, 683; TK § 233a Rn. 46). Die **Obergrenze** der Bemessungsgrundlage bildet der für die Sollverzinsung maßgebende Unterschiedsbetrag iSd § 233a III 1. Freiwillige oder überhöhte Vorauszahlungen, die das Vorauszahlungssoll übersteigen, haben folglich keinen Einfluss auf die Höhe des zu verzinsenden Erstattungsbetrages (Gosch AO § 233a Rn. 119; Klein § 233a Rn. 27). Nach 63

Auffassung des BFH 8.10.2019 – V R 15/18, BFH/NV 2020, 40 ist bei mehrfachen Änderungen von StFestsetzungen für die Berechnung von Erstattungszinsen die letzte Zahlung auf den StBescheid, in dem die Besteuerungsgrundlage enthalten war, die aufgrund des Änderungsbescheids entfällt, maßgeblich. Hierdurch weicht der BFH von dem von der Verwaltung praktizierten Prinzip des „last in – first out" zugunsten einer individuellen Zuordnung von Zahlungen ab. Durch § 233a III 4 wird dieses Prinzip nunmehr gesetzlich vorgeschrieben. Besteht der Erstattungsbetrag aus mehreren Teil-Leistungen, richtet sich der Zinsberechnungszeitraum folglich jeweils nach dem Zeitpunkt der einzelnen Leistung; die Leistungen sind in chronologischer Reihenfolge zu berücksichtigen, beginnend mit der jüngsten Leistung. Die Neuregelung gilt in allen Fällen, in denen nach dem 22.7.2022 Zinsen festgesetzt werden (Art. 97 § 15 XIII EGAO).

64 **Beginn des Zinslaufs.** Der Zinslauf beginnt in Erstattungsfällen grds. nach Ablauf der Karenzzeit (FG Hamburg 18.9.1996 – I 148/94, EFG 1997, 453; BFH 23.6.1997 – VIII B 102/96, BFH/NV 1998, 40). Wird der zu erstattende Betrag nach Ablauf der Karenzfrist gezahlt, beginnt die Verzinsung frühestens mit dem Tag der Zahlung (§ 233a III 3, 2. HS; HHSp § 233a Rn. 161). Für vor dem 1.1.1994 entstandene Erstattungsansprüche endet die Verzinsung spätestens vier Jahre nach Beginn des Zinslaufs (→ Rn. 34). Durch einen nach § 233a III 3, 2. HS verzögerten Verzinsungsbeginn verlängert sich die Vierjahresfrist nicht (BVerwG 28.6.2000 – 11 C 15/99, BFH/NV-Beil. 2001, 91 mwN).

F. Zinsfestsetzung (Abs. 4)

67 **Schriftlicher Zinsbescheid.** Auf die Festsetzung von Zinsen sind die für die Steuern geltenden Vorschriften entspr. anzuwenden (§ 239 I 1). Die Zinsen sind durch schriftlichen VA festzusetzen (§ 155 I), der den Anforderungen des § 157 entsprechen, also insb. den Zinsanspruch nach Art und Betrag bestimmen und den Zinsschuldner benennen muss. **Zinsschuldner** – bei Erstattungsansprüchen Zinsgläubiger – ist der StSchuldner bzw. Erstattungsberechtigte. Schulden mehrere Personen die Steuer als Gesamtschuldner, besteht auch für die Zinsschuld Gesamtschuldnerschaft (HHSp § 233a Rn. 71), für Erstattungszinsen indes keine Gesamtgläubigerschaft. Die Berechnung der Zinsen erfolgt nach § 238. Die Festsetzungsfrist beträgt ein Jahr (§ 239 I 1) und beginnt mit Ablauf des Kalenderjahres, in dem die Steuer festgesetzt, aufgehoben oder nach § 129 berichtigt worden ist (→ § 239 Rn. 8).

68 Die Zinsfestsetzung soll mit der Festsetzung der Steuer **verbunden** werden (§ 233a IV), obwohl das Ende des Zinslaufs von der Bekanntgabe des StBescheids abhängt. Für die Zinsberechnung werden deshalb dem Zeitpunkt der Aufgabe zur Post drei Tage hinzugerechnet, weil der StBescheid entspr. der Zugangsfiktion des § 122 II Nr. 1 erst zu diesem Zeitpunkt als bekannt gegeben gilt (TK § 233a Rn. 27). Wird ein hiervon abweichender tatsächlicher Zugangszeitpunkt nachgewiesen, bestimmt sich hiernach das Ende des Zinslaufs (FG Düsseldorf 29.5.1998 – 18 K 585/96 AO, EFG 1998, 1561).

69 Gegen die Zinsfestsetzung ist der **Einspruch** statthaft (§ 347 I 1). Mit Einwendungen gegen die StFestsetzung kann der Stpfl. in diesem Verfahren indes nicht gehört werden (HHSp § 233a Rn. 219), sodass solche Einwendungen allein auch nicht als Einspruch gegen den Zinsbescheid zu werten sind (FG Hamburg 18.7.2019 – 2 V 108/19, BeckRS 2019, 20453; vgl. zur Auslegung eines Einspruchs gegen einen Sammelbescheid auch BFH 29.10.2019 – IX R 4/19, BFH/NV 2020, 250). Eine Beschwer fehlt indes bei ausschließlich begünstigendem Änderungsbescheid (BFH 17.7.2019 – X B 21/19, BFH/NV 2019, 1217). Während des Rechtsbehelfsverfahrens gegen die Zinsfestsetzung kann unter den Voraussetzungen des § 361 bzw. § 69 FGO AdV gewährt werden. Die Vollziehung des Zinsbescheides als Folgebescheid zum StBescheid ist zudem auszusetzen, soweit der zugrunde liegende StBescheid ausgesetzt wird (AEAO zu § 233a Nr. 73; TK § 233a Rn. 75).

Die Zurückweisung des Einspruchs durch Allgemeinverfügung kann mit der Klage angefochten werden (FG Düsseldorf 7.10.2024 – 9 V 1409/24 A (AO), EFG 2025, 153).

G. Verzinsung bei Aufhebung oder Änderung der Bemessungsgrundlage (Abs. 5)

I. Allgemeines

Eigenständige Änderungsvorschrift. Entstehung und Höhe eines Zinsanspruchs hängen grds. vom Bestehen und Umfang des zu verzinsenden StAnspruchs ab (Grundsatz der Akzessorietät, → § 233 Rn. 5). Diesem Umstand trägt § 233a V Rechnung. Die Vorschrift ordnet an, dass für jede Änderung der zugrunde liegenden StFestsetzung, mithin jede Änderung der Bemessungsgrundlage der Verzinsung, eine entsprechende Anpassung der Zinsfestsetzung zu erfolgen hat. StBescheid und Zinsfestsetzung stehen in einem Verhältnis von Grundlagen- und Folgebescheid zueinander (BFH 23.12.2002 – IV B 13/02, BFH/NV 2003, 737). § 233a V regelt abschließend die Voraussetzungen und Folgen der Korrektur der für die Zinsberechnung maßgeblichen StFestsetzung. Insofern geht die Regelung den §§ 172 ff. vor (FG Bremen 16.2.1993 – 2 92 150 K 2, EFG 1993, 361; HHSp § 233a Rn. 184; TK § 233a Rn. 49). Ein Antrag auf Änderung der Zinsfestsetzung ist nicht fristgebunden (FG Köln 27.3.2019 – 3 K 1602/18, EFG 2020, 565). 70

II. Aufhebung und Änderung der Steuerfestsetzung (Abs. 5 S. 1)

Korrektur der StFestsetzung. § 233a erfasst neben der Aufhebung auch jegliche Änderung der StFestsetzung und ihre Berichtigung nach § 129. Der Grund der Korrektur sowie die hierfür herangezogene Rechtsnorm sind irrelevant (BFH 6.8.1996 – V B 51/95, BFH/NV 1997, 165; AEAO zu § 233a Nr. 41). Der Erlass erstmaliger Bescheide bei getrennter Veranlagung nach geänderter Ausübung des Veranlagungswahlrechts wird ebenso erfasst (FG Sachsen 5.2.2009 – 2 K 2225/08, EFG 2011, 1046). Die Änderung kann sowohl aufgrund des Vorbehalts der Nachprüfung (§ 164 II 1) oder der Vorläufigkeit des StBescheids (§ 165 II 1), aufgrund einer Korrektur nach Eintritt der Bestandskraft (§§ 172 ff.) als auch durch Einspruchsbescheid oder Urteil (§§ 100 I, II 1, 126 III Nr. 1 FGO) erfolgen. Unter den Begriff der Änderung fällt schließlich auch die (Teil-)Abhilfe durch das FA im gerichtlichen Verfahren, gleichgültig, ob hierdurch eine Erledigung der Hauptsache eintritt oder der VA zum Gegenstand des Klageverfahrens (§ 68 FGO) wird (FG Schleswig-Holstein 15.11.1995 – IV 679/93, EFG 1996, 637; TK § 233a Rn. 51). Ebenso wenig kommt es auf die Rechtmäßigkeit oder die Häufigkeit der Änderung an. Nach jeder Korrektur der StFestsetzung ist grds. auch die Zinsfestsetzung zu ändern. Beträgt die Abweichung zur bisherigen Zinsfestsetzung weniger als zehn Euro, unterbleibt eine Änderung (vgl. § 239 II 2). 71

Korrektur der Anrechnungsverfügung. In die Berechnung des Unterschiedsbetrages sind die anzurechnenden StAbzugsbeträge einzubeziehen (→ Rn. 51). Ändert sich der anzurechnende Betrag durch Korrektur der Anrechnungsverfügung (zu den Korrekturvoraussetzungen der Anrechnungsverfügung und zum Verhältnis zum Abrechnungsbescheid vgl. BFH 15.4.1997 – VII R 100/96, BStBl. II 1997, 787 mwN sowie → § 218 Rn. 55 ff.), folgt daraus zwangsläufig eine veränderte Bemessungsgrundlage für die Zinsberechnung. Demzufolge ist die bisherige Zinsfestsetzung zu ändern, wenn die Verfügung über die Anrechnung von StBeträgen zurückgenommen, widerrufen oder nach § 129 berichtigt wird (§ 233a V 1, 2. HS). Die Abänderung der Anrechnung kann auch durch Erlass eines Abrechnungsbescheides erfolgen (BFH 4.9.2002 – I R 65/01, BFH/NV 2003, 154 mwN; HHSp § 233a Rn. 186). 72

Keine Anwendung findet § 233a V, wenn die **Vorauszahlungen** nach Beginn des Zinslaufs abw. festgesetzt werden oder die Festsetzung aufgehoben wird. Nach dem klaren 73

Wortlaut des § 233a III 1 idF des JStG 1997 (→ Rn. 3) sind und bleiben für die Verzinsung die bis zum Beginn des Zinslaufs festgesetzten Vorauszahlungen maßgebend (ebenso TK § 233a Rn. 53; Gosch AO § 233a Rn. 125). Desgleichen greift § 233a V nicht ein, soweit im bisherigen Zinsbescheid das Vorauszahlungssoll unrichtig berücksichtigt wurde. In einem solchen Fall kann eine Korrektur des Zinsbescheides lediglich nach den allg. Vorschriften (§§ 129, 164 II, 172 ff.) erfolgen (AEAO zu § 233a Nr. 45; HHSp § 233a Rn. 186). Dies gilt im Übrigen auch für sonstige Fehler des Zinsbescheides (zB unrichtige Berechnung des Zinslaufs), die nicht auf einer Änderung der Bemessungsgrundlage beruhen (TK § 233a Rn. 53; Spindler StVj 1989, 347; BFH 13.12.2022 – VIII R 16/19, DStRE 2023, 629).

III. Maßgeblicher Unterschiedsbetrag (Abs. 5 S. 2 und 4)

76 § 233a V 2 definiert für **alle Fälle der Korrektur** der StFestsetzung die Bemessungsgrundlage der Zinsfestsetzung. Diese gilt auch dann, wenn bei der vorangegangenen StFestsetzung eine Zinsfestsetzung unterblieben ist, also eine erstmalige Zinsfestsetzung aus Anlass der geänderten StFestsetzung erfolgt (AEAO zu § 233a Nr. 44; BFH 18.5.2005 – VIII R 100/02, BStBl. II 2005, 735).

77 **Bemessungsgrundlage** für die Zinsberechnung nach einer Aufhebung oder Änderung der StFestsetzung ist der Unterschiedsbetrag zwischen der festgesetzten Steuer und der vorher festgesetzten Steuer, jeweils vermindert um die anzurechnenden StAbzugsbeträge und die anzurechnende KSt. Unter festgesetzter Steuer ist der im Änderungsbescheid konkretisierte StAnspruch zu verstehen; vorher festgesetzte Steuer ist diejenige des geänderten StBescheides. Vorauszahlungen sind für die Zinsberechnung nicht zu berücksichtigen (BFH 15.7.2004 – V R 76/01, BStBl. II 2005, 236; HHSp § 233a Rn. 191; TK § 233a Rn. 54 sowie → Rn. 54). Wird der UStBescheid der Organgesellschaft aufgrund nachträglicher Feststellung einer Organschaft aufgehoben, ist die Bemessungsgrundlage für die Zinsberechnung jeweils für Organgesellschaft und Organträger getrennt zu ermitteln (FG Berlin 17.6.2003 – 5 K 5358/01, EFG 2003, 1363).

78 **Positiver Unterschiedsbetrag.** Ergibt sich aus dem Vergleich der StFestsetzungen eine Differenz zulasten des Stpfl. (Mehrsoll), ist dieser Unterschiedsbetrag vom Ablauf der Karenzzeit bis zur Wirksamkeit der geänderten StFestsetzung zu verzinsen (Schwarz/Pahlke/Keß § 233a Rn. 106; HHSp § 233a Rn. 193). Für die Zinsberechnung bleibt es beim Grundsatz der Sollverzinsung. Der Zeitpunkt der Erfüllung des Nachzahlungsbetrages ist deshalb für die Zinsberechnung bedeutungslos (→ Rn. 32). Die Abtretung eines Erstattungsanspruchs lässt den Liquiditätsvorteil beim Abtretenden und die Zinspflicht im Fall der Änderung nicht entfallen (BFH 15.7.2004 – V R 76/01, BStBl. II 2005, 236). Für die Feststellung eines Liquiditätsvorteils ist auch nicht auf ein hypothetisches Alternativverhalten abzustellen (BFH 30.3.2006 – V R 60/04, BFH/NV 2006, 1434).

79 **Negativer Unterschiedsbetrag.** Ist der Unterschiedsbetrag zwischen den StFestsetzungen negativ (Mindersoll), ist der tatsächlich gezahlte Erstattungsbetrag zugunsten des Stpfl. zu verzinsen. Der Zinslauf beginnt mit Ablauf der Karenzzeit, nicht jedoch vor dem Tag der Zahlung des Erstattungsbetrages **(§ 233a V 4 iVm III 3).** An die Stelle der Sollverzinsung tritt auch hier der Grundsatz der Istverzinsung (→ Rn. 62). Zu verzinsen ist nicht jegliche Zahlung des Stpfl., wie zB freiwillige Leistungen auf eine erwartete StFestsetzung, sondern nur diejenige Zahlung, die zur Tilgung des festgesetzten StBetrags geleistet wird (ebenso HHSp § 233a Rn. 196). Leistet der Stpfl. mehrere Teilzahlungen, löst jede **Teilzahlung** einen gesonderten Zinslauf aus. Dabei unterstellt die FVerw. zuungunsten des Stpfl., dass die Erstattung zuerst aus dem zuletzt gezahlten Betrag erfolgt (AEAO zu § 233a Nr. 53). Diese Verwaltungsauffassung liegt der Regelung des § 233a III 4 zugrunde, auf die § 233a V 4 Bezug nimmt. Damit ist die Rspr. des BFH 8.10.2019 – V R 15/18, BFH/NV 2020, 40, wonach für § 233a V 4 und III 3 die letzte Zahlung auf den StBescheid maßgeblich ist, in dem die Besteuerungsgrundlage enthalten war, die aufgrund

des Änderungsbescheids entfällt, überholt. Hatte der Stpfl. zB Zahlungen auf einen Erstbescheid geleistet und kommt es nachfolgend zu einer Mehrsteuer infolge Erfassung zusätzlicher Besteuerungsgrundlagen im Änderungsbescheid, die der Stpfl. tilgt, während ein zweiter Änderungsbescheid zu einer Mindersteuer durch Entfallen von im Erstbescheid enthaltenen Besteuerungsgrundlagen führt, war nach dieser Rspr. für § 233a V 4 und III 3 auf die letzte Zahlung auf den Erstbescheid und nicht auf die letzte Zahlung auf den ersten Änderungsbescheid abzustellen. Diese individuelle Zuordnung der Zahlungen sah der Gesetzgeber im automatisierten Besteuerungsverfahren als unverhältnismäßig aufwendig und streitanfällig an (BT-Drs. 20/1633, 21). Zur Zinsfestsetzung bei einem **Unterschiedsbetrag null,** → Rn. 42; BFH 9.8.2006 – I R 10/06, BStBl. II 2007, 82.

IV. Zinsberechnung (Abs. 5 S. 3)

Nachzahlungszinsen. Die festzusetzenden Zinsen ergeben sich im Falle eines positiven Unterschiedsbetrages aus der Summe der bisher festzusetzenden Zinsen und dem aus Anlass der Änderung ermittelten Zinsbetrag. Soweit aufgrund der erstmaligen StFestsetzung Erstattungszinsen festzusetzen waren, mindern sie die später anfallenden Nachzahlungszinsen. Soweit Erstattungszinsen für angefangene Monate nicht anzusetzen sind (§ 238 I), wird dadurch die Berechnung von Nachzahlungszinsen für denselben Zeitraum nicht ausgeschlossen (BFH 26.9.1996 – IV R 51/95, BStBl. II 1997, 263). 80

Bei einem **Unterschiedsbetrag zugunsten des Stpfl.** entfallen die aufgrund der erstmaligen StFestsetzung festgesetzten Nachzahlungszinsen (§ 233a V 3, 2. HS). Der festzusetzende Zinsbetrag errechnet sich aus der Differenz der bisherigen Nachzahlungszinsen abzüglich der entstandenen Erstattungszinsen. Zinsänderungen aufgrund von Billigkeitsmaßnahmen bleiben unberücksichtigt (BFH 11.12.2012 – III B 91/12, BFH/NV 2013, 509). 81

Bei **mehrfachen Änderungen** läuft für jede geänderte StFestsetzung ein eigener Verzinsungszeitraum. Dabei sind zuweilen komplexe Berechnungen notwendig, die für den Stpfl. zumeist kaum nachzuvollziehen sein werden. Umfangreiche Berechnungsbeispiele befinden sich im AEAO zu § 233a Nr. 48 ff. 82

H. Verhältnis zu anderen steuerlichen Nebenleistungen

§ 233a ergänzt als begrenzte Vollverzinsung den Katalog der Zins- und Säumnisvorschriften. Die tatbestandlichen Voraussetzungen knüpfen jeweils an unterschiedliche Merkmale an, die sich regelmäßig gegenseitig ausschließen, in Einzelfällen auch nebeneinander erfüllt sein können. 83

Verspätungszuschläge sollen den rechtzeitigen Eingang der StErklärungen und damit die rechtzeitige Festsetzung und Entrichtung der Steuer sicherstellen (BFH 10.10.2001 – XI R 41/00, BStBl. II 2002, 124). Bei der Bemessung des Verspätungszuschlags sind neben diesem Zweck ua auch die aus der verspäteten Abgabe der StErklärung gezogenen Vorteile zu berücksichtigen (§ 152 II 2). Wird durch § 233a der Zinsvorteil bereits vollständig abgeschöpft, ist eine nochmalige Berücksichtigung bei der Bemessung des Verspätungszuschlages grds. unzulässig (Spindler StVj 1989, 341; HHSp § 233a Rn. 227; TK § 233a Rn. 83). Insb. bei erheblichem Verschulden kann jedoch der Abschreckungseffekt des Verspätungszuschlags das Merkmal der Vorteilserlangung vollständig kompensieren (BFH 26.9.2001 – IV R 29/00, BStBl. II 2002, 120). So schließt die Zinspflicht des § 233a es nicht aus, den Höchstbetrag nach § 152 auszuschöpfen (BFH 14.6.2000 – X R 56/98, BStBl. II 2001, 60; zur Verfassungsmäßigkeit des § 152 neben § 233a vgl. BFH 10.2.2005 – IV B 52/03, BFH/NV 2005, 1215). Auch ohne Berücksichtigung des Zinsvorteils kann die Festsetzung des Höchstbetrages ermessensgerecht sein. Für Zeiträume vor Beginn der Vollverzinsung (Karenzzeit), oder soweit der Vorteil durch § 233a nicht vollständig abgeschöpft wird, ist der erzielte Zinsvorteil hingegen bei der Bemessung des Verspätungs- 84 zuschlages zu berücksichtigen (Klein § 233a Rn. 72; Gosch AO § 233a Rn. 38; TK § 233a Rn. 83). Zum Verzögerungsgeld nach § 146 IIb vgl. FG Berlin-Brandenburg 19.5.2011 – 13 K 13246/10, EFG 2011, 1945; BFH 24.4.2014 – IV R 25/11, BStBl. II 2014, 819.

85 **Stundungszinsen** (§ 234), **Aussetzungszinsen** (§ 237) sowie **Säumniszuschläge** (§ 240) einerseits und Nachzahlungszinsen andererseits schließen sich im Regelfall gegenseitig aus, weil Zinsen nach § 233a nur für den Zeitraum bis zur Wirksamkeit der StFestsetzung und Säumniszuschläge, Stundungs- sowie Aussetzungszinsen hingegen frühestens ab Fälligkeit der StSchuld entstehen können. Eine parallele Zinspflicht nach den jeweiligen Regelungen entsteht nur dann, wenn der Nachzahlungsbetrag trotz Fälligkeit nicht entrichtet wird, nach Abschluss eines erfolglos durchgeführten Rechtsbehelfsverfahrens bzw. der gestundete StBetrag zunächst herabgesetzt und später wieder zuungunsten des Stpfl. geändert wird. Denn die Änderung der StFestsetzung lässt die bereits entstandenen Zinsen bzw. Säumniszuschläge unberührt (§§ 234 I 2, 237 V, 240 I 4). Nachzahlungszinsen, die jeweils für denselben Zeitraum festgesetzt wurden, sind in diesen Fällen auf die Stundungs- und Aussetzungszinsen anzurechnen (§§ 234 III, 237 IV). Werden die Zinsen iSd § 233a später als die Aussetzungszinsen festgesetzt, ist der Aussetzungszinsbescheid nach § 175 I 1 Nr. 1 zu ändern (TK § 233a Rn. 89; aA HHSp § 233a Rn. 232; AEAO zu § 233a Nr. 68: Erlass).

86 **Doppelbelastung.** Für Säumniszuschläge fehlt eine den §§ 234 III, 237 IV entsprechende Anrechnungsvorschrift. Die hierdurch eintretende Zusammenballung von Nachzahlungszinsen und Säumniszuschlägen ist idR auch nicht unbillig, da die Säumniszuschläge als Druckmittel zur Durchsetzung titulierter Zahlungsansprüche (Klein § 240 Rn. 1) vorrangig einem anderen Zweck als § 233a dienen (HHSp § 233a Rn. 228; Kruse FR 1988, 1; aA Krabbe DB 1988, 1722; Curtius/Hartung StbJb 1988/89, 24). Ein (hälftiger) Erlass der Säumniszuschläge ist – auch soweit sie Zinscharakter haben (BFH 7.12.1994 – I R 7/94, BStBl. II 1995, 477) – nicht geboten. Demgegenüber gewährt die FVerw. bei derartigen Überschneidungen einen hälftigen Erlass der Säumniszuschläge (AEAO zu § 233a Nr. 64).

87 **Hinterziehungszinsen** (§ 235) fallen vom Zeitpunkt des Eintritts der StVerkürzung oder der Erlangung des StVorteils bis zur Zahlung der hinterzogenen Steuern an. Der Beginn des Zinslauf nach § 235 II kann bereits vor Wirksamkeit der StFestsetzung liegen, sodass eine doppelte Zinspflicht ausgelöst wird. Zur Vermeidung der Kumulation mehrerer Zinslasten schreibt § 235 IV die Anrechnung der Nachzahlungszinsen vor, die für denselben Zeitraum festgesetzt werden, und zwar auch, wenn der Schuldner der Hinterziehungszinsen und der Schuldner der Nachzahlungszinsen nicht identisch sind (HHSp § 233a Rn. 230). Hinterziehungszinsen führen damit nur für den Zeitraum der Karenzfrist und erst nach Wirksamkeit der StFestsetzung zu einer Zinsbelastung. Hierdurch wird der StHinterzieher in nicht vertretbarer Weise entlastet und für den Zeitraum des § 233a wirtschaftlich auf die Stufe des ehrlichen StBürgers gehoben (ebenso TK § 233a Rn. 87: rechtspolitisch verfehlt). Zur Änderung der Zinsfestsetzung nach § 235 bei nachfolgender Festsetzung der Nachzahlungszinsen → § 235 Rn. 28.

88 **Prozesszinsen** auf Erstattungsbeträge sind bis zum Tag der Auszahlung zu verzinsen (§ 236 I 1). Deshalb können Überschneidungen mit Erstattungszinsen nach § 233a bis zur Fälligkeit der Erstattungsbeträge auftreten. Zur Vermeidung der Doppelverzinsung werden die Zinsen iSd § 233a auf die Prozesszinsen angerechnet (→ § 236 Rn. 35). Der Ausschluss der Zinspflicht nach § 236 III lässt sich nicht auf § 233a übertragen (im Ergebnis ebenso TK § 233a Rn. 88).

J. Billigkeitsmaßnahmen

I. Grundsatz

Anwendbarkeit der §§ 163, 227. Auf den Zinsanspruch, der zu den Ansprüchen aus dem StSchuldverhältnis iSd § 37 I gehört, sind gem. § 239 I 1 die Vorschriften für Steuern (§§ 163, 227) entspr. anzuwenden. Für Billigkeitsmaßnahmen gelten daher dieselben Grundsätze wie für den StAnspruch (allg. → § 227 Rn. 25 ff.). Billigkeitsgründe, die einen Erlass der Steuer rechtfertigen, erfassen wegen der Akzessorietät grds. auch den Zinsanspruch (ebenso HHSp § 233a Rn. 236). Anders als §§ 234 II, 237 IV sieht § 233a keinen speziellen Zinsverzicht vor. Dies schließt es indes nicht aus, sachliche Unbilligkeiten bei der Vollverzinsung durch Rückgriff auf die allg. Billigkeitsvorschriften auszugleichen (BFH 5.6.1996 – X R 234/93, BStBl. II 1996, 503; FG München 23.7.2002 – 2 K 4280/00, EFG 2002, 1491). Einwendungen jeglicher Art gegen die Rechtmäßigkeit der Zinsfestsetzung können nicht im Rahmen des Billigkeitsverfahrens nachgeholt werden (BFH 5.5.2011 – V R 39/10, BFH/NV 2011, 1474; BFH 19.5.2011 – X B 184/10, BFH/NV 2011, 1659). 91

Aus **sachlichen Gründen** unbillig ist die Geltendmachung eines Anspruchs aus dem StSchuldverhältnis vor allem dann, wenn sie zwar dem Wortlaut einer Vorschrift entspricht, im Einzelfall aber nach dem Zweck des zugrunde liegenden Gesetzes nicht (mehr) zu rechtfertigen ist und dessen Wertungen zuwiderläuft (vgl. BFH 26.10.1994 – X R 104/92, BStBl. II 1995, 297). Dabei wird eine Erhebung der Zinsen über die Intention des gesetzlichen Tatbestands des § 233a regelmäßig hinausgehen, wenn für den Stpfl. nach der konkreten Sachverhaltsgestaltung ein Zinsvorteil nicht entstehen konnte (vgl. BFH 11.7.1996 – V R 18/95, BStBl. II 1997, 259; BFH 12.4.2000 – XI R 21/97, BFH/NV 2000, 1178; FG Münster 15.10.2019 – 12 K 2532/16 E, EFG 2020, 161: bei Konkurrenz von SchSt und ESt). Festgesetzte Nachzahlungszinsen sind in diesem Fall wegen sachlicher Unbilligkeit zu erlassen. Zweck des § 233a ist es, einen Ausgleich dafür zu schaffen, dass die Steuern bei den einzelnen Stpfl. zu unterschiedlichen Zeitpunkten festgesetzt und fällig werden (vgl. BT-Drs. 11/2157, 194; → Rn. 6). Steht also zweifelsfrei fest, dass ein Stpfl. durch die verspätete StFestsetzung keinen Vorteil erlangen konnte, bedarf es keiner Verzinsung der StNachforderung (vgl. BFH 11.7.1996 – V R 18/95, BStBl. II 1997, 259; BFH 28.7.2009 – I B 42/09, BFH/NV 2010, 5 bei überhöhter StAnmeldung). Für einen Billigkeitserlass ist es wegen des Prinzips der Sollverzinsung jedoch nicht ausreichend, dass der Stpfl. nur tatsächlich keine Vorteile erlangt, weil er zB die Nachzahlung unverzinslich auf seinem Girokonto bereithält, oder wegen des niedrigen Zinsniveaus im Inland geringere Zinsen erzielt (BFH 20.9.1995 – X R 86/94, BStBl. II 1996, 53; FG Nürnberg 11.10.1994 – I 232/93, EFG 1996, 684; FG Münster 30.11.1993 – 1 K 5113/93 E, EFG 1994, 333; HHSp § 233a Rn. 238; aA TK § 233a Rn. 77; vgl. auch FG München 23.7.2002 – 2 K 4280/00, EFG 2002, 1491 bei zusätzlichem schweren Verschulden des FA). Ein fehlender Liquiditätsvorteil lässt sich auch nicht durch fiktives vorschriftsgemäßes Alternativverhalten belegen (BFH 10.3.2006 – V B 82/05, BFH/NV 2006, 1433). Ein Erlass der Nachzahlungszinsen scheidet aus, wenn sich die StFestsetzung nachträglich durch Verlustrücktrag auf null vermindert hat (BFH 13.3.2007 – I B 5/06, BFH/NV 2007, 1266). Zum Wechsel der Veranlagungsart vgl. FG Köln 13.10.2022 – 14 K 642/21, EFG 2023, 464. 92

Nachzahlungszinsen, die auf einer zulässigen **rückwirkenden Gesetzesänderung** einer materiellen StRechtsnorm beruhen, sind aus sachlichen Billigkeitsgründen zu erlassen, da ein Zinsvorteil vor Inkrafttreten des Gesetzes nicht bestand (ebenso HHSp § 233a Rn. 260). 93

II. Einzelne Billigkeitsgründe

94 **Freiwillige Leistungen des Stpfl. (Abs. 8).** Durch das Zweite Gesetz zur Änderung der Abgabenordnung und des Einführungsgesetzes zur Abgabenordnung v. 12.7.2022 (BGBl. 2022 I 1142) wurde mWv 21.7.2022 (Art. 97 § 15 XIII EGAO) erstmals eine gesetzliche Billigkeitsregelung bei freiwilligen Zahlungen geschaffen. Durch die Neuregelung wird die bisherige Verwaltungsauffassung gesetzlich abgesichert. Freiwillige Leistungen des Stpfl. auf eine entstandene, jedoch noch nicht festgesetzte StSchuld vermindern in Höhe der Leistung den Eintritt eines Zinsvorteils beim Stpfl., soweit das FA die Leistung angenommen und auf die festgesetzte und zu entrichtende Steuer angerechnet hat. Da die freiwillige Zahlung auf die Höhe der Zinsfestsetzung keinen Einfluss hat (vgl. BFH 27.8.1998 – III R 243/94, BFH/NV 1999, 288 mwN; → Rn. 56), sind die Nachzahlungszinsen in Höhe des auf die freiwilligen Zahlungen entfallenden Anteils aus sachlichen Billigkeitsgründen **ohne Ermessensspielraum** zu erlassen oder nicht festzusetzen (AEAO zu § 233a Nr. 70; BFH 26.1.2000 – IX R 11/96, BFH/NV 2000, 1177; FG Niedersachsen 18.6.2002 – 6 K 449/00, EFG 2003, 17; FG Niedersachsen 26.6.2024 – 3 K 46/24, EFG 2024, 1812, Rev. VIII R 20/24). Für den Beginn des fiktiven Zinslaufs ist auf den Tag der freiwilligen Zahlung abzustellen (BFH 31.5.2017 – I R 92/15, BStBl. II 2019, 14; FG Hamburg 14.10.2021 – 3 K 57/21, DStRE 2022, 1456; AEAO zu § 233a Nr. 70.1.2). Überweist das FA aufgrund eines eigenen Fehlers die Leistung wieder an den Stpfl. zurück, hat die Zinserhebung gleichwohl zu unterbleiben, wenn der Stpfl. die FB unverzüglich auf die Rückzahlung aufmerksam macht und den Betrag zur erneuten Überweisung bereithält (BFH 25.11.1997 – IX R 28/96, BStBl. II 1998, 550; aA AEAO zu § 233a Nr. 70.1.3: Rücküberweisung an FA erforderlich). Die Leistung auf eine nicht zu verzinsende StSchuld ist anzurechnen, soweit der steuerliche Vorgang später ertragsteuerlich erfasst wird (FG Düsseldorf 19.8.2010 – 14 K 364/08 AO, EFG 2010, 1968).

95 **Umfang.** Die Zinsen sind in Höhe des Teilbetrages zu erlassen, der im Rahmen der Zinsfestsetzung auf der freiwilligen Leistung beruht (FG Niedersachsen 18.6.2002 – 6 K 449/00, EFG 2003, 17).Abs. 3 S. 4 ist bei mehreren Teilleistungen entspr. anzuwenden (Abs. 8 S. 2). Nach S. 3 mindert sich der Zinsverzicht nach S. 1, soweit Nachzahlungszinsen aufgrund einer Aufhebung, Änderung oder Berichtigung der StFestsetzung nach Abs. 5 S. 3 HS 2 entfallen, entsprechend. Durch die gesetzliche Fixierung des Billigkeitsumfangs ist für Abweichungen aus Vereinfachungsgründen zuungunsten des Stpfl. kein Raum mehr. Die FVerw. darf den Erlass folglich nicht auf die Zinsen, die für jeweils volle Monate angefallen sind, beschränken (so jedoch zur alten Rechtslage BFH 7.11.2013 – X R 22/11, BFH/NV 2014, 817; AEAO zu § 233a Nr. 70.1.2; aA FG Niedersachsen 24.4.2002 – 2 K 651/00, EFG 2003, 135), sondern muss den Erlassbetrag taggenau berechnen. Folglich ist der Stpfl. so zu stellen, als ob durch die freiwillige Zahlung der Zinslauf beendet wäre (vgl. FG Niedersachsen 24.4.2002 – 2 K 651/00, EFG 2003, 135; FG Niedersachsen 26.6.2024 – 3 K 46/24, EFG 2024, 1812, Rev. VIII R 20/24: zur Änderung des Willens über die Verwendung einer freiwilligen Zahlung). Weitergehende Billigkeitsmaßnahmen werden nicht ausgeschlossen.

96 Eine **verzögerte Bearbeitung des StFalles** durch die FB stellt idR keinen sachlichen Billigkeitsgrund dar (BFH 9.11.2017 – III R 10/16, BStBl. II 2018, 255; BFH 27.4.2016 – X R 1/15, BStBl. II 2016, 840; BFH 26.7.2006 – VI B 134/05, BFH/NV 2006, 2029; BFH 2.2.2001 – XI B 91/00, BFH/NV 2001, 1003; aA FG Hessen 16.3.1993 – 9 V 107/93, EFG 1993, 635; TK § 233a Rn. 79; Streck/Mack DStR 1989, 121), zB bei 13-monatiger Auswertung einer ESt-4B-Mitteilung (FG Mecklenburg-Vorpommern 15.1.2020 – 2 K 245/17, DStRE 2020, 1068;BFH 27.7.2022 – X R 5/20, HFR 2023, 1) oder einer Änderung des Folgebescheids 13 Monate nach Erlass des Grundlagenbescheids (BFH 3.12.2019 – VIII R 25/17, BStBl. II 2020, 214). Die generelle Geltungsanordnung eines Gesetzes darf durch eine Billigkeitsmaßnahme nicht unterlaufen werden (BFH 16.11.2005 – X R 3/04, BStBl. II 2006, 155). Weder die fehlende Einwirkungsmöglichkeit des Stpfl.

auf den Zeitpunkt der StFestsetzung noch eine allein vom FA zu vertretende Verzögerung bei der Veranlagung begründen eine sachliche Unbilligkeit (BFH 3.12.2019 – VIII R 25/17, BStBl. II 2020, 214). Die Zinsen nach § 233a sind eine laufzeitabhängige Gegenleistung für eine mögliche Kapitalnutzung (BFH 2.2.2001 – XI B 91/00, BFH/NV 2001, 1003), sodass die Ursache für die überdurchschnittliche Bearbeitungsdauer und ein Verschulden – einerlei, wem dies zur Last fällt – grds. irrelevant ist (BFH 15.4.1999 – V R 63/97, BFH/NV 1999, 1392; BFH 30.11.2000 – V B 169/00, BFH/NV 2001, 656; BFH 13.12.2011 – VIII B 136/11, BFH/NV 2012, 550). Dabei ist ferner zu berücksichtigen, dass der Stpfl. regelmäßig durch einen rechtzeitigen Antrag auf Anpassung der Vorauszahlungen (BFH 5.6.1996 – X R 234/93, BStBl. II 1996, 503; HHSp § 233a Rn. 238) oder eine freiwillige Leistung des Nachzahlungsbetrages eine Verzinsung vermeiden kann (→ Rn. 94).

Ein **Amtshaftungsanspruch** (§ 839 BGB iVm Art. 34 GG) wegen verzögerter Bearbeitung kommt zwar bei schuldhafter Verletzung einer Pflicht zu zügiger Sachbearbeitung (für das allg. Verwaltungsverfahren durch § 10 S. 2 VwVfG statuiert; in der AO fehlt eine entspr. Regelung) grds. in Betracht (vgl. hierzu OLG Schleswig 15.5.1997 – 11 U 121/94, NVwZ-RR 1998, 6; OLG Frankfurt 28.5.1998 – 15 U 249/96, NVwZ-RR 1999, 620). Der Zweck der Sollverzinsung sowie die Möglichkeit der Vermeidung eines Zinsschadens durch einen Antrag auf Anpassung der Vorauszahlungen schließen in Nachzahlungsfällen idR einen Amtshaftungsanspruch aus. Begehrt der Stpfl. eine Erstattung, scheidet idR ein Ersatzanspruch aus, wenn er es unterlässt, durch Einlegung eines Untätigkeitseinspruchs gem. § 347 I 2 eine zeitnahe StFestsetzung zu erreichen (§ 839 III BGB).

Ausnahme. Allerdings schließt der Charakter der Zinsen als laufzeitabhängige Gegenleistung nicht grundsätzlich jede Billigkeitsmaßnahme aus (vgl. FG Bremen 16.2.1993 – 2 92 150 K 2, EFG 1993, 361; Neyer DStR 1995, 1299; Krabbe DStR 1991, 1042). So handelt das FA etwa treuwidrig, wenn die Veranlagung des Stpfl. bewusst zur Begründung einer erhöhten Zinslast nicht rechtzeitig bearbeitet wird oder ein derart langer Zeitraum benötigt wird, der aus keinem erdenkbaren Grund nur annähernd zu rechtfertigen ist. Welcher Zeitraum nicht mehr akzeptabel erscheint, hängt von den Umständen des Einzelfalles ab. Die frühere Grenze der Verzinsung von vier Jahren lässt keine zuverlässigen Rückschlüsse auf eine angemessene Bearbeitungsdauer zu (so indes FG Hamburg 9.7.1993 – II 56/93, EFG 1994, 183; zu Recht krit. Klein § 233a Rn. 52). 97

Bei der **Verzinsung der USt** können insb. wegen der zeitlichen Verlagerung in Korrekturfällen (§§ 14 II, 17 UStG) Billigkeitsmaßnahmen erforderlich werden. So hält die FVerw. die Zinserhebung aber nicht für sachlich unbillig, wenn die Berichtigung der Endrechnung gem. §§ 14 II iVm 17 I UStG, in der versehentlich die vor Leistung vereinnahmten Teilentgelte nicht abgesetzt waren, nicht im gleichen Kalenderjahr möglich war (AEAO zu § 233a Nr. 70.2.3). Ein Billigkeitserlass scheidet ebenfalls aus, wenn die Berichtigung der Endrechnung zu einer Nachzahlung für nicht vorangemeldete und gezahlte USt führt (BFH 19.12.2002 – V R 66/00, BFH/NV 2003, 591; FG Baden-Württemberg 28.9.2000 – 3 K 14/98, EFG 2001, 197; FG Brandenburg 5.11.2001 – 1 K 446/00, EFG 2002, 177). Optiert der Unternehmer für einen Grundstücksumsatz erst später zur Stpfl., entsteht die USt rückwirkend im Zeitpunkt der Ausübung des Optionsrechts. Obwohl der Stpfl. die USt vor Option weder anmelden noch zahlen konnte, ist die Erhebung der Zinsen nicht unbillig (aA FG Brandenburg 12.12.2001 – 1 K 332/99 AO, EFG 2002, 372), denn die rückwirkende Verzinsung entspricht der gesetzlichen Wertung (BFH 23.10.2003 – V R 2/02, BStBl. II 2004, 39). 98

Doppelwirkung auf USt/VorSt. Die fehlerhafte Behandlung steuerfreier Umsätze als stpfl. und die dadurch ausgelöste VorStRückforderung und UStErstattung rechtfertigt nicht deshalb den Erlass von Nachzahlungszinsen, weil beide Ansprüche zu unterschiedlichen Zeitpunkten entstehen (BFH 16.8.2001 – V R 72/00, BFH/NV 2002, 545; BFH 24.2.2005 – V R 62/03, DStRE 2005, 915). Sachliche Unbilligkeit liegt desgleichen nicht bereits deshalb vor, weil sich die nachträglich festgesetzte USt und die von den Leistungs- 99 empfängern abziehbaren VorStBeträge per Saldo ausgleichen (BFH 12.4.2000 – XI R 21/97, BFH/NV 2000, 1178; BFH 15.2.2000 – V B 152/99, BFH/NV 2000, 824; BFH 28.10.2005 – V B 196/04, BFH/NV 2006, 245). Sachliche Unbilligkeit ist gegeben, wenn ein Rechtsirrtum über die Person des StSchuldners besteht und dadurch kein Liquiditätsvorteil entstehen konnte (BFH 26.9.2019 – V R 13/18, BFH/NV 2020, 35). Zum Erlass der Nachzahlungszinsen auf den StMehrbetrag für USt wegen zu Unrecht als VorSt abgezogenen ausländischen Steuern vgl. FG Rheinland-Pfalz 18.4.2024 – 3 K 1447/23, EFG 2024, 1440, Rev. V R 8/24.

100 **Abweichende Zuordnung von Umsätzen/Gewinnen.** Bei genauerer Nachprüfung steuerlicher Sachverhalte durch die FB (zB im Rahmen einer Ap.) wird zuweilen festgestellt, dass die Besteuerung nicht in dem vom Stpfl. erklärten, sondern in einem anderen Besteuerungszeitraum zu erfolgen hat. Die Verlagerung der Besteuerungsgrundlagen zeitigt regelmäßig gegenläufige Wechselwirkungen in mehreren Veranlagungszeiträumen, sodass es gleichzeitig zu Nachzahlungs- und Erstattungszinsen kommen kann (vgl. Spindler StVj 1989, 341 (357)). Die Erhebung von Nachzahlungszinsen ist in diesen Fällen idR nicht unbillig, auch wenn die StNachzahlung den Erstattungsbetrag nicht überschreitet (BFH 16.11.2005 – X R 3/04, BStBl. II 2006, 155; HHSp § 233a Rn. 253) oder die Nachzahlungszinsen für einen früheren Zeitraum die Erstattungszinsen im darauffolgenden Zeitraum übersteigen (Kruse FR 1988, 1; Felix StbKongrRep 1989, 409). Ein Erlass ist ausnahmsweise erforderlich, wenn die Einkünfteverlagerung zur erstmaligen Entstehung von Nachzahlungszinsen für Zeiträume ab 1989 und der Unanwendbarkeit des § 233a für den Zeitraum der StErstattung führt (BFH 15.10.1998 – V R 69/97, BStBl. II 1999, 41; BFH 16.11.2005 – X R 28/04, BFH/NV 2006, 697; FG Schleswig-Holstein 19.3.1998 – I 1115/95, EFG 1999, 9). Bei der abweichenden Zuordnung von Umsätzen ist ein Erlass der Nachzahlungszinsen geboten, wenn der Liquiditätsvorteil noch innerhalb der Karenzzeit durch Anmeldung des Umsatzes und Zahlung der Steuer entfallen war (BFH 11.7.1996 – V R 18/95, BStBl. II 1997, 259). Zur abweichenden zeitlichen Zuordnung einer offenen Gewinnausschüttung vgl. FG München 27.10.2005 – 7 K 1242/04, EFG 2006, 242.

101 **Sonstige Einzelfälle aus der Rspr.** Die nachträgliche Verzinsung einer zunächst zu niedrig festgesetzten Steuer wegen der Verwendung eines falschen Vordrucks durch den Stpfl. ist nicht sachlich unbillig (FG Schleswig-Holstein 19.6.2002 – I 66/00, EFG 2002, 1271; vgl. auch BFH 5.6.2003 – V B 59/02, BFH/NV 2003, 1531). Auf die Erhebung von Nachzahlungszinsen ist nicht deshalb zu verzichten, weil dem Stpfl. nach § 21 II 3 und 4 UmwStG 1977 eine zinslose Tilgungsstreckung der ESt gewährt wurde (FG Hamburg 20.3.2002 – II 13/01, EFG 2002, 1009; FG Hamburg 28.2.2006 – VI 401/03, EFG 2006, 1380; s. zum Verhältnis von § 233a zu § 234 → Rn. 85). Gegenläufige Auswirkungen des StRechtsverhältnisses im Ausland sind nicht zu berücksichtigen (BFH 3.7.2014 – III R 53/12, BStBl. II 2017, 3); kein Billigkeitserlass, weil Finanzmittel aufgrund dinglichen Arrests sichergestellt wurden (BFH 8.10.2013 – X R 3/10, BFH/NV 2014, 5). Führt die Wahl eines im Kalenderjahr abweichenden Wirtschaftsjahrs zur Entstehung von Nachzahlungszinsen, liegt darin keine sachliche Unbilligkeit (BFH 1.6.2016 – X R 66/14, BFH/NV 2016, 1668). Nachzahlungszinsen, die auf einen Zeitraum entfallen, für den während der Coronapandemie ein Anspruch auf zinsfreie Stundung der StNachzahlung bestanden hat, sind zu erlassen (FG Münster 26.10.2022 – 13 K 1920/21, EFG 2023, 173). Eine sehr späte StFestsetzung aufgrund ungeklärter Erbenstellung rechtfertigt keinen Erlass (BFH 9.4.2025 – X R 12/21, DStR 2025, 1525).

§ 234 Stundungszinsen

(1) [1] **Für die Dauer einer gewährten Stundung von Ansprüchen aus dem Steuerschuldverhältnis werden Zinsen erhoben; für Haftungsansprüche gilt dies nur, soweit sich die Haftung auf Steuern und zurückzuzahlende Steuervergütungen erstreckt.** [2] **Wird der Steuer- oder Haftungsbescheid nach Ablauf der Stundung**

aufgehoben, geändert oder nach § 129 berichtigt, so bleiben die bis dahin entstandenen Zinsen unberührt.

(2) **Auf die Zinsen kann ganz oder teilweise verzichtet werden, wenn ihre Erhebung nach Lage des einzelnen Falls unbillig wäre.**

(3) **Zinsen nach § 233a, die für denselben Zeitraum festgesetzt wurden, sind anzurechnen.**

Schrifttum: App, Zinsverzicht bei und nach Steuerstundung, StB 2000, 17; App, Stundungszinsen bei einer ratenweisen Stundung kommunaler Steuern, KStZ 2005, 69; Günther, Stundung von Steueransprüchen, AO-StB 2009, 280.

A. Allgemeines

I. Inhalt

§ 234 sieht die Verzinsung sämtlicher gestundeter Hauptleistungsansprüche aus dem StSchuldverhältnis vor. Voraussetzung und Maßstab der Verzinsung ist die dem Stpfl. für den einzelnen Anspruch gewährte Stundung sowohl hinsichtlich ihrer Dauer als auch der Höhe nach. Die Zinspflicht gleicht den Vorteil der verbleibenden Kapitalnutzung aus. Berechnungsgrundlage ist jedoch nicht der tatsächliche Vorteil für den Zeitraum der Kapitalnutzung, sondern ein der Höhe nach typisiertes Entgelt für die Dauer der Fälligkeitsverschiebung. Die Regelung gilt erstmals für Stundungsverfügungen, die nach dem 31.12.1976 wirksam wurden (Art. 97 § 15 I EGAO). § 234 I wurde durch Art. 16 Nr. 21 JStG 2024 v. 2.12.2024 (BGBl. 2024 I Nr. 387) dahingehend geändert, dass nur Haftungsansprüche erfasst werden, soweit sich die Haftung auf Steuern und zurückzuzahlende StVergütungen erstreckt (vgl. zur bisherigen Gesetzesfassung BFH 25.2.1997 – VII R 15/96, BStBl. II 1998, 2). Die Regelung gilt gem. Art. 97 § 15 XVIII EGAO für alle Haftungsansprüche, die nach dem 31.12.2024 entstehen. Die für Zinsansprüche geltende Abhängigkeit vom Hauptanspruch (Akzessorietät) wurde mit Einfügung des § 234 I 2 begrenzt (→ Rn. 15). Die hierdurch entstandene Möglichkeit einer Doppelverzinsung vermeidet Abs. 3 durch eine Anrechnung der Nachzahlungszinsen. Eine unbillige Erhebung von Stundungszinsen kann durch Zinsverzicht ausgeschlossen werden (§ 234 II). Zu Fragen der Verfassungsmäßigkeit des Zinssatzes → Rn. 24 und → § 238 Rn. 3 f. 1

II. Anwendungsbereich

Zinsen werden grds. für alle Ansprüche aus dem StSchuldverhältnis erhoben (§ 37 I). 2
Dies gilt auch für eine Stundung von Haftungsansprüchen (BFH 25.2.1997 – VII R 15/96, BStBl. II 1998, 2; Diebold BB 1992, 474). Ansprüche auf steuerliche Nebenleistungen (§ 3 IV) sind von der Zinspflicht ausgenommen, auch soweit sie vom Haftungsschuldner zu entrichten sind (§ 233 S. 2). Zinsen entstehen ebenfalls, wenn ein Anspruch auf Rückzahlung überzahlter Erstattungs- und Vergütungsansprüche einschl. Arbeitnehmer-Sparzulage, Spar-, Wohnungsbau-Prämie und Eigenheimzulage gestundet wird (AEAO zu § 234 Nr. 12; zB § 5b I 1 SparPG, § 8 I 1 WoPG 1996, § 15 I 1 EigZulG). Für die Investitionszulage enthalten § 8 InvZulG 1996, § 7 InvZulG 1999 eigenständige, vorrangige Zinsvorschriften. Erfolgt eine Stundung des Zahlungsbetrages gem. spezieller Vorschriften in EinzelStGesetzen, ist § 234 anzuwenden, soweit nicht ausdrücklich Zinslosigkeit vorgesehen ist (§§ 25 I 2, 28 I 2 HS 2 ErbStG, §§ 20 VI, 21 II 4 UmwStG, § 20 V 3 UmwStG; vgl. BFH 12.6.1997 – I R 70/96, BStBl. II 1998, 38). Bei der Stundung der ESt nach Wegzug ins Ausland (§ 6 V AStG) sind Zinsen zu erheben (BFH 16.10.1991 – I R 145/90, BStBl. II 1992, 321). Für Zölle wird § 234 I 1 durch die Regelungen zur Erhebung und Berechnung von Kreditzinsen in Art. 112 II UZK verdrängt (HHSp Art. 112 UZK Rn. 15). § 234 I 2, § 238 I 2 und 3 sowie § 239 bleiben für die Berechnung der Kreditzinsen anwendbar (TK § 234 Rn. 2). Da Art. 112 III Alt. 2 UZK nur den

Verzicht auf Kreditzinsen aus persönlichen Billigkeitsgründen regelt, bleibt § 234 II bei sachlichen Billigkeitsgründen anwendbar (Krenzler/Herrmann/Niestedt UZK Art. 112 Rn. 4). Wegen des abschließenden Charakters der Regelung scheidet ein Ersatz geleisteter Stundungszinsen auf der Grundlage eines verschuldensunabhängigen Staatshaftungsanspruchs aus (BGH 12.10.2023 – III ZR 192/22, HFR 2024, 163).

B. Anspruch auf Stundungszinsen (Abs. 1)

5 Der Zinsanspruch entsteht mit der Bekanntgabe der Stundungsverfügung an den Adressaten (§ 124 I). Er ist für jeden einzelnen Anspruch gem. seiner Höhe und der Dauer der gewährten Stundung zu berechnen (→ Rn. 11). **Schuldner** des Zinsanspruchs ist grds. der Adressat der Stundungsverfügung, also der Schuldner des gestundeten Anspruchs. Von Gesamtschuldnern ist lediglich derjenige zinspflichtig, dem die Stundung gewährt wurde. Mehrere Zinspflichtige sind Gesamtschuldner (TK § 234 Rn. 8).

I. Voraussetzungen des Zinsanspruchs (Abs. 1 S. 1)

6 Die Stundung schiebt die Fälligkeit des Anspruchs aus dem StSchuldverhältnis hinaus. Dieselbe Rechtsfolge tritt bei Gewährung eines Zahlungsaufschubs (§ 223) ein. Er ist jedoch – ebenso wie der VollstrAufschub (§ 258) – keine Stundung iSd § 234, sodass eine Zinspflicht nicht entsteht. Eine analoge Anwendung des § 234 scheidet mangels Regelungslücke – wie § 233 S. 1 zeigt – aus (TK § 234 Rn. 3; aA Weber-Grellet DB 1980, 38).

1. Gewährte Stundung

7 Stundungszinsen entstehen für die Dauer der gewährten Stundung, wie sie sich aus der Stundungsverfügung ergibt. Maßgebend für die Sollverzinsung ist allein, für welchen Zeitraum die Stundung gewährt worden ist (FG Niedersachsen 22.6.1990 – XIII 56/88, EFG 1991, 232). Die vorzeitige Zahlung verkürzt die Dauer der gewährten Stundung nicht, kann aber Anlass für einen Zinsverzicht sein (→ Rn. 19). Unerheblich für den Zinsanspruch ist, ob auf die Stundung ein Rechtsanspruch besteht oder das Gesetz der FB ein Ermessen einräumt (BFH 16.10.1991 – I R 145/90, BStBl. II 1992, 321). Wird die Stundung ohne Antrag von Amts wegen gewährt, tritt gleichwohl Zinspflicht ein (BFH 23.11.1993 – IX R 28/89, BFH/NV 1994, 687). Bei einem Widerruf der Stundungsverfügung endet die Stundung mit wirksamer Bekanntgabe des Widerrufs, ggf. mit Eintritt des späteren Widerrufszeitpunktes. Die Rücknahme eines rechtswidrigen StundungsVA für die Vergangenheit beseitigt die Rechtswirkungen der Stundung, sodass es an der Gewährung mangelt. Hierdurch entfällt auch der Zinsanspruch.

2. Zinslauf

8 Der Zinslauf erstreckt sich auf den Zeitraum der gewährten Stundung. Maßgebend ist der Zeitraum, um den die Fälligkeit des Anspruchs durch die Stundungsverfügung hinausgeschoben wurde (Sollverzinsung). Die Erfüllung der StSchuld vor Fälligkeit wirkt sich auf den Zinslauf nicht aus (FG Schleswig-Holstein 18.2.2015 – 4 K 49/14, EFG 2015, 962; aber → Rn. 19).

9 **Beginn.** Der Zinslauf beginnt mit dem Tag, für den die Stundung wirksam wird (§ 234 I 1). Dieser Tag ist in die Berechnung einzubeziehen. Ist die Stundung nicht kalendermäßig bestimmt, sondern wird ab Fälligkeit gestundet, beginnt der Zinslauf mit Ablauf des Fälligkeitstages. Der Fälligkeitstag wird nicht mitgerechnet (§ 187 I BGB iVm § 108). Ist der Fälligkeitstag ein Sonnabend, Sonntag oder Feiertag, verschiebt sich der Fristbeginn nicht (vgl. Grüneberg BGB § 187 Rn. 1; aA Klein § 234 Rn. 11; AEAO zu § 234 Nr. 4). Wird der Stundungsbeginn jedoch auf einen Tag vor Fälligkeit verfügt, beginnt der Zinslauf erst mit Fälligkeit (ebenso Klein § 234 Rn. 12; aA TK § 234 Rn. 4). Hier bedarf es entspr. dem Zweck der Vorschrift (→ Rn. 1) einer Begrenzung des Zins-

laufs. Die Fälligkeit wird in diesem Fall nicht ab Stundungsbeginn, sondern erst ab dem ursprünglichen Fälligkeitstermin hinausgeschoben.

Ende. Der Zinslauf endet mit Ablauf des Tages, für den die Stundung ausgesprochen ist (§ 188 I BGB). Fällt das Ende der Stundung auf einen Sonnabend, Sonn- oder Feiertag, verlängert sich die Stundungsfrist nicht auf den folgenden Werktag. § 108 III lässt trotz Fristverlängerung die Fälligkeit unberührt (vgl. Grüneberg BGB § 193 Rn. 5; OLG Frankfurt 23.1.1975 – 1 U 79/74, NJW 1975, 1971). Der Zinslauf endet folglich mit Ablauf der **gewährten** Stundung (Klein § 234 Rn. 15; TK § 234 Rn. 5; aA AEAO zu § 234 Nr. 5; Schwarz/Pahlke/Keß § 234 Rn. 10). 10

3. Zinspflicht

Berechnung. Zu verzinsen ist jeweils der einzelne Anspruch, getrennt nach StArt, Besteuerungszeitraum, Verzinsungsbeginn und Erhebungsform. Die Höhe des Zinssatzes und die Berechnung des Zinszeitraums regelt § 238 (→ § 238 Rn. 1 ff.). Berechnungsbeispiele enthält auch der AEAO zu § 234 Nr. 6 ff. Bei einer Anschlussstundung sind die Zinsen für den Zeitraum der erneuten Stundung gesondert zu berechnen. Es handelt sich um zwei selbständige Zinszeiträume, deren Zinsläufe getrennt zu berechnen sind (Klein § 234 Rn. 19). 11

Festsetzung. Die FB setzt die Stundungszinsen durch Zinsbescheid fest (s. § 239). Dabei soll die Zinsfestsetzung regelmäßig mit der Stundungsverfügung verbunden werden (AEAO zu § 234 Nr. 3). Zur Änderung des Zinsanspruchs bei Änderung der Stundungsverfügung → Rn. 7. Gegen den Zinsbescheid ist der **Einspruch** statthaft. Mit Einwendungen gegen die Stundungsverfügung ist der Zinsschuldner im Rechtsbehelfsverfahren gegen den Zinsbescheid ausgeschlossen (§ 351 II). 12

II. Änderung des Steuerbescheides/Haftungsbescheides (Abs. 1 S. 2)

Der Zinsanspruch wird durch eine Änderung, Aufhebung oder Berichtigung (§ 129) der StFestsetzung **nach** Ablauf der Stundung nicht berührt. § 234 I 2 begrenzt die Akzessorietät der Zinsen auf die Stundungsfrist für Änderungen von StBescheiden nach dem 30.12.1993 (Art. 97 § 15 VI EGAO; zur alten Rechtslage vgl. BFH 18.7.1990 – I R 165/86, BFH/NV 1991, 212) und Haftungsbescheiden nach dem 31.12.2024 (Art. 97 § 15 XVIII EGAO). Stundungszinsen werden folglich nach der Höhe des gestundeten StBetrags bemessen, unabhängig davon, wie sich die StFestsetzung nach Ablauf der Stundungsfrist entwickelt (vgl. zur ähnlichen Rechtslage bei Säumniszuschlägen § 240 I 4). Wird die StFestsetzung des gestundeten Anspruchs jedoch **vor** Ablauf der Stundung geändert oder aufgehoben, verändert sich der Zinsanspruch entspr. (BFH 23.11.1993 – IX R 28/89, BFH/NV 1994, 687). Der Zinsbescheid ist gem. § 175 I 1 Nr. 1 an die geänderte Bemessungsgrundlage anzupassen (AEAO zu § 234 Nr. 2; Gosch AO § 234 Rn. 26). 15

C. Zinsverzicht (Abs. 2)

§ 234 II knüpft für den Zinsverzicht ebenso wie §§ 163 I, 227 I an den unbestimmten Rechtsbegriff der Unbilligkeit an (TK § 234 Rn. 12; aA BFH 20.11.1987 – VI R 140/84, BStBl. II 1988, 402; FG Hamburg 22.5.1997 – II 22/95, EFG 1997, 1355: einheitliche Ermessensvorschrift, bei denen der Maßstab der Billigkeit Inhalt und Grenzen des pflichtgemäßen Ermessens bestimmt). Demzufolge decken sich auch die tatbestandlichen Voraussetzungen der §§ 163 I, 227 I, 234 II, obgleich der Zinsverzicht lex specialis zu den allg. Erlassvorschriften ist (BFH 18.4.1996 – V R 55/95, BStBl. II 1996, 561; FG Hamburg 4.6.1996 – IV 201/95, EFG 1996, 968; Schwarz/Pahlke/Keß § 234 Rn. 21). Die Unbilligkeit kann sich aus sachlichen und persönlichen Gründen ergeben (→ § 227 Rn. 18). 18

19 **Sachliche Billigkeitsgründe** liegen nicht bereits deshalb vor, weil ein sachlicher oder persönlicher Stundungsgrund ein Hinausschieben der Fälligkeit erfordert. Die gewährte Stundung ist tatbestandliche Voraussetzung für die Entstehung des Zinsanspruchs. Hinzutreten müssen vielmehr Gründe, die es unbillig erscheinen lassen, die Stundung nicht zinslos zu gewähren. Davon ist idR in den Fällen sog. **Verrechnungsstundung** auszugehen, wenn also der Anspruch gestundet wird, weil der Schuldner mit an Sicherheit grenzender Wahrscheinlichkeit alsbald mit einer Erstattung rechnen kann (BFH 12.6.1996 – II R 71/94, BFH/NV 1996, 873; einschr. AEAO zu § 234 Nr. 11, soweit Erstattungszinsen angefallen sind) oder sogar eine Aufrechnungslage besteht (TK § 234 Rn. 13; dagegen nicht bei fehlender Gegenseitigkeit vgl. FG München 13.4.2005 – 1 K 1009/04, EFG 2006, 391; BFH 9.5.2007 – XI R 2/06, BFH/NV 2007, 1622). Für den Fall eines Anspruchs auf Verrechnungsstundung bei einer früheren Fälligkeit eines Nachzahlungsbetrages iSd § 233a vgl. FG Niedersachsen 23.12.1997 – VII 465/96, EFG 1998, 618; FG Hamburg 22.5.1997 – II 22/95, EFG 1997, 1355 zur Stundungssituation während AdV. Wird der Anspruch (mindestens einen Monat) vor Ablauf der Stundungsfrist erfüllt, ist Zinsverzicht für den Zeitraum der vorzeitigen Zahlung zur Vermeidung einer Übermaßverzinsung geboten (Klein § 234 Rn. 29; HHSp § 234 Rn. 22; AEAO zu § 234 Nr. 1). Eine taggenaue Berechnung des Zinsverzichts bei Erfüllung weniger als einen Monat vor Ablauf der Stundungsfrist aus Billigkeitsgründen ist auch bei hoher Zinslast nicht erforderlich (FG Schleswig-Holstein 18.2.2015 – 4 K 49/14, EFG 2015, 962). Kein sachlicher Erlassgrund ist der Eintritt der Zahlungsunfähigkeit und Überschuldung (BFH 21.4.1999 – VII B 347/98, BFH/NV 1999, 1440, vgl. jedoch → Rn. 20). Die volle Verzinsung eines nach Ablauf der Stundungsfrist geminderten StBetrags (§ 234 I 2) ist als solche nicht unbillig (Klein § 234 Rn. 8).

20 **Persönliche Billigkeitsgründe** für einen Zinsverzicht liegen grds. vor, wenn die vorübergehenden Liquiditätsschwierigkeiten des Schuldners aufgrund unverschuldeter, außergewöhnlicher Umstände eintreten, wie zB Katastrophenfälle, länger andauernde Arbeitslosigkeit oder schwere Krankheit des Stpfl., erhebliche Forderungsausfälle infolge Insolvenz der eigenen Schuldner, aber auch bei Sanierungsmaßnahmen, wenn allg. auf die Verzinsung der bestehenden Forderungen verzichtet wird (AEAO zu § 234 Nr. 11; zweifelnd Klein § 234 Rn. 28 unter Hinweis auf BFH 28.11.2016 – GrS 1/15, BStBl. II 2017, 393). Nicht erforderlich ist, dass die wirtschaftliche Notlage durch die StFestsetzung selbst verursacht wurde (ebenso Klein § 234 Rn. 28; aA FG München 17.12.1996 – 2 K 3851/95, EFG 1997, 1085). Die erstmalige Stundung bis zu 5000 EUR soll bei pünktlichen StZahlern idR zinslos erfolgen, wenn der Zeitraum nicht mehr als drei Monate beträgt (AEAO zu § 234 Nr. 11).

20a **Corona-Pandemie.** Die FVerw. gewährte zur Milderung der Folgen der Corona-Pandemie zunächst bis zum 31.12.2020 (verlängert bis zum 30.6.2022) Stpfl. nach Darlegung ihrer Verhältnisse auf Antrag grds. zinslose Stundung der bereits fälligen oder fällig werdenden Steuern, ohne dass die Stpfl. die entstandenen Schäden wertmäßig im Einzelnen nachweisen mussten oder dass an den Stundungsantrag zu strenge Anforderungen zu stellen waren (BMF 19.3.2020, BStBl. I 2020, 262; BMF 31.1.2022, BStBl. I 2022, 132).

21 **Verfahren.** Der Zinsverzicht erfolgt durch gesonderten VA, der mit der Zinsfestsetzung verbunden werden kann (BFH 12.6.1997 – I R 70/96, BStBl. II 1998, 38). Die Bestandskraft der Zinsfestsetzung lässt die Möglichkeit des nachträglichen Zinsverzichts unberührt (Klein § 234 Rn. 27). Das FA hat bekannte Billigkeitsgründe von Amts wegen zu berücksichtigen. Zuständig für den Zinsverzicht ist die FB, die den Zinsanspruch festzusetzen hat. Für Beträge über 20.000 EUR bedarf der Verzicht der (internen) Zustimmung der OFD, über 100.000 EUR des FM (GLE 7.8.2025, BStBl. I 2025, 1594).

D. Anrechnung von Nachzahlungszinsen (Abs. 3)

§ 234 III verhindert die Doppelverzinsung eines gestundeten Anspruchs nach Einführung der Vollverzinsung iSd § 233a. Ein solcher Fall kann ausnahmsweise eintreten, wenn ein gestundeter Nachzahlungsbetrag durch Änderung der StFestsetzung zunächst herab- und später heraufgesetzt wird (TK § 234 Rn. 19). Die nachträgliche Änderung der StFestsetzung wirkt sich auf den Stundungszinsanspruch nicht aus (§ 234 I 2). Diese mehrfache Verzinsung wird sodann durch die obligatorische Anrechnung der festgesetzten Nachzahlungszinsen auf die Stundungszinsen wieder beseitigt. Werden Zinsen iSd § 233a nach Festsetzung der Stundungszinsen festgesetzt, ist der Bescheid über die Stundungszinsen nach § 175 I 1 Nr. 1 zu ändern (Eich KÖSDI 1998, 11 483; aA AEAO zu § 233a Nr. 65: Erlass). 24

Verfassungsmäßigkeit. Die Entscheidung des BVerfG erklärt lediglich die gesetzliche Regelung des § 233a iVm § 238 für unvereinbar und nimmt ausdrücklich Stundungs-, Hinterziehungs- und Aussetzungszinsen (vgl. BVerfG 8.7.2021 – 1 BvR 2237/14, 1 BvR 2422/17, BVerfGE 158, 282) vom Verdikt der Verfassungswidrigkeit aus. Daraus lässt sich per se zwar nicht die Verfassungsmäßigkeit der weiteren Zinstatbestände ableiten. Doch die Gründe für eine Verfassungswidrigkeit der Vollverzinsung wiegen bei den §§ 234 ff. im Rahmen einer Gesamtabwägung nicht so schwer (aA TK § 234 Rn. 6a). Im Gegensatz zur Vollverzinsung sehen die Teilverzinsungstatbestände lediglich eine Verzinsung für bestimmte, konkret umschriebene Liquiditätsvorteile vor, die grds. erst nach Fälligkeit eintritt. Besonderes Gewicht ist dabei dem Umstand beizumessen, dass die Verwirklichung des Zinstatbestands und damit die Entstehung von Zinsen grds. auf einen Antrag des Stpfl. zurückzuführen ist oder im Fall der Hinterziehungszinsen von ihm bewusst in Kauf genommen wird (zu Recht FG München 7.9.2022 – 15 K 358/22, BeckRS 2022, 28561). Hierdurch hat der Stpfl. – anders als bei der Vollverzinsung – grds. die Wahl, den Zinstatbestand zu verwirklichen oder die StSchuld zu tilgen, ggf. auch durch Kreditaufnahme zu günstigeren Zinssätzen (vgl. BVerfG 8.7.2021 – 1 BvR 2237/14, 1 BvR 2422/17, BVerfGE 158, 282). 25

§ 235 Verzinsung von hinterzogenen Steuern

(1) [1]**Hinterzogene Steuern sind zu verzinsen.** [2]**Zinsschuldner ist derjenige, zu dessen Vorteil die Steuern hinterzogen worden sind.** [3]**Wird die Steuerhinterziehung dadurch begangen, dass ein anderer als der Steuerschuldner seine Verpflichtung, einbehaltene Steuern an die Finanzbehörde abzuführen oder Steuern zu Lasten eines anderen zu entrichten, nicht erfüllt, so ist dieser Zinsschuldner.**

(2) [1]**Der Zinslauf beginnt mit dem Eintritt der Verkürzung oder der Erlangung des Steuervorteils, es sei denn, dass die hinterzogenen Beträge ohne die Steuerhinterziehung erst später fällig geworden wären.** [2]**In diesem Fall ist der spätere Zeitpunkt maßgebend.**

(3) [1]**Der Zinslauf endet mit der Zahlung der hinterzogenen Steuern.** [2]**Für eine Zeit, für die ein Säumniszuschlag verwirkt, die Zahlung gestundet oder die Vollziehung ausgesetzt ist, werden Zinsen nach dieser Vorschrift nicht erhoben.** [3]**Wird der Steuerbescheid nach Ende des Zinslaufs aufgehoben, geändert oder nach § 129 berichtigt, so bleiben die bis dahin entstandenen Zinsen unberührt.**

(4) **Zinsen nach § 233a, die für denselben Zeitraum festgesetzt wurden, sind anzurechnen.**

(5) **Bei hinterzogenen Vorauszahlungen sind die Absätze 3 und 4 mit folgenden Maßgaben anzuwenden:**

1. wurde die hinterzogene Vorauszahlung vor Festsetzung der Steuer entrichtet, auf die diese Vorauszahlung anzurechnen ist oder wäre, endet der Zinslauf mit der Zahlung der hinterzogenen Vorauszahlung;
2. wurde die hinterzogene Vorauszahlung nicht vor Festsetzung der Steuer entrichtet, auf die diese Vorauszahlung anzurechnen ist oder wäre, gilt Folgendes:
a) wurde diese Steuer nicht hinterzogen, endet der Zinslauf für die Vorauszahlung mit Zahlung dieser Steuer, spätestens aber mit der Fälligkeit dieser Steuer;
b) wurde diese Steuer ebenfalls hinterzogen, endet der Zinslauf für die Vorauszahlung mit Beginn des Zinslaufs für die hinterzogene Steuer;
3. Zinsen nach § 233a, die zu der Steuer festgesetzt wurden, auf die die hinterzogene Vorauszahlung anzurechnen ist oder wäre, sind auf Zinsen zur hinterzogenen Vorauszahlung anzurechnen, soweit sie denselben Zinsberechnungszeitraum betreffen.

Schrifttum: Gast-de Haan, Erlaß von Hinterziehungszinsen aus sachlichen Billigkeitsgründen in den sog. Bankenfällen?, DB 1999, 2441; Müller, Die Hinterziehungszinsen – unterschiedliche Ermittlungs- und Beweisanforderungen, AO-StB 2003, 28; Blesinger/Schwabe/Albrecht, Strafbefreiende Selbstanzeige – Höhe der Nachzahlungspflicht bei einer Steuerverkürzung auf Zeit, DB 2007, 485; Braun, Festsetzung von Hinterziehungszinsen, PStR 2008, 145; Müller, Der Beweis der Steuerhinterziehung im Besteuerungsverfahren, AO-StB 2011, 213.

Übersicht

A. Allgemeines

1 Die Vorschrift entspricht im Wesentlichen § 4a I–III StSäumnG. Anders als § 4a I 2 StSäumnG nimmt § 235 hinterzogene Voraus- und Abschlagszahlungen nicht mehr von der Zinspflicht aus (Brandis DStR 1990, 511). Das Problem einer möglichen Doppelverzinsung nach Einführung der Vollverzinsung hat der Gesetzgeber durch Anrechnung der Nachzahlungszinsen vermieden (→ Rn. 28). Der durch Art. 26 Nr. 29 StMBG eingefügte S. 3 beschränkt die Akzessorietät des Zinsanspruchs für nach dem 30.12.1993 korrigierte StFestsetzungen (Art. 97 § 15 VI EGAO), indem er spätere Änderungen für die Zinsfestsetzung unberücksichtigt lässt (→ Rn. 26). Durch das JStG 2024 v. 2.12.2024 (BGBl. 2024 I Nr. 387) wurde § 235 um Abs. 5 ergänzt. Die Neuregelung gilt in allen Fällen, in denen Zinsen zu hinterzogenen Vorauszahlungen nach dem 6.12.2024 festgesetzt werden (Art. 97 § 15 XIX EGAO).

§ 235 ist für Hinterziehungszinsen anwendbar, deren Zinslauf nach dem 31.12.1976 beginnt, unabhängig davon, ob Veranlagungssteuern für Zeiträume vor oder nach dem

Inkrafttreten der AO betroffen sind (BFH 19.4.1989 – X R 3/86, BStBl. II 1989, 596). Die Regelung erstreckt sich nicht auf leichtfertig verkürzte Steuern. Die Verfolgung der Ordnungswidrigkeit des § 378 unterliegt dem Opportunitätsprinzip, sodass vielfach ein zusätzlicher Verwaltungsaufwand für die Zinsfestsetzung entstünde (Klein § 235 Rn. 2).

B. Voraussetzungen des Zinsanspruchs (Abs. 1)

4 Die Verzinsung hinterzogener Steuern dient der Abschöpfung des durch die Kapitalnutzung erlangten Vorteils (BFH 19.4.1989 – X R 3/86, BStBl. II 1989, 596; BFH 27.9.1991 – VI R 159/89, BStBl. II 1992, 163). Sie stellt keine zusätzliche Strafmaßnahme dar, zumal der Zinssatz von 6 % in Anbetracht der Höhe von Säumniszuschlägen als außerordentlich gering angesehen werden muss (TK § 235 Rn. 1). Der Zinssatz ist auch im Hinblick auf die Entscheidung des BVerfG (BVerfG 8.7.2021 – 1 BvR 2237/14, 1 BvR 2422/17, BVerfGE 158, 282) zur Verfassungswidrigkeit der Zinshöhe des § 233a iVm § 238 verfassungsgemäß (FG München 7.9.2022 – 15 K 358/22, BeckRS 2022, 28561; TK § 235 Rn. 1; auch → § 238 Rn. 3 f.).

I. Hinterzogene Steuern (Abs. 1 S. 1)

1. Vollendete Steuerhinterziehung

5 **Hinterzogen** sind Steuern, wenn die Tatbestandsmerkmale des § 370 vorsätzlich, rechtswidrig und schuldhaft verwirklicht wurden (BFH 2.4.1998 – V R 60/97, BStBl. II 1998, 530). Für gewerbsmäßigen, gewaltsamen und bandenmäßigen Schmuggel in Form der Hinterziehung von Eingangsabgaben enthält § 373 eine Strafverschärfung. Der Grundtatbestand des § 370 ist auch in diesen Fällen erfüllt (BGH 28.9.1983 – 3 StR 280/83, NJW 1984, 2588). Andere Straftatbestände (zB §§ 372, 374, 378, 379) lösen eine Zinspflicht nicht aus (Klein § 235 Rn. 7; AEAO zu § 235 Nr. 1.2). Bleibt aufgrund des festgestellten Sachverhaltes zweifelhaft, welche von mehreren StStraftaten begangen wurde, kann eine strafrechtliche Verurteilung ggf. durch Wahlfeststellung (zB §§ 370, 374) erfolgen. Eine Zinsfestsetzung scheidet mangels eindeutig feststellbarer StHinterziehung indes aus (TK § 235 Rn. 6; HHSp § 235 Rn. 23).

6 **Versuchter** StHinterziehung fehlt der Taterfolg hinterzogener Steuern (BFH 12.11.1975 – I B 72/75, BStBl. II 1976, 260; AEAO zu § 235 Nr. 1.2). Dies gilt ebenso für eine strafbare Anstiftung und Beihilfe zur StHinterziehung durch schuldlosen Haupttäter (Franzen DStR 1965, 320; Klein § 235 Rn. 6). Tatbegehung in Form mittelbarer Täterschaft oder durch Mittäter genügt hingegen (FG Baden-Württemberg 25.8.1989 – IX K 31/89, EFG 1990, 155).

7 **Rechtfertigungs- und Schuldausschließungsgründe** (zB Notwehr, Notstand, Schuldunfähigkeit) lassen den Tatbestand der StHinterziehung und damit die Strafbarkeit der Handlung entfallen (vgl. eingehend Schönke/Schröder StGB Vorb. §§ 32 ff. Rn. 4 ff.). Ein Zinsanspruch besteht in diesem Fall nicht (BFH 27.8.1991 – VIII R 84/89, BStBl. II 1992, 9; BFH 2.4.1998 – V R 60/97, BStBl. II 1998, 530).

8 Einer **strafrechtlichen Verurteilung** des Täters bedarf es nicht (BFH 27.8.1991 – VIII R 84/89, BStBl. II 1992, 9; FG Hessen 9.10.2006 – 3 K 1783/03, BeckRS 2006, 26023692). So können auch nach seinem Tod Zinsen gegen die Erben festgesetzt werden (BFH 27.8.1991 – VIII R 84/89, BStBl. II 1992, 9; BFH 1.8.2001 – II R 48/00, BFH/NV 2002, 155; Art. 6 II EMRK steht dem nicht entgegen, BFH 6.9.2006 – VIII B 207/05, BeckRS 2006, 25010769). Die Feststellung des Täters ist nicht zwingend erforderlich (BFH 19.3.1998 – V R 54/97, BStBl. II 1998, 466). Ebenso führen persönliche Strafausschließungs- und Strafaufhebungsgründe (zB §§ 78 ff., 153 ff. StGB, § 371 AO) zwar zur Straflosigkeit des Täters, hindern die Entstehung des Zinsanspruchs aber nicht (FG Düsseldorf 24.5.1989 – 4 K 397/83 AO, EFG 1989, 491; AEAO zu § 235 Nr. 1.3). Die

Amnestie nach dem ZStAmnG (BGBl. 1988 I 1128) lässt als Strafaufhebungsgrund lediglich die Strafbarkeit der StHinterziehung nachträglich entfallen. An der Festsetzung der Hinterziehungszinsen ist die FB hierdurch jedoch nicht gehindert (FG Köln 3.6.1992 – 6 K 5201/91, EFG 1993, 388; FG Bremen 3.11.1998 – 298215 K 2, EFG 1999, 417). Der Festsetzung von Zinsen wegen hinterzogener VSt steht die Verfassungswidrigkeit des VStG nicht entgegen (BFH 5.11.2002 – II R 58/00, BFH/NV 2003, 353; BFH 24.5.2000 – II R 25/99, BStBl. II 2000, 378; aA Resing DStR 1999, 922; vgl. auch BFH 19.10.2000 – VIII B 77/00, BFH/NV 2001, 421). Zur Restschuldbefreiung (vgl. BFH 20.3.2012 – VII R 12/11, BStBl. II 2012, 491; BFH 7.8.2018 – VII R 24, 25/17, BStBl. II 2019, 19).

2. Hinterzogene Steuern

9 **Steuern.** Verzinst werden hinterzogene Steuern iSd § 3 I, einschl. SolZ (BFH 3.5.2017 – II B 110/16, BFH/NV 2017, 1012). Dazu gehören auch Einfuhr- und Ausfuhrabgaben sowie StVorauszahlungen (BFH 28.9.2021 – VIII R 18/18, BStBl. II 2022, 239), StVergütungen und ungerechtfertigte StErstattungen (vgl. § 370 IV 2; vgl. zum ZK FG Düsseldorf 24.5.1989 – 4 K 397/83 AO, EFG 1989, 491; zum Kindergeld vgl. § 31 S. 3 EStG; FG Nürnberg 25.6.2014 – 3 K 153/13, BeckRS 2014, 96024). Die fehlende Zinspflicht im UZK schließt § 235 mangels abschließender Regelung nicht aus (TK § 235 Rn. 2; Klein § 235 Rn. 7). Dies gilt auch, soweit Zulagen und Prämien den StVergütungen gleichgestellt werden (zB §§ 8 II WoPG, § 14 III VermBG, 83 EStG; vgl. AEAO zu § 235 Nr. 2.1). Auf Investitionszulagen ist § 235 nicht anwendbar, da diese mittels Subventionsbetruges erlangt werden (vgl. BFH 19.12.2013 – III R 25/10, BStBl. II 2015, 119; TK § 235 Rn. 7). Steuerliche Nebenleistungen (§ 3 IV) sind nicht zu verzinsen (§ 233 S. 2).

10 **Umfang.** Die Zinspflicht besteht für den StBetrag, der Gegenstand der StHinterziehung ist. Maßgeblich ist nicht der festgesetzte, sondern der tatsächlich hinterzogene StBetrag (BFH 28.3.2012 – II R 39/10, BStBl. II 2012, 712). Dies ist der Teilbetrag, der sich aus dem Vergleich einer StFestsetzung mit und ohne Berücksichtigung der StHinterziehung ergibt (vgl. Franzen DStR 1965, 321; FG Baden-Württemberg 13.10.2017 – 13 K 1967/15, EFG 2018, 85). Zinsen fallen nur insoweit an, als die festzusetzende StSchuld nicht bereits durch Abzugssteuern erfüllt wurde (FG München 29.11.1983 – VI (XII) 108/78 AO, EFG 1984, 267). Die Möglichkeit zum VorStAbzug wirkt sich nicht auf die Höhe der hinterzogenen EUSt aus (BFH 12.10.1993 – VII R 44/93, BStBl. II 1994, 438).

11 **Vorteilsausgleichsverbot.** Erlangt der Täter einen steuerlichen Vorteil oder ermäßigt sich die Steuer, ist die Tat auch dann strafbar, wenn er denselben Vorteil und dieselbe StErmäßigung auch aus anderen Gründen hätte beanspruchen können (§ 370 IV 3). Strafrechtlich ist ihm hierdurch der Einwand eines rechtmäßigen Alternativverhaltens abgeschnitten, zumal bereits die Verwirklichung des subjektiven Tatbestands (Versuch) strafbewehrt ist. Demgegenüber beruht die Zinspflicht des § 235 auf der Erlangung eines vom materiell-rechtlichen StAnspruch abweichenden StVorteils, dessen Ausnutzung die Verzinsung abschöpfen soll. Dieser kann nur insofern eintreten, als durch die Tatbegehung dem Täter die Inanspruchnahme steuerlicher Ermäßigungen in Zukunft erhalten bleibt (zB Bewertungswahlrechte). Erlangt er per Saldo keinen Vorteil, muss eine Verzinsung unterbleiben (str.; glA BFH 26.2.2008 – VIII R 1/07, BStBl. II 2008, 659; Klein § 235 Rn. 19; AEAO zu § 235 Nr. 2.3; aA TK § 235 Rn. 10); eine Saldierung mit einer zu hohen StFestsetzung bei einem Dritten scheidet jedoch aus (FG München 9.5.2006 – 13 K 4451/01, EFG 2006, 1220).

3. Festsetzung

12 Die Erfassung hinterzogener Steuern im StBescheid entfaltet keine Tatbestandswirkung, sondern lediglich Indizwirkung für die Zinsfestsetzung. Ebenso wenig ist der StBescheid Grundlagenbescheid (BFH 28.3.2012 – II R 39/10, BStBl. II 2012, 712). Die FB ist verpflichtet, den Sachverhalt selbständig zu ermitteln (BFH 12.7.2016 – II R 42/14, BStBl. II 2016, 868). An die Feststellungen im Strafverfahren ist sie nicht gebunden, darf

aber den festgestellten Lebenssachverhalt seiner eigenen Beurteilung zugrunde legen, soweit hiergegen keine substantiierten Einwendungen erhoben werden (BFH 21.6.1988 – VII R 135/85, BStBl. II 1988, 841). Insb. in Fällen der Einstellung des Strafverfahrens nach § 153a StPO bedarf es eigenständiger Ermittlungen durch die FB, die die Feststellungslast für eine vollendete StHinterziehung trägt (BFH 27.8.1991 – VIII R 84/89, BStBl. II 1992, 9). Zwar gilt auch im StVerfahren der Grundsatz in dubio pro reo (BFH 26.11.2020 – VI B 29/20, BFH/NV 2021, 443; BFH 14.8.1991 – X R 86/88, BStBl. II 1992, 128). Ob die Tatbestandsmerkmale des § 370 AO vorliegen, ist indes nicht nach der StPO, sondern der AO und der FGO zu prüfen (BFH 16.6.2009 – V B 154/08, BFH/NV 2009, 1597). Für die Feststellung der StHinterziehung ist kein höherer Grad von Gewissheit notwendig als für die Feststellung anderer Tatsachen, für die das FA die Feststellungslast trägt (BFH 19.3.1998 – V R 54/97, BStBl. II 1998, 466). Ist eine StHinterziehung dem Grunde nach festgestellt, kann die Höhe der hinterzogenen Steuer ggf. nach § 162 geschätzt werden (TK § 235 Rn. 6; FG Saarland 11.12.1985 – I 51/85, EFG 1986, 158). Die Zinsen sind gem. § 239 durch Zinsbescheid festzusetzen (zu weiteren Einzelheiten s. § 239). Eine tatsächliche Verständigung über einen Zinsverzicht ist unwirksam (FG Rheinland-Pfalz 12.4.2018 – 6 K 2254/17, EFG 2018, 994). Erfolgt die Hinterziehung zugunsten einer PersGes oder sind die Besteuerungsgrundlagen aus anderen Gründen gesondert und einheitlich festzustellen, ist auch die Zinspflicht einheitlich und gesondert festzustellen (BFH 19.4.1989 – X R 3/86, BStBl. II 1989, 596; ggf. durch Ergänzungsbescheid FG Hamburg 30.3.2007 – 7 K 122/06, BeckRS 2007, 26023386). Zur Höhe der Zinsen s. § 238.

II. Zinsschuldner (Abs. 1 S. 2)

Zinsschuldner ist grds. allein der Schuldner der hinterzogenen Steuern (BFH 11.5.1982 15
– VII R 97/81, BStBl. II 1982, 689). Denn durch die Zinsfestsetzung soll der steuerliche Vorteil des Nutznießers der StHinterziehung abgeschöpft werden. Die Verzinsung gleicht pauschal den wirtschaftlichen Nutzen aus, der durch die verspätete Zahlung der geschuldeten Steuer entsteht (BFH 19.4.1989 – X R 3/86, BStBl. II 1989, 596). § 235 I 2 meint ausschl. den steuerlichen Vorteil. Ob hiermit zugleich ein wirtschaftlicher Vorteil oder sogar Nachteil beim StSchuldner eintritt, ist unerheblich (BFH 31.7.1996 – XI R 82/95, BStBl. II 1996, 554). Etwaige durch die Tat beim Stpfl. eingetretene Vermögensnachteile, wie der Verlust des eingesetzten Kapitals, bleiben deshalb unberücksichtigt (BFH 19.4.1989 – X R 3/86, BStBl. II 1989, 596). Im Fall der Gesamtschuldnerschaft ist jeder Gesamtschuldner auch Zinsschuldner, unabhängig davon, ob er an der Tat teilgenommen hat (FG Nürnberg 4.6.1987 – I 40/81, EFG 1987, 596; AEAO zu § 235 Nr. 3.1; zum Auswahlermessen → § 44 Rn. 12). Der Zinsschuldner muss nicht notwendig auch Täter oder Teilnehmer der StHinterziehung sein, da diese auch zugunsten eines anderen begangen werden kann (BFH 27.6.1991 – V R 9/86, BStBl. II 1991, 822). Der **Haftungsschuldner** (§ 71) kann nicht als Zinsschuldner, sondern lediglich als Haftender in Anspruch genommen werden (BFH 23.6.2020 – VII R 56/18, BFH/NV 2021, 217; BFH 18.4.1991 – V B 94/90, BFH/NV 1992, 156; BFH 18.7.1991 – V R 72/87, BStBl. II 1991, 781; aA FG Hamburg 13.9.2018 – 4 K 123/17, EFG 2019, 401, aufgeh. durch BFH 23.6.2020 – VII R 57/18, nv). Geschäftsführer einer GmbH sind deshalb nicht Zinsschuldner hinterzogener KSt oder USt (FG Bremen 13.2.1990 – II 49/86 K, EFG 1991, 510). Zinsschuldner hinterzogener USt ist die PersGes und nicht der einzelne Gesellschafter (FG Nürnberg 22.8.2017 – 2 K 1444/16, BeckRS 2017, 130995).

III. Zinsschuldner bei Abzugssteuern (Abs. 1 S. 3)

Bei Abzugssteuern erlangt durch eine StHinterziehung idR nicht der StSchuldner, 17
sondern der Abführungs- oder Entrichtungspflichtige (vgl. zum Begriff → § 43 Rn. 6) den steuerlichen Vorteil (BFH 27.9.1991 – VI R 159/89, BStBl. II 1992, 163). Aus diesem Grund bestimmt § 235 I 3 denjenigen zum Zinsschuldner, der einbehaltene Steuern ab-

zuführen oder Steuern zulasten eines anderen zu entrichten hat. **Anderer** iSv § 235 I 3 ist nicht der gesetzliche Vertreter, Vermögensverwalter oder Verfügungsberechtigte iSd §§ 34, 35 (BFH 27.9.1991 – VI R 159/89, BStBl. II 1992, 163; BFH 9.2.1993 – VIII R 83/91, BFH/NV 1993, 644). Dieser Personenkreis erfüllt lediglich die steuerlichen Pflichten für den Stpfl., ohne selbst Entrichtungspflichtiger zu sein (TK § 235 Rn. 16; Klein § 235 Rn. 15). Der Zinsschuldner muss nicht selbst Beteiligter der Hinterziehung sein. Es genügt, dass die Tat zu seinem Vorteil begangen wurde.

18 **§ 235 I 3 1. Alt.** erfasst lediglich die Verletzung der Abführungspflicht für tatsächlich einbehaltene Steuern. Der Abführungspflichtige ist deshalb nicht Zinsschuldner, wenn er die Steuer an den StSchuldner ausgezahlt hat (vgl. FG Sachsen-Anhalt 21.6.2011 – 4 V 1813/10, PStR 2012, 114). In diesem Fall erlangt Letzterer den steuerlichen Vorteil (BFH 5.11.1993 – VI R 16/93, BStBl. II 1994, 557). Wird die nicht einbehaltene Steuer im Wege der Pauschalierung (§ 40 I Nr. 2 EStG) nacherhoben, trifft die Entrichtungspflicht den Arbeitgeber als StSchuldner (§ 40 III EStG). § 235 I 3 findet deshalb keine Anwendung (Schwarz/Pahlke/Keß § 235 Rn. 35). Dies gilt auch, wenn der Leistungsempfänger die nach § 51 UStDV bestehende Verpflichtung, USt einzubehalten, nicht erfüllt (BFH 19.3.1998 – V R 54/97, BStBl. II 1998, 466).

19 **§ 235 I 3, 2. Alt.** setzt die Verpflichtung voraus, Steuern zulasten eines anderen zu entrichten. Es handelt sich dabei um die Fälle, in denen vom StSchuldner an den Dritten bezahlte Steuern nicht entrichtet werden (zB § 38 IV EStG, § 7 I 1 und 3 VersStG). Die Regelung steht der Inanspruchnahme des gutgläubigen Unternehmers nach § 235 I 2, der unberechtigt VorSt aufgrund fingierter Rechnungen Dritter abzieht, nicht entgegen (BFH 31.7.1996 – XI R 82/95, BStBl. II 1996, 554).

C. Beginn des Zinslaufs (Abs. 2)

21 **Eintritt der Verkürzung.** Der Zinslauf beginnt grds. mit Vollendung der StVerkürzung oder Erlangung des StVorteils (§ 235 II 1). Das ist der Zeitpunkt, in dem infolge der Hinterziehungshandlung eine Steuer zu niedrig festgesetzt, ein StVorteil gewährt oder zu Unrecht belassen wird (vgl. § 370 IV). Festgesetzt ist die Steuer mit Bekanntgabe, also mit Wirksamwerden des VA (§§ 122, 124 I). Dabei gilt die Dreitagesfrist in § 122 II Nr. 1 auch für den Beginn des Zinslaufs (BFH 18.3.1970 – I R 176/69, BStBl. II 1970, 556; aA FG Düsseldorf 29.5.1998 – 18 K 585/96 AO, EFG 1998, 1561). Für ESt-**Vorauszahlungen** beginnt der Zinslauf zum jeweiligen gesetzlichen Fälligkeitstag iSd § 37 I 1 EStG. Für die hinterzogene ESt des VZ beginnt der Zinslauf entweder mit der Bekanntgabe des unzutreffenden Jahressteuerbescheids oder bei Festsetzung einer Abschlusszahlung mit deren Fälligkeit (vgl. BFH 28.9.2021 – VIII R 18/18, BStBl. II 2022, 239). Unerheblich ist, ob die StFestsetzung mit einer Nebenbestimmung (§§ 164, 165) versehen wird oder auf Schätzung beruht. Unterbleibt eine StFestsetzung, weil der Stpfl. keine Erklärung abgibt, ist die Steuer in dem Zeitpunkt verkürzt, zu dem nach dem Stand der Veranlagungsarbeiten mit einer Festsetzung zu rechnen gewesen wäre (AEAO zu § 235 Nr. 4.1.3; vgl. zur Feststellungserklärung BFH 12.4.2016 – VIII R 24/13, BFH/NV 2016, 1537). Bei anlassbezogenen Steuern (zB SchenkSt) ist der Zeitpunkt maßgebend, zu dem das FA bei ordnungsgemäßer Anzeige und Abgabe der StErklärung die Steuer festgesetzt hätte (BFH 28.8.2019 – II R 7/17, BStBl. II 2020, 247).

22 Bei unrichtigen **StAnmeldungen** tritt die Verkürzung grds. mit dem Eingang der Erklärung beim FA ein, soweit die Steuer nicht abw. festgesetzt wird (§ 167 I 1). Führt die StAnmeldung zu einer Herabsetzung der bisher zu entrichtenden Steuer oder zu einer StVergütung, tritt die StVerkürzung erst nach Zustimmung durch die FB ein (§ 168 S. 2). Der Zinslauf beginnt bei Fälligkeitssteuern jedoch frühestens mit Ablauf des gesetzlichen Fälligkeitstages (FG Niedersachsen 23.7.1992 – V 62/88, EFG 1992, 711). Kommt der Stpfl. seiner Verpflichtung zur Verwendung von StZeichen nicht nach, tritt die Verkür-

zung in dem Zeitpunkt ein, in dem die StZeichen spätestens hätten verwendet werden müssen.

Spätere Fälligkeit. Zumeist wird die StSchuld nicht bereits mit Bekanntgabe des StBescheids, sondern erst einen Monat später fällig (zB § 36 IV 1 EStG, § 20 II GewStG), sodass trotz vollendeter StVerkürzung ein Zinsschaden erst mit Fälligkeit eintritt. Demzufolge ist der spätere Zeitpunkt für die Zinsberechnung maßgeblich (§ 235 II 2). 23

D. Ende des Zinslaufs; Umfang der Zinspflicht (Abs. 3)

I. Ende des Zinslaufs (Abs. 3 S. 1)

Der Zinslauf endet mit der Zahlung der hinterzogenen Steuer (BFH 12.10.1993 – VII R 44/93, BStBl. II 1994, 438). Der Zahlungstag ist in die Fristberechnung einzubeziehen (Gosch AO § 235 Rn. 37). Andere Erlöschensgründe (§ 47) stehen einer Zahlung gleich (Schwarz/Pahlke/Keß § 235 Rn. 47). Erlischt der StAnspruch durch Aufrechnung, gilt der Tag, an dem die Schuld des Aufrechnenden fällig wird, als Tag der Zahlung (§ 238 I 3; → § 238 Rn. 8). Eine Rückwirkung auf den Zeitpunkt der Aufrechnungslage erfolgt nicht (AEAO zu § 235 Nr. 4.2.1; Gosch AO § 235 Rn. 37; aA Klein § 235 Rn. 24; TK § 235 Rn. 20). Durch Festsetzung der hinterzogenen Steuer oder Entdeckung der Hinterziehung endet der Zinslauf hingegen nicht (aA FG Hamburg 9.12.1992 – V 48/90, EFG 1993, 424), ebenso wenig durch Anordnung eines dinglichen Arrestes (BFH 27.10.2000 – V B 145/00, BFH/NV 2001, 424; BFH 5.11.2002 – II R 58/00, BFH/NV 2003, 353).Zu Vorauszahlungen → Rn. 30. 25

II. Berücksichtigung anderer Nebenleistungen (Abs. 3 S. 2)

Säumniszuschläge, Stundungs- und Aussetzungszinsen werden anders als Zinsen nach § 233a nicht angerechnet (→ Rn. 28), sondern hindern bereits die Festsetzung der Hinterziehungszinsen für die Dauer der Stundung, Aussetzung oder Säumnis. Der Zinsanspruch nach § 235 I wird mit Verwirklichung der Konkurrenzansprüche verdrängt. Unerheblich ist, ob der Zinsanspruch tatsächlich festgesetzt und erfüllt oder auf die Zinsen verzichtet wird (HHSp § 235 Rn. 39). Für die Dauer eines VollstrAufschubs (§ 258) fallen Säumniszuschläge an, sodass Hinterziehungszinsen insoweit nicht festzusetzen sind. Die strafrechtliche Fristsetzung nach § 371 III wirkt sich auf die Erhebung von Hinterziehungszinsen nicht aus. 26

III. Nachträgliche Änderung des Steuerbescheides (Abs. 3 S. 3)

Für die Festsetzung der Hinterziehungszinsen ist grds. der hinterzogene StBetrag maßgeblich (BR-Drs. 612/93, 105; BFH 28.3.2012 – II R 39/10, BStBl. II 2012, 712). Dies gilt auch, soweit die festgesetzten Mehrsteuern überhöht sind, da Zinsen nur auf tatsächlich hinterzogene Steuern entstehen. Wird der StBescheid deshalb vor Zahlung der festgesetzten Mehrsteuern und damit **vor Ende** des Zinslaufs geändert, ist die Zinsfestsetzung gem. § 175 I 1 Nr. 2 entspr. anzupassen. Seit Inkrafttreten des § 235 III 3 am 30.12.1993 (Art. 97 § 15 VI EGAO) hat die Aufhebung, Änderung oder Berichtigung (§ 129) des StBescheides **nach Ende** des Zinslaufs (→ Rn. 24) keinen Einfluss mehr auf die Zinshöhe. Die Festsetzung der Zinsen bemisst sich deshalb nicht mehr ausschl. nach dem tatsächlich hinterzogenen StBetrag, sondern nach dem festgesetzten Betrag. Dementsprechend kommt es nicht darauf an, ob die festgesetzten Mehrsteuern überhöht sind (Klein § 235 Rn. 25). Gegebenenfalls ist durch Billigkeitsmaßnahmen auf ein Teil der Zinsen zu verzichten (zB bei evident rechtswidriger Versagung der AdV). Die gegenteilige Rspr. (BFH 25.3.1992 – I R 159/90, BStBl. II 1992, 997 zu Aussetzungszinsen) ist durch die Gesetzesänderung überholt. Das nachträgliche Erlöschen des SchenkStAnspruchs nach § 29 ErbStG lässt den 27 festgesetzten Zinsanspruch unberührt (FG Hessen 7.5.2018 – 10 K 477/17, EFG 2018, 1253).

E. Anrechnung bei Vollverzinsung (Abs. 4)

29 Mit Einführung der Vollverzinsung (§ 233a) durch das StReformG 1990 bestand für Steuern, die nach dem 31.12.1988 entstehen (Art. 97 § 15 IV EGAO), Anspruchskonkurrenz. § 235 IV vermeidet jedoch eine Doppelverzinsung durch die Anrechnung der für denselben Zeitraum festgesetzten Zinsen nach § 233a. Eine Anrechnung erfolgt auch bei Hinterziehungszinsen auf StVorauszahlungen (BFH 28.9.2021 – VIII R 18/18, BStBl. II 2022, 239). Die Anrechnung ist bereits bei der Festsetzung zu berücksichtigen (Schwarz/Pahlke/Keß § 235 Rn. 50). Erfolgt die Festsetzung nach § 233a nach Bekanntgabe des Zinsbescheides über Hinterziehungszinsen, ist dieser nach § 175 I 1 Nr. 1 zu ändern (TK § 235 Rn. 27). Der Zinsbescheid nach § 233a ist Grundlagenbescheid für die Festsetzung der Hinterziehungszinsen (vgl. Eich KÖSDI 1998, 11 484). Die Anrechnungsvorschrift ist aus rechtspolitischen Gründen de lege ferenda abzuschaffen (im Ergebnis ebenso TK § 233a Rn. 87; → § 233a Rn. 87).

F. Hinterzogene Vorauszahlungen (Abs. 5)

30 StHinterziehung iSd § 370 kann auch in Bezug auf die zu niedrige oder nicht rechtzeitige Festsetzung von ESt-, KSt- und USt-Vorauszahlungen bewirkt werden. Bis zur Anfügung des § 235 V durch das JStG 2024 (→ Rn. 1) endete für ESt-Vorauszahlungen der Zinslauf in dem Zeitpunkt, in dem der Zinslauf für die Hinterziehungszinsen zur verkürzten ESt für den VZ beginnt. Von einem Ende des Zinslaufs war auch – falls dieser Zeitpunkt vor der Bekanntgabe des Jahressteuerbescheids oder der Fälligkeit der Abschlusszahlung liegt – auszugehen, wenn der Karenzzeitraum iSd § 233a II 1 für die hinterzogene Jahressteuer endet und die Vollverzinsung des Jahressteueranspruchs gemäß § 233a beginnt (BFH 28.9.2021 – VIII R 18/18, BStBl. II 2022, 239).

31 Nach der Neuregelung ist danach zu unterscheiden, ob die hinterzogene Vorauszahlung vor Festsetzung der Steuer entrichtet (Nr. 1) oder ob die Vorauszahlung nicht vor Festsetzung der Steuer entrichtet wurde (Nr. 2). Im Fall der Nr. 1 endet der Zinslauf mit der Zahlung der hinterzogenen Vorauszahlung. Im Fall der Nr. 2 wird wiederum differenziert:
- (Buchst. a) Wurde die Steuer, auf die diese Vorauszahlung anzurechnen ist, nicht hinterzogen, endet der Zinslauf für die Vorauszahlung mit Zahlung, spätestens aber mit der Fälligkeit dieser Steuer;
- (Buchst. b) Wurde die Steuer ebenfalls hinterzogen, auf die diese Vorauszahlung anzurechnen ist, endet der Zinslauf für die Vorauszahlung mit Beginn des Zinslaufs für die hinterzogene Steuer.

32 Nr. 3 regelt ausdrücklich die Anrechnung von Nachzahlungszinsen iSd § 233a auf Zinsen iSd § 235 für hinterzogene Vorauszahlungen. Nachzahlungszinsen sind anzurechnen, soweit die Verzinsung für die hinterzogene Vorauszahlung und die Nachzahlungszinsen denselben Zinsberechnungszeitraum betreffen (→ Rn. 29).

§ 236 Prozesszinsen auf Erstattungsbeträge

(1) [1]**Wird durch eine rechtskräftige gerichtliche Entscheidung oder auf Grund einer solchen Entscheidung eine festgesetzte Steuer herabgesetzt oder eine Steuervergütung gewährt, so ist der zu erstattende oder zu vergütende Betrag vorbehaltlich des Absatzes 3 vom Tag der Rechtshängigkeit an bis zum Auszahlungstag zu verzinsen.** [2]**Ist der zu erstattende Betrag erst nach Eintritt der Rechts-**

hängigkeit entrichtet worden, so beginnt die Verzinsung mit dem Tag der Zahlung.

(2) **Absatz 1 ist entsprechend anzuwenden, wenn**

1. sich der Rechtsstreit durch Aufhebung oder Änderung des angefochtenen Verwaltungsakts oder durch Erlass des beantragten Verwaltungsakts erledigt oder

2. eine rechtskräftige gerichtliche Entscheidung oder ein unanfechtbarer Verwaltungsakt, durch den sich der Rechtsstreit erledigt hat,

a) zur Herabsetzung der in einem Folgebescheid festgesetzten Steuer,

b) zur Herabsetzung der Gewerbesteuer nach Änderung des Gewerbesteuermessbetrags

führt.

(3) **Ein zu erstattender oder zu vergütender Betrag wird nicht verzinst, soweit dem Beteiligten die Kosten des Rechtsbehelfs nach § 137 Satz 1 der Finanzgerichtsordnung auferlegt worden sind.**

(4) **Zinsen nach § 233a, die für denselben Zeitraum festgesetzt wurden, sind anzurechnen.**

(5) **Ein Zinsbescheid ist nicht aufzuheben oder zu ändern, wenn der Steuerbescheid nach Abschluss des Rechtsbehelfsverfahrens aufgehoben, geändert oder nach § 129 berichtigt wird.**

(6) **Die Absätze 1 bis 5 gelten für festgesetzte Haftungsansprüche entsprechend, soweit sich die Haftung auf Steuern und zurückzuzahlende Steuervergütungen erstreckt.**

Schrifttum: Loose, Prozesszinsen auch für Feststellungsbeteiligte, EFG 2006, 785; Grube, Kindergeld: Zu den Voraussetzungen für die Entstehung von Prozesszinsen, HFR 2007, 537; Weigel, Prozesszinsen nach erstmaligem Tatsachenvortrag im Klageverfahren und anschließender Klagerücknahme?, AO-StB 2012, 181; Skerhut, Auswirkungen einer Prozesserklärung auf Prozesszinsen, NWB 2012, 1582; Bergan/Martin, Vorläufige Festsetzung von Zinsen nach § 233 i. V. mit § 238 Abs. 1 Satz 1 AO, NWB 2019, 2230; Felderhoff, Erstattungszinsen im Zollrecht, BB 2020, 29.

Übersicht

A. Allgemeines

Normzweck. § 236 folgt der Intention des § 291 BGB und gewährt einen Zins- 1
anspruch als materiellrechtliche Folge der Rechtshängigkeit. Die praktische Bedeutung ist nach Einführung der Vollverzinsung zurückgegangen. Normzweck des § 236 ist es, dem

Gläubiger eines Erstattungsanspruchs für die Vorenthaltung des Kapitals und der damit verbundenen Nutzungsmöglichkeiten für die Zeit ab Rechtshängigkeit eine Entschädigung zu gewähren (BFH 13.7.1994 – I R 38/93, BStBl. II 1995, 37). Der Zinsanspruch entsteht unabhängig davon, ob dem Stpfl. tatsächlich ein Zinsnachteil entstanden ist (FG Düsseldorf 20.10.2010 – 4 K 885/10 AO, EFG 2011, 104). Die Berücksichtigung eines höheren Zinssatzes wegen entgangener Nutzungsmöglichkeit kann nicht gefordert werden (→ § 238 Rn. 3). Bei Eintritt eines konkreten Schadens schließt § 236 jedoch weitergehende Schadensersatzansprüche nach § 839 BGB iVm Art. 34 GG nicht aus (BVerwG 18.5.1973 – VII C 21/72, NJW 1973, 1854).

2 **Geltungsbereich.** Die Vorschrift gilt für nach dem 31.12.1976 entstandene Zinsansprüche (Art. 97 § 15 I 1 EGAO), auch soweit die Klagen bereits vor diesem Zeitpunkt rechtshängig waren (BFH 26.4.1985 – III R 24/82, BStBl. II 1985, 546). § 236 IV findet auf alle Steuern, die nach dem 31.12.1988 entstehen, Anwendung (Art. 97 § 15 IV EGAO). Die Vorschrift gilt auch für Einfuhr- und Ausfuhrabgaben (vgl. BFH 7.8.2024 – VII B 168/22, BFH/NV 2025, 164; BFH 17.10.2023 – VII R 53/20, BFH/NV 2024, 163; BFH 1.8.2002 – VII B 114/02, BFH/NV 2002, 1624; Klein § 236 Rn. 3). Auf Haftungsansprüche findet § 236 hingegen keine Anwendung (BFH 23.8.2012 – VI B 53/12, BFH/NV 2012, 1938). Die durch § 236 V eingeführte Nicht-Berücksichtigung nachfolgender Änderungen greift in Fällen, in denen die StFestsetzung nach dem 30.12.1993 aufgehoben, geändert oder berichtigt wird (Art. 97 § 15 VI EGAO). § 236 VI wurde durch Art. 16 Nr. 23 JStG 2024 v. 2.12.2024 (BGBl. 2024 I Nr. 387) mit Wirkung für alle Haftungsansprüche angefügt, die nach dem 31.12.2024 entstehen (Art. 97 § 15 XVIII EGAO): Zur Entstehung des Zinsanspruchs → Rn. 23.

B. Voraussetzungen des Zinsanspruchs (Abs. 1)

4 Die festgesetzte Steuer oder die (teilweise) nicht gewährte StVergütung muss durch eine rechtskräftige gerichtliche Entscheidung oder durch unanfechtbaren VA, der infolge eines gerichtlichen Verfahrens ergangen ist, herabgesetzt bzw. gewährt werden. Deshalb entsteht kein Zinsanspruch, wenn der Stpfl. bereits im Einspruchsverfahren erfolgreich ist, auch soweit die streitige Rechtsfrage für einen vorhergehenden Zeitraum oder lediglich im Aussetzungsverfahren durch das Gericht entschieden wurde (Streck/Olbing DStR 1995, 127; BFH 3.4.2007 – IX B 169/06, BFH/NV 2007, 1267; BFH 18.7.2012 – II B 49/12, BFH/NV 2012, 1578). Eine analoge Anwendung des § 236 scheidet in diesen Fällen ebenfalls aus (BFH 16.12.1987 – I R 350/83, BStBl. II 1988, 600; BFH 18.9.2012 – VIII R 9/09, BStBl. II 2013, 149: für ausgesetztes Rechtsbehelfsverfahren). Eine vertragliche Begründung des Zinsanspruchs ist nicht zulässig (OVG Greifswald 11.10.2022 – 3 LB 58/14, BeckRS 2022, 40670).

I. Gerichtliche Entscheidung

5 **Durch** gerichtliche Entscheidung wird die Steuer herabgesetzt, wenn das Gericht die Steuer gem. § 100 I 1, II 1 FGO im Urteil betragsmäßig niedriger festsetzt oder gem. § 100 I 1, II 2 FGO die für die Berechnung der Steuer zu berücksichtigenden Besteuerungsgrundlagen festlegt. Die nachfolgende Berechnung durch das FA konkretisiert lediglich die durch das Gericht bestimmte Verminderung der StFestsetzung (vgl. Gräber FGO § 100 Rn. 38). **Auf Grund** gerichtlicher Entscheidung erfolgt die StHerabsetzung, wenn das Gericht den VA nach § 100 III aufhebt und die FB im nachfolgenden Verfahren die Steuer niedriger festsetzt. Dies gilt auch, wenn das BVerfG die Entscheidung des Gerichts aufhebt und das FA daraufhin die Steuer herabsetzt (Schwarz/Pahlke/Keß § 236 Rn. 22). Entsteht ein Erstattungsanspruch trotz höherer StFestsetzung nur infolge Anrechnung von KSt, fehlt es an der Herabsetzung der festgesetzten Steuer aufgrund gerichtlicher Ent-

scheidung (→ Rn. 13). Eine Erweiterung scheidet wegen des eindeutigen Wortlauts aus (aA BFH 5.4.2006 – I R 80/04, BFH/NV 2006, 1435).

Auf die Klageart (§§ 40 I, 41 I FGO, §§ 579, 580 ZPO) oder den Grund der Herabsetzung kommt es nicht an (AEAO zu § 236 Nr. 1). Zwischen der gerichtlichen Entscheidung und der StHerabsetzung oder Gewährung der StVergütung (Erstattungsbetrag) muss ein **unmittelbarer Zusammenhang** bestehen. Eine Verzinsung erfolgt nur für den Erstattungsbetrag, der Gegenstand des Rechtsstreits war. Dies gilt sowohl für die StArt und den StAbschnitt als auch für den Stpfl. (TK § 236 Rn. 13). Hieran fehlt es, wenn aufgrund eines Musterprozesses die Festsetzungen anderer Stpfl. herabgesetzt werden (BFH 23.10.2019 – VII B 40/19, BFH/NV 2020, 81; BFH 9.10.1974 – VII R 11/72, BStBl. II 1975, 826), die Steuer für mehrere Veranlagungszeiträume herabgesetzt wird, soweit die StAbschnitte nicht rechtshängig waren (FG Hessen 22.8.1974 – II 38/73, EFG 1974, 532), oder die KapESt vom BZSt erstattet wird, weil im Verfahren gegen die EStBescheide die Stpfl. verneint wurde (BFH 16.12.1987 – I R 350/83, BStBl. II 1988, 600); ebenso bei Entscheidung über Abrechnungsbescheid (BFH 6.5.2008 – VII R 10/07, BFH/NV 2008, 1714) oder nach Abschluss eines Prozesses aufgrund eines Vorläufigkeitsvermerks (BFH 29.8.2012 – II R 49/11, BStBl. II 2013, 104). Andererseits entsteht die Zinspflicht auch für eine Organgesellschaft, wenn die Aufhebung der StFestsetzung zugleich zur Festsetzung gegenüber der Organmutter führt (BFH 10.11.1983 – V R 13/79, BStBl. II 1984, 185). **6**

Formell rechtskräftig sind Urteile, die mit einem ordentlichen Rechtsmittel nicht mehr angefochten werden können, also Entscheidungen der FG mit Ablauf der Rechtsmittelfrist und des BFH mit Verkündung oder Zustellung. **7**

II. Herabsetzung der Steuer

1. Steuer oder Steuervergütung

Die Zinspflicht entsteht für den Anspruch auf Erstattung einer Steuer iSd § 3 I oder Gewährung einer StVergütung. Zu den **Steuern** gehören auch Zölle und Abschöpfungen (§ 3 I 2), die pauschale LSt des Arbeitgebers (FG Münster 23.6.1983 – IV 2587/81, EFG 1984, 196), EUSt (BFH 17.10.2023 – VII R 53/20, BFH/NV 2024, 163; FG Bremen 28.4.1992 – II 143/87 K, EFG 1992, 503), zurückgeforderte Erstattungen (TK § 236 Rn. 3), KiSt, Ergänzungsabgabe, Stabilitätszuschlag (BFH 17.1.2007 – X R 19/06, BStBl. II 2007, 506), Branntweinaufschlag und Monopolausgleich (→ § 3 Rn. 82 ff.). Art. 116 Abs. 6 UZK schließt anders als noch Art. 241 ZK die Anwendung des § 236 aus (HHSp Art. 116 UZK Rn. 27; aA Klein § 236 Rn. 3), jedoch nur wenn der Zinslauf nach dem Inkrafttreten des UZK zum 1.5.2016 begonnen hat (BFH 22.10.2019 – VII R 38/18, BFH/NV 2020, 343). Örtliche Verbrauch- und Aufwandsteuern werden erfasst, soweit die jeweiligen Abgabengesetze auf § 236 Bezug nehmen. Dies gilt auch für die KiSt (→ § 233 Rn. 9). **StVergütungen** (→ § 37 Rn. 7) sind als umgekehrte Ansprüche aus dem StSchuldverhältnis, die Gewährung von Zulagen und Prämien sowie Überschüsse sonstiger Vergütungsansprüche (zB VorStÜberhang, Kindergeld). Auf Wohnungsbauprämien, Bergmannsprämien, Eigenheim- und Investitionszulagen usw. findet § 236 entspr. Anwendung (vgl. zB § 8 I 1 WoPG, § 15 I EigZulG; FG Köln 16.2.2005 – 11 K 5427/02, EFG 2005, 1088). **10**

Nicht verzinst werden Haftungsansprüche, die vor dem 31.12.2024 entstanden sind (→ Rn. 38: BFH 25.7.1989 – VII R 39/86, BStBl. II 1989, 821; BFH 23.8.2012 – VI B 53/12, BFH/NV 2012, 1938), auch soweit sie irrtümlich durch StBescheid festgesetzt werden (vgl. FG Hamburg 27.10.1986 – II 255/84, EFG 1987, 222 zu dem umgekehrten Fall), steuerliche Nebenleistungen iSd § 3 IV (§ 233 S. 2; BFH 23.6.2014 – VIII B 75/13, BFH/NV 2014, 1713; FG Bremen 15.8.2018 – 1 K 69/18 (2), DStRE 2019, 640), Beiträge, Gebühren, sonstige Verwaltungsabgaben und Geldbußen (HHSp § 236 Rn. 10). Das gilt auch, soweit um Zinsen oder Kosten (§ 77 EStG) in der Hauptsache gestritten wird. Keine Steuern oder StVergütungen sind Ansprüche nach den EU-Marktordnungen, **11**

Ausgleichsabgaben, Sonderabgaben, Beihilfen (zB Feuerwehrabgabe, Berufsausbildungsabgabe, Beihilfen nach dem SGB III) und Subventionen (→ § 3 Rn. 33 ff.); zu Erstattungsansprüchen nach § 11 II AStG aF (FG Hamburg 30.9.2008 – 6 K 10/07, DStRE 2009, 947). Auch auf Währungsausgleichsbeträge und Ausfuhrerstattungen fand § 236 vor Einführung des § 14 MOG keine Anwendung (BFH 17.2.1987 – VII R 21/84, BStBl. II 1987, 368). § 14 II MOG enthält nunmehr für besondere Vergünstigungen iSd § 6 MOG eine Rechtsgrundverweisung auf § 236 (BFH 26.6.2007 – VII R 53/06, DStRE 2007, 1461). Einen Zinsanspruch nach § 291 BGB schließt § 14 II 2 MOG aus (BFH 29.4.1997 – VII R 91/96, BStBl. II 1997, 476). Werden Einfuhr- oder Ausfuhrabgaben wegen eines Verstoßes gegen Unionsrecht erstattet, besteht ein unionsrechtlicher Anspruch auf Verzinsung des Erstattungsbetrags (BFH 5.12.2017 – VII B 85/17, BFH/NV 2018, 321). Zu Zinsen auf erstattete Antidumpingzölle vgl. FG Hamburg 3.11.2022 – 4 K 103/21, BeckRS 2022, 38734; FG Hamburg 19.7.2017 – 4 K 10/17, BeckRS 2017, 124271; FG Bremen 15.8.2018 – 1 K 69/18 (2), DStRE 2019, 640). Zu Zinsen auf erstattete Sanktionen und verzögert ausbezahlte Ausfuhrerstattungen vgl. FG Hamburg 3.11.2022 – 4 K 56/18, BeckRS 2022, 38776.

2. Herabsetzung oder Gewährung

12 Eine festgesetzte Steuer wird herabgesetzt und eine StVergütung gewährt, wenn die im Festsetzungsverfahren getroffene Verwaltungsentscheidung zugunsten des Stpfl. korrigiert wird. Das Klageverfahren muss auf die Verringerung der festgesetzten Steuer oder die Aufhebung des StBescheides abzielen. Die Aufhebung des StBescheides etwa mangels Stpfl. steht der Herabsetzung der Steuer auf null gleich (BFH 16.5.2013 – II R 20/11, BStBl. II 2013, 770). Die abweichende StFestsetzung aus Billigkeitsgründen (§ 163) führt nicht unmittelbar zur Änderung der StFestsetzung, sondern erfolgt in einem gesonderten Verfahren. Der die Billigkeitsmaßnahme aussprechende VA ist Grundlagenbescheid iSd § 171 X, sodass die Billigkeitsmaßnahme auch im Folgebescheid zu berücksichtigen ist (§ 175 I 1 Nr. 1 iVm § 236 II Nr. 2a). Unerheblich ist, dass eine Billigkeitsmaßnahme zur Herabsetzung der Steuer geführt hat (TK § 236 Rn. 9; Gosch AO § 236 Rn. 13; Klein § 235 Rn. 11a; HHSp § 236 Rn. 15). Eine StVergütung wird sowohl bei erstmaliger Festsetzung als auch durch Erhöhung einer bereits zugesagten Vergütung gewährt.

13 Eine Änderung der StFestsetzung liegt indes nicht vor, wenn die Streitigkeiten im **Erhebungsverfahren** begründet sind. Der Anspruch auf StErstattung (§ 37 II) infolge Überzahlung, Doppelzahlung, unberechtigter Aufrechnung, Erstattung der KapESt oder einbehaltener Steuern beschränkt Stpfl. beruht nicht auf einer Änderung der StFestsetzung, sondern eines Abrechnungs- oder Freistellungsbescheides (BFH 12.5.1987 – VII R 203/83, BStBl. II 1987, 702; BFH 26.4.1988 – VII R 97/87, BStBl. II 1988, 865; BFH 13.11.1985 – I R 275/82, BStBl. II 1986, 193; BFH 29.4.2020 – XI R 14/18, BFH/NV 2020, 1244). Dies gilt auch für die Aufhebung eines nichtigen Aufteilungsbescheides (FG Bremen 22.8.1995 – 2 93 323 K 2, EFG 1995, 1043). Ein StErlass gem. § 227 bringt den Anspruch zum Erlöschen (§ 47), ohne auf die Festsetzung einzuwirken (FG Hessen 1.2.1989 – 6 K 439/87, EFG 1989, 496). In allen Fällen findet eine Verzinsung nicht statt (BFH 20.4.2020 – II B 22/19, BeckRS 2020, 14983; BFH 26.7.2005 – VII ER-S 1/05, BFH/NV 2006, 4 mwN; aA BFH 5.4.2006 – I R 80/04, BFH/NV 2006, 1435). Obgleich die Rechtslage insoweit unbefriedigend ist, kommt eine analoge Anwendung des § 236 mangels Regelungslücke nicht in Betracht (FG Hamburg 24.10.1989 – II 173/87, EFG 1990, 401; TK § 236 Rn. 6).

14 **StAnmeldungen.** Wird die Steuer durch Verwendung von Stemplern oder StZeichen entrichtet, geht ihr keine StFestsetzung voraus (§ 167 I 2; aA Klein § 236 Rn. 11: Gleichstellung mit StAnmeldung). StAbzugsbeträge, die nach Anmeldung zu entrichten sind, basieren auf einer StFestsetzung unter Vorbehalt der Nachprüfung (§ 168). Die Reduzierung der angemeldeten KapESt, LSt oder USt ist eine Herabsetzung einer festgesetzten Steuer (vgl. § 168 S. 2). Dies gilt nicht für die Erhöhung des zu versteuernden Einkom-

mens um anzurechnende KapESt, soweit die nachfolgende Anrechnung der StAbzugsbeträge zu einem Erstattungsanspruch führt, da es an einer Herabsetzung der Steuer fehlt (TK § 236 Rn. 14; aA BFH 5.4.2006 – I R 80/04, BFH/NV 2006, 1435; Klein § 236 Rn. 15).

3. Zu verzinsender Betrag

Zu verzinsen ist der zu viel entrichtete Betrag, der auf volle fünfzig Euro nach unten abzurunden ist (§ 238 II). Wirkt sich eine geänderte Verlustfeststellung auf mehrere Veranlagungszeiträume aus, sind die einzelnen Erstattungsbeträge zu addieren. Im Falle der Aufhebung der StFestsetzung ist die gesamte zu erstattende StSchuld zu verzinsen, auch soweit eine erneute Festsetzung zulässig ist. Wird die Steuer während des Klageverfahrens aufgrund der Aufhebung der Vollziehung vor Herabsetzung zurückgezahlt, ist als zu erstattender Betrag die durch das Klageverfahren bewirkte StMinderung anzusetzen. Die vorzeitige Auszahlung wirkt sich lediglich auf die Dauer des Zinslaufs aus. Die Zinsen betragen für jeden vollen Monat 0,5 %. Die Berechnung erfolgt nach den allgemeinen Regeln (vgl. § 238). 17

III. Zinslauf

Beginn. Der Zinslauf beginnt mit dem Tag der Rechtshängigkeit der Klage. Rechtshängig wird die Streitsache mit Erhebung der Klage, dh mit Eingang der Klage bei Gericht (§ 66 FGO). Dies gilt auch für die Erhebung einer Sprungklage (BFH 12.3.1971 – III R 76/69, BStBl. II 1971, 529). Zustellung ist nicht Voraussetzung für die Rechtshängigkeit (anders § 253 I ZPO). Rechtshängigkeit bei unzuständigem Gericht genügt und bleibt nach Verweisung in ihren materiell-rechtlichen Wirkungen erhalten (§ 17b I 2 GVG; Gräber Anh. § 33 Rn. 28). Mit Anbringung der Klage bei der Behörde (§ 47 II FGO) ist diese anhängig, wird aber erst mit Eingang bei Gericht rechtshängig (Klein § 236 Rn. 48). Wird ein Änderungsbescheid oder ein Jahresbescheid zum Gegenstand des Verfahrens, ist für die Berechnung des Zinslaufs die Rechtshängigkeit des ersten angefochtenen Bescheides maßgeblich (Gosch AO § 236 Rn. 31). Erklären die Beteiligten indes das Verfahren gegen einen Vorauszahlungsbescheid wegen Ergehens des Jahresbescheids für erledigt, tritt die für den Beginn des Zinslaufs maßgebliche Rechtshängigkeit erst mit der Erhebung der Klage gegen den Jahresbescheid ein (BFH 30.11.1995 – V R 39/94, BStBl. II 1996, 260). 18

Zahlung (§ 236 I 2). Erfüllt der Stpfl. den StAnspruch nach Rechtshängigkeit, beginnt der Zinslauf erst mit dem Tag der Zahlung. Das gilt auch, soweit ein Dritter verpflichtet ist, den StBetrag an die FB zu entrichten (FG Hamburg 1.9.1992 – IV 20/92 N, EFG 1993, 366). Keine Erfüllungswirkung hat die Zahlung als Sicherheitsleistung (§ 242 S. 2), sodass auch kein Zinsanspruch besteht (FG Hamburg 30.3.1982 – V 190/80, EFG 1983, 56). Wird für einen EStBetrag aufgrund der Anfechtung eines Feststellungsbescheides AdV gewährt, die nach Rücknahme des Rechtsbehelfs zur Zinsfestsetzung gem. § 237 führt, und wird zudem zeitgleich ein Klageverfahren wegen eines anderen Feststellungsbescheides erfolgreich beendet, beginnt die Zinspflicht erst mit der tatsächlichen Zahlung der Steuer und nicht bereits mit Klageerhebung, weil für die Zwischenzeit Aussetzungszinsen entstehen (FG Niedersachsen 11.2.1997 – VII 232/95, EFG 1997, 854; vgl. aber → § 237 Rn. 15). Dies gilt auch, wenn die gezahlte Steuer nach AdV wieder erstattet wurde (BFH 17.5.2022 – VII R 34/19, BStBl. II 2023, 8). 19

Ende. Der Zinslauf endet mit dem Tag der Auszahlung des zu erstattenden Betrages (BFH 26.8.1992 – X B 97/92, BFH/NV 1993, 397). Erlischt der zu verzinsende Anspruch durch Aufrechnung, gilt der Tag, an dem die Schuld des Aufrechnenden fällig wird, als der Tag der Zahlung (→ § 238 Rn. 7). 20

IV. Festsetzung

23 Der Zinsanspruch entsteht mit der Rechtskraft der gerichtlichen Entscheidung oder der Unanfechtbarkeit des VA (BFH 26.4.1985 – III R 24/82, BStBl. II 1985, 546). Mit dem Tag der Auszahlung konkretisiert sich der Umfang des bereits entstandenen Zinsanspruchs. Die Erstattungszinsen sind – auch ohne Antrag des Stpfl. – von Amts wegen festzusetzen (AEAO zu § 236 Nr. 6). Die Festsetzung erfolgt nach den für Steuern geltenden Vorschriften (vgl. § 239). Gegen den (ablehnenden) Zinsbescheid ist der Einspruch statthaft. Für die durch die Gemeinden verwalteten RealSt setzen diese den Zinsanspruch durch Bescheid fest, gegen den der Widerspruch (§ 68 VwGO) stattfindet. Die FB haben den Gemeinden die Berechnungsgrundlagen mitzuteilen (AEAO zu § 236 Nr. 8).

24 Die von der Rspr. (BFH 28.11.1974 – V R 98/70, BStBl. II 1975, 300) zugelassene Verknüpfung der Verpflichtungsklage auf Zahlung von Prozesszinsen mit der Klage gegen den StBescheid ist durch das Gesetz (§ 100 IV FGO) nicht gedeckt (fehlendes Rechtsschutzbedürfnis: BFH 13.7.1989 – IV B 44/88, BFH/NV 1990, 247; FG Köln 17.5.2006 – 15 K 1053/06, EFG 2006, 1532). Eine de lege ferenda gelegentlich befürwortete Entscheidung über die Zinsen bereits im Urteil über die Hauptsache ist mangels in diesem Zeitpunkt noch nicht eingetretener Rechtskraft und Auszahlung wenig überzeugend (so aber TK § 236 Rn. 30; vgl. auch BFH 26.8.1992 – X B 97/92, BFH/NV 1993, 397).

C. Gleichgestellte Tatbestände (Abs. 2)

26 § 236 II erweitert die Zinspflicht auf Tatbestände, in denen die StHerabsetzung zwar nicht unmittelbar durch den gerichtlichen Ausspruch selbst herbeigeführt wird, die herbeigeführte StErmäßigung jedoch Gegenstand eines in der Hauptsache erledigten Rechtsstreits war. In diesen Fällen besteht kein sachlicher Unterschied zu einer StHerabsetzung durch gerichtliche Hauptsacheentscheidung. Die Anordnung der entsprechenden Anwendung des Abs. 1 erfolgt durch Rechtsgrundverweisung, soweit Abs. 2 keine eigenständige Regelung enthält (BFH 15.10.2003 – X R 48/01, BStBl. II 2004, 169). Das hat zur Folge, dass Prozesszinsen nur dann entstehen, wenn der Rechtsstreit kausal für die Herabsetzung der Steuer ist.

I. Erledigung der Hauptsache (Abs. 2 Nr. 1)

27 **Aufhebung oder Änderung.** Wird der Rechtsstreit dadurch in der Hauptsache erledigt, dass der angefochtene VA aufgehoben, geändert oder der beantragte VA erlassen wird, tritt die Zinspflicht nach § 236 II Nr. 1 ein. Unerheblich ist dabei, ob der Rechtsstreit durch übereinstimmende Erledigungserklärung oder Klagerücknahme beendet wird (BFH 13.7.1994 – I R 38/93, BStBl. II 1995, 37). Die Ursache (die Motivation) für die Abhilfe des Klagebegehrens als auch die anzuwendende Änderungsnorm ist unbeachtlich. Gleichgültig ist zudem, ob es sich um den erstmaligen Erlass des VA über die beantragte StVergütung oder die Aufhebung oder Änderung eines Berichtigungs-, Nachforderungs- oder Änderungsbescheides handelt. Ändert die FB einen Grundlagenbescheid im Einspruchsverfahren und erledigt sich hierdurch die anhängige Klage gegen den Folgebescheid, beruht die Erstattung mangels Kausalität nicht auf einer gerichtlichen Entscheidung (BFH 15.10.2003 – X R 48/01, BStBl. II 2004, 169 sowie → Rn. 6). § 236 II Nr. 2a greift mangels Rechtshängigkeit einer Klage gegen den Grundlagenbescheid ebenfalls nicht. Ebenso erfüllt die Auszahlung eines festgesetzten Erstattungsbetrages nach Erhebung einer **Leistungsklage** nicht die Voraussetzungen der Nr. 1, da nicht die Änderung oder erstmalige Festsetzung, sondern lediglich deren Vollzug erstrebt wird (aA TK § 236 Rn. 15). Insoweit käme allenfalls analoge Anwendung des § 291 BGB in Betracht.

28 **Erledigung des Rechtsstreits** tritt nicht bereits mit Eintritt des erledigenden Ereignisses ein, also der Erledigung der Hauptsache, sondern erst mit dessen prozessualer

Berücksichtigung (Gräber FGO § 138 Rn. 2; Mössner NJW 1970, 175). Mit Beendigung der Rechtshängigkeit ist der Rechtsstreit erledigt. Dies kann durch Abgabe übereinstimmender Erledigungserklärungen, gerichtliche Feststellung der Erledigung oder Klagrücknahme erfolgen (BFH 13.7.1994 – I R 38/93, BStBl. II 1995, 37; BFH 11.4.2013 – III R 11/12, BStBl. II 2013, 665). Wird ein Teilabhilfebescheid zum Gegenstand des Rechtsstreits (§ 68 FGO), entsteht der Zinsanspruch nicht bereits aufgrund der insoweit eingetretenen Unanfechtbarkeit, sondern erst mit Beendigung der Rechtshängigkeit der Klage (BFH 14.7.1993 – I R 33/93, BFH/NV 1994, 438; aA FG Münster 19.1.1993 – 6 K 4720/92, EFG 1993, 363; TK § 236 Rn. 16).

II. Änderung bzw. Aufhebung von Grundlagenbescheiden (Abs. 2 Nr. 2)

Wird durch eine rechtskräftige gerichtliche Entscheidung oder einen unanfechtbaren VA, der die Erledigung des Rechtsstreits bewirkt hat, ein Grundlagenbescheid geändert oder aufgehoben, fehlt es an der einen Zinsanspruch auslösenden StHerabsetzung. Diese erfolgt erst mittelbar im Folgebescheid. § 236 II Nr. 2a stellt die durch einen Rechtsstreit über den Grundlagenbescheid ausgelöste Folgeänderung der unmittelbaren StHerabsetzung gleich (vgl. zum dreistufigen Festsetzungsverfahren bei der GrSt BFH 24.5.2023 – II R 23/20, BFH/NV 2023, 1335). **Grundlagenbescheid** ist jeder VA, der für die StFestsetzung Bindungswirkung entfaltet (§ 171 X), gleichgültig, ob er durch eine andere Behörde (zB Feststellung nach SGB IX) erlassen und vor einem anderen Gericht angefochten wurde (FG München 11.12.2007 – 13 K 1912/06, EFG 2008, 716). Korrespondenzregelungen haben keine Grundlagenbescheidwirkung (vgl. BFH 18.9.2012 – VIII R 9/09, BStBl. II 2013, 149 zum Verhältnis von KSt- und EStBescheid). Die Eintragung eines Freibetrages auf die LStKarte hat Bindungswirkung für die LStAnmeldung des Arbeitgebers, jedoch nicht für das nachfolgende Veranlagungsverfahren. Die StHerabsetzung im Folgebescheid muss indes auf der Änderung des Grundlagenbescheides beruhen (vgl. FG Niedersachsen 13.5.2003 – 13 K 508/98, EFG 2003, 1514). Deshalb entsteht kein Zinsanspruch bei Änderung aufgrund einer einem anderen Zollschuldner erteilten verbindlichen Tarifauskunft (BFH 13.7.1993 – VII B 6/93, BFH/NV 1994, 289). Führt die im Klageverfahren erfolgte Änderung des angefochtenen Gewinnfeststellungsbescheides zu einer abweichenden Ermittlung des Verlustrücktrags, ist die hierdurch ausgelöste EStErstattung zu verzinsen (BFH 16.11.2000 – XI R 31/00, BStBl. II 2002, 119; FG Niedersachsen 13.5.2003 – 13 K 508/98, EFG 2003, 1514 für den Fall der Verlustersetzung). Die StErstattung eines Feststellungsbeteiligten, dessen EStBescheid aufgrund der gerichtlichen Anfechtung eines Grundlagenbescheides geändert wird, ist selbst dann zu verzinsen, wenn er nicht Beteiligter im Verfahren gegen den Grundlagenbescheid war (BFH 17.1.2007 – X R 19/06, BStBl. II 2007, 506). Erlässt das FA nach gerichtlicher Aufhebung eines rechtswidrigen Grundlagenbescheids statt eines Folgebescheides erneut einen rechtswidrigen Grundlagenbescheid, der durch das FG aufgehoben wird, entstehen Zinsen bereits seit der Rechtshängigkeit des ersten Verfahrens (BFH 24.5.2023 – II R 23/20, BFH/NV 2023, 1335). 29

§ 236 II Nr. 2b gewährleistet eine Verzinsung für Folgeänderungen nach § 35b GewStG. ESt-, KSt- und Gewinnfeststellungsbescheide sind keine Grundlagenbescheide für den GewSt-Messbescheid, sodass bei Änderung dieser Bescheide für die nachfolgende Anpassung des GewSt-Messbescheides ein Zinsanspruch nach Nr. 2a nicht besteht. 30

D. Ausschluss der Verzinsung (Abs. 3)

Beruht die obsiegende Entscheidung auf Tatsachen, die der Beteiligte erst vorwerfbar verspätet geltend gemacht oder bewiesen hat, können ihm nach § 137 S. 1 FGO die Kosten des Rechtsstreits ganz oder teilweise auferlegt werden. Entspr. dem Umfang der Kostentragungspflicht („soweit") versagt § 236 III die Verzinsung, weil bei rechtzeitigem Vorbringen die Klage hätte vermieden werden können, also ein Zinsanspruch ebenfalls 33 nicht entstanden wäre. § 236 III ist verfassungsgemäß (FG Bremen 28.4.1992 – II 143/87 K, EFG 1992, 503). Der Zinsanspruch ist ausgeschlossen, soweit dem Kläger die Kosten durch das Gericht tatsächlich (ggf. auch zu Unrecht) auferlegt wurden. Unerheblich ist, ob die Kostenentscheidung im Urteil oder Beschluss nach Hauptsacheerledigung (§ 138 II 2 FGO) getroffen wird. Im Fall der Klagerücknahme hat der Kläger die Kosten gem. § 136 II FGO zu tragen. Dies schließt einen Zinsanspruch grds. nicht aus (BFH 13.7.1994 – I R 38/93, BStBl. II 1995, 37; aA FG Saarland 28.2.1992 – 12 K 6154/90, EFG 1992, 385). Dies gilt auch bei Rücknahme zur Vermeidung der Kostenentscheidung nach § 137 S. 1 FGO (BFH 11.4.2013 – III R 11/12, BStBl. II 2013, 665).

E. Anrechnung bei Vollverzinsung (Abs. 4)

35 Seit Einführung der Vollverzinsung nach § 233a kann es zur Anspruchskonkurrenz kommen. Zur Vermeidung einer Doppelverzinsung ordnet § 236 IV ausdrücklich die Anrechnung der für denselben Zeitraum festgesetzten Zinsen nach § 233a an (BFH 30.8.2010 – VIII B 66/10, BFH/NV 2011, 1825). Die Anrechnung ist bereits bei der Festsetzung zu berücksichtigen (FG München 1.4.2019 – 2 K 787/18, EFG 2020, 970). Erfolgt die Festsetzung nach § 233a nach Bekanntgabe des Zinsbescheides über Prozesszinsen, ist dieser nach § 175 I 1 Nr. 1 zu ändern (TK § 236 Rn. 30). Der Zinsbescheid nach § 233a ist Grundlagenbescheid für die Festsetzung der Prozesszinsen (vgl. Eich KÖSDI 1998, 11484).

F. Nachträgliche Änderung des Steuerbescheides (Abs. 5)

37 Für die Bemessung der Prozesszinsen ist ausschl. das Ergebnis des Klageverfahrens ausschlaggebend (BR-Drs. 612/93, 105). Die Aufhebung, Änderung oder Berichtigung des StBescheides nach § 129 nach Abschluss des Rechtsbehelfsverfahrens wirkt sich auf die Zinsfestsetzung seit Inkrafttreten des § 236 V am 30.12.1993 nicht mehr aus (Art. 97 § 15 VI EGAO). Die gegenteilige frühere Rspr. (BFH 25.3.1992 – I R 159/90, BStBl. II 1992, 997) gilt lediglich noch für eine Änderung der StFestsetzung vor dem 31.12.1993.

G. Haftungsansprüche (Abs. 6)

38 § 236 galt bisher nicht für Haftungsansprüche (→ Rn. 11; BFH 23.8.2012 – VI B 53/12, BFH/NV 2012, 1938; BGH 16.11.2000 – III ZR 1/00, DStRE 2001, 222). Der Erstattungsanspruch infolge der Aufhebung des Haftungsbescheids sowie die Herabsetzung des Haftungsanspruchs durch Urteil waren nicht zu verzinsen. Durch Anfügung des Abs. 6 durch das JStG 2024 (→ Rn. 2) wird der Anwendungsbereich nunmehr zugunsten der Haftungsschuldner auf erstattete Haftungsansprüche erstreckt. Nach § 236 VI werden erstattete Haftungsbeträge verzinst, soweit sich die Haftung auf Steuern oder die Rückforderung einer StVergütung erstreckt. Auf Erstattungsbeträge aus der Haftung für steuerliche Nebenleistungen findet die Neuregelung keine Anwendung.

§ 237 Zinsen bei Aussetzung der Vollziehung

(1) [1]**Soweit ein Einspruch oder eine Anfechtungsklage gegen einen Steuerbescheid, eine Steueranmeldung oder einen Verwaltungsakt, der einen Steuervergütungsbescheid aufhebt oder ändert, oder gegen eine Einspruchsentscheidung über einen dieser Verwaltungsakte endgültig keinen Erfolg gehabt hat, ist der geschuldete Betrag, hinsichtlich dessen die Vollziehung des angefochtenen Verwaltungsakts ausgesetzt wurde, zu verzinsen.** [2]**Satz 1 gilt entsprechend, wenn**

nach Einlegung eines förmlichen außergerichtlichen oder gerichtlichen Rechtsbehelfs gegen einen Grundlagenbescheid (§ 171 Absatz 10) oder eine Rechtsbehelfsentscheidung über einen Grundlagenbescheid die Vollziehung eines Folgebescheids ausgesetzt wurde.

(2) [1]**Zinsen werden erhoben vom Tag des Eingangs des außergerichtlichen Rechtsbehelfs bei der Behörde, deren Verwaltungsakt angefochten wird, oder vom Tag der Rechtshängigkeit beim Gericht an bis zum Tag, an dem die Aussetzung der Vollziehung endet.** [2]**Ist die Vollziehung erst nach dem Eingang des außergerichtlichen Rechtsbehelfs oder erst nach der Rechtshängigkeit ausgesetzt worden, so beginnt die Verzinsung mit dem Tag, an dem die Wirkung der Aussetzung der Vollziehung beginnt.**

(3) **Absätze 1 und 2 sind entsprechend anzuwenden, wenn nach Aussetzung der Vollziehung des Einkommensteuerbescheids, des Körperschaftsteuerbescheids oder eines Feststellungsbescheids die Vollziehung eines Gewerbesteuermessbescheids oder Gewerbesteuerbescheids ausgesetzt wird.**

(4) **§ 234 Absatz 2 und 3 gelten entsprechend.**

(5) **Ein Zinsbescheid ist nicht aufzuheben oder zu ändern, wenn der Steuerbescheid nach Abschluss des Rechtsbehelfsverfahrens aufgehoben, geändert oder nach § 129 berichtigt wird.**

(6) **Die Absätze 1 bis 5 gelten für festgesetzte Haftungsansprüche entsprechend, soweit sich die Haftung auf Steuern und zurückzuzahlende Steuervergütungen erstreckt.**

Schrifttum: Bauhaus, Zinsanspruch bei Aussetzung der Vollziehung eines Folgebescheids, AO-StB 2004, 4; Kamps, Gesamtschuldnerschaft von Ehegatten für Aussetzungszinsen im Fall einer Folgeaussetzung?, AO-StB 2007, 133; Seer, Aufgedrängte Aussetzung der Vollziehung, Ubg 2008, 249; Bergmann, Rechtsschutz gegen aufgedrängte AdV und nachfolgende Zinsforderungen – Zugleich Anmerkung zum BFH 9.5.2012, I R 91/10, DStR 2013, 1651.

A. Allgemeines

Anwendungsbereich. § 237 bezieht sich auf Steuern einschl. zurückzuzahlender StErstattungen und zurückgeforderter StVergütungen. Für Rückzahlungsansprüche wegen überzahlter Prämien und Zulagen gilt die Zinsregelung, soweit auf diese die Vorschriften über StVergütungen entspr. anzuwenden sind (zB § 8 I 1 WoPG, § 14 III VermBG, § 15 I EigZulG, § 14 InvZulG 2010). Die AdV für Einfuhr- und Ausfuhrabgaben wird durch Art. 45 UZK zwar eigenständig geregelt. Eine Anwendung nationalen Rechts zur Ausfüllung verbleibender Lücken wird hierdurch aber nicht ausgeschlossen (Witte Vorb. Art. 112 Rn. 5). § 237 findet deshalb auch auf Einfuhr- und Ausfuhrabgaben Anwendung (TK § 237 Rn. 3; Klein § 237 Rn. 3; aA FG Baden-Württemberg 24.3.2023 – 11 V 2313/22, BeckRS 2023, 10055). Zu Aussetzungszinsen für Zuckerabgaben nach § 12 I MOG iVm § 237 I vgl. FG Düsseldorf 14.6.2023 – 4 K 1738/22 AO, EFG 2023, 1598, Rev. VII R 14/23. Die KiStG der Länder sehen grds. keine Zinspflicht vor (Ausnahmen: Baden-Württemberg und Berlin, → § 233 Rn. 9). Demgegenüber enthalten die KAG der Länder umfassende Verweisungsvorschriften auf die AO, sodass eine Zinspflicht auch bei AdV von örtlichen Verbrauch- und Aufwandsteuern entstehen kann (→ § 233 Rn. 8). Nicht zu den Steuern gehören Haftungsansprüche und steuerliche Nebenleistungen, sodass § 237 keine Anwendung fand (BFH 25.7.1989 – VII R 39/86, BStBl. II 1989, 821). Nach Anfügung des Abs. 6 durch Art. 13 Nr. 16 WachstChG v. 27.3.2024 (BGBl. 2024 I Nr. 108) gelten die Abs. 1 bis 5 gem. Art. 97 § 15 XVIII EGAO entspr. für alle Haftungsansprüche, die nach dem 31.12.2024 entstehen. Für steuerliche Nebenleistungen bleibt es bei der Unanwendbarkeit. 1

Urteils nicht hindern (FG Köln 13.9.2000 – 1 K 8573/99, EFG 2001, 59). Erfasst wird jede verfahrensbeendende Art der Erledigung, also auch die übereinstimmende Erledigungserklärung (Klein § 237 Rn. 12; BFH 14.6.2017 – I R 38/15, BStBl. II 2018, 2; BFH 9.12.1998 – XI R 24/98, BStBl. II 1999, 201). Eine nachfolgende Verfassungsbeschwerde zögert als Rechtsschutzmittel besonderer Art den Eintritt der Verfahrensbeendigung nicht hinaus (BFH 11.2.1987 – II R 176/84, BStBl. II 1987, 320; BFH 14.6.2007 – VII B 185/06, BFH/NV 2007, 2055). Solange über einen Fortsetzungsantrag nach § 72 II 3 FGO oder die Wirksamkeit einer Erledigungserklärung nicht entschieden ist, tritt dagegen keine endgültige Erfolglosigkeit ein (BFH 7.2.2005 – IX B 185/03, BFH/NV 2005, 836).

10 **Erfolglosigkeit** tritt ein, soweit dem Rechtsbehelfsbegehren nicht stattgegeben wird. Auf die Gründe des Unterliegens kommt es nicht an (BFH 5.9.2011 – X B 144/10, BFH/NV 2012, 3). Dies gilt auch für den Fall der rechtsirrigen Klageabweisung (vgl. BFH 17.5.2001 – X B 69/00, BFH/NV 2001, 1521). Für das Ausmaß der Erfolglosigkeit ist das der Aussetzung zugrunde liegende Begehren mit der endgültigen StFestsetzung zu vergleichen. So führt die Beschränkung des Einspruchsbegehrens, die einverständliche teilweise Änderung oder die Klageabweisung im Umfang des Unterliegens („soweit") zur Erfolglosigkeit (BFH 27.11.1991 – X R 103/89, BStBl. II 1992, 319). Eine Klage bleibt deshalb auch dann erfolglos, wenn das FG der Rechtsauffassung des Stpfl. folgt, die Klage aber abweist, weil die Steuer sich wegen einer gegenläufigen Fehlerberichtigung oder einer sich vermindernden GewStRückstellung nicht ändert (BFH 9.6.2015 – III R 64/13, BFH/NV 2015, 1338; FG Niedersachsen 29.3.1990 – VI 511/85, EFG 1991, 367; FG Köln 9.10.1991 – 6 K 432/90, EFG 1992, 384). Hat das Klagebegehren in vollem Umfang Erfolg, entstehen auch dann keine Aussetzungszinsen, wenn das FA fehlerhaft einen zu hohen StBetrag ausgesetzt hat (BFH 31.8.2011 – X R 49/09, BStBl. II 2012, 219). Ficht der Stpfl. einen Vorauszahlungsbescheid an, führt die nachfolgende Festsetzung im Jahresbescheid in Höhe der endgültigen Steuer zur Erfolglosigkeit (FG Köln 4.12.1992 – 6 V 666/92, EFG 1993, 281).

II. Grundlagenbescheid (Abs. 1 S. 2)

12 Folgebescheide sind gem. § 361 III 1, § 69 II 4 FGO von der Vollziehung auszusetzen, soweit der Grundlagenbescheid von der Vollziehung ausgesetzt wurde. Die AdV hat unabhängig davon zu erfolgen, ob der Folgebescheid angefochten wurde oder bestandskräftig ist. Die hierdurch für die Zinspflicht entstehende Regelungslücke schließt § 237 I 2 mWv 1.1.1987 (Art. 97 § 15 I 2 EGAO). Zur Rechtslage vor Inkrafttreten bei Anfechtung außersteuerlicher Grundlagenbescheide vgl. BFH 20.9.1995 – I R 176/94, BStBl. II 1996, 212. Zu den Grundlagenbescheiden zählen alle Bescheide iSd § 171 X, einschl. außersteuerlicher VA, wie zB die Anerkennung der Körperbehinderung (TK § 237 Rn. 5). Der Zinsanspruch entsteht grds. mit endgültigem Abschluss des Verfahrens gegen den Grundlagenbescheid, auch wenn der Stpfl. nur als Beigeladener am Verfahren teilnimmt (BFH 10.10.2012 – VIII R 56/10, BStBl. II 2013, 107). Die endgültige Erfolglosigkeit ist ausschließlich anhand des Verfahrensausgangs gegen den Grundlagenbescheid zu beurteilen (BFH 31.8.2011 – X R 49/09, BStBl. II 2012, 219). Dies gilt auch, wenn der Grundlagenbescheid wegen fehlender Bedeutung für die Besteuerung iSd § 151 I BewG vom ErbSt-FA nicht umgesetzt wird (BFH 10.4.2024 – II R 14/21, BStBl. II 2024, 730). Sind sowohl der Grundlagenbescheid als auch der Folgebescheid angefochten, hängt die Anwendbarkeit des § 237 I 2 davon ab, ob die AdV des Folgebescheides lediglich als Folge der AdV des Grundlagenbescheides anzusehen ist (ähnlich TK § 237 Rn. 14). Wird das Ende der AdV mit dem Ausgang des Verfahrens gegen den Folgebescheid verknüpft, entsteht der Anspruch auf Aussetzungszinsen erst bei unanfechtbarer Erledigung dieses Verfahrens (BFH 18.7.1994 – X R 33/91, BStBl. II 1995, 4). Endet die Anfechtung des Grundlagenbescheides erfolgreich, sind für den Folgebescheid keine Zinsen festzusetzen, auch wenn der ausgesetzte StBetrag aufgrund einer gegenläufigen Änderung in einem

notwendigen Daten mitzuteilen (AEAO zu § 237 Nr. 7). Zinsbescheide der FB sind mit Einspruch und Zinsbescheide der Gemeinde mit Widerspruch (§ 68 VwGO) anfechtbar.

I. Voraussetzungen des Zinsanspruchs (Abs. 1 S. 1)

1. Aussetzung der Vollziehung

Die Zinspflicht ist an den Aufschub der Zahlungsverpflichtung durch AdV gebunden. 6
Wird die Vollziehung nach Erhebung von Einspruch oder Klage bestandskräftig ausgesetzt, ist unerheblich, ob sie auf Antrag oder von Amts wegen aufgrund fehlerhafter Beurteilung oder zu Recht erfolgt (BFH 18.7.1994 – X R 33/91, BStBl. II 1995, 4; FG München 21.2.2018 – 4 K 1477/17, EFG 2018, 714; anders zu Recht bei Unwirksamkeit des StBescheids BFH 4.6.2008 – I R 72/07, BFH/NV 2008, 1977). Dagegen genügt zu Unrecht gewährte AdV wegen Verfassungsbeschwerde mangels Rechtsbehelf iSd § 237 nicht (BFH 11.2.1987 – II R 176/84, BStBl. II 1987, 320). Die AdV wirkt für die Dauer ihrer Anordnung, längstens jedoch bis zum Abschluss des Hauptsacheverfahrens (BFH 26.1.1973 – III S 2/72, BStBl. II 1973, 456). Setzt das FG die Vollziehung bis zum rechtskräftigen Abschluss des Hauptsacheverfahrens aus und gibt es der Klage statt, die sodann auf Revision vom BFH abgewiesen wird, fallen für die gesamte Dauer Zinsen an (Klein § 237 Rn. 18; aA TK § 237 Rn. 10). Zinsen entstehen nur, soweit für den VA tatsächlich Aussetzung gewährt wurde (BFH 12.12.2007 – XI R 25/07, BFH/NV 2008, 339). Die AdV des EStBescheides berechtigt nicht zur Zinserhebung für einen aus dem vollziehbaren EStVorauszahlungsbescheid geschuldeten Betrag (BFH 7.7.1994 – XI B 3/94, BStBl. II 1994, 785). Billigkeitsmaßnahmen, wie Stundung und VollstrAufschub, stehen der AdV nicht gleich. Sie lösen eigenständige Zinspflicht oder Säumniszuschläge aus.

2. Angefochtener Verwaltungsakt

§ 237 erfasst nicht jeden VA, aus dem ein Zahlungsanspruch resultiert, sondern nur 7
Bescheide über StAnsprüche (§§ 155 I, 167 I) und die Rückforderung von StVergütungen. Zu den in S. 1 genannten VA gehört auch der Bescheid über die Rückforderung einer StErstattung infolge Änderung der StFestsetzung oder die Aufhebung und Rückforderung des Kindergeldes (§ 31 S. 3 EStG). Auf Prämien und Zulagen finden zumeist die Vorschriften über StVergütungen entspr. Anwendung (zB §§ 15 I EigZulG, 8 I 1 WoPG), sodass in diesem Fall auch die Bescheide über die Rückforderung dieser Leistungen unter § 237 fallen. Kein StBescheid ist dagegen ein Haftungsbescheid (s. zur LStHaftung FG Niedersachsen 30.9.2010 – 11 K 279/09, EFG 2011, 504). Auf ihn sind die Vorschriften über StBescheide jedoch entspr. anzuwenden, soweit sich die Haftung auf Steuern und zurückzuzahlende StVergütungen erstreckt, die nach dem 31.12.2024 entstanden sind (→ Rn. 21). § 237 greift schließlich nicht ein für Abrechnungsbescheide nach § 218 II, Aufteilungsbescheide (§ 279) und steuerliche Nebenleistungen.

3. Endgültige Erfolglosigkeit des Rechtsbehelfs

Der Zinsanspruch knüpft mit dem Merkmal der endgültigen Erfolglosigkeit an die 8
formelle Verfahrensbeendigung an (vgl. zu einem Sonderfall FG Niedersachsen 11.12.2006 – 14 K 390/02, DStRE 2007, 1138; ggf. § 237 IV). Er entsteht mit unanfechtbarem Abschluss des Verfahrens, nicht bereits mit einer Verständigung über die Besteuerungsgrundlagen, Klärung der Rechtslage, AdV des angefochtenen VA oder Aufhebung der Aussetzungsverfügung (BFH 29.5.2007 – VIII B 205/06, BFH/NV 2007, 1634).

Endgültig keinen Erfolg hat ein Einspruch oder eine Anfechtungsklage außer im Fall 9
der Rücknahme des Rechtsbehelfs insb. mit Bestandskraft des zurückweisenden Einspruchs und rechtskräftiger Klagabweisung, weil das Urteil entweder nicht angefochten wurde, eine Nichtzulassungsbeschwerde oder die Revision erfolglos blieb bzw. die Klage auf Revision hin abgewiesen wurde (BFH 7.7.1994 – XI B 3/94, BStBl. II 1994, 785). Ein nicht statthaftes oder verspätet eingelegtes Rechtsmittel kann den Eintritt der Rechtskraft des

Urteils nicht hindern (FG Köln 13.9.2000 – 1 K 8573/99, EFG 2001, 59). Erfasst wird jede verfahrensbeendende Art der Erledigung, also auch die übereinstimmende Erledigungserklärung (Klein § 237 Rn. 12; BFH 14.6.2017 – I R 38/15, BStBl. II 2018, 2; BFH 9.12.1998 – XI R 24/98, BStBl. II 1999, 201). Eine nachfolgende Verfassungsbeschwerde zögert als Rechtsschutzmittel besonderer Art den Eintritt der Verfahrensbeendigung nicht hinaus (BFH 11.2.1987 – II R 176/84, BStBl. II 1987, 320; BFH 14.6.2007 – VII B 185/06, BFH/NV 2007, 2055). Solange über einen Fortsetzungsantrag nach § 72 II 3 FGO oder die Wirksamkeit einer Erledigungserklärung nicht entschieden ist, tritt dagegen keine endgültige Erfolglosigkeit ein (BFH 7.2.2005 – IX B 185/03, BFH/NV 2005, 836).

10 **Erfolglosigkeit** tritt ein, soweit dem Rechtsbehelfsbegehren nicht stattgegeben wird. Auf die Gründe des Unterliegens kommt es nicht an (BFH 5.9.2011 – X B 144/10, BFH/NV 2012, 3). Dies gilt auch für den Fall der rechtsirrigen Klageabweisung (vgl. BFH 17.5.2001 – X B 69/00, BFH/NV 2001, 1521). Für das Ausmaß der Erfolglosigkeit ist das der Aussetzung zugrunde liegende Begehren mit der endgültigen StFestsetzung zu vergleichen. So führt die Beschränkung des Einspruchsbegehrens, die einverständliche teilweise Änderung oder die Klageabweisung im Umfang des Unterliegens („soweit") zur Erfolglosigkeit (BFH 27.11.1991 – X R 103/89, BStBl. II 1992, 319). Eine Klage bleibt deshalb auch dann erfolglos, wenn das FG der Rechtsauffassung des Stpfl. folgt, die Klage aber abweist, weil die Steuer sich wegen einer gegenläufigen Fehlerberichtigung oder einer sich vermindernden GewStRückstellung nicht ändert (BFH 9.6.2015 – III R 64/13, BFH/NV 2015, 1338; FG Niedersachsen 29.3.1990 – VI 511/85, EFG 1991, 367; FG Köln 9.10.1991 – 6 K 432/90, EFG 1992, 384). Hat das Klagebegehren in vollem Umfang Erfolg, entstehen auch dann keine Aussetzungszinsen, wenn das FA fehlerhaft einen zu hohen StBetrag ausgesetzt hat (BFH 31.8.2011 – X R 49/09, BStBl. II 2012, 219). Ficht der Stpfl. einen Vorauszahlungsbescheid an, führt die nachfolgende Festsetzung im Jahresbescheid in Höhe der endgültigen Steuer zur Erfolglosigkeit (FG Köln 4.12.1992 – 6 V 666/92, EFG 1993, 281).

II. Grundlagenbescheid (Abs. 1 S. 2)

12 Folgebescheide sind gem. § 361 III 1, § 69 II 4 FGO von der Vollziehung auszusetzen, soweit der Grundlagenbescheid von der Vollziehung ausgesetzt wurde. Die AdV hat unabhängig davon zu erfolgen, ob der Folgebescheid angefochten wurde oder bestandskräftig ist. Die hierdurch für die Zinspflicht entstehende Regelungslücke schließt § 237 I 2 mWv 1.1.1987 (Art. 97 § 15 I 2 EGAO). Zur Rechtslage vor Inkrafttreten bei Anfechtung außersteuerlicher Grundlagenbescheide vgl. BFH 20.9.1995 – I R 176/94, BStBl. II 1996, 212. Zu den Grundlagenbescheiden zählen alle Bescheide iSd § 171 X, einschl. außersteuerlicher VA, wie zB die Anerkennung der Körperbehinderung (TK § 237 Rn. 5). Der Zinsanspruch entsteht grds. mit endgültigem Abschluss des Verfahrens gegen den Grundlagenbescheid, auch wenn der Stpfl. nur als Beigeladener am Verfahren teilnimmt (BFH 10.10.2012 – VIII R 56/10, BStBl. II 2013, 107). Die endgültige Erfolglosigkeit ist ausschließlich anhand des Verfahrensausgangs gegen den Grundlagenbescheid zu beurteilen (BFH 31.8.2011 – X R 49/09, BStBl. II 2012, 219). Dies gilt auch, wenn der Grundlagenbescheid wegen fehlender Bedeutung für die Besteuerung iSd § 151 I BewG vom ErbSt-FA nicht umgesetzt wird (BFH 10.4.2024 – II R 14/21, BStBl. II 2024, 730). Sind sowohl der Grundlagenbescheid als auch der Folgebescheid angefochten, hängt die Anwendbarkeit des § 237 I 2 davon ab, ob die AdV des Folgebescheides lediglich als Folge der AdV des Grundlagenbescheides anzusehen ist (ähnlich TK § 237 Rn. 14). Wird das Ende der AdV mit dem Ausgang des Verfahrens gegen den Folgebescheid verknüpft, entsteht der Anspruch auf Aussetzungszinsen erst bei unanfechtbarer Erledigung dieses Verfahrens (BFH 18.7.1994 – X R 33/91, BStBl. II 1995, 4). Endet die Anfechtung des Grundlagenbescheides erfolgreich, sind für den Folgebescheid keine Zinsen festzusetzen, auch wenn der ausgesetzte StBetrag aufgrund einer gegenläufigen Änderung in einem

anderen Grundlagenbescheid nachgezahlt werden muss (BFH 27.10.2003 – X B 36/03, BFH/NV 2004, 158; FG Köln 22.1.2003 – 5 K 6622/00, EFG 2003, 898).

C. Zinslauf (Abs. 2)

Der Zinslauf erstreckt sich über den Zeitraum, für den während eines anhängigen Rechtsbehelfsverfahrens eine Aussetzung wirksam erfolgte. Das Ruhen oder die Aussetzung des Verfahrens (§ 74 FGO) unterbrechen den Zinslauf nicht. Der Zinslauf endet erst, wenn das Verfahren nach Wiederaufnahme rechtskräftig abgeschlossen wird (wohl auch TK § 237 Rn. 15). 14

Beginn. Er beginnt grds. mit dem Tag, für den die Aussetzung wirksam wird (§ 237 II 2). Bei rückwirkender Aufhebung der Vollziehung ist deshalb der Tag maßgeblich, auf den die Aufhebung der Vollziehung zurückbezogen wurde (TK § 237 Rn. 16; aA Schwarz/Pahlke/Keß § 237 Rn. 36). Anstelle bereits verwirkter Säumniszuschläge, die durch die Aufhebung entfallen, tritt die Zinspflicht (vgl. BFH 10.12.1986 – I B 121/86, BStBl. II 1987, 389; Klein § 237 Rn. 17). Der Tag des Eingangs des Rechtsbehelfs bei der zuständigen Behörde oder der Rechtshängigkeit der Klage ist der früheste Zinsbeginn (§ 237 II 1), soweit bereits zu diesem Zeitpunkt die Vollziehung ausgesetzt ist. Auch für Folgebescheide ist der Zeitpunkt maßgeblich, für den die Aussetzung erstmals wirksam wird (FG München 31.3.1994 – 15 K 4403/88, EFG 1994, 996). 15

Ende. Der Zinslauf endet mit dem Tag, an dem die AdV endet. Das Erlöschen des StAnspruchs durch vorzeitige Erfüllung beendet zugleich die Aussetzung (BFH 27.11.1991 – X R 103/89, BStBl. II 1992, 319; BFH 5.9.2011 – X B 144/10, BFH/NV 2012, 3). Dabei wirkt die Aufrechnung entgegen § 389 BGB lediglich auf den Fälligkeitstag der Schuld des Aufrechnenden zurück (→ § 238 Rn. 7). In die Berechnung des Zinslaufs wird sowohl der erste als auch der letzte Tag der Aussetzung einbezogen. Ob die Dauer des Zinslaufs auf schuldhafter Verfahrensverzögerung beruht, ist unerheblich (BFH 29.9.2010 – XI B 74/09, BFH/NV 2011, 194). 16

D. Gewerbesteuer (Abs. 3)

Im Hinblick auf § 35b GewStG wird für das Aussetzungsverfahren zwischen Feststellungs-, ESt- bzw. KStBescheiden und dem GewSt-Messbescheid ein dem Grundlagen- und Folgebescheid vergleichbares Verhältnis angenommen hat (BFH 21.12.1993 – VIII B 107/93, BStBl. II 1994, 300). GewSt-Messbescheide sind jedoch keine Folgebescheide der in Abs. 3 genannten Ertragsteuerbescheide, sodass § 237 I 2 nicht greift. Diesem Umstand trägt § 237 III Rechnung, indem er die sinngemäße Anwendung der Abs. 1 und 2 anordnet, wenn nach AdV eines Ertragssteuerbescheides die Vollziehung des GewSt-Messbescheides oder GewStBescheides ausgesetzt wird. 17

E. Zinsverzicht (Abs. 4)

Die FB kann auf Aussetzungszinsen aus Billigkeitsgründen unter denselben Voraussetzungen wie bei Stundungszinsen verzichten (vgl. zunächst → § 234 Rn. 18 ff.). Die Voraussetzungen für persönliche und sachliche Billigkeitsgründe decken sich mit denjenigen aus §§ 163, 227 (BFH 18.4.1996 – V R 55/95, BStBl. II 1996, 561; BFH 31.3.2010 – II R 2/09, BFH/NV 2010, 1602; FG Münster 4.4.2017 – 15 K 2127/14 AO, EFG 2017, 960). Gründe für einen Billigkeitserlass sind idR nicht eine überlange Verfahrensdauer (BFH 13.9.1991 – IV B 105/90, BStBl. II 1992, 148; vgl. zu extrem langen Verfahren FG Hessen 27.1.2004 – 13 K 1697/02, BeckRS 2004, 26017843; BFH 27.4.2016 – X R 1/15, BStBl. II 2016, 840: keine Verwirkung; nachgehend BVerfG 4.6.2018 – 1 BvR 1928/ 18

16, BFH/NV 2018, 1134), auch nicht bei schuldhaft verspäteter Entscheidung (BFH 19.2.1996 – I B 86/95, BFH/NV 1996, 725; FG Köln 10.10.2013 – 10 K 1162/11, EFG 2014, 170 zu Verständigungsverfahren), die für eine Sicherheitsleistung entstandenen Kosten der Aussetzung (FG Hessen 11.11.1996 – 6 K 1579/94, EFG 1997, 451), eine Zinsdifferenz zwischen AdVZinsen und Guthabenzinsen der Sicherheitsleistung (FG Berlin-Brandenburg 10.8.2011 – 7 K 7105/09, EFG 2012, 384; BFH 25.4.2013 – V R 29/11, BStBl. II 2013, 767), die im Rechtsbehelfsverfahren erfolgte vollständige Kompensation des erfolgreichen Begehrens mit nachträglich festgestellten steuererhöhenden Tatsachen (FG Köln 9.10.1991 – 6 K 432/90, EFG 1992, 384) oder die rückwirkende Heilung des rechtswidrigen Abgabenbescheids (BVerwG 9.3.1984 – 8 C 45/82, HFR 1985, 286). Dagegen kann Erlass der Aussetzungszinsen gerechtfertigt sein, wenn die Voraussetzungen für eine technische Stundung vorlagen (FG Niedersachsen 27.5.1986 – V 564/85, EFG 1986, 539; FG Hamburg 22.5.1997 – II 22/95, EFG 1997, 1355) bzw. eine stundungsähnliche Situation vorliegt (FG Niedersachsen 19.8.1997 – VI 651/93, EFG 1998, 170; aA FG Niedersachsen 14.11.1985 – VI 46/84, EFG 1986, 271), die Aussetzung auf einem besonders schwerwiegenden Verstoß gegen Ermittlungs- oder Anhörungspflichten beruht (FG Düsseldorf 29.6.1983 – IV 150/82 AO, EFG 1984, 104), das zeitliche Zusammentreffen eines später erfolglosen Rechtsbehelfs eines von der Vollziehung ausgesetzten Grundlagenbescheides mit entsprechender AdV des EStBescheides und der erfolgreichen Klage gegen einen weiteren Feststellungsbescheid, der zur Erstattung der ausgesetzten Steuer führt (offengelassen in FG Niedersachsen 11.2.1997 – VII 232/95, EFG 1997, 854). Bei einer erfolgreichen Verfassungsbeschwerde nach klageabweisendem Urteil entfällt mit dem Ausspruch des BVerfG rückwirkend die endgültige Erfolglosigkeit, sodass der Zinsbescheid gem. § 175 I Nr. 2 aufzuheben ist. Der Zinsverzicht ist ein selbständiger VA, der mit der Zinsfestsetzung oder Aussetzung verbunden werden kann (TK § 237 Rn. 23). Zinslose Aussetzung hindert nachträgliche Erhebung (vgl. FG München 21.9.1978 – IV 194/75 AO, EFG 1979, 111). Zur Anrechnung von Nachzahlungszinsen → § 233a Rn. 85.

Auf die Verzinsung ist auch bei einer **aufgedrängten AdV** (ohne Antrag gegen den Willen des Stpfl.) grds. nicht zu verzichten, da der Stpfl. die Folgen durch Zahlung beseitigen kann (ebenso Klein § 237 Rn. 30). Mit Zahlung endet der Zinslauf (BFH 25.4.2013 – V R 29/11, BStBl. II 2013, 767). Zudem kann der Stpfl. die ungewollte AdV durch Anfechtung beseitigen (vgl. BFH 9.5.2012 – I R 91/10, BFH/NV 2012, 2004; FG München 21.2.2018 – 4 K 1477/17, EFG 2018, 714).

F. Nachträgliche Änderung des Steuerbescheides (Abs. 5)

20 Eine nach Abschluss des Rechtsbehelfsverfahrens erfolgte Änderung, Aufhebung oder Berichtigung der StFestsetzung nach § 129 hat auf die Bemessungsgrundlage der Zinsfestsetzung keinen Einfluss (→ § 236 Rn. 37). Dies gilt selbst dann, wenn der StBescheid nach Erledigung des Rechtsstreits aufgrund tatsächlicher Verständigung geändert wird (BFH 14.6.2017 – I R 38/15, BStBl. II 2018, 2). Die gegenteilige frühere Rspr. (BFH 25.3.1992 – I R 159/90, BStBl. II 1992, 997) ist auf eine Änderung der Bemessungsgrundlage infolge Herabsetzung des ausgesetzten StBetrags nach Inkrafttreten des Abs. 5 am 30.12.1993 nicht mehr anwendbar (Art. 97 § 15 VI EGAO). Erfolgt die Änderung des StBescheides nach Abschluss des Rechtsbehelfsverfahrens und vor Bekanntgabe des Zinsbescheides, greift Abs. 5 seinem Wortlaut nach nicht ein. Die darin liegende planwidrige Regelungslücke ist durch eine analoge Anwendung des Abs. 5 zu schließen, da anderenfalls eine sachlich nicht gerechtfertigte Ungleichbehandlung entsteht (TK § 237 Rn. 21; aA FG Münster 4.8.2009 – 9 K 1268/07 K, EFG 2010, 193; HHSp § 237 Rn. 24).

G. Anwendung auf Haftungsbescheide (Abs. 6)

Der Geltungsbereich des § 237 I–V beschränkt sich auf die Verzinsung im Falle einer AdV eines StBescheids, einer StAnmeldung oder eines StVergütungsrückforderungsbescheides. Demzufolge konnten bisher bei AdV eines angefochtenen Haftungsbescheids grds. keine Aussetzungszinsen entstehen. Nunmehr ordnet § 237 VI die entsprechende Anwendung des § 237 I–V auf Haftungsbescheide ausdrücklich an. Voraussetzung ist, dass sich die Haftung auf Steuern und zurückzuzahlende StVergütungen erstreckt und die Haftungsansprüche nach dem 31.12.2024 entstehen (→ Rn. 1). Soweit sich die Haftung auf Nebenleistungen bezieht, greift § 237 VI nicht ein. 21

§ 238 Höhe und Berechnung der Zinsen

(1) [1]**Die Zinsen betragen für jeden Monat einhalb Prozent.** [2]**Sie sind von dem Tag an, an dem der Zinslauf beginnt, nur für volle Monate zu zahlen; angefangene Monate bleiben außer Ansatz.** [3]**Erlischt der zu verzinsende Anspruch durch Aufrechnung, gilt der Tag, an dem die Schuld des Aufrechnenden fällig wird, als Tag der Zahlung.**

(1a) **In den Fällen des § 233a betragen die Zinsen abweichend von Absatz 1 Satz 1 ab dem 1. Januar 2019 0,15 Prozent für jeden Monat, das heißt 1,8 Prozent für jedes Jahr.**

(1b) [1]**Sind für einen Zinslauf unterschiedliche Zinssätze maßgeblich, ist der Zinslauf in Teilverzinsungszeiträume aufzuteilen.** [2]**Die Zinsen für die Teilverzinsungszeiträume sind jeweils tageweise zu berechnen.** [3]**Hierbei wird jeder Kalendermonat unabhängig von der tatsächlichen Anzahl der Kalendertage mit 30 Zinstagen und jedes Kalenderjahr mit 360 Tagen gerechnet.**

(1c) [1]**Die Angemessenheit des Zinssatzes nach Absatz 1a ist unter Berücksichtigung der Entwicklung des Basiszinssatzes nach § 247 des Bürgerlichen Gesetzbuchs wenigstens alle zwei Jahre zu evaluieren.** [2]**Die erste Evaluierung erfolgt spätestens zum 1. Januar 2024.**

(2) **Für die Berechnung der Zinsen wird der zu verzinsende Betrag jeder Steuerart auf den nächsten durch 50 Euro teilbaren Betrag abgerundet.**

Schrifttum: Baum, Vollverzinsung und steuerlicher Zinssatz verfassungsgemäß, NWB 2010, 1901; Ortheil, Rechtmäßigkeit eines typisierenden Zinssatzes, BB 2012, 1513; Seer, Verfassungswidrigkeit der kapitalmarktunabhängigen Verzinsung von Steueransprüchen und Reformbedarf, DB 2014, 1945; Ortheil, Wann wird bzw. wurde der Zinssatz von 6% p. a. gemäß § 238 Abs. 1 AO verfassungswidrig?, BB 2015, 675; Hey, Realitätsgerechtigkeit von Typisierungen als verfassungsrechtliches Problem der Niedrigzinsphase, FR 2016, 485; Jonas, Gerichtliche Überprüfung von gesetzlichen Typisierungen in der Niedrigzinsphase, DB 2016, 3000; Melan, Sind die Festsetzungszinsen zu niedrig?, DStR 2017, 2088; Werth, Verfassungsmäßigkeit von Nachforderungszinsen, DB 2018, 674; Jonas, Die Zinsen sind zu hoch! – Beschreibung einer ungebührlichen Bereicherung, DStR 2018, 545; Mohr, Verfassungswidriger Zinssatz – Was tun? – Handlungsoptionen und -notwendigkeiten des Steuerpflichtigen, FR 2018, 669; Melan, Sind die Nachzahlungszinsen nun zu hoch oder zu niedrig?, DStR 2018, 1151; Mack/Esteves Gomes, Die verfassungsrechtlichen Zweifel des BFH an der Verzinsung von Steueransprüchen und ihre Folgen, DB 2018, 2014; Lindwurm, Zweifel an der Verfassungsmäßigkeit der Höhe von Nachzahlungszinsen, NWB 2018, 2350.

I. Allgemeines

§ 238 normierte für alle Zinsansprüche der §§ 233a–237 eine einheitliche Zinshöhe von 6% und die Berechnung des Zinslaufs. Durch den Beschluss BVerfG 8.7.2021 – 1 BvR 2237/14, 1 BvR 2422/17, BVerfGE 158, 282 wurde der Gesetzgeber verpflichtet, für Verzinsungszeiträume ab 2019 eine Neuregelung zu schaffen. Diese Neuregelung erfolgte durch Einfügung des Abs. 1a, der für § 233a einen Zinssatz von 1,8% pro Jahr vorsieht. 1

Der Zinssatz ist gem. Abs. 1c alle zwei Jahre auf seine Angemessenheit zu überprüfen. Aus Vereinfachungsgründen werden nur volle Monate und ein auf volle fünfzig Euro nach unten abgerundeter Betrag zugrunde gelegt. S. 3 wurde durch das StBereinigungsG 1999 eingefügt. Die Neuregelung ist auf alle am 30.12.1999 noch anhängigen Verfahren anzuwenden (Art. 97 § 1 VII EGAO). Durch Art. 23 StEuglG wurde der bisherige DM-Betrag in § 238 II auf Euro umgestellt. Die Neuregelung gilt in allen Fällen, in denen Zinsen nach dem 31.12.2001 festgesetzt werden (Art. 97 § 15 X EGAO). Die Abs. 1a bis 1c sind durch das Zweite Gesetz zur Änderung der Abgabenordnung und des Einführungsgesetzes zur Abgabenordnung v. 12.7.2022 (BGBl. 2022 I 1142) mWv 22.7.2022 eingefügt worden (Art. 97 § 15 XIV EGAO).

II. Zinsberechnung (Abs. 1)

2 Für die Berechnung eines Zinsanspruchs gem. §§ 233a–237 gilt einheitlich § 238; ebenso für Stundungszinsen nach § 28 ErbStG (Schwarz/Pahlke/Keß § 238 Rn. 1). Zu verzinsen ist jeder einzelne StAnspruch. Die Ansprüche sind getrennt nach StArt (zB ESt, KSt, GewSt, USt), Besteuerungszeitraum, Verzinsungsbeginn und Erhebungsform (Voraus- oder Abschlusszahlung) der Zinsberechnung zugrunde zu legen.

1. Höhe der Zinsen (Abs. 1 S. 1)

3 Unabhängig von der Art des Zinsanspruchs (Stundungszinsen, Hinterziehungszinsen usw.; Ausnahme: § 233a) beträgt der Zinssatz einheitlich 0,5 % für jeden vollen Monat des Zinslaufs. Dabei handelt es sich um eine zulässige Typisierung im Interesse der Praktikabilität und Verwaltungsvereinfachung (BVerfG 3.9.2009 – 1 BvR 2539/07, BFH/NV 2009, 2115; BFH 29.5.2013 – X B 233/12, BFH/NV 2013, 1380). Das verfassungsrechtliche Übermaßverbot erfordert insb. keine Anpassung des Zinssatzes an den jeweiligen Markt- oder Basiszinssatz (BFH 20.4.2011 – I R 80/10, BFH/NV 2011, 1654). Dementsprechend hat die Rspr. trotz eines Basiszinses von 0,12 % ab Mitte 2009 und eines negativen Zinses ab 2013 die Zinshöhe für verfassungsgemäß gehalten (BVerfG 3.9.2009 – 1 BvR 2539/07, BFH/NV 2009, 2115; BFH 1.7.2014 – IX R 31/13, BStBl. II 2014, 925; BFH 14.4.2015 – IX R 5/14, BStBl. II 2015, 986; BFH 9.11.2017 – III R 10/16, BStBl. II 2018, 255; OVG Koblenz 8.1.2020 – 6 B 11782/19, ZKF 2020, 95). Ohnehin könne nicht auf einen einzelnen Zinssatz abgestellt werden, sondern es müsse eine Betrachtung des gesamten Zinsgefüges am Markt erfolgen (BFH 1.7.2014 – IX R 31/13, BStBl. II 2014, 925; BFH 14.4.2015 – IX R 5/14, BStBl. II 2015, 986). In der Folgezeit hatten einzelne Senate des BFH aufgrund der Kritik in der Literatur (vgl. etwa Seer DB 2014, 1945) die **Verfassungsmäßigkeit der Zinshöhe** bezweifelt (BFH 25.4.2018 – IX B 21/18, BStBl. II 2018, 415; BFH 3.9.2018 – VIII B 15/18, BFH/NV 2018, 1279).

4 Seit dem Beschluss des BVerfG 8.7.2021 – 1 BvR 2237/14, 1 BvR 2422/17, BVerfGE 158, 282 steht fest, dass die gesetzliche Regelung des § 233a iVm § 238 mit Art. 3 I GG unvereinbar ist. Eine Erstreckung der Unvereinbarkeitserklärung auf die anderen Verzinsungstatbestände nach §§ 234, 235, 237 erfolgte ausdrücklich nicht. Daraus lässt sich zwar nicht per se die Verfassungsmäßigkeit der weiteren Zinstatbestände ableiten. Die Gründe für eine Verfassungswidrigkeit der Vollverzinsung wiegen jedoch bei den §§ 234 ff. im Rahmen einer Gesamtabwägung nicht so schwer (aA TK § 234 Rn. 6a). Im Gegensatz zur Vollverzinsung sehen die Teilverzinsungstatbestände lediglich eine Verzinsung für bestimmte, konkret umschriebene Liquiditätsvorteile vor, die grds. erst nach Fälligkeit eintritt. Besonderes Gewicht ist dabei dem Umstand beizumessen, dass die Verwirklichung des Zinstatbestands und damit die Entstehung von Zinsen grds. auf einen Antrag des Stpfl. zurückzuführen ist oder im Fall der Hinterziehungszinsen von ihm bewusst in Kauf genommen wird (zu Recht FG München 7.9.2022 – 15 K 358/22, BeckRS 2022, 28561). Hierdurch hat der Stpfl. – anders als bei der Vollverzinsung – grds. die Wahl, den Zinstatbestand zu verwirklichen oder die StSchuld zu tilgen, ggf. auch durch Kreditaufnahme

zu günstigeren Zinssätzen (vgl. BVerfG 8.7.2021 – 1 BvR 2237/14, 1 BvR 2422/17, BVerfGE 158, 282). Angesichts der Möglichkeit, der Verzinsung zu entgehen, zB durch einen Antrag auf Anpassung der Vorauszahlungen oder die Zahlung der streitigen StBeträge sowie die Gleichbehandlung aller Stpfl. in Bezug auf die Verwirklichung des Zinstatbestandes, verstößt die Zinshöhe für die weiteren Zinsansprüche weder gegen den Gleichbehandlungsgrundsatz noch das Übermaßverbot. Nunmehr hat der VIII. Senat des BFH dem BVerfG mit Beschluss vom 8.5.2024 – VIII R 9/23, DStR 2024, 1999 die Frage zur Entscheidung vorgelegt, ob § 237 iVm § 238 I 1 seit dem 1.1.2019 bis zum 15.4.2021 insoweit mit dem Grundgesetz vereinbar ist, als der Zinsberechnung für die Zinsen bei AdV ein Zinssatz von 0,5 % pro Monat zugrunde gelegt wird (Az.: 1 BvL 8/24).

Wird die ErbSt nach § 28 I 1 ErbStG gestundet, sind die §§ 234, 238 entspr. anzuwenden, soweit der Erwerb nicht von Todes wegen erfolgte (§ 28 I 2 ErbStG). Die Zinsdifferenz zwischen gesetzlichem Zinssatz und erzielbarem Zins für StErstattungen lässt sich nicht auf einen öffentlich-rechtlichen Folgenbeseitigungsanspruch stützen, da dieser keine Entschädigung, sondern lediglich die Wiederherstellung des vor einem rechtswidrigen hoheitlichen Eingriff bestehenden Zustands bezweckt (vgl. FG Saarland 27.9.1990 – 2 K 185/88, EFG 1991, 303).

2. Monatszeitraum (Abs. 1 S. 2)

Der Zinsberechnung sind nur volle Zinsmonate, nicht Kalendermonate zugrunde zu legen (Schwarz/Pahlke/Keß § 238 Rn. 3). Im Gegensatz zu Säumniszuschlägen sind für angefangene Monate Zinsen nicht zu zahlen. Beginn und Ende des Fristlaufes sind den einzelnen Zinstatbeständen zu entnehmen. So beginnt der Zinslauf nach § 233a mit Ablauf des Tages der Karenzzeit (idR 1.4.) und endet mit Ablauf des Tages, an dem die StFestsetzung wirksam wird (§ 233a II 3). Wird der StBescheid am 30.4. wirksam, ist ein voller Monat zu verzinsen (vgl. BFH 24.7.1996 – X R 119/92, BStBl. II 1997, 6 zu § 233a II aF: Fristende mit der Fälligkeit der StNachforderung). § 238 I enthält keine eigenständige Bestimmung des Zinszeitraums. Der nach den Zinstatbeständen festgelegte Zeitraum ist lediglich daraufhin zu prüfen, ob und wie viele volle Monate er umfasst. Die Anordnung der Verzinsung vom ersten Tag des Zinslaufs entspricht den allg. Regeln. 6

Berechnung. Für die Fristberechnung gilt § 108, sodass auf die Monatszeiträume grds. die §§ 187 ff. BGB entspr. anzuwenden sind. Ein Monat ist nicht mit dem Ablauf von vier Wochen gleichzusetzen. Ein Monat endet mit Ablauf desjenigen Tages des Folgemonats, der dem Tage vorhergeht, der durch seine Zahl dem Anfangstage der Frist entspricht (§§ 187 II, 188 II BGB). Fällt der Zinsbeginn auf den 30.4., endet die Monatsfrist mit Ablauf des 29.5. § 108 III findet auf die Dauer des Zinslaufs grds. keine Anwendung (TK § 238 Rn. 4; aA AEAO zu § 238 Nr. 1). Für die Fristberechnung ist er ebenfalls nicht anzuwenden, da § 238 vom Schuldner keine Leistungsbewirkung innerhalb der Frist verlangt (vgl. § 193 BGB; Klein § 238 Rn. 8). Fällt das Ende der Stundungsfrist auf einen Samstag, kann die Zahlung zwar nicht bewirkt werden. Auf die Fälligkeit wirkt sich die Fristverlängerung des § 108 III aber nicht aus (vgl. Grüneberg BGB § 193 Rn. 5; OLG Frankfurt 23.1.1975 – 1 U 79/74, NJW 1975, 1971). Die weitere Fristverschiebung hat folglich keinen Einfluss auf die Dauer der gewährten Stundung und die damit verbundene Zinspflicht. 7

Unterbrechung. Wird der Zinslauf unterbrochen, sind für die einzelnen Teile des Zinslaufs gesonderte Fristberechnungen vorzunehmen. Mehrere angefangene Monate sind nicht zusammenzurechnen, auch wenn sie in der Summe einen Monat ergeben. 8

3. Aufrechnung (Abs. 1 S. 3)

S. 3 enthält für die Berechnung des Zinsanspruchs eine Fiktion des Zahlungszeitpunktes bei Aufrechnung, der vom zivilrechtlichen Erlöschenszeitpunkt abweicht. Eine Aufrechnung bewirkt gem. § 226 iVm § 389 BGB, dass die Forderungen, soweit sie sich decken, rückwirkend auf den Zeitpunkt erlöschen, in dem sie sich erstmals aufrechenbar gegen- 9 überstanden (BFH 3.5.1991 – V R 105/86, BFH/NV 1992, 77). Rechnet das FA eine fällige StForderung mit einem erst später fällig werdenden Erstattungsanspruch auf, erlöschen die Forderungen auf den Zeitpunkt der Entstehung des Erstattungsanspruchs. Hierdurch erlöschen zugleich bereits verwirkte Säumniszuschläge und Zinsansprüche. Um diese Folge zu vermeiden, ging die FVerw. schon bislang davon aus, dass die Rückwirkung einer Aufrechnung nicht über den Zeitpunkt der Fälligkeit der Schuld des Aufrechnenden hinausgeht. Die Neuregelung sichert die bisherige Verwaltungspraxis gesetzlich ab (vgl. BT-Drs. 14/1655 zu Nr. 17).

10 Für die Berechnung des Zinszeitraums gilt der Fälligkeitstag der Schuld des Aufrechnenden (Hauptforderung) als **Zahlungstag.** Rechnet die FB mit einem am 30.6. fälligen EStErstattungsanspruch gegen eine ausgesetzte UStNachforderung, fällig 30.4., auf, gilt der 30.6. als Zahlungstag. Die Aufrechnung wirkt sich trotz rückwirkenden Erlöschens der UStForderung nicht auf die festzusetzenden Aussetzungszinsen aus, da für die Zinsberechnung ein abweichender Zahlungszeitpunkt zugrunde zu legen ist.

III. Zinssatz bei Vollverzinsung (Abs. 1a)

12 Für die Verzinsung von Nachzahlungs- und Erstattungszinsen gem. § 233a beträgt die Zinshöhe ab 1.1.2019 abweichend von Abs. 1 0,15 % für jeden Monat, dh die Zinshöhe beträgt 1,8 % pro Jahr. Nach der Begründung zum Gesetzentwurf soll sich die Zinshöhe an einem Habenzins von 0 %, von 2,4 % für gesicherte Kredite und von 5,3 % für ungesicherte Konsumentenkredite orientieren (BT-Drs 20/1633, 10). Diese Daten lassen eine mathematische Rückrechnung nicht zu, solange nicht die Gewichtung der einzelnen Berechnungskriterien mitgeteilt werden. So vermutet etwa Seer (DB 2022, 1795), dass der Zinssatz auf einem abgerundeten Mittelwert zwischen dem Habenzins und einem durchschnittlichen Kreditzins beruht. Woran sich die Zinshöhe konkret orientiert, ist für die in § 238 Ic vorgesehene Neubewertung jedoch von erheblicher Bedeutung (ebenso TK § 238 Rn. 8). Auch wenn der Zinssatz als solches nicht im Einzelnen konkret nachvollzogen werden kann, verstößt die Festlegung eines niedrigen, aber starren Satzes nicht gegen die Verfassung (Gosch AO § 238 Rn. 4.4), insb. nicht gegen den allgemeinen Gleichheitssatz und das Rückwirkungsverbot (FG Düsseldorf 11.4.2025 – 3 K 1094/23 AO, EFG 2025, 986, Rev. BFH I R 16/25).

IV. Teilverzinsungszeitraum (Abs. 1b)

13 Durch die Neuregelung der Abs. 1a und 1c ist innerhalb eines Verzinsungszeitraumes die Geltung unterschiedlicher Zinssätze möglich. Für diesen Fall ist der Zinslauf in Teilverzinsungszeiträume aufzuteilen. Die Zinsen für die Teilverzinsungszeiträume sind nach Satz 2 jeweils tageweise zu berechnen. Bei der Berechnung ist die Anzahl der Kalendertage stets mit 30 Zinstagen und das volle Jahr mit 360 Tagen zu bemessen (Satz 3). Für den Monat Februar gelten weiterhin 28 (bzw. in Schaltjahren 29) Tage, wenn der Zinsberechnungszeitraum zu diesem Zeitpunkt endet (ebenso Gosch AO § 238 Rn. 5). Liegt der Februar innerhalb des Zinsberechnungszeitraumes, wird er mit 30 Tagen berücksichtigt (so BMF 22.7.2022, BStBl. I 2022, 1217).

V. Überprüfung (Abs. 1c)

14 Die gesetzliche Festlegung auf einen starren Zinssatz erfordert aufgrund der sich ändernden Marktsituationen eine Überprüfung und Bewertung der Angemessenheit des normierten Zinssatzes. Dabei soll die Neubewertung unter Berücksichtigung der Entwicklung des Basiszinssatzes nach § 247 BGB erfolgen. Allerdings führt nicht jegliche Veränderung des Basiszinssatzes zwangsläufig zu einer gesetzlichen Anpassungspflicht. Vielmehr muss die Bewertung des Gesetzgebers im Rahmen seines Gestaltungsspielraums dazu führen, dass die festgelegte Zinshöhe nicht mehr realitätsgerecht ist. Nach der Gesetzesbegründung soll eine Änderung erst erfolgen, wenn der zum 1.1. des Jahres der Neubewertung geltende Basiszinssatz um mehr als einen Prozentpunkt von dem bei der letzten Festlegung oder Anpassung des Zinssatzes geltenden Basiszinssatz abweicht (BT-Drs. 20/1633, 23). Bei signifikanten Änderungen ist eine Anpassung bereits vor Ablauf von zwei Jahren zulässig („wenigstens"). Ob die Regelung eines festen Zinssatzes mit ständiger Überprüfung und nachfolgender gesetzlicher Anpassung der Zinshöhe tatsächlich einen Vorteil gegenüber einer variablen Verzinsungsregelung darstellt, darf bezweifelt werden (ebenso Gosch AO § 238 Rn. 5.9). Die Überprüfung muss mindestens alle zwei Jahre erfolgen, erstmals spätestens zum 1.1.2024. Der zum 1.1.2024 veröffentlichte Basiszinssatz nach § 247 beträgt 3,62 %, sodass Anpassungsbedarf zum 1.1.2024 bestanden hat. Gleichwohl ist der Gesetzgeber bisher nicht tätig geworden, was die mangelnde Praktikabilität und Streitanfälligkeit der Regelung verdeutlicht.

VI. Abrundung (Abs. 2)

Für die Abrundung ist nicht jeweils von dem einzelnen zu verzinsenden Anspruch, 16
sondern von dem zu verzinsenden Betrag jeder StArt auszugehen (Klein § 238 Rn. 11; Schwarz/Pahlke/Keß § 238 Rn. 8; Gosch AO § 238 Rn. 12). Die für die Berechnung der Zinsdauer erfolgte Trennung nach Fälligkeit, Erhebungsform und Besteuerungszeitraum wird vor der Abrundung rückgängig gemacht. Die Zusammenrechnung der Ansprüche wirkt der mit der Abrundung bezweckten Vereinfachung zwar entgegen (aA TK § 238 Rn. 6). Denn der gesetzlichen Regelung lässt sich nicht entnehmen, wie der Abrundungsbetrag auf die einzelnen Ansprüche zu verteilen ist (anteilig, auf den kürzesten oder längsten Zeitraum) und ob auch die geänderte StFestsetzung für die Verzinsung nach § 233a in eine Zusammenrechnung einzubeziehen ist (EStNachzahlung 1997 erhöht sich nach Änderung; am selben Tag erfolgt zinspflichtige StFestsetzung ESt 1998). Der klare Wortlaut verhindert jedoch eine Abrundung der einzelnen zu verzinsenden StAnsprüche, die die gleiche StArt betreffen (ebenso OVG Lüneburg 15.11.2006 – 13 LB 156/06, NVwZ-RR 2007, 555).

Bei der Gewährung von **Ratenzahlung** ist nicht die einzelne Rate, sondern der 17
Gesamtbetrag abzurunden (Schwarz/Pahlke/Keß § 238 Rn. 9; AEAO zu § 238 Nr. 2). Dabei ist der Rundungsbetrag gleichmäßig auf die einzelnen Raten zu verteilen (aA TK § 238 Rn. 7; AEAO zu § 234 Nr. 9 Variante 2).

Zur Vermeidung der mit einer Abrundung des Gesamtbetrages verbundenen Schwierig- 18
keiten verzichtet die FVerw. entgegen der gesetzlichen Regelung auf eine Zusammenrechnung und wendet die Abrundungsregelung auf jeden einzelnen zu verzinsenden Anspruch an (AEAO zu § 238 Nr. 2). Angesichts der zunehmenden Automatisierung der Zinsberechnung (insb. § 233a) ist die Verwaltungsauffassung nicht allg. durch § 156 II (Kosten-Nutzen-Relation!) gedeckt (aA Schwarz/Pahlke/Keß § 238 Rn. 10). Lediglich in seltenen Einzelfällen kann gem. § 156 II von einer Festsetzung des Zinsbetrages durch Abrundung jedes Rechnungsbetrages teilweise abgesehen werden.

Zur Festsetzung von **Kleinbeträgen** s. § 239 II. 19

§ 239 Festsetzung der Zinsen

(1) [1]**Auf die Zinsen sind die für die Steuern geltenden Vorschriften entsprechend anzuwenden, jedoch beträgt die Festsetzungsfrist zwei Jahre.** [2]**Die Festsetzungsfrist beginnt:**

1. **in den Fällen des § 233a mit Ablauf des Kalenderjahrs, in dem die Steuer festgesetzt, aufgehoben, geändert oder nach § 129 berichtigt worden ist,**
2. **in den Fällen des § 234 mit Ablauf des Kalenderjahrs, in dem die Stundung geendet hat,**

3. in den Fällen des § 235 mit Ablauf des Kalenderjahrs, in dem die Festsetzung der hinterzogenen Steuern unanfechtbar geworden ist, jedoch nicht vor Ablauf des Kalenderjahrs, in dem ein eingeleitetes Strafverfahren rechtskräftig abgeschlossen worden ist,
4. in den Fällen des § 236 mit Ablauf des Kalenderjahrs, in dem die Steuer oder der Haftungsbetrag erstattet oder die Steuervergütung ausgezahlt worden ist,
5. in den Fällen des § 237 mit Ablauf des Kalenderjahrs, in dem ein Einspruch oder eine Anfechtungsklage endgültig erfolglos geblieben ist, und
6. in allen anderen Fällen mit Ablauf des Kalenderjahrs, in dem der Zinslauf endet.

[3] Die Festsetzungsfrist läuft in den Fällen des § 233a nicht ab, solange die Steuerfestsetzung, ihre Aufhebung, ihre Änderung oder ihre Berichtigung nach § 129 noch zulässig ist.

(2) **[1] Zinsen sind auf volle Euro zum Vorteil des Steuerpflichtigen gerundet festzusetzen. [2] Sie werden nur dann festgesetzt, wenn sie mindestens 10 Euro betragen.**

(3) **Werden Besteuerungsgrundlagen gesondert festgestellt oder wird ein Steuermessbetrag festgesetzt, sind die Grundlagen für eine Festsetzung von Zinsen**
1. nach § 233a in den Fällen des § 233a Absatz 2a oder
2. nach § 235
gesondert festzustellen, soweit diese an Sachverhalte anknüpfen, die Gegenstand des Grundlagenbescheids sind.

(4) **Werden wegen einer Steueranmeldung, die nach § 168 Satz 1 einer Steuerfestsetzung unter Vorbehalt der Nachprüfung gleichsteht, Zinsen nach § 233a festgesetzt, so steht diese Zinsfestsetzung ebenfalls unter dem Vorbehalt der Nachprüfung.**

(5) **Die Festsetzung von Zinsen nach § 233a hat Bindungswirkung für Zinsfestsetzungen nach den §§ 234, 235, 236 oder 237, soweit auf diese Zinsen nach § 233a festgesetzte Zinsen anzurechnen sind.**

A. Allgemeines

1 Die Regelung verweist für die Festsetzung von Zinsen auf die Vorschriften über die StFestsetzung. Dauer und Beginn der Festsetzungsfrist werden im Hinblick auf die Besonderheiten der einzelnen Zinsarten im Einzelnen geregelt. § 239 I 2 gilt in allen Fällen, in denen die Festsetzungsfrist aufgrund dieser Vorschrift nach dem 31.12.1977 beginnt. Dabei verdrängt Art. 97 § 15 III EGAO als lex specialis Art. 97 § 10 I EGAO, der auf die Entstehung der steuerlichen Nebenleistung abstellt (BFH 22.5.1984 – VIII R 60/79, BStBl. II 1984, 697). Die Ergänzung des § 239 I um S. 2 Nr. 1 und S. 3 nach Einführung der Vollverzinsung durch § 233a gelten für alle Steuern, die nach dem 31.12.1988 entstanden sind (Art. 97 § 15 IV EGAO). Nach Art. 97 § 10 V EGAO gilt § 239 I 2 Nr. 1, S. 3 idF des StMBG für alle am 30.12.1993 noch nicht abgelaufenen Festsetzungsfristen. Abs. 3 und 4 wurden durch G v. 18.7.2016 (BGBl. 2016 I 1679) mWv 1.1.2017 eingefügt (Art. 97 § 15 XII 1 und 2 EGAO). Die gesetzliche Regelung ist verfassungsrechtlich unbedenklich. Durch das Zweite Gesetz zur Änderung der Abgabenordnung und des Einführungsgesetzes zur Abgabenordnung v. 12.7.2022 (BGBl. 2022 I 1142) wurde mWv 22.7.2022 (Art. 97 § 15 Abs. 14 EGAO) die Festsetzungsfrist in § 239 I 1 auf zwei Jahre verlängert und in Satz 2 die weitere Nr. 6 sowie Abs. 5 eingefügt. Die Ergänzung in § 239 I 2 Nr. 4 idF durch das JStG 2024 (v. 2.12.2024, BGBl. 2024 I Nr. 387) erfasst alle Haftungsansprüche iSd § 236 VI, die nach dem 31.12.2024 entstehen (Art. 97 § 15 XVIII EGAO).

B. Zinsfestsetzung (Abs. 1)

I. Anwendung der Steuerfestsetzungsnormen (Abs. 1 S. 1)

§ 239 I 1 verweist für Zinsen auf die für Steuern geltenden Vorschriften über die Festsetzung der Steuern mit Ausnahme des § 169 (BFH 23.11.1988 – I R 180/85, BStBl. II 1989, 116). Auf Zinsen als steuerliche Nebenleistung (§ 3 IV) sind die Vorschriften der AO bereits aufgrund § 1 III 1 sinngemäß anzuwenden. Für die §§ 155–208 gilt dies jedoch nur, soweit es besonders bestimmt ist (§ 1 III 2). Eine solche Verweisung enthält § 239 I 1. Demgemäß finden die Vorschriften über die StFestsetzung (§§ 155 ff.), einschl. der Bestimmungen über die Korrektur von StBescheiden (§§ 172 ff.) auf Zinsen Anwendung (BFH 8.9.1993 – I R 30/93, BStBl. II 1994, 81; BFH 20.5.1987 – II R 44/84, BStBl. II 1988, 229). So ist etwa die Stundungsverfügung Grundlagenbescheid iSd § 171 X für den Zinsbescheid (→ § 234 Rn. 12; BFH 12.8.1987 – II R 202/84, BStBl. II 1988, 318 für gesonderte Feststellung). Für die Rechtmäßigkeit des Zinsbescheides kommt es auf den Zeitpunkt der Einspruchsentscheidung an (FG Niedersachsen 21.4.2003 – 1 K 126/01, EFG 2003, 1217). Ebenfalls anzuwenden sind die Vorschriften über die gesonderte Feststellung von Besteuerungsgrundlagen (§§ 179 ff.). Insb. bei Hinterziehungshandlungen im Bereich von Gesellschaften und Gemeinschaften ist der Umfang der Hinterziehung und die Verteilung auf die Beteiligten im Verfahren der gesonderten und einheitlichen Feststellung zu klären (BFH 13.7.1994 – XI R 21/93, BStBl. II 1994, 885; ggf. durch Ergänzungsbescheid). Dagegen verweist § 239 I 1 nicht auf Haftungsvorschriften (BFH 5.10.2004 – VII R 76/03, BStBl. II 2006, 3; aA Schwarz/Pahlke/Keß § 239 Rn. 5); § 239 I 2 Nr. 4 erfasst ab 2025 nunmehr auch Haftungsanprüche. Die Haftung für Hinterziehungszinsen bleibt wegen der ausdrücklichen Regelung in § 71 hiervon unberührt (FG Nürnberg 20.7.1999 – II 86/98, EFG 1999, 1209). Zu Zinsen auf erstattete Antidumpingzölle vgl. FG Hamburg 3.11.2022 – 4 K 103/21, BeckRS 2022, 38734. § 239 findet auch auf unionsrechtliche Erstattungszinsansprüche Anwendung (FG Düsseldorf 8.4.2024 – 4 K 1791/23 VSt, ZfZ 2024, 223). 3

Die **Festsetzungsfrist** beträgt für alle Zinsen abw. von § 169 II einheitlich ein Jahr bis zum 21.7.2022 und danach zwei Jahre. Die Verlängerung der Frist dient der Anpassung an die Ablaufhemmungen der Festsetzungsfrist in § 171 X, Xa (vgl. BT-Drs. 20/1633, 23). Die Verlängerung tritt in allen Fällen ein, in denen die Festsetzungsfrist am 22.7.2022 noch nicht abgelaufen war (Art. 97 § 15 XV EGAO). Die Gesetzesänderung ist verfassungsrechtlich unbedenklich (Gosch AO § 239 Rn. 13). Eine Verlängerung der Verjährungsfrist tritt auch bei StHinterziehung oder leichtfertiger StVerkürzung (§ 169 II 2) nicht ein (BFH 13.7.1994 – XI R 21/93, BStBl. II 1994, 885). 4

Verfahren. Zinsen werden durch schriftlichen VA festgesetzt (§ 155 I). Der Zinsbescheid muss gem. § 157 I 2 die festgesetzten Zinsen nach Art und Betrag bezeichnen und den Zinsschuldner angeben (BFH 28.11.1991 – IV R 96/90, BFH/NV 1992, 506). Das bedeutet ua., dass die verschiedenen Zinsansprüche nach StArt, Besteuerungszeitraum und Zinslauf einzeln aufzugliedern sind (HHSP § 29 Rn. 6; TK § 239 Rn. 2; aA Klein § 239 Rn. 4: keine Aufgliederung für dieselbe StArt für jeden VZ; offengelassen BFH 11.12.2013 – I B 174/12, BFH/NV 2014, 665). Bekanntgabe und Wirksamkeit des Zinsbescheides richten sich nach den §§ 122, 124, 119. Nach Absendung des Zinsbescheides kann dieser bis zur Wirksamkeit durch formfreie Mitteilung beseitigt werden (BFH 28.5.2009 – III R 84/06, BStBl. II 2009, 949). Zur Bekanntgabe der Zinsfestsetzung gegenüber Ehegatten reicht die Übermittlung einer Ausfertigung unter ihrer gemeinsamen Anschrift (§ 122 VII 1; vgl. auch BFH 13.10.1994 – IV R 100/93, BStBl. II 1995, 484). Eine eindeutig falsche Schuldnerangabe im Zinsbescheid kann nicht geheilt werden (BFH 25.11.2003 – II B 4/02, BFH/NV 2004, 316). Die Angabe der Rechtsgrundlage ist keine Wirksamkeitsvoraussetzung der Zinsfestsetzung (BFH 22.5.1984 – VIII R 60/79, BStBl. II 5

1984, 697). Eine Schätzung (§ 162) der Zinsen wird idR nur für Hinterziehungszinsen erfolgen können, soweit der hinterzogene StBetrag nicht zu ermitteln ist. In diesem Fall kann der Zinsbescheid gem. §§ 155 II, 162 III schon vor Erlass des Grundlagenbescheides erteilt werden (BFH 19.4.1989 – X R 3/86, BStBl. II 1989, 596; TK § 239 Rn. 2a). Zinsbescheide können auch unter dem Vorbehalt der Nachprüfung (§ 164) oder vorläufig (§ 165) ergehen. Die Drittwirkung des § 166 gegenüber Gesamtrechtsnachfolgern oder Anfechtungsberechtigten gilt auch für Zinsbescheide. Die Änderung der Zinsbescheide richtet sich nach den §§ 129, 172–177, insb. § 175 I 1 Nr. 1 (vgl. AEAO zu § 234 Nr. 3; BFH 13.12.2022 – VIII R 16/19, DStRE 2023, 629).

II. Festsetzungsfrist (Abs. 1 S. 2)

7 Der Beginn der einjährigen Festsetzungsfrist wird entspr. den Besonderheiten der einzelnen Zinsarten gesondert geregelt. Die Fristen beginnen nicht mit Eintritt des maßgeblichen Ereignisses (zB StFestsetzung, Stundungsende), sondern jeweils mit Ablauf des Kalenderjahres. Der Ablauf der Festsetzungsfrist wird von § 239 – mit Ausnahme von § 239 I 3 – nicht geregelt. Daher gilt die allg. Ablaufhemmung des § 171 (vgl. BFH 13.7.1994 – XI R 21/93, BStBl. II 1994, 885).

1. Nachzahlungs- und Erstattungszinsen (Abs. 1 S. 2 Nr. 1)

8 Für die Festsetzungsfrist von Zinsen auf StNachzahlungen und StErstattungen ist der Ablauf des Kalenderjahres maßgeblich, in dem die Steuer festgesetzt, die StFestsetzung aufgehoben, geändert oder berichtigt worden ist. Dies gilt für den **gesamten** Zinsanspruch, auch wenn durch eine geänderte StFestsetzung Mehr- oder Wenigerzinsen entstehen (Klein § 239 Rn. 12: keine Teilverjährung BFH 14.7.2008 – VIII B 176/07, BStBl. II 2009, 117). Der Zeitpunkt des Ansatzes von StAnrechnungsbeträgen (§ 233a III) ist unerheblich.

2. Stundungszinsen (Abs. 1 S. 2 Nr. 2)

9 Für Stundungszinsen kommt es auf den Zeitpunkt an, in dem die Stundung tatsächlich geendet hat. Maßgebend ist das Ende der im StundungsVA gesetzten Frist, und zwar auch im Fall vorzeitiger Zahlung (Klein § 239 Rn. 13; Schwarz/Pahlke/Keß § 239 Rn. 19; aA TK § 239 Rn. 6; Gosch AO § 239 Rn. 17). Der Zinslauf wird durch eine vorzeitige Zahlung nicht verkürzt, sodass auch für einen früheren Beginn der Festsetzungsfrist kein Raum besteht. Wird die Stundungsverfügung widerrufen oder teilweise zurückgenommen, ist der Tag entscheidend, auf den sich die Rechtswirkungen der Aufhebung des VA beziehen (Schwarz/Pahlke/Keß § 239 Rn. 19). Für eine Stundung gegen **Ratenzahlung** richtet sich der Beginn der Festsetzungsfrist einheitlich nach dem Ende der gesamten Stundung, also der Fälligkeit der letzten Rate (FG Münster 15.1.1987 – III 4027/84 Erb, EFG 1987, 280; Klein § 239 Rn. 13). Die Festsetzungsverjährung des Zinsanspruchs beginnt daher insgesamt erst mit Ablauf des Kalenderjahres, in dem die letzte Rate zu zahlen ist (aA TK § 239 Rn. 6).

3. Hinterziehungszinsen (Abs. 1 S. 2 Nr. 3)

10 Der Beginn der Festsetzungsfrist richtet sich danach, wann die Festsetzung der hinterzogenen Steuern unanfechtbar geworden ist (FG Münster 13.5.2003 – 5 V 6666/02 E, EFG 2003, 1135). Ist jedoch zu diesem Zeitpunkt ein wegen dieser Steuern eingeleitetes Strafverfahren noch nicht rechtskräftig abgeschlossen, kommt es auf den Zeitpunkt des rechtskräftigen Abschlusses des Strafverfahrens an. Dies gilt nicht, wenn bei Einleitung des Strafverfahrens die Festsetzungsfrist bereits zu laufen begonnen hat (FG Köln 4.12.1992 – 6 V 669/92, EFG 1993, 282; BFH 24.8.2001 – VI R 42/94, BStBl. II 2001, 782; Klein § 239 Rn. 14). Kommt es weder zu einer Festsetzung noch zur Einleitung und zum Abschluss eines Strafverfahrens in Bezug auf die hinterzogenen Steuern, kann die Festsetzungsfrist weder beginnen noch ablaufen (BFH 28.9.2021 – VIII R 18/18, BStBl. II

2022, 239). Für die Bestimmung des Zeitpunkts der Einleitung des Strafverfahrens kann auf § 397 zurückgegriffen werden (BFH 13.12.1995 – X B 50/95, BFH/NV 1996, 451). Danach ist ein Strafverfahren eingeleitet, sobald eine zur Ermittlung befugte Stelle (zB FB, Staatsanwaltschaft, Strafrichter) eine Maßnahme trifft, die erkennbar darauf abzielt, wegen einer StStraftat vorzugehen (vgl. zu einzelnen Maßnahmen Klein § 397 Rn. 20f.). Eine Selbstanzeige (§ 371) allein führt nicht zur Einleitung (ähnlich Krieger DStR 2002, 750), ist aber regelmäßig Anlass für die Einleitung eines Ermittlungsverfahrens (BFH 29.4.2008 – VIII R 5/06, BStBl. II 2008, 844). Erfolgt die Einleitung jedoch greifbar gesetzeswidrig, tritt keine Hemmung ein (BFH 29.4.2008 – VIII R 5/06, BStBl. II 2008, 844). Der rechtskräftige Abschluss des Strafverfahrens kann auf unterschiedliche Weise (zB Urteil, Einstellung) erfolgen (vgl. im Einzelnen Dahlmann DStR 1998, 1246). Obgleich die FB bei der Entscheidung über den Zinsanspruch nicht an die Feststellungen im Strafverfahren gebunden ist, erscheint die weitere Anlaufhemmung verfahrensökonomisch sinnvoll (vgl. BFH 21.6.1988 – VII R 135/85, BStBl. II 1988, 841). Sind mehrere Strafverfahren gegen Mittäter eingeleitet worden, ist auf das zuletzt abgeschlossene Strafverfahren abzustellen (BFH 13.7.1994 – XI R 21/93, BStBl. II 1994, 885).

Bei hinterzogenen EStVorauszahlungen beginnt die Festsetzungsfrist mit Ablauf des Tages, an dem gem. §§ 170 I, 169 II 2 letztmals geänderte Vorauszahlungsbescheide hätten erlassen werden können; § 37 III 3 EStG bleibt unberücksichtigt (FG Baden-Württemberg 9.2.2018 – 13 K 3586/16, EFG 2018, 1430, offen gelassen in BFH 28.9.2021 – VIII R 18/18, BStBl. II 2022, 239).

4. Prozesszinsen (Abs. 1 S. 2 Nr. 4)

Die Festsetzungsfrist für Prozesszinsen auf Erstattungsbeträge beginnt mit Ablauf des Kalenderjahres, in dem der Erstattungs- oder Vergütungsbetrag tatsächlich an den Gläubiger ausgezahlt worden ist. Bei einer vorläufigen Zahlung ist auf den Zeitpunkt der endgültigen Bewilligung (Zahlung) abzustellen (BFH 25.1.2007 – III R 85/06, BStBl. II 2007, 598). Infolge der Ergänzung der Verzinsungspflicht für erstattete Haftungsbeträge in § 236 VI, die auf einer Haftung für Steuern oder zurückzuzahlende StVergütungen beruhen, erfasst Nr. 4 nunmehr auch erstattete Haftungsbeträge, soweit die Haftungsansprüche nach dem 31.12.2024 entstanden sind. Für unbare Zahlungen gilt die Fiktion des § 224 III 3. 11

5. Aussetzungszinsen (Abs. 1 S. 2 Nr. 5)

Maßgebliches Ereignis für Aussetzungszinsen ist der Zeitpunkt der endgültigen Erfolglosigkeit (BFH 9.12.1998 – XI R 24/98, BStBl. II 1999, 201; BFH 12.12.2007 – XI R 25/07, BFH/NV 2008, 339). Danach beginnt die Festsetzungsfrist mit Ablauf des Kalenderjahres, in dem der zurückweisende Einspruch bestandskräftig oder die Klage rechtskräftig abgewiesen wird (→ § 237 Rn. 9; BFH 29.5.2007 – VIII B 205/06, BFH/NV 2007, 1634; zur Rechtskraft einer NZB einerseits BFH 21.8.2008 – IX S 3/08, BeckRS 2008, 25014020; BVerwG 26.1.1994 – 6 C 2/92, NVwZ 1994, 1206; andererseits BGH 19.10.2005 – VIII ZR 217/04, NJW 2005, 3724). 12

Ist das eingelegte Rechtsmittel von vornherein nicht statthaft, tritt die Rechtskraft des finanzgerichtlichen Urteils bereits mit Ablauf der Rechtsmittelfrist ein (BFH 19.5.1994 – VII B 18/94, BFH/NV 1995, 126; FG Köln 13.9.2000 – 1 K 8573/99, EFG 2001, 59). Die Erhebung einer Verfassungsbeschwerde hindert nicht den Eintritt der Rechtskraft (BFH 14.6.2007 – VII B 185/06, BFH/NV 2007, 2055). Erledigt sich der Rechtsstreit in der Hauptsache, beginnt die Festsetzungsfrist mit Ablauf des Jahres, in dem die Beteiligten den Rechtsstreit übereinstimmend in der Hauptsache für erledigt erklärt haben (BFH 11.12.1996 – X R 123/95, BFH/NV 1997, 275). Im Falle der Rücknahme von Einspruch oder Klage kommt es auf den Eingang der Erklärung, nicht auf den nachfolgenden Einstellungsbeschluss oder die Beschwerdefrist (bis 31.12.2000; vgl. nunmehr § 128 II FGO idF des 2. FGOÄndG) an (Klein § 239 Rn. 17; aA FG Düsseldorf 13.5.1992 – 4 K

184/87 AO, EFG 1992, 649). Bei der Aussetzung von Folgebescheiden ist grds. die Erfolglosigkeit des Verfahrens gegen den Grundlagenbescheid maßgeblich (FG München 31.3.1994 – 15 K 4403/88, EFG 1994, 996; FG Düsseldorf 3.4.2013 – 4 K 4751/12 AO, EFG 2013, 1003). Dies gilt auch, wenn nach Erlass des Grundlagenbescheides die AdV gegen den Folgebescheid zunächst aufgehoben und anschließend nach Anfechtung des Grundlagenbescheids nahtlos wieder gewährt wird, soweit sich die Einsprüche auf die identischen Besteuerungsgrundlagen beziehen (BFH 26.11.2014 – X R 18/13, BFH/NV 2015, 785; → § 237 Rn. 12).

6. Sonstige Fälle (Abs. 1 S. 2 Nr. 6)

13 Für Verzinsungstatbestände, die nicht unter die Nummern 1 bis 5 fallen, beginnt die Festsetzungsfrist mit Ablauf des Kj., in dem der Zinslauf endet. Dies betrifft alle außerhalb der AO geregelten Zinstatbestände, auf die nach § 233 die Regelungen von § 239 anzuwenden sind (BT-Drs. 20/1633, 23). Die Neuregelung gilt in allen Fällen, in denen die Festsetzungsfrist am 22.7.2022 noch nicht abgelaufen ist (Art. 97 § 15 XV 15 EGAO).

III. Ablaufhemmung (Abs. 1 S. 3)

14 Wird die StFestsetzung aufgehoben, geändert oder nach § 129 berichtigt, ist die bereits erfolgte Zinsfestsetzung gem. § 233a V anzupassen. Die Änderung des Zinsbescheides setzt voraus, dass die Festsetzungsfrist nach § 239 I 2 Nr. 1 noch nicht abgelaufen ist. Zu diesem Zweck hemmt S. 3 den Ablauf der Verjährungsfrist bis zum Eintritt der Festsetzungsverjährung der jeweiligen Steuer. Eine analoge Anwendung des S. 3 auf andere Zinstatbestände (Nr. 2–5) ist mangels planwidriger Regelungslücke nicht zulässig (vgl. FG Baden-Württemberg 4.7.2002 – 14 K 148/97, EFG 2002, 1273).

IV. Rechtsbehelfe

15 Gegen den Zinsbescheid ist der Einspruch statthaft (§ 347 I 1). Erfolgt die Zinsfestsetzung durch die Gemeinde, ist hiergegen der Widerspruch zum VG gegeben (§ 68 VwGO). Einwendungen gegen den die Zinsfestsetzung auslösenden VA (zB Stundung) sind im Verfahren gegen den Zinsbescheid unbeachtlich (Klein § 239 Rn. 27; Schwarz/Pahlke/Keß § 239 Rn. 41). Derartige Einwendungen sind im Einspruchsverfahren gegen den Grundlagenbescheid (StBescheid) geltend zu machen (vgl. BFH 9.12.1998 – XI R 24/98, BStBl. II 1999, 201). Vorläufiger Rechtsschutz kann durch AdV des Zinsbescheides gewährt werden.

C. Kleinbetragsregelung (Abs. 2)

16 Die Kleinbetragsregelung ist von Amts wegen zu beachten. Eine gegen § 236 II verstoßende Zinsfestsetzung ist rechtswidrig. Die Mindestgrenze für die Festsetzung von Zinsen bezieht sich auf den Gesamtzinsbetrag jeder StArt (Schwarz/Pahlke/Keß § 239 Rn. 29; TK § 239 Rn. 13). Aus Vereinfachungsgründen geht die FVerw. von jeder zu verzinsenden Einzelforderung aus (AEAO zu § 239 Nr. 3; ebenso Klein § 239 Rn. 20;). § 239 geht § 1 KBV vor; § 156 II ist neben § 239 II anzuwenden (TK § 239 Rn. 13). Die Regelung ist aufgrund ihrer geringen Belastungswirkung verfassungsrechtlich unbedenklich (vgl. FG Thüringen 11.11.2024 – 2 K 492/23, nv, Rev. BFH VIII R 14/25).

D. Gesonderte Feststellung (Abs. 3)

17 § 239 III beseitigt für die Festsetzung von Zinsen nach § 233a (begrenzt auf die Fälle des § 233a IIa) und § 235 die Zweifel darüber, wann die Grundlagen für die Zinsfestsetzung gesondert bzw. gesondert und einheitlich festzustellen sind (BT-Drs. 18/7457, 90) und

bestätigt damit zugleich die bisherige Rspr. und Verwaltungspraxis (vgl. BFH 19.3.2009 – IV R 20/08, BStBl. II 2010, 528; AEAO zu § 233a Nr. 74). Im Falle der gesonderten Feststellung von Besteuerungsgrundlagen oder der Festsetzung eines StMessbetrags sind die Grundlagen für eine Festsetzung von Zinsen nach § 233a IIa und § 235 zwingend gesondert festzustellen. So ist etwa im Fall der StHinterziehung das Vorliegen der StHinterziehung und der Umfang des erlangten steuerlichen Vorteils festzustellen (Klein § 239 Rn. 22). Nach § 233a IIa ist der Beginn des Zinslaufs nur hinausgeschoben, wenn die Änderung einer StFestsetzung auf einem rückwirkenden Ereignis oder einem Verlustabzug beruht. Der Erlass eines Grundlagenbescheids ist kein rückwirkendes Ereignis (BFH 1.6.2016 – X R 66/14, BFH/NV 2016, 1668). Etwas anderes gilt, wenn das rückwirkende Ereignis in einem Grundlagenbescheid zu berücksichtigen ist. In diesem Fall sind die für die Zinsberechnung erheblichen Feststellungen im Grundlagenbescheid zu treffen (TK § 239 Rn. 15). Der Zinsbescheid ist Folgebescheid des bindenden Bescheides über die gesonderte Feststellung. Vor der gesonderten Feststellung ist ein vorläufiger Zinsbescheid nach § 155 II zulässig (BFH 19.4.1989 – X R 19/88, BFH/NV 1990, 73).

E. Steueranmeldung (Abs. 4)

Abs. 4 erstreckt den gesetzlich angeordneten Vorbehalt der Nachprüfung im Fall einer StAnmeldung (§ 168 S. 1) auch auf den hierzu ergangenen Zinsbescheid. Zinsen nach § 233a werden in diesem Fall grds. automationsgestützt berechnet und festgesetzt (§ 239 I 1 iVm § 155 VII). Der Vorbehalt der Nachprüfung dient letztlich dazu, bei der automationsgestützten Zinsfestsetzung nicht berücksichtigte Umstände nachträglich erfassen zu können (BT-Drs. 18/7457, 90). 19

F. Bindungswirkung (Abs. 5)

Zinsen nach § 233a sind bei Überschneidung der Zinsfestsetzungszeiträume anderer Zinstatbestände dort jeweils anzurechnen (vgl. §§ 234 III, 235 IV, 236 IV, 237 IV). Ändert sich die Festsetzung der Zinsen nach § 233a, war bislang unklar, nach welcher Vorschrift die Festsetzung der anderen Zinsfestsetzungen zu ändern ist. Die Neuregelung in Abs. 5 stellt nunmehr klar, dass die Zinsfestsetzung nach § 233a Grundlagenbescheid iSd § 171 X für die anderen Zinsfestsetzungen ist, soweit die Zinsen nach § 233a anzurechnen sind. Die Änderungsbefugnis ergibt sich damit künftig eindeutig aus § 239 I 1 iVm § 175 I 1 Nr. 1. 20

2. Unterabschnitt. Säumniszuschläge

§ 240 Säumniszuschläge

(1) [1] **Wird eine Steuer nicht bis zum Ablauf des Fälligkeitstages entrichtet, so ist für jeden angefangenen Monat der Säumnis ein Säumniszuschlag von 1 Prozent des abgerundeten rückständigen Steuerbetrags zu entrichten; abzurunden ist auf den nächsten durch 50 Euro teilbaren Betrag.** [2] **Das Gleiche gilt für zurückzuzahlende Steuervergütungen und Haftungsschulden, soweit sich die Haftung auf Steuern und zurückzuzahlende Steuervergütungen erstreckt.** [3] **Die Säumnis nach Satz 1 tritt nicht ein, bevor die Steuer festgesetzt oder angemeldet worden ist.** [4] **Wird die Festsetzung einer Steuer oder Steuervergütung aufgehoben, geändert oder nach § 129 berichtigt, so bleiben die bis dahin verwirkten Säumniszuschläge unberührt; das Gleiche gilt, wenn ein Haftungsbescheid zurückgenommen, widerrufen oder nach § 129 berichtigt wird.** [5] **Erlischt der Anspruch durch Aufrech-**

nung, bleiben Säumniszuschläge unberührt, die bis zur Fälligkeit der Schuld des Aufrechnenden entstanden sind.

(2) **Säumniszuschläge entstehen nicht bei steuerlichen Nebenleistungen.**

(3) [1]**Ein Säumniszuschlag wird bei einer Säumnis bis zu drei Tagen nicht erhoben.** [2]**Dies gilt nicht bei Zahlung nach § 224 Absatz 2 Nummer 1.**

(4) [1]**In den Fällen der Gesamtschuld entstehen Säumniszuschläge gegenüber jedem säumigen Gesamtschuldner.** [2]**Insgesamt ist jedoch kein höherer Säumniszuschlag zu entrichten als verwirkt worden wäre, wenn die Säumnis nur bei einem Gesamtschuldner eingetreten wäre.**

Schrifttum: App, Die Schonfrist für die Entstehung von Säumniszuschlägen, DStZ 2007, 187; Kohlhaas, Vollständiger Erlass von Säumniszuschlägen bei erfolgreichem Rechtsbehelfsverfahren?, DStR 2010, 2387; Nieuwenhuis, Säumniszuschläge bei rechtswidriger Steuerfestsetzung, BB 2010, 2412; Neumann, Säumige Erstattungen seitens des Finanzamts und die Ansprüche des Steuerpflichtigen – Stehen dem Erstattungsberechtigten Säumniszuschläge zu?, DStR 2012, 1646; Stein/Meister, Rechtsschutz schnell und teuer? Steuerliche Nebenleistungen in der Abgabenordnung, BB 2014, 538; Hild, Die vollständige Beseitigung von Säumniszuschlägen – Handlungsoptionen im (außer)gerichtlichen Rechtsbehelfsverfahren, NWB 2018, 3912; Steck, Überprüfung eines Zinsanteils in Säumniszuschlägen und einer daraus resultierenden eventuellen Verfassungswidrigkeit, DStZ 2019, 143.

Übersicht

A. Allgemeines

I. Rechtsentwicklung

1 Die verspätete Tilgung der StSchuld führte nach § 104 RAO 1919 erstmals zu einer zusätzlichen Leistungspflicht in Form von Zinsen. Diese Nebenleistung wurde durch das StSäumnG (RGBl. 1934 I 1271) abgelöst und in einen als Einmalbetrag ausgestalteten Zuschlag umgewandelt. Durch die zeitliche Abkoppelung verlor der Säumniszuschlag seinen Zinscharakter und wurde zum Druckmittel eigener Art. Diese durch das StÄndG (BGBl. 1961 I 981) fortgeführte Regelung übernahm die AO in § 240. Danach entsteht bei nicht fristgerechter Entrichtung einer Steuer, StVergütung oder Haftungsschuld für jeden angefangenen Monat ein Zuschlag von 1 % des rückständigen auf 50 Euro) abgerundeten Betrages. Die Aufnahme des Säumniszuschlags in den Kreis der steuerlichen

Nebenleistungen hätte seine Akzessorietät, also die Anpassungspflicht an eine geänderte StFestsetzung, zur Folge gehabt (vgl. BFH 24.3.1992 – VII R 39/91, BStBl. II 1992, 956). Aus diesem Grund wurde § 240 I 4 eingefügt (BT-Drs. 7/492). § 240 ist erstmals auf Säumniszuschläge anzuwenden, die nach dem 31.12.1976 verwirken (Art. 97 § 16 I EGAO).

Aus dem Geltungsbereich der Schonfrist (§ 240 III) wurde durch S. 2 die Zahlung nach § 224 II Nr. 1 (Übergabe oder Übersendung von Zahlungsmitteln, → § 224 Rn. 17) ausgenommen. § 240 III 2 ist erstmals auf Säumnistatbestände nach dem 31.12.1993 anzuwenden. Das Gesetz vom 21.12.1993 (BGBl. 1993 I 2310) ergänzte § 240 I 4 um die Berichtigung wegen offenbarer Unrichtigkeit. Nach Art. 97 § 1 IV EGAO gilt die Änderung für alle bei Inkrafttreten des Gesetzes anhängigen Verfahren. Die Ausklammerung der Haftungsschulden aus dem Tatbestand des § 240 durch die Rspr. (BFH 25.2.1997 – VII R 15/96, BStBl. II 1998, 2) veranlasste den Gesetzgeber zu einer entsprechenden Ergänzung der Vorschrift in § 240 I 2 und 4 (BGBl. 1998 I 1496). Diese Neuregelung gilt gem. Art. 97 § 16 IV EGAO für Zuschläge, die nach dem 31.7.1998 entstehen. Schließlich korrigierte das StBereinG (BGBl. 1999 I 2601) erneut eine unliebsame Rspr. (→ Rn. 34) durch Anfügung des S. 5 in § 240 I. Diese Norm ist auf alle bei Inkrafttreten des Gesetzes (22.12.1999) anhängigen Verfahren anzuwenden. Durch Art. 23 StEuglG wurde der DM-Betrag in § 240 I auf Euro umgestellt. Die Neuregelung gilt erstmals für Säumniszuschläge, die nach dem 31.12.2001 entstehen (Art. 97 § 16 V EGAO). Die auf fünf Tage bemessene Schonfrist ist durch das StÄndG 2003 (BGBl. 2003 I 2645) auf drei Tage verkürzt worden. Die Regelung gilt für Steuern, StVergütungen und Haftungsschulden, die nach dem 31.12.2003 fällig geworden sind (Art. 97 § 16 VI EGAO). Auf die strafbefreiende Erklärung findet § 240 keine Anwendung (§ 10 IV StraBEG; Blochs BB 2004, 247). 2

II. Zweck des Säumniszuschlages

Säumniszuschläge sollen Stpfl. in erster Linie zur pünktlichen Tilgung ihrer Haftungs- und StSchulden veranlassen. Sie sind ein **Druckmittel** eigener Art zur Durchsetzung fälliger Ansprüche (BFH 16.7.1997 – XI R 32/96, BStBl. II 1998, 7; BFH 7.7.1999 – X R 87/96, BFH/NV 2000, 161). Die mit der Regelung bezweckte Präventionswirkung hat keinen Strafcharakter (HHSp § 240 Rn. 11). Darüber hinaus verfolgen Säumniszuschläge den Nebenzweck, vom Stpfl. eine Gegenleistung für das Hinausschieben der Zahlung fälliger Steuern zu erhalten und Verwaltungsaufwendungen abzugelten, die durch die nicht oder nicht fristgemäße Zahlung entstehen (BFH 18.6.1998 – V R 13/98, BFH/NV 1999, 10; BFH 19.12.2000 – VII R 63/99, BStBl. II 2001, 217). Der Nebenzweck des Säumniszuschlags als **Zinsersatz** wird zu Unrecht von der Literatur vereinzelt verneint (so etwa TK § 240 Rn. 5; Gosch AO § 240 Rn. 4; aA Klein § 240 Rn. 1; HHSp § 240 Rn. 12). Weder die durch § 240 I 4 verdrängte Akzessorietät noch die Ausgestaltung der Vorschrift als eigenständiger Säumnistatbestand sprechen gegen den Zinscharakter des Säumniszuschlages (so aber Schwarz/Pahlke/Keß § 240 Rn. 1). Die grds. Akzessorietät von steuerlichen Nebenleistungen gilt auch für Zinsen nicht uneingeschränkt, wie die §§ 234 I 2, 235 III 3, 237 V zeigen (vgl. zum Säumniszuschlag BFH 24.3.1992 – VII R 39/91, BStBl. II 1992, 956). Der Verzicht von Hinterziehungszinsen für den Zeitraum der Säumnis und verschiedener Zinstatbestände (§ 235 III 2) stellt den Säumniszuschlag vielmehr mit anderen Zinsregelungen auf eine Stufe (HHSp § 240 Rn. 11; OVG Hamburg 17.10.2005 – 1 Bs 210/05, NVwZ-RR 2006, 156). Gegen die Zinsersatzfunktion lässt sich schließlich nicht einwenden, dass Ansprüche aus dem StSchuldverhältnis nur verzinst werden, soweit dies gesetzlich vorgesehen ist oder hierin eine unzulässige Rechtsfortbildung liege (so TK § 240 Rn. 5). § 233 S. 1 schließt lediglich eine allg. Zinspflicht ohne gesetzliche Grundlage, etwa im Wege einer Rechtsanalogie, aus (→ § 233 Rn. 4). Von § 233 S. 1 unberührt bleibt indes die Übertragung des Zinsgedankens auf vergleichbare 3 gesetzliche Normen. Wenngleich Zinsen und Säumniszuschläge wegen ihres unterschiedlichen Hauptzweckes in verschiedenen Unterabschnitten geregelt sind, lässt sich der Gesamtregelung ein systematischer Zusammenhang entnehmen (BFH 29.8.1991 – V R 78/86, BStBl. II 1991, 906).

3a **Verfassungsmäßigkeit.** § 240 begegnet keinen verfassungsrechtlichen Bedenken (BFH 19.2.2025 – XI R 18/23, BStBl. II 2025, 479; BFH 21.3.2025 – X B 21/25 (AdV), DStRE 2025, 690, seit März 2022 auch wegen des angestiegenen Zinsniveaus; BFH 16.7.2024 – XI B 37/23, BFH/NV 2024, 1357; BFH 23.8.2023 – X R 30/21, BStBl. II 2024, 215; BFH 23.8.2022 – VII R 21/21, BStBl. II 2023, 304; BFH 20.5.2010 – V R 42/08, BStBl. II 2010, 955; FG München 13.8.2018 – 14 V 736/18, EFG 2018, 1608; FG Münster 29.5.2020 – 12 V 901/20 AO, EFG 2020, 1053; TK § 240 Rn. 4 f.; Klein § 240 Rn. 4), auch soweit gegen die Zinshöhe des § 238 I 1 und den Zinscharakter der Säumniszuschläge neuerdings solche Zweifel erhoben werden (→ § 238 Rn. 3; aA Steck DStZ 2019, 143). Solche Zweifel werden nach Ergehen des Beschlusses des BVerfG 8.7.2021 – 1 BvR 2237/14, 1 BvR 2422/17, BVerfGE 158, 282 zu § 233a iVm § 238 im Hinblick auf den für Säumniszuschläge angenommenen Zinscharakter verbreitet in Rspr. (BFH 22.9.2023 – VIII B 64/22 (AdV), BeckRS 2023, 27273; BFH 11.11.2022 – VIII B 64/22 (AdV), DStRE 2023, 116; BFH 26.5.2021 – VII B 13/21 (AdV), BFH/NV 2022, 209; BFH 23.5.2022 – V B 4/22 (AdV), DStR 2022, 1548; FG Münster 21.9.2022 – 12 V 26/22 AO, EFG 2023, 11; aA BFH 15.11.2022 – VII R 55/20, BStBl. II 2023, 621; BFH 28.10.2022 – VI B 15/22 (AdV), BStBl. II 2023, 12; BFH 20.9.2022 – II B 3/22 (AdV), BFH/NV 2022, 1328; FG Niedersachsen 21.12.2022 – 4 K 209/20, EFG 2023, 475; OVG Münster 29.4.2022 – 14 B 403/22, NVwZ 2022, 1231; BSG 7.7.2020 – B 12 R 28/18 R, NZS 2021, 236 zu § 24 SGB VI) und Literatur (TK § 240 Rn. 5; Klein § 240 Rn. 4; aA Gosch AO § 240 Rn. 63) angenommen. Anders als in § 233a liegt der gesetzlichen Regelung in § 240 nicht bereits eine Ungleichbehandlung im Belastungstatbestand in Gestalt einer Karenzzeitregelung zugrunde (vgl. BVerfG 8.7.2021 – 1 BvR 2237/14, 1 BvR 2422/17, BVerfGE 158, 282, Rn. 103 f.). Demgemäß bezieht sich die verfassungsrechtliche Prüfung lediglich auf die Belastungswirkung der Säumniszuschläge selbst. Entgegen der in § 233a geregelten Vollverzinsung dienen Säumniszuschläge **in erster Linie** als Druckmittel zur Durchsetzung fälliger Ansprüche (BFH 28.10.2022 – VI B 15/22 (AdV), BStBl. II 2023, 12). Durch Säumniszuschläge werden zudem die Verwaltungsaufwendungen abgegolten, die dadurch entstehen, dass Stpfl. die fällige Steuer nicht oder nicht fristgerecht zahlen (BFH 2.3.2017 – II B 33/16, BStBl. II 2017, 646; BFH 19.12.2000 – VII R 63/99, BStBl. II 2001, 217). Ferner hat der Stpfl. – anders als bei der Vollverzinsung – regelmäßig die Wahl, ob er den Tatbestand der Säumnis verwirklicht (vgl. BVerfG 4.5.2022 – 2 BvL 1/22, BFH/NV 2022, 895). Dem steht nicht entgegen, dass dem Säumniszuschlag als Nebenzweck auch ein Zinsanteil zugrunde liegt. So wird zu Recht darauf verwiesen, dass sich § 240 nicht entnehmen lässt, in welchem quantitativen Verhältnis die vom Gesetz verfolgten Zwecke (Druckmittel, zinsähnliche Funktion, Verwaltungsaufwand) zueinander stehen (BFH 9.3.2023 – VI B 31/22 (AdV), BFH/NV 2023, 574; BFH 28.10.2022 – VI B 15/22 (AdV), BStBl. II 2023, 12; BFH 23.8.2022 – VII R 21/21, BFH/NV 2023, 400). Dies gilt auch im Hinblick auf die Rspr. zum Teilerlass von Säumniszuschlägen. Vielmehr ist die Höhe des im Säumniszuschlag enthaltenen Zinses ungeklärt (BVerfG 4.5.2022 – 2 BvL 1/22, BFH/NV 2022, 895; OVG Münster 29.4.2022 – 14 B 403/22, NVwZ 2022, 1231; Füssenich jM 2023, 34; Haselmann/Maciejewski Ubg 2022, 422 (428)). Der Zinsanteil mag deshalb im Einzelfall durchaus variieren, weil die einzelnen Zwecke von den Umständen des Einzelfalles abhängen. Dies erscheint verfassungsrechtlich unbedenklich, da ein Säumniszuschlag von einem Prozent für jeden angefangenen Monat der Säumnis auch allein zur Erzwingung der rechtzeitigen Zahlung der fälligen Steuer und zur Abgeltung des Verwaltungsaufwands verhältnismäßig und im Rahmen der Typisierung gerechtfertigt wäre (OVG Münster 29.4.2022 – 14 B 403/22, NVwZ 2022, 1231; BFH 23.8.2022 – VII R 21/21, BFH/NV 2023, 400). Zur Verfassungsmäßigkeit des Säumniszuschlags auf kommunale Abgaben vgl. VG Hannover 31.7.2024 – 1 A 4119/22, BeckRS 2024, 21552.

Einwendungen gegen die Verfassungsmäßigkeit der Höhe des Säumniszuschlags sind im Verfahren gegen einen **Abrechnungsbescheid** geltend zu machen (BFH 9.10.2020 – VIII B 162/19, BFH/NV 2021, 289). AdV wegen verfassungsrechtlicher Zweifel an der Gültigkeit einer Norm, die dem angefochtenen VA zugrunde liegt, setzt ein besonderes Aussetzungsinteresse voraus (BFH 18.1.2023 – II B 53/22, BFH/NV 2023, 382; str. vgl. BFH 22.9.2023 – VIII B 64/22 (AdV), DStRK 2023, 335). 3b

III. Verhältnis zu anderen Vorschriften

Der **Verspätungszuschlag (§ 152)** soll den Stpfl. ebenfalls zur Erfüllung steuerlicher Pflichten anhalten. Anders als der Säumniszuschlag ist er indessen auf die Erfüllung der Erklärungspflichten und nicht auf die rechtzeitige Tilgung ausgerichtet, verschuldensabhängig ausgestaltet und in seinen Entstehungsvoraussetzungen von der im Ermessen stehenden Festsetzung durch die FB abhängig. Diese Zuschläge schließen sich daher nicht gegenseitig aus. Demgegenüber kommt es bei **Zinsen** (§§ 233a, 234, 235, 237) gelegentlich – für Hinterziehungszinsen regelmäßig – zu einer Überschneidung. § 235 III 2 lässt die Zinspflicht deshalb für den Zeitraum der verwirkten Säumniszuschläge entfallen. Die Zinsfunktion des § 240 erfordert nach Ansicht der FVerw. einen hälftigen Erlass der Säumniszuschläge für den Zeitraum, für den Nachzahlungszinsen entstehen (AEAO zu § 233a Nr. 64). Für Stundungs- und Aussetzungszinsen gelten diese Erwägungen indes nicht, da der Stpfl. die Erhebung von Säumniszuschlägen durch rechtzeitige Antragstellung beeinflussen kann (HHSp § 240 Rn. 23 f.). Säumniszuschläge sind keine Zwangsgelder iSv § 39 I Nr. 3 InsO (BFH 19.1.2005 – VII B 286/04, BFH/NV 2005, 1001). 4

B. Verwirkung von Säumniszuschlägen (Abs. 1)

I. Nichtentrichtung einer Steuer (Abs. 1 S. 1)

Wird eine festgesetzte oder angemeldete Steuer bei Fälligkeit nicht entrichtet, entsteht ein Säumniszuschlag ohne Festsetzung allein durch Zeitablauf kraft Gesetzes (BFH 18.4.2006 – VII R 77/04, BStBl. II 2006, 578). Für die Verwirkung ist weder ein Verschulden des Stpfl. noch eine Festsetzung oder Ermessensausübung durch die FB erforderlich (BFH 17.7.1985 – I R 172/79, BStBl. II 1986, 122). 7

1. Steuer

Der **Begriff der Steuer** in § 240 I 1 entspricht der für die AO allg. geltenden StDefinition des § 3 I. Darunter fallen neben den Besitz-, Verkehrs- und VerbrauchSt auch RealSt iSd § 3 II (GrSt, GewSt), da nach § 1 II Nr. 5 für sie auch die Vorschriften des Erhebungsverfahrens gelten. Der UZK enthält allerdings in Art. 114 UZK eine eigenständige Verzugszinsregelung bei nicht fristgerechter Entrichtung. § 240 wird durch Art. 114 UZK weitgehend verdrängt (vgl. Witte UZK Art. 114 Rn. 2 ff.). Auf örtliche Verbrauch- und AufwandSt findet § 240 kraft ausdrücklicher Anordnung in den KAG der Länder (mit Ausnahme von Berlin, § 2 II AOAnwG Berlin) entspr. Anwendung (zB § 11 I Nr. 5b Niedersachsen KAG; vgl. TK § 240 Rn. 14). Demgegenüber gilt § 240 in zahlreichen Ländern nicht für die KiSt mit Ausnahme von Bayern (Art. 18 I 1 KiStG). Für sonstige Abgaben, insb. Gebühren und Beiträge, gilt § 240, sofern die jeweiligen Landesgesetze auf diese Regelung verweisen (vgl. Thiem KStZ 1979, 1). 8

Auf **Rückzahlungsansprüche** wegen zu Unrecht geleisteter Erstattungen sind ebenfalls bei nicht fristgerechter Zahlung Säumniszuschläge zu entrichten, unabhängig davon, ob diese als StAnsprüche angesehen (so TK § 240 Rn. 9; aA FG Düsseldorf 12.3.2009 – 12 K 1130/08 AO, BeckRS 2009, 26028272) oder den StVergütungen (§ 240 I 2) gleichgestellt 9 werden (so HHSp § 240 Rn. 37). Keine Steuern sind Haftungsansprüche (aber → Rn. 23) und steuerliche Nebenleistungen (→ Rn. 37).

2. Ablauf des Fälligkeitstages

10 **Fälligkeit.** Säumniszuschläge verwirken nicht bereits mit Entstehung oder Festsetzung des StAnspruchs. Zur Anmeldung oder Festsetzung (→ Rn. 26) muss die Nichtentrichtung bis zum Ablauf des Fälligkeitstages hinzutreten. Ein Anspruch ist fällig, wenn der Gläubiger die Leistung verlangen und der Schuldner sie erbringen muss (→ § 220 Rn. 2). Die einzelnen Fälligkeitszeitpunkte bestimmen sich zumeist nach den EinzelStGesetzen (§ 220 I). Für die Entstehung von Säumniszuschlägen ist jeder (Teil-)Anspruch aus dem StSchuldverhältnis gesondert zu beurteilen. Dies gilt sowohl für die einzelnen Erhebungsformen (EStVorauszahlungen, LSt, KapESt) als auch für den StAnspruch selbst, wenn er durch Änderung oder Berichtigung erhöht wurde. Fehlt eine besondere gesetzliche Fälligkeitsbestimmung, wird der Anspruch gem. § 220 II 1 mit seiner Entstehung fällig. Eine durch Leistungsgebot (§ 254) eingeräumte Zahlungsfrist schiebt die Fälligkeit auf das Ende der Frist hinaus. Da Ansprüche aus dem StSchuldverhältnis idR durch VA festsetzt werden (§ 218 I), tritt die Fälligkeit nach § 220 II 2 nicht vor Bekanntgabe des Bescheides ein (vgl. BFH 14.3.1989 – VII R 152/85, BStBl. II 1990, 363; OVG Münster 13.2.2024 – 14 B 1292/23, KStZ 2024, 135).

11 **Änderung der Fälligkeit.** Die FB kann bei VerbrauchSt und der USt im Falle mehrfacher Säumnis die Fälligkeit gegenüber dem gesetzlichen Zeitpunkt vorverlegen (§ 221). Weitaus größere Bedeutung kommt dem Hinausschieben der Fälligkeit durch Stundung (§ 222), Zahlungsaufschub (§ 223) und AdV (§ 361 AO, § 69 FGO; aber → Rn. 13) zu. Mahnung (§ 259), VollstrAufschub (§ 258) und Niederschlagung (§ 261) wirken sich nicht auf die Fälligkeit aus, auch soweit letztere Maßnahmen dem Stpfl. bekannt gegeben wurden (BFH 15.3.1979 – IV R 174/78, BStBl. II 1979, 429; Klein § 240 Rn. 16 f.). Mag auch der primäre Zweck des Säumniszuschlages, Druck auf den Stpfl. auszuüben, nicht mehr greifen, will die FB doch nicht ihr Recht auf weitere Vollziehung, etwa durch Aufrechnung, aufgeben (Schwarz/Pahlke/Keß § 240 Rn. 33). Entfällt der Druck, kann dem durch teilweisen Erlass der Säumniszuschläge angemessen Rechnung getragen werden (vgl. BFH 22.6.1990 – III R 150/85, BStBl. II 1991, 864; BFH 16.9.1992 – X R 169/90, BFH/NV 1993, 510). Ein Hinausschieben der Fälligkeit würde hingegen wegen der Zinspflicht nach § 234 zu einem Wertungswiderspruch führen (HHSp § 240 Rn. 51). Weder das Absehen von VollstrMaßnahmen für die Dauer des AdV-Verfahrens noch die Beibringung einer Sicherheitsleistung schieben für sich die Fälligkeit hinaus (BFH 16.12.1998 – IV B 18/98, BFH/NV 1999, 744; FG Hamburg 11.4.1994 – VII 17/93, EFG 1994, 731).

12 **Stundung (§ 222)** schiebt die Fälligkeit für die Dauer der Stundung hinaus. Wird der Stundungsantrag nach Eintritt der Fälligkeit beschieden, entfallen bereits verwirkte Säumniszuschläge nur, wenn der Stundungsbeginn auf den ursprünglichen Fälligkeitszeitpunkt zurückbezogen wird (BFH 22.4.1988 – III R 269/84, BFH/NV 1989, 428; aA Erlass: BFH 8.7.2004 – VII R 55/03, BStBl. II 2005, 7). Gewährt die FB Stundung erst ab Antragstellung, bleiben die zwischen Fälligkeit und Eingang des Antrags verwirkten Säumniszuschläge bestehen. Die FB ist regelmäßig nicht verpflichtet, die Stundung auf den Zeitraum vor Antragstellung zu erstrecken, selbst wenn die Stundungsvoraussetzungen bereits ab Fälligkeit vorlagen (Schwarz/Pahlke/Keß § 240 Rn. 24; HHSp § 240 Rn. 54; aA TK § 240 Rn. 25). Wird der Stundungsantrag abgelehnt, bleibt es bei dem ursprünglichen Fälligkeitstag und der Verwirkung von Säumniszuschlägen (BFH 17.7.1985 – I R 172/79, BStBl. II 1986, 122). Hatte der Stpfl. die Stundung vor Fälligkeit beantragt, bewilligt die FB grds. eine Frist zur Zahlung der rückständigen Steuer (AEAO zu § 240 Nr. 6a). Die Fälligkeit wird bis zum Ende der gesetzten Frist hinausgeschoben, und zwar unabhängig davon, ob der Stpfl. die Zahlungsfrist einhält (vgl. BFH 4.2.2000 – VII B 235/99, BFH/NV 2000, 1070; BFH 31.7.1991 – I R 143/90, BFH/NV 1992, 431; AEAO zu § 240 Nr. 6a). Stellt die FB jedoch nur ein Absehen von der Erhebung verwirkter Säum-

niszuschläge in Aussicht, wenn bis zu einem bestimmten Termin gezahlt wird, bleibt die Fälligkeit hiervon unberührt (BFH 8.11.1989 – I R 30/84, BFH/NV 1990, 546). Die Schonfrist ist sowohl vom Ende der Zahlungsfrist als auch nach Ablauf der Stundung zu gewähren.

Aussetzung der Vollziehung. Die Anordnung der AdV stellt die aufschiebende Wirkung des Rechtsbehelfs mit Bekanntgabe der Aussetzungsverfügung oder Ergehen des gerichtlichen Beschlusses her. Hierdurch wird die Fälligkeit nicht hinausgeschoben (str., → § 220 Rn. 22; wie hier BFH 18.4.2006 – VII R 77/04, BStBl. II 2006, 578). Gleichwohl entstehen während der Dauer der – ggf. auch zu Unrecht gewährten – AdV nach einhelliger Auffassung keine Säumniszuschläge (BFH 31.8.1995 – VII R 58/94, BStBl. II 1996, 55). Da die Wirkungen der AdV jeweils nur ex nunc, also nicht rückwirkend eintreten, fallen für den Zeitraum bis zum Ergehen der Entscheidung jedoch Säumniszuschläge an (BFH 23.6.1977 – V B 41/73, BStBl. II 1977, 645; BFH 7.2.1990 – X R 154/87, BFH/NV 1991, 5). Wird ein begründeter Antrag vor Fälligkeit gestellt, setzt die FB die Vollziehung deshalb grds. vom Fälligkeitstag an aus. Die Rückbeziehung enthält die konkludente **Aufhebung der Vollziehung** für die Vergangenheit und beseitigt nachträglich bereits verwirkte Säumniszuschläge (BFH 10.12.1986 – I B 121/86, BStBl. II 1987, 389; → § 361 Rn. 81; aA TK § 240 Rn. 29: Erlass). § 240 I 4 steht dem nicht entgegen, da er auf die nachträgliche Veränderung im Erhebungsverfahren nicht anzuwenden ist (HHSp § 240 Rn. 57; TK § 240 Rn. 42; aA Schwarz/Pahlke/Keß § 240 Rn. 30). Das gilt auch für die durch das JStG 1997 eingeführte Begrenzung der AdV nach § 361 II 4 und § 69 II 7, 8 FGO (HHSp § 240 Rn. 58, aA Schwarz/Pahlke/Keß § 240 Rn. 31). Wird trotz Vorliegens der Voraussetzungen eine Aufhebung der Vollziehung nicht angeordnet, ist regelmäßig der anteilige Erlass der Säumniszuschläge für die Zeit zwischen Fälligkeit und Eintritt der Wirkungen der AdV geboten (vgl. BFH 18.3.2003 – X B 66/02, BFH/NV 2003, 886; FG Köln 28.12.1988 – 11 V 117/88, EFG 1989, 240; TK § 240 Rn. 24; vgl. zu sachlichen Billigkeitsgründen → Rn. 55 ff.). 13

Die **Ablehnung** des AdV-Antrages nach Eintritt der Fälligkeit hindert weder das Entstehen von Säumniszuschlägen noch ist deren Erhebung unbillig (FG Hamburg 11.4.1994 – VII 17/93, EFG 1994, 731). Jeder Stpfl. hat grds. die Risiken seines Verhaltens und etwaiger Antrags- und Rechtsbehelfsverfahren zu tragen (Weber-Grellet DStR 1990, 701; TK § 240 Rn. 27). Die FB ist deshalb nicht verpflichtet, nach Ablehnung eine neue Zahlungsfrist einzuräumen (FG München 26.10.1989 – 10 K 10143/85, EFG 1990, 213). Für Anträge, die vor Fälligkeit gestellt wurden, kann das FA dennoch grds. eine einwöchige Frist zur Zahlung mit anschließender Schonfrist bewilligen (AEAO zu § 240 Nr. 6a; → § 361 Rn. 78). Hebt der BFH auf die Beschwerde des FA einen bewilligenden AdV-Beschluss des FG mit Wirkung für die Vergangenheit auf, treten die Säumnisfolgen ab Fälligkeit rückwirkend ein (BFH 14.2.1975 – VI B 72/74, BStBl. II 1975, 452). Für die Dauer zwischen Ergehen des Beschlusses und seiner Aufhebung war eine Vollziehung des StBescheides indes ausgeschlossen. Durch diese Tatbestandswirkung konnte der Druckmittelzweck zeitweilig nicht mehr erreicht werden, sodass ein hälftiger Erlass der für diesen Zeitraum verwirkten Säumniszuschläge aus sachlichen Billigkeitsgründen geboten ist (weitergehend BFH 14.9.1978 – V R 35/72, BStBl. II 1979, 58; HHSp § 240 Rn. 60). Der vollständige Erlass der Säumniszuschläge begünstigt den auch im AdV-Verfahren letztlich erfolglosen Stpfl. und führt zu einem Wertungswiderspruch zu § 237. 14

Ein **Antrag auf Herabsetzung der Vorauszahlungen** lässt die Fälligkeit unberührt. Setzt die FB die Vorauszahlungen aufgrund eines rechtzeitig gestellten Antrages herab, entfallen bereits verwirkte Säumniszuschläge nicht (§ 240 I 4). Die FVerw. verzichtet dessen ungeachtet in diesem Fall auf deren Erhebung (AEAO zu § 240 Nr. 6c). Bei Ablehnung des Antrages soll grds. eine neue Zahlungsfrist gewährt werden, für die ebenfalls die Schonfrist des § 240 III gilt (AEAO zu § 240 Nr. 6c). 15

3. Fehlende Entrichtung

18 Eine Steuer ist mit dem Bewirken der geschuldeten Leistung entrichtet (vgl. § 224 II). Die Leistung kann durch Zahlung (§§ 224, 224a), Aufrechnung (§ 226) und Befriedigung im VollstrVerfahren (§§ 296 II, 301 II) bewirkt werden. Nach § 224 II bestimmt sich der Zeitpunkt, an dem die Zahlung als entrichtet gilt. Hierfür genügt die Hingabe des Zahlungsmittels allerdings nur, wenn sie die Tilgung der StSchuld bewirkt, also wirksam geleistet wurde (vgl. BFH 29.10.1970 – IV R 103/70, BStBl. II 1971, 94; aA BFH 19.3.1999 – VII B 158/98, BFH/NV 1999, 1304; HHSp § 240 Rn. 62). Erlischt die StSchuld durch Aufrechnung, fingiert § 240 I 5 für die Berechnung der Säumniszuschläge einen von § 389 BGB iVm § 226 abweichenden Tilgungszeitpunkt (→ Rn. 34).

4. Rechtsfolge

19 Entrichtet der Stpfl. die geschuldete Steuer nicht fristgemäß, entsteht mit Ablauf des Fälligkeitstages kraft gesetzlicher Anordnung für jeden angefangenen Monat ein Säumniszuschlag. Ein Verschulden an der Nichtentrichtung oder eine Mahnung der rückständigen Beträge ist ebenso wenig Entstehungsvoraussetzung wie die Festsetzung der Säumniszuschläge (BFH 11.5.2007 – V B 33/05, BFH/NV 2007, 1623; Klein § 240 Rn. 11; TK § 240 Rn. 31 f.). Eine Wiedereinsetzung in den vorigen Stand bei unverschuldeter Versäumung der gesetzlichen StZahlungsfrist ist ausgeschlossen (→ § 110 Rn. 12; Koenig INF 1994, 1).

II. Steuervergütungen und Haftungsschulden (Abs. 1 S. 2)

22 Werden **StVergütungen** nicht fristgerecht zurückgezahlt, gilt für sie § 240 I 1 entspr. Die Rückforderung von Vergütungsansprüchen, die etwa bei der USt, den Verbrauchsteuern und Zöllen vorkommen, kann nach Änderung oder Aufhebung der ursprünglichen StFestsetzung erfolgen (BFH 22.7.1986 – VII R 10/82, BStBl. II 1986, 776). Auf eine Vielzahl von Prämien und Zulagen sind die Vorschriften über die StVergütungen entspr. anzuwenden (zB § 15 I 1 EigZulG, § 8 I 1 WoPG 1996, § 14 II 1 5. VermBG, § 6 I 1 InvZulG 1999; → § 1 Rn. 4). Bei nicht fristgerechter Erfüllung des Rückforderungsanspruchs werden folglich auch für diese Beträge Säumniszuschläge erhoben (Schwarz/Pahlke/Keß § 240 Rn. 9).

23 Säumniszuschläge verwirken auch bei nicht fristgerechter Begleichung von **Haftungsschulden,** soweit sich die Haftung auf Steuern und zurückzuzahlende StVergütungen erstreckt. Zur ausdrücklichen Einbeziehung der Haftungsschulden sah sich der Gesetzgeber veranlasst, weil der BFH die in Literatur und Rspr. streitige Rechtsfrage der analogen Anwendbarkeit des § 240 I 1 verneint hatte (BFH 25.2.1997 – VII R 15/96, BStBl. II 1998, 2; ebenso Diebold BB 1992, 477; Rothenberger DStR 1995, 675). Die Neuregelung ist auf Säumniszuschläge anzuwenden, die nach dem 31.7.1998 entstehen (→ Rn. 2). Von der Entstehung der Säumniszuschläge für eigene Haftungsschulden ist die Haftung für Säumniszuschläge Dritter zu unterscheiden. Für die Haftung von Säumniszuschlägen ist nicht § 240 I 2, sondern der jeweilige Haftungstatbestand maßgebend. So sieht § 69 bei der Haftung der Vertreter in S. 2 auch eine Haftung für die infolge der Pflichtverletzung zu zahlenden Säumniszuschläge vor. Ebenso erstreckt § 72 die Haftung auf alle Ansprüche aus dem StSchuldverhältnis. Die §§ 70, 71, 73–76 begründen keine Haftung für Säumniszuschläge (HHSp § 240 Rn. 40). Zur Herabsetzung der Haftungsschuld für Säumniszuschläge wegen Überschuldung und Zahlungsunfähigkeit des StSchuldners s. BFH 14.12.2021 – VII R 14/19, BFH/NV 2022, 401.

III. Festsetzung oder Anmeldung der Steuer (Abs. 1 S. 3)

26 Für das Entstehen eines Säumniszuschlages bedarf es neben dem Eintritt der Fälligkeit auch der Festsetzung oder Anmeldung der Steuer, der zurückzuzahlenden StVergütung und des Haftungsbetrages. Da die Fälligkeit bei den Veranlagungssteuern grds. nicht

eintreten kann, bevor der Anspruch des StGläubigers tituliert ist, kommt § 240 I 3 insb. für die sog. Fälligkeitssteuern (zB USt, LSt, KapESt, MinöSt) Bedeutung zu (→ § 220 Rn. 9). Diese Steuern sind zu gesetzlich bestimmten Terminen aufgrund von StAnmeldungen zu zahlen (zB § 18 I 3 UStG, § 41a EStG; §§ 44 1, IV, 45a I EStG). Die wirksame Festsetzung des Anspruchs aus dem StSchuldverhältnis muss auch in diesen Fällen nach § 240 I 3 kumulativ zum Eintritt der Fälligkeit hinzutreten. Die StAnmeldung steht der Festsetzung gleich (§ 168 S. 1). Wird die Anmeldung erst verspätet bei der FB eingereicht, tritt die Säumnis deshalb abw. von S. 1 nicht mit Ablauf des gesetzlichen Fälligkeitstages ein, sondern erst mit dem auf den Tag des Eingangs der StAnmeldung folgenden Tag (HHSp § 240 Rn. 46). Gibt der Stpfl. keine Anmeldung ab und setzt die FB daraufhin die Steuer fest, entstehen Säumniszuschläge frühestens mit Ablauf des Tages der Bekanntgabe der StFestsetzung (TK § 240 Rn. 21). Die FB räumt idR auch bei gesetzlich bestimmten Fälligkeitszeitpunkten Zahlungsfristen ein. Säumnis tritt in einem solchen Fall erst mit dem Tag ein, der auf den letzten Tag der Zahlungsfrist folgt. Für die Erhebung der Säumniszuschläge ist jeweils die Schonfrist des § 240 III zu beachten.

IV. Änderung der Steuerfestsetzung (Abs. 1 S. 4)

Rückständiger Betrag. Die Änderung oder Aufhebung der StFestsetzung lässt die bis dahin verwirkten Säumniszuschläge unangetastet. § 240 I 4 durchbricht den für steuerliche Nebenleistungen geltenden Grundsatz der Akzessorietät für die Säumniszuschläge, indem es die Höhe der Säumniszuschläge allein nach der Höhe des jeweils rückständigen Betrages bemisst (BFH 14.5.2008 – II B 49/07, BFH/NV 2008, 1438). Es kommt weder darauf an, dass der rückständige Betrag nach materiellem Recht tatsächlich entstanden ist oder die StFestsetzung in dieser Höhe in Bestandskraft erwächst (BFH 30.3.2006 – V R 2/04, BStBl. II 2006, 612). Unerheblich ist auch, auf welcher Rechtsnorm die Änderung oder Aufhebung der StFestsetzung beruht oder ob sie durch VA oder gerichtliche Entscheidung erfolgt (Schwarz/Pahlke/Keß § 240 Rn. 41 f.; FG Hamburg 1.2.1983 – IV 74/81 H, EFG 1983, 437). Maßgeblich ist allein, dass eine festgesetzte oder angemeldete StSchuld bei Fälligkeit nicht getilgt wird. Dem entspricht es, dass auch im Fall einer nachträglichen Erhöhung der StFestsetzung die bereits verwirkten Säumniszuschläge nicht rückwirkend entspr. erhöht werden (TK § 240 Rn. 39). Durch diese wechselseitige Wirkungsweise ist die Regelung sachgerecht und verstößt nicht gegen das Übermaßverbot (BVerfG 30.1.1986 – 2 BvR 1336/85, DStZ/E 1986, 101). 29

Für **Vorauszahlungen** gilt § 240 I 4 ebenfalls uneingeschränkt. Demzufolge bleiben entstandene Säumniszuschläge durch die Herabsetzung des Vorauszahlungssolls unberührt. Dies gilt auch, wenn die Festsetzung der Jahressteuer niedriger ist als die Summe der festgesetzten Vorauszahlungen und sich hierdurch ein zu erstattender Überschuss ergibt (BVerwG 26.10.1973 – VII C 25/72, BStBl. II 1974, 279; FG Münster 23.1.1998 – 15 V 7397/97 U, EFG 1998, 681; Klein § 240 Rn. 13). 30

Erhebungsverfahren. § 240 I 4 findet ausschl. im Verfahren der StFestsetzung Anwendung. Ändert sich der rückständige Betrag hingegen durch nachträgliche Änderung der Verfügung über die anzurechnende Steuer, ist der Säumniszuschlag entspr. anzupassen (BFH 24.3.1992 – VII R 39/91, BStBl. II 1992, 956). Der Grundsatz der Akzessorietät wird für Entscheidungen im Erhebungsverfahren (zB Anrechnungsverfügung) nicht durch § 240 I 4 eingeschränkt. 31

V. Aufrechnung (Abs. 1 S. 5)

Nach § 389 BGB iVm § 226 AO bewirkt die Aufrechnung, dass die Forderungen, soweit sie sich decken, als in dem Zeitpunkt erloschen gelten, in welchem sie zur Aufrechnung geeignet einander gegenüberstehen. Die Aufrechnungswirkung, also das Erlöschen der gegenseitigen Ansprüche, bezog der BFH nicht auf den Zeitpunkt der Konkretisierung des StAnspruchs durch Festsetzung oder dessen Fälligkeit zurück, sondern 34 stellte – wie im Zivilrecht auch – auf dessen abstrakte materiell-rechtliche Entstehung mit Verwirklichung des gesetzlichen Tatbestandes ab (BFH 3.5.1991 – V R 105/86, BFH/NV 1992, 77; einschr. BFH 13.1.2000 – VII R 91/98, BStBl. II 2000, 246). Hiervon abw. begrenzt § 240 I 5 die Rückwirkung einer Aufrechnung auf den Zeitpunkt der Fälligkeit der Schuld des Aufrechnenden. Soweit die Rückwirkung reicht, entfallen bereits verwirkte Säumniszuschläge nachträglich (Schwarz/Pahlke/Keß § 240 Rn. 36a; HHSp § 240 Rn. 63). Rechnet das FA gegen eine später als der StAnspruch fällig gewordene Erstattungsforderung auf, bleiben die Säumniszuschläge für den StAnspruch für die Zeit vor der Fälligkeit der Erstattungsforderung bestehen (BFH 13.1.2000 – VII R 91/98, BStBl. II 2000, 246; Klein § 240 Rn. 21). Für zustimmungsbedürftige StAnmeldungen (§ 168 S. 2) geht die FB aus Billigkeitsgründen grds. vom Tag des Eingangs der StAnmeldung als Fälligkeitstag aus (vgl. AEAO zu § 226 Nr. 2 aE).

C. Steuerliche Nebenleistungen (Abs. 2)

37 Die bei Fälligkeit unterlassene Tilgung steuerlicher Nebenleistungen iSd § 3 IV (Verspätungszuschläge, Zinsen, Säumniszuschläge, Zwangsgelder und Kosten) führt nicht zur Entstehung von Säumniszuschlägen. § 240 II stellt dies, ohne dass es erforderlich wäre, ausdrücklich klar.

D. Berechnung der Säumniszuschläge; Schonfrist (Abs. 3)

I. Berechnung des Säumniszuschlages

38 Der Säumniszuschlag entsteht für jeden angefangenen Monat der Säumnis in Höhe von 1 % des rückständigen auf 50 EUR nach unten abgerundeten Betrages. Die Monatsfrist beginnt mit Ablauf des Fälligkeitstages, ist also nicht nach Kalendermonaten zu berechnen. Mit jedem Monat entsteht jeweils ein zusätzlicher Zuschlag. Fällt der letzte Tag eines Säumnismonats auf einen Sonntag, Samstag oder Feiertag verschiebt sich der Säumnisbeginn des Folgemonats nicht auf den folgenden Werktag (HHSp § 240 Rn. 76a).

39 **Abzurunden** ist der zu entrichtende rückständige Zahlbetrag. Hierfür ist jeder einzelne StAnspruch, Rückzahlungs- und Haftungsanspruch getrennt nach StArt, Besteuerungszeitraum, Erhebungsform und Fälligkeit zu betrachten (vgl. FG Köln 23.9.2020 – 3 K 3048/17, EFG 2021, 985; Schwarz/Pahlke/Keß § 240 Rn. 38; aA TK § 240 Rn. 46: Summe jeder StArt). Deshalb werden weder Vorauszahlungen zwecks Abrundung zusammengerechnet noch die in einem Haftungsbescheid zusammengefassten Haftungsbeträge (vgl. zu Haftungsbeträgen App DStZ 1988, 119). Für rückständige Beträge unter 50 Euro entstehen keine Säumniszuschläge.

II. Schonfrist (Abs. 3)

40 **Fristlauf.** Bei einer Entrichtung des rückständigen Betrages innerhalb von fünf Tagen (ab 1.1.2004 von drei Tagen, → Rn. 2) nach Ablauf des Fälligkeitstages – mit Ausnahme einer Zahlung nach § 224 II Nr. 1 – werden keine Säumniszuschläge erhoben (sog. Schonfrist). Die Schonfrist beginnt mit dem Tag nach Ablauf des Fälligkeitstages, unabhängig davon, ob die Fälligkeit auf einen Sonntag oder Feiertag fällt (aA HHSp § 240 Rn. 78). § 108 III lässt die Fälligkeit unberührt und ist nicht auf den Fristbeginn anzuwenden (vgl. Grüneberg BGB § 193 Rn. 5; OLG Frankfurt 23.1.1975 – 1 U 79/74, NJW 1975, 1971). Fällt der letzte Tag der Schonfrist auf einen Sonntag, Samstag oder Feiertag verlängert sie sich bis zum nächstfolgenden Werktag (§ 108 III; TK § 240 Rn. 49).

41 Die Schonfrist ist eine gesetzliche **Billigkeitsregelung** zur Vermeidung von Härten, die durch die vom Stpfl. nicht beeinflussbaren Überweisungs- und Postlaufzeiten entstehen

können (BFH 17.2.2011 – V S 9/11, BFH/NV 2011, 749; TK § 240 Rn. 48). Sie wirkt sich weder auf die Fälligkeit noch auf die Entstehung der Säumniszuschläge aus. Bei einer Zahlung innerhalb der Schonfrist besteht lediglich ein gesetzliches Erhebungsverbot der an sich verwirkten Säumniszuschläge (FG München 27.5.1987 – III 351/83 AO, EFG 1988, 59). Das Erhebungshindernis beseitigt nicht die Pflichtwidrigkeit der verspäteten Zahlung (BFH 15.5.1990 – VII R 7/88, BStBl. II 1990, 1007; BFH 11.12.1990 – VII R 85/88, BStBl. II 1991, 282). Gilt die Zahlung erst nach Ablauf der Schonfrist als entrichtet, sind Säumniszuschläge ab dem Fälligkeitstag zu erheben. Bei Überschreitung einer mehrfach ausgenutzten Schonfrist liegt kein Billigkeitsgrund zum Erlass der Säumniszuschläge vor (FG Hamburg 4.8.2021 – 4 K 11/20, DStRK 2022, 55).

Für Zahlungen iSd § 224 II Nr. 1 (insb. Bargeld, Scheck) ist die Schonfrist durch 42 **§ 240 III 2** seit dem 1.1.1994 abgeschafft worden (Art. 97 § 16 III EGAO). Demgemäß muss so rechtzeitig geleistet werden, dass die Zahlung am Fälligkeitstag entrichtet ist (FG Niedersachsen 4.7.2011 – 7 K 40/11, EFG 2012, 205). Bei Scheckeinreichung gilt die Dreitagesfiktion iSd § 224 II Nr. 1 auch, wenn die FB bereits vorzeitig über den Scheckbetrag verfügen kann. Da die FVerw. zudem die Abgabeschonfrist für StAnmeldungen abgeschafft hat, führt die Abgabe einer StAnmeldung unter Beifügung eines Schecks stets zur Säumnis, wenn die Abgabe nicht drei Tage vor Eintritt der Fälligkeit erfolgt (BFH 28.8.2012 – VII R 71/11, DStR 2012, 2385).

E. Säumniszuschläge bei Gesamtschuld (Abs. 4)

Schuldner des Säumniszuschlages ist derjenige, der die zu entrichtende Steuer, StVergü- 43 tung oder Haftungsschuld bei Fälligkeit nicht tilgt. Dies ist grds. der entrichtungspflichtige StSchuldner oder Haftungsschuldner. Trifft die Entrichtungspflicht einen Dritten (zB den Arbeitgeber bei der LSt; den Schuldner der Kapitalerträge), ist dieser zugleich Schuldner der verwirkten Säumniszuschläge (→ § 43 Rn. 6). Der Gesamtrechtsnachfolger tritt auch hinsichtlich verwirkter Säumniszuschläge in die Schuldnerstellung des Rechtsvorgängers ein (BFH 22.1.1993 – III R 92/89, BFH/NV 1993, 455).

Säumniszuschläge auf **Gesamtschulden** (§ 44) entstehen nur in der Person des Gesamt- 44 schuldners, der den Tatbestand des § 240 I selbst verwirklicht (§ 240 IV 1). Jeder Gesamtschuldner schuldet den durch seine eigene Säumnis entstandenen Säumniszuschlag. Deshalb ist die Säumnis für jeden Gesamtschuldner gesondert festzustellen. Die Gesamtschuld muss nicht gegenüber jedem Gesamtschuldner zur gleichen Zeit festgesetzt oder fällig werden. So kann etwa einem Ehegatten für die gemeinsame StSchuld zinslose Verrechnungsstundung oder Aussetzung der Vollziehung gewährt worden sein.

Begrenzung. Die Gesamtschuld berechtigt die FB die gesamte Leistung von mehreren 45 Stpfl. zu fordern. Der Anspruch besteht aber nur einmal, sodass die Erfüllung durch einen Gesamtschuldner auch für die übrigen Schuldner befreiend wirkt (§ 44 II 1). Dementsprechend begrenzt § 240 IV 2 die Höhe der Säumniszuschläge auf den Betrag, der auch im Fall einer Einzelschuld verwirkt worden wäre. Die Gesamtschuld erstreckt sich auf den Teil der Säumniszuschläge, der von mehreren Gesamtschuldnern gemeinsam verwirkt worden ist (vgl. allg. BFH 6.2.1990 – VII R 48/87, BFH/NV 1991, 3). Tilgt der zusammenveranlagte Ehegatte nach Ablauf der Verrechnungsstundung die Gesamtschuld, schuldet er mangels Säumnis auch gesamtschuldnerisch keine Säumniszuschläge. Entstehen für den Zeitraum der Säumnis eines Gesamtschuldners zugleich Stundungszinsen für einen anderen Gesamtschuldner, hat eine Begrenzung der gesamten Nebenleistungen entspr. § 240 IV 2 zu erfolgen (ebenso HHSp § 240 Rn. 92; Schwarz/Pahlke/Keß § 240 Rn. 60). Die für denselben Zeitraum festgesetzten und entrichteten Zinsen sind auf die verwirkten Säumniszuschläge anzurechnen. Der Ausgleich zwischen den Gesamtschuldner findet im Innenverhältnis statt (→ § 44 Rn. 15). Zur Aufteilung von Säumniszuschlägen vgl. BFH 30.11.1994 – XI R 19/94, BStBl. II 1995, 487. Zum Erlass der Säumniszuschläge bei nicht antragsgerechter Aufteilung der Gesamtschuld vgl. FG Berlin-Brandenburg 10.12.2020 – 4 K 4055/17, EFG 2021, 801.

F. Verfahren

I. Erhebung

48 Mit der Verwirklichung des gesetzlichen Tatbestandes entstehen Säumniszuschläge, ohne dass eine Festsetzung erforderlich ist (§ 218 I 1 2. HS). Sie sind mit ihrer Entstehung fällig (§ 220 II 1). Eines Leistungsgebotes bedarf es nicht, wenn sie zusammen mit der Steuer beigetrieben werden (§ 254 II 1). Dies gilt auch für den anfechtungsberechtigten StGläubiger (BGH 3.3.1976 – VIII ZR 197/74, NJW 1976, 967). Werden die Säumniszuschläge ohne Steuer beigetrieben, ist der Schuldner zunächst durch Leistungsgebot nach § 254 I 1 zur Tilgung der Säumnisschuld aufzufordern (HHSp § 240 Rn. 83; FG Baden-Württemberg 29.11.1979 – IX 180/79, EFG 1980, 262). Dies gilt auch für die Beitreibung zusammen mit zurückzuzahlenden StVergütungen oder Haftungsbeträgen (TK § 240 Rn. 53).

49 Bestreitet der Stpfl. das Bestehen von Säumniszuschlägen dem Grunde oder der Höhe nach, ist das Begehren als Antrag auf Erlass eines Bescheides nach § 218 II auszulegen (AEAO zu § 240 Nr. 8). Durch den **Abrechnungsbescheid** entscheidet die FB sowohl über die Entstehung dem Grunde und der Höhe nach als auch über das Erlöschen des Anspruchs auf Zahlung der Säumniszuschläge (BFH 12.8.1999 – VII R 92/98, BStBl. II 1999, 751; zur Zuständigkeit vgl. BFH 19.3.2019 – VII R 27/17, BStBl. II 2020, 31); der Erlass von Säumniszuschlägen ist in einem eigenständigen Verfahren zu beantragen (BFH 31.7.2007 – VIII B 42/05, BFH/NV 2007, 2305; BFH 12.1.2012 – II S 9/11 (PKH), BFH/NV 2012, 709; BFH 6.7.2015 – III B 168/14, BFH/NV 2015, 1344). Ob das FA zu Unrecht Maßnahmen (zB AdV) unterlassen hat, die das Entstehen von Säumniszuschlägen verhindert hätten, ist nicht Gegenstand des Abrechnungsbescheids (BFH 18.4.2006 – VII R 77/04, BStBl. II 2006, 578). Gegen das Leistungsgebot und den Abrechnungsbescheid ist jeweils der **Einspruch** gegeben (§ 347 I 1). Säumniszuschläge unterliegen nur der fünfjährigen Zahlungsverjährung, die mit Ablauf des Kalenderjahres beginnt, in dem die Säumniszuschläge verwirkt worden sind (Klein § 240 Rn. 42).

50 Im **Insolvenzverfahren** gehören Säumniszuschläge, die vor Verfahrenseröffnung entstanden sind, zu den einfachen Insolvenzforderungen, während gem. § 39 I Nr. 1 InsO die nach Verfahrenseröffnung anfallenden Zinsen als nachrangige Insolvenzforderungen behandelt werden (vgl. MüKoInsO § 39 Rn. 19; HHSp § 240 Rn. 97; aA Klein § 240 Rn. 49 unter Hinweis auf BFH 19.1.2005 – VII B 286/04, BFH/NV 2005, 1001 zu einer durch Gesetzesänderung überholten Rechtslage). Sie sind in erster Linie Druckmittel eigener Art, ohne selbst Zinsen zu sein, wenngleich ihnen als Nebenzweck ein Zinscharakter beizumessen ist. Entrichtet der Insolvenzverwalter eine StSchuld, die Masseverbindlichkeit ist, nicht fristgemäß, teilen die Säumniszuschläge das Schicksal der Hauptschuld und gehören zu den sonstigen Masseverbindlichkeiten iSd § 55 I Nr. 1 InsO (OVG Lüneburg 16.5.2022 – 8 LC 134/20, NZI 2022, 703; Frotscher Insolvenz, 66). Sie entstehen auch nach Anzeige der Masseunzulänglichkeit (BFH 17.9.2019 – VII R 31/18, BFH/NV 2020, 252). Im Übrigen zählen Säumniszuschläge gleichberechtigt zu den Insolvenzforderungen und teilen das Schicksal der Hauptforderung (BFH 18.4.1996 – V R 55/95, BStBl. II 1996, 561). Säumniszuschläge entstehen nicht, wenn aufgrund einer Anfechtung des Insolvenzverwalters Steuern, die bis zum Ablauf des Fälligkeitstages gezahlt wurden, zurückgewährt werden (BFH 22.11.2017 – XI R 14/16, BStBl. II 2018, 455).

II. Erlass

Allgemeines. Säumniszuschläge können, soweit die Einziehung des einzelnen Anspruchs aus persönlichen oder sachlichen Gründen unbillig ist, nach § 227 erlassen werden (FG Niedersachsen 11.10.2007 – 6 K 208/06, EFG 2008, 272). Die Entscheidung über den Erlass steht im Ermessen der FB. Die Billigkeitsentscheidung ist an den gesetzlichen Zwecken des § 240 auszurichten (BFH 16.7.1997 – XI R 32/96, BStBl. II 1998, 7). Hierbei gelten die allg. Grundsätze (→ § 227 Rn. 16 ff.). Gelegentlich kann ein Billigkeitserlass auch wegen des Verstoßes gegen das Verbot widersprüchlichen Verhaltens oder eines sonstigen Handelns gegen Treu und Glauben gerechtfertigt sein (HHSp § 240 Rn. 106). Der Prüfung sind grds. die Verhältnisse im Zeitpunkt der Fälligkeit der StSchuld zugrunde zu legen, soweit nicht der Billigkeitsgrund später eintritt (BFH 23.5.1985 – V R 124/79, BStBl. II 1985, 489; BFH 7.5.1993 – III R 43/89, BFH/NV 1994, 144). Sachliche Billigkeitsgründe in der Person des StSchuldners wirken sich durch die Akzessorietät der Haftungsschuld auch beim Haftungsschuldner aus (BFH 26.7.1988 – VII R 83/87, BStBl. II 1988, 859). 53

Persönliche Billigkeitsgründe sind gegeben, wenn die Einziehung der Säumniszuschläge die wirtschaftliche oder persönliche Existenz des Stpfl. vernichten oder ernstlich gefährden würde (BFH 29.4.1981 – IV R 23/78, BStBl. II 1981, 726; BFH 2.7.1986 – I R 5/83, BFH/NV 1987, 684). Davon ist auszugehen, wenn durch die Erhebung die finanziellen Lebensgrundlagen vorübergehend oder dauerhaft entzogen werden. Hierzu gehört es auch, dass dem Stpfl. die für seine berufliche Erwerbstätigkeit unerlässlichen Gegenstände und Finanzmittel verbleiben müssen. Ein Erlass setzt jedoch voraus, dass sich die Billigkeitsmaßnahme auf die wirtschaftliche Existenz des Stpfl. konkret auswirken kann, also insb. die Einziehung der Säumniszuschläge rechtlich und tatsächlich möglich wäre (BFH 7.7.1999 – X R 87/96, BFH/NV 2000, 161; BFH 30.3.2006 – V R 2/04, BStBl. II 2006, 612). Ist der Aufbau einer neuen Existenz durch Aufnahme einer Berufs- oder selbständigen Tätigkeit wegen der bestehenden Schulden ausgeschlossen oder ernstlich gefährdet, wird regelmäßig ein vollständiger Erlass der Säumniszuschläge erforderlich sein. Ein Hinderungsgrund wird idR die drohende Kündigung infolge Vollstr. der Säumniszuschläge sein. Dieser Grund kann ggf. durch Gewährung von VollstrAufschub und angemessene Ratenzahlungsvereinbarung ausgeräumt werden. Der Stpfl. darf hierdurch indes nicht dauerhaft auf die Grenzen der Pfändungsfreiheit beschränkt werden (FG Köln 6.11.2002 – 11 K 1612/00, EFG 2003, 754). Die Einengung des Tatbestandes durch die konkrete Erfolgswirksamkeit der Rechtsfolge beim Stpfl. lässt für die Annahme persönlicher Billigkeitsgründe wenig Raum. 54

Sachlichen Billigkeitsgründen kommt demgegenüber eine wesentlich größere Bedeutung zu. Die Rspr. hat aus dem Druckmittelzweck der Säumniszuschläge einige Fallgruppen gebildet, in denen regelmäßig aufgrund der Ermessensreduzierung auf null ein (teilweiser) Erlass der Säumniszuschläge als einzige rechtmäßige Entscheidung verbleibt. Danach ist eine Billigkeitsmaßnahme geboten, soweit dem Stpfl. die Entrichtung der festgesetzten Steuer aus tatsächlichen oder rechtlichen Gründen unmöglich ist, etwa durch eine plötzlich eintretende Erkrankung (AEAO zu § 240 Nr. 5a). 55

Bei **Überschuldung und Zahlungsunfähigkeit** des Stpfl. verlieren Säumniszuschläge ihren Sinn als Druckmittel (BFH 8.3.1990 – IV R 34/89, BStBl. II 1990, 673). Da die negative Differenz zwischen Vermögen und Schulden (Überschuldung, § 19 InsO) allein die Unfähigkeit zur Zahlung nicht ausschließen muss, wird vornehmlich darauf abzustellen sein, ob der Stpfl. in der Lage ist, die fälligen Zahlungspflichten zu erfüllen (Zahlungsunfähigkeit iSd § 17 InsO; vgl. zur engeren konkursrechtlichen Definition BFH 8.3.1984 – I R 44/80, BStBl. II 1984, 415). Die Voraussetzungen (Überschuldung und Zahlungsunfähigkeit) müssen deshalb nicht kumulativ erfüllt sein (BFH 22.6.1990 – III R 150/85, BStBl. II 1991, 864). Die Säumniszuschläge sind wegen des verbleibenden Nebenzwecks (Abgeltung des Verwaltungsaufwandes, Verzinsung) idR nur zur Hälfte zu erlassen (BFH 56

30.3.2006 – V R 2/04, BStBl. II 2006, 612; BFH 19.12.2000 – VII R 63/99, BStBl. II 2001, 217; FG Hamburg 2.8.2023 – 3 K 36/20, BeckRS 2023, 27322; FG Köln 30.6.2010 – 5 K 3256/09, BeckRS 2010, 26030395; aA TK § 240 Rn. 56a; FG Köln 25.8.1997 – 12 K 5489/96, EFG 1998, 530; FG München 13.8.2018 – 14 V 736/18, EFG 2018, 1608: verfassungsrechtliche Zweifel). Ein vollständiger Erlass kann ausnahmsweise erforderlich sein, wenn bei Fälligkeit die Voraussetzungen für einen Erlass der Hauptforderung vorlagen oder eine zinslose Stundung zu gewähren war (BFH 8.3.1990 – IV R 34/89, BStBl. II 1990, 673).

57 Der Druckmittelzweck der Säumniszuschläge gilt auch im **Insolvenzverfahren** (vgl. BFH 9.7.2003 – V R 57/02, BStBl. II 2003, 901), insb. für die aus der Verwertung der Masse geschuldete USt. Ist der Insolvenzverwalter aus insolvenz- oder haftungsrechtlichen Gründen an der fristgemäßen Entrichtung gehindert, verliert der von § 240 ausgehende Druck seinen Sinn (HHSp § 240 Rn. 111). In diesem Fall ist die Hälfte der verwirkten Säumniszuschläge zu erlassen (BFH 18.4.1996 – V R 55/95, BStBl. II 1996, 561; FG Sachsen 18.1.2017 – 8 K 1208/16, NZI 2017, 366).

58 Wird dem Schuldner **Vollstreckungsaufschub** (§ 258) gewährt, weil von einer lediglich ganz kurzfristigen Zahlungsstockung auszugehen ist, schließt dies die Zahlungsfähigkeit des Stpfl. nicht aus. Säumniszuschläge fallen mangels Hinausschiebens der Fälligkeit in voller Höhe an. Billigkeitsmaßnahmen sind im Einzelfall indes angezeigt, wenn die mit dem Stpfl. vereinbarte Ratenzahlung sich an der äußersten Grenze seiner Leistungsfähigkeit ausrichten (BFH 4.10.1989 – V R 106/84, BStBl. II 1990, 179) oder der Vollstreckungsaufschub anstelle eines Erlasses oder einer Stundung gewährt wurde (BFH 23.5.1985 – V R 124/79, BStBl. II 1985, 489). Gleiches gilt für eine dem Stpfl. bekannt gegebene Niederschlagung. Ermessensgerecht ist auch in diesem Fall grds. der hälftige Erlass der Säumniszuschläge (BFH 19.1.1989 – V R 98/83, BStBl. II 1990, 360).

59 **Weitere Fälle** sachlicher Unbilligkeit treten zuweilen auf, wenn die FB eine an sich gebotene Billigkeitsmaßnahme (Stundung, Erlass) aus unterschiedlichen Gründen nicht durchführt. Lagen die Voraussetzungen für eine **Stundung** oder den Erlass der Steuer vor, ist der Stpfl. durch den Erlass der Säumniszuschläge so zu stellen, als wenn die Stundung oder der Erlass der Steuer erfolgt wäre (BFH 7.5.1993 – III R 43/89, BFH/NV 1994, 144; VGH München 29.9.2020 – 4 ZB 19.487, ZInsO 2020, 2495) zur Verrechnungsstundung → § 234 Rn. 19; zum Wegfall des Stundungsgrundes gem. § 25 I 2 ErbStG aF FG Köln 9.12.2016 – 7 K 3211/15, EFG 2017, 547). Entsprechendes gilt, wenn bei Fälligkeit offensichtlich die Voraussetzungen einer **AdV** gegeben waren, die FB diese jedoch ablehnt bzw. stattdessen VollstrAufschub gewährt (BFH 29.8.1991 – V R 78/86, BStBl. II 1991, 906; BFH 18.3.2003 – X B 66/02, BFH/NV 2003, 886; einschr. BFH 18.7.2001 – X B 161/00, BFH/NV 2002, 7: zusätzlich Erfolg im Hauptsacheverfahren; zweifelhaft, da auch bei Erfolglosigkeit hälftiger Erlass Verzinsung unberührt lässt; anders jedoch bei vollständigem Erlass BFH 2.2.2011 – V B 141/09, BFH/NV 2011, 961; BFH 2.3.2017 – II B 33/16, BStBl. II 2017, 646); andererseits muss der Stpfl. auch alles tun, um eine AdV zu erlangen, insb. die für eine positive Entscheidung erforderliche Begründung einreichen (BFH 18.9.2018 – XI R 36/16, BStBl. II 2019, 87; OVG Berlin-Brandenburg 18.1.2022 – OVG 9 B 19.18, BeckRS 2022, 338). Entstehen Säumniszuschläge lediglich aufgrund der Aussetzungsbeschränkung der §§ 361 II 4, 69 II 8 FGO, ist ihre Erhebung sachlich unbillig (BFH 20.5.2010 – V R 42/08, BStBl. II 2010, 955). Eine entschuldbare Säumnis zwingt idR nicht zu einer Billigkeitsmaßnahme, da die Verwirkung der Zuschläge nach § 240 bewusst unabhängig von einem Verschulden eintritt (FG Rheinland-Pfalz 10.3.1976 – I 192/75, EFG 1976, 416). Ein bloßes einmaliges Versehen kann insb. in Fällen von Dauer-VA einen Erlass erfordern (AEAO zu § 240 Nr. 5b; Baum BB 1994, 695 mit weiteren Einzelfällen; FG Hamburg 4.8.2004 – IV 360/02, DStRE 2005, 176: eintägige Verspätung infolge Krankheit; FG Köln 14.11.2001 – 7 K 6625/00, EFG 2002, 238); ebenso bei verzögerter Postzustellung eines rechtzeitig abgeschickten Schecks (FG Hamburg 22.5.1997 – II 137/96, EFG 1997, 1084) oder außergewöhnlichen Verzögerungen im

unbaren Zahlungsverkehr (vgl. FG München 27.5.1987 – III 351/83 AO, EFG 1988, 59); dagegen nicht für Vorauszahlungen wegen Nichtberücksichtigung von Verlusten aus Vermietung und Verpachtung gem. § 37 III 3 EStG (BFH 29.3.2007 – IX R 17/06, BStBl. II 2007, 627) oder wegen nachträglicher Aufhebung wegen EU-Rechtswidrigkeit (BFH 21.4.2005 – V R 16/04, BStBl. II 2006, 96). Eine Minderung der StFestsetzung infolge Änderung der StBemessungsgrundlage stellt grds. keinen sachlichen Billigkeitsgrund dar (vgl. FG Hamburg 25.10.2011 – 2 K 196/10, EFG 2012, 928 zu § 17 I 7 UStG). Zum Erlass bei Anspruch aus § 16 GrEStG auf Aufhebung der GrEStFestsetzung vgl. BFH 9.9.2015 – II B 28/15, BFH/NV 2015, 1668.

Dritter Abschnitt. Sicherheitsleistung

§ 241 Art der Sicherheitsleistung

(1) **Wer nach den Steuergesetzen Sicherheit zu leisten hat, kann diese erbringen**

1. durch Hinterlegung von im Geltungsbereich dieses Gesetzes umlaufenden Zahlungsmitteln bei der zuständigen Finanzbehörde,

2. durch Verpfändung der in Absatz 2 genannten Wertpapiere, die von dem zur Sicherheitsleistung Verpflichteten der Deutschen Bundesbank oder einem Kreditinstitut zur Verwahrung anvertraut worden sind, das zum Depotgeschäft zugelassen ist, wenn dem Pfandrecht keine anderen Rechte vorgehen. [2]Die Haftung der Wertpapiere für Forderungen des Verwahrers für ihre Verwahrung und Verwaltung bleibt unberührt. [3]Der Verpfändung von Wertpapieren steht die Verpfändung von Anteilen an einem Sammelbestand nach § 6 des Depotgesetzes in der im Bundesgesetzblatt Teil III, Gliederungsnummer 4130-1, veröffentlichten bereinigten Fassung, zuletzt geändert durch Artikel 1 des Gesetzes vom 17. Juli 1985 (BGBl. I S. 1507), gleich,

3. durch eine mit der Übergabe des Sparbuchs verbundene Verpfändung von Spareinlagen bei einem Kreditinstitut, das im Geltungsbereich dieses Gesetzes zum Einlagengeschäft zugelassen ist, wenn dem Pfandrecht keine anderen Rechte vorgehen,

4. durch Verpfändung von Forderungen, die in einem Schuldbuch des Bundes, eines Sondervermögens des Bundes oder eines Landes eingetragen sind, wenn dem Pfandrecht keine anderen Rechte vorgehen,

5. durch Bestellung von

a) erstrangigen Hypotheken, Grund- oder Rentenschulden an Grundstücken oder Erbbaurechten, die im Geltungsbereich dieses Gesetzes belegen sind,

b) erstrangigen Schiffshypotheken an Schiffen, Schiffsbauwerken oder Schwimmdocks, die in einem im Geltungsbereich dieses Gesetzes geführten Schiffsregister oder Schiffsbauregister eingetragen sind,

6. durch Verpfändung von Forderungen, für die eine erstrangige Verkehrshypothek an einem im Geltungsbereich dieses Gesetzes belegenen Grundstück oder Erbbaurecht besteht, oder durch Verpfändung von erstrangigen Grundschulden oder Rentenschulden an im Geltungsbereich dieses Gesetzes belegenen Grundstücken oder Erbbaurechten, wenn an den Forderungen, Grundschulden oder Rentenschulden keine vorgehenden Rechte bestehen,

7. durch Schuldversprechen, Bürgschaft oder Wechselverpflichtungen eines tauglichen Steuerbürgen (§ 244).

(2) **Wertpapiere im Sinne von Absatz 1 Nummer 2 sind**

1. Schuldverschreibungen des Bundes, eines Sondervermögens des Bundes, eines Landes, einer Gemeinde oder eines Gemeindeverbands,

2. Schuldverschreibungen zwischenstaatlicher Einrichtungen, denen der Bund Hoheitsrechte übertragen hat, wenn sie im Geltungsbereich dieses Gesetzes zum amtlichen Börsenhandel zugelassen sind,
3. Schuldverschreibungen der Deutschen Genossenschaftsbank, der Deutschen Siedlungs- und Landesrentenbank, der Deutschen Ausgleichsbank, der Kreditanstalt für Wiederaufbau und der Landwirtschaftlichen Rentenbank,
4. Pfandbriefe, Kommunalobligationen und verwandte Schuldverschreibungen,
5. Schuldverschreibungen, deren Verzinsung und Rückzahlung vom Bund oder von einem Land gewährleistet werden.

(3) **Ein unter Steuerverschluss befindliches Lager steuerpflichtiger Waren gilt als ausreichende Sicherheit für die darauf lastende Steuer.**

Schrifttum: Lindwurm, Anordnen, Annehmen und Ablehnen von Sicherheitsleistungen, DStZ 2006, 328; Hogrefe, Der Anspruch des Steuerbürgen auf ein rechtmäßiges Verwaltungshandeln des Gläubigers im Hauptverhältnis und die Folgen einer Zuwiderhandlung im Bürgschaftsverhältnis, BB 2009, 27.

I. Allgemeines

1 §§ 241–248 regeln die Art und das Verfahren der Sicherheitsleistung. Die parallele Regelung im Zivilrecht (§§ 232–240 BGB) weicht teilweise ab, kann aber unter Berücksichtigung der unterschiedlichen Interessenlage ergänzend herangezogen werden. Zulässigkeit und Höhe einer Sicherheitsleistung ergibt sich aus einzelnen Normen der AO und anderer StGesetze (zB §§ 109 II, 165 I 4, 221 S. 2, 222 S. 2, 223, 361 II 5, III; § 6 AStG; § 32 I ErbStG). Im finanzgerichtlichen Verfahren finden die §§ 241 ff. keine Anwendung, unabhängig davon, ob eine Aussetzung durch die FB (§ 69 II FGO) oder das Gericht (§ 69 III FGO) erfolgt, da die FGO kein StGesetz ist (aA. HHSp § 241 Rn. 8; Gräber FGO § 69 Rn. 149); das Gericht ist vielmehr bei der Bestimmung der Art der zu erbringenden Sicherheitsleistung nach § 155 S. 1 FGO iVm § 108 I 1 ZPO frei (vgl. FG Münster 21.6.2021 – 10 V 473/21 E,F, BeckRS 2021, 18473). Soweit die Sicherheit durch Abschluss privatrechtlicher Rechtsgeschäfte zu leisten ist, gelten die zivilrechtlichen Normen. Voraussetzung und Rechtsfolgen der Annahme der Sicherheit bestimmen sich allein nach der AO. Für Zölle regeln die vorrangig geltenden Art. 89–98 UZK das Verfahren der Sicherheitsleistung für eine Zollschuld sowie wer als StBürge zugelassen werden kann (Klein Vorb. Zu §§ 241 ff. Rn. 5).

2 **Sicherungsgeber** ist die Person, die die Sicherheit aus ihrem Vermögen leistet. Drittleistung ist zulässig. **Sicherungsnehmer** ist grds. die steuerberechtigte Körperschaft (Art. 104a-115 GG). Bei Gemeinschaftssteuern sind der Bund und das jeweilige Land gemeinsam Sicherungsnehmer (TK § 241 Rn. 6). Im VollstrVerfahren fingiert § 252 als StGläubiger die Körperschaft, der die VollstrBehörde angehört, also das Bundesland der jeweiligen FB. Bei Vollstr. durch HZÄ ist der Bund Sicherungsnehmer.

II. Zulässige Sicherheiten (Abs. 1)

4 § 241 I enthält verschiedene gleichwertige Sicherungsmittel, die der Stpfl. nach seiner Wahl zur Erfüllung seiner Leistungspflicht erbringen kann. Deckt das gewählte Mittel die Sicherheit der Höhe nach vollständig ab, besteht ein Rechtsanspruch auf Annahme. Dabei kann der Stpfl. mehrere Sicherheiten beliebig verbinden. Andere als die nachfolgend genannten Vermögensgegenstände kann das FA nach seinem Ermessen gem. § 245 annehmen. Dies berechtigt die FB indes nicht, die Erfüllung eines StErstattungsanspruchs zu verweigern, weil die Tilgung einer künftigen StSchuld gefährdet erscheint (BFH 19.8.1987 – V B 56/85, BStBl. II 1987, 830). Die für die FVerw. des Bundes unmittelbar geltenden Bestimmungen über die Sicherheitsleistung im Besteuerungsverfahren sind nach AEAO zu §§ 241–248 Nr. 2 für Besitz- und Verkehrsteuern entspr. anzuwenden. Die Verwaltungsanweisung enthält eine einheitliche Ermessensbindung für die FB.

Hinterlegung von Zahlungsmitteln (Abs. 1 Nr. 1). Hinterlegungsfähige Zahlungsmittel sind die im Inland umlaufenden Geldnoten und -münzen der Deutschen Bundesbank. Die Überweisung eines Geldbetrages auf ein Bankkonto der FB ist zwar keine Hinterlegung von Zahlungsmitteln (vgl. VG Dresden 16.5.2017 – 2 K 1246/15, nv; Klein § 241 Rn. 2). Eine Leistung durch Scheckhingabe oder Überweisung steht der Hinterlegung von Bargeld jedoch gleich (Gosch AO § 241 Rn. 21). Die Sicherheit ist erst erbracht, wenn der Scheck eingelöst, also dem Konto der FB gutgeschrieben wurde (TK § 241 Rn. 7; Klein § 241 Rn. 2). Ausländische Zahlungsmittel können nach § 245 als Sicherheit angenommen werden. 5

Verpfändung von Wertpapieren (Abs. 1 Nr. 2). Pfandrechte an Wertpapieren iSd Abs. 2 sind unter den weiteren Voraussetzungen des § 243 als Sicherheit anzunehmen. Die Verpfändung erfolgt nach §§ 1292, 1293, 1274, 1205, 1206 BGB durch Verpfändungsvertrag, Abtretung des Herausgabeanspruchs (§ 870 BGB) und Anzeige gegenüber der verwahrenden Bank (Klein § 241 Rn. 4). Das Kreditinstitut muss zum Depotgeschäft zugelassen sein (s. § 32 KWG). Dem Pfandrecht an dem Wertpapier dürfen keine anderen Rechte vorgehen (HHSp § 241 Rn. 78). Ausgenommen sind lediglich die Forderungen des Kreditinstituts für die Kosten der Verwahrung und Verwaltung (§ 241 I Nr. 2 S. 2). Wertpapieren gleichgestellt sind die Anteile an einem Sammelbestand nach § 6 DepotG (§ 241 I Nr. 2 S. 3). Die Hinterlegung von Wertpapieren ist nur nach § 245 als Sicherheit annehmbar. 6

Verpfändung von Spareinlagen (Abs. 1 Nr. 3). Die Verpfändung von Spareinlagen erfolgt durch Verpfändungsvertrag und Anzeige gegenüber dem Kreditinstitut (§§ 1274, 1280 BGB). Übergabe des Sparbuches wird durch Nr. 3 vorausgesetzt, ist zivilrechtlich jedoch nicht erforderlich (RG 8.5.1929 – VI 405/28, RGZ 124, 217). Geeignet sind jegliche Sparguthaben bei Kreditinstituten, die zum Einlagengeschäft im Geltungsbereich der AO zugelassen sind. Dem Pfandrecht dürfen keine anderen Rechte vorgehen. Die Voraussetzungen hat der Stpfl. auf Verlangen der FB nachzuweisen (vgl. SiLDV Abs. 16 ff., VSF – S 1450). 7

Verpfändung von Schuldbuchforderungen (Abs. 1 Nr. 4). Schuldbuchforderungen, die auf den Namen des Verpflichteten in das Schuldbuch des Bundes, eines Bundessondervermögens oder eines Landes eingetragen sind, können als Sicherheit verpfändet werden. Hierzu gehören nicht die in § 241 II genannten Staatsanleihen, Schatzwechsel oder Schatzanweisungen (TK § 241 Rn. 13). Das Pfandrecht muss erstrangig sein. 8

Grundpfandrechte und Schiffshypotheken (Abs. 1 Nr. 5). § 241 I Nr. 5 lässt die Bestellung von Grundpfandrechten an Grundstücken oder Erbbaurechten und von Schiffshypotheken als Sicherheit zu. Andere Rechte dürfen den Pfandrechten nicht vorgehen. Dies gilt nicht nur für Grundpfandrechte, sondern für alle dinglichen Belastungen (aA Gosch AO § 241 Rn. 31). § 879 BGB stellt ein einheitliches Rangverhältnis für Belastungen aller Abteilungen auf. Bestehen bereits erstrangige Rechte, kann die FB eine Annahme nach § 245 erwägen (Klein § 241 Rn. 8). Die zu belastenden Grundstücke müssen im Inland belegen sein; gleichermaßen müssen sich die zu belastenden Erbbaurechte auf ein inländisches Grundstück beziehen. Schiffshypotheken dürfen nur an Schiffen, Schiffsbauwerken oder Schwimmdocks begründet werden, die in einem im Inland geführten Schiffs- oder Schiffsbauregister eingetragen sind. Der Hypothek ist bei der Bestellung eine individualisierte Forderung zugrunde zu legen (§ 1113 I BGB), soweit nicht eine Höchstbetragshypothek (§ 1190 BGB) wegen der schwankenden Höhe und des laufenden Austausches der Forderungen vereinbart wird (BGH 18.11.1993 – IX ZR 244/92, NJW 1994, 460; TK § 241 Rn. 15). Das Verlangen der FB (vgl. SiLDV Abs. 24 S. 4, Abs. 26 S. 3, VSF – S 1450) gegenüber dem Grundstückseigentümer, sich der sofortigen Zwangsvollstreckung zu unterwerfen (§§ 794 I Nr. 5, 800 ZPO), entbehrt der gesetzlichen Grundlage (Gosch AO § 241 Rn. 33). Der Bestellung eines Grundpfandrechtes steht die Abtretung eines Eigentümergrundpfandrechtes gleich (HHSp § 241 Rn. 103). Die Kosten der Bestellung hat der Stpfl. zu tragen (Klein Vorb. zu §§ 241 ff. Rn. 2). 9

11 **Verpfändung von dinglich gesicherten Forderungen (Abs. 1 Nr. 6).** Die Verpfändung von Forderungen kommt nur in Betracht, wenn sie durch eine erstrangige Verkehrshypothek gesichert ist. Unerheblich ist, ob die Hypothek als Brief- oder Buchhypothek begründet wurde. Sie muss sich jeweils auf ein im Inland belegenes Grundstück beziehen. Die Verpfändung einer hypothekarisch gesicherten Forderung erfolgt nach §§ 1274, 1154 BGB durch Abtretung der Forderung und Übergabe des Hypothekenbriefes bzw. Eintragung ins Grundbuch. Die Vorschriften über das Pfandrecht an einer Forderung gelten auch für die Verpfändung einer Grund- und Rentenschuld (§ 1291 BGB; aber §§ 1195, 1199, 1293 BGB bei Inhaberpapieren).

12 **Verpflichtungen eines Steuerbürgen (Abs. 1 Nr. 7).** Schuldversprechen (§ 780 BGB), Bürgschaft (§§ 765 ff. BGB) oder Wechselverpflichtung (Art. 1 ff. WG) eines tauglichen StBürgen sind als Sicherheit von der FB anzunehmen. Die persönlichen Anforderungen zur Eignung als tauglicher StBürge regelt § 244 (→ § 244 Rn. 3). Entstehung, Umfang und Erlöschen der Verpflichtung des StBürgen richtet sich nach den einschlägigen zivilrechtlichen Vorschriften. Kaufleute können sich nach § 350 HGB formlos verbürgen oder ein Schuldversprechen abgeben. Nimmt die FB entgegen § 244 I 3 (Schriftform) die zivilrechtlich wirksame Verpflichtung an, leistet der Stpfl. hierdurch hinreichend Sicherheit. Die Annahme einer Bürgschaft als Sicherheitsleistung erfolgt im Verhältnis zwischen dem Sicherungsgeber und dem FA durch VA (BFH 18.7.2024 – V B 68/23, BFH/NV 2024, 1145). Zur Rücknahme des VA → Rn. 15.

III. Verpfändbare Wertpapiere (Abs. 2)

13 § 241 II zählt die nach § 241 I Nr. 2 verpfändbaren Wertpapiere abschließend auf. Es handelt sich um Schuldverschreibungen der öffentlichen Hand oder solche, für die wegen der besonderen Gläubigerschutzvorschriften eine Einlösungsgarantie besteht. Die Verpfändung nicht genannter Wertpapiere (zB Industrieobligationen, Sparkassenbriefe, Aktien) kann die FB nach § 245 als Sicherheit annehmen.

IV. Warenlager unter Steuerverschluss (Abs. 3)

14 Befindet sich ein Lager stpfl. Waren unter StVerschluss, wird dem Sicherungsbedürfnis des Fiskus für die auf den Waren lastenden Steuern durch die Zugriffsmöglichkeit auf die Waren genügt. Die Fiktion einer ausreichenden Sicherheit gilt ausschl. für die auf den Waren lastenden Abgaben.

V. Verfahren

15 Die Anordnung einer Sicherheitsleistung ist regelmäßig eine **unselbständige Nebenbestimmung** des VA, der eine Vergünstigung gewährt. Die Leistung ist aufschiebende Bedingung für das Wirksamwerden des VA. Dabei hat die FVerw. das ihr eingeräumte Ermessen unter Beachtung des Verhältnismäßigkeitsgrundsatzes auszuüben (BVerfG 24.10.1975 – 1 BvR 266/75, HFR 1976, 30). Der VA darf grds. mit einem Widerrufsvorbehalt verbunden werden (HHSp § 241 Rn. 30). Die Anordnung einer Sicherheitsleistung kann in diesen Fällen nur zusammen mit dem VA, mit dem gegen diesen zulässigen Rechtsbehelf angefochten werden (vgl. BFH 20.6.1979 – IV B 20/79, BStBl. II 1979, 666). Der Anspruch auf Rückzahlung der Sicherheitsleistung ist kein Anspruch aus dem StSchuldverhältnis, insb. kein Erstattungsanspruch iSd § 37 II (§ 37 Rn. 13). Der Rückzahlungsanspruch ist durch allgemeine Leistungsklage geltend zu machen (FG Münster 6.6.2024 – 5 K 1179/23 AO, EFG 2024, 1652).

16 **Selbständiger VA.** In Einzelfällen (zB § 221) hat die FB Anspruch auf die Sicherheitsleistung, sodass diese nach § 336 erzwungen werden kann. Zur Verwertung vgl. § 327. Die Anordnung einer Sicherheit erfolgt in diesem Fall durch eigenständigen VA, gegen den der Einspruch gegeben ist (Gosch AO § 241 Rn. 20). Für die Rücknahme und den

Widerruf des VA gelten die §§ 130 f., da es sich nicht um einen StBescheid handelt. §§ 172 ff. sind nicht anwendbar. Gleichermaßen entscheidet die FB durch VA über die Annahme eines Bürgen als taugliches Sicherungsmittel (→ § 244 Rn. 2; → Rn. 12). Nimmt das FA entgegen § 244 I 3 ein mündliches Bürgschaftsversprechen eines Kaufmanns an, kann sie den VA deshalb nur unter den Voraussetzungen des § 130 II zurücknehmen.

Die **Kosten der Sicherheitsleistung** treffen idR den Stpfl. (FG Baden-Württemberg 30.4.2008 – 2 K 212/05, EFG 2008, 1267; Klein Vorb. zu §§ 241 ff. Rn. 2; aA TK § 241 Rn. 21). Sie gehören nicht zu den unmittelbaren Aufwendungen der Rechtsverfolgung im Klageverfahren, wenn sie zum Zwecke der AdV aufgewandt wurden (BFH 8.2.1972 – VII B 170/69, BStBl. II 1972, 429). Solche Kosten können allenfalls als Aufwendungen für das Verfahren auf AdV angesehen werden (so BFH 19.4.1972 – VII B 123/70, BStBl. II 1972, 573; dagegen mit guten Gründen BFH 8.6.1982 – VIII R 68/79, BStBl. II 1982, 602). Aufwendungen für eine Sicherheit, die zur Erlangung eines VollstrAufschubs im Hinblick auf ein schwebendes AdV-Verfahren erbracht wird, sind demgegenüber erstattungsfähige Kosten des AdV-Verfahrens iSd § 139 FGO (BFH 8.6.1982 – VIII R 68/79, BStBl. II 1982, 602). 17

§ 242 Wirkung der Hinterlegung von Zahlungsmitteln

[1] Zahlungsmittel, die nach § 241 Absatz 1 Nummer 1 hinterlegt werden, gehen in das Eigentum der Körperschaft über, der die Finanzbehörde angehört, bei der sie hinterlegt worden sind. [2] Die Forderung auf Rückzahlung ist nicht zu verzinsen. [3] Mit der Hinterlegung erwirbt die Körperschaft, deren Forderung durch die Hinterlegung gesichert werden soll, ein Pfandrecht an der Forderung auf Rückerstattung der hinterlegten Zahlungsmittel.

I. Allgemeines

Die Vorschrift hat kaum praktische Bedeutung, da sie lediglich die Hinterlegung von inländischen Zahlungsmitteln iSd § 241 I Nr. 1 erfasst. Sonstige Zahlungsmittel können nach § 245 als Sicherheit angenommen werden. Sie gehen mit der Hinterlegung nicht in das Eigentum der Körperschaft über, stattdessen entsteht ein Pfandrecht an den hinterlegten Sachen (TK § 242 Rn. 6). 1

II. Wirkung der Hinterlegung

Eigentumserwerb (S. 1). Die Hinterlegung der Zahlungsmittel iSd § 241 I Nr. 1 bewirkt kraft Gesetzes, dass das Eigentum an den Zahlungsmitteln auf die Körperschaft der Hinterlegungsbehörde übergeht. Da der Eigentumserwerb kraft Gesetzes erfolgt, ist es unerheblich, ob das Geld aus dem Vermögen des Hinterlegers oder eines Dritten stammt (Klein § 242). 2

Durch die Hinterlegung entsteht ein öffentlich-rechtliches Verwahrungsverhältnis, auf das die Grundsätze des Verwahrungsvertrages (zB §§ 688, 607 I, 278 BGB) entspr. anzuwenden sind, soweit die öffentlich-rechtliche Natur nicht entgegensteht (vgl. BGH 5.10.1989 – III ZR 126/88, NJW 1990, 1230). Die Hinterlegung begründet zugleich einen Anspruch auf Rückerstattung, der jedoch bis zum Erlöschen des Pfandrechtes nicht durchsetzbar ist (Gosch AO § 242 Rn. 8; aA TK § 242 Rn. 2: aufschiebend bedingter Anspruch). Der Rückerstattungsanspruch steht dem Hinterleger zu, auch wenn er als Nichtberechtigter gehandelt hat (MüKo BGB § 233 Rn. 1). Die Forderung ist nach S. 2 nicht zu verzinsen.

Pfandrecht (S. 3). Die Körperschaft, deren Forderung durch die Hinterlegung gesichert werden soll (Sicherungsnehmer), erlangt ein Pfandrecht am Rückerstattungsanspruch des Sicherungsgebers. Dies gilt auch, soweit der Hinterlegende ihm nicht gehörende 4

Zahlungsmittel unbefugt verwendet (MüKo BGB § 233 Rn. 1 mwN). Auf das gesetzliche Pfandrecht finden die §§ 1204 ff. BGB entspr. Anwendung. Nach Fortfall des Sicherungszwecks darf sich die FB nicht mehr auf das Pfandrecht berufen (FG Münster 6.6.2024 – 5 K 1179/23 AO, EFG 2024, 1652).

§ 243 Verpfändung von Wertpapieren

[1] Die Sicherheitsleistung durch Verpfändung von Wertpapieren nach § 241 Absatz 1 Nummer 2 ist nur zulässig, wenn der Verwahrer die Gewähr für die Umlauffähigkeit übernimmt. [2] Die Übernahme dieser Gewähr umfasst die Haftung dafür,

1. dass das Rückforderungsrecht des Hinterlegers durch gerichtliche Sperre und Beschlagnahme nicht beschränkt ist,
2. dass die anvertrauten Wertpapiere in den Sammellisten aufgerufener Wertpapiere nicht als gestohlen oder als verloren gemeldet und weder mit Zahlungssperre belegt noch zur Kraftloserklärung aufgeboten oder für kraftlos erklärt worden sind,
3. dass die Wertpapiere auf den Inhaber lauten, oder, falls sie auf den Namen ausgestellt sind, mit Blankoindossament versehen und auch sonst nicht gesperrt sind, und dass die Zinsscheine und die Erneuerungsscheine bei den Stücken sind.

1 Die FB muss eine Sicherheitsleistung durch Verpfändung von Wertpapieren nach § 241 I Nr. 2 nur annehmen, wenn der Verwahrer die Gewähr für die Umlauffähigkeit übernimmt (§ 243 S. 1). Geeignete Verwahrer sind die Deutsche Bundesbank und zum Depotgeschäft nach dem KWG zugelassene Kreditinstitute. Gibt der Verwahrer die Gewähr für die Umlauffähigkeit ab, übernimmt er die vertragliche Garantie hierfür. Der Umfang der Garantieerklärung wird durch § 243 S. 2 festgelegt. Für das Vorliegen der gesetzlich festgeschriebenen Voraussetzungen hat der Verwahrer unbedingt einzustehen. Er hat den Schaden zu ersetzen, der aus der Nichtverwertbarkeit des Pfandes resultiert. Hierzu gehört der Wert des Pfandes einschl. der Kosten erfolgloser Verwertungsversuche (Klein § 243). Die Haftung des Verwahrers bezieht sich nicht auf Zahlung des gesicherten StBetrags oder der Annahmewerte (Gosch AO § 243 Rn. 8). Der Anspruch ist auf dem Zivilrechtsweg zu verfolgen (TK § 243 Rn. 2). Ein gleichwohl erlassener Haftungsbescheid kann mit Einspruch und Klage angefochten werden.

§ 244 Taugliche Steuerbürgen

(1) **[1] Schuldversprechen und Bürgschaften nach dem Bürgerlichen Gesetzbuch sowie Wechselverpflichtungen aus Artikel 28 oder 78 des Wechselgesetzes sind als Sicherheit nur geeignet, wenn sie von Personen abgegeben oder eingegangen worden sind, die**

1. ein der Höhe der zu leistenden Sicherheit angemessenes Vermögen besitzen und
2. ihren allgemeinen oder einen vereinbarten Gerichtsstand im Geltungsbereich dieses Gesetzes haben.

[2] Bürgschaften müssen den Verzicht auf die Einrede der Vorausklage nach § 771 des Bürgerlichen Gesetzbuchs enthalten. [3] Schuldversprechen und Bürgschaftserklärungen sind schriftlich zu erteilen; die elektronische Form ist ausgeschlossen. [4] Sicherungsgeber und Sicherungsnehmer dürfen nicht wechselseitig füreinander Sicherheit leisten und auch nicht wirtschaftlich miteinander verflochten sein. [5] Über die Annahme von Bürgschaftserklärungen in den Verfahren nach

dem A. T. A.-Übereinkommen vom 6. Dezember 1961 (BGBl. 1965 II S. 948) und dem TIR-Übereinkommen vom 14. November 1975 (BGBl. 1979 II S. 445) in ihren jeweils gültigen Fassungen entscheidet die Generalzolldirektion. [6]Über die Annahme von Bürgschaftserklärungen über Einzelsicherheiten in Form von Sicherheitstiteln nach dem Zollkodex der Union mit der Delegierten Verordnung (EU) 2015/2446 der Kommission vom 28. Juli 2015 zur Ergänzung der Verordnung (EU) Nr. 952/2013 des Europäischen Parlaments und des Rates mit Einzelheiten zur Präzisierung von Bestimmungen des Zollkodex der Union (ABl. L 343 vom 29.12.2015, S. 1) sowie nach der Durchführungsverordnung (EU) 2015/2447 der Kommission vom 24. November 2015 mit Einzelheiten zur Umsetzung von Bestimmungen der Verordnung (EU) Nr. 952/2013 des Europäischen Parlaments und des Rates zur Festlegung des Zollkodex der Union (ABl. L 343 vom 29.12.2015, S. 558) und nach dem Übereinkommen vom 20. Mai 1987 über ein gemeinsames Versandverfahren (ABl. EG Nr. L 226 S. 2) in ihren jeweils gültigen Fassungen entscheidet die Generalzolldirektion.

(2) **[1]Die Generalzolldirektion kann Kreditinstitute und geschäftsmäßig für andere Sicherheit leistende Versicherungsunternehmen allgemein als Steuerbürge zulassen, wenn sie im Geltungsbereich dieses Gesetzes zum Geschäftsbetrieb befugt sind. [2]Bei der Zulassung ist ein Höchstbetrag festzusetzen (Bürgschaftssumme). [3]Die gesamten Verbindlichkeiten aus Schuldversprechen, Bürgschaften und Wechselverpflichtungen, die der Steuerbürge gegenüber der Finanzverwaltung übernommen hat, dürfen nicht über die Bürgschaftssumme hinausgehen.**

(3) **Das Bundesministerium der Finanzen wird ermächtigt, durch Rechtsverordnung mit Zustimmung des Bundesrates die Befugnisse nach Absatz 1 Satz 6 und Absatz 2 auf ein Hauptzollamt oder mehrere Hauptzollämter zu übertragen.**

I. Allgemeines

1 § 244 regelt die Voraussetzungen, unter denen Schuldversprechen, Bürgschaften und Wechselverpflichtungen als Sicherheitsleistung iSd § 241 I Nr. 7 anzunehmen sind. Durch das StÄndG 2001 wurde § 244 I 5 neu gefasst und S. 6 angefügt mWv 1.7.2001 (Art. 39 IV StÄndG 2001). Art. 5 FVG-ÄndG (BGBl. 2007 I 2897) ersetzt zum 1.1.2008 OFD durch Bundesfinanzdirektion (Art. 13 FVG-ÄndG). Durch ZollVNeuOrgG v. 3.12.2015 (BGBl. 2015 I 2178) wurden § 244 I 5 und 6, II 1 geändert, II 2 und 3 aufgehoben sowie III neu eingefügt. § 244 I 6 ist durch das G v. 12.12.2019 (BGBl. 2019 I 2451) mWv 18.12.2019 an das geänderte Unionsrecht angepasst worden (Art. 97 § 1 XIII EGAO).

II. Taugliche Steuerbürgen (Abs. 1)

2 **Allgemeines.** Die Rechtsbeziehungen zwischen StGläubiger als Sicherungsnehmer und Sicherungsgeber aus einem Schuldversprechen (§ 780 BGB), einer Bürgschaft (§§ 765 ff. BGB) oder Wechselverpflichtung (Art. 1 ff. WG) sind privatrechtlicher Natur (vgl. Mösbauer BB 1988, 671). Ansprüche sind auf dem Zivilrechtsweg geltend zu machen (§ 192). Liegen die Voraussetzungen des § 244 vor, ist die FB zum Abschluss des Vertrages verpflichtet (TK § 244 Rn. 1). Mit der Annahme der Bürgschaft erkennt die FB den Sicherungsgeber als tauglichen StBürgen an, sodass der Stpfl. seine Verpflichtung zur Sicherheitsleistung hierdurch erfüllt. Auf diesen VA sind die Vorschriften der AO anzuwenden (Klein § 244 Rn. 2).

3 **Angemessenes Vermögen (§ 244 I 1 Nr. 1).** Schuldversprechen, Bürgschaften und Wechselverpflichtungen sind im Einzelfall als Sicherheiten geeignet, wenn der StBürge ua über ein angemessenes Vermögen verfügt. Der pfändbare Teil seines Vermögens abzüglich der Summe seiner Schulden muss die eingegangene Verpflichtung abdecken (vgl. Bay-

ObLG 21.7.1988 – 3 Z 54/88, DB 1988, 1846). Sichere regelmäßige Einkünfte sind in Höhe des pfändbaren Anteils für einen angemessenen Tilgungszeitraum einzubeziehen (vgl. MüKoBGB § 239 Rn. 1). Die Beurteilung ist am Interesse der FVerw. nach vollständiger Absicherung des StAnspruchs auszurichten (BFH 9.3.1960 – VII 67/59 U, BStBl. III 1960, 219).

4 **Gerichtsstand (§ 244 I 1 Nr. 2).** Der allg. oder der mit der FVerw. vereinbarte Gerichtsstand des StBürgen muss sich im Geltungsbereich der AO befinden. Hierdurch wird sichergestellt, dass Streitigkeiten aus der Verpflichtung des Bürgen vor einem inländischen Zivilgericht ausgetragen werden können. Zum allg. Gerichtsstand vgl. §§ 13 ff. ZPO. Zur Zulässigkeit einer Gerichtsstandsvereinbarung vgl. § 38 ZPO.

5 **Selbstschuldnerische Bürgschaft (§ 244 I 2).** Durch den Verzicht auf die Einrede der Vorausklage (§ 771 BGB) kann der Bürge den Gläubiger nicht mehr darauf verweisen, dass dieser zunächst gegen den Hauptschuldner einen erfolglosen Vollstreckungsversuch unternommen haben muss. Der Verzicht bedarf – wie die Bürgschaftserklärung – der Schriftform.

6 **Schriftformerfordernis (§ 244 I 3).** Schuldversprechen und Bürgschaftserklärung bedürfen der Schriftform, auch soweit eine formlose Verpflichtung gem. § 350 HGB zivilrechtlich wirksam wäre. Die Erteilung der Bürgschaftserklärung in elektronischer Form ist ausgeschlossen (§ 244 I 3; § 766 S. 2 BGB).

7 **Wirtschaftliche Verflechtung (§ 244 I 4).** Die wechselseitige Sicherheitsleistung oder wirtschaftliche Verflechtung von Sicherungsgeber und -nehmer birgt die Gefahr in sich, dass bei einem wirtschaftlichen Verfall des einen die finanzielle Lage des anderen mehr oder weniger beeinträchtigt wird (BFH 5.2.1964 – VII 75/62 U, BStBl. III 1964, 217). Dies hätte auch eine Entwertung der Sicherheit zur Folge. Wirtschaftliche Verflechtung zwischen rechtlich selbständigen Unternehmen ist grds. anzunehmen, wenn die Mehrheit der Anteile an einem Unternehmen einem anderen Unternehmen oder deren Gesellschaftern gehört oder ihnen die Mehrheit der Stimmrechte zusteht (vgl. §§ 15 ff. AktG). Gegenseitige Beteiligungen von unter 25 % sind grds. unschädlich (Klein § 244 Rn. 3: untergeordnete Beteiligung). Jedoch bezieht sich die Angemessenheit des Vermögens nur auf den ungebundenen Teil des Unternehmenskapitals (Gosch AO § 244 Rn. 13).

8 Über **Bürgschaften in den besonderen Verfahren (§ 244 I 5 und 6)** entscheidet aus Zweckmäßigkeitsgründen anstelle der HZÄ die Generalzolldirektion. Die Zuständigkeitsregelung stellt eine Sonderregelung im Verhältnis zu § 16 AO, § 12 II FVG dar. Das gemeinschaftliche Versandverfahren innerhalb der EU ist in Art. 226 ff. UZK geregelt.

III. Allgemein zugelassene Steuerbürgen (Abs. 2)

9 **Allgemeine Zulassung (§ 244 II 1).** Zum Geschäftsbetrieb im Inland befugte Kreditinstitute und Versicherungsunternehmen können allg. als StBürgen zugelassen werden. Diese Befugnis besitzen alle Kreditinstitute und Versicherungsunternehmen, die als solche von der zuständigen Behörde für das Gebiet der EU zugelassen sind. Befugt, einen entsprechenden Geschäftsbetrieb aufzunehmen, sind ferner gem. § 106 II VAG Versicherungsunternehmen aus Staaten außerhalb der EU, wenn eine Niederlassung im Inland vorhanden ist. Dieses Erfordernis galt bis zum 29.7.1994 auch für Unternehmen aus EU-Mitgliedstaaten.

10 **Höchstbetrag (§ 244 II 2, 3).** Der allg. zugelassene StBürge darf Schuldversprechen, Bürgschaften und Wechselverpflichtungen nur bis zur Höhe der bei der Zulassung festgesetzten Bürgschaftssumme übernehmen. Bei der Festsetzung des Höchstbetrages ist der Umfang des Kreditgeschäfts und das haftende Vermögen des Unternehmens zu berücksichtigen (ähnlich Schwarz/Pahlke/Keß § 244 Rn. 2). § 244 I 4 ist auf allg. StBürgen nicht analog anzuwenden. Lässt sich bei der Zulassung bereits erkennen, dass auch für verbundene Unternehmen Sicherheit geleistet werden soll, ist die Bürgschaftssumme so zu bemessen, dass die gesicherten Forderungen aus dem Vermögen unter Ausschluss der auf

das verbundene Unternehmen entfallenden Geschäftsanteile getilgt werden können (Gosch AO § 244 Rn. 13).

Zulassungsentscheidung. Über den Antrag auf Zulassung und die Höhe der Bürgschaftssumme entscheidet die Generalzolldirektion nach ihrem Ermessen mittels VA (BFH 9.3.1960 – VII 67/59 U, BStBl. III 1960, 219). Maßgebliches Kriterium der Ermessensprüfung ist das öffentliche Interesse an der Sicherung des StAufkommens. Der StBürge muss die hinreichende Gewähr für einen reibungslosen Eintritt im Sicherungsfall bieten. Wenngleich kein unmittelbarer Rechtsanspruch auf Zulassung besteht, unterliegt die Zulassungsentscheidung insb. dem Willkürverbot. Eine Differenzierung nach sachwidrigen Kriterien (Sitz im Inland oder Ausland, öffentlich-rechtliches oder privates Unternehmen) ist ermessensfehlerhaft. Rücknahme und Widerruf der Zulassung sind unter den Voraussetzungen der §§ 130 ff. zulässig. Der Verlust der Befugnis zum Geschäftsbetrieb berechtigt als Versagungsgrund auch zum Widerruf der Zulassung nach § 131 II Nr. 3 (vgl. BFH 9.3.1960 – VII 67/59 U, BStBl. III 1960, 219). 11

IV. Verordnungsermächtigung (Abs. 3)

Der mWv 1.1.2016 eingefügte § 244 III ermächtigt das BMF durch RVO, die Zuständigkeit für Bürgschaften über Einzelsicherheiten in Versandverfahren (§ 244 I 6) und für die Anerkennung als StBürge (§ 244 II) auf ein HZA oder mehrere HZÄ zu übertragen. In diesem Fall geht die sachliche Zuständigkeit (§ 16) von der Generalzolldirektion auf die bestimmte Behörde über. 12

V. Rechtsbehelfe

Gegen den belastenden VA ist der Einspruch statthaft. Durch die Ablehnung des StBürgen oder der von ihm angebotenen Verpflichtung ist der zur Sicherheitsleitung Verpflichtete beschwert (§ 350), da die Vergünstigung (zB AdV) nicht wirksam oder die Verpflichtung (zB § 221) nicht erfüllt wird. Der StBürge ist mangels öffentlich-rechtlichen Rechtsverhältnisses zur FB nicht einspruchsbefugt (Klein § 244 Rn. 2). Die allg. Zulassung als StBürge und die Festsetzung der Bürgschaftssumme nach § 244 II erfolgt durch VA. Dem StBürgen steht gegen die Ablehnung der Zulassung oder die Erhöhung der Bürgschaftssumme sowie gegen den Widerruf der Zulassung oder die Verringerung des Höchstbetrages der Einspruch zu. 13

§ 245 Sicherheitsleistung durch andere Werte

[1] Andere als die in § 241 bezeichneten Sicherheiten kann die Finanzbehörde nach ihrem Ermessen annehmen. [2] Vorzuziehen sind Vermögensgegenstände, die größere Sicherheit bieten oder bei Eintritt auch außerordentlicher Verhältnisse ohne erhebliche Schwierigkeit und innerhalb angemessener Frist verwertet werden können.

I. Allgemeines

Die Vorschrift entspringt einem praktischen Bedürfnis zur Vermeidung unnötiger Härten für den Stpfl., da nicht jeder Sicherungsgeber über Sicherheiten iSd § 241 verfügt. Die FB darf nach ihrem Ermessen (→ Rn. 4) andere Sicherheiten annehmen, auch soweit der Schuldner Vermögenswerte iSd § 241 besitzt (TK § 245 Rn. 1; Gosch AO § 245 Rn. 4). Zur Sicherheitsleistung im Fall der Wegzugsbesteuerung (§ 6 IV 2 AStG) s. Kraft DStR 2023, 1690. 1

II. Einzelne Sicherheiten

2 Sicherheiten iSd § 245 können jegliche Rechte und Sachen sein, die ohne besondere Kosten und Risiken von der FB gehalten oder verwahrt sowie ohne erhebliche Schwierigkeiten und Wertverluste innerhalb angemessener Frist verwertet werden können. So wird etwa die Verpfändung beweglicher Sachen wegen der damit verbundenen Pflichten (§§ 1215, 1218 II BGB) oder die Sicherungsabtretung eines GmbH-Anteils nur als nachrangige Sicherungsmittel in Betracht kommen. Zu den vorrangig annehmbaren Sicherheiten gehören die in § 241 bezeichneten Vermögensgegenstände, soweit einzelne Voraussetzungen der §§ 241–244 (zB Erstrangigkeit) fehlen. **Ausländische Zahlungsmittel,** Kunstgegenstände, Edelmetalle und andere Wertgegenstände bieten idR ebenfalls eine hinreichende Absicherung. Die anstelle der Verpfändung mögliche Sicherungsübereignung soll nach Auffassung der FVerw. nicht für künftige, sondern nur für bereits bestehende Abgabenforderungen und nur dann erfolgen, wenn kein anderes Sicherungsmittel erlangt werden kann (SiLDV Abs. 56 – VSF – S 1450).

3 **Keine Sicherheiten** im eigentlichen Sinn sind Versicherungsscheine, Hypothekenbriefe, Sparkassenbücher oder Kfz-Briefe. Sie können ohne den dokumentierten Anspruch lediglich in Besitz genommen werden. Das Eigentum an den Schuldurkunden folgt dem Recht aus dem Papier (§ 952 BGB). Dem Zugriff Dritter sind die Forderungen nicht entzogen, sodass mit deren Pfändung ein Herausgabeanspruch bezüglich der Urkunden entsteht (vgl. § 836 III ZPO). Zugleich besteht die Gefahr der Verfügung durch den Berechtigten oder der schuldbefreienden Leistung durch den Schuldner. Die Sparkasse kann auch ohne Vorlage des Sparbuches an den wahren Gläubiger leisten. Dies gilt selbst dann, wenn das Sparguthaben mit einem Sperrvermerk versehen ist (vgl. BGH 14.1.1988 – III ZR 4/87, NJW 1988, 2100).

4 **Ermessen.** Die Entscheidung über die Annahme anderer Sicherheiten steht im pflichtgemäßen Ermessen (§ 5) der FB. Bei der Ermessensausübung darf maßgeblich auf die leichte Verwertbarkeit und das Maß der Sicherheit des Mittels abgestellt werden. Andererseits sind die Interessen des Sicherungsgebers in die Abwägung einzubeziehen; unzumutbare Anforderungen an die Sicherheitsleistung sind zu vermeiden. Das FA hat den Grundsatz der Verhältnismäßigkeit zu beachten (Gosch AO § 245 Rn. 8). Stehen dem Stpfl. Sicherheiten iSd § 241 zur Verfügung, wird eine Sicherheitsleistung nach § 245 idR ermessensgerecht abgelehnt werden können (Klein § 245 Rn. 1). Allerdings ist auch in diesem Fall eine Ermessensabwägung im Einzelfall vorzunehmen. Bietet der Stpfl. geeignete Sicherheiten an, die eine ähnlich hohe Wertbeständigkeit wie diejenigen des § 241 aufweisen, ist die Sicherheit anzunehmen, die den Stpfl. am geringsten belastet (Gosch AO § 245 Rn. 8). Die Beweislast für die Werthaltigkeit der angebotenen Sicherheit trifft den Sicherungsgeber.

5 **Rechtsfolgen.** Die Ermessensentscheidung erfolgt durch VA. Wird die Sicherheit zur Erfüllung einer Bedingung geleistet, tritt die Vergünstigung (zB § 222) durch die Ablehnung der Sicherheit nicht ein. Gegen die ablehnende Ermessensentscheidung insgesamt ist der Einspruch gegeben. Hat die FB einen Anspruch auf Sicherheitsleistung (zB § 221), kann die Ablehnung der Sicherheit selbständig angefochten werden.

§ 246 Annahmewerte

[1]Die Finanzbehörde bestimmt nach ihrem Ermessen, zu welchen Werten Gegenstände als Sicherheit anzunehmen sind. [2]Der Annahmewert darf jedoch den bei einer Verwertung zu erwartenden Erlös abzüglich der Kosten der Verwertung nicht übersteigen. [3]Er darf bei den in § 241 Absatz 1 Nummer 2 und 4 aufgeführten Gegenständen und bei beweglichen Sachen, die nach § 245 als Sicherheit angenommen werden, nicht unter den in § 234 Absatz 3, § 236 und § 237 Satz 1 des Bürgerlichen Gesetzbuchs genannten Werten liegen.

I. Allgemeines

Der Wert einer Sicherheit ist nicht statisch, bedarf zumeist einer besonderen Ermittlung 1
und kann idR nicht in vollem Umfang zur Besicherung dienen. Es bedarf deshalb einer Entscheidung, zu welchen Werten die einzelnen Gegenstände als Sicherheit angenommen werden. Nach § 246 ist die FB hierzu nach ihrem Ermessen ermächtigt. Die Wertbestimmung erfolgt durch VA, häufig iVm weiteren Entscheidungen, wie etwa der Ablehnung einer Sicherheit nach § 245. Gegen die Festsetzung des Annahmewertes ist der Einspruch gegeben.

II. Annahmewerte

Das **Ermessen** der FB wird durch § 246 S. 2 und 3 begrenzt sowie in einer Dienst- 2
anweisung betr. Sicherheitsleistung im Besteuerungsverfahren (SiLDV Abs. 13, VSF – S 1450) näher konkretisiert. Obergrenze für den Annahmewert ist der zu erwartende Verwertungserlös abzüglich etwaiger Verwertungskosten. Zudem dürfen für bestimmte Sicherheiten die in den §§ 234 III, 236, 237 S. 1 BGB genannten Werte nicht unterschritten werden.

Sicherheitsleistung nach § 241 I Nr. 2 und 4. Nach der Dienstanweisung (→ Rn. 2) 3
sind die in § 241 II genannten festverzinslichen Wertpapiere zu dem zur Zeit der Sicherheitsleistung maßgebenden Kurswert, höchstens zum Nennwert anzunehmen. Festverzinsliche Schatzanweisungen des Bundes, eines Sondervermögens des Bundes oder eines Landes, die an einer Börse innerhalb der EU nicht amtlich notiert sind, werden zu 80 % des Nennwertes als Sicherheit angenommen. Unverzinsliche Schatzanweisungen des Bundes oder eines Landes werden bei einer Laufzeit von höchstens sechs Monaten mit 95 % und bei einer Laufzeit von höchstens einem Jahr mit 90 % des Nennwertes bewertet. Bei längeren Laufzeiten vermindert sich der Annahmewert um 5 % pro weiterem Jahr (Abs. 13b S. 4 SiLDV). Festverzinsliche Wertpapiere, die amtlich notiert werden, sind grds. mit 75 % anzusetzen. Für sonstige Wertpapiere ist der Annahmewert höchstens mit dem Nennwert anzusetzen, idR soll er 75 % des Kurswertes gleichartiger notierter Wertpapiere nicht übersteigen.

Sicherheitsleistung nach § 241 I Nr. 1 und 3. Sparguthaben und hinterlegte Zah- 4
lungsmittel sind stets bis zur Höhe ihrer Einlage als Sicherungsmittel anzunehmen, da diese weder einer Wertschwankung unterliegen noch Verwertungskosten anfallen.

Sicherheitsleistung nach § 241 I Nr. 5 und 6. Der Annahmewert für erstrangige 5
Grundpfandrechte und dinglich gesicherte Forderungen beträgt idR maximal die Hälfte des Grundstückswertes. Bei der Wertermittlung kann die VO über die Grundsätze für die Ermittlung der Verkehrswerte von Immobilien und der für die Wertermittlung erforderlichen Daten (BGBl. 2021 I 2805) herangezogen werden.

Sicherheitsleistung nach § 245. Der Annahmewert ist am zu erwartenden Verwer- 6
tungserlös abzüglich anfallender Kosten auszurichten. Bei beweglichen Sachen darf er zwei Drittel des Schätzwertes nicht unterschreiten.

§ 247 Austausch von Sicherheiten

Wer nach den §§ 241 bis 245 Sicherheit geleistet hat, ist berechtigt, die Sicherheit oder einen Teil davon durch eine andere nach den §§ 241 bis 244 geeignete Sicherheit zu ersetzen.

Die aus § 140 RAO hervorgegangene Vorschrift stellt den Austausch von Sicherheiten 1
in das Belieben des Sicherungsgebers. Eine Beschränkung auf bestimmte Sicherheiten – wie in § 235 BGB – findet nicht statt.

2 Der Sicherungszweck ist nicht an die Art des Sicherungsmittels gebunden, sodass die Austauschmöglichkeit eine effektive Vermögenspflege (zB Umschichtung von Wertpapierdepots) ermöglicht. Aus diesem Grund hat der Sicherungsgeber die freie Wahl, jegliche Sicherheit ganz oder teilweise gegen ein anderes, geeignetes und der Höhe nach ausreichendes Sicherungsmittel iSd §§ 241–244 auszutauschen. Das Ersetzungsrecht hängt nicht von der Zustimmung der FB ab, soweit es sich um ein Sicherungsmittel iSd §§ 241–244 handelt. Bietet der Stpfl. eine andere Sicherheit an (§ 245), kann eine Ersetzung im Einvernehmen mit der FB erfolgen. Die FB entscheidet nach pflichtgemäßem Ermessen durch VA (Klein § 247). Das Austauschrecht umfasst auch Sicherheiten, die nach § 336 gepfändet wurden (TK § 247 Rn. 2). Versagt die FB einen Austausch der Sicherheit, sind gegen den ablehnenden VA der Einspruch und die Verpflichtungsklage gegeben.

§ 248 Nachschusspflicht

Wird eine Sicherheit unzureichend, so ist sie zu ergänzen oder es ist anderweitige Sicherheit zu leisten.

Vergleichbare Vorschriften: § 240 BGB

I. Allgemeines

1 Die Nachschusspflicht ermöglicht es der FB, eine wertmäßige Unterdeckung der Forderung durch die geleistete Sicherheit infolge nachträglich eintretender Umstände zu korrigieren. § 248 ist daher nicht anwendbar auf eine anfänglich unzureichende Sicherheit, insb. aufgrund Überbewertung der angenommenen Sicherungsmittel (§ 246) oder die Anordnung einer unzureichenden Sicherheitsleistung. Eine Änderung der festgelegten Annahmewerte kann lediglich unter den Voraussetzungen des § 130 II erfolgen. Bei anfänglich unzureichender Sicherheitsleistung tritt die aufschiebende Bedingung mangels Erfüllung nicht ein, sodass der VA nicht wirksam wird (→ § 241 Rn. 15).

II. Nachschusspflicht

2 Die Nachschusspflicht kann entstehen durch Entwertung des Sicherungsmittels (Untergang, Verschlechterung, Sinken des Kurswertes, Vermögensverfall des Bürgen) oder durch Erhöhung der zu sichernden Forderung. Geringfügige Wertverluste lassen die Sicherheit nicht unzureichend werden. Bei Verschulden des Sicherungsnehmers an der Entwertung des Sicherungsmittels ist die Nachschusspflicht ausgeschlossen (vgl. § 240 BGB). Die Wahl zwischen Ergänzung oder Leistung anderer Sicherheit steht dem Stpfl. zu. Erfüllt er das Nachschussverlangen der FB nicht, darf eine Erzwingung der Sicherheit ohne Berücksichtigung des Wahlrechts erfolgen (§ 336). Die Ersetzungsbefugnis des Sicherungsgebers wird hierdurch nicht berührt (TK § 247 Rn. 2). Ob eine Ergänzung der Sicherheit zu verlangen ist, entscheidet die FB nach pflichtgemäßem Ermessen (Klein § 248; SiLDV Abs. 59, VSF – S 1450). Beim Sinken des Kurswertes darf die FB eine Ergänzung nur mit Genehmigung der Generalzolldirektion verlangen (SiLDV Abs. 60, VSF – S 1450); diese Genehmigung oder deren Versagung ist ein Verwaltungsinternum, das keine unmittelbare Rechtswirkungen nach außen entfaltet (vgl. SBS § 35 Rn. 170). Gegen das Verlangen der FB, die Sicherheit zu ergänzen, sind der Einspruch und die Anfechtungsklage gegeben.

Sechster Teil. Vollstreckung

Vorbemerkung zu §§ 249–346

I. Anwendungsbereich

1 **Verwaltungsvollstreckung.** Der 6. Teil gilt nur für die Vollstr. **des StGläubigers.** Die Vollstr. des Stpfl. gegen den StGläubiger aufgrund einer gerichtlichen Entscheidung richtet sich nach den §§ 151–154 FGO. Die Vollstr. als Maßnahme staatlicher Hoheitsgewalt ist auf das Staatsgebiet der Bundesrepublik Deutschland beschränkt (TK Vorb. § 249 Rn. 6; zur Vollstr. im Ausland → § 250 Rn. 9 ff.). Soweit der Bund Leistungen öffentlich-rechtlicher Art vollstreckt, die sich nicht aus StGesetzen ergeben, gilt das **VwVG.** Über die Verweisung in 5 I VwVG gelten auch dort die §§ 249–258, 260, 262–267, 281–317, 318 I-IV, 319–327 (s. Engelhardt/App/Schlatmann VwVG § 5 Rn. 1 ff.). Das VollstrRecht der **Länder und Gemeinden** richtet sich nach landesrechtlichen VollstrGesetzen, die im Wesentlichen mit den §§ 249 ff. übereinstimmen bzw. auf diese oder ZPO-Vorschriften verweisen (TK Vorb. § 249 Rn. 8; Engelhardt/App/Schlatmann VwVG § 5 Rn. 6). Daneben verweisen Einzelgesetze und Art. 113 UZK für die Vollstr. der in diesen Gesetzen vorgesehenen Leistungen auf das VollstrRecht der AO (zu Einzelheiten s. TK Vorb. § 249 Rn. 9).

II. Verfahrensgrundsätze und Wesen der Vollstreckung nach der AO

2 **Verwaltungszwang.** Unter Vollstr. versteht man ein staatliches Verfahren, das dazu dient, einen Anspruch des Gläubigers gegen den Schuldner mit Hilfe staatlicher Zwangsgewalt zu verwirklichen (TK Vorb. § 249 Rn. 10). Die in der ZPO geregelte gerichtliche ZwangsVollstr. dient der Verwirklichung gerichtlich festgestellter oder förmlich dokumentierter Gläubigerrechte (Rosenberg, 1 ff.). Das Interesse des VollstrGläubigers genießt hierbei grds. den Grundrechtsschutz des Art. 14 I GG, ist aber im Einzelfall mit den berechtigten Interessen des VollStrSchuldners in Ausgleich zu bringen (BVerfG 27.6.2005 – 1 BvR 224/05, Rpfleger 2005, 614). Demgegenüber regeln die §§ 249 ff. die Vollstr. durch die FVerw. im Wege des Verwaltungszwangs mit dem Ziel der **Verwirklichung von VA,** die den Stpfl. bestimmte Pflichten auferlegen (TK Vorb. § 249 Rn. 10). Verwaltungszwang ist die Ausübung hoheitlich-staatlicher Gewalt durch die in § 249 genannten VollstrOrgane. Es handelt sich folglich um Maßnahmen der **Eingriffsverwaltung,** weshalb das Tätigwerden der FVerw. einer eigenen gesetzlichen Grundlage bedarf (HHSp Vorb. § 249 Rn. 52). Diese Grundlage hat der Gesetzgeber in den §§ 249 ff. geschaffen.

Daneben sind aufgrund des Art. 108 VII GG die **VollstrA** und die **VollzA** als Ausführungsbestimmungen erlassen worden. Sie sind keine Rechtsnormen, sondern interne Verwaltungsanweisungen. Die VollstrA gilt für das VollstrVerfahren der Bundes- und Landesbehörden (Abschn. 1 I VollstrA). Die VollzA enthält nähere Bestimmungen über die Ausführung der Vollstr., soweit sie durch Vollziehungsbeamte (§ 285 I) der VollstrBehörden (FA, HZA; § 249 I 3) durchgeführt wird; sie ist für die Vollziehungsbeamten verbindlich (Abschn. 1 I VollzA).

Träger des Verwaltungszwangs ist der Staat. Betroffenes Subjekt ist der Stpfl. (§§ 33 ff.), soweit zur Durchsetzung seiner Pflichten kraft Rechtsnorm Zwangsmittel vorgesehen sind (TK Vorb. § 249 Rn. 11).

Dem Rechtsstaatsprinzip entspr. unterliegt der Verwaltungszwang **gerichtlicher Kontrolle** (HHSp Vorb. § 249 Rn. 150 ff.). Entsteht dem VollstrSchuldner (§ 253) oder einem Dritten infolge der Durchführung der Vollstr. ein Schaden, richtet sich der **Schadens-**

ersatz nach Art. 34 GG iVm § 839 BGB; die §§ 717 II, 945 ZPO sind nicht anwendbar (HHSp Vorb. § 249 Rn. 160 ff.).

3 **Verhältnismäßigkeitsgrundsatz.** Bei Eingriffen durch staatliches Handel erfordert der dem Rechtsstaatsprinzip (Art. 20 III GG) entnommene und mit Verfassungsrang ausgestattete Grundsatz der Verhältnismäßigkeit, dass die aufgrund einer gesetzlichen Grundlage (Gesetzesvorbehalt) ergriffene Maßnahme geeignet ist, den angestrebten Erfolg zumindest zu fördern (Gebot der Geeignetheit), erforderlich sein muss, um den Erfolg zu erreichen (Prinzip der Erforderlichkeit und Gebot der Wahl des mildesten Mittels), und nicht außerhalb jedes vernünftigen Verhältnisses zum Wert des Erfolges oder zur Bedeutung der Sache stehen darf (Verhältnismäßigkeitsprinzip im engeren Sinn; BVerfG 31.5.1988 – 1 BvL 22/85, BVerfGE 78, 232; HHSp Vorb. § 249 Rn. 72 ff.). Andererseits gebietet der Grundsatz der **Gleichmäßigkeit der Besteuerung** (→ § 85 Rn. 8), dass StForderungen möglichst zügig und effektiv realisiert werden (Wiggen DStZ 1999, 744).

4 **Verhältnis zur ZPO.** Die §§ 249 ff. bilden gegenüber der Vollstr. nach der ZPO einen **eigenständigen Regelungsbereich** und schließen die Anwendung des zivilrechtlichen VollstrRechts auf das steuerliche Beitreibungsverfahren aus, soweit die AO bereichsspezifische Sonderregelungen enthält (BFH 22.10.2002 – VII R 56/00, BStBl. II 2003, 109). Während die Vollstr. nach der ZPO der bürgerlichen Selbsthilfe entzogen und unabhängigen VollstrGerichten überantwortet ist, erfolgt das steuerliche Beitreibungsverfahren durch die FVerw. selbst als VollstrBehörde (§ 249). Deshalb hat zB die VollstrBehörde und nicht das VollstrGericht darüber zu befinden, ob die nach § 319 im Verwaltungszwangsverfahren sinngemäß geltenden Pfändungsschutzvorschriften der §§ 850 ff. ZPO eingehalten wurden (BFH 24.10.1996 – VII R 114/94, BFH/NV 1997, 385), oder zu entscheiden, ob die Vollstr. nach § 257 einzustellen ist; eine VollstrGegenklage analog § 767 ZPO ist unzulässig (BFH 1.8.2002 – VII B 352/00, BFH/NV 2002, 1547). Der Gesetzgeber hat das VerwaltungsVollstrVerfahren bewusst so ausgestaltet, dass die FB grds. als **VollstrBehörden allzuständig** sind (Strunk StB 1993, 247). Nur soweit die AO ausdrücklich auf den Zivilrechtsweg verweist (zB §§ 262 I, 293 II, 320 II), den Zivilgerichten bestimmte Befugnisse vorbehalten (zB §§ 284 VIII, 287 IV) oder etwa sonst zwingende Gründe ersichtlich sind (zB § 309 III 2), unterliegt dieser Grundsatz Ausnahmen (BFH 24.10.1996 – VII R 113/94, BStBl. II 1997, 308). Für die Vollstr. in das unbewegliche Vermögen sind die Vorschriften für die gerichtliche Zwangsvollstr. anzuwenden (§ 322 I 2).

Aufgrund ihrer Allzuständigkeit benötigt die FB für die zwangsweise Durchsetzung ihrer Ansprüche weder einen vollstreckbaren Titel noch eine VollstrKlausel iSd ZPO. Zum Schutz des VollstrSchuldners vor unvermittelten und überraschenden VollstrMaßnahmen der FB enthalten die §§ 249 und 254 deshalb **besondere Statthaftigkeitsvoraussetzungen,** die bei Beginn der Vollstr. erfüllt sein müssen und den Stpfl. in ihrem Zusammenwirken auf das Bevorstehen der Vollstr. hinweisen (BFH 22.10.2002 – VII R 56/00, BStBl. II 2003, 109; → § 249 Rn. 1).

Trotz der eigenständigen Regelung und der unterschiedlichen Ausgestaltung haben die Zwangsverfahren nach der ZPO und der AO **weitgehende Gemeinsamkeiten** (TK Vorb. § 249 Rn. 14). So verweisen zB die §§ 262–266, 284, 295, 308, 309, 314, 316, 319, 321, 324 auf Vorschriften der ZPO; insoweit ist eine unmittelbare Verbindung gegeben. Auch entspricht ein Teil der Vorschriften der AO im Wortlaut den Bestimmungen der ZPO (vgl. §§ 281–283, 310–313 einerseits und §§ 803, 804, 806, 830–833 ZPO andererseits). Gerade aufgrund dieser Gemeinsamkeiten bietet der Rückgriff auf das VollstrRecht der ZPO eine unerlässliche Hilfe bei der Anwendung der entsprechenden AO-Vorschriften (Klein Vorb. § 249 Rn. 2).

III. Beginn und Ende der Vollstreckung

5 **Außenwirkung.** Die ZwangsVollstr. **beginnt mit der ersten VollstrHandlung** des dafür funktionell zuständigen VollstrOrgans (TK Vorb. § 249 Rn. 15). Bei VollstrHand-

lungen des Vollziehungsbeamten (§ 285 I) beginnt die Vollstr. mit dessen erster Zwangsmaßnahme gegen den VollstrSchuldner (Anders/Gehle ZPO Vorb. § 704 Rn. 47), wie zB der Pfändung von Sachen durch Inbesitznahme oder Anlegung des Pfandsiegels bzw. der Pfandanzeige (§ 286 I, II), der Durchsuchung der Wohn- und Geschäftsräume (§ 287 I) sowie der Öffnung verschlossener Türen und Behältnisse (§ 287 II). Das Vorzeigen des schriftlichen VollstrAuftrags (§ 285 II) oder der Erlaubnis für die Nachtvollstr. (§ 289 II), um dann weitere Maßnahmen (Pfändung von Sachen) folgen zu lassen, kann bereits als Beginn der Vollstr. angesehen werden, nicht jedoch die vorbereitende Erteilung des VollstrAuftrags bzw. der Erlaubnis (TK Vorb. § 249 Rn. 15). Auch für VollstrHandlungen der VollstrBehörde (Innendienst; §§ 249, 309, 322 III, 328) hängt der Beginn der Vollstr. grds. von der Außenwirkung der betr. Maßnahme ab. Deshalb beginnt die Vollstr. bei der behördlichen Forderungspfändung (§ 309) mit der Zustellung der Pfändungsverfügung an den Drittschuldner (TK Vorb. § 249 Rn. 16; aA für den Bereich der ZPO Zöller ZPO Vorb. § 704 Rn. 33: mit Unterzeichnung des gerichtlichen Beschlusses; Anders/Gehle ZPO Vorb. § 704 Rn. 47: Hinausgabe der gerichtl. Verfügung). Bei unbeweglichen Sachen beginnt die Vollstr. mit Unterzeichnung der Eintragung der Zwangshypothek (§ 867 ZPO), Anordnung der Zwangsversteigerung oder der Zwangsverwaltung nach §§ 15, 146 ZVG.

Die Vollstr. als Ganzes ist mit der vollständigen Befriedigung des Gläubigers **beendet.** 6
Sie endet aber auch durch Erlöschen oder Stundung des zu vollstreckenden Anspruchs oder durch Aufhebung des zu vollstreckenden VA (→ § 257 Rn. 2 ff.). Eine einzelne VollstrMaßnahme endet mit ihrer vollständigen Durchführung, auch wenn sie nicht zur vollständigen Befriedigung des Gläubigers geführt hat (TK Vorb. § 249 Rn. 17). Beispiele: Abführung des Erlöses an den VollstrGläubiger, Tilgung der gepfändeten und eingezogenen Forderung durch den Drittschuldner, Freigabe des Pfandstücks, sonstige Aufhebung der VollstrMaßnahme.

IV. Rückstandsunterbindende Maßnahmen

Die VollstrBehörde hat nicht nur die Aufgabe, bestehende StForderungen zu realisieren, 7
sondern auch das Entstehen neuer Rückstände zu verhindern. Im Rahmen ihres Ermessens kann sie hierzu aufgrund gesetzlicher Bestimmungen außerhalb der AO rückstandsunterbindende Maßnahmen ergreifen (s. auch Abschn. 23 IV VollstrA). Hierzu zählen insb. der Antrag auf **Eröffnung des Insolvenzverfahrens** (§ 13 InsO; Abschn. 26, 58 VollstrA; → § 251 Rn. 21 f.), der Antrag auf **Löschung einer KapGes** wegen Vermögenslosigkeit (§ 394 I FamFG; Abschn. 65 VollstrA), die Anregung einer **Gewerbeuntersagung** (§ 35 GewO; Abschn. 66 I Nr. 1 VollstrA; s. auch BFH 29.7.2003 – VII R 39, 43/02, BStBl. II 2003, 828), die Anregung der Rücknahme oder des Widerrufs einer **gewerberechtlichen Erlaubnis,** Konzession etc. (zB § 15 II GaststättenG, § 3 V GüterkraftverkehrsG, § 25 II PersonenbeförderungsG, §§ 34, 34a, 34b, 34c II GewO; Abschn. 66 I Nr. 2 VollstrA), die Anregung einer **berufsrechtlichen Maßnahme** wegen Vermögensverfalls (§ 46 II Nr. 4 StBerG; § 14 II Nr. 7 BRAO; § 50 I Nr. 8 BNotO; Abschn. 66 I Nr. 3 VollstrA), **pass- und ausländerrechtlicher Maßnahmen** wie das Ersuchen um Ausweisung oder Verhängung eines Ausreiseverbots (§§ 53 I, 54 II Nr. 9, 87 II Nr. 3, 88 III; 46 II AufenthaltG; Abschn. 66 II, III VollstrA) und das Ersuchen um Passentzug bzw. Entzug des Personalausweises (§§ 7 I Nr. 4, 8 PassG, § 6 VII PAuswG; Abschn. 66 III VollstrA). Bei der Vollstr. wegen KraftSt kann die **Abmeldung des Kraftfahrzeugs** betrieben werden (§ 14 KraftStG; Abschn. 67 VollstrA).

Erster Abschnitt. Allgemeine Vorschriften

§ 249 Vollstreckungsbehörden

(1) [1]**Die Finanzbehörden können Verwaltungsakte, mit denen eine Geldleistung, eine sonstige Handlung, eine Duldung oder Unterlassung gefordert wird, im Verwaltungsweg vollstrecken.** [2]**Dies gilt auch für Steueranmeldungen (§ 168).** [3]**Vollstreckungsbehörden sind die Finanzämter und die Hauptzollämter sowie die Landesfinanzbehörden, denen durch eine Rechtsverordnung nach § 17 Absatz 2 Satz 3 Nummer 3 des Finanzverwaltungsgesetzes die landesweite Zuständigkeit für Kassengeschäfte und das Erhebungsverfahren einschließlich der Vollstreckung übertragen worden ist; § 328 Absatz 1 Satz 3 bleibt unberührt.**

(2) [1]**Zur Vorbereitung der Vollstreckung können die Finanzbehörden die Vermögens- und Einkommensverhältnisse des Vollstreckungsschuldners ermitteln.** [2]**Die Finanzbehörde darf ihr bekannte, nach § 30 geschützte Daten, die sie bei der Vollstreckung wegen Steuern und steuerlicher Nebenleistungen verwenden darf, auch bei der Vollstreckung wegen anderer Geldleistungen als Steuern und steuerlicher Nebenleistungen verwenden.**

(3) [1]**Zur Durchführung von Vollstreckungsmaßnahmen können die Vollstreckungsbehörden Auskunfts- und Unterstützungsersuchen nach § 757a der Zivilprozessordnung stellen.** [2]**§ 757a Absatz 5 der Zivilprozessordnung ist dabei nicht anzuwenden.**

Hinweis auf **VollstrA:** Abschn. 20, 22–25

Schrifttum: Carlé, Liquiditätsprüfung durch die Finanzverwaltung – Grenzen der Ausforschung der Vermögensverhältnisse, AO-StB 2003, 137; Pump, Die Vorlage von Geschäftsbüchern und anderen für die Vollstreckung bedeutsamen Unterlagen, StWa 2003, 133; Bruschke, Ermittlung von Vollstreckungsmöglichkeiten – Liquiditätsprüfung als adäquates Mittel?, DStZ 2005, 731.

A. Allgemeines

1 **Regelungsinhalt.** Die Überschrift des § 249 („VollstrBehörden") ist irreführend (Schwarz/Pahlke/Keß § 249 Rn. 2), da sie den Inhalt der Vorschrift nur unvollständig wiedergibt (TK § 249 Rn. 1). § 249 I 3 bestimmt zwar, welche Behörden für die Vollstr. sachlich zuständig sind. Dem Abs. 1 kommt darüber hinaus aber in mehrfacher Hinsicht weitergehende Bedeutung zu. So bestimmt er im Hinblick auf den verfassungsrechtlichen Grundsatz der **Gewaltenteilung,** dass die Vollstr. nach der AO Aufgabe der FB ist und nicht – wie bei der Vollstr. nach der ZPO – Aufgabe der Gerichte (HHSp § 249 Rn. 9; → Vorb. § 249 Rn. 4); in Verwirklichung des Anspruchs auf eine wirksame gerichtliche Kontrolle (Rechtsweggarantie, Art. 19 IV GG) ist der Rechtsschutz gegen die VollstrMaßnahmen der FB ausschließlich der Finanzgerichtsbarkeit zugewiesen (HHSp § 249 Rn. 11). Zudem regelt Abs. 1 die **Grundlagen der Vollstr.,** indem er bestimmt, aus welchen VA vollstreckt werden darf.

Abs. 2 S. 1 erlaubt der FB, bestimmte Ermittlungen zur Vorbereitung der Vollstr. und bewirkt insoweit eine Ausweitung der **Ermittlungsbefugnisse** nach den allg. Vorschriften, insb. nach § 88 (Klein § 249 Rn. 2). Abs. 2 S. 2 beinhaltet die Durchbrechung des StGeheimnisses, um auch außersteuerliche Rückstände beitreiben zu können (HHSp § 249 Rn. 12a).

Der mWv 1.1.2022 eingefügte Abs. 3 S. 1 dient dem Schutzbedürfnis der Vollziehungsbeamten und eröffnet durch den Verweis auf § 757a ZPO die Möglichkeit vorbeugender **Auskunfts- und Unterstützungsersuchen** der VollstrBehörden an die Polizei. Abs. 3

S. 2 folgte durch das JStG 2022 nach und schließt die an sich nach § 757a V ZPO im Anschluss an solche Ersuchen gebotene Verpflichtung zur Unterrichtung der betroffenen Auskunftsperson für den Bereich der Vollstr. nach der AO aus.

B. Vollstreckbare Verwaltungsakte (Abs. 1 S. 1, 2)

I. Erfordernis eines Verwaltungsakts als Vollstreckungsgrundlage

Verwaltungsakt. Nach § 249 I 1 findet die VerwVollstr. nur auf der Grundlage eines (vollstreckbaren) VA statt. Durch die gesetzliche Bezugnahme auf den Regelungsinhalt des VA (→ Rn. 4 ff.) wird deutlich, dass dieser VA **wirksam** geworden sein muss (§ 124 I 1); denn nur mit einem wirksamen VA kann eine Leistung gefordert werden (BFH 22.10.2002 – VII R 56/00, BStBl. II 2003, 109). Ein unwirksamer VA entfaltet hingegen keinerlei Rechtswirkungen. Deshalb ist die Vollstr. aus einem nichtigen VA (→ § 124 Rn. 12) unzulässig; es fehlt ein vollstreckbarer VA (HHSp § 249 Rn. 15; Schwarz/Pahlke/Keß § 249 Rn. 6). Im VollstrVerfahren nach der AO besteht keine dem § 757 ZPO vergleichbare Pflicht zur Vorlage des der VollstrEinleitung zugrunde liegenden VollstrTitels (VA). Entsteht aber Streit über die Existenz der StBescheide und der damit verbundenen Leistungsgebote, muss das FA deren Erlass und deren wirksame Bekanntgabe nachweisen. Kann dazu nicht (mehr) auf die Ursprungsbescheide zurückgegriffen werden, etwa weil sie im FA abhandengekommen sind, darf sich das FA auch auf den Inhalt der VollstrAkten und dort bspw. enthaltene Zustellnachweise stützen (BFH 30.1.2009 – VII B 235/08, BFH/NV 2009, 1077). 2

Vollstreckbarkeit. Nicht erforderlich ist, dass der VA bereits bestandskräftig ist (Klein § 249 Rn. 3). Auch angefochtene VA, StBescheide unter dem Vorbehalt der Nachprüfung (§ 164 I) und vorläufige StBescheide (§ 165 I) sind grds. vollstreckbar. Nach § 251 I 1 beseitigt erst die AdV (§ 361, § 69 FGO) die Vollstreckbarkeit. Entsprechendes gilt für die Aussetzung der Verpflichtung des Zollschuldners zur Abgabenentrichtung (Art. 108 III UZK; → § 251 Rn. 2). Für die Vollstreckbarkeit eines VA ist es schließlich unerheblich, ob er Gegenstand eines gerichtlichen Verfahrens gewesen und ob er durch Urt. geändert worden ist; er bleibt auch dann VollstrTitel (HHSp § 249 Rn. 18).

Fehlt ein vollstreckbarer VA, stellt dies zwar einen schwerwiegenden und zur Rechtswidrigkeit führenden, aber idR keinen offenkundigen und die Nichtigkeit der VollstrMaßnahme nach sich ziehenden Mangel dar (BFH 22.10.2002 – VII R 56/00, BStBl. II 2003, 109; Gosch AO § 249 Rn. 15; Alber HFR 2003, 212; aA TK § 249 Rn. 3 unter Hinweis auf die BGH-Rspr.). Für die Nichtigkeit der VollstrMaßnahme kommt es nämlich nicht auf den Mangel des zugrunde liegenden VA, sondern auf die Offenkundigkeit des Mangels der VollstrMaßnahme an (HHSp § 249 Rn. 27). Da es sich bei den in § 249 I (und § 254 I) genannten VollstrVoraussetzungen aber um unabdingbare **Statthaftigkeitsvoraussetzungen** einer rechtmäßigen Vollstr. handelt, kann deren anfängliches Fehlen durch spätere Nachholung nicht geheilt werden; die Maßnahme bleibt rechtsfehlerhaft und ist bei entsprechender Anfechtung ersatzlos aufzuheben (BFH 22.10.2002 – VII R 56/00, BStBl. II 2003, 109). 3

II. Art der Forderungen

1. Geldleistungen (Abs. 1 S. 1)

Geldleistungen iSd § 249 I 1 sind nicht nur Steuern und steuerliche Nebenleistungen (§ 3 IV), sondern auch Haftungsansprüche (§ 191 I), Rückforderungsansprüche (§ 37 II), Kosten des Rechtsbehelfsverfahrens (§§ 143, 150 FGO), im Verwaltungsverfahren festgesetzte Geldbußen (§§ 377–383, 412; vgl. Nr. 121 II 2 AStBV 2025, BStBl. I 2025, 574). Besonderheiten bestehen bei Säumniszuschlägen (§ 240): Sie sind Ansprüche auf Geldleistungen, die nach § 218 ohne besondere Festsetzung verwirklicht werden können; zur 4

Vollstreckbarkeit → § 254 Rn. 11. Als Geldleistungen werden grds. auch alle Leistungen angesehen, die in eine Geldleistung übergehen können, wie zB der Anspruch aus einer Hypothek, Grund- oder Rentenschuld, obwohl ein solcher Anspruch nur auf Duldung der ZwangsVollstr. gerichtet ist. Deshalb fallen auch Duldungsbescheide (§ 191 I) unter den Anwendungsbereich des § 249, selbst dann, wenn ein solcher Bescheid auf Eintragung einer Sicherungshypothek zur Befriedigung aus dem Grundstück gerichtet ist (HHSp § 249 Rn. 21).

2. Sonstige Handlungen, Duldung oder Unterlassung (Abs. 1 S. 1)

5 VA iSd § 249 I 1, mit denen eine **sonstige Handlung** gefordert wird, stimmen hinsichtlich des Regelungsgegenstandes mit den VA iSd § 328 I 1 überein, die auf die Vornahme einer Handlung gerichtet sind (HHSp § 249 Rn. 22). Gemeint sind damit alle Handlungspflichten, die nicht in der Leistung von Geld bestehen, wie zB Aufklärungspflichten nach §§ 90 ff., die Pflicht zur Abgabe von StErklärungen (§ 149 I 2), Buchführungspflichten (§§ 140 f.), die Herausgabepflicht von Urkunden bei der Forderungspfändung (§ 315 II 2). VA iSd § 249 I 1, mit denen eine **Duldung** gefordert wird, entsprechen ebenfalls denen iSd § 328 I 1. Auf Duldung gerichtete Leistungen sind zB die Pflicht zur Duldung des Betretens von Grundstücken zur Einnahme des Augenscheins (§ 99) oder im Rahmen der StAufsicht (§§ 210, 31 AlkStG). Nicht dazu gehören die mit Duldungsbescheid (§ 191 I) geltend gemachten Ansprüche (→ Rn. 4; Schwarz/Pahlke/Keß § 249 Rn. 8a). In Bezug auf die Entsprechung in § 328 I 1 gilt nichts anderes für VA iSd § 249 I 1, mit denen eine **Unterlassung** gefordert wird. Hierunter fallen zB das Verbot, über eine Sache (§ 76 III 1) oder eine Forderung (§ 309 I) zu verfügen. Zu Einzelheiten → § 328 Rn. 8 ff.

3. Steueranmeldungen (Abs. 1 S. 2)

6 Eine StAnmeldung ist zwar kein VA, steht aber in ihrer rechtlichen Wirkung einer StFestsetzung unter dem Vorbehalt der Nachprüfung gleich (§ 168 S. 1). § 249 I 2 stellt ausdrücklich klar, dass auch StAnmeldungen vollstreckt werden können (Schwarz/Pahlke/Keß § 249 Rn. 9). Unter § 249 I 2 fallen nur StAnmeldungen, in denen die Selbstberechnung ausdrücklich vorgeschrieben (§ 150 I 3) und eine StFestsetzung iSd § 167 I 1 nicht erforderlich ist. Dies sind zB die StAnmeldungen der LSt (§ 41a EStG), der KapESt (§ 45a EStG), der BauabzugSt (§ 48a EStG), der StAbzug bei beschränkt Stpfl. (§ 50a EStG), der USt (§ 18 I UStG) und der VersSt (§ 8 VersStG).

III. Entscheidung über die Einleitung von Vollstreckungsmaßnahmen

7 **Kein Entschließungsermessen.** Aus § 249 I 1, wonach die dort genannten VA im Verwaltungsweg vollstreckt werden „können", kann angesichts der Gesetzesbindung der FVerw. nicht gefolgert werden, dass der VollstrBehörde eine Ermessensentscheidung über das **Ob** einer Vollstr. zukommt (TK § 249 Rn. 11; Wiggen DStZ 1999, 745 f.; FG Brandenburg 19.10.1998 – 1 V 2160/98 KV, EFG 1999, 62; mit Verweis auf den Wortlaut aA BFH 30.8.2005 – VII R 61/04, BFH/NV 2006, 232; FG Münster 17.5.2021 – 13 V 819/21 AO, BeckRS 2021, 14130; HHSp § 249 Rn. 44 f., 48; Schwarz/Pahlke/Keß § 249 Rn. 11). § 249 I 1 gibt den VollstrBehörden die Befugnis für die zwangsweise Durchsetzung staatlicher Ansprüche. Da Steuern aber nach Maßgabe der Gesetze gleichmäßig festzusetzen und zu erheben sind (§ 85), ist die FB damit zugleich auch verpflichtet, Ansprüche des StGläubigers, die nicht freiwillig erfüllt werden, im Verwaltungszwangsverfahren zu vollstrecken (FG Niedersachsen 21.12.2020 – 15 V 127/20, BeckRS 2020, 38407; aA Gosch AO § 249 Rn. 29: § 85 nur bedeutsame Richtschnur für Ermessensausübung). Der Grundsatz der Gesetzmäßigkeit der Verwaltung gebietet die **Gleichmäßigkeit der Besteuerung** eben nicht nur im Rahmen der Festsetzung, sondern auch bei der Erhebung bzw. zwangsweisen Durchsetzung des festgesetzten StAnspruchs (enger

Schwarz/Pahlke/Keß § 249 Rn. 11: Willkürverbot). Für die Zollbehörden besteht eine ausdrückliche gesetzliche Verpflichtung nach Art. 113 UZK.

Verwaltungsinterne Entscheidung. Die Entscheidung der VollstrBehörde, **ob** das VerwaltungsVollstrVerfahren durchgeführt wird, ist eine verwaltungsinterne Maßnahme und damit nicht anfechtbar (TK § 249 Rn. 12; Abschn. 22 V 1 VollstrA). Sie wird dem VollstrSchuldner folglich auch nicht bekannt gegeben. Die VollstrStelle kann dem VollstrSchuldner jedoch aus **Zweckmäßigkeitsgründen** ankündigen (bekannt geben), dass demnächst VollstrMaßnahmen ergriffen werden, wenn damit zu rechnen ist, dass er daraufhin leisten wird (Abschn. 22 V 2 VollstrA); gegen diese **VollstrAnkündigung** ist kein förmlicher Rechtsbehelf gegeben. Sie ist mangels eigener Regelung im Allg. **kein VA.** Ihr Sinn und Zweck erschöpft sich vielmehr darin, dem VollstrSchuldner die Kontoverbindung des FA mitzuteilen, auf die er mit befreiender Wirkung leisten kann, ihn noch einmal auf den Ernst der Lage hinzuweisen und ihm die Gelegenheit zu geben, die Rückstände zur Abwendung der Vollstr. freiwillig zu begleichen, ggf. auch Rechts- oder VollstrSchutz zu beantragen (BFH 28.11.2017 – VII R 30/15, BFH/NV 2018, 405). 8

Auswahlermessen. Die VollstrBehörde entscheidet nach pflichtgemäßem Ermessen, **welche VollstrMaßnahmen** im Einzelfall ergriffen werden und welche Ermittlungen nach § 249 II zu treffen sind (sog. Auswahlermessen; Schwarz/Pahlke/Keß § 249 Rn. 12; TK § 249 Rn. 13; vgl. auch BFH 18.7.2000 – VII R 101/98, BStBl. II 2001, 5). Es gelten die allg. Grundsätze der Ermessensausübung (→ § 5 Rn. 20 ff.). Insbesondere ist der Grundsatz der Verhältnismäßigkeit zu beachten (→ Vor § 249 Rn. 3). Danach haben VollstrMaßnahmen zu unterbleiben, deren Wirkungen über das öffentliche Interesse an der Vollstr. erheblich hinausgehen und damit die Rechte des VollstrSchuldners über das unbedingt notwendige (zumutbare) Maß hinaus beeinträchtigen (TK § 249 Rn. 14). Bei rechtmäßiger Ermessensausübung darf die FB eine VollstrMaßnahme unter Beachtung der schutzwürdigen Interessen des VollstrSchuldners – ua daran, dass anderen seine StSchulden nicht bekannt werden – deshalb nur erlassen, wenn aufgrund allgemeiner Erfahrungssätze oder sogar aufgrund konkreter Anhaltspunkte hinreichender Anlass für die Annahme besteht, dass die Maßnahme zumindest teilweise zur Befriedigung der Forderungen der Behörde führen könnte (BFH 20.6.2017 – VII R 27/15, BStBl. II 2017, 1035). Nur dann ist sie **geeignet** und – wenn nicht ein anderes, gleich wirksames, aber weniger fühlbar einschränkendes Mittel zur Verfügung steht – auch **erforderlich** (BVerfG 16.3.1971 – 1 BvR 52, 665, 667, 754/66, NJW 1971, 1255; BFH 24.9.1991 – VII R 34/90, BStBl. II 1992, 57). Die Vollstr. soll deshalb erst gar nicht versucht werden, wenn sie nach den Vermögens- und Einkommensverhältnissen des VollstrSchuldners von vornherein ersichtlich wirtschaftlich aussichtslos wäre (so auch Abschn. 20 IV 1 VollstrA). Für die einzelne VollstrMaßnahme gilt nichts anderes (BFH 20.6.2017 – VII R 27/15, BStBl. II 2017, 1035). Dass die Vollstr. ggf. nur einen geringen Erlös erbringen könnte, hindert die Vornahme der VollstrMaßnahme aber grds. nicht (Gosch AO § 249 Rn. 35). Regelmäßig dürfte es sich hingegen als ermessensfehlerhaft erweisen, wenn das FA eine VollstrMaßnahme ergreift, statt mit der zu vollstreckenden Forderung gegen bestehende Erstattungsansprüche des Stpfl. aufzurechnen (TK § 249 Rn. 17; vgl. auch Abschn. 22 IV 1 HS 1 VollstrA). Zweifel, welches Mittel im Einzelfall tatsächlich das mildeste ist, wirken sich wegen der Befugnis der VollstrBehörde zur Auswahl der einzelnen VollstrMaßnahmen und im Hinblick auf das Gebot der Gleichmäßigkeit der Besteuerung (→ Rn. 7) grds. zugunsten der VollstrBehörde aus. 9

Einen **Vorrang** bestimmter VollstrMaßnahmen **gibt es nicht** (→ § 309 Rn. 35; zT aA TK § 249 Rn. 16: Kontopfändung nachrangig; ähnlich FG Düsseldorf 22.7.2022 – 3 K 744/20 KV, BeckRS 2022, 19954). Das FA darf sich deshalb im Rahmen seines Auswahlermessens auch vom eigenen Aufwand, der Kostenintensität und davon leiten lassen, welche Maßnahme die zügigste und sicherste Beitreibung der StForderung erwarten lässt (FG Bremen 27.11.2018 – 2 K 164/18 (1), BeckRS 2018, 39704). Auch wenn eine VollstrMaßnahme zur Herbeiführung des Erfolges geeignet und erforderlich ist, darf sie nicht außerhalb jedes vernünftigen Verhältnisses zum **Wert des Erfolgs** stehen (HHSp

Vorb. § 249 Rn. 145). Andernfalls wäre der Betroffene durch den VollstrEingriff übermäßig belastet (TK § 249 Rn. 14). So kann es ermessensfehlerhaft sein, wegen eines knapp über 250 Euro hinausgehenden StRückstands die Zwangsversteigerung eines sonst unbelasteten Grundstücks von 30.000 Euro zu betreiben (BGH 26.3.1973 – III ZR 43/71, NJW 1973, 894). Es besteht eine über das zivilprozessuale VollstrRecht hinausgehende **Schonungspflicht gegenüber dem VollstrSchuldner** (TK § 249 Rn. 15), sodass im Einzelfall ein VollstrAufschub (§ 258) gegen Ratenzahlung geboten sein kann (BFH 12.5.1964 – VII 113/61, HFR 1964, 308). Allerdings muss in solchen Fällen immer der Grundsatz der Gleichmäßigkeit der Besteuerung gewahrt bleiben (→ Rn. 7).

C. Vollstreckungsbehörden (Abs. 1 S. 3)

10 **Sachliche Zuständigkeit.** Vollstreckungsbehörden sind die **FÄ** und die **HZÄ** (letztere ua im Zusammenhang mit der Rückforderung überzahlten Kindergeldes, V 32.2 I 2 DA-KG) sowie die durch RVO gesondert mit der Vollstr. betrauten Landesoberbehörden (Landeshaupt- bzw. -finanzkassen). Diese durch das StÄndG 2015 v. 2.11.2015 (BGBl. 2015 I 1834) eingefügte Ergänzung soll sicherstellen, dass die Landesoberbehörden ebenfalls VollstrBehörden iSd AO sind und als solche SteuerVA und StAnmeldungen im Verwaltungsweg vollstrecken können (BT-Drs. 18/4902, 85). Werden sonstige Handlungen, Duldungen oder Unterlassungen vollstreckt, ist die Behörde, die den betreffenden VA erlassen hat, VollstrBehörde (§ 328 I 3).

Die **örtliche Zuständigkeit** bestimmt sich einheitlich nach den §§ 17 ff.; sie kann gem. §§ 12 III, 17 II 3 FVG einem bestimmten Amt für mehrere Bezirke übertragen werden (vgl. ZuständigkeitsVO der Länder; für den Bereich der HZÄ vgl. HZAZustV v. 22.11.2022, BGBl. I 2022, 2118). Ist die VollstrBehörde für die VollstrHandlung örtlich nicht zuständig, darf sie diese nicht vornehmen. Sie muss vielmehr gem. § 250 die örtlich zuständige VollstrBehörde um VollstrHilfe ersuchen (→ § 250 Rn. 2). Bei VollstrHandlungen örtlich unzuständiger VollstrBehörden kommen die §§ 125 III Nr. 1, 127 zur Anwendung; der VollstrSchuldner kann die örtliche Unzuständigkeit mit Einspruch (§ 347 I) anfechten.

11 VollstrBehörden für die **GemeindeSt** sind die Gemeindebehörden und für die **KreisSt** die Landkreise und kreisfreien Städte entspr. den landesrechtlichen Bestimmungen (zu Einzelheiten s. TK § 249 Rn. 20). Soweit Landesgesetze den staatlichen FB die Vollstr. der **KiSt** übertragen haben, sind die FÄ VollstrBehörden.

D. Ermittlungsbefugnisse der Vollstreckungsbehörden (Abs. 2 S. 1, Abs. 3)

12 **Vorbereitende Ermittlungen.** Die VollstrBehörden entscheiden nach **pflichtgemäßem Ermessen** (→ § 5 Rn. 20 ff.), ob und welche der gesetzlich eröffneten Maßnahmen zur Vorbereitung der Vollstr. sie ergreifen wollen (Gosch AO § 249 Rn. 53); eine diesbezügliche Verpflichtung besteht nicht (TK § 249 Rn. 25). Nach Abs. 2 S. 1 können die VollstrBehörden die **Vermögens- und Einkommensverhältnisse des VollstrSchuldners** ermitteln, um sich die entsprechenden Kenntnisse für Erfolg versprechende VollstrMaßnahmen zu verschaffen. Für die Durchführung dieser Finanzermittlungen sind die §§ 85–107 und §§ 111–117 anwendbar (Abschn. 20 II 1 HS 2 VollstrA). So können zB Dritte und Vorlagepflichtige zur Auskunft herangezogen werden, wenn die Sachverhaltsaufklärung durch die Beteiligten nicht zielführend ist (§ 93). Das FA muss hierzu nicht alle nur denkbaren Möglichkeiten gegenüber den Beteiligten ausschöpfen; eine gescheiterte Anfrage genügt (BFH 19.12.2006 – VII R 46/05, BStBl. II 2007, 366). Nach allgM kann die FB Auskunft von einem Dritten allerdings nur dann verlangen, wenn das Auskunftsersuchen zur Sachverhaltsaufklärung geeignet und notwendig, die Pflichterfüllung für den

Betreffenden möglich und seine Inanspruchnahme erforderlich, verhältnismäßig und zumutbar ist (BFH 12.5.2016 – II R 17/14, BStBl. II 2016, 822). Notwendig aber auch ausreichend ist es insoweit, wenn die FB im Rahmen ihrer Prognoseentscheidung im Wege vorweggenommener Beweiswürdigung nach pflichtgemäßem Ermessen zu dem Ergebnis gelangt, dass die Auskunft zu steuererheblichen Tatsachen zu führen vermag (BFH 29.10.1986 – VII R 82/85, BStBl. II 1988, 359). Die VollstrBehörde kann zB von einem Stromversorger Auskunft über das vom VollstrSchuldner bei der Ermächtigung zur Einziehung angegebene Konto verlangen (BFH 22.2.2000 – VII R 73/98, BStBl. II 2000, 366). Entsprechendes gilt für Auskunftsersuchen an eine Berufskammer (BFH 19.12.2006 – VII R 46/05, BStBl. II 2007, 366). Hiergegen bestehen keine verfassungsrechtlichen Bedenken; die Auskunftspflicht ist ein der Gleichmäßigkeit der Besteuerung dienender Gemeinwohlbelang (BVerfG 15.11.2000 – 1 BvR 1213/00, BStBl. II 2001, 142). Ebenso können Dritte eidlich vernommen werden (§ 94); die Abgabe einer eidesstattlichen Versicherung nach § 95 kann jedoch nur vom VollstrSchuldner verlangt werden. Zur Ermittlung der Vermögens- und Einkommensverhältnisse des VollstrSchuldners kann die VollstrBehörde auch die Durchführung einer Ap. (§§ 193–203) anregen oder ggf. die StFahndung oder Zollfahndung um Mitwirkung (§ 208 II Nr. 1) ersuchen (Abschn. 20 II 3 VollstrA; s. auch Carlé AO-StB 2003, 137; Bruschke DStZ 2005, 731). Ebenso kann der Vollziehungsbeamte beauftragt werden, zur Feststellung von Forderungen und anderen Vermögensrechten in die Geschäftsbücher Einsicht zu nehmen (Abschn. 24 II VollstrA). Eine Durchsuchung der Wohnung (§ 287) darf der Vollziehungsbeamte nur für die Suche nach pfändbaren Sachen vornehmen, nicht aber zur Ermittlung der Einkommens- und Vermögensverhältnisse (FG Baden-Württemberg 29.8.1979 – IX 142/79, EFG 1980, 5; TK § 249 Rn. 29b; → § 287 Rn. 1). Zum Verhältnis von §§ 249 II 1, 88 ff. zur Vermögensauskunft (§ 284) → § 284 Rn. 5.

Erzwingung. Die Verpflichtungen des VollstrSchuldners und des Dritten im Ermittlungsverfahren sind nach §§ 328 ff. erzwingbar. Eine Erzwingung ist allerdings unzulässig, wenn der Verpflichtete gezwungen wäre, sich in buß- oder strafrechtlicher Hinsicht selbst zu belasten (TK § 249 Rn. 31). 12a

Gefahr für Leib und Leben. Mit Einfügung des Abs. 3 dürfen VollstrBehörden zur Vorbereitung von VollstrMaßnahmen zudem **polizeiliche Auskunfts- und Unterstützungsersuchen nach § 757a ZPO** stellen. Danach ist es den VollstrBehörden bei entsprechenden objektiven Anhaltspunkten gestattet, zur Vermeidung möglicher Gefahrenlagen für Leib und Leben der Vollziehungsbeamten oder anderen an der Vollstr. beteiligten Personen (zB Zeugen oder Mitarbeiter eines Schlüsseldienstes; Gefahr für materielle Güter genügt nicht) bei der für den Wohnort zuständigen Polizeidienststelle formlos Auskünfte über etwaige einschlägige Vorerkenntnisse des VollstrSchuldners einzuholen (§ 757a I). Hierzu darf die FB der Dienststelle kraft gesetzlicher Anordnung die für eine Risikobeurteilung erforderlichen personenbezogenen (Steuer-)Daten des VollstrSchuldners übermitteln, namentlich neben dem Namen und den Geburtsdaten auch den Wohnort und die Art sowie den Ort der geplanten VollstrMaßnahme. Zur Vereinfachung und Beschleunigung der Abläufe dürfte es zumindest bei verdichteter Verdachtslage angezeigt sein, das Auskunftsersuchen sogleich mit einem Unterstützungsersuchen zu verbinden (§ 757a III 2 ZPO; Anders/Gehle ZPO § 757a Rn. 5); ansonsten kann das Ersuchen um polizeiliche Hilfestellung für den Fall einer „Positivauskunft" nachgeholt oder bei entsprechenden Vorerkenntnissen auch ohne vorheriges Auskunftsersuchen gestellt werden (§ 757a IV 1 ZPO). Diese Maßnahmen ergänzen insoweit die dem Vollziehungsbeamten auch schon bislang zur Verfügung stehenden Befugnisse zur Überwindung erwarteten oder vorgefundenen Widerstandes (→ § 287 Rn. 15 f.). Die zur Annahme einer (möglichen) Personengefährdung führenden Umstände – die sich auch auf gewaltgeneigte Mitbewohner oder gefährliche Haustiere beziehen können (BT-Drs. 19/27636, 23) – müssen nachvollziehbar und auf den Einzelfall bezogen sein; eigener Recherchen der VollstrBehörde bedarf es aber nicht (Zöller ZPO § 757a Rn. 12). 13

13a **Benachrichtigung.** Für die Löschung der Auskunft gelten – nachdem die zunächst angedachte dreimonatige Löschungsfrist nicht umgesetzt wurde (BT-Drs. 19/29398, 6) – keine Besonderheiten (→ § 32f Rn. 1 ff.). Anders verhält es sich jedoch mit der in § 757a V ZPO geregelten Benachrichtigungspflicht (zu grds. Zweifeln an deren Geltung Gosch AO § 249 Rn. 53). Diese wurde in der Erwartung, der informierte Gefährder könne und werde sich bei künftigen VollstrAufträgen noch unkooperativer und aggressiver verhalten und dadurch die ordnungsgemäße Aufgabenerfüllung der FB verhindern (BT-Drs. 20/3879, 141), durch das JStG 2022 für die Vollstr. nach der AO **abgeschafft.** Die dem zugrunde liegende gesetzgeberische Vorstellung, der Vollziehungsbeamte bzw. die FB trete dem (gewaltbereiten) Schuldner regelmäßiger gegenüber als ein (weiterhin zur Information verpflichteter) Gerichtsvollzieher und bedürfe deshalb zur Aufgabenerfüllung „gesteigerten" Schutzes, scheint indes wenig überzeugend (weniger zweifelnd TK § 249 Rn. 44). Argumentative Bedenken bestehen ggf. auch für den Fall einer „Negativauskunft" (Gosch AO § 249 Rn. 53).

E. Verwendung geschützter Daten (Abs. 2 S. 2)

14 **Vollstreckung wegen außersteuerlicher Forderungen.** § 249 II 2 ist durch Art. 26 Nr. 35 StMBG v. 21.12.1993 angefügt worden. Soweit die FB für die Vollstr. von Leistungsbescheiden anderer Verwaltungszweige zuständig sind, dürfen sie auch in diesem außersteuerlichen VollstrVerfahren die im Besteuerungsverfahren erlangten Kenntnisse verwenden. Dies gilt jedoch nur für **bereits bekannte Daten** oder Daten, die für etwaige parallel zu vollstreckende StForderungen ermittelt werden (Klein § 249 Rn. 14). § 249 II 2 gestattet hingegen keine Ermittlungen nach § 249 II 1 zur Vorbereitung der Vollstr. außersteuerlicher Forderungen (TK § 249 Rn. 32; Abschn. 20 III VollstrA). **Andere Behörden** als die FB dürfen durch das StGeheimnis geschützte Daten auch dann nicht verwenden, wenn sie nach den Vorschriften der AO vollstrecken (HHSp § 249 Rn. 75).

§ 250 Vollstreckungsersuchen

(1) [1]**Soweit eine Vollstreckungsbehörde auf Ersuchen einer anderen Vollstreckungsbehörde Vollstreckungsmaßnahmen ausführt, tritt sie an die Stelle der anderen Vollstreckungsbehörde.** [2]**Für die Vollstreckbarkeit des Anspruchs bleibt die ersuchende Vollstreckungsbehörde verantwortlich.**

(2) [1]**Hält sich die ersuchte Vollstreckungsbehörde für unzuständig oder hält sie die Handlung, um die sie ersucht worden ist, für unzulässig, so teilt sie ihre Bedenken der ersuchenden Vollstreckungsbehörde mit.** [2]**Besteht diese auf der Ausführung des Ersuchens und lehnt die ersuchte Vollstreckungsbehörde die Ausführung ab, so entscheidet die Aufsichtsbehörde der ersuchten Vollstreckungsbehörde.**

Hinweis auf **VollstrA:** Abschn. 8–10

Schrifttum: Wetzel, Föderalismus, Amtshilfe, Vollstreckung, Beistandsgesetz und Bundesgerichtshof, KKZ 2001, 97; Blaesing, Grenzen der Vollstreckungshilfe für andere Mitgliedsstaaten, ZfZ 2011, 117; Hartmann, Das Beitreibungsersuchen an ausländische Behörden und dessen Rechtsnatur, DÖV 2011, 142; Seer, Vollstreckungsamtshilfe in Steuersachen nach der neu gefassten Beitreibungsrichtlinie 2010/24/EU, IWB 2011, 144; Gabert, Deutsche Beitreibungsamtshilfe nach dem EU-Beitreibungsgesetz (EU-BeitrG): Überblick und Bezüge zum Ertragsteuerrecht, FR 2012, 707; Kortz, Grenzüberschreitende Vollstreckung von Steuerforderungen im EU-Raum nach dem EU-Beitreibungsgesetz vom 7.12.2011, DB 2012, 2422; Lindwurm, Pfändung eines Erstattungsanspruchs aufgrund eines per E-Mail übermittelten Beitreibungsersuchens, AO-StB 2013, 102; Seer, Internationale Beitreibungshilfe – Rechtsgrundlagen und Rechtsschutz, IWB 2017, 595.

Übersicht

A. Allgemeines

Regelungsinhalt. § 250 ist ein spezialgesetzlich geregelter **Sonderfall der allg. Amtshilfe** nach § 111 (TK § 250 Rn. 1; aA HHSp § 250 Rn. 9). Er behandelt die Ausführung von VollstrMaßnahmen durch eine VollstrBehörde (FA, HZA) aufgrund eines Ersuchens einer anderen VollstrBehörde und trägt damit dem Umstand Rechnung, dass die VollstrBehörden außerhalb ihres örtlichen Zuständigkeitsbereichs keine VollstrMaßnahmen ergreifen dürfen (→ § 249 Rn. 10). Soweit andere Behörden eine FB um VollstrHilfe ersuchen, ergibt sich die Rechtsgrundlage hierfür aus der allg. Pflicht zur Amtshilfe gem. Art. 35 I GG und aus spezialgesetzlichen Regelungen (→ Rn. 8). Gegenüber kirchlichen Behörden besteht keine Amtshilfepflicht (TK § 250 Rn. 2). Die **VollstrHilfe für ausländische Behörden** richtet sich nach völkerrechtlichen Vereinbarungen (→ Rn. 10 ff.) und dem EU-BeitreibungsG (→ Rn. 13). 1

B. Vollstreckungshilfe zwischen Vollstreckungsbehörden

I. Ausführung von Vollstreckungsmaßnahmen auf Ersuchen einer anderen Vollstreckungsbehörde (Abs. 1)

1. Voraussetzungen

Fehlende Zuständigkeit. Unter welchen Voraussetzungen eine andere VollstrBehörde um Amtshilfe ersucht werden kann, richtet sich nach den allg. Grundsätzen, insb. § 112 I (HHSp § 250 Rn. 30). Nach dem **Grundsatz der Erforderlichkeit** kann um Amtshilfe grds. nur ersucht werden, wenn die ersuchende Behörde die VollstrMaßnahme aus rechtlichen oder tatsächlichen Gründen nicht selbst durchführen kann (Gosch AO § 250 Rn. 5). Dies ist idR dann der Fall, wenn die VollstrBehörde die VollstrHandlung mangels örtlicher Zuständigkeit (§§ 17 ff.) nicht selbst vornehmen darf, was insb. bei der Vollstr. in bewegliche Sachen vorkommt (→ § 285 Rn. 2; Abschn. 2 VollzA). Die Amtshilfe kommt auch bei der Abnahme der Vermögensauskunft in Betracht, wenn sich der Wohnsitz oder Aufenthaltsort des VollstrSchuldners nicht im Bezirk der VollstrBehörde befindet (§ 284 V 1) und der VollstrSchuldner nicht bereit ist, die eidesstattliche Versicherung vor dieser VollstrBehörde abzugeben (§ 284 V 2; → § 284 Rn. 23). Bei der Vollstr. in Forderungen, andere Vermögensrechte und in das unbewegliche Vermögen soll gem. Abschn. 8 II 2 VollstrA um Amtshilfe nur ersucht werden, wenn dies nach Sachlage geboten erscheint, 2 wie zB bei Einsichtnahme in Grundbücher und Grundakten oder der Teilnahme am Versteigerungstermin (TK § 250 Rn. 7).

3 **Begleitmaßnahmen.** Auch für Maßnahmen, die nicht VollstrHandlungen sind, aber mit der Vollstr. im Zusammenhang stehen, wie die Vernehmung von Auskunftspersonen, kann ein Amtshilfeersuchen gestellt werden (Abschn. 8 I 2 VollstrA). Möglich ist es bspw. auch, zur Vorbereitung der Vollstr. um die Ermittlung der Vermögens- und Einkommensverhältnisse des VollstrSchuldners (§ 249 II 1) zu ersuchen.

4 Bei **Gefahr im Verzug** kann die örtlich unzuständige VollstrBehörde auch ohne Ersuchen tätig werden, sog. Spontanhilfe (Dürig/Herzog/Scholz GG Art. 35 Rn. 46). Die örtlich zuständige VollstrBehörde ist hiervon unverzüglich zu unterrichten (§ 29; Abschn. 8 III 2 VollstrA).

2. Form, Inhalt und Rechtsnatur des Ersuchens

5 **Schriftform.** Das Ersuchen um Amtshilfe **soll** von der VollstrBehörde schriftlich gestellt werden (Abschn. 8 IV 1 VollstrA). Bei Gefahr im Verzug kann es auch mündlich erfolgen, ist jedoch unverzüglich schriftlich zu bestätigen (Abschn. 8 IV 2, 3 VollstrA; Schwarz/Pahlke/Keß § 250 Rn. 3).

6 **Inhalt.** Das Ersuchen kann auf eine bestimmte genau zu bezeichnende Maßnahme beschränkt werden (Abschn. 8 IV 4 VollstrA). Wird das Ersuchen lediglich aus Zweckmäßigkeitsgründen gestellt, ist dies besonders zu begründen (Abschn. 8 IV 5 VollstrA). Im Übrigen soll das Ersuchen die in Abschn. 34 II Nr. 1–8 und 11 VollstrA genannten Angaben enthalten (Abschn. 8 IV 6 VollstrA), dh neben den Personendaten und der Bezeichnung des Geldbetrages sowie der vorzunehmenden VollstrMaßnahme vor allem auch den Vollziehungsauftrag und die von der VollstrBehörde abzugebende Feststellung/Bestätigung, dass der VollstrSchuldner Leistung und Kosten tatsächlich schuldet (Abschn. 8 IV 7 VollstrA). VollstrErsuchen sollen nicht gestellt werden, wenn die Summe der rückständigen Beträge weniger als 36 Euro beträgt (Abschn. 8 V VollstrA).

7 **Rechtsnatur.** Das innerstaatliche VollstrErsuchen ist eine **behördeninterne Maßnahme und kein VA,** da es sich um eine zwischenbehördliche Willenserklärung ohne regelnde Wirkung handelt (BFH 21.7.2009 – VII R 52/08, BStBl. II 2010, 51; HHSp § 250 Rn. 27). Deshalb kann es auch nicht gem. § 231 die Verjährung unterbrechen (→ § 231 Rn. 18). Eine Anfechtung durch den VollstrSchuldner ist ausgeschlossen (→ Rn. 7).

3. Stellung der ersuchten und der ersuchenden Vollstreckungsbehörde

8 **Stellung der ersuchten VollstrBehörde (§ 250 I 1).** Liegt ein ordnungsgemäßes VollstrErsuchen vor, ist die ersuchte VollstrBehörde berechtigt und gem. Art. 35 I GG grds. verpflichtet (→ Rn. 8), die erbetenen Maßnahmen durchzuführen (Gosch AO § 250 Rn. 8).

9 **Ablehnungsgründe.** Aus § 250 II 1 folgt allerdings, dass die ersuchte VollstrBehörde die Amtshilfe ablehnen darf, wenn sie sich für unzuständig oder die Handlung, um die sie ersucht wird, für unzulässig hält (Klein § 250 Rn. 4). Umstr. ist, ob sich die ersuchte Behörde darüber hinaus auch auf die Ablehnungsgründe des § 112 III berufen kann (Gosch AO § 250 Rn. 9; Klein § 250 Rn. 4), oder ob ihr dies in Ansehung des engeren Wortlauts und im Interesse einer möglichst konsequenten Durchsetzung des StAnspruchs verwehrt ist (TK § 250 Rn. 14). Die FVerw. lässt jedenfalls auch den Einwand der Unzweckmäßigkeit zu und verweist diesbezüglichen Streit an die Aufsichtsbehörde (Abschn. 9 II 1, 2 VollstrA; zum Verfahren → Rn. 6).

10 **Übergang der Verantwortlichkeit.** Soweit die VollstrBehörde auf Ersuchen einer anderen VollstrBehörde VollstrMaßnahmen ausführt, tritt sie gem. § 250 I 1 an die Stelle der anderen VollstrBehörde. Die ersuchte VollstrBehörde hat die Vollstr. im eigenen Namen zu betreiben (Abschn. 9 I 2 VollstrA). Sie ist für die Durchführung der Vollstr. verantwortlich. Dies gilt auch bei etwaigen Ersatzansprüchen Dritter; ein Durchgriff auf

die ersuchende VollstrBehörde ist nicht statthaft (BFH 10.11.1987 – VII R 137/84, BFH/NV 1988, 417). Für die Einstellung oder Beschränkung der Vollstr. ist ebenfalls allein die ersuchte Behörde zuständig (Klein § 250 Rn. 8). Pfändungspfandrechte werden von der Körperschaft erworben, der die ersuchte Behörde angehört (Abschn. 9 I 3 VollstrA; → § 252 Rn. 3). Die Gläubigerrechte gehen jedoch nicht auf die Körperschaft der ersuchten Behörde über (BFH 3.11.1983 – VII R 38/83, BStBl. II 1984, 185). Zu Rechtsbehelfen → Rn. 7.

Stellung der ersuchenden VollstrBehörde (§ 250 I 2). Das eigenverantwortliche Tätigwerden der ersuchten VollstrBehörde hat keinen Einfluss auf die Gläubigerstellung der ersuchenden Behörde (→ Rn. 4). Die ersuchende VollstrBehörde bleibt deshalb gem. § 250 I 2 für die Vollstreckbarkeit des Anspruchs verantwortlich; ihr kommt im Innenverhältnis eine **Garantenstellung** für die (fortbestehende) Statthaftigkeit der Vollstr. zu (LSG Berlin-Brandenburg 14.12.2018 – L 34 AS 2224/18 B ER, BeckRS 2018, 35835). 11

Mitteilungspflicht. Erfährt die ersuchende VollstrBehörde, dass die Voraussetzungen für die Einstellung oder Beschränkung der Vollstr. (§ 257) gegeben sind, hat sie dies der ersuchten VollstrBehörde unverzüglich mitzuteilen (Abschn. 9 I 5 VollstrA). Da aber auch diese selbst die Vollstreckbarkeitsvoraussetzungen in jedem Stadium der Vollstr. von Amts wegen zu prüfen hat, kann der VollstrSchuldner das Fehlen der Vollstreckbarkeit im Einzelfall auch der ersuchten Behörde und nicht nur der ersuchenden entgegenhalten (BFH 4.7.1986 – VII B 151/85, BStBl. II 1986, 731; → Rn. 7). Für eine Niederschlagung (§ 261) bleibt die ersuchende VollstrBehörde zuständig (TK § 250 Rn. 11). Zu Rechtsbehelfen → Rn. 7. 12

II. Verfahren bei Bedenken der ersuchten Vollstreckungsbehörde gegen die Ausführung des Ersuchens (Abs. 2)

Verfahren bei Ablehnung. Hält sich die ersuchte Behörde für örtlich (§§ 17 ff.) oder sachlich (§ 16, §§ 12, 17 FVG) unzuständig oder hält sie die Handlung, um die sie ersucht worden ist, für unzulässig, teilt sie ihre Bedenken der ersuchenden Behörde mit (§ 250 II 1; Schwarz/Pahlke/Keß § 250 Rn. 6). Zum Gesichtspunkt der Unzweckmäßigkeit → Rn. 4. Kommt keine Einigung zwischen den beteiligten Behörden zustande **(negativer Kompetenzkonflikt),** entscheidet die Aufsichtsbehörde der ersuchten VollstrBehörde (§ 250 II 2). Diese Regelung ist erforderlich, da uU eine gemeinsame Aufsichtsbehörde fehlt, etwa bei länderübergreifender VollstrHilfe. Die Entscheidung der Aufsichtsbehörde ist für die beteiligten Behörden verbindlich und hat den Charakter einer verwaltungsinternen fachlichen Weisung (HHSp § 250 Rn. 53; Schwarz/Pahlke/Keß § 250 Rn. 6). 13

III. Rechtsbehelfe und Kosten der Vollstreckungshilfe

Rechtsbehelfe. Der VollstrSchuldner kann ein **VollstrErsuchen** als behördeninterne Maßnahme nicht anfechten (→ Rn. 3). Er kann aber gegen das VollstrErsuchen einen Antrag auf VollstrAufschub nach § 258 stellen und ggf. eine einstweilige Anordnung (§ 114 FGO) auf vorübergehende Einstellung der Vollstr. beantragen, da ein Antrag nach § 258 bereits gestellt werden kann, bevor konkrete VollstrMaßnahmen ergriffen werden (BFH 2.10.1986 – VII B 4/86, BFH/NV 1987, 222). 14

Wird das VollstrErsuchen ausgeführt, kann der VollstrSchuldner gegen die ergriffenen **VollstrMaßnahmen** (VA) mit Einspruch (§ 347) vorgehen. Die fehlende Vollstreckbarkeit des zugrunde liegenden VA kann er dabei auch gegenüber der ersuchten VollstrBehörde geltend machen (→ Rn. 5). Dem steht § 256 nicht entgegen (BFH 4.7.1986 – VII B 151/85, BStBl. II 1986, 731; → § 256 Rn. 3). 15

Die **Kosten** der Amtshilfe werden gem. § 115 abgewickelt. 16

C. Sonstige innerstaatliche Vollstreckungshilfe

17 **Kein Anwendungsfall von § 250.** Soweit andere Behörden die FB um VollstrHilfe ersuchen, ergibt sich die Rechtsgrundlage hierfür aus der allg. Pflicht zur Amtshilfe gem. Art. 35 I GG (vgl. Abschn. 8 I 3 VollstrA; s. auch BFH 30.9.2002 – VII S 16/02, BFH/NV 2003, 142 zur Amtshilfe des HZA und AG Duisburg 19.11.2011 – 105 K 75/10, Rpfleger 2012, 276 zur Amtshilfe im Zwangsversteigerungsverfahren). Teilweise ist in landesgesetzlichen Vorschriften wie Art. 25 I BayVwZVG und § 15 I HessVwG oder durch Bundesgesetz (§ 4 VwVG) ausdrücklich geregelt, dass die FÄ (als Teil der LandesF-Verw., § 3 Nr. 3 FVG) und die HZÄ (als Teil der BundesFVerw., § 1 Nr. 4 FVG) VollstrBehörden sind. Wird die Vollstr. im Wege der Amtshilfe von Organen der Länder vorgenommen, ist sie gem. § 5 II VwVG nach landesrechtlichen Bestimmungen durchzuführen (zu Einzelheiten s. Engelhardt/App/Schlatmann VwVG § 5 Rn. 6). Auch soweit die Spezialgesetze auf die entsprechende Anwendbarkeit der AO verweisen, ist § 250 I 1 nicht anwendbar (HHSp § 250 Rn. 60). Zur Zuständigkeit bayerischer FÄ für die Vollstr. von Gerichtskosten s. BFH 16.1.2007 – VII S 23/06 (PKH), BFH/NV 2007, 1463.

D. Zwischenstaatliche Vollstreckungshilfe

I. Allgemeines

18 **Gebietshoheit.** Die nationalen FB dürfen außerhalb ihres Hoheitsgebiets keine VollstrMaßnahmen ergreifen, sodass ein Zugriff auf ausländisches Vermögen nicht besteht (Prinzip formeller Territorialität). Dem dadurch entstehenden Vollzugsdefizit soll die zwischenstaatliche VollstrHilfe entgegenwirken (TK § 250 Rn. 21). § 117 regelt die Rechte und Pflichten der deutschen FB im Rahmen der zwischenstaatlichen Rechts- und Amtshilfe. Wird die deutsche FB tätig, geschieht dies grds. nach Maßgabe des deutschen Rechts (§ 117 I, § 1 IV EUBeitrG), dh nach der AO.

19 **Gewährende und beanspruchende Beitreibungshilfe.** Für ausländische FB und von ausländischen FB kann VollstrHilfe aufgrund innerstaatlich anwendbarer bilateraler völkerrechtlicher Vereinbarungen (→ Rn. 10 ff.) und aufgrund des Europäischen Gemeinschaftsrechts (→ Rn. 13) geleistet werden (§ 117 II, BMF 23.1.2014, BStBl. I 2014, 188 Tz. 1.2). Sie bilden die gesetzliche Grundlage für die Vollstr. als Eingriffsverwaltung (HHSp § 250 Rn. 69). Die verschiedenen Rechtsgrundlagen für die zwischenstaatliche VollstrHilfe stehen gleichwertig nebeneinander (§ 22 I EUBeitrG; Kortz DB 2012, 2422). VollstrHilfe allein aus „Kulanzgründen" kommt mangels verbürgter Gegenseitigkeit (§ 117 III Nr. 1; → § 117 Rn. 21) nicht in Betracht (TK § 250 Rn. 43).

II. Völkerrechtliche Vereinbarungen

1. Allgemeine Rechtsgrundlagen

20 **BeitrRL und Abkommen.** Neben der in die nationalen Rechtsordnungen der 27 EU-Mitgliedstaaten umgesetzten europarechtlichen Beitreibungsrichtlinie 2010/24/EU v. 16.3.2010 (BeitrRL 2010/24/EU, → Rn. 13) bestehen noch dem Völkerrecht unterliegende bilaterale Vereinbarungen über die zwischenstaatliche Amtshilfe bei der Vollstr. Sie beruhen auf dem Grundsatz der Gegenseitigkeit (Schwarz/Pahlke/Keß § 250 Rn. 9; → § 117 Rn. 21). Diese Verträge bedürfen der Zustimmung nach Art. 59 II 1 GG und sind frühestens mit Inkrafttreten des Zustimmungsgesetzes anwendbar. Es gibt entweder spezielle VollstrAmtshilfeabkommen oder DBA, in denen Erhebungsklauseln aufgenommen worden sind, die sich überwiegend an Art. 27 OECD-MA orientieren. Zu Einzelheiten s. auch BMF 23.1.2014, BStBl. I 2014, 188 Tz. 1.2.

2. Die einzelnen Abkommen

DBA mit (in ihrer Reichweite teils sehr unterschiedlichen) Vereinbarungen über die Amtshilfe bei der StErhebung (vgl. Art. 27 OECD-MA) sind solche mit **Albanien** (BStBl. I 2012, 292, Art. 27; s. auch BStBl. I 2014, 188 Tz. 5.2.1), **Algerien** (BStBl. I 2009, 382, Art. 27; s. auch BStBl. I 2014, 188 Tz. 5.2.2), **Armenien** (BStBl. I 2018, 222, Art. 26), **Australien** (BStBl. I 2017, 121, Art. 27), **Belgien** (BStBl. I 1969, 38; BStBl. I 2005, 348, Art. 27; s. auch BStBl. I 2014, 188 Tz. 5.1.2), **Bulgarien** (BStBl. I 2011, 543, Art. 26), **China** (BStBl. I 2016, 1130, Art. 27), **Costa Rica** (BStBl. I 2016, 1169, Art. 27), **Dänemark** (BStBl. I 1996, 1219, Art. 34; s. auch BStBl. I 2014, 188 Tz. 5.1.4), **Frankreich** (BStBl. I 1961, 342; BStBl. I 1990, 413; BStBl. I 2002, 891; BStBl. I 2009, 1258, Art. 23), **Irland** (BStBl. I 2013, 471, Art. 27; s. auch BStBl. I 2014, 188 Tz. 5.1.10), **Japan** (BStBl. I 2016, 1306, Art. 26), **Kanada** (BStBl. I 2002, 505, Art. 27; s. auch BStBl. I 2014, 188 Tz. 5.2.3), **Liechtenstein** (BStBl. I 2013, 488, Art. 28), **Mauritius** (BStBl. I 2013, 388, Art. 27; s. auch BStBl. I 2014, 188 Tz. 5.2.4), **Mexiko** (BStBl. I 2014, 1223, Art. 27; s. auch BStBl. I 2014, 188 Tz. 5.2.5), **Niederlande** (BStBl. I 2001, 66 Art. 4), **Norwegen** (BStBl. I 1993, 655 f., Art. 27), **Polen** (BStBl. I 2004, 1183; BStBl. I 2005, 349 (363), Art. 28; s. auch BStBl. I 2014, 188 Tz. 5.1.13), **Schweden** (BStBl. I 1994, 422; Art. 32, 33; s. auch BStBl. I 2014, 188 Tz. 5.1.15), **Spanien** (BStBl. I 2013, 349, Art. 26), **Turkmenistan** (BStBl. I 2018, 206; Art. 27), **Türkei** (BStBl. I 2013, 373; s. auch BStBl. I 2014, 188 Tz. 5.2.7), **Uruguay** (BStBl. I 2012, 350 (365), Art. 26; s. auch BStBl. I 2014, 188 Tz. 5.2.8), **Usbekistan** (BStBl. I 2016, 267, Art. 26a), **USA** (BStBl. I 2008, 783, Art. 26 IV; s. auch BStBl. I 2014, 188 Tz. 5.2.9) und dem **Vereinigten Königreich** (BStBl. I 2011, 469, Art. 28; s. auch BStBl. I 2014, 188 Tz. 5.1.9). 21

Spezielle VollstrAmtshilfeabkommen bestanden mit **Finnland** (RStBl. 1936, 91 (94), 1056, Art. 1; s. auch BStBl. I 2014, 188 Tz. 5.1.8; zur gegenseitigen Unterstützung in Zollangelegenheiten s. BGBl. 1976 II 545), **Italien** (RStBl. 1939, 376 f., Art. 1, 2; s. auch BStBl. I 2014, 188 Tz. 5.1.11) und **Österreich** (BStBl. I 1955, 433 f., Art. 1, 3, 11–13; BStBl. I 1958, 76; BStBl. I 1963, 795; zur Rechts- und Amtshilfe in Zoll-, VerbrauchSt- und Monopolangelegenheiten s. BGBl. 1971 II 1001; BGBl. 1972 II 14; BGBl. 1980 II 1244; BGBl. 1981 II 116). Während das Abkommen mit Finnland durch Art. 28 Nr. 3 DBA-Finnland (v. 19.2.2016, BStBl. I 2017, 1527) formal aufgehoben worden ist, kommt dem Abkommen mit Italien seit dem Inkrafttreten der EU-BeitrRL und des EUBeitrG zum 1.1.2012 (→ Rn. 13) nur noch punktuell praktische Bedeutung zu (TK § 250 Rn. 28). Auch das mit **Österreich** geschlossene Abkommen hat aufgrund der Konsultationsvereinbarung v. 6.9.2012 (BStBl. I 2012, 682) seit dem 1.6.2012 kaum noch praktische Relevanz (vgl. BStBl. I 2014, 188 Tz. 5.1.1). 22

III. Europäisches Gemeinschaftsrecht

EUBeitrG und Durchführungsbestimmungen. Im Verhältnis der 27 EU-Mitgliedstaaten untereinander kommt neben den völkerrechtlichen Vereinbarungen (→ Rn. 10 ff.) das seit dem 1.1.2012 in Kraft getretenen EUBeitrG (BGBl. 2011 I 2592) zur Anwendung, mit dem die BeitrRL 2010/24/EU in nationales Recht umgesetzt worden ist (s. BT-Drs. 17/6263 und 17/7524). Die Regelungen im EUBeitrG müssen den ihnen zugrunde liegenden Bestimmungen der BeitrRL 2010/24/EU entsprechen und bei der Anwendung auch entspr. ausgelegt werden (HHSp § 250 Rn. 73). Weiter sind die von der EU-Kommission erlassenen Durchführungsbestimmungen (VO Nr. 1179/2008 v. 28.11.2008) zu beachten. Soweit innerstaatliche Rechtsgrundlagen diesen Durchführungsbestimmungen entgegenstehen, gilt die Verordnung Nr. 1179/2008 unmittelbar (Merkblatt des BMF 23.1.2014, BStBl. I 2014, 188 Tz. 1.2.2). Das EUBeitrG verfolgt das Ziel, die gegenseitige Unterstützung der Mitgliedstaaten bei der Beitreibung von Forderungen in Bezug auf bestimmte Steuern, Abgaben und sonstige Maßnahmen (Aufzählung in § 1 EUBeitrG) zu gewährleisten, um den Anforderungen des Binnenmarktes gerecht zu werden, insb. aber 23 um die finanziellen Interessen der Mitgliedstaaten und die Neutralität des Binnenmarktes zu schützen (BT-Drs. 17/7524, 1).

24 **Übermittlung und Aufgabenzuweisung.** Die Beitreibungsersuchen werden mittels eines einheitlichen Standardformblatts auf elektronischem Weg (elektronisches Netzwerk CCN) übermittelt (s. auch BFH 11.12.2012 – VII R 70/11, BStBl. II 2013, 475 zum Beitreibungsersuchen per E-Mail nach altem Recht) und beinhalten die gegenseitige Anerkennung des VollstrTitels (§ 19 EUBeitrG) mit einer abgestimmten Sprachregelung (§ 20 EUBeitrG). Für die Prüfung und Bearbeitung der Ersuchen ist gem. § 3 EUBeitrG bei Steuern das **BZSt** (§ 5 I Nr. 5 FVG) und im Bereich der Zollverwaltung die Bundesstelle Vollstreckung Zoll **(BVZ)** beim HZA Hannover (§ 12 II FVG) zuständig (→ Rn. 14). Weitere Einzelheiten s. Merkblatt des BMF 23.1.2014, BStBl. I 2014, 188.

IV. Verfahrensfragen/Rechtsbehelfe

25 **Verfahren.** Wie ausgehende und eingehende Ersuchen im Einzelnen zu behandeln sind, ist im Merkblatt des BMF 23.1.2014, BStBl. I 2014, 188 geregelt. Soweit in den DBA die ESt aufgeführt ist, gehören hierzu auch die im Wege des StAbzugsverfahrens erhobene LSt und KapESt, die BauabzugSt nach § 48a EStG, die AbzugSt nach § 50a IV EStG und die sog. AufsichtsratSt nach § 50a I Nr. 4 EStG.

26 **Zuständig** ist grds. das BZSt, das inländische Ersuchen an die zuständige ausländische Behörde übermittelt und entspr. ausländische Ersuchen entgegennimmt (BStBl. I 2014, 188 Tz. 1.5). Die FÄ führen den Schriftverkehr über die jeweiligen Landesmittelbehörden (OFD/Landesämter für Finanzen/Steuern) mit dem BZSt. Die Gemeinden stellen ihre Ersuchen direkt an das BZSt.

27 **Zulässigkeit.** VollstrErsuchen sind grds. nur zulässig, wenn die Voraussetzungen für die Vollstr. (§§ 251, 254) vorliegen und im Inland gegebene VollstrMöglichkeiten ausgeschöpft sind sowie der zu vollstreckende VA oder das Leistungsgebot formell bestandskräftig ist. Zudem müssen die Mindestbeträge nach § 14 I EUBeitrG erreicht sein (Merkblatt des BMF 23.1.2014, BStBl. I 2014, 188 Tz. 3.1.1 ff.).

28 **Form und Inhalt** der Beitreibungsersuchen ergeben sich ebenfalls aus BStBl. I 2014, 188 Tz. 3.1.2. Bei der VollstrHilfe zwischen EU-Mitgliedstaaten gibt es diesbezüglich durch den standardisierten **EU-einheitlichen VollstrTitel** deutliche Erleichterungen (s. Merkblatt des BMF 23.1.2014, BStBl. I 2014, 188 Tz. 3.1.2.1.2). Hier wird die Wirksamkeit und Vollstreckbarkeit des ausländischen VA von Amts wegen nicht überprüft (§ 9 I EUBeitrG).

29 Dies gilt ausnahmsweise nur dann nicht, wenn der in Deutschland ansässige Stpfl. substanziiert Umstände geltend macht, die einen Verstoß gegen die öffentliche Ordnung **(ordre public)** zumindest möglich erscheinen lassen (so schon zur Rechtslage vor Ergehen des EUBeitrG BFH 3.11.2010 – VII R 21/10, BStBl. II 2011, 401; BFH 11.12.2012 – VII R 70/11, BStBl. II 2013, 475; FG Münster 30.3.2011 – 7 V 814/11 AO, EFG 2011, 1127, mAnm Kuhfuß EFG 2011, 1130; Blaesing ZfZ 2011, 117; → Rn. 15). Ein Verstoß gegen den ordre public liegt vor, wenn der VollstrTitel in einem nicht hinzunehmenden Gegensatz zu grundlegenden Prinzipien der deutschen Rechtsordnung steht, sodass das Ergebnis der Anwendung ausländischen Rechts nach deutschen Gerechtigkeitsvorstellungen untragbar erscheint (BFH 30.7.2020 – VII B 73/20 (AdV), BStBl. II 2021, 127; BFH 3.11.2010 – VII R 21/10, BStBl. II 2011, 401). Hiervon abgesehen sind Einwendungen gegen die Forderungen des um Beitreibung ersuchenden Staates, gegen den ursprünglichen oder gegen den einheitlichen VollstrTitel bei der zuständigen Instanz des ersuchenden Staates geltend zu machen (§ 13 II 1 EUBeitrG).

30 Die ersuchende Behörde ist – nicht anders als bei innerstaatlicher VollstrHilfe (→ Rn. 4) – für die Rechtmäßigkeit des VA und seiner Erzwingung **verantwortlich.** Wird der VollstrBehörde bekannt, dass der zu vollstreckende VA im ersuchenden Staat angefochten ist, setzt sie das Beitreibungsverfahren bis zur Entscheidung über den Rechtsbehelf aus

(§ 13 II 2 EUBeitrG). Während der Ruhendstellung ist eine zwischenzeitliche Prüfung, ob Beitreibungshilfe aus Rechtsgründen ausscheidet, nicht erforderlich. Erst wenn die Fortsetzung unmittelbar droht, ist im ersuchten Staat zu prüfen, ob die weiteren Voraussetzungen für eine Beitreibung vorliegen (BFH 28.11.2017 – VII R 30/15, BFH/NV 2018, 405).

Der ersuchende Staat hat gegenüber dem ersuchten Staat **kein Direktionsrecht.** Er kann diesem nicht vorgeben, auf welche Art und Weise die Vollstr. durchzuführen ist (TK § 250 Rn. 35). Dies obliegt allein der ersuchten Behörde. 31

Die **Bagatellgrenze** für VollstrErsuchen liegt grds. bei 1.500 EUR; es bestehen aber für Belgien, die Niederlande, Norwegen und Schweden Ausnahmeregelungen (Merkblatt des BMF 23.1.2014, BStBl. I 2014, 188 Tz. 3.1.1.2). Niederschlagung (§ 261) und Erlass (§ 227) ausländischer Steuern ist den deutschen VollstrBehörden nicht erlaubt. Einem allg. anerkannten Grundsatz gem. trägt der ersuchte Staat die üblichen durch die Unterstützungsmaßnahmen entstehenden **Kosten;** zu Sonderregelungen s. Merkblatt des BMF 23.1.2014, BStBl. I 2014, 188 Tz. 1.9. 32

Rechtsbehelfe. Die StForderung, der ursprüngliche VollstrTitel sowie der einheitliche EU-VollstrTitel und das VollstrAmtshilfeersuchen können vom betroffenen Stpfl. nur **im ersuchenden Staat** angefochten werden (→ Rn. 14). Gegen das ausgehende VollstrErsuchen, das die deutsche FB (insb. das BZSt) an die ausländische FB richtet, kommt wegen der gegebenen Außenwirkung eine Leistungsklage (BFH 21.7.2009 – VII R 52/08, BStBl. II 2010, 51), ggf. auch eine vorbeugende Unterlassungsklage in Betracht, da insoweit ein Akt der VerwaltungsVollstr mit Eingriffsqualität vorliegt (TK § 250 Rn. 42; Gabert FR 2012, 707; zum notwendigen besonderen Rechtsschutzinteresse vgl. BFH 28.11.2017 – VII R 30/15, BFH/NV 2018, 405). Der einstweilige Rechtsschutz richtet sich nach § 114 FGO. **Im ersuchten Staat** besteht Rechtsschutz gegen die konkret vorgenommene VollstrMaßnahme. Es gelten die allg. Regeln, insb. § 258 (BFH 30.7.2020 – VII B 73/20 (AdV), BStBl. II 2021, 127). Verstöße gegen den ordre public können auch gegen das VollstrErsuchen geltend gemacht werden und müssen dann von der ersuchten Behörde und den Gerichten geprüft werden (→ Rn. 14). 33

§ 251 Vollstreckbare Verwaltungsakte

(1) [1]**Verwaltungsakte können vollstreckt werden, soweit nicht ihre Vollziehung ausgesetzt oder die Vollziehung durch Einlegung eines Rechtsbehelfs gehemmt ist (§ 361; § 69 der Finanzgerichtsordnung).** [2]**Einfuhr- und Ausfuhrabgabenbescheide können außerdem nur vollstreckt werden, soweit die Verpflichtung des Zollschuldners zur Abgabenentrichtung nicht ausgesetzt ist (Artikel 108 Absatz 3 des Zollkodex der Union).**

(2) [1]**Unberührt bleiben die Vorschriften der Insolvenzordnung sowie § 79 Abs. 2 des Bundesverfassungsgerichtsgesetzes.** [2]**Die Finanzbehörde ist berechtigt, in den Fällen des § 201 Abs. 2, §§ 257 und 308 Abs. 1 der Insolvenzordnung sowie des § 71 des Unternehmensstabilisierungs- und -restrukturierungsgesetzes gegen den Schuldner im Verwaltungsweg zu vollstrecken.**

(3) **Macht die Finanzbehörde im Insolvenzverfahren einen Anspruch aus dem Steuerschuldverhältnis als Insolvenzforderung geltend, so stellt sie erforderlichenfalls die Insolvenzforderung durch schriftlichen oder elektronischen Verwaltungsakt fest.**

Übersicht

Hinweis auf **VollstrA:** Abschn. 4, 57–64

Schrifttum: Zu älteren Literaturhinweisen vgl. 4. Aufl.. Jatzke, Einschränkung der Aufrechnungsbefugnis der Finanzbehörden in der Insolvenz des Steuerschuldners durch Änderung der BFH-Rechtsprechung, DStR 2011, 919; Kahlert, Der V. Senat des BFH als Schöpfer von Fiskusvorrechten im Umsatzsteuerrecht, DStR 2011, 921; Kahlert, Zur Dogmatik der Umsatzsteuer im Insolvenzverfahren, DStR 2011, 1973; Uhländer, Steuern als Masseverbindlichkeiten i. S. d. § 55 Abs. 4 InsO, AO-StB 2011, 84; Wäger, Insolvenz und Umsatzsteuer, DStR 2011, 1925; Bork, Wissenszurechnung im Insolvenz(anfechtungs)recht, DB 2012, 33; Hartmann, Kraftfahrzeugsteuer in der Insolvenz nach neuer BFH-Rechtsprechung, NZI 2012, 168; Hölzle, Konkurrenz von Steuerrecht und Insolvenzrecht, BB 2012, 1571; Kahlert/Onusseit, Der V. Senat des BFH legt nach – Neue Entwicklungen im Umsatzsteuerinsolvenzrecht, DStR 2012, 334; Leipold, Insolvenz von Beteiligten während eines finanzgerichtlichen Verfahrens unter besonderer Berücksichtigung von Personengesellschaften, DStZ 2012, 103; Wäger, Vorsteuer- und Steuerberichtigung aufgrund Uneinbringlichkeit in der Insolvenz des Unternehmers, DB 2012, 1460; Böcker/Poertzgen, Der insolvenzrechtliche Überschuldungsbegriff ab 2014, GmbHR 2013, 17; Brill, Insolvenzen und Steuern, KÖSDI 2013, 18458; Eisolt, Informationsfreiheitsgesetz: Der BFH macht den Weg zu den Verwaltungsgerichten frei, DStR 2013, 1872; Grote/Pape, Das Ende der Diskussion? Die wichtigsten Neuregelungen zur Restschuldbefreiung, ZInsO 2013, 1433; Kraus, Der Steueranspruch in der Insolvenz, ZfZ 2013, 123 ff. sowie 210 ff.; Krüger, Umsatzsteuerkorrektur bei Verfahrenseröffnung oder Korrektur der Rechtsprechung?, ZInsO 2013, 2200; Marchal, Aufrechnung mit Umsatzsteuerforderungen in der Insolvenz, BB 2013, 33; Marotzke, Masseschuldbegründungskompetenz des Schuldners im eigenverwalteten Insolvenzeröffnungsverfahren, DB 2013, 1283; Ramme, Insolvenzschuldner und selbständiger Unternehmer als Doppelgänger – Steuerliche und rechtliche Probleme der Freigabe durch den Insolvenzverwalter, StB 2013, 438; Stadie, Umsatzsteuer und Insolvenz – Kritische Anmerkungen zu neueren BGH- und BFH-Entscheidungen, UR 2013, 158; Wäger, Soll- und Istbesteuerung vor sowie in der Unternehmerinsolvenz, UR 2013, 673; Ahrens, Die Reform des Privatinsolvenzrechts 2014, NJW 2014, 1841; Kelterborn, Die außergerichtliche Schuldenbereinigung mit dem Finanzamt (Teil 1) – Ein Konflikt zwischen Steuerrecht und Insolvenzrecht?, AO-StB 2015, 331; Sonnleitner/Strotkemper/Krüsmann, Insolvenzplan und Besteuerungsverfahren, ZInsO 2016, 1545; Becker, Die Anmeldung und Prüfung von Steuerforderungen im Insolvenzverfahren, DStR 2016, 919; Frase, Steuern und Insolvenz – Grundfragen und ausgewählte Brennpunkte, KÖSDI 2016, 19929; Seer, Abstimmungsprobleme zwischen Umsatzsteuer- und Insolvenzrecht, DStR 2016, 1289; Uhländer, Die Bekanntgabe von Steuerverwaltungsakten in der Insolvenz – Wer ist der richtige Adressat?, AO-StB 2018, 324; Lissner, Die Verkürzung der Restschuldbefreiung – auf ein Neues! ZInsO 2020, 1729; Uhländer, Steuervollzug in der Restrukturierung, Sanierung und Insolvenz, DB 2021, 1027; Gehrlein, Das Gesetz über den Stabilisierungs- und Restrukturierungsrahmen für Unternehmen (StaRUG) – ein Überblick, BB 2021, 66; Schülke, Überwindung der Krise: Die Restrukturierung mit dem neuen StaRUG – ein Überblick, DStR 2021, 621.

A. Allgemeines

Inhalt und Bedeutung. § 251 **I 1** stellt klar, dass VA ohne Rücksicht auf ihre Bestandskraft vollstreckbar sind; erst die AdV (§ 361, § 69 FGO) beseitigt die Vollstreckbarkeit. Entsprechendes gilt gem. § 251 **I 2** iVm Art. 108 III UZK auch für Einfuhr- und Ausfuhrabgabenbescheide. Die Vorschriften der InsO und des § 79 II BVerfGG erhalten durch § 251 **II 1** den Vorrang gegenüber den VollstrVorschriften der AO. § 251 **II 2** normiert Ausnahmen für die Fälle, in denen Insolvenzgläubiger die Vollstr. ihrer Forderungen nach § 201 II, § 257, § 308 I InsO oder § 78 des Unternehmensstabilisierungs- und -restrukturierungsgesetzes (StaRUG, BGBl. 2020 I 3256) betreiben dürfen. § 251 **III** regelt das Feststellungsverfahren. 1

B. Vollziehungsaussetzung und Vollziehungshemmung (Abs. 1)

Beseitigung der Vollstreckbarkeit. Auch ein nicht bestandskräftiger VA ist grds. vollstreckbar. Erst die AdV (§ 361 AO, § 69 FGO) beseitigt die Vollstreckbarkeit (BFH 27.10.2004 – VII R 65/03, BStBl. II 2005, 198; Klein § 251 Rn. 2). **Vollziehbarkeit eines VA** ist die Befugnis der FB zur Verwirklichung des materiellen Regelungsinhalts des VA (BFH 3.7.1995 – GrS 3/93, BStBl. II 1995, 730). Fehlt sie, ist dem FA jeglicher Gebrauch der Wirkungen des VA einstweilen untersagt (BFH 23.1.2004 – VII B 131/03, BFH/NV 2004, 794). § 251 I 1 stellt insoweit klar, dass nur ein vollziehbarer VA auch vollstreckt werden darf. Wird die Vollziehung eines VA aufgehoben, sind deshalb bereits durchgeführte VollstrMaßnahmen aufzuheben (BFH 6.9.1989 – II B 33/89, BFH/NV 1990, 670). Dies gilt – wie § 251 I 2 klarstellt – auch für die Vollstr. von **Einfuhr- und Ausfuhrabgabenbescheiden,** wenn die Zahlungspflicht nach **Art. 108 III UZK** ausgesetzt ist. Zu Einzelheiten s. Witte UZK Art. 108 Rn. 5 ff. 2

Noch nicht beschiedener Antrag. Solange über einen AdV-Antrag noch nicht entschieden ist, sehen die FB gem. Abschn. 5 IV VollstrA grds. von der Vollstr. ab. Dies gilt allerdings nicht, wenn der Antrag völlig aussichtslos ist, offensichtlich nur die Vollstr. hinausgeschoben werden soll oder aber Gefahr im Verzug ist (→ § 257 Rn. 2). Ein gerichtlich durchsetzbarer Anspruch auf Unterlassen oder Hinausschieben von VollstrMaßnahmen bis zur endgültigen Entscheidung über den Antrag besteht aber nicht. Andernfalls könnte der VollstrSchuldner allein durch die Stellung seines Aussetzungsantrages einen Aufschub der Vollstr. erzwingen und sich damit über die gesetzliche Regelung des § 361, wonach die Einlegung von Rechtsbehelfen die Vollziehung von StBescheiden gerade nicht hemmt, hinwegsetzen (BFH 12.5.1980 – VII B 9/80, BStBl. II 1980, 399). Nur dann, wenn ein rechtzeitig gestellter AdV-Antrag noch nicht beschieden, aber mit einer gewissen Wahrscheinlichkeit anzunehmen ist, dass er Erfolg haben wird, besteht ggf. unter den Voraus- 3 setzungen des § 258 ein Anspruch auf eine einstweilige Einstellung oder Beschränkung der Vollstr. (BFH 20.7.2000 – VII B 47/00, BFH/NV 2001, 313; zu Einzelheiten → § 258 Rn. 12).

C. Vollstreckungssperre nach § 79 Abs. 2 BVerfGG (Abs. 2 S. 1 Hs. 2)

4 **Unmittelbarer Anwendungsbereich.** Erklärt das BVerfG eine Norm mit dem GG für unvereinbar oder nach § 78 BVerfGG für nichtig, bleiben unanfechtbare Entscheidungen und die in der Vergangenheit von ihnen ausgegangenen nachteiligen Wirkungen hiervon grds. unberührt (§ 79 II 1 BVerfGG). Ausnahmen kommen nur in Betracht, wenn eine Verfassungsbeschwerde nach § 95 II BVerfGG zur Aufhebung der Entscheidung führt oder wenn der Gesetzgeber die von der Entscheidung des BVerfG ausgehende Wirkung durch besondere gesetzliche Regelung auch auf bereits bestandskräftige Bescheide erstreckt (BVerfG 28.4.1999 – 1 BvL 32/95, 1 BvR 2105/95, NJW 1999, 2493). Nach § 79 II 2 BVerfGG dürfen solchermaßen unanfechtbare VA aber künftig nicht mehr vollstreckt werden (zu einer auf diesen Gesichtspunkt gestützten einstweiligen Einstellung der Zwangsvollstreckung vgl. FG Hamburg 30.8.2022 – 1 V 117/22, BeckRS 2022, 26582). § 79 II BVerfGG geht insoweit dem § 251 I als **vorrangige Sonderregelung** vor (BFH 18.10.1994 – VII R 20/94, BStBl. II 1995, 42).

5 **Entsprechende Anwendung.** Über seinen Wortlaut hinaus ist § 79 II BVerfGG auch auf die Fälle anwendbar, in denen das BVerfG die Unvereinbarkeit einer Norm mit dem GG festgestellt hat (BFH 18.10.1994 – VII R 20/94, BStBl. II 1995, 42). Hält das BVerfG eine Norm zwar für verfassungswidrig, lässt die gesetzliche Bestimmung aber für eine Übergangsfrist bestehen, um dem Gesetzgeber die Möglichkeit zur Neuregelung zu geben, gilt die VollstrSperre des § 79 II 2 BVerfGG nicht (BFH 7.11.1995 – VII B 5/95, BFH/NV 1996, 284). VA bleiben dann bis zum Ablauf der Übergangsfrist vollstreckbar (zur Möglichkeit der Aufrechnung → § 226 Rn. 38). Lässt der Gesetzgeber die Übergangsfrist ungenutzt verstreichen, ohne eine verfassungskonforme Rechtslage herbeizuführen, greift der VollstrSchutz des § 79 II 2 BVerfGG ein (HHSp § 251 Rn. 48).

D. Vollstreckung nach der AO und Insolvenzverfahren (Abs. 2, 3)

I. Rechtsrahmen der InsO

16 KO, VerglO und GesO wurden durch die InsO abgelöst, die für alle nach dem 31.12.1998 gestellten Anträge auf Eröffnung eines Insolvenzverfahrens gilt (Art. 9 Nr. 2 EG InsOÄndG). Zur Anpassung an die InsO sind § 251 II und III durch Gesetz v. 19.12.1998 (BGBl. 1998 I 3836; s. auch Art. 97 § 11a S. 2 EGAO) neu gefasst worden. Abs. 2 S. 2 wurde geändert durch Gesetz v. 22.12.1999 (BGBl. 1999 I 2601; zur Anwendung s. Art. 97 § 11a S. 1 EGAO). Zu den wesentlichen Neuerungen der InsO gehört die Abschaffung des Konkursvorrechts für öffentliche Abgaben (§ 62 I Nr. 2 KO) bzw. des Fiskusprivilegs nach der GesO (§ 17 III Nr. 3 GesO). Damit hat die InsO die **FB allen übrigen Insolvenzgläubigern gleichgestellt,** um mehr Verteilungsgerechtigkeit herbeizuführen (vgl. BT-Drs. 12/2443, 90). Mit dem zum 1.1.2011 in Kraft getretenen § 55 IV InsO hat allerdings wieder eine – als systemwidrig kritisierte – Aufwertung der im Insolvenzeröffnungsverfahren begründeten StForderungen zu Masseverbindlichkeiten stattgefunden, die seit 1.1.2021 allerdings eine Einschränkung auf Umsatzsteuerverbindlichkeiten erfahren hat (Braun InsO § 55 Rn. 100 ff.; Hölzle BB 2012, 1571; Frotscher Insolvenz, 21 f.; → Rn. 56). Eine weitere Ausnahme vom Grundsatz der Gleichbehandlung aller Gläubiger sieht auch § 123 II 1 InsO für einen nach Insolvenzeröffnung aufgestellten Sozialplan vor, wonach Ansprüche von Arbeitnehmern aus einem solchen Sozialplan teilweise als Masseverbindlichkeiten bevorrechtigt sind (Braun InsO § 123 Rn. 1).

Das Insolvenzverfahren wird vom Grundsatz der **Gläubigerautonomie** geprägt (TK § 251 Rn. 14). Oberstes Organ ist die Gläubigerversammlung, die einen anderen als den vom Gericht bestellten Insolvenzverwalter wählen kann (§ 57 I InsO) und aus ihren Reihen den Gläubigerausschuss einsetzt (§§ 67, 68 InsO), dem Kontroll- und Überwachungsaufgaben sowie Unterrichtungspflichten zukommen (§ 69 InsO). Bei besonders bedeutsamen Rechtshandlungen hat der Insolvenzverwalter die Zustimmung des Gläubigerausschusses einzuholen (§ 160 InsO). Die Gläubigerversammlung entscheidet über den Fortgang des Verfahrens (§ 157 InsO) und die Gläubiger über die Annahme eines Insolvenzplans. Die gesetzliche Aufnahme des Insolvenzplans (§§ 217–269 InsO; → Rn. 112 ff.) verdeutlicht die Gleichwertigkeit der insolvenzrechtlichen Verfahrensziele Liquidation und Sanierung. Die Gläubiger sollen sich zwar im Interesse der gleichmäßigen Befriedigung jedes Sonderzugriffs auf das Vermögen des Schuldners bzw. Schuldnerunternehmens enthalten, darüber hinaus aber frei entscheiden können, welches Verfahrensziel im Einzelfall realisiert werden soll (Ausfluss aus dem Grundsatz der Gläubigerautonomie). Die InsO stellt hierfür ein einheitliches Verfahren zur Verfügung. Nach den Vorstellungen des Gesetzgebers sollen die Gläubiger gemeinsam im Wettbewerb um die beste Verwertungsart die optimale Masseverwertung entdecken und durchsetzen.

Trotz der Ausrichtung des Insolvenzverfahrens an der bestmöglichen Befriedigung der Gläubiger berücksichtigt die InsO auch die **Interessen des Schuldners** als natürlicher Person und diejenigen seiner Familie sowie die Interessen seiner Arbeitnehmer (Uhlenbruck § 1 Rn. 16). Mit der Restschuldbefreiung (§§ 286–303a InsO; → Rn. 120 ff.) und dem Verfahren der Verbraucherinsolvenz (§§ 304–311 InsO) sieht die InsO schließlich für den redlichen Schuldner einen Ausweg aus dem „modernen Schuldturm" (Uhlenbruck § 1 Rn. 15) sowie einen Weg für die schnellere und kostengünstigere Abwicklung von Kleininsolvenzen vor.

II. Verhältnis zwischen Steuerrecht und Insolvenzrecht

Insolvenzrecht geht vor Steuerrecht (so bereits RFH 25.10.1926 – GrS 1/26, RFHE **17**
19, 355). Dieser Grundsatz besagt, dass sich nach Eröffnung des Insolvenzverfahrens die Geltendmachung der Ansprüche aus dem StSchuldverhältnis gegen den Insolvenzschuldner oder gegen die Insolvenzmasse nach den Regeln des jeweils anzuwendenden Insolvenzverfahrens richtet (BFH 17.12.1998 – VII R 47/98, BStBl. II 1999, 423 zur KO; BFH 18.12.2002 – I R 33/01, BStBl. II 2003, 630 zur InsO; TK § 251 Rn. 5; HHSp § 251 Rn. 28). Die insolvenzrechtlichen Vorgaben gelten auch für StForderungen, die durch die sog. Bauabzugsteuer (§§ 48 ff. EStG) abgesichert werden (BFH 13.11.2002 – I B 147/02, BStBl. II 2003, 716). Sämtliche Ansprüche aus dem StSchuldverhältnis sind mithin – soweit es sich um Insolvenzforderungen handelt – nach §§ 174 ff. InsO zur Insolvenztabelle anzumelden und – im Falle des Bestreitens – durch Insolvenzfeststellungsbescheid nach § 251 III (→ Rn. 18, 51 ff.) gegenüber dem Insolvenzverwalter festzustellen (BFH 20.1.2016 – II R 34/14, BStBl. II 2016, 482). Ein förmlicher StBescheid über einen solchen StAnspruch ist hingegen unwirksam; die FB ist wie alle anderen Gläubiger auf die Durchsetzung nach den Vorschriften der InsO beschränkt (§ 87 InsO). Die Eigenständigkeit des StRechts bleibt jedoch gewahrt, soweit die steuerrechtlichen Rechtsfolgen dem Insolvenzverfahren nicht ausdrücklich oder nach Sinn und Zweck widersprechen (TK § 251 Rn. 6). Die Entstehung, die Art der Einkünfte und die Höhe der Ansprüche aus dem StSchuldverhältnis richten sich auch nach Eröffnung des Insolvenzverfahrens nach den Vorschriften des StRechts (HHSp § 251 Rn. 29). Das Insolvenzrecht ist grds. **nur für die Geltendmachung** (Form und Umfang) der nach den Vorschriften des StRechts entstandenen StAnsprüche maßgebend, soweit es den steuerrechtlichen Bestimmungen entgegensteht (Frotscher Insolvenz, 21). Ob dies der Fall ist, ist in jedem Einzelfall unter Berücksichtigung des Zwecks der jeweiligen in Betracht kommenden Vorschriften des Insolvenzrechts und StRechts zu prüfen (TK § 251 Rn. 6). Zur insolvenzrechtlichen Ver-

mögenszuordnung → Rn. 46. Da sich lediglich die §§ 55 IV, 170 II, 171 II, 185 InsO ausdrücklich mit Abgabenforderungen befassen, ist das Insolvenzsteuerrecht nur unzureichend geregelt (HHSp § 251 Rn. 29). Dementsprechend bestehen erhebliche Unsicherheiten bei der Rechtsanwendung der steuerlichen Vorschriften neben den Regelungen der InsO. Eine weitergehende Kodifizierung erscheint daher geboten.

18 **Abw. von den Vorschriften der InsO** kann die FB gem. **§ 251 II 2** in den Fällen der §§ 201 II, 257 und 308 I InsO gegen den Schuldner im Verwaltungsweg vollstrecken (Bartone AO-StB 2002, 68; → Rn. 50, 101, 115, 133). Mit dem Verweis auf § 71 StaRUG (→ Rn. 1) ist mWv 1.1.2021 eine weitere Ausnahme hinzugekommen. Nach dieser Vorschrift ist der FB (wie anderen sog. Restrukturierungsgläubigern) die Vollstr. ihrer nicht bestrittenen StForderungen aus einem rkr. bestätigten Restrukturierungsplan eröffnet (zu Einzelheiten Uhländer DB 2021, 1027; auch → Rn. 28). **§ 251 III** gestattet der FB, einen Anspruch aus dem StSchuldverhältnis (§ 37), den sie im Insolvenzverfahren geltend macht, durch schriftlichen VA festzustellen (→ Rn. 51 ff.).

III. Eröffnung des Insolvenzverfahrens

1. Insolvenzfähigkeit (§§ 11, 12 InsO)

19 Insolvenzfähig sind nach § 11 InsO natürliche und juristische Personen mit Ausnahme der des öffentlichen Rechts; hier richtet sich die Zulässigkeit der Eröffnung eines Insolvenzverfahrens nach Landesrecht (§ 12 I Nr. 2 InsO). Der nicht rechtsfähige Verein steht einer juristischen Person gleich (§ 11 I 2 InsO). Das Insolvenzverfahren kann auch über das Vermögen von OHG, KG, Partnergesellschaften, GbR, Partenreedereien und europäischen wirtschaftlichen Interessenvereinigungen eröffnet werden (§ 11 II Nr. 1 InsO).

2. Antrag auf Eröffnung eines Insolvenzverfahrens

20 **a) Antragsgrundsatz und Antragsberechtigung.** Das Insolvenzverfahren wird nur auf Antrag eröffnet (§ 13 I 2 InsO). Antragsberechtigt ist der Schuldner (§ 13 I 2 InsO). Bei juristischen Personen ist dies jedes Mitglied des Vertretungsorgans (§ 15 I InsO), bei OHG, KG, KGaA und GbR sind es die persönlich haftenden Gesellschafter bzw. bei der Partnergesellschaft jeder Partner (§§ 15 I, 11 II Nr. 1 InsO) und bei der GmbH & Co. KG die organschaftlichen Vertreter der GmbH (§ 15 III InsO). Zur Abmilderung der Folgen der COVID-19-Pandemie und der Flutfolgen in Nordrhein-Westfalen und Rheinland-Pfalz wurde die diesen Personenkreis nach § 15a InsO treffende Antragspflicht zeitlich befristet ausgesetzt (vgl. BeckOK InsO § 15a Rn. 28b ff., 28c ff.). Bis zum 31.12.2023 galt für den Insolvenzantrag wegen Überschuldung zudem eine vorübergehende Höchstfrist von acht statt sechs Wochen (§ 4a SanInsKG; → Rn. 29 aE). Zum Nachlassinsolvenzverfahren s. § 317 I InsO. Antragsberechtigt ist ebenso grds. **jeder Gläubiger** und damit **auch die FB** (vgl. §§ 13 I 2, 317 I, 333 I InsO). Der Antrag eines Gläubigers ist nur zulässig, wenn er ein rechtliches Interesse an der Verfahrenseröffnung sowie die Forderung und den Eröffnungsgrund glaubhaft macht (§ 14 I InsO iVm § 294 ZPO; → Rn. 23). Allg. zu den antragsbezogenen und zeitlich befristeten Änderungen durch das COVID-19-Insolvenzaussetzungsgesetz (COVInsAG (später SanInsKG); BGBl. 2020 I 569), das Sanierungs- und Insolvenzrechtsfortentwicklungsgesetz (SanInsFoG; BGBl. 2020 I 3256) sowie das Aufbauhilfegesetz 2021 (AufbhG 2021; BGBl. 2021 I 4147) s. TK § 251 Rn. 17b ff.

21 **b) Antrag durch die Finanzbehörde.** Die VollstrBehörde stellt den Antrag auf Eröffnung des Insolvenzverfahrens (Abschn. 58 III VollstrA). Ein solcher Antrag ist **Verfahrenshandlung.** Er ist gegenüber dem StSchuldner **kein VA,** sondern schlichtes hoheitliches Handeln, da er keine auf unmittelbare Rechtswirkung nach außen gerichtete Maßnahme beinhaltet. Stattdessen wird erst eine Regelung, nämlich die Eröffnung des Insolvenzverfahrens, angestrebt (BFH 28.2.2011 – VII B 224/10, BFH/NV 2011, 763; HHSp § 251 Rn. 101; TK § 251 Rn. 18; Klein § 251 Rn. 7).

Ermessensentscheidung. Ob die FB einen Insolvenzantrag stellt, entscheidet sie nach pflichtgemäßem Ermessen (§ 5). Dies bedarf einer gründlichen Würdigung aller maßgebenden Umstände; insb. ist der Grundsatz der **Verhältnismäßigkeit** zu beachten (TK § 251 Rn. 19). Dabei sind die Belange des Schuldners und die wirtschaftlichen Auswirkungen einerseits und der Grundsatz der Gleichmäßigkeit der Besteuerung (auch bei der Erhebung; → § 249 Rn. 7) gegeneinander abzuwägen (Werth AO-StB 2007, 210). 22

Sofern die zur Antragstellung führenden Gründe nicht offenkundig oder dem Schuldner bereits bekannt sind, ist die Ermessensbetätigung zu **begründen** (BFH 26.2.2007 – VII B 98/06, BFH/NV 2007, 1270; → § 5 Rn. 34 ff.). Dies erfordert eine hinreichende Dokumentation und Erkennbarkeit (FG Rheinland-Pfalz 29.6.2021 – 4 K 1032/21, EFG 2021, 1425). Zu berücksichtigen sind grds. nur die Umstände, die sich unmittelbar aus dem StSchuldverhältnis ergeben; wirtschaftspolitische Erwägungen (zB Erhalt von Arbeitsplätzen) scheiden aus (Frotscher Insolvenz, 289). Dass die FB ihr Handeln ergänzend am StAufkommen und damit letztlich am Interesse aller nicht säumigen Stpfl., also auch an Gemeinwohlüberlegungen ausrichtet, begründet hingegen zumindest dann keinen Ermessensfehler, wenn es sich lediglich um einen Nebenzweck handelt (FG Köln 9.11.2004 – 15 K 4934/04, EFG 2005, 372).

Wegen der üblicherweise weitreichenden und einschneidenden wirtschaftlichen und persönlichen Folgen eines Insolvenzverfahrens muss die FB vor einer Antragstellung grds. alle für sie erkennbaren und erfolgversprechenden **Möglichkeiten der Einzelzwangsvollstr. ausschöpfen** (BFH 11.12.1990 – VII B 94/90, BFH/NV 1991, 787; FG Düsseldorf 1.2.1993 – 17 V 7392/92 AE (KV), EFG 1993, 592; zur damit nicht selten verbundenen Gefahr späterer Anfechtung Cranshaw jurisPR-InsR 14/2010 Anm. 3). Das FA ist aber nicht verpflichtet den Schuldner vor Stellung eines Insolvenzantrags stets, dh losgelöst von den Einzelfallumständen, zur Abgabe einer Vermögensauskunft (§ 284 I) aufzufordern (BFH 12.12.2005 – VII R 63/04, BFH/NV 2006, 900).

Die **fehlende Bestandskraft** einer StFestsetzung lässt den Antrag ebenfalls nicht von vornherein ermessensfehlerhaft erscheinen (BFH 1.2.2005 – VII B 180/04, BFH/NV 2005, 1002). Ist das FA indes einziger Gläubiger des VollstrSchuldners, bedarf der Gesichtspunkt der Verhältnismäßigkeit besonderer Beachtung und ist in die Abwägung einzubeziehen, ob der rückstandsbegründende StBescheid bestandskräftig oder ob ein Antrag auf AdV gestellt und mit einer zeitnahen Entscheidung der FB oder des Gerichts zu rechnen und inwieweit deshalb aus Sicht der FB ein kurzzeitiges Zuwarten zuzumuten ist (vgl. Abschn. 5 IV VollstrA; auch BFH 11.12.1990 – VII B 94/90, BFH/NV 1991, 787; zur Vollstr. einzelner Forderungen s. auch BGH 18.12.2003 – IX ZR 199/02, NJW 2004, 1385). Die darüber hinausgehende Auffassung, die FB habe im Zuge ihrer (fehlerfreien) Ermessensbetätigung auch zu prüfen, ob Bedenken gegen die Rechtmäßigkeit der StFestsetzung bestünden (so FG Sachsen-Anhalt 10.1.2013 – 3 V 1340/12, EFG 2013, 1782; TK § 251 Rn. 19) dürfte kaum mit dem in § 256 zum Ausdruck kommenden Grundsatz der Trennung zwischen Festsetzungs- und VollstrVerfahren (→ § 256 Rn. 1) in Einklang zu bringen sein (zweifelnd auch Gosch AO § 251 Rn. 23; s. auch FG Münster 15.3.2000 – 12 V 1054/00 AO, DStR 2000, 668). Drängen sich die besonderen und den Einzelfall kennzeichnenden Umstände im Zusammenhang mit der Entstehung des StAnspruchs aber ausnahmsweise auf, darf sich auch die VollstrBehörde dieser Erkenntnis nicht verschließen (FG Hamburg 25.2.2011 – 2 V 8/11, EFG 2011, 1400; ähnlich Frotscher Insolvenz, 291 f.).

Die **Höhe des zu vollstreckenden StAnspruchs** muss zu den wirtschaftlichen Folgen der Eröffnung eines Insolvenzverfahrens in einem angemessenen Verhältnis stehen (BGH 15.2.1990 – III ZR 293/88, NJW 1990, 2675; s. auch BGH 7.5.2009 – IX ZB 262/08, BFH/NV 2009, 1391; BFH 1.2.2005 – VII B 180/04, BFH/NV 2005, 1002: keine Bagatellforderung). Ein Antrag, der nur der **Existenzvernichtung** des VollstrSchuldners dient, ist ermessensfehlerhaft (Frotscher Insolvenz, 291). Dies ist zB der Fall, wenn für das FA schon vor Antragstellung feststeht, dass eine die Kosten des Verfahrens deckende

Insolvenzmasse nicht vorhanden ist (BFH 31.8.2011 – VII B 59/11, BFH/NV 2011, 2105). Diese (zur Rechtsmissbräuchlichkeit führende) Gewissheit ist aber nicht mit der auf dem bisherigen VollstrVerlauf gründenden Erkenntnis des FA gleichzusetzen, dass der Schuldner kein pfändbares bewegliches Vermögen mehr besitzt (BFH 12.12.2005 – VII R 63/04, BFH/NV 2006, 900). Denn daraus lässt sich keine genaue und vor allem keine abschließende Kenntnis der Gesamtvermögensverhältnisse des VollstrSchuldners ableiten (BFH 12.12.2003 – VII B 265/01, BFH/NV 2004, 464). Vielmehr werden erst im Insolvenzverfahren umfänglich alle Vermögenswerte aufgedeckt, also auch Grundvermögen und beiseite geschafftes oder ins Ausland gebrachtes bewegliches Vermögen, das dem VollstrSchuldner zur Zeit der Insolvenzeröffnung gehört und das er während des Verfahrens erlangt (§ 35 InsO; FG Hamburg 18.5.2017 – 2 V 117/17, EFG 2017, 1364).

Der Antrag kann trotz anzunehmender Vermögenslosigkeit auch dann ermessensgerecht sein, wenn er dem Zweck dient, künftig das Entstehen weiterer Rückstände (vor allem im Bereich der Betriebssteuern) zu verhindern, also als **rückstandsunterbindende Maßnahme** erfolgt (Gosch AO § 251 Rn. 24; → Vorb. §§ 249 ff. Rn. 7); das Insolvenzverfahren dient auch dazu, den Schuldner vor einer weiteren Verschuldung zu bewahren und bei einem für ihn günstigen Verlauf des Insolvenzverfahrens dessen künftige Existenz zu sichern (BFH 26.2.2007 – VII B 98/06, BFH/NV 2007, 1270). Ein Antrag ist allerdings ermessensfehlerhaft, wenn er einzig die Abgabe von StErklärungen bzw. StAnmeldungen erzwingen soll (BFH 1.2.2005 – VII B 180/04, BFH/NV 2005, 1002). Zum unzulässigen Einsatz eines (angedrohten) Insolvenzantrages als Druckmittel s. auch BGH 18.6.2009 – IX ZR 7/07, ZIP 2009, 1434.

Auch alle weiteren **Folgen des Insolvenzantrags** sind zu berücksichtigen. So ist zB ein drohender Widerruf der Bestellung zum Rechtsanwalt, Notar oder StBerater zu beachten (BFH 1.2.2005 – VII B 180/04, BFH/NV 2005, 1002; FG Düsseldorf 1.2.1993 – 7 V 7392/92 AE (KV), EFG 1993, 592; Carlé AO-StB 2002, 428; Frotscher Insolvenz, 290); eine Sonderstellung kommt **kammerzugehörigen Berufsgruppen** aber nicht zu (FG Saarland 17.3.2004 – 1 K 437/02, EFG 2004, 1021; FG Bremen 1.9.1999 – 299224 V 2, EFG 1999, 1245; Gosch AO § 251 Rn. 22).

Es besteht bei Kenntnis der Eröffnungsgründe (→ Rn. 26 ff.) **keine Amtspflicht zur Stellung** eines Insolvenzantrags (TK § 251 Rn. 21). Der Schuldner muss vor Antragstellung nicht gehört werden (FG Köln 9.11.2004 – 15 K 4934/04, EFG 2005, 372). Der Antrag kann bis zur Eröffnung des Insolvenzverfahrens oder seiner rechtskräftigen Abweisung **zurückgenommen** werden (§ 13 II InsO; → Rn. 24). Zum **erneuten Eröffnungsantrag** nach Antragsabweisung s. BGH 5.8.2002 – IX ZB 51/02, NZI 2002, 601. Zur nur selten in Betracht kommenden **Fortführung des Antragsverfahrens nach § 14 I 2 InsO** trotz Begleichung der StRückstände s. FG Hamburg 2.7.2019 – 2 V 121/19, EFG 2019, 1692; FG Düsseldorf 11.9.2018 – 13 V 2883/18 AE(KV), EFG 2019, 461.

23 **Form und Inhalt des Antrags.** Der Insolvenzantrag kann nur schriftlich erfolgen (§ 13 I InsO; s. Abschn. 26 II 1 VollstrA). Die VollstrBehörde muss hierbei den Insolvenzgrund (→ Rn. 26 ff.) und den Bestand der geltend gemachten Forderung anhand konkreter Tatsachen darlegen (Abschn. 58 III 2 VollstrA). Zur **Glaubhaftmachung** sind StBescheide/StAnmeldungen vorzulegen, ein Kontoauszug bzw. eine Rückstandsaufstellung sind als lediglich interne Verwaltungshilfen regelmäßig nicht ausreichend (BGH 13.6.2006 – IX ZB 214/05, NZI 2006, 590). Anders ist es aber, wenn das FA die ausstehenden Steuern genau beschreibt und der Schuldner diese Forderungen nicht bestreitet (BGH 12.7.2012 – IX ZB 264/11, HFR 2012, 1299). Steht der Schuldner wegen der Nichtabgabe der Vermögensauskunft bereits im Schuldnerverzeichnis, genügt es ferner, wenn das FA darlegt, dass der eingetragene Schuldner seit mehreren Jahren keine Zahlung mehr geleistet, eine Kontenpfändung nur zu einer geringen Zahlung geführt und der Schuldner erklärt hat, keine Einnahmen zu haben (BGH 19.9.2024 – IX ZB 14/22, DB 2024, 3030). Hält die FB trotz vollständiger Erfüllung der StSchuld einen Insolvenzantrag nach der Ausnahmevorschrift des § 14 I 2 InsO aufrecht (→ Rn. 22 aE), muss im Antragsverfahren auch

das Fortbestehen des Eröffnungsgrundes glaubhaft gemacht werden (FG Hamburg 2.7.2019 – 2 V 121/19, EFG 2019, 1692; MüKo InsO § 14 Rn. 62). Weiter sind die Gründe anzugeben, aus denen sich ergibt, dass eine die Kosten des Verfahrens deckende Masse vorhanden ist; das **StGeheimnis (§ 30)** steht dem nicht entgegen (TK § 251 Rn. 20; Frotscher Insolvenz, 294; aA Kalmes BB 1991, 742). S. auch OFD Frankfurt 15.5.2018, BeckVerw 436437; Jörißen AO-StB 2008, 46.

c) Rechtsbehelfe gegen den Antrag durch die Finanzbehörde. Gegen den Insolvenzantrag der FB ist die auf Rücknahme des Antrages gerichtete und vor dem FG anzubringende **Leistungsklage** (§ 40 FGO) gegeben (BFH 12.8.2011 – VII B 159/10, BFH/NV 2011, 2104; FG Köln 9.11.2004 – 15 K 4934/04, EFG 2005, 372; TK § 251 Rn. 22; Carlé AO-StB 2002, 428; Werth AO-StB 2007, 210; Wenzler AO-StB 2008, 311; aA Fu DStR 2010, 1411). Einstweiliger Rechtsschutz wird durch **einstweilige Anordnung** (§ 114 FGO) gewährt (BFH 28.2.2011 – VII B 224/10, BFH/NV 2011, 763; FG Sachsen-Anhalt 24.9.2015 – 3 V 916/15, EFG 2015, 2194; Gräber FGO § 114 Rn. 52; Lindwurm DStZ 2002, 135; aA AG Göttingen 31.5.2011 – 74 IN 174/10, ZIP 2011, 1539). Die gerichtliche Prüfung der Ermessensbetätigung hat dabei jeweils auf die Sach- und Rechtslage am Schluss der mündlichen Verhandlung bzw. zum Zeitpunkt der finanzgerichtlichen Entscheidung abzustellen (FG Hamburg 25.2.2011 – 2 V 8/11, EFG 2011, 1400; TK § 251 Rn. 22; offengelassen BFH 28.2.2011 – VII B 224/10, BFH/NV 2011, 763). 24

Das **Rechtsschutzbedürfnis** ist so lange gegeben, bis das Insolvenzgericht die Eröffnung des Insolvenzverfahrens beschlossen oder den Eröffnungsantrag des FA mangels kostendeckender Masse rkr. abgelehnt hat; denn danach kommt eine Antragsrücknahme durch die FB nicht mehr in Betracht (BFH 25.2.2011 – VII B 226/10, BFH/NV 2011, 1017). Ob es dem VollstrSchuldner im Anschluss daran trotz der Erledigung der Hauptsache möglich ist, neben der gegen den Eröffnungsbeschluss zulässigen sofortigen Beschwerde (§ 34 II InsO) dem Grunde nach auch an seinem verfahrensrechtlich überholten (Leistungs-)Begehren festzuhalten und es auf die Feststellung der Rechtswidrigkeit des Insolvenzantrags umzustellen (vgl. BFH 26.2.2010 – VII B 166/09, BFH/NV 2010, 1122; Gosch AO § 251 Rn. 31) oder – sofern noch kein finanzgerichtliches Verfahren anhängig war – nunmehr **Feststellungsklage** (§ 41 FGO) zum FG zu erheben (FG Niedersachsen 28.5.2009 – 15 K 10/09, BeckRS 2009, 26029315) scheint fraglich (in diese Richtung wohl auch Klein § 251 Rn. 7 aE; offengelassen BFH 19.12.1989 – VII R 30/89, BFH/NV 1990, 710). Jedenfalls wird es in diesen Fällen idR an einem besonderen Feststellungsinteresse (dazu Gräber FGO § 41 Rn. 28) fehlen. Insbesondere ist der häufige Verweis auf die Vorbereitung eines zivilgerichtlichen Amtshaftungsprozesses (§ 839 BGB iVm Art. 34 GG; → Rn. 25) nicht ausreichend, da die (geltend gemachte) Rechtswidrigkeit des Insolvenzantrags keine von den FG zu klärende Vorfrage der Staatshaftungsklage, sondern Tatbestandsmerkmal des § 839 BGB und deshalb – ebenso wie andere in diesem Kontext relevante steuerrechtliche Fragestellungen – durch die Zivilgerichte selbst festzustellen ist (§ 17 II 1 GVG; FG München 30.11.1988 – 3 K 3286/87, EFG 1989, 237; auch BFH 22.7.2010 – VII B 227/09, BFH/NV 2009, 2238; FG Hessen 25.6.2008 – 4 K 2698/07, BeckRS 2008, 26025868; Gräber FGO § 41 Rn. 28). Zu den Kosten s. FG Hamburg 2.7.2019 – 2 V 121/19, EFG 2019, 1692; FG Sachsen-Anhalt 15.5.2013 – 3 K 1339/12, EFG 2013, 1697.

d) Folgen eines unberechtigten Insolvenzantrags. Fehlt ein Insolvenzgrund (→ Rn. 26 ff.), kann der StSchuldner, zu dessen Lasten ein Insolvenzantrag gestellt wurde, vor den hierfür ausschließl. zuständigen Zivilgerichten (FG Baden-Württemberg 22.6.2009 – 4 K 2089/09, EFG 2009, 1582) einen **Schadensersatzanspruch aus Amtspflichtverletzung** (§ 839 BGB iVm Art. 34 GG) geltend machen (BGH 15.2.1990 – III ZR 293/88, NJW 1990, 2675; Klein § 251 Rn. 8). Entsprechendes gilt für ermessensfehlerhaft 25 gestellte Anträge (→ Rn. 22; Carlé AO-StB 2002, 428). Zu strafrechtlichen Sanktionen s. App BB 1989, 1171.

3. Insolvenzgrund

26 Verfahrenseröffnungsgründe sind die Zahlungsunfähigkeit (§ 17 InsO), die drohende Zahlungsunfähigkeit (§ 18 InsO) und die Überschuldung (§ 19 InsO; vgl. BT-Drs. 12/2443, 80 f.).

27 **Zahlungsunfähigkeit.** Zahlungsunfähig ist der Schuldner, wenn er nicht in der Lage ist, seine fälligen Zahlungen zu erfüllen (§ 17 II 1 InsO). Die Zahlungsunfähigkeit ist grds. an der **Geldliquidität** zu messen. Es sind alle fälligen Forderungen sofort zu erfüllen; einer Mahnung bedarf es nicht. Anders als im Konkursverfahren gibt es auch keine betragsmäßige Eingrenzung (BT-Drs. 12/2443, 114). Beweisanzeichen für eine Zahlungsunfähigkeit sind zB Lieferungen nur gegen Barzahlung oder Vorauskasse, schleppende Zahlungen von Löhnen und Sozialversicherungsbeiträgen (BGH 7.11.2013 – IX ZR 49/13, NZI 2014, 23), Schließung des Geschäftslokals, Pfändung, Abgabe der Vermögensauskunft, Lastschriftrückgaben, Kündigung von Krediten (Braun InsO § 17 Rn. 43). Ein Indiz für die fehlende Zahlungsfähigkeit kann sein, wenn der Schuldner auf Zahlungsaufforderungen durch das FA nicht reagiert und dem angekündigten VollstrVersuch weder entgegentritt noch den Zugang zu seiner Wohnung ermöglicht (BGH 12.7.2012 – IX ZB 264/11, HFR 2012, 1299). Hat der Schuldner seine **Zahlungen eingestellt,** wird Zahlungsunfähigkeit widerlegbar vermutet (§ 17 II 2 InsO). Der Schuldner hat die Zahlungen eingestellt, wenn er einen maßgeblichen Teil der fälligen Verbindlichkeiten nicht bezahlt. Diese Feststellung kann nicht nur durch eine Gegenüberstellung der beglichenen und der offenen Verbindlichkeiten, sondern auch mit Hilfe von Indiztatsachen getroffen werden (BGH 30.6.2011 – IX ZR 134/10, NJW-RR 2011, 1413). Es muss sich mindestens für die beteiligten Verkehrskreise der Eindruck aufdrängen, dass der Schuldner nicht in der Lage ist, seine fälligen Zahlungsverpflichtungen zu erfüllen (Braun InsO § 17 Rn. 45). Die Vermutung der Zahlungsunfähigkeit nach § 17 II 2 InsO kann nicht durch den Nachweis der Zahlungsunwilligkeit des Schuldners widerlegt werden; erforderlich ist der Nachweis der Zahlungsfähigkeit (BGH 15.3.2012 – IX ZR 239/09, NJW-RR 2012, 823 zur Zahlungsunfähigkeit, wenn die seit Langem fälligen StSchulden einen erheblichen Teil der Verbindlichkeiten betragen).

Die Zahlungseinstellung ist von der **Zahlungsstockung** zu unterscheiden. So liegt nur eine Zahlungsstockung vor, wenn der Zeitraum nicht überschritten wird, den eine kreditwürdige Person benötigt, um sich die benötigten Mittel zu leihen. Dafür erscheinen drei Wochen erforderlich, aber auch ausreichend (BGH 24.5.2005 – IX ZR 123/04, NJW 2005, 3062; Anm. Flitsch BB 2005, 1927). Beträgt die Liquiditätslücke 10 Prozent oder mehr, ist dagegen regelmäßig von Zahlungsunfähigkeit auszugehen, sofern nicht ausnahmsweise mit an Sicherheit grenzender Wahrscheinlichkeit zu erwarten ist, dass die Liquiditätslücke innerhalb von zwei bis drei Wochen vollständig oder fast vollständig geschlossen wird und den Gläubigern ein Zuwarten nach den besonderen Umständen des Einzelfalls zuzumuten ist (BGH 12.10.2006 – IX ZR 228/03, WM 2006, 2312). Die Vermutung der Zahlungsunfähigkeit kann durch einen Vortrag widerlegt werden, durch den konkret dargelegt und ggf. bewiesen wird, dass eine Liquiditätsbilanz im maßgeblichen Zeitraum für den Schuldner eine Deckungslücke von weniger als 10 Prozent ausgewiesen hat (BGH 26.2.2013 – II ZR 54/12, GmbHR 2013, 482). Eine geringfügige Liquiditätslücke von weniger als 10 Prozent beinhaltet nur eine widerlegbare Vermutung; auch hier muss das Defizit mit an Sicherheit grenzender Wahrscheinlichkeit in absehbarer Zeit zu beseitigen sein (BGH 24.5.2005 – IX ZR 123/04, NJW 2005, 3062; Anm. Flitsch BB 2005, 1927).

Eine einmal eingetretene Zahlungsunfähigkeit wird idR erst beseitigt, wenn die geschuldeten Zahlungen an die Gesamtheit der Gläubiger wiederaufgenommen werden können (BGH 20.11.2001 – IX ZR 48/01, NJW 2002, 515). Dies hat grds. der zu beweisen, der sich auf den nachträglichen Wegfall der Zahlungsunfähigkeit beruft (BGH 25.10.2001 – IX

ZR 17/01, NJW 2002, 512). Weitere Einzelheiten s. Hölzle ZIP 2007, 613. Nach § 3 des Sanierungs- und insolvenzrechtlichen Krisenfolgenabmilderungsgesetzes (SanInsKG (zuvor COVInsAG); BGBl. 2020 I 569; → Rn. 20) setzte die Eröffnung des Insolvenzverfahrens bei zwischen dem 28.3. und 28.6.2020 gestellten Gläubigeranträgen zusätzlich voraus, dass die Zahlungsunfähigkeit bereits vor dem 1.3.2020, mithin vor dem Ausbruch der **Corona-Pandemie** vorlag (zu Einzelheiten BeckOK InsO SanInsKG § 3 Rn. 1 ff.).

Drohende Zahlungsunfähigkeit ist steuerrechtlich ohne Bedeutung, da sie nur der Schuldner als Eröffnungsgrund geltend machen kann (§ 18 I InsO). Statt eines eigenen Insolvenzantrages kann der Schuldner zur Krisenbewältigung nach Inkrafttreten des StaRUG (→ Rn. 18) auch einen gerichtlich bestellten Sanierungsmoderator (§§ 94 ff. StaRUG) hinzuziehen oder im Rahmen eines Restrukturierungsplanes (§§ 5 ff. StaRUG) Verfahrenshilfen des Stabilisierungs- und Restrukturierungsrahmens in Anspruch nehmen (§§ 29 ff. StaRUG). Zu Einzelheiten BeckOK StaRUG § 29 Rn. 1 ff.; Gehrlein BB 2021, 66 ff.; Schülke DStR 2021, 621 ff. 28

Überschuldung. Neben der Zahlungsunfähigkeit ist die Überschuldung bei juristischen Personen und den ihnen gem. § 11 I 2 InsO gleichgestellten nicht rechtsfähigen Vereinen ein zusätzlicher Eröffnungsgrund (§ 19 I InsO). Dies gilt auch bei Gesellschaften ohne Rechtspersönlichkeit (§ 11 II Nr. 1 InsO), bei denen kein persönlich haftender Gesellschafter eine natürliche Person ist (§ 19 III 1 InsO; Hauptanwendungsfall GmbH & Co. KG). Gehört zu den haftenden Gesellschaftern eine andere Gesellschaft, bei der ein persönlich haftender Gesellschafter eine natürliche Person ist, scheidet diese Möglichkeit aus (§ 19 III 2 InsO). Nach dem seit 2013 wieder dauerhaft geltenden sog. **zweistufigen Begriffsverständnis** ist (insolvenz-)rechtliche Überschuldung gegeben, wenn das Vermögen des Insolvenzschuldners die bestehenden Verbindlichkeiten nicht mehr deckt (bilanzielle bzw. rechnerische Überschuldung) und für die Gesellschaft keine positive Fortbestehensprognose besteht (§ 19 II 1 InsO). Im Gegensatz zu der bis 2008 geltenden Rechtslage (dazu BGH 5.2.2007 – II ZR 234/05, DStR 2007, 728) wirkt sich die Fortführungsprognose damit nicht mehr nur auf die Bewertung des Vermögens aus, sondern hat den Charakter eines eigenständigen Tatbestandsmerkmals (zur Begriffsentwicklung Braun InsO § 19 Rn. 2 ff.; zur Kritik MüKo InsO § 19 Rn. 49 ff., 54). 29

Eine in diesem Sinn positive Fortführungsprognose erfordert in subjektiver Hinsicht den Fortführungswillen des Schuldners bzw. seiner Organe und in objektiver Hinsicht die sich aus einem aussagekräftigen Unternehmenskonzept herzuleitende Lebens- (dh im Grunde Zahlungs-)fähigkeit des Unternehmens (BGH 13.7.2021 – II ZR 84/20, NJW 2021, 3046; Braun InsO § 19 Rn. 18 f.). Dem schlüssigen und realisierbaren Unternehmenskonzept muss grundsätzlich ein Ertrags- und Finanzplan zugrunde liegen, der für den gesamten – durch den Gesetzgeber mWv 1.1.2021 auf zwölf Monate festgelegten – Prognosezeitraum aufzustellen ist und aus dem sich ergibt, dass die Finanzkraft der Gesellschaft bis zum Ende dieses Zeitraums zur Fortführung des Unternehmens ausreicht (BGH 23.1.2018 – II ZR 246/15, NJW-RR 2018, 482). Nach § 4 SanInsKG (→ Rn. 20, 27 aE) wurde der Prognosezeitraum zur Berücksichtigung der damaligen Preisvolatilitäten und Unsicherheiten **bis 31.12.2023** von zwölf auf vier Monate abgesenkt (BeckOK InsR SanInsKG § 4 Rn. 3 f.); methodische Veränderungen bei der Erstellung der Fortführungsprognose ergaben sich daraus nicht.

Da negative Prognose und rechnerische Überschuldung kumulativ vorliegen müssen, ist bei der Bewertung des Vermögens stets auf Zerschlagungswerte abzustellen (Römermann InsO § 19 Rn. 42). Um Haftungsrisiken zu vermeiden, muss der mit der Erstellung eines Jahresabschlusses für eine GmbH beauftragte StBerater auf einen möglichen Insolvenzgrund und die daran anknüpfende Prüfungspflicht ihres Geschäftsführers hinweisen, wenn entsprechende Anhaltspunkte offenkundig sind und er annehmen muss, dass die mögliche Insolvenzreife der Gesellschaft nicht bewusst ist (BGH 26.1.2017 – IX ZR 285/14, NJW 2017, 1611).

4. Entscheidung über den Eröffnungsantrag

30 **a) Verfahrensgrundsätze. Amtsermittlung.** Das Insolvenzgericht hat von Amts wegen alle Umstände zu ermitteln, die für das Insolvenzverfahren von Bedeutung sind (§ 5 I 1 InsO). Hierzu gehört insb. die Prüfung, ob ein Eröffnungsgrund vorliegt. Gegebenenfalls muss es einen Sachverständigen mit der Prüfung beauftragen, was bei der Frage der Überschuldung (→ Rn. 29) mangels entsprechender Sachkunde des Gerichts idR erfolgen wird. Der **Schuldner** ist verpflichtet, dem Insolvenzgericht die für die Entscheidung über den Antrag notwendigen **Auskünfte** zu erteilen (§ 20 InsO). Um bis zur endgültigen Entscheidung über den Eröffnungsantrag nachteilige Veränderungen des Schuldnervermögens zu verhindern, muss das Insolvenzgericht **Sicherungsmaßnahmen** treffen (§ 21 I InsO). Dass hinsichtlich der Forderungen, auf die der Eröffnungsantrag gestützt wird, ein finanzgerichtliches Verfahren anhängig ist, hindert weder die Zulässigkeit des Antrages noch die Entscheidung des Insolvenzgerichts (BGH 6.5.2010 – IX ZB 176/09, ZInsO 2010, 1091).

31 **b) Bestellung eines vorläufigen Insolvenzverwalters. „Starker" vorläufiger Insolvenzverwalter.** Zu den Sicherungsmaßnahmen gehört die Bestellung eines „starken" vorläufigen Insolvenzverwalters und der Erlass eines allg. Verfügungsverbots gegenüber dem Schuldner (§ 21 II Nr. 1, 2 InsO). Dies geschieht durch öffentlich bekannt zu machenden Beschluss (§ 23 I 1 InsO). Durch die Entscheidung gehen Verwaltungs- und Verfügungsbefugnis auf den vorläufigen Insolvenzverwalter über (§ 22 I 1 InsO), der das Vermögen des Schuldners zu sichern und zu erhalten, das Unternehmen bis zur (endgültigen) Entscheidung über den Eröffnungsantrag fortzuführen und zu prüfen hat, ob das Vermögen des Schuldners ausreicht, um die Kosten des Verfahrens zu decken (§ 22 I 2 InsO). Um diese Aufgabe erfüllen zu können, kann er die Geschäftsräume des Schuldners betreten, Nachforschungen anstellen, Bücher einsehen und Auskünfte einholen (§ 22 III InsO). Der vorläufige Insolvenzverwalter mit Verwaltungs- und Verfügungsbefugnis (§ 22 I 2 InsO) ist **Vermögensverwalter iSd § 34 III** (→ § 34 Rn. 26). Er hat damit die steuerlichen Pflichten des Schuldners zu erfüllen (Römermann InsO § 22 Rn. 236, 238 ff.; Uhlenbruck InsO § 22 Rn. 211; → Rn. 37 ff.) und **haftet** ggf. nach § 69. VA sind ihm gegenüber bekannt zu geben und entspr. zu adressieren. **Rechtsbehelfs- und Klageverfahren** werden **unterbrochen** (§ 240 S. 2 ZPO, § 24 II InsO; BFH 24.6.2003 – I B 30/03, BFH/NV 2003, 1434; → Rn. 34, 42). Die von einem „starken" vorläufigen Insolvenzverwalter begründeten Verbindlichkeiten sind nach Eröffnung des Verfahrens Masseverbindlichkeiten (§ 55 II 1 InsO; → Rn. 56 f.). Die Auswirkungen auf eine Organschaft sind noch nicht abschließend geklärt (Einzelheiten → Rn. 71 aE).

32 **Sog. „schwacher" vorläufiger Insolvenzverwalter.** Ist vom Insolvenzgericht eine vorläufige Verwaltung angeordnet, aber kein allg. Verfügungsverbot erlassen (sog. „schwacher" vorläufiger Insolvenzverwalter), sind VA bis zur Eröffnung des Insolvenzverfahrens weiterhin dem Schuldner bekannt zu geben. Der „schwache" vorläufige Insolvenzverwalter ist nicht berechtigt, Masseverbindlichkeiten zu begründen (BGH 18.7.2002 – IX ZR 195/01, NJW 2002, 3326; Uhlenbruck InsO § 21 Rn. 12). Aufgrund der Regelung des § 55 IV InsO gelten jedoch StVerbindlichkeiten des Schuldners, die vom vorläufigen Insolvenzverwalter oder vom Schuldner mit Zustimmung des vorläufigen Insolvenzverwalters begründet werden, nach Eröffnung des Verfahrens als Masseverbindlichkeiten (s. BMF 11.1.2022, BStBl. I 2022, 116). Zu Einzelheiten → Rn. 56). Eine Unterbrechung laufender Prozesse findet nicht statt (BFH 26.11.2004 – VIII B 77/03, BFH/NV 2005, 331; → Rn. 34); entsprechendes gilt für das außergerichtliche Verfahren. Sicherungsanordnungen, mit denen das Insolvenzgericht den „schwachen" vorläufigen Insolvenzverwalter ermächtigt, alle ihm zur Sicherung der Masse erforderlich erscheinenden Rechtshandlungen vorzunehmen, sind unzulässig; die Befugnisse muss das Insolvenzgericht vielmehr selbst einzeln festlegen (BGH 18.7.2002 – IX ZR 195/01, NJW 2002, 3326). Auch der vorläufige Insolvenzverwalter mit allgemeinem Zustimmungsvorbehalt ist weder Vermögensverwalter iSd § 34 III noch Verfügungsberechtigter gem. § 35 (BFH 27.5.2009 –

VII B 156/08, BFH/NV 2009, 1591). Versagt der vorläufige Insolvenzverwalter dem Schuldner seine Zustimmung zur Abgabe von StAnmeldungen oder zur Begleichung von StSchulden, kann dem Schuldner nicht die Verletzung steuerlicher Pflichten vorgeworfen werden (BFH 19.2.2010 – VII B 190/09, BFH/NV 2010, 1120). Zur Problematik eines solchen sog. „halbstarken" vorläufigen Insolvenzverwalters s. auch Römermann InsO § 22 Rn. 225.

IV. Rechtsfolgen der Eröffnung

1. Allgemeine Rechtsfolgen

Übergang des Verwaltungs- und Verfügungsrechts. Mit Eröffnung des Insolvenz- 33
verfahrens geht das Recht des Schuldners, das zur Insolvenzmasse gehörende Vermögen zu verwalten und über es zu verfügen, auf den Insolvenzverwalter über (§ 80 I InsO). Zur **Insolvenzmasse** gehört das gesamte der Zwangsvollstr. unterliegende Vermögen, das dem Schuldner im Zeitpunkt der Eröffnung des Verfahrens gehört und das er während des Verfahrens erwirbt (§§ 35, 36 InsO). Hierzu zählt auch das Auslandsvermögen (Römermann InsO § 35 Rn. 12). Der Neuerwerb (→ Rn. 78) dürfte idR nur bei natürlichen Personen hinsichtlich der Einkünfte aus selbständiger und nichtselbständiger Arbeit sowie bei Schenkungen, Erbschaften und Lotteriegewinnen relevant sein (Römermann InsO § 35 Rn. 90). Der Kindergeldanspruch gehört mangels Pfändbarkeit (§ 76 EStG) nicht zur Insolvenzmasse (FG München 19.9.2007 – 9 K 4047/06, EFG 2008, 462; → Rn. 61a). Hat der **Schuldner** nach Eröffnung des Insolvenzverfahrens über einen Gegenstand der Insolvenzmasse **verfügt,** ist diese Verfügung unwirksam (§ 81 I 1 InsO).

Unterbrechung laufender Prozesse. Durch die Eröffnung des Insolvenzverfahrens 34
werden laufende Prozesse, soweit die Insolvenzmasse nachteilig (!) betroffen ist, gem. § 240 S. 1 ZPO unterbrochen; die Verfahrensbeteiligten können keine wirksamen Prozesshandlungen vornehmen (BFH 17.7.2012 – X S 24/12, BFH/NV 2012, 1638). Zum PKH-Verfahren s. BFH 27.9.2006 – IV S 11/05 (PKH), BStBl. II 2007, 130; BFH 30.4.2008 – X S 14/07 (PKH), BFH/NV 2008, 1351. Entsprechendes gilt, wenn die Verwaltungs- und Verfügungsbefugnis über das Vermögen auf einen vorläufigen starken Insolvenzverwalter übergeht (§ 240 S. 2 ZPO; → Rn. 31). Hingegen führen weder der bloße Antrag auf Eröffnung des Insolvenzverfahrens (BFH 9.3.2000 – IV B 129/99, BFH/NV 2000, 1087) noch ein Zustimmungsvorbehalt des Insolvenzgerichts nach § 21 II Nr. 2 Fall 2 InsO (BFH 7.12.1999 – I B 113/99, BFH/NV 2000, 734) zur Unterbrechung.

Eine Klage auf **einstweilige Einschränkung oder Beschränkung der Vollstr.** (§§ 257 f.) wird durch die Eröffnung des Insolvenzverfahrens ebenfalls nicht unterbrochen, da die Insolvenzmasse nicht betroffen ist (FG Sachsen 15.3.2007 – 4 K 2155/05, EFG 2007, 1308). Einer solchen Klage fehlt im Hinblick auf das VollstrVerbot (§ 89 InsO; → Rn. 35) aber das Rechtsschutzbedürfnis; sie ist unzulässig. Gleiches gilt für einen **AdV-Antrag** (BFH 1.8.2012 – V B 59/11, BFH/NV 2012, 2013; → Rn. 42) und die gegen die Ablehnung der begehrten AdV gerichtete Beschwerde (BFH 31.1.2017 – V B 14/16, BFH/NV 2017, 611).

Akteneinsicht. Bereits vor Wiederaufnahme des Verfahrens hat der Insolvenzverwalter ein umfassendes Akteneinsichtsrecht (BFH 15.6.2000 – IX B 13/00, BStBl. II 2000, 431; auch → Rn. 36).

Feststellung zur Tabelle. Die Unterbrechung eines Klageverfahrens endet nicht allein dadurch, dass der Insolvenzverwalter die dem Klageverfahren zugrunde liegende StForderung des FA widerspruchslos in die Insolvenztabelle einträgt. Er muss das Klageverfahren nach den für das Insolvenzverfahren geltenden Vorschriften aufnehmen (BFH 17.7.2012 – X S 24/12, BFH/NV 2012, 1638). Dieser Auffassung sind inzwischen alle BFH-Senate beigetreten (BFH 23.9.2015 – V B 159/14, BFH/NV 2016, 60). Der Umstand, dass weder der Insolvenzverwalter noch einer der Insolvenzgläubiger oder der Schuldner der Feststellung der ursprünglich streitbefangenen StForderungen zur Insolvenztabelle (§ 178 I

InsO) widersprochen haben, bewirkt im finanzgerichtlichen Verfahren folglich zwar nicht die Fortsetzung des unterbrochenen Verfahrens, gleichwohl aber die Erledigung der Hauptsache; die Feststellung zur Insolvenztabelle wirkt nämlich als StFestsetzung (rechtskraftähnliche Wirkung des Tabelleneintrages; vgl. BFH 17.9.2019 – VII R 5/18, BFH/NV 2020, 278; → Rn. 50) mit der Folge, dass die Feststellung/Festsetzung nicht mehr mit einem förmlichen Rechtsbehelf (Einspruch, Klage, Nichtzulassungsbeschwerde, Revision) angefochten werden kann (BFH 5.7.2018 – XI B 17/18, BFH/NV 2018, 1139).

Die **Wiederaufnahme** des Verfahrens richtet sich nach den §§ 85, 86 InsO (§ 240 S. 1 ZPO). Hierbei ist zwischen Aktivprozessen (§ 85 InsO) und Passivprozessen (§ 86 InsO) zu unterscheiden (s. Anders/Gehle ZPO § 240 Rn. 15 ff.; Bartone AO-StB 2007, 49; Loose AO-StB 2007, 101; Leipold DStZ 2012, 103). Die formelle Parteirolle ist dabei unerheblich. Für die Frage, ob ein Aktiv- oder Passivprozess vorliegt, kommt es auf die Zeit der Unterbrechung an (MüKo InsO § 85 Rn. 9). Ein **Aktivprozess** liegt vor, wenn in dem anhängigen Rechtsstreit über eine Pflicht zu einer Leistung gestritten wird, die in die Masse zu gelangen hat (BGH 14.4.2005 – IX ZR 221/04, NJW-RR 2005, 989). Dies ist gegeben, wenn die Steuer entrichtet worden ist, denn dann verfolgt der Schuldner mit seiner Klage wirtschaftlich betrachtet einen Erstattungsanspruch. Wird dagegen vom Gläubiger ein Recht zulasten der Insolvenzmasse beansprucht, sodass ein Unterliegen des Schuldners zu einer Verringerung der Masse führen würde, liegt ein **Passivprozess** vor. Entsprechend liegt im Fall der Anfechtung eines StBescheids ein Passivprozess vor (TK § 251 Rn. 52), es sei denn, der Schuldner hat die Steuer bereits bezahlt (BFH 7.3.2006 – VII R 11/05, BStBl. II 2006, 573 zur Geltendmachung eines Haftungsanspruchs als Insolvenzforderung). Bei teilweiser Begleichung der StForderung ist der Rechtsstreit aufzuspalten (sog. **Aktiv-Passiv-Prozess;** Leipold DStZ 2012, 111).

Aufnahme durch Beteiligte. Nimmt ein Insolvenzverwalter einen Aktivprozess nicht auf, können sowohl der Schuldner als auch die beklagte FB den Rechtsstreit aufnehmen (§ 85 II InsO, BFH 20.10.2003 – V B 67/03, BFH/NV 2004, 349). Der Insolvenzverwalter ist hiernach nicht mehr am finanzgerichtlichen Verfahren beteiligt; gesetzliche Prozessführungsbefugnis und Beteiligtenstellung gehen vielmehr wieder auf den Schuldner über (BFH 20.2.2018 – XI B 110/17, BFH/NV 2018, 736; Gosch AO § 251 Rn. 62). Von dieser Stellung ausgehend, bedarf der Schuldner für die Aufnahme des Aktivprozesses auch nicht der Genehmigung des Insolvenzverwalters (aA TK § 251 Rn. 52). Allein der Schuldner wird Kostenschuldner, die Insolvenzmasse ist nicht belastet (Braun InsO § 85 Rn. 7). Bei Passivprozessen ist zu unterscheiden: Bleiben Insolvenzforderungen im Prüfungstermin unbestritten, ist der Rechtsstreit in der Hauptsache erledigt, da die Anmeldung der Forderung als rechtskräftiges Urteil gilt (§ 178 III InsO; → Rn. 50). **Bestreitet der Insolvenzverwalter,** muss er den unterbrochenen Rechtsstreit aufnehmen (§ 179 II InsO). Tut er dies nicht, kann die beklagte FB entspr. §§ 180, 185 InsO das Verfahren mit dem Antrag aufnehmen, festzustellen, dass die angemeldete Forderung berechtigt ist (TK § 251 Rn. 53). Eine erneute Weigerung bei Gericht kann als konkludente Rücknahme des Widerspruchs zur Tabelle gewertet werden (BFH 7.3.2006 – VII R 11/05, BStBl. II 2006, 573). Ebenso kann der Beschwerdegegner (FA) das unterbrochene NZB-Verfahren aufnehmen, wenn der Insolvenzverwalter der Tabellenanmeldung widersprochen hat (BFH 5.11.2013 – IV B 108/13, BFH/NV 2014, 379).

Widerspruch des Schuldners. Bestreitet nur der Insolvenzschuldner, steht allein der FB das Aufnahmerecht zu (§ 184 I 2 InsO) und nicht dem Schuldner, da ihm das Rechtsschutzinteresse fehlt. Denn nach Verfahrensbeendigung kann die FB nur dann gegen den Schuldner aus dem Eintrag zur Tabelle gem. § 201 II 2 InsO vorgehen, wenn sie den Widerspruch durch Aufnahme des Verfahrens beseitigt hat (BFH 7.3.2006 – VII R 11/05, BStBl. II 2006, 573). Mit der Aufnahme des Verfahrens wandelt sich das ursprüngliche Anfechtungsverfahren in ein **Insolvenzfeststellungsverfahren.** Gegenstand dieses Verfahrens ist nicht mehr die Rechtmäßigkeit des VA, sondern die Beseitigung des Widerspruchs durch Feststellung der im Prüfungstermin geltend gemachten Forderung zur

Tabelle (BFH 7.3.2006 – VII R 11/05, BStBl. II 2006, 573). Nimmt der Insolvenzverwalter das Verfahren auf, übernimmt er die Rolle des Klägers. Er beantragt festzustellen, dass sein Widerspruch berechtigt und die angemeldete Forderung nicht berechtigt ist (TK § 251 Rn. 53a). Nimmt die FB das Verfahren auf, ändern sich die Parteirollen (BFH 13.11.2007 – VII R 61/06, BStBl. II 2008, 790; s. auch Loose AO-StB 2007, 101) und sind demgemäß auch die ursprünglichen Anträge umzustellen. Die FB wird Klägerin und der widersprechende Insolvenzverwalter und/oder der widersprechende Insolvenzschuldner Beklagter. Die FB beantragt in dieser Verfahrenskonstellation festzustellen, dass die angemeldete Forderung berechtigt und der anderslautende Widerspruch zu beseitigen ist. Weitere Einzelheiten s. Bartone AO-StB 2007, 49; Jäger DStR 2008, 1272. Zu den Besonderheiten bei der Insolvenz einer Personengesellschaft bzw. der Insolvenz eines Gesellschafters s. Leipold DStZ 2012, 103.

Anfechtungsverfahren. Hat die FB einen Anfechtungsgegner durch **Duldungsbescheid** (§ 191) in Anspruch genommen, geht mit Eröffnung des Insolvenzverfahrens die Anfechtungskompetenz aus §§ 4, 11 AnfG auf den Insolvenzverwalter über, der das Verfahren aufnehmen und sein Begehren nach Maßgabe der §§ 143, 144 und 146 InsO erweitern kann (§ 17 I 2, II AnfG). Die Anfechtungsklage gegen den Duldungsbescheid des FA wandelt sich in eine (dem Grunde nach zivilrechtliche) Leistungsklage gegen den mit dem Duldungsbescheid in Anspruch genommenen bisherigen Kläger. Der Insolvenzverwalter übernimmt die Rolle des Klägers und rückt damit in die bisherige Beteiligtenstellung des FA ein. Das FG bleibt nach § 17 I GVG zuständig und entscheidet den Rechtsstreit als Gericht des zulässigen Rechtswegs unter allen in Betracht kommenden – also auch für es rechtswegfremden – (insolvenz)rechtlichen Gesichtspunkten (sog. perpetuatio fori; BFH 18.9.2012 – VII R 14/11, BStBl. II 2013, 128; Anm. Nieland AO-StB 2013, 75). Zu den Grenzen des Kontinuitätsgrundsatzes im Fall einer gleichzeitigen Änderung des Streitgegenstandes (Klageänderung) BFH 20.12.2004 – VI S 7/03, BStBl. II 2005, 573. Ein vor der Aufnahme bei Gericht gestellter Antrag auf **AdV** (§ 69 FGO) des Duldungsbescheids wird mit Eröffnung des Insolvenzverfahrens über das Vermögen des StSchuldners unzulässig, wenn er nicht für erledigt erklärt wird (Schmittmann Anm. zu BFH 26.2.2014 – VII B 53/13, NZI 2014, 518). Zur Unterbrechung außergerichtlicher Rechtsbehelfsverfahren → Rn. 42 und zur Aufnahme → Rn. 52.

Verbot der Einzelvollstreckung. Während der Dauer des Insolvenzverfahrens ist die 35
Zwangsvollstr. für einzelne Insolvenzgläubiger weder in die Insolvenzmasse noch in das sonstige Vermögen des Schuldners zulässig (§ 89 I InsO). Keine Insolvenzgläubiger iSd Vorschrift sind die Aussonderungs- und Absonderungsberechtigten, soweit ihre dinglichen Rechte betroffen sind (Römermann InsO § 89 Rn. 19). Neugläubiger sind grds. auf das insolvenzfreie, pfändbare Vermögen des Schuldners verwiesen (§§ 89 I, 114 III InsO). Ein solches dürfte aber idR nicht bzw. nur bei Freigabe einer selbständigen Tätigkeit des VollstrSchuldners vorhanden sein (Römermann InsO § 89 Rn. 20). Hat ein Insolvenzgläubiger im letzten Monat vor dem Antrag auf Eröffnung des Insolvenzverfahrens oder nach diesem Antrag durch Zwangsvollstr. eine Sicherung an dem zur Insolvenzmasse gehörenden Vermögen des Schuldners erlangt, wird diese Sicherung gem. § 88 InsO mit Eröffnung des Verfahrens unwirksam (sog. **Rückschlagsperre;** Römermann InsO § 88 Rn. 3 f.). Bei der Sachpfändung entsteht die für die Fristberechnung entscheidende Sicherung mit der Inbesitznahme durch den Gerichtsvollzieher (§ 808 I ZPO)/Vollziehungsbeamten (§ 286 I). Bei der Forderungspfändung entsteht das Pfändungspfandrecht grds. mit Zustellung der Pfändungsverfügung an den Drittschuldner (§§ 829 II 1, III, 846 ZPO, § 309; Uhlenbruck InsO § 88 Rn. 31). Bei zukünftigen Forderungen ist dies der (spätere) Zeitpunkt der Entstehung (BFH 12.4.2005 – VII R 7/03, BStBl. II 2005, 543). Gibt der Insolvenzverwalter den (gepfändeten) Gegenstand später frei, lebt die Pfändung wieder auf (BGH 19.1.2006 – IX ZR 232/04, NJW 2006, 1286 zur Zwangshypothek).

2. Rechtsstellung des Insolvenzverwalters

36 **Treuhänder.** Die rechtliche Stellung des Insolvenzverwalters ist umstr. Die hM vertritt die sog. **„Amtstheorie“,** nach der der Verwalter als eine Art „amtlicher Treuhänder“ anzusehen ist, der materiell-rechtlich wie auch prozessual im eigenen Namen für und gegen die Insolvenzmasse handelt (BFH 28.11.2019 – X B 132/19, BFH/NV 2020, 377; zum Theorienstreit s. Römermann InsO Vorb. §§ 56 ff. Rn. 8 ff.). Die praktische Bedeutung des Theorienstreits ist gering (HHSp § 251 Rn. 132); zu Fragestellungen im Zusammenhang mit der Art und Weise der Akteneinsicht nach § 78 FGO vgl. BFH 28.11.2019 – X B 132/19, BFH/NV 2020, 377. Einkünfte aus einer Tätigkeit als Insolvenzverwalter sind grds. Einkünfte aus sonstiger selbständiger Arbeit iSd § 18 I Nr. 3 EStG (BFH 15.12.2010 – VIII R 50/09, BStBl. II 2011, 506). Zur Einschränkung des Informationszugangsanspruchs des Insolvenzverwalters gegenüber der FB durch § 32e und § 32c I Nr. 2 s. BVerwG 25.2.2022 – 10 C 4/20, NVwZ 2022, 1049; FG Thüringen 22.2.2022 – 4 K 424/21, EFG 2022, 1474.

3. Die steuerlichen Rechte/Pflichten des Insolvenzverwalters

37 **Allgemeines.** Mit der Eröffnung des Insolvenzverfahrens hat der Insolvenzverwalter die steuerlichen **Pflichten** des Schuldners gem. § 34 I 1, III zu erfüllen (Mösbauer DStZ 2000, 443; Uhländer AO-StB 2003, 279). Ihm steht deshalb umgekehrt fortan allein das **Recht** zu, im Besteuerungsverfahren **Akteneinsicht oder die Erteilung von Auskünften** zu beantragen (→ Rn. 40). Das diesbezügliche Recht des Insolvenzverwalters geht inhaltlich aber nicht weiter als das vormalige des VollstrSchuldners selbst; insb. verdichtet sich das Recht auch in der Person des Insolvenzverwalters nicht zum Einsichts- bzw. Auskunftsanspruch. Der Insolvenzverwalter hat vielmehr ebenso wie zuvor der VollstrSchuldner nur einen Anspruch auf ermessensfehlerfreie Entscheidung der FB über die Gewährung von Auskunft (BFH 19.3.2013 – II R 17/11, BStBl. II 2013, 639) oder Einsicht (BFH 15.9.2010 – II B 4/10, BFH/NV 2011, 2). Da die Berechtigung des Insolvenzverwalters an den unmittelbaren Zusammenhang mit der Erfüllung steuerlicher Pflichten oder mit der Prüfung der vom FA angemeldeten Insolvenzforderungen anknüpft, kann er nur mit dieser Zielsetzung Auskünfte von der FB verlangen. Der Insolvenzverwalter muss deshalb gegenüber der FB substantiiert darlegen, aus welchen Gründen er die Auskunft begehrt und dass die Auskunft auf dem StRechtsverhältnis beruht (BFH 19.3.2013 – II R 17/11, BStBl. II 2013, 639). Geht es ihm hingegen um die ordnungsgemäße Bearbeitung des Insolvenzverfahrens oder den Verdacht, der VollstrSchuldner habe anfechtbare Zahlungen auf StRückstände geleistet, besteht jedenfalls kein abgabenrechtlicher Auskunftsanspruch gegenüber dem FA (BGH 13.8.2009 – IX ZR 58/06, HFR 2010, 299). Weitere Ausnahmen von der Informationspflicht der FB sieht § 32a I Nr. 3 vor (vgl. BMF 13.1.2020, BStBl. I 2020, 143; → § 32a Rn. 17). Allerdings können sich im Vorfeld der Geltendmachung von Anfechtungsansprüchen nach §§ 129 ff. InsO Auskunftsrechte des Insolvenzverwalters (→ Rn. 86 ff.) aus den jeweils einschlägigen Regelungen landesrechtlicher Informationszugangs-, -freiheits- oder Transparenzgesetze ergeben, wenn der Schuldner zustimmt (§ 30 IV Nr. 3; AEAO zu § 251 Nr. 4.5; BVerwG 9.11.2010 – 7 B 43/10, NVwZ 2011, 235; VG Aachen 12.2.2014 – 8 K 2198/12, NZI 2014, 328 (331), mAnm. Schmittmann; s. auch OFD Frankfurt 15.5.2018, BeckVerw 436437). Zu den Einschränkungen durch § 32e und § 32c I Nr. 2 s. BVerwG 25.2.2022 – 10 C 4/20, NVwZ 2022, 1049; FG Thüringen 22.2.2022 – 4 K 424/21, EFG 2022, 1474. Diesbezügliche Streitverfahren sind vor den Verwaltungsgerichten zu führen (BFH 8.1.2013 – VII ER-S 1/12, BeckRS 2013, 95601; FG Mecklenburg-Vorpommern 15.7.2019 – 3 K 91/19, EFG 2019, 1639; Eisolt DStR 2013, 1872). Zur Auskunftspflicht des StBeraters gegenüber dem Insolvenzverwalter s. Leibner INF 2003, 718 und zur Rechtsstellung des vorläufigen Insolvenzverwalters → Rn. 31 f.

38 **Steuerliche Pflichten.** Zu den übernommenen steuerlichen Pflichten gehören insb. die **Auskunfts- und Anzeigepflichten** (§§ 90, 93 ff., 137 ff.) sowie die **Aufzeichnungs-**

und Buchführungspflichten (§§ 140 ff.) des VollstrSchuldners. § 155 I 2 InsO bestimmt klarstellend, dass der Insolvenzverwalter in Bezug auf die Insolvenzmasse die handels- und steuerrechtlichen Pflichten des Schuldners zur Buchführung und Rechnungslegung zu erfüllen hat (Römermann InsO § 155 Rn. 13). Er muss sich auch um die Vervollständigung einer bei Insolvenzeröffnung mangelhaften Buchführung bemühen (BGH 29.5.1979 – VI ZR 104/78, DB 1979, 1599). Mit der Eröffnung des Insolvenzverfahrens beginnt ein neues Geschäftsjahr (§ 155 II 1 InsO). Deshalb hat der Insolvenzverwalter auf den Eröffnungszeitpunkt eine Eröffnungsbilanz (§ 154 HGB, § 270 I AktG, § 71 I GmbHG) zu erstellen (TK § 251 Rn. 37). Zur Rechnungslegung von KapGes s. Böhnlein/Körner BB 2001, 191.

Er ist zur **Abgabe von StErklärungen** (§ 149 I) verpflichtet (BFH 23.8.1994 – VII R 143/92, BStBl. II 1995, 194); auch für die Zeit vor der Verfahrenseröffnung (BFH 19.11.2007 – VII B 104/07, BFH/NV 2008, 334; Welzel DStZ 1999, 559). Dieser Pflicht kann er sich nicht mit dem Hinweis entziehen, dass die Kosten für die Erstellung der StErklärungen nicht durch die Masse gedeckt sind (BFH 8.8.1995 – VII R 25/94, BFH/NV 1996, 13; MüKo InsO § 80 Rn. 131; aA Fahnster EWiR 1996, 411). Denn der Gesichtspunkt der Entstehung weiterer Kosten entbindet den Insolvenzverwalter – ebenso wie den Stpfl. selbst – nicht von der Wahrnehmung seiner öffentlich-rechtlichen Pflichten, die ihm durch die StGesetze iVm § 34 III auferlegt worden sind (BFH 19.11.2007 – VII B 104/07, BFH/NV 2008, 334). Da nur Personen zum Insolvenzverwalter bestellt werden, die aufgrund ihrer Ausbildung oder beruflichen Erfahrung zu dieser Vermögensverwaltung besonders qualifiziert sind, muss er die Erklärungen notfalls selbst erstellen. Vor diesem Hintergrund ist v. a. StBeratern und Wirtschaftsprüfern der **Einwand der Masseunzulänglichkeit** versagt (BFH 23.8.1994 – VII R 143/92, BStBl. II 1995, 194). Problematisch sind die Fälle, in denen die Erklärungspflicht ausnahmsweise Spezialkenntnisse erfordert, über die der Insolvenzverwalter unverschuldet nicht verfügt und deshalb die Einschaltung eines StBeraters unumgänglich ist (Onusseit ZIP 1995, 1798). Auch dann bleibt es nach §§ 208 III, 155 InsO im Ausgangspunkt bei der Pflicht des Insolvenzverwalters, trotz Massearmut seinen steuerlichen Pflichten (zB Erstellen der Buchführung) nachzukommen. Andererseits wird er wegen der Veröffentlichung der Masseunzulänglichkeit (Verpflichtung nach § 208 II InsO) idR aber keinen StBerater zur Erledigung der Aufgaben finden, weil er dessen Bezahlung nicht sicherstellen kann (zu Lösungsansätzen s. Wienberg/Voigt ZIP 1999, 1662).

Die **Abgabepflicht** erstreckt sich bei **natürlichen Personen** auf die GewSt und USt sowie auf eine Erklärung über die ertragsteuerlichen Bemessungsgrundlagen, soweit diese aus der Insolvenzmasse stammen. Bei einer **juristischen Person** sind die StErklärungen für die KSt, GewSt und USt abzugeben. Bei **PersGes** hat der Insolvenzverwalter eine Abgabeverpflichtung nur für die GewSt und USt. Zur Abgabe einer einheitlichen und gesonderten Feststellungserklärung ist er hingegen nicht verpflichtet (BFH 23.8.1994 – VII R 143/92, BStBl. II 1995, 194; Frotscher Insolvenz, 40; AEAO zu § 251 Nr. 4.4.1.1; aA BGH 16.9.2010 – IX ZR 121/09, DStR 2010, 2364, der den Insolvenzverwalter zur Erstellung steuerlicher Jahresabschlüsse gegen Kostenersatz verpflichten will. Eigene unrichtige und unvollständige Angaben, aber auch solche des Schuldners hat der Insolvenzverwalter gem. § 153 I 2 zu berichtigen (Frotscher Insolvenz, 41).

Sanktionen bei Nichterfüllung. Erfüllt der Insolvenzverwalter die ihn nach § 34 39
treffenden Pflichten nicht, kann die FB gegen ihn – sofern nicht ohnehin eine verschuldensunabhängige Festsetzung nach § 152 II erfolgt – **Verspätungszuschläge** (§ 152) festsetzen und mit **Zwangsmitteln** (§§ 328 ff.) vorgehen (BFH 6.11.2012 – VII R 72/11, BStBl. II 2013, 141; TK § 251 Rn. 39; Uhländer AO-StB 2004, 280). Die Erzwingung der Abgabe der StErklärung von einem hierzu verpflichteten Insolvenzverwalter hat Vorrang gegenüber einer Schätzung der Besteuerungsgrundlagen (BFH 23.8.1994 – VII R 143/92, BStBl. II 1995, 194). In massearmen Verfahren ist allerdings regelmäßig von Zwangsmitteln abzusehen; hier sind die Besteuerungsgrundlagen zu schätzen (AEAO zu

§ 251 Nr. 4.2 Abs. 3). Zum Anfall von Säumniszuschlägen trotz Masseunzulänglichkeit BFH 17.9.2019 – VII R 31/18, BStBl. II 2023, 221.

Haftung. Zu seinen steuerlichen Pflichten gehört auch, vom Erlös aus der Verwertung von Gegenständen mit Absonderungsrechten USt für die Insolvenzmasse zu entnehmen (§§ 170 I, 171 II InsO), sofern er die betr. Gegenstände vorher im Besitz hatte (§ 166 InsO; BFH 28.11.2002 – VII R 41/01, BStBl. II 2003, 337). Hat er die Pflicht zur Inbesitznahme der Insolvenzmasse schuldhaft verletzt, **haftet** er nach §§ 60 I, 61 InsO. Daneben kommt bei der Verletzung steuerlicher Pflichten auch eine Haftung nach § 69 in Betracht (Mösbauer DStZ 2000, 443; → § 69 Rn. 30). Auch der Insolvenzverwalter darf die FB nicht gegenüber anderen Gläubigern des Schuldners benachteiligen (BFH 21.6.1994 – VII R 34/92, BStBl. II 1995, 230). Zeigt der Insolvenzverwalter nach Eröffnung des Verfahrens die Masseunzulänglichkeit an, scheidet eine Haftung nach §§ 60, 61 InsO allerdings aus (BGH 14.10.2010 – IX ZB 224/08, NZI 2011, 60).

40 **Adressat der Steuerbescheide.** StBescheide über Ansprüche, die nach Verfahrenseröffnung entstanden sind (sog. Masseverbindlichkeiten iSd § 55 InsO; → Rn. 56 ff.) sind an den Insolvenzverwalter zu richten und ihm entspr. bekannt zu geben (vgl. zB AEAO zu § 251 Nr. 4.3.2; Einzelheiten → Rn. 57). Der Insolvenzverwalter ist der Bekanntgabeadressat. Ein StBescheid, der sich an den Schuldner „zu Händen Herrn …" ohne Bezeichnung als Insolvenzverwalter richtet, ist dem Insolvenzverwalter nicht wirksam bekannt gegeben worden (BFH 15.3.1994 – XI R 45/93, BStBl. II 1994, 600). S. auch Gundlach/Frenzel/Schirrmeister DStR 2004, 1008.

4. Die Rechtsstellung des Schuldners

41 **Verfügungsmacht und StSchuldnerschaft.** Durch die Eröffnung des Insolvenzverfahrens verliert der Schuldner das Recht, das zur Insolvenzmasse gehörende Vermögen zu verwalten und über es zu verfügen (§ 80 I InsO). Insoweit ist er am steuerlichen Verfahren persönlich nicht zu beteiligen, und zwar weder am Verwaltungs- noch am finanzgerichtlichen Verfahren (Frotscher Insolvenz, 28). Dementsprechend ist er nicht beizuladen (BFH 12.5.2009 – VIII B 27/09, BFH/NV 2009, 1449) und hat kein Akteneinsichtsrecht (BFH 16.10.2009 – VIII B 346/04, BFH/NV 2010, 56), kann aber aufgrund der weggefallenen Beteiligtenstellung als Zeuge vernommen werden (BFH 22.1.1997 – I R 101/95, BStBl. II 1997, 464). Er wird aber nicht hinsichtlich der Rechts- und Geschäftsfähigkeit sowie der Inhaberschaft bezüglich seines Vermögens beeinträchtigt (HHSp § 251 Rn. 159). Deshalb bleibt er zivilrechtlicher Eigentümer der Insolvenzmasse sowie StSchuldner (§ 43) und Stpfl. (§ 33; Frotscher Insolvenz, 24 ff.). Die Eröffnung des Insolvenzverfahrens berührt weder die Unternehmereigenschaft des Insolvenzschuldners (§ 2 I 1 UStG) noch den Umstand, dass das Unternehmen gem. § 2 I 2 UStG die gesamte gewerbliche und berufliche Tätigkeit des Unternehmers erfasst (BFH 2.9.2010 – V R 34/09, BStBl. II 2011, 991). Der Schuldner ist gegenüber der FB weiterhin zur Mitwirkung (§ 90) und Auskunft (§ 95) sowie darüber hinaus gem. § 153 I Nr. 1 auch zur Berichtigung verpflichtet, wenn er die Fehlerhaftigkeit der vom Insolvenzverwalter abgegebenen StErklärungen erkennt (HHSp § 251 Rn. 164). Seine handels- und steuerrechtlichen Pflichten zur Buchführung und zur Rechnungslegung bleiben unberührt (§ 155 I 1 InsO). In Bezug auf die Insolvenzmasse hat jedoch der Insolvenzverwalter diese Pflichten zu erfüllen (§ 155 I 2 InsO).

Kein Werbungskostenabzug. Die üblicherweise durch das Insolvenzverfahren verursachten Aufwendungen (zB die Insolvenzverwaltervergütung) sind regelmäßig der privaten Vermögenssphäre des Stpfl. zuzuordnen und daher nicht als Werbungskosten bei dessen Überschusseinkünften abziehbar (BFH 13.8.2024 – IX R 29/23, BStBl. II 2025, 277). Etwas anderes gilt ausnahmsweise dann, wenn die Aufwendungen im unmittelbaren Zusammenhang mit einer Einkunftsquelle stehen und auch außerhalb des Insolvenzverfahrens angefallen wären (zB Gutachterkosten).

5. Auswirkungen auf das Besteuerungsverfahren

Verfahrensunterbrechung. Durch die Eröffnung des Insolvenzverfahrens wird die Befugnis der FB, im Wege des Verwaltungsverfahrens die Besteuerungsgrundlagen zu ermitteln (§§ 85 ff., 193 ff.) oder Ap., Sonderprüfungen und Fahndungsprüfungen durchzuführen, nicht berührt (Welzel DStZ 1999, 559). Jedoch können die zu diesem Zeitpunkt begründeten Ansprüche aus dem StSchuldverhältnis nur noch nach Maßgabe der InsO geltend gemacht werden (§ 87 InsO). **StFestsetzungs-, StFeststellungs-, Rechtsbehelfsverfahren und Rechtsbehelfsfristen** werden analog zu § 240 ZPO **unterbrochen,** soweit sie die Insolvenzmasse betreffen und abstrakt dazu geeignet sind, sich auf zur Tabelle anzumeldende StForderungen auszuwirken (BFH 30.7.2019 – VIII R 21/16, BFH/NV 2020, 330; AEAO zu § 251 Nr. 4.1.2; Gosch AO § 251 Rn. 50). Deshalb dürfen nach Eröffnung des Insolvenzverfahrens und vor Abschluss der Prüfungen gem. §§ 176, 177 InsO grds. **keine Bescheide mehr** erlassen werden, in denen Besteuerungsgrundlagen festgestellt oder festgesetzt werden, die die Höhe der zur Insolvenztabelle anzumeldenden StForderungen beeinflussen können (BFH 18.12.2002 – I R 33/01, BStBl. II 2003, 630). Hierfür genügt, dass (Feststellungs)Bescheide für das Insolvenzverfahren „präjudiziell" sein können, indem ausschließlich Besteuerungsgrundlagen für eine Steuer ermittelt und festgesetzt werden, die ihrerseits Gegenstand einer angemeldeten Insolvenzforderung ist (BFH 1.4.2003 – I R 51/02, BStBl. II 2003, 779; → § 184 Rn. 15). Solcherlei mittelbare Wirkungen kommen auch Verlustfeststellungsbescheiden gem. § 10d EStG, § 10a GewStG und § 47 I KStG zu, soweit sie sich auf die Höhe der vom FA geltend zu machenden StForderungen auswirken (BFH 7.9.2005 – VIII R 4/05, BFH/NV 2006, 12). Ein gleichwohl ergangener StBescheid ist von Anfang an **unwirksam und damit nichtig** (§ 125; BFH 19.1.2021 – VII R 38/19, BFH/NV 2021, 1057). Dies gilt auch für Änderungsbescheide nach §§ 164 II 1, 172 ff. (TK § 251 Rn. 44). Liegen die Voraussetzungen für eine Änderung nach §§ 164 I 2, 172 ff. vor, ist ggf. die Anmeldung zur Insolvenztabelle entspr. zu berichtigen (TK § 251 Rn. 44; Frotscher Insolvenz, 319). StFestsetzungen, die zu einem Erstattungs- oder Vergütungsanspruch zugunsten der Insolvenzmasse führen, können hingegen weiterhin ergehen (AEAO zu § 251 Nr. 4.3.1; zur Problematik bei Vorauszahlungen und Anrechnungsbeträgen BFH 5.4.2022 – IX R 27/18, BStBl. II 2022, 703); ebenso StFestsetzungen auf null Euro (Nullfestsetzung), sofern damit keine weitergehenden Wirkungen für künftige Veranlagungszeiträume verbunden sind, da sich hierdurch unter keinen Umständen vollstreckbare und zur Tabelle anzumeldende Forderungen/Ansprüche ergeben können und somit die Schutzbestimmungen der §§ 87, 89, 174 InsO nicht berührt werden (BFH 10.12.2008 – I R 41/07, BFH/NV 2009, 719; TK § 251 Rn. 44). Entsprechend kann ein UStBescheid ergehen, in dem eine negative USt für einen Besteuerungszeitraum vor der Eröffnung des Insolvenzverfahrens festgesetzt wird, wenn sich daraus keine Zahllast ergibt (BFH 13.5.2009 – XI R 63/07, BStBl. II 2010, 11). 42

Die Eröffnung des Insolvenzverfahrens über das **Vermögen einer PersGes** unterbricht nicht das Gewinnfeststellungsverfahren, weil die Gesellschafter und nicht die Insolvenzmasse von seinen steuerlichen Folgen betroffen sind (BFH 12.11.1992 – IV B 83/91, BStBl. II 1993, 265; FG München 20.2.2013 – 9 K 2655/10, EFG 2013, 877; Frotscher Insolvenz, 298; AEAO zu § 251 Nr. 4.4). Der Gewinnfeststellungsbescheid (§§ 179 II 2, 180 I Nr. 2a) ist abw. von § 183 allen Gesellschaftern einzeln bekannt zu geben, nicht jedoch dem Insolvenzverwalter (TK § 251 Rn. 47; Steinhauff jurisPR-SteuerR 2/2005 Anm. 2). Ist über das **Vermögen eines Gesellschafters** der PersGes das Insolvenzverfahren eröffnet worden, darf ihm gegenüber kein Feststellungsbescheid ergehen; insoweit liegt eine partielle Unterbrechung vor (BFH 24.8.2004 – VIII R 14/02, BStBl. II 2005, 246, mAnm. Kempermann FR 2005, 220; Einzelheiten s. AEAO zu § 251 Nr. 4.4.1.2). Hier hat das WohnsitzFA des betr. Gesellschafters die Anmeldung zur Insolvenztabelle vorzunehmen. Zu den Besonderheiten im finanzgerichtlichen Verfahren s. Leipold DStZ 2012, 103. Zur

Geltendmachung von StAnsprüchen → Rn. 45 und zur Ablaufhemmung s. § 171 XIII; → § 171 Rn. 172 f.

Einem **Antrag auf AdV** (§ 361; § 69 FGO) fehlt, da eine Vollstr. gegen den Schuldner nicht mehr möglich ist (→ Rn. 35), das Rechtsschutzbedürfnis (BFH 1.8.2012 – V B 59/11, BFH/NV 2012, 2013; Durth AO-StB 2001, 202). Hat das FA dem Antrag bereits stattgegeben, erledigt sich die AdV mit Verfahrenseröffnung (§ 124 II iVm § 41 I InsO; AEAO zu § 251 Nr. 4.1.3). Noch nicht beschiedene Anträge auf Stundung und VollstrAufschub werden unzulässig; **gewährte Stundungen und VollstrAufschübe** erledigen sich gleichermaßen mit Verfahrenseröffnung (§ 124 II iVm § 41 I InsO; AEAO zu § 251 Nr. 4.1.4).

Zustellvollmachten erlöschen gem. § 117 I InsO. Eine Vereinbarung zur Fortsetzung der Beratertätigkeit ist demnach unzulässig (HHSp § 251 Rn. 161). Die einem Rechtsanwalt oder StBerater erteilte Prozessvollmacht erlischt ebenfalls gem. § 117 I InsO (BGH 11.10.1988 – X ZB 16/88, NJW-RR 1989, 183).

Dauerfristverlängerungen verlieren ihre Gültigkeit. Die Befugnis, auf die **Kleinunternehmerregelung** zu verzichten, steht nach Eröffnung des Insolvenzverfahrens dem Insolvenzverwalter zu, der dieses Recht für das gesamte Unternehmen des Schuldners ausübt (BFH 20.12.2012 – V R 23/11, BStBl. II 2013, 334). Zur Unterbrechung laufender gerichtlicher Verfahren → Rn. 34.

43 **Wiederaufnahme.** Aufgrund ihrer Vollstreckbarkeit sind bestandskräftige StBescheide als vollstreckbare Schuldtitel iSd §§ 179 II und 184 II InsO anzusehen (BFH 23.2.2010 – VII R 48/07, BStBl. II 2010, 562). Der Insolvenzverwalter kann durch Erklärung gegenüber der FB das unterbrochene Einspruchsverfahren entspr. § 180 II InsO aufnehmen. Er tritt dann in die Rechtsstellung des Einspruchsführers als Partei kraft Amtes ein. Die FB kann im Hinblick auf § 179 II InsO das Einspruchsverfahren nicht von sich aus aufnehmen. Erst wenn der Insolvenzverwalter im Prüfungstermin die Forderung bestritten hat, kann sie das Einspruchsverfahren fortsetzen (BFH 23.2.2005 – VII R 63/03, BStBl. II 2005, 591; → Rn. 52). Hat nur der Schuldner der vom FA geltend gemachten Forderung im Prüfungstermin widersprochen, obliegt es nach § 184 II InsO ihm, den Widerspruch durch Aufnahme des unterbrochenen Einspruchsverfahrens weiter zu verfolgen (BFH 15.3.2013 – VII B 49/12, BFH/NV 2013, 1451).

44 **Haftung Dritter.** Soweit Dritte für StAnsprüche des Schuldners nach § 69 haften, hat die Verfahrenseröffnung auf die Inanspruchnahme **grds. keine Auswirkung.** Die Ermächtigung des Insolvenzverwalters nach § 93 InsO bezieht sich nur auf Ansprüche aus der gesetzlichen akzessorischen Gesellschafterhaftung. Deshalb hindert § 93 InsO die FB nicht, nach Eröffnung des Insolvenzverfahrens über das Vermögen einer in § 11 II Nr. 1 InsO aufgeführten Gesellschaft (zB KG) einen Haftungsanspruch nach §§ 69, 34 wegen der Verletzung der Geschäftsführerpflichten gegen den persönlich haftenden Gesellschafter der Schuldnerin geltend zu machen (BFH 15.11.2012 – VII B 105/12, BFH/NV 2013, 587; BGH 4.7.2002 – IX ZR 265/01, BStBl. II 2002, 786). Ebenso ist die Haftungsinanspruchnahme des Alleingesellschafters einer AG auch noch nach Zustimmung des FA zum Insolvenzplan der AG möglich; die damit verbundene Befreiung hindert zwar gegenüber der Gesellschaft eine weitere Durchsetzung, stellt darüber hinaus aber keinen „Erlass" dar. Der Bestand der StForderungen bleibt vielmehr unberührt und damit auch die Möglichkeit der Inanspruchnahme eines Haftungsschuldners nach § 191 V 1 Nr. 2 (BFH 15.5.2013 – VII R 2/12, BFH/NV 2013, 1543).

V. Geltendmachung von Ansprüchen aus dem Steuerschuldverhältnis

1. Allgemeines

45 Wie Ansprüche aus dem StSchuldverhältnis (§ 37) im Insolvenzverfahren geltend zu machen und vor allem in welcher Reihenfolge sie im Anschluss zu befriedigen sind, hängt davon ab, ob eine Insolvenzforderung, eine Masseverbindlichkeit oder eine Forderung

gegen das insolvenzfreie Vermögen (Neuerwerb) vorliegt. Zur Abgrenzung Insolvenzforderung/Masseverbindlichkeit bei den einzelnen StArten → Rn. 58 ff.

2. Ansprüche aus dem Steuerschuldverhältnis als Insolvenzforderungen

a) Insolvenzforderungen. Eine gesetzliche Definition der Insolvenzforderung fehlt. 46
Aus **§ 38 InsO** lässt sich jedoch folgern, dass Insolvenzforderungen Vermögensansprüche gegen den Schuldner sind, die zur Zeit der Eröffnung des Insolvenzverfahrens begründet waren (BGH 7.4.2005 – IX ZB 195/03, NJW-RR 2005, 990).

„Begründet" ist ein Anspruch, wenn der anspruchsbegründende Tatbestand schon vor Verfahrenseröffnung abgeschlossen worden ist, selbst wenn sich hieraus eine Forderung erst nach Verfahrenseröffnung ergibt (Uhlenbruck InsO § 38 Rn. 26). Das bedeutet: Die schuldrechtliche Grundlage des Anspruchs, der Schuldrechtsorganismus, muss schon vor Eröffnung des Insolvenzverfahrens entstanden sein (BGH 19.1.2012 – IX ZR 2/11, DStR 2012, 527; Uhlenbruck InsO § 38 Rn. 67 f.). Unerheblich ist dagegen, ob die Forderung selbst schon entstanden oder fällig ist (BGH 15.3.2012 – IX ZA 107/11 (KG), NZI 2012, 415). Nach insolvenzrechtlichen Grundsätzen maßgeblich ist somit, ob bzw. dass der (steuer)schuldrechtliche Rechtsgrund vor Insolvenzeröffnung angelegt, die Forderung also „ihrem Kern nach" bereits vor diesem Zeitpunkt entstanden ist (BFH 21.9.1993 – VII R 119/91, BStBl. II 1994, 83; Römermann InsO § 38 Rn. 13).

Ansprüche aus dem Steuerschuldverhältnis. Diesem Ansatz ist zunächst auch der BFH uneingeschränkt gefolgt und hat es bei Ansprüchen aus dem StSchuldverhältnis (§ 37) insolvenzrechtlich als ausreichend angesehen, dass der „Sachverhalt", der zu der Entstehung des StAnspruchs führt, nach steuerrechtlichen Vorschriften vor der Eröffnung des Insolvenzverfahrens verwirklicht worden ist. Auf die (verfahrensrechtliche) Festsetzung oder den steuerrechtlichen Entstehungszeitpunkt iSv § 38 kam es hingegen nicht an (vgl. BFH 8.3.2012 – V R 24/11, BStBl. II 2012, 466; BFH 17.4.2007 – VII R 27/06; BStBl. II 2009, 589; BFH 1.4.2008 – X B 201/07, BFH/NV 2008, 925; dem folgend HHSp § 251 Rn. 200; TK § 251 Rn. 55). Der BFH hat sich in letzter Zeit allerdings „zur Wahrung einer einheitlichen Rechtsprechung" (wohl) teilweise von dieser Betrachtung entfernt und auf die „vollständige Verwirklichung" des anspruchsbegründenden Tatbestands abgestellt, wovon (erst dann) auszugehen sei, sobald die in dem jeweiligen materiell-rechtlichen Tatbestand aufgeführten Tatbestandsvoraussetzungen eintreten (BFH 8.3.2012 – V R 24/11, BStBl. II 2012, 466 zu § 15a UStG; BFH 25.7.2012 – VII R 29/11, BStBl. II 2013, 36 zu § 17 UStG; BFH 8.11.2016 – VII R 34/15, BStBl. II 2017, 496 zu § 14c UStG; BFH 15.1.2019 – VII R 23/17, BStBl. II 2019, 329 zu § 16 I Nr. 2 GrEStG; Gosch AO § 251 Rn. 76; krit. Uhlenbruck InsO § 38 Rn. 68, der darin eine unzutreffende Vorverlagerung des Begründetheitszeitpunktes sieht). Der BFH hat jedoch betont, dass sich daraus kein über den Anwendungsbereich der benannten Berichtigungsvorschriften hinausreichender Sonderweg ableiten lasse (BFH 15.10.2019 – VII R 31/17, BStBl. II 2023, 262), sondern an den bisherigen Grundsätzen festzuhalten sei (BFH 10.7.2019 – X R 31/16, BStBl. II 2022, 488; BFH 31.10.2018 – III B 77/18, BFH/NV 2019, 123; BFH 27.10.2016 – IV B 119/15, BFH/NV 2017, 320; BFH 9.12.2014 – X R 12/12, BStBl. II 2016, 852).

Die **Abgrenzung zwischen Insolvenzforderungen und (sonstigen) Masseverbindlichkeiten** richtet sich danach unverändert ausschließlich nach dem Zeitpunkt der insolvenzrechtlichen Begründung, wofür es nach wie vor nicht auf die (materiell) steuerrechtliche Entstehung(szeit) der Ansprüche aus dem StSchuldverhältnis (zB § 38 iVm § 36 I EStG) und deren Fälligkeit ankommt. Der an steuerrechtlichen Maßstäben zu messende Besteuerungstatbestand als abstraktes Spiegelbild des konkreten Lebenssachverhalts (→ § 38 Rn. 7) bestimmt jedoch auch für das Insolvenzrecht verbindlich, anhand welcher Kriterien sich bemisst, ob die StForderung iSd § 38 InsO „begründet" worden ist (BFH 10.7.2019 – X R 31/16, BStBl. II 2022, 488; Klein § 251 Rn. 23; MüKo InsO § 38 Rn. 98; aA Frotscher Insolvenz, 70 f.). **Ansprüche auf Erstattung** von StZahlungen und

StVorauszahlungen haben ihren Rechtsgrund danach vor Eröffnung des Insolvenzverfahrens, wenn der Schuldner die Zahlungen vor der Eröffnung des Insolvenzverfahrens geleistet hat (BFH 15.10.2019 – VII R 31/17, BFH/NV 2020, 466). Ob sie sich inhaltlich auf unpfändbare (Renten-)Einkünfte beziehen oder aus unpfändbaren (Renten-)Einkünften entrichtet worden sind, ist ohne Belang (FG Rheinland-Pfalz 8.12.2021 – 5 K 1221/21, EFG 2025, 221). Bei EStVorauszahlungen besteht der Rechtsgrund in der Entrichtung der Steuer, da zu diesem Zeitpunkt der Schuldner einen Erstattungsanspruch unter der aufschiebenden Bedingung erwirbt, dass am Ende die Jahressteuer geringer ist als die Summe der geleisteten Vorauszahlungen (BFH 20.9.2016 – VII R 10/15, BFH/NV 2017, 442; → Rn. 61). Entsprechendes gilt für den Erstattungsanspruch des Insolvenzschuldners aufgrund eines Erlasses aus sachlichen Billigkeitsgründen für die vor Verfahrenseröffnung verwirkten Säumniszuschläge (BFH 23.4.2007 – VII B 310/06, BFH/NV 2007, 1452). Bei **Haftungsansprüchen** kommt es nicht auf die Begründetheit der zugrunde liegenden StSchuld an (Frotscher Insolvenz, 71). Begründet ist ein Haftungsanspruch, wenn die materiellen Voraussetzungen nach der jeweiligen Haftungsnorm erfüllt sind (BFH 19.1.2021 – VII R 38/19, BFH/NV 2021, 1057). So ist zB der Haftungsanspruch gegen den Komplementär einer KG (§ 191 iVm §§ 128, 161 HGB) für Verbindlichkeiten der Gesellschaft im Zeitpunkt des Entstehens der Gesellschaftsschuld begründet (BFH 14.3.1989 – VII R 152/85, BStBl. II 1990, 363).

47 **b) Anmeldung der Insolvenzforderungen. Form und Inhalt.** Insolvenzgläubiger können ihre Forderungen nach Eröffnung des Insolvenzverfahrens nur nach den Vorschriften der InsO verfolgen (§ 87 InsO). Insb. haben sie ihre Forderungen schriftlich beim Insolvenzverwalter zur Insolvenztabelle anzumelden (§ 174 I 1 InsO; AEAO zu § 251 Nr. 5.2). Der Anmeldung sollen die **Urkunden,** aus denen sich die Forderung ergibt, in Abdruck beigefügt werden (§ 174 I 2 InsO). Ansprüche aus dem StSchuldverhältnis sind somit unter Beifügung einer Ablichtung des entsprechenden Bescheids und der StBerechnung anzumelden (MüKo InsO InsolvenzStRecht Rn. 57; zum weiteren Inhalt s. Abschn. 60 VI 3 iVm 34 II Nr. 1–7, 11 Hs. 1 VollstrA). Vor der Anmeldung sind zunächst bestehende Aufrechnungsmöglichkeiten zu prüfen (→ Rn. 82 ff.). Die Anmeldung eines StAnspruchs zur Insolvenztabelle durch die FB ist **kein VA,** va kein auf die Festsetzung einer entstandenen StSchuld gerichteter StBescheid (BFH 26.11.1987 – V R 130/82, BStBl. II 1988, 124; Gosch AO § 251 Rn. 180; Fortscher Insolvenz, 306 f.). Jede einzelne Forderung muss nach **Grund und Höhe** so genau bezeichnet werden, dass die Prüfung der Forderung einwandfrei möglich ist (BFH 17.7.2003 – VII B 93/02, BFH/NV 2004, 5 zur USt; Frotscher Insolvenz, 305 f.); dabei muss zwischen StForderungen und Haftungsschulden unterschieden werden (BFH 11.10.1989 – I R 139/85, BFH/NV 1991, 497). Steht der anzumeldende Betrag der Höhe nach noch nicht fest, muss er **notfalls geschätzt** werden (§ 45 S. 1 InsO; allg. Uhlenbruck InsO § 45 Rn. 18 ff.). Noch **nicht fällige Forderungen** (§ 220) gelten für das Insolvenzverfahren als fällig (§ 41 I InsO; BFH 4.5.2004 – VII R 45/03, BStBl. II 2004, 815; BGH 6.12.2012 – VII ZR 189/10, NZI 2013, 200). Sie sind nach der „Hoffmannschen Formel" **abzuzinsen** (Braun InsO § 41 Rn. 6 f.; HHSp § 251 Rn. 204). Bei der Anmeldung **nachrangiger Forderungen** (§ 39 InsO), die nur dann angemeldet werden können, wenn das Insolvenzgericht gesondert auffordert (§ 174 III 1 InsO), ist auf den Nachrang hinzuweisen und die dem Gläubiger zustehende Rangstelle zu bezeichnen (§ 174 III 2 InsO). Der Insolvenzverwalter hat, soweit die Anmeldung wirksam ist, die angemeldete Insolvenzforderung zur Vorbereitung des Prüfungstermins in die Insolvenztabelle einzutragen (§ 175 I 1 InsO). Bereits die wirksame Anmeldung und nicht erst der Eintrag bewirkt die **Hemmung der Zahlungsverjährung** (§ 231 I 1; BGH 21.2.2013 – IX ZR 92/12, NJW-RR 2013, 992; → § 231 Rn. 19).

48 **Die Anmeldefrist bestimmt** das Insolvenzgericht im Eröffnungsbeschluss (§ 28 I 1 InsO). Sie beträgt mindestens zwei Wochen und höchstens drei Monate (§ 28 I 2 InsO).

Aus § 177 I 1 InsO ergibt sich die Zulässigkeit nachträglicher (kostenpflichtiger) Anmeldungen (Braun InsO § 28 Rn. 3; zur zeitlichen Begrenzung BGH 22.3.2007 – IX ZB 8/05, NJW-RR 2007, 1064; → Rn. 50).

c) Prüfung und Feststellung angemeldeter Forderungen (§§ 176–186 InsO). Prüfungstermin. Im Prüfungstermin werden die angemeldeten Forderungen ihrem **Betrag** und ihrem **Rang** nach geprüft (§ 176 S. 1 InsO). Der Prüfungstermin ist eine Gläubigerversammlung (§ 29 I Nr. 2 InsO). Deshalb sind die Regelungen der §§ 74–79 InsO zu beachten. Im Prüfungstermin sind nur die Forderungen, die vom Insolvenzverwalter, vom Schuldner oder von einem Insolvenzgläubiger bestritten werden, einzeln zu erörtern (§ 176 S. 2 InsO). Der Vertreter der FB muss bei der **Erörterung** der angemeldeten (bestrittenen) Forderungen die erforderlichen Auskünfte zu Grund und Höhe der angemeldeten Ansprüche aus dem StSchuldverhältnis erteilen (TK § 251 Rn. 60). Solche Auskünfte verletzten nicht das **StGeheimnis,** da sie zur Durchsetzung der StForderung notwendig und folglich für die Durchführung eines steuerlichen Verfahrens erforderlich sind (§ 30 IV Nr. 1). 49

Festgestellte Forderungen. Eine Forderung gilt als festgestellt, wenn gegen sie im Prüfungstermin oder im schriftlichen Verfahren (§ 177 InsO) weder vom Insolvenzverwalter noch von einem Insolvenzgläubiger ein **Widerspruch** erhoben wird oder soweit ein erhobener Widerspruch beseitigt ist (§ 178 I 1 InsO). Die Eintragung in die Tabelle wirkt für die festgestellten Forderungen **wie ein rechtskräftiges Urteil** gegenüber dem Insolvenzverwalter sowie allen Insolvenzgläubigern (§ 178 III InsO; BFH 17.9.2019 – VII R 5/18, BFH/NV 2020, 287) und hat zur Folge, dass die Forderung bei der Verteilung berücksichtigt wird. Dies gilt auch für Ansprüche aus dem StSchuldverhältnis (BFH 10.12.1975 – II R 150/67, BStBl. II 1976, 506; HHSp § 251 Rn. 423). Die Eintragung in die Tabelle übernimmt jetzt (als insolvenzrechtliches Äquivalent) die **Funktion einer StFestsetzung,** ohne eine solche zu beinhalten (BFH 5.7.2018 – XI B 17/18, BFH/NV 2018, 1139). Der widerspruchslosen Eintragung in die Insolvenztabelle kommt dieselbe Wirkung zu, wie der beim Bestreiten vorzunehmenden Feststellung gem. § 185 InsO iVm § 251 III (→ Rn. 51); sie kann wie diese zugunsten des Schuldners unter den Voraussetzungen der §§ 130, 131 korrigiert werden (BFH 11.12.2013 – XI R 22/11, BStBl. II 2014, 332). 50

Ergänzungsmöglichkeit. Eine Nachmeldung bislang nicht angemeldeter (Teil)Forderungen zur Tabelle für Besteuerungszeiträume, für die bereits ein festgestellter Tabelleneintrag vorliegt, ist zulässig (BGH 19.1.2012 – IX ZR 4/11, HFR 2012, 669). Der Eintrag in die Tabelle bewirkt lediglich die positive Feststellung des Anspruchs in angemeldeter Höhe; eine negative Feststellung jenseits der Anmeldung folgt daraus nicht.

Vollstreckung. Nach Verfahrensaufhebung können die Insolvenzgläubiger aus der Eintragung in die Tabelle wie aus einem vollstreckbaren Urteil vollstrecken (§ 201 II 1 InsO). Dies gilt gem. § 251 II 2 auch für festgestellte **Ansprüche aus dem StSchuldverhältnis** mit der Maßgabe, dass die FB im Verwaltungsweg vorgehen können (BFH 20.7.2000 – VII B 12/00, BFH/NV 2001, 144; → Rn. 18). War die Steuer vorher nicht festgesetzt, braucht für eine festgestellte StForderung kein StBescheid erlassen zu werden; allein aufgrund des Tabelleneintrags ist die nachinsolvenzliche Vollstr. möglich (HHSp § 251 Rn. 423). Zur Berichtigung der Tabelle s. allg. Uhlenbruck InsO § 178 Rn. 43 ff. Ein **Widerspruch des Schuldners** steht der Feststellung zwar nicht entgegen (§ 178 I 2 InsO), doch können die Insolvenzgläubiger aus ihrer in der Insolvenztabelle eingetragenen Forderung nach Verfahrensaufhebung mangels Titulierungsfunktion keine Zwangsvollstr. gegen den Schuldner betreiben (§ 201 II InsO; BFH 13.11.2007 – VII R 61/06, BStBl. II 2008, 790; s. Braun InsO § 178 Rn. 2). Aus diesem Grund eröffnet §§ 184 f. InsO dem FA die Möglichkeit, gegen den Widerspruch vorzugehen (→ Rn. 51 ff.).

sprechende. Ein bestands-/rechtskräftiger Feststellungsbescheid ist gem. § 183 II InsO in die Tabelle einzutragen. Die Feststellung wirkt dann wie ein rechtskräftiges Urteil (§ 178 III InsO; → Rn. 50), gewährt ein Stimmrecht in der Gläubigerversammlung (§ 77 I 1 InsO) und berechtigt zur Teilnahme an der Verteilung (§ 189 I InsO).

55 **Rechtsschutz.** Gegen den Feststellungsbescheid ist der Einspruch (§ 347) gegeben. Gegen die Einspruchsentscheidung kann (unabhängig vom Entstehen einer Quote) Klage beim FG erhoben werden (BFH 30.11.2004 – VII R 78/03, BFH/NV 2005, 1095). Eine AdV (§ 361; § 69 FGO) ist mangels Vollziehbarkeit nicht möglich; eine einstweilige Anordnung (§ 114 FGO) scheidet ebenfalls aus (Frotscher Insolvenz, 313). Der Finanzrechtsweg ist auch gegeben, wenn nach § 130 die Herabsetzung einer in die Insolvenztabelle eingetragenen StForderung oder der Erlass einer festgestellten Forderung im Billigkeitsweg (§ 227) begehrt wird (BFH 15.7.1992 – II R 59/90, BStBl. II 1993, 613).

3. Ansprüche aus dem Steuerschuldverhältnis als Masseverbindlichkeiten

56 **Masseverbindlichkeiten.** Masseverbindlichkeiten sind die durch Handlungen des Insolvenzverwalters (§ 55 I Nr. 1 1. Alt. InsO) oder in anderer Weise durch die Verwaltung, Verwertung und Verteilung der Insolvenzmasse begründeten Verbindlichkeiten (§ 55 I Nr. 1 2. Alt. InsO), sodass allein vom Schuldner begründete und nicht mit einer Verwaltertätigkeit im Zusammenhang stehende Verbindlichkeiten aus dem StSchuldverhältnis nicht erfasst werden (BFH 13.12.2022 – VII R 49/20, BFH/NV 2023, 901). Gemein ist ihnen, dass sie – im Gegensatz zu den Insolvenzforderungen – erst nach der Insolvenzeröffnung begründet werden. Unter Heranziehung der bereits dargestellten Grundsätze (→ Rn. 46) ist dies der Fall, wenn der einzelne (unselbständige) Besteuerungstatbestand vollständig nach der Insolvenzeröffnung verwirklicht wurde (BFH 10.7.2019 – X R 31/16, BStBl. II 2022, 488 zur ESt; BFH 8.3.2012 – V R 24/11, BStBl. II 2012, 466; BFH 25.7.2012 – VII R 29/11, BStBl. II 2013, 36 zur USt; BFH 13.12.2022 – VII R 49/20, BFH/NV 2023, 901 zur EnergieSt; Klein § 251 Rn. 17 ff.; MüKo InsO § 55 Rn. 68 f.; AEAO zu § 251 Nr. 6.1). Zu den Folgen der Restschuldbefreiung bei Betriebsaufgabe → Rn. 123.

Verbindlichkeiten, die von einem **„starken" vorläufigen Insolvenzverwalter** (→ Rn. 31) und damit naturgemäß schon vor der Verfahrenseröffnung begründet worden sind, gelten nach Eröffnung des Insolvenzverfahrens dennoch als Masseverbindlichkeiten **(§ 55 II 1 InsO);** nicht jedoch solche eines schwachen vorläufigen Insolvenzverwalters (BGH 18.7.2002 – IX ZR 195/01, NJW 2002, 3326). Für ihn gilt § 55 II InsO nur, wenn er vom Insolvenzgericht ermächtigt worden ist, einzelne im Voraus genau festgelegte Verpflichtungen zulasten der späteren Insolvenzmasse einzugehen (BGH 4.12.2014 – IX ZR 166/14, ZInsO 2015, 261; FG Baden-Württemberg 27.5.2009 – 1 K 105/06, EFG 2009, 1585).

Aufgrund der Regelung des **§ 55 IV InsO** werden auch StVerbindlichkeiten des Schuldners aus dem Eröffnungsverfahren erfasst, die von einem **schwachen vorläufigen Insolvenzverwalter** begründet werden (MüKo InsO § 55 Rn. 70; Einzelheiten s. BMF 11.1.2022, BStBl. I 2022, 116; → Rn. 32). Die Regelung bewirkt eine bereichsbezogene Vorverlagerung der ansonsten erst an die Insolvenzeröffnung anknüpfenden Zuordnung und soll der Anreicherung der Insolvenzmasse durch im Eröffnungsverfahren entstehende StAusfälle entgegenwirken (BFH 1.3.2016 – XI R 9/15, MwStR 2016, 724 Rn. 12 unter Bezugnahme auf BT-Drs. 17/3030, 43; krit. hingegen TK § 251 Rn. 70b mwN: systemwidrige Privilegierung). Maßgeblich ist hierfür die steuerliche Folgen auslösende Entgeltvereinnahmung durch den vorläufigen Insolvenzverwalter, woran es fehlt, wenn die Zahlung eines Drittschuldners nicht aufgrund einer Zustimmung des vorläufigen Insolvenzverwalters, sondern ohne dessen Zutun zu einem Erlöschen der dem Insolvenzschuldner zustehenden Forderung führt (BFH 29.8.2024 – V R 17/23, BFH/NV 2025, 223). § 55 IV InsO galt entspr. seinem früheren Wortlaut für sämtliche während der vorläufigen Insolvenzverwaltung anfallenden StArten samt Nebenleistungen iSd § 37 I (MüKo InsO

§ 55 Rn. 240; zur EnergieSt BFH 13.12.2022 – VII R 49/20, BFH/NV 2023, 901). Dies hat der Gesetzgeber für alle Insolvenzverfahren mit Antragstellung nach dem 31.12.2020 geändert. Durch das Sanierungs- und Insolvenzrechtsfortentwicklungsgesetz (SanInsFoG; → Rn. 20) wurde der Anwendungsbereich mWv 1.1.2021 auf StArten und Abgaben beschränkt, die darauf ausgelegt sind, über den Preis auf den Leistungsempfänger abgewälzt und durch den Schuldner vereinnahmt zu werden (BT-Drs. 19/25353, 13). Hauptanwendungsbereiche sind LSt- und UStForderungen, wobei der Anwendungsbereich des § 55 IV InsO in Anbetracht der nach wie vor eingeschränkten Befugnisse eines schwachen vorläufigen Insolvenzverwalters weiterhin gering sein dürfte (so zur alten Rechtslage HHSp § 251 Rn. 214 mwN). Für Vergütungsansprüche zugunsten der Masse, die aus Vorsteuerüberhängen für § 55 IV InsO unterliegenden Voranmeldungszeiträumen hervorgehen, ist Abs. 4 nicht anwendbar (BFH 23.7.2020 – V R 26/19, BStBl. II 2022, 495). Solche VStÜberhänge gehen in die Jahressteuer des vorinsolvenzlichen Bereichs ein und werden dort saldiert (BFH 11.12.2024 – XI R 1/22, BFH/NV 2025, 587). Zu Rückforderungsansprüchen des FA (§ 37 II 1) als Masseverbindlichkeiten iSd § 55 I Nr. 3 s. HHSp § 251 Rn. 215; FG Berlin 8.3.2005 – 7 K 7085/04, EFG 2005, 1326. Zur bisherigen Masseschuldbegründungskompetenz des Schuldners im eigenverwalteten Insolvenzeröffnungsverfahren s. Marotzke DB 2013, 1283. Um Fehlanreizen zu begegnen (BT-Drs. 19/25353, 13), erfasst § 55 IV InsO seit dem 1.1.2021 ausdrücklich auch UStVerbindlichkeiten, die vom Schuldner in einem vorläufigen Eigenverwaltungsverfahren (→ Rn. 119) nach Bestellung eines Sachwalters begründet worden sind (BeckOK InsO § 55 Rn. 74 f.; krit. TK § 251 Rn. 119c: weiteres Fiskusprivileg; zur alten Rechtslage vgl. BFH 7.5.2020 – V R 14/19, BFH/NV 2020, 1178; BGH 22.11.2018 – IX ZR 167/16, NJW 2019, 224).

Vorzugsweise Befriedigung. Masseverbindlichkeiten sind aus der Insolvenzmasse vorweg zu berichtigen (§ 53 InsO). Die InsO unterscheidet im Übrigen nicht zwischen Massekosten und Masseschulden (→ Rn. 16). Zu den Masseverbindlichkeiten gehören deshalb auch die Gerichtskosten und die Vergütung nebst Auslagen des Insolvenzverwalters (§ 54 InsO). Sie werden bei der Verteilung der Insolvenzmasse jedoch gegenüber den sonstigen Masseverbindlichkeiten bevorzugt befriedigt, was bei Massearmut (vgl. § 208 InsO) deutlich wird (§ 209 I Nr. 1 InsO; → Rn. 99).

Geltendmachung. Der Schuldner bleibt StSchuldner der Masseverbindlichkeiten; VollstrSchuldner ist der Insolvenzverwalter (TK § 251 Rn. 71). Soweit Ansprüche aus dem StSchuldverhältnis Masseverbindlichkeiten sind, werden sie **durch StBescheid,** adressiert an den Insolvenzverwalter als Vertreter der Insolvenzmasse (zB „Herrn Rechtanwalt X als Insolvenzverwalter über das Vermögen der Y-GmbH"), geltend gemacht (BFH 18.12.2019 – XI R 10/19, BStBl. II 2020, 480; → Rn. 40 und AEAO zu § 251 Nr. 6.1 Abs. 2). Der Teil der Jahressteuer, die Insolvenzforderung ist, muss hingegen zur Insolvenztabelle angemeldet werden (§§ 174 ff. InsO). 57

Die **Vollstr.** von Ansprüchen gegen die Insolvenzmasse erfolgt außerhalb des Insolvenzverfahrens im Verwaltungsweg nach den §§ 249 ff. (TK § 251 Rn. 71). Für bestimmte „aufgezwungene" Masseforderungen gilt für die Dauer von sechs Monaten seit der Eröffnung des Insolvenzverfahrens ein VollstrVerbot (§ 90 I InsO; vgl. Uhlenbruck InsO § 90 Rn. 3 ff.; Bartone AO-StB 2002, 66). Die Vollstr. darf nur in die Insolvenzmasse erfolgen, nicht in das Vermögen des Insolvenzverwalters. In sein Vermögen kann nur aufgrund eines gegen ihn gerichteten Haftungsbescheids vollstreckt werden (TK § 251 Rn. 71). Bei Masseunzulänglichkeit (§ 208 InsO; → Rn. 99) ist eine Vollstr. sog. Altmasseverbindlichkeiten, dh vor der Anzeige entstandener Schulden, allerdings unzulässig (BFH 29.8.2007 – IX R 58/06, BStBl. II 2008, 322; zu verjährungsrechtlichen Folgen → § 231 Rn. 20). Dieses VollstrVerbot (§ 210 InsO) verbietet es dem Insolvenzverwalter jedoch nicht, sonstige Masseforderungen iSd § 53 InsO zu erfüllen (BFH 17.9.2019 – VII R 31/18, BStBl. II 2023, 221) und hindert das FA nicht daran, den StBescheid gegen den Insolvenzverwalter zu erlassen (BFH 1.6.2016 – X R 26/14, BStBl. II 2016, 848).

Beiladung. Zum Streit darüber, ob eine StVerbindlichkeit eine Masseverbindlichkeit darstellt, ist der Insolvenzschuldner nicht beizuladen (BFH 14.12.2022 – X R 9/20, BStBl. II 2024, 227).

4. Beispiele zur Abgrenzung Insolvenzforderung/Masseverbindlichkeit

58 **a) Bauabzugsteuer.** StAbzugsbeträge, die auf Bauleistungen beruhen (§§ 48 ff. EStG), die vor Eröffnung des **Insolvenzverfahrens über das Vermögen des Leistenden** ausgeführt und vor der Eröffnung des Insolvenzverfahrens durch den Leistungsempfänger an das FA gezahlt wurden, sind auf Insolvenzforderungen anzurechnen; die Reihenfolge des § 48c EStG ist hierbei zu beachten (BMF 19.7.2022, BStBl. I 2022, 1229). Sofern sich danach keine Anrechnungsmöglichkeiten ergeben, können die verbliebenen Beträge mit anderen Insolvenzforderungen aufgerechnet werden (§ 94 InsO; → Rn. 82). StAbzugsbeträge, die auf Bauleistungen beruhen, die vor Eröffnung des Insolvenzverfahrens ausgeführt und nach der Insolvenzeröffnung durch den Leistungsempfänger an das FA gezahlt wurden, hat das FA an die Insolvenzmasse auszukehren (BFH 13.11.2002 – I B 147/02, BStBl. II 2003, 716; BMF 19.7.2022, BStBl. I 2022, 1229; Buciek HFR 2003, 360 f.). Zum Anspruch eines (vorläufigen) Insolvenzverwalters auf **Erteilung einer Freistellungsbescheinigung** (§ 48b EStG) s. BFH 13.11.2002 – I B 147/02, BStBl. II 2003, 716; BMF 19.7.2022, BStBl. I 2022, 1229; Gundlach/Frenzel/Schirrmeister DStR 2003, 823. Wird in der **Insolvenz des Leistungsempfängers** eine Insolvenzforderung des Leistenden aus einer vor der Verfahrenseröffnung erbrachten Bauleistung angemeldet und erkennt der Insolvenzverwalter diese Forderung als berechtigt an, hat er den StAbzug nach §§ 48 ff. EStG zu beachten (MüKo InsO InsolvenzStRecht Rn. 465). Hatte der Insolvenzverwalter – auch als „starker" vorläufiger Insolvenzverwalter (→ Rn. 31) – den Bauvertrag selbst abgeschlossen, hat der Leistende einen Anspruch zur Masse nach § 55 II InsO (MüKo InsO InsolvenzStRecht Rn. 466).

59 **b) Einkommensteuer. Allgemeines.** Mit der Eröffnung des Insolvenzverfahrens beginnt ein neues Geschäftsjahr (§ 155 II InsO). Das Insolvenzverfahren beschränkt zwar das Verwaltungs- und Verfügungsrecht des Schuldners, berührt aber das StRechtsverhältnis nicht und lässt auch die steuerrechtliche Einkünftezurechnung unverändert; der Schuldner ist weiterhin Träger der Einkünfte, selbst dann, wenn sie zur Insolvenzmasse fließen (BFH 28.11.2017 – VII R 1/16, BStBl. II 2018, 457). Auch nach der Eröffnung eines Insolvenzverfahrens richtet sich die Entstehung von StAnsprüchen, die Art der Einkünfte und die Berechnung ihrer Höhe unverändert nach steuerrechtlichen Grundsätzen. Deshalb entsteht die EStSchuld des Schuldners zunächst als einheitlicher StAnspruch unabhängig davon, ob es sich um vor der Insolvenzeröffnung anfallende Einkünfte, Einkünfte der Insolvenzmasse oder um insolvenzfreie (pfändungsfreie) Einkünfte handelt (BFH 19.1.2023 – III R 44/20, BStBl. II 2024, 559; TK § 251 Rn. 72). Die ESt bleibt zudem eine zeitraumbezogene Jahressteuer (§ 2 VII 1 EStG) und der Schuldner hat nur ein Einkommen (BFH 4.9.1969 – IV R 288/66, BStBl. II 1969, 726).

Abgrenzungsmaßstab. Lediglich die Geltendmachung der StForderung bestimmt sich fortan nach den Regeln des Insolvenzrechts (BFH 3.8.2016 – X R 25/14, BFH/NV 2017, 317; → Rn. 17). Für die insolvenzrechtliche Begründung des EStAnspruchs (→ Rn. 46) kommt es dabei darauf an, ob der einzelne (unselbständige) Besteuerungstatbestand – insb. die Erzielung von Einkünften nach § 2 I EStG – vor oder nach der Insolvenzeröffnung **verwirklicht** wurde. Entscheidend für die Abgrenzung zwischen Insolvenzforderung und Masseverbindlichkeit ist, wann der Tatbestand, an den die Besteuerung knüpft, vollständig verwirklicht ist. Ergibt sich die EStSchuld bspw. aus der Verwertung des zur Insolvenzmasse gehörenden Vermögens, liegt eine sonstige Masseverbindlichkeit vor (BFH 27.10.2016 – IV B 119/15, BFH/NV 2017, 320; zur USt → Rn. 72). Dies gilt auch dann, wenn das verwertete Wirtschaftsgut mit Absonderungsrechten belastet war (BFH 12.11.2024 – IX R 6/24, BStBl. II 2025, 350).

Bedeutung der Gewinnermittlung. Entscheidend ist bei der ESt (auch) die Art der Gewinnermittlung. Wird der Gewinn nach § 4 III EStG ermittelt, gilt das **Zuflussprinzip** des § 11 I 1 EStG, sodass der Tatbestand für die Einkommensbesteuerung erst vollständig verwirklicht ist, wenn die Einnahmen bezogen sind, sie dem Stpfl. also zufließen (BFH 31.10.2018 – III B 77/18, BFH/NV 2019, 123). Im Fall der Gewinnermittlung durch Betriebsvermögensvergleich gilt hingegen das **Realisationsprinzip** mit der Folge, dass die EStForderung bereits mit der Realisierung der Forderung begründet ist (BFH 9.12.2014 – X R 12/12, BStBl. II 2016, 852).

Selbständige Erwerbstätigkeit. Die Duldung der freiberuflichen Tätigkeit des Insolvenzschuldners oder die bloße Kenntnis des Insolvenzverwalters von dieser Tätigkeit führte bis zum Inkrafttreten des § 35 II und III InsO (mWv 1.7.2007) allein nicht dazu, dass die ESt, die aufgrund dieser Einkünfte entstand, Masseverbindlichkeit iSd § 55 I Nr. 1 InsO wurde (BFH 18.9.2012 – VIII R 47/09, BFH/NV 2013, 411). Denn die Arbeitskraft des Schuldners gehört im Grundsatz nicht zum Insolvenzvermögen (BFH 18.9.2012 – VIII R 47/09, BFH/NV 2013, 411; BGH 18.12.2008 – IX ZB 249/07, NJW-RR 2009, 632; offenlassend aber BFH 24.2.2015 – VII R 27/14, BStBl. II 2015, 993). Unterließ der Insolvenzverwalter diesbezügliche Erklärungen, sah die Rspr. darin keine zu Masseverbindlichkeiten führende Verwaltungsmaßnahme iSd des § 55 I InsO (BFH 21.7.2009 – VII R 49/08, BStBl. II 2010, 13). Dies hat sich mit § 35 InsO in der geltenden Fassung geändert, der im Gegensatz zur alten Rechtslage in Abs. 2 S. 1 die ausdrückliche **Freigabe** der unternehmerischen Betätigung des Schuldners vorsieht und in Abs. 3 Regelungen zur Information der Neugläubiger und des Geschäftsverkehrs trifft. Der Insolvenzverwalter ist seither verpflichtet, unverzüglich zu erklären, ob er eine ihm bekannt gewordene selbständige Tätigkeit aus der Insolvenzmasse freigibt oder nicht. Verletzt er diese Pflicht, führt sein pflichtwidriges Unterlassen dazu, dass „in anderer Weise" Masseverbindlichkeiten iSd § 55 I Nr. 1 2. Alt. InsO begründet werden (BFH 18.12.2019 – XI R 10/19, BStBl. II 2020, 480; → Rn. 71). Gibt er die Tätigkeit hingegen frei, wird eine von der Insolvenzmasse getrennte, allerdings allein den Neugläubigern aus der freigegebenen selbständigen Tätigkeit des Schuldners vorbehaltene Haftungsmasse geschaffen (BGH 6.6.2019 – IX ZR 272/17, NJW 2019, 2156). Zum insolvenzfreien Vermögen → Rn. 78). Für die vor der Wirksamkeit der Freigabeerklärung begründeten Forderungen bleibt es bei dem bisherigen Massebezug (**keine Rückwirkung;** BGH 21.2.2019 – IX ZR 246/17, NJW 2019, 1451), ebenso, wenn die Tätigkeit ohne Wissen und Billigung des Insolvenzverwalters ausgeübt wird (BFH 6.6.2019 – V R 51/17, BStBl. II 2021, 52).

Einheitliche EStSchuld. Ist die aufgrund massebezogenen Verwaltungshandelns entstandene ESt insgesamt als sonstige Masseverbindlichkeit zu qualifizieren, hat die Festsetzung einheitlich gegenüber dem Insolvenzverwalter zu erfolgen, auch wenn die Betriebseinnahmen nicht bzw. nicht in vollem Umfang zur Masse gelangen oder für die Lebenshaltung des Schuldners verbraucht worden sind (BFH 16.4.2015 – III R 21/11; BStBl. II 2016, 29; HHSp § 251 Rn. 335, 340; vgl. auch FG Köln 28.6.2012 – 11 K 1069/09, EFG 2013, 1686; bestätigt durch BFH 16.7.2015 – III R 32/13, BStBl. II 2016, 251; Büchter-Hole EFG 2013, 1689). Ein in diesem Sinn massebezogenes Handeln liegt vor, wenn der Insolvenzverwalter die selbständige Tätigkeit des Insolvenzschuldners im Interesse der Masse erlaubt oder die Fortführung der Tätigkeit ermöglicht, indem er zur Masse gehörende Mittel einsetzt, um durch die Tätigkeit entstehende Forderungen Dritter zu begleichen (BFH 16.4.2015 – III R 21/11, BStBl. II 2016, 29).

Mehrteilige EStSchuld. Sind in einem Veranlagungszeitraum hingegen mehrere insol- 60
venzrechtliche Forderungskategorien betroffen, ist die einheitlich ermittelte EStSchuld zur Geltendmachung im Wege einer fiktiven Veranlagung in eine Insolvenzforderung (§ 38 InsO; → Rn. 46), eine Masseverbindlichkeit (§ 55 I Nr. 1 InsO; → Rn. 56) oder eine insolvenzfreie Forderung (→ Rn. 78) aufzuteilen (BFH 10.7.2019 – X R 31/16, BStBl. II 2022, 488; s. auch AEAO zu § 251 Nr. 9.1.1 und 9.1.2). Die nach der Eröffnung des Insolvenzverfahrens begründeten und als Masseverbindlichkeiten zu qualifizierenden StAn-

sprüche sind gegenüber dem Insolvenzverwalter durch einen (gegenständlich beschränkten) StBescheid, der Teil des Festsetzungsverfahrens ist, festzusetzen (BFH 16.7.2015 – III R 32/13, BStBl. II 2016, 251). Alle sonstigen nach der Eröffnung begründeten StAnsprüche sind insolvenzfrei. Die entspr. begründete ESt ist, soweit sie auf die Nutzung des insolvenzfreien Vermögens des Schuldners entfällt, durch StBescheid gegen den Insolvenzschuldner festzusetzen (BFH 27.10.2020 – VIII R 19/18, BStBl. II 2021, 819). Die Aufteilung der JahresStSchuld erfolgt dabei nach dem Verhältnis der auf die jeweiligen Vermögensbereiche entfallenden Einkünfte zueinander (BFH 19.1.2023 – III R 44/20, BStBl. II 2024, 559). Um eine zutreffende Besteuerung herbeizuführen, sind Betriebsausgaben, Werbungskosten, Sonderausgaben und außergewöhnliche Belastungen entspr. zuzuordnen sowie Pauschbeträge und Freibeträge zeitanteilig aufzuteilen, Verluste aus der Zeit vor der Eröffnung vor-, Verluste aus der Zeit nach der Eröffnung zurückzutragen (TK § 251 Rn. 72; zum Aufteilungsmaßstab Frotscher Insolvenz, 145 ff.; Werth AO-StB 2007, 70; s. auch AEAO zu § 251 Nr. 9.1.3).

Besonderheiten bei Ehegatten. Die Ausübung des Veranlagungswahlrechts der Ehegatten/Lebenspartner ist in der Insolvenz eines Ehegatten als Verwaltungsrecht mit vermögensrechtlichem Bezug anzusehen und obliegt daher nach § 80 I InsO dem Insolvenzverwalter (BFH 15.3.2017 – III R 12/16; BStBl. II 2018, 789). Macht er davon Gebrauch, liegt darin eine Handlung iSd § 55 I 1 Nr. 1 InsO, die zur Folge hat, dass auch die auf der Zusammenveranlagung beruhende EStSchuld als Masseverbindlichkeit anzusehen ist. Wählt der Insolvenzverwalter die Zusammenveranlagung, ist daher auch die auf Einkünfte der nicht insolventen Ehefrau entfallende ESt im gleichen Verhältnis wie die durch die Einkünfte des Insolvenzschuldners ausgelöste ESt zwischen der Insolvenzmasse und dem insolvenzfreien Vermögen zu verteilen (BFH 27.10.2020 – VIII R 19/18, BStBl. II 2021, 819). Demgegenüber geht das StKlassenwahlrecht nicht auf den Insolvenzverwalter über (BFH 27.7.2011 – VI R 9/11, BFH/NV 2011, 2111; Kahlert DB 2011, 2516). Gewerbliche Verluste, die der Stpfl. vor und während des Insolvenzverfahrens erlitten hat, sind grds. in vollem Umfang nach § 2 III EStG ausgleichsfähig und nach § 10d EStG abzugsfähig (Frotscher Insolvenz, 135 f.). Das gilt bei der Zusammenveranlagung auch dann, wenn die Einkünfte, auf die sich die Verluste auswirken, allein von dem anderen Ehegatten/Lebenspartner erzielt worden sind (BFH 4.9.1969 – IV R 288/66, BStBl. II 1969, 726). Ergibt sich aufgrund der Zahlungen eines oder beider Ehegatten auf die EStSchuld eine Überzahlung, steht der Erstattungsanspruch (§ 37 II) – sofern im Zeitpunkt der Zahlung keine abweichende Tilgungsabsicht bekundet wurde oder aus den Umständen erkennbar war – beiden Ehegatten/Lebenspartner zu gleichen Teilen zu, sodass der auf den Schuldner entfallende hälftige Erstattungsanspruch der Insolvenzmasse zuzurechnen ist (BFH 20.2.2017 – VII R 22/15, BFH/NV 2017, 906; s. auch BMF 14.1.2015, BStBl. I 2015, 83; AEAO zu § 251 Nr. 9.1.4).

Realisierung stiller Reserven. Die vom Insolvenzverwalter durch laufende Gewinne realisierte EStSchuld ist Ergebnis seiner Verwaltungstätigkeit und damit Masseverbindlichkeit iSd § 55 I 1 Nr. 1 InsO. Dies gilt auch für die durch die Auflösung stiller Reserven **(Veräußerungsgewinne)** entstandene Steuer, wenn die Veräußerung gem. § 55 I Nr. 1 1. Alt. InsO als Verwertungshandlung des Insolvenzverwalters anzusehen ist (BFH 11.11.1993 – XI R 73/92, BFH/NV 1994, 477; HHSp § 251 Rn. 343; aA Frotscher Insolvenz, 158 ff., der auf den Entstehungszeitpunkt der stillen Reserven abstellen will), nach § 55 I Nr. 1 2. Alt. InsO aber auch dann, wenn das verwertete Wirtschaftsgut mit Absonderungsrechten belastet war und dessen zu einem Gewinn führende Verwertung allein auf Betreiben des (absonderungsberechtigten) Sicherungseigentümers (BFH 14.12.2022 – X R 9/20, BStBl. II 2024, 227) oder Grundpfandgläubigers (BFH 12.11.2024 – IX R 6/24, BStBl. II 2025, 350), somit ohne Zutun des Insolvenzverwalters erfolgt. Diese EStSchuld ist auch dann in voller Höhe Masseverbindlichkeit, wenn der (tatsächlich) zur Masse gelangte Erlös – nach Vorwegbefriedigung der absonderungsberechtigten Gläubiger aus dem Verwertungserlös – nicht ausreicht, um die aus der Verwertungshandlung resultierende EStForderung zu befriedigen (BFH 16.5.2013 – IV R 23/11, BStBl. II 2013, 759 unter Aufgabe von BFH 29.3.1984 – IV R 271/83, BStBl. II 1984, 602; krit. Anm. Kahlert DStR 2013, 1587). Maßgeblich für die Einordnung als Masseschuld ist einzig die Massezugehörigkeit des Vermögensgegenstandes sowie dessen fehlende Freigabe durch den Insolvenzverwalter (BFH 7.7.2020 – X R 13/19, BStBl. II 2021, 174). Dass das Grundstück ggf. schon vor der Eröffnung des Insolvenzverfahrens gem. § 20 I, § 22 ZVG beschlagnahmt war, lässt die notwendige Massezugehörigkeit ebenso unberührt (BFH 12.11.2024 – IX R 6/24, BStBl. II 2025, 350) wie die Überlassung beweglichen Betriebsvermögens zur Verwertung (BFH 14.12.2022 – X R 9/20, BStBl. II 2024, 227). Entsprechendes gilt auch für **Rückstellungen** (BFH 18.5.2010 – X R 60/08, BStBl. II 2011, 429).

Auch für **Vorauszahlungen** und StAbzugsbeträge ist die Trennung der insolvenzrecht- 61
lichen Vermögensbereiche zu beachten; ob die Vorauszahlungen auf bzw. aus unpfändbaren (Renten-)Einkünften entrichtet worden sind, ist hingegen ohne Belang (FG Rheinland-Pfalz 8.12.2021 – 5 K 1221/21, EFG 2025, 221). An das FA entrichtete Beträge können deshalb nur insoweit gem. § 36 II EStG mit der JahresStSchuld verrechnet werden, als sich die EStSchuld auf die gleiche Vermögensmasse bezieht, aus der die Vorauszahlungen und die StAbzugsbeträge entrichtet wurden (BFH 24.2.2015 – VII R 27/14, BStBl. II 2015, 993; HHSp § 251 Rn. 357; Frotscher Insolvenz, 182). Aus diesem Grund können nach Eröffnung des Insolvenzverfahrens an das FA entrichtete Beträge, die nicht aus freigegebenen Vermögen stammen, gem. § 36 II Nr. 1 EStG nur auf ebenfalls nachinsolvenzlich begründete StSchulden, dh Masseverbindlichkeiten, angerechnet werden (BFH 12.10.2015 – VIII B 143/14, BFH/NV 2016, 40). Sind in diesem Zusammenhang aus der Masse zu hohe bzw. materiell-rechtlich nicht geschuldete Vorauszahlungen auf StSchulden erbracht worden, entsteht ein wiederum zur Masse gehörender **Erstattungsanspruch nach § 37 II,** der insolvenzrechtlich aber erst nach der Eröffnung des Insolvenzverfahrens begründet worden ist (→ Rn. 46) und gegen den das FA deshalb wegen des in § 96 I Nr. 1 InsO geregelten Aufrechnungsverbots (→ Rn. 83) nicht mit seinen übrigen Insolvenzforderungen aufrechnen darf (BFH 24.2.2015 – VII R 27/14, BStBl. II 2015, 993). Eine Aufrechnung ist aber möglich, wenn der Erstattungsanspruch nicht der Masse, sondern dem Insolvenzschuldner zusteht, weil er ihn im Zusammenhang mit einer aus dem Insolvenzbeschlag freigegebenen selbständigen Tätigkeit erworben hat (BFH 6.3.2014 – VII S 47/13 (PKH), BFH/NV 2014, 1013). Gleiches gilt, wenn die Vorauszahlungen bereits vor Eröffnung des Insolvenzverfahrens geleistet wurden, da auch dann der die Erstattungsforderung begründende Sachverhalt (vollständig) vor dem Insolvenzverfahren verwirklicht worden ist, mag die Steuer, auf die vorauszuleisten war, auch erst nach Eröffnung des Insolvenzverfahrens entstanden sein (BFH 17.4.2007 – VII R 27/06, BStBl. II 2009, 589; BGH 12.1.2006 – IX ZB 239/04, NJW 2006, 1127; → Rn. 46). Hieran hat sich durch die neuere Rspr. des BFH nichts geändert (BFH 15.10.2019 – VII R 31/17, BStBl. II 2023, 262). Zum fortdauernden Insolvenzbeschlag für StErstattungsansprüche nach Aufhebung des Insolvenzverfahrens vgl. BFH 28.2.2012 – VII R 36/11, BStBl. II 2012, 451. Ebenso können StSchulden, die als Masseverbindlichkeiten entstanden sind, auch noch nach Abschluss des Insolvenzverfahrens mit Erstattungsansprüchen des ehemaligen Insolvenzschuldners verrechnet werden (BFH 28.11.2017 – VII R 1/16, BStBl. II 2018, 457).

Kindergeld ist gem. § 76 S. 1 EStG nur wegen gesetzlicher Unterhaltsansprüche eines 61a
Kindes, das bei der Festsetzung des Kindergeldes berücksichtigt wird, pfändbar. Dementsprechend fällt das Kindergeld nicht in die Insolvenzmasse. Die Festsetzung des Kindergeldes erfolgt weiterhin gegenüber dem Insolvenzschuldner (→ Rn. 33). In Fällen, in denen die Aufhebung und Rückzahlung von Kindergeld als StVergütung (§ 37 iVm § 31 S. 3 EStG) streitig ist, ist eine Insolvenzforderung dann gegeben, wenn ein Zeitraum betroffen ist, der vor Eröffnung des Insolvenzverfahrens liegt (BFH 22.11.2012 – III B 73/11, BFH/NV 2013, 246).

62 **c) Eigenheimzulage.** Bei der 2006 abgeschafften EigZul handelte es sich um ein auf acht Jahre angelegtes Dauerschuldverhältnis. Der Anspruch auf EigZul für die dem Beginn der Eigennutzung folgenden Kj. wurde insolvenzrechtlich mit dem Beginn des betreffenden Kj. begründet (BFH 17.4.2007 – VII R 34/06, BFH/NV 2007, 1393).

63 **d) Gewerbesteuer.** Die GewStPflicht des Schuldners wird durch die Eröffnung des Insolvenzverfahrens nicht berührt (§ 4 II GewStDV). Führt der Insolvenzverwalter den Betrieb weiter, ist die hieraus resultierende GewSt Masseschuld (§ 55 I Nr. 1 InsO; AEAO zu § 251 Nr. 6.1 Abs. 1 Bsp. 6). Wegen der Anknüpfung an die Gewinnermittlung nach den Vorschriften des EStG ist die Begründung der GewStForderung nicht anders zu beurteilen als die der EStForderung (BFH 27.10.2016 – IV B 119/15, BFH/NV 2017, 320). Der Gewerbeertrag ist nach dem Verhältnis zwischen dem Gewerbeertrag vor und nach der Eröffnung des Insolvenzverfahrens in Insolvenzforderungen und Masseverbindlichkeiten aufzuteilen (HHSp § 251 Rn. 367; Frotscher Insolvenz, 203 f.). Die **GewStpfl. endet** bei natürlichen Personen und PersGes nach § 2 I 1 GewStG in dem Zeitpunkt, in dem der Insolvenzverwalter die werbende Tätigkeit (den stehenden Gewerbebetrieb) tatsächlich einstellt; auf Abwicklung gerichtete Handlungen des Insolvenzverwalters unterfallen dabei – anders als im Bereich der ESt (BFH 19.1.1993 – VIII R 128/84, BStBl. II 1993, 594) – nicht mehr der Stpfl. (BFH 18.5.2017 – IV R 30/15, BFH/NV 2017, 1191). Deshalb liegt eine Einstellung bereits ab dem Zeitpunkt vor, in dem nur noch vorhandenes Anlagevermögen veräußert wird (BFH 24.4.1980 – IV R 68/77, BStBl. II 1980, 658). Erschöpft sich darin die Tätigkeit des Insolvenzverwalters, endet die GewStPflicht schon mit der Eröffnung des Insolvenzverfahrens (TK § 251 Rn. 73). Bei KapGes, deren Tätigkeit nach § 2 II 1 GewStG stets und in vollem Umfang als Gewerbebetrieb gilt, endet die GewStPflicht hingegen erst mit der Verteilung des gesamten Vermögens (BFH 17.10.2024 – III R 1/23, BStBl. II 2025, 158).

64 **e) Grunderwerbsteuer.** Der GrESt unterliegen unterschiedliche Erwerbsvorgänge, wobei der einen Anspruch auf Übereignung eines Grundstücks begründende Kaufvertrag (§ 1 I Nr. 1 GrEStG) den häufigsten Anwendungsfall darstellt. Durch die Insolvenzeröffnung bleibt der Bestand eines vor Insolvenzeröffnung abgeschlossenen Kaufvertrages unberührt, ebenso die auf dem Erwerbsvorgang gründende StFestsetzung; lediglich dessen weitere Durchsetzung wird gehindert (BFH 23.11.2006 – II R 38/05, BFH/NV 2007, 498). Ist die Wirksamkeit des Vertrages von einer Bedingung oder einer Genehmigung abhängig und tritt die Bedingung erst nach der Eröffnung des Insolvenzverfahrens ein oder wird die Genehmigung erst nach Eröffnung erteilt, entsteht die GrESt zwar erst mit Eintritt der Bedingung bzw. mit Erteilung der Genehmigung (§ 14 Nr. 1 GrEStG), insolvenzrechtlich begründet ist die StForderung aber bereits mit dem rechtswirksamen **Abschluss des Kaufvertrages.** Deshalb handelt es sich bei der GrESt auch im Anwendungsbereich des § 14 GrEStG nicht um eine Masseverbindlichkeit, sondern um eine Insolvenzforderung (TK § 251 Rn. 74). Dies gilt gleichermaßen für die Erfüllung von Nachversteuerungstatbeständen nach Eröffnung des Insolvenzverfahrens (BFH 27.8.1975 – II R 93/70, BStBl. II 1976, 77) oder wenn sich der Insolvenzverwalter nach § 103 I InsO entschließt, den vom Schuldner vor der Eröffnung des Insolvenzverfahrens abgeschlossenen Grundstückskauf- oder -verkaufsvertrag zu erfüllen (TK § 251 Rn. 74; MüKo InsO § 38 Rn. 108; Pahlke GrEStG Vorb. § 15 Rn. 25; aA Frotscher Insolvenz, 272 f. unter Verweis auf die anderslautende BFH-Rspr. zur USt). Die noch nicht erfüllten Leistungspflichten sind hingegen Masseverbindlichkeiten bzw. -forderungen (TK § 251 Rn. 74). Lehnt der Insolvenzverwalter demgegenüber die Erfüllung ab (§ 103 II 1 InsO) oder tritt der Verkäufer nachinsolvenzlich vom Vertrag zurück, hat der Schuldner nicht nur einen Anspruch auf Aufhebung des bereits ergangenen GrEStBescheides, sondern entsteht hinsichtlich der bereits gezahlten GrESt korrespondierend ein auf § 16 I Nr. 2 GrEStG gründender **Erstattungsanspruch.** Während der BFH zunächst davon ausging, dass auch dieser Anspruch insolvenzrechtlich „seinem Kern nach“ vor Verfahrenseröffnung begründet werde

(BFH 17.4.2007 – VII R 27/06, BStBl. II 2009, 589), sieht er darin nunmehr einen weiteren, neben den StAnspruch tretenden Berichtigungs- und Erstattungsanspruch, dessen (eigenständige) materiell-rechtliche Tatbestandsvoraussetzungen in den vorgenannten Fallgruppen erst nach Insolvenzeröffnung erfüllt werden (BFH 15.1.2019 – VII R 23/17, BStBl. II 2019, 329). Hieraus folgt, dass das FA das Guthaben aus der GrESt erst nach der Eröffnung schuldig geworden und deshalb nach § 96 I Nr. 1 InsO (→ Rn. 83) an einer Aufrechnung mit anderweitigen Insolvenzforderungen gehindert ist. Veräußert der Insolvenzverwalter im Rahmen der Verwertung der Masse ein Grundstück, ist die hierauf entfallende GrESt Masseverbindlichkeit (§ 55 I Nr. 1 InsO; Gosch AO § 251 Rn. 138; Pahlke GrEStG Vorb. § 15 Rn. 25). Zur Anfechtung des Grundstückkaufvertrags durch den Insolvenzverwalter nach §§ 129 ff. s. BFH 6.2.1980 – II R 7/76, BStBl. II 1980, 363 und zur Anfechtung des Kaufvertrages durch den Veräußerer, ohne dass der Vertrag tatsächlich rückgängig gemacht wird, s. BFH 23.11.2006 – II R 38/05, BFH/NV 2007, 498.

f) Grundsteuer. Die GrSt wird nach den Verhältnissen zu Beginn des Kj. festgesetzt 65
(Stichtagsprinzip) und entsteht mit dem Beginn des Kj., für das sie festzusetzen ist (§ 9 GrStG). Somit ist die volle für ein Jahr anfallende GrSt bereits zu Beginn des Jahres entstanden. Sie ist Insolvenzforderung, wenn im Laufe des Jahres das Insolvenzverfahren eröffnet wird (Uhlenbruck InsO § 38 Rn. 92; Frotscher Insolvenz, 276). Dauert das Insolvenzverfahren über das Kj. hinaus an, ist die zu Beginn des neuen Kj. begründete GrSt Masseverbindlichkeit (§ 55 I Nr. 1 InsO). Nach Eröffnung des Insolvenzverfahrens ist der Erlass von EW- und GrStMessbescheiden gegenüber dem Insolvenzverwalter wegen deren dinglicher Wirkung grds. zulässig (BFH 24.7.2002 – II B 52/02, BFH/NV 2003, 8; FG Brandenburg 14.9.2006 – 3 K 2728/03, EFG 2007, 708, Anm. Loose EFG 2007, 710).

g) Investitionszulage. Hat der Schuldner das zulagebegünstigte Wirtschaftsgut bereits 66
vor Eröffnung des Insolvenzverfahrens zulagenschädlich verwendet, ist der Rückforderungsanspruch Insolvenzforderung (TK § 251 Rn. 76). Wird das Wirtschaftsgut während des Insolvenzverfahrens durch den Insolvenzverwalter veräußert, ist der Rückforderungsanspruch ebenfalls Insolvenzforderung (BFH 14.10.1977 – III R 111/75, BStBl. II 1978, 204; FG Berlin-Brandenburg 29.5.2008 – 13 K 2037/05, EFG 2008, 1579; Frotscher Insolvenz, 279). Beantragt der Insolvenzverwalter im Rahmen der Fortführung des Betriebes eine Investitionszulage, ohne später die Voraussetzungen für ihre Gewährung zu erfüllen, ist der Rückforderungsanspruch Masseverbindlichkeit.

h) Körperschaftsteuer. Die Eröffnung eines Insolvenzverfahrens über das Vermögen 67
einer juristischen Person hat auf deren KStPflicht keinen Einfluss. Was als Einkommen einer Körperschaft gilt und wie das Einkommen zu ermitteln ist, bestimmt sich grds. nach dem EStG (vgl. § 8 I KStG). Deshalb ist für die Geltendmachung der Forderungen wie bei der ESt (→ Rn. 60) eine zeitanteilige Aufteilung vorzunehmen (HHSp § 251 Rn. 363; AEAO zu § 251 Nr. 5.1 Bsp. 6; Nr. 9.1). In diesem Zusammenhang ist aber die Sondervorschrift des § 11 I, VII KStG über die Besteuerung des Liquidationsgewinns zu beachten (zu Einzelheiten s. FG Köln 13.11.2014 – 10 K 3569/13, EFG 2015, 673 rkr.; Frotscher Insolvenz, 187 ff.). Zu Auswirkungen der Insolvenz auf die körperschaftsteuerliche Organschaft s. BFH 2.11.2022 – I R 29/19, BStBl. II 2023, 405; Fichtelmann GmbHR 2010, 576; Frotscher Insolvenz, 185 f.

i) Kraftfahrzeugsteuer. Die KraftSt entsteht mit Beginn der Stpfl., bei fortlaufenden 68
Entrichtungszeiträumen mit Beginn des jeweiligen Entrichtungszeitraums (§ 6 KraftStG). Für die insolvenzrechtliche Begründetheit iSd § 38 InsO ist die Entstehung nach § 6 KraftStG jedoch unbeachtlich (HHSp § 251 Rn. 401). Die KraftSt ist grds. jeweils für die Dauer eines Jahres **im Voraus zu entrichten** (§ 11 I KraftStG). Im Zeitpunkt der Eröffnung des Insolvenzverfahrens noch nicht entrichtete KraftSt, die die Zeit vor Eröffnung des Insolvenzverfahrens betrifft, ist als Insolvenzforderung zur Tabelle anzumelden

(TK § 251 Rn. 78). Die entrichtete, auf den Zeitraum nach Eröffnung des Insolvenzverfahrens entfallende Steuer ist der Insolvenzmasse zu erstatten (BFH 26.11.2013 – VII B 243/12, BFH/NV 2014, 581). Gegen diesen Anspruch kann das FA mit Insolvenzforderungen aufrechnen (BFH 16.11.2004 – VII R 62/03, BStBl. II 2005, 309). Die auf den Zeitraum nach Eröffnung des Insolvenzverfahrens entfallende nicht entrichtete KraftSt ist nur dann (gegen den Insolvenzverwalter neu festzusetzende; BFH 16.9.2014 – II B 52/14, BFH/NV 2015, 240) Masseverbindlichkeit, wenn das **Kfz zur Insolvenzmasse** gelangt ist bzw. gehört (BFH 21.3.2019 – III R 30/18, BFH/NV 2019, 1033; FG Berlin-Brandenburg 11.2.2025 – 8 K 8013/20, NZI 2025, 589) und (tatsächlich/körperlich) der Verwaltungs- und Verfügungsbefugnis des Insolvenzverwalters unterliegt, was das HZA nachzuweisen hat (BFH 11.4.2024 – IV R 18/21, BFH/NV 2024, 1259) und wofür die bloße Nutzung freigegebener Kfz für die Masse nicht ausreicht (BFH 8.9.2011 – II R 54/10, BStBl. II 2012, 149). Auf die Haltereigenschaft kommt es hingegen nicht (mehr) an (BFH 8.7.2011 – II R 49/09, BStBl. II 2011, 944; anders noch BFH 29.8.2007 – IX R 4/07, BStBl. II 2010, 145). Folglich gehört die KraftSt für unpfändbare (§ 811 Nr. 1b ZPO iVm § 36 InsO) oder freigegebene Kfz nicht zu den Masseverbindlichkeiten (BFH 8.7.2011 – II R 49/09, BStBl. II 2011, 944; Hartmann NZI 2012, 168). Dasselbe gilt, wenn bereits vor Eröffnung des Insolvenzverfahrens die Zwangsverwaltung über ein Grundstück angeordnet war und das Kfz als Grundstückszubehör von der Beschlagnahme erfasst wird (BFH 1.8.2012 – II R 28/11, BStBl. II 2013, 131). Auch vor der Insolvenzeröffnung untergegangene Fahrzeuge fallen nicht unter den Insolvenzbeschlag (BFH 21.3.2019 – III R 30/18, BFH/NV 2019, 1033).

69 **j) Lohnsteuer.** Mit Eröffnung des Insolvenzverfahrens hat der Insolvenzverwalter die Pflichten eines Arbeitgebers zu erfüllen; er hat bei Auszahlung der Löhne die LSt einzubehalten und an das FA abzuführen (Braun InsO § 80 Rn. 26). Die vom Schuldner vor Eröffnung des Insolvenzverfahrens nicht einbehaltene und/oder nicht abgeführte LSt ist als Insolvenzforderung (Haftungsschuld nach § 42d EStG) anzumelden (Frotscher Insolvenz, 193 f.). Gibt der Insolvenzverwalter eine berichtigte LStAnmeldung ab, ist der hieraus resultierende Erstattungsbetrag Insolvenzforderung (BFH 26.1.2005 – VII R 41/04, BFH/NV 2005, 1211). Erfüllt der Insolvenzverwalter Lohnrückstände aus der Zeit vor Eröffnung des Insolvenzverfahrens, handelt es sich bei der LSt um eine Masseverbindlichkeit (Gosch AO § 251 Rn. 95; aA HHSp § 251 Rn. 360). Die Auszahlung dieser Bruttolohnforderung erfolgt durch Zahlung des jeweiligen Nettolohns an den Arbeitnehmer und der entstehenden LSt an das FA (BFH 16.5.1975 – VI R 101/71, BStBl. II 1975, 621; Frotscher Insolvenz, 194 f.). Erfüllt der Insolvenzverwalter seine Pflicht nicht, ist der Haftungsanspruch (§ 42d EStG) Masseverbindlichkeit. Gelangt pfändbarer Arbeitslohn des Insolvenzschuldners als Neuerwerb zur Insolvenzmasse (→ Rn. 78), liegt allein darin keine Verwaltung der Insolvenzmasse in anderer Weise iSd § 55 I Nr. 1 InsO, sodass die auf die Lohneinkünfte zu zahlende ESt keine vorrangig zu befriedigende Masseverbindlichkeit ist (BFH 24.2.2011 – VI R 21/10, BStBl. II 2011, 520). Werden Löhne für Tätigkeiten nach Eröffnung des Insolvenzverfahrens gezahlt, ist die hieraus resultierende LSt Masseverbindlichkeit (BFH 18.4.1958 – VI 16/58 U, BStBl. III 1958, 319). Bei der **pauschalen LSt** nach §§ 40a, 40b EStG ist der Arbeitgeber Schuldner (§ 40 III 2). Die LSt entsteht im Zeitpunkt des Zuflusses beim Arbeitnehmer (BFH 6.5.1994 – VI R 47/93, BStBl. II 1994, 715). Für die Frage, wann die Forderung iSd § 38 InsO entsteht, ist auf die Erbringung der Arbeitsleistung abzustellen. Wurde die Tätigkeit vor der Eröffnung des Insolvenzverfahrens ausgeübt, liegt eine Insolvenzforderung vor, für die Tätigkeit danach eine Masseverbindlichkeit (Frotscher Insolvenz, 197).

70 **k) Säumnis- und Verspätungszuschläge, Vollstreckungskosten. Säumniszuschläge** (§ 240) auf Insolvenzforderungen sind selbständig als Insolvenzforderungen zur Tabelle anzumelden. Säumniszuschläge auf Masseverbindlichkeiten sind ebenfalls Masseverbindlichkeiten (BFH 17.9.2019 – VII R 31/18, BStBl. II 2023, 221; Frotscher Insol-

venz, 85). Zum Nachrang s. § 39 I Nr. 1 InsO und MüKo InsO § 39 Rn. 19. Zum regelmäßig gebotenen hälftigen Erlass von Säumniszuschlägen bei Insolvenz s. BFH 14.12.2021 – VII R 14/19, BFH/NV 2022, 401; AEAO zu § 240 Nr. 5c. Will das FA hiervon abweichen, hat es die verwirkten Säumniszuschläge auf entsprechenden Widerspruch des Stpfl. nach § 251 III festzustellen (BFH 9.7.2003 – V R 57/02, BStBl. II 2003, 901; zu Einzelheiten → Rn. 53 ff.). Dass der Insolvenzverwalter zunächst für eine Deckung vorrangiger Masseschulden sorgen oder liquiditätsfördernde Verwertungshandlungen vornehmen muss, genügt für sich allein für einen weitergehenden Erlass nicht (BFH 18.4.1996 – V R 55/95, BStBl. II 1996, 561). **Verspätungszuschläge** (§ 152), die vor Eröffnung des Insolvenzverfahrens festgesetzt worden sind, sind (gewöhnliche) Insolvenzforderungen (BFH 19.1.2005 – VII B 286/04, BFH/NV 2005, 1001). Ist der Insolvenzverwalter der Verursacher, ist eine Masseverbindlichkeit gegeben (vgl. AEAO zu § 251 Nr. 5.1 Abs. 4). **VollstrKosten** (§§ 337 ff.) sind, soweit sie vor Insolvenzeröffnung angefallen sind, als Insolvenzforderungen anzumelden (Uhlenbruck InsO § 39 Rn. 21). Kosten, die nach Eröffnung des Insolvenzverfahrens angefallen sind (also Kosten der Teilnahme der FB am Insolvenzverfahren), sind nachrangig gem. § 39 I Nr. 2 InsO geltend zu machen (Frotscher Insolvenz, 73).

l) Umsatzsteuer. Allgemeines. Die Eröffnung des Insolvenzverfahrens wirkt sich grds. 71
weder auf die Unternehmereigenschaft des Insolvenzschuldners (§ 2 UStG) noch auf die Eigenschaft als Schuldner der USt (§ 13a UStG) aus. Dementsprechend wird der Besteuerungszeitraum (Kj.) iSv § 16 I 2 UStG nicht unterbrochen (BFH 16.12.2008 – VII R 17/08, BStBl. II 2010, 91). Auch wenn der Insolvenzverwalter und der Schuldner umsatzsteuerrechtlich getrennt zu erfassen sind, betreiben sie **ein Unternehmen;** die Einheit des Unternehmens nach § 2 I 2 UStG besteht fort (BFH 15.6.1999 – VII R 3/97, BStBl. II 2000, 46), allerdings spaltet sich das Unternehmen in **drei Unternehmensteile** auf, nämlich den vorinsolvenzrechtlichen Unternehmensteil, die Insolvenzmasse und das vom Insolvenzverwalter freigegebene (insolvenzfreie) Vermögen (BFH 9.12.2010 – V R 22/10, BStBl. II 2011, 996). Wird das Insolvenzverfahren über das Vermögen eines Unternehmers während eines Besteuerungs- (§ 16 UStG) bzw. Voranmeldungszeitraums (§ 18 UStG) eröffnet, ist die USt entspr. **aufzuteilen** (BFH 27.9.2018 – V R 45/16, BStBl. II 2019, 356).

Soweit die USt auf Umsätze entfällt, die **vor Eröffnung** des Insolvenzverfahrens ausgeführt worden sind, ist eine Insolvenzforderung (§ 38 InsO) gegeben. Die von einem „starken" vorläufigen Insolvenzverwalter im Antragsverfahren ausgeführten Umsätze begründen im Falle der späteren Eröffnung des Insolvenzverfahrens allerdings Masseverbindlichkeiten (§ 55 II InsO; → Rn. 31). Aufgrund der Regelung des § 55 IV InsO gilt dies auch für StVerbindlichkeiten des Schuldners, die von einem (schwachen) vorläufigen Insolvenzverwalter oder vom Schuldner mit Zustimmung eines vorläufigen Insolvenzverwalters begründet werden (→ Rn. 32, 56, auch zu den 2021 eingetretenen Änderungen). Abzustellen ist dabei auf die Entgeltvereinnahmung durch den vorläufigen Verwalter (BFH 24.9.2014 – V R 48/13, BStBl. II 2015, 506).

Die USt, die auf in der Zeit **nach Eröffnung** des Insolvenzverfahrens ausgeführten Umsätzen beruht, ist grds. Masseverbindlichkeit und (unter einer neuen St-Nr., die der Masse zugeteilt wird) durch StBescheid gegenüber dem Insolvenzverwalter festzusetzen, sofern die Umsätze, abziehbaren VStBeträge und Berichtigungen nach § 55 InsO der Masse zuzuordnen sind (BFH 24.8.2023 – V R 29/21, BStBl. II 2024, 313; Gosch AO § 251 Rn. 88).

Freigabe. Anders liegt es aber dann, wenn der Insolvenzverwalter die Tätigkeit des Insolvenzschuldners gem. **§ 35 II InsO** freigibt (BFH 1.9.2010 – VII R 35/08, BStBl. II 2011, 336; TK § 251 Rn. 81). Diese Entscheidung hat der Insolvenzverwalter umgehend nach Kenntnis der selbständigen Tätigkeit zu treffen, denn seine Entscheidung entfaltet erst ab Zugang der Freigabeerklärung beim Insolvenzschuldner Wirkung. Bis dahin aufgelaufe-

73 **Vorsteuervergütungsanspruch.** Maßgebend für das insolvenzrechtliche Begründetsein des VorStGuthabens ist der Zeitpunkt der Leistungserbringung an den Schuldner (BFH 16.11.2004 – VII R 75/03, BStBl. II 2006, 193). Es ist entspr. aufzuteilen. Soweit sich der VorStVergütungsanspruch aus VorStBeträgen zusammensetzt, die vor der Eröffnung des Insolvenzverfahrens, dh auch während der vorläufigen Verwaltung, begründet worden sind, geht der VStÜberhang in die StBerechnung des vorinsolvenzlichen Bereichs ein und kann dort mit StForderungen, namentlich einer als Insolvenzforderung angemeldeten UStSchuld, saldiert, somit aufgerechnet werden, ohne dass dies dem § 96 I Nr. 3 InsO (→ Rn. 85a) entgegenstünde (BFH 11.12.2024 – XI R 1/22, BFH/NV 2025, 587; BFH 16.11.2004 – VII R 75/03, BStBl. II 2006, 193). Eine davon abweichende Zuordnung zum Massebereich lässt sich auch nicht auf § 55 IV InsO stützen, da diese Regelung auf Vergütungsansprüche zugunsten der Masse nicht anzuwenden ist (BFH 23.7.2020 – V R 26/19, BStBl. II 2022, 495). Für den nach Verfahrenseröffnung entstandenen Teil bleibt es bei der Verrechnung im Rahmen der Festsetzung durch StBescheid. Zur Zuordnung eines VorStErstattungsanspruchs vgl. auch FG Niedersachsen 7.9.2017 – 11 K 10305/15, BeckRS 2017, 131062.

74 **Vorsteuerberichtigungsanspruch.** Ein VorStBerichtigungsanspruch nach § 15a UStG führt zu einer in die StBerechnung (§ 16 II 2 UStG) und StFestsetzung für die Masse einzubeziehenden Masseverbindlichkeit, wenn die für die Begründung des Anspruchs maßgebliche Änderung der Verhältnisse (zB durch eine Verwertungsmaßnahme wie Zwangsversteigerung eines Grundstücks) nach Eröffnung des Insolvenzverfahrens eintritt (BFH 8.3.2012 – V R 24/11, BStBl. II 2012, 466; HHSp § 251 Rn. 387; aA Frotscher Insolvenz, 235 ff.). Hierbei ist es unerheblich, ob die Änderung durch den Insolvenzverwalter oder durch einen absonderungsberechtigten Grundschuldgläubiger herbeigeführt worden ist (BFH 9.4.1987 – V R 23/80, BStBl. II 1987, 527). Der VorStBerichtigungsanspruch nach § 17 II Nr. 1 UStG entsteht wegen der damit einhergehenden Uneinbringlichkeit des Leistungsentgelts mit der Bestellung des vorläufigen Insolvenzverwalters mit Zustimmungsvorbehalt (BFH 13.2.2019 – XI R 19/16, BFH/NV 2019, 928). Endet zugleich die Organschaft, richtet sich der VorStBerichtigungsanspruch für Leistungsbezüge der Organgesellschaft, die unbezahlt geblieben sind, gegen den bisherigen Organträger (BFH 8.8.2013 – V R 18/13, BStBl. II 2017, 543). Der VorStBerichtigungsanspruch im Drei-Personen-Verhältnis ist demgegenüber mangels Bezugs zur Insolvenzmasse keine Masseverbindlichkeit (BFH 24.8.2023 – V R 29/21, BStBl. II 2024, 313).

75 **Vorsteuerrückforderungsanspruch.** Der VorStRückforderungsanspruch des FA wegen nicht bezahlter Rechnungen (§ 17 II Nr. 1 iVm § 17 I 2 UStG) ist Insolvenzforderung und nicht Masseverbindlichkeit, da der anspruchsbegründende Tatbestand der Uneinbringlichkeit spätestens im Zeitpunkt der Eröffnung des Insolvenzverfahrens gegeben ist (BFH 8.8.2013 – V R 18/13, BStBl. II 2017, 543; Gosch AO § 251 Rn. 144; s. auch Frotscher Insolvenz, 231 ff.), und zwar unabhängig davon, ob nach Verfahrensbeendigung eine Insolvenzquote geltend gemacht werden kann (Wäger DB 2012, 1460).

76 **m) Zinsen.** Soweit Zinsen (§§ 232–237) auf die Zeit vor Eröffnung des Insolvenzverfahrens entfallen, sind sie als Insolvenzforderungen anzumelden. Die danach anfallenden Zinsen sind als laufende Zinsen nachrangige Insolvenzforderungen (§ 39 I Nr. 1 InsO). Zu Erstattungszinsen (§ 233a), die zeitabschnittsweise neu entstehen, s. BFH 30.4.2007 – VII B 252/06, BFH/NV 2007, 1395.

77 **n) Zwangs- und Bußgelder, Geldstrafen.** Zwangsgelder, die vor Insolvenzeröffnung gegen den Schuldner festgesetzt wurden, sind idR aufzuheben, da entweder der Insolvenzverwalter die Handlung nachgeholt hat (vgl. § 335) oder der Schuldner nicht in der Lage ist, die geforderte Handlung nachzuholen (TK § 251 Rn. 83). Soweit Zwangsgelder nicht aufzuheben sind, sind sie nachrangig zu befriedigen (§ 39 I Nr. 3 InsO). Bußgelder und Geldstrafen sind auch dann nach § 39 I Nr. 3 InsO nachrangige Insolvenzforderungen,

wenn sie in einem StBußgeld- oder StStrafverfahren (§§ 369 ff.) verhängt worden sind (Frotscher Insolvenz, 73).

5. Neuerwerb und Neuschulden/insolvenzfreies Vermögen

Begriff. Nach § 35 I InsO zählt der (gesamte) Neuerwerb grds. zur Insolvenzmasse. Nicht zur Insolvenzmasse gehören die nicht der ZwangsVollstr unterliegenden (unpfändbaren) Gegenstände (§ 36 I InsO; Ausnahmen in § 36 II Nr. 2) sowie die Sachen, die Teil des gewöhnlichen Haushalts sind, im Haushalt des Schuldners gebraucht werden und keine ertragreiche Verwertung erwarten lassen (§ 36 II InsO). 78

Neuerwerb aus unselbständiger Schuldnertätigkeit. Erzielt der Insolvenzschuldner Einkünfte aus nichtselbständiger Arbeit, gehört nur der pfändbare **Nettolohn** (§ 850e Nr. 1 ZPO) als Neuerwerb in die Insolvenzmasse (Frotscher Insolvenz, 89), ebenso der nach § 46 I pfändbare Lohn- oder **EStErstattungsanspruch,** und zwar unabhängig davon, ob er sich auf Veranlagungszeiträume vor Eröffnung des Insolvenzverfahrens oder auf die Zeit des noch laufenden Insolvenzverfahrens bezieht (BFH 15.3.2017 – III R 12/16, BStBl. II 2018, 789; BGH 24.5.2007 – IX ZR 8/06, NJW 2007, 2556). Eine **ESt-Nachzahlung,** die der nichtselbständig tätige Insolvenzschuldner leisten muss, ist hingegen auch dann keine Masseverbindlichkeit, wenn pfändbarer Arbeitslohn zur Masse gelangt ist (BFH 27.7.2011 – VI R 9/11, BFH/NV 2011, 2111). Es handelt sich vielmehr um eine Forderung gegen das insolvenzfreie Vermögen (AEAO zu § 251 Nr. 7 Abs. 3). Die unterschiedliche Behandlung der Erstattung einerseits und der Nachzahlung andererseits ist strukturell in der InsO angelegt (BFH 15.3.2017 – III R 12/16, BStBl. II 2018, 789). Denn eine Masseverbindlichkeit knüpft nach § 55 I Nr. 1 InsO grds. an eine massebezogene Verwaltungsmaßnahme des Insolvenzverwalters an (BFH 21.7.2009 – VII R 49/08, BStBl. II 2010, 13). Die Arbeitstätigkeit des Insolvenzschuldners als solche ist aber keine Verwaltungsmaßnahme des Insolvenzverwalters. Ein Bezug zur Masse ist schließlich deshalb ausgeschlossen, weil (zumindest) die im Rahmen unselbständiger Beschäftigung erbrachte Arbeitskraft des Schuldners nicht zur Insolvenzmasse gehört (BFH 18.9.2012 – VIII R 47/09, BFH/NV 2013, 411; BGH 18.12.2008 – IX ZB 249/07, NJW-RR 2009, 632; FG Köln 3.8.2017 – 15 K 1474/16, BeckRS 2017, 156172; MüKo InsO § 35 Rn. 496; offenlassend aber BFH 24.2.2015 – VII R 27/14, BStBl. II 2015, 993 und BFH 8.9.2011 – V R 38/10, BStBl. II 2012, 270). Dementsprechend hat der Insolvenzverwalter auch keine Möglichkeit, die unselbständige Tätigkeit des Schuldners zu unterbinden oder zu beeinflussen (BFH 24.2.2011 – VI R 21/10, BStBl. II 2011, 520).

Neuerwerb aus selbständiger Schuldnertätigkeit. Nach Auffassung des BGH, der der BFH bislang folgt (BFH 24.2.2011 – VI R 21/10, BStBl. II 2011, 520; offen BFH 18.5.2010 – X R 11/09, BFH/NV 2010, 2114), gehören Einkünfte, die ein selbständig tätiger Schuldner nach der Insolvenzeröffnung erzielt, grds. **in vollem Umfang** ohne Abzug für beruflich bedingte Ausgaben als Neuerwerb zur Insolvenzmasse (BGH 19.5.2011 – IX ZB 94/09, ZInsO 2011, 1412). Der Schuldner kann allerdings gem. § 36 I 2 InsO iVm § 850i ZPO beantragen, dass ihm der nach dieser Vorschrift pfändungsfreie Betrag zur Bestreitung von Betriebsausgaben und Lebensunterhalt verbleibt, mithin nur der pfändbare Teil in die Insolvenzmasse fließt (BGH 20.3.2003 – IX ZB 388/02, NJW 2003, 2167; BFH 16.7.2015 – III R 32/13, BStBl. II 2016, 251). Als mit dem Neuerwerb in Verbindung stehende **Neuverbindlichkeiten** sind nach der Eröffnung begründete StAnsprüche, sofern sie nicht dem insolvenzfreien Vermögen zuzuordnen sind, als Masseschuld (§ 55 I Nr. 1 InsO; → Rn. 56, 59) aus der Insolvenzmasse zu begleichen – und demgemäß gegen den Insolvenzverwalter festzusetzen (BFH 27.10.2020 – VIII R 19/18, BStBl. II 2021, 819; Frotscher Insolvenz, 90; auch BGH 1.2.2007 – IX ZR 178/05, NJW-RR 2007, 1205). Hält dieser die selbständige Tätigkeit des Schuldners für rentabel, wird er die Aufnahme oder Fortführung der selbständigen Tätigkeit des Insolvenzschuldners im Interesse der Masse erlauben, sich für die Zugehörigkeit des hieraus erlangten Vermögens, soweit es dem Schuldner nicht für seinen Unterhalt belassen wird, zur Masse entscheiden und erklären, dass Ansprüche gegen den Schuldner aus selbständiger Tätigkeit im Insolvenzverfahren geltend gemacht werden können (sog. **Positiverklärung**). Zu den Folgen einer unterlassenen Freigabeentscheidung → Rn. 59, 71. Übt der Schuldner seine selbständige Tätigkeit hingegen ohne Wissen und Zutun des Insolvenzverwalters aus und gelangen die entsprechenden Erträge auch tatsächlich nicht zur Masse, liegt demgegenüber kein Neuerwerb iSd § 35 I InsO vor und ist eine Haftung der Masse für anfallende StSchulden ausgeschlossen (BFH 6.6.2019 – V R 51/17, BStBl. II 2021, 52).

Insolvenzfreies Vermögen. Ebenso verhält es sich (kein Neuerwerb), wenn der Insolvenzverwalter den Vermögenserwerb aus der nach der Insolvenzeröffnung fortgeführten freiberuflichen oder gewerblichen Tätigkeit des Insolvenzschuldners nach § 35 II 1 InsO freigibt (zu Einzelheiten der Freigabe → Rn. 59), um weitere mit der selbständigen Tätigkeit des Schuldners verbundene Belastungen für die Masse zu vermeiden (sog. **Negativerklärung;** vgl. auch MüKo InsO § 35 Rn. 50 ff.). Mit der Freigabeerklärung verzichtet der Insolvenzverwalter hinsichtlich des Neuerwerbs endgültig auf seine Verwaltungs- und Verfügungsbefugnis (BFH 18.12.2019 – XI R 10/19, BStBl. II 2020, 480). Die Freigabe erstreckt sich auf die Gesamtheit von Gegenständen und Werten, die der freigegebenen Tätigkeit gewidmet sind (vgl. BGH 9.2.2012 – IX ZR 75/11, NJW 2012, 1361) bzw. die auf dieser Tätigkeit beruhen, dh infolge der freigegebenen Tätigkeit entstehen oder vereinnahmt werden. Sie scheiden aus der Insolvenzmasse aus und unterliegen ebenso wie das insolvenzfreie Vermögen der uneingeschränkten Verwaltungs- und Verfügungsbefugnis des Schuldners (BGH 6.6.2019 – IX ZR 272/17, NJW 2019, 2156). Eine Zuordnung der Gegenstände zum steuerlichen Betriebsvermögen ist zwar die Regel, hierfür aber nicht zwingend erforderlich (BFH 26.11.2014 – VII R 32/13, BStBl. II 2015, 561). Hat der Insolvenzverwalter eine wirksame Freigabeerklärung abgegeben, hat der Insolvenzschuldner gem. § 35 I 2 InsO iVm § 295 II InsO die Insolvenzgläubiger durch Zahlungen an den Treuhänder/Insolvenzverwalter so zu stellen, als ob er ein angemessenes Dienstverhältnis eingegangen wäre (vgl. Frotscher Insolvenz, 92). EStSchulden, die aus einer solchen insolvenzfreien Tätigkeit entstanden sind, sind nicht der Insolvenzmasse zuzuordnen und nehmen damit nicht am Insolvenzverfahren teil (BFH 27.10.2020 – VIII R 19/18, BStBl. II 2021, 819; zur Verteilung s. AEAO zu § 251 Nr. 9.1). Die EStFestsetzung erfolgt hier gegenüber dem Insolvenzschuldner (BFH 16.4.2015 – III R 21/11, BStBl. II 2016, 29). Für die aus freigegebener Tätigkeit herrührenden Ansprüche aus dem UStSchuldverhältnis gilt insoweit nichts anderes. Sie sind als unselbständige Besteuerungsgrundlagen ebenfalls dem insolvenzfreien Vermögensbereich zuzuordnen (Wäger UStG Anhang zu § 18 Rn. 93). Auch ein UStVergütungsanspruch aufgrund eines Überhangs anrechenbarer VorSt über die zulasten des Unternehmers entstandene USt fällt in das insolvenzfreie Vermögen, wenn der Anspruch während des Insolvenzverfahrens durch eine mit allen Aktiva und Passiva vom Insolvenzverwalter freigegebene unternehmerische Tätigkeit des Schuldners entstanden ist (§ 35 II 1 InsO; BFH 1.9.2010 – VII R 25/09, BFH/NV 2011, 647). Zur Freigabe → Rn. 59, 71. Zu den zivilrechtlichen Folgen einer Freigabeerklärung s. BGH 9.2.2012 – IX ZR 75/11, NJW 2012, 1361.

VI. Aussonderungsrechte (§§ 47, 48 InsO)

79 **Rechtsnatur.** Der Aussonderungsanspruch ist die Geltendmachung der **Nichtzugehörigkeit eines Gegenstandes zur Insolvenzmasse;** er ist die insolvenzrechtliche Parallele zu § 771 ZPO (Uhlenbruck InsO § 47 Rn. 1 f.). Ein Aussonderungsrecht hat derjenige, der aufgrund eines dinglichen oder persönlichen Rechts geltend machen kann, dass ein Gegenstand nicht zur Insolvenzmasse gehört (§ 47 S. 1 InsO). Ein Aussonderungsrecht begründet insb. das Eigentum (an beweglichen und unbeweglichen Sachen sowie an Rechten) und der Eigentumsvorbehalt (→ § 262 Rn. 13 ff.; zu Einzelheiten s. Uhlenbruck InsO § 47 Rn. 9 ff.). Eine Ausnahme besteht im Fall der Insolvenz des Sicherungsgebers; hier steht im Vordergrund, dass das Sicherungsgut nur der Sicherung einer Forderung dient

und im Verhältnis zum Sicherungsgeber pfandrechtsartige Bedeutung hat (Uhlenbruck InsO § 47 Rn. 17). Der Sicherungsnehmer ist damit nur zur Absonderung berechtigt (§ 51 Nr. 1; → Rn. 80). Der Aussonderungsberechtigte ist nicht Insolvenzgläubiger (§ 47 S. 1 InsO). Zum Aussonderungsrecht des Treugebers am Guthaben eines Treuhandkontos in der Insolvenz des Treuhänders s. BGH 10.2.2011 – IX ZR 49/10, NJW-RR 2011, 779. Für den **StGläubiger** besteht ein Aussonderungsrecht für solche Gegenstände, die gem. § 215 I im StAufsichtsverfahren sichergestellt oder als Nebenfolge einer StStraftat gem. § 375 II eingezogen und in Staatseigentum (§ 216 bzw. § 74a StGB) überführt worden sind (HHSp § 251 Rn. 223). Der StGläubiger hat sein Aussonderungsrecht nach den Verfahrensvorschriften der AO durchzusetzen (§ 47 S. 2 InsO). S. auch Frotscher Insolvenz, 97 f.

VII. Abgesonderte Befriedigung (§§ 49–52 InsO)

Rechtsnatur. Die InsO unterscheidet zwischen der abgesonderten Befriedigung aus 80
unbeweglichem Vermögen (§ 49 InsO) und aus beweglichem Vermögen (§§ 50, 51 InsO). Anders als bei der Aussonderung (→ Rn. 79) gehört der abzusondernde Gegenstand zur Insolvenzmasse. Das Absonderungsrecht gewährt dem Gläubiger nur die vorzugsweise Befriedigung aus dem zur Masse gehörenden Gegenstand und schmälert damit letztlich die Insolvenzmasse; umgekehrt führt ein Überschuss aus der Verwertung zur Bereicherung der Insolvenzmasse (BFH 6.6.1991 – V R 115/87, BStBl. II 1991, 817). Der Absonderungsanspruch ist auf den Erlös gerichtet, der aus der Verwertung der Gegenstände erzielt wird. Zur umsatzsteuerlichen Behandlung der Verwertung von beweglichen und unbeweglichen Gegenständen mit Absonderungsrecht durch den Insolvenzverwalter s. BFH 28.7.2011 – V R 28/09, BStBl. II 2014, 406; auch BFH 2.12.2013 – XI B 5/13, BFH/NV 2014, 588; krit. Johann DStZ 2012, 127 ff.; → Rn. 72. Zur ertragsteuerlichen Behandlung s. BFH 12.11.2024 – IX R 6/24, BStBl. II 2025, 350; → Rn. 60.

Finanzbehörde als Absonderungsberechtigte. Der FB können Absonderungsrechte 81
gem. § 49 InsO aufgrund von Grundpfandrechten (zB Sicherungshypothek nach § 322, Grundschuld nach § 1191 BGB) zustehen. Ebenso kommen Rechte nach § 50 I InsO (Pfändungspfandrechte an gepfändeten beweglichen Sachen; vgl. § 285) und Rechte nach § 51 Nr. 1 InsO (Sicherungsübereignungen und -abtretungen durch den Stpfl.) in Betracht. Daneben räumt § 51 Nr. 4 InsO Bund, Ländern sowie Gemeinden und Gemeindeverbänden wegen öffentlicher Abgaben ein Absonderungsrecht an steuer- und zollpflichtigen Gegenständen ein. Die Grundlage bildet die Sachhaftung verbrauchsteuer- und zollpflichtiger Sachen. Das Absonderungsrecht entsteht automatisch, soweit die Sachhaftung reicht (§ 76). Das Absonderungsrecht des Fiskus hat Vorrang vor den übrigen Absonderungsrechten. Zu weiteren Einzelheiten → § 76 Rn. 1 sowie Frotscher Insolvenz, 99 f.; Uhlenbruck InsO § 51 Rn. 57 ff.

VIII. Aufrechnung in der Insolvenz

Allgemeines. Die Aufrechnung mit Ansprüchen aus dem StSchuldverhältnis und gegen 82
diese richtet sich nach § 226 (Einzelheiten → § 226). Die in § 226 normierten Voraussetzungen gelten grds. auch für die Aufrechnung in der Insolvenz (vgl. allg. Holzer DStR 1998, 1268). Insbesondere wirkt sich die Insolvenzeröffnung nicht auf die Frage der Gegenseitigkeit (→ § 226 Rn. 10) aus. Das Insolvenzverfahren führt zwar zu unterschiedlichen Haftungs- bzw. Vermögensmassen (→ Rn. 60, 71). Deren **alleiniger Rechtsträger** bleibt aber in jedem Fall der Insolvenzschuldner (BFH 26.11.2014 – VII R 32/13, BStBl. II 2015, 561). Für die Aufrechnung im Insolvenzverfahren sind allerdings zusätzlich die §§ 94–96 InsO zu beachten; sie modifizieren die Aufrechnung nach § 226 iVm §§ 387 ff. BGB. Zur Aufrechnung bei vorübergehender Masseunzulänglichkeit vgl. BFH 17.9.2019 – VII R 31/18, BStBl. II 2023, 221.

Ergänzender Gläubigerschutz bei bestehender Aufrechnungslage. Wer aufgrund gegebener Aufrechnungslage (→ § 226 Rn. 9) schon vor Eröffnung des Insolvenzverfahrens zur Aufrechnung berechtigt war, soll seine Aufrechnungsmöglichkeit durch die Verfahrenseröffnung grds. nicht verlieren (Welzel DStZ 1999, 562). Dementsprechend stellt **§ 94 InsO** klar, dass eine im Zeitpunkt der Verfahrenseröffnung bestehende Aufrechnungslage durch die Eröffnung nicht berührt wird und die Aufrechnung zulässig bleibt. Da gegen den Stpfl. nach Eröffnung des Insolvenzverfahrens über sein Vermögen keine die Insolvenzmasse betreffenden StBescheide und auch keine Haftungsbescheide mehr ergehen dürfen (BFH 31.1.2012 – I S 15/11, BFH/NV 2012, 989; → Rn. 17, 42), richtet sich die Fälligkeit der StForderung des FA nach § 220 II Satz 1, mit der Folge, dass die StAnsprüche mit der Eröffnung fällig werden und das FA mit Forderungen, die vor Verfahrenseröffnung entstanden sind, aufrechnen kann, ohne dass es deren vorheriger Festsetzung, Feststellung oder Anmeldung zur Insolvenztabelle bedarf (BFH 4.5.2004 – VII R 45/03, BStBl. II 2004, 815; ebenso BGH 6.12.2012 – VII ZR 189/10, ZInsO 2013, 184; Gosch AO § 251 Rn. 210; aA Klein § 226 Rn. 66; Frotscher Insolvenz, 103 f.: Fälligkeit bestimme sich nach insolvenzrechtlichen Regeln; auch MüKo InsO § 95 Rn. 9).

Ergänzender Gläubigerschutz bei nachträglicher Aufrechnungslage. Demgegenüber erfasst **§ 95 InsO** den erst nach der Eröffnung des Insolvenzverfahrens liegenden Eintritt der Aufrechnungsvoraussetzungen, also die nachträgliche Aufrechnungslage. War diese im Kern schon vorinsolvenzlich angelegt, verdient auch derjenige Schutz, der im Vertrauen auf das spätere Entstehen der Aufrechnungslage vor Verfahrenseröffnung von der Durchsetzung seiner Forderung ausgehen durfte (MüKo InsO § 95 Rn. 2). Die Aufrechnung bleibt deshalb auch dann möglich, wenn sich die Forderungen erst nach Verfahrenseröffnung in aufrechenbarer Weise, dh gleichartig, fällig und unbedingt gegenüberstehen (§ 95 I 1 InsO). Ob diese Voraussetzungen vorliegen, hängt davon ab, ob die Gegenforderung „ihrem Kern nach" bereits vor der Eröffnung des Insolvenzverfahrens entstanden ist. Der zugrunde liegende zivilrechtliche Sachverhalt, der zu der Entstehung des steuerlichen Anspruchs führt, muss bereits vor Eröffnung des Insolvenzverfahrens verwirklicht worden sein (BFH 17.4.2007 – VII R 27/06, BStBl. II 2009, 589; vgl. grundlegend → Rn. 46). Wird die StForderung (Gegenforderung) aufgrund einer Stundung (§ 222) aber erst nach Verfahrenseröffnung fällig und bestand zu diesem Zeitpunkt bereits die Fälligkeit des Erstattungsanspruchs (Hauptforderung), kann die FB nicht mehr gegen den zur Masse gehörenden Erstattungsanspruch aufrechnen, denn der Insolvenzverwalter hätte diesen schon vorab gegen das FA durchsetzen können (§ 95 I 3 InsO; MüKo InsO § 95 Rn. 7); ein schutzwürdiges Vertrauen auf die eigene (künftige) Aufrechnungsmöglichkeit des FA kann in diesen Fällen nicht entstehen (Frotscher Insolvenz, 105; auch BFH 18.2.2020 – VII R 39/18, BStBl. II 2023, 224). Anders liegt es, wenn der Insolvenzverwalter im eröffneten Verfahren eine berichtigte LStAnmeldung oder USt-Voranmeldung abgibt, die zu einer Erstattung führt, da dieser Erstattungsanspruch erst mit der Zustimmung der FB fällig wird (§ 168 S. 2). Wartet die FB mit der Zustimmung zunächst die Fälligkeit der eigenen Gegenforderung ab, kann sie ihre Zustimmung mit der Aufrechnungserklärung verbinden (BFH 26.7.2005 – VII R 70/04, BFH/NV 2006, 7; FG Brandenburg 12.7.2005 – 3 K 1669/02, EFG 2006, 1480). Ausreichend ist, wenn beide Forderungen gleichzeitig fällig werden (BGH 23.6.2005 – IX ZR 139/04, ZInsO 2005, 929). Die Aufrechnungsbeschränkung des § 95 I 3 InsO gilt nur im (eröffneten) Insolvenzverfahren, nicht in der sich an die Aufhebung des Insolvenzverfahrens anschließenden Wohlverhaltensphase im Restschuldbefreiungsverfahren (→ Rn. 120). Zur Aufrechnung bei vorübergehender Masseunzulänglichkeit vgl. BFH 17.9.2019 – VII R 31/18, BStBl. II 2023, 221. Aufrechnungsbefugt sind alle Insolvenzgläubiger – auch die nachrangigen (§ 39 InsO) – und die Absonderungsberechtigten, denen der Schuldner persönlich haftet (§ 52 InsO).

Empfänger der **Aufrechnungserklärung** ist der Insolvenzverwalter. Bestreitet dieser die Zulässigkeit der Aufrechnung, muss die FB einen **Abrechnungsbescheid** erlassen

(→ § 226 Rn. 56). Inhaltsadressat des Abrechnungsbescheids ist der Schuldner, Bekanntgabeadressat der Insolvenzverwalter (TK § 251 Rn. 103). Die StBerechnung gem. §§ 16 ff. UStG ist keine Aufrechnung und unterliegt daher nicht den Beschränkungen der §§ 94 ff. InsO (BFH 24.11.2011 – V R 13/11, BStBl. II 2012, 298; auch BFH 3.8.2022 – XI R 44/20, BFH/NV 2023, 334).

Unzulässigkeit der Aufrechnung nach Verfahrenseröffnung (§ 96 InsO). Zum 83
Schutz der Insolvenzmasse und der gleichmäßigen Gläubigerbefriedigung schränkt § 96 I InsO die Aufrechnungsbefugnis **in vier Fällen** ein (Braun InsO § 96 Rn. 1) und zwar, wenn die (zur Masse gehörende Haupt-) Forderung, gegen die der Insolvenzgläubiger aufrechnen will, erst nach Eröffnung des Insolvenzverfahrens entstanden ist (§ 96 I **Nr. 1** InsO), wenn der Insolvenzgläubiger die (Gegen-)Forderung, mit der er aufrechnen will, erst nach Eröffnung des Insolvenzverfahrens von einem anderen Gläubiger – zB durch Abtretung – erworben hat (§ 96 I **Nr. 2** InsO), wenn der Insolvenzgläubiger die Möglichkeit der Aufrechnung durch eine anfechtbare Rechtshandlung erlangt hat (§ 96 I **Nr. 3** InsO), oder wenn jemand der Insolvenzmasse verpflichtet ist und nach Verfahrenseröffnung eine Forderung gegen das insolvenzfreie Vermögen des Schuldners erwirbt (§ 96 I **Nr. 4** InsO). § 96 I **Nr. 1** ist **sinngemäß** anzuwenden, wenn ein Massegläubiger erst nach Anzeige der Masseunzulänglichkeit etwas zur Masse schuldig wird (BFH 4.3.2008 – VII R 10/06, BStBl. II 2008, 506; MüKo InsO § 96 Rn. 32; TK § 251 Rn. 101). Die zur analogen Anwendung der Abrechnungsverbote führende Gefahr, dass die für die Verteilung der unzulänglichen Masse geltenden Rechtsregeln durch eine Aufrechnung unterlaufen werden könnten, besteht jedoch nicht mehr, wenn die Masse wieder zulänglich wird und die Erfüllung sämtlicher Masseverbindlichkeiten erwartet werden kann (BFH 17.9.2019 – VII R 31/18, BStBl. II 2023, 221). Für StForderungen dürften lediglich die Aufrechnungsverbote gem. § 96 I Nr. 1, 3 und 4 InsO praktische Bedeutung haben. § 96 I Nr. 2 InsO käme allenfalls in Betracht, wenn sich die FB eines Bundeslandes Forderungen der FB anderer Bundesländer abtreten ließe, um mit diesen gegen StErstattungsansprüche aufzurechnen (HHSp § 251 Rn. 440).

Zum Schutz der allen Insolvenzgläubigern gleichermaßen zur Befriedigung dienenden 84
Insolvenzmasse schränkt **§ 96 I Nr. 1 InsO** die Aufrechnung ein, wenn der Insolvenzgläubiger erst nach der Verfahrenseröffnung etwas (nämlich die Hauptforderung) zur Insolvenzmasse schuldig geworden ist (MüKo InsO § 96 Rn. 1). Ob dies der Fall ist, richtet sich nicht nach § 38, sondern ist nach insolvenzrechtlichen Grundsätzen zu beurteilen (BFH 31.10.2018 – III B 77/18, BFH/NV 2019, 123; TK § 251 Rn. 102; → Rn. 46, 58 ff.). Für die Anwendung des § 96 I Nr. 1 InsO ist danach entscheidend, ob der den StAnspruch begründende Tatbestand nach den steuerrechtlichen Vorschriften bereits vor oder erst nach Insolvenzeröffnung „vollständig verwirklicht und damit abgeschlossen" wurde. Die FB wird mit anderen Worten einen steuerlichen Erstattungs- und Vergütungsanspruch zur Masse schuldig, wenn sämtliche materiell-rechtlichen Tatbestandsvoraussetzungen für die Entstehung des Erstattungsanspruchs im Zeitpunkt der Eröffnung des Insolvenzverfahrens bereits erfüllt waren (BFH 15.10.2019 – VII R 31/17, BStBl. II 2023, 262; zur ESt → Rn. 46, 61; zur USt → Rn. 71, 73 ff.). Für StErstattungs- und Vergütungsansprüche aus dem Neuerwerb gilt dies nur, soweit der Neuerwerb des Schuldners zur Masse gehört (→ Rn. 78). Ist dies im Anschluss an eine Freigabe des Insolvenzverwalters nach § 35 II InsO nicht der Fall, gehört der Erstattungs- und Vergütungsanspruch grds. in das insolvenzfreie Vermögen des Schuldners (→ Rn. 85). Ohne das Aufrechnungsverbot nach § 96 I Nr. 1 InsO bestünde die Gefahr, dass der Insolvenzgläubiger im laufenden Insolvenzverfahren mit einer im Zeitpunkt der Verfahrenseröffnung „ungesicherten" Insolvenzforderung aufrechnet und sich dadurch eine von der Quote abweichende („inkongruente") Befriedigung zum Nachteil der übrigen Insolvenzgläubiger verschaffen könnte (Frotscher Insolvenz, 105).

Hat der Insolvenzverwalter dem Insolvenzschuldner eine gewerbliche Tätigkeit durch 85
Freigabe aus dem Insolvenzbeschlag ermöglicht (→ Rn. 78), fällt ein durch diese Tätigkeit

erworbener UStVergütungsanspruch nicht in die Insolvenzmasse, sondern in das **insolvenzfreie Vermögen** und kann vom FA mit vorinsolvenzlichen StSchulden (Insolvenzforderungen) verrechnet werden (BFH 1.9.2010 – VII R 35/08, BStBl. II 2011, 336; → Rn. 71). Ein insolvenzrechtlicher Schutz des insolvenzfreien Vermögens vor Aufrechnungen besteht nicht (TK § 251 Rn. 101). Insbesondere enthält die InsO kein allgemeines Verbot, Ansprüche der einen Vermögensmasse gegen Forderungen, die in die andere fallen, zu verrechnen bzw. ein Gebot, die Trennung der vorgenannten Forderungskategorien in jeder Hinsicht strikt durchzuführen und Insolvenzgläubigern als Haftungssubstrat ausschließlich die Insolvenzmasse zuzuweisen (BFH 1.9.2010 – VII R 35/08, BStBl. II 2011, 336; Klein § 226 Rn. 96). Umgekehrt ist das FA aber gehindert, eine das freigegebene und deshalb insolvenzfreie Vermögen betreffende StForderung dadurch zu begleichen, dass es gegen diese mit einem vor oder nach der Eröffnung des Insolvenzverfahrens begründeten und zur Masse gehörenden StErstattungsanspruch des Schuldners aufrechnet. Denn hier besteht mit **§ 96 Nr. 4 InsO** ein besonders geregeltes Aufrechnungsverbot (Frotscher Insolvenz, 106).

85a Nach **96 I Nr. 3 InsO** wird eine Aufrechnung für den Fall ausgeschlossen, dass ein (späterer) Insolvenzgläubiger die Möglichkeit der Aufrechnung (außerhalb des Insolvenzverfahrens) durch eine anfechtbare Rechtshandlung (§§ 129 ff. InsO) erlangt hat (BFH 20.6.2023 – VII R 22/19, BStBl. II 2024, 188). Das Vertrauen des Gläubigers auf den Bestand einer durch eine anfechtbare Rechtshandlung geschaffenen Rechtslage ist nämlich nicht schutzwürdig (BGH 11.12.2008 – IX ZR 195/07, NJW 2009, 363). Der für die Anfechtbarkeit wesentliche Zeitpunkt der Vornahme der Rechtshandlung ist (sinngemäß) nach § 140 InsO zu bestimmen. Entscheidend ist dabei, wann das Gegenseitigkeitsverhältnis (im Kern) begründet worden ist, und nicht, ob die Forderung des Schuldners oder des Insolvenzgläubigers früher entstanden oder wann welche Forderung fällig geworden ist (BFH 18.2.2020 – VII R 39/18, BStBl. II 2023, 224). „Rechtshandlung" ist jedes Tun oder Unterlassen (§ 129 II InsO), das eine rechtliche Wirkung nach außen auslöst; erfasst werden somit nicht nur Willenserklärungen, sondern auch Realakte – zB Zahlungen – sowie Prozess- und Vollstreckungshandlungen (BFH 15.10.2019 – VII R 31/17, BStBl. II 2023, 262; → Rn. 88), nicht aber insolvenzgerichtliche Maßnahmen (BFH 3.8.2022 – XI R 44/20, BFH/NV 2023, 334). Handlungen des Schuldners oder Dritter (zB Aufrechnung durch das FA), die zum Entstehen einer UStSchuld führen, stellen ebenfalls eine solche anfechtbare Rechtshandlung dar, durch die das Schuldnervermögen belastet wird (BGH 22.10.2009 – IX ZR 147/06, DStR 2010, 1145; Werth DStZ 2010, 572). Dementsprechend ist die Verrechnung von Insolvenzforderungen des FA mit einem VorStVergütungsanspruch des Insolvenzschuldners unzulässig, wenn bei Erbringung der diesem Anspruch zugrunde liegenden Leistungen die Voraussetzungen des § 130 InsO oder § 131 InsO vorlagen (Unzulässigkeit der Aufrechnung in kritischer Zeit vor Eröffnung eines Insolvenzverfahrens; BFH 2.11.2010 – VII R 6/10, BStBl. II 2011, 374 unter Aufgabe seiner bisherigen Rspr.; Jatzke DStR 2011, 919), was der Insolvenzverwalter zu beweisen hat (BFH 15.10.2019 – VII R 31/17, BStBl. II 2023, 262). Zum insolvenzbedingten VorStBerichtigungsanspruch s. BFH 3.8.2022 – XI R 44/20, BFH/NV 2023, 334). Greift die auf § 96 I Nr. 3 InsO gestützte Gegeneinrede des Insolvenzverwalters durch, kann er die (Haupt-)Forderung der Masse geltend machen, als wäre die Aufrechnung nicht erfolgt, denn einer etwaigen Aufrechnungserklärung wird jegliche Rechtswirkung genommen; einer zusätzlichen Anfechtung der Rechtshandlung bedarf es deshalb nicht (BFH 5.5.2015 – VII R 37/13, BStBl. II 2015, 856).

IX. Insolvenzanfechtung (§§ 129–147 InsO)

1. Allgemeines

86 **Regelungszweck.** Die Verfügungsbeschränkungen der §§ 80 ff. InsO stellen sicher, dass durch Handlungen nach Verfahrenseröffnung keine die Insolvenzgläubiger benach-

teiligende Massekürzung eintritt. Demgegenüber soll mit der Insolvenzanfechtung der Bestand des den Gläubigern haftenden Schuldnervermögens dadurch wiederhergestellt werden, dass **Vermögensverschiebungen rückgängig gemacht** werden, die insb. in der Zeit der Krise vor der Verfahrenseröffnung zum Nachteil der Gläubiger vorgenommen wurden (Uhlenbruck InsO Vorb. §§ 129 ff. Rn. 1). Die Insolvenzanfechtung geht grds. der Gläubigeranfechtung nach dem AnfG vor (vgl. §§ 16–18 AnfG; TK § 251 Rn. 84). Gläubiger, die keine Insolvenzgläubiger sind, sind allerdings an der Ausübung der Anfechtung nach dem AnfG auch während des Insolvenzverfahrens nicht gehindert (Römermann InsO § 129 Rn. 17).

2. Tatbestandsmerkmale der Insolvenzanfechtung (§ 129 InsO)

Der Insolvenzverwalter kann Rechtshandlungen, die vor Eröffnung des Insolvenzverfahrens vorgenommen wurden und die Insolvenzgläubiger benachteiligen, nach Maßgabe der §§ 130–146 InsO anfechten (§ 129 I InsO). 87

Anfechtbare Rechtshandlung ist jedes von einem Willen getragene Handeln oder Unterlassen (§ 129 II InsO) vor Eröffnung des Insolvenzverfahrens, das eine rechtliche Wirkung auslöst. Hierzu gehören sowohl Willenserklärungen – insb. Verfügungen wie zB Genehmigungen von Lastschriften (BGH 29.5.2008 – IX ZR 42/07, NJW-RR 2008, 1500), Abtretung von Forderungen (BGH 20.12.2012 – IX ZR 130/10, NJW-RR 2013, 880) und geschäftsähnliche Handlungen – als auch Realakte wie zB die Sachhaftung nach § 76 (BGH 9.7.2009 – IX ZR 86/08, NJW-RR 2010, 118) und die Übergabe eines Schecks an den Vollziehungsbeamten der FB (BGH 14.6.2012 – IX ZR 145/09, NJW 2013, 53) sowie Handlungen auf prozessrechtlichem Gebiet und VollstrHandlungen der FB (vgl. § 141 InsO; BFH 15.10.2019 – VII R 31/17, BStBl. II 2023, 262; BGH 21.3.2000 – IX ZR 138/99, NJW-RR 2000, 1215 und BGH 25.10.2007 – IX ZR 157/06, NJW-RR 2008, 647 zu Zahlungen eines Drittschuldners; Römermann InsO § 129 Rn. 34). Die Abgabe der UStVoranmeldung durch den späteren Insolvenzschuldner, die schon vorinsolvenzlich zur Aufrechnungslage führt (BFH 14.1.2009 – VII S 24/08 (PKH), BFH/NV 2009, 885), und die (zur insolvenzrechtlich unbeachtlichen Festsetzung führende) Zustimmung der FB gem. § 168 S. 2 (Frotscher Insolvenz, 121) werden aber trotz dieses weiten Verständnisses nicht als Rechtshandlungen angesehen (vgl. aber → Rn. 85a). 88

Einzelbetrachtung. Unter Berücksichtigung des spezifischen Schutzzwecks ist der Begriff der Rechtshandlung nach dem AnfG ein anderer als derjenige nach der InsO (Uhlenbruck InsO § 129 Rn. 17). Während im Rahmen des AnfG immer der gesamte, den Rechtserfolg auslösende Vorgang in den Blick zu nehmen ist (Gesamtbetrachtung; BGH 11.3.2010 – IX ZR 104/09, NJW-RR 2010, 980), gilt hinsichtlich der Insolvenzanfechtung der Grundsatz der Einzelbetrachtung, wonach jede Handlung auf ihre Anfechtbarkeit hin zu überprüfen ist (Uhlenbruck InsO § 129 Rn. 93). Besteht ein Rechtsgeschäft wie im Falle des Grundstückskaufvertrages aus mehreren Rechtsakten, sind das Grund- und das Erfüllungsgeschäft nach dem AnfG als Einheit anzusehen, sodass die anfechtbare Handlung erst zum Zeitpunkt der Vornahme des Erfüllungsgeschäftes vorliegt (BFH 15.10.1996 – VII R 35/96, BStBl. II 1997, 17). Nach der InsO liegen hingegen (dem Abstraktionsprinzip folgend) verschiedene Rechtshandlungen vor, von denen jede für sich anfechtbar ist (Römermann InsO § 129 Rn. 52; MüKo InsO § 129 Rn. 57; vgl. auch BGH 11.1.2007 – IX ZR 31/05, NJW 2007, 1357 zur Ausstellung/Hingabe und Einlösung eines Schecks; BGH 21.3.2000 – IX ZR 138/99, NJW-RR 2000, 1215 zur Pfändung und Überweisung eines Kontoguthabens). Auch die Herstellung einer Aufrechnungslage durch Rechtshandlungen ist eine eigenständige Rechtshandlung und folglich selbständig anfechtbar (BFH 18.2.2020 – VII R 39/18, BStBl. II 2023, 224). Rechtshandlungen des Insolvenzverwalters und Handlungen des Schuldners, denen der spätere Insolvenzverwalter als mit Zustimmungsvorbehalt ausgestatteter (starker) vorläufiger Insolvenzverwalter (§ 21 InsO; → Rn. 31) ausdrücklich zugestimmt hat, sind – letztere aus Gründen des Vertrauensschutzes – nicht anfechtbar, es sei denn, der Verwalter hat sich die Anfechtung im Zuge der Zustimmung ausdrücklich vorbehalten (BGH 9.12.2004 – IX ZR 108/04, NJW 2005, 1118).

89 **Gläubigerbenachteiligung.** Voraussetzung sämtlicher Anfechtungstatbestände ist, dass die Insolvenzgläubiger in ihrer Gesamtheit durch eine Rechtshandlung **objektiv** benachteiligt sind (Uhlenbruck InsO § 129 Rn. 91). Eine Benachteiligung liegt vor, wenn der Zugriff der Insolvenzgläubiger auf das Schuldnervermögen durch die Rechtshandlung vereitelt, erschwert, gefährdet oder verzögert wird, sei es durch Vermehrung der Passiva oder Verringerung der Aktiva (Römermann InsO § 129 Rn. 63). Hierbei kommt es weniger auf eine juristische als vielmehr auf eine **wirtschaftliche Betrachtung** an (Braun InsO § 129 Rn. 25), dh, die Befriedigungsmöglichkeiten der Insolvenzgläubiger müssen ohne die Handlung bei wirtschaftlicher Betrachtungsweise günstiger gewesen sein (BGH 22.11.2012 – IX ZR 142/11, NJW-RR 2013, 165). Weiter gehört zur Gläubigerbenachteiligung, dass sich die Rechtshandlung auf **pfändbare Vermögensgegenstände** beziehen muss (Uhlenbruck InsO § 129 Rn. 184). Rechtshandlungen, die sich auf Vermögensgegenstände beziehen, die nicht der Zwangsvollstr. unterliegen und damit von vornherein nicht zur Insolvenzmasse iSd §§ 35, 36 InsO gehören, können die Insolvenzgläubiger nicht benachteiligen (BGH 7.4.2016 – IX ZR 145/15, NJW-RR 2016, 873). Anfechtbar ist jedoch eine Rechtshandlung, wenn dadurch – wie beim Kauf eines unpfändbaren Gegenstandes – die Unpfändbarkeit erst begründet wird (Uhlenbruck InsO § 129 Rn. 186). Die Rechtshandlung muss sich auf einen **verwertbaren (werthaltigen) Vermögensgegenstand** beziehen, dessen Verwertung für die Masse einen Vorteil erbringen kann (Uhlenbruck InsO § 129 Rn. 198). Deshalb ist die Verfügung über wertausschöpfend belastete Sachen oder Rechte für den Insolvenzgläubiger nicht benachteiligend (BGH 9.6.2016 – IX ZR 153/15, ZInsO 2016, 1578; auch BFH 14.7.1981 – VII R 49/80, BStBl. II 1981, 751 zum AnfG).

Kausalität. Erforderlich ist zudem ein **Ursachenzusammenhang** zwischen der angefochtenen Rechtshandlung und der Beeinträchtigung des Gläubigerzugriffs auf die Masse. Dieser ist schon dann gegeben, wenn die Rechtshandlung im natürlichen Sinn eine (nicht hinwegzudenkende) Bedingung für die Gläubigerbenachteiligung darstellt. Unschädlich ist es, wenn zu der angefochtenen Rechtshandlung ein weiterer Umstand hinzutritt, der erst mit dieser zusammen die Gläubigerbenachteiligung auslöst, seinerseits aber nicht durch eine anfechtbare Rechtshandlung verursacht ist. Durch das Hinzutreten solcher weiteren Umstände wird die Kausalität nicht unterbrochen (BFH 2.11.2010 – VII R 6/10, BStBl. II 2011, 374). Hypothetische Ursachen sind, auch wenn sie zu einer Benachteiligung hätten führen können, nicht zu berücksichtigen (BGH 9.6.2016 – IX ZR 153/15, ZInsO 2016, 1578; Braun InsO § 129 Rn. 47).

90 **Ausübung des Anfechtungsrechts.** Inhaber des Anfechtungsrechts ist für die Dauer des Insolvenzverfahrens der **Insolvenzverwalter.** Dem vorläufigen Insolvenzverwalter steht kein Anfechtungsrecht zu (MüKo InsO § 129 Rn. 193). Die Anfechtung ist grds. **gegenüber dem Empfänger** der anfechtbaren Leistung geltend zu machen (§ 144 I InsO) bzw. gegenüber bestimmten Einzel- oder Gesamtrechtsnachfolgern (§ 145 InsO). Die Anfechtung nach §§ 129 ff. InsO erfolgt durch Klage, Widerklage usw. (Römermann InsO § 129 Rn. 108). Unabhängig vom Rechtsverhältnis zwischen Anfechtungsgegner und Schuldner ist der Anfechtungsrechtsstreit **stets bürgerlich-rechtlicher Natur;** mithin sind die ordentlichen Gerichte zuständig (BGH 2.6.2005 – IX ZB 235/04, NJW-RR 2005, 1138). Der auf einer erfolgreichen Insolvenzanfechtung beruhende Rückgewähranspruch des Insolvenzverwalters ist ein zivilrechtlicher Anspruch, der mit der Insolvenzeröffnung entsteht (BGH 24.3.2011 – IX ZB 36/09, NJW 2011, 1365; vgl. auch BFH 27.9.2012 – VII B 190/11, BStBl. II 2013, 109). Das gilt auch für den Anspruch des Insolvenzverwalters auf Rückgewähr (vermeintlich) in anfechtbarer Weise geleisteter Steuern nebst Zinsen (BFH 18.4.2023 – VII R 35/19, BStBl. II 2024, 193). Auch der umgekehrte Fall, dh die Rückforderung einer auf einer (vermeintlich) unberechtigten Insolvenzanfechtung beruhenden Leistung des FA, bleibt ein bürgerlich-rechtlicher Anspruch und

ist kein Anspruch aus dem StSchuldverhältnis iSd § 37 (BFH 12.11.2013 – VII R 15/13, BStBl. II 2014, 359). Zu den **Auskunftsrechten** des Insolvenzverwalters zur Vorbereitung der Geltendmachung von Anfechtungsansprüchen nach §§ 129 ff. InsO → Rn. 37. Zu den **steuerrechtlichen Folgen** einer Insolvenzanfechtung s. Schmittmann NZI 2014, 638.

3. Die einzelnen Anfechtungstatbestände (§§ 130–136 InsO)

§ 130 InsO regelt die Fälle der **kongruenten Deckung.** Diese ist nach **§ 130 I Nr. 1** 91
InsO gegeben, wenn innerhalb der letzten drei Monate vor dem Antrag auf Eröffnung des Insolvenzverfahrens Rechtshandlungen vorgenommen worden sind, die dem Gläubiger eine ihm im Grundsatz zustehende Sicherung oder Befriedigung gewähren, der Gläubiger aber bösgläubig war, weil ihm schon zum Zeitpunkt der Vornahme der Handlung die Zahlungsunfähigkeit des Schuldners (→ Rn. 27) bekannt war, er also von der Krise wusste (Uhlenbruck InsO § 130 Rn. 5). Nach Eröffnung des Verfahrens ist es nach **§ 130 I Nr. 2 InsO** für ein anfechtbares Deckungsgeschäft bereits ausreichend, dass der Insolvenzgläubiger den Antrag bei dessen Vornahme kannte (Uhlenbruck InsO § 130 Rn. 55). **Kenntnis** bedeutet positive Kenntnis; Kennenmüssen, Zweifel oder Vermutungen reichen nicht (Uhlenbruck InsO § 130 Rn. 58, 61). Allerdings genügt nach **§ 130 II InsO** das Wissen von Umständen, die zwingend auf die Zahlungsunfähigkeit oder den Eröffnungsantrag schließen lassen, etwa vorhandene, im Umfang zunehmende StRückstände, fruchtlose VollstrVersuche oder eine Zahlungseinstellung (→ Rn. 27; weitere Indizien vgl. Uhlenbruck InsO § 130 Rn. 69 ff.). Auch wenn insoweit ebenfalls (grob)fahrlässige Unkenntnis nicht ausreicht (MüKo BGB § 130 Rn. 34), dürften den FB solche krisenhaften Entwicklungen angesichts der ihnen üblicherweise zugänglichen Informationen kaum verborgen bleiben (vgl. BGH 9.1.2003 – IX ZR 175/02, NJW-RR 2003, 697). Hierbei ist allerdings zu beachten, dass die Kenntnis des Vollziehungsbeamten des FA/HZA unschädlich ist; er ist wie der Gerichtsvollzieher kein rechtsgeschäftlicher Vertreter des Gläubigers (BGH 29.3.2012 – IX ZR 26/10, NZS 2012, 581; Uhlenbruck InsO § 130 Rn. 102). Anders ist es hinsichtlich der Kenntnis des zuständigen VollstrSachbearbeiters des FA/HZA (OLG München 27.4.1992 – 26 U 6853/91, NJW-RR 1993, 106). Soweit Behörden eines Landes arbeitsteilig kooperieren, kann eine Zurechnung von Wissen uU auch behördenübergreifend erfolgen (BGH 30.6.2011 – IX ZR 155/08, NJW 2011, 2791; Braun InsO § 130 Rn. 39; Bork DB 2012, 33). Gegenüber **nahestehenden Personen** (§ 138 InsO) wird eine Kenntnis der Krise vermutet **(§ 130 III InsO).** Die Anfechtung ist bei sog. **Bargeschäften** (§ 142 InsO) ausgeschlossen, es sei denn, es liegt eine vorsätzliche Benachteiligung (§ 133 InsO; → Rn. 94) vor. Bei sog. Druckzahlungen greift die Privilegierung des § 142 InsO ebenfalls nicht ein. Druckzahlungen hat die Rspr. angenommen, wenn dem Schuldner jede Möglichkeit eines selbstbestimmten Handelns genommen ist, zB bei ZwangsvollstrHandlungen des Gläubigers (BGH 10.2.2005 – IX ZR 211/02, NJW 2005, 1121) oder bei der Drohung mit einem Insolvenzantrag (BGH 18.12.2003 – IX ZR 199/02, NJW 2004, 1385).

§ 131 InsO regelt die Fälle der **inkongruenten Deckung.** Die Vorschrift verdrängt in 92
den letzten drei Monaten vor und in der Zeit nach dem Eröffnungsantrag bis zur Eröffnung des Insolvenzverfahrens den die Einzelzwangsvollstreckung beherrschenden Prioritätsgrundsatz zugunsten der Gleichbehandlung der Gläubiger (BGH 26.6.2008 – IX ZR 87/07, NJW-RR 2008, 1441). Ein im Sinn dieser Norm anfechtbares Deckungsgeschäft liegt vor, wenn der Gläubiger durch eine Rechtshandlung eine Sicherung oder Befriedigung erlangt, die er nicht oder nicht in der Art oder nicht zu der Zeit zu beanspruchen hat. Anfechtbar ist eine solche Rechtshandlung, wenn sie im letzten Monat vor oder nach der Stellung des Eröffnungsantrags vorgenommen worden ist (§ 131 I **Nr. 1** InsO), wenn sie innerhalb des zweiten oder dritten Monats vor dem Eröffnungsantrag vorgenommen worden ist und der Schuldner zur Zeit der Handlung zahlungsunfähig war (§ 131 I **Nr. 2** InsO) oder wenn die Handlung innerhalb des zweiten oder dritten Monats vor dem Eröffnungsantrag vorgenommen worden ist und dem Gläubiger zur Zeit der Handlung

bekannt war, dass sie die Insolvenzgläubiger benachteiligt (§ 131 I **Nr. 3** InsO). Sicherheitsleistungen, die im Rahmen einer Stundung (§ 222 S. 1; BGH 29.9.2005 – IX ZR 184/04, NJW-RR 2006, 414), eines VollstrAufschubs (§ 258) oder einer AdV (§ 361) von der FB in der kritischen Zeit angefordert werden, fallen unter § 131 InsO (HHSp § 251 Rn. 290). Zieht das FA in Fällen einer umsatzsteuerrechtlichen Organschaft die StSchuld des Organträgers aufgrund einer Lastschriftermächtigung vom Konto der Organgesellschaft ein, macht es den steuerrechtlichen Haftungsanspruch aus § 73 gegen die Organgesellschaft geltend. Gerät der Organträger in Insolvenz, erlangt das FA die Zahlung als deren Insolvenzgläubiger, was zu einer inkongruenten Deckung führen kann (BGH 19.1.2012 – IX ZR 2/11, NJW 2012, 1585; aA BFH 23.9.2009 – VII R 43/08, BStBl. II 2010, 215; offenlassend zuletzt BFH 14.12.2021 – VII R 20/18, BFH/NV 2022, 634). Da die Lohnzahlung eines (insolventen) Arbeitgebers dem FA nur einen Anspruch auf Begleichung der LSt durch Zahlung vermittelt, nicht aber darauf, gegen diese Forderung mit einem Erstattungsanspruch des Arbeitgebers aufzurechnen, liegt in der erlangten Befriedigungsmöglichkeit eine inkongruente und damit nach § 131 I Nr. 1 InsO anfechtbare Rechtshandlung. Dementsprechend kann nicht nur in der Zahlung von Arbeitslohn eine anfechtbare Rechtshandlung liegen, sondern auch in der daran anknüpfenden Verschaffung einer Aufrechnungsmöglichkeit zugunsten des FA (BFH 18.4.2023 – VII R 35/19, BStBl. II 2024, 193). Nach § 131 II InsO reicht für die Kenntnis der Benachteiligung der Insolvenzgläubiger die Kenntnis von Umständen aus, die zwingend auf die Benachteiligung schließen lassen (→ Rn. 91).

93 **§ 132 InsO** erfasst die Fälle der **unmittelbaren Gläubigerbenachteiligung.** Nach **§ 132 I InsO** ist ein Rechtsgeschäft des Schuldners, das die Insolvenzgläubiger unmittelbar benachteiligt, anfechtbar, wenn es in den letzten drei Monaten vor dem Antrag auf Eröffnung des Insolvenzverfahrens vorgenommen worden ist, wenn zur Zeit des Rechtsgeschäfts der Schuldner zahlungsunfähig war und der andere Teil zu dieser Zeit die Zahlungsunfähigkeit kannte (§ 132 I **Nr. 1** InsO) oder wenn es nach dem Eröffnungsantrag vorgenommen worden ist und der andere Teil zur Zeit des Rechtsgeschäfts die Zahlungsunfähigkeit oder den Eröffnungsantrag kannte (§ 132 I **Nr. 2** InsO; zur Zahlungsunfähigkeit → Rn. 27). **§ 132 II InsO** betrifft Rechtshandlungen, die dem Abs. 1 gleichgestellt sind. **§ 132 III InsO** erklärt die Beweiserleichterungsvorschriften des § 130 II, III InsO für entspr. anwendbar (→ Rn. 91).

94 **§ 133 InsO** betrifft die Fälle der **vorsätzlichen Gläubigerbenachteiligung.** Nach **§ 133 I 1 InsO** ist eine Rechtshandlung des Schuldners anfechtbar, die der Schuldner in den letzten zehn Jahren vor dem Antrag auf Eröffnung des Insolvenzverfahrens oder nach diesem Antrag mit dem Vorsatz, seine Gläubiger zu benachteiligen, vorgenommen hat, wenn der andere Teil zur Zeit der Handlung den Vorsatz des Schuldners kannte. Der Schuldner handelt mit Benachteiligungsvorsatz, wenn er die Benachteiligung der Gläubiger als Erfolg seiner Rechtshandlung will oder als mutmaßliche Folge erkennt und billigt. War dem Schuldner bei Vornahme der Rechtshandlung seine drohende Zahlungsunfähigkeit bekannt, stellt dieser Umstand ein starkes Beweisanzeichen für den Benachteiligungsvorsatz des Schuldners dar (BGH 5.12.2013 – IX ZR 93/11, NZI 2014, 259). Nach der Rspr. des BGH ist dies ausnahmsweise nicht der Fall, wenn im unmittelbaren Zusammenhang mit der potenziell anfechtbaren Rechtshandlung eine gleichwertige Gegenleistung in das Vermögen des Schuldners gelangt, also ein Leistungsaustausch ähnlich einem Bargeschäft (§ 142 InsO) stattfindet (sog. bargeschäftsähnliche Lage; allg. BGH 17.10.2024 – IX ZR 244/22, NJW-RR 2025, 143). Auch im Falle eines bargeschäftsähnlichen Leistungsaustauschs wird sich der Schuldner der eintretenden mittelbaren Gläubigerbenachteiligung allerdings dann bewusst werden, wenn er weiß, dass er trotz marktgerechter Preise fortlaufend unrentabel arbeitet und deshalb bei der Fortführung seines Geschäfts weitere Verluste anhäuft, die die Befriedigungsaussichten der Gläubiger weiter mindern, ohne dass auf längere Sicht Aussicht auf Ausgleich besteht (BFH 20.6.2023 – VII R 22/19, BStBl. II 2024, 188; BGH 3.3.2022 – IX ZR 78/20, NJW 2022, 2038). Ein bedingter Gläubiger-

benachteiligungsvorsatz reicht im Übrigen aus; unlauteres Zusammenwirken von Schuldner und Gläubiger ist nicht erforderlich (BGH 20.12.2007 – IX ZR 93/06, ZIP 2008, 420; Einzelheiten s. Uhlenbruck InsO § 133 Rn. 34 ff.). Stellt ein Schuldner einen Scheck aus und übergibt diesen einem anwesenden und vollstreckungsbereiten Vollziehungsbeamten, beruht die durch Einlösung des Schecks erfolgte Zahlung auch dann auf einer Rechtshandlung des Schuldners, wenn der Vollziehungsbeamte ohne die Ausstellung des Schecks erfolgreich in das sonstige Vermögen des Schuldners vollstreckt hätte (BGH 14.6.2012 – IX ZR 145/09, NJW 2013, 53).

Die **Kenntnis des anderen Teils** vom Benachteiligungsvorsatz wird nach **§ 133 I 2 InsO** vermutet, wenn der Anfechtungsgegner die Zahlungsunfähigkeit des Schuldners und die Benachteiligung der Gläubiger kannte. Jedoch sind auch hier die Grundsätze des bargeschäftsähnlichen Leistungsaustauschs zu beachten, denn für die Kenntnis des Anfechtungsgegners gilt nichts anderes als für den Benachteiligungsvorsatz des Schuldners (BFH 20.6.2023 – VII R 22/19, BStBl. II 2024, 188). Für steuerrechtliche Drei-Personen-Verhältnisse – wie die Zahlung von LSt in der Insolvenz des abführungsverpflichteten Arbeitgebers – bleibt es aber bei der allgemeinen Vermutungsregelung (BFH 20.6.2023 – VII R 22/19, BStBl. II 2024, 188; BGH 22.1.2004 – IX ZR 39/03, NJW 2004, 1444; zustimmend Kayser ZIP 2007, 49; Frotscher Insolvenz, 119; HHSp § 251 Rn. 285). Der BFH hat seine gegenteilige frühere Rechtsansicht ausdrücklich aufgegeben (BFH 20.6.2023 – VII R 22/19, BStBl. II 2024, 188 unter Abkehr von BFH 21.12.1998 – VII B 175/98, BFH/NV 1999, 745). Die Teilnahme an einem Sanierungsversuch des Schuldners durch Inanspruchnahme der Instrumente des mit dem **StaRUG** (→ Rn. 18) eröffneten Stabilisierungs- und Restrukturierungsrahmens oder die Kenntnis von der Rechtshängigkeit einer diesbezüglichen Restrukturierungssache genügen für die Vermutung nach ausdrücklicher gesetzlicher Anordnung auch dann allein nicht, wenn nicht alle Gläubiger in diese Bemühungen einbezogen werden oder den Maßnahmen zugestimmt haben (§ 89 I StaRUG; s. zu weiteren Einzelheiten Gehrlein BB 2021, 66). Außerhalb dieser Bemühungen muss der Anfechtungsgegner zur Widerlegung der Vermutung konkrete Umstände darlegen und beweisen, die es naheliegend erscheinen lassen, dass ihm der Gläubigerbenachteiligungsvorsatz nicht bekannt war (BGH 24.5.2007 – IX ZR 97/06, NJW-RR 2007, 1537; s. auch Güther/Kohly ZIP 2007, 1349). Die Widerlegung dürfte den FB, denen oftmals frühzeitig Anhaltspunkte für die Zahlungsunfähigkeit des Schuldners bekannt werden, nur schwer gelingen (→ Rn. 91). Insb. kann sich die Einschränkung einer Einziehungsverfügung als gefährlich erweisen (BGH 25.10.2007 – IX ZR 157/06, NJW-RR 2008, 647). Zahlungen, die ein StSchuldner leistet, um die Rücknahme des vom FA nach wiederholt erfolglosen VollstrVersuchen und nach Abgabe der Vermögensauskunft gestellten Insolvenzantrags zu erreichen, lassen zB die zur Anfechtbarkeit der Zahlung gem. § 133 iVm § 143 InsO führende Kenntnis des FA vom Gläubigerbenachteiligungsvorsatz des Schuldners vermuten (FG Düsseldorf 1.2.2012 – 7 K 2466/11 AO, EFG 2012, 1492). Dass Anfechtungen gegenüber dem FA oft erfolgreich sind, wird durch die Massemehrungen belegt (Kirstein ZInsO 2008, 131: 16,7 %). Hier wirkt sich die vom Gesetzgeber angestrebte Verteilungsgerechtigkeit wohl ungewollt zulasten der öffentlichen Gläubiger (FA, Sozial-/Krankenkassen) aus, was möglicherweise zu Gesetzesänderungen führen könnte.

Nach **§ 133 IV InsO** ist ein vom Schuldner mit einer nahestehenden Person (§ 138 InsO) geschlossener entgeltlicher Vertrag, durch den die Insolvenzgläubiger unmittelbar benachteiligt werden, anfechtbar. Entgeltlichkeit liegt immer dann vor, wenn der Schuldner irgendeine Gegenleistung erhält. Es genügt jeder werthaltige Vermögensvorteil, sofern er kausal oder konditional mit der vertraglichen Leistung des Schuldners verknüpft ist (BGH 8.12.2016 – IX ZR 257/15, NJW-RR 2017, 496), somit auch eine Zahlungserleichterung, Stundung, Kreditgewährung oder Herabsetzung des Zinsfußes; ein rein wirtschaftliches Interesse ohne Verknüpfung mit einer Gegenleistung reicht allerdings nicht (Uhlenbruck InsO § 133 Rn. 184, § 134 Rn. 21).

95 **§ 134 InsO** regelt die **Anfechtung unentgeltlicher Leistungen.** Nach § 134 I InsO ist eine unentgeltliche Leistung des Schuldners anfechtbar, die dieser in den letzten vier Jahren vor dem Antrag auf Eröffnung des Insolvenzverfahrens vorgenommen hat. Der Begriff der „unentgeltlichen Leistung" ist weit zu verstehen (Uhlenbruck InsO § 134 Rn. 18). Ausgenommen sind Gelegenheitsgeschenke von geringem Wert (§ 134 II InsO).

96 **§ 135 InsO** betrifft die Anfechtung von Rechtshandlungen im Zusammenhang mit **Gesellschafterdarlehen.** Gesellschafterdarlehen als Finanzierungsmittel eines Unternehmens können in bestimmten Fällen geboten sein. Tritt jedoch ein Gesellschafter seiner Gesellschaft zugleich als Gläubiger gegenüber, führt dies zu einer „Denaturierung des allg. Gläubigerschutzes" (Uhlenbruck InsO § 135 Rn. 1). Deshalb sind Gesellschafterdarlehen und gleichgestellte Verbindlichkeiten in der Insolvenz nach **§ 39 I Nr. 5 InsO** nachrangig. Von dieser mit dem MoMiG eingeführten Rechtslage ausgehend, verfolgt § 135 InsO keine eigenständigen Zwecke mehr, sondern dient vielmehr dazu, Umgehungen des gesetzlich angeordneten Nachrangs zu verhindern (MüKo InsO § 135 Rn. 4). Dazu ist nach § 135 I **Nr. 1** InsO eine Rechtshandlung anfechtbar, durch die dem Gesellschafter innerhalb der letzten zehn Jahre vor dem Insolvenzantrag eine (die spätere Durchsetzung verstärkende oder erleichternde) Sicherheit für seinen Rückzahlungsanspruch gewährt worden ist (MüKo InsO § 135 Rn. 15). Nach § 135 I **Nr. 2** InsO kann die durch Zahlung oder mit Hilfe eines Erfüllungssurrogats (Aufrechnung, Leistung an Erfüllung statt, Hinterlegung) bewirkte Rückführung des Darlehens angefochten werden, wenn sie innerhalb eines Jahres vor dem Eröffnungsantrag aus Mitteln der Gesellschaft erfolgt ist (MüKo InsO § 135 Rn. 16). Hat ein Gesellschafter für das Darlehen eines Dritten Sicherheit übernommen, ist nach **§ 135 II InsO** auch die innerhalb der obigen Fristen vorgenommene Rückzahlung dieses Drittdarlehens anfechtbar (TK § 251 Rn. 94).

97 **§ 136 InsO** regelt den Fall der Anfechtung von Rechtshandlungen bei Vorliegen einer **stillen Gesellschaft.** Nach § 136 I InsO ist eine Rechtshandlung anfechtbar, durch die einem stillen Gesellschafter die Einlage ganz oder teilweise zurückgewährt oder sein Anteil an dem entstandenen Verlust ganz oder teilweise erlassen wird, wenn die zugrunde liegende Vereinbarung im letzten Jahr vor dem Antrag auf Eröffnung des Insolvenzverfahrens über das Vermögen des Inhabers des Handelsgeschäfts oder nach diesem Antrag getroffen worden ist; dies gilt auch dann, wenn im Zusammenhang mit der Vereinbarung die stille Gesellschaft aufgelöst worden ist. Zum Ausschlussgrund nach § 136 II InsO vgl. MüKo InsO § 136 Rn. 24.

X. Verteilung der Insolvenzmasse sowie Beendigung des Verfahrens

1. Verteilung der Insolvenzmasse

98 **Verteilungsverfahren.** Das insolvenzrechtliche Verteilungsverfahren richtet sich nach den §§ 187 ff. InsO. Vor der Verteilung hat der Insolvenzverwalter ein **Verzeichnis der Forderungen** aufzustellen, die bei der Verteilung zu berücksichtigen sind (§ 188 S. 1 InsO). Darin sind die festgestellten und streitigen Forderungen, die absonderungsberechtigten Forderungen, die bedingten Forderungen, die getilgten Forderungen sowie Gesamtschuldnerschaften aufzuführen (zu Einzelheiten s. Uhlenbruck InsO § 188 Rn. 7 ff.). Die Eintragung in das Verzeichnis begründet den verfahrensrechtlichen Anspruch auf Teilnahme an der Verteilung; eine materielle Wirkung besteht nicht (Römermann InsO § 188 Rn. 22). Nach § 193 InsO hat der Insolvenzverwalter Änderungen des Verzeichnisses, die aufgrund der §§ 189–192 InsO erforderlich werden, binnen dreier Tage nach Ablauf der in § 189 I InsO vorgesehenen Ausschlussfrist vorzunehmen.

99 **Schlussverteilung.** Die Schlussverteilung erfolgt, sobald die Verwertung der Insolvenzmasse mit Ausnahme eines laufenden Einkommens beendet ist (§ 196 I InsO). Sie kann nur mit Zustimmung des Insolvenzgerichts vorgenommen werden (§ 196 II InsO). Die Verteilung setzt die Befriedigung aller Masseverbindlichkeiten voraus. Sind die Kosten des Insolvenzverfahrens gedeckt, reicht die Insolvenzmasse jedoch nicht aus, um die fälligen

sonstigen Masseverbindlichkeiten zu erfüllen, hat der Insolvenzverwalter dem Insolvenzgericht die **Masseunzulänglichkeit** anzuzeigen (§ 208 I 1 InsO). Das Gericht hat die Anzeige der Masseunzulänglichkeit sowohl öffentlich bekannt zu machen als auch den Massegläubigern zuzustellen (§ 208 II InsO). Die Verteilung der Insolvenzmasse richtet sich dann nach der in § 209 I InsO festgelegten Rangfolge. Zur Nachtragsverteilung → Rn. 101.

2. Beendigung des Insolvenzverfahrens

Aufhebung ist die Beendigung eines zu Ende geführten Insolvenzverfahrens. Das Insolvenzgericht beschließt die Aufhebung des Verfahrens nach dem Vollzug der Schlussverteilung (§§ 196, 200 I InsO) oder nach Eintritt der Rechtskraft der gerichtlichen Bestätigung eines Insolvenzplans (§ 258 InsO; → Rn. 115). **Einstellung** ist die (vorzeitige) Beendigung eines rechtmäßig eröffneten, aber nicht zu Ende geführten Insolvenzverfahrens. Als Gründe kommen Masselosigkeit (§ 207 InsO), Masseunzulänglichkeit (§ 211 InsO), Wegfall des Eröffnungsgrundes (§ 212 InsO) und die Zustimmung der Gläubiger (§ 213 InsO) in Betracht. In der Praxis kommen vor allem die Einstellung mangels Masse und die Einstellung nach Anzeige der Masseunzulänglichkeit vor (Uhlenbruck InsO § 207 Rn. 2). 100

Rechtsfolgen. Der Schuldner erlangt mit der Aufhebung und der Einstellung des Insolvenzverfahrens das Verfügungs- und Verwaltungsrecht über noch zur Insolvenzmasse gehörendes Vermögen zurück (TK § 251 Rn. 107; s. auch AEAO zu § 251 Nr. 14). Deshalb können Insolvenzgläubiger nach der **Aufhebung** des Insolvenzverfahrens ihre rechtlichen Forderungen wieder unbeschränkt gegen den Schuldner geltend machen (§ 201 I InsO). Grundsätzlich haftet der Schuldner mit seinem ganzen Vermögen bis zur Tilgung sämtlicher Verbindlichkeiten (sog. **Nachhaftung;** Uhlenbruck InsO § 201 Rn. 1). Die Insolvenzgläubiger, deren Forderungen zur Tabelle festgestellt und nicht vom Schuldner im Prüfungstermin bestritten worden sind, können dazu auf der Grundlage eines Tabellenauszuges wie aus einem vollstreckbaren Urteil vorgehen (§ 201 II 1 InsO). Das uneingeschränkte Nachforderungsrecht der Gläubiger steht bei natürlichen Personen jedoch unter dem Vorbehalt der Ankündigung und letztlich der Erteilung der Restschuldbefreiung (§ 201 III InsO; MüKo InsO § 201 Rn. 3; → Rn. 120). Die **Einstellung** des Insolvenzverfahrens hat die gleichen Rechtsfolgen wie die Aufhebung; § 201 InsO gilt entspr. (§ 215 II 2 InsO). Die **FB** kann nach Beendigung des Insolvenzverfahrens (durch Aufhebung/Einstellung) nicht befriedigte Insolvenzforderungen gem. **§ 251 II 2** im Verwaltungsweg vollstrecken. 101

Nachtragsverteilung. Nach Aufhebung des Insolvenzverfahrens entstandene, aber bereits während seiner Dauer begründete StErstattungsansprüche des Insolvenzschuldners unterliegen weiterhin dem Insolvenzbeschlag, falls mit der Aufhebung des Insolvenzverfahrens ihre Nachtragsverteilung vorbehalten worden ist (BFH 28.2.2012 – VII R 36/11, BStBl. II 2012, 451; AEAO zu § 251 Nr. 14 Abs. 2). Zieht der Schuldner eine solche massezugehörige Forderung später ein, unterliegt der Erlös der nach § 203 I InsO auf Antrag des Insolvenzverwalters, eines Insolvenzgläubigers oder von Amts wegen anzuordnenden Nachtragsverteilung (BGH 26.1.2012 – IX ZB 111/10, NJW-RR 2012, 736). Da die Nachtragsverteilung nicht das gesamte Vermögen des Schuldners erfasst, sondern nur den Betrag oder Vermögensgegenstand, auf den sich die Nachtragsverteilungsanordnung bezieht, müssen die von der Nachtragsverteilung betroffenen Gegenstände im Anordnungsbeschluss selbst ausreichend bestimmt bezeichnet werden. Andernfalls treten die Wirkungen der Anordnung nicht ein (BGH 12.2.2015 – IX ZR 186/13, ZInsO 2015, 634). Für die in diesem Sinn gebotene Bestimmtheit der Nachtragsverteilungsanordnung muss die StArt, für die ein Erstattungsanspruch besteht, nicht angegeben werden, wenn sich die Anordnung inhaltlich auf sämtliche StArten bezieht. In zeitlicher Hinsicht ist die Bezugnahme auf den Insolvenzzeitraum ausreichend, sofern der betreffende Veranlagungszeitraum vollständig in die Dauer des Insolvenzverfahrens fällt (BFH 20.9.2016 – VII R

10/15, BFH/NV 2017, 442). Der Anordnung steht eine etwaige Erteilung der Restschuldbefreiung (→ Rn. 120 ff.) nicht entgegen (BGH 26.9.2024 – IX ZB 5/24, NZI 2024, 1028). Zur (insoweit fortdauernden) Prozessführungsbefugnis des Insolvenzverwalters BFH 23.10.2024 – XI R 20/22, BFH/NV 2025, 624.

E. Besondere Verfahrensarten nach der InsO

I. Insolvenzplan (§§ 217–269 InsO)

1. Allgemeines

112 **Regelungsgegenstand.** Der Insolvenzplan ist das einzige Instrument im Anwendungsbereich der InsO, mit dem innerhalb des Verfahrens die Insolvenz unter Nutzung/Fortführung desselben Unternehmensträgers bereinigt werden kann, wobei allerdings auch Liquidation und (übertragende) Sanierung sowie Mischformen Gegenstand eines Insolvenzplans sein können (zu Einzelheiten s. Braun InsO Vorb. § 217 Rn. 1). Mit dem StaRUG (→ Rn. 18, 28) ist mWv 1.1.2021 erstmals ein außerhalb der InsO angesiedelter Rechtsrahmen für insolvenzabwendende Sanierungen geschaffen worden, in dessen Zentrum – wie im Insolvenzplanverfahren – ein von den (Restrukturierungs-)Gläubigern mehrheitlich angenommener Restrukturierungsplan steht (zu Einzelheiten Gehrlein BB 2021, 66 ff.; Schülke DStR 2021, 621 ff.; auch TK § 251 Rn. 119b). Die Rechtsnatur des Insolvenzplans ist umstr. Der BGH sieht darin ein spezifisch insolvenzrechtliches Instrument, mit dem die Gläubigergesamtheit ihre Befriedigung aus dem Schuldnervermögen organisiert (BGH 6.10.2005 – IX ZR 36/02, NJW-RR 2006, 491; ausführlich MüKo InsO § 217 Rn. 9 ff.). Zur Einbeziehung konzern- bzw. gruppeninterner Drittsicherheiten durch das SanInsFoG (→ Rn. 20) s. BeckOK InsO § 217 Rn. 32 ff.

2. Durchführung des Insolvenzplanverfahrens

113 **a) Aufstellung des Plans (§§ 217–234 InsO). Einleitendes Verfahren.** Die Einleitung des Insolvenzplanverfahrens erfolgt durch die **Vorlage** eines Insolvenzplans **an das Insolvenzgericht.** Die Vorlage beinhaltet zumindest schlüssig den Antrag auf Einleitung und Durchführung eines Insolvenzplanverfahrens (Uhlenbruck InsO § 218 Rn. 41). Vorlageberechtigt sind der Insolvenzverwalter und der Schuldner (§ 218 I 1 InsO). Sobald ein Insolvenzplan eingereicht ist, hat das Insolvenzgericht gem. § 231 InsO in die formale **Vorprüfung** einzutreten. Eine Zurückweisung hat in den in § 231 I InsO aufgeführten Fällen von Amts wegen zu erfolgen. Die Vorschrift unterscheidet hierbei zwischen Verwalter- und Schuldnerplänen. Nach Zulassung erfolgt die **Zuleitung des Plans** durch das Insolvenzgericht zur Stellungnahme an den Gläubigerausschuss (falls vorhanden), den Betriebsrat und den Sprecherausschuss der leitenden Angestellten sowie an den Schuldner bei Vorlage durch den Insolvenzverwalter und an den Insolvenzverwalter bei Vorlage durch den Schuldner (§ 232 I InsO). Der Insolvenzplan muss jedem, der von der Planregelung betroffen ist, durch Niederlegung bei Gericht (§ 234 InsO) zugänglich gemacht und durch einen Beschluss der Gläubiger legitimiert werden, damit seine Rechtswirkungen eintreten. Hierfür bestimmt das Gericht einen Erörterungs- und Abstimmungstermin (§ 235 I 1 InsO).

114 **b) Annahme und Bestätigung des Plans (§§ 235–253 InsO). Abstimmung.** Im **Erörterungstermin** (§ 235 InsO) werden der Insolvenzplan und das Stimmrecht der Gläubiger erörtert. Bei der Festlegung der Rechte der Beteiligten im Insolvenzplan werden gleichrangige Gruppen gebildet (Römermann InsO § 222 Rn. 3., 4 ff.). Nach Erörterung des Insolvenzplans und des Stimmrechts der Gläubiger erfolgt das eigentliche Abstimmungsverfahren. Im **Abstimmungsverfahren** sind diejenigen Insolvenzgläubiger, deren Forderungen durch den Plan nicht beeinträchtigt werden, nicht stimmberechtigt (§ 237 II InsO). Entsprechendes gilt für absonderungsberechtigte Gläubiger (§ 238 II InsO).

Stimmberechtigt sind die Insolvenzgläubiger, deren Forderungen zur Tabelle angemeldet wurden und die durch den Plan beeinträchtigt werden (§§ 237, 238 InsO). Sind die Stimmrechte erörtert und festgesetzt worden, erfolgt die Abstimmung über den Insolvenzplan. Hierbei stimmt jede Gruppe gesondert ab (§ 243 InsO). Der Insolvenzplan ist angenommen, wenn eine **Kopf- und Summenmehrheit** besteht, dh, in jeder Gruppe muss die Mehrheit der abstimmenden Gläubiger zustimmen und die Summe der Ansprüche der zustimmenden Gläubiger muss mehr als die Hälfte der Ansprüche der abstimmenden Gläubiger betragen (§ 244 I Nr. 1 und 2 InsO). Nach der Annahme des Plans durch die Gläubiger (§§ 244–246 InsO) und der Zustimmung des Schuldners (§ 247 InsO) bedarf der Plan der **Bestätigung durch das Insolvenzgericht** (§ 248 I InsO). Gegen den Beschluss, der den Plan bestätigt oder die Bestätigung versagt, steht den Gläubigern und dem Schuldner die **sofortige Beschwerde** zu (§ 253 InsO).

c) Wirkungen des bestätigten Plans und Überwachung der Planerfüllung (§§ 254–269 InsO). Vollzug. Mit der Rechtskraft des Bestätigungsbeschlusses treten die im gestaltenden Teil festgelegten Wirkungen für und gegen alle Beteiligten ein (§ 254 I 1 InsO) und das Insolvenzgericht beschließt die Aufhebung des Insolvenzverfahrens (§ 258 I InsO). Mit der Aufhebung fällt das Verwaltungs- und Verfügungsrecht an den Schuldner zurück, sodass er über die Insolvenzmasse frei verfügen kann (§ 259 I 2 InsO). Die **Vollstr. aus dem Plan** richtet sich nach § 257 InsO. Der rechtskräftig bestätigte Insolvenzplan iVm der Eintragung in die Tabelle wirkt wie ein vollstreckbarer Titel (§ 257 I 1 InsO). Insolvenzgläubiger, deren Forderungen festgestellt und vom Schuldner im Prüfungstermin nicht bestritten worden sind, können im Wege der Einzelvollstr. gegen den Schuldner vorgehen. Die **FB** kann aus dem Insolvenzplan im Verwaltungswege vollstrecken (§ 251 II 2). Ist die **Überwachung der Planerfüllung** angeordnet (§ 260 InsO), hat der Insolvenzverwalter diese Aufgabe zu erfüllen (§§ 261 ff. InsO). 115

3. Teilnahme der Finanzbehörde am Insolvenzplan

Zustimmung zu einem Insolvenzplan. Wie jeder Insolvenzgläubiger hat die FB die entsprechenden Mitwirkungsrechte (→ Rn. 113 f.; vgl. auch AEAO zu § 251 Nr. 11). Ob die FB einem Insolvenzplan zustimmt, liegt in ihrem **Ermessen.** Sie hat hierbei insb. die Grundsätze der Gesetzmäßigkeit der Verwaltung und der Gleichmäßigkeit der Besteuerung zu beachten (→ § 249 Rn. 7). Die Ermessensentscheidung ist nicht an den Billigkeitserwägungen der §§ 222, 227 oder § 258 auszurichten, sondern allein an den insolvenzrechtlichen Zielsetzungen (TK § 251 Rn. 110; vgl. Abschn. 61 IV VollstrA). So hat die FB neben dem Interesse des StGläubigers an der Beitreibung der StForderung auch das öffentliche Interesse an der Sanierung und Fortführung eines Betriebs zu berücksichtigen (Frotscher Insolvenz, 344). Zur Möglichkeit gem. § 225a II InsO Gläubigerforderungen in Mitgliedschafts- oder Anteilsrechte umzuwandeln („Debt-Equity-Swap") s. AEAO zu § 251 Nr. 11 Abs. 3. **Zustimmung/Ablehnung** des Insolvenzplans sind Verfahrenshandlungen und **keine VA.** Gegen die ablehnende Entscheidung kann nur **Leistungsklage** (§ 40 FGO) erhoben werden; ein Einspruch (§ 347) ist nicht statthaft (TK § 251 Rn. 111). Vorläufiger Rechtsschutz erfolgt im Wege einer **einstweiligen Anordnung** (§ 114 FGO). 116

Rechtswirkungen. Die im bestätigten Insolvenzplan festgelegten Rechtswirkungen treten kraft Gesetzes ein (§ 254 I InsO; → Rn. 115). Soweit Forderungen danach gestundet oder erlassen worden sind (§ 255 I 1 InsO), handelt es sich um spezifische insolvenzrechtliche Regelungen. Deshalb bewirkt die Zustimmung der FB zum Insolvenzplan keine Stundung (§ 222) bzw. keinen Erlass (§ 227) und führt auch nicht zum Erlöschen der Ansprüche aus dem StSchuldverhältnis (§ 47; BFH 15.11.2018 – XI B 49/18, BFH/NV 2019, 208); es besteht nur ein **Vollstreckungs- und Aufrechnungsverbot** (Abschn. 61 VI; AEAO zu § 251 Nr. 11 Abs. 5; TK § 251 Rn. 116; ähnlich Frotscher Insolvenz, 344: nicht vollziehbare Naturalobligationen). Ein bei Eröffnung des Insolvenzverfahrens beste- 117 hendes Aufrechnungsrecht bleibt jedoch auch dann erhalten, wenn die aufgerechnete Gegenforderung nach einem rechtskräftig bestätigten Insolvenzplan als erlassen gilt (BGH 19.5.2011 – IX ZR 222/08, NJW-RR 2011, 1142). Ein Insolvenzerlass wirkt grds. nur gegenüber dem Schuldner. Deshalb können die aufgrund des Insolvenzplans nicht bedienten Abgabenforderungen etwaigen nicht planbeteiligten Haftungsschuldnern gegenüber geltend gemacht werden (BFH 15.5.2013 – VII R 2/12, BFH/NV 2013, 1543), soweit kein Haftungsausschluss nach § 227 II InsO gegeben ist; § 191 V Nr. 2 kommt nicht zur Anwendung (Abschn. 61 VI VollstrA). Zur ertragsteuerlichen Behandlung von Gewinnen aus einem Planinsolvenzverfahren s. BMF 22.12.2009, BStBl. I 2010, 18.

118 **Überwachung.** Die VollstrStelle hat die Erfüllung des Plans zu überwachen; bei der Verletzung der Zahlungspflichten hat sie gem. § 255 I 1 InsO qualifiziert zu mahnen (Abschn. 61 VII VollstrA). Sie hat deshalb darauf zu achten, dass in den Plan eine „Wiederaufnahmeklausel" aufgenommen wird. Ebenso ist darauf zu achten, dass der Insolvenzverwalter die steuerlichen Masseansprüche pflichtgemäß erfüllt/Sicherheit leistet (§ 258 II InsO; Abschn. 61 VIII VollstrA).

II. Eigenverwaltung (§§ 270–285 InsO)

119 Die Eigenverwaltung knüpft an das Vorliegen der allgemeinen Insolvenzvoraussetzungen an (§ 270 I 2 InsO; BeckOK InsO § 270 Rn. 37) und hat seit ihrer grundlegenden Neuordnung im Jahr 2011 in der Praxis ua für Not leidende Großunternehmen zunehmend an Bedeutung gewonnen, ebenso aber auch für Freiberufler, wie zB Ärzte, Rechtsanwälte, StBerater und Wirtschaftsprüfer (Uhlenbruck InsO § 270 Rn. 6, 10). Verbraucher sind vom Anwendungsbereich ausgeschlossen (§ 270 II InsO). Um schlecht vorbereitete und deshalb für diese im Grundsatz verwalterlose Verfahrensart ungeeignete Verfahren zurückzudrängen und die Voraussetzungen für die Inanspruchnahme der Eigenverwaltung wieder stärker an den Belangen des Gläubigerinteresses und -schutzes auszurichten (BT-Drs. 19/24181, 2), wurden die Zugangsvoraussetzungen durch das **SanInsFoG** (→ Rn. 20) mWv 1.1.2021 rechtssicherer ausgestaltet und dadurch letztlich strenger (Braun InsO § 270 Rn. 2). Der Schuldner muss seinem Antrag nach § 270a InsO nunmehr eine fundierte Eigenverwaltungsplanung beifügen, die insb. eine Finanzplanung für sechs Monate und ein konkretes Sanierungskonzept enthalten muss, aber auch Auskunft zum Stand der Verhandlungsbemühungen mit Gläubigern, zu Sicherheitsgarantien und zu Mehr- und Minderkosten geben soll. Hält das Insolvenzgericht die Antragsunterlagen für vollständig und schlüssig, ordnet es die Eigenverwaltung – ggf. nach § 270b InsO zunächst nur vorläufig – an (§ 270f InsO). Abw. vom Regelinsolvenzverfahren bleibt die **Verwaltungs- und Verfügungsmacht** in diesem Fall beim Schuldner und geht nicht auf einen Insolvenzverwalter über. Hierdurch soll die Eigensanierung des schuldnerischen Unternehmens unterstützt werden (Braun InsO Vorb. §§ 270–285 Rn. 1). Der zur Aufsicht des Schuldners bestellte Sachwalter hat die wirtschaftliche Lage des Schuldners zu prüfen und die Geschäftsführung sowie die Ausgaben für die Lebensführung zu überwachen (§ 274 II 1 InsO). Er ist somit weder gesetzlicher Vertreter/Vermögensverwalter (§ 34) noch Verfügungsberechtigter (§ 35); der Schuldner kann weiterhin rechtsgeschäftlich mit Verfügungsbefugnis handeln (Uhlenbruck InsO § 274 Rn. 1). Deshalb sind dem Schuldner auch die gegen die Masse wirksamen StBescheide als Bekanntgabeadressaten zuzusenden. Ebenso behält der Insolvenzschuldner trotz Eröffnung des Insolvenzverfahrens die Prozessführungsbefugnis (BFH 27.2.2014 – V R 21/11, BStBl. II 2014, 501). Gegen die Nichtanordnung der Eigenverwaltung gibt es kein Rechtsmittel (BGH 11.1.2007 – IX ZB 10/05, ZInsO 2007, 207). S. auch AEAO zu § 251 Nr. 13. Im Hinblick auf die wirtschaftlichen Folgen der COVID-19-Pandemie galt die bis zum 31.12.2020 geltende Rechtslage für im Jahr 2021 gestellte Eigenverwaltungsanträge fort (§ 5 SanInsKG (→ Rn. 27 aE); BeckOK InsO SanInsKG § 5 Rn. 2 ff.).

Liegt noch keine Zahlungsunfähigkeit vor (zum Begriff → Rn. 27), kann der Schuldner ergänzend zum Antrag auf (vorläufige) Eigenverwaltung den Schutz zur Vorbereitung einer (Eigen-)Sanierung beantragen, wenn ein solcher Sanierungsversuch nicht von vornherein aussichtslos erscheint (sog. **Schutzschirmverfahren,** § 270d InsO). Stellt sich die Erfolglosigkeit erst im Verlauf des weiteren Verfahrens heraus, hat das Insolvenzgericht das Schutzschirmverfahren durch Eröffnung des Regelinsolvenzverfahrens, ggf. unter Anordnung der Eigenverwaltung, aufzuheben (§ 270e, f InsO; Braun InsO Vorb. §§ 270–285 Rn. 11). Zu den Gestaltungsvorteilen s. BeckOK InsO § 270d Rn. 2 ff. Für bis zum 31.12.2021 gestellte Insolvenz- und Schutzschirmanträge bestanden nach § 6 SanInsKG (→ Rn. 27 aE) zeitlich befristete Erleichterungen (TK § 251 Rn. 119b). Ob dem schon bislang nur zurückhaltend genutzten Schutzschirmverfahren nach Inkrafttreten des StaRUG (→ Rn. 18, 28) künftig noch eine eigenständige Bedeutung zukommen wird, bleibt abzuwarten. **119a**

III. Restschuldbefreiungsverfahren (§§ 286–303a InsO)

Persönliche und sachliche Voraussetzungen. Nur eine **natürliche Person** kann am Restschulbefreiungsverfahren teilnehmen (§ 286 InsO). Bei Erfüllung der Voraussetzungen hat ein redlicher Schuldner die Möglichkeit, von den im Insolvenzverfahren noch nicht erfüllten Verbindlichkeiten befreit zu werden (zur Reichweite → Rn. 123), für die er sonst nach Aufhebung des Insolvenzverfahrens unbeschränkt in Anspruch genommen würde (§ 201 InsO; → Rn. 101). Dem redlichen Schuldner soll so ein wirtschaftlicher Neuanfang ermöglicht werden (Braun InsO § 286 Rn. 3). Die Restschuldbefreiung setzt einen **Antrag** des Schuldners voraus, der mit seinem Antrag auf Eröffnung des Insolvenzverfahrens verbunden werden soll (§ 287 I 1 InsO). Um dem Schuldner frühzeitig Rechtsklarheit über die Zulässigkeit seines Antrages zu verschaffen (BT-Drs. 17/11268, 24), entscheidet das Insolvenzgericht hierrüber seit 1.7.2014 nicht mehr erst im Anschluss an den Schlusstermin (§§ 291 I, 201 III InsO aF; vgl. dazu BFH 7.6.2006 – VII B 329/05, BStBl. II 2006, 641), sondern bereits im Zuge der Insolvenzeröffnung (§ 287a I 1 InsO). **120**

Abtretungserklärung. Dem Antrag ist eine Erklärung des Schuldners beizufügen, wonach er für die Zeit von drei Jahren nach Eröffnung des Insolvenzverfahrens (sog. **Wohlverhaltensphase**) sein gesamtes pfändbares Einkommen an einen vom Gericht bestimmten Treuhänder abtritt (§ 287 II 1 InsO; zu Einzelheiten s. Braun InsO § 287 Rn. 20). Die Dauer der Abtretungsfrist wurde durch das Gesetz zur weiteren Verkürzung des Restschuldbefreiungsverfahrens (BGBl. 2020 I 3328) für alle ab dem 1.10.2020 beantragten Insolvenzverfahren von zuvor sechs auf nunmehr drei Jahre verkürzt (zur Kritik Lissner ZInsO 2020, 1729). Für Antragsverfahren ab dem 17.12.2019 galt eine stufenweise Übergangsfrist (vgl. Art. 103k EGInsO). Zur Vermeidung von Fehlanreizen gilt für ein erneutes Restschuldbefreiungsverfahren nach § 287 II 2 InsO eine verlängerte Verfahrensdauer von fünf Jahren (BT-Drs. 19/21981, 19).

Für die Dauer der Abtretungserklärung dürfen Insolvenzgläubiger weder in das Schuldnervermögen vollstr. (§ 294 I 1 InsO) noch gegen (abgetretene) Bezüge aus einem Dienstverhältnis des Schuldners oder an deren Stelle tretende laufende Bezüge aufrechnen (§ 294 III InsO). EStErstattungsansprüche haben indes nicht den Charakter eines Einkommens und werden deshalb nicht von der Abtretungserklärung erfasst (BGH 12.1.2006 – IX ZB 239/04, NJW 2006, 1127). Dementsprechend ist während der Wohlverhaltensphase eine Aufrechnung (§ 226) gegen EStErstattungsansprüche zulässig, ohne dass das Aufrechnungsverbot des § 294 III InsO dem entgegenstünde (BFH 21.11.2006 – VII R 1/06, BFH/NV 2007, 303 im Anschluss an BGH 21.7.2005 – IX ZR 115/04, NJW 2005, 2988). Entsprechendes gilt für LStErstattungsansprüche (BFH 21.11.2006 – VII R 66/05, BFH/NV 2007, 1066). UStVergütungsansprüche, die der Schuldner nach Einstellung des Insolvenzverfahrens während der Wohlverhaltensphase erwirbt, dürfen ebenfalls mit vorinsolvenzlichen StSchulden verrechnet werden (BFH 22.5.2012 – VII R 58/10, ZInsO

2012, 2104). Zur Aufrechnung in der Wohlverhaltensphase mit UStErstattungsansprüchen aus einem neu gegründeten Unternehmen s. auch FG Niedersachsen 16.10.2009 – 16 K 250/09, EFG 2010, 311. Die Laufzeit der Abtretung beginnt mit der rechtskräftigen Eröffnung des Insolvenzverfahrens (Uhlenbruck InsO § 287 Rn. 57). Hat der Schuldner die Verfahrenskosten getilgt, ist nach § 300 II InsO auf Antrag des Schuldners auch eine vorzeitige Erteilung der Restschuldbefreiung möglich, nämlich dann, wenn im Verfahren kein Insolvenzgläubiger eine Forderung angemeldet hat oder die Forderungen der Insolvenzgläubiger und sonstige Masseverbindlichkeiten vollständig befriedigt sind. Mit der nochmaligen Verkürzung der regulären Abtretungsfrist auf drei Jahre dürfte die Bedeutung dieser Ausnahmeregelung weiter geschwunden sein (BeckOK InsO § 300 Rn. 11). Zur frühen Rechtslage s. Grote/Pape ZInsO 2013, 1433; Ahrens NJW 2014, 1841.

121 **Entscheidung über die Restschuldbefreiung.** Auf Antrag eines Insolvenzgläubigers ist die Restschuldbefreiung zu versagen, soweit die in den §§ 290 I, 296 I, 297 I InsO aufgeführten Tatbestände vorliegen. In steuerlicher Hinsicht ist insb. § 290 I Nr. 2 InsO einschlägig. Danach liegt **Unredlichkeit** vor, wenn der Schuldner in den letzten drei Jahren vor dem Antrag auf Eröffnung des Insolvenzverfahrens oder danach vorsätzlich oder grob fahrlässig unrichtige oder unvollständige Angaben über die wirtschaftlichen Verhältnisse gemacht hat, um einen Kredit zu erhalten, Leistungen aus öffentlichen Mitteln zu beziehen oder Leistungen an öffentliche Kassen zu vermeiden. Eine „Leistungsvermeidung" in diesem Sinn ist stets dann gewollt, wenn es dem Schuldner darum geht, bestandskräftige Steuern nicht bezahlen zu müssen und Zwangsvollstreckungsmaßnahmen abzuwehren. Dies gilt auch, wenn er dazu unzutreffende Angaben in einem freiwilligen Vergleichsvorschlag macht (BGH 18.11.2021 – IX ZB 1/21, NJW-RR 2022, 188). Deshalb hat ein am Verfahren beteiligtes FA insb. zu prüfen, ob der Schuldner während dieser Zeit **unrichtige oder unvollständige Angaben** über seine wirtschaftlichen Verhältnisse bei Anträgen auf VollstrAufschub (§ 258), in Vermögensverzeichnissen (§ 284) oder bei Stundungs- und Erlassanträgen (§§ 222, 227) gemacht hat (Uhlenbruck InsO § 290 Rn. 52 f.). Entsprechendes gilt für unrichtige oder unvollständige Angaben in StErklärungen (BGH 12.1.2006 – IX ZB 29/04, HFR 2006, 726; BGH 13.1.2011 – IX ZB 199/09, NZI 2011, 149). Erforderlich ist immer die Abgabe einer schriftlichen Erklärung. Deshalb fällt die Nichtabgabe von StErklärungen nicht darunter (OLG Köln 14.2.2001 – 2 W 249/00, NJW-RR 2001, 911). Dass der Schuldner zu deren Abgabe verpflichtet gewesen wäre, macht aus dem Unterlassen keine unrichtige Angabe (Uhlenbruck InsO § 290 Rn. 45; für den Fall einer Verurteilung wegen StHinterziehung vgl. aber → Rn. 123). Vorsätzliche oder grob fahrlässige Falschangaben des Schuldners zu seinen wirtschaftlichen Verhältnissen begründen die Versagung der Restschuldbefreiung nur dann, wenn sie subjektiv dem Zweck dienen, Leistungen zu erhalten oder zu vermeiden (BGH 20.12.2007 – IX ZB 189/06, NZI 2008, 195). Vorsätzlich falsche Angaben sind grds. zu berichtigen (BGH 22.5.2003 – IX ZB 456/02, NJW 2003, 2457 zum Bezug von Sozialleistungen). Eine Selbstanzeige (§ 371) entlastet den Schuldner nicht (str., s. Uhlenbruck InsO § 290 Rn. 53 mwN).

Ein **Antrag der FB auf Versagung** der Restschuldbefreiung ist **kein VA,** sondern schlichtes Verwaltungshandeln (Frotscher Insolvenz, 353; Obermair StB 2005, 212). Deshalb ist hiergegen nur Leistungsklage (§ 40 FGO) gegeben; einstweiliger Rechtsschutz erfolgt durch einstweilige Anordnung (§ 114 FGO). Sind der FB Versagungsgründe bekannt, ist sie gehalten, die Versagung der Restschuldbefreiung zu beantragen und ggf. mit Rechtsmitteln zu verfolgen (Abschn. 64 I VollstrA; AEAO zu § 251 Nr. 15.1 Abs. 4 und Abs. 5; BFH 7.12.2007 – IX B 170/07, BFH/NV 2008, 338 zu § 290 I Nr. 1 InsO). Zu den Rechtsschutzmöglichkeiten des Schuldners s. Olbing Stbg 2007, 275.

Über die Erteilung und die Versagung der Restschuldbefreiung entscheidet das Insolvenzgericht nach Anhörung der Beteiligten durch **Beschluss** (§§ 290 I, 300 I InsO), der mit sofortiger Beschwerde angefochten werden kann (§ 300 IV 2, 6 I InsO, § 567 ZPO). Der Beschluss wirkt nach § 301 I 1 InsO gegen alle Insolvenzgläubiger, selbst wenn sie ihre Forderungen nicht angemeldet haben (§ 301 I 2 InsO).

Wirkung der Versagung. Mit der Rechtskraft des Versagungsbeschlusses wird die Beschränkung der Insolvenzgläubiger wieder aufgehoben. Die Insolvenzgläubiger unterliegen somit nicht mehr dem VollstrVerbot des § 294 I InsO und können deshalb in das Vermögen des Schuldners vollstrecken. Zu weiteren Einzelheiten s. Uhlenbruck InsO § 300 Rn. 44 ff. Nach § 303a S. 1 Nr. 1 InsO hat das Insolvenzgericht die Eintragung des Schuldners im Schuldnerverzeichnis anzuordnen. 122

Wirkung der Erteilung. Wird Restschuldbefreiung erteilt, führt dies zwar nicht zum materiellen Untergang des titulierten Anspruchs (MüKo InsO § 201 Rn. 3); das FA kann die dem Verfahren zugrunde liegenden Abgabenforderungen aber (endgültig) nicht mehr zwangsweise gegenüber dem Schuldner geltend machen (BFH 3.2.2016 – X R 25/12, BStBl. II 2016, 391; AEAO zu § 251 Nr. 15.2 Abs. 4: unvollkommene Forderungen; Frotscher Insolvenz, 351). Hat der Schuldner das FA in der Wohlverhaltensphase gleichwohl (freiwillig) befriedigt, besteht keine Pflicht zur Rückgewähr (§ 301 III InsO). Mit dem **Wegfall der Durchsetzbarkeit** entfällt auch die Möglichkeit, gegen Guthaben mit diesen Forderungen aufzurechnen, da die Aufrechnung voraussetzt, dass die zur Aufrechnung gestellte (Gegen-)Forderung vollwirksam und fällig/erzwingbar ist (→ § 226 Rn. 28). Ein bei Eröffnung des Insolvenzverfahrens bestehendes Aufrechnungsrecht bleibt jedoch aufgrund der in § 94 InsO zum Ausdruck kommenden gesetzgeberischen Grundentscheidung erhalten (FG Schleswig-Holstein 23.10.2013 – 4 K 186/11, EFG 2014, 1028; MüKo InsO § 301 Rn. 19; AEAO zu § 251 Nr. 15.2 Abs. 4 unter Hinweis auf BGH 19.5.2011 – IX ZR 222/08, NJW-RR 2011, 1142, wobei die Entscheidung zum Insolvenzplan ergangen ist; zweifelnd deshalb BFH 13.12.2016 – X R 4/15, BStBl. II 2017, 786). Die Restschuldbefreiung erfasst allerdings nur Insolvenzforderungen (→ Rn. 46), während Masseverbindlichkeiten (→ Rn. 56) nach dem Wortlaut des § 301 I 1 InsO ausdrücklich nicht in die Wirkung einbezogen sind (BFH 2.4.2019 – IX R 21/17, BStBl. II 2019, 481). Dies hat zur Folge, dass das FA auch nach Abschluss des Insolvenzverfahrens und erteilter Restschuldbefreiung mit Erstattungsansprüchen des ehemaligen Insolvenzschuldners gegen StSchulden, die als Masseverbindlichkeiten entstanden sind, aufrechnen kann (BFH 28.11.2017 – VII R 1/16, BStBl. II 2018, 457). Als **insolvenzrechtliche Spezialregelung** geht § 301 InsO dem § 227 vor; ein Erlass der StForderungen nach § 227 ist nicht erforderlich. Es besteht aber weiterhin die Möglichkeit, Haftungs- oder sonstige Gesamtschuldner in Anspruch zu nehmen (§ 301 II InsO). 123

Befreiungsgewinn. Die Rechtskraft der Restschuldbefreiung führt überdies zu einer **Neubewertung betrieblicher Verbindlichkeiten,** sodass ein daraus erwachsender Buchgewinn grds. im Jahr der Befreiung zu erfassen ist (BFH 13.12.2016 – X R 4/15, BStBl. II 2017, 786). Hat der Stpfl. seine gewerbliche Betätigung indes schon zuvor aufgegeben, stellt die Restschuldbefreiung ein rückwirkendes Ereignis iSd § 175 I 1 Nr. 2 dar, weswegen in eine frühere Betriebsaufgabebilanz eingestellte, nunmehr aber von der Restschuldbefreiung erfasste Verbindlichkeiten auszubuchen sind, was ggf. im Jahr der Betriebsaufgabe zu einem Befreiungsgewinn führen kann (BFH 13.12.2016 – X R 4/15, BStBl. II 2017, 786; ebenso BMF 8.4.2022, BStBl. I 2022, 632). Gleiches gilt für der Fall der Betriebsaufgabe im eröffneten Insolvenzverfahren, weil die erlangte Befreiung von passivierten, nunmehr aber nicht mehr durchsetzbaren betrieblichen Verbindlichkeiten auch dann auf den Zeitpunkt der Betriebsaufgabe zurückzubeziehen ist (BFH 6.4.2022 – X R 28/19, BStBl. II 2023, 341). Mit der – im eröffneten Verfahren letztlich vom Insolvenzverwalter vollzogenen – Betriebsaufgabe endet die Existenz des Gewerbebetriebs, sodass die aufgrund der Ausbuchung eintretenden einkommensteuerlichen Rechtsfolgen zwingend zu diesem Zeitpunkt zu ziehen sind. Da der aus der Restschuldbefreiung resultierende Buchgewinn damit aber Folge massebezogenen Verwaltungshandelns ist, handelt es sich bei den daran anknüpfenden Steuern um Masseverbindlichkeiten iSd § 55 I 1 Nr. 1 InsO, die nicht unter die Restschuldbefreiung fallen, sodass das FA nachinsolvenzlich mit ihnen aufrechnen kann (BFH 28.11.2017 – VII R 1/16, BStBl. II 2018, 457; zu Einzelheiten → Rn. 56). Zur ertragsteuerlichen Behandlung von Gewinnen aus einer erteilten Restschuldbefreiung s. auch Thonet/Baluch DB 2008, 1595; Uhländer AO-StB 2010, 81.

Nichterfassung privilegierter Ansprüche. § 302 InsO enthält für alle nach dem 1.7.2014 eröffneten Verfahren fünf **Ausnahmetatbestände,** wonach die darin abschließend benannten (bemakelten) Forderungen von der Restschuldbefreiung ausgeschlossen sind, weil sich der Schuldner ihnen nicht entziehen können soll (vgl. Uhlenbruck InsO § 302 Rn. 1). Da hinterzogene Steuern nicht durch eine unerlaubte Handlung iSd § 302 Nr. 1 1 Alt. InsO entstehen, sondern durch Verwirklichung eines StTatbestandes (§ 38; BFH 19.8.2008 – VII R 6/07, BStBl. II 2008, 947; s. auch → § 319 Rn. 25), werden sie (von der Versagungsmöglichkeit nach § 290 I Nr. 2 InsO abgesehen; → Rn. 121) nach § 302 Nr. 1 3. Alt. InsO nur dann nicht von der Restschuldbefreiung erfasst, wenn die StForderungen zum Zeitpunkt der Insolvenzeröffnung bereits entstanden waren und der Schuldner damit zusammenhängend bis zur Erteilung der Restschuldbefreiung rechtskräftig wegen einer StStraftat nach den §§ 370, 373 oder 374 verurteilt worden ist. Maßgeblich ist dabei der Schuldspruch, nicht hingegen, ob und/oder in welcher Höhe eine Strafe verhängt wird (BGH 16.2.2012 – IX ZB 113/11, NJW 2012, 1215 zur vergleichbaren Situation bei § 290 InsO; Uhlenbruck § 302 Rn. 21). Liegt eine solche Verurteilung vor, hat die FB die entsprechende Forderung unter Angabe dieses Rechtsgrundes nach § 174 II InsO zur Tabelle anzumelden und den Grund im Fall eines Widerspruchs des Schuldners durch Bescheid nach § 251 III (→ Rn. 51) festzustellen (BFH 7.8.2018 – VII R 24, 25/17, BStBl. II 2019, 19). Dies gilt gleichermaßen für steuerliche Nebenleistungen wie Hinterziehungszinsen, Säumniszuschläge und Zwangsgelder. Sie teilen das Schicksal der Hauptforderung (BFH 20.3.2012 – VII R 12/11, BStBl. II 2012, 491). Die Tatsachen, aus denen sich die Annahme einer StStraftat des Schuldners ergibt, können gem. § 177 I InsO auch noch nachträglich angemeldet werden (BFH 28.6.2022 – VII R 23/21, BStBl. II 2022, 791).

Widerruf. Stellt sich erst im Nachhinein heraus, dass der Insolvenzschuldner einen zur Versagung der Restschuldbefreiung führenden Pflichtenverstoß begangen hat (→ Rn. 121), kann das Insolvenzgericht die erteilte Restschuldbefreiung nach § 303 I InsO auf Antrag eines Insolvenzgläubigers widerrufen. Zu den Gründen und den Folgen eines Widerrufs der Restschuldbefreiung vgl. MüKo InsO § 303 Rn. 7 ff., 54; App DStZ 2000, 860.

Restschuldbefreiung im Ausland. Der Stpfl. unterliegt nach § 90 II einer erhöhten Mitwirkungspflicht, wenn er geltend macht, dass die Forderungen der FB aufgrund einer Restschuldbefreiung im Ausland nicht mehr vollstreckbar oder – abweichend zum deutschen Recht (→ Rn. 123) – sogar erloschen seien. Insb. hat er nachzuweisen, dass alle Voraussetzungen vorliegen, die das ausländische Recht an die Gewährung der Restschuldbefreiung knüpft und dass die Restschuldbefreiung auch die Forderungen der FB erfasst (BFH 8.3.2017 – VII R 13/15, BFH/NV 2017, 1011). Zur Restschuldbefreiung nach irischem Recht vgl. FG Düsseldorf 23.2.2024 – 10 K 534/23 G, U, EFG 2024, 713. Die erforderlichen Beweismittel hat der Stpfl. selbst zu beschaffen und nicht lediglich zu benennen (FG Baden-Württemberg 1.4.2010 – 9 V 5068/09, EFG 2010, 1102; Anm. Merkt DStRE 2010, 1145). Eine rechtsmissbräuchliche, weil nur zum Schein erfolgte Verlegung des Wohnsitzes ins Ausland oder unzutreffende Angaben während des ausländischen Insolvenzverfahrens können einen Verstoß gegen den ordre public darstellen und einer Anerkennung des ausländischen Insolvenzverfahrens und damit insb. einer Berufung auf die im Ausland erlangte Restschuldbefreiung entgegenstehen (BFH 27.1.2016 – VII B 119/15, BFH/NV 2016, 1586).

IV. Verbraucherinsolvenzverfahren und sonstige Kleinverfahren (§§ 304–314 InsO)

1. Allgemeines

Der persönliche Anwendungsbereich des Verbraucherinsolvenzverfahrens ist auf natürliche Personen beschränkt, die **keine selbständige wirtschaftliche Tätigkeit** ausüben oder ausgeübt haben (§ 304 I 1 InsO). Der geschäftsführende Mehrheitsgesellschafter einer GmbH übt auch dann eine selbständige wirtschaftliche Tätigkeit aus, wenn die GmbH persönlich haftende Gesellschafterin einer GmbH & Co. KG ist (BGH 12.2.2009 – IX ZB 215/08, DStR 2009, 1968). Zu Sonderfällen wie zB einem persönlich haftenden Gesellschafter einer OHG bzw. KG oder geschäftsführenden Alleingesellschafter einer GmbH s. Braun InsO § 304 Rn. 11. Wenn der Schuldner neben einer abhängigen Beschäftigung eine wirtschaftlich selbständige Nebentätigkeit nur gelegentlich ausgeübt und die Nebentätigkeit weder einen nennenswerten Umfang erreicht noch sich organisatorisch verfestigt hat, ist ebenfalls keine selbständige Erwerbstätigkeit gegeben (BGH 24.3.2011 – IX ZB 80/11, NJW-RR 2011, 1068). Von der Beschränkung des § 304 I 1 macht § 304 I 2 iVm II InsO eine **Ausnahme** für Schuldner, deren Verhältnisse trotz selbständiger Betätigung überschaubar sind, weil sie weniger als 20 Gläubiger haben und keinen Ansprüchen aus gegenwärtigen oder früheren Arbeitsverhältnissen ausgesetzt sind; hierzu zählen rückständige Löhne auch nach der Beantragung von Insolvenzgeld (BGH 20.1.2011 – IX ZR 238/08, NJW 2011, 1678), ebenso ausstehende Sozialversicherungsbeiträge und Lohnsteuer (BGH 22.9.2005 – IX ZB 55/04, NJW 2006, 917; FG Berlin 14.4.2003 – 10 K 10195/01, EFG 2003, 1062; Braun InsO § 304 Rn. 10; aA Römermann InsO § 304 Rn. 16). Bei **Gemeinschaftssteuern** (Art. 103 III GG) von Bund und Ländern sind für die Ermittlung der maßgeblichen Gläubigerzahl nicht die tatsächlich steuerberechtigten Körperschaften zu zählen, sondern das die Steuer verwaltende FA als ein Gläubiger (Uhlenbruck InsO § 304 Rn. 22; App StB 2003, 225). Bei der **GewSt** ist jede hebeberechtigte Gemeinde als Gläubiger anzusehen. 124

Ablauf. Das zur Entlastung der Gerichte eingeführte Verfahren gliedert sich in drei Abschnitte (außergerichtlicher Einigungsversuch, gerichtliches Schuldenbereinigungsverfahren, Übergang ins Regelinsolvenzverfahren). **Ziel** des Verbraucherinsolvenzverfahrens ist in erster Linie eine (außergerichtliche oder gerichtliche) Schuldenbereinigung und damit letztlich die Vermeidung eines Insolvenzverfahrens.

2. Außergerichtlicher Einigungsversuch

Obligatorischer Einigungsversuch. Die Eröffnung des Verbraucherinsolvenzverfahrens kann nur der Schuldner beantragen, der in den letzten sechs Monaten vor dem Eröffnungsantrag erfolglos eine außergerichtliche Einigung mit den Gläubigern über die Schuldenbereinigung auf der Grundlage eines Plans versucht hat (§ 305 I Nr. 1 InsO). Hierzu hat er eine Bescheinigung einer dafür autorisierten Person (zB Rechtsanwalt, Notar, StBerater, Wirtschaftsprüfer; vgl. Uhlenbruck InsO § 305 Rn. 60) oder Stelle (insb. Schuldenberatungsstelle; vgl. hierzu die Ausführungsgesetze der Länder; Fundstellen bei Römermann InsO § 305 Rn. 13) vorzulegen, aus der sich der erfolglose Einigungsversuch ergibt. Der außergerichtliche Einigungsversuch ist anhand eines konkreten und schriftlich ausgearbeiteten Schuldenbereinigungsplans **ernsthaft zu betreiben.** Dies erfordert auch, dass der Plan allen Gläubigern zuzuleiten ist (Uhlenbruck InsO § 305 Rn. 13, 22). Der Schuldner hat den Gläubigern so viele **Informationen und Daten** mitzuteilen, dass sie dessen Angebot zuverlässig beurteilen können (Uhlenbruck InsO § 305 Rn. 15). 125

Kein Vollstreckungsschutz. Anders als im gerichtlichen Verfahren besteht während des außergerichtlichen Einigungsversuchs kein Schutz vor EinzelzwangsVollstr.; § 89 InsO gilt erst nach der Verfahrenseröffnung (→ Rn. 35). Möglich ist allenfalls ein Schutz gem. § 765a ZPO (Uhlenbruck InsO § 305 Rn. 16). Der außergerichtliche Einigungsversuch **gilt als gescheitert,** wenn ein Gläubiger die ZwangsVollstr. betreibt, nachdem die Ver- 126

seinen Einwendungen berechtigte Interessen verfolgt, weil er entweder im Verhältnis zu den übrigen Gläubigern nicht angemessen beteiligt (§ 309 I 2 Nr. 1 InsO) oder durch den Schuldenbereinigungsplan voraussichtlich **wirtschaftlich schlechter gestellt** wird, als er bei Durchführung des Verfahrens über die Anträge auf Eröffnung des Insolvenzverfahrens und Erteilung der Restschuldbefreiung stünde (§ 309 I 2 Nr. 2 InsO). Gegen den Beschluss über die Ersetzung der Zustimmung steht dem Antragsteller und dem Gläubiger, dessen Zustimmung ersetzt wird, die **sofortige Beschwerde** zu (§ 309 II 3 InsO). Verweigert die FB die Zustimmung, kann der Schuldner sowohl Leistungsklage (§ 40 FGO) zum FG erheben (→ Rn. 131) als auch einen Antrag beim Insolvenzgericht auf Ersetzung der Zustimmung stellen und im Falle der Ablehnung sofortige Beschwerde einlegen; er hat somit einen zweifachen Rechtsschutz.

133 **Wirkungen eines Schuldenbereinigungsplans.** Hat kein Gläubiger Einwendungen gegen den Schuldenbereinigungsplan erhoben oder wird die Zustimmung nach § 309 InsO ersetzt, gilt der Schuldenbereinigungsplan als angenommen; das Insolvenzgericht stellt dies durch Beschluss fest (§ 308 I 1 InsO). Der Schuldenbereinigungsplan schafft iVm mit der Zustimmung der Gläubiger und der Feststellung des Plans durch gerichtlichen Beschluss nach § 308 I 2 InsO einen die betreffenden Forderungen materiell-rechtlich umgestaltenden vollstreckbaren **Prozessvergleich** iSd § 794 I Nr. 1 ZPO (BGH 21.2.2008 – IX ZR 202/06, NJW-RR 2008, 1578). Der Feststellungsbeschluss bildet gemeinsam mit einem Auszug aus dem Schuldenbereinigungsplan einen vollstreckbaren Titel, aus dem die Planbeteiligten unmittelbar gegen den Schuldner vorgehen können (Uhlenbruck InsO § 308 Rn. 18). Dies ergibt sich für „Private" aus § 795 ZPO, gilt gem. § 251 II 2 aber ausdrücklich auch für FB, deren Vollstreckung sich allerdings nach den §§ 249 ff. zu richten hat (**VerwaltungsVollstr.;** TK § 251 Rn. 134; → Vorb. § 249 Rn. 2). Den Gläubigern und dem Schuldner ist hierzu eine Ausfertigung des Schuldenbereinigungsplans und des feststellenden Beschlusses zuzustellen (§ 308 I 3 InsO). Auf das Vorliegen oder Fehlen eines StBescheids kommt es nicht an. Die erfassten Abgabenansprüche können aber nur (noch) in der Art und Weise, in der Höhe und zu dem vom gerichtlich festgestellten Plan vorgesehenen Zeitpunkt geltend gemacht werden (FG Sachsen-Anhalt 28.3.2012 – 2 K 1134/11, EFG 2013, 748). Soweit der Plan zum Erlöschen von StAnsprüchen führt, sind diese nicht mehr durchsetzbar (Frotscher Insolvenz, 357). Beides schränkt die Aufrechnungsmöglichkeiten des FA ein (s. FG Düsseldorf 8.12.2006 – 18 K 2707/05 AO, EFG 2007, 738). Zur ertragsteuerlichen Behandlung von Gewinnen aus einem solchen Plan s. BMF 22.12.2009, BStBl. I 2010, 18, ergänzt durch BMF 8.4.2022, BStBl. I 2022, 632.

4. Übergang zum Regelinsolvenzverfahren

134 Scheitert die Schuldenbereinigung, wird das Antragsverfahren von Amts wegen fortgesetzt (§ 311 InsO) und unter Beachtung der allgemeinen Grundsätze (→ Rn. 30 ff.) über den Eröffnungsantrag des Schuldners entschieden. Im Falle der Verfahrenseröffnung gelten die allgemeinen Vorschriften des Regelinsolvenzverfahrens. Die vormals in §§ 312–314 InsO aF vorgesehenen Verfahrenserleichterungen sind mW ab dem 1.7.2014 entfallen (vgl. BGBl. 2013 I 2379; Ahrens NJW 2014, 1841).

V. Nachlassinsolvenzverfahren (§§ 315–331 InsO)

135 **Zweck und Antragsbefugnis.** Das Nachlassinsolvenzverfahren bezweckt zweierlei: Zum einen zielt das Verfahren für Nachlassverbindlichkeiten auf die Verwirklichung der Haftungsbeschränkung des Erben auf den Nachlass (§ 1975 BGB). Zum anderen soll der Nachlass den Nachlassgläubigern als Befriedigungsmasse erhalten und deshalb vom sonstigen Vermögen des Erben abgesondert werden (BGH 21.2.2008 – IX ZB 62/05, NJW-RR 2008, 873; Uhlenbruck InsO § 315 Rn. 3). **Antragsberechtigt** ist jeder Erbe, der Nachlassverwalter sowie ein anderer Nachlasspfleger, ein Testamentsvollstrecker, dem die Verwaltung des Nachlasses zusteht, und jeder Nachlassgläubiger (§ 317 I InsO). Der die

Erbschaft ausschlagende Erbe ist nicht mehr antragsberechtigt (Uhlenbruck InsO § 317 Rn. 2). Der Antrag eines Nachlassgläubigers auf Eröffnung des Insolvenzverfahrens ist unzulässig, wenn seit Annahme der Erbschaft zwei Jahre verstrichen sind (§ 319 InsO). Zahlungsunfähigkeit (§ 17 InsO; → Rn. 27) und Überschuldung (§ 19 InsO; → Rn. 29) sind **Eröffnungsgründe** (§ 320 S. 1 InsO), ebenso drohende Zahlungsunfähigkeit (§ 18 InsO; → Rn. 28), wenn der Erbe, der Nachlassverwalter oder ein anderer Nachlasspfleger oder ein Testamentsvollstrecker die Eröffnung des Verfahrens beantragt (Braun InsO § 320 Rn. 8 ff.).

Besonderheiten des Nachlassinsolvenzverfahrens. Da das Nachlassinsolvenzverfahren der Befriedigung der Nachlassgläubiger aus dem Nachlass dient, können nur **Nachlassverbindlichkeiten** (§ 1967 II BGB) geltend gemacht werden (§ 325 InsO). Zu den Nachlassverbindlichkeiten gehören die vom Erblasser herrührenden, vererbten Schulden (Erblasserschulden; s. Uhlenbruck InsO § 325 Rn. 3 ff.; zu StSchulden vgl. § 45 II 1) und die aus Anlass des Erbfalls entstandenen Verbindlichkeiten (Erbfallschulden; s. Uhlenbruck InsO § 325 Rn. 8 ff.). Zu den typischen Erbfallschulden gehören zB auch die durch den Erbfall ausgelöste **ErbSt** (Römermann InsO § 325 Rn. 7) sowie alle Steuern, die aus der Fortführung eines Geschäftes durch den Erben entstanden sind. Zu den sog. Nachlasserbenschulden, die aus der Verwaltung und Verwertung des Nachlasses resultieren Frotscher Insolvenz, 132 f. Gerät neben dem Nachlass auch der haftende Erbe in Insolvenz, gilt § 331 InsO (BeckOK InsO § 331 1 ff.). Zur Zurechnung von Erlösen aus der Veräußerung von Nachlassgegenständen zur Nachlassinsolvenzmasse BGH 19.12.2024 – IX ZR 119/23, NJW 2025, 973. 136

§ 252 Vollstreckungsgläubiger

Im Vollstreckungsverfahren gilt die Körperschaft als Gläubigerin der zu vollstreckenden Ansprüche, der die Vollstreckungsbehörde angehört.

I. Inhalt und Bedeutung

Gesetzliche Zuordnungsentscheidung. § 252 fingiert für das VerwaltungsvollstrVerfahren nach der AO (§§ 249–346), welche Körperschaft als VollstrGläubigerin anzusehen ist, also entweder der Bund oder das Land. Die Zugehörigkeit einer VollstrBehörde zu einer Körperschaft richtet sich nach den §§ 1, 2 FVG. Mit der Fiktion des § 252 soll das VollstrVerfahren in den Fällen erleichtert werden, in denen der StAnspruch mehreren Körperschaften zusteht (BT-Drs. VI/1982, 175). Sie dient folglich der Klarstellung und Verwaltungsvereinfachung (Gosch AO § 252 Rn. 2). Nach dem GG sind Ertrags- und Verwaltungshoheit unterschiedlich geregelt. Nach Art. 108 II, III GG verwalten die LandesFB im Auftrag des Bundes die sog. GemeinschaftsSt (ESt, KSt und USt). Daneben sind die Länder auch für die Verwaltung von Steuern des Bundes (zB VersSt, SolZ) zuständig. Umgekehrt werden Steuern, deren Aufkommen ausschl. den Ländern zusteht (zB BierSt, Art. 106 II Nr. 5 GG), gem. Art. 108 I GG von den BundesFB verwaltet. 1

Systematik. § 252 knüpft an die in § 249 I sowie § 250 getroffenen Regelungen an, wonach die Befugnis zur Vollstr. nach der AO bestimmten FB als VollstrBehörden zusteht. Eine mit § 252 vergleichbare Regelung findet sich für das Erhebungsverfahren in § 226 IV. Gemäß § 5 I VwVG gilt § 252 auch für die Verwaltungsvollstr. nach dem VwVG. 2

II. Die Gläubigerfiktion und ihre Rechtsfolgen

Verfahrensrechtlicher Begriff. Die Fiktion des § 252 ist auf das VollstrVerfahrensrecht beschränkt; sie gilt insb. nicht für die Aufrechnung (BFH 3.11.1983 – VII R 38/83, BStBl. II 1984, 185). Materiell-rechtlich bleibt die Körperschaft Gläubigerin des StAnspruchs, der auch die Ertragshoheit zusteht, bei den GemeinschaftsSt Bund und Land bspw. 3

in Höhe ihres Anteils. Für das VollstrVerfahren erwirbt die Körperschaft, der die VollstrBehörde angehört, aber das Pfandrecht an den beweglichen und unbeweglichen Sachen bzw. das Pfändungspfandrecht an Forderungen (TK § 252 Rn. 2).

4 **Vollstreckungsersuchen.** Die Gläubigerfiktion gilt auch für eine FB, die nach § 250 I 1 auf Ersuchen einer anderen VollstrBehörde tätig wird. Hier bleibt zwar die Körperschaft, der die ersuchende Behörde angehört, materiell-rechtlich Gläubigerin des Anspruchs, doch gilt nach § 252 auch im Fall der VollstrHilfe die Körperschaft, der die ersuchte Behörde angehört, als VollstrGläubigerin. Die ersuchte VollstrBehörde rückt in die Gläubigerstellung der ersuchenden Behörde ein (→ § 250 Rn. 4) und die ersuchende Behörde muss sich die Kenntnisse der ersuchten VollstrBehörde zurechnen lassen (BGH 14.2.2013 – IX ZR 115/12, DB 2013, 696 zur Insolvenzanfechtung nach § 133 InsO).

5 **Anwendbar** ist § 252 auch auf KiSt und andere Ansprüche, die aufgrund besonderer gesetzlicher Regelungen nach der AO vollstreckt werden, wie zB die Umlage der Landwirtschaftskammern in Nordrhein-Westfalen (TK § 252 Rn. 1) oder auch Forderungen, die im Wege zwischenstaatlicher VollstrHilfe nach dem EUBeitrG beigetrieben werden (BFH 30.7.2020 – VII B 73/20 (AdV), BStBl. II 2021, 127; FG Hessen 7.6.2021 – 4 K 618/20, BeckRS 2021, 19114; → § 250 Rn. 9 ff.).

6 **Auch für die Passivlegitimation** gilt die Gläubigerfiktion, soweit Rechtsstreitigkeiten aus dem VollstrVerfahren resultieren. Deshalb sind die Drittwiderspruchsklage (§ 262) und die Klage auf vorzugsweise Befriedigung (§ 293) gegen die Körperschaft (Land/Bund) geltend zu machen, die nach § 252 als Gläubigerin fingiert wird; entsprechendes gilt für eine Amtshaftungsklage (§ 839 BGB iVm Art. 34 GG; TK § 252 Rn. 5).

§ 253 Vollstreckungsschuldner

Vollstreckungsschuldner ist derjenige, gegen den sich ein Vollstreckungsverfahren nach § 249 richtet.

Hinweis auf **VollstrA:** Abschn. 3

1 **Regelungsinhalt.** § 253 stellt auf den **formellen Begriff** des VollstrSchuldners ab (BT-Drs. VI/1982, 175). Der Begriff des VollstrSchuldners ist insb. von **Bedeutung** für Ermittlungsmaßnahmen zur Vorbereitung der Vollstr. (§ 249 II 1), für die Adressierung des Leistungsgebots (§ 254), für die Mahnung (§ 259), für die Abgabe der Vermögensauskunft (§ 284), für die Durchsuchungsbefugnis des Vollziehungsbeamten (§ 287), für die Frage der Kostentragungspflicht (§§ 337 ff.) und dafür, wer sich gegen (unberechtigte) VollstrMaßnahmen zur Wehr setzen kann.

2 **Vollstreckungsschuldner** ist nach der (verfahrensbezogenen) Definition des § 253 derjenige, gegen den sich ein VollstrVerfahren nach den §§ 249 ff. **tatsächlich** richtet, und zwar unabhängig davon, ob seine Inanspruchnahme zu Recht erfolgt (s. Abschn. 3 I VollstrA; BGH 3.3.2005 – III ZR 273/03, NJW 2005, 1865). Damit ist VollstrSchuldner nicht schon derjenige, der die rechtlichen Voraussetzungen für ein mögliches VollstrVerfahren gegen sich erfüllt. Entscheidend ist vielmehr, dass die VollstrBehörde ihm gegenüber auch einen VA mit VollstrMaßnahmen durchsetzen will (Schwarz/Pahlke/Keß § 253 Rn. 2). VollstrSchuldner **können sein** der StSchuldner, der Haftungsschuldner und derjenige, der kraft Gesetzes verpflichtet ist, die Vollstr. zu dulden und durch Duldungsbescheid gem. §§ 77, 191 I in Anspruch genommen worden ist, wie zB der Ehegatte (§ 263), der Nießbraucher (§ 264), die Erben (§ 265) sowie die Rechtsnachfolger iSd § 323 (s. Abschn. 3 III VollstrA; TK § 253 Rn. 3; HHSp § 253 Rn. 13).

3 **Keine Vollstreckungsschuldner** sind der Dritte iSd § 262 und der Drittschuldner gem. § 309. Auch derjenige, der sich aufgrund eines Vertrags verpflichtet hat, für die Steuer eines anderen einzustehen, etwa als Bürge, ist kein VollstrSchuldner, da er nach § 192 nur nach den Vorschriften des Bürgerlichen Rechts in Anspruch genommen werden

kann (FG München 22.6.2006 – 14 K 2917/03, BeckRS 2006, 26021655; s. Abschn. 3 II 2 VollstrA).

Vollstreckung gegen Exterritoriale und Soldaten. Exterritoriale, zu denen insb. Diplomaten gehören, können keine VollstrSchuldner sein (TK § 253 Rn. 4). Dies ergibt sich aus Art. 31, 34 des Gesetzes zum Wiener Übereinkommen v. 18.4.1961 über diplomatische Beziehungen (BGBl. 1964 II 957) sowie aus Art. 43, 49 des Gesetzes zum Wiener Übereinkommen v. 24.4.1963 über konsularische Beziehungen (BGBl. 1969 II 1585). Demgegenüber kann nach Art. 5 III des Gesetzes zum NATO-Truppenstatut (BGBl. 1961 II 1183) iVm Art. 32 ff. des Zusatzabkommens zum NATO-Truppenstatut (BGBl. 1961 II 1218) gegen Soldaten ausländischer Streitkräfte, soweit sie der NATO angehören und in Deutschland stationiert sind, vollstreckt werden. Allerdings gelten diese Vorschriften nach Anl. I Kap. I Abschn. I Nr. 5, 6 des EinigVertr. und § 3 Nr. 5, 6a des 6. Überleitungsgesetzes v. 25.9.1990 (BGBl. 1990 I 2106) nicht für die neuen Bundesländer und Berlin. Für Soldaten der Bundeswehr gelten grds. keine gesetzlichen Sondervorschriften; zur Durchführung s. Abschn. 14 VollzA. 4

§ 254 Voraussetzungen für den Beginn der Vollstreckung

(1) [1]**Soweit nichts anderes bestimmt ist, darf die Vollstreckung erst beginnen, wenn die Leistung fällig ist und der Vollstreckungsschuldner zur Leistung oder Duldung oder Unterlassung aufgefordert worden ist (Leistungsgebot) und seit der Aufforderung mindestens eine Woche verstrichen ist.** [2]**Das Leistungsgebot kann mit dem zu vollstreckenden Verwaltungsakt verbunden werden.** [3]**Ein Leistungsgebot ist auch dann erforderlich, wenn der Verwaltungsakt gegen den Vollstreckungsschuldner wirkt, ohne ihm bekannt gegeben zu sein.** [4]**Soweit der Vollstreckungsschuldner eine von ihm auf Grund einer Steueranmeldung geschuldete Leistung nicht erbracht hat, bedarf es eines Leistungsgebots nicht.**

(2) [1]**Eines Leistungsgebots wegen der Säumniszuschläge und Zinsen bedarf es nicht, wenn sie zusammen mit der Steuer beigetrieben werden.** [2]**Dies gilt sinngemäß für die Vollstreckungskosten, wenn sie zusammen mit dem Hauptanspruch beigetrieben werden.** [3]**Die gesonderte Anforderung von Säumniszuschlägen kann ausschließlich automationsgestützt erfolgen.**

Hinweis auf **VollstrA:** Abschn. 19

Schrifttum: App, Kein Leistungsgebot gegen Gesellschafter einer Gesellschaft des bürgerlichen Rechts aufgrund eines gegen die Gesellschaft gerichteten Steuerbescheides, BB 1985, 2319; Carl, Leistungsbescheid und Leistungsgebot als Voraussetzung der Zwangsvollstreckung bei nicht rechtsfähigen Personenvereinigungen, BB 1985, 1783.

A. Allgemeines

Regelungsgegenstand. § 254 ist neben § 249 und § 251 eine der zentralen Vorschriften der Verwaltungsvollstr. nach der AO (Schwarz/Pahlke/Keß § 254 Rn. 1). Er normiert (neben § 249 I 1) **drei unabdingbare Statthaftigkeitsvoraussetzungen** für den Beginn einer jeden Vollstr.: Fälligkeit der Leistung, Vorliegen eines Leistungsgebots und Ablauf der Wochenfrist seit Bekanntgabe des Leistungsgebots (Ausnahmen → Rn. 10 ff.). Damit soll der VollstrSchuldner einerseits davor geschützt werden, dass die Vollstr. gänzlich unerwartet über ihn hereinbricht (BFH 22.10.2002 – VII R 56/00, BStBl. II 2003, 109; TK § 254 Rn. 2; → Vor § 249 Rn. 4). Andererseits soll der VollstrSchuldner auch letztmalig zur freiwilligen Leistung angehalten werden, um unnötige VollstrMaßnahmen und damit unnötigen Verwaltungsaufwand zu vermeiden. Lediglich im Zusammenhang mit der Vollziehung eines dinglichen Arrestes (§§ 324 ff.) sind VollstrMaßnahmen auch schon vor 1

Fälligkeit und ohne Ankündigung zulässig. Da zu befürchten sein muss, dass die Beitreibung ohne die Sicherungsmaßnahmen vereitelt oder wesentlich erschwert würde (§ 324 I 1 HS 2; sog. Arrestgrund), wäre es sinnwidrig, den Arrestschuldner vor den ihm drohenden VollstrMaßnahmen zu warnen. Eine dem § 757 ZPO vergleichbare Pflicht zur Vorlage eines VollstrTitels (hier: Leistungsbescheid, → Rn. 3) besteht im VollstrVerfahren nach der AO nicht (BFH 30.1.2009 – VII B 235/08, BFH/NV 2009, 1077; → § 249 Rn. 2).

B. Voraussetzungen für den Beginn der Vollstreckung

I. Fälligkeit der Leistung (Abs. 1 S. 1 HS 1)

2 Die Fälligkeit von Ansprüchen aus dem StSchuldverhältnis richtet sich gem. § 220 I idR nach den EinzelStGesetzen (→ § 220 Rn. 5). Fehlt eine solche besondere gesetzliche Regelung, ist nach § 220 II die Entstehung des Anspruchs bzw. der Ablauf einer durch Leistungsgebot gesetzten Zahlungsfrist entscheidend (zu Einzelheiten → § 220 Rn. 6 ff. sowie zur Änderung der Fälligkeit → § 220 Rn. 12 ff.).

II. Leistungsgebot (Abs. 1 S. 1 HS 2, S. 2 und 3)

3 **Begriff und Rechtsnatur.** Das Leistungsgebot ist die ausdrückliche Aufforderung an den VollstrSchuldner zur Leistung, Duldung oder Unterlassung innerhalb einer bestimmten Frist (§ 254 I 1 HS 2). Das Leistungsgebot ist ein **eigenständiger VA** iSd § 118 I (BFH 14.6.2017 – X B 118/16, BFH/NV 2017, 1437). Es regelt, wann, wo und wie die geschuldete Leistung zu erfüllen ist (→ Rn. 6). Das Leistungsgebot ist **vom zu vollstreckenden VA zu unterscheiden,** der die geschuldete Leistung nach Art und Umfang festsetzt (sog. Leistungsbescheid; vgl. TK § 254 Rn. 4). Nur dann, wenn die geschuldete Leistung mittels Leistungsbescheids ordnungsgemäß festgesetzt ist, darf das Leistungsgebot ergehen. Grundlage für die Vollstr. ist somit allein der Leistungsbescheid (vgl. § 249 I 1), der nach Maßgabe des § 251 I 1 vollstreckbar, nicht aber unanfechtbar sein muss (HHSp § 254 Rn. 11). Er ist mit dem VollstrTitel nach § 704 ZPO vergleichbar (→ § 249 Rn. 2). Leistungsbescheide sind insb. StBescheide, Vorauszahlungszahlungs-, Haftungs- und Duldungsbescheide, aber auch Bußgeldbescheide. § 717 II ZPO gilt für den Leistungsbescheid nicht, auch nicht analog (ebenso Anders/Gehle ZPO § 717 Rn. 22 „Steuerbescheid"; TK § 254 Rn. 6). Das Leistungsgebot gehört zum Erhebungsverfahren, kann allerdings gem. § 254 I 2 aus Gründen der Verfahrensökonomie mit dem zu vollstreckenden VA verbunden werden; es wird durch die Verbindung aber nicht Bestandteil des StBescheids (BFH 1.6.1983 – III B 40/82, BStBl. II 1983, 622). Einer fortlaufenden zahlenmäßigen Anpassung und Erneuerung des ergangenen Leistungsgebots an Zahlungsbewegungen bedarf es nicht; ein nicht mehr aktueller Saldenstand ist vielmehr gem. § 257 von Amts wegen zu berücksichtigen (BFH 4.8.2006 – VII B 251/05, BFH/NV 2006, 2227; aA Schwarz/Pahlke/Keß § 254 Rn. 11). Anders aber bei nach oben geänderter StFestsetzung → Rn. 5.

4 **Abgrenzung.** Das Leistungsgebot ist grundlegende **Voraussetzung für den Beginn der Vollstr.** (BFH 22.10.2002 – VII R 56/00, BStBl. II 2003, 109), nicht aber deren Grundlage (BFH 24.6.1981 – I B 18/81, BStBl. II 1981, 729; TK § 254 Rn. 7). Es geht der Vollstr. voraus und ist damit noch **keine VollstrMaßnahme** (BFH 16.3.1995 – VII S 39/92, BFH/NV 1995, 950; Abschn. 19 I 2 VollstrA). Dementsprechend ist innerhalb der FB die VollstrStelle idR nicht für seinen Erlass zuständig. Bei unterlassener Bekanntgabe des Leistungsgebots hat die VollstrStelle gem. Abschn. 22 II VollstrA die Bekanntgabe entweder durch die Veranlagungs- bzw. Festsetzungsstelle zu veranlassen oder selbst vorzunehmen. Ein schriftliches Leistungsgebot **unterbricht die Zahlungsverjährung** nach § 231 I (→ § 231 Rn. 26 f.).

Grundsatz der Erforderlichkeit des Leistungsgebots. Soweit nichts anderes bestimmt ist, darf die Vollstr. erst beginnen, wenn ein Leistungsgebot ergangen ist (§ 254 I 1). Insoweit handelt es sich um keine Sollvorschrift, sondern um eine **unabdingbare (Statthaftigkeits-)Voraussetzung** einer rechtmäßigen Vollstr. (BFH 22.10.2002 – VII R 56/00, BStBl. II 2003, 109). Ein Verstoß macht die Vollstr. bzw. ergangene VollstrMaßnahmen zwar nicht nichtig, aber (unheilbar) rechtsfehlerhaft und damit anfechtbar (→ Rn. 14). Nach § 254 I 3 ist ein Leistungsgebot auch dann erforderlich, wenn der VA gegen den VollstrSchuldner wirkt, ohne ihm bekannt gegeben worden zu sein (→ Rn. 9). Für Beitreibungsmaßnahmen nach § 9 EUBeitrG ist ein Leistungsgebot grds. ebenso unverzichtbar (FG Düsseldorf 23.6.2000 – 18 V 524/00 A (AO), DStRE 2000, 1103; einschränkend FG Hamburg 4.2.2010 – 3 V 254/09, EFG 2010, 848: zumindest zulässig; aA FG Münster 3.9.2020 – 11 V 1665/20 AO, EFG 2020, 1572: einheitl. VollstrTitel ausreichend). Der dem Beitreibungsersuchen beizufügende einheitliche VollstrTitel ersetzt das Leistungsgebot jedoch allein nicht, sondern gilt nach § 9 I 3 EUBeitrG als vollstr. VA, mithin als vom Leistungsgebot abzugrenzender (→ Rn. 3) Leistungsbescheid (TK § 254 Rn. 8). War jedoch schon mit dem ausländischen StBescheid/Haftungsbescheid ein Leistungsgebot iSd § 254 I verbunden und/oder dem StSchuldner/Haftungsschuldner zudem eine VollstrAnordnung zugestellt worden, ist die Vollstr. in Deutschland unmittelbar möglich und ein erneutes Leistungsgebot nicht erforderlich (BFH 30.8.2010 – VII B 48/10, BFH/NV 2010, 2235; BeckOK AO § 254 Rn. 7; aA Gosch AO § 254 Rn. 10: zum Schuldnerschutz immer erforderlich). 5

Änderung der Festsetzung. Wird ein StBescheid aufgrund eines Rechtsbehelfsverfahrens geändert, ist ein neues Leistungsgebot nur dann erforderlich, wenn durch die Rechtsbehelfsentscheidung eine höhere Schuld festgesetzt wird, nicht jedoch bei einer Bestätigung oder Herabsetzung der bisherigen Festsetzung (Gosch AO § 254 Rn. 10). Zur Entbehrlichkeit eines Leistungsgebots nach § 254 I 4, II → Rn. 10 ff.

Zum gesetzlich notwendigen Inhalt eines Leistungsgebots gehören die Bezeichnung des VollstrSchuldners als Adressat der Aufforderung sowie genaue Angaben zum Gegenstand und Grund der Leistung und dazu, wann, wo und wie die Leistung zu bewirken ist (BFH 16.3.1995 – VII S 39/92, BFH/NV 1995, 950; TK § 254 Rn. 9). Bei einem schriftlichen Leistungsgebot muss gem. § 119 III die erlassende Behörde erkennbar sein und ist § 121 zu beachten (Schwarz/Pahlke/Keß § 254 Rn. 8a, 11). Die Erteilung einer Rechtsbehelfsbelehrung soll ebenfalls erforderlich sein (so BFH 29.9.1976 – I B 113/75, BStBl. II 1977, 83; offengelassen von BFH 16.3.1995 – VII S 39/92, BFH/NV 1995, 950; Schwarz/Pahlke/Keß § 254 Rn. 8; wohl aA HHSp § 254 Rn. 33). Fordert das Leistungsgebot zu einer Geldleistung auf, ist regelmäßig der Zahlungsweg mit Zahlungsempfänger und Bankkonto anzugeben (HHSp § 254 Rn. 39; vgl. auch BFH 29.9.1976 – I B 113/75, BStBl. II 1977, 83). 6

Weiter ist die unmissverständliche und deshalb idR **ausdrückliche Aufforderung zur Leistung** erforderlich (HHSp § 254 Rn. 40). Die begriffsnotwendigen Merkmale des Leistungsgebots können sich allerdings aus der gesamten Urkunde ergeben, wozu – sofern nach § 254 I 2 verfahren worden ist – auch der StBescheid gehört (BFH 16.3.1995 – VII S 39/92, BFH/NV 1995, 950).

Zudem ist das Leistungsgebot sowohl der **Auslegung** als auch der **Umdeutung** zugänglich (Gosch AO § 254 Rn. 12). Das bloße Übersenden eines Kontoauszugs beinhaltet aber kein Leistungsgebot (BFH 29.9.1976 – I B 113/75, BStBl. II 1977, 83). Gleiches gilt für ein an den gesetzlichen Vertreter gerichtetes Leistungsgebot, in dem nicht zum Ausdruck kommt, dass der Vertretene in Anspruch genommen werden soll (TK § 254 Rn. 10). Einspruchsentscheidungen oder die Ablehnung eines Stundungsantrags sind ebenfalls keine Leistungsgebote (BFH 11.4.1962 – VII 160/60, HFR 1962, 237). Das mit einem Haftungsbescheid verbundene und auf Zahlung gerichtete Leistungsgebot kann nicht in ein inhaltlich anderes Leistungsgebot (zB zur Duldung der Vollstr.) umgedeutet werden (FG Rheinland-Pfalz 9.11.1977 – II 132/74, EFG 1978, 254). Die Umdeutung einer Mahnung

dann **(unheilbar)** rechtsfehlerhaft und ist bei entsprechender Anfechtung ersatzlos aufzuheben, wenn nach Beginn der Vollstr. ein ordnungsgemäßes Leistungsgebot ergeht (BFH 22.10.2002 – VII R 56/00, BStBl. II 2003, 109; HHSp § 254 Rn. 58).

15 **Rechtsbehelfe.** Soweit **VollstrMaßnahmen** unter Verstoß gegen § 254 vorgenommen worden sind, können diese mit Einspruch (§ 347) und Klage (§ 40 I FGO) angefochten werden. Bestätigen sich die Verstöße, ist die VollstrMaßnahme ersatzlos aufzuheben. Da das **Leistungsgebot** ein eigenständiger VA ist (→ Rn. 3), ist dagegen ebenfalls Einspruch und Anfechtungsklage statthaft, was aber voraussetzt, dass sich der Stpfl. mit seinen Rechtsbehelfen erkennbar (zumindest auch) gegen das Leistungsgebot wendet (BFH 14.6.2017 – X B 118/16, BFH/NV 2017, 1437). Er kann sich nach dem auch hier maßgeblichen Rechtsgedanken des § 256 dabei **nur auf Einwendungen gegen die Rechtmäßigkeit des Leistungsgebots** selbst stützen, wohingegen Grund und Höhe der zugrunde liegenden StFestsetzung betreffende Einwendungen ausgeschlossen sind (BFH 16.3.1995 – VII S 39/92, BFH/NV 1995, 950).

Die Vollziehung des Leistungsgebots kann nach § 361 AO, § 69 FGO ausgesetzt werden (BFH 31.10.1975 – VIII B 14/74, BStBl. II 1976, 258; TK § 254 Rn. 32). Die AdV des zugrunde liegenden VA hat hingegen auf den Bestand oder die Existenz eines bereits ergangenen Leistungsgebots keine Auswirkungen; allerdings darf ein neues Gebot nicht mehr ergehen und kann auf ein bereits vorhandenes die Vollstr. nicht mehr gestützt werden (BFH 20.12.2002 – VII B 66/02, BFH/NV 2003, 592). Fehlt ein gesondert angreifbares Leistungsgebot, kann dessen Unwirksamkeit mit der Feststellungsklage geltend gemacht werden; einstweiliger Rechtsschutz erfolgt in diesem Fall durch § 114 FGO (TK § 254 Rn. 31).

§ 255 Vollstreckung gegen juristische Personen des öffentlichen Rechts

(1) **[1]Gegen den Bund oder ein Land ist die Vollstreckung nicht zulässig. [2]Im Übrigen ist die Vollstreckung gegen juristische Personen des öffentlichen Rechts, die der Staatsaufsicht unterliegen, nur mit Zustimmung der betreffenden Aufsichtsbehörde zulässig. [3]Die Aufsichtsbehörde bestimmt den Zeitpunkt der Vollstreckung und die Vermögensgegenstände, in die vollstreckt werden kann.**

(2) **Gegenüber öffentlich-rechtlichen Kreditinstituten gelten die Beschränkungen des Absatzes 1 nicht.**

Hinweis auf **VollstrA:** Abschn. 18

I. Allgemeines

1 **Regelungszweck.** § 255 regelt die eingeschränkte Vollstr. von VA (§ 251 I) durch VollstrBehörden (§§ 249, 250) gegen juristische Personen des öffentlichen Rechts; sog. **Fiskusprivileg.** Dem § 255 liegt der Gedanke zugrunde, dass Zwangsmaßnahmen im staatlichen Bereich nicht vertretbar sind. Bei StSchulden juristischer Personen des öffentlichen Rechts kann erwartet werden, dass die jeweiligen Aufsichtsbehörden ihren Einfluss nutzen, um auf die Zahlung der rückständigen Steuern hinzuwirken, womit nur in seltenen Ausnahmefällen die Zustimmung zur Vollstr. erforderlich sein wird (BT-Drs. VI/1982, 175 f.).

2 § 255 ist auf alle Maßnahmen der FB **anwendbar,** die die Vollstr. eines VA nach der AO betreffen, zB die Androhung und Festsetzung von Zwangsmitteln nach §§ 332 f. § 255 ist **nicht anwendbar** auf die Vollstr. finanzgerichtlicher Entscheidungen; hier gelten die §§ 151 ff. FGO. Ebenso fallen Vorbereitungshandlungen, wie Ermittlungen nach § 249 II 1, oder Maßnahmen, die Voraussetzung für die Statthaftigkeit einer Vollstr. sind, nämlich der Erlass eines vollstreckbaren VA iSd § 249 I oder eines Leistungsgebots nach § 254 I 2, nicht in den Anwendungsbereich des § 255 (HHSp § 255 Rn. 7).

II. Regelungsinhalt

Vollstreckung gegen den Bund oder ein Land (Abs. 1 S. 1). Da vermieden werden soll, dass eine staatliche Stelle gegen eine andere staatliche Stelle mit Zwangsmaßnahmen vorgeht, erklärt § 255 I 1 die Vollstr. gegen den Bund oder ein Bundesland für unzulässig (TK § 255 Rn. 2). Erfasst werden **alle unmittelbaren Bundes- und Landesbehörden,** durch die die jeweilige Gebietskörperschaft handelt. Dazu gehören Institutionen des Bundes oder eines Landes mit eigener Rechtspersönlichkeit, wie juristische Personen des privaten Rechts, nicht, auch wenn sie Aufgaben des Bundes oder eines Landes wahrnehmen und die Mehrheit am Grund-/Stammkapital von diesen gehalten wird (Gosch AO § 255 Rn. 3). Je nach Ausgestaltung kann sich jedoch eine Beschränkung aus § 255 I 2 ergeben (HHSp § 255 Rn. 11). 3

Auf **fremde Staaten** und deren Organe ist § 255 nicht anwendbar; wegen des sog. Grundsatzes der Staatenimmunität (Art. 25 GG) kann die Zwangsvollstr. in hoheitlichen Zwecken dienende Gegenstände des fremden Staates, wie zB das Bankkonto der Botschaft, allerdings nur mit dessen Zustimmung erfolgen (BVerfG 13.12.1977 – 2 BvM 1/76, BVerfGE 46, 342 ff.). 4

Vollstreckung gegen sonstige juristische Personen des öffentlichen Rechts (Abs. 1 S. 2 und 3). Dies sind Körperschaften, Anstalten und Stiftungen, deren rechtlich eigenständige Existenz auf öffentlichem Recht beruht (HHSp § 255 Rn. 15). Hierzu zählen Gemeinden und Landkreise als Gebietskörperschaften sowie Hochschulen (§ 58 I Hochschulrahmengesetz), Rechtsanwaltskammern (§§ 62 I, 176 I BRAO), StBeraterkammern (§§ 73 II 2, 85 II 1 StBerG), Handwerksinnungen/-kammern (§§ 53, 90 I Handwerksordnung) und Träger der Sozialversicherungen (§ 29 I SGB IV). Durch juristische Personen des öffentlichen Rechts unterhaltene Betriebe gewerblicher Art fallen mangels hoheitlicher Betätigung nicht darunter (TK § 255 Rn. 6). 5

Die juristischen Personen des öffentlichen Rechts müssen, um von § 255 I 2 erfasst zu werden, ferner **der Staatsaufsicht unterliegen,** und zwar zumindest in Form einer Rechtsaufsicht (HHSp § 255 Rn. 16). Da die in Art. 137 WRV iVm Art. 140 GG als Körperschaften des öffentlichen Rechts bezeichneten Religionsgesellschaften, zu denen die evangelischen Kirchen und die katholischen Kirchen gehören, nicht der Staatsaufsicht unterliegen, ist § 255 I 2 auf sie nicht anwendbar (Schwarz/Pahlke/Keß § 255 Rn. 6). 6

Das Zustimmungserfordernis der Aufsichtsbehörde soll bewirken, dass diese zunächst die ihr im Verhältnis zur nachgeordneten Behörde (StSchuldnerin) zur Verfügung stehenden (Druck-)Mittel einsetzt, sodass die Zustimmung zur Vollstr. nur in seltenen Ausnahmefällen erforderlich sein wird (Klein § 255 Rn. 5). Die Zustimmung ist eine unabdingbare Voraussetzung für die Vollstr. (HHSp § 255 Rn. 19). Sie muss von der FB eingeholt werden. Gemäß § 255 I 3 hat die Aufsichtsbehörde im Rahmen ihrer Zustimmung den VollstrZeitpunkt und die Vermögensgegenstände, in die vollstreckt werden darf, zu bestimmen. 7

Vollstreckung gegen öffentlich-rechtliche Kreditinstitute (Abs. 2). Gegen Sparkassen und Landesbanken kann wie gegen jede andere Geschäftsbank vollstreckt werden; alles andere hätte einen ungerechtfertigten Wettbewerbsvorteil zur Folge (Gosch AO § 255 Rn. 5). 8

III. Rechtsfolgen bei Verstößen

Nichtigkeit. Wird trotz des Verbots des § 255 I 1 gegen den Bund oder ein Bundesland vollstreckt, ist diese Maßnahme unwirksam, mithin nichtig. Dies ist auch der Fall, wenn VollstrMaßnahmen gegen sonstige juristische Personen des öffentlichen Rechts ergriffen werden, ohne dass die nach § 255 I 2 erforderliche Zustimmung der Aufsichtsbehörde vorliegt, da auch hier offenkundig ohne gesetzliche Grundlage vollstreckt wird, mithin ein besonders schwerwiegender Fehler iSd § 125 vorliegt (ebenso HHSp § 255 Rn. 23; Gosch 9

AO § 255 Rn. 6; Klein § 255 Rn. 7; teilw. aA Schwarz/Pahlke/Keß § 255 Rn. 7; TK § 255 Rn. 8: Verstoß gegen Zustimmungserfordernis führt nur zur Rechtswidrigkeit).

§ 256 Einwendungen gegen die Vollstreckung

Einwendungen gegen den zu vollstreckenden Verwaltungsakt sind außerhalb des Vollstreckungsverfahrens mit den hierfür zugelassenen Rechtsbehelfen zu verfolgen.

Hinweis auf **VollstrA:** Abschn. 11, 12

Schrifttum: Pump, Ist die Vollstreckung aus anfechtbaren Steuerbescheiden durch das FA zulässig?, INF 1988, 457; Fumi, Rechtsschutzmöglichkeiten gegen Pfändungsmaßnahmen, INF 1999, 97; Lohschelder, Wenn die Vollstreckung wegen Steuerschulden droht – Maßnahmen des Finanzamts und Gegenmaßnahmen des Beraters, AO-StB 2001, 281; Bartone, Forderungspfändung und Übermaßverbot – Hinweise zur Prüfung von Formmängeln und Verhältnismäßigkeit, AO-StB 2002, 397; Lindwurm, Rechtsschutz des Vollstreckungsschuldners gegen Anträge des Finanzamts an das Amtsgericht, DStZ 2002, 135; Loschelder, Der Vollziehungsbeamte vor der Tür! – Antworten auf die sechs wichtigsten Fragen an den Steuerberater, AO-StB 2002, 62; Wackerbeck, Finanzgerichtlicher Rechtsschutz in Vollstreckungssachen, DStZ 2017, 328.

A. Allgemeines

1 **Regelungsinhalt.** Gemäß § 256 können im VollstrVerfahren **nur Einwendungen gegen die Vollstr. selbst,** nicht aber gegen den zu vollstreckenden VA geltend gemacht werden. Damit werden alle materiellen Einwendungen des VollstrSchuldners gegen die Entstehung und Höhe des zu vollstreckenden Anspruchs aus dem VollstrVerfahren ausgeklammert; sie bleiben zur Vereinfachung und Beschleunigung des VollstrVerfahrens unberücksichtigt (TK § 256 Rn. 1). Dies ist Folge der im Grundsatz strikten verfahrensrechtlichen Trennung zwischen StFestsetzungs- und VollstrVerfahren (Schwarz/Pahlke/Keß § 256 Rn. 1); durch die Wirkung der AdV (§ 361, § 69 FGO) wird allerdings eine gewisse inhaltliche Verknüpfung beider Verfahren hergestellt (→ Rn. 2; Gosch AO § 256 Rn. 5). Der Ausschluss jedweder materiellen Einwendungen begegnet keinen verfassungsrechtlichen Bedenken (BFH 28.12.2001 – VII B 110/01, BFH/NV 2002, 665).

B. Einwendungen gegen den zu vollstreckenden Verwaltungsakt

2 **Ausschluss materieller Einwände.** Einwendungen gegen den zu vollstreckenden VA, dh gegen den Anspruch aus dem StSchuldverhältnis, müssen außerhalb des VollstrVerfahrens mit den hierfür gegebenen außergerichtlichen und gerichtlichen Rechtsbehelfen geltend gemacht werden (BFH 19.11.2002 – VII B 129/02, BFH/NV 2003, 334). Die VollstrBehörde hat **nicht zu prüfen, ob der VA,** den sie nach den §§ 249 ff. zwangsweise durchzusetzen hat, **rechtmäßig** ist. Erst wenn insoweit AdV (§ 361, § 69 FGO) gewährt oder die Verpflichtung des Zollschuldners zur Abgabenentrichtung ausgesetzt wird (Art. 108 III UZK), ist die Vollstr. gehindert (§§ 251 I, 257 I Nr. 1). Einer dahingehenden Behauptung des VollstrSchuldners ist deshalb im VollstrVerfahren nachzugehen (Gosch AO § 256 Rn. 5). Verweist der VollstrSchuldner auf einen anhängigen gerichtlichen AdV-Antrag (§ 69 FGO), wird die FB idR ohnehin bis zu dessen Entscheidung von VollstrMaßnahmen absehen (vgl. Abschn. 5 IV VollstrA; Becker INF 2002, 166). Hat es der Stpfl. versäumt, gegen die finanzgerichtliche Entscheidung Verfassungsbeschwerde einzulegen, kann er diese auch im VollstrVerfahren nicht mehr erheben (TK § 256 Rn. 4). Verfahren, die den zu vollstreckenden VA betreffen oder sich darauf auswirken, sind für das VollstrVerfahren demgemäß **nicht vorgreiflich;** Anlass zur Beiziehung der diesbzgl. Akten oder zur Aussetzung des gerichtlichen Verfahrens (§ 74 FGO) besteht nicht (BFH 27.6.2012 – VII B 57/11, BFH/NV 2012, 1623).

Unwirksamkeit. Behauptet der Stpfl., der **zu vollstreckende VA** sei **nichtig** (§ 125), muss die VollstrBehörde diesen Einwand prüfen (BFH 21.12.2001 – VII R 24/01, BFH/NV 2002, 660). Es handelt sich um ein selbständiges und durch § 256 nicht ausgeschlossenes Verteidigungsmittel, weil es unmittelbar das Bestehen des zu vollstreckenden Anspruchs und damit ebenso unmittelbar die Rechtmäßigkeit der Vollstr. selbst betrifft (HHSp § 256 Rn. 13). Auf einem unwirksamen StBescheid beruhende VollstrMaßnahmen sind, da es dauerhaft an einem vollstreckbaren VA fehlt, stets und unheilbar rechtswidrig (→ § 249 Rn. 3). Aus diesem Grund stellt es auch keine (unzulässige) Einwendung gegen den zu vollstreckenden VA dar, wenn sich der VollstrSchuldner auf das gänzliche Fehlen eines der Vollstr. zugrunde liegenden Bescheids beruft (BFH 4.7.1986 – VII B 151/85, BStBl. II 1986, 731; Gosch AO § 256 Rn. 7). 3

C. Einwendungen gegen die Vollstreckung

Zulässige Einwände. § 256 bestimmt nur, welche Einwendungen im VollstrVerfahren ausgeschlossen sind. Im Umkehrschluss bedeutet dies, dass alle Einwendungen, die gegen die Vollstr. vorgebracht werden, in diesem Verfahren geprüft werden müssen (Gosch AO § 256 Rn. 7). Im VollstrVerfahren können allerdings Einwendungen **nur gegen einzelne VollstrMaßnahmen,** ihre Anordnung oder Aufrechterhaltung sowie gegen die Art und Weise der Vollstr. erhoben werden (BFH 13.7.2006 – VII B 284/05, BeckRS 2006, 25010365; Klein § 256 Rn. 3). Eine Erinnerung gegen die Art und Weise der Vollstr. nach dem Vorbild des § 766 ZPO kennt die AO nicht. 4

I. Einwendungen vor Beginn der Vollstreckung

Vorbereitende Maßnahmen – wie zB die Mahnung (→ § 259 Rn. 2), die innerdienstliche VollstrAnordnung und die VollstrAnkündigung gegenüber dem VollstrSchuldner (→ § 249 Rn. 8), der VollstrAuftrag an den Vollziehungsbeamten (→ § 285 Rn. 7), das VollstrErsuchen nach § 250 (→ § 250 Rn. 3) und die Androhung der Pfandverwertung (→ § 296 Rn. 3) – sind **keine VA** und damit nicht anfechtbar. Vor Beginn der Vollstr. sind deshalb gegen die (erst drohende) Vollstr. gerichtete Rechtsbehelfe grds. unzulässig (TK § 256 Rn. 12; vgl. Abschn. 12 II VollstrA). Die AO kennt keine dem § 767 ZPO (VollstrGegenklage) entsprechende, nämlich allg. gegen die Vollstreckbarkeit eines Titels gerichtete Vorschrift (Anders/Gehle ZPO § 767 Rn. 42 „Steuersache"). § 767 ZPO ist auch nicht analog anwendbar (BFH 1.8.2002 – VII B 352/00, BFH/NV 2002, 1547). Da der Stpfl. für seine StSchulden grds. mit seinem gesamten Vermögen einzustehen hat, ist es ihm auch verwehrt, bestimmte Teile seines Vermögens durch entsprechenden Antrag von der Vollstr. ausnehmen zu lassen (BFH 14.4.1961 – VII 189/58, HFR 1961, 180). 5

Regelmäßig bleibt nur die Möglichkeit, **VollstrAufschub** (§ 258) zu beantragen. Ergibt sich daraus ausnahmsweise ein auf Bestandsschutz gerichteter Sicherungsanspruch, kann der VollstrSchuldner auch schon gegen lediglich drohende VollstrMaßnahmen einen gerichtlichen Antrag auf **einstweilige Anordnung** (§ 114 FGO) stellen (Klein § 256 Rn. 4). Dies ist insb. der Fall, wenn der Betrag der Vollstr. im Einzelfall sogleich zurückgezahlt werden müsste, weil die Voraussetzungen für eine solche nicht gegeben sind (Schwarz/Pahlke/Keß § 256 Rn. 5), zB ein Leistungsgebot (§ 254 I) nicht ergangen (BFH 29.9.1976 – I B 113/75, BStBl. II 1977, 83) oder die StSchuld (unstr.; → § 257 Rn. 4) durch Zahlung (BFH 3.2.1976 – VII B 7/74, BStBl. II 1976, 296) oder Verjährung erloschen ist. Ebenso kommt eine einstweilige Anordnung in Betracht, wenn mit hinreichender Wahrscheinlichkeit zu erwarten ist, dass die Steuer, die beigetrieben werden soll, auf einen bereits angebrachten Antrag des VollstrSchuldners erlassen oder gestundet wird (BFH 12.2.1991 – VII B 170/90, BFH/NV 1992, 42; → § 258 Rn. 12, 20). 6

7 Eine **vorbeugende Feststellungs- oder Unterlassungsklage** kann der VollstrSchuldner nur dann erheben, wenn im Einzelfall ein weiteres Abwarten unzumutbar ist, weil ein bestimmtes, künftig zu erwartendes Handeln der FB zu einer nicht oder nur schwerlich wiedergutzumachenden Rechtsverletzung führen würde, die über die reine Geldleistung hinausgehende einschneidende Beeinträchtigungen mit sich brächte (BFH 28.11.2017 – VII R 30/15, BFH/NV 2018, 405).

II. Zulässige Rechtsbehelfe gegen Vollstreckungsmaßnahmen

1. Außergerichtliche Rechtsbehelfe

8 **VA-Qualität.** Gegen VollstrMaßnahmen, die einen VA beinhalten, ist der Einspruch (§ 347) statthaft (Gosch AO § 256 Rn. 12). Hierzu zählen insb. die Pfändung durch den Vollziehungsbeamten (→ § 286 Rn. 21), die Pfändungs- und Einziehungsverfügung (→ § 309 Rn. 33, 56; → § 314 Rn. 2; → § 314 Rn. 13), die Anordnung oder Ablehnung der anderen Verwertungsart (→ § 305 Rn. 4, 10; → § 317 Rn. 2, 5), die Androhung und Festsetzung von Zwangsmitteln (→ § 328 Rn. 21), die Anordnung zur Abgabe der Vermögensauskunft und die Eintragungsanordnung sowie das Ersuchen an das AG um Anordnung der Haft (→ § 284 Rn. 25, 30; → § 284 Rn. 44, 50 ff.) sowie die Anordnung des dinglichen Arrestes (→ § 324 Rn. 31). Hierzu gehören ferner der Aufteilungsbescheid nach § 279 (→ § 279 Rn. 2, 13), der VA über die Festsetzung von VollstrKosten (→ § 337 Rn. 9) sowie der VA, durch den gem. § 251 III Ansprüche aus dem StSchuldverhältnis als Insolvenzforderung festgesetzt werden (→ § 251 Rn. 51). Zur Checkliste bei Sachpfändungen s. Loschelder AO-StB 2002, 62, zum Rechtsschutz bei Anträgen des FA an das AG s. Lindwurm DStZ 2002, 135 und zum gerichtl. Verfahren s. Wackerbeck DStZ 2017, 328. Im Übrigen s. Erl. zu den einzelnen Vorschriften.

9 **Nicht-VA.** Gegen schlichtes Verwaltungshandeln steht dem VollstSchuldner allenfalls eine formlose Gegenvorstellung zur Verfügung (Schwarz/Pahlke/Keß § 256 Rn. 9).

2. Gerichtliche Rechtsbehelfe

10 **Klage.** Nach einem erfolglos durchgeführten außergerichtlichen Rechtsbehelfsverfahren kann Anfechtungs- oder Verpflichtungsklage (§ 40 FGO) beim FG erhoben werden. Eine VollstrGegenklage analog § 767 ZPO ist unzulässig, eine vorbeugende Feststellungs- oder Unterlassungsklage nur ausnahmsweise statthaft (→ Rn. 5). Gegen die Anordnung des dinglichen Arrests ist die unmittelbare Anrufung des FG zulässig (§ 45 IV FGO).

11 Soweit bei der Durchführung bestimmter VollstrMaßnahmen Entscheidungen durch die AG erfolgen, sind hiergegen die zivilprozessual vorgesehenen Rechtsmittel gegeben (vgl. zB → § 284 Rn. 54; → § 287 Rn. 34; vgl. auch → § 309 Rn. 52; → § 319 Rn. 57).

3. Vorläufiger Rechtsschutz

12 **Abhängig vom Rechtsschutzziel.** Vorläufiger Rechtsschutz richtet sich **nach dem Inhalt der Rechtsverletzung,** die der Antragsteller gegen die VollstrMaßnahme geltend macht (BFH 26.6.1990 – VII B 161/89, BFH/NV 1991, 393). Wird der Rechtsbehelf auf die Rechtswidrigkeit einer bestimmten VollstrMaßnahme (zB Pfändung) gestützt, ist dies im **AdV**-Verfahren (§ 361, § 69 FGO) geltend zu machen (BFH 10.8.1993 – VII B 262/92, BFH/NV 1994, 719; Gräber FGO § 69 Rn. 116 „VollstrMaßnahmen"); die einstweilige Anordnung ist in diesem Fall nicht statthaft (§ 114 V FGO; TK § 256 Rn. 20). Rügt er demgegenüber die Unbilligkeit der sofortigen Vollstreckung und begehrt deshalb Vollstreckungsaufschub (§ 258) oder die einstweilige Aussetzung der Verwertung (§ 297), ist dieses Rechtsschutzbegehren nur durch eine einstweilige Anordnung (**eAO;** § 114 FGO) zu erreichen (BFH 23.11.1999 – VII B 310/98, BFH/NV 2000, 588; HHSp § 256 Rn. 29 ff.). Wegen der unterschiedlichen Rechtsschutzziele sind beide Verfahren auch nebeneinander, also gleichzeitig, möglich (Gräber FGO § 69 Rn. 116 „vorläufiger Rechtsschutz"; → § 258 Rn. 2).

Umdeutung. Ein Antrag auf einstweilige Anordnung kann bei einem sachkundigen Prozessbevollmächtigten grds. nicht in einen Antrag auf AdV umgedeutet werden und umgekehrt (BFH 16.4.1993 – I B 156/92, BFH/NV 1994, 180; zur Umdeutung bei einem Rechtsunkundigen s. BFH 30.10.1990 – VII B 33/90, BFH/NV 1991, 607). 13

Ist die VollstrMaßnahme bereits vollzogen, kommt ggf. nach § 69 II 7 und § 69 III 3 die teilweise oder vollständige **Aufhebung der Vollziehung** in Betracht. Es ist jedoch unzulässig, den VA, bspw. die Pfändungsverfügung, im AdV-Verfahren aufzuheben, da der Rechts- bzw. Rangverlust des FA damit endgültig und die Entscheidung in der Hauptsache vorweggenommen würde (BFH 22.7.1980 – VII B 3/80, BStBl. II 1980, 592). Möglich ist aber, dass die FB im Wege einer AdV zunächst von der Pfandverwertung bzw. Einziehung einer gepfändeten Forderung Abstand nimmt. Wegen Einzelheiten s. Erl. zu den einzelnen VollstrMaßnahmen. Zum Interimsermessen → § 258 Rn. 20. 14

III. Einwendungen nach Beendigung der Vollstreckung

Rechtsschutzbedürfnis. Nach Beendigung der Zwangsvollstr. oder der einzelnen VollstrMaßnahme ist ein außergerichtlicher Rechtsbehelf nicht mehr zulässig, da sich der entspr. VA mit seiner Verwirklichung erledigt hat (BFH 13.1.1954 – II 158/52 U, BStBl. III 1954, 87; TK § 256 Rn. 13). Es fehlt grds. das Rechtsschutzbedürfnis (HHSp § 256 Rn. 21; Klein § 256 Rn. 5). Das Vorverfahren dient nicht dazu, verwaltungsintern die Rechtswidrigkeit oder Rechtmäßigkeit eigener erledigter Maßnahmen festzustellen. Ebenso wird die im Wege der einstweiligen Anordnung (§ 114 FGO) begehrte einstweilige Einstellung der Zwangsvollstr. gegenstandslos, nachdem das FA die gepfändeten Gegenstände verwertet hat. Damit entfällt das Rechtsschutzinteresse des Antragstellers sowohl für den Antrag auf einstweilige Einstellung der Vollstr. als auch für den Antrag auf Aufhebung einzelner VollstrMaßnahmen (BFH 7.5.1985 – VII B 43/84, BFH/NV 1986, 611; aA FG Hamburg 20.6.2018 – 4 V 54/18, BeckRS 2018, 17747). 15

Gegen eine beendete VollstrMaßnahme ist demgemäß nur eine **Feststellungsklage** (§ 41 FGO) oder eine **Fortsetzungsfeststellungsklage** (§ 100 I 4 FGO) zulässig (BFH 11.4.2001 – VII B 304/00, BStBl. II 2001, 525). Zur Umdeutung einer Anfechtungsklage in eine Feststellungsklage s. FG Berlin 4.8.1986 – VIII 238/85, EFG 1987, 197 und zu Ansprüchen auf Folgenbeseitigung bzw. Schadensersatz → Rn. 12. 16

IV. Einwendungen Dritter

Neben dem VollstrSchuldner können auch Dritte gegen VollstrMaßnahmen Einwendungen erheben, soweit sie durch die Art und Weise der Vollstr. in ihren Rechten beeinträchtigt sind (Gosch AO § 256 Rn. 37). Sie können nach §§ 262, 293 vorgehen (zu Einzelheiten → § 262 Rn. 1 ff.; → § 293 Rn. 1 ff.). 17

V. Zwangsvollstreckungsmaßnahmen bei erhobenen Einwendungen

Auch wenn der VollstrSchuldner Einwendungen erhoben hat, bleiben ZwangsvollstrMaßnahmen gem. § 256 grds. zulässig (TK § 256 Rn. 15). Ob die Vollstr. einzustellen oder zu beschränken ist, beurteilt sich nach den §§ 257, 258. 18

VI. Folgenbeseitigungs- und Schadensersatzanspruch

Unmittelbare Folgen. Ist die VollstrMaßnahme aufgrund eines Rechtsbehelfs aufgehoben oder ist deren Rechtswidrigkeit durch das FG festgestellt worden (→ Rn. 9), hat der VollstrSchuldner einen Anspruch auf Beseitigung der unmittelbaren Folgen (Gosch AO § 256 Rn. 39; → § 257 Rn. 6). Dieser umfasst nur die Erstattung des zu Unrecht eingezogenen Erlöses aus einer Versteigerung und ist im Finanzrechtsweg geltend zu machen (FG Baden-Württemberg 26.9.1980 – II 7/80 Z, EFG 1981, 114). 19

20 **Mittelbare Folgen.** Eine § 717 II ZPO entsprechende Ersatzpflicht für jeden (weiteren) aus dem Vollstreckungszugriff entstandenen Schaden besteht hingegen nicht; die Vorschrift gilt auch nicht entspr. (Anders/Gehle ZPO § 717 Rn. 22 „Steuerbescheid"), selbst wenn aus einem noch nicht bestandskräftigen StBescheid vollstreckt worden ist (→ § 254 Rn. 3; aA FG Saarland 20.3.2001 – 1 V 315/00, EFG 2001, 726). Ein ggf. bestehender **Schadensersatzanspruch** kann sich deshalb nur **aus § 839 BGB iVm Art. 34 GG** ergeben und ist im Zivilrechtsweg vor dem LG (§ 71 II Nr. 2 GVG) geltend zu machen. Auch für ein auf den Gesichtspunkt der Folgenbeseitigung gestütztes Begehren auf Übernahme oder Erstattung angefallener Eintragungskosten durch das FA ist der Finanzrechtsweg nicht gegeben. Die Kosten der Eintragung einer Zwangssicherungshypothek sind vielmehr ebenfalls im Zivilrechtsweg geltend zu machen (BFH 8.4.1987 – VII B 142/86, BFH/NV 1988, 94).

§ 257 Einstellung und Beschränkung der Vollstreckung

(1) **Die Vollstreckung ist einzustellen oder zu beschränken, sobald**
1. die Vollstreckbarkeitsvoraussetzungen des § 251 Absatz 1 weggefallen sind,
2. der Verwaltungsakt, aus dem vollstreckt wird, aufgehoben wird,
3. der Anspruch auf die Leistung erloschen ist,
4. die Leistung gestundet worden ist.

(2) **[1] In den Fällen des Absatzes 1 Nummer 2 und 3 sind bereits getroffene Vollstreckungsmaßnahmen aufzuheben. [2] Ist der Verwaltungsakt durch eine gerichtliche Entscheidung aufgehoben worden, so gilt dies nur, soweit die Entscheidung unanfechtbar geworden ist und nicht auf Grund der Entscheidung ein neuer Verwaltungsakt zu erlassen ist. [3] Im Übrigen bleiben die Vollstreckungsmaßnahmen bestehen, soweit nicht ihre Aufhebung ausdrücklich angeordnet worden ist.**

Hinweis auf **VollstrA:** Abschn. 5, 6
VollzA: Abschn. 11

A. Allgemeines

1 **Grundaussage. Abs. 1** zählt die Fälle auf, in denen die Vollstr. einzustellen oder zu beschränken ist. Die Vollstr. wird eingestellt, wenn der gesamte steuerliche Anspruch, der in dem zu vollstreckenden VA festgelegt ist, nicht weiter vollstreckt wird. Sie wird beschränkt, wenn der steuerliche Anspruch nur zT nicht vollstreckt wird. **Abs. 2** regelt die Aufhebung bereits getroffener VollstrMaßnahmen. Zur VollstrSperre nach § 79 II BVerfGG → § 251 Rn. 8 f.

B. Regelungsinhalt

I. Einstellung oder Beschränkung der Vollstreckung (Abs. 1)

2 **Wegfall der Voraussetzungen (Abs. 1 Nr. 1).** Die Vollstreckbarkeitsvoraussetzungen sind weggefallen, wenn die Vollziehung des VA ausgesetzt (§ 361 II AO, § 69 II FGO), die Vollziehung durch Einlegung des Rechtsbehelfs ausnahmsweise gehemmt (§ 361 IV AO, § 69 V FGO) oder die Verpflichtung des Zollschuldners zur Abgabenentrichtung ausgesetzt ist (Art. 108 III UZK). Auch die Erteilung der Restschuldbefreiung nimmt den erfassten Abgabenforderungen ihre Durchsetzbarkeit und damit ihre Vollstreckbarkeit (FG Sachsen 12.4.2023 – 4 K 796/20, BeckRS 2023, 48356; → § 251 Rn. 123). Hat der VollstrSchuldner einen **Antrag auf AdV** gestellt, ist die VollstrStelle von der für die Entscheidung über den Antrag zuständigen Stelle unter Darlegung der Erfolgsaussichten zu

unterrichten (Abschn. 5 IV 2 VollstrA). Grds. ist es sachgerecht, sodann einen angemessenen Zeitraum zur Prüfung des Antrags abzuwarten (Gosch AO § 257 Rn. 4). Ein Zuwarten ist jedoch nicht geboten, wenn der Antrag aussichtslos erscheint oder offensichtlich nur den Zweck verfolgt, das VollstrVerfahren hinauszuschieben oder wenn Gefahr im Verzug besteht (Abschn. 5 IV 5 VollstrA). Entsprechendes gilt für einen bei Gericht gestellten Antrag auf vorläufigen Rechtsschutz (§§ 69, 114 FGO); hier hat die VollstrStelle das weitere Vorgehen mit dem Gericht abzustimmen (Abschn. 5 IV 3, 5 VollstrA; AEAO zu § 361 Nr. 3.2; → § 251 Rn. 3).

Die auf einen USt-**Vorauszahlungsbescheid** gestützte VollstrMaßnahme wird nicht 3
dadurch unwirksam, dass ein den Vorauszahlungsbescheid in sich aufnehmender USt-**Jahresbescheid** ergeht, da der Schuldgrund der für den Vorauszahlungszeitraum nach materiellem Recht geschuldeten USt bestehen bleibt (BFH 29.11.1984 – V R 146/83, BStBl. II 1985, 370). Für die Zukunft bestimmt sich das materielle Ergebnis der in dem Kalenderjahr positiv oder negativ entstandenen USt und die Verwirklichung (Durchsetzung) dieses StAnspruchs zwar ausschließlich nach dem Jahressteuerbescheid (BFH 24.1.1995 – VII R 144/92, BStBl. II 1995, 862). In diesem Jahresbescheid findet aber nicht nur die weitere Vollstr. ihre Grundlage, sondern ebenso die Fortführung bereits erfolgter VollstrAkte; dies gilt entspr. bei der ESt und GewSt (TK § 257 Rn. 4).

Aufhebung des VA (Abs. 1 Nr. 2). Die Aufhebung des zu vollstreckenden VA kann 4
durch die FB oder das Gericht erfolgen. Bei Gerichtsentscheidungen tritt die Rechtswirkung jedoch erst mit Rechtskraft der Entscheidung ein (Gräber FGO § 100 Rn. 25). Ein VA, aus dem vollstreckt wird, ist iSd § 257 I Nr. 2 aufgehoben, wenn er vollinhaltlich und ersatzlos weggefallen, mithin der **Anspruch selbst entfallen** ist (HHSp § 257 Rn. 13). Dies ist nicht der Fall, wenn eine Aufteilung der Gesamtschuld nach §§ 268 ff. erfolgt oder eine Änderung der Veranlagungsart vorgenommen wird (BFH 18.12.2001 – VII R 56/99, BStBl. II 2002, 214). Die Feststellung der Nichtigkeit eines StBescheids steht einer Aufhebung des VA gleich (BFH 26.2.1992 – I B 113/91, BFH/NV 1993, 349).

Erlöschen der Leistung (Abs. 1 Nr. 3). Ansprüche aus dem StSchuldverhältnis er- 5
löschen gem. § 47 insb. durch Zahlung (§§ 224, 224a, 225), Aufrechnung (§ 226), Erlass (§§ 163, 227), Verjährung (§§ 169–171, §§ 228–232) sowie durch Eintritt der Bedingung bei auflösend bedingten Ansprüchen. Zu Einzelheiten → § 47. Ist ein Erlassantrag gestellt, ist wie bei einem AdV-Antrag zu verfahren (Abschn. 5 IV VollstrA; → Rn. 2). Der VollstrSchuldner kann sich im VollstrVerfahren demgemäß auf diese Erlöschensgründe berufen. Ist aber streitig, ob der StAnspruch erloschen ist, muss der VollstrSchuldner diesen gegen den zu vollstreckenden VA gerichteten Einwand außerhalb des VollstrVerfahrens geltend machen und hierzu den **Erlass eines Abrechnungsbescheids** (§ 218 II) beantragen (FG Münster 11.3.2005 – 7 V 691/05 AO, EFG 2005, 841; aA Schwarz/Pahlke/Keß § 257 Rn. 14). Dieses Verfahren hindert die (weitere) Vollstr. nicht (Gosch AO § 257 Rn. 10).

Stundung (Abs. 1 Nr. 4). Die Stundung von Ansprüchen aus dem StSchuldverhältnis 6
richtet sich nach § 222. Zu Einzelheiten → § 222. Da auch der Zahlungsaufschub (Art. 110 UZK) die Fälligkeit der Leistung hinausschiebt (→ § 220 Rn. 12), ist Nr. 4 entspr. anwendbar (TK § 257 Rn. 7). Ist ein Stundungsantrag gestellt, ist wie bei einem AdV-Antrag zu verfahren (Abschn. 5 IV VollstrA; → Rn. 2).

II. Aufhebung bereits getroffener Vollstreckungsmaßnahmen (Abs. 2)

Regelmäßig Aufhebung. In den Fällen des Abs. 1 **Nr. 2 und 3** bestimmt **Abs. 2** 7
S. 1, dass bereits getroffene VollstrMaßnahmen aufzuheben sind. Die Aufhebung erfolgt, indem das Notwendige unternommen wird, um die Existenz der VollstrMaßnahmen zu beseitigen oder, soweit dies nicht möglich ist, ihnen zumindest jede Wirkung zu nehmen (HHSp § 257 Rn. 47 f.; Einzelheiten s. Abschn. 6 VollstrA).

8 **Ausnahme: Gerichtliche Entscheidung.** Wird der VA, aus dem vollstreckt wird, durch das Gericht aufgehoben, sind bereits getroffene VollstrMaßnahmen gem. **Abs. 2 S. 2** erst und nur dann aufzuheben, wenn die Entscheidung unanfechtbar geworden ist (→ Rn. 3) und nicht aufgrund der Entscheidung ein neuer (geänderter) VA zu erlassen ist.

9 **Fortbestand. Abs. 2 S. 3** legt fest, dass in den Fällen des Abs. 1 **Nr. 1 und 4** getroffene VollstrMaßnahmen bestehen bleiben, sofern nicht ihre Aufhebung in der AdV-/Stundungsverfügung bzw. in der Aussetzungsverfügung nach Art. 108 III UZK ausdrücklich angeordnet worden ist (Grundsatz des Fortbestands bereits getroffener VollstrMaßnahmen; BFH 6.9.1989 – II B 33/89, BFH/NV 1990, 670; HHSp § 257 Rn. 46). Fehlt es daran, ist das FA im Fall der AdV bspw. nicht verpflichtet, gleichwohl aber befugt, dem VollstrSchuldner hinsichtlich einer bereits eingetragenen Sicherungshypothek eine Löschungsbewilligung zu erteilen. Ob die Löschungsbewilligung erteilt wird, bestimmt sich in diesem Fall nach Ermessensgrundsätzen (BFH 12.8.1986 – VII R 138/83, BFH/NV 1987, 219).

C. Verfahrensfragen/Rechtsbehelfe

10 **Entscheidung.** Zuständig ist die VollstrBehörde (§ 249 I 3; BFH 19.2.1991 – VII B 188/90, BFH/NV 1991, 759). Sie muss **von Amts wegen** die Einstellung/Beschränkung der Vollstr. vornehmen, sobald ihr die Voraussetzungen hierfür bekannt werden (TK § 257 Rn. 11); dies gilt für ausländische Beitreibungsersuchen gleichermaßen (BFH 11.12.2012 – VII R 70/11, BStBl. II 2013, 475). Auch der Vollziehungsbeamte hat ihm bekannt werdende und nachgewiesene VollstrBeschränkungen zu beachten (Abschn. 11 II VollzA).

11 **Rechtsbehelfe.** Wird die FB nicht von selbst tätig, kann der VollstrSchuldner seinerseits einen Antrag auf Einstellung oder Beschränkung der Vollstr. stellen; verbindet er dieses Begehren mit einem Antrag auf AdV, hängt es von der gewählten Begründung ab, ob die begehrte „Aufhebung getroffener VollstrMaßnahmen" tatsächlich als eigenes Rechtsschutzziel aufzufassen ist (BFH 9.5.1996 – X S 8/95, BFH/NV 1996, 733). Gegen die Ablehnung seines Antrages kann der VollstrSchuldner **Einspruch** (§ 347) einlegen und anschließend **Verpflichtungsklage** zum FG erheben (BFH 11.9.1989 – VII B 129/89, BFH/NV 1990, 212). Eine VollstrGegenklage entspr. § 767 ZPO ist im steuerlichen VollstrVerfahren hingegen nicht gegeben (→ § 256 Rn. 5). Ebenso ist § 775 Nr. 5 ZPO (Vorlage eines Einzahlungs- oder Überweisungsnachweises) nicht anwendbar (BFH 19.2.1991 – VII B 188/90, BFH/NV 1991, 759; Klein § 257 Rn. 7). Eine vorläufige Einstellung oder Beschränkung der Vollstr. kann nur durch **einstweilige Anordnung** (§ 114 FGO) erfolgen (BFH 24.11.1987 – VII B 34/87, BFH/NV 1988, 423). Andererseits kann der VollstrSchuldner auch abwarten, bis konkrete VollstrMaßnahmen gegen ihn ergriffen werden, und gegen diese unter Hinweis auf eine Verletzung des § 257 Einspruch einlegen sowie anschließend Anfechtungsklage erheben (Gosch AO § 257 Rn. 15). Gegebenenfalls kann AdV (§ 361 AO, § 69 FGO) gegen die konkrete VollstrMaßnahme beantragt werden.

§ 258 Einstweilige Einstellung oder Beschränkung der Vollstreckung

Soweit im Einzelfall die Vollstreckung unbillig ist, kann die Vollstreckungsbehörde sie einstweilen einstellen oder beschränken oder eine Vollstreckungsmaßnahme aufheben.

Vergleichbare Vorschrift: § 765a ZPO
Hinweis auf **VollstrA:** Abschn. 7

Schrifttum: Strunk, Wer ist Vollstreckungsgericht im steuerlichen Vollstreckungsverfahren?, StB 1993, 247; Schwarzer, Die einstweilige Einstellung der Zwangsvollstreckung nach § 258 AO, DStZ 1994, 366; Weinreuter, Stundung, Erlass und Vollstreckungsaufschub, DStZ 1999, 853; Balmes, Rettungsanker Vollstreckungsaufschub, AO-StB 2002, 65; Carlé, Einstweiliger Rechtsschutz im Vollstreckungsverfahren, AO-StB

2004, 232; Obermair, Stundung, Vollstreckungsaufschub, Insolvenzantrag, BB 2006, 582; Brete/Thomsen, Anspruch auf Ratenzahlung, AO-StB 2008, 73; Mindermann/Lukas, Stundung und Vollstreckungsaufschub, NWB 2012, 2472; Farr, Der Vollstreckungsaufschub bei Steuernachforderungen, AO-StB 2016, 78; Bartone, Einstweilige Einstellung der Vollstreckung nach § 258 AO – Rettungsanker in Vollstreckungsfällen, AO-StB 2016, 224; Bolik/Gauß, Liquiditätsschonender Covid-19-Steuervollzug – Teil II: Vollstreckungsaufschub, DB 2020, 802. Rothbächer, Der Vollstreckungsaufschub gemäß § 258 AO als Teil des Schutzschilds in der Corona-Krise, DStR 2020, 1014.

A. Allgemeines

Inhalt und Bedeutung. § 258 entspricht dem § 765a ZPO, der deshalb für das Verwaltungsverfahren keine eigenständige Anwendung findet (BFH 20.6.2005 – VII S 15/05, BFH/NV 2005, 1761). § 258 beinhaltet eine selbständige, allein für das VollstrVerfahren geltende **Billigkeitsregelung** (BFH 29.11.1984 – V B 44/84, BStBl. II 1985, 194; HHSp § 258 Rn. 3). Die Vorschrift ist Ausdruck der im VerwaltungsvollstrVerfahren bestehenden Schonungspflicht (Grundsatz der Verhältnismäßigkeit; → § 249 Rn. 9) und eröffnet die Möglichkeit eines VollstrAufschubs, ohne aber selbst – anders als § 231 II 1 – diesen Begriff zu verwenden (TK § 258 Rn. 1). § 258 soll eine einstweilige, mithin vorübergehende Unbilligkeit im Einzelfall beseitigen, nicht jedoch die Vollstr. endgültig beenden (HHSp § 258 Rn. 2, 4; → Rn. 16). Eine Maßnahme nach § 258 kommt aus diesem Grund nur in Betracht, wenn keine dauerhaften Umstände vorliegen und die an die Vollstr. anknüpfenden nachteiligen Folgen durch ein anderes Vorgehen der FB vermieden werden könnten (BFH 2.10.1986 – VII B 4/86, BFH/NV 1987, 222; Gosch AO § 258 Rn. 18 ff.). 1

Abgrenzung zu anderen Vorschriften. Die **Aussetzung der Verwertung** (§ 297) ist ein spezieller Fall des VollstrAufschubs (→ § 297 Rn. 1). Die Möglichkeit der **AdV** des zu vollstreckenden VA (§ 361, § 69 FGO) schließt die Anwendbarkeit des § 258 grds. nicht aus (BFH 4.2.1992 – VII B 119/91, BFH/NV 1992, 789; → § 256 Rn. 8). Während die AdV (wegen ernstlicher Zweifel an der Rechtmäßigkeit des VA oder wegen unbilliger Härte) die Vollziehung des VA als solchen betrifft, erfasst § 258 die Fälle, in denen die Zwangsvollstr. an sich oder einzelne VollstrMaßnahmen unbillig sind (BFH 29.11.1984 – V B 44/84, BStBl. II 1985, 194). Deshalb kann die Vollstr. auch dann unbillig sein, wenn keine ernstlichen Zweifel an der Rechtmäßigkeit des zu vollstreckenden VA bestehen oder wenn die Vollziehung für den Stpfl. keine unbillige Härte bedeutet (TK § 258 Rn. 2). Ist die Zwangsvollstr. schlechthin unbillig, kann sowohl eine unbillige Härte iSd § 361 II 2, § 69 II 2 FGO als auch eine Unbilligkeit iSd § 258 vorliegen (TK § 258 Rn. 2; Gosch AO § 258 Rn. 4). Ein **Erlass** (§ 227), der zum Erlöschen der StSchuld führt, kommt in Betracht, wenn die Einziehung des StAnspruchs aus sachlichen oder persönlichen Gründen nicht nur vorübergehend unbillig ist (→ § 227 Rn. 10 ff.). Demgegenüber lässt § 258 die zeitweise Unbilligkeit der Vollstr. genügen. Die Unbilligkeit der Vollstr. ist gegenüber der Unbilligkeit der Einziehung des StAnspruchs ein Weniger (BVerwG 18.4.1975 – VII C 15/73, BStBl. II 1975, 679). Ist ein Erlass wegen Erlassunwürdigkeit nicht möglich (→ § 227 Rn. 36 ff.), kann die Vollstr. gleichwohl unbillig iSd § 258 sein (TK § 258 Rn. 7). Während bei der **Stundung** (§ 222) eine Unbilligkeit der Einziehung zum Fälligkeitszeitpunkt gegeben sein muss (→ § 222 Rn. 21), kommt es beim VollstrAufschub allein auf die vorübergehende Unbilligkeit der zwangsweisen Durchsetzung des StAnspruchs an (→ § 222 Rn. 15). 2

B. Voraussetzungen für die einstweilige Einstellung oder Beschränkung der Vollstreckung

I. Vollstreckung

3 Eine einstweilige Einstellung/Beschränkung der Vollstr. ist begrifflich nur möglich, wenn die Vollstr. zumindest angeordnet worden ist (Abschn. 22 III VollstrA). Konkrete VollstrMaßnahmen brauchen allerdings noch nicht ergriffen worden zu sein, da eine „Einstellung" der Vollstr. auch schon im Vorstadium der eigentlichen Zwangsvollstr. durch eine Abstandnahme von VollstrMaßnahmen erfolgen kann (BFH 10.8.1976 – VII R 111/74, BStBl. II 1977, 104; HHSp § 258 Rn. 9). Die Vollstr. darf andererseits noch nicht insgesamt beendet worden sein, weil dies zum Wegfall des auf Einstellung bzw. Beschränkung der Vollstr. gerichteten Rechtsschutzinteresses führt (BFH 7.5.1985 – VII B 43/84, BFH/NV 1986, 611).

II. Unbilligkeit der Vollstreckung und Maßnahmen zu deren Beseitigung

1. Unbilligkeit der Vollstreckung

4 **Unbestimmter Gesetzesbegriff.** Maßgeblich für die Gewährung von VollstrAufschub ist nicht der aktuelle wirtschaftliche Status des VollstrSchuldners, sondern die Unbilligkeit der Vollstr. (BFH 18.11.2010 – XI B 56/10, BFH/NV 2011, 199). Diese ist gegeben, wenn die Vollstr. insgesamt oder einzelne VollstrMaßnahmen dem VollstrSchuldner einen unangemessenen Nachteil bringen würden, der durch kurzfristiges Zuwarten oder durch andere VollstrMaßnahmen vermieden werden könnte (BFH 8.12.1992 – VII B 150/92, BFH/NV 1993, 709; Abschn. 7 II 1 VollstrA). „Unbillig" ist – wie im Fall des Erlasses (→ § 227 Rn. 11, 51) – ein der Tatbestandsseite der Norm zugehöriger unbestimmter Gesetzesbegriff, der auf der Rechtsfolgenseite mit einer Ermessensermächtigung („kann") verknüpft ist (sog. Koppelungsvorschrift; FG Köln 19.2.2014 – 13 V 228/14, EFG 2014, 1017; Klein § 258 Rn. 8; → § 5 Rn. 18 f.). **Zweckmäßigkeitsgründe** sind keine Billigkeitsgründe; beides kann aber bei der Vollstr. ineinander übergehen, insb. bei einem VollstrAufschub gegen Ratenzahlung. Deshalb sind bei § 258 Zweckmäßigkeitserwägungen nicht von vornherein ausgeschlossen (TK § 258 Rn. 5; Obermair BB 2006, 582; aA Pump DB 1988, 2484).

5 **Unangemessener Nachteil.** Ob ein unangemessener Nachteil vorliegt, ist **im konkreten Einzelfall** durch Abwägung der Interessen des VollstrSchuldners an dem Aufschub gegenüber den Interessen der Allgemeinheit an der Durchführung der Vollstr. festzustellen (BFH 25.9.1985 – VII B 31/85, BFH/NV 1986, 198). Unbilligkeit ist die Ungerechtigkeit im Einzelfall (TK § 258 Rn. 5). Hierfür reichen Nachteile, die üblicherweise mit der Vollstr. oder einzelnen VollstrMaßnahmen verbunden sind, nicht aus, auch wenn sie für sich betrachtet für den VollstrSchuldner erheblich sind (BFH 14.2.1989 – VII B 143/88, BFH/NV 1989, 565; Abschn. 7 II 2 VollstrA). So gehören zB Beschränkungen im Zugriff auf Kontoguthaben (FG Bremen 27.11.2018 – 2 K 164/18 (1), BeckRS 2018, 39704; anders wohl FG Düsseldorf 22.7.2022 – 3 K 744/20 KV, BeckRS 2022, 19954), Bonitätsnachteile im Verhältnis zu Banken (BFH 7.11.1989 – VII B 123/89, BFH/NV 1990, 582), etwaige Vertrauenseinbußen gegenüber (öffentlichen) Geschäftspartnern (BFH 25.6.1985 – VII B 54, 62/84, BFH/NV 1986, 138), die abstrakte Gefahr des Verlustes des Arbeitsplatzes oder von Auftraggebern (BFH 4.2.1992 – VII B 119/91, BFH/NV 1992, 789), die Einschränkung der gewohnten privaten Lebensführung sowie die Beeinträchtigung anderer Zahlungsverpflichtungen (BFH 4.2.1992 – VII B 119/91, BFH/NV 1992, 789; HHSp § 258 Rn. 14), das Zurückstellen betrieblicher Investitionen (BFH 30.3.1989 – VII B 221/88, BFH/NV 1989, 794), die Annahme eines geringeren Erlöses im Zwangsversteigerungsverfahren gegenüber dem freihändigen Verkauf (BFH 24.11.1987 – VII B 34/87, BFH/

NV 1988, 423), ja selbst die Gefahr einer Insolvenz (BFH 31.5.2005 – VII R 62/04, BFH/NV 2005, 1743; Obermair BB 2006, 582) zu den bei einer Vollstr. auftretenden **üblichen Härten.**

Ebenso bewirkt eine inhaltlich falsche StFestsetzung, insb. aufgrund einer überhöhten Schätzung der Besteuerungsgrundlagen, keine Unbilligkeit iSd § 258; diese Einwendungen sind vielmehr nach **§ 256** im VollstrVerfahren unbeachtlich (TK § 258 Rn. 11; → § 256 Rn. 2). Die Gründe, die die Annahme einer Unbilligkeit iSd § 258 rechtfertigen, können nur die **Art und Weise, den Umfang oder den Zeitpunkt der Vollstr.** betreffen (BFH 16.7.1985 – VII B 72/84, BFH/NV 1986, 139; Klein § 258 Rn. 9). Der unangemessene Nachteil muss dem VollstrSchuldner selbst entstehen (Gosch AO § 258 Rn. 17). Nachteile bei Dritten (zB Arbeitnehmern, Sicherungsgebern des VollstrSchuldners) genügen aus diesem Grund nicht (Schwarzer DStZ 1994, 366).

Im Einzelfall kann Unbilligkeit vorliegen, wenn 6

- die wirtschaftliche oder persönliche **Existenz bedroht** ist, wobei sich hierbei je nach Sachlage auch die Frage eines Erlasses (§ 227) stellen kann (BFH 7.10.1992 – VII B 92/92, BFH/NV 1993, 513). Auch die bloße Existenzgefährdung und nicht nur eine drohende Existenzvernichtung kann uU zur Unbilligkeit führen (FG Brandenburg 16.8.1996 – 1 V 1092/96 KV, EFG 1997, 1090: UStSchulden bei Außenständen gegenüber öffentlichen Auftraggebern). Während der Durchführung eines außergerichtlichen Schuldenbereinigungsverfahrens (§ 305 I Nr. 1 InsO) sind VollstrMaßnahmen der FB hingegen grds. nicht unbillig (FG Köln 21.12.2000 – 7 V 7490/00, EFG 2001, 340). Ebenso bedrohen Pfändungsmaßnahmen des FA idR nicht die Existenzgrundlage des VollstrSchuldners und seiner Familie, da deren Erhaltung durch die nach § 319 im Abgabenrecht sinngemäß geltenden zivilprozessualen **Pfändungsschutzvorschriften,** insb. die Einrichtung eines Pfändungsschutzkontos (→ § 319 Rn. 41 f.), gewährleistet ist (BVerfG 25.8.2014 – 1 BvR 2243/14, NJW 2014, 3771; BFH 14.2.1989 – VII B 143/88, BFH/NV 1989, 565; vgl. auch BFH 4.6.2019 – VII R 16/18, BFH/NV 2019, 1297). Dies gilt auch für die Pfändung von Mietzinsforderungen als einziger Einkunftsquelle des VollstrSchuldners (FG Baden-Württemberg 3.3.1999 – 9 V 68/98, EFG 1999, 687). Verzichtet der VollstrSchuldner eigenmächtig auf gesetzlichen Pfändungsschutz, führen daraus erwachsende Existenznöte ebenfalls nicht zur Unbilligkeit (FG Sachsen 17.3.2016 – 8 K 125/16, BeckRS 2016, 94661). Gleiches gilt, wenn der Pfändungsschutz an fehlender Mitwirkung des VollstrSchuldners scheitert (FG München 5.2.2024 – 12 V 41/24, BeckRS 2024, 23835).
- die VollstrMaßnahmen geeignet sind, im konkreten Fall eine **Gefahr für das Leben oder die Gesundheit** des VollstrSchuldners auszulösen (BVerfG 3.10.1979 – 1 BvR 614/79, NJW 1979, 2607; BFH 8.10.1998 – VII B 2/98, BFH/NV 1999, 443), wozu nicht näher substantiierter Vortrag des VollstrSchuldners, seine Gesundheit sei infolge der dauernden Sorgen und Probleme angegriffen, nicht ausreicht; vielmehr bedarf es nachvollziehbarer Ausführungen zur Art und Schwere der behaupteten gesundheitlichen Beeinträchtigungen (BFH 8.7.2004 – VII B 35/04, BFH/NV 2004, 1621). Zur Würdigung ärztlicher Atteste FG Saarland 3.2.2006 – 2 V 44/06, EFG 2006, 546. Auch bei Annahme einer Gefährdung darf die VollstrBehörde aber im Interesse der Allgemeinheit Sicherungsmaßnahmen ergreifen (FG Hamburg 14.3.2002 – II 41/02, BeckRS 2002, 21009931; Gosch AO § 258 Rn. 9). 7
- dem VollstrSchuldner seinerseits demnächst fällig werdende **Gegenforderungen** zustehen, aber die Voraussetzungen für eine Stundung (§ 222) nicht vorliegen (BFH 28.8.2008 – VII B 233/07, BFH/NV 2008, 1991; → § 222 Rn. 38). Hierzu zählen insb. die Fälle, in denen der VollstrSchuldner aufgrund der Sollversteuerung USt zahlen muss und der öffentliche Auftraggeber die Zahlungen hinauszögert (FG Brandenburg 16.8.1996 – 1 V 1092/96 KV, EFG 1997, 1090; TK § 258 Rn. 16). 8

9 – dem VollstrSchuldner eine **Nachzahlungsfrist aufgrund einer Selbstanzeige** (§ 371) gesetzt worden ist. Eine Vollstr. vor Ablauf dieser Frist erscheint unbillig (FG Düsseldorf 6.12.1993 – 8 V 6366/93 AE(KV), EFG 1994, 553).

10 – durch **Naturkatastrophen** (Sturm, Hagel, Dürre, Flutschäden) und ähnliche unabwendbare Ereignisse (Reaktorunfall von Tschernobyl, BSE-Krise, Corona-Pandemie und Energiekrise) die Leistungsfähigkeit des VollstrSchuldners derart beeinträchtigt ist, dass eine Existenzvernichtung droht, womit eine Vollstr. unbillig erscheint (TK § 258 Rn. 12). In solchen Fällen ergehen regelmäßig entsprechende Erlasse durch die obersten FB der Länder, bspw. im Zusammenhang mit dem Hochwasser im Ahrtal (vgl. FM Nordrhein-Westfalen 23.12.2021, BeckVerw 568699). Zur Berücksichtigung der Auswirkungen der Coronapandemie vgl. BMF 31.1.2022, BStBl. I 2022, 132, wodurch für nicht unerheblich wirtschaftlich betroffene VollstrSchuldner und deren bis 31.3.2022 fällig gewordene Steuern ein dreimonatiger Vollstreckungsaufschub im vereinfachten Antragsverfahren vorgesehen war. Die Vereinfachungsregelung galt im Hinblick auf die seit 2022 (kriegsbedingt) stark gestiegenen Energiekosten für bis zum 31.3.2023 eingehende Anträge fort (BMF 5.10.2022, BStBl. I 2022, 1402) und wurde zwischenzeitlich aufgehoben (BMF 14.3.2025, BStBl. I 2025, 755). Zu Einzelheiten FG Berlin-Brandenburg 20.11.2020 – 10 V 10146/20, EFG 2021, 172; Rothbächer DStR 2020, 1014. Zur stichtagsbezogenen Geltung BFH 30.7.2020 – VII B 73/20 (AdV), BStBl. II 2021, 127. Bei den zur Milderung der wirtschaftlichen Folgen gewährten, mithin zweckgebundenen **Corona-Sofort- und Überbrückungshilfen** handelt es sich nach § 851 I ZPO um unpfändbare Forderungen (→ § 309 Rn. 9a). Soweit durch eine Pfändung darauf zugegriffen wird, macht dies die VollstrMaßnahme unbillig (BFH 9.7.2020 – VII S 23/20 (AdV), BFH/NV 2020, 1104; Klein § 258 Rn. 9a). Ob der VollstrSchuldner die Mittel berechtigt in Anspruch genommen hat, ist hierbei unerheblich (FG Münster 22.10.2020 – 6 V 2806/20 AO, BeckRS 2020, 30583).

11 – der VollstrSchuldner zu **Notverkäufen** gezwungen würde und erhebliche Nachteile für den VollstrSchuldner durch eine Ratenzahlung vermieden werden können (TK § 258 Rn. 12). Dies kann allerdings nur einen kurzfristigen VollstrAufschub rechtfertigen (→ Rn. 16).

12 – der VollstrSchuldner einen **Antrag auf Stundung** (§ 222), **Zahlungsaufschub** (Art. 110 UZK), **Erlass** (§ 227) oder **AdV** (§ 361, § 69 FGO) gestellt hat und mit gewisser (BFH 12.6.2013 – VII B 211/12, BFH/NV 2013, 1591) bzw. hoher Wahrscheinlichkeit (BFH 12.6.1991 – VII B 66/91, BFH/NV 1992, 156; Klein § 258 Rn. 10) anzunehmen ist, dass der Antrag Erfolg haben wird (s. auch Abschn. 5 IV VollstrA), oder wenn dem Antrag (zB auf AdV) allein deshalb der Erfolg versagt bleibt, weil das FA rechtsfehlerhaft die AdV nicht gewährt hat, obwohl eine solche an sich möglich und offensichtlich geboten gewesen wäre (BFH 27.10.2004 – VII R 65/03, BStBl. II 2005, 198). Hier ergibt sich die Unbilligkeit der Vollstr. daraus, dass Gründe vorliegen, wonach das durch die Vollstr. Erlangte alsbald zurückzugewähren ist (HHSp § 258 Rn. 16). Entsprechendes gilt, wenn der VollstrSchuldner **Ratenzahlungen** anbietet. Das gilt aber nur dann, wenn mit hinreichender Wahrscheinlichkeit erwartet werden kann, dass er seine Zusage einhalten wird, und wenn angesichts der Höhe der angebotenen Raten mit einer zügigen und kurzfristigen Tilgung der Schuld gerechnet werden kann (BFH 11.12.2007 – VII R 52/06, BFH/NV 2008, 749; zur Angemessenheit der Zeitspanne → Rn. 16). Zur Verfahrensweise bei Ausbleiben vereinbarter Raten → Rn. 18).

2. Maßnahmen zur Beseitigung der Unbilligkeit

13 **Nur die gesetzlich bestimmten Maßnahmen** dürfen zur Beseitigung oder Vermeidung einer Unbilligkeit ergriffen werden. Sie sind in § 258 abschließend aufgezählt und können auch nebeneinander vorgenommen werden (HHSp § 258 Rn. 20). Lassen sich die dem VollstrSchuldner drohenden unangemessenen Nachteile weder durch einen kurz-

fristigen Aufschub noch durch den Austausch der VollstrMaßnahme vermeiden, ist für eine Maßnahme nach § 258 kein Raum (BFH 21.4.2009 – I B 178/08, BFH/NV 2009, 1596; Gosch AO § 258 Rn. 18 ff.).

Einstellung/Beschränkung der Vollstr. bedeutet, dass die Vollstr. nicht, nicht weiter oder nur noch eingeschränkt durchgeführt werden darf (→ § 257 Rn. 1). Entscheidend ist dabei nicht, dass die VollstrBehörde über die weitere Vorgehensweise entscheidet, sondern vielmehr, dass die Einstellung/Beschränkung der Vollstr. tatsächlich erfolgt, also erkennbar umgesetzt wird (HHSp § 258 Rn. 22 f.). 14

Aufhebung einer VollstrMaßnahme beinhaltet die Beseitigung oder Vermeidung einer von dieser Maßnahme ausgehenden Unbilligkeit (HHSp § 258 Rn. 26; → § 257 Rn. 6). Demnach kann auch eine nur teilweise Aufhebung geboten sein, wenn (schon) dadurch die Unbilligkeit beseitigt werden kann. Ist die ergriffene VollstrMaßnahme für den VollstrSchuldner besonders einschneidend, kann als Ausdruck des Verhältnismäßigkeitsgrundsatzes eine für den VollstrGläubiger gleichwertige, für den VollstrSchuldner aber weniger belastende Maßnahme ergriffen werden (Gosch AO § 258 Rn. 22). So kann zB die Eintragung einer Sicherungshypothek statt einer Forderungspfändung beim Großkunden geboten sein, wenn ansonsten infolge des Abbruchs der Geschäftsbeziehungen die Existenzgrundlage gefährdet würde. IdR wird dem VollstrSchuldner in solchen Fällen jedoch im Rahmen eines VollstrAufschubs Ratenzahlung gewährt, wenn im Gegenzug Sicherheiten gestellt werden (zB stille Abtretung von Forderungen, Grundschuldbestellung etc.). Ebenso kann die Einziehung gepfändeter Forderungen und Rechte sowie die Immobiliarvollstr. gegen Ratenzahlung mit/ohne Sicherheitsleistung ausgesetzt werden (TK § 258 Rn. 20). Für die bloße Ruhendstellung einer Kontopfändung fehlt es aber an einer Rechtsgrundlage (BFH 16.5.2017 – VII R 5/16, BStBl. II 2018, 735; → § 309 Rn. 40 f.). 15

Vorläufigkeit der Maßnahmen. Eine dauerhafte oder gar endgültige Einstellung oder Beschränkung der Vollstr. ist mit dem Zweck des § 258 nicht vereinbar, der eine vorübergehende (einstweilige) Unbilligkeit beseitigen bzw. vermeiden soll und eine Befriedigung der FB in einem überschaubaren Zeitraum zum Ziel hat (BFH 7.10.1992 – VII B 92/92, BFH/NV 1993, 513). Deshalb kommt ein VollstrAufschub idR nur in Betracht, wenn mit hinreichender Wahrscheinlichkeit bei **kurzfristigem Zuwarten** mit einer vollständigen Rückführung der StSchulden gerechnet werden kann (BFH 5.10.2001 – VII B 15/01, BFH/NV 2002, 160; Brete/Thomsen AO-StB 2008, 73). Kurzfristig in diesem Sinn ist zweifellos der von der FVerw. und den FG üblicherweise herangezogene Zeitraum von bis zu 6 Monaten, in besonderen Fällen auch bis zu 12 Monaten (FG Köln 19.2.2014 – 13 V 228/14, EFG 2014, 1017; TK § 258 Rn. 6). Ebenso sicher ist, dass es an einem absehbaren Zeitraum fehlt, wenn die durch Ratenzahlung beabsichtigte Tilgung mehrere Jahre in Anspruch nehmen würde (BFH 21.4.2009 – I B 178/08, BFH/NV 2009, 1596: 3 Jahre; BFH 12.12.2005 – VII R 63/04, BFH/NV 2006, 900: 5 Jahre; BFH 7.10.1992 – VII B 92/92, BFH/NV 1993, 513: 7 Jahre). Ob vereinzelt gleichwohl eine über die 6- bzw. 12-monatige Rückzahlungsfrist hinausgehende (längerfristige) Einstellung erwogen werden kann, ist anhand der Einzelfallumstände zu beurteilen, dürfte aber allenfalls auf besonders gelagerte Ausnahmefälle beschränkt sein (TK § 258 Rn. 6; ähnlich auch Klein § 258 Rn. 13), etwa dann, wenn die betreffende VollstrMaßnahme im konkreten Fall geeignet ist, eine ernstzunehmende Gefahr für das Leben oder die Gesundheit des VollstrSchuldners auszulösen (BFH 8.7.2004 – VII B 35/04, BFH/NV 2004, 1621; → Rn. 7). Bei einem längerfristigen VollstrAufschub muss der VollstrSchuldner in regelmäßigen Abständen (zumindest alle 12 Monate) seine derzeitigen und die für die Zukunft zu erwartenden wirtschaftlichen Verhältnisse mittels einer **Vermögensübersicht** offenlegen. Der Zeitrahmen von 6 Monaten bzw. von maximal 12 Monaten bemisst sich im Übrigen ab der Antragstellung bzw. bei Gewährung von Amts wegen ab der Behördenentscheidung (aA Gosch AO § 258 Rn. 20.1: immer Zeitpunkt der Behördenentscheidung maßgeblich). 16

III. Rechtsfolgen

17 **Fortbestehende Fälligkeit.** Ein VollstrAufschub berührt nicht die Fälligkeit des zu vollstreckenden StAnspruchs, da er die Vollstr. als solche oder eine einzelne VollstrMaßnahme zum Gegenstand hat und nicht den zu vollstreckenden Anspruch (TK § 258 Rn. 21). Durch den Aufschub verzichtet die VollstrBehörde zeitweise lediglich auf einzelne VollstrMaßnahmen (Beschränkung und Aufhebung) oder – im Fall der einstweiligen Einstellung – vorübergehend auf die zwangsweise Durchsetzung des StAnspruchs (BFH 15.3.1979 – IV R 174/78, BStBl. II 1979, 429). Die Fälligkeit des StAnspruchs wird hierdurch nicht hinausgeschoben (BFH 22.6.1990 – III R 150/85, BStBl. II 1991, 864). Es fallen weiterhin Säumniszuschläge an (BFH 15.3.1979 – IV R 174/78, BStBl. II 1979, 429). Im Einzelfall kann aber ein (Teil-)Erlass der Säumniszuschläge geboten sein (→ § 227 Rn. 19). Nur ein mitgeteilter VollstrAufschub unterbricht die Verjährung (→ § 231 Rn. 15). Ein VollstrAufschub hat idR keinen stundungsartigen Charakter, sodass die FB grds. aufrechnen kann (BFH 24.10.1996 – VII B 122/96, BFH/NV 1997, 257; Klein § 258 Rn. 16; → § 226 Rn. 29; aA FG Hamburg 8.4.2010 – 6 K 269/09, EFG 2010, 1469; TK § 258 Rn. 20). Dennoch sollte die FB bei der Gewährung eines VollstrAufschubs grds. einen Aufrechnungsvorbehalt aufnehmen.

IV. Verfahren

18 **Zuständig** ist die VollstrBehörde (intern die VollstrStelle); wird die FB aufgrund eines VollstrErsuchens (§ 250) tätig, tritt die ersuchte Behörde in die Stellung der VollstrBehörde ein und entscheidet eigenständig über die einstweilige Einstellung oder Beschränkung der Vollstr. (FG München 23.4.2014 – 10 V 626/14, BeckRS 2014, 95667; → § 250 Rn. 4). Geht es um die Vollstr. überzahlten Kindergeldes, kommt diese Entscheidung dem HZA zu (FG Hamburg 2.3.2020 – 6 V 4/20, BeckRS 2020, 8173; vgl. auch V 32.2 I 2, 3 DA-KG).

Ein **Antrag** des VollstrSchuldners ist **nicht erforderlich;** VollstrAufschub kann auch von Amts wegen gewährt werden (Abschn. 7 I 3 VollstrA). Schreiben des VollstrSchuldners sind, sofern sie nicht ausdrücklich als VollstrSchutzanträge erkennbar sind, auszulegen (BFH 2.11.1998 – VII B 205/98, BFH/NV 1999, 450 zur Abgrenzung Einspruch gegen Forderungspfändung und/oder Antrag nach § 258). Die Auslegung ist auch im Hinblick auf die Zuständigkeit (zB VollstrStelle, Stundungs- und Erlassstelle) und die Rechtsfolgen (zB Säumniszuschläge, Stundungszinsen) erforderlich (Schwarz/Pahlke/Keß § 258 Rn. 4).

Die VollstrBehörde entscheidet nach ihrem **Ermessen,** ob und in welchem Umfang sie VollstrAufschub gewährt (BFH 24.9.1991 – VII B 107/91, BFH/NV 1992, 503; HHSp § 258 Rn. 29; → Rn. 4). Der Anspruch auf ermessensfehlerfreie Entscheidung verdichtet sich ausnahmsweise aber zu einem Anspruch auf Gewährung des VollstrAufschubs, wenn der VollstrSchuldner die StSchuld durch freiwillige Ratenzahlungen bis zum Erlass der Entscheidung über den Einspruch gegen die VollstrMaßnahmen bereits getilgt hat (BFH 11.12.2007 – VII R 52/06, BFH/NV 2008, 749).

Eine besondere **Form** ist zwar nicht vorgeschrieben (FG Rheinland-Pfalz 8.2.2012 – 2 K 1893/10, EFG 2012, 1005; vgl. auch BFH 23.2.2010 – VII R 9/08, BStBl. II 2011, 667), doch ist die Schriftform zweckmäßig und geboten, wenn der VollstrSchuldner einen VollstrAufschub beantragt hat und dieser gewährt oder abgelehnt wird (TK § 258 Rn. 22). Entscheidend ist, dass ein entsprechender Regelungswille zum Ausdruck kommt (BFH 12.12.2005 – VII R 63/04, BFH/NV 2006, 900).

Der (mitgeteilte) **VollstrAufschub ist begünstigender VA** (§ 118). Er kann nach Maßgabe des § 120 II befristet oder widerruflich erfolgen sowie mit Auflagen (zB Ratenzahlung, Sicherheitsleistung) oder weitergehenden Bestimmungen (zB Aufrechnungvorbehalt) verbunden werden (BFH 8.1.1998 – VII B 137/97, BFH/NV 1998, 686; HHSp § 258 Rn. 32). Er wird mit der Bekanntgabe an den VollstrSchuldner wirksam (§ 124).

Rücknahme und Widerruf richten sich nach §§ 130, 131. Eine mit dem VollstrSchuldner getroffene Ratenzahlungsvereinbarung muss vor Einleitung weiterer VollstrMaßnahmen nicht förmlich widerrufen werden, wenn der VollstrSchuldner mit der Zahlung in Rückstand gerät, der Antrag auf Reduzierung der Ratenhöhe abgelehnt worden ist und Einstellung der Vollstr. nach § 258 abgelehnt wird (BFH 28.2.2011 – VII B 224/10, BFH/NV 2011, 763; TK § 258 Rn. 22). Gewährt die VollstrBehörde VollstrAufschub von Amts wegen **ohne Bekanntgabe** an den VollstrSchuldner, ist dieser innerdienstliche Vorgang kein VA (BFH 28.11.1985 – V R 139/81, BFH/NV 1987, 8).

C. Rechtsbehelfe

Wird eine Maßnahme nach § 258 abgelehnt, kann der VollstrSchuldner **Einspruch** 19
(§ 347) einlegen und anschließend **Verpflichtungsklage** (§ 40 I FGO), nicht jedoch Untätigkeitsklage (§ 46 FGO) erheben (Gosch AO § 258 Rn. 26; HHSp § 258 Rn. 38). Eine unter Umgehung des Vorverfahrens unmittelbar an das FG gerichtete Klage auf VollstrAufschub ist unzulässig (BFH 15.12.1992 – VII B 132/92, BFH/NV 1993, 711; TK § 258 Rn. 23). Da es sich bei der Entscheidung der Behörde um eine Ermessensentscheidung handelt (→ Rn. 18), besteht für das Gericht nach § 102 FGO nur ein eingeschränktes Überprüfungsrecht auf Ermessensüberschreitung oder -fehlgebrauch. Es ergeht in aller Regel ein sog. Bescheidungsurteil nach § 101 S. 2 FGO (Gräber FGO § 101 Rn. 10). Nur bei einer Ermessensreduzierung auf null (→ Rn. 18) kann das Gericht die VollstrBehörde gem. § 101 S. 1 FGO verpflichten, dem Antrag auf VollstrSchutz zu entsprechen (HHSp § 258 Rn. 39). Zur **Fortsetzungsfeststellungsklage** (§ 100 I 4 FGO) s. BFH 11.12.2007 – VII R 52/06, BFH/NV 2008, 749.

Vorläufiger Rechtsschutz erfolgt durch **einstweilige Anordnung** nach § 114 FGO 20
(BFH 1.8.2002 – VII B 352/00, BFH/NV 2002, 1547; Gräber FGO § 114 Rn. 36, 51). Antragsmuster s. Carlé AO-StB 2004, 232. Der begehrte Erlass einer einstweiligen Anordnung ist – anders als die Klage in der Hauptsache – nicht davon abhängig, dass der VollstrSchuldner zuvor bei der VollstrBehörde ein Verfahren nach § 258 erfolglos betrieben hat (FG Köln 19.2.2014 – 13 V 228/14, EFG 2014, 1017; Gräber FGO § 114 Rn. 15; aA offenbar FG Hamburg 22.9.2000 – V 220/00, BeckRS 2000, 21009172). Ebenso wenig bedarf es einer bereits anhängigen Klage (§ 114 I 1 FGO; FG Hamburg 30.11.2017 – 2 V 293/17, BeckRS 2017, 141690; Gräber FGO § 114 Rn. 9).

Ein **Anordnungsanspruch** ist gegeben, wenn die Vollstr. iSd § 258 unbillig ist (BFH 15.1.2003 – V S 17/02, BFH/NV 2003, 738; → Rn. 4 ff.).

Ein **Anordnungsgrund** liegt grds. nur vor, wenn durch die Ablehnung der begehrten VollstrSchutzmaßnahme die wirtschaftliche oder persönliche Existenz des VollstrSchuldners konkret bedroht ist (BFH 8.12.1992 – VII B 150/92, BFH/NV 1993, 709; Gräber FGO § 114 Rn. 43, 57). Die für den Erlass der Anordnung geltend gemachten Gründe müssen so schwerwiegend sein, dass sie eine einstweilige Anordnung unabweisbar machen (BFH 17.7.2019 – V B 28/19, BFH/NV 2019, 1141); dies dürfte meist nur dann der Fall sein, wenn demnächst eine entscheidende Verbesserung der Verhältnisse des VollstrSchuldners zu erwarten und die Vollstr. deshalb unbillig ist (Klein § 258 Rn. 18; Gosch AO § 258 Rn. 26.1).

Anordnungsanspruch und -grund müssen bezeichnet und glaubhaft gemacht werden (§ 114 III FGO, § 920 I und II ZPO). Dies bedeutet, dass der VollstrSchuldner beides rechtlich schlüssig darlegen und das Vorliegen der tatsächlichen Voraussetzungen glaubhaft (§ 294 ZPO) machen muss (BFH 18.3.1992 – X B 59/91, BFH/NV 1992, 618). Umstr. ist, ob das Gericht bei der Prüfung des Anordnungsanspruchs ein **eigenes Ermessen** (sog. Interimsermessen) ausüben darf (BFH 13.5.1977 – VII B 9/77, BStBl. II 1977, 587; Gräber FGO § 114 Rn. 91; HHSp § 258 Rn. 53). Der BFH hat dies bislang in ständiger Rspr. offengelassen (vgl. BFH 12.2.1985 – VII B 61/84, BFH/NV 1986, 68; BFH 1.8.2002 –

VII B 352/00, BFH/NV 2002, 1547). Um einen effektiven Rechtsschutz zu gewähren, ist eine vorläufige Ermessensentscheidung des FG mit der Einschränkung zu bejahen, dass dem Antragsteller durch die einstweilige Anordnung nicht mehr gewährt werden darf, als er aufgrund einer Klage im Hauptsacheverfahren erreichen kann (FG Köln 19.2.2014 – 13 V 228/14, EFG 2014, 1017; HHSp § 258 Rn. 53). Drohen ohne vorläufigen Rechtsschutz schwere und unzumutbare, anders nicht abwendbare Nachteile, zu deren nachträglicher Beseitigung die Hauptsacheentscheidung nicht mehr in der Lage wäre, kann das FG die FB ausnahmsweise schon mit der einstweiligen Anordnung zur Rückabwicklung, bspw. zur Rückzahlung gepfändeter und eingezogener Zweckzuwendungen wie der Corona-Soforthilfe, verpflichten (FG München 5.2.2024 – 12 V 41/24, BeckRS 2024, 23835); eine unzulässige Vorwegnahme der Hauptsache ist hierin nicht zu sehen (BFH 9.7.2020 – VII S 23/20 (AdV), BFH/NV 2020, 1104; Gräber FGO § 114 Rn. 89).

Zweiter Abschnitt. Vollstreckung wegen Geldforderungen

1. Unterabschnitt. Allgemeine Vorschriften

§ 259 Mahnung

[1]Der Vollstreckungsschuldner soll in der Regel vor Beginn der Vollstreckung mit einer Zahlungsfrist von einer Woche gemahnt werden. [2]Einer Mahnung bedarf es nicht, wenn der Vollstreckungsschuldner vor Eintritt der Fälligkeit an die Zahlung erinnert wird. [3]An die Zahlung kann auch durch öffentliche Bekanntmachung allgemein erinnert werden.

Hinweis auf **VollstrA:** Abschn. 19 III, 22 I Nr. 3, II

Schrifttum: Wiethölter, Die (sog.) konsequente Vollstreckung rückständiger Steuerforderungen, DStZ 1995, 589; App, Kurzüberblick über die Vollstreckungstätigkeit der Finanzverwaltung, KKZ 2012, 55.

A. Allgemeines

1 **Bedeutung.** Die Mahnung soll den Schuldner vor den mit einer Vollstr. zwangsläufig verbundenen Nachteilen bewahren und ihm unter finaler Fristsetzung die Möglichkeit eröffnen, das Zwangsverfahren noch abzuwenden (Schuldnerschutzfunktion und Ausfluss des Grundsatzes der Verhältnismäßigkeit; Gosch AO § 259 Rn. 2). Sie dient aber auch der Verwaltungsökonomie, da die überwiegende Mehrzahl der säumigen StSchuldner die offenen Beträge auf eine Mahnung hin zahlt, sodass unnötige VollstrMaßnahmen erst gar nicht ergriffen werden (TK § 259 Rn. 1). Zum Verfahrensgang s. Wiethölter DStZ 1995, 589. **Anwendbar** ist § 259 nur für die Vollstr. wegen Geldforderungen. § 259 gilt nicht für die Verwaltungsvollstr. des Bundes; hier enthält § 3 III VwVG eine eigenständige Regelung (Gosch AO § 259 Rn. 4). Einige Ländergesetze enthalten die Mahnung als zwingende VollstrVoraussetzung (s. Engelhardt/App/Schlattmann VwVG § 3 Rn. 12). Durch Art. 11 Nr. 22 AmtshilfeRLUmsG ist § 259 S. 2, der eine Mahnung durch einen Postnachnahmeauftrag vorsah, mWv 30.6.2013 aufgehoben worden, da der Postnachnahmeauftrag im Hinblick auf den automatisierten Mahnlauf nicht mehr der Lebenswirklichkeit entsprach.

2 **Begriff und Rechtsnatur.** Eine Mahnung ist die Aufforderung an den StSchuldner, einen nach Rechtsgrund und Höhe genau bezeichneten Betrag innerhalb einer bestimmten Frist zu zahlen verbunden mit der Androhung, dass bei Nichtzahlung VollstrMaßnahmen ergriffen werden (TK § 259 Rn. 2). Sie ist eine einseitige empfangsbedürftige Erklärung, auf die die Vorschriften über Willenserklärungen entspr. anwendbar sind (so für das

Zivilrecht Grüneberg BGB § 286 Rn. 16; s. auch BFH 28.8.2003 – VII R 22/01, BFH/NV 2003, 1624; → § 231 Rn. 27; wohl auch TK § 118 Rn. 14: rechtsgeschäftliche Handlung). Ob eine Mahnung vorliegt, richtet sich nach dem aus Sicht des Stpfl. erkennbaren objektiven Erklärungsinhalt. Eine Zahlungsaufforderung „zur Vermeidung von Zuschlägen" kann deshalb als Mahnung anzusehen sein (Gosch AO § 259 Rn. 7). Die Mahnung ist lediglich eine das Leistungsgebot wiederholende Zahlungsaufforderung und deshalb **kein VA** iSv § 118; sie ist folglich nicht eigenständig anfechtbar (BFH 18.10.1994 – VII R 20/94, BStBl. II 1995, 42). Ihr Inhalt erschöpft sich in der Erinnerung an die ohnehin bestehende Zahlungsverpflichtung. Ist der Mahnung allerdings kein Leistungsgebot iSd § 254 I vorausgegangen, ist eine Umdeutung der Mahnung in ein Leistungsgebot und damit in einen mit Einspruch (§ 347) angreifbaren VA möglich, sofern die inhaltlichen Anforderungen des § 254 I 1 erfüllt sind (HHSp § 259 Rn. 6). Darüber hinaus liegt auch ein VA vor, wenn die Mahnung erstmalig eine Regelung enthält, beispielsweise zur Zahlung von Säumniszuschlägen (§ 240) auffordert (FG Düsseldorf 17.1.1980 – VII 491/77 H, EFG 1980, 262; Gosch AO § 259 Rn. 6). Eine in ein Leistungsgebot umgedeutete Mahnung kann nicht zugleich als Mahnung iSd § 259 gelten; in diesem Fall ist eine „nochmalige" Mahnung erforderlich (Klein § 259 Rn. 2).

Aus dem Wortlaut („vor Beginn der Vollstr.") und der grds. funktionalen Zuständigkeit der Finanzkasse folgt, dass die Mahnung noch **keine Maßnahme der Vollstr.** ist, sondern ihrer Vorbereitung dient und somit zum Erhebungsverfahren gehört (BFH 29.3.1972 – II B 38/71, BStBl. II 1972, 494; Gosch AO § 259 Rn. 5; TK § 259 Rn. 5). Nur soweit die Mahnung im Erhebungsverfahren unterblieben ist, kann die VollstrStelle sie nachholen (HHSp § 259 Rn. 7). Im Gegensatz zum Leistungsgebot ist die Mahnung deshalb auch **keine VollstrVoraussetzung** (BFH 4.10.1983 – VII R 16/82, BStBl. II 1984, 167; s. auch Abschn. 19 III VollstrA).

Ermessensentscheidung. Ob gemahnt werden soll, liegt nicht im Belieben, sondern im pflichtgemäßen Ermessen der FB (BFH 2.11.1998 – VII B 148/98, BFH/NV 1999, 588; Gosch AO § 259 Rn. 9; Schwarz/Pahlke/Keß § 259 Rn. 4) und ist gerichtlich nachprüfbar (→ Rn. 10). Soll eine Mahnung unterbleiben, bedarf dieses Vorgehen stets eines rechtfertigenden Grundes, da nach dem Gesetzeswortlaut „idR" zu mahnen ist. Dies gebietet schon der Schutzzweck der Vorschrift (→ Rn. 1). Abgesehen von den in § 259 S. 2 und 3 geregelten Fällen der Zahlungserinnerung ist ein Unterlassen der Mahnung insb. gerechtfertigt, wenn durch sie der VollstrErfolg gefährdet würde oder der StSchuldner trotz Mahnung nicht freiwillig zahlen wird bzw. wegen Mittellosigkeit nicht zahlen kann (Gosch AO § 259 Rn. 19). Sind gegen den VollstrSchuldner bereits wegen anderer Geldforderungen VollstrMaßnahmen eingeleitet, bedarf es der Warnfunktion nicht mehr und kann die Mahnung grds. ebenfalls unterbleiben (FG Berlin-Brandenburg 15.12.2011 – 7 K 7007/08, EFG 2012, 1008). Dies gilt vor allem für den Fall der Vollstr. von Nebenleistungen, wenn der VollstrSchuldner schon wegen der rückständigen Hauptleistungen gemahnt worden ist. Ob im Einzelfall auf eine Mahnung verzichtet werden kann, prüft und entscheidet die VollstrStelle. Aus Nachweisgründen sollte deren Ermessensentscheidung immer aktenkundig gemacht werden, da ansonsten im Rahmen nachfolgender gerichtlicher Kontrolle nur noch anhand des erkennbaren Verfahrensganges geprüft werden kann, ob überhaupt und wenn ja ob eine sachgerechte Ermessensentscheidung vorliegt (BFH 2.11.1998 – VII B 148/98, BFH/NV 1999, 588). Weitere Einschränkungen enthält die Kleinbetragsregelung für die FÄ (BMF 2.1.2025, BStBl. I 2025, 5 Tz. 3). Für die HZÄ gilt Nr. 10.6.2 IV der Zollzahlstellenbestimmung (VSF N 4899). 3

B. Durchführung der Mahnung

I. Zeitpunkt der Mahnung und Zahlungsfrist (S. 1)

4 **Statthaftigkeit der Vollstreckung.** Die Mahnung soll vor Beginn der Vollstr. erfolgen. Da deren Beginn, soweit nichts anderes bestimmt ist, nach § 254 I 1 nicht vor Fälligkeit des Anspruchs und Ablauf der Schonfrist liegt (→ § 254 Rn. 2, 13), kann erst nach Eintritt dieser Statthaftigkeitsvoraussetzungen gemahnt werden. Vor Fälligkeit ist nur eine Zahlungserinnerung (§ 259 S. 2 und 3) möglich, die an die Stelle einer Mahnung tritt. Bei Geldbußen darf erst nach Rechtskraft und einer Frist von einer Woche gemahnt werden (§ 412 II iVm § 89 OWiG; Abschn. 22 I VollstrA). Die **Zahlungsfrist** beträgt eine Woche. Die Berechnung der Wochenfrist erfolgt nach § 108 iVm §§ 187–193 BGB (→ § 108 Rn. 23). Bei Mahnung durch einfachen Brief gilt die Mahnung analog § 122 II mit dem 3. Tag nach Aufgabe zur Post als bewirkt (TK § 259 Rn. 7).

II. Arten der Mahnung

5 **Mahnzettel als Regelfall.** Das Gesetz schreibt zwar keine besondere Form der Mahnung vor, weswegen auch eine mündliche Mahnung möglich ist (FG Hamburg 1.10.1973 – II 86/73, EFG 1974, 86; Schwarz/Pahlke/Keß § 259 Rn. 10). Aus Gründen der Beweissicherung geschieht die Mahnung aber idR schriftlich im automatisierten Verfahren durch einen Mahnzettel, der mittels einfachen Briefs durch Aufgabe zur Post versandt wird (Gosch AO § 259 Rn. 11). Denkbar ist auch eine Aushändigung durch den Vollziehungsbeamten/einen sonstigen Boten. Eine fernmündliche Mahnung ist im Hinblick auf das StGeheimnis (§ 30) nur zulässig, wenn der fernmündliche Gesprächspartner einwandfrei als der StSchuldner identifiziert werden kann (Schwarz/Pahlke/Keß § 259 Rn. 10). Eine Mahnung per Telefax oder E-Mail verbietet sich zumindest bei Firmen als StSchuldner, da die FB hier nicht absehen kann, in wessen Hände das Fax/die E-Mail beim Empfänger gerät (Gosch AO § 259 Rn. 11; HHSp § 259 Rn. 17).

7 **Zahlungserinnerung (S. 2).** Eine Mahnung ist entbehrlich, wenn der VollstrSchuldner vor Eintritt der Fälligkeit an die Zahlung erinnert wird. Bei der Zahlungserinnerung handelt es sich begrifflich nicht um eine Mahnung; der Erinnerung kommt aber die Wirkung einer Mahnung zu (HHSp § 259 Rn. 20). Zumeist wird durch den Versand vorbereiteter Einzahlungs-/Überweisungsunterlagen erinnert und damit im Sinn der Vorschrift gemahnt.

8 **Öffentliche Erinnerung (S. 3).** Für sie gibt es keine besonderen Voraussetzungen. Sie müsste idR durch Bekanntgabe in einem örtlichen Presseorgan erfolgen. Da sie sich aber im Hinblick auf das StGeheimnis nur an eine Vielzahl gleichartiger StSchuldner richten kann, ist sie in der Praxis nahezu bedeutungslos (Gosch AO § 259 Rn. 15). Denkbar wäre die öffentliche Erinnerung zB im kommunalen Bereich (HHSp § 259 Rn. 21) oder wenn eine größere Anzahl von Stpfl. die StZahlung aus „Gewissensgründen" oder „als Zeichen des (politischen) Protests" verweigern würde.

C. Verfahrensfragen

9 **Rechtsfolgen der Mahnung.** Die Zahlungsfrist nach § 259 S. 1 schiebt die Fälligkeit (§ 220) nicht hinaus; Säumniszuschläge (§ 240) fallen weiterhin an. Die schriftliche Mahnung unterbricht gem. § 231 I die Zahlungsverjährung (→ § 231 Rn. 27).

Die Mahnung ist kein VA; es ist kein eigenständiges Rechtsmittel gegeben (→ Rn. 2). Eine rechtsunkundige Person hat uU gem. Art. 34 GG, § 839 BGB einen Anspruch auf Ersatz notwendiger Rechtsverfolgungskosten für die Abwehr ungerechtfertigter Mahnungen (LG Hamburg 10.4.1992 – 303 O 340/91, NVwZ-RR 1992, 608). Zum In-

Gang-Setzen der Verjährungsfrist eines Ersatzanspruchs durch Mahnung s. BGH 5.3.2009 – IX ZR 173/05, BFH/NV 2009, 1391.

Rechtsfolgen einer unterlassenen Mahnung. Ist die Mahnung ohne sachlichen Grund und damit zu Unrecht unterlassen worden (zur Ermessensentscheidung → Rn. 3), sind die ergriffenen VollstrMaßnahmen zwar wirksam, aber entweder wegen Ermessensfehlgebrauchs oder wegen Ermessensnichtgebrauchs **rechtswidrig** und müssen daher auf einen Rechtsbehelf hin aufgehoben werden (BFH 17.5.1988 – VII B 27/88, BFH/NV 1989, 114; TK § 259 Rn. 14). So ist auch Abschn. 19 III VollstrA zu verstehen. 10

Eine zu Unrecht unterbliebene Mahnung kann eine Schadensersatzpflicht des FA wegen Amtspflichtverletzung nach Art. 34 GG, § 839 BGB begründen (BGH 29.4.1982 – III ZR 163/80, BB 1982, 1451; Hein Stbg 1993, 14; Schwarz/Pahlke/Keß § 259 Rn. 18). Wären VollstrHandlungen bei vorangegangener Mahnung unter Einhaltung der Zahlungsfrist offenkundig entbehrlich gewesen, dürfen die nach § 337 I entstandenen Kosten gem. § 346 I nicht erhoben werden (unrichtige Sachbehandlung; → § 346 Rn. 4).

Kosten werden für das Mahnverfahren grds. nicht erhoben (§ 337 II 1), da die Mahnung noch nicht dem VollstrVerfahren zuzuordnen ist (→ Rn. 2). 11

§ 260 Angabe des Schuldgrundes

Im Vollstreckungsauftrag oder in der Pfändungsverfügung ist für die beizutreibenden Geldbeträge der Schuldgrund anzugeben.

Hinweis auf **VollstrA:** Abschn. 34 II Nr. 3, 41 II Nr. 2

Schrifttum: Carl, Die Angabe des Schuldgrundes in der Pfändungsverfügung, DStZ 1985, 430; Strunk, Forderungspfändung, Drittschuldner und Steuergeheimnis, DStZ 1997, 704.

I. Inhalt und Zweck

Schuldnerschutz. § 260 schreibt vor, dass im VollstrAuftrag (§ 285 II) und in der Pfändungsverfügung (§ 309 I) der Schuldgrund für die beizutreibenden Geldbeträge anzugeben ist. Der VollstrSchuldner muss wissen, wegen welcher zeitlich abgegrenzten Ansprüche gegen ihn vollstreckt wird. Erst dadurch ist es ihm möglich, aus seiner Sicht unberechtigte VollstrMaßnahmen abzuwehren, sich zB auf Aufrechnung, eine gewährte Stundung oder AdV zu berufen (BFH 27.6.2006 – VII R 34/05, BFH/NV 2006, 2024). Zudem ist der VollstrSchuldner nur im Anschluss an eine genaue Bezeichnung der Ansprüche in der Lage, bei freiwilliger Zahlung eine zutreffende Tilgungsbestimmung nach § 225 I zu treffen. Daneben benötigt auch die Finanzkasse die Angabe des Schuldgrundes für eine korrekte Verbuchung der beigetriebenen Beträge. § 260 gilt über § 5 I VwVG auch für die Verwaltungsvollstr. des Bundes. 1

II. Angabe des Schuldgrundes und Steuergeheimnis

Schuldgrund iSd § 260 ist das StSchuldverhältnis, das die Verpflichtung zur Zahlung der beizutreibenden Geldbeträge begründet. Durch die vollständige und inhaltlich zutreffende Angabe des Schuldgrundes in der Pfändungsverfügung (§ 309 I) bzw. im VollstrAuftrag (§ 285 II) soll die den VollstrSchuldner treffende Zahlungsverpflichtung zweifelsfrei nach StArt (zB ESt, USt, Rückforderung der Investitionszulage), Entstehung (zB ESt, USt, Rückforderung der Investitionszulage) und Höhe gekennzeichnet werden (BFH 8.2.1983 – VII R 93/76, BStBl. II 1983, 435). Entsprechendes gilt für die Haftungsschuld und steuerliche Nebenleistungen (zB Verspätungszuschlag zur USt 2020). Angaben zur Fälligkeit gehören hingegen wegen der insoweit überwiegenden Schutzbelange des VollstrSchuldners nicht zum Schuldgrund (Gosch AO § 260 Rn. 6; TK § 260 Rn. 2; Carl DStZ 1985, 430; aA BFH 8.2.1983 – VII R 93/76, BStBl. II 1983, 435, wonach die Angabe der Fälligkeit aufzeigen soll, dass die Verpflichtung zur Zahlung der Beträge im 2

Zeitpunkt der Pfändung auch tatsächlich bestehe; auf Angaben zur Fälligkeit verzichtet hingegen BFH 27.6.2006 – VII R 34/05, BFH/NV 2006, 2024). Auch die VollstrA sieht die Fälligkeit im Zusammenhang mit der Bezeichnung des Schuldgrundes nicht vor (Abschn. 34 II zum VollstrAuftrag und 41 II zur Pfändungsverfügung).

3 **Steuergeheimnis.** Die Angabe des Schuldgrundes im VollstrAuftrag (§ 285 II) verletzt das StGeheimnis ersichtlich schon deshalb nicht, weil es sich um eine interne Maßnahme der VollstrStelle handelt (→ § 285 Rn. 7; Gosch AO § 260 Rn. 5). Soweit § 285 II HS 2 zur Legitimierung das Vorzeigen des VollstrAuftrags auch gegenüber Dritten ausdrücklich anordnet, handelt es sich um eine gem. § 30 IV Nr. 2 zulässige Offenbarung (HHSp § 260 Rn. 10; Klein § 260 Rn. 5: § 260 lex specialis zu § 30). Für die Pfändungsverfügung bestimmt § 309 II 2, dass dem Drittschuldner der beizutreibende Betrag nur in einer Summe ohne Angabe des Schuldgrundes mitgeteilt werden soll, was für die FVerw. durch Abschn. 41 II Nr. 2 VollstrA zum Regelfall bestimmt wird. § 309 II 2 modifiziert somit § 260 mit dem Ziel, Dritten unnötigen Einblick in die Verhältnisse des VollstrSchuldners zu verwehren (BFH 11.12.2012 – VII R 70/11, BStBl. II 2013, 475; → § 309 Rn. 38). Da die Angabe (zumindest) der Summe des beizutreibenden Geldbetrages aber auch danach notwendiger Inhalt der dem Drittschuldner zuzustellenden Pfändungsverfügung bleibt, steht auch der damit einhergehenden Offenbarung das StGeheimnis nicht entgegen (BFH 18.7.2000 – VII R 101/98, BStBl. II 2001, 5). Für eine weitergehende Einschränkung bei sehr hohen StRückständen vgl. TK § 260 Rn. 4, Klein § 260 Rn. 5.

III. Rechtsfolgen bei Fehlen der Angabe des Schuldgrundes

4 **Notwendiger Inhalt.** Die Angabe des Schuldgrundes ist zwingend vorgeschrieben. Fehlt sie im VollstrAuftrag, ist dieser zwar fehlerhaft, aber nicht anfechtbar, da er kein VA ist (→ § 285 Rn. 7). Erst die aufgrund des VollstrAuftrags durchgeführte Sachpfändung ist ein VA und kann mit dem Einspruch (§ 347) angefochten werden (Gosch AO § 260 Rn. 9). Ebenso kann die Pfändungsverfügung angefochten werden, wenn dem VollstrSchuldner der Schuldgrund nicht mitgeteilt worden ist. Allerdings ist bis zur Aufhebung der VollstrMaßnahme bzw. Pfändungsverfügung eine **Heilung** möglich, indem ein den Anforderungen des § 260 entspr. neuer VollstrAuftrag (§ 285 II) erteilt wird bzw. eine formgerechte Pfändungsverfügung (§ 309 I) ergeht. Diese Form der Korrektur ist erforderlich, da ein Verstoß gegen § 260 die inhaltliche Rechtmäßigkeit eines VA betrifft und keine bloße Verletzung von Verfahrens- oder Formvorschriften darstellt, weswegen ein Rückgriff auf § 126 I Nr. 2 ausscheidet (BFH 8.2.1983 – VII R 93/76, BStBl. II 1983, 435; HHSp § 260 Rn. 15; Gosch AO § 260 Rn. 9; Klein § 260 Rn. 4; TK § 260 Rn. 6; aA Schwarz/Pahlke/Keß § 260 Rn. 9). Die Heilung wirkt auf den Zeitpunkt der fehlerhaften Pfändung zurück (TK § 260 Rn. 6). Durch die damit verbundene Rangwahrung werden Dritte nicht in ihren Rechten beeinträchtigt, da § 260 nicht deren Interessen dient, sondern eine Schutzvorschrift für den VollstrSchuldner darstellt (→ Rn. 1).

§ 261 Niederschlagung

Ansprüche aus dem Steuerschuldverhältnis dürfen niedergeschlagen werden, wenn zu erwarten ist, dass

1. die Erhebung keinen Erfolg haben wird oder
2. die Kosten der Erhebung außer Verhältnis zu dem zu erhebenden Betrag stehen werden.

Hinweis auf **VollstrA:** Abschn. 14–17

Schrifttum: Pump, Die Niederschlagung gemäß § 261 – Betrachtungen über ein bedeutsames Rechtsinstitut –, DStZ 1985, 274; App, Niederschlagung und Überwachung der Niederschlagungsfälle – wie lange?, DStZ 1997, 297; Bartone, Die Niederschlagung von Ansprüchen aus dem Steuerschuldverhältnis – Wie sich der Steuerpflichtige ein Verwaltungsinternum zunutze machen kann, AO-StB 2003, 420; Kraus, Uneinbringlichkeit und Zahlungsverjährung – Die möglichen Schicksale von Zollschulden, ZfZ 2012, 225.

I. Allgemeines

1. Begriff und Bedeutung

Vorläufiges Absehen. § 261 betrifft das Erhebungsverfahren. Für das StFestsetzungsverfahren enthält § 156 II eine vergleichbare Vorschrift. Beide Regelungen wurden durch das StModG v. 18.7.2016 (BGBl. 2016 I 1679) mWv 1.1.2017 gleichlautend und mit dem Ziel eines schonende(re)n Umgangs mit Verwaltungsressourcen in erkennbar unwirtschaftlichen VollstrFällen geändert (→ Rn. 5). Eine gesetzliche Definition für die Niederschlagung fehlt (zur historischen Entwicklung s. App DStZ 1997, 297). Niederschlagen bedeutet nach seinem Wortsinn, dass die VollstrBehörde im Wege einer verwaltungsinternen Entscheidung vorläufig von der weiteren zwangsweisen Durchsetzung von Ansprüchen aus dem StSchuldverhältnis aus Praktikabilitätsgesichtspunkten absieht. Die Niederschlagung ist mit der Wertberichtigung von Darlehensforderungen im Kreditgewerbe vergleichbar (Weinreuter DStZ 1999, 853). Im Unterschied zum Erlass (§ 227) lässt die Niederschlagung den Bestand des StAnspruchs unberührt (→ Rn. 2). Als vorläufige Maßnahme kann sie **jederzeit aufgehoben** und die Vollstr. wieder aufgenommen werden. Im Übrigen ist die VollstrStelle verpflichtet, in bestimmten zeitlichen Abständen die Erfolgsaussichten von Beitreibungsmaßnahmen zu prüfen, ggf. die Verjährung durch Maßnahmen nach § 231 zu unterbrechen und die Vollstr. fortzusetzen (Gosch AO § 261 Rn. 24; Abschn. 17 I 1 VollstrA). Dieses Prüfverfahren wird maschinell unterstützt und überwacht. 1

2. Rechtsnatur und Wirkung

Kein VA. Die Gründe für eine Niederschlagung sind mittels Aktenvermerks festzuhalten. Die Niederschlagung als eine zu nichts verpflichtende, nur **verwaltungsinterne Maßnahme** ist kein VA und hat keinerlei Auswirkungen auf das StSchuldverhältnis. Sie führt folglich weder zum Erlöschen des StAnspruchs noch hat sie sonst die Wirkung einer Stundung oder eines Erlasses (BFH 9.12.1997 – V B 71/97, BFH/NV 1998, 877). Die Niederschlagung unterbricht auch nicht die Verjährung gem. § 231 I (BFH 23.4.1991 – VII R 37/90, BStBl. II 1991, 742). Säumniszuschläge (§ 240) fallen weiterhin an, doch wird idR ein sachlicher Grund für deren hälftigen Erlass (§ 227) gegeben sein. Denn angesichts der Mittellosigkeit des VollstrSchuldners haben die Säumniszuschläge ihre Funktion als Druckmittel eigener Art verloren (BFH 30.3.2006 – V R 2/04, BStBl. II 2006, 612; → § 227 Rn. 19). Anders als im Fall der Gewährung eines VollstrAufschubs (§ 258) hat der VollstrSchuldner kein subjektives (Antrags-)Recht auf eine Niederschlagung, dh auf ein zeitweiliges oder dauerhaftes Absehen von VollstrMaßnahmen (BFH 5.8.1998 – IV B 129/97, BFH/NV 1999, 285). 2

Mitgeteilte Niederschlagung. Die Niederschlagung soll dem VollstrSchuldner als Verwaltungsinternum nicht mitgeteilt werden (Abschn. 14 III 1 VollstrA). Geschieht es gleichwohl, was unschädlich ist, soll in der Mitteilung deutlich zum Ausdruck gebracht werden, dass die Niederschlagung auch im Fall der Bekanntgabe nicht die Wirkung einer Stundung oder eines Erlasses hat (Abschn. 14 III 2 VollstrA). Fehlt ein entspr. Hinweis, kann die Niederschlagung je nach Einzelfall und objektivem Erklärungswert ausnahmsweise auch Rechtswirkungen entfalten, die über ein unverbindliches Verwaltungsinternum hinausgehen (BFH 5.8.1998 – IV B 129/97, BFH/NV 1999, 285). Bezeichnet ein VollstrSchuldner seinen VollstrSchutzantrag bspw. irrtümlich als Niederschlagung und wird dieser Antrag durch die FB iSe VollstrAufschubs entschieden, treten mit der Bekanntgabe der Entscheidung auch die mit ihr üblicherweise verfahrensrechtlich verbundenen (etwa verjährungsunterbrechenden) Wirkungen ein (HHSp § 261 Rn. 11). Aber selbst wenn der Mitteilung (wie gewöhnlich) objektiv kein solcher Regelungscharakter zukommt, kann die FB im Fall einer mitgeteilten Niederschlagung nach dem Grundsatz von Treu und Glauben gehindert sein, den StAnspruch geltend zu machen, wenn ihre ohne erhellenden Hinweis 3 bleibende Mitteilung für den VollstrSchuldner berechtigterweise missverständlich war (Gosch AO § 261 Rn. 10). Dies gilt zB wenn der VollstrSchuldner die Niederschlagung infolge Rechtsunkenntnis als Erlass (§ 227) aufgefasst und entspr. Dispositionen getroffen hat, die nicht mehr rückgängig gemacht werden können (TK § 261 Rn. 9).

II. Ansprüche aus dem Steuerschuldverhältnis

4 **Gegenstand.** Niedergeschlagen werden können alle Ansprüche aus dem StSchuldverhältnis iSv § 37. Ob § 261 ggf. analog zugunsten des Entrichtungspflichtigen (der LSt, KapESt) anzuwenden ist, hat der BFH ausdrücklich offengelassen (BFH 24.3.1998 – I R 120/97, BStBl. II 1999, 3). Für **Bußgelder** gilt gem. § 412 II 2 die Sondervorschrift des § 95 OWiG, die als lex specialis im Wesentlichen aber die gleiche Wirkung hat (Klein § 261 Rn. 2). Für die Kosten des Bußgeldverfahrens ist § 261 einschlägig (§ 412 III iVm § 107 IV OWiG; vgl. auch Abschn. 14 I 2 VollstrA). Bei **Geldstrafen** in StStrafsachen richtet sich die zwangsweise Beitreibung gem. § 459 StPO nach dem JBeitrG, die aber ebenfalls unterbleibt, wenn zu erwarten ist, dass sie in absehbarer Zeit zu keinem Erfolg führen wird (§ 459c II StPO). Für **Zölle** und andere Einfuhr-/Ausfuhrabgaben der EU gilt Art. 113 UZK, der als reine Blankettvorschrift auf die innerstaatlichen Regelungen der Zwangsvollstr. verweist (Witte UZK Art. 113 Rn. 1; s. auch Kraus ZfZ 2012, 225).

III. Voraussetzungen der Niederschlagung

1. Erfolglosigkeit der Einziehung

5 **Negative Erfolgsprognose.** Im Anschluss an die mWv 1.1.2017 erfolgte Neufassung des § 261 (→ Rn. 1) können FB Ansprüche aus dem StSchuldverhältnis künftig schon dann niedergeschlagen, wenn anhand objektiver Anhaltspunkte (prognostisch) zu erwarten ist, dass die Einziehung keinen Erfolg haben wird. Mit diesem Wechsel vom „Feststehen" zur „Erwartung" wollte der Gesetzgeber die Handhabung der Vorschrift gezielt vereinfachen und im Interesse der Verwaltungsökonomie ausweiten (BT-Drs. 18/7457, 90; TK § 261 Rn. 1a; Klein § 261 Rn. 1). **Erfolglosigkeit** ist – wie bisher – gegeben, wenn (eigene) VollstrMaßnahmen ergebnislos verlaufen sind und auch keine Anhaltspunkte bestehen, dass der VollstrSchuldner Vermögen verborgen hält (HHSp § 261 Rn. 19). Gegebenenfalls ist der VollstrSchuldner aufzufordern, eine Vermögensauskunft gem. § 284 abzugeben. Vergebliche VollstrVersuche privater Gläubiger bzw. anderer Behörden genügen, wenn sie in nachvollziehbarer Weise die Erfolglosigkeit weiterer Beitreibungsmaßnahmen belegen. Nach Eröffnung eines Insolvenzverfahrens sind Insolvenzforderungen niederzuschlagen; die Prüfung der Inanspruchnahme Dritter – etwa im Wege der Haftung – bleibt hiervon unberührt (so Abschn. 15 II 3 VollstrA).

Ist nur mit einer teilweisen Befriedigung zu rechnen, ist auch eine **anteilige Niederschlagung** möglich (TK § 261 Rn. 4). Eine Niederschlagung kommt zudem in Betracht, wenn der VollstrSchuldner unbekannt verzogen ist und Aufenthaltsermittlungen ergebnislos verlaufen sind (Abschn. 15 II 1 VollstrA). Sofern aufgrund dieser Umstände anzunehmen ist, dass die rückständigen Beträge weder vom VollstrSchuldner noch von einem Dritten eingezogen werden können, darf die Niederschlagung verfügt werden (Abschn. 15 II 2 VollstrA). Ist hingegen pfändbares Vermögen vorhanden, ist für eine Niederschlagung selbst dann kein Raum, wenn die Einziehung zu einer Existenzgefährdung des VollstrSchuldners führen würde. Hier wäre der VollstrSchuldner je nach Fallgestaltung auf die Beantragung einer Stundung (§ 222), eines Erlasses (§ 227) oder eines VollstrAufschubs (§ 258) zu verweisen (Gosch AO § 261 Rn. 16).

2. Unverhältnismäßigkeit der Kosten

6 Stehen die Kosten der Einziehung im Einzelfall außer Verhältnis zur Höhe der Schuld, dürfen Ansprüche aus dem StSchuldverhältnis ebenfalls niedergeschlagen werden. Wegen der insoweit heranzuziehenden Betragsgrenzen s. Abschn. 15 I Nr. 1–3 VollstrA.

IV. Zuständigkeit

Vollstreckungsstelle. Soweit die LandesFB die Steuern verwalten, steht den FÄ als VollstrBehörden (§ 249 I 3) die Befugnis für die Niederschlagung zu. Innerhalb des FA ist die VollstrStelle zuständig. Nach Abschn. 15 III VollstrA bedarf die Niederschlagung der **Genehmigung** der vorgesetzten FB, wenn der niedergeschlagene Betrag die von der obersten FB festgesetzte Grenze übersteigt oder die Genehmigung aus sonstigen Gründen der vorgesetzten FB vorbehalten ist. Zu Einzelheiten s. GLE 5.7.2023, BStBl. I 2023, 1468. Die Betragsgrenze beträgt danach zzt. 125.000 Euro. Dieser Betrag gilt je StArt und Veranlagungszeitraum. Bei StArten ohne Veranlagungszeitraum (zB LSt) gilt das Kj. als Veranlagungszeitraum. Nebenleistungen (§ 3 IV) bleiben hierbei unberücksichtigt. Nur wenn sie selbst niedergeschlagen werden, gelten sie als Hauptbetrag. Etwaige vorher ausgesprochene Bewilligungen sind zu berücksichtigen. Bei StSchulden verschiedener Art und Höhe aus mehreren Jahren ist für alle Beträge die Behörde mit dem höchsten Betrag zuständig. 7

Gemeindeabgaben und KiSt. Hier richtet sich die Zuständigkeit nach der für die Erhebung (s. R 1.6 GewStR 2009; KiStG der Länder). 8

Abgaben iSd § 3 III und VerbrauchSt. Die Zuständigkeit des HZA ergibt sich aus AO-DV zu § 261 Nr. 5 (E-VSF S 0300) sowie aus VSF-N 18 2008 Nr. 95 v. 20.3.2008 und aus Nr. 70 der DV-Vollstr. (VSF-N 37 2008 Nr. 183 v. 10.6.2008). 9

§ 262 Rechte Dritter

(1) [1]**Behauptet ein Dritter, dass ihm am Gegenstand der Vollstreckung ein die Veräußerung hinderndes Recht zustehe oder werden Einwendungen nach den §§ 772 bis 774 der Zivilprozessordnung erhoben, so ist der Widerspruch gegen die Vollstreckung erforderlichenfalls durch Klage vor den ordentlichen Gerichten geltend zu machen.** [2]**Als Dritter gilt auch, wer zur Duldung der Vollstreckung in ein Vermögen, das von ihm verwaltet wird, verpflichtet ist, wenn er geltend macht, dass ihm gehörende Gegenstände von der Vollstreckung betroffen seien.** [3]**Welche Rechte die Veräußerung hindern, bestimmt sich nach bürgerlichem Recht.**

(2) **Für die Einstellung der Vollstreckung und die Aufhebung von Vollstreckungsmaßnahmen gelten die §§ 769 und 770 der Zivilprozessordnung.**

(3) [1]**Die Klage ist ausschließlich bei dem Gericht zu erheben, in dessen Bezirk die Vollstreckung erfolgt.** [2]**Wird die Klage gegen die Körperschaft, der die Vollstreckungsbehörde angehört, und gegen den Vollstreckungsschuldner gerichtet, so sind sie Streitgenossen.**

Vergleichbare Vorschrift: § 771 ZPO
Hinweis auf **VollstrA:** Abschn. 13

Schrifttum: Carl, Das „Widerspruchsverfahren" im Rahmen des § 262 AO, DStZ 1984, 455; Geißler, Die Vollstreckungsklagen im Rechtsbehelfssystem der Zwangsvollstreckung, NJW 1985, 1865; App, Widerspruch und Vormerkung zur Sicherung von Vollstreckungsmaßnahmen im Grundbuch, DStZ 1986, 167; Strunk, Das Finanzamt auf zivilprozessualen Wegen, DStZ 1995, 494; App, Rechte des Hauptzollamts gegen dinglich gesicherte konkurrierende Gläubiger – ein Überblick, ZfZ 1999, 402; App, Einstweiliger Rechtsschutz des wahren Eigentümers einer vom Finanzamt gepfändeten Sache, Stbg 2001, 82; Lemaire, Rechte Dritter in der Zwangsvollstreckung, AO-StB 2005, 183.

Übersicht

A. Allgemeines

I. Regelungsgegenstand und -zweck

1 **Schutz schuldnerfremden Vermögens.** Der VollstrZugriff als Staatsakt endet dort, wo das Gesamtvermögen des VollstrSchuldners endet. Nur hinsichtlich des schuldnereigenen Vermögens ist der Zugriff durch das Leistungsgebot bzw. den Titel legitimiert (Anders/Gehle ZPO Vorb. § 771 Rn. 6). Wird dagegen in einen schuldnerfremden Gegenstand vollstreckt, gewährt § 262 wie § 771 ZPO den erforderlichen staatlichen Rechtsschutz durch die Eröffnung der sog. Drittwiderspruchsklage vor den ordentlichen Gerichten (BGH 8.6.1989 – IX ZR 234/87, NJW 1989, 2542). Die Drittwiderspruchsklage gewährt dem betroffenen Dritten ein **prozessuales Korrektiv,** weil der auf eine bewusst formale Prüfung beschränkte VollstrAkt zwar für den Betroffenen von Anfang an eine Störung seiner privaten Rechtslage darstellt, das VollstrRecht aber die Unvereinbarkeit mit der materiellen Rechtslage im Vollzugszeitpunkt zunächst in Kauf nimmt (BGH 7.3.1972 – VI ZR 158/70, NJW 1972, 1048). Bei der Vornahme von VollstrHandlungen kann nämlich nicht in jedem Fall verlässlich und abschließend geprüft werden, ob der VollstrGegenstand zum Schuldnervermögen gehört.

II. Anwendungsbereich und Verhältnis zu anderen Vorschriften

2 **Umfassende Geltung.** § 262 gilt als umfassende Schutzvorschrift für die Vollstr. sowohl in das bewegliche als auch in das unbewegliche Vermögen. Die Norm ist anwendbar bei der Vollstr. wegen Geldforderungen und anderer Leistungen (§§ 328 ff.), im Sicherungsverfahren (§§ 241 ff.) und im Verfahren zur Verwertung von Sicherheiten (§ 327).

3 **Verhältnis zu § 293.** Wie § 262 ermöglicht es § 293 Dritten, ihre Rechte an einer Sache, die von der Zwangsvollstr. erfasst ist, im Klageverfahren vor den ordentlichen Gerichten geltend zu machen. Beide Vorschriften unterscheiden sich jedoch hinsichtlich des Klageziels und des Anwendungsbereichs (→ § 293 Rn. 2). Während der Dritte gem. § 262 die Freigabe der von der Zwangsvollstr. erfassten Sache verlangen und dadurch schon deren Verwertung verhindern kann, gewährt § 293 nur das der Verwertung nachlaufende Recht, sich vor der pfändenden FB aus dem Erlös befriedigen zu dürfen. Die Vollstr. als solche muss bei § 293 geduldet werden, da von dieser Vorschrift nur „Pfand- und Vorzugs-

rechte des Dritten" geschützt werden. Die Klage auf vorzugsweise Befriedigung nach § 293 wird daher auch als ein **Minus** gegenüber der Drittwiderspruchsklage nach § 262 angesehen (Anders/Gehle ZPO § 805 Rn. 1).

Wahlrecht. § 262 schließt die Anwendung des § 293 nicht aus. Deshalb steht es dem Dritten, der an der gepfändeten Sache ein Pfandrecht hat und die Sache besitzt, frei, sein Recht nur nach § 293 geltend zu machen, wenn er sich mit der vorzugsweisen Befriedigung zufriedengeben will (Zöller ZPO § 805 Rn. 5).

Verhältnis zu weiteren Rechtsbehelfsvorschriften. Vor Beendigung der Vollstr. 4
kann sich der Dritte in Anlehnung an § 766 ZPO mit dem Einspruch (§ 347 I) gegen die Art und Weise der Vollstr. wenden, soweit die betreffende VollstrVorschrift auch dem **Schutz des Dritten** dient (BFH 30.9.1997 – VII B 67/97, BFH/NV 1998, 421; FG Baden-Württemberg 26.3.1982 – IX 661/81, EFG 1983, 137; HHSp § 262 Rn. 58). So kann der Dritte zB geltend machen, dass er irrtümlich für den VollstrSchuldner gehalten worden sei, gegen ihn vollstreckt wurde, obwohl er nicht gem. § 286 IV zur Herausgabe der ihm gehörenden Sache bereit war, oder dass er als Drittschuldner für eine nach § 319 unpfändbare Forderung des VollstrSchuldners in Anspruch genommen werde (BFH 7.7.1987 – VII R 97/84, BFH/NV 1988, 14; TK § 262 Rn. 4). Dies kann neben § 262 geschehen, da mit § 262 nur das materielle, die Veräußerung (eigentlich die Vollstreckung; → Rn. 13) hindernde Recht geltend gemacht wird (BGH 6.11.2008 – IX ZR 64/08, WM 2008, 2302; Thomas/Putzo ZPO § 771 Rn. 2).

Nach Beendigung der Vollstr. ist die Drittwiderspruchsklage nicht mehr zulässig. Das Rechtsschutzbedürfnis bleibt aber bestehen, wenn nach einem erfolglosen Pfändungsversuch eine Wiederholung der Vollstr. aus dem Titel in den Gegenstand möglich ist (→ Rn. 36). Hierneben bleibt dem Dritten eine Klage gegen den VollstrGläubiger vor den ordentlichen Gerichten auf Herausgabe des Erlöses wegen ungerechtfertigter Bereicherung (§ 812 BGB; Anders/Gehle ZPO Vorb. § 771 Rn. 9), nicht jedoch eine auf Entschädigung gerichtete Klage wegen eines enteignungsgleichen Eingriffs (BGH 28.4.1960 – III ZR 22/59, NJW 1960, 1461; FG Baden-Württemberg 7.10.1993 – 9 K 8/93, EFG 1994, 254). Bei schuldhaftem Handeln eines beteiligten Beamten ist ggf. auch eine Schadensersatzklage (§ 839 BGB, Art. 34 GG) eröffnet, da die Vollstr. in schuldnerfremde Gegenstände in aller Regel eine Eigentumsverletzung nach § 823 I BGB darstellt (BGH 12.5.1992 – VI ZR 257/91, NJW 1992, 2014; MüKo ZPO § 804 Rn. 46, 49).

B. Widerspruch gegen die Vollstreckung (Abs. 1)

I. Dritter

Begriff. Dritter ist, wer **nicht VollstrSchuldner** (§ 253) ist (Anders/Gehle ZPO § 771 10
Rn. 28). Als Dritter gilt nach § 262 I 2 auch, wer zur Duldung der Vollstr. in ein von ihm verwaltetes Vermögen verpflichtet ist, wenn er geltend macht, dass ihm gehörende Gegenstände von der Vollstr. betroffen seien. So ist zB der Testamentsvollstrecker Dritter, wenn wegen StForderungen gegen den Nachlass in das Privatvermögen des Testamentsvollstreckers vollstreckt wird. Ebenso ist der Erbe vor Annahme der Erbschaft oder nach Eintritt der Haftungsbeschränkung Dritter, wenn wegen Nachlassverbindlichkeiten in sein Privatvermögen vollstreckt wird (Anders/Gehle ZPO § 771 Rn. 28 mit weiteren Beispielen; auch → § 265 Rn. 12, 15, 21).

Ehegatten sind bei der Vollstr. in ihr Vermögen wegen StSchulden des anderen grds. 11
Dritte, soweit sie nicht wie bei der Zusammenveranlagung nach § 44 I 1 Gesamtschuldner sind (TK § 262 Rn. 5). Dies gilt entspr. für **Lebenspartner** (s. § 2 VIII EStG; Schmidt EStG § 2 Rn. 71 ff.) und erfasst sowohl den gesetzlichen Güterstand der Zugewinngemeinschaft als auch die vereinbarte Gütertrennung. Bei der Gütergemeinschaft (§§ 1415 ff. BGB) hat der das Gesamtgut nicht verwaltende Ehegatte grds. kein Widerspruchsrecht, wenn in das Gesamtgut vollstreckt wird (→ § 263 Rn. 9, 11). Bei der Vollstr.

in das Sondergut (§ 1417 BGB) und in das Vorbehaltsgut (§ 1418 BGB) kommt es nur darauf an, welchem Ehegatten das Vermögen gehört (→ § 263 Rn. 7).

12 **Wirtschaftliche Identität v. Kläger/Schuldner.** Auch bei einer Einmann-GmbH gilt nach nunmehr hM das Trennungsprinzip. Im VollstrVerfahren gegen ihren alleinigen Gesellschafter ist die GmbH somit Dritter (BGH 16.10.2003 – IX ZR 55/02, NJW 2004, 217 mit zust. Anm. Goette DStR 2004, 50; HHSp § 262 Rn. 10; Thomas/Putzo ZPO § 771 Rn. 14). Hier besteht allerdings die außerordentlich hohe Gefahr des Missbrauchs, indem Vermögensgegenstände beliebig hin- und hergeschoben werden (Zöller ZPO § 771 Rn. 14.8). In Fällen bewusster Täuschung oder Verschleierung bzgl. der Vermögenszugehörigkeit ist deshalb ausnahmsweise ein Durchgriff möglich (so HHSp § 262 Rn. 10; MüKo ZPO § 771 Rn. 52: Verwirkung des Drittschutzes).

II. Die Veräußerung hindernde Rechte

1. Begriff

13 **Materielles Zivilrecht.** Die Formulierung „ein die Veräußerung hinderndes Recht" ist irreführend (MüKo ZPO § 771 Rn. 17). Aus dem Normzweck der Vorschrift ist zu folgern, dass damit ein Recht gemeint ist, das den Gläubiger daran hindert, die Sache im Wege der Zwangsvollstr. zu verwerten, weil sie nicht zum (haftenden) Vermögen des Schuldners gehört (HHSp § 262 Rn. 12; TK § 262 Rn. 7). Unter den Begriff fällt somit jedes materielle Recht, das ein Dritter der Vollstr. entgegensetzen kann (sog. **Interventionsrecht;** BFH 24.2.1981 – VII B 66/80, BStBl. II 1981, 348). Welche Rechte die „Veräußerung hindern", bestimmt sich gem. § 262 I 3 nach bürgerlichem Recht. Steuerliche Zurechnungsvorschriften wie § 39 finden keine Anwendung (TK § 262 Rn. 7). Wirtschaftliche Gesichtspunkte sind nur zu berücksichtigen, sofern sie auch zivilrechtlich zum Tragen kommen. Zu den „die Veräußerung hindernden Rechten" gehören im Wesentlichen:

2. Eigentum

14 Eigentum ist das **Allein-, Mit- und Gesamthandseigentum.** Bei Mit- und Gesamthandseigentum sollte der Gläubiger ausdrücklich nur das Anteilsrecht des VollstrSchuldners pfänden (→ § 321 Rn. 5), da der Dritte (zB Miteigentümer) bei der Anteilspfändung keine Drittwiderspruchsklage erheben kann, soweit sein Anteil nicht betroffen ist (BFH 30.9.1997 – VII B 67/97, BFH/NV 1998, 421). Wird in Haushaltsgegenstände vollstreckt, die im Miteigentum des im gesetzlichen Güterstand lebendenden VollstrSchuldners und seines Ehegatten/Lebenspartners stehen, begründet § 1369 I BGB kein die Veräußerung hinderndes Recht iSd § 262 (TK § 262 Rn. 8). Zugunsten des Gläubigers gilt bei Ehegatten die **Eigentumsvermutung** des § 1362 I BGB (→ § 263 Rn. 6). Liegt Wohnungseigentum vor, sind die Sonderregelungen der §§ 11 ff. WEG zu beachten. Weitere Sonderfälle sind in den §§ 772–774 ZPO geregelt (→ Rn. 25 ff.). Die **Sicherungsübereignung** ist ein Fall der eigennützigen Treuhand (→ Rn. 21).

15 **Eigentumsvorbehalt.** Der **Vorbehaltsverkäufer** kann widersprechen, wenn beim Vorbehaltskäufer gepfändet wird, da er auflösend bedingtes Eigentum besitzt. Der Gläubiger kann das Widerspruchsrecht des Vorbehaltsverkäufers ausschalten, indem er den Kaufpreisrest als Dritter gem. § 267 BGB zahlt (Anders/Gehle ZPO § 771 Rn. 38 „Eigentumsvorbehalt"; App ZfZ 1999, 402). Die Pfändung des Anwartschaftsrechts des Käufers auf Übertragung des Eigentums begründet kein Pfändungspfandrecht an der Sache selbst (BGH 24.5.1954 – IV ZR 184/53, NJW 1954, 1325) und setzt sich auch nicht an der Sache selbst fort (BGH 22.2.1956 – IV ZR 164/55, NJW 1956, 665). Deshalb muss vor Zahlung der letzten Kaufpreisrate die Sache selbst gepfändet werden (TK § 262 Rn. 9).

Umgekehrt kann bei einer Vollstr. gegen den Vorbehaltsverkäufer der **Vorbehaltskäufer** aufgrund seines Anwartschaftsrechts gegen eine Verwertung Widerspruchsklage erheben. Der Vorbehaltskäufer erwirbt aufschiebend bedingt Eigentum, das durch eine

Versteigerung aufgrund des öffentlich-rechtlichen Charakters auch dann untergeht, wenn er den Kaufpreis voll einzahlt (BGH 11.11.1970 – VIII ZR 242/68, NJW 1971, 799).

Für den **verlängerten Eigentumsvorbehalt** (zB Verarbeitungsklausel) gelten die vorgenannten Ausführungen entspr. (MüKo ZPO § 771 Rn. 24).

Leasinggut. Bei der Vollstr. in bewegliches Leasinggut aus einem gegen den Leasingnehmer gerichteten Titel (Leistungsgebot) steht dem Leasinggeber als Eigentümer die Drittwiderspruchsklage zu, dem Leasingnehmer jedoch nicht (Zöller ZPO § 771 Rn. 14.18). 16

3. Inhaberschaft von Rechten

Die Inhaberschaft an Rechten (zB **Forderung, Hypothek, Anspruch auf Rückübertragung** einer nicht valutierten Grundschuld) steht für § 771 ZPO bzw. § 262 dem Eigentum an einer gepfändeten Sache gleich und berechtigt deshalb stets zur Drittwiderspruchsklage (Thomas/Putzo ZPO § 771 Rn. 16). Hierfür ist ausreichend, dass der Dritte behauptet, Träger der jeweiligen Rechte zu sein. Dies gilt auch für Forderungen, die von der Pfändung wegen Unwirksamkeit nicht erfasst werden oder betroffen sind. Das Recht des Dritten wird bereits durch die scheinbar wirksame Pfändung einer Forderung gefährdet (BGH 8.12.1976 – VIII ZR 108/75, NJW 1977, 384). Bei der Inkassozession ist der Treugeber berechtigt und bei der Sicherungsabtretung der Sicherungsnehmer. Der Mitinhaber eines gepfändeten Oder-Kontos hat kein Klagerecht (→ § 309 Rn. 32). 17

4. Beschränkt dingliche Rechte

Beschränkt dingliche Rechte (zB **Erbbaurecht, Grundpfandrecht, Nießbrauch, Wohnrecht**) am Gegenstand berechtigen zur Klage, soweit das Recht durch die Zwangsvollstr. beeinträchtigt wird (BFH 21.1.1992 – VII B 111/91, BFH/NV 1992, 826), zB, wenn das Pfandstück einem anderen herausgegeben wird, nicht jedoch, wenn eine weitere Pfändung erfolgt (Anders/Gehle ZPO § 771 Rn. 38 „Dingliches Recht, beschränktes"). So werden die Grundschuld und die Hypothek zwar durch Pfändung von Grundstückszubehör (vgl. § 1120 BGB) beeinträchtigt, nicht jedoch durch eine Zwangshypothek am selben Grundstück, da diese aufgrund der Nachrangigkeit einen schlechteren Rang hat (Thomas/Putzo ZPO § 771 Rn. 17). Das Zurückbehaltungsrecht nach § 273 BGB ist kein dingliches Recht (MüKo ZPO § 771 Rn. 38). Besitzlose vertragliche oder gesetzliche Pfandrechte berechtigen nur zur vorzugsweisen Befriedigung nach § 293. Zum Sonderfall der Pfändung ungetrennter Früchte (§ 294 II) → § 294 Rn. 7. 18

5. Schuldrechtliche Ansprüche

Schuldrechtliche Ansprüche berechtigen nur dann zur Drittwiderspruchsklage, wenn es sich um **Herausgabeansprüche** aus der Überlassung von Gegenständen handelt, dh sie dem Eigentum in der Zwangsvollstr. praktisch gleichstehen und zur Aussonderung nach § 47 InsO berechtigen (Anders/Gehle ZPO § 771 Rn. 38 „Schuldrechtlicher Anspruch"). Dies ist der Fall bei Herausgabeansprüchen aus der Überlassung von Gegenständen, zB Miete/Pacht (§ 546 I BGB; § 596 I BGB), Leihe (§ 604 I BGB), Verwahrung (§ 695 BGB), Auftrag (§ 667 BGB). 19

Demgegenüber berechtigen **Verschaffungsansprüche,** wie zB Kauf (§ 433 I 1 BGB) oder Vermächtnis (§ 2174 BGB), nicht zur Drittwiderspruchsklage, da der Gegenstand zum Vermögen des Schuldners gehört und aus diesem zu leisten ist (Thomas/Putzo ZPO § 771 Rn. 18). Dies gilt auch, wenn ein Verschaffungsanspruch durch eine Vormerkung gesichert ist (BGH 19.10.1993 – XI ZR 184/92, NJW 1994, 128).

Im Fall der **Kommission** und der **Spedition** gelten die Forderungen des Kommissionärs als Forderungen des Kommittenten und die Forderungen eines Spediteurs bereits als Forderungen des Versenders (§ 392 II HGB bzw. § 457 S. 2 HGB). Deshalb können Kommittent bzw. Versender im Verhältnis zu den Gläubigern des Kommissionärs bzw. des Spediteurs Drittwiderspruchsklage einlegen (MüKo ZPO § 771 Rn. 43).

6. Treuhandverhältnisse

20 **Uneigennützige Treuhand.** Hier übt der Treuhänder das übertragene Recht zwar im eigenen Namen aus, er soll es aber nicht zu seinem Vorteil gebrauchen. Widerspruchsberechtigt ist demnach nur der Treugeber, zu dessen Vermögen das Treugut sachlich und wirtschaftlich gehört (BGH 27.11.2003 – IX ZR 310/00, NJW-RR 2004, 1220; Zöller ZPO § 771 Rn. 14.27). Das gilt für die Vollstr. in das ausschließlich für Fremdgelder genutzte Anderkonto eines Rechtsanwalts auch dann, wenn diesem im Innenverhältnis durch den Mandanten gestattet worden ist, in Höhe eigener Honorarforderungen über vorhandene Guthaben zu verfügen (BGH 8.2.1996 – IX ZR 151/95, NJW 1996, 1543; s. auch BFH 12.8.2013 – VII B 188/12, ZIP 2013, 2370). Dadurch, dass über das allgemeine Geschäftskonto eines Rechtsanwalts auch Fremdgelder eingezogen werden, wird aus dem Konto kein Treuhandkonto (BGH 29.5.2018 – AnwZ (Brfg) 71/17, ZInsO 2018, 1637). Das Treuhandverhältnis muss nicht offengelegt werden; die Publizität des Treuhandcharakters ist für das Widerspruchsrecht des Treugebers nach § 262 (§ 771 ZPO) nicht zwingend erforderlich (BGH 1.7.1993 – IX ZR 251/92, NJW 1993, 2622). Die Inkassozession wird als Fall der uneigennützigen Treuhand angesehen (HHSp § 262 Rn. 18; → Rn. 17).

21 **Eigennützige Treuhand.** Hauptanwendungsfall ist die **Sicherungsübereignung** mit Besitzkonstitut, durch das der Schuldner (Sicherungsgeber) den unmittelbaren Besitz am Sicherungsgut kraft eines Miet-, Leih- oder Verwahrungsvertrags behält. Widerspruchsberechtigt ist der **Sicherungsnehmer,** wenn die Gläubiger des Sicherungsgebers vollstrecken (Zöller ZPO § 771 Rn. 14.25; aA Anders/Gehle ZPO § 771 Rn. 38 „Eigennützige Treuhand"). Der **Sicherungsgeber** seinerseits hat nur bis zu dem Zeitpunkt, von dem an der Sicherungseigentümer die Sache verwerten darf, ein Widerspruchsrecht gegen die Zwangsvollstr. eines Gläubigers des Sicherungsnehmers (BGH 28.6.1978 – VIII ZR 60/77, NJW 1978, 1859; TK § 262 Rn. 10; krit. MüKo ZPO § 771 Rn. 30).

7. Sondervermögen

22 Hierzu werden zB die Insolvenzmasse, die Zwangsverwaltungsmasse, der Nachlass und das Gesamtgut gezählt (Thomas/Putzo ZPO § 771 Rn. 20). Der Verwalter fremden Vermögens (zB **Insolvenz-, Zwangs- und Nachlassverwalter, Testamentsvollstrecker**) kann die Widerspruchsklage erheben.

8. Besitz

23 Besitz ist **kein „die Veräußerung hinderndes Recht".** Für Grundstücke ist dies allg. Meinung. Für den Besitz an beweglichen Sachen gilt nach zwischenzeitlich weit verbreiteter Auffassung dasselbe, denn aus dem Besitz als bloß tatsächlichem Verhältnis folgt nicht, dass die Sache, wie für die Einordnung als „hinderndes Recht" erforderlich, nicht zum Vermögen des Schuldners gehört (Thomas/Putzo ZPO § 771 Rn. 21; TK § 262 Rn. 12; Gosch AO § 262 Rn. 12; Klein § 262 Rn. 19; aA Anders/Gehle ZPO § 771 Rn. 38 „Besitz").

Teilweise wird aber dem **Recht zum Besitz** eine solche Interventionswirkung zugesprochen und damit dem berechtigten unmittelbaren Besitzer (zB Mieter oder Pächter) oder dem berechtigten mittelbaren Besitzer (zB Vermieter oder Verpächter) auch dann ein Widerspruchsrecht eingeräumt, wenn sie nicht Eigentümer der gepfändeten Sache sind (MüKo ZPO § 771 Rn. 39; Zöller ZPO § 771 Rn. 14.5; HHSp § 262 Rn. 21).

9. Anfechtbarkeit

24 Betreibt ein Gläubiger die Zwangsvollstr. in eine durch den Schuldner nach den §§ 129 ff. InsO bzw. §§ 3 ff. AnfG anfechtbar erworbene Sache, kann der anfechtungsberechtigte Gläubiger nach § 262 (§ 771 ZPO) vorgehen (MüKo ZPO § 771 Rn. 44; Anders/Gehle ZPO § 771 Rn. 38 „Anfechtung"; aA BGH 11.1.1990 – IX ZR 27/89,

NJW 1990, 990; teilw. anders hingegen BGH 23.10.2003 – IX ZR 252/01, NJW 2004, 214; s. auch BGH 27.11.2003 – IX ZR 310/00, NJW-RR 2004, 1220).

III. Einwendungen nach §§ 772–774 ZPO

Allgemeines. Nach § 262 I 1 können auch Einwendungen nach §§ 772–774 ZPO geltend gemacht werden. Diese Einwendungen werden den die Veräußerung hindernden Rechten gleichgestellt. Bei den §§ 772 und 773 ZPO richtet sich der Widerspruch nur gegen die Veräußerung oder Überweisung eines Gegenstandes im Wege der Zwangsvollstr., bei § 774 ZPO auch bereits gegen die Pfändung oder gegen die Eintragung einer Zwangshypothek. 25

1. § 772 ZPO Drittwiderspruchsklage bei Veräußerungsverbot

[1] Solange ein Veräußerungsverbot der in den §§ 135, 136 des Bürgerlichen Gesetzbuchs bezeichneten Art besteht, soll der Gegenstand, auf den es sich bezieht, wegen eines persönlichen Anspruchs oder auf Grund eines infolge des Verbots unwirksamen Rechts nicht im Wege der Zwangsvollstreckung veräußert oder überwiesen werden. [2] Auf Grund des Veräußerungsverbots kann nach Maßgabe des § 771 Widerspruch erhoben werden. 26

Nur sog. relative Veräußerungsverbote (§§ 135, 136 BGB) werden von der Vorschrift erfasst. Veräußerungsverbote nach **§ 135 BGB** kommen kaum vor (Grüneberg BGB § 135, § 136 Rn. 3). Auch die §§ 399, 717, 719 BGB und die Verfügungsbeschränkungen nach den §§ 1365 ff., 1423 ff., 1643 ff., 1812 ff. sowie §§ 2211 BGB enthalten keine relativen Veräußerungsverbote (Grüneberg BGB § 135, § 136 Rn. 2a). Bedeutsamer sind die behördlichen/gerichtlichen Veräußerungsverbote nach **§ 136 BGB.** Dazu zählen insb. das Veräußerungsverbot des § 21 II Nr. 2 InsO, die Beschlagnahmen im Zwangsversteigerungs- bzw. Zwangverwaltungsverfahren (§§ 20, 23 ZVG), das Pfandrecht aufgrund einer Sach-/Forderungspfändung (§§ 804, 826, 829, 857 ZPO und entspr. §§ 282, 307, 309, 314, 321) und das Verfügungs- und Verwertungsverbot aufgrund einstweiliger Verfügung (§ 938 II ZPO). 27

Verfahrensfragen. § 772 S. 1 ZPO ist eine Ordnungsvorschrift. Die VollstrBehörde verletzt aber ihre Amtspflichten und macht sich schadensersatzpflichtig (§ 839 BGB, Art. 34 GG), wenn sie ein ihr bekannt gewordenes Verfügungsverbot missachtet. Die Widerspruchsklage nach § 772 S. 2 ZPO kann nur der durch das Verbot geschützte Dritte, nicht der VollstrSchuldner erheben. Die Klage kann nur darauf gerichtet werden, die Veräußerung im Wege der Zwangsvollstr. bzw. die Einziehung für unzulässig zu erklären; eine Aufhebung der Pfändung kann nicht erreicht werden (Anders/Gehle ZPO § 772 Rn. 6). 28

2. § 773 ZPO Drittwiderspruchsklage des Nacherben

[1] Ein Gegenstand, der zu einer Vorerbschaft gehört, soll nicht im Wege der Zwangsvollstreckung veräußert oder überwiesen werden, wenn die Veräußerung oder die Überweisung im Falle des Eintritts der Nacherbfolge nach § 2115 des Bürgerlichen Gesetzbuchs dem Nacherben gegenüber unwirksam ist. [2] Der Nacherbe kann nach Maßgabe des § 771 Widerspruch erheben. 29

Schutz des Nacherben. § 773 ZPO soll eine Zwangsvollstr. verhindern, die wegen § 2115 BGB nur zu einem auflösend bedingten Erwerb führen könnte, weil sie dem Nacherben gegenüber unwirksam wäre, soweit sie ihn beeinträchtigt. Der Widerspruch richtet sich nur gegen die Verwertung (Zöller ZPO § 773 Rn. 2). Die Vorschrift gilt nur im Fall der Vorerbschaft und ist nur auf Gläubiger des Vorerben anwendbar. Handelt es sich hingegen um den Titel (Leistungsgebot) eines Nachlassgläubigers oder um ein auch dem Nacherben gegenüber wirksames Recht an einem Nachlassgegenstand, bleibt gem. § 2115 S. 2 BGB die Verfügung auch mit dem Eintritt des Erbfalls dem Nacherben gegenüber wirksam; mithin kommt § 773 S. 1 ZPO nicht zum Zug (MüKo ZPO § 773 Rn. 4). 30

3. § 774 ZPO Drittwiderspruchsklage des Ehegatten oder Lebenspartners

31 Findet nach § 741 die Zwangsvollstreckung in das Gesamtgut statt, so kann ein Ehegatte oder Lebenspartner nach Maßgabe des § 771 Widerspruch erheben, wenn das gegen den anderen Ehegatten oder Lebenspartner ergangene Urteil in Ansehung des Gesamtgutes ihm gegenüber unwirksam ist.

32 Die Vorschrift ergänzt § 741 ZPO (Zwangsvollstr. in das Gesamtgut bei Erwerbsgeschäft) und gilt nur für eine **Gütergemeinschaft nach §§ 1415 ff. BGB,** nicht für die gesetzliche Gütergemeinschaft. Voraussetzung ist, dass nach § 741 ZPO in das Gesamtgut (§ 1416 BGB) vollstreckt wurde. Ein Widerspruchsrecht des anderen Ehegatten bestand bislang jedoch nur, wenn sein Einspruch gegen den Betrieb des Erwerbsgeschäfts bzw. der Widerruf seiner Einwilligung zum Betrieb im Güterrechtsregister eingetragen war. Durch die zum 1.1.2023 erfolgte Abschaffung des Güterrechtsregisters (BGBl. 2022 I 1966) kommt es künftig nicht mehr auf eine Eintragung an, sondern auf die Kenntnis bzw. die grob fahrlässige Unkenntnis des Dritten – hier der FB – von dem Ehevertrag (§ 1412 Nr. 2 BGB nF), wofür es ausreicht, dass dem Dritten (der FB) die güterrechtliche Modifikation des gesetzlichen Güterstandes der Zugewinngemeinschaft bekannt ist (BT-Drs. 20/2730, 14); liegen hierfür keine Anhaltspunkte vor, muss die FB allerdings auch nicht anlasslos danach fragen (BT-Drs. 20/2730, 11). Für bestehende Eintragungen gilt eine Übergangsfrist von fünf Jahren (Art. 229 § 64 I EGBGB). Maßgeblicher Zeitpunkt für die Beurteilung war und bleibt der Eintritt der Rechtshängigkeit des Rechtsstreits (§ 1412 Nr. 2 BGB nF). Dem entspricht im StRecht der Zeitpunkt der StFestsetzung (HHSp § 262 Rn. 35).

§ 774 ZPO ist nicht anwendbar, wenn beide Ehegatten infolge **Zusammenveranlagung** Gesamtschuldner sind, sofern nicht Aufteilung nach §§ 268 ff. beantragt worden ist (TK § 262 Rn. 24). Die Vorschrift gilt auch bei der eingetragenen Lebenspartnerschaft, sofern im Lebenspartnerschaftsvertrag Gütergemeinschaft vereinbart wurde (§§ 6, 7 S. 2 LPartG, § 1415 BGB). Einer gesonderten Erwähnung bedürfte es hierfür nicht mehr, da § 21 LPartG ohnehin sämtliche nach Dezember 2018 in Kraft tretende Regelungen zu Ehegatten und Ehen allgemein auch auf Lebenspartner und Lebenspartnerschaften erstreckt, wenn nichts anderes bestimmt ist. Überdies schließen seit Oktober 2017 auch gleichgeschlechtliche Paare die Ehe (§ 1353 I BGB) und ist die Begründung neuer Lebenspartnerschaften ausgeschlossen (→ Rn. 1).

C. Geltendmachung des Widerspruchs (Abs. 1 und 3)

I. Widerspruch bei der Vollstreckungsbehörde

33 Nach § 262 I 1 ist der Widerspruch gegen die Vollstr. „erforderlichenfalls" durch Klage geltend zu machen. Demnach kann der Dritte die Freigabe der Gegenstände zunächst bei der VollstrBehörde verlangen. Hierbei hat er seinen Anspruch darzulegen und entspr. Nachweise zu erbringen. Der Widerspruch ist **kein förmlicher außergerichtlicher Rechtsbehelf.** Da es sich auch nicht um eine Abgabenangelegenheit handelt, darf die VollstrBehörde für die Wahrheitsfindung nicht die sonst üblichen hoheitlichen Mittel einsetzen (TK § 262 Rn. 25; aA Carl DStZ 1984, 455). So kann sie vom Dritten zur Glaubhaftmachung weder eine Versicherung an Eides statt nach § 95 verlangen oder entgegennehmen (OLG Hamburg 7.10.1959 – Ss 128/59, NJW 1960, 113) noch das FG um eine eidliche Vernehmung des Dritten gem. § 94 ersuchen (BFH 28.3.1979 – I B 79/78, BStBl. II 1979, 538). Über die Einwendungen des Dritten hat die VollstrStelle unverzüglich zu entscheiden; bei Nichtstattgabe soll sie auf die Klagemöglichkeit hinweisen (Abschn. 13 I VollstrA). Zur möglichen Schadensersatzpflicht bei verspäteter Freigabe vgl. BGH 7.3.1972 – VI ZR 158/70, NJW 1972, 1048; BGH 8.12.1976 – VIII ZR 108/75, NJW 1977, 384.

Der Widerspruch bei der VollstrBehörde ist nicht zwingend erforderlich, insb. **keine Zulässigkeitsvoraussetzung für die Klageerhebung.** Ein außergerichtliches Vorverfahren kennt § 262 nicht. Der Widerspruch bei der VollstrBehörde empfiehlt sich aber aus Kostengründen. Klagt der Dritte ohne sein Recht zuvor der VollstrBehörde dargelegt und begründet zu haben, muss er nämlich trotz Obsiegens nach § 93 ZPO die Kosten tragen, wenn die VollstrBehörde den Anspruch nach Prüfung der Klageschrift sofort anerkennt.

II. Widerspruchsklage

Zulässigkeit. Der Dritte muss durch eine konkrete noch andauernde VollstrMaßnahme in seinen geschützten Rechten verletzt sein (HHSp § 262 Rn. 40). Die Drittwiderspruchsklage ist demnach zulässig, sobald die Vollstr. **begonnen** hat und der Gegenstand der Vollstr. feststeht. Sie ist nicht mehr zulässig, wenn die Vollstr. **beendet** ist (→ Rn. 4). Zu Beginn und Ende der Vollstr. → Vorb. §§ 249 ff. Rn. 5 f. Die Klage ist auch zulässig, wenn nach einem erfolglosen Pfändungsversuch eine erneute Pfändung in den Gegenstand möglich erscheint (BGH 27.11.2003 – IX ZR 310/00, NJW-RR 2004, 1220; → Rn. 4). 36

Kläger ist der Dritte iSv § 262, dh der Inhaber des die Veräußerung hindernden Rechts (→ Rn. 10). **Beklagter** ist nach § 262 III 2 iVm § 252 die Körperschaft, der die VollstrBehörde angehört, also der Bund beim HZA und das betr. Land beim FA. Vertreten wird der Bund durch den jeweiligen Vorsteher des HZA. Für die FÄ gelten die jeweiligen (unterschiedlichen) Vertretungsverordnungen der Länder. Eine Drittwiderspruchsklage gegen den VollstrSchuldner ist unzulässig (Anders/Gehle ZPO § 771 Rn. 45). Fiskus und VollstrSchuldner können jedoch gem. § 262 III 2 Streitgenossen sein. Dies gilt auch für verschiedene StGläubiger, wenn wegen ihrer StForderungen dieselben Gegenstände gepfändet worden sind (TK § 262 Rn. 28). 37

Zuständiges Gericht (Abs. 3 S. 1). Sachlich und örtlich zuständig ist ausschl. das AG (bis 5.000 EUR) oder das LG (§§ 23 Nr. 1, 71 I GVG), in dessen Bezirk vollstreckt wurde (§ 262 I 1 III 1 iVm § 802 ZPO). Bei der Anschlusspfändung ist das Gericht der ersten Pfändung zuständig (Anders/Gehle ZPO § 771 Rn. 10). Wenn der Rechtsstreit vom ordentlichen Gericht zu Unrecht rechtskräftig an das FG verwiesen worden ist, ist es (ausnahmsweise) zuständig (FG Bremen 20.8.1990 – II 198/90 V, EFG 1990, 557). Das FG ist nach § 155 FGO iVm § 17a I GVG idR an eine solche Verweisung gebunden, wenn sie nicht willkürlich und damit offensichtlich unhaltbar ist (BFH 26.2.2004 – VII B 341/03, BStBl. II 2004, 458; Gosch AO § 262 Rn. 28). 38

Klageziel. Die Klage ist eine prozessuale Gestaltungsklage (BGH 7.3.1972 – VI ZR 158/70, NJW 1972, 1048). Deshalb wird die Zwangsvollstr. erst durch den Urteilsausspruch, der sie für unzulässig erklärt, unzulässig (Anders/Gehle ZPO § 771 Rn. 4). In den Fällen des § 262, § 774 ZPO ist Klageziel die Feststellung, dass die Zwangsvollstr. und in den Fällen der §§ 772, 773 ZPO, dass die Verwertung unzulässig ist. 39

Rechtsmittel sind unter bestimmten Voraussetzungen die Berufung (§§ 511 ff. ZPO) und die Revision (§§ 542 ff. ZPO; Thomas/Putzo ZPO § 771 Rn. 26). 40

D. Vorläufige Maßnahmen (Abs. 2)

Da die Widerspruchsklage keine aufschiebende Wirkung entfaltet, gibt § 262 II dem Dritten die Möglichkeit, beim Prozessgericht vorläufigen Rechtsschutz durch eine einstweilige Anordnung zu beantragen und zu erhalten. Die Entscheidung kann entweder vor dem Urt. im Beschlusswege (§ 769 ZPO) oder aber im Urt. selbst ergehen (§ 770 ZPO). Ein Antrag an das FG nach § 114 FGO scheidet aus (FG Berlin 8.12.1982 – III 854/82, EFG 1983, 567). 45

I. § 769 ZPO Einstweilige Anordnungen

46 (1) [1] Das Prozessgericht kann auf Antrag anordnen, dass bis zum Erlass des Urteils über die in den §§ 767, 768 bezeichneten Einwendungen die Zwangsvollstreckung gegen oder ohne Sicherheitsleistung eingestellt oder nur gegen Sicherheitsleistung fortgesetzt werde und dass Vollstreckungsmaßregeln gegen Sicherheitsleistung aufzuheben seien. [2] Es setzt eine Sicherheitsleistung für die Einstellung der Zwangsvollstreckung nicht fest, wenn der Schuldner zur Sicherheitsleistung nicht in der Lage ist und die Rechtsverfolgung durch ihn hinreichende Aussicht auf Erfolg bietet. [3] Die tatsächlichen Behauptungen, die den Antrag begründen, sind glaubhaft zu machen.

(2) [1] In dringenden Fällen kann das Vollstreckungsgericht eine solche Anordnung erlassen, unter Bestimmung einer Frist, innerhalb der die Entscheidung des Prozessgerichts beizubringen sei. [2] Nach fruchtlosem Ablauf der Frist wird die Zwangsvollstreckung fortgesetzt.

(3) Die Entscheidung über diese Anträge ergeht durch Beschluss.

(4) Im Fall der Anhängigkeit einer auf Herabsetzung gerichteten Abänderungsklage gelten die Absätze 1 bis 3 entsprechend.

47 Die Hinweise auf §§ 767, 768 und 769 ZPO sind für die Vollstr. nach der AO, die diese Institute nicht kennt, ohne Bedeutung; insoweit handelt es sich nicht um eine Rechtsgrundverweisung (HHSp § 262 Rn. 53). § 262 soll dem Gericht nur die Möglichkeit geben, bereits **vor Erlass des Urt.** die Zwangsvollstr. gegen oder ohne Sicherheitsleistung einzustellen oder VollstrMaßnahmen gegen Sicherheitsleistung aufzuheben (TK § 262 Rn. 35). Für die Sicherheiten gelten nicht die §§ 241 ff., sondern die §§ 108 ff. ZPO, da es sich um prozessuale Sicherheiten handelt (Klein § 262 Rn. 28). Gegen die einstweilige Anordnung/ihre Ablehnung ist auch bei „greifbarer Gesetzeswidrigkeit" kein Rechtsmittel gegeben (BGH 21.4.2004 – XII ZB 279/03, NJW 2004, 2224; Thomas/Putzo ZPO § 769 Rn. 18). Gegebenenfalls ist die nicht statthafte Beschwerde aber als Abänderungsantrag oder Gegenvorstellung auszulegen (BGH 15.2.2006 – IV ZB 57/04, FamRZ 2006, 695; Anders/Gehle ZPO § 769 Rn. 22). Hat der Rechtspfleger entschieden (§ 20 Nr. 17 RPflG), ist eine befristete Erinnerung nach § 11 II 1 RPflG möglich.

II. § 770 ZPO Einstweilige Anordnungen im Urteil

48 [1] Das Prozessgericht kann in dem Urteil, durch das über die Einwendungen entschieden wird, die in dem vorstehenden Paragraphen bezeichneten Anordnungen erlassen oder die bereits erlassenen Anordnungen aufheben, abändern oder bestätigen. [2] Für die Anfechtung einer solchen Entscheidung gelten die Vorschriften des § 718 entsprechend.

49 Mit Erlass des Urt. über die Widerspruchsklage treten die Anordnungen nach § 769 ZPO außer Kraft. Nach § 770 ZPO können allerdings urteilsbegleitende einstweilige Anordnungen erlassen werden, die bis zur Rechtskraft der Entscheidung wirken oder mit ihr außer Kraft treten. Die Entscheidung nach § 770 ZPO ist Teil des Urt. und deshalb nur zusammen mit diesem anfechtbar. Als Rechtsmittel steht nur die Berufung nach § 718 ZPO zur Verfügung; eine Revision ist unzulässig (§ 718 II ZPO). Das Berufungsgericht kann auch selbständig nach § 769 ZPO verfahren (Zöller ZPO § 770 Rn. 1).

§ 263 Vollstreckung gegen Ehegatten oder Lebenspartner

Für die Vollstreckung gegen Ehegatten oder Lebenspartner sind die Vorschriften der §§ 739, 740, 741, 743, 744a und 745 der Zivilprozessordnung entsprechend anzuwenden.

Hinweis auf **VollstrA:** Abschn. 27

Schrifttum: Wassermann, Die Zwangsvollstreckung gegen Ehegatten nach § 744a ZPO, FamRZ 1991, 507; App, Zwangsvollstreckung bei in ehelicher Gütergemeinschaft lebenden Schuldnern – Kurzüberblick, JurBüro 2000, 570.

10 **Erlöschen.** Zur Beendigung der Verstrickung (sog. Entstrickung) kommt es idR, wenn die Verwertung des Pfandgegenstands beendet ist (→ § 301 Rn. 3); andernfalls erlöschen die Wirkungen der Verstrickung erst mit förmlicher Aufhebung der Pfändung oder dem Untergang des Gegenstands. Dies gilt auch bei einer während des Insolvenzverfahrens durchgeführten Zwangsvollstreckung (BGH 21.9.2017 – IX ZR 40/17, ZInsO 2017, 2267; vgl. auch BFH 12.4.2005 – VII R 7/03, BStBl. II 2005, 543).

C. Verbot der Überpfändung (Abs. 2)

11 **Grenze der Pfändbarkeit.** Der VollstrGläubiger soll durch die Pfändung befriedigt werden, doch darf sie im Interesse des VollstrSchuldners nur bis zur Deckung der offenen Geldbeträge einschl. der Kosten (§§ 338 ff.) erfolgen. Hierdurch soll das Schuldnervermögen geschont werden, weswegen keine Vielzahl von Vermögensgegenständen gepfändet werden darf, wenn vermutlich schon die Verwertung eines oder einiger weniger Gegenstände zur Befriedigung ausreicht (Schwarz/Pahlke/Keß § 281 Rn. 13). Dieses Verbot der Überpfändung gilt **nur für die Vollstr. in das bewegliche Vermögen** (BFH 4.7.2007 – VII B 304/06, BFH/NV 2007, 2060).

12 **Schätzung.** Der Höhe der VollstrForderung ist der voraussichtliche, dh bei Ungewissheit realistisch zu schätzende Erlös der Pfandgegenstände gegenüberzustellen (BGH 13.10.1982 – VIII ZR 260/81, DB 1983, 2684: wirtschaftliche Betrachtungsweise; vgl. Anders/Gehle ZPO § 803 Rn. 18; Schwarz/Pahlke/Keß § 281 Rn. 12). IdR ist auf den Verkehrswert abzustellen (§ 295 iVm § 813 ZPO; → § 295 Rn. 45). Bei Kostbarkeiten (zur Definition → § 286 Rn. 9) ist grds. die Hinzuziehung eines Sachverständigen notwendig.

13 **Forderungspfändung.** Bei der Pfändung einer Forderung oder eines anderen Vermögensrechts kann der Wert regelmäßig nicht festgestellt werden. Maßgebend ist nicht der Nennwert, sondern der „realisierbare" (sog. „innere") Wert, der sich bestenfalls aus der Drittschuldnererklärung (§ 316) ergibt. Folglich darf eine Forderung grds. über den Betrag des zu vollstreckenden Anspruchs hinaus gepfändet werden (Zöller ZPO § 803 Rn. 5). Die Pfändung einer gegen mehrere Gesamtschuldner als Drittschuldner gerichteten Forderung ist ebenfalls keine Überpfändung. Der Gläubiger kann gleichzeitig gegen alle vollstrecken (Anders/Gehle ZPO § 803 Rn. 19).

14 **Sachpfändung.** Auch bei der Pfändung von Sachen kann das Verbot der Überpfändung nicht stets eingehalten werden. Ist beispielsweise nur eine Sache pfändbar, kommt es auf deren Wert nicht an. Eine zugleich betriebene ImmobiliarVollstr. bleibt ebenfalls grds. außer Betracht (Stein/Jonas ZPO § 803 Rn. 25; aA wohl HHSp § 281 Rn. 25). Ebenso ist eine Überpfändung zulässig, wenn der VollstrSchuldner oder Dritte gegen die Pfändung bestimmter Sachen Einwände erheben und deshalb zweifelhaft ist, welche Pfandstücke letztlich zur Deckung der beizutreibenden Geldbeträge verwendbar bleiben (vgl. Abschn. 41 II VollzA). Bei einer **Anschlusspfändung** (§ 307) wird idR keine Überpfändung vorliegen, da das damit begründete Pfandrecht erst mit dem Wegfall der Vorpfändung eintreten soll (→ § 307 Rn. 2: Nachrang).

15 **Verstoß.** Trotz des Wortlauts handelt es sich bei dem Verbot der Überpfändung lediglich um eine Soll- bzw. Ordnungsvorschrift, bei deren Nichtbeachtung die Pfändung dennoch voll wirksam ist (BGH 13.12.1984 – IX ZR 89/84, NJW 1985, 1155). Der VollstrSchuldner kann und muss aus diesem Grund Einspruch einlegen (Gosch AO § 281 Rn. 18; → Rn. 20). Hierbei hat er den Wert der gepfändeten Gegenstände nachzuweisen (Anders/Gehle ZPO § 803 Rn. 20). Die unsubstantiierte Behauptung der Überpfändung reicht nicht aus (BFH 13.1.1987 – VII R 80/84, BStBl. II 1987, 251). Der VollstrGläubiger hat seinerseits die Grundlagen seiner Schätzung darzulegen, die ebenfalls der vollen gerichtlichen Kontrolle unterliegen (HHSp § 281 Rn. 24). Bei schuldhaften Verstößen kann uU ein Schadensersatzanspruch wegen Amtspflichtverletzung gem. § 839 BGB,

Übersicht

I. Allgemeines

Inhalt und Bedeutung. Die Vorschrift ist zuletzt mWv 24.7.2014 auf Lebenspartner ausgedehnt worden (s. Art. 97 § 1 X EGAO). Die ursprünglich der verfassungsrechtlich gebotenen Gleichbehandlung der Lebenspartnerschaften nach dem LPartG mit Ehegatten dienende Regelung (BT-Drs. 18/1306, 1, 15) ist durch das Gesetz zur Einführung des Rechts auf Eheschließung für Personen gleichen Geschlechts (BGBl. 2017 I 2787) überholt. Seit Oktober 2017 schließen auch gleichgeschlechtliche Paare die Ehe (§ 1353 I BGB) und die Begründung neuer Lebenspartnerschaften ist ausgeschlossen. Bestehende Lebenspartnerschaften können nach § 20a LPartG in eine Ehe umgewandelt werden. Ist ein Ehegatte/Lebenspartner VollstrSchuldner, darf grds. nur in sein Vermögen vollstreckt werden. Hierbei wird der VollstrGläubiger oftmals mit dem Einwand rechnen müssen, der Gegenstand, in den vollstreckt werden soll, gehöre dem anderen Ehegatten oder zum Gesamtgut, sei mithin der Vollstr. entzogen. Aus Gründen des **Gläubigerschutzes** enthält die ZPO in § 739 (Gewahrsamsfiktion) und in den §§ 740, 741, 743, 744a sowie 745 (Zuordnung von Gegenständen zum Gesamtgut der Gütergemeinschaften) für diese Konfliktsituationen Sonderregelungen, auf die § 263 verweist. Insoweit enthält § 263 keine abschließende Spezialregelung, sondern eine **ergänzende Regelung.** Der Gläubigerschutz wird durch eine Art Vollstreckbarkeit mit Drittwirkung gewährt, dh, der andere Ehegatte/Lebenspartner hat in bestimmten Fallkonstellationen die Vollstr. zu dulden, ohne dass gegen ihn ein Duldungstitel erstritten werden müsste (HHSp § 263 Rn. 5). Er wird jedoch nicht zum VollstrSchuldner. Hingegen kommt § 263 nicht zum Zuge, wenn gegen beide Ehegatten/Lebenspartner als Gesamtschuldner (§ 44 I 1) Leistungsgebote ergangen sind und die Gesamtschuld auch nicht nach §§ 268 ff. aufgeteilt worden ist (Gosch AO § 263 Rn. 6). 1

Eingetragene Lebenspartnerschaft. Aufgrund der Regelung in § 8 I LPartG ist § 739 ZPO gem. Art. 3 § 16 Nr. 11 LPartG dahingehend geändert worden, dass die für die Gläubiger von Ehegatten geltende Gewahrsamsvermutung entspr. für die Gläubiger eines der Lebenspartner gilt, dh, die Partner einer eingetragenen Lebenspartnerschaft wurden auch schon vor der Einführung des Rechts auf Eheschließung für Personen gleichen Geschlechts (→ Rn. 1) insoweit Eheleuten gleichgestellt. Andernfalls wäre es im VollstrVerfahren nach der AO zu einer nicht gerechtfertigten Privilegierung der eingetragenen Lebenspartnerschaft gekommen (HHSp § 263 Rn. 17). 2

II. Gewahrsamsfiktion des § 739 ZPO

§ 739 ZPO Gewahrsamsvermutung bei Zwangsvollstreckung gegen Ehegatten und Lebenspartner

(1) Wird zugunsten der Gläubiger eines der Ehegatten gemäß § 1362 des Bürgerlichen Gesetzbuchs vermutet, dass der Schuldner Eigentümer beweglicher Sachen ist, so gilt, unbeschadet der Rechte Dritter, für die Durchführung der Zwangsvollstreckung nur der Schuldner als Gewahrsamsinhaber und Besitzer. 3

(2) Absatz 1 gilt entsprechend für die Vermutung des § 8 Abs. 1 des Lebenspartnerschaftsgesetzes zugunsten der Gläubiger eines der Lebenspartner.

4 **Gewahrsamsfiktion.** § 739 I ZPO fingiert, dass der Ehegatte, der VollstrSchuldner ist, zugunsten seiner Gläubiger als Gewahrsamsinhaber einer (beweglichen) Sache gilt, auf die sich die Eigentumsvermutung des § 1362 BGB erstreckt. Diese gesetzliche Fiktion ist unwiderlegbar (Gosch AO § 263 Rn. 10). Der andere Ehegatte hat die Vollstr. zu dulden; seine fehlende Herausgabebereitschaft (§ 284 IV) ist unbeachtlich (TK § 263 Rn. 2a).

5 **Anwendbar** ist § 739 I ZPO bei sämtlichen Güterständen (§§ 1363, 1414, 1415 BGB); im Fall der Gütergemeinschaft jedoch nur für das Sonder- und Vorbehaltsgut (§§ 1417, 1418 BGB), da die §§ 740–745 ZPO für das Gesamtgut (§ 1416 BGB) Sonderregelungen bereithalten (→ Rn. 7 ff.). Im Zeitpunkt der Pfändung oder Wegnahme muss eine gültige Ehe bestehen. § 739 I ZPO gilt nach dem „Lex-fori-Prinzip" auch dann, wenn die Ehegatten Ausländer sind und die allg. Wirkungen ihrer Ehe ausländischem Recht unterstehen (vgl. MüKo ZPO § 739 Rn. 22 f.). Die Gewahrsamsvermutung gilt gem. § 739 II ZPO auch bei einer eingetragenen Lebenspartnerschaft. Dagegen verbietet der klare Wortlaut von § 739 ZPO und § 1362 BGB eine entsprechende Anwendung auf nichteheliche Lebensgemeinschaften, nicht eingetragene Lebenspartnerschaften, Wohngemeinschaften und ähnliche häusliche Gemeinschaften; es ist keine gesetzliche Regelungslücke gegeben (BGH 14.12.2006 – IX ZR 92/05, NJW 2007, 992; HHSp § 263 Rn. 14).

6 **Die Eigentumsvermutung** des § 1362 BGB ist der tatbestandliche Anknüpfungspunkt der Fiktion, dh nur soweit diese reicht, ist die Gewahrsamsfiktion des § 739 ZPO anwendbar. Die Eigentumsvermutung gilt nur für bewegliche Sachen, auch für Geld. Inhaberpapiere und Orderpapiere, die mit Blankoindossament versehen sind, stehen den beweglichen Sachen gleich (§ 1362 I 3 BGB).

Die Eigentumsvermutung und damit die Gewahrsamsfiktion des § 739 ZPO gelten gem. § 1362 I 2 BGB **nicht,** wenn die **Ehegatten/Lebenspartner tatsächlich getrennt leben** und sich die Sachen im Besitz des Ehegatten/Lebenspartners befinden, der nicht Schuldner ist. Denn die Wirkung des § 1362 BGB knüpft an eine äußerlich intakte Ehe/Lebenspartnerschaft an. Getrenntleben iSd § 1567 I BGB zerstört deshalb die Vermutung. Da es auf die tatsächlichen (Verfügungs)Verhältnisse ankommt, gilt Gleiches auch bei nur vorübergehender Trennung; Strafhaft allein genügt aber nicht (Anders/Gehle ZPO § 739 Rn. 18).

Nach § 1362 II BGB gilt die Eigentumsvermutung auch nicht für **ausschl. zum persönlichen Gebrauch** eines Ehegatten/Lebenspartners bestimmte Sachen, wie zB Kleider, Schmuck und persönliche Gerätschaften, nicht aber Küchen- und Haushaltsgeräte (Zöller ZPO § 739 Rn. 5). Eintragung eines Ehegatten/Lebenspartners im Kfz-Brief beweist Bestimmung zum alleinigen Gebrauch nicht (Zöller ZPO § 739 Rn. 5; auch Anders/Gehle ZPO § 739 Rn. 20). Die Eigentumsvermutung des § 1362 BGB gilt ebenso nicht für Sachen, die zu dem von einem Ehegatten/Lebenspartner erkennbar allein betriebenen Erwerbsgeschäft gehören und sich deutlich getrennt vom häuslichen Gewahrsam in seinem Alleinbesitz befinden (Thomas/Putzo ZPO § 739 Rn. 6). **Die Beweislast** für den persönlichen Gebrauch trifft den Ehegatten/Lebenspartner, der das Eigentum für sich in Anspruch nimmt. Als Rechtsbehelf steht ihm § 262 zu (TK § 263 Rn. 5; Anders/Gehle ZPO § 739 Rn. 12, 22).

Im Übrigen ist die **Eigentumsvermutung des § 1362 BGB widerlegbar.** Hierzu genügt der Beweis des (vorehelichen) Eigentumserwerbs; der Fortbestand des Eigentums im Zeitpunkt der Pfändung ist hingegen nicht nachzuweisen (BGH 26.11.1975 – VIII ZR 112/74, NJW 1976, 238). Für die Widerlegung der Eigentumsvermutung greift die Vermutung des § 1006 II BGB ein, wenn der Ehegatte nachweist, dass er schon vor der Ehe Besitzer der Sache war (BGH 9.1.1992 – IX ZR 277/90, NJW 1992, 1162).

III. Besonderheiten der Vollstreckung bei Gütergemeinschaft

1. Allgemeines

Nach § 1416 I 1 BGB werden durch die Gütergemeinschaft das Vermögen des Mannes und der Frau gemeinschaftliches Eigentum der Ehegatten. Das **Gesamtgut** ist Gesamthandsvermögen der Ehegatten. Gemäß § 1416 I 2 BGB gehört hierzu auch das Vermögen, das der Mann oder die Frau während der Gütergemeinschaft erwirbt. **Nicht** zum Gesamtgut gehören das **Sondergut** (§ 1417 I BGB) und das **Vorbehaltsgut** (§ 1418 I BGB); auf sie sind die §§ 740, 741, 743 und 745 ZPO nicht anwendbar. Zum Sondergut zählen nach § 1417 II BGB die Gegenstände, die nicht durch Rechtsgeschäft übertragen werden können (s. Grüneberg BGB § 1417 Rn. 2). Was zum Vorbehaltseigentum gehört, ergibt sich aus § 1418 II Nr. 1–4 BGB. Jeder Ehegatte verwaltet gem. §§ 1417 III 1, 1418 III 1 BGB sein Sondergut und sein Vorbehaltsgut selbständig; beim Sondergut geschieht dies gem. § 1417 III 2 BGB für Rechnung des Gesamtguts und beim Vorbehaltseigentum gem. § 1418 III 2 BGB für eigene Rechnung. 7

2. § 740 ZPO Zwangsvollstreckung in das Gesamtgut

(1) Leben die Ehegatten oder Lebenspartner in Gütergemeinschaft und verwaltet einer von ihnen das Gesamtgut allein, so ist zur Zwangsvollstreckung in das Gesamtgut ein Urteil gegen diesen Ehegatten oder Lebenspartner erforderlich und genügend. 8

(2) Verwalten die Ehegatten oder Lebenspartner das Gesamtgut gemeinschaftlich, so ist die Zwangsvollstreckung in das Gesamtgut nur zulässig, wenn beide Ehegatten oder Lebenspartner zur Leistung verurteilt sind.

Inhalt und Bedeutung. Die Regelung ist die vollstreckungsrechtliche Folgerung aus der Gesamtgutsverwaltung. Zum Gesamtgut → Rn. 7. Wird das Gesamtgut nur von einem Ehegatten allein verwaltet, führt der verwaltende Ehegatte gem. § 1422 S. 1 BGB die Gesamtgutsrechtsstreitigkeiten im eigenen Namen. Wird hingegen das Gesamtgut gemeinschaftlich verwaltet, können die Ehegatten Gesamtgutsrechtsstreitigkeiten gem. § 1450 I 1 BGB nur gemeinschaftlich führen. Folglich ist bei der Vollstr. in das Gesamtgut im Fall der **Alleinverwaltung** ein vollstreckbarer VA und ein Leistungsgebot gegen den verwaltenden Ehegatten erforderlich und ausreichend (§ 740 I ZPO). Bei einer **gemeinschaftlichen Verwaltung** müssen diese Voraussetzungen hingegen bei beiden Ehegatten vorliegen (§ 740 II ZPO); ein Leistungsbescheid gegen den einen Ehegatten und ein Duldungsbescheid gegen den anderen reichen nicht aus (HHSp § 263 Rn. 22; Klein § 263 Rn. 10). Besonderheiten bestehen gem. § 741 ZPO bei Erwerbsgeschäften (→ Rn. 12 ff.). 9

Anders als § 739 ZPO gilt § 740 ZPO sowohl für die Vollstr. in das bewegliche als auch in das unbewegliche Vermögen. § 740 ZPO gilt auch für die Vollstr. gegen die eingetragene Lebenspartnerschaft (→ Rn. 1 f.) entspr., sofern der gesetzliche Güterstand der Zugewinngemeinschaft ausgeschlossen und im Lebenspartnerschaftsvertrag Gütergemeinschaft vereinbart wurde (§§ 6, 7 S. 2 LPartG, §§ 1416 ff. BGB).

Tatbestandsvoraussetzungen. Gütergemeinschaft und Gesamtgutsverwaltung durch den VollstrSchuldner müssen im Zeitpunkt der Vollstr. vorliegen; spätere Änderungen der güterrechtlichen Verhältnisse sind unbeachtlich (Zöller ZPO § 740 Rn. 6). Grds. ist bei der Vollstr. gegen Ehegatten vom gesetzlichen Güterstand und damit von der Gewahrsamsfiktion des § 739 ZPO auszugehen. Dies gilt so lange, bis die Gütergemeinschaft (anderer Güterstand) nachgewiesen ist. Ist die Gütergemeinschaft nachgewiesen, wurde vermutet, dass Gegenstände der Eheleute zum Gesamtgut gehören, auch wenn die Gütergemeinschaft nicht im (zwischenzeitlich abgeschafften, → Rn. 14) Güterrechtsregister eingetragen war (LG München 27.5.1982 – 8 T 550/82, DGVZ 1982, 188; Zöller ZPO § 740 Rn. 5). Hierbei ist grds. von der Verwaltung durch beide Ehegatten/Lebenspartner auszugehen, bis eine andere Verwaltung oder der Fall des § 741 ZPO nachgewiesen ist. 10

Rechtsbehelfe. Fehlen die VollstrVoraussetzungen, insb. VA und Leistungsgebot gegen den verwaltenden Ehegatten/Lebenspartner, ist die Vollstr. unzulässig. Beide Ehegatten/ 11

Lebenspartner können Einspruch (§ 347 I) einlegen; einstweiliger Rechtsschutz erfolgt durch AdV (§ 361 AO, § 69 FGO). Daneben ist der Rechtsbehelf nach § 262 gegeben, wenn ein Ehegatte/Lebenspartner geltend macht, dass das Gesamtgut nach §§ 1437 I, 1459 I BGB nicht für den Anspruch haftet (Zöller ZPO § 740 Rn. 11).

3. § 741 ZPO Zwangsvollstreckung in das Gesamtgut bei Erwerbsgeschäft

12 Betreibt ein Ehegatte, der in Gütergemeinschaft lebt und das Gesamtgut nicht oder nicht allein verwaltet, selbständig ein Erwerbsgeschäft, so genügt zur Zwangsvollstreckung in das Gesamtgut ein gegen ihn ergangenes Urteil.

13 **Allgemeines.** § 741 ZPO enthält eine Sonderregelung für den Fall der Gütergemeinschaft, sofern der das Gesamtgut nicht oder nicht allein verwaltende Ehegatte (§ 1421 BGB) selbständig ein Erwerbsgeschäft betreibt. Die Vorschrift knüpft an die materiellen Vorschriften der §§ 1431, 1440, 1456, 1462 BGB an.

14 **Tatbestandsvoraussetzungen.** Es muss selbständig ein Erwerbsgeschäft betrieben werden. Das ist der Fall, wenn es im eigenen Namen, nicht notwendig als alleiniger Inhaber betrieben wird. Ausreichend ist, dass der Ehegatte persönlich haftender Gesellschafter einer OHG oder KG ist; die Stellung als Kommanditist, die Beteiligung als stiller Gesellschafter oder GmbH-Gesellschafter genügen hingegen nicht (Anders/Gehle ZPO § 741 Rn. 4 f.). Beim Erlass des VA, aufgrund dessen die Vollstr. betrieben wird, durfte bislang im Güterrechtsregister (§ 1412 BGB aF) kein Einspruch des (mit)verwaltenden Ehegatten gegen den Betrieb des Erwerbsgeschäfts und kein Widerruf seiner früheren Einwilligung zu dem Betrieb eingetragen sein. Durch die zum 1.1.2023 erfolgte Abschaffung des Güterrechtsregisters (BGBl. 2022 I 1966) kommt es künftig nicht mehr auf eine Eintragung an, sondern auf die Kenntnis bzw. die grob fahrlässige Unkenntnis des Dritten – hier der FB – von dem Ehevertrag (§ 1412 Nr. 2 BGB nF), wofür es ausreicht, dass dem Dritten (der FB) die güterrechtliche Modifikation des gesetzlichen Güterstandes der Zugewinngemeinschaft zum Zeitpunkt des Erlasses des zu vollstreckenden VA bekannt ist (BT-Drs. 20/2730, 14); liegen hierfür keine Anhaltspunkte vor, muss die FB allerdings auch nicht anlasslos danach fragen (BT-Drs. 20/2730, 11). Für bestehende Eintragungen gilt eine Übergangsfrist von fünf Jahren (Art. 229 § 64 I EGBGB).

§ 741 ZPO gilt auch nach der Streichung des Zusatzes für die Vollstr. gegen einen selbständig ein Erwerbsgeschäft führenden eingetragenen Lebenspartner (→ Rn. 1 f.), sofern im Lebenspartnerschaftsvertrag Gütergemeinschaft vereinbart wurde (§§ 6, 7 S. 2 LPartG, §§ 1415 BGB), da § 21 LPartG sämtliche nach Dezember 2018 in Kraft tretende Regelungen zu Ehegatten und Ehen allgemein auch auf Lebenspartner und Lebenspartnerschaften erstreckt, wenn nichts anderes bestimmt ist. Überdies schließen seit Oktober 2017 auch gleichgeschlechtliche Paare die Ehe (§ 1353 I BGB) und ist die Begründung neuer Lebenspartnerschaften ausgeschlossen (→ Rn. 1).

15 **Rechtsbehelfe.** Fehlen die Tatbestandsvoraussetzungen, können beide Ehegatten/Lebenspartner Einspruch (§ 347) einlegen (Gosch AO § 263 Rn. 26); einstweiliger Rechtsschutz erfolgt durch AdV (§ 369 AO, § 69 FGO). Zur Widerspruchsklage → § 262 Rn. 32.

4. § 743 ZPO Beendete Gütergemeinschaft

16 Nach der Beendigung der Gütergemeinschaft ist vor der Auseinandersetzung die Zwangsvollstreckung in das Gesamtgut nur zulässig, wenn

1. beide Ehegatten oder Lebenspartner zu der Leistung verurteilt sind oder
2. der eine Ehegatte oder Lebenspartner zu der Leistung verurteilt ist und der andere zur Duldung der Zwangsvollstreckung.

17 **Allgemeines.** Die Gütergemeinschaft kann durch Tod eines Ehegatten/Lebenspartners (sofern keine Fortsetzung mit Abkömmlingen erfolgt, § 1483 BGB) und jede andere Auflösung der Ehe (Scheidung, Aufhebung), durch Ehevertrag (§ 1408 BGB) und Aufhebungsurteil (§§ 1449, 1470 BGB) beendet werden.

Tatbestandsvoraussetzungen. Für die Vollstr. in das Gesamtgut ist mit Rücksicht auf die nunmehr gesamthänderische Verwaltung ein gegen beide Ehegatten/Lebenspartner gerichteter vollstreckbarer VA erforderlich. Anders als im Fall des § 740 II ZPO genügt es aber, dass einer dieser VA (gegen den vorher nichtverwaltenden Ehegatten, der nur mit dem Gesamtgut haftet) ein Duldungsbescheid nach § 191 I ist (HHSp § 263 Rn. 33). Liegt nur ein vollstreckbarer VA gegen einen Ehegatten vor, kann dessen Anteil am Gesamtgut gem. § 321 VII iVm § 860 II ZPO gepfändet werden (Gosch AO § 263 Rn. 31; Zöller ZPO § 743 Rn. 3). War mit der Vollstr. schon vor Beendigung der Gütergemeinschaft begonnen worden, ist für die Fortsetzung ebenfalls ein gegen beide Ehegatten gerichteter vollstreckbarer VA notwendig. Die Beendigung der Gütergemeinschaft nach erfolgter Pfändung berührt die Wirksamkeit der weiteren Zwangsvollstr. nicht (MüKo ZPO § 743 Rn. 9). Für erst nach Beendigung der Gütergemeinschaft entstehende StSchulden haftet das Gesamtgut nicht. § 743 ZPO gilt auch für die Vollstr. gegen die eingetragene Lebenspartnerschaft (→ Rn. 14 aE), sofern der gesetzliche Güterstand der Zugewinngemeinschaft ausgeschlossen und im Lebenspartnerschaftsvertrag Gütergemeinschaft vereinbart wurde (§§ 6, 7 S. 2 LPartG, § 1415 BGB). 18

Rechtsbehelfe. Fehlen die Tatbestandsvoraussetzungen (zB die entspr. vollstreckbaren VA), können beide Ehegatten/Lebenspartner Einspruch (§ 347) einlegen; einstweiliger Rechtsschutz erfolgt durch AdV (§ 361 AO, § 69 FGO). Der Ehegatte/Lebenspartner, gegen den kein vollstreckbarer VA vorliegt, kann zudem gem. § 262 vorgehen (Anders/Gehle ZPO § 743 Rn. 6). 19

5. § 745 ZPO Zwangsvollstreckung bei fortgesetzter Gütergemeinschaft

(1) Im Falle der fortgesetzten Gütergemeinschaft ist zur Zwangsvollstreckung in das Gesamtgut ein gegen den überlebenden Ehegatten oder Lebenspartner ergangenes Urteil erforderlich und genügend. 20

(2) Nach der Beendigung der fortgesetzten Gütergemeinschaft gelten die §§ 743 und 744 mit der Maßgabe, dass

1. an die Stelle desjenigen Ehegatten oder Lebenspartners, der das Gesamtgut allein verwaltet, der überlebende Ehegatte oder Lebenspartner tritt und
2. an die Stelle des anderen Ehegatten oder Lebenspartners die anteilsberechtigten Abkömmlinge treten.

Die fortgesetzte Gütergemeinschaft tritt nach dem Tod eines der in Gütergemeinschaft lebenden Ehegatten ein, sofern dies durch Ehevertrag vereinbart ist (§ 1483 I 1 BGB). In diesem Fall wird die Gütergemeinschaft mit den gemeinschaftlichen Abkömmlingen fortgesetzt, die bei gesetzlicher Erbfolge als Erben berufen sind (§ 1483 I 2 BGB). Der überlebende Ehegatte hat dann die rechtliche Stellung des Ehegatten, der das Gesamtgut allein verwaltet, während die Abkömmlinge die Rechtsstellung des anderen Ehegatten erhalten (§§ 1487 I, 1422 BGB). Aufgrund der Alleinverwaltung des überlebenden Ehegatten bestimmt § 745 I ZPO, dass sich bei der fortgesetzten Gütergemeinschaft die Zwangsvollstr. nach § 740 I ZPO richtet (→ Rn. 9 ff.). Nach Beendigung der fortgesetzten Gütergemeinschaft gelten gem. § 745 II ZPO die für die Beendigung der Gütergemeinschaft anwendbaren §§ 743, 744 ZPO entspr. (→ Rn. 16 ff.). § 745 ZPO gilt auch für die Vollstr. gegen die eingetragene Lebenspartnerschaft (→ Rn. 14 aE), sofern im Lebenspartnerschaftsvertrag fortgesetzte Gütergemeinschaft vereinbart wurde (§§ 6, 7 S. 2 LPartG, § 1483 BGB). 21

6. § 744a ZPO Zwangsvollstreckung bei Eigentums- und Vermögensgemeinschaft

Leben die Ehegatten gemäß Artikel 234 § 4 Abs. 2 des Einführungsgesetzes zum Bürgerlichen Gesetzbuch im Güterstand der Eigentums- und Vermögensgemeinschaft, sind für die Zwangsvollstreckung in Gegenstände des gemeinschaftlichen Eigentums und Vermögens die §§ 740 bis 744, 774 und 860 entsprechend anzuwenden. 22

Die Aufnahme dieser Vorschrift durch den Einigungsvertrag regelt die Besonderheiten der Vollstr. gegen Ehegatten, die weiterhin im gesetzlichen **Güterstand der Eigentums- und Vermögensgemeinschaft der ehemaligen DDR** leben. Nach Art. 234 § 4 I EGBGB gelten für Ehegatten, die am 3.10.1990 im gesetzlichen Güterstand der Eigentums- und Vermögensgemeinschaft des Familiengesetzbuches der DDR gelebt haben, die Vorschriften über den gesetzlichen Güterstand der Zugewinngemeinschaft. Diese Überleitung gilt gem. Art. 234 § 4 II EGBGB jedoch als nicht erfolgt, wenn ein Ehegatte bis zum 2.10.1992 dem Kreisgericht gegenüber notariell beurkundet erklärt hatte, dass der bisherige gesetzliche Güterstand fortgelten solle.

23 Art. 234 § 4a II 1 EGBGB legt fest, dass im Fall der Fortgeltung des bisherigen Güterstands der Eigentums- und Vermögensgemeinschaft für das bestehende und künftige gemeinschaftliche Eigentum die Vorschriften über das durch beide Ehegatten verwaltete Gesamtgut einer Gütergemeinschaft entspr. Anwendung finden. Folglich richtet sich die Vollstr. nach § 740 II ZPO (→ Rn. 8 ff.).

§ 264 Vollstreckung gegen Nießbraucher

Für die Vollstreckung in Gegenstände, die dem Nießbrauch an einem Vermögen unterliegen, ist die Vorschrift des § 737 der Zivilprozessordnung entsprechend anzuwenden.

Hinweis auf **VollstrA:** Abschn. 28

1 **Allgemeines.** Wird ein Nießbrauch an einem Vermögen oder einer Erbschaft bestellt, haftet im Fall des Vermögensnießbrauchs das Vermögen, im Fall des Erbschaftsnießbrauchs die Erbschaft den bisherigen Gläubigern des Bestellers ohne Rücksicht auf den späteren Nießbrauch (§ 1086 BGB). **§ 737 I ZPO** regelt die vollstreckungsrechtlichen Folgen dieser Haftungsvorschrift. Danach bedarf es zur zwangsweisen Durchsetzung der vor der Bestellung des Nießbrauchs entstandenen Verbindlichkeiten neben dem Leistungstitel gegen den Besteller nur eines Duldungstitels gegen den Nießbraucher. Da § 264 auf § 737 ZPO verweist, gilt dies gleichermaßen für die Vollstr. nach der AO, sodass auch insoweit neben dem StBescheid mit Leistungsgebot gegen den StSchuldner (Nießbrauchsbesteller) ein Duldungsbescheid (§ 191 I iVm § 1086 BGB) gegen den Vermögensnießbraucher genügt (HHSp § 264 Rn. 3). § 264 gilt gem. § 5 I VwVG grds. auch für die Verwaltungsvollstr. des Bundes. Da § 5 I VwVG nicht auf § 191 verweist, muss hier im Wege der Klage nach § 737 ZPO vorgegangen werden (Engelhardt/App/Schlatmann Anhang 1 AO § 264 Rn. 3).

§ 737 ZPO Zwangsvollstreckung bei Vermögens- oder Erbschaftsnießbrauch

2 (1) Bei dem Nießbrauch an einem Vermögen ist wegen der vor der Bestellung des Nießbrauchs entstandenen Verbindlichkeiten des Bestellers die Zwangsvollstreckung in die dem Nießbrauch unterliegenden Gegenstände ohne Rücksicht auf den Nießbrauch zulässig, wenn der Besteller zu der Leistung und der Nießbraucher zur Duldung der Zwangsvollstreckung verurteilt ist.

(2) Das Gleiche gilt bei dem Nießbrauch an einer Erbschaft für die Nachlassverbindlichkeiten.

3 **Vermögen** ist das gesamte Aktivvermögen, nicht einzelne Vermögensgegenstände. Es ist unschädlich, wenn einzelne Gegenstände von im Verhältnis zum Gesamtvermögen unbedeutendem Wert ausgenommen sind (Grüneberg BGB § 1085 Rn. 2). Entscheidend ist, dass die mit einem Nießbrauch belasteten Gegenstände/Rechte im Wesentlichen das Vermögen des Bestellers ausmachen. Zum Nießbrauch an einem Handelsgeschäft s. Grüneberg BGB § 1085 Rn. 3 ff. Entsprechendes gilt beim Nießbrauch an einer Erbschaft (§ 737 II ZPO).

4 **Entstehenszeitpunkt des Steueranspruchs.** Erfasst werden nur Ansprüche aus dem StSchuldverhältnis, die **vor der Bestellung** des Nießbrauchs entstanden sind. Der Entstehenszeitpunkt ist abw. von § 38 nach den Grundsätzen des Insolvenzrechts zu beurteilen

(HHSp § 264 Rn. 8; MüKo ZPO § 737 Rn. 9; aA TK § 264 Rn. 2: § 38). Ausreichend ist, dass der Rechtsgrund für die Entstehung der Forderung bereits vor dem Zeitpunkt der Nießbrauchsbestellung gelegt ist. Deshalb fallen auch bedingte und betagte Forderungen darunter (s. § 38 InsO).

Verbrauchbare Sachen (§ 92 BGB) werden Eigentum des Nießbrauchers (§ 1067 BGB). An die Stelle verbrauchbarer Sachen tritt der Anspruch des Bestellers auf sofortigen Wertersatz nach § 1086 S. 2 BGB, der pfändbar ist (§ 309). Hier ist kein Duldungsbescheid erforderlich; der Nießbraucher ist nur Drittschuldner (HHSp § 264 Rn. 10; Zöller ZPO § 737 Rn. 6). Zur gesamtschuldnerischen Haftung für Zinsen s. Abschn. 28 II 2, 3 VollstrA.

Rechtsbehelfe. Der Nießbraucher kann Einwendungen gegen den Duldungsbescheid 5
nur im Verfahren gegen den Duldungsbescheid, nicht im VollstrVerfahren geltend machen (§ 256). Wird ohne Vorliegen eines vollstreckbaren Duldungsbescheids gepfändet, kann der Nießbraucher Einspruch (§ 347) einlegen; einstweiliger Rechtsschutz erfolgt durch AdV (§ 369 AO, § 69 FGO). Daneben kann er Drittwiderspruchsklage (§ 262) erheben (HHSp § 264 Rn. 9). Dies gilt auch, soweit von der Pfändung bereits bezogene Nutzungen und Früchte erfasst werden, da er an ihnen bereits das Eigentum erworben hat (§ 954 BGB).

§ 265 Vollstreckung gegen Erben

Für die Vollstreckung gegen Erben sind die Vorschriften der §§ 1958, 1960 Absatz 3, § 1961 des Bürgerlichen Gesetzbuchs sowie der §§ 747, 748, 778, 779, 781 bis 784 der Zivilprozessordnung entsprechend anzuwenden.

Hinweis auf **VollstrA:** Abschn. 29–31

Schrifttum: Welzel, Erbenhaftung im Steuerrecht – Kritik an der Rechtsprechung, DStZ 1993, 425; Stegmaier, Die Haftungsbeschränkungen des Erben, DStZ 1997, 298; Lemaire, Rechte Dritter in der Zwangsvollstreckung, AO-StB 2005, 183; Dusch, Die Dürftigkeitseinrede für Nachlassschulden im Steuerrecht, DStR 2013, 844.

Übersicht

A. Allgemeines

Inhalt und Bedeutung. Mit dem Tod des Erblassers geht sein **Vermögen als Ganzes** 1
auf den bzw. die Erben über (§ 1922 I BGB). Dies gilt auch für die Ansprüche aus dem StSchuldverhältnis (§ 45 I 1). Der **Erbe haftet** nach § 1967 I BGB für die Nachlassverbindlichkeiten und nach § 45 II 1 für die aus dem Nachlass zu entrichtenden StSchulden. Er haftet zwar grds. unbeschränkt sowohl mit dem ihm angefallenen Nachlass als auch mit

seinem eigenen Vermögen. Er kann seine Haftung aber entspr. den Vorschriften des bürgerlichen Rechts beschränken. Mit der Verweisung in § 265 auf die Vorschriften des BGB und der ZPO wird die Gleichbehandlung der Vollstr. nach der AO mit derjenigen nach der ZPO sichergestellt (HHSp § 265 Rn. 3). Zwangsgelder gehen nicht im Wege der Gesamtrechtsnachfolge auf den Erben über (§ 45 I 2).

2 Wird gegen den Erben vollstreckt, muss sowohl hinsichtlich der **Vermögensmassen** (Nachlass oder Eigenvermögen), in die vollstreckt werden soll, unterschieden werden, als auch danach, ob es sich um eine **eigene Schuld** oder um eine **Nachlassschuld** handelt. Weiter differenzieren die entspr. anwendbaren Vorschriften des BGB und der ZPO auch danach, ob es um eine Vollstr. **vor oder nach Annahme der Erbschaft** geht. In das eigene Vermögen des Erben kann weiterhin vollstreckt werden, wenn der Erbe selbst VollstrSchuldner ist. Gleiches gilt für die Vollstr. in den Nachlass, wenn der Erblasser VollstrSchuldner war.

B. Vollstreckung in den Nachlass

I. Fortsetzung einer vor dem Erbfall begonnenen Vollstreckung (§ 779 ZPO)

§ 779 ZPO Fortsetzung der Zwangsvollstreckung nach dem Tod des Schuldners

3 (1) Eine Zwangsvollstreckung, die zur Zeit des Todes des Schuldners gegen ihn bereits begonnen hatte, wird in seinen Nachlass fortgesetzt.

(2) [1] Ist bei einer Vollstreckungshandlung die Zuziehung des Schuldners nötig, so hat, wenn die Erbschaft noch nicht angenommen oder wenn der Erbe unbekannt oder es ungewiss ist, ob er die Erbschaft angenommen hat, das Vollstreckungsgericht auf Antrag des Gläubigers dem Erben einen einstweiligen besonderen Vertreter zu bestellen. [2] Die Bestellung hat zu unterbleiben, wenn ein Nachlasspfleger bestellt ist oder wenn die Verwaltung des Nachlasses einem Testamentsvollstrecker zusteht.

4 **Fortsetzung (Abs. 1).** Der Tod des Schuldners soll weder die begonnene Vollstr. unterbrechen noch erschweren (Zöller ZPO § 779 Rn. 1). Deshalb kann eine Zwangsvollstr., die zur Zeit des Todes des Schuldners gegen ihn bereits begonnen hatte, in seinen Nachlass fortgesetzt werden (§ 779 I ZPO). Zum Beginn der Vollstr. → Vorb. §§ 249 ff. Rn. 5. Dabei dürfen nicht nur begonnene VollstrMaßnahmen weitergeführt werden, sondern auch neue eingeleitet und sogar auf andere Nachlassgegenstände erstreckt werden. Denn § 779 I ZPO betrifft die Zwangsvollstr. im Ganzen und nicht die einzelnen VollstrMaßnahmen (BGH 23.9.2009 – V ZB 60/09, NJW 2010, 157; Anders/Gehle ZPO § 779 Rn. 4; HHSp § 265 Rn. 6). Ob der Erbe die Erbschaft angenommen hat oder nicht, ist hierbei grds. unerheblich. Gegen den Erblasser ergangene StBescheide wirken zwar verfahrensrechtlich ohne Weiteres gegen die Erben fort (→ § 45 Rn. 15). Im Hinblick auf § 254 I 3 ist aber ein eigens an den (vorhandenen) Erben zu richtendes Leistungsgebot erforderlich (→ § 254 Rn. 9; Klein § 265 Rn. 3; missverständlich, wohl aber ebenso Abschn. 30 II 1 VollstrA).

5 **Erbenvertreter (Abs. 2).** Sollen VollstrHandlungen durchgeführt werden, die die Zuziehung des Schuldners erfordern (zB §§ 286 III, 288, 307 I 2, 309 I 2), muss, solange die Erbschaftsannahme oder die Person des Erben noch unklar sind, durch das VollstrGericht ein einstweiliger Erbenvertreter bestellt werden. Der Antrag des Gläubigers ist beim AG zu stellen, in dessen Bezirk die Vollstr. durchgeführt werden soll (Abschn. 30 II 3 VollstrA). Die Vertretung erlischt aus Gründen der Rechtssicherheit erst mit der förmlichen Aufhebung der Bestellung und nicht bereits mit Eintritt des Erben, Nachlasspflegers, -verwalters oder Testamentsvollstreckers in das Verfahren (BGH 23.9.2009 – V ZB 60/09, NJW 2010, 157; Anders/Gehle ZPO § 779 Rn. 13).

II. Beginn der Vollstreckung nach dem Erbfall

1. Vor Annahme der Erbschaft (§§ 1958, 1960 Abs. 3, 1961 BGB; § 778 ZPO)

§ 1958 BGB Gerichtliche Geltendmachung von Ansprüchen gegen den Erben

Vor der Annahme der Erbschaft kann ein Anspruch, der sich gegen den Nachlass richtet, nicht gegen den Erben gerichtlich geltend gemacht werden. 6

Schutz des Erben. § 1958 bezweckt den Schutz des vorläufigen Erben. Er soll nach Anfall der Erbschaft (§ 1942 I BGB) ungestört entscheiden können, ob er die Erbschaft annimmt oder ausschlägt. Ihm soll für die Prüfung der Nachlassverhältnisse und für die Überlegung, ob er endgültiger Erbe werden will, die volle Ausschlagungsfrist von 6 Wochen (§ 1944 BGB) zur Verfügung stehen (Erman BGB § 1958 Rn. 1). In dieser Zeit darf gegen den vorläufigen Erben kein vollstreckbarer VA wegen bestehender Nachlassverbindlichkeiten ergehen. Der Erlass eines StBescheids und des nach § 254 I 2 erforderlichen Leistungsgebots sind ausgeschlossen (HHSp § 265 Rn. 12; zu bereits ergangenen VA → Rn. 3). Damit greift § 265 iVm § 1958 BGB nicht erst in die eigentliche Vollstr. ein, sondern verhindert bereits im Vorfeld, dass die Voraussetzungen für den Beginn der Vollstr. eintreten (Klein § 265 Rn. 3). 7

Nachlassverbindlichkeiten sind die Erblasserschulden, die vom Erblasser herrühren (zB auf das Todesjahr entfallende ESt; → § 45 Rn. 19), **Erbfallschulden,** die gerade anlässlich des Erbfalls entstanden sind (zB ErbSt) und **Nachlasserbenschulden,** die Verbindlichkeiten, die sich aus der notwendigen Verwaltung des Nachlasses durch Rechtshandlungen des Erben ergeben (zB LSt und USt aus der Fortführung des Betriebs). Zur Einordnung eigener EStSchulden des Erben und der damit einhergehenden Frage einer Haftungsbeschränkung (vgl. BFH 28.4.1992 – VII R 33/91, BStBl. II 1992, 781; BFH 11.8.1998 – VII R 118/95, BStBl. II 1998, 705; krit. Welzel DStZ 1993, 425). Zu Einzelheiten → § 45 Rn. 19 ff. 8

Vollstreckungsmöglichkeiten bestehen in der Schwebezeit nur im Rahmen der §§ 1960 III, 1961 BGB in den Nachlass (§ 778 ZPO). 9

– Nachlasspflegschaft 10

§ 1960 BGB Sicherung des Nachlasses; Nachlasspfleger

…

(3) Die Vorschrift des § 1958 findet auf den Nachlasspfleger keine Anwendung.

§ 1961 BGB Nachlasspflegschaft auf Antrag

Das Nachlassgericht hat in den Fällen des § 1960 Abs. 1 einen Nachlasspfleger zu bestellen, wenn die Bestellung zum Zwecke der gerichtlichen Geltendmachung eines Anspruchs, der sich gegen den Nachlass richtet, von dem Berechtigten beantragt wird.

Vertreter künftiger Erben. Soweit die Voraussetzungen des § 1960 I BGB vorliegen, hat das Nachlassgericht auf Antrag eines Nachlassgläubigers (FB) einen Nachlasspfleger zu bestellen. Dieser handelt dann als gesetzlicher Vertreter des zukünftigen Erben (Gosch AO § 265 Rn. 9). Er hat dessen mutmaßliche Interessen wahrzunehmen und kann aus Mitteln des Nachlasses sowie unter Berücksichtigung der beschränkten Erbenhaftung (§§ 1979, 1980 BGB) vorhandene Nachlassgläubiger befriedigen, soweit dies zur Erhaltung des Nachlasswerts geboten ist (Grüneberg BGB § 1960 Rn. 15). Da sich der Nachlasspfleger nicht auf die Beschränkung des § 1958 BGB berufen kann, darf ihm gegenüber ein **StBescheid und auch das Leistungsgebot** ergehen, sofern es auf den Nachlass beschränkt wird (Klein § 265 Rn. 6). Dies gilt bis zur Aufhebung der Nachlasspflegschaft, und zwar auch dann, wenn zwischenzeitlich der Erbe bekannt geworden ist (BFH 30.3.1982 – VIII R 227/80, BStBl. II 1982, 687). 11

– Vollstreckung in den Nachlass 12

§ 778 ZPO Zwangsvollstreckung vor Erbschaftsannahme

(1) Solange der Erbe die Erbschaft nicht angenommen hat, ist eine Zwangsvollstreckung wegen eines Anspruchs, der sich gegen den Nachlass richtet, nur in den Nachlass zulässig.

(2) Wegen eigener Verbindlichkeiten des Erben ist eine Zwangsvollstreckung in den Nachlass vor der Annahme der Erbschaft nicht zulässig.

13 **Beschränkung auf den Nachlass.** Die Vollstr. ist nur in den Nachlass möglich und nicht in das Eigenvermögen des Erben. Die beiden Vermögensmassen sind strikt zu trennen. § 778 ZPO gilt für jede Art von Zwangsvollstr. Verstöße gegen § 778 ZPO begründen ein Widerspruchsrecht des Erben gem. § 262 (HHSp § 265 Rn. 20).

2. Nach Annahme der Erbschaft (§ 781 ZPO)

§ 781 ZPO Beschränkte Erbenhaftung in der Zwangsvollstreckung

14 Bei der Zwangsvollstreckung gegen den Erben des Schuldners bleibt die Beschränkung der Haftung unberücksichtigt, bis auf Grund derselben gegen die Zwangsvollstreckung von dem Erben Einwendungen erhoben werden.

15 **Haftung des Gesamtvermögens.** Nach Annahme der Erbschaft steht den Nachlassgläubigern das gesamte Vermögen des Erben zur Verfügung. Die FB kann nach Bekanntgabe des Leistungsgebots an den Erben und nach Verstreichen der Wochenfrist solange in das gesamte Vermögen des Erben vollstrecken, bis dieser bezüglich der Nachlassverbindlichkeiten die Beschränkung der Erbenhaftung geltend macht.

III. Beschränkung der Erbenhaftung

16 **Verfahren.** Wie die Beschränkung der Erbenhaftung geltend zu machen ist, ist für die Vollstr. nach der AO im Gesetz nicht geregelt. Mangels Verweisung auf § 780 ZPO können die Einwendungen nur im VollstrVerfahren vorgebracht werden (BFH 17.1.2008 – VI R 45/04, BStBl. II 2008, 418). Hierzu genügt eine **formlose Erklärung** gegenüber der VollstrBehörde (BFH 11.8.1998 – VII R 118/95, BStBl. II 1998, 705; FG Baden-Württemberg 11.5.2006 – 3 K 153/05, EFG 2006, 1229; HHSp § 265 Rn. 24; aA Klein § 265 Rn. 13: Einspruch; Abschn. 31 I VollStrA). Erst gegen die ablehnende Entscheidung der VollstrStelle ist der Einspruch (§ 347) gegeben. Trifft die FB über die Einwendungen keine (rechtsbehelfsfähige) Entscheidung und vollstreckt sie in das Eigenvermögen des Erben, kann der Erbe Widerspruchsklage (§ 262) erheben (HHSp § 265 Rn. 24).

1. Aufschiebende Erbeneinreden (§§ 782, 783 ZPO; §§ 2014, 2015 BGB)

§ 782 ZPO Einreden des Erben gegen Nachlassgläubiger

17 [1] Der Erbe kann auf Grund der ihm nach den §§ 2014, 2015 des Bürgerlichen Gesetzbuchs zustehenden Einreden nur verlangen, dass die Zwangsvollstreckung für die Dauer der dort bestimmten Fristen auf solche Maßregeln beschränkt wird, die zur Vollziehung eines Arrestes zulässig sind. [2] Wird vor dem Ablauf der Frist die Eröffnung des Nachlassinsolvenzverfahrens beantragt, so ist auf Antrag die Beschränkung der Zwangsvollstreckung auch nach dem Ablauf der Frist aufrechtzuerhalten, bis über die Eröffnung des Insolvenzverfahrens rechtskräftig entschieden ist.

18 **Geltungsbereich.** Unter § 782 ZPO fallen nur die aufschiebenden Einreden der **§§ 2014, 2015 BGB.** Der Erbe kann die Berichtigung von Nachlassverbindlichkeiten bis zu drei Monate nach Annahme der Erbschaft verweigern, jedoch nicht über die Errichtung des Inventars hinaus (§ 2014 BGB). Die Frist beginnt mit der Annahme, also spätestens mit dem Ablauf der Ausschlagungsfrist (§§ 1943, 1944 BGB). Ihm steht dieses Weigerungsrecht bis zur Beendigung des Aufgebotsverfahrens zu (§ 2015 BGB). § 2015 BGB soll eine gleichmäßige Befriedigung der Nachlassgläubiger sichern und unbekannte Gläubiger vor der Vorwegbefriedigung einzelner vordrängender Gläubiger schützen. Das Aufgebotsverfahren muss beantragt und auch zugelassen sein (§ 434 FamFG; Grüneberg BGB § 2015 Rn. 1).

§ 783 ZPO Einreden des Erben gegen persönliche Gläubiger

In Ansehung der Nachlassgegenstände kann der Erbe die Beschränkung der Zwangsvollstreckung nach § 782 auch gegenüber den Gläubigern verlangen, die nicht Nachlassgläubiger sind, es sei denn, dass er für die Nachlassverbindlichkeiten unbeschränkt haftet. 19

Der Erbe kann die in § 782 genannten aufschiebenden Einreden auch gegenüber seinen persönlichen Gläubigern erheben, wenn diese in Nachlassgegenstände vollstrecken. Die persönlichen Gläubiger sollen nicht bessergestellt werden als die Nachlassgläubiger. 20

2. Nachlassverwaltung, Nachlassinsolvenzverfahren (§ 784 ZPO)

§ 784 ZPO Zwangsvollstreckung bei Nachlassverwaltung und -insolvenzverfahren

(1) Ist eine Nachlassverwaltung angeordnet oder das Nachlassinsolvenzverfahren eröffnet, so kann der Erbe verlangen, dass Maßregeln der Zwangsvollstreckung, die zugunsten eines Nachlassgläubigers in sein nicht zum Nachlass gehörendes Vermögen erfolgt sind, aufgehoben werden, es sei denn, dass er für die Nachlassverbindlichkeiten unbeschränkt haftet. 21

(2) Im Falle der Nachlassverwaltung steht dem Nachlassverwalter das gleiche Recht gegenüber Maßregeln der Zwangsvollstreckung zu, die zugunsten eines anderen Gläubigers als eines Nachlassgläubigers in den Nachlass erfolgt sind.

Schutz des Eigenvermögens. Die umfassendste Haftungsbeschränkung erreicht der Erbe, wenn die Nachlassverwaltung angeordnet oder das Nachlassinsolvenzverfahren (§§ 315 ff. InsO) eröffnet ist. Seine Haftung für Nachlassverbindlichkeiten wird dann gem. **§ 1975 BGB** auf den Nachlass beschränkt und somit sein eigenes Vermögen vor dem Zugriff der Nachlassgläubiger geschützt (vgl. Stegmaier DStZ 1997, 298). Bereits erfolgte VollstrMaßnahmen in sein Eigenvermögen sind gem. § 784 I ZPO auf seinen Antrag hin aufzuheben. Nach § 784 II ZPO hat der Nachlassverwalter die gleichen Rechte gegenüber den persönlichen Erben, da der Nachlass der Befriedigung der Nachlassgläubiger vorbehalten bleiben soll. Kommt die VollstrStelle den Einwendungen nicht nach, kann der Erbe (§ 784 I ZPO) bzw. der Nachlassverwalter (§ 784 II ZPO) Widerspruchsklage nach § 262 erheben. 22

3. Sonstige Haftungsbeschränkungen

Als weitere Haftungsbeschränkungen können die in Abschn. 31 I VollstrA aufgeführten Einreden geltend gemacht werden. Es sind dies die **Erschöpfungseinreden** (§§ 1973, 1974 BGB), die **Dürftigkeitseinreden** (§§ 1990, 1992 BGB; BFH 24.6.1981 – I B 18/81, BStBl. II 1981, 729; FG Baden-Württemberg 11.5.2006 – 3 K 153/05, EFG 2006, 1229) und die **Auseinandersetzungseinrede** (§ 2059 BGB). 23

C. Vollstreckung bei Erbengemeinschaften (§ 747 ZPO)

§ 747 ZPO Zwangsvollstreckung in ungeteilten Nachlass

Zur Zwangsvollstreckung in einen Nachlass ist, wenn mehrere Erben vorhanden sind, bis zur Teilung ein gegen alle Erben ergangenes Urteil erforderlich.

Gesamthand. § 747 ZPO berücksichtigt, dass mehrere Erben eine Erbengemeinschaft darstellen und bis zur Auseinandersetzung eine Gesamthandsgemeinschaft bilden (§ 2032 BGB). Eine schon zu Lebzeiten des Erblassers begonnene Vollstr. kann gem. § 779 ZPO in das gesamthänderisch gebundene Vermögen fortgesetzt werden (→ Rn. 2 ff.). Soll mit der Vollstr. nach dem Erbfall begonnen werden, ist (beim ungeteilten Nachlass) ein vollstreckbarer **VA gegen alle namentlich bezeichneten Erben** erforderlich (BFH 30.9.1987 – II R 42/84, BStBl. II 1988, 120). Statt eines zusammengefassten Bescheids können auch an jeden Erben inhaltsgleiche Einzelbescheide ergehen (BFH 28.3.1973 – I R 100/71, BStBl. II 1973, 544). 24

D. Vollstreckung im Fall der Testamentsvollstreckung (§ 748 ZPO)

§ 748 ZPO Zwangsvollstreckung bei Testamentsvollstrecker

25 (1) Unterliegt ein Nachlass der Verwaltung eines Testamentsvollstreckers, so ist zur Zwangsvollstreckung in den Nachlass ein gegen den Testamentsvollstrecker ergangenes Urteil erforderlich und genügend.

(2) Steht dem Testamentsvollstrecker nur die Verwaltung einzelner Nachlassgegenstände zu, so ist die Zwangsvollstreckung in diese Gegenstände nur zulässig, wenn der Erbe zu der Leistung, der Testamentsvollstrecker zur Duldung der Zwangsvollstreckung verurteilt ist.

(3) Zur Zwangsvollstreckung wegen eines Pflichtteilanspruchs ist im Falle des Absatzes 1 wie im Falle des Absatzes 2 ein sowohl gegen den Erben als gegen den Testamentsvollstrecker ergangenes Urteil erforderlich.

26 **Übergegangene Verfügungsbefugnis.** Hat der Erblasser Testamentsvollstr. angeordnet, ist der Erbe gem. § 2211 BGB in seiner Verfügung über den Nachlass beschränkt, soweit die Testamentsvollstr. reicht. Zur Vollstr. bedarf es eines **vollstreckbaren VA gegen den Testamentsvollstrecker;** ein Bescheid gegen den Erben ist nicht erforderlich (BFH 16.7.2003 – X R 37/99, BStBl. II 2003, 867). Ist bereits ein vollstreckbarer VA gegen den Erben ergangen, genügt ein Duldungsbescheid (§ 191) gegen den Testamentsvollstrecker (BFH 30.9.1987 – II R 42/84, BStBl. II 1988, 120; HHSp § 265 Rn. 44). Steht dem Testamentsvollstrecker nur die Verwaltung einzelner Gegenstände zu, sind nach § 748 II ZPO StBescheid und Leistungsgebot gegen den Erben und zumindest ein Duldungsbescheid gegen den Testamentsvollstrecker zu erlassen. § 748 III ZPO gilt für die Vollstr. nach der AO nicht.

§ 266 Sonstige Fälle beschränkter Haftung

Die Vorschriften der §§ 781 bis 784 der Zivilprozessordnung sind auf die nach § 1489 des Bürgerlichen Gesetzbuchs eintretende beschränkte Haftung, die Vorschrift des § 781 der Zivilprozessordnung ist auf die nach den §§ 1480, 1504 und 2187 des Bürgerlichen Gesetzbuchs eintretende beschränkte Haftung entsprechend anzuwenden.

Vergleichbare Vorschrift: § 786 ZPO
Hinweis auf **VollstrA:** Abschn. 32

I. Allgemeines

1 **Inhalt und Bedeutung.** § 266 ist dem § 786 I ZPO (VollstrAbwehrklage bei beschränkter Haftung) nachgebildet, nennt aber abw. von diesem weder § 780 I ZPO (Vorbehalt der beschränkten Erbenhaftung) noch § 785 ZPO (VollstrAbwehrklage des Erben). § 780 ZPO passt nicht in das Verwaltungsverfahren (VGH München 8.6.1983 – 4 B 80 A.590, NJW 1984, 2307; TK § 266 Rn. 2; → Rn. 14) und der Regelungsinhalt des § 785 ZPO ergibt sich im Wesentlichen bereits aus § 262 bzw. aus §§ 256, 257 (Schwarz/Pahlke/Keß § 266 Rn. 1). Der **Anwendungsbereich** des § 266 unterscheidet sich grundlegend von dem des § 265. Seine systematische Stellung passt nicht zwischen die §§ 263–265 einerseits und 267 andererseits, da die in § 266 angeführten Haftungsbeschränkungen ihrem Wesen nach solche des materiellen bürgerlichen Rechts und nicht solche des VollstrRechts beinhalten (HHSp § 266 Rn. 5). Während § 265 die Vollstr. der nach § 45 auf den Erben übergegangenen StSchuld betrifft, behandelt § 266 die Fälle gesetzlicher Haftung für steuerliche Verbindlichkeiten anderer Personen oder bestimmter Vermögensmassen. Grundlage der Vollstr. ist regelmäßig ein **Haftungsbescheid** (§ 191 I) nebst Zahlungsaufforderung nach § 219 (HHSp § 266 Rn. 8). In der Zahlungsaufforderung (§ 219) liegt zugleich das Leistungsgebot nach § 254 I (BFH 16.3.1995 – VII S 39/92, BFH/NV

1995, 950). Zur Geltendmachung der Haftungsbeschränkungen → Rn. 13. Die Vorschriften der §§ 781–784 ZPO sind im Rahmen der Kommentierung zu § 265 abgedruckt.

II. Fälle der Haftungsbeschränkung

1. Fortgesetzte Gütergemeinschaft (§ 1489 BGB)

§ 1489 BGB Persönliche Haftung für die Gesamtgutsverbindlichkeiten

(1) Für die Gesamtgutsverbindlichkeiten der fortgesetzten Gütergemeinschaft haftet der überlebende Ehegatte persönlich. 2

(2) Soweit die persönliche Haftung den überlebenden Ehegatten nur infolge des Eintritts der fortgesetzten Gütergemeinschaft trifft, finden die für die Haftung des Erben für die Nachlassverbindlichkeiten geltenden Vorschriften entsprechende Anwendung; an die Stelle des Nachlasses tritt das Gesamtgut in dem Bestand, den es zur Zeit des Eintritts der fortgesetzten Gütergemeinschaft hat.

(3) Eine persönliche Haftung der anteilsberechtigten Abkömmlinge für die Verbindlichkeiten des verstorbenen oder des überlebenden Ehegatten wird durch die fortgesetzte Gütergemeinschaft nicht begründet.

Die Vorschrift regelt die **persönliche Haftung** für Gesamtgutsverbindlichkeiten in den Fällen der Gütergemeinschaft. Nach § 1489 I BGB haftet der überlebende Ehegatte für die Gesamtverbindlichkeiten der fortgesetzten Gütergemeinschaft persönlich, dh mit seinem Vorbehalts- und Sondergut (→ § 263 Rn. 20 ff.). Die persönliche Haftung tritt kraft Gesetzes ein und endet anders als in § 1437 II 2 BGB nicht mit der Beendigung der fortgesetzten Gütergemeinschaft (Grüneberg BGB § 1489 Rn. 1). Diese persönliche Haftung kann gem. § 1489 II BGB auf solche Schulden **beschränkt** werden, die den Überlebenden nur infolge des Eintritts der fortgesetzten Gütergemeinschaft treffen. 3

Doppelte Schutzfunktion. § 1489 schützt sowohl den überlebenden Ehegatten gegen den Zugriff auf sein nicht zum Gesamtgut gehörendes Vermögen als auch die Gesamtgutsgläubiger, denen der überlebende Ehegatte bei Beginn der fortgesetzten Gütergemeinschaft nicht persönlich haftete, gegen den Zugriff der übrigen Gläubiger auf das Gesamtgut, die diese Möglichkeit erst wegen des § 1488 BGB erlangt haben (Grüneberg BGB § 1489 Rn. 2). Auf diese beschränkte Haftung sind die Vorschriften der §§ 781–785 ZPO entspr. anwendbar (→ § 265 Rn. 13 ff.). Abkömmlinge haften nicht (§ 1489 III BGB). Die Vorschrift gilt auch bei der eingetragenen Lebenspartnerschaft, da gem. §§ 6, 7 S. 2 LPartG die §§ 1409–1563 BGB entspr. anzuwenden sind. 4

2. Gesamtgutsteilung (§ 1480 BGB)

§ 1480 BGB Haftung nach der Teilung gegenüber Dritten

[1] Wird das Gesamtgut geteilt, bevor eine Gesamtgutsverbindlichkeit berichtigt ist, so haftet dem Gläubiger auch der Ehegatte persönlich als Gesamtschuldner, für den zur Zeit der Teilung eine solche Haftung nicht besteht. [2] Seine Haftung beschränkt sich auf die ihm zugeteilten Gegenstände; die für die Haftung des Erben geltenden Vorschriften der §§ 1990, 1991 sind entsprechend anzuwenden. 5

Beschränkte Gesamtschuldnerhaftung. Das Gesamtgut darf erst nach Berichtigung der Verbindlichkeiten geteilt werden (§ 1475 I BGB). Geschieht dies nicht, haftet gem. § 1480 I 1 BGB zum Schutz der Gläubiger auch der andere Ehegatte/Lebenspartner persönlich, für den im Zeitpunkt der Teilung eine solche Haftung eigentlich nicht bestand. Ob eine **Teilung** des Gesamtguts vorliegt, bestimmt sich nach den Umständen des Falles; eine Zuweisung einzelner Gegenstände genügt nicht. Die Haftung setzt voraus, dass der Ehegatte/Lebenspartner überhaupt etwas Pfändbares aus dem Gesamtgut erhalten hat; hierfür trägt der Gläubiger die Beweislast (Erman BGB § 1480 Rn. 2). Der Ehegatte/Lebenspartner kann sich der Haftung nicht durch Aufgabe des einmal Zugeteilten entziehen (Grüneberg BGB § 1480 Rn. 4). Da die Haftung gem. § 1480 S. 2 BGB jedoch **auf die zugeteilten Gegenstände beschränkt** ist, kann er diese Beschränkung wie der Erbe entspr. der §§ 1990, 1991 BGB einredeweise geltend machen. Erlangt der Gesamtgutsgläubiger durch sein Vorgehen keine Befriedigung, kann er uU die Auseinandersetzung des Gesamtguts nach § 3 AnfG anfechten; § 1480 BGB schließt die Anfechtung nicht aus 6

(MüKo BGB § 1480 Rn. 10). Zur Geltung bei eingetragenen Lebenspartnerschaften → Rn. 3 aE.

3. Haftungsausgleich der Abkömmlinge (§ 1504 BGB)

§ 1504 BGB Haftungsausgleich unter Abkömmlingen

7 [1] Soweit die anteilsberechtigten Abkömmlinge nach § 1480 den Gesamtgutsgläubigern haften, sind sie im Verhältnis zueinander nach der Größe ihres Anteils an dem Gesamtgut verpflichtet. [2] Die Verpflichtung beschränkt sich auf die ihnen zugeteilten Gegenstände; die für die Haftung des Erben geltenden Vorschriften der §§ 1990, 1991 finden entsprechende Anwendung.

8 § 1504 BGB regelt den Haftungsausgleich der Abkömmlinge im **Innenverhältnis,** wenn die Abkömmlinge im Fall der Beendigung der Gütergemeinschaft über § 1498 BGB nach § 1480 BGB haften. § 1504 BGB ist für die Vollstr. steuerlicher Ansprüche (Außenverhältnis) ohne Bedeutung, da die Abkömmlinge die Haftung nach § 1480 iVm § 1489 BGB auf die ihnen zugeteilten Gegenstände beschränken können (HHSp § 266 Rn. 21). Zur Geltung bei eingetragenen Lebenspartnerschaften → Rn. 3 aE.

4. Minderjährigenhaftung (§ 1629a BGB)

§ 1629a BGB Beschränkung der Minderjährigenhaftung

9 (1) [1] Die Haftung für Verbindlichkeiten, die die Eltern im Rahmen ihrer gesetzlichen Vertretungsmacht oder sonstige vertretungsberechtigte Personen im Rahmen ihrer Vertretungsmacht durch Rechtsgeschäft oder eine sonstige Handlung mit Wirkung für das Kind begründet haben, oder die auf Grund eines während der Minderjährigkeit erfolgten Erwerbs von Todes wegen entstanden sind, beschränkt sich auf den Bestand des bei Eintritt der Volljährigkeit vorhandenen Vermögens des Kindes; dasselbe gilt für Verbindlichkeiten aus Rechtsgeschäften, die der Minderjährige gemäß §§ 107, 108 oder § 111 mit Zustimmung seiner Eltern vorgenommen hat oder für Verbindlichkeiten aus Rechtsgeschäften, zu denen die Eltern die Genehmigung des Familiengerichts erhalten haben. [2] Beruft sich der volljährig Gewordene auf die Beschränkung der Haftung, so finden die für die Haftung des Erben geltenden Vorschriften der §§ 1990, 1991 entsprechende Anwendung.

(2) Absatz 1 gilt nicht für Verbindlichkeiten aus dem selbständigen Betrieb eines Erwerbsgeschäfts, soweit der Minderjährige hierzu nach § 112 ermächtigt war, und für Verbindlichkeiten aus Rechtsgeschäften, die allein der Befriedigung seiner persönlichen Bedürfnisse dienten.

(3) Die Rechte der Gläubiger gegen Mitschuldner und Mithaftende sowie deren Rechte aus einer für die Forderung bestellten Sicherheit oder aus einer deren Bestellung sichernden Vormerkung werden von Absatz 1 nicht berührt.

(4) [1] Hat das volljährig gewordene Mitglied einer Erbengemeinschaft oder Gesellschaft nicht binnen drei Monaten nach Eintritt der Volljährigkeit die Auseinandersetzung des Nachlasses verlangt oder die Kündigung der Gesellschaft erklärt, ist im Zweifel anzunehmen, dass die aus einem solchen Verhältnis herrührende Verbindlichkeit nach dem Eintritt der Volljährigkeit entstanden ist; Entsprechendes gilt für den volljährig gewordenen Inhaber eines Handelsgeschäfts, der dieses nicht binnen drei Monaten nach Eintritt der Volljährigkeit einstellt. [2] Unter den in Satz 1 bezeichneten Voraussetzungen wird ferner vermutet, dass das gegenwärtige Vermögen des volljährig Gewordenen bereits bei Eintritt der Volljährigkeit vorhanden war.

10 **Analogie.** Der AO-Gesetzgeber hat auf § 1629a BGB nicht reagiert und im Gegensatz zu § 786 I ZPO den § 266 nicht der seit 1.7.1999 eingetretenen Gesetzeslage angepasst. Es ist aber eine entspr. Anwendung des § 266 im Fall des § 1629a BGB zwingend geboten, um einer Besserstellung der FB gegenüber Privatgläubigern zu begegnen (Schwarz/Pahlke/Keß § 266 Rn. 9) und dem minderjährigen Kind den Start in die Volljährigkeit ohne Schulden zu ermöglichen (BFH 1.7.2003 – VIII R 45/01, BStBl. II 2004, 35; Gosch AO § 266 Rn. 3).

5. Haftung des Vermächtnisnehmers (§ 2187 BGB)

§ 2187 BGB Haftung des Hauptvermächtnisnehmers

11 (1) Ein Vermächtnisnehmer, der mit einem Vermächtnis oder einer Auflage beschwert ist, kann die Erfüllung auch nach der Annahme des ihm zugewendeten Vermächtnisses insoweit verweigern, als dasjenige, was er aus dem Vermächtnis erhält, zur Erfüllung nicht ausreicht.

(2) Tritt nach § 2161 ein anderer an die Stelle des beschwerten Vermächtnisnehmers, so haftet er nicht weiter, als der Vermächtnisnehmer haften würde.

(3) Die für die Haftung des Erben geltende Vorschrift des § 1992 findet entsprechende Anwendung.

Beschränkung auf das Erlangte. Ebenso wie der Erbe soll der beschwerte Vermächtnisnehmer nicht weiter haften, als das ihm Zugewendete reicht, also zunächst mit seiner Forderung aus § 2174 BGB und nach deren Erfüllung mit dem Erlangten (Grüneberg BGB § 2187 Rn. 1). Er hat danach das Recht, wenn er selbst mit einem Vermächtnis oder einer Auflage belastet ist, die Erfüllung gem. § 2187 I insoweit zu verweigern, als dasjenige, was er aus dem Vermächtnis erhält, zur Erfüllung nicht ausreicht **(Unzulänglichkeitseinrede).** Entsprechendes gilt nach § 2187 II BGB für denjenigen, der gem. § 2161 BGB an die Stelle des Vermächtnisnehmers tritt. Die Haftungsbeschränkung auf den Wert des zugewendeten Vermächtnisses folgt im Einzelnen aus § 1992 BGB und dessen Weiterverweisungen auf §§ 1990, 1991 BGB; nach § 1992 S. 2 BGB kann der Vermächtnisnehmer die Vollstr. zudem durch Zahlung des Werts des Nachlassgegenstands abwehren. 12

III. Verfahrensfragen/Rechtsbehelfe

Verfahrensfragen. Ob Haftungsbeschränkungen vorliegen, ist im VerwaltungsvollstrVerfahren nicht von Amts wegen zu ermitteln. Dies folgt aus der entsprechenden Anwendung des § 781 ZPO (abgedr. bei § 265 Rn. 13). Demnach sind Haftungsbeschränkungen erst **nach Beginn der Vollstr.** und nur auf eine **Einrede** des VollstrSchuldners hin zu beachten (BFH 11.8.1998 – VII R 118/95, BStBl. II 1998, 705; HHSp § 266 Rn. 6). Dies kann geschehen, sobald dem VollstrSchuldner die Vollstr. angedroht wurde, um möglicherweise irreparablen VollstrMaßnahmen vorzubeugen (Klein § 266 Rn. 3). Eine **formlose Erklärung** gegenüber der VollstrBehörde genügt (BFH 1.7.2003 – VIII R 45/01, BStBl. II 2004, 35; TK § 266 Rn. 1). Hierbei muss der VollstrSchuldner das Vorliegen einer Haftungsbeschränkung dartun und beweisen (HHSp § 266 Rn. 7). 13

Wegen § 256 kann im VollstrVerfahren nur das Vorliegen der Haftungsbeschränkungen geprüft werden, nicht jedoch, ob die Haftungsvoraussetzungen erfüllt sind. Umstr. ist, ob die Haftungsbeschränkungen bereits beim Erlass des Haftungsbescheids (Ermessensausübung) mitgeprüft werden müssen, wenn feststeht, dass kein verwertbares Vermögen übernommen worden ist (FG Niedersachsen 16.8.2010 – 11 K 245/09, EFG 2010, 2064 mwN; offengelassen von BFH 22.9.1992 – VII R 73–74/91, BFH/NV 1993, 215). Zulässig dürfte es sein, in Fällen, in denen die Haftungsbeschränkungen bekannt sind, von vornherein entspr. § 780 ZPO nur einen Duldungsbescheid zu erlassen, der die Haftungsbeschränkungen berücksichtigt (HHSp § 266 Rn. 8). 14

Rechtsbehelfe. Bleiben die Einwendungen unberücksichtigt, muss der VollstrSchuldner gegen die betr. VollstrMaßnahme Einspruch (§ 347) einlegen und hierbei die Haftungsbeschränkungen geltend machen (Klein § 266 Rn. 2). Einstweiliger Rechtsschutz erfolgt durch AdV (§ 361, § 69 FGO). 15

§ 267 Vollstreckungsverfahren gegen Personenvereinigungen

(1) [1]**Bei nicht rechtsfähigen Personenvereinigungen, die als solche steuerpflichtig sind, genügt für die Vollstreckung in deren Vermögen ein vollstreckbarer Verwaltungsakt gegen die Personenvereinigung.** [2]**Dies gilt entsprechend für Zweckvermögen und sonstige einer juristischen Person ähnliche steuerpflichtige Gebilde.**

(2) **Hat eine nicht rechtsfähige Personenvereinigung nachträglich Rechtsfähigkeit erlangt, so kann auch aus einem Verwaltungsakt vollstreckt werden, der vor diesem Zeitpunkt wirksam geworden ist.**

Vergleichbare Vorschrift: § 735 ZPO aF, § 736 ZPO
Hinweis auf **VollstrA:** Abschn. 33

Schrifttum: App, Kein Leistungsgebot gegen Gesellschafter einer GbR aufgrund eines gegen die Gesellschaft gerichteten Steuerbescheids, BB 1985, 2319; Carl, Leistungsbescheid und Leistungsgebot als Voraussetzung der Zwangsvollstreckung bei nicht rechtsfähigen Personenvereinigungen, BB 1985, 1783 und BB 1986, 1269; Behr, Die Vollstreckung in Personengesellschaften, NJW 2000, 1137.

I. Allgemeines

1 **Inhalt und Bedeutung.** Die Vorschrift gestattet in **Abs. 1** den unmittelbaren vollstreckungsrechtlichen Durchgriff auf das Vermögen nicht rechtsfähiger, aber stpfl. Personenvereinigungen und Zweckvermögen. Für in diesem Sinn verselbständigte Zusammenschlüsse bestimmte das materielle StRecht schon vor dem zum 1.1.2024 in Kraft getretenen MoPeG v. 10.8.2021 (BGBl. 2021 I 3436), dass sie unabhängig vom Zivilrecht, dh auch bei fehlender (zivilrechtlicher) Rechtsfähigkeit, stpfl. und demgemäß auch StSchuldner sein können (zur sog. StRechtsfähigkeit → § 33 Rn. 2 ff.). Beispiele hierfür waren und sind § 5 I 3 GewStG (BFH 3.2.2010 – IV R 26/07, BStBl. II 2010, 751), verschiedene Bestimmungen des GrEStG (BFH 23.11.2011 – II R 64/09, BStBl. II 2012, 355; BFH 12.2.2014 – II R 46/12, BStBl. II 2014, 536 auch zur diesbezgl. Selbständigkeit der Erbengemeinschaft; zur Übergangsregelung in § 24 GrEStG vgl. BT-Drs. 20/9782 (neu), 207) und § 2 I UStG (BFH 23.10.1985 – VII R 187/82, BStBl. II 1986, 156). Im ErbStG behandelte der BFH die PersGes hingegen auch schon vor Einführung des § 2a ErbStG (vgl. dazu BeckOK ErbStG § 2a Rn. 31 ff.) nicht selbst als stpfl. Erwerber und Schenker, sondern deren gesamthänderisch gebundene Gesellschafter (BFH 14.9.1994 – II R 95/92, BStBl. II 1995, 81; BFH 5.2.2020 – II R 9/17, BStBl. II 2020, 658).

2 Besteht danach eine materielle Stpfl. der nicht rechtsfähigen Personenvereinigung, müssen VA, die gegen die Gemeinschaft gerichtet sind, notfalls auch im VerwaltungsvollstrVerfahren durchgesetzt werden können. Dies stellt § 267 I für die Vollstr. nach der AO sicher.

3 Der durch das KreditzweitmarktförderungsG v. 22.12.2023 (KrZwFördG; BGBl. 2023 I Nr. 411) eingefügte **Abs. 2** erweitert den Regelungsbereich des Abs. 1 auf die Fälle, in denen eine nach den Verhältnissen zum 1.1.2024 nicht rechtsfähige Personenvereinigung später Rechtsfähigkeit erlangt (BT-Drs. 20/9782 (neu), 203 f.; → Rn. 8).

II. Sondervermögen als Gegenstand der Vollstreckung

4 **Gesamtvermögen.** Das Gesetz geht von der Existenz eines gemeinsamen (gesamthänderisch gebundenen) Sondervermögens aus. Dabei handelt es sich um einen Inbegriff von Sachen und Rechten, die durch Beitragsleistungen der Mitglieder, durch deren Geschäftsführung oder durch Surrogation erworben wurden (Gosch AO § 267 Rn. 5). Das Gemeinschaftsvermögen ist sowohl vom sonstigen Vermögen der Gesellschafter als auch von deren Privatvermögen streng zu unterscheiden (BGH 25.2.1999 – III ZR 53/98, NJW 1999, 1407). § 267 gilt nur für die Vollstr. in das Sondervermögen der nicht rechtsfähigen Personenvereinigungen bzw. Vermögensmassen. Der Zugriff auf das Privatvermögen der einzelnen Gesellschafter bzw. Mitglieder oder Träger dieser Gebilde ist nicht zulässig. Hierzu ist ein gegen diese Personen gerichteter Haftungs- oder Duldungsbescheid nebst Leistungsgebot erforderlich (BFH 23.10.1985 – VII R 187/82, BStBl. II 1986, 156; TK § 267 Rn. 6).

5 **Vollstreckbarer VA.** Für die Vollstr. in das Sondervermögen ist ein gegen die nicht rechtsfähige Personenvereinigung bzw. Vermögensmasse gerichteter StBescheid nebst Leistungsgebot erforderlich, aber auch ausreichend (BFH 11.2.1987 – II R 103/84, BStBl. II 1987, 325 für eine GbR; vgl. auch BFH 23.11.2011 – II R 64/09, BStBl. II 2012, 355 zur GrESt).

III. Vollstreckungsschuldner

Als VollstrSchuldner kommen nur nicht rechtsfähige Gebilde in Betracht, die als solche stpfl. sind und deshalb StSchuldner werden können. Dies wiederum richtet sich nach dem materiellen StRecht (→ Rn. 1). Durch die mit dem MoPeG (→ Rn. 1) eingetretene umfassende Neuausrichtung des Rechts der PersGes hat sich der für § 267 verbliebene Anwendungsbereich deutlich verengt (Klein § 267 Rn. 2). 6

1. Nicht rechtsfähige Personenvereinigungen (Abs. 1 S. 1)

Anwendungsbereich. Bis zur Aufgabe des Gesamthandsprinzips im Zivil- und Gesellschaftsrecht durch das MoPeG (→ Rn. 1) lehnte sich § 267 rechtstechnisch an § 735 ZPO aF an, der die Voraussetzungen für die Vollstr. in das Vermögen eines nicht rechtsfähigen Vereins regelte und im Zuge der Reform aufgehoben wurde, nachdem nunmehr nicht nur die GbR (§§ 705 II, 713 BGB), sondern auch der Verein ohne Rechtspersönlichkeit rechtsfähig (§ 54 I BGB) und damit gem. § 50 ZPO im VollstrVerfahren parteifähig ist (BT-Drs. 19/27635, 202). Inhaltlicher **Anknüpfungspunkt** für den Anwendungsbereich des § 267 ist seitdem der durch das KrZwFördG ebenfalls zum 1.1.2024 eingeführte § 14a, der in Abs. 1 einheitlich für das gesamte StVerfahrensrecht legal definiert, was in steuerlicher Hinsicht unter einer Personenvereinigung (ohne Rechtspersönlichkeit) zu verstehen ist und in Abs. 3 mit der Bruchteilsgemeinschaft (§ 741 BGB), der Gütergemeinschaft (§ 1425 BGB; zu den vollstreckungsrechtlichen Besonderheiten → § 263 Rn. 7 ff.) und der Erbengemeinschaft (§ 2032 BGB) beispielhaft nicht rechtsfähige Personenvereinigungen iSd § 267 aufzählt. 7

Nicht erfasst sind danach – wie bisher – Körperschaften mit eigener Rechtspersönlichkeit (AG, GmbH, eingetragener und wirtschaftlicher Verein), nach § 14 II darüber hinaus aber auch bislang in den Anwendungsbereich des § 267 einbezogene, nunmehr allerdings (teil-)rechtsfähige Personenvereinigungen wie Vereine ohne Rechtspersönlichkeit, OHG, KG und GmbH & Co. KG. Die der OHG nach § 1 EWIVAG weitgehend gleichgestellte Europäische Interessenvereinigung (EWIV) gehört ebenfalls nicht mehr zu den nicht rechtsfähigen Personenvereinigungen; sie kann aber gem. § 5 I 4 GewStG weiterhin nicht Schuldner der GewSt sein. Auch die PartGes (vgl. § 1 IV PartGG iVm § 722 I BGB), die WEG (§ 9a WEG) und die Reederei (§ 489 HGB aF) sind nach § 14a II rechtsfähige Personenvereinigungen. 8

In all diesen Fällen hat sich der vollstreckbare VA und damit die Vollstr. in das GesVermögen ohnehin gegen die Gesellschaft als St- und VollstrSchuldnerin zu richten (Schwarz/Pahlke/Keß § 267 Rn. 6; → § 253 Rn. 2); eine Vollstr. aus diesem VA gegen die Gesellschafter findet nicht statt. 9

Bis zum Inkrafttreten des MoPeG war auch die vollstreckungsrechtliche Einordnung der **GbR** in Teilen umstritten (zur Rechtsfähigkeit der sog. Außen-GbR grundlegend BGH 29.1.2001 – II ZR 331/00, NJW 2001, 1056; zu Einzelheiten MüKo BGB Vor § 705 Rn. 10 ff.). Nach § 705 II BGB hängt es nun vom Willen der Gesellschafter ab, ob die Gesellschaft selbst Rechte erwerben und Verbindlichkeiten eingehen kann (rechtsfähige Gesellschaft; zur Vollstr. vgl. § 722 BGB, § 736 ZPO) oder ob sie als sog. Innengesellschaft (nur) zur Ausgestaltung des Rechtsverhältnisses der Gesellschafter untereinander dienen soll (nicht rechtsfähige Gesellschaft). Zur Abgrenzung auch AEAO zu § 14a. Während die rechtsfähige PersGes bereits nach der Aufzählung in § 14a II nicht vom Regelungsbereich des § 267 I erfasst wird, schließt § 14a IV auch die nicht rechtsfähige und damit nach § 740 I BGB nicht vermögensfähige PersGes (zB Innengesellschaften oder stille Gesellschaften) ausdrücklich vom Anwendungsbereich des § 267 aus (BT-Drs. 20/9782 (neu), 198 f.). Mangels Sondervermögen kann die Vollstr. nur gegen die Gesellschafter in deren Vermögen erfolgen (→ Rn. 2). 10

2. Zweckvermögen und sonstige Gebilde (Abs. 1 S. 2)

11 **Zweckvermögen** sind selbständige, einem bestimmten Zweck dienende Vermögensmassen, die aus dem Vermögen des Widmenden ausgeschieden sind und treuhänderisch verwaltet werden (HHSp § 267 Rn. 16; auch Grüneberg BGB Vorb. § 80 Rn. 5 f.). Nichtrechtsfähige Stiftungen, Anstalten oder sonstiges Sammelvermögen des privaten Rechts (§ 1 I Nr. 5 KStG) zählen dazu.

12 **Sonstige Gebilde.** Zu den sonstigen einer juristischen Person ähnlichen stpfl. Gebilden gehören die juristischen Personen des öffentlichen Rechts mit ihren Betrieben gewerblicher Art (§§ 1 I Nr. 6, 4 KStG) sowie Kartelle und Syndikate nach dem Gesetz gegen Wettbewerbsbeschränkungen (HHSp § 267 Rn. 16).

3. Nachträglich rechtsfähig gewordene Personenvereinigung. (Abs. 2)

13 **Fortsetzung.** Wird gegen eine nicht rechtsfähige Personenvereinigung nach Maßgabe des § 267 I vollstreckt, darf die FB das aus dem zugrunde liegenden (gegen die Personenvereinigung gerichteten) VA begründete VollstrVerfahren nach Abs. 2 auch dann ohne inhaltliche oder verfahrensrechtliche Anpassungen des VA fortsetzen, wenn die Personenvereinigung zwischenzeitlich nach § 705 II BGB durch Teilnahme am Rechtsverkehr rechtsfähig geworden ist. Diese Regelung gilt auch für die vor Inkrafttreten des KrZwFördG (→ Rn. 1) eingeleiteten Altfälle (BT-Drs. 20/9782 (neu), 203 f.).

IV. Rechtsbehelfe

14 Wird nicht in das Sondervermögen vollstreckt, sondern zB in das Privatvermögen eines Gesellschafters, kann dieser Drittwiderspruchsklage (§ 262) erheben. Gleiches gilt, wenn der Gesellschafter geltend macht, der gepfändete Gegenstand gehöre ausschließlich ihm (TK § 267 Rn. 7).

2. Unterabschnitt. Aufteilung einer Gesamtschuld

§ 268 Grundsatz

Sind Personen Gesamtschuldner, weil sie zusammen zu einer Steuer vom Einkommen oder zur Vermögensteuer veranlagt worden sind, so kann jeder von ihnen beantragen, dass die Vollstreckung wegen dieser Steuern jeweils auf den Betrag beschränkt wird, der sich nach Maßgabe der §§ 269 bis 278 bei einer Aufteilung der Steuern ergibt.

Schrifttum: Stadie, Aufteilung von Erstattungsbeträgen bei Zusammenveranlagung, BB 1977, 979; Sonnenschein, Interner Steuerausgleich zusammen veranlagter Ehegatten, NJW 1980, 257; Schluckebier, Beschränkung der Vollstreckung durch Aufteilung einer Gesamtschuld, DStR 1985, 141; Heidemann, Aufteilung der Einkommensteuerschuld im Vollstreckungsverfahren, INF 1987, 433; Pump, Zusammenveranlagung bei der Einkommensteuer – Aufteilungsbescheid und Aufrechnung, INF 1987, 481; Kraemer, Die Aufteilung einer Gesamtschuld, DStZ 1989, 609; Hagen, Aufteilung einer Gesamtschuld, NWB Fach 2, 8761; Sauerland, Aufrechnung des FA mit Steuerforderungen gegen Erstattungsansprüche des anderen Ehegatten, AO-StB 2010, 378; Eich, Die Aufteilung einer Gesamtschuld, AO-StB 2004, 335; Bruschke, Beschränkung der Vollstreckung durch die Aufteilung einer Gesamtschuld, AO-StB 2020, 189.

I. Allgemeines

1. Entwicklung der Vorschrift

1 § 268 entspricht im Wesentlichen § 7 III 4 StAnpG. Nähere Einzelheiten zur Aufteilung, wie sie nunmehr §§ 269 ff. enthalten, ergaben sich aus der AuftVO vom 8.11.1963 (BGBl. 1963 I 785). Aufgrund der komplizierten Regelung wurde für die AO 1977 erwogen, auf die Aufteilungsvorschriften zu verzichten. Denn die FB hat bei der Inanspruchnahme von Gesamtschuldnern ohnehin nach pflichtgemäßem Ermessen abzuwägen, welchen Gesamtschuldner sie in welchem Umfang in Anspruch nimmt. Die Auf-

teilungsvorschriften wurden jedoch aus Gründen der Rechtssicherheit in die AO übernommen (BT-Drs. VI/1986, 178). Nachdem das BVerfG am v. 7.5.2013 (BGBl. 2013 I 2397) entschieden hat, dass das Ehegattensplitting auch für Lebenspartnerschaften anzuwenden ist, hat der Gesetzgeber dies durch das G zur Umsetzung dieses Urteils (BGBl. 2013 I 2397; BStBl. I 2013, 898) verwirklicht. In allen noch nicht bestandskräftigen Veranlagungen ist das Splittingverfahren gem. §§ 26, 26b EStG auch für eingetragene Lebenspartnerschaften anzuwenden.

2. Verfassungsrechtliche Vorgaben

Die Vorschriften über die Aufteilung der StSchuld von zusammenveranlagten Ehegatten 2
und Lebenspartnern tragen dem verfassungsrechtlichen Verbot einer Benachteiligung von Ehegatten (Art. 6 Abs. 1 GG) und Lebenspartnern Rechnung (grundlegend BVerfG 17.1.1957 – 1 BvL 4/54, BVerfGE 6, 55 (66 ff.)). Durch die Aufteilung der StSchulden sollen Härten vermieden werden, denen sich ein nicht unter die Zusammenveranlagung fallender Stpfl. nicht ausgesetzt sieht, BVerfG 21.2.1961 – 1 BvL 29/57, BVerfGE 12, 151 (173 ff.). Dies geschieht dadurch, dass der zusammenveranlagte Stpfl. im VollstrVerfahren so gestellt wird, als sei er Einzelsteuerschuldner, BT-Drs. VI/1982, 174; BVerfG 21.2.1961 – 1 BvL 29/57, BVerfGE 12, 151 (175). Die durch die Aufteilungsvorschriften bewirkten VollstrBeschränkungen dienen demgemäß dem Ziel, auch bei zusammenveranlagten Eheleuten das Prinzip einer gleichmäßigen leistungsfähigkeitsgerechten Individualbesteuerung zu verwirklichen (BFH 18.7.2000 – VII R 32, 33/99, BFH/NV 2001, 86).

Im Falle eines **Fortfalls der Aufteilungsvorschriften** wären die §§ 268 ff. nicht sinn- 3
gemäß anzuwenden (aA TK § 268 Rn. 3;). Aus dem in Art. 6 GG verankerten Benachteiligungsverbot von Ehegatten (BVerfG 17.1.1957 – 1 BvL 4/54, BVerfGE 6, 55; BVerfG 21.2.1961 – 1 BvL 29/57, BVerfGE 12, 151) und Lebenspartnern ergibt sich lediglich die Notwendigkeit der Aufteilung überhaupt, nicht jedoch ihre konkrete Ausgestaltung. Die FB könnten eine Benachteiligung indes auch ohne Durchführung eines Aufteilungsverfahrens vermeiden, indem sie von den Gesamtschuldnern nur entsprechende Teilleistungen fordern (ebenso Kraemer DStZ 1989, 609 (610)).

3. Kritik

Sofern die Stpfl. – wie bei der bis zum VZ 1996 erhobenen VSt – keine Wahlmöglichkeit 4
zwischen Zusammen- und Einzelveranlagung hatten, ist die in den §§ 268 ff. normierte Aufteilung nicht zu beanstanden. Die Notwendigkeit der Aufteilung bei der ESt (insb. § 270) ist jedoch nicht nachvollziehbar (vgl. ausführlich Pump INF 1987, 481 (486 f.)), weil die Kombination von Verlustausgleichsmöglichkeiten, Splittingtarif und Aufteilung zu einer ungerechtfertigten Kumulation von Vorteilen führt. Dem Vorteil des zumeist günstigeren Splittingtarifs steht an sich der Nachteil der Gesamtschuldnerschaft gegenüber, der durch die Aufteilung jedoch faktisch aufgehoben wird. Eine Inanspruchnahme bis zur Höhe der sich bei Einzelveranlagung ergebenden Steuer ist jedoch nicht vorgesehen (s. § 270); stattdessen wird die Vollstr. auf den fiktiven Anteil an der Gesamtschuld begrenzt.

II. Anwendungsbereich der §§ 268–280

Die §§ 268–280 betreffen nicht sämtliche Fälle der Gesamtschuldnerschaft des § 44, 5
sondern nur die auf Zusammenveranlagung (§§ 44 I 1, 155 III) beruhende Gesamtschuldnerschaft. Hierbei beschränkt sich der Anwendungsbereich der §§ 268 ff. wiederum nur auf die ESt und die ab 1997 nicht mehr erhobene VSt. Auf andere Fälle der Gesamtschuldnerschaft sind §§ 268 ff. nicht anwendbar (Schluckebier DStR 1985, 141).

Für die Gesamtschuldnerschaft bei Zusammenveranlagung zur **KiSt** gelten die §§ 268 ff. 6
entweder direkt durch Verweis in den entsprechenden KiStG der Länder oder analog im Wege der verfassungskonformen Auslegung (BVerfG 21.2.1961 – 1 BvL 29/57, BVerfGE

12, 151 (175); TK § 268 Rn. 6; Schwarz/Pahlke/Keß § 268 Rn. 4; Heidemann INF 1987, 433 (434)).

III. Gegenstand der Aufteilung

1. Allgemeines

7 **Gesamtschuldnerschaft** liegt vor, wenn mehrere eine Leistung in der Weise schulden, dass jeder die gesamte Leistung zu bewirken hat, der Gläubiger aber nur berechtigt ist, die Leistung einmal zu fordern. Der Gläubiger kann die Leistung nach seinem Belieben von jedem der Schuldner ganz oder zum Teil verlangen. Bis zur Bewirkung der gesamten Leistung bleiben sämtliche Schuldner verpflichtet (§ 421 BGB). Zu den Einzelheiten der Gesamtschuldnerschaft s. § 44. Die Vorschriften der Aufteilung finden auch dann Anwendung, wenn das Gesamtschuldverhältnis durch Tod eines Ehegatten oder Lebenspartners erloschen ist und der andere Alleinerbe geworden ist, weil nur insoweit die Überprüfung der evtl. Überschuldung des Nachlasses möglich ist (BFH 17.1.2008 – VI R 45/04, BFH/NV 2008, 836).

8 **Zusammenveranlagung** ist gegeben, wenn Einkommen und/oder Vermögen mehrerer Personen zusammengefasst werden und die Steuer nach dem Gesamteinkommen bzw. -vermögen festgesetzt wird. Die Zusammenveranlagung muss im StBescheid ausgesprochen werden (TK § 268 Rn. 7). Unerheblich ist, ob ein zusammengefasster StBescheid (§ 122 VII 1) für alle Beteiligten ergeht oder ob jeder von ihnen eine Ausfertigung erhält. Eine Zusammenveranlagung zur ESt erfolgt, soweit keine andere Veranlagungsart gewählt wird (§§ 26, 26b EStG). Die ESt wird nach dem idR vorteilhaften Splittingtarif (§ 32a V EStG) ermittelt. Zur VSt wurden bis zum VZ 1996 Ehegatten bzw. Elternteile mit minderjährigen oder haushaltszugehörigen Kindern veranlagt (§ 14 I, II VStG).

9 Auf einen „Gesamtschuldnern" zustehenden **Erstattungsanspruch** finden die §§ 268 ff. weder unmittelbar noch analog Anwendung (BFH 1.3.1990 – VII R 103/88, BStBl. II 1990, 520 (523); BFH 10.3.2005 – VII B 214/04, BFH/NV 2005, 1222; FG Köln 7.10.1992 – 6 K 1160/87, EFG 1993, 422; TK § 268 Rn. 6; Schwarz/Pahlke/Keß Vor § 268–280 Rn. 4; Klein § 268 Rn. 5; Hüdepohl BB 1986, 370 (371); offen HHSp § 270 Rn. 9 f.). Der Gegenansicht (FG Hessen 27.4.1977 – I 45/75, EFG 1977, 544; FG Saarland 14.7.2004 – 1 K 99/02, EFG 2005, 13; Stadie BB 1977, 979) ist nicht zuzustimmen, weil sich der Erstattungsanspruch nach § 37 II bestimmt. Zwar ist der Erstattungsanspruch das Spiegelbild des StAnspruchs; gleichwohl verbietet sich eine analoge Anwendung der §§ 268 ff., weil die Vorschriften im 6. Abschnitt über die Vollstr. geregelt sind und nur darauf abzielen, den staatlichen Eingriff in die Vermögenssphäre der Gesamtschuldner zu regeln. Allerdings hat sich ein interner Gesamtschuldnerausgleich nach § 426 BGB an den Maßgaben der §§ 268 ff. zu orientieren (BGH 31.5.2006 – XII ZR 111/03, DStR 2006, 1455; Sonnenschein NJW 1980, 257 (261 f.)). Vgl. zum Gesamtschuldnerausgleich auch → § 44 Rn. 14.

10 Aufteilungsvorschriften sind grds. auch beim Vollzug **ausländischer VollstrErsuchen** zu beachten (Schwarz/Pahlke/Keß § 268 Rn. 6). Über die Aufteilung hat allerdings die ausländische FB nach dem für sie geltenden Recht zu entscheiden (s. Merkblatt des BMF zur zwischenstaatlichen Amtshilfe bei der StErhebung (Beitreibung) v. 23.1.2014, BStBl. I 2014, 188 Tz. 4.2.9). Sieht die ausländische Rechtsordnung keine Aufteilung vor, so finden auf den ausländischen StAnspruch nicht die Grundsätze der deutschen Aufteilungsregelung der §§ 268, 270 ff. Anwendung, weil sich die Rechtmäßigkeit nach den für die ersuchende Behörde geltenden Vorschriften richtet (§ 114 I, II).

11 Im **Insolvenzverfahren** steht auch dem Insolvenzverwalter das Recht auf Zusammenveranlagung zu. Dann hat zunächst eine Aufteilung zwischen Masseverbindlichkeiten und insolvenzfreien StAnsprüchen zu erfolgen (BFH 27.10.2020 – VIII R 19/18, BStBl. II 2021, 819).

2. Gegenstand der Aufteilung

Aufgeteilt wird die rückständige Steuer. Sie umfasst neben der geschuldeten Steuer auch Säumniszuschläge, Zinsen und Verspätungszuschläge (§ 276 IV). Andere Nebenleistungen iSv § 3 IV, also Verzögerungsgelder, Zuschläge nach § 162 IV, Zwangsgelder und Kosten, kommen als Gegenstand der Aufteilung nicht in Betracht. Zu Besonderheiten bei Einbeziehung und Anrechnung → § 276 Rn. 6 ff. 12

IV. Antrag

Die Aufteilung erfolgt nur auf Antrag; zu den formellen Antragserfordernissen s. § 269. 13
Eine Aufteilung von Amts wegen scheidet aus (s. § 86 Nr. 2) und ist auch verfassungsrechtlich nicht geboten, BVerfG 21.2.1961 – 1 BvL 29/57, BVerfGE 12, 151 (173 ff.). Grds. ist die FB auch nicht verpflichtet, auf die Möglichkeit der Aufteilung hinzuweisen oder einen Antrag anzuregen (BFH 23.6.1976 – VIII B 61/75, BStBl. II 1976, 572). Eine Verpflichtung kann sich nur aufgrund besonderer Umstände des Einzelfalles bei einer Ermessensreduzierung auf null im Rahmen des § 89 oder aus den Grundsätzen von Treu und Glauben ergeben – wenn zB ein Gesamtschuldner bereits einen verfrühten Aufteilungsantrag gestellt hatte (TK § 268 Rn. 13; Schwarz/Pahlke/Keß § 269 Rn. 6; Schluckebier DStR 1985, 141; Heidemann INF 1987, 433 (434); aA Klein § 268 Rn. 8: keine Hinweispflicht).

Unterbleibt ein erforderlicher **Hinweis** auf die Aufteilungsmöglichkeit, berührt dies 14
die Wirksamkeit einer Zwangsvollstreckungsmaßnahme nicht (TK § 268 Rn. 13). Ebenso wenig kann der Zeitpunkt der Antragstellung auf den Zeitpunkt des pflichtwidrig unterlassenen Hinweises zurückbezogen werden (BFH 23.6.1976 – VIII B 61/75, BStBl. II 1976, 572; TK § 268 Rn. 13). Evtl. entstandene Schadensersatzansprüche sind grds. im Amtshaftungsverfahren vor dem Zivilgericht geltend zu machen; sie können jedoch auch im Wege einer Billigkeitsmaßnahme nach § 227 berücksichtigt werden (vgl. HHSp § 268 Rn. 15; Schwarz/Pahlke/Keß § 268 Rn. 17, die sogar eine Pflicht zur Billigkeitsmaßnahme annehmen).

V. Rechtsfolgen

Über den Antrag auf Beschränkung der Vollstr. ist grds. durch **Aufteilungsbescheid** 15
(§ 279) zu entscheiden. Zu Rechtsbehelfen → § 279 Rn. 13. Nach Eingang des Antrages ist die FB nur noch nach Maßgabe des § 277 zur Vollstr. berechtigt; nach Unanfechtbarkeit des Aufteilungsbescheides gilt § 278.

Zwar berührt die Aufteilung gem. § 44 II 4 die Gesamtschuldnerschaft als solche nicht 16
(vgl. BFH 12.6.1990 – VII R 69/89, BStBl. II 1991, 493). Im VollstrVerfahren werden die Gesamtschuldner aber so gestellt, als seien sie **Teilschuldner** (BVerfG 21.2.1961 – 1 BvL 29/57, BVerfGE 12, 151 (173 f.); BFH 5.2.1971 – VI R 301/66, BStBl. II 1971, 331; BFH 12.1.1988 – VII R 66/87, BStBl. II 1988, 406; Schluckebier DStR 1985, 141; Hüdepohl BB 1986, 370 (371); Heidemann INF 1987, 433), sodass die FB gegen jeden Gesamtschuldner nur noch den auf ihn entfallenden Teilbetrag durchsetzen kann. Das hat zur Folge, dass ein Gesamtschuldner, der als Mittäter oder Gehilfe des anderen zu einer von ihm begangenen StStraftat handelte, als Haftungsschuldner gem. § 71 in Anspruch genommen werden kann, weil der Rechtsgedanke des § 71 eine Art Schadenersatzpflicht des Gehilfen vorsieht (BFH 7.3.2006 – X R 8/05, BStBl. II 2007, 594).

Kosten. Sofern vor dem Antrag auf Aufteilung Gebühren nach §§ 338 ff. entstehen, sind 17
sie gem. § 342 II nur einmal zu erheben. Vollstreckungskosten, die nach dem Antrag auf Aufteilung entstehen, fallen dem jeweiligen Gesamtschuldner zur Last, gegen den sich die jeweilige VollstrMaßnahme richtet.

§ 269 Antrag

(1) **Der Antrag ist bei dem im Zeitpunkt der Antragstellung für die Besteuerung nach dem Einkommen oder dem Vermögen zuständigen Finanzamt schriftlich oder elektronisch zu stellen oder zur Niederschrift zu erklären.**

(2) [1]**Der Antrag kann frühestens nach Bekanntgabe des Leistungsgebots gestellt werden.** [2]**Nach vollständiger Tilgung der rückständigen Steuer ist der Antrag nicht mehr zulässig.** [3]**Der Antrag muss alle Angaben enthalten, die zur Aufteilung der Steuer erforderlich sind, soweit sich diese Angaben nicht aus der Steuererklärung ergeben.**

I. Allgemeines

1 § 269 ist eine Formvorschrift, die aus § 1 I bis III AuftVO (→ § 268 Rn. 1) hervorgegangen ist. Der Antrag ist als verwaltungsrechtliches Gestaltungsrecht **unwiderruflich** (FG Niedersachsen 5.11.2013 – 15 K 14/13, EFG 2014, 106; FG Baden-Württemberg 14.2.2017 – 11 K 370/15, EFG 2017, 1146; FG Hessen 22.6.2017 – 10 K 833/15, EFG 2017, 1777) und wirkt **rechtsgestaltend** (→ Rn. 10); zugleich entsteht grds. eine Verpflichtung der FB zur Aufteilung. Erst ab dem Zeitpunkt der Antragstellung tritt die Wirkung der Aufteilung ein (→ § 268 Rn. 14 f.); vor der Antragstellung geleistete Tilgungsleistungen (Ausnahme: § 276 III) bleiben unberücksichtigt (→ § 276 Rn. 2 ff.), unabhängig davon, wer sie geleistet hat (BFH 18.7.2000 – VII R 32, 33/99, BFH/NV 2001, 86). Die Angaben im Aufteilungsantrag gelten nicht als StErklärung (so vormals § 1 IV AuftVO), sodass ihre Richtigkeit nicht gem. § 150 II zu versichern ist (HHSp § 269 Rn. 4; TK § 269 Rn. 9).

II. Örtliche Zuständigkeit, Form (Abs. 1)

2 **Antragsberechtigt** ist jeder Gesamtschuldner (§ 268). Im Fall der Gesamtrechtsnachfolge steht das Antragsrecht den Gesamtrechtsnachfolgern sowie im Insolvenzverfahren grds. dem Insolvenzverwalter zu (TK § 268 Rn. 144; Schwarz/Pahlke/Keß § 268 Rn. 14). Sofern der Aufteilungsantrag – bei gezielter StKlassenwahl – ausschließlich darauf gerichtet ist, einem Gesamtschuldner einen erhöhten Erstattungsanspruch zu verschaffen (→ § 276 Rn. 10), während die Vollstr. gegen den anderen erfolglos sein wird, ist der Aufteilungsantrag nach § 42 AO unzulässig (vgl. FG Baden-Württemberg 21.4.2011 – 2 K 4920/08, EFG 2012, 523).

3 **Erklärungsempfänger** ist das FA, das im Zeitpunkt der Antragstellung nach §§ 17, 19 örtlich und sachlich für die Besteuerung nach dem Einkommen zuständig ist; dies muss nicht das FA sein, das den StBescheid erlassen hat, dessen rückständige Steuer vollstreckt wird (Schwarz/Pahlke/Keß § 269 Rn. 14). Weder die VollstrStelle noch der Vollziehungsbeamte sind zur Entgegennahme des Antrages befugt (TK § 269 Rn. 3; HHSp § 269 Rn. 7). Wird im Wege der Amtshilfe vollstreckt, ist das ersuchende FA zuständig. Dies gilt auch für ausländische VollstrErsuchen (→ § 268 Rn. 10). Im FA ist die StFestsetzungsstelle, nicht die VollstrStelle, für die Durchführung des Aufteilungsverfahrens zuständig.

Sind mehrere FÄ örtlich zuständig, so bestimmt sich die Zuständigkeit für die notwendig einheitliche Entscheidung (§ 279 I 1) nach §§ 25 ff.

4 Der Antrag muss **schriftlich** gestellt oder zur **Niederschrift** erklärt werden. Durch das StModG v. 18.7.2016 (BGBl. 2016 I 1679) wurde die elektronische Form mWv 1.1.2017 zugelassen. Hierfür reicht eine einfache E-Mail aus.

Die Form ist wegen der konstitutiven Wirkung des Antrages zwingend (TK § 269 Rn. 4). Ein Erlassbegehren enthält nicht zugleich einen Antrag auf Aufteilung der StSchuld (BFH 23.6.1976 – VIII B 61/75, BStBl. II 1976, 572). Ebenso scheidet eine Umdeutung grds. aus, unabhängig davon, welches Antragsziel verfolgt wird (Schluckebier DStR 1985,

141); jedoch ist ein unklarer Antrag auszulegen (ebenso Schwarz/Pahlke/Keß § 269 Rn. 7). Die FB muss eine Antragstellung grds. nicht anregen (→ § 268 Rn. 12).

III. Zeitpunkt des Antrages; notwendige Angaben (Abs. 2)

1. Zeitpunkt des Antrages (Abs. 2 S. 1 und 2)

Der Antrag kann wirksam erst nach Ergehen des Leistungsgebotes (§ 254 I 1) gestellt werden; die Wochenfrist des § 254 I 1 braucht nicht abgewartet zu werden (Gosch AO § 269 Rn. 10; HHSp § 269 Rn. 9). Geht der Antrag vor Bekanntgabe des Leistungsgebotes bei dem zuständigen FA ein, ist er unzulässig (aA FG Hamburg 11.7.2003 – II 218/02, EFG 2004, 703). Die Unzulässigkeit wird nicht durch den nachträglichen Erlass des Leistungsgebotes geheilt (Klein § 269 Rn. 1; HHSp § 269 Rn. 10). Gleichwohl kann die FB aufgrund eines unzulässigen Antrages die Gesamtschuldner lediglich iHv Teilleistungen in Anspruch nehmen oder gem. § 89 einen zulässigen Antrag anregen (→ § 268 Rn. 12). Die Anordnung des Arrests (§ 324) ersetzt das Leistungsgebot nicht, weil der Arrest als bloß vorläufige Maßnahme dem Leistungsgebot nicht gleichgestellt werden kann (FG Münster 10.2.1988 – X 2430/85, EFG 1988, 216; HHSp § 269 Rn. 10; TK § 269 Rn. 5). 5

Ein Antrag ist auch zulässig, wenn für die rückständige Steuer **AdV** oder **Stundung** gewährt wurde, obwohl insofern die Vollstreckbarkeit des StBescheides fehlt. Das folgt aus § 276 I, der von einer wirksamen Antragstellung vor Einleitung der Vollstr. ausgeht (ebenso HHSp § 269 Rn. 11). Zudem widerspräche es dem aus Art. 6 GG folgenden Verbot der Diskriminierung von Ehe, Lebenspartnerschaft und Familie, den Gesamtschuldnern zuzumuten, erste VollstrHandlungen abwarten zu müssen, um diese sodann zu beschränken. Aus diesem Grund beinhalten die §§ 268 ff. nicht nur Vollstr.-, sondern Erhebungsbeschränkungen (ähnlich HHSp § 276 Rn. 5). 6

Der Antrag ist nach **vollständiger Tilgung** der rückständigen Steuer unzulässig (§ 269 II 2). Das gilt auch, wenn der rückständige StAnspruch vor Eingang des Antrages durch **Aufrechnung** getilgt wurde. Mit Tilgung der rückständigen Steuer entfällt mangels vollstreckbaren Anspruchs das Bedürfnis nach Beschränkung der Vollstr. durch Aufteilung. Maßgeblich ist nicht der Zeitpunkt der Aufrechnungslage, sondern der Zeitpunkt der Aufrechnungserklärung (Klein § 268 Rn. 7; im Einzelnen → § 279 Rn. 4). Ein zulässiger Antrag wird durch spätere Aufrechnung oder Verrechnung gegenüber dem anderen Gesamtschuldner auch nicht unzulässig (BFH 2.10.2018 – VII R 17/17, BFH/NV 2019, 4). 7

Der Begriff der **rückständigen Steuer** iSd §§ 268–280 umfasst auch Säumniszuschläge, Zinsen und Verspätungszuschläge (§ 276 IV). Deshalb reicht es für einen zulässigen Antrag aus, wenn nur noch Nebenleistungen iSd § 276 IV – und nicht mehr die ihnen zugrunde liegende Steuer – rückständig sind (BFH 30.11.1994 – XI R 19/94, BStBl. II 1995, 487). Andere Nebenleistungen (§ 3 IV), also Verzögerungsgelder, Zwangsgelder, Zuschläge und Kosten, kommen als Gegenstand der Aufteilung nicht in Betracht. Ist streitig, ob vollständige Tilgung eingetreten ist, ist hierüber durch Abrechnungsbescheid (§ 218 II) zu entscheiden. 8

2. Notwendige Angaben (Abs. 2 S. 3)

Der Aufteilungsantrag soll alle Angaben enthalten, die zur Durchführung des Aufteilungsverfahrens notwendig sind. Diese **gesteigerte Mitwirkungspflicht** (TK § 269 Rn. 8; HHSp § 269 Rn. 16; Schwarz/Pahlke/Keß § 269 Rn. 10; Schluckebier DStR 1985, 141 (142); Kraemer DStZ 1989, 609 (610)) der Beteiligten soll die FB in die Lage versetzen, über den Antrag ohne weitere Ermittlungen entscheiden zu können. Fehlen notwendige Angaben, so führt dies entgegen des Wortlautes („muss") grds. nicht zur Unzulässigkeit des Antrages (ebenso HHSp § 269 Rn. 16; TK § 269 Rn. 8). Stattdessen wird die FB zunächst auf die Ergänzung der notwendigen Angaben durch den 9

Antragsteller und die anderen Gesamtschuldner hinzuwirken haben (rechtliches Gehör). Sodann kann die FB gem. §§ 88, 249 II den notwendigen Sachverhalt von Amts wegen ermitteln oder schätzen (Gosch AO § 269 Rn. 16; Klein § 269 Rn. 2; HHSp § 269 Rn. 16). Erst wenn auch dies nicht zum Erfolg führt, ist die FB berechtigt und zugleich verpflichtet, den Antrag zurückzuweisen. Zumeist ergeben sich die notwendigen Angaben bereits aus der StErklärung.

IV. Rechtsfolgen

10 Nach Eingang des Antrages dürfen bis zur Unanfechtbarkeit der Entscheidung über den Antrag VollstrMaßnahmen nur noch zur Sicherung, nicht aber zur Verwirklichung des Anspruchs durchgeführt werden (§ 277). Die endgültige Beschränkung der Vollstr. auf die jeweiligen Anteile der Gesamtschuldner (§ 278) erfolgt erst mit Unanfechtbarkeit des Aufteilungsbescheides.

Die FB ist verpflichtet, das Aufteilungsverfahren durchzuführen und – außer im Fall des § 279 I 2 – über den Antrag zu entscheiden. Der Aufteilungsbescheid (§ 279) wirkt auf den Zeitpunkt des Eingangs bei der FB (§ 276 I) bzw. die Einleitung der Vollstr. (§ 276 II) zurück. Der Antrag hat **keine aufschiebende Wirkung** hinsichtlich der Zahlungspflicht, sodass bei nicht rechtzeitiger Zahlung Säumniszuschläge und ggf. VollstrKosten entstehen. Stellt nur einer der Gesamtschuldner den Antrag auf Aufteilung, sind die anderen Gesamtschuldner notwendig zum Verfahren hinzuzuziehen (Gedanke des § 360), weil die Entscheidung allen Gesamtschuldnern gegenüber nur einheitlich ergehen kann (§ 279 I 1).

Die Aufteilung der rückständigen Steuer erfolgt durch VA – den Aufteilungsbescheid –, gegen den der Einspruch (§ 347 I) und anschließend die Anfechtungsklage (§ 40 I FGO) statthaft ist. Weist die FB den Antrag zurück, ist dagegen der Einspruch sowie die Verpflichtungsklage gegeben. Dies gilt auch, soweit die FB von einer Entscheidung über den Antrag absieht.

§ 270 Allgemeiner Aufteilungsmaßstab

[1] Die rückständige Steuer ist nach dem Verhältnis der Beträge aufzuteilen, die sich bei Einzelveranlagung nach Maßgabe des § 26a des Einkommensteuergesetzes und der §§ 271 bis 276 ergeben würden. [2] Dabei sind die tatsächlichen und rechtlichen Feststellungen maßgebend, die der Steuerfestsetzung bei der Zusammenveranlagung zugrunde gelegt worden sind, soweit nicht die Anwendung der Vorschriften über die Einzelveranlagung zu Abweichungen führt.

I. Allgemeines

1. Regelungsgegenstand, Inhalt

1 Die Vorschrift ist aus den §§ 3, 4 I AuftVO (→ § 268 Rn. 1) hervorgegangen. S. 1 regelt den allgemeinen Aufteilungsmaßstab. S. 2 stellt klar, dass für die Aufteilung grds. die Besteuerungsgrundlagen, die der StFestsetzung bei der Zusammenveranlagung zugrunde gelegt worden sind, heranzuziehen sind. Auf einen einfacheren Aufteilungsmaßstab, zB nach dem Verhältnis der Einkünfte bzw. des Vermögens, wurde wegen des progressiven ESt-Tarifs bewusst verzichtet (BT-Drs. VI/1982, 178), da anderenfalls gerade Gesamtschuldner mit geringeren Einkünften – sogar gegenüber der Einzelveranlagung – idR schlechter gestellt würden (ebenso BFH 9.8.2004 – VI S 4/04 (PKH), BFH/NV 2004, 1624). Durch das StVereinfG 2011 wurde die getrennte Veranlagung mit Wirkung ab dem VZ 2013 durch die Einzelveranlagung ersetzt.

2. Verhältnis zu §§ 271–274

2 Bereits die Überschrift des § 270 macht deutlich, dass die besonderen Aufteilungsmaßstäbe der §§ 271–274 dem § 270 vorgehen bzw. diesen ergänzen. Dies bedeutet zugleich, dass

§ 270 stets anzuwenden ist, wenn die nachfolgenden Spezialregelungen nicht einschlägig sind. Der allgemeine Aufteilungsmaßstab greift insb. für die Aufteilung der nach erstmaliger StFestsetzung geschuldeten ESt ein. Zur Aufteilung der Nachforderung aufgrund geänderter StFestsetzung s. § 273.

II. Aufteilung der rückständigen Steuer (S. 1)

1. Rückständige Steuer

Der Umfang der rückständigen Steuer ist in § 276 I, II geregelt (→ § 276 Rn. 2 ff.); zu ihr gehören auch nicht getilgte Säumniszuschläge, Zinsen und Verspätungszuschläge (§ 276 IV). Dies gilt auch, wenn die ihnen zugrunde liegende Steuer nicht mehr rückständig ist (BFH 30.11.1994 – XI R 19/94, BStBl. II 1995, 487). Auf die Aufteilung eines Erstattungsanspruchs sind die §§ 268–280 nicht anwendbar (→ § 268 Rn. 9). 3

2. Fiktive Einzel-/getrennte Veranlagung

Die Aufteilung ist in dem Verhältnis der Beträge vorzunehmen, die sich bei Einzelveranlagung nach § 26a EStG ergäben (bis VZ 2012: getrennte Veranlagung). Für die fiktive Einzelveranlagung sind jedem Gesamtschuldner die ihm im Rahmen der Zusammenveranlagung zugerechneten Besteuerungsgrundlagen zuzuordnen. Soweit Besteuerungsgrundlagen (zB Sonderausgaben, außergewöhnliche Belastungen und StAbzugsbeträge nach § 35a EStG) für die Gesamtschuldner gemeinsam berücksichtigt wurden, werden sie bei dem Ehegatten oder Lebenspartner berücksichtigt, der sie getragen hat, sofern nicht beide Ehegatten oder Lebenspartner die hälftige Berücksichtigung beantragen. Bis VZ 2012 erfolgt eine hälftige Aufteilung, soweit die Gesamtschuldner nicht zulässigerweise eine abweichende Verteilung wählen (→ Rn. 8). Auf dieser Grundlage ist für jeden der beiden zusammen veranlagten Gesamtschuldner eine Einzel-/getrennte Veranlagung durchzuführen. Die sich daraus ergebende jeweilige ESt-Schuld der Gesamtschuldner ist ins Verhältnis zu setzen. Dieses Verhältnis ist auf die rückständige Steuer anzuwenden. 4

Beispiel: Für die Ehegatten ergibt sich bei Zusammenveranlagung zur ESt ein gemeinsames zu versteuerndes Einkommen von 100.000 EUR 5

Die darauf festzusetzende ESt beträgt	23.988 EUR
Geleistete Vorauszahlungen	20.000 EUR
Rückständige Steuer	3.988 EUR
Im Rahmen der fiktiven Einzel-/getrennten Veranlagung ergibt sich für den Ehemann ein zu versteuerndes Einkommen von 40.000 und eine Steuer von	8.333 EUR
Im Rahmen der fiktiven Einzel-/getrennten Veranlagung ergibt sich für die Ehefrau ein zu versteuerndes Einkommen von 60.000 und eine Steuer von	16.063 EUR

An der Summe der Steuern aus den fiktiven Einzel-/getrennten Veranlagungen von 24.396 sind der Ehemann mit 34,16 % und die Ehefrau mit 65,84 % beteiligt.

Danach entfallen von der rückständigen Steuer auf den Ehemann	1.362,30 EUR
und auf die Ehefrau	2.625,70 EUR

Ergeben sich ausnahmsweise bei beiden Einzel-/getrennten Veranlagungen StBeträge von jeweils null Euro, ist die rückständige Steuer im Verhältnis 1:1 aufzuteilen (Gosch AO § 270 Rn. 5; HHSp § 270 Rn. 7; TK § 270 Rn. 4).

Der **Verweis** des § 270 S. 1 auf die §§ 271–276 verdeutlich lediglich den allgemeinen Grundsatz, dass spezielle Regeln, wie die besonderen Aufteilungsmaßstäbe, Vorrang vor den allgemeinen Vorschriften genießen (→ Rn. 2). 6

III. Bindung an die Steuerfestsetzung (S. 2)

Im Aufteilungsverfahren sind die der StFestsetzung zugrunde gelegten Feststellungen bindend (BFH 27.8.1990 – VI B 216/89, BFH/NV 1991, 214). StBescheid und Aufteilungsbescheid stehen insofern in einem ähnlichen Verhältnis wie Grundlagen- und Folgebescheid (ebenso HHSp § 280 Rn. 7; Schwarz/Pahlke/Keß § 270 Rn. 4 f.; Wüllen- 7 kemper DStZ 1991, 36 (38)). Dies gilt nicht nur für die Berücksichtigung dem Grunde und der Höhe nach, sondern auch hinsichtlich der Zurechnung. Dementsprechend ist ein Gesamtschuldner im Rechtsbehelfsverfahren gegen die StFestsetzung auch dann beschwert, wenn er eine abweichende, geringere Zurechnung der insgesamt gleich bleibenden Besteuerungsgrundlagen begehrt, solange ein Aufteilungsantrag noch zulässig ist (BFH 16.8.1978 – I R 125/75, BStBl. II 1979, 26; BFH 7.11.1986 – III B 50/85, BStBl. II 1987, 94). Eine erstmalige Zurechnung im Aufteilungsverfahren ist nur dann möglich, wenn die FB diese im Festsetzungsverfahren überhaupt nicht vorgenommen hatte (FG Baden-Württemberg 25.4.1986 – IX 173/80, EFG 1986, 534; HHSp § 270 Rn. 6).

8 **Besonderheiten** gelten insoweit als § 26a EStG bis VZ 2012 abweichende Zurechnungsregelungen – insb. für die Berücksichtigung von Sonderausgaben, außergewöhnlichen Belastungen und StErmäßigungen – vorsieht: Die nach § 33b V EStG übertragenen Freibeträge sind den Gesamtschuldnern jeweils zur Hälfte zuzurechnen. Die Verteilung der außergewöhnlichen Belastungen, der Sonderausgaben und der StErmäßigungen hat aufgrund des Wahlrechts des § 26a EStG entspr. dem Antrag der Stpfl. zu erfolgen (ebenso Schluckebier DStR 1985, 141 (141 f.); aA Heidemann INF 1987, 433 (436)). § 26a EStG ist idF des jeweiligen VZ anzuwenden. Ab dem VZ 2013 erfolgt die Berücksichtigung grds. bei dem Ehegatten oder Lebenspartner, der die Aufwendungen getragen hat, wenn nicht eine hälftige Berücksichtigung beantragt wird.

§ 271 Aufteilungsmaßstab für die Vermögensteuer

Die Vermögensteuer ist wie folgt aufzuteilen:

1. **Für die Berechnung des Vermögens und der Vermögensteuer der einzelnen Gesamtschuldner ist vorbehaltlich der Abweichungen in den Nummern 2 und 3 von den Vorschriften des Bewertungsgesetzes und des Vermögensteuergesetzes in der Fassung auszugehen, die der Zusammenveranlagung zugrunde gelegen hat.**
2. **Wirtschaftsgüter eines Ehegatten oder Lebenspartners, die bei der Zusammenveranlagung als land- und forstwirtschaftliches Vermögen oder als Betriebsvermögen dem anderen Ehegatten oder Lebenspartner zugerechnet worden sind, werden als eigenes land- und forstwirtschaftliches Vermögen oder als eigenes Betriebsvermögen behandelt.**
3. **Schulden, die nicht mit bestimmten, einem Gesamtschuldner zugerechneten Wirtschaftsgütern in wirtschaftlichem Zusammenhang stehen, werden bei den einzelnen Gesamtschuldnern nach gleichen Teilen abgesetzt, soweit sich ein bestimmter Schuldner nicht feststellen lässt.**

Kommentierung siehe 1. Auflage

§ 272 Aufteilungsmaßstab für Vorauszahlungen

(1) [1]**Die rückständigen Vorauszahlungen sind im Verhältnis der Beträge aufzuteilen, die sich bei einer getrennten Festsetzung der Vorauszahlungen ergeben würden.** [2]**Ein Antrag auf Aufteilung von Vorauszahlungen gilt zugleich als Antrag auf Aufteilung der weiteren im gleichen Veranlagungszeitraum fällig werdenden Vorauszahlungen und einer etwaigen Abschlusszahlung.** [3]**Nach Durchführung der Veranlagung ist eine abschließende Aufteilung vorzunehmen.** [4]**Aufzuteilen ist die gesamte Steuer abzüglich der Beträge, die nicht in die Aufteilung der Vorauszahlungen einbezogen worden sind.** [5]**Dabei sind jedem Gesamtschuld-**

ner die von ihm auf die aufgeteilten Vorauszahlungen entrichteten Beträge anzurechnen. [6]Ergibt sich eine Überzahlung gegenüber dem Aufteilungsbetrag, so ist der überzahlte Betrag zu erstatten.

(2) **Werden die Vorauszahlungen erst nach der Veranlagung aufgeteilt, so wird der für die veranlagte Steuer geltende Aufteilungsmaßstab angewendet.**

I. Allgemeines

Die Vorschrift wurde wörtlich aus § 6 AuftVO (→ § 268 Rn. 1) übernommen. Sie regelt die Fälle, in denen bereits vor Aufteilung der aus der Veranlagung folgenden Steuer, die Vorauszahlungen auf ESt oder VSt aufzuteilen sind. Weil der Gesetzgeber die Aufteilung insgesamt regeln wollte, durfte auch die Aufteilung von StBeträgen nicht fehlen, die vor der Veranlagung fällig werden, weil sie sonst im Falle der Tilgung beim Leistenden unberücksichtigt blieben. 1

II. Grundsatz (Abs. 1)

1. Aufteilung rückständiger Vorauszahlungen (Abs. 1 S. 1)

Rückständige Vorauszahlungen werden nach den gleichen Maßstäben aufgeteilt, die den §§ 270, 271 zugrunde liegen. Danach sind die rückständigen Vorauszahlungen nach dem Verhältnis der Beträge aufzuteilen, die sich bei einer getrennten Festsetzung der Vorauszahlungen ergeben hätten. Der Umfang der rückständigen Vorauszahlungen ist nach § 276 I und II zu ermitteln. Auch bei der Aufteilung der Vorauszahlungen sind die der Festsetzung zugrunde gelegten Feststellungen bindend (§ 270 S. 2). 2

Zu den **ESt-Vorauszahlungen** gehören die laufenden – quartalsweisen – und nachträglichen Vorauszahlungen. Nachträgliche Anpassungsvorauszahlungen gem. § 37 III 3 EStG sind – entgegen dem Gesetzeswortlaut des § 272 I 2 – ebenfalls einzubeziehen, weil nur die Aufteilung sämtlicher Vorauszahlungen von der Antragstellung bis zur Veranlagung einen Sinn ergibt (Schwarz/Pahlke/Keß § 272 Rn. 15; aA HHSp § 272 Rn. 3). 3

Die Festsetzung der Vorauszahlungen erfolgt regelmäßig nach den Verhältnissen der letzten Veranlagung.

Säumniszuschläge und Zinsen für die Vorauszahlungen sind nicht nach S. 1 aufzuteilen, da § 276 IV diese Nebenleistung lediglich in die rückständige Steuer und nicht bereits bei den Vorauszahlungen einbezieht. Nicht mehr rückständig sind freiwillig gezahlte Beträge auf später fällig werdende Vorauszahlungen. 4

2. Folgen des Antrages (Abs. 1 S. 2)

Für den Antrag auf Aufteilung gelten die Bestimmungen der §§ 268, 269. Der Antrag auf Aufteilung von Vorauszahlungen hat zur Folge, dass auch die nachfolgend fällig werdenden und noch nicht getilgten Vorauszahlungen nach Maßgabe des S. 1 aufzuteilen sind. StAbzugsbeträge iSv § 276 III sind bei der Aufteilung der Vorauszahlungen nicht zu berücksichtigen (aA Schwarz/Pahlke/Keß § 272 Rn. 12), weil sie sich bereits bei der Festsetzung der Vorauszahlungen auswirken. Eine Berücksichtigung im Rahmen der abschließenden Aufteilung (S. 3) ist vollkommen ausreichend. Die Erwähnung der Abschlusszahlung im S. 2 ist systematisch fehl am Platz, da sich ihre Aufteilung erst aufgrund der nach S. 3 durchzuführenden abschließenden Aufteilung ergeben kann (ebenso HHSp § 272 Rn. 4). 5

3. Abschließende Aufteilung (Abs. 1 S. 3)

Die abschließende Aufteilung nach Veranlagung ist zwingend durchzuführen. Dies gilt – abw. von § 279 I 2 – auch dann, wenn die FB beabsichtigt, keine VollstrMaßnahmen mehr durchzuführen. Wählen die Ehegatten oder Lebenspartner allerdings die getrennte Jahres- 6 veranlagung, so sind lediglich evtl. verwirkte Säumniszuschläge aufzuteilen; einer abschließenden Aufteilung der Jahressteuer bedarf es nicht (Schluckebier DStR 1985, 141 (143 f.)). Zahlungen auf die aufgeteilten Vorauszahlungen sind bei der jeweiligen getrennten Veranlagung anzurechnen (S. 5). Seit dem VZ 2013 tritt an die Stelle der getrennten Veranlagung die Einzelveranlagung von Ehegatten und Lebenspartnern.

4. Gegenstand der Aufteilung (Abs. 1 S. 4)

7 Bei der abschließenden Aufteilung wird die gesamte Steuer aufgeteilt mit Ausnahme der Vorauszahlungsbeträge, die nicht aufgeteilt worden sind. Das sind die Beträge, die im Zeitpunkt der Aufteilung bereits getilgt waren.

5. Anrechnung (Abs. 1 S. 5)

8 Jedem Gesamtschuldner werden die Zahlungen angerechnet, die er auf seinen Anteil der Gesamtschuld geleistet hat. Unberücksichtigt bleiben also getilgte Vorauszahlungen, die nicht aufgeteilt wurden und freiwillige Teilzahlungen auf nach dem Aufteilungszeitpunkt fällig gewordene Vorauszahlungen. Hinsichtlich der aufgeteilten Vorauszahlungsbeträge bleibt die Aufteilung nach S. 1 und 2 erhalten, was sich insb. für Säumniszuschläge bis zur abschließenden Aufteilung auswirken kann. In die Anrechnung einzubeziehen sind auch die StAbzugsbeträge gem. § 276 VI.

6. Erstattung (Abs. 1 S. 6)

9 Hat ein Gesamtschuldner auf die aufgeteilten Vorauszahlungen einen höheren Betrag getilgt als sich für ihn nach der abschließenden Aufteilung (→ Rn. 6) ergibt, so ist ihm der übersteigende Betrag zu erstatten.

III. Aufteilung nach Veranlagung (Abs. 2)

10 Erfolgt die Aufteilung der Vorauszahlung erst nach Durchführung der Veranlagung für den Veranlagungszeitraum, so ist der Aufteilungsmaßstab für die veranlagte Steuer auch für die aufzuteilenden Vorauszahlungen anzuwenden. Der Regelung des § 272 II hätte es nicht bedurft, weil § 272 I 3 ohnehin eine abschließende Aufteilung nach Durchführung der Veranlagung vorsieht (im Ergebnis ebenso Gosch AO § 272 Rn. 2; TK § 272 Rn. 5). Es wäre widersinnig, in derartigen Fällen zunächst die Aufteilung der Vorauszahlungen nach dem Aufteilungsmaßstab durchzuführen, der sich aus der Festsetzung der Vorauszahlungen ergab, um ihn unmittelbar danach durch den Aufteilungsmaßstab des § 272 I 3 zu ersetzen (ebenso HHSp § 272 Rn. 6).

§ 273 Aufteilungsmaßstab für Steuernachforderungen

(1) **Führt die Änderung einer Steuerfestsetzung oder ihre Berichtigung nach § 129 zu einer Steuernachforderung, so ist die aus der Nachforderung herrührende rückständige Steuer im Verhältnis der Mehrbeträge aufzuteilen, die sich bei einem Vergleich der berichtigten Einzelveranlagungen mit den früheren Einzelveranlagungen ergeben.**

(2) **Der in Absatz 1 genannte Aufteilungsmaßstab ist nicht anzuwenden, wenn die bisher festgesetzte Steuer noch nicht getilgt ist.**

I. Allgemeines

1 Die Vorschrift ist aus § 7 AuftVO (→ § 268 Rn. 1) hervorgegangen. Durch das StBMG ist Abs. 1 mWv 30.12.1993 (Art. 97 § 1 IV EGAO) neu gefasst worden. Nunmehr werden

auch Berichtigungen gem. § 129 ausdrücklich erwähnt. Die Änderung entspricht der bisherigen Rechtslage und dient letztlich nur der Klarstellung. Durch das StVereinfG 2011 wurde die getrennte Veranlagung mit Wirkung ab dem VZ 2013 durch die Einzelveranlagung ersetzt.

1. Zweck

Der besondere Aufteilungsmaßstab des § 273 soll unbillige Härten gegenüber den allgemeinen Aufteilungsmaßstäben vermeiden, wenn die Änderung der StFestsetzung darauf beruht, dass im Wesentlichen nur die Besteuerungsgrundlagen eines Gesamtschuldners erhöht werden (TK § 273 Rn. 1). Das Regelungskonzept des § 273 überzeugt jedoch nicht, weil die rückständige Steuer stets aus den Besteuerungsgrundlagen aller Gesamtschuldner resultiert und sich eine erstmalig rückständige Steuer aus einer Änderungsfestsetzung im Ergebnis nicht anders darstellt als eine solche, deren Aufteilung im laufenden VollstrVerfahren beantragt wird (ebenso Schwarz/Pahlke/Keß § 273 Rn. 2 f.). Deshalb und weil die Regelung in ihrer Anwendung und Abgrenzung komplizierte Fragen aufwirft, sollte der Gesetzgeber § 273 ersatzlos aufheben (ebenso Schwarz/Pahlke/Keß § 273 Rn. 3; ähnlich BFH 18.7.2000 – VII R 32, 33/99, BStBl. II 2001, 133). 2

2. Verhältnis zu § 280

§ 273 steht in Konkurrenz zu § 280 I Nr. 2 und geht als lex specialis den allgemeinen Aufteilungsmaßstäben (§§ 270, 271) vor. Nach dem Wortlaut der jeweiligen Vorschriften ist § 280 anzuwenden, wenn bereits ein Aufteilungsbescheid ergangen ist, während § 273 den Erlass eines erstmaligen Aufteilungsbescheides regelt, dessen rückständige Steuer aus einer geänderten StFestsetzung resultiert. Ist aus der ursprünglichen StFestsetzung indes noch ein StBetrag rückständig, ist nicht § 273, sondern § 280 I Nr. 2 anwendbar (→ Rn. 7). 3

II. Aufteilung nach Änderung oder Berichtigung der Steuerfestsetzung (Abs. 1)

Die ursprüngliche StFestsetzung muss gem. § 129, §§ 164, 165 oder § 172 (ggf. iVm anderen Änderungsvorschriften) **berichtigt oder geändert** worden sein. Eine Änderung der Anrechnungsverfügung allein reicht nicht aus (BFH 18.7.2000 – VII R 32, 33/99, BStBl. II 2001, 133). Die Änderung oder Berichtigung muss zu einer **rückständigen Steuer** führen. Der Umfang der rückständigen Steuer richtet sich nach dem Zeitpunkt der Antragstellung (vgl. § 276 I und II). 4

Aufteilung im Verhältnis der Mehrbeträge. Zur Umsetzung der komplizierten Regelung sind zwei fiktive Einzel-/getrennte Veranlagungen durchzuführen. Im Einzelnen ist wie folgt vorzugehen: 5

- Für die ursprüngliche Festsetzung sind fiktive Einzel-/getrennte Veranlagungen für die Gesamtschuldner durchzuführen.
- Für die geänderte Festsetzung sind ebenfalls fiktive Einzel-/getrennte Veranlagungen vorzunehmen.
- Es ist für jeden Gesamtschuldner die Differenz aus den beiden vorangegangenen Berechnungen zu ermitteln.
- Nun ist das Verhältnis der Gesamtschuldner zueinander aus den ermittelten Differenzen zu bilden. Dieses Verhältnis stellt den Aufteilungsmaßstab des § 273 I dar.

Beispiel: Ausgehend vom Beispiel in → § 270 Rn. 5. Die dort rückständige Steuer wurde vollständig getilgt. Sodann werden durch Änderungsbescheid die Besteuerungsgrundlagen des Ehemannes um 10.000 EUR und die der Ehefrau um 5.000 EUR erhöht. Aufgrund des gemeinsam zu versteuernden Einkommens von jetzt 115.000 EUR ergibt sich eine Steuer von 30.026 EUR (Erhöhung um 6.038 EUR). 6

Im Rahmen der ursprünglichen fiktiven Einzel-/getrennten Veranlagungen ergab sich für den Ehemann bei einem zu versteuernden Einkommen von 40.000 eine Steuer von	8.333 EUR	
und für die Ehefrau bei einem zu versteuernden Einkommen von 60.000 eine Steuer von		16.063 EUR
Im Rahmen der geänderten fiktiven Einzel-/getrennten Veranlagungen ergibt sich für den Ehemann bei einem zu versteuernden Einkommen von 50.000 eine Steuer von	11.994 EUR	
und für die Ehefrau bei einem zu versteuernden Einkommen von 65.000 eine Steuer von		18.163 EUR
= fiktive Mehrsteuern	3.661 EUR	2100 EUR

An der Differenz der Steuern aus den fiktiven Einzel-/getrennten Veranlagungen von 5.761 EUR sind der Ehemann mit 63,55 % und die Ehefrau mit 36,45 % beteiligt.

Danach entfallen von der jetzt rückständigen Steuer (6.038 EUR) auf den Ehemann	3.837,15 EUR	
und auf die Ehefrau		2.200,85 EUR

Ergibt sich für einen Gesamtschuldner keine oder eine negative Differenz aus dem Vergleich der Einzelveranlagungen, so entfällt die aufzuteilende Steuer allein auf den bzw. die anderen Gesamtschuldner. Treffen bei der Änderung der StFestsetzung steuererhöhende und steuermindernde Umstände zusammen, so hat der Gesamtschuldner, für den sich eine geringere fiktive Steuer durch die Änderung ergibt, grds. gleichwohl keinen Erstattungsanspruch, weil es an einer § 272 I 6 entsprechenden Regelung fehlt. Außerdem darf das zufällige Zusammentreffen der Umstände in einer Änderung der Festsetzung zu keiner anderen Folge führen als bei separater Durchführung der Änderungen. Ergibt die Vergleichsberechnung – aufgrund geänderter Verluste – für keinen der Gesamtschuldner einen fiktiven StMehrbetrag, ist nicht § 273 I, sondern der allgemeine Aufteilungsmaßstab des § 270 anzuwenden (BFH 13.12.2007 – VI R 75/04, BStBl. II 2009, 577; aA Hagen NWB Fach 2, 8761).

III. Anwendungsbereich (Abs. 2)

7 Der Aufteilungsmaßstab des § 273 gilt nach Abs. 2 nicht für die Änderung eines Aufteilungsbescheides nach § 280 I Nr. 2, wenn die bisher festgesetzte Steuer noch nicht getilgt ist (Schwarz/Pahlke/Keß § 280 Rn. 10; Schluckebier DStR 1985, 141 (144); Heidemann INF 1987, 433 (439); Gosch AO § 273 Rn. 6; aA TK § 273 Rn. 1; HHSp § 273 Rn. 6). § 273 ist nur anwendbar, wenn die Steuer – nicht jedoch zwingend die in § 276 IV genannten Nebenleistungen – aus der ursprünglichen Festsetzung vollständig getilgt ist oder wenn die ursprüngliche Steuer auf null EUR festgesetzt war. War die Steuer aus der ursprünglichen Festsetzung noch nicht vollständig getilgt, erfolgt die Aufteilung nach den allgemeinen Grundsätzen der §§ 270, 271; dies gilt jedoch nicht, wenn nur noch Nebenleistungen iSd § 276 IV rückständig sind. Ist für die ursprüngliche Festsetzung bereits eine Aufteilung erfolgt, so ist § 280 I Nr. 2 als Änderungsvorschrift einschlägig, wenn die Vollstr. hieraus noch nicht beendet war. War die Vollstr. aus der ursprünglich aufgeteilten StFestsetzung beendet, kommt nach § 280 II keine Änderung des Aufteilungsbescheides mehr in Betracht. In diesem Fall ist ein neuer Aufteilungsbescheid nach Maßgabe des § 273 zu erlassen (ebenso HHSp § 280 Rn. 8, 11; TK § 280 Rn. 5; Schwarz/Pahlke/Keß § 280 Rn. 11; Gosch AO § 280 Rn. 9; Klein § 273 Rn. 3; aA Schluckebier DStR 1985, 141 (144)).

§ 274 Besonderer Aufteilungsmaßstab

[1]Abweichend von den §§ 270 bis 273 kann die rückständige Steuer nach einem von den Gesamtschuldnern gemeinschaftlich vorgeschlagenen Maßstab aufgeteilt werden, wenn die Tilgung sichergestellt ist. [2]Der gemeinschaftliche Vorschlag ist schriftlich einzureichen oder zur Niederschrift zu erklären; er ist von allen Gesamtschuldnern zu unterschreiben.

I. Allgemeines

Die Vorschrift ist aus § 8 AuftVO (→ § 268 Rn. 1) hervorgegangen. Die FB kann auf eine Aufteilung nach den §§ 270–273 verzichten, wenn sich die Gesamtschuldner auf einen bestimmten Maßstab einigen. Da mit dem selbst gewählten Aufteilungsmaßstab zugleich die Interessen der Gesamtschuldner (zB die Vorwegnahme des internen Gesamtschuldnerausgleiches) berücksichtigt werden, erhöht sich die Akzeptanz der Aufteilung. In der Praxis findet § 274 allerdings kaum Anwendung, weil die Aufteilung häufig nur dann beantragt wird, wenn die Ehe oder das Familienverhältnis zumindest gestört ist, oder einer der Gesamtschuldner in Vermögensverfall geraten ist (ebenso HHSp Vor § 268 Rn. 7; Sonnenschein NJW 1980, 257; Heidemann INF 1987, 433 (440)). Gerade in diesen Fällen wird jedoch ein Einvernehmen der Gesamtschuldner nur selten herzustellen sein. § 274 ist lex specialis zu den gesetzlichen Aufteilungsmaßstäben der §§ 270–273. 1

II. Gemeinschaftlicher Aufteilungsvorschlag (S. 1)

Es handelt sich nicht um einen förmlichen Antrag, sondern nur um einen Vorschlag, der nicht besonders beschieden werden muss (→ Rn. 6). Es muss sich um einen **gemeinschaftlichen** Vorschlag handeln, dh dass der Vorschlag von allen Gesamtschuldnern gebilligt wird. 2

Die **Tilgung** muss **sichergestellt** sein. Dieser unbestimmte Rechtsbegriff verlangt – anders als es der Wortlaut vermuten ließe – nicht, dass die Tilgung durch jeden Gesamtschuldner sichergestellt ist (so aber Klein § 274; Heidemann INF 1987, 433 (436); Kraemer DStZ 1989, 609 (611)). Es ist lediglich erforderlich, dass von demjenigen, der (nach überschlägiger Prüfung) einen höheren als den gesetzlichen Anteil tragen soll, eine reibungslose Tilgung zu erwarten ist (TK § 274 Rn. 1; Schwarz/Pahlke/Keß § 274 Rn. 6; Gosch AO § 274 Rn. 3; HHSp § 274 Rn. 4; Schluckebier DStR 1985, 141 (144)). Eine sich streng am Wortlaut orientierende Auslegung, widerspräche sowohl dem Sinn des § 274 als auch dem Interesse der FB, den StAnspruch in höchst möglichem Umfang zu realisieren. Die Sicherstellung der Tilgung kann auch durch Sicherheitsleistung (§§ 241 ff.) erfolgen. 3

III. Form des Vorschlages (S. 2)

Der Vorschlag muss schriftlich erfolgen oder zur Niederschrift erklärt werden. Die Schriftform dient der Beweissicherung im Falle späterer Streitigkeiten. Elektronische Form ist – entgegen § 269 I – nicht zulässig, da die Unterschrift sämtlicher Gesamtschuldner erforderlich ist. Durch die Unterschrift bekunden die Gesamtschuldner ihr Einverständnis mit der vorgeschlagenen Aufteilung, mithin dass es sich um einen gemeinschaftlichen Vorschlag handelt. **Stellvertretung** ist grds. möglich, auch durch andere Gesamtschuldner, sofern – wegen des Rechtsgedankens aus § 181 BGB – nicht die Gefahr des Missbrauchs der Vertretungsmacht besteht (TK § 274 Rn. 2; Schwarz/Pahlke/Keß § 274 Rn. 4). In Fällen der Zusammenveranlagung mit minderjährigen Kindern zur VSt ist dementsprechend eine Vertretung durch andere Gesamtschuldner (Eltern) nur zulasten des Vertreters möglich. 4

IV. Rechtsfolgen und Entscheidung

5 Die Entscheidung über die Annahme steht im **Ermessen** der FB. Es besteht grds. kein Anspruch auf Annahme des Vorschlages; ohnehin darf die FB ihn nur annehmen, wenn die tatbestandlichen Voraussetzungen des S. 1 erfüllt sind. Liegen die tatbestandlichen Voraussetzungen vor, ist insb. die Tilgung sichergestellt, sind kaum Fälle denkbar, die zur Ablehnung des Vorschlages berechtigen (ebenso HHSp § 274 Rn. 5; Schluckebier DStR 1985, 141 (144); inzwischen auch Schwarz/Pahlke/Keß § 274 Rn. 7).

6 Die **Annahme** des Vorschlages erfolgt nicht durch einen gesonderten Bescheid, sondern durch die antragsgemäße Aufteilung in dem zu erlassenden Aufteilungsbescheid (§ 279). Folgt die FB dem Vorschlag, so ist sie daran gebunden. Eine Änderung kann allenfalls nach § 280 I Nr. 1 erfolgen. Die **Ablehnung** des Vorschlages erfolgt ebenfalls nicht durch gesonderten Bescheid, sondern (inzidenter) durch Erlass des Aufteilungsbescheides nach Maßgabe der gesetzlichen Vorschriften (inzwischen auch Schwarz/Pahlke/Keß § 274 Rn. 8). Hierbei sind die Gründe für die Ablehnung gem. § 121 anzuführen. Lehnt die FB den Vorschlag dennoch mit gesondertem Bescheid ab, so kann dieser solange mit dem Einspruch und nachfolgender Verpflichtungsklage angefochten werden, bis sich dieser Bescheid durch den Erlass des Aufteilungsbescheides erledigt hat. Gegen den Aufteilungsbescheid ist der Einspruch und nachfolgend die Anfechtungsklage statthaft, und zwar auch mit der Begründung, dass die FB dem Aufteilungsvorschlag wegen einer Ermessensreduzierung auf null hätte folgen müssen.

§ 275 (weggefallen)

aufgehoben mit Wirkung vom 30.6.2013 durch das AmtshilfeRLUmsG

Die Vorschrift betraf die Abrundung des aufzuteilenden und der aufgeteilten Beträge.

§ 276 Rückständige Steuer, Einleitung der Vollstreckung

(1) **Wird der Antrag vor Einleitung der Vollstreckung bei der Finanzbehörde gestellt, so ist die im Zeitpunkt des Eingangs des Aufteilungsantrags geschuldete Steuer aufzuteilen.**

(2) **Wird der Antrag nach Einleitung der Vollstreckung gestellt, so ist die im Zeitpunkt der Einleitung der Vollstreckung geschuldete Steuer, derentwegen vollstreckt wird, aufzuteilen.**

(3) **Steuerabzugsbeträge und getrennt festgesetzte Vorauszahlungen sind in die Aufteilung auch dann einzubeziehen, wenn sie vor der Stellung des Antrags entrichtet worden sind.**

(4) **Zur rückständigen Steuer gehören auch Säumniszuschläge, Zinsen und Verspätungszuschläge.**

(5) **Die Vollstreckung gilt mit der Ausfertigung der Rückstandsanzeige als eingeleitet.**

(6) [1] **Zahlungen, die in den Fällen des Absatzes 1 nach Antragstellung, in den Fällen des Absatzes 2 nach Einleitung der Vollstreckung von einem Gesamtschuldner geleistet worden sind oder die nach Absatz 3 in die Aufteilung einzubeziehen sind, werden dem Schuldner angerechnet, der sie geleistet hat oder für den sie geleistet worden sind.** [2] **Ergibt sich dabei eine Überzahlung gegenüber dem Aufteilungsbetrag, so ist der überzahlte Betrag zu erstatten.**

I. Allgemeines

§ 276 entspricht weitgehend § 11 AuftVO (→ § 268 Rn. 1). Die Vorschrift regelt den maßgeblichen Zeitpunkt für die Ermittlung des aufzuteilenden Betrages (Abs. 1, 2, 5) und dessen Umfang (Abs. 1–4); Abs. 6 bestimmt schließlich die Anrechnung. 1

II. Aufteilungszeitpunkt und -umfang (Abs. 1 und 2)

Die Ermittlung des aufzuteilenden rückständigen Betrages richtet sich danach, ob der Antrag auf Aufteilung vor oder nach der Einleitung der Vollstr. bei der FB gestellt wurde. Maßgeblicher Zeitpunkt ist der Eingang des Aufteilungsantrages (§ 269) bei der zuständigen Behörde (Heidemann INF 1987, 433 (434); Kraemer DStZ 1989, 609 (610)). Der Zeitpunkt, in dem die FB den Aufteilungsbescheid erlässt, ist für die Aufteilung unbeachtlich. 2

Geht der Antrag **vor Einleitung der Vollstr.** ein, so ist die im Zeitpunkt des Eingangs des Antrages geschuldete Steuer aufzuteilen. Die Vollstr. gilt gem. § 276 V mit der Ausfertigung der Rückstandsanzeige als eingeleitet (→ Rn. 10). Der Antrag muss infolgedessen nach Ergehen des Leistungsgebotes (§ 269 II 1) und vor der Ausfertigung der Rückstandsanzeige eingehen. Die geschuldete Steuer muss weder fällig noch vollstreckbar sein. Maßgeblich ist allein das wirksame Entstehen und Fortbestehen der StSchuld; so sind zB auch gestundete (§ 222) oder gem. § 361 AO bzw. § 69 FGO von der Vollziehung ausgesetzte Beträge in die Aufteilung einzubeziehen (TK § 276 Rn. 2; HHSp § 276 Rn. 7; Klein § 276 Rn. 3; Schwarz/Pahlke/Keß § 276 Rn. 10). 3

Geht der Antrag **nach Einleitung der Vollstr.** ein, so ist nicht die bei Eingang des Antrages geschuldete Steuer (→ Rn. 3) aufzuteilen, sondern nur der StBetrag, wegen dem die Vollstr. eingeleitet wurde. Der Aufteilungszeitpunkt wird dann durch die Ausfertigung der Rückstandsanzeige bestimmt (→ Rn. 10). Die in Abs. 2 verwendete Formulierung „derentwegen vollstreckt wird" ist semantisch misslungen, weil sie tatsächliche VollstrMaßnahmen erforderte (HHSp § 276 Rn. 6; Schwarz/Pahlke/Keß § 276 Rn. 11). Deshalb sind noch nicht fällige Beträge oder solche, die in der Rückstandsanzeige nicht aufgeführt sind, nicht nach Abs. 2 in die Aufteilung einzubeziehen; ihre Aufteilung bestimmt sich dann wiederum nach Abs. 1 (Gosch AO § 276 Rn. 5; Schwarz/Pahlke/Keß § 276 Rn. 12; Heidemann INF 1987, 433 (435)). 4

Erst ab dem Zeitpunkt der Antragstellung bzw. der Einleitung der Vollstr. kann die **Wirkung der Aufteilung** (→ § 278 Rn. 2) eintreten; zuvor geleistete Tilgungsleistungen bleiben unberücksichtigt, unabhängig davon, wer sie geleistet hat (BFH 18.7.2000 – VII R 32, 33/99, BStBl. II 2001, 133). 5

Der **Umfang** der aufzuteilenden Beträge hängt zum einen vom Zeitpunkt der Antragstellung (→ Rn. 2 ff.) ab. Zum anderen sind StAbzugsbeträge und getrennt festgesetzte Vorauszahlungen (§ 276 III) sowie die in § 276 IV genannten Nebenleistungen (→ Rn. 8) in die Aufteilung einzubeziehen. 6

III. Einzubeziehende Beträge (Abs. 3)

Gem. § 276 III sind StAbzugsbeträge und getrennt festgesetzte Vorauszahlungen in die Aufteilung einzubeziehen. Dies gilt auch dann, wenn sie vor der Antragstellung nicht mehr rückständig sind. Es werden folglich auch bereits getilgte Beträge in die Aufteilung einbezogen. Der Einbeziehung der Beträge steht deren Anrechnung nach § 276 VI gegenüber. Anzurechnen sind sie zugunsten des Gesamtschuldners, für den sie geleistet worden sind. Sinn des Regelungsmechanismus der Abs. 3 und 6 ist die Vermeidung der Benachteiligung desjenigen Gesamtschuldners, aus dessen Vermögen die Vorausleistung erbracht wurde. Die jeweilige Leistung eines Gesamtschuldners sollte nach dem Willen des Gesetzgebers (BT-Drs. VI/1982, 215) nicht auch den anderen Gesamtschuldnern zugutekommen. § 276 III erfasst StAbzugsbeträge – also LSt, KapESt sowie die gem. § 48c I Nr. 2, 3 7

EStG anzurechnende BauabzugsSt – und getrennt festgesetzte Vorauszahlungen. Vorauszahlungen sind nur dann getrennt festgesetzt, wenn sie auf einer getrennten oder Einzelveranlagung beruhen (FG Hessen 19.8.1985 – 12 K 154/81, EFG 1985, 592). Die Einbeziehung von aufgeteilten Vorauszahlungen bestimmt sich nach § 272 I S. 4.

IV. Einzubeziehende Nebenleistungen (Abs. 4)

8 Neben der nach Abs. 1, 2 zu ermittelnden Steuer iSd § 3 I umfasst der Begriff „rückständige Steuer" auch einzelne steuerliche Nebenleistungen (§ 3 IV), nämlich Säumniszuschläge (§ 240), Zinsen (§§ 233–237) und Verspätungszuschläge (§ 152). Bis zur Aufteilung entstandene VollstrKosten sind daher nicht aufzuteilen; sie bestehen weiter als Gesamtschuld. Da Abs. 4 ausdrücklich bestimmt, dass die Nebenleistungen Teil der rückständigen Steuer („gehören") sind, können sie auch alleiniger Gegenstand einer Aufteilung sein (BFH 30.11.1994 – XI R 19/94, BStBl. II 1995, 487). Der Begriff der rückständigen Steuer ist maßgeblich für die Anwendung der §§ 269 II 2, 270 S. 1, 273 I und § 274.

V. Einleitung der Vollstreckung (Abs. 5)

9 Der Zeitpunkt der Einleitung der Vollstr. bildet einerseits die zeitliche Trennlinie zwischen Abs. 1 und 2 zur Ermittlung des Umfangs der aufzuteilenden Beträge und andererseits für die nach § 276 VI anzurechnenden Beträge. Um Zufälligkeiten durch unterschiedliches Handeln der jeweiligen FÄ auszuschließen, knüpft Abs. 5 an eine objektive, leicht feststellbare Handlung an. Maßgeblich ist die Ausfertigung der Rückstandsanzeige und nicht zB ihr Eingang in der VollstrStelle. Die **Rückstandsanzeige** ist die finanzamtsinterne Mitteilung der Finanzkasse an die VollstrStelle, dass der StSchuldner den fälligen und gemahnten Betrag innerhalb der gesetzten Frist nicht gezahlt hat (Abschn. 20 VollstrA). Materiell-rechtlich wird die Vollstr. erst mit der Anordnung durch die VollstrStelle oder die Anordnungsbehörde im Verfahren nach dem VwVfG eingeleitet (TK § 276 Rn. 6).

VI. Anrechnung auf die aufgeteilte Steuer (Abs. 6)

10 Der Umfang der Anrechnung nach S. 1 hängt vom Aufteilungszeitpunkt nach Abs. 1 oder 2 ab. Die Anrechnung bewirkt, dass Tilgungen auf die rückständige Steuer nicht mehr auch den anderen Gesamtschuldnern zugutekommen. Dementsprechend werden die ab dem Zeitpunkt der Aufteilung geleisteten Zahlungen dem Gesamtschuldner angerechnet, der sie geleistet hat oder für den sie geleistet worden sind (BFH 4.4.1995 – VII R 82/94, BStBl. II 1995, 492). Vor dem maßgeblichen Aufteilungszeitpunkt geleistete Tilgungen bleiben bei der Anrechnung unberücksichtigt (BFH 18.7.2000 – VII R 32, 33/99, BStBl. II 2001, 133; BFH 28.9.2010 – VII B 155/10, BFH/NV 2011, 4; sa BFH 17.12.2009 – VII B 20/09, BFH/NV 2010, 834). Folgerichtig müssen auch die nach Abs. 3 in die Aufteilung einbezogenen Beträge dem Gesamtschuldner angerechnet werden, für den sie geleistet worden sind (zum Leistungsbegriff → § 37 Rn. 18 ff.). Die Tilgungswirkung des § 44 II entfällt damit rückwirkend (BFH 12.1.1988 – VII R 66/87, BStBl. II 1988, 406). Die Zahlungen iSd Abs. 6 müssen nicht freiwillig erfolgt sein; auch im Wege der Vollstr. beigetriebene Beträge werden angerechnet (TK § 276 Rn. 7; HHSp § 276 Rn. 12; Klein § 276 Rn. 7; Schwarz/Pahlke/Keß § 276 Rn. 18). Diese werden bei dem Gesamtschuldner angerechnet, in dessen Vermögen vollstreckt wurde (BFH 18.4.2013 – VII B 66/12, BFH/NV 2013, 1217; BFH 10.3.2015 – VII R 26/13, BFH/NV 2015, 946).

Überzahlte Beträge sind gem. § 276 VI 2 zu erstatten (BFH 17.11.2009 – VI B 118/09, BFH/NV 2010, 604; FG Berlin-Brandenburg 16.9.2009 – 7 K 7453/06 B, EFG 2010, 6; Sauerland AO-StB 2009, 378), sofern der Aufteilungsantrag nicht rechtsmissbräuchlich ist (→ § 269 Rn. 2).

§ 277 Vollstreckung

Solange nicht über den Antrag auf Beschränkung der Vollstreckung unanfechtbar entschieden ist, dürfen Vollstreckungsmaßnahmen nur soweit durchgeführt werden, als dies zur Sicherung des Anspruchs erforderlich ist.

Hinweis auf Abschn. 5 III 1, 2 **VollstrA**

Schrifttum: Wüllenkemper, Vorläufiger Rechtsschutz gegen Aufteilungsbescheide, DStZ 1991, 36.

I. Allgemeines

§ 277 entspricht § 12 AuftVO (→ § 268 Rn. 1) und enthält eine vorläufige VollstrBeschränkung. Dieser Suspensiveffekt des Aufteilungsantrages besteht unabhängig von den Erfolgsaussichten eines evtl. eingelegten Rechtsbehelfs (BFH 11.3.2004 – VII R 15/03, BStBl. II 2004, 566; aA FG Köln 26.6.2002 – 14 K 3037/01, EFG 2003, 1059). 1

Der **Zweck** des § 277 besteht in einem Ausgleich der Interessen der Beteiligten und der FB (ebenso Wüllenkemper DStZ 1991, 36 (37)). Für die Beteiligten ist bis zur unanfechtbaren Entscheidung über den Aufteilungsantrag noch unklar, in welcher Höhe jeder der Gesamtschuldner endgültig in Anspruch genommen werden kann; daher liegt ihnen an einem möglichst weitgehenden VollstrSchutz. Dies widerspricht dem Interesse des Fiskus, die rückständige Steuer möglichst umfassend und zeitnah zu realisieren. Diesen Interessenkonflikt entscheidet § 277 in der Weise, dass lediglich die Vollstr. zur Erlangung von Sicherheiten, nicht aber ihre Verwertung zugelassen wird. Nach Unanfechtbarkeit des Aufteilungsbescheids gilt § 278. 2

II. Tatbestandliche Voraussetzungen

Über den Antrag auf Aufteilung darf noch nicht unanfechtbar entschieden worden sein. 3

Die FB **entscheidet** über den Antrag durch schriftlichen Aufteilungsbescheid oder durch Zurückweisung des Antrages (→ § 269 Rn. 9). Einer Entscheidung über den Antrag bedarf es gem. § 279 I 2 nur dann nicht, wenn die FB von VollstrMaßnahmen absieht oder bereits ergriffene Maßnahmen wieder aufhebt. Eine vorläufige VollstrBeschränkung ist in diesem Fall nicht erforderlich.

Die Entscheidung der FB darf noch nicht **unanfechtbar** sein. Unanfechtbarkeit tritt ein, sobald die Rechtmäßigkeit des VA nicht mehr aufgrund ordentlicher Rechtsbehelfe überprüft werden kann. So wird der VA mit Ablauf der Rechtsbehelfsfrist (§ 355) bzw. nach Einlegung eines Einspruchs mit Ablauf der Klagefrist (§ 47 FGO) unanfechtbar. Ein Klage abweisendes Urteil wird mit Eintritt der Rechtskraft, abschließende Entscheidungen des BFH mit ihrem Ergehen unanfechtbar (vgl. Gräber FGO § 110 Rn. 2). Zuvor kann die Unanfechtbarkeit auch durch einen Einspruchsverzicht (§ 354) oder Klageverzicht (§ 50 FGO) aller Gesamtschuldner herbeigeführt werden.

III. Rechtsfolge

Die Vollstr. wird in der Zeit zwischen Antrag und Unanfechtbarkeit der Entscheidung über den Antrag auf Maßnahmen beschränkt, die zur Sicherung erforderlich sind (BFH 12.6.1990 – VII R 69/89, BStBl. II 1991, 493 (495); Abschn. 5 III 1 VollstrA). 4

1. Maßnahmen zur Sicherung

Als zulässige Maßnahmen zur Sicherung iSd § 277 kommen idR solche in Betracht, durch die ein Sicherungsrecht am VollstrGegenstand entsteht, nicht jedoch deren Verwertung. Zulässig ist deshalb zB die Pfändung von Sachen, nicht aber ihre Versteigerung; die Forderungspfändung, nicht aber ihre Einziehung; die Eintragung von Sicherungshypotheken, nicht aber der Antrag auf Zwangsversteigerung. Gepfändetes Geld ist zu hinterle- 5 gen (TK § 277 Rn. 2; HHSp § 277 Rn. 5; Schwarz/Pahlke/Keß § 277 Rn. 4). Die nach § 324 III 4 iVm §§ 930–932 ZPO gestatteten Vollziehungsmaßnahmen sind als Sicherungsmaßnahme iSd § 277 zulässig. Ferner ist die FB berechtigt, Sicherheiten entgegenzunehmen. Hat die FB bereits vor der Antragstellung VollstrMaßnahmen ergriffen, die über die bloße Sicherung des Anspruchs hinausgehen, sind diese Maßnahmen so weit wie möglich aufzuheben (FG Niedersachsen 5.11.2013 – 15 K 14/13, EFG 2014, 106; Gosch AO § 277 Rn. 3; TK § 277 Rn. 1; Klein § 277 Rn. 1; HHSp § 277 Rn. 7). Die Anordnung des **dinglichen Arrests** selbst ist als Sicherungsmaßnahme iSd § 277 nicht denkbar (aA TK § 277 Rn. 2; Klein § 277 Rn. 1), weil der Arrest als VollstrGrundlage an die Stelle des Leistungsgebotes tritt (ebenso Schwarz/Pahlke/Keß § 277 Rn. 4). Der dingliche Arrest ist unzulässig, wenn die FB den Anspruch bereits vollstrecken darf (→ § 324 Rn. 13). Zur Aufrechnung → § 279 Rn. 4.

2. Erforderlichkeit

6 Die Maßnahme muss zur Sicherung des Anspruchs erforderlich sein; eine Übersicherung ist unzulässig. Ein besonderes Sicherungsbedürfnis setzt § 277 nicht voraus (BFH 30.11.1993 – VII B 199/93, BFH/NV 1994, 525; HHSp § 277 Rn. 4). Die Sicherungsmaßnahmen bei den einzelnen Gesamtschuldnern sind nicht auf ihren voraussichtlichen Anteil beschränkt (BFH 30.11.1993 – VII B 199/93, BFH/NV 1994, 525; Gosch AO § 277 Rn. 4; Klein § 277 Rn. 2; Schwarz/Pahlke/Keß § 277 Rn. 2). Eine Beschränkung ergäbe auch keinen Sinn, weil die Aufteilung bis zu ihrer Unanfechtbarkeit noch nicht definitiv ist.

3. Aussetzung der Vollziehung

7 AdV des Aufteilungsbescheides kommt neben dieser Vorschrift nicht in Betracht, weil § 277 die vorläufige VollstrBeschränkung bis zur Unanfechtbarkeit des Aufteilungsbescheids als lex specialis gegenüber § 361 regelt (→ § 279 Rn. 15). AdV gegen die VollstrMaßnahme käme allenfalls in Betracht, wenn die FB – rechtswidrig – irreparable VollstrMaßnahmen ergreift (BFH 4.12.2001 – X B 155/01, BFH/NV 2002, 476). § 277 bewirkt nicht, dass die Fälligkeit der StForderung hinausgeschoben wird, sodass bei nicht rechtzeitiger Zahlung Säumniszuschläge verwirken (→ § 269 Rn. 10).

§ 278 Beschränkung der Vollstreckung

(1) **Nach der Aufteilung darf die Vollstreckung nur nach Maßgabe der auf die einzelnen Schuldner entfallenden Beträge durchgeführt werden.**

(2) **[1] Werden einem Steuerschuldner von einer mit ihm zusammen veranlagten Person in oder nach dem Veranlagungszeitraum, für den noch Steuerrückstände bestehen, unentgeltlich Vermögensgegenstände zugewendet, so kann der Empfänger bis zum Ablauf des zehnten Kalenderjahres nach dem Zeitpunkt des Ergehens des Aufteilungsbescheids über den sich nach Absatz 1 ergebenden Betrag hinaus bis zur Höhe des gemeinen Werts dieser Zuwendung für die Steuer in Anspruch genommen werden. [2] Dies gilt nicht für gebräuchliche Gelegenheitsgeschenke.**

Vergleichbare Vorschriften (Abs. 2): §§ 11, 4 II AnfG, § 134 InsO
Hinweis auf Abschn. 5 III 3 **VollstrA**

Schrifttum: Hüdepohl, Aufrechnung des Finanzamtes nach Aufteilung der Steuerschuld von Ehegatten, BB 1986, 370; Eschenbach, Der „empfehlenswerte Verwaltungsakt" zur Beurteilung unentgeltlicher Zuwendungen iSd § 278 Abs. 2 AO, DStZ 1994, 679; Depping, Die „unbenannte Zuwendung" unter Ehegatten in der abgabenrechtlichen Zwangsvollstreckung, BB 1994, 907.

A. Allgemeines

Abs. 1 der Vorschrift entspricht § 14 AuftVO (→ § 268 Rn. 1) und regelt die VollstrBeschränkung. Abs. 2 ging aus § 6 IV StAnpG hervor und soll Umgehungen durch unentgeltliche Übertragung von Vermögensgegenständen entgegenwirken (BT-Drs. VI/1982, 179). § 278 II 2 ist in die AO 1977 neu aufgenommen worden und regelt einen Sonderfall der Anfechtung einer Vermögensverschiebung (vgl. BFH 18.12.2001 – VII R 56/99, BStBl. II 2002, 214). 1

B. Vollstreckungsbeschränkung (Abs. 1)

Nach Unanfechtbarkeit des Aufteilungsbescheides darf die FB gegenüber den einzelnen Gesamtschuldnern nur noch die auf sie entfallenden Teilbeträge vollstrecken. § 278 ist nicht schon ab Erlass des Aufteilungsbescheides, sondern erst – wie sich aus § 277 ergibt – anwendbar, wenn der Aufteilungsbescheid **unanfechtbar** geworden ist (Gosch AO § 278 Rn. 5; Klein § 278 Rn. 1; HHSp § 278 Rn. 3). Bis zur Unanfechtbarkeit gilt ausschl. § 277. Die nach § 277 vorgenommenen vorläufigen Sicherungsmaßnahmen dürfen – auf die aufgeteilte Schuld des jeweiligen Gesamtschuldners beschränkt – in endgültige VollstrMaßnahmen übergeleitet werden. Sofern die Verwertung der Sicherheiten nicht zur Tilgung der rückständigen Steuer ausreicht, ist die FB berechtigt, neue VollstrMaßnahmen bis zur Tilgung der jeweiligen aufgeteilten Schuld des Gesamtschuldners zu ergreifen. 2

Hierfür ist kein neuerliches **Leistungsgebot** erforderlich (BFH 18.12.2001 – VII R 56/99, BStBl. II 2002, 214), weil das ursprüngliche Leistungsgebot weiter gilt. Vorläufige VollstrMaßnahmen nach § 277, die über den Anteil des jeweiligen Gesamtschuldners hinausgehen, sind aufzuheben; überzahlte Beträge sind zu erstatten. 3

Die in § 278 angesprochene **„Durchführung der Vollstr."** ist weit zu verstehen. Sie erfasst nicht nur VollstrMaßnahmen iSd §§ 249 ff., sondern auch Maßnahmen der FB, die im Ergebnis ebenfalls die Tilgung herbeiführen. Hierzu gehört insb. die Aufrechnung (§ 226). Sie ist gegenüber dem Gesamtschuldner, auf den kein Rückstand entfällt, nach Eingang des Antrages unzulässig (BFH 12.1.1988 – VII R 66/87, BStBl. II 1988, 406; BFH 12.6.1990 – VII R 69/89, BStBl. II 1991, 493). Vgl. → § 279 Rn. 4. 4

C. Vollstreckungsvereitelung (Abs. 2)

I. Inanspruchnahme des Zuwendungsempfängers (Abs. 2 S. 1)

Die FB kann den Empfänger unentgeltlicher Zuwendungen bis zu dessen gemeinen Wert für die aufgeteilten StSchulden des Zuwendenden in Anspruch nehmen. **Vermögensgegenstände** sind alle Wirtschaftsgüter (§ 39 I) in Geld oder Geldeswert; hierzu gehört auch die Freistellung von Verbindlichkeiten (FG Münster 11.1.2001 – 12 K 2837/99 S, EFG 2001, 669). Eine (wie zB in § 3 I AnfG oder § 133 I InsO geforderte) Gläubigerbenachteiligung oder Missbrauchsabsicht ist nicht erforderlich (BFH 30.9.2010 – VII B 61/10, BFH/NV 2011, 195). Die Inanspruchnahme des Zuwendungsempfängers ist auch dann möglich, wenn durch Tod des anderen Gesamtschuldners der Fiskus gesetzlicher Erbe geworden ist (BFH 7.3.2006 – VII R 12/05, BStBl. II 2006, 584). 5

1. Unentgeltliche Zuwendung

Zu den unentgeltlichen Zuwendungen gehören auch gemischte Schenkungen (Gosch AO § 278 Rn. 8; HHSp § 278 Rn. 10; TK § 278 Rn. 5; Kraemer DStZ 1989, 609 (612)), die in einen entgeltlichen und einen unentgeltlichen Teil aufzuspalten sind. Ebenfalls unentgeltlich sind grds. die familienrechtlichen unbenannten Zuwendungen zwischen 6

Ehegatten und Lebenspartnern (BFH 2.3.1994 – II R 59/92, BStBl. II 1994, 366; BFH 28.3.2003 – VII B 231/02, BFH/NV 2003, 1033; FG Berlin 16.3.2004 – 5 K 5464/01, EFG 2004, 959; Schwarz/Pahlke/Keß § 278 Rn. 8; HHSp § 278 Rn. 13 ff.; Depping BB 1994, 907). Dies gilt jedoch nicht, wenn zB ein alleinverdienender Ehegatte oder Lebenspartner im Rahmen seiner Unterhaltsverpflichtung Zins- und Tilgungsleistungen des gemeinsamen oder im Eigentum des anderen Ehegatten stehenden Familienheimes bestreitet (vgl. FG Niedersachsen 10.5.2011 – 12 K 287/10, EFG 2012, 207; BFH 17.12.2019 – VII R 18/17, DStR 2020, 1198).

2. Zugunsten einer zusammen veranlagten Person

7 Die Zuwendung muss von einer mit dem StSchuldner zusammen veranlagten Person erfolgt sein. Überträgt zB ein Gesamtschuldner nach erfolgter ESt-Aufteilung unentgeltlich Vermögensgegenstände auf ein Kind, so scheidet die Inanspruchnahme des Kindes nach § 278 II 1 aus, weil es nicht mit ihm zusammen zur ESt veranlagt wurde. Die Inanspruchnahme richtet sich in solchen Fällen nach den allg. Vorschriften, insb. § 191 I 1 iVm §§ 4, 11 AnfG.

3. Zeitlicher Zusammenhang mit der Aufteilung

8 Die Vermögensübertragung muss in oder nach dem Zusammenveranlagungszeitraum, für den die Aufteilung erfolgte, stattgefunden haben. Veranlagungszeitraum ist für die ESt das Kalenderjahr (§ 25 EStG) und für die VSt der dreijährige Hauptveranlagungszeitraum bzw. der ein- oder zweijährige Neu- oder Nachveranlagungszeitraum (§§ 15 ff. VStG).

4. Inanspruchnahme der Höhe nach

9 Der Durchgriff auf den Empfänger ist nach § 278 II 1 nicht gegenständlich, sondern wertmäßig beschränkt (Schwarz/Pahlke/Keß § 278 Rn. 6; Heidemann INF 1987, 433 (434)); die Vollstr. kann in das gesamte Vermögen des Zuwendungsempfängers bis zur Höhe des gemeinen Werts der Zuwendung erfolgen. Spätere Wertveränderungen am übertragenen Vermögensgegenstand sind unbeachtlich.

Dingliche Belastungen am übertragenen Vermögensgegenstand sind mit dem Nominalwert in Abzug zu bringen (FG Rheinland-Pfalz 15.2.2006 – 1 K 2794/04, DStRE 2007, 980). Sofern Rückgewähransprüche (zB aufgrund bereits erfolgter Tilgungen auf ein grundschuldrechtlich gesichertes Darlehen) mitübertragen werden, erhöhen sie wiederum den Wert der Zuwendung (BFH 11.12.2007 – VII R 1/07, BFH/NV 2008, 834).

5. Ermessen

10 Die Entscheidung über die Inanspruchnahme des Empfängers steht im Ermessen der FB. Erfolglose VollstrVersuche gegen den Zuwendenden sind nicht erforderlich (HHSp § 278 Rn. 22; Schwarz/Pahlke/Keß § 278 Rn. 13). Kann die FB ihren StAnspruch beim Zuwendenden jedoch reibungslos realisieren, so ist die Inanspruchnahme des Zuwendungsempfängers regelmäßig ermessensfehlerhaft, weil die FB von der ihr eingeräumten Erweiterung der VollstrMöglichkeiten keinen Gebrauch machen müsste (ebenso HHSp § 278 Rn. 22; Schwarz/Pahlke/Keß § 278 Rn. 13).

II. Ausnahme für Gelegenheitsgeschenke (Abs. 2 S. 2)

11 Gebräuchliche Gelegenheitsgeschenke zwischen den Gesamtschuldnern lösen nicht die Folge des Durchgriffs auf den Zuwendungsempfänger aus. Der Sinn dieser Regelung besteht darin, die Privatsphäre der zusammen veranlagten Gesamtschuldner nicht durch kleinliches Aufrechnen üblicher Gelegenheitsgeschenke zu stören. Der Begriff der gebräuchlichen Gelegenheitsgeschenke ist daher nicht zu kleinlich auszulegen (ebenso HHSp § 278 Rn. 17), zumal er nicht auf gebräuchliche Gelegenheitsgeschenke geringen Werts beschränkt ist (wie zB in § 4 II AnfG). Die Gebräuchlichkeit richtet sich sowohl nach dem

Anlass als auch nach den Vermögensverhältnissen und Lebensumständen des Zuwendenden (vgl. FG Hessen 24.2.2005 – 1 K 3480/03, EFG 2005, 1146).

III. Verfahrensfragen

Für die Inanspruchnahme des Vermögensempfängers ist kein **besonderer VA** erforderlich (BFH 29.11.1983 – VII R 22/83, BStBl. II 1984, 287; Klein § 278 Rn. 7; TK § 278 Rn. 7a; Schwarz/Pahlke/Keß § 278 Rn. 11; Gosch AO § 278 Rn. 7; aA Eschenbach DStZ 1994, 679 (683)), weil dieser nicht gesetzlich gefordert wird. Auch eine Änderung des Aufteilungsbescheides mit dem Ziel einer anderen Aufteilung scheidet bereits deshalb aus, weil § 280 dies nicht vorsieht. Der Erlass eines Haftungsbescheides gegen den Zuwendungsempfänger kommt nicht in Betracht, weil der in Anspruch zu nehmende Gesamtschuldner für eine eigene Schuld einzustehen hat (ebenso HHSp § 278 Rn. 23). Ferner ist ein Duldungsbescheid nicht vonnöten (aA Kraemer DStZ 1989, 609 (612); Hagen NWB Fach 2, 8761), weil § 278 II 2 keine besondere Duldungspflicht des Zuwendungsempfängers normiert, sondern nur die VollstrBeschränkung des Abs. 1 aufhebt. Gleichwohl ist ein klarstellender Bescheid – insb. seit der normierten Frist – zweckmäßig (BFH 18.12.2001 – VII R 56/99, BStBl. II 2002, 214; BFH 25.10.2007 – VII B 359/06, BFH/NV 2008, 188; Gosch AO § 278 Rn. 7; TK § 278 Rn. 7a; Schwarz/Pahlke/Keß § 278 Rn. 11), der inhaltlich einem Duldungsbescheid entspricht (BFH 18.12.2001 – VII R 56/99, BStBl. II 2002, 214). Dieser Bescheid muss inhaltlich hinreichend bestimmt sein, also es müssen insb. die Zuwendung zeitlich und der Höhe nach konkretisiert sowie eine Verknüpfung mit den StRückständen hergestellt werden (vgl. FG Niedersachsen 31.5.2012 – 1 K 110/10, EFG 2012, 2181). Gegen diesen Bescheid ist Einspruch und Anfechtungsklage gegeben. Die Unanfechtbarkeit dieses Bescheides ist nicht Voraussetzung für die Vollstr. nach Abs. 1 (sa BFH 25.10.2007 – VII B 359/06, BFH/NV 2008, 188). 12

Ändern Ehegatten oder Lebenspartner nach erfolgter Aufteilung ihr **Veranlagungswahlrecht zur Einzelveranlagung** (bis VZ 2012 getrennte Veranlagung), so sind gem. § 278 II eingeleitete VollstrMaßnahmen zwingend aufzuheben. Die Änderung des Veranlagungswahlrechts ist auch in diesen Fällen grds. nicht rechtsmissbräuchlich iSv § 42 (FG Berlin 22.2.2002 – 3 K 3071/95, BeckRS 2002, 21010221; BFH 19.5.2004 – III R 18/02, BFH/NV 2004, 1597, s. jedoch → § 269 Rn. 2). Die FB muss in diesen Fällen vielmehr mittels Duldungsbescheids gem. § 191 I iVm § 11 AnfG vorgehen. Die Änderung des Veranlagungswahlrechts ist durch § 26 II 4 EStG idF des StVereinfG 2011 erschwert worden. 13

Frist für die Inanspruchnahme. Die durch das JStG 2009 eingefügte zeitliche Begrenzung der Inanspruchnahme soll eine vermeintliche Regelungslücke schließen und eine Annäherung an die Frist des AnfG bewirken. Der BFH 9.5.2006 – VII R 15/05, BStBl. II 2006, 738 hat mit Urteil § 3 I AnfG für analog anwendbar erklärt und ist damit Teilen der Literatur gefolgt, obgleich dies mE nicht notwendig war, weil die Vorschriften über die Zahlungsverjährung (§§ 228–232), nach deren Ablauf die StForderung erlischt, dem Zuwendungsempfänger einen ausreichenden Schutz boten, zumal die Inanspruchnahme nur durch Zuwendungen ausgelöst wird, die dem Aufteilungszeitraum nicht vorhergehen. Für Übertragungen vor Inkrafttreten der Regelung (25.12.2008) ist – zugunsten des Zuwendungsempfängers – die kürzere Frist der Rspr. anzuwenden (Gedanke des Art. 229 § 6 EGBGB). 14

§ 279 Form und Inhalt des Aufteilungsbescheids

(1) [1]**Über den Antrag auf Beschränkung der Vollstreckung ist nach Einleitung der Vollstreckung durch schriftlich oder elektronisch zu erteilenden Aufteilungsbescheid gegenüber den Beteiligten einheitlich zu entscheiden.** [2]**Eine Entscheidung ist jedoch nicht erforderlich, wenn keine Vollstreckungsmaßnahmen ergrif-**

fen oder bereits ergriffene Vollstreckungsmaßnahmen wieder aufgehoben werden.

(2) [1]**Der Aufteilungsbescheid hat die Höhe der auf jeden Gesamtschuldner entfallenden anteiligen Steuer zu enthalten; ihm ist eine Belehrung beizufügen, welcher Rechtsbehelf zulässig ist und binnen welcher Frist und bei welcher Behörde er einzulegen ist.** [2]**Er soll ferner enthalten:**

1. **die Höhe der aufzuteilenden Steuer,**
2. **den für die Berechnung der rückständigen Steuer maßgebenden Zeitpunkt,**
3. **die Höhe der Besteuerungsgrundlagen, die den einzelnen Gesamtschuldnern zugerechnet worden sind, wenn von den Angaben der Gesamtschuldner abgewichen ist,**
4. **die Höhe der bei Einzelveranlagung (§ 270) auf den einzelnen Gesamtschuldner entfallenden Steuer,**
5. **die Beträge, die auf die aufgeteilte Steuer des Gesamtschuldners anzurechnen sind.**

Schrifttum: Hüdepohl, Aufrechnung des Finanzamtes nach Aufteilung der Steuerschuld von Ehegatten, BB 1986, 370.

A. Allgemeines

1 Die Vorschrift ist eine Verfahrensregelung, die aus § 13 AuftVO (→ § 268 Rn. 1) hervorgegangen ist. Sie regelt Form, Erforderlichkeit und Inhalt des Aufteilungsbescheides. Dieser hat nur deklaratorische Wirkung, da bereits der Antrag konstitutive Wirkung entfaltet (→ § 269 Rn. 1). Der Aufteilungsbescheid stellt lediglich den gesetzlich bestimmten StAnteil der Gesamtschuldner fest (ebenso TK § 279 Rn. 2; Klein § 279 Rn. 1). Durch das StVereinfG 2011 wurde die getrennte Veranlagung mit Wirkung ab dem VZ 2013 durch die Einzelveranlagung ersetzt.

B. Aufteilungsbescheid, Entbehrlichkeit einer Entscheidung (Abs. 1)

I. Aufteilungsbescheid (Abs. 1 S. 1)

2 Die Entscheidung über die Aufteilung wird durch Aufteilungsbescheid getroffen. Dieser ist kein StBescheid iSd §§ 155, 172. Für ihn ist **Schrift- oder** durch das StModG v. 18.7.2016 (BGBl. 2016 I 1679) mWv 1.1.2017 **die elektronische Form** vorgeschrieben. Der Aufteilungsbescheid hat gegenüber den Beteiligten einheitlich zu ergehen (vgl. FG Rheinland-Pfalz 5.5.2010 – 5 K 1190/08, EFG 2010, 1766) und sollte grds. jedem Gesamtschuldner bekannt gegeben werden. Auf die Anordnung einer zwingenden förmlichen Zustellung des Bescheides hat der Gesetzgeber bewusst verzichtet (BT-Drs. VI/1982, 179). Grundsätzlich genügt zwar die Bekanntgabe einer Ausfertigung an alle Beteiligte unter der gemeinsamen Anschrift (§ 122 VII 1). Doch wird idR aus dem Antrag auf Aufteilung geschlossen werden müssen, dass zwischen den Beteiligten Meinungsverschiedenheiten (§ 122 VII 2) bestehen (→ § 274 Rn. 1). Entgegen des Gesetzeswortlautes kann der Aufteilungsbescheid bei berechtigtem Interesse eines oder beider Gesamtschuldner bereits vor Einleitung der Vollstreckung ergehen (BFH 2.10.2018 – VII R 17/17, BFH/NV 2019, 4).

II. Entbehrlichkeit der Entscheidung (Abs. 1 S. 2)

3 Der Erlass eines Aufteilungsbescheides ist gem. § 279 I 2 entbehrlich, wenn keine VollstrMaßnahmen ergriffen oder bereits ergriffene VollstrMaßnahmen wieder aufgehoben werden. Damit soll rein vorsorglich gestellten Aufteilungsanträgen begegnet werden

(BT-Drs. VI/1982, 179). Eine Beschränkung der Vollstr. hat keinen Sinn, wenn keine VollstrMaßnahmen ergriffen werden (ebenso HHSp § 279 Rn. 3). Die FB sollte den Antragsteller hierüber negativ bescheiden. Zu den VollstrMaßnahmen iSd § 279 I 2 gehören auch die nach § 277 zulässigen Sicherungsmaßnahmen. Dennoch steht der Erlass des Aufteilungsbescheides im Fall des Abs. 1 S. 2 im Ermessen („ist entbehrlich") der FB, das sich jedoch regelmäßig zu einer Aufteilungspflicht reduziert, wenn ein Gesamtschuldner ein berechtigtes Interesse an der Aufteilung hat, weil er zB nach beantragter Aufteilung freiwillige Zahlungen im Hinblick auf die Vermeidung von Säumniszuschlägen und VollstrKosten geleistet hat (ebenso Schwarz/Pahlke/Keß § 279 Rn. 5; HHSp § 279 Rn. 4), oder die Anrechnung von StAbzugsbeträgen begehrt und einer Aufrechnung der FB zuvorkommen will (BFH 2.10.2018 – VII R 17/17, BFH/NV 2019, 4). Wurden bereits rückständige Vorauszahlungen gem. § 272 aufgeteilt, so ist die abschließende Aufteilung nach Veranlagung gem. § 272 I 3 zwingend vorzunehmen.

Die **Aufrechnung** (§ 226) stellt keine VollstrMaßnahme dar. Gleichwohl ist ein Aufteilungsbescheid nicht entbehrlich, wenn die FB **nach Eingang** des Aufteilungsantrages beabsichtigt, die rückständige Steuer durch Aufrechnung zum Erlöschen zu bringen (ebenso BFH 2.10.2018 – VII R 17/17, BFH/NV 2019, 4; HHSp § 279 Rn. 4; Hüdepohl BB 1986, 370; Heidemann INF 1987, 433; Pump INF 1987, 481). Die Aufrechnung gegenüber dem Gesamtschuldner, auf den kein Rückstand entfällt, ist wegen ihrer vollstreckungsgleichen Tilgungswirkung nach Eingang des Antrages unzulässig (BFH 12.1.1988 – VII R 66/87, BStBl. II 1988, 406; BFH 12.6.1990 – VII R 69/89, BStBl. II 1991, 493). Wurde die Aufrechnung hingegen **vor Eingang** des Aufteilungsantrages erklärt und dadurch die rückständigen Steuern getilgt, ist der Erlass des Aufteilungsbescheides unzulässig, weil bereits der Aufteilungsantrag gem. § 269 II 2 unzulässig war (BFH 12.6.1990 – VII R 69/89, BStBl. II 1991, 493 (494); Klein § 268 Rn. 7). Ist streitig, ob die StSchuld durch die Aufrechnung erloschen ist, so ist über die Tilgung der StSchuld durch Abrechnungsbescheid (§ 218 II) zu entscheiden. Maßgeblicher Zeitpunkt für die Zulässigkeit der Aufrechnung ist der Zugang der Aufrechnungserklärung, nicht die Bestands- oder Rechtskraft des Abrechnungsbescheides (HHSp § 276 Rn. 15; aA BFH 12.1.1988 – VII R 66/87, BStBl. II 1988, 406). Das Recht der Ehegatten oder Lebenspartner, einen Aufteilungsantrag zu stellen, hat vor einer Antragstellung noch keinen Einfluss auf die Zulässigkeit der Aufrechnung. Dieses Recht stellt keine Einrede (§ 226 I iVm § 390 S. 1 BGB) dar. Vielmehr erlangt der Aufteilungsantrag durch seine konstitutive Wirkung rechtliche Bedeutung erst im Zeitpunkt seines Zugangs bei der FB (BFH 12.6.1990 – VII R 69/89, BStBl. II 1991, 493 (496); ebenso Klein § 268 Rn. 7; TK § 276 Rn. 9; HHSp § 276 Rn. 15; aA FG Niedersachsen 10.2.1989 – XIII (XI) 12/86, StLex 2 (10/1989), 224). Deshalb muss der Gesamtschuldner, der eine Aufrechnung befürchtet, dieser mit einem Aufteilungsantrag zuvorkommen (ebenso TK § 276 Rn. 9). 4

C. Inhalt und Begründung (Abs. 2)

I. Notwendige Begründung (Abs. 2 S. 1)

Aus dem Aufteilungsbescheid muss hervorgehen, welcher **Aufteilungsbetrag** auf jeden der Gesamtschuldner entfällt. Der Aufteilungsbetrag bildet den Tenor des Bescheides, der zwingend auszusprechen ist. Fehlen die erforderlichen Angaben, ist der Aufteilungsbescheid gem. § 125 nichtig (ebenso Gosch AO § 279 Rn. 8; HHSp § 279 Rn. 7). 5

§ 279 II 1 HS 2 ist überflüssig, da sich die Notwendigkeit der **Rechtsbehelfsbelehrung** bereits aus § 356 ergibt. Fehlt die Rechtsbehelfsbelehrung oder ist sie fehlerhaft, so führt dies nicht zur Nichtigkeit des Aufteilungsbescheides. Vielmehr verlängert sich die Rechtsbehelfsfrist gem. § 356 II auf ein Jahr (ebenso HHSp § 279 Rn. 7). 6

II. Sollvorschriften zur Begründung (Abs. 2 S. 2)

7 Soweit die Angaben iSd § 279 II Nr. 1–5 zum Verständnis bzw. zur Überprüfung des Bescheides notwendig sind, sollen sie in der Begründung des Bescheides enthalten sein. Ein Verstoß gegen diese Sollvorschriften stellt eine bloße Verletzung von Formvorschriften dar, der zu den Rechtsfolgen der §§ 126, 127 führt oder – falls die fehlenden Angaben zum Verständnis des Bescheides notwendig gewesen wären – eine Verlängerung der Rechtsbehelfsfrist bewirkt (ebenso HHSp § 279 Rn. 8). Folgt der Aufteilungsbescheid einem gemeinschaftlichen Vorschlag iSd § 274, so ist eine nähere Begründung entbehrlich.

1. Höhe der aufzuteilenden Steuer (Abs. 2 S. 2 Nr. 1)

8 Die Angabe über die Höhe der aufzuteilenden Steuer ist verzichtbar, wenn sie mit dem Betrag aus dem Leistungsgebot übereinstimmt. Sofern steuerliche Nebenleistungen (§ 276 IV), StAbzugsbeträge oder getrennt festgesetzte Vorauszahlungen (§ 276 III) mit aufzuteilen sind, so ist diese Angabe zum Verständnis des Aufteilungsbescheides erforderlich.

2. Maßgeblicher Zeitpunkt (Abs. 2 S. 2 Nr. 2)

9 Die FB soll den Zeitpunkt des Zugangs des Aufteilungsantrages und der Ausfertigung der Rückstandsanzeige benennen. Hieraus lässt sich entnehmen, welcher Teil der geschuldeten Steuer in die Aufteilung einzubeziehen ist (vgl. hierzu § 276 I oder II).

3. Höhe der Besteuerungsgrundlagen (Abs. 2 S. 2 Nr. 3)

10 Die Angabe, welchem Gesamtschuldner welche Besteuerungsgrundlagen zugerechnet wurden, ist nur erforderlich, wenn von den Angaben der Gesamtschuldner abgewichen wird. Zu den Angaben der Gesamtschuldner iSd § 279 II Nr. 3 gehören auch die Angaben in der StErklärung (vgl. § 269 II 2). Wurde bereits im StBescheid von den Angaben der Gesamtschuldner abgewichen und dies erläutert, so ist eine wiederholende Erläuterung entbehrlich.

4. Höhe der fiktiven Steuer (Abs. 2 S. 2 Nr. 4)

11 Die ausschl. Nennung des § 270 in § 279 II 2 Nr. 4 bedeutet nicht, dass die fiktive Steuer nur in den Fällen des § 270 angegeben werden soll. Der ESt-Tarif ist im Gegensatz zur VSt progressiv gestaltet, sodass sich ihre Höhe nicht unmittelbar aus den Besteuerungsgrundlagen unter der Höhe des StSatzes erschließt. Die Vorschrift ist deshalb so zu verstehen, dass die fiktive Steuer in allen Fällen der Aufteilung von ESt (also der §§ 270, 272, 273) angegeben werden soll.

5. Anzurechnende Steuerbeträge (Abs. 2 S. 2 Nr. 5)

12 Die FB soll die von ihr angerechneten Beträge einzeln bezeichnen. Welche Beträge anzurechnen sind, ist nach § 276 VI zu entscheiden.

D. Rechtsbehelfe und Verfahrensfragen

13 Lehnt die FB den Erlass eines Aufteilungsbescheides ab, ist dagegen der Einspruch sowie die nachfolgende Verpflichtungsklage gegeben. Dies ist unabhängig davon, ob die FB die Ablehnung durch VA ausspricht.

Gegen den Aufteilungsbescheid ist der Einspruch und die Anfechtungsklage gegeben. Zum Einspruchsverfahren eines Gesamtschuldners sind die anderen Gesamtschuldner notwendig hinzuzuziehen (§ 360 III 1). Im Klageverfahren sind die anderen Gesamtschuldner notwendig gem. § 60 III FGO beizuladen (BFH 8.10.2002 – III B 74/02, BFH/NV 2003, 195).

14 Im Rechtsbehelfsverfahren können nur **Einwendungen** geltend gemacht werden, die die Aufteilung als solche betreffen. Feststellungen, die im Rahmen der StFestsetzung getroffen wurden, müssen im Rechtsbehelfsverfahren gegen die StBescheide angegriffen

werden (→ § 270 Rn. 7). Dies gilt auch, soweit die Zurechnung der Besteuerungsgrundlagen auf die Gesamtschuldner im StFestsetzungverfahren erfolgte. Ist eine Zurechnung unterblieben, kann eine abweichende Zuordnung der Besteuerungsgrundlagen im Einspruchsverfahren gegen den Aufteilungsbescheid begehrt werden (→ § 270 Rn. 7). Zur Änderung des Aufteilungsbescheides s. § 280.

Umstritten ist, ob im Rechtsbehelfsverfahren gegen den Aufteilungsbescheid **AdV** 15
(§§ 361 AO, 69 FGO) gewährt werden kann (so FG Hessen 8.10.1996 – 5 V 2983/96, EFG 1997, 90; Wüllenkemper DStZ 1991, 36;). Diese Auffassung ist abzulehnen, weil der Aufteilungsbescheid kein vollziehbarer VA ist, sondern lediglich die Vollziehung des ihm zugrunde liegenden StBescheids regelt (ebenso BFH 4.12.2001 – X B 155/01, BFH/NV 2002, 476; FG Niedersachsen 20.3.1997 – IX 148/95 V, EFG 1997, 897; HHSp § 279 Rn. 10; TK § 279 Rn. 8). § 277 regelt oder erweitert die VollstrBefugnisse der FB nicht (so aber Wüllenkemper DStZ 1991, 36 (38)), sondern beschränkt sie. Außerdem ist der durch § 277 eingeräumte VollstrSchutz ausreichend und umfassend (BFH 4.12.2001 – X B 155/01, BFH/NV 2002, 476), soweit keine ernstlichen Zweifel an der Rechtmäßigkeit des zugrunde liegenden StBescheids bestehen (ebenso Gosch AO § 279 Rn. 14). Folglich muss allenfalls die Vollziehung des StBescheids, nicht jedoch die des Aufteilungsbescheides ausgesetzt werden.

§ 280 Änderung des Aufteilungsbescheids

(1) **Der Aufteilungsbescheid kann außer in den Fällen des § 129 nur geändert werden, wenn**

1. nachträglich bekannt wird, dass die Aufteilung auf unrichtigen Angaben beruht und die rückständige Steuer infolge falscher Aufteilung ganz oder teilweise nicht beigetrieben werden konnte,

2. sich die rückständige Steuer durch Aufhebung oder Änderung der Steuerfestsetzung oder ihre Berichtigung nach § 129 erhöht oder vermindert.

(2) **Nach Beendigung der Vollstreckung ist eine Änderung des Aufteilungsbescheids oder seine Berichtigung nach § 129 nicht mehr zulässig.**

A. Allgemeines

Die Vorschrift regelt die Änderungsmöglichkeiten von Aufteilungsbescheiden. Sie entspricht § 15 AuftVO (→ § 268 Rn. 1). Durch das StBMG wurden in Abs. 1 Nr. 2 und Abs. 2 die Berichtigung nach § 129 sowie in Abs. 1 Nr. 2 die Möglichkeit der Aufhebung ausdrücklich normiert; eine Änderung zur bisherigen Rechtslage ist hierdurch nicht eingetreten. 1

Systematisch ist § 280 lex specialis zu allen anderen Änderungsvorschriften und regelt – abgesehen vom Rechtsbehelfsverfahren (s. § 367 II) – abschließend die Änderung des Aufteilungsbescheides (FG Düsseldorf 14.12.1989 – 5 K 158/85 E, EFG 1990, 281). Eine Änderung des Aufteilungsbescheides nach §§ 130, 131 scheidet damit aus. Die Änderungsvorschriften der §§ 172 ff. finden keine Anwendung, weil der Aufteilungsbescheid kein StBescheid ist. Ausdrücklich zugelassen bleibt lediglich die Berichtigungsmöglichkeit nach § 129 wegen offenbarer Unrichtigkeiten. 2

B. Änderung des Aufteilungsbescheides (Abs. 1)

I. Änderungsverpflichtung

Die Änderung des Aufteilungsbescheides steht nicht im **Ermessen** (§ 5) der FB (ebenso 3
FG Düsseldorf 14.12.1989 – 5 K 158/85 E, EFG 1990, 281; HHSp § 280 Rn. 2;

Schwarz/Pahlke/Keß § 280 Rn. 2). Mit den Wörtern „kann … nur" ist lediglich die gesetzliche Beschränkung der Änderungsbefugnis zum Ausdruck gebracht worden. Dies ergibt sich auch aus dem Sinn des Aufteilungsverfahrens. Der Aufteilungsbescheid regelt die Vollziehung des ihm zugrunde liegenden StFestsetzungsbescheides, sodass er zu diesem quasi in einem Folgebescheidverhältnis (→ § 270 Rn. 7) steht. Dementsprechend ist die FB verpflichtet, bei Vorliegen der Voraussetzungen den Aufteilungsbescheid gem. § 280 I Nr. 2 zu ändern. In den Fällen der Nr. 1 verpflichtet das Interesse an einer richtigen Aufteilung und einer möglichst hohen Beitreibung der rückständigen Steuer die FB zur Änderung.

4 **Berichtigung nach § 129.** § 280 I stellt klar, dass die Berichtigung des Aufteilungsbescheides wegen Schreib-, Rechenfehlern oder anderer offenbarer Unrichtigkeiten zulässig ist. Unter § 129 fallen grds. nur solche mechanischen Fehler, bei denen an mit Sicherheit grenzender Wahrscheinlichkeit ein Rechtsfehler auszuschließen ist (s. § 129).

II. Änderung aufgrund unrichtiger Angaben (Abs. 1 Nr. 1)

5 Die Änderung des Aufteilungsbescheides nach Nr. 1 kann erfolgen, wenn der FB nachträglich bekannt wird, dass unrichtige Angaben zu einer falschen Aufteilung führten und dadurch eine geringere Beitreibung der rückständigen Steuer verursacht wurde.

1. Beruhen auf unrichtigen Angaben und falsche Aufteilung

6 Der Begriff der **Angaben** geht über den des § 269 II 3 hinaus. Es ist nicht maßgeblich, ob die Angaben vom Antragsteller, von einem anderen Gesamtschuldner oder von Dritten stammen (Gosch AO § 280 Rn. 5; TK § 280 Rn. 2; HHSp § 280 Rn. 4; Schwarz/Pahlke/Keß § 280 Rn. 5), weil die FB zur Ergänzung eines unvollständigen Antrages auch Ermittlungsmöglichkeiten gem. § 93 I 3 bei Dritten hat (→ § 269 Rn. 9). Die Angaben müssen jedoch von Personen außerhalb der FB herrühren, weil es sich sonst nicht um Angaben, sondern um Erkenntnisse der FB handelt. Daher scheidet eine Änderung zB dann aus, wenn die FB bei einer Schätzung zu unzutr. Feststellungen kommt (aA Klein § 280 Rn. 2). Die maßgeblichen Angaben müssen weder im Aufteilungsantrag oder in der betreffenden StErklärung gemacht worden sein noch der FB im Zusammenhang mit dem Aufteilungsverfahren zur Kenntnis gelangt sein (aA HHSp § 280 Rn. 4). Sofern die Angaben der StFestsetzung zugrunde gelegen haben, scheidet eine separate Änderung des Aufteilungsbescheides wegen der Bindung an die StFestsetzung gem. § 270 S. 2 aus (Gosch AO § 280 Rn. 5; HHSp § 280 Rn. 4; Schwarz/Pahlke/Keß § 280 Rn. 6).

7 Die Angaben müssen **objektiv unrichtig** sein. Der maßgebliche Zeitpunkt für die Beurteilung der Unrichtigkeit der Angabe ist derjenige, in dem die Angabe der FB mitgeteilt worden ist. Hat ein Gesamtschuldner die maßgeblichen Umstände zunächst richtig erklärt und ändert sich anschließend der zugrunde liegende Sachverhalt, so sind die Angaben zwar nicht mehr zutreffend, jedoch nicht unrichtig iSd § 280 I Nr. 1. Den Gesamtschuldner muss an den unrichtigen Angaben kein **Verschulden** treffen (TK § 280 Rn. 2; HHSp § 280 Rn. 4; Klein § 280 Rn. 2; Schwarz/Pahlke/Keß § 280 Rn. 5).

8 Der **Aufteilungsbescheid** muss **objektiv fehlerhaft** sein. Daran fehlt es, wenn trotz unrichtiger Angaben die objektiv richtige Aufteilung erfolgt ist. Schließlich müssen die unrichtigen Angaben **kausal** für die falsche Aufteilung geworden sein.

2. Nachträgliches Bekanntwerden

9 Der Umstand, dass die Angaben unrichtig waren, muss nachträglich bekannt werden. Das nachträgliche Bekanntwerden ist – wegen der dort gewählten gleichen Formulierung – nach den Maßstäben des § 173 I Nr. 1 zu beurteilen. Maßgeblich ist also, dass dem zuständigen Bearbeiter die Unrichtigkeit der Angaben nach der abschließenden Zeichnung des Aufteilungsbescheides bekannt wird und ihm in diesem Zeitpunkt nicht hätte bekannt sein müssen. Die FB muss sich also insb. den Inhalt der StFestsetzungsakten zurechnen lassen, weil die StFestsetzungsstelle für das Aufteilungsverfahren zuständig ist (→ § 269

Rn. 3). Die Kenntnis anderer Dienststellen, also auch die der VollstrStelle, hindern ein nachträgliches Bekanntwerden nicht.

3. Geringere Beitreibung der rückständigen Steuer

Durch die falsche Aufteilung muss sich eine Benachteiligung des Fiskus ergeben haben. 10 Führten die unrichtigen Angaben dazu, dass aufgrund einer falschen Aufteilung eine höhere rückständige Steuer beigetrieben werden konnte, scheidet eine Änderung des Aufteilungsbescheides aus (ebenso Schwarz/Pahlke/Keß § 280 Rn. 8). Eine Änderung des Aufteilungsbescheides entspr. § 173 I Nr. 2 ist nicht vorgesehen. Gleichwohl verbleibt die Änderungsmöglichkeit der StFestsetzung, die dann nach Maßgabe des § 280 I Nr. 2 auch zu einer Änderung des Aufteilungsbescheides führen kann.

III. Änderung oder Berichtigung der Steuerfestsetzung (Abs. 1 Nr. 2)

Wird die StFestsetzung geändert, aufgehoben oder gem. § 129 berichtigt, ist auch der 11 Aufteilungsbescheid zu ändern (→ Rn. 3). Das ergibt sich bereits aus § 270 S. 2. Insofern ergibt sich durch § 280 I Nr. 2 ein konkurrierendes Verhältnis zu § 273 (TK § 280 Rn. 3 f.; Klein § 280 Rn. 3; HHSp § 280 Rn. 8). § 280 I Nr. 2 ist immer dann einschlägig, wenn die Steuer herabgesetzt wird oder aus der ursprünglichen Festsetzung noch StRückstände bestehen.

Der **Aufteilungsmaßstab** der geänderten oder berichtigten Aufteilung richtet sich nach 12 den allg. Maßstäben der §§ 270–272, 274. Der Aufteilungsmaßstab des § 273 I ist wegen § 273 II grds. nicht anzuwenden, obwohl § 280 I keinen eigenen Aufteilungsmaßstab enthält (Schwarz/Pahlke/Keß § 280 Rn. 11; Gosch AO § 280 Rn. 8; aA TK § 273 Rn. 1; HHSp § 273 Rn. 6). Eine Ausnahme ergibt sich nur, wenn zwar die festgesetzte Steuer, nicht jedoch sämtliche Nebenleistungen iSd § 276 IV getilgt sind. Nur dann findet für eine Änderung des Aufteilungsbescheides der Maßstab des § 273 I Anwendung.

Der **Zeitpunkt** der Aufteilung bestimmt sich auch für den geänderten Aufteilungs- 13 bescheid rückwirkend nach § 276 I oder II (FG Düsseldorf 14.12.1989 – 5 K 158/85 E, EFG 1990, 281; TK § 280 Rn. 4; HHSp § 280 Rn. 9 f.; Klein § 280 Rn. 4). Aufzuteilen ist der gesamte Umfang der ursprünglichen rückständigen Steuer, nunmehr korrigiert um die Änderung; dies ist wegen der Anrechnung der zwischenzeitlichen Zahlungen notwendig.

C. Ausschluss der Änderung (Abs. 2)

Ist die Vollstr. beendet, scheidet eine Änderung oder Berichtigung des Aufteilungs- 14 bescheides aus. Das ergibt sich aus dem Zweck der Aufteilungsvorschriften, die auf eine VollstrBeschränkung gerichtet sind. Eine VollstrBeschränkung ist bei einer nicht mehr rückständigen Steuer nicht mehr erforderlich. Etwas anderes gilt nur für das noch nicht abgeschlossene Rechtsbehelfsverfahren gegen den Aufteilungsbescheid (ebenso Schwarz/Pahlke/Keß § 280 Rn. 11). Ebenso scheidet eine Änderung des Aufteilungsbescheides aus, wenn die Vollstr. aus der ursprünglichen StFestsetzung beendet ist und die Änderung zu einer höheren Steuer führt; in diesem Fall ordnet § 273 I als vorrangige Regelung den Erlass eines neuen Aufteilungsbescheides an (→ § 273 Rn. 7).

Die **Vollstr. ist beendet,** wenn sie nach § 257 endgültig eingestellt worden ist. Ihre nur 15 einstweilige Einstellung (§ 258) oder die Niederschlagung der Ansprüche aus dem StSchuldverhältnis (§ 261) reicht nicht aus (Gosch AO § 280 Rn. 9; TK § 280 Rn. 5; HHSp § 280 Rn. 12; Klein § 280 Rn. 5; Schwarz/Pahlke/Keß § 280 Rn. 11).

3. Unterabschnitt. Vollstreckung in das bewegliche Vermögen

I. Allgemeines

§ 281 Pfändung

(1) **Die Vollstreckung in das bewegliche Vermögen erfolgt durch Pfändung.**

(2) **Die Pfändung darf nicht weiter ausgedehnt werden, als es zur Deckung der beizutreibenden Geldbeträge und der Kosten der Vollstreckung erforderlich ist.**

(3) **Die Pfändung unterbleibt, wenn die Verwertung der pfändbaren Gegenstände einen Überschuss über die Kosten der Vollstreckung nicht erwarten lässt.**

Vergleichbare Vorschrift: § 803 ZPO
Hinweis auf **VollzA:** Abschn. 41, 42

Schrifttum: Carl, Der Grundsatz der Verhältnismäßigkeit und Steuervollstreckung, SteuerStud 1994, 533; Roy/Palm, Zur Problematik der Zwangsvollstreckung in Computer, NJW 1995, 690; Stenger, Vollstreckungsmöglichkeiten bei PC's bzw. deren Hardware- und Softwarekomponenten, StWa 1999, 172; Lissner, Insolvenz und Verstrickung – Aussetzung oder Aufhebung bei Insolvenzgläubigern?, ZInsO 2020, 645.

A. Allgemeines

1 **Inhalt und Bedeutung. Abs. 1** bezeichnet die Pfändung als das maßgebliche Instrument der Vollstr. in das bewegliche Vermögen (Schwarz/Pahlke/Keß § 281 Rn. 2: klarstellende Funktion) und nimmt demgemäß im VerwaltungsvollstrVerfahren eine zentrale Rolle ein. Die Pfändung ist lediglich der erste Akt der Vollstr., die final auf die Befriedigung des VollstrGläubigers (§ 252) und das Erlöschen der StSchuld (§ 47) gerichtet ist. Der Pfändung folgt die Verwertungsstufe (§§ 296 ff.) als weiterer Akt der Vollstr. Die in **Abs. 2** (Verbot der Überpfändung) und **Abs. 3** (Verbot der zwecklosen Pfändung) aufgestellten Grundsätze sind konkrete, aber keine abschließenden Ausprägungen des im Rechtsstaatsprinzip (Art. 20 III GG) verankerten Grundsatzes der Verhältnismäßigkeit (HHSp § 281 Rn. 3; → Vorb. § 249 Rn. 3).

2 **Verhältnis zu anderen Vorschriften/Anwendungsbereich.** Weitere spezielle VollstrSchutzvorschriften ergeben sich aus den Unpfändbarkeitsbestimmungen für Sachen und Tiere (§ 295 AO iVm §§ 811–812 ZPO; → § 295 Rn. 5 ff.) und für Forderungen (§ 319 AO iVm §§ 850–852 ZPO; → § 319 Rn. 4 ff.). Nach § 89 InsO sind EinzelzwangsvollstrMaßnahmen für Insolvenzgläubiger vom Zeitpunkt der Eröffnung bis zur Beendigung des Insolvenzverfahrens unzulässig. Dies betrifft auch bereits begonnene VollstrMaßnahmen (Römermann InsO § 89 Rn. 10; → § 251 Rn. 35). § 281 gilt gem. § 5 I VwVG im Wege der Verweisung auch für die Verwaltungsvollstr. nach dem **VwVG.** Die meisten Ländergesetze haben im Wesentlichen gleichlautende eigenständige Regelungen (Engelhardt/App/Schlatmann Anhang 1 AO § 281 Rn. 4).

B. Vollstreckung in das bewegliche Vermögen durch Pfändung (Abs. 1)

I. Bewegliches Vermögen

3 **Bewegliches Vermögen.** Zum beweglichen Vermögen iSd VollstrRechts gehören bewegliche Sachen, Forderungen und andere Vermögensrechte, soweit sie nicht der Vollstr. nach § 322 in das unbewegliche Vermögen unterliegen. Die Vollstr. in bewegliche Sachen und Forderungen sowie andere Vermögensrechte ist grds. gleichrangig nebeneinander zulässig (BFH 16.7.2007 – VII B 338/06, BFH/NV 2007, 2229).

4 **Bewegliche Sachen** sind alle körperlichen Gegenstände iSd § 90 BGB, die weder Grundstück noch den Grundstücken gleichgestellt oder Grundstücksbestandteil sind (Grü-

Art. 34 GG gegeben sein (FG Berlin-Brandenburg 27.8.2019 – 6 K 6133/18, EFG 2020, 4; Anders/Gehle ZPO § 803 Rn. 20).

Nachpfändung. Dem Verbot der Überpfändung steht das Gebot der Nachpfändung zur Seite (Anders/Gehle ZPO § 803 Rn. 21). Praktische Bedeutung hat dies nur für den Vollziehungsbeamten. Erkennt dieser nachträglich, dass der Wert der gepfändeten Gegenstände die zu vollstreckende Forderung nebst Kosten nicht deckt, ist er nach dem Grundsatz der Gesetzmäßigkeit der Verwaltung verpflichtet, aufgrund des ursprünglichen VollstrAuftrags nachzupfänden (TK § 281 Rn. 13). 16

D. Verbot der zwecklosen Pfändung (Abs. 3)

Zwecklose Pfändung. Das Verbot der zwecklosen Pfändung, das nicht für die ImmobiliarVollstr. gilt (BGH 30.1.2004 – IXa ZB 233/03, WM 2004, 646), dient primär dem Schutz des VollstrSchuldners vor dem Verlust eines Vermögensgegenstands, der keine Verringerung seiner Verbindlichkeiten bewirkt, soll aber auch die Belastung des Gläubigers mit unnötigen Kosten unterbinden (Zöller ZPO § 803 Rn. 9). Es ist eine besondere Ausprägung des Verhältnismäßigkeitsgrundsatzes und verhindert Pfändungen, die nicht vorrangig der Befriedigung dienen und deshalb aus sachfremden Erwägungen heraus erfolgen (HHSp § 281 Rn. 29). So ist es insb. verboten, durch Pfändung wertloser, aber dem Schuldner lieber Sachen Druck zur Beschaffung von Geld auszuüben (TK § 281 Rn. 14). Gleichfalls unzulässig ist die Pfändung von Sachen ohne Vermögenswert, etwa weil sie unverkäuflich sind (zB Kfz-Kennzeichen für ein vom Schuldner geleastes Fahrzeug, Reservierungskartei eines Hotels; s. Zöller ZPO § 803 Rn. 10; zu einer Internet-Domain BFH 20.6.2017 – VII R 27/15, BStBl. II 2017, 1035). Das Verbot der zwecklosen Pfändung gilt grds. **nur für Erstpfändungen;** bei einer Anschlusspfändung (§ 307) führt es aber ebenfalls zur Unzulässigkeit, wenn kein vernünftiger Zweifel daran bestehen kann, dass der Verwertungserlös vollständig bei dem früher pfändenden Gläubiger bleiben und der anschließende Pfandgläubiger deshalb sicher leer ausgehen wird (Zöller ZPO § 803 Rn. 9). Zu regelmäßig nicht als rechtsmissbräuchlich anzusehenden Verdachtspfändungen s. BGH 19.3.2004 – IXa ZB 229/03, NJW 2004, 2096 sowie Hess NJW 2004, 2350. 17

Prüfkriterien. Ob die Verwertung einen Überschuss über die Kosten (auch für Transport, Lagerung und Versteigerung) erwarten lässt, ist im Wege der Schätzung zu ermitteln. Praktisch relevant wird dies idR nur bei Sachpfändungen. Bei mehreren Sachen ist der zu erwartende Gesamterlös maßgebend. Rechte Dritter bleiben – sofern ihr Bestehen nicht offensichtlich oder sonst unstreitig ist – unberücksichtigt (Stein/Jonas ZPO § 803 Rn. 32). Es genügt, wenn ein **geringer Überschuss über die Kosten** der Vollstr. zu erwarten ist (Anders/Gehle ZPO § 803 Rn. 27; HHSp § 281 Rn. 31; aA TK § 281 Rn. 15; Schwarz/Pahlke/Keß § 281 Rn. 16: ein Mehrfaches der Kosten); s. auch Abschn. 42 II–VI VollzA. 18

Verstoß. Auch das Verbot nach Abs. 2 ist lediglich eine Sollvorschrift und lässt die Wirksamkeit der Pfändung unberührt (TK § 281 Rn. 18; Zöller ZPO § 803 Rn. 11; aA Anders/Gehle ZPO § 803 Rn. 28; zur Anfechtbarkeit → Rn. 15, 20). 19

E. Verfahrensfragen

Rechtsbehelfe. Die VollstrStelle entscheidet nach ihrem (Auswahl-)Ermessen, ob und was sie pfändet (→ § 249 Rn. 9). Die Pfändung ist **VA** iSd § 118 (→ Rn. 7) und kann mit dem Einspruch (§ 347 I) angefochten sowie AdV gem. § 361 AO, § 69 FGO beantragt werden (BFH 10.8.1993 – VII B 262/92, BFH/NV 1994, 719; HHSp § 281 Rn. 11 mwN; → § 256 Rn. 8). Gegen die Einspruchsentscheidung ist Anfechtungsklage gegeben (§ 40 I FGO). Die Pfändung ist **gebührenpflichtig** (§ 339). 20

§ 282 Wirkung der Pfändung

(1) **Durch die Pfändung erwirbt die Körperschaft, der die Vollstreckungsbehörde angehört, ein Pfandrecht an dem gepfändeten Gegenstand.**

(2) **Das Pfandrecht gewährt ihr im Verhältnis zu anderen Gläubigern dieselben Rechte wie ein Pfandrecht im Sinne des Bürgerlichen Gesetzbuchs; es geht Pfand- und Vorzugsrechten vor, die im Insolvenzverfahren diesem Pfandrecht nicht gleichgestellt sind.**

(3) **Das durch eine frühere Pfändung begründete Pfandrecht geht demjenigen vor, das durch eine spätere Pfändung begründet wird.**

Vergleichbare Vorschrift: § 804 ZPO

Schrifttum: Säcker, Der Streit um die Rechtsnatur des Pfändungspfandrechts, JZ 1971, 156; Lipp, Das Pfändungspfandrecht, JuS 1988, 119.

I. Allgemeines

1 § 282 ergänzt § 281 und beschreibt die Rechtswirkungen der Pfändungsmaßnahme (Schwarz/Pahlke/Keß § 282 Rn. 1). Die Pfändung (→ § 281 Rn. 7) bewirkt eine staatliche Beschlagnahme, dh Sicherstellung der Pfandsache verknüpft mit einem Verfügungsverbot für den VollstrSchuldner (sog. Verstrickung → § 281 Rn. 8 ff.). Gleichzeitig entsteht gem. § 282 I ein **Pfändungspfandrecht** für den VollstrGläubiger (§ 252). Das Pfändungspfandrecht ist mit der Verstrickung unlösbar verbunden, entsteht und erlischt mit ihr (Anders/Gehle ZPO § 804 Rn. 5). Es berechtigt den Gläubiger unter Einräumung eines gewissen Ranges, Befriedigung aus dem Pfandgegenstand zu erlangen (BFH 18.7.2000 – VII R 101/98, BStBl. II 2001, 5). Während Abs. 2 Hs. 1 der Vorschrift den Inhalt des Pfändungspfandrechts regelt, legen Abs. 2 Hs. 2 sowie Abs. 3 die Rangfolge zu konkurrierenden Pfandrechten fest. § 282 gilt gem. § 5 I VwVG im Wege der Verweisung auch für die Verwaltungsvollstr. nach § 4 VwVG.

II. Erwerb und Inhalt des Pfandrechts (Abs. 1, Abs. 2 HS 1)

1. Entstehen und Rechtsnatur

2 Das Pfändungspfandrecht **entsteht kraft Gesetzes** allein durch die wirksame Pfändung (§ 282 I iVm § 281 I). Das Pfändungspfandrecht umfasst das Pfandobjekt, soweit die Verstrickung reicht (→ Rn. 1). Inhaber dieses Pfandrechts ist die Körperschaft, der die VollstrBehörde angehört (§ 252). Zur Rechtsnatur des Pfändungspfandrechts und zum Theorienstreit vgl. BGH 2.7.1992 – IX ZR 274/91, NJW 1992, 2570; Thomas/Putzo ZPO § 804 Rn. 2 ff.; Gosch AO § 282 Rn. 8.

2. Inhalt des Pfandrechts

3 **Unabhängigkeit der vollstreckbaren Forderung.** Das Pfändungspfandrecht setzt nicht voraus, dass der vollstreckbare Anspruch (die beizutreibende Forderung) materiell besteht oder fortbesteht. Es ist im Gegensatz zu rechtsgeschäftlich bestellten Pfandrechten **nicht akzessorisch** und teilt das Schicksal der Pfändung, weil es nur für Zwecke der ZwangsVollstr. entsteht (Zöller ZPO § 804 Rn. 3). Es erfordert nur eine wirksame Pfandverstrickung, dh eine wirksame Pfändung. Eine unwirksame Pfändung bewirkt keine Verstrickung und somit kein Pfandrecht (→ § 281 Rn. 9). Das Pfändungspfandrecht entsteht auch an schuldnerfremden Sachen, weil es nach § 286 I nur auf den Gewahrsam des VollstrSchuldners ankommt. Folglich ist ein guter oder böser Glaube des Vollziehungsbeamten unbeachtlich. Der Eigentümer kann im Wege der Drittwiderspruchsklage (§ 262) gegen eine solche Pfändung vorgehen. Falls er diese versäumt, kann er im Nachgang uU

eine Bereicherungsklage nach §§ 812 ff. BGB erheben (Anders/Gehle ZPO § 804 Rn. 24).

Fortbestand und Erlöschen. Das Pfandrecht setzt sich am Surrogat, insb. am Versteigerungserlös fort und bei Hinterlegung am Rückforderungsanspruch samt Hinterlegungszinsen. Bei gepfändeten Forderungen erstreckt es sich auch auf den Schuldschein und die diesem gleichwertigen Urkunden (§ 952 BGB) sowie gem. § 1289 BGB auf die Zinsansprüche aus der Forderung (HHSp § 282 Rn. 12). Bei Untergang der Pfandsache durch Vermischung oder Verarbeitung (§§ 948–950 BGB) setzt sich das Pfandrecht am Bereicherungsanspruch (§§ 951 I, 812 I BGB) fort. Das Pfandrecht erlischt mit **Beendigung der Verstrickung,** insb. durch die Verwertung des Pfandgegenstands bzw. die Einziehung der gepfändeten Forderung. Es erlischt hingegen nicht allein dadurch, dass der VollstrSchuldner die Forderung, wegen der vollstreckt wird, tilgt (TK § 282 Rn. 6). Vielmehr muss die Pfändungsmaßnahme (von dem funktionell zuständigen VollstrOrgan) aufgehoben werden. Bei **Sachpfändungen** muss der Vollziehungsbeamte die Sache freigeben (s. Abschn. 57 VollzA). Bei der **Forderungspfändung** erlischt das Pfandrecht mit der Zustellung der Verzichtserklärung durch die VollstrStelle (Innendienst) nach § 316 III AO iVm § 843 ZPO (Anders/Gehle ZPO § 803 Rn. 13). 4

Die Rechte im Verhältnis zu anderen Gläubigern (Abs. 2 Hs. 1) bestimmen sich nach den Vorschriften des BGB über das Pfandrecht. Aus diesem Grund erwirbt der VollstrGläubiger (§ 252) bei der Sachpfändung kein (vertragliches) Faustpfandrecht iSd §§ 1205 ff. BGB, sondern lediglich die Stellung des Faustpfandgläubigers im Verhältnis zu anderen Gläubigern (HHSp § 282 Rn. 10). Eine sinngemäße Anwendung der BGB-Vorschriften ist nur soweit möglich, wie die Eigenart des Pfändungspfandrechts dies zulässt (TK § 282 Rn. 8). Anwendbar ist zB § 1227 BGB (Schutz des Pfandrechts) iVm § 985 BGB (Herausgabeanspruch gegen bösgläubigen Erwerber), § 869 S. 2 BGB (Anspruch auf Besitzverschaffung), § 1004 BGB (Unterlassungsanspruch bei Störungen) sowie §§ 989 ff. BGB (Schadensersatzansprüche). Das Pfandrecht ist darüber hinaus als sonstiges Recht iSd § 823 BGB geschützt (Anders/Gehle ZPO § 804 Rn. 15). Sinngemäß anwendbar sind auch § 1239 I 1, II BGB und § 1253 BGB (HHSp § 282 Rn. 10). **Nicht anwendbar** sind grds. alle die Akzessorietät des Pfandrechts betreffenden Vorschriften (zB §§ 1204, 1252 BGB) sowie die §§ 1207, 1208, 1215, 1242–1244, 1277 BGB. 5

III. Rang des Pfandrechts (Abs. 2 HS 2; Abs. 3)

Prioritätsprinzip. Der Rang des Pfandrechts und gleichgestellter Vorzugsrechte richtet sich grds. nach der Reihenfolge ihrer Entstehung (→ Rn. 9 ff.). 6

Vorrang des Pfandrechts (Abs. 2 Hs. 2). Unabhängig vom Zeitpunkt der Pfändung geht das Pfändungspfandrecht gem. § 282 II HS 2 allen Pfand- und Vorzugsrechten vor, die im Insolvenzverfahren dem Faustpfandrecht des BGB nicht gleichgestellt sind. Diese Vorschrift dürfte kaum praktische Bedeutung haben, da die §§ 50, 51 InsO umfangreiche Gleichstellungsregelungen enthalten (Anders/Gehle ZPO § 804 Rn. 17). Zu Einzelheiten → § 251 Rn. 80 f. 7

Rangkonkurrenz besteht zwischen den zur abgesonderten Befriedigung berechtigenden rechtsgeschäftlichen Pfandrechten, den durch Pfändung erlangten Pfandrechten und den gesetzlichen Pfandrechten (§ 50 I InsO). Ein **rechtsgeschäftliches Pfandrecht** kann an beweglichen Sachen (§ 1204 BGB), Forderungen (§ 1279 BGB), Order- und Inhaberpapieren (§§ 1292 f. BGB) und anderen übertragbaren Rechten (§§ 1273, 1274 II BGB) bestehen. Ein durch Pfändung erlangtes Pfandrecht ist das Pfändungspfandrecht sowohl nach § 282 als auch nach § 804 ZPO. Zu den wichtigsten **gesetzlichen Pfandrechten** zählen das Pfandrecht des aus der Hinterlegung Berechtigten (§ 233 BGB), des Vermieters und Verpächters (§§ 562, 592 BGB; zur Beschränkung s. § 50 II 1 InsO), des Pächters (§ 583 BGB), des Werkunternehmers (§ 647 BGB), des Gastwirts (§ 704 BGB), des Kommissionärs (§§ 397, 404 HGB), des Frachtführers (§ 441 HGB), des Spediteurs (§ 464 8

HGB) und des Lagerhalters (§ 475b HGB) sowie die Sachhaftung nach § 76 I (→ Rn. 13). Gemäß § 51 InsO sind kraft Gesetzes den in § 50 I InsO genannten (Pfand-)Gläubigern **weitere Gläubiger gleichgestellt** (sog. Vorzugsrechte). Hierzu zählen die Gläubiger, denen der VollstrSchuldner zur Sicherung eines Anspruchs bewegliche Sachen übereignet oder ein Recht (zB durch Globalzession, unechtes Factoring, verlängerten Eigentumsvorbehalt) übertragen hat (§ 51 Nr. 1 InsO), Inhaber eines Zurückbehaltungsrechts (§ 51 Nr. 2 InsO), Inhaber handelsrechtlicher Zurückbehaltungsrechte (§ 51 Nr. 3 InsO) sowie die Rechte von Bund, Ländern, Gemeinden und Gemeindeverbänden an öffentlich verfangenen Sachen (§ 51 Nr. 4 InsO). Zu Einzelheiten der abgesonderten Befriedigung s. Römermann InsO § 51 Rn. 3 ff.

9 **Vorrang des früheren Pfandrechts (Abs. 3).** Sind mehrere Pfändungspfandrechte vorhanden, bestimmt § 282 III, dass das durch eine frühere Pfändung begründete Pfandrecht demjenigen vorgeht, das durch eine spätere Pfändung begründet wird (BFH 6.2.1990 – VII R 97/88, BStBl. II 1990, 671 zur gleichlautenden Regelung in § 804 III ZPO). Es herrscht der Grundsatz des Zeitvorrangs (der **Priorität**) und des Zuerstkommens (der **Prävention;** Anders/Gehle ZPO § 804 Rn. 18). Dies gilt allg. **für jede Rangkonkurrenz.** Sind mehrere Pfand- bzw. diesen gleichgestellte Vorzugsrechte an Gegenständen des beweglichen Vermögens vorhanden (→ Rn. 8), geht grds. das ältere Recht dem jüngeren vor. Gleichaltrige Rechte haben denselben Rang. Der durch Verwertung erzielte Erlös ist bei Gleichrang im Verhältnis der Forderungen zu verteilen; bei Streitigkeiten zwischen den einzelnen Gläubigern kommen die §§ 872–882 ZPO zur Anwendung (Anders/Gehle ZPO § 804 Rn. 21).

10 **Hierneben gehen vor:**

– **Gutgläubig erworbenes Vertragspfandrecht.** Sämtlichen Pfändungspfandrechten, auch den älteren, geht ein gem. § 1207 BGB gutgläubig erworbenes Vertragspfandrecht im Rang vor (§ 1208 BGB; Anders/Gehle ZPO § 804 Rn. 20). Weitere Beispiele für einen gutgläubigen Erwerb s. Grüneberg BGB § 1207 Rn. 1. Demgegenüber kann ein jüngeres Pfändungspfandrecht niemals ein älteres verdrängen, da die §§ 1207, 1208 BGB auf Pfändungspfandrechte nicht anwendbar sind (→ Rn. 5).

11 – **Pfändung bei bestehendem Pfandrecht.** Wird ein Gegenstand wegen einer Forderung gepfändet, für die an diesem Gegenstand bereits ein vertragliches oder gesetzliches Pfandrecht bzw. ein Vorzugsrecht besteht, erlangt das Pfändungspfandrecht den besseren Rang dieses Pfandrechts.

12 – **Anfechtbare Pfändung.** Wird die angefochtene Pfändungsmaßnahme aufgehoben, erlischt das Pfändungspfandrecht. Ist die Pfändung mit einem **heilbaren Mangel** behaftet, jedoch nicht angefochten worden, ist dennoch aus Gründen der materiellen Gerechtigkeit für die Bestimmung der Rangstelle nicht auf den Zeitpunkt der Verstrickung abzustellen, sondern auf den der späteren Heilung, wenn der VollstrGläubiger bei Einhaltung aller Formvorschriften erst zu diesem Zeitpunkt hätte vollstrecken dürfen (HHSp § 282 Rn. 18).

13 **Nachrang trotz zeitlichen Vorrangs.** Der Vorrang des früheren Pfandrechts (→ Rn. 9) gilt nicht für die Sachhaftung nach § 76 I. Dieses öffentlich-rechtliche Pfandrecht geht allen anderen Rechten Dritter vor.

§ 283 Ausschluss von Gewährleistungsansprüchen

Wird ein Gegenstand auf Grund der Pfändung veräußert, so steht dem Erwerber wegen eines Mangels im Recht oder wegen eines Mangels der veräußerten Sache ein Anspruch auf Gewährleistung nicht zu.

Vergleichbare Vorschrift: § 806 ZPO
Hinweis auf **VollzA:** Abschn. 52

Schrifttum: Dorner, Der Gewährleistungsausschluß nach § 283 der Abgabenordnung, dargestellt anhand der Problematik bei Sachmängeln, BB 1982, 2065.

I. Allgemeines

Rechtssicherheit. § 283 hat einen rein sachenrechtlichen Inhalt und dient dem Schutz des Rechtsverkehrs (Anders/Gehle ZPO § 806 Rn. 1 f.). Erwirbt nämlich jemand von einem staatlichen VollstrOrgan einen beweglichen Gegenstand, darf der Rechtsverkehr auf die Korrektheit und Endgültigkeit des Erwerbs vertrauen. Demgemäß verwehrt § 283 dem Erwerber jeglichen Gewährleistungsanspruch wegen Sach- oder Rechtsmängeln sowohl gegen den VollstrGläubiger (FB) als auch gegen den VollstrSchuldner. Für die Veräußerung von Gegenständen des unbeweglichen Vermögens gilt § 322 I 2 AO iVm § 56 S. 3 ZVG. Daneben enthält § 445 BGB für die Veräußerung verpfändeter Gegenstände in einer öffentlichen Versteigerung eine ähnliche Regelung, wonach dem Käufer Rechte wegen eines Mangels nur zustehen, wenn der Verkäufer den Mangel arglistig verschwiegen oder eine Garantie für die Beschaffenheit der Sache übernommen hat. Gemäß § 5 I VwVG findet § 283 auch bei der Verwaltungsvollstr. nach dem VwVG Anwendung (Schwarz/Pahlke/Keß § 283 Rn. 3). 1

II. Veräußerung aufgrund der Pfändung

Gegenstände iSd Vorschrift sind alle Vermögensgegenstände, die vollstreckungsrechtlich zum beweglichen Vermögen gehören (→ § 281 Rn. 3). Dies ergibt sich aus der systematischen Stellung des § 283 (OLG Brandenburg 15.4.2010 – 2 U 26/08, NJW-RR 2010, 1723; HHSp § 283 Rn. 4). 2

Veräußerung. Hierunter fallen die öffentliche Versteigerung (§ 296 AO, § 814 ZPO), der freihändige Verkauf (§§ 300 III 2, 302) sowie die besondere (§ 305) und die andere Art der Verwertung (§ 317). Allerdings muss der Gegenstand objektiv aufgrund einer wirksamen Pfändung veräußert werden; die Pfandverstrickung muss eingetreten sein. Auf Gegenstände, die der VollstrSchuldner freiwillig gestellt hat, ist § 283 nicht anwendbar (HHSp § 283 Rn. 5). Dass eine Pfandveräußerung erfolgt, muss für den Erwerber nicht erkennbar sein (Schwarz/Pahlke/Keß § 283 Rn. 3). 3

III. Ausschluss von Gewährleistungsansprüchen

Rechts- und Sachmangel. Ausgeschlossen werden für den Erwerber nur die kaufrechtlichen Gewährleistungsansprüche, also die Sachmangelhaftung (§ 434 BGB) und die Rechtsmangelhaftung (§ 435 BGB). Der Vollziehungsbeamte hat die Pfandgegenstände in Vorbereitung der Verwertung auf Vollständigkeit und Unversehrtheit zu prüfen und dafür zu sorgen, dass der VollstrSchuldner über etwaige Mängel informiert wird (Abschn. 52 II VollzA). Bei schuldhafter Verletzung dieser Pflicht besteht ggf. ein **Schadensersatzanspruch** nach § 839 BGB, Art. 34 GG (Schwarz/Pahlke/Keß § 283 Rn. 6). § 283 schließt auch den Erfüllungsanspruch als solchen zB im Falle subjektiver Unmöglichkeit der Leistung nicht aus (vgl. Dorner BB 1982, 2065; HHSp § 283 Rn. 8). 4

§ 284 Vermögensauskunft des Vollstreckungsschuldners

(1) [1]**Der Vollstreckungsschuldner muss der Vollstreckungsbehörde auf deren Verlangen für die Vollstreckung einer Forderung Auskunft über sein Vermögen nach Maßgabe der folgenden Vorschriften erteilen, wenn er die Forderung nicht binnen zwei Wochen begleicht, nachdem ihn die Vollstreckungsbehörde unter Hinweis auf die Verpflichtung zur Abgabe der Vermögensauskunft zur Zahlung aufgefordert hat.** [2]**Zusätzlich hat er seinen Geburtsnamen, sein Geburtsdatum und seinen Geburtsort anzugeben.** [3]**Handelt es sich bei dem Vollstreckungs-**

schuldner um eine juristische Person oder um eine rechtsfähige Personenvereinigung, so hat er seine Firma oder den Namen, die Nummer des Registerblatts im Handels-, Genossenschafts-, Gesellschafts-, Partnerschafts- oder Vereinsregister und seinen Sitz anzugeben.

(2) [1]**Zur Auskunftserteilung hat der Vollstreckungsschuldner alle ihm gehörenden Vermögensgegenstände anzugeben.** [2]**Bei Forderungen sind Grund und Beweismittel zu bezeichnen.** [3]**Ferner sind anzugeben:**

1. **die entgeltlichen Veräußerungen des Vollstreckungsschuldners an eine nahestehende Person (§ 138 der Insolvenzordnung), die dieser in den letzten zwei Jahren vor dem Termin nach Absatz 7 und bis zur Abgabe der Vermögensauskunft vorgenommen hat;**
2. **die unentgeltlichen Leistungen des Vollstreckungsschuldners, die dieser in den letzten vier Jahren vor dem Termin nach Absatz 7 und bis zur Abgabe der Vermögensauskunft vorgenommen hat, sofern sie sich nicht auf gebräuchliche Gelegenheitsgeschenke geringen Werts richteten.**

[4]**Sachen, die nach § 811 Absatz 1 Nummer 1 Buchstabe a und Nummer 2 der Zivilprozessordnung der Pfändung offensichtlich nicht unterworfen sind, brauchen nicht angegeben zu werden, es sei denn, dass eine Austauschpfändung in Betracht kommt.**

(3) [1]**Der Vollstreckungsschuldner hat zu Protokoll an Eides statt zu versichern, dass er die Angaben nach den Absätzen 1 und 2 nach bestem Wissen und Gewissen richtig und vollständig gemacht habe.** [2]**Vor Abnahme der eidesstattlichen Versicherung ist der Vollstreckungsschuldner über die Bedeutung der eidesstattlichen Versicherung, insbesondere über die strafrechtlichen Folgen einer unrichtigen oder unvollständigen eidesstattlichen Versicherung, zu belehren.**

(4) [1]**Der Vollstreckungsschuldner ist innerhalb von zwei Jahren nach Abgabe der Vermögensauskunft nach dieser Vorschrift oder nach § 802c der Zivilprozessordnung nicht verpflichtet, eine weitere Vermögensauskunft abzugeben, es sei denn, es ist anzunehmen, dass sich die Vermögensverhältnisse des Vollstreckungsschuldners wesentlich geändert haben.** [2]**Die Vollstreckungsbehörde hat von Amts wegen festzustellen, ob beim zentralen Vollstreckungsgericht nach § 802k Absatz 1 der Zivilprozessordnung in den letzten zwei Jahren ein auf Grund einer Vermögensauskunft des Schuldners erstelltes Vermögensverzeichnis hinterlegt wurde.**

(5) [1]**Für die Abnahme der Vermögensauskunft ist die Vollstreckungsbehörde zuständig, in deren Bezirk sich der Wohnsitz oder der Aufenthaltsort des Vollstreckungsschuldners befindet.** [2]**Liegen diese Voraussetzungen bei der Vollstreckungsbehörde, die die Vollstreckung betreibt, nicht vor, so kann sie die Vermögensauskunft abnehmen, wenn der Vollstreckungsschuldner zu ihrer Abgabe bereit ist.**

(6) [1]**Die Ladung zu dem Termin zur Abgabe der Vermögensauskunft ist dem Vollstreckungsschuldner selbst zuzustellen; sie kann mit der Fristsetzung nach Absatz 1 Satz 1 verbunden werden.** [2]**Der Termin zur Abgabe der Vermögensauskunft soll nicht vor Ablauf eines Monats nach Zustellung der Ladung bestimmt werden.** [3]**Ein Rechtsbehelf gegen die Anordnung der Abgabe der Vermögensauskunft hat keine aufschiebende Wirkung.** [4]**Der Vollstreckungsschuldner hat die zur Vermögensauskunft erforderlichen Unterlagen im Termin vorzulegen.** [5]**Hierüber und über seine Rechte und Pflichten nach den Absätzen 2 und 3, über die Folgen einer unentschuldigten Terminssäumnis oder einer Verletzung seiner Auskunftspflichten sowie über die Möglichkeit der Eintragung in das Schuldnerverzeichnis bei Abgabe der Vermögensauskunft ist der Vollstreckungsschuldner bei der Ladung zu belehren.**

(7) [1] **Im Termin zur Abgabe der Vermögensauskunft erstellt die Vollstreckungsbehörde ein elektronisches Dokument mit den nach den Absätzen 1 und 2 erforderlichen Angaben (Vermögensverzeichnis). [2] Diese Angaben sind dem Vollstreckungsschuldner vor Abgabe der Versicherung nach Absatz 3 vorzulesen oder zur Durchsicht auf einem Bildschirm wiederzugeben. [3] Ihm ist auf Verlangen ein Ausdruck zu erteilen. [4] Die Vollstreckungsbehörde hinterlegt das Vermögensverzeichnis bei dem zentralen Vollstreckungsgericht nach § 802k Absatz 1 der Zivilprozessordnung. [5] Form, Aufnahme und Übermittlung des Vermögensverzeichnisses haben den Vorgaben der Verordnung nach § 802k Absatz 4 der Zivilprozessordnung zu entsprechen.**

(8) [1] **Ist der Vollstreckungsschuldner ohne ausreichende Entschuldigung in dem zur Abgabe der Vermögensauskunft anberaumten Termin vor der in Absatz 5 Satz 1 bezeichneten Vollstreckungsbehörde nicht erschienen oder verweigert er ohne Grund die Abgabe der Vermögensauskunft, so kann die Vollstreckungsbehörde, die die Vollstreckung betreibt, die Anordnung der Haft zur Erzwingung der Abgabe beantragen. [2] Zuständig für die Anordnung der Haft ist das Amtsgericht, in dessen Bezirk der Vollstreckungsschuldner im Zeitpunkt der Fristsetzung nach Absatz 1 Satz 1 seinen Wohnsitz oder in Ermangelung eines solchen seinen Aufenthaltsort hat. [3] Die §§ 802g bis 802j der Zivilprozessordnung sind entsprechend anzuwenden. [4] Die Verhaftung des Vollstreckungsschuldners erfolgt durch einen Gerichtsvollzieher. [5] § 292 dieses Gesetzes gilt entsprechend. [6] Nach der Verhaftung des Vollstreckungsschuldners kann die Vermögensauskunft von dem nach § 802i der Zivilprozessordnung zuständigen Gerichtsvollzieher abgenommen werden, wenn sich der Sitz der in Absatz 5 bezeichneten Vollstreckungsbehörde nicht im Bezirk des für den Gerichtsvollzieher zuständigen Amtsgerichts befindet oder wenn die Abnahme der Vermögensauskunft durch die Vollstreckungsbehörde nicht möglich ist. [7] Der Beschluss des Amtsgerichts, mit dem der Antrag der Vollstreckungsbehörde auf Anordnung der Haft abgelehnt wird, unterliegt der Beschwerde nach den §§ 567 bis 577 der Zivilprozessordnung.**

(9) [1] **Die Vollstreckungsbehörde kann die Eintragung des Vollstreckungsschuldners in das Schuldnerverzeichnis nach § 882h Absatz 1 der Zivilprozessordnung anordnen, wenn**

1. **der Vollstreckungsschuldner seiner Pflicht zur Abgabe der Vermögensauskunft nicht nachgekommen ist,**
2. **eine Vollstreckung nach dem Inhalt des Vermögensverzeichnisses offensichtlich nicht geeignet wäre, zu einer vollständigen Befriedigung der Forderung zu führen, wegen der die Vermögensauskunft verlangt wurde oder wegen der die Vollstreckungsbehörde vorbehaltlich der Fristsetzung nach Absatz 1 Satz 1 und der Sperrwirkung nach Absatz 4 eine Vermögensauskunft verlangen könnte, oder**
3. **der Vollstreckungsschuldner nicht innerhalb eines Monats nach Abgabe der Vermögensauskunft die Forderung, wegen der die Vermögensauskunft verlangt wurde, vollständig befriedigt. [2] Gleiches gilt, wenn die Vollstreckungsbehörde vorbehaltlich der Fristsetzung nach Absatz 1 Satz 1 und der Sperrwirkung nach Absatz 4 eine Vermögensauskunft verlangen kann, sofern der Vollstreckungsschuldner die Forderung nicht innerhalb eines Monats befriedigt, nachdem er auf die Möglichkeit der Eintragung in das Schuldnerverzeichnis hingewiesen wurde.**

[2] **Die Eintragungsanordnung soll kurz begründet werden. [3] Sie ist dem Vollstreckungsschuldner zuzustellen. [4] § 882c Absatz 3 der Zivilprozessordnung gilt entsprechend.**

(10) [1]**Ein Rechtsbehelf gegen die Eintragungsanordnung nach Absatz 9 hat keine aufschiebende Wirkung.** [2]**Nach Ablauf eines Monats seit der Zustellung hat die Vollstreckungsbehörde die Eintragungsanordnung dem zentralen Vollstreckungsgericht nach § 882h Absatz 1 der Zivilprozessordnung mit den in § 882b Absatz 2 und 3 der Zivilprozessordnung genannten Daten elektronisch zu übermitteln.** [3]**Dies gilt nicht, wenn Anträge auf Gewährung einer Aussetzung der Vollziehung der Eintragungsanordnung nach § 361 dieses Gesetzes oder § 69 der Finanzgerichtsordnung anhängig sind, die Aussicht auf Erfolg haben.**

(11) [1]**Ist die Eintragung in das Schuldnerverzeichnis nach § 882h Absatz 1 der Zivilprozessordnung erfolgt, sind Entscheidungen über Rechtsbehelfe des Vollstreckungsschuldners gegen die Eintragungsanordnung durch die Vollstreckungsbehörde oder durch das Gericht dem zentralen Vollstreckungsgericht nach § 882h Absatz 1 der Zivilprozessordnung elektronisch zu übermitteln.** [2]**Form und Übermittlung der Eintragungsanordnung nach Absatz 10 Satz 1 und 2 sowie der Entscheidung nach Satz 1 haben den Vorgaben der Verordnung nach § 882h Absatz 3 der Zivilprozessordnung zu entsprechen.**

Vergleichbare Vorschriften: §§ 802c, 802d, 802e, 802f ZPO
Hinweis auf **VollstrA:** Abschn. 52

Schrifttum: Hagemann, Die Umsetzung der Reform der Sachaufklärung in der Zwangsvollstreckung bei den kommunalen Vollstreckungsbehörden, KKZ 2012, 49; Vollkommer, Die Reform der Sachaufklärung in der Zwangsvollstreckung – Ein Überblick, NJW 2012, 3681; Carlé, Die Vermögensauskunft kritisch betrachtet – Schlechterstellung des Vollstreckungsschuldners durch die gesetzliche Weiterentwicklung der eidesstattlichen Versicherung im Steuerrecht, AO-StB 2013, 347; Schmidt, Gilt für Aufträge auf Einholung einer Vermögensauskunft, die nach dem 1.1.2013 erteilt werden, die zweijährige oder die dreijährige Sperrfrist?, JurBüro 2013, 347; Sturm, Das Verfahren zur Abnahme der Vermögensauskunft, JurBüro 2013, 63; Geraats, Die Vermögensauskunft des Vollstreckungsschuldners gemäß § 284 AO n. F., SAM 2017, 43.

Übersicht

A. Allgemeines

Inhalt, Zweck und Bedeutung. Durch das vom Bundesrat initiierte Gesetz zur Reform der Sachaufklärung (ZwVollstrÄndG, BGBl. 2009 I 2258) wurden mWv 1.1.2013 ua die Vorschriften der ZPO zur bisherigen **eidesstattlichen Versicherung** grundlegend reformiert. Die Änderungen, die sich auch in der umfassenden Neufassung des § 284 niedergeschlagen haben, führten zu einem Paradigmenwechsel bei der GeldVollstr. (Vollkommer NJW 2012, 3681: „Sprung vom 19. ins 21. Jahrhundert"). Diente bisher die Sachpfändung als Leitbild, so ist dies seither die Forderungspfändung. Die Änderungen bezwecken zum einen durch die Loslösung der Vermögensauskunft von vorangegangenen, erfolglosen Pfändungsversuchen (vgl. § 284 I aF) eine aus Sicht des Gläubigers frühzeitigere und effektivere **Informationsbeschaffung.** Zum anderen ist das Verfahren im Hinblick auf die Möglichkeiten heutiger Informationstechnologie modernisiert und das Schuldnerverzeichnis unter Wahrung datenschutzrechtlicher Belange neugestaltet worden, um die Justiz zu entlasten und den Schutz des Rechtsverkehrs weiter zu verbessern (BT-Drs. 16/10069, 1; BT-Drs. 16/13432, 1). 1

Die Vermögensauskunft, die als „Herzstück" des Gesetzes bezeichnet wurde (Vollkommer NJW 2012, 3681 (3684)), bezieht sich zunächst auf die Erstellung des beim zentralen VollstrGericht (s. § 802k ZPO) zu hinterlegenden Vermögensverzeichnisses, dessen Vollständigkeit der VollstrSchuldner nunmehr zwingend (und nach § 156 StGB strafbewährt) an Eides statt zu versichern hat. Daneben besteht die Möglichkeit, den Schuldner zur Warnung der Allgemeinheit vor nicht liquiden oder unzuverlässigen Schuldnern in das ebenfalls beim zentralen VollstrGericht geführte Schuldnerverzeichnis (s. § 882b ZPO) einzutragen, wenn er auf Betreiben der FB oder eines anderen Gläubigers eine Vermögensauskunft abgegeben hat und die anschließende Vollstr. erfolglos verlaufen bzw. von Anfang an aussichtslos gewesen ist. Damit gliedert sich die Abnahme der Vermögensauskunft fortan in ein **zweistufiges Verfahren,** nämlich die Informationsbeschaffung für den Gläubiger einerseits (Vermögensauskunft ieS) und die Rechtsfolge einer ergebnislosen Vollstr. andererseits (Eintragungsanordnung). 1a

Die Übermittlung des Vermögensverzeichnisses und der Eintragungsanordnung an das zentrale VollstrGericht erfolgt ausschließlich elektronisch über das „Elektronische Gerichts- und Verwaltungspostfach" (EGVP). Die an die zentralen VollstrGerichte der einzelnen Länder gelieferten Daten werden unter www.vollstreckungsportal.de bundesweit zur Verfügung gestellt. Auf das **VollstrPortal** (bestehend aus dem Vermögensverzeichnisregister und dem Schuldnerverzeichnis) haben die VollstrStellen der FB Zugriff (s. § 802k II 2 Nr. 1 ZPO). Die Auskunft wird allg. entweder durch einen Ausdruck erteilt oder auf Antrag als elektronisches Dokument (zu Einzelheiten s. VermögensverzeichnisVO – VermVV – v. 26.7.2012, BGBl. 2012 I 1663). Weitere Regelungen zur Einsichtnahme, insb. durch ein automatisiertes Abrufverfahren, sowie zur Form, Aufnahme, Übermittlung, Verwaltung und Löschung der Eintragungsanordnungen enthält die SchuldnerverzeichnisführungsVO – SchuFV – v. 26.7.2012 (BGBl. 2012 I 1654). 1b

Durch das Gesetz zur Förderung des Einsatzes von Videokonferenztechnik in der Zivilgerichtsbarkeit und den Fachgerichtsbarkeiten vom 15.7.2024 (BGBl. I 2024 Nr. 237) wurde die Abnahme der Vermögensauskunft durch den GV – geregelt in § 802f ZPO – um die Möglichkeit erweitert, die Vermögensauskunft künftig auch per **Bild- und Tonübertragung** oder außerhalb der Geschäftsräume des GV oder der Wohnung des Schuldners an einem anderen geeigneten Ort (zB Krankenhaus) abzunehmen. Ziel der Neuregelung ist es, die Termine schneller, kostengünstiger und ressourcenschonender durchführen zu können (BT-Drs. 20/8095, 30; zu Einzelheiten Anders/Gehle ZPO § 802f Rn. 19 ff). Ein gleichgerichtetes Bedürfnis dürfte zweifelsohne auch für den Bereich der FVerw. bestehen. Sollte sich das Verfahren etablieren, wäre eine entsprechende Ausdehnung deshalb sicherlich wünschenswert. Wegen des gesetzgeberisch vorgegebenen Ausbaus 1c der Videoverhandlungen (auch) in der Finanzgerichtsbarkeit (§ 155 FGO iVm § 128a ZPO), sollte die dafür notwendige Videokonferenztechnik zumindest mittelfristig zur Verfügung stehen.

2 **Anwendungsbereich.** Die Regelung bezieht sich auf alle Geldleistungen, die durch die FB (FA, HZA) nach § 249 im Verwaltungsweg vollstreckt werden können. Als spezielle Regelung geht § 284 weiterhin den allg. Vorschriften der §§ 249 II, 88 ff. vor (BFH 24.9.1991 – VII R 34/90, BStBl. II 1992, 57 zu § 284 aF). Ob die FB zur Vorbereitung der Vollstr. unmittelbar nach § 284 vorgeht, oder die Vermögensverhältnisse des VollstrSchuldners zunächst nach §§ 249 II, 95 I aufzuklären sucht, ist ihr aber freigestellt (→ Rn. 5). Eine **Rangfolge** zwischen beiden Vorgehensweisen besteht nicht (TK § 284 Rn. 3). Im Insolvenzverfahren geht allerdings die eidesstattliche Versicherung nach § 153 II InsO vor. Hat das Insolvenzgericht Sicherungsmaßnahmen nach § 21 II InsO getroffen, hindert dies die Abnahme der Vermögensauskunft nach § 284 aber grds. noch nicht (Thomas/Putzo ZPO § 802c Rn. 3; aA Anders/Gehle ZPO § 802c Rn. 7 „Insolvenz"). Erst mit Eröffnung des Insolvenzverfahrens ist im Hinblick auf § 89 I InsO ein VollstrHindernis gegeben und damit (auch) eine Vermögensauskunft nach § 284 nicht mehr möglich (vgl. BGH 24.5.2012 – IX ZB 275/10, NJW-RR 2012, 1433). Da die Vermögensauskunft nur in dem auf endgültige Befriedigung gerichteten VollstrVerfahren verlangt werden kann, kommt sie im Rahmen des vorgelagerten Sicherungs-(Arrest-)verfahrens nach § 324 ebenfalls nicht in Betracht (Schwarz/Pahlke/Keß § 284 Rn. 9). § 284 gilt gem. § 5 I VwVG auch für die ZwangsVollstr. nach dem VwVG. Die Verwaltungsvollstr. der Länder erfolgt nach eigenständigen Regelungen (s. Engelhardt/App/Schlatmann AO § 284 Rn. 9; Hagemann KKZ 2012, 49).

3 Zeitlich gilt die Neuregelung für alle Anordnungen ab dem 1.1.2013. Zur Rechtslage bis 31.12.2012 wird auf die Kommentierung der 2. Aufl. verwiesen.

B. Voraussetzungen für die Pflicht zur Auskunftserteilung (Abs. 1 S. 1, Abs. 4)

I. Verpflichteter

4 Zur Abgabe der Vermögensauskunft ist der VollstrSchuldner iSv § 253 **persönlich** verpflichtet und damit auch der Haftungs- und Duldungsschuldner. Ist dieser nicht handlungsfähig (vgl. § 79), ist gem. § 34 I 1 dessen gesetzlicher Vertreter zur Vermögensauskunft und zur Eidesleistung heranzuziehen. Entscheidend sind die Vertretungsverhältnisse im Zeitpunkt des Termins und nicht die im Zeitpunkt der Zustellung (BGH 28.9.2006 – I ZB 35/06, NJW-RR 2007, 185; Thomas/Putzo ZPO § 802c Rn. 7; differenzierend Anders/Gehle ZPO § 802c Rn. 39). Bei mehreren gesetzlichen Vertretern einer natürlichen Person entscheidet die VollstrBehörde nach pflichtgemäßem Ermessen, wer die Vermögensauskunft abzugeben hat; entsprechendes gilt für den Betreuer (BGH 14.8.2008 – I ZB 20/08, NJW-RR 2009, 1). Bei Gesamtschuldnern ist grds. jeder zur Abgabe verpflichtet (§ 44 I 2). Die VollstrBehörde entscheidet dann ebenfalls nach pflichtgemäßem Ermessen, welcher von ihnen zu laden ist. Zu weiteren Einzelheiten s. Anders/Gehle ZPO § 802c Rn. 40 ff., Zöller ZPO § 802c Rn. 6 ff.). **Nicht verpflichtet** sind gewillkürte Vertreter (Bevollmächtigte) sowie die nach § 779 ZPO oder § 57 ZPO bestellten Vertreter. Der Verfügungsberechtigte iSv § 35 ist nur unter den dort genannten Voraussetzungen verpflichtet (HHSp § 284 Rn. 30).

II. Vollstreckbare Forderung und Nichtzahlung trotz Zahlungsaufforderung mit Fristsetzung (Abs. 1 S. 1)

5 **Vollstreckbarkeit.** In Anpassung an § 802c ZPO genügt für die Vermögensauskunft, dass die allg. Voraussetzungen der **ZwangsVollstr.** wegen einer Geldforderung (§§ 251,

254 und §§ 259 ff.; → Rn. 2) vorliegen. Ob die VollstrBehörde von § 284 Gebrauch macht, liegt in ihrem pflichtgemäßen **Ermessen** (§ 5). Einschränkungen ergeben sich daraus aber kaum. Denn im Hinblick auf die vom Gesetzgeber statuierte Mitwirkungspflicht des VollstrSchuldners (→ Rn. 7) steht es der VollstrBehörde weiterhin frei, welche VollstrMaßnahmen sie unter Anstellung von Zweckmäßigkeitserwägungen ergreifen will (FG Sachsen 12.12.2018 – 4 K 1019/17, BeckRS 2018, 44603). Sie kann VollstrMaßnahmen in das bewegliche oder unbewegliche Vermögen vornehmen oder zuvor bzw. auch danach den Weg des § 284 beschreiten (→ Rn. 2). Kennt die VollstrBehörde die Vermögensverhältnisse des VollstrSchuldners bereits zuverlässig oder ist ihr bekannt, dass der VollstrSchuldner kein pfändbares Vermögen hat, wäre ein Vorgehen nach § 284 allerdings ermessensfehlerhaft (Gosch AO § 284 Rn. 8; Thomas/Putzo ZPO § 802c Rn. 3). Zurückhaltung dürfte zudem geboten sein, wenn ein VollstrSchuldner seine Abgaben bislang immer zuverlässig und pünktlich entrichtet hat und daher uU zu vermuten ist, dass besondere Umstände (zB schwere Krankheit, unvorhersehbare notwendige Abwesenheit) zur Nichtzahlung geführt haben (Klein § 284 Rn. 5). Auf die **Höhe der StForderung** kommt es mit Ausnahme von Bagatellbeträgen im Übrigen nicht an. Die im Regierungsentwurf geplante Betragsgrenze von 600 Euro ((BT-Drs. 16/10069, 12) wurde nicht umgesetzt und könnte deshalb allenfalls als Anhaltspunkt für die Bemessung der Bagatellgrenze dienen. Letztlich ist es aber unter Beachtung des Gesetzeszwecks (→ Rn. 1) nicht ermessensfehlerhaft, die Auskunft auch bei vergleichsweise geringen Forderungen einzuholen (OVG Münster 10.11.2016 – 9 B 298/16, NVwZ-RR 2017, 170; TK § 284 Rn. 6). Unerheblich ist auch, ob gegen den VollstrSchuldner **ststrafrechtliche Ermittlungen** laufen (BGH 21.8.2012 – 1 StR 26/12, BFH/NV 2013, 174).

Nichtleistung. Der VollstrSchuldner muss die geschuldete Zahlung nicht geleistet 6 haben, obwohl er dazu zuvor von der VollstrBehörde unter Fristsetzung von zwei Wochen und unter Hinweis auf die ansonsten bestehende Verpflichtung zur Abgabe der Vermögensauskunft **aufgefordert** worden ist. Insoweit hat es der VollstrSchuldner grds. in der Hand, ob er eine Vermögensauskunft abgeben muss. Zahlt er innerhalb der Frist, entsteht die Verpflichtung zur Vermögensauskunft nicht. Gleiches gilt, wenn die FB dem VollstrSchuldner vor Fristablauf Stundung (§ 222) oder VollstrAufschub (§ 258) gewährt (s. auch Thomas/Putzo ZPO § 802b Rn. 1, 7).

Kein VollstrVersuch. Aufgrund der gesetzlichen Neuregelung kann die VollstrBehör- 7 de ohne vorhergehende erfolglose VollstrVersuche und damit gleich zu Beginn des VollstrVerfahrens vom VollstrSchuldner die Auskunft über seine Vermögensverhältnisse anfordern, um abzuklären, ob überhaupt verwertbares Vermögen vorhanden ist; handelt es sich um eine wiederholende Aufforderung, bleibt aber die Schutzfrist zu beachten (§ 284 IV; → Rn. 8 ff.). Hierdurch wird eine zentrale vollstreckungsrechtliche **Mitwirkungspflicht des VollstrSchuldners** begründet (Klein § 284 Rn. 3). Durch die vom VollstrSchuldner selbst gewonnenen Informationen soll die ZwangsVollstr. im Interesse aller Beteiligten effizienter werden, indem nutzlose VollstrVersuche und damit einhergehende Kosten unterbleiben (Thomas/Putzo ZPO § 802c Rn. 1).

III. Sperrfrist (Abs. 4)

Schuldnerschutz. Die Sperrfrist für die Einholung einer weiteren Vermögensauskunft 8 ist angesichts immer schneller wechselnder Lebensumstände zuletzt 2013 (entspr. § 802d I 1 ZPO) von drei auf **zwei Jahre** verkürzt worden (vgl. BT-Drs. 16/13432, 44 zu § 802d ZPO und BT-Drs. 16/13432, 47 zu § 284 IV). Die zum 1.1.2022 erfolgte Neufassung des Abs. 4 (BGBl. 2021 I 850) bedeutet demgegenüber keine inhaltliche Änderung (Anders/Gehle ZPO § 802d Rn. 1), sondern verdeutlicht lediglich stärker als bisher, dass der VollstrSchuldner im Regelfall innerhalb der Sperrfrist nicht zur Abgabe einer neuen Vermögensauskunft verpflichtet ist, gleichgültig, ob im ursprünglichen oder in einem anderen VollstrVerfahren (BT-Drs. 19/27636, 25; Gosch AO § 284 Rn. 12).

Die **Fristberechnung** erfolgt nach § 108 I AO iVm § 187 BGB. Die Frist beginnt – was das Gesetz nunmehr ausdrücklich klarstellt – mit der Abgabe der letzten Vermögensauskunft. Darauf, ob bzw. wann eine Eintragung in das Schuldnerverzeichnis erfolgt ist, kommt es (im Gegensatz zur Rechtslage vor 2013) nicht an. Anknüpfungspunkt ist vielmehr das von der VollstrStelle aufgrund der Vermögensauskunft des VollstrSchuldners zu erstellende und gem. § 284 VII 4 beim zentralen VollstrGericht zu hinterlegende Vermögensverzeichnis. Wird die Vermögensauskunft später lediglich **ergänzt bzw. nachgebessert,** ist darin keine neue Vermögensauskunft zu sehen, sondern bleibt für den Beginn der Frist weiterhin die Abgabe der ursprünglichen Vermögensauskunft maßgeblich (Anders/Gehle ZPO § 802d Rn. 8). Eine solche Nachbesserung ist stets und ohne Rücksicht auf die Sperrfrist dann geboten, wenn aus dem Vermögensverzeichnis selbst ersichtlich ist, dass Angaben unvollständig, ungenau oder widersprüchlich sind (BGH 15.12.2016 – I ZB 54/16, NJW-RR 2017, 633; FG Berlin-Brandenburg 22.10.2020 – 10 K 10080/20, EFG 2021, 339; zu Beispielen vgl. Zöller ZPO § 802d Rn. 17).

Bei **wissentlich falschen Angaben** ist der VollstrSchuldner hingegen nicht schutzwürdig, sodass die Sperrfrist ohnehin nicht gilt (Thomas/Putzo ZPO § 802d Rn. 9; weitergehend Klein § 284 Rn. 16: auch bei unbewusstem Handeln). Ein **Verstoß** gegen Abs. 4 führt zwar zur Rechtswidrigkeit, nicht aber zur Nichtigkeit des erneuten Verlangens (BFH 21.6.2010 – VII R 27/08, BStBl. II 2011, 331; TK § 284 Rn. 18).

9 **Ausnahme.** Die Schutzfrist gilt ausnahmsweise nicht, wenn aufgrund nicht zwingend konkreter, aber über bloße (Ausforschungs)Vermutungen hinausgehender Anhaltspunkte anzunehmen ist, dass sich die **Vermögensverhältnisse** des VollstrSchuldners **wesentlich geändert** haben **(Abs. 4 S. 1).** Solche Umstände sind ua gegeben

– bei einem späteren Erwerb pfändbarer Vermögensgegenstände, die dem VollstrSchuldner noch gehören müssen (Thomas/Putzo ZPO § 802d Rn. 6); oder
– wenn das bisherige Arbeitsverhältnis aufgelöst worden ist. Der Begriff des Arbeitsverhältnisses ist dabei weit auszulegen (Anders/Gehle ZPO § 802d Rn. 30). Darunter fallen alle mit dem Einsatz eigener Arbeit im Zusammenhang stehenden – auch selbständigen – Erwerbstätigkeiten (Thomas/Putzo ZPO § 802d Rn. 7). Eine entsprechende Anwendung ist auch geboten, wenn der Bezug von Arbeitslosengeld oder -hilfe weggefallen ist (Anders/Gehle ZPO § 802d Rn. 28, Stichwort „Arbeitslosenunterstützung").

10 **Amtsermittlung.** Die VollstrBehörde hat nach S. 2 der Vorschrift (wie bisher) durch Nachfrage beim zentralen VollstrGericht von Amts wegen festzustellen, ob in den letzten zwei Jahren ein aufgrund einer Vermögensauskunft des VollstrSchuldners erstelltes Vermögensverzeichnis hinterlegt wurde (vgl. VollstrA Abschn. 52 II). Die Anfrage an das zentrale VollstrGericht bewirkt – anders als die Vermögensauskunft selbst – keine Verjährungsunterbrechung nach § 231 (→ § 231 Rn. 17 f.).

C. Inhalt und Umfang der Vermögensauskunft (Abs. 1 S. 2 und 3, Abs. 2)

I. Persönliche und sonstige Angaben

11 Nach **Abs. 1 S. 2** hat der persönliche VollstrSchuldner zusätzlich zu seinen Vermögensangaben (→ Rn. 12 ff.) seinen Geburtsnamen, sein Geburtsdatum und seinen Geburtsort anzugeben, nicht jedoch seine Staatsangehörigkeit, seine Religion, seinen Familienstand oder Beruf, sein Gewerbe oder seinen Wohnsitz (Anders/Gehle ZPO § 802c Rn. 10). Für eine juristische Person (GmbH, Verein, Genossenschaft usw.) sowie rechtsfähige Personenvereinigung (OHG, KG usw.) sind gem. **Abs. 1 S. 3** die Firma oder der Name und der Sitz (die Niederlassung) sowie das Registergericht und die Nummer des Registerblatts anzugeben. Durch das KreditzweitmarktförderungsG v. 22.12.2023 (BGBl. 2023 I Nr. 411) wurde der Kanon der Auskunftspflichtigen im Nachgang zum MoPeG um die rechtsfähige GbR ergänzt (BT-Drs. 20/9782, 204). Die aufgeführten Informationen er-

möglichen der VollstrBehörde in erster Linie eine eindeutige und zweifelsfreie Zuordnung der Vermögensangaben. Sie sollen darüber hinaus aber auch sicherstellen, dass die VollstrBehörde bei natürlichen und juristischen Personen/Personenvereinigungen frühzeitig die nach § 882b ZPO notwendigen Daten für eine etwaige Eintragung in das Schuldnerverzeichnis erhält.

II. Angaben zu den Vermögensverhältnissen (Abs. 2)

Allgemeines. § 284 II entspricht im Wesentlichen § 802c II ZPO und regelt den Inhalt 12 der vom VollstrSchuldner abzugebenden Vermögensauskunft. Nach **Abs. 2 S. 1** hat der VollstrSchuldner alle ihm zum Zeitpunkt des Abnahmetermins gehörenden Vermögensgegenstände (dh **sein gesamtes gegenwärtiges Aktivvermögen**) im In- und Ausland anzugeben. Denn in diesem Umfang haftet er dem VollstrGläubiger, weswegen Abs. 2 S. 1 insoweit nur klarstellende Funktion zukommt. Gemäß **Abs. 2 S. 2** sind bei Forderungen ergänzend Grund und Beweismittel zu bezeichnen. Das beinhaltet zum einen die Bezeichnung des Drittschuldners mit Namen und Anschrift und zum anderen die Angabe sonstiger zur Identifikation der Forderung erforderlicher Daten, wie zB den Schuldgrund. Die Auskünfte des VollstrSchuldners müssen insgesamt so genau und vollständig sein, dass der VollstrGläubiger anhand des zu erstellenden Vermögensverzeichnisses (→ Rn. 26) sofort die Möglichkeiten der Vollstr. abschätzen, die seinen Zugriff erschwerenden Tatsachen erkennen und Maßnahmen für seine Befriedigung treffen kann (Anders/Gehle ZPO § 802c Rn. 14; vgl. auch BFH 26.7.2005 – VII R 57/04, BStBl. II 2005, 814). **Abs. 2 S. 3** bezieht sich auf früheres Vermögen und soll dem VollstrGläubiger ermöglichen, seine etwaigen Rechte nach dem AnfG durchzusetzen. Ausdrücklich von der diesbezüglichen Auskunftspflicht erfasst wird auch der Zeitraum zwischen dem festgesetzten Termin zur Abgabe der Vermögensauskunft und der tatsächlichen Auskunftserteilung (BT-Drs. 16/16009, 25 zu § 802c II ZPO). **Abs. 2 S. 4** bestimmt, dass Sachen, die offensichtlich unpfändbar sind und für die auch keine Austauschpfändung in Frage kommt, nicht anzugeben sind.

1. Gesamtes gegenwärtiges Aktivvermögen

Umfang der Auskunft. Die Vermögensauskunft muss das gesamte gegenwärtige Aktiv- 13 vermögen des VollstrSchuldners umfassen (BFH 9.5.1989 – VII B 205/88, BFH/NV 1990, 79), da er mit seinem gesamten Vermögen haftet. Es müssen alle geldwerten Sachen und Rechte aufgeführt werden ohne Rücksicht auf deren Wert und ohne Rücksicht darauf, ob sich der VollstrSchuldner durch die Offenbarung einer strafbaren Handlung bezichtigen würde (Klein § 284 Rn. 10; Anders/Gehle ZPO § 802c Rn. 16 „Schwarzarbeit"). Diese Mitwirkungspflicht besteht trotz des strafrechtlichen Schutzes des Schuldners vor Selbstbezichtigung (§ 136 I 2 StPO; BVerfG 31.3.2008 – 2 BvR 467/08, WM 2008, 989; BGH 19.3.1991 – 5 StR 516/90, NJW 1991, 2844; BFH 16.7.2001 – VII B 203/00, BFH/NV 2002, 305, jew. auch zur Frage eines daraus erwachsenden strafrechtl. Verwertungsverbots). Anzugeben sind auch Gegenstände (Forderungen usw.), die gepfändet, versetzt oder sicherungsübereignet sind (BT-Drs. 16/10069, 25). Die Angaben müssen so **genau** sein, dass sie dem Gläubiger (FB) einen sofortigen VollstrZugriff ermöglichen (s. auch Wiethölter DStZ 1994, 295). Im Ausland belegenes Vermögen ist selbst dann aufzuführen, wenn es nach dem jew. Stand der Rechtshilfeabkommen (→ § 250 Rn. 11 f.) nicht dem VollstrZugriff unterliegt, weil sich daraus aus Sicht der FB dennoch Hinweise und/oder weitere Ermittlungsansätze im Hinblick auf die übrige Vermögenslage des VollstrSchuldners ergeben können (BFH 4.8.1992 – VII R 40/91, BFH/NV 1993, 342).

Bewegliche Sachen. Es sind mit Ortsbezeichnung alle im Eigen-/Miteigentum des 14 VollstrSchuldners stehenden, auch im Besitz eines Dritten befindlichen Sachen iSv § 90 BGB (s. § 286) anzugeben, ebenso alle Ansprüche auf Herausgabe oder Leistung von Sachen, die nach § 318 gepfändet werden können (→ § 318 Rn. 6 ff.) sowie der Besitz aufgrund eines Leasingvertrages (sog. Leasingbesitz), wenn ein Anwartschaftsrecht besteht (str.; ebenso Thomas/Putzo ZPO § 802c Rn. 13; aA Anders/Gehle ZPO § 802c Rn. 16 „Besitz"; Zöller ZPO § 802c Rn. 15).

15 **Unbewegliches Vermögen.** Grundstücke und grundstücksgleiche Rechte sind alle der ImmobiliarzwangsVollstr. unterliegenden Gegenstände (→ § 322 Rn. 4 ff.). Sie sind als unbewegliches Vermögen anzugeben, der Bruchteilsanteil eines Miteigentümers unter Bezeichnung als solcher (§ 864 II ZPO). Eine Darstellung in Übereinstimmung mit dem Grundbuch (§ 28 S. 1 GBO) oder unter Nennung der Grundbuchstelle ist nicht erforderlich, sofern die übrigen Angaben zur sicheren **Identifizierung** ausreichen (bei Immobilienbesitz im Ausland etwa die genaue Anschrift, LG Frankfurt 29.9.2008 – 2–09 T 327/08, DGVZ 2009, 133). Miteigentümer brauchen nicht angegeben zu werden, wohl aber auf dem Grundvermögen ruhende Belastungen zugunsten Dritter und Eigentümerrechte (FG Berlin-Brandenburg 22.10.2020 – 10 K 10080/20, EFG 2021, 339; Anders/Gehle ZPO § 802c Rn. 16, „Dingliches Recht"; Thomas/Putzo ZPO § 802c Rn. 15; aA Zöller ZPO § 802c Rn. 27: Belastungen seien kein Schuldnervermögen).

16 **Forderungen.** Erfasst werden Geldforderungen bzw. auf eine geldwerte Leistung gerichtete Forderungen, die der Vollstr. nach den §§ 309–312 unterliegen. Sie sind mit Namen und Anschrift des Drittschuldners, Rechtsgrund, Betrag sowie Nebenleistungen (Zinsen) und Beweismitteln zu bezeichnen (Abs. 2 S. 2; BayObLG 6.3.2003 – 5 St RR 18/03, NJW 2003, 2181). Angaben über Zahlungsunwilligkeit und -fähigkeit des Drittschuldners sind nicht erforderlich. Anzugeben sind deshalb auch zweifelhafte und (voraussichtlich) uneinbringliche, ebenso künftige, bedingte, betagte und unpfändbare Forderungen, denn die Beurteilung der **Unpfändbarkeit** liegt nicht beim Schuldner (BGH 20.11.2008 – I ZB 20/06, WM 2009, 1431; Zöller ZPO § 802c Rn. 17). Hierzu gehören zB **Arbeitseinkommen** (mit Brutto- und Nettolohn), ebenso bestehende Ansprüche aus beendeten Arbeitsverhältnissen (Thomas/Putzo ZPO § 802c Rn. 19), **soziale Geldleistungen** wie Arbeitslosengeld und Renten (Zöller ZPO § 802c Rn. 23). **Selbständige** haben idR genaue Angaben über ihre Geschäftstätigkeit der letzten 12 Monate, namentlich zu deren Art und Umfang sowie zur Höhe der jew. Vergütung zu machen (Anders/Gehle ZPO § 802c Rn. 16, „Selbständiger"). Für Ärzte (BGH 17.2.2005 – IX ZB 62/04, NJW 2005, 1505) und sog. Berufsträger gilt nichts anderes. Ein StBerater muss zB fortlaufende Mandatsverhältnisse detailliert offenlegen und kann sich insoweit nicht auf sein berufsständisches Verschwiegenheits- oder verfahrensrechtliches Auskunftsverweigerungsrecht nach § 102 I 3b berufen. Ebenso hat ein standesrechtlich grds. zur Verschwiegenheit verpflichteter Rechtsanwalt Name und Anschrift seines Schuldners (Mandanten) sowie die Höhe der Honorarforderung anzugeben (BGH 2.12.2009 – I ZB 65/09, NJW 2010, 1380). Wegen § 850c ZPO sind Angaben über die Einkommen von **Unterhaltsberechtigten** zu machen (BGH 19.5.2004 – IXa ZB 297/03, NJW 2004, 2979); dies gilt auch für volljährige Kinder (Thomas/Putzo ZPO § 802c Rn. 22). Unwiderruflich eingeräumte **Bezugsrechte** an einer Lebens- und Rentenversicherung sind anzugeben, auch Ansprüche auf **Beitragsrückerstattung** und auf Leistungsansprüche aus Sachversicherungen sowie auf Erstattung überbezahlter Abschläge auf Verträge mit Energieversorgern und auf mietvertragliche Betriebs- und Nebenkosten (BGH 12.1.2012 – I ZB 2/11, WM 2012, 805). Weitere Einzelheiten s. Zöller ZPO § 802c Rn. 17 ff. und Anders/Gehle ZPO § 802c Rn. 16.

17 **Sonstige Vermögensrechte** sind Rechte, deren Pfändung sich nach §§ 309, 321 richtet, wie zB Gesellschaftsanteile und -rechte, Miterbenanteile, Rückgewährsansprüche, Patent- und Urheberrechte (→ § 321 Rn. 3 ff.). Diese Rechte sind ebenso anzugeben wie Forderungen (→ Rn. 16; Thomas/Putzo ZPO § 802c Rn. 24).

2. Veräußertes Vermögen (Abs. 2 S. 3)

18 **Allgemeines.** Neben dem aktuellen Aktivvermögen sind auch bestimmte und ggf. anfechtbare Verfügungen anzugeben. Diese Angaben sollen es dem Gläubiger (FB) ermög-

lichen, von seinem Anfechtungsrecht Gebrauch zu machen. Die FB soll in die Lage versetzt werden, den Erlass eines Duldungsbescheids (§ 191) zu prüfen.

Folgende Verfügungen unterliegen der Offenbarungspflicht:

- **Entgeltliche Veräußerungen (Abs. 2 S. 3 Nr. 1).** Das sind die in den letzten zwei Jahren vor dem Auskunftstermin nach Abs. 7 und bis zur tatsächlichen Abgabe der Vermögensauskunft vorgenommenen entgeltlichen Veräußerungen des Schuldners an nahestehende Personen iSv § 138 InsO. Hierunter fällt nicht nur ein schuldrechtliches Verpflichtungsgeschäft (zB Kauf, Miete, Pacht, Eingehung einer Wechselverbindlichkeit), sondern auch ein dinglicher Vertrag (zB Übereignung, Abtretung, Sicherheitenbestellung; vgl. § 3 IV AnfG), ferner jeder sonstige Erwerbsvorgang (zB Aufgabe eines dinglichen Rechts, Eintragung einer Zwangshypothek oder Anerkenntnis bzw. Verzicht im Erkenntnis- oder VollstrVerfahren; vgl. Huber AnfG § 3 Rn. 43). **Entgeltlichkeit** ist gegeben, wenn der Erwerb des anderen Teils nach dem Willen zumindest einer Partei rechtlich von einer ausgleichenden Zuwendung des anderen Teils abhängig ist. Ob der Gegenwert dem Schuldner oder einem Dritten zufließt, ist ohne Belang (Huber AnfG § 3 Rn. 45). Zur Abgrenzung zum unentgeltlichen Vertrag s. Huber AnfG § 4 Rn. 18 ff. **Nahestehende Personen** werden in § 138 InsO definiert; vgl. Huber AnfG § 3 Rn. 49 ff. 19
- **Unentgeltliche Leistungen (Abs. 2 S. 3 Nr. 2).** Das sind die in den letzten vier Jahren vor dem Auskunftstermin nach Abs. 7 und bis zur tatsächlichen Abgabe der Vermögensauskunft vorgenommenen entgeltlichen Veräußerungen, und zwar unabhängig davon, ob die Leistung zugunsten eines Ehegatten (sonst nahestehende Personen) oder einer anderen Person erfolgt ist. Die Vorschrift entspricht § 4 AnfG und § 134 InsO und soll dem Gläubiger aus Billigkeitsgründen die Möglichkeit geben, **freigiebige Zuwendungen,** die der spätere Schuldner in den letzten vier Jahren vor dem Termin und bis zur Abgabe der Vermögensauskunft gemacht hat, anzufechten und damit rückgängig zu machen. Eine **unentgeltliche Leistung** liegt vor, wenn diese ohne eine Rechtspflicht erfolgt und keine Gegenleistung in das Schuldnervermögen gelangt ist (Huber AnfG § 4 Rn. 16). Zu weiteren Einzelheiten vgl. Huber AnfG § 4 Rn. 17 ff. **Nicht anzugeben** sind Gelegenheitsgeschenke von geringem Wert (s. § 134 II InsO), die nach der Verkehrssitte zu bestimmten Ereignissen (zB Geburtstag, Taufe, Konfirmation, Kommunion, Weihnachten) üblich sind oder zu wohltätigen bzw. gemeinnützigen Zwecken erbracht werden. Die Geringwertigkeitsgrenze liegt bei allenfalls 200 Euro je Einzelfall und bei 500 Euro im Kalenderjahr (BGH 4.2.2016 – IX ZR 77/15, NJW 2016, 2412; Braun InsO § 134 Rn. 48). 20

3. Offensichtliche Nichtpfändbarkeit (Abs. 2 S. 4)

Unpfändbarkeit. Nicht anzugeben sind Sachen des persönlichen Gebrauchs usw., die offensichtlich gem. § 811 I Nr. 1a, 2 ZPO unpfändbar sind (zu Einzelheiten → § 295 Rn. 8). „Offensichtlich" unpfändbar ist dabei allerdings nicht das, was der Schuldner selbst für unpfändbar erachtet, sondern vielmehr dasjenige, was nach Ansicht jedes vernünftigen und sachkundigen Dritten – folglich auch des Gerichtsvollziehers oder des Vollziehungsbeamten – objektiv unter den Schutzbereich des § 811 ZPO fällt (Anders/Gehle ZPO § 802c Rn. 24). Bei Zweifeln besteht Angabepflicht, ebenso dann, wenn eine Austauschpfändung (§ 811a ZPO) möglich ist. 21

D. Verfahren

I. Zuständige Vollstreckungsbehörde (Abs. 5)

Abnahmebehörde. § 284 V entspricht dem bisherigen Abs. 5. Es erfolgte lediglich eine redaktionelle Anpassung bezüglich der Abnahme der Vermögensauskunft (zuvor 22 eidesstattlichen Versicherung). Die Abnahme der Vermögensauskunft durch den Vollziehungsbeamten im Anschluss an einen fruchtlosen Pfändungsversuch gleich an Ort und Stelle lässt die AO anders als § 802f II 1 ZPO nicht zu.

23 **Örtlich zuständig** für die Abnahme (nicht für deren Anordnung) ist nach Abs. 5 S. 1 die VollstrBehörde (FA, HZA; → § 249 Rn. 1 ff.), in deren Bezirk sich der Wohnsitz (§ 8) oder gewöhnliche Aufenthalt (§ 9) des VollstrSchuldners befindet (sog. Abnahmebehörde). Wird die Vollstr. nicht von der Abnahmebehörde betrieben, kann die betreibende, dh die Vermögensauskunft anordnende VollstrBehörde die Vermögensauskunft nach Abs. 5 S. 2 nur abnehmen, wenn der VollstrSchuldner hierzu bereit ist. Andernfalls muss die nach Abs. 5 S. 1 zuständige VollstrBehörde um die Abnahme im Wege der Amtshilfe ersucht werden (§ 250). Die vor einer unzuständigen VollstrBehörde abgegebene Vermögensauskunft ist trotzdem wirksam (vgl. BT-Drs. 16/100069, 26; Anders/Gehle ZPO § 802e Rn. 8).

24 **Die behördeninterne Zuständigkeit** ist gesetzlich nicht geregelt. Es sollte (im Hinblick auf die eidesstattliche Versicherung nach § 284 III) entspr. § 95 II 2 verfahren werden. Danach hat idR ein Angehöriger des öffentlichen Dienstes, der die Befähigung zum Richteramt besitzt, die Vermögensauskunft und die zwangsläufig damit verbundene eidesstattliche Versicherung (→ Rn. 27) abzunehmen. Diese Aufgabe kann aber einem spezialisierten Beamten der VollstrStelle übertragen werden (HHSp § 284 Rn. 44).

II. Ladung des Vollstreckungsschuldners zur Abgabe der Vermögensauskunft (Abs. 6)

25 **Terminsladung.** Die Regelung betrifft die nach fruchtlosem Fristablauf erforderlich werdende Ladung zur Abgabe der Vermögensauskunft. Sie ist formal ein von der Aufforderung zur Abgabe der Vermögensauskunft abzugrenzender, somit eigenständiger **VA** (TK § 284 Rn. 19) und gem. S. 1 dem VollstrSchuldner persönlich **zuzustellen;** eine Zustellung an einen Bevollmächtigten (§ 80) genügt nicht (BFH 6.8.2007 – VII B 327/06, BFH/NV 2007, 2230). Die Ladung kann, was regelmäßig der Fall ist, nach Abs. 6 S. 1 Hs. 2 mit der Zahlungsaufforderung und Fristsetzung nach Abs. 1 S. 1 (→ Rn. 6) verbunden werden (s. auch § 802f I 2 ZPO). Die Zustellung erfolgt gem. § 122 V nach den Vorschriften des VwZG (→ § 122 Rn. 126, 131). Zu den Folgen einer unzureichenden Unterschrift des Zustellers FG Düsseldorf 8.12.2020 – 10 K 3436/18 KV, BeckRS 2020, 36512.

Terminbestimmung. Der Termin zur Abgabe der Vermögensauskunft (S. 2) soll nicht vor Ablauf eines Monats nach Zustellung der Ladung bestimmt werden. Damit soll verhindert werden, dass der VollstrSchuldner die Vermögensauskunft bereits vor Ablauf der Rechtsbehelfsfrist abzugeben hat (BT-Drs. 16/13432, 47). Hierbei handelt es sich um eine Sollvorschrift, von der in Ausnahmefällen (zB unmittelbar drohender Vermögensverfall, Gefahr des Beiseiteschaffens von Vermögensgegenständen) abgewichen werden kann (Klein § 284 Rn. 21). Ein **Rechtsbehelf** gegen die Anordnung der Abgabe der Vermögensauskunft hat gem. **S. 3** ausdrücklich keine aufschiebende Wirkung (→ Rn. 44 aE).

Terminvorbereitung. Nach S. 4 hat der VollstrSchuldner alle für die Vermögensauskunft erforderlichen Unterlagen (zB die nach Abs. 2 S. 2 bezeichneten Beweisurkunden) zum Termin mitzubringen. S. 5 schreibt zwingend eine umfassende **Belehrung** bereits in der Ladung vor, damit sich der VollstrSchuldner hinreichend auf den Termin vorbereiten kann und sich der Folgen seines Handelns bewusst wird. Sie darf sich demgemäß nicht in Hinweisen zu den Pflichten und Rechten erschöpfen (zB Möglichkeit, die Vermögensauskunft durch Zahlung innerhalb von zwei Wochen abwenden zu können, Einspruchsmöglichkeit ohne aufschiebende Wirkung, Umfang und Inhalt der Vermögensauskunft), sondern muss den VollstrSchuldner auch über die Folgen eines unentschuldigten Fernbleibens oder einer Verletzung der Auskunftspflicht sowie über die Möglichkeit der Eintragung in das Schuldnerverzeichnis informieren.

III. Art und Weise der Vermögensauskunft (Abs. 7)

Elektronisches Vermögensverzeichnis. S. 1 schreibt vor, dass die VollstrBehörde die Vermögensauskunft des VollstrSchuldners mit den nach § 284 I und II erforderlichen Angaben als elektronisches Dokument in Form eines Vermögensverzeichnisses erstellt. Diese Angaben sind gem. S. 2 dem VollstrSchuldner vor Abgabe der Versicherung nach Abs. 3 vorzulesen oder zur Durchsicht auf einem Bildschirm wiederzugeben. Ihm ist auf Verlangen ein **Ausdruck** zu erteilen (S. 3). Die VollstrBehörde hat das elektronisch erstellte Vermögensverzeichnis bei dem zentralen VollstrGericht nach § 802k I ZPO zu hinterlegen. Form, Aufnahme und Übermittlung des Vermögensverzeichnisses haben den Vorgaben der VermVV nach § 802k IV ZPO zu entsprechen (→ Rn. 1). 26

IV. Pflicht zur eidesstattlichen Versicherung (Abs. 3)

Versicherung als Regelfall. Abs. 3 S. 1 regelt die Abgabe der eidesstattlichen Versicherung und entspricht im Wesentlichen dem bisherigen Abs. 3 S. 1. Zur Zuständigkeit → Rn. 24. Im Gegensatz zur vormaligen Regelung, wonach die VollstrBehörde von der eidesstattlichen Versicherung absehen konnte, ist nunmehr (im Gleichklang mit § 802c III ZPO) **stets** die Vollständigkeit und Richtigkeit der Vermögensauskunft eidesstattlich zu versichern. Die bisherige Möglichkeit, im Einzelfall nach Ermessen auf eine solche Bekräftigung zu verzichten, ist entfallen; der VollstrSchuldner ist nach dem eindeutigen Wortlaut der Vorschrift verpflichtet, in jedem Fall eine solche Versicherung abzugeben, womit für eine isolierte Ermessensentscheidung der FB diesbezüglich kein Raum besteht (BFH 8.2.2016 – VII B 60/15, BFH/NV 2016, 891; vgl. auch Abschn. 52 IV 5 VollstrA). Die Verpflichtungen zur Vorlage des Vermögensverzeichnisses und zur Abgabe der eidesstattlichen Versicherung sind als eine Einheit anzusehen, sodass nur eine einzige Ermessensentscheidung erforderlich ist (Schwarz/Pahlke/Keß § 284 Rn. 47). Das nach früherer Rechtslage im Rahmen der eidesstattlichen Versicherung bestehende Ermessen der FB ist auf die sich anschließende Entscheidung über die Eintragung des VollstrSchuldners in das Schuldnerverzeichnis verlagert worden (→ Rn. 44). Nach Abs. 3 S. 2 ist der VollstrSchuldner – wie nach § 95 IV 1 – vor der Abnahme gesondert über die Bedeutung und die ggf. strafrechtlichen **Folgen** (§§ 136, 163 StGB; vgl. dazu BayObLG 6.3.2003 – 5 St RR 18/03, NJW 2003, 2181) einer falschen eidesstattlichen Versicherung zu belehren (Klein § 284 Rn. 15). Die eidesstattliche Versicherung muss **persönlich** vom VollstrSchuldner abgegeben werden (zum Verpflichteten → Rn. 4). Die verpflichtete Person muss gem. § 95 I 1 iVm § 393 ZPO **eidesfähig** sein (zur Eidesmündigkeit und -fähigkeit s. Meyer-Goßner/Schmitt StPO § 60 Rn. 2–4). Die Übersendung einer vor einem Notar abgegebenen eidesstattlichen Versicherung reicht nicht aus. 27

E. Erzwingungsverfahren (Abs. 8)

Ersuchen um Haftanordnung. Ist der VollstrSchuldner ohne ausreichende Entschuldigung in dem zur Abgabe der Vermögensauskunft anberaumten Termin nicht erschienen oder verweigert er ohne Grund die Abgabe der Vermögensauskunft, kann die VollstrBehörde, die die Vollstr. betreibt, nach S. 1 die Anordnung der Haft zur Erzwingung der Abgabe beim hierfür zuständigen AG beantragen, das seinerseits im Wege der Amtshilfe tätig wird. Das Ersuchen steht im Ermessen der FB und ist ein **selbständiger VA** (str.; ebenso FG Köln 12.10.2016 – 3 V 593/16, EFG 2017, 6; HHSp § 284 Rn. 69 mwN; zur alten Rechtslage vgl. BFH 11.12.1984 – VII B 41/84, BStBl. II 1985, 197; aA Klein § 284 Rn. 28; TK § 284 Rn. 22: zwischenbehördlicher Akt ohne eigene Regelung; offen Schwarz/Pahlke/Keß § 284 Rn. 77; Thesling DStR 1992, 1381), der mit Bekanntgabe gegenüber AG und VollstrSchuldner wirksam wird (vgl. dazu Abschn. 52 V 2, 3 VollstrA). 30

31 **Zuständig** für die Anordnung der Haft ist das AG, in dessen Bezirk der VollstrSchuldner im Zeitpunkt der Fristsetzung nach Abs. 1 S. 1 seinen Wohnsitz oder in Ermangelung eines solchen seinen Aufenthaltsort hat (Abs. 8 S. 2).

32 **Prüfungskompetenz.** Die Entscheidung über die Anordnung der Erzwingungshaft ist im Hinblick auf Art. 104 II GG dem Richter vorbehalten. Dieser prüft die formelle Ordnungsmäßigkeit des Ersuchens, dh ob es von der zuständigen VollstrBehörde gestellt worden ist, ob es den gesetzlichen Form- und Inhaltsvorschriften entspricht, inwieweit die Haftgründe des § 284 VIII 1 gegeben sind und ob die Haft aus besonderen Gründen (vgl. § 284 VIII 3 AO iVm §§ 802h, 802j ZPO) ausgeschlossen oder als unverhältnismäßig anzusehen ist (Klein § 284 Rn. 28). Die Prüfung der Haftvoraussetzungen erfasst – nicht anders als bei dem nach Satz 3 entsprechend anzuwendenden § 802g I ZPO (vgl. dazu BT-Drs. 16/10069, 28; MüKo ZPO § 802g Rn. 3) – von Amts wegen auch die Frage, ob die **Voraussetzungen für die Abgabeverpflichtung** der Vermögensauskunft im Termin vorgelegen haben (str.; wie hier BGH 14.8.2008 – I ZB 10/07, NJW 2008, 3504; TK § 284 Rn. 23; Klein § 284 Rn. 28; aA Gosch AO § 284 Rn. 16; HHSp § 284 Rn. 74 f.; Schwarz/Pahlke/Keß § 284 Rn. 81). Der Richter muss sich dabei weder mit dem substantiierten Vortrag der VollstrBehörde begnügen noch muss er sich deren sämtliche Unterlagen vorlegen lassen (FG Köln 12.10.2016 – 3 V 593/16, EFG 2017, 6). Da Einwendungen gegen die zu vollstr. StVerwaltungsakte im VollstrVerfahren ausgeschlossen, jedenfalls aber zumindest unzulässig sind (→ § 256 Rn. 2), darf er sich vielmehr auf die besonderen Voraussetzungen des § 284 I beschränken. Regelmäßig wird deshalb die Vorlage des Termins- bzw. VollstrProtokolls und der Zustellungsurkunde der Terminsladung genügen (ähnlich Anders/Gehle ZPO § 802g Rn. 15). Geringfügige Verzögerungen durch etwaige Rückfragen sind mit Blick auf die Schwere des individuellen Eingriffs und den Zweck des Richtervorbehalts hinzunehmen (OLG Köln 25.5.2000 – 2 W 96/00, DStRE 2000, 1280, auch zur Offenbarungsbefugnis der FB nach § 30 IV Nr. 1).

Nicht zum Prüfauftrag des Amtsrichters gehört indes, ob die VollstrBehörde das ihr eingeräumte Ermessen, den Antrag nach § 284 VIII 1 zu stellen, rechtsfehlerfrei ausgeübt hat (FG Köln 12.10.2016 – 3 V 593/16, EFG 2017, 6).

33 **Haftbefehl (Abs. 8 S. 3).** Nach § 284 VIII 3 iVm §§ 802g, 802j ZPO erlässt das Gericht durch Beschluss den Haftbefehl, der neben der genauen Parteibezeichnung (VollstrBehörde und VollstrSchuldner) auch die Haftanordnung mit Angabe ihrer Höchstdauer (maximal sechs Monate, vgl. § 802j ZPO) und den Verhaftungsgrund enthalten muss (Thomas/Putzo ZPO § 802g Rn. 10).

34 **Verhaftung (Abs. 8 S. 4).** Die FB hat den Gerichtsvollzieher mit der Verhaftung zu beauftragen (§ 284 VIII 4). Ein Vollzug der Haftanordnung durch einen Vollziehungsbeamten der FB ist unzulässig (§ 284 VIII 3 iVm § 802g II 1 ZPO). Die VollstrBehörde muss dem Gerichtsvollzieher den geschuldeten Betrag nebst Schuldgrund mitteilen sowie ihn ermächtigen, den geschuldeten Betrag anzunehmen und über den Empfang eine Quittung zu erteilen (s. Abschn. 52 VI 3 VollstrA). Bei der Verhaftung ist dem VollstrSchuldner der Haftbefehl in beglaubigter Abschrift zu übergeben (§ 284 VIII 3, 4 iVm § 802g II 2 ZPO). Für die Durchführung der Verhaftung gelten die allg. Vorschriften der ZPO (vgl. zu Einzelheiten Anders/Gehle ZPO § 802g Rn. 29 ff.). Zur Unzulässigkeit der Haftvollstreckung s. § 284 VIII 3 iVm § 802h ZPO.

35 **Abwenden der Verhaftung (Abs. 8 S. 5).** Der VollstrSchuldner kann die Verhaftung abwenden, indem er den geschuldeten Betrag an den Gerichtsvollzieher zahlt oder nachweist, dass ihm eine Zahlungsfrist bewilligt oder die Schuld erloschen ist (§ 284 VIII 5 iVm § 292 I). Entsprechendes gilt, wenn der VollstrSchuldner eine Entscheidung vorlegt, aus der sich die Unzulässigkeit der Maßnahme ergibt oder wenn er durch eine Post- oder Bankquittung nachweist, dass er den geschuldeten Betrag eingezahlt hat (§ 284 VIII 5 iVm § 292 II).

36 **Abnahme der eidesstattlichen Versicherung nach der Verhaftung (Abs. 8 S. 6).** Sobald der VollstrSchuldner verhaftet ist, ist wieder die wohnortnahe VollstrBehörde nach

§ 284 V 1 für die Abnahme der eidesstattlichen Versicherung zuständig. Befindet sich deren Sitz aber nicht im Bezirk des für den Gerichtsvollzieher zuständigen AG oder ist die Abnahme der Vermögensauskunft durch die VollstrBehörde aus anderen Gründen nicht umgehend möglich, kann die Vermögensauskunft auch von dem nach § 802i ZPO zuständigen Gerichtsvollzieher abgenommen werden. Hat der VollstrSchuldner die Vermögensauskunft abgegeben, ist er aus der Haft zu entlassen (§ 284 VIII 3 iVm § 802i II 1). Die Haftdauer darf sechs Monate nicht überschreiten (§ 284 VIII 3 iVm § 802j I ZPO).

Haftablehnung (Abs. 8 S. 7). Der Beschluss des AG, mit dem der Antrag der VollstrBehörde auf Anordnung der Haft abgelehnt wird, unterliegt der Beschwerde nach den §§ 567–577 ZPO. 37

F. Eintragung in das Schuldnerverzeichnis

I. Eintragungsanordnung (Abs. 9)

1. Zwingende Voraussetzungen (Abs. 9 S. 1)

Abs. 9 S. 1 normiert wie § 882c I ZPO drei unabhängige Voraussetzungen für eine Eintragung des VollstrSchuldners in das Schuldnerverzeichnis nach § 882h I ZPO, von denen **jede für sich** eine Eintragung rechtfertigen kann. Damit sind auch Mehrfacheintragungen möglich (Klein § 284 Rn. 39). 40

Eintragungsgründe können sein:

Fehlende Mitwirkung. Der VollstrSchuldner entzieht sich nach Nr. 1 seiner Pflicht zur Abgabe der Vermögensauskunft, wenn er entweder zum Termin unentschuldigt nicht erschienen ist oder im Termin die Auskunft – und sei es in Teilen – oder aber die eidesstattliche Versicherung verweigert hat. Als Verweigerung gilt es auch, wenn der VollstrSchuldner die zum Beleg seiner Auskünfte erforderlichen Unterlagen nicht zum Termin mitbringt (AG Essen-Borbeck 20.10.2015 – 17 M 1511/15, DGVZ 2016, 31; Thomas/Putzo ZPO § 882c Rn. 2; unter Verhältnismäßigkeitsgesichtspunkten differenzierend Anders/Gehle ZPO § 882c Rn. 5). Statt der Eintragungsanordnung bleibt der FB in diesen Fällen zudem die Möglichkeit, durch ein Haftersuchen nach Abs. 8 (→ Rn. 30) doch noch eine (vollständige) Vermögensauskunft zu erzwingen (Klein § 284 Rn. 37). 41

Offensichtlich erfolglos. Im Fall der Nr. 2 könnte die Vollstr. die der Vermögensauskunft zugrunde liegende Forderung nach dem Inhalt des Vermögensverzeichnisses offensichtlich, also nicht nur möglicherweise oder wahrscheinlich (Anders/Gehle ZPO § 882c Rn. 7), nicht vollständig befriedigen. Hierbei handelt es sich um eine Prognoseentscheidung der VollstrStelle. Liegt bereits ein abrufbares Vermögensverzeichnis vor, kann sich die FB im Rahmen ihrer Prognose auch darauf stützen, wenn sie wegen der Schutzfrist des Abs. 4 (→ Rn. 8) an einer Aufforderung zur erneuten Vermögensauskunft gehindert ist. Im Zweifel ist immer erst die Vollstr. zu versuchen (Thomas/Putzo ZPO § 882c Rn. 3). 42

Fehlende Erfüllung. Nr. 3 liegt vor, wenn der VollstrSchuldner im Termin zwar eine auf Befriedigungsmöglichkeiten hinweisende Vermögensauskunft erteilt, die Forderung, wegen der die Vermögensauskunft verlangt wurde, im Anschluss aber trotz des Vollstreckungsdrucks nicht innerhalb eines Monats vollständig befriedigt hat. Ist eine neue Vermögensauskunft wegen der Sperrfrist des Abs. 4 nicht möglich, kann die FB wiederum auf die vorhandene zurückgreifen, muss den VollstrSchuldner dann aber auf die Möglichkeit eines erneuten Eintragungsantrags unter Fristsetzung hinweisen. Im Schrifttum wird die einmonatige Frist zT als zu knapp angesehen und insoweit vor wirtschaftlich unsinnigen Veräußerungen gewarnt (Nachweise bei Thomas/Putzo ZPO § 882c Rn. 4 aE). 43

2. Ermessensentscheidung

Entschließungsermessen. Auch wenn die tatbestandlichen Voraussetzungen gegeben sind, kann und muss die FB im Rahmen ihres pflichtgemäßen Ermessens (§ 5) entscheiden, 44 ob sie die Eintragung anordnet (die Anordnung ist ein VA). Die **Ermessensgrenzen** bestimmen sich auch nach der Verlagerung des Ermessens auf die Ebene der Eintragungsanordnung (→ Rn. 27) nach den Umständen des Einzelfalls (FG Düsseldorf 9.8.2018 – 10 V 1958/18 A (KV), EFG 2018, 1512; TK § 284 Rn. 26; vgl. zur eV BFH 9.5.1989 – VII B 205/88, BFH/NV 1990, 79). Die mit der Eintragung in das Schuldnerverzeichnis üblicherweise verbundenen nachteiligen Folgen für den VollstrSchuldner erfordern zwar, dass die FB grds. mit Bedacht und Zurückhaltung von der Anordnung Gebrauch macht und dabei insb. den **Grundsatz der Verhältnismäßigkeit** beachtet (→ Vor § 249 Rn. 3). Grundlegende Begrenzungen ergeben sich daraus aber nicht. Der Gesetzgeber hat eine mögliche Gefährdung der wirtschaftlichen oder persönlichen Existenz des VollstrSchuldners gesehen und bewusst in Kauf genommen, um die Eintragung ins Schuldnerverzeichnis als taugliches Druckmittel zur Steigerung der Zahlungsmoral auszugestalten (FG Köln 15.7.2014 – 15 V 778/14, EFG 2014, 1848; vgl. auch BFH 14.5.2002 – VII B 52/01, BFH/NV 2002, 1413 zu § 284 II aF) und der FVerw. so ein probates Mittel zur gleichmäßigen Einziehung der StForderungen an die Hand zu geben. Für standesrechtlich organisierte **Berufsgruppen** wie Ärzte, Rechtsanwälte und StBerater gelten insoweit keine Ausnahmen (FG Düsseldorf 9.8.2018 – 10 V 1958/18 A (KV), EFG 2018, 1512; vgl. auch BFH 22.9.1992 – VII R 96/91, BFH/NV 1993, 220: StBerater; BFH 4.8.1992 – VII R 40/91, BFH/NV 1993, 342: Zahnarzt). Die noch nicht eingetretene **Bestandskraft der StFestsetzung** begründet für sich allein ebenfalls keinen Ermessensfehler, da gem. § 251 I auch noch nicht bestandskräftige VA vollstreckt werden können (→ § 251 Rn. 2). Dies gilt auch bei einer Schätzung der Besteuerungsgrundlagen, denn mit Einwendungen gegen die materielle Richtigkeit der StFestsetzung wird der VollstrSchuldner im VollstrVerfahren – wozu § 284 zählt – grds. nicht gehört (FG Köln 30.8.2012 – 6 K 130/08, EFG 2013, 580; → § 256 Rn. 2). Das hindert die FB aber nicht daran, die Eintragung ins Schuldnerverzeichnis im Hinblick auf deren einschneidende Auswirkungen im Einzelfall zumindest solange zurückzustellen, bis über einen bereits angebrachten **Antrag auf AdV** entschieden ist (FG Köln 2.3.1988 – 9 K 3118/87, BeckRS 1988, 06765). Auf die Höhe der StForderung kommt es hingegen – von Bagatellbeträgen abgesehen – nicht an (→ Rn. 5), ebenso wenig darauf, ob die **Rechtmäßigkeit der Aufforderung** zur Abgabe der Vermögensauskunft bereits abschließend geklärt ist, da ansonsten die in § 284 VI 3 getroffene Entscheidung des Gesetzgebers, wonach ein gegen die Anordnung gerichteter Rechtsbehelf keine aufschiebende Wirkung haben soll, unterlaufen würde (FG Düsseldorf 9.8.2018 – 10 V 1958/18 A (KV), EFG 2018, 1512; Gosch AO § 284 Rn. 19).

3. Begründung und Zustellung der Anordnung (Abs. 9 S. 2–3)

45 Die Eintragungsanordnung ist ein **VA** und „soll" – zumal als Ermessensentscheidung – kurz begründet werden, was bereits aus § 121 II folgt; er ist dem VollstrSchuldner zuzustellen. Dies dient in erster Linie dem **Rechtsschutz** des VollstrSchuldners. S. 4 der Vorschrift regelt den Inhalt der Eintragungsanordnung und erklärt § 882c III ZPO für entspr. anwendbar (→ Rn. 46).

II. Keine aufschiebende Wirkung des Rechtsbehelfs (Abs. 10)

46 **Unmittelbarer Vollzug der Eintragung.** Ebenso wie die Anordnung zur Abgabe einer Vermögensauskunft (Abs. 6 S. 3; → Rn. 25) ist die Eintragungsanordnung zwar mit Einspruch anfechtbar, jedoch kommt dem Rechtsbehelf (entgegen der früheren Rechtslage) keine aufschiebende Wirkung zu (S. 1). Um zu verhindern, dass mit dem Vollzug der Eintragung vollendete Tatsachen geschaffen werden, bevor der VollstrSchuldner gegen die Eintragungsanordnung Einspruch einlegen und AdV beantragen konnte, schreibt S. 2 allerdings zwingend vor, dass die Anordnung der Eintragung in das Schuldnerverzeichnis erst nach Ablauf eines Monats nach deren Zustellung (elektronisch) an das zentrale VollstrGericht übermittelt werden darf (sog. **Wartezeit;** BT-Drs. 16/10069, 47). Nach dieser

Wartezeit ist die FB verpflichtet, die Eintragungsanordnung zu übermitteln. Zum Inhalt vgl. Abschn. 52 VIII 2 VollstrA. Eine Ausnahme von dieser Verpflichtung besteht nach S. 3 nur dann, wenn aussichtsreiche Anträge auf AdV der Eintragungsanordnung nach § 361 AO oder § 69 FGO anhängig sind. Erst wenn die AdV der Eintragungsanordnung abgelehnt worden ist, darf übermittelt werden (Klein § 284 Rn. 42).

III. Entscheidungen über eingelegte Rechtsbehelfe nach Eintragung (Abs. 11)

Nachlaufende Mitteilungspflicht. Ist die Eintragung in das Schuldnerverzeichnis nach 47 Abs. 9, 10 erfolgt, hat die VollstrBehörde oder das Gericht dem zentralen VollstrGericht nachlaufende Entscheidungen über etwaige Rechtsbehelfe des VollstrSchuldners gegen die Eintragungsanordnung elektronisch nachzusenden. Form und Übermittlung haben den Vorgaben der SchuFV nach § 882h III (BGBl. 2012 I 1654; → Rn. 1 aE) zu entsprechen.

G. Rechtsbehelfe

Einspruch und Anfechtungsklage. Gegen die **Aufforderung zur Abgabe** der Ver- 50 mögensauskunft und gegen die – ggf. gesondert ergehende – **Ladung zum Termin,** die einen eigenständigen VA beinhaltet (→ Rn. 25), kann der VollstrSchuldner mit der Begründung, er sei zur Abgabe der Vermögensauskunft nicht verpflichtet, Einspruch einlegen (§ 347 I Nr. 1; TK § 284 Rn. 20). Über den Einspruch entscheidet die vollstreckende FB, gegen eine hiergegen erhobene Anfechtungsklage das FG. Die mit der Aufforderung bzw. Ladung verbundene **Bestimmung eines Abgabetermins** stellt hingegen nur einen unselbständigen und damit nicht eigenständig anfechtbaren Teil dieser VA dar (Gosch AO § 284 Rn. 19; vgl. auch BFH 4.3.2008 – VII B 13/07, BFH/NV 2008, 1104 zur alten Rechtslage). Wird der ursprüngliche Termin später aufgehoben oder durch einen neuen ersetzt, handelt es sich folglich nicht um eine neue Anordnung/Ladung, sondern lediglich um eine sog. wiederholende Verfügung (→ § 118 Rn. 25). **Einstweiliger Rechtsschutz** erfolgt durch AdV (§ 369 I 1 AO, § 69 III FGO), wobei die geltend gemachte Möglichkeit einer Existenzgefährdung keine außergewöhnliche, sondern eine typische Folge der Vermögensauskunft darstellt und deshalb eine unbillige Härte nicht begründen kann (FG Düsseldorf 6.5.2020 – 5 V 2487/19 A, ZInsO 2020, 1498). Im Rahmen der gerichtlichen Prüfung sind die tatsächlichen Verhältnisse im Zeitpunkt der letzten Verwaltungsentscheidung maßgebend (BFH 8.2.2016 – VII B 60/15, BFH/NV 2016, 891). Haben sich die tatsächlichen Verhältnisse seitdem geändert, ist es an dem VollstrSchuldner, ein neues, nunmehr auf § 131 I gestütztes und auf die Aufhebung des im Zeitpunkt seines Erlasses rechtmäßigen VA gerichtetes Verwaltungsverfahren in Gang zu setzen (so schon zur alten Rechtslage BFH 15.3.2013 – VII B 201/12, BFH/NV 2013, 972).

Gegen die gesetzlich angeordnete **Hinterlegung des Vermögensverzeichnisses** beim 51 zentralen VollstrGericht (→ Rn. 26) ist kein Rechtsbehelf gegeben.

Gegen das **Ersuchen auf Haftanordnung (Abs. 8 S. 1)** sind Einspruch (§ 347 I 52 Nr. 1) und Anfechtungsklage (§ 40 I FGO) gegeben (FG Köln 12.10.2016 – 3 V 593/16, EFG 2017, 6; aA Klein § 284 Rn. 28: Leistungsklage; zur Einordnung als VA → Rn. 30). Als vorläufiger Rechtsschutz kommt AdV (§ 361 I AO; § 69 III FGO) in Betracht. Für VollstrSchutzanträge und Anträge auf AdV der Erzwingungshaft bleibt auch nach deren amtsgerichtlicher Anordnung die VollstrBehörde zuständig (Gosch AO § 284 Rn. 16 aE), mit der Folge, dass trotz der zivilprozessualen Beschwerdemöglichkeit (→ Rn. 54) eine den Finanzrechtsweg eröffnende **Abgabenangelegenheit** (§ 33 FGO) vorliegt (FG Köln 12.10.2016 – 3 V 593/16, EFG 2017, 6; aA BFH 25.10.2004 – VII B 108/04, BFH/NV 2005, 659; Klein § 284 Rn. 28: kein Bedürfnis nach zusätzlichem finanzgerichtlichem Rechtsschutz). Entfallen die Voraussetzungen für den Vollzug des Haftbefehls nachträglich nicht nur einstweilen, sondern endgültig, ist das zuständige AG um Aufhebung des Haftbefehls zu ersuchen (vgl. Abschn. 52 VI 10 VollstrA).

53 Wird das **Ersuchen der FB** auf Haftanordnung vom AG **abgelehnt,** steht ihr nach § 284 VIII 7 (→ Rn. 37) das Rechtsmittel der sofortigen Beschwerde (§§ 567 ff. ZPO), bei entsprechender Zulassung auch dasjenige der Rechtsbeschwerde (§§ 574 ff. ZPO) offen.

54 Der VollstrSchuldner kann gegen die **Haftanordnung** vor dem AG ebenfalls sofortige Beschwerde erheben (§ 567 I iVm § 793 ZPO; BFH 25.10.2004 – VII B 108/04, BFH/NV 2005, 659).

55 Gegen die **Eintragungsanordnung,** die einen VA beinhaltet (→ Rn. 44), kann der VollstrSchuldner mit der Begründung, die tatbestandlichen Voraussetzungen lägen nicht vor, Einspruch einlegen (§ 347 I Nr. 1) und Anfechtungsklage (§ 40 I FGO) erheben. Über den Einspruch entscheidet die die Vollstr. betreibende FB. Einstweiliger Rechtsschutz erfolgt durch AdV (§ 369 I 1 AO, § 69 III FGO).

II. Vollstreckung in Sachen

§ 285 Vollziehungsbeamte

(1) **Die Vollstreckungsbehörde führt die Vollstreckung in bewegliche Sachen durch Vollziehungsbeamte aus.**

(2) **Dem Vollstreckungsschuldner und Dritten gegenüber wird der Vollziehungsbeamte zur Vollstreckung durch schriftlichen oder elektronischen Auftrag der Vollstreckungsbehörde ermächtigt; der Auftrag ist auf Verlangen vorzuzeigen.**

Hinweis auf **VollstrA:** Abschn. 24, 34, 35
VollzA: Abschn. 6–9, 16

Schrifttum: Pump, Der Einsatz der Vollziehungsbeamten der Finanzämter, DStZ 1984, 453; Klos, Das Tätigkeitsfeld des Vollziehungsbeamten, StStud 1987, 34; App, Vollstreckungsabwendende Zahlung als Rechtsschutzhindernis, DStZ 2008, 263.

I. Allgemeines

1 **Regelungsbereich.** Abs. 1 regelt die funktionelle Zuständigkeit für die Vollstr. in bewegliche Sachen, indem die Durchführung derselben dem Vollziehungsbeamten zugewiesen wird. Nach Abs. 2 darf der Vollziehungsbeamte nur aufgrund eines VollstrAuftrags tätig werden, der ihn gegenüber dem VollstrSchuldner und Dritten legitimiert. Seit Einführung des IT-Verfahrens AVS-VB (**A**utomatisiertes **V**ollstreckungs**s**ystem für **V**ollziehungs**b**eamte) zu Beginn des Jahres 2009 kann der VollstrAuftrag auch in elektronischer Form erfolgen. Mit dieser Änderung wurden die Voraussetzungen für eine IT-gestützte und medienbruchfreie Bearbeitung von VollstrFällen durch die Vollziehungsbeamten der Zollverwaltung geschaffen (vgl. auch § 753 IV ZPO iVm der Gerichtsvollzieherformular-VO – GVFV). § 285 gilt gem. § 5 I VwVG im Wege der Verweisung auch für die Verwaltungsvollstr. nach dem VwVG.

II. Rechtliche Stellung und Aufgaben des Vollziehungsbeamten (Abs. 1)

1. Rechtliche Stellung

2 **Weisungsabhängiger Amtsträger.** Vollziehungsbeamte sind Personen, derer sich die VollstrBehörde zur Ausführung der Vollstr. bedient. Die VollstrStelle (Innendienst) bestimmt den Einsatz und überwacht die Tätigkeit der Vollziehungsbeamten (s. Abschn. 35 S. 3 VollstrA). Sie sind keine Vertreter der VollstrBehörde und somit verlängerter Arm der VollstrStelle, sondern deren Gehilfen (Gosch AO § 285 Rn. 4). Sie werden als Amtsträger iSd § 7 hoheitlich tätig. Die Vollziehungsbeamten sollen ständig für ihre Aufgaben verwendet werden (HHSp § 285 Rn. 8). Im Einzelfall ist auch der Einsatz sonstiger Beamter möglich (s. Abschn. 24 III VollstrA). Dann sind auch diese Personen Vollziehungsbeamte

iSd § 285 I, zB der Sachgebietsleiter oder ein Sachbearbeiter der VollstrStelle. Finanzanwärter dürfen an VollstrMaßnahmen des Vollziehungsbeamten teilnehmen (TK § 285 Rn. 2). Daneben können auch andere Beamte, die nicht der VollstrBehörde angehören, zu VollstrMaßnahmen herangezogen werden. Diese unterliegen wie die Vollziehungsbeamten der Weisungsbefugnis der VollstrBehörde (s. Abschn. 35 S. 3 VollstrA, Abschn. 7 I VollzA). Der Vollziehungsbeamte darf seine Aufträge nur in dem Bezirk des FA oder HZA ausführen, dem er angehört; außerhalb seines (Begehungs-)Bezirks darf er nur aufgrund eines besonderen Auftrags des FA bzw. HZA tätig werden. Die örtliche Zuständigkeit ist Voraussetzung für die Rechtmäßigkeit seiner Amtshandlungen. Die Befugnisse des Vollziehungsbeamten sind in den §§ 287 ff. geregelt.

Amtspflichten. Die Vollziehungsbeamten haben insb. die Vorschriften der AO und die 3
der VollzA zu beachten. Die **VollzA** ist aufgrund des Art. 108 VII GG als allg. Verwaltungsvorschrift ergangen. Sie ist gegenüber Vollziehungsbeamten der FB verbindlich. **Bei schuldhafter Verletzung** können Schadensersatzansprüche gegen den Dienstherrn gem. § 839 I BGB iVm Art. 34 GG entstehen (HHSp § 285 Rn. 10; s. auch BGH 9.11.2000 – III ZR 314/99, NJW 2001, 434 zur Haftung eines Gerichtsvollziehers). Für Amtspflichtverletzungen behördenfremder Vollziehungsbeamter haftet grds. die Anstellungskörperschaft (vgl. Grüneberg BGB § 839 Rn. 25).

2. Aufgaben

Vollstreckung in bewegliche Sachen. Den Vollziehungsbeamten obliegt im Wesent- 4
lichen die Vollstr. in bewegliche Sachen (→ § 281 Rn. 4). Er wird deshalb immer dann tätig, wenn die VollstrHandlung den körperlichen Zugriff auf eine bewegliche Sache oder das persönliche Erscheinen der VollstrPerson erfordert (HHSp § 285 Rn. 13).

Zu den wichtigsten Aufgaben gehören (vgl. Abschn. 24 I VollstrA): 5

- Vollstr. in bewegliche Sachen einschließl. der Inhaber-/Namenspapiere sowie vom Boden noch nicht getrennter Früchte (§§ 285–308),
- Pfändung von Forderungen aus Wechseln und anderen Papieren, die durch Indossament übertragen werden können (§ 312),
- Vollstr. zur Herausgabe von Sachen (§§ 310 I 2, 315 II 5, 321 IV 2. HS),
- Entgegennahme und Verwertung von Sachen in den Fällen des § 318 II,
- Verwertung von Forderungen und anderen Vermögenswerten nach § 317.

Sonstige Aufgaben sind ua: Einsicht in Geschäftsbücher zur Feststellung von Forderun- 6
gen und anderer Vermögensrechte (s. Abschn. 24 II VollstrA), Annahme von Zahlungen außerhalb des Kassenraums (§ 224 I 2), Abholung von Pfandsachen, Handlungen im Zuge der Zwangsabmeldung von Kraftfahrzeugen (§ 14 KraftStG, Abschn. 67 VollstrA), Zustellungen (§ 5 VwZG; → § 122 Rn. 168 ff.).

III. Vollstreckungsauftrag (Abs. 2)

1. Rechtsnatur und Form. Handlungsgrundlage. Der VollstrAuftrag ist die recht- 7
liche Grundlage für das Tätigwerden des Vollziehungsbeamten, dh für die Vornahme von VollstrHandlungen. Er bestimmt die beteiligten Personen (VollstrSchuldner, ggf. Dritte), den Gegenstand (zB Pfändung, Versteigerung, freihändiger Verkauf) sowie den Umfang der VollstrMaßnahme. Der VollstrAuftrag bereitet die zwangsweise Durchsetzung des Zahlungsanspruchs im VollstrVerfahren nur vor und ist deshalb **kein VA,** sondern eine interne Maßnahme der FB (BFH 24.9.1996 – VII R 31/96, BStBl. II 1997, 8; HHSp § 285 Rn. 21). Erst die vom Vollziehungsbeamten aufgrund des VollstrAuftrags vorgenommene VollstrHandlung ist ein mit dem Einspruch (§ 347) anfechtbarer VA.

Form. Der VollstrAuftrag wird von der VollstrStelle schriftlich oder elektronisch erteilt (Abschn. 7 II VollzA). Da Schriftlichkeit ausreicht, bedarf der Auftrag weder einer Unterschrift noch einer qualifizierten elektronischen Signatur gem. § 87a IV 2 und kann deshalb auch automatisiert erstellt werden (Gosch AO § 285 Rn. 11; Klein § 285 Rn. 5). Fehlt die schriftliche oder elektronische Form, führt dies lediglich zur Rechtswidrigkeit und damit zur Anfechtbarkeit der durchgeführten Vollziehungshandlungen. Der VollstrAuftrag soll dem Vollziehungsbeamten nicht vor Ablauf der Wochenfrist des § 254 I 1 ausgehändigt werden (Abschn. 34 V 1 VollstrA). Der Vollziehungsbeamte hat **kein Prüfungsrecht,** ob der VollstrAuftrag zu Recht besteht. Für die Rechtmäßigkeit des VollstrAuftrags ist ausschl. die VollstrStelle verantwortlich. Im Rahmen der aufgrund des VollstrAuftrags angeordneten VollstrMaßnahmen handelt der Vollziehungsbeamte weitgehend nach eigenem **Ermessen.** Dies betrifft insb. die Frage, wann und wie er vollstrecken will, sowie die Auswahl der zu pfändenden Gegenstände. Die Ausübung seines Ermessens ist gem. § 102 FGO gerichtlich nachprüfbar (HHSp § 285 Rn. 17 aE).

8 **2. Inhalt. Abschn. 34 II VollstrA** bestimmt den Inhalt des VollstrAuftrags. Folgende **Angaben sind unerlässlich:**

– Name, Vornamen und Anschrift des VollstrSchuldners;
– die Bezeichnung des beizutreibenden Geldbetrags und des Schuldgrundes gem. § 260;
– die Angabe des Tages, bis zu dem die aufgeführten Säumniszuschläge berechnet sind (vgl. Abschn. 16 VollzA);
– der Betrag der VollstrKosten, die vor Erteilung des VollstrAuftrags entstanden sind;
– die Bezeichnung der zu treffenden VollstrMaßnahmen; bei Duldungspflichtigen oder bei einer gegenständlichen Beschränkung der Vollstr. ist auch das Vermögen, in das vollstreckt werden soll, aufzuführen;
– die Frist, innerhalb derer der VollstrAuftrag zu erledigen ist, da der Vollziehungsbeamte den nicht erledigten Auftrag nach Ablauf der Frist zurückzugeben hat (Abschn. 9 II 1 VollzA) und ihm dann die rechtliche Grundlage für Beitreibungsmaßnahmen fehlt.

Die Unterschrift eines zuständigen Bediensteten der VollstrStelle ist bei nicht mit Hilfe automatischer Einrichtungen erstellten VollstrAufträgen empfehlenswert, kann im Übrigen aber fehlen. Ohne die zwingenden Angaben liegt kein ordnungsgemäßer VollstrAuftrag vor. Die vom Vollziehungsbeamten ergriffenen VollstrMaßnahmen sind in diesem Fall rechtswidrig (→ Rn. 7).

3. Legitimationswirkung

9 **Ausweis.** Seit 2009 ist der (schriftlich oder elektronisch erteilte) VollstrAuftrag zur Entlastung des Vollziehungsbeamten **nur noch auf Verlangen** vorzuzeigen. Wird der Auftrag nicht vorgezeigt, muss der VollstrSchuldner die Vollstr. nicht dulden und sind vorgenommene VollstrHandlungen infolge fehlender Legitimation rechtswidrig (TK § 285 Rn. 7). Der ebenfalls auf Verlangen vorzulegende Dienstausweis ersetzt den VollstrAuftrag nicht, sondern ermächtigt den Vollziehungsbeamten nur allg. zur Vornahme von VollstrHandlungen (Abschn. 6 Nr. 1 VollzA).

10 **Auch gegenüber Dritten** ist der VollstrAuftrag nur noch auf Verlangen vorzuweisen. Dritte iSd § 285 II sind insb. im Haushalt des VollstrSchuldners lebende (erwachsene) Familienangehörige sowie bei ihm beschäftigte Personen, bei Widerstand gem. § 287 III zur Unterstützung zugezogene Polizeibeamte, als Zeugen gem. § 288 zugezogene Personen oder andere Hilfspersonen (wie zB Schlosser im Fall des § 287 II). Dritter ist aber auch jede Person, die ohne VollstrSchuldner zu sein, in ihrem Gewahrsam befindliche Sachen des VollstrSchuldners für die Pfändung herausgibt (§ 286 IV) oder der Pfändung widerspricht (HHSp § 285 Rn. 26).

§ 286 Vollstreckung in Sachen

(1) **Sachen, die im Gewahrsam des Vollstreckungsschuldners sind, pfändet der Vollziehungsbeamte dadurch, dass er sie in Besitz nimmt.**

(2) [1]**Andere Sachen als Geld, Kostbarkeiten und Wertpapiere sind im Gewahrsam des Vollstreckungsschuldners zu lassen, wenn die Befriedigung hierdurch**

nicht gefährdet wird. [2]Bleiben die Sachen im Gewahrsam des Vollstreckungsschuldners, so ist die Pfändung nur wirksam, wenn sie durch Anlegung von Siegeln oder in sonstiger Weise ersichtlich gemacht ist.

(3) **Der Vollziehungsbeamte hat dem Vollstreckungsschuldner die Pfändung mitzuteilen.**

(4) **Diese Vorschriften gelten auch für die Pfändung von Sachen im Gewahrsam eines Dritten, der zu ihrer Herausgabe bereit ist.**

Vergleichbare Vorschriften: §§ 808, 809 ZPO
Hinweis auf **VollzA:** Abschn. 15, 32, 43–46

Schrifttum: Roy/Palm, Zur Problematik der Zwangsvollstreckung in Computer, NJW 1995, 690; Stenger, Vollstreckungsmöglichkeiten bei PC's bzw. deren Hardware- und Softwarekomponenten, StWa 1999, 172.

Übersicht

A. Inhalt und Bedeutung

1 **Regelungsbereich.** § 286 legt fest, wie der Vollziehungsbeamte als hierfür funktionell zuständiges VollstrOrgan die Pfändung beweglicher Sachen durchzuführen hat. Die Abs. 1–3 betreffen die Pfändung von Sachen, die sich im Gewahrsam des VollstrSchuldners befinden. Nach Abs. 4 gelten die Abs. 1–3 auch dann, wenn sich die zu pfändende Sache im Gewahrsam eines Dritten befindet und dieser zur Herausgabe bereit ist. § 286 gilt gem. § 5 I VwVG im Wege der Verweisung auch für die Verwaltungsvollstr. nach dem VwVG.

B. Pfändung beim Vollstreckungsschuldner (Abs. 1–3)

I. Sachen im Gewahrsam des Vollstreckungsschuldners (Abs. 1)

2 **Sachen.** Unter die Vorschrift fallen nur bewegliche Sachen (§ 90 BGB; → § 281 Rn. 4). Dazu gehören auch Inhaber- (§ 302) sowie Namenspapiere (§ 303) und Früchte auf dem Halm (§ 294 I 1). Die Hardware einer EDV-Anlage (Zentralanlage, Tastatur, Bildschirm, Drucker) ist eine bewegliche Sache, ebenso ein Softwarepaket (Datenträger mit Anleitungsbüchern; Thomas/Putzo ZPO § 808 Rn. 1; TK § 286 Rn. 1); die Pfändung spezieller Software (Individualsoftware) erfolgt nach § 321 (TK § 286 Rn. 1). Zu Einzelheiten s. Roy/Palm NJW 1995, 690.

3 **Sachherrschaft.** Gewahrsam ist die rein tatsächliche (Sach-)Herrschaft über die Sache und vom Besitzbegriff des BGB zu unterscheiden (Thomas/Putzo ZPO § 808 Rn. 3; TK § 286 Rn. 2). Mitbesitz (§ 866 BGB), mittelbarer Besitz (§ 868 BGB) und der nicht tatsächlich ausgeübte Erbenbesitz (§ 857 BGB) begründen keinen Gewahrsam. Auch der Besitzdiener (§ 855 BGB) hat keinen eigenen Gewahrsam, und zwar unabhängig von der

räumlichen Entfernung zum Besitzherrn (Anders/Gehle ZPO § 808 Rn. 16; Thomas/Putzo ZPO § 808 Rn. 3; Schwarz/Pahlke/Keß § 286 Rn. 5; aA TK § 286 Rn. 2: Gewahrsam bei tatsächlicher Einwirkungsmöglichkeit). Entscheidend ist, inwieweit das Besitzdienerverhältnis nach außen erkennbar ist (Zöller ZPO § 808 Rn. 8; → Rn. 4). Vgl. auch Abschn. 43 IV VollzA. Zum Mitgewahrsam → Rn. 5.

4 **Beurteilungsmaßstab.** Ob Gewahrsam des Vollstreckungsschuldners vorliegt, beurteilt sich allein nach dem äußeren Erscheinungsbild, so wie es sich für den Vollziehungsbeamten unter Berücksichtigung der Verkehrsanschauung darstellt (HHSp § 286 Rn. 12). Entscheidend ist der Gewahrsam zZt. der Pfändung (Anders/Gehle ZPO § 808 Rn. 17 aE). Jeder hat Gewahrsam an dem, was er in Taschen, Mappen und Koffern bei sich führt (Thomas/Putzo ZPO § 808 Rn. 5). Befindet sich die Sache im Alleingewahrsam des VollstrSchuldners, braucht der Vollziehungsbeamte die weiteren Rechtsverhältnisse nicht zu überprüfen. Zu Einzelheiten s. Abschn. 43 VollzA. **Im Zweifel** hat der Vollziehungsbeamte zu pfänden (HHSp § 286 Rn. 12). Der Dritte muss dann seine Rechte gem. §§ 262, 293 geltend machen.

5 **Einzelfälle. Automatenaufsteller:** s. „Geschäftsraum". **Banksafe/Schließfach:** Regelmäßig hat der Bankkunde Gewahrsam am Banksafe. Hat die Bank keinen Mitverschluss, kann der Vollziehungsbeamte dem VollstrSchuldner den Schlüssel wegnehmen und den Inhalt des Safes pfänden (HHSp § 286 Rn. 15). **Ehegatten/Lebenspartner:** Bei Ehegatten/Lebenspartnern gilt gem. § 263 iVm § 739 ZPO die Eigentumsvermutung des § 1362 BGB (→ § 263 Rn. 3 ff. sowie Abschn. 43 II VollzA). **Geschäftsraum:** Geschäftsinhaber hat grds. Gewahrsam, und zwar auch im Zeitpunkt der Abwicklung (Anders/Gehle ZPO § 808 Rn. 18, „Geschäftsraum"). Bei gemeinsamer Nutzung eines Geschäftsraums durch mehrere Personen ist die Zustimmung aller erforderlich. Der Gastwirt hat an den vom Kellner kassierten Geldern mit Ausnahme des Trinkgelds Gewahrsam, weswegen idR vor der Pfändung eine Abrechnung zur erfolgen hat. Bei im Gastraum aufgestellten Automaten hat der Automatenaufsteller Gewahrsam am Geldinhalt, sofern nur er den Automaten öffnen kann (str.; ebenso TK § 286 Rn. 4; zum Streitstand Anders/Gehle ZPO § 808 Rn. 18, „Geschäftsraum" mwN). **Gesetzlicher Vertreter/Vermögensverwalter:** Gesetzliche Vertreter iSv § 34 I sowie Vermögensverwalter nach § 34 III (Insolvenzverwalter, Nachlassverwalter und Testamentsvollstrecker) halten den Gewahrsam für den Vertretenen bzw. für die Inhaber des von ihnen verwalteten Vermögens (s. Abschn. 43 VII VollzA). **Juristische Personen:** Bei juristischen Personen üben ihre Organe (Vorstand, Geschäftsführer, Liquidator) den Gewahrsam über das Gesellschaftsvermögen aus (Beispiele s. Zöller ZPO § 808 Rn. 12). **Mieter:** Der Mieter eines Wohnraums hat Gewahrsam an den darin befindlichen eigenen oder mitgemieteten Gegenständen mit Ausnahme des Inhalts der Räume, die andere Personen unter Ausschluss des Wohnungsinhabers (wie zB Untermieter) allein innehaben (Gosch AO § 286 Rn. 7; s. Abschn. 43 III VollzA). **PersGes:** Hier gilt das zu juristischen Personen Gesagte entspr. **PKW:** Am Fahrzeug hat derjenige Gewahrsam, der es gerade fährt oder ausschl. benutzt, auch wenn es auf der Straße abgestellt ist (Klein § 286 Rn. 5; zT aA Anders/Gehle ZPO § 808 Rn. 18, „Kraftfahrzeug"). **Soldaten:** Der Soldat hat in Gemeinschaftsunterkünften idR nur an den in seinem Spind befindlichen Sachen Gewahrsam (s. auch Abschn. 14 Ziff. 2 VollzA).

II. Pfändung durch Inbesitznahme (Abs. 1 und 2)

1. Allgemeines

6 **Publizität.** Die Inbesitznahme, also die Begründung der alleinigen tatsächlichen Sachherrschaft über die Sache und Ausschluss der Verfügungsgewalt des VollstrSchuldners, ist unabdingbare Voraussetzung für eine wirksame Pfändung. Dies erfordert eine tatsächliche Handlung des Vollziehungsbeamten. Die bloße Erklärung, die Sache werde gepfändet, oder Wegnahmeverbote genügen nicht (Zöller ZPO § 808 Rn. 15). Die tatsächliche Handlung muss nach außen hin den Besitzwechsel an der Sache **für jedermann erkenn-**

bar dokumentieren (sog. Publizitätsprinzip). Dies geschieht entweder durch Wegnahme der Sache (§ 286 I) oder aber durch Anlegung eines Pfandsiegels bzw. Kenntlichmachung in sonstiger Weise (§ 286 II 2). Beide Pfändungsarten sind **VA** (BFH 17.1.1985 – VII B 46/84, BStBl. II 1985, 302; → § 281 Rn. 7). Durch die Inbesitznahme wird der VollstrGläubiger (§ 252) Besitzer der gepfändeten Sache.

2. Wegnahme

Geld, Kostbarkeiten und Wertpapiere muss der Vollziehungsbeamte immer wegnehmen; andere Sachen nur, wenn durch das Belassen beim VollstrSchuldner die Befriedigung gefährdet erscheint (§ 286 II 1). Bei der Wegnahme hat der Vollziehungsbeamte unaufgefordert eine Quittung zu erteilen. 7

Geld ist jedes umlauffähige Zahlungsmittel, aus dem Befriedigung ohne Versteigerung möglich ist. Dazu gehören sowohl Banknoten und Münzen in Euro und Cent (vgl. Abschn. 15 I Nr. 1 VollzA) als auch im Umlauf befindliche ausländische Banknoten sowie Münzen, soweit sie in inländisches Geld umgewechselt werden können und dann unter § 296 II fallen (TK § 286 Rn. 10; s. auch Abschn. 44 II 1 VollzA; aA Gosch AO § 286 Rn. 13: Behandlung wie Wertpapiere). Entsprechendes gilt für **Schecks** (HHSp § 286 Rn. 21). 8

Kostbarkeiten sind Gold-/Silbersachen, Gegenstände aus anderem Edelmetall (zB Schmuck, Uhren aus Platin), Edelsteine und andere bewegliche Sachen, die im Verhältnis zu ihrem Umfang oder Gewicht einen außerordentlich hohen Wert darstellen (zB Kunstwerke, Kunstaltertümer, Briefmarkensammlungen, Orientteppiche; Abschn. 15 VI VollzA; Zöller ZPO § 808 Rn. 16). 9

Wertpapiere sind Urkunden, die das ihnen verbriefte Recht derart verkörpern, dass sie selbst zum Träger des Rechts werden und ihr Besitz zur Ausübung des Rechts notwendig ist (vgl. Abschn. 15 II, III VollzA). Das sind zum einen Papiere, die **auf den Inhaber oder auf den Namen** lauten, wie zB Aktien, Kuxe, Inhaberschuldverschreibungen, auf den Inhaber lautende Grundschuld- und Rentenschuldbriefe, Zinsscheine und Investmentzertifikate, Gewinnanteile und Erneuerungsscheine (vgl. Abschn. 15 III Nr. 1 VollzA). Dazu gehören auch Wertzeichen und Inhabermarken iSd § 807 BGB (zB StMarken, Stempelmarken, StZeichen mit Ausnahme der TabStZeichen), Postwertzeichen, Versicherungsmarken, Lotterielose, Eintrittskarten und einfache Fahrkarten für Verkehrsmittel (HHSp § 286 Rn. 22; s. auch Abschn. 15 V VollzA). Sollen Wertpapiere, die **auf Order lauten** (zB Wechsel, Schecks, an Order gestellte kaufmännische Anweisungen und Verpflichtungsscheine, vgl. Abschn. 15 III Nr. 2 VollzA), weggenommen werden, ist dies im VollstrAuftrag zu vermerken (sog. erweiterter VollstrAuftrag gem. Abschn. 32 III VollzA). **Keine Wertpapiere** sind Beweisurkunden, da sie nicht selbst Träger eines Rechts sind. Hierzu zählen zB Sparbücher, auf den Inhaber lautende Versicherungsscheine, Hypothekenbriefe, nicht auf den Inhaber lautende Grundschuld- und Rentenschuldbriefe (Abschn. 15 IV VollzA), Schuldscheine, Inhaberkarten, Anteilscheine, Versicherungsscheine sowie Kraftfahrzeugbriefe und Anhängerbriefe (TK § 286 Rn. 13; Grüneberg BGB § 952 Rn. 2 f.). Hier folgt das Recht am Papier dem Recht aus dem Papier (§ 952 I BGB). Gepfändet wird in diesen Fällen die Forderung oder das Recht aus dem Papier. Der VollstrSchuldner ist dann gem. §§ 315 II 1, 310 I 2 zur Herausgabe der Urkunden an den Vollziehungsbeamten verpflichtet. Zur Wegnahme solcher Beweisurkunden bedarf der Vollziehungsbeamte eines besonderen VollstrAuftrags (Abschn. 32 IV, 50 I VollzA). Ohne einen solchen Auftrag bleibt dem Vollziehungsbeamten im Falle eines Zufallsfundes allerdings die Möglichkeit einer Hilfspfändung (Abschn. 32 IV 3 VollzA). Keine Wertpapiere sind ferner Ausweispapiere (sog. einfache Beweispapiere), die den Vorlegenden lediglich zur Abholung von Gegenständen berechtigen (zB Garderobenmarken, Gepäckscheine, Reparaturscheine; Grüneberg BGB § 807 Rn. 1). 10

Andere Sachen hat der Vollziehungsbeamte nur wegzunehmen, wenn andernfalls die Befriedigung des VollstrGläubigers gefährdet würde oder der VollstrSchuldner bzw. der 11

Gewahrsamsinhaber die Fortschaffung der Sache verlangt (Abschn. 44 VI VollzA). Für eine Gefährdung spricht, wenn der VollstrSchuldner oder ein Dritter bereits in der Vergangenheit Pfandsiegel entfernt oder gepfändete Sachen veräußert bzw. verbraucht hat oder wenn die Pfandsachen zB wegen Feuchtigkeit der Unterbringungsräume der Gefahr des Verderbens ausgesetzt sind (Zöller ZPO § 808 Rn. 17). Bei der Pfändung von Kraftfahrzeugen oder Kraftfahranhängern wird idR von einer Gefährdung ausgegangen (Abschn. 46 I VollzA).

12 **Öffentlich-rechtliches Verwahrungsverhältnis.** Die Wegnahme der gepfändeten Sachen (Ausnahme: Geld; vgl. § 296 II) begründet ein öffentlich-rechtliches Verwahrungsverhältnis bis zur Übergabe an den Erwerber oder Rückgabe an den VollstrSchuldner. Für das Verwahrungsverhältnis gelten die §§ 693, 694, 696 S. 1 und 697 BGB analog sowie die §§ 276, 278 BGB (TK § 286 Rn. 17). Ersatzansprüche aufgrund einer Pflichtverletzung des Verwahrungsverhältnisses sind vor den ordentlichen Gerichten geltend zu machen (§ 40 II 1 VwGO, § 33 I Nr. 2 FGO).

3. Belassen beim Vollstreckungsschuldner (Abs. 2)

13 **Kenntlichmachung der Pfändung.** Ist eine Wegnahme nicht geboten, pfändet der Vollziehungsbeamte, indem er an der Sache gem. § 286 II 2 ein Siegel anlegt oder die Pfändung in sonstiger Weise ersichtlich macht. Das **Siegel** (Pfandzeichen) ist wegen des Publizitätsprinzips an einer nicht zu übersehenden Stelle so anzubringen, dass es ohne näheres Nachforschen für jedermann erkennbar ist (Abschn. 44 III 1 VollzA; → Rn. 6). Es ist zwar nicht nötig, dass das Pfandzeichen jedem Beschauer sofort ins Auge fällt; es genügt, wenn es bei Anwendung der im Verkehr üblichen Sorgfalt von Dritten bemerkt werden kann (Zöller ZPO § 808 Rn. 19). Das Siegel muss fest angebracht (angeklebt, angeheftet, angenagelt) werden. Ein nur loser Kontakt führt zu keiner Verstrickung (HHSp § 286 Rn. 28). Bei einer **Mehrheit von Pfandstücken** s. Abschn. 44 III 2, 3 VollzA. Kann ein Siegel wegen der Beschaffenheit des Pfandstücks nicht angebracht werden oder reicht es zur Kenntlichmachung nicht aus, ist an dem Ort, an dem sich die gepfändete Sache befindet, ein auf die Pfändung hinweisendes Schriftstück, eine sog. **Pfandanzeige,** anzubringen (weitere Einzelheiten s. Abschn. 44 IV VollzA). Auf der Pfandanzeige sind Siegel und Unterschrift des Vollziehungsbeamten erforderlich (Anders/Gehle ZPO § 808 Rn. 32).

14 **Folgen fehlender Kenntlichmachung.** Mangelnde Kenntlichmachung hindert die Verstrickung und macht die Pfändung damit unheilbar unwirksam (nichtig; TK § 286 Rn. 23). Die **Nichtigkeit** kann nicht durch eine spätere Inbesitznahme geheilt werden (Zöller ZPO § 808 Rn. 18). In der Wegnahme kann aber eine neue Pfändung liegen (HHSp § 286 Rn. 32). Wird die Pfändung ohne Wissen und Wollen des Vollziehungsbeamten oder der VollstrBehörde **später unkenntlich** (zB durch Abfallen oder Entfernen des Pfandsiegels), besteht die Pfändung fort (Anders/Gehle ZPO § 808 Rn. 35; TK § 286 Rn. 23). In einem solchen Fall sind aber Pfandsiegel bzw. Pfandanzeige unter Aufnahme einer kurzen Niederschrift unverzüglich zu erneuern. Bei **Verdacht des Pfandbruchs** hat der Vollziehungsbeamte dies der VollstrStelle unverzüglich anzuzeigen (Abschn. 44 V 2 VollzA) und die gepfändete Sache wegzunehmen (→ Rn. 11).

4. Besonderheiten

15 Bei der **Pfändung von Kraftfahrzeugen** und Anhängern erfolgt die Pfändung idR durch Wegnahme (→ Rn. 11). Wegzunehmen sind im Wege einer Hilfspfändung auch Fahrzeugbrief und Fahrzeugschein (→ Rn. 10). Ist die Wegnahme nicht möglich oder untunlich, soll das Fahrzeug zB durch das Entfernen des amtlichen Kennzeichens fahruntüchtig gemacht werden (s. Abschn. 46 VollzA). **Zur Pfändung bei Landwirten** vgl. Abschn. 45 VollzA.

III. Mitteilung an Vollstreckungsschuldner (Abs. 3)

Nach § 286 III ist dem VollstrSchuldner die Pfändung – ggf. auch mündlich (§ 290) – 16
mitzuteilen. Dies dient der Rechtssicherheit. Der VollstrSchuldner soll Klarheit über das Geschehene erhalten, damit er ggf. mit Einspruch gegen die Pfändung vorgehen kann (HHSp § 286 Rn. 38). Trotz seines Wortlauts handelt es sich lediglich um eine Ordnungsvorschrift (Anders/Gehle ZPO § 808 Rn. 36; TK § 286 Rn. 26). Eine unterlassene Mitteilung hat daher keinen Einfluss auf die Wirksamkeit der Pfändung (TK § 286 Rn. 26).

C. Pfändung bei Gewahrsam eines Dritten (Abs. 4)

Hat ein Dritter an der zu pfändenden Sache Allein- oder Mitgewahrsam, ist die Pfändung 17
nur zulässig, wenn der Dritte zur Herausgabe der Sache und damit zur Aufgabe seines Gewahrsams bereit ist (§ 286 IV).

Dritter ist jede Person, die den Allein- oder Mitgewahrsam über eine dem Voll- 18
strSchuldner gehörende Sache ausübt. Auch der VollstrGläubiger kann Dritter sein (s. Abschn. 43 VI 1 VollzA; § 809 ZPO). Der Ehegatte/Lebenspartner, der gesetzliche Vertreter oder Vermögensverwalter sind hingegen keine Dritten (→ Rn. 5).

Die Herausgabebereitschaft muss als prozessrechtliche Willenserklärung vor oder 19
nach der Pfändung ausdrücklich oder stillschweigend (zB durch bewusste Hinnahme der Wegnahme oder Unterzeichnen des Pfändungsprotokolls), aber immer vorbehaltlos erklärt werden (Anders/Gehle ZPO § 809 Rn. 8 mwN). Sie muss sich auf die Herausgabe zur Verwertung beziehen. Die Willenserklärung ist nach erfolgter Pfändung unwiderruflich. Wer herausgabebereit ist, verliert das Widerspruchsrecht nach § 262, es sei denn, er hat nur irrtümlich herausgegeben (Anders/Gehle ZPO § 809 Rn. 8). Das Klagerecht nach § 293 bleibt ihm jedoch erhalten (HHSp § 286 Rn. 44). **Verweigert** der Dritte die Herausgabe, kann die VollstrStelle den Herausgabeanspruch des VollstrSchuldners gegen ihn pfänden (§ 318). Pfändet der Vollziehungsbeamte bei dem nicht zur Herausgabe bereiten Dritten, macht dieser **Verstoß** die Pfändung nur rechtswidrig (TK § 286 Rn. 6).

D. Verfahrensfragen

Pfändungsniederschrift und Belehrung. Nach der Pfändung hat der Vollziehungs- 20
beamte eine Pfändungsniederschrift zu fertigen. Zum Inhalt vgl. Abschn. 48 I VollzA sowie → § 291 Rn. 4 ff. Bei einer (teilweise) fruchtlosen Pfändung ist eine besondere Niederschrift zu fertigen (s. Abschn. 49 VollzA). Belässt der Vollziehungsbeamte die gepfändete Sache im Gewahrsam des VollstrSchuldners bzw. des Dritten, muss er diese über die Wirkungen der Pfändung belehren (s. Abschn. 44 VIII VollzA). Eine unterlassene Belehrung hat allerdings auf die Wirksamkeit der Pfändung keinen Einfluss. Dies gilt grds. auch für eine unterlassene Pfändungsniederschrift (→ § 291 Rn. 9).

Rechtsbehelfe/Kosten. Die (Sach-)Pfändung als **VA** kann vom VollstrSchuldner mit 21
dem **Einspruch** (§ 347 I) angefochten werden (BFH 17.1.1985 – VII B 46/84, BStBl. II 1985, 302; → § 281 Rn. 7, 20). Der VA ergeht „in anderer Weise" (§ 119 II) und wird durch Wegnahme bzw. durch Anbringung des Pfandsiegels oder der Pfandanzeige bekanntgegeben (Schwarz/Pahlke/Keß § 286 Rn. 19). Bei Abwesenheit des VollstrSchuldners erfolgt die Bekanntgabe durch Erteilung einer Abschrift der Pfändungsniederschrift und der damit einhergehenden Mitteilung nach § 286 III (→ Rn. 16). § 356 II gilt für die Sachpfändung mangels vorgeschriebener Schriftform nicht (TK § 286 Rn. 27); die Mitteilung nach § 286 III ist kein konstitutiver Bestandteil des VA (→ Rn. 16). **Vorläufiger Rechtsschutz** ist im Wege der AdV (§ 361 AO; § 69 FGO) zu gewähren (Klein § 281

Rn. 7; → § 281 Rn. 20). **Dritte,** die am gepfändeten Gegenstand Rechte geltend machen wollen, müssen vor den ordentlichen Gerichten auf Herausgabe (§ 262) bzw. vorzugsweise Befriedigung (§ 293) klagen. Die Pfändung ist **gebührenpflichtig** (§§ 339 f.).

§ 287 Befugnisse des Vollziehungsbeamten

(1) **Der Vollziehungsbeamte ist befugt, die Wohn- und Geschäftsräume sowie die Behältnisse des Vollstreckungsschuldners zu durchsuchen, soweit dies der Zweck der Vollstreckung erfordert.**

(2) **Er ist befugt, verschlossene Türen und Behältnisse öffnen zu lassen.**

(3) **Wenn er Widerstand findet, kann er Gewalt anwenden und hierzu um Unterstützung durch Polizeibeamte nachsuchen.**

(4) [1]**Die Wohn- und Geschäftsräume des Vollstreckungsschuldners dürfen ohne dessen Einwilligung nur auf Grund einer richterlichen Anordnung durchsucht werden.** [2]**Dies gilt nicht, wenn die Einholung der Anordnung den Erfolg der Durchsuchung gefährden würde.** [3]**Für die richterliche Anordnung einer Durchsuchung ist das Amtsgericht zuständig, in dessen Bezirk die Durchsuchung vorgenommen werden soll.**

(5) [1]**Willigt der Vollstreckungsschuldner in die Durchsuchung ein oder ist eine Anordnung gegen ihn nach Absatz 4 Satz 1 ergangen oder nach Absatz 4 Satz 2 entbehrlich, so haben Personen, die Mitgewahrsam an den Wohn- oder Geschäftsräumen des Vollstreckungsschuldners haben, die Durchsuchung zu dulden.** [2]**Unbillige Härten gegenüber Mitgewahrsaminhabern sind zu vermeiden.**

(6) **Die Anordnung nach Absatz 4 ist bei der Vollstreckung vorzuzeigen.**

Vergleichbare Vorschriften: §§ 758, 758a ZPO
Hinweis auf **VollzA:** Abschn. 28–31

Schrifttum: Schmidt-Bleibtreu, Nochmals zum Richtervorbehalt bei Durchsuchungen im Rahmen der Zwangsvollstreckung, DB 1981, 1917; Kraemer, Die Durchsuchungsbefugnis des Vollziehungsbeamten und die Unverletzlichkeit der Wohnung, DStZ 1989, 410; Behr, Vollstreckung ohne Durchsuchungsanordnung, Art. 13 II GG, NJW 1992, 2125; van den Hövel, „Gefahr im Verzuge" durch die bloße Weigerung des Schuldners zur Wohnungsdurchsuchung, Art. 13 II GG?, NJW 1993, 2031; Seip, Die Zwangsvollstreckung durch den Gerichtsvollzieher – Effektivität – Durchsuchungsanordnung – Vollstreckungsauftrag, NJW 1994, 352; Loschelder, Der Vollziehungsbeamte vor der Tür!, AO-StB 2002, 62; Wesser, Der Schutz der räumlichen Privatsphäre bei Wohnungsdurchsuchungen nach §§ 758, 758a ZPO, NJW 2002, 2138.

Übersicht

A. Allgemeines

Inhalt, Zweck und Bedeutung. Die Vorschrift soll die Vollstr. in bewegliche Sachen ermöglichen (Begriff → § 281 Rn. 4). Da VollstrSchuldner ihre Sachen idR in ihren Wohn-/Geschäftsräumen und dort zumindest auch in Behältnissen aufbewahren, ist es für eine erfolgreiche Durchführung der Mobiliarvollstreckung unabdingbar, in den Räumlichkeiten und Behältnissen des VollstrSchuldners nach entsprechenden Pfändungsmöglichkeiten suchen zu können, notfalls auch gegen dessen Willen. **Abs. 1** gewährt dem zur Pfändung, Abholung oder Versteigerung gepfändeter Sachen tätig werdenden Vollziehungsbeamten deshalb die Befugnis zur Durchsuchung (TK § 287 Rn. 4). **Abs. 2** gestattet dem Vollziehungsbeamten die gewaltsame Öffnung verschlossener Türen und Behältnisse und **Abs. 3** im Falle des Widerstands die Anwendung körperlicher Gewalt gegen den VollstrSchuldner oder andere Personen. **Abs. 4** normiert den Richtervorbehalt (→ Rn. 17 ff.). **Abs. 5** gibt dem Vollziehungsbeamten die Durchsuchungsbefugnis in bestimmten Fällen auch gegenüber Dritten, die Mitgewahrsam an den zu durchsuchenden Räumen haben. Nach **Abs. 6** genügt es, wenn die richterliche Anordnung bei der Durchsuchung vorgezeigt wird. 1

B. Durchsuchung von Wohn- und Geschäftsräumen und Behältnissen (Abs. 1)

I. Allgemeines

Wohn- und Geschäftsräume dürfen ohne Einwilligung des VollstrSchuldners außer bei Gefahr im Verzug nur aufgrund einer richterlichen Anordnung durchsucht werden (Abs. 4; → Rn. 17 ff.). Die Durchsuchung darf zudem nur erfolgen, soweit dies der Zweck der Vollstr. in bewegliche Sachen erfordert (HHSp § 287 Rn. 4). Sollen dagegen Ermittlungshandlungen in der Wohnung des VollstrSchuldners durchgeführt werden (zB Durchsicht der Geschäftsbücher zur Feststellung von VollstrMöglichkeiten), gelten die allg. Vorschriften, etwa zur Einsichtnahme gem. §§ 97 f. oder zur Anwendung von Zwangsmitteln gem. §§ 328 ff. 2

II. Wohn- und Geschäftsräume und Behältnisse als Durchsuchungsobjekte

Der Wohnungsbegriff iSd Art. 13 I GG ist weit auszulegen. Er umfasst als räumliche Privatsphäre des Einzelnen neben den eigentlichen Wohnräumen auch Arbeits-, Betriebs- und Geschäftsräume (BFH 4.10.1988 – VII R 59/86, BStBl. II 1989, 55). Der Grundrechtsschutz gilt auch für juristische Personen und (rechtsfähige oder nicht rechtsfähige) Personenvereinigungen (Zöller ZPO § 758a Rn. 7). 3

Wohnräume sind die zu Aufenthalts- und Arbeitszwecken bestimmten und genutzten Räume des VollstrSchuldners einschl. der Nebenräume und des angrenzenden umschlossenen freien Geländes, zB Garten, Hof, Stall, Scheune, Terrasse und Veranda (Zöller ZPO § 758a Rn. 4). Auch in unmittelbarer Nähe zur Wohnung gelegene Garagen gehören zum geschützten Wohnbereich (BFH 15.10.2019 – VII R 6/18, BFH/NV 2020, 116), ebenso das Arbeitszimmer in der Wohnung eines Freiberuflers (HHSp § 287 Rn. 44). Das Hotelzimmer bei einem längeren Aufenthalt und der Wohnwagen sowie Wohnschiffe gelten ebenfalls als Wohnung, nicht hingegen Kraftfahrzeuge (weitere Beispiele s. Anders/Gehle 4

ZPO § 178 Rn. 8). Bei gemieteten Räumen ist es unerheblich, auf wessen Namen der Mietvertrag lautet: Der VollstrSchuldner ist als Träger des Grundrechts auch dann geschützt, wenn er den betreffenden Wohnraum (nur) tatsächlich innehat oder bewohnt (TK § 287 Rn. 9; Dürig/Herzog/Scholz GG Art. 13 Rn. 12).

5 **Geschäftsräume** sind solche Räume, die während bestimmter Öffnungszeiten nach ihrer Zweckbestimmung der Öffentlichkeit zugänglich oder jedenfalls deutlich aus der Privatsphäre des Geschäftsinhabers ausgegliedert sind (HHSp § 287 Rn. 45). Hierzu zählen zB Büros, Ladenlokale, Werkstätten, Fabrikations-, Lager- und Ausstellungsräume, Arztpraxen und andere beruflich genutzte Räume, aber auch Straßen- und Bahnfahrzeuge, Flugzeuge, Schiffe, einzelne Räume in diesen Beförderungsmitteln sowie in Straßenfahrzeugen von Zirkusunternehmen und in Baufahrzeugen (TK § 287 Rn. 11). Sie verdienen im Hinblick auf die Öffnung grds. weniger Schutz (BVerfG 13.10.1971 – 1 BvR 280/66, NJW 1971, 2299). Wird in Wohnräumen zugleich eine berufliche/geschäftliche Tätigkeit ausgeübt, kommt es darauf an, ob diese Betätigung notwendig nach außen wirkt, weil der Inhaber die Räume nur dann und auch nur in dem Umfang aus der privaten Intimsphäre entlässt, wie hierdurch Interessen anderer und die der Allgemeinheit berührt werden können (TK § 287 Rn. 10). Eine solche Öffnung liegt nicht schon dann vor, wenn in der Wohnung Geschäftsbücher oder die Geschäftskasse aufbewahrt und geführt werden (Gosch AO § 287 Rn. 14).

6 **Behältnisse** sind alle Umschließungen, die dem VollstrSchuldner üblicherweise zur Aufbewahrung von Sachen dienen, also Schränke, Schubladen, Schachteln, Kassetten etc., aber auch Handtaschen, Koffer und Taschen in der Kleidung wie Mantel-, Westen-, Jacken-, Hosen- und Rocktaschen, nicht jedoch Schließfächer bei einer Bank (TK § 287 Rn. 12; → § 286 Rn. 5).

III. Durchsuchung

7 **Ziel- und zweckgerichtetes Suchen.** Eine gesetzliche Definition der Durchsuchung iSd Art. 13 II GG fehlt. Kennzeichnend für die Durchsuchung ist das ziel- und zweckgerichtete Suchen staatlicher Organe in einer Wohnung nach Personen oder Sachen oder zur Ermittlung eines Sachverhalts, um dort etwas aufzuspüren, was der Inhaber der Wohnung von sich aus nicht offenlegen oder herausgeben will; mithin das Ausforschen eines für die freie Entfaltung der Persönlichkeit wesentlichen Lebens-, ggf. sogar Intimbereichs (sog. subjektiver Durchsuchungsbegriff; BVerwG 6.9.1974 – I C 17/73, NJW 1975, 130; dem folgend BVerfG 3.4.1979 – 1 BvR 994/76, NJW 1979, 1539; BFH 4.10.1988 – VII R 59/86, BStBl. II 1989, 55; krit. Wesser NJW 2002, 2138). Die Durchsuchung einer Wohnung durch den Vollziehungsbeamten, um dort pfändbare Gegenstände aufzufinden und für die beabsichtigte Zwangsvollstr. zu pfänden, ist eine Durchsuchung in diesem Sinn und unterliegt deshalb dem Richtervorbehalt (BVerfG 16.6.1987 – 1 BvR 1202/84, NJW 1987, 2499; → Rn. 17).

8 **Abgrenzung zum bloßen Betreten.** Das bloße Betreten und Besichtigen ist hingegen keine Durchsuchung, sondern ein im Vergleich dazu geringerer und deshalb grds. nicht vom Richtervorbehalt des Art. 13 II GG erfasster Eingriff (TK § 287 Rn. 14). Dies gilt auch dann, wenn das Betreten auf die Vornahme von VollstrHandlungen gerichtet ist (HHSp § 287 Rn. 39), da es im Rahmen der Abgrenzung nicht auf den Willen oder die Absicht des Beamten ankommt (BFH 4.10.1988 – VII R 59/86, BStBl. II 1989, 55). Die Grenze des berechtigten Betretens und Verweilens wird aber überschritten, wenn der Vollziehungsbeamte in den Räumen des VollstrSchuldners nach außen erkennbar weitere Handlungen vornimmt.

9 **Bei Geschäftsräumen** (→ Rn. 5) beginnt die eine richterliche Anordnung erfordernde Durchsuchung demgemäß erst mit dem planmäßigen Aufspüren verborgener Gegenstände. Sind diese hingegen offen ausgelegt und für den Vollziehungsbeamten ohne weiteres Nachforschen für die Pfändung zugänglich, liegt in dessen VollstrZugriff keine Durch-

suchung. Vielmehr bleibt es bei einem bloßen Betreten, wofür wegen der grds. Öffnung von Geschäfts- und Betriebsräumen nach außen während der üblichen Öffnungszeiten eine gesetzliche Ermächtigung genügt, die in § 287 I zu sehen ist (BFH 4.10.1988 – VII R 59/86, BStBl. II 1989, 55; Gosch AO § 287 Rn. 14; krit. Klein § 287 Rn. 5 f.). Außerhalb der üblichen Geschäftszeiten gilt allerdings der erweiterte Wohnraumschutz (van den Hövel NJW 1993, 2031).

Bei Wohnräumen (→ Rn. 4) ist im Hinblick auf den besonderen Schutz der Privatsphäre auch das bloße Betreten gegen den Willen des VollstrSchuldners (Wohnungsinhabers) nur auf der Grundlage eines richterlichen Durchsuchungsbeschlusses möglich (Gosch AO § 287 Rn. 13; TK § 287 Rn. 16; aA Kraemer DStZ 1989, 410). In seinen Wohnräumen (Wohnung im engeren Sinn) hat der Bürger das Recht, „in Ruhe gelassen zu werden" (BVerfG 13.10.1971 – 1 BvR 280/66, NJW 1971, 2299). 10

Auf Behältnisse (→ Rn. 6) erstreckt sich die Durchsuchungsbefugnis des § 287 I ebenso. Wird der VollstrSchuldner außerhalb seiner Wohn- und Geschäftsräume angetroffen, ist eine **Taschenpfändung** (= Pfändung von Gegenständen, die sich in den Taschen von Kleidungsstücken befinden) ohne richterliche Anordnung zulässig (OLG Hamburg 5.6.1984 – 2 Ss 149/83, NJW 1984, 2898; Umkehrschluss aus § 287 IV 1), so zB im Sitzungssaal eines AG (AG Augsburg 12.1.2012 – 1 M 10180/12, NJW-RR 2012, 511). Die Taschenpfändung darf sich nur auf die Oberbekleidung erstrecken und nicht zu einer körperlichen Durchsuchung führen (HHSp § 287 Rn. 46). Die Durchsuchung der Kleider am Körper bei Personen anderen Geschlechts hat der Vollziehungsbeamte durch eine Hilfsperson des entsprechenden Geschlechts vornehmen zu lassen (Abschn. 28 III 3 VollzA). Bei Behältnissen **in den Wohn- und Geschäftsräumen** des VollstrSchuldners ist wegen des Grundrechtsschutzes (Art. 13 GG) zur Durchsuchung eine richterliche Anordnung erforderlich (Gosch AO § 287 Rn. 19; aA Behr NJW 1992, 2125). 11

C. Öffnen verschlossener Türen und Behältnisse (Abs. 2)

Verschlossen. Abs. 2 betrifft das Öffnen verschlossener Haustüren, Zimmertüren und Behältnisse. Sind diese dagegen unverschlossen oder können sie bestimmungsgemäß durch den dazugehörigen Schlüssel geöffnet werden und händigt der VollstrSchuldner den Schlüssel aus, greift bereits Abs. 1 ein, denn das Öffnen ist Durchsuchungshandlung (HHSp § 287 Rn. 48). 12

Gewaltsames Öffnen. Der Grundsatz der Verhältnismäßigkeit erfordert, dass der Vollziehungsbeamte zunächst prüft, ob der VollstrAuftrag nicht in anderer, ebenso Erfolg versprechender, aber weniger einschneidender Weise (zB durch Pfändung offen ausliegender Gegenstände) erledigt werden kann (BGH 10.1.1957 – III ZR 108/55, NJW 1957, 544). Ist das nicht der Fall, dürfen verschlossene Türen und Behältnisse gewaltsam geöffnet werden. Dabei müssen Schäden möglichst vermieden, jedenfalls aber so gering wie möglich gehalten werden (Anders/Gehle ZPO § 758 Rn. 13). Gegebenenfalls muss sich der Vollziehungsbeamte der Hilfe eines Handwerkers (idR eines Schlossers) bedienen (vgl. Abschn. 8 V, 28 IV VollzA). 13

Auch bei Abwesenheit des VollstrSchuldners können Türen und Behältnisse gewaltsam geöffnet und Durchsuchungen vorgenommen werden. Hierbei sind Zeugen hinzuzuziehen (§ 288, s. Abschn. 29 II VollzA). Allerdings stellt die gewaltsame Öffnung in Abwesenheit des VollstrSchuldners eine viel schwerwiegendere Maßnahme dar, weswegen das erstmalige Nichtantreffen des Schuldners noch keine richterliche Anordnung nach § 287 IV rechtfertigt (Anders/Gehle ZPO § 758 Rn. 15, „Abwesenheit"). Grds. hat der Vollziehungsbeamte dem VollstrSchuldner die Absicht der gewaltsamen Öffnung anzukündigen. 14

D. Gewaltanwendung bei Widerstand (Abs. 3)

15 **Widerstand** ist gegeben, wenn die Ausführung der Amtsgeschäfte nicht ohne Gewalt möglich erscheint (Abschn. 30 I 1 VollzA). Körperliche Übergriffe sind nicht erforderlich; es genügen bereits ernst zu nehmende Drohungen mit einem empfindlichen Übel iSd § 240 StGB sowie die Androhung von Tätlichkeiten (HHSp § 287 Rn. 58). Der Widerstand kann vom VollstrSchuldner selbst oder von Dritten ausgehen, die die Vollstr. gem. § 287 V zu dulden haben oder persönlich gar nicht unmittelbar betroffen sind (zB Freunde des VollstrSchuldners). Zur Möglichkeit vorbereitender polizeilicher Auskunfts- und/oder Unterstützungsersuchen nach § 757a ZPO → § 249 Rn. 13.

16 Die **Gewaltanwendung gegen Personen** darf nur im Rahmen des VollstrZwecks und unter Beachtung des Verhältnismäßigkeitsgebots erfolgen. Bei Widerstand hat der Vollziehungsbeamte grds. Zeugen hinzuziehen (§ 288), auch wenn er sich zutraut, den Widerstand selbst zu brechen (Abschn. 30 II VollzA). Rechnet der Vollziehungsbeamte (insb. aufgrund früherer Erfahrungen) damit, dass er bei der Vollstr. Widerstand vorfinden und zur Überwindung polizeiliche Unterstützung benötigen wird, hat er dies der VollstrStelle anzuzeigen, die das Weitere zu veranlassen hat (Abschn. 30 III 1 VollzA). In dringenden Fällen kann der Vollziehungsbeamte die Amtshilfe der Polizei unmittelbar anfordern (Abschn. 30 III 2 VollzA).

E. Richtervorbehalt (Abs. 4 und 6)

I. Notwendigkeit (Abs. 4 S. 1)

17 **Vorgezogener Rechtsschutz.** Art. 13 II GG gebietet, dass eine Durchsuchung der Wohn- und Geschäftsräume des VollstrSchuldners nach § 287 ohne dessen Einwilligung nur gestattet ist, wenn eine entsprechende richterliche Anordnung vorliegt (std. Rspr., vgl. BVerfG 16.6.1981 – 1 BvR 1094/80, NJW 1981, 2111). Die präventive Einschaltung des Richters stellt das beabsichtigte, nicht selten vorrangig an der erfolgreichen Durchführung der Vollstr. orientierte Verhalten der VollstrOrgane (Exekutive) unter vorherige richterliche Kontrolle und wird daher zu Recht als eine Art vorgezogener Rechtsschutz bezeichnet (HHSp § 287 Rn. 15). Die Durchsuchungsanordnung ist in formeller und materieller Hinsicht ein Akt der Rspr. (BVerfG 11.10.1978 – 2 BvR 1055/76, NJW 1979, 154).

II. Ausnahmen (Abs. 4 S. 1 und 2)

18 Vom Grundsatz der richterlichen Anordnung gibt es zwei Ausnahmen:

1. Einwilligung (Abs. 4 S. 1)

19 **Freiwillige Gestattung.** Willigt der VollstrSchuldner in die angekündigte Durchsuchung ein, ist gem. Abs. 4 S. 1 keine richterliche Anordnung erforderlich. Dies entspricht dem Rechtsgrundsatz „volenti non fit iniuria" (dem Einwilligenden geschieht kein Unrecht). Die Einwilligung kann ausdrücklich oder durch konkludentes Handeln erklärt werden (TK § 287 Rn. 18; Anders/Gehle ZPO § 758a Rn. 16, „Stillschweigende Erklärung"; Zöller ZPO § 758a Rn. 10). Sie muss freiwillig und ersichtlich in Kenntnis der sich daraus ergebenden Konsequenzen erfolgen. Die Einwilligung kann sich auch nur auf bestimmte Räume beziehen. Eine **Belehrung** des VollstrSchuldners durch den Vollziehungsbeamten, eine richterliche Anordnung verlangen zu können, ist grds. **nicht erforderlich,** bei Zweifeln an der Rechtskenntnis des VollstrSchuldners aber zur Vermeidung späterer Einwendungen sinnvoll (HHSp § 287 Rn. 29; Kraemer DStZ 1989, 410; aA FG Baden-Württemberg 23.11.1987 – IX K 273/86, EFG 1988, 99; Gosch AO § 287 Rn. 20; Klein § 287 Rn. 6). Fragt der VollstrSchuldner nach oder zweifelt er die Rechtmäßigkeit

des Betretens der Wohnung an, muss der Vollziehungsbeamte ihn wahrheitsgemäß über sein Weigerungsrecht, aber auch über die Kosten, die durch eine richterliche Anordnung zusätzlich entstehen würden, aufklären. Die Einwilligung ist als einseitig empfangsbedürftige Willenserklärung **jederzeit widerruflich** und für jede Durchsuchung vom Vollziehungsbeamten erneut einzuholen (Zöller ZPO § 758a Rn. 14; aA Anders/Gehle ZPO § 758a Rn. 16, „Widerruf"). Der Einwilligung des VollstrSchuldners steht bei dessen Abwesenheit die Einwilligung anderer in der Wohnung angetroffener Personen gleich, sofern sie das Wohnrecht wirksam ausüben können.

2. Gefahr im Verzug (Abs. 4 S. 2)

Gefährdung des Durchsuchungserfolges. Bei Gefahr im Verzug lässt Art. 13 II GG ausnahmsweise eine Durchsuchungsanordnung „auch durch die im Gesetz vorgesehenen anderen Organe" zu. Der Vollziehungsbeamte ist gem. § 287 IV 2 ein solches Organ. „Gefahr im Verzug" (vgl. § 105 StPO) ist gegeben, wenn die vorherige Einholung der richterlichen Anordnung den Erfolg der Durchsuchung gefährden würde (BVerfG 3.4.1979 – 1 BvR 994/76, NJW 1979, 1539). Insoweit bestehen auch deutliche Parallelen zum Arrestgrund (§ 324). Ob eine Gefährdung gegeben ist, richtet sich nach den Umständen des Einzelfalls (HHSp § 287 Rn. 26). Grundsätzlich ist eine **enge Auslegung** geboten (BVerfG 20.2.2001 – 2 BvR 1444/00, NJW 2001, 1121). 20

Wer dem Vollziehungsbeamten den Zutritt zu seiner Wohnung verweigert und eine richterliche Anordnung verlangt, begründet keine Gefahr, sondern macht lediglich von seinem grundrechtlich geschützten Recht auf Unverletzlichkeit der Wohnung Gebrauch (van den Hövel NJW 1993, 2031; Seip NJW 1994, 352; aA Behr NJW 1992, 2125). Der Umstand, dass der Vollziehungsbeamte den VollstrSchuldner beim ersten VollstrVersuch nicht angetroffen hat, genügt ebenfalls nicht (HHSp § 287 Rn. 26). Es müssen zusätzlich immer **konkrete Anhaltspunkte** für das Vorliegen einer Gefahr im Verzug gegeben sein. Sie kann wegen der Art und Weise, des Zustands, des Zeitpunkts oder des Orts des möglichen VollstrGuts vorliegen, aber auch wegen der bisherigen Verhaltensweise des VollstrSchuldners oder seines Beauftragten, wegen dessen Äußerungen, Absichten, finanzieller Lage usw. (Anders/Gehle ZPO § 758a Rn. 8). Äußere Anzeichen sind zB, dass sich der VollstrSchuldner ersichtlich mit all seiner Habe ins Ausland absetzen bzw. mit unbekannter Adresse verziehen will oder Waren zu Schleuderpreisen verkauft (Gosch AO § 287 Rn. 24; Behr NJW 1992, 2125). Wenn an pfändbaren Sachen offensichtlich nur Bargeld oder Kostbarkeiten vorhanden sind, kann Gefahr im Verzug bestehen (Abschn. 28 II Nr. 2 VollzA). Die Prüfung, ob Gefahr im Verzug gegeben ist, obliegt bei Erteilung des VollstrAuftrags der VollstrBehörde (Innendienst), die ihr Ergebnis zu begründen und zu dokumentieren hat. Denn die Auslegung des Begriffs „Gefahr im Verzug" unterliegt stets einer uneingeschränkten gerichtlichen Kontrolle (vgl. auch BVerfG 22.1.2002 – 2 BvR 1473/01, NJW 2002, 1333).

III. Zuständigkeit des Amtsgerichts (Abs. 4 S. 3)

Belegenes Amtsgericht. Funktionell zuständig ist das AG, in dessen Bezirk die Durchsuchung vorgenommen werden soll (§ 287 IV 3). Es wird auf den entsprechenden Antrag der vollziehenden VollstrBehörde hin im Wege der Amtshilfe tätig. Der Formularzwang nach § 758a VI ZPO gilt im VerwaltungsvollstrVerfahren nach § 287 nicht (BGH 20.3.2014 – VII ZB 64/13, NJW-RR 2014, 1023). 21

Eigenständige Prüfungspflicht. Das Gericht ist als Kontrollorgan der Exekutive (VollstrBehörde) verpflichtet, sich von der Zulässigkeit der Durchsuchung in alleiniger richterlicher Verantwortung zu überzeugen und hierzu die entsprechenden Feststellungen zu treffen, ggf. auch auf eine weitere Aufklärung des Sachverhalts hinzuwirken (HHSp § 287 Rn. 16 f.). Es hat insb. zu prüfen, 22

23 – ob die **formellen allg. VollstrVoraussetzungen** (§§ 251, 254, 257) vorliegen (BFH 12.5.1980 – VII B 9/80, BStBl. II 1980, 399); ist später eine Vollstreckbarkeitsvoraussetzung weggefallen, ist die Durchsuchungsanordnung wieder aufzuheben (BFH 7.11.1979 – VII B 35/79, BStBl. II 1980, 86);

24 – ob alle **Voraussetzungen des § 287 I** gegeben sind (BVerfG 27.5.1997 – 2 BvR 1992/92, NJW 1997, 2165 zum Durchsuchungsbefehl nach § 102 StPO);

25 – ob der **Grundsatz der Verhältnismäßigkeit** beachtet ist (BVerfG 3.4.1979 – 1 BvR 994/76, NJW 1979, 1539). So hat bei geringfügigen Beträgen idR keine Durchsuchung zu erfolgen, denn hier ist das Interesse der Allgemeinheit an der Beitreibung dieser Rückstände häufig geringer als das Interesse des VollstrSchuldners am Schutz der Unverletzlichkeit seiner Wohnung (BFH 12.5.1980 – VII B 9/80, BStBl. II 1980, 399; aA OLG Düsseldorf 3.3.1980 – 3 W 54/80, NJW 1980, 1171; Klein § 287 Rn. 7 aE, aber besonders sorgfältige Abwägung). Die Bagatellgrenze dürfte bei 500 Euro überschritten sein (Schwarz/Pahlke/Keß § 287 Rn. 9: 1000 Euro; aA HHSp § 287 Rn. 17: keine feste Grenze; ähnlich Gosch AO § 287 Rn. 5). Ob nicht eine andere Art der Vollstr. (zB eine Immobiliarvollstr.) geeigneter und möglicherweise schonender wäre, ist nicht zu prüfen (KG Berlin 25.6.1982 – 1 W 955/82, NJW 1982, 2326; Klein § 287 Rn. 7; aA FG Niedersachsen 29.4.1980 – VI 115/80, EFG 1980, 374);

26 – ob aufgrund der persönlichen Situation des VollstrSchuldners die Durchsuchung eine **unverhältnismäßige Härte** bedeuten würde. Diese ist zB bei einer schweren Erkrankung des VollstrSchuldners oder eines mit ihm in der Wohnung lebenden Angehörigen (BVerfG 3.4.1979 – 1 BvR 994/76, NJW 1979, 1539) oder bei bestehender Selbstmordgefahr (BVerfG 8.9.1997 – 1 BvR 1147/97, NJW 1998, 295 anlässlich einer Räumungsvollstr.) gegeben. Keine besondere Härte liegt vor, wenn die zu vollstreckende Forderung noch nicht rechtskräftig ist. Solange keine AdV gewährt ist, kann vollstreckt werden (§ 251 I 1; BFH 12.5.1980 – VII B 9/80, BStBl. II 1980, 399);

27 – ob die **besonderen Voraussetzungen des § 289** bei einer Durchsuchung zur Nachtzeit oder an Sonn- und Feiertagen vorliegen oder sonst Durchsuchungshindernisse entgegenstehen (HHSp § 287 Rn. 17);

28 – ob der Erlass einer Durchsuchungsanordnung **erforderlich** ist. So zB, wenn der VollstrSchuldner bei einem VollstrVersuch nicht angetroffen, auf die Möglichkeit der Beantragung eines Durchsuchungsbeschlusses hingewiesen und beim nächsten vorangekündigten VollstrVersuch wiederum nicht angetroffen wird, ohne auf die Vorankündigung reagiert zu haben (OLG Köln 8.8.1994 – 2 W 114/94, MDR 1995, 850; HHSp § 287 Rn. 17).

29 Die **Darlegungspflicht** für das Vorliegen der allg. VollstrVoraussetzungen obliegt der VollstrBehörde. IdR werden ein Sachstandsbericht und die Vorlage der VollstrAkte genügen (HHSp § 287 Rn. 18; Schmidt-Bleibtreu DB 1981, 1917). Bei Streit, ob die FB überhaupt beitreiben darf, muss der vollstreckbare Anspruch unter Angabe von StArt, Erhebungszeitraum, StBescheid und Höhe der Forderung übersichtlich und nachvollziehbar dargelegt werden (OLG Köln 5.6.1992 – 2 W 37/92, DB 1992, 2341). Auch ist kurz zu begründen, weshalb das Betreten und die Durchsuchung der Wohn- und Geschäftsräume für notwendig und Erfolg versprechend erachtet wird.

30 Das AG entscheidet **idR ohne vorherige Anhörung des VollstrSchuldners,** da ansonsten das Überraschungsmoment verloren ginge und der VollstrSchuldner bei einer erwarteten Durchsuchung seine pfändbare Habe beiseiteschaffen könnte (Thomas/Putzo ZPO § 758a Rn. 16; aA Anders/Gehle ZPO § 758a Rn. 20, „Rechtliches Gehör"). Es genügt, wenn die VollstrBehörde schlüssig vorträgt, dass der Erfolg der Vollstr. durch vorherige Anhörung des VollstrSchuldners beeinträchtigt würde (BVerfG 16.6.1981 – 1 BvR 1094/80, NJW 1981, 2111; TK § 287 Rn. 30). Entsprechend sind dem VollstrSchuldner Anträge auf eine richterliche Durchsuchungsanordnung auch nicht bekanntzugeben (BMF 1.7.1988, BStBl. I 1988, 192; vgl. § 91 II Nr. 5). Für die Gewährung

rechtlichen Gehörs (Art. 103 I GG) genügt es, dass der VollstrSchuldner sowohl gegen den Durchsuchungsbeschluss vorgehen (→ Rn. 34), als auch gegen die Pfändungsmaßnahme Einspruch einlegen kann (HHSp § 287 Rn. 19 aE; → Rn. 35).

Die Entscheidung ergeht durch Beschluss. Dieser muss neben der Begründung den VollstrSchuldner, den VollstrGläubiger, die genaue Bezeichnung der Wohnung und die beizutreibenden Beträge enthalten (zur genauen Aufschlüsselung vgl. OLG Köln 5.6.1992 – 2 W 37/92, DB 1992, 2341; → Rn. 29). Zu den Folgen diesbezgl. formeller Mängel → Rn. 34. Hat der VollstrSchuldner nach Erlass der Durchsuchungsanordnung die Wohnung gewechselt, ist ein neuer Beschluss erforderlich (Zöller ZPO § 758a Rn. 28). Eine bestimmte VollstrMaßnahme (Pfändung, Herausgabe der bezeichneten Sache) muss nicht aufgeführt sein (aA Thomas/Putzo ZPO § 758a Rn. 18). Der Beschluss soll auch eine zeitliche Befristung enthalten (so BFH 12.5.1980 – VII B 9/80, BStBl. II 1980, 399; TK § 287 Rn. 26; krit. HHSp § 287 Rn. 20). Jedenfalls verliert die richterliche Anordnung spätestens nach Ablauf eines halben Jahres ihre **Gültigkeit** (BVerfG 27.5.1997 – 2 BvR 1992/92, NJW 1997, 2165 bei Strafsachen; Gosch AO § 287 Rn. 32). Die Durchsuchungsanordnung gilt auch für die Abholung gepfändeter, im Schuldnergewahrsam belassener Sachen (Zöller ZPO § 758a Rn. 28). Sie wird durch eine einmalige Öffnung und Durchsuchung verbraucht, und zwar unabhängig davon, ob gepfändet worden ist (OVG Hamburg 22.4.1994 – Bs VI 5/94, NJW 1995, 610; Zöller ZPO § 758a Rn. 28). VollstrVersuche, die wegen fehlenden Zutritts des Vollziehungsbeamten ohne Durchsuchung geblieben sind, führen indes nicht zum Verbrauch der Anordnung (Gosch AO § 287 Rn. 33). Für eine nochmalige Durchsuchung muss ein neuer Antrag gestellt werden. Rechtsmittel → Rn. 34. 31

IV. Vorweisen der richterlichen Anordnung (Abs. 6)

Eine Zustellung der richterlichen Anordnung sieht das Gesetz nicht vor. Die Anordnung muss dem VollstrSchuldner unaufgefordert vorgezeigt werden. Dies soll **vor Beginn** der Durchsuchung geschehen (TK § 287 Rn. 27; aA Thomas/Putzo ZPO § 758a Rn. 33). Vorzeigen bedeutet jedoch keine Übergabe. Der VollstrSchuldner soll lediglich durch Lesen Einblick nehmen können (Anders/Gehle ZPO § 758a Rn. 37). 32

F. Duldungspflichten von Mitgewahrsamsinhabern (Abs. 5)

Personen mit Mitgewahrsam an den Wohn- und Geschäftsräumen müssen die Durchsuchung dulden (Abs. 5 S. 1). Ob die Durchsuchung mit Einwilligung des VollstrSchuldners, aufgrund einer gerichtlichen Anordnung oder wegen Gefahr im Verzug erfolgt, ist unerheblich. Die Duldungspflicht erstreckt sich allerdings nur auf die **gemeinsamen Räumlichkeiten,** in denen sich der VollstrSchuldner aus eigenem Recht und die Mitbewohner des VollstrSchuldners kraft dessen oder gegenseitiger Gestattung aufhalten können (HHSp § 287 Rn. 55). **Unbillige Härten** gegenüber Mitgewahrsamsinhabern sind gem. § 287 V 2 zu vermeiden (zu unbilligen Härten → Rn. 26). Rechtsbehelfe des Mitgewahrsamsinhabers → Rn. 35. 33

G. Verfahrensfragen

I. Rechtsbehelfe gegen die richterliche Anordnung

Ordentlicher Rechtsweg. Gegen die Durchsuchungsanordnung des AG bzw. deren Ablehnung ist **sofortige Beschwerde** gem. § 793 ZPO an das LG gegeben, da es sich um eine Entscheidung handelt, die im ZwangsvollstrVerfahren ohne mündliche Verhandlung ergehen kann (OLG Hamm 12.12.1983 – 14 W 208/83, NJW 1984, 1972; Gosch AO 34

§ 287 Rn. 36; TK § 287 Rn. 31; Schwarz/Pahlke/Keß § 287 Rn. 15; Thomas/Putzo ZPO § 758a Rn. 19; Klein § 287 Rn. 15; aA Anders/Gehle ZPO § 758 Rn. 16: bei Anordnung ohne Anhörung Erinnerung nach § 766 ZPO). Auch bei einer bereits vollzogenen Durchsuchung ist das Rechtsmittel zulässig; insb. fehlt nicht das **Rechtsschutzbedürfnis** (BVerfG 30.4.1997 – 2 BvR 817/90, NJW 1997, 2163; Anders/Gehle ZPO § 758 Rn. 18; aA Thomas/Putzo ZPO § 758a Rn. 19). Vielmehr gebietet es effektiver Grundrechtsschutz in diesen Fällen, dass der Betroffene Gelegenheit erhält, die Berechtigung des schwerwiegenden – wenn auch tatsächlich nicht mehr fortwirkenden – Grundrechtseingriffs gerichtlich klären zu lassen (BVerfG 16.7.2015 – 1 BvR 625/15, NJW 2015, 3432). Wird die Durchsuchungsanordnung auf die sofortige Beschwerde hin **nachträglich aufgehoben,** bleiben zwar alle auf ihrer Grundlage getroffenen Pfändungen grds. wirksam, sie sind jedoch rechtswidrig und damit anfechtbar, da ihre rechtliche Legitimation entfällt und ansonsten der Rechtsschutz nach der ZPO unterlaufen würde (BFH 15.10.2019 – VII R 6/18, BFH/NV 2020, 116; Klein § 287 Rn. 15). Es ist dem FG verwehrt, die aufhebende Beschwerdeentscheidung des zuständigen LG auf ihre Richtigkeit zu überprüfen (BFH 15.10.2019 – VII R 6/18, BFH/NV 2020, 116). Die durch den Vollziehungsbeamten ergriffenen VollstrMaßnahmen stehen deshalb auch dann einer Pfändung ohne Durchsuchungsanordnung gleich, wenn deren nachträgliche Aufhebung lediglich auf formellen Mängeln der Anordnung beruht (FG Berlin-Brandenburg 15.12.2011 – 7 K 7007/08, EFG 2012, 1008; → Rn. 31). Kommt das LG hingegen zu dem Ergebnis, die Durchsuchungsanordnung sei rechtmäßig gewesen, fehlt es einer diese Feststellung anzweifelnden Klage vor dem FG am Feststellungsinteresse (TK § 287 Rn. 31). Spätere Pfändungs- und Einziehungsverfügungen, die auf während einer rechtswidrigen Durchsuchung gewonnene Erkenntnisse zurückgehen, unterliegen aber keinem Verwertungsverbot (BFH 4.12.2012 – VIII R 5/10, BStBl. II 2014, 220; BVerfG 2.7.2009 – 2 BvR 2225/08, NJW 2009, 3225).

II. Rechtsbehelfe gegen die Durchsuchung

35 **Abgabenangelegenheit.** Gegen die Art und Weise der Ausführung des gerichtlichen Durchsuchungsbeschlusses kann der VollstrSchuldner **Einspruch** (§ 347) einlegen. Als vollzogener VA kann die fehlerhafte VollstrHandlung nur mit dem Ziel angegriffen werden, ihre Rechtswidrigkeit festzustellen und/oder die auf ihr beruhenden Pfändungen aufzuheben (TK § 287 Rn. 36). Gegen die Einspruchsentscheidung ist **Anfechtungsklage** (§ 40 FGO; mit dem Ziel der Aufhebung der Pfändung) und/oder **Fortsetzungsfeststellungsklage** (§ 100 I 4 FGO) gegeben. Ein berechtigtes Interesse des VollstrSchuldners (§ 100 I 4 FGO) kann sich aus der Behauptung einer Verletzung seines Grundrechts aus Art. 13 GG durch die Art und Weise der Durchführung der Durchsuchung ergeben, wenn er sein Rehabilitierungsinteresse hinreichend substantiiert darlegt (BFH 13.12.1994 – VII R 18/93, BFH/NV 1995, 697). Ferner kann er geltend machen, er wolle einen Amtshaftungsprozess vor den Zivilgerichten erheben (vgl. Gräber FGO § 100 Rn. 90).

Anfechtbarkeit. Mit dem Einspruch bzw. der Klage können die während der Durchsuchung erfolgten **Verstöße gegen § 287 und gegen VollstrVorschriften,** insb. auch gegen die Abschn. 28–30 VollzA, gerügt werden (HHSp § 287 Rn. 64). Es kommen zB in Betracht: unsachgemäße Öffnung verschlossener Türen oder Behältnisse (BGH 10.1.1957 – III ZR 108/55, NJW 1957, 544), Ausnutzung der Abwesenheit des VollstrSchuldners (BFH 13.12.1994 – VII R 18/93, BFH/NV 1995, 697), Gewaltanwendung, obwohl kein Widerstand geleistet wurde, unbillige Härte gegenüber einem Mitgewahrsamsinhaber (→ Rn. 33), Durchsuchung ohne richterliche Anordnung trotz Nichtvorliegens einer Gefahr im Verzug (KG Berlin 8.9.1971 – 2 VAs 43/70, NJW 1972, 169). Hat der Amtsrichter die Durchsuchungsbefugnis versehentlich entgegen § 287 dem Gerichtsvollzieher und nicht dem Vollziehungsbeamten zugesprochen, macht diese offensichtliche

Unrichtigkeit die Durchsuchungshandlungen nicht rechtswidrig (OVG Bremen 11.3.1986 – 1 BA 95/85, NJW 1986, 2131; TK § 287 Rn. 37).

Entscheidungskompetenz. Erhebt der VollstrSchuldner während der Durchsuchung **Einwendungen gegenüber dem Vollziehungsbeamten,** hat dieser ihn an die VollstrStelle (Innendienst) zu verweisen (s. Abschn. 31 VollzA). Dies gilt auch für Einwendungen Dritter. Lediglich bei der Frage, ob eine unbillige Härte iSd § 287 V 2 vorliegt, hat der Vollziehungsbeamte eine eigene Entscheidungskompetenz (→ Rn. 33).

III. Schadensersatzansprüche/Kosten

Bei rechtmäßigem Verhalten hat der VollstrSchuldner gem. §§ 337 I, 344 I Nr. 5, 7, 8 **36** die **Kosten** für die gewaltsame, aber sorgsame und sachkundige Türöffnung, für die Zuziehung von Zeugen etc. zu tragen. Dritte, in deren Eigentum eingegriffen werden musste (zB Hauseigentümer bei der gewaltsamen Türöffnung), haben Ansprüche gem. §§ 904, 1004 BGB oder Aufopferung (Zöller ZPO § 758 Rn. 10). Bei schuldhaft rechtswidrigem Verhalten haftet die Anstellungskörperschaft nach Art. 34 S. 1 GG iVm § 839 I BGB **(Amtshaftungsanspruch)** für die hierbei entstandenen Schäden (→ § 285 Rn. 3).

§ 288 Zuziehung von Zeugen

Wird bei einer Vollstreckungshandlung Widerstand geleistet oder ist bei einer Vollstreckungshandlung in den Wohn- oder Geschäftsräumen des Vollstreckungsschuldners weder der Vollstreckungsschuldner noch ein erwachsener Familienangehöriger, ein erwachsener ständiger Mitbewohner oder eine beim Vollstreckungsschuldner beschäftigte Person gegenwärtig, so hat der Vollziehungsbeamte zwei Erwachsene oder einen Gemeinde- oder Polizeibeamten als Zeugen zuzuziehen.

Vergleichbare Vorschrift: § 759 ZPO
Hinweis auf **VollzA:** Abschn. 29, 30

I. Allgemeines

Regelungszweck. Die Vorschrift ergänzt § 287 und verfolgt im Wesentlichen zwei **1** Zwecke. Zum einen soll die Hinzuziehung von Zeugen die spätere Aufklärung sichern, da Widerstand gegen die Vollstr. und die Vollstr. in einer Wohnung ohne Beisein des VollstrSchuldners konfliktträchtig sind und nicht selten später zu einem Straf- oder/und Zivilprozess führen (MüKo ZPO § 759 Rn. 1). Zum anderen soll § 288 zum Schutz des VollstrSchuldners ein verhältnis- und gesetzmäßiges Vorgehen des Vollziehungsbeamten sicherstellen (Anders/Gehle ZPO § 759 Rn. 2). § 287 gilt gem. § 5 I VwVG auch für die Verwaltungsvollstr. nach dem VwVG.

II. Regelungsinhalt

Obligatorische Zuziehung. § 288 erfasst die Widerstandsleistung bei einer Voll- **2** strHandlung (→ Rn. 3 f.) und den Fall, dass bei einer VollstrHandlung in den Wohn- oder Geschäftsräumen des VollstrSchuldners weder dieser noch eine ihm nahestehende Personen gegenwärtig ist (→ Rn. 5 f.). Die Hinzuziehung von Zeugen ist **zwingend** (→ Rn. 7).

1. Widerstandsleistung (Erste Fallgestaltung)

VollstrHandlung ist jedes Tätigwerden des Vollziehungsbeamten im Rahmen seines **3** VollstrAuftrages (→ § 285 Rn. 7).

Widerstand ist gegeben, wenn die Ausführung der Amtsgeschäfte nicht ohne Gewalt **4** möglich erscheint (Abschn. 30 I 1 VollzA). Der Begriff ist weit auszulegen (→ § 287 Rn. 15). Auch frühere Erfahrungen mit Tätlichkeiten lassen Widerstand befürchten (Klein

§ 288 Rn. 2). Zur Möglichkeit vorbereitender polizeilicher Auskunfts- und/oder Unterstützungsersuchen nach § 757a ZPO → § 249 Rn. 13. Zeugen dürfen nicht ohne konkrete Anhaltspunkte für zu erwartenden Widerstand rein vorsorglich hinzugezogen werden. Geschieht dies doch, können anfallende Zeugenauslagen (→ Rn. 11) nicht dem VollstrSchuldner auferlegt werden (MüKo ZPO § 759 Rn. 5). Wird (unerwartet) Widerstand geleistet, hat der Vollziehungsbeamte die VollstrHandlung abzubrechen, um Zeugen herbeizuholen, selbst wenn er sich zutraut, den Widerstand allein zu brechen (Abschn. 30 II 2 VollzA; → § 287 Rn. 16). Nur in **Notwehrsituationen** oder wenn eine Unterbrechung die Fortsetzung der Vollstr. vereiteln würde, darf der Vollziehungsbeamte den Widerstand auch ohne Hinzuziehung von Zeugen unter Beachtung des Verhältnismäßigkeitsgebots brechen (HHSp § 288 Rn. 8).

2. Abwesenheit des Vollstreckungsschuldners (Zweite Fallgestaltung)

5 **Abwesenheit.** VollstrHandlungen (→ Rn. 3) in den Wohn- und Geschäftsräumen (zum Begriff → § 287 Rn. 4 f.) des VollstrSchuldners können auch in dessen Abwesenheit durchgeführt werden. Ist eine Person, die zu seiner Familie gehört oder bei ihm beschäftigt ist, anwesend, tritt diese Person an die Stelle des abwesenden VollstrSchuldners (sog. Ersatzperson; HHSp § 288 Rn. 9).

6 **Ersatzperson.** Geeignet ist jede Person, die aufgrund ihrer persönlichen Beziehung zum Schuldner geeignet ist, in seinem Interesse die Ordnungsmäßigkeit der VollstrHandlung zu beobachten (vgl. Engelhardt/App/Schlatmann Anlage 1 AO § 288 Rn. 3). Die Ersatzperson muss **erwachsen** sein (Abschn. 29 I VollzA); Volljährigkeit ist nicht erforderlich. Es gibt wie bei der Zeugnisfähigkeit keine feste Altersgrenze. Der Vollziehungsbeamte muss sich vielmehr vergewissern, ob die angetroffene Person aufgrund ihres körperlichen und geistigen Entwicklungsstands in der Lage ist, die Vorgänge in ihrer Bedeutung zu erfassen und ihre Beobachtungen verständlich wiederzugeben (MüKo ZPO § 759 Rn. 10). Durch die – § 759 ZPO entsprechende – Aufzählung der Ersatzpersonen hat der Gesetzgeber letztlich eine Angleichung an § 178 I 1 ZPO vorgenommen, der schon zuvor eine Ersatzzustellung an diesen Personenkreis vorsah (vgl. BT-Drs. 17/10000, 89). **Zur Familie gehören** alle, die mit dem VollstrSchuldner in einem gemeinsamen Hausstand leben und von ihm wirtschaftlich abhängig sind, zB auch Pflegekinder (TK § 288 Rn. 2); nicht die zufällig anwesende, dauernd getrennt lebende Ehefrau (Engelhardt/App/Schlatmann Anlage 1 AO § 288 Rn. 3; HHSp § 288 Rn. 11). Ein **ständiger Mitbewohner** des VollstrSchuldners ist (seit dem 30.6.2013) ebenfalls eine Ersatzperson, da auch das Merkmal des gemeinsamen Zusammenwohnens ein besonderes Vertrauensverhältnis dokumentiert (BT-Drs, 17/10000, 89). Ständiger Mitbewohner ist, wer tatsächlich mit dem VollstrSchuldner in einer gemeinsamen Wohnung lebt und insb. schläft, somit dort seinen räumlichen Lebensmittelpunkt hat (Zöller ZPO § 178 Rn. 12). Eine häusliche Gemeinschaft im Sinne einer gemeinsamen Haushaltsführung erfordert dies nicht (Anders/Gehle ZPO § 178 Rn. 15). Das Mitbewohnen gemeinsamer Räume eines Einfamilienhauses reicht aus, nicht aber das Bewohnen einer anderen Wohnung im gleichen Haus oder eines eigenen Raumes zur Untermiete (Zöller ZPO § 178 Rn. 12). Ein bloß vorübergehendes Mitbewohnen begründet noch kein besonderes Vertrauensverhältnis. Es muss von einiger Dauer sein, sodass zB ein besuchsweiser Aufenthalt nicht ausreicht (Zöller ZPO § 178 Rn. 12). **Beim VollstrSchuldner beschäftigt** sind nur Personen, die in einem dauerhaften, wenn auch nur vorübergehenden Beschäftigungsverhältnis mit ihm stehen (HHSp § 288 Rn. 12).

3. Hinzuziehung von Zeugen

7 **Unbeteiligte Zeugen.** Der Vollziehungsbeamte hat entweder zwei Erwachsene oder einen Gemeinde- bzw. Polizeibeamten als Zeugen hinzuzuziehen (s. Abschn. 30 II 1, III). Dies ist eine erlaubte Durchbrechung des StGeheimnisses gem. § 30 IV Nr. 2.

Gemeinde- oder Polizeibeamter. Ein Beamtenverhältnis ist nicht erforderlich; auch ein mit öffentlich-rechtlichen Funktionen betrauter Angestellter im Gemeinde- oder Polizeidienst ist ein tauglicher Zeuge (MüKo ZPO § 759 Rn. 12), nicht hingegen eine Mitarbeiterin der FB (FG Berlin-Brandenburg 11.1.2022 – 6 K 6226/19, nv). Ein Polizeibeamter, der den Widerstand des VollstrSchuldners brechen soll (§ 287 III), kann jedenfalls dann kaum zugleich unbefangener Zeuge iSv § 288 sein, wenn es tatsächlich zu Widerstandshandlungen kommt (Gosch AO § 288 Rn. 12; aA HHSp § 288 Rn. 15; wohl auch Klein § 288 Rn. 2). 8

Erwachsene. Der Vollziehungsbeamte kann wahlweise auch zwei unbeteiligte Erwachsene (→ Rn. 6) hinzuziehen. Dies können Personen sein, die am Ort der Vollstr. oder in der Nähe wohnen bzw. sich aufhalten (zB Nachbarn, zufällig vorbeigehende Passanten) oder Hilfspersonen (zB der zum Öffnen der Wohnung mitgenommene Schlosser; MüKo ZPO § 759 Rn. 19; aA FG Berlin-Brandenburg 11.1.2022 – 6 K 6226/19, nv; Klein § 288 Rn. 5). Die Mitwirkung dieser Personen kann nicht erzwungen werden (Gosch AO § 288 Rn. 13; aA TK § 288 Rn. 4: allg. Zeugenpflicht). Die Zeugen sollen und dürfen die Vollstr. lediglich beobachten, jedoch nicht in das VollstrVerfahren eingreifen, insb. nicht geleisteten Widerstand brechen (MüKo ZPO § 759 Rn. 23). Zum Ablauf s. auch Abschn. 30 IV 2 VollzA. 9

III. Rechtsfolgen bei Verstößen/Kosten

Anfechtbarkeit. Zieht der Vollziehungsbeamte entgegen § 288 keine Zeugen hinzu, sind die VollstrHandlungen keine rechtmäßigen Diensthandlungen iSd §§ 113 II, 136 III StGB (OLG Hamm 31.10.1995 – 2 Ss 1207/95, wistra 1996, 237). Zur Nichterhebung von Türöffnungskosten als Folge unzureichender Zeugenzuziehung FG Berlin-Brandenburg 11.1.2022 – 6 K 6226/19, nv. § 288 ist im Übrigen nur eine Ordnungsvorschrift (TK § 288 Rn. 7). Ein Verstoß macht die VollstrMaßnahme (vor allem die Pfändung) nicht unwirksam, aber rechtswidrig, was mit **Einspruch** (§ 347) zu rügen ist (Gosch AO § 288 Rn. 15; Anders/Gehle ZPO § 759 Rn. 9; aA MüKo ZPO § 759 Rn. 28 mwN). Die VollstrHandlung ist aber rechtmäßig, wenn der Vollziehungsbeamte gehindert wird, Zeugen hinzuzuziehen (TK § 288 Rn. 7). 10

Kosten. Die als Zeugen herangezogenen Privatpersonen sind gem. § 107 auf Antrag nach §§ 19 ff. JVEG zu entschädigen (s. Abschn. 18 I VollzA). Die Entschädigung hat der VollstrSchuldner als Auslage (§ 344 I Nr. 7, 8) zu zahlen (§ 337). 11

§ 289 Zeit der Vollstreckung

(1) **Zur Nachtzeit (§ 758a Absatz 4 Satz 2 der Zivilprozessordnung) sowie an Sonntagen und staatlich anerkannten allgemeinen Feiertagen darf eine Vollstreckungshandlung nur mit schriftlicher oder elektronischer Erlaubnis der Vollstreckungsbehörde vorgenommen werden.**

(2) **Die Erlaubnis ist auf Verlangen bei der Vollstreckungshandlung vorzuzeigen.**

Vergleichbare Vorschrift: § 758a IV ZPO
Hinweis auf **VollzA:** Abschn. 10

I. Regelungsinhalt

Schuldnerschutz. § 289 soll den VollstrSchuldner vor VollstrHandlungen (→ § 285 Rn. 7) während der **Nachtzeit** sowie an **Sonn- und Feiertagen** schützen (Abs. 1; Schutzzeiten). Eine Vollstr. ist zu diesen Schutzzeiten nur aufgrund einer besonderen Erlaubnis der VollstrBehörde zulässig. Dies gilt auch dann, wenn die VollstrHandlung außerhalb dieser Zeiten begonnen wurde, aber bis in sie hinein andauert. Seit Einführung 1 des IT-Verfahrens AVS-VB (**A**utomatisiertes **V**ollstreckungs**s**ystem für **V**ollziehungs**b**eamte) im Jahr 2009 kann die Erlaubnis der VollstrBehörde auch in elektronischer Form erfolgen (s. auch § 758a VI ZPO). Die Erlaubnis ist nur noch auf Verlangen vorzuzeigen. Durch Art. 9 Nr. 9 JStG 2010 ist § 289 I redaktionell geändert worden (zu Einzelheiten s. HHSp § 289 Rn. 3).

1. Schutzzeiten (Abs. 1)

2 **Nachtzeit** ist gem. § 758a IV 2 ZPO die Zeit von 21 Uhr bis 6 Uhr.

3 **Sonntage und staatlich anerkannte Feiertage.** Bundeseinheitliche Feiertage sind: Neujahrstag (1.1.), Karfreitag, Ostermontag, Christi Himmelfahrt, Tag der Arbeit (1.5.), Pfingstmontag, Tag der Deutschen Einheit (3.10.), sowie erster und zweiter Weihnachtsfeiertag (25.12. und 26.12.). Landesrechtlich geregelte Feiertage sind: Heilige Drei Könige (6.1.), Frauentag (8.3.), Fronleichnam, Mariä Himmelfahrt (15.8.), Reformationstag (31.10.), Allerheiligen (1.11.) sowie nur in Thüringen der Weltkindertag (20.9.), in Sachsen der Buß- und Bettag und in Augsburg das Friedensfest (8.8.). Fundstellen zu den Feiertagsgesetzen s. Habersack Deutsche Gesetze ZPO § 188 Fn. 1. **Keine staatlich anerkannten Feiertage** sind die jüdischen Feiertage und die Festtage anderer Religionsgemeinschaften. Sie genießen nicht den Schutz des § 289; dennoch kann die Vollstr. an einem hohen jüdischen oder muslimischen Feiertag bei einem VollstrSchuldner dieses Glaubens ermessensfehlerhaft sein (Engelhardt/App/Schlatmann Anlage 1 AO § 289 Rn. 2b; TK § 289 Rn. 3).

2. Schriftliche Vollstreckungserlaubnis (Abs. 1, 2)

4 **Erteilung der Erlaubnis (Abs. 1).** Die Erlaubnis zur Vollstr. während der Schutzzeiten wird dem Vollziehungsbeamten durch die VollstrBehörde (Innendienst; → § 285 Rn. 2) erteilt. Intern zuständig ist der (Sachgebiets-)Leiter der VollstrStelle (TK § 289 Rn. 5). Er hat nach pflichtgemäßem **Ermessen** zu entscheiden, ob eine Vollstr. während der Schutzzeiten angemessen und erforderlich ist. Hierfür genügt idR eine größere Erfolgsaussicht. Gefahr im Verzug ist nicht erforderlich, ebenso wenig, dass der Schuldner sich absichtlich der Vollstr. tagsüber entzieht (Gosch AO § 289 Rn. 8). **Typische Beispiele** sind Abwesenheit des VollstrSchuldners tagsüber bzw. Fälle, in denen der VollstrSchuldner erfahrungsgemäß nur während der Schutzzeiten über pfändbare Gegenstände verfügt (Inhaber von Gastwirtschaften, Bordellbetrieben, Nachtclubs, Blumenläden, Sportvereine, Unterhaltungskünstler, Schausteller auf Jahrmärkten usw.). Die Erlaubnis ist **schriftlich oder elektronisch** zu erteilen. Da einfache Schriftform genügt, ist dazu weder eine Unterschrift noch eine qualifizierte elektronische Signatur gem. § 87a IV 2 erforderlich (→ § 285 Rn. 7). Die Erlaubnis ist wie der VollstrAuftrag **kein VA,** sondern eine interne Maßnahme, da sie die eigentliche Zwangsvollstreckung während der Schutzzeiten lediglich vorbereitet. Sie gilt sachlich nur für die in der Erlaubnis aufgeführten VollstrHandlungen und muss eine genaue zeitliche Begrenzung enthalten (zB am 25.12. und 26.12.; vom. 1.3. bis 8.3.).

5 **Vorzeigen der Erlaubnis (Abs. 2).** Während der Vollziehungsbeamte nach alter Rechtslage die Erlaubnis noch unaufgefordert zu Beginn der VollstrHandlung vorzuzeigen hatte, genügt es seit 2009, dass sie – wie der VollstrAuftrag (→ § 285 Rn. 9) – auf Verlangen vorgezeigt werden kann. Sie hat ebenfalls Legitimationswirkung. Eine nachträgliche Einholung (Genehmigung) ist demnach nicht möglich.

II. Rechtsfolgen bei Verstößen

6 **Anfechtbarkeit.** Die **Erlaubnis** ist als interne Maßnahme (→ Rn. 4) nicht selbständig anfechtbar. Erst die vom Vollziehungsbeamten aufgrund der Erlaubnis vorgenommene VollstrHandlung stellt einen VA dar. Ohne schriftliche/elektronische Erlaubnis durchgeführte VollstrHandlungen sind zwar rechtswidrig, aber nicht unwirksam (HHSp § 289 Rn. 20). Solche Maßnahmen müssen vom VollstrSchuldner nicht geduldet werden, kön-

nen keine strafbare Widerstandshandlung begründen (§ 113 III StGB) und mit dem **Einspruch** (§ 347) angefochten werden. Dies gilt auch, wenn die Erlaubnis zwar rechtzeitig erteilt, jedoch auf Verlangen **nicht vorgezeigt** worden ist (TK § 289 Rn. 8). Wird die Vorlage im Zuge der VollstrHandlung nachgeholt, heilt das Vorzeigen den anfänglichen Mangel ex tunc und damit rangwahrend (ebenso TK § 289 Rn. 8; HHSp § 289 Rn. 21; zweifelnd Gosch AO § 289 Rn. 16).

§ 290 Aufforderungen und Mitteilungen des Vollziehungsbeamten

Die Aufforderungen und die sonstigen Mitteilungen, die zu den Vollstreckungshandlungen gehören, sind vom Vollziehungsbeamten mündlich zu erlassen und vollständig in die Niederschrift aufzunehmen; können sie mündlich nicht erlassen werden, so hat die Vollstreckungsbehörde demjenigen, an den die Aufforderung oder Mitteilung zu richten ist, eine Abschrift der Niederschrift zu senden.

Vergleichbare Vorschrift: § 763 ZPO
Hinweis auf **VollzA:** Abschn. 24

I. Allgemeines

1 **Regelungszweck.** § 290 geht für die mit der Vollstr. zusammenhängenden Aufforderungen und sonstigen Mitteilungen vom **Mündlichkeitsprinzip** aus und ordnet die anschließende vollständige Dokumentation in einer Niederschrift an. Ist eine mündliche Mitteilung nicht möglich, ist dem Betroffenen eine Abschrift der Niederschrift zu übersenden. § 290 dient primär der Gewährung rechtlichen Gehörs und damit der Sicherstellung eines rechtsstaatlich einwandfreien VollstrVerfahrens (HHSp § 290 Rn. 3), hat aber auch Beweissicherungsfunktion (Zöller ZPO § 763 Rn. 1).

II. Regelungsinhalt

1. Aufforderungen und Mitteilungen

2 **Aufforderungen.** In § 290 wird die Aufforderung weder definiert noch festgelegt, wann sie zu erfolgen hat. Gemeint sind Ausführungen des Vollziehungsbeamten, die entweder bereits unmittelbar auf die Umsetzung des VollstrAuftrags gerichtet und deshalb selbst Teil einer VollstrHandlung sind (zum Begriff → § 285 Rn. 4 f.) oder aber anschließend zu einer solchen führen. Der **Grundsatz der Verhältnismäßigkeit** erfordert es dabei, dass der Vollziehungsbeamte allg. nur dann zur Vollstr. schreiten darf, wenn er den VollstrSchuldner zuvor iSd § 290 zur freiwilligen Mitwirkung aufgefordert hat (TK § 290 Rn. 1), etwa zur Herausgabe (§ 286), zur Öffnung (§ 287), zur Unterzeichnung (§ 291 II Nr. 4) oder zum Abernten (§ 304 S. 2). Vgl. Abschn. 24 I 1, 25 III 2 VollzA.

3 **Sonstige Mitteilungen** sehen zB § 286 III (Mitteilung der Pfändung an den VollstrSchuldner) und § 307 I 2 (Mitteilung bei Anschlusspfändung) vor. Mitteilungen sind auch Belehrungen und rechtliche Hinweise (zB strafrechtliche Belehrung, Abschn. 30 IV 1 VollzA), die Verweisung an die VollstrStelle bei Einwendungen gegen VollstrMaßnahmen (Abschn. 31 III VollzA) oder die Hinweise nach Abschn. 44 VIII VollzA, wenn gepfändete Sachen gem. § 286 II im Gewahrsam des VollstrSchuldners verbleiben.

2. Abschrift

4 **Rechtliches Gehör.** Fehlt es an der Möglichkeit einer mündlichen Bekanntgabe, soll die zwingend vorgesehene Übersendung einer Abschrift der Niederschrift (§ 291) nachträglich rechtliches Gehör gewähren. Die Abschrift muss nicht beglaubigt sein; eine Übersendung durch gewöhnlichen Brief genügt (TK § 290 Rn. 3). Bei unbekanntem Aufent-

halt des Empfängers findet keine öffentliche Zustellung statt (§ 763 II 3 ZPO analog; HHSp § 290 Rn. 13).

III. Rechtsfolgen bei Verstößen

5 **Anfechtbarkeit.** § 290 ist eine Ordnungsvorschrift. Ein Verstoß gegen Aufforderungs- oder Mitteilungspflichten macht die VollstrMaßnahme deshalb rechtswidrig (Gosch AO § 290 Rn. 6). Die Pfändung kann in diesem Fall grds. mit dem **Einspruch** (§ 347) angefochten werden. Soweit die jeweilige Verpflichtung lediglich der Beweissicherung dient, ist ein Verstoß unbeachtlich (HHSp § 290 Rn. 4). Der Mangel der Übersendung kann im Einspruchsverfahren geheilt werden (Gosch AO § 290 Rn. 6).

§ 291 Niederschrift

(1) **Der Vollziehungsbeamte hat über jede Vollstreckungshandlung eine Niederschrift aufzunehmen.**

(2) **Die Niederschrift muss enthalten:**

1. **Ort und Zeit der Aufnahme,**
2. **den Gegenstand der Vollstreckungshandlung unter kurzer Erwähnung der Vorgänge,**
3. **die Namen der Personen, mit denen verhandelt worden ist,**
4. **die Unterschriften der Personen und die Bemerkung, dass nach Vorlesung oder Vorlegung zur Durchsicht und nach Genehmigung unterzeichnet sei,**
5. **die Unterschrift des Vollziehungsbeamten.**

(3) **Hat einem der Erfordernisse unter Absatz 2 Nummer 4 nicht genügt werden können, so ist der Grund anzugeben.**

(4) [1]**Die Niederschrift kann auch elektronisch erstellt werden.** [2]**Absatz 2 Nummer 4 und 5 sowie § 87a Absatz 4 Satz 2 gelten nicht.**

Vergleichbare Vorschrift: § 762 ZPO
Hinweis auf **VollzA:** Abschn. 19, 20, 48–49

I. Allgemeines

1 **Abs. 1** verpflichtet den Vollziehungsbeamten zum Zwecke der **Beweissicherung,** über jede VollstrHandlung eine Niederschrift aufzunehmen, die (samt Anlagen) als öffentliche Urkunde vollen Beweis für die darin bezeugten Tatsachen erbringt (§§ 415, 418 ZPO; Anders/Gehle ZPO § 762 Rn. 5). **Abs. 2** legt den Mindestinhalt der Niederschrift fest. **Abs. 3** regelt, was zu geschehen hat, wenn eine Person die Unterschrift verweigert. Neben der Beweissicherungsfunktion bietet die Niederschrift einen gewissen **Schutz** aller an der VollstrHandlung beteiligten Personen (HHSp § 291 Rn. 4). **Abs. 4** trägt der Einführung des IT-Verfahrens AVS-VB (**A**utomatisiertes **V**ollstreckungs**s**ystem für **V**ollziehungs**b**eamte) zu Beginn des Jahres 2009 Rechnung und ermöglicht seither auch eine elektronische Erstellung der Niederschrift. Auf das Unterschriftserfordernis wird dabei ausdrücklich verzichtet (→ Rn. 9). § 291 gilt auch für die Verwaltungsvollstr. nach dem VwVG (§ 5 I VwVG).

II. Niederschrift über jede Vollstreckungshandlung (Abs. 1)

2 **Vollstreckungshandlung** ist jede Handlung des Vollziehungsbeamten im Rahmen seines VollstrAuftrags, die er zum Zwecke der Vollstr. vornimmt (→ § 285 Rn. 7). Die Feststellung, dass der VollstrSchuldner nicht unter der angegebenen Anschrift zu ermitteln ist, die Befragung von Nachbarn, das Anfordern polizeilicher Hilfe, der Gang zur Wohnung des VollstrSchuldners oder die Einholung der Erlaubnis nach § 289 I fallen als bloße

Vorbereitungshandlungen nicht hierunter (TK § 291 Rn. 3 mwN; aA Zöller ZPO § 762 Rn. 2). **VollstrHandlungen** sind zB: Aufforderung zur Zahlung (§ 290); Betreten der Wohn- und Geschäftsräume sowie deren Durchsuchung einschl. Behältnissen (§ 287 I) und die Zuziehung von Zeugen (§ 288). Die Protokollierungspflicht besteht **unabhängig vom Erfolg** der VollstrHandlung. Auch wenn die der Pfändung vorausgehende Zahlungsaufforderung des Vollziehungsbeamten nicht mehr Vorbereitungs-, sondern schon selbst VollstrHandlung ist (Gosch AO § 291 Rn. 4), muss der Vollziehungsbeamte grds. keine Niederschrift aufnehmen, wenn der VollstrSchuldner daraufhin vorbehaltlos freiwillig an ihn leistet (TK § 291 Rn. 3). Der Beweis- und Schutzzweck wird in diesem Fall hinreichend durch die bei Empfang und Einzahlung unaufgefordert auszustellenden (Kassen-)Quittungen erfüllt (s. Abschn. 20 I 4 und 21 I Nr. 1 VollzA). Die entsprechende Befugnis des Vollziehungsbeamten hat sich aus dem VollstrAuftrag zu ergeben (Abschn. 34 II Nr. 10 VollstrA).

Bei mehreren VollstrAufträgen, die der Vollziehungsbeamte gleichzeitig gegen einen VollstrSchuldner ausführt und bei denen ein und dieselbe VollstrMaßnahme ergriffen wird (zB Pfändung oder Versteigerung), genügt eine Niederschrift (Abschn. 20 I 2 VollzA). Bei der Vollstr. gegen Eheleute (zB wegen zusammenveranlagter ESt) sind immer zwei getrennte Niederschriften aufzunehmen. 3

III. Notwendiger Inhalt der Niederschrift (Abs. 2–4)

Unverzügliche Erstellung. Abs. 2 Nr. 1 dient insb. Beweiszwecken. Der Vollziehungsbeamte soll die Niederschrift in unmittelbarem Anschluss an die VollstrHandlung aufnehmen, und zwar grds. an Ort und Stelle (Abschn. 20 III 1 VollzA). Dauert die VollstrHandlung (zB eine Versteigerung) mehrere Tage, ist die Niederschrift an jedem Tag abzuschließen und zu unterzeichnen (Abschn. 20 III 2 VollzA). 4

Gegenstand. Nach Abs. 2 Nr. 2 sind sämtliche VollstrHandlungen (→ Rn. 2) unter Hervorhebung der wesentlichen Vorgänge und ihrer Ergebnisse darzustellen, insb. auch Aufforderungen und Mitteilungen des Vollziehungsbeamten (§ 290; Abschn. 20 IV Nr. 1 und 3 VollzA). Bei einer (auch teilweise) fruchtlosen Pfändung genügt die allg. Bemerkung, dass der VollstrSchuldner keine oder nur solche Sachen besitzt, die der Pfändung nicht unterworfen sind oder durch deren Verwertung ein Überschuss über die Kosten der Vollstr. nicht zu erwarten ist (Abschn. 49 I VollzA); vorgefundene unpfändbare Sachen von besonderem Wert und Beweisurkunden sind aber auch dann gesondert aufzuführen (Abschn. 49 II VollzA). Ist die Pfändung ganz oder teilweise erfolglos geblieben, sind zudem die persönlichen und wirtschaftlichen Verhältnisse des VollstrSchuldners zu ermitteln und in der Niederschrift festzuhalten (Abschn. 49a VollzA). 5

Beteiligte. Zum Personenkreis nach Abs. 2 Nr. 3 gehören der VollstrSchuldner, die bei seiner Abwesenheit angetroffenen Ersatzpersonen (→ § 288 Rn. 5) sowie die hinzugezogenen Zeugen, Sachverständigen und sonstigen Hilfspersonen. Erklärungen zur Vollstr., die von diesen Personen abgeben werden, sollen ebenfalls in die Niederschrift aufgenommen werden (Abschn. 20 IV Nr. 2 S. 2 VollzA). 6

Unterschriftsverweigerung. Wird durch einen der Beteiligten die nach Abs. 2 Nr. 4 geforderte Unterschrift der (papierhaft erstellten) Niederschrift verweigert, kann der Vollziehungsbeamte diese nicht erzwingen. Der Grund hierfür ist in der Niederschrift zu vermerken (§ 291 III, Abschn. 20 IV Nr. 4 VollzA). 7

Schlusszeichnung. Mit seiner Unterschrift nach Abs. 2 Nr. 5 schließt der Vollziehungsbeamte die Niederschrift ab (Abschn. 19 II Nr. 2 S. 2 VollzA). Zu späteren Ergänzungen s. Abschn. 20 VI VollzA. 8

Abs. 4. Bei elektronischer Erstellung (→ Rn. 1) ist weder eine Unterschrift der Beteiligten (Abs. 2 Nr. 4) oder des Vollziehungsbeamten (Abs. 2 Nr. 5) noch eine qualifizierte elektronische Signatur gem. § 87a IV 2 erforderlich (§ 87a IV 4; Klein § 291 Rn. 4). 9

IV. Rechtsfolgen bei Verstößen

10 **Formeller Fehler.** Ein Verstoß gegen die in § 291 normierte Pflicht zur Aufnahme einer Niederschrift berührt ggf. die Beweiskraft der Urkunde (BeckOK AO § 291 Rn. 38), macht die VollstrHandlung im Allg. aber weder unwirksam noch anfechtbar (Klein § 291 Rn. 2). Nur soweit der Niederschrift ausnahmsweise eine eigenständige Bedeutung zukommt – wie zB bei der nach § 290 erforderlichen Übersendung einer Abschrift (→ § 290 Rn. 4) oder bei der Anschlusspfändung (§ 307 I 1) –, ist die Pfändung anfechtbar (HHSp § 291 Rn. 25). Bei bewusst falscher Beurkundung kommt § 348 StGB in Betracht.

§ 292 Abwendung der Pfändung

(1) **Der Vollstreckungsschuldner kann die Pfändung nur abwenden, wenn er den geschuldeten Betrag an den Vollziehungsbeamten zahlt oder nachweist, dass ihm eine Zahlungsfrist bewilligt worden ist oder dass die Schuld erloschen ist.**

(2) **Absatz 1 gilt entsprechend, wenn der Vollstreckungsschuldner eine Entscheidung vorlegt, aus der sich die Unzulässigkeit der vorzunehmenden Pfändung ergibt oder wenn er eine Post- oder Bankquittung vorlegt, aus der sich ergibt, dass er den geschuldeten Betrag eingezahlt hat.**

Vergleichbare Vorschrift: § 775 ZPO
Hinweis auf **VollzA:** Abschn. 11, 25, 26, 58 I

Schrifttum: Offerhaus, Erlöschen von Ansprüchen aus dem Steuerschuldverhältnis, BB 1977, 740; Krüger, Die Leistung zur Abwendung der Zwangsvollstreckung im Spannungsfeld zwischen materiellem und formellem Recht, NJW 1990, 1208; Lemaire, Pfändungsschutz bei der Sachpfändung, AO-StB 2004, 189.

I. Allgemeines

1 **Bedeutung.** § 292 stellt eine **Ausnahme vom allg. Grundsatz** dar, wonach Einwendungen des VollstrSchuldners die Durchführung der Vollstr. durch den Vollziehungsbeamten nicht hindern. Es werden abschl. die Fälle geregelt, in denen der VollstrSchuldner die Sachpfändung sowie die Hilfspfändung (→ Rn. 2) gegenüber dem Vollziehungsbeamten abwenden kann. § 292 gewährleistet, dass der Vollziehungsbeamte **Änderungen des Sachverhalts,** die nach Erteilung des VollstrAuftrags eingetreten bzw. bekannt geworden sind (zB Zahlung, Stundung, AdV), bei der Durchführung seines VollstrAuftrags ohne Einschaltung des Innendienstes berücksichtigen kann.

2 **Anwendungsbereich.** § 292 gilt nicht nur für Sachpfändungen, sondern über den Wortlaut hinaus für **alle Pfändungen,** an denen der Vollziehungsbeamte mitwirkt (HHSp § 292 Rn. 7; TK § 292 Rn. 1; aA Schwarz/Pahlke/Keß § 292 Rn. 2; einschränkend auch Klein § 292 Rn. 3). Die Vorschrift ist entspr. anwendbar bei der Verwertung der gepfändeten Sachen (§ 296 I Hs. 2) und bei der Wegnahme von Urkunden gem. §§ 310 I 2, 312 (sog. Hilfspfändung).

II. Möglichkeiten der Abwendung der Pfändung

1. Zahlung an den Vollziehungsbeamten (Abs. 1 1. Alt.)

3 **Vollständige Zahlung.** Zahlen bedeutet Barzahlung durch Übergabe von Zahlungsmitteln und Schecks (→ § 224 Rn. 11; Abschn. 15 I VollzA), die den gesamten geschuldeten Betrag einschl. der Kosten abdecken. Der Vollziehungsbeamte ist durch den vorzuzeigenden VollstrAuftrag (§ 285 I) zur Entgegennahme der Leistung gem. § 224 I 2 ermächtigt und verpflichtet (Abschn. 34 II Nr. 10 VollstrA; zur Einschränkung bei Schecks s. Abschn. 26 II, III VollzA).

Teilzahlung. Denkbar ist auch, dass der VollstrSchuldner nicht sämtliche Beträge (einschl. der VollstrKosten) bezahlt, die der Vollziehungsbeamte aufgrund des ihm erteilten VollstrAuftrags von ihm fordern kann (→ § 285 Rn. 7). Der Vollziehungsbeamte ist **verpflichtet,** auch solche **Teilzahlungen anzunehmen** (Abschn. 25 I 2 VollzA). § 266 BGB gilt im VollstrVerfahren nicht (vgl. § 757 I ZPO; MüKo BGB § 266 Rn. 9). 4

Tilgungswirkung. Das Erlöschen der StSchuld (§§ 47, 224 II Nr. 1 1. Alt.; Abschn. 25 I 3 VollzA) tritt bei der Übergabe der Zahlungsmittel mit der Annahme durch den Vollziehungsbeamten ein; bei der Hingabe von Schecks dagegen erst mit der Einlösung (→ § 224 Rn. 13; Abschn. 25 I 4 VollzA). Der Vollziehungsbeamte erwirbt an den Zahlungsmitteln für den Fiskus Eigentum (→ § 301 Rn. 3). Der VollstrSchuldner hat, soweit die Zahlung nicht für die Tilgung sämtlicher Schulden ausreicht, das Bestimmungsrecht nach § 225 I (→ § 225 Rn. 3 ff.). Bei Nichtausübung gilt die Tilgungsreihenfolge des § 225 II (→ § 225 Rn. 7 ff.). 5

2. Nachweis der Bewilligung einer Zahlungsfrist (Abs. 1 2. Alt.)

Präsente Belege. Der Nachweis, dass eine Zahlungsfrist bewilligt worden ist, kann nur durch Vorlage einer entsprechenden Verfügung geführt werden, zB Stundungsverfügung (§ 222), Zahlungsaufschub (Art. 110, 111 UZK) und VollstrAufschub (§ 258). Ist ein Antrag auf Gewährung einer Zahlungsfrist noch nicht beschieden, scheidet zwar eine Berücksichtigung durch den Vollziehungsbeamten nach § 292 aus. Allerdings kann die Gewährung eines VollstrAufschubs durch die VollstrStelle in Betracht kommen (BFH 10.8.1976 – VII R 111/74, BStBl. II 1977, 104; → § 258 Rn. 12). Eine dennoch durchgeführte Pfändung kann uU ermessensfehlerhaft sein (TK § 292 Rn. 4). 6

3. Nachweis des Erlöschens der Schuld (Abs. 1 3. Alt.)

Eindeutige Belege. Erlöschungsgründe sind die des § 47. Der VollstrSchuldner hat sie dem Vollziehungsbeamten so nachzuweisen, dass sich dieser vom Erlöschen der Schuld leicht und ohne Aufwand überzeugen kann (HHSp § 292 Rn. 17). Dies geschieht zB durch Vorlage einer Einzahlungsquittung oder sonstigen Bescheinigung der Finanzkasse (bloße Einzahlungsbelege bei Banken genügen nicht; vgl. § 224 II Nr. 2) oder der Erlassverfügung (§§ 163, 227). Das Erlöschen aufgrund einer Aufrechnung (§ 226) oder infolge einer eingetretenen Zahlungsverjährung (§§ 228, 232) erfordert die Vorlage eines Abrechnungsbescheids (§ 218 II) oder einer gerichtlichen Entscheidung. 7

4. Vorlage anderer Nachweise (Abs. 2)

Entscheidung, aus der sich die Unzulässigkeit der Pfändung ergibt (1. Alt.). Die Entscheidung kann von einer FB oder einem Gericht stammen und erfasst vor allem die Fälle der Negativvoraussetzungen des § 251 (HHSp § 292 Rn. 20). Aus der Entscheidung muss sich die Unzulässigkeit der beabsichtigten Pfändung ergeben. Dies ist zB der Fall bei: AdV (§ 361 II AO; § 69 II, III FGO), Aussetzung nach Art. 108 III UZK, Einstellung oder Beschränkung der Vollstr. (§§ 257, 258), unbefristet gewährtem VollstrAufschub und unbefristet gewährter Stundung (HHSp § 292 Rn. 21; vgl. auch BFH 8.1.1998 – VII B 137/97, BFH/NV 1998, 686) sowie Eröffnung eines Insolvenzverfahrens (vgl. Abschn. 13 VollzA; → § 251 Rn. 35). 8

Vorlage einer Post- oder Bankquittung (2. Alt.). Aus ihr muss die Einzahlung der beizutreibenden Schuld ersichtlich sein. Nachweise sind zB Bestätigung eines Kreditinstituts, Einlieferungsbescheinigung für eine Postanweisung und Quittungen einer Kasse oder Zahlstelle, nicht jedoch der Einlieferungsschein über einen Wertbrief (Abschn. 11 II 1 Nr. 2 VollzA). Ein von der Bank abgestempelter Überweisungsauftrag reicht nicht (TK § 292 Rn. 7). Vielmehr ist eine Bescheinigung der Bank über die Ausführung des Auftrags erforderlich (Anders/Gehle ZPO § 775 Rn. 23). Nach heutiger Bankpraxis muss auch der Kontoauszug des VollstrSchuldners genügen, jedenfalls iVm dem zugehörigen Bankbeleg 9

(Klein § 292 Rn. 7). Vorzulegen ist die Urschrift oder eine beglaubigte Abschrift (Zöller ZPO § 775 Rn. 8).

III. Wirkungen der Abwendung der Pfändung und Rechtsfolgen bei Verstößen

10 **Wirkungen.** Hat der VollstrSchuldner einen Abwendungstatbestand nachgewiesen, besteht ein **Rechtsanspruch** auf Unterlassen weiterer VollstrMaßnahmen (HHSp § 292 Rn. 24). Eine begonnene Vollstr. ist sofort abzubrechen. Bereits durchgeführte VollstrMaßnahmen werden von § 292 allerdings nicht erfasst; über deren Aufhebung entscheidet die VollstrBehörde (Innendienst). Wird der Nachweis nur hinsichtlich eines Teilbetrags erbracht oder wird nur eine Teilzahlung geleistet, hat der Vollziehungsbeamte bzgl. des Restbetrags den VollstrAuftrag auszuführen (TK § 292 Rn. 8). Zu den **Kosten** s. § 339 IV.

11 **Anfechtbarkeit.** Verstöße gegen § 292 machen die VollstrHandlung anfechtbar (§ 347; Klein § 292 Rn. 1) und können uU einen Amtshaftungsanspruch nach § 839 BGB iVm Art. 34 GG begründen (HHSp § 292 Rn. 27; Lemaire AO-StB 2004, 190).

§ 293 Pfand- und Vorzugsrechte Dritter

(1) [1]**Der Pfändung einer Sache kann ein Dritter, der sich nicht im Besitz der Sache befindet, auf Grund eines Pfand- oder Vorzugsrechts nicht widersprechen.** [2]**Er kann jedoch vorzugsweise Befriedigung aus dem Erlös verlangen ohne Rücksicht darauf, ob seine Forderung fällig ist oder nicht.**

(2) [1]**Für eine Klage auf vorzugsweise Befriedigung ist ausschließlich zuständig das ordentliche Gericht, in dessen Bezirk gepfändet worden ist.** [2]**Wird die Klage gegen die Körperschaft, der die Vollstreckungsbehörde angehört, und gegen den Vollstreckungsschuldner gerichtet, so sind sie Streitgenossen.**

Vergleichbare Vorschriften: § 805 I–III ZPO

Schrifttum: Brox/Walker, Die Klage auf vorzugsweise Befriedigung, JA 1987, 52; Lemaire, Rechte Dritter in der Zwangsvollstreckung, AO-StB 2005, 183.

I. Allgemeines

1 **Inhalt und Zweck.** Ein Dritter, der ein besitzloses Pfand- oder Vorzugsrecht an einer vom VollstrGläubiger gepfändeten Sache hat, hat gegen diesen einen Anspruch auf den seinem Rang entsprechenden Erlös an dem Pfandgegenstand. Da der Anspruch des Dritten auf vorzugsweise Befriedigung bürgerlich-rechtlicher Natur ist, ist er wie § 262 im Zivilrechtsweg geltend zu machen. § 293 soll wie § 262 sicherstellen, dass die ZwangsVollstr. nur das Vermögen des VollstrSchuldners erfasst und ein Dritter hierbei nicht zu Schaden kommt (HHSp § 293 Rn. 3). Eine erfolgreiche Klage nach § 293 II lässt zwar die Wirksamkeit der Pfändung und Verwertung der Pfandsache unberührt, gibt dem Dritten aber vor dem VollstrGläubiger eine vorrangige Befriedigung aus dem Verwertungserlös ohne Rücksicht darauf, ob seine Forderung fällig ist oder nicht.

2 **Anwendungsbereich.** § 293 gilt entspr. seinem Wortlaut und seiner systematischen Stellung nur bei der Pfändung beweglicher Sachen (TK § 293 Rn. 2; Zöller ZPO § 805 Rn. 2). Die Vorschrift ist auch bei der Pfändung von Früchten auf dem Halm (§§ 294, 304) anzuwenden. Zwar greift § 293 nur bei einem besitzlosen Pfand- und Vorzugsrecht ein, doch kann ein zur Widerspruchsklage berechtigter Dritter, der mittelbaren Besitz am Pfandgegenstand hat, auf sein Recht nach § 262 verzichten und nur einen Anspruch aus § 293 geltend machen (Zöller ZPO § 805 Rn. 5). § 293 gilt auch für die Verwaltungsvollstr. nach dem VwVG (§ 5 I VwVG).

II. Anspruch auf vorzugsweise Befriedigung (Abs. 1)

1. Besitzloses Pfand- oder Vorzugsrecht eines Dritten (Abs. 1 S. 1)

Dritter iSd Vorschrift ist, wer zum Zeitpunkt der Sachpfändung weder VollstrSchuldner (§ 253) noch VollstrGläubiger (§ 252) ist, an der Sache aber ein besitzloses Pfand- oder Vorzugsrecht besitzt. 3

Besitzlose Pfandrechte sind sowohl gesetzliche als auch vertraglich bestellte Pfandrechte iSd § 50 InsO. Zu den **gesetzlichen** besitzlosen Pfandrechten → § 282 Rn. 8. **Vertraglich** bestellte Pfandrechte entstehen als Besitzpfandrechte (§ 1205 BGB) durch Besitzverschaffung. Verliert der Pfandgläubiger den Besitz gegen seinen Willen, bleibt das nunmehr besitzlose Pfandrecht bestehen. Zu den besitzlosen vertraglichen Pfandrechten zählt auch das Pfandrecht des Hypothekengläubigers an Sachen, auf die sich nach § 1120 BGB die Hypothek erstreckt. **Pfändungspfandrechte** werden besitzlos, wenn der Pfandgläubiger oder der Vollziehungsbeamte den Besitz am Pfandgegenstand verliert, ohne dass eine Entstrickung eingetreten (→ § 282 Rn. 4) oder das Pfändungspfandrecht im Wege der Anschlusspfändung nach § 307 erlangt worden ist (TK § 293 Rn. 3). Hingegen ist das Sicherungseigentum ein die Veräußerung hinderndes Recht, das den Dritten zum Widerspruch nach § 262 I berechtigt (HHSp § 293 Rn. 12; → § 262 Rn. 21). **Vorzugsrechte** sind die Rechte iSd § 51 Nr. 2–4 InsO, die ihrem Inhaber im Insolvenzverfahren ein Absonderungsrecht gewähren. Zu Einzelheiten s. MüKo ZPO § 805 Rn. 13; → § 251 Rn. 80 f. 4

2. Vorzugsweise Befriedigung (Abs. 1 S. 2)

Vorzugsweise Befriedigung aus dem Reinerlös. Der Inhaber eines besitzlosen Pfand- oder Vorzugsrechts kann weder der Pfändung (§ 293 I 1) noch der Art der Verwertung widersprechen. Er hat nur einen Anspruch auf vorzugsweise Befriedigung aus dem Reinerlös der verwerteten Pfandsache. Ob seine durch Pfand- oder Vorzugsrecht gesicherte Forderung gegen den VollstrSchuldner bereits fällig war, ist grds. unerheblich. Ist sie noch nicht fällig, sind allerdings analog §§ 1133 S. 3, 1217 II 2 BGB Zwischenzinsen von der Forderung abzuziehen (Klein § 293 Rn. 4; Anders/Gehle ZPO § 805 Rn. 13); anders als nach § 805 IV ZPO (vgl. dazu Zöller ZPO § 805 Rn. 10) ist der Erlösanteil durch den Fiskus auch bei Unklarheit oder aufschiebend bedingten Forderungen nicht zu hinterlegen, sondern im Fall des Anerkenntnisses unmittelbar an den berechtigten Dritten auszukehren (TK § 293 Rn. 7). Zum Ablösungsrecht nach § 268 BGB s. Zöller ZPO § 805 Rn. 10. 5

III. Klage auf vorzugsweise Befriedigung (Abs. 2)

Ordentlicher Rechtsweg. Der Dritte sollte zunächst sein Recht bei der **VollstrStelle** geltend machen, die über seine Einwendungen unverzüglich zu entscheiden hat (Abschn. 13 I VollstrA). Ansonsten besteht für ihn im Fall eines sofortigen Anerkenntnisses gem. § 93 ZPO ein erhebliches Kostenrisiko (Gosch AO § 293 Rn. 13). Die Klage ist eine prozessuale Gestaltungsklage, die auf die gerichtlich angeordnete bevorzugte Befriedigung des Dritten aus dem Reinerlös der Pfandverwertung gerichtet ist (TK § 293 Rn. 7). Ausschl. **örtlich zuständig** ist das ordentliche Gericht, in dessen Bezirk gepfändet worden ist (Abs. 2 S. 1). **Sachlich zuständig** ist entspr. der Höhe des Streitwerts gem. §§ 23, 71 I GVG das AG oder das LG. 6

Da § 293 keine Hinterlegung des Erlöses vorsieht (→ Rn. 5), scheidet **vorläufiger Rechtsschutz** aus, weil dieser lediglich auf die Anordnung einer vorläufigen Hinterlegung des Erlöses gem. §§ 805 IV, 769, 770 ZPO gerichtet sein könnte (Gosch AO § 293 Rn. 17).

Die Passivlegitimation richtet sich gem. § 293 II 2 danach, welcher Körperschaft die VollstrBehörde, die die Pfändung durchgeführt hat, angehört (→ § 252 Rn. 5).

7 Die **zwischenzeitliche Verwertung** der Pfandsache hat keinen Einfluss auf das laufende Gerichtsverfahren. Bis zur Verwertung richtet sich die anzuordnende Auskehrung an den Dritten nach § 293, anschließend nach § 812 BGB (BGH 20.3.1986 – IX ZR 42/85, NJW 1986, 2426; HHSp § 293 Rn. 25).

§ 294 Ungetrennte Früchte

(1) [1] **Früchte, die vom Boden noch nicht getrennt sind, können gepfändet werden, solange sie nicht durch Vollstreckung in das unbewegliche Vermögen in Beschlag genommen worden sind.** [2] **Sie dürfen nicht früher als einen Monat vor der gewöhnlichen Zeit der Reife gepfändet werden.**

(2) **Ein Gläubiger, der ein Recht auf Befriedigung aus dem Grundstück hat, kann der Pfändung nach § 262 widersprechen, wenn nicht für einen Anspruch gepfändet ist, der bei der Vollstreckung in das Grundstück vorgeht.**

Vergleichbare Vorschrift: § 810 ZPO
Hinweis auf **VollzA:** Abschn. 39

I. Allgemeines

1 **Bedeutung. Abs. 1** bestimmt **zur Erleichterung der Vollstr.,** dass Früchte auf dem Halm bereits vor der Trennung vom Boden wie bewegliche Sachen nach §§ 285 ff. gepfändet werden können. Ohne diese Vorschrift unterlägen diese Früchte als wesentliche Bestandteile des Grundstücks (§ 94 I BGB) der Vollstr. in das unbewegliche Vermögen. Mit der Pfändung werden die Früchte auf dem Halm gegenüber dem Grundstück vollstreckungsrechtlich selbständig (Anders/Gehle ZPO § 810 Rn. 1). Mit der Trennung von Grund und Boden setzt sich das Pfandrecht an den geernteten Früchten fort; ggf. ist die Verstrickung aber neu kenntlich zu machen (HHSp § 294 Rn. 2). Zur Verwertung s. § 304. **Abs. 2** regelt die **Gläubigerkonkurrenz** und gibt allen Realgläubigern iSd § 10 ZVG ein Widerspruchsrecht.

II. Pfändbarkeit von Früchten auf dem Halm (Abs. 1)

1. Zulässigkeit der Pfändung

2 **Früchte auf dem Halm** sind, wie aus § 294 I 2 folgt, nicht Früchte iSd § 99 I BGB, sondern nur solche stehenden oder hängenden Erzeugnisse von Grund und Boden, die einem Reifeprozess unterliegen und periodisch wiederkehrend geerntet werden, also Acker-, Feld-, Garten- und ähnliche Früchte, wie zB Trauben auf dem Stock und Tabak (Anders/Gehle ZPO § 810 Rn. 3; s. Abschn. 39 II VollzA). § 294 betrifft nicht nur landwirtschaftliche Bodenerzeugnisse, sondern auch diejenigen von Gärtnereien, Baumschulen, Anzuchtbetrieben usw., soweit sie im obigen Sinn geerntet werden können. § 294 erfasst **nicht** Kohle, Mineralien, Steine, Kies, Torf, Humus und andere abbaubare **Bodenschätze** (Zöller ZPO § 810 Rn. 2) sowie das Holz auf dem Stamm, da der Reifeprozess hier mehrere Jahre dauert (s. Abschn. 39 I Nr. 1 VollzA).

3 **Keine bereits erfolgte Beschlagnahme (Abs. 1 S. 1).** Im Zeitpunkt der Pfändung darf sich das Grundstück nicht schon in der Immobilienvollstr. nach §§ 20, 21, 148 ZVG befinden, weil die damit einhergehende Beschlagnahme – außer im Fall der Verpachtung (→ Rn. 7 aE) – auch die auf ihm wachsenden Früchte erfasst (§ 21 I, III ZVG). Eine dennoch durchgeführte Pfändung ist rechtswidrig und mit dem Einspruch (§ 347) anfechtbar (Gosch AO § 294 Rn. 5; Anders/Gehle ZPO § 810 Rn. 7). Eine **Beschlagnahme nach der Pfändung** berührt zwar das zuvor begründete Pfandrecht nicht, doch kann der Realgläubiger der Pfändung gem. §§ 294 II, 262 widersprechen. Umgekehrt kann der Pfändungspfandgläubiger der nachfolgenden Beschlagnahme nicht widersprechen, sondern

muss sein Pfändungspfandrecht entweder gem. § 37 Nr. 5 ZVG zur Berücksichtigung im Versteigerungstermin oder gem. § 293 (bzw. § 805 ZPO) als Vorzugsrecht geltend machen (TK § 294 Rn. 5).

Pfändungszeitpunkt. Die Pfändung darf frühestens einen Monat vor der gewöhnlichen Reifezeit erfolgen (Abs. 1 S. 2). Reifezeitpunkt ist der nach objektiven Kriterien zu bestimmende Zeitpunkt, an dem in der betreffenden Gegend im Allgemeinen mit der Ernte solcher Früchte begonnen wird (BGH 7.12.1992 – II ZR 262/91, NJW 1993, 1791). Die Berechnung erfolgt gem. § 108 AO iVm §§ 187 ff. BGB. Die Versteigerung (§ 304) ist erst nach dem konkreten Eintritt der Reife zulässig. Eine **verfrühte Pfändung** ist rechtswidrig. Ein Einspruch (§ 347) muss vor Beginn der Monatsfrist des § 294 I 2 eingelegt werden, da ansonsten die bis dahin mangelhafte Pfändung ex nunc geheilt wird (Zöller ZPO § 810 Rn. 12). Ein verspätet eingelegter Einspruch ist unzulässig (Anders/Gehle ZPO § 810 Rn. 9: gegenstandslos). 4

Anderweitiger Pfändungsschutz. Zugunsten des VollstrSchuldners und des Grundstückseigentümers dürfen keine Pfändungsschutzvorschriften eingreifen (zB § 811 I Nr. 2, 4 ZPO; → § 295 Rn. 11, 13). Früchte, die mit der Trennung Zubehör des Grundstücks werden, unterliegen gem. § 322 iVm § 865 II 1 ZPO, §§ 97, 98 Nr. 2, 1120 BGB allein der ImmobiliarVollstr. und sind damit selbst unpfändbar. Verstöße gegen Pfändungsschutzvorschriften machen die Pfändung rechtswidrig und mit dem Einspruch (§ 347) anfechtbar. 5

2. Durchführung der Pfändung

Verstrickung. Die Inbesitznahme durch den Vollziehungsbeamten bewirkt die Pfändung (→ § 286 Rn. 6), soweit an den zu pfändenden Früchten Gewahrsam des VollstrSchuldners oder eines zur Herausgabe bereiten Dritten besteht. Gewahrsam hat, wer berechtigt ist, die Früchte abzuernten, also der Eigentümer, Pächter oder Nießbraucher, nicht jedoch der spätere Käufer (TK § 294 Rn. 7; → § 286 Rn. 3 f.). Die Inbesitznahme erfolgt durch eine nach außen wahrnehmbare Pfandanzeige (zB Aufstellen von Pfandtafeln am Rand des Feldes, → § 286 Rn. 13). Nach Abschn.45 I 1, 2 VollzA soll der Vollziehungsbeamte einen **landwirtschaftlichen Sachverständigen** hinzuzuziehen, wenn der Wert der zu pfändenden Früchte 1.000 Euro übersteigt. Damit liegt die Verwaltungsvorschrift seit 2021 deutlich unter der in § 295 iVm § 813 III ZPO getroffenen (allerdings nicht starren) Wertgrenze von 2.000 Euro (dazu BT-Drs. 19/27636, 33; Zöller ZPO § 813 Rn. 6). Ein Verstoß macht die Pfändung mit dem Einspruch (§ 347) anfechtbar (→ § 295 Rn. 47; Schwarz/Pahlke/Keß § 294 Rn. 7). 6

III. Einwendungen eines Realgläubigers (Abs. 2)

Widerspruchsklage. Realgläubiger ist, wer ein Recht auf Befriedigung aus dem Grundstück hat. § 10 I ZVG zählt die Realgläubiger entspr. ihrer Rangfolge abschließend auf. Die Rangordnung innerhalb derselben Rangklasse bestimmt § 11 ZVG. Jeder Realgläubiger, der ein Recht auf Befriedigung aus dem Grundstück hat (§ 10 ZVG), **kann** der Pfändung der Früchte gem. § 262 **widersprechen.** Dieses Recht besteht auch ohne Beschlagnahme des Grundstücks. Der im Rang nach § 10 ZVG nachstehende Realgläubiger kann der Pfändung des vorgehenden Realgläubigers nicht widersprechen (Abs. 2 Hs. 2). Auch nach Aberntung der Früchte besteht das Widerspruchsrecht weiter (Anders/Gehle ZPO § 810 Rn. 10). Der Realgläubiger kann auf die Widerspruchsklage (§ 262) **verzichten** und stattdessen nach § 293 vorgehen (→ § 293 Rn. 2). Ist das Grundstück verpachtet und beim Pächter wegen einer Schuld gepfändet worden, kann der Realgläubiger dieser Pfändung nicht nach § 262 widersprechen (§ 21 III ZVG). 7

IV. Einwendungen sonstiger Dritter

8 Einwendungen Dritter, die keine Realgläubiger sind, müssen gem. §§ 262, 293 geltend gemacht werden. So muss zB der nicht zur Herausgabe bereite **Pächter,** der den Gewahrsam an den Früchten hat, gem. § 262 Widerspruch erheben, wenn gegen den Verpächter vollstreckt wird. Bei der ZwangsVollstr. gegen den Pächter kann der **Verpächter** sein gesetzliches Pfandrecht an den Früchten (§ 592 BGB) gem. § 293 geltend machen. Ebenso greift § 293 zugunsten der **Lieferanten** von Düngemitteln und Saatgut ein (BGH 7.12.1992 – II ZR 262/91, NJW 1993, 1791).

V. Rechtsfolgen von Verstößen

9 Rechtswidrigkeit. Verstöße bei der Pfändung ungetrennter Früchte machen die Pfändung grds. nicht unwirksam, sondern lediglich rechtswidrig und mit dem **Einspruch** (§ 347) anfechtbar.

§ 295 Unpfändbarkeit von Sachen

[1]Die §§ 811 bis 811c, 813 Absatz 1 bis 3 und § 882a Absatz 4 der Zivilprozessordnung sowie die Beschränkungen und Verbote, die nach anderen gesetzlichen Vorschriften für die Pfändung von Sachen bestehen, gelten entsprechend. [2]An die Stelle des Vollstreckungsgerichts tritt die Vollstreckungsbehörde.

Hinweis auf **VollzA:** Abschn. 33–38

Schrifttum: Kraemer, Aushöhlung der Haftung des Betriebsübernehmers nach § 75 AO durch den Pfändungsschutz gemäß § 811 ZPO, DStZ 1992, 373; Fumi, Rechtsschutzmöglichkeiten gegen Pfändungsmaßnahmen, INF 1999, 97; Lemaire, Pfändungsschutz bei der Sachpfändung, AO-StB 2004, 189.

Übersicht

A. Allgemeines

Inhalt und Bedeutung. § 295 verweist im Anschluss an die zum 1.12.2021 erfolgte Neustrukturierung und inhaltliche Anpassung der Pfändungsschutztatbestände in der ZPO durch das GvSchuG (BGBl. 2021 I 850) auf die §§ 811–811c, 813 I–III, 882a IV ZPO, die zivilprozessuale Beschränkungen und Verbote für die Pfändung von Sachen und Tieren enthalten. Der öffentlich-rechtliche VollstrGläubiger soll gegenüber dem privaten VollstrGläubiger nicht privilegiert werden (HHSp § 295 Rn. 4). Die Pfändungsverbote und -beschränkungen nach der ZPO stellen deshalb auch zwingende öffentlich-rechtliche Schranken der staatlichen Vollstr. dar. Sie sind Ausfluss der in Art. 1 I GG („Würde des Menschen") und Art. 2 I GG („freie Entfaltung der Persönlichkeit") normierten Grundrechte und müssen als Konkretisierung des Sozialstaatsprinzips (Art. 20 I GG) verstanden werden (BFH 30.1.1990 – VII R 97/89, BStBl. II 1990, 416). Die Schutzvorschriften begrenzen die Zugriffsmöglichkeit des Gläubigers auf das gesamte Vermögen des Schuldners und **verbieten eine Kahlpfändung** (Anders/Gehle ZPO § 811 Rn. 1). Dem Schuldner darf deshalb durch die Vollstr. nicht entzogen werden, was ihm der Staat durch Leistungen zur sozialen Sicherung wieder zur Verfügung stellen müsste (BGH 19.3.2004 – IXa ZB 321/03, NJW-RR 2004, 789). Die Regelungen sind von Amts wegen zu beachten und stehen nicht zur Disposition der Beteiligten (BGH 20.11.1997 – IX ZR 136/97, NJW 1998, 1058). Die Auslegung des Umfangs der Pfändungsverbote muss der sozialen und wirtschaftlichen Gesellschaftsentwicklung Rechnung tragen. 1

Anwendungsbereich. Die Schutzvorschriften gelten nur bei Sachpfändungen (§ 281) einschließl. der Anschluss- (§ 307) und Arrestpfändung (§ 324 III 4 und 5 AO, § 930 I 1 ZPO) sowie im Rahmen der Verwertung, nicht jedoch bei der Pfändung von Herausgabeansprüchen gem. § 318 (TK § 295 Rn. 3). Die §§ 811–811c, 813 I–III und 882a IV ZPO sind in ihrer jeweils gültigen Fassung entspr. anzuwenden (HHSp § 295 Rn. 2 f., 8). Hierbei sind die Besonderheiten des Verwaltungsverfahrens zu berücksichtigen, zB, dass gem. § 295 S. 2 die VollstrBehörde an die Stelle des VollstrGerichts tritt. Soweit die Abschn. 33 ff. VollzA zugunsten des VollstrSchuldners von den ZPO-Vorschriften abweichende Regelungen enthalten, kann sich der VollstrSchuldner auf diese, soweit sie Ermessensspielräume ausfüllen, unter dem Gesichtspunkt des Gleichheitsgrundsatzes und der Selbstbindung der Verwaltung berufen (TK § 295 Rn. 4). 2

Maßgeblicher Zeitpunkt. Für die rechtliche Beurteilung der (Un-)Pfändbarkeit nach der ZPO kommt es grds. auf die Verhältnisse bei Ausführung des VollstrAuftrags, dh auf die Verhältnisse im Zeitpunkt der Pfändung an (BGH 20.11.1997 – IX ZR 136/97, NJW 1998, 1058; Zöller ZPO § 811 Rn. 9). Dies gilt für die Vollstr. nach der AO nicht. Im Einspruchs- und späteren Klageverfahren ist bei gebundenen Entscheidungen vielmehr auf die Verhältnisse im Zeitpunkt der Entscheidung über den Einspruch bzw. die Klage abzustellen (BFH 3.8.2012 – VII B 40/11, BFH/NV 2012, 1936; TK § 295 Rn. 11). Die Pfändung muss deshalb aufgehoben werden, wenn die Sache später unpfändbar wird. Umgekehrt wird die Pfändung einer zunächst unpfändbaren Sache geheilt, wenn sich die tatsächlichen Verhältnisse nachträglich zulasten des VollstrSchuldners ändern (Klein § 295 Rn. 5; aA Schwarz/Pahlke/Keß § 295 Rn. 3). 3

B. Die Pfändungsschutztatbestände von § 811 Abs. 1 Nr. 1–8, Abs. 3, 4, § 882a Abs. 4 ZPO

I. Gesetzliche Grundlagen

§ 811 ZPO Unpfändbare Sachen und Tiere

(1) Nicht der Pfändung unterliegen 5

1. Sachen, die der Schuldner oder eine Person, mit der er in einem gemeinsamen Haushalt zusammenlebt, benötigt
   a) für eine bescheidene Lebens- und Haushaltsführung;
   b) für die Ausübung einer Erwerbstätigkeit oder eine damit in Zusammenhang stehende Aus- oder Fortbildung;
   c) aus gesundheitlichen Gründen;
   d) zur Ausübung von Religion oder Weltanschauung oder als Gegenstand religiöser oder weltanschaulicher Verehrung, wenn ihr Wert 500 Euro nicht übersteigt;
2. Gartenhäuser, Wohnlauben und ähnliche Einrichtungen, die der Schuldner oder dessen Familie als ständige Unterkunft nutzt und die der Zwangsvollstreckung in das bewegliche Vermögen unterliegen;
3. Bargeld
   a) für den Schuldner, der eine natürliche Person ist, in Höhe von einem Fünftel,
   b) für jede weitere Person, mit der der Schuldner in einem gemeinsamen Haushalt zusammenlebt, in Höhe von einem Zehntel

   des täglichen Freibetrages nach § 850c Absatz 1 Nummer 3 in Verbindung mit Absatz 4 Nummer 1 für jeden Kalendertag ab dem Zeitpunkt der Pfändung bis zu dem Ende des Monats, in dem die Pfändung bewirkt wird; der Gerichtsvollzieher kann im Einzelfall nach pflichtgemäßem Ermessen einen abweichenden Betrag festsetzen;
4. Unterlagen, zu deren Aufbewahrung eine gesetzliche Verpflichtung besteht oder die der Schuldner oder eine Person, mit der er in einem gemeinsamen Haushalt zusammenlebt, zu Buchführungs- oder Dokumentationszwecken benötigt;
5. private Aufzeichnungen, durch deren Verwertung in Persönlichkeitsrechte eingegriffen wird;
6. öffentliche Urkunden, die der Schuldner, dessen Familie oder eine Person, mit der er in einem gemeinsamen Haushalt zusammenlebt, für Beweisführungszwecke benötigt;
7. Trauringe, Orden und Ehrenzeichen;
8. Tiere, die der Schuldner oder eine Person, mit der er in einem gemeinsamen Haushalt zusammenlebt,
   a) nicht zu Erwerbszwecken hält oder
   b) für die Ausübung einer Erwerbstätigkeit benötigt,

   sowie das für diese Tiere erforderliche Futter und die erforderliche Streu.

(2) [1]Eine in Absatz 1 Nummer 1 Buchstabe a und b sowie Nummer 2 bezeichnete Sache oder ein in Absatz 1 Nummer 8 Buchstabe b bezeichnetes Tier kann abweichend von Absatz 1 gepfändet werden, wenn der Verkäufer wegen einer durch Eigentumsvorbehalt gesicherten Geldforderung aus dem Verkauf der Sache oder des Tieres vollstreckt. [2]Die Vereinbarung des Eigentumsvorbehaltes ist durch eine Urkunde nachzuweisen.

(3) Auf Antrag des Gläubigers lässt das Vollstreckungsgericht die Pfändung eines in Absatz 1 Nummer 8 Buchstabe a bezeichneten Tieres zu, wenn dieses einen hohen Wert hat und die Unpfändbarkeit für den Gläubiger eine Härte bedeuten würde, die auch unter Würdigung der Belange des Tierschutzes und der berechtigten Interessen des Schuldners nicht zu rechtfertigen ist.

(4) Sachen, die der Schuldner für eine Lebens- und Haushaltsführung benötigt, die nicht als bescheiden angesehen werden kann, sollen nicht gepfändet werden, wenn offensichtlich ist, dass durch ihre Verwertung nur ein Erlös erzielt würde, der in keinem Verhältnis zum Anschaffungswert steht.

§ 882a Abs. 4 ZPO Zwangsvollstreckung wegen einer Geldforderung

6 (4) [1]Soll in eine für die Erfüllung öffentlicher Aufgaben unentbehrliche Sache vollstreckt werden, die im Eigentum eines Dritten steht, kann das Vollstreckungsgericht auf Antrag die Zwangsvollstreckung wegen einer Geldforderung gemäß § 766 für unzulässig erklären. [2]Antragsberechtigt sind

1. der Schuldner und
2. der Bund, das Land, die Körperschaft, Anstalt oder Stiftung des öffentlichen Rechts.

[3]Voraussetzung für die Antragsberechtigung nach Satz 2 Nummer 2 ist, dass die Sache zur Erfüllung der jeweiligen öffentlichen Aufgaben der in Satz 2 Nummer 2 genannten Antragsberechtigten dient. [4]Vor der Entscheidung ist das zuständige Ministerium zu hören.

II. Einzelheiten

1. Sachen des persönlichen Gebrauchs und Hausrat (§§ 811 Abs. 1 Nr. 1a, Abs. 4 ZPO)

8 **Individueller Bedarf des Schuldners.** Sachen des persönlichen Gebrauchs (auch für alle mit dem Schuldner in einem gemeinsamen Haushalt lebenden Personen, insb. Familienmitglieder) und Hausrat sind regelmäßig unpfändbar (s. auch Abschn. 33 I Nr. 1 VollzA). Hierbei wird auf die Zweckbestimmung abgestellt; Unentbehrlichkeit ist nicht erforderlich (Zöller ZPO § 811 Rn. 12). Die bisherige gesetzliche Einzelaufzählung wurde zugunsten des übergeordneten Begriffs der „bescheidenen Haushaltsführung" aufgegeben, ohne dass damit eine inhaltliche Änderung verbunden wäre. Es kann deshalb weiter auf die zur alten Rechtslage entwickelten Grundsätze zurückgegriffen werden. Maßgeblich ist der Bedarf des Schuldners für eine den Umständen nach **angemessene, bescheidene Lebens- und Haushaltsführung** (BFH 30.9.1997 – VII B 67/97, BFH/NV 1998, 421). Das ist nicht kleinlich zu beurteilen, vielmehr ist auch ein zeitlicher Wandel der Bedürfnisse und Betrachtungen zu berücksichtigen (BFH 30.1.1990 – VII R 97/89, BStBl. II 1990, 416). Was danach unpfändbar ist, lässt sich nur nach den Besonderheiten des Einzelfalls bestimmen (Zöller ZPO § 811 Rn. 14). Haushaltsgegenstände können nur dann dem Haushalt dienen, wenn ein solcher bereits besteht und fortdauert, wobei eine lediglich vorübergehende Aufhebung des Haushalts infolge einer Zwangsräumung unschädlich ist (Anders/Gehle ZPO § 811 Rn. 26). Das Vorliegen der für eine Unpfändbarkeit sprechenden Umstände hat der Schuldner darzulegen (BFH 30.9.1997 – VII B 67/97, BFH/NV 1998, 421; HHSp § 295 Rn. 22).

9 **Fälle der Unpfändbarkeit/Pfändbarkeit.** Die zur Frage der Pfändbarkeit ergangene Rspr., vor allem die der Zivilgerichte, ist uneinheitlich und unübersichtlich, da es sich um Einzelfallentscheidungen handelt und im Übrigen die Beurteilung auch dem Wandel der Zeit unterliegt (→ Rn. 1, 3). Zu den Einzelfällen s. Zusammenstellungen bei Anders/Gehle ZPO § 811 Rn. 29; MüKo ZPO § 811 Rn. 61 ff.; Zöller ZPO § 811 Rn. 15.

Einschränkungen beim Hausrat (§ 811 IV ZPO). § 812 ZPO aF wurde – sprachlich gestrafft – in § 811 IV ZPO übernommen. Die Regelung ist eine besondere Ausformung des Verhältnismäßigkeitsgrundsatzes. Der Hausrat des VollstrSchuldners soll nicht verschleudert werden, da insb. gebrauchter Hausrat idR zwar einen hohen Gebrauchs-, aber nur einen geringen Veräußerungswert besitzt. § 811 IV ZPO ist erst zu prüfen, wenn das Pfändungsverbot nach § 811 I Nr. 1a ZPO nicht eingreift. Geschützt sind nur Haushaltsgegenstände, nicht jedoch gewerblich genutzte Gegenstände. Von der Vorschrift werden die üblichen Einrichtungsgegenstände wie zB Tische, Stühle, Schränke, Betten, Lampen, Küchengeräte, aber auch die heute übliche Unterhaltungselektronik (Fernsehgeräte, Musikanlagen) sowie Computer und Laptops (VG Gießen 8.7.2011 – 8 L 2046/11, NJW 2011, 3179; TK § 295 Rn. 13; HHSp § 295 Rn. 23; aA VG Münster 26.6.2013 – 3 K 1752/12, DGVZ 2013, 183) erfasst, nicht jedoch Luxusgegenstände, Antiquitäten und Wertsachen (HHSp § 295 Rn. 25; TK § 295 Rn. 34). Verstöße machen die Pfändung nach § 347 anfechtbar.

2. Erwerbs-, Aus- und Fortbildungsgegenstände (§ 811 Abs. 1 Buchst. b ZPO)

10 **Erwerbstätigkeit.** Die Neuregelung unterscheidet nicht mehr nach der Art der Erwerbstätigkeit. Um die Bedeutung des Eigenerwerbs für die Schuldentilgung zu betonen (BT-Drs. 19/27636, 29), nimmt sie vielmehr die bisherigen Einzeltatbestände des § 811 I aF Nrn. 4, 4a (Landwirtschaft), Nr. 5 (pers. Arbeitsleistung), Nr. 6 (fortgeführte Erwerbstätigkeit), Nr. 7 (Dienstkleidung und -ausrüstung) und Nr. 9 (Apothekenbestände) in sich auf. Zur alten Rechtslage vgl. 4. Aufl.

11 Der Schutzbereich knüpft nach wie vor an die **persönliche Arbeitsleistung,** also den körperlichen, geistigen oder sonst persönlichen Einsatz des Schuldners oder einer mit ihm in einem Haushalt zusammenlebenden Person zur Bestreitung ihres Lebensunterhalts an

(Zöller ZPO § 811 Rn. 18). Die Haushaltsgemeinschaft soll die zur Verfügung stehende Arbeitskraft für sich und ihre (Familien-)Angehörigen einsetzen können. Ob die Tätigkeit haupt- oder nebenberuflich ausgeübt wird, ist hingegen gleichgültig, sofern die persönliche Leistungserbringung im Vordergrund steht. Dies schließt den Einsatz von Mitarbeitern oder Maschinen zur Erreichung des eigenen Erwerbszwecks aber nicht (mehr) aus (Zöller ZPO § 811 Rn. 20). Erfasst werden primär Arbeitnehmer, darüber hinaus aber auch Künstler, Ärzte, Apotheker und Rechtsanwälte sowie selbständige Handwerker (für weitere Bsp. vgl. BeckOK ZPO § 811 Rn. 16.1). Unter Berücksichtigung der gesetzlichen Neuausrichtung dürfte der für sein Unternehmen persönlich tätige Gesellschafter ebenfalls zum geschützten Personenkreis gehören (Zöller ZPO § 811 Rn. 21; Schwarz/Pahlke/Keß § 295 Rn. 7; MüKo ZPO § 811 Rn. 38; für einen engen Anwendungsbereich Thomas/Putzo ZPO § 811 Rn. 18).

12 **Erforderlichkeit zur Erwerbstätigkeit.** Unpfändbar sind die zur Fortsetzung der geschützten Erwerbstätigkeit erforderlichen Gegenstände, mithin das, was der Schuldner zur Fortführung seiner bisherigen Erwerbstätigkeit notwendig braucht. Unentbehrlichkeit wurde bislang nicht verlangt (LG Baden-Baden 19.9.2021 – 3 T 28/21, BeckRS 2021, 29325; Anders/Gehle ZPO § 811 Rn. 35). Die danach unpfändbaren Gegenstände müssen dem Schuldner eine wettbewerbsfähige und auch genügend ertragreiche Erwerbstätigkeit gestatten (Thomas/Putzo ZPO § 811 Rn. 9). Was erforderlich ist, ist letztlich **im Einzelfall** zu beurteilen, insb. nach Art und Umfang der Tätigkeit oder des Betriebs sowie nach Lage der Betriebstätte. So ist der PKW eines Landarztes oder eines praktischen Arztes, der regelmäßig Hausbesuche macht, unpfändbar, nicht jedoch der eines Hautarztes (FG Bremen 12.11.1993 – 2 93 324 V 2, EFG 1994, 334). Auf den Wert der Sache kommt es an dieser Stelle nicht entscheidend an; bei hochwertigen Sachen wäre aber ggf. eine Austauschpfändung zu erwägen (BT-Drs. 19/27636, 29; → Rn. 37).

13 **Unpfändbare Erwerbsgegenstände sind idR:** Spezifische Berufskleidung, inkl. Dienstkleidung und Dienstausrüstungsgegenständen (§ 811 I Nr. 7 aF); Fahrrad oder Moped eines Arbeitnehmers; Halbfertigerzeugnisse; Klavier und Fernsehgerät einer kleinen Gastwirtschaft; Klavier und Noten eines Musiklehrers; Kopiergerät des Architekten; Kraftfahrzeug (eines Vertreters/Reisenden, der Kunden besucht; auch → Rn. 15); PC samt Hard- und Software (zB eines StBeraters, Versicherungskaufmanns oder eines Planungsbüros); Wechselgeld eines Gewerbetreibenden. Weitere Einzelfälle s. Anders/Gehle ZPO § 811 Rn. 37; MüKo ZPO § 811 Rn. 62; Zöller ZPO § 811 Rn. 22. Auch das zum Wirtschaftsbetrieb gehörende und erforderliche Gerät ist unpfändbar, etwa die betriebsnotwendigen Maschinen eines Landwirts (§ 811 I Nr. 4 ZPO aF) oder die Arbeitsmittel (Feinwaage, Mikroskop usw.), Einrichtungsgegenstände (auch Labor- und Büroeinrichtung) und Waren (Stoffe, verkaufsbereite Arzneimittel sowie apothekenübliche Nichtarzneimittel) eines Apothekers (§ 811 I Nr. 9 ZPO aF). Für eine Arztpraxis sind zudem die durchschnittlich notwendigen medizinischen Geräte nebst EDV-Anlagen zur Abrechnung unpfändbar (Zöller ZPO § 811 Rn. 22).

14 **Aus- und Fortbildung.** Der Anwendungsbereich geht in mehrfacher Hinsicht über den des § 811 I Nr. 5, 10 ZPO aF hinaus. Der Pfändungsschutz erfasst nunmehr jede Aus- und Fortbildung, soweit sie auf die Aufnahme, den Erhalt oder den Wechsel einer Erwerbstätigkeit oder das berufliche Weiterkommen gerichtet ist (BT-Drs. 19/27636, 29; HHSp § 295 Rn. 27). Hierzu gehört neben der Berufsausbildung auch die Weiterbildung oder das (Aufbau-)Studium, nicht aber ein privat veranlasster Volkshochschulkurs oder Workshop. In sachlicher Hinsicht werden in Ansehung der technischen Entwicklung nicht mehr nur Bücher, sondern alle, somit auch digitale Lernmittel und -medien eingeschlossen. Bei (nicht erforderlicher) Hochwertigkeit kommt auch hier eine Austauschpfändung in Betracht (→ Rn. 12, 37).

3. Hilfs- und Therapiemittel (§ 811 Abs. 1 Nr. 1 Buchst. c ZPO)

Wie schon bisher ist die Regelung großzügig auszulegen und umfasst in gegenständlicher Hinsicht alles, was die aus einer gesundheitlichen Beeinträchtigung herrührenden Nachteile des Schuldners oder einer mit ihm zusammenlebenden Person ausgleichen oder erleichtern und ihnen so ein angemessenes Leben in der Gesellschaft ermöglichen soll (BGH 10.8.2022 – VII ZB 5/22, NJW-RR 2022, 1651). Geschützt werden körperliche Hilfsmittel wie medizinische Messgeräte, Rollstühle, Krücken, Perücken, ein Gebiss oder ein behindertengerechter Bürostuhl (Zöller ZPO § 811 Rn. 24), nunmehr aber auch Therapiemittel zur Behandlung psychischer Erkrankungen, etwa die Staffelei im Rahmen einer Kunsttherapie (BT-Drs. 19/27636, 30). Geht es um die Erforderlichkeit eines PKW, bleibt auch künftig zu differenzieren: während die alleinige Nutzung als Beförderungsmittel zum Behandlungsort nicht ausreicht, kann der PKW eines gehbehinderten oder psychisch kranken Schuldners durchaus iSd Schutzvorschrift erforderlich sein, wenn er die Gehbehinderung oder die psychische Symptomatik kompensiert und die Eingliederung des VollstrSchuldners in das öffentliche Leben wesentlich erleichtert (BGH 10.8.2022 – VII ZB 5/22, NJW-RR 2022, 1651; zur alten Rechtslage BGH 16.6.2011 – VII ZB 12/09, NJW-RR 2011, 1367). Zu Begleit- und Therapiehunden → Rn. 21. 15

4. Gegenstände religiöser und weltanschaulicher Praxis und Verehrung (§ 811 Abs. 1 Nr. 1 Buchst. d ZPO)

Durch das PKoFoG (→ § 319 Rn. 16) wurde der zuvor im Wesentlichen auf Gebetsbücher beschränkte gesetzliche Pfändungsschutz nach § 811 I Nr. 10 aF deutlich erweitert und erfasst alle Gegenstände, die dem Schuldner und seiner Familie zur Ausübung ihrer (nicht verbotenen) Religion oder Weltanschauung dienen oder Gegenstand religiöser oder weltanschaulicher Verehrung sind, etwa Hausaltäre, Ikonen, Kultleuchter oder Gebetsteppiche. Da es weder auf die Unentbehrlichkeit des einzelnen Gegenstandes noch auf den Ort seiner Benutzung ankommt, ist für die Pfändungsfreistellung allein auf diese Zweckbestimmung abzustellen. Durch die Einführung der einengenden Wertgrenze von 500 Euro soll möglichen Missbräuchen entgegengewirkt werden (BT-Drs. 19/19850, 21). Kritisch zur Abgrenzbarkeit der Tatbestände Ausübung und Verehrung Anders/Gehle ZPO § 811 Rn. 40. 16

5. Wohnzwecken dienende Einrichtungen (§ 811 Abs. 1 Nr. 2 ZPO)

Als solche Einrichtungen sind, wenn sie der Zwangsvollstr. in das bewegliche Vermögen unterliegen, unpfändbar: Gartenhäuser, Wohnlauben und ähnliche Einrichtungen (Behelfsheime, Wohnwagen, -boote), soweit sie der VollstrSchuldner oder seine Familie zur ständigen Unterkunft benötigt. Ein gemeinsamer Haushalt des erfassten Personenkreises ist nicht erforderlich (HHSp § 295 Rn. 33). Werden sie nur gelegentlich benutzt (wie zB Wochenendhäuser, Jagdhütten), sind sie pfändbar. Die Größe des Bauwerks und dessen Wert sind hierbei unbeachtlich (Zöller ZPO § 811 Rn. 26). Ggf. kommt aber eine Austauschpfändung nach § 811a ZPO in Betracht (→ Rn. 35 ff.). 17

6. Bargeld (§ 811 Abs. 1 Nr. 3 ZPO)

Nr. 3 fasst die unübersichtlichen und veralteten Einzelregelungen zum Pfändungsschutz vorgefundenen Bargeldes (Nr. 2 aF Nahrungs-, Feuerungs- und Beleuchtungsmittel, Nr. 3 aF zur Ernährung bestimmte Haustiere und Nr. 8 aF bezahlte Arbeitsvergütung, Sozialgeldleistung und Kindergeld) zusammen. Die Vorschrift soll verhindern, dass der für laufende Bezüge des Schuldners geltende Forderungspfändungsschutz nach § 319 AO iVm §§ 850 ff. ZPO, § 54 SGB I nach deren Auszahlung leer läuft. Zur Bestreitung der Ausgaben des täglichen Lebens muss der Vollziehungsbeamte dem Schuldner deshalb auch nach der Barabhebung den Betrag belassen, der dem unpfändbaren Bezugsanspruch gleichkommt. Zur Bemessung dieses Betrages knüpft das Gesetz nicht an feste Bargeldbeträge an, sondern an den (jährlich neu bekannt zu machenden) täglichen Freibetrag nach § 850c I 18

Nr. 3 ZPO von derzeit 54,25 EUR (→ § 319 Rn. 15 f.). Hierdurch wird eine regelmäßige Angleichung des Pfändungsschutzes an die sich schnell ändernden gesellschaftlichen Verhältnisse und Gegebenheiten erreicht (BT-Drs. 19/27636, 31). Von dieser Ausgangsgröße verbleibt dem Schuldner zur Existenzsicherung ein Fünftel für jeden Kalendertag zwischen Pfändung und Monatsende (§ 811 I Nr. 3 Buchst. a ZPO), sowie ein weiteres Zehntel für jede Person in seinem Haushalt (§ 811 I Nr. 3 Buchst. b ZPO). Für ein Rechenbeispiel vgl. BT-Drs. 19/27636, 30. Durch § 811 I Nr. 3 letzter HS ZPO wird für den Fall unbilliger (Rechen-)Ergebnisse eine abweichende Betragsbestimmung eröffnet, etwa bei vom Monatsanfang oder -ende abweichenden Zahlungsterminen (HHSp § 295 Rn. 35).

7. Geschäftsunterlagen (§ 811 Abs. 1 Nr. 4 ZPO)

19 Von der Pfändung ausgenommen sind danach sämtliche Unterlagen, die der Schuldner gesetzlich aufbewahren muss oder die er sonst für seine Buchführung oder zur Dokumentation geschäftlicher Vorgänge benötigt, also Geschäftsbücher einschl. Beibücher, Kontobücher, Quittungen, Belege, Kundenkorrespondenzen, Aufzeichnungen ohne selbständigen Vermögenswert und die Kundenkartei (BeckOK ZPO § 811 Rn. 35). Es ist zu bezweifeln, dass diesen Schriftstücken aus Sicht des VollstrGläubigers ein in zulässiger Weise nutzbarer (Geld-)Wert zukommt. Der Vollziehungsbeamte ist weder Außenprüfer noch StFahnder.

8. Private Aufzeichnungen, öffentliche Urkunden, Trauringe usw. (§ 811 Abs. 1 Nr. 5–7 ZPO)

20 Zum Schutz der Privat- und Intimsphäre des Schuldners, seiner Familie und/oder eines mit dem Schuldner zusammenlebenden Dritten sind wie bisher (s. Abschn. 33 I Nr. 11 VollzA) bestimmte höchstpersönliche Gegenstände unpfändbar, ebenso die persönlichen Verhältnisse dieses Personenkreises betreffende und zur Beweisführung benötigte öffentliche Urkunden iSd § 415 ZPO, aber auch Orden, Trauringe (auch nach einer Scheidung, Anders/Gehle ZPO § 811 Rn. 46) und Ehrenzeichen. Zum Schutzbereich gehören Familienbilder, soweit sie – wie üblich – keinen eigenen Vermögenswert darstellen, Fotoalben, Briefe, Geburts-, Heirats- und Sterbeurkunden, nicht aber historische Urkunden, Schriftverkehr verstorbener Personen der Zeitgeschichte oder Sammlerstücke (BT-Drs. 19/27636, 31; BeckOK ZPO § 811 Rn. 36). Auch etwaige Speichermedien werden nicht vom Pfändungsschutz erfasst. Der Verlobungsring ist ebenfalls pfändbar (MüKo ZPO § 811 Rn. 47; aA HHSp § 295 Rn. 40).

9. Haus- und Nutztiere (§ 811 Abs. 1 Nr. 8, Abs. 3 ZPO)

21 Die Neuregelung erweitert den Pfändungsschutz für Tiere des Schuldners oder einer mit ihm zusammen im Haushalt lebenden Person deutlich. Das gilt sowohl für nicht zu Erwerbszwecken gehaltene Tiere (§ 811 I Nr. 8 Buchst. a ZPO), als auch für Tiere, die zur Ausübung einer Erwerbstätigkeit benötigt werden (§ 811 I Nr. 8 Buchst. b ZPO). Während es im ersten Fall nicht mehr auf das Kriterium räumlicher und/oder emotionaler Nähe ankommt (Zöller ZPO § 811 Rn. 33), hat der Gesetzgeber im zweiten Fall die bisherige Einengung auf eine landwirtschaftliche Betätigung aufgegeben. Dies hat zur Folge, dass nunmehr unabhängig von der Haltungsform und dem Haltungsort auch zur Eigenversorgung (Hühner, Kaninchen) oder gewerblich gehaltene Nutztiere (Fischzucht, Pferdezucht, Imkerei) in den Schutzbereich einbezogen sind, einschließlich des Futters und Einstreus (Zöller ZPO § 811 Rn. 33 f.). Nicht erfasst werden hingegen zum Verkauf bestimmte Tiere (Anders/Gehle ZPO § 811 Rn. 49). Zur auch hier einzelfallbezogen zu klärenden Frage der Erforderlichkeit des Tieres → Rn. 12. Ob die Viehzucht haupt- oder nebenberuflich betrieben wird, war schon nach alter Rechtslage unerheblich (Anders/Gehle ZPO § 811 Rn. 49). In den Anwendungsbereich der Vorschrift fallen auch Begleit-, Blindenführ- und Therapiehunde, die aus gesundheitlichen Gründen benötigt werden (BT-Drs. 19/27636, 31 f.). Da der tierbezogene Pfändungsschutz nunmehr umfassend durch Nr. 8 geregelt wird, gilt dies auch für den Wachhund, unabhängig davon, ob er der

Erwerbstätigkeit des Schuldners dient oder nicht (aA Zöller ZPO § 811 Rn. 33: Nr. 1 Buchst. a; TK § 295 Rn. 32: Nr. 1 Buchst. c).

Ausnahmsweise gestattet **§ 811 III ZPO** auf Antrag die Pfändung eines nicht zu Erwerbszwecken gehaltenen Tieres dann, wenn das Tier einen hohen Wert hat und die Unpfändbarkeit eine Härte für den Gläubiger bedeuten würde, die auch unter Würdigung der Belange des Tierschutzes und der berechtigten Schuldnerinteressen nicht zu rechtfertigen ist. Ein hoher materieller (nicht ideeller) Wert setzt voraus, dass ein Erlös zu erwarten ist, der die Wertgrenze von 250 Euro beträchtlich übersteigt (BeckOK ZPO § 811 Rn. 46). Dies könnte bei wertvollen Reitpferden, Rassehunden oder seltenen Tieren durchaus in Betracht kommen (HHSp § 295 Rn. 43). Eine für den Gläubiger „unbillige" Härte ist nicht verlangt; auch das Fehlen einer anderweitigen VollstrMöglichkeit bedeutet aus Sicht des Gläubigers nicht stets eine Härte (BT-Drs. 11/7369, 8). Die Entscheidung, ob eine Pfändung vorzunehmen ist, obliegt der VollstrStelle und nicht dem Vollziehungsbeamten. 22

10. Privileg des Vorbehaltsverkäufers (§ 811 Abs. 2 ZPO)

Diese Vorschrift hat für den Bereich der Vollstr. nach der AO kaum Bedeutung. Denkbar ist etwa, dass die VollstrStelle Pfandstücke im Wege des freien Verkaufs (§ 305) unter Eigentumsvorbehalt veräußert und die Sachen danach pfändet. Entsprechendes gilt, wenn die VollstrStelle die Kaufpreisforderung des Lieferanten pfändet oder sich abtreten lässt und ihrerseits aus einem Titel gegen den Käufer vollstreckt; diesen Titel muss die FB gegen den Drittschuldner (bei Pfändung) bzw. gegen den Schuldner (bei Abtretung) im Klageweg vor einem ordentlichen Gericht geltend machen (TK § 295 Rn. 31). 26

11. Zur Erfüllung öffentlicher Aufgaben unentbehrliche Sachen Privater (§ 882a Abs. 4 ZPO)

Die Zwangsvollstr. gegen die öffentliche Hand ist wegen des sog. Fiskusprivilegs (→ § 255 Rn. 1) nur eingeschränkt zulässig. Findet sie ausnahmsweise statt, sind deren zur öffentlichen Aufgabenwahrnehmung eingesetzte Sachen durch § 882a II ZPO besonders vor einem VollstrZugriff geschützt, wenn sie unentbehrlich sind (Anders/Gehle ZPO § 882a Rn. 12). Stehen die Sachen hingegen im Privateigentum, was bspw. bei Beliehenen oder auch selbständigen Kommunalunternehmen des öffentlichen Rechts der Fall sein kann, fehlte bislang ein ausdrücklicher Pfändungsschutz. Diese Lücke hat der Gesetzgeber durch § 882a IV ZPO geschlossen, der über § 295 auch im VerwaltungsvollstrVerfahren gilt. Die Regelung ergänzt somit den Schutz für die Erfüllung öffentlicher Aufgaben (**erweitertes Fiskusprivileg;** BT-Drs. 19/19850, 21). Da Unentbehrlichkeit aber nur anzunehmen ist, wenn die öffentliche Aufgabenerfüllung für den Fall des VollstrZugriffs objektiv unmöglich oder völlig unzumutbar wäre (Anders/Gehle ZPO § 882a Rn. 12), dürfte der praktische Anwendungsbereich der Norm beschränkt sein, zumal die Vollstr. nach dem Wortlaut nicht bereits kraft Gesetzes unzulässig wäre, sondern erst, wenn dies auf Antrag gerichtlich festgestellt würde. 29

C. Austauschpfändung (§§ 811a und 811b ZPO)

§ 811a ZPO Austauschpfändung

(1) Die Pfändung einer nach § 811 Absatz 1 Nummer 1 Buchstabe a und b und Nummer 2 unpfändbaren Sache kann zugelassen werden, wenn der Gläubiger dem Schuldner vor der Wegnahme der Sache ein Ersatzstück, das dem geschützten Verwendungszweck genügt, oder den zur Beschaffung eines solchen Ersatzstückes erforderlichen Geldbetrag überlässt; ist dem Gläubiger die rechtzeitige Ersatzbeschaffung nicht möglich oder nicht zuzumuten, so kann die Pfändung mit der Maßgabe zugelassen werden, dass dem Schuldner der zur Ersatzbeschaffung erforderliche Geldbetrag aus dem Vollstreckungserlös überlassen wird (Austauschpfändung). 35

(2) [1] Über die Zulässigkeit der Austauschpfändung entscheidet das Vollstreckungsgericht auf Antrag des Gläubigers durch Beschluss. [2] Das Gericht soll die Austauschpfändung nur zulassen, wenn sie nach

Lage der Verhältnisse angemessen ist, insbesondere wenn zu erwarten ist, dass der Vollstreckungserlös den Wert des Ersatzstückes erheblich übersteigen werde. [3]Das Gericht setzt den Wert eines vom Gläubiger angebotenen Ersatzstückes oder den zur Ersatzbeschaffung erforderlichen Betrag fest. [4]Bei der Austauschpfändung nach Absatz 1 Halbsatz 1 ist der festgesetzte Betrag dem Gläubiger aus dem Vollstreckungserlös zu erstatten; er gehört zu den Kosten der Zwangsvollstreckung.

(3) Der dem Schuldner überlassene Geldbetrag ist unpfändbar.

(4) Bei der Austauschpfändung nach Absatz 1 Halbsatz 2 ist die Wegnahme der gepfändeten Sache erst nach Rechtskraft des Zulassungsbeschlusses zulässig.

§ 811b ZPO Vorläufige Austauschpfändung

36 (1) [1]Ohne vorgängige Entscheidung des Gerichts ist eine vorläufige Austauschpfändung zulässig, wenn eine Zulassung durch das Gericht zu erwarten ist. [2]Der Gerichtsvollzieher soll die Austauschpfändung nur vornehmen, wenn zu erwarten ist, dass der Vollstreckungserlös den Wert des Ersatzstückes erheblich übersteigen wird.

(2) Die Pfändung ist aufzuheben, wenn der Gläubiger nicht binnen einer Frist von zwei Wochen nach Benachrichtigung von der Pfändung einen Antrag nach § 811a Abs. 2 bei dem Vollstreckungsgericht gestellt hat oder wenn ein solcher Antrag rechtskräftig zurückgewiesen ist.

(3) Bei der Benachrichtigung ist dem Gläubiger unter Hinweis auf die Antragsfrist und die Folgen ihrer Versäumung mitzuteilen, dass die Pfändung als Austauschpfändung erfolgt ist.

(4) [1]Die Übergabe des Ersatzstückes oder des zu seiner Beschaffung erforderlichen Geldbetrages an den Schuldner und die Fortsetzung der Zwangsvollstreckung erfolgen erst nach Erlass des Beschlusses gemäß § 811a Abs. 2 auf Anweisung des Gläubigers. [2]§ 811a Abs. 4 gilt entsprechend.

37 Eine **Austauschpfändung** (s. Abschn. 35 VollzA) ermöglicht den Zugriff auf den Mehrwert einer unpfändbaren Sache, wenn der Schutzzweck des § 811 I ZPO durch die Bereitstellung eines geringwertigeren Ersatzstücks erfüllt werden kann. Sie ist nur in den Fällen des § 811 I Nr. 1 Buchst. a, b und Nr. 2 ZPO zulässig. § 811a ZPO ist abschließend und kann auf andere Fälle nicht entspr. angewendet werden (TK § 295 Rn. 40). Anstelle des VollstrGerichts entscheidet die VollstrStelle. Die **Anordnung** der Austauschpfändung steht in deren pflichtgemäßem Ermessen und beinhaltet einen mit dem Einspruch nach § 347 anfechtbaren VA, der förmlich nach § 5 VwZG zuzustellen ist (vgl. Abschn. 35 III VollzA; → § 122 Rn. 168 ff.). Die Entscheidung der VollstrStelle ist konstitutiv, dh sie macht die bis dahin unpfändbare Sache pfändbar (HHSp § 295 Rn. 46; TK § 295 Rn. 40). Ob eine Austauschpfändung zulässig ist, beurteilt sich – wie auch die Frage der Unpfändbarkeit (→ Rn. 3) – anhand der Verhältnisse zum Zeitpunkt der Entscheidung über den Einspruch oder die Klage (TK § 295 Rn. 40). Für die Angemessenheit der Austauschpfändung iSd § 811a II 2 ZPO sind die Umstände des Einzelfalls entscheidend. Hierbei ist der gesamte zu erwartende Versteigerungserlös, der den Wert des Ersatzstücks wesentlich übersteigen muss, maßgebend und nicht etwa dessen Verhältnis zur Höhe der Gläubigerforderung. Die **Durchführung** der Austauschpfändung obliegt dem Vollziehungsbeamten nach Weisung der VollstrStelle (Abschn. 35 VI VollzA). Zur vorläufigen Austauschpfändung (§ 811b ZPO) s. Abschn. 36 VollzA.

D. Vorwegpfändung (§ 811c ZPO)

§ 811c ZPO Vorwegpfändung

38 (1) [1]Ist zu erwarten, dass eine Sache demnächst pfändbar wird, so kann sie gepfändet werden, ist aber im Gewahrsam des Schuldners zu belassen. [2]Die Vollstreckung darf erst fortgesetzt werden, wenn die Sache pfändbar geworden ist.

(2) Die Pfändung ist aufzuheben, wenn die Sache nicht binnen eines Jahres pfändbar geworden ist.

39 Die Vorwegpfändung **dient der Rangsicherung.** Nach dieser Vorschrift kann eine zur Zeit der Pfändung unpfändbare Sache bereits gepfändet werden, wenn zu erwarten ist, dass sie spätestens innerhalb eines Jahres pfändbar wird (vgl. § 811c II ZPO). Diese Erwartung muss anhand objektiver Umstände belegbar sein (zB durch die Ankündigung des Voll-

strSchuldners, seinen Betrieb einstellen zu wollen). Nähere Einzelheiten s. Abschn. 34 I VollzA.

E. Schätzung des Werts (§ 813 Abs. 1–3 ZPO)

§ 813 ZPO Schätzung

(1) [1]Die gepfändeten Sachen sollen bei der Pfändung auf ihren gewöhnlichen Verkaufswert geschätzt werden. [2]Die Schätzung des Wertes von Kostbarkeiten soll einem Sachverständigen übertragen werden. [3]In anderen Fällen kann das Vollstreckungsgericht auf Antrag des Gläubigers oder des Schuldners die Schätzung durch einen Sachverständigen anordnen. 43

(2) [1]Ist die Schätzung des Wertes bei der Pfändung nicht möglich, so soll sie unverzüglich nachgeholt und ihr Ergebnis nachträglich in dem Pfändungsprotokoll vermerkt werden. [2]Werden die Akten des Gerichtsvollziehers elektronisch geführt, so ist das Ergebnis der Schätzung in einem gesonderten elektronischen Dokument zu vermerken. [3]Das Dokument ist mit dem Pfändungsprotokoll untrennbar zu verbinden.

(3) Sollen bei Personen, die Landwirtschaft betreiben,
1. Früchte, die vom Boden noch nicht getrennt sind,
2. Sachen nach § 811 Absatz 1 Nummer 1 Buchstabe b,
3. Tiere nach § 811 Absatz 1 Nummer 8 Buchstabe b oder
4. landwirtschaftliche Erzeugnisse

gepfändet werden, so soll ein landwirtschaftlicher Sachverständiger herangezogen werden, sofern anzunehmen ist, dass der Wert dieser Sachen und Tiere insgesamt den Betrag von 2 000 Euro übersteigt.

(4) Die Landesjustizverwaltung kann bestimmen, dass auch in anderen Fällen ein Sachverständiger zugezogen werden soll.

Zweck. Die Versteigerung gepfändeter Sachen, auch von Wertpapieren ohne Börsen- und Marktpreis, darf nur gegen ein Mindestgebot (§ 300) erfolgen. Die hierfür notwendige Bewertung erfolgt durch Schätzung. Bedeutung hat der Wert auch für die anderweitige Verwertung (§ 305), sowie das Verbot der Überpfändung (§ 281 II) und das der zwecklosen Pfändung (§ 281 III). 44

Nach § 813 I 1 ZPO ist der **gewöhnliche Verkaufswert** (Verkehrswert) zu schätzen. Das ist der Preis, der bei freihändigem Verkauf normalerweise zu erzielen ist. Die Beschaffenheit (auch Zustand) der Sache sowie allg. wirtschaftliche und besondere örtliche Verhältnisse sind zu berücksichtigen, nicht hingegen ungewöhnliche und persönliche Verhältnisse wie Ausverkaufs-, Sonder-, Rabatt- und Liebhaberpreise (Zöller ZPO § 813 Rn. 2). Zudem hat der Vollziehungsbeamte nach Abschn. 48 I Nr. 4 VollzA auch den sog. **Schätzwert** (das ist der bei einer Versteigerung voraussichtlich erzielbare Erlös) zu ermitteln und in der Pfändungsniederschrift aufzunehmen. Ist der gewöhnliche Verkaufswert höher als der Schätzwert, kommt eine besondere Verwertung (§ 305) in Betracht. 45

Vornahme der Schätzung. Grds. schätzt der Vollziehungsbeamte selbst. Ausnahmsweise hat ein Sachverständiger zu schätzen, wenn eine besondere Sachkunde erforderlich erscheint. Dies soll gem. § 813 I 2 ZPO bei der Pfändung von **Kostbarkeiten** (→ § 286 Rn. 9) geschehen und zwar gem. Abschn. 51 V 1 VollzA spätestens vor Erteilung eines Auftrags zur Versteigerung oder eines freihändigen Verkaufs. Bei Gold- und Silbersachen ist außer dem Schätzwert auch der Metallwert zu schätzen, da dieser gem. § 300 III 1 das Mindestgebot darstellt. Nach § 813 III ZPO soll ein landwirtschaftlicher Sachverständiger hinzugezogen werden, wenn **Früchte auf dem Halm** (→ § 294 Rn. 2), **Sachen oder Tiere** der in § 811 I Nr. 1 Buchst. b, Nr. 8 Buchst. b ZPO bezeichneten Art (→ Rn. 10 ff., 21) zu bewerten sind. Zur Wertgrenze → § 294 Rn. 6. Nach Abschn. 45 I 4 VollzA gilt dies auch, wenn der VollstrSchuldner die Hinzuziehung verlangt und wenn dadurch weder die Vollstr. verzögert wird noch unverhältnismäßige Kosten entstehen. 46

In **allen anderen Fällen** obliegt die Entscheidung über die Zuziehung nicht dem Vollziehungsbeamten, sondern liegt im pflichtgemäßen Ermessen (§ 5) der VollstrStelle, die gem. § 813 I 3 ZPO entweder von Amts wegen oder auf Antrag des VollstrSchuldners die Schätzung durch einen Sachverständigen anordnen kann (TK § 295 Rn. 55; Zöller ZPO § 813 Rn. 5). Der Vollziehungsbeamte kann diese Vorgehensweise anregen, sollte davon aber wegen der Kostenfolge nach §§ 344 I Nr. 7, 337 I eher zurückhaltend Gebrauch machen (Gosch AO § 295 Rn. 25).

Sachdienlich ist die Zuziehung aber jedenfalls dann, wenn dem Vollziehungsbeamten die notwendige Sachkunde fehlt (zB bei besonderen technischen Geräten, Sachen ausländischer Herkunft), wenn die VollstrStelle Zweifel an der Schätzung des Vollziehungsbeamten hat, wenn der VollstrSchuldner substantiierte Einwendungen gegen dessen Schätzung vorbringt oder wenn mehrere sich widersprechende Schätzungen vorliegen (HHSp § 295 Rn. 56). Bei einer wesentlichen Änderung der Verhältnisse kann ggf. eine erneute Schätzung geboten sein (sog. Nachschätzung; Zöller ZPO § 813 Rn. 7).

47 **Teil der Pfändung.** Verstöße berühren die Wirksamkeit der Pfändung nicht, da § 813 ZPO nur eine Sollvorschrift ist. Die Schätzung ist nicht selbständig anfechtbar; stattdessen muss die Pfändung mit Einspruch (§ 347) angefochten werden. Unterbleibt die gebotene Schätzung durch einen Sachverständigen, kann der VollstrSchuldner die Pfändung, aber auch noch die Anordnung der Verwertung (§ 296 I), mit dem Einspruch anfechten (TK § 295 Rn. 58). Gegen die Ablehnung eines Zuziehungsantrags steht dem VollstrSchuldner ebenfalls der Einspruch zu (HHSp § 295 Rn. 57). Eine unterbliebene Schätzung ist unverzüglich nachzuholen (§ 813 II ZPO).

F. Pfändungsschutz nach anderen Vorschriften

48 Nach § 295 S. 1 sind auch solche Beschränkungen und Verbote entspr. anzuwenden, die nach anderen gesetzlichen Vorschriften für die Pfändung von Sachen bestehen. Einige dieser Bestimmungen sind in Abschn. 37 und 38 VollzA aufgeführt. Weitere Pfändungsverbote enthalten zB die §§ 114, 116, 118 und 119 UrhG. Zu Einzelheiten s. Anders/Gehle ZPO § 811 Rn. 63 f.; HHSp § 295 Rn. 63 f.

G. Rechtsbehelfe bei Verstößen

49 **Anfechtbarkeit.** Die Verletzung der Pfändungsschutzvorschriften macht die Pfändung nicht unwirksam, sondern lediglich mit Einspruch (§ 347) anfechtbar (Klein § 295 Rn. 6). Verstrickung und Pfändungspfandrecht entfallen erst mit erfolgreicher Anfechtung und Aufhebung (→ § 281 Rn. 10; → § 282 Rn. 4). Die Pfändung erledigt sich spätestens mit dem Abschluss der Verwertung oder mit der Freigabe.

50 **Nach Erledigung der Pfändung** ist eine Entscheidung über den Einspruch nicht mehr zulässig, weil das außergerichtliche Rechtsbehelfsverfahren nicht die Aufgabe hat, der Verwaltung die Möglichkeit zu geben, die Rechtswidrigkeit oder Rechtmäßigkeit der von ihr getroffenen Maßnahmen nachträglich festzustellen (HHSp § 295 Rn. 68). Hier kann der VollstrSchuldner aber in entsprechender Anwendung des § 100 I 4 FGO Fortsetzungsfeststellungsklage erheben (vgl. BFH 26.9.2007 – I R 43/06, BStBl. II 2008, 134). Erledigt sich die Pfändung erst während des Klageverfahrens, etwa durch Verwertung der Pfandsache, entfällt zwar rückwirkend das Rechtsschutzbedürfnis für die Anfechtungsklage, doch kann das Verfahren nach Antragsumstellung gem. § 100 I 4 FGO als Fortsetzungsfeststellungsklage weitergeführt werden. Zum erforderlichen berechtigten Interesse Gräber FGO § 100 Rn. 88 ff.

51 Wird **bis zur Verwertung kein Einspruch** eingelegt, darf der VollstrGläubiger den Erlös endgültig behalten; ein Bereicherungsanspruch (§ 812 BGB) besteht nicht (HHSp § 295 Rn. 68).

Dritte können Einspruch einlegen, soweit sie von § 811 ZPO geschützt sind, wie zB Familienangehörige oder nunmehr auch sonst mit dem Schuldner in häuslicher Gemeinschaft zusammenlebende Personen (Thomas/Putzo ZPO § 811 Rn. 27). 52

§ 296 Verwertung

(1) [1]**Die gepfändeten Sachen sind auf schriftliche Anordnung der Vollstreckungsbehörde öffentlich zu versteigern.** [2]**Eine öffentliche Versteigerung ist**

1. die Versteigerung vor Ort oder

2. die allgemein zugängliche Versteigerung im Internet über die Plattform www.zoll-auktion.de.

[3]**Die Versteigerung erfolgt in der Regel durch den Vollziehungsbeamten.** [4]**§ 292 gilt entsprechend.**

(2) **Bei Pfändung von Geld gilt die Wegnahme als Zahlung des Vollstreckungsschuldners.**

Vergleichbare Vorschriften: §§ 814, 815 III ZPO
Hinweis auf **VollstrA:** Abschn. 36
VollzA: Abschn. 51, 52 I
DV-Verwertung: Nr. 1 ff.

Schrifttum: Kraemer, Einschaltung gewerblicher Versteigerer bei der Pfandverwertung durch die Finanzbehörden DStZ 1993, 433; Kock, Verwertung von eingezogenen artgeschützten Exemplaren, ZfZ 2006, 273; Viertelhausen, Internetversteigerung in der Zwangsvollstreckung, KKZ 2008, 265; Remmert, Das Gesetz über die Internetversteigerung in der Zwangsvollstreckung, NJW 2009, 2572.

I. Allgemeines

Inhalt. Die Verwertung ist der zweite Akt der Vollstr. in das bewegliche Vermögen 1
(→ § 281 Rn. 1). **Abs. 1,** der mWv 5.8.2009 im Rahmen der gesetzlichen Regelung der Internetversteigerung durch das Gesetz über die Internetversteigerung in der Zwangsvollstreckung v. 30.7.2009 (BGBl. 2009 I 2474) neben den § 298 II, III, § 299 I, II, § 301 II 2 neu gefasst worden ist, enthält den Grundsatz, dass die Verwertung durch den Vollziehungsbeamten mittels öffentlicher Versteigerung zu erfolgen hat. **Abs. 1 S. 2** bestimmt als Regelformen der öffentlichen Versteigerung die Versteigerung vor Ort (Nr. 1) und (seit 2009) die allg. zugängliche Versteigerung im Internet über die Plattform www.zoll-auktion.de (Nr. 2). Einzelheiten werden in den §§ 297–305 geregelt. **Abs. 1 S. 4** verweist auf § 292 und stellt damit klar, dass die Verwertung als Teilakt der Vollstr. auch den allg. VollstrBeschränkungen und Einwendungen gegen die Vollstr. unterliegt. Gepfändetes Geld ist einer Verwertung entzogen. **Abs. 2** bestimmt, dass bei der Pfändung von Geld die Wegnahme als Zahlung des VollstrSchuldners gilt.

Anwendungsbereich. Die §§ 296 ff. gelten nicht nur für die nach §§ 286, 294 gepfän- 2
deten Sachen, sondern gem. § 327 S. 2 auch für die Verwertung von Sicherheiten, dh nach §§ 241 ff. und § 76 in Beschlag genommene Waren; ebenso für im Aufsichtsweg sichergestellte Waren iSd § 215. Daneben ordnet § 13 I 2 ZollVG auch für die Veräußerung zollrechtlich sichergestellter Waren die sinngemäße Anwendung an (Witte UZK Art. 198 Rn. 1). Ferner kommen die §§ 296 ff. gem. § 13 II ZollVG bei drohendem Verderb der von der Zollstelle nach Art. 197 UZK vorübergehend verwahrten Waren in Betracht (Witte UZK Art. 197 Rn. 3 aE). S. auch DV-Verwertung.

II. Anordnung und Durchführung der Versteigerung (Abs. 1)

1. Verwertung durch öffentliche Versteigerung (Abs. 1 S. 1–3)

Versteigerungsanordnung (Abs. 1 S. 1). Die Anordnung der Versteigerung (Ver- 3
wertungsauftrag) erfolgt durch die VollstrStelle des FA oder HZA. Sie ist eine **Ermessens-**

entscheidung, die aus Beweissicherungsgründen schriftlich zu erfolgen hat (HHSp § 296 Rn. 11; Abschn. 36 I 1 VollstrA). Als **VA** wird sie gem. § 124 I 1 durch Bekanntgabe an den VollstrSchuldner wirksam (TK § 296 Rn. 2). Zur Anfechtung und den Rechtsfolgen einer unterlassenen Bekanntgabe → Rn. 9. Die vorgelagerte **Androhung einer Pfandverwertung** entspricht einer Mahnung (§ 259) und kann mangels verbindlichen Regelungsinhalts nicht isoliert angefochten werden (FG Saarland 13.11.1978 – 399/78, EFG 1979, 241).

4 **Inhalt.** Die Versteigerungsanordnung muss den inhaltlichen Anforderungen des § 298 I entsprechen (→ § 298 Rn. 2 f.; Abschn. 36 I 2, 3 VollstrA). Sollen Kostbarkeiten versteigert werden, ist auch der vom Sachverständigen geschätzte Verkaufswert, bei Gold- und Silbersachen der Materialwert anzugeben (→ § 295 Rn. 46 f.; Abschn. 38 S. 2 VollstrA).

5 **Öffentliche Versteigerung (Abs. 2, 3). Versteigerung** ist die durch Hoheitsakt des Vollziehungsbeamten bewirkte Zwangsübertragung des Eigentums an einer Sache (→ § 299 Rn. 5). Das Eigentum wird originär und damit stets lastenfrei erworben. Der Eigentumserwerb vollzieht sich bei einer wirksamen Pfändung mit Aushändigung der Pfandsache unabhängig vom guten oder bösen Glauben des Erstehers (BGH 2.7.1992 – IX ZR 274/91, NJW 1992, 2570). Ist die Pfändung hingegen unwirksam oder aufgehoben worden, erwirbt auch der insoweit gutgläubige Ersteher kein Eigentum (HHSp § 296 Rn. 25; TK § 296 Rn. 6; Klein § 296 Rn. 4). Wird nach § 305 ein zwar öffentlich bestellter, aber dennoch privatrechtlich handelnder Auktionator eingeschaltet, vollzieht sich der Eigentumserwerb nach den §§ 929 ff. BGB; bei Bösgläubigkeit scheidet in diesen Fällen ein Eigentumserwerb nach § 935 BGB aus (BGH 2.7.1992 – IX ZR 274/91, NJW 1992, 2570). **Öffentlich** ist eine Versteigerung, wenn ein – den Umständen entsprechend – unbeschränkter Kreis von Bietern zugelassen ist (HHSp § 296 Rn. 16; vgl. auch § 383 III BGB). Soweit es Raum und Ordnung gestatten, muss während ihrer Dauer jedermann freien Zutritt haben (Zöller ZPO § 814 Rn. 2). Wird gegen das Öffentlichkeitsgebot verstoßen, ist die Versteigerung unwirksam und es findet kein Eigentumserwerb statt (Schwarz/Pahlke/Keß § 296 Rn. 7). Das Versteigerungsverfahren regeln die §§ 298 ff. (s. Abschn. 51 ff. VollzA).

6 Seit 2009 sieht das Gesetz neben der **Versteigerung vor Ort** (Präsenzversteigerung), auch die **Internetversteigerung** vor (→ Rn. 1). Die **Versteigerung vor Ort (Abs. 1 S. 2 Nr. 1)** ist gem. § 298 II 1 und 2 unter Angabe von Zeit und Ort öffentlich bekannt zu geben (→ § 298 Rn. 4 ff.). Die **Internetversteigerung (Abs. 1 S. 2 Nr. 2)** ist per se unbegrenzt öffentlich und nutzt die Vorteile des jedermann zu jeder Zeit zugänglichen Internets (Remmert NJW 2009, 2572, BT-Drs. 16/12811, 7). Bei relativ wenig Aufwand und geringen Kosten verspricht sie aufgrund des weit gesteckten Bieterkreises höhere Erlöse (HHSp § 296 Rn. 22). Die Internetversteigerung ist verbindlich über die Internetplattform www.zoll-aktion.de vorzunehmen. Das Verfahren richtet sich nach den §§ 298 ff. und den unter www.zoll-auktion.de niedergelegten Versteigerungsbedingungen.

2. Abwendungsbefugnis des Vollstreckungsschuldners (Abs. 1 S. 4)

7 Mit der Verweisung auf die entsprechende Anwendung des § 292 stehen dem VollstrSchuldner alle dort aufgeführten Abwendungsbefugnisse zu. Zu Einzelheiten → § 292 Rn. 3 ff. Liegt ein Abwendungstatbestand vor, hat der VollstrSchuldner einen Rechtsanspruch auf Einstellung des Versteigerungsverfahrens (HHSp § 296 Rn. 28; TK § 296 Rn. 5, → § 292 Rn. 10). Daneben kann der VollstrSchuldner auch die Aussetzung der Verwertung (§ 297) beantragen, wobei er dann nur einen Anspruch auf fehlerfreie Ermessensentscheidung hat (HHSp § 296 Rn. 29; TK § 296 Rn. 5).

III. Gepfändetes Geld (Abs. 2)

8 **Geld** iSd § 296 II sind grds. die gesetzlichen Zahlungsmittel in Euro und Cent. Noch gültige inländische Wertzeichen wie Briefmarken, Stempelmarken, StMarken, Versiche-

rungs- und Kostenmarken kann der Vollziehungsbeamte in Geld umwechseln und als solches behandeln (Zöller ZPO § 815 Rn. 1). Virtuelle bzw. Kryptowährungen (etwa Bitcoin) sind kein Geld, sondern andere Vermögensrechte iSd § 321 (BeckOK ZPO § 857 Rn. 93 ff.; zur Verwertung → § 321 Rn. 2 ff.). Gepfändetes Geld bedarf keiner Verwertung nach § 296 I. Die Wegnahme des Geldes gilt deshalb unmittelbar als Zahlung des VollstrSchuldners (Fiktion). Die Tilgungswirkung tritt mit der Inbesitznahme des Gelds durch den Vollziehungsbeamten ein (HHSp § 296 Rn. 31; Klein § 296 Rn. 6; aA Häde DStR 1992, 1499); Schwarz/Pahlke/Keß § 296 Rn. 8; TK § 296 Rn. 11: erst mit Ablieferung bzw. Einzahlung). Unerheblich ist, ob der VollstrSchuldner Eigentümer des Geldes gewesen ist. Hier steht dem bisherigen Eigentümer ein Bereicherungsanspruch (§ 812 BGB) gegen die VollstrBehörde zu (HHSp § 296 Rn. 32).

IV. Verfahrensfragen

Rechtsbehelfe/Kosten. Der VollstrSchuldner kann **bis zur Beendigung der Verwertung** gegen die Versteigerungsanordnung (→ Rn. 3) und jeden anderen im Verwertungsverfahren ergangenen VA (zB Festsetzung des Mindestgebots nach § 300 I) Einspruch (§ 347) einlegen (Schwarz/Pahlke/Keß § 296 Rn. 10). Mit Abschluss der Verwertung entfällt das Rechtsschutzbedürfnis für eine Anfechtung; ggf. ist bei einem berechtigten Interesse eine Fortsetzungsfeststellungsklage (§ 100 I 4 FGO) zulässig (→ § 295 Rn. 49). **Nach Beendigung der Verwertung** kann der VollstrSchuldner nur noch bei Unwirksamkeit der Versteigerung Einspruch einlegen. Rechtsunwirksam ist die Versteigerung lediglich bei wesentlichen Formverstößen (Klein § 296 Rn. 7), wie zB im Fall einer Versteigerung durch den Vollziehungsbeamten ohne Versteigerungsauftrag (→ Rn. 3) oder bei der Verletzung des Grundsatzes der Öffentlichkeit (→ Rn. 6), nicht jedoch bei einer unterlassenen Bekanntgabe der Versteigerungsanordnung (→ Rn. 3). Die **Kosten** richten sich nach § 341. 9

§ 297 Aussetzung der Verwertung

Die Vollstreckungsbehörde kann die Verwertung gepfändeter Sachen unter Anordnung von Zahlungsfristen zeitweilig aussetzen, wenn die alsbaldige Verwertung unbillig wäre.

Hinweis auf **VollstrA:** Abschn. 40

Schrifttum: Bowitz, Zu den Möglichkeiten einer Zahlungsvereinbarung mit dem Finanzamt, DB 1984, 1270.

1 **Allgemeines.** § 297 ist **wie § 258** Ausdruck des Grundsatzes der Verhältnismäßigkeit und soll durch einen Verwertungsaufschub unbillige Härten der Vollstr. ausschließen und es dem VollstrSchuldner ermöglichen, durch freiwillige Zahlung die Versteigerung abzuwenden (TK § 297 Rn. 1). Da § 297 die Anordnung von Zahlungsfristen vorsieht, handelt es sich um einen **speziellen VollstrAufschub,** der den allgemeineren nach § 258 indes nicht verdrängt (HHSp § 297 Rn. 2). Die VollstrBehörde kann deshalb auch weiterhin einen VollstrAufschub ohne gleichzeitige Anordnung einer Zahlungsfrist gewähren (Klein § 297 Rn. 1).

2 **Nach erfolgter Pfändung** kann die Verwertung in jedem Stadium des Verfahrens ausgesetzt werden. Ein Antrag des VollstrSchuldners ist nicht erforderlich. Die VollstrStelle hat von Amts wegen zu prüfen, ob die alsbaldige Verwertung unbillig ist.

3 **Unbilligkeit der alsbaldigen Verwertung.** Die Unbilligkeit muss sich aus dem Zeitmoment ergeben. So kann eine alsbaldige Verwertung unbillig sein, wenn der VollstrSchuldner innerhalb eines überschaubaren Zeitraums die Abgabenschuld sowie die VollstrKosten durch Ratenzahlungen tilgen kann. Als überschaubar gelten 12 Monate (HHSp § 297 Rn. 12). Jedoch müssen hinreichende Anhaltspunkte dafür vorliegen, dass der Voll-

strSchuldner die in Aussicht genommenen Zahlungsfristen einhalten kann und will (Abschn. 40 S. 2 VollstrA).

4 **Die Entscheidung** ist eine Ermessensentscheidung (§ 5), bei der die Interessen des VollstrSchuldners (insb. die erheblichen Nachteile durch eine alsbaldige Verwertung) und das öffentliche Interesse an der Beitreibung der Forderung gegeneinander abzuwägen sind. Die gesetzten Zahlungsfristen lassen die Fälligkeit unberührt; Säumniszuschläge (§ 240) fallen weiterhin an.

5 **Rechtsbehelfe.** Da es sich bei § 297 um einen speziellen VollstrAufschub handelt (→ Rn. 1), gelten die dortigen Ausführungen entsprechend (→ § 258 Rn. 19 f.). Vorläufiger Rechtsschutz erfolgt nach § 114 I FGO (BFH 26.6.1990 – VII B 161/89, BFH/NV 1991, 393).

§ 298 Versteigerung

(1) **Die gepfändeten Sachen dürfen nicht vor Ablauf einer Woche seit dem Tag der Pfändung versteigert werden, sofern sich nicht der Vollstreckungsschuldner mit einer früheren Versteigerung einverstanden erklärt oder diese erforderlich ist, um die Gefahr einer beträchtlichen Wertverringerung abzuwenden oder unverhältnismäßige Kosten längerer Aufbewahrung zu vermeiden.**

(2) [1] **Zeit und Ort der Versteigerung sind öffentlich bekannt zu machen; dabei sind die Sachen, die versteigert werden sollen, im Allgemeinen zu bezeichnen.** [2] **Auf Ersuchen der Vollstreckungsbehörde hat ein Gemeindebediensteter oder ein Polizeibeamter der Versteigerung beizuwohnen.** [3] **Die Sätze 1 und 2 gelten nicht für eine Versteigerung nach § 296 Absatz 1 Satz 2 Nummer 2.**

(3) **§ 1239 Absatz 1 Satz 1 des Bürgerlichen Gesetzbuchs gilt entsprechend; bei der Versteigerung vor Ort (§ 296 Absatz 1 Satz 2 Nummer 1) ist auch § 1239 Absatz 2 des Bürgerlichen Gesetzbuchs entsprechend anzuwenden.**

Vergleichbare Vorschrift: § 816 I, III und IV ZPO
Hinweis auf **VollzA:** Abschn. 51 IV
DV-Verwertung: Nr. 15 ff.

Schrifttum: Remmert, Das Gesetz über die Internetversteigerung in der Zwangsvollstreckung, NJW 2009, 2572.

I. Allgemeines

1 Die Vorschrift wurde zuletzt im Zuge der gesetzlichen Neuregelung der Internetversteigerung (→ § 296 Rn. 1) geändert (Abs. 2 S. 3) und teilweise neu gefasst (Abs. 3). § 298 regelt besondere Formvorschriften für den in der Praxis wohl wichtigsten Fall der Verwertung, nämlich die Versteigerung. **Abs. 1** schreibt grds. eine Wartefrist von einer Woche vor, um dem VollstrSchuldner Gelegenheit zur Zahlung, den Beteiligten zur Beschaffung von Bietern sowie Dritten zur Geltendmachung ihrer Rechte nach §§ 262, 293 zu geben (BGH 5.7.2007 – III ZR 143/06, NJW-RR 2008, 338; Anders/Gehle ZPO § 816 Rn. 4). **Abs. 2 S. 1** sichert die Publizität der Versteigerung, indem er ua die öffentliche Bekanntmachung von Zeit und Ort der Versteigerung vorschreibt. Nach **Abs. 2 S. 2** kann die VollstrStelle, wenn ihr der geordnete Ablauf der Versteigerung gefährdet erscheint, vorbeugend Polizeibeamte oder Gemeindebedienstete hinzuziehen. **Abs. 2 S. 3** bestimmt, dass diese Vorgaben für die Internetversteigerung nicht gelten. **Abs. 3 Hs. 1** gestattet dem Gläubiger und dem Eigentümer das Mitbieten bei der Versteigerung. Bei der Internetversteigerung kommt § 1239 II BGB nicht zur Anwendung. Eine Zurückweisung des Gebots des Eigentümers, falls der Betrag nicht bar entrichtet wird, kommt nach **Abs. 3 Hs. 2** nur bei der Versteigerung vor Ort, nicht aber bei der Internetversteigerung in Betracht.

II. Wartefrist (Abs. 1)

Die Wartefrist beträgt vom Tag der Pfändung an bis zur Versteigerung im Grundsatz mindestens **eine Woche.** Dies muss die VollstrStelle sowohl bei der Anordnung der Versteigerung gegenüber dem VollstrSchuldner (→ § 296 Rn. 3 f.) als auch bei der (internen) Beauftragung des Vollziehungsbeamten zur Durchführung der Versteigerung beachten (Abschn. 51 I 2; IV VollzA). Die einwöchige Schutzfrist gilt auch für den freihändigen Verkauf (§ 305) und die Anschlusspfändung (§ 307), wobei die Wochenfrist für jeden Gläubiger gesondert zu bestimmen ist (MüKo ZPO § 816 Rn. 2). 2

Ausnahmsweise gilt die Frist nicht, wenn sich der VollstrSchuldner mit einer sofortigen Versteigerung **einverstanden** erklärt (§ 298 I 1. Alt.). Die Wochenfrist ist ferner nicht zu beachten, wenn bei fortdauernder Aufbewahrung der zu versteigernden Sache die Gefahr einer **beträchtlichen Wertverringerung** (zB durch Verderb, Aktualitätsverlust bei Zeitschriften, Modeartikeln) besteht (§ 298 I 2. Alt.). Entsprechendes gilt, um **unverhältnismäßige Kosten** einer längeren Aufbewahrung zu vermeiden (§ 298 I 3. Alt.), zB bei relativ geringwertigen Gegenständen oder der Fütterung und Pflege von Vieh. 3

III. Öffentliche Bekanntmachung (Abs. 2)

Mussinhalt. Die öffentliche Bekanntmachung muss nach § 298 II 1 Zeit und Ort sowie eine allg. Bezeichnung der zu versteigernden Sachen (zB Hausrat, Möbel, Schlachtvieh) enthalten. Bei besonders wertvollen Pfandstücken ist eine genaue Bezeichnung erforderlich (Antiquitäten, Baukran, Schmuckstücke). Die **Art und Weise** der öffentlichen Bekanntmachung steht im Ermessen der VollstrBehörde. Je nach Art der Pfandsache und dem möglichen Bieterkreis kommen Anschläge im Dienstgebäude, Veröffentlichungen in Tageszeitungen oder auch in Fachzeitschriften in Frage. Die öffentliche Bekanntmachung muss rechtzeitig erfolgen; spätestens einen Tag vor dem Termin, was sich aber regelmäßig als zu kurz erweisen dürfte (Zöller ZPO § 816 Rn. 4). Der VollstrSchuldner und die Gläubiger, die im Anschluss gepfändet haben, sollen benachrichtigt werden (Abschn. 51 IV VollzA). Wird die Versteigerung (zB gem. § 299 III 1) wiederholt oder nach Aufhebung neu angeordnet, muss die öffentliche Bekanntmachung abermals erfolgen (Anders/Gehle ZPO § 816 Rn. 14). Dies gilt auch für die Benachrichtigung des VollstrSchuldners und der Anschlusspfandgläubiger (TK § 298 Rn. 7). 4

Ort der Versteigerung. Im Gegensatz zu § 816 II ZPO enthält § 298 keine Bestimmung über den Ort der Versteigerung. Diesen bestimmt die VollstrStelle nach pflichtgemäßem Ermessen im Versteigerungsauftrag. Für die Auswahl des Ortes kommt es entscheidend darauf an, wo die bestmögliche Verwertung zu erwarten ist (TK § 298 Rn. 9). 5

Ob die **Anwesenheit öffentlicher Bediensteter** zum Schutz der störungsfreien Abwicklung erforderlich ist, richtet sich nach den Umständen des Einzelfalls. Bei der Versteigerung sehr wertvoller Sachen oder bei zu erwartender Störung durch den VollstrSchuldner kann gem. § 298 II 2 auch die Polizei um Hilfe ersucht werden; § 298 II 2 ist lex specialis zu §§ 287 III und 288 (HHSp § 298 Rn. 19). „Ein" Gemeindebediensteter oder „ein" Polizeibeamter ist nicht wörtlich zu nehmen; es kann auch die Anwesenheit mehrerer Bediensteter erforderlich sein (TK § 298 Rn. 10). 6

Bei der Internetversteigerung ist die Öffentlichkeit per se gewahrt, weshalb eine öffentliche Bekanntgabe nicht erforderlich ist (Abs. 2 S. 3). Es handelt sich um eine permanente öffentliche Versteigerung durch das HZA Gießen. Siehe www.zoll-auktion.de. 6a

IV. Eigentümer und Gläubiger als Mitbieter (Abs. 3)

Der Pfandgläubiger und der Eigentümer dürfen mitbieten (§ 298 III AO iVm § 1239 I 1 BGB). **Pfandgläubiger** ist der VollstrGläubiger, dh die Körperschaft, der die VollstrBehörde angehört (§ 252). Soweit die VollstrBehörde die Ansprüche anderer Körperschaften vollstreckt, können auch diese mitbieten. Da § 299 IV vom „Gläubiger" 7 spricht, gilt dies auch für den Inhaber des Anspruchs aus dem StSchuldverhältnis (TK § 298 Rn. 11). Zur Wahrung der Unparteilichkeit bei der Abwicklung des Verfahrens ist dem versteigernden Vollziehungsbeamten und seinen Gehilfen eine Gebotsabgabe weder für sich persönlich noch durch einen anderen (Stellvertreter) oder als Vertreter eines anderen gestattet (Anders/Gehle ZPO § 816 Rn. 23; Abschn. 53 IV 1 VollzA). Dies gilt auch für die Angehörigen des Vollziehungsbeamten (s. Abschn. 53 IV 2 VollzA). Bietet der **Eigentümer** mit, darf sein Gebot zurückgewiesen werden, wenn der Betrag nicht sogleich in bar hinterlegt wird (§ 298 III AO iVm § 1239 II 1 BGB). Bei dem Eigentümer wird es sich meist, jedoch nicht notwendigerweise, um den VollstrSchuldner handeln, der deshalb auch dann mietbieten darf, wenn er nicht zugleich Eigentümer ist (TK § 298 Rn. 12). Für das Gebot des Schuldners gilt die Hinterlegungspflicht gleichermaßen (§ 298 III AO iVm § 1239 II 2 BGB). Erhält der VollstrSchuldner den Zuschlag, darf der VollstrGläubiger die ersteigerte Sache erneut pfänden, wenn die volle Befriedigung noch nicht erreicht ist (TK § 298 Rn. 12). Die Verweisung auf § 1239 II BGB gilt nur für die Präsenzversteigerung (Versteigerung vor Ort) und nicht für die Internetversteigerung, da die Zurückweisung eines Gebots für den Fall, dass der Betrag nicht sofort oder bis zum Ende der Versteigerung in bar bezahlt wird, hier nicht praktikabel ist (BT-Drs. 16/12811, 11).

V. Rechtsbehelfe bei Verstößen

8 **Anfechtbarkeit.** Wird die **Wartefrist** nach § 298 I (→ Rn. 2) nicht eingehalten, ist die Versteigerung rechtswidrig (Zöller ZPO § 816 Rn. 7). Die Abkürzung der Wartefrist beinhaltet einen mit dem Einspruch (§ 347) anfechtbaren VA (TK § 298 Rn. 4). Nach Durchführung der Versteigerung wird ein eingelegter Rechtsbehelf gegenstandslos (→ § 296 Rn. 9).

9 **Unwirksamkeit als Ausnahme.** Bei Verstößen gegen das **Öffentlichkeitsgebot** nach § 298 II (→ Rn. 4) muss differenziert werden. Fehlt die öffentliche Bekanntmachung nach § 298 II 1 gänzlich, liegt ein schwerer Verfahrensverstoß vor und ist die Versteigerung nicht wirksam (Schwarz/Pahlke/Keß § 298 Rn. 9). Dies gilt auch dann, wenn dennoch zahlreiche Personen als Bieter erschienen sind und Zugang zur Versteigerung hatten (Gosch AO § 298 Rn. 12; HHSp § 298 Rn. 33; Klein § 298 Rn. 5; aA TK § 298 Rn. 8; Anders/Gehle ZPO § 816 Rn. 18). Alle übrigen Fehler bei der Bekanntmachung führen immer zur Rechtswidrigkeit und berechtigen zur Anfechtung; daneben können ggf. Ansprüche auf Schadensersatz unter dem Gesichtspunkt einer Amtspflichtverletzung (Art. 34 GG, § 839 BGB) bestehen (HHSp § 298 Rn. 33).

10 **Heilung.** Bieten nach § 298 III **ausgeschlossene Personen,** wird dieser Mangel analog § 451 BGB geheilt, wenn alle Beteiligten zustimmen oder einverstanden sind (Zöller ZPO § 816 Rn. 7); andernfalls ist der Eigentumserwerb unwirksam (Anders/Gehle ZPO § 816 Rn. 25; HHSp § 298 Rn. 34).

§ 299 Zuschlag

(1) [1]**Bei der Versteigerung vor Ort (§ 296 Absatz 1 Satz 2 Nummer 1) soll dem Zuschlag an den Meistbietenden ein dreimaliger Aufruf vorausgehen.** [2]**Bei einer Versteigerung im Internet (§ 296 Absatz 1 Satz 2 Nummer 2) ist der Zuschlag der Person erteilt, die am Ende der Versteigerung das höchste Gebot abgegeben hat, es sei denn, die Versteigerung wird vorzeitig abgebrochen; sie ist von dem Zuschlag zu benachrichtigen.** [3]**§ 156 des Bürgerlichen Gesetzbuchs gilt entsprechend.**

(2) [1]**Die Aushändigung einer zugeschlagenen Sache darf nur gegen bare Zahlung geschehen.** [2]**Bei einer Versteigerung im Internet darf die zugeschlagene Sache auch ausgehändigt werden, wenn die Zahlung auf dem Konto der Finanzbehörde gutgeschrieben ist.** [3]**Wird die zugeschlagene Sache übersandt, so gilt die**

Aushändigung mit der Übergabe an die zur Ausführung der Versendung bestimmte Person als bewirkt.

(3) [1]**Hat der Meistbietende nicht zu der in den Versteigerungsbedingungen bestimmten Zeit oder in Ermangelung einer solchen Bestimmung nicht vor dem Schluss des Versteigerungstermins die Aushändigung gegen Zahlung des Kaufgeldes verlangt, so wird die Sache anderweitig versteigert.** [2]**Der Meistbietende wird zu einem weiteren Gebot nicht zugelassen; er haftet für den Ausfall, auf den Mehrerlös hat er keinen Anspruch.**

(4) [1]**Wird der Zuschlag dem Gläubiger erteilt, so ist dieser von der Verpflichtung zur baren Zahlung so weit befreit, als der Erlös nach Abzug der Kosten der Vollstreckung zu seiner Befriedigung zu verwenden ist.** [2]**Soweit der Gläubiger von der Verpflichtung zur baren Zahlung befreit ist, gilt der Betrag als von dem Schuldner an den Gläubiger gezahlt.**

Vergleichbare Vorschrift: § 817 ZPO
Hinweis auf **VollzA:** Abschn. 53, 54
Versteigerungsbedingungen für die Zollauktion (www.zoll-auktion.de): § 3

Schrifttum: Viertelhausen, Internetversteigerung in der Zwangsvollstreckung, KKZ 2008, 265; Remmert, Das Gesetz über die Internetversteigerung in der Zwangsvollstreckung, NJW 2009, 2572.

I. Allgemeines

Im Zuge der gesetzlichen Regelung der Internetversteigerung (→ § 296 Rn. 1) wurde § 299 I neu gefasst und § 299 II um drei Sätze erweitert. § 299 regelt das Verfahren bei der Versteigerung. Im Gesetz sind nur wesentliche Verfahrensfragen geregelt, wie die Erteilung des Zuschlags **(Abs. 1),** das Barzahlungsgebot **(Abs. 2),** die anderweitige Verwertung, wenn der Ersteher seiner Zahlungspflicht nicht nachgekommen ist **(Abs. 3),** und die Zahlungsbefreiung des VollstrGläubigers, wenn er den Zuschlag erhält **(Abs. 4).** 1

II. Das Versteigerungsverfahren bis zum Zuschlag (Abs. 1)

Versteigerungsbedingungen. Der Vollziehungsbeamte muss bei der **Versteigerung vor Ort** (§ 296 I 2 Nr. 1) nach Eröffnung des Versteigerungstermins die gesetzlichen und etwaige weitere Versteigerungsbedingungen bekannt geben (Abschn. 54 I VollzA). Die in Abschn. 53 II-VII VollzA aufgeführten gesetzlichen Versteigerungsbedingungen ergeben sich im Wesentlichen aus den §§ 283, 299, 300, 301 und 156 BGB sowie § 450 I BGB analog. Für die **Internetversteigerung** (§ 296 I 2 Nr. 2) gelten die unter www.zoll-auktion.de für jeden zugänglichen Versteigerungsbedingungen (s. hier insb. § 3 der Versteigerungsbedingungen), die an die Stelle der gesetzlichen Versteigerungsbedingungen treten (Abschn. 53 VIII VollzA). 2

Ausgebot. Nach Bekanntgabe der Versteigerungsbedingungen sind die Sachen bei der **Versteigerung vor Ort** (§ 296 I 2 Nr. 1) den Erschienenen zur Besichtigung vorzuzeigen und die Anwesenden zum Bieten aufzufordern. Diese Aufforderung wird als Ausgebot bezeichnet. Bei der **Internetversteigerung** (§ 296 I 2 Nr. 2) erfolgt das Ausgebot durch die Einstellung in die Verkaufsplattform www.zoll-auktion.de zu einem Anfangsgebot, das gleichzeitig das Mindestgebot beinhaltet (§ 3 II 1, 2 der Versteigerungsbedingungen). 3

Gebot. Die Gebote der Interessenten sind – wie der gesetzgeberische Verweis auf § 156 BGB zeigt – als Anträge auf Abschluss eines öffentlich-rechtlichen Vertrages zu werten (Anders/Gehle ZPO § 817 Rn. 7; Klein § 299 Rn. 2 f.; aA Gosch AO § 299 Rn. 7; HHSp § 299 Rn. 4, 13: Antrag auf Erteilung des einseitig hoheitlichen Zuschlags; s. auch § 3 IV der Versteigerungsbedingungen). Sie sind damit Prozesshandlungen (BGH 14.4.2005 – V ZB 9/05, NJW-RR 2005, 1359) und als solche bedingungsfeindlich. Die rechtliche Einordnung als Prozesshandlung steht zudem einer Anfechtung nach §§ 119 ff. BGB entgegen (HHSp § 299 Rn. 13; MüKo ZPO § 817 Rn. 7; allg. Gräber FGO Vor 4

§ 33 Rn. 37; aA TK § 299 Rn. 4; Zöller ZPO § 817 Rn. 5), ebenso einem Widerruf (HHSp § 299 Rn. 13; aA Stein/Jonas ZPO § 817 Rn. 8). Das Gebot erlischt, sobald ein Übergebot abgegeben oder die Versteigerung ohne Erteilung des Zuschlags geschlossen wird (§ 299 I AO iVm § 156 S. 2 BGB), sowie mit seiner Zurückweisung durch den Vollziehungsbeamten entspr. § 146 BGB (Zöller ZPO § 817 Rn. 5).

5 **Zuschlag.** Die zu versteigernde Sache ist dem Meistbietenden zuzuschlagen (§ 299 I iVm § 156 S. 1 BGB). Anders als bei § 81 I ZVG begründet das Meistgebot (= das höchste abgegebene Gebot) kein Recht auf Erteilung des Zuschlags (Klein § 299 Rn. 3). Der Zuschlag ist gem. § 300 I 1 zu versagen, wenn das Meistgebot hinter dem Mindestgebot zurückbleibt. Zur grundlosen Versagung → Rn. 9. Dem Zuschlag soll bei der **Versteigerung vor Ort** (§ 296 I 2 Nr. 1) gem. § 299 I 1 ein **dreimaliger Aufruf** vorausgehen. Der Zuschlag ist **Hoheitsakt,** durch den mit der Abgabe (Verkündung) ein bestimmtes Gebot als Meistgebot akzeptiert („angenommen") und ein öffentlich-rechtlicher Vertrag zwischen dem Staat, vertreten durch den Vollziehungsbeamten, und dem Ersteher begründet wird (vgl. BT-Drs. 16/12811, 8; ebenso TK § 299 Rn. 6, MüKo ZPO § 817 Rn. 5; aA HHSp § 299 Rn. 4, 15; Zöller ZPO § 817 Rn. 7; auch → Rn. 4). Er beendet die Versteigerung, begründet aber noch keinen Eigentumsübergang (→ Rn. 6). Bei der **Internetversteigerung** (§ 296 I 2 Nr. 2) wird nach § 299 I 2 HS 1 der Zuschlag demjenigen erteilt, der am Ende der Versteigerung das höchste Gebot abgegeben hat (§ 3 IV der Versteigerungsbedingungen). Zum Abbruch s. § 3 VI der Versteigerungsbedingungen.

III. Aushändigung der zugeschlagenen Sachen (Abs. 2)

6 **Eigentumsübergang.** Die Übereignung der versteigerten Sache erfolgt bei der **Versteigerung vor Ort** (§ 296 I 2 Nr. 1) durch den Vollziehungsbeamten, indem er die Sache dem Ersteher aushändigt, dh körperlich übergibt (Zöller ZPO § 817 Rn. 8). Die Aushändigung führt als staatlicher Hoheitsakt zum lastenfreien Eigentumserwerb unabhängig davon, ob der Schuldner Eigentümer oder der Ersteher gutgläubig war (BGH 2.7.1992 – IX ZR 274/91, NJW 1992, 2570; → § 296 Rn. 5). Mit der Aushändigung endet zugleich die Verstrickung (→ § 281 Rn. 10). Die Aushändigung darf **nur gegen Barzahlung** erfolgen (§ 299 II). Ein Verstoß gegen das Barzahlungsgebot führt zur Unwirksamkeit der Eigentumsübertragung (TK § 299 Rn. 7). Zu den Ausnahmen des Barzahlungsgebots in § 299 IV → Rn. 8. Bei der **Internetversteigerung** (§ 296 I 2 Nr. 2) wird gem. § 299 II 2 auf das Barzahlungsgebot verzichtet. Hier ist die Überweisung auf ein Konto der FB zulässig. Mit der E-Mail über die Zuschlagserteilung erfährt der Ersteigerer die Zahlungs- und Abholungsmodalitäten (Zahlungsfrist 10 Tage; s. § 3 VII der Versteigerungsbedingungen). Eine Aushändigung der zugeschlagenen Sache darf erfolgen, sobald die Zahlung auf dem Konto der FB gutgeschrieben ist. Statt der Abholung durch den Ersteigerer ist auch eine Zusendung möglich (§ 5 I der Versteigerungsbedingungen). Nach § 299 II 3 gilt die Aushändigung mit der Übergabe an die Versandperson (Post, Paketdienst, Spediteur etc.) als bewirkt (Eigentumsübergang auf den Erwerber wird fingiert). Zur Zusendung gehört auch eine ordnungsgemäße Verpackung (LG Magdeburg 24.11.2011 – 10 O 672/11, DGVZ 2012, 98). Der Ersteher trägt die Verlustgefahr während der Versendung (HHSp § 299 Rn. 23).

IV. Anderweitige Versteigerung (Abs. 3)

7 **Folgen bei Nichtzahlung.** Anderweitig versteigert wird die Sache, wenn der Meistbietende seine Barzahlungspflicht nicht innerhalb der in den Versteigerungsbedingungen festgelegten Zeit oder – wenn eine solche Festlegung fehlt – nicht spätestens vor Schluss des Versteigerungstermins erfüllt. Die Versteigerung kann sofort in dem noch laufenden oder in einem neuen Versteigerungstermin mit erneuter Bekanntgabe (§ 298 II) erfolgen. Der Meistbietende wird in einem späteren Termin nicht mehr zu einem Gebot zugelassen und haftet für den bei der nochmaligen Versteigerung entstehenden Ausfall (§ 299 III 2).

V. Zuschlag an den Gläubiger (Abs. 4)

Abs. 4 befreit als lex specialis zu Abs. 2 den Gläubiger von seiner Barzahlungspflicht insoweit, als der Erlös nach Abzug der Kosten der Zwangsversteigerung zu seiner Befriedigung zu verwenden ist. In der Praxis dürfte diese Vorschrift nur geringe Bedeutung haben, da die VollstrBehörde idR nicht mitbietet. 8

VI. Rechtsbehelfe bei Verstößen/Kosten

Amtshaftung. Wird der Zuschlag grundlos versagt oder der dreimalige Aufruf unterlassen (→ Rn. 5), kann diese Amtspflichtverletzung zu Schadenersatzansprüchen gem. Art. 34 GG iVm § 839 BGB führen (TK § 299 Rn. 6; Zöller ZPO § 817 Rn. 6). Dies gilt auch, wenn der Vollziehungsbeamte die zugeschlagene Sache nicht gem. § 299 II an den Meistbietenden abliefert (→ Rn. 5; Zöller ZPO § 817 Rn. 7) oder bei der Internetversteigerung nicht ordnungsgemäß verpackt an die Versandperson übergibt (LG Magdeburg 24.11.2011 – 10 O 672/11, DGVZ 2012, 98; TK § 299 Rn. 6). Die Kosten der Vollstr. hat gem. § 337 der VollstrSchuldner zu tragen. 9

§ 300 Mindestgebot

(1) [1]**Der Zuschlag darf nur auf ein Gebot erteilt werden, das mindestens die Hälfte des gewöhnlichen Verkaufswerts der Sache erreicht (Mindestgebot).** [2]**Der gewöhnliche Verkaufswert und das Mindestgebot sollen bei dem Ausbieten bekannt gegeben werden.**

(2) [1]**Wird der Zuschlag nicht erteilt, weil ein das Mindestgebot erreichendes Gebot nicht abgegeben worden ist, so bleibt das Pfandrecht bestehen.** [2]**Die Vollstreckungsbehörde kann jederzeit einen neuen Versteigerungstermin bestimmen oder eine anderweitige Verwertung der gepfändeten Sachen nach § 305 anordnen.** [3]**Wird die anderweitige Verwertung angeordnet, so gilt Absatz 1 entsprechend.**

(3) [1]**Gold- und Silbersachen dürfen auch nicht unter ihrem Gold- oder Silberwert zugeschlagen werden.** [2]**Wird ein den Zuschlag gestattendes Gebot nicht abgegeben, so können die Sachen auf Anordnung der Vollstreckungsbehörde aus freier Hand verkauft werden.** [3]**Der Verkaufspreis darf den Gold- oder Silberwert und die Hälfte des gewöhnlichen Verkaufswerts nicht unterschreiten.**

Vergleichbare Vorschrift: § 817a ZPO
Hinweis auf **VollStrA:** Abschn. 38
VollzA: Abschn. 54
DV-Verwertung: Nr. 10

I. Allgemeines

Indem der Zuschlag nur bei Erreichen eines bestimmten Mindestgebots erteilt werden darf, wird die **Verschleuderung** von Vermögenswerten in der Zwangsversteigerung verhindert. Dies erfordern die Eigentumsgarantie (Art. 14 I 1 GG) und der Verhältnismäßigkeitsgrundsatz (BVerfG 7.12.1977 – 1 BvR 734/77, NJW 1978, 368). **Abs. 1** bestimmt, wie das Mindestgebot zu bemessen und was weiter verfahrensmäßig zu beachten ist. **Abs. 2** regelt das Verfahren, wenn die Gebote das Mindestgebot nicht erreichen. Nach **Abs. 3** ist für Gold- und Silbersachen zusätzlich der Materialwert einzuhalten. 1

II. Mindestgebot (Abs. 1)

Mindestgebot. Nach der Legaldefinition des § 300 I 1 beträgt das Mindestgebot mindestens **die Hälfte** des gewöhnlichen Verkaufswerts. Gewöhnlicher Verkaufswert ist der 2 im freien Verkehr am Ort für Sachen gleicher Art und Güte durchschnittlich erzielbare Preis (s. Abschn. 48 I Nr. 4 VollzA). Der Vollziehungsbeamte hat ihn bereits bei der Pfändung zu schätzen; ggf. ist ein Sachverständiger hinzuziehen (→ § 295 Rn. 45 f.). Zum Mindestgebot bei Gold- und Silbersachen → Rn. 6.

3 **Bekanntgabe.** Der gewöhnliche Verkaufspreis und das Mindestgebot sollen beim Ausbieten (→ § 299 Rn. 3) bekanntgegeben werden (§ 300 I 2). Hierdurch sollen die Interessenten in die Lage versetzt werden, realistische Gebote abgeben zu können (HHSp § 300 Rn. 8). Zu den Folgen einer unterbliebenen Bekanntgabe → Rn. 7.

4 **Zuschlagerteilung.** Wird das Mindestgebot nicht erreicht, darf kein Zuschlag erteilt werden (Verstoß → Rn. 7). Ausnahmsweise darf hiervon abgesehen werden, wenn der VollstrSchuldner und alle Gläubiger mit dem geringeren Gebot einverstanden sind (Klein § 300 Rn. 4; Gosch AO § 299 Rn. 5), wenn die Gefahr einer beträchtlichen Wertverringerung besteht oder wenn unverhältnismäßige Kosten einer längeren Aufbewahrung vermieden werden müssen (→ § 298 Rn. 3; TK § 300 Rn. 2). Hier kommt auch die besondere Verwertung (§ 305) in Betracht.

III. Nichterteilung des Zuschlags (Abs. 2)

5 **Neuer Termin.** Bei Nichterteilung des Zuschlags bleibt das Pfandrecht weiter bestehen (§ 300 II 1). IdR wird ein neuer Versteigerungstermin bestimmt (§ 300 II 2 1. Alt). Auch im neuen Termin **gilt das Mindestgebot** (Zöller ZPO § 817a Rn. 4). Möglich ist zudem eine anderweitige Verwertung (§ 305), bei der ein dem Mindestgebot entsprechender Mindestpreis erzielt werden muss (§ 300 II 2 Alt. 2, § 300 II 3). Ist der erneute und ggf. auch ein weiterer Verwertungsversuch ebenso fehlgeschlagen, ist die Pfändung nach pflichtgemäßem Ermessen aufzuheben (HHSp § 300 Rn. 15). Andernfalls kann der VollstrSchuldner die Aufhebung durch Einspruch (§ 347) verlangen (Klein § 300 Rn. 3).

IV. Sonderregelung bei Gold- und Silbersachen (Abs. 3)

6 **Mindestens Metallwert.** Bei Gold- und Silbersachen einschl. Gegenständen aus Platin ist nicht nur das Mindestgebot nach § 300 I 1 einzuhalten, sondern darüber hinaus auch der Metall- bzw. Materialwert (§ 300 III 1). Der Metallwert ist gem. § 295 S. 1 iVm § 813 I 2 ZPO durch einen Sachverständigen zu schätzen (→ § 295 Rn. 46; Abschn. 51 V 1 VollzA). Metallwert ist der ohne Rücksicht auf die Verarbeitung anzusetzende reine Materialwert. Die Bekanntgabe des Metallwerts beim Ausbieten ist nicht zwingend vorgeschrieben (Gosch AO § 300 Rn. 8), idR aber zweckmäßig und deshalb geboten (TK § 300 Rn. 7; vgl. auch Abschn. 38 S. 2 VollstrA). Im Fall der Bekanntgabe führt die Nichteinhaltung aber nicht zur Unwirksamkeit des Eigentumsübergangs auf den Ersteher (→ Rn. 7; Gosch AO § 300 Rn. 8; aA HHSp § 300 Rn. 19). Kommt ein Zuschlag mangels Mindestgebots nicht zustande, können die Sachen auf Anordnung der VollstrStelle auch **freihändig** verkauft werden (§ 300 II 2). Hierbei darf der Verkaufspreis den Metallwert und die Hälfte des gewöhnlichen Verkaufswerts nicht unterschreiten (§ 300 II 3). Sind Gold- und Silbersachen auch zum Metallwert nicht freihändig veräußerbar, ist die Pfändung aufzuheben (TK § 300 Rn. 8).

V. Rechtsfolgen von Verstößen

7 **Amtshaftung.** Unterbleibt die Bekanntgabe des Verkaufswerts und Mindestgebots nach § 300 I 2 (→ Rn. 3), sind Zuschlag und Eigentumsübergang auf den Ersteher dennoch wirksam (Sollvorschrift). Gleiches gilt für die Nichtfestsetzung oder eine falsche Festsetzung des Mindestgebots (TK § 300 Rn. 3). In all diesen Fällen kann aber ein Schadensersatzanspruch aus Amtspflichtverletzung nach § 839 BGB iVm Art. 34 GG gegeben sein (Anders/Gehle ZPO § 817a Rn. 8).

Unwirksamkeit als Ausnahme. Erteilt der Vollziehungsbeamte den Zuschlag hingegen unter bewusster Missachtung des bekannt gegebenen Mindestgebots, handelt es sich unter Berücksichtigung des Schutzzwecks (→ Rn. 1) um einen **besonders schwerwiegenden und offenkundigen Verfahrensfehler** (§ 125 I), sodass der Zuschlag und der ihm folgende Eigentumserwerb unwirksam sind (str., ebenso HHSp § 300 Rn. 9; Klein § 300 Rn. 4; TK § 300 Rn. 3; ähnlich auch Gosch AO § 300 Rn. 5; Zöller ZPO § 817a Rn. 6; aA Thomas/Putzo ZPO § 817a Rn. 3; MüKo ZPO § 817a Rn. 2). Dies gilt auch für einen Verstoß gegen § 300 III (→ Rn. 6).

§ 301 Einstellung der Versteigerung

(1) **Die Versteigerung wird eingestellt, sobald der Erlös zur Deckung der beizutreibenden Beträge einschließlich der Kosten der Vollstreckung ausreicht.**

(2) [1]**Die Empfangnahme des Erlöses durch den versteigernden Beamten gilt als Zahlung des Vollstreckungsschuldners, es sei denn, dass der Erlös hinterlegt wird (§ 308 Absatz 4).** [2]**Als Zahlung im Sinne von Satz 1 gilt bei einer Versteigerung im Internet auch der Eingang des Erlöses auf dem Konto der Finanzbehörde.**

Vergleichbare Vorschriften: §§ 818, 819 ZPO
Hinweis auf **VollzA:** Abschn. 55
DV-Verwertung: Nr. 19

Allgemeines. Im Zuge der gesetzlichen Regelung der Internetversteigerung (→ § 296 Rn. 1) erhielt § 300 II einen zweiten Satz, der eine Zahlungsfiktion für die Internetversteigerung aufstellt, wonach der Eingang des Erlöses auf dem Konto der FB als Zahlung gilt. **Abs. 1** übernimmt den bereits in § 281 II aufgestellten Grundsatz des Verbots der Überpfändung (→ § 281 Rn. 1, 11) für das Versteigerungsverfahren. **Abs. 2** regelt den Zeitpunkt, in dem die Befriedigung und damit das Ziel der Vollstr. eintritt. Diese Regelung dient der Rechtssicherheit und ist streng auszulegen (Anders/Gehle ZPO § 819 Rn. 2). 1

Einstellung der Versteigerung (Abs. 1). Die Vorschrift setzt eine Mehrheit von Pfandstücken voraus. Reicht der Erlös zur Deckung der beizutreibenden Beträge und der Kosten der Vollstr. (§§ 337 ff.) aus, muss die Versteigerung eingestellt werden, um den VollstrSchuldner vor Vermögensverlusten zu bewahren. Liegt eine Anschlusspfändung (§ 307) vor, sind die Rechte dieses Gläubigers zu berücksichtigen, wenn die Schutzfrist des § 298 I bereits abgelaufen ist (→ § 298 Rn. 2). Hier muss die Versteigerung so lange fortgesetzt werden, bis auch für die Anschlusspfändung eine Deckung iSd § 301 I gegeben ist. Zu Verstößen → Rn. 4. Mit der Einstellung erlöschen alle Gebote, soweit sie nicht gem. § 299 I AO iVm § 156 S. 2 BGB den Zuschlag erhalten haben. 2

Die **Empfangnahme des Erlöses (Abs. 2)** durch den versteigernden Vollziehungsbeamten **gilt** grds. **als Zahlung** des VollstrSchuldners (§ 300 II 1); bei der Internetversteigerung gilt der Eingang des Erlöses auf dem Konto der FB als Zahlung (§ 300 II 1). Der Vollziehungsbeamte erwirbt das Eigentum an den Zahlungsmitteln unmittelbar für den Fiskus mit Tilgungswirkung (→ § 292 Rn. 5). Damit erlischt der Anspruch aus dem StSchuldverhältnis (§ 47) und mit ihm das Pfändungspfandrecht (→ § 281 Rn. 10); Anschlusspfändungen scheiden aus, auch alle anderweitig in Betracht kommenden Rechte am Erlös sind erloschen (Gosch AO § 301 Rn. 4; HHSp § 301 Rn. 16; aA TK § 301 Rn. 2; Schwarz/Pahlke/Keß § 301 Rn. 6; Anders/Gehle ZPO § 819 Rn. 3: Erlöschen erst mit Abführung, bis dahin Surrogation am Erlös). Die **Zahlungsfiktion gilt nicht,** wenn der Erlös nach § 308 IV hinterlegt wird. Die Tilgungswirkung steht in diesem Fall unter der aufschiebenden Bedingung, dass der VollstrBehörde der hinterlegte Betrag im Verteilungsverfahren tatsächlich zugesprochen wird (HHSp § 301 Rn. 17). 3

4 **Rechtsfolgen von Verstößen.** Setzt der Vollziehungsbeamte die Versteigerung fort, obwohl diese nach § 301 I einzustellen wäre (→ Rn. 2), ist das für die Wirksamkeit des Zuschlags und den Eigentumsübergang auf den Ersteher unerheblich. Allerdings kann diese **Amtspflichtverletzung** zu Schadensersatzansprüchen nach Art. 34 GG iVm § 839 BGB führen (HHSp § 301 Rn. 11).

§ 302 Wertpapiere

Gepfändete Wertpapiere, die einen Börsen- oder Marktpreis haben, sind aus freier Hand zum Tageskurs zu verkaufen; andere Wertpapiere sind nach den allgemeinen Vorschriften zu versteigern.

Vergleichbare Vorschrift: § 821 ZPO
Hinweis auf **VollstrA:** Abschn. 37
VollzA: Abschn. 15 II–V
DV-Verwertung: Nr. 33

1 **Allgemeines.** Wertpapiere werden bei der ZwangsVollstr. wie bewegliche körperliche Sachen behandelt. § 302 regelt die Pfandverwertung von Wertpapieren, deren erzielbarer Erlös mit einem durch ihren Börsen- oder Marktpreis ausgedrückten Wert sicher gewährleistet ist (Zöller ZPO § 821 Rn. 1).

2 **Begriff.** Wertpapiere iSd § 302 sind Urkunden, die das in ihnen verbriefte Recht derart verkörpern, dass sie selbst zum Träger des Rechts werden, sodass der Besitz der Urkunden zur Ausübung des Rechts notwendig ist (s. Abschn. 15 II VollzA). Das Recht aus dem Papier folgt dem Recht am Papier. Wertpapiere werden dadurch gepfändet, dass sie der Vollziehungsbeamte gem. § 286 II durch Wegnahme in Besitz nimmt (→ § 286 Rn. 7, 10). Wertpapiere sind sowohl **Inhaberpapiere,** wie zB Inhaberaktie, Inhaberschuldverschreibung (§§ 793 ff. BGB), Investmentzertifikat auf den Inhaber, Pfandbrief, Grund- und Rentenschuldbrief auf den Inhaber (§§ 1195, 1199 BGB), Scheck sowie die sog. kleinen Inhaberpapiere iSd § 807 BGB wie Lotterielose, Theater- oder andere Eintrittskarten, Briefmarken (BGH 11.10.2005 – XI ZR 395/04, NJW 2006, 54) und Biermarken (s. Abschn. 15 V VollzA), als auch **Namenspapiere,** wie zB Namensaktien (§§ 10, 67 AktG), Zwischenscheine (§§ 8, 10 AktG), auf den Namen lautende Genussscheine, auf den Namen umgeschriebene Schuldverschreibungen, Rektawechsel (§ 11 II WG) und Rektaschecks (§ 14 II ScheckG). Zu Einzelheiten s. Abschn. 15 III Nr. 1 VollzA; Zöller ZPO § 821 Rn. 4).

3 **Keine Wertpapiere** sind **Legitimationspapiere** (§ 808 BGB), dh Urkunden, die lediglich der Ausweiserleichterung dienen, sodass sich der Schuldner der verbrieften Forderung durch Leistung an den jeweiligen Inhaber befreien kann, wie zB Sparbuch, Depot- und Pfandschein, Flugschein, Kfz-Brief und Lebensversicherungspolice (→ § 286 Rn. 10; Abschn. 15 IV VollzA; Zöller ZPO § 821 Rn. 6). Ebenso sind **Wechsel,** die durch Indossament übertragen werden, und **Beweisurkunden** (wie zB Bahncard, Gepäckscheine, Garderobemarken, Reparaturscheine, Schuldscheine) keine Wertpapiere. Zu den Orderpapieren s. MüKo ZPO § 821 Rn. 3.

4 **Wertpapiere mit Börsen- oder Marktpreis (HS 1)** sind unverzüglich freihändig durch ein Kreditinstitut (oder einen Makler) zum Tageskurs zu verkaufen (s. Abschn. 37 I 1 VollstrA). Die Voraussetzungen der §§ 296, 298–300 müssen nicht erfüllt sein. **Börsenpreis** ist der amtliche Kurs des an der Börse zugelassenen Papiers (s. § 24 I BörsG). **Marktpreis** ist der an dem maßgeblichen Handelsplatz festgestellte Preis (Zöller ZPO § 821 Rn. 7).

5 **Wertpapiere ohne Börsen- oder Marktpreis (HS 2)** sind entweder nach §§ 296 ff. öffentlich zu versteigern oder auf Anordnung der VollstrStelle nach § 305 zu verwerten (s. Abschn. 37 I 2 VollstrA; TK § 302 Rn. 5).

§ 303 Namenspapiere

Lautet ein gepfändetes Wertpapier auf einen Namen, so ist die Vollstreckungsbehörde berechtigt, die Umschreibung auf den Namen des Käufers oder, wenn es sich um ein auf einen Namen umgeschriebenes Inhaberpapier handelt, die Rückverwandlung in ein Inhaberpapier zu erwirken und die hierzu erforderlichen Erklärungen an Stelle des Vollstreckungsschuldners abzugeben.

Vergleichbare Vorschriften: §§ 822, 823 ZPO
Hinweis auf **VollStrA:** Abschn. 37

Allgemeines. § 303 ergänzt § 302 und ermächtigt die VollstrBehörde, die für die Übertragung gepfändeter Namenspapiere erforderlichen Handlungen selbst vorzunehmen (s. Abschn. 37 II VollstrA). Dies geschieht durch Umschreibung eines gepfändeten Namenspapiers auf den Namen des Käufers **(1. Fall)** oder durch Rückumwandlung in ein Inhaberpapier, falls ein Inhaberpapier vor der Pfändung in ein Namenspapier umgewandelt worden ist **(2. Fall).** Für Namenspapiere, die nach § 312 gepfändet werden, gilt § 303 nicht. 1

Umschreibung von Namenspapieren (1. Fall). Bei Namenspapieren ist die Umschreibung auf den Namen des Käufers erforderlich, weil das verbriefte Recht demjenigen zusteht, dessen Name auf dem Papier angegeben ist. Namenspapiere müssen dem Erwerber bei der **Verwertung** aus freier Hand oder durch öffentliche Versteigerung durch **Abtretung und Übergabe** oder durch **Indossament** (§ 68 I AktG; zur Form s. Art. 13 WG) übertragen werden. Die Abtretungserklärung oder das Indossament wird dem Wertpapier am Schluss beigesetzt oder auf einen mit ihm zu verbindenden Bogen geschrieben (Zöller ZPO § 822 Rn. 1). Bei Namensaktien ist eine Umschreibung im Aktienregister der Gesellschaft zu beantragen (§ 67 IV AktG) und das mit dem Umschreibevermerk versehene Papier dem Ersteher zu übergeben. Bei all diesen erforderlichen Erklärungen handelt die VollstrBehörde „an Stelle" des VollstrSchuldners (HHSp § 303 Rn. 7). 2

Die Rückverwandlung in ein Inhaberpapier (2. Fall) ist erforderlich, wenn ein Inhaberpapier vor der Pfändung in ein Namenspapier umgewandelt worden ist. Der die hierzu notwendigen Satzungsregelungen ermöglichende § 24 AktG ist wegen mangelnder praktischer Relevanz durch die Aktienrechtsnovelle (BGBl. 2015 I 2565) mWv 31.12.2015 aufgehoben worden (vgl. BR-Drs. 22/15, 16). Die Regelung hat daher nur noch für Altfälle Bedeutung (vgl. Klein § 303 Rn. 3). Es bleibt die Umschreibung nach § 300 1. Alt. 3

§ 304 Versteigerung ungetrennter Früchte

[1]Gepfändete Früchte, die vom Boden noch nicht getrennt sind, dürfen erst nach der Reife versteigert werden. [2]Der Vollziehungsbeamte hat sie abernten zu lassen, wenn er sie nicht vor der Trennung versteigert.

Vergleichbare Vorschrift: § 824 ZPO
Hinweis auf **VollzA:** Abschn. 51 III, 52 III

Allgemeines. § 304 regelt die Verwertung gepfändeter Früchte auf dem Halm und ergänzt den Pfändungsschutz des VollstrSchuldners nach § 294 I 2, indem eine Versteigerung erst nach der tatsächlichen Reife der Früchte gestattet wird **(§ 304 S. 1).** Nach der Reife kann die Versteigerung vor oder nach der Trennung (Aberntung) durchgeführt werden **(§ 304 S. 2).** 1

Versteigerung nach Reife (S. 1). Nach § 294 gepfändete Früchte auf dem Halm (→ § 294 Rn. 2) dürfen gem. § 304 S. 1 frühestens nach der Reife versteigert werden. Früchte sind reif, wenn sie ihrer Bestimmung nach geerntet werden können (TK § 304 2

Rn. 1). Das ist grds. die tatsächliche Reife. Bei Früchten mit starker Nachreifung (zB Äpfel) ist diese bereits bei der üblichen Aberntung gegeben (Gosch AO § 304 Rn. 4); mit der Versteigerung muss daher nicht bis zum Ablauf der Nachreifzeit gewartet werden (HHSp § 304 Rn. 4; TK § 304 Rn. 1).

3 **Aberntung der Früchte (S. 2).** Ob die Früchte vor der Versteigerung abzuernten sind, bestimmt die VollstrStelle nach ihrem Ermessen (s. Abschn. 51 III VollzA). Maßgebend ist, auf welchem Weg voraussichtlich ein höherer Erlös erzielbar ist (Zöller ZPO § 824 Rn. 2). Hierbei sind insb. die Ernte- und Lagerkosten zu berücksichtigen (HHSp § 304 Rn. 7).

4 **Versteigerung vor der Aberntung.** Da die Früchte im Rahmen der Pfändung als bewegliche Sachen gelten, wird der Ersteher bei der Versteigerung bereits mit Barzahlung und der Gestattung der Aberntung (Übergabe → § 299 Rn. 6) Eigentümer (Zöller ZPO § 824 Rn. 2). Eine spätere **Beschlagnahme** des Grundstücks durch Zwangsversteigerung umfasst allerdings auch die zu diesem Zeitpunkt noch nicht getrennten Früchte als landwirtschaftliche Erzeugnisse (§ 21 I ZVG). Eine Aberntung ist nicht mehr möglich, die Beschlagnahme geht vor. Der Ersteher muss sein Eigentum gem. § 37 Nr. 4 ZVG spätestens im Versteigerungstermin vor Aufforderung zur Abgabe von Angeboten anmelden bzw. Drittwiderspruchsklage (§ 771 ZPO) erheben.

5 **Versteigerung nach der Aberntung.** Soll die Versteigerung erst nach der Trennung erfolgen, hat der Vollziehungsbeamte die Aberntung der Früchte durch eine zuverlässige Hilfsperson zu veranlassen und die Arbeiten zu überwachen (s. Abschn. 52 III, 18 II VollzA). Das Pfändungspfandrecht setzt sich an den geernteten Früchten fort. Der Ersteher wird mit Ablieferung der zugeschlagenen getrennten Früchte Eigentümer (→ § 299 Rn. 6).

6 **Rechtsfolgen von Verstößen.** Ein Verstoß gegen § 304 S. 1 (→ Rn. 2) macht die Versteigerung nicht unwirksam, aber nach § 347 I **anfechtbar** (→ § 296 Rn. 9; → § 298 Rn. 8). Es kann uU ein **Schadensersatzanspruch** nach Art. 34 GG iVm § 839 BGB bestehen (TK § 304 Rn. 1). Entsprechendes gilt für Verstöße gegen § 304 S. 2 (HHSp § 304 Rn. 12).

§ 305 Besondere Verwertung

Auf Antrag des Vollstreckungsschuldners oder aus besonderen Zweckmäßigkeitsgründen kann die Vollstreckungsbehörde anordnen, dass eine gepfändete Sache in anderer Weise oder an einem anderen Ort, als in den vorstehenden Paragraphen bestimmt ist, zu verwerten oder durch eine andere Person als den Vollziehungsbeamten zu versteigern sei.

Vergleichbare Vorschrift: § 825 ZPO
Hinweis auf **VollstrA:** Abschn. 39
VollzA: Abschn. 56
DV-Verwertung: Nr. 18

Schrifttum: Kraemer, Einschaltung gewerblicher Versteigerer bei der Pfandverwertung durch die Finanzbehörden, DStZ 1993, 433; Schnabl, Zwangsversteigerung beweglicher Sachen bei eBay?, NJW 2005, 941.

I. Allgemeines

1 **Regelungsinhalt.** Anders als § 825 ZPO entscheidet nur die VollstrStelle, nicht der Vollziehungsbeamte, über eine besondere Verwertung. § 305 erlaubt der VollstrBehörde statt der durch § 296 I als Regelfall vorgeschriebenen öffentlichen Versteigerung (zu Ausnahmen s. zB § 300 III 2, § 302 HS 1) auf Antrag des VollstrSchuldners oder von Amts wegen aus besonderen Zweckmäßigkeitsgründen eine anderweitige Verwertung. Damit sollen im Einzelfall persönliche, sachliche oder örtliche Besonderheiten zur schnellen Erzielung eines günstigen, insb. höheren Verwertungserlöses genutzt werden (BGH 2.7.1992 – IX ZR 274/91, NJW 1992, 2570). Mit Einführung der Internetversteigerung

(§ 296 I Nr. 2; → § 296 Rn. 1, 6) hat sich der Anwendungsbereich des § 305 verringert (HHSp § 305 Rn. 3a).

II. Voraussetzungen der besonderen Verwertung

Antrag des VollstrSchuldners. Der VollstrSchuldner hat trotz seines Antragsrechts nur einen Anspruch auf **fehlerfreie Ermessensausübung** (Klein § 305 Rn. 2). Hierbei kann und wird die VollstrStelle zwar auch Zweckmäßigkeitsgründe berücksichtigen. Nach dem Gesetzeswortlaut („oder") stehen diese indes selbständig neben dem Antragsrecht, sodass beide Gesichtspunkte (Antrag und Zweckmäßigkeit) grds. auch unabhängig voneinander zu einer Anordnung führen könnten (TK § 305 Rn. 9). Da aber die Versteigerung und nicht die besondere Verwertung auf Antrag als gesetzlicher Regelfall ausgestaltet ist, wird dieses Ergebnis überwiegend als „unglücklich" empfunden und der Antrag des VollstrSchuldners lediglich als an die VollstrBehörde gerichtete Anregung verstanden, eine entsprechende Zweckmäßigkeitsüberprüfung vorzunehmen (TK § 305 Rn. 9a; Gosch AO § 305 Rn. 3; aA wohl Klein § 305 Rn. 2). 2

Besondere Zweckmäßigkeitsgründe sind gegeben, wenn die Pfandsachen mit einer gewissen Wahrscheinlichkeit günstiger oder schneller als durch die öffentliche Versteigerung verwertet werden können. So kann zB bei wertvollen Gegenständen die Einschaltung eines privaten Auktionators zu einem höheren Erlös führen oder eine Verwertung vor Ort Transport-, Lagerungs- und Fütterungskosten einsparen (HHSp § 305 Rn. 13). Bei Ungewissheit ist Zurückhaltung geboten (TK § 305 Rn. 9a). 3

Anordnung durch die VollstrBehörde. Vor Anordnung der besonderen Verwertung kann es zweckmäßig sein, den VollstrSchuldner anzuhören, um spätere Regressansprüche auszuschließen (Abschn. 39 S. 5 VollstrA; HHSp § 305 Rn. 16). Anordnung und Ablehnung der Anordnung stellen einen **VA** dar und können mit dem Einspruch (§ 347) angefochten werden. Eine unterlassene Bekanntgabe ist wie eine unterlassene Bekanntgabe der Versteigerungsanordnung nicht als wesentlicher Formverstoß zu behandeln (→ § 296 Rn. 9). 4

III. Arten der besonderen Verwertung

Freihändiger Verkauf durch den Vollziehungsbeamten. Obwohl der Vollziehungsbeamte bei dieser Verwertungsform einen sehr großen Handlungsspielraum hat, muss er, um einen möglichst hohen Preis zu erzielen, bestimmte Verfahrensvorschriften beachten (vgl. Abschn. 56 I VollzA). Auch ein freihändiger Verkauf ist, sofern er durch den Vollziehungsbeamten erfolgt, **staatlicher Hoheitsakt** (BGH 2.7.1992 – IX ZR 274/91, NJW 1992, 2570; HHSp § 305 Rn. 29 mwN). Der Ersteher erwirbt – wie im Fall der Versteigerung – ungeachtet guten oder bösen Glaubens Eigentum an der Pfandsache (→ § 296 Rn. 5). Gewährleistungsansprüche sind ausgeschlossen (§ 283). Gesetzlich vorgeschrieben ist der freihändige Verkauf in den Fällen des § 300 III 2 (→ § 300 Rn. 6) und des § 302 HS 1 (→ § 302 Rn. 4). Nach Weisung der VollstrStelle kann der Vollziehungsbeamte im Rahmen eines freihändigen Verkaufs auch nach Einführung der Internetauktion (§ 296 I Nr. 2) über die Plattform www.zoll-auktion.de eine eigene Versteigerung per Internet (zB über den Anbieter eBay) vornehmen (HHSp § 305 Rn. 27; TK § 305 Rn. 3). 5

Freihändiger Verkauf durch eine andere Person ist zulässig, da er von der Generalklausel „in anderer Weise" umfasst wird (HHSp § 305 Rn. 20; → Rn. 5). Als Verkäufer können zB gem. § 34b GewO zugelassene private Versteigerer (→ Rn. 8), Kommissäre, Kreditinstitute und Börsenmakler sowie der VollstrSchuldner beauftragt werden. Der Verkauf richtet sich in diesen Fällen nach dem bürgerlichen Recht. 6

Verwertung an einem anderen Ort. Diese Regelung ist überflüssig, da die AO keinen regelmäßigen Ort der Verwertung vorschreibt (HHSp § 305 Rn. 35). 7

8 **Versteigerung durch eine andere Person.** Die VollstrBehörde beauftragt idR gem. § 34b GewO zugelassene private gewerbsmäßige Versteigerer (Auktionatoren) durch einen schriftlichen Versteigerungsauftrag. Der Versteigerer erhält als Legitimation die mit der Versteigerungsanordnung versehene Ausfertigung des VollstrAuftrags nebst Pfändungsprotokoll. Das Versteigerungsverfahren richtet sich nach den §§ 296 ff. (HHSp § 305 Rn. 38). Der Gewährleistungsausschluss folgt aus § 283, weil die Sache im Zwangsverfahren veräußert wird. Da der Versteigerer aber privatrechtlich tätig wird, ist die durchgeführte Versteigerung kein staatlicher Hoheitsakt (BGH 2.7.1992 – IX ZR 274/91, NJW 1992, 2570).

IV. Verfahrensfragen

9 **Rechtsnatur.** Wird der Vollziehungsbeamte tätig, liegt auch bei einem freihändigen Verkauf ein staatlicher Hoheitsakt vor (→ Rn. 6). Bösgläubigkeit des Erstehers ist für den Eigentumserwerb unbeachtlich. Anders verhält es sich, wenn eine andere Person mit der Versteigerung oder dem freihändigen Verkauf betraut wird. Hier vollzieht sich der Eigentumserwerb nach bürgerlich-rechtlichen Grundsätzen. Gehört die Pfandsache nicht dem VollstrSchuldner und ist der Ersteher insoweit bösgläubig, kann er das Eigentum nicht allein durch das Vertrauen auf die Wirksamkeit der Verstrickung und der Versteigerungsanordnung erwerben (BGH 2.7.1992 – IX ZR 274/91, NJW 1992, 2570). Zum Anspruch des VollstrSchuldners auf Auszahlung des einbehaltenen Erlöses s. BGH 16.5.2013 – IX ZR 204/11, NJW 2013, 2519.

10 **Rechtsbehelfe.** Anordnung und Ablehnung einer besonderen Verwertung sind Ermessensentscheidungen und können mit Einspruch und Anfechtungsklage angefochten werden (→ Rn. 4). Eine unterlassene Anhörung des VollstrSchuldners kann uU zu Regressansprüchen führen (→ Rn. 4). Wird auf den Gewährleistungsausschluss nach § 283 verzichtet, setzt sich die VollstrBehörde einer Inhaftungnahme aus.

§ 306 Vollstreckung in Ersatzteile von Luftfahrzeugen

(1) **Für die Vollstreckung in Ersatzteile, auf die sich ein Registerpfandrecht an einem Luftfahrzeug nach § 71 des Gesetzes über Rechte an Luftfahrzeugen erstreckt, gilt § 100 des Gesetzes über Rechte an Luftfahrzeugen; an die Stelle des Gerichtsvollziehers tritt der Vollziehungsbeamte.**

(2) **Absatz 1 gilt für die Vollstreckung in Ersatzteile, auf die sich das Recht an einem ausländischen Luftfahrzeug erstreckt, mit der Maßgabe, dass die Vorschriften des § 106 Absatz 1 Nummer 2 und Absatz 4 des Gesetzes über Rechte an Luftfahrzeugen zu berücksichtigen sind.**

1 **Allgemeines.** § 306 verweist auf vollstreckungsrechtliche Sondervorschriften des Gesetzes über Rechte an Luftfahrzeugen (LuftFzgG, BGBl. 1959 I 57) und regelt, dass der Vollziehungsbeamte an die Stelle des Gerichtsvollziehers tritt. **Inhalt und Bedeutung** der Vorschrift ist im Zusammenhang mit § 322 I 1 zu sehen. Danach unterliegen ua in die Luftfahrzeugrolle eingetragene Luftfahrzeuge und solche, die nach Löschung in der Luftfahrzeugrolle noch im Register für Pfandrechte an Luftfahrzeugen eingetragen sind, der Zwangsvollstr. in das unbewegliche Vermögen (→ § 322). Zur Sicherung einer Forderung kann zugunsten eines Gläubigers ein Registerpfandrecht eingetragen werden (§ 1 LuftFzgG). Dieses Registerpfandrecht erstreckt sich gem. § 322 I 2 iVm § 365 I ZPO wie eine Hypothek ua auf Bestandteile und Zubehör des Luftfahrzeugs. Nach §§ 68 ff. LuftFzgG kann das Registerpfandrecht auf Ersatzteile (zum Begriff → Rn. 2) des Luftfahrzeugs erweitert werden, die sich in einem örtlich bestimmten Ersatzteillager im In- oder Ausland befinden. In die vom Registerpfandrecht erfassten Ersatzteile wird grds. wie in das

bewegliche Vermögen vollstreckt. Die Zwangsvollstr. in Luftfahrzeuge umfasst damit nicht diese Ersatzteile.

Ersatzteile inländischer Luftfahrzeuge (Abs. 1). Ersatzteile sind alle zu einem Luftfahrzeug gehörenden Teile, Triebwerke, Luftschrauben, Funkgeräte, Bordinstrumente, Ausrüstungen und Ausstattungsgegenstände sowie Teile dieser Gegenstände, ferner allg. alle sonstigen Gegenstände irgendwelcher Art, die zum Einbau in ein Luftfahrzeug als Ersatz entfernter Teile bereitgehalten werden (§ 68 I 2 LuftFzgG). § 100 LuftFzgG schreibt besondere Verwertungsregeln vor, insb. hinsichtlich des Mindestgebots und der Verteilung des Erlöses. Zuständig für die Festsetzung des Mindestgebots und das Verteilungsverfahren ist bundesweit das für den Sitz des Luftfahrtbundesamts zuständige AG Braunschweig. 2

Ersatzteile ausländischer Luftfahrzeuge (Abs. 2). Auf die Vollstr. in Ersatzteile ausländischer Luftfahrzeuge sind gem. § 106 I Nr. 2 LuftFzgG grds. die Vorschriften über die Vollstr. in Ersatzteile inländischer Luftfahrzeuge entspr. anwendbar. Bei der Verteilung des Erlöses ist insb. § 106 IV LuftFzgG zu beachten. 3

§ 307 Anschlusspfändung

(1) [1] **Zur Pfändung bereits gepfändeter Sachen genügt die in die Niederschrift aufzunehmende Erklärung des Vollziehungsbeamten, dass er die Sache für die zu bezeichnende Forderung pfändet.** [2] **Dem Vollstreckungsschuldner ist die weitere Pfändung mitzuteilen.**

(2) [1] **Ist die erste Pfändung für eine andere Vollstreckungsbehörde oder durch einen Gerichtsvollzieher erfolgt, so ist dieser Vollstreckungsbehörde oder dem Gerichtsvollzieher eine Abschrift der Niederschrift zu übersenden.** [2] **Die gleiche Pflicht hat ein Gerichtsvollzieher, der eine Sache pfändet, die bereits im Auftrag einer Vollstreckungsbehörde gepfändet ist.**

Vergleichbare Vorschrift: § 826 ZPO
Hinweis auf **VollzA:** Abschn. 47

I. Allgemeines

Anschlusspfändung ist die nochmalige Pfändung einer bereits gepfändeten Sache wegen einer anderen Forderung gegen denselben VollstrSchuldner. Sie verschafft dem Gläubiger ein **selbständiges Pfandrecht,** das im Rang hinter dem bestehenden steht. Sie ist zugleich eine bedingte Erstpfändung, da sie mit Wegfall des vorgehenden Pfandrechts an dessen Stelle tritt (Anders/Gehle ZPO § 826 Rn. 1). Von der Anschlusspfändung zu unterscheiden sind die Nachpfändung und die Doppelpfändung. Eine **Nachpfändung** liegt vor, wenn wegen derselben Forderung erneut in dieselbe oder eine andere Sache des VollstrSchuldners gepfändet wird, weil zB die bisherige Pfändung unwirksam oder unzureichend war (→ § 281 Rn. 16). Eine **Doppelpfändung** (Mehrfachpfändung, § 308 V) ist gegeben, wenn eine Sache (gleichzeitig) für mehrere Gläubiger gepfändet wird (Anders/Gehle ZPO § 827 Rn. 15). **Abs. 1** gestattet für die Anschlusspfändung ein vereinfachtes Verfahren, um das VollstrVerfahren zu straffen. Die bereits erfolgte und fortbestehende Verstrickung macht eine Wiederholung der Beschlagnahmeformalitäten überflüssig (Anders/Gehle ZPO § 826 Rn. 2). **Abs. 2** schreibt einen gegenseitigen Informationsaustausch vor, wenn die Erstpfändung durch eine andere VollstrBehörde oder den Gerichtsvollzieher erfolgt ist. 1

II. Vornahme der Anschlusspfändung (Abs. 1)

Allgemeine Voraussetzungen. Es müssen die für eine (Erst-)Pfändung erforderlichen Voraussetzungen vorliegen. Die Verbote der Überpfändung und der zwecklosen Pfändung 2

(§ 281 II, III; → § 281 Rn. 11 ff., 17 ff.) gelten allerdings nicht, da das durch die Anschlusspfändung begründete Pfandrecht nachrangig ist (HHSp § 307 Rn. 10; aA Gosch AO § 307 Rn. 9: einschränkende Geltung). Befindet sich die zu pfändende Sache nicht im Gewahrsam des VollstrSchuldners, sondern eines Dritten, muss dieser gem. § 286 IV auch in Bezug auf die Anschlusspfändung zur Herausgabe bereit sein (Gosch AO § 307 Rn. 11; TK § 307 Rn. 8; Schwarz/Pahlke/Keß § 307 Rn. 5; MüKo ZPO § 826 Rn. 5; Anders/Gehle ZPO § 826 Rn. 6 aE; Klein § 307 Rn. 3; aA Abschn. 47 II 4 VollzA: Einwilligung in die Erstpfändung ausreichend).

3 Die Anschlusspfändung setzt voraus, dass die **Erstpfändung** im Zeitpunkt der Vornahme der Anschlusspfändung **wirksam** ist. Bei der Erstpfändung muss die Verstrickung eingetreten sein und im Zeitpunkt der Anschlusspfändung fortdauern. Sobald die Anschlusspfändung wirksam erfolgt ist, endet ihre Abhängigkeit von der Erstpfändung (HHSp § 307 Rn. 12). Ist die Rechtswirksamkeit der Erstpfändung oder das Fortbestehen der vorangegangenen Pfändung zweifelhaft oder die Wirksamkeit einer Anschlusspfändung aus sonstigen Gründen fraglich, sollte keine Anschlusspfändung erfolgen (Abschn. 47 III VollzA). Hier ist es ratsam, die Anschlusspfändung in der (ebenfalls zulässigen) Form der Erstpfändung nach § 286 vorzunehmen (Anders/Gehle ZPO § 826 Rn. 7; MüKo ZPO § 826 Rn. 4; HHSp § 307 Rn. 13).

4 **Form (Abs. 1 S. 1).** Es genügt die bloße Erklärung des Vollziehungsbeamten in der Pfändungsniederschrift, dass er die schon gepfändete Sache zur Deckung der ihrer Art und Höhe nach zu bezeichnenden Beträge erneut pfändet (**vereinfachte Anschlusspfändung;** Abschn. 47 I 3 VollzA). Aus Beweisgründen sind auch Zeit und Ort in der Pfändungsniederschrift genau anzugeben (vgl. Abschn. 47 IV 1 VollzA).

5 **Mitteilung an den VollstrSchuldner (Abs. 1 S. 2).** Eine formlose Mitteilung an den VollstrSchuldner über die weitere Pfändung genügt. Eine unterlassene Mitteilung ist für das Entstehen des Pfandrechts unerheblich, da § 307 I 2 wie § 286 III nur eine Ordnungsvorschrift ist (→ § 286 Rn. 16). Die Unterlassung kann jedoch einen Schadensersatzanspruch wegen Amtspflichtverletzung nach Art. 34 GG iVm § 839 BGB begründen, wenn dem VollstrSchuldner zB infolge der dadurch verursachten Nichteinlegung eines Rechtsmittels ein Schaden entsteht (HHSp § 307 Rn. 17).

6 **Selbständiges Pfandrecht.** Durch eine ordnungsgemäß durchgeführte Anschlusspfändung erwirbt der VollstrGläubiger ein selbständiges Pfandrecht im Rang nach dem bereits bestehenden Pfandrecht. Er kann selbständig die Verwertung nach Maßgabe des § 308 betreiben oder vom Erstpfändenden die Verwertung der Pfandsache selbst dann verlangen, wenn dieser dem VollstrSchuldner Stundung gewährt hat (Klein § 307 Rn. 2). Fällt die Erstpfändung weg, nimmt die Anschlusspfändung deren Rangstelle ein.

III. Informationsaustausch (Abs. 2)

7 **Benachrichtigung des Erstpfandgläubigers.** Durch die Übersendung einer Abschrift der Pfändungsniederschrift bzw. eines Ausdrucks des darüber aufgenommenen elektronischen Dokuments an den Erstpfändenden (§ 307 II) weiß dieser, dass die Sache unabhängig von ihm verwertet werden kann. Der Anschlusspfändende kann so auch sicherstellen, dass sein Pfandrecht bei einer Verwertung durch den Erstpfändenden berücksichtigt wird. Die Übersendung nach **§ 307 II 1** hat die VollstrStelle vorzunehmen (Abschn. 47 V 1 VollzA). Es genügt einfache Übersendung. Hat ein Dritter nach der Erstpfändung an der Pfandsache ein die Veräußerung hinderndes Recht (§ 771 ZPO, § 262 AO) geltend gemacht, ist dieser ebenfalls von der Anschlusspfändung zu unterrichten (BGH 5.7.2007 – III ZR 143/06, NJW-RR 2008, 338). **§ 307 II 2** richtet sich an den Gerichtsvollzieher, der eine Anschlusspfändung für eine Sache vornimmt, die bereits im Auftrag einer VollstrBehörde gepfändet worden ist. Systematisch gehört Abs. 2 S. 2 in den § 826 ZPO und sollte dort auch de lege ferenda aufgenommen werden (TK § 307 Rn. 11).

IV. Verfahrensfragen

Verstöße gegen die Informationspflichten nach § 307 I 2 und II berühren zwar nicht die Wirksamkeit der Anschlusspfändung, beinhalten aber eine Amtspflichtverletzung (§ 839 BGB iVm Art. 34 GG). Die Anschlusspfändung kann als VA mit Einspruch (§ 347) und Klage (§ 40 I FGO) angefochten werden (→ § 286 Rn. 21). Es fällt eine **Pfändungsgebühr** an (§ 339 I, II Nr. 1). 8

§ 308 Verwertung bei mehrfacher Pfändung

(1) **Wird dieselbe Sache mehrfach durch Vollziehungsbeamte oder durch Vollziehungsbeamte und Gerichtsvollzieher gepfändet, so begründet ausschließlich die erste Pfändung die Zuständigkeit zur Versteigerung.**

(2) **Betreibt ein Gläubiger die Versteigerung, so wird für alle beteiligten Gläubiger versteigert.**

(3) **Der Erlös wird nach der Reihenfolge der Pfändungen oder nach abweichender Vereinbarung der beteiligten Gläubiger verteilt.**

(4) [1]**Reicht der Erlös zur Deckung der Forderungen nicht aus und verlangt ein Gläubiger, für den die zweite oder eine spätere Pfändung erfolgt ist, ohne Zustimmung der übrigen beteiligten Gläubiger eine andere Verteilung als nach der Reihenfolge der Pfändungen, so ist die Sachlage unter Hinterlegung des Erlöses dem Amtsgericht, in dessen Bezirk gepfändet ist, anzuzeigen.** [2]**Der Anzeige sind die Schriftstücke, die sich auf das Verfahren beziehen, beizufügen.** [3]**Für das Verteilungsverfahren gelten die §§ 873 bis 882 der Zivilprozessordnung.**

(5) **Wird für verschiedene Gläubiger gleichzeitig gepfändet, so finden die Vorschriften der Absätze 2 bis 4 mit der Maßgabe Anwendung, dass der Erlös nach dem Verhältnis der Forderungen verteilt wird.**

Vergleichbare Vorschrift: § 827 ZPO

I. Allgemeines

§ 308 regelt die Verwertung einer **für verschiedene VollstrGläubiger** (mehrfach) gepfändeten Sache. Die Vorschrift gilt auch für Pfändungen durch den Gerichtsvollzieher, sofern die Sache daneben auch im VerwaltungsvollstrVerfahren nach der AO gepfändet worden ist. § 308 ergänzt in dieser Hinsicht § 827 ZPO, der keine entsprechende (Konflikt-)Regelung hat (Gosch AO § 308 Rn. 1). 1

II. Zuständigkeit bei mehrfacher Pfändung (Abs. 1)

Eine mehrfache Pfändung kann vorliegen bei zeitlich nacheinander erfolgten Erstpfändungen, bei Anschlusspfändungen iSd § 307 I sowie bei gleichzeitigen Pfändungen für verschiedene Gläubiger iSd § 308 V. Möglich ist auch das Zusammentreffen der Pfändung einer Sache mit einer Forderungspfändung, wie bei der Pfändung des Herausgabeanspruchs und der damit verbundenen Herausgabe der Sache gem. § 318 II 1 (HHSp § 308 Rn. 7). 2

Zuständigkeit. Die erste Pfändung begründet die Zuständigkeit zur Versteigerung, und zwar unabhängig davon, wer die Versteigerung betreibt. Diese Zuständigkeitsregelung gilt für jegliche Verwertung, mithin auch für die besondere Verwertung nach §§ 300 II 2, 305 (HHSp § 308 Rn. 8). Eine hiervon abw. Zuständigkeit kann mit Zustimmung aller Gläubiger und des Schuldners getroffen werden (Anders/Gehle ZPO § 827 Rn. 6; Gosch AO § 308 Rn. 4). Wegen der fehlenden Verweisung in Abs. 5 besteht allerdings im Fall einer **gleichzeitigen Pfändung** keine Zuständigkeitsregelung. Hier richtet sich die Zu- 3 ständigkeit danach, welcher Vollziehungsbeamte oder Gerichtsvollzieher als erster die Verwertung der Sache betreibt (TK § 308 Rn. 2).

III. Betreiben der Versteigerung (Abs. 2)

4 **Jeder Gläubiger** kann die Versteigerung einer mehrfach gepfändeten Sache verlangen. Der Erstpfändende muss die Verwertung selbst dann durchführen, wenn er dem VollstrSchuldner Stundung gewährt oder die Vollstr. ausgesetzt hat (Klein § 308 Rn. 4). Grds. kann ein Anschlusspfändender die Verwertung einer mehrfach gepfändeten Sache auch dann verlangen, wenn der Verwertungserlös voraussichtlich nicht ausreicht, um die erstrangig gesicherte Forderung zu befriedigen; Ausnahme: Rechtsmissbrauch mit Schädigungsabsicht, was zumindest dann anzunehmen sein dürfte, wenn die Unzulänglichkeit des Erlöses offensichtlich ist (TK § 308 Rn. 3; Gosch AO § 308 Rn. 5; HHSp § 308 Rn. 12). Der betreibende Gläubiger muss die Wochenfrist des § 298 I einhalten (TK § 308 Rn. 3).

5 **Für alle beteiligten Gläubiger** wird verwertet, auch für die nachrangigen. Die Versteigerung ist fortzuführen, bis aus dem Erlös auch die Forderungen der anderen Gläubiger befriedigt werden können (Abschn. 54 VII VollzA). Verzögert der Gerichtsvollzieher die Verwertung, kann ein VollstrAuftrag nach § 753 ZPO zur Durchführung einer Anschlusspfändung erteilt werden. Bei weiterem Zögern kann das VollstrGericht mit der Erinnerung nach § 766 II ZPO angerufen werden (HHSp § 308 Rn. 16; TK § 308 Rn. 2).

IV. Verteilung des Erlöses (Abs. 3)

6 **Prioritätsprinzip.** Für die Verteilung des Erlöses nach Abs. 3 ist allein die **zeitliche Reihenfolge** der Pfändung maßgebend (sog. Prioritäts- oder Reihenfolgeprinzip; HHSp § 308 Rn. 17; BGH 23.2.1999 – XI ZR 49/98, NJW 1999, 1704), es sei denn, es liegt eine abw. Vereinbarung aller beteiligten Gläubiger vor. Der die Verwertung durchführende Vollziehungsbeamte hat den Erlös nach Abzug der Auslagen (§ 344) an die Kasse des FA/HZA abzuführen (Abschn. 58 II 1 VollzA), die im Anschluss über die weitere Verteilung entscheidet. Die den einzelnen Gläubigern außerhalb der Verwertung entstandenen Kosten der ZwangsVollstr. teilen den Rang der Forderung des jeweiligen Gläubigers (HHSp § 308 Rn. 19; TK § 308 Rn. 4). Bei gleichzeitiger Pfändung wird der nicht ausreichende Erlös gem. Abs. 5 verteilt.

V. Gerichtliches Verteilungsverfahren (Abs. 4)

7 **Verteilungsstreit.** Reicht der Erlös zur Deckung aller Forderungen nicht aus und verlangt ein nachrangiger Gläubiger eine andere Verteilung als nach der Reihenfolge der Pfändungen, ohne hierfür die Zustimmung der übrigen Gläubiger zu finden, muss die VollstrBehörde von Amts wegen dem **AG,** in dessen Bezirk die Sache gepfändet ist, die Sachlage unter Hinterlegung des Erlöses anzeigen (§ 308 IV 1). Der Anzeige sind alle Schriftstücke, die sich auf das Verfahren beziehen, beizufügen (§ 308 IV 2). Für das gerichtliche Verteilungsverfahren gelten kraft Verweisung die §§ 873–882 ZPO.

VI. Sonderregelung bei gleichzeitiger Pfändung (Abs. 5)

8 **Anteilige Quote.** Wird eine Sache mehrfach gleichzeitig für mehrere Gläubiger gepfändet, erfolgt die Erlösverteilung abw. zu Abs. 3 nach dem Verhältnis der beteiligten Forderungen, wenn der Erlös nicht zur Befriedigung aller Gläubigerforderungen ausreicht. Eine abweichende Verteilungsregelung ist auch hier möglich (Klein § 308 Rn. 6).

III. Vollstreckung in Forderungen und andere Vermögensrechte

§ 309 Pfändung einer Geldforderung

(1) [1]**Soll eine Geldforderung gepfändet werden, so hat die Vollstreckungsbehörde dem Drittschuldner schriftlich zu verbieten, an den Vollstreckungsschuldner zu zahlen, und dem Vollstreckungsschuldner schriftlich zu gebieten, sich jeder Verfügung über die Forderung, insbesondere ihrer Einziehung, zu enthalten (Pfändungsverfügung).** [2]**Die elektronische Form ist ausgeschlossen.**

(2) [1]**Die Pfändung ist bewirkt, wenn die Pfändungsverfügung dem Drittschuldner zugestellt ist.** [2]**Die an den Drittschuldner zuzustellende Pfändungsverfügung soll den beizutreibenden Geldbetrag nur in einer Summe, ohne Angabe der Steuerarten und der Zeiträume, für die er geschuldet wird, bezeichnen.** [3]**Die Zustellung ist dem Vollstreckungsschuldner mitzuteilen.**

(3) **Bei Pfändung des Guthabens eines Kontos des Vollstreckungsschuldners bei einem Kreditinstitut gelten die §§ 833a und 907 der Zivilprozessordnung entsprechend.**

Vergleichbare Vorschrift: § 829 ZPO
Hinweis auf **VollzA:** Abschn. 41

Schrifttum: Lüke, Folgeprobleme der Forderungspfändung in der Verwaltungsvollstreckung, NJW 1990, 2665; Strunk, Forderungspfändung, Drittschuldner und Steuergeheimnis, DStZ 1997, 704; Bruschke, Pfändung eines Geschäftskontos – ermessensgerecht?, BB 1999, 2167; Weinreuter, Forderungspfändung und Auswahlermessen, DStZ 1999, 258; Rolletschke, Die Ermessensfehlerhaftigkeit einer Kontenpfändung, DStZ 2000, 287; Bartone, Forderungspfändung und Übermaßverbot – Hinweise zur Prüfung von Formmängeln und Verhältnismäßigkeit, AO-StB 2002, 397; App, Im steuerlichen Rechtsbehelfsverfahren beachtliche Mängel von Pfändungsverfügungen des Finanzamts, StB 2007, 459; Canz, Ermessensausübung bei Forderungspfändungen, BB 2014, 1181; Schöder/Fuchs, Der richtige Umgang mit Lohnpfändungen, ArbRAktuell 2019, 292; Knees, Zur Pfändung von Guthaben auf einem als Gemeinschaftskonto geführten Zahlungskonto (Girokonto), WM 2021, 664.

Übersicht

A. Allgemeines

Inhalt und Bedeutung. Wie die ZPO (§§ 829, 835) unterscheidet auch die AO zwischen Pfändungsverfügung (§ 309) und Einziehungsverfügung (§ 314). Allerdings können beide Verfügungen gem. § 314 II miteinander verbunden werden, was in der Praxis die Regel ist. § 309 knüpft an die allg. Regelung des § 281 I an und legt fest, **wie** eine Geldforderung des VollstrSchuldners gegen einen Dritten (Drittschuldner) zu pfänden ist. So bestimmt **Abs. 1,** dass hierfür eine schriftliche Pfändungsverfügung der VollstrBehörde 1

(§ 249 I 3) erforderlich ist, wonach dem Drittschuldner ein Zahlungsverbot und dem VollstrSchuldner ein Verfügungsverbot auferlegt werden. Die elektronische Form ist ausgeschlossen (Abs. 1 S. 2). Nach **Abs. 2 S. 1** muss die Pfändungsverfügung dem Drittschuldner zugestellt werden, um Wirksamkeit zu erlangen. **Abs. 2 S. 2** ergänzt Abs. 1 aus datenschutzrechtlichen Gründen dahingehend, dass die an den Drittschuldner zuzustellende Pfändungsverfügung den beizutreibenden Geldbetrag nur in einer Summe ausweisen darf. Gemäß **Abs. 2 S. 3** ist der VollstrSchuldner von der bewirkten Zustellung (Abs. 2 S. 1) zu unterrichten. Da heute das Vermögen überwiegend nicht mehr durch Anhäufung von Sachwerten gebildet wird, sondern in erster Linie aus Forderungen besteht (zB aus Arbeitseinkünften; MüKo ZPO § 829 Rn. 1), und sich hierneben die dingliche Kreditsicherung stark ausgebreitet hat, kommt der Forderungspfändung in der Arbeit der VollstrStellen zunehmend mehr Bedeutung zu (Gosch AO § 309 Rn. 1); Sachpfändungen erweisen sich hingegen vielfach als erfolglos (Hansen JurBüro 2001, 239). Mit Wirkung vom 1.7.2010 (Gesetz zur Reform des Kontopfändungsschutzes, BGBl. 2009 I 1707) wurde **Abs. 3,** der den Kontopfändungsschutz regelt, angefügt. Für einen bis 31.12.2011 vorgesehenen Übergangszeitraum standen bisheriger und reformierter Schutz nebeneinander; seit dem 1.1.2012 waren die §§ 833a, 850l ZPO aF für den Kontopfändungsschutz nach der AO entspr. anwendbar. Mit dem Inkrafttreten des Pfändungsschutzkonto-Fortentwicklungsgesetzes (PKoFoG; zu Einzelheiten → § 319 Rn. 16) zum 1.12.2021 wurde § 850l ZPO aF funktionell durch § 907 ZPO ersetzt. Die geänderte Verweisung vollzieht dies nach. Da sich die für den Anwendungsbereich des § 907 ZPO fortbestehende Anordnungszuständigkeit des VollstrGerichts bereits aus § 910 S. 2 ZPO ergibt, bedurfte es der gesonderten Regelung des Satzes 2 aF nicht mehr; sie ist daher entfallen.

2 **Anwendungsbereich.** § 309 gilt unmittelbar nur für die Pfändung von Geldforderungen (Schwarz/Pahlke/Keß § 309 Rn. 2; zum Begriff → Rn. 5). Allerdings erstreckt sich die Anwendbarkeit der Regelungen des § 309 auch auf die Vollstr. in Ansprüche auf Herausgabe oder Leistung von Sachen (§ 318 I) und auf die Vollstr. in andere Vermögensrechte (§ 321 I). Für hypothekarisch gesicherte Geldforderungen und für Forderungen aus indossablen Wertpapieren enthalten die §§ 310–312 Sonderregelungen. § 309 gilt zudem für die **Verwaltungsvollstr.** nach dem VwVG (§ 5 I VwVG). Die meisten Ländergesetze enthalten im Wesentlichen gleichlautende Vorschriften oder verweisen auf § 309 (Engelhardt/App/Schlatmann Anlage 1 AO § 309 Rn. 9).

B. Pfändungsverfügung (Abs. 1)

I. Gegenstand der Pfändung

1. Pfändbare Geldforderung

5 **Geldforderung** ist jeder auf Geldzahlung gerichtete Anspruch, gleich aus welchem (rechtsgeschäftlichen oder gesetzlichen) Rechtsgrund und ohne Rücksicht darauf, ob die Geldsumme in inländischer oder ausländischer Währung zu leisten ist (Zöller ZPO § 829 Rn. 2). **Pfändbar** ist eine Geldforderung bereits vor ihrer Fälligkeit und auch dann, wenn sie aufschiebend oder auflösend bedingt ist, dh ihr Entstehen oder Fortbestehen gem. § 158 BGB von einem zukünftigen ungewissen Ereignis abhängt (BGH 26.1.2012 – IX ZR 191/10, NJW 2012, 1510). Gleiches gilt für Forderungen, die unter einer Zeitbestimmung iSd § 163 BGB geschlossen worden sind. Auch Forderungen, die von einer noch nicht erbrachten Gegenleistung des Schuldners oder eines Dritten abhängen oder an denen der Drittschuldner sonst ein Zurückbehaltungsrecht hat, unterliegen grds. der Pfändung (Anders/Gehle ZPO § 829 Rn. 7).

Eine **zukünftig** entstehende oder fällig werdende Forderung ist pfändbar, sobald eine rechtliche Grundlage besteht, aufgrund derer die Forderung nach ihrer Art (des Inhalts) und der Person des Drittschuldners bestimmt werden kann, mag die Höhe der Forderung auch noch ungewiss oder unbestimmt sein, ob überhaupt eine Forderung der Höhe nach entsteht (sog. Identifizierbarkeit, MüKo ZPO § 829 Rn. 14). Gerade diese Ungewissheit macht es unerlässlich, dass bereits im Pfändungszeitpunkt zwischen VollstrSchuldner und Drittschuldner eine hinreichend verfestigte Rechtsbeziehung besteht (BGH 8.7.1982 – I ZR 148/80, NJW 1982, 2193; Anders/Gehle ZPO § 829 Rn. 7), was anhand des materiellen Rechts zu beurteilen ist (TK § 309 Rn. 11). In diesem Sinn bestimmbar sind zB künftige Forderungen aus einem Kontokorrentverhältnis (BFH 24.4.2024 – VII R 57/20, BStBl. II 2024, 706; → Rn. 18), der Abfindungsanspruch des ausscheidenden GmbH-Gesellschafters (BGH 16.5.1988 – II ZR 375/87, NJW 1989, 458), Provisionsansprüche des Handelsvertreters aus ständigem Vertragsverhältnis für noch nicht abgeschlossene Geschäfte (Stein/Jonas ZPO § 829 Rn. 6), die künftige Forderung eines Apothekers an eine Ortskrankenkasse aus einer Leistung für ihre Mitglieder oder an die gesetzliche Rentenversicherung (Anders/Gehle ZPO § 829 Rn. 9, „Ortskrankenkasse"), künftige Gehaltsforderungen und künftige Ansprüche auf eine Sozialversicherungsrente, wobei ein noch nicht rentennahes Alter des Schuldners nicht entgegensteht (BFH 20.8.1991 – VII R 86/90, BStBl. II 1991, 869; BGH 21.11.2002 – IX ZB 85/02, NJW 2003, 1457). Ebenso ist, sobald ein Rechtsanwalt als Pflichtverteidiger oder im Rahmen der Prozesskostenhilfe beigeordnet ist, eine Pfändung seiner Vergütungsansprüche gegen die Staatskasse möglich (MüKo ZPO § 829 Rn. 14). Die Pfändung einer künftigen Forderung wird mit dem späteren Entstehen der Forderung wirksam (BFH 12.4.2005 – VII R 7/03, BStBl. II 2005, 543); entsteht sie nicht, geht die Pfändung ins Leere ohne je Wirkungen zu entfalten (BFH 20.8.1991 – VII R 86/90, BStBl. II 1991, 869; Stöber/Rellermeyer Rn. A.33).

Auch wenn **Verdachtspfändungen** zivilprozessual in begrenztem Umfang für zulässig gehalten werden (vgl. BGH 19.3.2004 – IXa ZB 229/03, NJW 2004, 2096; Stein/Jonas ZPO § 829 Rn. 7, der insoweit von Suchpfändungen spricht), ist hierfür im Rahmen der Verwaltungsvollstr. regelmäßig kein Raum. Die FB haben vielmehr die ihnen im VollstrVerfahren zu Gebote stehenden Ermittlungsbefugnisse auszuschöpfen (TK § 829 Rn. 20). Zudem verbietet der Grundsatz der Verhältnismäßigkeit der VollstrBehörde Forderungen **„ins Blaue hinein"** zu pfänden, wovon auszugehen ist, wenn kein hinreichender Anhalt dafür besteht, dass die Pfändung zur Befriedigung ihrer StForderungen führen kann (BFH 18.7.2000 – VII R 101/98, BStBl. II 2001, 5; → Rn. 35), etwa weil dem FA bekannt war oder hätte bekannt sein müssen, dass zwischen dem Drittschuldner und dem VollstrSchuldner keine Rechtsbeziehung bestand (FG München 8.3.2010 – 7 K 354/09, EFG 2010, 1009).

Unpfändbar sind alle unübertragbaren Forderungen (§ 319 AO iVm § 851 I ZPO). **6**
Dies gilt auch für zweckgebundene Ansprüche wie die Corona-Sofort- und Überbrückungshilfe (→ Rn. 9a); diese dürfen nur von dem gepfändet werden, für den die Mittel aus der Forderung wirtschaftlich bestimmt sind (sog. Anlassgläubiger; BGH 8.11.2007 – IX ZB 221/03, NJW-RR 2008, 360 zum beamtenrechtlichen Beihilfeanspruch; → Rn. 7). Allgemein zum Pfändungsschutz nach § 851 ZPO → § 319 Rn. 47 ff.

2. Beispiele pfändbarer/nicht pfändbarer Forderungen

Baugeldforderungen sind Ansprüche des Schuldners auf Zahlung noch nicht abge- **7**
rufener Darlehensvaluta aus bereits abgeschlossenen Kreditgeschäften für Bauzwecke. Als zweckgebundene Forderungen sind Baugelder grds. unpfändbar (Stöber/Rellermeyer Rn. A.108; → Rn. 6). Die Zweckbestimmung erlischt, wenn der Schuldner als Baugeldempfänger die Forderung eines Baugläubigers aus anderen Mitteln beglichen (BGH 19.8.2010 – VII ZR 169/09, NJW 2010, 3365) oder durch Eigenleistungen Ausgaben erspart hat; der freigewordene Betrag ist dann pfändbar (Stöber/Rellermeyer Rn. A.109). Kein Baugeld sind Fördermittel, die als verlorener Zuschuss zur Finanzierung von Baukosten gewährt werden (BGH 15.6.2000 – VII ZR 84/99, NJW-RR 2000, 1261) sowie Mittel, die zur Tilgung eines Grundstückskaufkredits zur Verfügung gestellt werden (BGH 13.12.1988 – VI ZR 260/88, NJW-RR 1989, 788).

8 **Bausparkassen.** Das angesparte Guthaben ist uneingeschränkt pfändbar. Der Anspruch auf das Bauspardarlehen ist – da zweckgebunden – grds. unpfändbar (Stöber/Rellermeyer Rn. A.114 ff.).

9 **Bundesentschädigungsgesetz (BEG).** Die Pfändbarkeit richtet sich nach den §§ 4a, 14, 26, 39, 46, 50, 140, 141 VII, 141a IV und 163 II BEG (Stöber/Rellermeyer Rn. A.124 ff.).

9a Auch die sog. **Corona-Sofort- und Überbrückungshilfe** nach den Soforthilfeprogrammen der Länder und des Bundes ist als zweckgebundene Subvention für den Fiskus unpfändbar (BFH 9.7.2020 – VII S 23/20 (AdV), DStR 2020, 1734; FG Münster 22.10.2020 – 6 V 2806/20 AO, BeckRS 2020, 30583; zur rechtl. Einordnung vgl. auch BGH 10.3.2021 – VII ZB 24/20, BStBl. II 2021, 501).

10 **Darlehen, Kreditzusagen.** Der Anspruch auf Rückzahlung eines vom VollstrSchuldner gewährten Darlehens ist pfändbar; ebenso der Anspruch auf Auszahlung eines zugesagten Darlehens (BGH 26.4.1978 – VIII ZR 18/77, JR 1978, 419). Darlehensansprüche sind nur unpfändbar, wenn der Kredit einer treuhänderischen Bindung unterliegt, die Bank dem Kontoinhaber das Kapital also nicht zur freien Verfügung überlässt (BGH 16.12.1999 – IX ZR 270/98, NJW 2000, 1270). Das Recht auf Abschluss eines Darlehensvertrags ist nicht pfändbar. Ansprüche des Bankkunden gegen das Kreditinstitut aus einem vereinbarten **Dispositionskredit** („offene Kreditlinie") sind grds. pfändbar, soweit der Kunde den Kredit in Anspruch nimmt (abruft) und dadurch von seinem höchstpersönlichen Gestaltungsrecht Gebrauch macht (BGH 22.1.2004 – IX ZR 39/03, NJW 2004, 1444). Demgegenüber beinhaltet die nur geduldete, aber nicht vertraglich vereinbarte Überziehung (sog. Überziehungskredit) keinen pfändbaren Anspruch (BGH 24.1.1985 – IX ZR 65/84, NJW 1985, 1218; zur Unterscheidung zwischen Dispositions- und Überziehungskredit vgl. Wagner WM 1998, 1657). Zu Einzelheiten s. „Kontokorrent" → Rn. 18; Stöber/Rellermeyer Rn. A.138; Fritzsche DStR 2002, 265.

11 **EU-Ausfuhrerstattungen** sind öffentlich-rechtliche Ansprüche, die gem. § 46 VI beim HZA Hamburg-Jonas gepfändet werden können (Stöber/Rellermeyer Rn. A.155). **Erzeugerprämien,** die für die Aufgabe der Milcherzeugung gezahlt werden, können als öffentlich-rechtliche Ansprüche bei der Bundesanstalt für Landwirtschaft und Ernährung in Bonn gepfändet werden (Stöber/Rellermeyer Rn. A.156). **Sonstige Beihilfen,** die nach Regelungen zur Schaffung und Durchführung der gemeinsamen Organisation der Agrarmärkte gewährt werden, sind als öffentlich-rechtliche Ansprüche pfändbar. Zu Einzelheiten s. Stöber/Rellermeyer Rn. A.156.

12 **Ehebezogene (unbenannte) Zuwendungen** werden um der Ehe willen und als Beitrag zur Verwirklichung, Erhaltung oder Sicherung der ehelichen Lebensgemeinschaft erbracht (BGH 23.4.1997 – XII ZR 20/95, NJW 1997, 2747). Sie sind daher nicht pfändbar. Dies gilt jedenfalls bei ungestörter Ehe (Stöber/Rellermeyer Rn. A.158). Nach Scheitern der Ehe erfolgt bei der Zugewinngemeinschaft ein Ausgleich nach güterrechtlichen Vorschriften (BGH 21.10.1992 – XII ZR 182/90, NJW 1993, 385). Ausnahmsweise sowie bei anderem Güterstand kann auch eine Rückforderung nach den Regeln über den Wegfall der Geschäftsgrundlage (§ 242 BGB) in Frage kommen (BGH 21.10.1992 – XII ZR 182/90, NJW 1993, 385; Stöber/Rellermeyer Rn. A.160).

12a **Einspeisevergütungsansprüche** (§ 16 EEG), die dem Betreiber von Anlagen, die ausschließlich erneuerbare Energien oder Grubengas einsetzen, gegenüber dem Netzbetreiber zustehen, sind pfändbar (Stöber/Rellermeyer Rn. A.161).

13 **Entschädigungsansprüche für Strafverfolgungsmaßnahmen** (§§ 1 ff. StrEG) sowie bei Verfolgungsmaßnahmen im Bußgeldverfahren (§ 109a OWiG) sind gem. § 13 II StrEG bis zur rechtskräftigen Entscheidung über den Antrag gegen die entschädigungspflichtige Staatskasse nicht übertragbar und damit nach § 851 I ZPO unpfändbar (→ Rn. 4; Stöber/Rellermeyer Rn. A.164). Nach Zuerkennung durch Entscheidung im Justizverwaltungsverfahren ist der Anspruch beim Leiter der auszahlenden Kasse pfändbar (OLG Hamm 7.2.1975 – 14 W 76/74, NJW 1975, 2075). Die Pfändung des Geldentschädigungs-

anspruchs eines Strafgefangenen wegen menschenunwürdiger Haftbedingungen durch den Staat (für Justizkostenforderungen) ist unzulässig (BGH 5.5.2011 – VII ZB 17/10, NJW-RR 2011, 959: unzulässige Rechtsausübung).

Entschädigungsansprüche wegen überlanger Verfahrensdauer. Die Entschädigung eines Verfahrensbeteiligten für den durch unangemessene (überlange) Dauer eines Gerichtsverfahrens erlittenen Nachteil ist bis zur rechtskräftigen Entscheidung über die Klage nicht übertragbar (§ 198 V 3 GVG) und damit gem. § 851 I ZPO nicht pfändbar (Stöber/Rellermeyer Rn. A.166). Auch die zuvor vom EuGH für Menschenrechte zugesprochene Entschädigung wegen überlanger Verfahrensdauer ist nicht pfändbar, der vom Gerichtshof zuerkannte Anspruch auf Erstattung der Mehrkosten im vorausgegangenen innerstaatlichen Verfahren demgegenüber schon (BGH 24.3.2011 – IX ZR 180/10, NJW 2011, 2296). **13a**

Gefangenenbezüge sind mit Maßgabe des § 51 IV, V StVollzG pfändbar (BFH 16.12.2003 – VII R 24/02, BStBl. II 2004, 389). Unpfändbar sind Ansprüche auf Beihilfe zu den Reisekosten (§ 75 III StVollzG) sowie zweckgebundene Gelder, die von einem Dritten für einen Gefangenen bei der Kasse der Haftanstalt eingezahlt werden (Stöber/Rellermeyer Rn. A.187). Arbeitseinkommen von **Freigängern** sind grds. unter Beachtung der §§ 850 ff. ZPO pfändbar (Stöber/Rellermeyer Rn. A.196). Da **Untersuchungsgefangenen** kein Überbrückungsgeld zusteht, ist der Anspruch auf Auszahlung des Eigengeldes pfändbar; allerdings ist dem Gefangenen analog § 811 I Nr. 8 ZPO ein Taschengeldbetrag für persönliche Bedürfnisse zu belassen (Stöber/Rellermeyer Rn. A.197). **14**

Die Haftpflichtversicherung (§§ 100–124 VVG) ist als Schadensversicherung (§§ 74 ff. VVG) auf die Befreiung des Versicherten von der auf ihm lastenden Haftpflichtschuld gerichtet, nicht auf Zahlung. Nur der Verletzte kann als Gläubiger wegen seines Schadensersatzanspruchs diesen Schuldbefreiungsanspruch gegen den Versicherer pfänden (Stöber/Rellermeyer Rn. A.204). Dies gilt auch bei einer Pflichtversicherung des Kraftfahrzeughalters; hier kann allerdings der Geschädigte gem. § 115 I VVG seinen Schadensersatzanspruch auch unmittelbar gegen den Versicherer geltend machen (Stöber/Rellermeyer Rn. A.209). Der **Anspruch auf Beitragsrückvergütung** ist uneingeschränkt pfändbar. Die Pfändung berechtigt aber den Gläubiger nicht zur Kündigung oder Umstellung des Vertrags, um eine Prämienrückvergütung zu erlangen (Stöber/Rellermeyer Rn. A.2010). **15**

Für die **Hochwasser-Soforthilfe** (vgl. FM Nordrhein-Westfalen 23.12.2021, BeckVerw 568699) gelten die zu den Corona-Hilfen ausgeführten Grundsätze (→ Rn. 9a) gleichermaßen (BeckOK ZPO § 851 Rn. 10). **15a**

Das Infektionsschutzgesetz (BGBl. 2000 I 1045) regelt die Ansprüche bei Impf- und Gesundheitsschäden und deren Pfändbarkeit. So ist zB die Verdienstausfallentschädigung pfändbar (§ 67 I IfSchG). Zu Einzelheiten s. Stöber/Rellermeyer Rn. A.213 ff. **16**

Kindergeld kann nur wegen gesetzlicher Unterhaltsansprüche gepfändet werden (§ 76 EStG; Schmidt EStG § 76 Rn. 1). **17**

Kontokorrent. Aus dem Wesen des Kontokorrentverhältnisses (laufende Rechnung, § 355 HGB) folgt, dass zunächst nur der im Zeitpunkt der Pfändungszustellung zu ziehende Saldo (sog. **„Zustellungssaldo"**) von der Pfändung erfasst wird, da die kontokorrentgebundenen Einzelforderungen nur reine Rechnungsposten darstellen (grundlegend BGH 13.3.1981 – I ZR 5/79, NJW 1981, 1611). Nach § 833a ZPO, der gem. § 309 III Anwendung findet, sind kraft gesetzlicher Anordnung stets auch **Salden aus künftigen Rechnungsabschlüssen** eingeschlossen (BT-Drs. 16/7615, 17; Gosch AO § 309 Rn. 15; aA TK § 309 Rn. 6; → Rn. 52). Beim (Bank-)Kontokorrent besteht ein Girovertrag mit ergänzender Kontokorrentabrede (Stöber/Rellermeyer Rn. A.238), der als Sonderform des Geschäftsbesorgungsvertrags (§ 675f BGB) einen eigenständigen Anspruch auf laufende Auszahlung bzw. Überweisung des zwischen den Rechnungsabschlüssen jeweils entstehenden Tagesguthabens (sog. **„Tagessaldo"**) gewährt. Diese Auszahlungsforderung des Bankkunden ist übertragbar und unterliegt ihrerseits gesonderter Pfändung **18**

(BFH 24.4.2024 – VII R 57/20, BStBl. II 2024, 706; BGH 8.7.1982 – I ZR 148/80, NJW 1982, 2193; auch BFH 20.12.1983 – VII R 80/80, BStBl. II 1984, 419). Die Pfändung der Ansprüche aus dem Girovertrag auf Gutschrift aller Eingänge, auf Barabhebungen und auf Durchführung von Überweisungen führte häufig zu einer faktischen Kontosperre, da nur noch Haben-, aber keine Sollbuchungen mehr durchgeführt werden dürften (Carl DStR 1988, 765). Nur die Bank konnte noch mit ihren eigenen Forderungen aufrechnen. Diese Handhabung ist bei natürlichen Personen durch die Möglichkeit eines Pfändungsschutzkontos gem. § 850k ZPO stark eingeschränkt worden, da der VollstrSchuldner durch die Umwandlung des Kontos seine Verfügungsmöglichkeiten im Rahmen des pfändungsfreien Betrages behält (→ § 319 Rn. 42b).

19 **Leasingvertrag.** Gläubiger des Leasinggebers können die Ansprüche auf Zahlung der Leasingraten, der Schlussrate und eine etwaige Entschädigung, wenn nach Vertragsbeendigung der Leasinggegenstand nicht zurückgegeben wird, oder nach § 318 den dinglichen (§ 985 BGB) und vertraglichen Anspruch auf Herausgabe des Leasinggegenstands pfänden (Stöber/Rellermeyer Rn. A.289; → § 318 Rn. 2 ff.). Ebenso ist das Nutzungsrecht des Leasingnehmers nach § 321 pfändbar, soweit der Leasinggegenstand einem Dritten überlassen werden darf (→ § 321 Rn. 11; Stöber/Rellermeyer Rn. A.290).

20 **Lebensversicherung.** Die Ansprüche sind grds. pfändbar (BFH 17.7.2003 – VII B 49/03, BFH/NV 2003, 1538). Es bestehen allerdings Pfändungsbeschränkungen nach §§ 850 III, 850b I Nr. 4, 851d ZPO (→ § 319 Rn. 8, 12 ff., 59 f.). Gestaltungsrechte (Bestimmung, Änderung oder Widerruf des Bezugsrechts nach § 159 I VVG, Kündigung nach § 168 VVG, Umwandlung in prämienfreie Versicherung gem. § 165 VVG) sind Nebenrechte, die zur Klarstellung ausdrücklich mitgepfändet werden sollten (Stöber/Rellermeyer Rn. A.295). Erfasst die Pfändung einer Kapitallebensversicherung danach auch die Ausübung des Rentenwahlrechts, ist der VollstrSchuldner aufgrund des relativen Verfügungsverbots (→ Rn. 41) gehindert, das Rentenwahlrecht zum Nachteil des Gläubigers auszuüben (BFH 31.7.2007 – VII R 60/06, BFH/NV 2007, 2159). Bei Lebensversicherungsverträgen über verbundene Leben hat jeder Ehegatte Anspruch auf die Versicherungsleistungen; im Zweifel gem. § 420 BGB zu gleichen Teilen (Stöber/Rellermeyer Rn. A.314).

20a **Ein Lotteriegewinn** ist als Geldforderung pfändbar (AG Göttingen 8.9.2011 – 74 IN 235/09, NZI 2012, 32). Sämtliche Ansprüche aus Lotteriegewinnen, insb. die Ansprüche auf Umwandlung einer gewonnenen Reise in einen Geldanspruch und Auszahlung des Geldbetrags sind pfändbar, nicht jedoch das Wahlrecht allein (Stöber/Rellermeyer Rn. A.319).

21 **Miet- und Pachtzinsforderungen** des Vermieters/Verpächters sind pfändbar. Die gesetzlichen Pfandrechte (§§ 562, 592 BGB) werden als Nebenrechte von der Pfändung erfasst (Stöber/Rellermeyer Rn. A.322). Zweckgebundene Leistungen wie umgelegte Bewirtschaftungskosten sind hingegen unpfändbar (Stöber/Rellermeyer Rn. A.323). Zum VollstrSchutz s. § 851b ZPO (→ § 319 Rn. 54 ff.). Bei Eröffnung des Insolvenzverfahrens gilt § 110 I, II InsO. Möglich ist die Pfändung, solange keine Beschlagnahme durch Zwangsverwaltung erfolgt (§ 148 I ZVG). Eine Zwangsversteigerungsbeschlagnahme steht nicht entgegen (§ 21 II ZVG); zur zeitlichen Begrenzung s. Grüneberg BGB § 1123 Rn. 2. Die Mietzinsforderung des Mieters an den Untermieter ist ebenfalls pfändbar, da keine Zweckbindung besteht (Stöber/Rellermeyer Rn. A.377). Ebenso ist der Anspruch des Mieters auf Rückgabe der Mietkaution pfändbar; bei Barzahlungskaution ist der Rückzahlungsanspruch als solcher pfändbar. Ist ein Kautionskonto auf den Namen des Mieters eingerichtet, ist der Auszahlungsanspruch (Forderung aus Sparguthaben) des Mieters an die Bank zu pfänden (Stöber/Rellermeyer Rn. A.379). Pfändbar ist auch der Anspruch des Mieters auf Erstattung zu viel geleisteter Nebenkostenvorauszahlungen (Stöber/Rellermeyer Rn. A.380).

22 **Pflichtteilsanspruch.** Er ist nach § 2317 II BGB übertragbar und pfändbar, wenn er durch Vertrag anerkannt oder rechtshängig geworden ist (§ 852 I ZPO). S. Stöber/Rellermeyer Rn. A.386 ff.

Postbank-Girokonto. Der Auszahlungsanspruch ist als Geldforderung pfändbar (→ Rn. 18). Die vormals für den Postgiro- und Postsparkassendienst geltenden Besonderheiten sind bereits 1997 mit dem Außerkrafttreten des PostG aF entfallen. Seit ihrer Übernahme ist die Postbank nur noch eine Niederlassung der Deutsche Bank AG (vormals DB Privat- und Firmenkundenbank). 23

Schadensversicherungsansprüche (aus einer Feuer-, Hagel-, Tierversicherung) können grds. gepfändet werden (s. Stöber/Rellermeyer Rn. A.440 ff.). Unpfändbarkeit besteht gem. § 17 VVG, soweit sich die Versicherung auf eine unpfändbare Sache bezieht (Stöber/Rellermeyer Rn. A.441). Zur Haftpflichtversicherung → Rn. 15. 24

Schenkung. Der durch ein Schenkungsversprechen (§ 518 BGB) entstandene Anspruch des beschenkten VollstrSchuldners ist pfändbar. Zum Rückforderungsanspruch des Schenkers wegen Verarmung s. Stöber/Rellermeyer Rn. A.454. 25

Sicherheitsleistungen. In Strafsachen kann gem. §§ 116a I, 127a, 132 I StPO zur Haftverschonung Sicherheit durch Hinterlegung in barem Geld oder in Wertpapieren geleistet werden. Mit Aufhebung der Maßnahme wird die nicht verfallene Sicherheit frei. Der Anspruch des Hinterlegers auf Rückzahlung ist bereits vor dem Zeitpunkt der Freigabe pfändbar (s. Stöber/Rellermeyer Rn. A.460). 26

Sparguthaben sind pfändbar. Drittschuldner ist das Kreditinstitut, das dem VollstrSchuldner die Forderung aus der Spareinlage schuldet. Die Nennung der Sparbuch-Nr. ist zweckdienlich, aber nicht zwingend erforderlich (Stöber/Rellermeyer Rn. A.462). Das Sparbuch ist nicht selbständig Träger des Rechts aus der Spareinlage, sondern ein Legitimationspapier (→ § 302 Rn. 3). Der VollstrSchuldner ist nach § 315 II 1 verpflichtet, das Sparbuch herauszugeben, sobald die Einziehung der Forderung nach § 314 angeordnet worden ist (→ § 315 Rn. 6). Die Wegnahme erfolgt – bei entsprechender Beauftragung – durch den Vollziehungsbeamten im Wege der sog. Hilfspfändung (Abschn. 32 IV, 50 VollzA). Zu Einzelheiten s. Stöber/Rellermeyer Rn. A.462 ff. 27

Stammeinlagen einer GmbH. Der Anspruch der GmbH gegen ihren Gesellschafter auf Leistung der ausstehenden Stammeinlage ist zwar grds. pfändbar, doch muss die Einlage gem. § 19 II 1 GmbHG der Erhaltung der Kapitalgrundlage dienen (Stöber/Rellermeyer Rn. A.476). Entsprechendes gilt auch für die Einlageforderungen einer AG gegen ihre Aktionäre (§ 34 AktG; Stöber/Rellermeyer Rn. A.486). 28

StErstattungsansprüche. StArt, Erstattungsgrund und Besteuerungszeitraum sind genau zu bezeichnen (BFH 12.7.2001 – VII R 19, 20/00, BStBl. II 2002, 67). § 46 ist zu beachten (BFH 1.4.1999 – VII R 82/98, BStBl. II 1999, 439). Diese Pfändungsmöglichkeit spielt für die FB als VollstrBehörde idR wegen der Aufrechnungsmöglichkeit (§ 226) nur eine untergeordnete Rolle. Ausnahme ist die Pfändung aufgrund eines dinglichen Arrests (§ 324), da hier mangels Leistungsgebots keine Aufrechnungslage besteht. 29

Stille Gesellschaft. Die Ansprüche des stillen Gesellschafters auf den Gewinnanteil (§ 231 HGB) und das zukünftige Auseinandersetzungsguthaben (§ 235 HGB) sind pfändbar (Stöber/Rellermeyer Rn. E.170). 30

Treuhandvermögen. Zur Vollstr. in eine zum Treuhandvermögen gehörende Forderung ist ein vollstreckbarer VA gegen den Treuhänder erforderlich; ein solcher gegen den Treugeber genügt nicht (Anders/Gehle ZPO § 829 Rn. 9, „Treuhand“). So können zB die Gläubiger des Treugebers das Guthaben auf dem Anderkonto eines Rechtsanwalts oder Notars bei einer Bank nicht pfänden (Stöber/Rellermeyer Rn. A.546). Pfändbar ist aber der Rückgabeanspruch des Treugebers gegen den Treuhänder. S. auch BGH 22.4.2010 – VII ZB 15/09, NJW 2010, 2346; → Rn. 32. 31

3. Inhaberschaft des Vollstreckungsschuldners

Die Forderung muss dem VollstrSchuldner **im Zeitpunkt der Pfändung,** dh im Zeitpunkt der Zustellung an den Drittschuldner, zustehen (→ Rn. 45). Dies ist nach materiellem Recht zu beurteilen. Ein anhängiger Prozess steht der Pfändung nicht entgegen (BGH 26.1.1983 – VIII ZR 258/81, NJW 1983, 886). Steht die gepfändete Forderung dem 32

VollstrSchuldner nicht zu, dann geht die Pfändung ins Leere; sie ist unwirksam (BFH 12.4.2005 – VII R 7/03, BStBl. II 2005, 543; BGH 26.5.1987 – IX ZR 201/86, NJW 1988, 495; FG Nürnberg 30.1.2007 – II 205/2003, DStRE 2007, 856; offen gelassen BFH 13.12.2011 – VII R 49/10, BStBl. II 2012, 398). Ein **späterer Erwerb** ist unbeachtlich; es ist eine neue Pfändung erforderlich (Zöller ZPO § 829 Rn. 4). § 185 II BGB ist auf Pfändungen nicht entspr. anwendbar (BGH 12.12.2001 – IV ZR 47/01, NJW 2002, 755). Hat der VollstrSchuldner die Forderung vor der Pfändung **abgetreten,** ist die Pfändung unwirksam (BAG 17.2.1993 – 4 AZR 161/92, NJW 1993, 2699; aA FG München 19.7.2013 – 8 K 3028/12, EFG 2014, 322). Sie wird auch nicht durch eine erfolgreiche Gläubigeranfechtung nach dem AnfG nachträglich wirksam (BGH 5.2.1987 – IX ZR 161/85, NJW 1987, 1703). Demgegenüber wird die Pfändung bei **fortlaufenden Bezügen** wegen § 313 (§ 832 ZPO) im Fall einer Rückübertragung wirksam (Thomas/Putzo ZPO § 829 Rn. 29).

Forderungen gegen eine **Gesamthandsgemeinschaft** können nur gepfändet werden, wenn der zu vollstreckende VA und das Leistungsgebot gegen alle Gesamthänder gerichtet sind (TK § 309 Rn. 16). Ist VollstrSchuldner nur einer der Gesamthänder, ist nur der Gesamthandsanteil im Ganzen pfändbar, nicht jedoch der Anteil des Gesamthänders an den einzelnen zum Gesamthandsvermögen gehörenden Gegenständen (→ § 321 Rn. 31 ff.).

Wer **Inhaber eines Bankkontos** ist, bestimmt sich unter Berücksichtigung der Umstände des Einzelfalls nach rechtlichen, nicht nach banktechnischen Gesichtspunkten (BGH 25.6.1956 – II ZR 270/54, BGHZ 21, 148). Entscheidend ist nicht allein, wessen Name in der Kontobezeichnung aufgeführt ist (BGH 10.10.1989 – XI ZR 117/88, NJW-RR 1990, 178), sondern wer bei der Kontoerrichtung als Forderungsberechtigter aufgetreten oder bezeichnet worden ist (BGH 12.12.1995 – XI ZR 15/95, NJW 1996, 840; FG Hessen 16.4.1996 – 4 K 1982/93, EFG 1998, 531; Stöber/Rellermeyer Rn. A.240). Maßgeblich ist damit, wer nach dem für die Bank erkennbaren Willen desjenigen, der die Kontoeröffnung beantragt, Gläubiger werden soll (BGH 12.10.1987 – II ZR 98/87, NJW 1988, 709). Bei einem **Einzelkonto** ist Inhaber eine einzige Person, für die es als Eigen- oder Anderkonto geführt wird (Thomas/Putzo ZPO § 829 Rn. 43). Inhaber von **Gemeinschaftskonten** („Oder-Konto" und „Und-Konto") sind zwei oder mehrere Personen, zumeist Ehegatten oder BGB-Gesellschaften. Ein Oder-Konto beinhaltet die alleinige Verfügungsbefugnis eines jeden Mitinhabers, sodass die Forderungen der Kontoinhaber auch dann der Zwangsvollstr. unterliegen, wenn sich diese nur gegen einen der Mitinhaber richtet (BGH 24.1.1985 – IX ZR 65/84, NJW 1985, 1218). Die Pfändung gegen einen der Inhaber sperrt das in Beschlag genommene Kontoguthaben auch gegenüber allen anderen (Thomas/Putzo ZPO § 829 Rn. 44; aA Zöller ZPO § 829 Rn. 33.26: weiterhin schuldbefreiende Zahlung an übrige Kontoinhaber möglich; differenzierend Knees WM 2021, 664). Können die Kontoinhaber nur gemeinschaftlich verfügen (sog. „Und-Konto"), muss sich die Vollstr. grds. gegen alle Kontoinhaber richten (LG Nürnberg-Fürth 30.3.2001 – 15 S 10945/00, NJW 2002, 973; Stöber/Rellermeyer Rn. A.470).

Zum Kontopfändungsschutz für Gemeinschaftskonten nach § 850l ZPO → § 319 Rn. 44 f. Forderungen, die zu einem **Treuhandvermögen** gehören, sind Vermögen des Treuhänders (→ Rn. 31).

II. Pfändungsverfügung

1. Erlass der Pfändungsverfügung

33 **Wesen.** Die Pfändungsverfügung ist als VollstrMaßnahme (§ 249 I 1) ein **VA** iSd § 118 (BFH 4.2.1992 – VII B 119/91, BFH/NV 1992, 789; Gosch AO § 309 Rn. 62; zum Rechtsschutz → Rn. 56). Es sind die §§ 119 ff. zu beachten. § 309 enthält aber hinsichtlich Form, Inhalt und Bekanntgabe Sonderregelungen.

34 **Zuständig** für den Erlass der Pfändungsverfügung ist die VollstrBehörde (§ 249 I 2; sog. Innendienst). Zur örtlichen Zuständigkeit → § 249 Rn. 10.

Ermessen. § 309 regelt, wie bei der Pfändung einer Geldforderung zu verfahren ist. Ob eine Geldforderung gepfändet werden soll, richtet sich nach den allg. Grundsätzen. Die VollstrBehörde hat **kein Entschließungsermessen,** sondern ist grds. verpflichtet, die nach den StGesetzen geschuldete Leistung im Verwaltungsweg zu vollstrecken (→ § 249 Rn. 7; aA HHSp § 309 Rn. 83 ff.). Sie hat jedoch ein **Auswahlermessen** dahingehend, welche konkreten VollstrMaßnahmen ergriffen werden sollen, etwa in welchem Umfang welche Geldforderung gepfändet wird (s. Weinreuter DStZ 1999, 258; Rolletschke DStZ 2000, 289; → § 249 Rn. 9). Hierbei sind insb. gesetzliche Pfändungsbeschränkungen und -verbote zu beachten (→ § 319 Rn. 8 ff.). Aber auch jenseits dieser gesetzlichen Vorgaben sind die Belange des VollstrSchuldners und die des VollstrGläubigers stets gegeneinander abzuwägen. Pfändungsverfügungen können deshalb idR nicht formularmäßig ergehen. Zum Begründungsumfang BFH 17.12.2019 – VII R 62/18, BFH/NV 2020, 787; allg. → § 5 Rn. 34 ff.). 35

Der **Verhältnismäßigkeitsgrundsatz** (→ Vor § 249 Rn. 3) verbietet es der FB beispielsweise, Forderungen ohne hinreichenden Anhalt dafür zu pfänden, dass die Pfändung zur Befriedigung der StRückstände führen kann (→ Rn. 5; zum Verbot zweckloser Sachpfändungen → § 281 Rn. 17). Denn der VollstrSchuldner hat ein schutzwürdiges Interesse daran, dass anderen die Höhe und überhaupt die Existenz seiner StSchulden nicht ohne rechtfertigenden Grund bekannt werden (BFH 18.7.2000 – VII R 101/98, BStBl. II 2001, 5).

Es gibt aber **keinen Vorrang der Sachpfändung** vor der Forderungspfändung (zB Pfändung des Geschäftskontos); die Vollstr. in Sachen und Forderungen steht vielmehr gleichrangig nebeneinander (BFH 16.7.2007 – VII B 338/06, BFH/NV 2007, 2229). Dies gilt umso mehr, da Sachpfändungen oftmals erfolglos verlaufen (→ Rn. 1). Deshalb stellt die Pfändung des Girokontos eines Gewerbetreibenden grds. keine Ermessensfehler aufzeigende unzumutbare Härte dar, selbst wenn der VollstrSchuldner dadurch vom Zahlungsverkehr abgeschnitten bzw. an seiner gewerblichen Tätigkeit gehindert wird (FG Baden-Württemberg 2.10.2001 – 2 V 25/01, EFG 2002, 37; aA FG Düsseldorf 22.7.2022 – 3 K 744/20 KV, BeckRS 2022, 19954, NZB VII B 122/22). Nur wenn die VollstrStelle ausnahmsweise sichere Kenntnis von einem gleichwertigen anderen VollstrObjekt hat, wäre die dennoch vorgenommene Pfändung des Geschäftskontos ermessensfehlerhaft.

Für die Zulässigkeit einer Forderungspfändung gibt es **keine generelle Bagatellgrenze;** es ist immer auf den Einzelfall abzustellen. Ob der VollstrSchuldner vor Erlass der Pfändungsverfügung gehört wird, liegt ebenfalls im Ermessen der VollstrBehörde, da die AO im Gegensatz zu § 834 ZPO kein Anhörungsverbot enthält. IdR wird eine Anhörung jedoch im Hinblick auf den erstrebten Erfolg der VollstrMaßnahme nicht zweckmäßig sein (TK § 309 Rn. 21).

Zur Bekanntgabe → Rn. 45 f. 36

2. Form und Inhalt der Pfändungsverfügung

a) Form. Für die Pfändungsverfügung ist Schriftform angeordnet (§ 309 I 1) und die elektronische Form ausdrücklich ausgeschlossen (§ 309 I 2). Für letzteres kommt es nicht auf die elektronische Erzeugung der VA an, sondern auf die äußere Form. Entscheidend ist, dass dem Adressaten kein elektronisches Dokument übermittelt werden darf (BFH 17.12.2019 – VII R 62/18, BFH/NV 2020, 787). Das Schriftformerfordernis gilt nach § 309 II auch für das Verbot an den Drittschuldner (→ Rn. 40) und das Gebot an den VollstrSchuldner (→ Rn. 41). Eine dem Drittschuldner mündlich bekannt gegebene Pfändungsverfügung ist nichtig (§ 125 I; HHSp § 309 Rn. 95). Formverstöße gegenüber dem VollstrSchuldner (→ Rn. 46) haben auf die Zustellung der Pfändungsverfügung an den Drittschuldner (§ 309 II 1; → Rn. 45) keinen Einfluss. 37

b) Inhalt. Allgemeines. Zum notwendigen Inhalt einer Pfändungsverfügung gehört (s. Abschn. 41 II VollstrA): 38

- die genaue Bezeichnung des **VollstrSchuldners** (Name, Vorname und Anschrift),
- die beizutreibende Forderung, dh **Geldbetrag** nebst **Schuldgrund** (beim VollstrSchuldner aufgegliedert nach StArt und Entrichtungszeitraum; beim Drittschuldner gem. § 309 II 2 nur in einer Summe, vgl. BFH 18.7.2000 – VII R 101/98, BStBl. II 2001, 5); die Angabe des Schuldgrundes kann durch Verweis auf eine beigefügte Anlage erfolgen (Abschn. 41 II Nr. 2 VollstrA) und ist auch nachholbar (→ § 260 Rn. 4; TK § 309 Rn. 38); zum Sonderfall eines abweichenden VollstrGläubigers FG Münster 21.1.2020 – 11 V 3213/19 AO, BeckRS 2020, 1474,
- die **Kosten** für die bisher ergriffenen Pfändungsmaßnahmen und für den Erlass der Pfändungsverfügung,
- die **Feststellung,** dass der VollstrSchuldner die aufgeführten **Beträge schuldet,**
- die **Bezeichnung der Forderung,** die dem VollstrSchuldner gegen den Drittschuldner zusteht (→ Rn. 39), sowie der **Ausspruch,** dass wegen der aufgeführten Beträge die Forderung gepfändet wird,
- das **Verbot an den Drittschuldner,** an den VollstrSchuldner zu zahlen (→ Rn. 40), sowie das **Gebot an den VollstrSchuldner,** sich jeder Verfügung über die Forderung, insb. ihrer Einziehung, zu enthalten (→ Rn. 41),
- die **Unterschrift** eines zuständigen Bediensteten der VollstrStelle, es sei denn, die Verfügung wurde „automatisch", dh mit Hilfe einer elektronischen Datenverarbeitungsanlage erlassen (§ 119 III 2; BFH 17.12.2019 – VII R 62/18, BFH/NV 2020, 787).

39 **Bezeichnung der gepfändeten Forderung.** Die Pfändungsverfügung muss als VA die nötige Klarheit und Bestimmtheit in sich tragen, sodass Anordnung und Umfang der Pfändung mit Sicherheit zu ersehen und zu erkennen sind (Stöber/Rellermeyer Rn. B.101). Der Bestimmtheit/Klarheit bedarf es nicht nur für die unmittelbar Beteiligten (Gläubiger, Schuldner und Drittschuldner), sondern im Interesse der allg. Rechts- und Verkehrssicherheit auch für andere Personen, insb. weitere Gläubiger, die selbst pfänden wollen (BGH 21.2.1991 – IX ZR 64/90, NJW-RR 1991, 1197). Fehlt es hieran, ist die Pfändungsverfügung von Beginn an unwirksam und damit eine spätere Nachbesserung ausgeschlossen (BGH 28.3.2007 – VII ZB 25/05, NJW 2007, 3132; Gosch AO § 309 Rn. 74). Dies gilt selbst dann, wenn die unmittelbar Beteiligten wissen, welche Forderung gemeint ist, ein Dritter aber nicht (TK § 309 Rn. 24). Zur Berichtigung offenbarer Unrichtigkeiten Stöber/Rellermeyer Rn. B 115. Auch wenn die Anforderungen an die zutreffende Bezeichnung nicht überspannt werden dürfen, muss aufgrund der Pfändungsverfügung **zweifelsfrei feststehen, welche Forderung** gepfändet werden soll; die Forderung muss letztlich so bezeichnet sein, dass sie identifiziert und von anderen Forderungen unterschieden werden kann (BFH 1.6.1989 – V R 1/84, BStBl. II 1990, 35). Dies erfordert, dass das Rechtsverhältnis, aus dem die Forderung hergeleitet wird, wenigstens in allg. Umrissen angegeben wird (BFH 1.4.1999 – VII R 82/98, BStBl. II 1999, 439). Einer genauen Bezeichnung des Gegenstandes und des Schuldgrundes der gepfändeten Forderung bedarf es hierfür zwar nicht. Allgemeinplätze wie „aus jedem Rechtsgrund", „aus Verträgen und/oder sonstigen Rechtsgründen" oder „aus Bankverbindungen" genügen allerdings nicht (Zöller ZPO § 829 Rn. 9). **Kleinere Ungenauigkeiten** bleiben unschädlich, wenn sie durch verständige Auslegung konkretisiert werden können und sich deshalb nicht nachteilig auf die Identifizierung der gepfändeten Forderung auswirken (BFH 30.9.1997 – VII B 67/97, BFH/NV 1998, 421; Stöber/Rellermeyer Rn. B104). Maßstab ist der objektive Wortsinn der Pfändungsverfügung; die Erkennbarkeit (Bestimmbarkeit) muss sich aus diesem selbst ergeben, weswegen außerhalb liegende Umstände nicht herangezogen werden können (BGH 28.4.1988 – IX ZR 151/87, NJW 1988, 2543). Verbleiben Zweifel, ist die Pfändung insgesamt unwirksam. Pfändungsverfügungen erstrecken sich grds. nur auf die Forderungen, die im Zeitpunkt der Zustellung bestehen (→ Rn. 32), nicht auf zukünftige; anders in den Fällen fortlaufender Bezüge iSd § 313 (→ Rn. 32). Sollen zukünftige Forderungen gepfändet werden (zur Pfändbarkeit → Rn. 5), muss dies in

der Pfändungsverfügung ausdrücklich angeordnet werden (TK § 309 Rn. 5; Zöller ZPO § 829 Rn. 10).

Zahlungsverbot an den Drittschuldner. Das in § 309 I 1 normierte Verbot, an den VollstrSchuldner zu zahlen (arrestatorium), ist der **eigentliche Pfändungsakt** (TK § 309 Rn. 30). Es ist Ausdruck des untrennbaren Zusammenhangs zwischen Beschlagnahme und Pfandrecht, weswegen die FB nicht einschränkend darüber verfügen, insb. dem Drittschuldner nicht im Rahmen einer sog. **Ruhendstellung** gestatten kann, trotz rangwahrend fortbestehender Verstrickung bis auf Widerruf wieder an den VollstrSchuldner zu zahlen (BFH 16.5.2017 – VII R 5/16, BStBl. II 2018, 735; anders für den Fall einer Teil-Freigabe gegenüber dem Schuldner FG Münster 8.6.2020 – 11 V 1541/20 AO, BeckRS 2020, 12719). Das Zahlungsverbot muss eindeutig und klar formuliert sein. Ohne das arrestatorium ist die Pfändung unwirksam (HHSp § 309 Rn. 101). Das Zahlungsverbot erstreckt sich grds. auf die betroffene Geldforderung insgesamt. Eine Teilpfändung bedarf einer ausdrücklichen, klaren und eindeutigen Anordnung. **Drittschuldner** ist jeder Dritte, dessen Leistung zur Ausübung einer gepfändeten Forderung erforderlich ist, oder dessen Rechtsstellung von der Pfändung in sonstiger Form berührt wird (Stöber/Rellermeyer Rn. A.8). Aus der Pfändungsverfügung muss hinreichend klar und eindeutig hervorgehen, an welchen Drittschuldner sich die Pfändungsverfügung richtet. Dies ist im Einzelfall durch Auslegung zu ermitteln (Stöber/Rellermeyer Rn. B.109 f.). Eine **ungenaue Bezeichnung** des Drittschuldners ist unschädlich, solange dadurch kein Zweifel daran aufkommt, welche Forderung des VollstrSchuldners gegen den Drittschuldner von der Pfändung erfasst wird (Zöller ZPO § 829 Rn. 9). Dies ist beispielsweise bei lediglich fehlerhafter Schreibweise des Drittschuldners („Müller" statt „Mueller") und der Verwendung falscher Zusätze (AG statt GmbH oder KG) der Fall. Bei Zweifeln oder einer ersichtlich falschen Bezeichnung gilt jedoch nichts anderes als im Bereich der Forderungsbezeichnung (→ Rn. 39); die Pfändung ist unwirksam (Gosch AO § 309 Rn. 79) und bleibt es auch bei richtiger Zustellung (Zöller ZPO § 829 Rn. 9). Unerheblich ist, ob der Drittschuldner im Ausland lebt (Zöller ZPO § 829 Rn. 33.5; TK § 309 Rn. 31). 40

Verfügungsverbot an VollstrSchuldner. Das Gebot nach § 309 I an den VollstrSchuldner, sich jeglicher Verfügung über die Forderung, insb. ihrer Einziehung, zu enthalten (Inhibitorium), ist für die Wirksamkeit bedeutungslos (Anders/Gehle ZPO § 829 Rn. 32). Anders ist es bei § 321 II; hier ist die Zustellung des Inhibitoriums an den VollstrSchuldner erforderlich (BFH 13.1.1987 – VII R 80/84, BStBl. II 1987, 251; → § 321 Rn. 18). 41

C. Zustellung und Wirkung der Pfändung (Abs. 2)

I. Zustellung an Drittschuldner und Mitteilung an Vollstreckungsschuldner

Zustellung an den Drittschuldner. Sie erfolgt idR durch die Post, ggf. aber auch durch hierzu berechtigte Lizenznehmer (§ 33 I PostG) mit Zustellungsurkunde (Abschn. 41 VII 1 VollstrA; s. § 3 I VwZG; → § 122 Rn. 135 ff.). Die an einen Dreitageszeitraum anknüpfende Bekanntgabefiktion des § 122 II gilt folglich nicht; § 309 II 1 ordnet ausdrücklich die förmliche Zustellung an (§ 122 V; vgl. Klein § 122 Rn. 79). Ersatzzustellung (§ 3 II 1 VwZG; → § 122 Rn. 139 ff.) und öffentliche Zustellung (§ 10 VwZG; → § 122 Rn. 222 ff.) sind zulässig, jedoch muss der VollstrGläubiger Zahlungen des Drittschuldners in Unkenntnis der Zustellung gegen sich gelten lassen (TK § 309 Rn. 43b; → Rn. 51). Die Zustellung ins Ausland richtet sich nach § 9 VwZG (BFH 11.2.1959 – II 15/58 U, BStBl. III 1959, 181; → § 122 Rn. 215 ff.). Eine Zustellung an Bevollmächtigte ist zulässig (§ 7 VwZG; → § 122 Rn. 190 ff.). 45

Mitteilung an VollstrSchuldner. Die Zustellung an den Drittschuldner ist dem VollstrSchuldner durch Übersendung einer Abschrift der Pfändungsverfügung nebst Angabe, an welchem Tag die Zustellung an den Drittschuldner erfolgt ist, mitzuteilen (§ 309 II 3; 46

Abschn. 41 VIII VollstrA). Hierbei müssen dem VollstrSchuldner aufgrund des Schutzcharakters des § 260 auch Art, Höhe und Zeitraum der der Pfändung zugrunde liegenden Ansprüche aufgezeigt werden (→ § 260 Rn. 2). Die Mitteilung muss zeitnah, dh regelmäßig binnen einer Woche erfolgen (FG Düsseldorf 13.8.1998 – 8 K 2721/97 KV, EFG 1998, 1452; TK § 309 Rn. 36). Sie ist kein VA und kann deshalb nicht eigenständige Grundlage für die Vollziehung angefallener VollstrKosten iSd § 346 sein (FG Sachsen 17.10.2023 – 6 K 680/23, BeckRS 2023, 45417). Wird die Mitteilung unterlassen, ist die Pfändung zwar wirksam, aber anfechtbar (Klein § 309 Rn. 24).

II. Wirkung der Pfändung

47 **Pfandverstrickung und Pfändungspfandrecht** entstehen mit der Pfändung (→ § 282 Rn. 1 f.), dh bei der Forderungspfändung grds. mit der Zustellung an den Drittschuldner. Bei der Pfändung künftiger Forderungen entsteht das Pfändungspfandrecht erst mit dem Entstehen der Forderung (BFH 12.4.2005 – VII R 7/03, BStBl. II 2005, 543; BGH 17.9.2009 – IX ZR 106/08, NJW 2010, 444; → Rn. 5). Pfandverstrickung und Pfändungspfandrecht können jedoch nur entstehen, wenn und soweit die gepfändete Forderung dem VollstrSchuldner auch zusteht (TK § 309 Rn. 44; → Rn. 32). Die gepfändete Forderung muss zum Vermögen des VollstrSchuldners gehören, woran es insb. dann fehlt, wenn sie zuvor abgetreten worden ist (→ Rn. 55). Trotz Pfändung verbleibt sie im Vermögen des VollstrSchuldners (Anders/Gehle ZPO § 829 Rn. 49; → Rn. 49).

48 **Umfang.** Verstrickung und Pfandrecht erfassen grds. die **gesamte Forderung** nebst Zinsen und Nebenrechten (§ 401 BGB), wie sie im Zeitpunkt der Pfändung bestehen (sog. Vollpfändung). Nichtakzessorische Rechte (zB Sicherungsübereignung und -zession) werden nicht umfasst. Später entstehende Nebenrechte gehören nur dann dazu, wenn sie ausdrücklich (mit-)gepfändet sind. Ist der beizutreibende Anspruch niedriger als die zu pfändende Forderung, bleibt es dennoch im Regelfall bei einer Vollpfändung, es sei denn, in der Pfändungsverfügung ist lediglich eine **Teilpfändung** angeordnet (BFH 18.7.2000 – VII R 101/98, BStBl. II 2001, 5; → Rn. 40), wodurch die Forderung des VollstrSchuldners in einen mit dem Pfandrecht belasteten Teil und einen pfandrechtsfreien Restbetrag aufgeteilt wird. Für eine solche Einschränkung wird aus Sicht der FB nur ausnahmsweise Anlass bestehen, nämlich dann, wenn Zweifel an der Werthaltigkeit ausgeschlossen werden können (Klein § 309 Rn. 28). Sind mehrere Forderungen gepfändet, unterfallen sie ebenfalls in voller Höhe dem Pfandrecht, wenn sie insgesamt den VollstrBetrag nicht erreichen (BGH 22.1.1975 – VIII ZR 119/73, NJW 1975, 738; Anders/Gehle ZPO § 829 Rn. 46, „Zweifel"). Später fällige fortlaufende Bezüge werden von § 313 erfasst.

49 **Rechtsstellung des VollstrSchuldners.** Er bleibt zwar Inhaber des Rechts, darf aber nichts mehr tun, was die Rechtsstellung des Gläubigers beeinträchtigen würde, also insb. nicht einziehen, aufrechnen, stunden, erlassen (→ Rn. 41; → § 314 Rn. 5). Eine zuwiderlaufende Verfügung ist dem Pfändungsgläubiger gegenüber gem. §§ 135, 136 BGB unwirksam (relatives Verfügungsverbot; s. Thomas/Putzo ZPO § 829 Rn. 33). Nicht verboten sind solche Verfügungen, die das Pfandrecht nicht beeinträchtigen, wie zB auf Feststellung klagen, einen Arrest erwirken, oder die Forderung im Insolvenzverfahren anmelden (Klein § 309 Rn. 30; Stöber/Rellermeyer Rn. B.156). Zu Einzelheiten s. Stöber/Rellermeyer Rn. B.154 ff.

50 **Rechtsstellung des Pfändungsgläubigers.** Er darf alles tun, um sein Pfandrecht und damit die gepfändete Forderung zu sichern, zB gegen den Drittschuldner auf Feststellung klagen oder entspr. § 1281 BGB Hinterlegung für sich und den VollstrSchuldner gemeinsam verlangen (Thomas/Putzo ZPO § 829 Rn. 34). Eigenmächtige Einziehungshandlungen ohne Mitwirkung des VollstrSchuldners sind ihm aber (noch) untersagt. Erst mit der Einziehungsverfügung nach § 314 tritt der Pfändungsgläubiger an die Stelle des VollstrSchuldners und kann dessen Rechte ausüben, insb. Zahlung an sich verlangen. Durch die Pfändung und Einziehung erwirbt der Gläubiger gegenüber dem Drittschuldner aber

keine weitergehenden Rechte als sie dem VollstrSchuldner zustehen. Der Pfändungsgläubiger muss sich deshalb alle Einwendungen entgegenhalten lassen, die der Drittschuldner gegenüber dem VollstrSchuldner besitzt (FG Hessen 16.4.1996 – 4 K 1982/93, EFG 1998, 531). Gegebenenfalls muss der Pfändungsgläubiger die Forderung vor dem ordentlichen Gericht einklagen. Zu Einzelheiten s. Stöber/Rellermeyer Rn. B.149 ff. Zur sog. Ruhendstellung der Pfändungsverfügung → Rn. 40.

Rechtsstellung des Drittschuldners. Er darf nicht mehr an den VollstrSchuldner 51 zahlen (→ Rn. 40). Zahlt er trotzdem, wird er wegen §§ 135, 136 BGB dem Pfändungsgläubiger gegenüber nicht befreit. Dies gilt nicht, wenn er die Pfändung nicht kannte, wofür er aber die Beweislast trägt (Thomas/Putzo ZPO § 829 Rn. 37). Der Drittschuldner ist berechtigt, jederzeit den Betrag zu hinterlegen (§ 372 BGB). Eine vor der Pfändung bestehende Aufrechnungsmöglichkeit bleibt ihm erhalten (§ 392 BGB). Da die Pfändung die Rechtsstellung des Drittschuldners auch im Übrigen nicht verschlechtert, kann er weiterhin alle Einwendungen, die ihm bereits im Zeitpunkt der Pfändung zustanden, auch gegenüber dem Pfändungsgläubiger geltend machen. Er kann ua einwenden, dass keine wirksame Forderungspfändung erfolgt sei (TK § 309 Rn. 53). Zu weiteren Einzelheiten s. Stöber/Rellermeyer Rn. B.163 ff.

D. Pfändung von Kontoguthaben (Abs. 3)

Bei Pfändung von Kontoguthaben erklärt § 309 III idF ab 1.1.2012 die §§ 833a, 850l, 52 ab 1.10.2021 § 907 ZPO für entspr. anwendbar (→ Rn. 1). § 833a ZPO regelt den Pfändungsumfang bei Kontoguthaben. Um bis zur Tilgung der Schuld umfassend auf das jew. Kontoguthaben zugreifen zu können, war früher die ausdrückliche Pfändung des aktuellen Saldos am Tag der Zustellung des Pfändungsbeschlusses, die aller künftigen Tagessalden und die der Rechnungsabschlusssalden erforderlich (Thomas/Putzo ZPO § 833a Rn. 4). Durch § 833a ZPO genügt nunmehr vereinfachend die Pfändung des Kontoguthabens (Anders/Gehle ZPO § 833a Rn. 2). Konto iSd § 833a ZPO meint alle Arten von Konten bei Kreditinstituten, insb. Giro- und Sparkonten, auch Pfändungsschutzkonten (§ 850k ZPO). Die Norm gilt allein für die Pfändung des Kontoguthabens, nicht für die in diesem Zusammenhang gepfändeten Rechte aus dem zugrunde liegenden Vertragsverhältnis. Die Kontopfändung schließt die separate Pfändung eines Dispositionskredits nicht aus. Seit dem 1.1.2012 findet der **Pfändungsschutz** für Kontoguthaben ausschließlich durch die Einrichtung eines Pfändungsschutzkontos (§ 850k ZPO) statt (→ § 319 Rn. 41 ff.). Hieran hat sich durch das zum 1.12.2021 in Kraft getretene Pfändungsschutzkonto-Fortentwicklungsgesetz (PKoFoG; zu Einzelheiten → § 319 Rn. 16) nichts geändert (BT-Drs. 19/19850, 19 f.). Insbesondere wird individueller Pfändungsschutz auch hinsichtlich der durch § 850l ZPO erstmals in den Schutzbereich einbezogenen Guthaben auf Gemeinschaftskonten ausschließlich über Einzelkonten, dh die Einrichtung schuldnerbezogener Pfändungsschutzkonten, sichergestellt (BT-Drs. 19/19850, 31 f.; zu Einzelheiten → § 319 Rn. 42a). Über den Schutz des sog. Sockelbetrages hinaus (→ § 319 Rn. 42b) kann der VollstrSchuldner durch den ebenfalls anwendbaren § 907 ZPO ggf. eine auf bis zu 12 Monate befristete Freistellung des gesamten Kontoguthabens erreichen (zu Einzelheiten → § 319 Rn. 44 f.). Entsprechende Anträge auf Anordnung der Unpfändbarkeit sind – wie bisher – bei dem nach § 828 II ZPO zuständigen VollstrGericht zu stellen (§ 910 S. 2 ZPO; → Rn. 1 aE).

E. Verfahrensfragen

Konkurrenzen. Mit **Abtretung** der Forderung wird der Zessionar neuer Gläubiger des 55 Drittschuldners (§ 398 BGB). Die Forderung scheidet damit aus dem Vermögen des VollstrSchuldners aus; sie unterliegt nicht mehr der Pfändung (Stöber/Rellermeyer Rn. B.437). Die Pfändung einer bereits abgetretenen Forderung geht somit ins Leere (→ Rn. 32). Kollidiert eine Pfändung mit einer Abtretung, ist ggf. im Verfahren nach § 262 vor dem Zivilgericht zwischen Pfändungsgläubiger und dem Zessionar zu klären, welche Verfügung vorgeht. Ist eine Forderung übertragbar, kann sie auch verpfändet werden (§§ 1273 I, 1274 II, 1279 BGB). Für das Rangverhältnis zwischen einem solchen **Vertragspfandrecht** und einem Pfändungspfandrecht ist grds. allein die zeitliche Priorität entscheidend (Stöber/ Rellermeyer Rn. B.449). Eine bereits gepfändete Forderung kann allerdings wegen des Verfügungsverbots (→ Rn. 41) vom VollstrSchuldner nicht mehr wirksam verpfändet werden. Eine derartige Verfügung ist dem pfändenden Gläubiger gegenüber (relativ) unwirksam (→ Rn. 49); dessen Pfändungspfandrecht geht auch dann weiterhin dem Vertragspfandrecht vor, wenn die entsprechende Erklärung auf einen Zeitpunkt vor der Pfändung zurückdatiert wird. Gleiches gilt für den Fall einer Abtretung der gepfändeten Forderung (Stöber/Rellermeyer Rn. B.446). Für Dritte, insb. weitere Gläubiger, greift das rangwahrende Verfügungsverbot aber nicht; für sie gehört die abgetretene Forderung nicht mehr zum pfändbaren Schuldnervermögen. Eine **mehrfache Pfändung** ist zulässig. Auch hier gilt grds. das Prioritätsprinzip (vgl. § 320).

56 **Rechtsschutz.** Der **VollstrSchuldner** kann die Pfändungsverfügung mit **Einspruch** (§ 347 I) und **Klage** anfechten und hierbei zB die Unwirksamkeit der Pfändung, Verstöße gegen Pfändungsverbote/-beschränkungen oder Ermessensfehler der VollstrBehörde geltend machen. Mit Einziehung der Forderung ist der Pfandgegenstand verwertet und die Vollstreckung beendet; ggf. ist Fortsetzungsfeststellungsklage gem. § 100 I 4 FGO zulässig (zum notwendigen Feststellungsinteresse BFH 11.4.2001 – VII B 304/00, BStBl. II 2001, 525; BFH 11.12.2007 – VII R 52/06, BFH/NV 2008, 749). Hat die FB bis zu diesem Zeitpunkt keine Ermessenserwägungen angestellt (→ Rn. 35), kann sie diesen Begründungsmangel wegen der Erledigung der Pfändungsverfügung auch nicht mehr nach § 126 I Nr. 2, II oder § 102 S. 2 FGO heilen; die Pfändungsverfügung ist endgültig rechtswidrig (BFH 17.1.2017 – VIII R 52/14, BStBl. II 2018, 740; FG Niedersachsen 26.9.2017 – 15 K 307/15, BeckRS 2017, 135640).

Einstweiliger Rechtsschutz wird durch AdV gewährt (BFH 4.2.1992 – VII B 119/91, BFH/NV 1992, 789; BFH 19.3.1998 – VII B 175/97, BFH/NV 1998, 1447). Wenn die VollstrBehörde die gepfändete Forderung allerdings bereits eingezogen hat, ist eine AdV nicht mehr möglich (Klein § 309 Rn. 33; aA FG Nürnberg 11.10.2007 – 3 V 1280/2007, BeckRS 2007, 26024221; Holdorf-Habetha DStR 1996, 1845). Mit der Einziehung der Forderung ist die Vollstr. und die Pfändungsverfügung erledigt; AdV bis zur Entscheidung über deren Rechtmäßigkeit ist begrifflich ausgeschlossen. Vorläufiger Rechtsschutz wäre allenfalls noch durch einstweilige Anordnung (VollstrSchutz; → § 258 Rn. 20) möglich (Klein § 309 Rn. 33; → § 314 Rn. 14). Zur einstweiligen Anordnung im Anschluss an eine Aufhebung der Vollziehung einer Pfändungsverfügung und anschließender Neupfändung durch weiteren Gläubiger s. BFH 19.12.2000 – VII B 301/00, BFH/NV 2001, 425. Der **Drittschuldner** kann ebenfalls Einspruch einlegen bzw. Anfechtungsklage erheben und hierbei formelle Mängel der Pfändung, das Nichtbestehen der Forderung und deren Unpfändbarkeit geltend machen (TK § 309 Rn. 58). Auf einen vermeintlichen Ermessensfehler zum Nachteil des VollstrSchuldners kann er sich aber nicht berufen, ebenso wenig diesbezüglich Auskunft verlangen (FG Baden-Württemberg 23.11.2021 – 11 K 1433/20, BeckRS 2021, 53471). Vor dem Zivilgericht kann er auf Feststellung klagen, dass der angebliche Anspruch des VollstrSchuldners nicht bestehe. Zum Kontopfändungsschutz → Rn. 52.

57 **Aufhebung der Pfändungsverfügung.** Die AO regelt die Aufhebung der Pfändungsverfügung nicht gesondert. Die VollstrBehörde ist jedoch angewiesen, die Pfändungsverfügung aufzuheben, wenn es nicht angebracht erscheint, gegen den Drittschuldner vorzugehen (Abschn. 44 III 3 VollstrA). Die Pfändungsverfügung ist auch aufzuheben, wenn die Rückstände bezahlt sind, oder sich die Verfügung im Nachgang als gesetzeswidrig oder

unbillig erweist (→ Rn. 35). Die Aufhebung ist VA und dem Drittschuldner und dem VollstrSchuldner mitzuteilen (Abschn. 44 III 4 VollstrA; HHSp § 309 Rn. 127).

§ 310 Pfändung einer durch Hypothek gesicherten Forderung

(1) [1] **Zur Pfändung einer Forderung, für die eine Hypothek besteht, ist außer der Pfändungsverfügung die Aushändigung des Hypothekenbriefs an die Vollstreckungsbehörde erforderlich.** [2] **Die Übergabe gilt als erfolgt, wenn der Vollziehungsbeamte den Brief wegnimmt.** [3] **Ist die Erteilung des Hypothekenbriefs ausgeschlossen, so muss die Pfändung in das Grundbuch eingetragen werden; die Eintragung erfolgt auf Grund der Pfändungsverfügung auf Ersuchen der Vollstreckungsbehörde.**

(2) **Wird die Pfändungsverfügung vor der Übergabe des Hypothekenbriefs oder der Eintragung der Pfändung dem Drittschuldner zugestellt, so gilt die Pfändung diesem gegenüber mit der Zustellung als bewirkt.**

(3) [1] **Diese Vorschriften gelten nicht, soweit Ansprüche auf die in § 1159 des Bürgerlichen Gesetzbuchs bezeichneten Leistungen gepfändet werden.** [2] **Das Gleiche gilt bei einer Sicherungshypothek im Fall des § 1187 des Bürgerlichen Gesetzbuchs von der Pfändung der Hauptforderung.**

Vergleichbare Vorschrift: § 830 ZPO
Hinweis auf **VollstrA:** Abschn. 43

Schrifttum: Stöber, Überweisung und Überweisungswirkung der Pfändung einer Hypothekenforderung, NJW 1996, 1180.

I. Allgemeines

Inhalt und Bedeutung. § 310 ist vollstreckungsrechtliche **Folge der Akzessorietät** 1
der Hypothek nach den Vorschriften des BGB (primär § 1153 II BGB) und regelt für die Pfändung von Forderungen, zu deren Sicherung eine Hypothek bestellt ist, **besondere Formerfordernisse** (BGH 22.9.1994 – IX ZR 165/93, NJW 1994, 3225; MüKo ZPO § 830 Rn. 1). Diese Erfordernisse sind neben § 309 zu beachten. Eine isolierte Pfändung der Forderung ist mit Ausnahme der in § 310 III aufgeführten Fälle (→ Rn. 14 ff.) ebenso wenig möglich wie eine isolierte Pfändung der Hypothek (Anders/Gehle ZPO § 830 Rn. 1).

Anwendungsbereich. § 310 ist nur anwendbar, wenn die **Hypothek** zum Zeitpunkt 2
der Pfändung **besteht** (Legaldefinition der Hypothek s. § 1113 I BGB). Ob dies der Fall ist, beurteilt sich nach den Vorschriften des BGB (Thomas/Putzo ZPO § 830 Rn. 2). Unter § 310 fallen Verkehrshypotheken (§§ 1113 ff. BGB), Sicherungshypotheken (§§ 1184 ff. BGB) und Höchstbetragshypotheken (§ 1190). Zu den Besonderheiten bei der Pfändung einer Höchstbetragshypothek s. Stöber/Rellermeyer Rn. F.58. Ist die **Hypothek noch nicht entstanden,** richtet sich die Forderungspfändung ausschließlich nach § 309 (Stöber/Rellermeyer Rn. F.5). Entsteht die Hypothek nach der Forderungspfändung, bleibt die vorher nach § 309 vollzogene Pfändung wirksam und das Pfändungspfandrecht erstreckt sich auf die Hypothek sowie auf den Hypothekenbrief (TK § 310 Rn. 6; Stein/Jonas § 830 Rn. 3). Dem Grundbuchamt muss zur Eintragung der Pfändung in das Grundbuch nur die Forderungspfändung nachgewiesen werden (TK § 310 Rn. 6). Dem VollstrSchuldner kann der Hypothekenbrief nach § 315 II weggenommen werden (→ Rn. 7; → § 315 Rn. 7). Ist der Brief im Besitz eines Dritten, gilt § 315 IV (→ § 315 Rn. 9).

II. Allgemeine Verfahrensgrundsätze

1. Verfahren im Allgemeinen (Abs. 1)

3 **Maßgeblichkeit des § 309.** Für die Pfändungsverfügung gilt § 309 (→ § 309 Rn. 33 ff.). In der Pfändungsverfügung sind außer der Forderung auch die Hypothek und der Hypothekenbrief zu bezeichnen, da sie nur so ihre Funktion als taugliche Grundlage für eine spätere Wegnahme des Briefs (→ Rn. 7) bzw. ein Eintragungsersuchen (→ Rn. 12) erfüllen kann (Gosch AO § 310 Rn. 14; MüKo ZPO § 830 Rn. 6; ähnlich auch Stöber/Rellermeyer Rn. F.12, wonach aber für die Wirksamkeit der Pfändung die Bezeichnung der Forderung ausreiche). Dies geschieht am besten nach dem Grundbuchblatt, mindestens aber nach der Postanschrift (Anders/Gehle ZPO § 830 Rn. 5). Führt die Pfändungsverfügung nur die Hypothek auf, nicht jedoch die Forderung, ist gleichwohl davon auszugehen, dass auch die Forderung gegenständlich erfasst ist (TK § 310 Rn. 10; Stöber/Rellermeyer Rn. F.12). Anzugeben ist ferner der Drittschuldner. **Drittschuldner** ist der Schuldner der persönlichen Forderung (persönlicher Drittschuldner). Ist er nicht zugleich Eigentümer des sichernden Grundstücks, tritt neben ihn auch der Eigentümer des Grundstücks (dinglicher Drittschuldner; Stöber/Rellermeyer Rn. F.13). Das an den Drittschuldner gerichtete Verbot, an den VollstrSchuldner zu zahlen (→ § 309 Rn. 40), ist unerlässliche Wirksamkeitsvoraussetzung selbst dann, wenn der Brief übergeben oder die Pfändung in das Grundbuch eingetragen worden ist (Stöber/Rellermeyer Rn. F.14).

4 **Teilpfändung** (→ § 309 Rn. 48) ist zulässig. Bei der Briefhypothek muss die VollstrBehörde den Brief dem Grundbuchamt zur Herstellung einer Teilausfertigung des Briefs vorlegen (TK § 310 Rn. 11; → Rn. 10).

2. Zustellung an den Drittschuldner (Abs. 2)

5 Die Zustellung der Pfändungsverfügung an den Drittschuldner (→ Rn. 3) ist abweichend zu § 309 II 1 (→ § 309 Rn. 47) keine Wirksamkeitsvoraussetzung für die Pfändung, da die Übergabe des Briefs nach § 310 I 1, 2 oder die Eintragung ins Grundbuch nach § 310 I 3 an ihre Stelle treten (TK § 310 Rn. 23 f.; Stöber/Rellermeyer Rn. F.19). Sie begründet aber zugunsten des VollstrGläubigers eine Verfügungsbeschränkung des Drittschuldners (Anders/Gehle ZPO § 830 Rn. 24). Er darf nur noch an den Pfandrechtsgläubiger und den VollstrSchuldner gemeinsam zahlen. Regelmäßig wird der Drittschuldner Zahlungen bis zur Wirksamkeit der Pfändung hinterlegen. In diesem Fall sollte der VollstrGläubiger im Hinblick auf §§ 378, 1163 I 2 BGB gem. § 309 den Anspruch des VollstrSchuldners gegen die Hinterlegungsstelle pfänden (zur Anspruchspfändung s. Stöber/Rellermeyer Rn. G.3 ff.). Entsteht das Pfandrecht, dann wirkt die Pfändung gegenüber dem Drittschuldner auf den Tag der Zustellung zurück (Abs. 2). Die Zustellung führt letztlich zu einer Art „Vorpfändung", die das Verwaltungszwangsverfahren sonst nicht kennt (TK § 310 Rn. 23).

III. Besondere Verfahrensgrundsätze

1. Briefhypothek

6 **Pfändungsverfügung und Briefübergabe.** Bei der Pfändung von durch Briefhypotheken gesicherten Forderungen muss gem. § 310 I 1 neben die Pfändungsverfügung (→ Rn. 3) noch die Übergabe des Hypothekenbriefs treten. Zweckmäßigerweise wird der VollstrSchuldner bereits in der Pfändungsverfügung aufgefordert, den Brief an die VollstrBehörde abzuliefern. Der VollstrGläubiger muss den unmittelbaren Allein- oder Mitbesitz so erlangen, dass der VollstrSchuldner jeden unmittelbaren Besitz verliert (Klein § 310 Rn. 4). Die Briefübergabe an den Vollziehungsbeamten ist ausreichend und führt losgelöst von der späteren Ablieferung zur Entstehung des Pfandrechts (TK § 310 Rn. 13). Der Brief muss für die Dauer der Pfändung im Besitz des VollstrGläubigers bleiben (vgl. §§ 1278, 1253 BGB). Folglich enden Pfändungspfandrecht und Verstrickung mit der

freiwilligen Herausgabe an den VollstrSchuldner; ein unfreiwilliger Verlust ist dagegen unschädlich (Anders/Gehle ZPO § 830 Rn. 13).

Verweigert der VollstrSchuldner die Herausgabe, tritt an die Stelle der freiwilligen Mitwirkung des VollstrSchuldners die Wegnahme des Briefs durch den Vollziehungsbeamten (§ 285). Die Wegnahme im Wege einer „Hilfsvollstreckung" ist, wie aus § 310 I 2 hervorgeht, durch die Pfändungsverfügung nach § 310 legitimiert (HHSp § 310 Rn. 31 f.; vgl. Abschn. 43 II VollstrA). Allerdings kann die Übergabe des Briefs nicht gem. § 315 II iVm §§ 328 ff. erzwungen werden (TK § 310 Rn. 14; aA Klein § 310 Rn. 4). Mit der Wegnahme des Briefs durch den Vollziehungsbeamten gilt die Übergabe gem. § 310 I 2 als erfolgt und gelangt das Pfandrecht zur Entstehung; einer Weiterleitung des Briefs an die VollstrStelle bedarf es wiederum nicht (HHSp § 310 Rn. 30; → Rn. 6). Lässt sich der Brief nicht auffinden, kann die FB nach § 315 III die Abgabe einer eidesstattlichen Versicherung über den Verbleib des Briefs verlangen (Anders/Gehle ZPO § 830 Rn. 16). Ebenso kann die FB einen Antrag auf Kraftloserklärung und anschließende Neubildung des Briefes stellen (BGH 16.2.2012 – V ZB 308/10, NJW-RR 2012, 782; s. auch Stöber/Rellermeyer Rn. F.40). 7

Brief bei Dritten. Befindet sich der Brief im Gewahrsam eines Dritten (zB Grundbuchamt), muss der Herausgabeanspruch des VollstrSchuldners gem. § 318 gepfändet werden, wenn der Dritte den Brief nicht freiwillig übergibt (aA Klein § 310 Rn. 4: Erzwingung nach § 315 II 5). Der Herausgabeanspruch ist notfalls im Zivilrechtsweg durchzusetzen (MüKo ZPO § 830 Rn. 18). 8

Untergang des Briefs. Ist der Brief verloren gegangen oder vernichtet, hat der VollstrSchuldner gem. § 1162 BGB, §§ 67 f. GBO ein Recht auf Kraftloserklärung des alten Briefs und auf Neuausstellung. Dieses Recht ist auf den Pfändungsgläubiger übergegangen (BGH 16.2.2012 – V ZB 308/10, NJW-RR 2012, 782). 9

Bei der Teilpfändung (→ Rn. 4) ist eine **Wegnahme** durch den Vollziehungsbeamten zwar durch § 310 I 2 gedeckt, doch muss der Brief unverzüglich zur Teilbriefbildung an das Grundbuchamt übergeben werden, weil ansonsten hinsichtlich des Rests das Schuldnerrecht aus § 1154 BGB beeinträchtigt würde. 10

Bei mehrfacher Pfändung (Anschlusspfändung) derselben Forderung nach Briefübergabe muss dem nachfolgenden Gläubiger Mitbesitz eingeräumt oder ein gemeinsamer Besitzmittler bestellt werden (Stöber/Rellermeyer Rn. F.73). 11

2. Buchhypothek

Pfändungsverfügung und Eintragung in das Grundbuch. Bei der Pfändung einer durch eine Buchhypothek gesicherten Forderung ist neben der Pfändungsverfügung die Eintragung der Pfändung in das Grundbuch erforderlich. Die VollstrBehörde stellt ein entspr. Ersuchen nach § 38 GBO (§ 310 I 3). Die Pfändungsverfügung ersetzt die Eintragungsbewilligung nach § 19 GBO und muss dem Ersuchen beigefügt werden (Anders/Gehle ZPO § 830 Rn. 21). Einzutragen ist der VollstrGläubiger, vertreten durch die VollstrBehörde. Das Grundbuchamt hat die Voraussetzungen für die Zulässigkeit der Vollstr. nicht zu prüfen (BGH 14.7.1951 – V ZB 4/51, BGHZ 3, 140; Gosch AO § 310 Rn. 27). Dies gilt auch hinsichtlich der Rechtmäßigkeit der Pfändungsverfügung (HHSp § 310 Rn. 35). Für den Rang der Eintragung ist gem. § 17 GBO der Tag des Eingangs beim Grundbuchamt maßgebend. Dies gilt insb. bei mehrfacher Pfändung (Anschlusspfändung). Pfändungs- und Einziehungsverfügung dürfen nicht zusammen erlassen werden (BGH 22.9.1994 – IX ZR 165/93, NJW 1994, 3225; MüKo ZPO § 830 Rn. 20; aA Stöber/Rellermeyer Rn. F.49). 12

Fehlt die Voreintragung des VollstrSchuldners, dann muss das Grundbuch zunächst gem. §§ 14, 22, 29 GBO berichtigt werden (Anders/Gehle ZPO § 830 Rn. 22). Erst nach der Berichtigung ist die Eintragung der Pfändung möglich (§ 39 GBO). 13

IV. Keine Geltung für rückständige Nebenleistungen und bei Sicherungshypothek für Inhaber- und Orderpapiere (Abs. 3)

§ 1159 BGB Rückständige Nebenleistungen

14 (1) [1]Soweit die Forderung auf Rückstände von Zinsen oder anderen Nebenleistungen gerichtet ist, bestimmt sich die Übertragung sowie das Rechtsverhältnis zwischen dem Eigentümer und dem neuen Gläubiger nach den für die Übertragung von Forderungen geltenden allgemeinen Vorschriften. [2]Das Gleiche gilt für den Anspruch auf Erstattung von Kosten, für die das Grundstück nach § 1118 haftet.

(2) Die Vorschrift des § 892 findet auf die im Absatz 1 bezeichneten Ansprüche keine Anwendung.

15 Rückständige Nebenleistungen (insb. Zinsen, nicht jedoch Annuitäten- oder andere Tilgungsbeträge) können nur nach § 309 gepfändet werden. Rückständig sind Zinsen und Nebenleistungen, die bei Wirksamwerden der Pfändung, mithin Zustellung an den Drittschuldner, fällig sind (Anders/Gehle ZPO § 830 Rn. 27).

§ 1187 BGB Sicherungshypothek für Inhaber- und Orderpapiere

16 [1]Für die Forderung aus einer Schuldverschreibung auf den Inhaber, aus einem Wechsel oder aus einem anderen Papier, das durch Indossament übertragen werden kann, kann nur eine Sicherungshypothek bestellt werden. [2]Die Hypothek gilt als Sicherungshypothek, auch wenn sie im Grundbuch nicht als solche bezeichnet ist. [3]Die Vorschrift des § 1154 Abs. 3 findet keine Anwendung. [4]Ein Anspruch auf Löschung der Hypothek nach den §§ 1179a, 1179b besteht nicht.

17 Der Wertpapierhypothek kommt heute keine praktische Bedeutung mehr zu (Grüneberg BGB § 1187 Rn. 1). Je nach Art der Forderung erfolgt die Pfändung nach § 312 (indossable Papiere, insb. Wechsel) oder nach §§ 286 ff. (Inhaberpapiere).

V. Rechtsbehelfe

18 Es gelten die zur (normalen) Forderungspfändung gemachten Ausführungen entspr. (→ § 309 Rn. 56). Gegen das Verfahren des Grundbuchamts ist gem. § 71 GBO Beschwerde statthaft (Anders/Gehle ZPO § 830 Rn. 30).

§ 311 Pfändung einer durch Schiffshypothek oder Registerpfandrecht an einem Luftfahrzeug gesicherten Forderung

(1) **Die Pfändung einer Forderung, für die eine Schiffshypothek besteht, bedarf der Eintragung in das Schiffsregister oder das Schiffsbauregister.**

(2) **Die Pfändung einer Forderung, für die ein Registerpfandrecht an einem Luftfahrzeug besteht, bedarf der Eintragung in das Register für Pfandrechte an Luftfahrzeugen.**

(3) [1]**Die Pfändung nach den Absätzen 1 und 2 wird auf Grund der Pfändungsverfügung auf Ersuchen der Vollstreckungsbehörde eingetragen.** [2]**§ 310 Absatz 2 gilt entsprechend.**

(4) [1]**Die Absätze 1 bis 3 sind nicht anzuwenden, soweit es sich um die Pfändung der Ansprüche auf die in § 53 des Gesetzes über Rechte an eingetragenen Schiffen und Schiffsbauwerken und auf die in § 53 des Gesetzes über Rechte an Luftfahrzeugen bezeichneten Leistungen handelt.** [2]**Das Gleiche gilt, wenn bei einer Schiffshypothek für eine Forderung aus einer Schuldverschreibung auf den Inhaber, aus einem Wechsel oder aus einem anderen durch Indossament übertragbaren Papier die Hauptforderung gepfändet ist.**

(5) **Für die Pfändung von Forderungen, für die ein Recht an einem ausländischen Luftfahrzeug besteht, gilt § 106 Absatz 1 Nummer 3 und Absatz 5 des Gesetzes über Rechte an Luftfahrzeugen.**

Vergleichbare Vorschriften: § 830a ZPO; § 99 I LuftFzgG

Schrifttum: Schölermann/Schmidt-Burgk, Flugzeuge als Kreditsicherheit, WM 1990, 1137.

Allgemeines. Die Pfändung einer durch eine Schiffshypothek gesicherten Forderung ist ebenso wie die Pfändung einer Buchhypothek geregelt (§ 310). § 311 trägt nur den Besonderheiten dinglicher Sicherheiten in Form von Schiffsbauwerken Rechnung (MüKo ZPO § 830a Rn. 1). Entspr. gilt für die durch ein Registerpfandrecht an einem Luftfahrzeug gesicherten Forderungen. Hierneben gelten daher die Ausführungen zur Pfändung einer durch eine Buchhypothek gesicherten Forderung gem. § 310. 1

Durchführung der Pfändung (Abs. 1–3). Die **Schiffshypothek** ist stets Buchhypothek (§§ 3, 8 SchiffsRG). Die Pfändung wird durch Eintragung in das Schiffsregister oder Schiffsbauregister wirksam. Voraussetzung ist die Voreintragung des Schiffs und der Schiffshypothek im jeweiligen Register (→ § 310 Rn. 13; Einzelheiten s. Stöber/Rellermeyer Rn. F.237 ff.). **Registerpfandrecht an einem Luftfahrzeug** ist das Recht auf Befriedigung aus einem in der Luftfahrzeugrolle eingetragenen Luftfahrzeug (§ 1 LuftFzgG). Das Registerrecht steht einer Schiffshypothek gleich (§ 99 I LuftFzgG). Zu Einzelheiten s. § 306; Stöber/Rellermeyer Rn. F.246 ff. 2

Keine Geltung für rückständige Nebenleistungen etc. (Abs. 4). § 53 SchiffsRG bzw. § 53 LuftFzgG betreffen Forderungen auf Zahlung von rückständigen Zinsen und anderen Nebenleistungen, die Kosten der Kündigung, die Kosten einer Rechtsverfolgung sowie Erstattungsansprüche des Gläubigers aus einer Entrichtung von Versicherungsprämien und andere Zahlungen an den Versicherer (Anders/Gehle ZPO § 830a Rn. 3). Diese Forderungen sind gem. § 309 zu pfänden. 3

Die Pfändung eines Rechts an einem ausländischen Flugzeug (Abs. 5) richtet sich nach § 106 V LuftFzgG iVm Art. IV des Genfer Abkommens v. 19.6.1948 (BGBl. 1959 II 129). 4

§ 312 Pfändung einer Forderung aus indossablen Papieren

Forderungen aus Wechseln und anderen Papieren, die durch Indossament übertragen werden können, werden dadurch gepfändet, dass der Vollziehungsbeamte die Papiere in Besitz nimmt.

Vergleichbare Vorschrift: § 831 ZPO
Hinweis auf **VollstrA:** Abschn. 37 III

I. Allgemeines

Regelungsinhalt. § 312 ist **lex specialis zu § 309.** Wechsel und andere indossable Papiere werden als bewegliche Sachen durch Inbesitznahme (§ 286) gepfändet. Insoweit hat § 312 klarstellende Funktion (Klein § 312 Rn. 1). Die Bedeutung der Vorschrift liegt darin, dass die Pfändung der Forderungen aus indossablen Papieren dem Vollziehungsbeamten als **Rechtspfändung** zugewiesen ist (Stein/Jonas ZPO § 831 Rn. 2). 1

II. Durchführung der Pfändung

1. Gegenstand der Pfändung

Jedes indossable Papier, in dem der Herausgabe- oder Zahlungsanspruch gegen einen Dritten auf Leistung von Geld (auch in ausländischer Währung), Wertpapieren oder anderen vertretbaren Sachen (Warenforderungen) verbrieft ist, wird von § 312 erfasst. Indossabel bedeutet, dass ein schriftlicher Übertragungsvermerk (das Indossament) auf das Papier gesetzt wird (Zöller ZPO § 831 Rn. 2). In Betracht kommen: 2

– **Wechsel** iSd WG ist ein Wertpapier, in dem der Aussteller die Zahlung einer bestimmten Geldsumme an eine Person verspricht, und zwar entweder durch sich selbst (eigener 3

Wechsel) oder durch einen von ihm benannten Dritten, den er zur Zahlung anweist (gezogener Wechsel). Auch ein Wechsel mit negativer Orderklausel, bei dem eine wertpapierrechtliche Übertragung ausscheidet, wird nach § 312 gepfändet (Stein/Jonas ZPO § 831 Rn. 3). Für unausgefüllte Blankoakzepte, die noch keine Wechsel sind, gilt § 312 entsprechend. Mit der Inbesitznahme durch den Vollziehungsbeamten ist auch das Ausfüllrecht als Vermögensrecht nach § 321 mitgepfändet (Zöller ZPO § 831 Rn. 5).

4 – **Scheck** iSd ScheckG ist die Anweisung des Ausstellers an seine Bank auf Zahlung einer bestimmten Geldsumme an den Schecknehmer (zu Einzelheiten s. Stöber/Rellermeyer Rn. H.1 ff.). Verrechnungsschecks fallen nicht darunter (Anders/Gehle ZPO § 831 Rn. 4). Freiwillig gegebene Schecks darf der Vollziehungsbeamte als Zahlungsmittel gem. Abschn. 26 I iVm Abschn. 15 I Nr. 2 VollzA annehmen.

5 – **Gekorene Orderpapiere** sind Wertpapiere, die nur unter Beifügung der Orderklausel zu Orderpapieren werden (TK § 312 Rn. 7). Hierzu gehören insb. die handelsrechtlichen Papiere des § 363 HGB, wenn sie an Order lauten, wie die kaufmännische Anweisung (§ 363 I 1 HGB), der kaufmännische Verpflichtungsschein (§ 363 I 2 HGB), das Konnossement (§§ 642 ff. HGB), der Ladeschein (§§ 444 ff. HGB), der Lagerschein (§ 424 HGB) und die Transportversicherungspolice. An Order gestellte Schuldverschreibungen und Schutzanweisungen des Bundes und der Länder fallen ebenfalls darunter (TK § 312 Rn. 7).

6 **Nicht** unter § 312 fallen Rekta- bzw. Namenspapiere sowie nicht indossable Wertpapiere wie Namensaktien gem. § 67 AktG (Anders/Gehle ZPO § 831 Rn. 4).

2. Pfändung

7 **Inbesitznahme.** Mit der Wegnahme des Papiers ist die Pfändung der Forderung vollzogen (BGH 21.5.1980 – VIII ZR 284/79, DB 1980, 1937). Hierzu benötigt der Vollziehungsbeamte einen besonderen Auftrag (Abschn. 32 III 2 VollzA). Die Papiere dürfen nicht im Gewahrsam des VollstrSchuldners verbleiben (§ 286 II 1). Der Vollziehungsbeamte hat dem VollstrSchuldner die Pfändung mitzuteilen (§ 286 III). Befindet sich das Papier im **Gewahrsam eines Dritten,** der nicht zur Herausgabe bereit ist (→ § 286 Rn. 17), kann gem. § 318 nur der Herausgabeanspruch des VollstrSchuldners gegen den Dritten gepfändet werden (→ § 286 Rn. 19). Der Pfändungsschutz richtet sich nach § 319 iVm §§ 850–852 ZPO (Klein § 312 Rn. 1).

III. Verwertung

8 **Einziehungsverfügung.** Zur Verwertung der Papiere muss die Einziehung der Forderung angeordnet werden (§ 314 I 1; vgl. Abschn. 37 III 1 VollstrA). Dies kann erst nach Abschluss der Pfändung geschehen. Die Einziehungsverfügung ist dem VollstrSchuldner gem. § 124 I 1 formlos bekanntzugeben (TK § 312 Rn. 11). Die Verwertung erfolgt gem. §§ 315 ff. und richtet sich nach der Art der Forderung.

9 **Geldforderungen** sind einzuziehen. Die VollstrBehörde hat sich eines Indossaments aus Haftungsgründen zu enthalten (Art. 20 ScheckG, Art. 15 I WG). Die VollstrBehörde legt dem Drittschuldner das Papier zusammen mit der Einziehungsverfügung vor. Bei Wechseln ist auf rechtzeitige Vorlage und ggf. Protesterhebung zu achten (vgl. Art. 44, 79 ff. WG). Es empfiehlt sich im Hinblick auf die Protesterhebung die Vorlage durch einen Gerichtsvollzieher (TK § 312 Rn. 14).

10 **Ansprüche auf Leistung vertretbarer Sachen.** Das Papier wird dem Drittschuldner zusammen mit der Einziehungsverfügung vorgelegt. Es ist die Herausgabe der Sache anzuordnen (§ 318 II 1).

Andere Verwertung. Ist die Forderung bedingt oder betagt oder ist die Einziehung schwierig, kann anstelle der Einziehung eine andere Verwertung angeordnet werden (§ 317).

IV. Rechtsbehelfe/Kosten

Wie der VollstrSchuldner kann auch der Drittschuldner alle Rechtsfehler der Pfändungsmaßnahme mittels **Einspruchs** (§ 347) geltend machen. Dritte können nach § 262 vorgehen. Für die Wegnahme des Papiers fällt keine Wegnahmegebühr (§ 340) an, sondern die Pfändungsgebühr (§ 339). 12

§ 313 Pfändung fortlaufender Bezüge

(1) **Das Pfandrecht, das durch die Pfändung einer Gehaltsforderung oder einer ähnlichen in fortlaufenden Bezügen bestehenden Forderung erworben wird, erstreckt sich auch auf die Beträge, die später fällig werden.**

(2) [1]**Die Pfändung eines Diensteinkommens trifft auch das Einkommen, das der Vollstreckungsschuldner bei Versetzung in ein anderes Amt, Übertragung eines neuen Amts oder einer Gehaltserhöhung zu beziehen hat.** [2]**Dies gilt nicht bei Wechsel des Dienstherrn.**

(3) **Endet das Arbeits- oder Dienstverhältnis und begründen Vollstreckungsschuldner und Drittschuldner innerhalb von neun Monaten ein solches neu, so erstreckt sich die Pfändung auf die Forderung aus dem neuen Arbeits- oder Dienstverhältnis.**

Vergleichbare Vorschriften: §§ 832, 833 ZPO

A. Allgemeines

Inhalt und Bedeutung. § 313 ist lex specialis zu § 309 und erfasst nach Abs. 1 nicht nur gegenwärtige, sondern auch alle **zukünftig fällig werdenden Bezüge.** Dadurch soll vermieden werden, dass der VollstrGläubiger eine Vielzahl von Pfändungen für die jew. fällig werdenden Bezüge erwirken muss (BAG 17.2.1993 – 4 AZR 161/92, NJW 1993, 2699). Die Abs. 2 und 3 regeln den **Pfändungsumfang bei Änderungen** im Dienstverhältnis, um eine möglichst umfassende Vollstr. ohne ständig neue Zusatzmaßnahmen der Pfändung zu gewährleisten (Anders/Gehle ZPO § 833 Rn. 2). 1

Wirkung und Umfang. Wird ohne Beschränkung eine Rate wirksam gepfändet, erstreckt sich die Pfändung und damit das Pfandrecht auch auf die erst künftig fällig werdenden Raten (MüKo ZPO § 832 Rn. 11). Die Forderungen des VollstrSchuldners sind nur in Höhe der in der Pfändungsverfügung enthaltenen Beträge gepfändet (TK § 313 Rn. 5). Gibt die VollstrStelle einzelne Raten im Wege eines VollstrAufschubs (§ 258) frei, werden etwaige Pfandrechte nachrangiger Gläubiger hierdurch nicht berührt. Freigegebene Raten müssen erneut (nachrangig) gepfändet werden. Eine **kurze Unterbrechung** des Schuldverhältnisses ist unschädlich, insb. dann, wenn sie saisonbedingt ist oder wenn damit versucht wird, Gläubiger abzuschütteln (Anders/Gehle ZPO § 832 Rn. 4). Mit **Beendigung des Arbeits-/Dienstverhältnisses** wird die Pfändung grds. gegenstandslos (BAG 24.3.1993 – 1 AZR 298/92, NJW 1993, 2701; → Rn. 7 f.). Die einvernehmliche Aussetzung der Beschäftigungs- und Dienstleistungspflicht unter Wegfall der Vergütung (zB im Zusammenhang mit der Verbüßung einer kurzen Freiheitsstrafe) ist aber keine Beendigung, sondern ebenfalls nur eine auf Fortsetzung des Arbeits- oder Dienstverhältnisses angelegte Unterbrechung (Zöller ZPO § 833 Rn. 5). 2

B. Regelungsinhalt

I. Gehaltsforderungen und ähnliche fortlaufende Bezüge (Abs. 1)

3 **Gehaltsforderungen.** Gehalt ist die von einem Dienstherrn oder Arbeitgeber geschuldete Vergütung für die persönlich geleisteten Dienste bzw. Arbeit. Ob das Arbeits-/Dienstverhältnis auf Privatrecht oder öffentlichem Recht beruht, ist unerheblich, ebenso die Bezeichnung und Berechnung des Entgelts (Stöber/Rellermeyer Rn. C.11). Höhe und Fälligkeit können schwanken (BAG 17.2.1993 – 4 AZR 161/92, NJW 1993, 2699). Ein faktisches Arbeitsverhältnis genügt (TK § 313 Rn. 4). Arbeitnehmer-Sparzulagen, Ruhegehälter und Renten (BGH 21.11.2002 – IX ZB 85/02, NJW 2003, 1457) sowie Sozialleistungen, Wartegelder, Witwen- und Waisengelder zählen auch dazu.

4 **Ähnliche fortlaufende Bezüge** liegen vor, wenn der Drittschuldner dem VollstrSchuldner aufgrund eines einheitlichen Rechtsverhältnisses anderweitig zu einer der Gehaltsforderung **strukturell vergleichbaren** laufenden Zahlung verpflichtet ist (MüKo ZPO § 832 Rn. 8). Entscheidend für die Annahme eines einheitlichen Schuldgrundes ist die Verkehrsauffassung (Anders/Gehle ZPO § 832 Rn. 4). Die Ähnlichkeit erfordert nicht, dass die Zahlung (wie das Gehalt) dem Unterhalt des VollstrSchuldners dient, sondern verlangt neben dem gleichen Schuldgrund vielmehr eine der Gehaltsforderung annähernd vergleichbare Stetigkeit und Gleichmäßigkeit der Zahlung (Anders/Gehle ZPO § 832 Rn. 3; TK § 313 Rn. 8). Dies folgt aus dem Gesetzeszweck, bei fortlaufenden Zahlungsansprüchen ständig wiederholende Pfändungen vermeiden zu wollen (→ Rn. 1). **Zins-, Miet- und Pachtforderungen** fallen deshalb ebenfalls unter § 313 (Anders/Gehle ZPO § 832 Rn. 5 ff.; aA Gosch AO § 313 Rn. 7). Den Gehaltsforderungen gleichgestellt sind ferner Provisionsansprüche fest angestellter Agenten (MüKo ZPO § 832 Rn. 7) und Vergütungen, die Ärzte, Zahnärzte und andere in Heilberufen Tätige für die Behandlung gesetzlich Versicherter von den Kassenärztlichen Vereinigungen erhalten (BFH 16.2.1951 – IV 18/51 S, BStBl. III 1951, 58; OLG Nürnberg 30.4.2002 – 4 VA 954/02, JurBüro 2002, 603; vgl. auch BGH 5.12.1985 – IX ZR 9/85, NJW 1986, 2362), nicht aber Trinkgelder eines Kellners (Stöber/Rellermeyer Rn. C.35).

5 **Nicht von § 313 erfasst** werden wiederkehrende Leistungen, die nicht auf der Grundlage einer einheitlichen Rechtsbeziehung beruhen, sondern in jedem Fall durch selbständige Tatbestände neu begründet werden (Stein/Jonas ZPO § 832 Rn. 5). So können vor allem die künftigen Einkünfte aus Gebührenforderungen Selbständiger wie die Honorare von Ärzten, Rechtsanwälten, Notaren und StBeratern nicht gem. § 313 gepfändet werden (MüKo ZPO § 832 Rn. 9).

II. Änderungen bei Dienstbezügen (Abs. 2 und 3)

6 **Veränderungen des Dienstverhältnisses (Abs. 2 S. 1).** Die Pfändung des Diensteinkommens erstreckt sich auf jedes spätere Diensteinkommen, das derselbe Dienstherr dem VollstrSchuldner zahlt (Anders/Gehle ZPO § 833 Rn. 3). Dies gilt nicht nur für Dienstbezüge der Beamten usw., sondern auch für die Vergütungen privater Arbeitnehmer (Stein/Jonas ZPO § 833 Rn. 3). Dienstherr ist, wer das Gehalt/den Lohn zahlt. Spätere Veränderungen (zB Wechsel vom Angestellten- zum Beamtenverhältnis, Pensionierung oder Wiedereinstellung eines in den Ruhestand getretenen Bediensteten) oder eine Gehaltserhöhung werden von der Pfändung miterfasst.

7 **Wechsel des Dienstherrn (Abs. 2 S. 2).** Wechselt der Dienstherr muss eine erneute Pfändung beim neuen Dienstherrn (Arbeitgeber) ausgebracht werden. Dies gilt zB beim Ausscheiden aus dem Landesdienst und Übertritt in gemeindliche oder private Dienste; ebenso beim Überwechseln zu einem anderen Arbeitgeber innerhalb einer Arbeitsgemeinschaft des Baugewerbes (Stein/Jonas ZPO § 833 Rn. 2, 4). Bei einem Rechtsformwechsel (zB Umwandlung einer OHG in eine KG) oder einem Personenwechsel durch Erbfall oder

Übertragung des Gesamtbetriebs bleibt der Dienstherr (Arbeitgeber) jedoch derselbe (vgl. § 613a BGB; Anders/Gehle ZPO § 833 Rn. 4). Entspr. gilt für die Überführung der Belegschaft in einen anderen Betrieb und für die Eröffnung des Insolvenzverfahrens (Stöber/Rellermeyer Rn. C.129).

Neubegründung eines Arbeits- oder Dienstverhältnisses (Abs. 3). Ausnahmsweise erstreckt sich die Pfändung auch auf die Forderungen aus einem nach Beendigung des ursprünglichen Arbeits- oder Dienstverhältnisses formal neu begründeten Arbeitsverhältnisses, wenn **dieselben Vertragsparteien** beteiligt sind und zwischen dem Ende des einen und dem vertraglichen Beginn des anderen **nicht mehr als neun Monate** liegen. Der Fristlauf ist nach § 188 II BGB iVm § 108 zu berechnen (Anders/Gehle ZPO § 833 Rn. 5). Unerheblich ist, aus welchem Grund das Dienst- bzw. Arbeitsverhältnis beendet und wieder neu begründet worden ist (Zöller ZPO § 833 Rn. 4). 8

C. Rechtsbehelf

Es gelten die zur Forderungspfändung gemachten Ausführungen entspr. (→ § 309 Rn. 48). Nach FG Nürnberg 11.10.2007 – 3 V 1280/2007, BeckRS 2007, 26024221 (zust. Bartone JurisPR-SteuerR 6/2008 Anm. 1) soll vorläufiger Rechtsschutz durch einstweilige Anordnung (§ 114 FGO) erfolgen (ebenso TK § 314 Rn. 16 mwN); mE unzutr.: AdV (§ 361 AO; § 69 FGO; so auch FG Baden-Württemberg 4.10.1993 – 9 V 23/93, EFG 1994, 256). Zu Pfändungsschutzvorschriften → § 319 Rn. 4 ff. 9

§ 314 Einziehungsverfügung

(1) [1]**Die Vollstreckungsbehörde ordnet die Einziehung der gepfändeten Forderung an.** [2]**§ 309 Absatz 2 gilt entsprechend.**

(2) **Die Einziehungsverfügung kann mit der Pfändungsverfügung verbunden werden.**

(3) **Wird die Einziehung eines bei einem Geldinstitut gepfändeten Guthabens eines Vollstreckungsschuldners, der eine natürliche Person ist, angeordnet, so gelten § 835 Absatz 3 Satz 2 und § 900 Absatz 1 der Zivilprozessordnung entsprechend.**

(4) **Wird die Einziehung einer gepfändeten nicht wiederkehrend zahlbaren Vergütung eines Vollstreckungsschuldners, der eine natürliche Person ist, für persönlich geleistete Arbeiten oder Dienste oder sonstige Einkünfte, die kein Arbeitslohn sind, angeordnet, so gilt § 835 Absatz 4 der Zivilprozessordnung entsprechend.**

Vergleichbare Vorschrift: § 835 III 1, 2, IV, V ZPO
Hinweis auf **VollstrA:** Abschn. 41

Schrifttum: Stöber, Überweisung und Überweisungswirkung der Pfändung einer Hypothekenforderung, NJW 1996, 1180; Kempe, Pfändungs- und Einziehungsverfügung der Finanzverwaltung, DStZ 2000, 253.

I. Allgemeines

Befriedigung. Die Pfändung bewirkt nur die Beschlagnahme der Forderung. Sie belässt die Forderung im Vermögen des VollstrSchuldners und verschafft dem VollstrGläubiger noch keine Einziehungskompetenz (MüKo ZPO § 835 Rn. 2). Dem Gläubiger (VollstrSchuldner) wird lediglich die Verfügungsmacht entzogen und dem Schuldner (Drittschuldner) der Forderung untersagt, an seinen Gläubiger (VollstrSchuldner) zu leisten (→ § 309 Rn. 40). Erst die Einziehung der gepfändeten Forderung bzw. eine andere Verwertung (§ 317) führt zur Befriedigung des VollstrGläubigers. Ohne **Anordnung der** 1

Einziehung (Abs. 1) oder der anderweitigen Verwertung (§ 317) ist der VollstrGläubiger nicht befugt, die Forderung zu verwerten. Abs. 2 erlaubt die Verbindung der Einziehungsverfügung mit der Pfändungsverfügung. In Angleichung an § 835 III 2 ZPO enthält Abs. 3 eine Schutzvorschrift für den VollstrSchuldner, wenn Guthaben bei Geldinstituten (Kreditinstituten) gepfändet werden. Inhaltlich gehört diese Vorschrift zu § 315. Die Vorschrift wurde mWv 16.4.2011 (BGBl. 2011 I 615) durch einen Verweis auf § 835 IV ZPO ergänzt. Mit dem Inkrafttreten des Pfändungsschutzkonto-Fortentwicklungsgesetzes (PKoFoG; zu Einzelheiten → § 319 Rn. 16) zum 1.8.2021 hat der Gesetzgeber die 2012 eingeführte zentrale Stellung des § 850k ZPO innerhalb des Kontopfändungsschutzes wieder aufgelöst und die mit der Einrichtung eines P-Kontos verbundenen Pfändungsschutzmechanismen im Interesse besserer Verständlichkeit und Übersichtlichkeit in einem eigenen Abschnitt (§§ 899 bis 910 ZPO) geregelt (BT-Drs. 19/19850, 20). Im Zuge dessen wurde auch § 835 IV ZPO aufgehoben und inhaltlich in § 900 I ZPO übernommen. Die geänderte Verweisung des Abs. 3 vollzieht dies nach. Abs. 4 ist durch das Gesetz zur Reform des Kontopfändungsschutzes (KtoPfSchRefG) mWv 1.7.2010 angefügt worden und wurde mWv 16.4.2011 (BGBl. 2011 I 615) durch einen Verweis auf § 835 V ZPO nochmals geändert. Die Vorschrift betrifft die Einziehung einer gepfändeten, auf persönlich geleistete Arbeiten oder Dienste oder sonstiger Einkünfte, die kein Arbeitslohn sind, entfallenden und – im Gegensatz zu § 313 – nicht wiederkehrend zahlbaren Vergütung einer natürlichen Person und verweist diesbezüglich auf den ebenfalls durch das KtoPfSchRefG und das PKoFoG geänderten § 835 IV ZPO.

II. Regelungsinhalt

1. Anordnung der Einziehung (Abs. 1)

2 **Rechtsnatur und Bekanntgabe.** Die Einziehungsverfügung (Anordnung der Einziehung) ist die ausdrückliche Aufforderung an den Drittschuldner, den von ihm geschuldeten Betrag bei Eintritt der Fälligkeit in Höhe der Pfändung an die zuständige Kasse zu zahlen (vgl. Abschn. 41 V VollstrA). Sie setzt eine wirksame Pfändungsverfügung voraus, da sie kein Recht verschafft, sondern nur die Möglichkeit, ein bestehendes (Pfand-)Recht durchzusetzen (Anders/Gehle ZPO § 835 Rn. 2). Ist die Pfändung unwirksam, gilt dies auch für die Einziehungsverfügung (BFH 1.6.1989 – V R 1/84, BStBl. II 1990, 35). Die Anordnung der Einziehung ist ein selbständiger **VA,** der mit der Pfändungsverfügung verbunden werden kann (→ Rn. 7). Die Einziehungsverfügung wird mit der Zustellung an den Drittschuldner wirksam (§ 314 I 2 iVm § 309 II; → § 309 Rn. 47).

3 **Rechtsgestaltende Wirkung.** Die Einziehungsverfügung greift rechtsgestaltend in das zwischen VollstrSchuldner und Drittschuldner bestehende Rechtsverhältnis ein und weist die dem VollstrSchuldner zustehende Einziehungsbefugnis dem Pfandgläubiger zu (BGH 16.2.1976 – II ZR 171/74, NJW 1976, 851). Sie schafft die Grundlage für den VollstrGläubiger, die Forderung **im eigenen Namen geltend zu machen** (BFH 1.6.1989 – V R 1/84, BStBl. II 1990, 35). Im Unterschied zur Abtretung geht die Rechtsposition des VollstrSchuldners nicht auf den VollstrGläubiger über; er wird nicht zum Inhaber der Forderung (BFH 1.3.1990 – VII R 103/88, BStBl. II 1990, 520). Es erfolgt **kein Vermögensübergang** (BFH 18.8.1998 – VII R 114/97, BStBl. II 1999, 84; BGH 27.3.2008 – VII ZB 70/06, NJW 2008, 1675, Anm. Timme NJW 2008, 1677); nur die Erfüllungszuständigkeit wird abgespalten und auf den VollstrGläubiger übertragen (BFH 14.7.1987 – VII R 116/86, BStBl. II 1987, 863).

4 **Stellung des VollstrGläubigers.** Mit Zustellung an den Drittschuldner kann der VollstrGläubiger (FB) alle Maßnahmen ergreifen, die **auf die Herbeiführung der Leistung** des Drittschuldners und damit auf die Befriedigung des in Vollstr. befindlichen Anspruches gerichtet sind, zB die Forderung kündigen oder die vom Drittschuldner geschuldete Leistung im eigenen Namen vor den ordentlichen Gerichten einklagen und aus dem Urteil die Zwangsvollstr. betreiben (BFH 18.8.1998 – VII R 114/97, BStBl. II 1999, 84). Zu

Einzelheiten s. Anders/Gehle ZPO § 835 Rn. 13 f. Da die FB in die Rechtsstellung des VollstrSchuldners eintritt, stehen ihr hoheitliche Zwangsmaßnahmen zur Durchsetzung nicht zur Verfügung (Klein § 314 Rn. 2; → § 315 Rn. 10).

Stellung des VollstrSchuldners. Der VollstrSchuldner darf nicht mehr zum Nachteil des VollstrGläubigers verfügen (zu Einzelheiten s. Anders/Gehle ZPO § 835 Rn. 16 f.). 5

Stellung des Drittschuldners. Für den Drittschuldner ist mit der Einziehungsanordnung nur noch der VollstrGläubiger maßgeblich; nur die Zahlung an den objektiv richtigen Gläubiger befreit ihn voll (hierzu und zu Einwendungen und Einreden s. Anders/Gehle ZPO § 835 Rn. 18 f.; Stöber/Rellermeyer Rn. B.163 ff.). Überzahlte Beträge sind als ungerechtfertigte Bereicherung (§ 812 BGB) zurückzufordern; es handelt sich um einen zivilrechtlichen Anspruch, dessen Bestehen oder Nichtbestehen das FA nicht durch Abrechnungsbescheid feststellen kann (BFH 11.12.2012 – VII R 13/12, BFH/NV 2013, 897). 6

2. Verbindung mit der Pfändungsverfügung (Abs. 2)

Selbständige VA. Die Pfändungsverfügung und die Anordnung der Einziehung sind selbständige VA, können aber äußerlich miteinander verbunden werden (Abs. 2). Die Anordnung der Einziehung kann gleichzeitig mit oder nach der Pfändungsverfügung erfolgen (Ausnahme → § 310 Rn. 12). Da sich der Rang des VollstrGläubigers nach der Pfändung bestimmt, teilt die nachgeholte Einziehungsverfügung den Rang der Pfändungsverfügung (TK § 314 Rn. 6). 7

3. Schuldnerschutz für Guthaben bei Kreditinstituten (Abs. 3, 4)

§ 835 ZPO Überweisung einer Geldforderung

… 8

(3) [1]Die Vorschriften des § 829 Abs. 2, 3 sind auf die Überweisung entsprechend anzuwenden. [2]Wird ein bei einem Kreditinstitut gepfändetes Guthaben eines Schuldners, der eine natürliche Person ist, dem Gläubiger überwiesen, so darf erst einen Monat nach der Zustellung des Überweisungsbeschlusses an den Drittschuldner aus dem Guthaben an den Gläubiger geleistet oder der Betrag hinterlegt werden; ist künftiges Guthaben gepfändet worden, ordnet das Vollstreckungsgericht auf Antrag zusätzlich an, dass erst einen Monat nach der Gutschrift von eingehenden Zahlungen an den Gläubiger geleistet oder der Betrag hinterlegt werden darf.

(4) Wenn nicht wiederkehrend zahlbare Vergütungen eines Schuldners, der eine natürliche Person ist, für persönlich geleistete Arbeiten oder Dienste oder sonstige Einkünfte, die kein Arbeitseinkommen sind, dem Gläubiger überwiesen werden, so darf der Drittschuldner erst einen Monat nach der Zustellung des Überweisungsbeschlusses an den Gläubiger leisten oder den Betrag hinterlegen.

Zweck. 835 III ZPO soll dem VollstrSchuldner die Möglichkeit eröffnen, rechtzeitig Pfändungsschutz nach Maßgabe der sinngemäß anwendbaren Schutzvorschriften der ZPO (→ § 319 Rn. 2) in Anspruch zu nehmen, namentlich ein Pfändungsschutzkonto (§ 850k I 1 ZPO; → § 319 Rn. 41 ff.) zu beantragen – und bewirkt hierzu eine Leistungssperre für den Drittschuldner von einem Monat. Die vergleichsweise lange Sperrfrist erscheint sinnvoll, da Kreditinstitute bei der Bearbeitung der Pfändungen schnell in Zeitdruck geraten können. Die Frist wird gem. § 108 I iVm §§ 187 I, 188 II BGB berechnet. Als gesetzliche Frist ist sie nicht nach § 109 I verlängerbar. Eine Wiedereinsetzung in den vorigen Stand gem. § 110 kommt nicht in Betracht, da ein Antrag gem. § 319 iVm § 850k ZPO nicht fristgebunden ist (TK § 314 Rn. 10). Im Hinblick auf die Frist von einem Monat muss die VollstrBehörde den VollstrSchuldner zeitnah von der Pfändung unterrichten, idR binnen einer Woche. Ein Verstoß des Drittschuldners gegen die **Schutzfrist** begründet einen Schadenersatzanspruch gem. § 823 II BGB, wenn der VollstrSchuldner den Antrag nach § 850k ZPO rechtzeitig gestellt hat (Anders/Gehle ZPO § 835 Rn. 28). § 900 I ZPO (§ 835 IV ZPO aF) betrifft die Leistungssperre für künftige Guthaben auf einem Pfändungsschutzkonto und § 835 IV ZPO die Leistungssperre für sonstige Vergütungen, damit der VollstrSchuldner, der Pfändungsschutz nach § 850i ZPO begehrt (→ § 319 Rn. 35 ff.), mit seinem Antrag nicht zu spät kommt (Thomas/Putzo ZPO § 835 9

Rn. 13). Eine weitere Einziehungsverfügung während der Sperre löst eine neue und eigenständige Sperrfrist aus.

10 **Bestehende Guthaben (§ 835 III 2 HS 1 ZPO)** natürlicher Personen bei Kreditinstituten werden erfasst. **Kreditinstitute** sind alle Unternehmen, die Bankgeschäfte gewerbsmäßig oder in einem Umfang betreiben, der einen in kaufmännischer Weise eingerichteten Geschäftsbetrieb erfordert (vgl. § 1 I KWG). Die Sperrfrist (Moratorium) besteht für alle Arten von Konten und gilt für alle Gutschriften innerhalb dieses Zeitraums (TK § 314 Rn. 8 f.; Zöller ZPO § 835 Rn. 12). Art und Herkunft sind unerheblich. Der VollstrSchuldner darf im Rahmen des Freibetrags nach § 850c ZPO auch schon während der 1-Monats-Sperre über das pfändungsfreie Guthaben verfügen (Anders/Gehle ZPO § 835 Rn. 21).

11 **Künftiges Guthaben (§ 835 III 2 HS 2 ZPO).** Das Moratorium gilt auch, wenn die Pfändung künftige Guthaben erfasst, und zwar unabhängig davon, wann sie nach Zustellung des Überweisungsbeschlusses bzw. der Einziehungsverfügung entstehen. Der Fristlauf beginnt hier allerdings erst mit der Kontogutschrift, weil die Einziehungsbefugnis des Gläubigers erst von diesem Zeitpunkt an greifen kann (Thomas/Putzo ZPO § 835 Rn. 11). Für künftige Kontoguthaben gilt die Sperre nicht automatisch, sondern nur aufgrund eines vorangehenden Antrages des Schuldners. Demgemäß wird die VollstrBehörde nicht von Amts wegen tätig, muss einem ordnungsgemäßen Antrag aber stattgeben (Anders/Gehle ZPO § 835 Rn. 24).

12 Der zuvor in § 835 IV ZPO aF geregelte **Auszahlungsschutz für künftige Guthaben auf P-Konten** wurde im Zuge der Neustrukturierung durch das PKoFoG (→ § 319 Rn. 16) in § 900 I ZPO übernommen. Auf die Kommentierung zu → § 319 Rn. 46 f. wird verwiesen.

13 **Pfändung sonstiger Vergütungen (§ 835 IV ZPO).** Nach § 314 IV, der auf § 835 IV ZPO verweist, gilt die gesetzliche Schutzfrist auch für Vergütungen selbständig tätiger VollstrSchuldner, sofern diese auf persönlich geleisteten Arbeiten oder Diensten oder auf sonstigen, nicht als Arbeitseinkommen anzusehenden, Einkünften des Selbständigen beruhen. Hierdurch soll gewährleistet werden, dass der selbständige VollstrSchuldner rechtzeitig Pfändungsschutz nach § 850i ZPO beantragen kann (→ § 319 Rn. 35 ff.), ohne besorgen zu müssen, dass er mit seinem Antrag zu spät kommt, weil der Drittschuldner bereits an den Gläubiger (FB) geleistet hat (MüKo ZPO § 835 Rn. 41; zum Begriffsverständnis s. auch BT-Drs. 16/7615, 17).

III. Rechtsbehelfe

14 Gegen die Einziehungsverfügung können sowohl der VollstrSchuldner als auch der Drittschuldner **Einspruch** (§ 347) einlegen. Mit Einziehung der Forderung ist der Pfandgegenstand verwertet und die Vollstr. beendet. Zur Fortsetzungsfeststellungsklage (§ 100 I 4 FGO) bei einem behaupteten Verstoß gegen ein VollstrVerbot s. BFH 11.4.2001 – VII B 304/00, BStBl. II 2001, 525; FG Münster 20.4.2020 – 5 K 1152/20, BeckRS 2020, 16304. **Einstweiliger Rechtsschutz** erfolgt durch AdV (TK § 314 Rn. 17), nach der Einziehung allenfalls durch einstweilige Anordnung (Klein § 309 Rn. 33). Zur einstweiligen Anordnung im Anschluss an eine Aufhebung der Vollziehung einer Pfändungsverfügung und anschließender Neupfändung durch weiteren Gläubiger s. BFH 19.12.2000 – VII B 301/00, BFH/NV 2001, 425. Ggf. kommt auch nur eine (isolierte) Aussetzung der Einziehungsverfügung in Betracht, während die Pfändungsverfügung aufrechterhalten bleibt (FG Berlin-Brandenburg 7.8.2024 – 7 V 7112/24, EFG 2024, 1877 zu einem nachlaufenden Aufteilungsantrag nach § 268). Im Übrigen gelten die zur Forderungspfändung gemachten Ausführungen entsprechend (→ § 309 Rn. 56).

§ 315 Wirkung der Einziehungsverfügung

(1) [1]**Die Einziehungsverfügung ersetzt die förmlichen Erklärungen des Vollstreckungsschuldners, von denen nach bürgerlichem Recht die Berechtigung zur Einziehung abhängt.** [2]**Sie genügt auch bei einer Forderung, für die eine Hypothek, Schiffshypothek oder ein Registerpfandrecht an einem Luftfahrzeug besteht.** [3]**Zugunsten des Drittschuldners gilt eine zu Unrecht ergangene Einziehungsverfügung dem Vollstreckungsschuldner gegenüber solange als rechtmäßig, bis sie aufgehoben ist und der Drittschuldner hiervon erfährt.**

(2) [1]**Der Vollstreckungsschuldner ist verpflichtet, die zur Geltendmachung der Forderung nötige Auskunft zu erteilen und die über die Forderung vorhandenen Urkunden herauszugeben.** [2]**Erteilt der Vollstreckungsschuldner die Auskunft nicht, ist er auf Verlangen der Vollstreckungsbehörde verpflichtet, sie zu Protokoll zu geben und seine Angaben an Eides statt zu versichern.** [3]**Die Vollstreckungsbehörde kann die eidesstattliche Versicherung der Lage der Sache entsprechend ändern.** [4]**§ 284 Absatz 5, 6 und 8 gilt sinngemäß.** [5]**Die Vollstreckungsbehörde kann die Urkunden durch den Vollziehungsbeamten wegnehmen lassen oder ihre Herausgabe nach den §§ 328 bis 335 erzwingen.**

(3) [1]**Werden die Urkunden nicht vorgefunden, so hat der Vollstreckungsschuldner auf Verlangen der Vollstreckungsbehörde zu Protokoll an Eides statt zu versichern, dass er die Urkunden nicht besitze, auch nicht wisse, wo sie sich befinden.** [2]**Absatz 2 Satz 3 und 4 gilt entsprechend.**

(4) **Hat ein Dritter die Urkunde, so kann die Vollstreckungsbehörde auch den Anspruch des Vollstreckungsschuldners auf Herausgabe geltend machen.**

Vergleichbare Vorschriften: §§ 836, 837, 837a, 883, 886 ZPO

Schrifttum: Stöber, Überweisung und Überweisungswirkung der Pfändung einer Hypothekenforderung, NJW 1996, 1180; Steder, Auskunftsoffenbarung im Rahmen der Forderungspfändung MDR 2000, 438; Stöber, Auskunftspflicht des Schuldners – Verfahren nach Forderungspfändung, MDR 2001, 301.

A. Allgemeines

Regelungsinhalt. § 315 ergänzt § 314. Er dient insb. der Klarstellung, da er die Wirkung der Einziehungsverfügung sowie die Rechtsstellung und die Befugnisse von VollstrGläubiger, VollstrSchuldner, Drittschuldner und Dritten näher regelt. Zur Wirkung der Einziehungsverfügung → § 314 Rn. 3 ff. 1

B. Regelungsinhalt

I. Förmliche Erklärungen zur Einziehung der Forderung (Abs. 1 S. 1 und 2)

Ersetzung förmlicher Erklärungen. Die Einziehungsverfügung ersetzt die zum Forderungsübergang an sich erforderlichen förmlichen Erklärungen des VollstrSchulnders **(§ 315 I 1),** um im Zwangsverfahren nicht auf dessen Mitwirkung angewiesen zu sein. Sie wirkt damit rechtsübertragend, auch wenn das sachliche Recht eine besondere Form verlangt (Anders/Gehle ZPO § 836 Rn. 1). **§ 315 I 2** stellt wie §§ 837, 837a ZPO klar, dass auch bei Forderungen, für die eine Hypothek, Schiffshypothek oder ein Registerpfandrecht an einem Luftfahrzeug besteht, entspr. Erklärungen ersetzt werden (zB eine schriftliche Abtretung nach § 1154 I BGB). Steht die gepfändete Forderung dem VollstrSchuldner nicht zu, kann die Einziehungsverfügung auch keine vollstreckungsrechtlichen Wirkungen iSd § 315 entfalten (BAG 17.2.1993 – 4 AZR 161/92, NJW 1993, 2699; Klein § 315 Rn. 2). 2

II. Schutz des Drittschuldners (Abs. 1 S. 3)

3 **Vertrauensschutz.** § 315 I 3 bestimmt zugunsten des Drittschuldners, dass die Einziehungsverfügung so lange als wirksam gilt, bis sie ausdrücklich aufgehoben wird und der Drittschuldner hiervon erfährt. Mit dieser gesetzlichen Fiktion wird der Drittschuldner geschützt, der im Vertrauen auf die Wirksamkeit der Pfändungs- und Einziehungsverfügung gehandelt, nämlich Zahlungen geleistet hat. § 315 I 3 gilt nicht für nichtige Einziehungsverfügungen (BGH 17.12.1992 – IX ZR 226/91, NJW 1993, 735; Anders/Gehle ZPO § 836 Rn. 5; aA Stein/Jonas ZPO § 836 Rn. 2). Der Schutz des Drittschuldners **wirkt nur gegenüber dem VollstrSchuldner,** nicht gegenüber Dritten. Steht einem Dritten die Forderung zu, kann der Drittschuldner durch Zahlung an den VollstrGläubiger nicht schuldbefreiend gegenüber dem Dritten leisten. Hier kann der Drittschuldner vom VollstrGläubiger die erbrachte Zahlung als ungerechtfertigte Bereicherung (§ 812 I 2 BGB) zurückverlangen (BGH 8.10.1981 – VII ZR 319/80, NJW 1982, 173; BFH 1.3.1990 – VII R 103/88, BStBl. II 1990, 520; → § 314 Rn. 6). Der Schutz **endet,** wenn der Drittschuldner Kenntnis von der Aufhebung der Einziehungsverfügung erhält, wobei auch eine formlose Mitteilung ausreicht. Die positive Kenntnis über die Einstellung der Vollstreckung (§§ 257, 258) lässt den Schutz ebenfalls entfallen (HHSp § 315 Rn. 19).

III. Pflichten des Vollstreckungsschuldners (Abs. 2 und 3)

4 **Allgemeines.** Mit wirksamer Zustellung der Einziehungsverfügung an den Drittschuldner hat der VollstrSchuldner **besondere Hilfspflichten (Abs. 2, 3).** Sie gelten nur für die Zwangsvollstr. in Forderungen sowie andere Vermögensrechte, nicht jedoch für die Zwangsvollstr. in Sachen. Eine analoge Anwendung scheidet ebenfalls aus (TK § 315 Rn. 13). Die Hilfspflichten (Auskunfts- und Herausgabepflichten) müssen zur außergerichtlichen und gerichtlichen Geltendmachung der gepfändeten Forderung nötig sein. Was **„nötig"** ist, bestimmt sich nach den Umständen des Einzelfalls und unterliegt als unbestimmter Rechtsbegriff der gerichtlichen Nachprüfung (TK § 315 Rn. 14).

5 **Auskunftspflicht (Abs. 2 S. 1 Hs. 1).** Sie erstreckt sich auch auf solche Tatsachen, die erst nach der Pfändung eingetreten sind (Anders/Gehle ZPO § 836 Rn. 8). Für Tatsachen, die einer Verschwiegenheitspflicht unterliegen, gilt sie nicht (BGH 25.3.1999 – IX ZR 223/97, NJW 1999, 1544; MüKo ZPO § 836 Rn. 14; Stöber/Rellermeyer Rn. B.257). Auch die persönliche Geheimzahl für Verfügungen am Geldautomaten ist dem VollstrGläubiger nicht mitzuteilen (TK § 315 Rn. 16). Zum Umfang der Auskunftspflicht s. auch BT-Drs. 13/341, 35 sowie Zöller ZPO § 836 Rn. 10. Die Auskunftspflicht des VollstrSchuldners schließt weder seine allg. Auskunftspflicht nach §§ 90, 93 noch die Befugnis der VollstrBehörde aus, zur Vorbereitung der Vollstr. die Vermögens- und Einkommensverhältnisse des VollstrSchuldners nach § 249 II zu ermitteln (BFH 30.3.1989 – VII R 89/88, BStBl. II 1989, 537). Bei einer Verletzung der Auskunftspflicht besteht gem. § 280 I BGB ein Schadensersatzanspruch (Anders/Gehle ZPO § 836 Rn. 8).

6 **Herausgabepflicht (Abs. 2 S. 1 Hs. 2).** Die Herausgabepflicht erstreckt sich auf alle im Zeitpunkt des Herausgabeverlangens vorhandenen Urkunden (Stöber/Rellermeyer Rn. B.267), die der VollstrSchuldner über die gepfändete Forderung besitzt, die ihren Bestand beweisen und die zu ihrer außergerichtlichen und gerichtlichen Geltendmachung nötig sind (Gosch AO § 315 Rn. 16; HHSp § 315 Rn. 39). Eine Verpflichtung des VollstrSchuldners, sich derartige Urkunden erst zu verschaffen (etwa über den Kontoauszugsdrucker) besteht aber nicht (Stöber/Rellermeyer Rn. B.270). Herauszugeben sind insb. solche Urkunden, die der Ermittlung oder dem Nachweis der Höhe, der Fälligkeit und der Einredefreiheit der Forderung dienen (BGH 14.2.2003 – IXa ZB 53/03, NJW 2003, 1256). Herauszugeben sind zB Abschriften und Ausfertigungen notarieller oder gerichtlicher Urkunden, Briefe sowie sonstiger Schriftwechsel, Forderungsabtretungen, aber auch Gehalts- oder Lohnabrechnungen (BGH 28.6.2006 – VII ZB 142/05, NJW-RR 2006,

1576; Anders/Gehle ZPO § 836 Rn. 10, „Lohnabrechnung") und uU auch die LStKarte bei Pfändung des EStErstattungsanspruchs (BGH 12.12.2003 – IXa ZB 115/03, NJW 2004, 954 aE; aA BFH 18.8.1998 – VII R 114/97, BStBl. II 1999, 84). Die Herausgabe von Geschäftspapieren kann nicht unter Hinweis auf § 295 iVm § 811 Nr. 11 ZPO verweigert werden, da diese Vorschrift nur für die Vollstr. in das bewegliche Vermögen gilt. Auch Kontoauszüge sind herauszugeben; eine Berechtigung zur Schwärzung einzelner Buchungsvorgänge besteht nicht (BGH 23.2.2012 – VII ZB 59/09, NJW 2012, 1223). **Nicht** herauszugeben ist ua die EC-Karte (BGH 14.2.2003 – IXa ZB 53/03, NJW 2003, 1256). Weitere Einzelheiten s. Anders/Gehle ZPO § 836 Rn. 10 ff.; Stöber/Rellermeyer Rn. A.256; Zöller § 836 Rn. 13.

Erzwingung der Herausgabepflicht (Abs. 2 S. 5). Kommt der VollstrSchuldner 7 seiner diesbezüglichen Mitwirkungspflicht nicht nach, kann diese nach §§ 328–335 erzwungen werden (Gosch AO § 315 Rn. 19). Gemäß § 315 II 5 HS 1 kann die VollstrBehörde die für die Geltendmachung der gepfändeten Forderung nötigen Urkunden auch durch den Vollziehungsbeamten wegnehmen lassen. Für die Durchführung gelten die §§ 285 ff.

Eidesstattliche Versicherung (Abs. 2 S. 2 bis 4, Abs. 3). Erteilt der VollstrSchuld- 8 ner die **Auskünfte** nach § 315 II 1 HS 1 (→ Rn. 5) nicht freiwillig, hat er sie gem. § 315 III 2 auf Verlangen der VollstrBehörde zu Protokoll zu geben und seine Angaben an Eides statt zu versichern. Die VollstrBehörde kann die eidesstattliche Versicherung gem. § 315 II 3 der Lage der Sache entspr. ändern und so zB die Auskunft verlangen, der VollstrSchuldner könne sich an die Vorgänge nicht erinnern oder er sei von einem bestimmten Sachverhalt überzeugt (TK § 315 Rn. 22). Werden die zur Geltendmachung der gepfändeten Forderung benötigten **Urkunden** (→ Rn. 6) beim VollstrSchuldner nicht vorgefunden, hat dieser gem. § 315 III 1 auf Verlangen der VollstrBehörde zu Protokoll an Eides statt zu versichern, dass er die Urkunden nicht besitzt und auch nicht weiß, wo diese sie sich befinden. Über die nach § 315 III 2 auch in diesem Zusammenhang eröffnete Anpassungsmöglichkeit des § 315 II 3 kann die VollstrBehörde ferner vom VollstrSchuldner die Erklärung verlangen, er habe die Urkunden nicht beseitigt und auch keinem Dritten zur Verwahrung gegeben (TK § 315 Rn. 22). Gemäß § 315 II 4, III 2 gelten für das **Verfahren** § 284 V (Zuständigkeit der Behörde), VI (Zustellung der Ladung), VIII (Ersuchen um Haftbefehl bei Ausbleiben des VollstrSchuldners) und IX (Rechtsmittel gegen die Entscheidung des AG) entspr. Wegen der Einzelheiten → § 284 Rn. 1 ff.

IV. Herausgabeanspruch bei Urkunden im Gewahrsam Dritter (Abs. 4)

Durchsetzung. Hat ein Dritter die zur Geltendmachung der Forderung benötigten 9 Urkunden in Gewahrsam, kann die VollstrBehörde den Anspruch des VollstrSchuldners auf Herausgabe geltend machen (§ 315 IV). Diese Regelung entspricht inhaltlich dem § 886 ZPO. Die VollstrBehörde muss die Einziehung des Herausgabeanspruchs aber nicht ausdrücklich anordnen, da sie jederzeit eine Pfändungs- und Einziehungsverfügung erlassen könnte. Werden die Urkunden nicht freiwillig herausgegeben, muss die VollstrBehörde den Dritten vor den ordentlichen Gerichten auf Herausgabe verklagen; hoheitliche Zwangsmaßnahmen sind gegenüber dem Dritten nicht statthaft (Gosch AO § 315 Rn. 23).

C. Verfahrensfragen/Rechtsbehelfe

Geltendmachung der gepfändeten Forderung. Die Einziehungsverfügung berech- 10 tigt die VollstrBehörde nicht dazu, die gepfändete Forderung gegenüber dem Drittschuldner im VerwaltungsvollstrVerfahren durchzusetzen. Im Weigerungsfall muss sie vielmehr denjenigen **Rechtsweg** beschreiten, der sich nach Art der gepfändeten Forderung ergibt und den ansonsten auch der VollstrSchuldner wählen müsste (TK § 315 Rn. 3). In diesem

Verfahren überprüfen die Gerichte inzident die Wirksamkeit der Pfändungs- und Einziehungsverfügung (BFH 14.7.1987 – VII R 116/86, BStBl. II 1987, 863; BFH 1.3.1990 – VII R 103/88, BStBl. II 1990, 520). Dort kann der Drittschuldner auch noch seine Rechte gegen die Inanspruchnahme wahren (BFH 24.7.1984 – VII R 135/83, BStBl. II 1984, 740; TK § 315 Rn. 3). Der Herausgabeanspruch (§ 315 IV) ist nur im Zivilrechtsweg durchsetzbar (→ Rn. 9).

11 **Rechtsbehelfe des VollstrSchuldners** bestehen gegen die Einziehungsverfügung selbst (→ § 314 Rn. 13). Er kann gegen die einzelnen VAe, mit denen seine Hilfspflichten (→ Rn. 4) geltend gemacht werden, Einspruch (§ 347) einlegen. Einstweiliger Rechtsschutz erfolgt durch AdV (§ 361 AO; § 69 FGO).

§ 316 Erklärungspflicht des Drittschuldners

(1) [1]**Auf Verlangen der Vollstreckungsbehörde hat ihr der Drittschuldner binnen zwei Wochen, von der Zustellung der Pfändungsverfügung an gerechnet, zu erklären:**

1. ob und inwieweit er die Forderung als begründet anerkenne und bereit sei zu zahlen,
2. ob und welche Ansprüche andere Personen an die Forderung erheben,
3. ob und wegen welcher Ansprüche die Forderung bereits für andere Gläubiger gepfändet sei;
4. ob innerhalb der letzten zwölf Monate im Hinblick auf das Konto, dessen Guthaben gepfändet worden ist, nach § 907 der Zivilprozessordnung die Unpfändbarkeit des Guthabens festgesetzt worden ist, und
5. ob es sich bei dem Konto, dessen Guthaben gepfändet worden ist, um ein Pfändungsschutzkonto im Sinne von § 850k der Zivilprozessordnung oder ein Gemeinschaftskonto im Sinne von § 850l der Zivilprozessordnung handelt; bei einem Gemeinschaftskonto ist zugleich anzugeben, ob der Schuldner nur gemeinsam mit einer anderen Person oder mehreren anderen Personen verfügungsbefugt ist.

[2]**Die Erklärung des Drittschuldners zu Nummer 1 gilt nicht als Schuldanerkenntnis.**

(2) [1]**Die Aufforderung zur Abgabe dieser Erklärung kann in die Pfändungsverfügung aufgenommen werden.** [2]**Der Drittschuldner haftet der Vollstreckungsbehörde für den Schaden, der aus der Nichterfüllung seiner Verpflichtung entsteht.** [3]**Er kann zur Abgabe der Erklärung durch ein Zwangsgeld angehalten werden; § 334 ist nicht anzuwenden.**

(3) **Die §§ 841 bis 843 der Zivilprozessordnung sind anzuwenden.**

Vergleichbare Vorschrift: § 840 ZPO
Hinweis auf **VollstrA:** Abschn. 44

Schrifttum: Strunk, Forderungspfändung, Drittschuldner und Steuergeheimnis, DStZ 1997, 704; Foerste, Die Pflicht zur Begründung der Drittschuldnererklärung, NJW 1999, 904; Marly, Kostenerstattung und Tätigkeitsvergütung für Auskünfte des Drittschuldners bei Pfändungs- und Überweisungsbeschlüssen, BB 1999, 1990; Pump, Die Durchsetzung der Pflichten des Drittschuldners (§ 316 AO), StWa 1999, 196; Dißars, Die Drittschuldnererklärung nach § 316 AO, INF 2004, 307; Dißars, Die Drittschuldnererklärung nach § 316 AO, DStZ 2011, 532.

A. Allgemeines

1 **Regelungsinhalt.** § 316 ergänzt § 309 und gilt nur für die Forderungspfändung, nicht für die Pfändung nach § 312 (Stöber/Rellermeyer Rn. B.280). Der Drittschuldner

(→ § 309 Rn. 40) wird mit eigenen Pflichten in das zwischen dem VollstrGläubiger und dem VollstrSchuldner bestehende VollstrVerhältnis einbezogen (Anders/Gehle ZPO § 840 Rn. 1). Die in Abs. 1, 2 normierte Verpflichtung des Drittschuldners zur Auskunft über den Bestand und Wert der gepfändeten Forderung dient zum einen den **Interessen des VollstrGläubigers,** der die Werthaltigkeit der gepfändeten Forderung nicht kennt, sich aber für sein weiteres Vorgehen darauf einstellen können muss (BGH 18.5.1999 – XI ZR 219/98, NJW 1999, 2276), zum anderen aber auch der Gewährleistung einer im **Interesse der Allgemeinheit** liegenden funktionsfähigen Forderungsvollstr.; nicht zuletzt deshalb begegnet die als staatsbürgerliche Pflicht ausgestaltete Mitwirkungsverpflichtung des Drittschuldners keinen verfassungsrechtlichen Bedenken (BGH 19.10.1999 – XI ZR 8/99, NJW 2000, 651). Darüber hinaus handelt der Drittschuldner ohnehin **auch eigennützig,** denn durch eine pflichtgemäße Erklärung kann er eigene Schäden im Zusammenhang mit der Pfändung vermeiden, etwa durch eine Zahlung ohne befreiende Wirkung oder durch die Belastung mit Schadensersatzansprüchen nach Abs. 2 S. 2 (→ Rn. 8). Im Gegensatz zu § 840 ZPO sieht Abs. 2 S. 3 eine Erzwingungsmöglichkeit vor (→ Rn. 9). Abs. 3 verweist auf die §§ 841–843 ZPO und steht damit zwar in keinem unmittelbaren Zusammenhang mit der Erklärungspflicht des Drittschuldners, enthält aber ergänzende Regelungen für die Realisierung der gepfändeten Forderung.

B. Erklärungspflicht des Drittschuldners (Abs. 1 und 2)

I. Aufforderung zur Abgabe der Erklärung (Abs. 1 S. 1, Abs. 2 S. 1)

Aufnahme in die Pfändungsverfügung als Regelfall. Das Verlangen der VollstrBehörde nach einer Drittschuldnererklärung ist ein **VA,** der die wirksame Zustellung der Pfändungsverfügung (§ 309 I) an den Drittschuldner, nicht jedoch das tatsächliche Bestehen der Forderung voraussetzt (BFH 24.7.1984 – VII R 135/83, BStBl. II 1984, 740). Eine Anordnung der Einziehung (§ 314) ist ebenfalls nicht zwingend erforderlich; eine Arrestpfändung (§ 324 III 4 iVm § 930 ZPO) reicht aus (Anders/Gehle ZPO § 840 Rn. 9). Regelmäßig wird die Aufforderung bereits in die Pfändungsverfügung aufgenommen (§ 316 II 1; s. Abschn. 41 III VollstrA). Es handelt sich dann um zwei eigenständige VAe, die miteinander verbunden sind. Erfolgt die Aufforderung nicht mit der Pfändungsverfügung, muss sie ebenfalls zugestellt werden (TK § 316 Rn. 2). Zur Zustellung → § 122 Rn. 135 ff.; → § 309 Rn. 45. 2

II. Inhalt der Erklärung (Abs. 1 S. 1 Nr. 1–5, S. 2)

Anerkenntnis und Zahlungsbereitschaft (Abs. 1 S. 1 Nr. 1, S. 2). Die Anerkennung der Forderung als begründet ist eine rein tatsächliche Auskunft. Sie ist reine **Wissenserklärung** (Anders/Gehle ZPO § 840 Rn. 17) und gilt nicht als Schuldanerkenntnis (§ 316 I 2). Der Drittschuldner muss die Fragen grds. nur mit ja oder nein beantworten (TK § 316 Rn. 5). Eine negative Erklärung muss er nicht näher begründen oder belegen (BGH 2.2.1981 – 3 StR 510/80, HFR 1981, 430; Zöller ZPO § 840 Rn. 5; aA Foerste NJW 1999, 904). Der Drittschuldner ist nicht verpflichtet, den VollstrSchuldner auf eine aufrechenbare Gegenforderung hinzuweisen, wenn er erklärt, die gepfändete Forderung nicht als begründet anzuerkennen (BGH 13.12.2012 – IX ZR 97/12, ZIP 2013, 594). Im Falle des Anerkenntnisses muss er allerdings den anerkannten Betrag nennen (Anders/Gehle ZPO § 840 Rn. 18). Die Erklärung des Drittschuldners ist insofern nicht bindend, als der Drittschuldner zur späteren Richtigstellung einer fehlerhaften Auskunft berechtigt, richtigerweise auch verpflichtet ist (MüKo ZPO § 840 Rn. 37). Hat er die Falschauskunft zu vertreten, schuldet er unter den Voraussetzungen des Abs. 2 S. 2 Schadensersatz (FG Nürnberg 30.1.2007 – II 205/2003, DStRE 2007, 856; Zöller ZPO 3

§ 840 Rn. 5 aE). Die Anerkennung der Forderung führt zur **Beweislastumkehr** (Thomas/Putzo ZPO § 840 Rn. 11).

4 **Ansprüche anderer Personen (Abs. 1 S. 1 Nr. 2).** Die Auskunft, ob und welche Ansprüche andere Personen an der gepfändeten Forderung erheben, soll dem VollstrGläubiger Klarheit darüber verschaffen, ob die Forderung vor der Pfändung bereits abgetreten, verpfändet worden oder kraft Gesetzes auf eine andere Person übergegangen ist. Dies gilt auch, wenn der Anspruch bestritten oder zweifelhaft ist (Thomas/Putzo ZPO § 840 Rn. 6). Ebenso ist eine erst zwischen Pfändung und Auskunft erfolgte Verfügung (Abtretung usw.) anzugeben (Stöber/Rellermeyer Rn. B.297). Die anderen Personen sind mit Namen, Anschrift sowie Grund und Betrag der Ansprüche zu bezeichnen (Zöller ZPO § 840 Rn. 6).

5 **Pfändung anderer Personen (Abs. 1 S. 1 Nr. 3).** Anzugeben sind die (vorrangigen) Pfändungsgläubiger, die Pfändungen nach Gericht/Behörde, Aktenzeichen, Datum und noch offenen Beträgen (Stöber/Rellermeyer Rn. B.298; weniger streng Anders/Gehle ZPO § 840 Rn. 21: am Gläubigerinteresse auszurichten). Auch Vorpfändungen sind anzugeben; nachrangige Pfändungen brauchen nicht bezeichnet zu werden (Zöller ZPO § 840 Rn. 7).

5a **Zeitweise Unpfändbarkeit von Kontoguthaben (Abs. 1 S. 1 Nr. 4).** Das Kreditinstitut soll angeben, ob das VollstrGericht zurückliegend eine Pfändung nach § 907 ZPO (→ § 319 Rn. 54 ff.) aufgehoben und (befristet) die Unpfändbarkeit des Kontoguthabens auf dem Pfändungsschutzkonto angeordnet hat. Der pfändende Gläubiger soll damit frühzeitig über die (mögliche) Erfolglosigkeit seiner VollstrMaßnahme unterrichtet werden. Mitzuteilen sind Anordnungen der letzten zwölf Kalendermonate vor Wirksamwerden der Pfändung. Eine Anordnung ist auch anzugeben, wenn sie auf Gläubigerantrag bereits wieder aufgehoben wurde (§ 907 II ZPO). Nicht verlangt ist nach dem Gesetzeswortlaut jedoch Auskunft darüber, ob ein Antrag abgelehnt wurde oder über einen Antrag noch nicht entschieden ist (Thomas/Putzo ZPO § 840 Rn. 6b).

5b **Pfändungsschutzkonto oder Gemeinschaftskonto (Abs. 1 S. 1 Nr. 5).** Anzugeben ist auch, ob es sich bei dem Konto, dessen Guthaben gepfändet worden ist, um ein sog. **P-Konto** (§ 850k ZPO) handelt. Die Erklärung soll dem Gläubiger umgehend Klarheit darüber verschaffen, ob das Kontoguthaben in Höhe der monatlichen Freibeträge (un) pfändbar ist. Auf weitere, für die Bemessung der Höhe des Pfändungsschutzes im Einzelfall erhebliche Umstände, wie Unterhaltspflichten des Schuldners oder eigene Einkünfte eines berücksichtigungsfähigen Unterhaltsberechtigten, erstreckt sich die Auskunftspflicht nicht. Deren Kenntnis muss sich der Gläubiger durch den Auskunftsanspruch gegen den Schuldner nach § 836 III ZPO (§ 315 III) beschaffen (Zöller ZPO § 840 Rn. 7b). Ändert sich der Status des Kontos erst nach der Zustellung der Pfändungsverfügung, hat die Bank das FA durch eine berichtigende Drittschuldnererklärung hierüber zu informieren (Anders/Gehle ZPO § 840 Rn. 24). Durch § 850l ZPO idF des PKoFoG (→ Rn. 5a; → § 319 Rn. 16) hat der Gesetzgeber erstmals auch Guthaben auf **Gemeinschaftskonten,** die der Schuldner mit anderen natürlichen oder juristischen Personen unterhält, in den gesetzlichen Kontopfändungsschutz einbezogen (zu Einzelheiten → § 319 Rn. 44 f.). Die am 1.12.2021 in Kraft getretene Änderung des Abs. 1 S. 1 Nr. 5 trägt dem damit verbundenen weiteren Informationsbedürfnis der VollstrBehörde Rechnung und verpflichtet den Drittschuldner dazu, auch über solche Konten nähere Angaben zu machen. Insb. ist die Art der Verfügungsbefugnis mitzuteilen, da sie Auswirkungen auf den Pfandbeschlag haben kann (→ § 309 Rn. 32).

III. Abgabe der Erklärung

7 **Verpflichtet** zur Abgabe ist bei Pfändung einer Gesamtschuld oder von Bruchteilen jeder einzelne Drittschuldner, bei akzessorischen Rechten sowohl der dingliche als auch der persönliche Drittschuldner, bei juristischen Personen der gesetzliche Vertreter und bei

PersGes jeder vertretungsberechtigte Gesellschafter (Zöller ZPO § 840 Rn. 4). Anders als bei § 93 greifen die Auskunftsverweigerungsrechte der §§ 101 ff. nicht. Für die Drittschuldnererklärung ist **keine bestimmte Form** vorgeschrieben. § 93 IV gilt analog. Aus Gründen der Beweissicherung sollte sie jedoch entweder schriftlich oder gegenüber der VollstrStelle mündlich zu Protokoll gegeben werden. Erfolgt die Zustellung der Pfändungsverfügung durch den Vollziehungsbeamten (§ 5 I VwZG; → § 122 Rn. 168 ff.), kann die Drittschuldnererklärung analog § 840 III ZPO auch ihm gegenüber abgegeben werden. Die Drittschuldnererklärung ist dem Wortlaut folgend **binnen zwei Wochen** nach Zustellung der Pfändungsverfügung abzugeben (§ 316 I 1). Richtigerweise beginnt der Fristlauf aber erst mit Zustellung der (üblicherweise mit der Verfügung verbundenen) Aufforderung. Insoweit ist § 316 I 1 ungenau und missverständlich. Zur Fristwahrung genügt die Absendung der Erklärung innerhalb der Frist (MüKo ZPO § 840 Rn. 11), was der Drittschuldner ggf. zu beweisen hat (BGH 28.1.1981 – VIII ZR 1/80, NJW 1981, 990). Die Frist wird nach § 108 iVm §§ 187 ff. BGB berechnet. Sie ist nach § 109 I verlängerbar (TK § 316 Rn. 1; aA HHSp § 316 Rn. 21).

IV. Schadensersatzpflicht bei Nichterfüllung (Abs. 2 S. 2)

Drittschuldnerhaftung. Gibt der Drittschuldner die Erklärung nicht, verspätet oder unrichtig ab, haftet er der VollstrBehörde für den Schaden, der durch deren Entschluss verursacht worden ist, die gepfändete Forderung gegen ihn geltend zu machen oder davon abzusehen. Das können nutzlos aufgebrachte Kosten sowohl für die außergerichtliche als auch für die gerichtliche Rechtsverfolgung sein (BGH 28.1.1981 – VIII ZR 1/80, NJW 1981, 990). Hierunter fallen auch Anwaltskosten (BAG 16.5.1990 – 4 AZR 56/90, NJW 1990, 2643). Die Haftung setzt immer ein **Verschulden** (Vorsatz oder Fahrlässigkeit) des Drittschuldners voraus (Anders/Gehle ZPO § 840 Rn. 29). Der Drittschuldner trägt die **Beweislast** für fehlendes Verschulden, er muss sich entlasten (BGH 28.1.1981 – VIII ZR 1/80, NJW 1981, 990). Die Haftung ist im Zivilrechtsweg durchzusetzen. Eine Inhaftungnahme nach § 191 scheidet grds. aus (FG Münster 23.10.2001 – 8 V 3710/01 L, EFG 2002, 374). Zur **Strafbarkeit** einer unrichtigen Drittschuldnererklärung s. BGH 2.2.1981 – 3 StR 510/80, HFR 1981, 430; Bansemer wistra 1994, 327. 8

V. Erzwingung der Erklärung (Abs. 2 S. 3)

Zwangsgeld. Während § 840 ZPO dem (privaten) VollstrGläubiger keinen einklagbaren Anspruch auf die Drittschuldnererklärung gibt, kann die VollstrBehörde die Abgabe einer angeforderten Drittschuldnererklärung im VerwaltungsvollstrVerfahren erzwingen (Abs. 2 S. 3). Verfassungsrechtliche Bedenken bestehen insoweit nicht (aA App DStR 1988, 24). Die Regelung ermöglicht allerdings nur die Erzwingung der Abgabe einer Erklärung, nicht jedoch die einer sachlich richtigen (HHSp § 316 Rn. 40). § 316 II 3 gestattet hierzu nur die Androhung und Festsetzung von Zwangsgeld, **nicht** die Anordnung von **Erzwingungshaft** (§ 334). Das Verfahren richtet sich nach den §§ 328 ff. Zum Zwangsgeld gegen ein Kreditinstitut bei Pfändung von künftigen Kontokorrentguthaben s. FG Baden-Württemberg 26.9.1980 – IX 184/78 (VIII 366/78), EFG 1981, 112. 9

C. Anwendung der §§ 841–843 ZPO (Abs. 3)

Geltung zivilprozessualer Pflichten. Da die VollstrBehörde die von ihr gepfändete Forderung gegen den Drittschuldner nicht im VerwaltungsvollstrVerfahren durchsetzen kann, sondern hierzu nur die auch dem VollstrSchuldner offenstehenden Mittel anwenden darf (→ § 315 Rn. 10), verweist Abs. 3 auf die unmittelbare Anwendung der §§ 841–843 ZPO. 10

I. Pflicht zur Streitverkündung (§ 841 ZPO)

§ 841 ZPO Pflicht zur Streitverkündung

11 Der Gläubiger, der die Forderung einklagt, ist verpflichtet, dem Schuldner gerichtlich den Streit zu verkünden, sofern nicht eine Zustellung im Ausland oder eine öffentliche Zustellung erforderlich wird.

12 Die Pflicht zur Streitverkündung besteht für den VollstrGläubiger, **sobald** er gegen den Drittschuldner eine Feststellungs- oder Leistungsklage erhebt. Der VollstrSchuldner soll dadurch im Rechtsstreit zwischen VollstrGläubiger und Drittschuldner seine Interessen wahren können (Anders/Gehle ZPO § 841 Rn. 1). **Form und Wirkungen** der Streitverkündung folgen aus §§ 68, 73, 74 III ZPO (zu Einzelheiten s. Stöber/Rellermeyer Rn. B.324 ff.).

II. Schadenersatz bei verzögerter Beitreibung (§ 842 ZPO)

§ 842 ZPO Schadenersatz bei verzögerter Beitreibung

13 Der Gläubiger, der die Beitreibung einer ihm zur Einziehung überwiesenen Forderung verzögert, haftet dem Schuldner für den daraus entstehenden Schaden.

14 Im Interesse des VollstrSchuldners ist der VollstrGläubiger verpflichtet, seine mit der Einziehungsverfügung (§ 314) erlangte Einziehungsbefugnis **unverzüglich** außergerichtlich und ggf. gerichtlich einschließlich Zwangsvollstr. geltend zu machen (s. Abschn. 44 III VollstrA). Der VollstrGläubiger haftet für den durch die Verzögerung entstandenen Schaden nach §§ 249 ff. BGB; bei Mitverschulden des VollstrSchuldners gilt § 254 BGB (Zöller ZPO § 842 Rn. 1). **Verzögerung** ist der schuldhafte, dh sachlich unangemessene und vermeidbare Aufschub (Stein/Jonas ZPO § 842 Rn. 1; zB durch Stundung oder Ratenzahlungsvergleich). Nach dem Grundsatz von Treu und Glauben kann der VollstrGläubiger bei schuldhafter Verzögerung im Einzelfall auch gehindert sein, die ausgefallenen Beträge von dem StSchuldner einzufordern (BFH 31.1.1967 – VII 194/63, BStBl. III 1967, 232). Bei schuldhaft verzögerter Beitreibung sind verwirkte Säumniszuschläge ab dem Zeitpunkt der Verzögerung nach § 227 zu erlassen (TK § 316 Rn. 20).

III. Verzicht des Pfandgläubigers (§ 843 ZPO)

§ 843 ZPO Verzicht des Pfandgläubigers

15 [1]Der Gläubiger kann auf die durch Pfändung und Überweisung zur Einziehung erworbenen Rechte unbeschadet seines Anspruchs verzichten. [2]Die Verzichtleistung erfolgt durch eine dem Schuldner zuzustellende Erklärung. [3]Die Erklärung ist auch dem Drittschuldner zuzustellen.

16 **Verzichtserklärung.** Ein Verzicht auf die Rechte aus der Pfändung schließt die Einziehung mit ein (Stein/Jonas ZPO § 843 Rn. 1). Abweichend vom ausdrücklichen Regelungsgehalt des § 843 ZPO wird auch eine Beschränkung der Pfändungs- und Einziehungsverfügung dergestalt für möglich gehalten, dass dem VollstrSchuldner und dem Drittschuldner zwar freier Zahlungsverkehr gestattet, im Übrigen aber das Pfandrecht aufrechterhalten wird (TK § 316 Rn. 22). Jedenfalls für die sog. **Ruhendstellung,** dh die einseitige und nur vorläufige Aussetzung der Pfändungswirkungen durch die FB mit dem Ziel des Wiederauflebens bei Widerruf oder anderweitiger Pfändung der Forderung durch einen nachrangigen Gläubiger, kommt ein Rückgriff auf § 316 oder § 843 ZPO aber nicht in Betracht (BGH 2.12.2015 – VII ZB 42/14, NJW-RR 2016, 319; dem folgend BFH 16.5.2017 – VII R 5/16, BStBl. II 2018, 735 für die Kontopfändung; → § 309 Rn. 40). Zur Teil-Freigabe gegenüber dem Schuldner s. FG Münster 8.6.2020 – 11 V 1541/20 AO, BeckRS 2020, 12719). Der VollstrGläubiger muss seine Verzichtserklärung **schriftlich** abfassen (Muster bei Stöber/Rellermeyer Rn. B.339). Grundsätzlich ist eine Zustellung gem. § 843 S. 2, 3 ZPO an den VollstrSchuldner und den Drittschuldner erforderlich (zur Zustellung s. § 2 II VwZG; → § 122 Rn. 126, 131).

Rechtsfolgen. Der Verzicht lässt gem. § 843 S. 1 ZPO immer die der Vollstr. zugrunde liegende Forderung unberührt. Der VollstrGläubiger verliert seine Rechte nur im Umfang seines Verzichts. Verzichtet er auf die Rechte aus der Pfändung und der Einziehung, erlöschen diese; die VA sind erledigt und nachrangige Gläubiger rücken auf. Eine förmliche Aufhebung der Pfändungs- und Einziehungsverfügung ist nicht erforderlich. Wird nur auf die Einziehung verzichtet, darf der Drittschuldner nur an den VollstrSchuldner und den Pfändungsgläubiger (VollstrGläubiger) gemeinsam leisten. 17

D. Verfahrensfragen/Kosten

Die Aufforderung zur Abgabe der Drittschuldnererklärung ist als VA mit **Einspruch** (§ 347) und Klage anfechtbar (→ Rn. 3). Einstweiliger Rechtsschutz wird durch AdV gewährt. Entsprechendes gilt für die Zwangsgeldfestsetzung nach § 316 II 3. Der Drittschuldner hat keinen Anspruch auf Erstattung der ihm für die Abgabe der Erklärung entstandenen **Kosten,** da er nur seine eigene gesetzliche Pflicht erfüllt (BAG 18.7.2006 – 1 AZR 578/05, NJW 2007, 1302). Klauseln in den AGB der Kreditinstitute, in denen für die Bearbeitung einer Pfändung ein Kundenentgelt gefordert wird, verstoßen gegen § 307 I, II BGB (BGH 19.10.1999 – XI ZR 8/99, NJW 2000, 651). Der Drittschuldner hat weder gegen den VollstrGläubiger noch gegen dem VollstrSchuldner einen Kostenerstattungsanspruch (Marly BB 1999, 1990). 18

§ 317 Andere Art der Verwertung

[1]Ist die gepfändete Forderung bedingt oder betagt oder ihre Einziehung schwierig, so kann die Vollstreckungsbehörde anordnen, dass sie in anderer Weise zu verwerten ist; § 315 Absatz 1 gilt entsprechend. [2]Der Vollstreckungsschuldner ist vorher zu hören, sofern nicht eine Bekanntgabe außerhalb des Geltungsbereichs des Gesetzes oder eine öffentliche Bekanntmachung erforderlich ist.

Vergleichbare Vorschrift: § 844 ZPO

Allgemeines. Die Verwertung einer Forderung erfolgt idR durch Einziehung nach § 314. Ist eine Einziehung aus den im Gesetz genannten Gründen aber nicht möglich oder schwierig, kann die VollstrBehörde eine andere Art der Verwertung anordnen. § 317 dient den Interessen des Gläubigers an einer alsbaldigen Befriedigung aber ebenso denen des VollstrSchuldners an einer (wert)angemessenen Verwertung seines Vermögens (Schwarz/Pahlke/Keß § 317 Rn. 1; Anders/Gehle ZPO § 844 Rn. 2). 1

Anordnung der Verwertung (S. 1). Die wirksam gepfändete Forderung muss bedingt oder betagt oder ihre Einziehung schwierig sein (§ 317 S. 1 Hs. 1). **Bedingt** ist eine Forderung, wenn ihre Entstehung von einem ungewissen Ereignis abhängt (§ 158 BGB). Eine **betagte** Forderung liegt vor, wenn sie erst zu einem späteren Zeitpunkt fällig wird. Den betagten Forderungen stehen künftige Forderungen gleich (Klein § 317 Rn. 2). Ob die Einziehung einer Forderung über das gewöhnliche Maß hinaus **schwierig** ist, bestimmt sich nach den Umständen des Einzelfalls und unterliegt der gerichtlichen Kontrolle (TK § 317 Rn. 2: unbestimmter Rechtsbegriff). Tatsächliche bzw. rechtliche Schwierigkeiten können beispielsweise dadurch entstehen, dass der Drittschuldner zahlungsunfähig oder in Insolvenz geraten ist oder sich im Ausland aufhält (Gosch AO § 317 Rn. 4). Als schwierig wird auch die Verwertung gepfändeter Anteile an einer Gesellschaft oder Gemeinschaft, zB an einer Erbengemeinschaft, angesehen (Anders/Gehle ZPO § 844 Rn. 6). **Besondere Zweckmäßigkeitsgründe** iSd § 305 (→ § 305 Rn. 3) können eine Anordnung ebenfalls rechtfertigen; reine Zweckmäßigkeits- bzw. Praktikabilitätserwägungen aber nicht (TK § 317 Rn. 2; teilw. aA Klein § 317 Rn. 1). Die Anordnung der anderweitigen Verwertung ist ein **VA.** Ein Antrag des VollstrSchuldners ist – anders als 2 nach § 844 I ZPO – nicht erforderlich, ein solcher des Drittschuldners nicht statthaft, da er die Pfandverwertung nicht betreiben kann (Stöber/Rellermeyer Rn. 1467; Anders/Gehle ZPO § 844 Rn. 10; uneindeutig Gosch AO § 317 Rn. 5, 8). Die VollstrBehörde entscheidet bei Vorliegen der tatbestandlichen Voraussetzungen nach pflichtgemäßem Ermessen (§ 5), ob sie die anderweitige Verwertung anordnet; zuvor ist der VollstrSchuldner anzuhören (→ Rn. 4). Die Anordnung steht in ihrer Wirkung der Einziehungsverfügung nach § 314 gleich (§ 317 S. 1 Hs. 2 iVm § 315 I); sie tritt an deren Stelle. Eine Anordnung kann aber auch nachträglich erfolgen, wenn bereits eine Einziehungsverfügung ergangen ist. Dann ist die Anordnung als Widerruf (§ 131 I) der Einziehungsverfügung anzusehen; letztere wird ersetzt (Gosch AO § 317 Rn. 6).

3 **Arten anderweitiger Verwertung.** Statt der Einziehung kann die VollstrBehörde einen freihändigen Verkauf (→ § 305 Rn. 5 f.), eine Versteigerung (entspr. §§ 296 ff., → § 305 Rn. 8), eine Überweisung an Zahlungs statt zu einem Schätzpreis (BGH 11.10.2018 – VII ZR 288/17, MDR 2019, 125 zu gepfändeten Ansprüchen aus einer Internet-Domain) und eine Aufhebung der Pfändungsverfügung gegen Entgelt anordnen (TK § 317 Rn. 6). Möglich sind auch Maßnahmen, die zu einer Erweiterung der Rechte des Pfändungsgläubigers führen, etwa zur Vereinbarung neuer Zahlungsmodalitäten oder zum Abschluss eines Vergleichs mit dem Drittschuldner (Zöller ZPO § 844 Rn. 2).

4 **Anhörung des Vollstreckungsschuldners (S. 2)** ist grds. zwingend, Die VollstrBehörde muss den Schuldner von der beabsichtigten Verwertung unter Darlegung ihrer Erwägungen unterrichten und ihn zur Stellungnahme innerhalb einer angemessenen Frist auffordern (HHSp § 317 Rn. 14). Eine Anhörung darf gem. § 317 S. 2 nur dann **unterbleiben,** wenn die zum Erlass der Anordnung erforderliche Bekanntgabe außerhalb des Geltungsbereichs der AO erforderlich ist oder eine öffentliche Bekanntgabe zu erfolgen hat. Ein **Verstoß** gegen die Anhörungsverpflichtung führt zur Rechtswidrigkeit der Anordnung. Die unterbliebene Anhörung kann nachgeholt werden (§ 126 I Nr. 3).

5 **Rechtsbehelfe.** Der VollstrSchuldner kann **gegen die Anordnung** Einspruch (§ 347) einlegen und anschließend Anfechtungsklage erheben. Einstweiliger Rechtsschutz wird durch AdV (§ 361 AO; § 69 FGO) gewährt. Hat der VollstrSchuldner die anderweitige Verwertung beantragt, ist **gegen die ablehnende Entscheidung** der VollstrBehörde ebenfalls Einspruch (§ 347) gegeben und anschließend Verpflichtungsklage. Einstweiliger Rechtsschutz kann in diesem Fall – wie auch sonst bei ablehnenden VA (Gräber FGO § 69 Rn. 42) – allenfalls durch Erlass einer einstweiligen Anordnung nach § 114 FGO erreicht werden, zB bei einem Anspruch auf VollstrAufschub (§ 258).

§ 318 Ansprüche auf Herausgabe oder Leistung von Sachen

(1) **Für die Vollstreckung in Ansprüche auf Herausgabe oder Leistung von Sachen gelten außer den §§ 309 bis 317 die nachstehenden Vorschriften.**

(2) **[1]Bei der Pfändung eines Anspruchs, der eine bewegliche Sache betrifft, ordnet die Vollstreckungsbehörde an, dass die Sache an den Vollziehungsbeamten herauszugeben sei. [2]Die Sache wird wie eine gepfändete Sache verwertet.**

(3) **[1]Bei Pfändung eines Anspruchs, der eine unbewegliche Sache betrifft, ordnet die Vollstreckungsbehörde an, dass die Sache an einen Treuhänder herauszugeben sei, den das Amtsgericht der belegenen Sache auf Antrag der Vollstreckungsbehörde bestellt. [2]Ist der Anspruch auf Übertragung des Eigentums gerichtet, so ist dem Treuhänder als Vertreter des Vollstreckungsschuldners aufzulassen. [3]Mit dem Übergang des Eigentums auf den Vollstreckungsschuldner erlangt die Körperschaft, der die Vollstreckungsbehörde angehört, eine Sicherungshypothek für die Forderung. [4]Der Treuhänder hat die Eintragung der Sicherungshypothek zu bewilligen. [5]Die Vollstreckung in die herausgegebene**

Sache wird nach den Vorschriften über die Vollstreckung in unbewegliche Sachen bewirkt.

(4) **Absatz 3 gilt entsprechend, wenn der Anspruch ein im Schiffsregister eingetragenes Schiff, ein Schiffsbauwerk oder Schwimmdock, das im Schiffsbauregister eingetragen ist oder in dieses Register eingetragen werden kann, oder ein Luftfahrzeug betrifft, das in der Luftfahrzeugrolle eingetragen ist oder nach Löschung in der Luftfahrzeugrolle noch in dem Register für Pfandrechte an Luftfahrzeugen eingetragen ist.**

(5) [1]**Dem Treuhänder ist auf Antrag eine Entschädigung zu gewähren.** [2]**Die Entschädigung darf die nach der Zwangsverwalterverordnung festzusetzende Vergütung nicht übersteigen.**

Vergleichbare Vorschriften: §§ 846, 847, 847a, 848 ZPO
Hinweis auf **VollstrA:** Abschn. 42

Schrifttum: App, Überblick über die Pfändung von Sachleistungsansprüchen, DStZ 1993, 400; App, Zur Auseinandersetzung mit anderen Gläubigern des Steuerschuldners außerhalb des Konkurs- oder Gesamtvollstreckungsverfahrens, StWa 1998, 67; Bartone, Die Pfändung von Eigentumsverschaffungsansprüchen an Grundstücken, StWa 1998, 105.

I. Allgemeines

Regelungsinhalt. § 318 regelt die Vollstr. in Ansprüche auf Herausgabe oder Leistung von beweglichen und unbeweglichen Sachen einschl. Schiffen, Schiffsbauwerken, Schwimmdocks und Luftfahrzeugen. Diese Vollstr. ist ihrem Wesen nach Forderungspfändung, wie der Hinweis in Abs. 1 auf die §§ 309–317 verdeutlicht. 1

II. Anwendungsbereich (Abs. 1)

1. Ansprüche auf Herausgabe oder Leistung von Sachen

Ansprüche auf Herausgabe von Sachen. Sachen iSd § 318 sind bewegliche (→ § 281 Rn. 4) und unbewegliche Sachen (→ § 322 Rn. 4). Einen Anspruch auf Herausgabe des Besitzes hat der VollstrSchuldner, wenn er eine ihm gehörende **Sache nicht besitzt.** Ist er bereits oder noch im Besitz der Sache, scheidet ein Herausgabeanspruch begrifflich aus. Dies ist zB beim Anspruch des VollstrSchuldners auf Rückübertragung des Eigentums an einer zur Darlehenssicherung übereigneten, aber im Besitz des VollstrSchuldners verbliebenen Sache der Fall (BFH 27.7.1976 – VII R 95/73, BStBl. II 1976, 737). Hier müssen der Rückübertragungsanspruch des VollstrSchuldners gem. § 321 und die Sache selbst gem. § 286 gepfändet werden (FG Bremen 12.11.1993 – 2 93 324 V 2, EFG 1994, 334; → § 321 Rn. 14). Auch bei Mitbesitz des VollstrSchuldners genügt allein die Pfändung des Herausgabeanspruchs gegenüber dem Mitbesitzer nicht (so aber FG Nürnberg 3.2.1987 – II 37/86, EFG 1987, 597; ebenso Klein § 318 Rn. 7), sondern bedarf es zusätzlich der Pfändung der Sache gem. § 286 (TK § 318 Rn. 1). 2

Ansprüche auf Leistung. Sachleistungsansprüche sind auf die Verschaffung des Eigentums an beweglichen oder unbeweglichen Sachen, dh auf Übereignung gerichtet und ergeben sich vornehmlich aus schuldrechtlichen Rechtsverhältnissen (Stöber/Rellermeyer Rn. G.5). Anwendungsfälle sind zB die Verschaffungsansprüche aus Kaufverträgen (§ 433 I 1 BGB), Werkverträgen (§ 631 BGB) und Werklieferungsverträgen (§ 651 BGB), aber auch der Übereignungsanspruch aus einem Vermächtnis (§§ 1939, 2147 ff. BGB). Leistungsansprüche können sich sowohl auf individuell bestimmte Sachen als auch auf vertretbare Sachen und/oder Gattungssachen beziehen (TK § 318 Rn. 2). 3

Erforderlich ist die Pfändung des Herausgabe-/Leistungsanspruchs jedoch nur, wenn ein Dritter die dem VollstrSchuldner gehörende bewegliche Sache im Gewahrsam hat und nicht bereit ist, sie freiwillig herauszugeben. Bei einem zur Herausgabe bereiten Dritten bedarf es § 318 nicht; die Pfändung erfolgt vielmehr nach § 286 (§ 286 IV; → § 286 4

Rn. 17 ff.). Da die aufgrund der Pfändung erlangte Sache nach § 318 II 2 in gleicher Weise verwertet wird, als wäre sie nach § 286 gepfändet worden, muss auch die herauszugebende bzw. zu leistende Sache **selbst pfändbar** und im Wege der nachfolgenden Vollstr. verwertbar sein (BFH 27.7.1976 – VII R 95/73, BStBl. II 1976, 737; Stöber/Rellermeyer Rn. G.6). Zur Un-/Pfändbarkeit → § 295 Rn. 1 ff. Auch Sachen ohne eigenen Vermögenswert (zB Beweisurkunden wie Sparbücher, Hypothekenbriefe, Kraftfahrzeugbriefe) unterliegen keiner selbständigen Anspruchspfändung (Stöber/Rellermeyer Rn. G.6). Zur Hilfspfändung solcher Sachen → § 286 Rn. 10.

2. Anwendbare Vorschriften (§§ 309–317)

5 **Verfahren.** Die Vollstr. erfolgt grds. durch eine Pfändungsverfügung nach § 309 I. Bei hypothekarisch gesicherten Herausgabe- oder Leistungsansprüchen gelten die §§ 310, 311 und bei in Wechseln oder anderen indossablen Papieren verbrieften § 312. Zum wesentlichen Inhalt einer Pfändungsverfügung → § 309 Rn. 38 ff. Aufgrund der besonderen Regelungen in § 318 II–IV ordnet die VollstrBehörde zudem in der Pfändungsverfügung die Herausgabe der Sache an den Vollziehungsbeamten/Treuhänder an (→ Rn. 6 ff.); bei Fehlen kann dies nachgeholt werden (Gosch AO § 318 Rn. 14). Mit Zustellung der Pfändungsverfügung an den Drittschuldner entsteht an dem Anspruch ein Pfändungspfandrecht nebst Verstrickung (→ § 309 Rn. 47 ff.). Zu dessen anschließender Verwertung ist neben der Herausgabeanordnung – wie auch sonst bei der Sachpfändung – der Erlass einer Einziehungsverfügung erforderlich, die gem. § 314 II mit der Pfändungsverfügung verbunden werden kann (TK § 318 Rn. 10; Anders/Gehle ZPO § 847 Rn. 10). Die Verwertungsart ist vom Gegenstand des Herausgabeanspruchs abhängig.

III. Ansprüche auf Herausgabe oder Leistung einer beweglichen Sache (Abs. 2)

6 **Anordnung der Herausgabe einer beweglichen Sache (Abs. 2 S. 1).** Bewegliche Sachen iSd § 318 II 1 sind körperliche Gegenstände (§ 90 BGB), die weder unbewegliche Sachen (Grundstücke, Grundstücksbestandteile) iSd § 318 III noch Schiffe, Schiffsbauwerke, Schwimmdocks bzw. Luftfahrzeuge iSd § 318 IV sind (negative Abgrenzung; s. HHSp § 318 Rn. 20). Die Anordnung der Herausgabe ist eine eigenständige VollstrMaßnahme, mithin VA. **Inhaltlich** ordnet die VollstrBehörde an, dass eine (genau bezeichnete) bewegliche Sache an den Vollziehungsbeamten einer bestimmten FB herauszugeben ist (s. Abschn. 42 I 2 VollstrA; Muster bei Stöber/Rellermeyer Rn. G.14). Der Vollziehungsbeamte braucht hierbei nicht namentlich benannt zu werden (TK § 318 Rn. 12). Mit der Anordnung wird der **Drittschuldner** zu entsprechender Herausgabe verpflichtet. Die Anordnung ist für die Wirksamkeit der Pfändung selbst unwesentlich. Sie ist aber für die Verwirklichung des Pfändungspfandrechts unerlässlich, da eine Verwertung ohne den Besitz an der Pfandsache ausgeschlossen ist (§ 318 II 2; → Rn. 7). Zum Hinterlegungsrecht des Drittschuldners s. Anders/Gehle ZPO § 847 Rn. 7. Die Anordnung ermächtigt den Vollziehungsbeamten nur zur **Entgegennahme** der Sache, nicht jedoch zu deren Wegnahme (s. auch Abschn. 50 II VollzA). Verweigert der Drittschuldner die Herausgabe, muss der VollstrGläubiger den Drittschuldner auf Herausgabe oder Leistung der Sache vor dem Zivilgericht verklagen und dem VollstrSchuldner nach § 316 III iVm § 841 ZPO den Streit verkünden (Stöber/Rellermeyer Rn. G.17). Mit Herausgabe/Leistung der Sache an den Vollziehungsbeamten wandeln sich Pfandrecht und Pfandverstrickung an dem Anspruch kraft Gesetzes und bestehen nunmehr an der Sache, ohne dass es hierzu einer (weiteren) Sachpfändung nach § 286 bedürfte (Anders/Gehle ZPO § 847 Rn. 8).

7 **Die Verwertung (Abs. 2 S. 2)** erfolgt wie bei einer nach § 286 gepfändete Sache und richtet sich demgemäß nach den §§ 296 ff.

IV. Ansprüche auf Herausgabe oder Leistungen unbeweglicher Sachen (Abs. 3)

Anordnung der Herausgabe an einen Treuhänder (Abs. 3 S. 1). Unter § 318 III fallen nur Ansprüche auf Herausgabe/Leistung unbeweglicher Sachen, nämlich von Grundstücken und Grundstücksbestandteilen. Die Wertgrenze von 750 Euro gem. § 866 III ZPO gilt für die Pfändung nach § 318 III nicht, da die Sicherungshypothek kraft Gesetzes entsteht (§ 318 III 3; Anders/Gehle ZPO § 848 Rn. 9; TK § 318 Rn. 17). Die Anordnung der Herausgabe an einen Treuhänder ist wie die Anordnung der Herausgabe einer beweglichen Sache als selbständige VollstrMaßnahme **VA,** der neben die Pfändungs- und Einziehungsverfügung tritt (→ Rn. 6; Muster für Pfändung bei Stöber/Rellermeyer Rn. G.36). Durch sie wird der Drittschuldner verpflichtet, die unbewegliche Sache an den Treuhänder herauszugeben. Der Treuhänder braucht in der Herausgabeanordnung nicht namentlich benannt zu werden (HHSp § 318 Rn. 23). Für die **Bestellung des Treuhänders** (§ 848 ZPO spricht vom Sequester) ist das AG (VollstrGericht) der belegenen Sache zuständig. Die Bestellung erfolgt nur auf Antrag der VollstrBehörde. Da es sich bei diesem Antrag um ein behördliches Ersuchen handelt, muss die VollstrBehörde dem Gericht weder das Leistungsgebot noch den Zustellungsnachweis vorlegen (TK § 318 Rn. 18; anders Abschn. 42 II Nr. 2 VollstrA). Sind mehrere Ansprüche auf Herausgabe bzw. Leistung einer unbeweglichen Sache gepfändet, muss für jede Sache ein Treuhänder bestellt werden (TK § 318 Rn. 18; aA Stöber/Rellermeyer Rn. G.31: daneben könne auch nach § 36 I Nr. 4 ZPO verfahren werden). Den Beschluss des Gerichts über die Bestellung des Treuhänders hat die VollstrBehörde dem Drittschuldner zuzustellen. Pfändungsverfügung und Beschluss müssen nicht gleichzeitig zugestellt werden; die Zustellung des Gerichtsbeschlusses kann nachgeholt werden (TK § 318 Rn. 18). 8

Auflassung an den Treuhänder (Abs. 3 S. 2). Ist der (gepfändete) Anspruch des VollstrSchuldners auf die Übereignung des Eigentums gerichtet, hat der Drittschuldner das Grundstück gem. § 318 III 2 an den Treuhänder aufzulassen (§ 925 BGB). Bei Weigerung des Drittschuldners muss der VollstrGläubiger ihn vor dem Zivilgericht auf Abgabe der Auflassung gegenüber dem Treuhänder als Vertreter des VollstrSchuldners verklagen und dem VollstrSchuldner den Streit verkünden (§ 316 III iVm § 841 ZPO; → § 316 Rn. 11 f.). Das rechtskräftige Urteil ersetzt gem. § 894 ZPO die Erklärung des Drittschuldners. Der VollstrGläubiger kann sich das Recht auf Auflassung an den Treuhänder durch Eintragung einer Auflassungsvormerkung (§§ 883, 885 BGB) in das Grundbuch sichern, sobald ein vorläufig vollstreckbares Urteil gegen den Drittschuldner vorliegt (Stöber/Rellermeyer Rn. G.41). 9

Erwerb einer Sicherungshypothek (Abs. 3 S. 3). Die Körperschaft, der die VollstrBehörde angehört, erlangt eine Sicherungshypothek nicht bereits mit der Auflassung an den Treuhänder, sondern erst mit dem Übergang des Grundstückseigentums vom Drittschuldner auf den VollstrSchuldner (§ 318 III 3). Dies erfordert nach §§ 873, 925 BGB neben der Auflassung die Eintragung der Rechtsänderung, dh die Grundbucheintragung des durch den Treuhänder vertretenen VollstrSchuldners als Eigentümer (→ Rn. 11). Hierzu ist gem. § 13 GBO entweder ein Antrag des Treuhänders oder des Drittschuldners erforderlich; die FB als VollstrGläubiger ist hierzu nicht befugt (Stöber/Rellermeyer Rn. G.42). 10

Bewilligung der Eintragung einer Sicherungshypothek (Abs. 3 S. 4). Der Treuhänder hat die Eintragung der Sicherungshypothek gem. § 318 III 4 als Vertreter des VollstrSchuldners zu bewilligen (§ 19 BGO). Den Eintragungsantrag (§ 13 GBO) kann neben dem Treuhänder auch der VollstrGläubiger stellen (Stöber/Rellermeyer Rn. G.46). Die Eintragung bewirkt zwar lediglich eine Grundbuchberichtigung, da die Sicherungshypothek bereits kraft Gesetzes (§ 318 III 3) entstanden ist, sie soll aber primär den Rechtsverlust durch gutgläubigen Erwerb verhindern (Zöller ZPO § 848 Rn. 7). Darüber hinaus erfordert auch die Vollstreckung in das Grundstück die vorherige Eintragung der Sicherungshypothek (§ 318 III 5). 11

12 **Die Verwertung (Abs. 3 S. 5)** erfolgt nach den Vorschriften über die Zwangsvollstr. in das unbewegliche Vermögen, also nach § 322 iVm § 866 ZPO, 1 ff. ZVG mittels Zwangsversteigerung oder Zwangsverwaltung (Anders/Gehle ZPO § 848 Rn. 13).

V. Anordnung der Herausgabe von Schiffen, Schiffsbauwerken, Schwimmdocks und Luftfahrzeugen (Abs. 4)

13 **Geltungsbereich.** Inhaltsgleich mit § 847a ZPO iVm § 99 I LuftFzgG bestimmt Abs. 4, dass Abs. 3 entspr. für die Vollstr. in Ansprüche auf Herausgabe bzw. Leistung von Schiffen, Schiffsbauwerken, Schwimmdocks, die im Schiffsregister eingetragen sind oder in dieses eingetragen werden können, und von Luftfahrzeugen, die in der Luftfahrzeugrolle eingetragen sind oder nach Löschung in der Luftfahrzeugrolle noch in dem Register für Pfandrechte eingetragen sind, gilt. Für die Vollstr. in Ansprüche auf Herausgabe bzw. Leistung anderer Schiffe, Schiffsbauwerke, Schwimmdocks und Luftfahrzeuge gilt Abs. 2.

VI. Entschädigung des Treuhänders (Abs. 5)

14 **Vergütungsanspruch.** Nach § 318 V 1 kann der Treuhänder beantragen, dass er für seine Tätigkeit von der VollstrBehörde eine Vergütung erhält. Da das AG für seine Bestellung als Treuhänder zuständig ist, ist der entspr. Antrag an dieses zu richten (TK § 318 Rn. 22). Über die Höhe der Vergütung entscheidet ebenfalls das AG. Sie richtet sich nach §§ 14, 17–21 ZwVwV (Zwangsverwalterverordnung, BGBl. 2003 I 2804), was nunmehr auch der Gesetzeswortlaut richtig stellt.

§ 319 Unpfändbarkeit von Forderungen

Beschränkungen und Verbote, die nach den §§ 850 bis 852 und 899 bis 907 der Zivilprozessordnung und anderen gesetzlichen Bestimmungen für die Pfändung von Forderungen und Ansprüchen bestehen, gelten sinngemäß.

Hinweis auf **VollstrA:** Abschn. 41 I 2

Schrifttum: Kohte, Praktische Fragen der Sozialleistungspfändung, NJW 1992, 393; Strunk, Der Anwendungsbereich des § 319 AO, BB 1992, 1907; App, Sach- und Forderungspfändung wegen Steuerschulden bei Landwirten, DStZ 1999, 564; Lemaire, Pfändungsschutz bei der Forderungspfändung, AO-StB 2004, 227; Holzer, Das Gesetz zum Pfändungsschutz der Altersvorsorge, DStR 2007, 767; Stöber, Das Gesetz zum Pfändungsschutz der Altersvorsorge, NJW 2007, 1242; Ahrens, Das neue Pfändungsschutzkonto, NJW 2010, 2001; Ahrens, Gesetzliche Regelung des so genannten Monatsanfangsproblems beim Pfändungsschutzkonto, NZI 2011, 183; Becker, Mängelbeseitigung beim Kontopfändungsschutz, NJW 2011, 1317; Waldschmidt, Entwurf eines Gesetzes zur Fortentwicklung des Rechts des Pfändungsschutzkontos und zur Änderung von Vorschriften des Pfändungsschutzes (Pfändungsschutzkonto-Fortentwicklungsgesetz – PKoFoG) – Know-how für die Zwangsvollstreckung, JurBüro 2020, 232; Kraft/Tkotsch, Das Pfändungsschutzkonto-Fortentwicklungsgesetz: Potenziale und Pannen, DGVZ 2020, 109; Salten, Die Fortentwicklung des Pfändungsschutzkontos, MDR 2021, 11.

Übersicht

A. Verfahrensgrundsätze

Verfahrensgrundsätze. Im VollstrVerfahren nach der AO ist die VollstrBehörde nicht neutrales Organ wie das VollstrGericht nach der ZPO, sondern zugleich VollstrGläubiger und VollstrOrgan. Soweit nach der ZPO dem VollstrGericht Aufgaben zugewiesen sind, entscheidet grds. die nach der AO zuständige VollstrBehörde (BFH 24.10.1996 – VII R 113/94, BStBl. II 1997, 308). Bereits bei Erlass der Pfändungsverfügung hat sie § 319 und die danach anwendbaren Pfändungsschutzvorschriften der ZPO **von Amts wegen** zu beachten, da diese im öffentlichen Interesse liegen (BFH 14.2.1979 – VII R 54/78, BStBl. II 1979, 427; Abschn. 41 I 2 VollstrA). Dies gilt auch für die §§ 850i, 851a und 851b ZPO, die nach der ZPO nur auf Antrag zu berücksichtigen sind; ein Antrag des VollstrSchuldners ist deshalb grds. entbehrlich (Klein § 319 Rn. 3; aus Praktikabilitätserwägungen einschränkend Gosch AO § 319 Rn. 9: nur bei offenkundig gegebenen Voraussetzungen). Der VollstrBehörde obliegt stattdessen eine aus dem Untersuchungsgrundsatz (§ 88) resultierende **weitergehende Ermittlungspflicht.** Ein Verzicht auf den Pfändungsschutz oder eine Vereinbarung zuungunsten des VollstrSchuldners – zB im Rahmen eines VollstrAufschubs nach § 258 – sind unzulässig; eine Verwirkung ist ausgeschlossen (Thomas/Putzo ZPO § 850 Rn. 2). Ein **Verstoß gegen § 319** macht die Pfändung nicht nichtig, aber mit dem Einspruch (§ 347) anfechtbar. 1

Sinngemäße Anwendung bedeutet, dass die Schutzvorschriften insoweit gelten, als sich aus den Vorschriften der AO nicht etwas anderes ergibt. So wird den Besonderheiten des VerwaltungsvollstrVerfahrens Rechnung getragen. § 319 spricht zwar von „Beschränkungen und Verboten" der §§ 850–852 und 899–907 ZPO, doch enthalten die §§ 850f II, 850h ZPO auch Erweiterungen der Pfändungsmöglichkeiten. Auch diese sind sinngemäß anzuwenden, da sie im Zusammenhang mit den pfändungsbeschränkenden Normen stehen und mitumfasst sind (BFH 24.10.1996 – VII R 113/94, BStBl. II 1997, 308; TK § 319 Rn. 2). Im Übrigen darf die Rechtsstellung des Fiskus als öffentlich-rechtlichem VollstrGläubiger nach der AO grundsätzlich nicht schlechter sein als die eines privaten Gläubigers nach der ZPO (BFH 8.10.1998 – VII B 2/98, BFH/NV 1999, 443). 2

Maßgebender Zeitpunkt für die Feststellung einer Pfändungsbeschränkung oder eines -verbots ist die Wirksamkeit der Pfändung; bei der Pfändung zukünftiger Forderungen kommt es auf die spätere Entstehung der Forderung an (→ § 309 Rn. 47; Thomas/Putzo ZPO § 850 Rn. 3). Änderungen der Pfändungsschutzvorschriften sind entspr. den gesetzlichen Ausführungsbestimmungen zu beachten. Zur Gesetzmäßigkeit der bis 2021 alle zwei Jahre erfolgenden Anpassung der Pfändungsfreigrenzen bei Arbeitseinkommen s. BGH 24.1.2006 – VII ZB 93/05, NJW 2006, 777. Mit dem Inkrafttreten des Pfändungsschutz- 3 konto-Fortentwicklungsgesetzes (PKoFoG) zum 1.8.2021 wurde der Anpassungsrhythmus auf einen jährlichen Turnus verkürzt (→ Rn. 16).

B. Beschränkungen und Verbote nach den §§ 850–852 ZPO und §§ 899–907 ZPO

I. Pfändungsschutz für Arbeitseinkommen (§§ 850–850i ZPO)

1. § 850 ZPO Grundsätze des Pfändungsschutzes für Arbeitseinkommen

§ 850 ZPO Pfändungsschutz für Arbeitseinkommen

4 (1) Arbeitseinkommen, das in Geld zahlbar ist, kann nur nach Maßgabe der §§ 850a bis 850i gepfändet werden.

(2) Arbeitseinkommen im Sinne dieser Vorschrift sind die Dienst- und Versorgungsbezüge der Beamten, Arbeits- und Dienstlöhne, Ruhegelder und ähnliche nach dem einstweiligen oder dauernden Ausscheiden aus dem Dienst- oder Arbeitsverhältnis gewährte fortlaufende Einkünfte, ferner Hinterbliebenenbezüge sowie sonstige Vergütungen für Dienstleistungen aller Art, die die Erwerbstätigkeit des Schuldners vollständig oder zu einem wesentlichen Teil in Anspruch nehmen.

(3) Arbeitseinkommen sind auch die folgenden Bezüge, soweit sie in Geld zahlbar sind:

a) Bezüge, die ein Arbeitnehmer zum Ausgleich für Wettbewerbsbeschränkungen für die Zeit nach Beendigung seines Dienstverhältnisses beanspruchen kann;

b) Renten, die auf Grund von Versicherungsverträgen gewährt werden, wenn diese Verträge zur Versorgung des Versicherungsnehmers oder seiner unterhaltsberechtigten Angehörigen eingegangen sind.

(4) Die Pfändung des in Geld zahlbaren Arbeitseinkommens erfasst alle Vergütungen, die dem Schuldner aus der Arbeits- oder Dienstleistung zustehen, ohne Rücksicht auf ihre Benennung oder Berechnungsart.

5 **a) Allgemeines (§ 850 Abs. 1 ZPO). Existenzgrundlage.** Arbeitseinkommen, das oftmals die einzige Einnahmequelle des VollstrSchuldners ist, dient zunächst der Existenzsicherung des VollstrSchuldners und seiner Familie. Eine Pfändung ist nur in dem durch die §§ 850a bis § 850i ZPO abgesteckten Rahmen möglich, was die FB grundsätzlich von Amts wegen zu beachten hat (→ Rn. 1). Der Einsatz der Arbeitskraft zur Beschaffung des Lebensunterhalts hat nach dem Schutzgedanken des Sozialstaatsprinzips Vorrang vor dem Anspruch auf soziale Leistung (Zöller ZPO § 850 Rn. 1: Schuldnerschutz vor Kahlpfändung). Der Schuldner, der zur Begleichung seiner Verbindlichkeiten gezwungen wird, soll sich zwar einschränken müssen, aber nicht in Not geraten (FG Baden-Württemberg 3.3.1999 – 9 V 68/98, EFG 1999, 687). Dem VollstrSchuldner wird daher als sog. Selbstbehalt so viel pfandfrei belassen, wie er benötigt, um selbst und mit seiner Familie ein menschenwürdiges Leben führen zu können (BT-Drs. 8/693, 45); daneben sollen ihn die Freibeträge auch in seiner Motivation stärken, seinen Lebensunterhalt aus eigener Kraft zu verdienen und seine Überschuldung selbst zu überwinden (BT-Drs. 14/6812, 1, 8). Zu niedrige Pfändungsfreigrenzen würden hingegen zu einer vermehrten Inanspruchnahme von Sozialhilfe und damit zu einer Verlagerung privater Schulden auf die Allgemeinheit führen. Den Schutzvorschriften kommt damit sozialpolitische Bedeutung zu (Thomas/Putzo ZPO § 850 Rn. 1).

6 **Nur in Geld zahlbares Arbeitseinkommen** wird geschützt, nicht Sachleistungen (zB Verpflegung, Dienstwohnung); diese sind nach § 318 zu pfänden (Zöller ZPO § 850 Rn. 2). Verwandelt sich der Sachleistungsanspruch (zB wegen Nichterfüllung) in einen Geldanspruch, sind jedoch die §§ 850 ff. ZPO anzuwenden (Stein/Jonas ZPO § 850 Rn. 59).

7 **b) Begriff des Arbeitseinkommens (§ 850 Abs. 2 und 3 ZPO). Arbeitseinkommen** ist jedes Einkommen, das unmittelbar oder mittelbar aus einer Arbeitsleistung resultiert und in Geld ausgezahlt wird. Es kann aus einem noch bestehenden oder bereits

abgelaufenen Dienstverhältnis öffentlicher oder privater Natur fließen. Art und Umfang sind unerheblich (Zöller ZPO § 850 Rn. 2). Es ist kein wirksamer Dienstvertrag erforderlich, sodass auch Lohn für verbotene Tätigkeiten (zB Schwarzarbeit) Pfändungsschutz genießt. Der Begriff des Arbeitseinkommens deckt sich im Allgemeinen mit dem, was im ESt-Recht zu den Einkünften aus nichtselbständiger Arbeit iSd § 19 I EStG gehört (TK § 319 Rn. 14). Die Ansprüche müssen sich aber nicht immer gegen einen Arbeitgeber richten. Auch Ansprüche gegen Dritte fallen unter § 850 ZPO, soweit deren Entstehung ursächlich mit einem Arbeitsverhältnis zusammenhängt, wie zB Bedienungsgeld des Kellners (Zöller ZPO § 850 Rn. 6) oder Streik- und Aussperrungsvergütung (Stöber/Rellermeyer Rn. C.14). Weitere Beispiele s. Anders/Gehle ZPO § 850 Rn. 9.

Keine abschließende Aufzählung. Die in § 850 II, III ZPO aufgeführten Arbeitseinkommen sind nur beispielhaft. 8

Unter **§ 850 II HS 1 ZPO** fallen zB auch Abfindungen nach Kündigungsschutzbestimmungen und Sozialplänen, nicht jedoch die Versicherungsprämie anstelle des Lohns bei Gehaltsumwandlung (Thomas/Putzo ZPO § 850 Rn. 6b). Der aus der Arbeitsleistung eines Strafgefangenen stammende Anspruch auf Auszahlung des Eigengeldes (§ 52 StVollzG) gehört ebenfalls nicht zum Arbeitseinkommen (FG Berlin 13.12.2001 – 7 K 7416/01, EFG 2002, 380; Thomas/Putzo ZPO § 850 Rn. 6b).

Sonstige Vergütungen für Dienstleistungen aller Art gem. **§ 850 II HS 2 ZPO** sind zwar rechtlich kein Arbeitseinkommen, werden jedoch wirtschaftlich einem Arbeits- und Dienstlohn gleichgestellt (Stöber/Rellermeyer Rn. C.18). Es muss sich hierbei um wiederkehrend zahlbare Vergütungen für selbständige oder unselbständige Dienste handeln, die die Existenzgrundlage des Dienstverpflichteten bilden (BGH 12.12.2003 – IXa ZB 165/03, NJW-RR 2004, 644). Entscheidend ist die tatsächlich ausgeübte Tätigkeit (Stöber/Rellermeyer Rn. C.19). Zu den sonstigen Vergütungen gehören zB die Ansprüche des Handelsvertreters auf Fixum und Provision, die Bezüge eines Versicherungsvertreters (Zöller ZPO § 850 Rn. 9), die Bezüge von Vorstandsmitgliedern einer AG oder einer Genossenschaft (Stöber/Rellermeyer Rn. C.18) sowie von Geschäftsführern einer GmbH (BFH 14.2.1989 – VII B 143/88, BFH/NV 1989, 565). Die Vergütung eines Kassenarztes aus dem Kassenarztverhältnis zählt auch dazu (FG München 5.2.2024 – 12 V 41/24, BeckRS 2024, 23835; Anders/Gehle ZPO § 850 Rn. 13). Die Forderungen auf fortlaufend gezahlten Werklohn aus Werkvertrag können bei persönlicher Arbeit in einem ständigen Auftragsverhältnis auch als sonstige Vergütungen geschützt sein (Zöller ZPO § 850 Rn. 9).

Nach **§ 850 III ZPO** sind Karenzentschädigungen und Versicherungsrenten den Arbeitseinkommen gleichgestellt; aber nur solche, die ein Ruhegehalt oder die Hinterbliebenenversorgung (die beide unter § 850 II ZPO fallen), ersetzen. Private Versicherungsrenten von selbständig oder freiberuflich tätig gewesenen Personen genießen demnach nicht den Pfändungsschutz für Arbeitseinkommen (BGH 15.11.2007 – IX ZB 34/06, NJW-RR 2008, 496). Karenzentschädigungen sind zB die Provision des Handelsvertreters aus Bezirks- und Kundenschutz (§ 87 II, III HGB) sowie der Ausgleichsanspruch nach § 89b HGB (Stöber/Rellermeyer Rn. C.23) und die Entschädigung eines Geschäftsführers wegen eines Wettbewerbsverbots (Anders/Gehle ZPO § 850 Rn. 16). Versicherungsrenten dienen der Versorgung des Versicherungsnehmers oder seiner unterhaltsberechtigten Angehörigen. Sie ersetzen ein Ruhe- oder Hinterbliebenengeld und müssen tatsächlich in Form einer Rente erfolgen, sodass eine Kapitalabfindung auch dann nicht dazu zählt, wenn ein Rentenwahlrecht bestanden hätte (BFH 31.7.2007 – VII R 60/06, BStBl. II 2009, 592; BGH 23.10.2008 – VII ZB 16/08, NJW-RR 2009, 211), eine Berufsunfähigkeitsrente hingegen schon (BFH 12.6.1991 – VII R 54/90, BStBl. II 1991, 747; Anders/Gehle ZPO § 850 Rn. 17). Dies ist verfassungsrechtlich nicht zu beanstanden (BFH 17.7.2003 – VII B 49/03, BFH/NV 2003, 1538).

9 **c) Umfang (§ 850 Abs. 4 ZPO).** Die Benennung und Berechnungsart des in Geld zahlbaren Arbeitseinkommens sind gleichgültig. Zum Arbeitseinkommen gehören zB Überstundenvergütungen, alle sonstigen Lohnzuschläge und -zulagen, Leistungsprämien, Erfolgsbeteiligungen und Sozialzulagen, fortgezahlte Bezüge bei Krankheit und Urlaub sowie Lohnersatzleistungen (Zöller ZPO § 850 Rn. 12 ff.). Vermögenswirksame Leistungen sind zwar Arbeitseinkommen, aber nicht übertragbar (§ 2 VII 2 5. VermBG) und damit unpfändbar (§ 819 iVm § 851 ZPO; → § 309 Rn. 6). **Kein Arbeitseinkommen** sind allg. Kapitaleinkommen, Forderungen aus Vermietung und Verpachtung und Verkaufserlöse (Klein § 319 Rn. 8 aE); eine entspr. Anwendung der §§ 850 ff. ZPO scheidet daher aus (BFH 13.7.1999 – VII B 34/99, BFH/NV 2000, 6). LStErstattungsansprüche sind ebenfalls nicht Bestandteil des Arbeitseinkommens (BFH 27.10.1998 – VII B 101/98, BFH/NV 1999, 738), ebenso wenig die vom Staat gewährte Arbeitnehmersparzulage (§ 13 5. VermBG; Thomas/Putzo ZPO § 850 Rn. 13) sowie Leistungen nach §§ 101, 102 SGB III (zB Kurzarbeiter- und Wintergeld; Zöller ZPO § 850 Rn. 16).

2. § 850a ZPO Unpfändbare Bezüge

10 Unpfändbar sind

1. zur Hälfte die für die Leistung von Mehrarbeitsstunden gezahlten Teile des Arbeitseinkommens;
2. die für die Dauer eines Urlaubs über das Arbeitseinkommen hinaus gewährten Bezüge, Zuwendungen aus Anlass eines besonderen Betriebsereignisses und Treugelder, soweit sie den Rahmen des Üblichen nicht übersteigen;
3. Aufwandsentschädigungen, Auslösungsgelder und sonstige soziale Zulagen für auswärtige Beschäftigungen, das Entgelt für selbstgestelltes Arbeitsmaterial, Gefahrenzulagen sowie Schmutz- und Erschwerniszulagen, soweit diese Bezüge den Rahmen des Üblichen nicht übersteigen;
4. Weihnachtsvergütungen bis zu der Hälfte des Betrages, dessen Höhe sich nach Aufrundung des monatlichen Freibetrages nach § 850c Absatz 1 in Verbindung mit Absatz 4 auf den nächsten vollen 10-Euro-Betrag ergibt;
5. Geburtsbeihilfen sowie Beihilfen aus Anlass der Eingehung einer Ehe oder Begründung einer Lebenspartnerschaft, sofern die Vollstreckung wegen anderer als der aus Anlass der Geburt, der Eingehung einer Ehe oder der Begründung einer Lebenspartnerschaft entstandenen Ansprüche betrieben wird;
6. Erziehungsgelder, Studienbeihilfen und ähnliche Bezüge;
7. Sterbe- und Gnadenbezüge aus Arbeits- oder Dienstverhältnissen;
8. Blindenzulagen.

11 Diese Bezüge sind als **zweckgebundene Einkommen** unpfändbar. Die Aufzählung ist allerdings nicht erschöpfend, da in Sondergesetzen noch andere Bezüge für unpfändbar erklärt werden (s. Aufzählung in Zöller ZPO § 829 Rn. 33 ff.). § 850a ZPO darf nicht ausdehnend ausgelegt werden (Zöller ZPO § 850a Rn. 1; weitergehend TK § 319 Rn. 23: maßvolle Analogie zu § 850a ZPO). In der Pfändungsverfügung muss nicht auf die Unpfändbarkeit der in § 850a ZPO aufgeführten Bezüge hingewiesen werden (HHSp § 319 Rn. 35). Nur wenn in der Pfändungsverfügung einzelne der unpfändbaren Bezüge ausdrücklich als gepfändet bezeichnet werden, ist die Pfändung rechtswidrig (Stöber/Rellermeyer Rn. C.139). Zu Einzelheiten s. Stöber/Rellermeyer Rn. C.137 ff.

3. § 850b ZPO Bedingt pfändbare Bezüge

12 (1) Unpfändbar sind ferner

1. Renten, die wegen einer Verletzung des Körpers oder der Gesundheit zu entrichten sind;
2. Unterhaltsrenten, die auf gesetzlicher Vorschrift beruhen, sowie die wegen Entziehung einer solchen Forderung zu entrichtenden Renten;
3. fortlaufende Einkünfte, die ein Schuldner aus Stiftungen oder sonst auf Grund der Fürsorge und Freigebigkeit eines Dritten oder auf Grund eines Altenteils oder Auszugsvertrags bezieht;
4. Bezüge aus Witwen-, Waisen-, Hilfs- und Krankenkassen, die ausschließlich oder zu einem wesentlichen Teil zu Unterstützungszwecken gewährt werden, ferner Ansprüche aus Lebensversicherungen, die nur auf den Todesfall des Versicherungsnehmers abgeschlossen sind, wenn die Versicherungssumme 5 400 Euro nicht übersteigt.

(2) Diese Bezüge können nach den für Arbeitseinkommen geltenden Vorschriften gepfändet werden, wenn die Vollstreckung in das sonstige bewegliche Vermögen des Schuldners zu einer vollständigen Befriedigung des Gläubigers nicht geführt hat oder voraussichtlich nicht führen wird und wenn nach den Umständen des Falles, insbesondere nach der Art des beizutreibenden Anspruchs und der Höhe der Bezüge, die Pfändung der Billigkeit entspricht.

(3) Das Vollstreckungsgericht soll vor seiner Entscheidung die Beteiligten hören.

Grundsatz der Unpfändbarkeit. Die in § 850b I ZPO aufgeführten Bezüge sind grundsätzlich unpfändbar; es gelten die Ausführungen zu → Rn. 17 entsprechend. Die Vorschrift ist nicht nur für Renten, Einkünfte und Bezüge von Arbeitnehmern und Beamten anwendbar, sondern auch für diejenigen anderer Personen, insb. Selbständiger, soweit sie dem Lebensunterhalt dienen (BGH 15.7.2010 – IX ZR 132/09, NZI 2010, 777; Zöller ZPO § 850b Rn. 1). 13

Voraussetzungen einer Pfändung (Abs. 2). Die Zwangsvollstr. in das sonstige bewegliche Vermögen des VollstrSchuldners hat zu keiner vollständigen Befriedigung geführt oder wird voraussichtlich nicht dazu führen. Die Pfändung muss zudem nach den Umständen des Falls der **Billigkeit** entsprechen (unbestimmter Rechtsbegriff; Zöller ZPO § 850b Rn. 12). Die wichtigsten abzuwägenden Umstände sind in § 54 II SGB I aufgeführt (→ Rn. 77, 80; TK § 319 Rn. 28). § 850b ZPO soll Härten für den Gläubiger mildern, wenn es sich einerseits um größere Bezüge des Schuldners, andererseits um eine besondere Notlage des Gläubigers handelt (Stöber/Rellermeyer Rn. C.198). Bei StAnsprüchen dürfte dies idR nur bei der Vollstr. von Zwangsgeldern (§§ 332 f.) gegeben sein. Vor der Entscheidung hat die VollstrBehörde den VollstrSchuldner anzuhören, es sei denn, die Anhörung ist untunlich (Stöber/Rellermeyer Rn. C.200). Die Höhe des nach § 850b II ZPO pfändbaren Betrags braucht nicht angegeben zu werden; sie ist vom Drittschuldner anhand der amtlichen Tabelle (§ 850c V 2) zu ermitteln (Stöber/Rellermeyer Rn. C.203). Gegen die Entscheidung der VollstrBehörde kann Einspruch (§ 347) eingelegt werden. Einzelheiten s. Stöber/Rellermeyer Rn. C.198 ff. 14

4. § 850c ZPO Pfändungsgrenzen für Arbeitseinkommen

(1) Arbeitseinkommen ist unpfändbar, wenn es, je nach dem Zeitraum, für den es gezahlt wird, nicht mehr als 15

1. 1 178,59 Euro monatlich,
2. 271,24 Euro wöchentlich oder
3. 54,25 Euro täglich

beträgt.

(2) [1]Gewährt der Schuldner auf Grund einer gesetzlichen Verpflichtung seinem Ehegatten, einem früheren Ehegatten, seinem Lebenspartner, einem früheren Lebenspartner, einem Verwandten oder nach den §§ 1615l und 1615n des Bürgerlichen Gesetzbuchs einem Elternteil Unterhalt, so erhöht sich der Betrag nach Absatz 1 für die erste Person, der Unterhalt gewährt wird, und zwar um

1. 443,57 Euro monatlich,
2. 102,08 Euro wöchentlich oder
3. 20,42 Euro täglich.

[2]Für die zweite bis fünfte Person, der Unterhalt gewährt wird, erhöht sich der Betrag nach Absatz 1 um je

1. 247,12 Euro monatlich,
2. 56,87 Euro wöchentlich oder
3. 11,37 Euro täglich.

(3) [1]Übersteigt das Arbeitseinkommen den Betrag nach Absatz 1, so ist es hinsichtlich des überschießenden Teils in Höhe von drei Zehnteln unpfändbar. [2]Gewährt der Schuldner nach Absatz 2 Unterhalt, so sind für die erste Person weitere zwei Zehntel und für die zweite bis fünfte Person jeweils ein weiteres Zehntel unpfändbar. [3]Der Teil des Arbeitseinkommens, der

1. 3 613,08 Euro monatlich,
2. 831,50 Euro wöchentlich oder
3. 166,30 Euro täglich

übersteigt, bleibt bei der Berechnung des unpfändbaren Betrages unberücksichtigt.

(4) [1]Das Bundesministerium der Justiz und für Verbraucherschutz macht im Bundesgesetzblatt Folgendes bekannt (Pfändungsfreigrenzenbekanntmachung):

1. die Höhe des unpfändbaren Arbeitseinkommens nach Absatz 1,
2. die Höhe der Erhöhungsbeträge nach Absatz 2,
3. die Höhe der in Absatz 3 Satz 3 genannten Höchstbeträge.

[2]Die Beträge werden jeweils zum 1. Juli eines Jahres entsprechend der im Vergleich zum jeweiligen Vorjahreszeitraum sich ergebenden prozentualen Entwicklung des Grundfreibetrages nach § 32a Absatz 1 Satz 2 Nummer 1 des Einkommensteuergesetzes angepasst; der Berechnung ist die am 1. Januar des jeweiligen Jahres geltende Fassung des § 32a Absatz 1 Satz 2 Nummer 1 des Einkommensteuergesetzes zugrunde zu legen.

(5) [1]Um den nach Absatz 3 pfändbaren Teil des Arbeitseinkommens zu berechnen, ist das Arbeitseinkommen, gegebenenfalls nach Abzug des nach Absatz 3 Satz 3 pfändbaren Betrages, auf eine Zahl abzurunden, die bei einer Auszahlung für

1. Monate bei einer Teilung durch 10 eine natürliche Zahl ergibt,
2. Wochen bei einer Teilung durch 2,5 eine natürliche Zahl ergibt,
3. Tage bei einer Teilung durch 0,5 eine natürliche Zahl ergibt.

[2]Die sich aus der Berechnung nach Satz 1 ergebenden Beträge sind in der Pfändungsfreigrenzenbekanntmachung als Tabelle enthalten. [3]Im Pfändungsbeschluss genügt die Bezugnahme auf die Tabelle.

(6) Hat eine Person, welcher der Schuldner auf Grund gesetzlicher Verpflichtung Unterhalt gewährt, eigene Einkünfte, so kann das Vollstreckungsgericht auf Antrag des Gläubigers nach billigem Ermessen bestimmen, dass diese Person bei der Berechnung des unpfändbaren Teils des Arbeitseinkommens ganz oder teilweise unberücksichtigt bleibt; soll die Person nur teilweise berücksichtigt werden, so ist Absatz 5 Satz 3 nicht anzuwenden.

16 **Allgemeines.** § 850c ZPO ist anwendbar auf jede Pfändung des Arbeitseinkommens nach §§ 850, 850a, 850b und 850h ZPO, gilt jedoch nicht für die Pfändung einer Vergütung, die unter § 850i ZPO fällt (Thomas/Putzo ZPO § 850c Rn. 1a). Wegen § 54 IV SGB I ist § 850c ZPO aber auf das laufende Arbeitslosengeld II anwendbar (BGH 25.10.2012 – VII ZB 31/12, NZI 2013, 194). Zur Zurechnung nachgezahlter Beträge vgl. BGH 24.1.2018 – VII ZB 21/17, NJW-RR 2018, 570. § 850c ZPO soll verhindern, dass der Staat mit Sozialleistungen einspringen muss und will dem Schuldner, dem jetzigen und früheren Lebenspartner und seiner Familie den erforderlichen Mindestbetrag zum Leben sichern (Anders/Gehle ZPO § 850c Rn. 9).

§ 850c ZPO wurde durch das (insoweit) zum 1.8.2021 in Kraft getretene Pfändungsschutzkonto-Fortentwicklungsgesetz vom 22.11.2020 (PKoFoG, BGBl. 2020 I 2466) inhaltlich aktualisiert und im Interesse größerer Übersichtlichkeit redaktionell umfassend neu strukturiert (vgl. BT-Drs. 19/19850, 28). Die bisherigen Abs. 1 bis 3 wurden durch die Abs. 1 bis 5 ersetzt, der frühere Abs. 4 ist jetzt Abs. 6. Abs. 1 gibt unverändert die nach Zahlungszeiträumen gestaffelten unpfändbaren **Grundbeträge** an; die bisher in Satz 2 geregelte Berücksichtigung gesetzlicher Unterhaltsleistungen findet sich ohne inhaltliche Änderung nunmehr in Abs. 2. In Satz 1 und 2 nimmt Abs. 3 die zuvor in Abs. 2 normierte Bestimmung des unpfändbaren Teils höherer Arbeitseinkommen auf und stellt in Satz 3 klar, dass Einkommen ab einem bisher in Abs. 2 S. 2 genannten **Höchstbetrag** (derzeit 4.573,10 EUR monatlich) stets voll pfändbar ist.

Für die Praxis wird der unpfändbare Teil des Arbeitseinkommens unverändert in einer **Tabelle** umgerechnet (Abs. 5 S. 2; abgedr. in Beck'sche Textausgabe „Steuergesetze" unter Nr. 835 oder online über das Verbraucherportal des BMJV). Hierbei ist immer von dem nach § 850e ZPO berechneten Nettoarbeitseinkommen auszugehen (→ Rn. 21). Die Tabelle wird nicht mehr als (amtlicher) Anhang zu § 850c ZPO abgedruckt, sondern als Teil der – im BGBl. veröffentlichten – **Pfändungsfreigrenzenbekanntmachung** nach Abs. 4. Die letzte Neuberechnung erfolgte durch die Bekanntmachung v. 10.5.2024 (BGBl. 2024 I Nr. 160). Um die gerade bei Geringverdienern bedeutsame Schutzwirkung schneller an die gesamtwirtschaftliche Entwicklung anzugleichen, wurde der frühere zweijährige Anpassungszeitraum ab dem Jahr 2022 auf ein Jahr verkürzt (BT-Drs. 19/19850,

29). Abs. 6 (vorher Abs. 4) regelt im Interesse des pfändenden Gläubigers, ob und inwieweit ein Unterhaltsberechtigter wegen eigenen Einkommens bei der Berechnung des Freibetrages unberücksichtigt zu bleiben hat.

Verfahren. In der Pfändungsverfügung muss die Höhe des pfändbaren Betrags nicht angegeben werden; eine Bezugnahme auf die amtliche Tabelle ist ausreichend (§ 850c V 3 ZPO). Ist die Zahl der tatsächlich Unterhaltsberechtigten für die VollstrBehörde trotz eigener Ermittlungen nicht sicher feststellbar, können auch insoweit Angaben unterbleiben (Gosch AO § 319 Rn. 44). Die Ermittlung und Berücksichtigung der unterhaltsberechtigten Angehörigen sowie die ziffernmäßige Feststellung des pfändbaren Einkommens obliegt in diesen Fällen dem Arbeitgeber als Drittschuldner (Stöber/Rellermeyer Rn. C.254 ff.); er sollte seine Berechnung der VollstrBehörde und dem Schuldner übermitteln (Zöller ZPO § 850c Rn. 10). Die Entscheidung nach § 850 VI ZPO über die Nichtberücksichtigung unterhaltsberechtigter, aber über eigene Einkünfte verfügende Angehörige hat die VollstrBehörde nach billigem Ermessen zu treffen; eine schematische Betrachtungsweise verbietet sich (BGH 5.11.2009 – IX ZB 101/09, NZI 2010, 578). 17

5. § 850d ZPO Pfändbarkeit bei Unterhaltsansprüchen

§ 850d ZPO hat für die Vollstr. nach der AO nur bei der Berechnung des pfändungsfreien Arbeitseinkommens (§ 850e Nr. 4 ZPO) Bedeutung; vom Abdruck wird daher abgesehen. 18

6. § 850e ZPO Berechnung des pfändbaren Arbeitseinkommens

Für die Berechnung des pfändbaren Arbeitseinkommens gilt Folgendes: 19

1. [1] Nicht mitzurechnen sind die nach § 850a der Pfändung entzogenen Bezüge, ferner Beträge, die unmittelbar auf Grund steuerrechtlicher oder sozialrechtlicher Vorschriften zur Erfüllung gesetzlicher Verpflichtungen des Schuldners abzuführen sind. [2] Diesen Beträgen stehen gleich die auf den Auszahlungszeitraum entfallenden Beträge, die der Schuldner
   a) nach den Vorschriften der Sozialversicherungsgesetze zur Weiterversicherung entrichtet oder
   b) an eine Ersatzkasse oder an ein Unternehmen der privaten Krankenversicherung leistet, soweit sie den Rahmen des Üblichen nicht übersteigen.
2. [1] Mehrere Arbeitseinkommen sind auf Antrag vom Vollstreckungsgericht bei der Pfändung zusammenzurechnen. [2] Der unpfändbare Grundbetrag ist in erster Linie dem Arbeitseinkommen zu entnehmen, das die wesentliche Grundlage der Lebenshaltung des Schuldners bildet.

2a. [1] Mit Arbeitseinkommen sind auf Antrag auch Ansprüche auf laufende Geldleistungen nach dem Sozialgesetzbuch zusammenzurechnen, soweit diese der Pfändung unterworfen sind. [2] Der unpfändbare Grundbetrag ist, soweit die Pfändung nicht wegen gesetzlicher Unterhaltsansprüche erfolgt, in erster Linie den laufenden Geldleistungen nach dem Sozialgesetzbuch zu entnehmen. [3] Ansprüche auf Geldleistungen für Kinder dürfen mit Arbeitseinkommen nur zusammengerechnet werden, soweit sie nach § 76 des Einkommensteuergesetzes oder nach § 54 Abs. 5 des Ersten Buches Sozialgesetzbuch gepfändet werden können.

3. [1] Erhält der Schuldner neben seinem in Geld zahlbaren Einkommen auch Naturalleistungen, so sind Geld- und Naturalleistungen zusammenzurechnen. [2] In diesem Fall ist der in Geld zahlbare Betrag insoweit pfändbar, als der nach § 850c unpfändbare Teil des Gesamteinkommens durch den Wert der dem Schuldner verbleibenden Naturalleistungen gedeckt ist.
4. [1] Trifft eine Pfändung, eine Abtretung oder eine sonstige Verfügung wegen eines der in § 850d bezeichneten Ansprüche mit einer Pfändung wegen eines sonstigen Anspruchs zusammen, so sind auf die Unterhaltsansprüche zunächst die gemäß § 850d der Pfändung in erweitertem Umfang unterliegenden Teile des Arbeitseinkommens zu verrechnen. [2] Die Verrechnung nimmt auf Antrag eines Beteiligten das Vollstreckungsgericht vor. [3] Der Drittschuldner kann, solange ihm eine Entscheidung des Vollstreckungsgerichts nicht zugestellt ist, nach dem Inhalt der ihm bekannten Pfändungsbeschlüsse, Abtretungen und sonstigen Verfügungen mit befreiender Wirkung leisten.

Allgemeines. § 850e ZPO schreibt vor, wie der pfändbare Teil des Arbeitseinkommens (§§ 850c, 850d ZPO) zu berechnen ist und gilt auch für § 850h sowie § 850i ZPO (Thomas/Putzo ZPO § 850e Rn. 1). § 850e ZPO enthält unterschiedlich geartete Spezialregeln der Berechnung, um die Pfändung sozial ausgewogen zu gestalten (Anders/Gehle ZPO § 850e Rn. 1). 20

21 **Nettoeinkommen.** Bei der Berechnung des pfändbaren Einkommens nach Nr. 1 gilt die sog. Nettomethode. Die der Pfändung entzogenen Beträge sind mit ihrem Bruttobetrag vom Gesamteinkommen abzuziehen; ein erneuter Abzug der auf diesen Bruttobetrag entfallenden Steuern und Abgaben erfolgt nicht (BAG 17.4.2013 – 10 AZR 59/12, NJW 2013, 2924; Anders/Gehle ZPO § 850e Rn. 4; ebenso BMI 25.9.2013, GMBl. 2013, 1148). Zur LSt-Klassenwahl s. BGH 4.10.2005 – VII ZB 26/05, NJW-RR 2006, 569. Soweit den Arbeitgeber keine Einbehaltungspflicht trifft, weil der Arbeitnehmer wegen seines Wohnsitzes im Ausland die Steuer selbst entrichten muss, ist Nr. 1 nicht anwendbar; insoweit kommt aber eine Erhöhung des pfändungsfreien Betrags nach § 850f ZPO in Betracht (BAG 15.10.1985 – 3 AZR 502/83, NJW 1986, 2208). Abzuziehen sind auch Leistungen an Ersatzkassen und private Krankenkassen; Maßstab bilden die Beiträge zu den gesetzlichen Krankenversicherungen (Anders/Gehle ZPO § 850e Rn. 6). Zu Einzelheiten s. Stöber/Rellermeyer Rn. C.354 ff.

21a **Zusammenrechnung von Arbeitseinkommen.** Nr. 2 regelt die Zusammenrechnung mehrerer Arbeitsverhältnisse. Es werden die Entgelte aus einem oder mehreren Arbeits- bzw. Dienstverhältnissen mit einem oder mehreren Arbeitgebern zusammengerechnet, nicht jedoch Einnahmen aus selbständiger Tätigkeit oder aus regelmäßigen sonstigen Einkünften wie Zinsen oder Mieteinnahmen (Zöller ZPO § 850e Rn. 3 aE). Das Arbeitseinkommen des Ehegatten unterliegt nicht der Zusammenrechnung (Anders/Gehle ZPO § 850e Rn. 8, „Ehepartner").

21b **Zusammenrechnung mit Sozialleistungen.** Nr. 2a betrifft die Zusammenrechnung von Arbeitseinkommen mit laufenden Leistungen nach dem SGB. Für die Berechnung des pfändbaren Arbeitseinkommens ist Arbeitslosengeld II mit Arbeitseinkommen nicht zusammenzurechnen, wenn der Schuldner nur deshalb Arbeitslosengeld II erhält, weil sein Arbeitseinkommen bei anderen Personen berücksichtigt wird, die mit ihm in einer Bedarfsgemeinschaft leben (BGH 25.10.2012 – IX ZB 263/11, WM 2013, 272). Die Zusammenrechnung (Berechnungsbeispiel bei Stöber/Rellermeyer Rn. C.376) wirkt nur zugunsten des Gläubigers, der die Zusammenrechnung beantragt hat, nicht aber zugunsten anderer Gläubiger (Stöber/Rellermeyer Rn. C.368, C.400). Die VollstrBehörde nimmt die Zusammenrechnung vor (→ Rn. 1). Zu Einzelheiten s. Stöber/Rellermeyer Rn. C.365 ff.

21c **Hinzurechnung von Naturalleistungen.** Nach Nr. 3 sind Naturalleistungen den Geldleistungen hinzuzurechnen. Es ist der tatsächliche Geldwert der Naturalbezüge zu berücksichtigen; maßgebend ist hierbei der übliche Mittelwert am Verbrauchsort (Stöber/Rellermeyer Rn. C.408). Hierbei kann auf die Werte der SvEV (s. § 8 II EStG; Schmidt EStG § 8 Rn. 61 ff.) zurückgegriffen werden (Zöller ZPO § 850e Rn. 27). So kann zB für ein Firmenfahrzeug monatlich mit 1 % des Neuwerts als Naturalwert angesetzt werden (Anders/Gehle ZPO § 850e Rn. 14). Zur privaten Nutzung eines Dienstfahrzeugs s. auch BAG 24.3.2009 – 9 AZR 733/07, MDR 2009, 1133. Die Zusammenrechnung übernimmt bei nur einem Arbeitgeber (Drittschuldner) dieser selbst und bei verschiedenen Arbeitgebern die VollstrBehörde (Stöber/Rellermeyer Rn. C413). Zu Einzelheiten s. Stöber/Rellermeyer Rn. C405 ff.

21d **Zusammentreffen mit Unterhaltsberechtigten.** Nr. 4 regelt das Zusammentreffen privilegierter Unterhalts- und sonstiger Ansprüche. Wird das Arbeitseinkommen sowohl von bevorrechtigten (§§ 850d, 850f II ZPO) als auch von nicht bevorrechtigten (§ 850c ZPO) Gläubigern gepfändet, ist es rechnerisch in 3 Teile zu zerlegen (zu Einzelheiten s. Zöller ZPO § 850e Rn. 29 ff.).

7. § 850f ZPO Änderung des unpfändbaren Betrages

22 (1) Das Vollstreckungsgericht kann dem Schuldner auf Antrag von dem nach den Bestimmungen der §§ 850c, 850d und 850i pfändbaren Teil seines Arbeitseinkommens einen Teil belassen, wenn

1. der Schuldner nachweist, dass bei Anwendung der Pfändungsfreigrenzen entsprechend § 850c der notwendige Lebensunterhalt im Sinne des Dritten und Vierten Kapitels des Zwölften Buches

Sozialgesetzbuch oder nach Kapitel 3 Abschnitt 2 des Zweiten Buches Sozialgesetzbuch für sich und für die Personen, denen er gesetzlich zum Unterhalt verpflichtet ist, nicht gedeckt ist,
2. besondere Bedürfnisse des Schuldners aus persönlichen oder beruflichen Gründen oder
3. der besondere Umfang der gesetzlichen Unterhaltspflichten des Schuldners, insbesondere die Zahl der Unterhaltsberechtigten, dies erfordern

und überwiegende Belange des Gläubigers nicht entgegenstehen.

(2) Wird die Zwangsvollstreckung wegen einer Forderung aus einer vorsätzlich begangenen unerlaubten Handlung betrieben, so kann das Vollstreckungsgericht auf Antrag des Gläubigers den pfändbaren Teil des Arbeitseinkommens ohne Rücksicht auf die in § 850c vorgesehenen Beschränkungen bestimmen; dem Schuldner ist jedoch so viel zu belassen, wie er für seinen notwendigen Unterhalt und zur Erfüllung seiner laufenden gesetzlichen Unterhaltspflichten bedarf.

Allgemeines. Die §§ 850c, 850d ZPO enthalten nur typisierte Regelungen, die die individuelle Problemlage bei Schuldner und Gläubiger nicht berücksichtigen können (MüKo ZPO § 850f Rn. 1). Diesem Umstand trägt § 850f ZPO Rechnung. **Abs. 1** bezweckt die Sicherung des individuellen Sozialhilfebedarfs (Schutzvorschrift zugunsten des VollstrSchuldners). **Abs. 2 und 3** lassen demgegenüber zu, dass vorsätzliches unerlaubtes Verhalten des VollstrSchuldners zugunsten der Gläubiger berücksichtigt wird (VollstrPrivileg). § 850f I ZPO ist lex specialis zu § 258; bei der Rentenpfändung geht § 54 II SGB I dem § 850f ZPO vor (TK § 319 Rn. 49; → Rn. 77, 79). 23

Abs. 1 (Härteklausel zugunsten des Schuldners). Die Pfändungsgrenze kann nach § 850f I Nr. 1 ZPO bei einem **nicht gedeckten Lebensbedarf** heraufgesetzt werden. Hierdurch wird § 54 III SGB I umgesetzt (Thomas/Putzo ZPO § 850f Rn. 3). Das verbleibende Einkommen darf nicht unter den Sozialhilfesatz sinken, da der pfändende Gläubiger sonst auf Kosten der Allgemeinheit befriedigt wird (MüKo ZPO § 850f Rn. 6). Der notwendige Lebensunterhalt umfasst insb. Ernährung, Kleidung, Körperpflege, Hausrat, Heizung und persönliche Bedürfnisse des täglichen Lebens (§§ 27a ff. SGB XII). Es ist die individuelle Sozialhilfebedürftigkeitsgrenze zu errechnen (zu Einzelheiten s. Stöber/Rellermeyer Rn. C.419 ff.). Hierbei sind aber zB nicht die realen Mietkosten anzusetzen, wenn der VollstrSchuldner eine unverhältnismäßig große und damit teure Wohnung bewohnt und ihm deshalb ein Wohnungswechsel zumutbar ist (Klein § 319 Rn. 19). Für die Frage, was ein angemessenes Mietentgelt ist, können die Bestimmungen des Wohngeldrechts als Orientierungshilfe herangezogen werden (FG Saarland 7.12.1999 – 1 K 130/99, EFG 2000, 161). Zur Neufassung durch das PKoFoG (→ Rn. 16) vgl. BT-Drs. 19/23171, 28. 24

Besondere Bedürfnisse (§ 850f I Nr. 2 ZPO) sind solche, die nicht bereits in den §§ 850c, 850d ZPO berücksichtigt sind. Deshalb müssen den Durchschnitt erheblich übersteigende Bedürfnisse vorliegen, die außergewöhnlich sind, weil sie bei den meisten Personen in vergleichbarer Lage nicht auftreten (BGH 23.4.2009 – IX ZB 35/08, NJW 2009, 2313). Sie sind konkret nachzuweisen und dürfen grds. nicht längere Zeit zurückliegen (Thomas/Putzo ZPO § 850f Rn. 4). Zu den besonderen persönlichen Bedürfnissen zählen insb. Krankheit und Behinderung sowie der jeweils damit einhergehende Mehrbedarf für Zuzahlungen, Medikamente etc. (BFH 26.5.1998 – VII B 303/97, BFH/NV 1999, 6). Werden die Kosten einer medizinischen Behandlung aber nicht von der gesetzlichen Krankenkasse übernommen, lässt sich auf diese idR auch keine Erhöhung des unpfändbaren Betrages stützen, es sei denn, dem Schuldner kann nicht zugemutet werden, aus wirtschaftlichen Gründen auf die Behandlung zu verzichten (BGH 23.4.2009 – IX ZB 35/08, NJW 2009, 2313). Als besondere berufliche Bedürfnisse kommen zB Aufwendungen für notwendige Telefongebühren, Büromiete, Kleidung (für ein Vorstellungsgespräch), Kraftwagen und Mehrkosten bei einer weiten Anfahrt zur Arbeitsstelle in Betracht, nicht jedoch für Mittagessen, Kaffee etc. (Stöber/Rellermeyer Rn. C.435). Die Regelung gilt auch nicht entspr. für den Aufbau einer privaten Altersvorsorge, da sich der mit dem Gesetz zum Pfändungsschutz der privaten Altersvorsorge eingeführte Schutz bestimmter privater, zur Altersvorsorge abgeschlossener Versicherungen nur auf das vom Versicherungsnehmer 24a aufgebaute Deckungskapital und die nach Eintritt des Versicherungsfalls zu erbringenden Leistungen erstreckt, nicht jedoch auf die für die Einzahlung erforderlichen Mittel des Schuldners (BGH 12.5.2011 – IX ZB 181/10, NJW-RR 2011, 1617).

24b **Unterhaltspflichten** nach § 850f I Nr. 3 ZPO beziehen sich auf die Berechtigten gem. § 850c II ZPO (Thomas/Putzo ZPO § 850f Rn. 5). Berücksichtigungsfähig sind zB besondere Aufwendungen für die Beendigung einer fortgeschrittenen Ausbildung oder infolge der Krankheit eines Kindes (Stöber/Rellermeyer Rn. C.438). Unterhalt für bis zu fünf Personen ist aber für sich gesehen keine Härte iSd Norm und deshalb keine zusätzlich anzuerkennende Belastung, denn in diesem Umfang werden Unterhaltspflichten bereits in § 850c ZPO abgebildet (Anders/Gehle ZPO § 850f Rn. 8). **Überwiegende Belange des VollstrGläubigers** (§ 252) dürfen dem erweiterten Pfändungsschutz nicht entgegenstehen. Dies erfordert eine Abwägung der Interessen und Belange von VollstrSchuldner und VollstrGläubiger (Stöber/Rellermeyer Rn. C.439). Belange der VollstrBehörde gehen nur bei der Vollstr. festgesetzter Zwangsgelder (§§ 332 f.) vor (TK § 319 Rn. 53).

25 **Abs. 2, 3 (Herabsetzung des unpfändbaren Betrags).** Der herabgesetzte Betrag darf nicht unter dem Sozialhilfesatz liegen (Regelbedarf nach § 28 SGB XII; Thomas/Putzo ZPO § 850f Rn. 7). Da StHinterziehung keine unerlaubte Handlung und § 370 kein Schutzgesetz iSd § 823 II BGB darstellt, kommt dem VollstrPrivileg nach **Abs. 2** aus Sicht des Fiskus allerdings kein nennenswerter Anwendungsbereich zu (Gosch AO § 319 Rn. 58). Eine Herabsetzung kann weder auf hinterzogene StBeträge (BAG 15.2.1989 – 4 AZR 401/88, NJW 1989, 2148) noch auf einen Haftungsanspruch gem. § 71 iVm § 370 (BFH 24.10.1996 – VII R 113/94, BStBl. II 1997, 308) oder auf die Pfändung von Hinterziehungszinsen (§ 235) gestützt werden (TK § 319 Rn. 54; Klein § 319 Rn. 20). Der Anwendungsbereich des bisherigen **Abs. 3** war gering (Zöller ZPO § 850f Rn. 11). Er wurde deshalb durch das PKoFoG (→ Rn. 16) mit Wirkung zum 1.12.2021 aufgehoben (vgl. BT-Drs. 19/19850, 29).

26 **Verfahrensfragen.** Ein Antrag des VollstrSchuldners nach § 850f I ZPO ist nicht erforderlich, da die VollstrBehörde § 850f ZPO **von Amts wegen** zu beachten hat (→ Rn. 1). Für das Vorliegen der Erhöhungsgründe (§ 850f I ZPO) trägt der VollstrSchuldner bzw. der Unterhaltsberechtigte die **Darlegungslast,** die idR durch eine Bescheinigung der Agentur für Arbeit erfüllt wird (Thomas/Putzo ZPO § 850f Rn. 2). Ob der pfändungsfreie Betrag nach § 850f I ZPO erhöht wird, ist keine Ermessensentscheidung (TK § 319 Rn. 51; aA Klein § 319 Rn. 19).

8. § 850g ZPO Änderung der Unpfändbarkeitsvoraussetzungen

27 [1] Ändern sich die Voraussetzungen für die Bemessung des unpfändbaren Teils des Arbeitseinkommens, so hat das Vollstreckungsgericht auf Antrag des Schuldners oder des Gläubigers den Pfändungsbeschluss entsprechend zu ändern. [2] Antragsberechtigt ist auch ein Dritter, dem der Schuldner kraft Gesetzes Unterhalt zu gewähren hat. [3] Der Drittschuldner kann nach dem Inhalt des früheren Pfändungsbeschlusses mit befreiender Wirkung leisten, bis ihm der Änderungsbeschluss zugestellt wird.

28 **Anwendbar** ist § 850g ZPO nur, wenn die VollstrBehörde selbst den Pfändungsfreibetrag bzw. den pfändbaren Teil festgesetzt hat. Haben sich die Unpfändbarkeitsvoraussetzungen geändert, muss die VollstrBehörde den pfändbaren Betrag von Amts wegen neu festsetzen (→ Rn. 1). Die Änderungsverfügung wird in sinngemäßer Anwendung des § 850g S. 3 ZPO mit Zustellung an den Drittschuldner wirksam. Zur Anfechtbarkeit s. FG Rheinland-Pfalz 24.2.2003 – 5 K 2441/01, EFG 2003, 823.

9. § 850h ZPO Verschleiertes Arbeitseinkommen

29 (1) [1] Hat sich der Empfänger der vom Schuldner geleisteten Arbeiten oder Dienste verpflichtet, Leistungen an einen Dritten zu bewirken, die nach Lage der Verhältnisse ganz oder teilweise eine Vergütung für die Leistung des Schuldners darstellen, so kann der Anspruch des Drittberechtigten insoweit auf Grund des Schuldtitels gegen den Schuldner gepfändet werden, wie wenn der Anspruch

dem Schuldner zustände. [2]Die Pfändung des Vergütungsanspruchs des Schuldners umfasst ohne weiteres den Anspruch des Drittberechtigten. [3]Der Pfändungsbeschluss ist dem Drittberechtigten ebenso wie dem Schuldner zuzustellen.

(2) [1]Leistet der Schuldner einem Dritten in einem ständigen Verhältnis Arbeiten oder Dienste, die nach Art und Umfang üblicherweise vergütet werden, unentgeltlich oder gegen eine unverhältnismäßig geringe Vergütung, so gilt im Verhältnis des Gläubigers zu dem Empfänger der Arbeits- und Dienstleistungen eine angemessene Vergütung als geschuldet. [2]Bei der Prüfung, ob diese Voraussetzungen vorliegen, sowie bei der Bemessung der Vergütung ist auf alle Umstände des Einzelfalles, insbesondere die Art der Arbeits- und Dienstleistung, die verwandtschaftlichen oder sonstigen Beziehungen zwischen dem Dienstberechtigten und dem Dienstverpflichteten und die wirtschaftliche Leistungsfähigkeit des Dienstberechtigten Rücksicht zu nehmen.

Allgemeines. § 850h ZPO soll verhindern, dass Schuldnereinkommen durch unlautere Machenschaften dem Gläubigerzugriff entzogen wird (Zöller ZPO § 850h Rn. 1). 30

Lohnverschiebung. Abs. 1 betrifft Verträge, die den Arbeitgeber verpflichten, die Vergütung ganz oder jedenfalls in derjenigen Höhe, in der sie die Unpfändbarkeitsgrenze übersteigt, an einen Dritten zu zahlen, meist an die Ehefrau des Schuldners (Anders/Gehle ZPO § 850h Rn. 1). Eine Abtretung des Vergütungsanspruchs fällt nicht unter § 850h I ZPO (Stöber/Rellermeyer Rn. C.488). Eine Benachteiligungsabsicht ist nicht erforderlich; deshalb kann zB auch eine Unterhaltszahlung bei Getrenntleben bezweckt sein (Zöller ZPO § 850h Rn. 2). Die an den Dritten zu zahlende Vergütung gehört nach der **Fiktion** des Abs. 1 für die Pfändung zum Schuldnervermögen (Stöber/Rellermeyer Rn. C.490). Somit wird der unredlich erlangte Anspruch des Drittberechtigten ohne Weiteres von der Pfändung des Vergütungsanspruchs des VollstrSchuldners erfasst (§ 850h I 2 ZPO). In sinngemäßer Anwendung des § 850h I 1 ZPO kann die VollstrBehörde den Anspruch des Drittberechtigten aber auch unmittelbar durch einen gegen den VollstrSchuldner gerichteten VA pfänden; ein VA gegen den Drittberechtigten ist nicht erforderlich. Die Pfändung erfolgt gem. § 309. Entsprechend § 850h I 3 ZPO ist dem Drittberechtigten die an den VollstrSchuldner gerichtete Verfügung mit dem Verfügungsverbot nach § 309 I zuzustellen (HHSp § 319 Rn. 82; zur Zustellung s. § 2 II VwZG, → § 122 Rn. 126, 131). 31

Lohnverschleierung. Abs. 2 erfasst alle Fälle unbelohnter oder gering vergüteter (tatsächlicher) Dienstleistung, sofern sie auf Regelmäßigkeit und Dauer angelegt ist; einmalige Dienstleistungen fallen – im Gegensatz zu Abs. 1 – nicht darunter (Anders/Gehle ZPO § 850h Rn. 8). Der Abschluss eines Arbeitsvertrags ist nicht erforderlich (Zöller § 850h Rn. 3). Die Vorschrift soll verhindern, dass der VollstrSchuldner eine gewinnbringende Arbeit ohne jede Vergütung oder gegen eine unverhältnismäßig geringe Vergütung leistet, etwa gegen ein Taschengeld (Anders/Gehle ZPO § 850h Rn. 2). Bei der Überprüfung sind alle Umstände des Einzelfalls, insb. die Art der Arbeits- und Dienstleistung, die verwandtschaftlichen oder sonstigen Beziehungen zwischen dem Dienstberechtigten und dem Dienstverpflichteten und die wirtschaftliche Leistungsfähigkeit des Dienstberechtigten zu beachten; dies erfordert eine fallbezogene Beurteilung und schließt die fallübergreifende, dh pauschalierende Annahme aus, eine Vergütung sei immer dann nicht unverhältnismäßig gering, wenn sie mehr als 75 % der üblichen Vergütung beträgt (BAG 22.10.2008 – 10 AZR 703/07, MDR 2009, 228). 32

Typische Beispiele sind die Tätigkeit des Ehemanns im Geschäft der Ehefrau, die Arbeitsleistung des Sohns im elterlichen Betrieb oder die Beschäftigung der verschuldeten Eltern im Unternehmen der Kinder je nur gegen Kost, Wohnung sowie kleines Taschengeld oder die Tätigkeit als Geschäftsführer einer GmbH unter zeitweiligem Gehaltsverzicht wegen angeblicher schlechter Geschäftslage (Stöber/Rellermeyer Rn. C.495). Eine Gläubigerbenachteiligungsabsicht muss nicht vorliegen (BGH 8.3.1979 – III ZR 130/77, NJW 1979, 1600). Zudem müssen die Arbeiten bzw. Dienste nach Art und Umfang üblicherweise vergütet werden (Stöber/Rellermeyer Rn. C.497). Dies ist unter Abwägung aller Umstände des Einzelfalls aus der Sicht eines unbeteiligten Dritten zu beurteilen (Anders/Gehle ZPO § 850h Rn. 9). Hierbei sind auch die allgemeinen Verhältnisse am Leistungsort zu berücksichtigen. Die Haushaltsführung durch den (insb. nicht berufstätigen) Partner einer nichtehelichen Lebensgemeinschaft gehört nicht zu den Diensten oder Arbeiten, die üblicherweise vergütet werden, und begründet daher keinen nach Abs. 2 pfändbaren Anspruch (Stöber/Rellermeyer Rn. C.498).

Bei der Lohnverschleierung wird nach der **Fiktion** des Abs. 2 für den Pfändungszugriff eine **angemessene Vergütung** geschuldet (Stöber/Rellermeyer Rn. C.500). Hierfür kann als Maßstab der Tariflohn herangezogen werden, wobei auch die Leistungsfähigkeit des Drittschuldners zu berücksichtigen ist (Zöller ZPO § 850h Rn. 5). Entspr. gilt auch für die LSt-Klassenwahl (BGH 4.10.2005 – VII ZB 26/05, NJW-RR 2006, 569). **Rückständige Ansprüche** aus dem verschleierten Arbeitsverhältnis können nicht gepfändet werden, da die Fiktion des Abs. 2 erst ab Zustellung der Pfändungsverfügung an den Drittschuldner eintritt (BAG 23.4.2008 – 10 AZR 168/07, NJW 2008, 2606; Zöller ZPO § 850h Rn. 9).

33 **Verfahrensfragen/Rechtsbehelfe.** Gegen eine auf § 850h I, II ZPO gestützte Pfändungsverfügung können der VollstrSchuldner und der Drittschuldner Einspruch (§ 347) einlegen. Der Drittberechtigte, der den Fall des Abs. 1 leugnet, kann Drittwiderspruchsklage (§ 262) erheben (Anders/Gehle ZPO § 850h Rn. 18). Da das Gesetz in Abs. 1 und in Abs. 2 jeweils an ein Arbeitsverhältnis anknüpft, ist sowohl für die Widerspruchsklage des Drittberechtigten als auch für die gegen den Drittschuldner gerichtete Klage der VollstrBehörde grundsätzlich das **Arbeitsgericht** zuständig (Gosch AO § 319 Rn. 73; Zöller ZPO § 850h Rn. 10). Zur Prüfungskompetenz hinsichtlich der materiellen Voraussetzungen s. BGH 12.9.2013 – VII ZB 51/12, JurBüro 2014, 40.

10. § 850i ZPO Pfändungsschutz für sonstige Einkünfte

(1) [1]Werden nicht wiederkehrend zahlbare Vergütungen für persönlich geleistete Arbeiten oder Dienste oder sonstige Einkünfte, die kein Arbeitseinkommen sind, gepfändet, so hat das Gericht dem Schuldner auf Antrag während eines angemessenen Zeitraums so viel zu belassen, als ihm nach freier Schätzung des Gerichts verbleiben würde, wenn sein Einkommen aus laufendem Arbeits- oder Dienstlohn bestünde. [2]Bei der Entscheidung sind die wirtschaftlichen Verhältnisse des Schuldners, insbesondere seine sonstigen Verdienstmöglichkeiten, frei zu würdigen. [3]Der Antrag des Schuldners ist insoweit abzulehnen, als überwiegende Belange des Gläubigers entgegenstehen.

(2) Die Vorschriften des § 27 des Heimarbeitsgesetzes vom 14. März 1951 (BGBl. I S. 191) bleiben unberührt.

(3) Die Bestimmungen der Versicherungs-, Versorgungs- und sonstigen gesetzlichen Vorschriften über die Pfändung von Ansprüchen bestimmter Art bleiben unberührt.

35 **Allgemeines.** § 850i ZPO will auch den notwendigen Unterhalt des „freiberuflich" Tätigen vor einem kahlpfändenden Zugriff des Gläubigers sichern (Anders/Gehle ZPO § 850i Rn. 2). Die Abs. 2 und 3 enthalten ergänzende technische Klarstellungen.

36 **Nicht wiederkehrend zahlbare Vergütung.** Abs. 1 schützt alle nicht wiederkehrenden und deshalb nicht unter § 850 ZPO fallenden Einkommen für persönlich geleistete Arbeiten oder Dienste und damit auch Vergütungen für eine nur gelegentliche Dienstleistung, sowie sonstige Einkünfte aus Erwerbstätigkeit zur Erzielung des notwendigen Lebensunterhalts, ebenso Erträge aus Vermögen (Zöller ZPO § 850i Rn. 1b). Es muss sich immer um **persönlich geleistete Dienste** handeln, dh eigenständig erwirtschaftetes Einkommen (BGH 26.6.2014 – IX ZB 88/13, NJW-RR 2014, 1197; Anders/Gehle ZPO § 850i Rn. 3). Insoweit korrespondiert die Vorschrift mit § 811 I Nr. 1b ZPO (→ § 295 Rn. 11). Geschützt werden insb. freie Berufe wie zB Ärzte (allerdings nicht hinsichtlich ihrer Kassenarzthonorare; → Rn. 8), Hebammen, Krankengymnasten, Rechtsanwälte, Notare, Künstler, Schriftsteller, Architekten, aber auch Makler, Handwerker, selbständige Handelsvertreter, die keine wiederkehrenden Bezüge erhalten (Zöller ZPO § 850i Rn. 1). Da eine nicht wiederkehrend zahlbare Vergütung auch neben den laufenden Bezügen für Dienst- und Arbeitsleistungen in unselbständiger Arbeit geschuldet werden kann, ist § 850i I ZPO zB auch auf privatärztliche Honorare eines angestellten Krankenhausarztes,

Abfindungsansprüche von Arbeitnehmern gem. §§ 9, 10 KSchG (BGH 11.5.2010 – IX ZR 139/09, NJW-RR 2010, 1353) und §§ 112, 113 BetrVG, Sozialplanabfindungen, Funktionszulagen für Soldatinnen und Soldaten anwendbar (Zöller ZPO § 850i Rn. 1a). Abs. 1 gilt auch für Lizenzgebühren, wenn damit eine eigene schöpferische Leistung abgegolten wird (BGH 12.12.2003 – IXa ZB 165/03, NJW-RR 2004, 644).

Heimarbeitsentgelt. Aus dem durch Abs. 2 in Bezug genommenen § 27 HeimarbeitsG folgt, dass das Entgelt für Heimarbeit entweder Arbeitslohn iSd § 850 ZPO darstellt (Pfändungsschutz nach §§ 850a ff. ZPO) oder aber unter § 850i ZPO fällt. Entscheidend ist, ob es sich um ein ständiges Arbeits- bzw. Dienstverhältnis handelt oder ob nicht wiederkehrend zahlbare Vergütungen vorliegen. Letztlich kommt Abs. 2 nur klarstellende Funktion zu. Zu weiteren Einzelheiten s. Zöller ZPO § 850i Rn. 4. 38

Versicherungs-, Versorgungs- und sonstige gesetzliche Vorschriften. Abs. 3 lässt andere Pfändungsschutzvorschriften unberührt. Da § 319 ebenfalls auf diese Vorschriften verweist, hat Abs. 3 für die Vollstr. nach der AO keine Relevanz. Zu den anderen Pfändungsschutzvorschriften, insb. § 54 SGB I → Rn. 64 ff.; Zöller ZPO § 850i Rn. 5 ff. 39

Verfahren. Die VollstrBehörde hat § 850i I ZPO **von Amts wegen** zu beachten (→ Rn. 1). Die wirtschaftlichen Verhältnisse des VollstrSchuldners sind frei zu würdigen (§ 850i I 2 ZPO; zu Einzelheiten s. Stöber/Rellermeyer Rn. C.519 f.); der VollstrBehörde ist damit aber **kein Ermessen** eingeräumt (TK § 319 Rn. 68). Das gilt auch für die freie Schätzung nach § 850i I 3 ZPO. Welcher Zeitraum angemessen ist (§ 850i I 1 ZPO), ist im Wege einer Prognose danach zu beurteilen, wann und in welcher Höhe dem VollstrSchuldner weitere Einnahmen zufließen werden, mit denen er seinen Lebensunterhalt bestreiten kann (Zöller ZPO § 850i Rn. 2). Überwiegende Belange iSd § 850i I 3 ZPO kommen nur bei der Vollstr. von Zwangsgeldern (§§ 332 f.) in Betracht. Gegen die Entscheidung der VollstrBehörde, die konstitutiv wirkt, ist der **Einspruch** (§ 347) gegeben (TK § 319 Rn. 67). 40

II. Pfändungsschutz bei Kontoguthaben (§§ 850k, 850l ZPO und §§ 899–910 ZPO)

1. §§ 850k, 850l ZPO P-Konto als Bezugspunkt des Pfändungsschutzes für Kontoguthaben

a) Allgemeines. Pfändungsschutzkonto als Bezugspunkt. Mit dem Gesetz zur Reform des Kontopfändungsschutzes (BGBl. 2009 I 1707) wurde der Pfändungsschutz für Kontoguthaben umfassend und grundlegend reformiert. An die Stelle eines bis dahin umständlichen, unvollständigen und uneinheitlichen Kontopfändungsschutzes wurde mit dem Pfändungsschutzkonto **(P-Konto)** des § 850k ZPO ein drittschuldnerzentriertes Konzept eingeführt, das einen maßnahmenunabhängigen Mindestschutz eröffnet (zu Einzelheiten s. Ahrens NJW 2010, 2001). Das P-Konto gewährt dem Schuldner für sein Guthaben einen automatischen Basispfändungsschutz in Höhe seines Pfändungsfreibetrags (derzeit 1.402,28 EUR/Monat bei Ledigen ohne Unterhaltsverpflichtungen). Dies soll es ihm ermöglichen, trotz der Pfändung seines Kontoguthabens die notwendigen Geldgeschäfte des täglichen Lebens vorzunehmen und so seine Existenz sichern zu können. Im Anschluss an eine Übergangsphase wird seit 2012 **Kontopfändungsschutz nur noch über die Einrichtung eines P-Kontos** gewährt. Mit dem am 1.12.2021 in Kraft getretenen Pfändungsschutzkonto-Fortentwicklungsgesetz (PKoFoG; zu Einzelheiten → Rn. 16) hat der Gesetzgeber die 2012 eingeführte zentrale Stellung des § 850k ZPO innerhalb des Kontopfändungsschutzes wieder aufgelöst und die mit der Einrichtung eines P-Kontos verbundenen Pfändungsschutzmechanismen im Interesse besserer Verständlichkeit und Übersichtlichkeit in einem eigenen Abschnitt geregelt (vgl. BT-Drs. 19/19850, 20). Während § 850k ZPO seitdem nur noch die Einrichtung und Beendigung des Pfändungsschutzkontos (P-Kontos) regelt und damit weitgehend die früheren Abs. 7 bis 9 aufnimmt 41

(→ Rn. 42 f.), werden die mit dem P-Konto verbundenen Rechtswirkungen in den §§ 899 bis 910 ZPO zusammengefasst (→ Rn. 46 ff.). Zu den einzelnen Neuerungen vgl. BT-Drs. 19/19850, 30, 35 ff.; Waldschmidt JurBüro 2020, 232; Kraft/Tkotsch DGVZ 2020, 109; Salten MDR 2021, 11.

b) § 850k ZPO Einrichtung und Beendigung des Pfändungsschutzkontos

42 (1) [1] Eine natürliche Person kann jederzeit von dem Kreditinstitut verlangen, dass ein von ihr dort geführtes Zahlungskonto als Pfändungsschutzkonto geführt wird. [2] Satz 1 gilt auch, wenn das Zahlungskonto zum Zeitpunkt des Verlangens einen negativen Saldo aufweist. [3] Ein Pfändungsschutzkonto darf jedoch ausschließlich auf Guthabenbasis geführt werden.

(2) [1] Ist Guthaben auf dem Zahlungskonto bereits gepfändet worden, kann der Schuldner die Führung dieses Kontos als Pfändungsschutzkonto zum Beginn des vierten auf sein Verlangen folgenden Geschäftstages fordern. [2] Das Vertragsverhältnis zwischen dem Kontoinhaber und dem Kreditinstitut bleibt im Übrigen unberührt.

(3) [1] Jede Person darf nur ein Pfändungsschutzkonto unterhalten. [2] Bei dem Verlangen nach Absatz 1 hat der Kunde gegenüber dem Kreditinstitut zu versichern, dass er kein weiteres Pfändungsschutzkonto unterhält.

(4) [1] Unterhält ein Schuldner entgegen Absatz 3 Satz 1 mehrere Zahlungskonten als Pfändungsschutzkonten, ordnet das Vollstreckungsgericht auf Antrag des Gläubigers an, dass nur das von dem Gläubiger in seinem Antrag bezeichnete Zahlungskonto dem Schuldner als Pfändungsschutzkonto verbleibt. [2] Der Gläubiger hat den Umstand, dass ein Schuldner entgegen Satz 1 mehrere Zahlungskonten als Pfändungsschutzkonten unterhält, durch Vorlage entsprechender Erklärungen der Drittschuldner glaubhaft zu machen. [3] Eine Anhörung des Schuldners durch das Vollstreckungsgericht unterbleibt. [4] Die Anordnung nach Satz 1 ist allen Drittschuldnern zuzustellen. [5] Mit der Zustellung der Anordnung an diejenigen Kreditinstitute, deren Zahlungskonten nicht zum Pfändungsschutzkonto bestimmt sind, entfallen die Wirkungen dieser Pfändungsschutzkonten.

(5) [1] Der Kontoinhaber kann mit einer Frist von mindestens vier Geschäftstagen zum Monatsende von dem Kreditinstitut verlangen, dass das dort geführte Pfändungsschutzkonto als Zahlungskonto ohne Pfändungsschutz geführt wird. [2] Absatz 2 Satz 2 gilt entsprechend.

43 **Einrichtung/Umstellung.** Auch nach der Neuregelung hat jede natürliche Person unabhängig vom Zeitpunkt („jederzeit") und Kontostand („negativer Saldo") Anspruch auf Einrichtung bzw. Umwandlung eines bestehenden Girokontos – nunmehr Zahlungskontos – in ein P-Konto (Abs. 1). Dies gilt auch für sog. Basiskonten (§ 33 I 3 ZKG) und gleichermaßen dann, wenn bereits Kontoguthaben gepfändet wurde (Abs. 2). An eine besondere Zeitgrenze ist dieses nachträgliche Umstellungsverlangen nicht mehr gebunden. Bei jeder Umwandlung des Kontos muss die Bank allerdings weiterhin bis zum Beginn des vierten auf den Zugang des Verlangens folgenden Geschäftstages zuwarten (Anders/Gehle ZPO § 850k Rn. 12). Pfändungsschutz gilt sodann ab der Umstellung. Eine erhöhte Kontoführungsgebühr kann für das P-Konto nicht verlangt werden (BGH 16.7.2013 – XI ZR 260/12, NJW 2013, 3163). Jede natürliche Person darf **nur ein P-Konto** führen und muss dies gegenüber der Bank „versichern" (Abs. 3). Falsche Angaben sind strafbar (§§ 163, 288 StGB). Zur Überprüfung der Richtigkeit darf die Bank zudem – wie schon nach alter Rechtslage – eine diesbezügliche Anfrage an eine Auskunftei (zB die SCHUFA Holding AG) richten; die entsprechende Befugnis zum Datenaustausch ist in § 909 I ZPO geregelt. Werden **mehrere P-Konten** geführt, ordnet das VollstrGericht auf Antrag eines Gläubigers, der die Voraussetzungen durch die Vorlage entspr. Erklärungen der Drittschuldner (Kreditinstitute) glaubhaft zu machen hat, an, dass nur noch das durch den Gläubiger bezeichnete Girokonto/Zahlungskonto als P-Konto verbleibt (Abs. 4). Da diese Entscheidung die Interessenssphäre aller Gläubiger berührt, ist hierfür – anders als bisher – auch im Bereich der Verwaltungsvollstr. das VollstrGericht (Rpfl.) zuständig (§ 910 Satz 2 ZPO; → Rn. 55, 58); damit soll der VollstrSchutz nach Auffassung des Gesetzgebers interessengerechter ausgestaltet werden (BT-Drs. 19/19850, 46). Die Anordnung ist allen Drittschuldnern zuzustellen.

43a **Beendigung.** Mit Abs. 5 regelt das Gesetz erstmals einen Anspruch des Kontoinhabers auf Aufhebung des P-Kontos (zur Situation bei Mehrfachkonten vgl. BT-Drs. 19/19850,

31). Allein die Eröffnung eines Insolvenzverfahrens berührt den Bestand des P-Kontos hingegen nicht (Thomas/Putzo ZPO § 850k Rn. 5).

c) § 850l ZPO Pfändung des Gemeinschaftskontos

(1) [1] Unterhält der Schuldner, der eine natürliche Person ist, mit einer anderen natürlichen oder mit einer juristischen Person oder mit einer Mehrheit von Personen ein Gemeinschaftskonto und wird Guthaben auf diesem Konto gepfändet, so darf das Kreditinstitut erst nach Ablauf von einem Monat nach Zustellung des Überweisungsbeschlusses aus dem Guthaben an den Gläubiger leisten oder den Betrag hinterlegen. [2] Satz 1 gilt auch für künftiges Guthaben. **44**

(2) [1] Ist der Schuldner eine natürliche Person, kann er innerhalb des Zeitraums nach Absatz 1 Satz 1 von dem Kreditinstitut verlangen, bestehendes oder künftiges Guthaben von dem Gemeinschaftskonto auf ein bei dem Kreditinstitut allein auf seinen Namen lautendes Zahlungskonto zu übertragen. [2] Wird Guthaben nach Satz 1 übertragen und verlangt der Schuldner innerhalb des Zeitraums nach Absatz 1 Satz 1, dass das Zahlungskonto als Pfändungsschutzkonto geführt wird, so gelten für die Einrichtung des Pfändungsschutzkontos § 850k und für das übertragene Guthaben die Regelungen des Buches 8 Abschnitt 4. [3] Für die Übertragung nach Satz 1 ist eine Mitwirkung anderer Kontoinhaber oder des Gläubigers nicht erforderlich. [4] Der Übertragungsbetrag beläuft sich auf den Kopfteil des Schuldners an dem Guthaben. [5] Sämtliche Kontoinhaber und der Gläubiger können sich auf eine von Satz 4 abweichende Aufteilung des Übertragungsbetrages einigen; die Vereinbarung ist dem Kreditinstitut in Textform mitzuteilen.

(3) Absatz 2 Satz 1 und 3 bis 5 ist auf natürliche Personen, mit denen der Schuldner das Gemeinschaftskonto unterhält, entsprechend anzuwenden.

(4) Die Wirkungen von Pfändung und Überweisung von Guthaben auf dem Gemeinschaftskonto setzen sich an dem nach Absatz 2 Satz 1 auf ein Einzelkonto des Schuldners übertragenen Guthaben fort; sie setzen sich nicht an dem Guthaben fort, das nach Absatz 3 übertragen wird.

Gemeinschaftskonten (Oder-Konto, Und-Konto), die eine natürliche Person mit anderen unterhält, können auch künftig nicht als (gemeinsame) P-Konten geführt werden (→ § 309 Rn. 52), ebenso wenig Anlagekonten, etwa für Festgeld (Zöller ZPO § 850l Rn. 1). Durch die mit dem PKoFoG erfolgte Neufassung des § 850l ZPO wurde dem Kontoinhaber aber eine Möglichkeit eröffnet, auch für unpfändbare Teile des auf einem Gemeinschaftskonto vorhandenen Guthabens Pfändungsschutz zu erlangen (BT-Drs. 19/19850, 31; zu Einzelheiten Salten MDR 2021, 11). **45**

Überlegungsfrist. Liegt eine wirksame – an die Art der Verfügungsbefugnis anknüpfende (→ § 309 Rn. 32) – Pfändung vor, untersagt Abs. 1 dem kontoführenden Kreditinstitut dazu in einem ersten Schritt, innerhalb einer einmonatigen Überlegungsfrist **(„Moratorium")** Zahlungen aus dem vorhandenen und/oder dem bis zum Fristablauf entstehenden Kontoguthaben vorzunehmen. Während dieses mit der Drittschuldnerzustellung (→ § 314 Rn. 2 aE) beginnenden Zeitraums kann der Schuldner und können auch alle weiteren natürlichen Personen, mit denen der Schuldner das Gemeinschaftskonto innehat, entscheiden, ob sie Pfändungsschutz in Anspruch nehmen wollen. Da diese Überlegungen regelmäßig mit Änderungen des bargeldlosen Zahlungsverkehrs einhergehen, bleibt abzuwarten, ob sich diese Frist als praktikabel erweist (kritisch BeckOK ZPO § 850l Rn. 9). **45a**

Übertragungsverlangen des Schuldners. Um Pfändungsschutz zu erlangen muss der Schuldner im zweiten Schritt nach Abs. 2 gegenüber Bank und Mitinhabern verlangen, dass der auf ihn entfallende Kopfteil des gepfändeten Guthabens – oder ein anderer zwischen Kontoinhabern und Gläubiger einvernehmlich bestimmter Anteil (kritisch HHSp § 319 Rn. 94e: Manipulationsgefahr) – auf ein **eigenes Zahlungskonto** des Schuldners bei diesem Kreditinstitut übertragen und dieses Einzelkonto in der Folge als P-Konto geführt wird. Besitzt der Schuldner bereits andernorts ein P-Konto, kommt ein weiteres indes ebenso wenig in Betracht wie die zu einem unzulässigen Drittschuldneraustausch führende Übertragung des anteiligen Gemeinschaftsguthabens auf dieses Drittkonto. Pfändungsschutz ist in diesen Fällen nicht zu erlangen (BT-Drs. 19/19850, 32). Das Gemeinschaftskonto (und die formale Beteiligung des Schuldners daran) bleibt auch im Fall der anteiligen Guthabenübertragung bestehen (BeckOK ZPO § 850l Rn. 12). Gehen darauf **45b**

nach dem Moratorium weitere Zahlungen ein, unterliegen diese dem vollen Pfändungszugriff (Thomas/Putzo ZPO § 850l Rn. 3).

45c **Übertragungsverlangen der Mitinhaber.** Nach Abs. 3 steht das Recht auf beschränkte Auseinandersetzung deshalb auch allen übrigen Mitinhabern (Nichtschuldnern) zu. Zur Gewährung dieses Individual(pfändungs)schutzes durchbricht § 850l ZPO im Umfang der Übertragungsansprüche die von der Pfändung (→ § 309 Rn. 40 f.; BT-Drs. 19/19850, 32) und Einziehung (→ § 314 Rn. 4 ff.) ausgehenden (Sperr-)Wirkungen (zu deren Rechtfertigung Kraft/Tkotsch DGVZ 2020, 109; kritisch Zöller ZPO § 850l Rn. 4).

45d **Fortwirkung.** Einer erneuten Pfändung und Einziehung bedarf es nicht. Denn nach Abs. 4 setzen sich die bisherigen Wirkungen an dem neu entstandenen Einzelkontoguthaben des Schuldners fort (Satz 1). Wird das Einzelkonto als P-Konto geführt, gelten insoweit die einschlägigen Schutzbestimmungen (→ Rn. 47 ff.). Die Einzelguthaben der Nichtschuldner werden hingegen unmittelbar mit der Übertragung von der staatlichen Beschlagnahme befreit (Satz 2; BT-Drs. 19/23171, 31), und zwar auch dann, wenn die zum gesetzlichen Regelfall erhobene kopfteilige Aufteilung nicht den tatsächlichen (wirtschaftlichen) Beteiligungsverhältnissen entspricht (Zöller ZPO § 850l Rn. 7). Der Gläubiger kann sich der Erosion seines Pfandrechts nach Abs. 2 S. 5 auch in diesen Fällen nicht ohne die Unterstützung aller Kontoinhaber erwehren. Haben diese aber an einer realitätsgerechten Quote kein Interesse, muss der Gläubiger (FB) weitere Maßnahmen prüfen und ggf. ergreifen (krit. Auch Kraft/Tkotsch DGVZ 2020, 109). Ob die gewählte Regelung vor diesem Hintergrund tatsächlich zu der erstrebten Verfahrensvereinfachung führen wird, ist zweifelhaft.

2. §§ 899–910 ZPO Schutzumfang

46 Den **eigentlichen Kontopfändungsschutz** regeln die im 8. Buch der ZPO, Abschnitt 4 „Wirkungen des Pfändungsschutzkontos" zusammengefassten §§ 899–910 ZPO.

a) §§ 899–901 ZPO Basispfändungsschutz

§ 899 ZPO Pfändungsfreier Betrag; Übertragung

46a (1) [1] Wird Guthaben auf dem Pfändungsschutzkonto des Schuldners gepfändet, kann der Schuldner jeweils bis zum Ende des Kalendermonats aus dem Guthaben über einen Betrag verfügen, dessen Höhe sich nach Aufrundung des monatlichen Freibetrages nach § 850c Absatz 1 in Verbindung mit Absatz 4 auf den nächsten vollen 10-Euro-Betrag ergibt; insoweit wird das Guthaben nicht von der Pfändung erfasst. [2] Satz 1 gilt entsprechend, wenn Guthaben auf einem Zahlungskonto des Schuldners gepfändet ist, das vor Ablauf von einem Monat seit der Zustellung des Überweisungsbeschlusses an den Drittschuldner in ein Pfändungsschutzkonto umgewandelt wird. [3] § 900 Absatz 2 bleibt unberührt.

(2) [1] Hat der Schuldner in dem jeweiligen Kalendermonat nicht über Guthaben in Höhe des gesamten nach Absatz 1 pfändungsfreien Betrages verfügt, wird dieses nicht verbrauchte Guthaben in den drei nachfolgenden Kalendermonaten zusätzlich zu dem nach Absatz 1 geschützten Guthaben nicht von der Pfändung erfasst. [2] Verfügungen sind jeweils mit dem Guthaben zu verrechnen, das zuerst dem Pfändungsschutzkonto gutgeschrieben wurde.

(3) [1] Einwendungen gegen die Höhe eines pfändungsfreien Betrages hat der Schuldner dem Kreditinstitut spätestens bis zum Ablauf des sechsten auf die Berechnung des jeweiligen pfändungsfreien Betrages folgenden Kalendermonats mitzuteilen. [2] Nach Ablauf dieser Frist kann der Schuldner nur Einwendungen geltend machen, deren verspätete Geltendmachung er nicht zu vertreten hat.

§ 900 ZPO Moratorium bei Überweisung an den Gläubiger

(1) [1] Wird künftiges Guthaben auf einem Pfändungsschutzkonto gepfändet und dem Gläubiger überwiesen, darf der Drittschuldner erst nach Ablauf des Kalendermonats, der auf die jeweilige Gutschrift folgt, an den Gläubiger leisten oder den Betrag hinterlegen; eine Verlängerung des in § 899 Absatz 2 bezeichneten Zeitraums erfolgt dadurch nicht. [2] Auf Antrag des Gläubigers kann das Vollstreckungsgericht eine von Satz 1 erster Halbsatz abweichende Anordnung treffen, wenn sonst unter Würdigung des Schutzbedürfnisses des Schuldners für den Gläubiger eine unzumutbare Härte entstünde.

(2) Guthaben, aus dem bis zum Ablauf der Frist des Absatzes 1 nicht an den Gläubiger geleistet oder das bis zu diesem Zeitpunkt nicht hinterlegt werden darf, ist in dem auf die Gutschrift folgenden Kalendermonat Guthaben im Sinne des § 899 Absatz 1 Satz 1.

(…)

Stufe 1 des Kontopfändungsschutzes. Bei Pfändung des Guthabens auf einem P-Konto besteht für den VollstrSchuldner als Kontoinhaber gem. § 899 I 1 ZPO auch nach Inkrafttreten des PKoFoG (→ Rn. 16, 41) automatisch gesetzlicher VollstrSchutz in Form eines **Sockel- oder Grundfreibetrages** bis zur Höhe der (auf volle 10 EUR aufzurundenden) Pfändungsfreigrenzen des § 850c I, IV ZPO (→ Rn. 16). In diesem Umfang wird jeweils bis zum Ende des Kalendermonats vorhandenes Kontoguthaben nicht von der Pfändung erfasst (§ 899 I 1 2. Hs. ZPO). Insoweit tritt keine Verstrickung ein (zum Begriff → § 281 Rn. 8), sodass der VollstrSchuldner iHd monatlichen Freibetrags uneingeschränkt (weiter) verfügen kann (BGH 19.11.2020 – IX ZB 14/20, NJW-RR 2021, 497). Überschießende Beträge bleiben hingegen pfändbar (→ Rn. 16). 47

Dieser Basispfändungsschutz besteht für anfängliche wie nachträgliche P-Konten und ist – soweit für die Vollstr. nach der AO relevant – **unabhängig von der Art der Einkünfte** (Gosch AO § 319 Rn. 87). Geschützt werden demnach Einkünfte aus selbständiger und unselbständiger Arbeit, Renten, Pensionen, Mieten, Pacht sowie freiwillige Zuwendungen Dritter oder Unterhalt, aber auch Verkaufserlöse oder Einmalzahlungen wie StErstattungen (BGH 26.9.2019 – IX ZB 21/19, NJW-RR 2019, 1520; Stöber/Rellermeyer Rn. C.590). Zu Fehlbuchungen vgl. BeckOK ZPO § 899 Rn. 2. Ein Nachweis über die Art der Einkünfte ist dem Kreditinstitut daher nicht zu erbringen. Die Höhe des kalendermonatlichen Sockel- bzw. Freibetrags ist unabhängig vom Zeitpunkt der einzelnen Gutschrift und dem Wirksamwerden der Pfändung; eine zeitanteilige Aufteilung ist unzulässig. Deshalb schmälern Verfügungen, die der Schuldner vor der Zustellung der Pfändungsverfügung an das Kreditinstitut (→ § 309 Rn. 47) vorgenommen hat, den pfändungsfreien Monatsbetrag nicht (BeckOK ZPO § 899 Rn. 4; auch BGH 17.10.2017 – XI ZR 419/15, NJW 2018, 299; aA Thomas/Putzo ZPO § 899 Rn. 5: maßgeblich sei die Zustellung der Einziehungsverfügung). 47a

Rückwirkende Umwandlung. Der Pfändungsschutz nach Satz 1 erfasst auch bereits gepfändetes Guthaben auf einem Zahlungskonto, wenn der Schuldner das Konto innerhalb eines Monats nach der Zustellung der Einziehungsverfügung an den Drittschuldner, also rückwirkend, in ein P-Konto umwandelt (§ 899 I 2 ZPO). Bis zur Umwandlung bereits erbrachte Zahlungen werden damit nachträglich rechtswidrig (Anders/Gehle ZPO § 899 Rn. 6). Durch die in § 899 I 3 ZPO aufgenommene Verweisung auf § 900 II ZPO wird klargestellt, dass der Schuldner – wie nach § 850k I 2 ZPO aF – auch über solche zurückgehaltenen Guthaben (→ Rn. 49) im Rahmen seines Freibetrages verfügen kann (BT-Drs. 19/19850, 35; Zöller ZPO § 899 Rn. 4). Sie erhöhen den individuellen monatlichen Sockelbetrag des Schuldners aber nicht (Stöber/Rellermeyer Rn. C.594 aE). Allerdings greift die Auszahlungssperre nach § 900 I 1 ZPO ohnehin erst, wenn und soweit der für den laufenden Monat geltende Freibetrag nach § 899 I 1 ZPO im Zeitpunkt des Zahlungseingangs bereits durch andere Gutschriften ausgeschöpft wurde (BGH 20.9.2022 – XI ZR 5/21, MDR 2023, 58). 47b

Übertragung. Verfügt der VollstrSchuldner in einem Kalendermonat nicht oder nicht vollständig über das Guthaben in Höhe des monatlichen Freibetrages, bleibt dieses konkrete Restguthaben (dh kein weiterer guthabenunabhängiger, mithin abstrakter Freibetrag) nach § 899 II ZPO in den folgenden drei Kalendermonaten zusätzlich zu dem jeweils (neu) geschützten Grundfreibetrag pfändungsfrei. Diese Möglichkeit gilt auch für den Fall eines nach § 902 ZPO erhöhten Freibetrages (Thomas/Putzo ZPO § 899 Rn. 7; → Rn. 52). Der Ansparzeitraum wurde im Vergleich zur Vorgängerregelung (§ 850k I 3 ZPO aF) deutlich erhöht. Hierdurch soll der Schuldner – wie bisher – in die Lage versetzt werden, in begrenztem Umfang Guthaben für solche Leistungen der Daseinsvorsorge anzusparen, die nicht monatlich, sondern in größeren Zeitabständen zu vergüten sind 48

(BGH 17.10.2017 – XI ZR 419/15, NJW 2018, 299; Kraft/Tkotsch DGVZ 2020, 109). Trifft der VollstrSchuldner in der Folge – aus welchen Gründen auch immer – nur Verfügungen unterhalb des übertragenen Verfügungsrahmens und verbraucht er dadurch den zusätzlichen Freibetrag nicht, entfällt mit Beginn des vierten Monats der Pfändungsschutz; der „Überschuss" wird nicht auf einen weiteren (damit vierten) Kalendermonat übertragen, sondern gebührt dann dem Pfändungsgläubiger (Thomas/Putzo ZPO § 899 Rn. 8). Zur gesetzlichen Verrechnungsregel „First In – First Out" in § 899 II 2 ZPO vgl. BeckOK ZPO § 899 Rn. 7; bereits zur alten Rechtslage BGH 19.10.2017 – IX ZR 3/17, NJW-RR 2018, 315.

49 **Befristete Leistungssperre bei künftigen Guthaben.** Zu den bis zur Höhe des individuellen Freibetrags geschützten Guthaben gehören zudem diejenigen Zahlungen von Lohn oder Sozialleistungen, die zum Bestreiten des Lebensunterhalts im Folgemonat bestimmt sind, aber bereits am Ende des Vormonats (als Vorauszahlung) auf dem P-Konto eingehen. Um zu verhindern, dass diese (an sich pfändungsfreien) Zahlungseingänge bei bereits ausgeschöpftem monatlichen Freibetrag (zu diesem Erfordernis BGH 20.9.2022 – XI ZR 5/21, MDR 2023, 58) der Pfändung unterfallen und dem Schuldner damit im Folgemonat kein Guthaben verbliebe (sog. **Monatsanfangsproblem**), ordnet § 900 I 1 ZPO (§ 835 IV ZPO aF) gegenüber dem Drittschuldner eine bis zum Ende des Folgemonats befristete Leistungssperre an. Innerhalb dieses Moratoriums dürfen am Ende des Vormonats vorhandene Kontoguthaben vorerst nicht an den Gläubiger ausgekehrt werden, sondern sind bis zur Höhe des individuellen (ggf. nach § 902 ZPO erhöhten) Freibetrages für den Verbrauch durch den VollstrSchuldner im Folgemonat zurückzuhalten (BGH 10.11.2011 – VII ZB 32/11, FamRZ 2012, 362; TK § 319 Rn. 75b). Die Vorschrift geht als spezieller Auszahlungsschutz § 835 III 2 Hs. 2 ZPO vor (Thomas/Putzo ZPO § 900 Rn. 2). Erfasst werden alle künftigen Guthaben auf P-Konten und damit einmalige Zahlungseingänge ebenso wie nicht regelmäßig wiederkehrende (BeckOK ZPO § 900 Rn. 1).

49a **Abweichende Anordnung.** In besonderen Härtefällen kann die nach § 910 ZPO an die Stelle des VollstrGerichts tretende VollstrStelle entspr. § 900 I 2 ZPO hinsichtlich des Leistungsaufschubs eine abweichende Anordnung treffen. Ein solcher Härtefall liegt allerdings nur vor, wenn dem StGläubiger durch das Abwarten der Frist unzumutbare Nachteile entstehen (zu Einzelheiten Zöller ZPO § 900 Rn. 3). Dies wird bei der Vollstr. von Abgabenforderungen idR nicht gegeben sein. Grundsätzlich ist deshalb das Interesse des VollstrSchuldners vorrangig (Thomas/Putzo ZPO § 835 Rn. 12c).

49b **Teil des Sockelbetrags.** Durch Abs. 2 der Vorschrift wird im Verhältnis zum Schuldner klargestellt, dass das zurückgehaltene Guthaben Teil des pfandfreien Sockelbetrages des Folgemonats ist (BT-Drs. 19/19850, 36; bislang § 851k I 2 ZPO aF). Für die Berechnung des Ansparzeitraums nach § 899 II ZPO bleibt es indes beim Zuflusszeitpunkt im Vormonat (§ 900 I 1 Hs. 2 ZPO; Zöller ZPO § 900 Rn. 2).

50 Da auch überzogene Zahlungskonten in P-Konten umgewandelt werden können (§ 850k I 2 ZPO; → Rn. 43), sieht § 901 ZPO für Zahlungseingänge ein bereits ab dem Verlangen (Abs. 1) bzw. der Pfändung (Abs. 2) greifendes und eigene Gegenansprüche der kontoführenden Bank erfassendes **Aufrechnungs- und Verrechnungsverbot** vor. Wegen der geringen Bedeutung für das VollstrVerfahren nach der AO wurde auf einen Abdruck verzichtet.

b) §§ 902–906 Erhöhung des Sockelfreibetrags

§ 902 ZPO Erhöhungsbeträge

51 [1]Neben dem pfändungsfreien Betrag nach § 899 Absatz 1 Satz 1 werden folgende Erhöhungsbeträge nicht von der Pfändung des Guthabens auf einem Pfändungsschutzkonto erfasst:

1. die pfändungsfreien Beträge nach § 850c Absatz 2 in Verbindung mit Absatz 4, wenn der Schuldner
   a) einer Person oder mehreren Personen auf Grund gesetzlicher Verpflichtung Unterhalt gewährt;

b) Geldleistungen nach dem Zweiten oder Zwölften Buch Sozialgesetzbuch für Personen entgegennimmt, die mit ihm in einer Bedarfsgemeinschaft im Sinne des § 7 Absatz 3 des Zweiten Buches Sozialgesetzbuch oder in einer Gemeinschaft nach den §§ 19, 20, 27, 39 Satz 1 oder § 43 des Zwölften Buches Sozialgesetzbuch leben und denen er nicht auf Grund gesetzlicher Vorschriften zum Unterhalt verpflichtet ist;
c) Geldleistungen nach dem Asylbewerberleistungsgesetz für Personen entgegennimmt, mit denen er in einem gemeinsamen Haushalt zusammenlebt und denen er nicht auf Grund gesetzlicher Vorschriften zum Unterhalt verpflichtet ist;

2. Geldleistungen im Sinne des § 54 Absatz 2 oder Absatz 3 Nummer 3 des Ersten Buches Sozialgesetzbuch;
3. Geldleistungen gemäß § 5 Absatz 1 des Gesetzes zur Errichtung einer Stiftung „Mutter und Kind – Schutz des ungeborenen Lebens“;
4. Geldleistungen, die dem Schuldner selbst nach dem Zweiten oder Zwölften Buch Sozialgesetzbuch oder dem Asylbewerberleistungsgesetz gewährt werden, in dem Umfang, in dem diese den pfändungsfreien Betrag nach § 899 Absatz 1 Satz 1 übersteigen;
5. das Kindergeld nach dem Einkommensteuergesetz und andere gesetzliche Geldleistungen für Kinder, es sei denn, dass wegen einer Unterhaltsforderung des Kindes, für das die Leistungen gewährt oder bei dem sie berücksichtigt werden, gepfändet wird;
6. Geldleistungen, die dem Schuldner nach landesrechtlichen oder anderen als in den Nummern 1 bis 5 genannten bundesrechtlichen Rechtsvorschriften gewährt werden, in welchen die Unpfändbarkeit der Geldleistung festgelegt wird.

[2] Für die Erhöhungsbeträge nach Satz 1 gilt § 899 Absatz 2 entsprechend.
(…)

§ 904 ZPO Nachzahlung von Leistungen

(1) Werden laufende Geldleistungen zu einem späteren Zeitpunkt als dem Monat, auf den sich die Leistungen beziehen, ausbezahlt, so werden sie von der Pfändung des Guthabens auf dem Pfändungsschutzkonto nicht erfasst, wenn es sich um Geldleistungen gemäß § 902 Satz 1 Nummer 1 Buchstabe b oder c oder Nummer 4 bis 6 handelt.

(2) Laufende Geldleistungen nach dem Sozialgesetzbuch, die nicht in Absatz 1 genannt sind, sowie Arbeitseinkommen nach § 850 Absatz 2 und 3 werden von der Pfändung des Guthabens auf dem Pfändungsschutzkonto nicht erfasst, wenn der nachgezahlte Betrag 500 Euro nicht übersteigt.

(3) [1] Laufende Geldleistungen nach Absatz 2, bei denen der nachgezahlte Betrag 500 Euro übersteigt, werden von der Pfändung des Guthabens auf dem Pfändungsschutzkonto nicht erfasst, soweit der für den jeweiligen Monat nachgezahlte Betrag in dem Monat, auf den er sich bezieht, nicht zu einem pfändbaren Guthaben geführt hätte. [2] Wird die Nachzahlung pauschal und für einen Bewilligungszeitraum gewährt, der länger als ein Monat ist, ist die Nachzahlungssumme zu gleichen Teilen auf die Zahl der betroffenen Monate aufzuteilen.

(4) Für Nachzahlungen von Leistungen nach den Absätzen 1 und 2 gilt § 903 Absatz 1, 3 Satz 1 und Absatz 4 entsprechend.

(5) [1] Für die Festsetzung der Höhe des pfändungsfreien Betrages in den Fällen des Absatzes 3 ist das Vollstreckungsgericht zuständig. [2] Entscheidungen nach Satz 1 ergehen auf Antrag des Schuldners durch Beschluss. [3] Der Beschluss nach Satz 2 gilt als Bescheinigung im Sinne des § 903 Absatz 1 Satz 2.

§ 905 Festsetzung der Erhöhungsbeträge durch das Vollstreckungsgericht

[1] Macht der Schuldner glaubhaft, dass er eine Bescheinigung im Sinne des § 903 Absatz 1 Satz 2, um deren Erteilung er

1. zunächst bei einer in § 903 Absatz 1 Satz 2 Nummer 1 genannten Stelle, von der er eine Leistung bezieht, und nachfolgend
2. bei einer weiteren Stelle, die zur Erteilung der Bescheinigung berechtigt ist,

nachgesucht hat, nicht in zumutbarer Weise von diesen Stellen erlangen konnte, hat das Vollstreckungsgericht in dem Beschluss auf Antrag die Erhöhungsbeträge nach § 902 festzusetzen und die Angaben nach § 903 Absatz 3 Satz 2 zu bestimmen. [2] Dabei hat das Vollstreckungsgericht den Schuldner auf die Möglichkeit der Stellung eines Antrags nach § 907 Absatz 1 Satz 1 hinzuweisen, wenn nach dem Vorbringen des Schuldners unter Beachtung der von ihm vorgelegten Unterlagen die Voraussetzungen dieser Vorschrift erfüllt sein könnten. [3] Der Beschluss des Vollstreckungsgerichts nach Satz 1 gilt als Bescheinigung im Sinne des § 903 Absatz 1 Satz 2.

§ 906 ZPO Festsetzung eines abweichenden pfändungsfreien Betrages durch das Vollstreckungsgericht

(1) [1]Wird Guthaben wegen einer der in § 850d oder § 850f Absatz 2 bezeichneten Forderungen gepfändet, tritt an die Stelle der nach § 899 Absatz 1 und § 902 Satz 1 pfändungsfreien Beträge der vom Vollstreckungsgericht im Pfändungsbeschluss belassene Betrag. [2]In den Fällen des § 850d Absatz 1 und 2 kann das Vollstreckungsgericht auf Antrag einen von Satz 1 abweichenden pfändungsfreien Betrag festlegen.

(2) Das Vollstreckungsgericht setzt auf Antrag einen von § 899 Absatz 1 und § 902 Satz 1 abweichenden pfändungsfreien Betrag fest, wenn sich aus einer bundes- oder landesrechtlichen Vorschrift eine solche Abweichung ergibt.

(3) In den Fällen des Absatzes 1 Satz 2 und des Absatzes 2

1. ist der Betrag in der Regel zu beziffern,
2. hat das Vollstreckungsgericht zu prüfen, ob eine der in § 732 Absatz 2 bezeichneten Anordnungen zu erlassen ist, und
3. gilt § 905 Satz 2 entsprechend.

(4) Für Beträge, die nach den Absätzen 1 oder 2 festgesetzt sind, gilt § 899 Absatz 2 entsprechend.
(…)

52 **Stufe 2 des Kontopfändungsschutzes.** Gemäß § 902 ZPO kann der unpfändbare Sockelbetrag (→ Rn. 47) in den gesetzlich abschließend aufgezählten Fällen erhöht werden. Als **Erhöhungsbeträge** bzw. Erhöhungstatbestände kommen in Betracht: pfändungsfreie Beträge nach § 850c II, IV ZPO, wenn der VollstrSchuldner gesetzlichen Unterhalt gewährt (**Nr. 1a;** Stöber/Rellermeyer Rn. C.595) oder Sozialleistungen nach SGB II, XII sowie dem AsylbLG für Dritte entgegennimmt, denen er zwar nicht zum Unterhalt verpflichtet ist, mit denen er aber in einer Bedarfs-, Einsatz- oder Haushaltsgemeinschaft zusammenlebt **(Nr. 1b, c),** einmalige und zweckgebundene Geldleistungen nach § 54 SGB I **(Nr. 2)** oder aus Mitteln der 1984 errichteten Bundesstiftung „Mutter und Kind – Schutz des ungeborenen Lebens" **(Nr. 3),** eigene Sozialleistungen des VollstrSchuldners, soweit sie den Sockelbetrag übersteigen **(Nr. 4),** das Kindergeld nach dem EStG **(Nr. 5)** und sonstige kraft gesetzlicher Anordnung unpfändbare Geldleistungen (**Nr. 6;** vgl. zu Beispielen BT-Drs. 19/19850, 38), wozu das Wohngeld nach dem WoGG nicht gehört. Erfasst werden hingegen die zweckgebundenen Corona- sowie Hochwasser-Sofort- und Überbrückungshilfen des Bundes und der Länder (Thomas/Putzo ZPO § 903 Rn. 10; → § 309 Rn. 7 ff.).

Nachweispflicht. Erbringt der VollstrSchuldner gegenüber dem Kreditinstitut zur einfachen und verlässlichen Identifizierung der Zahlungen geeignete Nachweise (§ 903 ZPO), sind die aufgeführten Erhöhungsbeträge im Grundsatz („kann") ohne Einschaltung des VollstrGerichts oder der VollstrBehörde, somit ebenfalls **automatisch** von der Pfändung ausgenommen; sie können ebenso wie der Sockel- bzw. Grundfreibetrag auf die (nunmehr drei) Folgemonate übertragen werden (§ 902 Satz 2 ZPO; → Rn. 48). Zu den inhaltlichen Anforderungen der Bescheinigungen vgl. Anders/Gehle ZPO § 903 Rn. 5 ff. Gelingt der formularmäßige Nachweis bis zum Ablauf der Auszahlungssperre des § 900 I 1 ZPO nicht (→ Rn. 49), kann und muss sich der VollstrSchuldner an das VollstrGericht und im Rahmen der Verwaltungsvollstr. an die VollstrBehörde wenden (§ 905 ZPO iVm § 910 Satz 1 ZPO). Dieser gegenüber hat er seine Bemühungen darzulegen (HHSp § 319 Rn. 112b).

53 **Geldleistungen für mehrere Zeiträume.** Mit § 904 ZPO enthält das Gesetz auch erstmalig eine ausdrückliche Regelung zur Behandlung der in der Praxis häufig vorkommenden **Nachzahlungen** laufender Leistungen auf das P-Konto für teils länger zurückliegende Zeiträume, etwa nach dem SGB II, XII oder wegen Kindergeld. Handelt es sich dabei um „besondere Leistungen" iSd § 902 Satz 1 Nr. 1 ZPO, was der Schuldner wiederum anhand der in § 903 ZPO vorgeschriebenen Bescheinigungen nachzuweisen hat (Abs. 4), bleiben diese Zahlungszugänge neben dem Grundfreibetrag in voller Höhe pfändungsfrei (Abs. 1). Für Zahlungseingänge bis zu einer Höhe von 500 EUR **(Bagatellgrenze)** gilt dies aus Vereinfachungsgründen auch bei nachgezahltem Arbeitseinkommen

sowie für Zahlungen aus der gesetzlichen Arbeitslosen-, Renten- oder Unfallversicherung, aber auch bei Krankengeld (Abs. 2; BT-Drs. 19/23171, 32; BT-Drs. 19/19850, 41). Bei höheren Nachzahlungen bedarf es zur Erlangung des Pfändungsschutzes allerdings einer zeitanteiligen Aufteilung (Abs. 3; Zöller ZPO § 904 Rn. 5; zur bisherigen Handhabung BGH 24.1.2018 – VII ZB 21/17, NJW-RR 2018, 570) und anschließend einer durch den VollstrSchuldner zu beantragenden gerichtlichen Festsetzung des pfändungsfreien Betrages (Abs. 5); diese Aufgabenzuweisung an das VollstrGericht (Rpfl.) gilt ab 1.12.2021 ausdrücklich auch für den Bereich der Verwaltungsvollstr. (§ 910 Satz 2 ZPO; Gosch AO § 319 Rn. 91.3; zur Begründung → Rn. 55, 58).

Stufe 3 des Kontopfändungsschutzes. Sofern sich aus besonderen Einzelfallumständen, die in der zu vollstreckenden Forderung (Abs. 1) oder abweichenden Pfändungsvorschriften (Abs. 2) begründet sein können, **zusätzlicher Anpassungsbedarf** zugunsten wie zulasten des VollstrSchuldners ergibt, kann dem auf Antrag des VollstrSchuldners gem. § 906 ZPO durch eine abweichende Festsetzung des pfändungsfreien (belassenen) Betrages abgeholfen werden (BT-Drs. 19/23171, 32). Da StHinterziehung aber keine unerlaubte Handlung und § 370 kein Schutzgesetz iSd § 823 II BGB darstellt, kommt dem VollstrPrivileg nach Abs. 1 aus Sicht des Fiskus kein nennenswerter Anwendungsbereich zu (→ § 850f Rn. 25). Zu denkbaren Anwendungsfällen des Abs. 2 s. Anders/Gehle ZPO § 906 Rn. 5 ff. Die Festsetzung erfolgt für den Bereich der Verwaltungsvollstr. durch die VollstrBehörde; deren Entscheidung wirkt konstitutiv (TK § 319 Rn. 75e). 54

c) § 907 ZPO Festsetzung der Unpfändbarkeit von Kontoguthaben auf dem Pfändungsschutzkonto

(1) [1]Auf Antrag des Schuldners kann das Vollstreckungsgericht festsetzen, dass das Guthaben auf dem Pfändungsschutzkonto für die Dauer von bis zu zwölf Monaten der Pfändung nicht unterworfen ist, wenn der Schuldner 55

1. nachweist, dass dem Konto in den letzten sechs Monaten vor Antragstellung ganz überwiegend nur unpfändbare Beträge gutgeschrieben worden sind, und
2. glaubhaft macht, dass auch innerhalb der nächsten sechs Monate ganz überwiegend nur die Gutschrift unpfändbarer Beträge zu erwarten ist.

[2]Die Festsetzung ist abzulehnen, wenn ihr überwiegende Belange des Gläubigers entgegenstehen.

(2) [1]Auf Antrag jedes Gläubigers ist die Festsetzung der Unpfändbarkeit aufzuheben, wenn deren Voraussetzungen nicht mehr vorliegen oder die Festsetzung den überwiegenden Belangen des den Antrag stellenden Gläubigers entgegensteht. [2]Der Schuldner hat die Gläubiger auf eine wesentliche Veränderung seiner Vermögensverhältnisse unverzüglich hinzuweisen.

§ 910 ZPO Verwaltungsvollstreckung

[1]Die §§ 850k und 850l sowie die Regelungen dieses Abschnitts gelten auch bei einer Pfändung von Kontoguthaben wegen Forderungen, die im Wege der Verwaltungsvollstreckung nach Bundesrecht beigetrieben werden. [2]Mit Ausnahme der Fälle des § 850k Absatz 4 Satz 1, des § 904 Absatz 5 und des § 907 tritt die Vollstreckungsbehörde an die Stelle des Vollstreckungsgerichts.

Allgemeines. Die bislang in § 850l ZPO aF geregelte und mit dem PKoFoG (→ Rn. 16, 41) funktionell durch § 907 ZPO ersetzte Anordnung der befristeten Unpfändbarkeit von P-Kontoguthaben erfolgt, wenn keine Aussicht auf eine erfolgreiche Vollstreckung besteht. Dadurch soll in erster Linie der VollstrSchuldner vor unnötigen, weil ersichtlich nicht zur Befriedigung des VollstrGläubigers führenden Pfändungen geschützt werden (zu weiterem Entlastungspotenzial vgl. BT-Drs. 19/19850, 44). Dieses Interesse des Schuldners verdient aber nur solange vorzugsweisen Schutz, als nicht überwiegende Belange des Gläubigers entgegenstehen (→ Rn. 58). 56

Antragserfordernis. Die Anordnung bedarf auch im Rahmen der Verwaltungsvollstr. eines (formfreien) Antrages des VollstrSchuldners (TK § 319 Rn. 75d; Anders/Gehle ZPO § 907 Rn. 7; nunmehr auch HHSp § 319 Rn. 114b). Hierbei hat der VollstrSchuldner nicht nur schlüssig darzulegen, sondern nachzuweisen, dass auf dem P-Konto in den letzten sechs Monaten vor Antragstellung nur oder ganz überwiegend nicht pfändbare Beträge 57 gutgeschrieben worden sind (§ 907 I 1 Nr. 1 ZPO). Überwiegend bedeutet dabei sicher mehr als 51 %, nicht notwendigerweise aber über 85–90 % (Anders/Gehle ZPO § 907 Rn. 15); maßgeblich ist, dass die Kontopfändung zurückliegend zu keiner oder nur einer ganz geringfügigen Befriedigung des Gläubigers geführt hat. Der **Nachweis** kann zB durch Vorlage aller Kontoauszüge erfolgen; Unvollständigkeit geht zulasten des VollstrSchuldners (AG Brühl 10.2.2011 – 47 M 1136/08, JurBüro 2011, 270). Die Unpfändbarkeit richtet sich nach den allg. Pfändungsschutzvorschriften, etwa den §§ 850a ff. ZPO, dem SGB (→ Rn. 77 ff.), oder ergibt sich aus Vorschriften in besonderen Leistungsgesetzen.

57a **Prognose.** Weiter hat der VollstrSchuldner **glaubhaft zu machen,** dass auch in den nächsten sechs Monaten (ab Antragstellung) nur mit dem Eingang nicht oder allenfalls in geringfügigem Umfang pfändbarer Beträge zu rechnen ist (§ 907 I 1 Nr. 2 ZPO). Der für die Beurteilung in den Blick zu nehmende Prognosezeitraum hat sich damit durch das PKoFoG (→ Rn. 16) erheblich verkürzt. Hierdurch soll der Anwendungsbereich der Norm erweitert und die Bedeutung der Pfändungseinschränkung für den Kontopfändungsschutz nicht zuletzt zur Entlastung von Banken und Gerichten erhöht werden (BT-Drs. 19/19850, 44). Eine derartige Prognose kann zB bejaht werden, wenn der VollstrSchuldner berufsunfähig und eine Besserung seiner gesundheitlichen Beschwerden kurz- oder mittelfristig nicht zu erwarten ist oder er sich als Empfänger (nicht pfändbarer) Sozialleistungen schon länger erfolglos um einen Arbeitsplatz bemüht hat (Thomas/Putzo ZPO § 907 Rn. 5, BT-Drs. 16/7615, 17). Auch bei einem mittellosen VollstrSchuldner sind pfändbare Zahlungseingänge, wie zB eine StErstattung oder sonst eine Einmalzahlung, aber nicht ohne Weiteres ausgeschlossen (Stöber/Rellermeyer Rn. C.614). Die **Anforderungen** an die Glaubhaftmachung dürfen allerdings weder zu großzügig bemessen (bloße Vermutung genügt nicht) noch überspannt werden; es muss möglich sein, einen angemessenen Ausgleich der Interessen des VollstrGläubigers und des VollstrSchuldners zu finden (Zöller ZPO § 907 Rn. 6).

58 **Verfahren.** Für die Festsetzung im VerwaltungsvollstrVerfahren bleibt auch nach Inkrafttreten des PKoFoG das VollstrGericht zuständig (§ 910 Satz 2 ZPO); idR dasjenige am Wohnsitz des Schuldners (§ 828 II ZPO). Damit wird nachvollzogen, dass die zeitbezogene Freistellung des Kontoguthabens nicht nur die Pfändungsmöglichkeiten der VollstrBehörde einschränkt, sondern regelmäßig auch die Interessenlage aller anderen Gläubiger des VollstrSchuldners berührt (Gosch AO § 319 Rn. 96). Antragsberechtigt ist ausschließlich der VollstrSchuldner, nicht hingegen ein unterhaltsberechtigter Angehöriger oder der Drittschuldner (HHSp § 319 Rn. 114b). Nach Anhörung des VollstrSchuldners hat das VollstrGericht nach pflichtgemäßem Ermessen („kann") zu entscheiden. Stehen **überwiegende Belange** des VollstrGläubigers entgegen, ist die Festsetzung der Unpfändbarkeit abzulehnen (§ 907 I 2 ZPO). Da StHinterziehung keine unerlaubte Handlung und § 370 kein Schutzgesetz iSd § 823 II BGB darstellt, kommt ein solches Übergewicht im VerwaltungsvollstrVerfahren allenfalls bei der Durchsetzung von Zwangsgeldern (§§ 332 f.) in Betracht. Das VollstrGericht kann für die **Dauer von bis zu zwölf Monaten** bestimmen, dass das Guthaben des (zu bezeichnenden) P-Kontos nicht der Pfändung unterworfen ist; es bleibt für den Schuldner frei verfügbar (Anders/Gehle ZPO § 907 Rn. 24). Der letzte Tag der Frist ist in der Festsetzung anzugeben; ist kein Endzeitpunkt bestimmt, gilt die Höchstfrist von zwölf Monaten, beginnend mit dem Tag der gerichtlichen Entscheidung. Die Festsetzung bewirkt, dass die ausgebrachte Pfändung rangwahrend bestehen bleibt; lediglich die Pfändungswirkungen äußern sich für die Dauer der Anordnung bzw. Festsetzung nicht (Thomas/Putzo ZPO § 907 Rn. 7). **Entfallen die Schutzvoraussetzungen** nachträglich, was der VollstrSchuldner unverzüglich mitzuteilen hat (§ 907 II 2 ZPO), oder erlangen die der Pfändungseinschränkung entgegenstehenden Gläubigerinteressen ein höheres Gewicht, ist die Festsetzung der Unpfändbarkeit auf Gläubigerantrag aufzuheben (§ 907 II 1 ZPO). Dabei sind auch Belange nachrückender Gläubiger berücksichtigungsfähig. Zu den Rechtsschutzmöglichkeiten Anders/Gehle ZPO § 907 Rn. 41.

III. Pfändungsschutz nach §§ 851–852 ZPO

1. § 851 ZPO Nicht übertragbare Forderungen

(1) Eine Forderung ist in Ermangelung besonderer Vorschriften der Pfändung nur insoweit unterworfen, als sie übertragbar ist. 59

(2) Eine nach § 399 des Bürgerlichen Gesetzbuchs nicht übertragbare Forderung kann insoweit gepfändet und zur Einziehung überwiesen werden, als der geschuldete Gegenstand der Pfändung unterworfen ist.

Allgemeines. Die Pfändbarkeit einer Forderung ist nach § 851 ZPO grds. von deren Übertragbarkeit abhängig. Wie die privatrechtliche Übertragung einer Forderung verlagert auch die Pfändung Gläubigerbefugnisse, nämlich Verwertungsrechte (Zöller ZPO § 851 Rn. 1). Nur soweit dies nach materiellem Recht durch rechtsgeschäftliche Einigung zwischen Verpfänder und Pfandgläubiger möglich ist, kann eine Forderungspfändung (staatlicher Zwangsakt) erfolgen (MüKo ZPO § 851 Rn. 1). Forderungen, die aufgrund gesetzlicher Anordnung nicht übertragbar sind, können entsprechend nicht gepfändet werden (Abs. 1). Umgekehrt dürfen Forderungen, die gesetzlich für unpfändbar erklärt sind (zB § 850a ZPO, § 54 SGB I), auch nicht übertragen werden (§ 400 BGB). § 851 I ZPO und § 400 BGB wirken wechselseitig (MüKo ZPO § 851 Rn. 1). Von dieser **Wechselwirkung** können aber kraft Gesetzes Ausnahmen zugelassen werden (Abs. 1 „in Ermanglung"). Abs. 2 bestimmt, dass ein vertraglich vereinbarter Abtretungsausschluss die Pfändung nicht hindert. 60

Fehlende Unübertragbarkeit. Dass eine Forderung iSd § 851 I ZPO nicht übertragen werden kann, wird durch Gesetz bestimmt (zB §§ 38 S. 1, 473 S. 1, 613 S. 2, 664 II, 717, 1378 III BGB) oder ergibt sich aus der (meist höchstpersönlichen oder zweckgebundenen) Natur der Forderung (Stöber/Rellermeyer Rn. A.16; → § 309 Rn. 6). Zu den **höchstpersönlichen** Forderungen zählen zB der Beihilfeanspruch des Beamten (BGH 5.11.2004 – IXa ZB 17/04, NJW-RR 2005, 720), das Recht der Eltern auf Verwendung der Einkünfte des Kindesvermögens für den Familienunterhalt (§ 1649 II BGB), das Nutzungsrecht von Mieter und Pächter, der Unterhaltsanspruch (zu Einzelheiten s. Anders/Gehle ZPO § 851 Rn. 5) aber auch der Anspruch auf Sozialhilfe (§ 17 I 2 SGB XII; Stöber/Rellermeyer Rn. D.39). Seit der Einführung des § 42 IV 1 SGB II sind wegen ihres existenzsichernden Charakters auch laufende Leistungen zur Sicherung des Lebensunterhalts (Arbeitslosengeld II) nicht (mehr) übertrag- und pfändbar (BT-Drs. 18/8041, 56; Stöber/Rellermeyer Rn. D.19). Die Mitgliedschaftsrechte eines GbR-Gesellschafters sind nach § 711a S. 1 BGB im Grundsatz ebenfalls nicht übertragbar (sog. Abspaltungsverbot; MüKo BGB § 711a Rn. 2). Zur eingeschränkten Übertragbarkeit, etwa eines Gewinnanspruchs, vgl. aber § 711a S. 2 BGB. Wegen der Pfändung des Gesellschaftsanteils → § 321 Rn. 30. Keine höchstpersönlichen Ansprüche sind Honoraransprüche der Ärzte, StBerater und Rechtsanwälte (BFH 1.2.2005 – VII B 198/04, BStBl. II 2005, 422; Thomas/Putzo ZPO § 851 Rn. 2a) und deren Ansprüche auf Altersversorgung (BGH 25.8.2004 – IXa ZB 271/03, NJW 2004, 3770). 61

Zweckgebundene Ansprüche sind solche, bei denen der Verwendungszweck einer Forderung zum Inhalt der Forderung gehört. Eine die Zweckbindung beeinträchtigende oder gar vereitelnde zweckwidrige Verwendung würde deshalb eine (unzulässige) Veränderung des Leistungsinhalts iSd § 399 Alt. 1 BGB darstellen (Zöller ZPO § 851 Rn. 3). Übertrag- und damit pfändbar bleibt eine zweckgebundene Forderung allenfalls für den sog. Anlassgläubiger, wenn mit der Abtretung oder Pfändung der vorgegebene Zweck (gerade oder zumindest weiterhin) erreicht wird (FG Münster 8.6.2020 – 11 V 1541/20 AO, BeckRS 2020, 12719; → § 309 Rn. 6). Zu den zweckgebundenen Forderungen zählen zB staatliche Subventionen wie die sog. Corona-Soforthilfe nach den Soforthilfeprogrammen der Länder (BFH 9.7.2020 – VII S 23/20 (AdV), DStR 2020, 1734; → § 309 Rn. 9a), der Anspruch auf Auszahlung eines Bauspardarlehens (→ § 309 Rn. 8), die 61a

Arbeitnehmer-Sparzulage (Stöber/Rellermeyer Rn. C.64), der Prozesskostenvorschuss oder der Vorschuss auf das Architektenhonorar (TK § 319 Rn. 83). Nicht dazu gehören der Anspruch auf Auszahlung eines Dispokredits (→ § 309 Rn. 10), Ansprüche auf Wohnungsbauprämie (Stöber/Rellermeyer Rn. A.581) oder Investitionszulage (Stöber/Rellermeyer Rn. A.536); diese Ansprüche sind grds. pfändbar. Weitere Bsp. → § 309 Rn. 7 ff.

Soweit die **Übertragbarkeit vereinbart** werden kann (zB §§ 613 S. 2, 664 II, 540 I 1 BGB), ist der Anspruch pfändbar, wenn die Übertragbarkeit vereinbart ist (→ § 321 Rn. 13).

62 **Keine vereinbarte Unpfändbarkeit.** Die Abtretung einer Forderung kann auch durch eine vor der Pfändung getroffene Vereinbarung zwischen VollstrSchuldner (Forderungsgläubiger) und Drittschuldner ausgeschlossen werden (§ 399 Alt. 2 BGB; Einschränkung § 354a HGB). Hierdurch wird die Pfändbarkeit des Anspruchs aber nicht berührt (§ 851 II ZPO). Da der VollstrSchuldner sein Vermögen dem Gläubigerzugriff nicht durch Vereinbarung mit dem Drittschuldner entziehen kann, ist es unerheblich, wann die Abtretbarkeit ausgeschlossen worden ist (Stöber/Rellermeyer Rn. A.18).

63 **Verfahren.** § 851 ZPO ist von Amts wegen zu berücksichtigen (→ Rn. 1). Ein Verstoß gegen Abs. 1 macht die Pfändung rechtswidrig (Thomas/Putzo ZPO § 851 Rn. 5); sie ist mit dem Einspruch (§ 347) anfechtbar. Erfasst die Pfändung weitere pfändbare Forderungen, wäre zur „punktuellen“ Beseitigung des rechtswidrigen Pfändungsüberhangs ggf. die Freigabe der unpfändbaren Forderung (zB Corona-Soforthilfe) zu erwägen (FG Münster 8.6.2020 – 11 V 1541/20 AO, BeckRS 2020, 12719); der rangschädlichen Aufhebung der Pfändungs- und Einziehungsverfügung bedürfte es dann wohl nicht (zur unzulässigen Ruhendstellung aber → § 309 Rn. 40).

2. § 851a ZPO Pfändungsschutz für Landwirte

64 (1) Die Pfändung von Forderungen, die einem die Landwirtschaft betreibenden Schuldner aus dem Verkauf von landwirtschaftlichen Erzeugnissen zustehen, ist auf seinen Antrag vom Vollstreckungsgericht insoweit aufzuheben, als die Einkünfte zum Unterhalt des Schuldners, seiner Familie und seiner Arbeitnehmer oder zur Aufrechterhaltung einer geordneten Wirtschaftsführung unentbehrlich sind.

(2) Die Pfändung soll unterbleiben, wenn offenkundig ist, dass die Voraussetzungen für die Aufhebung der Zwangsvollstreckung nach Absatz 1 vorliegen.

65 **Anwendungsbereich.** § 851a ZPO schützt – ergänzend zu § 811 I Nr. 1b ZPO (→ § 295 Rn. 10 ff.) – Forderungen aus dem Verkauf landwirtschaftlicher Erzeugnisse (Zöller ZPO § 851a Rn. 1). Der Schutz gilt nicht nur für Forderungen gegen den unmittelbaren Abnehmer, sondern auch für solche auf Vergütungen und Zuzahlungen der öffentlichen Hand, die an den Verkauf von landwirtschaftlichen Erzeugnissen anknüpfen (App DStZ 1999, 564). Erfasst werden auch Reparaturen und Anschaffungen im Rahmen geordneter Wirtschaftsführung (Thomas/Putzo ZPO § 851a Rn. 1). Nicht geschützt sind hingegen Bankguthaben und Bargeld. Der VollstrSchuldner muss haupt-/nebenberuflich Landwirtschaft betreiben. Ob ein Eigenbetrieb oder eine Landwirtschaft des Pächters oder Nießbrauchers vorliegt, ist unerheblich (Zöller ZPO § 851a Rn. 3). Die verkauften Erzeugnisse müssen im eigenen Betrieb erzeugt sein; erworbene sind nicht geschützt (TK § 319 Rn. 91). Vom Anwendungsbereich erfasst werden nur **unentbehrliche Einkünfte;** eine Deckung des Unterhaltsbedarfs des Schuldners, seiner Familie und seiner Arbeitnehmer darf nicht durch andere Mittel möglich sein (Zöller ZPO § 851a Rn. 5). „Unentbehrlich“ ist enger als „erforderlich“ in § 811 Nr. 1b ZPO (TK § 319 Rn. 91).

66 **Verfahren.** Die Vorschrift ist im VerwaltungsvollstrVerfahren von Amts wegen zu berücksichtigen (→ Rn. 1; Schwarz/Pahlke/Keß § 319 Rn. 54, 66; aA TK § 319 Rn. 90; App DStZ 1999, 564). Ein Verstoß gegen § 851a ZPO macht die Pfändung deshalb mit dem Einspruch (§ 347) anfechtbar (HHSp § 319 Rn. 101).

3. § 851b ZPO Pfändungsschutz bei Miet- und Pachtzinsen

(1) [1]Die Pfändung von Miete und Pacht ist auf Antrag des Schuldners vom Vollstreckungsgericht insoweit aufzuheben, als diese Einkünfte für den Schuldner zur laufenden Unterhaltung des Grundstücks, zur Vornahme notwendiger Instandsetzungsarbeiten und zur Befriedigung von Ansprüchen unentbehrlich sind, die bei einer Zwangsvollstreckung in das Grundstück dem Anspruch des Gläubigers nach § 10 des Gesetzes über die Zwangsversteigerung und die Zwangsverwaltung vorgehen würden. [2]Das Gleiche gilt von der Pfändung von Barmitteln und Guthaben, die aus Miet- oder Pachtzahlungen herrühren und zu den in Satz 1 bezeichneten Zwecken unentbehrlich sind. 67

(2) [1]Wird der Antrag nicht binnen einer Frist von zwei Wochen gestellt, so ist er ohne sachliche Prüfung zurückzuweisen, wenn das Vollstreckungsgericht der Überzeugung ist, dass der Schuldner den Antrag in der Absicht der Verschleppung oder aus grober Nachlässigkeit nicht früher gestellt hat. [2]Die Frist beginnt mit der Pfändung.

(3) Anordnungen nach Absatz 1 können mehrmals ergehen und, soweit es nach Lage der Verhältnisse geboten ist, auf Antrag aufgehoben oder abgeändert werden.

(4) [1]Vor den in den Absätzen 1 und 3 bezeichneten Entscheidungen ist, soweit dies ohne erhebliche Verzögerung möglich ist, der Gläubiger zu hören. [2]Die für die Entscheidung wesentlichen tatsächlichen Verhältnisse sind glaubhaft zu machen. [3]Die Pfändung soll unterbleiben, wenn offenkundig ist, dass die Voraussetzungen für die Aufhebung der Zwangsvollstreckung nach Absatz 1 vorliegen.

Anwendungsbereich. § 851b ZPO dient dem **VollstrSchutz für Miete und Pacht** und erfasst auch die aus ihnen herrührenden Barmittel und Guthaben, die als Erträgnisse des Grundstücks wirtschaftlich für dessen Erhaltung und zur Deckung der auf ihm ruhenden Lasten bestimmt sind (Zöller ZPO § 851b Rn. 1). Nur ein darüber hinausgehender Überschuss ist pfändbar. Die Vorschrift gilt nicht für Forderungen aus Untermiete (str., ebenso Stöber/Rellermeyer Rn. A.377; Zöller ZPO § 851b Rn. 2; aA Thomas/Putzo ZPO § 851b Rn. 1). Die Miet- und Pachtzinsen müssen zur laufenden Unterhaltung des Grundstücks (insb. Grundstücksgebühren, Hausmeistervergütungen, Reinigung, Strom, Versicherung), zur Vornahme notwendiger Reparaturen und zur Befriedigung vorgehender Rechte (§ 10 ZVG) wie Zins- und Tilgungsleistungen **unentbehrlich** sein (Zöller ZPO § 851b Rn. 3). Unentbehrlich bedeutet, dass dem VollstrSchuldner zur Bestreitung dieser Ausgaben keine Mittel aus anderen Quellen zur Verfügung stehen (Thomas/Putzo ZPO § 851b Rn. 3). Es ist ein strenger Maßstab anzulegen (Stöber/Rellermeyer Rn. A.358). 68

Verfahren. § 851b ZPO ist im VerwaltungsvollstrVerfahren von Amts wegen zu beachten (→ Rn. 1). Ein Verstoß gegen § 851b ZPO macht die Pfändung deshalb mit dem Einspruch (§ 347) anfechtbar (HHSp § 319 Rn. 103; aA FG Münster 4.5.2004 – 7 V 1911/04 AO, BeckRS 2004, 30446671; TK § 319 Rn. 96). 69

4. § 851c ZPO Pfändungsschutz bei Altersrenten

(1) Ansprüche auf Leistungen, die auf Grund von Verträgen gewährt werden, dürfen nur wie Arbeitseinkommen gepfändet werden, wenn 70

1. die Leistung in regelmäßigen Zeitabständen lebenslang und nicht vor Vollendung des 60. Lebensjahres oder nur bei Eintritt der Berufsunfähigkeit gewährt wird,
2. über die Ansprüche aus dem Vertrag nicht verfügt werden darf,
3. die Bestimmung von Dritten mit Ausnahme von Hinterbliebenen als Berechtigte ausgeschlossen ist und
4. die Zahlung einer Kapitalleistung, ausgenommen eine Zahlung für den Todesfall, nicht vereinbart wurde.

(2) [1]Beträge, die der Schuldner anspart, um in Erfüllung eines Vertrages nach Absatz 1 eine angemessene Alterssicherung aufzubauen, unterliegen nicht der Pfändung, soweit sie

1. jährlich nicht mehr betragen als
   a) 6 000 Euro bei einem Schuldner vom 18. bis zum vollendeten 27. Lebensjahr und
   b) 7 000 Euro bei einem Schuldner vom 28. bis zum vollendeten 67. Lebensjahr und
2. einen Gesamtbetrag von 340 000 Euro nicht übersteigen.

[2]Die in Satz 1 genannten Beträge werden jeweils zum 1. Juli eines jeden fünften Jahres entsprechend der Entwicklung auf dem Kapitalmarkt, des Sterblichkeitsrisikos und der Höhe der Pfändungs-

freigrenze angepasst und die angepassten Beträge vom Bundesministerium der Justiz und für Verbraucherschutz in der Pfändungsfreigrenzenbekanntmachung im Sinne des § 850c Absatz 4 Satz 1 bekannt gemacht. [3] Übersteigt der Rückkaufwert der Alterssicherung den unpfändbaren Betrag, sind drei Zehntel des überschießenden Betrags unpfändbar. [4] Satz 3 gilt nicht für den Teil des Rückkaufwerts, der den dreifachen Wert des in Satz 1 Nummer 2 genannten Betrags übersteigt.

(3) § 850e Nr. 2 und 2a gilt entsprechend.

71 **Anwendungsbereich.** § 851c ZPO ist durch das Gesetz zum Pfändungsschutz der Altersvorsorge (BGBl. 2007 I 368) mWv 31.3.2007 eingefügt und im Jahr 2012 hinsichtlich der Beträge geändert worden, um den Pfändungsschutz auf bestimmte Verträge, die der Altersvorsorge Selbständiger dienen und bislang uneingeschränkt der Vollstr. unterlagen, zu erweitern. Seither sind diese Renten nur noch wie Arbeitseinkommen pfändbar (zu Einzelheiten s. Holzer DStR 2007, 767; Stöber NJW 2007, 1242). Der Pfändungsschutz gilt auch für Arbeitnehmer und nicht berufstätige Personen, die für ihr Alter zusätzlich privat vorsorgen (Anders/Gehle ZPO § 851c Rn. 1). Um einen Missbrauch des Pfändungsschutzes zulasten der Gläubiger zu verhindern, müssen die **sachlichen Voraussetzungen** der Abs. 1 Nr. 1–4 kumulativ vorliegen (BGH 22.7.2015 – IV ZR 223/15, NJW 2015, 3506). Abs. 2 schützt das angesammelte Deckungskapital (sog. Vorsorgevermögen), das erforderlich ist, um im Versicherungsfall eine in Höhe der Pfändungsfreigrenzen unpfändbare Rente zu erhalten (BGH 12.5.2011 – IX ZB 181/10, NJW-RR 2011, 1617; Stöber/Rellermeyer Rn. A.91). Das unpfändbare Vorsorge- bzw. Deckungskapital ist zur Vereinfachung nach dem Lebensalter progressiv gestaffelt und berücksichtigt damit, dass ein junger Schuldner noch mehr Zeit benötigt, um das für die Sicherung seines Existenzminimums im Alter erforderliche Kapital anzusammeln (Stöber NJW 2007, 1242). Durch das Gesetz zum zivilrechtlichen Schutz vor Gewalttaten und Nachstellungen (BGBl. 2021 I 850) wurden die Beträge zur Anpassung an die heutigen Bedürfnisse und Lebensumstände mWv 1.1.2022 deutlich angehoben (BT-Drs. 19/27636, 2).

71a Nach § 167 VVG ist die **Umwandlung** einer bestehenden Kapitallebensversicherung in eine nach § 851c ZPO privilegierte Versicherung jederzeit zum Schluss der laufenden Versicherungsperiode zulässig. Pfändungsschutz erlangt die Versicherung aber auch dann nur, wenn sämtliche der in § 851c ZPO geregelten Voraussetzungen im Zeitpunkt der Pfändung vorliegen (BGH 22.7.2015 – IV ZR 223/15, NJW 2015, 3506). Ist die Kapitallebensversicherung bereits gepfändet, erfasst die Pfändung auch dieses Wahl- bzw. Umwandlungsrecht mit der Folge, dass es vom VollstrSchuldner nicht mehr ausgeübt werden kann (BFH 31.7.2007 – VII R 60/06, BFH/NV 2007, 2159).

5. § 851d ZPO Pfändungsschutz bei steuerlich gefördertem Altersvorsorgevermögen

72 Monatliche Leistungen in Form einer lebenslangen Rente oder monatlicher Ratenzahlungen im Rahmen eines Auszahlungsplans nach § 1 Abs. 1 S. 1 Nr. 4 des Altersvorsorgeverträge-Zertifizierungsgesetzes aus steuerlich gefördertem Altersvorsorgevermögen sind wie Arbeitseinkommen pfändbar.

73 **Anwendungsbereich.** § 851d ZPO ist ebenfalls durch das Gesetz zum Pfändungsschutz der Altersvorsorge (BGBl. 2007 I 368) mWv 31.3.2007 eingefügt worden, um in Ergänzung zu § 851c ZPO sowie § 97 EStG bei steuerlich geförderten Altersvorsorgevermögen („Riester-/Rürup-Rente“) Pfändungsschutz zu gewähren. Damit sind diese Renten nur wie Arbeitseinkommen pfändbar (zu Einzelheiten s. Holzer DStR 2007, 767; Stöber NJW 2007, 1242 sowie Thomas/Putzo ZPO § 851d Rn. 2 f.).

6. § 852 ZPO Beschränkt pfändbare Forderungen

74 (1) Der Pflichtteilsanspruch ist der Pfändung nur unterworfen, wenn er durch Vertrag anerkannt oder rechtshängig geworden ist.

(2) Das Gleiche gilt für den nach § 528 des Bürgerlichen Gesetzbuchs dem Schenker zustehenden Anspruch auf Herausgabe des Geschenkes sowie für den Anspruch eines Ehegatten oder Lebenspartners auf den Ausgleich des Zugewinns.

Anwendungsbereich. Ob Pflichtteilsansprüche (§ 2303 BGB), Pflichtteilsergänzungsansprüche (§§ 2305–2307, 2325, 2329 BGB), Zugewinnausgleichsforderungen (§ 1378 BGB) und Schenkungsrückforderungen (§ 528 BGB) geltend gemacht werden, soll dem Berechtigten überlassen werden (Thomas/Putzo ZPO § 852 Rn. 1). Sie sind daher nur pfändbar, wenn sie durch Vertrag anerkannt oder rechtshängig geworden sind (§ 852 ZPO). Der Pflichtteilsberechtigte soll mit Rücksicht auf seine familiäre Verbundenheit mit dem Erblasser allein entscheiden können, ob der Anspruch gegen den Erben durchgesetzt werden soll (BGH 8.7.1993 – IX ZR 116/92, NJW 1993, 2876; Stöber/Rellermeyer Rn. A.386). Entspr. gilt für Zugewinnausgleichs- und Schenkungsrückforderungsansprüche. 75

Die notwendige **Anerkennung durch Vertrag** erfordert weder Schriftform noch ein abstraktes Schuldanerkenntnis (§ 781 BGB); es genügt jede Einigung, die auf die Feststellung des Anspruchs abzielt, so zB ein schuldbestätigendes (deklaratorisches) Anerkenntnis, eine formlose oder in schlüssiger Handlung liegende Einigung des pflichtteilsberechtigten VollstrSchuldners mit dem verpflichteten Erben (Stöber/Rellermeyer Rn. A.387). 75a

Rechtshängig bedeutet prozessuale Rechtshängigkeit iSd § 261 ZPO (Anders/Gehle ZPO § 852 Rn. 6). Eine Pfändung vor vertraglicher Anerkennung oder Rechtshängigkeit wird als Pfändung eines aufschiebend bedingten Anspruchs für zulässig erachtet (BGH 28.11.2012 – XII ZR 19/10, NJW 2013, 530). Es entsteht ein eingeschränktes Pfandrecht, dessen Erstarken zum Vollrecht und anschließende Verwertung durch Einziehung (§ 314) vom Eintritt der Voraussetzungen des § 852 I ZPO abhängt (BGH 26.2.2009 – VII ZB 30/08, NJW-RR 2009, 997; Zöller ZPO § 852 Rn. 3; aA Thomas/Putzo ZPO § 852 Rn. 2). 75b

C. Beschränkungen und Verbote nach anderen Vorschriften

I. Anspruch auf Kindergeld (§ 76)

§ 76 EStG normiert ein grds. Pfändungsverbot für Kindergeldansprüche nach dem EStG (inkl. Kinderbonus). Da eine Pfändung nur wegen gesetzlicher Unterhaltsansprüche des Kindes zulässig ist, ist eine Pfändung nach der AO ausgeschlossen (Schmidt EStG § 76 Rn. 1). Zur Handhabung durch die Familienkassen s. V 24 DA-KG 2025, BStBl. I 2025, 1018. 76

II. Pfändungsschutz nach dem SGB (§ 54 SGB I)

§ 54 SGB I Pfändung

(1) Ansprüche auf Dienst- und Sachleistungen können nicht gepfändet werden. 77

(2) Ansprüche auf einmalige Geldleistungen können nur gepfändet werden, soweit nach den Umständen des Falles, insbesondere nach den Einkommens- und Vermögensverhältnissen des Leistungsberechtigten, der Art des beizutreibenden Anspruchs sowie der Höhe und der Zweckbestimmung der Geldleistung, die Pfändung der Billigkeit entspricht.

(3) Unpfändbar sind Ansprüche auf

1. Elterngeld bis zur Höhe der nach § 10 des Bundeselterngeld- und Elternzeitgesetzes anrechnungsfreien Beträge sowie dem Erziehungsgeld vergleichbare Leistungen der Länder,
2. Mutterschaftsgeld nach § 19 Absatz 1 des Mutterschutzgesetzes, soweit das Mutterschaftsgeld nicht aus einer Teilzeitbeschäftigung während der Elternzeit herrührt, bis zur Höhe des Elterngeldes nach § 2 des Bundeselterngeld- und Elternzeitgesetzes, soweit es die anrechnungsfreien Beträge nach § 10 des Bundeselterngeld- und Elternzeitgesetzes nicht übersteigt,

2a. Wohngeld, soweit nicht die Pfändung wegen Ansprüchen erfolgt, die Gegenstand der §§ 9 und 10 des Wohngeldgesetzes sind,

3. Geldleistungen, die dafür bestimmt sind, den durch einen Körper- oder Gesundheitsschaden bedingten Mehraufwand auszugleichen.

(4) Im übrigen können Ansprüche auf laufende Geldleistungen wie Arbeitseinkommen gepfändet werden.

(5) [1]Ein Anspruch des Leistungsberechtigten auf Geldleistungen für Kinder (§ 48 Abs. 1 Satz 2) kann nur wegen gesetzlicher Unterhaltsansprüche eines Kindes, das bei der Festsetzung der Geldleistungen berücksichtigt wird, gepfändet werden. [2]Für die Höhe des pfändbaren Betrages bei Kindergeld gilt:

1. [1]Gehört das unterhaltsberechtigte Kind zum Kreis der Kinder, für die dem Leistungsberechtigten Kindergeld gezahlt wird, so ist eine Pfändung bis zu dem Betrag möglich, der bei gleichmäßiger Verteilung des Kindergeldes auf jedes dieser Kinder entfällt. [2]Ist das Kindergeld durch die Berücksichtigung eines weiteren Kindes erhöht, für das einer dritten Person Kindergeld oder dieser oder dem Leistungsberechtigten eine andere Geldleistung für Kinder zusteht, so bleibt der Erhöhungsbetrag bei der Bestimmung des pfändbaren Betrages des Kindergeldes nach Satz 1 außer Betracht.
2. Der Erhöhungsbetrag (Nummer 1 Satz 2) ist zugunsten jedes bei der Festsetzung des Kindergeldes berücksichtigten unterhaltsberechtigten Kindes zu dem Anteil pfändbar, der sich bei gleichmäßiger Verteilung auf alle Kinder, die bei der Festsetzung des Kindergeldes zugunsten des Leistungsberechtigten berücksichtigt werden, ergibt.

(6) In den Fällen der Absätze 2, 4 und 5 gilt § 53 Abs. 6 entsprechend.

78 **Sozialleistungen.** § 54 SGB I regelt die Pfändung von Ansprüchen aus allen Sozialbereichen, zB **Bildungsförderung** (§§ 3 I, 18 SGB I; die Leistungsarten regelt das BAföG), **Arbeitsförderung** (§§ 3 II, 19, 19a SGB I; die Leistungsarten sind im SGB II, III enthalten), **Sozialversicherung** (§§ 4 I, 21 ff. SGB I; das sind die gesetzliche Krankenversicherung nach SGB V, die gesetzliche Rentenversicherung nach SGB VI, die gesetzliche Unfallversicherung nach SGB VII und die soziale Pflegeversicherung nach SGB XI sowie Einzelgesetze dieser Leistungsbereiche), **soziale Entschädigung bei Gesundheitsschäden** (§§ 5, 24 SGB I; die Leistungsarten regeln das BundesversorgungsG und andere Gesetze, die eine entspr. Anwendung dieses Gesetzes vorsehen wie zB § 80 SoldatenversorgungsG, § 47 ZivildienstG, § 67 II InfektionsschutzG), **Minderung des Familienaufwands** (§§ 6, 25 SGB I; geregelt im MutterschutzG, Bundeselterngeld- und ElternzeitG; zum Kindergeld → Rn. 63), **Zuschuss für eine angemessene Wohnung** (§§ 7, 26 SGB I; Wohngeld nach dem WohngeldG) oder **Sozialhilfe** (§§ 9, 28 SGB I; die verschiedenen Leistungen sind im SGB XII enthalten); **Rehabilitation** (§§ 10, 29 SGB I; die Leistungen sind im SGB IX geregelt). Zu Einzelheiten s. Zöller ZPO § 850i Rn. 7 ff.

79 **Unpfändbarkeit bei Zweckbestimmung.** Ansprüche auf **Dienst- und Sachleistungen** (Abs. 1) können nicht gepfändet werden. Es handelt sich um auf die persönlichen Bedürfnisse des Berechtigten zugeschnittene (zweckgebundene) Leistungen, die ansonsten ihren Zweck verfehlen würden (Stöber/Rellermeyer Rn. D.44). Dienstleistungen sind zB Krankenpflege, Haushaltshilfe, Betriebshilfe für Landwirte. Zu den Sachleistungen gehören zB die Versorgung mit Medikamenten und orthopädischen Hilfsmitteln, Krankenhausaufnahme, Pflegesachleistung (Zöller ZPO § 850i Rn. 17).

80 **Beschränkte Pfändbarkeit von Geldleistungen.** Der gesetzliche Pfändungsschutz knüpft an die Ausgestaltung der Zahlung an.

Einmalige Sozialleistungen (Abs. 2) sind zB Renten- und Kapitalabfindungen, Sterbegeld und Beitragserstattungen (Stöber/Rellermeyer Rn. D.45). Sie verlieren den Charakter der einmaligen Leistung nicht dadurch, dass sie in Teilbeträgen ausgezahlt werden (Zöller ZPO § 850i Rn. 18). Sie sind nur pfändbar, wenn dies der Billigkeit entspricht. Die **Billigkeit der Pfändung** ist ein unbestimmter Rechtsbegriff, der als Teil des gesetzlichen Tatbestandes der vollen Nachprüfung durch die Gerichte unterliegt. Die wesentlichen Gesichtspunkte, die die VollstrBehörde bei der Billigkeitsprüfung im Wege einer Gesamtbetrachtung zu berücksichtigen hat, sind in Abs. 2 nur beispielhaft aufgeführt. Deshalb sind auch alle anderen bedeutsamen Umstände des Einzelfalls zu würdigen (Stöber/Rellermeyer Rn. D.48). Hierzu zählen zB eine besondere Bedürftigkeit des Gläubigers, eine bestehende Notlage des VollstrSchuldners, dessen Unterhaltsverpflichtungen oder sein Gesundheitszustand (HHSp § 319 Rn. 123; Stöber/Rellermeyer Rn. D.53). Hauptkriterium einer jeden Billigkeitsprüfung ist aber die jeweilige Zweckbestimmung der betreffenden Sozialleistung (FG Düsseldorf 29.6.1988 – 4 K 315/87 KV, EFG 1989, 153). Der Leistungszweck darf durch die Pfändung nicht vereitelt werden. Der notwendige soziale Schutz des VollstrSchuldners muss gewährleistet bleiben (Stöber/Rellermeyer Rn. D.51). Die tragenden Gründe der Billigkeitsentscheidung sind von der VollstrBehörde prägnant und stichwortartig anzugeben (Klein § 319 Rn. 41; Stöber/Rellermeyer Rn. D.62).

Laufende Geldleistungen (Abs. 3–5) sind solche, die regelmäßig wiederkehrend für bestimmte Zeitabschnitte gezahlt werden, wie zB Arbeitslosengeld I (BGH 20.12.2006 – VII ZB 56/06, NJW 2007, 604); Krankengeld, Verletzten- und Hinterbliebenenrente, Rente wegen Berufs- und Erwerbsunfähigkeit oder Alters- und Wohngeld (Zöller ZPO § 850i Rn. 21). Laufende Sozialleistungen sind entweder unpfändbar (Abs. 3) oder können wie Arbeitseinkommen gepfändet werden (Abs. 4). Dies gilt auch für zukünftige Ansprüche, sofern die Ansprüche in einem bereits bestehenden Sozialversicherungsverhältnis wurzeln (BFH 20.8.1991 – VII R 86/90, BStBl. II 1991, 869; BGH 10.10.2003 – IXa ZB 180/03, NJW 2003, 3774); § 850k ZPO gilt entspr. (BGH 20.12.2006 – VII ZB 56/06, NJW 2007, 604; für den Pfändungsschutz bei Nachzahlungen → Rn. 52). 81

Unpfändbar sind das Elterngeld bis zur Höhe von 300 EUR (Abs. 3 Nr. 1; Stöber/Rellermeyer Rn. D.34, D.70), das Mutterschaftsgeld (Abs. 3 Nr. 2; Stöber/Rellermeyer Rn. D.71), Wohngeld (Abs. 3 Nr. 2a; Stöber/Rellermeyer Rn. D.72) und Geldleistungen, die dafür bestimmt sind, den durch einen Körper- oder Gesundheitsschaden bedingten Mehraufwand auszugleichen (Abs. 3 Nr. 3; Stöber/Rellermeyer Rn. D.73). Im Einzelfall sind allerdings anspruchsspezifische Besonderheiten zu beachten (HHSp § 319 Rn. 124). Zur Unpfändbarkeit des Anspruchs auf Sozialhilfe und Arbeitslosengeld II → Rn. 48. 81a

Die übrigen laufenden Sozialleistungen sind wie Arbeitseinkommen **pfändbar** (Abs. 4; zu Einzelheiten s. Stöber/Rellermeyer Rn. D.78 ff.); es gelten deshalb die §§ 850c ff. ZPO entsprechend (→ Rn. 15 ff.). 81b

Verfahren. Ob eine Sozialleistung pfändbar ist, **entscheidet die VollstrBehörde** und nicht der Leistungsträger als Drittschuldner (BFH 20.8.1991 – VII R 86/90, BStBl. II 1991, 869; Gosch AO § 319 Rn. 140; Zöller ZPO § 850i Rn. 29). Die Pfändungsvoraussetzungen sind von Amts wegen zu prüfen (→ Rn. 1; Schwarz/Pahlke/Keß § 319 Rn. 66). Der VollstrSchuldner sollte im Rahmen der Billigkeitsprüfung gehört werden. Von einer Anhörung kann nur ausnahmsweise abgesehen werden. § 834 ZPO gilt nicht (Anders/Gehle ZPO § 834 Rn. 6). Ein Verstoß gegen § 54 SGB I macht die Pfändung mit dem Einspruch (§ 347) anfechtbar. 82

§ 320 Mehrfache Pfändung einer Forderung

(1) **Ist eine Forderung durch mehrere Vollstreckungsbehörden oder durch eine Vollstreckungsbehörde und ein Gericht gepfändet, so sind die §§ 853 bis 856 der Zivilprozessordnung und § 99 Absatz 1 Satz 1 des Gesetzes über Rechte an Luftfahrzeugen entsprechend anzuwenden.**

(2) **Fehlt es an einem Amtsgericht, das nach den §§ 853 und 854 der Zivilprozessordnung zuständig wäre, so ist bei dem Amtsgericht zu hinterlegen, in dessen Bezirk die Vollstreckungsbehörde ihren Sitz hat, deren Pfändungsverfügung dem Drittschuldner zuerst zugestellt worden ist.**

Übersicht

A. Allgemeines

1 **Regelungszweck.** § 320 regelt, was zu geschehen hat, wenn eine Forderung durch mehrere VollstrBehörden oder durch eine VollstrBehörde und ein Gericht gepfändet worden ist. Nach Abs. 1 sind hierbei die §§ 853–856 ZPO und § 99 I 1 LuftFzgG entspr. anzuwenden, die ihrerseits den verschiedenen Formen der Verwertung bei Pfändungen von Forderungen und Rechten Rechnung tragen (TK § 320 Rn. 3). Abs. 2 bestimmt die Ersatzzuständigkeit bei einer Hinterlegung. § 320 **wahrt die Belange des Drittschuldners.** Er soll bei mehrfacher Pfändung einer Forderung nicht das Risiko tragen, verbindlich den bestrangigen Gläubiger feststellen zu müssen: Denn nur an ihn kann er mit schuldbefreiender Wirkung leisten (Zöller ZPO § 853 Rn. 1).

B. Anwendung der §§ 853–856 ZPO und § 99 Abs. 1 Satz 1 LuftFzgG (Abs. 1)

I. Vorliegen einer mehrfachen Pfändung

2 § 320 gilt nur bei **mehrfacher Pfändung derselben Forderung,** nicht bei einem Zusammentreffen von Pfändung und Abtretung (Anders/Gehle ZPO § 853 Rn. 3). Zum Begriff der mehrfachen Pfändung → § 308 Rn. 2. Die den Geltungsbereich des § 320 eröffnende Unübersichtlichkeit liegt aus Sicht des Drittschuldners vor, wenn bei ihm gleichzeitig oder zeitgleich nacheinander verschiedene Pfändungsverfügungen bzw. Pfändungsbeschlüsse zugestellt werden, deren Rangfolge er auf der Grundlage des Prioritätsprinzips bestimmen müsste (→ § 282 Rn. 9). Erforderlich ist weiter, dass zumindest eine der Pfändungen durch eine VollstrBehörde erfolgt sein muss.

II. Abwicklung nach Maßgabe des gepfändeten Anspruchs

1. § 853 ZPO Mehrfache Pfändung einer Geldforderung

3 Ist eine Geldforderung für mehrere Gläubiger gepfändet, so ist der Drittschuldner berechtigt und auf Verlangen eines Gläubigers, dem die Forderung überwiesen wurde, verpflichtet, unter Anzeige der Sachlage und unter Aushändigung der ihm zugestellten Beschlüsse an das Amtsgericht, dessen Beschluss ihm zuerst zugestellt ist, den Schuldbetrag zu hinterlegen.

4 **Hinterlegungsbefugnis.** Auch bei einer Mehrfachpfändung bleibt der Drittschuldner (nach Überweisung/Einziehung der Geldforderung) berechtigt, an sämtliche Gläubiger in der Reihenfolge ihrer Pfandrechte zahlen. Er kann den Betrag zudem hinterlegen. Insoweit besitzt er ein Wahlrecht. Leistet er, trifft ihn das Risiko, ohne Erfüllungswirkung an den falschen Gläubiger zu leisten (zum Bereicherungsanspruch nach § 812 BGB s. BGH 8.10.1981 – VII ZR 319/80, NJW 1982, 173; auch → § 314 Rn. 6). Zum Schutz des Vertrauens auf die Rechtmäßigkeit des Überweisungsbeschlusses und des damit verbundenen Rangs s. BGH 9.6.1976 – VIII ZR 19/75, DB 1976, 1669.

5 **Hinterlegungspflicht.** Der Drittschuldner muss hinterlegen, wenn eine VollstrBehörde, die die Einziehung der gepfändeten Forderung angeordnet hat, oder ein Gläubiger,

dem die gepfändete Forderung überwiesen worden ist, dies verlangen. Das Verlangen kann formlos gestellt werden (Stöber/Rellermeyer Rn. B.470).

Hinterlegung und Anzeige. Hinterlegt wird der geschuldete Betrag zugunsten aller Gläubiger gem. § 374 BGB bei dem AG, das denjenigen Pfändungsbeschluss erlassen hat, der dem Drittschuldner zuerst zugestellt wurde. Als **Hinterlegungsstelle** zuständig ist das VollstrGericht. Hat zuerst eine FB vollstreckt oder sind nur VollstrBehörden beteiligt, gilt § 320 II (→ Rn. 19). Gleichzeitig mit der Hinterlegung hat der Drittschuldner dem Gericht die Sachlage anzuzeigen. Hierbei hat er die Mehrfachpfändung unter Aushändigung aller ihm zugestellten Pfändungs- und Überweisungsbeschlüsse bzw. Einziehungsverfügungen, Angabe der Höhe und Art der Forderung sowie unter Vorlage des schriftlichen Hinterlegungsverlangens darzulegen (MüKo ZPO § 853 Rn. 10). Ein Verstoß gegen die Anzeigepflicht macht die Hinterlegung unrechtmäßig und damit unwirksam (Anders/Gehle ZPO § 853 Rn. 11; TK § 320 Rn. 9). 6

Wirkung. Mit der Hinterlegung und Anzeige des Sachverhalts leistet der Drittschuldner mit befreiender Wirkung (vgl. § 378 BGB). Die Rechte des VollstrGläubigers aus der Einziehungsverfügung (§ 314) werden gegenstandslos, da die eingezogene Forderung erlischt (Thomas/Putzo ZPO § 853 Rn. 7). 7

2. § 854 ZPO Mehrfache Pfändung eines Anspruchs auf bewegliche Sachen

(1) [1]Ist ein Anspruch, der eine bewegliche körperliche Sache betrifft, für mehrere Gläubiger gepfändet, so ist der Drittschuldner berechtigt und auf Verlangen eines Gläubigers, dem der Anspruch überwiesen wurde, verpflichtet, die Sache unter Anzeige der Sachlage und unter Aushändigung der ihm zugestellten Beschlüsse dem Gerichtsvollzieher herauszugeben, der nach dem ihm zuerst zugestellten Beschluss zur Empfangnahme der Sache ermächtigt ist. [2]Hat der Gläubiger einen solchen Gerichtsvollzieher nicht bezeichnet, so wird dieser auf Antrag des Drittschuldners von dem Amtsgericht des Ortes ernannt, wo die Sache herauszugeben ist. 8

(2) [1]Ist der Erlös zur Deckung der Forderungen nicht ausreichend und verlangt der Gläubiger, für den die zweite oder eine spätere Pfändung erfolgt ist, ohne Zustimmung der übrigen beteiligten Gläubiger eine andere Verteilung als nach der Reihenfolge der Pfändungen, so hat der Gerichtsvollzieher die Sachlage unter Hinterlegung des Erlöses dem Amtsgericht anzuzeigen, dessen Beschluss dem Drittschuldner zuerst zugestellt ist. [2]Dieser Anzeige sind die Dokumente beizufügen, die sich auf das Verfahren beziehen.

(3) In gleicher Weise ist zu verfahren, wenn die Pfändung für mehrere Gläubiger gleichzeitig bewirkt ist.

Bewegliche Sache. Die mehrfache Pfändung muss auf einen Anspruch auf Herausgabe oder Leistung einer beweglichen Sache gerichtet sein. Zur Pfändung und Verwertung s. § 318 II (→ § 318 Rn. 6 ff.). Die Abwicklung einer Mehrfachpfändung ist in § 854 ZPO geregelt, der sich inhaltlich eng an den § 853 ZPO anschließt. Daher gelten die Ausführungen zu § 853 ZPO grds. entspr. (→ Rn. 4 ff.). 9

Herausgabepflicht. Statt der Hinterlegung darf oder muss der Drittschuldner die bewegliche Sache aber an den Gerichtsvollzieher bzw. Vollziehungsbeamten herausgeben. 10

Berufen ist der **Gerichtsvollzieher,** der in dem zuerst zugestellten Pfändungs- und Überweisungsbeschluss genannt ist. Diesem gegenüber muss der Drittschuldner auch den Sachverhalt anzeigen sowie die übrigen Pfändungs- und Überweisungsbeschlüsse/Einziehungsverfügungen sowie ggf. die Herausgabeforderung des Gläubigers aushändigen. Der Gerichtsvollzieher hat die übrigen Gläubiger sofort von der Herausgabe der Sache an ihn zu unterrichten und sich die vollstreckbaren Urkunden derselben aushändigen zu lassen (Zöller ZPO § 854 Rn. 2).

Ist durch die VollstrBehörde eine Pfändungs- und Einziehungsverfügung zuerst zugestellt worden, ist die Sache an den darin bezeichneten **Vollziehungsbeamten** herauszugeben. Ist ein Vollziehungsbeamter nicht bezeichnet, wird gem. § 854 I 2 ZPO auf Antrag des Drittschuldners ein Gerichtsvollzieher (nicht Vollziehungsbeamter) von dem AG (VollstrGericht) des Ortes ernannt, an dem die Sache herauszugeben ist (TK § 320 Rn. 16).

10a **Wirkung.** Mit Herausgabe nebst Anzeige leistet der Drittschuldner mit befreiender Wirkung. Die Pfändungspfandrechte an dem Anspruch auf die Sache gehen in der Reihenfolge der Anschlusspfändungen über (Anders/Gehle ZPO § 854 Rn. 3). Die Verwertung der Sache erfolgt nach § 847 II iVm §§ 814 ff. ZPO durch den Gerichtsvollzieher bzw. nach § 318 II 2 iVm §§ 296 ff. durch den Vollziehungsbeamten, die den Erlös an die Gläubiger auszukehren haben. Reicht der Erlös nicht zur Befriedigung aller Gläubiger aus, sind § 854 II ZPO bzw. § 308 IV zu beachten. Bei einer gleichzeitigen Pfändung gelten § 854 III ZPO und § 308 V.

3. § 855 ZPO Mehrfache Pfändung eines Anspruchs auf eine unbewegliche Sache

11 Betrifft der Anspruch eine unbewegliche Sache, so ist der Drittschuldner berechtigt und auf Verlangen eines Gläubigers, dem der Anspruch überwiesen wurde, verpflichtet, die Sache unter Anzeige der Sachlage und unter Aushändigung der ihm zugestellten Beschlüsse an den von dem Amtsgericht der belegenen Sache ernannten oder auf seinen Antrag zu ernennenden Sequester herauszugeben.

12 **Unbewegliche Sache.** Die Pfändung und Verwertung durch die VollstrBehörde richtet sich nach § 318 III (→ § 318 Rn. 8 ff.). Für die Abwicklung einer Mehrfachpfändung gelten die Erläuterungen zu §§ 853, 854 ZPO entspr. (→ Rn. 4 ff., 9 f.). An die Stelle der Hinterlegung tritt die **Herausgabe an einen Sequester.** Der Sequester (Treuhänder) ist vom AG (VollstrGericht) der belegenen Sache auf Antrag eines Gläubigers oder des Drittschuldners zu ernennen, soweit dies noch nicht geschehen ist. Der Sequester hat die Aufgabe, die Auflassung entgegenzunehmen (§ 318 III 2; → § 318 Rn. 9) und gegenüber dem Grundbuchamt die Bewilligung zur Eintragung einer Sicherungshypothek abzugeben (§ 318 III 4; → § 318 Rn. 11).

4. § 855a ZPO Mehrfache Pfändung eines Anspruchs auf ein Schiff

13 (1) Betrifft der Anspruch ein eingetragenes Schiff, so ist der Drittschuldner berechtigt und auf Verlangen eines Gläubigers, dem der Anspruch überwiesen wurde, verpflichtet, das Schiff unter Anzeige der Sachlage und unter Aushändigung der Beschlüsse dem Treuhänder herauszugeben, der in dem ihm zuerst zugestellten Beschluss bestellt ist.

(2) Absatz 1 gilt sinngemäß, wenn der Anspruch ein Schiffsbauwerk betrifft, das im Schiffsbauregister eingetragen ist oder in dieses Register eingetragen werden kann.

14 Pfändung und Verwertung durch die VollstrBehörde richten sich nach § 318 IV (→ § 318 Rn. 13). Die Abwicklung einer Mehrfachpfändung ist in § 855a ZPO geregelt, der sich inhaltlich eng an die § 855 ZPO anlehnt. Deshalb gelten die Ausführungen hierzu entsprechend (→ Rn. 12).

5. § 99 LuftRG [Anwendung zivilprozessualer Vorschriften]

15 (1) [1]Die Vorschriften in §§ 58, 266, 325 Abs. 4, §§ 592, 720a, 787, 794 Abs. 1 Nr. 5, §§ 800a, 830a, 837a, 847a, 855a, 864, 865, 870a, ausgenommen dessen Absatz 3 Satz 1 zweiter Halbsatz, und in §§ 895, 938, 941 der Zivilprozeßordnung gelten sinngemäß mit der Maßgabe, daß an die Stelle des eingetragenen Schiffes das in der Luftfahrzeugrolle eingetragene Luftfahrzeug und an die Stelle der Schiffshypothek das Registerpfandrecht an einem Luftfahrzeug tritt; § 98 Abs. 2 S. 2 gilt auch hierbei. …

(…)

16 Pfändung und Verwertung durch die VollstrBehörde richten sich nach § 318 IV (→ § 318 Rn. 13). Die Abwicklung einer Mehrfachpfändung erfolgt aufgrund der Verweisung in § 99 I 1 LuftFzgG gem. § 855a ZPO. Damit gelten die dortigen Ausführungen entspr. → Rn. 14.

6. § 856 ZPO Klage bei mehrfacher Pfändung

17 (1) Jeder Gläubiger, dem der Anspruch überwiesen wurde, ist berechtigt, gegen den Drittschuldner Klage auf Erfüllung der nach den Vorschriften der §§ 853 bis 855 diesem obliegenden Verpflichtungen zu erheben.

(2) Jeder Gläubiger, für den der Anspruch gepfändet ist, kann sich dem Kläger in jeder Lage des Rechtsstreits als Streitgenosse anschließen.

(3) Der Drittschuldner hat bei dem Prozessgericht zu beantragen, dass die Gläubiger, welche die Klage nicht erhoben und dem Kläger sich nicht angeschlossen haben, zum Termin zur mündlichen Verhandlung geladen werden.

(4) Die Entscheidung, die in dem Rechtsstreit über den in der Klage erhobenen Anspruch erlassen wird, ist für und gegen sämtliche Gläubiger wirksam.

(5) Der Drittschuldner kann sich gegenüber einem Gläubiger auf die ihm günstige Entscheidung nicht berufen, wenn der Gläubiger zum Termin zur mündlichen Verhandlung nicht geladen worden ist.

Zwangsweise Durchsetzung. Kommt der Drittschuldner seinen gesetzlichen Mitwirkungspflichten nicht freiwillig nach, muss die FB wie jede andere VollstrGläubiger auf deren Erfüllung klagen. Entgegen seinem Wortlaut ist § 856 ZPO auch auf § 855a ZPO anwendbar (MüKo ZPO § 856 Rn. 1). Die **Klage** auf Hinterlegung des Geldes oder Herausgabe der Sache an den Gerichtsvollzieher/Vollziehungsbeamten oder Sequester (Treuhänder) kann gem. § 856 I ZPO jeder Gläubiger erheben, dem der Anspruch zur Einziehung oder an Zahlungs statt gem. §§ 835, 849 ZPO überwiesen wurde. Für die Leistungsklage ist der gleiche Rechtsweg gegeben, wie für eine Klage des Schuldners gegen den Drittschuldner (vgl. OLG Stuttgart 8.4.1999 – 9 W 90/98, BeckRS 1999, 31363208). Zu den möglichen Einwendungen des Drittschuldners vgl. Anders/Gehle ZPO § 856 Rn. 8 ff. Die VollstrBehörde bzw. die Körperschaft, der sie angehört (→ § 252 Rn. 2; HHSp § 320 Rn. 42), ist zur Klage befugt, wenn sie die Einziehung des Anspruchs gem. § 314 angeordnet hat (→ § 318 Rn. 5). Hat ein Gläubiger bereits Klage erhoben, steht der Klage eines anderen Gläubigers gem. § 261 III Nr. 1 ZPO Rechtshängigkeit entgegen (Zöller ZPO § 856 Rn. 1). 18

Beitritt. Der andere Gläubiger kann dem Rechtsstreit jedoch gem. § 856 II ZPO als notwendiger Streitgenosse beitreten. Die klagenden Gläubiger haben dem Schuldner gem. § 841 ZPO den Streit zu verkünden (Gosch AO § 320 Rn. 21; Anders/Gehle ZPO § 856 Rn. 3; aA BeckOK AO § 320 Rn. 35). 18a

§ 856 III ZPO regelt die Beiladung und **§ 856 IV, V ZPO** die Rechtskraft. Das Urteil wirkt hinsichtlich des in der Klage erhobenen Anspruchs gegenüber allen Gläubigern, soweit sie beigetreten oder beigeladen waren (Zöller ZPO § 856 Rn. 5). Gegenüber dem VollstrSchuldner erwächst das Urteil hingegen nicht in Rechtskraft (Anders/Gehle ZPO § 856 Rn. 11). Die Zwangsvollstr. findet aus dem Urteil für alle Gläubiger statt. Soweit ein Gläubiger am Prozess nicht teilgenommen hat, muss er das Urteil gem. § 727 ZPO auf sich umschreiben lassen (TK § 320 Rn. 23). 18b

C. Ersatzzuständigkeit bei Hinterlegung (Abs. 2)

An der Erstzuständigkeit eines AG als Hinterlegungsstelle (→ Rn. 6) fehlt es, wenn in den Fällen der §§ 853, 854 ZPO eine VollstrBehörde die Pfändung zuerst zugestellt hatte. Hier begründet § 320 II eine Ersatzzuständigkeit. Es ist bei dem AG zu hinterlegen, in dessen Bezirk die erstzustellende VollstrBehörde ihren Sitz hat. 19

§ 321 Vollstreckung in andere Vermögensrechte

(1) **Für die Vollstreckung in andere Vermögensrechte, die nicht Gegenstand der Vollstreckung in das unbewegliche Vermögen sind, gelten die vorstehenden Vorschriften entsprechend.**

(2) **Ist kein Drittschuldner vorhanden, so ist die Pfändung bewirkt, wenn dem Vollstreckungsschuldner das Gebot, sich jeder Verfügung über das Recht zu enthalten, zugestellt ist.**

(3) **Ein unveräußerliches Recht ist, wenn nichts anderes bestimmt ist, insoweit pfändbar, als die Ausübung einem anderen überlassen werden kann.**

(4) **Die Vollstreckungsbehörde kann bei der Vollstreckung in unveräußerliche Rechte, deren Ausübung einem anderen überlassen werden kann, besondere Anordnungen erlassen, insbesondere bei der Vollstreckung in Nutzungsrechte eine Verwaltung anordnen; in diesem Fall wird die Pfändung durch Übergabe der zu benutzenden Sache an den Verwalter bewirkt, sofern sie nicht durch Zustellung der Pfändungsverfügung schon vorher bewirkt ist.**

(5) **Ist die Veräußerung des Rechts zulässig, so kann die Vollstreckungsbehörde die Veräußerung anordnen.**

(6) **Für die Vollstreckung in eine Reallast, eine Grundschuld oder eine Rentenschuld gelten die Vorschriften über die Vollstreckung in eine Forderung, für die eine Hypothek besteht.**

(7) **Die §§ 858 bis 863 der Zivilprozessordnung gelten sinngemäß.**

Vergleichbare Vorschriften: §§ 857–863 ZPO
Hinweis auf **VollstrA:** Abschn. 42 Abs. 3

Schrifttum: App, Ein gelegentlich vorkommender Fehler bei der Forderungspfändung, StWa 1998, 48; App, Vollstreckung in Miteigentumsanteile, Erbteile und Gesellschaftsrechte, NWB Fach 2 S. 7883 (Nr. 13 v. 25.3.2002); Noack, Die GbR als Prozesspartei im Erkenntnis-, Vollstreckungs- und Schiedsverfahren – Kontinuitäten und Diskontinuitäten nach dem MoPeG – Teil II, GmbHR 2024, 71.

Übersicht

A. Allgemeines

1 **Regelungszweck.** § 321 regelt die Vollstr. in alle Vermögensgegenstände des beweglichen Vermögens, mit Ausnahme der Sachen (§§ 285 ff.), der Geldforderungen (§§ 309 ff.) und der Ansprüche auf Herausgabe oder Leistung von Sachen (§ 318; → Rn. 3). Insoweit handelt es sich bei den „anderen Vermögensrechten" um einen gesetzlichen **Hilfs- bzw. Auffangbegriff.** Nach Abs. 1 gelten für die Durchführung grds. die §§ 309–320. Die Abs. 2–7 regeln die Besonderheiten.

B. Regelungsinhalt

I. Andere Vermögensrechte als Gegenstand der Vollstreckung (Abs. 1)

1. Begriff

Als Vermögensrecht pfändbar sind Rechte aller Art, die einen Vermögenswert verkörpern, sodass die Pfandverwertung zur Befriedigung des Geldanspruchs des Gläubigers führen kann (BGH 5.7.2005 – VII ZB 5/05, NJW 2005, 3353). **Nicht pfändbar** sind Personenstandsrechte sowie personenrechtliche Ansprüche, Namensrechte und Rechte an der kaufmännischen Firma oder der „good will", aber auch Anteilsrechte an Vereinen usw., die nur einen ideellen Wert haben (MüKo ZPO § 857 Rn. 7). Unpfändbar sind auch Gestaltungsrechte, bloße Handlungsmöglichkeiten und Befugnisse, wie zB das Anfechtungs-, Kündigungs- und Abtretungsrecht, das Recht, Mietaufhebung zu verlangen, oder die Kontovollmacht (TK § 321 Rn. 3) sowie unselbständige Nebenrechte (MüKo ZPO § 857 Rn. 11). Nicht übertragbare Rechte sind bereits gem. § 319 iVm § 851 I ZPO grds. nicht der Pfändung unterworfen (→ § 319 Rn. 59 f.); § 321 III macht hiervon allerdings eine Ausnahme (→ Rn. 19). 2

2. Beispiele pfändbarer anderer Vermögensrechte

Abtretung, Übertragung. Der Anspruch auf Abtretung, Rückabtretung, Übertragung und Rückübertragung eines Rechts ist pfändbar (BGH 18.6.1998 – IX ZR 311/95, NJW 1998, 2969). Zum Rückübertragungsanspruch des Sicherungsgebers → Rn. 14. 3

Ankaufsrechte (Optionsrechte) beinhalten die schuldrechtliche Befugnis, durch einseitige Willenserklärung mit Zustandekommen eines bereits inhaltlich festgelegten Kaufvertrags die Rechtsstellung eines Käufers und damit einen Anspruch auf Verschaffung des Eigentums an einer beweglichen Sache, einem Grundstück oder sonst einem Gegenstand des Immobiliarverkehrs zu erlangen (Stöber/Rellermeyer Rn. E.25). Soweit ein Ankaufsrecht übertragbar ist, ist es auch pfändbar (§ 851 I ZPO). 4

Anteilsrechte. Die Zwangsvollstr. in Gesellschafter- und Miterbenanteile richtete sich bislang nach § 859 ZPO (→ Rn. 29 ff.). Künftig erfolgt die Pfändung von Anteilen an einer rechtsfähigen GbR (§ 705 II BGB) ebenso wie die von Anteilen an einer OHG oder KG unmittelbar gem. § 857 ZPO (MüKo BGB § 711 Rn. 44; BeckOK ZPO § 857 Rn. 82), der inhaltlich § 321 entspricht. Zu verfahrensrechtlichen Einzelheiten vgl. Noack GmbHR 2024, 71. Die Verwertung geschieht durch Einziehung des Gewinnanteils und des Auseinandersetzungsguthabens, kann aber auch durch Veräußerung erfolgen (§§ 321 V, 317). Aufgrund der Einziehungsverfügung kann der Pfändungsgläubiger, der auch weiterhin nicht selbst Gesellschafter wird, nach Maßgabe des § 726 I BGB außerordentlich kündigen und die Auseinandersetzung betreiben (Gosch AO § 321 Rn. 30; so schon zur alten Rechtslage BGH 5.12.1991 – IX ZR 270/90, NJW 1992, 830; Stöber/Rellermeyer Rn. E.125 ff.). Zum Miteigentum an beweglichen Sachen s. BFH 30.9.1997 – VII B 67/97, BFH/NV 1998, 421 und zum Grundstücksmiteigentum s. BGH 20.12.2005 – VII ZB 50/05, NJW 2006, 849. Ebenso pfändbar ist der Anteil an Geldmarktfonds (Thomas/Putzo ZPO § 857 Rn. 6). Entspr. gilt für die Ansprüche aufgrund der Aufhebung einer nichtehelichen Lebensgemeinschaft (vgl. allg. BGH 6.10.2003 – II ZR 63/02, NJW 2004, 58; Stöber/Rellermeyer Rn. A.383 f.). 5

Auch bei der Pfändung eines GmbH-Geschäftsanteils handelt es sich um die Pfändung eines anderen Vermögensrechts iSv § 857 I ZPO (BeckOK ZPO § 857 Rn. 69 ff.; HHSp § 321 Rn. 49 ff.). 5a

Anwartschaftsrechte. Das Anwartschaftsrecht des Vorbehaltskäufers ist pfändbar. Pfändbar sind auch die Anwartschaftsrechte des Nacherben (Stöber/Rellermeyer Rn. E.252 ff.) und des Auflassungsempfängers nach Umschreibungsantrag oder Auflassungsvormerkung (Stöber/Rellermeyer Rn. G.72 ff.). Sind Forderungen (zB sicherheitshalber) so 6 abgetreten, dass sie nach Eintritt der Bedingung von selbst wieder dem Zedenten zufallen sollen, entsteht für den Zedenten eine vermögenswerte und übertragbare Anwartschaft auf den Forderungserwerb. Diese ist pfändbar; Drittschuldner ist gem. § 321 II der Zedent (Stein/Jonas ZPO § 857 Rn. 94).

7 **Arzneimittelzulassung.** Die öffentlich-rechtliche Arzneimittelzulassung ist nur zusammen mit der zivilrechtlichen Befugnis, das Arzneimittel in den Verkehr zu bringen, pfändbar (BGH 1.3.1990 – IX ZR 147/89, NJW 1990, 2931).

8 **Auseinandersetzung.** Ein Anspruch auf ein Auseinandersetzungsguthaben ist pfändbar, auch auf ein künftiges (Anders/Gehle ZPO § 857 Rn. 6, „Auseinandersetzung"; zweifelnd im Hinblick auf den durch das MoPeG eingetretenen Paradigmenwechsel BeckOK ZPO § 857 Rn. 82.1).

9 **Beschränkt dingliche Rechte.** Pfändbar sind Grundpfandrechte (§ 321 VI, → Rn. 22 ff.), Nießbrauch (BGH 12.1.2006 – IX ZR 131/04, NJW 2006, 1124) und beschränkte Dienstbarkeit in ihrer Ausübung (§ 321 III iVm §§ 1059 S. 2, 1092 I 2 BGB; → Rn. 19) sowie das Dauerwohnrecht (§ 33 I WEG; Thomas/Putzo ZPO § 857 Rn. 3).

10 **Internet-Domain.** Die Gesamtheit der Ansprüche des Inhabers einer Internet-Domain gegenüber der Vergabestelle (zB DENIC Verwaltungs- und Betriebsgesellschaft eG) ist pfändbar (BFH 20.6.2017 – VII R 27/15, BStBl. II 2017, 1035; BGH 11.10.2018 – VII ZR 288/17, Rpfleger 2019, 211; Zöller ZPO § 857 Rn. 12c).

11 **Leasing.** Das Nutzungsrecht des Leasingnehmers ist pfändbar, soweit der Leasinggegenstand einem Dritten überlassen werden darf (MüKo ZPO § 857 Rn. 26; → Rn. 19). Dies ist allerdings idR durch AGB ausgeschlossen. Zur Pfändung und Verwertung → Rn. 20.

12 **Lizenzen.** Eine Lizenz, also die Überlassung eines geschützten Rechts, insb. einer Erfindung (Patents) oder eines Warenzeichens, ist pfändbar, soweit nicht die Übertragbarkeit ausgeschlossen ist (Stöber/Rellermeyer Rn. E.241). Pfändbar ist auch eine Bundesligalizenz (BGH 22.3.2001 – IX ZR 373/98, NJW-RR 2001, 1552) sowie die Lizenz zur Nutzung von Software (MüKo ZPO § 857 Rn. 16). Die Verwertung erfolgt nach §§ 317, 321 V (→ Rn. 21). Zum fehlenden Drittschuldner → Rn. 18.

13 **Miete/Pacht.** Das Nutzungsrecht des Mieters/Pächters ist im Hinblick auf § 540 I 1 BGB nur dann pfändbar, wenn der Vermieter/Verpächter die Erlaubnis erteilt hat, den Gebrauch der Mietsache einem Dritten zu überlassen (Zöller ZPO § 857 Rn. 12). Die Verwertung erfolgt nach §§ 317, 321 IV (→ Rn. 20).

14 **Rückübertragungsansprüche.** Der Anspruch auf Rückübertragung von Sicherheiten ist pfändbar. Die Pfändung und Einziehung des Anspruchs auf **Rückgewähr einer Grundschuld** umfasst grds. auch das Recht zwangsweise die Löschung der Grundschuld zu verlangen, berechtigt den VollstrSchuldner aber nicht, die Sicherungsvereinbarung oder die Geschäftsbeziehung zum Sicherungsnehmer zu kündigen (BGH 2.6.2022 – V ZR 132/21, NJW 2022, 2544).Wird der Anspruch des VollstrSchuldners gegen den Kreditgeber auf Rückgewähr der Grundschuld wirksam nach § 321 I gepfändet, setzt sich das Pfändungspfandrecht nach Erlöschen der Grundschuld infolge des Zuschlags (§ 91 I ZVG) am Anspruch auf Auskehrung des Mehrerlöses fort (BGH 8.1.1987 – IX ZR 66/85, NJW 1987, 1026). Die Pfändung geht jedoch ins Leere, wenn die Grundschuld nicht in Erfüllung dieses Anspruchs rechtsgeschäftlich auf den VollstrSchuldner zu übertragen ist, sondern auf diesen kraft Gesetzes als Eigentümergrundschuld übergeht (Stöber/Rellermeyer Rn. F.140). Deswegen sind sowohl der Rückgewähranspruch als auch die etwaige gegenwärtige oder künftig entstehende Eigentümergrundschuld zu pfänden (Stöber/Rellermeyer Rn. F.141).

14a Eine solche Doppelpfändung ist auch bei der Pfändung des Anspruchs auf Rückübertragung bei der **Sicherungsübereignung** erforderlich, wenn der Sicherungsgeber unmittelbarer Besitzer des Sicherungsgutes geblieben ist (Eigentumsübertragung durch Besitzkonstitut nach § 930 BGB); zur Rechtspfändung nach § 321 I muss die Pfändung der Sache selbst (§ 286) hinzukommen (BFH 27.7.1976 – VII R 95/73, BStBl. II 1976, 737; Stöber/Rellermeyer Rn. E.46; → § 318 Rn. 3). Zur Pfändung eines Rückauflassungsanspruchs gegen die Ehefrau s. BGH 20.2.2003 – IX ZR 102/02, NJW 2003, 1858.

Schutzrechte sind pfändbar, zB Gebrauchs- und Geschmacksmuster sowie Urheberrechte (§§ 113–119 UrhG; Stöber/Rellermeyer Rn. E.99, E.366 f.), Marken- und Warenzeichen (§ 29 I Nr. 2 MarkenG; Stöber/Rellermeyer Rn. E.244 ff.), Patente (§ 15 I PatentG; BGH 24.3.1994 – X ZR 108/91, NJW 1994, 3099; Stöber/Rellermeyer Rn. E.319 ff.). 15

3. Anwendbarkeit der Pfändungsvorschriften (§§ 309–320)

Verweisung auf die §§ 309 ff. Gemäß § 321 I sind die §§ 309–320 entspr. anwendbar, für die Pfändung beispielsweise die §§ 309 ff. und für die Einziehung die §§ 314, 315. Eine Verwertung durch Einziehung nach § 314 bzw. durch eine andere Art der Verwertung nach § 317 ist davon abhängig, ob nach der materiellen Rechtslage ein anderer als der VollstrSchuldner das gepfändete Vermögensrecht ausüben kann (zu Einzelheiten s. Stöber/Rellermeyer Rn. E.7 ff.). Dem tragen die besonderen Regelungen in § 321 IV (Verwertung unveräußerlicher Rechte; → Rn. 20) und § 321 V (Anordnung der Veräußerungen; → Rn. 21) Rechnung. 16

Drittschuldner. Grundsätzlich ist die Pfändung gem. § 309 II 1 bewirkt, wenn die Pfändungsverfügung dem Drittschuldner zugestellt ist (Ausnahme → Rn. 18); zur Zustellung → § 309 Rn. 45. Drittschuldner iSd § 321 ist jeder Dritte, demgegenüber das Recht des VollstrSchuldners besteht und dessen Rechtsstellung durch die Pfändung in irgendeiner Form berührt wird. Damit ist der Begriff des Drittschuldners iSd § 321 weiter als der des § 309 (TK § 321 Rn. 13; Anders/Gehle ZPO § 857 Rn. 7). 17

II. Pfändung bei fehlendem Drittschuldner (Abs. 2)

Ist kein Drittschuldner vorhanden, ist die Pfändung bewirkt, wenn dem VollstrSchuldner die Pfändungsverfügung mit dem Gebot, sich jeder Verfügung über das Recht zu enthalten, zugestellt ist (zur Zustellung s. § 2 II VwZG; → § 122 Rn. 126, 131). Das **Verfügungsverbot an den VollstrSchuldner** (sog. Inhibitorium; → § 309 Rn. 41), ist im Gegensatz zu § 309 I nicht deklaratorisch, sondern für die Wirksamkeit der Pfändung unentbehrlich (MüKo ZPO § 857 Rn. 6). Ein Drittschuldner fehlt bei Schutzrechten wie Gebrauchsmuster-, Geschmacksmuster-, Patent-, Warenzeichen-, Urheber- und (dinglichen) Verlegerrechten, ferner bei Lizenzen sowie bei der Eigentümergrundschuld und hinsichtlich des Erlöses beim Erlöschen eines Rechts durch Zuschlag nach § 91 ZVG (MüKo ZPO § 857 Rn. 6; Anders/Gehle ZPO § 857 Rn. 8). 18

III. Pfändbarkeit eines unveräußerlichen Rechts (Abs. 3)

Unveräußerliche Rechte sind nach § 319 iVm § 851 ZPO **grds. unpfändbar** (→ § 319 Rn. 58 ff.). Hiervon macht § 321 III insofern eine **Ausnahme,** als Rechte gepfändet werden können, deren Ausübung einem anderen überlassen werden kann. So kann zB das Gebrauchsrecht des Mieters gepfändet werden, wenn der Vermieter dem Mieter gem. § 540 I 1 BGB die Befugnis eingeräumt hat, den Gebrauch der Mietsache einem Dritten zu überlassen, insb. sie weiter zu vermieten (→ Rn. 13). Entspr. gilt für die Pfändung des Nutzungsrechts des Leasingnehmers (→ Rn. 11), des dinglichen Wohnrechts (→ Rn. 11), einer beschränkten Dienstbarkeit sowie des Nießbrauchs (→ Rn. 9, Einzelheiten s. Stein/Jonas ZPO § 857 Rn. 28 ff.; MüKo ZPO § 857 Rn. 17). 19

IV. Vollstreckung in unveräußerliche Rechte (Abs. 4)

§ 321 IV regelt die Pfändung und Verwertung unveräußerlicher Rechte iSd § 321 III. Danach ist die VollstrBehörde befugt, **besondere Anordnungen** zu erlassen, insb. bei der Vollstr. in Nutzungsrechte (zB Nießbrauch) eine Verwaltung anzuordnen (Stöber/Rel- 20 lermeyer Rn. E.311). Insoweit knüpft diese Regelung an § 317 an (HHSp § 321 Rn. 23). Die VollstrBehörde bestimmt **nach pflichtgemäßem Ermessen** die Verwertungsart sowie die Person des Verwalters und die näheren Modalitäten der Verwaltung (MüKo ZPO § 857 Rn. 51). Wird eine besondere Anordnung erlassen, ist gem. § 321 IV HS 2 die Pfändung der zu benutzenden Sache durch Übergabe an den Verwalter bewirkt, sofern sie nicht schon vorher durch Zustellung der Pfändungsverfügung bewirkt worden ist.

V. Anordnung der Veräußerung (Abs. 5)

21 § 321 V ermöglicht entspr. § 317 die Verwertung des gepfändeten Vermögensrechts durch Veräußerung, sofern dies zulässig ist. Dies ist insb. bei der Verwertung gepfändeter Patentrechte, Rechte auf Erteilung des Patents oder Wiederverkaufsrechte der Fall (MüKo ZPO § 857 Rn. 49). Die Verwertung eines Dauerwohnrechts und einer Eigentümerhypothek richtet sich ebenfalls nach § 321 V (Stein/Jonas ZPO § 857 Rn. 111). Vor der Anordnung der Veräußerung ist der **VollstrSchuldner** grds. gem. § 317 S. 2 **zu hören.** Als Veräußerungsmaßnahmen kommen die Versteigerung oder der freihändige Verkauf in Betracht (Anders/Gehle ZPO § 857 Rn. 18). Die Entscheidung über die Anordnung der Veräußerung liegt im pflichtgemäßen **Ermessen** der VollstrBehörde (HHSp § 321 Rn. 28).

VI. Vollstreckung in Reallasten, Grundschulden und Rentenschulden (Abs. 6)

22 **Allgemeines.** Abs. 6 bestimmt, dass Reallasten (§§ 1105 ff. BGB), Grundschulden (§§ 1191 ff. BGB) und Rentenschulden (§§ 1199 ff. BGB) wie Forderungen gepfändet werden für die eine Hypothek besteht. Das Verfahren richtet sich demgemäß nach §§ 309, 310. Gepfändet wird das **abstrakte Vermögensrecht** (Reallast, Grund-, Rentenschuld) als solches, nicht die dinglich gesicherte Forderung.

23 **Grundschuld.** Zur Pfändung einer Grundschuld (§ 1191 BGB) ist bei einem Briefrecht außer dem Pfändungsbeschluss die Übergabe des Briefs bzw. dessen Wegnahme durch den Vollziehungsbeamten erforderlich (§ 310 I 1, 2). Ist die Erteilung eines Briefs ausgeschlossen, hat die Eintragung der Pfändung in das Grundbuch zu erfolgen (§ 310 I 3). Dies gilt auch für die Pfändung einer sog. Sicherungsgrundschuld, dh einer Grundschuld, die lediglich zur Sicherung einer Forderung bestellt worden ist. Im Hinblick auf die rechtliche Selbständigkeit der gesicherten Forderung, empfiehlt es sich, sowohl die Grundschuld nach § 321 VI iVm § 310 als auch die Forderung nach § 309 zu pfänden (zu Einzelheiten s. Stöber/Rellermeyer Rn. F.97).

24 **Reallast.** Die zugunsten des jeweiligen Eigentümers eines Grundstücks bestehende **subjektiv dingliche Reallast** (§ 1105 II BGB) kann nicht vom Eigentum am berechtigten Grundstück getrennt werden (§ 1110 BGB). Ihre Pfändung für sich allein ist demnach unzulässig (Stöber/Rellermeyer Rn. E.336). Pfändbar sind die Einzelleistungen aus der Reallast, da auf sie gem. § 1107 BGB die Vorschriften für die Zinsen von Hypothekenforderungen entspr. anzuwenden sind (Stöber/Rellermeyer Rn. E.339). Demgegenüber kann die zugunsten einer bestimmten Person bestehende **subjektiv persönliche Reallast** (§ 1105 I BGB) grds. übertragen, mithin gepfändet werden (Stöber/Rellermeyer Rn. E.337). Unzulässig ist die Pfändung der Reallast als Ganzes, wenn einzelne Leistungen nach § 1111 II BGB nicht übertragbar und damit gem. § 319 iVm § 851 ZPO unpfändbar sind (Schwarz/Pahlke/Keß § 321 Rn. 25).

25 **Rentenschuld.** Sie ist eine in der Weise bestellte Grundschuld, dass zu regelmäßig wiederkehrenden Terminen eine bestimmte Geldsumme aus dem Grundstück zu zahlen ist (§ 1199 I BGB). Es gilt das zu Grundschulden Gesagte entspr. (→ Rn. 23; Einzelheiten Stöber/Rellermeyer Rn. F.214).

26 **Eigentümergrundschuld.** Sie kann als solche bereits auf den Namen des Schuldners im Grundbuch eingetragen sein (sog. offene Eigentümergrundschuld, s. § 1196 I BGB) oder für ihn kraft Gesetzes aus einem für einen anderen Gläubiger eingetragenen Fremd-

recht (Hypothek oder Grundschuld) entstanden sein (sog. verschleierte Eigentümergrundschuld). Die Eigentümergrundschuld wird gem. § 321 VI gepfändet (Thomas/Putzo ZPO § 857 Rn. 11). Erforderlich sind bei einem Briefrecht Pfändungsverfügung und Übergabe des Briefs an die VollstrBehörde oder Wegnahme durch den Vollziehungsbeamten (§§ 321 VI, 310 I 1, 2; BGH 9.2.1989 – IX ZR 17/88, NJW-RR 1989, 636). Ist die Erteilung eines Briefs ausgeschlossen, ist die Pfändung in das Grundbuch einzutragen (§ 310 I 3). Die Pfändungsverfügung hat dem Eigentümer zu gebieten, sich jeder Verfügung zu enthalten. Ein Drittschuldner ist nicht vorhanden. Auch eine erst **künftig** für den Fall der Abtretung oder eines Verzichts entstehende Eigentümergrundschuld ist pfändbar (Anders/Gehle ZPO § 857 Rn. 24). Die Pfändung kann in das Grundbuch jedoch erst eingetragen werden, wenn das spätere Entstehen der Eigentümergrundschuld nachgewiesen ist (BayObLG v. 29.8.1996 – 2Z BR 87/96, JurBüro 1997, 48). Zulässig ist auch die Pfändung einer **vorläufigen** Eigentümergrundschuld (Stöber/Rellermeyer Rn. F.186 ff.). Zur Pfändung der Eigentümergrundschuld eines Grundstücksmiteigentümers s. Stöber/Rellermeyer Rn. F.201 ff.

VII. Anwendung der §§ 858–863 ZPO (Abs. 7)

1. § 858 ZPO Zwangsvollstreckung in Schiffspart

(1) Für die Zwangsvollstreckung in die Schiffspart (§§ 489 ff. des Handelsgesetzbuchs) gilt § 857 mit folgenden Abweichungen. 27

(2) Als Vollstreckungsgericht ist das Amtsgericht zuständig, bei dem das Register für das Schiff geführt wird.

(3) [1]Die Pfändung bedarf der Eintragung in das Schiffsregister; die Eintragung erfolgt auf Grund des Pfändungsbeschlusses. [2]Der Pfändungsbeschluss soll dem Korrespondentreeder zugestellt werden; wird der Beschluss diesem vor der Eintragung zugestellt, so gilt die Pfändung ihm gegenüber mit der Zustellung als bewirkt.

(4) [1]Verwertet wird die gepfändete Schiffspart im Wege der Veräußerung. [2]Dem Antrag auf Anordnung der Veräußerung ist ein Auszug aus dem Schiffsregister beizufügen, der alle das Schiff und die Schiffspart betreffenden Eintragungen enthält; der Auszug darf nicht älter als eine Woche sein.

(5) [1]Ergibt der Auszug aus dem Schiffsregister, dass die Schiffspart mit einem Pfandrecht belastet ist, das einem anderen als dem betreibenden Gläubiger zusteht, so ist die Hinterlegung des Erlöses anzuordnen. [2]Der Erlös wird in diesem Fall nach den Vorschriften der §§ 873 bis 882 verteilt; Forderungen, für die ein Pfandrecht an der Schiffspart eingetragen ist, sind nach dem Inhalt des Schiffsregisters in den Teilungsplan aufzunehmen.

Schiffspart ist der Gesellschaftsanteil des einzelnen Mitreeders am Reedereivermögen, mithin ein Anteilsrecht (MüKo ZPO § 858 Rn. 2; Stöber/Rellermeyer Rn. E.349). Die **Pfändung** erfolgt nach § 321 I, sodass abw. von § 858 II ZPO die VollstrBehörde für den Erlass der Pfändungsverfügung zuständig ist. Ein Drittschuldner fehlt. Die Zustellung des Pfändungsbeschlusses an den VollstrSchuldner nach § 321 II ist nicht erforderlich (HHSp § 321 Rn. 37; TK § 321 Rn. 23). Nach § 858 III 1 ZPO wird die Pfändung durch Eintragung in das Schiffsregister wirksam. Verwertet wird nach § 858 IV 1 stets durch **Veräußerung,** also durch freihändigen Verkauf oder öffentliche Versteigerung (Thomas/Putzo ZPO § 858 Rn. 1). Die Anordnung trifft, wie sich aus § 314 I ergibt, die VollstrBehörde von Amts wegen; § 858 IV 2 ZPO kommt nicht zur Anwendung. Entspr. § 317 S. 2 ist der VollstrSchuldner grds. vor der Anordnung zu hören. 28

2. Zwangsvollstreckung in Gesellschafter- und Miterbenanteil (§ 859 ZPO)

§ 859 ZPO Pfändung von Gesamthandanteilen (aF)

(1) [1]Der Anteil eines Gesellschafters an dem Gesellschaftsvermögen einer nach § 705 des Bürgerlichen Gesetzbuchs eingegangenen Gesellschaft ist der Pfändung unterworfen. [2]Der Anteil eines Gesellschafters an den einzelnen zu dem Gesellschaftsvermögen gehörenden Gegenständen ist der Pfändung nicht unterworfen. 29

(2) Die gleichen Vorschriften gelten für den Anteil eines Miterben an dem Nachlass und an den einzelnen Nachlassgegenständen.

§ 859 ZPO Pfändung von Gesamthandanteilen (nF)

[1]Der Anteil eines Miterben an dem Nachlass ist der Pfändung unterworfen. [2]Der Anteil des Miterben an den einzelnen Nachlassgegenständen ist der Pfändung nicht unterworfen.

30 **Allgemeines.** Die Vorschrift ließ bis zur Neuregelung durch das MoPeG (BGBl. 2021 I 3436) zum 1.1.2024 die Vollstr. in den Anteil eines Gesellschafters (Abs. 1) bzw. Miterben (Abs. 2) zu und regelte die Besonderheiten, die im Hinblick auf das vorhandene Gesamthandsvermögen zu beachten waren (zum zivilprozessualen Hintergrund Gosch AO § 321 Rn. 30).

31 **a) Pfändung von Gesellschaftsanteilen (§ 859 Abs. 1 ZPO aF). Neuregelung.** Durch die Aufgabe des Gesamthandsprinzips ist die Sonderregelung des § 859 I ZPO für Gesellschaftsanteile überflüssig geworden und deshalb entfallen. Der Anteil an einer eingetragenen (nach § 705 II BGB rechtsfähigen) GbR ist nunmehr eigenständig übertragbar (§ 711 BGB) und unterliegt damit als anderer Vermögensgegenstand unmittelbar der Pfändung (→ Rn. 5). Für Anteile an einer nicht rechtsfähigen Gesellschaft gilt dies aufgrund der Verweisung in § 740 II BGB im Grundsatz – wie bisher – gleichermaßen, wobei die Pfändung idR nicht auf den Gesellschaftsanteil als solchen, sondern auf den (bei einer Innengesellschaft einzig werthaltigen) Auseinandersetzungsanspruch gerichtet sein wird (BeckOK ZPO § 857 Rn. 90).

32 Wegen der Einzelheiten der Vorgängerregelung § 859 I ZPO aF wird auf die 5. Aufl. verwiesen.

36 **b) Pfändung von Miterbenanteilen (§ 859 ZPO nF).** Der **Anteil eines Miterben am Nachlass** (§§ 2032, 2033 I BGB) wird als Vermögensrecht nach § 321 I gepfändet (Satz 1; Stöber/Rellermeyer Rn. E.263). Die dem Einzelzugriff des Miterben entzogenen Nachlassgegenstände hingegen unterliegen nicht der Pfändung (Satz 2; Anders/Gehle ZPO § 859 Rn. 3). Die Vorschrift ist auch auf den Anteil eines Vor- oder Nacherben anwendbar (Thomas/Putzo ZPO § 859 Rn. 6). Der Miterbenanteil ist erst nach dem Erbfall pfändbar, da vorher keine Anwartschaft auf eine künftige Erbschaft besteht (Stöber/Rellermeyer Rn. E.265). **Drittschuldner** sind die übrigen Miterben. Wirksam wird die Pfändung erst mit Zustellung an den letzten Miterben (s. Abschn. 41 VII 2 VollstrA; zur Zustellung → § 309 Rn. 45). Unbekannte Erben werden durch den (nicht beschränkten) Nachlasspfleger vertreten (Stöber/Rellermeyer Rn. E.268; aA LG Kassel 13.6.1997 – 10 S 53/97, MDR 1997, 1032). Ist ein Testamentsvollstrecker bestellt, dem auch die Nachlassteilung obliegt, ist dieser Drittschuldner (Stein/Jonas ZPO § 859 Rn. 30). Nach Erbteilsübertragung (§ 2033 I BGB) ist Drittschuldner der Erwerber, weil er in die Rechte und Pflichten des veräußernden Miterben eingetreten ist (Zöller ZPO § 859 Rn. 3).

37 Mit Wirksamwerden der Pfändung erwirbt der VollstrGläubiger ein **Pfandrecht am Nachlass-(miterben-)anteil** mit den sich aus §§ 1273 II, 1258 BGB ergebenden Wirkungen, nicht aber die Stellung eines Miterben (HHSp § 321 Rn. 58). Er erhält insb. gem. §§ 1273 II, 1248 BGB das Verwaltungs- und Verfügungsrecht (§§ 2038 ff. BGB), das Recht auf Mitwirkung bei der Auseinandersetzung und das Recht auf den anteiligen Auseinandersetzungserlös (Stöber/Rellermeyer Rn. E.274). Daneben hat er das Recht auf Auskunft und Rechnungslegung nach §§ 2027, 2028, 2215, 2057 BGB (Stöber/Rellermeyer Rn. E.275). Zur Eintragung der Pfändung im Grundbuch als Sicherungsmittel s. Zöller ZPO § 859 Rn. 3.

38 **Die Verwertung** geschieht durch Einziehung des gepfändeten Nachlass-(miterben-)anteils nach § 314, aber auch durch freihändigen Verkauf oder Versteigerung (anderweitige Verwertung nach §§ 321 V, 317). Aufgrund der Einziehungsverfügung kann der VollstrGläubiger auch die Auseinandersetzung betreiben (§ 363 FamFG) und nach § 181 II ZVG die Teilungsversteigerung eines zum Nachlass gehörenden Grundstücks beantragen (Zöller ZPO § 859 Rn. 6).

3. § 860 ZPO Pfändung von Gesamtgutanteilen

(1) [1]Bei dem Güterstand der Gütergemeinschaft ist der Anteil eines Ehegatten oder Lebenspartners an dem Gesamtgut und an den einzelnen dazu gehörenden Gegenständen der Pfändung nicht unterworfen. [2]Das Gleiche gilt bei der fortgesetzten Gütergemeinschaft von den Anteilen des überlebenden Ehegatten oder Lebenspartners und der Abkömmlinge. 39

(2) Nach der Beendigung der Gemeinschaft ist der Anteil an dem Gesamtgut zugunsten der Gläubiger des Anteilsberechtigten der Pfändung unterworfen.

Bestehende Gütergemeinschaft. Abs. 1 beinhaltet ein Pfändungsverbot und entspricht den §§ 1419 I, 1487 I BGB, nach denen weder der Anteil am Gesamtgut als Ganzes noch der Anteil an einzelnen dazu gehörenden Gegenständen übertragbar ist. Auch der Anspruch auf künftige Auseinandersetzung und der nach Beendigung der Gütergemeinschaft zufallende Anteil sind unpfändbar (OLG München 3.1.2013 – 34 Wx 481/12, NJW-RR 2013, 527; Anders/Gehle ZPO § 860 Rn. 2). 40

Beendete Gütergemeinschaft. Abs. 2 macht eine Ausnahme von dem in § 319 iVm § 851 I ZPO normierten Grundsatz, dass nicht übertragbare Rechte nicht pfändbar sind. Zwar können die Ehegatten bzw. deren Abkömmlinge ihre Anteile nach Beendigung der Gemeinschaft nicht veräußern, doch können sie gem. §§ 1471 II, 1497 II BGB die **Auseinandersetzung** der Gemeinschaft verlangen. Bis zu deren Abschluss ist der Anteil am Gesamtgut als solchem, nicht jedoch an den einzelnen dazugehörenden Gegenständen, zwar nach wie vor nicht abtretbar, kraft gesetzlicher Anordnung aber pfändbar. Drittschuldner sind die übrigen Mitberechtigten. Durch Eintragung der Pfändung im Grundbuch kann sich der VollstrGläubiger sichern (Stöber/Rellermeyer Rn. E.222). Der VollstrGläubiger kann aufgrund der Pfändung die Auseinandersetzung beantragen (§§ 363, 373 FamFG). Die **Pfandverwertung** erfolgt durch Einziehungsverfügung nach § 314. Eine andere Art der Verwertung nach §§ 321 V, 317 ist im Hinblick auf §§ 1471 II, 1419 BGB nicht zulässig (Anders/Gehle ZPO § 860 Rn. 3). 41

4. § 863 ZPO Pfändungsbeschränkungen bei Erbschaftsnutzungen

(1) [1]Ist der Schuldner als Erbe nach § 2338 des Bürgerlichen Gesetzbuchs durch die Einsetzung eines Nacherben beschränkt, so sind die Nutzungen der Erbschaft der Pfändung nicht unterworfen, soweit sie zur Erfüllung der dem Schuldner seinem Ehegatten, seinem früheren Ehegatten, seinem Lebenspartner, einem früheren Lebenspartner oder seinen Verwandten gegenüber gesetzlich obliegenden Unterhaltspflicht und zur Bestreitung seines standesmäßigen Unterhalts erforderlich sind. [2]Das Gleiche gilt, wenn der Schuldner nach § 2338 des Bürgerlichen Gesetzbuchs durch die Ernennung eines Testamentsvollstreckers beschränkt ist, für seinen Anspruch auf den jährlichen Reinertrag. 42

(2) Die Pfändung ist unbeschränkt zulässig, wenn der Anspruch eines Nachlassgläubigers oder ein auch dem Nacherben oder dem Testamentsvollstrecker gegenüber wirksames Recht geltend gemacht wird.

(3) Diese Vorschriften gelten entsprechend, wenn der Anteil eines Abkömmlings an dem Gesamtgut der fortgesetzten Gütergemeinschaft nach § 1513 Abs. 2 des Bürgerlichen Gesetzbuchs einer Beschränkung der im Absatz 1 bezeichneten Art unterliegt.

Regelungsgegenstand. Die Nutzungen des Vorerben sind dem Zugriff der persönlichen Gläubiger und der Nachlassgläubiger ausgesetzt. § 863 ZPO soll im Interesse aller Beteiligten eine ausgewogene Lösung zwischen den berechtigten Ansprüchen des VollstrGläubigers und der übrigen Beteiligten herbeiführen und die Verschleuderung großer Sachwerte verhindern (Anders/Gehle ZPO § 863 Rn. 2). **Abs. 1** bestimmt bei Pflichtteilsbeschränkung in guter Absicht (§ 2338 BGB), dass die Nutzungen der Erbschaft in dem näher bezeichneten Umfang nicht der Pfändung unterliegen. Nach **Abs. 2** gilt dies allerdings nicht gegenüber den Nachlassgläubigern (§§ 1967–1969 BGB) oder gegenüber Gläubigern, deren Rechte auch gegenüber dem Nacherben oder dem Testamentsvollstrecker wirksam sind (§§ 2209 ff., 2112 ff. BGB). Gemäß **Abs. 3** sind die vorgenannten Bestimmungen entsprechend anzuwenden, wenn der Anteil eines Abkömmlings am Gesamtgut der fortgesetzten Gütergemeinschaft gleichen Beschränkungen unterliegt. 43

4. Unterabschnitt. Vollstreckung in das unbewegliche Vermögen

§ 322 Verfahren

(1) [1] **Der Vollstreckung in das unbewegliche Vermögen unterliegen außer den Grundstücken die Berechtigungen, für welche die sich auf Grundstücke beziehenden Vorschriften gelten, die im Schiffsregister eingetragenen Schiffe, die Schiffsbauwerke und Schwimmdocks, die im Schiffsbauregister eingetragen sind oder in dieses Register eingetragen werden können, sowie die Luftfahrzeuge, die in der Luftfahrzeugrolle eingetragen sind oder nach Löschung in der Luftfahrzeugrolle noch in dem Register für Pfandrechte an Luftfahrzeugen eingetragen sind.** [2] **Auf die Vollstreckung sind die für die gerichtliche Zwangsvollstreckung geltenden Vorschriften, namentlich die §§ 864 bis 871 der Zivilprozessordnung und das Gesetz über die Zwangsversteigerung und die Zwangsverwaltung anzuwenden.** [3] **Bei Stundung und Aussetzung der Vollziehung geht eine im Wege der Vollstreckung eingetragene Sicherungshypothek jedoch nur dann nach § 868 der Zivilprozessordnung auf den Eigentümer über und erlischt eine Schiffshypothek oder ein Registerpfandrecht an einem Luftfahrzeug jedoch nur dann nach § 870a Absatz 3 der Zivilprozessordnung sowie § 99 Absatz 1 des Gesetzes über Rechte an Luftfahrzeugen, wenn zugleich die Aufhebung der Vollstreckungsmaßnahme angeordnet wird.**

(2) **Für die Vollstreckung in ausländische Schiffe gilt § 171 des Gesetzes über die Zwangsversteigerung und die Zwangsverwaltung, für die Vollstreckung in ausländische Luftfahrzeuge § 106 Absatz 1, 2 des Gesetzes über Rechte an Luftfahrzeugen sowie die §§ 171h bis 171n des Gesetzes über die Zwangsversteigerung und die Zwangsverwaltung.**

(3) [1] **Die für die Vollstreckung in das unbewegliche Vermögen erforderlichen Anträge des Gläubigers stellt die Vollstreckungsbehörde.** [2] **Sie hat hierbei zu bestätigen, dass die gesetzlichen Voraussetzungen für die Vollstreckung vorliegen.** [3] **Diese Fragen unterliegen nicht der Beurteilung des Vollstreckungsgerichts oder des Grundbuchamts.** [4] **Anträge auf Eintragung einer Sicherungshypothek, einer Schiffshypothek oder eines Registerpfandrechts an einem Luftfahrzeug sind Ersuchen im Sinne des § 38 der Grundbuchordnung und des § 45 der Schiffsregisterordnung.**

(4) **Zwangsversteigerung und Zwangsverwaltung soll die Vollstreckungsbehörde nur beantragen, wenn festgestellt ist, dass der Geldbetrag durch Vollstreckung in das bewegliche Vermögen nicht beigetrieben werden kann.**

(5) **Soweit der zu vollstreckende Anspruch gemäß § 10 Absatz 1 Nummer 3 des Gesetzes über die Zwangsversteigerung und die Zwangsverwaltung den Rechten am Grundstück im Rang vorgeht, kann eine Sicherungshypothek unter der aufschiebenden Bedingung in das Grundbuch eingetragen werden, dass das Vorrecht wegfällt.**

Hinweis auf **VollstrA:** Abschn. 45–47, 49–51

Schrifttum: Hundt-Eßwein, Stellt der Antrag der Vollstreckungsbehörde auf Eintragung einer Sicherungshypothek beim Grundbuchamt einen Verwaltungsakt dar?, BB 1986, 1338; Urban, Müssen Liegenschaftsvollstreckungsanträge des Finanzamtes (§ 322 AO) gemäß § 122 AO bekanntgegeben werden?, DStR 1987, 613; Urban, Finanzgerichtliche Kontrolle von Anträgen des Finanzamtes auf Konkurseröffnung, Haft und Vollstreckung in das unbewegliche Vermögen, DStZ 1988, 147; App, Zwangshypothek, Zwangsversteigerung und Zwangsverwaltung, StW 1994, 143; Kraemer, Sittenwidrigkeit der Versagung des Rechtsschutzbedürfnisses bei Anträgen der Finanzämter auf Immobiliarvollstreckung?, DStZ 1994, 683.

Übersicht

A. Allgemeines

1 Die Vorschrift ging aus § 372 RAO hervor. Sie enthält keine eigene materiell-rechtliche Regelung; vielmehr verweist sie in Abs. 1 und 2 auf die ZPO, das ZVG und das LuftRG. Abs. 3 enthält Verfahrensregelungen und Abs. 4 den Subsidiaritätsgrundsatz. Abs. 5 stammt schließlich aus § 51a der Preußischen Verordnung über das Verwaltungszwangsverfahren und regelt die Möglichkeit zur Sicherung öffentlicher Lasten (vgl. BT-Drs. VI/1982, 183 f.).

2 Ebenso wie die Vollstr. in das bewegliche Vermögen findet § 322 nur Anwendung für die Vollstr. wegen **Geldforderungen;** für die Erzwingung von Handlungen, Duldungen oder Unterlassungen gelten die §§ 328 ff.

§ 322 gilt wegen der Verweisungen in §§ 169 I VwGO, 5 VwVG auch für die Vollstr. nach diesen Gesetzen.

B. Gegenstand der Vorschrift, Verweis auf ZPO und ZVG, Erlöschen des Rechts (Abs. 1)

3 Während die §§ 281 ff. die Vollstr. in das bewegliche Vermögen regeln, definieren sie ihren Gegenstand nicht. Diese Definition übernimmt § 322, aus dessen Umkehrschluss folgt, dass die nicht von dieser Vorschrift erfassten Gegenstände bewegliches Vermögen sind.

I. Gegenstand der Vollstreckung in das unbewegliche Vermögen (Abs. 1 S. 1)

4 Der Vollstr. in das unbewegliche Vermögen unterliegen die in § 322 I 1 benannten Gegenstände. Dazu im Einzelnen:

Grundstücke sind räumlich fest abgegrenzte Teile der Erdoberfläche, die im Grundbuch als selbständige Grundstücke eingetragen sind (§ 3 I GBO). Zum Grundstück gehören die **wesentlichen Bestandteile,** insb. Gebäude (§ 94 BGB) und zu diesen wiederum deren wesentliche Bestandteile. Das sind nach § 94 II BGB fest eingefügte Sachen, die sich nicht trennen lassen, ohne dass sie zerstört oder ihrem Wesen nach verändert werden, wie zB Fenster, Türen, Treppen, Heizungs-, Strom-, Wasserinstallationen etc. Zu den Grundstücken gehören gem. § 94 I BGB auch die **Grundstückserzeugnisse** wie Früchte und Ausbeute; für Früchte auf dem Halm gilt jedoch die Besonderheit des § 294. Schließlich gehört zum Grundstück auch dem Grundstückseigentümer gehörendes **Zubehör** (§§ 97, 1120 BGB), also Sachen, die dem wirtschaftlichen Zweck des Grundstücks dienen und zu diesem in einem gewissen räumlichen Zusammenhang stehen. Das sind zB Einrichtungen von Gastwirtschaften, Hotelomnibusse, Fabrikationsmaschinen, Roh- oder Baustoffvorräte, sowie landwirtschaftliches Gerät, Vieh und Erzeugnisse nach Maßgabe des § 98 BGB. Zubehör unterliegt niemals der Zwangsvollstr. in das bewegliche Vermögen, wird es gleichfalls derart gepfändet, so ist die Pfändung zwar rechtswidrig, nicht aber nichtig (Thomas/Putzo ZPO § 865 Rn. 5; aA Zöller ZPO § 865 Rn. 11; Gosch AO § 322 Rn. 40; unklar Anders/Gehle ZPO § 865 Rn. 13 f.).

Für **Miteigentumsanteile an Grundstücken** gelten gem. § 1008 BGB dieselben Vorschriften wie für Grundstücke.

5 **Grundstückgleiche Rechte** sind Erbbaurechte (§ 11 I ErbRVO), Wohnungs- und Teilerbbaurechte (§ 30 WEG), Wohnungs- und Teileigentum (§§ 1 WEG), sowie nach Landesrecht begründete und teilweise heute noch existente Rechte, wie Stockwerkseigentum (Art. 182 EGBGB), Bahneinheiten (Art. 112 EGBGB), Berg-, Abbau- oder Fischereirechte (Art. 67–69 EGBGB) und Bergwerkseigentum (§§ 151, 149 I 1 BBergG). Für sie gelten gem. § 870 ZPO die Vorschriften über die Zwangsvollstr. in Grundstücke entsprechend.

6 **Schiffe** sind schwimmfähige, mit einem Hohlraum ausgestattete Fahrzeuge, die über Bewegungsmöglichkeiten verfügen und zur Schifffahrt bestimmt sind (RG 24.5.1902 – I 62/02, RGZ 51, 330). Man unterscheidet See- und Binnenschiffe. Der Vollstr. gem. § 322 unterliegen Schiffe jedoch nur, wenn sie in das Schiffsregister eingetragen sind; anderenfalls werden sie als bewegliche Sachen gepfändet.

Schiffsbauwerke sind auf einer Schiffswerft im Bau befindliche Schiffe. Maßgeblich für die Anwendbarkeit dieser Vorschrift ist, dass das Schiffsbauwerk in das Schiffsbauregister eingetragen ist oder in dieses eingetragen werden kann.

Zu den **Schwimmdocks** gehören fertige und im Bau befindliche. Maßgeblich für die Anwendbarkeit des § 322 ist, dass das Schwimmdock in das Schiffsbauregister eingetragen ist oder in dieses eingetragen werden kann.

7 **Luftfahrzeuge** sind Flugzeuge, Drehflügler (Hubschrauber), Luftschiffe, Segelflugzeuge, Motorsegler, Frei- und Fesselballons, Drachen, Fallschirme, Flugmodelle und sonstige für die Benutzung des Luftraums bestimmte Geräte, insb. Raumfahrzeuge, Raketen und ähnliche Flugkörper (§ 1 II LuftVG). Für die Anwendung des § 322 muss das Luftfahrzeug entweder in die Luftfahrzeugrolle oder nach seiner Löschung hieraus noch im Register für Pfandrechte an Luftfahrzeugen eingetragen sein. In die Luftfahrzeugrolle werden gem. § 14 LuftVZO nur Flugzeuge, Drehflügler, Luftschiffe und Motorsegler eingetragen. Von der Eintragung ausgeschlossen sind Segelflugzeuge, Ballone, Drachen, Fallschirme und Flugmodelle, sodass in diese als bewegliche Sachen zu vollstrecken ist. Auch in **ausländische Luftfahrzeuge,** die nicht in der Luftfahrzeugrolle eingetragen sind, kann die Zwangsversteigerung eines im Inland landenden Luftfahrzeugs beim Amtsgericht Braunschweig nach Maßgabe der § 106 LuftRG, §§ 171h–171n ZVG beantragt werden.

II. Geltung von ZPO und ZVG (Abs. 1 S. 2)

8 Die Vollstr. in das unbewegliche Vermögen erfolgt nach den Vorschriften der §§ 864–871 ZPO und des ZVG, wobei diese Aufzählung nicht abschließend ist. Je nachdem, ob Gegenstand der Vollstr. ein Grundstück, Schiff oder Luftfahrzeug ist, unterscheiden sich Möglichkeiten, Art und Vorgehen.

amt hat zweierlei Rechtsnatur: Im Verhältnis zum VollstrGericht oder Grundbuchamt handelt es sich um ein **Amtshilfeersuchen** iSv §§ 111, 114 II 1 (BFH 8.1.1991 – VII R 111/89, BFH/NV 1992, 4; Klein § 322 Rn. 13; Gosch AO § 322 Rn. 49; TK § 322 Rn. 32 ff.); gegenüber dem VollstrSchuldner ist der Antrag ein **VA** (BFH 17.10.1989 – VII R 77/88, BStBl. II 1990, 44; BFH 26.6.1997 – VII B 52/97, BFH/NV 1997, 830; Klein § 322 Rn. 14; HHSp § 322 Rn. 49 ff.; App StW 1994, 143; aA TK § 322 Rn. 34 ff.; Hundt-Eßwein BB 1986, 1338; Urban DStZ 1988, 147; Kraemer DStZ 1994, 683). Der Antrag ist infolge der inkongruenten Prüfungskompetenz (Abs. 3 S. 3) von FB und VollstrGericht bzw. Grundbuchamt auf unmittelbare Rechtswirkung gegenüber dem VollstrSchuldner gerichtet, weil er das VollstrGericht bzw. Grundbuchamt hinsichtlich der Beurteilung des Vorliegens der VollstrVoraussetzungen bindet.

Das Zwangsvollstreckungsverfahren in das unbewegliche Vermögen gliedert sich dementsprechend in zwei Abschnitte: Das Zwangsvollstreckungsverfahren bis zur Stellung des jeweiligen Antrages steht in der Verfahrensherrschaft der FB und richtet sich nach der AO. Das nachfolgende Verfahren obliegt dem VollstrGericht oder dem Grundbuchamt und richtet sich nach den Regelungen von ZPO, ZVG oder FGG. Die Wirksamkeit dem Antrag nachfolgender Maßnahmen des VollstrGerichts oder des Grundbuchamts hängt nicht von der Wirksamkeit des VA gegenüber dem VollstrSchuldner ab (BFH 17.10.1989 – VII R 77/88, BStBl. II 1990, 44; BFH 16.10.1990 – VII R 28/89, BFH/NV 1991, 72; aA FG Hessen 18.8.1989 – 10 K 2574/89, EFG 1990, 51). 23

E. Subsidiarität (Abs. 4)

Der Subsidiaritätsgrundsatz ist Ausfluss des Grundsatzes der Verhältnismäßigkeit und verbietet grds. die Vollstr. in das unbewegliche Vermögen wegen geringfügiger Abgabeforderungen. § 322 IV ist als **Ermessensvorschrift** iSe sog. Soll-Vorschrift (dazu allg. § 5) formuliert. Ihr liegt der Gedanke zugrunde, dass die VerwertungsVollstr. in das unbewegliche Vermögen den VollstrSchuldner grds. härter trifft als die Vollstr. in das bewegliche Vermögen. Gleichwohl ist in Ausnahmefällen denkbar, dass die Vollstr. in das unbewegliche Vermögen den VollstrSchuldner weniger belastet als zB die Pfändung eines wertvollen Gesellschaftsanteils (sa BFH 27.6.2006 – VII R 34/05, BFH/NV 2006, 2024 (2027)). Wegen des eingeschränkten Ermessens der FB hat die Ermessensausübung und ihre Begründung besondere Bedeutung, wenn von diesem Grundsatz abgewichen werden soll (FG Baden-Württemberg 31.7.1991 – 2 K 19/90, EFG 1991, 715; TK § 322 Rn. 51; HHSp § 322 Rn. 58 f.). 24

Liegen Besonderheiten nicht vor, soll die FB Zwangsversteigerung und Zwangsverwaltung und den Beitritt dazu nur beantragen, wenn festgestellt ist, dass der Geldbetrag durch Vollstr. in das bewegliche Vermögen nicht beigetrieben werden kann. Zu dieser Feststellung ist erforderlich, dass die Vollstr. in sämtliche der FB bekannten beweglichen Vermögensgegenstände nicht zur Befriedigung geführt hat oder mit an Sicherheit grenzender Wahrscheinlichkeit nicht führen wird (FG Hamburg 4.8.1998 – II 39/97, EFG 1999, 157; Gosch AO § 322 Rn. 67; TK § 322 Rn. 50; großzügiger HHSp § 322 Rn. 59). Die Überprüfung, ob die FB den Subsidiaritätsgrundsatz des § 322 IV beachtet hat, kann der VollstrSchuldner im Einspruchs- bzw. Klageverfahren gegen den Antrag gem. § 322 III geltend machen; eine entspr. Überprüfung durch das VollstrGericht ist ausgeschlossen. 25

Für den Antrag auf Eintragung einer Sicherungshypothek gilt § 322 IV nicht, da diese nur eine Sicherung, nicht jedoch die Verwertung bezweckt. Für die Sicherungshypothek ist hingegen die Eintragungsuntergrenze von 750 EUR gem. § 866 III ZPO zu beachten. 26

F. Vollstreckung wegen öffentlicher Lasten (Abs. 5)

27 Für öffentliche Lasten ist kennzeichnend, dass für sie neben der persönlichen Haftung des Abgabenschuldners eine dingliche Haftung des Grundstücks besteht. Sie werden üblicherweise durch das entsprechende Bundes- oder Landesgesetz als öffentliche Last bezeichnet, sofern aus der gesetzlichen Regelung nicht bereits unmissverständlich hervorgeht, dass die Abgabenschuld auf dem Grundstück lastet. Zu den öffentlichen Lasten gehören neben einigen nicht steuerlichen Abgaben insb. Grundsteuern, Landwirtschaftskammerbeiträge in Niedersachsen und Kirchensteuern auf Grundsteuermessbeträge in Baden-Württemberg. Öffentliche Lasten der letzten vier Jahre sowie deren Nebenleistungen gem. § 3 IV haben den Rang des § 10 Nr. 3 ZVG und gehen daher den Rechten aus Sicherungshypotheken vor, die die Rangklasse des § 10 Nr. 4 ZVG innehaben. Daher kann für die öffentlichen Lasten grds. keine Sicherungshypothek eingetragen werden (§ 54 GBO). Da die öffentlichen Lasten nach vier Jahren jedoch die Rangklasse des § 10 Nr. 3 ZVG verlieren und danach nur noch nach der Rangklasse des § 10 Nr. 7 ZVG berücksichtigt werden, bestimmt § 322 V, dass eine Sicherungshypothek unter der aufschiebenden Bedingung in das Grundbuch eingetragen werden kann, dass das Vorrecht durch Zeitablauf wegfällt.

G. Rechtsbehelfe und Verfahrensfragen

28 Der Antrag gem. § 322 III steht im Ermessen der FB (§ 249 I 1). Anträge der FB auf Eintragung einer Sicherungshypothek sowie auf Zwangsversteigerung oder Zwangsverwaltung sind gegenüber dem VollstrSchuldner **VA** (→ Rn. 22). Deshalb ist er nicht nur an das Grundbuchamt oder VollstrGericht zu richten, sondern auch dem VollstrSchuldner gem. § 122 I 1 bekanntzugeben, weil dieser von ihm betroffen ist (BFH 17.10.1989 – VII R 77/88, BStBl. II 1990, 44; Gosch AO § 322 Rn. 50; HHSp § 322 Rn. 53; aA Urban DStR 1987, 613). Die Bekanntgabe an den VollstrSchuldner sollte sinnvollerweise dem Antrag nicht zeitlich vorhergehen, damit dem VollstrSchuldner nicht die Möglichkeit der VollstrVereitelung gegeben wird. Gegenüber dem VollstrSchuldner wird dieser VA erst mit Bekanntgabe durch die FB wirksam, die auch noch im Klageverfahren nachgeholt werden kann (BFH 17.10.1989 – VII R 77/88, BStBl. II 1990, 44; BFH 8.1.1991 – VII R 111/89, BFH/NV 1992, 4). Zuvor eingelegte Rechtsbehelfe sollen mit der Bekanntgabe Wirksamkeit erlangen (BFH 8.1.1991 – VII R 111/89, BFH/NV 1992, 4; aA FG Hessen 18.8.1989 – 10 K 2574/89, EFG 1990, 51).

I. Rechtsbehelfe des Vollstreckungsschuldners

29 Gegen den Antrag der FB auf Zwangsvollstr. kann der VollstrSchuldner Einspruch und nachfolgend Anfechtungsklage erheben. Hierbei kann auch die Verletzung des § 322 IV geltend gemacht werden (→ Rn. 24 ff.).

Vorläufiger Rechtsschutz wird durch **AdV** (§ 361, § 69 FGO) gewährt (BFH 6.11.1990 – VII B 79/90, BFH/NV 1991, 608).

30 Solange der Antrag gem. § 322 III 1 dem VollstrSchuldner noch nicht bekanntgegeben wurde, kann dieser neben der Anfechtung auch die Feststellung der Unwirksamkeit des Antrages begehren. Durch Bekanntgabe des Antrags an den VollstrSchuldner tritt jedoch Erledigung des Feststellungsverfahrens ein, sodass dieses Verfahren dem VollstrSchuldner keinen Vorteil bietet. Für dieses Feststellungsbegehren kommt AdV als vorläufiger Rechtsschutz zudem nicht in Betracht.

Gegen die Eintragung einer Sicherungshypothek kann der VollstrSchuldner die unbefristete Rechtspflegererinnerung gem. § 11 RPflG, § 71 II 2 GBO erheben und beantragen, einen Widerspruch gem. § 53 GBO in das Grundbuch einzutragen oder die Löschung vorzunehmen.

Gegen den Beschluss über die Anordnung der Zwangsversteigerung, der Zwangsverwaltung oder die Zulassung des Beitritts zur Zwangsversteigerung kann der VollstrSchuldner **VollstrErinnerung** gem. § 766 ZPO einlegen. 31

Ferner kann der VollstrSchuldner die **einstweilige Einstellung** der Zwangsversteigerung oder der Zwangsverwaltung gem. §§ 30, 30a ZVG beantragen. VollstrSchutz gem. § 765a ZPO kommt jedoch nicht in Betracht, weil die Beitreibung von Ansprüchen aus dem StSchuldverhältnis stets mit den guten Sitten vereinbar ist (ebenso Kraemer DStZ 1994, 683; Gosch AO § 322 Rn. 79). 32

Schließlich kann der VollstrSchuldner oder jeder andere Grundpfandgläubiger anregen, eine Sicherungshypothek zu löschen, um einen freihändigen lastenfreien Verkauf und damit einen möglichen höheren Erlös zu ermöglichen. Ein Anspruch hierauf besteht jedoch nicht (BGH 30.4.2015 – IX ZR 301/13, NJW-RR 2015, 850). 32a

II. Rechtsbehelfe Dritter

Behauptet ein Dritter, ein die Sicherung oder Verwertung hinderndes Recht innezuhaben, so kann er gem. § 262 Klage erheben. Sofern sich das der Verwertung entgegenstehende Recht aus dem Grundbuch ergibt, kann der Dritte auch VollstrErinnerung gem. § 766 ZPO einlegen. 33

Steht einem Dritten ein Recht auf **vorzugsweise Befriedigung** zu, so kann er dies nach Maßgabe des § 293 geltend machen. 34

Gegen eine unzulässige **Pfändung in Bestandteile** von Grundstücken, Grundstückserzeugnisse und Zubehör steht dem VollstrSchuldner und jedem betroffenen Dritten die Möglichkeit des Einspruchs und der sich anschließenden Anfechtungsklage zu. Betroffene Dritte können Rechtsschutz nach Maßgabe des § 262 in Anspruch nehmen. 35

Der Rechtsschutz gegen die Zwangsvollstr. in eingetragene Schiffe oder Luftfahrzeuge unterscheidet sich nicht vom Rechtsschutz gegen die Zwangsvollstreckung in Grundstücke. 36

III. Rechtsbehelfe der Finanzbehörde

Die FB kann gegen die Ablehnung der Eintragung einer Sicherungshypothek Rechtspflegererinnerung gem. § 11 RPflG bzw. gegen Entscheidungen des Richters Beschwerde gem. §§ 71–77, 81 GBO zum Landgericht einlegen. Gegen die Entscheidung des Beschwerdegerichts ist die weitere Beschwerde zum OLG gem. §§ 78–81 GBO gegeben. 37

Gegen die Ablehnung der Anordnung der Zwangsversteigerung, der Zwangsverwaltung oder der Zulassung des Beitritts zur Zwangsversteigerung steht der FB ebenfalls die Rechtspflegererinnerung und nachfolgend die sofortige Beschwerde gem. §§ 567 ff. ZPO und ggf. die Rechtsbeschwerde gem. §§ 574 ff. ZPO zu. 38

§ 323 Vollstreckung gegen den Rechtsnachfolger

[1] Ist nach § 322 eine Sicherungshypothek, eine Schiffshypothek oder ein Registerpfandrecht an einem Luftfahrzeug eingetragen worden, so bedarf es zur Zwangsversteigerung aus diesem Recht nur dann eines Duldungsbescheids, wenn nach der Eintragung dieses Rechts ein Eigentumswechsel eingetreten ist. [2] Satz 1 gilt sinngemäß für die Zwangsverwaltung aus einer nach § 322 eingetragenen Sicherungshypothek.

Hinweis auf **VollstrA:** Abschn. 48

I. Allgemeines

1 Die Vorschrift entspricht § 373 RAO und bestimmt, dass im Gegensatz zur früheren zivilrechtlichen Zwangsvollstr. aus einer Sicherungshypothek ein weiterer vollstreckbarer Titel grds. nicht notwendig ist. Aufgrund des § 867 III ZPO reicht jedoch auch zivilrechtlich zur Durchführung der Zwangsvollstr. der VollstrTitel aus, aus dem die Eintragung des Sicherungsrechtes erfolgte.

II. Vollstreckung gegen den Rechtsnachfolger

2 § 323 findet nur Anwendung, sofern es sich um die Vollstr. wegen Geldforderungen in das unbewegliche Vermögen handelt. Das dingliche Sicherungsrecht muss nach Maßgabe des § 322 von der FB durch eine ZwangsvollstrMaßnahme erlangt worden sein; auf rechtsgeschäftlich bestellte Sicherungsrechte findet § 323 keine Anwendung. Dem Erwerber des Grundstücks steht gem. §§ 1150, 268 BGB ein Ablösungsrecht zu.

1. Zwangsversteigerung (S. 1)

3 Ist nach Eintragung des Sicherungsrechtes gem. § 322 ein Eigentumswechsel eingetreten, so bedarf die FB eines Duldungsbescheides (dazu § 191), bevor sie den Antrag auf Zwangsversteigerung stellt. Der Antrag erfolgt wiederum nach Maßgabe des § 322 III. Im Fall der **Gesamtrechtsnachfolge** fehlt es an einem Eigentumswechsel, weil der Gesamtrechtsnachfolger gem. § 45 I 1 in die Rechtsposition des VollstrSchuldners rückt. Gegen den Gesamtrechtsnachfolger ist daher kein Duldungsbescheid, sondern ein bloßes Leistungsgebot erforderlich.

2. Zwangsverwaltung (S. 2)

4 Das Erfordernis eines Duldungsbescheides zur Durchführung der Zwangsverwaltung richtet sich nach denselben Grundsätzen wie jenes zur Durchführung der Zwangsversteigerung. Zu beachten ist lediglich, dass bei der Vollstr. in Schiffe, Schiffsbauwerke, Schwimmdocks und Luftfahrzeuge die Zwangsverwaltung nicht in Betracht kommt (→ § 322 Rn. 13, 16).

III. Rechtsbehelfe und Verfahrensfragen

5 Ist ein **Duldungsbescheid** gem. § 323 notwendig, so stellt dieser die Grundlage für die Zulässigkeit des Zwangsversteigerungs- oder Zwangverwaltungsantrages dar. Der Duldungsbescheid nach § 191 ist ein vollziehbarer VA, gegen den einstweiliger Rechtsschutz durch AdV gem. § 361 oder § 69 FGO erfolgt. In der Hauptsache ist der Duldungsbescheid mit Einspruch und Anfechtungsklage angreifbar. Zur erfolgreichen Begründung kann delr Grundstückseigentümer jedoch lediglich anführen, dass der Anspruch, auf dem das akzessorische Sicherungsrecht beruht, erloschen sei (FG Baden-Württemberg 10.2.1995 – 9 K 173/91, EFG 1995, 701). Die aus § 191 folgende Akzessorietät wird im Insolvenzverfahren durch § 301 II InsO gelockert, sodass der gesicherte Anspruch auch nach Erteilung der Restschuldbefreiung gegen den Rechtsnachfolger durchsetzbar bleibt (BFH 6.8.2024 – VII R 32/22, BStBl. II 2024, 818). Im Zweifel hat die FB hierüber durch Abrechnungsbescheid gem. § 218 II zu entscheiden.

6 Gegen den Antrag auf Zwangsversteigerung oder Zwangsverwaltung gem. § 322 III kann der Grundstückseigentümer die gleichen Rechtsbehelfe einlegen, die dem ursprünglichen VollstrSchuldner zustehen (→ § 322 Rn. 29 ff.).

5. Unterabschnitt. Arrest

§ 324 Dinglicher Arrest

(1) 1 **Zur Sicherung der Vollstreckung von Geldforderungen nach den §§ 249 bis 323 kann die für die Steuerfestsetzung zuständige Finanzbehörde den Arrest in das bewegliche oder unbewegliche Vermögen anordnen, wenn zu befürchten ist, dass sonst die Beitreibung vereitelt oder wesentlich erschwert wird.** 2 **Sie kann den Arrest auch dann anordnen, wenn die Forderung noch nicht zahlenmäßig feststeht oder wenn sie bedingt oder betagt ist.** 3 **In der Arrestanordnung ist ein Geldbetrag zu bestimmen, bei dessen Hinterlegung die Vollziehung des Arrestes gehemmt und der vollzogene Arrest aufzuheben ist.**

(2) 1 **Die Arrestanordnung ist zuzustellen.** 2 **Sie muss begründet und von dem anordnenden Bediensteten unterschrieben sein.** 3 **Die elektronische Form ist ausgeschlossen.**

(3) 1 **Die Vollziehung der Arrestanordnung ist unzulässig, wenn seit dem Tag, an dem die Anordnung unterzeichnet worden ist, ein Monat verstrichen ist.** 2 **Die Vollziehung ist auch schon vor der Zustellung an den Arrestschuldner zulässig, sie ist jedoch ohne Wirkung, wenn die Zustellung nicht innerhalb einer Woche nach der Vollziehung und innerhalb eines Monats seit der Unterzeichnung erfolgt.** 3 **Bei Zustellung im Ausland und öffentlicher Zustellung gilt § 169 Absatz 1 Satz 3 entsprechend.** 4 **Auf die Vollziehung des Arrestes finden die §§ 930 bis 932 der Zivilprozessordnung sowie § 99 Absatz 2 und § 106 Absatz 1, 3 und 5 des Gesetzes über Rechte an Luftfahrzeugen entsprechende Anwendung; an die Stelle des Arrestgerichts und des Vollstreckungsgerichts tritt die Vollstreckungsbehörde, an die Stelle des Gerichtsvollziehers der Vollziehungsbeamte.** 5 **Soweit auf die Vorschriften über die Pfändung verwiesen wird, sind die entsprechenden Vorschriften dieses Gesetzes anzuwenden.**

Vergleichbare Vorschriften: §§ 916, 917, 923, 929 II, III ZPO; § 111e StPO
Hinweis auf **VollstrA:** Abschn. 54, 55

Schrifttum: Blumers, Arrest und Arresthypothek nach der Abgabenordnung 1977, BB 1977, 190; Schuhmann, Die Voraussetzungen des dinglichen Arrests im Steuerrecht, DStZ 1981, 499; Schuhmann, Vollziehung des dinglichen Arrests und Rechtsschutz, DStZ 1982, 34; Klos, Haftungsfragen beim Steuerarrest, INF 1987, 128; App, Sicherung von Steueransprüchen durch dinglichen Arrest nach Ablauf der Vollziehungsfrist in § 324 Abs. 3 Satz 1 der Abgabenordnung, BB 1984, 272; App, Probleme des Steuerarrests unter besonderer Berücksichtigung der Tätigkeit der Prüfungsdienste, StBp 1990, 154; App, Zum Ausgleichsanspruch bei ungerechtfertigtem Steuerarrest, INF 1990, 339; App, Kein Steuerarrest bei Gefährdung von Steueransprüchen durch den Erben des Steuerschuldners, DStZ 1991, 371; Bruschke, Der dingliche Arrest im Steuerrecht, BB 1996, 81; Hild, Steuerarrest, DB 1998, 1358; Weinreuter, Der Steuerarrest, DStZ 2000, 162; Roth, Reform der Vermögensabschöpfung – Neujustierung des § 324 AO zum StPO-Arrest, Stbg 2017, 454.

Übersicht

A. Allgemeines

1 § 324 ist aus § 378 RAO 1931 und § 351 RAO 1919 hervorgegangen. §§ 324 ff. lehnen sich stark an die Vorschriften der ZPO an (BT-Drs. VI/1982, 184). Inhalt der Vorschrift ist die Anordnung des Arrests und seine Vollziehung. Während die Arrestanordnung mit der StFestsetzung vergleichbar ist, erfolgt die Vollziehung des Arrests ähnlich § 336. Gem. § 5 VwVG gelten die §§ 324 ff. auch für den Arrest im allgemeinen Verwaltungsvollstreckungsverfahren.

2 **Zweck** des Arrests ist es, einer drohenden zukünftigen Verschlechterung der Erhebung oder Vollstr. des Anspruchs der FB durch Sicherungsmaßnahmen entgegenzuwirken. Dementsprechend darf die Vollziehung des Arrests nicht dazu führen, dass der zukünftige (wahrscheinliche) Anspruch bereits verwertet wird; vielmehr darf lediglich seine zu erwartende Erhebung gesichert werden (BGH 17.12.1992 – IX ZR 226/91, NJW 1993, 735; FG Saarland 2.10.1996 – 1 K 157/95, EFG 1997, 3; FG Köln 2.7.1998 – 8 V 3732/98, EFG 1998, 1610). Der Arrest hat nur vorläufigen Charakter (BFH 27.11.1973 – VII R 100/71, BStBl. II 1974, 119); er ist Teil des einstweiligen Rechtsschutzverfahrens (Klos INF 1987, 128).

3 Die **systematische Stellung** der §§ 324 ff. ist umstritten. Es wird zT angenommen, die Arrestanordnung gehöre in den 3. Abschnitt des 4. Teils, weil sie der Festsetzung entspricht (TK § 324 Rn. 3; HHSp § 324 Rn. 12). Nach aA soll die Vollziehung des Arrests und der Sicherungszweck die vorgenommene Systematik rechtfertigen (Schuhmann DStZ 1982, 34). Es ist jedenfalls systematisch zutr., die Arrestvorschriften wegen ihrer inhaltlichen Verbindung nicht in Festsetzung und Vollziehung des Arrests zu zergliedern (ebenso HHSp § 324 Rn. 55).

§ 324 ist dem Arrest des **§ 111d aF StPO nicht vorrangig** (LG Hamburg 24.3.2004 – 620 Qs 12/04, BeckRS 2004, 3688; aA OLG Celle 20.5.2008 – 2 Ws 155/08, wistra 2008, 359), weil die Voraussetzungen nicht vollständig deckungsgleich sind und beide Vorschriften eine andere Zielrichtung haben. Mangels systematischen Vorrangs von § 324 gegenüber § 111d aF StPO hat die FB grds. die Wahl zwischen beiden Arrestvorschriften. Hatte sie sich jedoch für eine entschieden, hatte sie ihr Ermessen grds. gegen den Erlass der anderen ausgeübt. Die Neufassung des § 111e StPO ab 1.7.2017 ordnet die Gleichrangigkeit beider Vorschriften durch § 111e VI StPO nunmehr auch gesetzlich an. Darüber hinaus erlaubt § 111h II S. 2 StPO die sog. Nachpfändung mittels Arrests gem. § 324, soweit dieser Arrestanspruch aus der Straftat erwachsen ist.

B. Dinglicher Arrest (Abs. 1)

I. Anordnung des Arrests (Abs. 1 S. 1 und 2)

4 Die Anordnung des Arrests setzt voraus, dass Arrestanspruch und Arrestgrund vorliegen. Bei Gesamtschuldnern sind Arrestanspruch und -grund für jeden Gesamtschuldner separat zu prüfen und zu beurteilen (HHSp § 324 Rn. 24 f.). Das gilt auch für zusammenveranlagte Ehegatten und Lebenspartner.

1. Arrestanspruch

5 Der Arrestanspruch muss auf eine nach den §§ 249–323 **vollstreckbare Geldforderung** gerichtet sein. Damit scheiden nach §§ 328 ff. vollstreckbare Handlungen aus. In Betracht kommt vor allem der Anspruch auf Steuern, Zölle, Abschöpfungen (§ 3 I),

erziehung oder sonstige steuerliche Unzuverlässigkeit (BFH 26.2.2001 – VII B 265/00, BStBl. II 2001, 464) Vermögenslosigkeit oder schlechte Vermögenslage (BGH 19.10.1995 – IX ZR 82/94, BGHZ 131, 95); die Gefahr, dass andere Gläubiger der FB zuvorkommen könnten (BGH 19.10.1995 – IX ZR 82/94, BGHZ 131, 95). Im Erbfall reichen Arrestgründe in der Person des Erblassers nicht aus; begründet erst der Erbe Arrestgründe in seiner Person, so kommt statt des Arrests die Nachlassverwaltung gem. § 1981 II 1 BGB in Betracht (App DStZ 1991, 371). Die bloße Gefahr der **Vollstr. im Ausland** (so noch BFH 2.3.1962 – III 454/58 U, BStBl. III 1962, 258) hat seit Geltung der EU-BeitreibungsRL keine Bedeutung mehr (EuGH 10.2.1994 – C-398/92, NJW 1994, 1271), soweit die Vollstr. innerhalb der EU vorzunehmen wäre. Gleiches gilt, wenn die Vollstr. im Ausland nach DBA oder Amts- und Rechtshilfeabkommen möglich ist.

Hinsichtlich der Herbeiführung des Arrestgrundes muss der Arrestschuldner nicht vorsätzlich oder gar zielgerichtet handeln (BFH 4.7.1978 – VII R 21/78, BStBl. II 1978, 548; FG München 21.2.1995 – 14 K 2598/91, EFG 1995, 954; TK § 324 Rn. 14; Klos INF 1987, 128; Bruschke BB 1996, 81). Es muss ihn auch **kein Verschulden** treffen; sogar wirtschaftlich sinnvolle Maßnahmen können eine VollstrGefährdung beinhalten (Schuhmann DStZ 1981, 499; App StBp 1990, 154). 14

Anders als beim Arrestanspruch darf ein Arrestgrund durch einen anderen **ausgetauscht** werden (BFH 10.3.1983 – V R 143/76, BStBl. II 1983, 401; HHSp § 325 Rn. 10). Bei Gesamtschuldnern ist der Arrestgrund für jeden separat zu prüfen und zu beurteilen (HHSp § 324 Rn. 24 f.). Das gilt daher auch für zusammenveranlagte Ehegatten und Lebenspartner. 15

3. Entscheidung über die Arrestanordnung

Zuständig für die Anordnung des Arrests ist die für die StFestsetzung zuständige FB, innerhalb dieser die StVeranlagungsstelle. Entgegen der allgemeinen Vorschrift des § 91 ist der Arrestschuldner vor Erlass der Arrestanordnung **nicht anzuhören,** weil dies dem Zweck des Arrests zuwiderliefe (ebenso TK § 324 Rn. 27; HHSp § 324 Rn. 38; Schwarz/Pahlke/Keß § 324 Rn. 11a; Bruschke BB 1996, 81). 16

Die Entscheidung über die Arrestanordnung steht im **Ermessen** der FB. Dieses Ermessen ist nach dem Sinn und Zweck des § 324 zugunsten der Anordnung des Arrests eingeschränkt. Das folgt aus dem Auftrag der FB, die Steuern gleichmäßig und umfassend zu erheben (§ 85 S. 1). Die FB soll bei Vorliegen von Arrestanspruch und -grund den Arrest stets anordnen, wenn der Arrestanspruch nicht nur unwesentlich ist (ebenso FG München 21.2.1995 – 14 K 2598/91, EFG 1995, 954). Kommen mehrere Gesamtschuldner in Betracht, hat die FB zudem ihr Auswahlermessen auszuüben. Zu Form und Inhalt der Arrestanordnung s. Abs. 2 (→ Rn. 19 ff.). 17

II. Hemmung, Aufhebung (Abs. 1 S. 3)

In der Arrestanordnung ist eine Hinterlegungssumme – teilweise auch als Lösungssumme bezeichnet – zu bestimmen. Leistet der Arrestschuldner die Hinterlegungssumme, so ist die Vollziehung des Arrests gehemmt und der bereits vollzogene Arrest aufzuheben. Die Hemmung – wie auch die Aufhebung – betrifft nur die Vollziehung des Arrests; die Arrestanordnung bleibt bestehen, sie ist der Grund dafür, dass die FB die Hinterlegungssumme behalten darf. Der Wortlaut des § 324 I 3 ist zu eng gefasst, weil nicht nur die Hinterlegung von Geld die Vollziehung hemmt, sondern auch die Leistung anderer geeigneter Sicherheiten (FG Köln 27.4.1988 – 10 V 215/88, EFG 1988, 524; Klein § 324 Rn. 14; TK § 324 Rn. 69; HHSp § 324 Rn. 79; Schwarz/Pahlke/Keß § 324 Rn. 24). 18

C. Form und Inhalt der Arrestanordnung (Abs. 2)

19 Die Arrestanordnung hat schriftlich zu erfolgen, anderenfalls ist sie nichtig (BGH 7.5.1991 – IX ZR 30/90, NJW 1991, 2147). Zwingender **Inhalt** sind: Name und Anschrift des Arrestschuldners, der Ausspruch der Arrestanordnung in das bewegliche und/oder unbewegliche oder gesamte oder einzelne Gegenstände des Vermögens des Arrestschuldners, der Arrestanspruch bezogen auf Betrag, Art und Zeitraum, sowie die Arrestsumme und die Unterschrift des Anordnenden. Fehlt eine dieser Angaben, so ist die Arrestanordnung nichtig; allenfalls das Fehlen der Arrestsumme wird durch die Hinterlegungssumme ersetzt (TK § 324 Rn. 33). Ein Austausch des Arrestanspruchs ist unzulässig (→ Rn. 10). Ferner sind in der Arrestanordnung neben dem Dienstsiegel (Abschn. 54 II Nr. 6 VollstrA) als Begründung die Tatsachen anzuführen, aus denen sich Arrestanspruch und -grund ergeben. Diese Angaben können bis zur letzten mündlichen Verhandlung vor dem FG nachgeholt werden (→ Rn. 33). Gleiches gilt für die Hinterlegungssumme. Eine Begründung des Entschließungsermessens ist regelmäßig entbehrlich (→ Rn. 17; aA Bruschke BB 1996, 81), dies gilt jedoch nicht für die Begründung eines Auswahlermessens hinsichtlich des Arrestschuldners.

20 Die Arrestsumme und die Hinterlegungssumme sind so zu bemessen, dass sie die wahrscheinlichen nicht gesicherten Haupt- und Nebenansprüche abdeckt, jedoch nicht übersteigt. Die **Arrestsumme** ist auf mehrere Arrestansprüche – ggf. im Schätzungswege – aufzuteilen (BFH 23.3.1983 – I R 49/82, BStBl. II 1983, 441; Bruschke BB 1996, 81; aA FG München 17.4.1985 – III 156/84 Arr 1–3, EFG 1985, 478). Die Arrestanordnung darf kein Leistungsgebot enthalten, weil sie auf die bloße Sicherung des Arrestanspruchs, nicht auf seine Realisierung gerichtet ist.

21 Richtet sich die Arrestanordnung gegen einen oder mehrere **Gesamtschuldner,** so ist auf die (Nicht-)Inanspruchnahme der anderen und ferner darauf hinzuweisen, dass gem. § 44 II 1, 2 Leistungen jedes Gesamtschuldners auch für die anderen wirken (Bruschke BB 1996, 81).

22 Die Arrestanordnung ist zuzustellen. Die **Zustellung** richtet sich nach dem VwZG. Eine Zustellung in elektronischer Form gem. § 122 V iVm § 5 IV VwZG ist unzulässig. Die FB muss gegenüber jedem Arrestschuldner eine separate Arrestanordnung zustellen (FG Bremen 23.6.1992 – II 87/91 K, EFG 1992, 758; FG Bremen 5.12.1995 – 2 95 237 K 2, EFG 1996, 307). Eine Zustellung an einen Empfangsbevollmächtigten ist zulässig, weil die Arrestanordnung einer Festsetzung entspricht (ebenso Schwarz/Pahlke/Keß § 324 Rn. 17). Auch wenn die Zustellung fehlgeschlagen ist, verwirkt die Rechtsbehelfsbefugnis ein Jahr nach tatsächlicher Bekanntgabe (BFH 19.8.1987 – IV B 70/86, BFH/NV 1988, 244; FG Bremen 8.6.1993 – 2 93 100 K 2, EFG 1993, 667).

D. Vollziehung des Arrests (Abs. 3)

23 § 324 III regelt die Vollziehung des Arrests. Diese ist geprägt von der Dringlichkeit der Arrestvollziehung, weil die Arrestanordnung ihre materielle Berechtigung gerade aus dem Vollziehungsbedürfnis erlangt (FG Baden-Württemberg 18.12.1989 – IX K 243/89, EFG 1990, 507). Deshalb sind der FB enge Fristen vorgegeben, um den Arrest zu vollziehen. Für die Fristen des Abs. 3 ist entgegen der sonstigen Systematik der AO nicht die Bekanntgabe, sondern die **Unterzeichnung** maßgeblich. Zur Fristberechnung s. § 108. Zweck der Arrestvollziehung ist die Sicherung des Arrestanspruchs, nicht seine Verwirklichung (→ Rn. 2); eine Befriedigung aus einer Arrestanordnung ist nichtig (BGH 17.12.1992 – IX ZR 226/91, NJW 1993, 735). Zuständig für den Vollzug des Arrests ist die VollstrBehörde, innerhalb der FB also die VollstrStelle.

I. Unzulässigkeit der Vollziehung (Abs. 3 S. 1)

Die Vollziehung des Arrests wird unzulässig, wenn sie nicht binnen eines Monats nach Unterzeichnung begonnen wurde. Zur Frist s. § 108. Maßgeblich ist die Unterzeichnung, nicht die Zustellung. Die Vollziehung des Arrests muss binnen des Monats nicht beendet sein, obwohl dies nach dem Gesetzeswortlaut angenommen werden könnte; vielmehr hat lediglich der Beginn der Vollziehung binnen dieser Frist zu erfolgen (Klein § 324 Rn. 12; Gosch AO § 324 Rn. 50; TK § 324 Rn. 66; HHSp § 324 Rn. 61; Schwarz/Pahlke/Keß § 324 Rn. 23; Blumers BB 1977, 190; App BB 1984, 272; Hild DB 1998, 1358). Dazu reicht der Auftrag an den Vollziehungsbeamten nicht aus, wohl aber ein Amtshilfeersuchen (vgl. BGH 25.10.1990 – IX ZR 211/89, BGHZ 112, 356). Es ist unschädlich, wenn nach Fristablauf die zuvor begonnene Vollziehung beendet wird; spätere Vollziehungshandlungen müssen jedoch in einem zeitlichen und sachlichen Zusammenhang mit den begonnenen stehen (Klein § 324 Rn. 12; TK § 324 Rn. 66 f.; HHSp § 324 Rn. 61 f.; aA App BB 1984, 272). Ausreichend ist, wenn die FB innerhalb der Frist notwendige Anträge stellt und Eintragungshindernisse beseitigt. Die Eintragung von Sicherungshypotheken oder Registerpfandrechten darf nach Fristablauf erfolgen. Nach Fristablauf wird eine neue oder erstmalige Vollziehung des Arrests unzulässig (BFH 27.11.1973 – VII R 100/71, BStBl. II 1974, 119), trotzdem durchgeführte VollstrMaßnahmen sind unwirksam (vgl. BGH 25.10.1990 – IX ZR 211/89, BGHZ 112, 356). Nach erfolglosem Fristablauf ist die Arrestanordnung im Rechtsbehelfsverfahren oder gem. § 325 aufzuheben (→ § 325 Rn. 3). Sofern die vollstreckten Sicherheiten die Arrestsumme nicht erreichen, ist die Arrestanordnung durch Teilrücknahme entspr. zu beschränken (FG Baden-Württemberg 18.12.1989 – IX K 243/89, EFG 1990, 507). Die FB ist nicht gehindert, eine neue Arrestanordnung zu erlassen, die auf denselben Arrestansprüchen und -gründen beruhen kann. 24

II. Vollziehung vor Zustellung (Abs. 3 S. 2 und 3)

Der Maßgeblichkeit der Arrestunterzeichnung (→ Rn. 23) entspr. ist die Vollziehung bereits vor Zustellung möglich, wenn diese binnen der Frist des § 324 III 2, 3 nachgeholt wird. Dies ist Ausdruck der Dringlichkeit der Vollziehung einer Arrestanordnung und verschafft der FB gegenüber dem Arrestschuldner ein gewisses Überraschungsmoment, um dessen VollstrVereitelungsversuchen entgegenwirken zu können. Aus diesem Grund ist auch eine Anhörung des Arrestschuldners entbehrlich (→ Rn. 16). Keineswegs darf der Vollzug jedoch vor Unterzeichnung der Arrestanordnung erfolgen, weil es dann an der Arrestanordnung fehlt (FG Nürnberg 20.2.1987 – II 223/86, EFG 1987, 516). 25

Weil **öffentliche Zustellungen** und solche im **Ausland** eine erhöhte Gefahr der tatsächlichen Zustellung beinhalten, reicht es – entspr. § 169 I 3 – aus, wenn die Arrestanordnung den Herrschaftsbereich der FB verlassen hat oder der Aushang zur öffentlichen Zustellung vorgenommen wurde (vgl. BT-Drs. 7/4292, 41). 26

III. Vollziehung des Arrests (Abs. 3 S. 4 und 5)

Die Vollziehung des Arrests richtet sich nach §§ 930–932 ZPO und den genannten Vorschriften des LuftRG. Von der Vollstr. zur Anspruchsbefriedigung unterscheidet sich die Arrestvollziehung dadurch, dass sie lediglich zur Sicherung des Arrestanspruchs erfolgt (→ Rn. 2). Ausnahmen sind nur bei verderblichen oder schwer aufzubewahrenden Sachen denkbar (Bruschke BB 1996, 81; Weinreuter DStZ 2000, 162). Auch das Verlangen einer Vermögensauskunft gem. § 284 ist ihres endgültigen Charakters wegen unzulässig (aA TK § 324 Rn. 62; App BB 1984, 272; Bruschke BB 1996, 81; Weinreuter DStZ 2000, 162; Schwarz/Pahlke/Keß § 324 Rn. 26), weil sie noch nicht einmal durch den persönlichen Sicherheitsarrest erzwungen werden darf (→ § 326 Rn. 3). An die Stelle des Arrest- bzw. 27

VollstrGerichts und des Gerichtsvollziehers treten die VollstrBehörde und der Vollziehungsbeamte.

28 Die Vollziehung der Arrestanordnung bei **beweglichen Sachen und Forderungen** erfolgt durch Pfändung nach § 930 I ZPO iVm §§ 249 ff.; eine Verwertung bzw. Einziehung ist jedoch ausgeschlossen. Gepfändetes Geld ist zu hinterlegen. Die Arrestvollziehung in **Grundstücke** und grundstücksgleiche Rechte erfolgt durch Eintragung einer Sicherungshypothek gem. § 324 III 4 iVm § 932 ZPO. Hierbei handelt es sich um eine Höchstbetragshypothek iSv § 1190 BGB (vgl. BGH 15.4.1997 – IX ZR 112/96, NJW 1997, 3230). Das Verfahren richtet sich nach § 322. Eingetragene **Schiffe** und Schiffsbauwerke werden gem. § 931 I, IV ZPO weitgehend wie bewegliche Sachen gepfändet und in Verwahrung genommen, soweit sie sich nicht auf hoher See befinden (§ 482 HGB). Auf Antrag wird das Pfandrecht im Schiffs- oder Schiffsbauregister eingetragen (§ 931 III ZPO), um einen gutgläubigen Erwerb zu verhindern. Der Arrest in **Luftfahrzeuge** wird durch Eintragung eines Registerpfandrechts und Verwahrung vollzogen (§ 324 III 4 iVm § 99 II LuftRG). Ausländische Luftfahrzeuge können gepfändet werden, sofern dies nicht durch internationales Abkommen ausgeschlossen ist (§ 106 LuftRG).

29 Wird der durch die Arrestanordnung gesicherte Anspruch durch VA festgesetzt, fällig und vollstreckbar, so erledigt sich der Arrest. Das Arrestverfahren geht in das normale VollstrVerfahren über (BGH 13.9.2012 – III ZR 249/11, DB 2012, 2396; BFH 7.7.1987 – VII R 167/84, BFH/NV 1987, 702; FG Rheinland-Pfalz 14.5.1979 – V 11/79, EFG 1979, 584). Die Arrestanordnung ist nicht aufzuheben; zu den Folgen im Rechtsbehelfsverfahren → Rn. 34 f. Die **Umwandlung** des Sicherungsrechts **in ein Verwertungsrecht** erfolgt je nach Art des erlangten Sicherungsgutes. Keinesfalls ist eine erneute Pfändung notwendig (BFH 6.7.2001 – III B 58/00, BFH/NV 2001, 1530); der Rang des Arrestpfandrechts wird beibehalten (BGH 15.4.1997 – IX ZR 112/96, NJW 1997, 3230). Bei beweglichen Sachen und Forderungen erfolgt die bloße Bekanntgabe der Verwertungsabsicht gem. § 327. Bei Grundstücken und grundstücksgleichen Rechten erfolgt auf Antrag die Umschreibung der Arresthypothek in eine Sicherungshypothek (vgl. BGH 15.4.1997 – IX ZR 112/96, NJW 1997, 3230). Eingetragene Arrestpfandrechte an Schiffen, Schiffbauwerken und Luftfahrzeugen werden ebenfalls auf Antrag in Zwangsregisterpfandrechte umgetragen. Die Verwertung der Sicherheiten erfolgt dann nach Maßgabe des § 327.

E. Kosten, Verfahrensfragen

I. Kosten

30 Die Arrestanordnung entspricht der Festsetzung (→ Rn. 1), daher ergeht sie kostenfrei. Die Vollziehung des Arrests hingegen ist eine VollstrMaßnahme, daher entstehen beim Vollzug Kosten gem. §§ 337 ff.

II. Verfahrensfragen

31 Die **Arrestanordnung** ist ein VA, der gem. §§ 130, 131 und 325 geändert werden kann. Gegen die Arrestanordnung stehen dem Arrestschuldner Einspruch und Anfechtungsklage zu. Daneben kann er auch unmittelbar zustimmungsfreie Sprungklage gem. §§ 40 I, 45 IV FGO zum FG erheben. Die Frage, ob Einspruch und Klage nebeneinander betrieben werden können (so FG Düsseldorf 18.7.1977 – II 140/76 S, EFG 1978, 60; Klein § 324 Rn. 15; Klos INF 1987, 128), ist letztlich unbeachtlich, weil die Entscheidung des FG entweder einen entgegenstehenden Einspruchsbescheid aufhebt bzw. seinem Erlass entgegensteht. Inhaltlich kann der Arrestschuldner insb. geltend machen, es fehle an Arrestanspruch und/oder -grund einschließlich der jeweils notwendigen Wahrscheinlich-

keit, oder die FB habe die Fristen des § 324 III 1, 2 nicht eingehalten. Zu den Folgen der Aufhebung der Arrestanordnung → § 325 Rn. 5.

Gegen die **Vollziehung des Arrests** stehen dem Arrestschuldner die Rechtsbehelfsmöglichkeiten zu, die ihm auch gegen Maßnahmen zur Vollstr. wegen Geldforderungen zustehen (→ § 281 Rn. 20; → § 322 Rn. 29 ff.). 32

Im Verfahren vor dem FG kann eine fehlende oder unzureichende Begründung bis zum Schluss der letzten mündlichen Verhandlung **nachgeholt** werden (BFH 10.3.1983 – V R 143/76, BStBl. II 1983, 401; FG Düsseldorf 18.7.1977 – II 140/76 S, EFG 1978, 60; FG München 21.2.1995 – 14 K 2598/91, EFG 1995, 954; FG Hessen 10.1.1996 – 6 K 1804/90, EFG 1996, 414). Daraus folgt, dass eine fehlerhafte Begründung ersetzt werden kann (ebenso TK § 324 Rn. 39, 51; HHSp § 324 Rn. 94; Klein § 324 Rn. 7; Schwarz/Pahlke/Keß § 324 Rn. 16b). Dies gilt hinsichtlich der Besteuerungsgrundlage jedoch nur, soweit der Arrestanspruch derselbe bleibt (→ Rn. 10). Maßgeblicher Zeitpunkt für die Beurteilung bleibt der Erlass der Arrestanordnung (→ Rn. 11). Der Streitwert im finanzgerichtlichen Verfahren beträgt die Hälfte der Hinterlegungssumme (BFH 17.3.1982 – VII S 104/81, BStBl. II 1982, 328). 33

Eine **Erledigung der Hauptsache eines den Arrest betr. Verfahrens** kann vor allem dadurch eintreten, dass das Arrestverfahren in das herkömmliche VollstrVerfahren übergeleitet wird (BFH 6.7.2001 – III B 58/00, BFH/NV 2001, 1530; BFH 7.7.1987 – VII R 167/84, BFH/NV 1987, 702; FG Saarland 2.10.1996 – 1 K 157/95, EFG 1997, 3; Schwarz/Pahlke/Keß § 324 Rn. 18b; einschr. Blumers BB 1977, 190). Zeitpunkt für die Beurteilung der Kosten nach § 138 I FGO ist der Zeitpunkt der letzten mündlichen Verhandlung, wenn die Erledigung nicht eingetreten wäre (ebenso HHSp § 324 Rn. 100). 34

Unter den engen Voraussetzungen des § 100 I 4 FGO kommt dann auch eine **Fortsetzungsfeststellungsklage** in Betracht. Das erforderliche Feststellungsinteresse kann sich aus einer Wiederholungsgefahr (BFH 7.4.2009 – XI B 115/08, BFH/NV 2009, 1085 mwN), der Verfolgung von Schadensersatzansprüchen (dazu BFH 17.10.2018 – XI R 35/16, BStBl. II 2019, 50; BFH 20.9.2000 – VII B 33/00, BFH/NV 2001, 458; FG Hessen 10.1.1996 – 6 K 1804/90, EFG 1996, 414; Hild DB 1998, 1358) oder ausnahmsweise aus einem Rehabilitationsinteresse (vgl. BFH 27.7.1994 – II R 109/91, BFH/NV 1995, 322) ergeben. Das erforderliche Feststellungsinteresse kann hingegen nicht in der rangwahrenden Wirkung einer rechtswidrigen, aber erledigten Arrestanordnung liegen (aA HHSp § 324 Rn. 99; Blumers BB 1977, 190), weil der Arrestschuldner selbst durch den Rangvorteil oder -nachteil nicht beschwert ist, sondern nur der konkurrierende Zwischenpfändungsgläubiger. 35

Die Anfechtung der Arrestanordnung hat keine aufschiebende Wirkung (§ 361 I). **Vorläufiger Rechtsschutz** gegen die Arrestanordnung erfolgt durch AdV gem. § 361, § 69 FGO (BFH 20.3.1969 – V B 5/69, BStBl. II 1969, 399). Die Aussetzung/Aufhebung der Vollziehung darf ihres Zwecks wegen grds. nur gegen Sicherheitsleistung erfolgen (BFH 19.3.1968 – VII 295/64, BStBl. II 1968, 501; FG Köln 27.4.1988 – 10 V 215/88, EFG 1988, 524), es sei denn, die Arrestanordnung lässt keine Arrestgründe erkennen (App StBp 1990, 154; ähnlich BFH 14.2.1984 – VIII B 112/83, BStBl. II 1984, 443) oder ihre Aufhebung ist mit Sicherheit oder sehr großer Wahrscheinlichkeit zu erwarten (BFH 22.12.1969 – V B 115–116/69, BStBl. II 1970, 127; BFH 6.2.2013 – XI B 125/12, DStRE 2013, 436). 36

Eine etwaige **Schadensersatzpflicht** der FB wegen rechtswidriger Arrestanordnung und Vollziehung bestimmt sich nach § 839 BGB, Art. 34 GG. § 945 ZPO ist nicht analog anzuwenden (HHSp § 324 Rn. 106 ff.; Schwarz/Pahlke/Keß § 324 Rn. 33; aA OLG München 20.10.2011 – 1 U 2268/11, BeckRS 2011, 24581; FG Hessen 10.1.1996 – 6 K 1804/90, EFG 1996, 414; Klein § 324 Rn. 16; Gosch AO § 324 Rn. 69; TK § 324 Rn. 54; Bruschke BB 1996, 81; Hild DB 1998, 1358). Der gegenteiligen Ansicht ist zwar zuzugeben, dass der Gesetzgeber von der weiteren analogen Anwendung des § 945 ZPO ausging (BT-Drs. VI/1982, 184), die auch auf den Rechtszustand vor Inkrafttreten der AO 37

Anwendung fand; insofern könnte von einer in die AO übernommenen Regelungslücke gesprochen werden. Aus diesem Grund fehlt es jedoch an einer planwidrigen Gesetzeslücke, weil der Gesetzgeber (vgl. BT-Drs. VI/1982, 184) auf den Verweis oder eine Regelung in Kenntnis der Regelungslücke verzichtet hat. Die Regelungslage ist auch nicht mit der Regelungssituation des § 945 ZPO vergleichbar, weil die FB nicht als Partei, sondern als Behörde für die Gleichmäßigkeit der StErhebung zu sorgen hat (§ 85 S. 1). Nicht weiterführend ist der Vorwurf der mangelnden Objektivität der FB (so TK § 324 Rn. 55; App INF 1990, 339), weil diese – sofern sie ausnahmsweise tatsächlich vorliegen sollte – ein Verschulden der FB indizierte und im Rahmen des Amtshaftungsanspruchs zu berücksichtigen wäre. Der Schadensersatzanspruch ist nach Art. 34 S. 3 GG vor den ordentlichen Gerichten geltend zu machen.

§ 325 Aufhebung des dinglichen Arrestes

Die Arrestanordnung ist aufzuheben, wenn nach ihrem Erlass Umstände bekannt werden, die die Arrestanordnung nicht mehr gerechtfertigt erscheinen lassen.

Vergleichbare Vorschrift: § 927 ZPO

I. Allgemeines

1 § 325 ging aus § 77 VI Beitreibungsordnung v. 23.6.1923 (RMinBl. S. 595) hervor. Der Regelungsinhalt der Vorschrift steht in Konkurrenz zur Anfechtung der Arrestanordnung und stellt eine ergänzende Spezialregelung zu den §§ 130, 131 dar (HHSp § 325 Rn. 5). § 325 ist anwendbar, wenn die Arrestanordnung zunächst rechtmäßig war oder zumindest nicht angefochten wurde und später dem Erlass der Arrestanordnung entgegenstehende Umstände bekannt werden. Semantisch ist § 325 ungenau, denn die Arrestanordnung ist nicht nur aufzuheben, wenn der Arrestanspruch wegfällt, sondern auch, soweit er sich verringert (→ Rn. 4).

II. Inhalt der Vorschrift

2 § 325 findet Anwendung, wenn sich die die Arrestanordnung begründenden Umstände nachfolgend geändert haben. Die FB ist **verpflichtet,** die Arrestanordnung aufzuheben, wenn sich herausstellt, dass sie nicht mehr gerechtfertigt ist. Deshalb muss die FB ständig überprüfen, ob die Arrestanordnung noch zu Recht besteht. Eines Antrages des Arrestschuldners bedarf es daher nicht, wird er gestellt, ist er gleichwohl zu bescheiden (→ Rn. 5). Die Anfechtung der Arrestanordnung unterscheidet sich von der Anwendung des § 325 im Zeitpunkt der maßgeblichen Entscheidung: Während für die Anfechtung der Arrestanordnung die Umstände im Zeitpunkt ihres Erlasses maßgeblich bleiben (→ § 324 Rn. 11), ist für die Anwendung des § 325 der Zeitpunkt der jeweiligen Entscheidung maßgeblich. Daher erübrigt sich das Verfahren gem. § 325 nicht, wenn ein Anfechtungsverfahren gegen die Arrestanordnung läuft (aA Schwarz/Pahlke/Keß § 325 Rn. 1).

3 Der **Umstand** dafür, dass die Arrestanordnung nicht mehr gerechtfertigt ist, kann sowohl im Wegfall des Arrestanspruchs als auch des -grundes liegen. Zu den Umständen, die den Arrestanspruch betreffen, gehören nicht nur tatsächliche, sondern auch rechtliche Umstände, so zB Änderungen in Gesetzgebung oder Rechtsprechung (ebenso HHSp § 325 Rn. 8). Im Gegensatz zum Arrestgrund (→ § 324 Rn. 15) darf der Arrestanspruch nicht ausgetauscht werden (→ § 324 Rn. 10); vielmehr muss die FB in derartigen Fällen die bestehende Arrestanordnung gem. § 325 aufheben und eine neue erlassen (ebenso HHSp § 325 Rn. 9). Zur Änderung, Nachholung und Ergänzung der Begründung → § 324 Rn. 33. Auch der Fristablauf nach § 324 III 1 macht die weitere Vollziehung unzulässig, sodass die Arrestanordnung aufzuheben ist (BFH 27.11.1957 – II 66/56 U,

BStBl. III 1958, 51; FG Baden-Württemberg 18.12.1989 – IX K 243/89, EFG 1990, 507; Klein § 325 Rn. 2; HHSp § 325 Rn. 11; Schwarz/Pahlke/Keß § 324 Rn. 22; Hild DB 1998, 1358; aA Bruschke BB 1996, 81). Ist der Arrest bereits vollzogen, so bewirkt die Eröffnung des Insolvenzverfahrens keinen Wegfall des Arrestgrundes; die erlangten Sicherungsrechte berechtigen zur abgesonderten Befriedigung (BFH 17.12.2003 – I R 1/02, BStBl. II 2004, 392; aA FG Hessen 26.11.2001 – 4 K 4680/00, EFG 2002, 1275). Gleiches gilt für die Leistung der Hinterlegungssumme oder anderer Sicherheiten gem. § 324 I 3. Die Arrestanordnung stellt nämlich den Rechtsgrund dafür dar, dass die FB die erlangten Sicherheiten behalten darf (→ § 324 Rn. 18).

Vermindert sich der Arrestanspruch gegenüber der Arrestanordnung, so ist sie entspr. 4
anzupassen; der Wortlaut des § 325 ist insoweit teleologisch zu reduzieren. Semantisch hätte daher das „wenn" durch ein „soweit" ersetzt werden müssen (→ Rn. 1).

III. Verfahrensfragen und Rechtsbehelfe

Gegen einen die Aufhebung ablehnenden Bescheid ist der Einspruch und anschließend 5
die Verpflichtungsklage gem. § 40 I FGO gegeben. Die Möglichkeit der zustimmungsfreien Sprungklage gem. § 45 IV FGO besteht nicht. Die Aufhebung der Arrestanordnung bewirkt, dass die Rechtsgrundlage für die Arrestvollziehung wegfällt. Der Bestand der Vollziehungsmaßnahmen bleibt trotz Wegfalls der Arrestanordnung zunächst unberührt; sie sind gesondert aufzuheben. Gleiches gilt für die teilweise Aufhebung.

Erledigung der Hauptsache eines die Arrestanordnung betr. Verfahrens kann ebenso 6
wie bei der Anfechtung der Arrestanordnung eintreten, wenn das Arrestverfahren in das VollstrVerfahren übergegangen ist (→ § 324 Rn. 34).

Der Antrag auf Aufhebung der Arrestanordnung gem. § 325 ist verpflichtender Natur, 7
daher kann AdV (§ 361, § 69 FGO) nicht gewährt werden. In Betracht käme allenfalls eine **einstweilige Anordnung** nach § 114 FGO, deren Voraussetzungen jedoch nur in Ausnahmefällen vorliegen dürften.

Ebenso wie die schuldhafte Anordnung und Vollziehung des Arrests (→ § 324 Rn. 37) 8
kann auch die schuldhafte Nichtaufhebung einen **Schadensersatzanspruch** gem. § 839 BGB, Art. 34 GG begründen (BGH 3.10.1985 – III ZR 28/84, DB 1986, 1670; HHSp § 325 Rn. 6).

§ 326 Persönlicher Sicherheitsarrest

(1) [1] **Auf Antrag der für die Steuerfestsetzung zuständigen Finanzbehörde kann das Amtsgericht einen persönlichen Sicherheitsarrest anordnen, wenn er erforderlich ist, um die gefährdete Vollstreckung in das Vermögen des Pflichtigen zu sichern.** [2] **Zuständig ist das Amtsgericht, in dessen Bezirk die Finanzbehörde ihren Sitz hat oder sich der Pflichtige befindet.**

(2) **In dem Antrag hat die für die Steuerfestsetzung zuständige Finanzbehörde den Anspruch nach Art und Höhe sowie die Tatsachen anzugeben, die den Arrestgrund ergeben.**

(3) [1] **Für die Anordnung, Vollziehung und Aufhebung des persönlichen Sicherheitsarrestes gelten § 128 Absatz 4 und die §§ 922 bis 925, 927, 929, 933, 934 Absatz 1, 3 und 4 der Zivilprozessordnung sinngemäß.** [2] **§ 802j Absatz 2 der Zivilprozessordnung ist nicht anzuwenden.**

(4) **Für Zustellungen gelten die Vorschriften der Zivilprozessordnung.**

Vergleichbare Vorschrift: § 918 ZPO
Hinweis auf **VollstrA:** Abschn. 56

I. Allgemeines

1 Die Vorschrift ging aus § 379 RAO hervor und ist subsidiär zum dinglichen Sicherheitsarrest des § 324. Soweit der dingliche Sicherheitsarrest nicht ausreicht, ist daneben auch die Anordnung des persönlichen Sicherheitsarrests gem. § 326 denkbar (ebenso HHSp § 326 Rn. 7; Weinreuter DStZ 2000, 162).

II. Anordnung des Sicherheitsarrests (Abs. 1)

2 Die Anordnung des persönlichen Sicherheitsarrests setzt ebenso wie der dingliche Arrest einen Arrestanspruch und -grund voraus (→ § 324 Rn. 5 ff.). Darüber hinaus ist erforderlich, dass der dingliche Arrest nicht zum Ziel führt und den Zugriff auf die Person des Arrestschuldners erforderlich macht. Das kann zB darin liegen, dass der FB nicht bekannt ist, wo sich bestimmte Vermögenswerte befinden und/oder Fluchtgefahr besteht. Der persönliche Arrest darf nicht dazu führen, die Vollstr. erst zu ermöglichen, sondern darf nur einer zu erwartenden Verschlechterung der VollstrMöglichkeiten entgegenwirken. Die Erzwingung der Abgabe der Vermögensauskunft gem. § 284 durch den persönlichen Sicherheitsarrest scheidet jedoch wegen ihres endgültigen Charakters aus (ebenso Schwarz/Pahlke/Keß § 326 Rn. 2a; aA TK § 326 Rn. 3; HHSp § 326 Rn. 9), weil sie nicht der bloßen Sicherung der Vollstr. dient.

3 Anstelle des persönlichen Sicherheitsarrests kann das Amtsgericht gem. § 933 ZPO auch andere geeignete, aber weniger einschneidende Maßnahmen, wie zB Meldepflicht, Beschlagnahme von Ausweispapieren oder Hausarrest, anordnen.

4 **Zuständig** für die Anordnung ist das Amtsgericht am Sitz der FB oder des Aufenthaltsortes des Arrestschuldners (S. 2). Es entscheidet in eigener Zuständigkeit (vgl. BVerfG 30.10.1990 – 2 BvR 562/88, BVerfGE 83, 24 (33)). Die Anordnung freiheitsentziehender Maßnahmen unterliegt dem Richterprivileg des Art. 104 II 1 GG. Der notwendige Hinweis auf die Grundrechtseinschränkung gem. Art. 19 I 2 GG findet sich in § 413.

III. Antrag (Abs. 2)

5 Die FB muss einen Antrag an das zuständige Amtsgericht stellen, wobei die Antragstellung in ihrem Ermessen (dazu § 5) steht. Innerdienstlich bedarf die FB der Zustimmung der OFD (Abschn. 56 III VollstrA). Im Antrag hat die FB darzulegen, dass die Voraussetzungen des § 326 vorliegen; das Amtsgericht hat das Vorliegen dieser Voraussetzungen zu überprüfen (Schwarz/Pahlke/Keß § 326 Rn. 3; HHSp § 326 Rn. 13; Gosch AO § 326 Rn. 12), weil der Antrag der FB an das Amtsgericht nicht anfechtbar ist (Gosch AO § 326 Rn. 26; HHSp § 326 Rn. 13). Denn der Antrag ist eine die Entscheidung des Amtsgerichts vorbereitende Verwaltungshandlung ohne Rechtswirkung nach außen, ohne Regelungsgehalt und damit **kein VA.**

IV. Durchführung des Sicherheitsarrests, Zustellung (Abs. 3 und 4)

6 Der Vollzug des persönlichen Sicherheitsarrests und die Zustellung richten sich dann nach den genannten Vorschriften der ZPO. Der Vollzug erfolgt durch das Amtsgericht und den Gerichtsvollzieher (§§ 933, 909 ZPO), der dem Schuldner den Haftbefehl vorzuzeigen hat (§ 909 S. 2 ZPO). Die Zustellung hat nach den §§ 166 ff. ZPO zu erfolgen und obliegt gem. § 922 II ZPO der FB (TK § 326 Rn. 10; Schwarz/Pahlke/Keß § 326 Rn. 4a).

V. Rechtsbehelfe und Verfahrensfragen

7 Das Amtsgericht entscheidet über den Antrag gem. §§ 128 IV, 922 I ZPO durch Beschluss oder nach mündlicher Verhandlung durch Endurteil. Gegen die Ablehnung des persönlichen Arrests durch Beschluss kann die FB sofortige Beschwerde gem. §§ 567 ff. ZPO einlegen; gegen ein Endurteil hat sie die Möglichkeit der Berufung. Gegen die

Anordnung des Arrests steht dem Arrestschuldner der Rechtsbehelf des Widerspruchs gem. § 924 ZPO zu. Die Art und Weise des Arrestvollzuges kann mit der Erinnerung gem. § 766 ZPO angegriffen werden. Wird die Hinterlegungssumme gem. § 324 I 3 geleistet, so bewirkt dies eine Hemmung des Vollzugs des Sicherheitsarrests, sodass der weitere Haftvollzug auf Antrag des Arrestschuldners gem. § 923 ZPO aufzuheben ist.

6. Unterabschnitt. Verwertung von Sicherheiten

§ 327 Verwertung von Sicherheiten

[1] Werden Geldforderungen, die im Verwaltungsverfahren vollstreckbar sind (§ 251), bei Fälligkeit nicht erfüllt, kann sich die Vollstreckungsbehörde aus den Sicherheiten befriedigen, die sie zur Sicherung dieser Ansprüche erlangt hat. [2] Die Sicherheiten werden nach den Vorschriften dieses Abschnitts verwertet. [3] Die Verwertung darf erst erfolgen, wenn dem Vollstreckungsschuldner die Verwertungsabsicht bekannt gegeben und seit der Bekanntgabe mindestens eine Woche verstrichen ist.

I. Allgemeines

Die Vorschrift ist aus § 381 RAO hervorgegangen (BT-Drs. VI/1982, 184). Sie regelt die Verwertung für den Fall, dass die FB bereits vor Fälligkeit eine Sicherheit für ihre Ansprüche erlangt hat. 1

II. Befriedigung aus erlangten Sicherheiten (S. 1)

Die FB kann sich aus Sicherheiten befriedigen, die sie zur Sicherung von Geldforderungen erhalten hat. Die Sicherheiten resultieren häufig aus Anordnungen zur Sicherheitsleistung, die VA als Nebenbestimmungen beigefügt waren, so zB vorläufige StFestsetzung (§ 165), AdV (§ 361), Stundung (§ 222), Zahlungsaufschub (§ 223) oder abweichende Fälligkeit (§ 221). Auch nach den Verbrauchsteuergesetzen, die auf die Zollvorschriften verweisen, ist häufig die Stellung einer Sicherheitsleistung erforderlich. Ebenfalls kann die Sicherheit nach §§ 76, 324 oder 336 erlangt worden sein. Nicht zu den nach § 327 verwertbaren Sicherheiten gehören Gegenstände, die nach §§ 215 f. sichergestellt oder gem. §§ 94 ff. StPO beschlagnahmt worden sind. 2

1. Im Verwaltungsverfahren vollstreckbare Geldforderungen

Es muss sich um Geldforderungen handeln, die im Verwaltungsverfahren vollstreckbar sind. Dazu gehören alle Ansprüche aus den StGesetzen; der Anwendungsbereich deckt sich insoweit mit § 324 I 1. Von Geldforderungen zu unterscheiden sind Handlungen, die nach den §§ 328 ff. vollstreckt werden. Ebenso sind insolvenzbefangene Geldforderungen nicht im Verwaltungsverfahren vollstreckbar (§ 251 II). 3

2. Nichterfüllung bei Fälligkeit

Die Geldforderung, für die die Sicherheit verwertet werden soll, muss fällig sein. Daran fehlt es sowohl bei gültiger Stundung (§ 222), AdV (§ 361 AO, § 69 FGO) oder Zahlungsaufschub (§ 223). Ebenso begründet die Arrestanordnung keine Fälligkeit. Sofern die Fälligkeit nicht gesetzlich bestimmt ist (§ 220 I iVm den StGesetzen), bedarf sie – außer in Fällen der StAnmeldungen, Säumniszuschlägen, Zinsen oder Kosten – immer eines Leistungsgebotes (§ 220 II 1). Das Leistungsgebot wird nicht durch die Bekanntgabe der Verwertungsabsicht nach S. 3 ersetzt (Schwarz/Pahlke/Keß § 327 Rn. 5a; aA BFH 19.5.1994 – VII R 99, 100/93, BFH/NV 1995, 558; HHSp § 327 Rn. 8), weil S. 3 lediglich die Voraussetzungen der Verwertung, nicht jedoch die Fälligkeit des Anspruchs betrifft. 4

3. Erlangte Sicherheiten

5 Unbeachtlich ist, wie die FB die Sicherheit erlangt hat, dh ob die Sicherheit freiwillig geleistet, nach § 336 oder § 324 erzwungen oder auf sonstige Weise erlangt wurde. Die erlangten Sicherheiten sind nicht nur die in § 241 I genannten, sondern auch zB sicherungsübereignete Gegenstände (vgl. § 245). Die FB muss die Sicherheiten zur Sicherung der jeweiligen Geldforderung erlangt haben (TK § 327 Rn. 7; Schwarz/Pahlke/Keß § 327 Rn. 13). Für andere Geldforderungen darf die Sicherheit wegen der **strengen Akzessorietät** nicht verwertet werden. Hierfür müsste die Sicherheit ggf. gepfändet werden.

III. Verwertung der Sicherheiten (S. 2)

6 Zuständig für die Verwertung ist die VollstrBehörde (§ 249). Die Verwertung richtet sich nach den Vorschriften der §§ 259 ff. Sachen sind nach § 296 zu versteigern oder gem. § 305 zu verwerten; die Verwertung von Wertpapieren, sonstigen Forderungen und Rechten richtet sich nach den §§ 302, 303, 314, 317 oder 321. Die Verwertung von Sicherungsrechten an unbeweglichen Sachen erfolgt gem. § 322. Im Fall des nur mittelbaren Besitzes (zB Sicherungseigentum) ist die Sache dem VollstrSchuldner wegzunehmen (Schwarz/Pahlke/Keß § 327 Rn. 18). Einer zusätzlichen Pfändung bedarf es nicht, weil das die Sicherheit begründende Recht die Pfändung ersetzt (aA Klein § 327 Rn. 5; TK § 327 Rn. 15; Gosch AO § 327 Rn. 24). Nicht herausgabebereite Dritte sowie StBürgen und andere, die nach zivilrechtlichen Vorschriften für den Anspruch einzustehen haben, sind im Zivilrechtsweg in Anspruch zu nehmen (BFH 19.5.1994 – VII R 99, 100/93, BFH/NV 1995, 558).

7 Der zu verwertende Gegenstand muss **pfändbar** sein (Klein § 327 Rn. 3; Gosch AO § 327 Rn. 18). Dies gilt auch, wenn der VollstrSchuldner die Sicherheit in Kenntnis der Unpfändbarkeit gegeben hat (TK § 327 Rn. 8; Schwarz/Pahlke/Keß § 327 Rn. 14; HHSp § 327 Rn. 15; Gosch AO § 327 Rn. 18). Der Pfändungsschutz ist unverzichtbar, wie sich auch aus § 295 ergibt.

IV. Bekanntgabe der Verwertungsabsicht (S. 3)

8 Die FB muss dem VollstrSchuldner die Verwertungsabsicht bekannt geben. Dadurch soll dem VollstrSchuldner Gelegenheit gegeben werden, die Schuld freiwillig zu tilgen. Die Bekanntgabe der Verwertungsabsicht ist ein **VA** (BFH 19.5.1994 – VII R 99, 100/93, BFH/NV 1995, 558). Zuständig für den Erlass ist die VollstrBehörde (Gosch AO § 327 Rn. 19); die Bekanntgabe der Verwertungsabsicht hat in jedem Fall dem VollstrSchuldner – und nicht etwa dem StBürgen, Eigentümer oder anderen – gegenüber zu erfolgen (BFH 19.5.1994 – VII R 99, 100/93, BFH/NV 1995, 558; BGH 3.3.2005 – III ZR 273/03, NJW 2005, 1865). Die Ankündigung gegenüber Dritten dient nur zur Vermeidung des Kostenrisikos nach § 93 ZPO bei sofortigem Anerkenntnis (ebenso TK § 327 Rn. 5; HHSp § 327 Rn. 4). Schriftform und Zustellung sind zwar nicht vorgeschrieben, jedoch zur Beweissicherung empfehlenswert (Gosch AO § 327 Rn. 20; TK § 327 Rn. 10; Schwarz/Pahlke/Keß § 327 Rn. 16; HHSp § 327 Rn. 19). Inhaltlich muss aus dem VA ersichtlich sein, welche Sicherheit für welche Forderung verwertet werden soll und wie der VollstrSchuldner die Verwertung abwenden kann.

9 Zwischen Bekanntgabe der Verwertungsabsicht und Verwertung muss eine **Schonfrist** von mindestens einer Woche liegen. Das Nichteinhalten der Schonfrist hindert zwar den Eigentumserwerb des Erstehers am Sicherungsgut nicht, kann jedoch eine Schadensersatzpflicht der FB auslösen. Gegenüber dieser Bekanntgabe ist die gem. § 296 I notwendige Verwertungsanordnung mit der Wochenfrist nach § 298 I ein eigenständiger VA, der mit der Bekanntgabe der Verwertungsabsicht verbunden werden kann; beide Fristen laufen dann parallel (Schwarz/Pahlke/Keß § 327 Rn. 18; HHSp § 327 Rn. 21).

V. Rechtsbehelfe

1. Bekanntgabe der Verwertungsabsicht

Der VollstrSchuldner und Dritte können die Bekanntgabe der Verwertungsabsicht mit Einspruch und nachfolgender Anfechtungsklage angreifen. Daneben stehen Dritten die Möglichkeiten aus § 262 zur Verfügung (Gosch AO § 327 Rn. 28). 10

2. Verwertungshandlungen

Gegen einzelne Verwertungshandlungen stehen dem VollstrSchuldner ebenfalls Einspruch (§ 347 I Nr. 1) und anschließend Anfechtungsklage nach § 40 I FGO zu. Vorläufiger Rechtsschutz wird durch AdV (§ 361, § 69 FGO) gewährt. Zu Unrecht in Anspruch genommene Dritte können ihre Rechte gem. § 262 verfolgen. 11

Dritter Abschnitt. Vollstreckung wegen anderer Leistungen als Geldforderungen

1. Unterabschnitt. Vollstreckung wegen Handlungen, Duldungen oder Unterlassungen

§ 328 Zwangsmittel

(1) [1]**Ein Verwaltungsakt, der auf Vornahme einer Handlung oder auf Duldung oder Unterlassung gerichtet ist, kann mit Zwangsmitteln (Zwangsgeld, Ersatzvornahme, unmittelbarer Zwang) durchgesetzt werden.** [2]**Für die Erzwingung von Sicherheiten gilt § 336.** [3]**Vollstreckungsbehörde ist die Behörde, die den Verwaltungsakt erlassen hat.**

(2) [1]**Es ist dasjenige Zwangsmittel zu bestimmen, durch das der Pflichtige und die Allgemeinheit am wenigsten beeinträchtigt werden.** [2]**Das Zwangsmittel muss in einem angemessenen Verhältnis zu seinem Zweck stehen.**

Vergleichbare Vorschriften: §§ 6 I, 7 I, 9 VwVG

Schrifttum: App, Mitwirkungspflichten bei der Außenprüfung und Vorgehen im Fall der Notwendigkeit ihrer Erzwingung, StBp 1991, 49; App, § 328 AO – Stärken und Schwächen einer Vorschrift, DStZ 1991, 242; App, Probleme der Erzwingung von Unterlassungspflichten durch die Finanzbehörden, zB nach dem Steuerberatungsgesetz, DStR 1991, 262; App, Rechtsbehelfe im Verfahren zur Erzwingung von Anordnungen der Finanzämter, BB 1991, 1393; Carl/Klos, Zurechnungsprobleme steuerlicher Verfahrenshandlungen, DStZ 1991, 324; Decker, Das Zwangsgeldverfahren nach § 329 AO, INF 1994, 202; Dünchheim, Vom Zwangsgeld zurück zur Zwangsstrafe?, NVwZ 1996, 117; Becker, Zwangsgelder in der Außenprüfung, StBp 2002, 317; Becker, Das Zwangsgeldverfahren nach den §§ 328 ff. AO, INF 2004, 936; Harder, Zwangsgeld gegen Insolvenzverwalter wegen Verletzung steuerlicher Pflichten, ZInsO 2013, 227; Olgemöller, Abwehr von Zwangsgeldfestsetzungen, Stbg 2019, 408.

Übersicht

A. Allgemeines

1 **Entwicklung.** Die Vorschrift ging aus § 202 I RAO hervor. Abs. 2 wurde durch die AO 1977 neu eingefügt und entsprach bereits damals ungeschriebenem Recht (BT-Drs. VI/1982, 185). Die §§ 328 ff. lehnen sich terminologisch stark an die Vorschriften des VwVG an: Während im VollstrVerfahren grds. vom VollstrSchuldner die Rede ist, benennen die §§ 328 ff. diesen als Pflichtigen. Inhaltlich ist der Pflichtige derjenige, gegen den der zugrunde liegende VA durchgesetzt werden soll.

2 Der **Geltungsbereich** der §§ 328 ff. betrifft die Vollstr. von VA, die nicht auf Geldzahlung gerichtet sind. Zweck der §§ 328 ff. ist es, den Pflichtigen dazu zu bewegen, eine ihm durch den VA auferlegte Pflicht zu erfüllen. Dementsprechend sind die Zwangsmittel grds. **Beugemittel** und haben keinen Sanktionscharakter (BFH 29.4.1980 – VII R 4/79, BStBl. II 1981, 110). Dies gilt uneingeschränkt zumindest für Handlungspflichten. Bei Duldungs- und Unterlassungspflichten sollen die Zwangsmittel vor einer Zuwiderhandlung abschrecken und diese zugleich ahnden, da ansonsten die präventive Wirkung der Zwangsmittel verloren ginge (ebenso HHSp § 335 Rn. 4; Schwarz/Pahlke/Keß Vor §§ 328–336 Rn. 4; App DStR 1991, 262; krit. Dünchheim NVwZ 1996, 117). Deshalb ist gem. § 335 der weitere Vollzug der Zwangsmittel unverzüglich einzustellen, wenn der Pflichtige die geforderte Handlung erfüllt hat. Aus der Eigenschaft des Beugemittels folgt, dass es grds. neben Strafe oder Bußgeld verhängt werden und wiederholt werden kann (App DStR 1991, 262). Der Grundsatz „ne bis in idem" gilt nicht. Ebenso ist für die Anwendung der Zwangsmittel **kein Verschulden** notwendig, weil es sich nicht um eine Strafe handelt (Gosch AO § 328 Rn. 20; TK § 328 Rn. 29; HHSp Vor § 328 Rn. 29; Schwarz/Pahlke/Keß Vor §§ 328–336 Rn. 4). Eine Strafe kann auch neben den Zwangsmitteln und umgekehrt verhängt werden (ebenso Gosch AO § 328 Rn. 29; TK § 328 Rn. 31; Schwarz/Pahlke/Keß Vor §§ 328–336 Rn. 7).

3 **Verfahren.** Das Zwangsverfahren gliedert sich in folgende Einzelschritte: Zunächst ergeht ein VA, der die Handlungs-, Duldungs- oder Unterlassungspflicht regelt (Anordnungsverfügung). Sodann ist ein bestimmtes Zwangsmittel anzudrohen (§ 332), festzusetzen (§ 333) und anschließend durchzusetzen. Grds. stellt jeder dieser einzelnen Verfahrensschritte einen gesonderten VA dar, der auch jeweils selbständig anfechtbar ist.

4 **Anwendbarkeit der §§ 249–258.** Soweit nichts anderes bestimmt ist, gelten die §§ 249 –258 auch für die §§ 328 ff., sofern sie wegen ihres besonderen Regelungsinhalts nicht nur für die Vollstr. wegen Geldforderungen anwendbar sind (ebenso HHSp Vor § 328 Rn. 20).

B. Grundsatz (Abs. 1)

I. Durchsetzung mit Zwangsmitteln (Abs. 1 S. 1)

5 Die in S. 1 enthaltene Aufzählung im Klammerzusatz (Zwangsgeld, Ersatzvornahme, unmittelbarer Zwang) ist abschließend; andere Zwangsmaßnahmen sind nicht zulässig. Die Ersatzzwangshaft (§ 334) ist kein eigenständiges Zwangsmittel, sondern Ersatzzwangsmittel für nicht beitreibbare Zwangsgelder.

1. Erzwingbarer Verwaltungsakt

Die Handlungspflicht muss zunächst durch einen VA (s. § 118) – die Anordnungsverfügung – festgelegt worden sein; eine gesetzlich angeordnete Handlungspflicht reicht allein nicht aus. **Bloße Handlungsaufforderungen** sind kein VA und damit nicht nach den §§ 328 ff. erzwingbar. Solche Handlungsaufforderungen sind zB: Verlangen auf Empfängerbenennung nach § 160 (BFH 12.9.1985 – VIII R 371/83, BStBl. II 1986, 537; BFH 25.11.1986 – VIII R 350/82, BStBl. II 1987, 286), bloße Aufforderung des Außenprüfers, bestimmte Fragen zu beantworten oder bestimmte Belege vorzulegen (BFH 10.11.1998 – VIII R 3/98, BStBl. II 1999, 199; vgl. Becker StBp 2002, 317); Ladung zur Erörterung gem. § 364a I 3 wegen § 364a IV oder die Aufforderung, einen Rechtsbehelf zu begründen (§ 357 III). 6

Ferner muss der VA **wirksam** sein. Er muss somit wirksam bekannt gegeben worden und darf nicht nichtig sein. Außerdem muss er **vollstreckbar** sein, dh er darf nicht nur rechtsfeststellende oder -gestaltende Wirkung haben oder gem. § 361 oder § 69 FGO von der Vollstr. ausgesetzt sein. Gemäß § 255 ist die Vollstr. von VA, die sich gegen den Bund oder ein Land richten, unzulässig und darf gegenüber anderen juristischen Personen des öffentlichen Rechts, die der Staatsaufsicht unterliegen, nur unter den Voraussetzungen des § 255 I 2 erfolgen. Bestandskraft des VA ist nicht erforderlich. Schließlich darf er sich nicht in irgendeiner Weise erledigt haben (zB durch Erfüllung der Pflicht oder dadurch, dass das geforderte Unterlassen oder Dulden nicht mehr erforderlich ist). Schließlich muss der VA nach §§ 328 ff. vollstreckbar sein; daran fehlt es, wenn spezielle Erzwingungsregelungen normiert sind (zB Vermögensauskunft gem. § 284). 7

2. Auf Vornahme einer Handlung, Duldung oder Unterlassung gerichtet

Die Anordnungsverfügung darf nicht auf eine Geldforderung – also Steuer- und steuerliche Nebenleistungen iSv § 3 Abs. 1–4 – gerichtet sein, sondern muss vom Pflichtigen ein aktives Tun, Dulden oder Unterlassen fordern. Da es sich bei den Zwangsmitteln um Beugemittel handelt, muss die geforderte Pflicht dem Pflichtigen **möglich** und von seinem Willen abhängig sein. Daran fehlt es, wenn der Pflichtige verstirbt oder rechtlich nicht mehr existent ist. Außerdem müssen die Zwangsmittel **rechtlich zulässig** sein. Deshalb darf vom Pflichtigen nichts verlangt werden, wodurch er eine Straftat oder Ordnungswidrigkeit begehen oder sich gem. § 393 I 2 mit einer solchen Tat selbst belasten würde (FG München 16.10.2002 – 1 K 2540/02, EFG 2003, 366). Nach der Einleitung des StStrafverfahrens kann die Mitwirkung des Pflichtigen nicht mehr erzwungen werden (§ 393 I 3). Hierauf ist gem. § 393 I 4 hinzuweisen (FG Berlin 25.2.1985 – VIII 299/84, EFG 1985, 539). Auch darf ein Verhalten nicht erzwungen werden, wenn dem Pflichtigen ein Mitwirkungs- oder Auskunftsverweigerungsrecht (§§ 101 ff.) zusteht (vgl. BVerfG 13.1.1981 – 1 BvR 116/77, NJW 1981, 1431). 8

Beispiele für erzwingbare **Handlungen** sind: Mitwirkungspflichten nach §§ 90, 93, 97, 135, 200; Anzeigepflichten gem. §§ 137–139; Buchführungspflichten nach §§ 140 ff.; (elektronische) Abgabepflicht von StErklärungen gem. § 149 I iVm den EinzelStGesetzen inklusive der statistischen Angaben, sowie die Pflicht, den Jahresabschluss anzufertigen und abzugeben; Beantwortung des Fragebogens zur Haftungsinanspruchnahme; Herausgabepflichten von Urkunden (§ 315 II 2) oder Hypothekenbriefen (§ 310 I); Abgabe der Drittschuldnererklärung gem. § 316 II 3. **Unterlassungspflichten** bestehen zB hinsichtlich verbotener Verfügungen über Sachen und Forderungen nach §§ 76, 309 I, verbotener geschäftsmäßige Hilfe in StSachen gem. § 5 StBerG. Als **Duldungspflicht** kommen das Betretenlassen von Grundstücken und Räumen nach § 99, das Dulden einer Ap. (§§ 193 ff.) oder von StAufsichtsmaßnahmen (§§ 209 ff.) in Betracht. 9

Nicht auf eine erzwingbare Handlung gerichtet sind bloße **Soll-Vorschriften** wie Begründungspflichten, die im Fall der Nichterfüllung eine nachteilige Entscheidung in der Sache zur Folge haben. Die Durchsetzung von **Herausgabeansprüchen** gegenüber Drit- 10 ten ist nicht nach den §§ 328 ff. vollstreckbar; diese Ansprüche sind entspr. den ihnen zugrunde liegenden Rechtsansprüchen auf dem jeweiligen Rechtsweg durchzusetzen.

3. Androhung

11 Bevor die Zwangsmittel durchgesetzt werden können, sind sie nach Maßgabe des § 332 anzudrohen. Eines gesonderten **Leistungsgebotes** nach § 254 bedarf es nicht, denn die Anordnungsverfügung beschreibt das gebotene Handeln genügend; das Abwarten der Wochenfrist würde in dringenden Fällen die Vollstr. vereiteln (aA Gosch AO § 328 Rn. 19).

4. Nichterfüllung

12 Der Pflichtige darf trotz Androhung das geforderte Verhalten nicht vorgenommen haben; dieses muss ihm noch möglich sein und darf sich noch nicht auf andere Weise erledigt haben. Ob der Pflichtige die Nichterfüllung zu verschulden hat, ist unerheblich (→ Rn. 2).

5. Rechtsfolge

13 Liegen die Voraussetzungen des § 328 vor, können die Zwangsmittel festgesetzt (§ 333) und vollzogen werden. Die Festsetzung erfolgt gegenüber dem **Pflichtigen,** also dem Adressaten der Anordnungsverfügung. Sofern eine juristische Person oder nicht rechtsfähige Personengemeinschaft nicht selbst handlungsfähig ist, kann das Zwangsmittel gleichwohl gegen sie festgesetzt werden (BFH 27.10.1981 – VII R 2/80, BStBl. II 1982, 141; Gosch AO § 328 Rn. 22; HHSp § 328 Rn. 24; Schwarz/Pahlke/Keß § 328 Rn. 8.; Decker INF 1994, 202; Carl/Klos DStZ 1991, 324; inzwischen auch TK § 328 Rn. 35); lediglich die Umwandlung in Ersatzzwangshaft nach § 334 ist nicht möglich. Es kommt ebenso die Festsetzung gegenüber einem Vertreter in Betracht. Hat ein Insolvenzverwalter die Pflichten zu erfüllen, sind die Zwangsmittel gegen ihn zu richten (BFH 23.8.1994 – VII R 143/92, BStBl. II 1995, 194; BFH 8.8.1995 – VII R 25/94, BFH/NV 1996, 13; BFH 6.11.2012 – VII R 72/11, BStBl. II 2013, 141). Sind mehrere Personen verpflichtet, so sind die Zwangsmittel gegen jede von ihnen zu richten; eine Zusammenfassung in einem Bescheid ist zulässig, muss jedoch erkennen lassen, welches Zwangsmittel sich gegen den jeweiligen Pflichtigen richtet (FG Düsseldorf 8.12.1981 – XIII/IV 39/78 AO, EFG 1982, 498).

14 Der FB ist im Zwangsmittelverfahren **Ermessen** (§ 5) in vielfältiger Form und auf jeder Verfahrensstufe eingeräumt: Zunächst hat sie bei der Entscheidung, ob sie überhaupt von den Zwangsmitteln Gebrauch machen bzw. das Zwangsmittelverfahren fortführen will (Opportunitätsprinzip), ihr **Entschließungsermessen** auszuüben (BFH 29.4.1980 – VII R 4/79, BStBl. II 1981, 110). Dabei hat sie ggf. auch zu entscheiden, ob sie andere Möglichkeiten – insb. die der Schätzung gem. § 162 – wahrnehmen will (BFH 23.8.1994 – VII R 143/92, BStBl. II 1995, 194; Becker StBp 2002, 317).

15 Daneben hat sie ein **Auswahlermessen** sowohl hinsichtlich mehrerer in Betracht kommender Pflichtiger als auch hinsichtlich der Auswahl der zur Verfügung stehenden Zwangsmittel. Die Aufzählung im Klammerzusatz des § 328 I 1 ist abschließend; lediglich das Zwangsgeld kann nach Maßgabe des § 334 in Ersatzzwangshaft umgewandelt werden. Im Rahmen des Auswahlermessens hat sie neben den allgemeinen Grundsätzen auch die Bestimmungen des Abs. 2 zu beachten. Für die Auswahl des jeweiligen Zwangsmittels sind die Umstände des Einzelfalles entscheidend, weil die Zwangsmittel je nach Art der Handlungspflicht und der Person des Pflichtigen in unterschiedlicher Intensität wirken können. Grundsätzlich wird das Zwangsgeld (§ 329) gegenüber der Ersatzvornahme (§ 330) und dem unmittelbaren Zwang (§ 331) als das mildeste Mittel angesehen (ebenso Gosch AO § 328 Rn. 33). Dabei ist aber zu bedenken, dass nur das Zwangsgeld in Ersatzzwangshaft (§ 334) umgewandelt werden kann, was durch den Freiheitsentzug als schwerwiegendstes Zwangsmittel wirkt. Ferner wird die Ersatzvornahme gegenüber dem unmittelbaren Zwang grds. als milderes Mittel anzusehen sein, weil der Eingriff in die Sphäre des

Pflichtigen nicht durch die VollstrBehörde selbst erfolgt. Dagegen sind aber die Kosten und die möglicherweise nicht gewünschte Publizität abzuwägen. Beim Zwangsgeld muss die FB schließlich auch ihr Ermessen über die Höhe des Zwangsgeldes ausüben.

II. Erzwingung von Sicherheiten (Abs. 1 S. 2)

Die §§ 328 ff. gelten nicht für die Erzwingung von Sicherheiten (TK Vor § 328 Rn. 4a; Schwarz/Pahlke/Keß Vor §§ 328–336 Rn. 3; aA Klein § 328 Rn. 1; HHSp § 328 Rn. 10; Gosch AO § 328 Rn. 14; 336 Rn. 2 f.). Dies ergibt sich aus § 328 I 2 iVm § 336 II 2; die anderslautende Gesetzesbegründung (BT-Drs. VI/1982, 185 f.) vermag den eindeutigen Gesetzeswortlaut nicht zu verdrängen. Den FB stehen Zwangsmittel zur Erzwingung von Sicherheiten nicht zur Verfügung, auch wenn sie weniger einschneidender sein sollten. Führen die nach den §§ 262–323 eingeräumten Möglichkeiten nicht zum Erfolg, hat die FB ggf. den VA zu widerrufen, der die Erbringung der Sicherheit regelt. 16

III. Vollstreckungsbehörde (Abs. 1 S. 3)

VollstrBehörde ist die Behörde, die den durchzusetzenden VA erlassen hat. § 328 I 3 ist damit lex specialis zu § 249 I 3. Ein VollstrErsuchen gem. § 250 ist möglich (Gosch AO § 328 Rn. 26; HHSp § 328 Rn. 34). 17

C. Verhältnismäßigkeit (Abs. 2)

Der dem gesamten VollstrVerfahren immanente Grundsatz der Verhältnismäßigkeit ist im Abs. 2 dieser Vorschrift noch einmal deutlich geregelt. Auf Initiative des Bundesrates wurde auch die geringstmögliche Beeinträchtigung der Allgemeinheit in die Vorschrift aufgenommen (BT-Drs. VI/1982, 215). Die Verhältnismäßigkeit im Weiteren Sinn erfordert, dass das Zwangsmittel **geeignet, erforderlich** und ieS **verhältnismäßig** (BFH 15.9.1992 – VII R 66/91, BFH/NV 1993, 76) ist. 18

I. Geringste Beeinträchtigung (Abs. 2 S. 1)

Von mehreren Zwangsmitteln ist dasjenige zu bestimmen, das die geringste Beeinträchtigung des Pflichtigen und der Allgemeinheit erwarten lässt. Zwischen Beeinträchtigung der Allgemeinheit und des Pflichtigen existiert kein Vorrangverhältnis, sodass die jeweiligen Beeinträchtigungen im Einzelfall gegeneinander abzuwägen sind. Maßgeblicher Zeitpunkt für die Abwägung ist der der Auswahl des Zwangsmittels; die rechtliche Überprüfung erfolgt also aus einer ex-ante-Sicht. 19

II. Angemessenes Verhältnis (Abs. 2 S. 2)

Regelungsgegenstand ist hier die Verhältnismäßigkeit ieS: Das Zwangsmittel muss zu dem angestrebten Ziel, also der Durchsetzung des Handelns, Duldens oder Unterlassens, in einem angemessenen Verhältnis stehen (App DStZ 1991, 242). 20

D. Rechtsbehelfe und Verfahrensfragen

Jeder im Zwangsverfahren ergangene VA (Anordnungsverfügung, Androhung und Festsetzung) ist selbständig anfechtbar: Die Durchsetzung erfolgt entweder durch VA (§ 329) oder durch tatsächliches Verwaltungshandeln (§§ 330, 331). Dem Ablauf des Verfahrens entspr. benötigt jeder VA die rechtliche Existenz des ihm vorangehenden (BFH 11.9.1996 – VII B 176/94, BFH/NV 1997, 166). 21

22 Aus § 256 folgt, dass mit einem Rechtsbehelf gegen einen im Zwangsverfahren ergehenden VA (zB Zwangsgeldandrohung) **keine Einwendungen** gegen den ihm zugrunde liegenden anderen VA geltend gemacht werden können (BFH 20.10.1981 – VII R 13/80, BStBl. II 1982, 371; BFH 11.8.1992 – VII R 90/91, BFH/NV 1993, 346; BFH 13.2.1996 – VII R 43/95, BFH/NV 1996, 530). Gleichwohl darf die VollstrBehörde nicht sehenden Auges einen rechtswidrigen VA zwangsweise durchsetzen, wenn sie verpflichtet ist, den VA gem. § 130 I zurückzunehmen (ebenso TK § 333 Rn. 8). Allerdings kann ein Einspruch gegen eine Androhung oder Festsetzung im Rahmen seiner Auslegung (→ § 357 Rn. 4 ff.) auch als Rechtsbehelf gegen den anordnenden VA angesehen werden, wenn die Rechtsbehelfsfrist hierfür noch nicht abgelaufen ist (BFH 20.10.1981 – VII R 13/80, BStBl. II 1982, 371; Klein § 332 Rn. 8; HHSp § 328 Rn. 6; Schwarz/Pahlke/Keß § 328 Rn. 18; Becker StBp 2002, 317). Dem Einspruch schließt sich die Anfechtungsklage gem. § 40 I FGO an. Inhaltlich kann mit den Rechtsbehelfen neben dem Fehlen tatbestandlicher Voraussetzungen insb. geltend gemacht werden, die FB habe Ermessensfehler begangen bzw. ihre Ermessenserwägungen nicht ausreichend begründet.

23 Einspruch und Anfechtungsklage gegen VA im Zwangsmittelverfahren haben keine aufschiebende Wirkung (§ 361 I, § 69 I FGO). **Vorläufiger Rechtsschutz** wird durch AdV (§ 361, § 69 FGO) gewährt. Ist das Zwangsmittel bereits vollzogen, kommt zunächst Aufhebung der Vollziehung in Betracht, ist diese nicht möglich, kann Rechtsschutz im Rahmen des allgemeinen **Folgenbeseitigungsanspruchs** erfolgen (TK § 328 Rn. 51).

§ 329 Zwangsgeld

Das einzelne Zwangsgeld darf 25 000 Euro nicht übersteigen.

Vergleichbare Vorschriften: § 11 VwVG, §§ 888 I, 890 ZPO

I. Allgemeines

1 **Entwicklung.** Die Vorschrift ging aus § 202 II 1 RAO hervor. Zur Rechtsnatur des Zwangsgeldes als Beugemittel → § 328 Rn. 2. Die Festsetzung in Euro gilt ab dem 1.1.2002 und wurde durch das StEuglG eingeführt. Zuvor lautete der Betrag auf fünfzigtausend Deutsche Mark.

2 **Verfahren.** Das Zwangsgeld ist in bestimmter Höhe anzudrohen (§ 332) und anschließend festzusetzen (§ 333). Seine Beitreibung richtet sich dann allerdings wieder nach den Vorschriften über die Vollstr. von Geldforderungen (§§ 259 ff.). Androhung, Festsetzung und Beitreibung können wiederholt werden; üblicherweise wird das Zwangsgeld erhöht.

Das Zwangsgeld ist eine steuerliche Nebenleistung (§ 3 IV). Die **Ertragshoheit** steht gem. § 3 V 5 der verwaltenden Körperschaft zu.

II. Zwangsgeld

3 Das Zwangsgeld dient sowohl der Erzwingung vertretbarer als auch unvertretbarer Handlungen. Die Voraussetzungen für die Anwendung des Zwangsgeldes ergeben sich aus dem Kontext der §§ 328 ff. (→ § 328 Rn. 5 ff.).

4 Sowohl die Auswahl des Zwangsgelds als Zwangsmittel als auch die Festlegung seiner Höhe stehen im **Ermessen** der VollstrBehörde (→ § 328 Rn. 14 f.). Die gerichtliche Überprüfung beschränkt sich daher gem. § 102 FGO auf Ermessensfehler (BFH 18.11.1975 – VII R 26/72, BStBl. II 1976, 234). Folglich müssen spätestens in der Einspruchsentscheidung die Ermessenserwägungen dargelegt werden (BFH 26.3.1991 – VII R 66/90, BStBl. II 1991, 545).

5 Das einzelne festgesetzte Zwangsgeld darf 25.000 EUR nicht übersteigen. Da jedoch die Festsetzung wiederholt werden darf, kann die Summe der einzelnen Zwangsgelder den Betrag von 25.000 EUR durchaus übersteigen (ebenso Klein § 329 Rn. 2; Gosch AO

§ 329 Rn. 10; TK § 329 Rn. 9; Schwarz/Pahlke/Keß § 329 Rn. 3). Die **Höhe des Zwangsgeldes** richtet sich nach den Umständen des Einzelfalles. Der Verhältnismäßigkeitsgrundsatz des § 328 II ist zu beachten. Das Zwangsgeld soll als Beugemittel bewirken, dass der Pflichtige die Vornahme der Handlung bzw. die Duldung oder Unterlassung der Zahlung des Zwangsgeldes vorzieht. Dabei spielen die zu erwartenden Folgen des geforderten Verhaltens (zB Höhe der StFestsetzung), die finanzielle Leistungsfähigkeit des Pflichtigen, die Intensität des Widerstandes und der Grad des Verschuldens eine entscheidende Rolle. Da das Zwangsgeld wiederholt werden kann (→ § 332 Rn. 10 ff.), ist die Androhung und erstmalige Festsetzung in Höhe des gesetzlichen Höchstsatzes regelmäßig ermessensfehlerhaft (FG Bremen 12.1.1998 – 297024K 2, EFG 1998, 623; FG Hamburg 23.2.2000 – VII 3/00, EFG 2000, 706; App StBp 1991, 49). Im Wiederholungsfall sollte das Zwangsgeld angemessen erhöht werden (ebenso Schwarz/Pahlke/Keß § 329 Rn. 5).

III. Rechtsbehelfe und Verfahrensfragen

Die Durchsetzung des Zwangsgeldes erfolgt nach den einschlägigen Vorschriften über die Vollstr. wegen Geldforderungen (§§ 259–327). Ist das Zwangsgeld nicht beitreibbar, kann es unter den Voraussetzungen des § 334 in Ersatzzwangshaft umgewandelt werden. 6

§ 330 Ersatzvornahme

Wird die Verpflichtung, eine Handlung vorzunehmen, deren Vornahme durch einen anderen möglich ist (vertretbare Handlung), nicht erfüllt, so kann die Vollstreckungsbehörde einen anderen mit der Vornahme der Handlung auf Kosten des Pflichtigen beauftragen.

Vergleichbare Vorschriften: § 10 VwVG, § 887 ZPO

A. Allgemeines

Die Vorschrift – ihre praktische Bedeutung ist gering – wurde aus § 10 VwVG wörtlich übernommen (BT-Drs. VI/1982, 185). Vorgängervorschrift war § 202 I RAO. Die Ersatzvornahme ist unter Kostenschätzung anzudrohen (§ 332) und anschließend festzusetzen (§ 333). Ihre Durchführung erfolgt als tatsächliches Verwaltungshandeln. 1

B. Ersatzvornahme

I. Vertretbare Handlung

Die geforderte Handlung muss eine vertretbare sein. Die Handlung muss also auch durch eine andere Person vornehmbar sein. Daran fehlt es zB bei Duldungs- oder Unterlassungspflichten, weil diese stets unvertretbar sind. Als vertretbare Handlungen kommen insb. die Erstellung einer Buchführung, anderer Aufzeichnungen oder deren Lesbarmachung in Betracht. 2

II. Nichterfüllung

Der Pflichtige darf die geforderte Handlung trotz Androhung der Ersatzvornahme nicht vorgenommen haben, sie muss ihm noch möglich sein (→ § 328 Rn. 8) und darf sich noch nicht auf andere Weise erledigt haben. 3

III. Rechtsfolge

4 Die VollstrBehörde (§ 328 I 3) kann einen anderen mit der Vornahme der Handlung beauftragen. Eine Vornahme durch die VollstrBehörde selbst bzw. einen ihrer Angehörigen scheidet aus, weil es sich dann um die Durchführung des unmittelbaren Zwangs gem. § 331 handeln würde (Klein § 330 Rn. 1; Gosch AO § 330 Rn. 6; HHSp § 330 Rn. 7).

5 Der Beauftragung liegt ein **zivilrechtliches Rechtsverhältnis** zwischen der VollstrBehörde und dem Beauftragten zugrunde; vertragliche Ansprüche zwischen dem Beauftragten und dem Pflichtigen entstehen aufgrund der Beauftragung nicht. Insb. kann der Pflichtige nicht aus dem von der FB erteilten Auftrag zur Zahlung des dem Beauftragten zu zahlenden Entgelts verpflichtet werden; andernfalls würde die Beauftragung als ein – unzulässiger – Vertrag zulasten Dritter behandelt.

1. Ermessen

6 Die VollstrBehörde ist auch nach erfolgter Androhung nicht verpflichtet, die Ersatzvornahme festzusetzen und vornehmen zu lassen. Es steht ihr in jedem Verfahrensstadium das **Entschließungsermessen** zu, das Verfahren weiter zu betreiben oder einzustellen. Einer besonderen Ermessensdarlegung bedarf es nicht, wenn das Verfahren weitergeführt werden soll; die VollstrBehörde darf sich nur nicht für gebunden halten, das Verfahren fortzuführen.

7 Der VollstrBehörde steht zudem ein **Auswahlermessen** zu, ob sie die Ersatzvornahme, das Zwangsgeld oder den unmittelbaren Zwang wählt, wobei der unmittelbare Zwang grds. als ultima ratio anzusehen ist (→ § 331 Rn. 2 ff.). Schließlich muss sie sich entscheiden, wen sie mit der Ersatzvornahme beauftragt. Hinsichtlich der Kostentragungspflicht darf sie keine überhöhten Auslagen verursachen, weil der Pflichtige nur die notwendigen Kosten zu tragen hat (→ § 337 Rn. 5).

2. Kosten

8 Die Kosten des Auftrages sind zunächst von der VollstrBehörde zu tragen. Sie sind Auslagen gem. § 344 I Nr. 8, die dem Pflichtigen letztlich zur Last fallen (§ 337 I).

C. Rechtsbehelfe und Verfahrensfragen

9 Die Ersatzvornahme als solche ist kein VA, sondern tatsächliches Verwaltungshandeln, dessen Rechtswidrigkeit im Wege der finanzgerichtlichen Feststellungsklage gem. § 41 FGO festgestellt werden kann. Etwaige durch die Ersatzvornahme eingetretene Schäden können ggf. einen Amtshaftungsanspruch gem. § 839 BGB, Art. 34 GG auslösen (BGH 21.1.1993 – III ZR 189/91, BGHZ 121, 161).

10 Gegen die Ersatzvornahme kann vorläufiger Rechtsschutz durch einstweilige Anordnung nach § 114 FGO gewährt werden. Zum VollstrAufschub (§ 258) → § 333 Rn. 10.

§ 331 Unmittelbarer Zwang

Führen das Zwangsgeld oder die Ersatzvornahme nicht zum Ziel oder sind sie untunlich, so kann die Finanzbehörde den Pflichtigen zur Handlung, Duldung oder Unterlassung zwingen oder die Handlung selbst vornehmen.

Vergleichbare Vorschrift: § 12 VwVG

I. Allgemeines

1 Die Vorschrift wurde aus § 12 VwVG wörtlich übernommen (BT-Drs. VI/1982, 185). Durch die Formulierung wird zum Ausdruck gebracht, dass der unmittelbare Zwang stets

das letzte Mittel zur Durchsetzung des Verwaltungszwanges sein soll (BT-Drs. VI/1982, 185). Der unmittelbare Zwang ist anzudrohen (§ 332) und anschließend festzusetzen (§ 333). Seine Durchführung erfolgt als tatsächliches Verwaltungshandeln.

II. Unmittelbarer Zwang

Die Anwendung des unmittelbaren Zwangs setzt voraus, dass andere Zwangsmittel erfolglos waren oder untunlich sind. Die Anwendung des unmittelbaren Zwangs kommt sowohl für vertretbare als auch für unvertretbare Handlungen in Betracht. 2

1. Erfolglosigkeit

Ein Zwangsmittel führt nicht zum Ziel, wenn es erfolglos ist. Die Erfolglosigkeit setzt voraus, dass eines der anderen Zwangsmittel nach Androhung festgesetzt, das Ziel jedoch nicht erreicht wurde (ebenso Gosch AO § 331 Rn. 4). Bloßer Fristablauf nach Androhung reicht für die Erfolglosigkeit nicht aus, ebenso wenig die (begründete) Erwartung, andere Zwangsmittel führten nicht zum Ziel (aA Schwarz/Pahlke/Keß § 331 Rn. 5; unklar HHSp § 331 Rn. 10). Ein **Zwangsgeld** führt nicht zum Ziel, wenn es entweder nach Festsetzung nicht beitreibbar ist oder getilgt wird und die geforderte Handlung nicht erbracht wird. Die **Ersatzvornahme** ist dann erfolglos, wenn trotz ihrer Durchführung das Ziel der geforderten Handlung nicht erreicht wurde. 3

2. Untunlichkeit

Die Untunlichkeit ist als unbestimmter Rechtsbegriff (TK § 331 Rn. 1; HHSp § 331 Rn. 11; inzwischen auch Schwarz/Pahlke/Keß § 331 Rn. 5) ein Auffangtatbestand, durch den Besonderheiten des Einzelfalles Rechnung getragen werden kann. Der Einsatz sehr wahrscheinlich ungeeigneter, unzweckmäßiger oder unverhältnismäßiger Zwangsmittel kann damit vermieden werden. Außerdem sind durchaus Fälle denkbar, in denen der unmittelbare Zwang den anderen Zwangsmitteln von vornherein vorzuziehen ist, weil er zB aus Kostengründen als am wenigsten einschneidendes Zwangsmittel anzusehen ist (ebenso HHSp § 330 Rn. 15). Bei Gefahr im Verzug ist der Einsatz anderer Zwangsmittel regelmäßig untunlich. 4

3. Androhung

Der unmittelbare Zwang ist nach Maßgabe des § 332 mit Fristsetzung anzudrohen. 5

4. Nichterfüllung

Die geforderte Handlung darf trotz Androhung des unmittelbaren Zwangs nicht vorgenommen worden sein; sie muss dem Pflichtigen noch möglich sein (→ § 328 Rn. 8) und darf sich noch nicht auf andere Weise erledigt haben. 6

5. Rechtsfolge

Liegen die Voraussetzungen des § 331 vor, kann die VollstrBehörde unmittelbaren Zwang ausüben und sich hierbei auch anderer Behörden – zB der Polizei – im Wege der Amtshilfe bedienen. 7

Ermessen. Die VollstrBehörde ist auch nach erfolgter Androhung nicht verpflichtet, den unmittelbaren Zwang festzusetzen und durchzuführen. Es steht ihr in jedem Verfahrensstand das Entschließungsermessen zu, das Verfahren weiter zu betreiben oder einzustellen. Einer besonderen Ermessensdarlegung bedarf es gleichwohl nicht, wenn das Verfahren weitergeführt werden soll, weil dies dem gesetzlich normierten Ablauf entspricht. Die VollstrBehörde darf sich nur nicht für gebunden halten, das Verfahren fortzuführen. Schließlich muss sie sich entscheiden, wie sie den unmittelbaren Zwang konkret ausübt. 8

Unmittelbarer Zwang ist – neben der Selbstvornahme der Handlung durch die FB – die Anwendung körperlicher Gewalt oder der Einsatz von Hilfsmitteln der körperlichen Gewalt. Die Begriffsbestimmungen ergeben sich aus § 2 UZwG, das für Vollziehungs- 9 beamte des Bundes unmittelbar gilt. Als **Beispiele** für den unmittelbaren Zwang kommen die Zwangsvorführung des Pflichtigen, das Öffnen von Behältnissen oder Räumen zu Zwecken der Nachschau oder der Ap., die Vorlage von Wertsachen (§ 100) oder Geschäftsunterlagen in Betracht. Ebenso kommt die Durchsetzung von Duldungs- oder Unterlassungspflichten in Frage. Für eine evtl. notwendige richterliche Durchsuchungsanordnung ist dann das FG zuständig (FG Baden-Württemberg 23.4.1993 – 9 V 11/93, EFG 1993, 804).

III. Rechtsbehelfe und Verfahrensfragen

10 Die Durchsetzung des unmittelbaren Zwangs selbst ist kein VA, sondern tatsächliches Verwaltungshandeln; es ist nur im Rahmen einer finanzgerichtlichen Feststellungsklage gem. § 41 FGO gerichtlich überprüfbar.

Gegen den unmittelbaren Zwang selbst kann vorläufiger Rechtsschutz durch einstweilige Anordnung nach § 114 FGO gewährt werden. Zum VollstrAufschub (§ 258) → § 333 Rn. 10.

§ 332 Androhung der Zwangsmittel

(1) [1]**Die Zwangsmittel müssen schriftlich angedroht werden.** [2]**Wenn zu besorgen ist, dass dadurch der Vollzug des durchzusetzenden Verwaltungsakts vereitelt wird, genügt es, die Zwangsmittel mündlich oder auf andere nach der Lage gebotene Weise anzudrohen.** [3]**Zur Erfüllung der Verpflichtung ist eine angemessene Frist zu bestimmen.**

(2) [1]**Die Androhung kann mit dem Verwaltungsakt verbunden werden, durch den die Handlung, Duldung oder Unterlassung aufgegeben wird.** [2]**Sie muss sich auf ein bestimmtes Zwangsmittel beziehen und für jede einzelne Verpflichtung getrennt ergehen.** [3]**Zwangsgeld ist in bestimmter Höhe anzudrohen.**

(3) [1]**Eine neue Androhung wegen derselben Verpflichtung ist erst dann zulässig, wenn das zunächst angedrohte Zwangsmittel erfolglos ist.** [2]**Wird vom Pflichtigen ein Dulden oder Unterlassen gefordert, so kann das Zwangsmittel für jeden Fall der Zuwiderhandlung angedroht werden.**

(4) **Soll die Handlung durch Ersatzvornahme ausgeführt werden, so ist in der Androhung der Kostenbetrag vorläufig zu veranschlagen.**

Vergleichbare Vorschrift: § 13 VwVG

Schrifttum: s. § 328.

I. Allgemeines

1 **Entwicklung.** Abs. 1 wurde inhaltlich aus § 202 IX RAO übernommen. Ansonsten entspricht die Vorschrift § 13 VwVG (BT-Drs. VI/1982, 185). Im Abs. 1 S. 2 wurde durch Gesetz v. 19.12.1985 (BGBl. 1985 I 2436) auch die Möglichkeit der Androhung auf andere Weise geschaffen.

2 Ihrem Rechtscharakter nach entspricht die Androhung einer Mahnung; im Gegensatz zu dieser ist die Androhung jedoch zwingend vorgeschrieben. Die Androhung ist ein **eigenständiger VA** (BFH 23.11.1999 – VII R 38/99, BStBl. II 2001, 463) und nicht nur vorbereitendes Verwaltungshandeln. Fehlt die Androhung, ist die Festsetzung des Zwangsmittels rechtswidrig. Zum Ablauf des Zwangsverfahrens → § 328 Rn. 3, zur Ermessensausübung → § 328 Rn. 14 f. Voraussetzung für die Androhung ist eine wirksame Anordnungsverfügung (→ § 328 Rn. 6 ff.) und der fortdauernde Ungehorsam. Eine analoge Anwendung auf Verzögerungsgelder (§ 146 Abs. 2b) kommt systematisch nicht in Frage (FG Rheinland-Pfalz 29.7.2011 – 1 V 1151/11, EFG 2011, 1942).

II. Form und Frist (Abs. 1)

1. Form der Androhung (Abs. 1 S. 1 und 2)

Adressat der Androhung ist stets der Pflichtige (→ § 328 Rn. 13), ausnahmsweise der Empfangsbevollmächtigte gem. § 123 (HHSp § 332 Rn. 7). Ein anderer Empfangsbevollmächtigter soll gem. § 80 III 3 unterrichtet werden; die Bekanntgabe ist auch dem Empfangsbevollmächtigten gegenüber möglich (BFH 23.11.1999 – VII R 38/99, BStBl. II 2001, 463). 3

Zwangsmittel sind grds. **schriftlich** (dazu § 119 III) anzudrohen (§ 332 I 1). Die Androhung kann im Ausnahmefall des § 332 I 2 jedoch mündlich oder auf andere Weise erfolgen, wenn – aus ex-ante-Sicht – der Vollzug des durchzusetzenden VA anderenfalls vereitelt würde. Die Androhung ist auch in diesen Ausnahmefällen unverzichtbar, sie erfolgt lediglich auf eine andere Weise. Ein Ausnahmefall nach § 332 I 2 liegt insb. vor, wenn der VA zügig durchgesetzt werden soll und für eine schriftliche Androhung des § 332 I 1 keine Zeit verbleibt. Eine Androhung auf andere Weise kann zB im Grenzaufsichtsdienst der Zollverwaltung durch Handzeichen, Winkerkelle oder Warnschuss erfolgen. Gem. § 119 II 2 ist die Androhung schriftlich zu bestätigen, wenn hieran ein berechtigtes Interesse besteht (→ § 119 Rn. 28 f.). 4

2. Fristsetzung (Abs. 1 S. 3)

Die Androhung ist stets mit einer Frist zu verbinden, nach deren Ablauf das Zwangsmittel festgesetzt wird. Fehlt die Frist oder ist sie unangemessen kurz, so ist die Androhung rechtswidrig (Klein § 332 Rn. 2; TK § 332 Rn. 13; Schwarz/Pahlke/Keß § 332 Rn. 10). Die Dauer der Frist bestimmt sich nach den Umständen des Einzelfalles und hängt insb. vom Zeitbedarf für die Pflichterfüllung ab. Sie kann zwischen Sekunden (zB für die Anordnung, ein Fahrzeug anzuhalten oder eine Waffe niederzulegen) und mehreren Wochen (zB für die Erstellung und Abgabe einer StErklärung) betragen. Diese (Androhungs-)Frist kann gem. § 109 verlängert werden. Hinsichtlich einer zu erzwingenden Duldung oder Unterlassung bedarf es keiner Fristsetzung, weil ein solches Verhalten sofort erfüllbar ist und ein rechtswidriges Zuwiderhandeln auch während einer Frist nicht hinnehmbar ist (HHSp § 332 Rn. 11; TK § 332 Rn. 12; aA Gosch AO § 332 Rn. 7). 5

III. Bestimmtheit der Androhung (Abs. 2)

Die Androhung muss so bestimmt sein, dass der Pflichtige deutlich erkennen kann, welches Zwangsmittel ihn binnen welcher Frist erwartet, wenn er das geforderte Verhalten nicht befolgt. 6

1. Verbindung mit dem Verwaltungsakt (Abs. 2 S. 1)

Die Androhung kann mit der Anordnungsverfügung verbunden werden. Dies gilt sowohl für die schriftliche Androhung als auch für eine solche in anderer Weise (Abs. 1 S. 2). Allerdings sollte die Verbindung nicht generell erfolgen, sondern nur, wenn Anhaltspunkte für die Notwendigkeit der Anwendung von Zwangsmitteln vorliegen (ebenso App StBp 1991, 49). 7

2. Inhalt, Bestimmtheit, Begründung, Trennung (Abs. 2 S. 2)

Die Androhung muss sich auf ein bestimmtes Zwangsmittel beziehen; eine Alternativ- oder Kumulativandrohung ist unzulässig. Sie muss ferner für jede Handlungspflicht gesondert erfolgen. Die gesonderten Androhungen können in einem Schriftstück erfolgen (Gosch AO § 332 Rn. 13; TK § 332 Rn. 10; HHSp § 332 Rn. 17; Schwarz/Pahlke/Keß § 332 Rn. 4; App BB 1991, 1393; Decker INF 1994, 202; Becker StBp 2002, 317); die Forderung nach gesonderten Schriftstücken (so Klein § 332 Rn. 4) ist sachlich nicht gerechtfertigt und abzulehnen. Bei mehreren Handlungspflichten und Androhungen muss aus Gründen der inhaltlichen Bestimmtheit (§ 119 I) deutlich erkennbar sein, welches 8

Zwangsmittel für welche Handlungspflicht angedroht wird. Außerdem muss die Androhung – insb. durch Angabe der ihr zugrunde liegenden Ermessenserwägungen (dazu BFH 15.9.1992 – VII R 66/91, BFH/NV 1993, 76) – begründet werden (§ 121).

3. Höhe des Zwangsgeldes (Abs. 2 S. 3)

9 Die Androhung eines Zwangsgeldes hat in bestimmter Höhe zu erfolgen. Eine Androhung „bis zur Höhe von" ist unbestimmt und daher unzulässig. Es steht im Ermessen der FB, ein geringeres als das angedrohte Zwangsgeld festzusetzen (→ § 333 Rn. 5).

IV. Wiederholung (Abs. 3)

10 Zwangsmittel dürfen wiederholt werden. Die Wiederholung umfasst in Fällen der Verpflichtung zu aktivem Handeln die Androhung, Festsetzung und Durchsetzung des Zwangsmittels. Bei einer Verpflichtung zum Dulden oder Unterlassen kann auf die Wiederholung verzichtet werden, wenn die Androhung für jeden Fall der Zuwiderhandlung erfolgte. Von der Wiederholung zu unterscheiden ist eine erneute Androhung eines **anderen** Zwangsmittels oder eine Androhung mit einem erstmaligen Hinweis auf die Umwandlungsmöglichkeit des Zwangsgeldes nach § 334 I 1. In dieser erneuten Androhung ist eine neue und (faktische) Aufhebung der alten Androhung zu sehen (Schwarz/Pahlke/Keß § 332 Rn. 14; App StBp 1991, 49; im Ergebnis ebenso TK § 332 Rn. 10).

1. Erfolglosigkeit (Abs. 3 S. 1)

11 Die Wiederholung der Androhung kann sich sowohl auf das gleiche als auch ein anderes Zwangsmittel beziehen. Die Androhung setzt voraus, dass das zunächst angedrohte Zwangsmittel „erfolglos" ist, dh der Pflichtige die von ihm geforderte Handlung nicht befolgt hat. Die Erfolglosigkeit bezieht sich nur auf den **fruchtlosen Fristablauf** der Androhung; dies folgt aus dem Wortlaut der Bestimmung (aA HHSp § 332 Rn. 20). Selbst die Festsetzung des zuvor angedrohten Zwangsmittels muss einer erneuten Androhung nicht vorausgehen, sondern kann mit der Androhung verbunden werden (ebenso BT-Drs. VI/1982, 185; FG Hessen 26.10.1989 – 10 K 999/89, EFG 1990, 154; Klein § 329 Rn. 2; § 332 Rn. 6; Gosch AO § 332 Rn. 17; Schwarz/Pahlke/Keß § 332 Rn. 13; Decker INF 1994, 202; Becker StBp 2002, 317; noch weitergehend TK § 332 Rn. 18). Das ergibt sich aus der Rechtsnatur der Zwangsmittel als Beugemittel. Ein praktisches Bedürfnis für die Wiederholung ergibt sich ohnehin nur für das Zwangsgeld, weil Ersatzvornahme und unmittelbarer Zwang üblicherweise das geforderte Verhalten ersetzen bzw. durchsetzen.

2. Dulden oder Unterlassen (Abs. 3 S. 2)

12 Bei Duldungs- oder Unterlassungspflichten reicht es aus, wenn die VollstrBehörde ein bestimmtes Zwangsmittel für jeden Fall der Zuwiderhandlung androht. Dementsprechend kann die VollstrBehörde das einmal angedrohte Zwangsmittel für jeden Fall der Zuwiderhandlung festsetzen. Zum Ahndungscharakter der Zwangsmittel → § 328 Rn. 2.

V. Kostenschätzung (Abs. 4)

13 Wird Ersatzvornahme angedroht, so ist in der Androhung anzugeben, welche Kosten die Ersatzvornahme voraussichtlich verursachen wird. Der Pflichtige soll abschätzen können, welche finanziellen Konsequenzen sein eventueller Ungehorsam haben wird. Inhaltlich entspricht die Kostenschätzung der Androhung eines betragsmäßig bestimmten Zwangsgeldes. Trifft die Kostenschätzung betragsmäßig nicht genau zu, ist dies unbeachtlich; eine vorwerfbar grob unzutreffende Kostenschätzung führt jedoch zur Rechtswidrigkeit der Androhung (iE ebenso TK § 330 Rn. 5; aA Gosch AO § 332 Rn. 15); anderenfalls hätte § 332 IV keinen Sinn. Zeichnet sich im Verlauf des Zwangsmittelverfahrens ab, dass die Kostenschätzung der Androhung deutlich zu niedrig war, ist der Pflichtige von der Behörde über die neue Kostenschätzung zu unterrichten (BVerwG 13.4.1984 – 4 C 31/

81, NJW 1984, 2591), andernfalls setzt sich die FB der Gefahr von Amtshaftungsfolgen aus.

VI. Rechtsbehelfe und Verfahrensfragen

Die Androhung ist ein selbständig mit Einspruch und Anfechtungsklage anfechtbarer VA 14 (→ Rn. 2). Aus § 256 folgt, dass mit einem Rechtsbehelf gegen einen VA keine Einwendungen gegen einen anderen ihm zugrunde liegenden VA geltend gemacht werden können (→ § 328 Rn. 22). Gleichwohl darf die VollstrBehörde nicht sehenden Auges die zwangsweise Durchsetzung einer rechtswidrigen Anordnungsverfügung androhen; vielmehr ist diese gem. § 130 I zurückzunehmen (ebenso TK § 333 Rn. 8). Eine wiederholte Androhung kann auch dann angefochten werden, wenn die frühere Androhung bestandskräftig wurde. Erfolgte die Androhung mündlich (→ Rn. 4), beginnt die Rechtsbehelfsfrist mit Bekanntgabe und endet nach Ablauf eines Monats (BFH 23.2.2005 – VII R 32/04, BFH/NV 2005, 1180). Die Androhung ist **kostenfrei** (→ § 337 Rn. 7). Der Streitwert einer Klage gegen die Androhung eines Zwangsgeldes beträgt die Hälfte des angedrohten Betrages (FG Bremen 12.12.1989 – II 81/89 K, EFG 1991, 54; FG Hessen 5.2.1993 – 10 Ko 74/93, EFG 1993, 810).

Vorläufiger Rechtsschutz gegen die Androhung wird durch AdV (§ 361, § 69 FGO) gewährt.

§ 333 Festsetzung der Zwangsmittel

Wird die Verpflichtung innerhalb der Frist, die in der Androhung bestimmt ist, nicht erfüllt oder handelt der Pflichtige der Verpflichtung zuwider, so setzt die Finanzbehörde das Zwangsmittel fest.

Vergleichbare Vorschrift: § 14 S. 1 VwVG

Schrifttum: s. § 328.

I. Allgemeines

§ 333 bestimmt, dass jedes Zwangsmittel vor seiner Vollziehung festzusetzen ist. Die 1 Vorschrift wurde aus § 14 VwVG wörtlich übernommen (BT-Drs. VI/1982, 185). Die Festsetzung ist ein VA. Zum Verfahren → § 328 Rn. 3.

II. Festsetzung des Zwangsmittels

Hinsichtlich der Voraussetzungen für die Festsetzung der Zwangsmittel ist danach zu 2 unterscheiden, ob der zu vollziehende VA ein aktives Handeln (→ Rn. 3) oder ein Dulden bzw. Unterlassen (→ Rn. 4) fordert. Die Festsetzung setzt voraus, dass ein erzwingbarer VA vorliegt (→ § 328 Rn. 6 ff.) und das Zwangsmittel gem. § 332 angedroht worden ist.

1. Nichterfüllung innerhalb der Frist

Wird die Verpflichtung zu einer aktiven Handlung nicht erfüllt, so kann die FB nach 3 Fristablauf (FG Bremen 14.3.1996 – 2 95 183 K 2, EFG 1996, 463) das angedrohte Zwangsmittel festsetzen (zur Frist → § 332 Rn. 5). Die Festsetzung setzt voraus, dass der Pflichtige die Handlung innerhalb der Frist und auch bis zum Zeitpunkt der Festsetzung nicht erfüllt hat (→ § 335 Rn. 4).

2. Zuwiderhandlung

Fordert die Anordnungsverfügung ein Dulden oder Unterlassen, so kann das Zwangs- 4 mittel nach der Androhung und der Zuwiderhandlung des Pflichtigen festgesetzt werden.

3. Rechtsfolge

5 Der FB ist bezüglich der Festsetzung des angedrohten Zwangsmittels – entgegen dem Wortlaut des § 333 („so setzt … fest") – ein **Ermessen** (dazu § 5) eingeräumt (BFH 11.8.1992 – VII R 90/91, BFH/NV 1993, 346; BFH 2.11.1994 – VII R 94/93, BFH/NV 1995, 754; FG Bremen 12.1.1998 – 297024K 2, EFG 1998, 623; Gosch AO § 333 Rn. 7; TK § 333 Rn. 7; Schwarz/Pahlke/Keß § 33 Rn. 5; aA FG Berlin 25.1.1988 – VIII 389/87, EFG 1988, 395; Klein § 333 Rn. 2). Die FB ist frei, das angedrohte Zwangsmittel festzusetzen oder davon aus Opportunitätsgründen abzusehen (Entschließungsermessen). Das Zwangsgeld kann auch in geringerer als der angedrohten Höhe festgesetzt werden. Einer besonderen Ermessensdarlegung bei der Festsetzung bedarf es idR nicht, wenn das Zwangsmittel nach der Androhung festgesetzt werden soll, weil dies dem gesetzlich normierten Ablauf entspricht; hier reicht ein Verweis auf die Ermessenserwägungen der Androhung aus (BFH 2.11.1994 – VII R 94/93, BFH/NV 1995, 754; FG Nürnberg 1.2.2001 – IV 491/2000, EFG 2001, 800; HHSp § 333 Rn. 16; Schwarz/Pahlke/Keß § 333 Rn. 6).

6 Die Festsetzung ist außer in den Fällen des unmittelbaren Zwangs (→ § 331 Rn. 10) VA; es gelten §§ 118 ff. Die Festsetzung ist – im Gegensatz zur Androhung – an **keine** bestimmte **Form** gebunden. Sie kann zB auch konkludent durch den Vollzug des unmittelbaren Zwangs erfolgen (Schwarz/Pahlke/Keß § 331 Rn. 6).

7 Die FB ist verpflichtet, das Zwangsmittel **alsbald** festzusetzen (ebenso Klein § 333 Rn. 3; Gosch AO § 333 Rn. 9; TK § 333 Rn. 11; Decker INF 1994, 202). Wartet die FB mit der Festsetzung solange, dass der Pflichtige nach Treu und Glauben nicht mehr mit der Festsetzung rechnen muss, so hat die FB die weitere Durchsetzung des Zwangsmittels verwirkt (zur Verwirkung allg. → § 4 Rn. 39 ff.), wenn der Pflichtige entsprechende Dispositionen auf das Vertrauen getätigt hat (ebenso BFH 22.5.2001 – VII R 79/00, BFH/NV 2001, 1369; FG Hessen 26.2.1999 – 4 K 3795/98, EFG 1999, 939; TK § 333 Rn. 11; ähnlich Schwarz/Pahlke/Keß § 333 Rn. 4). Es ist mit seiner Rechtsnatur als Beugemittel nicht vereinbar, dass die FB die Festsetzung nicht zeitnah vornimmt. Die Dauer des noch zulässigen Zuwartens hängt insb. davon ab, binnen welcher Frist oder Zeitspanne die geforderte Handlung zu erfüllen war (FG Hessen 26.2.1999 – 4 K 3795/98, EFG 1999, 939). Für Zwangsmittel im Rahmen der Ap. sollte zwischen Fristablauf und Festsetzung ein Monat nicht überschritten werden (ebenso Becker StBp 2002, 317).

III. Rechtsbehelfe und Verfahrensfragen

8 Die Festsetzung ist ein selbständig mit Einspruch und Anfechtungsklage anfechtbarer VA. Aus § 256 folgt, dass mit einem Rechtsbehelf gegen die Festsetzung keine Einwendungen gegen die ihr zugrunde liegenden Anordnungsverfügung geltend gemacht werden können (→ § 328 Rn. 22). Gleichwohl darf die VollstrBehörde nicht sehenden Auges einen rechtswidrigen VA zwangsweise durchsetzen, wenn sie verpflichtet ist, den VA gem. § 130 I zurückzunehmen (ebenso TK § 333 Rn. 8). Die Festsetzung ist auch dann zurückzunehmen, wenn die ihr zugrunde liegende Androhung aufgehoben wird (BFH 11.9.1996 – VII B 176/94, BFH/NV 1997, 166; HHSp § 332 Rn. 28).

9 **Vorläufiger Rechtsschutz** gegen die Festsetzung wird durch AdV (§ 361, § 69 FGO) gewährt. Ist das Zwangsmittel bereits vollzogen (zB das Zwangsgeld bereits gezahlt) und ergibt sich nachträglich die Rechtswidrigkeit der Festsetzung, kann dies für den Betroffenen einen allgemeinen Folgenbeseitigungsanspruch auslösen (TK § 328 Rn. 51).

10 **Vollstreckungsaufschub** (§ 258) gegen den Vollzug des festgesetzten Zwangsmittels kommt grds. nicht in Betracht. Es ist mit dem Zweck der Zwangsmittel als Beugemittel nicht vereinbar, dieses nicht durchzusetzen. In besonderen Ausnahmefällen – zB Erkrankung des Pflichtigen – kann eine Maßnahme gem. § 258 jedoch durchaus angebracht sein (ebenso App BB 1991, 1393).

§ 334 Ersatzzwangshaft

(1) [1]**Ist ein gegen eine natürliche Person festgesetztes Zwangsgeld uneinbringlich, so kann das Amtsgericht auf Antrag der Finanzbehörde nach Anhörung des Pflichtigen Ersatzzwangshaft anordnen, wenn bei Androhung des Zwangsgelds hierauf hingewiesen worden ist.** [2]**Ordnet das Amtsgericht Ersatzzwangshaft an, so hat es einen Haftbefehl auszufertigen, in dem die antragstellende Behörde, der Pflichtige und der Grund der Verhaftung zu bezeichnen sind.**

(2) [1]**Das Amtsgericht entscheidet nach pflichtgemäßem Ermessen durch Beschluss.** [2]**Örtlich zuständig ist das Amtsgericht, in dessen Bezirk der Pflichtige seinen Wohnsitz oder in Ermangelung eines Wohnsitzes seinen gewöhnlichen Aufenthalt hat.** [3]**Der Beschluss des Amtsgerichts unterliegt der Beschwerde nach den §§ 567 bis 577 der Zivilprozessordnung.**

(3) [1]**Die Ersatzzwangshaft beträgt mindestens einen Tag, höchstens zwei Wochen.** [2]**Die Vollziehung der Ersatzzwangshaft richtet sich nach den § 802g Absatz 2 und § 802h der Zivilprozessordnung und den §§ 171 bis 175 und 179 bis 186 des Strafvollzugsgesetzes.**

(4) **Ist der Anspruch auf das Zwangsgeld verjährt, so darf die Haft nicht mehr vollstreckt werden.**

Vergleichbare Vorschriften: § 16 VwVG; § 888 I, 890 ZPO

Schrifttum: s. § 328.

A. Allgemeines

§ 334 eröffnet der FB die Möglichkeit, ein nicht beitreibbares Zwangsgeld in Ersatzzwangshaft umzuwandeln (Ausnahme Drittschuldnererklärung § 316 II 3). Das Beugemittel Zwangsgeld verlöre seinen Zweck, wenn es wegen Vermögenslosigkeit des Pflichtigen nicht durchgesetzt werden könnte. 1

Die Zuständigkeit des Amtsgerichts zur Anordnung der Ersatzzwangshaft ist aus § 202 II RAO – anders § 16 VwVG – übernommen worden. Abweichend von der Regelung des § 202 III RAO wurde die Höchstdauer der Haft entspr. § 16 II VwVG festgelegt (BT-Drs. VI/1982, 185). Der notwendige Hinweis auf die Grundrechtseinschränkung gem. Art. 19 I 2 GG findet sich in § 413.

B. Voraussetzungen (Abs. 1)

I. Anordnung der Ersatzzwangshaft (Abs. 1 S. 1)

Abs. 1 S. 1 regelt die Voraussetzungen, unter denen die Ersatzzwangshaft angeordnet werden kann. Es steht im Ermessen der FB, das Zwangsverfahren nach Maßgabe des § 334 weiterzuführen oder es einzustellen (→ § 328 Rn. 14). 2

1. Natürliche Person als Adressat

Adressat der Verpflichtung und der Androhung muss eine natürliche Person (§ 1 BGB) sein. Zwar können Zwangsmittel auch gegen juristische Personen und andere Personenvereinigungen festgesetzt werden (→ § 328 Rn. 13); naturgemäß kann die Haft jedoch nur gegenüber natürlichen Personen vollzogen werden. 3

2. Uneinbringlichkeit des Zwangsgeldes

Das festgesetzte Zwangsgeld muss vollstreckbar sein. Bestandskraft der Zwangsgeldfestsetzung ist – wie für die Vollstr. des Zwangsgeldes überhaupt – nicht erforderlich, zumal 4 die Ersatzzwangshaft trotz des in ihr liegenden erheblichen Eingriffs an keine weiteren Voraussetzungen geknüpft ist und lediglich den Vollzug des Zwangsgeldes substituiert (aA FG Bremen 7.9.2000 – 200250V 2, 200271V 2, EFG 2000, 1225; HHSp § 334 Rn. 11; Schwarz/Pahlke/Keß § 334 Rn. 3). Erforderlich ist nur, dass das Zwangsgeld „uneinbringlich" ist und somit alle VollstrMöglichkeiten ausgeschöpft worden sind. An dieses Merkmal sind strenge Anforderungen zu stellen; im Zweifel hat die FB vor Antragstellung vom Pflichtigen die Vermögensauskunft gem. § 284 zu verlangen (ebenso Gosch AO § 334 Rn. 5; HHSp § 334 Rn. 14; Schwarz/Pahlke/Keß § 334 Rn. 5; aA Decker INF 1994, 202). Die Eröffnung eines Insolvenzverfahrens ist jedoch nicht erforderlich.

3. Androhung der Ersatzzwangshaft

5 Die Androhung der Ersatzzwangshaft muss nach Maßgabe des § 332 I, II den Hinweis enthalten, dass das Zwangsgeld in Ersatzzwangshaft umgewandelt werden kann. Fehlt dieser Hinweis, so ist eine neue Androhung des Zwangsgeldes erforderlich (Gosch AO § 334 Rn. 6; TK § 334 Rn. 6; HHSp § 334 Rn. 13).

4. Antrag der Finanzbehörde

6 Die FB muss einen Antrag auf Anordnung der Ersatzzwangshaft an das nach § 334 II 2 zuständige Amtsgericht stellen. Die Antragstellung oder aber die Einstellung des Zwangsverfahrens stehen im Ermessen der FB (→ § 328 Rn. 14). Im Antrag hat die FB darzulegen, dass die Voraussetzungen des § 334 vorliegen und der Widerstand bzw. Ungehorsam noch andauert. Der Antrag der FB ist eine den Beschluss des Amtsgerichts lediglich vorbereitende Verwaltungshandlung, die mangels Rechtswirkung nach außen bzw. Regelungsgehalt keine VA-Qualität hat. Dementsprechend ist der Antrag der FB an das Amtsgericht nicht anfechtbar (BFH 18.11.1986 – VII S 16/86, BFH/NV 1987, 669; Gosch AO § 334 Rn. 7; TK § 334 Rn. 8; HHSp § 334 Rn. 16; Schwarz/Pahlke/Keß § 334 Rn. 8; aA Klein § 334 Rn. 7).

5. Rechtsfolge

7 Das Amtsgericht kann die Ersatzzwangshaft anordnen. Die Anordnung unterliegt dem Richterprivileg (Art. 104 II 1 GG). Das Verfahren ist in Abs. 1 S. 2 und Abs. 2 geregelt; Dauer und Vollzug ergeben sich aus Abs. 3. Bevor das Amtsgericht die Ersatzzwangshaft anordnet, hat es den Pflichtigen **anzuhören.** Fehlende Anhörung macht die Anordnung rechtswidrig und kann mit sofortiger Beschwerde und Verfassungsbeschwerde angefochten werden, die im Erfolgsfall zur Aufhebung des Beschlusses führen (BSG 19.2.1992 – GS 1/89, NJW 1992, 2444).

II. Haftbefehl (Abs. 1 S. 2)

8 Das Amtsgericht hat bei Anordnung der Ersatzzwangshaft einen Haftbefehl zu erlassen. Dieser ist lediglich die Ausfertigung des Haftbeschlusses und hat keine selbständige Bedeutung. Inhaltlich muss der Haftbefehl die antragstellende Behörde, den Pflichtigen, die Dauer der Haft und den Grund der Verhaftung angeben.

C. Verfahren (Abs. 2)

I. Entscheidung durch Beschluss (Abs. 2 S. 1)

9 Das Amtsgericht entscheidet durch Beschluss nach den Vorschriften der ZPO (Gosch AO § 334 Rn. 10; HHSp § 334 Rn. 18). Es steht in seinem pflichtgemäßen Ermessen, ob und ggf. mit welcher Dauer es die Ersatzzwangshaft anordnet. Das Amtsgericht hat dabei nur die Voraussetzungen der §§ 328, 334 I zu prüfen, dh, ob ein erzwingbarer VA vorliegt, das Zwangsgeld uneinbringlich ist und der Pflichtige seiner Pflicht nicht nachgekommen ist. Die Rechtmäßigkeit der Anordnungsverfügung, der Androhung oder der Festsetzung

des Zwangsgelds prüft das Amtsgericht nicht, weil diese Prüfung im Finanzrechtsweg erfolgt (ebenso Gosch AO § 334 Rn. 9; Klein § 334 Rn. 5).

II. Örtliche Zuständigkeit, Rechtsmittel (Abs. 2 S. 2 und 3)

Örtlich zuständig ist das Amtsgericht, in dessen Bezirk der Pflichtige seinen Wohnsitz 10 (§ 8) oder in Ermangelung eines solchen seinen gewöhnlichen Aufenthalt (§ 9) hat. Gegen den Beschluss des Amtsgerichts ist binnen der zweiwöchigen Frist des § 569 I ZPO die sofortige Beschwerde gem. § 567 I Nr. 1 ZPO gegeben. Hilft das Amtsgericht der Beschwerde nicht gem. § 572 I ZPO ab, so hat das Landgericht als Beschwerdegericht durch Beschluss zu entscheiden (§ 572 IV ZPO). Befugt, die sofortige Beschwerde einzulegen, sind sowohl der Pflichtige als auch die FB für den Fall, dass die Ersatzzwangshaft nicht angeordnet wird. Gegen den Beschluss des Beschwerdegerichts findet die Rechtsbeschwerde zum Oberlandesgericht nur statt, wenn sie das Beschwerdegericht zugelassen hat (§ 574 I Nr. 2 ZPO), wegen grundsätzlicher Bedeutung der Rechtssache (§ 574 I Nr. 1 iVm II Nr. 1 ZPO) oder zur Rechtsfortbildung oder Sicherung einer einheitlichen Rechtsprechung (§ 574 I Nr. 1 iVm II Nr. 2 ZPO).

D. Vollzug der Ersatzzwangshaft (Abs. 3)

I. Dauer der Ersatzzwangshaft (Abs. 3 S. 1)

Die Ersatzzwangshaft muss zwischen einem und 14 Tagen andauern und bezieht sich auf 11 das einzelne Zwangsgeld. Die Dauer der Haft wird durch das Amtsgericht angeordnet und steht in seinem Ermessen. Wird während des Vollzuges die geforderte Handlung erbracht oder tritt Erledigung auf andere Weise ein, ist das Zwangsverfahren gem. § 335 einzustellen. Das Gleiche gilt, wenn das Zwangsgeld geleistet wird. Ist die Zwangshaft abgeleistet, ist das Zwangsverfahren beendet; eine Eintreibung des Zwangsgeldes kommt nicht mehr in Betracht. Es liegt dann im Ermessen der FB, das Zwangsmittelverfahren ein weiteres Mal einzuleiten.

II. Vollziehung (Abs. 3 S. 2)

Der Vollzug der Zwangshaft richtet sich dann nach den genannten Vorschriften der 12 ZPO und des StVollzG. Der durch G v. 20.11.2019 (BGBl. 2019 I 1724) eingefügte erweitere Verweis auf die §§ 179–186 StVollzG betrifft lediglich datenschutzrechtliche Regelungen.

E. Verjährung (Abs. 4)

Da die Ersatzzwangshaft als Ersatzzwangsmittel für das Zwangsgeld fungiert, kann die 13 Zwangshaft nicht mehr durchgesetzt werden, wenn das Zwangsgeld wegen Verjährung nicht mehr beigetrieben werden darf. Abs. 4 stellt diese Selbstverständlichkeit nur klar.

§ 335 Beendigung des Zwangsverfahrens

Wird die Verpflichtung nach Festsetzung des Zwangsmittels erfüllt, so ist der Vollzug einzustellen.

Vergleichbare Vorschrift: § 15 III VwVG

Schrifttum: s. § 328; Woring, Die Beendigung des Zwangsverfahrens nach § 335 AO, StB 1978, 66; Strunk, Probleme bei der Beendigung des Zwangsverfahrens (§ 335 AO), DStZ 1992, 208.

I. Allgemeines

1 § 335 verdeutlicht den Charakter der Zwangsmittel als Beugemittel: Der Vollzug ist einzustellen, wenn der Zweck der Beugung erreicht ist. Dieser Grundsatz, der bereits gem. § 202 IV 2 RAO für die Erzwingungshaft galt, wurde durch § 335 auf alle Zwangsmittel ausgedehnt (BT-Drs. VI/1982, 186). Auf Verzögerungsgelder nach § 146 Abs. 2b ist § 335 systematisch auch nicht analog anwendbar (FG Schleswig-Holstein 3.2.2010 – 3 V 243/09, EFG 2010, 686; FG Berlin-Brandenburg 19.5.2011 – 13 K 13246/10, EFG 2011, 1945).

II. Einstellung des Vollzuges

2 Nach ihrem Wortlaut erfasst die Vorschrift nur Fälle, in denen der Pflichtige die ihm auferlegte (aktive) Handlung erfüllt. Für die Befolgung von Duldungs- und Unterlassungspflichten könnte § 335 nach seinem zu engen Wortlaut nicht gelten; anders als zB § 15 III VwVG, der bestimmt, dass der Vollzug einzustellen ist, sobald sein Zweck erreicht ist (s. jedoch → Rn. 3).

1. Erfüllung der Verpflichtung

3 Die Verpflichtung ist „erfüllt“, wenn der Pflichtige die von ihm geforderte aktive Handlung vorgenommen hat. Da die Verpflichtung, bestimmte Vorgänge zu dulden oder zu unterlassen, Dauerpflichten beinhaltet, kann diese Verpflichtung grds. nicht zu einem bestimmten Zeitpunkt dauerhaft erfüllt sein. Gleichwohl ist das Zwangsverfahren auch in diesen Fällen einzustellen, wenn sich das ursprünglich geforderte Dulden oder Unterlassen faktisch erledigt hat, weil zB das Dulden oder Unterlassen nicht mehr notwendig oder der Pflichtige gestorben oder erloschen ist (BFH 11.9.1996 – VII B 176/94, BFH/NV 1997, 166; TK § 335 Rn. 3; App BB 1991, 1393). Gem. § 45 I 2 gehen Zwangsgelder nicht auf den Erben über.

2. Nach Festsetzung des Zwangsmittels

4 Der Wortlaut des § 335 ist auch insofern zu eng gefasst, als die Verpflichtung, das weitere Zwangsverfahren einzustellen, nicht nur nach Festsetzung des Zwangsmittels, sondern in jeder Phase des Zwangsverfahrens gilt, wenn der Pflichtige die Verpflichtung erfüllt. Dementsprechend darf das Zwangsmittel nach Erfüllung nicht mehr angedroht, festgesetzt oder vollzogen werden (TK § 335 Rn. 3; HHSp § 335 Rn. 5). Wird die Ersatzzwangshaft vollzogen, ist der weitere Vollzug nach Erfüllung der Verpflichtung ebenfalls sofort einzustellen. Dazu hat die FB dies dem zuständigen Amtsgericht unverzüglich mitzuteilen, damit das Amtsgericht den Haftbefehl aufheben kann.

3. Rechtsfolgen

5 Ist der Zweck der Beugung erreicht, muss der weitere Vollzug der Zwangsmittel eingestellt werden. Werden nach der Einstellung Zwangsgelder gezahlt oder beigetrieben, so sind sie zu erstatten (Klein § 335 Rn. 2; Gosch AO § 335 Rn. 3; TK § 335 Rn. 6; HHSp § 335 Rn. 6; App StBp 1991, 49). Der Zahlungszeitpunkt bei Einzugsermächtigung hängt von der Genehmigung des Kontoinhabers ab (FG Bremen 3.4.1997 – 2 97 002 K 2, EFG 1997, 781). Die Einstellung des Vollzugs hat nicht die Aufhebung der Festsetzung zur Folge (BFH 7.10.2009 – VII B 28/09, BFH/NV 2010, 385; Schwarz/Pahlke/Keß § 335 Rn. 4; Decker INF 1994, 202; App StBp 1991, 49; aA Woring StB 1978, 67). Deshalb werden zuvor gezahlte oder beigetriebene Zwangsgelder nicht erstattet (FG Baden-Württemberg 9.3.1995 – 6 K 197/94, EFG 1995, 868; Strunk DStZ 1992, 202). Gleiches gilt für bereits entstandene Kosten einer Ersatzvornahme (ebenso Klein § 335 Rn. 1; Gosch AO § 335 Rn. 3).

III. Rechtsbehelfe

Ist Erledigung des Zwangsverfahrens eingetreten, so entfällt das Rechtsschutzbedürfnis für eine Weiterführung des Einspruchs- oder Klageverfahrens. Besteht Streit darüber, ob Erledigung einer Zwangsgeldfestsetzung eingetreten ist, ist im Rahmen eines Abrechnungsbescheides gem. § 218 II zu entscheiden. 6

2. Unterabschnitt. Erzwingung von Sicherheiten

§ 336 Erzwingung von Sicherheiten

(1) **Wird die Verpflichtung zur Leistung von Sicherheiten nicht erfüllt, so kann die Finanzbehörde geeignete Sicherheiten pfänden.**

(2) [1]**Der Erzwingung der Sicherheit muss eine schriftliche Androhung vorausgehen.** [2]**Die §§ 262 bis 323 sind entsprechend anzuwenden.**

A. Allgemeines

§ 336 gibt der FB die Möglichkeit, sich eine ihr geschuldete Sicherheit durch Pfändung von Sachen oder Rechten zu verschaffen. 1

Die Vorschrift entspricht § 375 RAO (BT-Drs. VI/1982, 186). Ihre praktische Bedeutung ist gering, weil die Voraussetzungen nur in seltenen Fällen vorliegen und die FB darüber hinaus auch noch ihr Entschließungsermessen für die Erzwingung der Sicherheit ausüben muss. Die Gesetzesfassung ist systematisch nicht gelungen, weil Abs. 1 Voraussetzung und Rechtsfolge regelt und Abs. 2 S. 1 eine weitere Voraussetzung nachschiebt. Abs. 2 S. 2 hätte zumindest einen eigenen Absatz verdient, weil sich der ohnehin zu weit gefasste Verweis auf die §§ 262–323 nicht nur auf die Androhung, sondern das gesamte Verfahren (insb. die Rechtsfolge des Abs. 1, → Rn. 8), bezieht.

B. Pfändung von Sicherheiten (Abs. 1)

I. Voraussetzung

Es muss eine Verpflichtung zur Sicherheitsleistung bestehen, dh, diese muss selbständig durchsetzbar sein. Daran fehlt es, wenn zB AdV oder Stundung von einer Sicherheitsleistung abhängig gemacht werden, weil es sich hierbei regelmäßig um eine aufschiebende Bedingung (§ 120 II Nr. 2) handelt (BT-Drs. VI/1982, 186; → § 222 Rn. 71 und → § 361 Rn. 115). Die selbständige Durchsetzbarkeit der Sicherheitsleistung ist gegeben, wenn sie als Auflage (§ 120 II Nr. 4) mit dem VA verbunden oder selbst Inhalt des VA ist. Denkbar sind diese Auflagen insb. in den Fällen der §§ 221 S. 2, 165 I 4. Daneben muss die Androhung nach Abs. 2 S. 1 erfolgt sein (→ Rn. 6). 2

II. Rechtsfolge

1. Ermessen

Die FB „kann" geeignete Sicherheiten pfänden; damit ist der FB insoweit ein Ermessen (§ 5) eingeräumt. Die FB hat sowohl ein Entschließungsermessen, ob sie überhaupt pfändet, als auch ein Auswahlermessen hinsichtlich des Gegenstandes, durch den sie die Sicherheit erlangen will. 3

2. Pfänden

4 Der Begriff des Pfändens ist untechnisch zu verstehen. Die unzureichend strukturierte Vorschrift (→ Rn. 1, 8) verweist auch für die Rechtsfolge des § 336 I auf die §§ 262–323. Aufgrund dieses Verweises ist unter Pfändung auch die Eintragung von Sicherungshypotheken oder Registerpfandrechten zu verstehen (ebenso Klein § 336 Rn. 2; Gosch AO § 336 Rn. 6; TK § 336 Rn. 4; Schwarz/Pahlke/Keß § 336 Rn. 7; HHSp § 336 Rn. 10). Pfändungsverbote sind zu beachten. Die Pfändung darf sich nur auf bloße Sicherungsmaßnahmen erstrecken, weil eine anschließende Verwertung dem Zweck einer Sicherheitsleistung zuwiderliefe. Der Verweis des § 336 II 2 auch auf die §§ 296–305, 317 reicht damit zu weit. Die Verwertung der Sicherheit richtet sich vielmehr nach § 327.

5 Die FB ist in der Wahl der Sicherheit frei; die Stellung eines StBürgen (§ 244) kann jedoch **nicht** gem. §§ 328 ff. **erzwungen** werden (Gosch AO § 336 Rn. 6; HHSp § 336 Rn. 10). Ebenso ist die Pfändung von Geld zur Sicherung von Geldforderungen regelmäßig zweckwidrig (Gosch AO § 336 Rn. 7; TK § 336 Rn. 5), wenn dies dem Zweck der Maßnahme zuwiderläuft (Stundung, AdV). Dem Pflichtigen steht es nach § 247 frei, die gepfändete Sicherheit durch eine andere zu ersetzen (ebenso Schwarz/Pahlke/Keß § 336 Rn. 8). Auch darf die FB bei der Erzwingung der Sicherheit nicht nach den §§ 328–335 vorgehen (TK § 336 Rn. 2; diff. Schwarz/Pahlke/Keß § 336 Rn. 1 ff.; aA Klein § 336 Rn. 3; Gosch AO § 336 Rn. 2; HHSp Vor § 328 Rn. 11). Dies ergibt sich aus § 328 I 2 iVm § 336 II 2; die anderslautende Gesetzesbegründung (BT-Drs. VI/1982, 185 f.) ist wegen des eindeutigen Wortlauts des Gesetzes gegenstandslos. Den FB stehen Zwangsmittel zur Erzwingung von Sicherheiten nicht zur Verfügung, auch wenn sie weniger einschneidend sein sollten. Führen die nach den §§ 262–323 eingeräumten Möglichkeiten nicht zum Erfolg, hat die FB ggf. den VA zu widerrufen, der die Erbringung der Sicherheit regelt.

C. Androhung, Anwendung der §§ 262–323 (Abs. 2)

I. Androhung (Abs. 2 S. 1)

6 Der Erzwingung der Sicherheit muss eine schriftliche Androhung vorausgehen. Sie ist dem Rechtscharakter nach ein **VA** und keine bloße Mahnung (Gosch AO § 336 Rn. 5; Schwarz/Pahlke/Keß § 336 Rn. 4; TK § 336 Rn. 2). Voraussetzung für die Androhung ist, dass der die Verpflichtung zur Sicherheitsleistung begründende VA wirksam und vollziehbar ist. Die Androhung kann mit dem Leistungsgebot dieses VA verbunden werden (HHSp § 336 Rn. 9).

7 Die Androhung hat eine **Frist** zu beinhalten, bis zu der der Pflichtige die Sicherheit erbringen soll. Weil dem Pflichtigen bereits aus dem zugrunde liegenden VA die Verpflichtung zur Sicherheitsleistung bekannt ist, kann diese Frist kurz bemessen werden; selbst eine Woche kann im Einzelfall unterschritten werden (TK § 336 Rn. 3). Denn auch eine kurz bemessene Frist trifft den Pflichtigen weniger hart als der Widerruf oder die Aufhebung des zugrunde liegenden begünstigenden VA. Dem **Inhalt** nach muss die Androhung ergeben, dass die FB nach dem Fristablauf geeignete Sicherheiten pfänden wird. Dabei muss der zur Pfändung anstehende Gegenstand nicht genau bezeichnet werden (Gosch AO § 336 Rn. 4; Schwarz/Pahlke/Keß § 336 Rn. 5; HHSp § 336 Rn. 9), zumal dies auch häufig noch gar nicht möglich sein dürfte.

II. Anwendung der §§ 262–323 (Abs. 2 S. 2)

8 Zur misslungenen Systematik → Rn. 1 und → Rn. 4. Der Verweis des Abs. 2 S. 2 bezieht sich nicht nur auf die Androhung, sondern auf die Vorschrift des § 336 insgesamt (Gosch AO § 336 Rn. 6). Daher sind die §§ 328–335 für die Erzwingung von Sicherheiten nicht anwendbar (→ Rn. 5). Außerdem finden die §§ 296–305, 317 keine Anwen-

dung, weil sie die Verwertung regeln; diese richtet sich jedoch für Sicherheiten nach § 327.

D. Rechtsbehelfe, vorläufiger Rechtsschutz

Sowohl bei der Androhung der Erzwingung einer Sicherheit als auch bei der Pfändung handelt es sich jeweils um VA. Sie sind jeweils mit Einspruch (§ 347 I Nr. 1) und anschließender Anfechtungsklage nach § 40 I FGO anfechtbar. Hinsichtlich des vorläufigen Rechtsschutzes ist zu differenzieren: Während gegenüber der Pfändung als vollziehbarem VA AdV nach § 361 bzw. § 69 FGO in Betracht kommt, ist die Androhung nicht vollziehbar (BFH 3.4.1979 – VII B 104/78, BStBl. II 1979, 381; Klein § 336 Rn. 4; HHSp § 336 Rn. 15; TK § 336 Rn. 8; aA Schwarz/Pahlke/Keß § 336 Rn. 12), weil ihre Vollziehung erst durch die Pfändung erfolgt. Deshalb kommt gegen die Androhung als vorläufiger Rechtsschutz nur die einstweilige Anordnung nach § 114 FGO in Betracht. 9

Vierter Abschnitt. Kosten

§ 337 Kosten der Vollstreckung

(1) [1] **Im Vollstreckungsverfahren werden Kosten (Gebühren und Auslagen) erhoben.** [2] **Schuldner dieser Kosten ist der Vollstreckungsschuldner.**

(2) **Für das Mahnverfahren werden keine Kosten erhoben.**

Vergleichbare Vorschriften: § 19 VwVG; 13 I Nr. 1 GvKostG; § 788 I 1 ZPO
Hinweis auf **VollzA:** Abschn. 17

Schrifttum: App, Die Kostenvorschriften der Abgabenordnung 1977, StW 1985, 84; Pump, Der Postnachnahmeauftrag in der Vollstreckungspraxis, StBp 1987, 210; Kraemer, Kosten im Vollstreckungsverfahren, DStZ 1988, 515; Romeis, Die Erhebung von Vollstreckungskosten – Ein Überblick, SteuerStud. 2008, 83.

I. Allgemeines

Der vierte Abschnitt (§§ 337–346) ist aus dem Gesetz über die Kosten der Zwangsvollstreckung nach der Reichsabgabenordnung (AOVKG) vom 12.4.1961 (BGBl. 1961 I 429) hervorgegangen. Dieses ersetzte diverse Ländergesetze, die die Gebühren der Kostenverordnung von 1923 (RGBl. I S. 259) unterschiedlich erhöht hatten (ausführlich HHSp Vor §§ 337–346 Rn. 1–3). Die §§ 337–346 sind nahezu unverändert aus § 342 RAO und dem AOVKG übernommen worden (BT-Drs. VI/1982, 186). Die Änderung des Abs. 1 durch das EURLUmsG ist lediglich redaktioneller Art. 1

Inhalt. Im Gegensatz zu den anderen kostenfreien Verfahren nach der AO (Ausnahmen §§ 89, 178) bestimmt der vierte Abschnitt die Kosten- und Kostentragungspflicht im VollstrVerfahren. Nach § 337 fallen die Kosten des VollstrVerfahrens grds. dem VollstrSchuldner zur Last, während das Mahnverfahren kostenfrei ist. Diese unterschiedliche Kostentragungspflicht liegt in der Erwägung begründet, dass derjenige, der seiner Zahlungspflicht nicht oder nicht rechtzeitig nachkommt, die dadurch verursachten Mehraufwendungen der FB tragen soll, vgl. TK § 337 Rn. 1; HHSp § 337 Rn. 3. Die §§ 337 I und 338 bis 346 werden durch **Verweisung in § 19 I VwVG** auch im allgemeinen Verwaltungsvollstreckungsverfahren angewandt. Das **Aufkommen** der Kosten steht der verwaltenden Körperschaft zu (§ 3 V 5). 2

In den **neuen Bundesländern** und Berlin (Ost) ermäßigten sich die nach den §§ 337 ff. zu erhebenden Gebühren bis zum 30.6.1996 um 20 % (§§ 5 EGAO, 20 GvKostG iVm Anl. I, Kapitel III, A, Abschn. III Nr. 23 und 27 des EinigVertr. v. 1.7.1996 an betrug diese 3

Ermäßigung noch 10 %, Ermäßigungssatz-AnpassungsVO v. 15.4.1996 (BGBl. 1996 I 604). Durch das Gesetz zur Neuordnung des Gerichtsvollzieherkostenrechts v. 19.4.2001 (BGBl. 2001 I 623) entfielen zum 1.5.2001 die Verweise auf das GvKostG und damit auch die Kostenermäßigung für die Gebühren der AO.

II. Kosten der Vollstreckung (Abs. 1)

1. Kosten

4 Kosten der Vollstr. sind alle Aufwendungen, die im Zusammenhang mit Einleitung und Durchführung der Zwangsvollstreckung stehen (TK § 337 Rn. 3; HHSp § 337 Rn. 4). Sie sind steuerliche Nebenleistungen iSv § 3 IV, auf die die Vorschriften des Dritten bis Sechsten Abschnitts des Vierten Teils (§§ 155–217) nur anzuwenden sind, wenn dies besonders bestimmt ist (§ 1 III 2). Alle anderen Vorschriften, insb. die des Erhebungsverfahrens, sind jedoch anzuwenden. Zu den Kosten gehören nur Gebühren (§ 338) und Auslagen (§ 344). Die Aufzählung in Abs. 1 ist abschließend; weitere Aufwendungen der FB und auch solche des VollstrSchuldners fallen nicht in den Regelungsbereich der §§ 337 ff. (HHSp § 337 Rn. 4; App StW 1985, 84).

Gebühren sind pauschale öffentlich-rechtliche Gegenleistungen für den generellen Aufwand der Verwaltung im Einzelfall, ohne Rücksicht darauf, in welcher Höhe sie tatsächlich entstehen (→ § 338 Rn. 1 ff.). **Auslagen** sind tatsächliche Kosten und Aufwendungen im Einzelfall. Sie werden in der tatsächlich entstandenen Höhe – von Pauschalierungsansätzen abgesehen – erhoben (→ § 344 Rn. 2). Ist nicht die VollstrBehörde für die Durchführung von VollstrMaßnahmen zuständig, so richten sich die entstandenen Kosten nach den einschlägigen Vorschriften der KostO oder des GvKostG.

2. Notwendigkeit

5 Die Kosten müssen notwendig entstanden sein. Das folgt aus dem allgemeinen Gebot der Verhältnismäßigkeit der VollstrMaßnahmen und ferner aus § 346 I, der die Nichterhebung bei unrichtiger Sachbehandlung vorschreibt (Gosch AO § 337 Rn. 4; TK § 337 Rn. 5; HHSp § 337 Rn. 14), auch wenn § 337 im Gegensatz zu § 788 ZPO keine derartige ausdrückliche Beschränkung enthält. Kosten formellrechtlich zulässiger VollstrMaßnahmen dürfen daher nicht für offensichtlich unnötige, übermäßige oder aussichtslose VollstrMaßnahmen festgesetzt und erhoben werden (ebenso HHSp § 337 Rn. 14). Werden zurzeit der Vollstr. bestehende Festsetzungen und Leistungsgebote später aufgehoben, berührt dies die Rechtmäßigkeit des Kostenansatzes grds. nicht (Klein § 337 Rn. 5; aA HHSp § 337 Rn. 16). Das folgt aus §§ 256, 361. Etwas anderes gilt nur, wenn die FB begründete Anträge auf AdV zu Unrecht abweist oder übergeht (→ § 346 Rn. 3).

3. Kostenschuldner, Kostengläubiger

6 **Kostenschuldner** ist der VollstrSchuldner (§ 253), unabhängig davon, ob er auch StSchuldner ist. Wird wegen einer Haftungsschuld vollstreckt, ist der Haftende der Steuer auch der VollstrSchuldner. Besonderheiten für Gesamtschuldner (§ 44) sind in § 342 II geregelt. **Kostengläubiger** ist der VollstrGläubiger, also die Körperschaft, der die VollstrBehörde angehört (§§ 252, 249 I 3). Im Fall der Amtshilfe stehen die Kosten der ersuchten Behörde zu (§ 115 II).

III. Mahnverfahren (Abs. 2)

7 Das Mahnverfahren ist kostenfrei. Die Androhung von Zwangsmitteln (§ 332) entspricht im Ergebnis einer Mahnung, sodass auch diese kostenfrei ist (Klein § 337 Rn. 2).

S. 2 aF regelte die Kosten des Mahnverfahrens durch Postnachnahmeauftrag (§ 259 S. 2 aF). Mangels praktischer Relevanz wurde S. 2 aF durch das AmtshilfeRLUmsG mit Wirkung vom 30.6.2013 ersatzlos aufgehoben.

IV. Verfahren

Die Entstehung der Kosten richtet sich nach den jeweiligen Gebühren- oder Auslagenvorschriften. Die Kosten werden festgesetzt und sind dem VollstrSchuldner durch den **Kostenansatz** in genauer Höhe bekannt zu geben. Die **Bekanntgabe** des Kostenansatzes erfolgt üblicherweise im Zusammenhang mit anderen VollstrHandlungen, wie zB Zahlungsaufforderung, Rückstandsaufstellung, Aufforderung zur Leistung, Pfändungsverfügung, Quittung über geleistete Zahlungen, usw. Der Kostenansatz bedarf grds. eines **Leistungsgebotes** (ebenso Gosch AO § 337 Rn. 5; TK § 337 Rn. 8; HHSp § 337 Rn. 25), wenn die Kosten nicht zusammen mit der Hauptforderung beigetrieben werden (§ 254 II 2). Um ua eine Überpfändung zu vermeiden, sind die Kosten im Voraus überschlägig zu berechnen (Abschn. 41, 42 VollzA); stehen sie außer Verhältnis zum beizutreibenden Betrag, ist die rückständige Steuer gem. § 261 niederzuschlagen. Wegen der Reihenfolge der Tilgung → § 225 Rn. 1 ff. 8

Der Kostenansatz ist ein **VA.** Seine Änderung erfolgt nach den §§ 129–132. Gegen ihn ist der Einspruch (§ 347 I Nr. 1) und nachfolgend die Anfechtungsklage (§ 40 I FGO) gegeben. Zu weiteren Einzelheiten, insb. zur Festsetzungsfrist → § 346 Rn. 6 ff. 9

§ 338 Gebührenarten

Im Vollstreckungsverfahren werden Pfändungsgebühren (§ 339), Wegnahmegebühren (§ 340) und Verwertungsgebühren (§ 341) erhoben.

Die Vorschrift entspricht wörtlich § 2 AOVKG (→ § 337 Rn. 1). 1

Die Aufzählung ist **abschließend;** eine Analogie ist im Gebührenrecht unzulässig (Klein § 338; TK § 338 Rn. 1; Gosch AO § 338; HHSp § 338 Rn. 3 f.). 2

Gebühren sind öffentlich-rechtliche Geldleistungen, die aus Anlass individuell zurechenbarer öffentlicher Leistungen dem Gebührenschuldner durch eine öffentlich-rechtliche Norm oder sonstige hoheitliche Maßnahmen auferlegt werden und dazu bestimmt sind, in Anknüpfung an diese Leistung deren Kosten ganz oder teilweise zu decken (BVerfG 22.3.1984 – 2 BvR 849/82, NJW 1984, 1871 mwN). Siehe → § 3 Rn. 40 f. 3

§ 339 Pfändungsgebühr

(1) **Die Pfändungsgebühr wird erhoben für die Pfändung von beweglichen Sachen, von Tieren, von Früchten, die vom Boden noch nicht getrennt sind, von Forderungen und von anderen Vermögensrechten.**

(2) **Die Gebühr entsteht:**

1. **sobald der Vollziehungsbeamte Schritte zur Ausführung des Vollstreckungsauftrags unternommen hat,**
2. **mit der Zustellung der Verfügung, durch die eine Forderung oder ein anderes Vermögensrecht gepfändet werden soll.**

(3) **Die Gebühr beträgt 28,60 Euro.**

(4) [1]**Die Gebühr wird auch erhoben, wenn**

1. **die Pfändung durch Zahlung an den Vollziehungsbeamten abgewendet wird,**
2. **auf andere Weise Zahlung geleistet wird, nachdem sich der Vollziehungsbeamte an Ort und Stelle begeben hat,**
3. **ein Pfändungsversuch erfolglos geblieben ist, weil pfändbare Gegenstände nicht vorgefunden wurden, oder**

4. die Pfändung in den Fällen des § 281 Absatz 3 dieses Gesetzes sowie der § 811 Absatz 4 und § 851b Absatz 1 der Zivilprozessordnung unterbleibt.

[2] **Wird die Pfändung auf andere Weise abgewendet, wird keine Gebühr erhoben.**

Vergleichbare Vorschriften: § 10 GvKostG; (Abs. 1 Nr. 1): § 9 GvKostG iVm Nr. 205 des Kostenverzeichnisses; (Abs. 1 Nr. 2)

Schrifttum: s. § 337.

I. Allgemeines

1 Die Vorschrift ist aus § 3 AOVKG (→ § 337 Rn. 1) hervorgegangen. Durch Gesetz v. 21.12.1993 (BGBl. 1993 I 2310) ist die frühere Reduzierung für Forderungspfändungen auf zwei Drittel der vollen Gebühr entfallen. Durch das StEuglG ist Abs. 4 S. 2 Hs. 2, der eine Mindestgebühr von 20 DM vorsah, ersatzlos gestrichen worden. Zur zeitlichen Geltung s. § 17a EGAO. Durch das Gesetz zur Neuordnung des Gerichtsvollzieherkostenrechts v. 19.4.2001 (BGBl. 2001 I 623) wurde das GvKostG zum 1.5.2001 komplett neu gefasst. Der bisherige Verweis auf das GvKostG im Abs. 4 entfiel. Durch das EURLUmsG wurden die bisherigen Wertgebühren durch Festgebühren ersetzt. Ab 2015 wurde die Gebühr durch das ZollkodexAnpG v. 22.12.2014 (BGBl. 2014 I 2417) von 20 auf 26 Euro und durch das G v. 5.10.2021 (BGBl. 2021 I 4607) mWv 1.11.2021 auf 28,60 Euro erhöht.

II. Gebührengegenstand (Abs. 1)

2 Zum Begriff der Pfändung s. § 281. Die Pfändungsgebühr nach § 339 I Nr. 1 wird erhoben für die **vom Vollziehungsbeamten** durchgeführte Pfändung von
– beweglichen Sachen (§§ 285 I, 286 I, II);
– Früchten, die vom Boden noch nicht getrennt sind (§ 294);
– Forderungen aus Wechseln und anderen indossablen Papieren (§ 312).

Andere Handlungen des Vollziehungsbeamten lösen die Pfändungsgebühr nicht aus. Für Hilfspfändungen (Abschn. 32 IV 3 VollzA) kann allerdings die Wegnahmegebühr nach § 340 anfallen. Die Pfändungsgebühr nach § 339 I Nr. 2 wird für die Pfändung von Forderungen und anderer Vermögensrechte (§§ 309 ff.) erhoben, die **vom VollstrInnendienst** durchgeführt werden. Die Einziehung der Forderung ist durch die Pfändungsgebühr abgegolten.

III. Entstehung der Gebühr (Abs. 2)

3 Die Entstehung der Gebühr hängt – abw. von § 38 – davon ab, ob sie nach Abs. 2 Nr. 1 oder Nr. 2 entsteht. Werden Pfändungen sowohl nach Nr. 1 als auch nach Nr. 2 vorgenommen, entstehen mehrere Gebühren. Wird der Vollziehungsbeamte tätig (Abs. 2 Nr. 1), entsteht die Gebühr, wenn er den ersten **Schritt zur Ausführung des Vollstreckungsauftrages** (§ 285 II) unternommen hat. Zu diesen Schritten gehört jedes nach außen gerichtete Tätigwerden des Vollziehungsbeamten, das als solches objektiv erkennbar ist (Klein § 339 Rn. 2; Schwarz/Pahlke/Keß § 339 Rn. 3; App StW 1985, 84; Kramer DStZ 1988, 515). Anfragen beim Einwohnermeldeamt oder bei Dritten nach der Adresse des VollstrSchuldners reichen hierzu aus (Gosch AO § 339 Rn. 7; TK § 339 Rn. 5; HHSp § 339 Rn. 21); FB-interne Tätigkeiten (zB Aktenstudium, Nachfragen innerhalb der FB) genügen jedoch nicht (Gosch AO § 339 Rn. 7; TK § 339 Rn. 5; HHSp § 339 Rn. 21). Für die Durchführung eines VollstrAuftrages entsteht die Gebühr nur einmal, unabhängig davon, wie viele Pfändungen der Vollziehungsbeamte vornimmt. Erst wenn der VollstrAuftrag ordnungsgemäß erledigt ist, kann für die Erledigung eines neuen eine erneute Gebühr entstehen.

Die Gebühr nach Abs. 2 Nr. 2 entsteht mit **Zustellung** der Pfändungsverfügung an den Drittschuldner (§ 309 I 1) durch den VollstrInnendienst. Ist kein Drittschuldner vorhanden (§ 321 II), entsteht die Gebühr mit Zustellung an den VollstrSchuldner. Für die Pfändung mehrerer Forderungen entsteht die Gebühr für jede Pfändung. Der Ausschluss der Mehrfacherhebung der Gebühren bei der Pfändung nichtindossabler Forderungen (Abs. 7 aF) ist durch die Änderungen aufgrund des EURLUmsG weggefallen. 4

IV. Höhe der Gebühr (Abs. 3)

Die Gebühr ist seit der Änderung durch das EURLUmsG eine Festgebühr. Sie orientiert sich an der Höhe entsprechender Gebühren nach dem GvKostG. Dies gilt sowohl für Pfändungen durch den Vollziehungsbeamten als auch hinsichtlich solcher durch den VollstrInnendienst. Für Pfändungen zur Nachtzeit oder an Sonn- und Feiertagen entstehen keine erhöhten Gebühren. 5

V. Erhebung der Gebühr (Abs. 4)

Bis zur Änderung durch das EURLUmsG war eine Gebührenermäßigung auf 1/2 für die Tatbestände des (aktuellen) Abs. 4 Nr. 3 und Nr. 4 vorgesehen. Diese ist nunmehr weggefallen. 6

Abs. 4 dient der Klarstellung. Wird die Pfändung aus Gründen abgewendet, die der VollstrSchuldner zu vertreten hat, wird die (volle) Gebühr erhoben. Die Möglichkeit des VollstrSchuldners zur Abwendung der Pfändung ergibt sich aus § 292. Gleiches gilt, wenn die Pfändung aus Gründen erfolglos war oder unterblieben ist, die der VollstrSchuldner zu vertreten hat.

1. Abwendung durch Zahlung (Abs. 4 Nr. 1)

Die Gebühr wird erhoben, wenn der VollstrSchuldner die Pfändung dadurch abwendet, dass er die geforderten Beträge – nach Entstehung der Gebühr – an den Vollziehungsbeamten zahlt. Hierzu ist nicht erforderlich, dass der VollstrSchuldner die Beträge an Ort und Stelle an den Vollziehungsbeamten zahlt oder dass sich dieser überhaupt an Ort und Stelle begeben hat (HHSp § 339 Rn. 29). 7

2. Zahlung auf andere Weise (Abs. 4 Nr. 2)

Nr. 2 hat an sich nur klarstellende Wirkung. Die Gebühr wird auch dann erhoben, wenn der VollstrSchuldner zahlt, nachdem sich der Vollziehungsbeamte an Ort und Stelle begeben hat und ihm zB eine Zahlungsaufforderung hinterlassen hat. 8

Ort und Stelle ist der Ort, an dem der Vollziehungsbeamte seine Amtshandlung unmittelbar vorzunehmen hat (TK § 339 Rn. 9; HHSp § 339 Rn. 31). Das können neben den Wohn- oder Geschäftsräumen des VollstrSchuldners auch Orte sein, an denen sich pfändbare Gegenstände befinden.

3. Fruchtlose Pfändung (Abs. 4 Nr. 3)

Nach Nr. 3 muss sich der Vollziehungsbeamte an Ort und Stelle begeben und nach Prüfung von einer Pfändung abgesehen haben, weil er pfändbare Gegenstände nicht vorgefunden hat. 9

4. Unterbleiben der Pfändung (Abs. 4 Nr. 4)

Die Gebühr wird auch erhoben, wenn die Pfändung von vornherein unterblieben ist. Das ist der Fall, wenn: 10

- die Verwertung der Gegenstände einen Überschuss über die Kosten der Vollstr. nicht erwarten lässt (§ 281 III, Abschn. 42 II 1 VollzA);
- die vorgefundenen Gegenstände zum Hausrat gehören und im Fall der Verwertung nur einen Erlös erwarten lassen, der zu seinem Wert außer Verhältnis steht (§ 811 IV ZPO);

– die an sich pfändbaren Miet- und Pachtzinsen vom VollstrSchuldner zur laufenden Unterhaltung des Grundstücks, zur Vornahme notwendiger Instandhaltungsarbeiten oder zur Befriedigung von Ansprüchen, die im Fall einer Zwangsversteigerung dem Anspruch der FB gemäß § 10 ZVG vorgingen, benötigt werden. Gleiches gilt für Barmittel und Guthaben, die aus Miet- oder Pachtzinsen stammen und für die oben genannten Zwecke notwendig sind (§ 851b I ZPO).

5. Abwendung der Pfändung (Abs. 4 S. 2)

11 Wird die Pfändung **auf andere Weise** als in den unter Nr. 1 bis Nr. 4 aufgeführten Fällen **abgewendet,** entsteht keine Gebühr (Abs. 4 S. 2). Das ist zB der Fall, wenn der VollstrSchuldner dem Vollziehungsbeamten nachweist, dass er die Zahlung bereits erbracht hat oder ihm Erlass, Stundung oder AdV gewährt worden ist.

12 Die **Erhebung** der Gebühr erfolgt durch den Kostenansatz (→ § 337 Rn. 8 f.; → § 346 Rn. 6 ff.).

§ 340 Wegnahmegebühr

(1) [1]**Die Wegnahmegebühr wird für die Wegnahme beweglicher Sachen einschließlich Urkunden in den Fällen der §§ 310, 315 Absatz 2 Satz 5, §§ 318, 321, 331 und 336 erhoben.** [2]**Dies gilt auch dann, wenn der Vollstreckungsschuldner an den zur Vollstreckung erschienenen Vollziehungsbeamten freiwillig leistet.**

(2) **§ 339 Absatz 2 Nummer 1 ist entsprechend anzuwenden.**

(3) [1]**Die Höhe der Wegnahmegebühr beträgt 28,60 Euro.** [2]**Die Gebühr wird auch erhoben, wenn die in Absatz 1 bezeichneten Sachen nicht aufzufinden sind.**

Vergleichbare Vorschriften: § 9 GvKostG iVm Nr. 221 des Kostenverzeichnisses

Schrifttum: s. § 337.

I. Allgemeines

1 Die Vorschrift entspricht dem früheren § 4 AOVKG (→ § 337 Rn. 1). Die Höhe der Gebühr richtete sich bis zum 30.4.2001 nach § 22 I 1 GvKostG aF. Durch das Gesetz zur Neuordnung des Gerichtsvollzieherkostenrechts v. 19.4.2001 (BGBl. 2001 I 623) wurde das GvKostG zum 1.5.2001 komplett neu gefasst, der Verweis auf das GvKostG aus Abs. 3 entfernt und durch Änderung des StEuglG auf den Euro umgestellt.

Die Gesetzesfassung des § 340 ist misslungen: Während Abs. 1 S. 1 Gegenstand und Erhebung der Wegnahmegebühr regelt, bestimmt S. 2 die Gebührenhöhe, die im Übrigen in Abs. 3 und 4 normiert wird. Abs. 2 hat dann wieder, systematisch richtig, die Gebührenentstehung zum Inhalt.

II. Gegenstand der Wegnahmegebühr, freiwillige Leistung (Abs. 1)

1. Gegenstand der Wegnahmegebühr (Abs. 1 S. 1)

2 Die Wegnahmegebühr wird nicht für Wegnahme sämtlicher beweglicher Sachen, sondern nur in den Fällen der §§ 310, 315 Abs. 2 S. 5, §§ 318, 321, 331 und 336 erhoben. Die Aufzählung ist abschließend und betrifft im Wesentlichen die Wegnahme bestimmter Urkunden. Im Einzelnen sind dies die

– Wegnahme des Hypothekenbriefes zur Pfändung der Hypothekenforderung (§ 310 I 2);
– Wegnahme bestimmter Urkunden, die zur Einziehung der Forderung erforderlich sind (§ 315 II 5);
– Wegnahme bestimmter Urkunden und anderer Beweismittel, die zur Geltendmachung eines Herausgabe- oder Leistungsanspruches notwendig sind (§ 318);
– Wegnahme in Form des unmittelbaren Zwangs (§ 331);

– Wegnahme von Sicherheiten oder Urkunden und anderer Beweismittel, die für die Geltendmachung des Anspruchs auf Sicherheitsleistung erforderlich sind (§ 336).

Für die Wegnahme im Wege der sog. **Hilfspfändung** (Abschn. 32 IV 3 VollzA) fällt zunächst keine Wegnahmegebühr an. Erfolgt anschließend die Pfändung der entsprechenden Forderung, entsteht die Wegnahmegebühr nachträglich (Gosch AO § 340 Rn. 3; TK § 340 Rn. 1; HHSp § 340 Rn. 7). 3

2. Freiwillige Leistung (Abs. 1 S. 2)

Zur Systematik → Rn. 1. Nach § 340 I 2 wird die Gebühr nicht nur bei Wegnahme durch den Vollziehungsbeamten erhoben, sondern auch, wenn der VollstrSchuldner ihm die Sache freiwillig aushändigt. Dies gilt jedoch dann nicht, wenn die Gebühr nach Abs. 2 noch nicht entstanden ist, weil der Vollziehungsbeamte noch keine Schritte zur Ausführung des VollstrAuftrages unternommen hat (ebenso Gosch AO § 340 Rn. 5; TK § 340 Rn. 3; zT aA App StW 1985, 84 (86)). 4

III. Entstehung der Gebühr (Abs. 2)

Abs. 2 verweist auf § 339 II Nr. 1; → § 339 Rn. 3 f. 5

IV. Höhe der Gebühr (Abs. 3)

Es handelt sich um eine Festgebühr. Ab 2015 wurde die Gebühr durch das Zollkodex-AnpG v. 22.12.2014 (BGBl. 2014 I 2417) von 20 auf 26 Euro und durch das G v. 5.10.2021 (BGBl. 2021 I 4607) mWv 1.11.2021 auf 28,60 Euro erhöht. Sie fällt auch an, wenn der Vollziehungsbeamte (sämtliche) wegzunehmenden Gegenstände nicht auffindet. Die Ermäßigung auf 1/2 nach Abs. 4 aF wurde durch das EURLUmsG aufgehoben. 6

V. Erhebung

Die Erhebung der Gebühr erfolgt durch den Kostenansatz (→ § 337 Rn. 8 f., → § 346 Rn. 6 ff.). 7

§ 341 Verwertungsgebühr

(1) **Die Verwertungsgebühr wird für die Versteigerung und andere Verwertung von Gegenständen erhoben.**

(2) **Die Gebühr entsteht, sobald der Vollziehungsbeamte oder ein anderer Beauftragter Schritte zur Ausführung des Verwertungsauftrags unternommen hat.**

(3) **Die Gebühr beträgt 57,20 Euro.**

(4) **Wird die Verwertung abgewendet (§ 296 Absatz 1 Satz 4), ist eine Gebühr von 28,60 Euro zu erheben.**

Vergleichbare Vorschriften: § 9 GvKostG iVm Nr. 300 ff. des Kostenverzeichnisses

I. Allgemeines

Die Vorschrift entspricht dem früheren § 5 AOVKG (→ § 337 Rn. 1). Für die Verwertung von sichergestelltem **Zollgut** ist § 341 gem. § 13 I 1 f. ZollVG entspr. anzuwenden. Durch das EURLUmsG wurden die bisherigen Wertgebühren durch Festgebühren ersetzt. 1

II. Gegenstand der Verwertungsgebühr (Abs. 1)

Die Gebühr wird für die Verwertung von gepfändeten Gegenständen erhoben. Die Verwertung kann durch Versteigerung (§§ 296, 298, 304), freihändigen Verkauf (§§ 300 2

III, 302), besondere Verwertung (§ 305) oder eine andere Art der Verwertung (§ 317) erfolgen. Die Verwertung von Forderungen durch ihre Einziehung ist durch die Pfändungsgebühr abgegolten (→ § 339 Rn. 2). Wird eine Forderung statt ihrer Einziehung auf andere Weise verwertet – zB durch Verkauf oder Versteigerung –, ist dafür die Verwertungsgebühr zu erheben (ebenso Klein § 341 Rn. 1; Gosch AO § 341 Rn. 4; TK § 341 Rn. 1). Gleiches gilt für die Verwertung von Sicherheiten gem. § 327.

III. Entstehung der Gebühr (Abs. 2)

3 Die Gebühr entsteht, wenn der Vollziehungsbeamte oder ein anderer Beauftragter Schritte zur Ausführung des Verwertungsauftrages unternimmt. Sie entsteht mit dem Beginn der Ausführung jedes einzelnen Verwertungsauftrages; eine nicht sachgerechte Trennung in einzelne Verwertungsaufträge ist unter Berücksichtigung des Rechtsgedankens aus § 346 I nicht zulässig.

4 Ein **anderer Beauftragter im Sinne** dieser Vorschrift ist eine außerhalb der VollstrBehörde bzw. eines ersuchten FA stehende Person (Auktionator, Makler, Geldinstitut). Die Aufwendungen für den Beauftragten sind durch Verwertungsgebühr abgegolten; sie können nicht als Auslagen nach § 344 geltend gemacht werden (Klein § 341 Rn. 2; Gosch AO § 341 Rn. 6; TK § 341 Rn. 3; HHSp § 341 Rn. 10). Unternimmt der VollstrInnendienst Schritte zur Ausführung, entsteht die Gebühr nicht.

5 **Schritte zur Ausführung** müssen objektiv nach außen erkennbar sein; hierzu gehören zB die Abholung des Pfandgutes zu Zwecken der Verwertung (aA Kramer DStZ 1988, 515), Einholung eines Sachverständigengutachtens zur Wertermittlung oder die öffentliche Bekanntgabe des Versteigerungstermins. Rein innerdienstliche Vorbereitungshandlungen reichen nicht aus (TK § 341 Rn. 2). Auch die Beauftragung eines Auktionators lässt die Gebühr nicht entstehen (Gosch AO § 341 Rn. 6; HHSp § 341 Rn. 9 f.), weil dieser als anderer Beauftragter selbst Schritte zur Ausführung des Verwertungsauftrages vornehmen muss.

IV. Höhe der Gebühr (Abs. 3)

6 Die Gebühr ist seit der Änderung durch das EURLUmsG eine Festgebühr. Sie orientiert sich an der Höhe entsprechender Gebühren nach dem GvKostG. Ab 2015 wurden die Gebühren durch das ZollkodexAnpG v. 22.12.2014 (BGBl. 2014 I 2417) von 40 auf 52 Euro bzw. von 20 auf 26 Euro und durch das G v. 5.10.2021 (BGBl. 2021 I 4607) mWv 1.11.2021 auf 57,20 bzw. 28,60 Euro erhöht.

V. Ermäßigung auf 28,60 Euro (Abs. 4)

7 Wird die Verwertung nach Entstehung der Gebühr gem. §§ 296 I iVm 292 durch Zahlung abgewendet, wird die Gebühr nur zur Hälfte erhoben. Wendet der VollstrSchuldner die Verwertung auf andere Weise ab (→ § 339 Rn. 11), so fällt analog § 339 IV 2 keine Verwertungsgebühr an (ebenso Gosch AO § 341 Rn. 8; TK § 341 Rn. 5; teilweise aA App StW 1985, 84 (87); Kramer DStZ 1988, 515 (517)).

VI. Erhebung

8 Die Erhebung der Gebühr erfolgt durch den Kostenansatz (→ § 337 Rn. 8 f., → § 346 Rn. 6 ff.).

§ 342 Mehrheit von Schuldnern

(1) **Wird gegen mehrere Schuldner vollstreckt, so sind die Gebühren, auch wenn der Vollziehungsbeamte bei derselben Gelegenheit mehrere Vollstreckungshandlungen vornimmt, von jedem Vollstreckungsschuldner zu erheben.**

(2) [1] **Wird gegen Gesamtschuldner wegen der Gesamtschuld bei derselben Gelegenheit vollstreckt, so werden Pfändungs-, Wegnahme- und Verwertungsgebühren nur einmal erhoben.** [2] **Die in Satz 1 bezeichneten Personen schulden die Gebühren als Gesamtschuldner.**

Vergleichbare Vorschrift: § 13 II GvKostG

I. Allgemeines

1 § 342 regelt die Gebührenerhebung bei der Vollstr. gegen mehrere Schuldner. Die Vorschrift ging aus dem früheren § 6 AOVKG (→ § 337 Rn. 1) hervor; dessen die Eheleute betr. Regelungen sind durch § 342 auf alle Gesamtschuldner erweitert worden (BT-Drs. VI/1982, 186). Abs. 2 S. 3 aF betraf die Gebührenminderung für VollstrKosten, die vor einem Aufteilungsantrag (§§ 268 ff.) entstanden sind. Durch den Übergang von Wert- zu Festgebühren durch das EURLUmsG wurde diese Regelung obsolet.

II. Grundsatz (Abs. 1)

2 Abs. 1 trifft die selbstverständliche Regelung, dass Gebühren bei der Vollstr. aufgrund mehrerer VollstrAufträge von jedem VollstrSchuldner in der jeweiligen Höhe zu erheben sind. Das folgt bereits daraus, dass die Gebührenhöhe nicht vom Aufwand im Einzelfall abhängt (→ § 337 Rn. 4). Demgemäß spielt es keine Rolle, ob die VollstrHandlungen bei derselben Gelegenheit vorgenommen werden oder nicht.

III. Vollstreckung gegen Gesamtschuldner (Abs. 2)

3 Abweichend von Abs. 1 werden die Gebühren nur einmal erhoben, wenn gegen Gesamtschuldner bei derselben Gelegenheit vollstreckt wird (Abs. 2 S. 1). Wird hingegen bei unterschiedlichen Gelegenheiten vollstreckt, gilt der Grundsatz des Abs. 1.

1. Vollstreckung gegen Gesamtschuldner (Abs. 2 S. 1 und 2)

4 Die Vollstr. gegen Gesamtschuldner muss bei **derselben Gelegenheit** erfolgen. Hierzu ist neben dem durch die Gesamtschuld gegebenen sachlichen auch ein räumlicher und zeitlicher Zusammenhang erforderlich, sodass die VollstrHandlungen als Einheit aufgefasst werden (Schwarz/Pahlke/Keß § 342 Rn. 4); Unterbrechung oder Fortsetzung zu einem späteren Zeitpunkt schaden nicht (Klein § 342 Rn. 3; HHSp § 342 Rn. 9). Gem. S. 2 schulden die Gesamtschuldner die Gebühren nach S. 1 wiederum als **Gesamtschuldner** (§ 44).

2. Nach Aufteilung (Abs. 2 S. 3 aF)

5 Die Aufteilung nach den §§ 268–280 bewirkt, dass die Gesamtschuld für die Vollstr. so behandelt wird, als handle es sich um Teilschulden (→ § 268 Rn. 15). Für den Fall, dass bereits VollstrMaßnahmen ergriffen worden sind, bevor einer oder mehrere Gesamtschuldner die Aufteilung beantragt haben oder für vorläufige Sicherungsmaßnahmen nach § 277, fallen die in Bezug auf die noch nicht aufgeteilte Gesamtschuld entstandenen Gebühren den Gesamtschuldnern zur Last. Eine Aufteilung der Kosten erfolgt nicht (§ 276 IV).

Gebühren, die erst nach der Aufteilung im Hinblick auf die VollstrBeschränkung entstanden sind, fallen dem jeweiligen Gesamtschuldner zur Last, gegen den sich die jeweilige VollstrMaßnahme richtete (Abs. 1).

§ 343 (weggefallen)

§ 344 Auslagen

(1) **Als Auslagen werden erhoben:**

1. **Schreibauslagen für nicht von Amts wegen zu erteilende oder per Telefax übermittelte Abschriften; die Schreibauslagen betragen unabhängig von der Art der Herstellung**
   a) **für die ersten 50 Seiten je Seite 0,50 Euro,**
   b) **für jede weitere Seite 0,15 Euro,**
   c) **für die ersten 50 Seiten in Farbe je Seite 1,00 Euro,**
   d) **für jede weitere Seite in Farbe 0,30 Euro.**

   [2]Werden anstelle von Abschriften elektronisch gespeicherte Dateien überlassen, betragen die Auslagen 1,50 Euro je Datei. [3]Für die in einem Arbeitsgang überlassenen oder in einem Arbeitsgang auf einen Datenträger übertragenen Dokumente werden insgesamt höchstens 5 Euro erhoben. [4]Werden zum Zweck der Überlassung von elektronisch gespeicherten Dateien Dokumente zuvor auf Antrag von der Papierform in die elektronische Form übertragen, beträgt die Pauschale für Schreibauslagen nach Satz 2 nicht weniger, als die Pauschale im Fall von Satz 1 betragen würde,
2. **Entgelte für Post- und Telekommunikationsdienstleistungen, ausgenommen die Entgelte für Telefondienstleistungen im Orts- und Nahbereich,**
3. **Entgelte für Zustellungen durch die Post mit Zustellungsurkunde; wird durch die Behörde zugestellt (§ 5 des Verwaltungszustellungsgesetzes), so werden 7,50 Euro erhoben,**
4. **Kosten, die durch öffentliche Bekanntmachung entstehen,**
5. **an die zum Öffnen von Türen und Behältnissen sowie an die zur Durchsuchung von Vollstreckungsschuldnern zugezogenen Personen zu zahlende Beträge,**
6. **Kosten für die Beförderung, Verwahrung und Beaufsichtigung gepfändeter Sachen, Kosten für die Aberntung gepfändeter Früchte und Kosten für die Verwahrung, Fütterung, Pflege und Beförderung gepfändeter Tiere,**
7. **Beträge, die in entsprechender Anwendung des Justizvergütungs- und -entschädigungsgesetzes an Auskunftspersonen und Sachverständige (§ 107) sowie Beträge, die an Treuhänder (§ 318 Absatz 5) zu zahlen sind,**

7a. **Kosten, die von einem Kreditinstitut erhoben werden, weil ein Scheck des Vollstreckungsschuldners nicht eingelöst wurde,**

7b. **Kosten für die Umschreibung eines auf einen Namen lautenden Wertpapiers oder für die Wiederinkurssetzung eines Inhaberpapiers,**

8. **andere Beträge, die auf Grund von Vollstreckungsmaßnahmen an Dritte zu zahlen sind, insbesondere Beträge, die bei der Ersatzvornahme oder beim unmittelbaren Zwang an Beauftragte und an Hilfspersonen gezahlt werden, und sonstige durch Ausführung des unmittelbaren Zwanges oder Anwendung der Ersatzzwangshaft entstandene Kosten.**

(2) **Steuern, die die Finanzbehörde auf Grund von Vollstreckungsmaßnahmen schuldet, sind als Auslagen zu erheben.**

(3) **[1]Werden Sachen oder Tiere, die bei mehreren Vollstreckungsschuldnern gepfändet worden sind, in einem einheitlichen Verfahren abgeholt und verwertet, so werden die Auslagen, die in diesem Verfahren entstehen, auf die beteiligten Vollstreckungsschuldner verteilt. [2]Dabei sind die besonderen Umstände des ein-**

zelnen Falls, vor allem Wert, Umfang und Gewicht der Gegenstände, zu berücksichtigen.

Vergleichbare Vorschriften: § 9 GvKostG iVm Nr. 700–709 des Kostenverzeichnisses
Hinweis auf **VollzA:** Abschn. 18

I. Allgemeines

1 Die Vorschrift entspricht dem früheren § 8 AOVKG (→ § 337 Rn. 1). Der aufgrund des StEuglG geänderte Abs. 1 Nr. 1 S. 2 gilt ab 1.1.2002; zuvor belief sich der Betrag auf 1 DM. Die Vorschrift wird durch § 345 ergänzt, der die Berücksichtigung von Reisekosten und Aufwandsentschädigungen des Vollziehungsbeamten regelt. Durch das EURLUmsG wurden die Auslagentatbestände an die rechtliche und technische Entwicklung angepasst. Ab 2015 wurden die Schreibauslagen durch das ZollkodexAnpG v. 22.12.2014 (BGBl. 2014 I 2417) angepasst.

II. Auslagen (Abs. 1)

2 Bei den Auslagen iSd Abs. 1 (zum Begriff der Auslagen → § 337 Rn. 4) handelt es sich um Aufwendungen der FB für besondere Leistungen oder Leistungen Dritter, die nicht durch das gewöhnliche Verwaltungsverfahren entstehen und deshalb nicht mit den Gebühren abgegolten sind. Die Aufzählung des Abs. 1 ist **abschließend** (FG Bremen 12.3.1991 – II 22/91 K, EFG 1991, 590; Klein § 344 Rn. 1; TK § 344 Rn. 2; HHSp § 344 Rn. 9; Schwarz/Pahlke/Keß § 344 Rn. 2; Gosch AO § 344 Rn. 1, App StW 1985, 84 (87)), wenngleich die Generalklausel der Nr. 8 den enumerativen Charakter aufweicht. Die Auslagen müssen tatsächlich entstanden sein; **ersparte Aufwendungen** bleiben grds. unberücksichtigt (Ausnahme Nr. 3 HS 2). Sie müssen iSv § 346 I notwendig sein (FG Berlin 8.5.1991 – VI 552/89, EFG 1992, 6; TK § 344 Rn. 2; HHSp § 344 Rn. 13). Zur Entstehung der Auslagen → § 346 Rn. 8.

1. Schreibauslagen, Telefaxe, Dateien (Abs. 1 Nr. 1)

3 Diese Auslagen werden nicht nach dem tatsächlichen, sondern nach einem pauschalierten Aufwand bemessen. Sie entstehen nicht für Schriftstücke, die von Amts wegen zu fertigen sind, sondern nur für zusätzliche Abschriften, Kopien, Durchschläge und elektronisch gespeicherte Dateien auf Verlangen des VollstrSchuldners (vgl. zB Abschn. 28 II VollzA) oder des Gewahrsamsinhabers (Abschn. 48 II Nr. 1, Nr. 2 VollzA). Deshalb handelt es sich auch um Auslagen und nicht um eine Gebühr. Die Auslagen für Telefaxübermittlungen werden immer erhoben.

2. Post- und Telekommunikationsentgelte (Abs. 1 Nr. 2)

4 Die Nr. 2 wurde durch Gesetz v. 21.12.1993, BGBl. 1993 I 2310 (2348), neu gefasst. Zuvor waren nur Telefongebühren erfasst. Die bewusst weite Formulierung wurde gewählt, um auch zukünftige Telekommunikationsleistungen erfassen zu können (BR-Drs. 612/93, 106). Ausgenommen sind nach wie vor Kosten für Telefongespräche im Orts- und Nahbereich.

3. Zustellungskosten (Abs. 1 Nr. 3)

5 Es handelt sich nur um Entgelte für Zustellungen und Nachnahmen, die durch die Post vorgenommen werden. In Fällen der Zustellung durch die Behörde selbst dürfen seit der Neufassung durch das EURLUmsG 7,50 EUR erhoben werden. Postentgelte für normale Sendungen, Postgiro- und Zahlkartengebühren sind keine Auslagen (FG Bremen 12.3.1991 – II 22/91 K, EFG 1991, 590).

4. Kosten für öffentliche Bekanntmachungen (Abs. 1 Nr. 4)

6 Es handelt sich insb. um öffentliche Bekanntmachungen von Terminen für Versteigerungen und deren Aufhebung (vgl. Abschn. 51 IV VollzA).

5. Entschädigungen für Öffnungen und Durchsuchungen (Abs. 1 Nr. 5)

7 Hierunter fallen die Entgelte für Schlüsseldienste und die Durchsuchungen von Personen des anderen Geschlechts durch geeignete Hilfspersonen, die der Vollziehungsbeamte hierfür beauftragt (vgl. Abschn. 18 VollzA). Eine bloß vorsorgliche Beauftragung ist nicht notwendig und löst den Auslagenersatzanspruch nicht aus (FG Berlin 8.5.1991 – VI 552/89, EFG 1992, 6). Zur Vereinbarung der Vergütung für Hilfspersonen s. Abschn. 28 II, III 2 VollzA.

6. Kosten für Beförderung, Verwahrung etc. (Abs. 1 Nr. 6)

8 Diese fallen an, wenn gepfändete Sachen vor der Verwertung gelagert oder verwahrt werden (vgl. Abschn. 44 VII, 46 VollzA). Sie müssen ggf. beaufsichtigt und zur Verwertung transportiert werden (vgl. Abschn. 44 VII, 52 I 2 VollzA). Auf dem Halm gepfändete Früchte müssen ggf. abgeerntet (§ 304, Abschn. 52 III VollzA), gepfändete Tiere gefüttert und gepflegt werden (Abschn. 44 VII VollzA).

7. Entschädigungen an Zeugen ua (Abs. 1 Nr. 7)

9 Die Entschädigungen für Zeugen, Auskunftspersonen und Sachverständige richtet sich gem. § 107 nach dem JVEG. Die Vergütung des Treuhänders ergibt sich aus § 318 V iVm der VO über die Geschäftsführung und Vergütung des Zwangsverwalters v. 16.2.1970 (BGBl. 1970 I 185). Durch die Formulierung „zu zahlen sind" ist klargestellt, dass die zu erhebenden Auslagen die im JVEG und in der oa VO genannten Sätze nicht übersteigen dürfen.

7a. Rückscheckkosten, Umschreibung, Wiederinkurssetzung (Abs. 1 Nr. 7a und 7b)

10 Diese Auslagentatbestände wurden durch das EURLUmsG eingefügt und konkretisieren Auslagen, die bisher unter die Generalklausel der Nr. 8 fielen.

8. Generalklausel (Abs. 1 Nr. 8)

11 Die Aufzählung der Nr. 8 ist, wie das Wort „insb." zeigt, nicht abschließend und umfasst zB Aufwendungen für:

– erforderliche Arbeitshilfen (Abschn. 18 VollzA),
– evtl. zu entrichtende Einfuhr- und Ausfuhrabgaben,
– Prozess- und Rechtsanwaltskosten, soweit die FB das Prozesskostenrisiko nicht zu tragen hat,
– Versicherungsprämien,
– die Hinterlegung (§ 320),
– das Verteilungsverfahren (§ 308),
– die Durchführung der Ersatzvornahme (§ 330) und des unmittelbaren Zwangs (§ 331),
– die Ersatzzwangs- (§ 334) oder Erzwingungshaft (§ 284 VIII).

Kosten, die durch die Versteigerung bei einer Zoll-Auktion entstehen, sind durch die Verwertungsgebühr abgegolten (→ § 341 Rn. 4).

III. Durch die FB geschuldete Steuern (Abs. 2)

12 Dieser Absatz wurde durch das EURLUmsG eingefügt und reagiert insb. auf die Einführung des § 13b UStG. Vor dieser Klarstellung wurden entsprechende Abgaben unter die Generalklausel des Abs. 1 Nr. 8 subsumiert.

IV. Verteilung (Abs. 3)

Für die einheitliche Abholung und Verwertung von Gegenständen mehrerer VollstrSchuldner sind die einheitlich entstandenen Kosten auf diese sachgerecht nach den für die anteiligen Kosten maßgeblichen Umständen zu verteilen. Die Verteilungsmöglichkeit ist in S. 2 geregelt. 13

V. Erhebung

Die Erhebung der Auslagen erfolgt durch den Kostenansatz (→ § 337 Rn. 8 f.; → § 346 Rn. 6 ff.). 14

§ 345 Reisekosten und Aufwandsentschädigungen

Im Vollstreckungsverfahren sind die Reisekosten des Vollziehungsbeamten und Auslagen, die durch Aufwandsentschädigungen abgegolten werden, von dem Vollstreckungsschuldner nicht zu erstatten.

Die Vorschrift entspricht wörtlich dem früheren § 9 AOVKG (→ § 337 Rn. 1). Sie vermeidet eine Schlechterstellung der VollstrSchuldner, zu denen der Vollziehungsbeamte einen längeren Anfahrtsweg hat. § 345 ist im Grunde überflüssig, da die die Reisekosten und entsprechenden Aufwandsentschädigungen auslösende Außendiensttätigkeit für die Arbeit des Vollziehungsbeamten wesentlich ist und diese Aufwendungen bereits über die Gebühren der §§ 339–341 abgegolten sind (anders allerdings § 9 GvKostG iVm Nr. 710–712 des Kostenverzeichnisses). 1

§ 346 Unrichtige Sachbehandlung, Festsetzungsfrist

(1) **Kosten, die bei richtiger Behandlung der Sache nicht entstanden wären, sind nicht zu erheben.**

(2) **[1]Die Frist für den Ansatz der Kosten und für die Aufhebung und Änderung des Kostenansatzes beträgt ein Jahr. [2]Sie beginnt mit Ablauf des Kalenderjahrs, in dem die Kosten entstanden sind. [3]Einem vor Ablauf der Frist gestellten Antrag auf Aufhebung oder Änderung kann auch nach Ablauf der Frist entsprochen werden.**

Vergleichbare Vorschriften: § 8 I GKG; § 16 I KostO; §§ 6, 7 GvKostG

I. Allgemeines

Die Vorschrift ist aus § 11 AOVKG (→ § 337 Rn. 1) hervorgegangen. Sie bezweckt den Schutz des VollstrSchuldners vor einer Inanspruchnahme mit sachlich nicht gerechtfertigten Kosten der Vollstr. Ferner enthält Abs. 2 Regelungen für die Festsetzungsfrist des Kostenansatzes. 1

II. Kosten der unrichtigen Sachbehandlung (Abs. 1)

1. Kosten

„Kosten" sind die im Vierten Abschnitt (§§ 337–346) geregelten Kosten, dh Gebühren und Auslagen. Eigene Kosten des VollstrSchuldners fallen nicht unter diese Regelung; sie sind ggf. als Folgenbeseitigungs- oder Schadensersatzanspruch gelten zu machen (Gosch AO § 346 Rn. 4; TK § 346 Rn. 1). Kosten unrichtiger Sachbehandlung sind zwar entstanden, dürfen jedoch gem. Abs. 1 nicht erhoben werden. Die auf unrichtiger Sachbehandlung beruhenden Umstände sind beim erstmaligen Kostenansatz oder evtl. späteren 2

Änderungen von Amts wegen zu berücksichtigen. Es sind ausschl. die durch die unrichtige Sachbehandlung verursachten Mehrkosten nicht zu erheben (HHSp § 346 Rn. 21; Schwarz/Pahlke/Keß § 346 Rn. 12).

2. Unrichtige Sachbehandlung

3 Die Vorschrift erfasst, wie sich aus der systematischen Eingliederung des § 346 ergibt, nur die unrichtige Sachbehandlung **im VollstrVerfahren** (§§ 249–346). Eine Übertragung der von Rspr. und Literatur zu den vergleichbaren Vorschriften (s. o.) entwickelten Grundsätzen ist nur mit Einschränkungen möglich. Eine unrichtige Sachbehandlung im Festsetzungs- oder Rechtsbehelfsverfahren wird durch § 346 grds. nicht erfasst; der VollstrSchuldner hat es grds. in der Hand, es bis zur Vollstr. kommen zu lassen (ebenso TK § 346 Rn. 4; HHSp § 346 Rn. 8). Eine unrichtige Sachbehandlung außerhalb des VollstrVerfahrens kann nur dann für die Anwendung des § 346 I beachtlich sein, wenn der VollstrSchuldner alles ihm Mögliche getan hat, die Kosten zu vermeiden und die FB dies rechtswidrig missachtet (teilweise aA HHSp § 346 Rn. 11 f.). Das ist zB der Fall, wenn die FB einem offensichtlich begründeten Antrag auf AdV nicht stattgegeben und die Vollstr. ohne besonderen Grund vor Ablauf der Rechtsbehelfsfrist betrieben hat (vgl. BFH 27.10.2004 – VII R 65/03, BStBl. II 2005, 198).

4 Eine unrichtige Sachbehandlung liegt nicht schon dann vor, wenn eine VollstrMaßnahme unrechtmäßig ist (so aber Klein § 346 Rn. 2). Sie ist erst gegeben, wenn **evidente Verstöße** gegen grundlegende VollstrSchutzvorschriften (ebenso Gosch AO § 346 Rn. 6; TK § 346 Rn. 2 f.; Schwarz/Pahlke/Keß § 346 Rn. 11; App StW 1985, 84 (87)) oder offensichtliche schwerwiegende Verfahrensverstöße vorliegen (BFH 27.10.2004 – VII R 65/03, BStBl. II 2005, 198). Anderenfalls dürfte sich der Wortlaut nicht nur auf unrichtige, sondern auf unrechtmäßige Sachbehandlung beziehen. Unrichtige Sachbehandlung liegt zB bei Durchsuchung ohne richterlichen Beschluss nach § 287 IV, Vollstr. zur Nachtzeit, an Sonn- oder Feiertagen ohne Auftrag nach § 289, unterlassener Anbringung des Pfandsiegels, offensichtlicher Überpfändung, erkennbar erfolgloser Sachpfändung oder offensichtlichen Verstöße gegen Pfändungsschutzvorschriften der §§ 811 ff., 850a ZPO vor.

5 Maßgeblicher **Beurteilungszeitpunkt** für die Frage, ob die Sachbehandlung unrichtig ist, ist die Vornahme der VollstrHandlung (im Ergebnis ebenso TK § 346 Rn. 4), weil es sich um unrichtige Sachbehandlung im VollstrVerfahren handeln muss (→ Rn. 3). Spätere Änderungen der Festsetzung und des Leistungsgebotes sind unbeachtlich (aA HHSp § 346 Rn. 10).

III. Festsetzungsfrist (Abs. 2)

6 Abs. 2 enthält besondere Vorschriften für die Festsetzungsfrist. Der Kostenansatz ist ein **VA,** jedoch kein StBescheid. Seine Änderung und Berichtigung erfolgt gem. §§ 129–132. § 346 II 3 enthält keine besondere Antragsmöglichkeit (aA Gosch AO § 346 Rn. 2, 11); diese bestimmt sich nach den allgemeinen Regelungen der §§ 129–132.

1. Fristdauer (Abs. 2 S. 1)

7 Die Festsetzungsfrist des Kostenansatzes beträgt ein Jahr. Nach ihrem Ablauf ist eine Änderung des Kostenansatzes auch nach § 129 nicht mehr möglich.

2. Fristbeginn (Abs. 2 S. 2)

8 Die Frist beginnt mit Ablauf des Kalenderjahres, in dem die Kosten entstanden sind. Hinsichtlich der Gebühren ist deren Entstehung in den jeweiligen Vorschriften (§§ 339 II, 340 II, 341 II) geregelt. Für die **Entstehung der Auslagen** trifft § 344 keine Regelung; sie entstehen in dem Zeitpunkt, in dem der Dritte den zivilrechtlichen Anspruch gegen die FB erlangt. Diese Voraussetzung ist regelmäßig mit Erbringung der Leistung gegeben; auf die Fälligkeit des Entgelts kommt es nicht an. Bei Auslagen, die nicht durch Dritte verursacht sind (zB § 344 I Nr. 3 HS 2), entstehen die Auslagen in dem Zeitpunkt, in dem

sie bei der Ausführung durch Dritte entstanden wären (aA TK § 346 Rn. 7; HHSp § 346 Rn. 25). Die Fristberechnung erfolgt nach § 108.

3. Entscheidung nach Fristablauf (Abs. 2 S. 3)

§ 346 II 3 enthält die Selbstverständlichkeit, dass über einen vor Ablauf der Festsetzungs- 9
frist gestellten Einspruch oder Änderungsantrag auch noch nach Ablauf der Festsetzungsfrist entschieden werden muss. Eine Verböserung nach Ablauf der Festsetzungsfrist ist jedoch nicht möglich, weil es an einer § 171 III a 2 entsprechenden Regelung fehlt. Zum Verfahren und den Rechtsbehelfen → § 337 Rn. 8 f.

Siebenter Teil. Außergerichtliches Rechtsbehelfsverfahren

Vorbemerkung zu §§ 347–368

Schrifttum: v. Wedelstädt, Grenzpendlergesetz: Änderungen der Abgabenordnung, DB 1994, 1260; Carl/Klos, Das reformierte außergerichtliche Rechtsbehelfsverfahren der AO, INF 1994, 417; Söffing, Neuordnung des außergerichtlichen Rechtsbehelfsverfahrens ab 1.1.1996, DStR 1995, 1489; Szymczak, Das außergerichtliche Rechtsbehelfsverfahren ab 1996, DB 1996, 2254; Stolterfoth, Die Verwirklichung des Rechtsschutzes im außergerichtlichen Rechtsbehelfsverfahren, DStJG 18 (1995), 77 ff.; Tiedchen, Änderungen des außergerichtlichen Rechtsbehelfsverfahrens durch das Grenzpendlergesetz, BB 1996, 1033; Kohlhepp, Kosten des Einspruchsverfahrens und Amtshaftung wegen fehlerhafter Steuerveranlagung durch das Finanzamt, DStR 2006, 549; Kilian/Schwerdtfeger, Amtshaftung und Einspruchsverfahren – Neues zur Höhe des Kostenersatzes bei Korrektur von Steuerbescheiden im Einspruchsverfahren, DStR 2006, 1773; Günther, Das Einspruchsverfahren gegen VA der Finanzverwaltung, AO-StB 2008, 280 (Teil I), 313 (Teil II), 348 (Teil III); Munkert/Naczinsky, Außergerichtliches Rechtsbehelfsverfahren, DStR-Beih. 2009, 1; Taube/Egbert, Gemeinsamkeiten und Unterschiede zwischen außergerichtlichem und gerichtlichem Rechtsbehelfsverfahren – Einspruchsverfahren und Klageverfahren im ersten Rechtszug, AO-StB 2014, 318; Jesse, Einspruch und Klage im Steuerrecht, 4. Aufl. 2017; Günther, Der Einspruch gegen Verwaltungsakte der Finanzbehörde, AO-StB 2020, 322 (Teil 1), 354 (Teil 2); Jesse, Der außerprozessuale Rechtsschutz im Steuerrecht – Eine kritische Analyse der bestehenden Rechtsschutzmöglichkeiten, FR 2022, 1105.

Übersicht

I. Rechtsentwicklung

1 Das bei Inkrafttreten der AO normierte außergerichtliche Rechtsbehelfsverfahren hat insb. durch das GrenzpendlerG (BGBl. 1994 I 1395) – in Kraft getreten mit Wirkung zum 1.1.1996 (zur erstmaligen Anwendung s. Art. 97 § 18 III EGAO) – tiefgreifende Änderungen erfahren. Durch dieses Gesetz wurde die vormalige Zweiteilung des außergerichtlichen Rechtsbehelfsverfahrens in Einspruch an die Ausgangsbehörde und außergerichtliche Beschwerde an die nächsthöhere Behörde beseitigt und durch den nunmehr einheitlichen Rechtsbehelf des Einspruchs (§ 347) ersetzt (zur Begründung s. BT-Drs. 12/7427, 35). Ferner sind §§ 360 V, 364a und 364b eingefügt worden. In der Folgezeit wurden §§ 361 II und § 353 geändert. Durch das JStG 2007 (BGBl. 2006 I 2878) wurden § 348 Nr. 6 sowie § 367 II a und II b eingefügt. § 348 wurde durch G v. 8.4.2008 (BGBl. 2008 I 666) geändert (→ § 348 Rn. 1). Durch das JStG 2009 (BGBl. 2008 I 2794) wurde § 363 II 2 an den um § 165 I Nr. 4 erweiterten Vorläufigkeitskatalog angepasst. Durch das KreditzweitmarktförderungsG v. 22.12.2023 (BGBl. 2023 I Nr. 411) ist die Einspruchsbefugnis bei gesonderten und einheitlichen Feststellungen (§ 352) neu geregelt worden (→ § 352 Rn. 1).

II. Bedeutung und Grundlagen des außergerichtlichen Rechtsbehelfsverfahrens

2 **Begriffliche Abgrenzung.** Gegenstand der §§ 347 ff. ist das in der AO nicht näher definierte „außergerichtliche Rechtsbehelfsverfahren". Ein „Rechtsbehelf" ist ein Begehren auf Überprüfung einer Entscheidung einer FB. Es handelt sich um einen Oberbegriff,

der gleichermaßen außergerichtliche und gerichtliche Rechtsbehelfe bzw. Rechtsmittel (Klage, Revision) umfasst (BFH 18.2.1997 – VII R 96/95, BStBl. II 1997, 339). Weiter lassen sich förmliche und nicht förmliche Rechtsbehelfe unterscheiden. §§ 347 ff. sowie die Rechtsbehelfe (Rechtsmittel) nach der FGO sind förmliche Rechtsbehelfe; zu den nicht förmlichen Rechtsbehelfen → Rn. 16 ff.

3 **Einspruchsverfahren als verlängertes Veranlagungsverfahren.** Nach der Intention des Gesetzgebers ist das Rechtsbehelfsverfahren ein verlängertes Veranlagungsverfahren (BT-Drs. VI/1982, 187; BT-Drs. 7/4292, 8; BFH 14.3.2012 – X R 50/09, BStBl. II 2012, 536; BFH 14.11.2007 – XI R 48/06, BFH/NV 2008, 367). Es ist, wie insb. die Verweisung des § 365 I auf die allgemeinen Verfahrensvorschriften und § 367 II 1 zeigt, als Fortsetzung des Verwaltungsverfahrens konzipiert und kein besonderes förmliches Verwaltungsverfahren. In dieser Konzeption findet insb. die Kostenfreiheit des Einspruchsverfahrens (→ Rn. 10 ff.) seine Rechtfertigung. Die Kennzeichnung als „verlängertes Veranlagungsverfahren" wird allerdings der Kontroll- und Rechtsschutzfunktion des Einspruchsverfahrens nicht gerecht; es sollte besser von einem Verwaltungsverfahren eigener Art gesprochen werden.

4 Das Einspruchsverfahren hat mehrere **Funktionen.** Es dient

– der **Wahrung der Gesetzmäßigkeit** (Art. 20 III GG) und **Zweckmäßigkeit** der Verwaltung, indem es die FVerw. zur Selbstkontrolle der von ihr getroffenen Entscheidungen verpflichtet. In der Realität hat sich das Einspruchsverfahren, wie das Besteuerungsverfahren selbst, zu einem Massenverfahren entwickelt. Folgerichtig hat der Gesetzgeber zur Entlastung von überflüssigen und kostenintensiven Formalismen die frühere Verpflichtung zur förmlichen Zustellung von Einspruchsentscheidungen entfallen lassen (→ § 366 Rn. 24 ff.).

– dem **Rechtsschutz des Bürgers** durch Eröffnung einer nochmaligen (kostenlosen) vollständigen Überprüfung von Entscheidungen der FB. Zu Art. 19 IV GG in diesem Zusammenhang → Rn. 5. Der angegriffene VA ist auch auf seine Zweckmäßigkeit hin zu überprüfen. Die Kontrolle von Ermessensentscheidungen (§ 5) ist, im Gegensatz zu der gem. § 102 FGO eingeschränkten gerichtlichen Überprüfungsmöglichkeit, uneingeschränkt möglich (→ § 365 Rn. 11). Andererseits besteht für den Einspruchsführer die Gefahr einer Verböserung, § 367 II 2. Die Rechtsschutzfunktion des Einspruchsverfahrens wird durch die Möglichkeit der AdV/Aufhebung der Vollziehung gem. § 361 ergänzt.

– der **Entlastung der FG,** weil die FVerw. ihre Entscheidungen selbst iRd Einspruchsverfahrens korrigieren kann. Die ganz oder zum Teil erfolglose Durchführung des Einspruchsverfahrens ist gem. § 44 I FGO grds. Sachentscheidungsvoraussetzung für die Erhebung einer Anfechtungs- oder Verpflichtungsklage (§ 40 I FGO) vor dem FG. Etwas anderes gilt lediglich für die Sprungklage (§ 45 FGO), bei der die FB der Klage ohne Vorverfahren innerhalb eines Monats nach Zustellung der Klageschrift dem FG gegenüber ausdrücklich zustimmt (BFH 19.5.2004 – III R 18/02, BStBl. II 2004, 980; BFH 27.5.2009 – X R 34/06, BFH/NV 2009, 1826), und für die Untätigkeitsklage (§ 46 FGO), die zulässig ist, wenn die FB über einen außergerichtlichen Rechtsbehelf ohne Mitteilung eines Grundes in angemessener Frist sachlich nicht entschieden hat.

5 **Verfassungsrechtliche Aspekte.** Das außergerichtliche Rechtsbehelfsverfahren ist nicht aufgrund Art. 19 IV GG oder aufgrund der in der Sache jeweils betroffenen Grundrechte verfassungsgeboten (BVerfG 20.4.1982 – 2 BvL 26/81, NJW 1982, 2425), da Art. 19 IV GG nicht den Rechtsschutz gegen Behörden durch Behörden gebietet. Gleichwohl ist das außergerichtliche Rechtsbehelfsverfahren schon wegen seiner Rechtsschutzfunktion für den Bürger ohne Weiteres verfassungsrechtlich legitimiert. Vor allem entfaltet **Art. 19 IV GG** zur Sicherung der Effektivität des Rechtsschutzes **Vorwirkungen für das Verwaltungsverfahren.** Ferner können sich aus materiellen Grundrechten unter dem Aspekt des „Grundrechtsschutzes durch Verfahren" besondere Anforderungen an das

außergerichtliche Rechtsbehelfsverfahren ergeben (→ Einl. Rn. 7 ff.). Diese verfassungsrechtlichen Leitlinien beeinflussen zB die Auslegung von Rechtsbehelfen (→ § 357 Rn. 7) oder im Hinblick auf Art. 12 I GG die Überprüfbarkeit von Entscheidungen des für die **StBeraterprüfung** zuständigen Prüfungsausschusses, gegen die ein Einspruch nach § 348 Nr. 4 nicht statthaft ist, sodass unmittelbar Klage erhoben werden kann. Gleichwohl normiert § 29 DVStB ein **verwaltungsinternes Überdenkungsverfahren,** das nicht an bestimmte Fristen gebunden ist (BFH 26.6.2006 – VII B 255/05, BFH/NV 2006, 1889) und das die Prüfer verpflichtet, die Bewertung der Prüfungsleistungen zu überdenken. Die Frist zur Erhebung einer Anfechtungsklage wird durch das Überdenkungsverfahren nicht berührt, § 29 I 2 DVStB. Das Klageverfahren ist grds. nach § 74 FGO auszusetzen, wenn substantiierte Einwendungen gegen die Bewertung der Prüfungsleistung erhoben werden und ein Antrag auf Durchführung des verwaltungsinternen Überdenkungsverfahrens nach § 29 DVStB gestellt worden ist (BFH 20.8.2014 – VII B 116/14, BFH/NV 2014, 1908; s. auch BFH 28.4.2004 – VII B 343/03, BeckRS 2004, 25006713).

III. Verfahrensgang; Verfahrensgrundsätze

Einspruchseinlegung; Verfahrensgegenstand. Das Einspruchsverfahren beginnt mit der Einlegung des Einspruchs, die ohne Rücksicht auf die Zulässigkeit des Einspruchs die **Anhängigkeit** des Einspruchsverfahrens begründet. Aufgrund der Anhängigkeit ist ein weiterer Einspruch gegen denselben VA oder wegen Unterlassens desselben VA unzulässig (FG Bremen 22.11.1994 – 2 94 114 K 2, EFG 1995, 332). Der **zulässige** Einspruch hindert den Eintritt der Bestandskraft des VA (→ § 118 Rn. 69 ff.) und hat gem. § 171 IIIa 2 eine Ablaufhemmung der Festsetzungsfrist (§ 169 AO) zur Folge. Mit der Einspruchseinlegung bestimmt und begrenzt der Einspruchsführer den Verfahrensgegenstand (Einspruchsgegenstand) im Hinblick auf die am Einspruchsverfahren Beteiligten (§ 359), das Rechtsschutzziel (→ § 357 Rn. 1 ff.) sowie den Umfang der Überprüfungsberechtigung der FB (→ § 367 Rn. 11). 6

Durchführung des Einspruchsverfahrens. Die FB prüft zunächst die Zulässigkeit des Einspruchs (§ 358). Ist der Einspruch zulässig, sind ggf. weitere Beteiligte hinzuzuziehen (§ 360). Zur Information der Beteiligten sowie zur Sachverhaltsaufklärung und -erörterung dienen § 364, der die Mitteilung der Besteuerungsgrundlagen regelt, und § 364a, der die Durchführung eines Erörterungstermins ermöglicht. Im Interesse der Verfahrensbeschleunigung und -konzentration kann die FB gem. § 364b Ausschlussfristen setzen. Zentrale verfahrensrechtliche Grundsätze für das Einspruchsverfahren ergeben sich im Übrigen aus § 365. Zur Trennung und Verbindung von Einspruchsverfahren → § 365 Rn. 13. 7

Für den **Abschluss des Einspruchsverfahrens** durch Einspruchsentscheidung ergeben sich die näheren Anforderungen aus §§ 366, 367. Die FB ist zur Entscheidung über den Einspruch verpflichtet (→ § 367 Rn. 8). Diese Entscheidung hat nach dem ungeschriebenen Grundsatz der Verfahrensbeschleunigung grds. in angemessener Frist zu ergehen (→ § 367 Rn. 8). Von dieser Pflicht wird die FB im Umfang einer (Teil-)Abhilfe, im Fall einer Erledigung des Einspruchsverfahrens (→ § 367 Rn. 43 ff.) sowie vorübergehend durch die Aussetzung, das Ruhen sowie durch die Unterbrechung des Einspruchsverfahrens (→ § 363 Rn. 2 ff.) dispensiert. 8

Verfahrensgrundsätze. Allein der Einspruchsführer entscheidet, ob er ein Einspruchsverfahren einleiten (zur Einspruchseinlegung s. § 357, zum Einspruchsverzicht s. § 354) und durch Rücknahme des Einspruchs gem. § 362 beenden will, sog. **Dispositionsmaxime** oder **Verfügungsgrundsatz** (für das finanzgerichtliche Verfahren vgl. Gräber FGO Vor § 76 Rn. 3). Eine Beschränkung des Einspruchsbegehrens auf einzelne Punkte ist jedoch grds. nicht möglich (→ § 357 Rn. 32). Dies folgt aus dem sog. **Untersuchungsgrundsatz,** der die FB von Amts wegen zur Ermittlung des entscheidungserheblichen Sachverhalts verpflichtet (→ § 367 Rn. 15). 9

IV. Kosten des Einspruchsverfahrens

10 **Grundsatz: Kostenfreiheit.** Das Einspruchsverfahren ist mangels gesetzlicher Erstattungsregelung (anders zB § 80 VwVfG für das Widerspruchsverfahren nach §§ 68 ff. VwGO) und entspr. dem ausdrücklichen Willen des Gesetzgebers (BT-Drs. 7/4292, 8 f.) grds. **kostenfrei.** Zu Ausnahmen → Rn. 12. Demgemäß steht weder der FB noch den Einspruchsführenden, auch nicht bei erfolgreichem Einspruch, ein Kostenerstattungsanspruch zu, zB im Hinblick auf Aufwendungen für die Einschaltung eines Bevollmächtigten; beide Seiten haben jeweils ihre eigenen Aufwendungen zu tragen. Diese Rechtslage entspricht dem Gleichheitsgebot des Art. 3 I GG (BVerfG 28.1.1970 – 1 BvL 8, 19/68, BVerfGE 27, 391) und ist **verfassungsgemäß** (BFH 23.7.1996 – VII B 42/96, BStBl. II 1996, 501; aA Mewes DStZ 1997, 213). Es gibt keinen allgemeinen Rechtsgedanken, wonach einem im Verwaltungsvorverfahren obsiegenden Bürger ein Kostenerstattungsanspruch zusteht; insb. Art. 3 I GG vermittelt einen solchen Anspruch nicht (BVerfG 29.10.1969 – 1 BvR 65/68, NJW 1970, 133; BVerfG 20.6.1973 – 1 BvL 9/71, 1 BvL 10/71, BVerfGE 35, 283). Bedenkt man allerdings die Ausstrahlungswirkung des Art. 19 IV GG sowie den Umstand, dass durch einen VA uU auch Grundrechte berührt werden, erscheint rechts- und verfassungspolitisch eine erweiterte Kostentragungspflicht der FB nach dem Vorbild des § 80 VwVfG erwägenswert.

11 Auch in **Kommunalabgabenangelegenheiten** besteht kraft Bundesrechts kein Anspruch auf Kostenerstattung; § 80 VwVfG ist nicht Ausdruck eines allgemeinen (bundesrechtlichen) Rechtsgrundsatzes (BVerwG 27.9.1989 – 8 C 88/88, BVerwGE 82, 336).

12 **Ausnahmsweise erstattungsfähig** sind **gem. § 77 EStG** die zur zweckentsprechenden Rechtsverfolgung oder Rechtsverteidigung notwendigen Aufwendungen in **Kindergeldverfahren.** Dieser Kostenerstattungsanspruch ist sozialrechtlich motiviert (BFH 23.7.1996 – VII B 42/96, BStBl. II 1996, 501) und setzt einen erfolgreichen Einspruch voraus. Schließt sich an das Einspruchsverfahren ein **Klageverfahren** an, in dem der Stpfl. obsiegt, sind Gebühren und Auslagen eines Bevollmächtigten oder Beistands für das Vorverfahren erstattungsfähig, wenn das Gericht die Hinzuziehung eines Bevollmächtigten oder Beistands gem. **§ 139 III 3 FGO** für notwendig erklärt. Diese Sonderregelung ist sachlich dadurch gerechtfertigt, dass das FG die Rechtsauffassung des Klägers gebilligt hat (BFH 23.7.1996 – VII B 42/96, BStBl. II 1996, 501). Schließlich ist die FB aus Gründen der Fürsorgepflicht uU verpflichtet, weitere (zusätzliche) Rechtsmittelkosten durch Aussetzung oder Ruhen des Verfahrens (§ 363 I und II) zu vermeiden; ein Verstoß hiergegen kann im finanzgerichtlichen Verfahren eine Kostenpflicht des FA gem. § 137 S. 2 FGO oder bei Hauptsacheerledigung gem. § 138 I iVm § 137 S. 2 FGO auslösen (BFH 27.11.1998 – VI R 161–162/90, BFH/NV 1999, 659).

13 **Amtshaftung.** Kosten des Einspruchsführenden für ein außergerichtliches Rechtsbehelfsverfahren können uU im Wege eines Schadensersatzanspruchs aus Amtspflichtverletzung (§ 839 BGB iVm Art. 34 GG) geltend gemacht werden, wie zB die Gebühren eines StBeraters für die Durchführung eines Einspruchsverfahrens. Voraussetzung ist, dass die FB eine Amtspflicht, wie zB die Pflicht zur Gewährung rechtlichen Gehörs oder die Pflicht zur fehlerfreien Rechtsanwendung, bei Erlass des angegriffenen VA verletzt hat (zu Einzelfragen mit zahlreichen Rechtsprechungsnachweisen Nacke DStZ 1996, 20; Balmes/v. Collenberg AO-StB 2003, 77; Szymczak DB 1994, 2254; Kohlhepp DStR 2006, 549; Kilian/Schwerdtfeger DStR 2006, 1773).

13a Eine **Entschädigung wegen überlanger Dauer des Einspruchsverfahrens** ist gesetzlich nicht vorgesehen, weil dem Stpfl. insoweit mit dem Untätigkeitseinspruch (§ 347 I 2) und der Untätigkeitsklage (§ 46 FGO) hinreichende Rechtsschutzmöglichkeiten zur Verfügung stehen. Nach § 198 GVG werden Stpfl. lediglich für unangemessen lange dauernde Gerichtsverfahren angemessen entschädigt (BFH 27.4.2016 – X R 1/15, BStBl. II 2016, 840; BFH 26.7.2012 – X S 18/12 (PKH), BFH/NV 2012, 1822; zur Entschädigungsklage nach § 198 GVG s. Böcker DStR 2011, 2173).

Prozesskostenhilfe ist nur für jedes selbständige finanzgerichtliche Verfahren, nicht jedoch für das Einspruchsverfahren möglich. Die Kostenfreiheit des Einspruchsverfahrens hat allerdings mittelbare Auswirkungen auf die Bewilligungsvoraussetzungen der Prozesskostenhilfe. Diese ist im Hinblick auf die Kostenfreiheit zu versagen, wenn der Antragsteller zB durch Nichtabgabe seiner StErklärung seine Mitwirkungspflicht verletzt hat und aus diesem Grunde das Einspruchsverfahren erfolglos **geblieben** war (BFH 5.11.1992 – X B 167/92, BFH/NV 1993, 324; FG Berlin-Brandenburg 22.8.2008 – 6 S 1617/04 (PKH), EFG 2009, 207; FG Sachsen 24.2.2009 – 5 K 1694/08 (Kg), BeckRS 2009, 26026796; aA BFH 11.8.2000 – IV B 27/00, BFH/NV 2001, 191). 14

Beratungshilfe nach Maßgabe des BerHG ist für Angelegenheiten des StRechts nicht ausdrücklich vorgesehen. Nach § 2 II 1 BerHG wird Beratungshilfe nach dem BerHG jedoch in allen rechtlichen Angelegenheiten gewährt. Hierzu gehört auch das StRecht (BVerfG 14.10.2008 – 1 BvR 2310/06, NJW 2009, 209). 15

V. Abgrenzung zu nichtförmlichen Rechtsbehelfen (Gegenvorstellung, Dienstaufsichtsbeschwerde)

Neben dem Einspruch als förmlichem außergerichtlichen Rechtsbehelf können als nichtförmliche Rechtsbehelfe die Gegenvorstellung sowie die Sachaufsichts- und Dienstaufsichtsbeschwerde erhoben werden. Diese sind in der AO nicht geregelt, sind aber nach Art. 17 GG zulässig (BFH 22.4.1965 – V 45/62 U, BStBl. III 1965, 384). Sie können einen Einspruch nicht ersetzen und hindern auch nicht den Eintritt der Bestandskraft eines VA. Nichtförmliche Rechtsbehelfe sind an keine besonderen Form- oder Fristvorschriften gebunden und auch kein außergerichtlicher Rechtsbehelf iSd § 44 I FGO. Jedoch ist das Erfordernis eines Vorverfahrens nach § 44 I FGO auch erfüllt, wenn ein Einspruch zu Unrecht als lediglich nichtförmlicher Rechtsbehelf behandelt wurde und als solcher erfolglos war (BFH 13.12.1994 – VII R 46/94, BFH/NV 1995, 758; Gräber FGO § 44 Rn. 10). Die Behandlung einer Erklärung als förmlicher Rechtsbehelf (Einspruch) ist in Zweifelsfällen der Auslegung iSe nichtförmlichen Rechtsbehelfs vorzuziehen, da der Einspruch die Rechte des Stpfl. umfassender wahrt (vgl. AEAO zu Vor § 347 Nr. 1). 16

Die **Gegenvorstellung** mit dem Begehren, eine Sachentscheidung zu treffen, aufzuheben oder zu ändern, richtet sich an die Ausgangsbehörde, deren Maßnahme oder Untätigkeit angegriffen wird. Eine innerhalb offener Einspruchsfrist beim FA erhobene Gegenvorstellung wird idR als Antrag auf schlichte Änderung (§ 172 I 1 Nr. 2 Buchst. a) zu behandeln sein (HHSp Vor § 347 Rn. 111). Zur Gegenvorstellung gegen formell rechtskräftige gerichtliche Entscheidungen s. zB Gräber FGO Vor § 115 Rn. 40 ff. 17

Die **Sachaufsichtsbeschwerde** ist auf die Überprüfung bzw. Abhilfe einer Sachentscheidung durch die Aufsichtsbehörde gerichtet. Die **Dienstaufsichtsbeschwerde** richtet sich an den Vorgesetzten oder die Aufsichtsbehörde und wendet sich gegen das persönliche Verhalten eines Amtsträgers. Sie hat das Sachlichkeitsgebot zu wahren (BVerfG 15.3.1989 – 1 BvR 522/87, NJW 1989, 3148). Zur fehlerhaften Behandlung eines Einspruchs als Dienstaufsichtsbeschwerde s. BFH 13.12.1994 – VII R 46/94, BFH/NV 1995, 758. 18

Möglich ist schließlich auch eine **Petition** gem. Art. 17 GG an die „zuständigen Stellen" (Bundes- oder LandesFB bzw. Gemeinden) oder an die „Volksvertretung" (Bundes- bzw. Landtag). 19

Die Entscheidung über die vorstehend genannten nichtförmlichen Rechtsbehelfe ist kein VA (HHSp Vor § 347 Rn. 149, 153; TK Vor § 347 Rn. 41). Art. 17 GG vermittelt lediglich einen Anspruch auf Prüfung und Bescheidung der Eingabe. Bescheide über nichtförmliche Rechtsbehelfe sind weder materiell noch formell bestandskräftig. Ein Rechtsbehelf gegen eine die begehrte Maßnahme ablehnende Entscheidung ist, abgesehen von einer weiteren Gegenvorstellung bzw. einer weiteren Sach- oder Dienstaufsichtsbeschwerde, nicht möglich. Ein Einspruch oder eine finanzgerichtliche Klage sind nicht zulässig (BFH 6.7.1965 – VII 331/63, HFR 1965, 557). Die Sach- oder Dienstaufsichts- 20 beschwerde bewirkt keine Unterbrechung der Verjährung eines gegen die FB geltend gemachten Amtshaftungsanspruchs (BFH 30.9.1999 – VII S 5/99, BFH/NV 2000, 454).

Erster Abschnitt. Zulässigkeit

§ 347 Statthaftigkeit des Einspruchs

(1) [1]**Gegen Verwaltungsakte**

1. in Abgabenangelegenheiten, auf die dieses Gesetz Anwendung findet,

2. in Verfahren zur Vollstreckung von Verwaltungsakten in anderen als den in Nummer 1 bezeichneten Angelegenheiten, soweit die Verwaltungsakte durch Bundesfinanzbehörden oder Landesfinanzbehörden nach den Vorschriften dieses Gesetzes zu vollstrecken sind,

3. in öffentlich-rechtlichen und berufsrechtlichen Angelegenheiten, auf die dieses Gesetz nach § 164a des Steuerberatungsgesetzes Anwendung findet,

4. in anderen durch die Finanzbehörden verwalteten Angelegenheiten, soweit die Vorschriften über die außergerichtlichen Rechtsbehelfe durch Gesetz für anwendbar erklärt worden sind oder erklärt werden,

ist als Rechtsbehelf der Einspruch statthaft. [2]**Der Einspruch ist außerdem statthaft, wenn geltend gemacht wird, dass in den in Satz 1 bezeichneten Angelegenheiten über einen vom Einspruchsführer gestellten Antrag auf Erlass eines Verwaltungsakts ohne Mitteilung eines zureichenden Grundes binnen angemessener Frist sachlich nicht entschieden worden ist.**

(2) **Abgabenangelegenheiten sind alle mit der Verwaltung der Abgaben einschließlich der Abgabenvergütungen oder sonst mit der Anwendung der abgabenrechtlichen Vorschriften durch die Finanzbehörden zusammenhängenden Angelegenheiten einschließlich der Maßnahmen der Bundesfinanzbehörden zur Beachtung der Verbote und Beschränkungen für den Warenverkehr über die Grenze; den Abgabenangelegenheiten stehen die Angelegenheiten der Verwaltung der Finanzmonopole gleich.**

(3) **Die Vorschriften des Siebenten Teils finden auf das Straf- und Bußgeldverfahren keine Anwendung.**

Schrifttum: Streck, Die Auswirkungen des Wegfalls des strafrechtlichen Fortsetzungszusammenhangs auf Besteuerungs- und Prüfungssituationen, DStR 1994, 1723; Thouet/Thouet, Rechtsschutz gegen Verfahrensrechtsverletzungen im außergerichtlichen Rechtsbehelfsverfahren, INF 1999, 459.

Übersicht

I. Allgemeines

1 **Regelungsgegenstand.** § 347 regelt, unter welchen Voraussetzungen ein Einspruch „statthaft" und damit zulässig ist. Die Regelung wird durch § 348 eingeschränkt. Weitere Voraussetzungen für die Zulässigkeit des Einspruchs ergeben sich aus §§ 350–357.

§ 347 wurde durch das GrenzpendlerG (BGBl. 1994 I 1395) mit Wirkung zum 1.1.1996 neu gefasst und hat damit das bis dahin zweigeteilte außergerichtliche Rechtsbehelfsverfahren durch den Einspruch als einheitlichen Rechtsbehelf ersetzt (→ Vor § 347 Rn. 1).

II. Gegenstand des Einspruchs (Abs. 1)

2 § 347 I 1 bestimmt, gegen welche VA der Einspruch als außergerichtlicher Rechtsbehelf zulässig ist, wobei es keiner abschließenden Aufzählung der einspruchsfähigen VA bedurfte. Statthaft ist gem. § 347 I 2 auch der sog. Untätigkeitseinspruch, wenn die FB über einen Antrag auf Erlass eines VA nicht entscheidet.

1. Verwaltungsakte

3 Der Einspruch ist gem. § 347 I 1 ausschl. gegen VA iSd § 118 statthaft. VA ist auch der im Einspruchsverfahren ergehende Vollabhilfebescheid (→ § 367 Rn. 45). Bei sog. Sammelbescheiden, wie zB bei Zusammenfassung mehrerer StFestsetzungen, etwa ESt und KiSt in einem Schriftstück, ist jede StFestsetzung für sich gesondert anfechtbar (BFH 11.2.2009 – X R 51/06, BStBl. II 2009, 892; BFH 18.1.2007 – IV R 35/04, BFH/NV 2007, 1509). Anfechtbarer VA ist auch der Zweitbescheid, der im Gegensatz zur wiederholenden Verfügung eine erneute Sachentscheidung enthält. Die wiederholende Verfügung ist kein VA. Mit ihr wiederholt die FB lediglich die Regelung eines bereits erlassenen VA, ohne eine neue Sachentscheidung zu treffen. Die Wiederholung kann mit dem Einspruch nicht angefochten werden (TK § 347 Rn. 17; → § 118 Rn. 25). Auf den Erlass eines VA gerichtet ist auch der Untätigkeitseinspruch gem. § 347 I 2. Nicht als VA zu qualifizierende Maßnahmen, wie zB behördeninterne Maßnahmen oder Mahnungen iSd § 259, sind nicht mit dem Einspruch angreifbar. Entsprechendes gilt für Realakte, wie zB das Betreten einer Wohnung durch Ermittlungsbeamte der FB (BFH 3.5.2010 – VIII B 71/09, BFH/NV 2010, 1415). Dagegen ist auch die Ablehnung eines Realakts ein VA (AEAO zu § 347 Nr. 1).

Mit dem Einspruch können auch gem. § 125 **nichtige VA** und mangels wirksamer Bekanntgabe des VA nach § 124 I 1 auch sog. **Nicht-VA** wegen des von ihnen ausgehenden Rechtsscheins angefochten werden. Der Einspruch ist daher auch dann zulässig, wenn die FB durch die nicht vollständige Übersendung des StBescheids den Anschein erweckt, einen StBescheid bekannt geben zu wollen, selbst wenn der vollständige StBescheid später zugestellt wird (BFH 25.1.1983 – VIII R 54/79, BStBl. II 1983, 543; Carl DStZ 1989, 221). Zu weiteren Rechtsschutzmöglichkeiten bei nichtigen VA → § 125 Rn. 38 ff. Die Nichtigkeitsfeststellung nach § 125 V ist ebenfalls ein VA, der mit dem Einspruch angefochten werden kann (BFH 20.8.2014 – X R 15/10, BStBl. II 2015, 109). Zur Zulässigkeit eines Einspruchs gegen Nebenbestimmungen eines VA iSd § 120 II → § 120 Rn. 43 ff. Der Vorbehalt der Nachprüfung (§ 164 I) und der Vorläufigkeitsvermerk (§ 165 I) können nicht isoliert mit dem Einspruch angefochten werden (Schwarz/Pahlke/Keß § 347 Rn. 63 ff.).

2. Nicht anfechtbare Verwaltungsakte; Verfahrenshandlungen

4 **Gesetzlicher Ausschluss.** Ausnahmsweise nicht mit dem Einspruch angreifbar sind VA, wenn ein Einspruch aufgrund gesetzlicher Anordnung, wie zB durch § 347 III für Maßnahmen im Straf- und Bußgeldverfahren, durch §§ 348, 363 III AO und § 68 S. 2 FGO oder nach dem Sinnzusammenhang einer gesetzlichen Vorschrift unzulässig ist. Zu der aus § 365 III 1 folgenden Unzulässigkeit eines Einspruchs gegen einen dem Einspruch nicht voll abhelfenden Änderungsbescheid → § 365 Rn. 20.

5 **Verfahrenshandlungen.** Ebenfalls nicht mit dem Einspruch anfechtbar sind dem Erlass des VA vorausgehende Vorbereitungs- und Verfahrenshandlungen der FB, die nach ihrem objektiven Erklärungsinhalt selbst (noch) keine materiell-rechtliche Regelung treffen (BFH 30.3.2021 – VII B 62/20, BStBl. II 2021, 587). Für das finanzgerichtliche Verfahren enthält § 128 II FGO eine Regelung, die die Beschwerde gegen prozessleitende Verfügungen ausdrücklich ausschließt. Naturgemäß kann die Statthaftigkeit des Einspruchs insoweit nur zweifelhaft sein, soweit die Verfahrenshandlung als VA und nicht als bloße Vorbereitungs- und Verfahrenshandlung zu qualifizieren ist (→ § 118 Rn. 27 ff.). Das maßgebliche Kriterium für die Unterscheidung zwischen einem VA und einer bloßen Vorbereitungshandlung ist die Erzwingbarkeit einer Maßnahme nach den Vorschriften der §§ 328 ff.; erzwingbar sind gem. §§ 328 ff. allein VA (BFH 4.10.2017 – VI R 53/15, BStBl. II 2018, 123; BFH 16.11.2011 – X R 18/09, BStBl. II 2012, 129; BFH 10.11.1998 – VIII R 3/98, BStBl. II 1999, 199) Schon wegen fehlender VA-Qualität sind daher zB Erläuterungen, Hinweise, Rechtsauskünfte oder Kontrollmitteilungen nicht mit dem Einspruch anfechtbar. Zur Verbindung und Trennung von Einspruchsverfahren → § 365 Rn. 13.

6 **Verfahrensökonomie als allgemeiner Rechtsgedanke.** Ist die Verfahrenshandlung ein VA, kann der Einspruch wegen fehlenden **Rechtsschutzbedürfnisses** (→ § 350 Rn. 39 f.) ausgeschlossen sein. Zwar fehlt es insoweit an einer ausdrücklichen Gesetzesregelung. Eine hinreichende Rechtsgrundlage ergibt sich jedoch aus einem allgemeinen, für Teilaspekte in § 363 III AO sowie in § 128 II FGO und in § 44a VwGO kodifizierten und aus dem Gesichtspunkt der Verfahrensökonomie gewonnenen Rechtsgedanken. Dieser verweist den Stpfl. mit seinen Einwendungen gegen den verfahrenslenkenden VA auf den Einspruch bzw. auf die Rechtsbehelfe nach der FGO gegen die **verfahrensabschließende Sachentscheidung** (BFH 10.11.1998 – VIII R 3/98, BStBl. II 1999, 199; ähnlich schon BFH 7.5.1981 – IV B 60/80, BStBl. II 1981, 634; vgl. auch Thouet/Thouet INF 1999, 459). Damit sollen aus Gründen der Verfahrensökonomie und zur Gewährleistung eines ungestörten Verwaltungsverfahrens Verzögerungen im Abschluss des Rechtsbehelfsverfahrens vermieden werden, zumal im Zeitpunkt der jeweiligen Verfahrenshandlung eine Beschwer (Rechtsverletzung) des Betroffenen in der Sache noch offen ist.

7 **Anwendungsfälle.** Nicht gesondert mit dem Einspruch angreifbar sind insb. solche Verfahrenshandlungen (Anordnungen) der FB, die den äußeren (förmlichen) Verfahrensgang betreffen, so zB Ausschließung von Amtsträgern gem. § 83, Entscheidungen über die Wiedereinsetzung in den vorigen Stand (→ § 110 Rn. 111), Anordnung der öffentlichen Bekanntgabe gem. § 122 III oder Wahl der Zustellungsart nach § 122 V (→ § 122 Rn. 94, 99). Dies gilt auch für im **Einspruchsverfahren** ergehende verfahrenslenkende VA, zB Ablehnung eines Antrags auf Erörterung gem. § 364a (→ § 364a Rn. 22 f.), Verfügung nach § 364b I (→ § 364b Rn. 28) sowie Anordnung der Verbindung oder Trennung von Einspruchsverfahren (→ § 365 Rn. 13).

8 **Selbständig anfechtbare Verfahrenshandlungen.** Gesondert mit dem Einspruch angreifbar ist hingegen die Entscheidung über die Hinzuziehung (→ § 360 Rn. 47); dies beruht auf den mit der Hinzuziehung bzw. deren Ablehnung für den Hinzugezogenen verbundenen Rechtswirkungen (s. dazu § 360 IV). Gesondert angreifbar sind ausnahmsweise auch solche Verfahrenshandlungen, die vollstreckt werden können, wie zB die Aufforderung zur Abgabe einer StErklärung (BFH 4.10.2017 – VI R 53/15, BStBl. II 2018, 123) oder einer Anlage EÜR (BFH 16.11.2011 – X R 18/09, BStBl. II 2012, 129) sowie ein Auskunftsersuchen gem. § 93 durch Zwangsgeldandrohung (BFH 10.11.1998 – VIII R 3/98, BStBl. II 1999, 199) oder Verfahrenshandlungen, die sich gegen einen nicht am Verwaltungsverfahren Beteiligten richten, wie zB das Auskunftsersuchen gegen Dritte gem. § 93 (→ § 93 Rn. 12).

3. Verwaltungsakte in Abgabenangelegenheiten (Abs. 1 S. 1 Nr. 1 iVm Abs. 2)

Abgabenangelegenheiten. Gemäß § 347 I 1 Nr. 1 ist der Einspruch nur statthaft gegen VA in Abgabenangelegenheiten, auf die die AO Anwendung findet. Die in § 347 II gegebene Legaldefinition der Abgabenangelegenheiten ist insofern zu weit, als nach allgemeinem Verständnis auch Gebühren und Beiträge zu den Abgaben zählen. Da jedoch § 347 I 1 Nr. 1 nur für VA gilt, auf die die AO Anwendung findet, beschränkt sich der Gegenstand des Einspruchsverfahrens auf alle mit der „Verwaltung" von Steuern zusammenhängenden VA (TK § 347 Rn. 5). 10

Das Einspruchsverfahren nach § 347 I 1 Nr. 1 ist demgemäß nur statthaft bei VA betr.

- die „Verwaltung" der Steuern (§ 3 I–III), einschl. StVergütungen, StErstattungen, Einfuhr- und Ausfuhrabgaben und Zöllen, soweit eine Regelung durch Bundesrecht oder EU-Recht (§ 1 I 1) vorliegt und die Verwaltung durch Bundes- oder LandesFB iSd § 6 erfolgt;
- Angelegenheiten, in denen aufgrund gesetzlicher Regelungen die für StVergütungen geltenden Vorschriften für entspr. anwendbar erklärt werden. Dies gilt für das Kindergeld (§ 31 S. 3 EStG) sowie für Zulagen und Prämien gem. § 15 I 1 EigZulG, § 13 S. 1 InvZulG 2007, § 14 S. 1 InvZulG 2010, § 8 I WoPG 1996 und § 14 II 5. VermBG. Der Einspruch ist in diesen Fällen nicht erst nach § 347 I 1 Nr. 4, sondern bereits nach § 347 I 1 Nr. 1 eröffnet (AEAO zu § 347 Nr. 6);
- steuerliche Nebenleistungen iSd § 3 IV (vgl. § 1 III);
- die Verwaltung von Finanzmonopolangelegenheiten (→ Rn. 40).

Anfechtbare VA im Überblick. § 347 I 1 Nr. 1 beschränkt sich auf einen mit abstrakten Kriterien umschriebenen Kreis von VA (vgl. dazu → § 118 Rn. 1 ff. und die in der Kommentierung der einzelnen Vorschriften gegebenen Hinweise zum VA-Charakter finanzbehördlicher Maßnahmen). Für die Zulässigkeit des Einspruchs ist es grds. unerheblich, in welchem Verfahrensabschnitt der VA ergeht. Der Einspruch ist daher insb. zulässig gegen VA im 11

- **Ermittlungsverfahren,** zB Auskunfts- und Vorlageersuchen (§§ 93 I, 97) oder Anordnung einer Ap. (§ 196);
- **Festsetzungs- und Feststellungsverfahren,** zB StBescheide und StÄnderungsbescheide (§ 155); StAnmeldungen (§ 168); Bescheide zur Feststellung von Besteuerungsgrundlagen (§§ 179 ff.); Zerlegungsbescheide (§ 188) und Zuteilungsbescheide (§ 190); Haftungs- und Duldungsbescheide (§ 191 I); gegen Entscheidungen über die schlichte Änderung eines StBescheids (§ 172 I 1 Nr. 2 Buchst. a) ist ebenfalls der Einspruch gegeben, soweit der Antrag auf schlichte Änderung nicht gem. § 172 III durch Allgemeinverfügung zurückgewiesen wurde, § 348 Nr. 6 (AEAO zu § 347 Nr. 2); Verlustfeststellungsbescheide (§ 10d IV EStG); beantragt der Stpfl. bei einer StFestsetzung unter Vorbehalt der Nachprüfung (§ 164 I) oder bei einer vorläufigen StFestsetzung (§ 165 I) die isolierte Aufhebung dieser Nebenbestimmung, kann der Ablehnungsbescheid ebenfalls mit dem Einspruch angefochten werden (AEAO zu § 347 Nr. 3);
- **Erhebungsverfahren,** zB Abrechnungsbescheide (§ 218 II); Stundungsbescheide (§ 222); Erlassbescheide (§ 227);
- **Vollstreckungsverfahren,** zB Vollstreckungsentscheidungen gem. §§ 249 ff., wie zB Pfändungen (§ 281); Ablehnung eines Antrags auf einstweilige Einstellung oder Beschränkung der Vollstreckung (§ 258); Leistungsgebot (§ 254 I); Aufteilungsbescheide (§§ 279 f.); Zwangsmittelandrohung und -festsetzung (§§ 328 ff.);
- **Rechtsbehelfsverfahren,** zB Entscheidung über AdV/Aufhebung gem. § 361 II.

Nicht statthaft ist der Einspruch gegen VA in Angelegenheiten der **RealSt** iSd § 3 II (GrSt und GewSt), soweit ihre Verwaltung den Gemeinden übertragen ist, da § 347 nach § 1 II nicht entspr. anwendbar ist. Gegen GrSt- und GewSt-Bescheide der Gemeinden ist der Widerspruch (§§ 68 ff. VwGO) und ggf. der Rechtsweg zu den VG gegeben. Entspr. anwendbar sind gem. § 1 II Nr. 6 hinsichtlich des außergerichtlichen Rechtsbehelfsver- 12 fahrens lediglich die §§ 351, 361 I 2 und III. Die GewSt-Messbescheide und GrSt-Messbescheide der FÄ sind hingegen StBescheide iSd AO (§ 184 I 3 iVm § 155 I), sodass gegen diese auch der Einspruch gegeben ist. Ebenfalls nicht statthaft ist der Einspruch, wenn sich in einem Kindergeldverfahren der Einspruchsführer isoliert gegen die im Rahmen der Einspruchsentscheidung ergangene **Kostenentscheidung iSd** § 77 I und II EStG wendet. Statthafter Rechtsbehelf ist hier ausschließlich die Klage, da die Kostenentscheidung Teil der Einspruchsentscheidung ist, die nach § 348 Nr. 1 nicht mit einem Einspruch anfechtbar ist (BFH 13.5.2015 – III R 8/14, BStBl. II 2015, 844; BFH 11.4.2013 – III R 24/12, BFH/NV 2013, 1307).

4. Verwaltungsakte im Vollstreckungsverfahren (Abs. 1 S. 1 Nr. 2)

15 Gegen VA, die im Zusammenhang mit der Vollstreckung von Steuern ergehen, ist der Einspruch schon gem. § 347 I 1 Nr. 1 statthaft. § 347 I 1 Nr. 2 lässt den Einspruch darüber hinaus auch dann zu, wenn in nicht steuerrechtlichen Angelegenheiten eine Vollstreckung von VA durch FB des Bundes oder der Länder iSd § 6 II nach den Vorschriften der AO (§§ 249 ff.) erfolgt. Die Vollstreckung erfolgt auch dann nach den Vorschriften der AO, wenn die vollstreckungsrechtlichen Vorschriften der AO auf andere Gesetze, wie zB auf die ZPO, verweisen. Der auf den Wortlaut des § 347 I 1 Nr. 2 abgestimmte § 33 I Nr. 2 FGO eröffnet in den Fällen des Abs. 1 S. 1 Nr. 2 den Rechtsweg zu den FG.

16 **Vollstreckung nach der AO durch FB des Bundes und der Länder.** Eine Vollstreckung von VA nach den Vollstreckungsvorschriften der AO ist in § 5 I VwVG iVm § 4 VwVG für die öffentlich-rechtlichen Geldforderungen des Bundes und der bundesunmittelbaren juristischen Personen des öffentlichen Rechts vorgesehen; die Vollstreckung erfolgt gem. § 4 Buchst. b VwVG durch die Bundesfinanzverwaltung, soweit nicht gem. § 4 Buchst. a VwVG von einer obersten Bundesbehörde im Einvernehmen mit dem Bundesminister des Innern eine andere Vollstreckungsbehörde bestimmt worden ist. Für die Vollstreckung von Geldforderungen der Länder können sich entsprechende Bestimmungen aus den jeweiligen VerwaltungsvollstreckungsG der Länder ergeben (vgl. hierzu einerseits FG München 29.8.2016 – 10 V 1871/16, BeckRS 2016, 95621 und FG Berlin-Brandenburg 1.9.2015 – 7 V 7177/15, EFG 2016, 665 sowie andererseits FG Hamburg 22.10.2015 – 1 V 108/15, EFG 2016, 127).

Im Sozialrecht gilt das VwVG gem. § 66 I 1 SGB X auch für die Vollstreckung von Sozialforderungen zugunsten der Behörden des Bundes, der bundesunmittelbaren Körperschaften, Anstalten und Stiftungen des öffentlichen Rechts. Erfolgt gem. § 4 Buchst. b VwVG die Vollstreckung einer Sozialforderung durch das HZA, ist gem. § 347 I 1 Nr. 2 der Einspruch statthaft (LSG Bayern 29.4.2014 – L 7 AS 260/14 B ER, BeckRS 2014, 68989). Ferner bestimmt sich die Vollstreckung von Geldforderungen anderer EU-Mitgliedstaaten, wie zB von StForderungen und sonstigen Abgaben, gem. § 1 IV 1 EUBeitrG ebenfalls nach den Vorschriften der AO. Vollstreckungsbehörden sind nach § 4 I 1 EUBeitrG die FÄ, zB für Forderungen von Steuern vom Einkommen, Ertrag oder Vermögen sowie von Umsatzsteuern (vgl. § 4 I 1 Nr. 1 EUBeitrG), sowie die HZÄ, zB für Einfuhr- und Ausfuhrabgaben und VerbrauchSt (vgl. § 4 I 1 Nr. 2 EUBeitrG).

Die Vollstreckung von VA iSd § 347 I 1 Nr. 2 muss den FB des Bundes und der Länder nicht (als eigene Aufgabe) durch Gesetz oder Rechtsverordnung ausdrücklich übertragen sein. Die Vollstreckung nach der AO kann auch durch FB des Bundes und der Länder für andere Behörden im Wege der Amtshilfe durch Vollstreckungshilfe gem. §§ 114, 250 erfolgen (Klein § 347 Rn. 7; Gräber FGO § 33 Rn. 31; aA Schwarz/Pahlke/Keß § 347 Rn. 40).

Für die Vollstreckung von Bescheiden der FB in Bußgeldverfahren (§§ 409 ff.) gilt § 347 I 1 Nr. 2 nicht, obwohl sich die Vollstreckung gem. § 412 II 1 nach den Vorschriften der AO (§§ 249 ff.) richtet. Anwendbar bleiben jedoch gem. § 412 II 2 die übrigen Vorschriften des OWiG über die Vollstreckung von Bußgeldbescheiden. Über Einwendungen gegen die Vollstreckung des Bußgeldbescheids entscheidet somit gem.

§ 412 II 2 AO iVm § 103 I OWiG das Gericht. Zuständig ist das Amtsgericht (§ 68 I 1 OWiG), in dessen Bezirk das LG seinen Sitz hat, § 410 I Nr. 2 iVm § 391.

Der **Einspruch** gegen VA im Vollstreckungsverfahren ist nur statthaft, soweit er sich **gegen** die **Durchführung der Vollstreckung,** dh gegen die im Zusammenhang mit der Vollstreckung ergangenen VA, richtet. Gegen den zu vollstreckenden VA (Vollstreckungstitel) selbst ist der Einspruch nicht gem. § 347 I 1 Nr. 2 statthaft (Gosch AO § 347 Rn. 61); insoweit sind Einwendungen gegen die Rechtmäßigkeit und Vollstreckbarkeit des zu vollstreckenden VA gegen die erlassende Behörde nach Maßgabe der jeweils einschlägigen Bestimmungen geltend zu machen (BFH 3.2.1976 – VII B 7/74, BStBl. II 1976, 296). 17

5. Verwaltungsakte in Angelegenheiten des StBerG (Abs. 1 S. 1 Nr. 3)

In öffentlich-rechtlichen und berufsrechtlichen Angelegenheiten nach dem StBerG ist der Einspruch gem. § 347 I 1 Nr. 3 in dem Umfang gegeben, in dem die AO gem. § 164a StBerG Anwendung findet. Dies betrifft gem. § 164a I 1 StBerG die folgenden Angelegenheiten, in denen gem. Abs. 1 S. 1 Nr. 3 der Einspruch statthaft ist (vgl. auch AEAO zu § 347 Nr. 5): 20

- Hilfeleistung in StSachen einschl. der Rechtsverhältnisse der LSt-Hilfevereine (Erster Teil des StBerG; §§ 1–31 StBerG), wie zB die Untersagung unbefugter Hilfeleistung, die Anerkennung von LSt-Hilfevereinen sowie die Rücknahme und der Widerruf der Anerkennung,
- Vollstreckung von Handlungen und Unterlassungen durch die Festsetzung von Zwangsmitteln, zB zur Durchsetzung der Untersagung der Hilfeleistung in StSachen und zur Durchsetzung von Aufsichtsmaßnahmen (Erster Abschnitt des Dritten Teils des StBerG; § 159 StBerG).

§ 347 I 1 Nr. 3 AO iVm § 164a I 1 StBerG erfasst darüber hinaus auch Angelegenheiten der Voraussetzungen für die Berufsausübung (Zweiter Abschnitt des Zweiten Teils des StBerG; §§ 35–55 StBerG), wie zB die Bestellung zum StBerater sowie die Rücknahme und der Widerruf der Bestellung, einschl. der Entscheidungen der Zulassungs- und Prüfungsausschüsse, sowie die Übergangsvorschriften zur Zusammenführung der steuerberatenden Berufe (Sechster Abschnitt des Zweiten Teils; §§ 154–157b StBerG). In diesen Fällen, in denen nach dem StBerG regelmäßig die StBeraterkammer entscheidet, ist der Einspruch jedoch gem. § 348 Nr. 4 ausgeschlossen (→ § 348 Rn. 6). Zur verwaltungsinternen Überprüfung von Entscheidungen des für die StBeraterprüfung zuständigen Prüfungsausschusses → Vor §§ 347 ff. Rn. 5.

§ 33 I Nr. 3 FGO eröffnet in Anlehnung an § 347 I 1 Nr. 3 AO iVm § 164a I 1 StBerG, ohne Rückgriff auf die Beschränkung des § 348 Nr. 4, in allen öffentlich-rechtlichen und berufsrechtlichen Streitigkeiten über Angelegenheiten, die durch den Ersten Teil, den Zweiten und den Sechsten Abschnitt des Zweiten Teils und den Ersten Abschnitt des Dritten Teils des StBerG den Finanzrechtsweg (vgl. hierzu Gräber FGO § 33 Rn. 35).

Der Einspruch ist gem. § 347 I 1 Nr. 3 nur statthaft, sofern er sich gegen VA richtet, die die in § 164a I 1 StBerG genannten Angelegenheiten betreffen. Die Aufzählung ist abschließend. Der Einspruch ist daher bei sonstigen Streitigkeiten nach dem StBerG sowie für Streitigkeiten von Angehörigen der steuerberatenden Berufe untereinander nicht gegeben (Schwarz/Pahlke/Keß § 347 Rn. 43). 21

6. Verwaltungsakte in anderen von den Finanzbehörden verwalteten Angelegenheiten (Abs. 1 S. 1 Nr. 4)

Ein Einspruch ist gem. § 347 I 1 Nr. 4 auch statthaft in anderen durch die FB verwalteten Angelegenheiten, soweit §§ 347 ff. für entspr. anwendbar erklärt worden sind. Die Verwaltung der Angelegenheit muss den FB durch besonderes Gesetz übertragen sein. Hierbei kann es sich um Bundes- oder LandesG handeln. § 347 I 1 Nr. 4 erfasst nur Angelegenheiten, die keine Abgabenangelegenheiten iSd § 347 II sind. Soweit Gesetze die 22 für StVergütungen geltenden Vorschriften für entspr. anwendbar erklären, ist der Einspruch daher bereits gem. § 347 I 1 Nr. 1 statthaft (→ Rn. 10).

23 In anderen Angelegenheiten iSd § 347 I 1 Nr. 4 sind die §§ 347 ff. zB durch BundesG zur Durchführung der VO des Rates der EU, soweit diese Gesetze die Anwendbarkeit der AO-Vorschriften vorsehen, für anwendbar erklärt worden (AEAO zu § 347 Nr. 6). Hierzu gehört – falls nicht schon § 347 I 1 Nr. 1 eingreift – § 34 I 1 und 5 MOG. Nach dieser Regelung kann gegen VA zur Durchführung einer gemeinsamen EU-Marktorganisation Einspruch nach den Vorschriften der AO erhoben werden, soweit eine BundesFB für die Maßnahme zuständig ist. Entsprechendes gilt gem. § 34 I 2 und 5 MOG für Entscheidungen der Marktordnungsstelle, dh der Bundesanstalt für Landwirtschaft und Ernährung (§ 3 MOG), im Falle des § 19 MOG, also bei Vorausfestsetzung von Ausfuhrabgaben, Ausfuhrerstattungen und Beträgen, die zum Zwecke des Währungsausgleichs gewährt werden. Betroffen sind etwa Streitigkeiten über die Festsetzung der Referenzmenge nach der Milch-Garantiemengen-VO (BFH 26.3.1985 – VII B 12/85, BStBl. II 1985, 258) sowie Streitigkeiten wegen der Milchgarantiemengenabgabe (vgl. BFH 16.7.1985 – VII B 53/85, BStBl. II 1985, 553). Ebenfalls betroffen sind Streitigkeiten wegen der Milchabgabe sowie wegen der Zinsen zur Milchabgabe aufgrund der VO (EG) Nr. 595/2004 (FG Düsseldorf 6.6.2016 – 4 K 2307/15 MOG, BeckRS 2016, 122868; s. auch BFH 28.11.2017 – VII R 10/17, DStRE 2018, 314).

24 Darüber hinaus können durch LandesG, die Steuern betreffen, die der Landesgesetzgebung unterliegen und durch LandesFB verwaltet werden, die §§ 347 ff. für anwendbar erklärt werden (AEAO zu § 347 Nr. 6). Für kommunale Abgaben ist nach den einschlägigen KommunalabgabenG der Länder als Rechtsbehelf idR der Widerspruch (§§ 68 ff. VwGO) gegeben. Eine Ausnahme gilt für die Stadtstaaten Hamburg, Bremen und Berlin. Hier ist für die von den FB dieser Länder verwalteten örtlichen Verbrauch- und Aufwandsteuern (Art. 105 IIa GG) der Einspruch und für ein nachfolgendes gerichtliches Verfahren der Finanzrechtsweg gegeben (vgl. HHSp § 347 Rn. 198).

25 In **Kirchensteuersachen** verweisen mehrere KiStG der Länder auf die Regelungen der AO, sodass die AO-Vorschriften über den Einspruch anwendbar sind. Nach einigen KiStG hängt die Statthaftigkeit eines Einspruchs gem. §§ 347 ff. davon ab, ob die KiSt durch die jew. LandesFB verwaltet wird (Klein § 347 Rn. 11). Nach den landesgesetzlichen KiStG ist der Einspruch gem. §§ 347 ff. zulässig in Baden-Württemberg, soweit die KiSt durch LandesFB verwaltet wird (§ 17 II, § 21 KiStG BaWü), Bayern (Art. 18 I 1 KiStG Bay), Bremen, soweit die KiSt durch LandesFB verwaltet wird (§§ 7 ff. KiStG Bremen), Hamburg (§ 8 II KiStG Hamburg), Mecklenburg-Vorpommern, soweit die KiSt durch LandesFB verwaltet wird (§ 23 I 1, III KiStG MeVo), Nordrhein-Westfalen (§ 14 II 2 KiStG NRW), Saarland (§ 16 I 3 KiStG Saarl), Sachsen (§ 12 I KiStG Sachs) und Thüringen (§ 9 I 2 KiStG Thür). Für ein nachfolgendes gerichtliches Verfahren ist gem. § 33 I Nr. 4 FGO der Finanzrechtsweg eröffnet (Gräber FGO § 33 Rn. 44). In den übrigen Bundesländern (Berlin, Brandenburg, Hessen, Niedersachsen, Rheinland-Pfalz, Sachsen-Anhalt, Schleswig-Holstein) sowie in Baden-Württemberg und in Bremen, soweit die KiSt dort durch die Religionsgemeinschaften verwaltet wird, ist der Widerspruch nach §§ 68 ff. VwGO statthaft (Klein § 347 Rn. 11) und dementsprechend der Verwaltungsrechtsweg eröffnet (Gräber FGO § 33 Rn. 45).

7. Untätigkeitseinspruch (Abs. 1 S. 2)

26 Entscheidet die FB nicht binnen angemessener Frist über einen Antrag auf Erlass eines VA ohne Mitteilung eines zureichenden Grundes, kann gem. § 347 I 2 der sog. Untätigkeitseinspruch erhoben werden. Der Untätigkeitseinspruch zielt lediglich darauf ab, eine alsbaldige Entscheidung der FB über einen Antrag auf Erlass des begehrten VA zu erreichen, und zwar unabhängig davon, ob dem Antrag des Stpfl. stattgegeben und der begehrte VA erlassen wird oder ob die FB den Erlass des VA ablehnt (BFH 9.7.2007 – I R 60/04, BFH/NV 2007, 2238; BFH 3.8.2005 – I R 74/02, BFH/NV 2006, 19; Gosch AO § 347

Rn. 70; aA BFH 19.4.2007 – V R 48/04, BStBl. II 2009, 315; Gosch FGO § 46 Rn. 190; → Rn. 33 ff.). Der Untätigkeitseinspruch ist gem. § 355 II unbefristet möglich. Ein Verpflichtungsbegehren wegen Unterlassens eines beantragten VA kann durch Untätigkeitsklage (§ 46 FGO) erst nach erfolglosem Untätigkeitseinspruch verfolgt werden. § 46 FGO schließt eine Untätigkeitssprungklage aus (BFH 19.5.2004 – III R 36/02, BFH/NV 2004, 1655).

Antrag auf Erlass eines VA. Die Statthaftigkeit des Untätigkeitseinspruchs setzt zunächst voraus, dass der Stpfl. bei der FB einen Antrag auf Erlass eines VA gestellt hat. Unerheblich ist, ob der VA begünstigend oder belastend ist. Der begehrte VA muss eine Angelegenheit iSd § 347 I 1 betreffen. Der Untätigkeitseinspruch erfasst nur **Verpflichtungsbegehren iSd § 40 I Alt. 2 FGO.** Er ist ausgeschlossen, wenn die FB über einen Einspruch gegen einen bereits ergangenen VA nicht entscheidet. Gegen diese Untätigkeit kann nach der ausdrücklichen Regelung in § 348 Nr. 2 nur mit der Untätigkeitsklage (§ 46 I FGO) vorgegangen werden. 27

Untätigkeit der FB. Der Untätigkeitseinspruch setzt voraus, dass die FB binnen angemessener Frist sachlich nicht entschieden und dem Stpfl. auch keinen sachlich zureichenden Grund hierfür mitgeteilt hat. So kann es sich verhalten, wenn das FA eine Veranlagung trotz einer eingereichten StErklärung unterlässt (BFH 22.1.2013 – IX R 1/12, BStBl. II 2013, 663; BFH 19.4.2007 – V R 48/04, BStBl. II 2009, 315). 28

Angemessene Frist; zureichender Grund. Der Untätigkeitseinspruch ist nur statthaft, wenn über den Antrag nicht ohne Mitteilung eines zureichenden Grundes binnen angemessener Frist sachlich entschieden worden ist. Diese gesetzlichen Merkmale entsprechen den in § 46 I 1 FGO normierten Zulässigkeitsvoraussetzungen der Untätigkeitsklage. 29

Hinsichtlich der **Angemessenheit der Frist** ist der FB im Regelfall entspr. § 46 I 2 FGO ein Zeitraum von sechs Monaten ab Antragstellung zuzubilligen (Klein § 347 Rn. 14; HHSp § 347 Rn. 210; vgl. auch BFH 6.10.2005 – V B 140/05, BFH/NV 2006, 473). Aufgrund besonderer Umstände kann – entspr. § 46 I 2 HS 2 FGO – auch eine kürzere Frist geboten sein, so zB, wenn die Angelegenheit sachlich und rechtlich einfach gelagert ist oder die volle Ausnutzung der Sechsmonatsfrist für den Einspruchsführer eine besondere Härte bedeuten würde. In Einzelfällen kann die Frist des § 347 I 2 ggf. aber auch länger als sechs Monate sein (Schwarz/Pahlke/Keß § 347 Rn. 78d). Die Bemessung der angemessenen Frist kann jeweils nur einzelfallbezogen unter Berücksichtigung der Schwierigkeiten des Falles in tatsächlicher und rechtlicher Hinsicht, des Umfangs der Aufklärungspflichten der FB und der schutzwürdigen Interessen des Stpfl. bestimmt werden (HHSp § 347 Rn. 210).

Der **zureichende Grund** für die Nichtentscheidung ist gegeben, wenn hierfür nach den besonderen Umständen des Einzelfalls einleuchtende Gründe vorliegen. Ein zureichender Grund kann sich aus einer Aussetzung des Verfahrens nach § 363 I (vgl. BFH 12.4.2007 – IV B 69/05, BFH/NV 2007, 1923) oder einer noch ausstehenden Verwaltungsanweisung ergeben (BFH 13.5.1971 – V B 61/70, BStBl. II 1971, 492; FG Köln 21.11.2001 – 6 K 1134/01, EFG 2002, 1245, aus anderen Gründen aufgehoben durch BFH 3.8.2005 – I R 74/02, BFH/NV 2006, 19; Gräber FGO § 46 Rn. 16). Ein zureichender Grund kann auch in laufenden Ermittlungen der Ap. oder der StFahndung bestehen (Klein § 347 Rn. 15) sowie in der Notwendigkeit, ein Sachverständigengutachten einholen zu müssen (Schwarz/Pahlke/Keß § 347 Rn. 82). Ein zureichender Grund kann auch vorliegen, wenn die ausstehende Entscheidung über den Antrag des Stpfl. vom Ausgang eines anderen Verwaltungsverfahrens abhängt (BFH 31.8.1971 – VII R 36/70, BStBl. II 1972, 20). Entsprechendes gilt, wenn der Stpfl. mit einer Zurückstellung seines Antrags einverstanden war (Gosch AO § 347 Rn. 74) oder seine Mitwirkungspflichten nicht oder nur unzureichend erfüllt (Schwarz/Pahlke/Keß § 347 Rn. 83; Klein § 347 Rn. 14). Ursachen im Bereich der Behördenorganisation, wie Arbeitsüberlastung durch Personalmangel, Urlaub oder Krankheitsfälle, sind grds. kein zureichender Grund (BFH 27.4.2006 – IV R 18/04, BFH/NV 2006, 2017). Das **Fehlen der StAkten,** zB infolge 30

Versendung an ein Strafgericht, ist nur dann ein zureichender Grund iSd § 347 I 2, wenn der Stpfl. damit einverstanden war, dass die StAkten vorerst nicht zurückgefordert werden (FG Bremen 25.10.1996 – 2 94 210 K 2, EFG 1997, 245; vgl. Gosch AO § 347 Rn. 74). In Zweifelsfällen kann die Judikatur zur entsprechenden Problematik des § 46 I 2 FGO (vgl. Gräber FGO § 46 Rn. 11 ff.; TK FGO § 46 Rn. 10 ff.) entspr. herangezogen werden.

31 Erforderlich ist ferner die **Mitteilung** des zureichenden Grundes. Diese Mitteilung kann formlos erfolgen (BFH 9.4.1968 – I B 48/67, BStBl. II 1968, 471).

32 Ein **vorzeitig** erhobener Untätigkeitseinspruch ist als unzulässig (§ 358 S. 2) zu verwerfen. Der zunächst unzulässige Einspruch wächst jedoch in die Zulässigkeit hinein, wenn bereits vor Bekanntgabe der Einspruchsentscheidung die iSd § 347 I 2 angemessene Frist abgelaufen war (HHSp § 347 Rn. 213; Klein § 347 Rn. 20).

33 Der Untätigkeitseinspruch **erledigt** sich mit der Bekanntgabe der förmlichen Entscheidung, die die FB über den Erlass des begehrten VA trifft, und zwar unabhängig davon, ob dem Antrag des Stpfl. stattgegeben und der begehrte VA erlassen wird oder ob die FB den Erlass des VA ablehnt (BFH 27.7.2016 – VII B 107/15, BFH/NV 2017, 145; BFH 3.8.2005 – I R 74/02, BFH/NV 2006, 19). Wird der Erlass des begehrten VA abgelehnt, ist dagegen wiederum ein Einspruch statthaft. Der Ablehnungsbescheid wird nicht nach § 365 III 1 Gegenstand des Einspruchsverfahrens. Vielmehr bedarf es zu seiner Anfechtung eines gesonderten Einspruchs (BFH 27.7.2016 – VII B 107/15, BFH/NV 2017, 145; BFH 3.8.2005 – I R 74/02, BFH/NV 2006, 19; aA Gosch FGO § 46 Rn. 190; Gräber FGO § 46 Rn. 28; → Rn. 34 f.). Nach erfolglosem Einspruchsverfahren kann Verpflichtungsklage (§ 40 I Alt. 2 FGO) auf Erlass des begehrten VA erhoben werden.

34 Weist die FB einen Untätigkeitseinspruch durch **Einspruchsbescheid** zurück, mit dem der Erlass des beantragten VA abgelehnt wird, kann hiergegen unmittelbar keine Verpflichtungsklage (§ 40 I 1 Alt. 2 FGO) auf Erlass des begehrten VA erhoben werden, da es sich materiell um einen Erstbescheid handelt, gegen den ggf. der reguläre Einspruch (§ 347 I 1 Nr. 1, II) gegeben ist. Für die Zulässigkeit einer Verpflichtungsklage fehlt es an dem nach § 44 I FGO erforderlichen Vorverfahren. Dass die FB ihre Entscheidung fälschlich als „Einspruchsentscheidung" bezeichnet hat, ändert hieran nichts, da es sich lediglich um eine Scheineinspruchsentscheidung handelt (FG Berlin 9.6.1999 – 2 K 2245/99, EFG 1999, 940; aA Klein § 347 Rn. 21).

35 **Doppelte Untätigkeit.** Die Untätigkeitsklage nach § 46 I FGO ist in den Fällen des § 347 I 2 allein statthaft, wenn die FB auf einen Untätigkeitseinspruch hin weiter untätig bleibt. Wird bei dieser sog. „doppelten Untätigkeit" - dh die FB entscheidet binnen angemessener Frist weder über den Verpflichtungsantrag noch über den Untätigkeitseinspruch - Untätigkeitsklage erhoben und lehnt die FB während des Klageverfahrens sodann den beantragten VA förmlich ab, werden die Auswirkungen auf das Klageverfahren in der Rspr. des BFH und in der Literatur unterschiedlich beurteilt. Nach einer Auffassung, der hier gefolgt wird, führt der Erlass des Ablehnungsbescheids, wie auch der Erlass des begehrten VA, zur Erledigung sowohl des Untätigkeitseinspruchs als auch der Untätigkeitsklage. Der Ablehnungsbescheid wird weder nach § 365 III 1 Gegenstand des Einspruchsverfahrens noch nach § 68 S. 1 FGO Gegenstand des Klageverfahrens. Das Verpflichtungsbegehren kann daher (zunächst) nur durch Einspruch weiterverfolgt werden (BFH 27.7.2016 – VII B 107/15, BFH/NV 2017, 145; BFH 3.8.2005 – I R 74/02, BFH/NV 2006, 19; BFH 9.7.2007 – I R 60/04, BFH/NV 2007, 2238; Schwarz/Pahlke/Keß § 347 Rn. 91; Schwarz/Pahlke/Keß FGO § 45 Rn. 32). Diese – in vielen Fällen zweifellos wenig verfahrensökonomische – Verfahrensrechtslage verstößt nicht gegen Art. 19 IV GG (BVerfG 16.1.2007 – 1 BvR 2412/05, BFH/NV 2007, 447). Nach der Gegenauffassung wird der Ablehnungsbescheid nach § 365 III 1 Gegenstand des Einspruchsverfahrens. Wird nach erfolglosem Untätigkeitseinspruch eine zulässige Untätigkeitsklage (§ 46 I FGO) erhoben und ergeht daraufhin ein StBescheid, der dem Antrag des Stpfl. ganz oder teilweise nicht entspricht, kann die Untätigkeitsklage als Anfechtungsklage (§ 40 I Alt. 1

FGO) fortgeführt werden (BFH 19.4.2007 – V R 48/04, BStBl. II 2009, 315; so auch Gosch FGO § 46 Rn. 190; Gräber FGO § 46 Rn. 29; s. auch BFH 18.11.2015 – XI R 24–25/14, BFH/NV 2016, 418). Zur Begründung führt der BFH an, dass sowohl § 46 I 3 FGO als auch § 68 FGO ersichtlich von der Wertung ausgehen, dass der Stpfl. nicht durch den Erlass eines VA, der seinem Antrag ganz oder teilweise nicht stattgibt, aus einem zulässigen Verfahren gedrängt und auf ein neues Einspruchsverfahren verwiesen werden soll (vgl. BFH 19.4.2007 – V R 48/04, BStBl. II 2009, 315). Diese Auffassung geht jedoch unzutreffender Weise davon aus, dass Gegenstand von Untätigkeitseinspruch und Untätigkeitsklage nicht lediglich ein Tätigwerden der FB ist, sondern der Erlass des beantragten VA (→ Rn. 26). Für die Praxis wäre es jedoch im Hinblick auf die divergierenden BFH-Entscheidungen wünschenswert, wenn der BFH seine Rspr. zu den Rechtsbehelfen bei Untätigkeit der FB nochmals überdenken und deren Zielsetzung und die sich daraus ergebenden verfahrensrechtlichen Folgen einheitlich beurteilen würde (so auch Steinhauff jurisPR-SteuerR 6/2017 Anm. 1).

III. Abgabenangelegenheiten (Abs. 2)

§ 347 II enthält eine sehr weitgehende Legaldefinition der „Abgabenangelegenheiten" iSd § 347 I 1 Nr. 1. In der Zusammenschau beider Vorschriften beschränkt sich die Statthaftigkeit des Einspruchs auf StVA. Für die Statthaftigkeit des Finanzrechtswegs enthält § 33 II FGO eine mit § 347 II identische Regelung. FB iSd § 347 II sind alle in § 6 III aufgeführten Bundes- und LandesFB. 37

Verwaltung der Abgaben. § 347 II stellt klar, dass alle „mit der Verwaltung der Abgaben" zusammenhängenden Angelegenheiten auch zu den Abgabenangelegenheiten gehören. Hierzu zählen nicht nur die mit der StFestsetzung, sondern alle mit der Verwaltung der Abgaben zusammenhängenden VA, zB im Rahmen der Ermittlung des steuerlich bedeutsamen Sachverhalts, des Festsetzungs-, Erhebungs- und Vollstreckungsverfahrens. 38

Maßnahmen im grenzüberschreitenden Warenverkehr. Abgabenangelegenheiten sind auch Maßnahmen der FB des Bundes zur Beachtung der Verbote und Beschränkungen für den Warenverkehr über die Grenze. Diese Maßnahmen müssen im Zusammenhang mit einer abgabenrechtlichen Zollbehandlung bei der Einfuhr, Ausfuhr oder Durchfuhr stehen. Ist die zollamtliche Behandlung nicht abgabenrechtlicher Art, wird die Behandlung nicht dadurch zur Abgabenangelegenheit iSd Abs. 2, dass sie durch eine Zollstelle erfolgt (BFH 28.1.1986 – VII R 37/85, BStBl. II 1986, 410 zur Rechtslage vor Inkrafttreten des ZK und des UZK). 39

Angelegenheiten der Finanzmonopolverwaltung. Mit einem Finanzmonopol behält sich der Staat das ausschließliche Recht vor, aus der Herstellung oder dem Verkauf bestimmter Waren Einnahmen zu erzielen (BVerfG 22.5.1962 – 1 BvR 301, 302/59, BVerfGE 14, 105). Als Finanzmonopol bestand nur noch das Branntweinmonopol, das jedoch nach dem G vom 28.6.2013 (BGBl. 2013 I 1650) zum 31.12.2017 ausgelaufen ist. 40

IV. Straf- und Bußgeldverfahren (Abs. 3)

Die Regelungen über das Einspruchsverfahren (§§ 347 ff.) finden gem. § 347 III auf Straf- und Bußgeldverfahren (§§ 369 ff.) keine Anwendung, sodass ein Einspruch gegen VA, die im Straf- und Bußgeldverfahren ergangen sind, nicht statthaft ist. Der Finanzrechtsweg ist gem. § 33 III FGO für Entscheidungen und Maßnahmen im Straf- und Bußgeldverfahren ebenfalls nicht eröffnet. 41

Für Maßnahmen der FB im Rahmen eines Straf- oder Bußgeldverfahrens gelten nach §§ 377 II, 385 I die Vorschriften des OWiG bzw. des Strafverfahrensrechts, dh die StPO, das GVG und das JGG; insoweit wird Rechtsschutz durch die **ordentlichen Gerichte** gewährt. Diese sind insb. für Rechtsmittel zuständig, die sich gegen die Art und Weise – nicht gegen die Anordnung – der Durchführung von Beschlagnahme und Durchsuchung 42 durch die FB und die Zoll- und StFahndung richten (zu Einzelheiten JJR § 399 Rn. 182 ff.).

43 **Abgrenzung zu Abgabenangelegenheiten.** FB können sowohl im StStrafverfahren (vgl. § 386 I 2) als auch im Besteuerungsverfahren tätig werden. Ob gegen eine Maßnahme im jeweiligen Einzelfall Rechtsschutz durch die ordentlichen Gerichte oder aber der Einspruch gem. § 347 gegeben ist, entscheidet sich danach, in welcher Funktion und in welchem Verfahren die FB nach außen objektiv und eindeutig erkennbar tätig wird (BFH 29.10.1986 – I B 28/86, BStBl. II 1987, 440; BFH 23.12.1980 – VII R 92/79, BStBl. II 1981, 349). Die Abgrenzungsproblematik stellt sich insb. bei Maßnahmen der StFahndung, weil diese gem. § 208 I 1 Nr. 1 und 2 sowohl im StStrafverfahren als auch im Besteuerungsverfahren doppelfunktional tätig wird (BFH 23.12.1980 – VII R 92/79, BStBl. II 1981, 349; BFH 4.5.2005 – XI B 230/03, BFH/NV 2005, 1485; → § 208 Rn. 5 ff.).

44 Die Abgrenzung ist im Einzelnen wie folgt vorzunehmen:

- Bei Maßnahmen **vor** Einleitung eines Strafverfahrens, vor allem bei den sog. Vorfelduntersuchungen der StFahndung gem. § 208 I 1 Nr. 3, handelt es sich um Abgabenangelegenheiten iSd § 347 II (BFH 29.10.1986 – VII R 82/85, BStBl. II 1988, 359). Gegen diese ist der Einspruch gegeben.
- Gegen Maßnahmen der FB in ihrer Eigenschaft als Strafverfolgungsbehörde zur Verfolgung einer Straftat **nach** Einleitung eines Strafverfahrens (§ 397 I) ist ein Einspruch gem. § 347 III nicht statthaft; hier ist allein der ordentliche Rechtsweg gegeben (BFH 21.8.1990 – V B 46/90, BFH/NV 1991, 142). Dies betrifft insb. Maßnahmen der StFahndung gem. § 208 I 1 Nr. 1, wie zB Auskunftsersuchen. Ebenso ist nach Einleitung eines Strafverfahrens auch gegen Maßnahmen iSd § 208 I 1 Nr. 2 (Ermittlung der Besteuerungsgrundlagen) zur Erforschung von StStraftaten der Einspruch nicht statthaft. Dies gilt auch dann, wenn die durchgeführten Ermittlungen dem Besteuerungsverfahren dienlich sind (BFH 20.4.1983 – VII R 2/82, BStBl. II 1983, 482; BFH 25.6.1991 – VII B 136, 137/90, BFH/NV 1992, 254; aA Streck DStR 1994, 1723). Ferner ist der Einspruch nicht statthaft bei Streitigkeiten um die Zahlungsfrist bei strafbefreiender Selbstanzeige gem. § 371 III (BFH 17.12.1981 – IV R 94/77, BStBl. II 1982, 352). Auch gegen die Abgabe des Strafverfahrens an die Staatsanwaltschaft gem. § 386 IV 1 sind weder Einspruch noch Klage vor dem FG gem. § 33 III FGO zulässig. Entsprechendes gilt für Streitigkeiten, die ausschließlich Fragen betreffen, die sich im Zusammenhang oder anlässlich der Einstellung eines StStrafverfahrens stellen (BFH 26.2.2004 – VII B 341/03, BStBl. II 2004, 458).

§ 348 Ausschluss des Einspruchs

Der Einspruch ist nicht statthaft

1. **gegen Einspruchsentscheidungen (§ 367),**
2. **bei Nichtentscheidung über einen Einspruch,**
3. **gegen Verwaltungsakte der obersten Finanzbehörden des Bundes und der Länder, außer wenn ein Gesetz das Einspruchsverfahren vorschreibt,**
4. **gegen Entscheidungen in Angelegenheiten des Zweiten und Sechsten Abschnitts des Zweiten Teils des Steuerberatungsgesetzes.**
5. **(weggefallen)**
6. **in den Fällen des § 172 Absatz 3.**

I. Allgemeines

1 § 348 ist eine Ausnahmeregelung zu § 347. Sie erklärt in den hier aufgeführten Fällen den Einspruch für nicht statthaft. Die Aufzählung in § 348 ist nicht abschließend. Aus anderen gesetzlichen Regelungen können sich weitere Ausnahmen ergeben. Dies gilt zB

nach § 365 III (→ § 365 Rn. 19 ff.) und nach § 68 FGO für Bescheide, die einen bereits angefochtenen Bescheid während des Einspruchsverfahrens oder während des Klageverfahrens ändern oder ersetzen, da der neue Bescheid automatisch Gegenstand des anhängigen Verfahrens wird. Ferner schließt § 32i IX das Vorverfahren aus für datenschutzrechtliche Auseinandersetzungen mit Ausnahme der Verfahren über Auskunfts- und Informationszugangsansprüche nach § 32i II 2 (→ § 32i Rn. 51). Zur Anfechtbarkeit von Verfahrenshandlungen → § 347 Rn. 5 ff. Ein entgegen § 348 gleichwohl erhobener Einspruch ist gem. § 358 S. 2 als unzulässig zu verwerfen. § 358 wurde durch das GrenzpendlerG (BGBl. 1994 I 1395) mit Wirkung vom 1.1.1996 neu gefasst; zur erstmaligen Anwendung s. Art. 97 § 18 III EGAO. Durch das 7. StBÄndG (BGBl. 2000 I 874) wurden Nr. 4 neu gefasst und Nr. 5 eingefügt. Durch das JStG 2007 (BGBl. 2006 I 2878) wurde Nr. 6 eingefügt. Durch G v. 8.4.2008 (BGBl. 2008 I 666) wurden Nr. 4 geändert und Nr. 5 aufgehoben. § 348 Nr. 5 schloss den Einspruch gegen Entscheidungen der StBeraterkammern in Angelegenheiten des Zweiten und Sechsten Abschnitts des Zweiten Teils des StBerG aus; diese Regelung ist nunmehr in § 348 Nr. 4 übernommen worden.

II. Kein Einspruch gegen Einspruchsentscheidungen (Nr. 1)

§ 348 Nr. 1 stellt klar, dass gegen Einspruchsentscheidungen (§ 367) nicht erneut der Einspruch gem. § 347 I 1, II statthaft ist, selbst wenn das FA vor Ablauf der Einspruchsfrist (§ 355 I) eine Einspruchsentscheidung erlassen hat. Gegen Einspruchsentscheidungen ist nur die Anfechtungs- oder Verpflichtungsklage (§ 40 I FGO) gegeben, die nach § 44 I FGO nur zulässig ist, wenn das Einspruchsverfahren ganz oder zum Teil erfolglos durchgeführt worden ist. Dies gilt auch für Teil-Einspruchsentscheidungen iSd § 367 IIa (BFH 18.9.2014 – VI R 80/13, BStBl. II 2015, 115). Der Ausschluss des Einspruchs gegen Einspruchsentscheidungen versteht sich von selbst, weil andernfalls neben dem Klageverfahren eine endlose Reihe von Einspruchsverfahren geführt werden könnte (BFH 18.4.2007 – XI R 47/05, BStBl. II 2007, 736). § 348 Nr. 1 gilt auch dann, wenn die Einspruchsentscheidung für den Stpfl. oder einen Dritten eine zusätzliche, erstmalige Beschwer oder eine Verböserung iSd § 367 II 2 enthält (vgl. BFH 4.11.1987 – II R 167/81, BStBl. II 1988, 377; BFH 8.7.1998 – I R 123/97, DStR 1998, 1749: FG Hamburg 6.12.2005 – VII 291/04, EFG 2006, 823). Ein weiterer Einspruch kommt demnach zB auch dann nicht in Betracht, wenn die FB in der Einspruchsentscheidung den Vorbehalt der Nachprüfung (§ 164 I) aufhebt (BFH 3.9.2009 – IV R 17/07, BStBl. II 2010, 631). Zu Kostenentscheidungen in Kindergeldsachen nach § 77 I und II EStG → § 347 Rn. 12. **Nicht** ausgeschlossen ist der Einspruch gem. § 348 Nr. 1 jedoch gegen **Scheineinspruchsentscheidungen.** Eine Scheineinspruchsentscheidung liegt vor, wenn die FB einen VA fälschlicherweise in der Gestalt einer Einspruchsentscheidung erlassen hat (FG Berlin 9.6.1999 – 2 K 2245/99, EFG 1999, 940; Gosch AO § 348 Rn. 7; Schwarz/Pahlke/Keß § 348 Rn. 6). Ferner gilt § 348 Nr. 1 auch **nicht** für einen im Einspruchsverfahren ergangenen **Vollabhilfebescheid,** der dem Antrag des Einspruchsführers vollständig Rechnung trägt; gegen einen Vollabhilfebescheid ist daher der Einspruch gem. § 347 I 1, II statthaft (BFH 18.4.2007 – XI R 47/05, BStBl. II 2007, 736; → Rn. 3 und → § 367 Rn. 46). Kein Anwendungsfall des § 348 Nr. 1 ist auch der Antrag auf schlichte Änderung der Einspruchsentscheidung nach § 172 I 1 Nr. 2 Buchst. a, da der **Antrag nach § 172 I 1 Nr. 2 Buchst. a,** der nach § 172 I 2, 3 HS 1 alternativ zu einer Klage gestellt werden kann (→ § 172 Rn. 58, 60), ein neues Verwaltungsverfahren eröffnet und nicht das durch die Einspruchsentscheidung bereits abgeschlossene Einspruchsverfahren fortsetzt (BFH 27.10.2020 – VIII R 30/17, BStBl. II 2021, 927; Gosch AO § 348 Rn. 9). Dies gilt auch für Anträge nach § 172 I 1 Nr. 2 Buchst. a auf Korrektur einer Teil-Einspruchsentscheidung iSd § 367 IIa (BFH 27.10.2020 – VIII R 30/17, BStBl. II 2021, 927). 2

III. Kein Einspruch bei Nichtentscheidung über den Einspruch (Nr. 2)

3 Hat die FB in angemessener Zeit über einen Einspruch nicht entschieden, kann gegen diese Untätigkeit nach § 348 Nr. 2 nicht nochmals Einspruch eingelegt werden. Damit wird eine andernfalls uU endlose Fortsetzung des Einspruchsverfahrens ausgeschlossen. Entscheidet die FB über einen bereits eingelegten Einspruch nicht, kann hiergegen nur die Untätigkeitsklage (§ 46 I FGO) erhoben werden. Ein Untätigkeitseinspruch iSd § 347 I 2 ist nur statthaft, wenn die FB über einen Antrag auf Erlass eines VA ohne Mitteilung eines zureichenden Grundes binnen angemessener Frist sachlich nicht entscheiden hat (→ § 347 Rn. 26 ff.). Der Erlass eines Vollabhilfebescheids im Einspruchsverfahren stellt keine Nichtentscheidung über den Einspruch dar. Vielmehr folgt aus § 367 II 3, dass es keiner Einspruchsentscheidung mehr bedarf, das Einspruchsverfahren also mit dem Erlass des Vollabhilfebescheids beendet ist (BFH 18.4.2007 – XI R 47/05, BStBl. II 2007, 736; → Rn. 2 und → § 367 Rn. 46).

IV. Kein Einspruch gegen Verwaltungsakte der obersten Finanzbehörden des Bundes und der Länder (Nr. 3)

4 § 347 Nr. 3 schließt den Einspruch gegen VA der obersten FB des Bundes und der Länder aus. Eine Ausnahme gilt nur, wenn ein (förmliches) Gesetz insoweit das Einspruchsverfahren vorschreibt; eine solche gesetzliche Regelung ist derzeit nicht ersichtlich.

Oberste FB des Bundes und der Länder sind gem. § 1 Nr. 1 FVG das BMF, dagegen nicht auch das BZSt und die Generalzolldirektion, da es sich bei diesen Behörden nach § 1 Nr. 2 FVG lediglich um Oberbehörden des Bundes handelt, sowie gem. § 2 I Nr. 1 die obersten Landesbehörden, die für die FVerw. zuständig sind, die LandesFM bzw. die Finanzsenatoren in den Stadtstaaten. Gegen VA der obersten FB des Bundes und der Länder ist daher unter den Voraussetzungen des § 33 I, II FGO unmittelbar eine Klage beim FG zulässig. Entscheidet eine Behörde iSd § 348 Nr. 3 ohne Mitteilung eines zureichenden Grundes nicht über einen Antrag auf Erlass eines VA in angemessener Frist, ist gem. § 46 II FGO die sog. echte Untätigkeitsklage gegeben.

5 **Anwendungsbereich.** Nach § 348 Nr. 3 ist ein Einspruch nicht statthaft, wenn das BMF die Einleitung eines Verständigungsverfahrens nach einem DBA unterlässt; gegen den ablehnenden VA ist daher sofort die Verpflichtungs- oder Leistungsklage vor dem FG gegeben (BFH 26.5.1982 – I R 16/78, BStBl. II 1982, 583). Entsprechendes gilt für die vom BMF zu treffende Entscheidung, welcher Flugplatz zum Zollflugplatz zu bestimmen ist (BFH 31.1.2005 – VII R 33/04, BFH/NV 2005, 819; vgl. auch BFH 28.9.2010 – VII R 45/09, BFH/NV 2011, 391; BFH 10.10.2007 – VII R 36/06, BFH/NV 2008, 181). Ferner ist ein Einspruch gem. § 348 Nr. 3 nicht statthaft in dem Verfahren nach § 52 II 2 und 3 zur Anerkennung der Gemeinnützigkeit gegen VA der obersten LandesFB, die selbst für die Entscheidung nach § 52 II 2 zuständig ist, wenn sie ihrer Verpflichtung zur Bestimmung einer FB nach § 52 II 3 nicht nachgekommen ist (BFH 9.2.2017 – V R 70/14, BStBl. II 2017, 1106).

§ 348 Nr. 3 unterfallen auch **StBeratungsangelegenheiten,** wenn nach dem StBerG eine oberste LandesFB für die Entscheidung zuständig ist. Dies gilt nach § 7 II StBerG für die Untersagung der Hilfeleistung in StSachen, wenn eine sachgemäße Tätigkeit von Vereinigungen iSd § 4 Nr. 7 StBerG nicht gewährleistet ist sowie gem. § 39a I StBerG für die Rücknahme einer Prüfungsentscheidung, wenn sie zB durch unlautere Mittel oder durch unrichtige oder unvollständige Angaben erwirkt worden ist. § 348 Nr. 3 gilt nicht für Maßnahmen der OFD oder der durch die Landesregierung bestimmte LandesFB, die diese als Anerkennungs- und Aufsichtsbehörde (§§ 15 I, 27 I StBerG) gegenüber LSt-Hilfevereinen trifft, da die OFD bzw. die durch die Landesregierung bestimmte LandesFB gem. § 2 I Nr. 3 FVG keine oberste LandesFB, sondern eine Mittelbehörde ist. Gegen die Rücknahme und den Widerruf der Anerkennung eines LSt-Hilfevereins (§ 20 StBerG) oder gegen die Schließung einer Beratungsstelle (§ 28 III StBerG) ist daher der Einspruch statthaft.

Nicht anwendbar ist § 348 Nr. 3 in **Kindergeldangelegenheiten,** soweit VA durch oberste FB des Bundes und der Länder in ihrer Funktion als Familienkassen iSd § 6 II Nr. 6 ergehen.

V. Entscheidungen in Steuerberatungsangelegenheiten (Nr. 4)

§ 348 Nr. 4 erfasst alle Entscheidungen in Angelegenheiten des Zweiten und Sechsten 6
Abschnitts des Zweiten Teils des StBerG. Der Zweite Abschnitt des Zweiten Teils des StBerG (§§ 35–55 StBerG) regelt die Voraussetzungen der Berufsausübung und erfasst zB die Zulassung zur StBeraterprüfung, die organisatorische Durchführung und Abnahme der Prüfung, die Bestellung zum StBerater, die Rücknahme und den Widerruf der Bestellung sowie die Anerkennung von StBeratungsgesellschaften. Der Sechste Abschnitt des Zweiten Teils des StBerG (§§ 154–157b StBerG) enthält Übergangsvorschriften zur Zusammenführung der steuerberatenden Berufe. In den Angelegenheiten des Zweiten und Sechsten Abschnitts des Zweiten Teils des StBerG, in denen nach dem StBerG regelmäßig die StBeraterkammer entscheidet, ist der Einspruch ausgeschlossen, sodass gegen die Entscheidungen der StBeraterkammer unmittelbar Klage beim FG (vgl. § 33 I Nr. 3 FGO) zu erheben ist (→ § 347 Rn. 20). Zur verwaltungsinternen Überprüfung von Entscheidungen des für die StBeraterprüfung zuständigen Prüfungsausschusses → Vor §§ 347 ff. Rn. 5). Soweit in Angelegenheiten des Zweiten und Sechsten Abschnitts des Zweiten Teils des StBerG die oberste LandesFB entscheidet, ist der Einspruch gem. § 348 Nr. 3 ausgeschlossen (→ Rn. 5).

VI. Zurückweisungsentscheidungen nach § 172 Abs. 3 (Nr. 6)

Nach § 348 Nr. 6 ist der Einspruch ausgeschlossen gegen eine Allgemeinverfügung 9
(§ 118 S. 2), die nach § 172 III ergangen ist. Nach § 172 III kann die FB außerhalb eines Rechtsbehelfsverfahrens gestellte Anträge auf Aufhebung oder Änderung einer StFestsetzung, die eine vom EuGH, vom BVerfG oder vom BFH in einem Musterprozess entschiedene Rechtsfrage betreffen und denen nach dem Ausgang des Musterprozesses nicht entsprochen werden kann, durch Allgemeinverfügung zurückweisen. § 348 Nr. 6 soll der rationelleren Abwicklung von Massenrechtsbehelfsverfahren dienen (BT-Drs. 16/3368, 25). Es entspricht dem Sinn und Zweck der durch § 172 III zugelassenen Zurückweisungsentscheidung, ein Einspruchsverfahren im Hinblick auf den Ausgang des Musterprozesses auszuschließen. Hinreichender Rechtsschutz ist durch die Möglichkeit der Klageerhebung gegeben, wobei die Klagefrist abw. von § 47 I FGO nach § 172 III 2 iVm § 367 IIb 4 und 5 mit Ablauf eines Jahres nach dem Tag der Herausgabe des BStBl. (Teil I) endet, in dem die Allgemeinverfügung veröffentlicht wurde.

§ 349 (weggefallen)

§ 350 Beschwer

Befugt, Einspruch einzulegen, ist nur, wer geltend macht, durch einen Verwaltungsakt oder dessen Unterlassung beschwert zu sein.

Schrifttum: Mittelbach, Beschwer bei zu niedriger Steuerfestsetzung?, DStZ 1975, 435; Knobbe-Keuk, Die Konkurrentenklage im Steuerrecht, BB 1982, 385; Braun, Die Konkurrentenklage im Steuerrecht – Ein Instrument zu mehr Gerechtigkeit?, DStZ 1986, 46; Giloy, Zur Drittwirkung von Steuerfestsetzungen und Haftungsbescheiden im Steuerabzugsverfahren, BB 1993, 1410; Jesse, Einspruchsbefugnis gem. § 350 AO bei körperschaftsteuerlicher Organschaft, DStZ 2001, 113; Erhardt-Rauch, Die Konkurrentenklage im Steuerrecht, DStZ 2004, 641; Tipke, Rechtsschutz gegen Privilegien Dritter, FR 2006, 949; Küffner, Dammbruch der umsatzsteuerlichen Neutralität – EuGH öffnet Weg für Konkurrentenklage privater Mitbewerber auf umsatzsteuerliche Gleichbehandlung mit der öffentlichen Hand, DStR 2006, 1120; Kronthaler, Feuerbestattung – die Spitze des Eisbergs, DStR 2007, 227; Englisch, Die negative Konkurrentenklage im Unternehmenssteuerrecht, StuW 2008, 43; Roth, Aktuelle Rechtsprechung zum Auskunftsrecht, DStR 2008, 434; Heger, Die Steuerpflicht des Krankentransports und Rettungsdienstes – Möglichkeiten einer Konkurrentenklage, DStR 2008, 807; Nöcker, Das Drama um den Nullbescheid – Auslegung des fehlerhaft bezeichneten Einspruchsschreibens eines Beraters, AO-StB 2014, 54: Gersch, Gemeinnützigkeitsrecht: Klage gegen Nullbescheid, AO-StB 2015, 95; Brühl, Neues zur Drittanfechtungsklage und zu den Auswirkungen von Entnahmen im Rückwirkungszeitraum bei Einbringungen nach § 20 UmwStG, FR 2018, 448; Binnewies/Gravenhorst, Drittanfechtungsrecht des Gesellschafters im Feststellungsverfahren der Gesellschaft (§ 27 KStG), DStR 2020, 1542.

Übersicht

A. Allgemeines

1 **Regelungsgegenstand und -zweck.** § 350 normiert mit dem Erfordernis der Geltendmachung einer Beschwer eine Zulässigkeitsvoraussetzung für den Einspruch (BFH 9.8.2007 – VI R 7/04, BFH/NV 2008, 9).

§ 350 regelt die Befugnis zur Einspruchseinlegung und beschränkt, ebenso wie § 40 II FGO für das finanzgerichtliche Verfahren, die Einspruchsbefugnis auf denjenigen, der eine Verletzung seines Rechts auf gesetzmäßige formelle und sachliche Besteuerung geltend macht. Die Beschwer kann sich nach § 350 nur aus einem Betroffensein in **eigenen Rechten** herleiten. Damit dient die Vorschrift, wie auch § 40 II FGO, der **Abwehr von sog. Popularrechtsbehelfen** (BFH 27.11.1985 – II R 90/83, BStBl. II 1986, 243; → Rn. 9, 21 f.). Dementsprechend ist, wie auch im finanzgerichtlichen Verfahren, eine gewillkürte Prozessstandschaft, bei der der Einspruchsführer als Sachwalter die Rechte eines Dritten im eigenen Namen geltend macht, nicht zulässig (Gosch AO § 350 Rn. 2). § 350 gilt auch für die Antragsbefugnis im AdV-Verfahren (→ § 361 Rn. 36 ff.). Neben die Beschwer tritt als weitere Zulässigkeitsvoraussetzung für den Einspruch das Erfordernis eines **Rechtsschutzbedürfnisses** (→ Rn. 39 f.).

3 Im Vergleich zu § 40 II FGO ist § 350 weiter gefasst. Für die Einlegung des Einspruchs genügt nach § 350 bereits die Geltendmachung einer Beschwer, während § 40 II FGO das Vorliegen einer Rechtsverletzung verlangt. Daher kann bei einer Ermessensentscheidung iSd § 5 eine Beschwer bereits dann vorliegen, wenn innerhalb der Ermessensgrenzen unter dem Gesichtspunkt der Zweckmäßigkeit eine für den Stpfl. günstigere Entscheidung möglich ist (BT-Drs. VI/1982, 189; AEAO zu § 350 Nr. 1). Im finanzgerichtlichen Verfahren können Ermessensentscheidungen gem. § 102 S. 1 FGO dagegen nur eingeschränkt auf Ermessensfehler (Ermessensüberschreitung, Ermessensfehlgebrauch) überprüft werden. Ferner ergibt sich eine Beschwer iSd § 350 schon aus einer von der FB fehlerhaft

angewendeten Verwaltungsvorschrift; auf eine Rechtsverletzung kommt es wegen der Bindung der FB an die Verwaltungsvorschrift nicht an (TK § 350 Rn. 6). Im Übrigen bestehen zwischen der Beschwer (§ 350) im außergerichtlichen und der Rechtsverletzung (§ 40 II FGO) im gerichtlichen Rechtsbehelfsverfahren keine weitergehenden Unterschiede.

Im **Verhältnis zu §§ 351–354** enthält § 350 im Hinblick auf die Beschwer die Grundregel. Aus §§ 351–354 ergeben sich für die dort genannten speziellen Fälle jeweils spezifische zusätzliche Anforderungen. Auch die Anfechtung von Änderungs- oder Feststellungsbescheiden (§§ 351 I, 352) setzt zwingend eine Beschwer iSd § 350 voraus, wobei die Einspruchsbefugnis für Änderungsbescheide nach § 351 I sachlich und für Feststellungsbescheide nach § 352 persönlich eingeschränkt wird. § 353 betrifft die Rechtsbehelfsbefugnis des Rechtsnachfolgers. Nach § 354 entfällt die Einspruchsbefugnis bei einem Einspruchsverzicht. 4

B. Beschwer

Das Vorliegen einer Beschwer ist eine **von Amts wegen** zu prüfende Zulässigkeitsvoraussetzung (§ 358) für einen Einspruch (BFH 7.11.1969 – III B 27/69, BStBl. II 1970, 217); zum maßgebenden Beurteilungszeitpunkt → Rn. 10. Liegt keine Beschwer vor, ist der Einspruch gem. § 358 S. 2 als unzulässig zu verwerfen. Ein mangels Beschwer unzulässiger Einspruch eröffnet dem FA nicht die Befugnis, den angefochtenen StBescheid in sachlicher Hinsicht nochmals zu überprüfen und ihn nach § 367 II 2 zum Nachteil des Einspruchsführers zu ändern (BFH 9.8.2007 – VI R 7/04, BFH/NV 2008, 9). 5

I. Grundsätzliche Anforderungen

Eine „Beschwer" liegt vor, wenn der Einspruchsführer durch den angefochtenen VA oder dessen Unterlassung **persönlich in eigenen Rechten** bzw. rechtlich geschützten Interessen betroffen ist (→ Rn. 14 ff.). Der Begriff „Beschwer" stammt aus dem Prozessrecht. Die Beschwer muss auf dem Tenor des angegriffenen VA beruhen (→ Rn. 25 ff.). § 350 verlangt für die Zulässigkeit des Einspruchs lediglich die **Geltendmachung** einer Beschwer (→ Rn. 31 ff.). Ist diese Voraussetzung erfüllt, jedoch eine Beschwer in der Sache tatsächlich nicht gegeben, ist der Einspruch unbegründet. Richtet sich der Einspruch gegen mehrere VA, ist die Beschwer für jeden VA gesondert zu prüfen. 6

Unmittelbare Beschwer in eigenen steuerrechtlichen Rechtspositionen. Die Beschwer muss – entspr. dem Zweck des Einspruchsverfahrens, Entscheidungen der FB in steuerrechtlicher Hinsicht zu überprüfen (BFH 30.9.1960 – III 439/58 U, BStBl. III 1961, 38) – abgabenrechtlicher Natur sein und unmittelbar die eigene steuerrechtliche Rechtsstellung betreffen; insoweit gilt für § 350 nichts anderes als für die Anforderungen an die Klagebefugnis gem. § 40 II FGO (vgl. Gräber FGO § 40 Rn. 75 ff.). Die unmittelbare steuerrechtliche Betroffenheit ist insb. beim Adressaten eines belastenden VA gegeben (→ Rn. 14 ff.). Die Beschwer iSd § 350 hängt nicht von der Bekanntgabe des VA gem. § 122 an den Einspruchsführer ab (TK § 350 Rn. 17), sodass auch Drittbetroffene – auch wenn sie in dem VA nicht ausdrücklich genannt sind – beschwert sein können (→ Rn. 21 ff. und → Rn. 9 zum sog. Konkurrenteneinspruch). 7

Eine nur **mittelbare** Betroffenheit durch den VA reicht nicht aus; so ergibt sich zB die Beschwer für einen Haftungsschuldner erst aus dem Haftungsbescheid (§ 191 I) und nicht bereits aus dem StBescheid, mit dem die dem Haftungsbescheid zugrunde liegende Steuer gegenüber dem StSchuldner festgesetzt worden ist. Ebenfalls ist keine Beschwer gegeben bei behaupteten Nachteilen, die ein VA auf **außersteuerlichem Gebiet** entfalten kann. Daher fehlt die Beschwer bei einer Beeinträchtigung bloß privatrechtlicher oder wirtschaftlicher Interessen (BFH 30.9.1960 – III 439/58 U, BStBl. III 1961, 38; BFH 12.7.1994 – VII B 102/94, BFH/NV 1995, 229) und ferner dann, wenn das Einspruchs- 8 vorbringen lediglich der Klärung abstrakter Rechtsfragen dient (Schwarz/Pahlke/Keß § 350 Rn. 12). Nur ausnahmsweise begründen außersteuerliche Gründe eine Beschwer dann, wenn der angegriffene VA insoweit Bindungswirkung entfaltet (→ Rn. 27).

9 Eine Beeinträchtigung der **eigenen** steuerrechtlichen Rechtsposition des Einspruchsführers kommt nur in Betracht, wenn die als verletzt gerügte Rechtsvorschrift zumindest auch dem **Schutz der subjektiven (steuerlichen) Rechte des Einspruchsführers** zu dienen bestimmt ist, sog. Schutznormtheorie (vgl. BFH 15.10.1997 – I R 10/92, BStBl. II 1998, 63; BFH 5.10.2006 – VII R 24/03, BStBl. II 2007, 243; Erhardt-Rauch DStZ 2004, 641). Diese notwendig auf die einzelne StRechtsnorm bezogene Betrachtung lässt sich nicht unter Berufung auf ein aus Art. 3 I GG abgeleitetes allg. Prinzip der „Gleichheit im Recht" (so Tipke FR 2006, 949) überspielen (zutr. BFH 5.10.2006 – VII R 24/03, BStBl. II 2007, 243). Wird ein Stpfl. rechtswidrig nicht oder zu niedrig besteuert, werden daher idR Rechte eines an dem betreffenden StSchuldverhältnis nicht beteiligten Dritten nicht verletzt. Anders ist es nur, wenn die Nichtbesteuerung oder zu niedrige Besteuerung gegen eine Norm verstößt, die nicht ausschließlich im Interesse der Allgemeinheit, sondern zumindest auch dem Schutz der Interessen einzelner an dem betreffenden StSchuldverhältnis nicht beteiligter Dritter zu dienen bestimmt ist, sog. „drittschützende" Norm (BFH 18.9.2007 – I R 30/06, BStBl. II 2009, 126; BFH 15.10.1997 – I R 10/92, BStBl. II 1998, 63). Ob eine Rechtsnorm drittschützenden Charakter hat, wird im StRecht regelmäßig beim sog. **Konkurrenteneinspruch** bedeutsam, mit dem sich der Einspruchsführer gegen die Besteuerung eines Mitkonkurrenten wendet, indem er die gegenüber seinem Mitkonkurrenten erlassenen StBescheide bzw. Freistellungsbescheide anficht (vgl. BFH 11.12.2019 – XI R 13/18, BStBl. II 2020, 296; BFH 24.1.2013 – V R 34/11, BStBl. II 2013, 460; BFH 26.1.2012 – VII R 4/11, BStBl. II 2012, 541). Drittschützenden Charakter haben zB §§ 4, 5 I Nr. 9 S. 2 KStG, § 3 Nr. 6 S. 2 GewStG iVm §§ 64–68 AO, nicht jedoch die §§ 51–63 (BFH 18.9.2007 – I R 30/06, BStBl. II 2009, 126; BFH 15.10.1997 – I R 10/92, BStBl. II 1998, 63; s. dazu auch Heger DStR 2008, 807). Drittschützend ist zudem auch § 2b UStG (vgl. BFH 5.10.2006 – VII R 24/03, BStBl. II 2007, 243 und FG Köln 28.1.2016 – 1 K 2368/10, EFG 2016, 949 jeweils zu § 2 III UStG aF; s. auch Englisch StuW 2008, 43). Mit einem Konkurrenteneinspruch kann allerdings nicht erreicht werden, dass die FVerw. eine Billigkeitsmaßnahme, zB gem. §§ 163, 227, gegenüber einem Konkurrenten unterlässt (BFH 18.9.2007 – I R 30/06, BStBl. II 2009, 126). Zur Vorbereitung eines Konkurrenteneinspruchs bzw. einer Konkurrentenklage kann der Stpfl. unbeschadet des StGeheimnisses (§ 30) vom FA Auskunft über die Besteuerung seines Mitkonkurrenten verlangen, wenn er substantiiert und glaubhaft darlegt, durch eine unzutreffende Besteuerung seines Mitkonkurrenten konkret feststellbare, durch Tatsachen belegte Wettbewerbsnachteile zu erleiden und gegen die FB mit Aussicht auf Erfolg ein subjektives öffentliches Recht auf steuerlichen Drittschutz geltend machen zu können; zum Auskunftsanspruch im Einzelnen s. BFH 26.1.2012 – VII R 4/11, BStBl. II 2012, 541; BFH 5.10.2006 – VII R 24/03, BStBl. II 2007, 243 und Roth DStR 2008, 434; zur notwendigen Hinzuziehung des Stpfl. beim Konkurrenteneinspruch → § 360 Rn. 30.

10 **Maßgebender Beurteilungszeitpunkt** für das Vorliegen einer Beschwer ist grds. derjenige der Einlegung des Einspruchs (BFH 29.3.1974 – III B 43/73, BStBl. II 1974, 463). Ein mangels Geltendmachung einer Beschwer zunächst unzulässiger Einspruch kann jedoch ggf. im weiteren Einspruchsverfahren nach Ersetzung des angefochtenen Bescheids (§ 365 III) und nunmehr geltend gemachter Beschwer durch den neuen VA in die Zulässigkeit hineinwachsen (HHSp § 350 Rn. 80). Die Beschwer muss bei Bekanntgabe der Einspruchsentscheidung (noch) vorhanden sein; zum nachträglichen Wegfall der Beschwer → Rn. 37.

II. Persönliche Beschwer

1. Beschwer des Adressaten, Vertreters oder Rechtsnachfolgers

In persönlicher Hinsicht verlangt die Beschwer ein mögliches Betroffensein des Einspruchsführers in seiner eigenen steuerrechtlichen Rechtsstellung; nur in Ausnahmefällen sind auch Dritte einspruchsbefugt (→ Rn. 21). 14

Adressat. Stets beschwert ist durch einen VA der Einspruchsführer, der als Adressat eines (belastenden) VA eine Beeinträchtigung in eigenen Rechten geltend macht, sog. Adressatentheorie (BFH 27.11.1985 – II R 90/83, BStBl. II 1986, 243). Adressat ist derjenige, der von dem VA betroffen ist, dh gegen den sich der VA richtet (BFH 29.11.1995 – X B 328/94, BStBl. II 1996, 322). Dies ist zum einen der sog. Inhaltsadressat (→ § 122 Rn. 31), für den der VA seinem Inhalt nach bestimmt ist. Der Inhaltsadressat ist auch dann beschwert, wenn er, zB aufgrund einer Namensverwechslung, vom Inhalt des VA nicht betroffen ist bzw. eine fehlerhafte Adressierung oder Bekanntgabe vorliegt (TK § 350 Rn. 17). Ferner ist auch der vom Inhalt des VA selbst betroffene Bekanntgabeadressat (→ § 122 Rn. 31) beschwert. 15

Richtet sich der VA gegen **mehrere Adressaten,** ist jeder von ihnen bei Geltendmachung einer Beschwer selbständig einspruchsbefugt. Für Mitglieder von Gesellschaften und Gemeinschaften, deren Besteuerungsgrundlagen nach §§ 179 ff. einheitlich und gesondert festgestellt werden, ergeben sich jedoch aus § 352 Beschränkungen der Einspruchsbefugnis. Bei der **körperschaftsteuerlichen Organschaft** (§§ 14 ff. KStG) sind hinsichtlich des Feststellungsbescheids gem. § 14 V 1 KStG, mit dem die Höhe des dem Organträger zuzurechnenden Einkommens und damit zusammenhängende Besteuerungsgrundlagen einheitlich und gesondert festgestellt werden, sowohl der Organträger als auch die Organgesellschaft einspruchsbefugt (BFH 1.7.2020 – XI R 20/18, BeckRS 2020, 37136; BT-Drs. 17/10774, 20; TK § 350 Rn. 12; Jesse FR 2013, 681; Dötsch/Pung DB 2013, 305). Die Einspruchsbefugnis der Organgesellschaft beschränkt sich nicht auf die Frage, ob überhaupt eine Organschaft iSd §§ 14 ff. KStG vorliegt, sondern umfasst grds. auch die Einkünftezurechnung an den Organträger (aA Gosch AO § 350 Rn. 15; Teiche DStR 2013, 2197). Richtet sich ein USt-Bescheid, ein GewSt-Bescheid oder ein GewSt-Messbescheid an eine **GbR als StSchuldnerin,** ist allein diese beschwert und damit einspruchsbefugt. Der Einspruch muss grds. im Namen der GbR durch alle Gesellschafter gemeinschaftlich erhoben werden (BFH 30.4.2007 – V B 194/06, BFH/NV 2007, 1523; BFH 13.11.2003 – V B 49/03, BFH/NV 2004, 360). Dies gilt auch noch nach Kündigung des Gesellschaftsverhältnisses (BFH 30.4.2007 – V B 194/06, BFH/NV 2007, 1523; BFH 13.11.2003 – V B 49/03, BFH/NV 2004, 360) und für eine bereits beendete GbR, da diese steuerrechtlich so lange fortbesteht, bis alle Rechtsbeziehungen, zu denen auch die Rechtsbeziehung der GbR zum FA gehört, beseitigt sind (BFH 5.3.2010 – V B 56/09, BFH/NV 2010, 1111). Der Einspruch des einzelnen Gesellschafters gegen den an die GbR gerichteten StBescheid ist mangels Beschwer unzulässig.

Bei zur ESt **zusammenveranlagten Ehegatten** (§ 26b EStG) bzw. **zusammenveranlagten Lebenspartnern** (§ 26b EStG iVm § 2 VIII EStG) kann der Zusammenveranlagungsbescheid von jedem der Ehegatten/Lebenspartner selbständig angefochten werden; hierbei kann jeder Ehegatte/Lebenspartner eine eigene Beschwer auch aus lediglich den anderen Ehegatten/Lebenspartner betr. Besteuerungsgrundlagen geltend machen (BFH 14.12.2021 – VIII R 16/20, BStBl. II 2022, 380; BFH 2.10.1987 – VI R 149/84, BStBl. II 1987, 852; BFH 7.2.2008 – VI R 41/05, BFH/NV 2008, 1136). Zusammenveranlagte Ehegatten/Lebenspartner können auch dadurch beschwert sein, dass das FA die Einkünfte abw. von der StErklärung auf die Ehegatten/Lebenspartner aufteilt, ohne dass sich hierdurch die GesamtStSchuld ändert, wenn die zutreffende Zurechnung der Einkünfte für eine spätere Aufteilung der StSchuld gem. §§ 268, 270 S. 2 bedeutsam ist (BFH 16.8.1978 – I R 125/75, BStBl. II 1979, 26; BFH 29.6.2004 – IV B 127/03, BeckRS 16

2004, 25006982). Die Beschwer entfällt jedoch, sobald ein Antrag auf Aufteilung wegen vollständiger Tilgung der rückständigen Steuer nicht mehr zulässig ist (BFH 7.11.1986 – III B 50/85, BStBl. II 1987, 94). Der nur einen Ehegatten/Lebenspartner betr. Gewinnfeststellungsbescheid begründet jedoch auch bei Zusammenveranlagung keine Beschwer des anderen Ehegatten/Lebenspartners (BFH 13.9.1988 – VIII R 218/85, BFH/NV 1989, 354). Ebenso fehlt bei glaubensverschiedener Ehe/Lebenspartnerschaft die Beschwer, wenn ein Ehegatte/Lebenspartner die gegenüber dem anderen Ehegatten/Lebenspartner festgesetzte KiSt angreift (BFH 27.7.1983 – II R 21/83, BStBl. II 1983, 645; BFH 29.6.1994 – I R 132/93, BStBl. II 1995, 510). Bei **einzeln veranlagten Ehegatten/Lebenspartnern** ist keine Beschwer des einen Ehegatten/Lebenspartners durch die den anderen Ehegatten/Lebenspartner betr. StFestsetzung gegeben. Zu Einzelfragen der Einspruchseinlegung durch Ehegatten/Lebenspartner → § 357 Rn. 18.

17 **Vertreter.** Wird der VA einem Vertreter bekannt gegeben, so ist grds. nur der Vertretene beschwert und damit, ggf. durch seinen Vertreter, zur Einspruchseinlegung befugt (→ § 34 Rn. 1 ff.). Beschwer und damit Einspruchsbefugnis des Vertreters selbst ist jedoch gegeben, wenn er selbst durch den VA belastet wird, weil er zB irrtümlich als Inhaltsadressat bezeichnet worden ist (HHSp § 350 Rn. 31).

18 **Rechtsnachfolger.** Die Beschwer geht gem. § 45 in Fällen der **Gesamtrechtsnachfolge,** so im Falle des Todes des VA-Adressaten oder bei Erlöschen der Rechtsfähigkeit zB aufgrund Verschmelzung (§§ 2 ff. UmwG), auf den Rechtsnachfolger über. Dies gilt jedoch nicht für den **Einzelrechtsnachfolger,** der mangels Übergangs des StSchuldverhältnisses nicht durch den an den Rechtsvorgänger ergangenen VA beschwert ist (BFH 11.4.1991 – V R 86/85, BStBl. II 1991, 729). Eine Ausnahme gilt gem. § 353 für die dort angeführten dinglichen VA.

19 **Vermögensverwalter** iSd § 34 III, wie Insolvenzverwalter (zu deren alleinigen Anfechtungs- und Klagerecht gegen StBescheide nach Eröffnung des Insolvenzverfahrens s. BFH 19.6.2006 – VIII B 235/04, BFH/NV 2006, 2091), sowie Zwangsverwalter und Nachlasspfleger (§ 1960 BGB), sind beschwert und einspruchsbefugt, sofern sie der VA in ihrem eigenen Rechts- und Pflichtenkreis berührt oder sie selbst, bei unklarer Fassung des VA, möglicherweise in eigener Person durch ein Leistungsgebot in Anspruch genommen werden. **Testamentsvollstrecker** (§§ 2197 ff. BGB) sind hinsichtlich eines an die Erben gerichteten ESt- oder ErbSt-Bescheids nicht einspruchsbefugt (BFH 29.11.1995 – X B 328/94, BStBl. II 1996, 322; s. auch BFH 10.7.1991 – VIII R 16/90, BFH/NV 1992, 223). Dagegen ist der **Nachlassverwalter** (§§ 1975 ff. BGB) durch VA, die sich gegen den Erblasser gerichtet haben oder durch die der Nachlass betroffen ist, beschwert (BFH 9.2.1977 – I R 60–68/73, BStBl. II 1977, 428; Gosch AO § 350 Rn. 13; aA HHSp § 350 Rn. 66). Bei StBescheiden gegen unselbständiges Zweckvermögen ist nur dieses selbst, nicht aber dessen Träger einspruchsbefugt (BFH 31.1.2007 – I B 110/06, BFH/NV 2007, 1069); zu weiteren Einzelheiten → § 34 Rn. 1 ff.

20 **Gemeinden** können als öffentlich-rechtliche Körperschaft hinsichtlich der Zerlegung des GewSt-Messbetrags nach §§ 28 GewStG durch VA im Zerlegungs- und Zuteilungsverfahren (§§ 185 ff.) unmittelbar gem. § 350 beschwert sein. Die Gemeinde ist nach § 186 Nr. 2 Verfahrensbeteiligte und damit als Adressat des Zerlegungs- oder Zuteilungsbescheids auch einspruchsbefugt (TK FGO § 40 Rn. 97; → Rn. 22).

2. Beschwer Dritter

21 **Grundsatz.** § 350 dient nach seiner klaren Intention der Abwehr sog. Popularrechtsbehelfe (→ Rn. 1). Einsprüche Dritter oder zugunsten Dritter oder der Allgemeinheit sind mangels Beschwer grds. unzulässig. Ebenso begründen auch bloß faktische, wirtschaftliche oder zivilrechtliche Auswirkungen keine Beschwer iSd § 350 (→ Rn. 8).

22 **Drittanfechtung.** Im Ausnahmefall kann auch ein Dritter, der nicht Adressat des VA ist, einspruchsbefugt sein, wenn der VA ihm gegenüber eine Rechtswirkung entfaltet und er eine eigene Beschwer iSd § 350 geltend machen kann (zum sog. Konkurrenteneinspruch

→ Rn. 9). Gleiches gilt, wenn eine Person verpflichtet ist, die von einem anderen geschuldete Steuer einzubehalten oder abzuführen. Hier können die StBescheide, die dem Abführungspflichtigen gegenüber ergehen und sich auf die abzuführende Steuer beziehen, auch von dem StSchuldner angefochten werden (BFH 24.3.1999 – I B 113/98, BFH/NV 1999, 1314; eingehend Giloy BB 1993, 1410). Anfechten können daher

- Arbeitnehmer die ihre LSt-Pflicht betr. LSt-Anmeldung (§ 41a EStG) ihres Arbeitgebers (BFH 20.7.2005 – VI R 165/01, BStBl. II 2005, 890; BFH 7.8.2015 – VI B 66/15, BFH/NV 2015, 1600); Entsprechendes gilt für einen LSt-Haftungsbescheid, der dem Arbeitgeber gegenüber ergangen ist und an den Arbeitnehmer erbrachte Leistungen betrifft (BFH 3.7.2019 – VI R 37/16, BStBl. II 2020, 241; BFH 29.6.1973 – VI R 311/69, BStBl. II 1973, 780; zur Hinzuziehung → § 360 Rn. 18);
- beschränkt stpfl. Vergütungsgläubiger in den Fällen des § 50a I EStG die StAnmeldung des Vergütungsschuldners (§ 73e EStDV) sowie in den Fällen des § 50a VII EStG die gegenüber dem Vergütungsschuldner ergangene Anordnung des StAbzugs (BFH 16.5.1990 – I R 113/87, BStBl. II 1990, 983; BFH 27.7.1988 – I R 28/87, BStBl. II 1989, 449; BFH 24.3.1999 – I B 113/98, IStR 1999, 366); nicht beschwert sind jedoch Vergütungsgläubiger durch eine an den Vergütungsschuldner gerichtete Prüfungsanordnung (FG München 4.8.1997 – 1 V 776/96, EFG 1997, 1286);
- Vergütungsschuldner den Widerruf einer gegenüber dem Vergütungsgläubiger ergangenen Freistellungsbescheinigung iSd § 50d II 1 EStG (BFH 4.3.2009 – I R 6/07, BStBl. II 2009, 625); ferner ist der Vergütungsschuldner auch befugt, die Ablehnung eines Antrags auf Erteilung einer Freistellungsbescheinigung anzufechten (Klein § 350 Rn. 62; offen gelassen BFH 4.3.2009 – I R 6/07, BStBl. II 2009, 625);
- bei der KapESt (§§ 43 ff. EStG) der Gläubiger der Kapitalerträge als Schuldner der KapESt die KapESt-Anmeldung des Schuldners der Kapitalerträge (BFH 20.11.2018 – VIII R 45/15, BStBl. II 2019, 306; BFH 12.12.2012 – I R 27/12, BStBl. II 2013, 682) sowie Bescheide, mit denen das FA vom Schuldner der Kapitalerträge KapESt fordert (BFH 10.3.1971 – I R 73/67, BStBl. II 1971, 589; zur Hinzuziehung → § 360 Rn. 18);
- der Einbringende bei Einbringung eines Betriebs, Teilbetriebs oder eines Mitunternehmeranteils in eine KapGes gegen Gewährung von Anteilen an der aufnehmenden KapGes nach § 20 UmwStG den gegenüber der aufnehmenden KapGes für das Einbringungsjahr ergangenen KSt-Bescheid, da nach § 20 III 1 UmwStG der Wert, mit dem die KapGes das eingebrachte Betriebsvermögen ansetzt, für den Einbringenden als Veräußerungspreis und als Anschaffungskosten der Geschäftsanteile gilt, sofern der angesetzte Werte für die Besteuerung des Einbringenden nachteilig ist (BFH 13.9.2018 – I R 19/16, BStBl. II 2019, 385; BFH 8.6.2011 – I R 79/10, BStBl. II 2012, 421; BFH 25.4.2012 – I R 2/11, BFH/NV 2012, 1649; BFH 6.2.2014 – I B 168/13, BFH/NV 2014, 921). Entsprechendes gilt für einen Anteilstausch nach § 21 UmwStG, da gem. § 21 II UmwStG der Wert, mit dem die übernehmende Gesellschaft die eingebrachten Anteile ansetzt, für den Einbringenden als Veräußerungspreis der eingebrachten Anteile und als Anschaffungskosten der erhaltenen Anteile gilt (BFH 30.9.2015 – I R 77/13, BFH/NV 2016, 959), sowie für die Einbringung eines Betriebs, Teilbetriebs oder eines Mitunternehmeranteils in eine PersGes gem. § 24 UmwStG, sofern der Einbringende Mitunternehmer der PersGes wird, da der Wert, mit dem das eingebrachte Betriebsvermögen in der Bilanz der PersGes einschließlich der Ergänzungsbilanzen für ihre Gesellschafter angesetzt wird, für den Einbringenden als Veräußerungspreis gilt (vgl. BFH 8.6.2011 – I R 79/10, BStBl. II 2012, 421); zur Rechtsbehelfsbefugnis bei Umwandlungen → Rn. 23 und Brühl FR 2018, 448; Heidrich DStR 2013, 2670;
- im Kindergeldrecht der Antragsberechtigte iSd § 67 S. 2 EStG die gegenüber dem Kindergeldberechtigten ergangenen Kindergeldbescheide, wie zB gem. § 67 S. 2 EStG iVm § 74 I 1 EStG das Kind, an das das Kindergeld abgezweigt und ausgezahlt wird (BFH 17.3.2010 – III R 71/09, BFH/NV 2010, 1291; BFH 30.10.2008 – III R 105/07,

BFH/NV 2009, 193; s. aber auch BFH 26.11.2009 – III R 67/07, BStBl. II 2010, 476), oder gem. § 67 S. 2 EStG iVm § 74 I 4 EStG der Sozialleistungsträger, der dem Kind Unterhalt gewährt und an den das Kindergeld ausgezahlt wird (BFH 12.1.2001 – VI R 181/97, BStBl. II 2001, 443);

– der Schenker, gegen den Schenkungsteuer festgesetzt wurde, einen gegen den Bedachten ergangenen Bescheid über die gesonderte Feststellung des Werts des zugewendeten Grundstücks (BFH 6.7.2011 – II R 44/10, BStBl. II 2012, 5).

Ferner gilt im Einspruchsverfahren § 40 III FGO entspr. (BFH 17.10.2001 – I B 6/01, BStBl. II 2002, 91; Gosch AO § 350 Rn. 28). § 40 III FGO regelt eine Ausnahme vom Grundsatz des Ausschlusses von Insichprozessen von Trägern öffentlicher Gewalt beim **Auseinanderfallen von Ertragsberechtigung und Verwaltungszuständigkeit** und räumt ausnahmsweise in Fällen eines offensichtlichen (potenziellen) Interessenkonflikts dem Abgabeberechtigten ein **Drittanfechtungsrecht** ein (Gräber FGO § 41 Rn. 140). Grds. sind steuerberechtigte Gemeinden mangels Beschwer hinsichtlich der gegenüber dem StSchuldner ergangenen GewSt-Messbescheide und GrSt-Messbescheide weder einspruchs- noch klagebefugt (vgl. BFH 4.10.1996 – I B 54/96, BStBl. II 1997, 136; BFH 21.6.2017 – IV B 8/16, BFH/NV 2017, 1323) Ein Interessenkonflikt iSd § 40 III FGO liegt vor, wenn die die Steuer verwaltende Körperschaft (Bund oder Land) zugleich unmittelbar oder mittelbar als StSchuldnerin in Betracht kommt, zB als Grundstückseigentümerin oder Inhaberin eines Gewerbebetriebs (TK FGO § 40 Rn. 95). Die verwaltende Körperschaft schuldet eine Abgabe unmittelbar iSd § 40 III FGO, wenn sie selbst den Besteuerungstatbestand erfüllt oder wenn ihr die Verwirklichung des Besteuerungstatbestandes durch einen Dritten steuerlich zuzurechnen ist (BFH 17.10.2001 – I B 6/01, BStBl. II 2002, 91). Mittelbar iSd § 40 III FGO schuldet die verwaltende Körperschaft eine Abgabe, wenn sie öffentlich-rechtlich verpflichtet ist, die Abgabenschuld eines Dritten – und sei es auch nur neben ihm oder im Fall der Zahlungsunfähigkeit des Dritten – zu erfüllen (BFH 17.10.2001 – I B 6/01, BStBl. II 2002, 91; zur Hinzuziehung des Abgabeberechtigten → § 360 Rn. 26).

23 **Kein Drittanfechtungsrecht** besteht dagegen

– bei einer formwechselnden Umwandlung einer KapGes in eine PersGes für die übernehmende PersGes im Hinblick auf die Schlussbesteuerung der übertragenden KapGes, da § 4 I 1 UmwStG, dem zufolge der übernehmende Rechtsträger die übertragenen Wirtschaftsgüter mit dem in der steuerlichen Schlussbilanz der übertragenden Körperschaft angesetzten Wert zu übernehmen hat, lediglich eine materielle, nicht aber eine formale Bindungswirkung entfaltet (BFH 6.6.2013 – I R 36/12, BFH/NV 2014, 74; BFH 19.12.2012 – I R 5/12, BFH/NV 2013, 743). Entsprechendes gilt bei einer Verschmelzung einer KapGes auf eine PersGes (BFH 21.10.2014 – I R 1/13, BFH/NV 2015, 690). Eine Rechtsschutzlücke besteht nicht. Die übernehmende Gesellschaft hat, sofern sie durch einen vom FA vorgenommenen abweichenden Ansatz in der Schlussbilanz der übertragenden KapGes wegen der nach § 4 I 1 UmwStG vorgesehenen Bindungswirkung beschwert ist, die Möglichkeit, diese Frage in dem ihre eigene StFestsetzung betreffenden Verfahren klären zu lassen (BFH 10.9.2015 – IV R 49/14, BStBl. II 2016, 722; BFH 21.10.2014 – I R 1/13, BFH/NV 2015, 690);

– für den Gesellschafter einer KapGes hinsichtlich eines gegenüber der KapGes wegen der Berücksichtigung einer vGA erlassenen, aufgehobenen oder geänderten KSt-Bescheids (Gräber FGO § 40 Rn. 127). Aus § 32a I 1 KStG ergibt sich kein derartiges Drittanfechtungsrecht, da die Regelung keine materiell-rechtliche Regelung trifft, sondern ausschließlich verfahrensrechtliche Bedeutung hat. Denn sie soll als Änderungsnorm lediglich eine eigenständige Rechtsgrundlage für den Erlass, die Aufhebung oder Änderung eines StBescheids gegenüber dem Gesellschafter einer KapGes schaffen, wenn gegenüber der KapGes ein StBescheid aufgrund einer vGA erlassen, aufgehoben oder geändert wird; ob auf der Ebene der KapGes und auf der Ebene des Gesellschafters eine vGA zu erfassen ist, ist auch nach der Regelung des § 32a I KStG in dem jeweiligen Besteuerungsverfahren selbständig zu entscheiden (BFH 18.9.2012 – VIII R 9/09, BStBl. II 2013, 149); – für den Anteilseigner bezogen auf den gegenüber der KapGes ergangenen Feststellungsbescheid gem. § 27 II KStG, mit dem unter Berücksichtigung von Zu- und Abgängen der Bestand des steuerlichen Einlagekontos (§ 27 I KStG) zum Schluss des Wirtschaftsjahres gesondert festgestellt wird (BFH 21.12.2022 – I R 53/19, BStBl. II 2023, 504, Verfassungsbeschwerde nicht zur Entscheidung angenommen mit BVerfG 4.4.2025 – 1 BvR 1060/23, nv; FG München 28.5.2019 – 7 V 803/19, EFG 2020, 68; Mössner/Seeger/Oellerich KStG § 27 Rn. 159; aA FG Hessen 1.12.2015 – 4 K 1355/13, EFG 2016, 687; Binnewies/Gravenhorst DStR 2020, 1542; Brühl DStR 2017, 1129; ausdrücklich offengelassen von BFH 10.12.2019 – I B 35/19, BStBl. II 2020, 517, der jedoch eine Bestandskrafterstreckung gem. § 166 angenommen hat, um so die formelle Bestandskraft des gegenüber der KapGes ergangenen Feststellungsbescheids auch auf etwaige Drittanfechtungsberechtigte zu erstrecken). Zwar entfaltet der Feststellungsbescheid iSd § 27 II KStG über § 20 I Nr. 1 S. 3 EStG materiell-rechtliche Bindungswirkung auch für die Anteilseigner. Denn nach § 20 I Nr. 1 S. 3 EStG gehören Bezüge iSd § 20 I Nr. 1 S. 1 und 2 EStG nicht zu den Einnahmen aus Kapitalvermögen, soweit sie aus Ausschüttungen einer Körperschaft stammen, für die Beträge aus dem steuerlichen Einlagekonto iSd § 27 I KStG als verwendet gelten. Ein Gesellschafter kann sich deshalb nicht mit Erfolg darauf berufen, das steuerliche Einlagekonto sei im Feststellungsbescheid unzutreffend ausgewiesen (BFH 21.12.2022 – I R 53/19, BStBl. II 2023, 504; BFH 19.5.2010 – I R 51/09, BStBl. II 2014, 937). Ein Drittanfechtungsrecht der Anteilseigner stünde jedoch, insb. bei einer Vielzahl von regelungsbetroffenen Anteilseignern (zu denen auch zukünftige Gesellschafter der KapGes gehören), im Widerspruch zum Zweck der gesonderten Feststellung, Rechtssicherheit für die betroffenen Anteilseigner und die FB herzustellen (vgl. BFH 21.12.2022 – I R 53/19, BStBl. II 2023, 504; BFH 10.12.2019 – I B 35/19, BStBl. II 2020, 517), da die Anfechtung der Feststellungsbescheide dann keinen verfahrensrechtlichen Beschränkungen mehr unterläge. Die fehlende und praktisch ohnehin kaum durchführbare Drittbekanntgabe hätte zur Folge, dass für die betroffenen Anteilseigner keine Einspruchsfristen (§ 355 I 1) liefen (Brühl DStR 2017, 1129). Unter Berücksichtigung des § 181 V wären damit Feststellungsbescheide gem. § 27 II KStG faktisch der Unanfechtbarkeit entzogen. Die Versagung eines eigenen Anfechtungsrechts der Gesellschafter der KapGes verstößt nicht gegen die Rechtsschutzgarantie des Art. 19 IV GG, da die KapGes zur Anfechtung des Feststellungsbescheids befugt ist und zudem jederzeit im Rahmen der Feststellungsverjährung auch die Berichtigung des Feststellungsbescheids gem. § 129 beantragen kann (BFH 21.12.2022 – I R 53/19, BStBl. II 2023, 504; vgl. auch BFH 8.12.2021 – I R 47/18, BStBl. II 2022, 827). Im Übrigen können die Gesellschafter ihre gesellschaftsrechtlichen Befugnisse, wie zB Informationsrechte, einsetzen, um die KapGes zur Einlegung von Einsprüchen gegen vermeintlich rechtswidrige Feststellungsbescheide zu veranlassen (BFH 21.12.2022 – I R 53/19, BStBl. II 2023, 504).

III. Sachliche (materielle) Beschwer durch Verwaltungsakt oder dessen Unterlassung

Die sachliche (materielle) Beschwer muss **durch einen VA oder dessen Unterlassung** 25
hervorgerufen sein. Dazu muss geltend gemacht werden, dass dem Einspruchsführer durch den Tenor des VA eine Last, eine Pflicht, ein Nachteil, eine Beschränkung auferlegt oder eine Vergünstigung oder Entlastung verweigert worden ist (BFH 7.11.1986 – III B 50/85, BStBl. II 1987, 94). Dieser konkrete Nachteil für den Einspruchsführer muss auch nach der jeweiligen Sach- und Rechtslage **möglich** sein und ist stets gegeben, wenn die Festsetzung einer zu hohen Steuer geltend gemacht wird. Gleiches gilt bei Festsetzung einer negativen Steuer für die Geltendmachung, die Steuer müsse niedriger festgesetzt werden,

oder für das Begehren auf Erstattung oder Vergütung einer Steuer, wie zB für den Antrag auf Festsetzung einer negativen USt (BFH 24.7.2014 – V R 45/13, BFH/NV 2015, 147; BFH 15.4.2010 – V R 11/09, BFH/NV 2010, 1830; BFH 1.8.1996 – V R 58/94, BStBl. II 1997, 160; AEAO zu § 350 Nr. 3a).

Die Beschwer ist für **jeden Veranlagungszeitraum gesondert** zu prüfen (BFH 16.7.1964 – IV 449/61, HFR 1964, 440; zu ausnahmsweisen Rechtswirkungen des angegriffenen VA für andere VZ → Rn. 29).

1. Beschwer durch Tenor

26 Maßgebend für die mögliche Beschwer ist grds. der Tenor des VA (BFH 15.3.2017 – III R 12/16, BStBl. II 2018, 789). Aus einer unzutr. Begründung eines VA ergibt sich grds. keine selbständige Beschwer, wenn der Tenor des VA richtig ist (BFH 7.11.1963 – IV 210/62 S, BStBl. III 1964, 70 (73); BFH 7.11.2007 – X B 103/05, BFH/NV 2008, 304; zur Abgrenzung zwischen Tenor und Begründung → § 118 Rn. 23 f.). Die nicht gesondert festgestellten **Besteuerungsgrundlagen** (§ 157 II) entfalten grds. keine Beschwer, sofern der Stpfl. nicht durch die StFestsetzung belastet ist (AEAO zu § 350 Nr. 1). Ebenso fehlt die Beschwer, wenn lediglich die steuerneutrale Berichtigung eines Bilanzansatzes begehrt wird (BFH 20.12.2006 – I R 81/05, BFH/NV 2007, 1287; BFH 26.11.1974 – VIII R 258/72, BStBl. II 1975, 206), oder bei einer vom FA in einem StBescheid geäußerten Rechtsansicht, die sich auf die Veranlagung des laufenden Jahres nicht auswirkt und die auch nicht in sonstiger Weise, zB für andere VZ oder Verwaltungsverfahren, bindend ist (BFH 27.1.1972 – IV R 157/71, BStBl. II 1972, 465). Eine Beschwer iSd § 350 fehlt auch, wenn der Stpfl. lediglich eine steuerneutrale Umqualifizierung der im ESt-Bescheid berücksichtigten Einkünfte begehrt (BFH 17.12.2003 – IV B 121/02, BeckRS 2003, 25003076). Dies gilt auch dann, wenn der Stpfl. die Umqualifizierung von Einkünften aus Gewerbebetrieb (§ 15 EStG) in Einkünfte aus selbständiger Arbeit (§ 18 EStG) begehrt, da die Besteuerungsgrundlagen für die GewSt selbständig und ohne Bindung an den EStBescheid ermittelt werden; der EStBescheid ist kein Grundlagenbescheid (§ 171 X) für die Festsetzung der GewSt (BFH 5.7.2011 – X B 222/10, BFH/NV 2011, 1843; FG München 29.3.2006 – 10 K 117/04, EFG 2006, 1346). Eine Beschwer ergibt sich auch nicht aus § 35b GewStG, denn dessen Wirkungen erschöpfen sich darin, in verfahrensrechtlicher Hinsicht eine Korrekturmöglichkeit für den GewSt-Bescheid zu eröffnen (BFH 5.7.2011 – X B 222/10, BFH/NV 2011, 1843). Eine Beschwer lässt sich in diesem Fall auch nicht aus dem Hinweis auf die beitragspflichtige Mitgliedschaft bei der IHK herleiten, denn nach § 2 I des Gesetzes zur vorläufigen Regelung des Rechts der Industrie- und Handelskammer (IHKG) hängt die Mitgliedschaft bei der IHK von der Veranlagung zur GewSt ab, die in einem gesonderten Verfahren erfolgt (FG Nürnberg 20.1.2009 – 3 K 1290/2008, BeckRS 2009, 26026559). An einer Beschwer durch einen EStBescheid fehlt es dementsprechend auch dann, wenn lediglich die Zugehörigkeit eines Wirtschaftsguts zum Betriebs- oder Privatvermögen streitig ist, ohne dass dies im jeweiligen VZ eine steuerliche Auswirkung hat (BFH 5.7.2011 – X B 222/10, BFH/NV 2011, 1843).

2. Ausnahmsweise Beschwer durch Begründung oder Besteuerungsgrundlagen

27 Die im StBescheid angesetzten Besteuerungsgrundlagen entfalten ausnahmsweise eine Beschwer, wenn sie **Bindungswirkung für andere Veranlagungen** (BFH 9.9.2005 – IV B 6/04, BFH/NV 2006, 22) oder andere steuerliche oder außersteuerliche **Entscheidungen** haben (BFH 20.12.1994 – IX R 124/92, BStBl. II 1995, 628; BFH 20.12.1994 – IX R 80/92, BStBl. II 1995, 537). Die Beschwer besteht jedoch nur im Umfang der Bindungswirkung (BFH 29.5.1996 – III R 49/93, BStBl. II 1996, 654). So sind für die Bewilligung von Leistungen nach dem BAföG die in einem ESt-Bescheid ausgewiesenen positiven Einkünfte nach §§ 21, 22, 24 BAföG bindend (BFH 20.12.1994 – IX R 124/92, BStBl. II 1995, 628; BVerwG 9.7.1992 – 5 B 113/92, BeckRS 1992, 31253712), nicht

jedoch die Berücksichtigung von Kinderfreibeträgen und außergewöhnlichen Belastungen (BFH 11.4.2003 – VIII S 28/02 (PKH), BFH/NV 2003, 1332; BFH 29.5.1996 – III R 49/93, BStBl. II 1996, 654). Bindend ist für einen Beihilfeanspruch nach der Verordnung über Beihilfe in Krankheits-, Pflege- und Geburtsfällen (BBhV) oder vergleichbarer landesrechtlicher Regelungen der im StBescheid angesetzte Gesamtbetrag der Einkünfte, vgl. § 80 II 1 Nr. 1 BBG iVm § 4 I BBhV (BFH 19.2.2013 – IX R 31/11, BFH/NV 2013, 1075; AEAO zu § 350 Nr. 3d). Für die Ermittlung des Einkommens im Wohngeldverfahren gem. §§ 13 ff. WoGG ist dagegen das im ESt-Bescheid ermittelte Einkommen nicht bindend (BFH 24.1.1975 – VI R 148/72, BStBl. II 1975, 382; AEAO zu § 350 Nr. 3d). Für die Kindergeldfestsetzung ist der ESt-Bescheid des zuständigen inländischen FA hinsichtlich des inländischen Wohnsitzes (§ 8) oder gewöhnlichen Aufenthalts (§ 9) des Kindergeldberechtigten ebenfalls nicht bindend (BFH 5.9.2013 – XI R 26/12, BFH/NV 2014, 313; BFH 24.5.2012 – III R 14/10, BStBl. II 2012, 897). Dagegen setzt eine Kindergeldberechtigung nach § 62 I Nr. 2 Buchst. b EStG voraus, dass der Anspruchsteller aufgrund eines entsprechenden Antrags vom zuständigen FA tatsächlich nach § 1 III EStG als unbeschränkt einkommensteuerpflichtig behandelt wird (BFH 24.5.2012 – III R 14/10, BStBl. II 2012, 897; aA noch BFH 20.11.2008 – III R 53/05, BFH/NV 2009, 564).

3. Beschwer durch zu niedrige Steuerfestsetzung (Null-Bescheid, Freistellung)

Eine Beschwer ist grds. auch dann nicht gegeben, wenn die Steuer nach dem Vorbringen 28
des Einspruchsführers zu niedrig festgesetzt worden ist und die Festsetzung einer höheren Steuer begehrt wird (BFH 9.9.2005 – IV B 6/04, BFH/NV 2006, 22; BFH 7.11.2007 – X B 103/05, BFH/NV 2008, 304; AEAO zu § 350 Nr. 2 und 3). Wurde die Steuer auf 0 EUR festgesetzt oder ist ein Freistellungsbescheid (§ 155 I 3) ergangen, ist der hiergegen erhobene Einspruch idR unzulässig (std. Rspr.; s. BFH 24.7.2014 – V R 45/13, BFH/NV 2015, 147; BFH 15.4.2010 – V R 11/09, BFH/NV 2010, 1830; BFH 23.2.2007 – VIII B 106/06, BFH/NV 2007, 1164; BFH 8.11.1989 – I R 174/86, BStBl. II 1990, 91).

Ausnahmsweise liegt eine Beschwer jedoch vor, wenn 29

- sich das Begehren auf Festsetzung einer negativen Steuer, eine StErstattung oder StVergütung richtet (→ Rn. 25);
- die Besteuerungsgrundlagen für eine andere Veranlagung oder eine andere Behörde verbindlich sind (→ Rn. 27);
- nach Ansicht des Einspruchsführers zu Unrecht die StSchuldnerschaft (BFH 15.3.1995 – II R 24/91, BStBl. II 1995, 653) oder Stpfl. bejaht wurde, zB bei einer KSt-Festsetzung auf 0 EUR bei behaupteter KSt-Befreiung wegen Gemeinnützigkeit (BFH 13.7.1994 – I R 5/93, BStBl. II 1995, 134; BFH 14.9.1994 – I R 153/93, BStBl. II 1995, 499; BFH 22.6.2016 – V R 49/15, BFH/NV 2016, 1754) oder bei einer USt-Festsetzung auf 0 EUR, wenn der Stpfl. geltend macht, er sei kein Unternehmer iSd § 2 I UStG (BFH 15.4.2010 – V R 11/09, BFH/NV 2010, 1830);
- nach den Darlegungen des Stpfl. mit einer gewissen Wahrscheinlichkeit anzunehmen ist, dass die zu niedrige StFestsetzung dazu führt, dass der Stpfl. **Nachteile bei späteren StFestsetzungen** erleidet, die den durch die angefochtene zu niedrige StFestsetzung bewirkten Vorteil überwiegen (BFH 7.11.1989 – IX R 190/85, BStBl. II 1990, 460; BFH 17.12.1987 – V B 152/87, BStBl. II 1988, 286; BFH 7.8.1974 – I R 108/73, BStBl. II 1975, 304; BFH 8.3.1994 – IX R 12/90, BFH/NV 1994, 785; BFH 9.9.2005 – IV B 6/04, BFH/NV 2006, 22; AEAO zu § 350 Nr. 2); dabei sind auch nachteilige Auswirkungen in Betracht zu ziehen, die sich aus der Anwendung allgemein anerkannter Bilanzierungsgrundsätze bei der Gewinnermittlung nach §§ 4, 5 EStG ergeben, insb. auch aus dem **Grundsatz des Bilanzenzusammenhangs** (BFH 25.4.2018 – VI R 64/15, BFH/NV 2018, 831; BFH 27.5.1981 – I R 123/77, BStBl. II 1982, 211; BFH 7.8.1979 – VIII R 153/77, BStBl. II 1980, 181; BFH 12.12.1972 – VIII R 39/67, BStBl. II 1973, 323);

– bei Anfechtung eines ESt-Bescheids auf 0 EUR in einem **Verlustentstehungsjahr** sich der Einspruch gegen eine Besteuerungsgrundlage richtet, die der StFestsetzung zugrunde gelegt worden ist und für die nach § 10d IV 4 und 5 EStG idF des JStG 2010 eine inhaltliche Bindung für das Verlustfeststellungsverfahren (§ 10d IV EStG) besteht, um so die Feststellung eines höheren verbleibenden Verlustvortrags am Schluss des VZ zu erreichen (BFH 30.6.2020 – IX R 3/19, BStBl. II 2021, 859; BFH 22.2.2018 – VI R 17/16, BStBl. II 2019, 496; BFH 10.2.2015 – IX R 6/14, BFH/NV 2015, 812); die Anfechtung des ESt-Bescheids ist zwingend erforderlich, da eine eigenständige Prüfung der betreffenden Besteuerungsgrundlagen im Rahmen der Verlustfeststellung grds. nicht mehr stattfindet, sondern für das Verhältnis zwischen ESt-Bescheid und Verlustfeststellungsbescheid die für das Verhältnis von Grundlagenbescheiden zu Folgebescheiden geltenden Vorschriften des § 171 X, § 175 I 1 Nr. 1 und § 351 II AO sowie § 42 FGO gem. § 10d IV 4 HS 2 EStG entspr. gelten; dies gilt im Verlustentstehungsjahr gem. § 10d IV EStG idF des JStG 2010 iVm § 8 I 1 KStG auch für die Anfechtung eines KSt-Bescheids auf 0 EUR (BFH 17.7.2024 – XI R 18/22, BFH/NV 2024, 1358; BFH 28.11.2018 – I R 41/18, BFH/NV 2019, 1109; BFH 22.11.2016 – I R 30/15, BFH/NV 2017, 1138) und gem. § 35b II 2 und 3 GewStG idF des JStG 2010 für die Anfechtung eines GewSt-Messbescheids über 0 EUR (BFH 17.7.2024 – XI R 18/22, BFH/NV 2024, 1358; BFH 6.12.2016 – I R 79/15, BStBl. II 2019, 173); dagegen wird über Grund und Höhe des Verlustrücktrags (§ 10d I EStG) auch nach § 10d EStG idF des JStG 2010 ausschließlich im Rahmen der Veranlagung des Rücktragsjahres entschieden, sodass für einen Einspruch gegen einen auf 0 EUR lautenden StBescheid des Verlustentstehungsjahres eine Beschwer iSd § 350 fehlt, wenn das Einspruchsbegehren nicht auf die Verlustfeststellung (§ 10d IV EStG), sondern ausschließlich auf den Verlustrücktrag gerichtet ist (BFH 10.3.2020 – IX R 24/19, BeckRS 2020, 15013);
– bei Anfechtung einer StFestsetzung auf 0 EUR in einem **Verlustrücktragsjahr** (§ 10d I EStG), soweit die Festsetzung auf einem Verlustrücktrag beruht und geltend gemacht wird, durch den Ansatz weiterer Betriebsausgaben sei das Verlustrücktragsvolumen geringer (BFH 11.11.2014 – I R 51/13, BFH/NV 2015, 305; s. auch BFH 10.3.2020 – IX R 24/19, BeckRS 2020, 15013; BFH 9.2.2017 – X B 49/16, BFH/NV 2017, 721 und BFH 25.6.2019 – X B 96/18, BFH/NV 2019, 911);
– das Begehren auf **höhere StFestsetzung** dem Ziel dient, die Anrechnung von StAbzugsbeträgen zu ermöglichen, zB gem. § 36 II Nr. 2 Buchst. a EStG (BFH 7.5.2013 – VIII R 17/09, BFH/NV 2013, 1581; BFH 17.6.2009 – VI R 46/07, BStBl. II 2010, 72; BFH 10.1.2007 – I R 75/05, BFH/NV 2007, 1506; BFH 19.7.1994 – VIII R 58/92, BStBl. II 1995, 362; AEAO zu § 350 Nr. 2).

4. Weitere Einzelfälle

30 **Einspruchsentscheidung.** Eine selbständige Beschwer, zB bei Verböserung (§ 367 II 2), kann zwar auch eine Einspruchsentscheidung enthalten; insoweit schließt jedoch § 348 Nr. 1 einen weiteren Einspruch aus.

Ermessensentscheidung. Eine Beschwer liegt bereits dann vor, wenn eine günstigere Ermessensentscheidung begehrt wird (→ Rn. 3).

Feststellungsbescheid iSd §§ 179 ff. Die Feststellung einer unzutr. Einkunftsart in einem Feststellungsbescheid (§§ 179 ff. AO) stellt eine Beschwer iSd § 350 dar (BFH 3.7.2019 – VI R 49/16, BStBl. II 2020, 86; BFH 15.4.2004 – IV R 54/02, BStBl. II 2004, 868). Ferner ist auch beschwert, wer gegen einen sog. negativen Feststellungsbescheid geltend macht, es sei eine Feststellung zu Unrecht unterblieben, zB weil das FA seine Mitunternehmereigenschaft (§ 15 I 1 Nr. 2 EStG) verneint habe (BFH 26.3.1971 – VI R 131–135/68, BStBl. II 1971, 478). Zur Einspruchsbefugnis bei einheitlichen und gesonderten Feststellungen → § 352.

Grundlagen- und Folgebescheid. Bei der Anfechtung eines Grundlagenbescheids (§ 171 X 1) ist eine Beschwer bei Geltendmachung eines Rechtsfehlers, zB hinsichtlich der Höhe der festgestellten Besteuerungsgrundlage oder hinsichtlich der Art und Zurechnung des Gegenstands der Feststellung, gegeben (BFH 13.11.1981 – III R 116/78, BStBl. II 1983, 88); die tatsächlichen Auswirkungen auf den Folgebescheid sind nicht zu prüfen (AEAO zu § 350 Nr. 4). Allerdings kann bei offensichtlich fehlender Auswirkung des geltend gemachten Fehlers auf den Folgebescheid das Rechtsschutzbedürfnis fehlen. Zur Anfechtungsbeschränkung für Folgebescheide s. § 351 II.

Eine **Hinzuziehung** (§ 360) berechtigt den Hinzugezogenen lediglich zur Geltendmachung von Rechten in dem vom Einspruchsführer betriebenen Einspruchsverfahren, sog. Akzessorietät der Hinzuziehung (→ § 360 Rn. 40 f.). Die Hinzuziehung selbst kann zwar durch Einspruch angefochten werden (→ § 360 Rn. 47), begründet jedoch für sich keine eigenständige Beschwer des Hinzugezogenen. Dieser ist insb. nicht schon kraft Hinzuziehung zur Einlegung eines Rechtsbehelfs gegen den an den Adressaten gerichteten VA berechtigt; dies ist nur unter den einschränkenden Voraussetzungen des § 350 bzw. § 40 II FGO möglich (BFH 20.7.1988 – I R 174/85, BStBl. II 1989, 87).

Nicht-VA; nichtiger VA. Beschwer ist bereits dann gegeben, wenn eine ggf. als Nicht-VA oder nichtiger VA zu qualifizierende Maßnahme der FB den Rechtsschein eines VA hervorruft und dieser Rechtsschein noch nicht beseitigt ist (HHSp § 350 Rn. 71 f.). Das Rechtsschutzbedürfnis für den Einspruch entfällt nach Feststellung der Nichtigkeit gem. § 125 V.

Nebenbestimmungen. Die Beifügung einer Nebenbestimmung kann eine Beschwer begründen. Ist die Nebenbestimmung ein selbständiger VA, wie zB die Auflage und der Auflagenvorbehalt, § 120 II Nr. 4 und 5, bedarf es im Rahmen der erforderlichen gesonderten Anfechtung dieser Nebenbestimmung der Geltendmachung einer sich aus der Nebenbestimmung ergebenden Beschwer (→ § 120 Rn. 48). Bei nicht selbständig anfechtbaren Nebenbestimmungen, wie zB bei der Bedingung, § 120 II Nr. 2, richtet sich der Einspruch gegen den VA; die Beschwer kann sich aus der Aufhebung, dem Vorhandensein, dem Fehlen oder der Art der Nebenbestimmung ergeben. Zu Einzelheiten → § 120 Rn. 44 ff.

Unterlassener VA (Untätigkeitseinspruch). Eine Beschwer ist gegeben, wenn der Sachvortrag des Einspruchsführers die Zulässigkeitsvoraussetzungen des Untätigkeitseinspruchs (§ 347 I 2) erfüllt. Ferner muss die Möglichkeit bestehen, dass der Einspruchsführer durch den unterlassenen VA in seinem Recht auf gesetzmäßige Besteuerung bzw. rechtmäßige steuerverfahrensrechtliche Beurteilung verletzt ist.

Vorbehalt der Nachprüfung; Vorläufigkeitsvermerk. Eine Beschwer ergibt sich auch aus einem Vorbehaltsbescheid (§ 164 I 1) oder aus einem gem. § 165 I vorläufigen Bescheid. Bei einer Vorläufigkeitserklärung nach § 165 I 2 Nr. 3 wegen verfassungsrechtlicher Streitpunkte kann jedoch uU das Rechtsschutzbedürfnis für einen Einspruch fehlen, wenn ein gleichgelagertes Musterverfahren iSd § 165 I 2 Nr. 3 bereits anhängig ist (vgl. BFH 22.3.1996 – III B 173/95, BStBl. II 1996, 506; BFH 10.11.1993 – X B 83/93, BStBl. II 1994, 119).

C. Geltendmachung einer Beschwer

Die Beschwer durch einen VA oder dessen Unterlassung muss vom Stpfl. **geltend** 31
gemacht werden. Die Einspruchsbefugnis ist mithin nicht davon abhängig, dass die Beschwer auch tatsächlich gegeben ist. Wird keine Beschwer geltend gemacht, ist der Einspruch als unzulässig zu verwerfen, § 358 S. 2. Bei **fehlender Geltendmachung,** wie zB bei der bloßen Ankündigung eines Einspruchs oder der StZahlung unter Vorbehalt, kann allerdings bereits fraglich sein, ob überhaupt Einspruch eingelegt werden soll (→ § 357 Rn. 4 ff.). Wird eine Beschwer geltend gemacht und liegt diese aufgrund der späteren Prüfung in der Sache nicht vor, ist der Einspruch als unbegründet zurückzuweisen.

32 **Individualisierbarkeit des angefochtenen VA.** Unabdingbare Voraussetzung für die Geltendmachung einer Beschwer iSd § 350 ist, dass der angefochtene VA nach dem Inhalt des Einspruchs zumindest hinreichend individualisierbar ist. Denn ein Einspruch muss sich gegen einen bestimmten VA oder dessen Unterlassung richten, wobei die Zulässigkeit des Einspruchs voraussetzt, dass der Einspruchsführer geltend macht, gerade durch diesen VA oder seine Unterlassung beschwert zu sein (BFH 28.11.2001 – I R 93/00, BFH/NV 2002, 613; → § 357 Rn. 28 f.).

33 **Geltend gemacht** wird eine Beschwer grds. dann, wenn sie schlüssig dargelegt wird und hiernach die Möglichkeit besteht, dass der Einspruchsführer in seinem Recht auf gesetzmäßige formelle und sachliche Besteuerung verletzt worden ist (BFH 9.8.2007 – VI R 7/04, BFH/NV 2008, 9). Für die Geltendmachung ist mangels gesetzlicher Anordnung grds. weder ein substantiierter Vortrag noch eine Einspruchsbegründung erforderlich, die gem. § 357 III 3 lediglich ein Soll-Erfordernis ist. Bei fehlender Begründung ist die verständige Prüfung des angefochtenen VA bestimmend. Erscheint danach eine Beschwer möglich, ist die Einspruchsbefugnis zu bejahen (BFH 9.8.2007 – VI R 7/04, BFH/NV 2008, 9; vgl. auch → § 367 Rn. 16 zur Reduzierung der Ermittlungspflicht des FA bei fehlender Begründung). Dem Erfordernis des § 350 genügt daher regelmäßig schon die bloße Anfechtung eines belastenden VA durch den Adressaten (BFH 27.11.1985 – II R 90/83, BStBl. II 1986, 243). Eine zusätzliche Substantiierung des Einspruchsbegehrens ist nur dann erforderlich, wenn die Beschwer des Einspruchsführers anhand des angefochtenen VA nicht ohne Weiteres erkennbar ist (BFH 27.11.1985 – II R 90/83, BStBl. II 1986, 243;). Das kann der Fall sein, wenn der Einspruchsführer nicht Adressat des VA ist oder der angefochtene VA keine rechtswidrige Beeinträchtigung des Einspruchsführers erkennen lässt. An der schlüssigen Geltendmachung fehlt es, wenn nach dem Vorbringen des Einspruchsführers dessen Rechtsverletzung offensichtlich und eindeutig nach keiner rechtlichen Betrachtung in Frage kommt (BFH 4.4.1984 – I R 269/81, BStBl. II 1984, 563). Das FA kann ggf. weitere Angaben zur Beschwer durch Verfügung gem. § 364b anfordern.

D. Wegfall der Beschwer

37 Entfällt die Beschwer im Laufe des Einspruchsverfahrens, wird ein zunächst zulässiger Einspruch nicht rückwirkend unzulässig (BFH 29.3.1974 – III B 43/73, BStBl. II 1974, 463). Soweit allerdings der angefochtene VA ersatzlos aufgehoben oder gegenstandslos wird, erledigt sich das Einspruchsverfahren in der Hauptsache (→ § 367 Rn. 48 f.). Erklärt der Einspruchsführer das Einspruchsverfahren trotz Hauptsacherledigung nicht für erledigt, ist der Einspruch daher idR mangels fortbestehender Beschwer oder mangels Rechtsschutzbedürfnis unzulässig geworden. Besteht Streit über den nachträglichen Wegfall der Beschwer und wird deren Fortwirken trotz der (vermeintlichen) Erledigung des Einspruchsverfahrens geltend gemacht, verbleibt es bei der Zulässigkeit des Einspruchs; über die Einwendungen ist dann im Rahmen der Begründetheit des Einspruchs zu entscheiden (Gosch AO § 350 Rn. 41). Eine Fortsetzung des Einspruchsverfahrens mit dem Ziel der Feststellung der Rechtswidrigkeit des erledigten VA scheidet aus; ggf. kann jedoch Fortsetzungsfeststellungsklage (§ 100 I 4 FGO) erhoben werden (→ § 367 Rn. 51).

E. Rechtsschutzbedürfnis

39 Die Zulässigkeit des Einspruchs setzt neben der Beschwer (§ 350) ein Rechtsschutzbedürfnis voraus. Dieses in der AO nicht ausdrücklich normierte Erfordernis ist eine für alle Verfahrensarten geltende allgemeine Sachentscheidungsvoraussetzung (Gosch AO § 350 Rn. 7) und verlangt ein **schutzwürdiges berücksichtigungswertes Interesse** an

der begehrten Entscheidung im Einspruchsverfahren (AEAO zu § 350 Nr. 6); zum Rechtsschutzbedürfnis im AdV-Verfahren → § 361 Rn. 37 f.

Ein Rechtsschutzbedürfnis fehlt, wenn das Einspruchsverfahren bzw. seine Fortführung **rechtsmissbräuchlich** ist, wie zB bei Einspruchseinlegung gegen VA, dessen Nichtigkeit die FB bereits gem. § 125 V festgestellt hat, oder wenn das Einspruchsverfahren dem Einspruchsführer **keinen** rechtlichen oder tatsächlichen **Vorteil** bringen kann. Letzteres ist der Fall, wenn sich der Einspruch in der Hauptsache unstrittig erledigt hat, zB aufgrund vollständiger Abhilfe (→ § 367 Rn. 48), oder lediglich das Einspruchsverfahren leitende Maßnahmen angegriffen werden und in der Hauptsache bereits eine Einspruchsentscheidung ergangen ist. Ferner fehlt das Rechtsschutzbedürfnis dann, wenn es für den Einspruchsführer einen verfahrensmäßig einfacheren und/oder schnelleren Weg gibt, das angestrebte Rechtsschutzziel zu erreichen (BFH 21.8.2018 – X S 23/18, BFH/NV 2019, 35). Ein möglicher Antrag auf schlichte Änderung gem. § 172 I 1 Nr. 2 Buchst. a beseitigt allerdings nicht das Rechtsschutzbedürfnis für einen Einspruch, da die Rechte des Stpfl. im Einspruchsverfahren umfassender gewahrt werden (AEAO zu § 350 Nr. 6). 40

§ 351 Bindungswirkung anderer Verwaltungsakte

(1) **Verwaltungsakte, die unanfechtbare Verwaltungsakte ändern, können nur insoweit angegriffen werden, als die Änderung reicht, es sei denn, dass sich aus den Vorschriften über die Aufhebung und Änderung von Verwaltungsakten etwas anderes ergibt.**

(2) **Entscheidungen in einem Grundlagenbescheid (§ 171 Absatz 10) können nur durch Anfechtung dieses Bescheids, nicht auch durch Anfechtung des Folgebescheids, angegriffen werden.**

Schrifttum: Söhn, Die Anfechtung von Folgebescheiden, StuW 1974, 50; Macher, Die beschränkte Anfechtbarkeit von Steuerverwaltungsakten, StuW 1985, 33; Ling, § 351 Abs. 2 AO – eine Zulässigkeitsvorschrift?, DStZ 1993, 659; Kies, Besonderheiten bei Einspruchsverfahren gegen korrigierte Steuerbescheide, DStR 2001, 1555; v. Wedelstädt, Bindungswirkung von Grundlagenbescheiden: Voraussetzungen – Umfang – Rechtsfolgen, AO-StB 2009, 203.

Übersicht

I. Allgemeines

Regelungsgegenstand und -zweck. § 351 schränkt die Einspruchsbefugnis (§ 350) 1
bei Änderungs- oder Folgebescheiden ein und regelt in seinen beiden Abs. zwei unterschiedliche und voneinander unabhängige Tatbestände. Beide Regelungen betreffen, wie schon aus der Gesetzesüberschrift ersichtlich, die Bindungswirkung anderer VA. § 351 bestimmt, dass sich die Beschwer durch einen VA nur aus seinem eigenständigen Regelungsinhalt ergeben kann. An einer Beschwer fehlt es daher, sofern Regelungsinhalte eines VA bereits verbindlich in einem anderen VA geregelt worden sind. Der Rechtsnatur nach statuiert § 351 I nach einhelliger Meinung eine Zulässigkeitsvoraussetzung für den Ein-

spruch gegen einen Änderungsbescheid (vgl. Gosch AO § 351 Rn. 1; Schwarz/Pahlke/Keß § 351 Rn. 5; → Rn. 30), während § 351 II zT der Begründetheitsprüfung zugeordnet wird (→ Rn. 43). Der sachliche Anwendungsbereich der Vorschrift erstreckt sich gem. § 1 II Nr. 6 auch auf RealSt, soweit ihre Verwaltung den Gemeinden übertragen ist. Zudem gilt § 351 auch im AdV-Verfahren (§ 361) und über die Verweisung in § 42 FGO im finanzgerichtlichen Verfahren.

2 **Verhältnis von Abs. 1 zu Abs. 2.** Die Begrenzungen der Einspruchsbefugnis aus § 351 I und II sind uU auch **nebeneinander** anwendbar. Wird ein Grundlagenbescheid (§ 171 X) geändert, gilt für den hiergegen erhobenen Einspruch die Anfechtungsbeschränkung des Abs. 1 und ferner hinsichtlich der allein gegen den Folgebescheid zu erhebenden Einwendungen die des Abs. 2. Ebenso sind bei Anfechtung eines geänderten Folgebescheids die Grenzen des Abs. 1 und zusätzlich die des Abs. 2 zu beachten, sofern in dem Folgebescheid gem. § 175 I 1 Nr. 1 auch Entscheidungen eines Grundlagenbescheids berücksichtigt worden sind.

3 **Verhältnis zu anderen Vorschriften.** Im Verhältnis zu **§§ 350, 352** normiert § 351 zusätzliche Anforderungen an die Einspruchsbefugnis bei Anfechtung eines Änderungs- oder Folgebescheids (→ § 350 Rn. 4). Die Zulässigkeit eines Einspruchs gegen einen geänderten Grundlagenbescheid, wie zB gegen einen geänderten Gewinnfeststellungsbescheid gem. §§ 179, 180 I 1 Nr. 2 Buchst. a, ist daher uU kumulativ sowohl durch § 350 als auch durch § 351 I und II sowie § 352 beschränkt. Im Verhältnis zu **§ 177,** der den Umfang gegenläufiger Berichtigungen von materiellen Fehlern bei Aufhebung oder Änderung eines StBescheids begrenzt, enthält § 351 eine korrespondierende Regelung für die Beschränkung der Einspruchsbefugnis: Der durch § 177 gesetzte Änderungsrahmen entspricht dem Änderungsrahmen des § 351 (vgl. BFH 22.4.2015 – X R 24/13, BFH/NV 2015, 1334; → Rn. 22, 24). Die für § 177 geltenden Grundsätze zum Überprüfungs- und Berichtigungsumfang können daher auch zur Auslegung des § 351 herangezogen werden.

II. Einspruchsbefugnis bei Änderungsbescheiden (Abs. 1)

4 **§ 351 I** betrifft den Einspruch gegen einen Änderungsbescheid, der einen bereits unanfechtbaren VA ändert. Die Vorschrift begrenzt die Anfechtbarkeit und damit auch die durch den Einspruch bewirkte Änderbarkeit eines Änderungsbescheids auf den Umfang der Änderung und stellt damit klar, dass es im Übrigen bei der zuvor eingetretenen Bestandskraft bleibt (BFH 20.2.2024 – IX R 27/23 (II R 27/15), BStBl. II 2024, 444; BFH 20.4.2023 – III R 25/22, BStBl. II 2023, 823; BT-Drs. VI/1982, 189). Die Vorschrift schützt somit die formelle Bestandskraft des ursprünglichen Bescheids, soweit er nicht geändert worden ist (BFH 24.10.2000 – IX R 62/97, BStBl. II 2001, 124). Der Betroffene soll im Interesse der Rechtssicherheit und des Rechtsfriedens mit dem Einspruch lediglich die Beseitigung der durch den Änderungsbescheid eingetretenen Verschlechterung erreichen dürfen und hinsichtlich der Anfechtungsmöglichkeit im Übrigen nicht besser gestellt werden als er bei Eintritt der Unanfechtbarkeit des früheren Bescheids stand, soweit die AO nicht selbst eine Durchbrechung der Bestandskraft zulässt (BFH 12.7.2016 – IX R 31/15, BStBl. II 2018, 699; BFH 29.9.1977 – VIII R 67/76, BStBl. II 1978, 44). § 351 I beschränkt auch die Möglichkeit, im Rahmen eines Einspruchs- oder Klageverfahrens einen nach § 172 I 1 Nr. 2 Buchst. a geänderten VA zu erlassen, der dem Einspruch oder der Klage abhilft (BFH 4.5.2011 – I R 67/10, BFH/NV 2012, 6). Jedoch stellt Abs. 1 HS 2 klar, dass ein Änderungsbescheid über den Umfang der Änderung hinaus angefochten werden kann, wenn dies aus anderen Gründen nach den Vorschriften über die Aufhebung oder Änderung von VA zulässig ist, zB bei Vorliegen neuer Tatsachen nach § 173 I Nr. 1 (BT-Drs. 7/4292, 42; → Rn. 29).

5 § 351 I setzt die **Anfechtung des Änderungsbescheids** voraus. Ferner erfordert § 351 I, dass der Änderungsbescheid wirksam ist (§§ 122, 124) und form- und fristgerecht (§§ 355, 357) angefochten wurde.

§ 351 I hat konstitutiven Charakter. Da der Änderungsbescheid den ursprünglichen Bescheid in seinen Regelungsinhalt mit aufnimmt und der ursprüngliche Bescheid keine Wirkung mehr entfaltet, solange der Änderungsbescheid Bestand hat, ist der Änderungsbescheid die alleinige Rechtsgrundlage, deren Anfechtbarkeit durch § 351 I beschränkt wird (vgl. BFH 25.10.1972 – GrS 1/72, BStBl. II 1973, 231; BFH 29.9.1977 – VIII R 67/76, BStBl. II 1978, 44; → Vor §§ 172–177 Rn. 30 f.; aA TK § 351 Rn. 2 f., nach dem § 351 I lediglich klarstellende Bedeutung hat, da der Änderungsbescheid nur im Umfang der Änderung eine neue Regelung und im Übrigen lediglich ein wiederholender VA sein soll). 6

Ausübung von Wahlrechten. § 351 I begrenzt lediglich den Umfang der Anfechtung eines Änderungsbescheids und lässt die Ausübung eines Wahlrechts im Einspruchsverfahren gegen den Änderungsbescheid unberührt. War ein Stpfl. bereits zuvor als Ehegatte zur ESt veranlagt worden, so ist sein Begehren auf **Änderung der Veranlagungsart gem. § 26 I 1 EStG** nicht als Anfechtung iSd § 351 I zu verstehen, sondern als ein auf Durchführung einer erneuten Veranlagung gerichtetes Verpflichtungsbegehren. Die im Zusammenhang mit der Änderung eines StBescheids erneut ausgeübte Wahl der Veranlagungsart löst die Rechtsfolgen der §§ 26 ff. EStG aus, lässt aber die Besteuerungsgrundlagen im Übrigen unberührt und ist daher nicht nach § 351 I ausgeschlossen (BFH 14.6.2018 – III R 20/17, BStBl. II 2019, 694; BFH 31.1.2013 – III R 15/10, BFH/NV 2013, 1071; BFH 3.3.2005 – III R 22/02, BStBl. II 2005, 690; BFH 24.1.2002 – III R 49/00, BStBl. II 2002, 408). Die Berechtigung zur erneuten Ausübung des Veranlagungswahlrechts bedeutet allerdings nicht, dass die daraufhin ergehenden StBescheide in vollem Umfang angefochten werden können; vielmehr gilt hinsichtlich der Besteuerungsgrundlagen im Verhältnis zum Ursprungsbescheid die Anfechtungsbeschränkung des § 351 I (BFH 31.1.2013 – III R 15/10, BFH/NV 2013, 1071; BFH 25.6.1993 – III R 32/91, BStBl. II 1993, 824). Auch **andere Antrags- oder Wahlrechte,** die dem Grunde nach keiner zeitlichen Begrenzung unterliegen, wie zB Anträge nach § 16 IV EStG auf Gewährung eines Freibetrags bei Betriebsveräußerung oder -aufgabe oder nach § 34 III EStG auf Gewährung des ermäßigten StSatzes bei außerordentlichen Einkünften sowie für die Wahl zwischen der sofortigen Versteuerung eines Veräußerungsgewinns nach den §§ 16, 34 EStG und einer nicht tarifbegünstigten Besteuerung der nachträglichen Betriebseinnahmen im Jahr des Zuflusses, können nach Eintritt der Bestandskraft eines vorangehenden Bescheids im Rahmen eines Einspruchsverfahrens gegen einen steuererhöhenden Änderungsbescheid erstmalig ausgeübt oder geändert werden, wobei die nachträgliche Antrags- oder Wahlrechtsausübung in betragsmäßiger Hinsicht ebenfalls durch den Änderungsrahmen des § 351 I begrenzt wird (BFH 20.4.2023 – III R 25/22, BStBl. II 2023, 823; BFH 9.12.2015 – X R 56/13, BStBl. II 2016, 967; BFH 27.10.2015 – X R 44/13, BStBl. II 2016, 278; BFH 26.4.2018 – III R 12/17, BFH/NV 2018, 948; → Rn. 29). Entsprechendes gilt für Anträge nach § 32d IV EStG (BFH 22.5.2024 – VIII R 20/22, BFH/NV 2024, 1321) und für Anträge nach § 32d VI EStG (BFH 26.9.2023 – VIII R 10/21, BFH/NV 2024, 5; BFH 14.7.2020 – VIII R 6/17, BStBl. II 2021, 92). 7

1. Unanfechtbarkeit des geänderten Verwaltungsakts

Die **Anfechtungsbeschränkung** des § 351 I gilt für VA, die unanfechtbare VA ändern. Unerheblich ist, ob es sich bei dem unanfechtbaren VA um einen Erstbescheid oder um einen bereits geänderten VA handelt. 8

Änderbare Verwaltungsakte. Die Anwendung des § 351 I setzt naturgemäß die Änderbarkeit des bestandskräftigen VA voraus. Der Anwendungsbereich des § 351 I ist nicht auf „GeldleistungsVA“ beschränkt, sondern erfasst alle VA iSd § 118. Ohne Weiteres in den Anwendungsbereich des § 351 I fallen alle StBescheide und ihnen gleichgestellte Bescheide, wie zB Feststellungsbescheide (→ Rn. 26), Bescheide über StVergütungen (§ 155 V) oder StMessbescheide (§ 184 I), die den Änderungsvorschriften der **§§ 172 ff.** unterfallen. Ferner gilt § 351 1 I für Bescheide über den Solz (BFH 20.2.2024 – IX R 27/ 9

23 (II R 27/15), BStBl. II 2024, 444) und für Zinsbescheide iSd § 239 (BFH 17.7.2019 – X B 21/19, BFH/NV 2019, 1217). Entsprechendes gilt für StBescheide und ihnen gleichgestellte Bescheide, die nach den EinzelStGesetzen abänderbar sind, wie zB nach § 7g III EStG, nach § 10d I 3 f. EStG, nach § 70 II EStG oder hinsichtlich des GewSt-Messbescheids nach § 35b I 1 GewStG (BFH 1.3.1966 – I 259/64, BStBl. III 1966, 331). Nach Ansicht der Rspr. (BFH 24.7.1984 – VII R 122/80, BStBl. II 1984, 791) und der FVerw. (AEAO zu § 351 Nr. 3) gilt § 351 I wegen seines auf die „Änderung" beschränkten Wortlauts allerdings nicht für sonstige VA, die den Vorschriften über die **Rücknahme (§ 130)** und den **Widerruf (§ 131)** unterliegen (so auch HHSp § 351 Rn. 32; Schwarz/Pahlke/Keß § 351 Rn. 12a; Klein § 351 Rn. 3). Diese dem Einspruchsführer günstige Auslegung – sie hat allerdings wegen der durch §§ 130 II, 131 II zugelassenen Korrektur des VA auch nach Unanfechtbarkeit keine große praktische Bedeutung – widerspricht der auf Rechtssicherheit angelegten Zwecksetzung des § 351 I (→ Rn. 1) und ist daher abzulehnen (ebenso Gosch AO § 351 Rn. 11; TK § 351 Rn. 6; Gräber FGO § 42 Rn. 11 f.). Die Anfechtungsbeschränkung in § 351 I gilt daher zB auch für Verspätungszuschläge (FG Rheinland-Pfalz 21.2.2013 – 4 K 1758/12, EFG 2013, 824; aA FG Düsseldorf 26.5.2008 – 18 K 2172/07 AO, EFG 2008, 1345), Haftungsbescheide iSd § 191 I 1 (aA BFH 24.7.1984 – VII R 122/80, BStBl. II 1984, 791), Abrechnungsbescheide iSd § 218 II und Anrechnungsverfügungen gem. § 36 II EStG. Nach einhelliger Auffassung gilt § 351 I für gem. **§ 129** ergehende Berichtigungsbescheide (vgl. HHSp § 351 Rn. 87; Gosch AO § 351 Rn. 11; TK § 351 Rn. 8; Gräber FGO § 42 Rn. 14; AEAO zu § 351 Nr. 3; aA Klein § 351 Rn. 3). Diese Beurteilung kann sich ebenfalls nur auf den Zweck des § 351 I und nicht auf eine Wortlautinterpretation dieser Vorschrift berufen, da § 129 nicht, wie von § 351 I vorausgesetzt, zu einer inhaltlichen Umgestaltung eines VA berechtigt, sondern nur die Berichtigung offenbarer Unrichtigkeiten iSd § 129 S. 1 ermöglicht.

11 **Unanfechtbarkeit.** § 351 I setzt voraus, dass die Bekanntgabe des Änderungsbescheids erst nach Eintritt der Unanfechtbarkeit, dh formeller Bestandskraft, des geänderten VA erfolgt. Unanfechtbarkeit tritt ein, wenn die Einspruchsfrist (§ 355) abgelaufen, ein Einspruchsverzicht (§ 354) oder die Rücknahme des Einspruchs (§ 362) oder der Klage (§ 72 FGO) erklärt wurde, über den VA durch Urt. gerichtlich unanfechtbar entschieden wurde oder eine Erledigung des Rechtsstreits in der Hauptsache eingetreten ist (BFH 14.5.2003 – XI R 21/02, BStBl. II 2003, 888). Für § 351 I ist ohne Bedeutung, ob der geänderte unanfechtbare VA rechtmäßig oder rechtswidrig war.

12 Mangels Unanfechtbarkeit **nicht anwendbar** ist § 351 I, wenn

– der Änderungsbescheid vor Eintritt der formellen Unanfechtbarkeit des geänderten VA ergeht und gegen diesen geänderten VA **vor** Ablauf der insoweit laufenden Einspruchsfrist Einspruch eingelegt wird (BFH 10.7.1980 – IV R 11/78, BStBl. II 1981, 5; FG Nürnberg 27.9.2007 – VI 436/2005, EFG 2008, 352; TK § 351 Rn. 9);
– der Änderungsbescheid noch innerhalb der Einspruchsfrist des ursprünglichen VA ergeht, jedoch erst **nach** Ablauf dieser Einspruchsfrist gegen den Änderungsbescheid Einspruch eingelegt wird (TK § 351 Rn. 8). Denn maßgebend für die von § 351 I vorausgesetzte Unanfechtbarkeit des VA ist der Zeitpunkt des Erlasses, dh der Bekanntgabe, und nicht der Zeitpunkt der Anfechtung des Änderungsbescheids (BFH 10.7.1980 – IV R 11/78, BStBl. II 1981, 5; FG Nürnberg 27.9.2007 – VI 436/2005, EFG 2008, 352);
– der Änderungsbescheid **während eines** gegen den ursprünglichen VA laufenden **Einspruchs- oder Klageverfahrens** ergeht. Der Änderungsbescheid wird hier gem. § 365 III 1 AO (→ § 365 Rn. 19 ff.) bzw. § 68 S. 1 FGO automatisch zum Gegenstand des Einspruchs- bzw. Klageverfahrens und kann uneingeschränkt angegriffen werden. Die Einspruchsbefugnis hinsichtlich des Änderungsbescheids ist auch dann nicht durch § 351 I beschränkt, wenn das finanzgerichtliche Verfahren erst **nach** Ergehen des Änderungsbescheids von den Beteiligten übereinstimmend in der Hauptsache für erledigt erklärt wurde. Die Erledigung des finanzgerichtlichen Verfahrens ändert nichts daran,

dass sich die Änderung auf einen im Zeitpunkt der Änderung noch nicht bestandskräftigen Bescheid bezog (BFH 10.7.1980 – IV R 11/78, BStBl. II 1981, 5). Zu dem erst nach Hauptsacheerledigung ergehenden Änderungsbescheid → Rn. 14.

Unanwendbar ist § 351 I auch auf StBescheide, die gem. **§ 164 II 1** einen **Vorbehaltsbescheid (§ 164 I)** ändern. Vorbehaltsbescheide erwachsen nicht in materielle Bestandskraft, weil sich der Vorbehalt der Nachprüfung auf den gesamten Bescheid erstreckt und eine unbegrenzte Änderung ermöglicht (BFH 16.1.2013 – II R 66/11, BStBl. II 2014, 266; BFH 11.3.1999 – V B 24/99, BStBl. II 1999, 335). Ebenso unterliegt auch die Aufhebung des Vorbehalts der Nachprüfung gem. § 164 III 1 keiner Anfechtungsbeschränkung (FG Rheinland-Pfalz 30.5.2008 – 5 K 2268/06, EFG 2009, 457). 13

Die Änderung eines **vorläufigen StBescheids** gem. **§ 165 II 1 und 2** wird durch Art und Umfang des Vorläufigkeitsvermerks (§ 165 I) begrenzt. Sie unterliegt der Anfechtungsbeschränkung gem. § 351 I. Die Anfechtung des Änderungsbescheids ist somit auf den Umfang der gem. § 165 II 2 durchgeführten Änderungen beschränkt. Daher können, soweit die Änderung iSd § 165 II den nicht vorläufigen Teil betrifft, hiergegen Einwendungen nur in dem durch § 351 I zugelassenen Umfang geltend gemacht werden (BFH 20.11.2012 – IX R 7/11, BStBl. II 2013, 359). War hingegen der StBescheid gem. § 165 I unzulässigerweise in vollem Umfang, zB aufgrund eines unklaren Vorläufigkeitsvermerks, vorläufig, ist nach der Rspr. des BFH der Vorläufigkeitsvermerk gem. § 125 I nichtig, sodass eine Änderung des StBescheids nach § 165 II 1 und 2 nicht in Betracht kommt (vgl. BFH 12.7.2007 – X R 22/05, BStBl. II 2008, 2; BFH 30.6.1994 – V R 106/91, BFH/NV 1995, 466; BFH 12.3.1991 – IX R 282/87, BFH/NV 1991, 506). Nach der älteren Rspr. des BFH war der StBescheid in diesem Fall noch in vollem Umfang vorläufig, wobei dann die Anfechtung eines Änderungsbescheids iSd § 165 II 1 und 2 nicht gem. § 351 I beschränkt war (vgl. BFH 29.9.1971 – II R 70/70, BStBl. II 1972, 195).

Änderungsbescheid nach Hauptsacheerledigung. Unanfechtbarkeit des ursprünglichen VA tritt auch ein, wenn das den ursprünglichen VA betr. finanzgerichtliche Verfahren bereits **vor** Ergehen des Änderungsbescheids in der Hauptsache übereinstimmend für erledigt erklärt wird (vgl. BFH 14.5.2003 – XI R 21/02, BStBl. II 2003, 888; BFH 24.1.2002 – III R 49/00, BStBl. II 2002, 408, aA BFH 23.7.2020 – V R 37/18, BStBl. II 2021, 50 ohne nähere Begründung). Auf den nach der Hauptsacheerledigung ergehenden, ggf. auf einer entsprechenden Änderungszusage des FA beruhenden, Änderungsbescheid ist § 351 I anzuwenden (FG München 27.9.1995 – 4 K 1277/92, EFG 1996, 257; FG Münster 14.11.1996 – 5 K 1926/95 U, EFG 1997, 456). Der BFH hat allerdings bisher offengelassen, ob eine Änderung, die in Vollzug einer Einigung und Hauptsacheerledigung während eines Klageverfahrens vorgenommen wird und die festgesetzte Steuer zugunsten des Klägers herabsetzt, lediglich – ohne ein selbständiger VA zu sein – einen der Erledigungserklärung entsprechenden Zustand herstellt und eine weitere Änderungs- und Anfechtungsmöglichkeit schon aus diesem Grund nicht mehr besteht oder ob die Änderung als StBescheid wiederum anfechtbar ist und dabei der Anfechtungsbeschränkung des § 351 I unterliegt (vgl. BFH 14.5.2003 – XI R 21/02, BStBl. II 2003, 888). Die Aufnahme eines weiteren Vorläufigkeitsvermerks in den Änderungsbescheid ist jedenfalls ausgeschlossen (BFH 14.5.2003 – XI R 21/02, BStBl. II 2003, 888). Kommt es zum Streit über die Wirksamkeit der abgegebenen Erledigungserklärungen, ist das finanzgerichtliche Verfahren fortzusetzen (BFH 13.2.2008 – VIII B 215/07, BFH/NV 2008, 815). Entsprechendes gilt, wenn streitig ist, ob das FA seine Zusage zum Erlass eines Änderungsbescheids, die dazu geführt hat, dass der ursprüngliche Rechtsstreit in der Hauptsache für erledigt erklärt worden ist, korrekt umgesetzt hat. Es besteht kein Wahlrecht dahingehend, stattdessen ein neues Einspruchsverfahren zu führen (BFH 14.12.2011 – X B 42/11, BFH/NV 2012, 439; s. hierzu auch Gräber FGO § 138 Rn. 27 f.). 14

15 Die Überprüfung eines **Bescheids iSd § 100 II 3 HS 2 FGO, der mit dem Einspruch angefochten ist,** ist wegen der Rechtskraft des vorangegangenen Urt. grds. darauf beschränkt, ob das FA die in jenem Urt. enthaltenen Vorgaben rechnerisch zutr. umgesetzt hat. Sie muss sich aber auch auf die Frage erstrecken, ob seit Ergehen des Urt. Umstände eingetreten sind, die nach den maßgeblichen Änderungsvorschriften eine weitergehende Änderung des VA gebieten (BFH 3.9.2015 – III B 39/15, BFH/NV 2015, 1689; BFH 4.5.2011 – I R 67/10, BFH/NV 2012, 6).

2. Ändernder Verwaltungsakt

17 Eine Änderung iSd § 351 I ist gegeben, soweit der Regelungsgehalt des bestandskräftigen VA umgestaltet wird, dh der unanfechtbare VA unter Belassung des ursprünglichen Regelungsgehalts des VA im Übrigen eine punktuelle Neuregelung erfährt (Schwarz/Pahlke/Keß § 351 Rn. 12). Keine Änderung iSd § 351 I liegt vor, wenn ein VA **aufgehoben** oder durch eine Neuregelung **ersetzt** wird und damit ein in vollem Umfang neuer VA ergeht; dieser kann uneingeschränkt mit dem Einspruch angefochten werden (HHSp § 351 Rn. 33, 35). Ebenso kann ein sog. **Zweitbescheid** uneingeschränkt angegriffen werden, weil der Zweitbescheid eine neue Sachentscheidung trifft (TK § 351 Rn. 7). An einer „Änderung" fehlt es dagegen bei der sog. **wiederholenden Verfügung,** die schon mangels Regelung kein VA ist (→ § 118 Rn. 25).

3. Anfechtungsbegrenzung im Umfang der Änderung

19 Die Anfechtung ist gem. § 351 I nur „insoweit" zulässig, als die Änderung reicht. Durch Anfechtung des Änderungsbescheids soll der Betroffene keine bessere Rechtsposition erlangen können als sie ohne den Änderungsbescheid bestand (→ Rn. 4). Soweit keine Änderung des VA erfolgt, verbleibt es bei seiner Bestandskraft.

21 **Bezugspunkt** der Anfechtungsbeschränkung ist der **Tenor** des ursprünglichen unanfechtbar gewordenen VA; dies ist bei StBescheiden der festgesetzte StBetrag. Bei mehreren aufeinanderfolgenden VA ist der Tenor des letzten Änderungsbescheids maßgebend. Die Begründung des VA und die in StBescheiden festgestellten Besteuerungsgrundlagen (§ 157 II) sind weder von der Bestandskraft noch von der Anfechtungsbeschränkung des § 351 I erfasst.

22 **Anfechtung nur im Umfang der Änderung.** Der Änderungsbescheid kann nur „insoweit angegriffen werden, als die Änderung reicht". Diese Anfechtungsbeschränkung betrifft den betragsmäßigen Nachteil, der sich aus dem Vergleich zwischen Änderungsbescheid und geändertem Bescheid ergibt. Der Einspruchsführer darf bei der Anfechtung des Änderungsbescheids nicht zu seinen Gunsten mehr begehren als durch den Tenor des ursprünglichen VA festgesetzt wurde (TK § 351 Rn. 13). Setzt der Änderungsbescheid die Steuer herauf, kann allenfalls die Beseitigung der durch den geänderten VA eingetretenen Belastung, jedoch keine niedrigere Steuer als im ursprünglichen VA festgesetzt, erreicht werden. Soweit der Änderungsbescheid die Steuer herabsetzt, kann keine weitere Herabsetzung erreicht werden und ist der geänderte Bescheid daher grds. nicht mehr anfechtbar; ein entspr. Einspruch ist unzulässig (BFH 7.10.2003 – X B 53/03, BFH/NV 2004, 156). Eine weitergehende Änderung des Bescheids zugunsten des Stpfl. ist gem. § 351 I HS 2 nur möglich, soweit die Bestandskraft der StFestsetzung aufgrund einer Änderungsvorschrift zugunsten des Stpfl. durchbrochen werden kann (→ Rn. 29). Enthält der Änderungsbescheid sowohl Änderungen zugunsten als auch zuungunsten des Stpfl., ist die Anfechtungsbefugnis nicht auf den Saldo beschränkt, sondern auf den Erhöhungsbetrag, der sich aus der Summe aller selbständigen steuererhöhenden Änderungen ergibt, da auch bei einer Berichtigung von materiellen Fehlern nach § 177 die obere und untere Grenze der Fehlerberichtigung jeweils getrennt voneinander zu ermitteln sind (Klein § 351 Rn. 15; s. auch BFH 14.7.1993 – X R 34/90, BStBl. II 1994, 77; BFH 9.6.1993 – I R 90/92, BStBl. II 1993, 822 und → Rn. 3, 24).

23 Die **Einspruchsbegrenzung** auf den Änderungsrahmen gilt **auch,** wenn

– der ursprüngliche StBescheid offensichtlich materiell fehlerhaft war oder auf einer später vom BVerfG für verfassungswidrig erklärten Norm beruhte (BFH 22.11.1962 – V 244/61 S, BStBl. III 1963, 31);
– nach Unanfechtbarkeit des früheren Bescheids eine Rechtsänderung zugunsten des Stpfl. eingetreten ist (BFH 17.3.1964 – I 392/61 U, BStBl. III 1964, 373; BFH 5.11.1998 – VI B 185/96, BFH/NV 1999, 451);
– das Einspruchsbegehren auf Festsetzung einer über den Änderungsbescheid noch hinausgehenden höheren Steuer gerichtet ist (BFH 18.2.1971 – IV 197/64, BStBl. II 1971, 496).

Innerhalb des durch § 351 I gesetzten Änderungsrahmens kann auch eine Berichtigung von solchen materiellen Fehlern, die nicht Gegenstand der Änderung waren, zugunsten wie zuungunsten des Stpfl. entspr. den sich aus § 177 ergebenden Rechtsgrundsätzen erfolgen (vgl. im Einzelnen Macher StuW 1985, 33). § 177 I nimmt dabei diejenigen Änderungen vorweg, die der Stpfl. sonst in dem durch § 351 I eröffneten Rahmen gegen eine ihm nachteilige Änderung des StBescheids geltend machen könnte. § 177 II ist Spiegelbild zu § 177 I und erlaubt es der FB, der eigentlich gebotenen Änderung zugunsten des Stpfl. eine materiell-rechtliche Korrektur zu ihren Gunsten entgegenzusetzen (BFH 22.4.2015 – X R 24/13, BFH/NV 2015, 1334; → Rn. 3, 22). 24

Zulässige Einwendungen. Der Einspruchsführer kann gegen den Änderungsbescheid – in dem durch den Tenor des ursprünglichen VA vorgegebenen Umfang – alle Einwendungen unabhängig davon erheben, ob sie den ursprünglichen VA oder den Änderungsbescheid betreffen und ob die Einwendungen schon gegen den ursprünglichen VA hätten vorgebracht werden können (BFH 19.12.2006 – VI R 63/02, BFH/NV 2007, 924; AEAO zu § 351 Nr. 1). Es kann auch die ersatzlose Aufhebung des Änderungsbescheids zB wegen fehlender Änderungsbefugnis oder Ablauf der Festsetzungsfrist geltend gemacht werden (HHSp § 351 Rn. 67). Der Änderungsbescheid kann auch mit Gründen angegriffen werden, die erst **nach Unanfechtbarkeit** des ursprünglichen VA entstanden sind, wie zB bei einer Änderung der Rspr. oder wenn eine Vorschrift für verfassungswidrig erklärt wird (TK § 351 Rn. 14; Macher StuW 1985, 33). 25

Bei **Feststellungsbescheiden** gelten die vorstehenden Grundsätze, soweit sich eine Änderung auf die Höhe der festgestellten Beträge bezieht. Die nicht betragsmäßige Änderung einer gesondert festgestellten Besteuerungsgrundlage, wie die Feststellung der Einkunftsart oder die Zurechnung von Einkünften, kann nur angegriffen werden, soweit die Änderung reicht (BFH 30.4.1971 – III R 89/70, BStBl. II 1971, 670; Macher StuW 1985, 33). Durch den Einspruch kann allenfalls die Beseitigung dieser Änderung, jedoch nicht eine andere Feststellung erreicht werden (TK § 351 Rn. 15). Insofern gilt für die Anfechtung geänderter Feststellungsbescheide nicht nur eine quantitative, sondern auch eine qualitative Anfechtungssperre. Diese besteht insb. für unverändert aus dem unanfechtbaren Feststellungsbescheid in den Änderungsbescheid übernommene Feststellungen; sie können überhaupt nicht mehr angegriffen werden (BFH 14.8.1975 – IV R 150/71, BStBl. II 1976, 764; TK § 351 Rn. 15). 26

4. Zulassung weitergehenden Einspruchsbegehrens (Abs. 1 HS 2)

Die Anfechtungsbeschränkung greift gem. § 351 I HS 2 nicht, wenn sich aus den Vorschriften über die Aufhebung und Änderung von VA, wie zB aus §§ 129 ff., § 164 II, § 165 II oder §§ 172 ff., etwas anderes ergibt. Damit bleibt dem Stpfl. der Rechtsanspruch auf Korrektur des unanfechtbaren VA erhalten, soweit eine Änderungsvorschrift die Durchbrechung der Bestandskraft zulässt (BFH 22.5.2024 – VIII R 20/22, BFH/NV 2024, 1321; BFH 18.3.1976 – V R 127/71, BStBl. II 1976, 438). Im Ergebnis kann der Stpfl. damit auch nach Ergehen des Änderungsbescheids diejenige Korrektur erreichen, die er aufgrund gesetzlicher Änderungsermächtigungen schon gegenüber dem unanfechtbaren VA hätte erreichen können. Wird also zB ein StBescheid gem. § 173 I Nr. 1 zuungunsten des Stpfl. geändert, kann sich dieser – ohne Bindung an die Grenze aus § 351 I – mit dem 29

Einspruch auf einen Änderungsanspruch aus § 173 I Nr. 2 berufen und ggf. auch eine Unterschreitung des im ursprünglichen StBescheid festgesetzten Betrags erreichen (BFH 5.11.1998 – VI B 185/96, BFH/NV 1999, 451). Entsprechendes gilt, wenn ein bestandskräftiger ESt-Bescheid, in dem Einkünfte aus Kapitalvermögen (§ 20 EStG) berücksichtigt worden sind, wegen eines geänderten Grundlagenbescheids nach § 175 I 1 Nr. 1 zugunsten des Stpfl. geändert wird. Ermöglicht dies im Einspruchsverfahren erstmals eine erfolgreiche Antragstellung gem. § 32d VI EStG, liegt ein rückwirkendes Ereignis iSd § 175 I 1 Nr. 2 vor, das gem. § 351 I HS 2 ebenfalls die Durchbrechung der Bestandskraft zulässt (BFH 14.7.2020 – VIII R 6/17, BStBl. II 2021, 92; vgl. auch BFH 26.9.2023 – VIII R 10/21, BFH/NV 2024, 5).

5. Rechtsfolge der Anfechtungsbeschränkung; Rechtsschutzfragen

30 § 351 I enthält nach einhelliger Meinung eine Zulässigkeitsvoraussetzung für den Einspruch gegen einen Änderungsbescheid (→ Rn. 1). Der Einspruch ist als unzulässig zu verwerfen (§ 358), soweit mit ihm entgegen § 351 I über den Umfang der Änderung hinaus auch der ursprüngliche VA angegriffen wird.

Missachtet die FB die Anfechtungsbeschränkung des § 351 I und setzt die Steuer zB im Einspruchsbescheid niedriger fest als im angefochtenen Änderungsbescheid, führt dieser Verstoß nur zur Rechtswidrigkeit, nicht aber zur Nichtigkeit der Festsetzung gem. § 125 I (Macher StuW 1985, 33).

32 § 351 I begrenzt ausschl. die Möglichkeiten des Stpfl., einen Änderungsbescheid anzugreifen. Davon unberührt bleibt die umfassende Überprüfungspflicht der FB gem. § 367 II; insoweit steht § 351 I auch einer Verböserung (§ 367 II 2) des mit dem Einspruch angegriffenen Änderungsbescheids nicht entgegen (BFH 24.10.2000 – IX R 62/97, BStBl. II 2001, 124; → § 367 Rn. 25).

III. Einspruchsbefugnis bei Grundlagen- und Folgebescheiden (Abs. 2)

33 Gemäß § 351 II können Entscheidungen in einem Grundlagenbescheid (§ 171 X) nur durch Anfechtung dieses Bescheids und nicht durch Anfechtung des Folgebescheids angegriffen werden. Die Vorschrift ist neben Abs. 1 anzuwenden (→ Rn. 2). Sie enthält eine von Abs. 1 unabhängige Anfechtungsbeschränkung für Folgebescheide und zieht die notwendigen Folgerungen aus § 182 I. Ist ein Bescheid gem. § 182 I für einen anderen Bescheid bindend, so kann diese Bindung nicht durch Anfechtung des Folgebescheids, sondern nur durch Anfechtung des Grundlagenbescheids beseitigt werden (so bereits BT-Drs. VI/1982, 189).

1. Anwendungsvoraussetzungen

34 **Grundlagenbescheid** ist nach der Legaldefinition des § 171 X ein Feststellungsbescheid, StMessbescheid oder ein anderer für die Festsetzung einer Steuer verbindlicher VA. Der Grundlagenbescheid ist schon vor seiner Unanfechtbarkeit für den Folgebescheid bindend (§ 182 I 1). Der Umfang der Bindungswirkung ergibt sich aus seinem gem. §§ 179 ff. möglichen (zulässigen) Inhalt. Bei **mehrstufigen Feststellungsverfahren,** zB bei Beteiligungen über Treuhänder oder doppelstöckige PersGes (→ § 179 Rn. 26 ff.), gilt § 351 II für die jeweilige Stufe des Verfahrens (Schwarz/Pahlke/Keß § 351 Rn. 18).

35 Der Begriff **Folgebescheid** wird in § 182 I nur für den auf einen Feststellungsbescheid folgenden Bescheid legal definiert. In der Zusammenschau der §§ 182 I, 171 X, 175 I Nr. 1 und 351 II ist der Folgebescheid ein VA, der die Regelungen eines Feststellungs-, StMessbescheids oder eines sonstigen für die Festsetzung einer Steuer verbindlichen VA (Grundlagenbescheid) als bindend übernimmt (BFH 18.9.2012 – VIII R 9/09, BStBl. II 2013, 149; BFH 16.12.1987 – I R 350/83, BStBl. II 1988, 600). § 351 II gilt gleichermaßen für einen erstmals erlassenen Folgebescheid wie auch für Änderungsfolgebescheide; bei der Anfechtung der Letzteren sind zusätzlich die Einschränkungen des § 351 I zu beachten (→ Rn. 2).

2. Anfechtungsbeschränkung

Aufgrund des § 351 II kann die Prüfung der materiellen Richtigkeit des Grundlagenbescheids nur im Einspruchsverfahren gegen diesen Bescheid selbst erfolgen; durch Anfechtung des Folgebescheids lässt sich dessen Bindung an den Grundlagenbescheid nicht beseitigen. Rechtsnachteile entstehen dadurch nicht, weil der Folgebescheid nach erfolgreicher Anfechtung des Grundlagenbescheids gem. § 175 I Nr. 1 aufzuheben oder zu ändern ist. 36

Umgekehrt kann auch die Entscheidung in einem Folgebescheid, soweit dieser eine verbindliche und eigenständige Regelung trifft, nur durch Einspruch gegen diesen Bescheid angegriffen werden. Es ist mithin immer der Bescheid anzufechten, gegen dessen eigenständigen Regelungsinhalt sich die Einwendungen richten; zur Umdeutung eines Einspruchs → Rn. 46. 37

Beispielsfälle Als Folgebescheid gem. § 351 II nicht anfechtbar ist zB 38

– ein **ESt-Bescheid** mit der Begründung, die mit einem Gewinnfeststellungsbescheid (§§ 179, 180 I 1 Nr. 2 Buchst. a oder b) festgestellten Besteuerungsgrundlagen seien fehlerhaft festgestellt worden (BFH 29.10.1987 – VIII R 413/83, BStBl. II 1988, 240) oder feststellungsverjährt (BFH 29.6.2005 – X R 31/04, BFH/NV 2005, 1749);
– die **Feststellung des verrechenbaren Verlustes gem. § 15a IV EStG** mit Einwendungen gegen den Gewinnfeststellungsbescheid nach §§ 179 II 2, 180 I 1 Nr. 2 Buchst. a (BFH 20.11.2014 – IV R 47/11, BStBl. II 2015, 532; BFH 13.10.1998 – VIII R 78/97, BStBl. II 1999, 163);
– die **Feststellung des verbleibenden Verlustvortrags auf den Schluss des VZ gem. § 10d IV EStG** mit Einwendungen gegen den im Vorjahresbescheid festgestellten Verlustvortrag (BFH 27.6.2018 – I R 13/16, BStBl. II 2019, 632; BFH 6.7.1999 – VIII R 12/98, BStBl. II 1999, 731); Entsprechendes gilt für einen **gewerbesteuerlichen Verlustfeststellungsbescheid zum Schluss des Erhebungszeitraums nach § 10a S. 6 GewStG,** der ebenfalls mit Einwendungen gegen den im Vorjahresbescheid festgestellten Verlustvortrag nicht angefochten werden kann (BFH 5.11.2015 – III R 12/13, BStBl. II 2016, 420);
– ein **GewSt-Bescheid** mit Einwendungen gegen den mit GewSt-Messbescheid festgesetzten GewSt-Messbetrag mit der Folge, dass Einwendungen zur Höhe des gewerblichen Gewinns nur durch Anfechtung des GewSt-Messbescheids erfolgen können, da der Gewerbeertrag (§ 7 GewStG) unselbständige Besteuerungsgrundlage für die Ermittlung des GewSt-Messbetrags (§ 11 GewStG) ist; dies gilt auch dann, wenn GewSt-Bescheid und GewSt-Messbescheid in einem zusammengefassten Bescheid festgesetzt werden (BFH 11.7.1996 – IV R 67/95, BFH/NV 1997, 114);
– ein **GrESt-Bescheid** mit Einwendungen gegen den gem. § 151 I 1 Nr. 1 BewG gesondert festgestellten Grundbesitzwert, der gem. § 8 II 1 GrEStG bei der Bemessung der GrESt berücksichtigt worden ist (vgl. BFH 7.9.2007 – II B 5/07, BFH/NV 2007, 2351; BFH 16.6.2005 – II B 155/03, BFH/NV 2005, 2053; BFH 24.5.2005 – II R 57/03, BFH/NV 2005, 1982); Entsprechendes gilt für Einwendungen gegen die gem. § 17 II oder III GrEStG gesondert festgestellten Besteuerungsgrundlagen (BFH 15.3.2017 – II R 36/15, BStBl. II 2017, 1215; BFH 29.6.2016 – II R 14/12, BFH/NV 2017, 1);
– gem. § 1 V 1 SolzG ein Bescheid über die Festsetzung von **Solz** (BFH 31.5.2017 – I R 37/15, BStBl. II 2018, 144; BFH 20.4.2011 – I R 2/10, BStBl. II 2011, 761) und gem. § 51a V EStG ein Bescheid über die Festsetzung von **KiSt** mit Einwendungen gegen die im ESt-Bescheid vorgenommene Ermittlung der Bemessungsgrundlage (BFH 28.11.2007 – I R 7/07, BFH/NV 2008, 986);
– gem. § 233a V 1 ein **Zinsbescheid** mit Einwendungen gegen die Rechtmäßigkeit der StFestsetzung (BFH 14.7.2008 – VIII B 176/07, BStBl. II 2009, 117; BFH 21.11.1997 – V B 56/97, BFH/NV 1998, 807).

Zudem gilt die Anfechtungsbeschränkung des § 351 II auch für die **Feststellung des verbleibenden Verlustvortrags auf den Schluss des VZ (§ 10d IV EStG)** hinsichtlich der Besteuerungsgrundlagen, die den StFestsetzungen für den VZ, auf dessen Schluss der verbleibende Verlustvortrag festgestellt wird, und für den VZ, in dem ein Verlustrücktrag vorgenommen werden kann, zugrunde gelegt worden sind, und für die **Feststellung des vortragsfähigen Gewerbeverlustes zum Schluss des Erhebungszeitraums (10a S. 6 GewStG)** hinsichtlich der Besteuerungsgrundlagen, die der Festsetzung des GewSt-Messbetrags für den Erhebungszeitraum, auf dessen Schluss der vortragsfähige Gewerbeverlust festgestellt wird, zugrunde gelegt worden sind, obwohl weder die StFestsetzungen noch der GewSt-Messbescheid Grundlagenbescheide (§ 171 X) für die Verlustfeststellung sind; insoweit sind jedoch die §§ 171 X, 175 I 1 Nr. 1, 351 II AO und § 42 FGO gem. § 10d IV 4 HS 2 EStG und gem. § 35b II 2 HS 2 GewStG entspr. anwendbar (→ § 350 Rn. 29 „Verlustentstehungsjahr").

39 **Zulässige Einwendungen gegen Folgebescheid.** Die Anfechtungsbeschränkung aus § 351 II gilt nicht für solche Regelungsbestandteile des Folgebescheids, für die keine Bindung durch den Grundlagenbescheid besteht. Ferner kann mit dem Einspruch gegen einen Folgebescheid geltend gemacht werden, dass sein **Inhalt nicht zutreffend** den bindenden Feststellungen des Grundlagenbescheids gem. § 175 I 1 Nr. 1 **angepasst** wurde (BFH 26.7.1984 – IV R 13/84, BStBl. II 1985, 3). Schließlich ist auch die **Wirksamkeit des Grundlagenbescheids** nicht Gegenstand der Entscheidung des Grundlagenbescheids; mangels Bindungswirkung kann deshalb mit dem Einspruch gegen den Folgebescheid die Unwirksamkeit des Grundlagenbescheids, zB bei mangelnder Bekanntgabe, gerügt werden (BFH 25.3.1986 – III B 6/85, BStBl. II 1986, 477; BFH 15.4.1988 – III R 26/85, BStBl. II 1988, 660; BFH 9.11.2005 – I R 10/05, BFH/NV 2006, 750). Zusätzlich kann die Nichtigkeitsfeststellung des Grundlagenbescheids gem. § 125 V HS 2 begehrt werden (→ § 125 Rn. 38 ff.).

Zur AdV/Aufhebung der Vollziehung des Folgebescheids bei Einwendungen gegen die Wirksamkeit des Grundlagenbescheids → § 361 Rn. 136. Zur Aussetzung des Einspruchsverfahrens gegen den Folgebescheid bis zur Entscheidung über den Einspruch gegen den Grundlagenbescheid → § 363 Rn. 14.

40 **Folgebescheid vor Grundlagenbescheid.** Die Anfechtungsbeschränkung des § 351 II greift erst mit Bekanntgabe des Grundlagenbescheids ein. Ergeht gem. § 155 II der Folgebescheid bereits vor Erlass des Grundlagenbescheids, ist die Anfechtung des Folgebescheids ohne die Einschränkungen aus § 351 II möglich (BFH 17.2.2010 – II R 38/08, BFH/NV 2010, 1236). Dies gilt auch dann, wenn die in dem Grundlagenbescheid festzustellenden Besteuerungsgrundlagen gem. § 155 II iVm § 162 V geschätzt worden sind, da die Besteuerungsgrundlagen in diesem Fall gerade (noch) nicht gesondert festgestellt worden sind (Gosch AO § 351 Rn. 21; vgl. auch BFH 26.7.1984 – IV R 13/84, BStBl. II 1985, 3). Ergeht sodann während des den Folgebescheid betr. Einspruchsverfahrens der Grundlagenbescheid, wird der gegen den Folgebescheid gerichtete Einspruch zwar nicht unzulässig, der Stpfl. muss jetzt aber auch den Grundlagenbescheid anfechten, sofern er (auch) eine nunmehr vom Grundlagenbescheid getroffene Regelung angreift (BFH 17.2.2010 – II R 38/08, BFH/NV 2010, 1236; TK § 351 Rn. 51), da die Anfechtungsbeschränkung des § 351 II auch für den Fall gilt, dass der Grundlagenbescheid erst nach dem Folgebescheid ergeht (BFH 22.6.2006 – IV R 31, 32/05, BFH/NV 2006, 2148). Der Einspruch gegen den Folgebescheid ist bzw. bleibt auch dann zulässig, wenn noch während des den Folgebescheid betr. Einspruchsverfahrens der Grundlagenbescheid ersatzlos aufgehoben wird und daher das für den Folgebescheid zuständige FA den nicht mehr vom Grundlagenbescheid erfassten Sachverhalt in eigener Zuständigkeit zu beurteilen hat (BFH 25.6.1991 – IX R 57/88, BStBl. II 1991, 821).

3. Rechtsfolge der Anfechtungsbeschränkung; Rechtsschutzfragen

43 **Zulässigkeit des Einspruchs gegen den Folgebescheid.** Ob § 351 II bereits die Zulässigkeit des Einspruchs gegen einen Folgebescheid begrenzt, ist strittig. Der BFH und ein Teil der FG-Rspr. (vgl. BFH 27.6.2018 – I R 13/16, BStBl. II 2019, 632; BFH 5.11.2015 – III R 12/13, BStBl. II 2016, 420; BFH 2.9.1987 – I R 162/84, BStBl. II 1988, 142; FG Baden-Württemberg 1.12.1999 – 9 K 360/99, EFG 2000, 1084; ebenso AEAO zu § 351 Nr. 4 und Gräber FGO § 42 Rn. 38) qualifizieren § 351 II nicht als Zulässigkeits-, sondern lediglich als Begründetheitserfordernis, sodass ein Einspruch gegen den Folgebescheid, mit dem lediglich Einwendungen gegen den Grundlagenbescheid geltend gemacht werden, zulässig, aber unbegründet ist; die Literatur (vgl. HHSp § 351

Rn. 13; Gosch AO § 351 Rn. 22; TK § 351 Rn. 54; Klein § 351 Rn. 31; Ling DStZ 1993, 659) und zT auch die FG-Rspr. (FG Hamburg 28.11.1989 – V 242/86, EFG 1990, 282) entnehmen § 351 II hingegen eine Zulässigkeitsvoraussetzung mit der Folge, dass ein Einspruch gegen den Folgebescheid unzulässig ist, wenn der Stpfl. ausschl. Einwendungen gegen den Grundlagenbescheid geltend macht. Es ist wie folgt zu differenzieren:

Der **isoliert** gegen einen Folgebescheid erhobene Einspruch ist zulässig, wenn er sich ausschl. gegen die Bindungswirkung des Grundlagenbescheids wendet, zB wegen behaupteter Unwirksamkeit des Bescheids. Wird hingegen mit dem Einspruch ausschl. die Fehlerhaftigkeit im Grundlagenbescheid getroffener Entscheidungen, zB wegen der Höhe der Einkünfte oder wegen der Art des Grundstücks, geltend gemacht, ergibt sich aus diesem Vorbringen keine (eigene) Beschwer iSd § 350 aus dem Folgebescheid. Der Einspruch ist in diesem Falle unzulässig (→ § 350 Rn. 1). 44

In gleicher Weise ist zu differenzieren, wenn **gleichzeitig Grundlagen- und Folgebescheid angefochten** werden und mithin der Umfang der Bindungswirkung des Grundlagenbescheids für den Folgebescheid noch nicht abschließend geklärt ist. Der BFH behandelt auch hier den gegen den Folgebescheid gerichteten Einspruch als zulässig (BFH 2.9.1987 – I R 162/84, BStBl. II 1988, 142). Werden jedoch mit den gleichzeitig gegen den Grundlagen- und Folgebescheid erhobenen Einsprüchen ausschl. Fehler einer im Grundlagenbescheid getroffenen Entscheidung geltend gemacht, ist der Einspruch gegen den Folgebescheid mangels Beschwer (§ 350) unzulässig. Hingegen ist eine Beschwer durch den Folgebescheid zu bejahen, wenn mit dem Einspruch die Bindungswirkung des Grundlagenbescheids angegriffen wird, zB wegen behaupteter Unwirksamkeit des Grundlagenbescheids. Hier kann erst im Rahmen der – die Zulässigkeit des Einspruchs voraussetzenden – materiellen Überprüfung des Folgebescheids eine Aussage darüber getroffen werden, ob und ggf. in welchem Umfang eine Bindungswirkung des Grundlagenbescheids besteht. Zur Aussetzung des den Folgebescheid betr. Einspruchsverfahrens in diesen Fällen → § 363 Rn. 14. 45

Umdeutung; Wiedereinsetzung in den vorigen Stand. Hat der Stpfl. fälschlicherweise gegen den Folge- bzw. den Grundlagenbescheid Einspruch eingelegt und die Einspruchsfrist hinsichtlich des „richtigen" VA versäumt, kommt uU eine Umdeutung des Einspruchs in Betracht. Für diese gelten die allgemeinen Voraussetzungen (→ § 357 Rn. 10); bei eindeutiger Einspruchseinlegung sowie bei Erklärungen von Angehörigen der steuerberatenden Berufe (§ 3 StBerG) scheidet eine Umdeutung jedoch aus (FG Schleswig-Holstein 4.11.1980 – III 172/80, EFG 1981, 218). Entsprechendes gilt für eine Wiedereinsetzung gem. § 110 in die für den „richtigen" VA versäumte Einspruchsfrist. Wiedereinsetzung in die versäumte Einspruchsfrist kann uU Rechtsunkundigen gewährt werden; bei Angehörigen der steuerberatenden Berufe wird hingegen idR ein Verschulden (§ 110 I) für die Fristversäumnis zu bejahen sein (Macher StuW 1985, 33). 46

Zur AdV von Grundlagen- und Folgebescheiden → § 361 Rn. 126 ff. 47

§ 352 Einspruchsbefugnis bei der gesonderten und einheitlichen Feststellung

(1) **Gegen Bescheide über die gesonderte und einheitliche Feststellung von Besteuerungsgrundlagen können Einspruch einlegen:**

1. **bei rechtsfähigen Personenvereinigungen:**
   a) **die Personenvereinigung,**
   b) **wenn die rechtsfähige Personenvereinigung nicht mehr besteht, jeder Gesellschafter oder Gemeinschafter, gegen den der Feststellungsbescheid ergangen ist oder zu ergehen hätte;**
2. **bei nicht rechtsfähigen Personenvereinigungen und in sonstigen Fällen:**
   a) **der Einspruchsbefugte im Sinne des Absatzes 2,**

b) wenn Personen nach Buchstabe a nicht vorhanden sind, jeder Gesellschafter, Gemeinschafter oder Mitberechtigte, gegen den der Feststellungsbescheid ergangen ist oder zu ergehen hätte;

3. in den Fällen des § 183 Absatz 2 Satz 1 Nummer 2 oder des § 183a Absatz 2 Satz 1 Nummer 2 jeder Gesellschafter, Gemeinschafter oder Mitberechtigte, gegen den der Feststellungsbescheid ergangen ist oder zu ergehen hätte;

4. soweit es sich darum handelt, wer an dem festgestellten Betrag beteiligt ist und wie dieser sich auf die einzelnen Beteiligten verteilt, jeder, der durch die Feststellungen hierzu berührt wird;

5. soweit es sich um eine Frage handelt, die einen Beteiligten persönlich angeht, jeder, der durch die Feststellungen über die Frage berührt wird.

(2) **[1]Einspruchsbefugt im Sinne des Absatzes 1 Nummer 2 Buchstabe a ist der gemeinsame Empfangsbevollmächtigte im Sinne des § 183a Absatz 1 Satz 1 oder des § 6 Absatz 1 Satz 1 der Verordnung über die gesonderte Feststellung von Besteuerungsgrundlagen nach § 180 Absatz 2 der Abgabenordnung. [2]Haben die Feststellungsbeteiligten keinen gemeinsamen Empfangsbevollmächtigten bestellt, ist einspruchsbefugt im Sinne des Absatzes 1 Nummer 2 Buchstabe a der nach § 183a Absatz 1 Satz 2 und 3 oder nach § 6 Absatz 1 Satz 3 und 4 der Verordnung über die gesonderte Feststellung von Besteuerungsgrundlagen nach § 180 Absatz 2 der Abgabenordnung von der Finanzbehörde bestimmte Empfangsbevollmächtigte; Absatz 1 Nummer 3 bleibt unberührt. [3]Die Sätze 1 und 2 sind nur anwendbar, wenn die Beteiligten in der Feststellungserklärung oder in der Aufforderung zur Benennung eines Empfangsbevollmächtigten über die Einspruchsbefugnis des Empfangsbevollmächtigten belehrt worden sind.**

Schrifttum: Dißars/Dißars, Einspruchsbefugnis bei einheitlicher Feststellung – Der neue § 352 der Abgabenordnung, BB 1996, 773; Heinke, Der Einspruchsbevollmächtigte, § 352 Abs. 2 AO, DStZ 1997, 558; v. Wedelstädt, Einspruchs- und Klagebefugnis bei einheitlichen und gesonderten Feststellungsbescheiden, AO-StB 2006, 230 ff., 261 ff.

Übersicht

A. Allgemeines

§ 352 betrifft die Einspruchsbefugnis bei Bescheiden über die einheitliche und gesonderte Feststellung von Besteuerungsgrundlagen (§§ 179 ff.); die Vorschrift beschränkt die Einspruchsbefugnis der von einer einheitlichen und gesonderten Feststellung betroffenen Gesellschafter, Gemeinschafter und Mitberechtigten, obwohl der Feststellungsbescheid sich an alle Feststellungsbeteiligten richtet und auch ihnen gegenüber rechtlich verbindlich ist (→ Rn. 5). Die Vorschrift entspricht § 48 FGO, der die Klagebefugnis bei einheitlichen und gesonderten Feststellungsbescheiden regelt; die zu § 48 FGO vorliegende Rspr. und Literatur kann daher auch zur Auslegung des § 352 herangezogen werden. 1

Rechtsentwicklung. Während § 352 in seiner bis zum 31.12.1995 geltenden Fassung nur bestimmte Feststellungsbescheide betraf, wurde der Anwendungsbereich des § 352 mit seiner Neufassung durch das GrenzpendlerG (BGBl. 1994 I 1395) auf alle Feststellungsbescheide erweitert (unabhängig von der Einkunfts- oder Vermögensart). Nunmehr erfasste die Vorschrift auch die von PersGes, wie etwa Bauherrengemeinschaften oder Immobilienfonds in der Rechtsform der GbR, erzielten Einkünfte aus Vermietung und Verpachtung. Zusätzlich wurde durch die Neufassung als neue Rechtsfigur der Empfangsbevollmächtigte (§ 352 I Nr. 1 Alt. 2 aF iVm § 352 II aF) eingeführt. Aufgrund dieser Neuregelung des § 352 I Nr. 1 aF sollte im Einspruchsverfahren gegen Feststellungsbescheide die allgemeine Einspruchsbefugnis nur noch einer Person, dh entweder dem Geschäftsführer oder dem Einspruchsbevollmächtigten, zustehen. Hinsichtlich der Einspruchsbefugnis von fingierten bzw. von der FB bestimmten Empfangsbevollmächtigten normierte § 352 II 2 HS 2 aF ein Widerspruchsrecht der Beteiligten, um nicht unzumutbar in die Rechtsposition der Feststellungsbeteiligten einzugreifen (BT-Drs. 12/7427, 36). Die grds. Beschränkung der Einspruchsbefugnis auf den Empfangsbevollmächtigten hat der Gesetzgeber nur als vertretbar angesehen, wenn die FB den Feststellungsbeteiligten aufgrund entsprechender Belehrung (§ 352 II 3 aF) die Tragweite der Benennung eines gemeinsamen Empfangsbevollmächtigten bewusst macht (BT-Drs. 12/7427, 36). 2

Neufassung des § 352. Durch das KreditzweitmarktförderungsG v. 22.12.2023 (BGBl. 2023 I Nr. 411) ist die Einspruchsbefugnis, wie auch die Klagebefugnis (§ 48 FGO), bei gesonderten und einheitlichen Feststellungen neu geregelt worden. Mit den Neuregelungen werden die Vorschriften des § 352 AO und des § 48 FGO an die zivilrechtlichen Änderungen des Personengesellschaftsrechts durch das PersonengesellschaftsrechtsmodernisierungsG (MoPeG) v. 10.8.2021 (BGBl. 2021 I 3436) angepasst (BT-Drs. 20/8628, 186; BT-Drs. 20/9782, 152 f.). Die Änderungen des MoPeG gelten gem. Art. 137 S. 1 MoPeG ab dem 1.1.2024 und erfassen auch bereits bestehende Gesellschaften. § 705 II BGB idF des MoPeG unterscheidet zwischen rechtsfähigen und nicht rechtsfähigen BGB-Gesellschaften. Rechtsfähige BGB-Gesellschaften sollen nach dem Willen der Gesellschafter am Rechtsverkehr teilnehmen; sie können selbst Rechte erwerben und Verbindlichkeiten eingehen (§ 705 II BGB idF des MoPeG). Die nicht rechtsfähige BGB-Gesellschaft ist dagegen nach § 705 II BGB idF des MoPeG eine Innengesellschaft, die den Gesellschaftern zur Ausgestaltung ihres Rechtsverhältnisses untereinander dient und nach § 740 I BGB idF des MoPeG kein Vermögen hat. Dementsprechend unterscheidet § 352 I nun auch zwischen der Einspruchsbefugnis bei rechtsfähigen Personenvereinigungen (§ 352 I Nr. 1) und der Einspruchsbefugnis bei nicht rechtsfähigen Personenvereinigungen und in sonstigen Fällen einer gesonderten und einheitlichen Feststellung (§ 352 I Nr. 2). Nach § 352 I Nr. 3 ist in den Fällen des § 183 II 1 Nr. 2 und des 3

§ 183a II 1 Nr. 2 jeder Gesellschafter, Gemeinschafter oder Mitberechtigte einspruchsbefugt. Die Einspruchsbefugnis nach § 352 I Nr. 4 und 5 sind von der Neuregelung des § 352 durch das KreditzweitmarktförderungsG nicht betroffen und unverändert geblieben.

4 **Zeitlicher Geltungsbereich.** § 352 aF ist gem. Art. 11 III GrenzpendlerG am 1.1.1996 in Kraft getreten und gilt nach der Übergangsregelung des Art. 97 § 18 III 1 EGAO für sämtliche Feststellungsbescheide, die nach dem 31.12.1995 wirksam geworden sind.

Die Neufassung des § 352 idF des KreditzweitmarktförderungsG v. 22.12.2023 ist auf nach dem 31.12.2023 wirksam gewordene Bescheide über die gesonderte und einheitliche Feststellung von Besteuerungsgrundlagen anzuwenden. Wird gegen einen vor dem 1.1.2024 wirksam gewordenen Bescheid über die gesonderte und einheitliche Feststellung von Besteuerungsgrundlagen Einspruch eingelegt, bestimmt sich nach Art. 97 § 39 IV 1 EGAO die Einspruchsbefugnis nach § 352 aF. Ohne Bedeutung ist, wann der Einspruch eingelegt worden ist (Gosch AO § 352 Rn. 3). Die Einspruchsbefugnis richtet sich gem. Art. 97 § 39 IV 2 EGAO auch dann nach § 352 aF, wenn der eine rechtsfähige Personenvereinigung betreffende Feststellungsbescheid nach dem 31.12.2023 und vor dem 1.1.2026 nach Maßgabe von Art. 97 § 39 III EGAO dem Empfangsbevollmächtigten nach § 183 aF bekannt gegeben worden ist. Nach Art. 97 § 39 III EGAO können bei einer rechtsfähigen Personenvereinigung VA, die mit der gesonderten und einheitlichen Feststellung zusammenhängen, nach dem 31.12.2023 und vor dem 1.1.2026 abweichend von § 183 I–III auch nach Maßgabe des § 183 aF dem Empfangsbevollmächtigten wirksam bekannt gegeben werden. Ist über den Einspruch gegen einen vor dem 1.1.2024 wirksam gewordenen Bescheid nach dem 31.12.2023 zu entscheiden, richtet sich nach Art. 97 § 39 IV 3 EGAO das weitere Verfahren nach den ab dem 1.1.2024 geltenden Vorschriften der AO. Wurde über das Vermögen einer Personenvereinigung vor dem 1.1.2024 das Insolvenzverfahren eröffnet, ist nach Art. 97 § 39 V EGAO für Feststellungszeiträume und -zeitpunkte vor dem 1.1.2024 § 352 aF weiterhin anzuwenden.

I. Regelungsinhalt

5 § 352 beschränkt die persönliche Einspruchsbefugnis bei einheitlichen und gesonderten Feststellungsbescheiden (§§ 179 ff.). Diese Bescheide richten sich gem. § 179 II 1 gegen alle Gesellschafter, Gemeinschafter und Mitberechtigte, denen der Gegenstand der Feststellung bei der Besteuerung zuzurechnen ist, und sind damit auch gegenüber allen Feststellungsbeteiligten iSd § 183 I 1 rechtlich verbindlich. Demnach wäre grds. auch jeder Feststellungsbeteiligte einspruchsbefugt, soweit er geltend macht, durch den Feststellungsbescheid oder dessen Unterlassung iSd § 350 beschwert zu sein. Hiervon geht auch § 352 I Nr. 2 Buchst. b aus. Nach dieser Vorschrift ist bei nicht rechtsfähigen Personenvereinigungen jeder Gesellschafter, Gemeinschafter oder Mitberechtigte einspruchsbefugt, wenn kein Einspruchsbefugter iSd § 352 I Nr. 2 Buchst. a iVm § 352 II vorhanden ist. Im Grundtatbestand des § 352 I Nr. 1 Buchst. a wird dieser Grundsatz für rechtsfähige Personenvereinigungen jedoch dahingehend eingeschränkt, dass für die Gesamtheit der Feststellungsbeteiligten die Personenvereinigung einspruchsbefugt ist. Nur wenn die rechtsfähige Personenvereinigung nicht mehr besteht, ist jeder Gesellschafter oder Gemeinschafter, gegen den der Feststellungsbescheid ergangen ist oder zu ergehen hätte, gem. § 352 I Nr. 1 Buchst. b befugt, Einspruch gegen die einheitliche und gesonderte Feststellung einzulegen. Hingegen ist in den Fällen des § 352 I Nr. 3–5 nicht die Personenvereinigung, sondern der jeweilige Gesellschafter, Gemeinschafter oder Mitberechtigte selbst Einspruchsführer.

6 **Regelungszweck.** Ziel der Anfechtungsbeschränkungen des § 352 ist neben der Wahrung der Belange der Personenvereinigung, insb. der gesellschaftsrechtlich begründeten Vertretungsbefugnisse sowie des Schutzes ihrer steuerrechtlichen Interessenssphäre, vor allem, die Rechtsbehelfe im Interesse der Verfahrensökonomie zu konzentrieren und damit über die streitigen und gegenüber allen Beteiligten einheitlich zu treffenden Feststellungen

in möglichst nur einem Einspruchsverfahren zu entscheiden (BT-Drs. 12/7427, 36; BFH 28.9.2017 – IV R 17/15, BFH/NV 2018, 182; BFH 18.8.2015 – I R 42/14, BFH/NV 2016, 164).

§ 352 enthält eine besondere **Zulässigkeitsvoraussetzung** für Einsprüche gegen Bescheide über die einheitliche und gesonderte Feststellung von Besteuerungsgrundlagen (§§ 179 ff.), die im Einspruchsverfahren und ggf. auch im nachfolgenden finanzgerichtlichen Verfahren von Amts wegen zu prüfen ist. Die Einspruchsbefugnis gem. § 352 kann sich im Laufe des Einspruchsverfahrens ändern. Sie muss grds. bei Erlass des Einspruchsbescheids vorliegen (vgl. TK FGO § 48 Rn. 4; Gosch FGO § 48 Rn. 79). War der Einspruch bei Einspruchseinlegung allerdings unzulässig, weil er zB von einem zu diesem Zeitpunkt wegen Bestehens der rechtsfähigen Personenvereinigung (noch) nicht gem. § 352 I Nr. 1 Buchst. b einspruchsbefugten Gesellschafter oder Gemeinschafter eingelegt wurde, wird der Einspruch nicht dadurch zulässig, dass die Personenvereinigung während des Einspruchsverfahrens vollbeendet wird. Der unzulässige Einspruch wächst in einem solchen Fall – auch bei einer entsprechenden Genehmigung der nunmehr gem. § 352 I Nr. 1 Buchst. b Einspruchsbefugten – dann nicht in die Zulässigkeit hinein, wenn im Zeitpunkt der Vollbeendigung die Einspruchsfrist (§ 355 I) bereits abgelaufen war (vgl. BFH 20.11.2018 – IV B 44/18, BFH/NV 2019, 120; → Rn. 30). Vertretungsmängel können dagegen auch noch nach Ablauf der Einspruchsfrist mit rückwirkender Kraft geheilt werden (BFH 20.11.2019 – XI R 51/17, BFH/NV 2020, 519; BFH 1.12.2004 – II R 17/04, BStBl. II 2005, 855; BFH 16.9.1992 – X R 171/90, BFH/NV 1993, 453; → Rn. 26). 7

§ 352 lässt die Möglichkeit unberührt, den Einspruch durch **rechtsgeschäftlich** (§ 80 I iVm § 365 I) berufene Einspruchsbevollmächtigte für die Vollmachtgeber einzulegen. An dem Umfang der durch § 352 begrenzten Einspruchsbefugnis für den Vollmachtgeber ändert sich jedoch insoweit nichts. 8

Wird die AdV/Aufhebung der Vollziehung (§ 361) einer einheitlichen und gesonderten Feststellung (§§ 179 ff.) beantragt, ist die Antragsbefugnis ebenfalls gem. § 352 beschränkt (→ § 361 Rn. 36). Darüber hinaus gilt § 352 auch für Anträge, einheitliche und gesonderte Feststellungen (§§ 179 ff.) gem. § 172 I 1 Nr. 2 Buchst. a zu ändern (TK § 48 Rn. 6), sowie für Anträge, mit denen im Rahmen einer einheitlichen und gesonderten Feststellung (§§ 179) die Gewährung einer Billigkeitsmaßnahme erstrebt wird (BFH 7.4.1987 – VIII R 114/85, BFH/NV 1988, 43). 9

§ 352 ist **verfassungsgemäß** und insb. mit **Art. 19 IV GG** vereinbar, weil die Beschränkung der Einspruchsbefugnis durch § 352 I Nr. 1 Buchst. a für rechtsfähige Personenvereinigungen und durch § 352 I Nr. 2 Buchst. a für nicht rechtsfähige Personenvereinigungen lediglich verfahrensrechtliche Folgerungen aus der von den Feststellungsbeteiligten selbst gestalteten bürgerlich-rechtlichen Rechtslage zieht (BFH 23.1.2020 – IV R 48/16, DStR 2020, 923; BFH 8.10.1957 – I 32/57 U, BStBl. III 1957, 436; BFH 7.2.1975 – III R 41/74, BStBl. II 1975, 495; s. auch HHSp FGO § 48 Rn. 28; Gräber FGO § 48 Rn. 2). Zudem entfällt die Einspruchsbefugnis der rechtsfähigen Personenvereinigung gem. § 352 I Nr. 1 Buchst. a und die Einspruchsbefugnis des Einspruchsbefugten gem. § 352 I Nr. 2 Buchst. a nach § 352 I Nr. 3–5 in solchen Fällen, in denen die Personenvereinigung bzw. der Einspruchsbefugte eine sachgerechte Interessenvertretung von Feststellungsbeteiligten nicht zu gewährleisten vermag. Dies ist zB der Fall, wenn der Feststellungsbeteiligte bereits aus der Gesellschaft/Gemeinschaft ausgeschieden ist oder wenn ausschließlich Fragen str. sind, die ihn persönlich betreffen. Die Beschränkung der Einspruchsbefugnis auf Einspruchsbefugte (§ 352 I Nr. 2 Buchst. a iVm § 352 II) rechtfertigt sich jedenfalls aus Gründen der Verfahrensökonomie, zumal aus der Personenvereinigung ausgeschiedene Feststellungsbeteiligte der Empfangsvollmacht des Einspruchsbefugten gem. § 352 I Nr. 2 Buchst. a widersprechen können, § 352 II iVm § 183a II 2. Entsprechendes gilt bei ernstlichen Meinungsverschiedenheiten zwischen den Feststellungsbeteiligten, § 352 II iVm § 183a II 2. 10

II. Sachlicher Anwendungsbereich

11 § 352 betrifft ausschl. Bescheide, die Besteuerungsgrundlagen **gesondert und einheitlich** feststellen (§§ 179 ff.). Ohne Bedeutung ist die Art der in der Feststellung einbezogenen Besteuerungsgrundlagen (AEAO zu § 352 Nr. 1). § 352 erfasst nicht nur positive (so aber Gosch AO § 352 Rn. 4; TK § 352 Rn. 1), sondern auch negative gesonderte und einheitliche Feststellungen gem. §§ 179 ff. (TK FGO § 48 Rn 5; zum negativen Feststellungsbescheid → Rn. 49) sowie Ergänzungsbescheide iSd § 179 III. § 352 kommt auch dann zum Tragen, wenn im Inland unbeschränkt einkommensteuerpflichtige Einkünfte aus der Beteiligung an einer **ausländischen PersGes** erzielt und diese nach § 180 I 1 Nr. 2 Buchst. a einheitlich und gesondert festgestellt werden (BFH 11.9.2013 – I B 79/13, BFH/NV 2014, 161). Gleiches gilt, wenn Einkünfte zwar nach einem DBA von der inländischen Bemessungsgrundlage auszunehmen, jedoch mit Rücksicht auf den Progressionsvorbehalt (§ 32b I 1 Nr. 3 EStG) in das Feststellungsverfahren nach § 180 V Nr. 1 einzubeziehen sind (BFH 24.1.2018 – I B 81/17, BFH/NV 2018, 515; BFH 19.1.2017 – IV R 50/13, BFH/NV 2017, 751; BFH 18.8.2015 – I R 42/14, BFH/NV 2016, 164; → § 360 Rn. 29). Darüber hinaus gilt § 352 auch für Bescheide über die gesonderte Feststellung des verrechenbaren Verlustes nach § 15a IV 1 EStG, wenn die Feststellung des verrechenbaren Verlustes gem. § 15a IV 5 und 6 EStG mit der gesonderten und einheitlichen Feststellung der Einkünfte verbunden und damit einheitlich vorgenommen worden ist (→ Rn. 22). Gleiches gilt bei StStundungsmodellen für Bescheide über die gesonderte Feststellung des nicht ausgleichsfähigen Verlustes nach § 15b IV 1 EStG, wenn die Feststellung des nicht ausgleichsfähigen Verlustes gem. § 15b IV 5 EStG mit der gesonderten und einheitlichen Feststellung der Einkünfte aus dem StSundungsmodell verbunden und damit ebenfalls einheitlich vorgenommen worden ist (→ Rn. 23). Ferner gilt § 352 gem. § 18 I 3 AStG auch für die gesonderte und einheitliche Feststellung der Besteuerungsgrundlagen für die Anwendung der §§ 7–13 AStG (→ § 360 Rn. 30 „Hinzurechnungsbesteuerung gem. §§ 7–13 AStG"). Zudem gilt § 352 auch bei der **körperschaftsteuerlichen Organschaft** für den Bescheid nach § 14 V 1 KStG, mit dem das dem Organträger zuzurechnende Einkommen der Organgesellschaft und damit zusammenhängende andere Besteuerungsgrundlagen gegenüber dem Organträger und der Organgesellschaft gesondert und einheitlich festgestellt werden (→ Rn. 36 und → § 360 Rn. 30 „Organschaft"; aA TK FGO § 48 Rn. 5).

12 Nur **gesonderte Feststellungen** werden nach dem eindeutigen Wortlaut der Vorschrift von § 352 nicht erfasst, auch wenn sie mit einer einheitlichen und gesonderten Feststellung verbunden werden, selbst aber nicht einheitlich erfolgen (BFH 9.1.2019 – IV R 27/16, BStBl. II 2020, 11 für einen Feststellungsbescheid nach § 34a X 1 EStG, der gem. § 34a X 3 EStG mit dem Gewinnfeststellungsbescheid nach § 180 I 1 Nr. 2 Buchst. a verbunden worden ist).

13 **§ 352** gilt **nicht** für die Anfechtung von StBescheiden, die **gegen** die **Gesellschaft oder Gemeinschaft als StSchuldnerin** gerichtet sind, wie zB für die Anfechtung von USt-Bescheiden (BFH 10.4.2001 – V B 116/00, BFH/NV 2001, 1220; BFH 9.8.1995 – V B 78/94, BFH/NV 1996, 159) oder GewSt-Messbescheiden (BFH 26.1.2000 – IV B 134/98, BFH/NV 2000, 1104). In diesen Fällen ist nur die Gesellschaft/Gemeinschaft selbst einspruchsbefugt. Dies gilt auch nach Auflösung oder **Vollbeendigung einer PersGes.** Die PersGes besteht (steuerrechtlich) so lange fort, bis alle das Gesellschaftsverhältnis betreffenden Ansprüche und Verpflichtungen, zu denen auch die Ansprüche aus dem StSchuldverhältnis (§§ 33, 37) zwischen der Gesellschaft und der FB gehören, endgültig (bestands- bzw. rechtskräftig) abgewickelt sind (BFH 4.12.2012 – VIII R 42/09, BStBl. II 2013, 365; BFH 24.3.1987 – X R 28/80, BStBl. II 1988, 316; BFH 31.1.2008 – IV B 147/06, BFH/NV 2008, 1101; BFH 5.11.2007 – IV B 166/06, BFH/NV 2008, 248; BFH 12.4.2007 – IV B 69/05, BFH/NV 2007, 1923; → Rn. 33). Nach der zivilrechtlichen Vollbeendigung der Gesellschaft sind StBescheide zwar den Gesellschaftern bekanntzugeben, jedoch wei-

terhin an die Gesellschaft als StSchuldnerin zu richten (BFH 12.4.2007 – IV B 69/05, BFH/NV 2007, 1923). Etwas anderes gilt allerdings in den Fällen einer **Gesamtrechtsnachfolge** (§ 45 I 1), zB bei einer formwechselnden Umwandlung einer PersGes in eine GmbH oder beim Ausscheiden eines Gesellschafters aus einer zweigliedrigen PersGes; in diesen Fällen geht die StSchuldnerschaft und damit auch die Einspruchsbefugnis auf den Gesamtrechtsnachfolger über (BFH 22.1.2015 – IV R 62/11, BFH/NV 2015, 995; BFH 15.4.2010 – IV R 67/07, BFH/NV 2010, 1606). StBescheide sind daher in diesem Fall an den Rechtsnachfolger der PersGes zu adressieren (BFH 15.4.2010 – IV R 67/07, BFH/NV 2010, 1606).

Ferner gilt § 352 **nicht** für **Prüfungsanordnungen** (§ 196), da die Gesellschaft/Gemeinschaft auch insoweit Stpfl. iSd § 33 I und damit Prüfungssubjekt ist, als sich die Prüfung auf die einheitliche und gesonderte Feststellung von Besteuerungsgrundlagen (§§ 179 ff.) erstreckt (BFH 30.8.1994 – IX R 65/91, BFH/NV 1995, 517; BFH 19.2.1996 – VIII B 4/95, BFH/NV 1996, 660). 14

Gemäß § 155 S. 1 BewG sind – abw. von § 352 – alle Beteiligten iSd § 154 I BewG sowie diejenigen, für deren Besteuerung nach dem GrEStG der Feststellungsbescheid von Bedeutung ist, befugt, Einspruch gegen eine **gesonderte und einheitliche Feststellung iSd § 154 I 2 BewG** einzulegen. § 352 AO und § 48 FGO sind gem. § 155 S. 2 BewG nur anwendbar, soweit der Gegenstand der Feststellung einer Erbengemeinschaft in Vertretung der Miterben zuzurechnen ist. 15

III. Hinzuziehung

Zum Einspruchsverfahren gegen eine einheitliche und gesonderte Feststellung (§§ 179 ff.) sind alle Einspruchsbefugten, die selbst keinen Einspruch eingelegt haben, gem. § 360 III 1 notwendig hinzuzuziehen (vgl. BFH 5.6.2019 – IV R 17/16, BFH/NV 2019, 1123; BFH 27.5.2004 – IV R 48/02, BStBl. II 2004, 964; → Rn. 22 f., → Rn. 27, → Rn. 30 ff., → Rn. 38, → Rn. 41, → Rn. 47, → Rn. 53 und → Rn. 57 sowie → § 360 Rn. 29; zur Heilung einer unterlassenen Hinzuziehung → § 360 Rn. 50). 16

B. Einspruchsbefugnis bei rechtsfähigen Personenvereinigungen (Abs. 1 Nr. 1)

§ 352 I Nr. 1 Buchst. a und b regelt die Einspruchsbefugnis bei rechtsfähigen Personenvereinigungen. Für nicht rechtsfähige Personenvereinigungen und in sonstigen Fällen einer gesonderten und einheitlichen Feststellung ergibt sich die Einspruchsbefugnis aus § 352 I Nr. 2 Buchst. a und b (→ Rn. 34 ff.). 17

Rechtsfähige Personenvereinigung. § 14a I enthält eine Legaldefinition des Begriffs der Personenvereinigung. Danach sind Personenvereinigungen Personenzusammenschlüsse ohne Rechtspersönlichkeit zur Verfolgung eines gesetzlich zulässigen Zwecks. Rechtsfähige Personenvereinigungen sind nach § 14a II Nr. 1– 3 insb. Vereine ohne Rechtspersönlichkeit iSd § 54 BGB (Nr. 1), rechtsfähige Personengesellschaften einschl. Gesellschaften iSd § 705 BGB, Personenhandelsgesellschaften, PartGes, Partenreedereien und EWiV (Nr. 2) sowie Gemeinschaften der Wohnungseigentümer iSd § 9a WEG (Nr. 3). Die Aufzählung in § 14a II ist nicht abschließend (AEAO zu § 14a Nr. 2). Die Rechtsfähigkeit ergibt sich für die OHG aus § 105 II HGB, für die KG aus § 161 II HGB iVm § 105 II HGB und für die PartGes aus § 1 IV PartGG iVm § 705 II Alt. 1 BGB idF des MoPeG. Die BGB-Gesellschaft ist nach § 705 II Alt. 1 BGB idF des MoPeG rechtsfähig, wenn sie nach dem Willen der Gesellschafter am Rechtsverkehr teilnehmen soll (→ Rn. 3). 18

I. Einspruchsbefugnis der rechtsfähigen Personenvereinigung (Abs. 1 Nr. 1 Buchst. a)

19 Nach § 352 I Nr. 1 Buchst. a ist die rechtsfähige Personenvereinigung einspruchsbefugt. Die Einspruchsbefugnis liegt also nicht mehr, wie noch nach § 352 I Nr. 1 aF, beim zur Vertretung berufenen Geschäftsführer oder beim Einspruchsbevollmächtigten iSd § 352 II aF. Zu den Einzelheiten zur Einspruchsbefugnis nach § 352 aF s. die 5. Aufl.

1. Bestehende Personenvereinigung

20 Die Einspruchsbefugnis nach § 352 I Nr. 1 Buchst. a setzt voraus, dass die rechtsfähige Personenvereinigung noch besteht. Besteht sie nicht mehr, sind nach § 352 I Nr. 1 Buchst. b alle Gesellschafter oder Gemeinschafter, gegen den der Feststellungsbescheid ergangen ist oder zu ergehen hätte, einspruchsbefugt (→ Rn. 33). Die rechtsfähige Personenvereinigung wird gem. § 352 I Nr. 1 Buchst. a in einer gesetzlich zugelassenen **Verfahrensstandschaft** für ihre Gesellschafter oder Gemeinschafter, also für die betroffenen Feststellungsbeteiligten, tätig (vgl. BFH 26.6.2021 – VIII B 28/21, BFH/NV 2021, 1363; BFH 19.5.2000 – VIII B 98/99, BFH/NV 2000, 1444) und ist selbst Einspruchsführerin und Beteiligte iSd § 359 Nr. 1. Für das Klageverfahren lässt § 48 I Nr. 1 FGO eine entsprechende Prozessstandschaft zu (BFH 5.6.2019 – IV R 17/16, BFH/NV 2019, 1123; BFH 27.5.2004 – IV R 48/02, BStBl. II 2004, 964). Die rechtsfähige Personenvereinigung ist nach § 352 I Nr. 1 Buchst. a berechtigt, Rechte der Gesellschafter oder Gemeinschafter im Namen der Gesellschaft oder Gemeinschaft wahrzunehmen (BFH 3.3.1998 – VIII B 62/97, BStBl. II 1998, 401; Gräber FGO § 48 Rn. 1, 8). Ein Einspruchsrecht der Personenvereinigung aus eigenem Recht ergibt sich aus § 352 I Nr. 1 Buchst. a allerdings nicht, da sich gesonderte und einheitliche Feststellungen inhaltlich nicht an die Personenvereinigung richten, sondern an die einzelnen Feststellungsbeteiligten (→ Rn. 5). Die Einspruchsbefugnis der rechtsfähigen Personenvereinigung nach § 352 I Nr. 1 Buchst. a ist nicht beschränkt. Sie besteht auch, wenn die Gesellschaft/Gemeinschaft selbst unter keinem denkbaren rechtlichen Gesichtspunkt vom Ausgang des Verfahrens betroffen sein kann (BFH 26.6.2021 – VIII B 28/21, BFH/NV 2021, 1363). Damit ist die rechtsfähige Personenvereinigung auch in den Fällen des § 352 I Nr. 3 und 5 selbst einspruchsbefugt (BFH 10.9.2020 – IV R 14/18, BStBl. II 2021, 367; BFH 15.4.2010 – IV R 9/08, BStBl. II 2010, 929; TK FGO § 48 Rn. 17). Mit ihrem Einspruch kann sie zB ausschließlich Einwendungen iSd § 352 I Nr. 5 geltend machen, die nur einen Beteiligten persönlich betreffen (Gosch AO § 352 Rn. 11).

21 Eine bloße **Veränderung im Gesellschafterbestand** durch Ausscheiden oder Eintritt von Gesellschaftern ist ohne Einfluss auf den Fortbestand der bisherigen Gesellschaft und berührt die Einspruchsbefugnis der rechtsfähigen Personenvereinigung nicht (BFH 18.12.1990 – VIII R 134/86, BStBl. II 1991, 882; BFH 18.12.1990 – VIII R 138/85, BStBl. II 1991, 581; BFH 8.10.1991 – VIII R 52/90, BFH/NV 1992, 323); einer rechtsfähigen Personenvereinigung steht daher auch dann die Einspruchsbefugnis gegen einen Gewinnfeststellungsbescheid zu, wenn ein, mehrere oder alle Gesellschafter, die von dem Bescheid betroffen sind, zum Zeitpunkt der Einspruchseinlegung bereits ausgeschieden sind (BFH 7.6.2018 – IV R 11/16, BFH/NV 2018, 1156); zu Vollbeendigung und Liquidation → Rn. 28 ff.

2. Einzelfälle

22 Zum sachlichen Anwendungsbereich des § 352 I Nr. 1 Buchst. a → Rn. 11 ff. Hinsichtlich einer gesonderten **Feststellung des verrechenbaren Verlustes nach § 15a IV 1 EStG** bestimmt sich die Einspruchsbefugnis der KG ebenfalls nach § 352 I Nr. 1 Buchst. a, wenn die gesonderte und einheitliche Feststellung der Einkünfte mit der Feststellung des verrechenbaren Verlustes verbunden worden ist (→ Rn. 11). Der Kommanditist, um dessen nach Anwendung des § 15a I–III EStG anzusetzenden ausgleichsfähigen

Verlust es geht, ist zum Einspruchsverfahren der KG gem. § 360 III 1 notwendig hinzuzuziehen (BFH 22.6.2006 – IV R 31–32/05, BStBl. II 2007, 687; BFH 8.12.1992 – VIII R 16/91, BFHE 169, 446; → § 360 Rn. 30 „Verrechenbare Verluste gem. § 15a EStG und § 15b EStG").

PersGes bei StStundungsmodellen. Hinsichtlich des an eine PersGes gerichteten, mit dem Gewinnfeststellungsbescheid verbundenen Verlustfeststellungsbescheids nach § 15b IV EStG sind neben der PersGes nach § 352 I Nr. 1 Buchst. a gem. § 352 I Nr. 5 auch deren Gesellschafter, für die nicht ausgleichsfähige Verluste festgestellt worden sind, einspruchsbefugt; legt nur die PersGes gegen den Verlustfeststellungsbescheid Einspruch ein, sind die betroffenen Gesellschafter zum Einspruchsverfahren der PersGes gem. § 360 III 1 notwendig hinzuzuziehen (BFH 20.12.2018 – IV R 2/16, BStBl. II 2019, 526; BFH 6.6.2019 – IV R 7/16, BStBl. II 2019, 513; → Rn. 11 und → § 360 Rn. 30 „Verrechenbare Verluste gem. § 15a EStG und § 15b EStG"). 23

3. Vertretungsbefugnis

Die Befugnis, die rechtsfähige Personenvereinigung iRd § 352 I Nr. 1 Buchst. a zu vertreten, obliegt nach § 34 I den gesetzlichen Vertretern. Wer gesetzlicher Vertreter ist, bestimmt sich nach den einschlägigen gesetzlichen Bestimmungen bzw. den zwischen den Feststellungsbeteiligten getroffenen (gesellschafts-)vertraglichen Vereinbarungen. Dies gilt auch für die Frage, ob von mehreren Vertretern jeder einzeln oder ob diese nur gemeinsam handeln dürfen (TK FGO § 48 Rn. 11; → Rn. 27). Eine wirksame Vertretung der rechtsfähigen Personenvereinigung setzt nicht voraus, dass die Vertretungshandlung im Innenverhältnis von der Geschäftsführungsbefugnis gedeckt ist (Gosch AO § 352 Rn. 14). Der Vertreter der rechtsfähigen Personenvereinigung muss nicht selbst Gesellschafter der Personenvereinigung sein, sodass auch andere Verfügungsberechtigte iSd § 35, wie zB Prokuristen, Handlungsbevollmächtigte oder Generalbevollmächtigte, vertretungsbefugt sein können (vgl. TK FGO § 48 Rn. 11). Zur Vertretung einer **GbR** sind nach § 720 I BGB alle Gesellschafter gemeinsam befugt, es sei denn, der Gesellschaftsvertrag bestimmt etwas anderes. Dies gilt auch für **Publikumsgesellschaften** in Form einer GbR. Auch in diesem Fall ist die – ggf. gemeinschaftliche – bürgerlich-rechtliche Vertretungsbefugnis zu beachten. Publikumsgesellschaften in der Form einer GbR fehlt es zumindest dann an einem zur Vertretung berufenen Gesellschafter/Geschäftsführer, wenn die Geschäftsführung und Vertretung allen Gesellschaftern gemeinschaftlich zusteht und keine Person vorhanden ist, die ein von den Gesellschaftern abgeleitetes Recht zur Vertretung erlangt hat (vgl. BFH 15.1.1998 – IX B 25/97, BFH/NV 1998, 994). Zur Vertretung einer **OHG** ist nach § 124 I HGB jeder Gesellschafter befugt, wenn er nicht durch den Gesellschaftsvertrag von der Vertretung ausgeschlossen ist. Nach § 124 II 1 HGB kann im Gesellschaftsvertrag auch vereinbart werden, dass alle oder mehrere Gesellschafter nur gemeinsam zur Vertretung der Gesellschaft befugt sein sollen. Gleiches gilt für die **PartGes** gem. § 7 II PartGG iVm § 124 HGB. Vertreter einer **KG** ist gem. § 161 II HGB iVm § 124 I HGB der Komplementär. Kommanditisten sind dagegen aufgrund des zwingenden § 170 I HGB von einer organschaftlichen Vertretung ausgeschlossen. Ihnen kann jedoch eine rechtsgeschäftliche Vertretungsmacht eingeräumt werden, wie zB Prokura oder eine Generalvollmacht. Der Kommanditist ist in diesem Fall als rechtsgeschäftlich bestellter Vertreter befugt, für die KG gem. § 352 I Nr. 1 Buchst. a Einspruch einzulegen. Die **Wohnungseigentümergemeinschaft** wird nach § 9b I 1 WEG durch den Verwalter vertreten. Hat die Wohnungseigentümergemeinschaft keinen Verwalter, wird sie durch die Wohnungseigentümer gemeinschaftlich vertreten (§ 9 I 2 WEG). 24

Vertreter mit „doppelter" Einspruchsbefugnis. Ist der Vertreter der rechtsfähigen Personenvereinigung zugleich auch selbst Feststellungsbeteiligter, kann ihm daher ggf. zusätzlich eine eigene Einspruchsbefugnis gem. § 352 I Nr. 4 oder 5 zustehen. Mit Rücksicht auf diese Doppelrolle ist uU fraglich, ob der Einspruch eines Vertreters der rechtsfähigen Personenvereinigung, zB eines Gesellschafter-Geschäftsführers, im Namen der 25

Personenvereinigung oder im eigenen Namen erhoben wurde. Ein „kumulativer" Einspruch kann nicht automatisch unterstellt werden. **Fehlt** eine **eindeutige Einspruchserklärung,** sind die allgemeinen Auslegungsregeln anzuwenden (→ § 357 Rn. 4 ff.); ggf. ist durch Rückfrage zu klären, für wen der Einspruch erhoben wurde (zur entsprechenden Problematik bei § 48 FGO s. BFH 26.3.1980 – I R 87/79, BStBl. II 1980, 586; BFH 29.6.1995 – VIII R 20/94, BFH/NV 1996, 52 sowie HHSp FGO § 48 Rn. 85 f.; Gräber FGO § 48 Rn. 44). Dabei muss vor dem Hintergrund einer rechtsschutzgewährenden Auslegung eine **großzügige Betrachtung** Platz greifen (zutr. OFD Rheinland-Pfalz 19.1.2007, DB 2007, 317). Ein ausdrücklich für die rechtsfähige Personengesellschaft erhobener Einspruch kann allerdings nicht in einen Einspruch des Gesellschafters umgedeutet werden (→ § 357 Rn. 10 und → § 357 Rn. 20).

26 **Zeitpunkt der Vertretungsbefugnis.** Die Vertretungsbefugnis muss im Zeitpunkt der **Einspruchseinlegung** gegeben sein. Ob der vertretungsbefugte Geschäftsführer in dem zurückliegenden strittigen Zeitraum bereits zur Vertretung berechtigt war, ist ohne Bedeutung (BFH 18.12.1990 – VIII R 134/86, BStBl. II 1991, 882; BFH 18.12.1990 – VIII R 138/85, BStBl. II 1991, 581; BFH 13.12.1979 – IV B 79/79, BStBl. II 1980, 329). Die Einspruchsbefugnis entfällt, wenn der Vertretungsberechtigte nicht mehr zur Vertretung berechtigt ist; ein früher vertretungsbefugter Geschäftsführer kann nicht mehr wirksam für die Gesellschaft/Gemeinschaft handeln (BFH 13.12.1979 – IV B 79/79, BStBl. II 1980, 329). Die Einspruchseinlegung durch einen nicht Vertretungsberechtigten kann jedoch nachträglich durch den Vertretungsberechtigten bzw. durch weitere vertretungsbefugte Personen genehmigt werden (BFH 23.1.2020 – IV R 48/16, BFH/NV 2020, 695; → Rn. 7). In Zweifelsfällen muss das Vorliegen der Vertretungsberechtigung im Zeitpunkt der Einspruchseinlegung von der FB von Amts wegen geprüft werden.

27 **Einzel- oder Gesamtvertretung.** Sind mehrere Vertreter (Gesellschafter) nur gesamtvertretungsberechtigt, kann der Einspruch von diesen nur gemeinsam eingelegt werden (HHSp FGO § 48 Rn. 70). Einzelvertretungsberechtigte Vertreter können jeweils allein mit Wirkung für die rechtsfähige Personenvereinigung Einspruch einlegen. In diesem Fall sind die anderen Vertretungsberechtigten, soweit nicht eine persönliche Einspruchsbefugnis gem. § 352 I Nr. 4 oder 5 gegeben ist, nicht hinzuzuziehen; sie können ihrerseits im Einspruchsverfahren auftreten und den Einspruch auch zurücknehmen (BFH 4.5.1972 – IV 251/64, BStBl. II 1972, 672). Einander inhaltlich widersprechende gleichzeitig vorgenommene Verfahrenshandlungen der Einzelvertretungsberechtigten sind jedoch unwirksam (FG Mecklenburg-Vorpommern 22.4.1998 – 1 K 265/96, EFG 1998, 1141; HHSp FGO § 48 Rn. 69).

4. Vollbeendigung der Personenvereinigung (Liquidation und Insolvenz)

28 Befindet sich die Personenvereinigung infolge ihrer Auflösung, zB nach §§ 729–732 BGB oder nach §§ 138–140, 161 II HGB, im Stadium der **Liquidation,** so bleibt sie bis zu ihrer Vollbeendigung verfahrensbeteiligt (BFH 24.3.2011 – IV B 115/09, BFH/NV 2011, 1167; BFH 1.7.2004 – IV R 4/03, BFH/NV 2005, 162; BFH 1.10.1992 – IV R 60/91, BStBl. II 1993, 82). Die Liquidation lässt demgemäß die Einspruchsbefugnis der Personenvereinigung nach § 352 I Nr. 1 Buchst. a und damit ihre Verfahrensstandschaft unberührt (vgl. BFH 30.12.2003 – IV B 21/01, BStBl. II 2004, 239; BFH 21.1.1982 – IV R 146/78, BStBl. II 1982, 506; BFH 12.4.2007 – IV B 69/05, BFH/NV 2007, 1923; BFH 12.11.1987 – IV B 20/87, BFH/NV 1989, 657). Infolge der Liquidation erlischt jedoch grds. die einem Gesellschafter im Gesellschaftsvertrag übertragene Befugnis zur Geschäftsführung und Vertretung (§ 736b I 1 BGB, §§ 146 I 1, 161 II HGB). Die Befugnis zur Geschäftsführung und Vertretung geht auf den Liquidator bzw. auf die Liquidatoren über (§ 736b I 2 BGB, §§ 146 I 2, 161 II HGB). Dies sind alle Gesellschafter (§ 736 I BGB, §§ 144 I, 161 II HGB), bei der KG allerdings gem. § 178 HGB nicht (mehr) die Kommanditisten, sofern sich nicht aus dem Gesellschaftsvertrag etwas anderes ergibt (§ 735 III BGB, §§ 143 III, 161 II HGB), wobei auch einzelne Gesellschafter oder andere

Personen zu Liquidatoren berufen werden können. Der Einspruch kann gem. § 352 I Nr. 1 Buchst. a allein durch den Liquidator eingelegt werden; mehrere Liquidatoren sind nur gemeinschaftlich vertretungsberechtigt, sofern im Gesellschaftsvertrag oder in einem Gesellschafterbeschluss nicht bestimmt ist, dass sie einzeln handeln können, § 736b I 2 BGB, §§ 146 I 2, 161 II HGB (BFH 21.5.1992 – IV R 146/88, BFH/NV 1993, 303). Die Einspruchseinlegung erfolgt für die Liquidationsgesellschaft, die selbst Einspruchsführerin ist. Ein Liquidator kann ggf. auch gem. § 352 I Nr. 4–5 persönlich einspruchsbefugt sein. Legt der Liquidator und Gesellschafter einer aufgelösten PersGes gegen einen Gewinnfeststellungsbescheid Einspruch ein, so ist ggf. durch Auslegung des Einspruchsschreibens zu klären, ob der Einspruch vom Gesellschafter persönlich oder als Liquidator für die Gesellschaft oder aber in beiden Eigenschaften erhoben worden ist (vgl. BFH 17.12.1998 – IV B 55/97, BFH/NV 1999, 809).

Die Eröffnung des **Insolvenzverfahrens** führt zur Auflösung der PersGes (§ 729 I Nr. 2 BGB, §§ 138 I Nr. 2, 161 II HGB). Die Verwaltungs- und Verfügungsbefugnis hinsichtlich des zur Insolvenzmasse gehörenden Vermögens geht auf den Insolvenzverwalter über (§§ 22, 80 I InsO), soweit es sich nicht um insolvenzfreie Angelegenheiten handelt. Da die einheitliche und gesonderte Gewinnfeststellung zu den insolvenzfreien Angelegenheiten gehört (BFH 23.8.1994 – VII R 143/92, BStBl. II 1995, 194; BFH 7.6.2018 – IV R 11/16, BFH/NV 2018, 1156; im Einzelnen → § 251 Rn. 42), geht die Einspruchsbefugnis der PersGes nach § 352 I Nr. 1 Buchst. a insoweit nicht auf den Insolvenzverwalter über; vertretungs- und einspruchsbefugt sind vielmehr die Liquidatoren der Gesellschaft (BFH 26.8.2004 – IV R 5/03, BStBl. II 2005, 215; s. dazu vorstehend → Rn. 28). Die Abweisung des Antrags auf Eröffnung des Insolvenzverfahrens mangels Masse (§ 26 InsO) führt nicht zur Auflösung der Gesellschaft, sodass es bis zur Vollbeendigung bei der Einspruchsbefugnis der rechtsfähigen Personenvereinigung gem. § 352 I Nr. 1 Buchst. a verbleibt (BFH 19.11.1985 – VIII R 243/80, BFH/NV 1986, 474). 29

Mit der **Vollbeendigung** der PersGes, zB aufgrund einer Umwandlung der PersGes in eine GmbH (BFH 23.2.2011 – I R 52/10, BFH/NV 2011, 1354; BFH 25.4.2006 – VIII R 52/04, BStBl. II 2006, 847) sowie nach Abschluss der Liquidation der PerGes oder Auflösung wegen Vermögenslosigkeit (BFH 12.12.1995 – VIII R 59/92, BStBl. II 1996, 219), endet ihre Beteiligtenfähigkeit und damit die Grundlage einer Verfahrens- bzw. Prozessstandschaft gem. § 352 I Nr. 1 Buchst. a (BFH 17.4.2019 – IV R 12/16, BStBl. II 2019, 745; BFH 9.2.2011 – IV R 37/08, BFH/NV 2011, 1120; BFH 27.7.2005 – II R 35/04, BFH/NV 2006, 18; BFH 8.2.2012 – IV B 76/10, BFH/NV 2012, 1172). Entscheidend für die Frage der Vermögenslosigkeit ist, ob und ggf. in welchem Umfang die PersGes noch über Aktivvermögen verfügt und ob die Gesellschafter zu Nachschüssen in das Gesellschaftsvermögen zum Zwecke der Tilgung zurückgebliebener Verbindlichkeiten verpflichtet sind (BFH 16.10.2008 – IV R 74/06, BFH/NV 2009, 725). Die Löschung der PersGes im Handelsregister stellt lediglich ein wesentliches Indiz für die Vermögenslosigkeit einer aufgelösten PersGes und damit für deren handels- und steuerrechtliche Vollbeendigung dar (BFH 27.1.2006 – VIII B 90/05, BFH/NV 2006, 966). Die Einspruchsbefugnis geht mit der Vollbeendigung der rechtsfähigen Personenvereinigung gem. § 352 I Nr. 1 Buchst. b auf die früheren Gesellschafter oder Gemeinschafter über, deren Mitgliedschaft die Zeit berührt, die der anzufechtende Gewinnfeststellungsbescheid betrifft (BFH 6.12.2022 – IV R 21/19, BStBl. II 2023, 474; BFH 20.12.2018 – IV R 2/16, BStBl. II 2019, 526; BFH 10.9.2015 – IV R 8/13, BStBl. II 2015, 1046; BFH 13.6.2019 – VIII B 146/18, BFH/NV 2019, 1234; BFH 16.5.2013 – IV R 21/10, BFH/NV 2013, 1586; BFH 8.10.1998 – VIII B 61/98, BFH/NV 1999, 291; BFH 27.7.2005 – II R 35/04, BFH/NV 2006, 18; BFH 25.4.2006 – VIII R 52/04, BStBl. II 2006, 847). Insoweit lebt die bis zum Zeitpunkt der Vollbeendigung überlagerte Einspruchsbefugnis der einzelnen Gesellschafter wieder auf (BFH 6.12.2022 – IV R 21/19, BStBl. II 2023, 474; BFH 20.12.2018 – IV R 2/16, BStBl. II 2019, 526; BFH 10.9.2015 – IV R 8/13, BStBl. II 2015, 1046; BFH 13.6.2019 – VIII B 146/18, BFH/NV 2019, 1234; BFH 16.5.2013 – IV 30

R 21/10, BFH/NV 2013, 1586; BFH 8.10.1998 – VIII B 61/98, BFH/NV 1999, 291; BFH 27.7.2005 – II R 35/04, BFH/NV 2006, 18; BFH 25.4.2006 – VIII R 52/04, BStBl. II 2006, 847). Dies lässt sich aus § 352 I Nr. 1 Buchst. b (vgl. BFH 8.10.1998 – VIII B 61/98, BFH/NV 1999, 291) und/oder aus § 352 I Nr. 3 ableiten, sofern man in der Vollbeendigung der PersGes ein Ausscheiden aller Gesellschafter sieht (BFH 17.10.2013 – IV R 25/10, BFH/NV 2014, 170; s. auch BFH 7.7.1998 – VIII R 17/96, BFH/NV 1999, 473). Bei der liquidationslosen Vollbeendigung einer PersGes im Rahmen eines Umwandlungsvorgangs geht die Einspruchsbefugnis für die Bescheide über die einheitliche und gesonderte Feststellung von Besteuerungsgrundlagen (§§ 179 ff.) nicht auf den Rechtsnachfolger über (BFH 26.4.2017 – IV B 75/16, BFH/NV 2017, 1056; BFH 22.1.2015 – IV R 62/11, BFH/NV 2015, 995; BFH 22.12.2008 – I B 81/08, BFH/NV 2009, 948; BFH 27.7.2005 – II R 35/04, BFH/NV 2006, 18; BFH 8.10.1998 – VIII B 61/98, BFH/NV 1999, 291). Anders ist dies bei StBescheiden, die gegen die PersGes als StSchuldnerin gerichtet sind (→ Rn. 13). Feststellungsbeteiligte, die nicht selbst Einspruch oder Klage erhoben haben, sind gem. § 360 III 1 zum Einspruchsverfahren hinzuzuziehen bzw. gem. § 60 III 1 FGO im Klageverfahren notwendig beizuladen, soweit sie vom Ausgang des Verfahrens betroffen sind (BFH 26.8.2013 – IV B 62/13, BFH/NV 2013, 1940; BFH 9.2.2011 – IV R 37/08, BFH/NV 2011, 1120; BFH 4.5.1999 – VIII B 94/98, BFH/NV 1999, 1483). Eine Hinzuziehung der Gesellschaft/Gemeinschaft gem. § 360 nach Vollbeendigung scheidet mangels Hinzuziehungsfähigkeit aus (→ § 360 Rn. 11).

31 Tritt die **Vollbeendigung** der rechtsfähigen Personenvereinigung **während des anhängigen Einspruchsverfahrens** wegen einer gesonderten und einheitlichen Feststellung (§§ 179 ff.) ein, geht die Einspruchsbefugnis gem. § 352 I Nr. 1 Buchst. b auf die Gesellschafter bzw. Gemeinschafter über. Die Personenvereinigung selbst verliert mit ihrer Vollbeendigung ihre Einspruchsbefugnis gem. § 352 I Nr. 1 Buchst. a und damit ihre Beteiligtenfähigkeit (BFH 7.9.2005 – VIII R 1/03, BStBl. II 2006, 298; Gosch AO § 352 Rn. 15). Zur Vollbeendigung einer rechtsfähigen Personenvereinigung → Rn. 13 und → Rn. 32. Hat die Personenvereinigung selbst noch vor Vollbeendigung Einspruch eingelegt, ist das Verfahren, soweit die Personenvereinigung nicht durch einen Verfahrensbevollmächtigten vertreten war oder die Gesellschafter/Gemeinschafter selbst keine zulässigen Einsprüche eingelegt haben, gem. § 239 ZPO analog bis zur Aufnahme des Einspruchsverfahrens durch die Feststellungsbeteiligten unterbrochen (BFH 17.10.2013 – IV R 25/10, BFH/NV 2014, 170; BFH 19.5.2000 – VIII B 98/99, BFH/NV 2000, 1444). Wird namens der vollbeendeten Personenvereinigung Einspruch eingelegt, so kann dieser im Auslegungswege als Einspruch der einzelnen ehemaligen Gesellschafter/Gemeinschafter zu behandeln sein (vgl. BFH 8.2.2012 – IV B 76/10, BFH/NV 2012, 1172). Kommen nicht alle Gesellschafter/Gemeinschafter als Einspruchsführer in Betracht, sind die übrigen Gesellschafter gem. § 360 III 1 zum Einspruchsverfahren hinzuzuziehen (BFH 1.7.2004 – IV R 4/03, BFH/NV 2005, 162).

5. Hinzuziehung

32 Den Gesellschaftern, Gemeinschaftern oder Mitberechtigten steht neben der rechtsfähigen Personenvereinigung (§ 352 I Nr. 1 Buchst. a) ein eigenes Einspruchsrecht nur zu, wenn die Voraussetzungen des § 352 I Nr. 3–5 vorliegen (BFH 27.5.2004 – IV R 48/02, BStBl. II 2004, 964); sie sind in diesem Fall zum Einspruchsverfahren der rechtsfähigen Personenvereinigung notwendig hinzuzuziehen (§ 360 III 1). Für nicht einspruchsbefugte Gesellschafter, Gemeinschafter oder Mitberechtigte gilt dies nicht (§ 360 III 2). Ausgeschiedene Gesellschafter sind, soweit sie von der Feststellung betroffen sind, notwendig zum Einspruchsverfahren der rechtsfähigen Personenvereinigung hinzuzuziehen (BFH 24.3.1999 – I R 114/97, BStBl. II 2000, 399; BFH 7.6.2018 – IV R 11/16, BFH/NV 2018, 1156); dies gilt auch dann, wenn der Gesellschafter erst nach Einspruchseinlegung aus der Gesellschaft/Gemeinschaft ausgeschieden ist (vgl. BFH 4.9.2014 – IV R 44/13, BFH/NV 2015, 209). Zur Hinzuziehung → Rn. 22 f., → Rn. 22 f., → Rn. 27, → Rn. 30 ff.

II. Vollbeendete rechtsfähige Personenvereinigung (Abs. 1 Nr. 1 Buchst. b)

Besteht die rechtsfähige Personenvereinigung nicht mehr, ist nach § 352 I Nr. 1 Buchst. b hinsichtlich der gesonderten und einheitlichen Feststellung (§§ 179 ff.), die sich auf die Personenvereinigung bezieht, jeder Gesellschafter oder Gemeinschafter einspruchsbefugt, gegen den der Feststellungsbescheid ergangen ist oder zu ergehen hätte. Die rechtsfähige Personenvereinigung besteht dann nicht mehr iSd § 352 I Nr. 1 Buchst. b, wenn sie vollbeendet ist (AEAO zu § 352 Nr. 2). Zur Vollbeendigung einer rechtsfähigen Personenvereinigung → Rn. 28 ff. Vollbeendet ist die rechtsfähige Personenvereinigung erst dann, wenn alle das Gesellschaftsverhältnis betreffenden Ansprüche und Verpflichtungen – zu denen auch die Ansprüche aus dem StSchuldverhältnis (§§ 33, 37) zwischen der Personenvereinigung und der FB gehören – endgültig abgewickelt sind (→ Rn. 13). Die rechtsfähige Personenvereinigung besteht daher zB auch dann noch iSd § 352 I Nr 1 Buchst. a fort, wenn sie noch ein Einspruchs- oder Klageverfahren gegen einen StBescheid führt, der gegen sie als StSchuldnerin ergangen ist (BFH 31.1.2008 – IV B 147/06, BFH/NV 2008, 1101; BFH 21.5.1992 – IV R 146/88, BFH/NV 1993, 303; Gosch AO § 352 Rn. 15). Die Gesellschafter oder Gemeinschafter einer rechtsfähigen Personenvereinigung sind dann nach § 352 I Nr. 1 Buchst. b einspruchsbefugt, wenn die Personenvereinigung zum Zeitpunkt der Bekanntgabe des Feststellungsbescheids bereits vollbeendet war (Gosch AO § 352 Rn. 15). Zur Vollbeendigung der Personenvereinigung während eines anhängigen Einspruchsverfahrens → Rn. 31. 33

C. Einspruchsbefugnis bei nicht rechtsfähigen Personenvereinigungen und in sonstigen Fällen (Abs. 1 Nr. 2)

§ 352 I Nr. 2 Buchst. a und b regelt die Einspruchsbefugnis bei nicht rechtsfähigen Personenvereinigungen und in sonstigen Fällen einer gesonderten und einheitlichen Feststellung. Für rechtsfähige Personenvereinigungen ergibt sich die Einspruchsbefugnis aus § 352 I Nr. 1 Buchst. a und b (→ Rn. 17 ff.). 34

Nicht rechtsfähige Personenvereinigungen. Nicht rechtsfähige Personenvereinigungen sind nach § 14a III Nr. 1–3 insb. Bruchteilsgemeinschaften iSd §§ 741 ff. BGB (Nr. 1), Gütergemeinschaften iSd §§ 1415 ff. BGB (Nr. 2) und Erbengemeinschaften iSd §§ 2032 ff. BGB (Nr. 3). Nach § 14a IV sind auf nicht rechtsfähige GbR (§§ 740 ff. BGB) die für nicht rechtsfähige Personenvereinigungen geltenden Vorschriften (mit Ausnahme des § 267 I 1, der das VollstrVerfahren gegen nicht rechtsfähige Personenvereinigungen betrifft) und damit auch § 352 I Nr. 2 sinngemäß anzuwenden. Eine nicht rechtsfähige GbR und damit eine nicht rechtsfähige Personenvereinigung liegt vor, wenn die GbR sich auf die Regelung der Rechtsverhältnisse der Gesellschafter untereinander beschränkt und nicht auf eine Teilnahme am Rechtsverkehr mit Dritten gerichtet ist, es sich also um eine Innengesellschaft handelt (AEAO zu § 14a Nr. 6; vgl. auch § 705 II BGB). Dementsprechend ist auch die stille Gesellschaft iSd §§ 230 ff. HGB, also die stille Beteiligung an einem Handelsgewerbe, das ein anderer betreibt, eine nicht rechtsfähige Personenvereinigung. Aber auch eine stille Beteiligung an einem nichtkaufmännischen Unternehmen ist als Innengesellschaft eine nicht rechtsfähige Personenvereinigung iSd § 14a IV (Gosch AO § 14a Rn. 13). 35

Sonstige Fälle iSd § 352 I Nr. 2 sind zB gesonderte und einheitliche Feststellungen nach der VO zu § 180 II (BT-Drs. 20/8628, 186). Nach § 180 II kann das BMF durch VO mit Zustimmung des BR bestimmen, dass in anderen als den in § 180 I genannten Fällen Besteuerungsgrundlagen gesondert und für mehrere Personen einheitlich festgestellt werden. Von dieser Ermächtigung hat das BMF mit Zustimmung des BR durch Erlass der VO zu § 180 II Gebrauch gemacht. Zu den Einzelheiten der in der VO zu § 180 II geregelten Feststellungen s. den Anhang zu § 180 II (→ § 180 Rn. 50 ff.). Ein weiterer 36 sonstiger Fall iSd § 352 I Nr. 2 ist die gesonderte und einheitliche Feststellung nach § 14 V 1 KStG. Demnach wird bei der körperschaftsteuerlichen Organschaft (§§ 14 ff. KStG) das dem Organträger zuzurechnende Einkommen der Organgesellschaft und damit zusammenhängende Besteuerungsgrundlagen gegenüber dem Organträger und der Organgesellschaft gesondert und einheitlich festgestellt. Zur körperschaftsteuerlichen Organschaft → Rn. 11.

I. Einspruchsbefugnis des Einspruchsbefugten (Abs. 1 Nr. 2 Buchst. a)

37 Nach § 352 I Nr. 2 Buchst. a ist bei nicht rechtsfähigen Personenvereinigungen und in sonstigen Fällen einer gesonderten und einheitlichen Feststellung (§§ 179 ff.) nur der Einspruchsbefugte iSd § 352 II einspruchsbefugt. Einspruchsbefugt ist gem. § 352 II iVm § 183a I 1 bzw. iVm § 6 I 1 der VO zu § 180 II der gemeinsame Empfangsbevollmächtigte oder gem. § 352 II iVm § 183a I 2, 3 bzw. iVm § 6 I 3, 4 der VO zu § 180 II der von der FB bestimmte Empfangsbevollmächtigte. Zum Einspruchsbefugten iSd Abs. 2 im Einzelnen → Rn. 57 ff. Die Rechtsstellung des Einspruchsbefugten entspricht derjenigen der rechtsfähigen Personenvereinigung nach § 352 I Nr. 1 Buchst. a (→ Rn. 19 ff.). Er handelt ebenfalls in gesetzlicher Verfahrensstandschaft (Prozessstandschaft) für die Feststellungsbeteiligten (vgl. BFH 21.12.2017 – IV R 44/14, BFH/NV 2018, 407; BFH 14.11.2008 – IV B 136/07, BFH/NV 2009, 597) und ist berechtigt, im eigenen Namen für die Feststellungsbeteiligten sämtliche Rechtsverstöße des anzufechtenden Feststellungsbescheids zu rügen. Die Einspruchsbefugnis des Einspruchsbefugten iSd § 352 I Nr. 2 Buchst. a ist – wie auch die Einspruchsbefugnis der rechtsfähigen Personenvereinigung – nicht beschränkt. Der Einspruchsbefugte kann daher auch in den Fällen des § 352 I Nr. 3 und 5 für die nicht rechtsfähige Personenvereinigung Einspruch gegen eine gesonderte und einheitliche Feststellung einlegen (TK FGO § 48 Rn. 17).

38 **Hinzuziehung.** Den Gesellschaftern, Gemeinschaftern oder Mitberechtigten der nicht rechtsfähigen Personenvereinigung steht neben dem Einspruchsbefugten (§ 352 I Nr. 2 Buchst. a) ein eigenes Einspruchsrecht nur zu, wenn die Voraussetzungen des § 352 I Nr. 3–5 vorliegen; sie sind in diesem Fall zum Einspruchsverfahren des Einspruchsbefugten notwendig hinzuzuziehen (§ 360 III 1). Für nicht einspruchsbefugte Gesellschafter, Gemeinschafter oder Mitberechtigte gilt dies nicht (§ 360 III 2). Zu Hinzuziehung ausgeschiedener Gesellschafter, Gemeinschafter oder Mitberechtigte → Rn. 32.

II. Einspruchsbefugnis anderer Feststellungsbeteiligter (Abs. 1 Nr. 2 Buchst. b)

39 Ist kein Einspruchsbefugter iSd § 352 I Nr. 2 Buchst. a iVm § 352 II vorhanden, ist nach § 352 I Nr. 2 Buchst. b jeder Gesellschafter, Gemeinschafter oder Mitberechtigte der nicht rechtsfähigen Personenvereinigung einspruchsbefugt, gegen den der Feststellungsbescheid ergangen ist oder zu ergehen hätte.

40 **Einspruch vor Bekanntgabe.** Einspruchsbefugt nach § 352 I Nr. 2 Buchst. b sind auch Feststellungsbeteiligte, gegen die der Feststellungsbescheid „zu ergehen hätte". Diese Regelung billigt einem Feststellungsbeteiligten ausnahmsweise ein Anfechtungsrecht gegen einen ihm nicht bekannt gegebenen Feststellungsbescheid für den Fall zu, dass der Bescheid durch Bekanntgabe an andere Feststellungsbeteiligte bereits existent geworden ist und daher nicht mehr frei änderbar ist (BFH 27.4.1993 – VIII R 27/92, BStBl. II 1994, 3; Gosch AO § 352 Rn. 26.1; → § 355 Rn. 6). Die für die Einspruchsbefugnis erforderliche Beschwer iSd § 350 ergibt sich nicht bereits aus der fehlenden Bekanntgabe des Feststellungsbescheids, sondern allein daraus, dass der Einspruchsführer durch den Bescheid steuerrechtlich berührt sein kann (BFH 6.7.2011 – II R 44/10, BStBl. II 2012, 5; BFH 7.8.1990 – VIII R 257/84, BFH/NV 1991, 507).

41 **Umfang der Einspruchsbefugnis und Hinzuziehung.** Die nach § 352 I Nr. 2 Buchst. b einspruchsbefugten Gesellschafter, Gemeinschafter oder Mitberechtigten werden nicht (etwa im Sinne eines Not-Vertreters) in Verfahrensstandschaft (Prozessstandschaft) für

die übrigen Feststellungsbeteiligten tätig. Sie handeln vielmehr aus eigenem Recht und sind daher im Umfang der Einspruchsbefugnis dahingehend beschränkt, dass sie nur die sie selbst betreffenden Feststellungen angreifen können und eine eigene Beschwer (§ 350) geltend machen müssen (BFH 3.3.1998 – VIII B 62/97, BStBl. II 1998, 401). Von der Einspruchsentscheidung betroffene Feststellungsbeteiligte, die selbst keinen Einspruch eingelegt haben, sind gem. § 360 III 1 notwendig hinzuzuziehen (→ Rn. 16).

D. Einspruchsbefugnis ausgeschiedener Beteiligter sowie bei Meinungsverschiedenheiten (Abs. 1 Nr. 3)

Nach § 352 I Nr. 3 kann in den Fällen des § 183 II 1 Nr. 2 und des § 183a II 1 Nr. 2 jeder Gesellschafter, Gemeinschafter oder Mitberechtigte Einspruch einlegen, gegen den der Feststellungsbescheid ergangen ist oder zu ergehen hätte. § 183 II 1 Nr. 2 betrifft gesonderte und einheitliche Feststellungen gegenüber rechtsfähigen Personenvereinigungen, während § 183a II 1 Nr. 2 sich auf gesonderte und einheitliche Feststellungen gegenüber nicht rechtsfähigen Personenvereinigungen sowie auf sonstige Fälle einer gesonderten und einheitlichen Feststellung bezieht. Demnach sind nach § 352 I Nr. 3 iVm § 183 II 1 Nr. 2 bzw. iVm § 183a II 1 Nr. 2 Feststellungsbeteiligte, die aus der Personenvereinigung ausgeschieden sind, einspruchsbefugt. Entsprechendes gilt bei ernstlichen Meinungsverschiedenheiten zwischen den Feststellungsbeteiligten (§ 352 I Nr. 3 iVm § 183 II 1 Nr. 2 bzw. iVm § 183a II 1 Nr. 2). Die Einspruchsbefugnis in den Fällen des § 183 II 1 Nr. 2 und des § 183a II 1 Nr. 2 ist unabhängig davon, ob der betroffene Feststellungsbeteiligte der Bekanntgabe des Feststellungsbescheids an die Personenvereinigung (§ 183 II 2) oder an den Empfangsbevollmächtigten (§ 183a II 2) mit Wirkung für und gegen ihn widersprochen hat (AEAO zu § 352 Nr. 4 Buchst. a idF BMF 22.3.2024, BStBl. I 2024, 694). Zur ggf. in diesen Fällen erforderlichen Einzelbekanntgabe des Feststellungsbescheides → § 183 Rn. 18 ff. und → § 183a Rn. 18 ff. 42

Ausscheiden aus einer bestehenden Personenvereinigung. § 352 I Nr. 3 ist anzuwenden, wenn ein Gesellschafter, Gemeinschafter oder Mitberechtigter aus einer bestehenden Personenvereinigung ausscheidet. Mit dem Ausscheiden endet allerdings die Befugnis der rechtsfähigen Personenvereinigung (§ 352 I Nr. 1 Buchst. a) bzw. des Einspruchsbevollmächtigten (§ 352 I Nr. 2. Buchst. b) nicht, für den Ausgeschiedenen Einspruch gegen eine gesonderte und einheitliche Feststellung einzulegen (→ Rn. 20 und 37). Bei **Vollbeendigung** der rechtsfähigen Personenvereinigung bestimmt sich die Einspruchsbefugnis hingegen nur dann nach § 352 I Nr. 3 und nicht nach § 352 I Nr. 1 Buchst. b, wenn man in der Vollbeendigung der Personenvereinigung ein Ausscheiden aller Gesellschafter/Gemeinschafter sieht (→ Rn. 30). Ohne Bedeutung für die Anwendbarkeit des § 352 I Nr. 3 ist, ob der Gesellschafter, Gemeinschafter oder Mitberechtigte schon vor Bekanntgabe des Feststellungsbescheids oder erst während des Einspruchsverfahrens aus der Personenvereinigung ausgeschieden ist (HHSp § 352 Rn. 206). Der Komplementär einer KG, der Kommanditist wird, ist nicht als ausgeschiedener Gesellschafter nach § 352 I Nr. 3 einspruchsbefugt (BFH 29.10.2009 – IV B 5/09, BFH/NV 2010, 445). 43

Einspruch vor Bekanntgabe. Einspruchsbefugt gem. § 352 I Nr. 3 sind auch Feststellungsbeteiligte, gegen die der Feststellungsbescheid „zu ergehen hätte". Diese Formulierung ist auch in § 352 I Nr. 1 Buchst. b enthalten, sodass insoweit auf die Erl. zu § 352 I Nr. 2 verwiesen werden kann (→ Rn. 40). § 352 I Nr. 3 findet daher auch dann Anwendung, wenn der Feststellungsbescheid lediglich anderen Feststellungsbeteiligten bekannt gegeben wurde und/oder die FB die Gesellschafterstellung des Ausgeschiedenen oder seine Beteiligung am festgestellten Gewinn verneint (BFH 26.4.1988 – VIII R 292/82, BStBl. II 1988, 855). 44

Beschwer. Ausgeschiedene Gesellschafter, Gemeinschafter oder Mitberechtigte sind nur dann gem. § 352 I Nr. 3 einspruchsbefugt, wenn sie durch den Feststellungsbescheid 45 beschwert (§ 350) sind. Eine Beschwer kann nur für einen Zeitraum bis zu ihrem Ausscheiden vorliegen. Erforderlich ist die schlüssige Geltendmachung, dass der Ausgeschiedene durch den Feststellungsbescheid in seinen steuerrechtlichen Rechten verletzt ist (BFH 14.6.1994 – VIII R 20/93, BFH/NV 1995, 318). Die Einspruchsbefugnis des Ausgeschiedenen besteht auch für solche Fragen, die die Gesellschaft betreffen (BFH 15.3.2007 – IV R 52/04, BFH/NV 2007, 1332). Der Ausgeschiedene kann sich daher zB auch gegen die festgestellte Höhe des Gesamtgewinns oder -verlusts der Personenvereinigung oder gegen die Annahme der FB wenden, die Buchführung der Personenvereinigung sei nicht ordnungsgemäß. Konkrete Darlegungen zu den einkommensteuerlichen Auswirkungen der str. Feststellung sind nicht erforderlich (BFH 14.6.1994 – VIII R 20/93, BFH/NV 1995, 318).

46 Eine **Beschwer fehlt** mangels Beeinträchtigung einer eigenen Rechtsposition, wenn das Einspruchsverfahren lediglich Angelegenheiten eines anderen Gesellschafters, Gemeinschafters oder Mitberechtigten betrifft, wie zB die Nichtanerkennung von Sonderbetriebsausgaben oder das Vorliegen eines Sonderbetriebsgewinns oder -verlusts bei anderen ehemaligen Mitgesellschaftern des Ausgeschiedenen (TK FGO § 48 Rn. 26; Dißars/Dißars BB 1996, 773). Dies gilt unabhängig davon, ob und inwieweit die Entscheidung über die die anderen Gesellschafter, Gemeinschafter oder Mitberechtigten betr. Fragen mittelbar den StBilanzgewinn der Personenvereinigung beeinflusst (BFH 23.8.1985 – IV B 53/85, BFH/NV 1987, 584).

47 **Hinzuziehung.** Zum Einspruchsverfahren des ausgeschiedenen Gesellschafters, Gemeinschafters oder Mitberechtigten sind gem. § 360 III 1 die rechtsfähige Personenvereinigung oder bei nicht rechtsfähigen Personenvereinigungen der Einspruchsbefugte iSd § 352 II bzw. alle (ggf. auch ausgeschiedene) Gesellschafter, Gemeinschafter oder Mitberechtigte hinzuzuziehen, die gem. § 352 I Nr. 3–5 einspruchsbefugt sind (BFH 27.5.2004 – IV R 48/02, BStBl. II 2004, 964; BFH 5.12.1995 – VIII R 67/94, BFH/NV 1996, 485; v. Wedelstädt AO-StB 2006, 261; → Rn. 16). Die Hinzuziehung der rechtsfähigen Personenvereinigung bzw. bei nicht rechtsfähigen Personenvereinigungen des Einspruchsbefugten muss auch dann erfolgen, wenn die Personenvereinigung vom Ausgang des Verfahrens unter keinem denkbaren Gesichtspunkt betroffen sein kann (BFH 14.11.2008 – IV B 136/07, BFH/NV 2009, 597; BFH 31.1.1992 – VIII B 33/90, BStBl. II 1992, 559).

E. Einspruchsbefugnis aufgrund streitiger Beteiligung bzw. Verteilung (Abs. 1 Nr. 4)

48 Persönlich einspruchsbefugt ist nach § 352 I Nr. 4 jeder Gesellschafter, Gemeinschafter oder Mitberechtigte, soweit es sich darum handelt, **wer** an dem festgestellten Betrag beteiligt ist und **wie** dieser sich auf die einzelnen Beteiligten verteilt, der durch die Feststellungen hierzu berührt wird. Die Einspruchsbefugnis nach § 352 I Nr. 4 besteht neben einer Einspruchsbefugnis nach § 352 I Nr. 1–3.

49 **Voraussetzungen.** Die Einspruchsbefugnis nach § 352 I Nr. 4 ist beschränkt auf die Frage, wer an dem festgestellten Gesamtgewinn/Gesamtverlust beteiligt ist und wie sich der festgestellte Betrag auf die Feststellungsbeteiligten verteilt. Nach dem eindeutigen Wortlaut der Vorschrift bezieht sich die Einspruchsbefugnis nach § 352 I Nr. 4 nicht auf die Qualifikation und/oder die Höhe der gemeinschaftlich erzielten Einkünfte; diese Feststellungen können nur aufgrund einer Einspruchsbefugnis nach § 352 I Nr. 1–3 angefochten werden (BFH 28.9.2017 – IV R 17/15, BFH/NV 2018, 182; BFH 18.8.2015 – I R 42/14, BFH/NV 2016, 164; v. Wedelstädt AO-StB 2006, 261).

50 **Einzelfälle.** Die Einspruchsbefugnis gem. § 352 I Nr. 4 besteht im Hinblick auf die **Beteiligung oder Nichtbeteiligung** am festgestellten Gewinn, wenn der Einspruchsführer gegen einen **positiven Feststellungsbescheid** geltend macht, er sei zu Unrecht

vom FA im angefochtenen Feststellungsbescheid als Feststellungsbeteiligter erfasst worden, weil er zB kein Gesellschafter (mehr) sei (BFH 6.5.1998 – IV B 141/96, BFH/NV 1999, 45; TK FGO § 48 Rn. 28). Gegen einen **negativen Feststellungsbescheid,** mit dem eine Beteiligung an einem Feststellungsgegenstand, zB an einer Mitunternehmerschaft iSd § 15 I 1 Nr. 2 EStG, verneint wird, sind neben der rechtsfähigen Personenvereinigung (§ 352 I Nr. 1 Buchst. a) und bei nicht rechtsfähigen Personenvereinigungen neben dem Einspruchsbefugten (§ 352 I Nr. 2 Buchst. a) **alle Gesellschafter** ohne die in § 352 enthaltenen Beschränkungen einspruchsbefugt, weil durch die Feststellung, wer am Gewinn oder Verlust als Mitunternehmer beteiligt ist, jeder Gesellschafter (Mitunternehmer) betroffen ist (BFH 18.8.2015 – I R 42/14, BFH/NV 2016, 164; BFH 5.7.2002 – IV B 42/02, BFH/NV 2002, 1447; BFH 7.11.2006 – VIII R 5/04, BFH/NV 2007, 906). Dies gilt selbst dann, wenn die Entscheidung keinen Einfluss auf die Höhe seines Gewinnanteils haben kann (BFH 7.11.2006 – VIII R 5/04, BFH/NV 2007, 906). Zudem sind alle Gesellschafter ohne die in § 352 enthaltenen Beschränkungen befugt, gegen einen negativen Feststellungsbescheid Einspruch einzulegen, mit dem die FB die Durchführung eines Feststellungsverfahrens mit der Begründung abgelehnt hat, es seien, zB wegen Fehlens der Gewinnerzielungsabsicht, keine gemeinschaftlichen Einkünfte gegeben, die gesondert und einheitlich gem. §§ 179 ff. festgestellt werden könnten (BFH 19.1.2017 – IV R 5/16, BFH/NV 2017, 755; BFH 19.1.2017 – IV R 50/13, BFH/NV 2017, 751; BFH 6.12.1994 – IX R 56/92, BFH/NV 1995, 982). Dies gilt auch dann, wenn darüber gestritten wird, ob ein negativer oder positiver Feststellungsbescheid vorliegt (BFH 11.11.2014 – VIII R 37/11, BeckRS 2015, 94899). Wird durch einen positiven Feststellungsbescheid die Beteiligung für einzelne Personen verneint und für andere bejaht, sog. **positiv-negativer Feststellungsbescheid,** ist der negativ Betroffene gem. § 352 I Nr. 4 einspruchsbefugt. Die übrigen Mitberechtigten sind ebenfalls einspruchsbefugt, wenn sich infolge der Anerkennung der streitigen Mitunternehmerschaft des Dritten die Verteilung des Gesamtgewinns ändert (BFH 21.5.1992 – IV R 47/90, BStBl. II 1992, 865; BFH 21.5.1987 – IV R 283/84, BStBl. II 1987, 601; BFH 27.4.1989 – VIII B 25/85, BFH/NV 1990, 299; HHSp § 352 Rn. 223).

Eine Einspruchsbefugnis im Hinblick auf die **Verteilung des festgestellten Betrags** 51 auf die einzelnen Beteiligten ist gegeben, wenn die Höhe des Gewinn- oder Verlustanteils im Streit ist, zB wegen behaupteter Fehlerhaftigkeit der vom FA zugrunde gelegten Höhe der Beteiligung (HHSp § 352 Rn. 226) oder der Aufteilung eines Veräußerungsgewinns oder -verlusts (BFH 2.10.1990 – VIII R 11/87, BFH/NV 1991, 259).

Beschwer. Die Einspruchsbefugnis nach § 352 I Nr. 4 setzt voraus, dass der Einspruchs- 52 führer durch die streitige Feststellung „berührt“ wird. Der Einspruchsführer wird, wie auch in den Fällen des § 352 I Nr. 1 Buchst. a und des § 352 I Nr. 2. Buchst. b, nur aus eigenem Recht tätig; er kann nur die ihn selbst unmittelbar betreffenden Feststellungen angreifen und muss insoweit eine eigene Beschwer (§ 350) geltend machen (BFH 3.3.1998 – VIII B 62/97, BStBl. II 1998, 401). Die Beschwer liegt darin, dass eine vom Einspruchsführer behauptete und ihn persönlich betreffende Rechtsposition mit steuerrechtlich verbindlicher Wirkung geleugnet wird (BFH 22.11.1994 – VIII R 63/93, BStBl. II 1996, 93).

Hinzuziehung. Zum Einspruchsverfahren sind die nach § 352 I Nr. 1 Buchst. a rechts- 53 fähige Personenvereinigung (BFH 23.1.2001 – VIII R 30/99, BStBl. II 2001, 621) oder bei nicht rechtsfähigen Personenvereinigungen der Einspruchsbefugte iSd § 352 II, auch wenn die Personenvereinigung vom Ausgang des Verfahrens unter keinem denkbaren Gesichtspunkt betroffen sein kann, sowie ggf. andere (vermeintliche) Feststellungsbeteiligte, die nach § 352 I Nr. 3–5 einspruchsbefugt sind und selbst keinen Einspruch eingelegt haben, gem. § 360 III 1 **notwendig hinzuzuziehen** (BFH 6.12.1994 – IX R 56/92, BFH/NV 1995, 982; BFH 7.11.2006 – VIII R 5/04, BFH/NV 2007, 906).

Bei einem **Treuhandverhältnis** über den Anteil an einer PersGes bedarf es grds. eines 54 zweistufigen Feststellungsverfahrens (→ § 179 Rn. 35 ff.). Gegen den die PersGes betreffenden Gewinnfeststellungsbescheid, der gem. §§ 179 ff. verbindlich über den Gewinn der PersGes und dessen Verteilung auf die Gesellschafter entscheidet, sind, soweit die Höhe des Gewinns str. ist, ausschl. die Gesellschaft (§ 352 I Nr. 1) und, soweit die Verteilung des festgestellten Betrags zwischen den Gesellschaftern str. ist, die Gesellschafter, also auch der Treuhänder, gem. § 352 I Nr. 4 oder Nr. 5 einspruchsbefugt (BFH 24.5.1977 – IV R 47/76, BStBl. II 1977, 737; TK FGO § 48 Rn. 29). Die Treugeber können in dieses die PersGes betreffende Feststellungsverfahren nicht eingreifen; sie sind insoweit nicht einspruchsbefugt und auch nicht zum Einspruchsverfahren hinzuzuziehen (BFH 12.1.1995 – VIII B 43/94, BFH/NV 1995, 759; BFH 4.11.2003 – VIII R 38/01, BFH/NV 2004, 1372; Gräber FGO § 60 Rn. 59 „Treuhand"). Eine Einspruchsbefugnis des Treugebers gem. § 352 I Nr. 4 oder Nr. 5 besteht ausschl. für die auf der zweiten Stufe erfolgende Verteilung des treuhänderisch zuzurechnenden Gewinn- und Verlustanteils auf die einzelnen Treugeber. Die vorstehenden Grundsätze gelten auch, wenn beide Entscheidungsstufen des Feststellungsverfahrens in einem Bescheid zusammengefasst werden (BFH 13.12.2000 – X R 42/96, BStBl. II 2001, 471; BFH 12.1.1995 – VIII B 43/94, BFH/NV 1995, 759). Zum mehrstufigen Feststellungsverfahren bei einer atypisch stillen Unterbeteiligung → § 179 Rn. 29 ff.; HHSp § 352 Rn. 247 ff. und v. Wedelstädt AO-StB 2006, 261.

F. Einspruchsbefugnis persönlich Betroffener (Abs. 1 Nr. 5)

55 Nach § 352 I Nr. 5 ist jeder Feststellungsbeteiligte einspruchsbefugt, soweit ihn eine Feststellung persönlich berührt. Kennzeichen der in § 352 I Nr. 5 angesprochenen persönlichen Streitfragen ist, dass sie nicht dem Bereich der gemeinschaftlichen Einkunftserzielung, sondern der eigenen Sphäre des Feststellungsbeteiligten zugeordnet sind (BFH 28.7.2022 – IV R 23/19, BFH/NV 2022, 1325; BFH 23.1.2020 – IV R 48/16, BFH/NV 2020, 695; BFH 28.9.2017 – IV R 17/15, BFH/NV 2018, 182; BFH 18.8.2015 – I R 42/14, BFH/NV 2016, 164). Der Vorschrift unterfallen die gem. § 180 I 1 Nr. 2 Buchst. a gesondert und einheitlich festzustellenden Besteuerungsgrundlagen, die mit der gemeinsamen Einkünfteerzielung zusammenhängen und die nur einzelne Feststellungsbeteiligte (Gesellschafter) betreffen. Der Feststellungsbeteiligte ist dann iSd § 352 I Nr. 5 persönlich berührt, wenn er selbst – und nicht die Personenvereinigung – den jeweiligen Tatbestand verwirklicht und deshalb in der betreffenden Frage nur bei ihm steuerliche Wirkungen wegen der nur ihm zuzurechnenden Einnahmen oder Aufwendungen bzw. wegen der zu seinem Sonderbetriebsvermögen gehörenden Wirtschaftsgüter eintreten (HHSp § 352 Rn. 234 f.). Besteht dagegen Streit über Grund oder Höhe des in einem Bescheid über die gesonderte und einheitliche Feststellung von Besteuerungsgrundlagen festgestellten Gesamthandgewinns einer PersGes, ist nur die Gesellschaft selbst nach § 352 I Nr. 1 Buchst. a einspruchsbefugt, selbst wenn dem Gesellschafter der streitige Gewinn allein zugerechnet wurde (BFH 28.7.2022 – IV R 23/19, BFH/NV 2022, 1325; BFH 23.1.2020 – IV R 48/16, BFH/NV 2020, 695).

56 **Einzelfälle.** Einspruchsbefugnis nach § 352 I Nr. 5 ist insb. gegeben bei Fragen betr. Sonderbetriebseinnahmen und -ausgaben (BFH 23.1.2001 – VIII R 30/99, BStBl. II 2001, 621), Sonderbetriebsgewinne und -verluste (BFH 15.3.2000 – VIII R 8/99, BFH/NV 2000, 1214), Ergänzungsbilanz eines Gesellschafters (BFH 24.4.2008 – IV R 69/05, BFH/NV 2008, 1550), tarifbegünstigte Veräußerungsgewinne der Gesellschafter gem. §§ 16, 34 EStG (BFH 18.10.2001 – VIII R 25/01, BFH/NV 2002, 497), Feststellung verrechenbarer Verluste gem. § 15a EStG gegenüber den Kommanditisten einer KG (BFH 23.1.2001 – VIII R 30/99, BStBl. II 2001, 621; BFH 20.6.2012 – IV B 147/11, BFH/NV 2012, 1614; → Rn. 11). Ferner ist ein Gesellschafter einer PersGes gem. § 352 I Nr. 5 einspruchsbefugt, wenn ein Mitgesellschafter einen höheren Anteil am gem. § 35 II 1 EStG gesondert und einheitlich festgestellten GewStMessbetrag begehrt, da ein geringerer Anteil des

Gesellschafters nach Maßgabe des § 35 EStG grds. auch zu einer geringeren Ermäßigung seiner tariflichen Einkommensteuer führt (BFH 9.2.2011 – IV R 37/08, BFH/NV 2011, 1120).

Beschwer und Hinzuziehung. Die streitige persönliche Feststellung muss den Einspruchsführer selbst unmittelbar persönlich berühren; insoweit muss er eine eigene Beschwer iSd § 350 geltend machen. Im Übrigen gelten für die Beschwer und für die Hinzuziehung anderer Feststellungsbeteiligter gem. § 360 III 1 die Ausführungen unter → Rn. 45 ff. und → Rn. 52 f. entsprechend. 57

G. Begriff des Einspruchsbefugten (Abs. 2)

§ 352 II 1, 2 bestimmen, dass der Empfangsbevollmächtigte der Einspruchsbefugte iSd § 352 I Nr. 2 Buchst. a ist, sofern die Feststellungsbeteiligten über dessen Einspruchsbefugnis gem. § 352 II 3 belehrt worden sind. Die Einspruchsbefugnis des Empfangsbevollmächtigten gem. § 352 I Nr. 2 Buchst. a iVm § 352 II setzt voraus, dass die nicht rechtsfähige Personenvereinigung noch besteht und auch nicht rechtsfähig geworden ist (Gosch AO § 352 Rn. 26; vgl. § 183a II 1 Nr. 1). 58

I. Einspruchsbefugnis des gemeinsamen Empfangsbevollmächtigten (Abs. 2 S. 1)

Nach § 352 II 1 ist Einspruchsbefugter der gemeinsame Empfangsbevollmächtigte iSd § 183a I 1 oder des § 6 I 1 VO zu § 180 II. Nach § 183a I 1 und nach § 6 I 1 VO zu § 180 II sollen Feststellungsbeteiligte, die keine rechtsfähige Personenvereinigung bilden, einen gemeinsamen Empfangsbevollmächtigten bestellen, der ermächtigt ist, für sie alle VA und Mitteilungen in Empfang zu nehmen, die mit der gesonderten und einheitlichen Feststellung zusammenhängen. Die Empfangsvollmacht wirkt dann nach § 352 II 1 als Einspruchsvollmacht (Gosch AO § 352 Rn. 18). 59

Die **Bestellung zum Empfangsbevollmächtigten** bedarf keiner besonderen Form (BFH 18.1.2007 – IV R 53/05, BStBl. II 2007, 369). Schriftform ist aus Gründen der Rechtsklarheit jedoch empfehlenswert. Die Empfangsvollmacht muss von allen Feststellungsbeteiligten für einen Empfangsbevollmächtigten erteilt werden. Wird ein Empfangsbevollmächtigter nur für einen Teil der Feststellungsbeteiligten bestellt, fehlt es an einem „gemeinsamen" Empfangsbevollmächtigten iSd § 183a I 1 bzw. iSd § 6 I 1 VO zu § 180 II. Möglich ist der Austausch des Empfangsbevollmächtigten durch Widerruf der Bestellung (§ 183a II 3 bzw. § 6 I 2 VO zu § 180 II) des bisherigen und Benennung eines anderen Empfangsbevollmächtigten. Einspruchsbefugt ist der im Zeitpunkt der Einspruchseinlegung bestellte Empfangsbevollmächtigte, auch wenn der Feststellungsbescheid dem bisherigen Empfangsbevollmächtigten (wirksam) bekannt gegeben wurde (Gosch AO § 352 Rn. 17; Heinke DStZ 1997, 558). Empfangsbevollmächtigter kann auch eine Person sein, die nicht selbst Feststellungsbeteiligter ist (BFH 23.4.2009 – IV R 24/08, BFH/NV 2009, 1427; Klein § 352 Rn. 26; Heinke DStZ 1997, 558). 60

Widerruf der Empfangsvollmacht. Die Feststellungsbeteiligten können der Einspruchsbefugnis des gemeinsamen Empfangsbevollmächtigten nach § 352 II 1 nicht widersprechen. Sie können jedoch die Bestellung des gemeinsamen Empfangsbevollmächtigten gem. § 183a II 3 bzw. gem. § 6 I 2 VO zu § 180 II widerrufen, um selbst nach § 352 I Nr. 2 Buchst. b einspruchsbefugt zu werden. Der Widerruf der Empfangsvollmacht ist nicht formgebunden (BFH 18.1.2007 – IV R 53/05, BStBl. II 2007, 369). Er muss gegenüber der FB erklärt werden und erlangt gem. § 183a II 3 bzw. gem. § 6 I 2 VO zu § 180 II erst im Zeitpunkt des Zugangs rechtliche Wirkung. Widerruft auch nur ein einzelner Feststellungsbeteiligter die Empfangsvollmacht für den gemeinsamen Empfangsbevollmächtigten, erlischt damit auch die Einspruchsbefugnis des Empfangsbevollmächtigten gem. § 352 I Nr. 2 Buchst. a iVm § 352 II 1, da wegen des Widerrufs kein gemeinsamer Empfangsbevollmächtigter mehr vorhanden ist (Schwarz/Pahlke/Keß § 352 61

Rn. 21). Der Empfangsbevollmächtigte ist dann auch nicht für die nicht widerrufenden Feststellungsbeteiligten gem. § 352 I Nr. 2 Buchst. a iVm § 352 II 1 einspruchsbefugt (aA Heinke DStZ 1997, 558). Ein Widerruf der Empfangsvollmacht nach Bekanntgabe des Feststellungsbescheids an den gemeinsamen Empfangsbevollmächtigten lässt die Wirksamkeit der Bekanntgabe unberührt. Der Widerruf der Empfangsvollmacht kann mit dem Einspruch gegen den Feststellungsbescheid verbunden werden (Gosch AO § 352 Rn. 19). Der Widerruf muss dann spätestens bis zum Ablauf der Einspruchsfrist (§ 355 I) erfolgen (Gosch AO § 352 Rn. 19). Ein Widerruf nach Ablauf der Einspruchsfrist lässt die Einspruchsfrist des Widerrufenden unberührt, sodass sein erst nach Ablauf der Einspruchsfrist eingelegter Einspruch als unzulässig zu verwerfen ist, sofern keine Wiedereinsetzungsgründe (§ 110 I) vorliegen.

62 **Ausgeschiedene Beteiligte und Meinungsverschiedenheiten.** Ist ein Feststellungsbeteiligter aus der Personenvereinigung ausgeschieden oder bestehen zwischen den Feststellungsbeteiligten ernstliche Meinungsverschiedenheiten, kann nach § 183a II 2 iVm § 183a II 1 Nr. 2 der gemeinsame Empfangsbevollmächtigte iSd § 183a I 1 auch für diese Feststellungsbeteiligten weiterhin VA und Mitteilungen der FB in Empfang nehmen, soweit und solange die betroffenen Feststellungsbeteiligten oder der Empfangsbevollmächtigte nicht widersprechen. Der Widerspruch wird gegenüber der FB nach § 183a II 3 erst wirksam, wenn er ihr zugeht. Unabhängig von dem Widerspruch nach § 183a II 3 ist in den Fällen des § 183a II 1 Nr. 2 jeder Gesellschafter, Gemeinschafter oder Mitberechtigte nach § 352 Nr. 3 einspruchsbefugt (→ Rn. 42).

II. Einspruchsbefugnis des von der FB bestimmten Empfangsbevollmächtigten (Abs. 2 S. 2)

63 **§ 352 II 2 HS 1.** Haben die Feststellungsbeteiligten keinen gemeinsamen Empfangsbevollmächtigten bestellt, ist gem. § 352 I Nr. 2 Buchst. a iVm § 352 II 2 HS 1 der nach § 183a I 2, 3 oder der nach § 6 I 3, 4 VO zu § 180 II von der FB bestimmte Empfangsbevollmächtigte einspruchsbefugt. Nach § 183a I 2 bzw. nach § 6 I 3 VO zu § 180 II kann die FB die Feststellungsbeteiligten, wenn sie keinen gemeinsamen Empfangsbevollmächtigten iSd § 183a I 1 oder des § 6 I 1 VO zu § 180 II bestellt haben, auffordern, innerhalb einer bestimmten, angemessenen Frist einen Empfangsbevollmächtigten zu benennen. Hierbei ist nach § 183a I 3 bzw. nach § 6 I 4 VO zu § 180 II ein Feststellungsbeteiligter als gemeinsamer Empfangsbevollmächtigter vorzuschlagen und darauf hinzuweisen, dass diesem VA und Mitteilungen, die mit der gesonderten und einheitlichen Feststellung zusammenhängen, mit Wirkung für und gegen alle Feststellungsbeteiligten bekannt gegeben werden, soweit nicht ein anderer Empfangsbevollmächtigter benannt wird. Benennen die Feststellungsbeteiligten innerhalb der Frist des § 183a I 2 bzw. des § 6 I 3 VO zu § 180 II keinen gemeinsamen Empfangsbevollmächtigten, können sie gleichwohl auch nach Ablauf der Frist jederzeit einen anderen gemeinsamen Empfangsbevollmächtigten bestellen (Gosch AO § 183a Rn. 16), der dann auch nach § 352 I Nr. 2 Buchst. a iVm § 352 II 1 einspruchsbefugt ist.

64 **§ 352 II 2 HS 2** stellt lediglich fest, dass die Einspruchsbefugnis der Gesellschafter, Gemeinschafter oder Mitberechtigter nach § 352 I Nr. 3 in den Fällen des § 183a II 1 Nr. 2 unberührt bleibt. Zur Einspruchsbefugnis nach § 352 I Nr. 3 → Rn. 42 ff. Nach § 352 II 2 HS 2 aF konnten die Feststellungsbeteiligten noch der Einspruchsbefugnis des von der FB vorgeschlagenen Empfangsbevollmächtigten widersprechen. Dies Widerspruchsrecht ist mit der Neuregelung des § 352 durch das KreditzweitmarktförderungsG v. 22.12.2023 (→ Rn. 3) entfallen.

III. Belehrung über die Einspruchsbefugnis des Empfangsbevollmächtigten (Abs. 2 S. 3)

Die Beschränkung der Einspruchsbefugnis auf den gemeinsam bestellten Empfangsbevollmächtigten greift nach § 352 II 1 iVm § 352 II 3 nur ein, wenn die Beteiligten in der Feststellungserklärung oder in der Aufforderung zur Benennung eines Empfangsbevollmächtigten **schriftlich** über dessen Einspruchsbefugnis belehrt worden sind. Die Belehrung soll den Feststellungsbeteiligten die Tragweite der Benennung eines gemeinsamen Empfangsbevollmächtigten für die Einspruchsbefugnis bewusst machen. Entsprechendes gilt nach § 352 II 2 iVm § 352 II 3 für die Beschränkung der Einspruchsbefugnis auf den von der FB bestimmten Empfangsbevollmächtigten. Eine Belehrungspflicht über das den Feststellungsbeteiligten zustehende Recht, die Bestellung des gemeinsamen Empfangsbevollmächtigten gem. § 183a II 3 bzw. gem. § 6 I 2 VO zu § 180 II zu widerrufen, besteht jedoch nicht (HHSp § 352 Rn. 141; → Rn. 61). 65

Ihrem **Inhalt** nach muss die Belehrung klar und eindeutig sein, insoweit gelten strenge Anforderungen (HHSp § 352 Rn. 141, 178; Gosch AO § 352 Rn. 22). Die Belehrung sollte gesondert ergehen und nicht in anderen Texten, zB in der Rechtsbehelfsbelehrung, versteckt werden (TK FGO § 48 Rn. 21). Aus der Belehrung muss erkennbar sein, für welchen Zeitraum sie gelten soll. Soweit das Formular der Feststellungserklärung eine Belehrung nach § 352 II 3 enthält, bezieht sie sich nur auf die Einspruchsbefugnis hinsichtlich des Feststellungsbescheids, der aufgrund der Erklärung ergangen ist, in der die Belehrung enthalten war, sofern nicht in der Belehrung auf eine weitergehende Geltung ausdrücklich hingewiesen worden ist (HHSp § 352 Rn. 148). Die Belehrung in der Feststellungserklärung kann nur dann als hinreichend angesehen werden, wenn die Erklärung von den Feststellungsbeteiligten unterschrieben worden ist (BFH 16.3.2020 – II B 94/18, BFH/NV 2020, 912). Ist die **Belehrung in der Aufforderung zur Benennung eines gemeinsamen Empfangsbevollmächtigten** enthalten, wird sie sich idR auch auf die Einspruchsbefugnis künftiger Bescheide beziehen, die dem von den Feststellungsbeteiligten benannten oder dem von der FB bestimmten Empfangsbevollmächtigten bekannt gegeben werden (HHSp § 352 Rn. 149, 178); die Belehrung muss in diesem Fall nicht jährlich, zB für jeden Feststellungszeitraum, wiederholt werden (TK FGO § 48 Rn. 21). 66

Eine **unzureichende,** weil unzutreffende oder unvollständige sowie eine **fehlende Belehrung** führen zur Unanwendbarkeit des § 352 I Nr. 2 Buchst. a iVm § 352 II 1, 2, sodass ein vom Empfangsbevollmächtigten gem. § 352 I Nr. 2 Buchst. a iVm § 352 II 1, 2 erhobener Einspruch mangels Einspruchsbefugnis unzulässig ist; einspruchsbefugt sind nunmehr die Feststellungsbeteiligten gem. § 352 I Nr. 2 Buchst. b (vgl. BFH 16.3.2020 – II B 94/18, BFH/NV 2020, 912), denen ggf. gem. § 110 I Wiedereinsetzung in die versäumte Einspruchsfrist zu gewähren ist, wenn der Empfangsbevollmächtigte den Feststellungsbescheid nicht rechtzeitig weiterleitet hat (Gosch AO § 352 Rn. 24). Die fehlende oder unrichtige Belehrung bewirkt auch keine Verlängerung der Einspruchsfrist gem. § 356 II, da die Belehrung nach § 352 II 3 kein notwendiger Bestandteil der Rechtsbehelfsbelehrung iSd § 356 I ist (HHSp § 352 Rn. 147; Gosch AO § 352 Rn. 24; v. Wedelstädt AO-StB 2006, 230). 67

§ 353 Einspruchsbefugnis des Rechtsnachfolgers

Wirkt ein Feststellungsbescheid, ein Grundsteuermessbescheid oder ein Zerlegungs- oder Zuteilungsbescheid über einen Grundsteuermessbetrag gegenüber dem Rechtsnachfolger, ohne dass er diesem bekannt gegeben worden ist (§ 182 Absatz 2, § 184 Absatz 1 Satz 4, §§ 185 und 190), so kann der Rechtsnachfolger nur innerhalb der für den Rechtsvorgänger maßgebenden Einspruchsfrist Einspruch einlegen.

I. Allgemeines

1 **Rechtsentwicklung.** § 353 schränkt die Einspruchsbefugnis des Rechtsnachfolgers bei Feststellungsbescheiden (§ 182 II), GrSt-Messbescheiden (§ 184 I 4) sowie Zerlegungs- und Zuteilungsbescheiden (§§ 185, 190) ein. Die Vorschrift verdeutlicht, dass der Rechtsnachfolger auch dann an die für den Rechtsvorgänger geltende Einspruchsfrist gebunden ist, wenn der Bescheid ihm nicht bekannt gegeben worden ist (BT-Drs. 7/4292, 43). Durch das GrenzpendlerG (BGBl. 1994 I 1395) ist § 353 mit Wirkung zum 1.1.1996 redaktionell an die Neuregelung des Rechtsbehelfsverfahrens angepasst worden (→ Vor §§ 347 ff. Rn. 1). Durch das StÄndG 2001 (BGBl. 2001 I 3794) ist der Anwendungsbereich des § 353 aF über die bis dahin nur erfassten „Feststellungsbescheide über den Einheitswert" auf **alle** Feststellungsbescheide erweitert worden. Die am 23.12.2001 in Kraft getretene Neuregelung vollzieht nach der Gesetzesbegründung (BT-Drs. 14/6877, 31) eine redaktionelle Anpassung an den bereits durch das StÄndG 1999 angefügten § 182 II 3. § 182 II 3 ordnet eine § 182 II 1 und 2 entsprechende dingliche Wirkung für Feststellungen von Besteuerungsgrundlagen, die sich erst später auswirken, nach der VO zu § 180 II an. Praktische Bedeutung hat die Neufassung vor allem für den Feststellungsbescheid gem. § 8 VO zu § 180 II, mit dem beim Übergang eines Betriebs zur Liebhaberei für jedes Wirtschaftsgut des Anlagevermögens der Unterschiedsbetrag zwischen dem gemeinen Wert und dem Wert, der nach § 4 I EStG oder nach § 5 EStG anzusetzen wäre, gesondert und bei mehreren Beteiligten einheitlich festgestellt wird.

2 **Regelungszweck.** Die in § 353 genannten Bescheide entfalten mit ihrer Bekanntgabe an den Rechtsvorgänger insofern dingliche Wirkung, als die durch sie getroffenen rechtlichen Regelungen ohne Bekanntgabe gegenüber dem Rechtsnachfolger auch diesem gegenüber wirken (vgl. §§ 182 II 1, 184 I 4, 185, 190). Demgemäß kann zwar der Rechtsnachfolger trotz fehlender Bekanntgabe dieser Bescheide an ihn beschwert (§ 350) sein. Gemäß § 353 ist jedoch der Rechtsnachfolger – trotz der ihm gegenüber fehlenden Bekanntgabe des Bescheids – an die für seinen Rechtsvorgänger geltende Einspruchsfrist gebunden; dies sichert die dingliche Wirkung der von § 353 erfassten Bescheide. Der Rechtsnachfolger hat ein Anfechtungsrecht nur innerhalb der für den Rechtsvorgänger maßgebenden Einspruchsfrist.

II. Einspruchsbeschränkung des Rechtsnachfolgers; Anwendungsvoraussetzungen

3 Die Einspruchsbeschränkung des § 353 betrifft ausschl. die in dieser Vorschrift genannten Bescheide mit dinglicher Wirkung. Für Bescheide, mit denen der Erlass eines dinglichen Bescheids iSd § 353 abgelehnt wird, gilt § 353 entspr. (Schwarz/Pahlke/Keß § 353 Rn. 5). **Rechtsnachfolger** iSd § 353 ist jeder Einzel- oder Sonderrechtsnachfolger, wie zB der Erwerber eines Grundstücks oder eines Betriebs, dem das Grundstück bzw. der Betrieb infolge eines steuerlich wirksamen Übergangs gem. § 39 zuzurechnen ist. Für die Gesamtrechtsnachfolge ist § 353 allerdings ohne praktische Bedeutung, weil sich die dieser Vorschrift entsprechende Rechtsfolge bereits aus § 45 I ergibt.

III. Einspruchseinlegung durch Rechtsnachfolger

4 § 353 gilt nur, wenn die Rechtsnachfolge **nach** der Bekanntgabe eines in § 353 genannten Bescheids eingetreten ist. Hingegen ist § 353 unanwendbar, wenn die Rechtsnachfolge bereits **vor** Bekanntgabe eines Bescheids iSd § 353 eintritt. Hier wirkt der Bescheid gegen den Rechtsnachfolger nur, wenn er diesem bekannt gegeben worden ist, §§ 182 II 2, 184 I 4, 185, 190 (AEAO zu § 353 Nr. 1).

5 Im Anwendungsbereich des § 353 sind im Einzelnen folgende **Fallkonstellationen** zu unterscheiden:

– Der **Bescheid** ist im Zeitpunkt des Eintritts der Rechtsnachfolge bereits **unanfechtbar:** In diesem Fall wirkt der Bescheid gem. §§ 182 II 1, 184 I 4, 185 und 190 auch gegenüber dem Rechtsnachfolger. Dieser ist gem. § 353 nicht einspruchsbefugt. Die Einspruchsfrist beginnt für den Rechtsnachfolger nicht neu zu laufen; dies gilt auch dann, wenn der Rechtsnachfolger von dem Bescheid keine Kenntnis hatte. Ein vom Rechtsnachfolger gleichwohl eingelegter Einspruch ist als unzulässig (§ 358) zu verwerfen. Allein die Rechtsnachfolge rechtfertigt keine Wiedereinsetzung in die versäumte Einspruchsfrist gem. § 110 (Schwarz/Pahlke/Keß § 353 Rn. 13; TK § 353 Rn. 6). Bei Einheitswertbescheiden kann allerdings der Rechtsnachfolger die Fortschreibung zur Fehlerbeseitigung gem. § 222 III BewG bzw. gem. § 22 III BewG in der bis zum 31.12.2024 geltenden Fassung anregen oder beantragen (s. auch FG Baden-Württemberg 28.6.1994 – 8 K 27/94, EFG 1995, 301). **6**

– Im Zeitpunkt des Eintritts der Rechtsnachfolge ist die **Einspruchsfrist** durch Bekanntgabe des Bescheids an den Rechtsvorgänger bereits in Lauf gesetzt worden, jedoch **noch nicht abgelaufen:** Der Rechtsnachfolger kann in diesem Fall gegen den Feststellungsbescheid innerhalb der für den Rechtsvorgänger maßgebenden Frist Einspruch einlegen und ggf. auch den Einspruch wieder zurücknehmen (§ 362). Die Einspruchsfrist (§ 355 I 1) bestimmt sich nach dem Zeitpunkt der Bekanntgabe an den Rechtsvorgänger. Für die Zulässigkeit des Einspruchs ist unerheblich, ob auch der Rechtsvorgänger schon seinerseits Einspruch eingelegt hat. Legt nur der Rechtsvorgänger oder nur der Rechtsnachfolger Einspruch ein, hat die FB bei Einzelrechtsnachfolge die Hinzuziehung des anderen gem. § 360 zu prüfen (vgl. AEAO zu § 353 Nr. 4). **7**

Legen Rechtsvorgänger und -nachfolger Einspruch ein, sind die Einspruchsverfahren zur gemeinsamen Entscheidung zu verbinden (Schwarz/Pahlke/Keß § 353 Rn. 10). Gegen die gemeinsame Einspruchsentscheidung können bei einer entspr. Beschwer (§ 40 II FGO) sowohl der Rechtsvorgänger als auch der Rechtsnachfolger Klage erheben. Ausgeschlossen ist der Einspruch des Rechtsnachfolgers allerdings, wenn der Rechtsvorgänger bereits vor Eintritt der Rechtsnachfolge auf den Einspruch gem. § 354 verzichtet hat (Schwarz/Pahlke/Keß § 353 Rn. 11).

– Im Zeitpunkt des Eintritts der Rechtsnachfolge ist die Einspruchsfrist für den Rechtsnachfolger abgelaufen, jedoch hat der **Rechtsvorgänger Einspruch eingelegt:** Der **Einzelrechtsnachfolger** ist gem. § 353 nicht rechtsbehelfsbefugt; er kann jedoch gem. § 360 I hinzugezogen werden. Ein Fall notwendiger Hinzuziehung liegt wegen der allein auf den Rechtsnachfolger bezogenen Rechtswirkung des § 182 II 1 nicht vor. Der gegen den Rechtsvorgänger ergehende Einspruchsbescheid kann vom Rechtsnachfolger mit der Klage angegriffen werden, sofern für ihn eine Beschwer (§ 40 II FGO) gegeben ist. Ein **Gesamtrechtsnachfolger** tritt hingegen als Verfahrensbeteiligter in die Rechtsstellung des Rechtsvorgängers ein und führt das Einspruchsverfahren fort (AEAO zu § 353 Nr. 4). **8**

– Die Rechtsnachfolge tritt ein, **während die Frist zur Klageerhebung** läuft: Die für den Rechtsvorgänger in Lauf gesetzte Klagefrist läuft auch gegenüber dem Rechtsnachfolger, sodass dieser nur innerhalb der für den Rechtsvorgänger maßgebenden Frist gem. § 40 II FGO Klage erheben kann (AEAO zu § 353 Nr. 5). **9**

– Die Rechtsnachfolge tritt **während des finanzgerichtlichen Verfahrens** ein: Bei Einzelrechtsnachfolge hat das FG zu prüfen, ob der Rechtsnachfolger gem. § 60 FGO beizuladen ist; bei Gesamtrechtsnachfolge ist das Verfahren bis zur Aufnahme durch den Rechtsnachfolger unterbrochen, es sei denn, der Rechtsvorgänger war durch einen Prozessbevollmächtigten vertreten, § 155 FGO iVm §§ 239, 246 ZPO (AEAO zu § 353 Nr. 6). **10**

§ 354 Einspruchsverzicht

(1) [1]**Auf Einlegung eines Einspruchs kann nach Erlass des Verwaltungsakts verzichtet werden.** [2]**Der Verzicht kann auch bei Abgabe einer Steueranmeldung für den Fall ausgesprochen werden, dass die Steuer nicht abweichend von der Steueranmeldung festgesetzt wird.** [3]**Durch den Verzicht wird der Einspruch unzulässig.**

(1a) [1]**Soweit Besteuerungsgrundlagen für ein Verständigungs- oder ein Schiedsverfahren nach einem Vertrag im Sinne des § 2 von Bedeutung sein können, kann auf die Einlegung eines Einspruchs insoweit verzichtet werden.** [2]**Die Besteuerungsgrundlage, auf die sich der Verzicht beziehen soll, ist genau zu bezeichnen.**

(1b) [1]**Auf die Einlegung eines Einspruchs kann bereits vor Erlass des Verwaltungsakts verzichtet werden, soweit durch den Verwaltungsakt eine Verständigungsvereinbarung oder ein Schiedsspruch nach einem Vertrag im Sinne des § 2 zutreffend umgesetzt wird.** [2]**§ 89a Absatz 3 Satz 1 Nummer 2 bleibt unberührt.**

(2) [1]**Der Verzicht ist gegenüber der zuständigen Finanzbehörde schriftlich oder zur Niederschrift zu erklären; er darf keine weiteren Erklärungen enthalten.** [2]**Wird nachträglich die Unwirksamkeit des Verzichts geltend gemacht, so gilt § 110 Absatz 3 sinngemäß.**

Übersicht

I. Allgemeines

1 **Regelungsgegenstand.** Der Einspruchsverzicht ist Ausdruck der Dispositionsmaxime (→ Vor § 347 Rn. 9). Er bewirkt die Unzulässigkeit des Einspruchs, § 354 I 3. Ob ein Einspruchsverzicht vorliegt, ist eine gem. § 358 von Amts wegen zu prüfende Zulässigkeitsvoraussetzung für den Einspruch. Die Vorschrift entspricht § 50 FGO, der den Klageverzicht regelt.

2 **Rechtsentwicklung.** Die seit Inkrafttreten der AO unveränderte Grundkonzeption des § 354 lässt einen Rechtsbehelfsverzicht bei **allen** VA und nur **nach** Erlass des VA zu; bei StAnmeldungen kann allerdings der Rechtsbehelfsverzicht schon bei Abgabe der StAnmeldung ausgesprochen werden (BT-Drs. VI/1982, 180).

3 **§ 354 Ia,** der einen Teilverzicht auf den Einspruch ermöglicht, wurde durch G v. 21.12.1993 (BGBl. 1993 I 2310) mit Wirkung ab 30.12.1993 eingefügt. Der Teilverzicht soll unnötige Verzögerungen bei der Einleitung und Durchführung eines zwischenstaatlichen Verständigungs- oder Schlichtungsverfahrens vermeiden, soweit nach den zwischenstaatlichen Verträgen oder gewachsener Übung die Bestandskraft des VA oder die Rechtskraft einer Gerichtsentscheidung vorausgesetzt wird (BR-Drs. 612/93, 107). Durch das GrenzpendlerG (BGBl. 1994 I 1395) wurde § 354 mit Wirkung zum 1.1.1996 redaktionell an die Einführung des Einspruchs als einheitlichen Rechtsbehelf angepasst (→ Vor

§§ 347 ff. Rn. 1). **§ 354 Ib** ist durch das AbzStEntModG (BGBl. 2021 I 1259) mWv 9.6.2021 eingefügt worden.

II. Voraussetzungen und Rechtsfolgen des Einspruchsverzichts (Abs. 1)

1. Voraussetzungen des Einspruchsverzichts (Abs. 1 S. 1)

Verwaltungsakt. Der Einspruchsverzicht setzt einen VA (§ 118) voraus, gegen den der 5
Einspruch gem. § 347 statthaft ist. Ist der Einspruch zB gem. § 348 nicht statthaft oder stimmt die zuständige FB iSd § 367 I und III einer Sprungklage (§ 45 FGO) zu, ist der Einspruchsverzicht unwirksam; der erklärte Einspruchsverzicht kann nicht in einen Klageverzicht iSd § 50 FGO umgedeutet werden (Schwarz/Pahlke/Keß § 354 Rn. 6; HHSp § 354 Rn. 34). Die Nichtigkeit eines VA gem. § 125 kann auch nach Einspruchsverzicht geltend gemacht werden (Gosch AO § 354 Rn. 9).

Nach Erlass des VA. Gemäß Abs. 1 S. 1 ist der Rechtsbehelfsverzicht erst nach Erlass 6
des VA möglich; dies gilt auch für einen Änderungsbescheid (BFH 20.1.1967 – VI 371/65, BStBl. III 1967, 380). Die Vorschrift dient dem Schutz des Stpfl., indem für den Einspruchsverzicht seine Kenntnis vom Inhalt des VA vorausgesetzt wird (BVerfG 17.3.1959 – 1 BvL 5/57, BVerfGE 9, 194). Erst nach Erlass des VA, dh seiner Bekanntgabe gem. § 122 kann der Stpfl. entscheiden, ob er eines weiteren Rechtsschutzes bedarf. Für die Bekanntgabe kommt es auf den tatsächlichen Zugang des VA an; die Bekanntgabefiktion des § 122 II ist insoweit ohne Bedeutung (HHSp § 354 Rn. 32). Ein **vor** Bekanntgabe des VA erklärter Einspruchsverzicht ist unwirksam; ein Verzicht auf die Bekanntgabe des VA ist nicht möglich. Nach Einlegung des Einspruchs scheidet ein Einspruchsverzicht ebenfalls aus; in diesem Fall kann der „Einspruchsverzicht" jedoch ggf. als Rücknahme des Einspruchs ausgelegt werden (Schwarz/Pahlke/Keß § 354 Rn. 9).

Teilverzicht. Der auf einzelne Besteuerungsgrundlagen bezogene Teilverzicht auf den 7
Einspruch ist grds. unzulässig, da die umfassende Prüfungspflicht der FB (§ 367 II 1) eine Beschränkung des Einspruchsverfahrens auf einzelne Punkte ausschließt (→ § 357 Rn. 32). Ausnahmsweise ist ein Teilverzicht möglich bei teilbarem Verfahrensgegenstand, zB bei Einspruchsverzicht bezüglich eines von mehreren selbständig anfechtbaren VA in einem Feststellungsbescheid (zur entsprechenden Problematik der Teilrücknahme eines Einspruchs → § 362 Rn. 11 f.). Auch § 354 Ia lässt einen begrenzten Einspruchsverzicht zu.

2. Rechtsbehelfsverzicht bei Steueranmeldungen (Abs. 1 S. 2)

Abw. von der Grundregel des § 354 I 1 kann bereits bei Abgabe einer StAnmeldung 10
(§§ 150 I 3, 167), zB bei Abgabe einer USt-Voranmeldung, ein Einspruchsverzicht für den Fall ausgesprochen werden, dass die Steuer nicht abw. von der StAnmeldung festgesetzt wird. Die StAnmeldung hat gem. § 168 S. 1 die Wirkung einer StFestsetzung unter Vorbehalt der Nachprüfung (§ 164 I). Der Stpfl. kennt den Inhalt der Regelung bereits bei Abgabe der StAnmeldung, sodass der Einspruchsverzicht schon zu diesem Zeitpunkt erklärt werden kann. Der Einspruchsverzicht darf in diesem Fall jedoch ausschl. unter der Bedingung erklärt werden, dass keine von der StAnmeldung abw. StFestsetzung erfolgt. Fehlt diese Bedingung, ist der Verzicht unwirksam (Schwarz/Pahlke/Keß § 354 Rn. 13; → Rn. 17). Tritt die Bedingung nicht ein, wird also die Steuer abw. von der eingereichten StAnmeldung festgesetzt, ist die Verzichtserklärung unwirksam. Der Stpfl. kann in diesem Fall nach Bekanntgabe des StBescheids Einspruch einlegen und ggf. auch auf diesen gem. § 354 I 1 verzichten.

3. Rechtsfolgen des Einspruchsverzichts (Abs. 1 S. 3)

Der Einspruchsverzicht führt gem. § 354 I 3 zur Unzulässigkeit des Einspruchs; damit 11
tritt Bestandskraft des VA und zugleich Verlust der Klagemöglichkeit vor dem FG ein. Ein gleichwohl erhobener Einspruch ist als unzulässig zu verwerfen (§ 358 S. 2), eine gegen den Einspruchsbescheid erhobene finanzgerichtliche Klage ist als unbegründet abzuweisen (FG Nürnberg 13.12.2005 – II 384/2001, BeckRS 2005, 26020804). Ein Billigkeitserlass

(§ 227) aus sachlichen Gründen ist idR nach einem Einspruchsverzicht ausgeschlossen, wenn der Stpfl. es unterlassen hat, die Unwirksamkeit des Einspruchsverzichts innerhalb der Einspruchsfrist (§ 355 I 1) geltend zu machen (BFH 13.10.1960 – IV 51/59, HFR 1961, 82).

12 Rechtswirkungen entfaltet der Einspruchsverzicht nur für den VA, auf dessen Anfechtung verzichtet wurde. Ein später ergehender Änderungsbescheid ist daher mit dem Einspruch angreifbar. Der Einspruchsverzicht bindet nur den Verzichtenden; andere vom VA Betroffene sind nicht gehindert, gegen den VA Einspruch einzulegen. Der Einspruchsverzicht schließt nicht aus, dass der Verzichtende zum Einspruchsverfahren eines anderen Stpfl. hinzugezogen (§ 360) wird.

III. Begrenzter Einspruchsverzicht (Abs. 1a)

14 **Voraussetzungen.** § 354 Ia ermöglicht den begrenzten Einspruchsverzicht für solche Besteuerungsgrundlagen, die in einem Verständigungs- oder Schiedsverfahren von Bedeutung sein können (→ Rn. 3). Das Verständigungs- oder Schiedsverfahren muss auf einem Vertrag iSd § 2 I, dh auf einem durch ZustimmungsG gem. Art. 59 II 1 GG in inländisches Recht umgesetzten Bundesgesetz, beruhen. Gemäß § 354 Ia 2 sind die Besteuerungsgrundlagen, auf die sich der Verzicht bezieht, genau zu bezeichnen. Der Einspruchsverzicht ist bei Unklarheiten über die vom Verzicht erfassten Besteuerungsgrundlagen unwirksam. Stimmt der Stpfl. mit Einverständnis- und Verzichtserklärung gem. Abs. 1a dem Ergebnis einer zwischenstaatlichen Verständigungsvereinbarung nach dem EU-Schiedsübereinkommen 90/436/EWG über die Beseitigung der Doppelbesteuerung im Falle von Gewinnberichtigungen zwischen verbundenen Unternehmen v. 23.7.1990 (ABl. 1990 L 225, 10; BGBl. 1993 II 1308) zu, ist hiermit gleichzeitig die Anerkennung verbunden, dass die Verrechnungspreise nicht den Vereinbarungen zwischen fremden Dritten entsprechen, da Gewinnberichtigungen nach dem EU-Schiedsübereinkommen gerade nicht fremdübliche Verrechnungspreise voraussetzen; insoweit wirkt das Einverständnis mit dem Verständigungsergebnis wie eine tatsächliche Verständigung (FG München 22.5.2023 – 7 K 2545/19, IStR 2024, 279; Rev. I R 39/23).

15 **Rechtsfolgen.** Der Teilverzicht führt für die bezeichneten Besteuerungsgrundlagen zur **Teilbestandskraft** des angefochtenen VA (BFH 26.9.2006 – X R 39/05, BStBl. II 2007, 222; HHSp § 354 Rn. 56; Gosch AO § 354 Rn. 20). Eine Änderung des bestandskräftigen Teils ist nur nach Maßgabe der §§ 172 ff., eine Saldierung mit materiellen Rechtsfehlern der von dem Teilverzicht betroffenen Besteuerungsgrundlagen nur in den Grenzen des § 177 möglich (HHSp § 354 Rn. 56; Gosch AO § 354 Rn. 20). Hinsichtlich der vom Teilverzicht nicht erfassten Punkte hindert § 354 I 3 die Durchführung eines Einspruchsverfahrens nicht. Der zT oder in vollem Umfang bestandskräftige VA kann nach Durchführung des Verständigungs- oder Schiedsverfahrens gem. § 175a aufgehoben oder geändert werden, soweit dies zur Umsetzung einer Verständigungsvereinbarung oder eines Schiedsspruchs geboten ist.

IV. Einspruchsverzicht bei Verständigungsvereinbarung oder bei Schiedsspruch (Abs. 1b)

16 Nach **§ 354 Ib 1** ist ein Einspruchsverzicht abweichend von § 354 I 1 bereits vor dem Erlass des VA möglich, soweit mit diesem eine Verständigungsvereinbarung oder ein Schiedsspruch nach einem Vertrag iSd § 2 zutreffend umgesetzt wird. Der Gesetzgeber will mit der Regelung des Abs. 1b verhindern, dass der Stpfl. durch gezielte Anfechtung einzelner VA eine Form von „Rosinenpickerei" betreibt (BT-Drs. 19/27632, 87) Der Einspruchsverzicht in den Fällen des Abs. 1b ist unbedenklich, weil ein Verständigungsverfahren und ein ggf. daran anschließendes Schiedsverfahren ausschließlich auf Antrag des Stpfl. stattfindet und der Stpfl., bevor es zu einer Umsetzung der Verständigungsvereinbarung oder des Schiedsspruchs durch den Erlass von VA in nationales Recht kommt, über

das Ergebnis des Verständigungsverfahrens/Schiedsverfahrens unterrichtet wird. Nur, wenn er dem Ergebnis zustimmt, findet eine Umsetzung durch den Erlass entsprechender VA statt (vgl. BT-Drs. 19/27632, 87). **§ 354 Ib 2** hat lediglich klarstellende Bedeutung. Nach Abs. 1b S. 2 bleibt § 89a III 1 Nr. 2 gegenüber der Regelung des Abs. 1b S. 1 als lex specialis vorrangig, sodass bei Vorabverständigungsvereinbarungen die Vereinbarung unter der Bedingung stehen muss, dass der Stpfl. auf die Einlegung von Rechtsbehelfen gegen StBescheide verzichtet.

V. Form, Inhalt und Wirksamkeit des Einspruchsverzichts (Abs. 2)

1. Rechtsnatur der Verzichtserklärung; Auslegungsfragen

Verfahrenshandlung. Ebenso wie Einlegung und Rücknahme des Einspruchs ist auch der Einspruchsverzicht eine Verfahrenshandlung, dh eine empfangsbedürftige Willenserklärung des Verfahrensrechts. Die Verzichtserklärung kann, weil sie die Unzulässigkeit des Einspruchs bewirkt (§ 354 I 2), grds. nicht zurückgenommen, widerrufen oder angefochten werden. Ein Widerruf ist ausnahmsweise möglich, wenn er vor oder spätestens gleichzeitig mit der Verzichtserklärung bei der FB eingeht (HHSp § 354 Rn. 27; zur entsprechenden Rechtslage für die Einspruchsrücknahme → § 362 Rn. 15). Es kann uU gem. § 354 II 2 die Unwirksamkeit der Verzichtserklärung geltend gemacht werden, wenn die FB den Verzichtswillen des Stpfl. unzulässigerweise beeinflusst hat (→ Rn. 26). Die Verzichtserklärung ist **bedingungsfeindlich;** die bedingte Verzichtserklärung ist unwirksam (Schwarz/Pahlke/Keß § 354 Rn. 18). Lediglich bei Abgabe einer StAnmeldung gilt gem. § 354 I 2 etwas anderes: hier muss die Verzichtserklärung, um wirksam zu sein, ausdrücklich unter der Bedingung erfolgen, dass die Steuer nicht abw. von der eingereichten StAnmeldung festgesetzt wird (→ Rn. 10). 17

Erklärungsinhalt; Auslegung. Die Verzichtserklärung ist ggf. entspr. §§ 133, 157 BGB auszulegen. An einen Verzicht sind wegen seiner rechtsschutzverkürzenden Wirkung **strenge Anforderungen** zu stellen (BFH 3.4.1984 – VII R 18/80, BStBl. II 1984, 513), und zwar noch strengere als an die Einspruchsrücknahme, weil der Einspruchsverzicht zum völligen Verlust des Rechtsbehelfs führt, während die Rücknahme gem. § 362 II 1 nur den Verlust des eingelegten Rechtsbehelfs zur Folge hat und nicht eine erneute Rechtsbehelfseinlegung innerhalb der Frist hindert (BFH 5.10.1987 – III B 65/87, BStBl. II 1988, 281). Die Erklärung muss den eindeutigen und klaren Willen zum Ausdruck bringen, ernsthaft und endgültig auf den Einspruch zu verzichten. Dabei müssen auch Gegenstand und Umfang des Verzichts eindeutig bezeichnet werden. Dem Einspruchsführer muss die Bedeutung seiner Erklärung bewusst sein (BFH 5.10.1987 – III B 65/87, BStBl. II 1988, 281). In Zweifelsfällen ist kein Einspruchsverzicht anzunehmen. 18

Einzelfälle. Kein Einspruchsverzicht liegt vor 19

- bei einer **tatsächlichen Verständigung** über einen schwierig zu ermittelnden Sachverhalt (BFH 6.2.1991 – I R 13/86, BStBl. II 1991, 673; Schwarz/Pahlke/Keß § 354 Rn. 17); der Einspruch gegen einen nach tatsächlicher Verständigung ergehenden Änderungsbescheid kann jedoch ggf. gem. § 351 I oder nach den Grundsätzen von Treu und Glauben ausgeschlossen sein (→ § 4 Rn. 25);
- bei **vorbehaltloser StZahlung,** da mit dieser lediglich das Leistungsgebot (§ 254 I) befolgt wird;
- bei Zustimmung zu den Prüfungsfeststellungen einer Ap. iSd §§ 193 ff. (BFH 2.8.1955 – I 186/54 U, BStBl. III 1955, 331; → § 201 Rn. 17);
- bei einem Antrag auf Aufhebung oder Änderung eines StBescheids oder einer Zustimmung zur Änderung oder Aufhebung eines StBescheids gem. § 172 I 1 Nr. 2 Buchst. a (BFH 20.1.1967 – VI 371/65, BStBl. III 1967, 380);
- bei schriftlichem Anerkenntnis des Arbeitgebers gem. § 42d IV 1 Nr. 2 EStG zur LSt-Nachzahlung (BFH 3.6.1982 – VI R 48/79, BStBl. II 1982, 710). Das schriftliche Anerkenntnis steht allerdings einer StAnmeldung gleich (vgl. § 167 I 3) und kann daher

unter den erleichterten Voraussetzungen des § 354 I 2 mit einem Einspruchsverzicht verbunden werden.

2. Wirksamkeitsvoraussetzungen des Einspruchsverzichts

20 **Allgemeines.** Der Einspruchsverzicht setzt zu seiner Wirksamkeit die Handlungsfähigkeit (§ 79) des Erklärenden voraus. Der Verzicht kann auch durch einen **Bevollmächtigten** (§ 80) erfolgen. Ist dem Bevollmächtigten nach dem Inhalt der Vollmacht die Befugnis zum Einspruchsverzicht entzogen und dies der FB bekannt, ist der vom Bevollmächtigten erklärte Einspruchsverzicht unwirksam (BFH 13.10.1960 – IV 302/59 U, BStBl. III 1960, 526). Die von einem vollmachtlosen Vertreter abgegebene Erklärung ist bis zur Genehmigung durch den Stpfl. (schwebend) unwirksam. Auch bei Vertretung durch einen Bevollmächtigten kann der Stpfl. selbst den Einspruchsverzicht wirksam erklären. Für die Wirksamkeit des Einspruchsverzichts ist die materielle Rechtmäßigkeit des VA unerheblich.

21 **Verzichtsbefugnis.** Den Einspruchsverzicht kann nur erklären, wer selbst gem. §§ 350 –353 rechtsbehelfsbefugt ist; auch ein nur irrtümlich in Anspruch genommener Stpfl. kann wirksam auf sein Einspruchsrecht verzichten. Bei zur ESt zusammenveranlagten Ehegatten (§ 26b EStG) oder Lebenspartnern (§ 26b EStG iVm § 2 VIII EStG) soll grds. der von einem Ehegatten/Lebenspartner erklärte Einspruchsverzicht auch für und gegen den anderen Ehegatten/Lebenspartner gelten (vgl. BFH 16.3.1961 – IV 139/59 U, BStBl. III 1961, 263). Aufgrund der weitreichenden Wirkungen des Einspruchsverzichts kann dies jedoch nur angenommen werden, wenn ein schriftlicher Vollmachtsnachweis des erklärenden Ehegatten/Lebenspartners vorliegt oder jedenfalls zweifelsfrei von einer stillschweigenden Vollmachtserteilung oder einer Duldungsvollmacht auszugehen ist (Schwarz/Pahlke/Keß § 354 Rn. 28; Gosch AO § 354 Rn. 12; HHSp § 354 Rn. 49).

3. Form und Inhalt der Erklärung (Abs. 2 S. 1)

22 § 354 II 1 enthält nähere Maßgaben zu Form, Adressat und Inhalt der Verzichtserklärung. Der **Form** nach ist der Einspruchsverzicht schriftlich oder zur Niederschrift zu erklären; vgl. insoweit → § 357 Rn. 13 ff. Der Verzicht bedarf allerdings der eigenhändigen Unterschrift, da in § 354 eine dem § 357 I 2 entsprechende Regelung fehlt (BFH 3.4.1984 – VII R 18/80, BStBl. II 1984, 513; Schwarz/Pahlke/Keß § 354 Rn. 34; Gosch AO § 354 Rn. 14; aA HHSp § 354 Rn. 28; Jesse Teil B Rn. 455). Die Verzichtserklärung kann der FB auch durch Telegramm oder Telefax übermittelt werden, wenn der Erklärende dies veranlasst hat und seine Identität einwandfrei feststeht (Schwarz/Pahlke/Keß § 354 Rn. 37). Ferner kann die gesetzlich angeordnete Schriftform durch die elektronische Form ersetzt werden, § 87a III 1; wird die Verzichtserklärung der FB in elektronischer Form übermittelt, muss das elektronische Dokument, das die Verzichtserklärung enthält, gem. § 87a III 2 mit einer qualifizierten elektronischen Signatur versehen werden (Gosch AO § 354 Rn. 14); die qualifizierte elektronische Signatur ersetzt in diesem Fall auch die erforderliche Unterschrift (AEAO zu § 87a Nr. 3.2.1). Ein Einspruchsverzicht per E-Mail ist demnach nicht möglich (Gosch AO § 354 Rn. 14); ein (fern-)mündlich erklärter Einspruchsverzicht ist ebenfalls unwirksam.

23 **Adressat der Verzichtserklärung** ist die für die Entscheidung über den Einspruch zuständige FB iSd § 367 I und III und nicht die nach den allg. Vorschriften gem. § 365 I iVm §§ 16 ff. örtlich zuständige FB (Gosch AO § 354 Rn. 13; aA Schwarz/Pahlke/Keß § 354 Rn. 40); hierfür spricht, dass für den Einspruchsverzicht nichts anderes gelten kann als für die Einspruchsrücknahme und dass die FB iSd § 367 I und III ggf. auch über die Wirksamkeit eines Einspruchsverzichts zu entscheiden hat (Gosch AO § 354 Rn. 13). Bei einem Zuständigkeitswechsel ist die Verzichtserklärung gegenüber der nunmehr zuständigen FB zu erklären, § 367 I 2.

24 Da der Einspruchsverzicht ähnlich wie eine Einspruchsrücknahme wirkt, kann für diesen die Verweisungsregelung des § 362 I 2 auf § 357 II 2 bis 4 entspr. angewendet werden (Gosch AO § 354 Rn. 13). Der Einspruchsverzicht wird mit Zugang bei den Notadressa-

ten iSd § 357 II 2 und 3, bei Erklärung gegenüber einer beliebigen anderen Behörde (§ 357 II 4) jedoch erst mit Zugang bei der zuständigen FB wirksam.

Der Einspruchsverzicht darf gem. § 354 II 1 HS 2 **keine weiteren Erklärungen** enthalten, muss also ggf. gesondert von anderen Erklärungen abgegeben und unterschrieben werden und darf nicht Bestandteil eines anderen Textes sein. Dadurch soll sichergestellt werden, dass sich der Verzichtende der Tragweite seiner Erklärung voll bewusst ist (BFH 3.4.1984 – VII R 18/80, BStBl. II 1984, 513). Soweit die vorstehenden Anforderungen erfüllt sind, kann die Verzichtserklärung ggf. jedoch auch im Zusammenhang mit anderen Erklärungen auf einem Schriftstück erfolgen. 25

4. Geltendmachung der Unwirksamkeit des Verzichts (Abs. 2 S. 2)

Unwirksamkeitsgründe. § 354 II 2 setzt die Möglichkeit der Unwirksamkeit des Einspruchsverzichts voraus; eine gesetzliche Regelung über die Unwirksamkeitsgründe fehlt jedoch. Der Einspruchsverzicht ist zB bei fehlender Statthaftigkeit des Einspruchs (→ Rn. 5) oder bei einer Verzichtserklärung vor Bekanntgabe des VA (→ Rn. 6) unwirksam. Ferner ist der Einspruchsverzicht unwirksam, wenn die FB in unzulässiger Weise auf den Verzichtswillen des Stpfl. Einfluss genommen hat und der **Verzicht** daher nicht **freiwillig** ausgesprochen wurde. Die Unwirksamkeit des Einspruchsverzichts kann jedoch nur in **krassen Fällen** unzulässiger Einwirkung der FB auf die Willensbildung des Stpfl. durch Täuschung, Drohung, grob fehlerhafte Belehrung, bewusst falsche Auskunft oder rechtlich offensichtlich unzutreffende Erwägungen oder Hinweise angenommen werden (Schwarz/Pahlke/Keß § 354 Rn. 30). Die Ausführungen zur Unwirksamkeit der Einspruchsrücknahme gelten insoweit auch für den Einspruchsverzicht (→ § 362 Rn. 29 f.). 26

Geltendmachung der Unwirksamkeit. Wird die Unwirksamkeit des Einspruchsverzichts noch **innerhalb der Einspruchsfrist** geltend gemacht, so erfolgt dies durch Einlegung des Einspruchs. Die FB hat sodann zu entscheiden, ob der Einspruch aufgrund wirksamen Einspruchsverzichts als unzulässig zu verwerfen ist, § 354 I 3 iVm § 358 S. 2. Die Einspruchsentscheidung ist mit der Klage angreifbar. Im finanzgerichtlichen Verfahren ist die Wirksamkeit des Einspruchsverzichts inzidenter zu überprüfen; die Entscheidung über die Wirksamkeit des Einspruchsverzichts ist nicht gesondert anfechtbar. 27

Nach Ablauf der **Einspruchsfrist** wird die Unwirksamkeit des Einspruchsverzichts durch Einlegung des Einspruchs und einem gleichzeitigen Antrag auf Wiedereinsetzung in den vorigen Stand (§ 110) geltend gemacht. Gemäß § 110 II müssen innerhalb eines Monats nach Kenntnis von der Unwirksamkeit des Verzichts der Einspruch eingelegt und die Hinderungsgründe dargelegt und glaubhaft gemacht werden (FG Nürnberg 13.12.2005 – II 384/2001, BeckRS 2005, 26020804; Gosch AO § 354 Rn. 27). Für diese nachträgliche Geltendmachung der Unwirksamkeit des Verzichts gilt § 110 III sinngemäß, § 354 II 2. Die Unwirksamkeit des Verzichts muss daher spätestens innerhalb eines Jahres nach Ablauf der Einspruchsfrist geltend gemacht werden. Die sinngemäße Anwendung des § 110 III soll verhindern, dass ein Stpfl. bei erklärtem (unwirksamen) Einspruchsverzicht bessergestellt wird als derjenige, der keinen Einspruchsverzicht erklärt hat. Eine Verlängerung der Jahresfrist ist ausnahmsweise dann möglich, wenn innerhalb dieser Frist die Geltendmachung der Unwirksamkeit infolge höherer Gewalt unmöglich war (§ 110 III). 28

Zweiter Abschnitt. Verfahrensvorschriften

§ 355 Einspruchsfrist

(1) [1]Der Einspruch nach § 347 Absatz 1 Satz 1 ist innerhalb eines Monats nach Bekanntgabe des Verwaltungsakts einzulegen. [2]Ein Einspruch gegen eine Steueranmeldung ist innerhalb eines Monats nach Eingang der Steueranmeldung bei

der Finanzbehörde, in den Fällen des § 168 Satz 2 innerhalb eines Monats nach Bekanntwerden der Zustimmung, einzulegen.

(2) **Der Einspruch nach § 347 Absatz 1 Satz 2 ist unbefristet.**

Schrifttum: Bink, Rechtsbehelfseinlegung schon vor Bekanntgabe des Verwaltungsakts?, DB 1983, 1626; Carl, Einlegung eines Rechtsbehelfs vor Bekanntgabe des angefochtenen Bescheids, DStZ 1989, 221; Schenkewitz/Fink, Die außergerichtlichen Rechtsbehelfsfristen im Steuerrecht und allgemeinen Verwaltungsrecht, BB 1996, 2117.

I. Allgemeines

1 § 355 bestimmt, innerhalb welcher Frist ein Einspruch gegen einen VA bzw. eine StAnmeldung eingelegt werden muss. Die Vorschrift wurde durch das GrenzpendlerG (BGBl. 1994 I 1395) mit Wirkung zum 1.1.1996 redaktionell an die Einführung des Einspruchs als einheitlichen Rechtsbehelf angepasst (→ Vor §§ 347 ff. Rn. 1).

§ 355 I verstößt nicht gegen **Gemeinschaftsrecht** (BFH 23.11.2006 – V R 67/05, BStBl. II 2007, 436; BFH 16.9.2010 – V R 57/09, BStBl. II 2011, 151; BFH 16.9.2010 – V R 51/09, BFH/NV 2011, 569; BFH 16.12.2010 – V B 66/10, BFH/NV 2011, 742; BFH 23.11.2006 – V R 51/05, BStBl. II 2007, 433). Die Vorschrift betrifft das Verwaltungsverfahren, das grds. der autonomen Ausgestaltung durch die Mitgliedstaaten unterliegt (→ § 2 Rn. 30). Allerdings hat der EuGH 25.7.1991 - C-208/90, HFR 1993, 137 in der Rechtssache Emmott eine Hemmung des Ablaufs nationaler Verfahrensfristen angenommen, wenn Rechte aus einer unmittelbar anwendbaren, aber nicht ordnungsgemäß in innerstaatliches Recht umgesetzten Richtlinie geltend gemacht werden. Diese sog. **Emmott'sche Fristenhemmung** als Sanktion für die nicht ordnungsgemäße Umsetzung einer steuerrechtlichen Richtlinie ist jedoch auf Fälle einer richtlinienwidrigen Auslegung und Anwendung umgesetzter Vorschriften durch Behörden und Gerichte nicht anwendbar (BFH 21.3.1996 – XI R 36/95, BStBl. II 1996, 399; BFH 23.11.2006 – V R 67/05, BStBl. II 2007, 436; vgl. näher Leonard/Szczekalla UR 2005, 420; Gräber FGO § 47 Rn. 3); insoweit bleibt es bei den im innerstaatlichen Recht vorgesehenen Fristen für die Rechtsverfolgung (BFH 16.9.2010 – V R 57/09, BStBl. II 2011, 151; BFH 16.9.2010 – V R 51/09, BFH/NV 2011, 569; BFH 15.9.2004 – I R 83/04, BFH/NV 2005, 229; s. auch Gosch DStR 2004, 1988 und Gosch DStR 2005, 413).

II. Einspruchsfrist bei Verwaltungsakten und Steueranmeldungen (Abs. 1)

2 Die Einspruchsfrist ist eine **gesetzliche Ausschlussfrist,** die von der FB weder gesetzt noch gem. § 109 verlängert werden kann; zum Begriff der gesetzlichen Frist → § 108 Rn. 5. Die aufgrund Fristversäumnis eintretende Unanfechtbarkeit des VA bewirkt die formelle und materielle Bestandskraft des VA.

1. Einspruchsfrist bei Verwaltungsakten (Abs. 1 S. 1)

3 **Dauer der Einspruchsfrist.** Gemäß § 355 I 1 ist der Einspruch innerhalb eines Monats nach Bekanntgabe des VA einzulegen; dies gilt gleichermaßen für mündliche und schriftliche VA. Bei schriftlichen VA beginnt die Monatsfrist des § 355 I 1 nur zu laufen, wenn neben der wirksamen Bekanntgabe auch eine ordnungsgemäße Rechtsbehelfsbelehrung iSd § 356 I vorliegt. Bei fehlender oder unrichtiger Rechtsbehelfsbelehrung verlängert sich die Einspruchsfrist nach Maßgabe des § 356 II grds. auf ein Jahr; möglich ist allerdings eine Nachholung der Rechtsbehelfsbelehrung (→ § 356 Rn. 16). Zur Einspruchsfrist bei Masseneinsprüchen wegen Verfassungswidrigkeit von StNormen nach Art. 97 § 18a EGAO vgl. → § 367 Rn. 59 f.

4 Die **Einspruchsfrist beginnt** gem. § 355 I 1 mit der wirksamen **Bekanntgabe** des VA. Bekanntgabe ist der Zugang eines VA bei der Person, für die er bestimmt ist oder die von ihm betroffen ist, § 122 I. Bei schriftlichen VA bestimmt sich der Zeitpunkt der Bekanntgabe nach § 122 II, III–VII. Bei einer Übermittlung eines schriftlichen VA durch

die Post im Inland gilt die Bekanntgabefiktion des § 122 II Nr. 1. Nach § 122 II Nr. 1 gilt der VA am vierten Tag (bis zum 31.12.2024: am dritten Tag; s. Art. 97 § 1 XV EGAO) nach Aufgabe zur Post als bekannt gegeben, außer wenn er nicht oder zu einem späteren Zeitpunkt zugegangen ist (→ § 122 Rn. 55 ff.). Die Bekanntgabefiktion des § 122 II Nr. 1 gilt nicht, wenn der Tag des Zugangs ein Samstag oder Sonntag bzw. gesetzlicher Feiertag ist; in diesem Fall endet die Frist gem. § 108 III erst mit Ablauf des nächsten Werktags (→ § 122 Rn. 59). Nach § 122 II Nr. 1 iVm § 108 III beginnt die Einspruchsfrist, wenn der VA an einem Mittwoch zur Post gegeben wurde, erst am folgenden Montag zu laufen. Ist dieser Montag ein gesetzlicher Feiertag, beginnt die Einspruchsfrist erst am folgenden Werktag zu laufen (→ § 122 Rn. 59). Wird ein schriftlicher VA durch die Post im Ausland übermittelt, gilt der VA nach § 122 II Nr. 2 einen Monat nach Aufgabe zur Post als bekannt gegeben, außer wenn er nicht oder zu einem späteren Zeitpunkt zugegangen ist (→ § 122 Rn. 79 ff.). Zur Bekanntgabe eines elektronisch übermittelten VA s. § 122 IIa (→ § 122 Rn. 87 ff.). Zur Bekanntgabe eines zum Datenabruf bereitgestellten VA s. § 122a (→ § 122a Rn. 21).

Gegen einen mangels Bekanntgabe **unwirksamen** VA (§ 124 III) kann jederzeit zur Beseitigung des durch ihn gesetzten Rechtsscheins Einspruch eingelegt werden (BFH 11.10.2023 – II R 16/21, BFH/NV 2024, 161; BFH 16.9.2004 – VII B 20/04, BFH/NV 2005, 231; BFH 5.10.1994 – I R 31/93, BFH/NV 1995, 576; BFH 25.2.1999 – IV R 36/98, BFH/NV 1999, 1117). Hier braucht die Rechtsbehelfsfrist des § 355 I 1 nicht gewahrt zu werden, da der nichtige VA von vornherein keine Rechtswirkungen iSd §§ 355, 358 entfalten kann (BFH 17.7.1986 – V R 96/85, BStBl. II 1986, 834).

Kein Einspruch vor Bekanntgabe. Da § 355 I 1 nach seinem eindeutigen Wortlaut 5 die Bekanntgabe des VA voraussetzt, ist ein „vorsorglicher" Einspruch gegen einen noch nicht bekannt gegebenen VA unzulässig (BFH 8.4.1983 – VI R 209/79, BStBl. II 1983, 551; BFH 1.7.2010 – V B 108/09, BFH/NV 2010, 2014). Maßgebend ist hierbei der Zeitpunkt der tatsächlichen Bekanntgabe und nicht der Zeitpunkt der gem. § 122 II Nr. 1 und 2 fingierten Bekanntgabe, sodass ein Einspruch auch schon gegen einen vor Ablauf der Viertagesfrist (§ 122 II Nr. 1) bzw. der Monatsfrist (§ 122 II Nr. 2) dem Stpfl. zugegangenen VA zulässig ist (TK § 355 Rn. 9; HHSp § 355 Rn. 19). Vor Bekanntgabe des VA liegt lediglich ein Verwaltungsinternum vor, das keine Beschwer (§ 350) des Einspruchsführers auslöst (Bink DB 1983, 1626).

Ferner kann ein den übrigen **Feststellungsbeteiligten** bekannt gegebener Feststellungs- 6 bescheid iSd § 179 iVm § 180 I 1 Nr. 2 Buchst. a auch von einem Feststellungsbeteiligten, dem der Bescheid (fehlerhaft) nicht bekannt gegeben wurde, bei gegebener Beschwer (→ § 352 Rn. 40, 44) zulässig mit dem Einspruch angegriffen werden (BFH 26.4.1988 – VIII R 292/82, BStBl. II 1988, 855; BFH 7.8.1990 – VIII R 257/84, BFH/NV 1991, 507; BFH 27.4.1993 – VIII R 27/92, BStBl. II 1994, 3); die Bekanntgabe gegenüber dem Feststellungsbeteiligten, dem der Feststellungsbescheid noch nicht bekannt gegeben wurde, ist – notfalls während des Einspruchs- oder Klageverfahrens – nachzuholen. Ist ein VA einem Drittbetroffenem nicht bekannt gegeben worden, beginnt die Einspruchsfrist des § 355 nicht zu laufen (TK § 355 Rn. 3; zur Jahresfrist des § 356 II → § 356 Rn. 17). Ist dem Drittbetroffenem der VA jedoch als Rechtsnachfolger des Stpfl. bekannt gegeben worden, wirkt die Bekanntgabe auch ihm gegenüber als **Drittbetroffener** (BFH 6.2.2014 – I B 168/13, BFH/NV 2014, 921; zur Drittanfechtung → § 350 Rn. 22).

Fristberechnung. Die Berechnung der einmonatigen Einspruchsfrist erfolgt gem. 7 § 365 I iVm § 108 I nach den in §§ 187–193 BGB normierten Fristberechnungsvorschriften, soweit sich aus § 108 II–V nichts anderes ergibt.

Die Frist **beginnt** gem. § 108 I iVm § 187 I BGB **nach** Ablauf des Tages, an dem der 8 VA bekannt gegeben wurde. Der Tag der Bekanntgabe selbst wird also bei der Fristberechnung nicht mitgerechnet. Der Fristbeginn kann auch auf einen Samstag, Sonntag oder gesetzlichen Feiertag fallen; eine Ablaufhemmung für den Fristbeginn ist nicht vorgesehen (BFH 9.11.2005 – I R 111/04, BStBl. II 2006, 219).

9 Das **Ende** der Einspruchsfrist bestimmt sich zunächst nach § 108 I AO iVm § 188 II und III BGB. Als Monatsfrist endet die Einspruchsfrist mit Ablauf des Tages im folgenden Monat, der durch seine Zahl dem Anfangstag entspricht (Beispiel: Bekanntgabe des VA am 23.4., Fristbeginn am 24.4., Fristende am 23.5.). Die Monatsfrist muss nicht 30 Tage betragen. Fehlt es im Monat des Fristablaufs an dem nach § 188 II BGB maßgebenden Tag, endet die Frist gem. § 188 III BGB mit Ablauf des letzten Tages des Monats (Beispiel: Bekanntgabe des VA am 30.1., Fristbeginn am 31.1., Fristende am 29.2., wenn das jeweilige Jahr ein Schaltjahr ist; andernfalls läuft die Frist am 28.2. des Jahres ab). Fällt die für den Fristablauf maßgebende Frist auf einen Sonnabend, Sonntag oder einen gesetzlichen Feiertag, endet die Frist gem. § 108 I AO iVm § 193 BGB und gem. § 108 III erst mit Ablauf des nächstfolgenden Werktags (Beispiel: Bekanntgabe am 1.4., Fristbeginn am 2.4., Fristende am 2.5., da der 1.5. ein gesetzlicher Feiertag ist).

10 **Wahrung der Einspruchsfrist.** Die Einspruchsfrist ist gewahrt, wenn der Einspruch spätestens am letzten Tag der Frist bis 24 Uhr der **Einlegungsbehörde** iSd § 357 II 1–3 **zugegangen** ist (s. auch zur Fristwahrung → § 108 Rn. 38 ff.). Die Einspruchsschrift geht zu, wenn sie so in den Machtbereich der FB gelangt, dass diese unter normalen Umständen von ihr Kenntnis nehmen kann und die Kenntnisnahme nach den von ihm selbst getroffenen Vorkehrungen oder nach den Gepflogenheiten des Verkehrs auch erwartet werden kann (BFH 3.8.1978 – VI R 73/78, BStBl. II 1978, 649; FG Hamburg 7.5.1996 – II 100/95, EFG 1996, 959). Fehlt der FB ein Nachtbriefkasten oder ist der Zeitmechanismus des Nachtbriefkastens defekt, ist die bei Dienstbeginn im Hausbriefkasten vorgefundene Post mit dem Eingangsstempel des vorausgegangenen Werktags zu versehen (BFH 28.10.1987 – I R 12/84, BStBl. II 1988, 111). Entsprechende Rechtsgrundsätze gelten für ein an das Postfach der FB adressiertes Einspruchsschreiben (Gosch AO § 355 Rn. 24; s. auch BFH 22.10.1975 – I R 214/73, BStBl. II 1976, 76; BFH 28.10.1987 – I R 12/84, BStBl. II 1988, 111). Bei Einspruchseinlegung per **Telefax** muss mit der Übermittlung so rechtzeitig begonnen werden, dass diese unter gewöhnlichen Umständen vor Fristablauf abgeschlossen ist (BFH 28.9.2000 – VI B 5/00, BStBl. II 2001, 32). Wird der Einspruch elektronisch, zB per **E-Mail,** eingelegt, genügt zur Wahrung der Einspruchsfrist gem. § 87a I 2 der Eingang des Einspruchs auf dem Server der FB in für die FB bearbeitbarer Weise (→ § 87a Rn. 27, 33). Die rechtzeitige Einspruchseinlegung durch einen nicht bevollmächtigten Vertreter kann auch nach Ablauf der Einspruchsfrist genehmigt werden (FG Hamburg 14.3.1997 – VII 232/96, EFG 1997, 928). Zur Einspruchseinlegung bei beliebigen anderen Behörden → § 357 Rn. 26. Zu Fragen der Wiedereinsetzung in die versäumte Einspruchsfrist → § 110 Rn. 6 ff.

11 Die **Feststellungslast** für den rechtzeitigen Zugang des Einspruchs trägt der **Einspruchsführer** (BFH 8.12.1976 – I R 240/74, BStBl. II 1977, 321; BFH 21.9.2007 – IX B 79/07, BFH/NV 2008, 22). Diesem kommt weder ein Anscheinsbeweis noch eine Zugangsfiktion zugute (BFH 21.9.2007 – IX B 79/07, BFH/NV 2008, 22; FG Hamburg 7.5.1996 – II 100/95, EFG 1996, 959). Entscheidend ist der Zeitpunkt des Zugangs bei der Einlegungsbehörde, nicht der die Einlieferung zur Post dokumentierende Poststempel. Der formell ordnungsgemäße Eingangsstempel des FA erbringt als öffentliche Urkunde (§ 418 ZPO) den vollen Beweis für Zeit und Ort des Eingangs eines Schreibens (BFH 19.7.1995 – I R 87, 169/94, BStBl. II 1996, 19; BFH 9.8.2004 – VI B 79/02, BFH/NV 2004, 1548; BFH 20.12.2006 – X R 38/05, BFH/NV 2007, 1016). Der nach § 418 II ZPO zulässige Gegenbeweis der Unrichtigkeit des Eingangsstempels der FB erfordert den **vollen Nachweis** eines anderen Geschehensablaufs. Dieser Beweis kann nicht durch eine eidesstattliche Versicherung, die lediglich ein Mittel der Glaubhaftmachung, aber nicht des Beweises ist (§ 155 FGO iVm § 294 ZPO), widerlegt werden (BFH 19.7.1995 – I R 87, 169/94, BStBl. II 1996, 19; BFH 9.8.2004 – VI B 79/02, BFH/NV 2004, 1548); ebenso reichen bloße Zweifel an der Richtigkeit des eingestempelten Eingangsdatums nicht aus (BFH 19.5.1999 – VI B 342/98, BFH/NV 1999, 1460). Diese Maßstäbe gelten auch für behauptete Organisationsmängel der FB bei der Bearbeitung eingehender Post (BFH 7.7.1998 – VIII R 83/96, BFH/NV 1999, 475).

2. Fristbeginn bei Steueranmeldungen (Abs. 1 S. 2)

StAnmeldungen (§ 150 I 3) stehen gem. § 168 S. 1 einer StFestsetzung unter Vorbehalt der Nachprüfung gleich; sie bedürfen keiner Rechtsbehelfsbelehrung (→ § 356 Rn. 9). Durch eine unwirksame, zB nicht unterzeichnete, StAnmeldung wird die Einspruchsfrist nicht in Lauf gesetzt (BFH 22.5.2007 – IX R 55/06, BFH/NV 2007, 2156). 17

§ 355 I 2 HS 1 bestimmt, da es in diesem Fall an einer Bekanntgabe des VA fehlt, für den Beginn der Einspruchsfrist den Eingang der StAnmeldung bei der FB. Für die Fristberechnung selbst gilt § 108 I AO iVm §§ 187, 188, 193 BGB. Wird die StAnmeldung der FB elektronisch übermittelt, gilt nach § 355 I 2 HS 1 der Tag der Übermittlung regelmäßig als Tag des Eingangs bei der FB, vgl. § 87a I 2 (Klein § 355 Rn. 23). Problematisch ist die Regelung des § 355 I 2 HS 1 nur, wenn die StAnmeldung der FB ausnahmsweise in Papierform übermittelt wird, weil die FB den Zeitpunkt des Eingangs nicht mitzuteilen braucht und dem Stpfl. insoweit auch keine Erkundigungspflicht obliegt. Deshalb erscheint es sachgerecht, dem Stpfl. eine Selbstberechnung des Eingangs durch Schätzung der Übermittlungsdauer unter sinngemäßer Anwendung des § 122 II Nr. 1 oder 2 zuzubilligen (TK § 355 Rn. 16). Nennenswerte praktische Bedeutung hat diese Problematik allerdings nicht, da StAnmeldungen gem. § 168 S. 1 einer StFestsetzung unter Vorbehalt der Nachprüfung gleichstehen und somit nach § 164 II jederzeit geändert werden können; daher kann ein nach Ablauf der Einspruchsfrist eingelegter Einspruch gegen eine StAnmeldung als Antrag nach § 164 II 2 auf Änderung der unter Vorbehalt der Nachprüfung stehenden StFestsetzung behandelt werden (BFH 13.11.2008 – V R 24/06, HFR 2009, 817). 18

Führt die StAnmeldung zu einer Herabsetzung der bisher zu entrichtenden Steuer oder zu einer StVergütung, bedarf es gem. § 168 S. 2 der Zustimmung der FB. In diesem Fall beginnt die Einspruchsfrist gem. **§ 355 I 2 HS 2** mit dem tatsächlichen „Bekanntwerden" der Zustimmung der FB, weil die Zustimmungserklärung der FB gem. § 168 S. 3 formlos erfolgen kann und keiner Bekanntgabe bedarf (vgl. BFH 28.2.1996 – XI R 42/94, BStBl. II 1996, 660). Wird der Stpfl. schriftlich über die Zustimmung unterrichtet, ist grds. von einer Bekanntgabe am vierten Tag nach der Aufgabe der schriftlichen Mitteilung zur Post auszugehen (AEAO zu § 355 Nr. 1 idF BMF 10.12.2024, BStBl. I 2024, 1616); entsprechendes gilt bei elektronischer Übermittlung der Zustimmung; maßgebend ist die Absendung der elektronischen Zustimmung (AEAO zu § 355 Nr. 1). Die Einspruchsfrist beginnt jedoch bei schriftlicher oder elektronischer Mitteilung, die VA iSd § 118 S. 1 sind, gem. § 356 I nur zu laufen, wenn eine Rechtsbehelfsbelehrung beigefügt ist; fehlt diese, ist die Einlegung des Einspruchs gem. § 356 II binnen eines Jahres seit Bekanntgabe der Mitteilung zulässig (BFH 9.7.2003 – V R 29/02, BStBl. II 2003, 904). Ist keine Mitteilung ergangen, ist regelmäßig davon auszugehen, dass dem Stpfl. die Zustimmung frühestens mit der Zahlung der StVergütung oder des Mindersolls bekanntgegeben geworden ist (AEAO zu § 355 Nr. 1). 19

Auf die Berechnung der Frist zur Erhebung einer Sprungklage iSd § 45 FGO gegen eine StAnmeldung ist § 355 I 2 entspr. anzuwenden (TK FGO § 47 Rn. 4).

3. Fristversäumnis; Rechtsschutzfragen

Ein verspäteter Einspruch ist, sofern nicht Wiedereinsetzung in den vorigen Stand (§ 110) zu gewähren ist, gem. § 358 S. 2 als **unzulässig** zu verwerfen. Diese Rechtsfolge steht nicht im Ermessen der FB; die FB kann daher nicht wirksam auf die Einhaltung der Einspruchsfrist verzichten (BFH 1.4.1992 – VII S 15/92, BFH/NV 1993, 173; → § 358 Rn. 5). Wird der Einspruch trotz Unzulässigkeit sachlich beschieden, wird hierdurch das Fristversäumnis nicht geheilt (→ § 367 Rn. 57). In Kindergeldsachen kann der verspätete Einspruch als Antrag auf Neufestsetzung des Kindergeldes zu würdigen sein (BFH 19.5.1999 – VI B 342/98, BFH/NV 1999, 1460). 20

III. Untätigkeitseinspruch (Abs. 2)

22 Der Untätigkeitseinspruch (§ 347 I 2) kann gem. § 355 II unbefristet eingelegt werden. Die Geltung der Monatsfrist nach Abs. 1 verbietet sich von selbst, weil es bei Untätigkeit der FB gerade an einem einspruchsfähigen VA fehlt. Der Untätigkeitseinspruch ist nur unter den Voraussetzungen des § 347 I 2 statthaft (→ § 347 Rn. 26 ff.).

23 Das Recht, Untätigkeitseinspruch einzulegen, kann in krassen Ausnahmefällen nach Treu und Glauben **verwirkt** werden (vgl. BFH 5.5.2003 – II B 1/03, BFH/NV 2003, 1142; aA TK § 355 Rn. 19; Schwarz/Pahlke/Keß § 355 Rn. 3; Klein § 355 Rn. 27). Für die Geltendmachung verfahrensrechtlicher Befugnisse wird jedoch durch bloße Untätigkeit auch über längere Zeiträume regelmäßig noch keine Verwirkung herbeigeführt; hinzukommen muss ein Vertrauenstatbestand und eine Vertrauensfolge (→ § 4 Rn. 39 ff.); das Recht, Untätigkeitseinspruch einzulegen, kann verwirkt sein, wenn es dem FA schlechterdings nicht mehr zugemutet werden kann, die Sache noch einmal materiell-rechtlich zu überprüfen, zB wenn die für die Überprüfung erforderlichen Akten nach Ablauf der Aufbewahrungsfristen ausgesondert oder vernichtet wurden; ist die Verbescheidung eines Einspruchs für das FA aber noch uneingeschränkt möglich, scheidet eine Verwirkung des Rechts, Untätigkeitseinspruch einzulegen, regelmäßig aus (vgl. BFH 5.5.2003 – II B 1/03, BFH/NV 2003, 1142). Entsprechendes gilt bei einer Untätigkeitsklage iSd § 46 FGO für die Verwirkung des Klagerechts (Gräber FGO § 46 Rn. 30).

§ 356 Rechtsbehelfsbelehrung

(1) **Ergeht ein Verwaltungsakt schriftlich oder elektronisch, so beginnt die Frist für die Einlegung des Einspruchs nur, wenn der Beteiligte über den Einspruch und die Finanzbehörde, bei der er einzulegen ist, deren Sitz und die einzuhaltende Frist in der für den Verwaltungsakt verwendeten Form belehrt worden ist.**

(2) [1] **Ist die Belehrung unterblieben oder unrichtig erteilt, so ist die Einlegung des Einspruchs nur binnen eines Jahres seit Bekanntgabe des Verwaltungsakts zulässig, es sei denn, dass die Einlegung vor Ablauf der Jahresfrist infolge höherer Gewalt unmöglich war oder schriftlich oder elektronisch darüber belehrt wurde, dass ein Einspruch nicht gegeben sei.** [2] **§ 110 Absatz 2 gilt für den Fall höherer Gewalt singgemäß.**

Schrifttum: Scholtz, Rechtsmittelbelehrung bei Ausländern, DStR 1985, 206; Kutschka, Die Rechtsbehelfsbelehrung zu Einheitswertbescheiden, DStR 1986, 27; Rößler, Muß die Rechtsbehelfsbelehrung die Telefax-Nummer des FG angeben?, DStZ 1995, 563; Böwing-Schmalenbrock, Steuerbescheide wegen unrichtiger Rechtsbehelfsbelehrung erst nach einem Jahr bestandskräftig?, DStR 2012, 444.

Übersicht

I. Allgemeines

1 § 356 wurde durch das GrenzpendlerG (BGBl. 1994 I 1395) mit Wirkung zum 1.1.1996 redaktionell an die Einführung des Einspruchs als einheitlichen Rechtsbehelf angepasst (→ Vor §§ 347 ff. Rn. 1) und durch das 3. VwVfRÄndG (BGBl. 2002 I 3322), das am 28.8.2002 in Kraft getreten ist, im Hinblick auf die nunmehr zugelassenen elektronischen

VA ergänzt (→ § 87a Rn. 1 ff.). Die Rechtsfolgen einer unterlassenen oder unterbliebenen Rechtsbehelfsbelehrung treten daher auch bei in elektronischer Form mit oder ohne qualifizierte elektronische Signatur erlassenen VA ein. Zugleich wird für die Rechtsbehelfsbelehrung die Form vorgeschrieben, in der der VA ergeht (BT-Drs. 14/9000, 38).

2 **§ 356 I** enthält eine Sonderregelung zu § 355 I 1 insofern, als die einmonatige Einspruchsfrist bei schriftlichen bzw. elektronischen VA nur bei einer ordnungsgemäßen Rechtsbehelfsbelehrung zu laufen beginnt. Abw. von § 355 I 1 beträgt die Einspruchsfrist hingegen gem. **§ 356 II** regelmäßig ein Jahr, wenn die Rechtsbehelfsbelehrung unrichtig oder unterblieben ist. Für Einspruchsentscheidungen ergibt sich das Erfordernis einer Rechtsbehelfsbelehrung aus § 366.

3 Aus § 356 folgt **kein Rechtsgebot zur Rechtsmittelbelehrung.** Die Erteilung einer Rechtsbehelfsbelehrung ist für StBescheide in §§ 157 I 3, ferner in §§ 181 I 1, 184 I 3, 185, 190 S. 2, jeweils iVm § 157 I 3, sowie in §§ 196, 279 II 1 AO, Art. 22 VII UZK und für Einspruchsentscheidungen in § 366 S. 1 ausdrücklich gesetzlich angeordnet. Eine unterbliebene oder unrichtige Belehrung gem. § 352 II 3 über die Einspruchsbefugnis des Empfangsbevollmächtigten kann, weil keine Rechtsbehelfsbelehrung iSd § 357 I, nicht die Rechtsfolge des § 356 II auslösen (→ § 352 Rn. 65).

4 **Zweck und Rechtsnatur.** § 356 bezweckt es zu verhindern, dass ein Stpfl. aus verfahrensrechtlicher Unkenntnis von der Einlegung eines Einspruchs absieht oder die hierfür vorgesehene Frist versäumt (BFH 12.12.2012 – I B 127/12, BStBl. II 2013, 272; BFH 20.2.1976 – VI R 150/73, BStBl. II 1976, 477); grundlegend sind der verfassungsrechtliche Anspruch auf wirkungsvollen Rechtsschutz (Art. 2 I GG iVm Art. 20 III GG; Art. 19 IV GG) und die hieraus abzuleitenden Gebote der prozessualen Fürsorgepflicht und der Rechtsmittelklarheit (BFH 7.3.2006 – X R 18/05, BStBl. II 2006, 455). Die Rechtsbehelfsbelehrung ist ihrer Rechtsnatur nach kein VA und auch kein notwendiger Bestandteil eines StBescheids (BFH 18.7.1986 – III R 216/81, BFH/NV 1987, 12). Fehlt die Belehrung oder ist sie unrichtig, ist der betroffene VA nicht rechtswidrig; es treten lediglich die Rechtsfolgen des § 356 II ein.

II. Erfordernis und Inhalt der Rechtsbehelfsbelehrung (Abs. 1)

5 § 356 I ordnet eine Rechtsbehelfsbelehrung für VA an, die schriftlich oder elektronisch ergehen, und bestimmt den notwendigen Inhalt der Belehrung.

1. Schriftliche oder elektronische Verwaltungsakte

6 Vorgeschrieben ist eine Rechtsbehelfsbelehrung für schriftliche und elektronische VA. Dazu gehören sowohl die zwingend schriftlich zu erlassenden VA als auch solche, die, obgleich formfrei möglich, wie zB die Ablehnung eines Stundungsantrags (§ 222), tatsächlich schriftlich bekannt gegeben werden (BT-Drs. VI/1982, 190). In elektronischer Form (mit oder ohne qualifizierte elektronische Signatur) ergehende VA sind durch die Neufassung des § 356 I den schriftlichen VA gleichgestellt (→ Rn. 1).

7 Auf **mündlich** erteilte VA ist § 356 nach seinem klaren Wortlaut nicht anwendbar. Bei diesen beginnt die einmonatige Einspruchsfrist des § 355 I 1 auch ohne Rechtsbehelfsbelehrung zu laufen (BFH 23.2.2005 – VII R 32/04, BFH/NV 2005, 1180); § 356 II ist nicht, auch nicht analog, anzuwenden (BT-Drs. 14/9000, 38; FG Hamburg 8.12.1988 – IV 57–59/87 S-H, EFG 1989, 331). Dies gilt auch bei schriftlicher Bestätigung des mündlich ergangenen VA gem. § 119 II 2; hier greift § 356 schon deshalb nicht nachträglich ein, weil die schriftliche Bestätigung kein VA ist (TK § 356 Rn. 3; Gosch AO § 356 Rn. 7).

8 § 356 gilt selbstverständlich auch für schriftliche oder in elektronischer Form ergehende **Änderungsbescheide.** Die Rechtsbehelfsbelehrung muss allerdings nicht darauf hinweisen, dass Änderungsbescheide gem. § 351 I nur insoweit angefochten werden können, als die Änderung reicht (Schwarz/Pahlke/Keß § 356 Rn. 12). Ergeht ein Änderungsbescheid

im Einspruchsverfahren, ist mit Rücksicht auf § 365 III eine Rechtsbehelfsbelehrung nicht erforderlich, da der Änderungsbescheid gem. § 365 III 1 automatisch Gegenstand des Einspruchsverfahrens wird. Entsprechendes gilt gem. § 68 S. 1 FGO für einen Änderungsbescheid, der im Laufe eines Klageverfahrens ergeht. Auf die Rechtsfolgen des § 365 III 1 und des § 68 S. 1 FGO sollte in der Rechtsbehelfsbelehrung hingewiesen werden; zwingend erforderlich ist dies jedoch nicht (BFH 6.7.2016 – XI B 36/16, BStBl. II 2016, 863).

9 Steht eine **StAnmeldung** gem. § 168 S. 1 einer StFestsetzung unter Vorbehalt der Nachprüfung gleich, ist eine Rechtsbehelfsbelehrung nicht erforderlich, da es an einem schriftlichen oder elektronischen VA fehlt; es gilt die einmonatige Einspruchsfrist des § 355 I 2 (BFH 18.11.2021 – V R 38/19, BFH/NV 2022, 548; BFH 25.6.1998 – V B 104/97, BStBl. II 1998, 649). Wird eine nach § 168 S. 2 erforderliche Zustimmung zu einer StAnmeldung schriftlich oder elektronisch erteilt, beginnt die Einspruchsfrist gem. § 356 I nur, wenn der schriftlichen oder elektronischen Mitteilung eine Rechtsbehelfsbelehrung beigefügt worden ist (→ § 355 Rn. 19); fehlt diese, ist die Einlegung des Einspruchs gem. § 356 II binnen eines Jahres seit Bekanntgabe der Zustimmung zulässig; ergeht die Zustimmung gem. § 168 S. 3 formlos, ist keine Rechtsbehelfsbelehrung erforderlich, sodass die einmonatige Einspruchsfrist des § 355 I 2 gilt (Gosch AO § 356 Rn. 9).

2. Form und Inhalt der Rechtsbehelfsbelehrung

10 **Form.** Nach § 356 I muss die Rechtsbehelfsbelehrung in der für den VA verwendeten Form erfolgen, dh bei einem schriftlichen VA muss die Belehrung schriftlich und bei einem elektronischen VA elektronisch erteilt werden; Mischformen oder eine mündliche Belehrung sind nicht zulässig (Gosch AO § 356 Rn. 12). Die Rechtsbehelfsbelehrung muss grds. im VA enthalten oder mit ihm unmittelbar verbunden sein (zur nachträglichen Belehrung → Rn. 16); nicht ausreichend ist die vorherige Belehrung in einer Ankündigung des VA (FG Hamburg 12.3.1991 – IV 172/88 H, EFG 1992, 85). Bei mehreren in einem Schriftstück oder einem elektronischen Dokument verbundenen VA können auch die Rechtsbehelfsbelehrungen verbunden werden. Bei Einheitswertbescheiden (Wert- und Artfortschreibung) bedarf es jedoch keines Hinweises darauf, dass die Anfechtung nur einer der selbständigen Feststellungen nicht zugleich auch die Anfechtung der weiter getroffenen Entscheidungen beinhaltet (BFH 10.5.1989 – II R 196/85, BStBl. II 1989, 822; BFH 6.3.1991 – II R 152/88, BFH/NV 1991, 726; aA Kutschka DStR 1986, 27). Für den **Nachweis des Zugangs** der schriftlichen oder elektronischen Rechtsbehelfsbelehrung gelten die allgemeinen Beweisregeln, insb. die des Indizienbeweises; so kann regelmäßig davon ausgegangen werden, dass der dem Stpfl. zugegangene, maschinell erstellte (schriftliche) StBescheid eine Rechtsbehelfsbelehrung enthielt, weil nach dem EDV-Programm der FVerw. StBescheide stets mit Rechtsbehelfsbelehrung erstellt werden (BFH 14.9.2000 – X B 58/00, BFH/NV 2001, 322).

11 Die Rechtsbehelfsbelehrung ist gem. § 87 I in **deutscher Sprache** abzufassen. Dies gilt auch, wenn sich die Rechtsbehelfsbelehrung an einen der deutschen Sprache nicht mächtigen **Ausländer** richtet (BFH 9.3.1976 – VII R 102/75, BStBl. II 1976, 440). Mangelnde deutsche Sprachkenntnisse des Beteiligten sind jedoch bei der Prüfung eines Antrags gem. § 110 II auf Wiedereinsetzung in die versäumte Einspruchsfrist eines StBescheids angemessen zu berücksichtigen; der der deutschen Sprache nicht kundige Beteiligte hat seine Sorgfaltspflicht allerdings verletzt, wenn er sich von dem ihm unverständlichen StBescheid nicht in angemessener Zeit eine Übersetzung verschafft oder ihn seinem sprachkundigen Bevollmächtigten zur weiteren Bearbeitung übergibt (BFH 17.3.2010 – X B 114/09, BFH/NV 2010, 1239; BFH 21.5.1997 – VII S 37/96, BFH/NV 1997, 634). Eine Belehrung über die Möglichkeit der fristwahrenden Einspruchseinlegung in einer fremden Sprache gem. § 87 IV ist nicht erforderlich (FG Saarland 13.12.1994 – 1 K 161/94, EFG 1995, 294).

12 Dem **Inhalt** nach muss die Rechtsbehelfsbelehrung im Hinblick auf ihre rechtsschutzwahrende Funktion (→ Rn. 4) so klar und verständlich sein, dass ein Rechtsunkundiger

aus ihr selbst eindeutig ohne Kenntnis von in der Rechtsbehelfsbelehrung nicht erwähnten Vorschriften entnehmen kann, was zur Einhaltung der Rechtbehelfsfrist erforderlich ist; deshalb ist es ausreichend, wenn die Rechtsbehelfsbelehrung den Gesetzeswortlaut der einschlägigen Bestimmung wiedergibt und verständlich über die allgemeinen Merkmale des Fristbeginns unterrichtet (BFH 17.8.2023 – III R 26/22, BStBl. II 2024, 94; BFH 7.3.2006 – X R 18/05, BStBl. II 2006, 455; BFH 22.8.1956 – II 97/56 U, BStBl. III 1956, 296). Zu vermeiden ist eine inhaltliche Überfrachtung durch umfangreiche und komplizierte Hinweise. Es kann auch und gerade von Rechtsunkundigen erwartet werden, sich ggf. durch Nachfrage bei der erlassenden FB oder bei einem Angehörigen der steuerberatenden Berufe (§ 3 StBerG) Klarheit zu verschaffen (BFH 7.3.2006 – X R 18/05, BStBl. II 2006, 455).

Erforderliche Angaben. Zu belehren ist über 13

- die Statthaftigkeit des Einspruchs. Eine Belehrung über andere nichtförmliche Rechtsbehelfe, wie zB Dienstaufsichtsbeschwerde, ist nicht erforderlich;
- die **FB** und deren **Sitz,** bei der der Einspruch einzulegen ist. Erforderlich und ausreichend ist die amtliche Bezeichnung, ggf. unter Verwendung der aus sich heraus verständlichen und allg. gebräuchlichen Abkürzung für die FB. Als Sitz der FB ist der geografische Ort anzugeben, an dem die Behörde räumlich untergebracht ist (BFH 20.2.1976 – VI R 150/73, BStBl. II 1976, 477). Erforderlich ist die Angabe der vollständigen postalischen Anschrift, um eine fehlerhafte Adressierung des Einspruchs zu vermeiden (HHSp § 356 Rn. 23; Gosch AO § 356 Rn. 16; aA BFH 20.2.1976 – VI R 150/73, BStBl. II 1976, 477); hierbei reicht es aus, wenn sich der Sitz und die Anschrift der FB aus dem VA selbst, zB aus dem Briefkopf, ergeben und die Rechtsbehelfsbelehrung nur als Anlage beigefügt ist (BFH 28.2.1978 – VII R 92/74, BStBl. II 1978, 390; BFH 18.3.2016 – V B 1/16, BFH/NV 2016, 997). Die in der Rechtsbehelfsbelehrung angegebene Anschrift muss für den gesamten Zeitraum der Rechtsbehelfsfrist richtig sein (VG Darmstadt 23.11.1999 – 5 G 2093/99.A (3), NVwZ 2000, 591). Wünschenswert und bürgerfreundlich, jedoch nicht gesetzlich geboten, ist die Angabe der Telefax-Nummer der jeweiligen FB (Rößler DStZ 1995, 563);
- die **einzuhaltende Frist,** wobei eine verständliche Erläuterung zum **Fristbeginn** und zur **Fristdauer** ausreichend ist. Eine verständliche Erläuterung zum Fristbeginn setzt nicht voraus, dass in der Rechtsbehelfsbelehrung den Besonderheiten des Einzelfalls Rechnung zu tragen wäre; vielmehr genügt eine abstrakte Belehrung anhand des Gesetzestextes über die vorgeschriebene Anfechtungsfrist. Die konkrete Berechnung ihres Laufs bleibt dagegen der eigenen Verantwortlichkeit des Betroffenen überlassen (BFH 14.4.2016 – III B 108/15, BFH/NV 2016, 1250; BFH 7.3.2006 – X R 18/05, BStBl. II 2006, 455). Angaben darüber, dass die Frist zur Einlegung eines Einspruchs gegen einen nicht zugegangenen VA nicht beginnt, braucht eine Rechtsbehelfsbelehrung nicht zu enthalten (BFH 14.4.2016 – III B 108/15, BFH/NV 2016, 1250; BFH 2.2.2016 – X B 95/15, BFH/NV 2016, 732; BFH 9.5.1996 – IV B 58/95, BFH/NV 1996, 871; aA noch BFH 22.1.1964 – VI 94/62 S, BStBl. III 1964, 201). Hinsichtlich der Berechnung der Einspruchsfrist ist es ausreichend, dass die Rechtsbehelfsbelehrung den Wortlaut der einschlägigen Bestimmungen wiedergibt (BFH 14.4.2016 – III B 108/15, BFH/NV 2016, 1250; BFH 20.11.2013 – X R 2/12, BStBl. II 2014, 236). Eine Verpflichtung des FA, den Gesetzestext in der Rechtsbehelfsbelehrung im Wortlaut zu zitieren, besteht jedoch nicht (BFH 2.2.2016 – X B 95/15, BFH/NV 2016, 732). In jedem Fall muss auf die Dauer der Einspruchsfrist (§ 355 I) hingewiesen werden, also dass der Einspruch innerhalb eines Monats nach Bekanntgabe des VA einzulegen ist (Schwarz/Pahlke/Keß § 356 Rn. 17).

Bei einer **Bekanntgabe des VA mit einfachem Brief** durch die Post (§ 122 II) darf 14
sich die Belehrung nicht auf den abstrakten Hinweis beschränken, dass der VA bei einer Übermittlung im Inland am vierten Tag (bis zum 31.12.2024: am dritten Tag; s. Art. 97

§ 1 XV EGAO) nach Aufgabe zur Post (§ 122 II Nr. 1) und bei einer Übermittlung im Ausland einen Monat nach Aufgabe zur Post (§ 122 II Nr. 2) als bekannt gegeben gilt; es bedarf auch des Hinweises, dass diese Zugangsvermutung nicht gilt, wenn der VA zu einem späteren Zeitpunkt zugegangen ist (Gosch AO § 356 Rn. 17; s. auch BFH 22.1.1964 – VI 94/62 S, BStBl. III 1964, 201). Nicht erforderlich ist jedoch eine Belehrung über die Beweislastregelung des § 122 II HS 2, nach der die FB im Zweifel den Zugang des VA und den Zeitpunkt des Zugangs nachzuweisen hat (BFH 22.1.1964 – VI 94/62 S, BStBl. III 1964, 201). Die Rechtsbehelfsbelehrung muss auch keinen Hinweis darauf enthalten, wann der VA zur Post gegeben wurde (BFH 29.10.1974 – I R 37/73, BStBl. II 1975, 155); das Datum des VA ist insoweit ohne Bedeutung, da nicht in jedem Fall sichergestellt ist, dass es mit dem Datum der Aufgabe zur Post übereinstimmt; deshalb kommt in Zweifelsfällen regelmäßig, soweit vorhanden, dem Poststempel auf dem Briefumschlag, der aufgehoben werden sollte, das entscheidende Gewicht zu (BFH 29.3.1990 – V R 19/85, BFH/NV 1992, 783; BFH 18.7.1986 – III R 216/81, BFH/NV 1987, 12). Die Rechtsbehelfsbelehrung muss nicht darauf hinweisen, dass die Einspruchsfrist gem. § 108 III erst mit Ablauf des nachfolgenden Werktags beginnt, wenn das Ende der Viertagesfrist des § 122 II Nr. 1 auf einen Sonntag, gesetzlichen Feiertag oder Samstag fällt (BFH 7.3.2006 – X R 18/05, BStBl. II 2006, 455; → § 122 Rn. 59). Wird der VA durch die Post mit **Zustellungsurkunde** gem. § 122 V AO iVm § 3 VwZG oder gegen **Empfangsbekenntnis** gem. § 122 V AO iVm § 5 VwZG zugestellt, ist in der Rechtsbehelfsbelehrung darauf hinzuweisen, dass die Einspruchsfrist nach Ablauf des Tages der Zustellung beginnt (Schwarz/Pahlke/Keß § 356 Rn. 16; → § 355 Rn. 8).

15 **Nicht erforderliche Angaben.** Der erforderliche Inhalt der Rechtsbehelfsbelehrung ist durch § 356 I abschließend festgelegt. Eine Rechtsbehelfsbelehrung, die die Mindestangaben des § 356 I enthält, trägt dem Zweck der Rechtsbehelfsbelehrung, zu verhindern, dass ein Stpfl. aus verfahrensrechtlicher Unkenntnis von der Einlegung eines Einspruchs absieht oder die hierfür vorgesehene Frist versäumt, in ausreichender Weise Rechnung (BFH 12.12.2012 – I B 127/12, BStBl. II 2013, 272; → Rn. 4). Es ist allerdings unschädlich, wenn die Rechtsbehelfsbelehrung weitere (nicht erforderliche) Angaben enthält; zu den inhaltlichen Anforderungen an die Belehrung in diesen Fällen → Rn. 19. Keiner Belehrung bedarf es demnach über die gem. § 357 I zu beachtende **Form des Einspruchs** (BFH 17.8.2023 – III R 26/22, BStBl. II 2024, 94; BFH 20.11.2013 – X R 2/12, BStBl. II 2014, 236; BFH 10.11.2016 – X B 85/16, BFH/NV 2017, 261; aA Schwarz/Pahlke/Keß § 356 Rn. 20; zur Form der Einspruchseinlegung → § 357 Rn. 13). Eine Rechtsbehelfsbelehrung ist daher auch dann noch vollständig und richtig, wenn sie hinsichtlich der Form der Einlegung des Einspruchs nur den Wortlaut des § 357 I 1 wiederholt. Denn an die Angaben in der Rechtsbehelfsbelehrung, die nicht Pflichtangaben nach § 356 I sind, sind keine höheren Anforderungen an die Detailliertheit der Belehrung zu stellen als bei solchen Angaben, die notwendiges Element der Rechtsbehelfsbelehrung sind (BFH 28.4.2020 – VI R 41/17, BStBl. II 2020, 531; BFH 20.11.2013 – X R 2/12, BStBl. II 2014, 236; BFH 10.11.2016 – X B 85/16, BFH/NV 2017, 261; BFH 14.4.2016 – III B 108/15, BFH/NV 2016, 1250; BFH 28.4.2015 – VI R 65/13, BFH/NV 2015, 1074). Einen Hinweis auf die etwaige Möglichkeit, den Einspruch per E-Mail einlegen zu können, braucht die Rechtsbehelfsbelehrung selbst dann nicht zu enthalten, wenn sie durch Angabe einer E-Mail-Adresse konkludent einen entsprechenden „Zugang" iSd § 87a I 1 eröffnet hat (BFH 20.11.2013 – X R 2/12, BStBl. II 2014, 236; BFH 12.12.2012 – I B 127/12, BStBl. II 2013, 272; BFH 12.10.2012 – III B 66/12, BFH/NV 2013, 177; BFH 2.2.2010 – III B 20/09, BFH/NV 2010, 830). Auch wenn die Rechtsbehelfsbelehrung erwähnt, dass der Einspruch entspr. § 357 I 1 elektronisch eingelegt werden kann, ist kein ergänzender Hinweis auf die Einspruchseinlegung per E-Mail erforderlich (BFH 17.8.2023 – III R 26/22, BStBl. II 2024, 94). Ferner braucht die Rechtsbehelfsbelehrung auch nicht darauf hinzuweisen, dass nach § 357 II 2–3 der Einspruch ggf. auch bei einer nicht zur Entscheidung über den Einspruch berufenen FB

eingelegt werden kann (BFH 7.12.1994 – I B 68/94, BFH/NV 1995, 849). Es bedarf auch keines Hinweises, dass die Einspruchsfrist gem. § 357 II 1 nur durch Eingang bei der zuständigen FB gewahrt wird, nicht aber durch das Absenden des an diese Behörde gerichteten Einspruchs (BFH 10.11.2016 – X B 85/16, BFH/NV 2017, 261). Es besteht auch keine Verpflichtung, in der Rechtsbehelfsbelehrung auf das Fehlen eines Vorbehalts der Nachprüfung (§ 164 I 1) und die Rechtsfolgen hinzuweisen (FG Bremen 19.9.2019 – 1 K 20/19 (3), EFG 2019, 1880; vgl. auch BFH 12.4.2016 – III B 114/15, BFH/NV 2016, 1249).

3. Nachholung der Rechtsbehelfsbelehrung

16 Unterbleibt im schriftlichen oder elektronischen VA die erforderliche Rechtsbehelfsbelehrung oder wird sie unrichtig erteilt, gilt § 356 II. Eine spätere Nachholung der Rechtsbehelfsbelehrung ist allerdings möglich. In diesem Fall beginnt die Monatsfrist des § 355 I 1 mit der Bekanntgabe der schriftlichen oder elektronischen Rechtsbehelfsbelehrung, die den Anforderungen des § 356 I genügt. Wird die Rechtsbehelfsbelehrung erst kurz vor Ablauf der Jahresfrist des § 356 II nachgeholt, beträgt die Einspruchsfrist auch dann gem. § 355 I 1 einen Monat, wenn zuvor die Jahresfrist abläuft (Gosch AO § 356 Rn. 22; TK § 356 Rn. 6; aA HHSp. § 356 Rn. 37; OFD Hannover 16.9.2004, BeckVerw 058768). Die Monatsfrist des § 355 I 1 berechnet sich auch bei Nachholung der Rechtsbehelfsbelehrung gem. § 365 I iVm § 108 (→ § 355 Rn. 7 ff.); die Bekanntgabefiktionen des § 122 II Nr. 1 und 2 gelten allerdings nicht, weil die nachgeholte Rechtsbehelfsbelehrung selbst kein VA ist (Gosch AO § 356 Rn. 22). In der nachgeholten Rechtsbehelfsbelehrung ist auf diese Fristberechnung und die Monatsfrist des § 355 I 1 deutlich hinzuweisen (Gosch AO § 356 Rn. 22). Die Nachholung der Rechtsbehelfsbelehrung ist jedoch nach Ablauf der Jahresfrist des § 356 II nicht mehr möglich, da der VA bereits bestandskräftig und unanfechtbar geworden ist (Gosch AO § 356 Rn. 22).

III. Rechtsfolgen einer unterbliebenen oder unrichtigen Rechtsbehelfsbelehrung (Abs. 2)

17 Ist die Rechtsbehelfsbelehrung unrichtig oder unterblieben, beträgt abw. von § 355 I die Einspruchsfrist nach § 356 II 1 HS 1 ein Jahr seit Bekanntgabe des VA, abgesehen von den in § 356 II 1 HS 2 aufgeführten Ausnahmefällen. Dagegen kann eine fehlerhaft erteilte Rechtsbehelfsbelehrung nicht bewirken, dass ein gesetzlich nicht statthafter Rechtsbehelf als zulässig anzusehen ist (BFH 14.12.2011 – X B 42/11, BFH/NV 2012, 439; vgl. auch BFH 24.1.1989 – VIII B 19/88, BFH/NV 1990, 384). Darüber hinaus gilt die Jahresfrist des § 356 II 1 HS 1 auch für Drittbetroffene (→ § 350 Rn. 21 ff.), denen der VA nicht bekannt gegeben worden ist (BFH 3.7.2019 – VI R 37/16, BStBl. II 2020, 241). Für mündliche VA gilt § 356 II nicht (→ Rn. 7).

18 **Unterbliebene oder unrichtige Belehrung.** Eine Rechtsbehelfsbelehrung ist iSd § 356 II 1 unterblieben, wenn sie überhaupt fehlt oder nicht schriftlich oder elektronisch erteilt wird. Unrichtig ist eine Rechtsbehelfsbelehrung iSd § 356 II 1, wenn sie die in § 356 I zwingend geforderten Angaben nicht enthält. Sie ist dies aber auch dann, wenn sie geeignet ist, bei dem Betroffenen einen Irrtum über die formellen oder materiellen Voraussetzungen des in Betracht kommenden Rechtsbehelfs hervorzurufen und ihn dadurch abzuhalten, den Rechtsbehelf überhaupt, rechtzeitig oder in der richtigen Form einzulegen. Unrichtig ist eine Belehrung erst dann, wenn sie in wesentlichen Aussagen unzutreffend oder derart unvollständig oder missverständlich gefasst ist, dass hierdurch bei objektiver Betrachtung die Möglichkeit zur Fristwahrung gefährdet erscheint (BFH 17.8.2023 – III R 26/22, BStBl. II 2024, 94; BFH 20.11.2013 – X R 2/12, BStBl. II 2014, 236; BFH 29.7.1998 – X R 3/96, BStBl. II 1998, 742; BFH 14.4.2016 – III B 108/15, BFH/NV 2016, 1250; BFH 1.6.2011 – IV B 33/10, BFH/NV 2011, 1888; BFH 9.11.2009 – IV B 54/09, BFH/NV 2010, 448; BFH 21.12.2005 – XI B 46/05, BeckRS 2005, 25009806).

Ob dies der Fall ist, bestimmt sich danach, wie der Erklärungsempfänger die Rechtsbehelfsbelehrung nach Treu und Glauben und unter Berücksichtigung der ihm bekannten Umstände verstehen musste, sog. objektiver Verständnishorizont (BFH 12.12.2012 – I B 127/12, BStBl. II 2013, 272; BFH 10.11.2016 – X B 85/16, BFH/NV 2017, 261). Unklarheiten oder Mehrdeutigkeiten der Rechtsbehelfsbelehrung gehen zulasten der FB (BFH 9.11.2009 – IV B 54/09, BFH/NV 2010, 448). § 356 II unterscheidet nicht danach, ob die Rechtsbehelfsbelehrung zugunsten oder zuungunsten des Einspruchsführers unrichtig ist und ob dieser durch die fehlerhafte Belehrung irregeführt und an der rechtzeitigen Einspruchseinlegung gehindert worden ist (BFH 6.7.1983 – I R 177/80, BStBl. II 1984, 84). Für die Fristversäumnis muss die unrichtige Belehrung nicht ursächlich gewesen sein (BFH 17.8.2023 – III R 26/22, BStBl. II 2024, 94; BFH 12.3.2015 – III R 14/14, BStBl. II 2015, 850; BFH 10.11.2016 – X B 85/16, BFH/NV 2017, 261; BFH 14.4.2016 – III B 108/15, BFH/NV 2016, 1250; BFH 26.5.2010 – VIII B 228/09, BFH/NV 2010, 2080; BFH 9.11.2009 – IV B 54/09, BFH/NV 2010, 448).

19 Enthält eine Rechtsbehelfsbelehrung **weitergehende Angaben,** die über die Mindestangaben des § 356 I hinausgehen, so müssen für eine ordnungsgemäße Rechtsbehelfsbelehrung diese ebenfalls richtig, vollständig und unmissverständlich sein (BFH 6.7.2016 – XI B 36/16, BStBl. II 2016, 863; BFH 12.3.2015 – III R 14/14, BStBl. II 2015, 850; BFH 26.5.2010 – VIII B 228/09, BFH/NV 2010, 2080). Ob dies der Fall ist, bestimmt sich, wie auch bei den Mindestangaben iSd § 356 I, nach dem objektiven Verständnishorizont (BFH 14.4.2016 – III B 108/15, BFH/NV 2016, 1250). Sind die weitergehenden (nicht erforderlichen) Angaben in der Rechtsbehelfsbelehrung fehlerhaft, nicht vollständig und/oder missverständlich, ist die Einlegung des Einspruchs gem. § 356 II noch innerhalb eines Jahres seit der Bekanntgabe des Bescheids zulässig (BFH 12.3.2015 – III R 14/14, BStBl. II 2015, 850).

20 **Einzelfälle.** In Anwendung der vorstehenden Grundsätze ist eine Rechtsbehelfsbelehrung hinsichtlich weitergehender (nicht erforderlicher) Angaben unrichtig iSd § 356 II 1,

– wenn es bei einer **Übermittlung des Bescheids im Inland durch die Post** zum Beginn der Einspruchsfrist ergänzend lediglich heißt, bei Zusendung durch einfachen Brief oder Zustellung durch eingeschriebenen Brief gelte die Bekanntgabe einen Monat nach Aufgabe zur Post als bewirkt, obwohl bei einer Übermittlung des Bescheids durch die Post im Inland der Bescheid gem. § 122 II Nr. 1 bereits am vierten Tag (bis zum 31.12.2024: am dritten Tag; s. Art. 97 § 1 XV EGAO) nach der Aufgabe zur Post als bekannt gegeben gilt; ohne Bedeutung für die Unrichtigkeit der Rechtsbehelfsbelehrung ist, dass damit zugunsten des Stpfl. statt der gesetzlich vorgeschriebenen Frist eine zu lange Frist angegeben wird (BFH 12.3.2015 – III R 14/14, BStBl. II 2015, 850);
– wenn sie die Aussage enthält, dass der **Tag der Aufgabe zur Post** dem Datum des Bescheids entspricht; diese Aussage ist sachlich unzutreffend und bei objektivem Verständnis geeignet, die Fristwahrung zu gefährden, da das Datum des Bescheids und der Tag der Aufgabe zur Post nicht in jedem Fall identisch sein müssen (BFH 26.5.2010 – VIII B 228/09, BFH/NV 2010, 2080; → Rn. 14).

Eine Rechtsbehelfsbelehrung, wonach der Bescheid mit dem Einspruch angefochten werden kann, wird jedoch nicht dadurch unrichtig, dass es anschließend im Hinblick auf die **Regelungen des § 365 III AO und des § 68 FGO** weiter heißt, dass der Einspruch jedoch ausgeschlossen sei, soweit der Bescheid einen VA ändert oder ersetzt, gegen den ein zulässiger Einspruch oder (nach einem zulässigen Einspruch) eine zulässige Klage, Revision oder Nichtzulassungsbeschwerde anhängig ist, da in diesem Fall der neue VA Gegenstand des Rechtsbehelfsverfahrens wird (BFH 6.7.2016 – XI B 36/16, BStBl. II 2016, 863).

21 Die **Jahresfrist** des § 356 II 1 beginnt mit der Bekanntgabe des VA; sie ist als gesetzliche Frist nicht verlängerbar (→ § 109 Rn. 7). Bei Versäumung der Jahresfrist kommt ggf. gem. § 356 II 2 Wiedereinsetzung in den vorigen Stand (§ 110) in Betracht (→ Rn. 22).

Unbefristete Einspruchsmöglichkeit (§ 358 II 1); höhere Gewalt (§ 356 II 2). Die Jahresfrist des § 356 II 1 greift ausnahmsweise nicht ein, wenn 22

- die Einspruchseinlegung infolge **höherer Gewalt** unmöglich war (zum Begriff der höheren Gewalt → § 110 Rn. 99 f.). In diesem Fall gilt § 110 II sinngemäß, § 356 II 2. Der Einspruch muss daher innerhalb eines Monats nach Wegfall des die höhere Gewalt begründenden Ereignisses eingelegt werden;
- die **schriftliche oder elektronische Rechtsbehelfsbelehrung** unrichtig dahingehend erfolgt war, dass ein **Einspruch nicht gegeben** ist. In diesem Fall kann unbefristet Einspruch eingelegt werden; allerdings soll uU eine Verwirkung des Einspruchsrechts möglich sein (BFH 9.2.1966 – I 181/64, BStBl. III 1966, 330).

Kostenfolgen im finanzgerichtlichen Verfahren. Wird ein Stpfl. durch eine fehlerhafte Rechtsbehelfsbelehrung zur Einlegung einer unzulässigen Klage veranlasst, hat die FB gem. § 137 S. 2 FGO die Kosten des Verfahrens zu tragen (FG Baden-Württemberg 9.8.2011 – 2 K 1648/11, EFG 2012, 344; FG Schleswig-Holstein 12.5.1999 – III 1547/98, EFG 1999, 788). 23

§ 357 Einlegung des Einspruchs

(1) [1]**Der Einspruch ist schriftlich oder elektronisch einzureichen oder zur Niederschrift zu erklären.** [2]**Es genügt, wenn aus dem Einspruch hervorgeht, wer ihn eingelegt hat.** [3]**Unrichtige Bezeichnung des Einspruchs schadet nicht.**

(2) [1]**Der Einspruch ist bei der Behörde anzubringen, deren Verwaltungsakt angefochten wird oder bei der ein Antrag auf Erlass eines Verwaltungsakts gestellt worden ist.** [2]**Ein Einspruch, der sich gegen die Feststellung von Besteuerungsgrundlagen oder gegen die Festsetzung eines Steuermessbetrags richtet, kann auch bei der zur Erteilung des Steuerbescheids zuständigen Behörde angebracht werden.** [3]**Ein Einspruch, der sich gegen einen Verwaltungsakt richtet, den eine Behörde auf Grund gesetzlicher Vorschrift für die zuständige Finanzbehörde erlassen hat, kann auch bei der zuständigen Finanzbehörde angebracht werden.** [4]**Die schriftliche oder elektronische Anbringung bei einer anderen Behörde ist unschädlich, wenn der Einspruch vor Ablauf der Einspruchsfrist einer der Behörden übermittelt wird, bei der er nach den Sätzen 1 bis 3 angebracht werden kann.**

(3) [1]**Bei der Einlegung soll der Verwaltungsakt bezeichnet werden, gegen den der Einspruch gerichtet ist.** [2]**Es soll angegeben werden, inwieweit der Verwaltungsakt angefochten und seine Aufhebung beantragt wird.** [3]**Ferner sollen die Tatsachen, die zur Begründung dienen, und die Beweismittel angeführt werden.**

Schrifttum: Bergan/Martin, Einspruch mittels E-Mail ohne qualifizierte elektronische Signatur? – Anmerkung zum Urteil des Hessischen FG vom 2.7.2014 – 8 K 1658/13, DStR 2014, 2433; Nöcker, Neues und Bekanntes zum E-Mail-Einspruch – Analyse der Rechtslage vor und nach der Änderung des § 357 Abs. 1 S. 1 AO, AO-StB 2016, 112; Hillebrand/Süß, Reichweite und Grenzen des Einspruchs gegen einen „Bescheid", DStR 2020, 1241; Adam, Zur Auslegung des Begriffs der Übermittlung iSd § 357 Abs. 2 S. 4 AO, DStR 2021, 2039.

Übersicht

I. Allgemeines

1 **Regelungsgegenstand. § 357 I** regelt die an einen Einspruch zwingend zu stellenden formellen Mindestanforderungen. Die für die Einspruchseinlegung zuständige FB ergibt sich aus **§ 357 II.** Die Sollvorschrift des **§ 357 III** enthält Vorgaben für Inhalt und Begründung des Einspruchs. Die in § 357 für die Einspruchseinlegung verwendeten unterschiedlichen Begriffe „einlegen", „anbringen" und „einreichen" sind bedeutungsgleich.

Durch das GrenzpendlerG (BGBl. 1994 I 1395) wurde § 357 redaktionell an die Einführung des Einspruchs als einheitlichen Rechtsbehelf angepasst (→ Vor §§ 347 ff. Rn. 1); zudem wurden § 357 II 3 eingefügt und § 357 II 4 aF gestrichen. Darüber hinaus ist § 357 mit Wirkung zum 1.8.2013 durch das G zur Förderung der elektronischen Verwaltung sowie zur Änderung weiterer Vorschriften v. 25.7.2013 (BGBl. 2013 I 2749) klarstellend ergänzt worden und berücksichtigt nunmehr in Abs. 1 S. 1 und in Abs. 2 S. 4 auch die Möglichkeit der elektronischen Einspruchseinlegung (BT-Drs. 17/11473, 52). Mit dem G zur Modernisierung des Besteuerungsverfahrens v. 18.7.2016 (BGBl. 2016 I 1679) ist § 357 I 3 aF, wonach die Einlegung eines Einspruchs auch durch Telegramm zulässig war, mit Wirkung zum 1.1.2017 aufgehoben worden, da Telegramme in der Verwaltungspraxis keine praktische Bedeutung mehr haben; eine Rechtsänderung ist hiermit jedoch nicht verbunden, da § 357 I 3 aF ohnehin nur klarstellende Bedeutung hatte (BR-Drs. 631/15, 110); der bisherige S. 4 des § 357 I wurde somit zum S. 3 der Regelung.

2 **Regelungszweck.** Im Interesse der Rechtssicherheit und der prozessualen Klarheit verlangt § 357 I für die Einlegung eines Einspruchs eine eindeutige Erklärung; damit sollen Missverständnisse und Auslegungsschwierigkeiten vermieden werden (BFH 5.3.1987 – VII R 29/84, BStBl. II 1987, 413). Zu den zwingenden Erfordernissen einer wirksamen Einspruchseinlegung gehören die Erkennbarkeit eines Einspruchsbegehrens, die Individualisierbarkeit des Einspruchsführers sowie die Wahrung der Schriftform oder der elektronischen Form, sofern der Einspruch nicht zur Niederschrift erklärt wird. § 357 I gewährleistet die weitgehend formfreie Einleitung des Einspruchsverfahrens (TK § 357 Rn. 1). Sind die Mindestanforderungen des § 367 I erfüllt, sollen Entscheidungen zur Sache so wenig wie nur möglich an fehlenden formellen Voraussetzungen scheitern (BFH 10.7.1964 – III 120/61 U, BStBl. III 1964, 590; s. auch BVerfG 2.9.2002 – 1 BvR 476/01, BStBl. II 2002, 835; BVerfG 31.7.2001 – 1 BvR 1061/00, DVBl. 2001, 1747).

II. Form des Einspruchs (Abs. 1)

3 § 357 I normiert Mindestanforderungen, die bei der Einlegung eines Einspruchs vom Einspruchsführer zwingend zu beachten sind. Abs. 1 bestimmt dabei in erster Linie, in welcher Form der Einspruch einzulegen ist. Ferner ordnet § 357 I 2 an, dass der Einspruchsführer aus dem Einspruch zumindest identifizierbar sein muss.

1. Einspruchseinlegung; Auslegung des Einspruchsbegehrens

4 **Einspruch als verfahrensrechtliche Willenserklärung.** Der Einspruch ist, vergleichbar einer Prozesshandlung, eine Verfahrenshandlung, die als empfangsbedürftige Willenserklärung entspr. § 130 BGB das Einspruchsverfahren einleitet. Der Einspruchsschrift muss eindeutig und klar entnommen werden können, dass die Überprüfung eines den Einspruchsführer beschwerenden VA im Einspruchsverfahren begehrt wird. Das Einspruchsschreiben muss nicht ausdrücklich als „Einspruch" bezeichnet werden. Eine Be-

zeichnung ist entbehrlich, sofern nur hinreichend deutlich wird, dass der Einspruchsführer mit einem VA oder dessen Unterlassung nicht einverstanden ist und eine Überprüfung durch das FA begehrt (FG Münster 26.5.1999 – 10 K 4934/98 Kg, EFG 1999, 1266; TK § 357 Rn. 4). Unschädlich ist erst recht gem. § 357 I 4 die unrichtige Bezeichnung des Rechtsbehelfs.

Die bloße **Ankündigung** eines Einspruchs ohne Geltendmachung einer Beschwer iSd § 350 ist noch keine Einspruchseinlegung (BFH 10.1.1958 – III 342/57 U, BStBl. III 1958, 119). Ebenso fehlt es an der Einspruchseinlegung bei bloßer **Zahlung** einer Steuer **unter Vorbehalt** (BFH 20.2.1962 – I 150/60 S, BStBl. III 1962, 422). Bei wiederholter Einspruchseinlegung gegen denselben Bescheid sind nicht mehrere, sondern nur ein einziges Einspruchsverfahren anhängig (BFH 9.12.2009 – II R 52/07, BFH/NV 2010, 824).

Aus Gründen der Rechtsklarheit kann der Einspruch nicht von einer **Bedingung** im Rechtssinne, dh von einem zukünftigen ungewissen Ereignis abhängig gemacht werden; so kann zB ein Einspruch nicht nur für den Fall eingelegt werden, dass das FA einem Antrag auf schlichte Änderung gem. § 172 I 1 Nr. 2 Buchst. a nicht entspricht. Ein Verstoß hiergegen führt zur Unwirksamkeit des Einspruchs (TK § 357 Rn. 2; ebenso für eine bedingte Klageerhebung Gräber FGO § 40 Rn. 4). Zulässig ist hingegen ein unbedingt, lediglich **vorsorglich** eingelegter Einspruch, da hierdurch nur eine mögliche Rücknahme, zB nach Prüfung des Bescheids, in Aussicht gestellt wird. Aus Gründen der Rechtsklarheit ist auch der **Widerruf** eines Einspruchs sowie seine **Anfechtung wegen Irrtums** ausgeschlossen; der Einspruch kann lediglich gem. § 362 zurückgenommen werden. 5

Auslegung des Einspruchsbegehrens. Als verfahrenseinleitende Willenserklärung ist der Einspruch auslegungsfähig, insb. bei Zweifeln oder Unklarheiten an der Zielrichtung des Begehrens oder hinsichtlich der Person des Einspruchsführers und der Bestimmung des angefochtenen VA. 6

Die Auslegung von Einspruchserklärungen erfolgt, ebenso wie Prozesserklärungen (dazu Gräber FGO Vor § 33 Rn. 40 ff.; Gräber FGO § 65 Rn. 10 ff.), nach den sich aus §§ 133, 157 BGB ergebenden Rechtsgrundsätzen (BFH 12.10.2023 – V R 42/21, BFH/NV 2024, 369; BFH 14.6.2016 – IX R 11/15, BFH/NV 2016, 1676). Entscheidend ist, wie die FB nach den ihr bekannten oder vernünftigerweise erkennbaren Umständen tatsächlicher oder rechtlicher Art den **objektiven Erklärungswert** des Einspruchsschreibens verstehen musste (BFH 10.4.2001 – V B 116/00, BFH/NV 2001, 1220; BFH 13.11.1998 – VII B 236/98, BFH/NV 1999, 591). Die Auslegung hat in diesem Rahmen den **wirklichen Willen** des Stpfl. anhand seiner Erklärung zu ermitteln und die Zielrichtung seines Begehrens verständig zu würdigen (BFH 15.12.2021 – III R 34/20, BFH/NV 2022, 705; BFH 2.7.2021 – V B 14/20, BFH/NV 2021, 1520; BFH 14.6.2016 – IX R 11/15, BFH/NV 2016, 1676). Sie darf nicht an dem buchstäblichen Wortsinn der Erklärung haften bleiben. Bei der Auslegung eines Einspruchs kann auch auf Umstände zurückgegriffen werden, die außerhalb der auszulegenden Erklärung liegen, aber Rückschlüsse auf den erklärten Willen zulassen (BFH 15.12.2021 – III R 34/20, BFH/NV 2022, 705; BFH 2.7.2021 – V B 14/20, BFH/NV 2021, 1520). Bei der Erforschung des wirklichen Willens des Stpfl. ist die FB jedoch nicht auf die Umstände beschränkt, die bei der Einlegung des Einspruchs zutage treten; vielmehr ist es im Hinblick auf den Grundsatz der rechtsschutzgewährenden Auslegung ohne Bedeutung, wenn die Konkretisierung eines auslegungsbedürftigen Rechtsschutzbegehrens erst nachträglich (innerhalb oder sogar außerhalb der Einspruchsfrist) erfolgt (BFH 29.10.2019 – IX R 4/19, BStBl. II 2020, 368; BFH 15.12.2021 – III R 34/20, BFH/NV 2022, 705). Bei nachträglich eingereichten Begründungen ist vielmehr stets anhand objektiver Umstände zu prüfen, ob der Stpfl. die Anfechtung eines bestimmten VA bereits bei Erhebung des Einspruchs in seinen Willen aufgenommen hatte oder ob sich dieser Wille erst nachträglich gebildet hat. Spätere Erklärungen können damit insofern bei der Auslegung herangezogen werden, soweit sie einen Schluss auf den ursprünglichen Willen des Einspruchsführers zulassen (BFH 29.10.2019 – IX R 4/19, BStBl. II 2020, 368). Ohne Bedeutung für die Auslegung eines Einspruchsschreibens ist es dagegen, wie die FB die Erklärung ursprünglich tatsächlich verstanden hat. Zugunsten des Rechtsbehelfsführers sind unklare Erklärungen iSd sog. **Meistbegünstigungsgrundsatzes** so auszulegen, dass im Zweifel derjenige Rechtsbehelf als eingelegt anzusehen ist, der nach Lage der Sache in Betracht kommt, und sachlich den recht verstandenen Belangen des Stpfl. entspricht, um zu dem erkennbar angestrebten Erfolg zu kommen (BFH 12.10.2023 – V R 42/21, BFH/NV 2024, 369; BFH 14.6.2016 – IX R 11/15, BFH/NV 2016, 1676; BFH 19.8.2013 – X R 44/11, BStBl. II 2014, 234; BFH 8.5.2008 – VI R 12/05, BStBl. II 2009, 116; BFH 11.2.2009 – X R 51/06, BStBl. II 2009, 892; BFH 18.1.2007 – IV R 35/04, BFH/NV 2007, 1509; BFH 6.7.2005 – XI B 45/03, BFH/NV 2005, 2029; BFH 1.7.2003 – IX B 208/02, BFH/NV 2003, 1534; BFH 29.10.1998 – XI R 25/98, BFH/NV 1999, 633; BFH 11.9.1986 – IV R 11/83, BStBl. II 1987, 5). Insb. ist bei ungewissem Willen zur Rechtsbehelfseinlegung von einem Rechtsbehelf auszugehen, um zugunsten des Stpfl. den Eintritt der Bestandskraft zu verhindern (BFH 24.6.2008 – IX R 64/06, BFH/NV 2008, 1676; BFH 26.10.2004 – IX R 23/04, BFH/NV 2005, 325). An die Bezeichnung des Einspruchsführers können keine höheren Anforderungen gestellt werden als an die Angabe des Adressaten in dem angefochtenen VA (BFH 24.4.2007 – I R 33/06, BFH/NV 2007, 2236). Die Behandlung einer Erklärung als förmlichen Rechtsbehelf ist der Auslegung im Sinne eines nichtförmlichen Rechtsbehelfs, wie zB Gegenvorstellung oder Dienstaufsichtsbeschwerde, vorzuziehen (→ Vor § 347 Rn. 16 ff.). Zweifel oder Unklarheiten am Gewollten sind ggf. durch **Rückfrage** beim Einspruchsführer aufzuklären (BFH 14.6.2016 – IX R 11/15, BFH/NV 2016, 1676; BFH 19.6.1997 – IV R 51/96, BFH/NV 1998, 6; TK § 357 Rn. 6). Diese Auslegungsgrundsätze gelten grds. auch für **Erklärungen rechtskundiger Personen** (BFH 15.12.2021 – III R 34/20, BFH/NV 2022, 705; BFH 14.6.2016 – IX R 11/15, BFH/NV 2016, 1676; BFH 3.11.2010 – II B 55/10, BFH/NV 2011, 295; BFH 18.1.2007 – IV R 35/04, BFH/NV 2007, 1509; BFH 6.7.2005 – XI B 45/03, BFH/NV 2005, 2029; BFH 31.10.2000 – VIII R 47/98, BFH/NV 2001, 589).

7 Verfassungsrechtliche Grundlage einer solchen **rechtsschutzgewährenden Auslegung** eines Einspruchsschreibens (BFH 24.8.2006 – XI B 149/05, BFH/NV 2006, 2035; BFH 6.7.2005 – XI B 45/03, BFH/NV 2005, 2029) ist Art. 19 IV GG. Art. 19 IV GG gebietet eine Auslegung und Anwendung der die Einlegung von Rechtsbehelfen regelnden Vorschriften, die die Beschreitung des eröffneten Rechtswegs nicht in unzumutbarer, aus Sachgründen nicht mehr zu rechtfertigender Weise erschwert (BVerfG 2.9.2002 – 1 BvR 476/01, BStBl. II 2002, 835; BVerfG 31.7.2001 – 1 BvR 1061/00, DVBl. 2001, 1747; BFH 24.8.2004 – VIII R 7/04, BFH/NV 2005, 11). Eine übermäßig strenge Auslegung von Äußerungen eines Stpfl., die bei sachgerechter Auslegung als Rechtsmitteleinlegung aufzufassen sind, ist damit ausgeschlossen (BFH 27.2.2003 – V R 87/01, BStBl. II 2003, 505). Vor allem gibt es kein Verbot „erfolgsorientierter" Auslegung von Willenserklärungen zugunsten eines Beteiligten (BVerwG 12.12.2001 – 8 C 17/01, NJW 2002, 1137). Diese Grundsätze gelten insb. dann, wenn mangels eindeutiger und zweifelsfreier Kennzeichnung des angefochtenen VA der konkret angegriffene VA im Auslegungswege zu ermitteln ist (BFH 21.9.2000 – IV R 54/99, BStBl. II 2001, 178).

8 Die Auslegung nach vorstehenden Grundsätzen kommt allerdings nur in Betracht, wenn die **Erklärung auslegungsbedürftig und -fähig** ist. Daran fehlt es, wenn die Erklärung nach Wortlaut und Zweck einen eindeutigen und zweifelsfreien Inhalt hinsichtlich des wirklich Gewollten hat (BFH 14.6.2016 – IX R 11/15, BFH/NV 2016, 1676; BFH 15.12.1998 – I B 45/98, BFH/NV 1999, 751; BFH 28.11.2001 – I R 93/00, BFH/NV 2002, 613). Der wesentliche Inhalt der Einspruchserklärung muss sich zumindest andeutungsweise aus dem schriftlich Erklärten ergeben. Die Auslegung darf nicht zu einem Erklärungsinhalt führen, für den sich in der verkörperten Erklärung selbst keine Anhaltspunkte finden lassen (BFH 12.10.2023 – V R 42/21, BFH/NV 2024, 369; BFH 26.4.2006 – II R 35/06, BFH/NV 2006, 1800; BFH 28.11.2001 – I R 93/00, BFH/NV 2002, 613). Eine derartige Korrektur der Erklärung kann auch mit dem Grundsatz der rechtsschutz-

gewährenden Auslegung nicht gerechtfertigt werden (BFH 15.2.2023 – VI R 13/21, BStBl. II 2024, 175).

Ist einer Erklärung auch im Auslegungswege nichts für eine Einspruchseinlegung zu entnehmen, kann sie allenfalls als Antrag auf Rücknahme oder Widerruf (§§ 130, 131) oder als Antrag auf schlichte Änderung (§ 172 I Nr. 2 Buchst. a) oder als nichtförmlicher Rechtsbehelf zu behandeln sein. Ebenso scheidet die auslegungsweise Erstreckung des Einspruchs auf anderweitige VA aus, wenn die Einspruchsschrift den angefochtenen VA genau bezeichnet (→ Rn. 29 f.). Wird dem FA nach Ergehen eines Schätzungsbescheids während der Einspruchsfrist kommentarlos die StErklärung übersandt, ist dies idR als Einspruch gegen den Schätzungsbescheid und nicht nur als Antrag auf schlichte Änderung iSd § 172 I Nr. 2 Buchst. a zu werten (BFH 27.2.2003 – V R 87/01, BStBl. II 2003, 505). Eine eindeutige Erklärung des Einspruchsführers über das Gewollte bereits bei Übersendung der StErklärung ist gleichwohl zu empfehlen. 9

Der Meistbegünstigungsgrundsatz lässt grds. auch die **Umdeutung** einer Einspruchserklärung entgegen ihrem Wortlaut zu, soweit ein entsprechender tatsächlicher Wille des Erklärenden erkennbar ist (BFH 23.11.1978 – I R 56/76, BStBl. II 1979, 173; BFH 24.8.2004 – VIII R 7/04, BFH/NV 2005, 11; TK § 357 Rn. 7). Es ist jedoch ein Gebot der Rechtssicherheit, Rechtskundige wie Angehörige der steuerberatenden Berufe (§ 3 StBerG) mit ihren Verfahrenserklärungen beim Wort zu nehmen; denn bei diesen Personen kann davon ausgegangen werden, dass sie sich über die rechtliche Tragweite ihrer Erklärungen im Klaren sind und das Erklärte auch tatsächlich gewollt haben (BFH 14.6.2016 – IX R 11/15, BFH/NV 2016, 1676; BFH 26.4.2006 – II R 35/06, BFH/NV 2006, 1800; BFH 29.7.1986 – IX R 123/82, BFH/NV 1987, 359; aA FG Münster 12.1.2023 – 8 K 1080/21, EFG 2023, 382, Rev. VII R 7/23 für eine „sinnlose" Erklärung eines Rechtsanwalts). 10

Rechtsschutzfragen. Die Auslegung des Einspruchs ist grds. Gegenstand der vom FG zu treffenden tatsächlichen Feststellungen, an die der BFH als Revisionsgericht gem. § 118 II FGO gebunden ist, soweit keine zulässigen und begründeten Revisionsrügen erhoben werden. Der BFH kann die Auslegung durch das FG grds. nur daraufhin überprüfen, ob das FG die gesetzlichen Auslegungsregeln beachtet und nicht gegen Denkgesetze und Erfahrungssätze verstoßen hat (BFH 29.10.2019 – IX R 4/19, BStBl. II 2020, 368; BFH 14.6.2016 – IX R 11/15, BFH/NV 2016, 1676). Ausnahmsweise darf der BFH die erforderliche Auslegung jedoch selbst vornehmen, wenn das FG sowohl den vollständigen Inhalt der Erklärung als auch die maßgebenden Begleitumstände bereits festgestellt hat (BFH 19.8.2013 – X R 44/11, BFH/NV 2014, 1). Revisionsrechtlich in vollem Umfang nachprüfbar ist jedoch, ob der Einspruch überhaupt auslegungsbedürftig ist (BFH 29.10.2019 – IX R 4/19, BStBl. II 2020, 368; BFH 14.6.2016 – IX R 11/15, BFH/NV 2016, 1676). 11

Sprungklage. § 45 I 1 FGO eröffnet die Möglichkeit, Anfechtungs- oder Verpflichtungsklagen ohne Durchführung eines Vorverfahrens mit Zustimmung der FB als sog. Sprungklage zu erheben. Gibt das FG die Klage gem. § 45 II FGO zur weiteren Sachaufklärung an die zuständige FB ab oder stimmt die FB der Sprungklage nicht zu, ist die Sprungklage gem. § 45 III als Einspruch zu behandeln. Die Klageerhebung ersetzt hier die Einspruchseinlegung; für die Wahrung der Einspruchsfrist ist der Tag des Klageeingangs maßgebend. Zur Behandlung eines Nebeneinanders von Einspruch und einer gleichzeitig erhobenen Sprungklage → § 358 Rn. 4. Keine Sprungklage, sondern allenfalls eine Untätigkeitsklage iSd § 46 FGO, liegt in dem Klagevorbringen, es sei einem Einspruchsbegehren durch Erlass eines Änderungsbescheids noch nicht entsprochen worden (BFH 4.8.2005 – II B 80/04, BFH/NV 2006, 74). 12

2. Schriftlichkeit des Einspruchs (Abs. 1 S. 1)

13 Der Einspruch ist schriftlich, elektronisch oder zur Niederschrift zu erklären, § 357 I 1. Diese Regelung gilt auch für mündliche VA (BFH 5.3.1987 – VII R 29/84, BStBl. II 1987, 413).

Schriftlichkeit ist gegeben, wenn der Einspruch in einem vom Einspruchsführer herrührenden Schriftstück verkörpert ist. Eingelegt werden kann der Einspruch auch mittels **Telex/Telekopie** (BFH 10.3.1982 – I R 91/81, BStBl. II 1982, 573), **Telefax** (BFH 26.3.1991 – VIII B 83/90, BStBl. II 1991, 463; AEAO zu § 357 Nr. 1), **Computerfax** (AEAO zu 357 Nr. 1; s. auch GmS-OBG 5.4.2000 – GmS-OBG 1/98, NJW 2000, 2340; BFH 22.6.2010 – VIII R 38/08, BStBl. II 2010, 1017; BFH 11.11.1997 – VII B 108/97, BFH/NV 1998, 604) oder **Fernschreiben.** Ebenfalls zulässig ist die Einspruchseinlegung durch **Telegramm,** wobei die fernmündliche Telegrammaufgabe genügt (BFH 26.3.1991 – VIII B 83/90, BStBl. II 1991, 463; → Rn. 1).

Möglich ist nach der Neufassung des § 357 I 1 durch das G zur Förderung der elektronischen Verwaltung sowie zur Änderung weiterer Vorschriften v. 25.7.2013 (BGBl. 2013 I 2749) auch die **elektronische Einlegung** des Einspruchs unter der Voraussetzung einer Zugangseröffnung gem. § 87a I 1 (→ Rn. 1); ein elektronisch erhobener Einspruch bedarf abw. von § 87a III 2 keiner qualifizierten elektronischen Signatur (BFH 13.5.2015 – III R 26/14, BStBl. II 2015, 790; AEAO zu § 357 Nr. 1; BT-Drs. 17/11473, 52), sodass ein Einspruch auch mit einer einfachen **E-Mail** erhoben werden kann (BFH 17.8.2023 – III R 26/22, BStBl. II 2024, 94; Bergan/Martin DStR 2014, 2433); zudem kann ein Einspruch auch über das **ELSTER-Online-Portal** der FVerw. oder über **DATEV** elektronisch eingelegt werden. Eine Rechtsänderung ist mit der Neufassung des § 357 I 1 allerdings nicht verbunden. Bereits AEAO zu § 357 aF Nr. 1 sah vor, dass ein Einspruch auch elektronisch ohne qualifizierte Signatur eingelegt werden kann (s. auch BT-Drs. 17/11473, 52). Hat die FB einen Zugang für die Übermittlung elektronischer Dokumente gem. § 87a I 1 eröffnet, konnte daher auch schon nach der bis zum 31.7.2013 geltenden Fassung des § 357 I 1 ein Einspruch mit einfacher E-Mail eingelegt werden (BFH 13.5.2015 – III R 26/14, BStBl. II 2015, 790).

Ein nur **mündlich,** wie auch ein nur **fernmündlich,** erklärter Einspruch ist dagegen unzulässig (BFH 11.8.1971 – VIII 7/65, BStBl. II 1972, 2; BFH 10.7.1964 – III 120/61 U, BStBl. III 1964, 590; FG Münster 28.4.2014 – 6 K 1015/13 Kg, EFG 2015, 2; FG München 12.10.1999 – 2 K 3099/97, EFG 2000, 245). Allerdings kann ein nur mündlich oder telefonisch eingelegter Einspruch uU als Antrag auf schlichte Änderung gem. § 172 I 1 Nr. 2 Buchst. a ausgelegt werden (TK § 357 Rn. 9).

14 Eine Unterform der Schriftlichkeit ist die durch Abs. 1 S. 1 zugelassene Erklärung des Einspruchs zur **Niederschrift.** In diesem Fall bezeugt das vom jeweiligen Amtsträger aufgenommene Protokoll die vom Einspruchsführer abgegebene mündliche Erklärung. Der Einspruch wird mit der Aufnahme durch den Amtsträger rechtswirksam (BFH 11.8.1971 – VIII 7/65, BStBl. II 1972, 2). Die fernmündliche Einlegung eines Einspruchs im Wege der Erklärung zur Niederschrift ist allerdings nicht zulässig (BFH 10.7.1964 – III 120/61 U, BStBl. III 1964, 590). Ratsam ist die Erklärung zur Niederschrift bei einem Amtsträger der Einlegungsbehörde iSd Abs. 2 S. 1–3; bei der Niederschrift durch Amtsträger anderer Behörden gilt Abs. 2 S. 4. Gibt ein in Verfahrensfragen unerfahrener Stpfl. gegenüber der FB zu erkennen, dass er mit einem VA nicht einverstanden ist, sollte die FB im Rahmen ihrer Fürsorgepflicht gem. § 89 I iVm § 365 I die Niederschrift eines Einspruchs aufnehmen oder zumindest auf die Form der Einspruchseinlegung (§ 351 I 1) hinweisen (TK § 357 Rn. 10). Die Tatsache der Einspruchseinlegung zur Niederschrift ist im Bestreitensfalle vom Einspruchsführer substantiiert darzulegen; er trägt insoweit die Feststellungslast (FG Münster 26.5.1999 – 10 K 4934/98 Kg, EFG 1999, 1266). Die schuldhaft unterlassene Protokollierung eines zur Niederschrift erklärten Einspruchs vermag die schriftliche Einspruchseinlegung nicht zu ersetzen; ggf. ist jedoch Wiedereinset-

zung in den vorigen Stand (§ 110) zu gewähren (BFH 6.10.1993 – X B 85–86/93, BFH/NV 1994, 680). Bei mündlicher Einspruchseinlegung durch einen Angehörigen der steuerberatenden Berufe (§ 3 StBerG) dürfte jedoch wegen des vorauszusetzenden Wissens um die schriftliche oder elektronische Einspruchseinlegung ein Verschulden vorliegen (BFH 28.10.1988 – III R 204/83, BFH/NV 1989, 547).

Der Einspruch ist in **deutscher Sprache** einzulegen, § 87 I. Der Einspruch in einer fremden Sprache wahrt jedoch die Einspruchsfrist und die Form des § 357 I 1, sofern die FB dies akzeptiert (AEAO zu § 87 Nr. 1). Allerdings kann die FB gem. § 87 II 1 nach pflichtgemäßem Ermessen die Vorlage einer Übersetzung innerhalb einer angemessenen Frist verlangen. Verlangt die FB eine Übersetzung, gilt nach § 87 IV 1 die Erklärung als zum Zeitpunkt ihres Eingangs bei der FB nur dann als abgegeben, wenn der Stpfl. innerhalb der ihm gesetzten Frist eine Übersetzung vorlegt; andernfalls ist gem. § 87 IV 2 der Zeitpunkt des Eingangs der Übersetzung maßgebend, soweit sich nicht aus zwischenstaatlichen Vereinbarungen etwas anderes ergibt. 15

Der Einspruch bedarf nach dem klaren Wortlaut des § 357 I 2 („es genügt") **keiner Unterschrift** (BFH 30.10.1997 – III R 27/93, BFH/NV 1998, 942; FG Saarland 7.5.1992 – 2 K 129/88, EFG 1992, 712). Erst recht ist es unschädlich, wenn das Schriftstück eine Kopie (Durchschrift) des Originals ist und/oder das Schriftstück lediglich einen Namensstempel oder ein Namenszeichen (Paraphe) enthält. Ausreichend und erforderlich ist nur, dass sich aus dem sonstigen Inhalt des Schriftstücks die Person des Einspruchsführers entnehmen lässt, § 357 I 2. 16

3. Angabe des Einspruchsführers (Abs. 1 S. 2)

Identifizierbarkeit des Einspruchsführers. Nach § 357 I 2 „genügt" es, wenn aus dem Einspruch hervorgeht, wer ihn eingelegt hat. Die entsprechende Angabe begründet die Beteiligtenstellung im Einspruchsverfahren (§ 359 Nr. 1). Zur Identifizierbarkeit des Einspruchsführers muss aus dem schriftlichen oder elektronischen Einspruch, wie auch aus der Niederschrift, hervorgehen, wer den Einspruch eingelegt hat. Ausreichend ist, wenn sich aus den Angaben des schriftlichen oder elektronischen Einspruchs (Briefkopf, Absender, angegebene StNummer) zweifelsfrei die Person des Einspruchsführers ermitteln lässt. Wird der Einspruchsführer erkennbar unrichtig bezeichnet, reicht es aus, wenn sich aus dem Inhalt der Einspruchserklärung die Person des Einspruchsführers bestimmen lässt (FG München 28.10.1999 – 3 K 1504/99, EFG 2000, 339). Die Umdeutung einer Einspruchserklärung hinsichtlich der Person des Erklärenden ist jedoch ausgeschlossen, da lediglich der Erklärungsinhalt umgedeutet werden kann (BFH 23.11.1978 – I R 56/76, BStBl. II 1979, 173). **Nach Ablauf der Rechtsbehelfsfrist** kann die Angabe des Einspruchsführers nicht nachgeholt oder aufgrund nachträglicher Umstände im Auslegungswege ermittelt werden (BFH 8.9.2000 – VII B 92/00, BFH/NV 2001, 605). 17

Mehrere Einspruchsführer. Betrifft ein VA mehrere Personen, ist bei Zweifeln durch Auslegung zu ermitteln, wer Einspruch eingelegt hat. Wird gegen einen VA, der an mehrere Personen adressiert ist, von deren **gemeinsamem Verfahrensbevollmächtigten** Einspruch eingelegt und dabei zur Bezeichnung der Einspruchsführer die im wesentlichen gleiche Adressatenbezeichnung wie in dem angegriffenen VA verwendet, so sind alle Adressaten des Bescheids als Einspruchsführer anzusehen, wenn sonst keine Anhaltspunkte dafür bestehen, dass der Einspruch nicht für alle eingelegt werden soll (BFH 7.9.1995 – III R 111/89, BFH/NV 1996, 521). 18

Bei **Ehegatten/Lebenspartnern** kann nicht ohne Weiteres davon ausgegangen werden, dass ein von einem Ehegatten/Lebenspartner eingelegter Einspruch auch für den anderen Ehegatten/Lebenspartner eingelegt wird. Vor allem in Fällen der **Zusammenveranlagung zur ESt** gem. § 26b EStG kann grds. jeder Ehegatte/Lebenspartner selbständig den ESt-Bescheid anfechten; von einem stillschweigend auch für den anderen Ehegatten/Lebenspartner eingelegten Einspruch kann daher auch dann nicht ausgegangen werden, wenn sich die Einspruchsbegründung des einen Ehegatten/Lebenspartners (auch) auf die

Einkünfte des anderen Ehegatten/Lebenspartners erstreckt (BFH 27.11.1984 – VIII R 73/82, BStBl. II 1985, 296; aA TK § 357 Rn. 13; Schwarz/Pahlke/Keß § 357 Rn. 23). Soll der von nur einem der Ehegatten/Lebenspartner eingelegte Einspruch auch für den anderen gelten, muss der den Einspruch einlegende Ehegatte/Lebenspartner klar und unmissverständlich zum Ausdruck bringen, auch für den anderen Ehegatten/Lebenspartner zu handeln (BFH 16.6.2020 – VIII R 9/18, BStBl. II 2020, 845; BFH 17.7.2013 – X R 28/13, BFH/NV 2014, 351; BFH 22.8.2012 – X R 27/12, BFH/NV 2013, 560; BFH 20.12.2006 – X R 38/05, BStBl. II 2007, 823; BFH 20.12.2012 – III R 59/12, BFH/NV 2013, 709; BFH 26.4.2006 – II R 35/06, BFH/NV 2006, 1800). Dafür reicht es zB aus, wenn die Ehefrau das Einspruchsschreiben ihres Ehemanns gemeinsam mit ihm unterzeichnet (FG Saarland 21.8.1997 – 1 K 279/95, EFG 1998, 221). Dagegen liegt nur der Einspruch eines Ehegatten vor, wenn der ESt-Bescheid in je einer Ausfertigung den Ehegatten bekanntgegeben worden ist und dem Einspruchsschreiben eines Ehegatten undifferenziert die Bezeichnung „Frau/Herr" vorangestellt ist (BFH 19.12.1995 – III R 64/90, BFH/NV 1996, 729).

19 Hat **ein Ehegatte/Lebenspartner nur** für **seine** Person Einspruch eingelegt, ist der andere Ehegatte/Lebenspartner nicht gem. § 360 III 1 notwendig zum Einspruchsverfahren hinzuzuziehen (→ § 360 Rn. 22). Erklärt der Einspruchsführer erst nach Ablauf der Einspruchsfrist, den Einspruch auch für den anderen Ehegatten/Lebenspartner eingelegt zu haben, muss gleichzeitig für den anderen Ehegatten Wiedereinsetzung in die versäumte Einspruchsfrist gem. § 110 II beantragt werden, um den Einspruch für den anderen Ehegatten/Lebenspartner wirksam werden zu lassen (FG Baden-Württemberg 26.8.1987 – XIII K 153/87, EFG 1987, 599; aA Schwarz/Pahlke/Keß § 357 Rn. 23).

20 Legt ein **Gesellschafter einer GbR** eindeutig nur in seinem Namen Einspruch gegen einen an die GbR gerichteten Bescheid ein, wie zB gegen einen USt-Bescheid, kann dieser nicht als Einspruch der GbR behandelt werden (BFH 10.4.2001 – V B 116/00, BFH/NV 2001, 1220; → § 350 Rn. 15). Ergehen gegenüber einer **GmbH als Rechtsnachfolgerin einer nicht mehr existenten KG** ein USt- und ein GewSt-Messbescheid und legt die KG gegen diese Bescheide Einspruch ein, ist der Einspruch der KG idR als Einspruch des Rechtsnachfolgers auszulegen; dies gilt insb. im finanzgerichtlichen Klageverfahren, wenn die FB hiervon bereits bei ihrer Einspruchsentscheidung ausgegangen ist (BFH 2.7.2021 – V B 14/20, BFH/NV 2021, 1520). Wird gegen einen StBescheid von einem **Verfahrensbevollmächtigten** Einspruch eingelegt und dabei zur Bezeichnung des Einspruchsführers die (im Wesentlichen) gleiche Adressatenbezeichnung wie in dem angegriffenen Bescheid verwendet, ist deshalb der Adressat des Bescheides grds. auch als Einspruchsführer anzusehen, wenn sich nicht aus den Umständen oder einem ausdrücklichen Vorbehalt das Gegenteil ergibt (BFH 5.11.2007 – IV B 166/06, BFH/NV 2008, 248 zur Auslegung eines Einspruchs gegen einen **GewSt-Messbescheid für eine zivilrechtlich vollbeendete PersGes**).

4. Unrichtige Bezeichnung (Abs. 1 S. 3)

21 Eine unrichtige Bezeichnung des Einspruchs, zB als Widerspruch oder Beschwerde, schadet nach § 357 I 3 nicht. Die Vorschrift bezweckt den Schutz des Einspruchsführers und verlangt überhaupt keine Bezeichnung des Rechtsbehelfs. Allein entscheidend ist, dass aus der Erklärung das Begehren des Stpfl. auf Nachprüfung und Änderung oder Aufhebung eines VA deutlich wird (→ Rn. 4). Begehrt zB ein Stpfl. in laufender Einspruchsfrist neben der AdV gem. § 361, das Verfahren nach § 363 wegen ernstlicher Zweifel an der Rechtmäßigkeit der Besteuerung auszusetzen, so hat er hinreichend deutlich zum Ausdruck gebracht, dass er den EStBescheid für rechtswidrig hält, und damit zugleich auch Einspruch gegen den StBescheid eingelegt (BFH 26.10.2004 – IX R 23/04, BFH/NV 2005, 325).

III. Einlegungsbehörde (Abs. 2)

§ 357 II bestimmt die Behörde, bei der der Einspruch anzubringen ist. Die durch diese Vorschrift festgelegte sog. **Einlegungszuständigkeit** ist zu unterscheiden von der in § 367 I geregelten Entscheidungszuständigkeit, dh der Zuständigkeit für die Entscheidung über den Einspruch. Für bestimmte Fälle sieht § 357 II 2–3 vor, dass der Einspruch nicht nur gem. § 357 II 1 bei der FB, die den VA erlassen hat, sondern auch bei einer anderen Behörde eingelegt werden kann. Für die Wahrung der Einspruchsfrist (§ 355) ist allein der Zugang des Einspruchs bei der Einlegungsbehörde entscheidend (→ § 355 Rn. 10). Ein Einspruchsschreiben ist dem FA auch dann zugegangen, wenn es an einen Bediensteten, wie zB den Vorsteher, persönlich adressiert ist (BFH 28.4.2014 – III B 44/13, BFH/NV 2014, 1185). Ein elektronischer Einspruch ist gem. § 87a I 2 dem FA zugegangen, sobald die für den Empfang bestimmte Einrichtung ihn in der für das FA bearbeitbarer Weise aufgezeichnet hat. Hierzu genügt es nicht, dass der Stpfl. im ELSTER-Online-Portal der FVerw. nach Ausfüllen des für die Einspruchseinlegung vorgesehenen Formulars lediglich die Schaltfläche „Speichern" betätigt, anstatt die Übermittlung des Einspruchs über die Schaltfläche „Versenden" abzuschließen (FG Köln 25.7.2018 – 3 K 2250/17, EFG 2018, 1858). 22

Nach **§ 357 II 1** ist der Einspruch bei der FB anzubringen, deren VA angefochten wird oder bei der im Falle eines Untätigkeitseinspruchs iSd § 347 I 2 ein Antrag auf Erlass eines VA gestellt worden ist. Ein im Lauf des Einspruchsverfahrens eintretender Zuständigkeitswechsel iSd § 367 I 2 hat lediglich Einfluss auf die Entscheidungszuständigkeit und lässt die Einlegungszuständigkeit nach § 357 I 1 unberührt (TK § 357 Rn. 23; Schwarz/Pahlke/Keß § 357 Rn. 56). Dies gilt auch dann, wenn während der Einspruchsfrist eine andere FB zuständig geworden ist. Wird der Einspruch nach einem Zuständigkeitswechsel bei der nunmehr zur Entscheidung berufenen FB eingelegt, gilt § 357 II 4, sodass die Entscheidungsbehörde den Einspruch zunächst an die Einlegungsbehörde übermitteln muss, die ihn dann zurückzusenden hat (Schwarz/Pahlke/Keß § 357 Rn. 56). 23

Gemäß **§ 357 II 2** kann der Einspruch gegen die Feststellung von Besteuerungsgrundlagen (§§ 179 ff.) oder gegen die Festsetzung eines StMessbetrags (§ 184) in einem Grundlagenbescheid (§ 171 X) fristwahrend auch bei der für die Erteilung des StBescheids zuständigen FB angebracht werden. Nach § 357 II 2 kann zB der Einspruch gegen einen Gewinnfeststellungsbescheid (§§ 179 ff.) bei der für den Erlass des ESt-Bescheids zuständigen FB eingelegt werden (BFH 24.8.2004 – VIII R 7/04, BFH/NV 2005, 11). Ferner kann ein Einspruch gegen einen GewSt-Messbescheid auch bei der für den Erlass des GewSt-Bescheids zuständigen Gemeinde eingelegt werden. Die Einlegungsbehörde muss den Einspruch an die für die Entscheidung zuständige Behörde weiterleiten; § 357 II 2 gilt aufgrund seines eindeutigen Wortlauts nicht für alle Grundlagenbescheide iSd § 171 X, sondern nur für Feststellungen von Besteuerungsgrundlagen (§§ 179 ff.) und für Festsetzungen eines StMessbetrags (§ 184) in einem Grundlagenbescheid (aA TK § 357 Rn. 24; Gosch AO § 357 Rn. 39). Ferner schließt § 357 II 2 ebenfalls aufgrund seines eindeutigen Wortlauts die fristwahrende Anbringung eines Einspruchs gegen den Folgebescheid bei der den Grundlagenbescheid erlassenden FB aus (HHSp § 357 Rn. 34; Schwarz/Pahlke/Keß § 357 Rn. 58; TK § 357 Rn. 24); in diesem Fall gilt allein § 357 II 4. 24

Nach **§ 357 II 3** kann ein Einspruch, der sich gegen einen VA richtet, den eine Behörde aufgrund gesetzlicher Vorschrift für die zuständige FB erlassen hat, auch bei der zuständigen FB angebracht werden. Bei Auftragshandeln einer FB kann damit der Einspruch sowohl bei der beauftragenden FB gem. § 357 II 1 als auch bei der beauftragten FB gem. § 357 II 3 eingelegt werden. Diese Regelung ist insb. im Rahmen einer veranlagenden Ap. für StBescheide und verbindliche Zusagen (§§ 204 ff.) bedeutsam, die von der gem. § 195 S. 2 mit der Durchführung der Ap. beauftragten FB gem. § 195 S. 3 ergehen. Zur Entscheidung über den Einspruch in diesen Fällen s. § 367 III. 25

26 Nach **§ 357 II 4** ist die Einspruchseinlegung bei einer beliebigen anderen (unzuständigen) Behörde (nicht nur FB, sondern zB auch Polizeibehörde) unschädlich, wenn der Einspruch vor Ablauf der Einspruchsfrist einer der nach § 357 II 1–3 als Einlegungsbehörde zuständigen FB übermittelt wird. § 357 II 4 setzt die schriftliche oder elektronische Anbringung des Einspruchs voraus; dem muss die Erklärung zur Niederschrift als bloße Unterform der Schriftlichkeit gleichgestellt werden (ähnl. Schwarz/Pahlke/Keß § 357 Rn. 66; aA HHSp § 357 Rn. 37). Die Behörde ist in den Fällen des § 357 II 4 verpflichtet, bei ihr eingegangene Einsprüche im Rahmen des ordnungsgemäßen Geschäftsgangs ohne schuldhaftes Zögern an die erkennbar zuständige Behörde weiterzuleiten (Schwarz/Pahlke/Keß § 357 Rn. 64; AEAO zu § 357 Nr. 2). Eine Pflicht zur sofortigen Prüfung und Weiterleitung noch am Tag des Eingangs oder zu einer beschleunigten Weiterleitung besteht nicht (BFH 22.8.2023 – VIII B 76/22, BFH/NV 2023, 1324). Das Risiko der rechtzeitigen Übermittlung des Einspruchs an die Einlegungsbehörde iSd § 357 II 1 bis 3 trägt allerdings der Einspruchsführer; dabei kommt dem Einspruchsführer weder ein Anscheinsbeweis noch eine Zugangsfiktion zugute (BFH 21.9.2007 – IX B 79/07, BFH/NV 2008, 22). Geht der Einspruch in den Fällen des § 357 II 4 erst nach Ablauf der Einspruchsfrist bei der nach § 357 II 1–3 als Einlegungsbehörde zuständigen FB ein, weil die unzuständige Behörde die Übermittlung schuldhaft verzögert oder überhaupt unterlassen hat, kommt bei willkürlichem, offenkundig nachlässigem und nachgewiesenem Fehlverhalten der Behörde Wiedereinsetzung in den vorigen Stand gem. § 110 in Betracht (BVerfG 2.9.2002 – 1 BvR 476/01, BStBl. II 2002, 835 unter Aufhebung von BFH 19.12.2000 – VII R 7/99, BStBl. II 2001, 158; BFH 22.8.2023 – VIII B 76/22, BFH/NV 2023, 1324; AEAO zu § 357 Nr. 2; → § 110 Rn. 39 „Unzuständige Behörde").

IV. Inhalt der Einspruchsbegründung (Abs. 3)

27 Der als Soll-Vorschrift gefasste § 357 III betrifft den Inhalt des Einspruchs und seine Begründung. Ob der Einspruch die Anforderungen des § 357 III erfüllt, ist für seine Wirksamkeit ohne Bedeutung. Aus einem Verstoß gegen Abs. 3 kann auch keine zu einem Rechtsverlust führende Pflichtverletzung hergeleitet werden (BFH 17.7.2019 – V R 7/17, BStBl. II 2020, 177).

1. Bezeichnung des Verwaltungsakts (Abs. 3 S. 1)

28 Gemäß § 357 III 1 „soll" bei der Einspruchseinlegung der VA bezeichnet werden, gegen den sich der Einspruch richtet. Die Zulässigkeit des eingelegten Einspruchs ist jedoch nicht von der Bezeichnung des angefochtenen VA abhängig, da nach § 357 III 1 der angefochtene VA lediglich bezeichnet werden soll (BFH 14.6.2016 – IX R 11/15, BFH/NV 2016, 1676; BFH 18.1.2007 – IV R 35/04, BFH/NV 2007, 1509). Unabdingbare Voraussetzung für die Zulässigkeit des Einspruchs ist jedoch, dass der **angefochtene VA** nach dem Inhalt der Einspruchsschrift **hinreichend individualisierbar** ist (BFH 14.6.2016 – IX R 11/15, BFH/NV 2016, 1676; BFH 28.11.2001 – I R 93/00, BFH/NV 2002, 613); dieses Erfordernis ergibt sich bereits aus § 350, da eine Beschwer iSd § 350 nur vorliegt, wenn der Stpfl. geltend macht, durch einen bestimmten VA oder dessen Unterlassung beschwert zu sein (→ § 350 Rn. 31 ff.). Durch die Bezeichnung des angefochtenen VA kennzeichnet und begrenzt der Einspruchsführer den Einspruchsgegenstand (Verfahrensgegenstand); dazu bereits → Vor § 347 Rn. 6.

29 **Bezeichnung des VA.** Der VA ist dann iSd § 357 III 1 konkret bezeichnet, wenn im Einspruch zB der StAnspruch, das Bescheiddatum und die StNummer angegeben werden. Für die Bezeichnung des VA ist es ausreichend, den in der Bescheidüberschrift angeführten StAnspruch zu nennen. Bezeichnet der Einspruch den angefochtenen VA nicht eindeutig, bedarf es der **Auslegung des Einspruchs,** um festzustellen, gegen welchen VA sich der Einspruch richtet, wobei dabei grds. davon auszugehen ist, dass der Stpfl. denjenigen VA anfechten will, der angefochten werden muss, um zu dem erkennbar angestrebten Erfolg

zu kommen (BFH 28.11.2001 – I R 93/00, BFH/NV 2002, 613; zur Auslegung im Einzelnen → Rn. 6 ff.). Der Einspruch ist unzulässig, wenn nicht erkennbar und auch nicht zu ermitteln ist, gegen welchen VA sich der Einspruch richten soll.

Sind in einem **Sammelbescheid** mehrere VA enthalten, zB die Festsetzung von ESt, Nachzahlungszinsen, SolZ und KiSt, und bezieht sich die in einem Einspruchsschreiben enthaltene Begründung nur auf einen dieser VA, ist der Einspruch (einengend) dahingehend auszulegen, dass nur derjenige VA angefochten ist, auf den sich die Einspruchsbegründung bezieht (BFH 29.10.2019 – IX R 4/19, BStBl. II 2020, 368; BFH 15.12.2021 – III R 34/20, BFH/NV 2022, 705; BFH 23.6.2017 – X B 34/17, BFH/NV 2017, 1411). Werden später nach Ablauf der Einspruchsfrist (§ 355 I) Einwendungen gegen einen weiteren verbundenen, aber in der ursprünglichen Begründung nicht angesprochenen VA erhoben, steht dem die Bestandskraft dieses Bescheids entgegen; etwas anderes gilt jedoch, wenn die Erweiterung vor Ablauf der Einspruchsfrist erfolgt; in diesem Fall richtet sich der Einspruch entspr. der nachgereichten Einspruchsbegründung auch gegen weitere festgesetzte StAnsprüche (BFH 29.10.2019 – IX R 4/19, BStBl. II 2020, 368; BFH 15.12.2021 – III R 34/20, BFH/NV 2022, 705; BFH 28.11.2001 – I R 93/00, BFH/NV 2002, 613). Ficht der Stpfl. dagegen miteinander verbundene Bescheide unter Wiedergabe der (amtlichen) Bescheidbezeichnung an, ohne zunächst konkrete Einwendungen gegen einen bestimmten VA zu erheben, und wendet er sich in einem späteren Begründungsschreiben (nur noch) gegen einen bestimmten Bescheid, bezieht sich der Rechtsbehelf jedenfalls auch auf diesen VA (BFH 29.10.2019 – IX R 4/19, BStBl. II 2020, 368). Dies gilt auch dann, wenn die Bescheidbezeichnung unvollständig ist, weil die FB nicht sämtliche verbundene VA in der Überschrift des Sammelbescheids benannt hat und sich aus der nachgereichten Einspruchsbegründung ergibt, dass der Einspruch sich jedenfalls auch gegen einen in der Bescheidbezeichnung nicht aufgeführten VA richtet (BFH 15.12.2021 – III R 34/20, BFH/NV 2022, 705). Nach BFH 19.8.2013 – X R 44/11, BStBl. II 2014, 234 richtet sich ein Einspruch lediglich gegen die Festsetzung des SolZ, auch wenn der Stpfl. sich im Rubrum seines Einspruchsschreibens auf einen Bescheid über ESt, KiSt und SolZ bezieht, sofern die Einspruchsbegründung ausschließlich auf den Wegfall der Festsetzung des SolZ gerichtet ist und der Stpfl. zudem bis zur höchstrichterlichen Klärung „dieser Rechtsfrage" mit einem Ruhen des Einspruchsverfahrens gem. § 363 einverstanden ist. Verbindet das FA einen **LSt-Haftungsbescheid** (§ 42d I EStG) mit der Aufhebung des Vorbehalts der Nachprüfung (und damit die LStFestsetzung) in einem Sammelbescheid, umfasst die Anfechtung des LSt-Haftungsbescheids nicht automatisch auch die Anfechtung des Bescheids über die Aufhebung des Nachprüfungsvorbehalts (BFH 15.2.2023 – VI R 13/21, BStBl. II 2024, 175). 30

Ergingen **zeitgleich** ein **Bescheid über die gesonderte Feststellung des verbleibenden Verlustabzugs am Schluss des VZ gem. § 10d IV EStG aF und ein ESt-Bescheid,** konnte ein von einem StBerater eingelegter Einspruch, der seinem Wortlaut nach gegen den ESt-Bescheid gerichtet war, als Einspruch gegen den Bescheid über die gesonderte Feststellung des verbleibenden Verlustabzugs auszulegen sein, wenn der ESt-Bescheid auf 0 EUR lautete und aus dem Vorbringen des StBeraters zu ersehen war, dass die Berücksichtigung weiterer Werbungskosten oder Betriebsausgaben begehrt wurde (BFH 6.7.2005 – XI B 45/03, BFH/NV 2005, 2029; zur aktuellen Rechtslage nach der Neukonzeption des Verhältnisses zwischen StFestsetzung und Verlustfeststellung gem. § 10d IV EStG durch das JStG 2010 s. nachfolgend → Rn. 31a und → § 350 Rn. 29 „Verlustentstehungsjahr"). Wurden einem Stpfl. der ESt-Bescheid und der Bescheid über den verbleibenden Verlustabzug gem. § 10d IV EStG aF gleichzeitig bekanntgegeben und legte dieser Einspruch gegen den ESt-Bescheid „u. a." ein, war davon auszugehen, dass auch gegen den Bescheid über die Feststellung des verbleibenden Verlustabzugs Einspruch eingelegt wurde, sofern sich aus diesem eine Beschwer ergab (BFH 24.8.2006 – XI B 149/05, BFH/NV 2006, 2035). Wurde gegen den auf eine Steuer von 0 EUR lautenden ESt-Bescheid mit der Begründung Einspruch eingelegt, dass es bei Gewährung eines 31 zusätzlichen Freibetrags nicht zur Verrechnung des vorhandenen Verlustvortrags gekommen wäre, konnte darin keine (gleichzeitige) Anfechtung des Bescheids über die Feststellung des verbleibenden Verlustabzugs iSd § 10d IV EStG aF gesehen werden (BFH 10.12.1997 – XI R 34/96, BFH/NV 1998, 809).

31a Nach der **Neukonzeption des Verhältnisses zwischen StFestsetzung und Verlustfeststellung gem. § 10d IV EStG durch das JStG 2010** (BGBl. 2010 I 1768) gelten die vorgenannten Grundsätze zur Auslegung eines Einspruchs entspr., wenn ein Einspruch mit dem Ziel der Feststellung eines höheren verbleibenden Verlustabzugs sich fälschlicherweise ausschließlich gegen den Verlustfeststellungsbescheid gem. § 10 IV EStG idF des JStG 2010 richtet und nicht (auch) gegen den auf 0 EUR lautenden ESt-Bescheid, der nach der Neuregelung des Verlustfeststellungsverfahrens zwingend angefochten werden muss, da eine eigenständige Prüfung der betreffenden Besteuerungsgrundlagen im Rahmen der Verlustfeststellung grds. nicht mehr stattfindet, weil für das Verhältnis zwischen StBescheid und Verlustfeststellungsbescheid die für das Verhältnis von Grundlagenbescheiden zu Folgebescheiden geltenden Vorschriften des § 171 X, § 175 I 1 Nr. 1 und § 351 II AO sowie § 42 FGO gem. § 10d IV 4 HS 2 EStG entspr. gelten (so auch Schwarz/Pahlke/Keß § 357 Rn. 77; → § 350 Rn. 29"Verlustentstehungsjahr").

2. Umfang des Einspruchsbegehrens (Abs. 3 S. 2)

32 Bei Einspruchseinlegung soll angegeben werden, inwieweit der VA angefochten und seine Änderung oder Aufhebung beantragt wird. An die entsprechenden Angaben des Stpfl. ist die FB nicht gebunden; einer Beschränkung des Einspruchsverfahrens auf einzelne Punkte steht die umfassende Prüfungspflicht der FB (§ 367 II 1) entgegen (BFH 7.7.1994 – XI B 3/94, BStBl. II 1994, 785). Beschränkt der Stpfl. seinen Einspruch auf bestimmte Punkte, beeinflusst dies jedoch die Intensität und den Umfang der der FB gem. § 365 I iVm § 88 obliegenden Ermittlungspflicht; die FB kann in diesem Fall die Überprüfung des angefochtenen VA auf die vom Stpfl. geltend gemachten Punkte beschränken (Gosch AO § 357 Rn. 30; → § 367 Rn. 16).

3. Begründung und Beweismittel (Abs. 3 S. 3)

33 Gemäß § 357 III 3 „sollen" die Tatsachen, die zur Begründung dienen, und die Beweismittel (§ 365 I iVm § 92) angeführt werden. Ein Begründungszwang besteht demnach nicht; das Fehlen einer Begründung berührt nicht die Zulässigkeit des Einspruchs.

Eine Einspruchsbegründung ist vor allem geboten, um der FB den aus Sicht des Stpfl. entscheidungserheblichen Sachverhalt zu unterbreiten. Insb. können auch bislang im Besteuerungsverfahren nicht geltend gemachte Tatsachen, steuermindernde Umstände und Sachverhalte vorgetragen werden; ferner können ggf. auch noch Antrags- und Wahlrechte ausgeübt werden, sofern gesetzlich nicht ausdrücklich etwas anderes bestimmt ist (Gosch AO § 357 Rn. 33; TK § 357 Rn. 20; Schwarz/Pahlke/Keß § 357 Rn. 45). Der Stpfl. darf zur Begründung seines Einspruchs auch Rechtsausführungen machen.

Auch bei **fehlender Einspruchsbegründung** muss die FB nach § 367 II 2 die Sache in vollem Umfang überprüfen. In diesem Fall reduziert sich die Aufklärungspflicht der FB jedoch auf eine Überprüfung der Sache in tatsächlicher und rechtlicher Hinsicht anhand der vorliegenden StAkten (→ § 367 Rn. 16). Ferner berechtigt eine fehlende Einspruchsbegründung die FB zur Ablehnung eines Antrags auf Erörterung (§ 364a).

V. Rechtsfolgen der Einspruchseinlegung

34 Die Einlegung des Einspruchs bewirkt die Anhängigkeit des Einspruchsverfahrens; zu den Rechtsfolgen der Anhängigkeit im Einzelnen → Vor § 347 Rn. 6.

§ 358 Prüfung der Zulässigkeitsvoraussetzungen

[1]Die zur Entscheidung über den Einspruch berufene Finanzbehörde hat zu prüfen, ob der Einspruch zulässig, insbesondere in der vorgeschriebenen Form und Frist eingelegt ist. [2]Mangelt es an einem dieser Erfordernisse, so ist der Einspruch als unzulässig zu verwerfen.

I. Allgemeines

§ 358 stellt klar, dass das FA die Zulässigkeit des Einspruchs von Amts wegen zu prüfen 1 und diesen als unzulässig zu verwerfen hat, wenn die Zulässigkeitsvoraussetzungen nicht vorliegen. Über die Begründetheit des Einspruchs kann die FB nach § 358 durch Erlass einer Einspruchsentscheidung oder eines (Teil-)Abhilfebescheids nur entscheiden, wenn der Einspruch zulässig ist. In § 358 S. 1 ist durch das Wort „insbesondere" klargestellt, dass die Einhaltung von Form und Frist gleichfalls zu den Zulässigkeitsvoraussetzungen gehört (BT-Drs. VI/1982, 191). § 358 S. 2 betrifft den Inhalt der Einspruchsentscheidung und gehört nach der Systematik zu § 367 II.

II. Zulässigkeitsvoraussetzungen des Einspruchs (S. 1)

Die nach § 358 S. 1 vorgeschriebene Prüfung der Zulässigkeit des Einspruchs umfasst 2 sämtliche Zulässigkeitsvoraussetzungen, die erfüllt sein müssen, damit die FB sich im Einspruchsverfahren mit der Sache selbst befassen und eine Sachentscheidung gem. § 367 treffen darf. Diese sog. **Sachentscheidungsvoraussetzungen** sind:

1. Statthaftigkeit des Einspruchs (§§ 347, 348)
2. Kein Einspruchsverzicht (§ 354)
3. Einhaltung der Einspruchsfrist (§ 355)
4. Formell ordnungsgemäßer Einspruch (§ 357)
5. Beschwer bzw. Einspruchsbefugnis (§§ 350–353)
6. Beteiligtenfähigkeit (§ 359)
7. Handlungsfähigkeit (§ 365 I iVm § 79)
8. Vertretung (§ 365 I iVm § 80)
9. Keine Rücknahme des Einspruchs (§ 362)
10. Rechtsschutzbedürfnis für Einspruch (→ § 350 Rn. 39 f.)

Maßgeblicher Beurteilungszeitpunkt. Für die Zulässigkeit des Einspruchs ist hin- 3 sichtlich der Einspruchsfrist (§ 355) der Zeitpunkt der Einspruchseinlegung maßgebend. Nach Ablauf der Einspruchsfrist kann die Angabe des Einspruchsführers nicht mehr nachgeholt werden (→ § 357 Rn. 17). Zudem muss innerhalb der Einspruchsfrist feststehen, welcher VA mit dem Einspruch angefochten werden soll (→ § 357 Rn. 28 f.). Alle übrigen Zulässigkeitsvoraussetzungen müssen jedenfalls spätestens im Zeitpunkt der Entscheidung über den Einspruch vorliegen (BFH 20.11.2019 – XI R 51/17, BFH/NV 2020, 519; Schwarz/Pahlke/Keß § 358 Rn. 33). Ein bei Einlegung des Einspruchs vorhandener Vertretungsmangel kann daher nachträglich, auch noch nach Ablauf der Einspruchsfrist (§ 355 I), durch nachträgliche Genehmigung mit rückwirkender Kraft geheilt werden (BFH 16.9.1992 – X R 171/90, BFH/NV 1993, 453; → § 80 Rn. 23).

Das Vorliegen der Zulässigkeitsvoraussetzungen ist in einem nachfolgenden finanzgerichtlichen **Klageverfahren** von Amts wegen zu überprüfen (BFH 1.4.1992 – VII S 15/92, BFH/NV 1993, 173; Gräber FGO § 44 Rn. 30). So stellt zB die fristgerechte Einlegung des Einspruchs eine vom FG bei seiner Sachentscheidung zu beachtende materiell-rechtliche Vorfrage dar (BFH 24.7.1984 – VII R 122/80, BStBl. II 1984, 791). Dies schließt die volle Überprüfung einer Verwaltungsentscheidung über die Wiedereinsetzung in die versäumte Einspruchsfrist gem. § 110 ein (BFH 27.4.2011 – III B 207/10, BFH/NV 2011, 1184).

4 **Sprungklage.** Auf die Zulässigkeit eines Einspruchs hat die Anhängigkeit eines finanzgerichtlichen Verfahrens keine Auswirkungen. Allerdings kann eine Sprungklage (§ 45 FGO) nicht neben einem Einspruch erhoben werden und umgekehrt. Eine zulässige Sprungklage setzt voraus, dass nicht in derselben Sache bereits ein außergerichtlicher Rechtsbehelf anhängig ist (BFH 27.9.1994 – VIII R 36/89, BStBl. II 1995, 353; Gräber FGO § 45 Rn. 16; zur Sprungklage → § 357 Rn. 12). Um ein Nebeneinander von Sprungklage und Einspruch zu vermeiden, besteht innerhalb der jeweiligen Einspruchs- bzw. Klagefrist die Möglichkeit, den Charakter des zuvor erhobenen zulässigen Rechtsbehelfs zu ändern und insoweit entweder von einer Sprungklage zu einem Einspruch bzw. umgekehrt von einem Einspruch zu einer Sprungklage zu wechseln (Gräber FGO § 45 Rn. 17). Insoweit ist anerkannt, dass auch nach Erhebung eines Einspruchs innerhalb der Rechtsbehelfsfrist eine Sprungklage erhoben werden kann und sich die Klageerhebung dann als Umwandlung des Einspruchs in eine Klage darstellt (BFH 8.11.2016 – I R 1/15, BStBl. II 2017, 720; BFH 4.9.1997 – IV R 27/96, BStBl. II 1998, 286; BFH 28.8.1973 – VII B 39/72, BStBl. II 1973, 852). Entsprechendes gilt umgekehrt – bis zum Ergehen der Zustimmung der FB nach § 45 I 1 FGO – auch für den Fall, dass zunächst Sprungklage erhoben wurde und sodann Einspruch eingelegt wird. In diesem Fall stellt sich die Einlegung eines neben der Klage unzulässigen Einspruchs als Umwandlung der Sprungklage in einen Einspruch dar. Dazu bedarf es keiner ausdrücklichen Umwandlungserklärung des Stpfl. (BFH 8.11.2016 – I R 1/15, BStBl. II 2017, 720; s. auch Rosenke EFG 2015, 1007).

III. Verwerfung des Einspruchs als unzulässig (S. 2)

5 Liegt auch nur eine der Zulässigkeitsvoraussetzungen des Einspruchs nicht vor, ist dieser gem. § 358 S. 2 als unzulässig zu verwerfen. Diese Rechtsfolge ist zwingend; ein Ermessen steht der FB insoweit nicht zu (BFH 13.4.2000 – V R 56/99, BStBl. II 2000, 490; FG Berlin 13.12.2002 – 9 K 9526/00, EFG 2003, 1218; → § 355 Rn. 20). Der die Unzulässigkeit aussprechende Tenor des Einspruchsbescheids (§ 367) ist zu begründen; eine Überprüfung der sachlichen oder rechtlichen Richtigkeit des VA ist nicht erforderlich. Denkbar ist aber auch, dass der Einspruch nur zum Teil unzulässig ist, sodass im Einspruchsverfahren im Übrigen eine Sachentscheidung ergehen muss.

6 **Rechtsfolge** der Verwerfung des Einspruchs als **unzulässig** ist, dass der angegriffene VA mit seinem bekannt gegebenen Inhalt (§ 124 I 2 und II) Bestandskraft erlangt; die Tatbestandswirkung des VA wird durch den Einspruchsbescheid nicht verändert oder aufgehoben (HHSp § 358 Rn. 46). Ein unzulässiger Einspruch bewirkt keine Hemmung des Ablaufs der Festsetzungsfrist gem. § 171 IIIa (→ § 171 Rn. 50, 55). Bei unzulässigem Einspruch ist eine Verböserung des angefochtenen VA gem. § 367 II 2 ausgeschlossen (→ § 367 Rn. 29).

7 **Prüfung der Zulässigkeit.** Nach dem klaren Wortlaut des § 358 S. 2 ist der unzulässige Einspruch als unzulässig zu verwerfen. Auch wenn der Einspruch unbegründet ist, kann die Zulässigkeit des Einspruchs grds. nicht dahingestellt bleiben, zumal schon die an die Unzulässigkeit anknüpfenden Rechtsfolgen nach klarer Tenorierung verlangen (→ Rn. 6). Aus verfahrensökonomischen Gründen kann die Zulässigkeit des Einspruchs ausnahmsweise jedoch dann offenbleiben, wenn ausschl. die nur mit erheblichem Aufwand aufklärbare Rechtzeitigkeit des Einspruchs im Raum steht und der Einspruch in der Sache eindeutig und offensichtlich unbegründet ist (BFH 13.11.1964 – VI 308/63 U, BStBl. III 1965, 68); dies gilt allerdings nicht, wenn die Festsetzungsverjährung im konkreten Fall eine Rolle spielt oder wenn die FB eine Verböserung des angefochtenen VA vornehmen will (Schwarz/Pahlke/Keß § 358 Rn. 32; → Rn. 6 und TK § 358 Rn. 22).

8 **Klageverfahren.** In Abweichung zu § 44 I FGO kann der den Einspruch zu Unrecht als unzulässig verwerfende Einspruchsbescheid isoliert angefochten und aufgehoben werden, damit die FB unter Vermeidung des Verfahrensfehlers nunmehr im wieder anhängigen Einspruchsverfahren eine Sachentscheidung treffen kann (BFH 26.10.1989 – IV R 82/

88, BStBl. II 1990, 277; BFH 19.8.1982 – IV R 185/80, BStBl. II 1983, 21). Hat die FB den Einspruch zu Recht als unzulässig verworfen, ist die Klage als unbegründet abzuweisen (BFH 4.10.1989 – V R 106/84, BStBl. II 1990, 179). Hat das FA entgegen § 358 S. 2 einen unzulässigen Einspruch als unbegründet zurückgewiesen, hat das FG die Zurückweisung des Einspruchs als unbegründet ggf. in den Entscheidungsgründen seines Urt. zu berichtigen (BFH 15.9.1992 – VIII R 26/91, BFH/NV 1993, 219). Die Klage ist in diesem Fall als unbegründet abzuweisen (BFH 21.7.2011 – II R 7/10, BFH/NV 2011, 1835; BFH 11.11.2008 – V B 2/08, BFH/NV 2009, 401). Wird ein Einspruch zu Unrecht als unbegründet und nicht als unzulässig verworfen, rechtfertigt dieser Verfahrensfehler für sich allein jedoch nicht die isolierte Aufhebung des Einspruchsbescheids (BFH 29.7.1986 – IX R 123/82, BFH/NV 1987, 359). Zur Behandlung einer wegen fehlendem oder verspätetem Einspruch zu Unrecht ergangenen sachlichen Einspruchsentscheidung → § 367 Rn. 57.

§ 359 Beteiligte

Beteiligte am Verfahren sind:

1. wer den Einspruch eingelegt hat (Einspruchsführer),

2. wer zum Verfahren hinzugezogen worden ist.

I. Allgemeines

1 **Legaldefinition des Beteiligtenbegriffs.** § 359 enthält speziell für das Einspruchsverfahren eine Legaldefinition des zB in §§ 364, 365 II, 366 verwendeten Begriffs des Beteiligten. Diese Regelung verdrängt die für andere Verfahrensarten geltenden Bestimmungen des Beteiligtenbegriffs, wie zB die Bestimmungen in den §§ 78 und 186 (BFH 28.3.1979 – I B 79/78, BStBl. II 1979, 538). Durch das GrenzpendlerG (BGBl. 1994 I 1395) wurde mit dem neu gefassten § 359 Nr. 1 eine Legaldefinition des zB in §§ 363 II, 364a I 1 verwendeten Begriffs des Einspruchsführers eingefügt (BT-Drs. 12/7427, 36; s. auch → Vor §§ 347 ff. Rn. 1). Für das finanzgerichtliche Verfahren enthält § 57 FGO eine vergleichbare Vorschrift.

2 **Bedeutung.** § 359 regelt für das außergerichtliche Rechtsbehelfsverfahren die formale (verfahrensrechtliche) Beteiligtenstellung, die als solche allein durch die Einspruchserhebung oder die Hinzuziehung (§ 360) erlangt wird. Dieser rein formale Beteiligtenbegriff ist zu unterscheiden von der Handlungsfähigkeit (§ 365 I iVm § 79) sowie von der StRechtsfähigkeit, dh der Fähigkeit, Träger von (steuerrechtlichen) Rechten und Pflichten zu sein (zum Begriff der StRechtsfähigkeit → § 33 Rn. 2). Die formale Beteiligtenstellung iSd § 359 wird nicht durch die Handlungs- oder StRechtsfähigkeit, sondern ausschl. durch die tatsächliche Stellung als Einspruchsführer oder Hinzugezogener begründet. Die Beteiligteneigenschaft iSd § 359 ist für den Einspruchsführer (Nr. 1) und den Hinzugezogenen (Nr. 2) unabhängig von ihrer materiellen Rechtsstellung als StRechtssubjekt oder Stpfl.; nimmt die FB zu Unrecht eine solche materielle Rechtsstellung an, berührt dies ohne Einfluss auf deren Beteiligtenstellung lediglich die Rechtmäßigkeit des VA (→ Rn. 3).

3 Die **Beteiligtenfähigkeit** für das Einspruchsverfahren besitzt jeder, der im Einspruchsverfahren Träger verfahrensrechtlicher Rechte und Pflichten sein kann. Dies setzt grds. die StRechtsfähigkeit voraus (TK § 359 Rn. 2). Wird allerdings ein Nichtsteuerrechtsfähiger von der FB durch VA in Anspruch genommen, ist ihm jedoch in dem betr. Einspruchsverfahren die Beteiligungsfähigkeit zuzubilligen (TK § 359 Rn. 2; HHSp § 359 Rn. 5).

II. Einspruchsführer als Beteiligter (Nr. 1)

4 Beteiligter ist gem. § 359 Nr. 1, wer den Einspruch eingelegt hat. Einspruchsführer ist bei nicht Handlungsfähigen nicht der gesetzliche Vertreter, sondern der Vertretene (HHSp

§ 359 Rn. 16). Auch bei Vertretung durch einen Bevollmächtigten oder Beistand (§ 365 iVm § 80 I 1 und IV) ist Beteiligter iSd § 359 Nr. 1 der Vertretene und nicht etwa der Bevollmächtigte oder Beistand. Ebenso ist auch der gem. § 352 I Nr. 1 zur Vertretung berufene Geschäftsführer oder Einspruchsbevollmächtigte iSd § 352 I Nr. 1 iVm § 352 II nicht Beteiligter, sondern Vertreter des Beteiligten, weil er lediglich die Rechte und Pflichten der an der Gesellschaft oder Gemeinschaft Beteiligten wahrnimmt (BT-Drs. 12/7427, 36). Auch ein Vertreter ohne Vertretungsmacht ist nicht Beteiligter iSd § 359 Nr. 1, sodass der Einspruch des „Vertretenen" – soweit dieser nicht die Einspruchseinlegung nachträglich genehmigt – als unzulässig zu verwerfen ist (Schwarz/Pahlke/Keß § 359 Rn. 9).

5 Die Person des Einspruchsführers und damit des Beteiligten iSd § 359 Nr. 1 wird durch die Einspruchsschrift bestimmt und muss aus dieser hinreichend identifiziert werden können (→ § 357 Rn. 17). Bei zur ESt zusammenveranlagten **Ehegatten** (§ 26b EStG) oder **Lebenspartnern** (§ 26b EStG iVm § 2 VIII EStG) bewirkt der von einem Ehegatten/Lebenspartner eingelegte Einspruch nicht automatisch die Einspruchseinlegung durch den anderen Ehegatten/Lebenspartner (→ § 357 Rn. 18). Bei einer Mehrheit von Einspruchsführern kommt uU eine Verbindung der mehreren Einspruchsverfahren zur gemeinsamen Entscheidung in Betracht (→ § 365 Rn. 13).

III. Hinzugezogener als Beteiligter (Nr. 2)

6 Beteiligter ist gem. § 359 Nr. 2 auch, wer gem. § 360 zum Verfahren hinzugezogen ist. Der Hinzugezogene kann gem. § 360 IV dieselben Rechte geltend machen wie der Einspruchsführer. Erhebt der Hinzugezogene Klage gegen die Einspruchsentscheidung, ist der Einspruchsführer gem. § 60 III FGO notwendig beizuladen (→ § 360 Rn. 54).

§ 360 Hinzuziehung zum Verfahren

(1) [1]**Die zur Entscheidung über den Einspruch berufene Finanzbehörde kann von Amts wegen oder auf Antrag andere hinzuziehen, deren rechtliche Interessen nach den Steuergesetzen durch die Entscheidung berührt werden, insbesondere solche, die nach den Steuergesetzen neben dem Steuerpflichtigen haften.** [2]**Vor der Hinzuziehung ist derjenige zu hören, der den Einspruch eingelegt hat.**

(2) **Wird eine Abgabe für einen anderen Abgabenberechtigten verwaltet, so kann dieser nicht deshalb hinzugezogen werden, weil seine Interessen als Abgabenberechtigter durch die Entscheidung berührt werden.**

(3) [1]**Sind an dem streitigen Rechtsverhältnis Dritte derart beteiligt, dass die Entscheidung auch ihnen gegenüber nur einheitlich ergehen kann, so sind sie hinzuzuziehen.** [2]**Dies gilt nicht für Mitberechtigte, die nach § 352 nicht befugt sind, Einspruch einzulegen.**

(4) **Wer zum Verfahren hinzugezogen worden ist, kann dieselben Rechte geltend machen, wie derjenige, der den Einspruch eingelegt hat.**

(5) [1]**Kommt nach Absatz 3 die Hinzuziehung von mehr als 50 Personen in Betracht, kann die Finanzbehörde anordnen, dass nur solche Personen hinzugezogen werden, die dies innerhalb einer bestimmten Frist beantragen.** [2]**Von einer Einzelbekanntgabe der Anordnung kann abgesehen werden, wenn die Anordnung im Bundesanzeiger bekannt gemacht und außerdem in Tageszeitungen veröffentlicht wird, die in dem Bereich verbreitet sind, in dem sich die Entscheidung voraussichtlich auswirken wird.** [3]**Die Frist muss mindestens drei Monate seit Veröffentlichung im Bundesanzeiger betragen.** [4]**In der Veröffentlichung in Tageszeitungen ist mitzuteilen, an welchem Tage die Frist abläuft.** [5]**Für die Wiedereinsetzung in den vorigen Stand wegen Versäumung der Frist gilt § 110**

entsprechend. [6]Die Finanzbehörde soll Personen, die von der Entscheidung erkennbar in besonderem Maße betroffen werden, auch ohne Antrag hinzuziehen.

Schrifttum: Huxol, Hinzuziehung von Ehegatten zum außergerichtlichen Rechtsbehelfsverfahren, DStR 1982, 285; v. Beckerath, Die einheitliche Feststellung im Veranlagungs- und Einspruchsverfahren, DStR 1983, 475; Olbertz, Die Hinzuziehung gem. § 360 AO, DB 1988, 1292; Meyer, Die Hinzuziehung (Beiladung) zusammenveranlagter Ehegatten im Rechtsbehelfsverfahren, DStZ 1993, 401; v. Wedelstädt, Hinzuziehung und Beiladung, AO-StB 2007, 15 ff., 46 ff; Bruschke, Hinzuziehung und Beiladung – Rechtsfolgen beachten, DStR 2011, 753.

Übersicht

A. Allgemeines

I. Rechtsentwicklung; Regelungsgegenstand und -zweck

Inhalt und Rechtsentwicklung. § 360 regelt die Hinzuziehung Dritter zum Einspruchsverfahren, wenn deren rechtliche Interessen durch die Entscheidung berührt werden. Unterschieden wird, wie auch in § 60 FGO, der die Beiladung Dritter im finanzgerichtlichen Verfahren regelt, zwischen notwendiger und einfacher Hinzuziehung (BT-Drs. VI/1982, 191). Durch das GrenzpendlerG (BGBl. 1994 I 1395) wurden § 360 I und IV redaktionell an die Einführung des Einspruchs als einheitlichen Rechtsbehelf angepasst und § 360 V als Sonderregelung für die Hinzuziehung in Massenverfahren eingefügt (→ Vor §§ 347 ff. Rn. 1); § 360 V entspricht weitgehend § 60a FGO und soll das Hinzuziehungsverfahren insb. bei Verfahren betr. die Gewinnfeststellung von PersGes mit Publikumsbeteiligung straffen. Abw. von § 60a FGO wird im Interesse einer kostengünstigen Verfahrensabwicklung auch eine Einzelbekanntgabe der Anordnung zugelassen (BT-Drs. 12/7427, 36). Durch das JustizkommunikationsG (BGBl. 2005 I 837 idF der Berichtigung BGBl. 2005 I 2022), das am 1.4.2005 in Kraft getreten ist, wurde in Abs. 5 S. 2 und 3 „Bundesanzeiger“ durch „elektronischen Bundesanzeiger“ ersetzt. Mit G v. 22.12.2011 1

(BGBl. 2011 I 3044) wurde das Wort „elektronischen" in Abs. 5 S. 2 und 3 mit Wirkung zum 1.4.2012 wieder gestrichen (→ Rn. 59).

2 **Begriff; Regelungsgegenstand.** Die Hinzuziehung ist eine Verfahrenshandlung der zur Entscheidung über den Einspruch berufenen FB, durch die ein Dritter, dh nicht der Einspruchsführer (§ 359 Nr. 1), im Einspruchsverfahren die Rechtsstellung eines Beteiligten iSd § 359 Nr. 2 erlangt. Zu unterscheiden ist zwischen der **einfachen Hinzuziehung** (§ 360 I), die erfolgen kann, wenn nach den StGesetzen die rechtlichen Interessen anderer durch die Einspruchsentscheidung berührt werden, und der **notwendigen Hinzuziehung** (§ 360 III). Notwendig hinzuzuziehen sind Dritte, die an dem str. Rechtsverhältnis derart beteiligt sind, dass die Entscheidung auch ihnen gegenüber nur einheitlich ergehen kann.

3 Sachlich korrespondiert die Hinzuziehung im Wesentlichen mit der für das finanzgerichtliche Verfahren in § 60 FGO normierten Beiladung; die zu § 60 FGO vorliegende Rspr. und Literatur kann im Wesentlichen auch zur Auslegung des § 360 herangezogen werden. Im AdV-Verfahren (§ 361) scheidet wegen der Eilbedürftigkeit der AdV-Entscheidung und der fehlenden Bindungswirkung der AdV-Entscheidung für die Hauptsacheentscheidung eine Hinzuziehung regelmäßig aus (→ § 361 Rn. 30).

4 **Zweck.** Die Hinzuziehung führt eine Bindungswirkung der Einspruchsentscheidung auch gegenüber den Hinzugezogenen herbei (→ Rn. 42). Sie zielt auf eine Verfahrensvereinfachung, indem sie eine einheitliche Entscheidung unter Wahrung der rechtlichen Interessen Dritter ermöglicht, auf diese Weise eigene Verfahren der hinzugezogenen Dritten entbehrlich macht und zugleich, insb. bei der notwendigen Hinzuziehung (§ 360 III), die Gefahr einander widersprechender Entscheidungen vermeidet (BFH 29.5.2001 – VIII R 10/00, BStBl. II 2001, 747).

5 **Sonderregelung: § 174 V.** Für den Sonderfall der Beteiligung Dritter bei widerstreitender StFestsetzung (§ 174 IV) trifft § 174 V eine eigenständige Regelung. Nach dieser Vorschrift ist der Erlass oder die Änderung eines StBescheids wegen widerstreitender StFestsetzung gem. § 174 IV gegenüber Dritten gem. § 174 V 2 nur möglich, wenn der Dritte zum Verfahren, das zur Aufhebung oder Änderung des fehlerhaften StBescheids geführt hat, hinzugezogen und/oder zu einem nachfolgenden Klageverfahren beigeladen wurde. § 174 V 2 ist ein selbständiger Hinzuziehungs- und Beiladungsgrund; die Voraussetzungen des § 360 AO oder des § 60 FGO brauchen nicht erfüllt zu sein; erforderlich ist lediglich, dass gem. § 174 IV ein StBescheid möglicherweise wegen irriger Beurteilung eines bestimmten Sachverhalts aufzuheben oder zu ändern ist und hieraus rechtliche Folgerungen bei einem Dritten zu ziehen sind (BFH 22.9.2016 – X B 42/16, BFH/NV 2017, 146; BFH 14.12.2004 – I B 137/04, BFH/NV 2005, 835). Der gem. § 174 V Hinzugezogene hat im Einspruchsverfahren die verfahrensrechtliche Stellung eines nach § 360 III notwendig Hinzugezogenen; er kann gegen die Einspruchsentscheidung selbst Klage erheben, soweit er iSd § 40 II FGO beschwert ist (BFH 29.4.2009 – X R 16/06, BStBl. II 2009, 732). Im finanzgerichtlichen Verfahren hat der gem. § 174 V Beigeladene die Stellung eines nach § 60 III FGO notwendig Beigeladenen (BFH 25.8.1987 – IX R 98/82, BStBl. II 1988, 344; BFH 27.8.1998 – III B 41/98, BFH/NV 1999, 156). Zu den weiteren Einzelheiten → § 174 Rn. 81 ff.

II. Allgemeine Hinzuziehungsvoraussetzungen

8 **Anhängiges Einspruchsverfahren.** Die einfache Hinzuziehung (§ 360 I) setzt ebenso wie die notwendige Hinzuziehung (§ 360 III) die Anhängigkeit eines Einspruchsverfahrens voraus und kann bis zum Abschluss des Einspruchsverfahrens erfolgen.

9 Die Hinzuziehung gem. § 360 ist **nicht von den Erfolgsaussichten des Einspruchs abhängig;** unerheblich ist insoweit, wie die FB das Einspruchsbegehren (vorläufig) materiell-rechtlich beurteilt (vgl. BFH 8.10.2002 – III B 74/02, BFH/NV 2003, 195; Gräber FGO § 60 Rn. 12). Auch die Unzulässigkeit des Einspruchs schließt die Hinzuziehung

grds. nicht aus. Jedoch kann bei einem **offensichtlich unzulässigen Einspruch** eine (einfache oder notwendige) Hinzuziehung unterbleiben, weil die Rechtswirkungen der Hinzuziehung nicht eintreten können (BFH 29.5.2001 – VIII R 10/00, BStBl. II 2001, 747; BFH 24.3.1999 – I R 114/97, BStBl. II 2000, 399; BFH 21.11.1969 – III B 32/69, BStBl. II 1970, 98; BFH 20.3.2001 – VIII R 44/99, BFH/NV 2001, 1133; s. auch Gräber FGO § 60 Rn. 25).

Person des Hinzugezogenen; Hinzuziehungsfähigkeit. Es kann grds. jeder zum Verfahren hinzugezogen werden, der nicht Einspruchsführer ist. Eine mehrfache Hinzuziehung ein und derselben Person ist ausgeschlossen; auf den Grund der Hinzuziehung kommt es insoweit nicht an (BFH 5.9.2001 – V B 101/01, BFH/NV 2002, 204). Für den Einspruchsführer handelnde Bevollmächtigte oder Beistände (§ 80) sowie gesetzliche oder bestellte Vertreter (§§ 34, 81) können, wenn und soweit nicht selbst am StRechtsverhältnis beteiligt, nicht zum Einspruchsverfahren des von ihnen vertretenen Einspruchsführers hinzugezogen werden (BFH 24.10.1995 – III B 171/93, BFH/NV 1996, 289). Legt ein Hinzugezogener nachträglich einen zulässigen Einspruch ein, ist die Hinzuziehung aufzuheben (Schwarz/Pahlke/Keß § 360 Rn. 7). 10

Da der Hinzugezogene Beteiligter des Einspruchsverfahrens wird (§ 359 Nr. 2), muss er **beteiligungsfähig** sein, dh im Einspruchsverfahren Träger verfahrensrechtlicher Rechte und Pflichten sein können (→ § 359 Rn. 3). Eine StRechtsfähigkeit und damit Beteiligungsfähigkeit hat auch eine rechtsfähige PersGes (BFH 18.5.2004 – IX R 83/00, BStBl. II 2004, 898; BFH 18.5.2004 – IX R 49/02, BStBl. II 2004, 929; vgl. § 352 I Nr. 1 Buchst. a), nicht hingegen eine atypisch stille Gesellschaft. Die Beteiligtenfähigkeit der PersGes erlischt mit ihrer Vollbeendigung (BFH 23.10.1990 – VIII R 142/85, BStBl. II 1991, 401), sodass sie ab diesem Zeitpunkt auch nicht mehr hinzuziehungsfähig ist und stattdessen alle ehemaligen Gesellschafter hinzuzuziehen sind (BFH 11.2.2002 – IX B 146/01, BFH/NV 2002, 796). Eine Hinzuziehung der PersGes ist auch ausgeschlossen, wenn zwar Ungewissheit über ihren Fortbestand besteht, sie jedoch nach den äußeren Umständen, wie zB durch die tatsächliche Einstellung des Betriebs oder durch völlige Vermögenslosigkeit, faktisch beendet ist (BFH 23.1.2001 – VIII R 30/99, BStBl. II 2001, 621; zur Beendigung einer PersGes → § 352 Rn. 28 ff.). 11

Durch Gesetz ausgeschlossen ist eine Hinzuziehung gem. § 360 II (→ Rn. 26) und ferner für Feststellungsbeteiligte nach Maßgabe des § 360 III 2 (→ Rn. 35). 12

B. Einfache Hinzuziehung (Abs. 1)

§ 360 I regelt die einfache Hinzuziehung Dritter zum Einspruchsverfahren. Sie ist nach § 360 I 1 zulässig, wenn über die allgemeinen Hinzuziehungsvoraussetzungen (→ Rn. 8 ff.) hinaus durch die Einspruchsentscheidung rechtliche Interessen eines Dritten nach den StGesetzen berührt werden. 13

I. Voraussetzungen (Abs. 1 S. 1)

Das in § 360 I 1 vorausgesetzte **„rechtliche Interesse“** ist gegeben, wenn der Dritte durch die Entscheidung über den Einspruch in seiner nach dem geltenden StRecht gegebenen Rechtslage berührt wird. Dazu muss der Hinzuziehende zu den Verfahrensparteien oder dem Streitgegenstand in einer solchen Beziehung stehen, dass die Entscheidung seine steuerrechtliche Lage verändern kann (BFH 21.4.1966 – IV 240/65, BStBl. III 1966, 466). Es gelten daher höhere Anforderungen als für das sog. „berechtigte Interesse“ iSd §§ 41 I, 100 I 4 FGO. Die für die Zulässigkeit einer Feststellungsklage (§ 41 I FGO) oder einer Fortsetzungsfeststellungsklage (§ 100 I 4 FGO) ausreichenden ideellen und wirtschaftlichen Interessen erfüllen nicht die Anforderungen des rechtlichen Interesses iSd § 360 I, sodass eine Hinzuziehung des Dritten zur Verfolgung privatrechtlicher Interessen, 14 wie zB bei von ihm beabsichtigter Verfolgung zivilrechtlicher Schadensersatzansprüche, nicht veranlasst ist (BFH 17.6.1993 – VIII B 111/92, BFH/NV 1994, 380).

15 Das Interesse nach den **StGesetzen** ist dann iSd § 360 I 1 „berührt", wenn auch nur die Möglichkeit besteht, dass sich die steuerrechtliche Rechtslage des Hinzuzuziehenden durch die Einspruchsentscheidung ändert. Nicht erforderlich ist, dass die steuerliche Rechtslage des Hinzuzuziehenden wahrscheinlich oder sogar gewiss berührt ist (BFH 28.12.1998 – VII B 280/98, BFH/NV 1999, 815; Gräber FGO § 60 Rn. 17). Die Hinzuziehung nach § 360 I 1 darf nur dann nicht erfolgen, wenn zweifelsfrei feststeht, dass die Interessen des Dritten nicht berührt werden (Schwarz/Pahlke/Keß § 360 Rn. 10b). Das rechtliche Interesse kann sich auf einzelne Streitpunkte beschränken (vgl. BFH 13.2.2018 – IV R 37/15, BFH/NV 2018, 539). Die Gefahr widersprechender Entscheidungen allein gebietet noch keine einfache Hinzuziehung (vgl. BFH 14.7.1997 – V B 121/96, BFH/NV 1998, 48).

16 Die einfache Hinzuziehung ist nach dem klaren Wortlaut des § 360 I 1 eine **Ermessensentscheidung der FB** iSd § 5. Sie hat ihr eigenes Interesse an einer Bindungswirkung ihrer Einspruchsentscheidung gegenüber dem Hinzuzuziehenden (→ Rn. 42), das Interesse des Hinzuzuziehenden, insb. an einer Verhinderung einer ihm nachteiligen Entscheidung, und das Interesse des Einspruchsführers, insb. an der Geheimhaltung im Einspruchsverfahren zu offenbarender Tatsachen, in Betracht zu ziehen und gegeneinander abzuwägen (BFH 28.12.1998 – VII B 280/98, BFH/NV 1999, 815; Gräber FGO § 60 Rn. 20 und 30). Bei gegenläufigen Interessen von Einspruchsführer und Hinzuzuziehendem bedarf es besonders sorgfältiger Abwägung; grds. ausgeschlossen ist die Hinzuziehung auch in diesem Fall jedoch nicht (BFH 28.12.1998 – VII B 280/98, BFH/NV 1999, 815). Der Widerspruch des Hinzuzuziehenden gegen seine Hinzuziehung ist zwar grds. unbeachtlich (BFH 28.12.1998 – VII B 280/98, BFH/NV 1999, 815). Bei sachgerechter Ermessensausübung ist aber eine Hinzuziehung **gegen den Willen des Einspruchsführers** nur in begründeten Ausnahmefällen auszusprechen, insb. dann, wenn der Hinzuzuziehende ein den Belangen des Einspruchsführers entgegengesetztes Interesse am Ausgang des Einspruchsverfahrens hat (BFH 17.8.1978 – VII B 30/78, BStBl. II 1979, 25; BFH 19.9.2013 – V B 78/12, BFH/NV 2014, 72; BFH 8.7.2004 – VII B 90/04, BFH/NV 2004, 1659). Die einfache Hinzuziehung kann ermessensfehlerhaft sein, wenn vom Hinzuzuziehenden, zB wegen hohen Alters, eine Förderung des Verfahrens nicht erwartet und eine erforderliche Sachverhaltsaufklärung durch seine Anhörung nicht erreicht werden kann (BFH 16.3.2001 – II B 83/00, BFH/NV 2001, 1275).

17 **Einzelfälle.** Die einfache Hinzuziehung eines voraussichtlichen **Haftungsschuldners** kommt nach der ausdrücklichen Regelung in § 360 I 1 HS 2 im Einspruchsverfahren des StSchuldners in Betracht, da durch die Einspruchsentscheidung die rechtlichen Interessen des Haftungsschuldners berührt werden, wenn er neben dem StSchuldner nach den StGesetzen haftet, zB nach §§ 69, 71 ff. (BFH 11.7.2011 – XI B 91/10, BFH/NV 2011, 1720; BFH 13.7.2009 – II B 10/09, BFH/NV 2009, 1663; BFH 14.10.1997 – IV B 147/96, BFH/NV 1998, 345). Der Haftungsschuldner ist aufgrund seiner Hinzuziehung gehindert, bei seiner späteren Inanspruchnahme durch Haftungsbescheid gem. § 191 I 1 Einwendungen gegen Höhe und Existenz der StSchuld geltend zu machen; eine Entscheidung darüber, ob die Voraussetzungen der Haftungsnorm erfüllt sind, erfolgt in dem Einspruchsverfahren des Stpfl. jedoch nicht, sondern bleibt dem Haftungsverfahren vorbehalten. Die einfache Hinzuziehung ist nicht geboten, wenn der Haftungsschuldner zu dem in § 166 genannten Personenkreis gehört, da diese Personen eine unanfechtbare StFestsetzung gegen sich gelten lassen müssen (BFH 22.1.2002 – V B 138/01, BFH/NV 2002, 672; BFH 14.7.1997 – V B 121/96, BFH/NV 1998, 48). Eine Hinzuziehung ist auch dann nicht geboten, wenn die Haftung auf lediglich vertraglicher Grundlage (§ 192) beruht (Schwarz/Pahlke/Keß § 360 Rn. 14a). Ferner kommt auch die einfache Hinzuziehung eines **Duldungspflichtigen** (§ 77) im Einspruchsverfahren des Stpfl. in Betracht, da die Duldungspflicht ein Unterfall der Haftung ist und gem. § 191 1 durch Duldungsbescheid geltend gemacht wird (Schwarz/Pahlke/Keß § 360 Rn. 14b; TK FGO § 60 Rn. 56).

Eine einfache Hinzuziehung des StSchuldners im Einspruchsverfahren des Haftungsschuldners ist ebenfalls zulässig. So kann zum Einspruchsverfahren des Arbeitgebers gegen einen **LSt-Haftungsbescheid** (§ 42d I EStG) oder gegen einen **LSt-Nachforderungsbescheid** der Arbeitnehmer als Schuldner der LSt (§ 42d III EStG) gem. § 360 I 1 einfach hinzugezogen werden (BFH 7.2.1980 – VI B 97/79, BStBl. II 1980, 210; BFH 6.5.1988 – VI B 35/87, BFH/NV 1989, 113; Schmidt EStG § 42d Rn. 59). Der Arbeitnehmer ist in diesem Fall jedoch nicht notwendig gem. § 360 III 1 zum Einspruchsverfahren seines Arbeitgebers hinzuzuziehen (BFH 7.2.1980 – VI B 97/79, BStBl. II 1980, 210). Ficht dagegen der Arbeitnehmer im Wege der Drittanfechtung den an seinen Arbeitgeber gerichteten LSt-Haftungsbescheid an, ist der Arbeitgeber als Adressat des Haftungsbescheids notwendig gem. § 360 III zum Verfahren hinzuzuziehen (BFH 29.6.1973 – VI R 311/69, BStBl. II 1973, 780; Schmidt EStG § 42d Rn. 59; → § 350 Rn. 22). Entsprechendes gilt für die KapESt. Zum Einspruchsverfahren des Entrichtungsschuldners gegen einen **KapESt-Haftungs- oder Nachforderungsbescheid** kann der Gläubiger der Kapitalerträge als Schuldner der KapESt (§ 44 I EStG) gem. § 360 I 1 einfach hinzugezogen werden; die Hinzuziehung ist jedoch nicht notwendig iSd § 360 III 1 (vgl. Gräber FGO § 60 Rn. 83). Ficht der Gläubiger der Kapitalerträge den an den Entrichtungsschuldner gerichteten KapESt-Haftungs- oder Nachforderungsbescheid an, ist der Entrichtungsschuldner notwendig gem. § 360 III hinzuzuziehen (vgl. Gräber FGO § 60 Rn. 83; → § 350 Rn. 22). 18

Einfache Hinzuziehung kann ferner in Fällen der **Gesamtschuldnerschaft** (§ 44 I) veranlasst sein. Einer notwendigen Hinzuziehung (§ 360 III) der anderen Gesamtschuldner bedarf es bei Einspruchseinlegung durch einen Gesamtschuldner nicht (BFH 18.5.2006 – II B 28/04, BFH/NV 2006, 1849; BFH 21.1.1999 – IV R 27/97, BStBl. II 1999, 638; BFH 20.4.2010 – II B 131/08, BFH/NV 2010, 1854). Ergeht gegen mehrere Gesamtschuldner, zB gem. § 13 GrEStG oder § 20 ErbStG, ein einheitlicher Bescheid (§ 155 III) und legt nur ein Gesamtschuldner Einspruch ein, kann der andere Gesamtschuldner einfach hinzugezogen werden (BFH 11.1.1994 – VII B 100/93, BStBl. II 1994, 405). Ebenso kommt eine einfache Hinzuziehung in Betracht, wenn nur ein Gesamtschuldner durch EinzelStBescheid in Anspruch genommen wird (BFH 16.3.2001 – II B 83/00, BFH/NV 2001, 1275). 21

Legt bei **zur ESt zusammenveranlagten Ehegatten** (§ 26b EStG) oder Lebenspartnern (§ 26b EStG iVm § 2 VIII EStG) nur ein Ehegatte/Lebenspartner gegen den ESt-Zusammenveranlagungsbescheid Einspruch ein, ist der andere Ehegatte/Lebenspartner nach hM grds. nicht gem. § 360 III 1 notwendig zum Einspruchsverfahren hinzuzuziehen (BFH 20.1.1972 – I B 51/68, BStBl. II 1972, 287; BFH 7.2.2008 – VI R 41/05, BFH/NV 2008, 1136; BFH 12.5.1992 – VIII R 33/88, BFH/NV 1992, 793; BFH 14.1.1997 – VII R 66/96, BFHE 182, 262, std. Rspr.; Gräber FGO § 60 Rn. 137; TK FGO § 60 Rn. 57; Klein § 360 Rn. 20). Dies wird vor allem damit begründet, dass bei der Zusammenveranlagung kein einheitlicher VA, sondern zwei gem. § 155 III zusammengefasste StBescheide ergehen und sich daher im Einspruchs- oder Klageverfahren unterschiedliche StFestsetzungen ergeben können (→ § 155 Rn. 60 ff.). Regelmäßig wird sich jedoch eine einfache Hinzuziehung des anderen Ehegatten/Lebenspartners empfehlen; dies gilt auch dann, wenn der hinzuzuziehende Ehegatte/Lebenspartner nicht über eigene Einkünfte verfügt (AEAO zu § 360 Nr. 3). Der Ehegatte/Lebenspartner ist grds. auch nicht zu einem Einspruchsverfahren gem. § 360 III 1 notwendig hinzuzuziehen, mit dem der andere Ehegatte/Lebenspartner die Durchführung einer Zusammenveranlagung begehrt, auch wenn der Ehegatte/Lebenspartner seinerseits die Einzelveranlagung (§ 26a EStG) beantragt hat (vgl. BFH 7.2.2005 – III B 101/04, BFH/NV 2005, 1083). Nach BFH 17.2.2000 – I R 52–55/99, BStBl. II 2000, 354 ist in diesen Fällen allerdings eine Hinzuziehung des nicht am Verfahren beteiligten Ehegatten/Lebenspartners regelmäßig erforderlich; eine Ausnahme von dieser Regel soll nur dann gelten, wenn der betreffende Ehegatte/Lebenspartner keine nennenswerten Einkünfte erzielt hat und deshalb unter keinem denkbaren Aspekt vom Ausgang des Verfahrens betroffen ist. Ferner ist der im Inland keine stpfl. Einkünfte 22 erzielende und im Ausland wohnende Ehegatte/Lebenspartner eines beschränkt Stpfl. nicht notwendig zum Einspruchsverfahren des Ehegatten/Lebenspartners wegen Ablehnung des Antrags auf Zusammenveranlagung gem. § 1 III EStG iVm § 1a Nr. 2 EStG hinzuzuziehen (BFH 6.5.2015 – I R 16/14, BStBl. II 2015, 957; BFH 1.10.2014 – I R 18/13, BStBl. II 2015, 474). Eine einfache Hinzuziehung gem. § 360 I 1 ist jedoch in diesen Fällen möglich. Ein Ehegatte/Lebenspartner ist dagegen dann notwendig zum Verfahren hinzuzuziehen, wenn der andere Ehegatte/Lebenspartner statt der durchgeführten Zusammenveranlagung (§ 26b EStG) nunmehr eine Einzelveranlagung (§ 26a EStG) erreichen möchte, denn der Wechsel von der Zusammenveranlagung zur Einzelveranlagung hat durch den Verlust des sog. Splittingvorteils im Regelfall eine höhere StBelastung des anderen Ehegatten/Lebenspartners zur Folge (BFH 7.2.2005 – III B 101/04, BFH/NV 2005, 1083; BFH 26.11.2004 – III S 8/04, BFH/NV 2005, 351; BFH 20.5.1992 – III B 110/91, BStBl. II 1992, 916). Besteht zwischen Ehegatten/Lebenspartnern Streit über die Zurechnung von Einkünften, liegt kein Fall der notwendigen Hinzuziehung (§ 360 III 1) vor, ggf. ist jedoch eine Hinzuziehung gem. § 174 V veranlasst (BFH 20.11.2013 – X R 7/11, BFH/NV 2014, 482; Huxol DStR 1982, 285; Meyer DStZ 1993, 401).

23 Im Verfahren gegen einen **Einheitswertbescheid oder Grundsteuerwertbescheid** kann der Rechtsnachfolger iSd § 182 II, auf den das Grundstück nach dem Feststellungszeitpunkt mit steuerlicher Wirkung übergegangen ist, gem. § 360 I 1 einfach hinzugezogen werden, wenn die Rechtsnachfolge nach Ergehen des Feststellungsbescheids eingetreten ist (BFH 22.11.2000 – II B 105/99, BFH/NV 2001, 619). Die einfache Hinzuziehung eines **Feststellungsbeteiligten** hat in Einspruchsverfahren betr. einheitliche und gesonderte Feststellung von Besteuerungsgrundlagen (§§ 179 ff.) gem. § 360 III 2 zu unterbleiben, wenn der Feststellungsbeteiligte nicht gem. § 352 einspruchsbefugt ist (→ Rn. 35).

II. Anhörung des Einspruchsführers (Abs. 1 S. 2)

25 Gemäß § 360 I 2 ist der Einspruchsführer vor der Hinzuziehungsentscheidung zu hören, sofern er nicht selbst die Hinzuziehung beantragt oder angeregt hat. Ihm ist Gelegenheit zur Stellungnahme zu geben, um ggf. die Hinzuziehung durch Rücknahme des Einspruchs zu vermeiden (AEAO zu § 360 Nr. 2). Bei nicht vertretenen Einspruchsführern ist eine ausdrückliche Belehrung der FB über das Rechtsinstitut der Hinzuziehung und die mit ihr verbundenen Rechtsfolgen erforderlich; eine bloße Aufforderung der FB zur Stellungnahme reicht nicht aus (TK § 360 Rn. 4). Eine unterbliebene oder nicht ordnungsgemäße Anhörung ist ein Verfahrensfehler, der durch Anfechtung der Hinzuziehungsverfügung gerügt werden kann. Die Aufhebung der Hinzuziehungsverfügung kommt jedoch wegen der Heilungsmöglichkeit im Einspruchsverfahren (§ 126 I Nr. 3) nur in Betracht, sofern die Hinzuziehungsvoraussetzungen nicht vorliegen.

C. Hinzuziehung von Abgabeberechtigten (Abs. 2)

26 § 360 II schließt sowohl die einfache als auch die notwendige Hinzuziehung eines Abgabeberechtigten aus, der nicht selbst Einspruchsführer sein kann (BFH 25.7.1995 – VII B 1/95, BFH/NV 1996, 155; BFH 17.10.2001 – I B 6/01, BStBl. II 2002, 91). Die Regelung betrifft Fälle, in denen für eine Steuer, wie bei der GewSt oder der GrSt, die Ertragsberechtigung und die Verwaltungszuständigkeit auseinanderfallen (→ § 1 Rn. 20). Daher ist zB außerhalb der Stadtstaaten Hamburg, Bremen und Berlin im Einspruchsverfahren eines GewSt-Pflichtigen gegen einen GewSt-Messbescheid die die GewSt erhebende Gemeinde (§ 1 GewStG) gem. § 360 II nicht hinzuzuziehen, obgleich deren Interessen im Hinblick auf den von ihr zu erlassenden GewSt-Bescheid berührt sind. § 360 II geht davon aus, dass die Interessen des Abgabenberechtigten voll und ganz durch die beteiligte abgabenverwaltende Behörde wahrgenommen werden. Die Vorschrift ist,

ebenso wie §§ 40 III, 60 II FGO, verfassungsgemäß (BFH 30.1.1976 – III R 60/74, BStBl. II 1976, 426; BVerfG 30.6.1976 – 2 BvR 475/76, HFR 1976, 536). Gemeinden sind allerdings zu einem Einspruchsverfahren notwendig hinzuzuziehen (§ 360 III 1) oder zu einem Klageverfahren gem. § 60 III 1 FGO notwendig beizuladen, soweit sie selbst Einspruchsführer sein können, wie zB im Zerlegungsverfahren gem. § 30 GewStG (vgl. BFH 28.10.1987 – I R 275/83, BStBl. II 1988, 292).

D. Notwendige Hinzuziehung (Abs. 3)

I. Grundsatz (Abs. 3 S. 1)

Gemäß § 360 III 1 sind Dritte zum Einspruchsverfahren hinzuzuziehen, wenn diese an dem str. Rechtsverhältnis derart beteiligt sind, dass die Entscheidung auch ihnen gegenüber nur einheitlich ergehen kann. Die notwendige Hinzuziehung setzt neben den allgemeinen Hinzuziehungsvoraussetzungen voraus, dass rechtliche Interessen des Dritten nach den StGesetzen berührt werden (BFH 9.4.1991 – IX R 78/88, BStBl. II 1991, 809; → Rn. 14 f.). Eine **einheitliche Entscheidung** hat zu ergehen, wenn die Einspruchsentscheidung notwendigerweise und unmittelbar Rechte oder Rechtsbeziehungen des Dritten gestaltet, bestätigt, verändert oder zum Erlöschen bringt; dies gilt insb. für Fälle, in denen der Umstand, der den Einspruchsführer begünstigt oder benachteiligt, notwendigerweise umgekehrt den Dritten benachteiligt oder begünstigt (zB BFH 4.7.2001 – VI B 301/98, BStBl. II 2001, 729; BFH 27.2.1969 – IV R 263/66, BStBl. II 1969, 343; BFH 29.7.2004 – VI B 174/02, BFH/NV 2004, 1547; BFH 19.2.2002 – IX B 130/01, BFH/NV 2002, 802; std. Rspr.). Die notwendige Einheitlichkeit der Entscheidung kann ihren Grund im materiellen StRecht oder im Verfahrensrecht haben (BFH 11.1.1994 – VII B 100/93, BStBl. II 1994, 405). 28

Die notwendige Hinzuziehung gem. § 360 III 1 ist **entbehrlich,** wenn der Einspruch offensichtlich unzulässig ist (→ Rn. 9). Ferner ist eine notwendige Hinzuziehung nicht erforderlich, wenn der Hinzuzuziehende gegen den VA selbst einen zulässigen Einspruch eingelegt hat und beide Einspruchsverfahren zur gemeinsamen Entscheidung verbunden werden (BFH 26.3.1971 – VI R 131–135/68, BStBl. II 1971, 478; zur Verbindung von Einspruchsverfahren → § 365 Rn. 13). Bereits durch die Verbindung der Verfahren ist die Einheitlichkeit der Entscheidung gesichert; die Hinzuziehung nach § 360 III 1 ist jedoch erforderlich, wenn der Einspruch des Hinzuzuziehenden unzulässig ist. 28a

II. Einzelfälle notwendiger Hinzuziehung

Eine notwendige Hinzuziehung gem. § 360 III kommt bei **Bescheiden über die einheitliche und gesonderte Feststellung von Besteuerungsgrundlagen (§§ 179 ff.)** in Betracht. Die nach §§ 179 ff. angeordnete Einheitlichkeit der Entscheidung verlangt zwingend auch eine einheitliche Einspruchsentscheidung, sodass grds. zum Einspruchsverfahren eines Feststellungsbeteiligten die übrigen Feststellungsbeteiligten notwendig hinzuzuziehen sind; eine Einschränkung ergibt sich jedoch aus § 360 III 2: Mitberechtigte, die nach § 352 nicht einspruchsbefugt sind, sind nicht notwendig hinzuzuziehen (→ Rn. 35). Notwendig hinzuzuziehen sind gem. § 360 III daher nur diejenigen Feststellungsbeteiligten, die gem. § 352 I Nr. 2–5 einspruchsbefugt sind und die selbst keinen Einspruch eingelegt haben (vgl. BFH 5.6.2019 – IV R 17/16, BFH/NV 2019, 1123; BFH 21.10.2014 – VIII R 22/11, BStBl. II 2015, 687; BFH 27.5.2004 – IV R 48/02, BStBl. II 2004, 964; BFH 29.5.2001 – VIII R 10/00, BStBl. II 2001, 747; BFH 26.3.1996 – IX R 12/91, BStBl. II 1996, 606; BFH 2.7.1998 – IX B 79/98, BFH/NV 1999, 64). Sind neben der nach § 352 I Nr. 1 Buchst. a einspruchsbefugten Gesellschaft/Gemeinschaft auch einzelne Gesellschafter/Gemeinschafter nach § 352 I Nr. 3–5 einspruchsbefugt, sind diese somit notwendig hinzuzuziehen, wenn durch den Inhalt der Einspruchsentscheidung ihre 29 rechtlichen Interessen berührt werden, wie zB bei einem Streit über ihr Sonderbetriebsvermögen oder über ihre Sonderbetriebsausgaben (BFH 19.7.1994 – VIII R 59/93, BFH/NV 1995, 684; BFH 21.6.1988 – VIII R 93/87, BFH/NV 1989, 589). Ferner ist eine Hinzuziehung stets notwendig, wenn die Beteiligung des Hinzuzuziehenden an der Gesellschaft/Gemeinschaft str. ist (BFH 30.7.1987 – IV R 44/85, BFH/NV 1989, 502). Zum Einspruchsverfahren eines Gesellschafters/Gemeinschafters ist die Gesellschaft/Gemeinschaft, solange sie noch nicht vollbeendet ist, stets notwendig hinzuzuziehen, selbst wenn sie unter keinem denkbaren rechtlichen Gesichtspunkt vom Ausgang des Verfahrens betroffen sein kann, da diese Einschränkung nicht für die Einspruchsbefugnis der Gesellschaft/Gemeinschaft nach § 352 I Nr. 1 Buchst. a gilt (BFH 26.6.2021 – VIII B 28/21, BFH/NV 2021, 1363; BFH 31.1.1992 – VIII B 33/90, BStBl. II 1992, 559; BFH 14.11.2008 – IV B 136/07, BFH/NV 2009, 597); die Hinzuziehung aller übrigen Gesellschafter/Gemeinschafter genügt in diesem Fall regelmäßig nicht (BFH 4.8.1988 – IV R 78/86, BFH/NV 1989, 281). Ist str., ob die Gesellschaft/Gemeinschaft überhaupt besteht, sind sämtliche (vermeintlichen) Mitgesellschafter/Mitgemeinschafter notwendig hinzuzuziehen. **Ausgeschiedene Gesellschafter/Gemeinschafter** werden nicht mehr durch die rechtsfähige Personenvereinigung (§ 352 I Nr. 1 Buchst. a) oder den Einspruchsbevollmächtigten (§ 352 I Nr. 2 Buchst. a iVm § 352 II) vertreten; sie sind daher zum Einspruchsverfahren der Gesellschaft/Gemeinschaft notwendig hinzuzuziehen, wenn das Einspruchsverfahren einen Zeitraum betrifft, in dem sie noch Mitglied der Gesellschaft/Gemeinschaft waren (BFH 18.12.1990 – VIII R 134/86, BStBl. II 1991, 882; → § 352 Rn. 32). Ferner sind zu einem Einspruchsverfahren eines ehemaligen Gesellschafters/Gemeinschafters auch ehemalige Gesellschafter/Gemeinschafter, die nicht selbst Einspruch erhoben haben, hinzuzuziehen, soweit sie vom Ausgang des Verfahrens betroffen sind (BFH 26.8.2013 – IV B 62/13, BFH/NV 2013, 1940). Ist str., ob und ggf. in welcher Höhe ein ausgeschiedener Gesellschafter/Gemeinschafter einen Veräußerungsgewinn (§ 16 I Nr. 2 EStG) erzielt hat, ist der Anteilsübernehmer zum Einspruchsverfahren des Ausgeschiedenen notwendig hinzuzuziehen (BFH 10.11.1988 – IV R 70/86, BFH/NV 1990, 31). Wird namens einer **vollbeendeten PersGes** gegen einen Gewinnfeststellungsbescheid Einspruch eingelegt, ist zunächst zu prüfen, ob der Einspruch nicht im Wege der Auslegung als Rechtsmittel der einzelnen Gesellschafter anzusehen ist; ergibt die Auslegung, dass nicht alle Gesellschafter als Einspruchsführer in Betracht kommen, sind die übrigen zum Verfahren notwendig hinzuzuziehen (BFH 1.7.2004 – IV R 4/03, BFH/NV 2005, 162). Ein **atypisch stiller Gesellschafter** ist notwendig zum Einspruchsverfahren des Einspruchsbevollmächtigten der atypisch stillen Gesellschaft hinzuzuziehen, wenn er nach § 352 I Nr. 4 oder 5 einspruchsbefugt ist, aber selbst keinen Einspruch eingelegt hat; die atypisch stille Gesellschaft ist nicht einspruchsbefugt und kann daher auch nicht zum Verfahren hinzugezogen werden (BFH 30.9.2005 – VIII B 150/04, BFH/NV 2006, 299). Die inländischen Gesellschafter einer **ausländischen PersGes** sind zu einem Einspruchsverfahren der PersGes gegen einen Bescheid, mit dem eine Feststellung gem. § 180 V Nr. 1 abgelehnt worden ist, sog. negativer Feststellungsbescheid, notwendig hinzuzuziehen, da die Gesellschafter selbst nach § 352 I Nr. 4 und 5 einspruchsbefugt sind (vgl. BFH 24.1.2018 – I B 81/17, BFH/NV 2018, 515; BFH 19.1.2017 – IV R 50/13, BFH/NV 2017, 751). Dagegen sind die Gesellschafter der ausländischen PersGes mangels Einspruchsbefugnis grds. nicht zum Einspruchsverfahren der ausländischen PersGes betr. eine Feststellung gem. § 180 V Nr. 1 notwendig hinzuzuziehen, wenn geltend gemacht wird, das FA habe die Qualifikation der gemeinschaftlich erzielten Einkünfte verkannt oder deren Höhe fehlerhaft ermittelt (BFH 18.8.2015 – I R 42/14, BFH/NV 2016, 164). Zu Einzelheiten der Einspruchsbefugnis bei einheitlichen und gesonderten Feststellungen (§§ 179 ff.) s. im Einzelnen die Erl. zu → § 352 Rn. 1 ff.

III. ABC zur Hinzuziehung

Abrechnungsbescheid: → § 218 Rn. 48. 30

Abtretung: Keine notwendige Hinzuziehung des Abtretenden oder neuen Gläubigers zum Einspruchsverfahren des StSchuldners (BFH 23.4.2007 – I B 27/07, BFH/NV 2007, 1675; BFH 26.1.2006 – VII B 327/05, BFH/NV 2006, 843; Gräber FGO § 60 Rn. 51); zur Abtretung im Einzelnen → § 46 Rn. 11 ff.

Aufteilungsbescheid: → § 279 Rn. 13.

Betriebsaufspaltung: Die Entscheidung, ob beim Besitzunternehmen Mietzahlungen als Einnahmen aus Gewerbebetrieb (§ 15 I Nr. 1 EStG) oder als Einnahmen bei den Einkünften aus Vermietung und Verpachtung (§ 21 I Nr. 1 EStG) zu berücksichtigen sind, hat keinen unmittelbaren Einfluss auf die steuerlichen Verhältnisse der Betriebskapitalgesellschaft, sodass diese nicht notwendig zu einem Einspruchsverfahren des Besitzunternehmens hinzuzuziehen ist; eine einfache Hinzuziehung gem. § 360 I 1 sowie eine Hinzuziehung nach § 174 V 2 ist jedoch zulässig (BFH 8.5.2014 – X B 105/13, BFH/NV 2014, 1213).

Duldungsbescheid: → Rn. 17.

Einbringung gem. §§ 20, 21, 24 UmwStG: Zum Einspruchsverfahren des Drittanfechtungsberechtigten ist in den Fällen der §§ 20, 21, 24 UmwStG der aufnehmende Rechtsträger gem. § 360 III notwendig hinzuzuziehen (vgl. BFH 8.6.2011 – I R 79/10, BStBl. II 2012, 421; Brühl FR 2018, 448; wegen der Einzelheiten zum Drittanfechtungsrecht bei Einbringungen nach §§ 20, 21, 24 UmwStG → § 350 Rn. 22).

Feststellungsbescheid gem. §§ 179 ff.: → Rn. 29 sowie → § 352 Rn. 16 ff.

Feststellungsbescheid gem. § 27 II KStG: Klagt die KapGes gegen die Feststellung des steuerlichen Einlagekontos, sind die Gesellschafter der KapGes zu diesem Verfahren nicht notwendig hinzuzuziehen (BFH 25.9.2018 – I B 49/16, BFH/NV 2019, 288; → § 350 Rn. 23).

Gesamtschuldner: → Rn. 21.

Haftung: → Rn. 17.

Hinzurechnungsbesteuerung gem. §§ 7–13 AStG: Werden Besteuerungsgrundlagen für die Anwendung der §§ 7–13 AStG gegenüber mehreren unbeschränkt stpfl. Beteiligten gesondert und einheitlich festgestellt und legt nur einer von ihnen Einspruch ein, so sind die übrigen Beteiligten notwendig hinzuzuziehen (BFH 28.2.1990 – I R 156/86, BStBl. II 1990, 696; zu § 15 AStG für eine ausländische Familienstiftung, die an einer inländischen PersGes beteiligt ist, s. BFH 13.5.2013 – I R 39/11, BStBl. II 2016, 434).

Kinderfreibetrag: Im Streit um die Übertragung des Kinderfreibetrags gem. § 32 VI 6 EStG ist der andere Elternteil nicht notwendig hinzuzuziehen (BFH 4.7.2001 – VI B 301/98, BStBl. II 2001, 729). Möglich ist die einfache Hinzuziehung des anderen Elternteils gem. § 360 I oder die Hinzuziehung bzw. im gerichtlichen Verfahren die Beiladung gem. § 174 V 2.

Kindergeld: Bei Streit zwischen mehreren Kindergeldberechtigten über die Voraussetzungen ihrer Kindergeldberechtigung gem. § 64 EStG ist zum Einspruchsverfahren eines Kindergeldberechtigten der andere Berechtigte nicht notwendig hinzuzuziehen (BFH 25.9.2001 – VI B 153/01, BFH/NV 2002, 160); dies gilt auch dann, wenn ein Elternteil Einspruch gegen einen Kindergeld-Ablehnungsbescheid erhebt mit dem Ziel, ihm Kindergeld zu gewähren; der andere Elternteil ist in diesen Fällen selbst dann nicht notwendig zum Verfahren hinzuzuziehen, wenn er bei Stattgabe des Einspruchs das bisher zu seinen Gunsten festgesetzte Kindergeld verliert (BFH 16.4.2002 – VIII B 171/01, BStBl. II 2002, 578; BFH 26.8.2003 – VIII R 91/98, BFH/NV 2004, 324); die Hinzuziehung oder Beiladung Dritter zum Kindergeldverfahren gem. § 174 V 2 sind jedoch möglich; entsprechende Anträge werden von den beklagten Familienkassen im finanzgerichtlichen Verfahren regelmäßig gestellt. Legt eine Person mit „berechtigtem Interesse“ (§ 67 S. 2 EStG) gegen den gegenüber dem Kindergeldberechtigten ergangenen Kindergeldbescheid Einspruch ein, ist wegen der Einheitlichkeit der Entscheidung eine notwendige Hinzuziehung des durch den bisherigen Bescheid Begünstigten veranlasst, zB wenn das Kind, an das das Kindergeld gem. § 74 I 1 EStG abgezweigt ist, sich gegen die dem Kindergeldberechtigten gegenüber verfügte Aufhebung der Kindergeldfestsetzung wendet (BFH 17.3.2010 – III R 71/09, BFH/NV 2010, 1291; BFH 30.10.2008 – III R 105/07, BFH/NV 2009, 193). Ebenso ist im Einspruchsverfahren eines Sozialleistungsträgers, an den das Kindergeld gem. § 74 I 3 EStG abgezweigt worden ist, gegen einen Kindergeld-Aufhebungsbescheid derjenige notwendig hinzuzuziehen, zu dessen Gunsten das Kindergeld bisher festgesetzt war (BFH 12.1.2001 – VI R 49/98, BStBl. II 2001, 246; BFH 19.2.2001 – VI R 169/97, BFH/NV 2001, 812). Ferner ist zu dem Einspruchsverfahren über ein Abzweigungsbegehren des Sozialhilfeträgers oder des Kindes der kindergeldberechtigte Elternteil, zu dessen Gunsten das Kindergeld festgesetzt ist, notwendig hinzuzuziehen (BFH 17.11.2004 – VIII R 30/04, BFH/NV 2005, 692). Legt der Kindergeldberechtigte gegen einen Abzweigungsbescheid Einspruch ein, sind der Sozialleistungsträger oder das Kind, das die Abzweigung beantragt hat, zum Einspruchsverfahren notwendig hinzuzuziehen (BFH 20.8.2007 – III B 194/06, BFH/NV 2007, 2314; BFH 9.2.2004 – VIII R 21/03, BFH/NV 2004, 662). Zum Einspruchsverfahren betr. Kindergeld-Rückforderungsbescheid sind andere mögliche Anspruchsberechtigte, wie zB der andere Elternteil oder Pflegeeltern, nicht notwendig hinzuzuziehen (BFH 15.11.2004 – VIII B 240/04, BFH/NV 2005, 494) Fordert die Familienkasse vom kindergeldberechtigten Elternteil dagegen Kindergeld mit der Begründung zurück, es sei doppelt gezahlt worden, sowohl an den berechtigten Elternteil als auch an den (erstattungsberechtigten) Sozialhilfeträger, weil dieser die Hilfe zum Lebensunterhalt nicht um das Kindergeld gekürzt habe, ist der Sozialhilfeträger zum Einspruchsverfahren des Kindergeldberechtigten notwendig beizuladen (BFH 15.2.2007 – III R 37/05, BFH/NV 2007, 1160).

Konkurrenteneinspruch: Wendet sich der Einspruchsführer gegen die Besteuerung eines Mitkonkurrenten, ist der Mitkonkurrent zum Einspruchsverfahren notwendig hinzuzuziehen (vgl. BFH 15.10.1997 – I R 10/92, BStBl. II 1998, 63; zum Konkurrenteneinspruch im Einzelnen → § 350 Rn. 9). Entsprechendes gilt für ein Einspruchsverfahren betr. den Auskunftsanspruch zur Vorbereitung eines Konkurrenteneinspruchs oder einer Konkurrentenklage: Begehrt der Stpfl. von der FB, ihm Auskunft darüber zu erteilen, ob ein Mitkonkurrent zu einer Steuer herangezogen wird, so ist der Mitkonkurrent zum Einspruchsverfahren notwendig hinzuzuziehen (vgl. BFH 23.2.2004 – VII R 24/03, BFH/NV 2004, 808; zum Auskunftsanspruch im Einzelnen → § 350 Rn. 9).

LSt-Haftung: → Rn. 18.

Organschaft: Da bei der **körperschaftsteuerlichen Organschaft** (§§ 14 ff. KStG) gem. § 352 I Nr. 2 Buchst b sowohl der Organträger als auch die Organgesellschaft den Feststellungsbescheid iSd § 14 V 1 KStG anfechten können (BFH 1.7.2020 – XI R 20/18, BStBl. II 2021, 296; Verfassungsbeschwerde BVerfG 2 BvR 926/21; R 14.6 VI 2 KStR 2015), sofern kein Einspruchsbevollmächtigter iSd § 352 I Nr. 2 Buchst. a iVm § 352 II bestellt worden ist, ist, wenn nur ein Feststellungsbeteiligter gegen den Feststellungsbescheid Einspruch einlegt, der andere Feststellungsbeteiligte notwendig hinzuzuziehen (Gräber FGO § 60 Rn. 107; vgl. auch BFH 11.7.2023 – I R 21/20, BStBl. II 2024, 413; zur körperschaftsteuerlichen Organschaft → § 350 Rn. 15). Bei der **umsatzsteuerlichen Organschaft** (§ 2 II Nr. 2 UStG) ist bei einem Streit darüber, ob eine Gesellschaft in das Unternehmen eines Organträgers eingegliedert ist, zwar eine Hinzuziehung des Organträgers nach § 174 V 2 möglich, aber nicht iSd § 360 III 1 notwendig (BFH 1.12.2010 – XI R 43/08, BStBl. II 2011, 600). Entsprechendes gilt, wenn der Organträger beantragt, eine ihm gegenüber ergangene USt-Festsetzung dahingehend zu ändern, dass bei seiner Besteuerung die Umsätze und Leistungsbezüge der Organgesellschaft außer Ansatz bleiben, da die Voraussetzungen einer umsatzsteuerrechtlichen Organschaft nicht erfüllt seien (BFH 25.3.2014 – XI B 127/13, BFH/NV 2014, 1012).

Verrechenbare Verluste gem. § 15a EStG und § 15b EStG: Wurden Gewinnfeststellung und die Feststellung des verrechenbaren Verlustes bei beschränkter Haftung (§ 15a IV 1 EStG) gem. § 15a IV 5 EStG miteinander verbunden, ist die Gesellschaft (bis zu ihrer Vollbeendigung) zum gegen die Feststellung des verrechenbaren Verlustes geführten Einspruchsverfahren eines Kommanditisten notwendig hinzuzuziehen (BFH 26.6.2007 – IV R 28/06, BStBl. II 2007, 934; BFH 14.10.2003 – VIII R 32/01, BStBl. II 2004, 359). Legt die Gesellschaft gegen die mit der Gewinnfeststellung verbundene Feststellung des verrechenbaren Verlustes (§ 15a IV 1 EStG) Einspruch ein, ist der Kommanditist, um dessen nicht ausgleichs- oder abzugsfähigen Verlust es geht, notwendig hinzuzuziehen (BFH 22.6.2006 – IV R 31, 32/05, BStBl. II 2007, 687; BFH 20.11.2006 – VIII R 33/05, BStBl. II 2007, 261). Entsprechendes gilt für gesonderte Feststellung des verrechenbaren Verlustes im Zusammenhang mit StStundungsmodellen (§ 15b IV 1 EStG), wenn die Feststellung gem. § 15b IV 5 EStG mit der Gewinnfeststellung verbunden worden ist (vgl. Gräber FGO § 60 Rn. 59 „Verrechenbarer Verlust").

vGA: Der Gesellschafter einer KapGes, der Empfänger einer vGA ist, ist zum Einspruchsverfahren der KapGes, in dem um die Hinzurechnung der vGA gem. § 8 III 2 KStG gestritten wird, nicht notwendig hinzuzuziehen (BFH 28.7.2014 – I B 21/14, BFH/NV 2014, 1881; BFH 14.10.2008 – I B 48/08, BFH/NV 2009, 213). Wendet sich umgekehrt der Gesellschafter einer KapGes gegen die Annahme einer vGA, ist zu dem Einspruchsverfahren wegen ESt die KapGes ebenfalls nicht notwendig hinzuzuziehen; dies hat sich auch mit der Einführung der Korrespondenzregelung des § 32a KStG nicht geändert (BFH 2.12.2014 – VIII R 45/11, BFH/NV 2015, 683).

Zerlegung: → § 186 Rn. 4 und → § 189 Rn. 7.

Zusammenveranlagung von Ehegatten/Lebenspartnern zur ESt: → Rn. 22.

IV. Ausschluss der notwendigen Hinzuziehung (Abs. 3 S. 2)

Nach § 360 III 2 scheidet bei Anfechtung von Bescheiden über die einheitliche und 35
gesonderte Feststellung von Besteuerungsgrundlagen (§§ 179 ff.) eine Hinzuziehung von Mitberechtigten aus, die nicht gem. § 352 einspruchsbefugt sind (→ Rn. 29). Diese Regelung zieht die Konsequenzen daraus, dass die Einspruchsbefugnis gem. § 352 I Nr. 1 Buchst. a auf die rechtsfähige Personenvereinigung und gem. § 352 I Nr. 2 Buchst. a für nicht rechtsfähige Personenvereinigungen auf den Einspruchsbevollmächtigten (§ 352 II) beschränkt ist; diese Beschränkung soll nicht durch die Hinzuziehung anderer nicht einspruchsbefugter Gesellschafter/Gemeinschafter unterlaufen werden (HHSp § 360 Rn. 120; s. auch BFH 4.5.1972 – IV 251/64, BStBl. II 1972, 672). Aus diesem Grunde kommt auch eine einfache Hinzuziehung (§ 360 I) nicht einspruchsbefugter Gesellschafter/Gemeinschafter nicht in Betracht (BFH 28.8.1990 – VIII B 25/90, BStBl. II 1990, 1072).

V. Anhörung des Einspruchsführers

Für die notwendige Hinzuziehung ist die Anhörung des Einspruchsführers, im Gegensatz 36
zur einfachen Hinzuziehung (§ 360 I 2), zwar nicht ausdrücklich angeordnet. Sie ist gleichwohl schon wegen des Anspruchs auf rechtliches Gehör (§ 365 I iVm § 91 I) und ferner deshalb erforderlich, damit der Einspruchsführer ggf. die Hinzuziehung durch die Rücknahme des Einspruchs vermeiden kann (AEAO zu § 360 Nr. 2; TK § 360 Rn. 4). Im Übrigen gelten die Erl. zu § 360 I 2 entspr. (→ Rn. 25).

E. Rechtsstellung des Hinzugezogenen (Abs. 4); Verfahrensfragen

Der Hinzugezogene wird gem. § 359 Nr. 2 Beteiligter des Einspruchsverfahrens. Die 37
Beteiligtenstellung bestimmt sich allein nach dem formellen Inhalt der Hinzuziehungsentscheidung und tritt unabhängig davon ein, ob die Hinzuziehungsvoraussetzungen des

§ 360 erfüllt sind (BFH 29.5.2001 – VIII R 10/00, BStBl. II 2001, 747). Liegen allerdings die Voraussetzungen des § 360 nicht vor, ist der Hinzugezogene durch die Einspruchsentscheidung nicht materiell beschwert (→ Rn. 54).

I. Rechtsstellung des Hinzugezogenen; Rechtswirkungen der Hinzuziehung

38 **Rechtsstellung des Hinzugezogenen.** Gemäß § 360 IV kann der Hinzugezogene dieselben Rechte geltend machen wie derjenige, der den Einspruch eingelegt hat. Diese Regelung differenziert, wegen des insoweit von § 60 VI FGO abw. Wortlauts, hinsichtlich der Rechtsposition des Hinzugezogenen nicht zwischen einfacher und notwendiger Hinzuziehung (TK § 360 Rn. 7; Olbertz DB 1988, 1292). Der Hinzugezogene kann daher auch außerhalb der Anträge des Einspruchsführers selbständig Angriffs- und Verteidigungsmittel geltend machen und abw. Sachanträge stellen (BFH 7.2.2007 – IV B 210/04, BFH/NV 2007, 869; TK § 360 Rn. 7). Jedoch besteht die durch § 360 IV vermittelte gleiche Rechtsstellung von Einspruchsführer und Hinzugezogenem nur **innerhalb des Verfahrens,** zu dem die Hinzuziehung erfolgt ist (BFH 1.2.2000 – VII B 202/99, BFH/NV 2000, 960). Der Hinzugezogene ist daher nicht berechtigt, selbst Einspruch gegen den an den Adressaten gerichteten VA einzulegen (BFH 20.7.1988 – I R 174/85, BStBl. II 1989, 87). Er kann nicht Adressat einer Aufforderung gem. § 364b sein (→ § 364b Rn. 9); die Antragsbefugnis nach § 364a I 1 steht ihm nicht zu (→ § 364a Rn. 4). Eine Beendigung der Hinzuziehung durch einseitige Erklärung des Hinzugezogenen ist ausgeschlossen.

39 Der Hinzugezogene hat das Recht, sich vertreten zu lassen (§ 365 I iVm § 80 I). Er ist in den Schriftsatzwechsel der übrigen Verfahrensbeteiligten einzubeziehen; hierzu ist ihm Gelegenheit zur eigenen Stellungnahme zu geben (BFH 18.12.1964 – III 371/60 U, BStBl. III 1965, 149; BFH 25.2.1999 – IV R 48/98, BStBl. II 1999, 531). Überhaupt hat der Hinzugezogene Anspruch auf rechtliches Gehör gem. § 365 I iVm § 91 I 1 (BFH 29.4.2009 – X R 16/06, BStBl. II 2009, 732), auf Teilnahme an einer Beweisaufnahme gem. § 365 II und auf Mitteilung der Besteuerungsgrundlagen gem. § 364. Die Hinzuziehung rechtfertigt nach § 30 IV Nr. 1 die Offenbarung von Verhältnissen des Stpfl., soweit dies der Durchführung des Einspruchsverfahrens dient (BFH 22.11.2000 – II B 105/99, BFH/NV 2001, 619; → § 30 Rn. 132). Eine Verpflichtung des Hinzugezogenen zur Mitwirkung im Verfahren besteht jedoch nicht. Ein Ruhen des Einspruchsverfahrens gem. § 363 II 1 bedarf keiner Zustimmungserklärung des Hinzugezogenen (→ § 363 Rn. 39). Zur Unterbrechung des Einspruchsverfahrens bei Tod des Hinzugezogenen → § 363 Rn. 67.

40 **Grundsatz der Akzessorietät.** Die dem Hinzugezogenen durch § 360 IV vermittelte Rechtsstellung ist begrenzt auf die Rechte des Einspruchsführers und besteht nur in den Grenzen des durch den Einspruchsführer bestimmten Einspruchsgegenstands, sog. Grundsatz der Akzessorietät (vgl. BFH 29.5.2001 – VIII R 10/00, BStBl. II 2001, 747; Gosch AO § 360 Rn. 56; HHSp § 360 Rn. 47 und 153). Die Dispositionsbefugnis über den Streitgegenstand des Einspruchsverfahrens verbleibt beim Einspruchsführer. Der Hinzugezogene hat insb. nicht die Möglichkeit der Rücknahme des Einspruchs (§ 362). Nimmt der Einspruchsführer den Einspruch zurück und entzieht er damit der Hinzuziehung die Grundlage, kann der Hinzugezogene das Verfahren nicht seinerseits fortsetzen (TK § 360 Rn. 8). Eine vom Hinzugezogenen gleichwohl begehrte Fortsetzung des Einspruchsverfahrens ist ausgeschlossen; dies kann die FB ggf. förmlich feststellen (HHSp § 360 Rn. 46). Die Hinzuziehung lässt die der FB gem. § 367 II 1 aufgegebene Prüfung der Sache „in vollem Umfang" unberührt (→ § 367 Rn. 9).

41 Das Einspruchsverfahren endet auch dann, wenn die FB den angefochtenen VA aufhebt oder ändert und/oder der Einspruchsführer den Einspruch in der Hauptsache für erledigt erklärt (BFH 31.8.2000 – VIII R 33/00, BFH/NV 2001, 320; → § 367 Rn. 48). Die Erledigung des Einspruchsverfahrens ist nicht von der Zustimmung des Hinzugezogenen abhängig (BFH 11.4.1991 – V R 40/86, BStBl. II 1991, 605; BFH 21.9.1994 – V B 196/

93, BFH/NV 1995, 469). Diese gilt zunächst dann, wenn die Erledigung des Einspruchsverfahrens auf einem **Abhilfebescheid gem. § 172 I 1 Nr. 2 Buchst. a** beruht, der dem Einspruchsbegehren des Einspruchsführers in vollem Umfang entspricht (BFH 11.4.1991 – V R 40/86, BStBl. II 1991, 605; BFH 21.9.1994 – V B 196/93, BFH/NV 1995, 469). In diesem Fall kann der Hinzugezogene der Erledigung des Einspruchsverfahrens nicht widersprechen und der Eintritt der Erledigungswirkung nicht von einer Zustimmungserklärung des Hinzugezogenen abhängig sein, weil andernfalls dem Einspruchsführer die Fortsetzung des Einspruchsverfahrens aufgedrängt werden würde (zutr. Gosch AO § 360 Rn. 56; Klein § 360 Rn. 37; v. Beckerath DStR 1983, 475; aA BFH 30.5.1963 – III 380/61, HFR 1964, 51; v. Wedelstädt AO-StB 2007, 46; TK § 360 Rn. 8; AEAO zu § 360 Nr. 4). Entsprechendes gilt allerdings auch, wenn sich das Einspruchsverfahren durch Erlass eines Teilabhilfebescheids erledigt, weil der Einspruchsführer sein weitergehendes Einspruchsbegehren durch Abgabe einer Erledigungserklärung fallengelassen hat; auch in diesem Fall bedarf es zur Verfahrensbeendigung keiner Zustimmung des Hinzugezogenen (aA HHSp § 367 Rn. 226; Klein § 360 Rn. 38; AEAO zu § 360 Nr. 4). Bindungswirkung gegenüber dem Hinzugezogenen entfaltet ein Abhilfebescheid allerdings nur dann, wenn dieser (auch) dem Begehren des Hinzugezogenen entspricht oder der Hinzugezogene seine Zustimmung erklärt hat (BFH 29.4.2009 – X R 16/06, BStBl. II 2009, 732; BFH 11.4.1991 – V R 40/86, BStBl. II 1991, 605). Wird das Einspruchsverfahren ohne entsprechenden Antrag oder ohne Zustimmung des Hinzugezogenen durch Abhilfebescheid gegen den Einspruchsführer abgeschlossen, ist der Hinzugezogene nicht iSd § 174 V 1 beteiligt worden (BFH 21.9.1994 – V B 196/93, BFH/NV 1995, 469). Ergibt sich aus dem Abhilfebescheid eine erstmalige Beschwer iSd § 350 für den Hinzugezogenen, kann dieser bei fehlender Zustimmung gegen den Abhilfebescheid Einspruch einlegen (Gosch AO § 360 Rn. 56).

Die **Einspruchsentscheidung** ist dem Hinzugezogenen bekannt zu geben (§ 366 S. 1). 42
Sie entfaltet **Bindungswirkung** auch **gegenüber** dem **Hinzugezogenen.** Dieser muss die Einspruchsentscheidung gegen sich gelten lassen und kann deren Richtigkeit nach Bestandskraft nicht mehr bestreiten. Zur **Verböserung** des angefochtenen VA zum Nachteil des einfach oder notwendig Hinzugezogenen → § 367 Rn. 27.

II. Verfahrensfragen

1. Hinzuziehungsentscheidung

Die Entscheidung der FB über die einfache Hinzuziehung (§ 360 I 1) ergeht auf Antrag 45
oder von Amts wegen; die notwendige Hinzuziehung (§ 360 III) muss von Amts wegen angeordnet werden. Die Hinzuziehungsentscheidung erfolgt durch VA iSd § 118 S. 1 (BFH 29.5.2001 – VIII R 10/00, BStBl. II 2001, 747); sie kann bis zum Abschluss des Einspruchsverfahrens erfolgen (auch → § 367 Rn. 43 ff.). Die Entscheidung über die einfache Hinzuziehung liegt im Ermessen der FB (→ Rn. 16). Hinsichtlich der notwendigen Hinzuziehung hat die FB keinen Ermessensspielraum.

Form; Bekanntgabe. Die Hinzuziehungsentscheidung muss, auch wenn keine beson- 46
dere Form vorgeschrieben ist, schon im Interesse der Verfahrensklarheit förmlich (schriftlich) und ausdrücklich erfolgen (BFH 30.5.1963 – III 380/61, HFR 1964, 51). Die bloße Aufforderung zur Stellungnahme, Anhörung eines Dritten im Einspruchsverfahren oder Gewährung von Akteneinsicht ist keine Hinzuziehung; ebenso nicht die Übersendung eines an einen anderen gerichteten VA an eine Person, deren Interessen durch diesen VA berührt werden (BFH 30.5.1963 – III 380/61, HFR 1964, 51; BFH 1.2.2000 – VII B 202/99, BFH/NV 2000, 960). Die Hinzuziehungsentscheidung ist den Beteiligten und dem Hinzugezogenen bekannt zu geben. Mit der Bekanntgabe wird der Hinzugezogene gem. § 359 Nr. 2 Beteiligter des Einspruchsverfahrens.

2. Rechtsbehelfe gegen Hinzuziehungsentscheidung

47 Die Hinzuziehung sowie die Ablehnung eines Antrags auf Hinzuziehung sind mit dem **Einspruch** (§ 347 I Nr. 1) angreifbar (BFH 29.5.2001 – VIII R 10/00, BStBl. II 2001, 747). Einspruchsbefugt sind die Beteiligten des Einspruchsverfahrens, dh der Einspruchsführer und andere Hinzugezogene, sowie der Hinzugezogene bzw. der Hinzuzuziehende, dessen Hinzuziehung abgelehnt worden ist. Im Einspruchsverfahren des Einspruchsführers gegen eine notwendige Hinzuziehung gem. § 360 III ist die Hinzuziehung des Hinzugezogenen wenn nicht geboten, so doch zumindest nicht ermessensfehlerhaft (BFH 5.7.2002 – IV B 70/02, BFH/NV 2002, 1477). Bis zum Abschluss des die Hinzuziehung betr. Einspruchsverfahrens sollte das Einspruchsverfahren der „Hauptsache" entspr. § 363 ausgesetzt werden (TK § 360 Rn. 3; Schwarz/Pahlke/Keß § 360 Rn. 36). Gegen eine Hinzuziehungsentscheidung kann nach erfolglosem Einspruchsverfahren Anfechtungsklage (§ 40 I Alt. 1 FGO) erhoben werden. Möglich ist auch eine Verpflichtungsklage (§ 40 I Alt. 2 FGO) auf Hinzuziehung. Das Rechtsschutzbedürfnis für den Einspruch gegen die Hinzuziehungsentscheidung und für eine finanzgerichtliche Klage entfällt jedoch mit Abschluss des Einspruchsverfahrens der „Hauptsache" (BFH 26.1.1993 – VI B 112/92, BFH/NV 1993, 672). Bei der Hinzuziehung handelt es sich im Hinblick auf die sich aus § 360 IV ergebenden Rechtswirkungen um einen vollziehbaren VA, sodass vorläufiger Rechtsschutz ggf. durch AdV gem. § 361 AO oder gem. § 69 FGO gewährt werden kann (HHSp § 360 Rn. 136).

3. Rechtsfolgen unterlassener oder zu Unrecht erfolgter Hinzuziehung

48 Hinsichtlich der Rechtsfolgen einer von der FB unterlassenen Hinzuziehung ist zu unterscheiden: Eine unterlassene **einfache Hinzuziehung** (§ 360 I 1) hat lediglich zur Folge, dass keine Bindung des nicht hinzugezogenen Dritten an die Einspruchsentscheidung eintritt (TK § 360 Rn. 13; Gosch AO § 360 Rn. 61).

49 Eine unterlassene **notwendige Hinzuziehung** (§ 360 III) ist ein wesentlicher **Verfahrensmangel;** dieser führt jedoch unstr., selbst dann, wenn die FB eine notwendige Hinzuziehung bewusst unterlassen hat, nicht zur Nichtigkeit (§ 125) der Einspruchsentscheidung (BFH 28.10.1999 – I R 8/98, BFH/NV 2000, 579). Er wird idR durch die notwendige Beiladung (§ 60 III FGO) im nachfolgenden finanzgerichtlichen Klageverfahren oder durch eine Klage des notwendig Hinzuziehenden gegen die Einspruchsentscheidung **geheilt** (BFH 22.11.1988 – VIII R 62/85, BStBl. II 1989, 359; Gräber FGO § 60 Rn. 147). Zum Klageverfahren des notwendig Hinzuzuziehenden ist der Einspruchsführer gem. § 60 III FGO notwendig beizuladen. Ein Sachurteil darf grds. erst ergehen, wenn die Einspruchsentscheidung auch dem notwendig Hinzuzuziehenden bekannt gegeben wurde (BFH 23.3.2000 – IV B 91/99, BFH/NV 2000, 1217); insoweit muss das Klageverfahren zunächst gem. § 74 FGO ausgesetzt werden (→ Rn. 51). Auch ohne nachträgliche Bekanntgabe der Einspruchsentscheidung an den notwendig Hinzuzuziehenden tritt Heilungswirkung durch Beiladung ein, wenn der Regelungsinhalt des angefochtenen VA durch die Einspruchsentscheidung nicht geändert wurde und kein Verfahrensfehler iSd § 126 vorliegt (BFH 19.7.1989 – II R 73/85, BStBl. II 1989, 851; Klein § 360 Rn. 44; aA HHSp § 360 Rn. 185).

50 Auch bei **Bescheiden über die einheitliche und gesonderte Feststellung von Besteuerungsgrundlagen (§§ 179 ff.)** wird der Verfahrensfehler einer nach § 360 III notwendigen, aber unterlassenen Hinzuziehung geheilt, wenn der **notwendig Hinzuzuziehende** selbst gegen die Einspruchsentscheidung form- und fristgerecht **Klage** erhebt und in der Sache gem. §§ 40 II, 48 FGO klagebefugt ist (BFH 23.3.2000 – IV B 91/99, BFH/NV 2000, 1217; BFH 30.12.2003 – IV B 21/01, BStBl. II 2004, 239; BFH 14.10.2003 – VIII R 32/01, BStBl. II 2004, 359; zur notwendigen Hinzuziehung bei einheitlichen und gesonderten Feststellungen gem. §§ 179 ff. → Rn. 29, 35). Der fehlerhaft nicht hinzugezogene Gesellschafter/Gemeinschafter kann sich hinsichtlich des für die Zulässigkeit der Klage nach § 44 I FGO erforderlichen Vorverfahrens auf das Einspruchs-

verfahren der Gesellschaft/Gemeinschaft berufen; umgekehrt kann sich auch eine fehlerhaft nicht hinzugezogene rechtsfähige Gesellschaft/Gemeinschaft (§ 352 → Rn. 32) auf das Vorverfahren des einspruchsbefugten Gesellschafters/Gemeinschafters berufen (BFH 27.5.2004 – IV R 48/02, BStBl. II 2004, 964). Der formale Einwand, dass das Einspruchsverfahren gegenüber einem nicht Hinzugezogenen keine Wirkung entfalte und der vom nicht Hinzugezogenen erhobenen Klage das fehlende Vorverfahren (§ 44 I FGO) entgegenstehe, soll aus Gründen des effektiven Rechtsschutzes zurücktreten (abl. mit beachtlichen Gründen Steinhauff DStR 2004, 2027). Nichts anderes kann gelten, wenn die hinzuzuziehenden rechtsfähige Gesellschafter/Gemeinschafter prozessuale Rechtsnachfolger des Einspruchsführers und Klägers im finanzgerichtlichen Klageverfahren werden, zB aufgrund der Vollbeendigung der klagenden Gesellschaft/Gemeinschaft. Sind die Hinzuzuziehenden dadurch bereits Beteiligte des Klageverfahrens gem. § 57 Nr. 1 FGO geworden, ist eine notwendige Beiladung gem. § 60 III FGO zwecks Heilung der unterlassenen Hinzuziehung ausgeschlossen (BFH 25.4.2006 – VIII R 52/04, BStBl. II 2006, 847).

Sofern nach den vorstehenden Grundsätzen eine Heilung des Verfahrensfehlers der notwendigen, aber unterlassenen Hinzuziehung (§ 360 III) durch eine Beiladung im finanzgerichtlichen Verfahren gem. § 60 III FGO ausscheidet, ist das finanzgerichtliche Verfahren gem. § 74 FGO auszusetzen, damit die FB die Hinzuziehung nachholen und die Einspruchsentscheidung nachträglich auch dem Hinzuzuziehenden bekannt geben kann (TK FGO § 60 Rn. 112). Bei einer im Einspruchsverfahren unterlassenen notwendigen Hinzuziehung kann der Hinzuzuziehende im Klageverfahren jedoch regelmäßig nicht die isolierte Aufhebung der Einspruchsentscheidung verlangen (TK FGO § 60 Rn. 112). Nur ausnahmsweise hat der notwendig Hinzuzuziehende einen Anspruch auf isolierte Aufhebung der Einspruchsentscheidung, wenn er ein berechtigtes Interesse an der Durchführung eines erneuten Einspruchsverfahrens unter seiner Beteiligung hat oder wenn die Voraussetzungen des § 100 II 2 FGO erfüllt sind (BFH 19.8.1982 – IV R 185/80, BStBl. II 1983, 21; BFH 30.4.1985 – VIII R 331/82, BFH/NV 1986, 70). Dies entspricht auch dem § 126 III 2 FGO zugrunde liegenden Rechtsgedanken. 51

Wird im finanzgerichtlichen Verfahren vom FG der im Einspruchsverfahren fehlerhaft nicht gem. § 360 III Hinzuzuziehende auch nicht gem. § 60 III FGO notwendig beigeladen, kann der BFH diesen Verfahrensfehler gem. § 123 I 2 FGO durch Nachholung der Beiladung im Revisionsverfahren, nicht jedoch im Verfahren der NZB heilen (BFH 26.6.2012 – IV B 108/11, BFH/NV 2012, 1620; BFH 21.12.2011 – IV B 101/10, BFH/NV 2012, 598). Allerdings steht es im Ermessen des BFH, ob er die Beiladung selbst vornimmt oder die Sache an das FG zur Nachholung der notwendigen Beiladung zurückverweist (BFH 19.1.2017 – IV R 50/13, BFH/NV 2017, 751; BFH 19.6.2006 – VIII R 33/05, BFH/NV 2006, 1693; Gräber FGO § 60 Rn. 151 und § 123 Rn. 4 ff.). 52

Ist eine Hinzuziehung zu Unrecht erfolgt, weil die Voraussetzungen für eine (einfache oder notwendige) Hinzuziehung nicht vorliegen, ist der Hinzugezogene zwar formell Verfahrensbeteiligter iSd § 359 Nr. 2, eine materielle Bindungswirkung der Einspruchsentscheidung kann ihm gegenüber jedoch nicht eintreten (Gosch AO § 360 Rn. 66). Die vom Hinzugezogenen gegen die Einspruchsentscheidung erhobene Klage ist zwar zulässig, jedoch mangels Beschwer iSd § 350 unbegründet (→ Rn. 54). Der Einspruchsführer ist zum Klageverfahren des Hinzugezogenen nicht beizuladen; zum Klageverfahren des Einspruchsführers ist der zu Unrecht Hinzugezogene ebenfalls nicht beizuladen (Gosch AO § 360 Rn. 66). 53

4. Rechtsbehelfe gegen Einspruchsentscheidung

Klagebefugnis des Hinzugezogenen. Weder die Hinzuziehung als solche noch die unterbliebene Hinzuziehung begründen für sich betrachtet die Klagebefugnis des Hinzugezogenen (BFH 3.3.2021 – I R 35/19, BFH/NV 2021, 1354; BFH 29.4.2009 – X R 16/06, BStBl. II 2009, 732). Eine Rechtsverletzung des Hinzugezogenen iSd § 40 II FGO wird aber nach allg. Ansicht bejaht, wenn eine materiell-rechtliche Beschwer aufgrund der 54

Bindungswirkung der Entscheidung der FB zu seinen Lasten oder seine formelle Beschwer, zB wegen zurückgewiesener eigener Anträge im Einspruchsverfahren, vorliegt (BFH 3.3.2021 – I R 35/19, BFH/NV 2021, 1354; BFH 18.2.2009 – V R 81/07, BStBl. II 2010, 109; BFH 29.4.2009 – X R 16/06, BStBl. II 2009, 732; BFH 29.5.2001 – VIII R 10/00, BStBl. II 2001, 747; BFH 1.2.2000 – VII B 202/99, BFH/NV 2000, 960; TK § 360 Rn. 11). Klagt der zum Einspruchsverfahren Hinzugezogene gegen die Einspruchsentscheidung, wird der Streitgegenstand seiner Klage durch den Gegenstand des Einspruchsverfahrens beschränkt (BFH 24.7.2012 – XI B 19/11, BFH/NV 2012, 2011). Aus dem Grundsatz der Akzessorietät (→ Rn. 40) folgt, dass ein mangels Rechtsbehelfsbefugnis unzulässiger Einspruch dem Hinzugezogenen kein Klagerecht vermittelt (BFH 7.2.2007 – IV B 210/04, BFH/NV 2007, 869; BFH 29.5.2001 – VIII R 10/00, BStBl. II 2001, 747). Zum Klageverfahren des im Einspruchsverfahren Hinzugezogenen ist der Einspruchsführer gem. § 60 III notwendig beizuladen, sofern die Hinzuziehung im Einspruchsverfahren nicht zu Unrecht erfolgte (BFH 4.10.2006 – X B 114/06, BeckRS 2006, 25010622; → Rn. 53). Erheben sowohl der Einspruchsführer als auch der Hinzugezogene Klage, sind sie gem. § 59 FGO iVm §§ 59, 60 ZPO notwendige Streitgenossen (BFH 7.2.2007 – IV B 210/04, BFH/NV 2007, 869). Ein **rechtskräftiges Urt.** bindet auch den Beigeladenen (§ 110 Nr. 1 FGO). Der Beigeladene kann gegen ein finanzgerichtliches Urteil selbständig Rechtsmittel einlegen, sofern er durch das Urt. beschwert ist. Die Beschwer ergibt sich allerdings nicht schon aus der Beteiligtenstellung des Beigeladenen (§§ 57 Nr. 3, 122 I FGO) oder aus der Bindungswirkung des Urt., sondern setzt eine materielle Beschwer voraus (BFH 9.2.2006 – VIII B 52/05, BFH/NV 2006, 1155; zu Einzelheiten Gräber FGO § 60 Rn. 144).

F. Hinzuziehung in Massenverfahren (Abs. 5)

I. Allgemeines

55 § 360 V trifft eine Sonderregelung für die notwendige Hinzuziehung (§ 360 III) in sog. Massenverfahren (→ Rn. 1). Nach § 360 V kann die FB das Hinzuziehungsverfahren vereinfachen, indem es die Hinzuziehung nur auf die notwendig Hinzuzuziehenden beschränkt, die einen entsprechenden Antrag auf Hinzuziehung gestellt haben. Für das finanzgerichtliche Verfahren enthält § 60a FGO eine vergleichbare Regelung. Nach § 60a FGO kann das FG die notwendige Beiladung (§ 60 III FGO) in Massenverfahren ebenfalls auf solche Personen beschränken, die dies innerhalb einer bestimmten Frist beantragen.

II. Anwendungsvoraussetzungen; Anordnung der Hinzuziehungsbeschränkung (Abs. 5 S. 1–5)

56 Nach **§ 360 V 1** setzt die Hinzuziehungsbeschränkung des § 360 V voraus, dass eine notwendige Hinzuziehung (§ 360 III) von mehr als 50 Personen in Betracht kommt.

57 Die **Anordnung** iSd § 360 V 1, dass nur solche Personen hinzugezogen werden, die dies innerhalb einer bestimmten Frist beantragen, ist ein VA (§ 118 S. 1), der im pflichtgemäßen Ermessen (§ 5) der FB steht. Die Anordnung kann zwar grds. mit dem Einspruch (§ 347) angegriffen werden, jedoch wird es idR an einer Beschwer und an einem Rechtsschutzbedürfnis fehlen (TK § 360 Rn. 5). Die Anordnung muss **schriftlich** erfolgen und so umfassend sein, dass den Betroffenen die rechtzeitige Beantragung der Hinzuziehung möglich ist. Zum notwendigen Inhalt der Anordnung gehören neben dem Hinweis, dass nur solche Personen notwendig hinzugezogen werden, die ihre Hinzuziehung beantragen,

- Angaben zum Gegenstand des Einspruchsverfahrens mit Bezeichnung des Aktenzeichens; weiteren Angaben zum Sachstand sowie zur Person des Einspruchsführers steht das StGeheimnis (§ 30) entgegen;
- die Angabe der Frist, innerhalb derer die Hinzuziehung zu beantragen ist (→ Rn. 60).

Gemäß **§ 360 V 2** kann die **Bekanntgabe der Anordnung,** abw. von § 60a FGO, durch Einzelbekanntgabe an alle Betroffenen erfolgen. In diesem Fall reicht die Bekanntgabe mit einfachem Brief aus; förmliche Zustellung (§ 122 V) ist jedoch aus Gründen der Rechtssicherheit ratsam. Möglich ist ferner die Bekanntgabe der Anordnung im Bundesanzeiger und in mindestens zwei Tageszeitungen. Diese Tageszeitungen müssen in dem Bereich verbreitet sein, in dem sich die Entscheidung voraussichtlich auswirken wird. Die Streichung des Wortes „elektronischen" vor dem Wort „Bundesanzeiger" in Abs. 5 S. 2 durch das G v. 22.12.2011 (BGBl. 2011 I 3044) hat lediglich redaktionelle Bedeutung, da nach diesem Gesetz ab dem 1.4.2012 der Bundesanzeiger ohnehin nur noch elektronisch und nicht mehr in Papierform erscheint (→ Rn. 1). 59

Fristen (§ 360 V 3 bis 5). Die FB hat für die Stellung des Hinzuziehungsantrags eine Frist zu setzen, § 360 V 1. Bei Einzelbekanntgabe muss die Frist angemessen lang sein, um den Betroffenen eine sachgerechte Entscheidung über einen etwaigen Hinzuziehungsantrag zu ermöglichen. Bei öffentlicher Bekanntgabe im Bundesanzeiger und in Tageszeitungen muss die Frist mindestens drei Monate seit Veröffentlichung im Bundesanzeiger betragen, § 360 V 3. Die Frist kann seitens der FB auf Antrag oder von Amts wegen verlängert werden. Bei der Veröffentlichung in Tageszeitungen ist der Tag des Fristablaufs mitzuteilen, § 360 V 4. Wird die Frist zur Stellung des Hinzuziehungsantrags versäumt, ist unter den Voraussetzungen des § 110 Wiedereinsetzung in den vorigen Stand zu gewähren, § 360 V 5. 60

III. Hinzuziehungsantrag; Rechtswirkungen

Der Antrag auf Hinzuziehung ist eine Verfahrenshandlung. Der Antrag ist nach § 357 II (analog) bei der FB anzubringen, bei der der Einspruch anhängig ist (TK § 360 Rn. 5). Der Antrag ist nicht formgebunden; Schriftform ist jedoch aus Beweisgründen zu empfehlen. Die Hinzuziehungsentscheidung der FB ergeht durch VA (§ 118 S. 1), der mit dem Einspruch anfechtbar ist (→ Rn. 45 ff.). Wird der Hinzuziehungsantrag nicht oder verspätet gestellt, ist die Ablehnung der Hinzuziehung durch die FB nicht verfahrensfehlerhaft. In diesem Fall ist die FB allerdings nicht an einer Hinzuziehung ohne Antrag gem. § 360 V 6 gehindert (→ Rn. 62). 61

IV. Hinzuziehung ohne Antragstellung (Abs. 5 S. 6)

Auch ohne einen Antrag auf Hinzuziehung soll die FB Personen hinzuziehen, die von der Entscheidung erkennbar in besonderem Maße betroffen werden, § 360 V 6. Die Betroffenheit „in besonderem Maße" geht ersichtlich noch über die Anforderungen an eine notwendige Hinzuziehung hinaus. Sie verlangt, dass der Hinzuzuziehende möglicherweise mehr als andere Beteiligte von der Einspruchsentscheidung berührt wird (s. auch Gräber FGO § 60a Rn. 28). 62

V. Rechtsfolgen; Verfahrensfehler

Auch im Falle des § 360 V erstreckt sich die **Bindungswirkung der Einspruchsentscheidung** nur auf die Beteiligten des Einspruchsverfahrens, also auf den Einspruchsführer (§ 359 Nr. 1) und auf die Personen, die die FB gem. § 360 V zum Einspruchsverfahren hinzugezogen hat (§ 359 Nr. 2), nicht jedoch auf die notwendig Hinzuzuziehenden, die keinen (fristgerechten) Antrag auf Hinzuziehung gestellt haben und die die FB auch nicht nach § 360 V 6 ohne Antrag zum Verfahren hinzugezogen hat (TK § 360 Rn. 6; Klein § 360 Rn. 52; aA Schwarz/Pahlke/Keß § 360 Rn. 45, der ohne Begründung von einer Hinzuziehungsfiktion aller notwendig Hinzuzuziehenden ausgeht). Ändert die FB mit Einspruchsbescheid den angefochtenen VA, bindet diese Änderung nicht die Nicht-Hinzugezogenen; vielmehr gilt für die Nicht-Hinzugezogenen der ursprüngliche VA fort. Will die FB bei einer Änderung des angefochtenen VA eine einheitliche Wirkung gegenüber 63 allen Beteiligten herstellen, muss sie die Einspruchsentscheidung (nachträglich) auch an die Nicht-Hinzugezogenen bekannt geben (TK § 360 Rn. 6; → Rn. 64). Für die hier vertretene Sichtweise jedoch spricht, dass die AO keine dem § 110 I 1 Nr. 3 FGO entsprechende Regelung enthält. Nach § 110 I 1 Nr. 3 FGO binden rechtskräftige Urt. im Falle des § 60a FGO auch die Personen, die einen Antrag auf Beiladung nicht oder nicht fristgemäß gestellt haben.

64 Unterlaufen der FB bei Durchführung des Verfahrens nach § 360 V **Verfahrensfehler** und/oder unterbleibt trotz rechtzeitiger Antragstellung eine gebotene notwendige Hinzuziehung, kann die fehlerhafte Hinzuziehung im finanzgerichtlichen Klageverfahren durch Beiladung (§ 60 III FGO) der zu Unrecht nicht Hinzugezogenen geheilt werden; die in → Rn. 49 ff. dargestellten Grundsätze gelten insoweit entspr. Das FG kann bei einer nachzuholenden notwendigen Hinzuziehung ggf. auch nach § 60a FGO verfahren; in diesem Fall wird unabhängig davon, ob die FB alle notwendig Beizuladenden im Einspruchsverfahren auch gem. § 360 V hinzugezogen hat, eine einheitliche Bindungswirkung des Urt. nach § 110 I 1 Nr. 3 FGO für alle Beizuladenden erreicht, unabhängig davon, ob sie im finanzgerichtlichen Verfahren gem. § 60a FGO einen Antrag auf Beiladung gestellt haben (Klein § 360 Rn. 53; → Rn. 63).

§ 361 Aussetzung der Vollziehung

(1) [1] **Durch Einlegung des Einspruchs wird die Vollziehung des angefochtenen Verwaltungsakts vorbehaltlich des Absatzes 4 nicht gehemmt, insbesondere die Erhebung einer Abgabe nicht aufgehalten.** [2] **Entsprechendes gilt bei Anfechtung von Grundlagenbescheiden für die darauf beruhenden Folgebescheide.**

(2) [1] **Die Finanzbehörde, die den angefochtenen Verwaltungsakt erlassen hat, kann die Vollziehung ganz oder teilweise aussetzen; § 367 Absatz 1 Satz 2 gilt sinngemäß.** [2] **Auf Antrag soll die Aussetzung erfolgen, wenn ernstliche Zweifel an der Rechtmäßigkeit des angefochtenen Verwaltungsakts bestehen oder wenn die Vollziehung für die betroffene Person eine unbillige, nicht durch überwiegende öffentliche Interessen gebotene Härte zur Folge hätte.** [3] **Ist der Verwaltungsakt schon vollzogen, tritt an die Stelle der Aussetzung der Vollziehung die Aufhebung der Vollziehung.** [4] **Bei Steuerbescheiden sind die Aussetzung und die Aufhebung der Vollziehung auf die festgesetzte Steuer, vermindert um die anzurechnenden Steuerabzugsbeträge, um die anzurechnende Körperschaftsteuer und um die festgesetzten Vorauszahlungen, beschränkt; dies gilt nicht, wenn die Aussetzung oder Aufhebung der Vollziehung zur Abwendung wesentlicher Nachteile nötig erscheint.** [5] **Die Aussetzung kann von einer Sicherheitsleistung abhängig gemacht werden.**

(3) [1] **Soweit die Vollziehung eines Grundlagenbescheids ausgesetzt wird, ist auch die Vollziehung eines Folgebescheids auszusetzen.** [2] **Der Erlass eines Folgebescheids bleibt zulässig.** [3] **Über eine Sicherheitsleistung ist bei der Aussetzung eines Folgebescheids zu entscheiden, es sei denn, dass bei der Aussetzung der Vollziehung des Grundlagenbescheids die Sicherheitsleistung ausdrücklich ausgeschlossen worden ist.**

(4) [1] **Durch Einlegung eines Einspruchs gegen die Untersagung des Gewerbebetriebs oder der Berufsausübung wird die Vollziehung des angefochtenen Verwaltungsakts gehemmt.** [2] **Die Finanzbehörde, die den Verwaltungsakt erlassen hat, kann die hemmende Wirkung durch besondere Anordnung ganz oder zum Teil beseitigen, wenn sie es im öffentlichen Interesse für geboten hält; sie hat das öffentliche Interesse schriftlich zu begründen.** [3] **§ 367 Absatz 1 Satz 2 gilt sinngemäß.**

(5) **Gegen die Ablehnung der Aussetzung der Vollziehung kann das Gericht nur nach § 69 Absatz 3 und 5 Satz 3 der Finanzgerichtsordnung angerufen werden.**

Schrifttum: Koenig, Zur Zulässigkeit der Aussetzungsbeschwerde nach der Änderung der Finanzgerichtsordnung, BB 1993, 1635; Woerner, Beschränkung des vorläufigen Rechtsschutzes durch den Gesetzgeber des Jahressteuergesetzes 1997?, BB 1996, 2649; Grams, Der Widerrufsvorbehalt und der gerichtliche Antrag auf Aussetzung der Vollziehung, DStZ 1998, 855; Birkenfeld, Die Beschränkung der Aussetzung und Aufhebung der Vollziehung, DStZ 1999, 349; Drüen, Haushaltsvorbehalt bei der Verwerfung verfassungswidriger Steuergesetze?, FR 1999, 289; Leonard, Ist § 69 II Satz 8 FGO verfassungsgemäß?, DB 1999, 2280; Klaus J. Wagner, Über effektiven Rechtsschutz im finanzgerichtlichen Verfahren, FS Kruse, 2001, 735 ff.; Schmidt, Verfassungswidrigkeit der „Spekulationsbesteuerung" – Gewährung einstweiligen Rechtsschutzes, DB 2003, 473; Koepsell/Walbrodt, Aufhebung und Aussetzung der Vollziehung gegen den Willen des Steuerpflichtigen, INF 2006, 822; Beck, Die Aussetzung der Vollziehung im Zoll- und Verbrauchsteuerrecht, ZfZ 2006, 148; Kamps, Ausgewählte Beraterüberlegungen zur Aussetzung der Vollziehung, DStR 2007, 1154; Schallmoser, Aussetzung der Vollziehung von Steuerbescheiden bei ernstlichen verfassungsrechtlichen Zweifeln an der Gültigkeit einer entscheidungserheblichen Rechtsnorm, DStR 2010, 297; Spilker, Verfassungsrechtliche Grenzen für die Anordnung einer Sicherheitsleistung im steuerrechtlichen einstweiligen Rechtsschutz – Zugleich Anmerkung zum Beschluss des BVerfG 22.9.2009 – 1 BvR 1305/09, DStR 2010, 731; Lüdicke/Bowitz, Rechtsschutzbeschränkung bei der Aussetzung der Vollziehung bei verfassungswidrigen Steuergesetzen – Zugleich ein Beitrag zur Unvereinbarerklärung des BVerfG im Steuerrecht, DStR 2013, 791; Tappe, Vorläufige Nichtanwendung von Steuergesetzen – Der Umgang mit behaupteter Verfassungswidrigkeit in AdV-Verfahren, StuW 2016, 264; Bilsdorfer, Aussetzung der Vollziehung trotz Rechtmäßigkeit des Verwaltungsaktes?, AO-StB 2020, 229; Jörißen, Der vorläufige Rechtsschutz im Besteuerungsverfahren im Überblick, AO-StB 2021, 296 (Teil 1), AO-StB 2021, 333 (Teil 2).

Übersicht

A. Allgemeines

I. Regelungsgegenstand; Rechtsentwicklung

1 **Regelungsgegenstand.** § 361 regelt die Auswirkungen des Einspruchs auf die Vollziehung des angefochtenen VA (§ 118) sowie die Voraussetzungen einer Aussetzung bzw. Aufhebung der Vollziehung. Die Wirksamkeit (§ 124) eines vollziehbaren VA hat seine Vollziehbarkeit zur Folge; die FB ist damit grds. berechtigt und verpflichtet, die aus einem VA, unbeschadet seiner etwaigen Rechtswidrigkeit, resultierende (Geld-)Leistungspflicht durchzusetzen. Der gegen den VA eingelegte Einspruch entfaltet grds. keinen Suspensiveffekt; die Vollziehbarkeit des VA entfällt erst, wenn diese durch besonderen VA der FB oder rechtsgestaltenden Beschluss des FG (§ 69 III FGO) aufgehoben wird.

2 Nach der Grundregel des **§ 361 I** hat die Einlegung des Einspruchs, anders als im allgemeinen Verwaltungsrecht (s. § 80 I VwGO), keine aufschiebende Wirkung. **§ 361 II** normiert die näheren Anforderungen, unter denen und ggf. in welchem Umfang eine Aussetzung oder Aufhebung der Vollziehung zu gewähren ist. **§ 361 III** stellt klar, dass der Folgebescheid ergehen darf, jedoch gleichfalls ausgesetzt werden muss, soweit der Grundlagenbescheid iSd § 171 X ausgesetzt worden ist (BT-Drs. 7/4292, 43). Nach **§ 361 IV** hat der Einspruch gegen die Untersagung des Gewerbebetriebs oder der Berufsausübung, abw. von der Grundregel des § 361 I 1, grds. aufschiebende Wirkung; jedoch kann die FB die aufschiebende Wirkung durch besondere Anordnung beseitigen. **§ 361 V** stellt klar, dass eine die AdV ablehnende Entscheidung der FB nicht (mehr) mit der Klage angefochten werden kann.

3 **Entwicklung der Vorschrift.** § 361 wurde seit Inkrafttreten der AO mehrfach geändert:

- Durch § 361 V, der am 1.1.1993 in Kraft getreten ist, wurde die Möglichkeit der Klageerhebung gegen eine die AdV ablehnende Rechtsbehelfsentscheidung abgeschafft (BT-Drs. 12/1061, 16, 25).
- Durch das GrenzpendlerG (BGBl. 1994 I 1395) wurden mit Wirkung zum 1.1.1996 § 361 I 1 und IV 1 redaktionell an die Einführung des Einspruchs als einheitlichen Rechtsbehelf angepasst (→ Vor §§ 347 ff. Rn. 1).
- Durch das JStG 1997 wurde § 361 II um die S. 3 und 4 erweitert. § 361 II 3 anerkennt die Möglichkeit einer Aufhebung der Vollziehung (→ Rn. 86 ff.). § 361 II 4 beschränkt die AdV/Aussetzung der Vollziehung auf die festgesetzte Steuer, vermindert um die anzurechnenden StAbzugsbeträge, die anzurechnende KSt und die festgesetzten Vorauszahlungen (→ Rn. 92 ff.).

4 **Sachlicher Anwendungsbereich.** § 361 gilt grds. für alle vollziehbaren VA, soweit gegen diese der Einspruch (§ 347) statthaft ist. Auf RealSt-Bescheide, wie GrSt-Bescheide und GewSt-Bescheide, finden gem. § 1 II Nr. 7 ausschl. § 361 I 2 und III Anwendung, soweit die Verwaltung der RealSt den Gemeinden übertragen ist. In diesen Fällen ist gegen den RealSt-Bescheid Widerspruch (§ 68 VwGO) und sodann ggf. Klage vor dem VG zu erheben; das vorläufige Rechtsschutzverfahren für diese Bescheide bestimmt sich nach § 80 VwGO. § 361 gilt jedoch uneingeschränkt, soweit die RealSt, wie in den Stadtstaaten Berlin, Hamburg und Bremen, von den LandesFB verwaltet werden (→ § 1 Rn. 17).

Im Aufteilungsverfahren nach §§ 268 ff. ist § 361, ebenso wie §§ 69 und 114 FGO, nicht anwendbar; insoweit ist der vorläufige Rechtsschutz abschließend in § 277 geregelt (BFH 4.12.2001 – X B 155/01, BFH/NV 2002, 476; → § 277 Rn. 7).

Verfassungsrechtliche Grundlagen. Der Ausschluss der aufschiebenden Wirkung durch § 361 I sowie die Möglichkeit der AdV/Aufhebung der Vollziehung durch die FB sind am Rechtsstaatsprinzip, an den durch den vollziehbaren VA betroffenen Grundrechten und insb. an der Garantie effektiven Rechtsschutzes (Art. 19 IV GG) zu messen. Art. 19 IV GG gewährleistet, zumal diese Bestimmung in erster Linie auf gerichtlichen Rechtsschutz gerichtet ist, nicht schlechthin die aufschiebende Wirkung von Rechtsbehelfen (BVerfG 15.12.1983 – 1 BvR 209/83, 1 BvR 269/83, 1 BvR 362/83, 1 BvR 420/83, 1 BvR 440/83, 1 BvR 484/83, BVerfGE 65, 1; BVerfG 21.8.2001 – 2 BvR 406/00, NJW 2001, 3770). Schon deshalb ist § 361 I verfassungsgemäß. Ferner ist vorläufiger Rechtsschutz durch Art. 19 IV GG nicht schlechthin gewährleistet, sondern kann durch überwiegende öffentliche Belange eingeschränkt sein (BVerfG 2.5.1984 – 2 BvR 1413/83, BVerfGE 67, 43). Die der FB durch § 361 und § 69 II FGO eingeräumten Möglichkeiten der AdV/Aussetzung der Vollziehung können daher nicht in allen Detailregelungen verfassungsgeboten sein. Der Gesetzgeber muss allerdings den Betroffenen die Möglichkeit wirksamen Rechtsschutzes entweder durch die FB oder durch die Gerichte gewährleisten, um die Schaffung vollendeter Tatsachen sowie irreparabler Folgen durch eine Vollziehung vor Unanfechtbarkeit des VA zu verhindern (BFH 2.11.1999 – I B 49/99, BStBl. II 2000, 57; BFH 12.5.2000 – VI B 266/98, BStBl. II 2000, 536). In dem so gezogenen Verfassungsrahmen hat der Gesetzgeber einen Gestaltungsspielraum, der durch § 361 und § 69 FGO insgesamt verfassungskonform ausgefüllt wird (BFH 2.11.1999 – I B 49/99, BStBl. II 2000, 57). Zur Verfassungsmäßigkeit des § 361 II 4 → Rn. 96. 5

Verhältnis zu §§ 69, 114 FGO. § 361 regelt die AdV/Aussetzung der Vollziehung durch die FB während des Einspruchsverfahrens. Dieser Vorschrift entspricht § 69 FGO, der entsprechende Aussetzungsmaßnahmen durch die Gerichte und durch die FB während des laufenden gerichtlichen Verfahrens ermöglicht. Die FB bleibt gem. § 361 II auch nach Ergehen des Einspruchsbescheids bis zur Klageerhebung vor dem FG für die AdV zuständig. **Nach Klageerhebung** entscheidet die FB über die AdV nach Maßgabe des § 69 II FGO, der im Wesentlichen § 361 II entspricht. Auf Antrag kann das FG im Rahmen des eigenständigen Rechtsschutzverfahrens gem. § 69 III FGO AdV/Aussetzung der Vollziehung gewähren, sofern die Zugangsvoraussetzungen des § 69 IV FGO erfüllt sind. Nach § 69 IV 1 FGO ist ein gerichtlicher AdV-Antrag/Antrag auf Aufhebung der Vollziehung nur zulässig, wenn die FB zuvor einen AdV-Antrag ganz oder zum Teil abgelehnt hat. Das gilt nicht, wenn die FB über den Antrag ohne Mitteilung eines zureichenden Grundes in angemessener Frist sachlich nicht entschieden hat (§ 69 IV 2 Nr. 1 FGO) oder eine Vollstreckung droht (§ 69 IV 2 Nr. 2 FGO). Die Zugangsvoraussetzungen des § 69 IV FGO müssen bei Eingang des gerichtlichen AdV-Antrags vorliegen; eine nachträgliche Heilung ist nicht möglich (BFH 6.3.2013 – X S 28/12, BFH/NV 2013, 959; BFH 28.5.2008 – IX S 4/08 (PKH), BFH/NV 2008, 1489). Der AdV-Antrag kann unter den Voraussetzungen des § 69 IV FGO bei Gericht schon **vor Klageerhebung** gestellt werden, § 69 III 2 FGO, nicht jedoch vor Einlegung des Einspruchs, da AdV mindestens einen außergerichtlichen Rechtsbehelf voraussetzt (TK FGO § 69 Rn. 127). Zum Konkurrenzverhältnis zwischen dem Verfahren nach § 361 und nach § 69 II FGO sowie dem gerichtlichen AdV-Verfahren gem. § 69 III FGO → Rn. 154 ff. 6

Soweit AdV mangels vollziehbaren VA nicht in Betracht kommt, kann beim FG der Erlass einer **einstweiligen Anordnung** gem. § 114 FGO beantragt werden. Ein derartiger Antrag beim FG ist gem. § 114 V FGO nur statthaft, soweit kein vorläufiger Rechtsschutz nach § 69 FGO in Betracht kommt. Die FB sind zum Erlass einer einstweiligen Anordnung nicht befugt.

Zollrecht. Die AdV von zollrechtlichen Entscheidungen und von Entscheidungen über Einfuhr- und Ausfuhrabgaben, die auf EU-Recht beruhen, bestimmt sich nach der Sonder- 7 regelung des ab 1.5.2016 anzuwendenden Art. 45 UZK. Art. 45 UZK ist zudem gem. § 21 II UStG sinngemäß auf die EUSt anzuwenden; entsprechendes gilt für die besonderen VerbrauchSt, vgl. § 19b III EnergieStG, § 21 III TabStG, § 18 III BierStG, § 18 III SchaumwZwStG und § 15 III KaffeeStG. Die in Art. 45 UZK geregelten materiell-rechtlichen Voraussetzungen einer AdV verdrängen die Regelungen in § 361 und in § 69 FGO. Das Verfahren der AdV wird jedoch nach Art. 44 IV UZK auch im Anwendungsbereich des Art. 45 UZK durch das nationale Recht, dh in Deutschland durch § 361 und durch § 69 FGO, bestimmt (Witte UZK Art. 45 Rn. 9 und 11; Gräber FGO § 69 Rn. 16). Anders als nach § 361 II 2 und nach § 69 II 2 und III 1 FGO steht die Aussetzungsentscheidung im Zollrecht gem. Art. 45 UZK nicht im Ermessen der Behörde oder des FG; wenn die Voraussetzungen des Art. 45 UZK erfüllt sind, besteht vielmehr die Pflicht zur AdV (Witte UZK Art. 45 Rn. 43 f.).

II. Abgrenzung zu anderen Vorschriften

8 Die Voraussetzungen einer AdV unterscheiden sich von denen der Stundung (§ 222) und des Vollstreckungsaufschubs (§ 258). Die Billigkeitsregelungen der §§ 222, 258 sind unabhängig von der Rechtmäßigkeit des VA. Die AdV setzt hingegen einen angefochtenen VA voraus, dessen endgültiger rechtlicher Bestand noch offen ist; zur Einschränkung der Aussetzungsmöglichkeit wegen unbilliger Härte iSd § 361 II 2 bei offensichtlicher Erfolglosigkeit des Einspruchs → Rn. 66. Im Vergleich zur **Stundung** ist wegen der Zinspflicht gem. § 234 die **AdV für den Stpfl. zinsgünstiger,** weil Aussetzungszinsen hinsichtlich des Betrags, dessen Vollziehung ausgesetzt worden ist, gem. § 237 I 1 nur anfallen, soweit der Einspruch oder die Anfechtungsklage gegen den VA endgültig keinen Erfolg haben. Daher wird im Regelfall auszusetzen sein, wenn nebeneinander die Voraussetzungen sowohl einer AdV als auch der Stundung vorliegen (AEAO zu § 361 Nr. 1.4). Soweit die Vollstreckung im Einzelfall unbillig ist, kann die FB **Vollstreckungsaufschub** gem. § 258 gewähren. Dieser löst zwar keine Zinspflicht gem. §§ 233 ff. aus; es fallen jedoch Säumniszuschläge (§ 240) an. Es ist ggf. im Auslegungswege zu ermitteln, welche der vorstehenden Maßnahme begehrt wird. Vorläufiger Rechtsschutz bei Ablehnung einer begehrten Stundung oder eines begehrten Vollstreckungsaufschubs wird durch einstweilige Anordnung (§ 114 FGO) gewährt.

B. Grundsatz: Keine aufschiebende Wirkung des Einspruchs (Abs. 1)

I. Regelungsgehalt des Abs. 1

13 Nach der Grundregel des **§ 361 I 1** wird durch die Einlegung des Einspruchs die **Vollziehung** des angefochtenen VA **nicht gehemmt,** insb. die Erhebung einer Abgabe nicht aufgehalten; daher ist die in einem StBescheid festgesetzte Steuer trotz Anfechtung des StBescheids gem. Abs. 1 S. 1 zu entrichten.

Gemäß **§ 361 I 2** wird auch die **Vollziehbarkeit des Folgebescheids** nicht durch Anfechtung des Grundlagenbescheids (§ 171 X) gehemmt. AdV wird vielmehr nur nach Maßgabe des § 361 II und III gewährt. Nur soweit gem. § 361 II die Vollziehung eines Grundlagenbescheids ausgesetzt wird, ist gem. § 361 III 1 auch die Vollziehung eines Folgebescheids auszusetzen. § 361 I 2 und III gelten gem. § 1 II Nr. 6 auch für RealSt, dh für die GewSt und die GrSt, soweit ihre Verwaltung den Gemeinden übertragen wurde. GrSt- und GewSt-Messbescheide sind Grundlagenbescheide iSd § 171 X im Verhältnis zu den GrSt- und GewSt-Bescheiden. Die AdV des GrSt- und des GewSt-Messbescheids, nicht hingegen schon die Anfechtung dieser Bescheide, § 361 I 2, bewirkt daher gem. § 361 III 1 auch die AdV des GrSt- und GewSt-Bescheids. Soweit die FB bei der AdV des GrSt- und GewSt-Messbescheids eine Sicherheitsleistung ausdrücklich ausschließt, ist die Gemeinde hieran gebunden, § 361 III 3.

Der grds. Ausschluss der aufschiebenden Wirkung eines Einspruchs gem. § 361 I und einer Klage gem. § 69 I FGO ist in dem besonderen **öffentlichen Interesse** an einer geordneten Haushaltsplanung und -führung begründet und soll verhindern, dass Stpfl. durch mutwillige Einspruchseinlegung und mutwilliges Prozessieren (auch bei aussichtslosen Rechtsbehelfen) eine stundungsgleiche Wirkung erreichen (BFH 12.5.2000 – VI B 266/98, BStBl. II 2000, 536). Dieses öffentliche Interesse überwiegt grds. das Interesse des Betroffenen, (vorläufig) von seiner Zahlungsverpflichtung befreit zu werden, während der angefochtene VA noch im Rechtsbehelfsverfahren auf seine Rechtmäßigkeit überprüft wird. Andererseits soll dem Stpfl. kein (auch kein vorübergehender) Nachteil entstehen, wenn er mit Erfolgsaussicht einen Rechtsbehelf einlegt, sodass § 361 nicht generell eine AdV/Aufhebung der Vollziehung ausschließt. 14

Der in § 361 I 1 normierte Grundsatz, dass die Einlegung eines Einspruchs die Vollziehung des angefochtenen VA nicht hemmt, gilt nicht für einen Einspruch gegen die **Untersagung des Gewerbebetriebs oder der Berufsausübung;** in diesen Fällen hat der Einspruch gem. § 361 IV 1 aufschiebende Wirkung. Die FB kann jedoch die hemmende Wirkung des Einspruchs durch besondere Anordnung ganz oder teilweise beseitigen, wenn sie es im öffentlichen Interesse für geboten hält, § 361 IV 2 (zu den Einzelheiten → Rn. 147 ff.). 15

II. Vollziehung; vollziehbare Verwaltungsakte

Der in § 361 durchgängig verwendete Begriff der Vollziehung ist gesetzlich nicht definiert. Vollziehung ist jegliches Gebrauchmachen eines VA (§ 118), dh jede Verwirklichung seines materiellen Regelungsinhaltes zur Herbeiführung der in ihm ausgesprochenen Rechtsfolge (BFH 23.6.1993 – X B 134/91, BStBl. II 1994, 38; BFH 19.12.2014 – II B 115/14, BFH/NV 2015, 473). 16

Vollziehbar und damit auch aussetzungsfähig ist ein **VA** (§ 118), von dessen Regelungsinhalt in irgendeiner Weise Gebrauch gemacht werden kann (BFH 23.6.1993 – X B 134/91, BStBl. II 1994, 38; BFH 19.12.2014 – II B 115/14, BFH/NV 2015, 473). Diese Eigenschaft haben VA, die vom Betroffenen ein Tun, Dulden oder Unterlassen verlangen und die von der FB im Fall der Verweigerung durch Vollziehungsmaßnahmen erzwungen werden können oder müssen (BFH 28.11.1974 – V B 44/74, BStBl. II 1975, 240). Dazu gehören insb. VA, die dem Stpfl. eine Leistungspflicht auferlegen. Regelungsinhalt eines StBescheids ist die in seinem „Tenor" konkretisierte StFestsetzung (BFH 23.6.1993 – X B 134/91, BStBl. II 1994, 38). Die Vollziehung eines StBescheids beschränkt sich nicht auf erstmalige StFestsetzungen, sondern erfasst auch die Aufhebung oder Änderung von StBescheiden gem. §§ 172 ff. oder gem. §§ 164, 165, sofern sich aus den geänderten StBescheiden eine Nachzahlung ergibt (BFH 10.4.1992 – I B 4/92, BFH/NV 1992, 683). Als Vollzug eines StBescheids wird aber auch der Anfall von Säumniszuschlägen gem. § 240 I 1 als Folge der nicht fristgerechten Beachtung des Leistungsgebots (§ 254 I) angesehen (BFH 10.12.1986 – I B 121/86, BStBl. II 1987, 389). Die Vollziehung eines StBescheids kann daher gem. § 361 II 3 (auch) mit der Folge aufgehoben werden, dass in der Vergangenheit entstandene **Säumniszuschläge** entfallen (BFH 3.2.2005 – I B 208/04, BStBl. II 2005, 351; BFH 19.3.2014 – III S 22/13, BFH/NV 2014, 856; → § 240 Rn. 13). Zudem sind gem. § 361 III auch **Grundlagenbescheide** iSd 171 X, insb. Gewinnfeststellungsbescheide gem. §§ 179 ff., vollziehbar und damit aussetzungsfähig, obwohl deren Regelungsinhalt nicht von der FB durch Vollziehungsmaßnahmen erzwungen werden kann; der Regelungsinhalt eines Grundlagenbescheids wird jedoch idR durch den Erlass eines vollziehbaren Folgebescheids „vollzogen" (Klein § 361 Rn. 7). Vollziehbar sind ferner VA betr. den Entzug von Rechtspositionen, wie zB ein Widerruf oder eine Rücknahme begünstigender VA gem. §§ 130, 131. Vollziehbar können zudem auch VA betr. Mitwirkungspflichten des Stpfl. sowie Verfahrenshandlungen der FB sein, soweit diese VA-Charakter haben (→ § 347 Rn. 8; zur AdV der Mitteilung gem. § 141 II 1 → § 141 17

Rn. 60; zur AdV der Hinzuziehungsentscheidung → § 360 Rn. 47; zur AdV einer Fristsetzung gem. § 364b → § 364b Rn. 27).

18 Vollziehbare VA sind insb. (s. auch AEAO zu § 361 Nr. 2.3.1.):

– **im Festsetzungs- und Feststellungsverfahren:** StBescheide und sonstige Bescheide, die auf Geldleistungen gerichtet sind. Dies gilt auch für StBescheide über 0 Euro, die einen vorgehenden StBescheid über einen negativen Betrag ändern (BFH 28.11.1974 – V B 52/73, BStBl. II 1975, 239). Vollziehbar sind auch Vorauszahlungsbescheide bis zum Erlass des JahresStBescheids (BFH 4.6.1981 – VIII B 31/80, BStBl. II 1981, 767) und Bescheide, mit denen der Vorbehalt der Nachprüfung gem. § 164 II 1 aufgehoben wird (BFH 1.6.1983 – III B 40/82, BStBl. II 1983, 622). Zur Einschränkung des Umfangs der AdV/Aufhebung der Vollziehung gem. § 361 II 4 → Rn. 92 ff.; zur AdV/Aussetzung der Vollziehung von Grundlagen- und Folgebescheiden → Rn. 17 und → Rn. 126 ff.;

– **im Erhebungsverfahren:** Abrechnungsbescheide iSd § 218 II, soweit sie das Bestehen eines Zahlungsanspruchs des Stpfl. feststellen (BFH 10.11.1987 – VII B 137/87, BStBl. II 1988, 43), oder das Verlangen nach einer Sicherheitsleistung gem. § 221 S. 3 (BFH 19.8.1987 – V B 56/85, BStBl. II 1987, 830); die Rücknahme (§ 130) oder der Widerruf (§ 131) eines Erlasses iSd § 227 oder einer Stundung iSd § 222 (BFH 8.6.1982 – VIII B 29/82, BStBl. II 1982, 608);

– **im Vollstreckungsverfahren:** Maßnahmen der FB, die als VA ergehen, wie zB das Leistungsgebot iSd § 254 I, die Pfändung beweglicher Sachen und Forderungen (BFH 16.11.1977 – VII S 1/77, BStBl. II 1978, 69), die Arrestanordnung iSd § 324 sowie die Androhung und Festsetzung von Zwangsgeld gem. §§ 329, 332;

– **Außenprüfungsanordnungen** gem. § 196 (→ § 196 Rn. 81).

19 **Nicht vollziehbar** und damit auch nicht aussetzungsfähig sind Maßnahmen, die nicht als VA, sondern zB als Realakte, zu qualifizieren sind, sowie VA, die eine Erweiterung der Rechtsstellung des Begünstigten ablehnen, wie die Ablehnung des Erlasses eines begünstigenden VA, und VA, die die FB nicht zwangsweise durchsetzen kann (BFH 3.4.1979 – VII B 104/78, BStBl. II 1979, 381). Nicht vollziehbar sind daher (s. auch AEAO zu § 361 Nr. 2.3.2.):

– **StBescheide über 0 EUR,** wenn die Festsetzung einer negativen Steuer begehrt wird (BFH 17.12.1981 – V R 81/81, BStBl. II 1982, 149); Gleiches gilt für den eine negative Steuer festsetzenden StBescheid, wenn der Stpfl. die Festsetzung einer höheren negativen Steuer begehrt (BFH 28.11.1974 – V B 44/74, BStBl. II 1975, 240; → Rn. 131 „ESt-Bescheid/KSt-Bescheid über 0 EUR“);

– VA, die sich in einer **Negation,** dh in der Ablehnung einer Regelung, erschöpfen (BFH 15.1.2015 – VI B 103/14, BStBl. II 2015, 447; BFH 20.7.2009 – VII S 22/09, BFH/NV 2009, 1599). Dies ist der Fall, wenn die FB den Erlass eines begünstigenden VA, zB betr. Festsetzung von Kindergeld iSd §§ 62 ff. EStG (BFH 31.7.2002 – VIII B 142/00, BFH/NV 2002, 1491) oder den Erlass eines günstigeren Änderungsbescheids ablehnt (BFH 27.3.1991 – I B 187/90, BStBl. II 1991, 643 betr. Ablehnung eines Antrags auf Herabsetzung bestandskräftig festgesetzter Vorauszahlungen). Nicht vollziehbar ist auch ein Abrechnungsbescheid iSd § 218 II, mit dem lediglich festgestellt wird, dass ein Anspruch aus dem StSchuldverhältnis weder durch Zahlung noch auf sonstige Weise, insb. durch Verjährung, gem. § 47 erloschen ist (BFH 19.1.2006 – VII B 301/05, BFH/NV 2006, 916) oder wenn lediglich das Bestehen eines Erstattungsbetrags verneint wird (FG Düsseldorf 3.11.1999 – 18 V 1776/99 A, EFG 2000, 51); die Ablehnung einer Billigkeitsmaßnahme gem. § 227 oder gem. § 163 sowie die Ablehnung eines Erlasses gem. § 227 oder einer Stundung gem. § 222. Nicht vollziehbar ist zudem die Ablehnung der Erteilung einer Freistellungsbescheinigung gem. § 44a EStG (BFH 27.7.1994 – I B 246/93, BStBl. II 1994, 899) oder gem. § 50d II EStG (BFH 13.4.1994 – I B 212/93, BStBl. II 1994, 835; BFH 13.8.1997 – I B 30/97, BStBl. II 1997, 700). Gleiches gilt für

Ablehnung einer höheren Investitionszulage (FG Hessen 21.6.1995 – 4 V 4098/94, EFG 1995, 896) oder die Ablehnung einer Verfahrensaussetzung gem. § 363 (→ § 363 Rn. 33);

– **Aufteilungsbescheide** iSd §§ 268 ff. (str.; → § 279 Rn. 15);

– **Aufrechnungserklärungen** des FA gem. § 226, da sie keine VA sind (BFH 14.11.2000 – VII R 85/99, BStBl. II 2001, 247; BFH 2.4.1987 – VII R 148/83, BStBl. II 1987, 536). Bei Streit über die Wirksamkeit einer Aufrechnung des FA muss der Stpfl. ggf. einen Abrechnungsbescheid gem. § 218 II beantragen, der vollziehbar und aussetzungsfähig ist (Gräber FGO § 69 Rn. 55). Zudem schließt die AdV des VA, auf dem die Gegenforderung der FB beruht, die Aufrechnung des FA aus (BFH 14.11.2000 – VII R 85/99, BStBl. II 2001, 247; BFH 31.8.1995 – VII R 58/94, BStBl. II 1996, 55; Gräber FGO § 69 Rn. 55);

– **Verbindliche Auskünfte** gem. § 89 II, **verbindliche Zusagen** iSd § 204 (→ § 204 Rn. 59) und **LSt-Anrufungsauskünfte** iSd § 42e EStG; entsprechendes gilt für die Rücknahme (§ 130) oder den Widerruf (§ 131) einer erteilten Auskunft oder Zusage (BFH 15.1.2015 – VI B 103/14, BStBl. II 2015, 447) sowie für deren Ablehnung (Klein § 361 Rn. 11).

Vorläufiger Rechtsschutz gegen einen nicht vollziehbaren VA kann nur im Wege einstweiliger Anordnung (§ 114 FGO) durch das FG erfolgen (AEAO zu § 361 Nr. 2.3.4). Zur Gewährung von AdV gegenüber Verlustfeststellungs- und negativen Feststellungsbescheiden → Rn. 130. Weitere Hinweise zur Vollziehbarkeit von VA geben die Kommentierungen der einzelnen Vorschriften. 20

C. Aussetzung und Aufhebung der Vollziehung (Abs. 2)

§ 361 II normiert die näheren Voraussetzungen, unter denen und ggf. in welchem Umfang AdV/Aufhebung der Vollziehung zu gewähren ist. Die Vorschrift enthält ferner Regelungen zum Inhalt der Aussetzungsentscheidung.

Aussetzung der Vollziehung bedeutet, dass der materielle Regelungsinhalt des nach wie vor wirksamen VA bis auf weiteres nicht mehr verwirklicht werden kann, sodass rechtliche und tatsächliche Folgerungen aus dem VA nicht gezogen werden dürfen (BFH 3.7.1995 – GrS 3/93, BStBl. II 1995, 730). Der FB ist nach AdV nicht nur ein zwangsweises, zB durch Vollstreckung, sondern **jegliches Gebrauchmachen** von den Wirkungen des VA, dh von den sich aus ihm ergebenden Rechtsfolgen, **untersagt** (→ Rn. 76 f.). Bei bereits durchgeführten Vollziehungsmaßnahmen kommt deren Rückgängigmachung durch **Aufhebung der Vollziehung** (§ 361 II 3) in Betracht (→ Rn. 86 ff.). 25

Das Aussetzungsverfahren ist seiner **Rechtsnatur** nach ein auf vorläufige Entscheidung gerichtetes rechtlich **selbständiges Nebenverfahren** zu dem anhängigen Hauptverfahren, dh des Einspruchs- oder Klageverfahrens. Es ist, weil lediglich auf AdV oder Aufhebung der Vollziehung gerichtet, nach Ziel und Inhalt vom Hauptverfahren verschieden (BFH 15.2.1967 – VI S 2/66, BStBl. III 1967, 256; zum summarischen Charakter des Aussetzungsverfahrens → Rn. 43 ff.). Im AdV-Verfahren kann kein weiterreichender Rechtsschutz als in dem den angefochtenen VA betr. Einspruchsverfahren oder Klageverfahren gewährt werden (BFH 15.3.1994 – IX B 151/93, BStBl. II 1994, 519). Die Entscheidung im AdV-Verfahren hat keine Bindungswirkung für die Hauptsacheentscheidung (BFH 20.4.1961 – IV 229/60 U, BStBl. III 1961, 320). 26

I. Einleitung des Verfahrens

Sofern die allg. Voraussetzungen der AdV erfüllt sind, kann die FB die Vollziehung des angefochtenen VA **von Amts wegen** aussetzen (zu den allg. Voraussetzungen der AdV → Rn. 29 ff.). Die FB hat insb. dann AdV zu gewähren, wenn der Einspruch offensichtlich 27 begründet ist und der Abhilfebescheid voraussichtlich nicht mehr rechtzeitig vor Fälligkeit der geforderten Steuer ergehen kann (AEAO zu § 361 Nr. 2.1). Auch die Aufhebung der Vollziehung kann von Amts wegen erfolgen (BFH 10.7.1979 – VII R 72/78, BStBl. II 1979, 698). Eine **strikte Pflicht** zur AdV-Gewährung gilt gem. § 363 III 1 für den **Folgebescheid,** sofern die Vollziehung des Grundlagenbescheids (§ 171 X) ausgesetzt worden ist. AdV/Aussetzung der Vollziehung kann grds. auch **gegen** den erklärten **Willen des Stpfl.** erfolgen (s. hierzu aber auch → Rn. 69, 160). Aus den mit einer AdV verbundenen Zinsrisiken des Stpfl. oder des Fiskus ergibt sich jedoch kein eigenständiges Entscheidungskriterium für die Gewährung einer aufgedrängten AdV (FG Köln 8.9.2010 – 13 K 960/08, EFG 2011, 105, aufgeh. vom BFH aus anderen Gründen; Koepsell/Walbrodt INF 2006, 822).

28 Im Regelfall erfolgt die Gewährung von AdV bzw. Aufhebung der Vollziehung auf **Antrag** des Stpfl. Die Antragstellung ist schon im Hinblick auf die Ermessensreduzierung der FB empfehlenswert (→ Rn. 69). Der Antrag kann unabhängig von der Einlegung des Einspruchs gestellt werden. Er ist bedingungsfeindlich (Schwarz/Pahlke/Keß § 361 Rn. 55) und muss das Rechtsschutzziel, dh das Begehren auf AdV/Aussetzung der Vollziehung, sowie Angabe des betr. VA eindeutig bezeichnen (BFH 29.8.1985 – V B 28/85, BFH/NV 1986, 447). Nicht erforderlich ist die korrekte Bezeichnung als Antrag auf AdV; der entsprechende Erklärungswille muss sich jedoch durch **Auslegung** entspr. § 133 BGB ermitteln lassen (FG Hessen 27.9.2001 – 3 V 483/01, EFG 2002, 104; s. auch BFH 15.12.1998 – I B 45/98, BFH/NV 1999, 751). Der Antrag ist **weder frist- noch formgebunden.** § 357 I 1 ist nicht entspr. anzuwenden (aA FG Hessen 27.9.2001 – 3 V 483/01, EFG 2002, 104), jedoch ist Schriftlichkeit aus Beweisgründen empfehlenswert. Ein AdV-Antrag schließt, sofern nicht erkennbar nur auf die Zukunft beschränkt, ein Begehren nach einer Aufhebung der Vollziehung mit ein (BFH 3.2.2005 – I B 208/04, BStBl. II 2005, 351). Der Antrag kann bis zur Unanfechtbarkeit der Einspruchsentscheidung gestellt werden. Ein erst nach Durchführung der Vollziehung gestellter Aussetzungsantrag ist als Antrag auf Aufhebung der Vollziehung auszulegen (HHSp § 361 Rn. 713; s. im Übrigen → Rn. 86). Möglich ist auch ein **Wiederholungsantrag** (→ Rn. 85). Zu **strategischen Überlegungen,** ob und ggf. wann ein AdV-Antrag gestellt werden sollte s. Kamps DStR 2007, 1154.

II. Allgemeine Verfahrensgrundsätze und -voraussetzungen; zuständige Behörde (Abs. 2 S. 1)

1. Anwendbare Verfahrensvorschriften

29 Auf das Aussetzungsverfahren sind die für das Einspruchsverfahren geltenden Regelungen entspr. anzuwenden, sofern sich nicht aus dem besonderen Charakter des Aussetzungsverfahrens Abweichungen ergeben.

30 **Beteiligte** (§ 359) am Aussetzungsverfahren sind der Antragsteller und die zuständige FB als Antragsgegner sowie ggf. zum Verfahren Hinzugezogene. Eine einfache oder notwendige **Hinzuziehung** (§ 360) ist wegen der Eilbedürftigkeit und der fehlenden Bindung der AdV-Entscheidung für die Hauptsacheentscheidung idR ausgeschlossen (BFH 22.10.1980 – I S 1/80, BStBl. II 1981, 99; BFH 18.8.1993 – II S 7/93, BFH/NV 1994, 151; s. auch Gräber FGO § 60 Rn. 4). Wird eine unbillige Härte iSd § 361 II 2 geltend gemacht, fehlt es überdies im AdV-Verfahren auch am Bedürfnis nach einheitlicher Entscheidung mehreren Beteiligten gegenüber (BFH 13.9.1968 – III B 84/67, BStBl. II 1969, 38). Ein prinzipielles Verbot der Hinzuziehung besteht jedoch nicht (HHSp § 361 Rn. 701). Möglich ist auch die AdV einer Hinzuziehungsentscheidung, um die Hinzuziehungswirkungen (zunächst) nicht eintreten zu lassen (→ § 360 Rn. 47).

31 Eine **Aussetzung oder ein Ruhen des AdV-Verfahrens gem. § 363** scheidet regelmäßig wegen der Eilbedürftigkeit des Verfahrens aus (→ § 363 Rn. 4). Wird der angefochtene VA während des AdV-Verfahrens geändert oder ersetzt, gilt **§ 365 III** entspr.; der

neue VA wird daher automatisch Gegenstand des AdV-Verfahrens (vgl. BFH 5.3.2001 – IX B 90/00, BStBl. II 2001, 405; BFH 12.9.2011 – VIII B 70/09, BFH/NV 2012, 229; BFH 25.10.1994 – VIII B 101/94, BFH/NV 1995, 611).Wird ein in der Vollziehung bereits ausgesetzter VA geändert oder ersetzt, erledigt sich die bisher gewährte AdV/Aufhebung der Vollziehung, ohne dass es einer entsprechenden Verfügung des FA bedarf; die FB hat jedoch von Amts wegen über die AdV des neuen VA zu entscheiden und bei weiter gegebenem Aussetzungsgrund AdV zu gewähren. Dies gilt auch dann, wenn ein Vorauszahlungsbescheid durch die JahresStFestsetzung ersetzt wird (AEAO zu § 361 Nr. 8.2.2). Eine Erörterung des Sach- und Rechtsstands gem. **§ 364a** ist auch im AdV-Verfahren möglich. Im AdV-Verfahren hat der Antragsteller Anspruch auf **rechtliches Gehör** gem. § 91; er muss sich in ausreichendem Maße zu den entscheidungserheblichen Tatsachen äußern können (BVerfG 11.10.1978 – 2 BvR 214/76, BStBl. II 1979, 93). Aufgrund des Eilcharakters des AdV-Verfahrens können die Äußerungsfristen jedoch kürzer als im Hauptsacheverfahren bemessen werden.

2. Angefochtener Verwaltungsakt

32 Der Einspruch muss sich gegen den „angefochtenen VA" (§ 361 II 1) richten, dessen Vollziehung ausgesetzt werden soll, sog. **Identitätserfordernis** (BFH 27.1.1977 – IV B 72/74, BStBl. II 1977, 367; BFH 1.4.1997 – X S 3/96, BFH/NV 1997, 601; Gräber FGO § 69 Rn. 32). Bei der Entscheidung über den AdV-Antrag bleibt unberücksichtigt, dass bei einem Erfolg des Rechtsbehelfs ggf. andere StBescheide zuungunsten des Stpfl. zu ändern sind (→ Rn. 68). Ausnahmsweise ist das Anfechtungserfordernis für die AdV eines Folgebescheids entbehrlich, soweit die Vollziehung des Grundlagenbescheids (§ 171 X) ausgesetzt wird; in diesem Fall ist der Folgebescheid, unabhängig davon, ob er angefochten worden ist, hinsichtlich der Folgen der im Grundlagenbescheid getroffenen Feststellungen gem. § 361 III 1 oder gem. § 69 II 4 FGO von Amts wegen auszusetzen (BFH 29.10.1987 – VIII R 413/83, BStBl. II 1988, 240; → Rn. 126 ff.). Ferner wird ein neuer VA gem. § 365 III automatisch Gegenstand des Einspruchsverfahrens, wenn der angefochtene VA geändert oder ersetzt wird; in diesem Fall ist der neue VA der angefochtene VA iSd § 361 II 1 (→ Rn. 31). Die Aussetzung kann höchstens in dem **Umfang** gewährt werden, in dem der VA durch Einspruch angegriffen wird.

33 Für eine AdV/Aufhebung der Vollziehung nach Bestandskraft des VA ist kein Raum (BFH 27.3.2006 – VIII S 1/06, BFH/NV 2006, 1325; BFH 13.7.2000 – XI S 9/00, BFH/NV 2000, 1493). Die AdV/Aufhebung der Vollziehung ist nur und erst dann möglich, wenn der VA durch **Einspruch** angefochten wurde und das Rechtsbehelfsverfahren noch nicht, zB durch eine zwischenzeitlich ergangene rechtskräftige Entscheidung, abgeschlossen ist (BFH 15.10.1986 – III S 7/86, BFH/NV 1987, 142). An einer Anfechtung eines VA fehlt es, wenn der Stpfl. lediglich einen außerordentlichen Rechtsbehelf, zB eine Dienstaufsichtsbeschwerde, eingelegt oder einen Änderungsantrag, zB gem. § 172 I 1 Nr. 2 Buchst. a oder gem. § 164 II 2, gestellt hat (AEAO zu § 361 Nr. 2.2). Für eine AdV ist auch kein Raum, wenn nach Erschöpfung des Rechtswegs Verfassungsbeschwerde (Art. 93 I Nr. 4a GG iVm §§ 13 Nr. 8a, 90 ff. BVerfGG) eingelegt wird; hier kommt allenfalls vorläufiger Rechtsschutz gem. § 32 BVerfGG in Betracht (BFH 11.2.1987 – II R 176/84, BStBl. II 1987, 320).

34 Ferner muss grds. der Einspruch gegen den angefochtenen VA **zulässig** sein. Ist der VA bestandskräftig oder der Einspruch, zB wegen versäumter Einspruchsfrist (§ 355) oder wirksamer Einspruchsrücknahme (§ 362), eindeutig als unzulässig zu verwerfen (§ 358 S. 2), scheidet die AdV/Aufhebung der Vollziehung aus (BFH 19.7.2000 – I B 42/00, I S 4/00, BFH/NV 2000, 1494; BFH 30.7.2003 – I S 4/03, BFH/NV 2003, 1445; Gräber FGO § 69 Rn. 139). Darin liegt kein Verstoß gegen Verfassungsrecht (BVerfG 7.12.2001 – 1 BvR 1885/01, DStZ 2002, 232). Soweit allerdings die Zulässigkeit des Einspruchs, zB aufgrund eines schlüssig begründeten Wiedereinsetzungsantrags (§ 110 II), ernstlich zweifelhaft ist, hat die FB zusätzlich auch die materielle Rechtmäßigkeit des angegriffenen VA

zu überprüfen (BFH 5.2.1975 – II B 29/74, BStBl. II 1975, 465). Bei **noch laufender Einspruchsfrist** (§ 355) kann AdV/Aufhebung der Vollziehung erst nach der Einspruchseinlegung erfolgen; der zuvor gestellte AdV-Antrag wächst mit Einspruchseinlegung in die Zulässigkeit hinein. Wird AdV/Aufhebung der Vollziehung gewährt, obwohl der Einspruch unzulässig oder offensichtlich unbegründet ist, treten gleichwohl die Rechtswirkungen der AdV ein (HHSp § 361 Rn. 152).

3. Antragsbefugnis; Rechtsschutzbedürfnis

36 **Antragsbefugt** betr. Gewährung von AdV/Aufhebung der Vollziehung ist derjenige, der auch gem. § 350 einspruchsbefugt oder gem. § 40 II FGO klagebefugt ist (BFH 24.3.1999 – I B 113/98, BFH/NV 1999, 1314; BFH 21.4.1995 – V B 91/94, BFH/NV 1995, 1042). AdV eines StBescheids kann deshalb grds. nur derjenige beantragen, der von dem StBescheid betroffen ist, dh derjenige, gegen den sich der StBescheid richtet (BFH 29.11.1995 – X B 328/94, BStBl. II 1996, 322). Gegebenenfalls kann aber auch ein Dritter, der den VA im Wege der Drittanfechtung angefochten hat, antragsbefugt sein (zur Drittanfechtung → § 350 Rn. 21 ff.). Für gesonderte und einheitliche **Feststellungen von Besteuerungsgrundlagen** gem. §§ 179 ff. gilt hinsichtlich der Antragsbefugnis § 352 entspr. (BFH 31.3.1981 – VIII B 53/80, BStBl. II 1981, 696; BFH 15.3.1994 – IX B 151/93, BStBl. II 1994, 519; BFH 4.7.2002 – VIII B 72/02, BFH/NV 2002, 1445). Antragsbefugt sind daher ggf. neben der Gesellschaft/Gemeinschaft auch weitere Feststellungsbeteiligte, wie zB ausgeschiedene Gesellschafter, Gemeinschafter oder Mitberechtigte (§ 352 I Nr. 3). Ein Feststellungsbeteiligter, der selbst gegen den Feststellungsbescheid keinen Einspruch eingelegt hat und der auch nicht zum Einspruchsverfahren gem. § 360 hinzugezogen bzw. zum Klageverfahren gem. § 60 FGO beigeladen worden ist, ist jedoch nicht antragsbefugt iSd § 361 II (BFH 15.3.1994 – IX B 151/93, BStBl. II 1994, 519).

37 Die Zulässigkeit eines AdV-Antrags setzt, wie auch die Zulässigkeit eines Einspruchs, ein allg. **Rechtsschutzbedürfnis** des Antragsstellers voraus (BFH 6.2.2014 – I B 168/13, BFH/NV 2014, 921; s. allg. zum Rechtsschutzbedürfnis → § 350 Rn. 39 f.); der Antragsteller muss durch den AdV-Antrag eine weitergehende und ihm günstige Rechtsposition erreichen können (BFH 24.6.1985 – GrS 1/84, BStBl. II 1985, 587). Dem ist genügt, wenn eine Beeinträchtigung in eigenen Rechten durch die mögliche Vollziehung des angefochtenen VA geltend gemacht wird und sich der Antragsteller auf Aussetzungsgründe iSd § 361 II 2 beruft. Das Rechtsschutzbedürfnis ist auch gegeben, wenn die FB abw. vom AdV-Antrag lediglich AdV gegen Sicherheitsleistung gewährt (→ Rn. 118) oder den StBetrag anstelle der begehrten AdV lediglich stundet (Gräber FGO § 69 Rn. 138; aA FG Rheinland-Pfalz 19.2.1990 – 5 V 2184/89, EFG 1990, 483).

38 Das Rechtsschutzbedürfnis **fehlt,** wenn

- der Einspruchsführer den vorläufigen Rechtsschutz leichter und einfacher erlangen kann oder das AdV-Begehren mutwillig oder rechtsmissbräuchlich ist;
- der angefochtene VA nicht mehr geändert oder aufgehoben werden kann (BFH 4.6.2012 – III S 1/12, BFH/NV 2012, 1475; BFH 5.9.2001 – XI S 2/01, BFH/NV 2002, 67; BFH 13.7.2000 – XI S 9/00, BFH/NV 2000, 1493), zB weil sich der Einspruch oder die Klage in der Hauptsache, zB durch Erlass eines Abhilfebescheids, erledigt hat (→ § 367 Rn. 43 ff.) oder weil das den angefochtenen VA betr. Einspruchs- bzw. Klageverfahren rechtskräftig abgeschlossen ist und damit der angefochtene VA unanfechtbar ist (BFH 18.7.2013 – X S 2/13, BFH/NV 2013, 1612; BFH 22.1.2013 – IX S 16/12, BFH/NV 2013, 757; BFH 5.9.2001 – XI S 2/01, BFH/NV 2002, 67; Gräber FGO § 69 Rn. 139);
- sich das AdV-Begehren wegen Zeitablaufs nicht mehr auswirken kann; dies ist zB dann der Fall, wenn sich die begehrte vorläufige Eintragung eines Freibetrags auf der LSt-Karte beim Lohnabzug wegen Zeitablaufs nicht mehr auswirkt (BFH 12.4.1994 – X S 20/93, BFH/NV 1994, 783);

– die FB zugesichert hat, von Vollziehungsmaßnahmen bis zur Entscheidung der Hauptsache abzusehen (BFH 16.11.1977 – VII S 1/77, BStBl. II 1978, 69), oder die Gewährung von AdV verbindlich zugesichert hat;
– wegen eines schwebenden Insolvenzverfahrens die zwangsweise Durchsetzung einer Vollstreckungsmaßnahme gem. § 89 InsO ausscheidet (BFH 27.11.1974 – I R 185/73, BStBl. II 1975, 208; BFH 15.2.2002 – XI S 32/01, BFH/NV 2002, 940); ein noch nicht beschiedener AdV-Antrag wird durch die Eröffnung des Insolvenzverfahrens nicht analog § 240 ZPO unterbrochen, sondern ebenfalls unzulässig (FG Baden-Württemberg 12.3.1994 – 9 K 50/93, EFG 1994, 711; AEAO zu § 251 Nr. 4.1.3; Gräber FGO § 69 Rn. 222);
– ein Wiederholungsantrag nach AdV-Ablehnung bei gleichem Sachverhalt mit gleicher Begründung gestellt wird (→ Rn. 85);
– die AdV bereits unter Widerrufsvorbehalt (§ 120 II Nr. 3) bewilligt worden ist (BFH 12.5.2000 – VI B 266/98, BStBl. II 2000, 536; s. zum Widerrufsvorbehalt auch → Rn. 72 und 158).

Ferner ist ein Antrag auf AdV/Aufhebung der Vollziehung eines Folgebescheids hinsichtlich der Folgen der im Grundlagenbescheid (§ 171 X) getroffenen Feststellungen mangels Rechtsschutzbedürfnis unzulässig, wenn die Vollziehung des Grundlagenbescheids angeordnet worden ist, da in diesem Fall, der Folgebescheid gem. § 361 III 1 oder gem. § 69 II 4 FGO von Amts wegen auszusetzen ist (BFH 29.10.1987 – VIII R 413/83, BStBl. II 1988, 240; BFH 6.12.2000 – X B 89/00, BeckRS 2000, 25005394; auch → Rn. 126 ff.).

Entfällt das Rechtsschutzbedürfnis im Verlauf des AdV-Verfahrens, wird der AdV-Antrag unzulässig (Gräber FGO § 69 Rn. 140).

4. Zuständige Behörde

Gemäß § 361 II 1 entscheidet über die AdV, ohne Rücksicht auf die StArt und die Höhe des StBetrags (AEAO zu § 361 Nr. 3.3.), die FB, die den angefochtenen VA erlassen hat. Wird nach Erlass des angefochtenen VA eine andere FB zuständig, so entscheidet diese über den AdV-Antrag, § 361 II 1 iVm § 367 I 2. 41

5. Summarisches Verfahren; keine Vorwegnahme der Hauptsache

Das AdV-Verfahren ist als rechtlich selbständiges **Nebenverfahren** zu dem Hauptsacheverfahren, dem Einspruchs- und/oder Klageverfahren, ausgestaltet. Es ist ein **Eilverfahren;** über den Aussetzungsantrag muss die FB daher unverzüglich entscheiden (AEAO zu § 361 Nr. 3.1). 42

Das AdV-Verfahren ist ein **summarisches Verfahren,** das im Beschleunigungsinteresse verfahrensmäßig vereinfacht ist und nur mit dem Ziel einer vorläufigen Entscheidung geführt wird. Die Überprüfung des angefochtenen VA ist, ungeachtet dessen, dass die FB auch im AdV-Verfahren gem. § 88 I zur Sachverhaltsaufklärung von Amts wegen verpflichtet bleibt, in rechtlicher und tatsächlicher Hinsicht eingeschränkt (BFH 18.9.2018 – XI R 36/16, BStBl. II 2019, 87; BFH 14.6.1988 – IX B 157/87, BFH/NV 1990, 97) und muss nur soweit reichen, bis feststeht, ob ein Aussetzungsgrund iSd Abs. 2 S. 2 vorliegt (BFH 15.2.1967 – VI S 2/66, BStBl. III 1967, 256). 43

In **rechtlicher Hinsicht** sind lediglich die Zulässigkeitsvoraussetzungen des AdV-Antrags abschließend und nicht nur summarisch zu prüfen (BFH 21.4.1971 – VII B 106/69, BStBl. II 1971, 702; AEAO zu § 361 Nr. 3.4). Es bedarf im AdV-Verfahren, auch wenn eine vollständige und sorgfältige Prüfung zulässig ist, keiner abschließenden Entscheidung schwieriger Rechtsfragen, die im Zusammenhang mit den Zweifeln an der Rechtmäßigkeit des angefochtenen VA stehen (BFH 30.8.1989 – I B 39/89, BFH/NV 1990, 161). Auch darf die FB die summarische Prüfung auf die dargelegte zweifelhafte Rechtmäßigkeit des angefochtenen VA begrenzen (BFH 18.9.2018 – XI R 36/16, BStBl. II 2019, 87). Zu 44 den Prüfungsgrundsätzen betr. ernstliche Zweifel an der Rechtmäßigkeit des VA → Rn. 50 ff.

45 In **tatsächlicher Hinsicht** kann sich die summarische Prüfung, wie auch im finanzgerichtlichen AdV-Verfahren, auf den Sachverhalt beschränken, der sich aus dem Akteninhalt und dem Vortrag der Beteiligten ergibt (BFH 18.9.2018 – XI R 36/16, BStBl. II 2019, 87; BFH 31.3.2016 – XI B 13/16, BFH/NV 2016, 1187). Der Antragsteller ist bei der Sachverhaltsermittlung zur Mitwirkung verpflichtet (§ 90) und hat die entscheidungserheblichen Tatsachen vorzutragen und ggf. glaubhaft zu machen (BFH 18.9.2018 – XI R 36/16, BStBl. II 2019, 87; BFH 4.6.1996 – VIII B 64/95, BFH/NV 1996, 895). Nicht präsente Beweismittel sind ausgeschlossen (BFH 19.5.1987 – VIII B 104/85, BStBl. II 1988, 5). Die Regeln über die Verteilung der objektiven Beweislast (Feststellungslast) gelten allerdings auch im AdV-Verfahren (BFH 18.9.2018 – XI R 36/16, BStBl. II 2019, 87; BFH 5.3.1979 – GrS 5/77, BStBl. II 1979, 570; BFH 4.6.1996 – VIII B 64/95, BFH/NV 1996, 895); beim Antragsteller liegt daher die Feststellungslast für die ihm günstigen Tatsachen, während die FB die Feststellungslast hinsichtlich der steuerbegründenden oder -erhöhenden Tatsachen trägt.

46 Die **eingeschränkte Ermittlungspflicht** der FB gilt auch für **steuerstrafrechtliche Vorfragen,** von denen die Besteuerung abhängt, wie zB gem. § 169 II 2 die Dauer der Festsetzungsfrist bei StHinterziehung (§ 370) oder bei leichtfertiger StVerkürzung (§ 378); im AdV-Verfahren braucht hinsichtlich strafrechtlicher Vorfragen der Besteuerung kein höheres Maß an Gewissheit vorzuliegen als bei den sonstigen Tatbestandsmerkmalen (BFH 7.12.2000 – II B 84/00, BFH/NV 2001, 630). Allerding ist auch im Rahmen der summarischen Prüfung des § 361 der strafverfahrensrechtliche Grundsatz in dubio pro reo zu beachten, wenn zu prüfen ist, ob eine StHinterziehung oder eine leichtfertige StVerkürzung vorliegt (BFH 5.3.1979 – GrS 5/77, BStBl. II 1979, 570). Die Verwertung strafgerichtlicher Feststellungen, zB im Strafurteil, ist im Rahmen des AdV-Verfahrens zulässig (BFH 19.10.1988 – V B 46/88, BFH/NV 1990, 54). Erkenntnisse, die aus einer Telekommunikationsüberwachung in einem Strafverfahren gem. § 100a StPO stammen, dürfen im Besteuerungsverfahren jedoch nicht verwertet werden (BFH 24.4.2013 – VII B 202/12, BStBl. II 2013, 987; BFH 6.2.2013 – XI B 125/12, BStBl. II 2013, 983; BFH 19.2.2004 – VII B 260/03, BFH/NV 2004, 807).

47 **Keine Vorwegnahme der Hauptsache.** Da sich die AdV/Aufhebung der Vollziehung lediglich auf vorläufigen Rechtsschutz richtet, darf die Aussetzungsentscheidung nicht vollendete Tatsachen schaffen und damit die Entscheidung in der Hauptsache vorwegnehmen (BFH 22.7.1980 – VII B 3/80, BStBl. II 1980, 592; BFH 10.11.1994 – IV R 44/94, BStBl. II 1995, 814). Insb. kann nicht die vorläufige Berücksichtigung eines (noch) nicht ergangenen VA, zB eine noch durchzuführende Änderung oder Ersetzung des angefochtenen VA, begehrt werden (BFH 28.11.1974 – V B 44/74, BStBl. II 1975, 240). Bei Vollstreckungsmaßnahmen, zB Beschlagnahme- oder Pfändungsverfügung, scheidet eine AdV aus, wenn dadurch die Entscheidung in der Hauptsache ins Leere ginge (BFH 16.11.1977 – VII S 1/77, BStBl. II 1978, 69; BFH 30.10.1990 – VII B 33/90, BFH/NV 1991, 607; FG Baden-Württemberg 2.10.2001 – 2 V 25/01, EFG 2002, 37).

6. Beendigung des Aussetzungsverfahrens

49 Das AdV-Verfahren endet mit dem Erlass der Aussetzungsentscheidung (→ Rn. 68 ff.). Zudem erledigt sich das AdV-Verfahren in der Hauptsache, wenn die FB die Vollziehung des angefochtenen VA, wie beantragt, aussetzt oder aufhebt und/oder wenn der Antragsteller gegenüber der FB eine entsprechende Erledigungserklärung abgibt. Ferner wird das AdV-Verfahren durch die Rücknahme des AdV-Antrags beendet. Zu den Auswirkungen auf das AdV-Verfahren, wenn der angefochtene VA nicht mehr geändert oder aufgehoben werden kann, weil sich der Einspruch oder die Klage in der Hauptsache erledigt hat oder weil das den angefochtenen VA betr. Einspruchs- bzw. Klageverfahren rechtskräftig abgeschlossen ist (→ Rn. 38).

III. Aussetzungsgründe (Abs. 2 S. 2)

Eine AdV kann gem. § 361 II 2 aus zwei Gründen erfolgen. Entweder bestehen ernstliche Zweifel an der Rechtmäßigkeit des angefochtenen VA oder die Vollziehung des VA hätte für den Betroffenen eine unbillige, nicht durch überwiegende öffentliche Interessen gebotene Härte zur Folge. Beide Aussetzungsgründe sind voneinander unabhängig. Jedoch scheidet bei zweifelsfrei rechtmäßigen VA eine AdV/Aufhebung der Vollziehung auch dann aus, wenn die Vollziehung eine unbillige Härte zur Folge hätte (→ Rn. 66). 50

1. Ernstliche Zweifel an der Rechtmäßigkeit

Allgemeines. Ernstliche Zweifel an der Rechtmäßigkeit des VA sind gegeben, wenn bei summarischer Prüfung neben den für die Rechtmäßigkeit sprechenden Umständen gewichtige gegen die Rechtmäßigkeit sprechende Gründe zutage treten, die eine Unentschiedenheit oder Unsicherheit in der Beurteilung der Rechtsfragen oder Unklarheit in der Beurteilung der Tatfragen auslösen (BFH 10.2.1967 – III B 9/66, BStBl. III 1967, 182; BFH 24.8.2021 – X B 53/21 (AdV), BFH/NV 2021, 1571; BFH 30.3.2021 – V B 63/20 (AdV), BFH/NV 2021, 1212; BFH 3.9.2018 – VIII B 15/18, BFH/NV 2018, 1279; BFH 4.5.2017 – IV B 10/17, BFH/NV 2017, 1009; BFH 24.5.2016 – V B 123/15, BFH/NV 2016, 1253; BFH 6.8.2007 – IV B 20/07, BFH/NV 2007, 2369; std. Rspr.; AEAO zu § 361 Nr. 2.5). Bei der notwendigen Abwägung sind die **Erfolgsaussichten** des Rechtsbehelfs in der Hauptsache mit zu berücksichtigen (BFH 10.2.1967 – III B 9/66, BStBl. III 1967, 182). Das Vorliegen ernstlicher Zweifel verlangt eine mehr als nur geringfügige Erfolgsaussicht (BFH 10.2.1967 – III B 9/66, BStBl. III 1967, 182). Es ist nicht erforderlich, dass die für die Rechtswidrigkeit sprechenden Gründe überwiegen, dh ein Erfolg des Stpfl. muss nicht wahrscheinlicher sein als ein Misserfolg (BFH 3.9.2018 – VIII B 15/18, BFH/NV 2018, 1279; BFH 24.5.2016 – V B 123/15, BFH/NV 2016, 1253; BFH 23.8.2004 – IV S 7/04, BFH/NV 2005, 9; BFH 30.1.2001 – V S 24/00, BFH/NV 2001, 658; AEAO zu § 361 Nr. 2.5; HHSp § 361 Rn. 173 ff.; Gräber FGO § 69 Rn. 160). 51

Unklarheiten im Sachverhalt. Ernstliche Zweifel an der Rechtmäßigkeit des VA können sich aus Unklarheiten des entscheidungserheblichen Sachverhalts ergeben. Die Rechtmäßigkeit des VA ist ernstlich zweifelhaft, wenn – bei gegebener **Feststellungslast der FB** – eine Tatfrage im Aussetzungsverfahren nicht abschließend geklärt werden kann und die vom Stpfl. behauptete Tatsache als möglich erscheint (BFH 19.6.1968 – I S 4/68, BStBl. II 1968, 540; Schwarz/Pahlke/Keß § 361 Rn. 81). Erforderlich ist jedoch, dass der Stpfl. seiner Mitwirkungspflicht nachgekommen ist (BFH 13.11.1985 – I R 7/85, BFH/NV 1986, 638). Ebenso bestehen ernstliche Zweifel, wenn die FB eine Entscheidung getroffen hat, ohne den maßgeblichen Sachverhalt aufzuklären, wenn sie den Besteuerungssachverhalt unvollständig oder widersprüchlich darstellt (BFH 14.2.1984 – VIII B 112/83, BStBl. II 1984, 443; Gräber FGO § 69 Rn. 167) oder wenn sie dem Stpfl. entgegen § 364 nicht die Besteuerungsgrundlagen in dem für die Rechtsverteidigung erforderlichen Umfang mitteilt (→ § 364 Rn. 13). Bei gegebener **Feststellungslast des Stpfl.** rechtfertigen sich hingegen keine ernstlichen Zweifel, wenn das Vorliegen steuermindernder oder -befreiender Tatsachen nach dem Stand des Hauptsacheverfahrens nicht absehbar ist (BFH 24.4.1985 – II B 28/84, BStBl. II 1985, 520). Unklarheiten im Hinblick auf den entscheidungserheblichen Sacherhalt können sich aber auch daraus ergeben, dass die FB ihrer Pflicht zur Mitteilung der Besteuerungsgrundlagen gem. § 364 nicht nachgekommen ist. 52

Die Rechtmäßigkeit eines **Schätzungsbescheids** (§ 162) ist nicht ernstlich zweifelhaft, wenn die FB infolge einer Verletzung der Mitwirkungspflicht des Stpfl. die Besteuerungsgrundlagen schätzt und dabei den Schätzungsrahmen nach oben hin ausschöpft (BFH 31.8.1967 – V 241/64, BStBl. III 1967, 686). Ernstliche Zweifel bestehen jedoch, wenn die tatsächlichen Schätzungsgrundlagen unklar, unschlüssig oder nicht nachvollziehbar sind oder die nach dem Erlass des Schätzungsbescheids eingereichte ordnungsgemäße StErklä- 53 rung zu einer geringeren Steuer führt als der Schätzungsbescheid (BFH 9.11.1994 – I S 12/94, BFH/NV 1995, 1039).

54 **Rechtliche Zweifel.** Ernstliche rechtliche Zweifel an der Rechtmäßigkeit des VA sind **gegeben,** wenn die Rechtslage als unsicher zu beurteilen ist. Das ist insb. der Fall, wenn in der obergerichtlichen Rspr. verschiedener Bundesgerichte oder verschiedener BFH-Senate divergierende Rechtsansichten bestehen (BFH 5.2.1986 – I B 39/85, BStBl. II 1986, 490), eine durch den BFH noch nicht geklärte Rechtsfrage in der Literatur oder in der FG-Rspr. kontrovers diskutiert wird (BFH 10.5.1968 – III B 55/67, BStBl. II 1968, 610; BFH 8.2.2017 – X B 138/16, BFH/NV 2017, 579; BFH 6.3.2000 – V B 170/99, BFH/NV 2000, 1147), der angegriffene VA gegen nach § 127 beachtliche Verfahrensvorschriften verstößt (BFH 28.5.1986 – I B 22/86, BStBl. II 1986, 656) oder wenn die FB bewusst oder unbewusst von einer dem Antragsteller günstigen höchstrichterlichen Rspr. abgewichen ist (BFH 15.2.1967 – VI S 2/66, BStBl. III 1967, 256) oder einer für den Stpfl. günstigen BFH-Entscheidung aufgrund eines „Nichtanwendungserlasses" nicht folgt (BFH 14.4.1994 – X B 146/93, BFH/NV 1994, 869; zum Nichtanwendungserlass → § 4 Rn. 65 ff.) und/oder die Rechtsfrage erneut einer gerichtlichen Klärung zuführen will. Ferner können sich rechtliche Zweifel an der Rechtmäßigkeit des VA auch daraus ergeben, dass der BFH gegen ein FG-Urt. gem. § 115 FGO die Revision zugelassen hat, wenn bei summarischer Prüfung ernstlich mit der Aufhebung oder Änderung des angefochtenen VA zu rechnen ist (vgl. BFH 21.5.1997 – I S 8/96, BFH/NV 1997, 871; BFH 22.11.1994 – VII S 28/94, BFH/NV 1995, 532; s. auch BFH 26.9.2014 – XI S 14/14, BFH/NV 2015, 158).

55 **Rechtliche Zweifel fehlen** idR, wenn der VA der höchstrichterlichen Rspr. entspricht, sofern nicht gewichtiges neues Vorbringen bereits bei überschlägiger Beurteilung die Unrichtigkeit dieser Rspr. erweist (BFH 4.12.1980 – IV B 35/80, BStBl. II 1981, 266; BFH 11.3.1970 – I B 50/68, BStBl. II 1970, 569; BFH 24.2.1967 – VI B 15/66, BStBl. III 1967, 341), die Rechtsfrage in Rspr. und Literatur weitestgehend einmütig beantwortet wird, der gegen den angefochtenen VA gerichtete Einspruch unzulässig ist (BFH 26.3.1991 – VIII B 83/90, BStBl. II 1991, 463), verschiedene FÄ vergleichbare Sachverhalte unterschiedlich behandeln (BFH 30.3.2007 – V B 35/05, BFH/NV 2007, 1723) oder die Rechtmäßigkeit des angefochtenen VA unter Berufung auf gem. §§ 163, 227 gebotene Billigkeitsmaßnahmen angegriffen wird (BFH 25.2.1993 – V B 84/92, BFH/NV 1994, 422). Auch eine überlange Dauer des AdV-Verfahrens begründet keine ernstlichen Zweifel an der Rechtmäßigkeit des Bescheids (BFH 20.5.1994 – XI B 63/93, BFH/NV 1994, 605; Gräber FGO § 69 Rn. 161).

56 **Verfassungsrechtliche Zweifel.** Auch Bedenken gegen die Verfassungsmäßigkeit einer dem angefochtenen VA zugrunde liegenden Norm können ernstliche Zweifel iSd § 361 II und iSd § 69 II, III FGO begründen (BFH 20.9.2022 – II B 3/22 (AdV), BFH/NV 2022, 1328; BFH 25.4.2018 – IX B 21/18, BStBl. II 2018, 415; BFH 3.2.2005 – I B 208/04, BStBl. II 2005, 351; BFH 23.8.2007 – VI B 42/07, BStBl. II 2007, 799; BFH 31.1.2007 – VIII B 219/06, BFH/NV 2007, 914; s. auch AEAO zu § 361 Nr. 2.5.4). Insoweit sind keine strengeren Anforderungen zu stellen als beim Einwand fehlerhafter Rechtsanwendung (BFH 23.8.2007 – VI B 42/07, BStBl. II 2007, 799). Derartige **Zweifel fehlen,** wenn ein oberstes Bundesgericht die Verfassungsmäßigkeit der Rechtsnorm ausdrücklich bejaht hat oder der Stpfl. lediglich, ggf. gestützt auf Einzelmeinungen in der Literatur, die Verfassungswidrigkeit behauptet, selbst wenn er seine Bedenken gegen die Verfassungsmäßigkeit der Norm in einem Verfassungsbeschwerdeverfahren (Art. 94 I Nr. 4a GG iVm §§ 13 Nr. 8a, 90 ff. BVerfGG) geltend macht (BVerfG 21.2.1961 – 1 BvR 314/60, BVerfGE 12, 180; Gräber FGO § 69 Rn. 164) oder das BVerfG die weitere Anwendbarkeit eines für verfassungswidrig erklärten Gesetzes für eine Übergangszeit bis zur Neuregelung angeordnet hat und der VA innerhalb dieser Übergangszeit ergangen ist (BFH 28.7.1994 – III B 22/94, BFH/NV 1995, 201; Gräber FGO § 69 Rn. 163).

Ernstliche verfassungsrechtliche **Zweifel** sind ohne Weiteres **gegeben,** wenn die dem angefochtenen VA zugrunde liegende Norm vom BVerfG für nichtig erklärt wurde. Im Übrigen kommt AdV/Aufhebung der Vollziehung – nach der Rspr. des BFH allerdings nur bei Vorliegen eines (besonderen) berechtigten Interesses (→ Rn. 58 ff.) – in Betracht, wenn ein oberstes Bundesgericht bereits ernstliche verfassungsrechtliche Zweifel geäußert oder ein Normenkontrollverfahren gem. Art. 100 I GG eingeleitet hat (BFH 22.12.2003 – IX B 177/02, BStBl. II 2004, 367; BFH 21.10.2003 – VII B 85/03, BStBl. II 2004, 36; Gräber FGO § 69 Rn. 164), ein FG ein nicht offensichtlich unzulässiges Normenkontrollverfahren gem. Art. 100 I GG eingeleitet hat (Gosch FGO § 69 Rn. 130; aA BFH 23.11.1965 – VII 79/65 S, BStBl. III 1966, 79) oder mehrere FG gegen die Verfassungsmäßigkeit Bedenken erhoben haben und eine höchstrichterliche Klärung noch aussteht (BFH 17.12.1965 – III 16/65 U, BStBl. III 1966, 132). Obwohl im AdV-Verfahren keine weitergehende als die vom BVerfG zu erwartende Entscheidung getroffen werden kann (BFH 28.11.1990 – II S 10/90, BFH/NV 1991, 243), steht der Gewährung von AdV bei verfassungsrechtlichen Zweifeln nichts entgegen, wenn zu erwarten ist, dass das BVerfG lediglich die Unvereinbarkeit eines Gesetzes mit dem GG aussprechen und dem Gesetzgeber eine Nachbesserungspflicht für die Zukunft aufgeben wird, da es nicht gerechtfertigt ist, aufgrund einer Prognose über die Entscheidung des BVerfG vorläufigen Rechtsschutz generell auszuschließen (BFH 18.12.2013 – I B 85/13, BStBl. II 2014, 947; BFH 21.11.2013 – II B 46/13, BStBl. II 2014, 263; aA noch BFH 17.7.2003 – II B 20/03, BStBl. II 2003, 807; BFH 4.5.2011 – II B 151/10, BFH/NV 2011, 1395). 57

Soweit das BVerfG die dem angefochtenen VA zugrunde liegende Norm nicht bereits für nichtig erklärt hat, setzt die AdV/Aufhebung der Vollziehung bei ernstlichen verfassungsrechtlichen Zweifeln im Hinblick auf den Geltungsanspruch jedes formell verfassungsgemäß zustande gekommenen Gesetzes nach bisheriger nicht einheitlicher BFH-Rspr. ein **berechtigtes (besonderes) Interesse** des Antragstellers an der Gewährung einstweiligen Rechtsschutzes voraus. Geboten ist eine **Interessenabwägung** zwischen der einer AdV entgegenstehenden konkreten **Gefährdung der öffentlichen Haushaltsführung** und den für eine AdV sprechenden **individuellen Interessen** des Stpfl. (BFH 9.3.2023 – VI B 31/22 (AdV), BFH/NV 2023, 574; BFH 20.9.2022 – II B 3/22 (AdV), BFH/NV 2022, 1328; BFH 25.4.2018 – IX B 21/18, BStBl. II 2018, 415; BFH 2.3.2017 – II B 33/16, BStBl. II 2017, 646; BFH 25.11.2014 – VII B 65/14, BStBl. II 2015, 207; BFH 21.11.2013 – II B 46/13, BStBl. II 2014, 263; BFH 11.6.2003 – IX B 16/03, BStBl. II 2003, 663; BFH 17.12.2018 – VIII B 91/18, BFH/NV 2019, 306; BFH 15.4.2014 – II B 71/13, BFH/NV 2015, 7; BFH 9.3.2012 – VII B 185/11, BFH/NV 2012, 999; AEAO zu § 361 Nr. 2.5.4; grds. zust. Wagner FS Kruse, 2001, 735; abl. Seer StuW 2001, 3; TK FGO § 69 Rn. 96 f.; Gräber FGO § 69 Rn. 190; Lüdicke/Bowitz DStR 2013, 791; Schallmoser DStR 2010, 297). In seiner jüngeren Rspr. stellt der BFH zT die staatlichen Haushaltsinteressen in der Abwägung aber zunehmend zurück und/oder lässt es offen, ob er diese Einschränkung überhaupt aufrechterhält (vgl. BFH 7.6.2024 – VIII B 113/23 (AdV), BStBl. II 2024, 637; BFH 12.4.2023 – I B 74/22 (AdV), BStBl. II 2024, 912; BFH 22.9.2023 – VIII B 64/22 (AdV), BFH/NV 2023, 1418; BFH 14.2.2023 – IX B 42/22 (AdV), BFH/NV 2023, 562; BFH 25.4.2018 – IX B 21/18, BStBl. II 2018, 415; BFH 18.12.2013 – I B 85/13, BStBl. II 2014, 947; BFH 21.11.2013 – II B 46/13, BStBl. II 2014, 263; BFH 13.3.2012 – I B 111/11, BStBl. II 2012, 611; BFH 25.8.2009 – VI B 69/09, BStBl. II 2009, 826; BFH 23.8.2007 – VI B 42/07, BStBl. II 2007, 799; BFH 22.12.2003 – IX B 177/02, BStBl. II 2004, 367). So hat der VI. Senat des BFH ein überwiegendes öffentliches Interesse an einer geordneten Haushaltsführung auch bei erheblicher Größenordnung der damit verbundenen Einnahmeausfälle verneint, weil andernfalls – rechtsstaatlich unerträglich – der Haushaltsvorbehalt jeden legislativen Verfassungsverstoß mit genügender finanzieller Breitenwirkung sanktionieren und der individuelle Rechtsschutz auf der Strecke bleiben würde (BFH 25.8.2009 – VI B 69/09, 58

BStBl. II 2009, 826; so auch Schallmoser DStR 2010, 297; s. auch BFH 23.8.2007 – VI B 42/07, BStBl. II 2007, 799).

58a Auch das **BVerfG** hat es in neuerer Zeit offengelassen, ob bei einer AdV/Aufhebung der Vollziehung gem. § 69 FGO das Erfordernis eines besonderen Aussetzungsinteresses mit dem Grundsatz der Gewährung effektiven Rechtsschutzes (Art. 19 IV GG) vereinbar ist (BVerfG 24.10.2011 – 1 BvR 1848/11, 1 BvR 2162/11, NJW 2012, 372; BVerfG 6.5.2013 – 1 BvR 821/13, NVwZ 2013, 935). Während das BVerfG im Jahr 1992 das Erfordernis eines besonderen Aussetzungsinteresses (noch) für verfassungsgemäß gehalten hatte (BVerfG 3.4.1992 – 2 BvR 283/92, BB 1992, 1772), sind gem. BVerfG an die Zweifel hinsichtlich der Rechtmäßigkeit des angefochtenen VA, wenn die Verfassungswidrigkeit von Normen geltend gemacht wird, keine strengeren Anforderungen zu stellen als im Falle der Geltendmachung fehlerhafter Rechtsanwendung (BVerfG 11.10.2010 – 2 BvR 1710/10, DStR 2010, 2296).

59 Richtigerweise kann die Gewährung von AdV/Aufhebung der Vollziehung gem. § 361 oder § 69 FGO bei ernstlichen verfassungsrechtlichen Zweifeln an der dem angefochtenen VA zugrunde liegenden Norm nicht von einer konkreten Gefährdung der öffentlichen Haushaltsführung abhängen. Diese Sichtweise findet im Gesetz keine Stütze. § 361 und § 69 FGO setzen lediglich voraus, dass ernstliche Zweifel an der Rechtmäßigkeit des angefochtenen VA bestehen. Das Kriterium des öffentlichen Interesses an einer geordneten öffentlichen Haushaltswirtschaft schränkt daher den in Art. 19 IV GG verbürgten individuellen Rechtsschutz unzulässigerweise ein, indem Rechtsschutz nur nach Maßgabe eines gemeinwohlbezogenen Haushaltsvorbehalts gewährt wird (TK FGO § 69 Rn. 97). Im Übrigen führt die Gewährung von AdV/Aufhebung der Vollziehung bei verfassungsrechtlichen Zweifeln der angewandten Norm auch nicht ohne Weiteres zu einer konkreten Gefährdung der öffentlichen Haushaltsführung, die mit den gegenläufigen individuellen Interessen des Stpfl. abgewogen werden könnte. Vielmehr werden gerade durch die Gewährung der AdV/Aufhebung der Vollziehung Risiken für die öffentliche Haushaltswirtschaft, die mit der Verplanung und Verausgabung möglicherweise verfassungswidriger Steuern verbunden sind, vermieden (BFH 23.8.2007 – VI B 42/07, BStBl. II 2007, 799; TK FGO § 69 Rn. 97; Lüdicke/Bowitz DStR 2013, 791; Seer StuW 2001, 3). Dies zeigt sich deutlich an dem Beschluss des BFH 25.11.2014 – VII B 65/14, BStBl. II 2015, 207, mit dem der BFH die AdV einer StAnmeldung zur Kernbrennstoffsteuer mit der Begründung abgelehnt hat, dass durch eine AdV der angefochtenen StAnmeldung das gesamte KernbrStG faktisch mit der Folge drohender hoher Einnahmeausfälle außer Kraft gesetzt würde, während das BVerfG mit Beschluss vom 13.4.2017 – 2 BvL 6/13, BVerfGE 145, 171 entschieden hat, dass das KernbrStG mit dem GG unvereinbar und daher nichtig ist.

60 Der BFH hat ein (besonderes) berechtigtes Interesse des Antragstellers an der Gewährung einstweiligen Rechtsschutzes gegenüber dem staatlichen Haushaltsinteresse in verschiedenen Fallgruppen als erfüllt angesehen, und zwar ua, wenn

- der BFH die vom Antragsteller als verfassungswidrig angesehene Vorschrift bereits dem BVerfG gem. Art. 100 I GG zur Prüfung der Verfassungsmäßigkeit vorgelegt hatte (BFH 20.9.2022 – II B 3/22 (AdV), BFH/NV 2022, 1328; BFH 1.4.2010 – II B 168/09, BStBl. II 2010, 558);
- ein beim BFH anhängiges Verfahren, das für die Beantwortung von Rechtsfragen vorgreiflich ist, im Hinblick auf mehrere beim BVerfG anhängige Verfahren der konkreten Normenkontrolle (Art. 100 I GG) ruht (BFH 21.5.2010 – IV B 88/09, BFH/NV 2010, 1613);
- dem Antragsteller durch den sofortigen Vollzug irreparable Nachteile drohen (BFH 20.9.2022 – II B 3/22 (AdV), BFH/NV 2022, 1328; BFH 21.7.2016 – V B 37/16, BStBl. II 2017, 28; BFH 9.11.1992 – X B 137/92, BFH/NV 1994, 324; BFH 19.8.1994 – X B 318–319/93, BFH/NV 1995, 143);

– das zu versteuernde Einkommen abzüglich der darauf zu entrichtenden ESt unter dem sozialhilferechtlich garantierten Existenzminimum liegt (BFH 20.9.2022 – II B 3/22 (AdV), BFH/NV 2022, 1328; BFH 21.7.2016 – V B 37/16, BStBl. II 2017, 28; BFH 25.7.1991 – III B 555/90, BStBl. II 1991, 876; BFH 29.10.1991 – III B 83/91, BFH/NV 1992, 246);
– das BVerfG eine ähnliche Vorschrift bereits für nichtig erklärt hat (BFH 20.9.2022 – II B 3/22 (AdV), BFH/NV 2022, 1328; BFH 21.7.2016 – V B 37/16, BStBl. II 2017, 28; BFH 15.12.2000 – IX B 128/99, BStBl. II 2001, 411);
– die Gefahren für die öffentliche Haushaltsführung vergleichsweise gering sind (BFH 13.3.2012 – I B 111/11, BStBl. II 2012, 611; BFH 18.12.2013 – I B 85/13, BStBl. II 2014, 947);
– der Fiskus selbst die Durchsetzung von StAnsprüchen und damit die Belange geordneter öffentlicher Haushaltsführung durch strukturell gegenläufige Vollzugsnormen verhindert hat (BFH 11.6.2003 – IX B 16/03, BStBl. II 2003, 663; BFH 22.12.2004 – IX B 149/04, BFH/NV 2005, 701);
– dem Gesetzgeber die Verfassungswidrigkeit der angewandten Norm bereits bekannt ist (BFH 25.4.2018 – IX B 21/18, BStBl. II 2018, 415; BFH 3.9.2018 – VIII B 15/18, BFH/NV 2018, 1279) oder bei fortbestehenden Verfassungszweifeln an einer Neuregelung zur Beseitigung des Verfassungsverstoßes (BFH 12.4.2023 – I B 74/22 (AdV), BStBl. II 2024, 912);
– ernstliche Zweifel an der Verfassungsmäßigkeit der Beschränkung des bisher zulässigen Abzugs von laufenden erwerbsbedingten Aufwendungen als Werbungskosten bestehen (BFH 20.9.2022 – II B 3/22 (AdV), BFH/NV 2022, 1328; BFH 1.4.2010 – II B 168/09, BStBl. II 2010, 558);
– es um das aus verfassungsrechtlichen Gründen schutzwürdige Vertrauen auf die Beibehaltung der bisherigen Rechtslage oder um ausgelaufenes Recht geht (BFH 20.9.2022 – II B 3/22 (AdV), BFH/NV 2022, 1328; BFH 1.4.2010 – II B 168/09, BStBl. II 2010, 558).

Europarechtliche Zweifel. Ernstliche Zweifel iSd § 361 und des § 69 FGO an der 62
Rechtmäßigkeit können sich auch aus einem möglichen **Verstoß** der dem angefochtenen VA zugrunde liegenden nationalen StNorm gegen **Grundfreiheiten** des AEUV **oder sekundäres Gemeinschaftsrecht** ergeben (BFH 16.6.2004 – I B 44/04, BStBl. II 2004, 882; BFH 31.3.2016 – XI B 13/16, BFH/NV 2016, 1187; BFH 19.12.2014 – II B 115/14, BFH/NV 2015, 473; BFH 17.5.2005 – I B 108/04, BFH/NV 2005, 1778; BFH 6.8.2007 – VII B 108–109/06, BFH/NV 2007, 2358). Ferner können sich ernstliche Zweifel iSd § 361 und des § 69 FGO auch aus der Anhängigkeit eines Vorabentscheidungsersuchens beim EuGH ergeben, sofern die Möglichkeit besteht, dass die ihm vorgelegte Rechtsfrage auch Auswirkungen auf die Entscheidung des Streitfalls haben kann (BFH 30.3.2021 – V B 63/20 (AdV), BFH/NV 2021, 1212; BFH 19.12.2014 – II B 115/14, BFH/NV 2015, 473). Eines (besonderen) berechtigten Interesses des Antragstellers an der AdV-Gewährung, wie es bei verfassungsrechtlichen Zweifeln an einer StRechtsnorm für erforderlich gehalten wird (→ Rn. 58 ff.), bedarf es bei europarechtlichen Zweifeln nicht (BFH 14.2.2006 – VIII B 107/04, BStBl. II 2006, 523; BFH 31.3.2016 – XI B 13/16, BFH/NV 2016, 1187; BFH 14.2.2023 – IX B 42/22 (AdV), BFH/NV 2023, 562; aA BFH 25.11.2014 – VII B 65/14, BStBl. II 2015, 207). Zur AdV von zollrechtlichen Entscheidungen und von Entscheidungen über Einfuhr- und Ausfuhrabgaben, die auf EU-Recht beruhen, → Rn. 7.

2. Unbillige Härte

Allgemeines. In der Praxis weniger bedeutsam ist der ebenfalls in § 361 II 2 normierte 65
Aussetzungsgrund einer unbilligen, nicht durch überwiegende öffentliche Interessen gebotenen Härte sowohl für StBescheide als auch für anderweitige VA. Eine unbillige Härte iSd Abs. 2 S. 2 liegt vor, wenn dem Stpfl. durch die sofortige Vollziehung wirtschaftliche

Nachteile drohen, die über die eigentliche Verwirklichung des Regelungsinhalts des VA hinausgehen und von ihm insb. ein Tun, Dulden oder Unterlassen fordern, dessen nachteilige Folgen nicht oder nur schwer rückgängig gemacht werden können oder existenzbedrohend sind (BVerfG 11.10.2010 – 2 BvR 1710/10, BFH/NV 2011, 180; BFH 19.4.1968 – IV B 3/66, BStBl. II 1968, 538; BFH 17.5.2005 – I B 108/04, BFH/NV 2005, 1778; Gräber FGO § 69 Rn. 170; AEAO zu § 361 Nr. 2.6). Die AdV wegen unbilliger Härte erfordert, dass die Vollziehung nicht aus allg. Gründen, sondern gerade die Vollziehung vor Unanfechtbarkeit des angefochtenen VA unbillig ist (BFH 3.12.1968 – II B 39/68, BStBl. II 1969, 170).

66 **Berücksichtigung der Erfolgsaussichten.** Die AdV/Aufhebung der Vollziehung wegen unbilliger Härte scheidet aus, wenn Zweifel an der Rechtmäßigkeit des angefochtenen VA nahezu ausgeschlossen sind (BFH 19.4.1968 – IV B 3/66, BStBl. II 1968, 538) oder der angefochtene VA unanfechtbar geworden ist (BFH 26.10.2011 – I S 7/11, BFH/NV 2012, 583; BFH 24.10.2000 – II S 4/00, BFH/NV 2001, 469; BFH 17.1.1995 – V S 6/94, BFH/NV 1995, 805). Diese aus Zweck und Sinnzusammenhang des § 361 II 2 gewonnene Einschränkung wahrt, da die Vollziehung eines offensichtlich rechtmäßigen VA keine unbillige Härte bedeuten kann, die notwendige Abgrenzung der AdV zur Stundung (§ 222), zum Erlass (§ 227) und zum Vollstreckungsaufschub (§ 258). Bei bloßen Zahlungsschwierigkeiten wird sich daher regelmäßig ein Stundungsantrag (§ 222) wegen der insoweit geringeren Anforderungen an eine bloß „erhebliche Härte" empfehlen (s. auch BFH 9.12.1999 – III B 16/99, BFH/NV 2000, 885). Die Geltendmachung einer unbilligen Härte iSd § 361 II 2 setzt voraus, dass der Betroffene seine wirtschaftliche Lage im Einzelnen vorträgt und glaubhaft macht (BFH 25.11.2014 – VII B 65/14, BStBl. II 2015, 207; BFH 29.3.2001 – III B 80/00, BFH/NV 2001, 1294).

IV. Entscheidung über die Aussetzung

68 Die Entscheidung über die AdV ist ein **rechtsgestaltender VA iSd § 118 S. 1** (BFH 18.7.1994 – X R 33/91, BStBl. II 1995, 4; aA Koenig BB 1993, 1635). Er wird bei Übermittlung durch die Post mit Zugang beim Adressaten mit dem bekannt gegebenen Inhalt wirksam, §§ 122 II, 124 I 2 (BFH 18.11.2003 – VII R 5/02, BFH/NV 2004, 1057). Der AdV-Verfügung kommt Tatbestandswirkung zu; sie bleibt wirksam, solange und soweit sie nicht zurückgenommen (§ 130), widerrufen (§ 131), anderweitig aufgehoben oder durch Zeitablauf oder auf andere Weise erledigt ist, § 124 II (BFH 22.5.2007 – X R 26/05, BFH/NV 2007, 1817; zur Dauer der Aussetzungswirkung → Rn. 79 ff.). Es handelt sich im Umfang der gewährten AdV um einen begünstigenden VA (BFH 1.4.2008 – X B 154/04, BFH/NV 2008, 1116), der nur unter den Voraussetzungen der §§ 130, 131 zurückgenommen oder widerrufen werden kann (→ Rn. 85). Da § 361 keine besondere Form vorschreibt, kann die Aussetzungsentscheidung in jeder der in § 119 II 1 genannten Formen und damit schriftlich, elektronisch, mündlich oder in anderer Weise erlassen werden (BFH 18.3.2014 – VII R 12/13, BFH/NV 2014, 1093; BFH 16.6.2005 – VII B 273/04, BFH/NV 2005, 1747); Schriftform oder elektronische Form ist jedoch schon aus Beweisgründen angezeigt. Im bloßen **Schweigen der FB** auf einen gestellten AdV-Antrag sowie in dem Ausbleiben von Vollstreckungsmaßnahmen kann keine stillschweigende AdV-Gewährung gesehen werden (BFH 16.6.2005 – VII B 273/04, BFH/NV 2005, 1747; zum stillschweigenden VA → § 118 Rn. 11).

Dem **Gegenstand** nach beschränkt sich die AdV-Entscheidung auf den angefochtenen VA (→ Rn. 32). Im Fall einer stattgebenden Entscheidung kann daher nicht, etwa im Saldierungswege, berücksichtigt werden, dass bei einem Erfolg des Rechtsbehelfs andere StBescheide zuungunsten des Stpfl. zu ändern sind (BFH 10.11.1994 – IV R 44/94, BStBl. II 1995, 814; AEAO zu § 361 Nr. 4.6.2). Die Gewährung der AdV begründet keinen Vertrauenstatbestand, der eine spätere Verwerfung des Einspruchs als unzulässig hindert (BFH 22.2.2006 – IX B 175/05, BFH/NV 2006, 1053).

Ermessensentscheidung. Die Gewährung der AdV von Amts wegen steht nach dem klaren Wortlaut des § 361 II 1 („kann") im Ermessen (§ 5) der FB. Gleiches gilt auch für die AdV aufgrund eines Antrags des Stpfl.; in diesem Fall ist allerdings das Ermessen gem. § 361 II 2 („soll") zugunsten des Antragstellers dahingehend reduziert, dass bei Vorliegen eines Aussetzungsgrundes die Vollziehung auszusetzen ist (BFH 4.12.1967 – GrS 4/67, BStBl. II 1968, 199). Zur Herbeiführung dieser **Ermessensreduzierung** wird sich daher regelmäßig die Stellung des Aussetzungsantrags empfehlen. Die FB hat den gesetzlichen Ermessensspielraum bei AdV-Anträgen im Interesse der Stpfl. stets voll auszuschöpfen (AEAO zu § 361 Nr. 2.4). Zum zusätzlichen Erfordernis eines (besonderen) berechtigten Interesses an der AdV-Gewährung bei Geltendmachung verfassungsrechtlicher Zweifel → Rn. 58 ff. Eine dem Stpfl. gegen seinen Willen **aufgedrängte AdV,** zB um dem Staat einen entsprechenden Zinsanspruch gem. § 237 zu verschaffen, ist allerdings regelmäßig ermessens- und damit rechtswidrig, wenn nicht besondere Gründe ausnahmsweise die FB berechtigen, die tendenziell auf den Rechtsschutz des Bürgers ausgerichtete AdV gegen den Willen des Bürgers einzusetzen (FG Köln 8.9.2010 – 13 K 960/08, EFG 2011, 105, aufgeh. vom BFH aus anderen Gründen; ebenso TK § 361 Rn. 5; Klein § 361 Rn. 56). Eine aufgedrängte AdV liegt jedoch dann nicht vor, wenn der Stpfl. die Möglichkeit hatte, den vorläufig gewährten und ihm überhöht erscheinenden Rechtsschutz durch Anfechtung der AdV-Entscheidung zu beseitigen oder durch Tilgung der StSchuld zu beenden (FG München 21.2.2018 – 4 K 1477/17, EFG 2018, 714; → Rn. 27, 160). Kein Ermessen besteht allerdings für die AdV eines Folgebescheids, wenn und soweit die AdV des Grundlagenbescheids (§ 171 X) angeordnet worden ist, da in diesem Fall der Folgebescheid gem. § 361 III 1 oder gem. § 69 II 4 FGO von Amts wegen auszusetzen ist (→ Rn. 38, 126 ff.). 69

Maßgebender Beurteilungszeitpunkt. Die Voraussetzungen für die Gewährung der AdV/Aufhebung der Vollziehung müssen im Zeitpunkt der Aussetzungsentscheidung vorliegen. Zweckmäßigerweise werden deshalb nach Antragstellung eintretende Veränderungen in den tatsächlichen Verhältnissen, zB Verschlechterung in den wirtschaftlichen Verhältnissen bei Geltendmachung einer unbilligen Härte, umgehend der FB mitgeteilt. 70

Der **Umfang** der AdV wird durch den Ausspruch (Tenor) der Aussetzungsentscheidung bestimmt (BFH 18.7.1994 – X R 33/91, BStBl. II 1995, 4). Möglich ist eine teilweise AdV/Aufhebung der Vollziehung sowie die Verbindung der AdV-Gewährung mit einer Entscheidung über eine (ggf. teilweise) Aufhebung der Vollziehung gem. § 361 II 3. Zu beachten ist die Beschränkung des Umfangs der AdV/Aufhebung der Vollziehung durch § 361 II 4 (→ Rn. 92 ff.). 71

Nebenbestimmungen. Die Aussetzungsentscheidung kann mit Nebenbestimmungen iSd § 120 versehen werden. Der VA über die AdV/Aufhebung der Vollziehung ist nach AEAO zu § 361 Nr. 9.1 grds. mit einem Widerrufsvorbehalt (§ 120 II Nr. 3) zu versehen; in der Beifügung dieses Vorbehalts liegt keine teilweise Ablehnung des AdV-Antrags (→ Rn. 158). Für den Widerruf gem. § 131 II Nr. 1 bedarf es eines sachlichen Grundes (BFH 6.4.1960 – VII 15/60 U, BStBl. III 1960, 259). Möglich sind auch die Befristung (§ 120 II Nr. 1) bis zur Bestands- oder Rechtskraft der Entscheidung in der Hauptsache (→ Rn. 82), die Beifügung einer Auflage (§ 120 II Nr. 4) oder eines Auflagenvorbehalts (§ 120 II Nr. 5). Zur Sicherheitsleistung → Rn. 111 ff. 72

Begründung, Bekanntgabe. Die (ablehnende) AdV-Entscheidung ist einzelfallbezogen zu begründen, § 121 I. Die Erfüllung der Begründungspflicht erst im gerichtlichen AdV-Verfahren kann Kostennachteile für die FB nach sich ziehen (FG Saarland 20.6.2001 – 1 V 144/01, EFG 2001, 1228). Für die Bekanntgabe der AdV-Entscheidung gilt §§ 122 f. Die AdV-Verfügung erlangt bei Übermittlung durch die Post erst mit Zugang beim Adressaten Wirksamkeit, §§ 122 II, 124 I 2. Für die Bekanntgabe der AdV-Entscheidung an zusammen zur ESt veranlagte Ehegatten (§ 26b EStG) oder Lebenspartner (§ 26b EStG iVm § 2 VIII EStG) ist § 122 VII anwendbar, wenn die Ehegatten/Lebenspartner beide den AdV-Antrag gestellt haben (→ § 122 Rn. 115 f.). 73

1. Rechtswirkungen der Aussetzungsentscheidung

76 **Stattgebende Entscheidung.** Die AdV lässt die **Wirksamkeit** und den **Bestand** des VA **unberührt** (BFH 11.3.2004 – VII R 19/02, BStBl. II 2004, 967; Gräber FGO § 69 Rn. 255). Sie hat lediglich zur Folge, dass der materielle Regelungsgehalt des VA bis auf weiteres nicht mehr verwirklicht werden kann; der FB ist deshalb jegliches **Gebrauchmachen** von den Wirkungen des VA, die auf die Verwirklichung seines Regelungsinhaltes, dh die in ihm ausgesprochenen Rechtsfolgen sowie die sich daraus ergebenden Nebenfolgen abzielt, einstweilen **untersagt** (BFH 11.3.2004 – VII R 19/02, BStBl. II 2004, 967; BFH 31.8.1995 – VII R 58/94, BStBl. II 1996, 55).

77 Die AdV hat insb. zur Folge, dass

– Unterbrechung der **Zahlungsverjährung** eintritt, § 231 I Nr. 1 (→ § 231 Rn. 13);
– eine **Aufrechnung** (§ 266) der FB mit einer Gegenforderung, die auf einem in der Vollziehung ausgesetzten StBescheid beruht, unzulässig ist (→ Rn. 19); zur Rechtslage bei Aufhebung der Vollziehung → Rn. 89;
– für den Aussetzungszeitraum **keine Säumniszuschläge** (§ 240) anfallen (→ § 240 Rn. 13);
– mit dem Ausspruch der AdV die Vollstreckbarkeitsvoraussetzungen (§§ 251 I, 257 I Nr. 1) entfallen, sodass weitere **Vollstreckungsmaßnahmen** nicht mehr ergriffen werden dürfen. Die Androhung und Festsetzung von Zwangsmitteln (§§ 328 ff.) sind unzulässig. Bereits getroffene Vollstreckungsmaßnahmen bleiben jedoch bestehen, soweit nicht ihre Aufhebung ausdrücklich angeordnet oder die Rückwirkung der AdV verfügt worden ist, § 257 II 1 und 3 (AEAO zu § 361 Nr. 7.4); zur Aufhebung der Vollziehung → Rn. 88;
– die Durchsetzung eines verfügten Unterlassungsanspruchs, wie zB die Untersagung der Hilfeleistung in StSachen gem. § 7 StBerG, durch Zwangsgeldandrohung oder -festsetzung ausscheidet (FG Hamburg 23.2.2000 – VII 3/00, EFG 2000, 706).

Die AdV schiebt hingegen **nicht** die **Fälligkeit** (§ 220) hinaus (str., wie hier BFH 18.4.2006 – VII R 77/04, BStBl. II 2006, 578; → § 220 Rn. 13 und → § 240 Rn. 13) und verhindert auch nicht die Verwirklichung eines Haftungstatbestands, zB gem. §§ 34, 69, da hinsichtlich der Verwirklichung des Haftungstatbestandes nicht auf den Zeitpunkt der späteren tatsächlichen Fälligkeit, sondern auf den der gesetzlichen Fälligkeit des StAnspruchs abzustellen ist (BFH 11.3.2004 – VII R 19/02, BStBl. II 2004, 967). Zu den Auswirkungen der AdV auf geleistete Vorauszahlungen und einbehaltene StAbzugsbeträge gem. § 361 II 4 → Rn. 92 ff.

78 **Ablehnende Entscheidung.** Wird ein rechtzeitig gestellter AdV-Antrag nach Fälligkeit von der FB abgelehnt, so bewilligt die FB idR eine neue Zahlungsfrist (vgl. AEAO zu § 240 Nr. 6b). Diese Frist soll eine Woche nicht überschreiten; die Schonfrist ist vom Ende dieser Zahlungsfrist an zu gewähren. Säumniszuschläge (§ 240) sind bis zum Ende der Schonfrist nicht zu erheben (AEAO zu § 240 Nr. 6b; → § 240 Rn. 40 ff.). Der Stpfl. kann ggf. seinen AdV-Antrag gegenüber der FB wiederholen (→ Rn. 85); er kann ferner gegen die Ablehnung der AdV Einspruch einlegen und/oder das FG gem. § 69 III FGO anrufen (→ Rn. 154 ff.).

2. Dauer der Aussetzungswirkung

79 **Allgemeines.** Die Dauer der AdV bestimmt die FB nach ihrem pflichtgemäßen Ermessen (BFH 20.4.1961 – IV 229/60 U, BStBl. III 1961, 320); maßgebend ist der Ausspruch (Tenor) der AdV-Entscheidung (BFH 18.7.1994 – X R 33/91, BStBl. II 1995, 4; BFH 15.6.1998 – VII B 32/98, BFH/NV 1999, 7). Die Rechtswirkung der AdV erstreckt sich nur auf die Zukunft (ex nunc; BFH 10.12.1986 – I B 121/86, BStBl. II 1987, 389; BFH 30.3.1993 – VII R 37/92, BFH/NV 1994, 4). Vorläufiger Rechtsschutz hinsichtlich schon bewirkter Vollziehungsmaßnahmen wird durch Aufhebung der Vollziehung (§ 361 II 3) gewährt (→ Rn. 86).

Beginn. Fehlt in der AdV-Verfügung eine ausdrückliche Bestimmung über den Beginn der AdV/Aufhebung der Vollziehung, beginnt diese ab Bekanntgabe der Aussetzungsverfügung (BFH 27.11.1991 – X R 103/89, BStBl. II 1992, 319; AEAO zu § 361 Nr. 8.1.4). Wird der Antrag **vor Fälligkeit** der strittigen StForderung gestellt und begründet, ist die AdV/Aufhebung der Vollziehung regelmäßig bereits ab dem Fälligkeitstag der strittigen StBeträge zu gewähren (AEAO zu § 361 Nr. 8.1.1). Ein nach dem Fälligkeitstag liegender späterer Zeitpunkt kommt jedoch in Betracht, wenn der Stpfl., zB in Schätzungsfällen, die Begründung des Einspruchs oder des AdV-Antrags unangemessen hinausgezögert hat und die FB deshalb vorher keine ernstlichen Zweifel an der Rechtmäßigkeit des angefochtenen VA zu haben brauchte (BFH 10.12.1986 – I B 121/86, BStBl. II 1987, 389; AEAO zu § 361 Nr. 8.1.1). 80

Wird der Antrag auf AdV/Aufhebung der Vollziehung erst **nach Fälligkeit** der strittigen StForderung gestellt, hat die FB ggf. über eine rückwirkende Aufhebung der Vollziehung zu entscheiden (AEAO zu § 361 Nr. 8.1.2). Diese rückwirkende Aufhebung ist geboten, wenn ernstliche Zweifel an der Rechtmäßigkeit des angefochtenen VA bereits vor Antragstellung bestanden (BFH 10.12.1986 – I B 121/86, BStBl. II 1987, 389). Bei rückwirkender Aufhebung entfallen bis dahin verwirkte Säumniszuschläge (→ Rn. 17, → § 240 Rn. 13). Vollstreckungsmaßnahmen bleiben bestehen, soweit nicht ihre Aufhebung ausdrücklich angeordnet wird (→ Rn. 77). Bestanden ernstliche Zweifel an der Rechtmäßigkeit des VA vor Ergehen der AdV-Entscheidung nur für einen bestimmten Zeitraum, kann die Aufhebung der Vollziehung auf diesen Zeitraum beschränkt werden (FG München 3.8.1989 – 14 V 117/89, EFG 1990, 119). Zum Beginn der AdV bei Anordnung einer Sicherheitsleistung → Rn. 117. 81

Ende. Das Ende der AdV/Aufhebung der Vollziehung ist durch entsprechende Befristung (§ 120 II Nr. 1) in der Aussetzungsverfügung zu bestimmen (AEAO zu § 361 Nr. 8.2.1). Die FB kann die AdV bis zum rechtskräftigen Abschluss des Revisionsverfahrens beim BFH anordnen (BFH 18.2.1997 – VII R 96/95, BStBl. II 1997, 339). Grds. soll die AdV, sofern keine datumsmäßige Befristung erfolgt, auf einen Monat nach Bekanntgabe der Einspruchsentscheidung bzw. nach Verkündung oder Bekanntgabe des Urt. oder einen Monat nach Rücknahme des Rechtsbehelfs festgelegt werden (AEAO zu § 361 Nr. 8.2.1; s. auch BFH 6.2.1986 – IV S 14/85, BFH/NV 1986, 336). Nach AEAO zu § 361 Nr. 8.2.1 ist die AdV/Aufhebung der Vollziehung des Folgebescheids, die im Hinblick auf die AdV des Grundlagenbescheids (§ 171 X) gem. § 361 III 1 angeordnet worden ist, bis zur Beendigung der AdV/Aufhebung der Vollziehung des Grundlagenbescheids und für den Fall, dass der Einspruch gegen den Grundlagenbescheid zu einer Änderung des Folgebescheids führt, bis zum Ablauf eines Monats nach Bekanntgabe des geänderten Folgebescheids zu befristen. Ist die AdV-Gewährung in dieser Weise befristet, endet sie ohne Weiteres mit dem Ende der Befristung; es bedarf nach Fristablauf keiner ausdrücklichen Aufhebung der AdV-Verfügung (BFH 14.3.1986 – VI B 44/84, BStBl. II 1986, 475). Die Mitteilung der FB über die Beendigung der AdV ist, sofern insoweit keine Aufhebungsentscheidung vorliegt, kein VA iSd § 118 (→ § 118 Rn. 31). 82

In Zweifelsfällen ist durch **Auslegung der AdV-Verfügung** unter entsprechender Anwendung der §§ 133, 157 BGB zu ermitteln, wann die gewährte AdV endet. Dabei ist im Zweifel das für den Betroffenen weniger belastende Auslegungsergebnis vorzuziehen, da er als Empfänger einer auslegungsbedürftigen Willenserklärung der FVerw. durch etwaige Unklarheiten aus ihrer Sphäre nicht benachteiligt werden darf (BFH 18.2.1997 – VII R 96/95, BStBl. II 1997, 339; BFH 23.6.1998 – VII R 119/97, BFH/NV 1998, 1322). Enthält eine AdV-Verfügung die Bestimmung, die AdV gelte bis zum Abschluss des Rechtsbehelfsverfahrens, ist aufgrund der Mehrdeutigkeit des Rechtsbehelfsbegriffs im Wege der Auslegung davon auszugehen, dass die Befristung in der AdV-Verfügung sich nicht nur auf den Abschluss des außergerichtlichen Rechtsbehelfsverfahrens bezieht, sondern auch das finanzgerichtliche Verfahren umfasst (BFH 18.2.1997 – VII R 96/95, BStBl. II 1997, 339; krit. Klein § 361 Rn. 66). Ist ein Folgebescheid gem. § 361 III 1 im 83

Hinblick auf die Aussetzung eines Grundlagenbescheids (§ 171 X) „bis zum Ablauf eines Monats nach Bekanntgabe der Einspruchsentscheidung bzw. des geänderten StBescheides" ausgesetzt worden, so ist diese Befristung dahingehend auszulegen, dass die AdV, wenn der Folgebescheid selbst nicht angefochten worden ist, einen Monat nach der Bekanntgabe des geänderten Folgebescheids, der aufgrund der Erledigung des Rechtsbehelfs über den Grundlagenbescheid ergeht, endet (BFH 23.6.1998 – VII R 119/97, BFH/NV 1998, 1322). Die AdV eines StBescheids als Folgebescheid, die sowohl auf einer AdV des Grundlagenbescheids als auch auf Gründen beruht, die nur den Folgebescheid betreffen, und die ua bis zur Rücknahme des Einspruchs befristet ist, bleibt hinsichtlich der vom Grundlagenbescheid abhängigen StFestsetzung auch dann bestehen, wenn sich der Einspruch gegen die StFestsetzung aus Gründen erledigt, die allein die originäre StFestsetzung betreffen (BFH 6.10.2005 – IV B 176/04, BFH/NV 2006, 25).

84 Ist die AdV-Entscheidung **nicht befristet** und auch **nicht unter einer auflösenden Bedingung** ergangen, endet die AdV erst mit Bekanntgabe einer Aufhebungsentscheidung. Die AdV endet nicht automatisch, sobald der StBescheid oder ein für ihn maßgeblicher Grundlagenbescheid bestandskräftig wird (BFH 15.6.1998 – VII B 32/98, BFH/NV 1999, 7). Bei der Auslegung einer AdV-Verfügung, deren Wirkung nicht ausdrücklich zeitlich begrenzt ist, ist im Allgemeinen jedoch davon auszugehen, dass die AdV bis zu ihrer Aufhebung oder Änderung, jedoch „längstens bis zur rechtskräftigen Entscheidung in der Hauptsache" gültig bleibt (BFH 14.3.1986 – VI B 44/84, BStBl. II 1986, 475; BFH 15.6.1998 – VII B 32/98, BFH/NV 1999, 7). Dies gilt auch für die **AdV eines Folgebescheids** gem. § 361 III 1. Das Ende der AdV eines Folgebescheids ist mithin nicht ohne Weiteres von dem Abschluss des Einspruchsverfahrens gegen den Grundlagenbescheid abhängig, wenn eine solche Verknüpfung nicht, zumindest stillschweigend, in der Aussetzungsverfügung vorgenommen wurde (BFH 15.6.1998 – VII B 32/98, BFH/NV 1999, 7).

3. Änderung der Aussetzungsentscheidung; Antragswiederholung

85 Der die AdV/Aufhebung der Vollziehung gewährende begünstigende VA kann nach § 129 berichtigt, gem. § 130 zurückgenommen und gem. § 131 widerrufen werden. Dies gilt gem. § 132 auch für entsprechende Korrekturen im Rechtsbehelfsverfahren. Praktisch bedeutsam ist insb. der Widerruf gem. § 130 II Nr. 1, da die AdV-Verfügung grds. mit einem Widerrufsvorbehalt zu versehen ist (→ Rn. 72).

Nach Ablehnung der AdV kann erneut – ggf. auch wiederholt – AdV beantragt oder eine Änderung oder Aufhebung der ablehnenden AdV-Entscheidung gem. § 361 II oder gem. § 69 II FGO beantragt werden. Dies gilt auch, wenn das FG bereits gem. § 69 III FGO die AdV abgelehnt hatte (BFH 20.6.2007 – VIII B 36/07, BFH/NV 2007, 1911). Der Wiederholungsantrag ist jedoch wegen Rechtsmissbrauchs unzulässig, wenn er bei gleichem Sachverhalt mit gleicher Begründung wiederholt wird (BFH 24.10.1968 – IV B 40/68, BStBl. II 1969, 40; BFH 17.10.2001 – IV S 2/01, BFH/NV 2002, 218). Für die Antragswiederholung gelten die Grundsätze des § 69 VI 2 FGO entspr., sodass eine Antragswiederholung nur zulässig ist, soweit veränderte oder im ursprünglichen Verfahren ohne Verschulden nicht geltend gemachte Umstände vorgebracht werden (BFH 2.6.2005 – III S 12/05, BFH/NV 2005, 1834; BFH 18.9.1996 – I B 39/96, BFH/NV 1997, 247). Dies erfordert, dass entweder nachträglich eingetretene oder bekannt gewordene Gegebenheiten den Fall in tatsächlicher Hinsicht in einem neuen Licht erscheinen lassen oder dass eine Gesetzesänderung oder eine zwischenzeitlich ergangene gerichtliche Entscheidung zu einer veränderten Beurteilung der maßgeblichen Rechtslage führen können; bei unveränderter tatsächlicher und rechtlicher Ausgangslage erfüllen neue rechtliche Überlegungen des Antragstellers nicht den Tatbestand des § 69 VI 2 FGO (BFH 13.5.2008 – VI S 7/08, BFH/NV 2008, 1352; s. auch Gräber FGO § 69 Rn. 276).

V. Aufhebung der Vollziehung (Abs. 2 S. 3)

Die AdV wirkt grds. nur für die Zukunft (ex nunc; → Rn. 79). Ist der VA schon vollzogen, weil zB die Steuer beigetrieben oder eine Sache bereits gepfändet worden ist, kann die FB gem. § 363 II 3 die Aufhebung der Vollziehung anordnen (ex tunc). Aufhebung der Vollziehung und AdV bilden einen einheitlichen Anspruch (BFH 23.2.1989 – V B 60/88, BStBl. II 1989, 396). 86

Die **Voraussetzungen** einer Aufhebung der Vollziehung entsprechen denen der AdV; insoweit gelten die diesbezüglichen allg. Verfahrensvoraussetzungen und -grundsätze (→ Rn. 29 ff.); insb. muss der jeweilige VA angefochten und vollzogen worden sein, sowie für den Antragsteller ein Rechtsschutzbedürfnis bestehen. Bezüglich des VA müssen ferner auch Aussetzungsgründe iSd § 363 II 2 (ernstliche Zweifel, unbillige Härte) vorliegen. Ebenso wie die AdV kann auch die Aufhebung der Vollziehung entweder von Amts wegen oder auf Antrag erfolgen; ein erst nach Durchführung der Vollziehung gestellter AdV-Antrag ist als Antrag auf Aufhebung der Vollziehung auszulegen (→ Rn. 28). Ein gegen die Ablehnung der AdV gerichteter Einspruch bleibt zulässig, wenn anstelle der AdV nunmehr die Aufhebung der Vollziehung begehrt wird (→ Rn. 154). 87

Rechtsfolgen. Die Aufhebung der Vollziehung bewirkt die Rückgängigmachung bereits durchgeführter Vollziehungsmaßnahmen (AEAO zu § 361 Nr. 7.2). Der Einspruchsführer erhält durch die Aufhebung der Vollziehung einen **Erstattungsanspruch gem. § 37 II** in Höhe des Aufhebungsbetrags, da der Grund für die Zahlung nachträglich weggefallen ist (AEAO zu § 361 Nr. 7.2). Dies gilt auch, wenn die StZahlung „freiwillig" geleistet wurde (BFH 31.8.1995 – VII R 58/94, BStBl. II 1996, 55). Die Erstattung geleisteter Vorauszahlungen, StAbzugsbeträge oder anrechenbarer KSt kann jedoch gem. § 361 II 4 nicht erreicht werden (→ Rn. 92). Zum nachträglichen Entfallen bereits verwirklichter **Säumniszuschläge** → Rn. 17, 81 und → § 240 Rn. 13. 88

Bereits getroffene **Vollstreckungsmaßnahmen** sind aufgrund der Aufhebung der Vollziehung aufzuheben (BFH 6.9.1989 – II B 33/89, BFH/NV 1990, 670). Auch die Wirkung einer von der FB erklärten **Aufrechnung** (§ 226) wird (vorläufig) beseitigt, wenn hinsichtlich der zur Aufrechnung gestellten Gegenforderung die Aufhebung der Vollziehung des entsprechenden Abrechnungsbescheids (§ 218 II) oder des die Gegenforderung konstitutiv festsetzenden Bescheids verfügt wird (BFH 31.8.1995 – VII R 58/94, BStBl. II 1996, 55; BFH 21.2.2000 – VII B 223/99, BFH/NV 2000, 880; BFH 14.11.2000 – VII R 85/99, BStBl. II 2001, 247). Die FB bleibt jedoch befugt, mit fälligen StAnsprüchen aus nicht ausgesetzten StBescheiden aufzurechnen (BFH 31.3.1992 – IV B 126/91, BFH/NV 1992, 440). Auch für die Aufhebung der Vollziehung gilt das Verbot der Vorwegnahme der Hauptsache (→ Rn. 47). 89

VI. Beschränkung der Aussetzung bzw. Aufhebung der Vollziehung (Abs. 2 S. 4)

1. Allgemeines

§ 361 II 4 ist wortgleich mit § 69 II 8 FGO und beschränkt die AdV/Aufhebung der Vollziehung auf die festgesetzte Steuer, vermindert um die anzurechnenden StAbzugsbeträge, die anzurechnende KSt und die festgesetzten Vorauszahlungen, sofern die AdV/Aufhebung der Vollziehung nicht zur Abwendung wesentlicher Nachteile nötig erscheint. 92

Regelungsgegenstand und -zweck. Mit der Einführung des § 361 II 4 durch das JStG 1997 (→ Rn. 3) hat der Gesetzgeber der damaligen Rspr. des BFH, nach der auch anzurechnende StAbzugsbeträge und festgesetzte Vorauszahlungen nach § 361 aF ausgesetzt und ggf. auch (vorläufig) zurückgezahlt werden konnten (vgl. BFH 3.7.1995 – GrS 3/93, BStBl. II 1995, 730; BFH 25.10.1995 – VIII B 79/95, BStBl. II 1996, 316; BFH 19.12.1995 – X B 229/94, BFH/NV 1996, 548), die Grundlage entzogen, um StAusfälle und eine zusätzliche Arbeitsbelastung der FVerw. zu vermeiden (BT-Drs. 13/5359, 131). Die in § 361 II 4 HS 2 normierte Ausnahme von der Beschränkung des aussetzbaren 93

StBetrags knüpft tatbestandlich an „wesentliche Nachteile" an, die entspr. den von der Rspr. des BFH zu § 114 FGO entwickelten Grundsätze zu bestimmen sein sollen (BT-Drs. 13/5952, 57; → Rn. 99). Im Ergebnis ist § 361 II 4 HS 1 damit eine gesetzliche Rechtsgrundlage für das Behaltendürfen von Vorleistungen auch insoweit, als ernstliche Zweifel an der Rechtmäßigkeit der StFestsetzung bestehen (HHSp § 361 Rn. 292; krit. wegen der rein fiskalischen Gesetzesbegründung des § 361 II 4 sowie der damit einhergehenden Einschränkung des vorläufigen Rechtsschutzes TK FGO § 69 Rn. 183 f.; Leonard DB 1999, 2280; Woerner BB 1996, 2649). Allerdings sind **Säumniszuschläge** (§ 240), die auf einer materiell rechtswidrigen und deswegen aufgrund eines Rechtsbehelfs des Stpfl. geänderten JahresStFestsetzung beruhen, aus sachlichen Gründen gem. § 227 zu erlassen, wenn der Stpfl. insoweit die AdV der Vorauszahlungsbescheide erreicht hat und die weitere AdV dieser Beträge nach Ergehen des JahresStBescheids allein an § 361 II 4 und an § 69 II 8 FGO scheitert (BFH 24.4.2014 – V R 52/13, BStBl. II 2015, 106; BFH 20.5.2010 – V R 42/08, BStBl. II 2010, 955).

94 **Anwendungsbereich.** § 361 II 4 betrifft ausschl. StBescheide (§ 155), also zB ESt-, USt-, KSt- oder GewSt-Bescheide; auf die festgesetzte Steuer müssen Vorleistungen iSd Art. 2 S. 4 (festgesetzte Vorauszahlungen, anzurechnende StAbzugsbeträge, anzurechnende KSt) anrechenbar sein; daran fehlt es zB bei GrESt-Bescheiden. Die Vorschrift gilt nicht für die AdV anderer Geldleistungsbescheide, wie zB für Haftungsbescheide (191 I) oder Bescheide über steuerliche Nebenleistungen (§ 3 IV), wie etwa Verspätungszuschläge (§ 152) oder Zinsen (§§ 233 ff.); insoweit kann mithin durch einen Antrag auf AdV auch die vorläufige Erstattung bereits geleisteter Zahlungen erreicht werden. Zwar sind gem. § 239 I 1 auf Zinsen die für die Steuern geltenden Vorschriften entspr. anzuwenden, § 361 II 4 ist jedoch ersichtlich nicht auf VA zugeschnitten, für die die für StBescheide geltenden Vorschriften nur entspr. gelten (HHSp § 361 Rn. 295). Ebenso wenig betrifft Abs. 2 S. 4 die Aufhebung der Vollziehung gesetzlich entstandener Säumniszuschläge iSd § 240 (TK § 69 Rn. 185; → Rn. 17, 81).

95 Da § 361 II 4 lediglich die Erstattung der vorstehend aufgeführten Vorleistungen ausschließt, findet die Vorschrift auf die Aufhebung der Vollziehung (freiwillig oder irrtümlich) überzahlter Beträge im Übrigen keine Anwendung (BFH 15.3.1999 – I B 95/98, BFH/NV 1999, 1205; Birkenfeld DStZ 1999, 349). Bei **Änderungsbescheiden** begrenzt § 361 II 4 die AdV/Aufhebung der Vollziehung dann nicht, wenn die Vorleistungen iSd § 361 II 4 unverändert bleiben und deshalb in Höhe der Differenz zwischen der geänderten und der vorhergehenden StFestsetzung ein Nachforderungsanspruch des FA besteht oder – vor Zahlung auf den Nachforderungsanspruch bzw. Aufrechnung mit anderen StGuthaben – bestand (BFH 15.3.1999 – I B 95/98, BFH/NV 1999, 1205). Hat die ursprüngliche StFestsetzung aufgrund von StAnrechnungen zu einer StErstattung geführt und setzt das FA anschließend mit Änderungsbescheid die Steuer herauf, ist die AdV daher hinsichtlich der bereits erstatteten StAnrechnungen nicht gem. Abs. 2 S. 4 ausgeschlossen, da sie bereits mit dem ursprünglichen StBescheid endgültig erstattet worden sind und Abs. 2. S. 4 nur verhindern soll, dass im Wege der AdV/Aufhebung der Vollziehung anzurechnende StAbzugsbeträge oder Vorauszahlungen vorläufig ausgezahlt werden (FG München 20.2.1998 – 16 V 4660/97, EFG 1998, 1479; TK § 361 Rn. 13; AEAO zu § 361 Nr. 4.5 Beispiel 3). Ferner kann die AdV/Aufhebung der Vollziehung eines gem. §§ 164 II geänderten USt-Bescheids, wenn der Änderungsbescheid mit der Aufhebung des Vorbehalts der Nachprüfung gem. § 164 III 1 verbunden ist, in vollem Umfang ausgesetzt werden, wenn in den Vorauszahlungsbescheiden keine positive USt festgesetzt war. Für die AdV von USt-Bescheiden kann § 361 II 4 und § 69 II 8 FGO lediglich dann Bedeutung zukommen, wenn in Vorauszahlungsbescheiden eine (positive) USt festgesetzt worden ist. § 361 II 4 AO und § 69 II 8 FGO bieten keine Rechtsgrundlage dafür, den vorläufigen Rechtsschutz gegen einen auf § 164 II gestützten StÄnderungsbescheid auf die Differenz zwischen der nunmehr festgesetzten und der bisher festgesetzten Steuer (Soll-Differenz) zu beschränken (BFH 11.3.1999 – V B 24/99, BStBl. II 1999, 335). Bei der AdV/Aufhebung

der Vollziehung von StÄnderungsbescheiden muss jedoch vorrangig auch eine aus § 351 I herzuleitende Anfechtungsbeschränkung berücksichtigt werden (s. im Einzelnen Birkenfeld DStZ 1999, 349). Bei der AdV von **Grundlagenbescheiden** (§ 171 X) ist § 361 II 4 erst bei der AdV des Folgebescheids zu beachten und auch erst im Folgebescheidverfahren ggf. über das Vorliegen „wesentlicher Nachteile" zu entscheiden (AEAO zu § 361 Nr. 4.6.1; s. auch BFH 6.8.2007 – IV B 20/07, BFH/NV 2007, 2369).

§ 361 II 4 ist **verfassungsgemäß** (BFH 2.11.1999 – I B 49/99, BStBl. II 2000, 57; 96
BFH 24.1.2000 – X B 99/99, BStBl. II 2000, 559; BFH 22.11.2001 – V B 100/01, BFH/NV 2002, 519; ebenso Wagner FS Kruse, 2001, 735). Ein Verstoß gegen Art. 19 IV GG liegt nicht vor (aA FG Niedersachsen 28.9.1999 – V 575/98 V, EFG 1999, 1243; Leonard DB 1999, 2280), weil die Ausnahmeregelung des § 361 II 4 HS 2 bei sachgerechter Auslegung irreparable Folgen für den Stpfl. ausschließt und damit den Erfordernissen des Art. 19 IV GG Rechnung trägt (Wagner FS Kruse, 2001, 735; → Rn. 5, 99). Damit entfällt die Grundlage für eine verfassungskonforme Auslegung nach Maßgabe der Erfolgsaussichten in der Hauptsache (aA FG Niedersachsen 28.9.1999 – V 575/98 V, EFG 1999, 1243).

2. Beschränkung auf den Unterschiedsbetrag (Abs. 2 S. 4 HS 1)

Der AdV-Umfang beschränkt sich gem. § 361 II 4 HS 1 auf den **Differenzbetrag** 97
zwischen der festgesetzten Steuer und den anzurechnenden StAbzugsbeträgen (LSt und KapESt gem. § 36 II Nr. 2 EStG), der anrechenbaren KSt (zur bis zum Jahr 2001 anrechenbaren KSt s. § 36 II Nr. 3 EStG aF, der durch das StSenkG aufgehoben worden ist) sowie festgesetzten Vorauszahlungen. Der entsprechende Betrag ist genau zu berechnen; eine summarische Prüfung ist insoweit nicht ausreichend (Birkenfeld DStZ 1999, 349). Aufgrund der Maßgeblichkeit der „festgesetzten" und nicht etwa, wie im Rahmen des § 36 II Nr. 1 EStG, der „entrichteten" Vorauszahlungen, bestimmt sich der für § 361 II 4 maßgebende Differenzbetrag nach der **Soll-Differenz** und nicht nach der Ist-Differenz. Der hinsichtlich seiner Vorauszahlungspflicht säumige Stpfl. wird deshalb nicht gegenüber dem ordnungsgemäß handelnden StZahler bevorzugt (BFH 2.11.1999 – I B 49/99, BStBl. II 2000, 57). Im Ergebnis beschränkt sich der AdV-Umfang mithin auf die Abschlusszahlung (zur ESt s. § 36 IV 1 EStG). Die Beschränkung der AdV auf die festgesetzten Vorauszahlungen gilt auch dann, wenn das FA die Vollziehung der Vorauszahlungen ausgesetzt hat (BFH 24.1.2000 – X B 99/99, BStBl. II 2000, 559). Zur Berechnung des auszusetzenden Betrags in den Fällen des § 361 II 4 s. die Beispielsfälle in AEAO zu § 361 Nr. 4.1 bis 4.5.

3. Ausnahme: Abwendung wesentlicher Nachteile (Abs. 2 S. 4 HS 2)

Die Beschränkungswirkung des § 361 II 4 HS 1 tritt gem. § 361 II 4 HS 2 ausnahms- 99
weise dann nicht ein, wenn die AdV/Aufhebung der Vollziehung zur Abwendung wesentlicher Nachteile nötig erscheint. Der Begriff „wesentliche Nachteile" ist in Anlehnung an die zu § 114 FGO entwickelte Rspr. des BFH auszulegen (BFH 22.12.2003 – IX B 177/02, BStBl. II 2004, 367; BFH 2.11.1999 – I B 49/99, BStBl. II 2000, 57; BT-Drs. 13/5952, 57). Nach der Rspr. des BFH kann im Rahmen des § 361 II 4 jedoch in Ausnahmefällen zugunsten des Stpfl. von den strengen Anforderungen des § 114 FGO abgewichen werden, wenn ein unabweisbares Interesse dies gebietet, um eine erhebliche, über Randbereiche hinausgehende Verletzung von Grundrechten zu vermeiden, die durch eine Entscheidung in der Hauptsache nicht mehr beseitigt werden kann (vgl. BFH 22.12.2003 – IX B 177/02, BStBl. II 2004, 367; → Rn. 100). Dieser Rspr. ist beizupflichten; sie entspricht dem Gebot eines effektiven vorläufigen Rechtsschutzes gem. Art. 19 V GG (so auch TK FGO § 69 Rn. 188; Gräber FGO § 69 Rn. 260; aA Gosch FGO § 69 Rn. 198.7; → Rn. 96).

Wesentliche Nachteile iSd § 361 II 4 HS 2 liegen vor, wenn durch die Versagung der 100
AdV/Aufhebung der Vollziehung, dh durch die Versagung der Erstattung der Vorleistungen, die wirtschaftliche oder persönliche Existenz des Betroffenen unmittelbar und ausschl.

bedroht sein würde (BFH 22.12.2003 – IX B 177/02, BStBl. II 2004, 367). Diese Voraussetzungen sind zB erfüllt, wenn der Stpfl. infolge der Versagung der AdV/Aufhebung der Vollziehung einer greifbaren Insolvenzgefahr ausgesetzt und/oder auf Sozialhilfe angewiesen wäre (HHSp § 361 Rn. 335). Ferner können auch die Erfolgsaussichten in der Hauptsache zur Bejahung wesentlicher Nachteile iSd § 361 II 4 HS 2 führen, wenn die Rechtslage klar und eindeutig für die begehrte Regelung spricht und eine abw. Beurteilung in einem etwa durchzuführenden Hauptverfahren zweifelsfrei auszuschließen ist oder wenn bei Überzeugung von der Verfassungswidrigkeit einer Norm die Dringlichkeit, ihren Vollzug einstweilen auszusetzen, besonders deutlich wird (BFH 22.12.2003 – IX B 177/02, BStBl. II 2004, 367; TK FGO § 69 Rn. 188). Diese Voraussetzungen sind jedenfalls dann erfüllt, wenn der BFH oder ein FG die streitentscheidende Norm dem BVerfG gem. Art. 100 I GG zur Prüfung vorgelegt hat (AEAO zu § 361 Nr. 4.6.1). Die mit jeder StZahlung verbundenen Folgen, wie zB Zins- und Liquiditätsnachteile, notwendige Kreditaufnahme, Veräußerung von Vermögenswerten, Einschränkung des Lebensstandards, sind jedoch keine wesentlichen Nachteile iSd § 361 II 4 HS 2 (BFH 22.11.2001 – V B 100/01, BFH/NV 2002, 519; BFH 27.7.1994 – I B 246/93, BStBl. II 1994, 899; BFH 12.4.1984 – VIII B 115/82, BStBl. II 1984, 492; AEAO zu § 361 Nr. 4.6.1).

101 **Nachweispflichten; Entscheidung der FB.** Die FB hat von Amts wegen über das Vorliegen etwaiger wesentlicher Nachteile iSd § 361 II 4 HS 2 zu entscheiden (Birkenfeld DStZ 1999, 349). Der Antragsteller ist verpflichtet, die behaupteten wesentlichen Nachteile darzulegen und ggf. glaubhaft zu machen. Die AdV/Aufhebung der Vollziehung kann auf den Teil der Vorleistungen zu beschränken sein, der zur Abwehr der wesentlichen Nachteile erforderlich ist.

VII. Sicherheitsleistung (Abs. 2 S. 5)

Schrifttum: Felix, Verlangen nach Sicherheitsleistung bei Aussetzung der Vollziehung, DStR 1987, 543; Loschelder, Sicherheitsleistung im AdV-Verfahren, AO-StB 2002, 284.

111 **Regelungszweck; Anordnungsvoraussetzungen.** Die AdV/Aufhebung der Vollziehung kann gem. § 361 II 5 von einer Sicherheitsleistung abhängig gemacht werden. Das Verlangen der Sicherheitsleistung setzt ernstliche Zweifel an der Rechtmäßigkeit des VA voraus. Bei zweifelloser Rechtmäßigkeit des VA ist die FB nicht zur Aussetzung gegen Sicherheitsleistung berechtigt (BFH 22.2.1962 – IV 113/59 U, BStBl. III 1962, 356); in diesem Fall ist auch ein Angebot des Stpfl., eine Sicherheitsleistung zu erbringen, unbeachtlich.

Das Verlangen nach Sicherheitsleistung hat **Ausnahmecharakter** (Felix DStR 1987, 543) und dient einem öffentlichen Interesse, indem es StAusfälle bei einem für den Stpfl. ungünstigen Ausgang des Hauptsacheverfahrens vermeiden soll (BFH 29.11.1995 – X B 328/94, BStBl. II 1996, 322; BFH 17.5.2005 – I B 108/04, BFH/NV 2005, 1778). Die Gefahr von StAusfällen kann insb. aufgrund der wirtschaftlichen Verhältnisse des Stpfl. bestehen (BFH 17.1.1996 – V B 100/95, BFH/NV 1996, 491). Demgemäß ist die Anordnung einer Sicherheitsleistung in aller Regel veranlasst, wenn die **Durchsetzung des StAnspruchs** nach der wirtschaftlichen Lage des Stpfl. als **gefährdet** erscheint (BFH 22.6.1967 – I B 7/67, BStBl. III 1967, 512). Eine Gefährdung ist nicht erst dann gegeben, wenn eigene Maßnahmen des Stpfl., wie zB das Beiseiteschaffen von Vermögensgegenständen oder fehlerhafte Vermögensspekulationen, die Gefahr der Uneinbringlichkeit der StSchuld begründen; eine unmittelbare Gefährdung, wie zB eine drohende Insolvenz, ist nicht erforderlich (BFH 22.6.1967 – I B 7/67, BStBl. III 1967, 512). § 361 II 5 dient nicht dem Schutz eines Drittschuldners vor einer eigenen Inanspruchnahme, wenn er sich nicht an das ihm in einer Pfändungsverfügung auferlegte Zahlungsverbot gehalten und gepfändete Beträge an den Vollstreckungsschuldner ausgezahlt hat (BFH 27.6.2006 – VII R 34/05, BFH/NV 2006, 2024).

Ermessen. Die FB hat über die Anordnung einer Sicherheitsleistung nach pflichtgemäßem Ermessen (§ 5) zu entscheiden. Die Anordnung verlangt entspr. dem vorstehend aufgezeigten Zweck der Sicherheitsleistung **konkrete Anhaltspunkte** für eine Gefährdung der StForderung und eine Abwägung der für und gegen die Anordnung einer Sicherheitsleistung sprechenden Gesichtspunkte (BFH 27.6.2006 – VII R 34/05, BFH/NV 2006, 2024; Loschelder AO-StB 2002, 284); dabei ist der Grundsatz der **Verhältnismäßigkeit** zu beachten (BVerfG 24.10.1975 – 1 BvR 266/75, HFR 1976, 30). So kann zB die Anordnung der Sicherheitsleistung auf einen Teilbetrag der ausgesetzten StForderung zu beschränken sein (BFH 4.4.1996 – V S 1/96, V B 6/96, BFH/NV 1996, 795; Felix DStR 1987, 543). Für die Ermessensentscheidung sind insb. die **Erfolgsaussichten** im Hauptsacheverfahren bedeutsam: Während sich bei einem wahrscheinlichen Misserfolg des Rechtsbehelfs in der Hauptsache die Gefahr des StAusfalls erhöht, tritt dieses Interesse bei einem gewissen oder wahrscheinlichen Erfolg des Rechtsbehelfs zurück (BFH 17.5.2005 – I B 108/04, BFH/NV 2005, 1778). Lassen die wirtschaftlichen Verhältnisse des Stpfl. eine Sicherheitsleistung nicht zu, darf deshalb der Rechtsvorteil der AdV bei ernstlichen Zweifeln an der Rechtmäßigkeit des StBescheids – auch bei fortlaufend veranlagten und festgesetzten Steuern wie LSt und USt – grds. nicht versagt werden (BFH 6.2.2013 – XI B 125/12, BStBl. II 2013, 983; BFH 25.11.2014 – V B 62/14, BFH/NV 2015, 342; BFH 26.9.2014 – XI S 14/14, BFH/NV 2015, 158; BVerfG 22.9.2009 – 1 BvR 1305/09, DStR 2009, 2146). **112**

Das öffentliche Interesse an einer Sicherheitsleistung wegen Gefährdung des StAnspruchs ist grds. **gegeben,** wenn **113**

– der Stpfl. durch eigene Maßnahmen die Gefährdung des StAnspruchs herbeiführt (→ Rn. 111);
– der StBescheid nach erfolglosem Rechtsbehelf im **Ausland,** wozu auch EU-Staaten zählen, vollstreckt werden müsste (BFH 15.9.2015 – I B 57/15, BFH/NV 2016, 212; BFH 27.8.1970 – V R 102/67, BStBl. II 1971, 1; vgl. auch BFH 27.6.2006 – VII R 34/05, BFH/NV 2006, 2024); dies gilt jedoch nicht, wenn aufgrund eines Abkommens die Vollstreckung unter gleichen Bedingungen wie im Inland gewährleistet ist (BFH 3.2.1977 – V B 6/76, BStBl. II 1977, 351);
– der Stpfl. seinen Wohnsitz im Ausland hat und im Inland nur ungewisse Vollstreckungsmöglichkeiten verbleiben (BFH 15.9.2015 – I B 57/15, BFH/NV 2016, 212; BFH 18.12.2000 – VI S 15/98, BFH/NV 2001, 637; BFH 27.8.1970 – V R 102/67, BStBl. II 1971, 1 für eine KapGes mit Sitz im Ausland);
– AdV wegen unbilliger Härte gewährt wird (BFH 9.4.1968 – I B 73/67, BStBl. II 1968, 456; diff. Gräber FGO § 69 Rn. 236).

Das öffentliche Interesse an einer Sicherheitsleistung **fehlt,** wenn **114**

– in der Hauptsache mit Gewissheit oder großer Wahrscheinlichkeit eine dem Stpfl. günstige Entscheidung zu erwarten ist (BFH 15.9.2015 – I B 57/15, BFH/NV 2016, 212; BFH 17.5.2005 – I B 108/04, BFH/NV 2005, 1778; BFH 31.7.1991 – II R 43/89, BFH/NV 1992, 409). Dies gilt auch dann, wenn die FB den StAnspruch nicht schlüssig begründet und/oder den Besteuerungssachverhalt unvollständig, widersprüchlich oder ungeordnet vorträgt (→ Rn. 52);
– dem Stpfl. bei AdV/Aussetzung der Vollziehung wegen ernstlicher Zweifel an der Rechtmäßigkeit des angefochtenen VA die Gestellung einer Sicherheitsleistung trotz zumutbarer Anstrengung nicht möglich ist (BFH 15.9.2015 – I B 57/15, BFH/NV 2016, 212; BFH 25.11.2014 – V B 62/14, BFH/NV 2015, 342; BFH 2.12.1999 – I B 62/99, BFH/NV 2000, 845; AEAO zu § 361 Nr. 9.2.3). Dieser Umstand muss zuverlässig feststehen und erfordert insb., dass der Stpfl. seine Vermögens- und Liquiditätslage darlegt und glaubhaft macht (BFH 25.11.2014 – V B 62/14, BFH/NV 2015, 342; BFH 26.5.1988 – V B 26/86, BFH/NV 1989, 403; BFH 6.11.2001 – II B 85/01, BFH/NV 2002, 508); den Antragsteller trifft insoweit die Darlegungslast (BFH 25.11.2014 – V B 62/14, BFH/NV 2015, 342; Loschelder AO-StB 2002, 284).

Der Stpfl. hat die Umstände glaubhaft zu machen, die dem Sicherungsbedürfnis der FB genügen oder es als unangemessen erscheinen lassen (BFH 18.12.2000 – VI S 15/98, BFH/NV 2001, 637).

115 Die Anordnung der Sicherheitsleistung ist nach ihrer **Rechtsnatur** idR keine Auflage iSd § 120 II Nr. 4, sondern eine unselbständige Nebenbestimmung in Form einer **aufschiebenden Bedingung** iSd § 120 II Nr. 2 (BFH 19.2.2018 – II B 75/16, BFH/NV 2018, 706; BFH 6.2.1990 – VII R 48/87, BFH/NV 1991, 3; AEAO zu § 361 Nr. 9.2.6), sofern die FB nicht ausnahmsweise einen eindeutig auf eine Auflage gerichteten Regelungswillen hat (BFH 25.8.1981 – VII B 3/81, BStBl. II 1982, 34). Die Wirkungen der AdV treten nur und erst dann ein, wenn der Stpfl. die Sicherheit leistet (BFH 19.2.2018 – II B 75/16, BFH/NV 2018, 706). Dies folgt aus dem klaren Wortlaut des § 361 II 5, der die AdV von der Erbringung der Sicherheitsleistung abhängig macht (BFH 12.5.2000 – VI B 266/98, BStBl. II 2000, 536; BFH 6.2.1990 – VII R 48/87, BFH/NV 1991, 3; BFH 20.6.1979 – IV B 20/79, BStBl. II 1979, 666). Da die Anordnung unter aufschiebender Bedingung durch § 361 II 5 intendiert ist (zum intendierten Ermessen → § 5 Rn. 12), ist die Anordnung der Sicherheitsleistung im Sinne einer auflösenden Bedingung schon wegen des mit dieser Anordnung verfolgten Sicherungszwecks keineswegs „angemessener" (aA HHSp § 361 Rn. 365; TK FGO § 69 Rn. 108).

Es kann auch **nachträglich,** dh nach bereits gewährter AdV ohne Sicherheitsleistung, die Gestellung der Sicherheitsleistung gem. §§ 130, 131 wegen später eingetretener Gefährdung des StAnspruchs als auflösende Bedingung gefordert werden (BFH 9.10.1975 – V R 6, 8–10/75, BStBl. II 1976, 53). In diesem Fall entfällt die bereits gewährte AdV, wenn nicht innerhalb der nunmehr gesetzten Frist Sicherheit geleistet wird (→ Rn. 117).

116 **Art, Verfahren und Höhe der Sicherheitsleistung.** Zu Art und Verfahren der Sicherheitsleistung s. §§ 241–248; zumeist erfolgt Sicherheitsleistung durch Hinterlegung von Geld (§§ 241 I Nr. 1, 242) oder Bankbürgschaft (§§ 241 I Nr. 7, 244). Zuständig für die Anordnung der Sicherheitsleistung ist die FB, die die AdV/Aufhebung der Vollziehung verfügt. Die Aussetzungsverfügung muss die Höhe der Sicherheitsleistung, die sich aus dem StBetrag ergibt, dessen Ausfall vermieden werden soll, bestimmt oder bestimmbar angeben (BFH 31.10.1973 – I R 249/72, BStBl. II 1974, 118). Ferner ist in der Aussetzungsverfügung eine Frist für die Erbringung der Sicherheitsleistung zu setzen (AEAO zu § 361 Nr. 9.2.6). Bei Unterliegen des Stpfl. in der Hauptsache wird die Sicherheitsleistung gem. § 327 verwertet.

117 **Wirksamkeit** erlangt die AdV nach hM (BFH 6.2.1990 – VII R 48/87, BFH/NV 1991, 3; Klein § 361 Rn. 52; AEAO zu § 361 Nr. 9.2.6) erst, wenn die Sicherheit geleistet wird. Dies ist insofern nicht ganz zutr., als ein VA (zum VA-Charakter der AdV-Entscheidung → Rn. 68) auch bei einer ihm beigefügten Bedingung bereits mit der Bekanntgabe wirksam wird; es bleiben lediglich die bedingten Rechtswirkungen bis zum Eintritt der Bedingung in der Schwebe (→ § 120 Rn. 24). Wenn in der Aussetzungsverfügung nicht anders verfügt, treten daher bei anordnungsgemäßer Leistung der Sicherheit die Rechtswirkungen der AdV rückwirkend ab Bekanntgabe der Aussetzungsverfügung ein (zutr. BFH 10.12.1986 – I B 121/86, BStBl. II 1987, 389; BFH 30.8.1989 – I B 39/89, BFH/NV 1990, 161); ab Bekanntgabe entstandene Säumniszuschläge (§ 240) fallen mit Erbringung der Sicherheitsleistung nachträglich weg. Wird die geforderte **Sicherheitsleistung nicht erbracht,** darf die FB den angefochtenen VA vollziehen (BFH 26.5.1988 – V B 26/86, BFH/NV 1989, 403).

118 **Rechtsschutzfragen.** Die Anordnung der Sicherheitsleistung kann als unselbständige Nebenleistung nicht selbständig, sondern nur zusammen mit der Entscheidung über die AdV/Aufhebung der Vollziehung angefochten werden (BFH 20.6.1979 – IV B 20/79, BStBl. II 1979, 666; AEAO zu § 361 Nr. 9.2.6). Ein Einspruch gegen die Aussetzungsverfügung und ein Antrag gem. § 69 III FGO werden nicht dadurch unzulässig, dass der Stpfl. zunächst Sicherheit geleistet hat (BFH 1.10.1981 – IV B 13/81, BStBl. II 1982, 133). Der Stpfl. kann auch neben einem Antrag nach § 69 III FGO die Änderung der Aussetzungsverfügung gem. §§ 130, 131 beantragen (BFH 1.10.1981 – IV B 13/81, BStBl. II 1982, 133). Macht die FB die AdV/Aufhebung der Vollziehung von einer Sicherheitsleistung abhängig, liegt hierin eine teilweise Ablehnung der beantragten AdV iSd § 69 IV 1 FGO (BFH 24.5.2023 – X B 22/22 (AdV), BFH/NV 2023, 1090; BFH 7.5.2008 – IX S 26/07, BFH/NV 2008, 1498; BFH 18.12.2000 – VI S 15/98, BFH/NV 2001, 637; BFH 12.5.2000 – VI B 266/98, BStBl. II 2000, 536; AEAO zu § 361 Nr. 11). Hat die FB nach § 361 II eine AdV nur gegen Sicherheitsleistung angeordnet, dem Stpfl. für die Erbringung der Sicherheitsleistung eine Frist gesetzt und stellt der Stpfl. erst nach (erfolglosem) Fristablauf einen gerichtlichen AdV-Antrag, hat das FG neben der Anordnung der Sicherheitsleistung auch die materiell-rechtlichen Voraussetzungen der AdV zu prüfen, da in diesem Fall die getroffene Verfügung der FB wegen des Fristablaufs ins Leere geht (BFH 19.2.2018 – II B 75/16, BFH/NV 2018, 706); dagegen ist nur die Frage der von der FB angeordneten Sicherheitsleistung Gegenstand eines gerichtlichen AdV-Verfahrens, wenn die AdV-Entscheidung der FB gegen Sicherheitsleistung während des gerichtlichen Verfahrens noch wirksam ist, weil zB die FB dem Stpfl. keine Frist zur Erbringung der Sicherheitsleistung gesetzt hat (BFH 19.2.2018 – II B 75/16, BFH/NV 2018, 706; s. auch BFH 30.8.1989 – I B 39/89, BFH/NV 1990, 161). Im gerichtlichen AdV-Verfahren hat die FB die für die Gefährdung des StAnspruchs sprechenden Gesichtspunkte vorzutragen; der Stpfl. hat die Umstände darzutun, die ein dargelegtes Sicherungsbedürfnis der FB entfallen oder als unangemessen erscheinen lassen (BFH 20.3.2002 – IX S 27/00, BFH/NV 2002, 809; BFH 18.12.2000 – VI S 15/98, BFH/NV 2001, 637).

D. Aussetzung der Vollziehung bei Grundlagen- und Folgebescheiden (Abs. 3)

§ 361 III geht davon aus, dass auch Grundlagenbescheide (§ 171 X) aussetzungsfähig **126** sind. § 363 III 1 dehnt die Bindung des Folgebescheids an den Grundlagenbescheid auch auf die AdV/Aufhebung der Vollziehung des Folgebescheids aus (BFH 24.5.2023 – X B 22/22 (AdV), BFH/NV 2023, 1090). Nach § 363 III 2 bleibt der Erlass eines Folgebescheids auch zulässig, soweit die Vollziehung eines Grundlagenbescheids ausgesetzt ist. § 361 III 3 regelt Einzelfragen zu einer etwa anzufordernden Sicherheitsleistung iSd § 361 II 5.

I. Aussetzung der Vollziehung von Grundlagenbescheiden

Grundlagenbescheide (§ 171 X) sind vollziehbare VA, weil sie infolge ihres in den **127** Folgebescheid zu übernehmenden Regelungsinhalts (§ 182 I) die Grundlage für eine Leistungspflicht des Stpfl. sind (→ Rn. 17). Die Anfechtung eines Grundlagenbescheids durch Einspruch oder Klage hemmt weder gem. § 361 I 1 oder § 69 I 1 FGO seine Vollziehung noch gem. § 361 I 2 oder § 69 I 2 FGO die Vollziehung des Folgebescheids (BFH 6.12.2000 – X B 89/00, BeckRS 2000, 25005394). Möglich ist jedoch, wie auch § 361 III 1 voraussetzt, die AdV/Aufhebung der Vollziehung des Grundlagenbescheids durch die FB gem. § 361 II 1 f. oder gem. § 69 II 1 f. FGO sowie durch das FG gem. § 69 III FGO.

Voraussetzungen der AdV/Aufhebung der Vollziehung; Anwendungsfälle. Es **128** müssen für die Gewährung von AdV/Aufhebung der Vollziehung eines Grundlagenbescheids die allg. Voraussetzungen (vollziehbarer VA, Anhängigkeit eines Rechtsbehelfs, Rechtsschutzbedürfnis, Vorliegen eines Aussetzungs- oder Aufhebungsgrundes) erfüllt sein (→ Rn. 29 ff.). Die Beschränkungen des § 361 II 4 und des § 69 II 8 und III 4 FGO sind erst bei der AdV des Folgebescheids zu beachten (AEAO zu § 361 Nr. 5.1).

Die AdV/Aufhebung der Vollziehung des Grundlagenbescheids kommt insb. in Betracht bei Bescheiden über die gesonderte (und einheitliche) Feststellung von einkommensteuerpflichtigen und körperschaftsteuerpflichtigen Einkünften (§ 179 iVm § 180 I 1 Nr. 2; → Rn. 130), bei Feststellungsbescheiden nach der VO zu § 180 II, bei Feststellungsbescheiden nach §§ 27, 28, 38 KStG, bei GewSt- und GrSt-Messbescheiden (§ 184 I iVm § 182 I; → Rn. 13), bei Einheitswertbescheiden nach § 180 I 1 Nr. 1 aF iVm § 19 BewG aF bzw. bei Feststellungen von Grundsteuerwerten nach § 180 I 1 Nr. 1 iVm § 219 BewG, bei Feststellungsbescheiden nach § 17 II und III GrEStG sowie bei Bescheiden über die Feststellung von Grundbesitzwerten gem. § 151 I 1 Nr. 1 BewG iVm § 157 BewG.

129 Kein Grundlagenbescheid iSd § 171 X ist ein ESt-, KSt- oder Gewinnfeststellungsbescheid (§§ 179 ff.) im Verhältnis zum GewSt-Messbescheid, der mithin selbständig ausgesetzt werden kann (BFH 21.12.1993 – VIII B 107/93, BStBl. II 1994, 300). Jedoch werden angefochtene ESt-, KSt- und Gewinnfeststellungsbescheide im Hinblick auf **§ 35b GewStG** wie Grundlagenbescheide behandelt, wenn dieser „Grundlagenbescheid" die gewerbesteuerpflichtige Einkunftsart betrifft (BFH 23.6.2004 – X R 59/01, BStBl. II 2004, 901); ihre AdV hat auch die AdV eines bestandskräftigen GewSt-Messbescheids zur Folge (BFH 23.8.1966 – I B 1/66, BStBl. III 1966, 651; BFH 21.12.1993 – VIII B 107/93, BStBl. II 1994, 300). Dies gilt allerdings nur im Umfang einer nach § 35b GewStG möglichen Änderung des GewSt-Messbescheids (zu Einzelheiten s. Glanegger/Güroff GewStG § 35b Rn. 11).

130 **Gewinn- und Verlustfeststellungsbescheide.** Durch AdV wird auch vorläufiger Rechtsschutz gegenüber allen Gewinn- und Verlustfeststellungsbescheiden iSd § 179 II 2 iVm § 180 I Nr. 2 Buchst. a gewährt. Die Gewährung von AdV seitens der Rspr. (vgl. BFH 14.4.1987 – GrS 2/85, BStBl. II 1987, 637) auch gegenüber Verlustfeststellungsbescheiden und negativen Gewinnfeststellungsbescheiden ist zwar in rechtssystematischer Sicht bedenklich, weil die bloße Ablehnung einer Regelung an sich nicht vollziehbar und vorläufiger Rechtsschutz insoweit nur durch einstweilige Anordnung (§ 114 FGO) in Betracht käme (so auch Gräber FGO § 69 Rn. 81). Der einheitlichen Gewährung von AdV gegenüber allen Gewinn- und Verlustfeststellungsbescheiden iSd § 179 II 2 iVm § 180 I Nr. 2 Buchst. a ist gleichwohl im Ergebnis zuzustimmen, weil sie den vorläufigen Rechtsschutz vereinfacht und praktischen Bedürfnissen Rechnung trägt.

131 AdV kommt somit ua auch bei ernstlichen Zweifeln an der Rechtmäßigkeit in Betracht bei

- **positiven Gewinnfeststellungsbescheiden** (§§ 179 ff.) im Umfang der zweifelhaften Besteuerungsgrundlagen;
- **Feststellungsbescheiden** iSd §§ 179 ff., **die Anteile einzelner Gesellschafter auf 0 Euro feststellen** und angefochten werden, weil diese Gesellschafter den Ansatz von Verlustanteilen begehren (BFH 22.10.1980 – I S 1/80, BStBl. II 1981, 99);
- **Verlustfeststellungsbescheiden** (§§ 179 ff.), soweit die Feststellung eines höheren Verlusts begehrt wird (BFH 10.7.1979 – VIII B 84/78, BStBl. II 1979, 567; BFH 25.10.1979 – IV B 68/79, BStBl. II 1980, 66). Im Tenor der AdV-Entscheidung ist die Vollziehung des angefochtenen VA mit der Maßgabe auszusetzen, dass vorläufig bis zur Entscheidung über den Einspruch von einem höheren Verlust auszugehen ist; ferner ist anzugeben, wie sich der Verlust auf die Beteiligten vorläufig verteilt;
- **negativen Gewinn-/Verlustfeststellungsbescheiden** iSd §§ 179 ff.; mit denen der Erlass eines Grundlagenbescheids abgelehnt wird. AdV ist bei einem negativen Gewinnfeststellungsbescheid zu gewähren, der einen positiven Gewinnfeststellungsbescheid ersatzlos aufhebt (BFH 14.4.1976 – IV B 82/75, BStBl. II 1976, 598). Ebenso wird AdV gewährt, wenn das FA die Durchführung einer gesonderten und einheitlichen Gewinnfeststellung durch negativen Feststellungsbescheid ablehnt (BFH 14.4.1987 – GrS 2/85, BStBl. II 1987, 637). Im Entscheidungssatz ist die Vollziehung des angefochtenen VA mit der Maßgabe auszusetzen, dass vorläufig bis zur Entscheidung über den Einspruch von einem Verlust auszugehen ist, der sich auf die Beteiligten in näher zu bezeichnender Weise verteilt;

– Feststellungsbescheiden iSd §§ 179 ff., die eine **Mitunternehmerschaft einzelner Beteiligter** verneinen (BFH 10.7.1980 – IV B 77/79, BStBl. II 1980, 697). Im Entscheidungssatz ist die Vollziehung des angefochtenen VA mit der Maßgabe auszusetzen, dass vorläufig bis zur Entscheidung über den Einspruch ein Gesamtgewinn oder -verlust unter Verminderung der Verlustanteile der bisher berücksichtigten Mitunternehmer und Einbeziehung der weiteren Beteiligten auf die Beteiligten in näher zu bezeichnendem Umfang verteilt wird;
– **Feststellungsbescheiden gem. § 15a IV EStG** (BFH 5.12.1996 – IV S 5/95, BFH/NV 1997, 406; BFH 2.3.1988 – IV B 95/87, BStBl. II 1988, 617);
– Bescheiden, die im LSt-Ermäßigungsverfahren die **Eintragung eines Freibetrags auf der LSt-Karte** (§ 39a IV EStG) ganz oder teilweise ablehnen (BFH 29.4.1992 – VI B 152/91, BStBl. II 1992, 752; → Rn. 38 und Schmidt EStG § 39a Rn. 22);
– **Einheitswertbescheiden gem. § 19 BewG aF,** soweit die Berücksichtigung eines **negativen** Einheitswertanteils begehrt wird (BFH 18.8.1993 – II B 159/92, BFH/NV 1994, 298);
– **negativen Referenzmengen-Feststellungsbescheiden** (BFH 19.3.1998 – VII B 20/98, BFH/NV 1998, 1395);
– **einem ESt-Bescheid/KSt-Bescheid über 0 EUR,** wenn der Stpfl. bei Anwendung des § 10d IV 4 EStG idF des JStG 2010 erreichen will, dass ein höherer Verlustvortrag berücksichtigt wird, da dem ESt-Bescheid/KSt-Bescheid eine inhaltliche Bindungswirkung für die Verlustfeststellung zukommt; entsprechendes gilt gem. § 35b II 2 GewStG für einen **GewSt-Messbescheid über 0 EUR** (FG Münster 16.9.2021 – 13 V 1459/21 K,G, EFG 2021, 2000; → § 350 Rn. 29 „Verlustentstehungsjahr“).

II. Aussetzung der Vollziehung von Folgebescheiden (Abs. 3 S. 1)

Allgemeines. Gem. § 361 III 1 ist von Amts wegen die Vollziehung des Folgebescheids 132
auszusetzen, soweit die Vollziehung des Grundlagenbescheids (§ 171 X) ausgesetzt wird. Ein Folgebescheid ist sofort vollziehbar, da die im Grundlagenbescheid getroffenen Regelungen für den Folgebescheide gem. § 182 I 1 auch dann bindend sind, wenn der Grundlagenbescheid noch nicht unanfechtbar ist. Im Hinblick auf die im Grundlagenbescheid getroffenen Regelungen ist der Folgebescheid jedoch nicht selbständig aussetzungsfähig. Die sofortige Vollziehung des Folgebescheids ist jedoch bei einer (möglicherweise) bevorstehenden Folgeänderung nach § 175 I Nr. 1 nicht gerechtfertigt (BFH 15.6.1998 – VII B 32/98, BFH/NV 1999, 7). § 361 III 1 trägt der rechtlichen Selbständigkeit des Folgebescheids und zugleich seiner Abhängigkeit vom Grundlagenbescheid Rechnung und stellt, wie auch § 69 II 4 FGO, klar, dass die Vollziehung des Folgebescheids soweit auszusetzen ist, wie die Vollziehung des Grundlagenbescheids ausgesetzt wird (BFH 24.5.2023 – X B 22/22 (AdV), BFH/NV 2023, 1090). Die AdV des Grundlagenbescheids zwingt allerdings nicht zur Aussetzung des Einspruchs- oder Klageverfahrens gegen den Folgebescheid gem. § 363 bzw. § 74 FGO, denn sie hemmt lediglich die Vollziehbarkeit des Grundlagenbescheids und hat keine weitergehenden Wirkungen als die Verpflichtung des FA zur entsprechenden AdV auch des Folgebescheids gem. § 361 III 1 (BFH 21.10.2005 – II B 9/05, BFH/NV 2006, 563). Die Grundsätze des § 361 III 1 gelten auch für **außersteuerliche Grundlagenbescheide,** wie zB Bescheide der zuständigen Behörde zum Nachweis gem. § 65 EStDV über den Grad der Behinderung (§ 33b EStG), wenn aufgrund eines hiergegen eingelegten Rechtsbehelfs die aufschiebende Wirkung eintritt, angeordnet oder wiederhergestellt oder die Vollziehung ausgesetzt wird (AEAO zu § 361 Nr. 6).

Zudem ist in der Rspr. anerkannt, dass bei der **AdV eines ESt-Bescheids** in ent- 133
sprechender Anwendung des § 361 III 1 wie bei einem Folgebescheid auch die Vollziehung der KiSt und andere **Annexforderungen** auszusetzen sind, wenn die festgesetzte ESt hierfür maßgeblich ist, wie zB Zinsen gem. § 233a, Rückforderungen von Arbeit-

nehmersparzulagen sowie die Festsetzung sog. Zuschlagsteuern (§ 51a EStG), wie SolZ (BFH 20.5.1998 – III B 9/98, BStBl. II 1998, 721; BFH 23.5.2012 – III B 129/11, BFH/NV 2012, 1452; BFH 18.9.2002 – IV S 3/02, BFH/NV 2003, 187; BFH 13.12.1999 – III B 15/99, BFH/NV 2000, 827; BFH 24.3.1999 – I B 14/98, BFH/NV 1999, 1383; FG München 11.12.2012 – 2 V 3070/12, EFG 2013, 465).

134 **Voraussetzungen.** § 361 III 1 setzt voraus, dass eine AdV des Grundlagenbescheids gewährt wurde. Die AdV/Aufhebung der Vollziehung des Folgebescheids ist hinsichtlich der im Grundlagenbescheid getroffenen Entscheidungen ausgeschlossen, wenn eine AdV des Grundlagenbescheids abgelehnt worden ist. Nicht ausreichend für eine AdV des Folgebescheids gem. § 361 III 1 ist, dass der Grundlagenbescheid lediglich angefochten wurde (BFH 29.10.1987 – VIII R 413/83, BStBl. II 1988, 240; BFH 6.12.2000 – X B 89/00, BeckRS 2000, 25005394) oder ein Antrag auf AdV des Grundlagenbescheids gestellt und noch nicht beschieden worden ist (BFH 13.12.1985 – III B 84/85, BFH/NV 1986, 476; BFH 25.4.1977 – IV S 3/77, BStBl. II 1977, 612; Gräber FGO § 69 Rn. 74). Ohne Bedeutung für die AdV des Folgebescheids ist auch eine lange Dauer des AdV-Verfahrens über den Grundlagenbescheid (BFH 23.7.1985 – VIII R 210/84, BFH/NV 1986, 167). Schließlich kommt auch keine AdV des Folgebescheids in Betracht, wenn der Bestand des Grundlagenbescheids, zB bei bloßer Umqualifizierung von Einkünften, keinen Einfluss auf die Höhe der durch den Folgebescheid festgesetzten Steuer hat (BFH 23.1.1986 – VIII B 50/85, BFH/NV 1986, 357).

135 Ein Antrag auf AdV/Aufhebung der Vollziehung des Folgebescheids, der ausschl. mit Zweifeln an der Rechtmäßigkeit der Entscheidungen im Grundlagenbescheid begründet wird, ist mangels Rechtsschutzinteresse unzulässig (BFH 24.5.2023 – X B 22/22 (AdV), BFH/NV 2023, 1090; BFH 29.10.1987 – VIII R 413/83, BStBl. II 1988, 240; BFH 8.7.1982 – IV B 6/82, BStBl. II 1982, 660; AEAO zu § 361 Nr. 6; s. aber auch → Rn. 136). Etwas anderes gilt lediglich, wenn die FB ihrer Aussetzungsverpflichtung aus § 363 III 1 bzw. aus § 69 II 4 FGO nicht nachkommt (→ Rn. 137).

136 Eine **isolierte AdV/Aufhebung der Vollziehung des Folgebescheids** kommt hingegen unter den Voraussetzungen des § 361 II 2 nur in Betracht, wenn

- Einwendungen gegen die **Wirksamkeit des Grundlagenbescheids** erhoben werden, wie zB wenn der Stpfl. geltend macht, der Grundlagenbescheid sei nicht wirksam zugestellt worden (AEAO zu § 361 Nr. 6; s. auch BFH 25.3.1986 – III B 6/85, BStBl. II 1986, 477; BFH 15.4.1988 – III R 26/85, BStBl. II 1988, 660; BFH 20.12.2000 – I R 50/00, BStBl. II 2001, 381). Hier kommt zusätzlich auch eine einstweilige Anordnung (§ 114 FGO) gegen den Grundlagenbescheid in Betracht, wenn die Einspruchsfrist des Grundlagenbescheids bereits abgelaufen oder gegen ihn eine auf Nichtigkeitsfeststellung gerichtete Feststellungsklage (§ 41 FGO) erhoben wurde (Gräber FGO § 69 Rn. 96);
- der angefochtene Folgebescheid vor Erlass des Grundlagenbescheids nach § 155 II erteilt wurde und die noch gesondert festzustellenden Besteuerungsgrundlagen nicht oder bei einer Schätzung iSd § 162 V in unzutreffender Höhe berücksichtigt worden sind (TK § 361 Rn. 11; HHSp § 361 Rn. 478; AEAO zu § 361 Nr. 6; → § 351 Rn. 40). Ergeht vor Abschluss des AdV-Verfahrens der Grundlagenbescheid, wird der AdV-Antrag unzulässig; in diesem Fall kann dann nur noch der Grundlagenbescheid ausgesetzt werden (Gräber FGO § 69 Rn. 74);
- die begehrte AdV/Aufhebung der Vollziehung Besteuerungsgrundlagen betrifft, über die nicht verbindlich durch den Grundlagenbescheid entschieden wurde;
- das FA durch rechtskräftiges Urt. zum Erlass des begehrten Grundlagenbescheids verpflichtet worden ist und den Folgebescheid gem. § 175 I 1 Nr. 1 zu ändern hat (BFH 26.2.1991 – IX R 267/87, BFH/NV 1991, 723).

137 **Rechtsfolge: Aussetzungspflicht.** Nach AdV eines Grundlagenbescheids (§ 171 X) hat die AdV des Folgebescheids von Amts wegen zu erfolgen. Es besteht eine strikte Aussetzungspflicht (BFH 29.10.1987 – VIII R 413/83, BStBl. II 1988, 240), und zwar

unabhängig davon, ob auch der Folgebescheid angefochten worden ist (AEAO zu § 361 Nr. 6). Ein entsprechender Antrag des Stpfl. auf AdV des Folgebescheids ist nicht erforderlich. Die FB hat einen Ermessensspielraum nur hinsichtlich einer ggf. anzufordernden Sicherheitsleistung gem. § 363 III 3. Kommt die FB ihrer Aussetzungsverpflichtung aus § 363 III 1 oder aus § 69 II 4 FGO nicht nach, indem sie die AdV des Folgebescheids ablehnt, obwohl die Vollziehung des Grundlagenbescheids ausgesetzt ist, kann das FG die AdV/Aufhebung der Vollziehung des Folgebescheids gewähren (BFH 8.7.1982 – IV B 6/82, BStBl. II 1982, 660; BFH 23.6.1993 – X B 134/91, BFH/NV 1993, 77).

Dauer der AdV. Die AdV des Folgebescheids ist, idR rückwirkend, ab dem Beginn der AdV des Grundlagenbescheids zu verfügen (BFH 10.12.1986 – I B 121/86, BStBl. II 1987, 389; AEAO zu § 361 Nr. 8.1.5); die FB hat insoweit keinen Ermessensspielraum. Bei der AdV des Folgebescheids sind die Beschränkungen des § 361 II 4 und des § 69 II 8 FGO zu beachten und ggf. auch zu prüfen, ob „wesentliche Nachteile" vorliegen (AEAO zu § 361 Nr. 6). Die FB kann die Vollziehung des Folgebescheids bis zur Bekanntgabe einer nach dem Ergebnis des Rechtsbehelfsverfahrens gegen den Grundlagenbescheid notwendigen Folgeänderung aussetzen (BFH 15.6.1998 – VII B 32/98, BFH/NV 1999, 7); zum Ende der AdV des Folgebescheids → Rn. 82. 138

Nach einer **Änderung des angefochtenen Grundlagenbescheids** unter Beibehaltung der dort angeordneten AdV ist auch die Vollziehung des gem. § 175 I 1 Nr. 1 geänderten Folgebescheids weiterhin gem. § 361 III 1 auszusetzen. Die für den ursprünglichen Folgebescheid verfügte AdV erledigt sich mit dem Erlass des geänderten Folgebescheids; jedoch ist die FB bei fortdauernder AdV des Grundlagenbescheids von Amts wegen verpflichtet, die AdV des neuen Folgebescheids auszusprechen (→ Rn. 32). 139

III. Erlass des Folgebescheids (Abs. 3 S. 2)

§ 363 III 2 stellt klar, dass auch bei AdV des Grundlagenbescheids der Erlass eines Folgebescheids zulässig bleibt. Zum Erlass des Folgebescheids ist die FB auch infolge der Gesetzesbindung der Verwaltung verpflichtet (BFH 4.10.1996 – I B 54/96, BStBl. II 1997, 136 betr. Anpassungspflicht gem. § 175 I 1 Nr. 1), wobei dann allerdings gem. Abs. 3 S. 1 die Vollziehung des Folgebescheids von Amts wegen auszusetzen ist. 141

IV. Sicherheitsleistung bei Grundlagen- und Folgebescheiden (Abs. 3 S. 3)

Über eine Sicherheitsleistung ist gem. § 361 III 3 grds. bei der AdV des Folgebescheids zu entscheiden. Die AdV/Aufhebung der Vollziehung des Grundlagenbescheids (§ 171 X) erfolgt stets ohne Sicherheitsleistung. Jedoch kann die für den Erlass des Grundlagenbescheids zuständige FB im Rahmen ihrer AdV-Entscheidung die Sicherheitsleistung ausdrücklich ausschließen, § 361 III 3 HS 2. Dieser Ausschluss ist für die FB, die gem. § 361 III 1 die AdV des Folgebescheids von Amts wegen anzuordnen hat, bindend. Ein ausdrücklicher Ausschluss einer Sicherheitsleistung ist jedoch nur veranlasst, wenn der Rechtsbehelf gegen den Grundlagenbescheid mit Sicherheit oder großer Wahrscheinlichkeit erfolgreich sein wird (BFH 29.7.1997 – VIII S 1/97, BFH/NV 1998, 186). 142

Die Entscheidung über eine Sicherheitsleistung bei der AdV des Folgebescheids hat, sofern bei der Aussetzung des Grundlagenbescheids die Sicherheitsleistung nicht ausgeschlossen worden ist, den für § 361 II 5 geltenden Grundsätzen zu folgen (→ Rn. 112 ff.); zu prüfen sind insb. eine etwaige Gefährdung des StAnspruchs sowie die Erfolgsaussichten des Einspruchs gegen den Grundlagenbescheid (FG Hessen 2.11.1992 – 11 K 5134/88, EFG 1993, 128; TK § 361 Rn. 14; aA Schwarz/Pahlke/Keß § 361 Rn. 103a; Klein § 361 Rn. 84, die eine Prüfung der Erfolgsaussichten des Einspruchs gegen den Grundlagenbescheid ablehnen). Gegen die Anordnung einer Sicherheitsleistung bei der AdV des Folgebescheids kann der Stpfl. dementsprechend auch einwenden, die Anordnung der Sicherheitsleistung sei wegen überwiegender Erfolgsaussichten im Rechtsbehelfsverfahren gegen den Grundlagenbescheid unzulässig (TK § 361 Rn. 14; aA FG

Baden-Württemberg 16.4.2002 – 3 V 12/01, EFG 2002, 997). Wird die Vollziehung des Folgebescheids von einer Sicherheitsleistung abhängig gemacht, so gilt dies auch für die KiSt und andere Annexforderungen, wie zB Zinsen und Solz (BFH 16.3.1995 – VIII B 158/94, BFH/NV 1995, 680).

143 **Rechtsschutzfragen.** Wird bei der Entscheidung über die AdV des Grundlagenbescheids die Sicherheitsleistung nicht ausdrücklich ausgeschlossen, kann das Fehlen dieses Ausspruchs nur durch Einspruch gegen die den Grundlagenbescheid betr. AdV-Entscheidung erfolgen. Eine isolierte Anfechtung der Anordnung der Sicherheitsleistung ist nicht möglich (BFH 20.6.1979 – IV B 20/79, BStBl. II 1979, 666; im Übrigen → Rn. 118).

E. Untersagung des Gewerbebetriebs bzw. der Berufsausübung (Abs. 4)

147 Ausnahmsweise hat ein Einspruch gegen die Untersagung des Gewerbebetriebs oder der Berufsausübung abw. von § 361 I 1 gem. § 361 IV 1 aufschiebende Wirkung. Die FB kann diese aufschiebende Wirkung durch Anordnung der sofortigen Vollziehung gem. § 361 IV 2 beseitigen. § 69 V FGO enthält für Klagen gegen die Untersagung des Gewerbebetriebs oder der Berufsausübung eine entsprechende Regelung.

I. Hemmung der Vollziehung; Anwendungsbereich (Abs. 4 S. 1)

148 Praktische Bedeutung hat § 361 IV 1 insb. für die **Untersagung der Berufsausübung** nach dem StBerG, insb. die Untersagung der unbefugten Hilfeleistung in StSachen gem. § 7 StBerG (FG Hamburg 23.2.2000 – VII 3/00, EFG 2000, 706). Durch § 164a II 1 HS 1 StBerG ist zudem klargestellt worden, dass auch die Vollziehung der Rücknahme oder des Widerrufs der Anerkennung als LSt-Hilfeverein (§ 20 StBerG), der Anordnung der Schließung einer Beratungsstelle (§ 28 III StBerG), der Rücknahme oder des Widerrufs der Bestellung als StBerater oder StBevollmächtigter (§ 46 StBerG) oder der Anerkennung als StBeratungsgesellschaft (§ 55 StBerG) bis zum Eintritt der Unanfechtbarkeit gehemmt ist. Diese VA nach dem StBerG sind mithin schon ab Bekanntgabe nicht vollziehbar (BT-Drs. 14/2667, 37). § 361 IV 2 und § 69 V 2 bis 4 FGO bleiben jedoch gem. § 164a II HS 2 StBerG unberührt (→ Rn. 151). Aufgrund der ausdrücklichen Regelung in § 22e II UStG unterfällt auch die Untersagung der Fiskalvertretung gem. § 22e I UStG dem Anwendungsbereich des § 361 IV und des § 69 V FGO. Keine Untersagung der Berufsausübung ist die Zurückweisung eines Bevollmächtigten gem. § 80 VII, VIII oder eines Beistands gem. § 80 IX.

149 **Zollbehörden** sind gem. Art. 244 III UZK insoweit zur Untersagung eines Gewerbebetriebs oder einer Berufsausübung befugt, als sie industrielle und gewerbliche Tätigkeiten sowie alle Dienstleistungen in einer Freizone aufgrund der Beschaffenheit der betreffenden Waren, aus Gründen der zollamtlichen Überwachung oder aus Sicherheitsgründen und zur Gefahrenabwehr untersagen oder beschränken können. Nach Art. 45 I UZK hat der Einspruch gegen zollrechtliche Entscheidungen gem. Art. 244 III UZK keine aufschiebende Wirkung. Vorläufiger Rechtsschutz wird durch Art. 45 II, III UZK gewährt, der die Regelungen des § 361 und des § 69 FGO überlagert (Witte UZK Art. 45 Rn. 9; s. zum Zollrecht auch → Rn. 7).

150 **Rechtsfolge.** Nach § 361 IV 1 hemmt die Einspruchseinlegung die Vollziehung des VA von Gesetzes wegen, dh ohne besondere Anordnung der FB. Eine Vollziehung des VA, zB durch Zwangsgeldfestsetzung zur Durchsetzung des VA, ist rechtswidrig (FG Hamburg 23.2.2000 – VII 3/00, EFG 2000, 706). Die Hemmungswirkung des Abs. 5 S. 1 ist allerdings ausgeschlossen, wenn der Einspruch offensichtlich unzulässig ist, zB weil er offensichtlich verspätet eingelegt worden ist (Kopp/Schenke VwGO § 80 Rn. 50; aA HHSp § 361 Rn. 621; TK FGO § 69 Rn. 191; Gräber FGO § 69 Rn. 287, die eine Hemmungswirkung auch bei unzulässigem Einspruch und bei unzulässiger Klage annehmen; so auch BVerwG 21.6.1961 – VIII C 398/59, BVerwGE 13, 1).

II. Anordnung der sofortigen Vollziehung (Abs. 4 S. 2)

Die FB kann die aufschiebende Wirkung des Einspruchs durch besondere Anordnung ganz oder teilweise beseitigen, § 361 IV 2. Die Anordnung der sofortigen Vollziehung ist eine Ermessensentscheidung (§ 5) der FB, die gerichtlich im Rahmen des § 102 FGO überprüfbar ist (BFH 9.4.2002 – VII B 287/01, BFH/NV 2002, 955). Sie ist kein eigenständiger VA, sondern eine verfahrensrechtliche Nebenentscheidung zur Untersagungsverfügung (FG Niedersachsen 27.10.1997 – VI 765/96 V, EFG 1998, 337; TK FGO § 69 Rn. 192; aA Gosch FGO § 69 Rn. 321). **Voraussetzung** für eine Anordnung nach Abs. 4 S. 2 ist ein **öffentliches Interesse** an der sofortigen Vollziehung des VA. Dieses besondere Vollzugsinteresse kann idR nicht mit Gründen gerechtfertigt werden, die auch für den Erlass des VA maßgebend sind (BFH 9.4.2002 – VII B 287/01, BFH/NV 2002, 955). Im Einzelfall ist das öffentliche Interesse an der sofortigen Vollziehung des VA gegen das individuelle Interesse des Einspruchsführers an der aufschiebenden Wirkung seines Einspruchs abzuwägen (FG Niedersachsen 17.1.2007 – 6 V 519/06, EFG 2007, 1279). Das öffentliche Interesse ist **schriftlich zu begründen,** § 361 IV 2 HS 2; dies dient der Selbstkontrolle der entscheidenden Behörde und soll zugleich die gerichtliche Kontrolle erleichtern (BFH 9.4.2002 – VII B 287/01, BFH/NV 2002, 955). Erforderlich ist eine auf den konkreten Einzelfall abstellende **Darlegung des besonderen Vollzugsinteresses** (TK FGO § 69 Rn. 193). Die Anordnung der sofortigen Vollziehung kann die FB jederzeit gem. § 131 zurücknehmen. 151

III. Zuständigkeitswechsel (Abs. 4 S. 3)

Ist nachträglich eine andere FB für die Untersagung des Gewerbebetriebs oder der Berufsausübung zuständig geworden, so entscheidet gem. § 361 IV 3 iVm § 367 I 2 HS 1 diese „andere" Behörde auch über eine etwaige Anordnung des Sofortvollzugs, sofern nicht die bisher zuständige FB das Verfahren gem. § 367 I 2 HS 2 iVm § 26 S. 2 fortführt. 152

IV. Rechtsbehelfe; Verfahrensfragen

Hat die FB die sofortige Vollziehung des VA angeordnet, kann das FG gem. § 69 V 3 FGO und in dringenden Fällen gem. § 69 V 4 FGO iVm § 69 V 3 FGO der Vorsitzende Richter am FG bei ernstlichen Zweifeln an der Rechtmäßigkeit des VA die hemmende Wirkung des Einspruchs wiederherstellen. Der Antrag nach § 69 V 3 FGO kann bereits vor Klageerhebung gestellt werden (FG München 22.5.1980 – IV 84/80, EFG 1981, 406). Der bei Gericht gestellte Antrag erledigt sich mit Bestandskraft der Untersagungsverfügung (BFH 12.7.1994 – VII S 10/94, BFH/NV 1995, 230; BFH 11.1.2007 – VII S 55/06, BeckRS 2007, 25011188). 153

F. Rechtsbehelfe bei Ablehnung der Aussetzung der Vollziehung (Abs. 5); Verhältnis zu § 69 FGO

Einspruch. Die vollständige oder teilweise Ablehnung der AdV/Aufhebung der Vollziehung durch die FB ist ein VA; gegen ihn ist gem. § 347 I 1 Nr. 1 der Einspruch gegeben. Der Einspruch ist auch dann zulässig, wenn anstelle der AdV nunmehr die Aufhebung der Vollziehung begehrt wird (HHSp § 361 Rn. 795; s. auch BFH 26.5.1988 – V B 26/86, BFH/NV 1989, 403). Für das Einspruchsverfahren gelten die in §§ 347 ff. geregelten Rechtsgrundsätze. Der Einspruchsführer kann zB im Einspruchsverfahren neue Tatsachen geltend machen und/oder neue Beweismittel vorlegen. Entscheidet die FB nicht innerhalb angemessener Frist über den Einspruch, kann Untätigkeitseinspruch (§ 347 I Nr. 2) eingelegt und/oder das FG gem. § 69 III FGO angerufen werden (→ Rn. 155). Nach Ablehnung eines AdV-Antrags ist die FB grds. nicht verpflichtet, dem Stpfl. vor 154

Einleitung von Vollstreckungsmaßnahmen eine Schon- oder Wartefrist einzuräumen, um einen Antrag nach § 69 III FGO vorbereiten und stellen zu können (BFH 27.10.2004 – VII R 65/03, BStBl. II 2005, 198).

155 **Gerichtliches Aussetzungsverfahren.** Anstelle des Einspruchs gegen die vollständige oder teilweise Ablehnung der AdV/Aufhebung der Vollziehung kann auch das FG gem. § 69 III FGO angerufen werden, § 361 V und § 69 VII FGO. Dies gilt auch dann, wenn durch Einspruchsentscheidung die AdV/Aufhebung der Vollziehung ganz oder teilweise abgelehnt wurde. Hingegen ist nach ablehnender Einspruchsentscheidung nach § 361 V und nach § 69 VII FGO eine Anfechtungsklage (§ 40 I Alt. 1 FGO) oder eine auf AdV gerichtete Verpflichtungsklage (§ 40 I Alt. 2 FGO) ausgeschlossen (BFH 12.5.2000 – VI B 266/98, BStBl. II 2000, 536; FG Hessen 19.9.2024 – 10 K 1231/22, BeckRS 2024, 28613). Dies gilt selbst dann, wenn in der Einspruchsentscheidung des FA fälschlicherweise die Klage als zulässiges Rechtsmittel benannt ist; eine fehlerhafte Rechtsmittelbelehrung eröffnet nicht einen rechtlich nicht vorgesehenen Rechtsbehelf (BFH 19.7.2010 – I B 207/09, BFH/NV 2011, 48).

156 Das finanzbehördliche AdV-Verfahren nach § 361 oder nach § 69 II FGO und das finanzgerichtliche AdV-Verfahren nach § 69 III FGO stehen gleichwertig nebeneinander. Folglich hat das FA in der Rechtsbehelfsbelehrung des die AdV ablehnenden Bescheids darauf hinzuwiesen, dass der Antragsteller gegen die Ablehnung des Antrags Einspruch einlegen oder einen Antrag nach § 69 III FGO beim FG stellen kann (BFH 30.8.2010 – VII B 83/10, BFH/NV 2010, 2298; s. auch BFH 24.6.1985 – GrS 1/84, BStBl. II 1985, 587). Der Stpfl. hat grds. ein **Wahlrecht,** welchen dieser beiden Verfahrenswege er einschlagen will (Gräber FGO § 69 Rn. 11). Der Zulässigkeit eines gerichtlichen Antrags nach § 69 III FGO steht ein zugleich gegen die AdV-Ablehnung der FB eingelegter Einspruch nicht entgegen (BFH 2.3.1992 – III B 150/91, BFH/NV 1993, 375; BFH 10.10.1985 – IV B 30/85, BStBl. II 1986, 68; FG Hamburg 14.10.2016 – 3 V 201/16, EFG 2016, 1845). Der gerichtliche AdV-Antrag erledigt sich jedoch in der Hauptsache, wenn die FB dem Einspruch gegen die Ablehnungsentscheidung stattgibt (Klein § 361 Rn. 95).

157 **Zugangsvoraussetzungen des § 69 IV 1 FGO.** Das Wahlrecht ist allerdings durch § 69 IV 1 FGO dahingehend eingeschränkt, dass die FB vor Stellung eines gerichtlichen AdV-Antrags nach § 69 III FGO einen bei ihr gestellten AdV-Antrag ganz oder teilweise abgelehnt haben muss. Entbehrlich ist die vorherige Ablehnung eines AdV-Antrags durch die FB lediglich ausnahmsweise in den in **§ 69 IV 2** genannten Fällen (→ Rn. 159). § 69 IV FGO dient der Entlastung der FG; die Vorschrift normiert besondere Zugangs- und nicht lediglich Zulässigkeitsvoraussetzungen für einen gerichtlichen AdV-Antrag (BFH 12.5.2000 – VI B 266/98, BStBl. II 2000, 536); die Zugangsvoraussetzungen des § 69 IV FGO müssen bei Eingang des Antrags bei Gericht vorliegen; eine nachträgliche Heilung ist nicht möglich (BFH 19.3.2014 – III S 22/13, BFH/NV 2014, 856; BFH 6.2.2012 – IX S 29/11, BFH/NV 2012, 769).

158 **Ablehnung iSd § 69 IV 1 FGO.** Eine bestimmte Form für die Ablehnung der AdV durch die FB wird nicht verlangt (BFH 18.9.2002 – IV S 3/02, BFH/NV 2003, 187); die Ablehnung muss nicht schriftlich, sondern kann auch mündlich erfolgen (BFH 11.10.2002 – VIII B 172/01, BFH/NV 2003, 306). Die Zugangsvoraussetzung des § 69 IV 1 FGO ist auch erfüllt, wenn die FB einen AdV-Antrag mangels näherer Begründung ohne weitere Sachprüfung ablehnt (BFH 20.6.2007 – VIII B 50/07, BStBl. II 2007, 789). Ein beim FA nach Erlass der Einspruchsentscheidung, jedoch vor Klageerhebung gestellter AdV-Antrag ist zulässig; § 69 III 2 FGO lässt diese Reihenfolge ausdrücklich zu (FG Hessen 17.1.2001 – 5 V 4649/00, EFG 2002, 1628). Bei einer im Übrigen antragsgemäßen AdV-Gewährung unter **Widerrufsvorbehalt** liegt keine teilweise Ablehnung des AdV-Antrags vor; für einen AdV-Antrag an das FG fehlt in diesem Fall das erforderliche Rechtsschutzbedürfnis (BFH 12.5.2000 – VI B 266/98, BStBl. II 2000, 536; BFH 11.6.2010 – IV S 1/10, BFH/NV 2010, 1851; AEAO zu § 361 Nr. 11; aA Grams DStZ 1998, 855). Die Zugangsvoraus-

setzung des § 69 IV 1 FGO ist erst dann erfüllt, wenn die FB die unter Widerrufsvorbehalt gewährte AdV widerrufen hat (BFH 17.9.2013 – VII B 160/13, BFH/NV 2014, 10). Ferner ist der bloße Ablauf einer, zB bis einen Monat nach Bekanntgabe der Einspruchsentscheidung, befristeten Vollziehungsaussetzung noch keine Ablehnung eines AdV-Antrags (BFH 6.2.2012 – IX S 29/11, BFH/NV 2012, 769; BFH 6.5.2004 – IX S 2/04, BFH/NV 2004, 1413). Eine teilweise AdV-Ablehnung liegt hingegen vor, wenn die FB die AdV/Aufhebung der Vollziehung von einer **Sicherheitsleistung** abhängig macht (→ Rn. 118).

Ausnahmetatbestände des § 69 IV 2 FGO. Für die unmittelbare Anrufung des Gerichts ist die vorherige Ablehnung eines AdV-Antrags durch die FB (§ 69 IV 1 FGO) ausnahmsweise in den in **§ 69 IV 2** genannten Fällen entbehrlich, also wenn die FB über einen Antrag ohne Mitteilung eines zureichenden Grundes in angemessener Frist sachlich nicht entschieden hat (§ 69 IV 2 Nr. 1 FGO) oder wenn eine Vollstreckung droht (§ 69 IV 2 Nr. 2 FGO). § 69 IV 2 Nr. 2 FGO setzt voraus, dass die FB mit der Vollstreckung begonnen hat oder eine solche unmittelbar bevorsteht; eine Zahlungsaufforderung allein genügt nicht (BFH 19.3.2014 – III S 22/13, BFH/NV 2014, 856; BFH 6.3.2013 – X S 28/12, BFH/NV 2013, 959). **159**

Gegen eine **aufgedrängte AdV** ist der Einspruch (§ 347 I Nr. 1) und ggf. die Anfechtungsklage (§ 40 I FGO) statthaft (BFH 9.5.2012 – I R 91/10, BFH/NV 2012, 2004; FG Köln 8.9.2010 – 13 K 960/08, EFG 2011, 105, aufgeh. vom BFH aus anderen Gründen; zur aufgedrängten AdV → Rn. 27, 69). Erledigt sich die angefochtene Aussetzungsverfügung während des Klageverfahrens, kommt eine Fortsetzungsfeststellungsklage (§ 100 I 4 FGO) in Betracht. Erledigen sich im Zuge einer Anfechtungsklage mehrere einander ablösende „aufgedrängte" Aussetzungsverfügungen, so besteht nach Ansicht des BFH 9.5.2012 – I R 91/10, BFH/NV 2012, 2004 ein berechtigtes Feststellungsinteresse iSd § 100 I 4 FGO grds. nur im Hinblick auf einen gerichtlichen Ausspruch des Inhalts, dass die zuletzt ergangene und nunmehr gleichfalls erledigte Aussetzungsverfügung rechtswidrig gewesen ist. **160**

§ 362 Rücknahme des Einspruchs

(1) [1] **Der Einspruch kann bis zur Bekanntgabe der Entscheidung über den Einspruch zurückgenommen werden.** [2] **§ 357 Absatz 1 und 2 gilt sinngemäß.**

(1a) [1] **Soweit Besteuerungsgrundlagen für ein Verständigungs- oder ein Schiedsverfahren nach einem Vertrag im Sinne des § 2 von Bedeutung sein können, kann der Einspruch hierauf begrenzt zurückgenommen werden.** [2] **§ 354 Absatz 1a Satz 2 gilt entsprechend.**

(2) [1] **Die Rücknahme hat den Verlust des eingelegten Einspruchs zur Folge.** [2] **Wird nachträglich die Unwirksamkeit der Rücknahme geltend gemacht, so gilt § 110 Absatz 3 sinngemäß.**

Schrifttum: v. Wedelstädt, Teilanfechtung und ihre Folgen, DB 1997, 696; Heß, Einspruchsrücknahme und Verböserung, NWB Fach 2, 2001, 7687.

Übersicht

I. Allgemeines

1 § 362 gibt dem Einspruchsführer die Möglichkeit, den Einspruch zurückzunehmen und damit das Einspruchsverfahren zu beenden, zB weil er für seinen Einspruch keine Erfolgsaussichten mehr sieht oder weil er eine Verböserung gem. § 367 II 2 verhindern will. Beruhend auf der Dispositionsmaxime fällt damit, ebenso wie die Einlegung des Einspruchs selbst, auch die Fortführung des Einspruchsverfahren in die Verfügungsfreiheit des Einspruchsführers (→ Vor § 347 Rn. 9). Die Rücknahme eines Einspruchs kann daher nicht gegen den Grundsatz von Treu und Glauben verstoßen und auch nicht als illoyale Rechtsausübung angesehen werden (BFH 5.11.2009 – IV R 40/07, BStBl. II 2010, 720; BFH 7.11.2001 – XI R 14/00, BFH/NV 2002, 745). § 362 betrifft den **bereits eingelegten** Einspruch; demgegenüber bezieht sich ein Einspruchsverzicht iSd § 354 auf den noch nicht eingelegten, jedoch noch einlegbaren Einspruch. Zweck des § 362 I 1 ist die Vermeidung überflüssiger Einsprüche (BFH 26.2.2002 – X R 44/00, BFH/NV 2002, 1409).

2 § 362 I 2 schreibt mit der sinngemäßen Geltung des § 357 I vor, dass die Rücknahme des Einspruchs schriftlich, elektronisch oder zur Niederschrift erklärt werden muss (→ Rn. 21); diese Regelung dient dem Schutz des Einspruchsführers vor übereilter Einspruchsrücknahme (BT-Drs. VI/1982, 191). Durch den gem. § 362 II 1 angeordneten Verlust des „eingelegten" Einspruchs wird klargestellt, dass der Einspruchsführer innerhalb der Einspruchsfrist (§ 355) ggf. nochmals den gleichen Einspruch einlegen kann (BT-Drs. VI/1982, 191).

3 § 362 Ia wurde durch das Mißbrauchsbekämpfungs- und Steuerbereinigungsgesetz (StMBG v. 21.12.1993 (BGBl. 1993 I 2310)) mit Wirkung zum 30.12.1993 eingefügt und ermöglicht eine Teilrücknahme des Einspruchs, beschränkt auf Besteuerungsgrundlagen, die für ein Verständigungs- oder Schlichtungsverfahren nach einem DBA und anderen zwischenstaatlichen Verträgen von Bedeutung sein können. Für den Einspruchsverzicht enthält § 354 Ia eine entsprechende Regelung. Zudem enthalten § 50 Ia FGO für den Klageverzicht und § 72 Ia FGO für die Klagerücknahme entsprechende Regelungen. Damit sollen unnötige Verzögerungen bei der Einleitung und Durchführung des zwischenstaatlichen Verständigungs- oder Schlichtungsverfahrens vermieden werden, soweit nach den zwischenstaatlichen Verträgen oder der gewachsenen Übung die Bestandskraft des VA bzw. die Rechtskraft einer Gerichtsentscheidung vorausgesetzt wird (BR-Drs. 612/93, 107).

II. Rücknahme des Einspruchs (Abs. 1)

5 § 362 I bestimmt die formellen Voraussetzungen der Einspruchsrücknahme. Diese setzt voraus, dass überhaupt ein Einspruch eingelegt worden ist (§ 357 II) und das Einspruchsverfahren im Zeitpunkt des Zugangs der Rücknahmeerklärung noch anhängig ist (→ Rn. 14).

1. Rücknahmeerklärung (Abs. 1 S. 1)

6 Ihrem **Rechtscharakter** nach ist die Rücknahmeerklärung als sog. Verfahrenshandlung eine empfangsbedürftige Willenserklärung des Verfahrensrechts. Sie hat gem. § 362 II 1 unmittelbare Gestaltungswirkung für das anhängige Einspruchsverfahren und ist, ebenso wie der Einspruch selbst, **bedingungsfeindlich** (BFH 20.12.2006 – X R 38/05, BStBl. II 2007, 823; → Rn. 25 ff. und → § 357 Rn. 5).

7 **Rücknahmebefugnis.** Zur Rücknahme berechtigt ist der Einspruchsführer, in den Fällen des § 353 auch der Rechtsnachfolger. Die Rücknahmeerklärung setzt Handlungsfähigkeit (§ 79) voraus. Nehmen bei mehreren Einspruchsführern nur einzelne den Einspruch zurück, ist das Einspruchsverfahren hinsichtlich der übrigen Einspruchsführer fortzusetzen. Der Hinzugezogene (§ 360) ist zur Rücknahme des Einspruchs nicht befugt; er

kann der Rücknahme durch den Einspruchsführer auch nicht widersprechen (→ § 360 Rn. 40).

Auch ein **Bevollmächtigter** (§ 80 I) kann die Einspruchsrücknahme erklären, weil ihn die ggf. auch nur mündlich erteilte Vollmacht zu dieser Verfahrenshandlung ermächtigt (§ 80 I 2). Die vom Bevollmächtigten ohne Wissen oder gegen den Willen des Einspruchsführers erklärte Einspruchsrücknahme ist wirksam (FG Baden-Württemberg 18.10.1995 – 12 K 90/95, EFG 1996, 350). Eine die Einspruchsrücknahme intern ausschließende Beschränkung dieser Vollmacht ist nur beachtlich, wenn sie der FB bekannt (BFH 5.12.1997 – VIII B 11/97, BFH/NV 1998, 681; BFH 4.11.1993 – III B 72/93, BFH/NV 1994, 525) oder nach den Umständen, zB aufgrund vorheriger Mitteilung des Einspruchsführers gegenüber dem FA, eindeutig erkennbar ist (BFH 13.10.1960 – IV 302/59 U, BStBl. III 1960, 526; zur Einspruchsrücknahme eines Bevollmächtigten kraft Anscheins- oder Duldungsvollmacht → § 80 Rn. 22). Hat der Bevollmächtigte oder ein vollmachtloser Vertreter Einspruch eingelegt, kann auch der Einspruchsführer selbst den Einspruch zurücknehmen. 8

Inhalt und Auslegung der Rücknahmeerklärung. Die Rücknahme eines Einspruchs besteht in der Erklärung, dass das Ersuchen um Überprüfung des angefochtenen VA oder um Erlass eines unterlassenen VA nicht weiterverfolgt werden soll (BFH 8.6.2000 – IV R 37/99, BStBl. II 2001, 162). Für die **Auslegung** gelten die Regeln der §§ 133, 157 BGB; die für die Auslegung eines Einspruchsschreibens entwickelten Grundsätze gelten entspr. (BFH 29.7.1986 – IX R 123/82, BFH/NV 1987, 359; BFH 8.6.2000 – IV R 37/99, BStBl. II 2001, 162; BFH 10.3.2009 – IX B 177/08, BeckRS 2009, 25014836; → § 357 Rn. 6 ff.). Maßgebend ist, wie die FB als Erklärungsempfänger den **objektiven Erklärungswert** des Rücknahmeschreibens verstehen musste (BFH 18.1.2007 – IV R 35/04, BFH/NV 2007, 1509). Die Rücknahmeerklärung muss nicht ausdrücklich als Rücknahme bezeichnet werden (BFH 1.9.1988 – V R 139/83, BFH/NV 1989, 206). Eine unrichtige Bezeichnung ist unschädlich, § 362 I 2 iVm § 357 I 4; ggf. kommt auch eine Umdeutung der Erklärung in Betracht, soweit aus der Erklärung ein auf die Einspruchsrücknahme gerichteter tatsächlicher Wille erkennbar ist (dazu allg. → § 357 Rn. 10). Die Rücknahmeerklärung kann auch mit anderen Erklärungen des Einspruchsführers verbunden sein; eine § 354 II 1 HS 2 entsprechende Regelung enthält § 362 nicht. 9

Die Erklärung muss **mit hinreichender Deutlichkeit** erkennen lassen, dass das Einspruchsbegehren nicht weiterverfolgt wird (BFH 26.2.1986 – II R 231/83, BFH/NV 1987, 344). Bei verbleibenden Auslegungszweifeln ist grds. zugunsten des Einspruchsführers anzunehmen, dass keine Rücknahme gewollt war (TK § 362 Rn. 5). Widersprüchliche Angaben zur Reichweite der Rücknahme führen grds. zur Unwirksamkeit der Rücknahmeerklärung (BFH 20.12.2006 – X R 38/05, BStBl. II 2007, 823). Steht allerdings die Erklärung mit dem Hinweis der FB auf eine Verböserung (§ 367 II 2) in Zusammenhang, kann ggf. aufgrund des Meistbegünstigungsgrundsatzes eine Rücknahmeerklärung anzunehmen sein (→ § 357 Rn. 6 ff.). Bei der Auslegung sind auch Umstände in Betracht zu ziehen, die sich nicht aus dem Rücknahmeschreiben selbst ergeben, die jedoch der entscheidenden Behörde und ggf. anderen Verfahrensbeteiligten bekannt sind, zB aufgrund mündlicher Erklärungen des Einspruchsführers (BFH 8.6.2000 – IV R 37/99, BStBl. II 2001, 162). 10

Teilrücknahme. Eine teilweise Rücknahme eines Einspruchs ist außer in den Fällen des Abs. 1a (→ Rn. 23) grds. nicht zulässig (HHSp § 362 Rn. 99; TK § 362 Rn. 6, Gosch AO § 362 Rn. 2; Klein § 362 Rn. 5). Sie bewirkt aufgrund der umfassenden Prüfungspflicht des FA (§ 367 II 1) nicht den (teilweisen) Verlust des eingelegten Einspruchs iSd § 362 II 1. Lässt der Einspruchsführer sein Einspruchsbegehren zT fallen, schränkt er lediglich seinen Antrag iSd § 357 III 2 ein; hierdurch reduziert sich allenfalls die Aufklärungspflicht der FB in tatsächlicher und rechtlicher Hinsicht (FG Köln 16.12.2020 – 4 K 1039/20, EFG 2021, 911, rkr.), ohne die Befugnis der FB zur Verböserung des VA (§ 367 II 2) einzuschränken (→ § 367 Rn. 19). **Ausnahmsweise** ist eine Teilrücknahme 11 eines Einspruchs dann anzuerkennen, wenn der Verfahrensgegenstand **teilbar** ist. Eine **Teilbarkeit** und eine daraus folgende Zulässigkeit der Teilrücknahme ist gegeben, wenn

– der Einspruch hinsichtlich der in einem Sammelbescheid (→ § 118 Rn. 50) enthaltenen VA nur hinsichtlich eines oder mehrerer VA oder
– bei einem Feststellungsbescheid (§§ 179 ff.), in dem mehrere Feststellungen von Besteuerungsgrundlagen zusammengefasst worden sind, lediglich hinsichtlich einzelner Feststellungen zurückgenommen wird;
– Nebenbestimmungen zu VA, soweit diese gesondert anfechtbar sind, nicht mehr angegriffen werden; regelmäßig gesondert anfechtbar sind die Auflage und der Auflagenvorbehalt (§ 120 II Nr. 4 und 5); bei nicht selbständig anfechtbaren Nebenbestimmungen, wie zB in den Fällen des §§ 164 I, 165 I, scheidet eine Teilrücknahme dagegen aus;
– das Begehren auf Erlass eines begünstigenden VA teilweise eingeschränkt wird, zB bei einer betragsmäßigen Minderung eines begehrten Erlasses;
– eine auf bestimmte Besteuerungsgrundlagen begrenzte Einspruchsrücknahme iSd § 362 Ia vorliegt (BFH 6.9.2006 – XI R 51/05, BStBl. II 2007, 83; → Rn. 23 f.).

12 Bei **StBescheiden** wird nach einer Literaturmeinung deren Teilbarkeit und demgemäß auch die auf einen Teil der StFestsetzung beschränkte Teilrücknahme des Einspruchs mit daraus folgender entsprechender Teilbestandskraft bejaht, soweit sich das Einspruchsbegehren ausdrücklich auf einen bestimmten bezifferten Teilbetrag oder einen bestimmten abgegrenzten Teil des steuererheblichen Sachverhalts beschränkt (so HHSp § 362 Rn. 105; v. Wedelstädt DB 1997, 696, jew. unter Berufung auf BFH 23.10.1989 – GrS 2/87, BStBl. II 1990, 327). Dem steht entgegen, dass § 157 II eine selbständige Anfechtbarkeit einzelner Besteuerungsgrundlagen, soweit sie nicht gesondert festgestellt worden sind, und damit auch eine entsprechende Teilrücknahme des Einspruchs sowie eine Teilbestandskraft eines StBescheids ausschließt (Gosch AO § 362 Rn. 15; Schwarz/Pahlke/Keß § 362 Rn. 19; s. auch BFH 6.9.2006 – XI R 51/05, BStBl. II 2007, 83). Ebenso setzt auch § 367 II 1 voraus, dass der angefochtene VA „in vollem Umfang" nicht bestandskräftig geworden ist. Der Einspruchsführer kann daher sein Einspruchsbegehren auch noch nach erklärter „Teilrücknahme" im späteren Verlauf des Einspruchsverfahrens erweitern. Andererseits ist die FB selbst bei Anerkennung einer Teilrücknahme aufgrund § 367 II 1 und 2 nicht gehindert, den angefochtenen VA auch hinsichtlich des „teilbestandskräftigen" Teils auf eine etwaige Saldierung hin zu überprüfen und ggf. auch gem. § 367 II 2 zu verbösern (HHSp § 362 Rn. 160; v. Wedelstädt DB 1997, 696).

13 Im Fall einer bereits ergangenen **Teil-Einspruchsentscheidung** (§ 367 IIa) kann eine spätere Einspruchsrücknahme naturgemäß nur den noch offenen Teil des Einspruchs betreffen; eine unzulässige Teilrücknahme liegt insoweit nicht vor (Schwarz/Pahlke/Keß § 362 Rn. 24).

14 Die Rücknahme kann erst ab **Anhängigkeit des Einspruchsverfahrens** und nach dem klaren Wortlaut des § 367 I 1 **bis zur Bekanntgabe der Entscheidung** über den Einspruch, dh der Einspruchsentscheidung oder eines Abhilfebescheids, der dem Einspruchsbegehren in vollem Umfang entspricht, erfolgen. Der Zeitpunkt der abschließenden Zeichnung der Einspruchsentscheidung oder des Abhilfebescheids durch den zuständigen Sachbearbeiter der FB ist ohne Bedeutung. Anhängigkeit des Einspruchsverfahrens liegt auch dann vor, wenn das Einspruchsverfahren im Zeitpunkt des Zugangs der Rücknahmeerklärung gem. § 363 I oder II ausgesetzt ist oder ruht. Für den Zeitpunkt der Bekanntgabe einer Einspruchsentscheidung, die mit einfachem Brief durch die Post dem Einspruchsführer übermittelt wird, und damit auch für den Zeitpunkt, bis zu dem der Einspruch zurückgenommen werden kann, gilt die Bekanntgabefiktion des § 122 II Nr. 1 und Nr. 2. Der Einspruch kann daher, zB zur Vermeidung einer Verböserung (§ 367 II 2), auch dann noch bis zum Ablauf des vierten Tages (bis zum 31.12.2024: des dritten Tages; s. Art. 97 § 1 XV EGAO) nach Aufgabe der Einspruchsentscheidung zur Post bei einer Übermittlung im Inland zurückgenommen werden, wenn dem Stpfl. der Einspruchsbescheid

tatsächlich bereits vor Ablauf der Frist des § 122 II Nr. 1 bekannt gegeben wurde, da die Bekanntgabe ungeachtet des vorherigen tatsächlichen Zugangs erst mit Ablauf des in § 122 II Nr. 1 bestimmten Zeitraums als bewirkt gilt (BFH 26.2.2002 – X R 44/00, BFH/NV 2002, 1409). Wird die Einspruchsentscheidung dem Stpfl. erst nach Ablauf der Frist des § 122 II Nr. 1 bekannt gegeben, kann der Einspruch noch bis zum Zeitpunkt der tatsächlichen Bekanntgabe und nicht bis zum Ablauf des Tages, an dem der Einspruchsbescheid dem Stpfl. zugegangen ist, zurückgenommen werden. § 108 I iVm § 188 BGB, der für den Ablauf einer Frist den Tagesablauf für maßgeblich erklärt, findet keine Anwendung, da § 362 I keine Frist regelt, sondern lediglich ein Ereignis bestimmt, nach dessen Eintritt der Einspruch nicht mehr zurückgenommen werden kann (BFH 18.6.2024 – VIII R 16/21, BFH/NV 2024, 1415). Die nach Bekanntgabe der Einspruchsentscheidung erklärte Rücknahme ist unwirksam. Entsprechendes gilt für die erst während eines finanzgerichtlichen Verfahrens erklärte Einspruchsrücknahme (HHSp § 362 Rn. 92). Wird dem Einspruch nur teilweise abgeholfen, wird der Teilabhilfebescheid gem. § 365 III Gegenstand des Einspruchsverfahrens; eine spätere Einspruchsrücknahme bleibt insoweit weiter möglich.

Ein **Widerruf der Rücknahmeerklärung** ist nur möglich, wenn er vor oder spätestens gleichzeitig mit der Rücknahmeerklärung bei der FB eingeht und den Formerfordernissen des § 357 I 1 genügt (BFH 20.12.2006 – X R 38/05, BStBl. II 2007, 823); im Übrigen ist der Widerruf unwirksam. Für eine Widerrufbarkeit aufgrund sinngemäßer Anwendung von Wiederaufnahmegründen iSd § 134 FGO iVm §§ 587 ff. ZPO fehlt mit Rücksicht auf die allg. anerkannten Gründe, die zur Unwirksamkeit einer Einspruchsrücknahme führen, jedes praktische Bedürfnis (aA HHSp § 362 Rn. 60; zur Unwirksamkeit der Rücknahmeerklärung → Rn. 30). Ebenfalls ausgeschlossen ist die **Anfechtung der Rücknahmeerklärung** wegen eines Erklärungsirrtums (BFH 19.1.1972 – II B 26/69, BStBl. II 1972, 352; TK § 362 Rn. 10). Nimmt die FB irrtümlich eine Rücknahmeerklärung trotz insoweit **fehlender Erklärung** an, ist das Einspruchsverfahren nicht beendet und daher fortzusetzen; ggf. ist eine Untätigkeitsklage (§ 46 FGO) zulässig. 15

2. Weitere formelle Anforderungen (Abs. 1 S. 1 iVm S. 2)

Die weiteren formellen Anforderungen an eine Rücknahmeerklärung und des Adressaten dieser Erklärung ergeben sich nach § 362 I 2 aus den sinngemäß geltenden § 357 I und II. 20

Form. § 362 I 2 ordnet durch den Verweis auf § 357 I 1 zum Schutz des Einspruchsführers an, dass die Rücknahme **schriftlich, elektronisch oder zur Niederschrift** gegenüber der Einlegungsbehörde (§ 357 II) erklärt werden muss (→ Rn. 2). Die Übermittlung der Rücknahmeerklärung durch E-Mail, Telefax oder Telex ist zulässig. Die Erläuterungen zu § 357 I 1 gelten insoweit entspr. Ferner bedarf die Rücknahmeerklärung, ebenso wenig wie der Einspruch selbst, keiner Unterschrift (§ 357 I 2). 21

Adressat der Rücknahmeerklärung ist gem. § 362 I 2 iVm § 357 II 1 grds. die FB, deren VA angefochten wurde oder bei der im Falle des Untätigkeitseinspruchs (§ 347 I 2) ein Antrag auf Erlass des VA gestellt wurde. Dies gilt nach dem Wortlaut des Gesetzes auch, wenn während des Einspruchsverfahrens eine andere FB gem. § 367 I 2 für die Entscheidung über den Einspruch zuständig geworden ist (HHSp § 362 Rn. 70). Allerdings sollte bei einem Zuständigkeitswechsel auch eine gegenüber der Entscheidungsbehörde erklärte Rücknahme als wirksam angesehen werden (so auch Schwarz/Pahlke/Keß § 362 Rn. 51). Andernfalls müsste die Entscheidungsbehörde eine ihr zugegangene Rücknahmeerklärung an die Einlegungsbehörde weiterleiten, damit diese wirksam wird, und die Erklärung sodann von dieser zur weiteren Bearbeitung zurückerhalten (zum Eintritt der Wirksamkeit der Rücknahmeerklärung → Rn. 27). Dieses Verfahren ist jedenfalls dann sinnlos, wenn die Entscheidungsbehörde, mit der Bearbeitung des Einspruchs bereits begonnen hat und den Einspruchsführer zB zur Rücknahme seines Einspruchs aufgefordert hat. Die Rücknahme eines Einspruchs kann in den Fällen des § 357 II 2 und 3 wirksam auch gegenüber 22 den in § 357 II 2 und 3 bezeichneten FB erklärt werden (→ § 357 Rn. 24 f.). Möglich ist auch die Abgabe der Rücknahmeerklärung bei beliebigen anderen (unzuständigen) Behörden (§ 357 II 4); hier wird die Rücknahmeerklärung jedoch erst mit Eingang bei der gem. § 357 II 1 bis 3 zuständigen FB wirksam (HHSp § 362 Rn. 71; Schwarz/Pahlke/Keß § 362 Rn. 50).

III. Begrenzte Rücknahme (Abs. 1a)

23 § 362 Ia ermöglicht die auf solche Besteuerungsgrundlagen begrenzte Teilrücknahme des Einspruchs, die in einem Verständigungs- oder Schiedsverfahren von Bedeutung sind. Das Verständigungs- oder Schiedsverfahren muss auf einem Vertrag iSd § 2 I beruhen, dh auf einem völkerrechtlichen Vertrag, der durch ein Zustimmungsgesetz gem. Art. 59 II 1 GG in inländisches Bundesrecht umgesetzt worden ist. Dies betrifft insb. DBA. Gemäß § 362 Ia 2 iVm § 354 Ia 2 sind die Besteuerungsgrundlagen, auf die sich die begrenzte Einspruchsrücknahme bezieht, genau zu bezeichnen. Die Einspruchsrücknahme ist unwirksam, wenn Unklarheiten über die davon betroffenen Besteuerungsgrundlagen verbleiben.

24 **Rechtsfolgen.** Die gem. § 362 Ia erklärte Teilrücknahme führt hinsichtlich der bezeichneten Besteuerungsgrundlagen zur Teilbestandskraft des angefochtenen VA (BFH 26.9.2006 – X R 39/05, BStBl. II 2007, 222; HHSp § 362 Rn. 138). Eine Änderung des bestandskräftigen Teils ist nur nach Maßgabe der §§ 172 ff., eine Saldierung mit materiellen Rechtsfehlern der von der Teilrücknahme betroffenen Besteuerungsgrundlagen ist nur in den Grenzen des § 177 möglich. Insoweit ist die Rechtslage nicht anders als bei § 354 Ia (→ § 354 Rn. 15). Bezüglich der von der Teilrücknahme nicht erfassten Besteuerungsgrundlagen ist das Einspruchsverfahren fortzuführen. Der zT oder in vollem Umfang bestandskräftige VA kann nach Durchführung des Verständigungs- oder Schiedsverfahrens gem. § 175a aufgehoben oder geändert werden, soweit dies zur Umsetzung einer Verständigungsvereinbarung oder eines Schiedsspruchs geboten ist.

IV. Rechtswirkungen der Rücknahme (Abs. 2)

25 § 362 II 1 geht davon aus, dass mit der Rücknahme des Einspruchs der Verlust des Rechtsbehelfs eintritt. Gemäß § 362 II 2 kann die Unwirksamkeit der Rücknahme geltend gemacht werden.

1. Verlust des eingelegten Einspruchs (Abs. 2 S. 1)

26 **Rechtsfolgen wirksamer Einspruchsrücknahme.** Die Rücknahme des Einspruchs bewirkt nur „den Verlust des eingelegten Einspruchs" (§ 362 II 1). Die Rechtswirkung der Rücknahme tritt unabhängig davon ein, ob der Einspruch zulässig war. Die Rücknahme nimmt dem Stpfl. nicht die Möglichkeit, erneut innerhalb der Einspruchsfrist (§ 355 I) Einspruch einzulegen; ein Verlust der Einspruchsmöglichkeit schlechthin tritt nicht ein. Ein erneuter Einspruch ist, sofern nach Ablauf der Einspruchsfrist eingelegt, allerdings unzulässig iSd § 358 (→ Rn. 28). Mit der Rücknahme ist das Einspruchsverfahren in formeller Hinsicht beendet. Es entfallen die mit der Einspruchseinlegung verbundenen Rechtswirkungen (→ Vor § 347 Rn. 6). Eine etwaige Hinzuziehung (§ 360) wird gegenstandslos; ferner verliert eine von der FB gewährte AdV (§ 361) mit der Einspruchsrücknahme ohne Weiteres ihre rechtliche Wirksamkeit. Die Änderung des VA ist nur noch möglich, wenn die Voraussetzungen für eine Änderung unanfechtbarer VA vorliegen, zB gem. §§ 129 ff., 164 f., oder 172 ff., und noch keine Festsetzungsverjährung (§§ 169 ff.) eingetreten ist. Die infolge der Einspruchsrücknahme eintretende Unanfechtbarkeit des VA verhindert eine Verböserung des VA zulasten des Einspruchsführers gem. § 367 II 2 (BFH 26.2.2002 – X R 44/00, BFH/NV 2002, 1409). Ein Einspruchsbescheid, den die FB nach Rücknahme des Einspruchs erlässt, ist lediglich rechtswidrig und nicht nichtig iSd § 125 I, da es an der gem. § 125 I erforderlichen Offenkundigkeit des Fehlers fehlt (HHSp

§ 362 Rn. 90; Schwarz/Pahlke/Keß § 361 Rn. 58; aA Gosch AO § 362 Rn. 18; TK § 362 Rn. 8). Gegen die rechtswidrige Einspruchsentscheidung kann Anfechtungsklage (§ 40 I Alt. 1 FGO) erhoben werden, um ihre Aufhebung zu erreichen (Schwarz/Pahlke/Keß § 361 Rn. 58; unklar BFH 26.2.2002 – X R 44/00, BFH/NV 2002, 1409).

Zeitpunkt des Eintritts der Wirksamkeit. Die Wirksamkeit der Rücknahmeerklärung tritt in dem Zeitpunkt des **Zugangs** – entspr. § 130 BGB – bei der zuständigen FB ein (BFH 20.12.2006 – X R 38/05, BStBl. II 2007, 823). Maßgebend ist der Zeitpunkt, in dem die zuständige FB zu den behördenüblichen Zeiten die Möglichkeit der Kenntnisnahme vom Inhalt des Schriftstücks erhalten konnte (BFH 3.4.2002 – IX B 151/01, BFH/NV 2002, 900). Wird die Rücknahme der FB per Telefax übermittelt, ist regelmäßig bereits mit seiner vollständigen Übermittlung an das Empfangsgerät der FB von der Möglichkeit zur Kenntnisnahme auszugehen, sofern in der Behörde zu diesem Zeitpunkt noch Dienstbetrieb herrscht (BFH 20.12.2006 – X R 38/05, BStBl. II 2007, 823). Bei Sendung an ein Postschließfach der FB bewirkt nicht das bloße Einsortieren der Sendung, sondern erst deren Abholung durch einen Amtsträger der FB den Zugang (BFH 20.12.2006 – X R 38/05, BStBl. II 2007, 823). Die Rücknahme wirkt nicht rückwirkend („ex tunc") ab Anhängigkeit des Einspruchsverfahrens, sondern („ex nunc") ab Eingang der Rücknahme bei der FB (HHSp § 362 Rn. 143; TK § 362 Rn. 8; Schwarz/Pahlke/Keß § 362 Rn. 59). 27

Erneuter Einspruch. Die Rechtswirkungen der Einspruchsrücknahme beschränken sich, im Gegensatz zu den Rechtswirkungen einer Klagerücknahme gem. § 72 II FGO (s. hierzu Gräber FGO § 72 Rn. 31) auf den „eingelegten" Rechtsbehelf. Ein erneuter Einspruch ist daher zulässig, sofern die Einspruchsfrist noch nicht abgelaufen ist (AEAO zu § 362 Nr. 1). Wird innerhalb der Einspruchsfrist ein zweiter Einspruch eingelegt, bevor der erste Einspruch zurückgenommen worden ist, wächst dieser mit der Rücknahme des ersten Einspruchs in die Zulässigkeit hinein (FG Berlin 16.12.1997 – 2353/97, EFG 1998, 860; HHSp § 362 Rn. 148; TK § 362 Rn. 21; aA Schwarz/Pahlke/Keß § 362 Rn. 56, nach dem es sich nur um einen einheitlichen Einspruch handeln soll, der auch nur einheitlich zurückgenommen werden kann). Wird ein von mehreren Einspruchsführern erhobener Einspruch nur von einem Einspruchsführer zurückgenommen, ist dieser ggf. zum Einspruchsverfahren der anderen gem. § 360 hinzuzuziehen. 28

Unwirksamkeit der Erklärung. § 362 II 2 geht von der Möglichkeit aus, dass der Einspruchsführer noch nachträglich die Unwirksamkeit der Rücknahmeerklärung geltend machen kann; entsprechende Regelungen enthalten § 354 II 2 für den Einspruchsverzicht sowie § 72 II 3 FGO für die Klagerücknahme. Die Rücknahmeerklärung ist unwirksam, wenn sie nicht formgerecht, zB nur mündlich (→ Rn. 21), unter einer Bedingung (→ Rn. 6), nicht während der Anhängigkeit des Einspruchsverfahrens (→ Rn. 14) oder durch einen Handlungsunfähigen erklärt wurde (→ Rn. 7). 29

Im Übrigen kann die Unwirksamkeit der Einspruchsrücknahme aus Gründen der Rechtsklarheit und des Vertrauensschutzes nur in **krassen Fällen** unzulässiger Einwirkung der FB auf die Willensbildung des Einspruchsführers geltend gemacht werden, so insb. bei einer Drohung oder bewussten Täuschung sowie bei einer bewusst falschen Auskunft oder rechtlich offensichtlich unzutreffenden Erwägungen (BFH 1.9.1988 – V R 139/83, BFH/NV 1989, 206; BFH 29.6.2005 – II R 21/04, BFH/NV 2005, 1964; vgl. auch BFH 20.7.2001 – I B 165/00, BFH/NV 2002, 7). Für einen solchen Ausnahmefall gelten strenge Maßstäbe; die unzulässige Einwirkung der FB muss die Einspruchsrücknahme **veranlasst** haben (BFH 29.6.2005 – II R 21/04, BFH/NV 2005, 1964). 30

Bei einer **bewusst falschen Auskunft** oder der Mitteilung offensichtlich unzutreffender Erwägungen ist unter dem Blickwinkel unzulässiger Einwirkung auf die Willensbildung des Einspruchsführers nach dessen individuellen Erkenntnismöglichkeiten zu differenzieren: Bei einem **rechtsunkundigen oder unerfahrenen Einspruchsführer** kommt die Unwirksamkeit je nach den Umständen unter Berücksichtigung der erhöhten Verantwortung und Sorgfaltspflicht der FB für die Richtigkeit ihrer Erklärung durchaus in Betracht

(BFH 29.6.2005 – II R 21/04, BFH/NV 2005, 1964; BFH 1.9.1988 – V R 139/83, BFH/NV 1989, 206; BFH 13.5.1959 – VI 159/58 U, BStBl. III 1959, 294). Ob eine vom FA erteilte Auskunft oder Belehrung offensichtlich unzutreffend ist, beurteilt sich nach den Gegebenheiten im Zeitpunkt ihrer Abgabe (BFH 29.6.2005 – II R 21/04, BFH/NV 2005, 1964; BFH 17.8.1961 – IV 176/59 S, BStBl. III 1962, 107). Bei **Rechtskundigen und in StFragen Sachkundigen** scheidet die Unwirksamkeit der von ihnen erklärten Einspruchsrücknahme hingegen prinzipiell aus (BFH 29.6.2005 – II R 21/04, BFH/NV 2005, 1964; BFH 26.9.1968 – IV 118/64, BStBl. II 1969, 52). Das gilt auch, wenn die als solche wirksame Rücknahmeerklärung in einen mit der FB geschlossenen „Vergleich" eingebunden ist (BFH 20.7.2001 – I B 165/00, BFH/NV 2002, 7). Bei rechtskundigen Personen ist eine Beeinflussung ihrer Willensbildung kraft eigener Erkenntnismöglichkeiten ausgeschlossen; je fehlerhafter eine der Einspruchsrücknahme vorausgegangene Rechtsauskunft der FB war, desto eher ist eine Willensbeeinflussung zu verneinen. Dies gilt auch, wenn der Rechtskundige die Rücknahmeerklärung in einer ihn nur persönlich, etwa im Rahmen seiner eigenen Vermögensverwaltung, betreffenden Angelegenheit abgibt (BFH 29.6.2005 – II R 21/04, BFH/NV 2005, 1964).

2. Geltendmachung der Unwirksamkeit (Abs. 2 S. 2)

31 **Formelle Anforderungen.** Eine gesetzliche Regelung über die **Frist,** innerhalb derer die Unwirksamkeit geltend zu machen ist, fehlt. Aus dem gem. § 362 II 2 sinngemäß geltenden § 110 III ist zu schließen, dass die Unwirksamkeit unverzüglich geltend zu machen ist (FG Hessen 8.12.1977 – VI 340/77, EFG 1978, 310; HHSp § 362 Rn. 166). Jedenfalls kann die Geltendmachung, ausgenommen im Fall höherer Gewalt, nur binnen eines Jahres (§ 110 III) erfolgen; die Jahresfrist beginnt nicht bereits mit Abgabe der Rücknahmeerklärung (so aber AEAO zu § 362 Nr. 3; TK § 362 Rn. 11; Schwarz/Pahlke/Keß § 362 Rn. 74), sondern erst ab Kenntnis der Unwirksamkeitsgründe durch den Einspruchsführer (zutr. HHSp § 362 Rn. 167). Hierfür spricht, dass die Unwirksamkeitsgründe mit der Anfechtung einer Willenserklärung wegen Täuschung oder Drohung gem. § 123 BGB vergleichbar sind und dass auch in diesen Fällen gem. § 124 II BGB die Anfechtungsfrist erst mit der Entdeckung der Täuschung oder dem Wegfall der Zwangslage beginnt (HHSp § 362 Rn. 167).

Die sich aus § 362 I ergebenden formellen Anforderungen an eine Rücknahmeerklärung, insb. die Schriftform, gelten sinngemäß auch für die Geltendmachung der Unwirksamkeit. In Ausnahmefällen kann das Recht des Einspruchsführers auf Geltendmachung der Unwirksamkeit verwirkt sein (FG Hessen 8.12.1977 - VI 340/77, EFG 1978, 310; zur Verwirkung → § 4 Rn. 39 ff.).

32 **Rechtsfolgen.** Die FB hat auf die Geltendmachung der Unwirksamkeit hin das ursprüngliche Einspruchsverfahren wieder aufzunehmen (AEAO zu § 362 Nr. 2). Bejaht die FB die Unwirksamkeit der Rücknahme, ist über den Einspruch in der Sache zu entscheiden. Ist der Einspruch hingegen nach Ansicht der FB wirksam zurückgenommen, ist der Einspruch als unzulässig zu verwerfen (§ 358).

33 Da die Entscheidung der FB über die Wirksamkeit der Rücknahme im Rahmen der Einspruchsentscheidung erfolgt, kann gegen diese nur Klage zum FG erhoben und nicht erneut Einspruch eingelegt werden (§ 348 Nr. 1). Im Klageverfahren hat das Gericht die Entscheidung der FB über die Wirksamkeit der Einspruchsrücknahme inzidenter zu überprüfen. Ebenso ist im gerichtlichen Aussetzungsverfahren gem. § 69 FGO die Wirksamkeit der Rücknahme als Vorfrage zu klären (FG Düsseldorf 22.6.1995 – 5 V 2181/95 A (H (U)), EFG 1995, 942). Bleibt die FB auf die geltend gemachte Unwirksamkeit der Rücknahme hin untätig, kann Untätigkeitsklage (§ 46 I FGO) erhoben werden.

§ 363 Aussetzung und Ruhen des Verfahrens

(1) **Hängt die Entscheidung ganz oder zum Teil von dem Bestehen oder Nichtbestehen eines Rechtsverhältnisses ab, das den Gegenstand eines anhängigen Rechtsstreits bildet oder von einem Gericht oder einer Verwaltungsbehörde festzustellen ist, kann die Finanzbehörde die Entscheidung bis zur Erledigung des anderen Rechtsstreits oder bis zur Entscheidung des Gerichts oder der Verwaltungsbehörde aussetzen.**

(2) **[1]Die Finanzbehörde kann das Verfahren mit Zustimmung des Einspruchsführers ruhen lassen, wenn das aus wichtigen Gründen zweckmäßig erscheint. [2]Ist wegen der Verfassungsmäßigkeit einer Rechtsnorm oder wegen einer Rechtsfrage ein Verfahren bei dem Gerichtshof der Europäischen Union, dem Bundesverfassungsgericht oder einem obersten Bundesgericht anhängig und wird der Einspruch hierauf gestützt, ruht das Einspruchsverfahren insoweit; dies gilt nicht, soweit nach § 165 Absatz 1 Satz 2 Nummer 3 oder Nummer 4 die Steuer vorläufig festgesetzt wurde. [3]Mit Zustimmung der obersten Finanzbehörde kann durch öffentlich bekannt zu gebende Allgemeinverfügung für bestimmte Gruppen gleichgelagerter Fälle angeordnet werden, dass Einspruchsverfahren insoweit auch in anderen als den in den Sätzen 1 und 2 genannten Fällen ruhen. [4]Das Einspruchsverfahren ist fortzusetzen, wenn der Einspruchsführer dies beantragt oder die Finanzbehörde dies dem Einspruchsführer mitteilt.**

(3) **Wird ein Antrag auf Aussetzung oder Ruhen des Verfahrens abgelehnt oder die Aussetzung oder das Ruhen des Verfahrens widerrufen, kann die Rechtswidrigkeit der Ablehnung oder des Widerrufs nur durch Klage gegen die Einspruchsentscheidung geltend gemacht werden.**

Schrifttum: Gast-de Haan, Ermessensschranken bei der Aussetzung des Besteuerungsverfahrens gem. § 363 AO, DStZ 1983, 254; Löhlein, Die „Zwangsruhe" des § 363 Abs. 2 Satz 2 AO als Steuerrechtsproblem, insbesondere im Hinblick auf die Erhebung der Vermögensteuer, DStR 1998, 282; Thouet/Thouet, Das Ruhen des Verfahrens gem. § 363 Abs. 2 AO, DStZ 1999, 87; Bergan/Martin, Die Verfahrensruhe nach § 363 Abs. 2 Satz 2 AO – Zwang ohne Ausweg?, DStR 2006, 1923; Nebe, Praxishinweise zum Ruhen von Einspruchsverfahren aus Zweckmäßigkeitsgründen nach § 363 Abs. 2 Satz 1 AO, Stbg 2010 293; Nebe, Update: Praxishinweise zum Ruhen von Einspruchsverfahren aus Zweckmäßigkeitsgründen nach § 363 Abs. 2 Satz 1 AO, Stbg 2014, 106.

Übersicht

A. Allgemeines

1 **Zeitliche Geltung.** Durch das GrenzpendlerG (BGBl. 1994 I 1395) wurden § 363 I und II 1 geändert und § 363 II 2–4 und § 363 II eingefügt (→ Vor §§ 347 ff. Rn. 1). Durch das StBürokrAbbauG v. 20.12.2008 (BGBl. 2008 I 2850) wurde § 363 II 2 HS 2 durch Einbeziehung auch des in § 165 I 2 Nr. 4 normierten Vorläufigkeitsgrundes erweitert, der ebenfalls durch das StBürokrAbbauG eingefügt worden ist. Durch das AmtshilfeRLUmsG ist in § 363 II 2 der Begriff „Europäische Union" anstelle des Begriffs „Europäische Gemeinschaft" eingefügt worden, da die Europäische Union nach dem Vertrag über die Europäische Union idF des Vertrags von Lissabon Rechtsnachfolgerin der Europäischen Gemeinschaft geworden ist (s. BT-Drs. 17/12375, 47).

2 **Regelungsgegenstand und -zweck** der in § 363 I geregelten Verfahrensaussetzung und der in § 363 II geregelten Verfahrensruhe ist der zeitweise Stillstand des Einspruchsverfahrens. Regelungen über den Inhalt der nach Beendigung der Verfahrensruhe zu treffenden Entscheidung enthält § 363 nicht (BFH 14.3.2006 – I R 1/04, BStBl. II 2006, 549). Zum Verfahrensstillstand führt auch die in der AO nicht geregelte Unterbrechung des Verfahrens aus besonderen Gründen; insoweit gelten die §§ 239–250 ZPO entspr. (→ Rn. 66 ff.). Von den vorgenannten Regelungen nicht gedeckte anderweitige Verfahrensverzögerungen lässt die AO nicht zu; ihnen kann der Einspruchsführer durch Untätigkeitsklage (§ 46 I FGO) begegnen (→ § 367 Rn. 56).

3 Die **Aussetzung des Verfahrens** (§ 363 I) dient der Einheit der Rechtsordnung und der Verfahrensökonomie, indem wegen eines vorgreiflichen Rechtsverhältnisses vor Ergehen der Einspruchsentscheidung die sachnähere Entscheidung eines Gerichts oder einer Verwaltungsbehörde abgewartet werden soll. Der Verfahrensökonomie dient auch das in § 363 II geregelte **Ruhen des Verfahrens,** ein Unterfall der Aussetzung, das vor allem bei anhängigen Musterprozessen eine unnötige Belastung der FB und der FG mit gleichgelagerten Streitfällen vermeiden soll (s. auch BFH 14.3.2006 – I R 1/04, BStBl. II 2006, 549). Speziell zugeschnitten auf die Bewältigung von Massenrechtsbehelfen sind die durch das GrenzpendlerG neu eingefügten § 363 II 2–4, die die verfahrensrechtlichen Folgen anhängiger Verfahren insb. wegen verfassungsrechtlicher Streitfragen betreffen, wenn der Einspruch hierauf gestützt wird. Hier dient es nach der Gesetzesbegründung (BT-Drs. 12/7427, 37) in aller Regel den Interessen des Einspruchsführers und der FB, den Ausgang der höchstrichterlichen Entscheidung abzuwarten; die in Abs. 2 S. 4 getroffene Regelung soll berechtigten Interessen des Einspruchsführers sowie der FB an einer Fortsetzung des Einspruchsverfahrens Rechnung tragen. Der durch das GrenzpendlerG eingefügte **§ 363 III** lässt im Interesse der Verfahrensökonomie bei Ablehnung des Antrags auf Aussetzung oder Ruhen des Verfahrens bzw. bei Widerruf einer Verfahrensaussetzung oder Verfahrensruhe nur die Klage gegen die Einspruchsentscheidung zu (BT-Drs. 12/7427, 37).

4 **Anwendungsvoraussetzungen; Verhältnis der Vorschriften zueinander.** Die Aussetzung und das Ruhen des Verfahrens setzen die **Zulässigkeit** des Einspruchs voraus; bei fehlendem oder unzulässigem Einspruch ist kein Verfahrensstillstand veranlasst (BFH 20.9.1989 – X R 8/86, BStBl. II 1990, 177; BFH 2.7.1992 – IX R 6/90, BFH/NV 1992, 832). Dies gilt allerdings nur, wenn nicht die die Verfahrensaussetzung oder -ruhe rechtfertigenden Gründe gerade die Zulässigkeit des Einspruchs betreffen (HHSp § 363 Rn. 30). Im **Verfahren** wegen AdV (§ 361 und § 69 II FGO) ist wegen seiner Eilbedürftigkeit und seines summarischen Charakters die Anwendung des § 363 idR ausgeschlossen (BFH 29.10.1987 – VIII R 413/83, BStBl. II 1988, 240).

§ 363 I und § 363 II 1 sind nebeneinander anwendbar; die Zwangsruhe (363 II 2) geht der Aussetzung gem. § 363 I vor (HHSp § 363 Rn. 32). Die Unterbrechungen und die Aussetzungen eines Verfahrens gem. §§ 239–250 ZPO gehen der Regelung des § 363 vor.

B. Aussetzung des Verfahrens (Abs. 1)

Eine Aussetzung des Verfahrens gem. § 363 I kommt in Betracht, wenn die Entscheidung über den zulässigen Einspruch ganz oder zum Teil von einem vorgreiflichen Rechtsverhältnis abhängt, das Gegenstand eines anderen Rechtsverhältnisses bildet oder von einem Gericht oder einer Verwaltungsbehörde festzustellen ist. Zur Aussetzung gem. §§ 246, 247 ZPO → Rn. 69. § 363 I AO entspricht § 74 FGO, sodass die zu dieser Vorschrift entwickelten Grundsätze auch für die Auslegung des § 363 I herangezogen werden können. 6

I. Rechtsverhältnis

„Rechtsverhältnis" iSd § 363 I ist jede aus einem Sachverhalt herrührende konkrete Rechtsbeziehung. Es betrifft alle Vorfragen, deren Entscheidung einem Gericht oder einer Behörde als sachkompetenter Stelle übertragen ist. Unerheblich ist die Rechtsnatur des Rechtsverhältnisses; es kann sowohl im Zivil- oder öffentlichen Recht, im Verfahrens- oder im materiellen Recht begründet sein. Kein vorgreifliches Rechtsverhältnis ist die bloße Möglichkeit einer künftigen Rechtsänderung (HHSp § 363 Rn. 65) oder eine geplante mit Rückwirkung versehene Gesetzesänderung (BFH 29.11.2006 – VI R 14/06, BStBl. II 2007, 129). Zu abstrakten Rechtsfragen → Rn. 22. 7

Als Rechtsverhältnisse kommen daher zB in Betracht 8

- das von **Zivilgerichten** zu entscheidende Bestehen oder Nichtbestehens eines Rechtszustands, wie zB das Bestehen einer Ehe, zB im Hinblick auf die Anwendung der §§ 26–26b EStG, das Bestehen einer Forderung, einer Gesellschafterstellung oder eines Erbrechts sowie Eigentumsfragen;
- die von **Verwaltungsbehörden** und **Verwaltungs- oder Sozialgerichten** zu treffenden Entscheidungen über einen öffentlich-rechtlichen Status oder eine öffentlich-rechtliche Berechtigung, zB über den Status als Behinderter, über den Bestand einer Baugenehmigung oder die Anerkennung als steuerbegünstigter Wohnraum.

Auch ein **Strafverfahren** ist als Rechtsverhältnis zu qualifizieren, das für das Besteuerungsverfahren ggf. vorgreiflich sein kann. Dies gilt jedenfalls für vom Strafgericht zu ermittelnde Tatumstände, wie zB das Vorliegen einer vorsätzlichen (§ 370) oder leichtfertigen StVerkürzung (§ 378), sodass für die FB schon aus verfahrensökonomischen Gründen die Aussetzung gem. § 363 I angezeigt sein kann (BFH 7.7.1995 – III B 8/95, BFH/NV 1996, 149; BFH 14.5.1998 – VII B 171/97, BFH/NV 1999, 3). Allerdings bedarf es einer sachgerechten Abgrenzung zu der dem Strafgericht gem. § 396 zustehenden Aussetzungskompetenz. Nach § 396 I kann das Strafverfahren ausgesetzt werden, wenn die Beurteilung der Tat als StHinterziehung davon abhängt, ob ein StAnspruch besteht, ob Steuern verkürzt oder ob nicht gerechtfertigte StVorteile erlangt sind (s. hierzu Gast-de Haan DStZ 1983, 254). Regelmäßig ist die Aussetzung des Einspruchsverfahrens gem. § 363 I ermessensfehlerhaft, wenn die Entscheidung im Strafverfahren von komplizierten steuerrechtlichen Vorfragen abhängt, da steuerrechtliche Fragen regelmäßig im Einspruchsverfahren kompetenter geklärt werden können als im Strafverfahren (Gosch AO § 363 Rn. 11; TK § 363 Rn. 6). Die Aussetzungsentscheidung bedarf stets einer einzelfallbezogenen sorgfältigen Ermessensbetätigung durch die FB. 9

II. Vorgreiflichkeit

Die Entscheidung über den Einspruch muss ganz oder zum Teil vom Bestehen oder Nichtbestehen des Rechtsverhältnisses abhängen. Die vorausgesetzte präjudizielle Wirkung (Vorgreiflichkeit) ist gegeben, wenn der Ausgang des Einspruchsverfahrens je nach dem Ergebnis der vom Gericht oder der Verwaltungsbehörde zu treffenden Entscheidung in 12 tatsächlicher oder rechtlicher Hinsicht anders ausfallen könnte. Ausreichend ist die **Wahrscheinlichkeit der Beeinflussung** der Einspruchsentscheidung vom Bestehen oder Nichtbestehen des Rechtsverhältnisses (BFH 18.7.1990 – I R 12/90, BStBl. II 1990, 986). Eine nur **wirtschaftliche Abhängigkeit** genügt **nicht** (BFH 2.9.1986 – VII B 52/86, BFH/NV 1987, 172), ebenso nicht ein zivilgerichtliches Verfahren ohne rechtlichen Einfluss auf das Einspruchsverfahren (BFH 14.2.2007 – XI B 151/06, BFH/NV 2007, 967).

13 Vorgreiflichkeit liegt stets vor, wenn die FB einer **förmlichen Bindung** an die anderweitig zu treffende Entscheidung oder Feststellung unterliegt, weil ihr eine eigene Entscheidungskompetenz fehlt (vgl. BFH 2.5.1980 – III R 130/78, BStBl. II 1980, 732). Die Aussetzung des Verfahrens setzt jedoch eine solche förmliche Bindung der FB nicht zwingend voraus (BFH 18.9.2012 – VIII R 9/09, BStBl. II 2013, 149; BFH 18.7.1990 – I R 12/90, BStBl. II 1990, 986; BFH 7.7.1995 – III B 8/95, BFH/NV 1996, 149); doch muss zumindest eine **rechtliche** Vorgreiflichkeit im Sinne irgendeines rechtlichen Einflusses auf das auszusetzende Verfahren bestehen. Dies ist zB der Fall, wenn die Höhe eines ErbSt-Anspruchs vom Ausgang eines zivilgerichtlichen Erbrechtsstreits abhängt (FG München 6.5.1992 – 4 K 3310/91, UVR 1992, 248), oder wenn sich das Einspruchsverfahren auf die Frage nach der ersten Korrekturmöglichkeit eines Bilanzierungsfehlers auf VZ erstreckt, die nicht zum Streitgegenstand des Einspruchsverfahrens gehören (BFH 16.5.1990 – X R 72/87, BStBl. II 1990, 1044). Zur Aussetzung eines Einspruchsverfahrens betr. Anrechnungsverfügung bis zur Entscheidung über einen Abrechnungsbescheid → § 218 Rn. 49.

14 Die Entscheidung über den Einspruch gegen einen **Folgebescheid,** der mit **Einwendungen gegen einen Grundlagenbescheid** (§ 171 X) begründet wird, ist idR auszusetzen, wenn gleichzeitig oder innerhalb der Einspruchsfrist auch der Grundlagenbescheid angefochten wurde (BFH 12.11.1985 – IX R 85/82, BStBl. II 1986, 239; BFH 25.7.2016 – X B 20/16, BFH/NV 2016, 1736; BFH 6.3.2013 – X B 14/13, BFH/NV 2013, 956; BFH 8.1.2013 – X B 203/12, BFH/NV 2013, 511; BFH 2.12.1988 – IX B 18/88, BFH/NV 1989, 525; BFH 12.10.1988 – VIII B 117/87, BFH/NV 1989, 446; zust. Gräber FGO § 74 Rn. 24). Die Aussetzung setzt jedoch voraus, dass der Einspruch gegen den Folgebescheid zulässig ist, dass eine Entscheidung in dem Grundlagenverfahren zu erwarten ist (BFH 25.7.2016 – X B 20/16, BFH/NV 2016, 1736; BFH 24.3.1999 – I B 14/98, BFH/NV 1999, 1383) und dass das Einspruchsvorbringen nicht auch schon im Verfahren über den Folgebescheid – mit gleichzeitigen Auswirkungen auf den Grundlagenbescheid – entscheidungserheblich ist (BFH 28.2.2001 – I R 41/99, BStBl. II 2001, 416). Sind diese Voraussetzungen erfüllt, kann die Aussetzung bis zur endgültigen Entscheidung darüber erfolgen, ob und ggf. in welchem Umfang der angefochtene Grundlagenbescheid zu ändern ist. Eine Aussetzung des Einspruchsverfahrens gegen den Folgebescheid scheidet jedoch aus, wenn der Grundlagenbescheid bereits bestandskräftig ist. Zudem dürfte die Aussetzung eines Einspruchsverfahrens gegen den Folgebescheid, in dem der Stpfl. geltend macht, bestimmte Einkünfte müssten in einem gesonderten Gewinnfeststellungsverfahren festgestellt werden, regelmäßig geboten sein, um den **Ausgang eines herbeizuführenden Verfahrens der gesonderten Feststellung der Einkünfte gem. §§ 179, 180 I 1 Nr. 2,** also den Erlass eines Grundlagenbescheids, abzuwarten (BFH 19.7.1990 – IV R 11/89, BFH/NV 1991, 649). Angesichts der Regelung des § 351 II, der die Zulässigkeit eines Einspruchs gegen einen Folgebescheid einschränkt, sowie der Verpflichtung, den Folgebescheid gem. § 175 I 1 Nr. 1 an den Grundlagenbescheid anzupassen, mag zwar die Verfahrensaussetzung in den vorstehenden Fällen rechtlich nicht zwingend geboten sein (aA BFH 17.5.1995 – X R 64/92, BStBl. II 1995, 640; BFH 6.3.2013 – X B 14/13, BFH/NV 2013, 956), gleichwohl verbietet § 351 II die Aussetzung nicht, weil diese keine förmliche Bindung der FB an die vorgreifliche Entscheidung voraussetzt (→ Rn. 13).

III. Anhängigkeit eines Rechtsstreits oder Feststellung durch Behörden

Das Bestehen oder Nichtbestehen des Rechtsverhältnisses muss den Gegenstand eines anderweitig bereits anhängigen Rechtsstreits bilden oder von einem Gericht oder einer Behörde festzustellen sein, § 363 I. 16

Anhängigkeit eines Rechtsstreits ist gegeben, wenn eine Klage erhoben oder ein gerichtlicher Antrag gestellt wurde, wobei gleichgültig ist, zu welcher Gerichtsbarkeit das Gericht gehört. Bei einem noch nicht anhängigen Rechtsstreit ist die Aussetzung des Einspruchsverfahrens ausnahmsweise auch dann möglich, wenn die FB dem Einspruchsführer unter Fristsetzung aufgibt, das vorgreifliche Gerichtsverfahren anhängig zu machen (HHSp § 363 Rn. 80; Gosch AO § 363 Rn. 13; aA Schwarz/Pahlke/Keß § 363 Rn. 12; s. auch BFH 9.4.2002 – VII B 73/01, BStBl. II 2002, 509; BFH 6.8.1985 – VII B 3/85, BStBl. II 1985, 672; BFH 23.2.1988 – VII R 52/85, BStBl. II 1988, 500 zur Aussetzung eines finanzgerichtlichen Klageverfahrens gem. § 74 FGO wegen Aufrechnung mit einer rechtswegfremden Forderung). Die FB darf jedoch dem Einspruchsführer nicht die Führung eines Rechtsstreits allein deshalb aufdrängen, um sich die eigene Beurteilung einer Vorfrage zu ersparen (zutr. HHSp § 363 Rn. 93). 17

Soweit eine vorgreifliche **Feststellung einer Behörde** über das Bestehen oder Nichtbestehen eines Rechtsverhältnisses zu treffen ist, verlangt § 363 I ebenfalls nicht, dass das Verwaltungsverfahren bereits begonnen hat. Für die Aussetzung des Einspruchsverfahrens genügt schon die begründete Aussicht, dass ein solches Verfahren eingeleitet werden wird (zutr. Gräber FGO § 74 Rn. 9). Ggf. kann die FB dem Einspruchsführer ebenfalls eine Frist setzen, innerhalb derer er das Verfahren zur Feststellung einzuleiten hat (Gosch AO § 363 Rn. 13). Sachlich nicht gerechtfertigten Verzögerungen bei der Einleitung des Verwaltungsverfahrens kann die FB durch Widerruf (§ 131) der Aussetzung des Verfahrens begegnen. 18

Die Aussetzung eines Einspruchsverfahrens scheidet grds. aus, wenn die Feststellung des Rechtsverhältnisses allein durch die für die Einspruchsentscheidung zuständige FB (§ 367 I und III) zu treffen ist. Dies gilt nur dann nicht, wenn die Entscheidung Bindungswirkung für die Einspruchsentscheidung gem. § 182 I entfaltet, wie zB ein Grundlagenbescheid für den Folgebescheid (Gosch AO § 363 Rn. 13). Ist das vorgreifliche Verfahren abgeschlossen, kommt eine Aussetzung des Einspruchsverfahrens nicht mehr in Betracht. 19

IV. Aussetzung wegen Musterprozess oder gesetzlicher Neuregelung

An einem Rechtsverhältnis iSd § 363 I fehlt es, wenn in einem anderweitigen gerichtlichen Verfahren (Musterprozess) lediglich **abstrakte Rechtsfragen** aufgeworfen werden (BFH 23.1.1974 – II B 68/73, BStBl. II 1974, 247). Allerdings hat der BFH eine Pflicht zur Aussetzung eines Einspruchs- oder Klageverfahrens bejaht, wenn vor dem **BVerfG** ein nicht als aussichtslos erscheinendes Musterverfahren gegen eine im Streitfall anzuwendende Norm anhängig ist, bei den FG und/oder den FÄ zahlreiche Parallelverfahren anhängig sind (Massenverfahren) und keiner der Beteiligten des Klage- oder Einspruchsverfahrens ein besonderes berechtigtes Interesse an einer Entscheidung des FG oder der FB hat (vgl. BFH 21.2.2018 – VI R 11/16, BStBl. II 2018, 469; BFH 23.1.2013 – X R 32/08, BStBl. II 2013, 423; BFH 8.5.1992 – III B 138/92, BStBl. II 1992, 673; BFH 18.8.2015 – I R 43/14, BFH/NV 2016, 232; BFH 8.5.1992 – III B 123/92, BFH/NV 1993, 244 (248); s. auch Gräber FGO § 74 Rn. 34). Diese Rspr. ist trotz der in diesen Fällen nunmehr gem. § 363 II 2 und 3 eintretenden Zwangsruhe weiterhin bedeutsam, sofern die Voraussetzungen des § 363 II 2 mangels Berufung auf ein Musterverfahren nicht erfüllt sind (Klein § 363 Rn. 7). 22

Eine Aussetzung des Verfahrens gem. § 363 I bis zur Entscheidung des BVerfG kommt aber dann nicht in Betracht, wenn – selbst für den Fall, dass das BVerfG die einschlägige StRechtsnorm für verfassungswidrig erklärt – eine entscheidungserhebliche Auswirkung 23 auf das konkrete Einspruchsverfahren deshalb auszuschließen ist, weil allenfalls mit einer Unvereinbarkeitserklärung oder einer Änderungsverpflichtung des Gesetzgebers nur für die Zukunft zu rechnen ist (BFH 21.2.2018 – VI R 11/16, BStBl. II 2018, 469; BFH 2.9.2005 – XI B 224/04, BFH/NV 2006, 556). Das Einspruchsverfahren ist jedoch grds. auszusetzen, wenn das BVerfG dem Gesetzgeber wegen Unvereinbarkeit eines Gesetzes mit dem GG eine gesetzliche Neuregelung aufgegeben hat (BFH 7.2.1992 – III B 24, 25/91, BStBl. II 1992, 408). Ein praktisches Bedürfnis hierfür wird jedoch idR wegen der möglichen Vorläufigkeitserklärung gem. § 165 I 2 Nr. 2 nicht bestehen (vgl. BFH 23.1.2013 – X R 32/08, BStBl. II 2013, 423).

V. Verfahrensfragen; Rechtsfolgen

25 **Rechtsnatur; Entscheidung von Amts wegen.** Die Entscheidung über die Aussetzung trifft die FB von Amts wegen. Es bedarf weder eines Antrags noch der Zustimmung des Einspruchsführers; die Beteiligten sind jedoch vor der Entscheidung zur Aussetzung zu hören; ihr Vorbringen ist bei der Ermessensausübung zu berücksichtigen. Die Aussetzungsentscheidung ist ein verfahrensgestaltender VA iSd § 118 I S. 1 (BFH 8.6.1990 – III R 41/90, BStBl. II 1990, 944); er kann mit einer Nebenbestimmung, insb. mit einer Befristung iSd § 120 II Nr. 1, versehen und gem. § 131 widerrufen werden. **Aussetzungsbefugt** ist die für die Einspruchsentscheidung zuständige FB, sog. Entscheidungsbehörde iSd § 367 I und III.

26 Die Aussetzungsentscheidung ist eine **Ermessensentscheidung** (§ 5), bei der die verfahrensökonomischen Gesichtspunkte und die Interessen des Einspruchsführers gegeneinander abzuwägen sind (BFH 20.7.1994 – I B 200/93, BFH/NV 1995, 401). Sprechen alle Erwägungen ausschl. oder ganz überwiegend für die Aussetzung des Verfahrens, ist das Ermessen zugunsten der Aussetzung auf null reduziert (BFH 28.2.2001 – I R 41/99, BStBl. II 2001, 416). Dies gilt insb. dann, wenn der FB die Entscheidungskompetenz für die vorgreifliche Rechtsfrage fehlt. Bei eindeutig überwiegendem Interesse an der Fortsetzung des Verfahrens kann jedoch von der Aussetzung abgesehen werden (HHSp § 363 Rn. 96). Dies gilt auch dann, wenn der Einspruchsführer ohne hinreichende Begründung die Einleitung eines Verfahrens zur Feststellung des Bestehens oder Nichtbestehens eines Rechtsverhältnisses verweigert.

27 **Umfang der Aussetzung.** Die FB hat nach ihrem Ermessen auch darüber zu entscheiden, ob das Einspruchsverfahren insgesamt oder nur zum Teil auszusetzen ist. Hängt die Entscheidung über den Einspruch nur zT vom Bestehen oder Nichtbestehen eines vorgreiflichen Rechtsverhältnisses ab, ist regelmäßig nur eine Teilaussetzung geboten. Nach bisheriger Rechtslage (vgl. BFH 26.9.2006 – X R 39/05, BStBl. II 2007, 222) konnte eine Entscheidung über den Einspruch hinsichtlich solcher Fragen, die nicht Anlass der Verfahrensaussetzung waren, nicht ergehen. Nunmehr sieht § 367 IIa die Möglichkeit einer **Teil-Einspruchsentscheidung** vor (→ § 367 Rn. 61 ff. und AEAO zu § 363 Nr. 3). Voraussetzung ist die **Sachdienlichkeit** einer solchen Entscheidung, § 367 IIa 1. Sie ist stets zu bejahen, wenn der nicht die Aussetzung betr. Teil des Einspruchsbegehrens insgesamt entscheidungsreif ist; zutr. sieht daher AEAO zu § 363 Nr. 3, insoweit die Ermessensausübung der FB als bindend, eine Teil-Einspruchsentscheidung als zweckmäßig an. Möglich erscheint auch, eine einwandfreie Bestimmung iSd § 367 IIa 2 vorausgesetzt, eine Teil-Einspruchsentscheidung nur hinsichtlich eines Teils des von der Aussetzung nicht betroffenen Einspruchsbegehrens. Ferner kann die FB auch einen Teil-Abhilfebescheid erlassen.

28 Die **Rechtsfolgen** der Aussetzung bestimmen sich mangels ausdrücklicher Regelung grds. nach dem entspr. anzuwendenden § 249 ZPO. Die Bekanntgabe einer Einspruchsentscheidung oder eines Änderungsbescheids ist ausgeschlossen, soweit es sich nicht um eine Teil-Einspruchsentscheidung oder einen Teilabhilfebescheid handelt (AEAO zu § 363 Nr. 3). Der Lauf einer jeden Frist hört auf, nach Beendigung der Aussetzung des Ein-

spruchsverfahrens beginnt die volle Frist von neuem zu laufen, § 249 I ZPO; eine etwaige Ablaufhemmung gem. § 171 besteht auch im Zeitraum der Aussetzung fort. § 249 II ZPO schließt grds. auch während der Aussetzung vorgenommene Verfahrenshandlungen aus, wie zB eine Fristsetzung der FB gem. § 364b (s. hierzu einschränkend → Rn. 29). Unberührt bleibt die Möglichkeit der Einspruchsrücknahme (§ 362) sowie der Erlass von Abhilfe- und Änderungsbescheiden aus Gründen, die außerhalb des Einspruchsverfahrens liegen, zB Folgeänderungen gem. § 175 I 1 Nr. 1, wobei der Änderungsbescheid dann gem. § 365 III Gegenstand des anhängigen Verfahrens wird (AEAO zu § 363 Nr. 3).

Für **Verfahrenshandlungen** während der Aussetzung können die Rechtsfolgen des § 249 II ZPO nicht uneingeschränkt gelten. Es ist vielmehr zu differenzieren: Rechtsfehlerhaft ist die **Bekanntgabe einer** den ausgesetzten Teil betreffenden **Einspruchsentscheidung** ohne vorherige Bekanntgabe der Aufhebung der Aussetzungsverfügung; ein Nichtigkeitsgrund iSd § 125 I, II wird allerdings auch bei Ergehen der Einspruchsentscheidung vor dem in der Aussetzungsentscheidung bezeichneten Endzeitpunkt regelmäßig nicht vorliegen. Im Übrigen steht die Aussetzung, entgegen § 249 II ZPO, nicht der Vornahme **verfahrensfördernder Maßnahmen** der FB, wie zB Sachverhaltsermittlungen, entgegen (HHSp § 363 Rn. 134). 29

Verzinsung. Soweit das ausgesetzte Einspruchsverfahren einen Erstattungsanspruch betrifft, ist der Erstattungsanspruch ggf. auch während der Dauer der Aussetzung gem. § 233a zu verzinsen (Klein § 363 Rn. 31). 30

Die Bekanntgabe der Verfahrensaussetzung schließt die Erhebung einer **Untätigkeitsklage** aus, weil insoweit ein zureichender Grund iSd § 46 I FGO vorliegt (BFH 14.10.2002 – V B 170/01, BFH/NV 2003, 197; Gräber FGO § 46 Rn. 15). 31

Beendigung der Aussetzung; Fortsetzung des Verfahrens. Die gem. § 120 II Nr. 1 befristete Aussetzung endet zu dem bestimmten Termin; einer förmlichen Aufhebung der Aussetzung bedarf es nicht (FG Bremen 15.11.1994 – 2 94 024 K 2, EFG 1995, 346). Die FB kann ferner die Aussetzung widerrufen (§ 131). Vor Ergehen der Einspruchsentscheidung sind die Beteiligten zu hören (AEAO zu § 363 Nr. 4); bei einem Verstoß hiergegen gilt § 127. 32

Rechtsschutzfragen. Gegen die **Ablehnung** der Aussetzung des Einspruchsverfahrens sowie gegen deren Widerruf ist der **Einspruch nicht statthaft,** § 363 III. Gegen die **Anordnung** der Aussetzung ist hingegen der **Einspruch** gegeben; eine AdV der Anordnung der Aussetzung gem. § 361 AO oder gem. § 69 FGO scheidet aus, da es sich nicht um einen vollziehbaren VA handelt (HHSp § 363 Rn. 113). Der Einspruch wird schon aus Gründen der Verfahrensbeschleunigung idR als Fortsetzungsantrag iSd § 363 II 4 auszulegen sein (Szymczak DB 1994, 2254); einem Einspruch fehlt jedoch regelmäßig, sofern der Einspruchsführer selbst die Aussetzung beantragt hat, das erforderliche Rechtsschutzbedürfnis (§ 350). Setzt die FB das Verfahren aus, obgleich die Voraussetzungen des § 363 I nicht gegeben sind, kommt eine Untätigkeitsklage (§ 46 FGO) in Betracht (FM Nordrhein-Westfalen 28.3.2007, DB 2007, 1002). Ergeht eine Einspruchsentscheidung, ohne dass die Aussetzung des Einspruchsverfahrens aufgehoben worden ist, kann durch eine Anfechtungsklage (§ 40 I FGO) die isolierte Aufhebung der Einspruchsentscheidung erreicht werden (HHSp § 363 Rn. 105; → Rn. 63). Der FB können die Kosten des finanzgerichtlichen Verfahrens gem. § 137 S. 2 FGO oder bei Hauptsacheerledigung gem. § 138 I iVm § 137 S. 2 FGO aufzuerlegen sein (→ Rn. 44, 56, 63). 33

C. Ruhen des Verfahrens (Abs. 2)

Das Ruhen des Verfahrens führt aus verfahrensökonomischen Gründen zum Stillstand des Einspruchsverfahrens. § 363 II regelt verschiedene Varianten der Verfahrensruhe: Nach Abs. 2 S. 1 tritt das Ruhen unter näheren Voraussetzungen mit Zustimmung des Einspruchsführers ein, sog. Zustimmungsruhe. Auch unabhängig von einer Zustimmung des 34

Einspruchsführers tritt in den Fällen des Abs. 2 S. 2, sog. Zwangsruhe, und des Abs. 2 S. 3, sog. Anordnungsruhe, ein Ruhen des Verfahrens kraft Gesetzes ein. In jedem Fall bedarf es eines zulässigen Einspruchs. Ein Ruhen eines finanzgerichtlichen Verfahrens ist gem. § 155 FGO iVm § 251 ZPO möglich (s. hierzu im Einzelnen Gräber FGO § 74 Rn. 21 ff.).

I. Zustimmungsruhe (Abs. 2 S. 1)

35 Mit Zustimmung des Einspruchsführers kann die FB das Einspruchsverfahren ruhen lassen, wenn dies aus wichtigen Gründen zweckmäßig erscheint und die Voraussetzungen einer Zwangsruhe oder einer Anordnungsruhe nicht vorliegen, § 363 II 1.

1. Voraussetzungen

36 **Wichtige Gründe iSd § 363 II 1** sind gegeben, wenn ihr sachliches Gewicht nach dem Zweck des § 363 II 1 die Verfahrensruhe rechtfertigen kann. Es genügt bereits, wenn ein einziger wichtiger Grund vorliegt. Dafür reicht allerdings das bloße Interesse des Einspruchsführers nicht aus, einen StFall zur etwaigen Teilhabe an künftigen Rechtsentwicklungen offenzuhalten (BFH 6.7.1999 – IV B 14/99, BFH/NV 1999, 1587).

37 Ein wichtiger Grund liegt vor (s. auch OFD Niedersachsen 28.9.2011, BeckVerw 254011; HHSp § 363 Rn. 156 f.), wenn

- der Ausgang eines vor dem BFH oder einem FG anhängigen Musterverfahren abgewartet werden soll (BFH 8.6.1990 – III R 41/90, BStBl. II 1990, 944);
- eine Sachentscheidung bis zum Vorliegen des Ergebnisses einer schon begonnenen oder unmittelbar bevorstehenden Ap. (§§ 193 ff.) oder StFahndung (§ 208) zurückgestellt werden soll und dadurch umfangreiche Sachverhaltsermittlungen im Einspruchsverfahren vermieden werden;
- in einer für mehrere VZ str. Rechtsfrage durch ein Klageverfahren eine Klärung auch für die übrigen VZ zu erwarten ist, wie zB bei Dauersachverhalten (FG Hamburg 20.8.1969 – III 22/68, EFG 1969, 508);
- wegen Einschaltung einer Oberbehörde eine abschließende Klärung des Streitfalls bzw. der Rechtsfrage zu erwarten ist;
- eine für die Einspruchsentscheidung bedeutsame rückwirkende Gesetzesänderung zu erwarten ist;
- für den Einspruchsführer die Aufklärung eines Sachverhalts aufgrund eines besonderen Ausnahmefalls besonders (zeit-)aufwändig ist und nachhaltige Aufklärungsbemühungen nachgewiesen sind, zB bei Auslandssachverhalten. Das bloße Interesse, Zeit zur Beibringung von Beweismitteln zu gewinnen, rechtfertigt idR allerdings keine Verfahrensruhe (BFH 21.7.1967 – VI B 8/67, BStBl. III 1967, 783).

38 **Zweckmäßig** ist das Ruhen des Einspruchsverfahrens insb. dann, wenn der FB hierdurch unvertretbarer Mehraufwand erspart, widersprüchliche Entscheidungen oder spätere Korrekturen des Einspruchsbescheids vermieden werden. Unzweckmäßig ist die Ruhensanordnung insb. bei geringen oder fehlenden Erfolgsaussichten des Einspruchs.

2. Verfahrens- und Rechtsschutzfragen

39 Zwingend erforderlich ist die **Zustimmung** aller Einspruchsführer, nicht jedoch die der gem. § 360 Hinzugezogenen. Die Zustimmungserklärung kann zwar formfrei und durch schlüssiges Verhalten erfolgen; aus Beweisgründen ist jedoch regelmäßig eine schriftliche oder elektronische Erklärung geboten (AEAO zu § 363 Nr. 1). Die Zustimmungserklärung ist bedingungsfeindlich und kann vom Einspruchsführer für die Zukunft widerrufen werden; dieser Widerruf ist als Fortsetzungsantrag iSd § 363 II 4 zu behandeln.

40 **Ermessensentscheidung.** Die FB entscheidet über die Anordnung der Verfahrensruhe nach pflichtgemäßem Ermessen (§ 5). Ein Rechtsanspruch auf Ruhensanordnung besteht grds. nicht (BFH 18.3.1994 – III B 543/90, BStBl. II 1994, 473; FG Saarland 3.4.1981 – II 550/80, EFG 1981, 431). Im Rahmen seiner Ermessensausübung darf das FA mit seiner

Entscheidung über eine Verfahrensruhe nach § 363 II 1 die tatbestandlichen Voraussetzungen der Zwangsruhe nach § 363 II 2 nicht umgehen (BFH 10.5.2012 – X B 183/11, BFH/NV 2012, 1570; zur Zwangsruhe → Rn. 45 ff.). Die FB kann, anders als nach der Rechtslage bis zur Einführung des § 367 IIa (s. hierzu BFH 26.9.2006 – X R 39/05, BStBl. II 2007, 222 und → Rn. 27), insb. über den von der Verfahrensruhe nicht betroffenen Teil des Einspruchsverfahrens durch Teil-Einspruchsentscheidung (§ 367 IIa) entscheiden.

Die Ruhensanordnung ist, ebenso wie die Aussetzung gem. § 363 I, ein **verfahrensgestaltender VA** iSd § 118 S. 1 (BFH 8.6.1990 – III R 41/90, BStBl. II 1990, 944). Er hat als Ermessensentscheidung iSd § 5 (BFH 26.9.2006 – X R 39/05, BStBl. II 2007, 222) die Belange des Einspruchsführers angemessen zu berücksichtigen und ist zu begründen (§ 121 I). Formelhafte oder standardisierte Ablehnungsentscheidungen ohne gebotene Einzelfallprüfung sind rechtswidrig (BFH 27.11.1998 – VI R 161, 162/90, BFH/NV 1999, 659; BFH 26.9.2006 – X R 39/05, BStBl. II 2007, 222). Das bloße Interesse des Einspruchsführers, von künftigen Änderungen der höchstrichterlichen Rspr. zu profitieren, rechtfertigt das weitere Ruhen des Einspruchsverfahrens nicht (BFH 30.9.2010 – III R 39/08, BStBl. II 2011, 11; BFH 23.6.2017 – X B 152/16, BFH/NV 2017, 1622; BFH 26.9.2006 – X R 39/05, BStBl. II 2007, 222; AEAO zu § 363 Nr. 4). 41

Fortsetzung des Verfahrens. Auf die Zustimmungsruhe findet § 363 II 4 Anwendung (→ Rn. 61). Die Zustimmungsruhe endet 42

- aufgrund eines Antrags des Einspruchsführers gem. § 363 II 4; einen solchen Antrag beinhaltet auch der bloße Widerruf der Zustimmung des Einspruchsführers zum Ruhen des Verfahrens;
- aufgrund einer Fortsetzungsmitteilung der FB gem. § 363 II 4. Die rechtliche Qualifikation dieser Mitteilung bestimmt sich nach den Modalitäten der Ruhensanordnung: War die Anordnung befristet (§ 120 II Nr. 1), hat die nach Fristende ergehende Fortsetzungsmitteilung mangels Regelungswirkung keinen VA-Charakter; es handelt sich hier um eine bloß verfahrensfördernde Mitteilung. Die Fortsetzungsmitteilung ist hingegen als Widerruf iSd § 131 II Nr. 1 iVm § 363 II 4 und damit als VA iSd § 118 S. 1 zu qualifizieren, wenn sie die Verfahrensruhe mit konstitutiver Wirkung beendet, wie zB bei einer unbefristet gewährten Verfahrensruhe (HHSp § 363 Rn. 156; → § 131 Rn. 34). Der Widerruf ist ebenso wie bei der Anordnung der Verfahrensruhe selbst eine **Ermessensentscheidung** iSd § 5 (BFH 26.9.2006 – X R 39/05, BStBl. II 2007, 222); insoweit gelten die unter → Rn. 41 dargestellten Grundsätze. Vor Erlass der Einspruchsentscheidung ist dem Einspruchsführer Gelegenheit zur Äußerung zu geben (AEAO zu § 363 Nr. 4).

Rechtsschutzfragen; Kostenfolgen. Gegen die Anordnung der Zustimmungsruhe gem. § 363 II 1 kann Einspruch eingelegt werden. Gegen die Ablehnung des Antrags auf Zustimmungsruhe sowie den Widerruf der Ruhensanordnung ist der Einspruch nicht statthaft, § 363 III; Rechtsschutz wird nur durch die Klage gegen die Einspruchsentscheidung gewährt. Ist die Ablehnung der Ruhensanordnung oder ihr Widerruf rechtsfehlerhaft, können der FB die Kosten eines insoweit geführten finanzgerichtlichen Verfahrens gem. § 137 S. 2 FGO oder bei Hauptsacheerledigung gem. § 138 I iVm § 137 S. 2 FGO aufzuerlegen sein (BFH 27.11.1998 – VI R 161, 162/90, BFH/NV 1999, 659). Zudem kann sich, wer einem Ruhen des Verfahrens zugestimmt hat, später nicht auf eine überlange Verfahrensdauer berufen (BFH 26.10.2011 – X B 230/10, BFH/NV 2012, 174). 44

II. Zwangsruhe (Abs. 2 S. 2)

Die in § 363 II 2 geregelte Zwangsruhe ordnet, die Zulässigkeit des Einspruchs vorausgesetzt, unter den nachfolgenden Voraussetzungen das Ruhen des Einspruchsverfahrens **kraft Gesetzes** an. Die Vorschrift dient allein verfahrensökonomischen Zwecken, nicht aber dem Interesse des Einspruchsführers, von künftigen Rechtsprechungsänderungen zu 45 derzeit nicht str. Fragen zu profitieren und allein deshalb den StFall möglichst lange offenzuhalten. Ein „Entschleunigungsinteresse" ist auch nicht durch Art. 19 IV GG geschützt (BFH 26.9.2006 – X R 39/05, BStBl. II 2007, 222). Erst recht lässt sich aus Abs. 2 S. 2 keinerlei Anspruch, zB unter dem Gesichtspunkt des Vertrauensschutzes, auf eine bestimmte Sachentscheidung im Einspruchsverfahren nach Beendigung der Zwangsruhe herleiten (BFH 14.3.2006 – I R 1/04, BStBl. II 2006, 549). Liegen die Voraussetzungen des § 363 II 2 nicht (mehr) vor, zB mangels Berufung auf ein Musterverfahren, kann die FB gem. § 363 I oder mit Zustimmung des Einspruchsführers gem. § 363 II 1 (Zustimmungsruhe) verfahren.

1. Voraussetzungen

46 **Anhängiges Musterverfahren.** § 363 II 2 setzt voraus, dass wegen der Verfassungsmäßigkeit einer Norm oder einer Rechtsfrage ein Verfahren, sog. Musterverfahren, vor dem EuGH, BVerfG oder einem obersten Bundesgericht, insb. beim BFH, **anhängig** ist. Ein Verfahren beim EGMR genügt nicht (BFH 12.8.2013 – VI B 101/12, BFH/NV 2014, 355; BFH 10.5.2012 – X B 183/11, BFH/NV 2012, 1570; FG Münster 25.4.2013 – 3 K 3754/11 E, EFG 2013, 1288; FG Niedersachsen 16.11.2011 – 3 K 269/11, EFG 2012, 294). An einem anhängigen Musterverfahren fehlt es, wenn das Musterverfahren bei Ergehen der Einspruchsentscheidung bereits abgeschlossen ist (BFH 25.11.2003 – II B 68/02, BFH/NV 2004, 462; BFH 26.9.2006 – X R 39/05, BStBl. II 2007, 222). Die im Musterverfahren aufgeworfene Rechtsfrage muss für das Einspruchsverfahren **entscheidungserheblich** (präjudiziell) sein, dh die gleiche Rechtsfrage betreffen und damit für den Ausgang des Einspruchsverfahrens bedeutsam sein (BFH 26.9.2006 – X R 39/05, BStBl. II 2007, 222; BFH 10.5.2012 – X B 183/11, BFH/NV 2012, 1570; AEAO zu § 363 Nr. 2). Zwangsruhe tritt nach dem klaren Wortlaut des Abs. 2 S. 2 auch ein, wenn eine Klärung der entscheidungserheblichen Rechtsfrage in einem der anhängigen Musterverfahren bereits erfolgt ist, jedoch weitere Parallelverfahren anhängig sind und sich der Einspruchsführer auf diese beruft (BFH 26.9.2006 – X R 39/05, BStBl. II 2007, 222). Die FB kann die Zwangsruhe ggf. gem. § 363 II 4 beenden (→ Rn. 54).

Nach Wortlaut, Sinn und Zweck des Abs. 2 S. 2 muss das Musterverfahren nicht zwingend in der Hauptsache auf abschließende Klärung der aufgeworfenen Rechtsfrage gerichtet sein (HHSp § 363 Rn. 171 f.). **Auch** bloß **summarische Verfahren,** wie zB AdV- oder PKH-Verfahren sowie Verfahren auf einstweilige Anordnung beim BVerfG, **können,** insb. bei ernsthafter Zweifelhaftigkeit einer Rechtsfrage aufgrund schon vorliegender Judikatur der FG, die **Zwangsruhe rechtfertigen;** zumindest dürfte jedoch ein Verfahrensstillstand gem. § 363 I oder gem. § 363 II 1 veranlasst sein.

Wird gegen die Entscheidung, deretwegen das Einspruchsverfahren ruhte, Verfassungsbeschwerde erhoben, setzt sich die Zwangsruhe nicht automatisch fort; der Einspruchsführer muss vielmehr, bevor über den noch ruhenden Teil des Einspruchs entschieden wird, seinen Einspruch auf die Verfassungsbeschwerde erstrecken (BFH 30.9.2010 – III R 39/08, BStBl. II 2011, 11).

47 Der BMF gibt zur allg. Information über die anhängigen Musterverfahren vierteljährlich eine **Liste** der beim BFH, BVerfG und EuGH **anhängigen Verfahren** in StSachen heraus, die allerdings nicht vollständig ist. Aufgrund dieser als Beilage zum BStBl. II veröffentlichten Liste ermitteln die FB die Ruhensvoraussetzungen des § 363 II 2. Diese Liste enthält für die dort aufgeführten Verfahren eine nur unverbindliche Umschreibung der jeweiligen Rechtsfrage und ist für das FG, soweit es die Voraussetzungen des § 363 II 2 zu prüfen hat, nicht bindend. Die Ausrichtung der Zwangsruhe an die in Musterverfahren aufgeworfenen Rechtsfragen ist nicht immer hinreichend transparent, weil sich die im Musterverfahren aufgeworfene Rechtsfrage häufig nicht im Vorhinein in der erforderlichen Präzision bestimmen lässt und ferner nicht sämtliche Musterverfahren zuverlässig dokumentiert werden.

Berufung des Einspruchsführers auf Musterverfahren. Der Einspruch muss gem. § 363 II 2 auf das anhängige Musterverfahren „gestützt" werden; bloße Anhängigkeit des Musterverfahrens genügt nicht (BFH 23.1.2013 – X R 32/08, BStBl. II 2013, 423; BFH 30.9.2010 – III R 39/08, BStBl. II 2011, 11; BFH 15.11.2004 – VIII B 184/04, BFH/NV 2005, 556; → Rn. 46). Der Einspruchsführer muss sich in der Einspruchsbegründung auf das von ihm zu bezeichnende konkrete Musterverfahren berufen (BFH 23.1.2013 – X R 32/08, BStBl. II 2013, 423; BFH 27.4.2006 – IV R 18/04, BFH/NV 2006, 2017). Hierbei sind, zB hinsichtlich der Angabe des Aktenzeichens oder der bezeichneten Rechtsfrage, keine überzogenen Anforderungen zu stellen; bei nicht vertretenen Einspruchsführern kann sich ein Hinweis des FA auf das jeweilige Musterverfahren empfehlen (zu eng LfSt Bayern 26.1.2016, BeckVerw 323184). Will der Einspruchsführer, wenn zB in dem Musterverfahren, dessentwegen das Einspruchsverfahren ruht, eine Entscheidung ergangen ist, die Fortdauer der Zwangsruhe gem. Abs. 2 S. 2 auch wegen anderer Musterverfahren, so muss er sich auf diese Verfahren vor Erlass der Einspruchsentscheidung ausdrücklich berufen (BFH 23.1.2013 – X R 32/08, BStBl. II 2013, 423; → Rn. 53). 48

Ist eine Steuer gem. **§ 165 I 2 Nr. 3 oder Nr. 4 vorläufig festgesetzt worden,** ist die Zwangsruhe eines Einspruchsverfahrens gem. § 363 II 2 HS 2 ausgeschlossen, und zwar unabhängig davon, ob die Vorläufigkeitserklärung iSd § 165 I 2 Nr. 3 rechtmäßig erfolgt ist oder nicht. Die Sperre durch Abs. 2 S. 2 tritt nicht nur im Umfang der Vorläufigkeit des § 165 I 2 Nr. 3, sondern, da § 363 II 2 HS 2 eine Beschränkung „insoweit" nicht enthält, in vollem Umfang ein (HHSp § 363 Rn. 213). Die FB kann die Vorläufigkeitserklärung auch erst nach Eintritt der Zwangsruhe vornehmen; dies führt automatisch zu deren Beendigung, da der Vorläufigkeitsvermerk einen der Verfahrensruhe im Wesentlichen gleichwertigen Rechtsschutz bietet; die vorläufige StFestsetzung gem. § 165 I 2 Nr. 3 oder Nr. 4 stellt für den Einspruchsführer daher keinen verfahrensrechtlichen Nachteil dar (BFH 23.1.2013 – X R 32/08, BStBl. II 2013, 423). Verkennt die FB die tatbestandlichen Voraussetzungen des § 165 I 2 Nr. 3 oder des Nr. 4 und hat sie ihr durch § 165 I 1 eingeräumtes Rechtsfolgeermessen nicht ausgeübt, ist im nachfolgenden finanzgerichtlichen Verfahren zumindest die Einspruchsentscheidung aufzuheben. Eine Ermessensreduzierung auf null zugunsten des Vorläufigkeitsvermerks tritt nicht ein, wenn der Stpfl. im Einspruchsverfahren wahlweise Ruhen des Verfahrens oder Anbringung des Vorläufigkeitsvermerks beantragt hatte und die Voraussetzungen hierfür auch im Zeitpunkt der gerichtlichen Entscheidung noch vorliegen (BFH 18.12.2001 – VIII R 27/96, BFH/NV 2002, 747). Die vorläufige StFestsetzung gem. § 165 I 2 Nr. 3 oder Nr. 4 stellt für den Einspruchsführer keinen verfahrensrechtlichen Nachteil dar; vielmehr bietet der Vorläufigkeitsvermerk einen der Verfahrensruhe gleichwertigen Rechtsschutz (BFH 23.1.2013 – X R 32/08, BStBl. II 2013, 423). 49

2. Verfahrens- und Rechtsschutzfragen

Die Zwangsruhe tritt gem. § 363 II 2 **kraft Gesetzes,** also ohne entsprechende Anordnung der FB, im Zeitpunkt der Berufung des Einspruchsführers auf das Musterverfahren ein (HHSp § 363 Rn. 228). Zweckmäßig ist zumindest bei nicht vertretenen Einspruchsführern aus Gründen der Rechtsklarheit eine entsprechende Mitteilung der FB über die Zwangsruhe des Verfahrens, die mangels VA-Qualität nicht anfechtbar ist (zutr. HHSp § 363 Rn. 228), sowie ein Hinweis auf die Fortsetzung des Einspruchsverfahrens im Übrigen und die Möglichkeit, einen Antrag gem. § 363 II 4 stellen zu können. 50

Umfang und Rechtswirkungen der Zwangsruhe. Die gesetzliche Zwangsruhe tritt nur „insoweit" (Abs. 2 S. 2) ein, als sich der Einspruchsführer auf ein Musterverfahren stützt. Die Rechtsfolgen des entspr. anzuwendenden § 249 ZPO beschränken sich auf die von der Zwangsruhe erfassten Streitpunkte; nur insoweit sind auch Verfahrenshandlungen ausgeschlossen. Von der Zwangsruhe **nicht betroffene Streitpunkte** bleiben von den Rechtswirkungen der Zwangsruhe unberührt. Die FB ist insoweit zur Fortführung des Einspruchsverfahrens und Herbeiführung der Entscheidungsreife berechtigt und kann zB 51 weitere Sachverhaltsermittlungen vornehmen oder ggf. einen Teilabhilfe- oder Änderungsbescheid aus außerhalb des Einspruchsverfahrens liegenden Gründen erlassen, der dann gem. § 365 III 1 oder 2 Nr. 1 zum Gegenstand des Einspruchsverfahrens wird (HHSp § 363 Rn. 201 ff.; AEAO zu § 363 Nr. 3).

52 Aufgrund des nunmehr geltenden § 367 IIa kann die FB über Fragen, die nicht Anlass der Zwangsruhe sind, durch **Teil-Einspruchsentscheidung** entscheiden (AEAO zu § 363 Nr. 3; auch → Rn. 27 sowie → § 367 Rn. 61 ff.). Vor Inkrafttreten des § 367 IIa war eine solche Teil-Einspruchsentscheidung nicht möglich (vgl. BFH 26.9.2006 – X R 39/05, BStBl. II 2007, 222).

53 Die **Beendigung der Zwangsruhe** tritt von Gesetzes wegen ein, wenn in dem Musterverfahren, dessentwegen das Einspruchsverfahren ruht, eine Entscheidung ergangen oder die Anhängigkeit des Musterverfahrens auf andere Weise, zB durch Rücknahme der Revision oder Nichtannahme einer Verfassungsbeschwerde durch das BVerfG, weggefallen ist (BFH 30.9.2010 – III R 39/08, BStBl. II 2011, 11; BFH 26.9.2006 – X R 39/05, BStBl. II 2007, 222; AEAO zu § 363 Nr. 2); einer Fortsetzungsmitteilung gem. § 363 II 4 bedarf es nicht (BFH 23.1.2013 – X R 32/08, BStBl. II 2013, 423), sie ist aber aus Gründen des rechtlichen Gehörs zu empfehlen (TK § 363 Rn. 15). Unberührt bleibt jedoch die Möglichkeit, das Einspruchsverfahren nunmehr gem. § 363 I oder gem. § 363 II 1 auszusetzen. Ferner kommt auch eine weitere Zwangsruhe gem. § 363 II 2 wegen anderer Musterverfahren, auf die sich der Einspruchsführer nunmehr beruft, in Betracht (→ Rn. 48).

54 Nach Maßgabe des § 363 II 4, der auch auf § 363 II 2 anzuwenden ist, kommt es zur **Fortsetzung des Einspruchsverfahrens**

- aufgrund eines **Antrags** des Einspruchsführers (BFH 14.3.2006 – I R 1/04, BStBl. II 2006, 549; → Rn. 61);
- aufgrund **Fortsetzungsmitteilung der FB.** Die **Fortsetzungsmitteilung** ist ein rechtsgestaltender VA iSd § 118 S. 1 (BFH 26.9.2006 – X R 39/05, BStBl. II 2007, 222). Abs. 2 S. 4 ermächtigt die FB ausdrücklich, die gesetzliche Zwangsruhe zu beenden. Ferner räumt Abs. 2 S. 4 der FB die Möglichkeit ein, ihrerseits durch Erlass einer Einspruchsentscheidung und deren evtl. gerichtliche Anfechtung ein (weiteres) Musterverfahren einzuleiten. Der Erlass der Fortsetzungsmitteilung steht im pflichtgemäßen Ermessen der FB (§ 5) und ist gem. § 121 I zu begründen (BFH 23.6.2017 – X B 152/16, BFH/NV 2017, 1622; FG Niedersachsen 28.4.2010 – 2 K 77/09, EFG 2010, 1571). Der Einspruchsführer hat Anspruch auf eine fehlerfreie Ermessensausübung; diese ist nur rechtmäßig, wenn unter Berücksichtigung der Grundentscheidung über die gesetzliche Zwangsruhe ein das Interesse des Einspruchsführers überwiegendes Interesse an der Fortsetzung des Einspruchsverfahrens dargelegt wird (BFH 26.9.2006 – X R 39/05, BStBl. II 2007, 222). Die FB hat insoweit die gegenseitigen Belange abzuwägen und sachgerechte, dem Gleichbehandlungsgebot (Art. 3 I GG) Rechnung tragende Gründe zu benennen. In dem Erlass der Einspruchsentscheidung kann die konkludente Mitteilung zu sehen sein, das Einspruchsverfahren gem. § 363 II 4 fortführen zu wollen; einer ausdrücklichen Mitteilung bedarf es insoweit nicht (BFH 23.1.2013 – X R 32/08, BStBl. II 2013, 423; zur unterlassenen Anhörung des Einspruchsführers → Rn. 62);
- durch nachträgliche Erklärung des angefochtenen VA als vorläufig iSd § 165 I 2 Nr. 3 oder Nr. 4 (BFH 23.1.2013 – X R 32/08, BStBl. II 2013, 423).

55 Ein **Widerruf** (§ 131) der Zwangsruhe ist **nicht möglich,** weil diese nicht auf einem VA beruht. Ein gleichwohl ergehender Widerruf ist als VA zu qualifizieren (HHSp § 363 Rn. 277) und als solcher rechtswidrig, was aufgrund der Regelung des § 363 III nur im Rahmen einer Klage gegen die Einspruchsentscheidung geltend gemacht werden kann.

56 **Rechtsschutzfragen.** Der Eintritt der Zwangsruhe kann nicht mit dem Einspruch angefochten werden, da sie nicht auf einem VA beruht. § 363 III ist auf die Fortsetzungsmitteilung der FB nach § 363 II 4 jedenfalls entspr. anzuwenden (BFH 26.9.2006 – X R

39/05, BStBl. II 2007, 222), weil die Fortsetzungsmitteilung im Ergebnis dem Widerruf einer Ruhensanordnung gleichkommt (Gosch AO § 363 Rn. 43; Szymczak DB 1994, 2254). Zu den **Kostenfolgen** → Rn. 63.

III. Anordnungsruhe (Abs. 2 S. 3)

Die sog. Anordnungsruhe (§ 363 II 3) ermöglicht das Ruhen des Einspruchsverfahrens 59 auch dann, wenn zwar eines der in Abs. 2 S. 2 genannten Gerichte noch nicht angerufen wurde, jedoch, zB aufgrund massenhafter Einsprüche und/oder eines beim FG bereits anhängigen Musterverfahrens, mit seiner Anrufung zur Klärung der Verfassungsmäßigkeit einer Rechtsnorm bzw. der jeweiligen Rechtsfrage gerechnet werden kann (vgl. auch BT-Drs. 12/7427, 37). Zuständig für den Erlass der erforderlichen Allgemeinverfügung (§ 118 S. 2) ist die zur Einspruchsentscheidung berufene FB, sofern nicht die OFD bzw. das LfSt auf Anweisung des FM für die ihr unterstehenden FÄ eine entspr. Verfügung öffentlich bekannt gibt (HHSp § 363 Rn. 222).

Für die verfahrensrechtlichen Wirkungen der Anordnungsruhe gelten die Erl. zur 60 Zwangsruhe (§ 363 II 2) sinngemäß (→ Rn. 45 ff.). Die Anordnungsruhe endet durch Widerruf der Allgemeinverfügung oder gem. § 363 II 4 aufgrund eines Antrags des Einspruchsführers (BFH 14.3.2006 – I R 1/04, BStBl. II 2006, 549) sowie, sofern kein Widerruf der Allgemeinverfügung erfolgt, durch eine Fortsetzungsmitteilung der FB. Die Allgemeinverfügung kann mangels Anwendbarkeit des § 363 III grds. mit dem Einspruch angefochten werden; es gelten jedoch die unter → Rn. 33 angeführten Einschränkungen. Gegen den Widerruf der Allgemeinverfügung und gegen die Fortsetzungsmitteilung der FB ist der Einspruch nicht statthaft (§ 363 III).

IV. Beendigung der Verfahrensruhe; Fortsetzung des Einspruchsverfahrens (Abs. 2 S. 4)

Das Einspruchsverfahren ist zur Wahrung der berechtigten Interessen des Einspruchs- 61 führers oder der FB gem. § 363 II 4 fortzusetzen, wenn der Einspruchsführer dies beantragt oder die FB dies dem Einspruchsführer mitteilt. Der **Anwendungsbereich** des Abs. 2 S. 4 umfasst **sämtliche** in § 363 II 1 bis 3 geregelten **Ruhensfälle** (BFH 26.9.2006 – X R 39/05, BStBl. II 2007, 222; BFH 6.7.1999 – IV B 14/99, BFH/NV 1999, 1587; FG Niedersachsen 28.4.2010 – 2 K 77/09, EFG 2010, 1571; AEAO zu § 363 Nr. 4; aA Löhlein DStR 1998, 282). Zur **Fortsetzungsmitteilung der FB** im Fall der Zustimmungsruhe → Rn. 42 und im Fall der Zwangsruhe, soweit diese nicht automatisch endet, → Rn. 54.

Der **Antrag des Einspruchsführers** hat die Beendigung der Verfahrensruhe zur Folge und verpflichtet die FB zur Fortführung des Einspruchsverfahrens. Der Antrag des Einspruchsführers, das Einspruchsverfahren fortzusetzen, bedarf keiner Form, Begründung oder Darlegung eines berechtigten Interesses an der Fortsetzung des Verfahrens (Gosch AO § 363 Rn. 40; LfSt Bayern 26.1.2016, BeckVerw 323184).

Rechtsfolgen; gerichtliches Verfahren. Ergeht nach Beendigung der Verfahrensruhe 62 kein Einspruchsbescheid, kann unter den Voraussetzungen des § 46 I FGO Untätigkeitsklage erhoben werden. Vor Erlass der Einspruchsentscheidung ist dem Einspruchsführer Gelegenheit zur Äußerung zu geben (AEAO zu § 363 Nr. 4); nach § 126 II kann eine unterlassene Anhörung des Einspruchsführers noch bis zum Abschluss der Tatsacheninstanz eines finanzgerichtlichen Verfahrens nachgeholt werden (BFH 23.1.2013 – X R 32/08, BStBl. II 2013, 423; s. auch BFH 26.9.2006 – X R 39/05, BStBl. II 2007, 222).

Der Einspruchsführer kann sein Begehren auf weitere Verfahrensruhe im finanzgericht- 63 lichen Verfahren nur mit der Klage gegen die Einspruchsentscheidung weiterverfolgen. Die **weiteren Rechtsfolgen** bestimmen sich danach, ob im Zeitpunkt des Ergehens der Entscheidung des FG die Voraussetzungen einer Verfahrensruhe gem. § 363 fortbestehen oder ob die Voraussetzungen für eine Aussetzung des gerichtlichen Verfahrens gem. § 74 FGO vorliegen:

– Hat die FB **rechtsfehlerhaft** eine Beendigung der Verfahrensruhe angenommen oder durch Fortsetzungsmitteilung (§ 363 II 4) herbeigeführt und liegen die Ruhensgründe im Zeitpunkt der gerichtlichen Entscheidung noch vor, zB bei noch anhängigem Musterverfahren, ist der Einspruchsführer durch Beendigung der Verfahrensruhe in seinen Rechten verletzt und hat ein besonderes Rechtsschutzinteresse an der **isolierten Aufhebung der Einspruchsentscheidung** (BFH 23.1.2013 – X R 32/08, BStBl. II 2013, 423; BFH 26.9.2006 – X R 39/05, BStBl. II 2007, 222; s. auch HHSp § 363 Rn. 279; Klein § 363 Rn. 31). Damit ruht die Sache weiterhin im Einspruchsverfahren. Ein Anspruch auf isolierte Aufhebung einer Einspruchsentscheidung besteht jedoch nicht mehr, wenn sich im Verlauf des gerichtlichen Verfahrens das im Einspruchsverfahren genannte Musterverfahren erledigt hat, da in diesem Fall kein berechtigtes Interesse an der isolierten Aufhebung der Einspruchsentscheidungen mehr besteht (FG Hamburg 31.7.2009 – 1 K 4/09, EFG 2010, 109, rkr.). Die isolierte Aufhebung der Einspruchsentscheidung scheidet zudem aus, wenn der Kläger vor dem FG über die Aufhebung der Einspruchsentscheidung hinaus auch eine materiell-rechtliche Entscheidung in der Sache begehrt (BFH 14.7.2004 – IX R 13/01, BStBl. II 2005, 125).
– Das gerichtliche Verfahren ist, die zutr. Annahme einer Beendigung der Verfahrensruhe durch die FB vorausgesetzt, gem. § 74 FGO oder ggf. auch gem. § 155 FGO iVm §§ 239–251 ZPO auszusetzen oder zum Ruhen zu bringen, wenn sich entsprechende Gründe erstmals im finanzgerichtlichen Verfahren ergeben. Die Entscheidung des FG über die Aussetzung des Klageverfahrens oder über ein Ruhen des Verfahrens steht in dessen Ermessen. Der Ermessensspielraum des FG wird durch ein vom BMF mittels Allgemeinverfügung angeordnetes Ruhen des Einspruchsverfahrens nach § 363 II nicht beschränkt (BFH 3.2.2010 – VI B 126/09, BFH/NV 2010, 924).
– Entfallen im Verlauf des Klageverfahrens die Ruhensvoraussetzungen, zB aufgrund Beendigung der Zwangsruhe durch Entscheidung in einem Musterverfahren, und erledigt sich sodann das Klageverfahren in der Hauptsache, hat die FB aufgrund der rechtswidrigen Fortsetzung des Einspruchsverfahrens gem. § 138 I iVm § 137 S. 2 FGO die Kosten des Rechtsstreits zu tragen (BFH 29.4.2003 – VI R 140/90, BStBl. II 2003, 719; Thouet/Thouet DStZ 1999, 87). Die volle Kostenlast der FB kann in einem solchen Fall auch dann billigem Ermessen entsprechen, wenn das BVerfG eine verfassungswidrige Norm weiterhin für anwendbar erklärt hat und der Einspruchsführer in der Sache daher keinen Erfolg gehabt hätte (BFH 29.4.2003 – VI R 140/90, BStBl. II 2003, 719). Bei nur einseitiger Erledigungserklärung des Einspruchsführers können der FB bei rechtsfehlerhafter Fortsetzung des Einspruchsverfahrens die Verfahrenskosten ebenfalls gem. § 137 S. 2 FGO ganz oder, wenn der Einspruchsführer in der Hauptsache nur geringe Erfolgsaussichten gehabt hätte, zumindest zT auferlegt werden (FG Münster 4.5.2000 – 3 K 8622/97 VSt, EFG 2000, 911).

D. Unterbrechung und Aussetzung des Verfahrens nach §§ 239 ff. ZPO

66 Nach allgemeiner Auffassung sind §§ 239–247 ZPO im Einspruchsverfahren entspr. anzuwenden. Diese Vorschriften gehen § 363 vor (HHSp § 363 Rn. 32) und setzen jeweils einen zulässigen Einspruch voraus.

I. Unterbrechungsgründe

67 Gemäß §§ 239 ff. ZPO tritt eine Unterbrechung des Einspruchsverfahrens ein durch
– **Tod eines Beteiligten (§ 239 I und V ZPO),** dh des Einspruchsführers oder eines notwendig Hinzugezogenen (BFH 20.11.2014 – IV R 1/11, BStBl. II 2017, 34). Der

Tod eines einfach Hinzugezogenen (§ 360 I) bewirkt keine Unterbrechung (TK FGO § 60 Rn. 102), jedoch dürfte sich uU die Aufhebung der einfachen Hinzuziehung empfehlen. Die Todeserklärung steht gem. § 9 I VerschG dem Tod gleich. Erlischt eine PersGes ohne Liquidation, ist § 239 ZPO analog anwendbar, soweit eine Gesamtrechtsnachfolge eintritt (BFH 13.10.2016 – IV R 33/13, BStBl. II 2018, 81; BFH 28.10.2008 – VIII R 69/06, BStBl. II 2009, 642; BFH 22.11.1988 – VIII R 90/84, BStBl. II 1989, 326; BFH 17.10.2013 – IV R 25/10, BFH/NV 2014, 170). Entsprechendes gilt für Fälle der Gesamtrechtsnachfolge bei juristischen Personen, wie zB bei KapGes (Gräber FGO § 74 Rn. 68). Das Einspruchsverfahren ist gem. § 239 I ZPO unterbrochen bis zu dessen Aufnahme durch die Rechtsnachfolger. Eine Unterbrechung des Einspruchsverfahrens kommt allerdings dann nicht in Betracht, wenn der Gesamtrechtsnachfolger bereits Beteiligter des Verfahrens ist (FG Sachsen-Anhalt 16.2.2015 – 3 K 657/11, EFG 2015, 2154). § 239 II bis IV ZPO sind wegen des Untersuchungsgrundsatzes im Einspruchsverfahren (§ 365 I iVm § 88) nicht anwendbar. Bei unbekannten Erben kann die FB ggf. gem. § 81 die Bestellung eines Vertreters beantragen. Bei bestehender Vollmacht schließt § 246 I ZPO die Unterbrechung des Verfahrens aus; jedoch kann ggf. die Aussetzung des Verfahrens beantragt werden (→ Rn. 69).

- **Eröffnung des Insolvenzverfahrens (§ 240 S. 1 ZPO)** über das Vermögen des Einspruchsführers oder eines notwendig Hinzugezogenen, soweit es die Insolvenzmasse (§ 35 InsO) betrifft (BFH 30.7.2019 – VIII R 21/16, BStBl. II 2021, 171). Das Einspruchsverfahren ist dann gem. § 240 S. 1 ZPO unterbrochen bis es nach den für das Insolvenzverfahren geltenden Vorschriften aufgenommen oder das Insolvenzverfahren beendet wird. Dem stellt **§ 240 S. 2 ZPO** den Übergang der Verwaltungs- und Verfügungsbefugnis auf einen vorläufigen Insolvenzverwalter gleich. Der Antrag auf Eröffnung des Insolvenzverfahrens führt noch nicht zur Unterbrechung (BFH 9.3.2000 – IV B 129/99, BFH/NV 2000, 1087); ebenso reicht auch die Bestellung eines Insolvenzverwalters ohne Übergang der Verfügungsbefugnis noch nicht aus (BGH 21.6.1999 – II ZR 70/98, NJW 1999, 2822). Entsprechendes gilt, wenn Eigenverwaltung (§§ 270 ff. InsO) angeordnet wurde (BFH 27.2.2014 – V R 21/11, BStBl. II 2014, 501). Die Eröffnung eines Insolvenzverfahrens über das Vermögen des Gesellschafters einer PersGes hat die Unterbrechung eines Einspruchsverfahrens gegen den Gewinnfeststellungsbescheid (§§ 179 ff.) zur Folge (BFH 31.5.2007 – IV B 127/06, BFH/NV 2007, 1908; BFH 30.9.2004 – IV B 42/03, BFH/NV 2005, 365). Dagegen ist das Einspruchsverfahren durch die Eröffnung des Insolvenzverfahrens über das Vermögen der PersGes nicht gem. § 240 ZPO unterbrochen; die Insolvenz einer PersGes berührt nicht das Verfahren der Gewinnfeststellung, da seine steuerlichen Folgen nur die Gesellschafter persönlich und nicht den nach Insolvenzrecht abzuwickelnden Vermögensbereich der PersGes betreffen (BFH 20.5.2010 – IV R 74/07, BStBl. II 2010, 1104; BFH 11.10.2007 – IV R 52/04, BStBl. II 2009, 705; BFH 7.6.2018 – IV R 11/16, BFH/NV 2018, 1156). Bei zur ESt zusammenveranlagten Ehegatten (§ 26b EStG) oder Lebenspartnern (§ 26b EStG iVm § 2 VIII EStG) wird das Einspruchsverfahren nur hinsichtlich des Ehegatten/Lebenspartners unterbrochen, über dessen Vermögen das Insolvenzverfahren eröffnet wurde. Das Einspruchsverfahren wird auch gem. § 240 ZPO im Falle einer Auslandsinsolvenz unterbrochen (BFH 9.2.2015 – VII B 104/13, BFH/NV 2015, 858; BFH 10.5.2013 – IX B 145/12, BFH/NV 2013, 1452). Die Regelung des § 85 I 1 InsO, nach der der Insolvenzverwalter jederzeit Aktivprozesse aufnehmen kann, ist auf das Einspruchsverfahren anwendbar (BFH 30.7.2019 – VIII R 21/16, BStBl. II 2021, 171).
- **Verlust der Prozessfähigkeit und Anordnung der Nachlassverwaltung (§ 241 ZPO I und III).** Die Unterbrechung des Einspruchsverfahrens nach **§ 241 I ZPO** setzt voraus, dass der Einspruchsführer oder ein notwendig Hinzugezogener die Prozessfähigkeit verliert oder der gesetzliche Vertreter des Einspruchsführers bzw. des notwendig Hinzugezogenen stirbt oder seine Vertretungsbefugnis aufhört, ohne dass der Ein-

spruchsführer bzw. der notwendig Hinzugezogene prozessfähig geworden ist.. Das Einspruchsverfahren ist unterbrochen bis der gesetzliche Vertreter oder der neue gesetzliche Vertreter seine Bestellung der FB gegenüber anzeigt, § 241 I ZPO. Bei einer PersGes tritt Unterbrechung durch Tod des einzigen gesetzlichen Vertreters, zB des KG-Komplementärs, ein. Ein vollständiger Gesellschafterwechsel berührt die Identität und den Fortbestand einer PersGes nicht (BFH 12.12.1996 – II R 61/93, BStBl. II 1997, 299), sodass eine Unterbrechung gem. § 241 ZPO ausscheidet. Bei einer GmbH tritt Unterbrechung ein, wenn diese im Handelsregister gelöscht wird (BFH 11.9.1996 – VII B 176/94, BFH/NV 1997, 166). Bei bestehender Vollmacht schließt jedoch § 246 ZPO die Unterbrechung des Verfahrens in den Fällen des § 241 ZPO aus (BFH 6.8.2010 – V B 65/09, BFH/NV 2010, 2111); hier ist jedoch ggf. Aussetzung des Verfahrens möglich (→ Rn. 69). Gem. **§ 241 III ZPO** ist § 241 I ZPO entsprechend anzuwenden, wenn eine Nachlassverwaltung (§ 1984 BGB) angeordnet wird. In diesem Fall ist das Einspruchsverfahrens bis zur Fortsetzungsanzeige des Nachlassverwalters unterbrochen.
– Eintritt der **Nacherbfolge (§ 242 ZPO).** Nach § 242 ZPO gilt hinsichtlich der Unterbrechung und der Aufnahme des Einspruchsverfahrens bei Eintritt der Nacherbfolge § 239 ZPO entsprechend. Bei bestehender Vollmacht schließt § 246 ZPO die Unterbrechung des Verfahrens im Falle des § 242 ZPO aus; jedoch kann ggf. Aussetzung des Verfahrens beantragt werden (→ Rn. 69).

68 **§ 243 ZPO** regelt für die Fälle der §§ 239, 242 ZPO die Beendigung der Unterbrechung bei Vorhandensein eines Nachlasspflegers oder Testamentsvollstreckers. Der in Anwaltsprozessen an den Tod des Bevollmächtigten anknüpfende Unterbrechungsgrund des **§ 244 ZPO** gilt nicht für das Einspruchsverfahren. Die in **§ 245 ZPO** geregelte Unterbrechung durch Stillstand der Rechtspflege bzw. der Behördentätigkeit ist für das Einspruchsverfahren ohne praktische Bedeutung.

II. Aussetzung gem. §§ 246, 247 ZPO

69 **§ 246 ZPO** trifft für die in §§ 239, 241 und 242 ZPO geregelten Fälle des Todes, des Verlusts der Prozessfähigkeit, des Wegfalls des gesetzlichen Vertreters, der Anordnung einer Nachlassverwaltung oder des Eintritts der Nacherbfolge eine auch auf das Einspruchsverfahren anzuwendende Sonderregelung. In den vorgenannten Fällen tritt gem. § 246 I HS 1 ZPO eine Unterbrechung des Verfahrens nicht ein, wenn eine Vertretung durch einen Prozessbevollmächtigten stattfand. Auf Antrag des Bevollmächtigten, in den Fällen des Todes und der Nacherbfolge auch auf Antrag des Gegners, ist jedoch nach § 246 I HS 2 ZPO die Aussetzung des Verfahrens anzuordnen. Da im steuerrechtlichen Verfahren die Vollmacht gem. § 80 IV 1 über den Tod des Vollmachtgebers hinaus gültig bleibt, führen gem. § 246 I HS 1 ZPO der Tod des Einspruchsführers bzw. des notwendig Hinzugezogenen und die Ereignisse iSd §§ 241, 242 ZPO nicht zur Unterbrechung des Einspruchsverfahrens. Die FB hat jedoch bei einem entsprechenden Antrag des Bevollmächtigten das Einspruchsverfahren gem. § 246 I HS 2 ZPO auszusetzen. Hinsichtlich der Aussetzungsentscheidung hat die FB kein Ermessen. Eine Aussetzung des Einspruchsverfahrens ist nur dann nicht erforderlich, wenn der Einspruch unzulässig ist (vgl. BFH 21.6.1991 – VIII R 17/91, BFH/NV 1991, 832). Die Aussetzung dauert gem. § 246 II ZPO fort in den Fällen des § 239 ZPO und des § 241 ZPO bis zur Aufnahme des Verfahrens und in den Fällen des § 241 ZPO bis zur Anzeige der Absicht, das Verfahren fortzusetzen (→ Rn. 67).

Das Einspruchsverfahren ist ferner gem. **§ 247 ZPO** auszusetzen, wenn ein Beteiligter seine Rechte unverschuldet nicht wahrnehmen kann, weil er sich an einem Ort aufhält, der von dem Verkehr mit der FB abgeschnitten ist, zB durch obrigkeitliche Anordnung oder durch Krieg.

III. Rechtswirkungen der Unterbrechung; Verfahrensfragen

Die Unterbrechung tritt unmittelbar kraft Gesetzes ein; sie ist unabhängig von der Kenntnis der Beteiligten und von der FB von Amts wegen zu beachten. Die Rechtswirkungen der Unterbrechung ergeben sich aus dem entspr. anzuwendenden § 249 ZPO (→ Rn. 28). 70

E. Rechtsbehelfe (Abs. 3)

§ 363 III schließt die selbständige Anfechtung der Ablehnung des Antrags auf Aussetzung oder Ruhen des Verfahrens sowie den Widerruf der Aussetzung oder des Ruhens des Verfahrens aus. Gleiches gilt für die Anfechtung einer Fortsetzungsmitteilung der FB iSd § 363 II 4, die einem Widerruf der Ruhensanordnung gleichkommt (→ Rn. 56). Ein Einspruch gegen die in den Abs. 3 genannten VA ist als unzulässig zu verwerfen, § 358 S. 2. § 363 III beruht auf dem allg. Rechtsgedanken, dass Einwendungen gegen verfahrenslenkende Maßnahmen, unbeschadet der Frage, ob sie VA-Charakter haben, nur gegen den das Verfahren abschließenden Einspruchsbescheid geltend gemacht werden können (→ § 347 Rn. 6). Rechtsschutz wird in den Fällen des § 363 III erst mit der Klagemöglichkeit gegen die Einspruchsentscheidung gewährt. Das FG hat im Klageverfahren inzidenter die Rechtmäßigkeit der die Aussetzung oder das Ruhen des Verfahrens ablehnenden Entscheidungen oder des Widerrufs der Aussetzung oder Verfahrensruhe zu überprüfen. Zur isolierten Anfechtung des Einspruchsbescheids → Rn. 63. Das Ruhen des Verfahrens kann nicht durch einstweilige Anordnung (§ 114 FGO) erzwungen werden (FG Hamburg 18.12.1968 – V 233/68, EFG 1969, 129; FG Rheinland-Pfalz 23.1.1969 – III 15a/68, EFG 1969, 133). 71

§ 363 III ordnet keine Anfechtungsbeschränkung für die Anordnung der Aussetzung (§ 363 I), für die Ruhensanordnung (§ 363 II 1) und für die Allgemeinverfügung nach § 363 II 3 an. Da diese Maßnahmen VA sind, können sie selbständig mit dem Einspruch angegriffen werden (→ Rn. 33, 44 und 60). 72

§ 364 Offenlegung der Besteuerungsunterlagen

Den Beteiligten sind, soweit es noch nicht geschehen ist, die Unterlagen der Besteuerung auf Antrag oder, wenn die Begründung des Einspruchs dazu Anlass gibt, von Amts wegen offenzulegen.

Schrifttum: Thouet/Thouet, Rechtsschutz gegen Verfahrensrechtsverletzungen im außergerichtlichen Rechtsbehelfsverfahren, INF 1999, 459; App, Mitteilung der Entscheidungsgrundlagen im Beschwerdeverfahren gegen Maßnahmen der Finanzbehörden im Erhebungs- und im Vollstreckungsverfahren, DStZ 1987, 96; Loschelder, Die Mitteilung der Besteuerungsunterlagen im Einspruchsverfahren, AO-StB 2003, 126; Dißars, Akteneinsicht im steuerlichen Verwaltungsverfahren, DStR 2005, 137; Bilsdorfer, Aussetzung der Vollziehung trotz Rechtmäßigkeit des Verwaltungsaktes?, AO-StB 2020, 229.

I. Allgemeines

Zeitliche Geltung. § 364 ist zuletzt durch das Zweite Datenschutz-Anpassungs- und Umsetzungsgesetz EU v. 20.11.2019 (2. DSAnpUG-EU, BGBl. 2019 I 1626) mit Wirkung zum 26.11.2019 redaktionell an die Begriffsbestimmungen der DS-GVO angepasst worden, indem in der Überschrift das Wort „Mitteilung" durch „Offenlegung" und im Text das Wort „mitzuteilen" durch das Wort „offenzulegen" ersetzt wurde (vgl. BT-Drs. 19/4674, 294). 1

Regelungszweck. § 364 soll für das Einspruchsverfahren die hinreichende Information der Beteiligten (§ 359) sicherstellen. Die Vorschrift verwirklicht den Anspruch auf rechtliches Gehör (BFH 23.2.2010 – VII R 19/09, BStBl. II 2010, 729; BFH 10.11.1989 – VI 2

R 124/88, BStBl. II 1990, 414; Loschelder AO-StB 2003, 126) und ergänzt diesen schon im allgemeinen Verfahrensrecht (§§ 91, 121 I) verankerten allg. Rechtsgrundsatz.

3 Der **Anwendungsbereich** des § 364 erstreckt sich auf alle Einspruchsverfahren, in denen „Unterlagen der Besteuerung" bedeutsam sind. Dies betrifft Einspruchsverfahren betr. StBescheide, StMessbescheide, Feststellungsbescheide iSd §§ 179 ff., Bescheide über Vergütungsansprüche, Haftungsbescheide iSd § 191 (BFH 13.9.1972 – I R 189/70, BStBl. II 1973, 119; BFH 4.4.1978 – VII R 71/77, BStBl. II 1978, 402) und Vollstreckungsmaßnahmen (App DStZ 1987, 96). Aus § 364 ergibt sich kein allg. Anspruch auf Auskunft außerhalb eines Einspruchsverfahrens. Erben haben daher keinen Anspruch auf Überlassung von Kopien der von Kreditinstituten gem. § 33 ErbStG eingereichten Anzeigen, wenn das FA die StAkte mit dem Vermerk „steuerfrei" geschlossen hat, ohne die Erben an dem Verfahren zu beteiligen (BFH 23.2.2010 – VII R 19/09, BStBl. II 2010, 729).

II. Voraussetzungen und Umfang der Mitteilungspflicht

4 § 364 begründet unter seinen näheren Voraussetzungen eine gesetzliche Verpflichtung der FB zur Offenlegung der Besteuerungsgrundlagen.

6 **Auf Antrag oder von Amts wegen.** Die Offenlegung der Besteuerungsgrundlagen hat auf Antrag der Beteiligten, dh des Einspruchsführers oder Hinzugezogenen, zu erfolgen. Die Anspruchsberechtigung setzt die Zulässigkeit des Rechtsbehelfs voraus; nicht anspruchsbefugt sind daher zB ausgeschiedene Gesellschafter einer PersGes, soweit für sie die Voraussetzungen des § 352 I Nr. 3 nicht erfüllt sind. Die Pflicht zur Offenlegung der Besteuerungsgrundlagen besteht auch von Amts wegen, wenn die Begründung des Einspruchs dazu Anlass gibt, so etwa, wenn dem Beteiligten die Unterlagen der Besteuerung ersichtlich unbekannt sind.

7 Der Begriff **„Unterlagen der Besteuerung"** ist weit auszulegen. Es gehören dazu alle Tatsachen- und Berechnungsgrundlagen, wie zB Bewertungs- und Schätzungsgrundlagen (HHSp § 364 Rn. 33), Auskünfte, Aktenvermerke, Amtshilfemitteilungen einschl. Kontrollmitteilungen, und Ergebnisse einer Beweisaufnahme, wie zB Zeugenaussagen, die geeignet sind, das Ergebnis des Verfahrens und den daraus resultierenden VA zu beeinflussen (FG Niedersachsen 13.12.2005 – 13 K 427/05, EFG 2006, 864; HHSp § 364 Rn. 33 f.). Offenzulegen sind auch die Tatsachen, auf denen ein Schätzungsbescheid (§ 162 I, II) beruht; weitere Angaben zu Schätzungsmethode und -ergebnis sind jedoch nicht erforderlich, wenn sich das Schätzungsergebnis erkennbar an den Vorjahren orientiert (FG Niedersachsen 13.12.2005 – 13 K 427/05, EFG 2006, 864).

8 **Erfüllung und Grenzen der Offenlegungspflicht.** Die Offenlegung muss so vollständig, schlüssig und verständlich sein, dass eine Überprüfung des angefochtenen VA möglich ist. Die FB hat bezüglich der Erfüllung ihrer Offenlegungspflicht kein Ermessen (Dißars DStR 2005, 137). Die Offenlegungspflicht wird durch das **StGeheimnis** (§ 30) begrenzt. Aus § 364 ergibt sich weder eine Befugnis noch eine Verpflichtung der FB, die Verhältnisse Dritter zu offenbaren (FG München 16.11.2005 – 4 K 5085/03, EFG 2006, 386). Dem Zweck des § 364 ist nur genügt, wenn dem Beteiligten nach Erfüllung der Offenlegungspflicht eine angemessene Frist zur Stellungnahme eingeräumt wird.

9 **Verhältnis zum Akteneinsichtsrecht.** Der Anspruch aus § 364 und der Anspruch auf Akteneinsicht stehen grds. nebeneinander (FG Düsseldorf 19.3.2007 – 16 V 4828/06 A(H(L)), EFG 2007, 1053; zum Anspruch auf Akteneinsicht → § 91 Rn. 23 f.). § 364 selbst gewährt den Beteiligten kein Recht auf Akteneinsicht (BFH 20.9.2024 – IX R 24/23, BFH/NV 2025, 186; BFH 7.5.2024 – IX R 21/22, BFH/NV 2024, 1070; BFH 4.6.2003 – VII B 138/01, BFH/NV 2003, 1356; BFH 8.6.1995 – IX B 168/94, BFH/NV 1996, 64). Die Vorschrift schließt dieses Recht andererseits auch nicht aus; die Entscheidung über die Gewährung der Akteneinsicht steht im pflichtgemäßen Ermessen (§ 5) der FB (BFH 7.5.2024 – IX R 21/22, BFH/NV 2024, 1070; BFH 5.12.2016 – VI B 37/16, BFH/NV

2017, 435; BFH 15.9.2010 – II B 4/10, BFH/NV 2011, 2; FG Münster 28.3.2012 – 6 K 4441/10 AO, EFG 2012, 1414). Das Ermessen ist auch bei einem Antrag des Insolvenzverwalters nicht generell auf null reduziert (BFH 15.9.2010 – II B 4/10, BFH/NV 2011, 2). Die FB kann jedoch den Einspruchsführer zur Erfüllung ihrer Verpflichtung aus § 364 idR nicht auf eine Akteneinsicht verweisen (FG Düsseldorf 19.3.2007 – 16 V 4828/06 A (H(L)), EFG 2007, 1053). Die Ablehnung der Akteneinsicht ist VA (§ 118 S. 1) und mit dem Einspruch anfechtbar.

III. Verletzung der Mitteilungspflicht; Verfahrensfragen

Lehnt die FB die Offenlegung der Besteuerungsgrundlagen ab, liegt darin kein mit Einspruch und Klage angreifbarer VA (HHSp § 363 Rn. 51; Loschelder AO-StB 2003, 126; Thouet/Thouet INF 1999, 459 (460); aA TK § 364 Rn. 10; Gosch AO § 364 Rn. 11; offen gelassen BFH 26.5.2003 – VI B 292/00, BFH/NV 2003, 1145). Die Ablehnung ist vielmehr eine Verfahrenshandlung der FB (→ § 347 Rn. 5 ff.). Verletzt die FB die ihr durch § 364 auferlegte Verpflichtung, liegt ein zur Rechtswidrigkeit der Einspruchsentscheidung führender Verfahrensfehler vor, sofern nicht eine gem. § 126 I Nr. 3 mögliche Heilung im Einspruchsverfahren eintritt. Im finanzgerichtlichen Verfahren kann zwar der Mangel gem. § 75 FGO geheilt werden. Das FG kann jedoch ggf. auch den Einspruchsbescheid gem. § 100 I 1 oder III FGO aufheben (BFH 10.11.1989 – VI R 124/88, BStBl. II 1990, 414). 12

Der Verstoß gegen § 364 kann ferner auch eine AdV oder Aufhebung der Vollziehung gem. § 361 II oder III durch die FB oder gem. § 69 III FGO durch das FG rechtfertigen, sofern wegen der beeinträchtigten Rechtverfolgungsmöglichkeiten des Beteiligten ernsthafte Zweifel an der Rechtmäßigkeit des VA bestehen (BFH 4.4.1978 – VII R 71/77, BStBl. II 1978, 402; BFH 14.2.1984 – VIII B 112/83, BStBl. II 1984, 443; BFH 15.6.2021 – VII B 18/21 (AdV), BFH/NV 2021, 1331; FG Düsseldorf 19.3.2007 – 16 V 4828/06 A(H(L)), EFG 2007, 1053; aA Klein § 361 Rn. 17; s. auch FG Saarland 23.3.2020 – 2 V 1042/20, EFG 2020, 908 und Bilsdorfer AO-StB 2020, 229). 13

Wird die Verletzung des § 364 erst im finanzgerichtlichen Verfahren geheilt und obsiegt die FB, können ihr gem. § 137 FGO die Kosten des Verfahrens aufzuerlegen sein. 14

§ 364a Erörterung des Sach- und Rechtsstands

(1) [1] Auf Antrag eines Einspruchsführers soll die Finanzbehörde vor Erlass einer Einspruchsentscheidung den Sach- und Rechtsstand erörtern. [2] Weitere Beteiligte können hierzu geladen werden, wenn die Finanzbehörde dies für sachdienlich hält. [3] Die Finanzbehörde kann auch ohne Antrag eines Einspruchsführers diesen und weitere Beteiligte zu einer Erörterung laden.

(2) [1] Von einer Erörterung mit mehr als zehn Beteiligten kann die Finanzbehörde absehen. [2] Bestellen die Beteiligten innerhalb einer von der Finanzbehörde bestimmten angemessenen Frist einen gemeinsamen Vertreter, soll der Sach- und Rechtsstand mit diesem erörtert werden.

(3) [1] Die Beteiligten können sich durch einen Bevollmächtigten vertreten lassen. [2] Sie können auch persönlich zur Erörterung geladen werden, wenn die Finanzbehörde dies für sachdienlich hält.

(4) Das Erscheinen kann nicht nach § 328 erzwungen werden.

Schrifttum: Harder, Die Erörterung nach § 364a AO – nicht nur aus abgabenrechtlicher Sicht, DStZ 1996, 397; Thouet/Thouet, Rechtsschutz gegen Verfahrensrechtsverletzungen im außergerichtlichen Rechtsbehelfsverfahren, INF 1999, 459; Boochs, Mediation im Steuerrecht, DStR 2006, 1062.

Übersicht

I. Allgemeines

1 Die Vorschrift wurde mit Wirkung ab 1.1.1996 durch das GrenzpendlerG (BGBl. 1994 I 1395) eingefügt. Sie soll die einvernehmliche Erledigung des Einspruchsverfahrens fördern und Streitfälle vom FG fernhalten (BT-Drs. 12/7427, 37). In Ergänzung zu § 364 wird zugleich der auch im außergerichtlichen Rechtsbehelfsverfahren bestehende Anspruch auf rechtliches Gehör (§ 91) konkretisiert. Eine Erörterung nach § 364a kann auch in einem AdV-Verfahren (§ 361) erfolgen.

2 Die mündliche Erörterung ist besonders geeignet, um den Sachverhalt aufzuklären, Rechtsfragen zu erörtern, Dauersachverhalte einvernehmlich zu klären und ggf. eine tatsächliche Verständigung herbeizuführen (AEAO zu § 364a Nr. 1). Der materielle Gehalt des § 364a ist jedoch letztlich gering, zumal der Verletzung der Vorschrift ein nur geringer eigenständiger Stellenwert zukommt (→ Rn. 21 ff.). § 364a eröffnet auch der Mediation im StVerfahren (dazu zB Boochs DStR 2006, 1062) die Möglichkeit, Streitfälle durch Abschluss einer tatsächlichen Verständigung einvernehmlich zu erledigen. Die Nachfrage nach Mediationsverfahren im StVerfahren ist jedoch in der Praxis sehr gering.

II. Erörterung (Abs. 1)

1. Einleitung des Erörterungsverfahrens (Abs. 1 S. 1 und 3)

3 Die Einleitung des Erörterungsverfahrens kann auf Antrag des Einspruchsführers erfolgen (§ 364a I 1). Auch die FB selbst kann nach ihrem Ermessen den Einspruchsführer und weitere Beteiligte (§ 359) zur Erörterung der Sach- und Rechtslage laden (§ 364a I 3).

4 **Antrag des Einspruchsführers (Abs. S. 1).** Antragsbefugt ist nach § 364a I 1 der Einspruchsführer, nicht aber andere Personen, wie zB Feststellungsbeteiligte, die selbst nicht gem. § 352 einspruchsbefugt sind. Auch Hinzugezogene (§ 360) sind nicht antragsberechtigt, weil der in § 364a I 1 verwendete Begriff des Einspruchsführers dem des § 359 Nr. 1 entspricht (HHSp § 364a Rn. 64; AEAO zu § 364a Nr. 3). Nicht Antragsberechtigte können allerdings von der FB gem. § 364a I 2 geladen werden. Bei mehreren Einspruchsführern reicht es aus, wenn einer die Erörterung beantragt.

Der Antrag kann, weil nicht formgebunden, auch mündlich erfolgen. Er ist nicht fristgebunden und kann bis zur Bekanntgabe der Einspruchsentscheidung gestellt werden. Empfehlenswert ist eine frühzeitige Antragstellung, da der Zeitpunkt des Ergehens der Einspruchsentscheidung regelmäßig nicht bekannt sein dürfte. Sachdienlich sind auch nähere Angaben zum Erörterungsgegenstand.

5 **Entscheidung über den Antrag; Ablehnungsgründe.** Das der FB bei der Entscheidung über den Erörterungsantrag eingeräumte Ermessen (§ 5) ist wegen der Ausgestaltung des § 364a I 1 als Sollvorschrift dahingehend gebunden, dass die FB im Regelfall zur Erörterung des Sach- und Rechtsstands verpflichtet ist. Die Ablehnung des Erörterungsantrags ist zwar VA (§ 118 S. 1), jedoch nicht selbständig anfechtbar (TK § 364a Rn. 6; → Rn. 22).

6 Der Antrag kann ermessensfehlerfrei **abgelehnt** werden,

– wenn er offensichtlich der Verfahrensverschleppung dient (AEAO zu § 364a Nr. 2; BT-Drs. 12/7427, 37);
– wenn ersichtlich nur unerhebliche Gesichtspunkte besprochen werden sollen oder nicht erkennbar ist, wie und ob die Erörterung zur Aufhellung der Sach- und Rechtslage beitragen könnte (Gosch AO § 364a Rn. 10; HHSp § 364a Rn. 93);
– wenn eine Einspruchsbegründung fehlt und nicht erkennbar ist, was Gegenstand der Erörterung sein soll (HHSp § 357 Rn. 93);
– wenn der Stpfl. seine Erklärungspflicht verletzt hat und sich mit dem Einspruch gegen einen Schätzungsbescheid (§ 162 I, II) wendet (HHSp § 364a Rn. 89). Hier kommt eine Erörterungspflicht allenfalls erst nach Abgabe der StErklärung in Betracht;
– bei Ruhen des Verfahrens (§ 363) oder beabsichtigter Abhilfe des Einspruchs (AEAO zu § 364a Nr. 4);
– wenn mehr als zehn Beteiligte vorhanden sind und kein gemeinsamer Vertreter bestellt wird, § 364a II (→ Rn. 15 ff.), und
– aus den in § 91 II und III aufgeführten Gründen, die einer Anhörung der Beteiligten entgegenstehen und die sinngemäß auch für § 364a gelten (Gosch AO § 364a Rn. 10).

Erörterungsanordnung von Amts wegen (Abs. 1 S. 3). Die FB kann auch ohne Antrag von Amts wegen nach pflichtgemäßem Ermessen den Einspruchsführer und weitere Beteiligte zur Erörterung laden (Abs. 1 S. 3). Die Anordnung einer Erörterung gem. Abs. 1 S. 3 ist zwar VA, jedoch nicht selbständig anfechtbar (→ Rn. 22 f.). 7

2. Ladung des Einspruchsführers und weiterer Beteiligter (Abs. 1 S. 2 und 3)

Zur Erörterung bedarf es grds. einer Ladung durch die FB, in der Zeit und Ort der Erörterung zu bestimmen sind. Eine förmliche Zustellung nach dem VwZG ist jedoch nicht erforderlich. Zur Ladung von Bevollmächtigten → Rn. 18. Ist das persönliche Erscheinen des Beteiligten angeordnet, soll die Landung den Hinweis auf die Nichterzwingbarkeit dieser Anordnung (§ 364a IV) enthalten. 8

Ladung weiterer Beteiligter (Abs. 1 S. 2 und S. 3). Die FB kann, wenn sie dies für sachdienlich hält, weitere Beteiligte iSd § 359, also andere Einspruchsführer oder Hinzugezogene, zum Erörterungstermin laden. Die Ladung von am Verfahren nicht beteiligten Dritten, wie zB eines Sachverständigen, ist ausgeschlossen (Schwarz/Pahlke/Keß § 364a Rn. 3; aA Gosch AO § 364a Rn. 12; HHSp § 364a Rn. 142). 9

Rechtsnatur der Ladung. Die Ladung erschöpft sich in der Information über Zeit und Ort der Erörterung; sie ist, anders als die Anordnung nach § 364a I 3 die Ablehnung einer Erörterung, mangels Regelung kein VA (BFH 11.4.2012 – I R 63/11, BStBl. II 2012, 539; TK § 364a Rn. 7; HHSp § 364a Rn. 144). 10

3. Durchführung des Erörterungstermins

§ 364a verlangt die mündliche Erörterung des Sach- und Streitstands mit der in → Rn. 2 umschriebenen Zielsetzung. Auch eine telefonische Erörterung kann ausreichen, wenn der Beteiligte einverstanden ist und die Erörterung zweckentsprechend durchgeführt wird (AEAO zu § 364a Nr. 5; Harder DStZ 1996, 397). 11

Hinsichtlich des Sachstands hat die FB im Erörterungstermin den Beteiligten den entscheidungserheblichen Sachverhalt, soweit er ihnen noch nicht bekannt ist, darzulegen. Vor allem hat die FB die einschlägigen Unterlagen der Besteuerung (§ 364) sowie den Inhalt eingeholter Auskünfte oder Sachverständigengutachten mitzuteilen. 12

Im Regelfall dürfte sich aus Beweissicherungsgründen die Anfertigung einer **Niederschrift** über den Erörterungstermin empfehlen. Die Erörterung kann mit einer **Beweisaufnahme,** zB einer Einnahme eines Augenscheins, der Erhebung von Auskünften oder der Hinzuziehung von Sachverständigen (§§ 93 ff.) verbunden werden. In diesem Fall sind die Teilnehmerrechte von Beteiligten, Bevollmächtigten und Beiständen gem. § 365 II zu beachten. 13

14 Kommt es im Erörterungstermin zu einer **tatsächlichen Verständigung,** sind die für ihre Verbindlichkeit erforderlichen Voraussetzungen sicherzustellen (s. zur tatsächlichen Verständigung im Einzelnen → § 88 Rn. 47 ff.).

III. Mehr als zehn Beteiligte (Abs. 2)

15 **Ablehnungsrecht der FB.** § 364a II 1 soll sicherstellen, dass die erstrebte einvernehmliche Erledigung des Einspruchsverfahrens nicht durch einen zu großen Teilnehmerkreis gehemmt oder verhindert wird (BT-Drs. 12/7423, 37). § 364a II 1 ist anwendbar, wenn mehr als zehn Beteiligte einen Antrag auf Erörterung gestellt haben oder, wenn weniger als zehn Beteiligte diesen Antrag stellen, in Anwendung des § 364a I 2 aber mehr als zehn Beteiligte zu laden wären.

Bei mehr als zehn Beteiligten (§ 359) ist die Ablehnung der Erörterung, in Ausnahme zur regelmäßigen Erörterungspflicht nach § 364a I 1, regelmäßig nicht ermessensfehlerhaft; selbstverständlich bleibt die FB zur Erörterung mit mehr als zehn Beteiligten berechtigt.

16 **Bestellung eines gemeinsamen Vertreters.** Bei mehr als zehn Beteiligten kann gem. § 364a II 2 die Erörterung erreicht werden, wenn diese einen gemeinsamen Vertreter bestellen. Entgegen dem unklaren Wortlaut des Abs. 2 S. 2 muss nicht ein einziger Vertreter bestellt werden. Es reicht aus, wenn sich einzelne Gruppen von Beteiligten auf einen oder mehrere Vertreter einigen und die Zahl der Vertreter einschl. der nicht vertretenen Beteiligten insgesamt weniger als zehn beträgt (HHSp § 364a Rn. 126). Wegen der mit § 364a II 2 erstrebten Verkleinerung des Teilnehmerkreises dürfte eine persönliche Teilnahme von Beteiligten neben ihren Vertretern nur in Betracht kommen, wenn die Teilnehmerzahl insgesamt nicht mehr als zehn beträgt (HHSp § 364a Rn. 126).

17 Beantragen mehr als zehn Beteiligte eine Erörterung oder wären in Anwendung des § 364a I 2 mehr als zehn Beteiligte zu laden, hat die FB diese gem. § 364a II 2 zur Bestellung eines gemeinsamen Vertreters binnen bestimmter, angemessener Frist aufzufordern. Da es sich nicht um eine Ausschlussfrist handelt, ist diese verlängerbar; eine Bevollmächtigung nach Fristablauf ist wirksam (HHSp § 364a Rn. 125). Der Aufforderung der FB, einen Vertreter zu bestellen, können, soweit erforderlich, die Namen und Anschriften der weiteren Beteiligten beigefügt werden.

IV. Vertretung; persönliches Erscheinen (Abs. 3)

18 **Vertretung.** § 364a III 1 stellt klar, dass sich Beteiligte bei der Erörterung durch Bevollmächtigte vertreten lassen können. Für die Vertretung gilt nach § 365 I die Regelung des § 80. Ist der Einspruchsführer vertreten, ist der Bevollmächtigte zu laden und grds. mit ihm die Sache zu erörtern, § 80 III 1 (Schwarz/Pahlke/Keß § 364a Rn. 4). Der Beteiligte kann auch mit einem Beistand (§ 80 IV) erscheinen. Der Beteiligte muss Erklärungen seines Bevollmächtigten oder Beistands, einschl. Rücknahme- und Verzichtserklärungen, gem. § 80 I 2 und IV 2 gegen sich gelten lassen.

19 **Persönliches Erscheinen.** Die gem. § 364a II 2 mögliche Anordnung des persönlichen Erscheinens ist „sachdienlich", wenn und soweit Sachverhaltsfragen nur von dem Stpfl. beantwortet werden können und/oder dessen Anwesenheit den einvernehmlichen Verfahrensabschluss fördert (BT-Drs. 12/7427, 37). Ein Bevollmächtigter ist über die Anordnung zu verständigen, § 80 III 3. Die Anordnung des persönlichen Erscheinens ist als VA zu qualifizieren, jedoch nicht isoliert anfechtbar (→ Rn. 21 f.).

V. Nichterzwingbarkeit des persönlichen Erscheinens (Abs. 4); Rechtsfolgen des Nichterscheinens

20 § 364a IV stellt klar, dass die Anordnung des persönlichen Erscheinens nicht mit Zwangsmitteln (§§ 328 ff.) durchgesetzt werden kann. Das unentschuldigte Nichterscheinen eines Beteiligten im Erörterungstermin ist uU zu dessen Nachteil zu werten und kann

die FB dazu veranlassen, für weiteren Sachvortrag eine Ausschlussfrist nach § 364b zu setzen.

VI. Rechtsfolgen der Verletzung des § 364a; Rechtsschutzfragen

Eine **Verletzung der Erörterungspflicht** durch die FB führt nicht zur Nichtigkeit der Einspruchsentscheidung, jedoch zu deren Rechtswidrigkeit. Allerdings schließt § 127 die Aufhebung der Einspruchsentscheidung durch das FG aus, soweit keine andere Entscheidung in der Sache hätte getroffen werden können. Eine Fristsetzung gem. § 364b ist ermessensfehlerhaft und führt nicht zur Präklusionswirkung, wenn ein zuvor gestellter Erörterungsantrag nach § 364a zu Unrecht abgelehnt wurde (→ § 364b Rn. 16). 21

Rechtsschutz nur gegen abschließende Sachentscheidung. Eine gesonderte Anfechtung von Verfahrenshandlungen im Zusammenhang mit § 364a scheidet von vornherein aus, soweit diese keinen VA-Charakter haben, wie zB die Ladung der Beteiligten zum Erörterungstermin. Soweit die VA-Qualität gegeben ist, verbietet sich jedoch eine gesonderte Anfechtbarkeit, da eine solche Klage mit dem Zweck der Vorschrift, den Abschluss des Einspruchsverfahrens zu beschleunigen und damit zugleich Streitfälle vom FG fernzuhalten, nicht vereinbar wäre (BFH 11.4.2012 – I R 63/11, BStBl. II 2012, 539). Dies folgt zusätzlich auch aus dem in § 44a VwGO und § 128 II FGO zum Ausdruck kommenden allg. Rechtsgedanken (offen gelassen BFH 11.4.2012 – I R 63/11, BStBl. II 2012, 539; → § 347 Rn. 5 ff.). 22

Demgemäß sind **nicht gesondert anfechtbar** die 23

– Ablehnung eines Erörterungsantrags (BFH 11.4.2012 – I R 63/11, BStBl. II 2012, 539; TK § 364a Rn. 6; HHSp § 364a Rn. 163). Eine gegen die Ablehnung erhobene Klage ist wegen fehlenden Rechtsschutzinteresses unzulässig (BFH 11.4.2012 – I R 63/11, BStBl. II 2012, 539);
– Anordnung der Erörterung von Amts wegen gem. § 364a I 3 (HHSp § 364a Rn. 182);
– Ladung zur Erörterung;
– schlichte Unterlassung einer Erörterung;
– Anordnung persönlichen Erscheinens gem. § 364a III 2.

Klageverfahren. Die Verletzung der Erörterungspflicht des § 364a kann im Klageverfahren gegen den StBescheid unter den Voraussetzungen des § 100 III 1 die isolierte Aufhebung der Einspruchsentscheidung zum Zwecke der weiteren Sachaufklärung durch die FB rechtfertigen (BFH 11.4.2012 – I R 63/11, BStBl. II 2012, 539). § 100 III 1 FGO ist allerdings nach § 100 III 2 FGO nicht anwendbar, wenn der Stpfl. seiner Erklärungspflicht nicht nachgekommen ist. 24

In Betracht kommt auch eine nur auf Aufhebung der Einspruchsentscheidung gerichtete **isolierte Anfechtungsklage** (§ 40 I FGO), soweit eine Beschwer durch die Ablehnung des Erörterungsantrags und ein berechtigtes Interesse an der Erörterung im Einspruchsverfahren dargelegt werden kann (BFH 11.4.2012 – I R 63/11, BStBl. II 2012, 539; BFH 6.9.2005 – IV B 14/04, BFH/NV 2005, 2166). 25

Kosten. In der Praxis wird die Anwendung des § 100 III 1 FGO durch die Sechsmonatsfrist (§ 100 III 5 FGO) erschwert. Unterliegt der Einspruchsführer im Klageverfahren, nachdem das FG die von der FB rechtswidrig unterlassene Erörterung und Sachaufklärung nachgeholt hat, kommt eine Kostentragung der FB gem. § 137 S. 2 FGO in Betracht (s. auch Thouet/Thouet INF 1999, 459). 26

§ 364b Fristsetzung

(1) **Die Finanzbehörde kann dem Einspruchsführer eine Frist setzen**

1. zur Angabe der Tatsachen, durch deren Berücksichtigung oder Nichtberücksichtigung er sich beschwert fühlt,
2. zur Erklärung über bestimmte klärungsbedürftige Punkte,

3. zur Bezeichnung von Beweismitteln oder zur Vorlage von Urkunden, soweit er dazu verpflichtet ist.

(2) [1]**Erklärungen und Beweismittel, die erst nach Ablauf der nach Absatz 1 gesetzten Frist vorgebracht werden, sind nicht zu berücksichtigen.** [2]**§ 367 Absatz 2 Satz 2 bleibt unberührt.** [3]**Bei Überschreitung der Frist gilt § 110 entsprechend.**

(3) **Der Einspruchsführer ist mit der Fristsetzung über die Rechtsfolgen nach Absatz 2 zu belehren.**

Schrifttum: Schneider, Der Abbau des Rechtsschutzes in Steuersachen durch § 364b AO und die Folgen für Steuerpflichtige und deren Steuerberater, INF 1994, 748; Spaeth, Grenzpendlergesetz; Auswirkungen der Präklusion nach § 364b AO nF, DStZ 1995, 175; Rößler, Die Neuordnung des außergerichtlichen Rechtsbehelfsverfahrens durch das Grenzpendlergesetz vom 24.6.1994, DStZ 1995, 270; Siegert, Das Arbeiten mit der Präklusion: Wie verfahren im Verfahren, wenn es um die Fristen geht?, DStZ 1995, 517; Wagner, Die Ausschlussfristen mach § 364b AO – Segen oder Last?, StuW 1996, 169; Große, Die Fristsetzung gem. § 364b AO, DB 1996, 60; Nacke, Anfechtbarkeit der Fristsetzung nach § 364b AO, NJW 1996, 3402; v. Wedelstädt, Die Ausschlußfrist nach § 364b AO – Segen oder Last für die Finanzbehörde?, StuW 1996, 186; v. Wedelstädt, Präklusion nach § 364b AO und anschließende Korrektur des Steuerbescheids mit präkludiertem Vortrag, DB 1996, 113; Lieber, Präklusion im Steuerverfahren Frankfurt a. M. 1998; Koch/Schreiner, Präklusion nach § 364b – die Leiden einer gesetzlichen Regelung DStR 1998, 1197; Lange, Zurückweisung einer erst im Klageverfahren eingereichten Steuererklärung durch das Finanzgericht, DStZ 1998, 544; Lange, Zurückweisung verspäteten Vorbringens und gerichtliche Prozessförderungspflicht, DStZ 1999, 176; v. Groll, Bestandskraft in Fällen der Präklusion nach § 364b AO, FS Klaus Offerhaus, 1999, 837; Seeger, Das deutsche Steuerrecht zu Beginn des 21. Jahrhunderts – Notwendige Reformen aus der Sicht der Finanzgerichtsbarkeit, DStR 2000, 10; Schmidt-Troje/Fumi, Fristsetzung nach § 364b – wem zum Nutzen? Stbg 2000, 119; Suhrbier-Hahn, Die Reform der Finanzgerichtsordnung zum 1.1.2001 – Die Änderungen der FGO durch das 2. FGOÄndG vom 19.12.2000, DStR 2001, 467; v. Wedelstädt, Die präkludierende Fristsetzung durch die Finanzbehörde – Fristsetzungsvorschrift mit bedingt tauglichem Drohpotenzial, AO-StB 2002, 200; Wiese/Leingang-Ludolph, Präklusion und Kosten, BB 2003, 25; Kerath, Kostentragung durch den Kläger bei nicht gewahrter Ausschlussfrist im Vorverfahren?, BB 2003, 937; Müller, Die Präklusionsregelungen der §§ 364b AO, 76 Abs. 3 FGO – ein „zahnloser Tiger"? Widersprüchliche FG-Rechtsprechung, AO-StB 2005, 176.

Übersicht

I. Allgemeines

1 **Anwendungsbereich; Regelungsziel.** § 364b wurde durch das GrenzpendlerG (BGBl. 1994 I 1395) eingefügt und soll dem Missbrauch des außergerichtlichen und gerichtlichen Rechtsbehelfsverfahrens zu rechtsbehelfsfremden Zwecken entgegenwirken. Ziel der Regelung ist es, die Gerichte von Klagen und Rechtsmitteln freizustellen, die durch nachträgliches Vorbringen, insb. durch verspätete Abgabe oder Nichtabgabe von StErklärungen verursacht werden (BT-Drs. 12/7427, 37 f.; AEAO zu § 364b Nr. 1). Zum einen verstärkt die Vorschrift mit der Fristsetzungsmöglichkeit nach § 364b I die Sanktionen gegen eine Verletzung der den Einspruchsführer ohnehin treffenden Pflichten zur

Mitwirkung (§ 365 I iVm §§ 90, 93, 97, 100) und zur Abgabe der StErklärung (§§ 149, 150). Zum anderen schränkt die Präklusionswirkung des § 364b II die Amtsermittlungspflicht des FA (§ 365 I iVm § 88 I 1) und dessen Pflicht zur erneuten Sachprüfung in vollem Umfang (§ 367 II 1) ein. Die Rechtswirkung des § 364b wird durch den Ausschluss der schlichten Änderung im Umfang der präkludierten Erklärungen und Beweismittel gem. § 172 I 3 HS 2 ergänzt. Auch im **Zollrecht** findet § 364b Anwendung (Witte Art. 22 Rn. 16). Für das finanzgerichtliche Verfahren enthält § 79b FGO eine ähnliche Regelung.

Präklusion. Kernstück der Vorschrift ist die in § 364b II 1 angeordnete Präklusion, die sich allerdings auf das Einspruchsverfahren beschränkt, sog. **formelle** Präklusion, und **nicht** iSe sog. **materiellen** Präklusion den endgültigen Rechtsverlust bezüglich der präkludierten (neuen) Erklärungen oder Beweismittel im nachfolgenden finanzgerichtlichen Verfahren bewirkt (BFH 13.5.2004 – IV B 230/02, BStBl. II 2004, 833). Ein endgültiger Rechtsverlust kann nur in den durch §§ 76 III, 79b III FGO gezogenen Grenzen eintreten (→ Rn. 40 ff.). 2

Kritik. Die gegen § 364b erhobene Grundsatzkritik (zB Schneider INF 1994, 748; Koch/Schreiner DStR 1998, 1197), die insb. die rechtsschutzverkürzenden Wirkungen dieser Vorschrift hervorhebt, ist überzogen (zutr. TK § 364b Rn. 3; s. auch Gräber FGO § 76 Rn. 76). Das mit § 364b und §§ 76 III, 79b III FGO verfolgte Anliegen der Verfahrensbeschleunigung und -konzentration sowie der Entlastung der Gerichte entspricht praktischen Bedürfnissen und trägt grds. der gegebenen Aufgabenteilung zwischen FVerw. und Gerichten Rechnung. Die Präklusionsmöglichkeit erleichtert der FVerw. – funktionsgerecht – die Feststellung der für die Besteuerung maßgebenden Tatsachen und erlaubt es den Gerichten, sich auf ihre Kontrollaufgabe zu beschränken. 3

Beeinträchtigungen des mit § 364b erstrebten **Entlastungseffekts** ergeben sich insb. aus der unklaren Fassung des § 364b I, der gesetzlich nicht geregelten Frage einer gesonderten Anfechtbarkeit der Fristsetzung (→ Rn. 27 f.) und vor allem aus der fehlenden Harmonisierung mit §§ 76 III, 79b III FGO. Der Einspruchsführer kann die gem. § 364b II ausgeschlossenen Erklärungen und Beweismittel im nachfolgenden Klageverfahren einreichen und ist insoweit nur nach dem Ermessen des FG ausgeschlossen (→ Rn. 47). Damit kann aufgrund des § 364b II nur eine eingeschränkte materielle Präklusion eintreten. Im Ergebnis wird damit die erstmalige Sachverhaltsaufklärung und Veranlagung in erheblichem Umfang funktionswidrig und entgegen der Zielsetzung des § 364b auf die FG verlagert (Gräber FGO § 76 Rn. 76; Tipke/Lang § 22 Rn. 40; Seeger DStR 2000, 10; Schmidt-Troje/Fumi Stbg 2000, 119). In der Praxis machen die FB mittlerweile nur noch zurückhaltend von § 364b Gebrauch, da ungewiss ist, ob die Präklusion auch im nachfolgenden finanzgerichtlichen Verfahren Bestand haben wird und regelmäßig auch mit zusätzlichem Verwaltungsaufwand durch weitere Rechtsbehelfe und Einwendungen gerechnet werden muss. Von einer Änderung des § 76 III FGO dahingehend, aufgrund § 364b II präkludiertes Vorbringen obligatorisch auch für das finanzgerichtliche Verfahren auszuschließen, hat der Gesetzgeber abgesehen (vgl. BR-Drs. 399/01, 26; BT-Drs. 14/6877, 55 und BT-Drs. 14/7471, 9; s. auch BFH 30.6.2004 – III B 6/04, BFH/NV 2005, 63). Verspätetes Vorbringen im gerichtlichen Verfahren wird allein durch die Kostenfolge des § 137 S. 3 FGO sanktioniert. 4

Verfassungsrechtlich ist die durch § 364b bewirkte formelle Präklusion, wie sie zB auch bei Versäumung der Einspruchsfrist (§ 355) eintritt, unproblematisch. Auch eine materielle Präklusion ist grds. mit Art. 19 IV und 103 I GG vereinbar (BVerfG 8.7.1982 – 2 BvR 1187/80, BVerfGE 61, 82; BVerwG 24.5.1996 – 4 A 38/95, NVwZ 1997, 489; aA wohl Schneider INF 1994, 748). Der Gesetzgeber kann durch verfahrensbeschleunigende Vorschriften für die Herstellung von Rechtssicherheit sorgen und Vorkehrungen treffen, dass Verfahren nicht unangemessen verzögert werden. Verfassungswidrig sind materielle Präklusionsnormen nur, wenn der Rechtsschutz durch nicht mehr verhältnismäßige Fristen ausgeschlossen oder unzumutbar erschwert wird (BVerfG 8.7.1982 – 2 BvR 1187/80, 5

BVerfGE 61, 82). Eine solche rechtsschutzverkürzende Wirkung hat § 364b zumal wegen der vom FG gem. §§ 76 III, 79b III FGO zu treffenden Ermessensentscheidung nicht (s. auch Gräber FGO § 76 Rn. 75 f.).

6 **Reformmöglichkeiten.** Ob das Regelungsziel des § 364b durch anderweitige Instrumentarien nach dem Vorbild ausländischen Rechts, zB obligatorische Zwangsgeldverpflichtung bei Versäumung der Erklärungspflicht, abgedeckt werden könnte (so Seeger DStR 2000, 10), erscheint zweifelhaft. Abgesehen von der ungeklärten praktischen Wirksamkeit derartiger Regelungsmodelle erscheint die § 364b zugrunde liegende Grundkonzeption schon wegen ihrer strikt einzelfallbezogenen Ausrichtung vorzugswürdig. Einer bislang gescheiterten Änderung des § 76 III FGO durch Beseitigung des dem FG eingeräumten Ermessens stünde die nach Art. 20 III und 19 IV GG gebotene Trennung von Verwaltungsverfahren einerseits und Gerichtsverfahren andererseits nicht entgegen (so aber BFH 17.12.1997 – I R 47/97, BStBl. II 1998, 269), weil das Verfassungsrecht unter den oben genannten Voraussetzungen (→ Rn. 5) auch eine materielle Präklusion mit uneingeschränkter Wirkung für das finanzgerichtliche Verfahren nicht ausschließt.

II. Aufforderung mit Fristsetzung (Abs. 1)

9 § 364b I bestimmt die tatbestandlichen Voraussetzungen, unter denen die FB dem Einspruchsführer eine Frist mit ausschließender Wirkung setzen darf. **Adressat** der Aufforderung kann ausschl. der Einspruchsführer, nicht auch ein Hinzugezogener sein (AEAO zu § 364b Nr. 2).

1. Gegenstand der Aufforderung (Abs. 1 Nr. 1–3)

10 § 364b I bestimmt in den Nr. 1–3 die Mitwirkungshandlungen, zu denen die FB den Einspruchsführer auffordern darf (zum Auswahlermessen → Rn. 15). Die nach § 364 I Nr. 1–3 möglichen Aufforderungen können kumulativ in einer Verfügung, ggf. auch mit unterschiedlichen Fristsetzungen, oder auch nacheinander erfolgen. Wegen der Präklusionswirkung (§ 364b II) ist eine wiederholte Aufforderung wegen derselben Punkte ausgeschlossen; jedoch kann bei weiterem Klärungsbedarf neuer oder anderer Vorgänge, zB aufgrund einer vom Einspruchsführer abgegebenen Erklärung, eine erneute Aufforderung mit Fristsetzung erfolgen. Nicht möglich ist eine präkludierende Frist für Mitwirkungshandlungen, die in § 364b I Nr. 1–3 nicht genannt werden. Erst recht ist eine Aufforderung gem. § 364b I zur Ausübung eines Wahlrechts ausgeschlossen (FG Baden-Württemberg 6.6.2000 – 4 K 131/97, EFG 2000, 1043 betr. Wahlrecht nach § 26 EStG).

11 Die Fristsetzung zur **Angabe von Tatsachen** gem. **§ 364b I Nr. 1** kommt in Betracht, wenn es sich um **klärungsbedürftige** Tatsachen handelt (TK § 364b Rn. 11). Klärungsbedürftig sind rechtlich relevante, noch nicht vollständig und wahrheitsgemäß offengelegte Tatsachen (§ 90 I 2). Maßgebend ist die Sicht des FA (TK § 364b Rn. 12). Amtsbekannte oder aus den Akten ersichtliche Tatsachen bedürfen keiner Klärung. Sind Tatsachen nicht klärungsbedürftig, zB weil sie aus den StAkten ersichtlich oder amtsbekannt sind, ist die Fristsetzung rechtswidrig und eine Präklusionswirkung insoweit ausgeschlossen (→ Rn. 41). Dies gilt auch dann, wenn das FG, zB aufgrund einer von der FB abweichenden Rechtsauffassung, die Klärungsbedürftigkeit verneint.

Die FB wird durch § 364b I Nr. 1 in den Stand gesetzt, den Umfang einer geltend gemachten Beschwer (§ 350) zu ermitteln und kann auf diesem Wege auch den Einspruchsführer anhalten, die ggf. noch fehlende Einspruchsbegründung (§ 367 III 3) einzureichen. Bei einer bislang nicht geltend gemachten Beschwer ist der Einspruch schon unzulässig; § 364b I Nr. 1 hindert die FB jedoch nicht an der Setzung einer Ausschlussfrist auch für diesen Fall (Wagner StuW 1996, 169).

Die Angabe der Tatsachen ist Sache des Einspruchsführers; die FB braucht die Tatsachen, die der Einspruchsführer nach § 364b I Nr. 1 angeben soll, weder zu bezeichnen noch einzugrenzen. Regelmäßig wird ihr dies auch nicht möglich sein. Eine Aufforderung nach

§ 364b I Nr. 1 kommt vor allem in Schätzungsfällen und zur Eingrenzung des Streitstoffs in Betracht, wenn der Einspruchsführer mehrfach einzelne Tatsachen oder Einwendungen nachschiebt.

Die Fristsetzung zur **Erklärung über bestimmte klärungsbedürftige Punkte** gem. **§ 364b I Nr. 2** setzt, wegen des erforderlichen Bezugs zu einem bestimmten Einzelsachverhalt und der erforderlichen Festlegung des Umfangs der Präklusion, voraus, dass die „Punkte", gemeint sind klärungsbedürftige Einzelsachverhalte (s. auch BT-Drs. 12/7427, 38), genau bezeichnet werden. Dies folgt aus § 119 I, sofern man, wie hier, in der Aufforderung nach § 364b einen VA iSd § 118 S. 1 sieht (→ Rn. 25 f.). Ist die Aufforderung nicht hinreichend bestimmt, ist sie rechtswidrig (TK § 364b Rn. 13) und bei völliger Unbestimmtheit uU gem. § 125 I nichtig. Die Aufforderung „nähere Angaben zu machen" ist nach den Verhältnissen des Einzelfalles uU ausreichend, wenn der Einspruchsführer sich nur pauschal auf einen bestimmten Sachverhalt beruft und der FB die näheren Einzelheiten nicht bekannt sind (aA offenbar v. Wedelstädt AO-StB 2002, 200). 12

Möglich ist auch die Fristsetzung zur **Bezeichnung von Beweismitteln** (§ 92) oder zur **Vorlage von Urkunden** (§ 92 S. 2 Nr. 3) gem. **§ 364b I Nr. 3.** Die Aufforderung zur Bezeichnung von Beweismitteln ist veranlasst, wenn Zweifel über vom Einspruchsführer behauptete Tatsachen bestehen. Hinsichtlich der Urkunden muss eine gesetzliche Vorlagepflicht aufgrund materiellen StRechts, wie zB für Bewirtungsbelege gem. § 4 V Nr. 2 EStG, oder aufgrund Verfahrensrechts, wie zB aus § 97, bestehen. Beim Verlangen nach Urkundenvorlage ist § 97 II zu beachten. 13

Eine **Fristsetzung zur Abgabe einer StErklärung** ist in § 364b I zwar nicht ausdrücklich vorgesehen; ihre Zulässigkeit ist jedoch zu bejahen (HHSp Rn. 50 f., 60; Gosch AO § 364b Rn. 59; TK § 364b Rn. 15; Klein § 364b Rn. 10; v. Wedelstädt AO-StB 2002, 200; wohl auch BFH 19.3.1998 – V R 7/97, BStBl. II 1998, 399; AEAO zu § 364b Nr. 1; aA FG Niedersachsen 27.2.1997 – X 128/96, EFG 1997, 939; Wagner StuW 1996, 169). Dies entspricht der gesetzgeberischen Intention des § 364b, gerade in Schätzungsfällen einer Verzögerung das Einspruchsverfahren durch verspätete Abgabe der StErklärung entgegenzuwirken (→ Rn. 1), und ist durch eine Zusammenschau von § 364b Nr. 1 und Nr. 3 gedeckt. Die StErklärung enthält zum einen eine Wissenserklärung über die der Erklärung zugrunde gelegten Tatsachen iSd § 364b I Nr. 1 und ist zum anderen eine Urkunde, zu deren Vorlage der Einspruchsführer gem. § 149 I verpflichtet ist (Gosch AO § 364b Rn. 59; HHSp § 364b Rn. 50 f., 60; → § 149 Rn. 5). Zur verspäteten Vorlage der StErklärung im anschließenden gerichtlichen Verfahren → Rn. 40 ff. 14

2. Ermessensentscheidung

§ 364b I verlangt als Ermessensvorschrift („kann") zum einen die Ermessensentscheidung (§ 5) der FB darüber, ob sie von der Möglichkeit zur Setzung einer Ausschlussfrist Gebrauch machen will **(Entschließungsermessen)** sowie bejahendenfalls, welchen Gegenstand die Aufforderung haben soll **(Auswahlermessen)** und welche Frist im Einzelfall gesetzt wird. Die Ermessensentscheidung ist gem. § 121 I unter Würdigung aller sachverhaltsrelevanten und rechtlich bedeutsamen Gesichtspunkte zu begründen (FG Köln 9.2.2012 – 15 K 3613/11, EFG 2012, 1231; v. Wedelstädt AO-StB 2002, 200; → § 5 Rn. 34 ff.). Aufgrund der gem. § 364b II eintretenden Präklusionswirkung ist eine Nachholung von Ermessenserwägungen erst im anschließenden Verfahren gegen den auf den Einspruch zu erlassenden Einspruchsbescheid nicht möglich (aA Große DB 1996, 60; v. Wedelstädt AO-StB 2002, 200; → Rn. 26). Das FA ist nicht verpflichtet, vor Erlass einer Teileinspruchsentscheidung (§ 367 IIa) eine Frist nach § 364b I Nr. 1 zu setzen (BFH 14.3.2012 – X R 50/09, BStBl. II 2012, 536). 15

Das **Entschließungsermessen** der FB bezüglich des Ob einer dem Einspruchsführer zu setzenden Ausschlussfrist ist am Zweck des § 364b auszurichten. Dies verlangt die einzelfallbezogene Feststellung, dass nach dem Verhalten des Einspruchsführers im Einspruchsverfahren die Gefahr einer Verfahrensverzögerung besteht (FG Niedersachsen 27.2.1997 – 16

X 128/96, EFG 1997, 939). Das öffentliche Interesse der FB an einer zügigen Entscheidung über den Einspruch ist gegen das Interesse des Einspruchsführers abzuwägen, noch Zeit zur Begründung seines Einspruchs zu gewinnen (HHSp § 364b Rn. 67). Des Nachweises einer Verzögerungs- oder Missbrauchsabsicht des Einspruchsführers oder einer besonderen Eilbedürftigkeit der Einspruchsentscheidung bedarf es nicht (FG Brandenburg 1.4.1998 – 1 K 168/97 E, U, EFG 1998, 986; TK § 364b Rn. 18). Ob die StFestsetzung in den Vorjahren jeweils null Euro betragen hat oder ob der Stpfl. in den Vorjahren seiner Erklärungspflicht nachgekommen ist, ist unerheblich (FG Brandenburg 1.4.1998 – 1 K 168/97 E, U, EFG 1998, 986). Zugunsten des Einspruchsführers kann dessen Interesse an der Erörterung des Sach- und Rechtsstands zu berücksichtigen und die Fristsetzung ermessensfehlerhaft sein, wenn die FB einem Erörterungsantrag nach § 364a zu Unrecht nicht nachkommt (→ § 364a Rn. 21).

17 Das **Auswahlermessen** der FB bestimmt sich nach dem im Einzelfall gegebenen Aufklärungsbedarf. In der Fristsetzung muss hinreichend bestimmt zum Ausdruck kommen, welches Verhalten des Einspruchsführers gefordert wird (Gosch AO § 364b Rn. 23).

3. Fristsetzung

21 Die Aufforderung nach § 364b I Nr. 1 bis 3 ist mit einer Fristsetzung zu verbinden, innerhalb derer die Anforderung, wie zB die Angabe von Tatschen, vom Einspruchsführer zu erfüllen ist. Die Frist muss hinreichend bestimmt sein (§ 119 I). Aus Gründen des Verhältnismäßigkeitsprinzips nicht ermessensgerecht ist idR die sofortige Setzung einer Ausschlussfrist (FG Niedersachsen 27.2.1997 – X 128/96, EFG 1997, 939); vorauszugehen hat idR eine „einfache" Fristsetzung zur Abgabe von Erklärungen und Vorlage von Beweismitteln (LfSt Bayern 20.11.2013, BeckVerw 278619; v. Wedelstädt AO-StB 2002, 200). Nur bei einer eindeutigen, zB aus dem Verhalten im Besteuerungsverfahren klar ersichtlichen, Verzögerungsabsicht des Einspruchsführers kann die sofortige Setzung der Ausschlussfrist rechtmäßig sein; dies insb. dann, wenn die Besteuerungsgrundlagen wegen Nichtabgabe der StErklärung geschätzt wurden und auch im Einspruchsverfahren keine StErklärung abgegeben wird (TK § 364b Rn. 19; → Rn. 14).

22 Die **Fristlänge** ist nach dem Ermessen der FB je nach den Umständen des Einzelfalls, wie zB nach dem Umfang der zu beschaffenden Unterlagen oder nach den Erschwernissen der Zugänglichkeit der Unterlagen, unter Berücksichtigung der persönlichen Verhältnisse des Einspruchsführers zu bestimmen. Geboten ist eine Mindestfrist von einem Monat (AEAO zu § 364b Nr. 2; s. auch FG Brandenburg 13.8.1997 – 2 K 848/97 F, EFG 1997, 1284). Fehlerhaft ist idR eine Frist von weniger als einem Monat oder von lediglich 15 Tagen (FG Brandenburg 27.11.1997 – 5 K 115/97 E, EFG 1998, 435). Bei besonderen Hinderungsgründen, wie zB bei Auslandssachverhalten oder bei besonderen Erschwernissen bei der Beschaffung von Unterlagen, ist die Frist von vornherein länger zu bemessen (FG Mecklenburg-Vorpommern 10.2.1998 – 2 V 25/97, EFG 1998, 798). Eine unangemessen kurze Frist führt zur Rechtswidrigkeit der Aufforderung, sodass keine Präklusion eintritt.

Die Bestimmung der Fristlänge als Ermessensentscheidung (§ 5) erfordert zwar grds. eine Begründung; an diese sind jedoch nur dann erhöhte Anforderungen zu stellen, wenn für eine Abweichung von der Monatsfrist besondere Umstände nach Aktenlage erkennbar sind oder geltend gemacht werden (FG Köln 9.2.2012 – 15 K 3613/11, EFG 2012, 1231).

23 **Fristverlängerung.** Die von der FB nach § 364b I gesetzte Ausschlussfrist ist eine behördliche Frist, die gem. § 365 iVm § 109 I 1 verlängert werden kann. Der Fristverlängerungsantrag muss jedoch **vor** Ablauf der gesetzten Ausschlussfrist bei der FB eingehen (AEAO zu § 364b Nr. 4; v. Wedelstädt AO-StB 2002, 200). Über den Antrag kann die FB auch nach Fristablauf entscheiden (Klein § 364b Rn. 13). Eine rückwirkende Fristverlängerung auf einen erst **nach** Fristablauf gestellten Fristverlängerungsantrag ist ausgeschlossen (FG Saarland 10.4.1997 – 1 K 7/97, EFG 1997, 712). Insoweit verweist § 364b II 3 ausschl. auf die Möglichkeit der Wiedereinsetzung in den vorigen Stand (§ 110) und schließt damit die Anwendung des § 109 I 2 aus (BT-Drs. 12/7427, 38).

4. Rechtsnatur der Aufforderung; formelle Anforderungen

Rechtsnatur. Die nach § 364b I ergehende Aufforderung bildet mit der Fristsetzung zusammen einen **einheitlichen VA** (§ 118 S. 1); sein Regelungscharakter liegt in der die Präklusion (§ 364b II) vorbereitenden Wirkung (HHSp § 364b Rn. 96; TK § 364b Rn. 26; Schwarz/Pahlke/Keß § 364b Rn. 131; Klein § 364b Rn. 27; Nacke NJW 1996, 3402). In der FG-Rspr. wird die Aufforderung zT als bloße Vorbereitungshandlung ohne VA-Qualität gesehen (FG München 4.12.1997 – 13 K 2613/97, EFG 1998, 436; FG Saarland 21.2.1997 – 1 K 166/96, EFG 1997, 651; so auch Gosch AO § 364b Rn. 42, 99; Linssen INF 1996, 100 (102)). 25

Formelle Anforderungen. Für die Aufforderung gelten aufgrund der VA-Qualität die §§ 118 ff. Sie muss hinsichtlich ihres Gegenstands und der gesetzten Frist hinreichend bestimmt sein (§ 119 I). Zwar ist die Verfügung nach § 364b I grds. nicht formgebunden, die **Schriftform** jedoch schon aus Nachweisgründen und wegen der nach § 364b III erforderlichen Belehrung unumgänglich (TK § 364b Rn. 27). Die Aufforderung bedarf einer Begründung iSd § 121, muss ordnungsgemäß gem. § 122 bekannt gegeben werden und eine Belehrung iSd § 364b III enthalten. 26

5. Rechtsschutzfragen

Durch die Rspr. des BFH ist geklärt, dass ein Rechtsschutzbedürfnis für einen Einspruch oder eine Klage gegen eine Fristsetzung nach § 364b nicht besteht (BFH 10.2.2020 – XI B 93/19, BFH/NV 2020, 754; BFH 24.6.2003 – IX B 139/02, BFH/NV 2003, 1436; so auch HHSp § 364b Rn. 97; TK § 364b Rn. 38; Nacke NJW 1996, 3402). Die Regelung des § 76 III FGO iVm § 79b III FGO rechtfertigt die Annahme, dass der Gesetzgeber gegen eine Fristsetzung nach § 364b keinen Einspruch und keine Klage zulassen wollte und deshalb ein Lückenausfüllungs- oder Rechtsfortbildungsverbot einer einschränkenden Auslegung nicht entgegensteht (TK § 364b Rn. 38; Steinhauff jurisPR-SteuerR 30/2020 Anm. 2). Wird wie hier der VA-Charakter der Fristsetzung nach § 364b bejaht (→ Rn. 25), sollen allerdings nach (noch) verbreiteter Gegenauffassung (Schwarz/Pahlke/Keß § 364b Rn. 17; Große DB 1996, 60 (65); Spaeth DStZ 1995, 175; v. Wedelstädt StuW 1996, 186; v. Wedelstädt AO-StB 2002, 200; Siegert DStZ 1995, 517) ein Einspruch sowie eine Klage statthaft sein. Die Verfügung nach § 364b I ist jedoch ein lediglich verfahrensleitender VA, der nach dem insoweit anzuwendenden allgemeinen verfahrensrechtlichen Rechtsgrundsatz entspr. § 363 III, § 128 II FGO, § 44a VwGO nur zusammen mit dem das Verwaltungsverfahren abschließenden Einspruchsbescheid anfechtbar ist (FG Saarland 21.2.1997 – 1 K 166/96, EFG 1997, 651; HHSp § 364b Rn. 97 ff.; Rößler DStZ 1995, 270 ff.; aA Jesse B 638; → § 347 Rn. 5 ff.). Für einen Einspruch und eine Klage gegen die Fristsetzung gem. § 364b fehlt somit, auch bei Annahme eines VA, das Rechtsschutzbedürfnis; dies muss auch für einen AdV-Antrag (§ 361 II) gelten (aA Müller AO-StB 2005, 176). Damit wird auch dem auf Beschleunigung des Einspruchsverfahrens und Entlastung der Gerichte ausgerichteten Gesetzeszweck des § 364b Rechnung getragen (→ Rn. 1). 27

Die Statthaftigkeit eines Einspruchs gegen die Aufforderung aus § 364b I ist mangels Rechtsschutzinteresse auch dann zu verneinen, wenn in der Hauptsache eine **Einspruchsentscheidung** bereits ergangen ist (BFH 10.6.1999 – IV R 23/98, BStBl. II 1999, 664). In diesem Fall ist die Rechtmäßigkeit der Fristsetzung inzidenter im Rahmen der Klage gegen die Hauptsacheentscheidung zu prüfen, sofern das Vorbringen des Einspruchsführers nicht trotz Versäumung der Frist wegen § 76 III FGO iVm § 79b III FGO ohnehin im Klageverfahren zu berücksichtigen ist (BFH 10.2.2020 – XI B 93/19, BFH/NV 2020, 754; AEAO zu § 364b Nr. 4; → Rn. 41 ff.). 28

III. Präklusion (Abs. 2)

30 Rechtsfolge des § 364b I ist die in Abs. 2 angeordnete Nichtberücksichtigung, sog. Präklusion, verspäteter, dh nach Ablauf der gesetzten Ausschlussfrist vorgebrachter, Erklärungen oder Beweismittel im Einspruchsverfahren. Erklärungen und Beweismittel, die nach Ablauf der gesetzten Frist vorgebracht werden, können jedoch im Rahmen einer Änderung des angefochtenen VA zum Nachteil des Stpfl. (§ 364b II 2 iVm § 367 II 2) und während des Einspruchsverfahrens und eines ggf. nachfolgenden Klageverfahrens nur nach den in § 132 aufgeführten Korrekturvorschriften berücksichtigt werden (BT-Drs. 12/7427, 38). S. im Übrigen zur Anwendung von Änderungsvorschriften → Rn. 35 ff.

1. Präklusionswirkung (Abs. 2 S. 1)

31 Nach § 367 II 1 sind Erklärungen und Beweismittel, die erst nach Ablauf der nach § 364b I gesetzten Ausschlussfrist vorgebracht werden, im Einspruchsverfahren nicht zu berücksichtigen. Die Präklusion ist eine **zwingende gesetzliche Rechtsfolge.** Die FB hat insoweit kein Ermessen; ihre Prüfungspflicht aus § 367 II 1 ist entspr. verengt. Die nach § 364b II 1 präkludierten Erklärungen und Beweismittel dürfen bei der Entscheidung über den Einspruch auch nicht im Rahmen einer Saldierung herangezogen werden (HHSp § 364b Rn. 207). Die Präklusionswirkung des § 364b II 1 gilt auch im Fall einer Abhilfe nach § 367 III 3 sowie einer Verfahrenserledigung durch tatsächliche Verständigung nach Fristablauf (TK § 364b Rn. 33). Seinem **Umfang** nach kann eine Präklusion nur im Umfang einer wirksam gem. § 364b I gesetzten Ausschlussfrist eintreten. Kraft der gesetzlichen Präklusionswirkung gelten der VA und die ihn bestätigende Einspruchsentscheidung, soweit nicht mit der Klage angegriffen, als rechtmäßig, obgleich im Umfang der Präklusionswirkung ein uU unvollständiger oder unrichtiger Sachverhalt zugrunde liegt (HHSp § 364b Rn. 114; v. Groll FS Offerhaus, 837). Wird gegen den VA und die ihn bestätigende Einspruchsentscheidung **Klage** erhoben, bestimmen sich die Auswirkungen der Präklusion auf das finanzgerichtliche Verfahren nach § 76 III iVm § 79b III FGO (→ Rn. 40 ff.). Aufgrund der hiernach dem FG möglichen Berücksichtigung nachträglichen Vorbringens bewirkt die Präklusion nach § 364b II 1 keine Teilbestandskraft des VA (HHSp § 364b Rn. 115).

2. Verböserung (Abs. 2 S. 2)

32 § 364b II 2 stellt klar, dass nach Ablauf der Ausschlussfrist vorgebrachte Erklärungen und Beweismittel im Einspruchsverfahren noch gem. § 367 II 2 zum Nachteil des Einspruchsführers berücksichtigt werden können. Der Einspruchsführer muss zuvor auf die Möglichkeit der Verböserung hingewiesen und ihm muss Gelegenheit zur Äußerung gegeben worden sein, § 364b II 2. Die Verböserung kann durch Rücknahme des Einspruchs verhindert werden (→ § 367 Rn. 22).

3. Fristversäumung; Wiedereinsetzung in den vorigen Stand (Abs. 2 S. 3)

33 § 364b II 3 ermöglicht die Berücksichtigung nach Fristablauf vorgebrachter Erklärungen und Beweismittel, wenn die Voraussetzungen einer Wiedereinsetzung in den vorigen Stand gem. § 110 vorliegen. Damit sollen unbillige Rechtsfolgen einer unverschuldeten Versäumung der von der FB gesetzten Ausschlussfrist vermieden werden. Mit der singgemäßen Anwendung des § 110 wird die rückwirkende Fristverlängerung einer bereits abgelaufenen Ausschlussfrist gem. § 109 I 2 ausgeschlossen (BT-Drs. 12/7427, 38). Davon unberührt bleibt jedoch die Möglichkeit einer Fristverlängerung nach § 109 I 1, sofern der Fristverlängerungsantrag **vor** Fristablauf gestellt wird (→ Rn. 23).

34 Der Wiedereinsetzungsantrag ist innerhalb eines Monats nach Wegfall des Hindernisses zu stellen (§ 110 II 1). Voraussetzung ist, dass den Einspruchsführer kein Verschulden an der Fristüberschreitung trifft (§ 110 I). Ferner muss die versäumte Handlung, dh die Abgabe der nach § 364b I angeforderten Angaben oder Erklärungen, binnen eines Monats nach Wegfall des Hindernisses erfolgt sein (§ 110 II 3). Innerhalb dieser Antragsfrist sind

auch die Nachsichtsgründe darzulegen, § 110 II 1. Zudem sind die Nachsichtsgründe bei der Antragstellung oder im Laufe des Verfahrens glaubhaft zu machen (§ 110 II 2). Nach Bekanntgabe der Einspruchsentscheidung können die Wiedereinsetzungsgründe nur im Klageverfahren geltend gemacht werden. Zu weiteren Einzelheiten s. die Kommentierung zu § 110.

4. Anwendung von Änderungsvorschriften

Sind der VA und die hierzu ergangene Einspruchsentscheidung **bestandskräftig** geworden, ist die Änderung des VA hinsichtlich der nach § 364b II 1 präkludierten Tatsachen oder Beweismittel nach Maßgabe der allg. Änderungsvorschriften (§§ 129 ff. und für StBescheide §§ 172 ff.) grds. möglich, soweit die Voraussetzungen der jeweiligen Änderungsvorschrift erfüllt sind. Die Präklusion nach § 364b II 1 schließt nur eine Berücksichtigung von Tatsachen und Beweismitteln im Einspruchsverfahren aus, betrifft jedoch nicht nachfolgende Änderungsverfahren (HHSp § 364b Rn. 185). Die Auswirkung der Präklusionswirkung des § 364 II 1 ist für ein nachfolgendes Änderungsverfahren gesetzlich nur in § 172 I 3 HS 2 geregelt, wonach bei einem Antrag auf sog. schlichte Änderung nach § 172 I 1 Nr. 2 Buchst. a iVm § 172 I 2 Erklärungen und Beweismittel, die in der Einspruchsentscheidung nach § 364b II 1 nicht berücksichtigt wurden, ebenfalls nicht mehr zu berücksichtigen sind (v. Wedelstädt DB 1996, 113; v. Wedelstädt AO-StB 2002, 200; → § 172 Rn. 61 f.); diese Regelung spricht dafür, dass im Grundsatz die Anwendung der allg. Änderungsvorschriften außerhalb des Einspruchsverfahrens durch § 364b II 1 nicht eingeschränkt wird (zutr. Gosch AO § 364b Rn. 87). 35

Ohne Einschränkung sind für StBescheide die **§§ 129, 174, 175 und 175a** anwendbar. Entsprechendes gilt auch für spezielle Änderungsvorschriften in den EinzelStGesetzen, wie zB in § 35b GewStG (Gosch AO § 364b Rn. 87). Sind StBescheide gem. **§ 164 I** unter dem Vorbehalt der Nachprüfung oder gem. **§ 165 I** vorläufig ergangen und Tatsachen oder Beweismittel im Einspruchsverfahren nach § 364 II 1 präkludiert, so wirkt die Präklusion im Änderungsverfahren nach §§ 164 II, 165 II ebenfalls nicht fort (HHSp § 364b Rn. 194 ff.). Die FÄ sind deshalb angewiesen, einen Nachprüfungsvorbehalt gem. § 164 II spätestens mit Setzung der Ausschlussfrist gem. § 364b aufzuheben (LfSt Bayern 20.11.2013, BeckVerw 278619). 36

Die Änderungsvorschriften der **§§ 172, 173** sind im Grundsatz auch auf nach § 364b II 1 präkludierte Tatsachen oder Beweismittel (HHSp § 364b Rn. 198 ff.; v. Wedelstädt DB 1996, 113; Wagner StuW 1996, 169; AEAO zu § 364 Nr. 3) in Übereinstimmung mit der Gesetzesbegründung (BT-Drs. 12/7427, 38) anwendbar; dem steht nicht entgegen, dass der StBescheid und der ihn bestätigende Einspruchsbescheid hinsichtlich der präkludierten Tatsachen oder Beweismittel rechtmäßig sind (aA v. Groll FS Offerhaus, 837). 37

Bei einem sog. Antrag auf schlichten **Änderung nach § 172 I 1 Nr. 2 Buchst. a iVm § 172 I 2** sind jedoch gem. § 172 I 3 HS 2 Erklärungen und Beweismittel, die in der Einspruchsentscheidung nach § 364b II 1 nicht berücksichtigt wurden, ebenfalls nicht mehr zu berücksichtigen (→ Rn. 35). In einem nachfolgenden Klageverfahren gegen den angefochtenen VA ist dagegen der Erlass eines Abhilfebescheids nach § 172 I 1 Nr. 2 Buchst. a auch nach rechtmäßiger Präklusion gem. § 364b II 1 möglich; § 172 I 3 HS 2 steht einem Abhilfebescheid im finanzgerichtlichen Verfahren nicht entgegen, da er nur Anträge auf schlichte Änderung betrifft (BFH 13.5.2004 – IV B 230/02, BStBl. II 2004, 833; FG Sachsen 25.1.2010 – 6 V 2080/09, DStRE 2010, 765; AEAO zu § 364b Nr. 5). Zudem kann der Stpfl., zB nach Erlass eines Schätzungsbescheids mangels Abgabe einer StErklärung, eine Präklusion gem. § 364b II 1 im Einspruchsverfahren nicht durch einen Antrag auf schlichte Änderung gem. § 172 I Nr. 2 Buchst. a umgehen, indem er lediglich pauschal beantragt, die Steuer auf null EUR herabzusetzen (BFH 22.5.2019 – XI R 17/18, BStBl. II 2019, 647; BFH 20.12.2006 – X R 30/05, BStBl. II 2007, 503).

Eine **Änderung des bestandskräftigen StBescheids gem. § 173 I** wegen nachträglich bekannt gewordener Tatsachen kommt nicht in Betracht, wenn der Stpfl. im Einspruchsverfahren erst nach Ablauf der ihm nach § 364b I gesetzten Ausschlussfrist die angeforderten Tatsachen oder Beweismittel vorgelegt hat und das FA diese daher gem. § 364b II 1 in der Einspruchsentscheidung nicht mehr berücksichtigen durfte, da die Tatsachen und Beweismittel dem FA nicht nachträglich, dh nach der abschließenden Zeichnung des Einspruchsbescheids (→ § 173 Rn. 80), bekannt geworden sind (HHSp § 364b Rn. 201; Gosch AO § 364b Rn. 94). Einer Änderung zugunsten des Stpfl. gem. § 173 I Nr. 2 dürfte zudem regelmäßig auch entgegenstehen, dass den Stpfl. ein grobes Verschulden am nachträglichen Bekanntwerden der präkludierten Tatsachen und Beweismittel trifft (HHSp § 364b Rn. 204; Gosch AO § 364b Rn. 94).

38 In einem Änderungsverfahren, das dem Einspruchsverfahren nachfolgt und in dem das FA dem Stpfl. erfolglos eine Ausschlussfrist gem. § 364b I gesetzt hat, können die nach § 364b II 1 präkludierten Tatsachen und Beweismittel zur **Saldierung nach § 177 I und II** herangezogen werden (HHSp § 364b Rn. 209; Gosch AO § 364b Rn. 96; TK § 364b Rn. 9; v. Wedelstädt AO-StB 2008, 103; v. Wedelstädt AO-StB 2002, 200; aA Spaeth DStZ 1995, 175; v. Groll FS Offerhaus, 837). Soweit wegen der präkludierten Tatsachen und Beweismittel eine Steuer festgesetzt worden ist, die von der kraft Gesetzes entstandenen Steuer abweicht, liegt ein materieller Fehler iSd § 177 III vor, der nach § 177 I oder II zu berichtigen ist (HHSp § 364b Rn. 206, 209; Gosch AO § 364b Rn. 96).

IV. Belehrungspflicht (Abs. 3)

39 Gemäß § 364b III ist der Einspruchsführer über die Rechtsfolge nach § 364b II zu belehren. Die Belehrung ist Wirksamkeitsvoraussetzung der Verfügung nach § 364b I und muss zusammen mit der Fristsetzung erfolgen. Bei unterlassener oder unvollständiger Belehrung ist die Verfügung nach § 364b I nichtig (§§ 124 IV, 125 I); es tritt keine Präklusion ein. Bei Nachholung der Belehrung muss eine neue Fristsetzung nach § 364b I erfolgen. Eine Belehrung über die Rechtsfolgen der Präklusion für das finanzgerichtliche Verfahren (§ 76 III FGO) ist nicht erforderlich (FG Saarland 21.2.1997 – 1 K 166/96, EFG 1997, 651; FG Brandenburg 28.11.1996 – 2 K 656/96 U, G, K, F, EFG 1997, 178; → Rn. 45), jedoch zweckmäßig.

V. Rechtsfolgen der Präklusion für das gerichtliche Verfahren

40 Hat das FA über einen Einspruch unter Anwendung des § 364b II entschieden und wird dagegen Klage erhoben, wird die von der FB gem. § 364b II 1 begründete Ausschlusswirkung durch § 76 III FGO iVm § 79b III FGO vor dem FG fortgesetzt; durch die Zurückweisungsentscheidung der FB ist das FG jedoch nicht präjudiziert (BFH 30.6.2004 – III B 6/04, BFH/NV 2005, 63). Die Prüfung des FG, ob es die nach § 364b II 1 im Einspruchsverfahren präkludierten Erklärungen und Beweismittel im finanzgerichtlichen Verfahren zurückweist und ohne weitere Ermittlungen entscheidet, vollzieht sich, sofern die Klage zulässig ist, in zwei Stufen (BFH 10.6.1999 – IV R 23/98, BStBl. II 1999, 664; Klein § 364b Rn. 21; Gräber FGO § 76 Rn. 79 ff.):

41 Auf der ersten Stufe hat das FG am Maßstab des § 364b inzidenter die **Rechtmäßigkeit der Fristsetzung** der FB, vor allem die wirksame und ermessensfehlerfreie Setzung der Ausschlussfrist und die ordnungsgemäße Belehrung gem. § 364b III, und die **Rechtmäßigkeit der Zurückweisung** des verspäteten Vorbringens zu überprüfen. Bei Fehlerhaftigkeit der Verfügung entfällt die Präklusionswirkung und ist die Einspruchsentscheidung gem. § 100 I 1 FGO, ggf. auch nach § 100 III 1 FGO isoliert aufhebbar, soweit es sich nicht um einen Schätzungsfall handelt, § 100 III 2 FGO (Klein § 364b Rn. 21).

42 Auf der zweiten Stufe hat das FG, wenn die Verfügung nach § 364b rechtmäßig ergangen und daher Präklusion gem. § 364b II 1 eingetreten ist, nach § 76 III 2 FGO iVm § 79b III FGO über die **Zurückweisung präkludierten** verspäteten **Vorbringens**

im finanzgerichtlichen Verfahren entscheiden. Die Entscheidung steht im Ermessen des Gerichts, denn gem. § 76 III 2 FGO iVm § 79b III FGO „kann“ das Gericht die nachgereichten Erklärungen und Beweismittel zurückweisen und ohne weitere Ermittlungen entscheiden (BFH 30.6.2004 – III B 6/04, BFH/NV 2005, 63). Dies gilt auch dann, wenn der Stpfl. im Einspruchsverfahren mit Vorbringen hinsichtlich der Zulässigkeit seines Einspruchs, zB hinsichtlich des Vorliegens einer Beschwer, präkludiert war und das FA den Einspruch gem. § 358 S. 2 als unzulässig verworfen hat (Gräber FGO § 76 Rn. 86). § 76 III 2 FGO iVm § 79b III FGO lässt sich nicht entnehmen, dass danach zu unterscheiden ist, ob das verspätete Vorbringen die Zulässigkeit oder die Begründetheit des Einspruchs betrifft.

Eine Zurückweisung verspäteten Vorbringens ist im finanzgerichtlichen Verfahren gem. 43 **§ 76 III 2 FGO iVm § 79b III 1 Nr. 1 FGO** allerdings nur möglich, wenn die Zulassung nach der freien Überzeugung des Gerichts die Erledigung des Rechtsstreits verzögern würde. Hierbei ist allein auf eine Verzögerung des gerichtlichen Verfahrens und nicht auch auf die Verzögerung des bereits abgeschlossenen Einspruchsverfahrens abzustellen (Gosch FGO § 76 Rn. 86). Eine Verzögerung tritt demnach dann ein, wenn der Rechtsstreit bei Zulassung der verspäteten Erklärungen oder Beweismittel länger als bei deren Zurückweisung dauern würde, sog. **absoluter Verzögerungsbegriff** (BFH 10.6.1999 – IV R 23/98, BStBl. II 1999, 664; s. auch Gosch FGO § 79b Rn. 47 ff.; Gräber FGO § 79b Rn. 36). Danach kann es keinesfalls zu einer Verzögerung des Rechtsstreits kommen, wenn eine Erledigung des Rechtsstreits in der ersten vom FG nach pflichtgemäßem Ermessen terminierten mündlichen Verhandlung möglich ist (BFH 10.6.1999 – IV R 23/98, BStBl. II 1999, 664). Wie auch bei Versäumung einer Frist gem. § 79b I, II FGO ist das FG im Fall einer versäumten Ausschlussfrist gem. § 364b I im Rahmen des § 79b III 1 Nr. 1 FGO verpflichtet, die mündliche Verhandlung nach Maßgabe des § 79 I FGO vorzubereiten und alle prozessleitenden Maßnahmen zu ergreifen, um den Rechtsstreit nach Möglichkeit bis zur mündlichen Verhandlung zur Entscheidungsreife zu bringen. Erkennt das FG, dass der verspätet vorgetragene Sachverhalt auch unter Berücksichtigung des Akteninhalts in einem entscheidungserheblichen Punkt unvollständig oder unklar ist, muss es die Maßnahmen ergreifen, die zur Klärung des Sachverhalts innerhalb der Frist bis zur mündlichen Verhandlung geeignet erscheinen; auf welchen Tag die mündliche Verhandlung angesetzt wird, richtet sich dabei allerdings mit Rücksicht auf den Beschleunigungszweck der Präklusionsregelung nicht nach dem Umfang des Aufklärungsbedarfs, sondern ist vom FG unter Berücksichtigung seiner Geschäftslage nach pflichtgemäßem Ermessen zu bestimmen (BFH 10.6.1999 – IV R 23/98, BStBl. II 1999, 664; BFH 9.9.1998 – I R 31/98, BStBl. II 1999, 26; Gosch FGO § 76 Rn. 86; Gräber FGO § 76 Rn. 87; s. auch BFH 17.2.2000 – I R 52–55/99, BStBl. II 2000, 354).

Ferner setzt eine Zurückweisung verspäteten Vorbringens nach **§ 76 III 2 FGO iVm** 44 **§ 79b III 1 Nr. 2 FGO** voraus, dass der Stpfl. im finanzgerichtlichen Verfahren die **Verspätung nicht genügend entschuldigt,** wobei der Entschuldigungsgrund auf Verlangen des Gerichts nach § 76 III 2 FGO iVm § 79b III 2 FGO glaubhaft zu machen ist. Der Verweis des § 76 III 2 FGO auf § 79b III 1 Nr. 2 FGO kann im Hinblick auf § 364b II 3, der im Einspruchsverfahren die Wiedereinsetzung in die versäumte Ausschlussfrist des § 364b I ermöglicht, nur so verstanden werden, dass der Stpfl. im finanzgerichtlichen Verfahren erneut die Möglichkeit hat, einen Entschuldigungsgrund iSd § 364b II 3 iVm § 110 darzulegen und ggf. auch glaubhaft zu machen, sofern er im Einspruchsverfahren von der Regelung des § 364b II 3 keinen Gebrauch gemacht hat (Gosch FGO § 76 Rn. 87; s. auch FG Nürnberg 24.11.1998 – I 62/98, EFG 1999, 319; v. Wedelstädt AO-StB 2002, 200; aA TK FGO § 76 Rn. 123 und Gräber FGO § 76 Rn. 88, wonach § 79b III 1 Nr. 2 keine zusätzliche Präklusionsvoraussetzung für die Anwendung des § 76 III statuiert, da die Entschuldbarkeit der Fristversäumnis vom FG bereits unter dem Gesichtspunkt geprüft wird, ob die von der FB gem. § 364b I gesetzte Ausschlussfrist unheilbar verstrichen ist oder ob dem Stpfl. nicht Wiedereinsetzung in die versäumte Ausschlussfrist gem. § 364b II 3 iVm § 110 hätte gewährt werden müssen).

45 Aus **§ 76 III 2 FGO iVm § 79b III 1 Nr. 3 FGO** ergibt sich dagegen keine zusätzliche Präklusionsvoraussetzung für die Anwendung des § 76 III FGO. Nach § 79b III 1 Nr. 3 FGO muss der Stpfl. über die Folgen einer Fristversäumnis **belehrt** worden sein. Im Hinblick auf die Regelung des § 364b III, nach der der Einspruchsführer mit der Fristsetzung über die Rechtsfolgen nach § 364b II zu belehren ist, kommt § 76 III 2 FGO iVm § 79b III 1 Nr. 3 FGO keine eigenständige Bedeutung mehr zu, sodass insoweit auch kein eigenständiges, über § 364b III hinausgehendes Belehrungserfordernis für das finanzgerichtliche Verfahren normiert wird (Schwarz/Pahlke/Keß FGO § 76 Rn. 79; Gräber FGO § 76 Rn. 88; aA Gosch FGO § 76 Rn. 88; TK FGO § 76 Rn. 125; → Rn. 39).

46 Schließlich ist eine Zurückweisung verspäteten Vorbringens nach § 76 III FGO auch davon abhängig, dass es dem FG nicht mit geringem **Aufwand** möglich ist, den Sachverhalt auch ohne Mitwirkung des Beteiligten zu ermitteln, **§ 76 III 2 FGO iVm § 79b III 3 FGO** (BFH 30.3.2005 – VI B 24/04, BFH/NV 2005, 1225; Gosch FGO § 76 Rn. 89; Gräber FGO § 76 Rn. 87). Das ist zB der Fall, wenn die in der verspätet nachgereichten StErklärung angegebenen Besteuerungsgrundlagen unstreitig sind (FG Hessen 12.2.1997 – 10 K 3052/96, EFG 1997, 1201) oder Angaben in der StErklärung, zB über Nichtbestehen einer Stpfl., vom FA nicht bezweifelt werden (FG Saarland 28.1.1997 – 1 K 202/96, EFG 1997, 1446).

47 Liegen die Voraussetzungen gem. → Rn. 41 bis 46 für eine Zurückweisung verspäteten Vorbringens vor, hat das **FG** eine **eigenständige Ermessensentscheidung** zu treffen, ob es erst nach gem. § 364b I gesetzten Ausschlussfrist der im Einspruchsverfahren im finanzgerichtlichen Verfahren vorgebrachte Erklärungen und Beweismittel gem. § 76 III FGO iVm § 79b III FGO zurückweist und ohne weitere Ermittlungen entscheidet. Bei der Ausübung des Ermessens hat das FG eine Abwägung vorzunehmen zwischen dem Zweck des § 76 III iVm § 79b III FGO, im Interesse eines effizienten gerichtlichen Verfahrens vom Stpfl. schuldhaft herbeigeführte Verzögerungen zu vermeiden, und der durch eine Zurückweisung bewirkten Einschränkung der im Interesse einer materiell richtigen Entscheidung gebotenen Feststellung des wahren Sachverhalts (Gosch FGO § 79b Rn. 89), wobei die Zurückweisung bei Vorliegen der Voraussetzungen des § 76 III FGO iVm § 79b III FGO grds. nicht ermessensfehlerhaft ist (Gräber FGO § 79b Rn. 50).

48 **Weitere prozessuale Einzelfragen.** Eine Zurückweisung verspäteten Vorbringens hindert das FG nicht an einer eigenen **Schätzung der Besteuerungsgrundlagen** gem. § 96 I 1 FGO iVm § 162 (FG Nürnberg 28.5.1998 – I 373/97, EFG 1998, 1246). Im **AdV-Verfahren** gem. § 69 FGO begründet die nur vage Möglichkeit, dass das FG im Hauptsacheverfahren vom FA gem. § 364 II 1 zurückgewiesene oder erst nach Ergehen des Einspruchsbescheids nachgereichte Erklärungen oder Beweismittel, insb. eine nachgereichte StErklärung, berücksichtigen wird, keine ernstlichen Zweifel an der Rechtmäßigkeit des angegriffenen StBescheids (FG München 12.6.1998 – 7 V 1273/98, EFG 1998, 1453).

49 **Kostentragung.** Gemäß § 137 S. 3 FGO sind dem Kläger insoweit die Kosten aufzuerlegen, als das Gericht nach § 76 III FGO Erklärungen und Beweismittel berücksichtigt, die im Einspruchsverfahren nach § 364b I rechtmäßig zurückgewiesen wurden (s. hierzu Wiese/Leingang-Ludolph BB 2003, 25; Kerath BB 2003, 937). Diese Kostenfolge, die Rechtmäßigkeit der Fristsetzung gem. § 364b vorausgesetzt, ist zwingend (BFH 13.5.2004 – IV B 230/02, BStBl. II 2004, 833). Dies gilt auch dann, wenn die FB zu Unrecht eine außergerichtliche Erledigung des Rechtsstreits durch Erlass eines Änderungsbescheids gem. § 172 I 1 Nr. 2 Buchst. a abgelehnt hat.

§ 365 Anwendung von Verfahrensvorschriften

(1) **Für das Verfahren über den Einspruch gelten im Übrigen die Vorschriften sinngemäß, die für den Erlass des angefochtenen oder des begehrten Verwaltungsakts gelten.**

(2) **In den Fällen des § 93 Absatz 5, des § 96 Absatz 7 Satz 2 und der §§ 98 bis 100 ist den Beteiligten und ihren Bevollmächtigten und Beiständen (§ 80) Gelegenheit zu geben, an der Beweisaufnahme teilzunehmen.**

(3) [1] **Wird der angefochtene Verwaltungsakt geändert oder ersetzt, so wird der neue Verwaltungsakt Gegenstand des Einspruchsverfahrens.** [2] **Satz 1 gilt entsprechend, wenn**

1. ein Verwaltungsakt nach § 129 berichtigt wird oder

2. ein Verwaltungsakt an die Stelle eines angefochtenen unwirksamen Verwaltungsakts tritt.

Übersicht

I. Allgemeines

§ 365 I und II stellen in ihrer seit Inkrafttreten der AO unveränderten Grundkonzeption klar, dass für das Verfahren über den außergerichtlichen Rechtsbehelf die für den angefochtenen oder begehrten VA geltenden Vorschriften sinngemäß anzuwenden sind (BT-Drs. 7/4292, 43). **§ 365 III 1** wurde durch Gesetz v. 19.12.1985 (BGBl. 1985 I 2436) eingefügt. Diese Vorschrift soll nach der Gesetzesbegründung verhindern, dass der Einspruchsführer bei Änderung oder Ersetzung des ursprünglichen VA „ohne Einlegung eines erneuten Rechtsbehelfs aus dem außergerichtlichen Rechtsbehelfsverfahren herausgedrängt wird" (BT-Drs. 10/1636, 51; s. auch BT-Drs. 14/4061, 8 zur entsprechenden Regelung des § 68 FGO idF des 2. FGO-ÄndG). Eine Regelung für den Teilwiderruf oder die Teilrücknahme des ursprünglichen VA wurde nicht als erforderlich angesehen, weil der VA, wenn auch nur eingeschränkt, bestehen bleibt und damit der Rechtsbehelf auch weiterhin anhängig ist. Mit dieser gesetzlichen Zielsetzung dient § 365 III auch der Verfahrensökonomie und fördert die abschließende Sachentscheidung. 1

Durch das GrenzpendlerG (BGBl. 1994 I 1395) wurde § 365 I redaktionell an die Einführung des Einspruchs als einheitlichen Rechtsbehelf angepasst (→ Vor §§ 347 ff. Rn. 1). Ferner sind durch das GrenzpendlerG § 365 III 2 und 3 eingefügt worden (s. hierzu BT-Drs. 12/7427, 38). 2

II. Sinngemäß anzuwendende Vorschriften (Abs. 1)

3 Die in §§ 347 ff. normierten Vorschriften bilden lediglich den verfahrensrechtlichen Rahmen für das Einspruchsverfahren. Für zahlreiche verfahrensrechtliche Einzelfragen verweist § 365 I „im Übrigen", dh soweit es an speziell für das Einspruchsverfahren geltenden Verfahrensvorschriften, zB §§ 364a oder 364b, fehlt, auf die für den Erlass des angefochtenen oder begehrten VA geltenden Vorschriften. § 365 I verdeutlicht die Absicht des Gesetzgebers, das Einspruchsverfahren als „verlängertes Besteuerungsverfahren" auszugestalten (→ Vor § 347 Rn. 3). Insofern ist § 365 I im Zusammenhang mit der durch § 367 II 1 angeordneten Prüfung des Einspruchs „in vollem Umfang" zu sehen.

4 **Allgemeine Verfahrensvorschriften.** Die sinngemäße Geltung der für den Erlass des VA geltenden Vorschriften erstreckt sich in erster Linie auf die im Dritten Teil der AO (§§ 78–133) normierten allgemeinen Verfahrensvorschriften.

Von den in §§ 78–117e geregelten **Verfahrensgrundsätzen** sind im Einzelnen folgende Vorschriften sinngemäß anzuwenden:

- Beteiligung am Verfahren (§§ 79, 80, 81; anstelle des § 78 gilt § 359);
- Ausschließung und Ablehnung von Amtsträgern und anderen Personen (§§ 82–84);
- Besteuerungsgrundsätze (§ 85);
- Amtssprache (§ 87);
- Untersuchungsgrundsatz (§ 88; zu Einzelheiten → § 367 Rn. 15 ff.);
- Beratung und Auskunft (§ 89);
- Mitwirkungspflicht der Beteiligten (§ 90, ergänzt durch § 364b); zu Einzelheiten der Mitwirkungspflicht der Beteiligten im Einspruchsverfahren → § 367 Rn. 16;
- Anhörung Beteiligter gem. § 91; ergänzend gelten die §§ 364 und 364a;
- Bekanntgabe von VA gem. § 122 (BFH 15.10.2008 – VII B 14/08, BFH/NV 2009, 115).

Die Regelung des § 86 zum Beginn des Verwaltungsverfahrens wird durch §§ 355, 357 verdrängt.

5 **Beweiserhebung und -mittel.** Die FB hat im Einspruchsverfahren gem. § 365 I iVm § 88 den Sachverhalt von Amts wegen aufzuklären. Sie hat ggf. über Tatsachenbehauptungen Beweis zu erheben und kann sich hierfür gem. § 365 I iVm § 92 aller zulässigen Beweismittel bedienen. Die Beweisvorschriften der §§ 93–100 gelten auch für das Einspruchsverfahren. Die FB kann daher zB Auskünfte einholen (§ 93), Sachverständige hinzuziehen (§ 96) oder den Augenschein einnehmen (§ 98). Bei einer von der FB im Einspruchsverfahren durchgeführten Beweisaufnahme besteht gem. § 365 II für die dort geregelten Fälle ein Teilnahmerecht der Beteiligten. Eine bestimmte Rangfolge bei der Heranziehung von Auskunftspflichtigen besteht nicht (HHSp § 365 Rn. 87).

6 Nach **§ 93 I 3, II–VI** kann die FB auch im Einspruchsverfahren von anderen Personen als den Beteiligten **Auskünfte einholen** und ggf. anordnen, dass der Auskunftspflichtige eine mündliche Auskunft an Amtsstelle erteilt. Ferner kann die FB nach **§ 94** um **eidliche Vernehmung** des Auskunftspflichtigen durch das zuständige FG oder AG ersuchen. Eine Zeugenvernehmung, wie sie im finanzgerichtlichen Verfahren möglich ist, kann die FB weder im Besteuerungs- noch im Einspruchsverfahren vornehmen. Diese eingeschränkten Möglichkeiten der FB sind bei der Prüfung durch das FG, ob ggf. eine Aufhebungsentscheidung iSd § 100 III 1 FGO sachdienlich ist, zu berücksichtigen (BFH 29.3.1995 – II R 13/94, BStBl. II 1995, 542; BFH 17.9.1997 – II R 44/95, BFH/NV 1998, 590).

7 Eine gesetzliche Regelung über die **Feststellungslast** enthält die AO nicht. Für das Einspruchsverfahren gilt der allgemeine Grundsatz, dass jeder Beteiligte die Feststellungslast für das Vorhandensein aller Voraussetzungen derjenigen Normen trägt, ohne deren Vorliegen sein Begehren keinen Erfolg haben kann. Die Feststellungslast für steuerbegründende Tatsachen liegt demgemäß bei der FB, während der Einspruchsführer die Feststellungslast für steuerbefreiende oder steuermindernde Tatsachen trägt.

Sinngemäß gelten ferner im Einspruchsverfahren die Vorschriften über Auskunfts- und Vorlageverweigerungsrechte (§§ 101–106), Entschädigung (§ 107), Fristen, Termine und Wiedereinsetzung (§§ 108–110), Rechts- und Amtshilfe (§§ 111–117e). 8

Ebenfalls sinngemäß anzuwenden sind auch die Vorschriften über **VA** (§§ 118–132). Insb. beurteilt sich die Wirksamkeit bzw. Nichtigkeit der Einspruchsentscheidung nach §§ 124, 125. Für die Folgen von Verfahrens- und Formfehlern gilt § 127 (→ § 127 Rn. 26 ff.). Modifiziert werden §§ 119 und 121 durch die für Einspruchsentscheidungen in § 366 getroffene Sonderregelung; zur Unanwendbarkeit des § 121 II auf Einspruchsentscheidungen → § 366 Rn. 15. 9

Durchführung der Besteuerung. Aus dem Vierten Teil der AO (§§ 137–217) gelten für das Einspruchsverfahren sinngemäß insb. die Vorschriften betr. 10

- StFestsetzung (§§ 155 I, 157 I);
- Beweisanforderungen (§§ 158–161);
- Schätzung der Besteuerungsgrundlagen (§ 162 I, II), wobei Schätzungen im Einspruchsverfahren gem. § 367 II 1 in vollem Umfang nachprüfbar sind;
- StFestsetzung unter dem Vorbehalt der Nachprüfung gem. § 164 I 1 (→ § 164 Rn. 36);
- vorläufige StFestsetzung gem. § 165 I;
- gesonderte Feststellung von Besteuerungsgrundlagen sowie Festsetzung von StMessbeträgen (§§ 179 ff.).

Ermessensentscheidungen. Sinngemäß gelten ferner die Vorschriften über Ermessensentscheidungen, insb. § 5. Die Einspruchsbehörde hat die Ermessensentscheidung unter tatsächlichen und rechtlichen Gesichtspunkten voll nachzuprüfen und eine eigene Ermessensentscheidung zu treffen (→ § 5 Rn. 37). Demgegenüber findet im gerichtlichen Verfahren gem. § 102 FGO eine nur eingeschränkte Ermessenskontrolle statt. In der Praxis werden die Möglichkeiten, die gerade die Zweckmäßigkeitskontrolle im Einspruchsverfahren bietet, zumeist nur unzureichend ausgeschöpft. 11

Nicht sinngemäß anwendbar sind die Vorschriften für das Erhebungsverfahren (§§ 218 ff.) und das Vollstreckungsverfahren (§§ 249 ff.); gegen im Vollstreckungsverfahren ergehende VA ist jedoch der Einspruch gegeben. Aufgrund der im Einspruchsverfahren lediglich gebotenen Nachprüfung des VA sind die auf eine qualifizierte Sachverhaltsermittlung ausgerichteten Vorschriften über die Ap. (§§ 193 ff.) im Einspruchsverfahren nicht anwendbar; für etwa im Einspruchsverfahren erforderliche einzelne Nachprüfungen reichen die sich aus §§ 93 ff. ergebenden Möglichkeiten aus. Unanwendbar sind die ebenfalls auf andere Zwecke ausgerichteten Vorschriften über die Befugnisse der Steuer- oder Zollfahndung (§ 208). 12

Verbindung und Trennung von Einspruchsverfahren. Eine **Verbindung** von Einspruchsverfahren ist in der AO nicht ausdrücklich vorgesehen, jedoch in analoger Anwendung des § 73 FGO zulässig (BFH 30.3.2021 – VII B 62/20, BStBl. II 2021, 587; BFH 31.5.1978 – I R 76/76, BStBl. II 1978, 600). Die Verbindung steht grds. im Ermessen (§ 5) der FB und kommt in Betracht, wenn für mehrere StJahre bei parallelem Sachverhalt über dieselbe Rechtsfrage und/oder für mehrere StArten über dieselben Streitpunkte zu entscheiden ist oder mehrere Einspruchsführer denselben VA angreifen. Das StGeheimnis (§ 30) ist zu beachten (vgl. BFH 30.3.2021 – VII B 62/20, BStBl. II 2021, 587). Eine Verpflichtung der FB zur Verbindung besteht, sofern die Einspruchsentscheidung nur einheitlich ergehen kann (BFH 31.5.1978 – I R 76/76, BStBl. II 1978, 600). Eine notwendige Hinzuziehung zum Einspruchsverfahren gem. § 360 III 1 kann durch die Verbindung von Einspruchsverfahren ersetzt werden (BFH 30.3.2021 – VII B 62/20, BStBl. II 2021, 587). Die Entscheidung über die Verbindung von Einspruchsverfahren ist ein verfahrenslenkender VA (offengelassen BFH 30.3.2021 – VII B 62/20, BStBl. II 2021, 587), der der vorherigen Anhörung der Beteiligten (§ 91) bedarf; er kann schon aus verfahrensökonomischen Gründen und entspr. dem Grundgedanken des § 128 II FGO nicht mit dem Einspruch angegriffen werden (BFH 30.3.2021 – VII B 62/20, BStBl. II 13

2021, 587; → § 347 Rn. 5 ff.). Infolge der Verbindung sind die Beteiligten entspr. § 59 FGO iVm §§ 59–63 ZPO Streitgenossen. Eine Erledigung des Einspruchsverfahrens in der Hauptsache ist nur im Einverständnis aller Beteiligten möglich. Möglich ist, entspr. § 73 I 2 FGO, auch eine **Trennung** von Einspruchsverfahren, sofern ein Einspruchsverfahren mehrere Verfahrensgegenstände betrifft oder es sich um ein zuvor verbundenes Einspruchsverfahren handelt. Auch die Entscheidung über die Trennung ist nicht gesondert mit dem Einspruch angreifbar.

III. Teilnahme an Beweisaufnahme (Abs. 2)

17 Für das **Teilnahmerecht** von **Beteiligten** (§ 359) und ihren **Bevollmächtigten und Beiständen** (§ 80) an einer Beweisaufnahme enthält § 365 II für das Einspruchsverfahren eine eigenständige Regelung. Die Vorschrift stärkt den Anspruch der Beteiligten auf rechtliches Gehör (§ 91) und gibt ihnen die Möglichkeit, sachdienliche Fragen zu stellen und Hinweise zu geben. Das Teilnahmerecht besteht in den Fällen

- des § 93 V (mündliche Auskunft eines Auskunftspflichtigen an Amtsstelle),
- des § 96 VII 2 (mündliche Gutachtenerstattung durch Sachverständigen) sowie
- der §§ 98–100 (Augenscheinseinnahme, Betreten von Grundstücken und Räumen sowie Besichtigung von Wertsachen durch Amtsträger).

Die Beteiligten sind über den Beweistermin und ihre Teilnahmemöglichkeit zu unterrichten; auf die Teilnahme kann verzichtet werden. Der Verstoß gegen § 365 II führt zum Verwertungsverbot der erhobenen Beweise (TK § 365 Rn. 24; HHSp § 365 Rn. 145), sodass der Beweistermin unter Beachtung des Teilnahmerechts der Beteiligten zu wiederholen ist. Beteiligte können ihre Befugnis zur Rüge von Verfahrensverstößen gegen § 365 II bzw. die Geltendmachung eines Verwertungsverbots verwirken, wenn sie sich ohne Beanstandung des Verfahrensfehlers zum Beweisergebnis äußern (s. zur Verwirkung allg. → § 4 Rn. 39 ff.).

18 Das FG kann bei einem **Verstoß** gegen **§ 365 II** den angefochtenen VA und die Einspruchsentscheidung gem. § 100 III FGO ohne Sachentscheidung aufheben. Eine vom FG unter Beachtung des § 83 FGO durchgeführte Beweisaufnahme heilt den im Einspruchsverfahren begangenen Verfahrensfehler; ggf. ergeben sich für die FB gem. § 137 FGO kostenrechtliche Nachteile.

IV. Änderung oder Ersetzung des angefochtenen Verwaltungsakts während des Einspruchsverfahrens (Abs. 3)

19 **Regelungsziel und Anwendungsbereich.** § 365 III 1 ordnet für den Fall, dass der ursprüngliche VA während des Einspruchsverfahrens, also **vor** Bekanntgabe der Einspruchsentscheidung berichtigt, geändert oder durch einen neuen VA ersetzt wird, die automatische Auswechslung des Gegenstands des Einspruchsverfahrens an; zur Änderung des VA **nach** Bekanntgabe der Einspruchsentscheidung → Rn. 32. Entsprechendes gilt nach § 365 III 2, wenn der VA nach § 129 berichtigt wird (Nr. 1) oder wenn ein VA an die Stelle eines angefochtenen unwirksamen VA tritt (Nr. 2). Der Anwendungsbereich des § 365 III beschränkt sich auf das Einspruchsverfahren. Zweck des § 365 III ist es, zu verhindern, dass der Einspruchsführer gegen seinen Willen aus dem Einspruchsverfahren gedrängt wird (BFH 9.5.2012 – I R 91/10, BFH/NV 2012, 2004). Auf Änderungen eines VA außerhalb eines Einspruchsverfahrens im Rahmen eines noch nicht abgeschlossenen Änderungsverfahrens, zB nach §§ 172 ff., findet Abs. 3 keine (analoge) Anwendung (BFH 7.11.2006 – VI R 14/05, BStBl. II 2007, 236; BFH 12.10.2023 – V R 42/21, BFH/NV 2024, 369). Im AdV-Verfahren gilt § 365 III entspr. (→ § 361 Rn. 31). Zur Zweckmäßigkeit einer Korrektur des angefochtenen VA im Einspruchsverfahren OFD Hannover 8.10.2007, DStR 2007, 2114. Für das finanzgerichtliche Verfahren enthält § 68 S. 1 und 4 FGO eine dem § 365 III 1 und 2 vergleichbare Vorschrift, nach der der neue VA Gegen-

stand des Klageverfahrens wird, wenn der angefochtene VA nach Bekanntgabe des Einspruchsbescheids geändert, ersetzt oder nach § 129 berichtigt wird oder wenn ein VA an die Stelle eines angefochtenen unwirksamen VA tritt.

20 Die **Rechtsfolge** des § 365 III tritt zwingend von Gesetzes wegen ein (BFH 2.12.1999 – II B 78/99, BFH/NV 2000, 680). Ein erneuter Einspruch ist weder erforderlich noch mangels Rechtsschutzbedürfnis zulässig (BFH 17.3.2022 – XI R 39/19, BStBl. II 2023, 295; BFH 29.5.2001 – VIII R 10/00, BStBl. II 2001, 747; Gosch AO § 365 Rn. 21; Klein § 365 Rn. 12). IdR weist die FB in dem neuen VA auf die Rechtsfolgen des § 365 III 1 hin. Der neue VA wird „automatisch" Gegenstand des anhängigen und insoweit weiterhin offenen Einspruchsverfahrens und ist daher ebenfalls in vollem Umfang gem. § 367 II 1 zu überprüfen (BFH 17.3.2022 – XI R 39/19, BStBl. II 2023, 295; BFH 8.3.2000 – I B 116/99, BFH/NV 2000, 983); die FB bleibt nach Erlass eines Änderungsbescheids und damit auch nach Erlass eines Teilabhilfebescheids zum Erlass einer verbösernden Einspruchsentscheidung (§ 367 II 2) berechtigt (BFH 6.9.2006 – XI R 51/05, BStBl. II 2007, 83). Keinesfalls kann dem in einem Einspruchsverfahren ergehenden Änderungsbescheiden eine erhöhte Bestandskraft zuerkannt werden, selbst wenn sie unter dem Vorbehalt der Nachprüfung (§ 164 I 1) ergehen, da dies dazu führen würde, dass das FA stets zu einer abschließenden Prüfung im Einspruchsverfahren gezwungen wäre (BFH 15.12.1992 – VIII R 52/91, BFH/NV 1993, 684); ein Änderungsbescheid bewirkt **keine Teilbestandskraft,** soweit in einem während des Einspruchsverfahrens erlassenen Änderungsbescheid dem Einspruch teilweise abgeholfen wird (BFH 6.9.2006 – XI R 51/05, BStBl. II 2007, 83). Eine solche wird im Einspruchsverfahren, abgesehen von den Fällen des § 354 Ia und § 362 Ia, allenfalls durch eine Teil-Einspruchsentscheidung (§ 367 IIa) herbeigeführt. Das Einspruchsverfahren gegen einen **Bescheid über die gesonderte und einheitliche Feststellung von Besteuerungsgrundlagen (§§ 179 ff.)** ist auch dann gem. § 365 III 1 nach Erlass eines Änderungsbescheids fortzusetzen, wenn der Stpfl. gegen den Änderungsbescheid wegen einer weiteren im Feststellungsbescheid enthaltenen Regelung Einspruch eingelegt hat und dieser Einspruch durch gesonderte Einspruchsentscheidung – nur zu dieser Regelung – vom FA beschieden worden ist, da Feststellungsbescheide mehrere selbständige Regelungen enthalten, die auch eines rechtlich selbständigen Schicksals fähig sind (BFH 17.3.2022 – XI R 39/19, BStBl. II 2023, 295; BFH 29.11.2005 – IX R 54/04, BFH/NV 2006, 1241; → § 367 Rn. 10).

21 Nach Ergehen eines Änderungsbescheids während des anhängigen Einspruchsverfahrens bleiben dem Einspruchsführer die ihm bisher im Einspruchsverfahren zustehenden Wahlrechte, wie zB das Veranlagungswahlrecht gem. §§ 26 ff. EStG, erhalten (BFH 20.1.1999 – XI R 31/96, BFH/NV 1999, 1333). Die Anfechtungsbeschränkung des § 351 I gilt nicht (→ § 351 Rn. 12). Der Einspruchsführer kann den neuen VA daher in vollem Umfang und auch mit neuem Vorbringen angreifen; daher ist zB bei einem Einspruch gegen eine GrEStBescheid eine vor Erlass der Einspruchsentscheidung erfolgte Rückgängigmachung des Erwerbsvorgangs (§ 16 GrEStG) zu berücksichtigen (BFH 16.2.2005 – II R 53/03, BStBl. II 2005, 495). Ein mangels Geltendmachung einer Beschwer (§ 350) unzulässiger Einspruch wächst im weiteren Verlauf des Einspruchsverfahrens in die Zulässigkeit hinein, wenn nach Ergehen des ersetzenden Bescheids eine Beschwer geltend gemacht wird (→ § 350 Rn. 10; aber auch → Rn. 23).

1. Änderung oder Ersetzung des angefochtenen Verwaltungsakts (Abs. 3 S. 1)

22 Wird der durch Einspruch angefochtene VA im Verlauf des Einspruchsverfahrens geändert (zur entspr. Befugnis der FB s. § 132) oder ersetzt (→ Rn. 24 ff.), wird der neue VA automatisch nach § 365 III 1 Gegenstand des Einspruchsverfahrens. Die Vorschrift gilt auch, wie die entspr. Regelung in § 68 S. 1 FGO für das Klageverfahren (BFH 27.4.2004 – X R 28/02, BFH/NV 2004, 1287; → Rn. 35), für Verpflichtungsbegehren (BFH 3.11.2011 – V R 32/10, BStBl. II 2012, 525; → Rn. 26). Entscheidend ist, ob der angefochtene ursprüngliche und der neue VA dieselbe StSache betreffen (BFH 3.11.2011 –

V R 32/10, BStBl. II 2012, 525). Erforderlich für die Anwendung des § 365 III 1 ist die Identität des Adressaten und des Regelungsbereichs beim angefochtenen und beim neuen VA (BFH 11.10.2023 – II R 16/21, BFH/NV 2024, 161). Unerheblich ist, ob die Änderung oder Ersetzung des VA rechtmäßig ist und ob der neue VA eine den Einspruchsführer belastende oder eine teilweise begünstigende Wirkung hat. Entspricht die Änderung oder Ersetzung in vollem Umfang dem Begehren des Einspruchsführers oder wird der angefochtene VA aufgehoben, ist der Einspruch erledigt (→ § 367 Rn. 44 ff.). § 365 III ist in diesen Fällen nicht anwendbar (BFH 16.10.2019 – X B 99/19, BStBl. II 2020, 375). Erklärt die FB das Einspruchsverfahren nach Erlass eines Teilabhilfebescheids fälschlich für erledigt, bleibt das Einspruchsverfahren gem. § 365 III weiter offen (BFH 7.11.2006 – VI R 14/05, BStBl. II 2007, 236, zum Teilabhilfebescheid → Rn. 25).

23 **Allgemeine Anwendungsvoraussetzungen.** Neben der Änderung oder Ersetzung des angefochtenen VA setzt die Anwendung des § 365 III 1 voraus, dass

– der Einspruch **zulässig** ist. Dies folgt aus der zwingenden Rechtsfolge des § 358 S. 2. Ein Änderungsbescheid, der während eines durch, zB wegen Versäumung der Einspruchsfrist, unzulässigen Einspruch begonnenen Einspruchsverfahrens ergeht, kann im Einspruchsverfahren nicht sachlich überprüft werden (BFH 13.4.2000 – V R 56/99, BStBl. II 2000, 490; BFH 29.5.2001 – VIII R 10/00, BFH/NV 2001, 1498). Ein unzulässiger, zB verspäteter, Einspruch wächst mithin nicht etwa nachträglich durch Erlass eines Änderungsbescheids während des Einspruchsverfahrens in die Zulässigkeit hinein (FG Hamburg 2.11.1994 – V 258/93, EFG 1995, 465; FG Baden-Württemberg 14.1.1998 – 12 K 207/95, EFG 1998, 713). Es ist daher in diesem Fall notwendig, auch gegen den Änderungsbescheid selbst Einspruch einzulegen. Die Entscheidung über diesen Einspruch ist bis zur Unanfechtbarkeit der Entscheidung über den ursprünglichen Einspruch auszusetzen, § 361 I. Der Umfang der Anfechtbarkeit dieses Änderungsbescheids ist durch § 351 I begrenzt.
– die Änderung des VA **während des Einspruchsverfahrens** erfolgt. § 365 III 1 gilt nicht, wenn der VA bereits vor Einspruchseinlegung geändert wurde (TK § 365 Rn. 26) oder der Einspruch bereits zuvor zurückgenommen (§ 362) worden war. Zur Änderung **nach** Bekanntgabe der Einspruchsentscheidung → Rn. 31 ff.
– auf Grund der Änderung oder Ersetzung ein neuer VA ergeht, der den Einspruchsgegenstand, dh den ursprünglichen VA, in seinen Regelungsinhalt mit aufnimmt. § 365 III 1 ist deshalb unanwendbar, wenn der angefochtene ursprüngliche VA ersatzlos aufgehoben wird. Ebenso gilt § 365 III 1 nicht, auch nicht sinngemäß, wenn während eines anhängigen Einspruchsverfahrens ein Antrag auf Erlass eines Änderungsbescheids abgelehnt wird, da in diesem Fall die Wirksamkeit des angefochtenen VA unberührt bleibt (BFH 27.9.1994 – VIII R 36/89, BStBl. II 1995, 353).

24 **Änderung oder Ersetzung des VA.** Die in § 365 III 1 verwendeten Begriffe „Änderung" und „Ersetzung" des VA sind entspr. dem Zweck der Vorschrift (→ Rn. 19), entspr. den für § 68 S. 1 FGO geltenden Auslegungsgrundsätzen, **weit auszulegen** (BFH 9.5.2012 – I R 91/10, BFH/NV 2012, 2004; Schwarz/Pahlke/Keß § 365 Rn. 12; zu § 68 FGO s. BFH 24.7.1984 – VII R 122/80, BStBl. II 1984, 791). Erforderlich ist, dass ursprünglicher VA und neuer VA jeweils dieselbe StSache betreffen (zu § 68 FGO s. BFH 8.2.2017 – III B 66/16, BFH/NV 2017, 743; BFH 27.4.2004 – X R 28/02, BFH/NV 2004, 1287; BFH 8.2.2001 – VII R 59/99, BStBl. II 2001, 506; BFH 8.9.1994 – IV R 20/93, BFH/NV 1995, 520; Gräber FGO § 68 Rn. 20). Hinsichtlich des ursprünglichen und des neuen VA muss daher Identität der Beteiligten (§ 359) und des Regelungs- bzw. Besteuerungstatbestands bestehen; ferner muss der ursprüngliche VA durch den Erlass des neuen VA seine Wirkung verlieren (BFH 20.7.2005 – VI R 165/01, BStBl. II 2005, 890). Demgemäß ist § 365 III 1 unanwendbar, wenn im Einspruchsverfahren erstmals hinsichtlich des Regelungsgegenstands, zB hinsichtlich des StRechtssubjekts, der StArt oder des VZ, ein neuer VA ergeht. Dies gilt insb. für den erstmalig auf einen Untätigkeitseinspruch

(§ 347 I S. 2) hin ergehenden VA; gegen diesen ist Einspruch einzulegen (→ § 347 Rn. 33). Bei missverständlicher Rechtsbehelfsbelehrung kann ggf. Wiedereinsetzung in den vorigen Stand gem. § 110 in Betracht kommen, wenn der Stpfl. deswegen den Einspruch unverschuldet verspätet eingelegt hat (HHSp § 365 Rn. 176).

Die **Änderung** eines VA liegt zB vor bei einer Korrektur des VA gem. §§ 130 ff., 172–177, bei Änderung einer Vorbehaltsfestsetzung gem. § 164 II oder bei Änderung einer vorläufigen StFestsetzung gem. § 165 II, bei Änderung der Zerlegung und Zuteilung gem. §§ 189, 190, bei Änderung des Aufteilungsbescheids gem. § 280 sowie bei Änderung eines GewSt-Messbescheids gem. § 35b GewStG. Ferner erfasst § 365 III 1 auch Änderungen nach § 10d I 3 EStG, § 70 II und III EStG, § 32a KStG und § 12 II KraftStG. Eine Änderung iSd § 365 III 1 liegt auch dann vor, wenn durch den Änderungsbescheid dem Einspruch teilweise abgeholfen wird (BFH 30.10.2003 – VI B 83/03, BFH/NV 2004, 356; BFH 23.3.1994 – VIII B 50/93, BFH/NV 1994, 786). Richtet sich der Einspruch gegen einen StBescheid unter dem Vorbehalt der Nachprüfung und hebt das FA während des Einspruchsverfahrens den Vorbehalt gem. § 164 III 1 auf, wird der Bescheid über die Aufhebung des Vorbehalts ebenfalls nach § 365 III 1 Gegenstand des Einspruchsverfahrens (BFH 26.6.2002 – IV R 3/01, BStBl. II 2003, 112). Entsprechendes gilt, wenn eine vorläufige StFestsetzung gem. § 165 II 2 für endgültig erklärt wird. Hilft das FA einem Einspruch gegen einen nach § 175 I 1 Nr. 1 geänderten StBescheid teilweise ab, ist es nicht verpflichtet, gleichzeitig neue Tatsachen iSd § 173 I 1 Nr. 1 zu berücksichtigen, sondern kann dies auch durch den Erlass eines weiteren Änderungsbescheids während des Einspruchsverfahrens nachholen (BFH 23.3.1994 – VIII B 50/93, BFH/NV 1994, 786; → § 173 Rn. 79). 25

Keine Änderung iSd § 365 III 1 sind der Erlass eines Ergänzungsbescheids gem. § 179 III (BFH 14.10.1987 – I R 381/83, BFH/NV 1989, 141) sowie eine Teilrücknahme oder ein Teilwiderruf eines VA gem. §§ 130, 131, weil hier der ursprüngliche VA in eingeschränktem Umfang wirksam und der Einspruch insoweit anhängig bleibt; dies ist zB bei einem Haftungsbescheid (§ 191 I 1) der Fall, wenn die Haftungssumme durch einen Änderungsbescheid herabgesetzt wird, weil sich die zugrunde liegende StSchuld vermindert hat (BFH 28.1.1982 – V R 100/80, BStBl. II 1982, 292; AEAO zu § 365 Nr. 2). Wird der VA in vollem Umfang zurückgenommen oder widerrufen und tritt an seine Stelle ein neuer VA, liegt eine Ersetzung iSd § 365 III 1 vor.

Der in § 365 III 1 verwendete Begriff der **Ersetzung** des VA ist in der AO nicht definiert. Er setzt voraus, dass ein (wirksamer) VA durch vollständige Aufhebung, Rücknahme oder Widerruf insgesamt aufgehoben wird und an seine Stelle eine vollständige Neuregelung über den nämlichen Regelungsgegenstand durch einen neuen VA tritt. Ein Ersetzen iSd § 365 III liegt auch vor, wenn sich ein mit Einspruch angefochtener **Vorauszahlungsbescheid** mit Wirksamwerden der **Jahressteuerfestsetzung** „auf andere Weise" (§ 124 II) erledigt (→ § 124 Rn. 11). In diesem Fall wird der Jahressteuerbescheid Gegenstand des Einspruchsverfahrens (BFH 5.6.2014 – XI R 25/12, BStBl. II 2017, 806; BFH 3.11.2011 – V R 32/10, BStBl. II 2012, 525; BFH 4.11.1999 – V R 35/98, BStBl. II 2000, 454; AEAO zu § 365 Nr. 2). Dies gilt auch, wenn während eines Einspruchsverfahren gegen einen Ablehnungsbescheid wegen Herabsetzung von Vorauszahlungen der Jahressteuerbescheid ergeht. Der Anwendung des § 365 III 1 steht nicht entgegen, dass es sich bei dem Antrag auf Herabsetzung der Vorauszahlungen um ein Verpflichtungsbegehren handelt, während ein gegen den Jahresbescheid erhobener Einspruch ein Anfechtungsbegehren enthält (BFH 3.11.2011 – V R 32/10, BStBl. II 2012, 525). 26

2. Berichtigung des angefochtenen Verwaltungsakts nach § 129 (Abs. 3 S. 2 Nr. 1)

Nach § 365 III 2 Nr. 1 gilt § 365 II 1 entspr., wenn ein VA gem. § 129 berichtigt wird. 29
Diese Regelung war notwendig, weil die Berichtigung eines VA gem. § 129 diesen nicht iSd § 367 III 1 ändert oder ersetzt. Die entspr. Anwendung des § 367 III 1 ist jedoch

aufgrund der vergleichbaren Interessenlage der Beteiligten gerechtfertigt. Über die Rechtmäßigkeit der gem. § 129 erfolgten Berichtigung ist in der abschließenden Einspruchsentscheidung zu befinden. § 68 S. 4 Nr. 1 FGO enthält für das finanzgerichtliche Verfahren eine dem § 365 III 2 Nr. 1 entsprechende Regelung (→ Rn. 19).

3. Ersetzung eines angefochtenen unwirksamen Verwaltungsakts (Abs. 3 S. 2 Nr. 2)

30 Nach § 365 III 2 Nr. 2 gilt § 365 II 1 entspr., wenn ein VA an die Stelle eines angefochtenen unwirksamen VA tritt. Die Unwirksamkeit eines VA hat zur Folge, dass dieser keine Rechtswirkungen entfaltet. Gleichwohl kann dieser VA wegen des von ihm ausgehenden Rechtsscheins mit dem Einspruch angegriffen werden (→ § 125 Rn. 46). Ergeht im Verlauf des Einspruchsverfahrens anstelle des unwirksamen VA ein neuer VA, wird dieser gem. § 365 III 2 Nr. 2 automatisch Gegenstand des Einspruchsverfahrens. Eine „Ersetzung" iSd § 365 III 1 liegt insoweit mangels Wirksamkeit des ursprünglichen VA nicht vor (vgl. TK § 365 Rn. 33). Bedeutung hat § 365 III 2 Nr. 2 hauptsächlich für den Fall unwirksamer Bekanntgabe (§ 124 I) des ursprünglichen VA (vgl. AEAO zu § 365 Nr. 2). § 365 III 2 Nr. 2 gilt zB, wenn ein gegenüber einer vollbeendeten PersGes ergangener VA unwirksam ist und sodann im Einspruchsverfahren dem Gesamtrechtsnachfolger als StSchuldner erneut bekannt gegeben wird (BFH 11.10.2023 – II R 16/21, BFH/NV 2024, 161). Der neue VA ist nur rechtmäßig, wenn er noch innerhalb der Festsetzungsfrist ergangen ist. § 68 S. 4 Nr. 2 FGO enthält für das finanzgerichtliche Verfahren eine dem § 365 III 2 Nr. 2 entsprechende Regelung (→ Rn. 19).

V. Änderung des angefochtenen Verwaltungsakts nach Bekanntgabe der Einspruchsentscheidung

31 Auch nach Bekanntgabe des Einspruchsbescheids kann die FB den ursprünglichen VA bei entsprechender Befugnis, zB gem. §§ 164 II, 165 II, 172 ff., ändern oder ersetzen. Die sich daraus ergebenden verfahrensrechtlichen Folgen bestimmen sich, da § 365 III allein die Änderung oder Ersetzung des angefochtenen VA **während** des Einspruchsverfahrens betrifft, für die Änderung und Ersetzung im finanzgerichtlichen Verfahren nach § 68 FGO.

1. Änderung oder Ersetzung vor Klageerhebung

32 Erfolgt die Änderung oder Ersetzung **nach** Bekanntgabe der Einspruchsentscheidung, jedoch **vor** Erhebung der finanzgerichtlichen Klage, ist für das weitere Verfahren danach zu differenzieren, ob gegen den ursprünglichen VA in der Gestalt des Einspruchsbescheids Klage erhoben oder aber lediglich Einspruch gegen den neuen VA eingelegt wird; der Stpfl. hat insoweit eine Wahlmöglichkeit.

33 Bei **Klageerhebung gegen** den **ursprünglichen VA** in Gestalt der Einspruchsentscheidung wird der Änderungsbescheid aufgrund des eindeutigen Wortlauts des § 68 S. 1 FGO automatisch Gegenstand des Klageverfahrens. Dies entspricht dem ausdrücklichen Willen des Gesetzgebers, der mit § 68 S. 1 FGO eine gesetzliche Klarstellung der früheren Rechtslage beabsichtigte (BT-Drs. 14/4061, 8). Ein neben der Klage erhobener Einspruch ist gem. § 68 S. 2 FGO im Umfang der Auswechslung des Verfahrensgegenstands („insoweit") unzulässig, sodass ausschl. der neue VA Klagegegenstand werden kann (BT-Drs. 14/4549, 11). Dies gilt allerdings nicht, wenn die ursprüngliche Klage unzulässig ist (HHSp FGO § 68 Rn. 86).

34 **Einspruch ohne Klageerhebung.** Der nach Bekanntgabe der Einspruchsentscheidung ergehende Änderungsbescheid kann auch mit dem Einspruch angefochten werden, wenn keine Klage gegen den ursprünglichen VA in der Gestalt der Einspruchsentscheidung, der insoweit in Bestandskraft erwächst, erhoben wird. Die Anfechtung des Änderungsbescheids unterliegt allerdings den Grenzen des § 351 I. § 68 S. 2 FGO ist mangels finanzgerichtlichen Verfahrens unanwendbar. Die Zulässigkeit des Einspruchs gegen den neuen VA versteht sich von selbst, wenn die Änderung oder Ersetzung des VA erst nach Unanfecht-

barkeit der Einspruchsentscheidung erfolgt (BT-Drs. 14/4549, 11; Dürr INF 2001, 65). Nichts anderes gilt, wenn innerhalb der Klagefrist (§ 47 FGO) ein Änderungs- oder Ersetzungsbescheid ergeht und dieser Bescheid allein mit dem Einspruch angegriffen wird. Es tritt jedoch gem. § 68 S. 2 FGO Unzulässigkeit des Einspruchs ein, wenn gleichzeitig oder nachfolgend eine zulässige Klage erhoben wird (vgl. BFH 16.12.2008 – I R 29/08, BStBl. II 2009, 539). Für eine Aussetzung des Klageverfahrens gem. § 74 FGO oder ein Ruhen des Verfahrens gem. § 155 S. 1 FGO iVm § 251 ZPO ist aufgrund der jetzigen Regelung des § 68 FGO kein Raum (Gräber FGO § 68 Rn. 85).

2. Änderung oder Ersetzung nach Klageerhebung

Erfolgt die Änderung oder Ersetzung des VA im Laufe eines bereits gegen den ursprünglichen VA **anhängigen** Klageverfahrens, wird der neue VA gem. § 68 S. 1 FGO Gegenstand des Verfahrens. Aufgrund dieser Regelung tritt mithin eine gesetzliche Klageänderung ein (Spindler DB 2001, 61). Dies gilt auch dann, wenn der Änderungsbescheid erst während des Revisionsverfahrens ergeht (Dürr INF 2001, 65) oder ein im Laufe des Klageverfahrens ergangener Änderungsbescheid erneut geändert oder ersetzt wird. Zu weiteren Einzelheiten s. die einschlägige Kommentarliteratur zu § 68 FGO. 35

§ 366 Form, Inhalt und Erteilung der Einspruchsentscheidung

[1] Die Einspruchsentscheidung ist zu begründen, mit einer Rechtsbehelfsbelehrung zu versehen und den Beteiligten schriftlich oder elektronisch zu erteilen. [2] Betrifft die Einspruchsentscheidung eine gesonderte und einheitliche Feststellung im Sinne des § 180 Absatz 1 Satz 1 Nummer 2 Buchstabe a und sind mehr als 50 Personen gemäß § 359 am Verfahren beteiligt, so kann auf die Nennung sämtlicher Einspruchsführer und Hinzugezogenen im Rubrum der Einspruchsentscheidung verzichtet werden, wenn dort die Person, der diese Einspruchsentscheidung jeweils bekannt gegeben wird, und die Anzahl der übrigen nicht namentlich bezeichneten Beteiligten angegeben wird.

Schrifttum: Frenkel, Form, Inhalt und Bekanntgabe außergerichtlicher Rechtsbehelfsentscheidungen (§ 366 AO), DStR 1980, 558.

Übersicht

A. Allgemeines

§ 366 S. 1 enthält Regelungen über Form, Inhalt und Bekanntgabe der Einspruchsentscheidung. Durch G v. 25.2.1992 (BGBl. 1992 I 297) wurde anstelle der förmlichen Zustellung der Einspruchsentscheidung auch deren Bekanntgabe durch einfachen Brief zugelassen. Hierfür maßgebend war die Entwicklung des außergerichtlichen Rechtsbehelfsverfahrens zu einem Massenverfahren, das auch hinsichtlich der Bekanntgabe ebenso wie das Besteuerungsverfahren effizient abgewickelt werden soll (BT-Drs. 12/1368, 35). Durch das GrenzpendlerG (BGBl. 1994 I 1395) ist § 366 redaktionell an die Einführung 1 des Einspruchs als einheitlichen Rechtsbehelf angepasst worden (→ Vor §§ 347 ff. Rn. 1). Durch das 3. ÄndGVwVfV, das am 28.8.2002 in Kraft getreten ist, wurde mit der Anordnung, die Einspruchsentscheidung „schriftlich zu erteilen" klargestellt, dass sich das Schriftformerfordernis bei Einspruchsentscheidungen nicht auf das bei der FB verbleibende Aktenexemplar bezieht (BT-Drs. 14/9000, 38). Ferner wurde § 366 S. 2 aF, der die entsprechende Anwendung des § 122 angeordnet hatte, mit der Begründung gestrichen, dass für die Einspruchsentscheidung wegen ihres VA-Charakters § 122 unmittelbar gelte (BT-Drs. 14/9000, 38). Durch das G zur Modernisierung des Besteuerungsverfahrens v. 18.7.2016, BGBl. 2016 I 1679 wurde § 366 S. 1 mit Wirkung zum 1.1.2017 neu gefasst, um klarzustellen, dass Einspruchsentscheidungen künftig auch elektronisch erlassen werden können (BR-Drs. 631/15, 110). **§ 366 S. 2** ist durch das JStG 2020 (BGBl. 2020 I 3096) mit Wirkung zum 29.12.2020 eingefügt worden und enthält für Einsprüche gegen gesonderte und einheitliche Feststellungsbescheide iSd § 180 I 1 Nr. 2 Buchst. a eine Sonderregelung zur Nennung der am Einspruchsverfahren Beteiligten (§ 359) im Rubrum der Einspruchsentscheidung (→ Rn. 9 und → Rn. 30).

B. Form, Inhalt und Bekanntgabe der Einspruchsentscheidung (S. 1)

2 Über den Einspruch ist durch Einspruchsentscheidung zu entscheiden, § 367 I 1; diese muss gem. § 366 S. 1 schriftlich oder elektronisch ergehen (→ Rn. 4 ff.). Der Inhalt der Einspruchsentscheidung ist durch § 366 S. 1 nur unvollständig dahingehend festgelegt, dass sie mit einer Begründung und einer Rechtsbehelfsbelehrung zu versehen ist (→ Rn. 8 ff.). Die Einspruchsentscheidung muss den Beteiligten schriftlich oder elektronisch erteilt werden (→ Rn. 24 ff.).

I. Allgemeines

3 Die Einspruchsentscheidung ist ein **VA** iSd § 118 S. 1 (BFH 29.7.1998 – X R 3/96, BStBl. II 1998, 742; BFH 17.3.2022 – XI R 39/19, BFH/NV 2022, 938). Für ihre **Auslegung** gelten die ganz allgemeinen für VA anzuwendenden Auslegungsregeln (BFH 29.7.1998 – X R 3/96, BStBl. II 1998, 742; BFH 15.1.2015 – X B 104/14, BFH/NV 2015, 466; → § 118 Rn. 54 f.). Die Einspruchsentscheidung muss nicht notwendig auch als solche bezeichnet werden. Bei Falschbezeichnung oder unklarer Bezeichnung muss für die Beteiligten aus dem sonstigen Inhalt erkennbar sein, dass es sich um eine Einspruchsentscheidung handelt (BFH 27.9.1994 – VIII R 36/89, BStBl. II 1995, 353). Zur **Verbindung und Trennung von Einspruchsverfahren** → § 365 Rn. 13.

II. Form der Einspruchsentscheidung

4 Die Einspruchsentscheidung ist grds. schriftlich zu erteilen; die **Schriftform** ist gewahrt, wenn der gesamte Inhalt der Einspruchsentscheidung in einem Schriftstück dokumentiert ist (Gosch AO § 366 Rn. 8). Wie bisher wird die Schriftform des § 366 S. 1 auch durch die Übermittlung der Einspruchsentscheidung per Telefax (BFH 8.7.1998 – I R 17/96, BStBl. II 1999, 48; BFH 27.6.2001 – X B 23/01, BFH/NV 2001, 1529) oder per Computerfax im sog. Ferrari-Fax-Verfahren (BFH 18.3.2014 – VIII R 9/10, BStBl. II 2014, 748; BFH 9.12.2014 – X R 45/11, BFH/NV 2015, 657) gewahrt. Die auf diesem Weg übersandten Einspruchsbescheide sind keine elektronischen Dokumente iSd § 87a (AEAO § 87a Nr. 4); sie sind daher erst mit ihrem Ausdruck durch das ggf. auf automatischen Ausdruck eingestellte Empfangsgerät wirksam schriftlich erteilt (BFH 18.3.2014 – VIII R 9/10, BStBl. II 2014, 748; BFH 9.12.2014 – X R 45/11, BFH/NV 2015, 657; → § 122 Rn. 87 und AEAO § 122 Nr. 1.8.1.2., der von einer elektronischen Übermittlung iSd § 122 IIa ausgeht). Hat das Empfangsgerät nach dem unwiderleglichen Vortrag des Einspruchsführers den Bescheid nicht ausgedruckt, gehen die sich daraus ergebenden

Zweifel an der wirksamen Bekanntgabe zulasten der FB (BFH 18.3.2014 – VIII R 9/10, BStBl. II 2014, 748). Die Einspruchsentscheidung kann ferner im finanzgerichtlichen Verfahren zu Protokoll erklärt werden (FG Hamburg 5.10.1994 – V 90/92, EFG 1995, 632). Ausnahmsweise entbehrlich ist eine schriftliche Einspruchsentscheidung bei der Erledigung der in Art. 97 § 18a EGAO aufgeführten Massenrechtsbehelfe (→ § 367 Rn. 59 ff.).

Die Schriftform der Einspruchsentscheidung kann nach § 366 S. 1 durch die **elektronische Übermittlung** mit qualifizierter elektronischer Signatur (§ 87a IV) ersetzt werden, wenn die Beteiligten des Einspruchsverfahrens (§ 359) bzw. ihre Bevollmächtigten hierfür gem. § 87a I 1 einen Zugang eröffnet haben. Wird die Einspruchsentscheidung elektronisch ohne qualifizierte elektronische Signatur übermittelt, ist die elektronische Form nicht gewahrt (→ Rn. 7). 5

Die Einspruchsentscheidung muss aufgrund des § 365 I iVm § 119 II 1, 2 HS 1 die **erlassende Behörde** erkennen lassen und die **Unterschrift oder Namenswiedergabe** des Amtsträgers enthalten. Ausnahmsweise sind Unterschrift und Namenswiedergabe gem. § 365 I iVm § 119 III 2 HS 2 entbehrlich, wenn die Einspruchsentscheidung formularmäßig oder mit Hilfe automatischer Einrichtungen erlassen wird. Aufgrund der notwendigen Einzelfallprüfung kann eine formularmäßige oder automatisierte Einspruchsentscheidung nur ergehen, wenn der Einspruch nicht oder nicht individuell, zB bei Massenrechtsbehelfen mit gleich lautender Einspruchsbegründung, begründet wurde (FG Nürnberg 20.7.1992 – V 59/92, EFG 1992, 647; aA Klein § 366 Rn. 11). 6

Fehlerfolgen. Eine mündlich erlassene oder nur stillschweigend ergangene Einspruchsentscheidung ist nichtig (§ 125 I) und damit gem. § 124 III unwirksam. Nichtig ist auch eine Einspruchsentscheidung, die elektronisch ohne qualifizierte elektronische Signatur (§ 87a IV) oder durch Computerfax übermittelt worden ist, aber am Empfangsgerät nicht ausgedruckt, sondern nur elektronisch gespeichert wurde (BFH 18.3.2014 – VIII R 9/10, BStBl. II 2014, 748). Gleiches gilt, wenn die Einspruchsentscheidung nicht die erlassende Behörde erkennen lässt (§ 125 II Nr. 1) oder wegen nur unvollständiger Bekanntgabe, zB bei fehlenden Seiten, Gegenstand und Entscheidung nur erraten oder rekonstruiert werden können (BFH 25.7.2007 – III R 15/07, BFH/NV 2008, 163). Hingegen führt das Fehlen der Datumsangabe sowie der Unterschrift oder Namenswiedergabe des Amtsträgers lediglich zur Rechtswidrigkeit; dieser Fehler ist jedoch heilbar und kann nicht zur isolierten Aufhebung der Einspruchsentscheidung führen (HHSp § 366 Rn. 208; → § 119 Rn. 36). 7

III. Inhalt der Einspruchsentscheidung

Für den Inhalt der Einspruchsentscheidung fordert § 366 S. 1 lediglich Begründung und Rechtsbehelfsbelehrung. Weitere Anforderungen an den Inhalt der Einspruchsentscheidung ergeben sich, da die Einspruchsentscheidung selbst VA (§ 118 S. 1) ist, aus den für VA gem. §§ 118 ff. allg. geltenden Rechtmäßigkeitserfordernissen, wie zB aus dem Bestimmtheitsgebot des § 119 I und des § 157 I 2, der für StBescheide gilt. 8

Notwendige Angaben. Die Einspruchsentscheidung muss im Entscheidungskopf (Rubrum) die Angabe der Beteiligten (§ 359) und ihrer gesetzlichen Vertreter sowie ihre Bevollmächtigten mit Namen und Adressen enthalten; zu den Besonderheiten bei Feststellungsbescheiden iSd § 180 I 1 Nr. 2 Buchst. a → Rn. 30. Die Einspruchsentscheidung darf nur gegenüber demjenigen erlassen werden, der den Rechtsbehelf eingelegt hat (BFH 25.1.2006 – I R 52/05, BFH/NV 2006, 1243). Ferner ist die Angabe des Entscheidungsgegenstands, dh des durch den Einspruch angefochtenen VA, erforderlich. 9

Die durch die Einspruchsentscheidung erfolgende Regelung iSd § 118 S. 1 drückt sich in der sog. Entscheidungsformel (Tenor) aus, die regelmäßig die Unzulässigkeit des Einspruchs („Der Einspruch wird als unzulässig verworfen."), die vollständige Unbegründetheit („Der Einspruch wird als unbegründet zurückgewiesen.") oder die teilweise ändernde Rechtsfolge („Die Einkommensteuer wird von … auf … herabgesetzt. Im Übrigen wird 9a der Einspruch als unbegründet zurückgewiesen.") ausspricht. Zum Abschluss des Einspruchsverfahrens durch Erlass eines Vollabhilfebescheids → § 367 Rn. 44 ff.

10 **Fehlerhafte notwendige Angaben** im Rubrum und im Tenor führen idR zur Rechtswidrigkeit des Einspruchsbescheids, so zB wenn die Beteiligten falsch bezeichnet worden sind. Fehlen die notwendigen Angaben, zB der Tenor, das Rubrum oder die Angabe des Entscheidungsgegenstands, vollständig, ist die Einspruchsentscheidung regelmäßig gem. § 125 I nichtig (FG Saarland 16.5.2018 – 2 K 1020/18, EFG 2018, 1329). Lediglich die fehlende oder falsche Benennung von Bevollmächtigten ist dagegen rechtlich ohne Bedeutung (Gosch AO § 366 Rn. 18).

1. Begründung

11 **Zweck der Begründungspflicht.** § 366 S. 1 verlangt zwingend eine schriftliche Begründung der Einspruchsentscheidung. Die Begründung ist eine rechtsstaatliche Notwendigkeit und dient, weil sich erst aufgrund der Begründung die Erfolgsaussichten eines finanzgerichtlichen Verfahrens beurteilen lassen, dem Rechtsschutzinteresse der Beteiligten und der Selbstkontrolle der FB (TK § 366 Rn. 5 f.). Wegen der verfassungsrechtlichen Fundierung der Begründungspflicht in Art. 19 IV und 20 III GG gilt für § 366 S. 1 nichts anderes als für § 121 I (→ § 121 Rn. 2). Die Begründungspflicht kann nicht kraft analoger Anwendung des Art. 97 § 18a EGAO entfallen (→ § 367 Rn. 60).

12 **Begründungsinhalt.** In der Begründung müssen die die Einspruchsentscheidung tragenden wesentlichen tatsächlichen und rechtlichen Gründe mitgeteilt werden, aus denen sich in nachvollziehbarer Weise der Standpunkt der FB ableiten lässt, § 365 I iVm § 121 I. Zweckdienlich ist die getrennte Darstellung von Sachverhalt (Tatbestand) und Entscheidungsgründen (AEAO zu § 366 Nr. 3).

13 Aus der **Sachverhaltsdarstellung** soll sich ergeben, von welchen für die Sachentscheidung maßgebenden Tatsachen die FB ausgegangen ist. Die Mitteilung des Ergebnisses einer Beweisaufnahme, zB einer Zeugenbefragung, kann durch Bezugnahme auf die Niederschrift erfolgen (BFH 8.11.1963 – VI 295/62 U, BStBl. III 1964, 21).

14 Die **rechtliche Begründung** beinhaltet die Angabe der wesentlichen rechtlichen Überlegungen, insb. die Angabe der entscheidenden Rechtsgrundlage, von der sich die FB bei ihrer Einspruchsentscheidung hat leiten lassen (FG Düsseldorf 28.10.1999 – 11 K 2229/99 E, F, EFG 2000, 47). Erwägungen zur Zulässigkeit des Einspruchs sind nur veranlasst, soweit Zweifel bestehen (AEAO § 366 Nr. 3). Die Begründung muss auf den konkreten Fall abstellen, die entscheidungserheblichen Normen und Rechtsgrundsätze benennen und diese auf den Streitfall anwenden (FG Düsseldorf 28.10.1999 – 11 K 2229/99 E, F, EFG 2000, 47). Nicht ausreichend ist idR eine nur formelhafte Begründung mit einem Standardtext (FG Düsseldorf 28.10.1999 – 11 K 2229/99 E, F, EFG 2000, 47; FG Köln 21.3.1995 – 13 K 6492/94, EFG 1996, 571).

15 Die Ausnahmeregelung des **§ 121 II** über die Entbehrlichkeit einer Begründung gilt aufgrund der Spezialregelung des § 366 S. 1 nicht für die Begründung von Einspruchsentscheidungen (FG Düsseldorf 28.10.1999 – 11 K 2229/99 E, F, EFG 2000, 47; TK § 366 Rn. 5; aA BFH 28.4.1983 – IV R 255/82, BStBl. II 1983, 621). Daher bedarf auch die stattgebende Einspruchsentscheidung einer zumindest kurzen Begründung.

16 **Bezugnahmen** der Einspruchsentscheidung auf anderweitige Schriftstücke, die den Beteiligten (§ 359) bekannt sind, sind grds. zulässig (BFH 16.2.2012 – II B 99/11, BFH/NV 2012, 982). So kann die Einspruchsentscheidung zB auf Berichte über Außen- oder Sonderprüfungen, Gutachten, Urkunden sowie auf die Begründung der Ausgangsentscheidung oder auf während des Einspruchsverfahrens ergangene Schreiben Bezug nehmen. Die FB kann, wenn sie der Begründung des angefochtenen VA in der Sache folgt, nach pflichtgemäßem Ermessen von den für finanzgerichtliche Urt. in § 105 V FGO gewährten Begründungserleichterungen Gebrauch machen (aA FG Rheinland-Pfalz 26.2.1996 – 5 K 2001/95, EFG 1996, 510; zweifelnd FG Düsseldorf 28.10.1999 – 11 K 2229/99 E, F, EFG 2000, 47). Verweisungen und Bezugnahmen dürfen jedoch keine Unklarheiten oder

Zweifel über die tatsächlichen und rechtlichen Entscheidungsgrundlagen entstehen lassen (TK § 366 Rn. 13).

17 Bei **Ermessensentscheidungen** iSd § 5, wie zB bei der Festsetzung eines Verspätungszuschlags gem. § 152 I, kommt deren Begründung eine besondere Bedeutung zu. Ermessensentscheidungen sind grds. in der Gestalt Gegenstand der finanzgerichtlichen Überprüfung (§ 102 S. 1 FGO), wie sie im Zeitpunkt der letzten Verwaltungsentscheidung, dh regelmäßig bei Abschluss des Einspruchsverfahrens, getroffen wurden. Das Gericht prüft nach § 102 S. 1 FGO lediglich, ob der VA oder die Ablehnung oder Unterlassung des VA rechtswidrig ist, weil die FB die gesetzlichen Grenzen des Ermessens überschritten hat oder von dem Ermessen in einer dem Zweck der Ermächtigung nicht entsprechenden Weise Gebrauch gemacht hat; das FG darf jedoch sein Ermessen nicht an die Stelle des Ermessens der FB setzen. Bei einer Verletzung der Begründungspflicht ist der VA regelmäßig fehlerhaft (BFH 22.9.1992 – VII R 73–74/91, BFH/NV 1993, 215; → § 5 Rn. 34 ff.). Nach § 102 S. 2 FGO kann die FB allerdings Ermessenserwägungen des VA bis zum Abschluss der Tatsacheninstanz eines finanzgerichtlichen Verfahrens ergänzen.

18 **Rechtsfolgen von Begründungsmängeln.** Eine fehlende oder unzureichende Begründung ist verfahrensfehlerhaft (TK § 366 Rn. 16). Der Verfahrensmangel begründet jedoch keine Nichtigkeit der Einspruchsentscheidung (BFH 9.5.1996 – IV B 58/95, BFH/NV 1996, 871) und lässt den Lauf der mit Bekanntgabe der Einspruchsentscheidung beginnenden **Klagefrist (§ 47 I FGO) unberührt.** Die Verletzung der Begründungspflicht enthebt den Kläger auch nicht seiner Verpflichtung zur Bezeichnung des Gegenstands des Klagebegehrens iSd § 65 I 1 FGO (BFH 28.5.1999 – X B 151/98, BFH/NV 1999, 1374). Allerdings kann der Begründungsmangel gem. § 56 FGO unter Berücksichtigung des auch insoweit anzuwendenden Rechtsgedankens aus § 126 III die Wiedereinsetzung in den vorigen Stand rechtfertigen (→ § 126 Rn. 14 ff.). Die **Heilung** eines Begründungsmangels nach Klageerhebung ist aufgrund des § 126 II ausgeschlossen. Eine **unzutreffende Begründung** ist kein Verfahrensfehler und führt auch nicht zur Rechtswidrigkeit der Einspruchsentscheidung, da auch sie noch dem Erfordernis der Begründungspflicht gem. § 366 S. 1 genügt (BFH 29.7.1986 – IX R 123/82, BFH/NV 1987, 359; → § 121 Rn. 22).

19 Ein bloßer Begründungsmangel kann im **finanzgerichtlichen Verfahren** grds. nicht die isolierte Aufhebung der Einspruchsentscheidung rechtfertigen und für sich allein weder die Notwendigkeit weiterer Ermittlungen iSd § 100 III 1 FGO noch, die materielle Richtigkeit des VA vorausgesetzt, eine selbständige Beschwer des Adressaten begründen (HHSp § 366 Rn. 212; aA FG Düsseldorf 28.10.1999 – 11 K 2229/99 E, F, EFG 2000, 47). Dies gilt auch, wenn ein Einspruch nicht als unbegründet, sondern schon als unzulässig zu verwerfen gewesen wäre (BFH 29.7.1986 – IX R 123/82, BFH/NV 1987, 359). Nur ausnahmsweise kann gem. § 100 III 1 FGO die isolierte Aufhebung der Einspruchsentscheidung veranlasst sein, wenn sich im Begründungsmangel zugleich eine mangelnde Sachverhaltsermittlung manifestiert (FG Berlin 30.10.1973 – IV 97/72, EFG 1974, 484) oder wenn der Begründungsmangel eine Ermessensentscheidung betrifft (BFH 19.5.1998 – I R 44/97, BFH/NV 1999, 314; BFH 27.6.1989 – VIII R 357/83, BFH/NV 1990, 175). Die Aufhebung der Einspruchsentscheidung wegen eines Begründungsmangels ist jedoch gem. § 365 I iVm § 127 ausgeschlossen, wenn keine andere Entscheidung in der Sache hätte getroffen werden können (BFH 29.2.1996 – X B 303/95, BFH/NV 1996, 606; aA FG Düsseldorf 28.10.1999 – 11 K 2229/99 E, F, EFG 2000, 47; → § 127 Rn. 28). Allerdings kann die Anwendung des § 127 im Zusammenhang mit Begründungsmängeln uU für die FB nachteilige **Kostenfolgen** auslösen (→ § 127 Rn. 30).

2. Rechtsbehelfsbelehrung

20 Die Einspruchsentscheidung ist gem. § 366 S. 1 mit einer Rechtsbehelfsbelehrung zu versehen. Da der Einspruch gegen Einspruchsentscheidungen gem. § 348 Nr. 1 ausgeschlossen ist, ist über die Klagemöglichkeit beim zuständigen Gericht zu belehren. Bei

Einspruchsentscheidungen ergibt sich Notwendigkeit und Inhalt der Rechtsbehelfsbelehrung auch aus § 55 I FGO, soweit eine Anfechtungs- oder Verpflichtungsklage gem. § 40 I FGO statthaft ist. Der Rechtsbehelfsbelehrung bedarf auch eine Einspruchsentscheidung, die auf einen gegen eine StAnmeldung (§ 167) gerichteten Einspruch ergeht. Zu den verfassungsrechtlichen Bezugspunkten (Art. 19 IV, 20 III GG) der Rechtsbehelfsbelehrung eingehend BFH 7.3.2006 – X R 18/05, BStBl. II 2006, 455.

21 **Rechtsnatur; Auslegung.** Die Rechtsbehelfsbelehrung ist nicht selbst VA, sondern ein nicht anfechtbarer selbständiger Bestandteil der Einspruchsentscheidung (BFH 29.7.1998 – X R 3/96, BStBl. II 1998, 742). Für die Auslegung einer Rechtsbehelfsbelehrung gelten die allgemeinen für VA anzuwendenden Auslegungsgrundsätze (BFH 29.7.1998 – X R 3/96, BStBl. II 1998, 742; zu Einzelheiten → § 118 Rn. 54 f.). Die Fehlerhaftigkeit der Rechtsbehelfsbelehrung hat keine Auswirkungen auf die Rechtmäßigkeit der Einspruchsentscheidung, sondern beeinflusst nur Beginn und Lauf der Klagefrist (→ Rn. 23). Umgekehrt hat die Rechtswidrigkeit der Einspruchsentscheidung keine Auswirkungen auf die Rechtsfolgen einer rechtmäßigen Rechtsbehelfsbelehrung.

22 **Inhalt und Form der Rechtsbehelfsbelehrung.** Zum notwendigen Inhalt der Rechtsbehelfsbelehrung → § 356 Rn. 12 f. Die Rechtsbehelfsbelehrung eines Einspruchsbescheids muss gem. § 55 I FGO Angaben enthalten über

- die **Art des Rechtsbehelfs.** Soweit eine Anfechtungs- oder Verpflichtungsklage gem. § 40 I FGO statthaft ist, muss über die Klage belehrt werden. Nicht erforderlich sind Angaben über Form und notwendigen Inhalt der Klageschrift (BFH 9.4.1997 – IV B 96/96, BFH/NV 1997, 784), die Möglichkeit und Voraussetzungen einer Sprungklage (§ 45 FGO), einer Untätigkeitsklage (§ 46 FGO) sowie einer Wiedereinsetzung in den vorigen Stand gem. § 56 FGO (Gräber FGO § 55 Rn. 11);
- die **Behörde oder das Gericht,** bei denen der Rechtsbehelf anzubringen ist. Erforderlich ist die amtliche Bezeichnung des Gerichts oder des FA, bei dem der Rechtsbehelf fristwahrend angebracht (§ 47 II FGO) werden kann. Zumindest sollte die postalische Anschrift des Gerichts oder des FA mitgeteilt werden (→ § 356 Rn. 13). Ausreichend ist, wenn zwar das anzurufende FG nicht konkret bezeichnet ist, jedoch auf die Möglichkeit des Anbringens der Klage beim hierfür zuständigen FA zutr. hingewiesen wird (BFH 17.5.2000 – I R 4/00, BStBl. II 2000, 539);
- die **einzuhaltende Frist.** Erforderlich ist nur eine Belehrung über die Länge der Frist und die allg. Merkmale des Fristbeginns. Bei Anfechtungs- oder Verpflichtungsklagen (§ 40 I FGO) muss über die Monatsfrist des § 47 I FGO belehrt werden. Eine Anleitung zur Berechnung des Fristablaufs ist nicht erforderlich (BFH 21.8.1980 – IV R 73/80, BStBl. II 1981, 70). Die Fristberechnung im konkreten Einzelfall bleibt in der Verantwortung des Betroffenen; auch einer Belehrung über die Bedeutung des § 108 III für die Ermittlung des Tages der Bekanntgabe gem. § 122 II Nr. 1 oder 2 bedarf es nicht (BFH 7.3.2006 – X R 18/05, BStBl. II 2006, 455); zu Einzelheiten → § 356 Rn. 13 sowie Gräber FGO § 55 Rn. 18.

Die Rechtsbehelfsbelehrung muss schriftlich oder elektronisch und in deutscher Sprache erfolgen (→ § 356 Rn. 10 f.). Möglich ist auch eine Nachholung der Rechtsbehelfsbelehrung (→ § 356 Rn. 16 und Gräber FGO § 55 Rn. 22).

23 **Rechtsfolgen unterbliebener oder unrichtiger Rechtsbehelfsbelehrung.** Eine unterbliebene oder unrichtige Rechtsbehelfsbelehrung führt nicht zur Rechtswidrigkeit oder Nichtigkeit der Einspruchsentscheidung, sondern setzt gem. § 55 I FGO lediglich die Klagefrist des § 47 I FGO nicht in Lauf. Die Einlegung der Klage ist gem. § 55 II FGO idR innerhalb eines Jahres seit Bekanntgabe der Einspruchsentscheidung zulässig. Unrichtig iSd § 55 II 1 FGO ist eine Rechtsbehelfsbelehrung, wenn sie in wesentlichen Aussagen unzutreffend oder derart unvollständig ist, dass hierdurch bei objektiver Betrachtung die Möglichkeit zur Fristwahrung gefährdet erscheint. Ob das der Fall ist, bestimmt sich danach, wie der Erklärungsempfänger die Rechtsbehelfsbelehrung oder ergänzende Anga-

ben nach Treu und Glauben und unter Berücksichtigung der ihm bekannten Umstände verstehen musste, wobei Unklarheiten oder Mehrdeutigkeiten zulasten der FB gehen (BFH 29.7.1998 – X R 3/96, BStBl. II 1998, 742; BFH 5.2.2021 – VIII B 70/20, BFH/NV 2021, 642). Die Rechtsbehelfsbelehrung ist nicht unrichtig, wenn das FA in der Einspruchsentscheidung den Vorbehalt der Nachprüfung (§ 164 I) aufhebt und in der Rechtsbehelfsbelehrung ausschließlich darauf verweist, dass als Rechtsbehelf die Klage beim FG statthaft ist; ein Hinweis, dass nach Ablauf der Klagefrist eine Änderung der StFestsetzung gem. § 164 II 2 nicht mehr beantragt werden kann, ist nicht erforderlich (BFH 5.2.2021 – VIII B 70/20, BFH/NV 2021, 642). Zu weiteren Einzelfällen s. Gräber FGO § 55 Rn. 23 ff.; → § 356 Rn. 18 f.). Die Jahresfrist des § 56 II 1 FGO gilt ausnahmsweise nicht, wenn die Klageerhebung infolge höherer Gewalt unmöglich war (§ 55 II 2 FGO) oder eine Belehrung dahin erfolgt ist, dass ein Rechtsbehelf nicht gegeben ist (zur entsprechenden Rechtslage bei § 356 → § 356 Rn. 22). Die Grundsätze der Verwirkung gelten jedoch auch hier (BFH 9.2.1966 – I 181/64, BStBl. III 1966, 330; Gräber FGO § 55 Rn. 30).

IV. Bekanntgabe der Einspruchsentscheidung; Anwendung des § 122

Erteilung der Einspruchsentscheidung. Nach § 366 S. 1 ist die Einspruchsentscheidung schriftlich oder elektronisch den Beteiligten des Einspruchsverfahrens (§ 359) zu erteilen, dh bekannt zu geben. 24

Für die Bekanntgabe gilt, da die Einspruchsentscheidung ein VA ist, § 122 unmittelbar (→ Rn. 1). Hinsichtlich der Bekanntgabeadressaten gilt § 122 I; danach ist die Einspruchsentscheidung grds. demjenigen bekannt zu geben, für den sie bestimmt ist, § 122 I 1; dies sind die **Beteiligten** des Einspruchsverfahrens, dh der Einspruchsführer und die Hinzugezogenen (§ 359). Sie kann gem. § 122 I 3 auch gegenüber einem **Bevollmächtigten** (§ 80 I) bekannt gegeben werden; regelmäßig ist der Einspruchsbescheid dem Bevollmächtigten bekannt zu geben, wenn dieser vom Einspruchsführer zu seiner Vertretung im Verwaltungsverfahren bevollmächtigt wurde und in dieser Eigenschaft den Einspruch für den Einspruchsführer eingelegt hat (BFH 1.2.2000 – VII R 49/99, BStBl. II 2000, 334). Bei **Ehegatten** und **Lebenspartnern,** die gem. § 26b EStG, für Lebenspartner iVm § 2 VIII EStG, zusammen zur ESt veranlagt worden sind und die gemeinsam Einspruch gegen einen ESt-Bescheid eingelegt haben, kann nach § 365 I iVm § 155 III ein zusammengefasster Einspruchsbescheid ergehen (HHSp § 366 Rn. 189; aA BFH 14.1.1997 – VII R 66/96, BFH/NV 1997, 283); zur Bekanntgabe an Ehegatten s. § 122 VII und AEAO zu § 122 Nr. 2.1. 25

Die FB hat hinsichtlich der **Form der Bekanntgabe** ein Auswahlermessen (BFH 15.1.2001 – IX B 99/00, BFH/NV 2001, 887; BFH 27.12.2006 – II B 27/06, BFH/NV 2007, 651). Sie kann die Einspruchsentscheidung **mit einfachem Brief durch die Post** (§ 122 II) bekannt geben und hat in diesem Fall den Zugang ggf. nachzuweisen (→ § 122 Rn. 69 ff.). Der Ablauf der Vier-Tages-Frist des § 122 II Nr. 1 bzw. bis zum bis zum 31.12.2024 der Drei-Tages-Frist des § 122 II Nr. 1 aF (s. Art. 97 § 1 XV EGAO) ist auch dann für den Beginn der Klagefrist (§ 47 I FGO) maßgebend, wenn die Einspruchsentscheidung dem Adressaten bereits früher zugeht (BFH 13.12.2000 – X R 96/98, BStBl. II 2001, 274; BFH 26.6.2006 – II B 99/05, BFH/NV 2006, 1860; → § 122 Rn. 51). Entsprechendes gilt für die Monatsfrist des § 122 II Nr. 2 (BFH 1.2.2000 – VII R 49/99, BStBl. II 2000, 334; → § 122 Rn. 83). Ferner kann die Einspruchsentscheidung den Beteiligten auch durch **Telefax** (BFH 8.7.1998 – I R 17/96, BStBl. II 1999, 48; BFH 15.1.2001 – IX B 99/00, BFH/NV 2001, 887) oder **Computerfax** (BFH 18.3.2014 – VIII R 9/10, BStBl. II 2014, 748; BFH 9.12.2014 – X R 45/11, BFH/NV 2015, 657) übermittelt werden, wobei jedoch in diesem Fall kein Anscheinsbeweis für den Zugang der Einspruchsentscheidung besteht (→ Rn. 4). Schließlich kann die Einspruchsentscheidung den Beteiligten in **elektronischer Form** mit qualifizierter elektronischer Signatur gem. § 87a IV übermittelt werden; zur Bekanntgabe einer elektronisch übermittelten Ein- 26 spruchsentscheidung s. § 122 IIa (→ § 122 Rn. 87 ff.). Eine elektronische Übermittlung ohne eine elektronische Signatur (§ 87a IV) genügt nicht. Zur Bekanntgabe der Einspruchsentscheidung durch Bereitstellung zum Datenabruf s. § 122a. Die FB kann gem. § 122 V 1 nach ihrem Ermessen auch die **Zustellung** der Einspruchsentscheidung anordnen, wenn ein eindeutiger Nachweis des Zugangs der Einspruchsentscheidung für erforderlich gehalten wird (AEAO zu § 366 Nr. 2). In diesem Fall richtet sich gem. § 122 V 2 die Zustellung nach dem VwZG. Lediglich für die Zustellung an einen Bevollmächtigten gilt gem. § 122 V 3 abw. von § 7 I 2 VwZG § 122 I 4 entsprechend, wonach die Bekanntgabe bei Vorliegen einer entsprechenden Empfangsvollmacht an einen Bevollmächtigten lediglich erfolgen soll (→ § 122 Rn. 101a). Darüber hinaus kann die Bekanntgabe der Einspruchsentscheidung durch andere als die in § 122 geregelten Formen erfolgen, zB durch **Boten** oder durch **Übergabe an Amtsstelle** (BFH 15.1.2001 – IX B 99/00, BFH/NV 2001, 887; BFH 27.6.2001 – X B 23/01, BFH/NV 2001, 1529). Eine öffentliche Bekanntgabe der Einspruchsentscheidung gem. § 122 III und IV scheidet mangels gesetzlicher Zulassung aus, § 122 III 1. Lediglich bei Allgemeinverfügungen nach § 367 IIb kommt eine öffentliche Bekanntgabe in Betracht (TK § 366 Rn. 22). Die FB kann jedoch gem. § 122 V iVm § 10 VwZG unter den dort genannten Voraussetzungen die öffentliche Zustellung anordnen, zB wenn der Aufenthaltsort des Beteiligten unbekannt ist und eine Zustellung an einen Vertreter oder Zustellungsbevollmächtigten nicht möglich ist, § 10 I 1 Nr. 1 VwZG (→ § 122 Rn. 224 ff.).

27 **Bekanntgabemängel des angefochtenen VA** werden durch die fehlerfreie Bekanntgabe der Einspruchsentscheidung geheilt (BFH 12.11.1992 – XI B 69/92, BStBl. II 1993, 263; BFH 18.12.1991 – XI R 42–43/88, BStBl. II 1992, 585; BFH 16.5.1990 – X R 147/87, BStBl. II 1990, 942). Die Heilung tritt allerdings nur ein, sofern der Einspruch ganz oder teilweise als unbegründet zurückgewiesen und nicht als unzulässig verworfen wird, denn der ursprüngliche VA wird nur inhaltlich bestätigt, wenn und soweit eine Sachentscheidung ergangen ist (Schwarz/Pahlke/Keß § 366 Rn. 65). Zur Heilung von Zustellungsmängeln bei einer Zustellung nach dem VwZG s. § 8 VwZG → § 122 Rn. 205 ff. Ist der angefochtene VA dagegen wegen inhaltlicher Unbestimmtheit, zB wegen fehlender Bezeichnung des Stpfl. oder wegen der Bezeichnung einer falschen Person als StSchuldner, gem. § 125 I nichtig, wird dieser Mangel nicht mit dem Erlass der Einspruchsentscheidung geheilt (BFH 17.3.1970 – II 65/63, BStBl. II 1970, 598; BFH 26.3.1991 – VIII R 210/85, BFH/NV 1992, 73; Schwarz/Pahlke/Keß § 366 Rn. 65).

28 **Rechtswirkungen der Bekanntgabe.** Mit der Bekanntgabe der Einspruchsentscheidung beginnt gem. § 47 I FGO die Frist für die Erhebung der Anfechtungs- und Verpflichtungsklage (§ 40 I FGO). Eine unwirksame Bekanntgabe setzt jedoch die Klagefrist nicht in Lauf (BFH 20.10.1987 – VII R 19/87, BStBl. II 1988, 97). Eine **vor** Bekanntgabe der Einspruchsentscheidung erhobene Klage ist unzulässig (BFH 8.4.1983 – VI R 209/79, BStBl. II 1983, 551; Gräber FGO § 47 Rn. 11). Dies entspricht der Rechtslage zu § 355 (→ § 355 Rn. 5). Fehlt eine Seite der Einspruchsentscheidung und wird dies vor Ablauf der regulären Klagefrist gerügt, so endet die Klagefrist erst einen Monat nach Bekanntgabe der fehlenden Seite (BFH 25.7.2007 – III R 15/07, BStBl. II 2008, 94).

29 Durch eine erneute Bekanntgabe der bereits wirksam bekannt gegebenen Einspruchsentscheidung oder durch den Erlass eines Zweitbescheids wird eine bereits abgelaufene Klagefrist (§ 47 I FGO) nicht erneut in Lauf gesetzt; dies gilt allerdings dann nicht, wenn die erneute Übersendung von einem Bekanntgabewillen der FB getragen wird, weil sie dem Einwand des Einspruchsführers Rechnung tragen will, die Einspruchsentscheidung nicht erhalten zu haben (Gosch FGO § 47 Rn. 89). Zu den Rechtswirkungen der Einspruchsentscheidung → § 367 Rn. 54.

C. Besonderheiten bei Feststellungsbescheiden iSd § 180 I 1 Nr. 2 Buchst. a (S. 2)

Nach **§ 366 S. 2** kann auf die Nennung sämtlicher Einspruchsführer und Hinzugezogenen im Rubrum einer Einspruchsentscheidung verzichtet werden, wenn die Einspruchsentscheidung eine gesonderte und einheitliche Feststellung iSd § 180 I 1 Nr. 2 Buchst. a betrifft und wenn mehr als 50 Personen am Verfahren gem. § 359 beteiligt sind, obwohl grds. die Angabe der Beteiligten in der Einspruchsentscheidung zu den notwendigen Angaben gehört (→ Rn. 9). Die Regelung dient der vereinfachten Abwicklung von Einsprüchen gegen Feststellungsbescheide iSd § 180 I 1 Nr. 2 Buchst. a, insb. bei Publikumsgesellschaften. Zur vereinfachten Bescheidung von Einsprüchen in den Fällen des § 366 S. 2 ist es künftig möglich und auch ausreichend, wenn nur jeweils einer oder wenige Einspruchsführer und ggf. Hinzugezogene, jedenfalls aber die betroffene Person, deren Einspruch beschieden wird, namentlich und die übrigen Einspruchsführer und Hinzugezogenen lediglich zahlenmäßig benannt werden (BR-Drs. 503/1/20, 161 f.). 30

§ 367 Entscheidung über den Einspruch

(1) [1]**Über den Einspruch entscheidet die Finanzbehörde, die den Verwaltungsakt erlassen hat, durch Einspruchsentscheidung.** [2]**Ist für den Steuerfall nachträglich eine andere Finanzbehörde zuständig geworden, so entscheidet diese Finanzbehörde; § 26 Satz 2 bleibt unberührt.**

(2) [1]**Die Finanzbehörde, die über den Einspruch entscheidet, hat die Sache in vollem Umfang erneut zu prüfen.** [2]**Der Verwaltungsakt kann auch zum Nachteil des Einspruchsführers geändert werden, wenn dieser auf die Möglichkeit einer verbösernden Entscheidung unter Angabe von Gründen hingewiesen und ihm Gelegenheit gegeben worden ist, sich hierzu zu äußern.** [3]**Einer Einspruchsentscheidung bedarf es nur insoweit, als die Finanzbehörde dem Einspruch nicht abhilft.**

(2a) [1]**Die Finanzbehörde kann vorab über Teile des Einspruchs entscheiden, wenn dies sachdienlich ist.** [2]**Sie hat in dieser Entscheidung zu bestimmen, hinsichtlich welcher Teile Bestandskraft nicht eintreten soll.**

(2b) [1]**Anhängige Einsprüche, die eine vom Gerichtshof der Europäischen Union, vom Bundesverfassungsgericht oder vom Bundesfinanzhof entschiedene Rechtsfrage betreffen und denen nach dem Ausgang des Verfahrens vor diesen Gerichten nicht abgeholfen werden kann, können durch Allgemeinverfügung insoweit zurückgewiesen werden.** [2]**Sachlich zuständig für den Erlass der Allgemeinverfügung ist die oberste Finanzbehörde.** [3]**Die Allgemeinverfügung ist im Bundessteuerblatt und auf den Internetseiten des Bundesministeriums der Finanzen zu veröffentlichen.** [4]**Sie gilt am Tag nach der Herausgabe des Bundessteuerblattes, in dem sie veröffentlicht wird, als bekannt gegeben.** [5]**Abweichend von § 47 Absatz 1 der Finanzgerichtsordnung endet die Klagefrist mit Ablauf eines Jahres nach dem Tag der Bekanntgabe.** [6]**§ 63 Absatz 1 Nummer 1 der Finanzgerichtsordnung gilt auch, soweit ein Einspruch durch eine Allgemeinverfügung nach Satz 1 zurückgewiesen wurde.**

(3) [1]**Richtet sich der Einspruch gegen einen Verwaltungsakt, den eine Behörde auf Grund gesetzlicher Vorschrift für die zuständige Finanzbehörde erlassen hat, so entscheidet die zuständige Finanzbehörde über den Einspruch.** [2]**Auch die für die zuständige Finanzbehörde handelnde Behörde ist berechtigt, dem Einspruch abzuhelfen.**

Schrifttum: Apitz, Änderung der Rechtsprechung zu den Voraussetzungen einer Verböserung im Einspruchsverfahren?, DStZ 1990, 170; Flies, „Verböserung" im Einspruchsverfahren, DB 1995, 950; v. Wedelstädt, Teilanfechtung und ihre Folgen, DB 1997, 696; Olgemöller/Kamps, Handlungsbedarf bei „Abhilfebescheiden", die entgegen der Erklärung des Finanzamts dem Einspruch tatsächlich nicht umfassend abhelfen?, DStR 2000, 1723; Kies, Besonderheiten bei Einspruchsverfahren gegen korrigierte Steuerbescheide, DStR 2001, 1555; **Schrifttum zur Teil-Einspruchsentscheidung (§ 367 IIa)** → Vor Rn. 61.

Übersicht

A. Allgemeines

1 § 367 enthält Verfahrensregelungen im Zusammenhang mit der Entscheidung über den Einspruch. Die Vorschrift wurde durch das GrenzpendlerG (BGBl. 1994 I 1395) redaktionell an die Einführung des Einspruchs als einheitlichen Rechtsbehelf angepasst (→ Vor §§ 347 ff. Rn. 1). Durch das JStG 2007 (BGBl. 2006 I 2878) wurden Abs. 2a und 2b eingefügt; diese Bestimmungen sind am 19.12.2006 in Kraft getreten; zur zeitlichen Geltung des Abs. 2b s. Art. 97 § 18a XII EGAO. Durch das AmtshilfeRLUmsG v. 26.6.2013 (BGBl. 2013 I 1809) ist in § 367 IIb 1 der Begriff „Europäische Union" anstelle des Begriffs „Europäische Gemeinschaft" eingefügt worden, da die Europäische Union nach dem Vertrag über die Europäische Union idF des Vertrags von Lissabon Rechtsnachfolgerin der Europäischen Gemeinschaft geworden ist (vgl. BT-Drs. 17/12375, 47).

B. Zuständigkeit (Abs. 1)

2 § 367 I und III regeln die Zuständigkeit der FB zur Entscheidung über den Einspruch. Diese sog. Entscheidungsbehörde ist von der durch § 357 II bestimmten sog. Einlegungsbehörde zu unterscheiden (→ § 357 Rn. 22 ff.).

I. Allgemeine Zuständigkeit (Abs. 1 S. 1)

3 Über den Einspruch hat gem. § 367 I 1 die FB zu entscheiden, die den VA erlassen hat, sofern nicht nachträglich eine andere FB für den StFall sachlich (§ 16) und/oder örtlich (§§ 17 ff.) zuständig geworden ist. § 367 I 1 wird, soweit es die Zurückweisung von Ein-

sprüchen durch Allgemeinverfügung betrifft, durch den mit dem JStG 2007 eingefügten § 367 IIb verdrängt (→ Rn. 1, → Rn. 76). Regelmäßig zuständig ist nach § 367 I 1 das FA als örtliche Landesbehörde (§ 6 II Nr. 5 iVm § 17 II FVG) oder das HZA als örtliche Bundesbehörde (§ 6 II Nr. 5 iVm § 12 II FVG). Über Einsprüche in Kindergeldsachen (§§ 62 ff. EStG) entscheiden die örtlich zuständigen Familienkassen (§ 6 II Nr. 6 iVm § 5 I Nr. 11 FVG). Hat eine sachlich und/oder örtlich unzuständige FB den VA erlassen, so ist diese gem. Abs. 1 S. 1 auch für die Entscheidung über den Einspruch zuständig. Bei örtlicher Unzuständigkeit der FB kann der Einspruchsführer, anders als bei sachlicher oder verbandsmäßiger Unzuständigkeit, nach § 127 die Aufhebung des angefochtenen VA nicht allein deshalb beanspruchen, wenn keine andere Entscheidung in der Sache hätte getroffen werden können (→ § 127 Rn. 15). Gleichwohl kann die FB bei fehlerhafter Beurteilung der örtlichen Zuständigkeit bei Anfechtung eines Ablehnungsbescheids dem Einspruch abhelfen und den angefochtenen VA aufheben und den Antrag an die zuständige FB weiterleiten; sie kann den Einspruch aber auch ohne Aufhebung des angefochtenen Ablehnungsbescheids an die zuständige FB weiterleiten (BFH 19.1.2017 – III R 31/15, BStBl. II 2017, 642; s. auch HHSp § 367 Rn. 26). Die sachliche Unzuständigkeit der Ausgangsbehörde kann im Einspruchsverfahren nicht durch eine Einspruchsentscheidung der sachlich und örtlich zuständigen Behörde geheilt werden, da weder bei § 126 noch bei § 127 für eine über den Wortlaut hinausgehende Erweiterung der Vorschriften im Wege der Analogie auf zusätzliche Verfahrens- und Formvorschriften Raum ist (BFH 26.10.2023 – III R 16/22, BFH/NV 2024, 187; BFH 19.1.2023 – III R 2/22, BStBl. II 2023, 626; BFH 16.2.2023 – III R 4/22, BFH/NV 2023, 838; BFH 16.2.2023 – III R 6/22, BFH/NV 2023, 841; BFH 16.2.2023 – III R 8/22, BFH/NV 2023, 843; BFH 16.2.2023 – III R 15/22, BFH/NV 2023, 846; BFH 16.2.2023 – III R 17/22, BFH/NV 2023, 848; BFH 16.2.2023 – III R 21/22, BFH/NV 2023, 851; BFH 16.2.2023 – III R 22/22, BFH/NV 2023, 853; BFH 19.1.2023 – III R 3/22, BFH/NV 2023, 833; BFH 19.1.2023 – III R 13/22, BFH/NV 2023, 836).

II. Nachträglicher Zuständigkeitswechsel (Abs. 1 S. 2)

Ist nachträglich eine andere FB für den StFall sachlich (§ 16) und/oder örtlich (§§ 17 ff.) 4
zuständig geworden, entscheidet grds. diese andere FB über den Einspruch, § 367 I 2. Allerdings kann die bisher zuständige FB gem. § 367 I 2 HS 2 iVm § 26 S. 2 das Einspruchsverfahren durch Einspruchsbescheid unter den Voraussetzungen des § 26 S. 2 abschließen (→ Rn. 7). Der Zuständigkeitswechsel lässt die für die Einlegung des Einspruchs maßgebende sog. Einlegungszuständigkeit unberührt (→ § 357 Rn. 22). Im AdV-Verfahren ist § 367 I 2 sinngemäß anzuwenden, s. § 361 II 1 HS 2 und IV 3.

§ 367 I 2 knüpft an einen **Zuständigkeitswechsel** an; die hierfür maßgebenden Grün- 5
de sind ohne Bedeutung. Ein Zuständigkeitswechsel tritt zB für die ESt gem. § 19 bei einer Verlegung des Wohnsitzes (§ 8) des Einspruchsführers oder einem Wechsel des gewöhnlichen Aufenthalts (§ 9) ein. Nach dem Grundsatz der Gesamtzuständigkeit gilt dies dann auch für VA im Erhebungsverfahren (§§ 218 ff.), wie zB für Abrechnungsbescheide gem. § 218 II (BFH 19.3.2019 – VII R 27/17, BStBl. II 2020, 31). Bei der bisherigen Zuständigkeit für den Erlass der Einspruchsentscheidung verbleibt es hingegen dann, wenn der Einspruchsführer an einen unbekannten Wohnort verzogen ist (FG Hessen 26.10.1987 – 7 K 363/83, EFG 1988, 60). Ein Zuständigkeitswechsel kann sich ferner aufgrund von Organisationsänderungen der FVerw., zB durch Änderung der FA-Bezirksgrenzen oder Übertragung von Verwaltungsaufgaben, ergeben. Zu Einzelfragen des Zuständigkeitswechsels im Einspruchsverfahren s. auch BMF 10.10.1995, BStBl. I 1995, 664.

Nachträglich eingetreten ist ein Zuständigkeitswechsel, wenn die sachliche Zuständig- 6
keit (§ 16) oder die örtliche Zuständigkeit (§§ 17–25) nach Einlegung des Einspruchs auf eine andere FB übergegangen ist. Der für die Zuständigkeit **maßgebende Beurteilungszeitpunkt** ist der der Bekanntgabe der Einspruchsentscheidung (BFH 19.3.2019 – VII R

27/17, BStBl. II 2020, 31; HHSp § 367 Rn. 49). Der Zuständigkeitswechsel tritt gem. § 365 I iVm § 26 S. 1 in dem Zeitpunkt ein, in dem eine der beiden Behörden positive Kenntnis von den den Zuständigkeitswechsel begründenden Umständen erlangt (→ § 26 Rn. 12).

7 **Fortführung des Verfahrens; Zuständigkeitsvereinbarung.** Bei einem Zuständigkeitswechsel im Einspruchsverfahren bleibt § 26 S. 2 unberührt, § 367 I 2 HS 2. Damit kann auch die bisher zuständige FB das Einspruchsverfahren durch Einspruchsbescheid unter den Voraussetzungen des § 26 S. 2 abschließen, wenn dies unter Wahrung der Interessen der Beteiligten der einfachen und zweckmäßigen Durchführung des Verfahrens dient und die nunmehr zuständige FB zustimmt. Die Zustimmung ist unverzüglich einzuholen, und zwar vor der Amtshandlung, für die keine Zuständigkeit mehr besteht (FG Hamburg 22.5.1997 – II 5/97, EFG 1997, 1418; → § 26 Rn. 21). Möglich ist im Einspruchsverfahren auch eine Zuständigkeitsvereinbarung nach § 27 S. 1 (HHSp § 367 Rn. 64 f.). Die auf einem **Verstoß gegen §§ 26, 27** beruhende Einspruchsentscheidung ist rechtswidrig, jedoch nicht nichtig iSd § 125 I (→ § 26 Rn. 28; → § 27 Rn. 20).

C. Überprüfungsumfang; Abschluss des Einspruchsverfahrens (Abs. 2)

8 § 367 II 1 und 2 enthalten nähere Regelungen darüber, in welchem Umfang die Sache bei der Entscheidung über den Einspruch zu überprüfen ist. § 367 II 3 bestimmt, unter welchen Voraussetzungen eine Einspruchsentscheidung zu ergehen hat. Die FB ist zu einer zügigen Entscheidung über den Einspruch verpflichtet. Einen Stillstand des Einspruchsverfahrens ermöglicht nur § 363 oder ein verfahrensrechtlicher Unterbrechungstatbestand gem. §§ 239–247 ZPO (→ § 363 Rn. 66 ff.). Der Einspruchsführer hat ein Recht auf Nachprüfung, wodurch ihm uU gerichtliche Kosten erspart bleiben (BFH 28.10.1975 – VII R 116/73, BStBl. II 1976, 116). Zur Untätigkeitsklage sowie zur überlangen Dauer des Einspruchsverfahrens → Rn. 56.

I. Nachprüfungsumfang; Amtsaufklärung (Abs. 2 S. 1)

9 **Prüfung in vollem Umfang.** Gemäß § 367 II 1 hat die FB die Sache zugunsten wie zuungunsten des Einspruchsführers „in vollem Umfang erneut zu prüfen", sog. Grundsatz der Gesamt- oder Wiederaufrollung. Die Sach- und Rechtsprüfung iSd § 367 II 1 beginnt mit der Überprüfung der Zulässigkeit des Einspruchs. Erforderlich ist insb. eine Beschwer (§ 350) des Einspruchsführers, seine Rechtsbehelfsbefugnis bei Anfechtung eines Änderungs- oder Folgebescheids (§ 351) sowie seine persönliche Einspruchsbefugnis (§ 352). Ferner überprüft die FB im Rahmen der Gesamtaufrollung, ob der angefochtene VA von der sachlich und örtlich zuständigen FB erlassen worden ist (BFH 19.1.2017 – III R 31/15, BStBl. II 2017, 642; HHSp § 367 Rn. 25; → Rn. 3). Die Verpflichtung zur vollumfänglichen Prüfung des angefochtenen VA im Einspruchsverfahren nach § 367 II 1 führt allerdings nicht zur Heilung der fehlenden sachlichen Zuständigkeit einer sachlich unzuständigen Ausgangsbehörde durch eine spätere Einspruchsentscheidung, die von einer sachlich und örtlich zuständigen Behörde erlassen wird; stellt die Einspruchsbehörde im Rahmen der gem. § 367 II 1 durchzuführenden umfassenden Prüfung des angefochtenen Bescheids fest, dass die Ausgangsbehörde sachlich unzuständig war, hat sie den Bescheid der sachlich unzuständigen Ausgangsbehörde aufzuheben und erstmals selbst zu entscheiden (BFH 26.10.2023 – III R 16/22, BFH/NV 2024, 187; BFH 19.1.2023 – III R 2/22, BStBl. II 2023, 626; BFH 16.2.2023 – III R 4/22, BFH/NV 2023, 838; BFH 16.2.2023 – III R 6/22, BFH/NV 2023, 841; BFH 16.2.2023 – III R 8/22, BFH/NV 2023, 843; BFH 16.2.2023 – III R 15/22, BFH/NV 2023, 846; BFH 16.2.2023 – III R 17/22, BFH/NV 2023, 848; BFH 16.2.2023 – III R 21/22, BFH/NV 2023, 851; BFH 16.2.2023 – III R 22/22, BFH/NV 2023, 853; BFH 19.1.2023 – III R 3/22, BFH/NV 2023, 833; BFH 19.1.2023 – III R 13/22, BFH/NV 2023, 836). Schließlich überprüft die FB, ob der

angefochtene VA sachlich und rechtlich richtig ist. Dabei kann sie im Einspruchsverfahren so entscheiden, als ob sie die Sache erstmals in einem VA regelt (BFH 20.7.2007 – VIII B 8/06, BFH/NV 2007, 2069). Fehler eines wirksamen StBescheids können durch die Einspruchsentscheidung geheilt werden (BFH 12.12.2000 – VIII R 12/00, BStBl. II 2001, 218). Die FB ist wegen der Nachprüfungsbefugnis „in vollem Umfang" **weder an** das **Einspruchsbegehren noch an die Anträge** des Einspruchsführers und der ggf. zum Verfahren gem. § 360 Hinzugezogenen **gebunden** (BFH 14.4.2021 – III R 50/20, BStBl. II 2021, 866; BFH 20.7.2007 – VIII B 8/06, BFH/NV 2007, 2069; BFH 4.11.2003 – VIII R 38/01, BFH/NV 2004, 1372). Auch ist unerheblich, ob der Einspruchsführer einzelne Streitpunkte inzwischen als erledigt betrachtet (BFH 7.7.1994 – XI B 3/94, BStBl. II 1994, 785). Das FA ist rechtlich nicht verpflichtet, Inhalt und Umfang seiner Prüfung nach § 367 II 1 im Rahmen der Einspruchsentscheidung darzustellen (BFH 14.3.2012 – X R 50/09, BStBl. II 2012, 536). Zur **Festsetzungsverjährung** → Rn. 26.

Bei der Prüfung in vollem Umfang gem. § 367 II 1 bleibt es auch dann, wenn ein **10**
teilbarer VA nur teilweise angefochten wird (BFH 10.11.2015 – VII R 35, 37/14, BFH/NV 2016, 564; BFH 4.11.2003 – VIII R 38/01, BFH/NV 2004, 1372; BFH 10.9.1997 – VIII B 55/96, BFH/NV 1998, 282; Gosch AO § 367 Rn. 29). Die umfassende Nachprüfungsbefugnis gilt daher auch für **gesonderte und einheitliche Feststellungen von Besteuerungsgrundlagen iSd §§ 179 ff.,** die ebenfalls teilbare VA sind, weil insb. das Bestehen einer Mitunternehmerschaft und wer an ihr beteiligt ist sowie die Höhe des laufenden Gesamthandgewinns sowie dessen Verteilung auf die Mitunternehmer, die Höhe eines Veräußerungsgewinns oder eines Sondergewinns bzw. einer Sondervergütung als selbständig anfechtbare Besteuerungsgrundlagen angesehen werden (BFH 17.4.2019 – IV R 12/16, BStBl. II 2019, 745; BFH 28.11.1989 – VIII R 40/84, BStBl. II 1990, 561; BFH 10.9.1997 – VIII B 55/96, BFH/NV 1998, 282; zur abweichenden Rechtslage bei Einheitswertbescheiden → § 180 Rn. 9). Daher hat die FB einen Bescheid über die gesonderte und einheitliche Feststellung von Besteuerungsgrundlagen auch dann in vollem Umfang zu überprüfen, wenn lediglich einzelne im Feststellungsbescheid festgestellte Besteuerungsgrundlagen angegriffen werden; für eine Einschränkung der Prüfungsbefugnis der FB aufgrund insoweit eingetretener Teilbestandskraft ist kein Raum (BFH 4.11.2003 – VIII R 38/01, BFH/NV 2004, 1372). Die umfassende Prüfungsbefugnis des FB bleibt auch erhalten, wenn die FB im Einspruchsverfahren einen **Teilabhilfebescheid** erlassen hat, der gem. § 365 III 1 Gegenstand des Einspruchsverfahrens geworden ist; auch insoweit kann die FB auch noch eine verbösernde Einspruchsentscheidung gem. § 367 II 2 erlassen (BFH 6.9.2006 – XI R 51/05, BStBl. II 2007, 83). Ein zB wegen Unbestimmtheit aufgrund eines Adressierungsmangels gem. § 125 I nichtiger VA kann jedoch nicht durch Erlass einer Einspruchsentscheidung erstmalig wirksam werden (BFH 26.3.1991 – VIII R 210/85, BFH/NV 1992, 73; → § 119 Rn. 20). Der Überprüfungsumfang der FB wird, abgesehen vom Sonderfall des § 362 Ia oder von einer ggf. bestehenden Teilbarkeit des Einspruchsbegehrens (→ § 362 Rn. 11), nur nach Maßgabe der §§ 351, 352 und durch den Einspruchsgegenstand (→ Rn. 11 und 14), nicht jedoch durch eine teilweise Rücknahme des Einspruchs begrenzt.

Ausschließlicher **Gegenstand der Prüfung** iSd § 367 II 1 ist der Verfahrensgegenstand **11**
des Einspruchsverfahrens, dh die Überprüfung der Rechtmäßigkeit des angefochtenen VA (BFH 24.10.2000 – IX R 62/97, BStBl. II 2001, 124); dies gilt auch dann, wenn es sich um einen gem. § 365 III 1 zum Gegenstand des Einspruchsverfahrens gewordenen Änderungsbescheid handelt. Bei einem nach Unanfechtbarkeit des Erstbescheids ergangenen Änderungsbescheid beschränkt sich der Verfahrensgegenstand auf die Überprüfung der Rechtmäßigkeit dieses Bescheids; § 367 II 1 ermöglicht es der FB nicht, den ursprünglichen, bestandskräftigen Erstbescheid in vollem Umfang in tatsächlicher und rechtlicher Hinsicht erneut zu überprüfen (BFH 24.10.2000 – IX R 62/97, BStBl. II 2001, 124). Zur Verböserung des Änderungsbescheids → Rn. 25.

12 **Korrektur tatsächlicher und rechtlicher Fehler.** Entspr. der auf Selbstkontrolle der Verwaltung angelegten Funktion des Einspruchsverfahrens hat die FB im Einspruchsverfahren in tatsächlicher und rechtlicher Hinsicht unterlaufene Fehler zu berichtigen, sofern sie keine Nichtigkeit des VA bewirkt haben (BFH 28.11.1989 – VIII R 40/84, BStBl. II 1990, 561). Vorausgegangene Verfahrensrechtsverstöße können, selbst wenn sie ein Verwertungsverbot begründeten, im Einspruchsverfahren gem. § 126 I und II geheilt werden (vgl. BFH 25.11.1997 – VIII R 4/94, BStBl. II 1998, 461). Gleiches gilt für Begründungsmängel gem. §§ 126 III, 364. § 367 II 1 steht einer vom angefochtenen VA abweichenden Sachverhaltsbeurteilung oder Beweiswürdigung nicht entgegen. Erst recht möglich ist die Änderung bzw. Auswechslung der in dem angefochtenen VA gegebenen rechtlichen Begründung, soweit der angegriffene VA nicht in seinem Wesensgehalt geändert wird (BFH 9.5.2006 – VII R 50/05, BFH/NV 2006, 1898). Die im Rahmen des § 367 II 1 erfolgende Richtigstellung eines der FB bei Erlass des VA unterlaufenen Versehens ist nicht von den Voraussetzungen des § 129 abhängig (BFH 5.2.1953 – IV 451/52 U, BStBl. III 1953, 77).

13 Bei **Ermessensentscheidungen** (§ 5) hat die FB gem. Abs. 2 S. 1 eine eigenständige Ermessensentscheidung nach der im Zeitpunkt der Bekanntgabe der Einspruchsentscheidung bestehenden Sach- und Rechtslage zu treffen und nicht nur die Ermessensentscheidung im angefochtenen VA auf Ermessensfehler hin zu überprüfen (BFH 26.8.2010 – III R 16/08, BStBl. II 2013, 617; BFH 18.8.2015 – V R 2/15, BFH/NV 2015, 1665; BFH 19.11.2007 – VIII B 30/07, BFH/NV 2008, 335). Überdies kann die fehlende Begründung einer Ermessensentscheidung gem. § 126 I Nr. 2 im Einspruchsverfahren auch noch nachgeholt werden (BFH 5.4.2011 – II B 153/10, BStBl. II 2011, 942). Auch hier ist die Sach- und Rechtslage im Zeitpunkt der Bekanntgabe der Einspruchsentscheidung maßgebend (BFH 22.5.2001 – VII R 79/00, BFH/NV 2001, 1369). Im finanzgerichtlichen Verfahren kann die FB ihre Ermessenserwägungen dagegen nur noch gem. § 102 S. 2 FGO ergänzen. Wird eine Einspruchsentscheidung zu einer Ermessensentscheidung (§ 5) isoliert **aufgehoben,** bedarf es im Rahmen der neu zu treffenden zweiten Einspruchsentscheidung einer erneuten Ermessensausübung (BFH 13.6.2003 – V B 28/03, BFH/NV 2003, 1288).

14 **Bindung an Verfahrensgegenstand.** Die der FB gem. § 367 II 1 zustehende Überprüfungsberechtigung und damit dessen Entscheidungsbefugnis wird, über die vorausgesetzte Zulässigkeit des Einspruchs hinaus, durch den angefochtenen VA als formellen Gegenstand des Einspruchs begrenzt (BFH 14.4.2021 – III R 50/20, BStBl. II 2021, 866; BFH 28.11.1989 – VIII R 40/84, BStBl. II 1990, 561; BFH 22.1.2003 – II R 76/01, BFH/NV 2003, 1137). Die FB darf nur **innerhalb** des durch den angefochtenen VA erfassten **Lebenssachverhalts** prüfen, ob der steuerrechtlich erhebliche Sachverhalt richtig und vollständig ermittelt und die nach dem verwirklichten StTatbestand entstandene Steuer richtig festgesetzt wurde (BFH 17.9.2024 – VII R 3/22, BFH/NV 2025, 301; BFH 28.7.1993 – II R 50/90, BFH/NV 1993, 712). Die Nachprüfung darf sich daher nicht auf einen anderen als den in Anspruch genommenen StSchuldner, andere VZ oder andere Steuern beziehen (TK § 367 Rn. 16). Ein Verstoß hiergegen führt zur Rechtswidrigkeit der Einspruchsentscheidung (BFH 28.7.1993 – II R 50/90, BFH/NV 1993, 712). Kann der durch einen StBescheid erfasste Sachverhalt die Stpfl. nicht begründen, kann dieser Mangel nicht dadurch geheilt werden, dass der Einspruchsbescheid nunmehr den zutreffenden Lebenssachverhalt zugrunde legt (BFH 19.1.1994 – II R 32/90, BFH/NV 1994, 758; BFH 22.1.2003 – II R 76/01, BFH/NV 2003, 1137).

15 **Untersuchungsgrundsatz.** Die FB hat den Sachverhalt grds. von Amts wegen aufzuklären, § 365 I iVm § 88 I. Diese Aufklärungspflicht umfasst, in den Grenzen des jeweiligen Verfahrensgegenstands, den maßgebenden Sachverhalt, die Sachverhaltswürdigung und die rechtliche Beurteilung. Eine Bindung an das Einspruchsvorbringen und etwaige Beweisanträge der Beteiligten (§ 365 I iVm § 88 II 1 HS 2) besteht nicht. Der Umfang der Prüfungspflicht richtet sich nach den Umständen des Einzelfalls (§ 365 I iVm

§ 88 II 1 HS 1). Es sind alle für den Einzelfall bedeutsamen Umstände zu ermitteln (§ 365 I iVm § 88 II). Auch eine kraft Teilrücknahme des Einspruchs etwa eintretende Teilbestandskraft des VA (→ Rn. 10 und → § 362 Rn. 11) hindert weder die Überprüfung des VA in vollem Umfang noch dessen Verböserung. Die FB kann sich zur notwendigen Sachaufklärung aller in §§ 92–100 aufgeführten Beweismittel bedienen; zu den eingeschränkten Möglichkeiten eines Zeugenbeweises im Einspruchsverfahren → § 365 Rn. 6.

Mitwirkungspflicht der Beteiligten. Der Untersuchungsgrundsatz wird ergänzt durch die den Beteiligten obliegende Mitwirkungspflicht (§ 365 I iVm § 90). FB und Einspruchsführer sind daher **gemeinsam** für die wahrheitsgemäße und vollständige Aufklärung der abgabenrechtlich bedeutsamen Sachverhalte verantwortlich (BFH 15.2.1989 – X R 16/86, BStBl. II 1989, 462). Bei einer Verletzung der Mitwirkungspflicht des Einspruchsführers kann sich die Ermittlungspflicht der FB entspr. **mindern,** wobei sich Kriterien und Ausmaß der Reduzierung der Sachaufklärungspflicht nur von Fall zu Fall bestimmen lassen; zur erhöhten Mitwirkungspflicht des Stpfl. im Erlassverfahren → § 227 Rn. 49. Die insoweit bedeutsamen Gesichtspunkte ergeben sich aus dem Grad der Pflichtwidrigkeit, dem Grundsatz der Verhältnismäßigkeit, dem Gedanken der Zumutbarkeit sowie der gesteigerten Mitverantwortung aus vorangegangenem Tun (BFH 15.2.1989 – X R 16/86, BStBl. II 1989, 462). Bei **fehlender Einspruchsbegründung** genügt die FB ihrer Überprüfungspflicht, wenn sie anhand der Akten die angefochtene Entscheidung auf Fehler in tatsächlicher oder rechtlicher Hinsicht überprüft (BFH 30.4.1965 – III 25/65 U, BStBl. III 1965, 464). 16

Eine **Verletzung der Aufklärungspflicht** (§ 88 I) durch die FB ist ein Verfahrensmangel. Er wird im finanzgerichtlichen Verfahren durch Nachholung der entsprechenden Aufklärung seitens des FG geheilt; uU können jedoch der FB die Verfahrenskosten gem. § 137 S. 2 FGO aufzuerlegen sein. Das FG kann bei erforderlicher weiterer Sachaufklärung ggf. den angefochtenen VA und die Einspruchsentscheidung gem. § 100 III 1 FGO ohne Sachentscheidung aufheben, wenn die FB den Sachverhalt nicht oder nur unzureichend aufgeklärt hat. 17

Zur Behandlung von **Vorbehaltsbescheiden** (§ 164) und gem. § 165 **vorläufigen Bescheiden** im Einspruchsverfahren → § 164 Rn. 81 ff. und → § 165 Rn. 60 ff. Ein dem Einspruchsbescheid erstmals beigefügter Vorbehalt der Nachprüfung (§ 164) ist als Verböserung des VA (§ 367 II 2) zu behandeln (→ Rn. 20 ff.). 18

II. Verböserung in der Sache (Abs. 2 S. 2)

Ergibt die Überprüfung in vollem Umfang, dass der VA zugunsten des Einspruchsführers rechtswidrig ist, ist die FB zur Verböserung (reformatio in peius), dh zur Änderung des VA zum Nachteil des Einspruchsführers und ggf. auch eines notwendig Hinzugezogenen (§ 360 III) berechtigt (→ Rn. 27). Diese in § 367 II 2 ausdrücklich zugelassene Verböserung ist der umfassenden Überprüfungspflicht (§ 367 II 1) immanent (→ Rn. 22). Im finanzgerichtlichen Verfahren ist § 367 II 2 nicht anwendbar und eine Verböserung gem. § 96 I 2 FGO ausgeschlossen (BFH 26.11.1997 – X R 146/94, BFH/NV 1998, 961; Gräber FGO § 96 Rn. 51). 19

1. Rechtsnatur und Anwendungsbereich der Vorschrift

Allgemeines. Die Verböserung kann in einer Erhöhung der festgesetzten Steuer, der erstmaligen Beifügung einer Nebenbestimmung im Einspruchsbescheid, zB der erstmaligen Beifügung eines Nachprüfungsvorbehalts gem. § 164 I, und bei begünstigenden VA in einer Einschränkung bzw. Aufhebung der Begünstigung bestehen. Verböserung ist auch die Verminderung einer Verlustfeststellung (§ 10d IV EStG) oder die Erhöhung eines gem. §§ 179 ff. festgestellten Gewinns; bei der gesonderten und einheitlichen Gewinnfeststellung gem. § 179 II 2 iVm § 180 I 2 Buchst. a ist wegen des Bezugs zum „Einspruchsführer" nicht auf den Gesamtgewinn der Mitunternehmerschaft, sondern auf den Gewinnanteil des 20

Einspruchsführers abzustellen (BFH 22.3.2006 – XI R 24/05, BStBl. II 2006, 576). Eine Verböserung gem. Abs. 2 S. 2 ist selbst im Fall einer nur teilweisen Anfechtung eines teilbaren VA möglich, sodass die FB den VA auch hinsichtlich desjenigen Teils zuungunsten des Stpfl. ändern kann, der nicht von ihm angefochten worden ist (BFH 10.11.2015 – VII R 35, 37/14, BFH/NV 2016, 564; auch → Rn. 10). Nach Abs. 2 S. 2 ist die FB auch bei **Ermessensentscheidungen** (§ 5) berechtigt, eine Verböserung vorzunehmen, zB wenn ein Verspätungszuschlag (§ 152 I) oder ein Teilerlass von Säumniszuschlägen (§ 227) mit dem Einspruch angefochten wird (BFH 10.3.2016 – III R 2/15, BStBl. II 2016, 508; BFH 18.8.2015 – V R 2/15, BFH/NV 2015, 1665). Der Anwendungsbereich des § 367 II 2 erstreckt sich nicht nur auf den ursprünglich mit dem Einspruch angefochtenen StBescheid; die Vorschrift gilt gleichermaßen für einen während des Einspruchsverfahrens erlassenen, gem. § 365 III 1 zum Gegenstand des Einspruchsverfahrens gewordenen **Teilabhilfebescheid;** die FB ist somit auch dann noch zum Erlass einer verbösernden Einspruchsentscheidung gem. Abs. 2 S. 2 berechtigt, wenn sie zuvor einen Änderungsbescheid erlassen hat, mit dem sie dem Einspruchsbegehren teilweise entsprochen hat (BFH 6.9.2006 – XI R 51/05, BStBl. II 2007, 83; → § 365 Rn. 20). Die Verböserung einer **Teil-Einspruchsentscheidung** (§ 367 IIa) durch eine abschließende Einspruchsentscheidung ist ausgeschlossen, soweit sie sich auf Besteuerungsgrundlagen bezieht, über die zuvor mit dem Teil-Einspruchsbescheid bestandskräftig entschieden worden ist (HHSp § 367 Rn. 303). Möglich bleibt jedoch die Verböserung im Rahmen der abschließenden Einspruchsentscheidung, soweit nicht von der Teil-Einspruchsentscheidung berührte Besteuerungsgrundlagen betroffen sind.

21 **Keine Verböserung** liegt in der Beifügung eines Vorläufigkeitsvermerks, der die künftige Änderung zugunsten des Einspruchsführers ermöglichen soll (BFH 9.11.1994 – X B 44/93, BFH/NV 1995, 620) oder, soweit der angefochtene Bescheid nicht in sonstiger Weise eine nachteilige Änderung erfährt, in der Zurückweisung eines Einspruchs als unbegründet. § 367 II 2 unterfällt außerdem nicht eine rechtliche Würdigung in der Einspruchsentscheidung, die von der des angefochtenen VA abweicht (BFH 9.5.2006 – VII R 50/05, BStBl. II 2007, 600). Voraussetzung ist jedoch, dass der Einspruchsbescheid ausschl. den durch den angefochtenen VA erfassten Lebensvorgang betrifft und der angefochtene VA nicht in seinem Wesensgehalt geändert wird. Überdies liegt keine Verböserung iSd Abs. 2 S. 1 vor, wenn das FA im Rahmen der Einspruchsentscheidung den StBescheid teilweise zum Nachteil, insgesamt aber zugunsten des Stpfl. abändert; auszugehen ist insoweit von dem Tenor des angefochtenen VA (BFH 9.9.2010 – IV R 47/08, BFH/NV 2011, 426). Eine Verböserung iSd § 367 II 2 ist auch nicht gegeben bei einer Änderung eines StBescheids wegen der irrigen Beurteilung eines Sachverhalts gem. § 174 IV, da es sich bei der Änderung nach § 174 IV nicht um eine Entscheidung im Einspruchsverfahren, sondern um eine eigenständige Änderung handelt (BFH 18.2.2016 – V R 53/14, BStBl. II 2019, 333; BFH 19.5.2005 – IV R 17/02, BStBl. II 2005, 637).

22 Die in § 367 II 2 ausgesprochene **Verböserungsbefugnis** räumt dem rechtsstaatlichen Grundsatz der sachlichen Richtigkeit den Vorrang vor dem Grundsatz der Rechtssicherheit ein und ist verfassungsrechtlich unbedenklich (BFH 6.9.2006 – XI R 51/05, BStBl. II 2007, 83; BFH 15.7.1960 – VI 228/57 U, BStBl. III 1960, 392). Letztlich folgt die Verböserungsbefugnis allerdings schon aus § 367 II 1 (BFH 15.12.1992 – VIII R 27/91, BFH/NV 1993, 599; BFH 17.2.1998 – IX R 45/96, BFH/NV 1998, 816). Bedeutung hat § 367 II 2 daher lediglich in **verfahrensrechtlicher Hinsicht.** Die Vorschrift soll es dem Einspruchsführer aufgrund des Hinweiserfordernisses ermöglichen, einer verbösernden Einspruchsentscheidung durch rechtzeitige **Rücknahme des Einspruchs** zuvorzukommen, die gem. § 362 I 1 nur bis zur Bekanntgabe der Einspruchsentscheidung möglich ist; mit der Rücknahme des Einspruchs entfällt die Verböserungsbefugnis der FB (BFH 3.7.2012 – IX B 37/12, BFH/NV 2012, 1630; BFH 25.9.2007 – IX R 16/06, BFH/NV 2008, 730).

Es besteht eine **Rechtspflicht** zur Verböserung, wenn die FB bei der Überprüfung des angefochtenen VA einen Fehler zugunsten des Einspruchsführers erkennt; ein Ermessen steht ihr insoweit nicht zu (BFH 11.1.1962 – IV 235/59 U, BStBl. III 1962, 223). Durch das „kann" in § 367 II 2 wird lediglich klargestellt, dass die FB zur Verböserung befugt ist (TK § 367 Rn. 26). Die Verböserung kann, wie sich aus § 367 II 2 ergibt, in der Einspruchsentscheidung erfolgen oder auch durch Erlass eines entsprechenden Änderungsbescheids während des Einspruchsverfahrens (Klein § 367 Rn. 6). Nach Abschluss des Einspruchsverfahrens, zB durch Erlass eines Änderungsbescheids, der dem Einspruchsbegehren des Einspruchsführers voll entspricht, ist keine Verböserung gem. § 367 II 2 mehr zulässig (BFH 21.1.2015 – XI R 12/14, BFH/NV 2015, 957). 23

Verhältnis zu den allgemeinen Korrekturvorschriften. Da die FB mit dem Einspruch die volle Herrschaft über den VA zurückerlangt (→ Rn. 9), ist die Verböserung nach § 367 II 2 mangels Bestandskraft des VA nicht an die Voraussetzungen der allg. Korrekturvorschriften, wie zB der §§ 130 f., 164 f., 172 ff., gebunden (→ Vor § 172 Rn. 9). Diese allg. Korrekturvorschriften sind hingegen dann anzuwenden, wenn der Einspruchsführer den Einspruch nach Verböserungshinweis zurücknimmt (→ Rn. 22). 24

Die Verböserung ist in einem Einspruchsverfahren gegen einen **Änderungsbescheid** nur eingeschränkt zulässig. Im Einspruchsverfahren gegen einen nach Unanfechtbarkeit des Erstbescheids zum Nachteil des Stpfl., zB gem. § 173 I 1 Nr. 1, geänderten Änderungsbescheid kann die FB die Steuer über die im Änderungsbescheid festgesetzte Steuer hinaus nur dann erhöhen, wenn die Verböserung ihre Grundlage im Änderungsbescheid hat (BFH 24.10.2000 – IX R 62/97, BStBl. II 2001, 124; FG Düsseldorf 21.9.2010 – 6 K 2079/08 K, EFG 2011, 502; s. näher Kies DStR 2001, 1555). Dies ist der Fall, wenn sich während des Einspruchsverfahrens herausgestellt hat, dass die dem angefochtenen Änderungsbescheid zugrunde liegenden Tatsachen oder Beweismittel zu einer noch höheren Steuer führen, als mit dem Änderungsbescheid bereits festgesetzt (Gosch AO § 367 Rn. 35.1). Die Verböserungsmöglichkeit ist insoweit nicht gem. § 351 I auf den Änderungsrahmen beschränkt (BFH 24.10.2000 – IX R 62/97, BStBl. II 2001, 124). Ausgeschlossen ist dagegen die Überprüfung und ggf. Fehlerkorrektur in tatsächlicher und rechtlicher Hinsicht im Hinblick auf den Erstbescheid (→ Rn. 9). 25

Festsetzungsverjährung. Nach **§ 171 IIIa** ist der Ablauf der regulären Festsetzungsfrist (§ 169 II) hinsichtlich des gesamten StAnspruchs gehemmt, wenn der StBescheid mit einem zulässigen Einspruch oder einer zulässigen Klage angefochten wird. § 171 IIIa enthält allerdings keine eigenständige materiell-rechtliche Grundlage für eine Verböserung des angefochtenen Bescheids, sondern „schafft lediglich die verjährungsrechtlichen Voraussetzungen für eine in der Sache gebotene Verböserung" gem. Abs. 2 S. 2 (BR-Drs. 475/99, 93; s. auch BFH 6.9.2006 – XI R 51/05, BStBl. II 2007, 83). Eine Änderung des angefochtenen StBescheids zum Nachteil des Stpfl. kann sich im Klageverfahren ohnehin nicht aus Abs. 2 S. 2, sondern nur aufgrund der allg. Korrekturvorschriften ergeben, die gem. § 132 S. 1 auch im finanzgerichtlichen Verfahren anwendbar sind (→ Rn. 19). Im Übrigen kommt eine Verböserung gem. § 367 II 2 nicht mehr nach Ablauf der Festsetzungsfrist in Betracht (TK § 367 Rn. 25). Wird gegen einen StBescheid, der nach Ablauf der Festsetzungsfrist gem. § 169 I 1 ergangen ist, Einspruch eingelegt, kann daher mangels Sachprüfung iSd § 367 II 1 wegen Ablaufs der Festsetzungsfrist keine verbösernde Einspruchsentscheidung mehr ergehen. Zur Festsetzungsverjährung → Rn. 34. 26

Der **persönliche Anwendungsbereich** des § 367 II 2 beschränkt sich nach seinem Wortlaut auf eine Änderung zum Nachteil des **Einspruchsführers.** Das Verböserungsrecht im Einspruchsverfahren gegen einen Feststellungsbescheid (§§ 179 ff.) besteht jedoch auch gegenüber einem gem. § 360 III **notwendig Hinzugezogenen** (BFH 28.11.1989 – VIII R 40/84, BStBl. II 1990, 561; BFH 8.10.2008 – IV B 61/08, BFH/NV 2009, 353; v. Wedelstädt AO-StB 2007, 46). Die Verböserung ist allerdings nur dann zulässig, wenn über den Streitpunkt zwangsläufig nur einheitlich entschieden werden kann, weil sich die Entscheidung notwendigerweise auf alle Feststellungsbeteiligten auswirkt (BFH 12.11.1991 27

– IX R 31/90, BFH/NV 1992, 436). Ein Verböserungshinweis gegenüber dem notwendig Hinzugezogenen ist entbehrlich, weil dieser den Einspruch nicht zurücknehmen kann (TK § 360 Rn. 10). Grds. möglich ist eine Verböserung auch bei **einfach Hinzugezogenen** (§ 360 I). Die FB wird jedoch nach pflichtgemäßem Ermessen die Aufhebung der einfachen Hinzuziehung zu prüfen haben, weil sie andernfalls, zumal wegen der fehlenden Pflicht zum Verböserungshinweis, die Bestandskraft des gegen den einfach Hinzugezogenen ergangenen StBescheids unterlaufen könnte (TK § 360 Rn. 10). Zum Verböserungshinweis im Einzelnen → Rn. 31.

2. Voraussetzungen der Verböserung

29 **Allgemeine Voraussetzungen.** Eine Verböserung gem. § 367 II 1 ist nur bei einem **zulässigen Einspruch** möglich, weil sie Ergebnis einer Sachprüfung nach § 367 II 1 ist (BFH 28.11.1989 – VIII R 40/84, BStBl. II 1990, 561; s. auch BR-Drs. 475/99, 93). Sie kann nur in den **Grenzen des Verfahrensgegenstands** erfolgen (BFH 28.11.1989 – VIII R 40/84, BStBl. II 1990, 561; zum Verfahrensgegenstand → Rn. 14). So ist ein die Änderung gem. § 164 II 2 ablehnender Bescheid aufgrund seines Regelungsinhalts nicht verböserungsfähig (FG Köln 7.10.1994 – 1 V 4851/94, EFG 1995, 409); zur Verböserung von angefochtenen Änderungsbescheiden → Rn. 25.

30 **Verböserungshinweis.** Gemäß § 367 II 2 ist zusätzliche Voraussetzung einer Entscheidung zum Nachteil des Einspruchsführers, dass dieser unter Darlegung der Gründe auf die Verböserungsmöglichkeit hingewiesen und ihm Gelegenheit zur Stellungnahme gegeben wird. Der Verböserungshinweis ist kein VA (§ 118 S. 1), sondern lediglich eine unselbständige Verfahrenshandlung (TK § 367 Rn. 31). Das Erfordernis eines Verböserungshinweises verwirklicht den Anspruch auf rechtliches Gehör (§ 91 I) und soll dem Einspruchsführer ermöglichen, der Verböserung durch Einspruchsrücknahme zuvorzukommen (→ Rn. 22). An diesem Zweck sind die Anforderungen an die Hinweispflicht und die Bedenkzeit des Einspruchsführers zu messen (BFH 10.11.1989 – VI R 124/88, BStBl. II 1990, 414). Siehe im Einzelnen zur Angabe der Gründe → Rn. 31 und zur Gelegenheit zur Äußerung → Rn. 35.

31 **Angabe von Gründen.** Der erforderliche Verböserungshinweis muss „unter Angabe von Gründen" in dem Umfang erfolgen, der zum Verständnis der Verböserung notwendig ist, § 365 I iVm § 121 I. Der Hinweis muss für den Einspruchsführer objektiv und nachprüfbar erkennen lassen, in welcher Beziehung und in welchem Umfang das FA seine der StFestsetzung zugrunde liegende Auffassung geändert hat (BFH 21.9.1983 – II R 153/82, BStBl. II 1984, 177; BFH 15.12.1992 – VIII R 27/91, BFH/NV 1993, 599). Sachdienliche Rückfragen des Einspruchsführers hat die FB vor Ergehen des verbösernden VA zu beantworten (FG Köln 10.6.1996 – 12 V 949/96, EFG 1997, 47). Ein lediglich abstrakter Hinweis auf die Verböserungsmöglichkeit im Einspruchsverfahren ist in keinem Fall ausreichend. Nicht ausreichend ist es auch, wenn das FA lediglich eine bestimmte Sachbehandlung im angefochtenen VA als unzutreffend bezeichnet und/oder den Einspruchsführer auffordert, die Erfolgsaussichten seines Einspruchs zu überprüfen (FG Baden-Württemberg 12.6.1976 – IV 88/78, EFG 1979, 584). Darüber hinaus sind dem Einspruchsführer ggf. die Besteuerungsgrundlagen auf Antrag oder von Amts wegen gem. § 364 mitzuteilen.

32 Der Verböserungshinweis bedarf keiner besonderen **Form.** Wegen der Nachweisschwierigkeiten eines lediglich telefonischen Verböserungshinweises (FG Köln 10.6.1996 – 12 V 949/96, EFG 1997, 47) ist jedoch Schriftlichkeit dringend angeraten. Eine Belehrung über die Möglichkeit der Rücknahme des Einspruchs ist nicht erforderlich (TK § 367 Rn. 30).

33 **Ausnahmsweise entbehrlich** ist der Verböserungshinweis, wenn der damit verbundene Zweck nicht erreicht werden kann, dh eine Änderung der Entscheidung zum Nachteil des Einspruchsführers ungeachtet der Rücknahme seines Einspruchs aufgrund einer allg. Korrekturnorm möglich ist (BFH 12.7.2005 – II R 10/04, BFH/NV 2006, 228; BFH 22.3.2006 – XI R 24/05, BStBl. II 2006, 576). Ist allerdings zweifelhaft, ob eine Änderung

nach einer allg. Korrekturnorm noch möglich ist, darf auf den Verböserungshinweis nicht verzichtet werden (BFH 22.3.2006 – XI R 24/05, BStBl. II 2006, 576). Der Verböserungshinweis ist demnach idR entbehrlich, wenn ein unter dem Vorbehalt der Nachprüfung (§ 164 I 1) stehender StBescheid im Einspruchsbescheid verbösert wird (BFH 10.11.1989 – VI R 124/88, BStBl. II 1990, 414; s. auch BFH 22.3.2006 – XI R 24/05, BStBl. II 2006, 576), im Einspruchsbescheid der Vorbehalt der Nachprüfung gem. § 164 III aufgehoben wird (BFH 10.7.1996 – I R 5/96, BStBl. II 1997, 5; BFH 17.2.1998 – IX R 45/96, BFH/NV 1998, 816), ein gem. § 165 I vorläufiger StBescheid im Hinblick auf den Grund der Vorläufigkeit im Einspruchsbescheid verbösert wird, ein Einspruchsbescheid erstmals mit einem Vorläufigkeitsvermerk (§ 165 I) hinsichtlich der vorläufigen Anerkennung bislang nicht anerkannter Besteuerungsgrundlagen versehen wird (FG Niedersachsen 1.9.1988 – VI 449/87, EFG 1989, 352) oder in der einen Feststellungsbescheid (§§ 179 ff.) betr. Einspruchsentscheidung der Hinweis gem. § 181 V 2 nachgeholt wird und die Festsetzungsfrist (§§ 169 ff.) für den Folgebescheid noch nicht abgelaufen war (BFH 12.7.2005 – II R 10/04, BFH/NV 2006, 228; s. auch BFH 14.6.2007 – XI R 37/05, BFH/NV 2007, 2227). Ferner ist der Verböserungshinweis entbehrlich bei einer Änderung des StBescheids im Einspruchsverfahren zuungunsten des Einspruchsführers nach anderen Änderungsvorschriften, wie zB nach §§ 173 I, 175 (FG Berlin 6.7.1984 – III 107/84, EFG 1985, 273; TK § 367 Rn. 27). Entsprechendes gilt für die sich als Folge einer Änderung zugunsten des Stpfl. nach § 174 IV ergebende StMehrbelastung für einen mit dem Einspruch angegriffenen Bescheid (→ Rn. 21). Die FB ist jedoch nicht gehindert, gleichwohl dem Einspruchsführer einen entbehrlichen Verböserungshinweis zu erteilen. Eine auf den entbehrlichen Verböserungshinweis folgende Rücknahme des Einspruchs gem. § 362 I ist regelmäßig auch dann nicht unwirksam, wenn dem Verböserungshinweis kein Hinweis auf die Änderungsmöglichkeiten nach den allg. Korrekturvorschriften beigefügt ist (aA Flies DB 1995, 950).

Kann der Stpfl. durch eine Einspruchsrücknahme jedoch den **Ablauf der Festsetzungsfrist** herbeiführen, weil die reguläre Festsetzungsfrist (§ 169 II) bereits abgelaufen ist und mit der Rücknahme des Einspruchs die Ablaufhemmung des § 171 IIIa endet und somit gem. § 169 I 1 eine Änderung des angefochtenen StBescheids gem. § 169 I 1 nicht mehr zulässig ist, muss das FA, wenn es die StFestsetzung im Einspruchsverfahren zum Nachteil des Stpfl. ändern will, ebenfalls einen Verböserungshinweis erteilen (BFH 22.12.2010 – I R 86/09, BFH/NV 2011, 1140). So ist § 367 II 2 zB auf Änderungen eines unter dem **Vorbehalt der Nachprüfung** (§ 164 I) stehenden StBescheids während des Einspruchsverfahrens nach § 132 iVm § 164 II entspr. anzuwenden, wenn die Änderungsmöglichkeit nur deshalb besteht, weil die Festsetzungsfrist allein durch den Einspruch gem. § 171 IIIa in ihrem Ablauf gehemmt und nur deshalb der Vorbehalt der Nachprüfung noch nicht gem. § 164 IV entfallen ist (BFH 25.2.2009 – IX R 24/08, BStBl. II 2009, 587). 34

Gelegenheit zur Äußerung. Dem Einspruchsführer muss gem. § 367 II 2 Gelegenheit gegeben werden, sich zu der möglichen Verböserung zu äußern. Zwischen dem Verböserungshinweis und der verbösernden Einspruchsentscheidung muss eine angemessene Frist liegen, damit der Einspruchsführer die Sach- und Rechtslage prüfen, sich äußern und ggf. seinen Einspruch zurücknehmen kann (TK § 367 Rn. 31; s. auch FG Köln 10.6.1996 – 12 V 949/96, EFG 1997, 47). Eine Äußerungspflicht besteht ebenso wenig wie eine Verpflichtung der FB, eine Äußerung des Einspruchsführers nach Fristablauf abzuwarten. Die Länge der gesetzlich nicht geregelten Äußerungsfrist muss nach den Umständen angemessen sein, wobei idR eine Frist von über zwei Wochen ausreichend ist (FG München 24.11.1988 – X 1/83 Erb, EFG 1989, 206). Eine Frist von zwei Tagen ist zu kurz (FG Köln 10.6.1996 – 12 V 949/96, EFG 1997, 47). Die Äußerungsfrist kann gem. § 109 I 1 verlängert werden (FG München 24.11.1988 – X 1/83 Erb, EFG 1989, 206). Zur Pflicht der FB zur Beantwortung sachdienlicher Rückfragen → Rn. 31. 35

36 Ein **Verstoß** gegen die Hinweispflicht ist ein Verfahrensfehler. Er führt nicht zur Nichtigkeit (§ 125 I) der Einspruchsentscheidung (Apitz DStZ 1990, 170), sondern rechtfertigt im finanzgerichtlichen Verfahren lediglich deren **isolierte Aufhebung** gem. § 100 I 1 FGO, um dem Einspruchsführer im sodann wieder durchzuführenden Einspruchsverfahren die Rücknahme des Einspruchs zu ermöglichen (BFH 15.5.2013 – VIII R 18/10, BStBl. II 2013, 669; BFH 10.11.1989 – VI R 124/88, BStBl. II 1990, 414; BFH 4.9.1959 – III 286/57 U, BStBl. III 1959, 472; BFH 3.7.2012 – IX B 37/12, BFH/NV 2012, 1630; BFH 14.7.2004 – IX B 102/03, BFH/NV 2004, 1514). Die Wertung des § 127, die einen Vorrang der materiellen Richtigkeit vor dem Verfahrensrecht postuliert, findet in Fällen der Verböserung von StBescheiden im Einspruchsverfahren keine Anwendung (BFH 15.5.2013 – VIII R 18/10, BStBl. II 2013, 669). Die isolierte Aufhebung der Einspruchsentscheidung gem. § 100 I 1 FGO kann unterbleiben, wenn die Klage aus anderen Gründen begründet ist. Eine isolierte Aufhebung des Einspruchsbescheids kommt nicht in Betracht, wenn der Kläger eine gerichtliche Sachentscheidung anstrebt, indem er materiell-rechtliche Einwendungen gegen die StFestsetzung erhebt und die Herabsetzung der Steuer beantragt, und deshalb den Verfahrensfehler nicht rügt; in diesem Fall hat das FG den Verfahrensfehler des FA nicht zu beachten, sondern über den weitergehenden Klageantrag zu entscheiden (BFH 17.1.1963 – IV 66/62 U, BStBl. III 1963, 228; BFH 14.7.2004 – IX B 102/03, BFH/NV 2004, 1514). Übersieht das FG den fehlenden Verböserungshinweis und entscheidet in der Sache selbst, liegt darin kein Verfahrensmangel iSd § 115 II Nr. 3 FGO (BFH 13.10.1999 – I B 156/98, BFH/NV 2000, 545).

III. Abschluss des Einspruchsverfahrens; Einspruchsentscheidung (Abs. 2 S. 3)

43 Das Einspruchsverfahren kann nicht nur durch eine Einspruchsentscheidung, sondern auch durch Rücknahme des Einspruchs (§ 362), durch Erlass eines Abhilfebescheids und durch Erledigung der Hauptsache abgeschlossen werden. Besonderheiten gelten für die in Art. 97 § 18a EGAO behandelten Massenrechtsbehelfe und -anträge (→ Rn. 59 f.).

1. Abhilfeentscheidung

44 Einer Einspruchsentscheidung bedarf es nur, soweit die FB dem Einspruch nicht abhilft, § 367 II 3. Aufgrund der **Abhilfe** erledigt sich das Einspruchsverfahren. Bei einer nur teilweisen Abhilfe ist das Einspruchsverfahren hinsichtlich der nicht erledigten Streitpunkte fortzusetzen und mit Erlass einer förmlichen Einspruchsentscheidung abzuschließen. Das Einspruchsverfahren kann dagegen nicht durch eine **Vereinbarung über einen StAnspruch,** wie zB ein StVertrag oder ein StVergleich, abgeschlossen werden (vgl. BFH 5.10.1990 – III R 19/88, BStBl. II 1991, 45). Zulässig sind aber zur Beseitigung von Unsicherheiten im Bereich des für die Besteuerung maßgebenden Sachverhalts **tatsächliche Verständigungen,** die jedoch das Einspruchsverfahren nicht unmittelbar beenden (HHSp § 367 Rn. 231; zur tatsächlichen Verständigung → § 88 Rn. 47 ff.).

45 **Eine Abhilfe** iSd § 367 II 3 liegt vor, wenn das FA dem Einspruchsbegehren in vollem Umfang durch entsprechende Korrektur des angefochtenen VA entspricht oder wenn der Stpfl. seinen Antrag im Einspruchsverfahren gegenüber seinem ursprünglichen Einspruchsbegehren so eingeschränkt hat, dass er durch den Korrekturbescheid vollständig von der geltend gemachten Beschwer entlastet wird (BFH 21.12.2012 – IX B 101/12, BFH/NV 2013, 510). Ob eine Abhilfe vorliegt, beurteilt sich ausschließlich nach objektiven Kriterien; auf die subjektiven Vorstellungen des FA kommt es nicht an (BFH 4.11.1981 – II R 119/79, BStBl. II 1982, 270). Eine Abhilfe liegt auch vor, wenn einem Einspruch ohne abschließende Prüfung des StFalls abgeholfen, jedoch ein Vorbehalt der Nachprüfung gem. § 164 I (BFH 15.12.1992 – VIII R 52/91, BFH/NV 1993, 684) oder ein Vorläufigkeitsvermerk gem. § 165 I aufrechterhalten wird (s. auch OFD Hannover 8.10.2007, DStR 2007, 2114). Keine Abhilfe ist die bloße Ankündigung einer Abhilfeentscheidung (zur fehlenden Bindungswirkung von Erledigungsvorschlägen der FB → Rn. 52). **Rechts-**

grundlage der Abhilfeentscheidung sind neben der Prüfungsbefugnis der FB nach § 367 II 1 die materiellen Korrekturnormen (§§ 129 ff., 164 f., 172 ff. und insb. § 172 I 1 Nr. 2 Buchst. a), die gem. § 132 auch im Einspruchsverfahren gelten. § 172 I 1 Nr. 2 Buchst. a normiert ausdrücklich die Befugnis der FB, einem Einspruch durch entsprechende Änderung des angefochtenen StBescheids im Einspruchsverfahren zugunsten des Einspruchsführers abzuhelfen. Der Abhilfebescheid hat keine stärkere Bestandskraft als der ursprüngliche VA (BFH 15.12.1992 – VIII R 52/91, BFH/NV 1993, 684) und kann ggf. auch gem. §§ 129 ff., 173 ff. geändert werden.

Wirkung der Abhilfe. Entspricht die FB dem Begehren des Einspruchsführers in 46
vollem Umfang, ist das Einspruchsverfahren mit Bekanntgabe des Abhilfebescheids in der **Hauptsache erledigt** (BFH 5.6.2003 – IV R 38/02, BStBl. II 2004, 2; BFH 6.9.2006 – XI R 51/05, BStBl. II 2007, 83; BFH 21.12.2012 – IX B 101/12, BFH/NV 2013, 510). Das Einspruchsverfahren ist aufgrund des Abhilfebescheids auch dann erledigt, wenn ein **Dritter** zum Verfahren **hinzugezogen** (§ 360) worden ist (BFH 21.9.1994 – V B 196/93, BFH/NV 1995, 469; → § 360 Rn. 41). Maßgebend für die Frage, ob dem Einspruchsbegehren in vollem Umfang entsprochen worden ist, ist der Antrag des Einspruchsführers im Zeitpunkt der Bekanntgabe des Abhilfebescheids (BFH 30.10.2003 – VI B 83/03, BFH/NV 2004, 356). Einer Einspruchsentscheidung bedarf es in diesem Fall dann nicht mehr, § 367 II 3. Begehrt der Einspruchsführer nach Ergehen des Abhilfebescheids gleichwohl eine förmliche Entscheidung über den Einspruch, erlässt die FB eine Einspruchsentscheidung, mit der der Einspruch als unzulässig verworfen wird, weil mit dem Abhilfebescheid die Beschwer (§ 350) entfallen ist (BFH 5.6.2003 – IV R 38/02, BStBl. II 2004, 2). Eine hiergegen erhobene Klage (§ 40 I FGO) ist unbegründet (→ § 358 Rn. 8). Allerdings kann ein gegen den Abhilfebescheid gerichteter „Einspruch" ggf. ein über das bisherige Begehren, dem das FA bereits entsprochen hat, **hinausgehendes Einspruchsbegehren** erkennen lassen; der (weitere) Einspruch gegen einen Vollabhilfebescheid ist zulässig, soweit der Einspruchsführer durch den Abhilfebescheid (weiterhin) beschwert ist (§ 350) und weder ein Einspruchsverzicht (§ 354) noch ein Verstoß des Einspruchsführers gegen Treu und Glauben vorliegt, weil der Einspruchsführer zB bereits im Einspruchsverfahren gegen den ursprünglichen Bescheid zu erkennen gegeben hat, er werde einen Vollabhilfebescheid nicht anfechten, wenn ihm später weitere Anfechtungsgründe bekannt werden sollten (BFH 18.4.2007 – XI R 47/05, BStBl. II 2007, 736; zum Grundsatz von Treu und Glauben → § 4 Rn. 25 ff.). In diesem Fall ist demgemäß ein weiteres Einspruchsverfahren durchzuführen, das wiederum gem. § 367 II 1 eine Überprüfung des StFalls „in vollem Umfang" ermöglicht; der Einspruchsführer kann somit sein ursprüngliches Begehren auch nach Erlass eines Vollabhilfebescheids nachträglich erweitern; wegen dieses weiteren Begehrens bedarf es dann grds. auch einer Einspruchsentscheidung (HHSp § 367 Rn. 220).

Ergeht lediglich ein **Teilabhilfebescheid,** wird dieser gem. § 365 III 1 automatisch 47
Gegenstand des weiter anhängigen Einspruchsverfahrens (BFH 30.10.2003 – VI B 83/03, BFH/NV 2004, 356); eines weiteren Einspruchs gegen den Teilabhilfebescheid bedarf es nicht. Ein erneuter Einspruch gegen den Teilabhilfebescheid ist unzulässig (§ 358); die einem gleichwohl erhobenen Einspruch beigefügte Begründung kann jedoch ggf. in eine zusätzliche Begründung des schon eingelegten Einspruchs umgedeutet werden (TK § 367 Rn. 42). Ggf. ist durch **Auslegung** unter Berücksichtigung des Einspruchsbegehrens zu ermitteln, ob lediglich ein Teilabhilfebescheid oder eine Einspruchsentscheidung mit einer den angefochtenen VA teilweise ändernden Rechtsfolge vorliegt (→ § 366 Rn. 3). Verweist ein Änderungsbescheid in der Rechtsbehelfsbelehrung auf den Klageweg, wird idR eine Einspruchsentscheidung vorliegen (Olgemöller/Kamps DStR 2000, 1723). Bei einem Teilabhilfebescheid ist die FB, sofern keine Einspruchsrücknahme (§ 362) oder eine anderweitige Erledigung eintritt, zum förmlichen Abschluss des Einspruchsverfahrens durch Einspruchsentscheidung verpflichtet. Bei Untätigkeit der FB kommt uU Untätigkeitsklage in Betracht (zu Einzelfragen s. Olgemöller/Kamps DStR 2000, 1723). Entsprechendes gilt,

wenn streitig ist, ob ein während des Einspruchsverfahrens ergangener StBescheid, dem Einspruchsbegehren vollständig entsprochen hat (TK § 367 Rn. 42).

2. Erledigung

48 Eine Erledigung des Einspruchsverfahrens kann abgesehen vom Fall der Abhilfe auch auf einer **Erledigungserklärung** des Einspruchsführers oder auf einem nachträglichen objektiven Ereignis beruhen. Die Erledigungserklärung ist als sog. Verfahrenshandlung, ebenso wie zB die Einspruchsrücknahme (§ 362 I), bedingungsfeindlich und nur bis zum Eingang bei der Einspruchsbehörde widerruflich (→ § 362 Rn. 6, 15). Die Erledigungserklärung bedarf keiner besonderen Form, kann daher auch mündlich erklärt werden. Erklärungsberechtigt ist nur der Einspruchsführer; eine Zustimmung des Hinzugezogenen (§ 360) zur Erledigungserklärung des Einspruchsführers und/oder zum Erlass eines Teilabhilfebescheids ist nicht erforderlich (→ § 360 Rn. 41).

49 Eine **einseitige Erledigungserklärung der FB** ist ohne rechtliche Bedeutung. Die FB kann sich ihrer aus § 367 II 3 folgenden grds. Verpflichtung zum Erlass einer Einspruchsentscheidung nicht durch eine ihrerseits erklärte, zB einem Teilabhilfebescheid beigefügte, einseitige Erledigungserklärung entziehen. Auch bloßes Schweigen des Einspruchsführers auf die einseitige Erledigungserklärung der FB ändert daran nichts, wenn in dem Abhilfebescheid, durch den der Einspruch erledigt werden soll, nicht sämtliche Streitpunkte eines Einspruchsbegehrens ausgeräumt waren (BFH 4.11.1981 – II R 119/79, BStBl. II 1982, 270; BFH 8.12.2011 – X B 70/11, BFH/NV 2012, 376; Olgemöller/Kamps DStR 2000, 1723).

50 **Einzelne Erledigungsfälle.** Erledigung der Hauptsache tritt ein, wenn der Einspruchsführer nach Ergehen eines Teilabhilfebescheids seinerseits das Einspruchsverfahren (sinngemäß) **für erledigt erklärt** (BFH 27.11.1991 – X R 103/89, BStBl. II 1992, 319; BFH 4.11.1981 – II R 119/79, BStBl. II 1982, 270). Dies ist zB dann der Fall, wenn der Einspruchsführer einer Änderung des angefochtenen VA nach § 172 I 1 Nr. 2 Buchst. a zustimmt, bei der seinem Einspruchsbegehren nicht in vollem Umfang stattgegeben wird; die Zustimmung bedeutet dann eine Einschränkung seines ursprünglichen Einspruchsbegehrens (BFH 27.11.1991 – X R 103/89, BStBl. II 1992, 319). Die Fortsetzung des Einspruchsverfahrens kann hiernach nicht verlangt werden (FG Baden-Württemberg 9.3.1995 – 6 K 74/91, EFG 1995, 868). Erledigung der Hauptsache liegt ferner vor, wie auch im finanzgerichtlichen Verfahren, wenn das Einspruchsbegehren durch ein nachträgliches äußeres Ereignis **objektiv gegenstandslos** wird und damit die Beschwer (§ 350) des Einspruchsführers bzw. sein Rechtsschutzbedürfnis entfällt. Objektiv gegenstandslos wird das Einspruchsbegehren zB bei Eintritt der Zahlungsverjährung (§§ 228 ff.) im Einspruchsverfahren (BFH 24.4.1996 – II R 37/93, BFH/NV 1996, 865). Ferner gilt dies, wenn sich der angefochtene VA vor Abschluss des Einspruchsverfahrens in der Hauptsache erledigt hat, wie zB bei Anfechtung einer Prüfungsanordnung, wenn die Ap. iSd §§ 193 ff. während des Einspruchsverfahrens abgeschlossen wird (BFH 17.7.1985 – I R 214/82, BStBl. II 1986, 21), oder wie bei einem Einspruch mit dem Ziel, die Anordnung des Orts der Ap. aufzuheben und das FA zu verpflichten, einen anderen Prüfungsort zu bestimmen, wenn die Ap. an dem in dem angegriffenen VA bestimmten Ort während des Einspruchsverfahrens bereits durchgeführt wurde (BFH 11.3.1992 – X R 116/90, BFH/NV 1992, 757). Gleiches gilt für ein Einspruchsverfahren wegen einer versagten Eintragung eines Freibetrags (§ 39a EStG) auf der LStKarte, wenn es wegen der geänderten Sach- und Rechtslage auf die im LStErmäßigungsverfahren streitige Rechtsfrage bei der nachfolgenden EStVeranlagung nicht mehr ankommt (BFH 2.11.2000 – X R 156/97, BFH/NV 2001, 476) oder wenn die Frist nach § 41c III 1 EStG, innerhalb derer sich die begehrte Eintragung des Freibetrags auf der LStKarte auswirken kann, bereits während des Einspruchsverfahrens abgelaufen ist (BFH 4.11.2014 – I R 19/13, BFH/NV 2015, 333; FG Köln 24.5.2016 – 1 K 1796/13, EFG 2016, 1589). Ferner erledigt sich ein Untätigkeitseinspruch (§ 347 I 2) durch Erlass des begehrten VA (→ § 347 Rn. 33).

Kein Fortsetzungsfeststellungseinspruch. Hat sich der VA nach den vorstehenden Grundsätzen im Verlauf des Einspruchsverfahrens in der Hauptsache erledigt, ist ein auf Feststellung der Rechtswidrigkeit des erledigten VA gerichteter Einspruch unzulässig. Das Einspruchsverfahren kennt im Unterschied zum finanzgerichtlichen Verfahren keinen Antrag auf Feststellung der Rechtswidrigkeit analog zur Fortsetzungsfeststellungsklage gem. § 100 I 4 FGO (BFH 4.11.1999 – V R 35/98, BStBl. II 2000, 454; Gosch AO § 350 Rn. 41 und Gosch AO § 367 Rn. 47). Das Begehren auf Feststellung der Rechtswidrigkeit des angefochtenen und erledigten VA kann jedoch, ein entsprechendes Feststellungsinteresse vorausgesetzt, ggf. durch Fortsetzungsfeststellungsklage (§ 100 I 4 FGO) verfolgt werden; deren Zulässigkeit steht die Erledigung des VA vor Klageerhebung nicht entgegen (BFH 10.4.1990 – VIII R 415/83, BStBl. II 1990, 721; BFH 4.11.2014 – I R 19/13, BFH/NV 2015, 333; zur Fortsetzungsfeststellungsklage im Einzelnen s. Gräber FGO § 100 Rn. 80 ff.). 51

Erledigungsvorschlag des FA. In der Praxis weithin üblich ist eine mit einem Erledigungsvorschlag verbundene Stellungnahme des FA zu den Erfolgsaussichten des Einspruchs. Derartige Erledigungsvorschläge sind kein VA (§ 118 S. 1) und idR unverbindlich, weil sie lediglich den Erlass eines Änderungsbescheids oder der Einspruchsentscheidung **vorbereiten** sollen und noch keine (verbindliche) Zusage enthalten (BFH 11.12.1987 – III R 168/86, BStBl. II 1988, 232; zur verbindlichen Auskunft → § 89 Rn. 22 ff.). 52

3. Einspruchsentscheidung

Wird das Einspruchsverfahren nicht durch Einspruchsrücknahme (§ 362), Abhilfeentscheidung in vollem Umfang oder Erledigung abgeschlossen, muss die FB eine förmliche Einspruchsentscheidung erlassen. Sie ist erforderlich, wenn der Einspruch als unzulässig zurückgewiesen werden soll (§ 358), eine Verböserung beabsichtigt ist oder dem Einspruch mindestens teilweise nicht abgeholfen wird. Die Entscheidungsbefugnis der FB wird im Einspruchsverfahren durch den angefochtenen VA begrenzt (→ Rn. 14). Die Einspruchsentscheidung darf daher nicht auf Personen, StGegenstände oder Zeiträume ausgedehnt werden, die von dem angefochtenen VA nicht erfasst waren. Die FB darf in seiner Einspruchsentscheidung auch nicht dadurch über den Gegenstand des Einspruchsverfahrens hinausgehen, als darin erstmals ein VA erlassen wird (BFH 4.7.2013 – X B 91/13, BFH/NV 2013, 1540). Hinsichtlich Form und Inhalt der Einspruchsentscheidung wird im Übrigen auf die Erl. zu § 366 verwiesen. Zur **Teil-Einspruchsentscheidung** → Rn. 61 ff. 53

Rechtswirkungen. Die Einspruchsentscheidung ist ein rechtlich selbständiger VA, der das Einspruchsverfahren abschließt. Die (zumindest teilweise) Erfolglosigkeit des Einspruchsverfahrens ist gem. § 44 I FGO Sachentscheidungsvoraussetzung für das finanzgerichtliche Verfahren. Auch eine **unvollständige Einspruchsentscheidung,** die einzelne Begehren des Einspruchsführers unberücksichtigt lässt, genügt den Anforderungen eines erfolglosen Vorverfahrens iSd § 44 I FGO (BFH 27.9.2001 – X R 134/98, BStBl. II 2002, 176; BFH 19.5.2004 – III R 36/02, BFH/NV 2004, 1655). Etwas anderes gilt nur, wenn die FB während des anhängigen Einspruchsverfahrens einen Änderungsbescheid erlässt, der gem. § 365 III 1 zum Gegenstand des Einspruchsverfahrens geworden ist, und der Stpfl. gegen diesen Bescheid wegen anderer Gründe gesondert Einspruch eingelegt hat und dieser Einspruch durch gesonderte Einspruchsentscheidung – nur zu diesen anderen Gründen – von der FB beschieden worden ist; in diesem Fall bedarf es zum Abschluss des Einspruchsverfahrens gegen den ursprünglich angefochtenen Bescheid in der Gestalt des Änderungsbescheids einer weiteren Entscheidung der FB (→ § 365 Rn. 20). Der Lauf der Klagefrist (§ 47 I FGO) beginnt mit der Bekanntgabe der Einspruchsentscheidung (→ § 366 Rn. 28). Wird innerhalb der Klagefrist keine Klage erhoben, ein Klageverzicht (§ 50 FGO) erklärt oder die beim FG erhobene Klage zurückgenommen (§ 72 FGO), wird die Einspruchsentscheidung formell bestandskräftig. Aufgrund dieser **formellen Be-** 54

standskraft entfällt die Ablaufhemmung der Festsetzungsfrist gem. § 171 IIIa sowie die Aussetzbarkeit der Vollziehung gem. § 361 oder gem. § 69 FGO. Mit der formellen Bestandskraft tritt zugleich die **materielle Bestandskraft** der Einspruchsentscheidung ein; zur formellen und materiellen Bestandskraft → Vor § 172 Rn. 3 f.; zur Änderung eines StBescheids, wenn er durch Einspruchsentscheidung bestätigt oder geändert worden ist, → § 172 Rn. 58 ff.

55 **Rechtsschutzfragen.** Als Rechtsbehelf gegen die Einspruchsentscheidung kommt nur die finanzgerichtliche Klage (§ 40 I FGO) in Betracht. Ein erneuter Einspruch gegen die Einspruchsentscheidung ist unzulässig, § 348 Nr. 1. Obgleich ursprünglicher VA und Einspruchsentscheidung an sich separate VA sind, sind sie gem. § 44 II FGO im Rechtsverbund Verfahrensgegenstand der Anfechtungs- oder Verpflichtungsklage (§ 40 I FGO). Eine **isolierte Anfechtung** der Einspruchsentscheidung ist nur ausnahmsweise möglich, wenn das FA zB zu Unrecht einen Einspruch als unzulässig verworfen hat (BFH 20.11.2008 – III R 66/07, BStBl. II 2009, 185; BFH 7.7.1976 – I R 66/75, BStBl. II 1976, 680; BFH 18.10.1972 – II R 110/69, BStBl. II 1973, 187; BFH 28.9.2017 – IV R 17/15, BFH/NV 2018, 182), über einen Einspruch entschieden hat, der nicht eingelegt worden war (BFH 20.12.2006 – X R 38/05, BStBl. II 2007, 823; BFH 8.4.1998 – VIII R 14/95, BFH/NV 1999, 145; FG Düsseldorf 6.10.2020 – 10 K 3906/15 U, EFG 2020, 1733), wenn eine notwendige Hinzuziehung (§ 360 III 1) im Einspruchsverfahren unterblieben ist und der notwendig Hinzuzuziehende ein berechtigtes Interesse an der Durchführung eines erneuten Einspruchsverfahrens unter seiner Beteiligung hat (BFH 19.8.1982 – IV R 185/80, BStBl. II 1983, 21) oder wenn der Kläger, der nicht unbedingt der Stpfl. sein muss, sondern uU auch ein unbeteiligter Dritter sein kann, erstmals durch die Einspruchsentscheidung beschwert ist (BFH 4.11.1987 – II R 167/81, BStBl. II 1988, 377; BFH 27.6.1989 – VIII R 357/83, BFH/NV 1990, 175). Zudem kann ein zur isolierten Aufhebung der Einspruchsentscheidung gem. § 100 III 1 berechtigender Verfahrensfehler der FB dann vorliegen, wenn die FB ihre Pflicht zur Aufklärung des Sachverhalts (§ 88) verletzt hat (BFH 20.2.2018 – XI B 129/17, BFH/NV 2018, 641; zur isolierten Anfechtung einer Einspruchsentscheidung s. auch Gräber FGO § 44 Rn. 45 ff.).

56 Die **überlange Dauer** des Einspruchsverfahrens bewirkt **keine Rechts- und Verfassungswidrigkeit** eines StBescheids (BFH 21.2.2006 – I B 32/05, BFH/NV 2006, 1305; BFH 9.5.2007 – X B 33/05, BFH/NV 2007, 1466; s. auch List DB 2005, 571); es tritt grds. auch **keine Verwirkung** des Anspruchs aus dem StSchuldverhältnis ein (BFH 8.10.1986 – II R 167/84, BStBl. II 1987, 12 für die Nichtbearbeitung des Einspruchs über 9 3/4 Jahre; ähnlich auch BFH 1.7.2003 – II B 84/02, BFH/NV 2003, 1534; BFH 14.5.1998 – VII B 171/97, BFH/NV 1999, 3; BFH 22.5.2001 – VII R 79/00, BFH/NV 2001, 1369/1371; BFH 22.8.2006 – I R 42/05, BFH/NV 2007, 404). Die Untätigkeit schafft auch keinen Vertrauenstatbestand dahingehend, dass die FB auf ihren materiellen Anspruch verzichtet (BFH 21.2.2006 – I B 32/05, BFH/NV 2006, 1305). Der Verstoß der FB gegen ihre Verpflichtung zur zeitnahen sachlichen Entscheidung über den Einspruch rechtfertigt auch keinen Erlass des StAnspruchs gem. § 227 (vgl. BFH 21.2.1991 – V R 105/84, BStBl. II 1991, 498), sondern ermöglicht lediglich eine Untätigkeitsklage (§ 46 I FGO). Zum Erlass von Aussetzungszinsen bei überlanger Dauer des Einspruchsverfahrens → § 237 Rn. 18.

57 Gemäß § 358 S. 2 ist der Einspruch auch dann als unzulässig zu verwerfen, wenn er verspätet (§ 355) eingelegt wurde und keine Wiedereinsetzungsgründe (§ 110) vorliegen. Ergeht eine **sachliche Einspruchsentscheidung trotz verspäteten** (oder gar fehlenden) **Einspruchs,** tritt hierdurch keine Heilung der Fristversäumnis ein (→ § 358 Rn. 8). Hat die FB über einen vom Stpfl. nicht oder nicht fristgerecht eingelegten Einspruch sachlich entschieden, ist die gegen den bestandskräftigen VA erhobene Klage gleichwohl zulässig, aber unbegründet (BFH 1.9.1998 – VIII R 46/93, BFH/NV 1999, 596). Der Einspruchsbescheid kann jedoch, da rechtswidrig, isoliert angefochten werden und ist dann vom FG aufzuheben (BFH 8.4.1998 – VIII R 14/95, BFH/NV 1999, 145; BFH 20.12.2006 – X R

38/05, BStBl. II 2007, 823; → Rn. 55). Der insoweit fehlerhaften Einspruchsentscheidung kann keine konkludente Zustimmung der FB zur Sprungklage (§ 45 FGO) entnommen werden (BFH 20.12.2006 – X R 38/05, BStBl. II 2007, 823).

Lässt die FB den Stpfl. aufgrund widersprüchlicher Äußerungen im Unklaren, ob sie eine 58
Einspruchsentscheidung oder einen Änderungsbescheid erlassen hat, kann der Stpfl. sowohl Einspruch einlegen als auch Klage erheben, da nach dem sog. **Meistbegünstigungsgrundsatz** jeder Rechtsbehelf, der gegen eine der möglichen Entscheidungsformen zulässig wäre, statthaft ist. Das Prüfungsprogramm des vom Stpfl. gewählten Rechtsbehelfs darf in einem solchen Fall nicht hinter dem des anderen, aber vom Stpfl. nicht eingelegten Rechtsbehelfs zurückbleiben (BFH 18.6.2024 – VIII R 16/21, BFH/NV 2024, 1415).

4. Massenrechtsbehelfe und -anträge (Art. 97 § 18a EGAO)

Sonderregelungen zur Erledigung von Massenrechtsbehelfen und -anträgen wegen Ver- 59
fassungswidrigkeit von StNormen enthält Art. 97 § 18a I–XI EGAO. Art. 97 § 18a I–III EGAO wurden durch G v. 21.12.1993 (BGBl. 1993 I 2310) eingefügt (BT-Drs. 12/6267, 21 f.; s. auch bereits BT-Drs. 12/5940, 27). Durch das StÄndG 2003 (BGBl. 2003 I 2645) wurde Art. 97 § 18a IV–X EGAO angefügt. Diese Vorschriften sollen „eine Rechtsgrundlage für die rationelle Abwicklung" der bei den FÄ zu den Vorschriften des steuerlichen Familienlastenausgleichs anhängigen „Masseneinsprüche" und „Massenanträge" schaffen (BT-Drs. 15/1562, 56 f.; s. hierzu auch die Hinweise zur Abwicklung der zum Familienleistungsausgleich anhängigen Masseneinsprüche und Massenanträge in BMF 19.12.2003, BStBl. I 2003, 744). Durch das JStG 2007 (BGBl. 2006 I 2878) wurde Art. 97 § 18a XI EGAO eingefügt (BT-Drs. 16/2712, 82). Zu Art. 97 § 18a XII → Rn. 76.

Den Einzelbestimmungen des Art. 97 § 18a I–XI EGAO ist gemeinsam, dass sie die in 60
der Vorschrift jeweils näher bezeichneten Einsprüche und Anträge wegen Verfassungswidrigkeit von StNormen als zurückgewiesen fingieren und den Ablauf der jeweiligen Einspruchs- bzw. Klagefristen regeln. Betreffen Einsprüche auch andere als die in Art. 97 § 18a I, IV, VI, VIII, XI EGAO bezeichneten verfassungsrechtlichen Streitpunkte, hat die fingierte Zurückweisung des Einspruchs nach Maßgabe der Art. 97 § 18a I, IV, VI, VIII, XI EGAO die Wirkung einer **Teil-Einspruchsentscheidung** (s. auch FG München 26.9.2006 – 13 K 4282/02, EFG 2007, 237, zur Teil-Einspruchsentscheidung → Rn. 61 ff.); über das übrige Einspruchsvorbringen ist dann ggf. durch weitere Teil-Einspruchsentscheidung bzw. durch Einspruchsentscheidung oder auf andere Weise, wie zB durch Teilabhilfe oder Rücknahme des Einspruchs, zu entscheiden. Im Ergebnis können sich daher unterschiedliche Klagefristen ergeben. Art. 97 § 18a EGAO rechtfertigt außerhalb seines Anwendungsbereichs **keine** im Wege der **Analogie** herzuleitenden Erleichterungen bei der Begründung von Einspruchsentscheidungen (FG Düsseldorf 28.10.1999 – 11 K 2229/99 E, F, EFG 2000, 47).

D. Teil-Einspruchsentscheidung (Abs. 2a)

Schrifttum: Bergan/Martin, Allgemeinverfügung und Teileinspruchsentscheidung – die Wunderwaffe der Finanzverwaltung im Kampf gegen Massenrechtsbehelfe?, DStR 2007, 1384; Lühn, Teil-Einspruchsentscheidung und Allgemeinverfügungen bei Änderungsanträgen und Masseneinsprüchen nach dem JStG 2007, StB 2007, 292; Hagen, Regelungen zur Abwicklung von Masseneinsprüchen und -anträgen – Reaktion auf die stetig steigende Einspruchs- und Antragsflut, NWB 2007 F. 2 S. 9453; Dißars, Entscheidung durch Allgemeinverfügung und Teileinspruchsentscheidung – gesetzliche Regelung und ungeklärte Rechtsfragen, StB 2008, 407; Bergan/Martin, Teileinspruchsentscheidung und Allgemeinverfügung, DStZ 2008, 518; Intemann, Ausgewählte Probleme der Teileinspruchsentscheidung, DB 2008, 1005; Steinger, Zur Frage der Sachdienlichkeit von Teil-Einspruchsentscheidungen nach § 367 Abs. 2a Satz 1 AO, DStZ 2008, 674; Krüger, Zum Für und Wider der Teileinspruchsentscheidung gem. § 367 Abs. 2a AO, DStZ 2009, 810; Bergan/Martin, Die Teileinspruchsentscheidung – Kann Weniger mehr als Mehr sein?, DStZ 2010, 643; Carlé/Brockhoven, Die Teileinspruchsentscheidung – § 367 Abs. 2a AO – Verschiebung der Waffengleichheit zwischen Steuerpflichtigem und Finanzverwaltung zu Lasten des Steuerpflichtigen, AO-StB 2013, 224.

61 **Allgemeines.** § 367 IIa wurde durch das JStG 2007 (BGBl. 2006 I 2878) eingefügt, ist gem. Art. 20 I JStG 2007 am 19.12.2006 in Kraft getreten und auf alle am 19.12.2006 anhängigen Einspruchsverfahren anzuwenden. Die Vorschrift ist, wie auch die übrigen Regelungen des JStG 2007, in formell verfassungsmäßiger Weise zustande gekommen (BFH 30.9.2010 – III R 39/08, BStBl. II 2011, 11; BFH 18.4.2018 – X B 124/17, BFH/NV 2018, 818). Das BVerfG hat eine hiergegen eingelegte Verfassungsbeschwerde mit Beschluss vom 1.10.2013 – 1 BvR 1359/11, StEd 2013, 676 nicht zur Entscheidung angenommen. § 367 IIa ermöglicht der FB, bei Sachdienlichkeit über Teile des Einspruchs vorab zu entscheiden und ist insb. im Zusammenhang mit dem bislang unzulänglichen verfahrensrechtlichen Instrumentarium zur Bewältigung sog. Massenrechtsbehelfe zu sehen. Da deren Bewältigung über § 165 nicht erreichbar ist und bei einer Verfahrensruhe (§ 363 II 2) das Verfahren nach bisheriger Rechtslage insgesamt ruht, schafft § 367 IIa eine Rechtsgrundlage für die bislang ausgeschlossene Möglichkeit einer Teil-Einspruchsentscheidung (Intemann DB 2008, 1005; → § 363 Rn. 52). Eine solche Entscheidung wird als sinnvoll angesehen, wenn ein Teil eines Einspruchs entscheidungsreif ist und über einen anderen Teil, etwa wegen eines anhängigen Musterverfahrens, noch nicht entschieden werden kann. Damit kann der Einspruchsführer hinsichtlich des entscheidungsreifen Teils seines Einspruchsbegehrens ggf. schnelleren gerichtlichen Rechtsschutz erlangen (BT-Drs. 16/3368, 62). Aus der Gesetzesbegründung kann jedoch nicht hergeleitet werden, der Zweck der Teil-Einspruchsentscheidung sei allein auf schnelleren Rechtsschutz im Interesse des Stpfl. gerichtet (BFH 30.9.2010 – III R 39/08, BStBl. II 2011, 11). Abgesehen davon, dass eine solche Einschränkung im Gesetzeswortlaut nicht zum Ausdruck kommt (Zimmermann EFG 2010, 376), wird in der Gesetzesbegründung auch darauf hingewiesen, dass die Teil-Einspruchsentscheidung auch dem Interesse der FVerw. an einer zeitnahen Entscheidung über den entscheidungsreifen Teil eines Einspruchs dient. Aus dem Zusammenspiel des § 367 IIa mit dem ebenfalls durch das JStG 2007 (BGBl. 2006 I 2878) eingefügten § 367 IIb ergibt sich ebenfalls, dass die Teil-Einspruchsentscheidung auch als Instrument zur Bewältigung von Masseneinsprüchen im Hinblick auf Musterverfahren geschaffen worden ist (BFH 30.9.2010 – III R 39/08, BStBl. II 2011, 11). Die FVerw. kann daher mit der Regelung des § 367 IIa neuen Masseneinsprüchen entgegenwirken (AEAO zu § 367 Nr. 6.2) und ein massenweises „Nachschieben" weiterer Einspruchsgründe im Hinblick auf weitere (neue) Musterverfahren verhindern. Im Hinblick auf bereits bei Erlass einer (Teil-)Einspruchsentscheidung anhängige Musterverfahren werden die Belange des Einspruchsführers idR durch die Beifügung eines Vorläufigkeitsvermerks gem. § 165 I 2 Nr. 3 und 4 hinreichend gewahrt (vgl. Steinger DStZ 2008, 674).

62 § 367 IIa setzt die **Teilbarkeit des angefochtenen VA** voraus. Teilbar ist ein VA, wenn der VA mehrere vorgreifliche unselbständige Teilentscheidungen in tatsächlicher oder rechtlicher Hinsicht umfasst, auf denen die (einheitliche) Entscheidung des angefochtenen VA beruht (HHSp § 367 Rn. 261 ff.). Dies ist zB der Fall, wenn in einem StBescheid unterschiedliche Besteuerungsgrundlagen oder Feststellungen zusammengefasst werden, die Teilsteueransprüche darstellen und die zusammen die in dem VA einheitlich festgesetzte Steuer begründen (Schwarz/Pahlke/Keß § 367 Rn. 65). So können zB in einem EStBescheid als Teilentscheidungen mehrere Einkünfte iSd § 2 I Nr. 1–7 EStG und/oder Sonderausgaben und außergewöhnliche Belastungen gem. § 2 IV EStG berücksichtigt werden, um die Höhe der (einheitlich) festgesetzten EStG zu begründen. Eine Teil-Einspruchsentscheidung ist dagegen mangels Teilbarkeit nicht möglich, wenn der angefochtene VA nur eine selbständige Regelung enthält, wie dies zB bei der Festsetzung eines Verspätungszuschlags (§ 152) der Fall ist (HHSp § 367 Rn. 284). Eine Teil-Einspruchsentscheidung liegt zudem dann nicht vor, wenn ein SammelVA angefochten wird, wenn zB mit der Festsetzung der EStG auch die mit dem EStBescheid verbundene Festsetzung der KiSt und/oder des Solidaritätszuschlags angefochten wird; in diesem Fall entscheidet die FB entweder durch Sammeleinspruchsentscheidung oder durch mehrere selbständige Einspruchsentscheidungen (HHSp § 367 Rn. 285; s. auch BFH 20.10.2021 –

XI R 10/21, BFH/NV 2022, 543). Vgl. auch → § 362 Rn. 11 ff. zur Teilrücknahme eines Einspruchs und → § 365 Rn. 13 zur Verbindung und Trennung von Einspruchsverfahren.

I. Teil-Einspruchsentscheidung (S. 1)

Nach dem Wortlaut des § 367 IIa 1 setzt der Erlass einer Teil-Einspruchsentscheidung, neben der selbstverständlich vorausgesetzten Zulässigkeit des Einspruchs, lediglich die **Sachdienlichkeit der Teil-Einspruchsentscheidung** voraus. Sie liegt regelmäßig vor, wenn ein Teil des Einspruchs entscheidungsreif ist, während über einen anderen Teil des Einspruchs zunächst nicht entschieden werden kann (BFH 17.3.2022 – XI R 39/19, BFH/NV 2022, 938) und der Einspruchsführer entspr. dem Zweck des Abs. 2a S. 1 insoweit schnelleren Rechtsschutz erlangen kann (Lühn StB 2007, 292; Intemann DB 2008, 1005) oder die Teil-Einspruchsentscheidung dem Interesse der FVerw. an einer zeitnahen Entscheidung über den entscheidungsreifen Teil eines Einspruchs dient. An diesen Vorgaben ist auch das **Ermessen** (§ 5) der FB, das diese nach dem klaren Wortlaut des Abs. 2a S. 1 bei der Entscheidung über den Erlass einer Teil-Einspruchsentscheidung hat, auszurichten. § 367 IIa 1 ermöglicht es der FB somit zB, die Verfassungsmäßigkeit einer Rechtsnorm von der Entscheidung auszunehmen und im Übrigen über den Einspruch zu entscheiden (BFH 21.12.2016 – I B 57/16, BFH/NV 2017, 881). Dies ist auch dann möglich, wenn die Frage, ob die Voraussetzungen einer Rechtsnorm erfüllt sind, entscheidungsreif ist, während die Frage der Verfassungsmäßigkeit der Rechtsnorm wegen eines anhängigen Verfahrens beim BVerfG nicht spruchreif ist (BFH 22.3.2023 – XI R 45/19, BStBl. II 2024, 643). Dementsprechend betrachtet die FVerw. den Erlass einer Teil-Einspruchsentscheidung stets als sachdienlich, wenn über einen Teil des Einspruchs nicht entschieden werden kann, weil insoweit die Voraussetzungen für eine Verfahrensruhe nach § 363 II 2 vorliegen (AEAO zu § 367 Nr. 6.1; → § 363 Rn. 27, 40, 52). Entsprechendes gilt nach Ansicht der FVerw., wenn hinsichtlich des nicht entscheidungsreifen Teils des Einspruchs noch Ermittlungen zur Sach- oder Rechtslage erforderlich sind (AEAO zu § 367 Nr. 6.1). Ist eine Teil-Einspruchsentscheidung sachdienlich, so ist sie idR auch ermessensgerecht. Das Ermessen ist insoweit vorgeprägt, sodass es regelmäßig keiner weiteren Begründung bedarf, sofern nicht ein atypischer Fall vorliegt (BFH 14.3.2012 – X R 50/09, BStBl. II 2012, 536; BFH 30.9.2010 – III R 39/08, BStBl. II 2011, 11). Der Umstand, dass die Festsetzung unter dem Vorbehalt der Nachprüfung nach § 164 I steht, beeinflusst die Sachdienlichkeit der Teil-Einspruchsentscheidung nicht. Der Vorbehalt der Nachprüfung ist von dem Einspruch unabhängig, berührt dessen Entscheidungsreife nicht und bewirkt andere Rechtsfolgen (BFH 14.3.2012 – X R 50/09, BStBl. II 2012, 536; aA TK § 367 Rn. 63). Lediglich in atypischen Fällen kann etwas anderes gelten, so zB wenn das FA bereits während des Einspruchsverfahrens mit einer Ap. (§§ 193 ff.) beim Einspruchsführer begonnen hat. Entsprechendes gilt, wenn ein StBescheid auf Grund eines Vorbehalts der Nachprüfung jederzeit zugunsten des Einspruchsführers gem. § 164 II änderbar ist und das FA gleichwohl einen Teil-Einspruchsbescheid zu unbenannten Streitpunkten erlassen will (Zimmermann EFG 2010, 376; zum Teil-Einspruchsbescheid zu unbenannten Streitpunkten → Rn. 64). In atypischen Fällen muss das FA daher in der Teil-Einspruchsentscheidung zumindest darlegen, warum die Sachdienlichkeit einer Teil-Einspruchsentscheidung zu bejahen ist (BFH 30.9.2010 – III R 39/08, BStBl. II 2011, 11). Ob Sachdienlichkeit vorliegt, ist, auch wenn es sich um einen unbestimmten Rechtsbegriff handelt, in vollem Umfange gerichtlich überprüfbar (BFH 14.3.2012 – X R 50/09, BStBl. II 2012, 536; BFH 30.9.2010 – III R 39/08, BStBl. II 2011, 11; BFH 21.12.2016 – I B 57/16, BFH/NV 2017, 881). Zur Behandlung des nach der Teil-Einspruchsentscheidung noch „offenen" Einspruchs → Rn. 75. 63

Eine Teil-Einspruchsentscheidung kann sich nach Ansicht des BFH auch nur auf unbenannte Streitpunkte eines StBescheids beziehen, wenn der Einspruchsführer gegen den StBescheid keine konkreten Einwendungen erhoben hat, sog. **Teil-Einspruchsentschei-** 64

dung ohne Streitfrage (BFH 14.3.2012 – X R 50/09, BStBl. II 2012, 536; abl. TK § 367 Rn. 62; Intemann DB 2008, 1005; Bergan/Martin DStZ 2008, 518). Zu Recht weist der BFH in diesem Zusammenhang darauf hin, dass so gut wie jede Einspruchsentscheidung auch eine Entscheidung über nicht benannte Streitpunkte enthält. Das gilt sowohl dann, wenn der Einspruch nur bestimmte Streitpunkte konkretisiert, als auch dann, wenn er gänzlich ohne Begründung bleibt. Wenn eine Einspruchsentscheidung auch nicht benannte Streitpunkte erfassen muss, so ist kein verfahrensrechtlicher Grund ersichtlich, dies für Teil-Einspruchsentscheidungen anders zu beurteilen. Das gilt entspr. für eine (Teil-)Einspruchsentscheidung, die sich nur auf nicht benannte Streitpunkte bezieht (BFH 14.3.2012 – X R 50/09, BStBl. II 2012, 536). Ob das FA im Einzelfall tatsächlich die Sache in vollem Umfang gem. § 367 II 1 überprüft hat, ist ggf. im finanzgerichtlichen Verfahren zu prüfen. Ein subjektives Recht auf Untätigkeit der FVerw. und damit auf „Liegenlassen" eines Einspruchs besteht jedenfalls nicht. Auch Art. 19 IV GG gebietet es nicht, Einspruchsverfahren möglichst lange offenzuhalten, damit der Einspruchsführer an künftigen Änderungen der höchstrichterlichen Rspr. zu derzeit nicht str. Rechtsfragen teilhaben kann (BFH 14.3.2012 – X R 50/09, BStBl. II 2012, 536; BFH 30.9.2010 – III R 39/08, BStBl. II 2011, 11; BFH 26.9.2006 – X R 39/05, BStBl. II 2007, 222). Allerdings sollte das FA vor Erlass einer Teil-Einspruchsentscheidung zu unbenannten Streitfragen den Einspruchsführer anhören, damit er prüfen kann, ob er noch Einwendungen gegen den angefochtenen Bescheid erheben will (TK § 367 Rn. 62; Zimmermann EFG 2010, 376). Der BFH hält dies allerdings nicht für erforderlich (vgl. BFH 14.3.2012 – X R 50/09, BStBl. II 2012, 536). Das FA ist vor Erlass einer Teil-Einspruchsentscheidung jedoch nicht verpflichtet, eine Frist nach § 364b I Nr. 1 zu setzen (BFH 14.3.2012 – X R 50/09, BStBl. II 2012, 536). Ein Anspruch auf Aufhebung der Teil-Einspruchsentscheidung im gerichtlichen Verfahren scheidet aus, wenn ein unsubstantiiertes Einspruchsbegehren allein auf ein „Liegenlassen" des Einspruchs gerichtet ist (ähnlich wohl Steinger DStZ 2008, 674).

65 **Keine Sachdienlichkeit.** Fehlt es an der Entscheidungsreife des von der Teil-Einspruchsentscheidung erfassten Einspruchsbegehrens, ist die Sachdienlichkeit zu verneinen. Nicht sachdienlich ist auch eine Teil-Einspruchsentscheidung, in der nicht alle entscheidungsreifen Streitpunkte entschieden werden (FG Niedersachsen 16.2.2010 – 12 K 119/08, EFG 2010, 1858). Ist der Einspruch insgesamt entscheidungsreif, weil sich der Einspruchsführer zB auf ein beim BVerfG anhängiges Verfahren beruft, das ihn nicht betrifft, darf das FA keine Teil-Einspruchsentscheidung erlassen, sondern muss gem. § 367 I 1 über den Einspruch als Ganzes entscheiden (FG Niedersachsen 16.9.2008 – 4 K 220/08, EFG 2008, 1931; vgl. auch BFH 17.3.2022 – XI R 39/19, BFH/NV 2022, 938). Ferner fehlt es an der Sachdienlichkeit einer Teil-Einspruchsentscheidung, wenn eine darin ausgesprochene Verböserung gem. § 367 II 2 auf der Korrektur des Schuldzinsenabzugs nach § 4 Abs. 4a EStG beruht, das Verfahren jedoch wegen eines anhängigen BFH-Verfahrens hinsichtlich der Berücksichtigung von Unterentnahmen iSd § 4 Abs. 4a S. 2 EStG ruht (BFH 21.5.2010 – IV B 88/09, BFH/NV 2010, 1613).

66 Ggf. ist durch **Auslegung** zu ermitteln, ob die FB eine **endgültige Einspruchsentscheidung oder** lediglich eine **Teil-Einspruchsentscheidung** erlassen hat (BFH 17.3.2022 – XI R 39/19, BFH/NV 2022, 938; BFH 12.5.2022 – V R 31/20, BeckRS 2022, 21750). Hierfür gelten die Grundsätze für die Auslegung von VA (→ § 366 Rn. 3). Enthält jedoch der Tenor der Einspruchsentscheidung entgegen dem Bestimmungsgebot des § 367 IIa 2 für Teil-Einspruchsentscheidungen keinen Ausspruch darüber, hinsichtlich welcher Teile Bestandskraft nicht eintreten soll, kann im Wege der Auslegung auch dann keine Teil-Einspruchsentscheidung angenommen werden, wenn die FB sich in der Einspruchsentscheidung nicht mit sämtlichen Streitpunkten auseinandergesetzt hat, da dies lediglich das teilweise Fehlen der nach § 366 S. 1 erforderlichen Begründung offenbart (BFH 17.3.2022 – XI R 39/19, BStBl. II 2023, 295; BFH 12.5.2022 – V R 31/20, BeckRS 2022, 21750).

II. Rechtswirkung der Teil-Einspruchsentscheidung; Bestimmung der Bestandskraft (S. 2)

Teilbestandskraft. Die Entscheidungskompetenz aus § 367 IIa 1 beinhaltet auch eine Teilbestandskraft einer unanfechtbar gewordenen Teil-Einspruchsentscheidung; § 367 IIb 2 setzt ebenfalls die Teilbestandskraft einzelner Teile eines Einspruchs voraus, indem der ausdrücklich anordnet, dass in der Teil-Einspruchsentscheidung zu bestimmen ist, hinsichtlich welcher Teile des Einspruch Bestandskraft nicht eintreten soll. Der Erlass einer Teil-Einspruchsentscheidung erfordert damit die Teilbarkeit des angefochtenen VA (zur Teilbarkeit des angefochtenen VA → Rn. 62). 67

Bestimmung der Reichweite der Teil-Einspruchsentscheidung. Die FB hat gem. § 367 IIa 2 in der Entscheidung ausdrücklich die Reichweite der Teil-Einspruchsentscheidung zu bestimmen; hierzu muss sie konkret angeben, hinsichtlich welcher Teile Bestandskraft **nicht** eintreten soll. Damit soll Klarheit darüber geschaffen werden, inwieweit der StFall „offen" bleibt (BT-Drs. 16/3368, 62). Diese negative Abgrenzung der Teil-Bestandskraft knüpft ersichtlich an die zutr. aus § 367 II 1 entnommene Verpflichtung der FB an, den Einspruch grds. „in vollem Umfang" zu prüfen und auch in vollem Umfang zu entscheiden. Abs. 2a dispensiert von der Verpflichtung zur abschließenden (Gesamt-)Einspruchsentscheidung nur im Umfang der in Abs. 2a S. 2 bestimmten Teile des Einspruchsbegehrens; der in Abs. 2a S. 2 bestimmte Teil muss daher zusammen mit der Teil-Einspruchsentscheidung das **gesamte** Einspruchsvorbringen abdecken. Aus der Teil-Einspruchsentscheidung muss sich im Übrigen, ohne dass dies besonderer Erwähnung in § 367 IIa bedurfte, eindeutig ergeben, in welcher Höhe die Steuer von der Teil-Bestandskraft erfasst sein soll; nicht erforderlich ist allerdings, dass das FA die nicht bestandskräftig werdende Steuer der Höhe nach betragsmäßig genau beschreibt. Eine solche Bezifferung, wie sie § 157 I 2 für den StBescheid als solchen verlangt, ist nicht erforderlich. Vielmehr genügt eine thematische Umschreibung, die hinreichend genau erkennen lässt, inwieweit der Bescheid später noch änderbar ist (BFH 14.3.2012 – X R 50/09, BStBl. II 2012, 536; BFH 30.9.2010 – III R 39/08, BStBl. II 2011, 11). Soweit anhängige Verfahren vor dem EuGH, dem BVerfG oder dem BFH Anlass für eine Teil-Einspruchsentscheidung bieten, sollen diese in der Begründung der Teil-Einspruchsentscheidung ggf. mit Aktenzeichen und Streitfrage bezeichnet werden (AEAO zu § 367 Nr. 6.4).. An die Bestimmung der Reichweite einer Teil-Einspruchsentscheidung sind allerdings keine strengeren Anforderungen zu stellen als an einen Vorläufigkeitsvermerk nach § 165 I 1, der ebenfalls eine partielle Änderung eines im Übrigen bestandskräftig gewordenen Bescheids ermöglicht; ein Vorläufigkeitsvermerk genügt den Bestimmtheitsanforderungen bereits dann, wenn er den Umfang der möglichen Änderung erkennbar macht (BFH 14.3.2012 – X R 50/09, BStBl. II 2012, 536; zur Reichweite eines Vorläufigkeitsvermerks → § 165 Rn. 32). Die Negativbestimmung des Abs. 2a entspricht auch dem rechtsstaatlichen Bestimmtheitsgebot, da sie den Umfang der Bestandskraft der Teil-Einspruchsentscheidung ebenso präzise wie die positive Bestimmung des Entscheidungsumfangs definiert (BFH 14.3.2012 – X R 50/09, BStBl. II 2012, 536; aA TK § 367 Rn. 64). 68

Ihrer **Rechtsnatur** nach ist die Bestimmung, hinsichtlich welcher Teile des VA Bestandskraft nicht eintreten soll, Teil des Tenors der Teil-Einspruchsentscheidung; sie ist weder Nebenbestimmung iSd § 120 noch Grundlagenbescheid iSd § 171 X (AEAO zu § 367 Nr. 6.4). Da die Bestimmung iSd Abs. 2a S. 2 lediglich den durch die Teil-Einspruchsentscheidung abschließend beurteilten Sachverhalt konkretisiert, kann sie nicht isoliert, sondern nur durch Klage gegen die Teil-Einspruchsentscheidung insgesamt angegriffen werden (AEAO zu § 367 Nr. 6.4; Bergan/Martin DStR 2007, 1384; zum Rechtsschutz → Rn. 72, 74). 69

Als **Rechtsfolge der Teilbestandskraft** soll nach der Gesetzesbegründung (BT-Drs. 16/3368, 63) im weiteren Verfahren über den noch offenen Teil nicht mit Erfolg geltend gemacht werden können, dass die in der Teil-Einspruchsentscheidung vertretene Rechts- 70 auffassung nicht dem Gesetz entspreche (so auch AEAO zu § 367 Nr. 6.6). Zu beachten ist jedoch, dass die Besteuerungsgrundlagen eines StBescheids gem. § 157 II nicht in Bestandskraft erwachsen, sondern nur der festgesetzte StBetrag (→ § 157 Rn. 21); daran hat sich durch § 367 IIa nichts geändert (TK § 367 Rn. 66; Intemann DB 2008, 1005; aA Krüger DStZ 2009, 810; Steinger DStZ 2008, 674). Eine sachverhaltsbezogene Wirkung der Bestandskraft einer Teil-Einspruchsentscheidung hätte vielmehr im Gesetz ausdrücklich geregelt werden müssen (Zimmermann EFG 2010, 376; aA Klein § 367 Rn. 42). Eine Änderung des bestandskräftigen Teils ist daher nur nach Maßgabe der §§ 172 ff. möglich. Darüber hinaus steht § 367 IIa einer Saldierung mit materiellen Rechtsfehlern (§ 177 III) der von der Teil-Einspruchsentscheidung betroffenen Besteuerungsgrundlagen in den Grenzen des **§ 177 I und II** in der abschließenden Einspruchsentscheidung oder in einem nachfolgenden Änderungsbescheid nicht entgegen (HHSp § 367 Rn. 308 ff.). Damit begrenzt die Bestandskraft einer Teil-Einspruchsentscheidung lediglich betragsmäßig den Änderungsrahmen für das verbleibende Einspruchsverfahren (TK § 367 Rn. 66; aA Klein § 367 Rn. 42). Folgt demgemäß auf eine bestandskräftige Teil-Einspruchsentscheidung ein Änderungsbescheid zuungunsten des Stpfl., kann dieser im Umfang der Änderung auch solche, ggf. auch nachträglich erstmals erhobenen, Einwendungen mit Erfolg, zB aufgrund neuer, nach Erlass der Teil-Einspruchsentscheidung ergangener Rechtsprechung, geltend machen, die der in der Teil-Einspruchsentscheidung vertretenen Auffassung zuwiderlaufen (HHSp § 367 Rn. 310 ff.; Bergan/Martin DStR 2007, 1384).

71 Einer **unvollständigen Teil-Einspruchsentscheidung,** die einzelne Begehren des Einspruchsführers sowohl in der Teil-Einspruchsentscheidung als auch in der Bestimmung ihrer Reichweite gem. Abs. 2a S. 2 unberücksichtigt lässt, fehlt es an der erforderlichen Klarheit über das durch Teil-Einspruchsentscheidung Entschiedene. Damit ist die Teil-Einspruchsentscheidung zumindest rechtswidrig. Lediglich bei völliger Unbestimmtheit kann Nichtigkeit iSd § 125 I angenommen werden; insoweit können die in → § 119 Rn. 21 dargestellten Grundsätze herangezogen werden. Grds. genügt jedoch auch eine unvollständige Teil-Einspruchsentscheidung den Anforderungen des § 44 I FGO an ein erfolglos gebliebenes Vorverfahren (→ Rn. 54).

72 Ist die **Bestimmung** iSd Abs. 2a S. 2 **fehlerhaft,** weil zB ein anhängiges Verfahren vor dem BFH oder die jeweilige Streitfrage unzutreffend benannt worden ist, oder ist die Bestimmung überhaupt unbestimmt, so kann die Teil-Einspruchsentscheidung isoliert durch Klage angegriffen (AEAO zu § 367 Nr. 6.4) und durch das FG isoliert aufgehoben werden (→ Rn. 74). Eine isolierte Aufhebung allein der Bestimmung iSd Abs. 2a S. 2 scheidet schon deshalb aus, weil ohne diese Bestimmung eine tatbestandliche Voraussetzung für den Erlass einer Teil-Einspruchsentscheidung gem. Abs. 2a fehlt.

73 Ergeht nach Erlass des Teil-Einspruchsbescheids ein **Änderungsbescheid,** ist hinsichtlich seiner Verfahrenswirkungen je nach dem verfahrensrechtlichen Schicksal der Teil-Einspruchsentscheidung zu differenzieren: Ist die Teil-Einspruchsentscheidung bestandskräftig geworden, wird der Änderungsbescheid gem. § 365 III Gegenstand des noch anhängigen (restlichen) Einspruchsverfahrens. Insoweit ist ein erneuter Einspruch gegen den Änderungsbescheid unzulässig (→ § 365 Rn. 20). Für den Änderungsbescheid gilt die Anfechtungsbeschränkung des § 351 I (Bergan/Martin DStR 2007, 1384). Ist gegen die Teil-Einspruchsentscheidung Klage erhoben, wird der Änderungsbescheid gem. § 68 S. 1 FGO automatisch Gegenstand des Klageverfahrens. Ergeht der Änderungsbescheid innerhalb noch offener Klagefrist gegen den Teil-Einspruchsbescheid, hat der Einspruchsführer die in → § 365 Rn. 31 ff. behandelte Wahlmöglichkeit.

74 **Rechtsbehelf** gegen die Teil-Einspruchsentscheidung ist allein je nach dem Ziel des Rechtsschutzbegehrens die Anfechtungs- oder Verpflichtungsklage gem. § 40 I FGO; ein (weiterer) Einspruch ist gem. § 348 Nr. 1 unzulässig, auch wenn er innerhalb der noch laufenden Einspruchsfrist (§ 355 I) eingelegt worden ist (BFH 18.9.2014 – VI R 80/13, BStBl. II 2015, 115; → § 348 Rn. 2). Mit der Klage können alle materiell-rechtlichen Einwendungen gegen den VA in der Gestalt der Teil-Einspruchsentscheidung sowie Einwendungen gegen die Zulässigkeit oder den Regelungsumfang der Teil-Einspruchsentscheidung geltend gemacht werden. Dies gilt auch für die Frage, ob der Erlass eines Teil-Einspruchsbescheids gem. § 367 IIa 1 sachdienlich war (→ Rn. 63) oder ob er wegen eines Ermessensfehlers rechtswidrig ist. Die von der FB nach Abs. 2a S. 2 ausgeklammerten Besteuerungsgrundlagen sind nicht Gegenstand der gerichtlichen Überprüfung der Teil-Einspruchsentscheidung; insoweit bleibt der Einspruch anhängig (BFH 2.7.2014 – I R 46/12, BStBl. II 2014, 979; BFH 21.12.2016 – I B 57/16, BFH/NV 2017, 881). Die isolierte Anfechtung und Aufhebung der Teil-Einspruchsentscheidung ist dann möglich und geboten, wenn die Beschwer des Klägers allein in der Teil-Einspruchsentscheidung liegt (BFH 14.3.2012 – X R 50/09, BStBl. II 2012, 536). **Verweigert** die FB den Erlass einer Teil-Einspruchsentscheidung, kann ggf. Untätigkeitsklage (§ 46 I FGO) erhoben werden. Allerdings besteht ein Anspruch des Einspruchsführers auf diese Entscheidung nur, soweit das Ermessen der FB aus Abs. 2a S. 1 auf null reduziert ist.

Hinsichtlich des noch **„offenen" Teils des Einspruchs,** der nicht vom Regelungs- 75
umfang der Teil-Einspruchsentscheidung erfasst wird, bedarf es nicht zwingend einer nachfolgenden End-Einspruchsentscheidung. Der noch offene Teil des Einspruchs kann zB auch durch Rücknahme des Einspruchs, Abhilfeentscheidung oder Allgemeinverfügung nach § 367 IIb abgeschlossen werden (BT-Drs. 16/3368, 62; AEAO zu § 367 Nr. 6.6). Ist die Teil-Einspruchsentscheidung bestandskräftig geworden, führt die Rücknahme des noch offenen Einspruchs gem. § 362 I 1 zum Verlust des eingelegten und noch nicht bestandskräftigen Teils des Einspruchs, § 362 II 1. Eine nur teilweise Rücknahme des noch offenen Teils bewirkt keine (weitere) Teilbestandskraft (→ § 362 Rn. 12). Gegen die abschließende Einspruchsentscheidung ist wiederum die Anfechtungs- oder Verpflichtungsklage gem. § 40 I FGO statthaft (→ Rn. 55).

E. Zurückweisung durch Allgemeinverfügung (Abs. 2b)

§ 367 IIb, der, wie auch § 367 IIa, durch das JStG 2007 (BGBl. 2006 I 2878) mit 76
Wirkung zum 19.12.2006 eingefügt worden ist, ermächtigt die FB, anhängige Einsprüche, die eine vom EuGH, BVerfG oder BFH entschiedene Rechtsfrage betreffen und denen nach dem Ausgang des Verfahrens vor diesen Gerichten nicht abgeholfen werden kann, durch Allgemeinverfügung (§ 118 S. 2) zurückzuweisen. Die Vorschrift dient der Bewältigung von „Masseneinsprüchen" (BT-Drs. 16/3368, 63). Die **zeitliche Geltung** des Abs. 2b erstreckt sich auch auf vor dem 19.12.2006 eingelegte Einsprüche, wenn die Allgemeinverfügung nach diesem Zeitpunkt im BStBl. (Teil I) veröffentlicht wird, Art. 97 § 18a XII EGAO. § 367 II 2–6 finden gem. **§ 172 III 2,** der ebenfalls durch das JStG 2007 eingefügt worden ist, entspr. Anwendung auf die Zurückweisung von außerhalb des Einspruchsverfahrens gestellten Anträgen auf Aufhebung oder Änderung einer StFestsetzung, die eine vom EuGH, BVerfG oder BFH entschiedene Rechtsfrage betreffen und denen nach dem Ausgang des Verfahrens vor diesen Gerichten nicht entsprochen werden kann (→ § 172 Rn. 66). **Praktische Bedeutung** erlangt § 367 IIb insb. im Fall der sog. Zwangsruhe (§ 363 II 2).

Die Zurückweisung des Einspruchs gem. Abs. 2b durch Allgemeinverfügung (§ 118 77
S. 2) ist eine besondere Form der Einspruchsentscheidung, die die Regelung des § 367 I 1 verdrängt und im **Ermessen** (§ 5) der obersten FB liegt. Die Zurückweisung des Einspruchs durch Allgemeinverfügung kommt nur bei zulässigem Einspruch in Betracht. Ein **unzulässiger Einspruch** wird nicht von Abs. 2b erfasst und ist, sofern er nicht zurückgenommen wird, gem. § 358 durch **Einspruchsentscheidung** als unzulässig zu verwerfen (AEAO zu § 367 Nr. 7.3).

I. Regelungsgegenstand

78 Ihrem Regelungsgegenstand nach betrifft die **Allgemeinverfügung iSd § 367 IIb 1 ausschl.** die **Zurückweisung des Einspruchs** in Bezug auf die jeweilige Rechtsfrage, über die der EuGH, das BVerfG oder der BFH entschieden hat, wenn nach dem Ausgang des Verfahrens dem Einspruch insoweit nicht entsprochen werden kann. Soll dem Einspruch dagegen „insoweit" abgeholfen werden, bedarf es notwendig eines entsprechenden (Teil-)Abhilfebescheids; auch weitere mit dem Einspruch aufgegriffene Streitpunkte können nicht Gegenstand der Allgemeinverfügung nach § 367 IIb 1 sein.

79 Betrifft die Allgemeinverfügung nur einen **Teil des Einspruchsbegehrens,** hat sie die Wirkung einer Teil-Einspruchsentscheidung. Über die weiteren Streitpunkte ist, sofern keine Einspruchsrücknahme erfolgt, kein Abhilfebescheid ergeht oder Erledigung auf andere Weise eintritt (→ Rn. 43 ff.), förmlich durch **Einspruchsentscheidung** (§ 367 I 1) zu entscheiden. Ebenso ist zu verfahren, wenn das **Einspruchsbegehren ausschl. diese Rechtsfrage** betrifft. Insoweit verbleibt es bei der Prüfungspflicht der FB „in vollem Umfang" (§ 367 II 1), sodass die Allgemeinverfügung auch in diesem Fall nur den Charakter einer Teil-Einspruchsentscheidung hat und das Einspruchsverfahren im Übrigen grds. fortzuführen ist (AEAO zu § 367 Nr. 7.2; Bergan/Martin DStR 2007, 1384). Der Einspruchsführer hat damit auch nach Ergehen der Allgemeinverfügung die Möglichkeit, sein Einspruchsvorbringen ggf. zu erweitern und weitere Streitpunkte nachzuschieben (HHSp § 367 Rn. 370). Andererseits hat die FB die Möglichkeit, den angefochtenen VA nach Maßgabe des § 367 II 2 zu verbösern; eine erneute Entscheidung über den durch Allgemeinverfügung erledigten Teil ist jedoch ausgeschlossen (AEAO zu § 367 Nr. 7.2). Eine vom Bundesrat angestrebte Ergänzung des § 367 II 1 dahingehend, dass es keiner erneuten Überprüfung in vollem Umfang bedarf, „wenn bis zum Wirksamwerden der Allgemeinverfügung der Einspruch ausschließlich eine Rechtsfrage nach Abs. 2b S. 1 betrifft" (BT-Drs. 16/6739, 25), ist nicht umgesetzt worden.

80 Die FB hat jedoch auch die Möglichkeit, das Einspruchsverfahren schon **vorab** durch eine der Allgemeinverfügung vorgeschaltete Teil-Einspruchsentscheidung gem. § 367 IIa auf den Regelungsgegenstand der späteren Allgemeinverfügung zu beschränken (AEAO zu § 367 Nr. 7.2). Im Hinblick auf die uU erst mehrere Jahre nach Einspruchseinlegung ergehende abschließende Entscheidung der Rechtsfrage durch den EuGH, das BVerfG oder den BFH und die damit verbundenen Bearbeitungs- und Nachweiserschwernisse für die Beteiligten wird man diese Verfahrensweise als sachdienlich iSd § 367 IIa 1 ansehen können (aA Bergan/Martin DStR 2007, 1384). Allerdings kann der Einspruchsführer auch in diesem Fall weitere neue Streitpunkte nachschieben, über die die FB dann noch ggf. durch eine förmliche Einspruchsentscheidung entscheiden muss (→ Rn. 81).

81 Über den von der Allgemeinverfügung **nicht betroffenen Teil des Einspruchsbegehrens** ist durch Erlass einer Einspruchsentscheidung zu entscheiden, soweit nicht eine anderweitige Beendigung des Einspruchsverfahrens (→ Rn. 43 ff.) eintritt. Möglich ist auch der Erlass einer (weiteren) Teil-Einspruchsentscheidung gem. § 367 IIa. Betrifft das Einspruchsbegehren ausschl. die geltend gemachte Rechtsfrage iSd § 367 IIb 1, über die der EuGH, das BVerfG oder der BFH entschieden hat, besteht eine Nachprüfungspflicht der FB in nur reduziertem Umfang (→ Rn. 15).

II. Formelle Anforderungen

82 Sachlich zuständig für den Erlass der Allgemeinverfügung ist gem. § 367 IIb 2 die oberste FB. **§ 367 IIb 2** verdrängt als Spezialregelung § 367 I 1. Oberste FB iSd Abs. 2b S. 2 sind abhängig von der Verwaltungshoheit nach Art. 108 I und II GG das BMF (§ 1 I Nr. 1 FVG) sowie die für die FVerw. zuständigen obersten Landesbehörden (§ 2 I Nr. 1 FVG). Die Bekanntgabe der Allgemeinverfügung erfolgt gem. **§ 367 IIb 3** im BStBl. (Teil I) und auf den Internetseiten des BMF; es handelt es sich um eine öffentliche Bekanntgabe iSd

§ 122 III. Gemäß **§ 367b II 4,** der eine gegenüber § 122 IV vorrangige Sonderregelung enthält, gilt die Allgemeinverfügung am Tag nach der Herausgabe des BStBl. als bekannt gegeben.

III. Rechtswirkungen; Rechtsbehelfe

Die **Rechtswirkung** der Allgemeinverfügung besteht in der Zurückweisung des Einspruchs hinsichtlich der Rechtsfrage, die Gegenstand der Allgemeinverfügung ist. Folgt dieser Allgemeinverfügung eine das weitere Einspruchsvorbringen betreffende Einspruchsentscheidung, kann in dieser, soweit nicht die Allgemeinverfügung mit Erfolg durch Klage angegriffen wurde, nicht nochmals über die betr. Rechtsfrage entschieden werden (AEAO zu § 367 Nr. 7.2). Soweit der Allgemeinverfügung ein Änderungsbescheid zuungunsten des Stpfl. nachfolgt, gelten die Ausführungen in → Rn. 73 entspr. 83

Rechtsbehelfe. Gegen die Allgemeinverfügung kann Klage (§ 40 I FGO) erhoben werden, **§ 367 IIb 5 und 6;** ein Einspruch ist ausgeschlossen, § 348 Nr. 6. Die **Klagefrist** beträgt gem. § 367 IIb 5 abw. von § 47 I FGO **ein Jahr.** Die Frist beginnt gem. § 54 I FGO iVm § 187 I BGB am Tag nach der Bekanntgabe der Allgemeinverfügung. Sie endet mit Ablauf eines Jahres nach dem Tag der Bekanntgabe, § 367 IIb 5. Wiedereinsetzung in die versäumte Jahresfrist des § 367 IIb 5 ist gem. § 56 I FGO möglich (HHSp § 367 Rn. 362). Ergeht hinsichtlich des nicht von der Allgemeinverfügung betroffenen Einspruchsbegehrens eine Einspruchsentscheidung, läuft insoweit mit deren Bekanntgabe die einmonatige Klagefrist des § 47 I FGO (→ § 366 Rn. 28). Es gelten mithin **unterschiedliche Klagefristen** für die jeweiligen Teil-Entscheidungen über den Einspruch. 84

Beklagter ist gem. § 367 IIb 6 iVm § 63 I Nr. 1 FGO die FB, die den ursprünglichen VA erlassen hat; für eine Anwendung des § 63 II FGO, der den Zuständigkeitswechsel vor Erlass der Einspruchsentscheidung betrifft, ist kein Raum (s. auch Bergan/Martin DStR 2007, 1384). Hebt das FG den angefochtenen VA in der Gestalt der Allgemeinverfügung gem. § 100 I 1 FGO auf, gilt dies nur im Verhältnis der Beteiligten des Rechtsstreits (§ 57 FGO); im Übrigen bleibt die Allgemeinverfügung wirksam (Bergan/Martin DStR 2007, 1384). 85

F. Zuständigkeit bei Auftragshandeln (Abs. 3)

§ 367 III 1 enthält eine besondere Regelung für den Fall, dass aufgrund gesetzlicher Vorschrift für die zuständige FB eine andere FB den angefochtenen VA erlassen oder seinen Erlass abgelehnt hat. Auf gesetzlicher Grundlage beruht gem. § 18 S. 1 FVG das Auftragshandeln der HZA und ihrer Dienststellen bei der Verwaltung der USt (§§ 16 V, 18 V UStG). Dagegen gilt § 367 III 1 nicht für Fälle der Zuständigkeitsübertragung kraft Ermessensentscheidung, wie dies etwa bei der Beauftragung eines anderen FA mit der Durchführung einer Ap. gem. § 195 S. 2 der Fall ist. Daher hat bei Beauftragung mit einer Ap. gem. § 195 S. 2 das beauftragte FA über den gegen die Prüfungsanordnung gerichteten Einspruch zu entscheiden, wenn auch die Prüfungsanordnung von ihm und nicht vom beauftragenden FA erlassen wurde (BFH 18.11.2008 – VIII R 16/07, BFH/NV 2009, 625; BFH 18.11.2008 – VIII R 40/07, BFH/NV 2009, 705). 87

Gemäß **§ 367 III 2** kann nur die zuständige FB, für die die handelnde Behörde tätig geworden ist, über den Einspruch entscheiden. Die für die zuständige FB handelnde Behörde soll nicht mit dem Einspruchsverfahren belastet werden. Die Entscheidung der zuständigen Behörde kann sowohl im Erlass eines Einspruchsbescheids als auch in einer Abhilfeentscheidung bestehen. Allerdings kann auch die handelnde Behörde ebenso wie die zuständige Behörde gem. Abs. 3 S. 2 dem Einspruch abhelfen. 88

§ 368 (weggefallen)

Achter Teil. Straf- und Bußgeldvorschriften, Straf- und Bußgeldverfahren

(Abgedruckt und kommentiert in dem in gleicher Reihe erschienenen Werk von Joecks/Jäger/Randt, Steuerstrafrecht, Verlag C. H. Beck)

Neunter Teil. Schlussvorschriften

Vorbemerkung zu §§ 413 bis 415

Der Neunte Teil enthält Schlussvorschriften; von ihnen kommt nur noch § 413 praktische Bedeutung zu.

§ 413 Einschränkung von Grundrechten

Die Grundrechte auf körperliche Unversehrtheit und Freiheit der Person (Artikel 2 Absatz 2 des Grundgesetzes), des Briefgeheimnisses sowie des Post- und Fernmeldegeheimnisses (Artikel 10 des Grundgesetzes) und der Unverletzlichkeit der Wohnung (Artikel 13 des Grundgesetzes) werden nach Maßgabe dieses Gesetzes eingeschränkt.

1 § 413 führt im Hinblick auf das sich aus § Art. 19 I 2 GG ergebende Zitiergebot die Grundrechte auf, die durch die AO berührt werden. § 413 erfüllt damit das verfassungsrechtlich erforderliche Mindestmaß (BVerfG 27.2.2008 – 1 BvR 370/07, 1 BvR 595/07, BVerfGE 120, 274). Eine Befugnis zu Grundrechtseinschränkungen ergibt sich aus § 413 nicht (TK § 413 Rn. 1); insoweit bedarf es jeweils einer gesonderten gesetzlichen Regelung. Für eine Einschränkung des Art. 19 IV GG durch das Kontenabrufverfahren ist nichts ersichtlich, sodass Art. 19 I GG tatbestandlich nicht berührt ist (aA Hamacher DStR 2006, 633). § 413 gilt nur für Einschränkungen von Grundrechten nach Maßgabe dieses Gesetzes, also nicht für Regelungen in EinzelStGesetzen (TK § 413 Rn. 5). Fehlt dem Gesetz ein erforderliches Grundrechtszitat, schränkt es das nicht zitierte Grundrecht nicht ein. Soweit die Regelung ohne Grundrechtseinschränkung ihren Sinn verliert, ist die Vorschrift nichtig (DHS GG Art. 19 Abs. 1 Rn. 47).

2 Eingriffe in die **körperliche Unversehrtheit und Freiheit der Person** (Art. 2 II GG) sieht die AO in §§ 284 VIII, 334, 399 II 2 AO iVm §§ 81a, 81c StPO und § 404 S. 1 AO iVm § 127 StPO vor. Eingriffe in das **Briefgeheimnis** sowie das **Post- und Fernmeldegeheimnis** (Art. 10 GG) ergeben sich aufgrund § 105 (→ § 105 Rn. 4). Die **Unverletzlichkeit der Wohnung** (Art. 13 GG) wird eingeschränkt nach Maßgabe der §§ 99, 200 III 2, 287 I, 399 II 2 und § 404. Diese Aufzählung schließt eine Einschränkung anderer Grundrechte durch AO-Vorschriften nicht aus. So gilt das Zitiergebot nicht für Eingriffe in Freiheitsgrundrechte, wie die Meinungs- und Informationsfreiheit, einschließlich der Pressefreiheit und der Rundfunkfreiheit (Art. 5 I GG; BVerfG 4.5.1983 – 1 BvL 46, 47/80, BVerfGE 64, 72; BFH 17.1.2013 – II E 19/12, BFH/NV 2013, 586), das Eigentumsgrundrecht des Art. 14 GG (FG Hamburg 19.4.2011 – 3 K 6/11, EFG 2011, 2189; OVG Lüneburg 18.5.2016 – 9 LA 186/15, KommJur 2016, 380), die allg. Handlungsfreiheit (Art. 2 I GG) und das Recht auf informationelle Selbstbestimmung (TK § 413 Rn. 6) sowie den allg. Gleichheitssatz (Art. 3 I GG).

§ 414 (gegenstandslos)

Die Vorschrift enthielt die sog. Berlin-Klausel, durch die die Geltung der AO auch im Land Berlin sichergestellt wurde. Die Vorschrift ist aufgrund der Wiedervereinigung Deutschlands gegenstandslos geworden.

§ 415 (Inkrafttreten)

§ 415 betrifft das In-Kraft-Treten der AO in ihrer ursprünglichen Fassung vom 16.3.1976 (BGBl. 1976 I 613, ber. 1977 I S. 269), die am 23.3.1976 verkündet wurde. Die mit dem erstmaligen In-Kraft-Treten der AO außer Kraft getretenen Vorschriften sind in Art. 96 EGAO (abgedr. im Anhang) aufgeführt. Das In-Kraft-Treten der seitdem ergangenen Gesetzesänderungen ergibt sich aus dem jeweiligen Änderungsgesetz; insoweit etwa getroffene Regelungen zum zeitlichen Anwendungsbereich und Übergangsvorschriften enthält Art. 97 EGAO (abgedr. im Anhang). Die aus Anlass der Herstellung der Einheit Deutschlands ergangenen Übergangsregelungen ergeben sich aus Art. 97a EGAO.

Anhang

Einführungsgesetz zur Abgabenordnung (EGAO)

Vom 14.12.1976 (BGBl. I S. 3341, ber. BGBl. 1977 I S. 667)

Zuletzt geändert durch Art. 20 Jahressteuergesetz 2024 (JStG 2024) vom 2.12.2024 (BGBl. 2024 I Nr. 387)

– Auszug –

Zweiter Abschnitt. Anpassung weiterer Bundesgesetze

Achter Titel. Außerkrafttreten von Vorschriften

Art. 96 Außerkrafttreten

Mit Inkrafttreten der Abgabenordnung treten außer Kraft:

1. Die Reichsabgabenordnung vom 22. Mai 1931 (Reichsgesetzbl. I S. 161), zuletzt geändert durch das Gesetz über das Zeugnisverweigerungsrecht der Mitarbeiter von Presse und Rundfunk vom 25. Juli 1975 (Bundesgesetzbl. I S. 1973);
2. die Verordnung zur Durchführung des § 160 Abs. 2 der Reichsabgabenordnung vom 24. März 1932 (Reichsgesetzbl. I S. 165);
3. die Verordnung zur Durchführung von Buch- und Betriebsprüfungen vom 9. November 1925 (Reichsministerialblatt S. 1337);
4. die Verordnung zur Durchführung der §§ 402 und 413 der Reichsabgabenordnung vom 17. August 1940 (Reichsministerialblatt S. 209);
5. das Steueranpassungsgesetz vom 16. Oktober 1934 (Reichsgesetzbl. I S. 925), zuletzt geändert durch das Einführungsgesetz zum Einkommensteuerreformgesetz vom 21. Dezember 1974 (Bundesgesetzbl. I S. 3656);
6. die Gemeinnützigkeitsverordnung vom 24. Dezember 1953 (Bundesgesetzbl. I S. 1592), zuletzt geändert durch das Steueränderungsgesetz 1969 vom 18. August 1969 (Bundesgesetzbl. I S. 1211);
7. die Aufteilungsverordnung vom 8. November 1963 (Bundesgesetzbl. I S. 785), geändert durch die Finanzgerichtsordnung vom 6. Oktober 1965 (Bundesgesetzbl. I S. 1477);
8. das Steuersäumnisgesetz vom 13. Juli 1961 (Bundesgesetzbl. I S. 981, 993), zuletzt geändert durch das Dritte Gesetz zur Änderung des Steuerberatungsgesetzes vom 24. Juni 1975 (Bundesgesetzbl. I S. 1509);
9. die Verordnung zum Steuersäumnisgesetz vom 15. August 1961 (Bundesgesetzbl. I S. 1299), geändert durch die Verordnung zur Änderung der Verordnung zum Steuersäumnisgesetz vom 9. Juni 1969 (Bundesgesetzbl. I S. 539);
10. die Beitreibungsordnung vom 23. Juni 1923 (Reichsministerialblatt S. 595);
11. die Verordnung zur Einführung der Beitreibungsordnung vom 5. Juli 1923 (Reichsministerialblatt S. 645);
12. die Verordnung über die Auswertung der Personenstands- und Betriebsaufnahme (Aufstellung von Urlisten) vom 16. Mai 1935 (Reichsministerialblatt S. 538);
13. die Verordnung über die Führung eines Wareneingangsbuchs vom 20. Juni 1935 (Reichsgesetzbl. I S. 752), zuletzt geändert durch das Gesetz zur Abkürzung handelsrechtlicher und steuerrechtlicher Aufbewahrungsfristen vom 2. März 1959 (Bundesgesetzbl. I S. 77);
14. die Verordnung über landwirtschaftliche Buchführung vom 5. Juli 1935 (Reichsgesetzbl. I S. 908);

15. die Warenausgangsverordnung vom 20. Juni 1936 (Reichsgesetzbl. I S. 507), geändert durch das Gesetz zur Änderung von Vorschriften des Dritten Teiles der Reichsabgabenordnung vom 11. Mai 1956 (Bundesgesetzbl. I S. 418);
16. die Verordnung über die Zuständigkeit im Besteuerungsverfahren vom 3. Januar 1944 (Reichsgesetzbl. I S. 11);
17. das Gesetz über die Kosten der Zwangsvollstreckung nach der Reichsabgabenordnung vom 12. April 1961 (Bundesgesetzbl. I S. 429), zuletzt geändert durch das Gesetz zur Änderung des Gesetzes über die Kosten der Zwangsvollstreckung nach der Reichsabgabenordnung vom 20. Mai 1975 (Bundesgesetzbl. I S. 1119);
18. § 6 Abs. 2 Satz 4 der Verordnung über die Offenlegung der Ergebnisse der Bodenschätzung vom 31. Januar 1936 (Reichsgesetzbl. I S. 120);
19. §§ 15 und 20 des Rennwett- und Lotteriegesetzes vom 8. April 1922 (Reichsgesetzbl. I S. 335, 393), zuletzt geändert durch das Gesetz zur Änderung des Rennwett- und Lotteriegesetzes vom 16. Dezember 1974 (Bundesgesetzbl. I S. 3561);
20. die Verordnung über die Zwangsvollstreckung im Erstattungsverfahren für den Dienstbereich der Reichsfinanzverwaltung vom 17. Dezember 1937 (Reichsgesetzbl. I S. 1388);
21. § 5 der Verordnung zur beschleunigten Förderung des Baues von Heuerlings- und Werkwohnungen sowie von Eigenheimen für ländliche Arbeiter und Handwerker vom 10. März 1937 (Reichsgesetzbl. I S. 292), zuletzt geändert durch das Beurkundungsgesetz vom 28. August 1969 (Bundesgesetzbl. I S. 1513);
22. § 2 Abs. 3 der Zweiten Durchführungsverordnung über die beschleunigte Förderung des Baues von Heuerlings- und Werkwohnungen sowie von Eigenheimen für ländliche Arbeiter und Handwerker vom 27. Januar 1938 (Reichsgesetzbl. I S. 107);
23. § 3 des Gesetzes über die Erhebung von Gebühren durch die Außenhandelsstelle des Bundesministeriums für Ernährung, Landwirtschaft und Forsten vom 17. Dezember 1951 (Bundesgesetzbl. I S. 969);
24. § 21 Abs. 3 des Vieh- und Fleischgesetzes vom 25. April 1951 (Bundesgesetzbl. I S. 272), zuletzt geändert durch das Gesetz über die Neuorganisation der Marktordnungsstellen vom 23. Juni 1976 (Bundesgesetzbl. I S. 1608);
25. § 11 Abs. 3 des Zuckergesetzes vom 5. Januar 1951 (Bundesgesetzbl. I S. 47), zuletzt geändert durch das Gesetz zur Gesamtreform des Lebensmittelrechts vom 15. August 1974 (Bundesgesetzbl. I S. 1945).

Dritter Abschnitt. Schlußvorschriften

Art. 97 Übergangsvorschriften

§ 1 Begonnene Verfahren

(1) Verfahren, die am 1. Januar 1977 anhängig sind, werden nach den Vorschriften der Abgabenordnung zu Ende geführt, soweit in den nachfolgenden Vorschriften nichts anderes bestimmt ist.

(2) [1]Durch das Steuerbereinigungsgesetz 1986 vom 19. Dezember 1985 (BGBl. I S. 2436) geänderte oder eingefügte Vorschriften sowie die auf diesen Vorschriften beruhenden Rechtsverordnungen sind auf alle bei Inkrafttreten dieser Vorschriften anhängigen Verfahren anzuwenden, soweit nichts anderes bestimmt ist. [2]Soweit die Vorschriften die Bekanntgabe von schriftlichen Verwaltungsakten regeln, gelten sie für alle nach dem Inkrafttreten der Vorschriften zur Post gegebenen Verwaltungsakte.

(3) Die durch Artikel 15 des Steuerreformgesetzes 1990 vom 25. Juli 1988 (BGBl. I S. 1093) geänderten Vorschriften sind auf alle bei Inkrafttreten dieser Vorschriften anhängigen Verfahren anzuwenden, soweit nichts anderes bestimmt ist.

(4) Die durch Artikel 26 des Gesetzes vom 21. Dezember 1993 (BGBl. I S. 2310) geänderten Vorschriften sind auf alle bei Inkrafttreten

dieser Vorschriften anhängigen Verfahren anzuwenden, soweit nichts anderes bestimmt ist.

(5) Die durch Artikel 26 des Gesetzes vom 11. Oktober 1995 (BGBl. I S. 1250) geänderten Vorschriften sind auf alle bei Inkrafttreten dieser Vorschriften anhängigen Verfahren anzuwenden, soweit nichts anderes bestimmt ist.

(6) Die durch Artikel 18 des Gesetzes vom 20. Dezember 1996 (BGBl. I S. 2049) geänderten Vorschriften sind auf alle bei Inkrafttreten dieser Vorschriften anhängigen Verfahren anzuwenden, soweit nichts anderes bestimmt ist.

(7) Die durch Artikel 17 des Gesetzes vom 22. Dezember 1999 (BGBl. I S. 2601) geänderten Vorschriften sind auf alle bei Inkrafttreten des Gesetzes anhängigen Verfahren anzuwenden, soweit nichts anderes bestimmt ist.

(8) Die durch Artikel 23 des Gesetzes vom 19. Dezember 2000 (BGBl. I S. 1790) geänderten Vorschriften sind auf alle bei Inkrafttreten des Gesetzes anhängigen Verfahren anzuwenden, soweit nichts anderes bestimmt ist.

(9) [1] Rechtsverordnungen auf Grund des § 2 Absatz 2 der Abgabenordnung in der Fassung des Artikels 9 des Gesetzes vom 8. Dezember 2010 (BGBl. I S. 1768) können mit Wirkung für den Veranlagungszeitraum 2010 erlassen werden, sofern die dem Bundesrat zugeleitete Rechtsverordnung vor dem 1. Januar 2011 als Bundesratsdrucksache veröffentlicht worden ist. [2] Rechtsverordnungen, die dem Bundesrat nach diesem Zeitpunkt zugeleitet werden, können bestimmen, dass sie ab dem Zeitpunkt der Bekanntgabe der in § 2 Absatz 2 der Abgabenordnung genannten und nach dem 31. Dezember 2010 geschlossenen Konsultationsvereinbarung im Bundessteuerblatt gelten.

(10) [1] Die durch Artikel 3 des Gesetzes vom 18. Juli 2014 (BGBl. I S. 1042) geänderten Vorschriften sind auf alle am 24. Juli 2014 anhängigen Verfahren anzuwenden, soweit nichts anderes bestimmt ist. [2] § 122 Absatz 7 Satz 1 und § 183 Absatz 4 in der Fassung des Artikels 3 des Gesetzes vom 18. Juli 2014 (BGBl. I S. 1042) gelten für alle nach dem 23. Juli 2014 erlassenen Verwaltungsakte. [3] § 15 und § 263 in der Fassung des Artikels 3 des Gesetzes vom 18. Juli 2014 (BGBl. I S. 1042) sind ab dem 24. Juli 2014 anzuwenden.

(11) Durch das Gesetz vom 18. Juli 2016 (BGBl. I S. 1679) geänderte oder eingefügte Vorschriften der Abgabenordnung sind auf alle bei Inkrafttreten dieser Vorschriften anhängigen Verfahren anzuwenden, soweit nichts anderes bestimmt ist.

(12) [1] Die durch das Gesetz vom 23. Juni 2017 (BGBl. I S. 1682) geänderten oder eingefügten Vorschriften der Abgabenordnung sind auf alle am 25. Juni 2017 anhängigen Verfahren anzuwenden, soweit nichts anderes bestimmt ist. [2] § 30a der Abgabenordnung in der am 24. Juni 2017 geltenden Fassung ist ab dem 25. Juni 2017 auch auf Sachverhalte, die vor diesem Zeitpunkt verwirklicht worden sind, nicht mehr anzuwenden.

(13) Die durch Artikel 21 des Gesetzes vom 12. Dezember 2019 (BGBl. I S. 2451) geänderten Vorschriften der Abgabenordnung sind auf alle am 18. Dezember 2019 anhängigen Verfahren anzuwenden, soweit nichts anderes bestimmt ist.

(14) [1] § 93a Absatz 1 Satz 1 Nummer 1 Buchstabe a, Absatz 2 Satz 2 und Absatz 4 der Abgabenordnung in der Fassung des Artikels 27 des Gesetzes vom 21. Dezember 2020 (BGBl. I S. 3096) ist vorbehaltlich des Satzes 2 erstmals für nach dem 31. Dezember 2020 verwirklichte Sachverhalte anzuwenden. [2] § 93a Absatz 1 Satz 1 Nummer 1 Buchstabe a, Absatz 2 Satz 2 und Absatz 4 der Abgabenordnung in der Fassung des Artikels 27 des Gesetzes vom 21. Dezember 2020 (BGBl. I S. 3096) ist für im Kalenderjahr 2020 verwirklichte Sachverhalte anzuwenden, soweit eine Mitteilungspflicht nach der Mitteilungsverordnung nach dem 1. Januar 2020 begründet wurde. [3] § 93a Absatz 1 Satz 1 Nummer 1

Buchstabe e der Abgabenordnung in der Fassung des Artikels 27 des Gesetzes vom 21. Dezember 2020 (BGBl. I S. 3096) ist ab dem 1. Januar 2021 anzuwenden.

(15) § 122 Absatz 2 Nummer 1 und Absatz 2a, § 122a Absatz 4 und § 123 Satz 2 der Abgabenordnung in der am 1. Januar 2025 geltenden Fassung sind auf alle Verwaltungsakte anzuwenden, die nach dem 31. Dezember 2024 zur Post gegeben, elektronisch übermittelt oder elektronisch zum Abruf bereit gestellt werden.

§ 1a Steuerlich unschädliche Betätigungen

(1) § 58 Nr. 1 der Abgabenordnung in der Fassung des Artikels 1 des Gesetzes vom 21. Juli 2004 (BGBl. I S. 1753) ist ab dem 1. Januar 2001 anzuwenden.

(2) Die Vorschrift des § 58 Nr. 10 der Abgabenordnung über steuerlich unschädliche Betätigungen in der Fassung des Artikels 26 des Gesetzes vom 21. Dezember 1993 (BGBl. I S. 2310) ist erstmals ab dem 1. Januar 1993 anzuwenden.

(3) § 55 Abs. 1 Nr. 5, § 58 Nr. 7 Buchstabe a, Nr. 11 und 12 der Abgabenordnung in der Fassung des Gesetzes vom 14. Juli 2000 (BGBl. I S. 1034) sind ab dem 1. Januar 2000 anzuwenden.

§ 1b Steuerpflichtige wirtschaftliche Geschäftsbetriebe

§ 64 Abs. 6 der Abgabenordnung in der Fassung des Artikels 5 des Gesetzes vom 20. Dezember 2000 (BGBl. I S. 1850) ist ab dem 1. Januar 2000 anzuwenden.

§ 1c Krankenhäuser

(1) § 67 Abs. 1 der Abgabenordnung in der Fassung des Steuerbereinigungsgesetzes 1986 ist ab dem 1. Januar 1986 anzuwenden.

(2) [1] § 67 Abs. 1 der Abgabenordnung in der Fassung des Gesetzes vom 20. Dezember 1996 (BGBl. I S. 2049) ist ab dem 1. Januar 1996 anzuwenden. [2] Für Krankenhäuser, die mit Wirkung zum 1. Januar 1995 Fallpauschalen und Sonderentgelte nach § 11 Abs. 1 und 2 der Bundespflegesatzverordnung vom 26. September 1994 (BGBl. I S. 2750) angewandt haben, ist § 67 Abs. 1 der Abgabenordnung in der Fassung des in Satz 1 bezeichneten Gesetzes ab dem 1. Januar 1995 anzuwenden.

(3) § 67 der Abgabenordnung in der Fassung des Artikels 10 des Gesetzes vom 13. Dezember 2006 (BGBl. I S. 2878) ist ab dem 1. Januar 2003 anzuwenden.

§ 1d Steuerbegünstigte Zwecke

(1) Die §§ 52, 58, 61, 64 und 67a der Abgabenordnung in der Fassung des Artikels 5 des Gesetzes vom 10. Oktober 2007 (BGBl. I S. 2332) sind ab 1. Januar 2007 anzuwenden.

(2) § 51 der Abgabenordnung in der Fassung des Artikels 10 des Gesetzes vom 19.12.2008 (BGBl. I S. 2794) ist ab dem 1. Januar 2009 anzuwenden.

(3) [1] § 55 Absatz 3 der Abgabenordnung in der Fassung des Artikels 9 des Gesetzes vom 8. Dezember 2010 (BGBl. I S. 1768) ist ab dem 1. Januar 2011 anzuwenden. [2] § 55 Absatz 1 Nummer 4 Satz 2 und § 58 Nummer 1 bis 4 der Abgabenordnung in der Fassung des Artikels 9 des Gesetzes vom 8. Dezember 2010 (BGBl. I S. 1768) sind auch für vor diesem Zeitraum beginnende Veranlagungszeiträume anzuwenden, soweit Steuerfestsetzungen noch nicht bestandskräftig sind oder unter dem Vorbehalt der Nachprüfung stehen.

§ 1e Zweckbetriebe

(1) [1] § 68 Abs. 6 der Abgabenordnung in der Fassung des Artikels 5 des Gesetzes vom 20. Dezember 2000 (BGBl. I S. 1850) ist mit Wirkung vom 1. Januar 2000 anzuwenden. [2] Die Vorschrift ist auch für vor diesem Zeitraum beginnende Veranlagungszeiträume

anzuwenden, soweit Steuerfestsetzungen noch nicht bestandskräftig sind oder unter dem Vorbehalt der Nachprüfung stehen.

(2) [1]Die Vorschrift des § 68 Nr. 9 der Abgabenordnung über die Zweckbetriebseigenschaft von Forschungseinrichtungen ist ab dem 1. Januar 1997 anzuwenden. [2]Sie ist auch für vor diesem Zeitpunkt beginnende Kalenderjahre anzuwenden, soweit Steuerfestsetzungen noch nicht bestandskräftig sind oder unter dem Vorbehalt der Nachprüfung stehen.

(3) [1]§ 68 Nr. 3 der Abgabenordnung in der Fassung des Artikels 1a des Gesetzes vom 23. April 2004 (BGBl. I S. 606) ist ab dem 1. Januar 2003 anzuwenden. [2]§ 68 Nr. 3 Buchstabe c der Abgabenordnung ist auch für vor diesem Zeitraum beginnende Veranlagungszeiträume anzuwenden, soweit Steuerfestsetzungen noch nicht bestandskräftig sind oder unter dem Vorbehalt der Nachprüfung stehen.

§ 1f Satzung

(1) [1]§ 62 der Abgabenordnung in der Fassung des Artikels 10 des Gesetzes vom 13. Dezember 2006 (BGBl. I S. 2878) gilt für alle staatlich beaufsichtigten Stiftungen, die nach dem Inkrafttreten dieses Gesetzes errichtet werden. [2]§ 62 der Abgabenordnung in der am 31. Dezember 2008 geltenden Fassung ist letztmals anzuwenden auf Betriebe gewerblicher Art von Körperschaften des öffentlichen Rechts, bei den von einer Körperschaft des öffentlichen Rechts verwalteten unselbständigen Stiftungen und bei geistlichen Genossenschaften (Orden, Kongregationen), die vor dem 1. Januar 2009 errichtet wurden.

(2) § 60 Abs. 1 Satz 2 der Abgabenordnung in der Fassung des Artikels 10 des Gesetzes vom 19. Dezember 2008 (BGBl. I S. 2794) ist auf Körperschaften, die nach dem 31. Dezember 2008 gegründet werden, sowie auf Satzungsänderungen bestehender Körperschaften, die nach dem 31. Dezember 2008 wirksam werden, anzuwenden.

§ 2 Fristen

[1]Fristen, deren Lauf vor dem 1. Januar 1977 begonnen hat, werden nach den bisherigen Vorschriften berechnet, soweit in den nachfolgenden Vorschriften nichts anderes bestimmt ist. [2]Dies gilt auch in den Fällen, in denen der Lauf einer Frist nur deshalb nicht vor dem 1. Januar 1977 begonnen hat, weil der Beginn der Frist nach § 84 der Reichsabgabenordnung hinausgeschoben worden ist.

§ 3 Grunderwerbsteuer, Feuerschutzsteuer

(1) [1]Die Abgabenordnung und die Übergangsvorschriften dieses Artikels gelten auch für die Grunderwerbsteuer und die Feuerschutzsteuer; abweichende landesrechtliche Vorschriften bleiben unberührt. [2]Soweit die Grunderwerbsteuer nicht von Landesfinanzbehörden verwaltet wird, gilt § 1 Abs. 2 der Abgabenordnung sinngemäß.

(2) *(aufgehoben)*

§ 4 Mitteilungsverordnung

§ 7 Abs. 2 Satz 1 der Mitteilungsverordnung vom 7. September 1993 (BGBl. I S. 1554) in der Fassung des Artikels 25 des Gesetzes vom 19. Dezember 2000 (BGBl. I S. 1790) ist erstmals auf im Kalenderjahr 2002 geleistete Zahlungen anzuwenden.

§ 5 Zeitpunkt der Einführung des steuerlichen Identifikationsmerkmals

(1) [1]Das Bundesministerium der Finanzen bestimmt durch Rechtsverordnung mit Zustimmung des Bundesrates den Zeitpunkt der Einführung des Identifikationsmerkmals nach § AO § 139a Abs. AO § 139A Absatz 1 der Abgabenordnung. [2]Die Festlegung der Zeitpunkte für die ausschließliche Verwendung des Identifikationsmerkmals im Bereich der Einfuhr- und Ausfuhrabgaben sowie der Verbrauchsteuern bedarf nicht der Zustimmung des Bundesrates.

(2) [1]Bis zur Bereitstellung eines maschinellen Anfrageverfahrens zur Wirtschafts-Identifikationsnummer sind Regelungen der Abgabenordnung oder anderer Gesetze, nach denen bei wirtschaftlich Tätigen die Wirtschafts-Identifikationsnummer zu erheben, aufzuzeichnen, anzugeben oder mitzuteilen ist, mit der Maßgabe anzuwenden, dass zur Identifizierung des betroffenen wirtschaftlich Tätigen weiterhin die Steuernummer ausreicht. [2]§ AO § 154 Absatz AO § 154 Absatz 2c der Abgabenordnung ist bis zur Bereitstellung eines maschinellen Anfrageverfahrens zur Wirtschafts-Identifikationsnummer nicht anzuwenden, soweit das Kreditinstitut die Steuernummer eines wirtschaftlich Tätigen erhoben und aufgezeichnet hat. [3]Das Bundesministerium der Finanzen gibt den Tag der erstmaligen Bereitstellung eines maschinellen Anfrageverfahrens zur Wirtschafts-Identifikationsnummer im Bundesgesetzblatt Teil I bekannt.

§ 5a Identifikationsnummer

(1) [1]§ 139b Absatz 8 der Abgabenordnung in der Fassung des Artikels 26 des Gesetzes vom 16. Dezember 2022 (BGBl. I S. 2294) ist ab dem Tag anzuwenden, an dem das Bundesministerium des Innern und für Heimat nach Artikel 22 Satz 3 des Gesetzes vom 28. März 2021 (BGBl. I S. 591) im Bundesgesetzblatt bekannt gibt, dass die technischen Voraussetzungen für die Verarbeitung der Identifikationsnummer nach Artikel 3 des Gesetzes vom 28. März 2021 (BGBl. I S. 591) vorliegen. [2]Für Identifikationsnummern nach § 139b der Abgabenordnung, die vom Bundeszentralamt für Steuern vor diesem Tag bereits zugeteilt wurden und für die durch die Meldebehörden vergebenen vorläufigen Bearbeitungsmerkmale wird das Datum nach § 139b Absatz 6 Satz 1 Nummer 11 der Abgabenordnung dem Bundeszentralamt für Steuern von den Meldebehörden im Rahmen einer Bestandsdatenlieferung einmalig mitgeteilt.

(2) § 139b Absatz 3, 4a und 6 sowie § 139c Absatz 3, 4, 5 und 6a der Abgabenordnung in der Fassung des Artikels 8a Nummer 1 des Gesetzes vom 19. Juli 2024 (BGBl. 2024 I Nr. 245) sind ab dem Tag anzuwenden, der dem Tag folgt, an dem das Bundesministerium der Finanzen im Bundesgesetzblatt bekannt gibt, dass die technischen Voraussetzungen für die Verarbeitung des amtlichen Gemeindeschlüssels und des Altgerichts jeweils vorliegen.

§ 6 Zahlungszeitpunkt bei Scheckzahlung

§ 224 Abs. 2 Nr. 1 der Abgabenordnung in der Fassung des Artikels 10 des Gesetzes vom 13. Dezember 2006 (BGBl. I S. 2878) gilt erstmals, wenn ein Scheck nach dem 31. Dezember 2006 bei der Finanzbehörde eingegangen ist.

§ 7 Missbrauch von rechtlichen Gestaltungsmöglichkeiten

[1]§ 42 der Abgabenordnung in der Fassung des Artikels 14 des Gesetzes vom 20. Dezember 2007 (BGBl. I S. 3150) ist ab dem 1. Januar 2008 für Kalenderjahre, die nach dem 31. Dezember 2007 beginnen, anzuwenden. [2]Für Kalenderjahre, die vor dem 1. Januar 2008 liegen, ist § 42 der Abgabenordnung in der am 28. Dezember 2007 geltenden Fassung weiterhin anzuwenden.

§ 8 Verspätungszuschlag

(1) [1]Die Vorschriften des § 152 der Abgabenordnung über Verspätungszuschläge sind erstmals auf Steuererklärungen anzuwenden, die nach dem 31. Dezember 1976 einzureichen sind; eine Verlängerung der Steuererklärungsfrist ist hierbei nicht zu berücksichtigen. [2]Im übrigen gilt § 168 Abs. 2 der Reichsabgabenordnung mit der Maßgabe, daß ein nach dem 31. Dezember 1976 festgesetzter Verspätungszuschlag höchstens zehntausend Deutsche Mark betragen darf.

(2) § 152 Abs. 2 Satz 1 der Abgabenordnung in der Fassung des Artikels 17 des Gesetzes vom 22. Dezember 1999 (BGBl. I S. 2601) ist erstmals auf Steuererklärungen anzuwen-

den, die nach dem 31. Dezember 1999 einzureichen sind; eine Verlängerung der Steuererklärungsfrist ist hierbei nicht zu berücksichtigen.

(3) § 152 Abs. 2 Satz 1 der Abgabenordnung in der Fassung des Artikels 23 des Gesetzes vom 19. Dezember 2000 (BGBl. I S. 1790) ist erstmals auf Steuererklärungen anzuwenden, die Steuern betreffen, die nach dem 31. Dezember 2001 entstehen.

(4) [1] § 152 der Abgabenordnung in der am 1. Januar 2017 geltenden Fassung ist vorbehaltlich des Satzes 4 erstmals auf Steuererklärungen anzuwenden, die nach dem 31. Dezember 2018 einzureichen sind. [2] Eine Verlängerung der Steuererklärungsfrist ist hierbei nicht zu berücksichtigen. [3] § 152 der Abgabenordnung in der am 31. Dezember 2016 geltenden Fassung ist weiterhin anzuwenden auf

1. Steuererklärungen, die vor dem 1. Januar 2019 einzureichen sind, und
2. Umsatzsteuererklärungen für den kürzeren Besteuerungszeitraum nach § 18 Absatz 3 Satz 1 und 2 des Umsatzsteuergesetzes, wenn die gewerbliche oder berufliche Tätigkeit im Laufe des Kalenderjahres 2018 endet.

[4] Das Bundesministerium der Finanzen wird ermächtigt, mit Zustimmung des Bundesrates durch Rechtsverordnung einen abweichenden erstmaligen Anwendungszeitpunkt zu bestimmen, wenn bis zum 30. Juni 2018 erkennbar ist, dass die technischen oder organisatorischen Voraussetzungen für eine Anwendung des § 152 der Abgabenordnung in der am 1. Januar 2017 geltenden Fassung noch nicht erfüllt sind.

(5) [1] § 152 Absatz 3 Nummer 4 und Absatz 8 Satz 1 der Abgabenordnung in der am 29. Dezember 2020 geltenden Fassung ist auf Versicherung- und Feuerschutzsteuer erstmals anzuwenden, soweit diese nach dem 31. Dezember 2020 anzumelden ist. [2] Hinsichtlich anderer Steuern ist § 152 Absatz 3 Nummer 4 und Absatz 8 Satz 1 der Abgabenordnung in der am 29. Dezember 2020 geltenden Fassung in allen offenen Fällen anzuwenden.

(6) § 152 Absatz 2 der Abgabenordnung ist nicht auf Steuererklärungen zur gesonderten Feststellung des Grundsteuerwerts auf den 1. Januar 2022 anzuwenden.

§ 9 Aufhebung und Änderung von Verwaltungsakten

(1) [1] Die Vorschriften der Abgabenordnung über die Aufhebung und Änderung von Verwaltungsakten sind erstmals anzuwenden, wenn nach dem 31. Dezember 1976 ein Verwaltungsakt aufgehoben oder geändert wird. [2] Dies gilt auch dann, wenn der aufzuhebende oder zu ändernde Verwaltungsakt vor dem 1. Januar 1977 erlassen worden ist. [3] Auf vorläufige Steuerbescheide nach § 100 Abs. 1 der Reichsabgabenordnung ist § 165 Abs. 2 der Abgabenordnung, auf Steuerbescheide nach § 100 Abs. 2 der Reichsabgabenordnung und § 28 des Erbschaftsteuergesetzes in der vor dem 1. Januar 1974 geltenden Fassung ist § 164 Abs. 2 und 3 der Abgabenordnung anzuwenden.

(2) § 173 Abs. 1 der Abgabenordnung in der Fassung des Steuerbereinigungsgesetzes 1986 vom 19. Dezember 1985 (BGBl. I S. 2436) gilt weiter, soweit Tatsachen oder Beweismittel vor dem 1. Januar 1994 nachträglich bekanntgeworden sind.

(3) [1] § 175 Abs. 2 Satz 2 der Abgabenordnung in der Fassung des Artikels 8 des Gesetzes vom 9. Dezember 2004 (BGBl. I S. 3310) ist erstmals anzuwenden, wenn die Bescheinigung oder Bestätigung nach dem 28. Oktober 2004 vorgelegt oder erteilt wird. [2] § 175 Abs. 2 Satz 2 der Abgabenordnung in der in Satz 1 genannten Fassung ist nicht für die Bescheinigung der anrechenbaren Körperschaftsteuer bei verdeckten Gewinnausschüttungen anzuwenden.

(4) § 173a der Abgabenordnung in der am 1. Januar 2017 geltenden Fassung ist erstmals auf Verwaltungsakte anzuwenden, die nach dem 31. Dezember 2016 erlassen worden sind.

(5) Wurde eine Lebenspartnerschaft bis zum 31. Dezember 2019 gemäß § 20a des Lebenspartnerschaftsgesetzes in eine Ehe umgewandelt, sind § 175 Absatz 1 Satz 1 Num-

mer 2 und Satz 2 sowie § 233a Absatz 2a der Abgabenordnung entsprechend anzuwenden, soweit die Ehegatten bis zum 31. Dezember 2020 den Erlass, die Aufhebung oder Änderung eines Steuerbescheids zur nachträglichen Berücksichtigung an eine Ehe anknüpfender und bislang nicht berücksichtigter Rechtsfolgen beantragt haben.

§ 9a Absehen von Steuerfestsetzung, Abrundung

(1) [1]Die Vorschriften der Kleinbetragsverordnung vom 10. Dezember 1980 (BGBl. I S. 2255) in der Fassung des Artikels 26 des Gesetzes vom 19. Dezember 2000 (BGBl. I S. 1790) sind auf Steuern anzuwenden, die nach dem 31. Dezember 2001 entstehen. [2]Im Übrigen bleiben die Vorschriften der Kleinbetragsverordnung in der bis zum 31. Dezember 2001 geltenden Fassung vorbehaltlich des Absatzes 2 weiter anwendbar.

(2) § 8 Abs. 1 Satz 1 der Kleinbetragsverordnung vom 10. Dezember 1980 (BGBl. I S. 2255) in der bis zum 31. Dezember 2001 geltenden Fassung ist auf Zinsen letztmals anzuwenden, wenn die Zinsen vor dem 1. Januar 2002 festgesetzt werden.

(3) [1]Die Vorschriften der Kleinbetragsverordnung vom 19. Dezember 2000 (BGBl. I S. 1790, 1805) in der am 1. Januar 2017 geltenden Fassung sind auf Steuern anzuwenden, die nach dem 31. Dezember 2016 entstehen. [2]Für Steuern, die vor dem 1. Januar 2017 entstehen, sind die Vorschriften der Kleinbetragsverordnung in der am 31. Dezember 2016 geltenden Fassung weiter anzuwenden.

§ 10 Festsetzungsverjährung

(1) [1]Die Vorschriften der Abgabenordnung über die Festsetzungsverjährung gelten erstmals für die Festsetzung sowie für die Aufhebung und Änderung der Festsetzung von Steuern, Steuervergütungen und – soweit für steuerliche Nebenleistungen eine Festsetzungsverjährung vorgesehen ist – von steuerlichen Nebenleistungen, die nach dem 31. Dezember 1976 entstehen. [2]Für vorher entstandene Ansprüche gelten die Vorschriften der Reichsabgabenordnung über die Verjährung und über die Ausschlußfristen weiter, soweit sie für die Festsetzung einer Steuer, Steuervergütung oder steuerlichen Nebenleistung, für die Aufhebung oder Änderung einer solchen Festsetzung oder für die Geltendmachung von Erstattungsansprüchen von Bedeutung sind; § 14 Abs. 2 dieses Artikels bleibt unberührt.

(2) [1]Absatz 1 gilt sinngemäß für die gesonderte Feststellung von Besteuerungsgrundlagen sowie für die Festsetzung, Zerlegung und Zuteilung von Steuermeßbeträgen. [2]Bei der Einheitsbewertung tritt an die Stelle des Zeitpunkts der Entstehung des Steueranspruchs der Zeitpunkt, auf den die Hauptfeststellung, die Fortschreibung, die Nachfeststellung oder die Aufhebung eines Einheitswertes vorzunehmen ist. [***ab 1.1.2025:*** [3]Satz 2 ist letztmals anzuwenden für gesonderte Feststellungen auf den 1. Januar 2024.]

(3) Wenn die Schlußbesprechung oder die letzten Ermittlungen vor dem 1. Januar 1987 stattgefunden haben, beginnt der nach § 171 Abs. 4 Satz 3 der Abgabenordnung zu berechnende Zeitraum am 1. Januar 1987.

(4) Die Vorschrift des § 171 Abs. 14 der Abgabenordnung gilt für alle bei Inkrafttreten des Steuerbereinigungsgesetzes 1986 noch nicht abgelaufenen Festsetzungsfristen.

(5) § 170 Abs. 2 Satz 1 Nr. 1, Abs. 3 und 4, § 171 Abs. 3 Satz 1 und Abs. 8 Satz 2, § 175a Satz 2, § 181 Abs. 1 Satz 3 und Abs. 3 sowie § 239 Abs. 1 der Abgabenordnung in der Fassung des Artikels 26 des Gesetzes vom 21. Dezember 1993 (BGBl. I S. 2310) gelten für alle bei Inkrafttreten dieses Gesetzes noch nicht abgelaufenen Festsetzungsfristen.

(6) *(aufgehoben)*

(7) § 171 Abs. 10 der Abgabenordnung in der Fassung des Gesetzes vom 20. Dezember 1996 (BGBl. I S. 2049) gilt für alle bei Inkrafttreten dieses Gesetzes noch nicht abgelaufenen Festsetzungsfristen.

(8) § 171 Abs. 10 Satz 2 der Abgabenordnung in der Fassung des Artikels 5 des Gesetzes vom 23. Juni 1998 (BGBl. I S. 1496) gilt für alle bei Inkrafttreten dieses Gesetzes noch nicht abgelaufenen Festsetzungsfristen.

(9) § 170 Abs. 2 Satz 2 und § 171 Abs. 3 und 3a der Abgabenordnung in der Fassung des Artikels 17 des Gesetzes vom 22. Dezember 1999 (BGBl. I S. 2601) gelten für alle bei Inkrafttreten dieses Gesetzes noch nicht abgelaufenen Festsetzungsfristen.

(10) § 170 Absatz 2 Satz 2 der Abgabenordnung in der Fassung des Artikels 9 des Gesetzes vom 8. Dezember 2010 (BGBl. I S. 1768) gilt für die Energiesteuer auf Erdgas für alle am 14. Dezember 2010 noch nicht abgelaufenen Festsetzungsfristen.

(11) § 171 Absatz 15 der Abgabenordnung in der Fassung des Artikels 11 des Gesetzes vom 26. Juni 2013 (BGBl. I S. 1809) gilt für alle am 30. Juni 2013 noch nicht abgelaufenen Festsetzungsfristen.

(12) § 171 Absatz 10 Satz 2 der Abgabenordnung in der Fassung des Artikels 1 des Gesetzes vom 22. Dezember 2014 (BGBl. I S. 2417) gilt für alle am 31. Dezember 2014 noch nicht abgelaufenen Festsetzungsfristen.

(13) § 170 Absatz 6 der Abgabenordnung in der Fassung des Artikels 1 des Gesetzes vom 22. Dezember 2014 (BGBl. I S. 2415) gilt für alle nach dem 31. Dezember 2014 beginnenden Festsetzungsfristen.

(14) § 171 Absatz 2 Satz 2 und Absatz 10 Satz 1 bis 3 der Abgabenordnung in der am 1. Januar 2017 geltenden Fassung gilt für alle am 31. Dezember 2016 noch nicht abgelaufenen Festsetzungsfristen.

(15) § 170 Absatz 7 der Abgabenordnung in der am 25. Juni 2017 geltenden Fassung gilt für alle nach dem 31. Dezember 2017 beginnenden Festsetzungsfristen.

§ 10a Erklärungspflicht

(1) § 150 Absatz 7 der Abgabenordnung in der Fassung des Artikels 3 des Gesetzes vom 1. November 2011 (BGBl. I S. 2131) ist erstmals für Besteuerungszeiträume anzuwenden, die nach dem 31. Dezember 2010 beginnen.

(2) § 181 Abs. 2a der Abgabenordnung in der Fassung des Artikels 10 des Gesetzes vom 20. Dezember 2008 (BGBl. I S. 2850) ist erstmals für Feststellungszeiträume anzuwenden, die nach dem 31. Dezember 2010 beginnen.

(3) § 149 Absatz 2 Satz 2 der Abgabenordnung in der Fassung des Artikels 3 des Gesetzes vom 1. November 2011 (BGBl. I S. 2131) ist erstmals für Besteuerungszeiträume anzuwenden, die nach dem 31. Dezember 2009 beginnen.

(4) [1]Die §§ 109 und 149 der Abgabenordnung in der am 1. Januar 2017 geltenden Fassung sind erstmals anzuwenden für Besteuerungszeiträume, die nach dem 31. Dezember 2017 beginnen, und Besteuerungszeitpunkte, die nach dem 31. Dezember 2017 liegen. [2]§ 150 Absatz 7 der Abgabenordnung in der am 1. Januar 2017 geltenden Fassung ist erstmals anzuwenden für Besteuerungszeiträume, die nach dem 31. Dezember 2016 beginnen, und Besteuerungszeitpunkte, die nach dem 31. Dezember 2016 liegen. [3]§ 8 Absatz 4 Satz 3 und 4 ist entsprechend anzuwenden.

(5) § 150 Absatz 7 Satz 2 der Abgabenordnung in der am 21. Dezember 2022 geltenden Fassung ist auf Steuererklärungen anzuwenden, die nach dem 21. Dezember 2022 abgegeben werden.

§ 10b Gesonderte Feststellungen

[1]§ 180 Abs. 1 Nr. 2 Buchstabe a, Abs. 4 und Abs. 5 der Abgabenordnung in der Fassung des Artikels 26 des Gesetzes vom 21. Dezember 1993 (BGBl. I S. 2310) ist erstmals auf Feststellungszeiträume anzuwenden, die nach dem 31. Dezember 1994 beginnen. [2]§ 180 Absatz 1 Satz 2 der Abgabenordnung in der Fassung des Artikels 1 des Gesetzes

vom 22. Dezember 2014 (BGBl. I S. 2417) ist erstmals auf Feststellungszeiträume anzuwenden, die nach dem 31. Dezember 2014 beginnen. [3]§ 180 Absatz 1 Satz 1 Nummer 1, § 181 Absatz 3 Satz 1 und 2 und Absatz 4, § 182 Absatz 2 Satz 1 und § 183a Absatz 4 der Abgabenordnung in der am 1. Januar 2025 geltenden Fassung sind erstmals auf Feststellungszeitpunkte nach dem 31. Dezember 2024 anzuwenden.

§ 10c Billigkeitsmaßnahmen bei der Festsetzung des Gewerbesteuermessbetrags

§ 184 Absatz 2 der Abgabenordnung in der Fassung des Artikels 1 des Gesetzes vom 22. Dezember 2014 (BGBl. I S. 2417) ist auch für nach dem 31. Dezember 2014 getroffene Maßnahmen nach § 163 Absatz 1 Satz 1 der Abgabenordnung anzuwenden, die Besteuerungszeiträume betreffen, die vor dem 1. Januar 2015 abgelaufen sind.

§ 11 Haftung

(1) Die Vorschriften der §§ 69 bis 76 und 191 Abs. 3 bis 5 der Abgabenordnung sind anzuwenden, wenn der haftungsbegründende Tatbestand nach dem 31. Dezember 1976 verwirklicht worden ist.

(2) Die Vorschriften der Abgabenordnung über die Haftung sind in der Fassung des Steuerbereinigungsgesetzes 1986 anzuwenden, wenn der haftungsbegründende Tatbestand nach dem 31. Dezember 1986 verwirklicht worden ist.

(3) § 71 der Abgabenordnung in der am 1. Januar 2017 geltenden Fassung ist erstmals anzuwenden, wenn der haftungsbegründende Tatbestand nach dem 31. Dezember 2016 verwirklicht worden ist.

(4) [1]§ 73 der Abgabenordnung in der am 18. Dezember 2019 geltenden Fassung ist erstmals anzuwenden, wenn der haftungsbegründende Tatbestand nach dem 17. Dezember 2019 verwirklicht worden ist. [2]Haftungsbegründender Tatbestand im Sinne des Satzes 1 ist die Entstehung der Steuerschuld oder des Anspruchs auf Erstattung einer Steuervergütung.

§ 11a Insolvenzverfahren

[1]In einem Insolvenzverfahren, das nach dem 31. Dezember 1998 beantragt wird, gelten § 75 Abs. 2, § 171 Abs. 12 und 13, § 231 Abs. 1 Satz 1 und Abs. 2 Satz 1, § 251 Abs. 2 Satz 1 und Abs. 3, §§ 266, 282 Abs. 2 und § 284 Abs. 2 Satz 1 der Abgabenordnung in der Fassung des Artikels 9 des Gesetzes vom 19. Dezember 1998 (BGBl. I S. 3836) sowie § 251 Abs. 2 Satz 2 der Abgabenordnung in der Fassung des Artikels 17 des Gesetzes vom 22. Dezember 1999 (BGBl. I S. 2601) auch für Rechtsverhältnisse und Rechte, die vor dem 1. Januar 1999 begründet worden sind. [2]Auf Konkurs-, Vergleichs- und Gesamtvollstreckungsverfahren, die vor dem 1. Januar 1999 beantragt worden sind, und deren Wirkungen sind weiter die bisherigen gesetzlichen Vorschriften anzuwenden; gleiches gilt für Anschlußkonkursverfahren, bei denen der dem Verfahren vorausgehende Vergleichsantrag vor dem 1. Januar 1999 gestellt worden ist.

§ 11b Anfechtung außerhalb des Insolvenzverfahrens

[1]§ 191 Abs. 1 Satz 2 der Abgabenordnung in der Fassung des Artikels 17 des Gesetzes vom 22. Dezember 1999 (BGBl. I S. 2601) ist mit Wirkung vom 1. Januar 1999 anzuwenden. [2]§ 20 Abs. 2 Satz 2 des Anfechtungsgesetzes vom 5. Oktober 1994 (BGBl. I S. 2911) ist mit der Maßgabe anzuwenden, dass der Erlass eines Duldungsbescheides vor dem 1. Januar 1999 der gerichtlichen Geltendmachung vor dem 1. Januar 1999 gleichsteht.

§ 12 Verbindliche Zusagen auf Grund einer Außenprüfung

Die Vorschriften der Abgabenordnung über verbindliche Zusagen auf Grund einer Außenprüfung (§§ 204 bis 207) sind anzuwenden, wenn die Schlußbesprechung nach dem

31. Dezember 1976 stattfindet oder, falls eine solche nicht erforderlich ist, wenn dem Steuerpflichtigen der Prüfungsbericht nach dem 31. Dezember 1976 zugegangen ist.

§ 13 Sicherungsgeld

[1]Die Vorschriften des § 203 der Reichsabgabenordnung sind auch nach dem 31. Dezember 1976 anzuwenden, soweit die dort genannten besonderen Bedingungen vor dem 1. Januar 1977 nicht eingehalten wurden. [2]Auf die Verwaltungsakte, die ein Sicherungsgeld festsetzen, ist § 100 Abs. 2 der Finanzgerichtsordnung nicht anzuwenden.

§ 13a Änderung widerstreitender Abrechnungsbescheide und Anrechnungsverfügungen

§ 218 Absatz 3 der Abgabenordnung in der Fassung des Artikels 1 des Gesetzes vom 22. Dezember 2014 (BGBl. I S. 2417) gilt ab dem 31. Dezember 2014 auch für Abrechnungsbescheide und Anrechnungsverfügungen, die vor dem 31. Dezember 2014 erlassen worden sind.

§ 14 Zahlungsverjährung

(1) Die Vorschriften der Abgabenordnung über die Zahlungsverjährung gelten für alle Ansprüche im Sinne des § 228 Satz 1 der Abgabenordnung, deren Verjährung nach § 229 der Abgabenordnung nach dem 31. Dezember 1976 beginnt.

(2) [1]Liegen die Voraussetzungen des Absatzes 1 nicht vor, so gelten für die Ansprüche weiterhin die bisherigen Vorschriften über Verjährung und Ausschlußfristen. [2]Die Verjährung wird jedoch ab 1. Januar 1977 nur noch nach den §§ 230 und 231 der Abgabenordnung gehemmt und unterbrochen. [3]Auf die nach § 231 Abs. 3 der Abgabenordnung beginnende neue Verjährungsfrist sind die §§ 228 bis 232 der Abgabenordnung anzuwenden.

(3) § 229 Abs. 1 Satz 2 der Abgabenordnung in der Fassung des Artikels 26 des Gesetzes vom 21. Dezember 1993 (BGBl. I S. 2310) gilt für alle bei Inkrafttreten dieses Gesetzes noch nicht abgelaufenen Verjährungsfristen.

(4) § 231 Abs. 1 Satz 1 und Abs. 2 Satz 1 der Abgabenordnung in der Fassung des Artikels 17 des Gesetzes vom 22. Dezember 1999 (BGBl. I S. 2601) gilt für alle bei Inkrafttreten dieses Gesetzes noch nicht abgelaufenen Verjährungsfristen.

(5) § 228 Satz 2 sowie § 231 Absatz 1 Satz 1 und Absatz 2 Satz 1 der Abgabenordnung in der am 25. Juni 2017 geltenden Fassung gelten für alle am 24. Juni 2017 noch nicht abgelaufenen Verjährungsfristen.

(6) Die §§ 229 und 230 der Abgabenordnung in der am 21. Dezember 2022 geltenden Fassung gelten für alle am 21. Dezember 2022 noch nicht abgelaufenen Verjährungsfristen.

(7) § 230 Absatz 2 der Abgabenordnung in der am 28. März 2024 geltenden Fassung gilt für alle am 28. März 2024 noch nicht abgelaufenen Verjährungsfristen.

§ 15 Zinsen

(1) [1]Zinsen entstehen für die Zeit nach dem 31. Dezember 1976 nach den Vorschriften der Abgabenordnung. [2]Aussetzungszinsen entstehen nach § 237 der Abgabenordnung in der Fassung des Steuerbereinigungsgesetzes 1986 auch, soweit der Zinslauf vor dem 1. Januar 1987 begonnen hat.

(2) Ist eine Steuer über den 31. Dezember 1976 hinaus zinslos gestundet worden, so gilt dies als Verzicht auf Zinsen im Sinne des § 234 Abs. 2 der Abgabenordnung.

(3) Die Vorschriften des § 239 Abs. 1 der Abgabenordnung über die Festsetzungsfrist gelten in allen Fällen, in denen die Festsetzungsfrist auf Grund dieser Vorschrift nach dem 31. Dezember 1977 beginnt.

(4) Die Vorschriften der §§ 233a, 235, 236 und 239 der Abgabenordnung in der Fassung von Artikel 15 Nr. 3 bis 5 und 7 des Steuerreformgesetzes 1990 vom 25. Juli 1988 (BGBl. I S. 1093) und Artikel 9 des Wohnungsbauförderungsgesetzes vom 22. Dezember 1989 (BGBl. I S. 2408) gelten für alle Steuern, die nach dem 31. Dezember 1988 entstehen.

(5) § 233a Abs. 2 Satz 3 der Abgabenordnung in der Fassung des Artikels 4 Nr. 1 des Gesetzes vom 24. Juni 1994 (BGBl. I S. 1395) gilt in allen Fällen, in denen Zinsen nach dem 31. Dezember 1993 festgesetzt werden.

(6) § 233a Abs. 5 und §§ 234 bis 237 der Abgabenordnung in der Fassung des Artikels 26 des Gesetzes vom 21. Dezember 1993 (BGBl. I S. 2310) gelten in allen Fällen, in denen die Steuerfestsetzung nach Inkrafttreten dieses Gesetzes aufgehoben, geändert oder nach § 129 der Abgabenordnung berichtigt wird.

(7) [aufgehoben]

(8) § 233a Abs. 2a der Abgabenordnung in der Fassung des Gesetzes vom 20. Dezember 1996 (BGBl. I S. 2049) gilt in allen Fällen, in denen der Verlust nach dem 31. Dezember 1995 entstanden oder das rückwirkende Ereignis nach dem 31. Dezember 1995 eingetreten ist.

(9) § 233a Abs. 2 Satz 3 der Abgabenordnung in der Fassung des Artikels 17 des Gesetzes vom 22. Dezember 1999 (BGBl. I S. 2601) gilt für alle Steuern, die nach dem 31. Dezember 1993 entstehen.

(10) § 238 Abs. 2 und § 239 Abs. 2 der Abgabenordnung in der Fassung des Artikels 23 Nr. 7 und 8 des Gesetzes vom 19. Dezember 2000 (BGBl. I S. 1790) gilt in allen Fällen, in denen Zinsen nach dem 31. Dezember 2001 festgesetzt werden.

(11) § 233a Absatz 2 Satz 2 der Abgabenordnung in der Fassung des Artikels 3 des Gesetzes vom 1. November 2011 (BGBl. I S. 2131) gilt für alle Steuern, die nach dem 31. Dezember 2009 entstehen.

(12) [1] § 239 Absatz 3 der Abgabenordnung in der am 1. Januar 2017 geltenden Fassung ist erstmals auf Feststellungszeiträume anzuwenden, die nach dem 31. Dezember 2016 beginnen. [2] § 239 Absatz 4 der Abgabenordnung in der am 1. Januar 2017 geltenden Fassung ist erstmals auf Zinsbescheide anzuwenden, die nach dem 31. Dezember 2016 erlassen worden sind.

(13) Die §§ 233 und 233a Absatz 2 Satz 2 zweiter Halbsatz, Absatz 3 Satz 4 und Absatz 5 Satz 4 der Abgabenordnung in der Fassung des Artikels 1 des Gesetzes vom 12. Juli 2022 (BGBl. I S. 1142) gelten in allen Fällen, in denen Zinsen nach dem 21. Juli 2022 festgesetzt werden.

(14) [1] § 233a Absatz 8, § 238 Absatz 1a bis 1c und § 239 Absatz 5 der Abgabenordnung in der Fassung des Artikels 1 des Gesetzes vom 12. Juli 2022 (BGBl. I S. 1142) sind vorbehaltlich des § 176 Absatz 1 Satz 1 Nummer 1 der Abgabenordnung und des Absatzes 16 in allen am 21. Juli 2022 anhängigen Verfahren anzuwenden. [2] Bei Anwendung des § 233a Absatz 5 Satz 3 zweiter Halbsatz der Abgabenordnung ist für die Minderung von Nachzahlungszinsen der Zinssatz maßgeblich, der bei der ursprünglichen Festsetzung der Nachzahlungszinsen zugrunde gelegt wurde. [3] § 176 Absatz 1 Satz 1 Nummer 1 der Abgabenordnung ist dabei mit der Maßgabe anzuwenden, dass die Zinsen, die sich aufgrund der Neuberechnung bisher festgesetzter Zinsen nach den Sätzen 1 und 2 ergeben, die vor Anwendung der Neuberechnung festgesetzten Zinsen nicht übersteigen dürfen.

(15) § 239 Absatz 1 Satz 1 und 2 der Abgabenordnung in der Fassung des Artikels 1 des Gesetzes vom 12. Juli 2022 (BGBl. I S. 1142) gilt in allen Fällen, in denen die Festsetzungsfrist am 21. Juli 2022 noch nicht abgelaufen ist.

(16) § 165 Absatz 1 Satz 2 Nummer 2, Satz 4 und Absatz 2 sowie § 171 Absatz 8 der Abgabenordnung sind auf nach dem 21. Juli 2022 erlassene Zinsfestsetzungen nach § 233a der Abgabenordnung für Verzinsungszeiträume ab dem 1. Januar 2019 entsprechend an-

zuwenden, solange die technischen und organisatorischen Voraussetzungen für die Anwendung des § 238 Absatz 1a der Abgabenordnung in der am 22. Juli 2022 geltenden Fassung noch nicht vorliegen.

(17) § 237 Absatz 6 der Abgabenordnung in der am 28. März 2024 geltenden Fassung gilt für alle Haftungsansprüche, die nach dem 31. Dezember 2024 entstehen.

(18) § 234 Absatz 1, § 236 Absatz 6 und § 239 Absatz 1 Satz 2 Nummer 4 der Abgabenordnung in der am 6. Dezember 2024 geltenden Fassung gelten für alle Haftungsansprüche, die nach dem 31. Dezember 2024 entstehen.

(19) § 235 Absatz 5 der Abgabenordnung gilt in allen Fällen, in denen Zinsen zu hinterzogenen Vorauszahlungen nach dem 6. Dezember 2024 festgesetzt werden.

§ 16 Säumniszuschläge

(1) Die Vorschriften des § 240 der Abgabenordnung über Säumniszuschläge sind erstmals auf Säumniszuschläge anzuwenden, die nach dem 31. Dezember 1976 verwirkt werden.

(2) Bis zum 31. Dezember 1980 gilt für die Anwendung des § 240 der Abgabenordnung bei den Finanzämtern, die von den obersten Finanzbehörden der Länder dazu bestimmt sind, Rationalisierungsversuche im Erhebungsverfahren durchzuführen, folgendes:

1. [1] Abweichend von § 240 Abs. 1 der Abgabenordnung tritt bei der Einkommensteuer, der Körperschaftsteuer, der Gewerbesteuer, der Vermögensteuer, der Grundsteuer, der Vermögensabgabe, der Kreditgewinnabgabe und der Umsatzsteuer für die Verwirkung des Säumniszuschlages an die Stelle des Fälligkeitstages jeweils der auf diesen folgende 20. eines Monats. [2] § 240 Abs. 3 der Abgabenordnung gilt nicht.
2. Werden bei derselben Steuerart innerhalb eines Jahres Zahlungen wiederholt nach Ablauf des Fälligkeitstages entrichtet, so kann der Säumniszuschlag vom Ablauf des Fälligkeitstages an erhoben werden; dabei bleibt § 240 Abs. 3 der Abgabenordnung unberührt.
3. Für die Berechnung des Säumniszuschlages wird der rückständige Betrag jeder Steuerart zusammengerechnet und auf volle hundert Deutsche Mark nach unten abgerundet.

(3) Die Vorschrift des § 240 Abs. 3 der Abgabenordnung in der Fassung des Artikels 17 des Gesetzes vom 23. Juni 1993 (BGBl. I S. 944) ist erstmals auf Säumniszuschläge anzuwenden, die nach dem 31. Dezember 1993 verwirkt werden.

(4) § 240 Abs. 1 der Abgabenordnung in der Fassung des Artikels 5 des Gesetzes vom 23. Juni 1998 (BGBl. I S. 1496) ist erstmals auf Säumniszuschläge anzuwenden, die nach dem 31. Juli 1998 entstehen.

(5) § 240 Abs. 1 Satz 1 der Abgabenordnung in der Fassung von Artikel 23 Nr. 9 des Gesetzes vom 19. Dezember 2000 (BGBl. I S. 1790) gilt erstmals für Säumniszuschläge, die nach dem 31. Dezember 2001 entstehen.

(6) § 240 Abs. 3 Satz 1 der Abgabenordnung in der Fassung des Artikels 8 des Gesetzes vom 15. Dezember 2003 (BGBl. I S. 2645) gilt erstmals, wenn die Steuer, die zurückzuzahlende Steuervergütung oder die Haftungsschuld nach dem 31. Dezember 2003 fällig geworden ist.

§ 17 Angabe des Schuldgrundes

[1] Für die Anwendung des § 260 der Abgabenordnung auf Ansprüche, die bis zum 31. Dezember 1980 entstanden sind, gilt folgendes: [2] Hat die Vollstreckungsbehörde den Vollstreckungsschuldner durch Kontoauszüge über Entstehung, Fälligkeit und Tilgung seiner Schulden fortlaufend unterrichtet, so genügt es, wenn die Vollstreckungsbehörde die Art der Abgabe und die Höhe des beizutreibenden Betrages angibt und auf den Kontoauszug Bezug nimmt, der den Rückstand ausweist.

§ 17a Kosten der Vollstreckung

Die Höhe der Gebühren und Auslagen im Vollstreckungsverfahren richtet sich nach dem Recht, das in dem Zeitpunkt gilt, in dem der Tatbestand verwirklicht ist, an den die Abgabenordnung die Entstehung der Gebühr oder der Auslage knüpft.

§ 17b Eidesstattliche Versicherung

§ 284 Abs. 1 Nr. 3 und 4 der Abgabenordnung in der Fassung des Artikels 2 Abs. 11 Nr. 1 Buchstabe a des Zweiten Gesetzes zur Änderung zwangsvollstreckungsrechtlicher Vorschriften vom 17. Dezember 1997 (BGBl. I S. 3039) gelten nicht für Verfahren, in denen der Vollziehungsbeamte die Vollstreckung vor dem Inkrafttreten dieses Gesetzes versucht hat.

§ 17c Pfändung fortlaufender Bezüge

§ 313 Abs. 3 der Abgabenordnung in der Fassung des Artikels 2 Abs. 11 Nr. 3 des Zweiten Gesetzes zur Änderung zwangsvollstreckungsrechtlicher Vorschriften vom 17. Dezember 1997 (BGBl. I S. 3039) gilt nicht für Arbeits- und Dienstverhältnisse, die vor Inkrafttreten dieses Gesetzes beendet waren.

§ 17d Zwangsgeld

§ 329 der Abgabenordnung in der Fassung des Artikels 17 des Gesetzes vom 22. Dezember 1999 (BGBl. I S. 2601) gilt in allen Fällen, in denen ein Zwangsgeld nach dem 31. Dezember 1999 angedroht wird.

§ 17e Aufteilung einer Gesamtschuld bei Ehegatten oder Lebenspartnern

(1) Die §§ 270, 273 Absatz 1 und § 279 Absatz 2 Nummer 4 der Abgabenordnung in der Fassung des Artikels 3 des Gesetzes vom 1. November 2011 (BGBl. I S. 2131) sind erstmals für den Veranlagungszeitraum 2013 anzuwenden.

(2) [1] § 269 Absatz 1 der Abgabenordnung in der am 1. Januar 2017 geltenden Fassung ist ab dem 1. Januar 2017 anzuwenden. [2] § 279 Absatz 1 Satz 1 der Abgabenordnung in der am 1. Januar 2017 geltenden Fassung ist erstmals auf Aufteilungsbescheide anzuwenden, die nach dem 31. Dezember 2016 erlassen worden sind; § 8 Absatz 4 Satz 4 gilt entsprechend.

§ 18 Außergerichtliche Rechtsbehelfe

(1) Wird ein Verwaltungsakt angefochten, der vor dem 1. Januar 1977 wirksam geworden ist, bestimmt sich die Zulässigkeit des außergerichtlichen Rechtsbehelfs nach den bisherigen Vorschriften; ist über den Rechtsbehelf nach dem 31. Dezember 1976 zu entscheiden, richten sich die Art des außergerichtlichen Rechtsbehelfs sowie das weitere Verfahren nach den neuen Vorschriften.

(2) Nach dem 31. Dezember 1976 ist eine Gebühr für einen außergerichtlichen Rechtsbehelf nur noch dann festzusetzen, wenn die Voraussetzungen für die Festsetzung einer Gebühr nach § 256 der Reichsabgabenordnung bereits vor dem 1. Januar 1977 eingetreten waren.

(3) [1] Wird ein Verwaltungsakt angefochten, der vor dem 1. Januar 1996 wirksam geworden ist, bestimmt sich die Zulässigkeit des Rechtsbehelfs nach den bis zum 31. Dezember 1995 geltenden Vorschriften der Abgabenordnung. [2] Ist über den Rechtsbehelf nach dem 31. Dezember 1995 zu entscheiden, richten sich die Art des außergerichtlichen Rechtsbehelfs sowie das weitere Verfahren nach den ab 1. Januar 1996 geltenden Vorschriften der Abgabenordnung.

(4) § 365 Abs. 3 Satz 2 Nr. 1 der Abgabenordnung in der Fassung des Artikels 4 Nr. 11 Buchstabe b des Gesetzes vom 24. Juni 1994 (BGBl. I S. 1395) ist auf berichtigende Verwaltungsakte anzuwenden, die nach dem 31. Dezember 1995 bekanntgegeben werden.

§ 18a Erledigung von Massenrechtsbehelfen und Massenanträgen

(1) [1]Wurde mit einem vor dem 1. Januar 1995 eingelegten Einspruch die Verfassungswidrigkeit von Normen des Steuerrechts gerügt, derentwegen eine Entscheidung des Bundesverfassungsgerichts aussteht, gilt der Einspruch im Zeitpunkt der Veröffentlichung der Entscheidungsformel im Bundesgesetzblatt (§ 31 Abs. 2 des Gesetzes über das Bundesverfassungsgericht) ohne Einspruchsentscheidung als zurückgewiesen, soweit er nach dem Ausgang des Verfahrens vor dem Bundesverfassungsgericht als unbegründet abzuweisen wäre. [2]Abweichend von § 47 Abs. 1 und § 55 der Finanzgerichtsordnung endet die Klagefrist mit Ablauf eines Jahres nach dem Zeitpunkt der Veröffentlichung gemäß Satz 1. [3]Die Sätze 1 und 2 sind auch anzuwenden, wenn der Einspruch unzulässig ist.

(2) Absatz 1 gilt für Anträge auf Aufhebung oder Änderung einer Steuerfestsetzung außerhalb des außergerichtlichen Rechtsbehelfsverfahrens sinngemäß.

(3) [1]Die Absätze 1 und 2 sind auch anzuwenden, wenn eine Entscheidung des Bundesverfassungsgerichts vor Inkrafttreten dieses Gesetzes ergangen ist. [2]In diesen Fällen endet die Klagefrist mit Ablauf des 31. Dezember 1994.

(4) [1]Wurde mit einem am 31. Dezember 2003 anhängigen Einspruch die Verfassungswidrigkeit der für Veranlagungszeiträume vor 2000 geltenden Regelungen des Einkommensteuergesetzes über die Abziehbarkeit von Kinderbetreuungskosten gerügt, gilt der Einspruch mit Wirkung vom 1. Januar 2004 ohne Einspruchsentscheidung insoweit als zurückgewiesen; dies gilt auch, wenn der Einspruch unzulässig ist. [2]Abweichend von § 47 Abs. 1 und § 55 der Finanzgerichtsordnung endet die Klagefrist mit Ablauf des 31. Dezember 2004. [3]Die Sätze 1 und 2 gelten nicht, soweit in der angefochtenen Steuerfestsetzung die Kinderbetreuungskosten um die zumutbare Belastung nach § 33 Abs. 3 des Einkommensteuergesetzes gekürzt worden sind.

(5) [1]Wurde mit einem am 31. Dezember 2003 anhängigen und außerhalb eines Einspruchs- oder Klageverfahrens gestellten Antrag auf Aufhebung oder Änderung einer Steuerfestsetzung die Verfassungswidrigkeit der für Veranlagungszeiträume vor 2000 geltenden Regelungen des Einkommensteuergesetzes über die Abziehbarkeit von Kinderbetreuungskosten gerügt, gilt der Antrag mit Wirkung vom 1. Januar 2004 insoweit als zurückgewiesen; dies gilt auch, wenn der Antrag unzulässig ist. [2]Abweichend von § 355 Abs. 1 Satz 1 der Abgabenordnung endet die Frist für einen Einspruch gegen die Zurückweisung des Antrags mit Ablauf des 31. Dezember 2004. [3]Die Sätze 1 und 2 gelten nicht, soweit in der Steuerfestsetzung, deren Aufhebung oder Änderung beantragt wurde, die Kinderbetreuungskosten um die zumutbare Belastung nach § 33 Abs. 3 des Einkommensteuergesetzes gekürzt worden sind.

(6) [1]Wurde mit einem am 31. Dezember 2003 anhängigen Einspruch die Verfassungswidrigkeit der für Veranlagungszeiträume vor 2002 geltenden Regelungen des Einkommensteuergesetzes über die Abziehbarkeit eines Haushaltsfreibetrages gerügt, gilt der Einspruch mit Wirkung vom 1. Januar 2004 ohne Einspruchsentscheidung insoweit als zurückgewiesen; dies gilt auch, wenn der Einspruch unzulässig ist. [2]Abweichend von § 47 Abs. 1 und § 55 der Finanzgerichtsordnung endet die Klagefrist mit Ablauf des 31. Dezember 2004.

(7) [1]Wurde mit einem am 31. Dezember 2003 anhängigen und außerhalb eines Einspruchs- oder Klageverfahrens gestellten Antrag auf Aufhebung oder Änderung einer Steuerfestsetzung die Verfassungswidrigkeit der für Veranlagungszeiträume vor 2002 geltenden Regelungen des Einkommensteuergesetzes über die Abziehbarkeit eines Haushaltsfreibetrages gerügt, gilt der Antrag mit Wirkung vom 1. Januar 2004 insoweit als zurück-

gewiesen; dies gilt auch, wenn der Antrag unzulässig ist. [2]Abweichend von § 355 Abs. 1 Satz 1 der Abgabenordnung endet die Frist für einen Einspruch gegen die Zurückweisung des Antrags mit Ablauf des 31. Dezember 2004.

(8) [1]Wurde mit einem am 31. Dezember 2003 anhängigen Einspruch die Verfassungswidrigkeit der für die Veranlagungszeiträume 1983 bis 1995 geltenden Regelungen des Einkommensteuergesetzes über die Abziehbarkeit eines Kinderfreibetrages gerügt, gilt der Einspruch mit Wirkung vom 1. Januar 2005 ohne Einspruchsentscheidung insoweit als zurückgewiesen, soweit nicht der Einspruchsführer nach dem 31. Dezember 2003 und vor dem 1. Januar 2005 ausdrücklich eine Entscheidung beantragt. [2]Der Antrag auf Entscheidung ist schriftlich bei dem für die Besteuerung nach dem Einkommen zuständigen Finanzamt zu stellen. [3]Ist nach Einspruchseinlegung ein anderes Finanzamt zuständig geworden, kann der Antrag auf Entscheidung fristwahrend auch bei dem Finanzamt gestellt werden, das den angefochtenen Steuerbescheid erlassen hat; Artikel 97a § 1 Abs. 1 bleibt unberührt. [4]Die Sätze 1 bis 3 gelten auch, wenn der Einspruch unzulässig ist. [5]Gilt nach Satz 1 der Einspruch als zurückgewiesen, endet abweichend von § 47 Abs. 1 und § 55 der Finanzgerichtsordnung die Klagefrist mit Ablauf des 31. Dezember 2005. [6]Satz 1 gilt nicht, soweit eine Neufestsetzung nach § 53 des Einkommensteuergesetzes von der Frage abhängig ist, ob bei der nach dieser Regelung gebotenen Steuerfreistellung auf den Jahressockelbetrag des Kindergeldes oder auf das dem Steuerpflichtigen tatsächlich zustehende Kindergeld abzustellen ist.

(9) [1]Wurde mit einem am 31. Dezember 2003 anhängigen und außerhalb eines Einspruchs- oder Klageverfahrens gestellten Antrag auf Aufhebung oder Änderung einer Steuerfestsetzung die Verfassungswidrigkeit der für die Veranlagungszeiträume 1983 bis 1995 geltenden Regelungen des Einkommensteuergesetzes über die Abziehbarkeit eines Kinderfreibetrages gerügt, gilt der Antrag mit Wirkung vom 1. Januar 2005 insoweit als zurückgewiesen, soweit nicht der Steuerpflichtige nach dem 31. Dezember 2003 und vor dem 1. Januar 2005 ausdrücklich eine Entscheidung beantragt. [2]Der Antrag auf Entscheidung ist schriftlich bei dem für die Besteuerung nach dem Einkommen zuständigen Finanzamt zu stellen. [3]Ist nach Erlass des Steuerbescheides ein anderes Finanzamt zuständig geworden, kann der Antrag auf Entscheidung fristwahrend auch bei dem Finanzamt gestellt werden, das den Steuerbescheid erlassen hat, dessen Aufhebung oder Änderung begehrt wird; Artikel 97a § 1 Abs. 1 bleibt unberührt. [4]Die Sätze 1 bis 3 gelten auch, wenn der Antrag auf Aufhebung oder Änderung der Steuerfestsetzung unzulässig ist. [5]Gilt nach Satz 1 der Antrag auf Aufhebung oder Änderung einer Steuerfestsetzung als zurückgewiesen, endet abweichend von § 355 Abs. 1 Satz 1 der Abgabenordnung die Frist für einen Einspruch gegen die Zurückweisung des Antrags mit Ablauf des 31. Dezember 2005. [6]Satz 1 gilt nicht, soweit eine Neufestsetzung nach § 53 des Einkommensteuergesetzes von der Frage abhängig ist, ob bei der nach dieser Regelung gebotenen Steuerfreistellung auf den Jahressockelbetrag des Kindergeldes oder auf das dem Steuerpflichtigen tatsächlich zustehende Kindergeld abzustellen ist.

(10) Die Absätze 5, 7 und 9 gelten sinngemäß für Anträge auf abweichende Festsetzung von Steuern aus Billigkeitsgründen (§ 163 der Abgabenordnung) und für Erlassanträge (§ 227 der Abgabenordnung).

(11) [1]Wurde mit einem am 31. Dezember 2006 anhängigen Einspruch gegen die Entscheidung über die Festsetzung von Kindergeld nach Abschnitt X des Einkommensteuergesetzes die Verfassungswidrigkeit der für die Jahre 1996 bis 2000 geltenden Regelungen zur Höhe des Kindergeldes gerügt, gilt der Einspruch mit Wirkung vom 1. Januar 2007 ohne Einspruchsentscheidung insoweit als zurückgewiesen; dies gilt auch, wenn der Einspruch unzulässig ist. [2]Abweichend von § 47 Abs. 1 und § 55 der Finanzgerichtsordnung endet die Klagefrist mit Ablauf des 31. Dezember 2007.

(12) § 172 Abs. 3 und § 367 Abs. 2b der Abgabenordnung in der Fassung des Artikels 10 Nr. 12 und 16 des Gesetzes vom 13. Dezember 2006 (BGBl. I S. 2878) gelten

auch, soweit Aufhebungs- oder Änderungsanträge oder Einsprüche vor dem 19. Dezember 2006 gestellt oder eingelegt wurden und die Allgemeinverfügung nach dem 19. Dezember 2006 im Bundessteuerblatt veröffentlicht wird.

§ 18b Zuständigkeit für Klagen nach § 32i Absatz 2 der Abgabenordnung

§ 32i Absatz 5 Satz 2 der Abgabenordnung in der am 21. Dezember 2022 geltenden Fassung ist auf alle nach dem 20. Dezember 2022 anhängig gewordenen Klagen anzuwenden.

§ 19 Buchführungspflicht bestimmter Steuerpflichtiger

(1) [1]§ 141 Absatz 1 Satz 1 Nummer 1 der Abgabenordnung in der am 1. Januar 2016 geltenden Fassung ist auf Umsätze der Kalenderjahre anzuwenden, die nach dem 31. Dezember 2015 beginnen. [2]Eine Mitteilung über den Beginn der Buchführungspflicht ergeht nicht, wenn die Voraussetzungen des § 141 Absatz 1 Satz 1 Nummer 1 der Abgabenordnung in der am 31. Dezember 2015 geltenden Fassung für Kalenderjahre, die vor dem 1. Januar 2016 liegen, erfüllt sind, jedoch im Kalenderjahr 2015 die Voraussetzungen des § 141 Absatz 1 Satz 1 Nummer 1 der Abgabenordnung in der am 1. Januar 2016 geltenden Fassung nicht erfüllt sind.

(2) Eine Mitteilung über den Beginn der Buchführungspflicht ergeht nicht, wenn die Voraussetzungen des § 141 Absatz 1 Satz 1 Nummer 4 und 5 der Abgabenordnung in der am 31. Dezember 2015 geltenden Fassung für Kalenderjahre, die vor dem 1. Januar 2016 liegen, erfüllt sind, jedoch im Kalenderjahr 2015 die Voraussetzungen des § 141 Absatz 1 Satz 1 Nummer 4 und 5 der Abgabenordnung in der am 1. Januar 2016 geltenden Fassung nicht erfüllt sind.

(3) [1]§ 141 Absatz 1 Satz 1 Nummer 1 der Abgabenordnung in der am 28. März 2024 geltenden Fassung ist auf Umsätze der Kalenderjahre anzuwenden, die nach dem 31. Dezember 2023 beginnen. [2]Eine Mitteilung über den Beginn der Buchführungspflicht ergeht nicht, wenn die Voraussetzungen des § 141 Absatz 1 Satz 1 Nummer 1 der Abgabenordnung in der am 31. Dezember 2023 geltenden Fassung für Kalenderjahre, die vor dem 1. Januar 2024 liegen, erfüllt sind, jedoch im Kalenderjahr 2023 die Voraussetzungen des § 141 Absatz 1 Satz 1 Nummer 1 der Abgabenordnung in der am 28. März 2024 geltenden Fassung nicht erfüllt sind.

(4) [1]§ 141 Absatz 1 Satz 1 Nummer 4 und 5 der Abgabenordnung in der am 28. März 2024 geltenden Fassung ist auf Gewinne der Wirtschaftsjahre anzuwenden, die nach dem 31. Dezember 2023 beginnen. [2]Eine Mitteilung über den Beginn der Buchführungspflicht ergeht nicht, wenn die Voraussetzungen des § 141 Absatz 1 Satz 1 Nummer 4 und 5 der Abgabenordnung in der am 31. Dezember 2023 geltenden Fassung für Kalenderjahre, die vor dem 1. Januar 2024 liegen, erfüllt sind, jedoch im Kalenderjahr 2023 die Voraussetzungen des § 141 Absatz 1 Satz 1 Nummer 4 und 5 der Abgabenordnung in der am 28. März 2024 geltenden Fassung nicht erfüllt sind.

§ 19a Aufbewahrungsfristen

(1) [1]§ 147 Abs. 3 der Abgabenordnung in der Fassung des Artikels 2 des Gesetzes vom 19. Dezember 1998 (BGBl. I S. 3816) gilt erstmals für Unterlagen, deren Aufbewahrungsfrist nach § 147 Abs. 3 der Abgabenordnung in der bis zum 23. Dezember 1998 geltenden Fassung noch nicht abgelaufen ist. [2]§ 147 Absatz 3 Satz 3 und 4 der Abgabenordnung in der am 1. Januar 2017 geltenden Fassung gilt für alle Lieferscheine, deren Aufbewahrungsfrist nach § 147 Absatz 3 der Abgabenordnung in der bis zum 31. Dezember 2016 geltenden Fassung noch nicht abgelaufen ist.

(2) § 147 Absatz 3 Satz 1 der Abgabenordnung in der ab dem 1. Januar 2025 geltenden Fassung gilt vorbehaltlich des Absatzes 3 erstmals für alle Unterlagen, deren Aufbewah-

rungsfrist nach § 147 Absatz 3 der Abgabenordnung in der bis einschließlich 31. Dezember 2024 geltenden Fassung noch nicht abgelaufen ist.

(3) Bei Steuerpflichtigen, die

1. Institute im Sinne des § 1 Absatz 1b des Kreditwesengesetzes sind, einschließlich Zweigstellen nach § 53 des Kreditwesengesetzes,
2. der Aufsicht nach § 1 Absatz 1 des Versicherungsaufsichtsgesetzes unterliegen oder
3. Wertpapierinstitute im Sinne des § 2 Absatz 1 des Wertpapierinstitutsgesetzes sind,

ist § 147 Absatz 3 Satz 1 der Abgabenordnung in der ab dem 1. Januar 2025 geltenden Fassung abweichend von Absatz 2 erstmals auf Unterlagen anzuwenden, deren Aufbewahrungsfrist nach § 147 Absatz 3 Satz 1 der Abgabenordnung in der bis einschließlich 31. Dezember 2024 geltenden Fassung am 1. Januar 2026 noch nicht abgelaufen ist.

§ 19b Zugriff auf datenverarbeitungsgestützte Buchführungssysteme

(1) § 146 Abs. 5, § 147 Abs. 2, 5 und 6 sowie § 200 Abs. 1 der Abgabenordnung in der Fassung des Artikels 7 des Gesetzes vom 23. Oktober 2000 (BGBl. I S. 1433) sind ab dem 1. Januar 2002 anzuwenden.

(2) § 147 Absatz 6 Satz 6 der Abgabenordnung in der Fassung des Artikels 3 des Gesetzes vom 22. November 2019 (BGBl. I S. 1746) gilt für aufzeichnungs- und aufbewahrungspflichtige Daten, deren Aufbewahrungsfrist bis zum 1. Januar 2020 noch nicht abgelaufen ist.

§ 20 Verweisungserfordernis bei Blankettvorschriften

Die in § 381 Abs. 1, § 382 Abs. 1 der Abgabenordnung vorgeschriebene Verweisung ist nicht erforderlich, soweit die Vorschriften der dort genannten Gesetze und Rechtsverordnungen vor dem 1. Oktober 1968 erlassen sind.

§ 21 Steueranmeldungen in Euro

[1] Für Besteuerungszeiträume nach dem 31. Dezember 1998 und vor dem 1. Januar 2002 ist § 168 der Abgabenordnung mit folgender Maßgabe anzuwenden: [2] Wird eine Steueranmeldung nach einem vom Bundesministerium der Finanzen im Einvernehmen mit den obersten Finanzbehörden der Länder bestimmten Vordruck in Euro abgegeben, gilt die Steuer als zu dem vom Rat der Europäischen Union gemäß Artikel 109l Abs. 4 Satz 1 des EG-Vertrages unwiderruflich festgelegten Umrechnungskurs in Deutscher Mark berechnet. [3] Betrifft die Anmeldung eine von Bundesfinanzbehörden verwaltete Steuer, ist bei der Bestimmung des Vordrucks das Einvernehmen mit den obersten Finanzbehörden der Länder nicht erforderlich.

§ 22 Mitwirkungspflichten der Beteiligten; Schätzung von Besteuerungsgrundlagen

(1) [1] § 90 Abs. 3 der Abgabenordnung in der Fassung des Artikels 9 des Gesetzes vom 16. Mai 2003 (BGBl. I S. 660) ist erstmals für Wirtschaftsjahre anzuwenden, die nach dem 31. Dezember 2002 beginnen. [2] § 162 Abs. 3 und 4 der Abgabenordnung in der Fassung des Artikels 9 des Gesetzes vom 16. Mai 2003 (BGBl. I S. 660) ist erstmals für Wirtschaftsjahre anzuwenden, die nach dem 31. Dezember 2003 beginnen, frühestens sechs Monate nach Inkrafttreten der Rechtsverordnung im Sinne des § 90 Abs. 3 der Abgabenordnung in der Fassung des Artikels 9 des Gesetzes vom 16. Mai 2003 (BGBl. I S. 660). [3] Gehören zu den Geschäftsbeziehungen im Sinne des § 90 Abs. 3 der Abgabenordnung in der Fassung des Artikels 9 des Gesetzes vom 16. Mai 2003 (BGBl. I S. 660) Dauerschuldverhältnisse, die als außergewöhnliche Geschäftsvorfälle im Sinne des § 90 Abs. 3 Satz 3 der Abgabenordnung in der Fassung des Artikels 9 des Gesetzes vom 16. Mai 2003 (BGBl. I S. 660) anzusehen sind und die vor Beginn der in Satz 1 bezeichneten Wirtschaftsjahre

begründet wurden und bei Beginn dieser Wirtschaftsjahre noch bestehen, sind die Aufzeichnungen der sie betreffenden wirtschaftlichen und rechtlichen Grundlagen spätestens sechs Monate nach Inkrafttreten der Rechtsverordnung im Sinne des § 90 Abs. 3 der Abgabenordnung in der Fassung des Artikels 9 des Gesetzes vom 16. Mai 2003 (BGBl. I S. 660) zu erstellen. [4]§ 90 Absatz 3 der Abgabenordnung in der am 24. Dezember 2016 geltenden Fassung ist erstmals für Wirtschaftsjahre anzuwenden, die nach dem 31. Dezember 2016 beginnen.

(2) Die Bundesregierung bestimmt durch Rechtsverordnung mit Zustimmung des Bundesrates den Zeitpunkt der erstmaligen Anwendung von § 90 Absatz 2 Satz 3, § 147a, § 162 Absatz 2 Satz 3 und § 193 Absatz 1 und Absatz 2 Nummer 3 in der Fassung des Artikels 3 des Gesetzes vom 29. Juli 2009 (BGBl. I S. 2302).

(3) § 147a Absatz 2 der Abgabenordnung in der am 25. Juni 2017 geltenden Fassung ist erstmals auf Besteuerungszeiträume anzuwenden, die nach dem 31. Dezember 2017 beginnen.

(4) § 3 Absatz 4 Nummer 3, § 90 Absatz 2, § 147a Absatz 1 Satz 6, § 162 Absatz 2 Satz 3 und Absatz 4a sowie § 193 Absatz 2 Nummer 3 der Abgabenordnung in der ab 1. Juli 2021 geltenden Fassung sind erstmals auf Besteuerungszeiträume anzuwenden, die nach dem 31. Dezember 2021 beginnen.

§ 23 Verfolgungsverjährung

§ 376 der Abgabenordnung in der Fassung des Artikels 10 des Gesetzes vom 19. Dezember 2008 (BGBl. I S. 2794) gilt für alle bei Inkrafttreten dieses Gesetzes noch nicht abgelaufenen Verjährungsfristen.

§ 24 Selbstanzeige bei Steuerhinterziehung und leichtfertiger Steuerverkürzung

[1]Bei Selbstanzeigen nach § 371 der Abgabenordnung, die bis zum 28. April 2011 bei der zuständigen Finanzbehörde eingegangen sind, ist § 371 der Abgabenordnung in der bis zu diesem Zeitpunkt geltenden Fassung mit der Maßgabe anzuwenden, dass im Umfang der gegenüber der zuständigen Finanzbehörde berichtigten, ergänzten oder nachgeholten Angaben Straffreiheit eintritt. [2]Das Gleiche gilt im Fall der leichtfertigen Steuerverkürzung für die Anwendung des § 378 Absatz 3 der Abgabenordnung.

§ 25 Erteilung einer verbindlichen Auskunft

(1) § 89 Absatz 3 bis 7 der Abgabenordnung in der Fassung des Artikels 3 des Gesetzes vom 1. November 2011 (BGBl. I S. 2131) ist erstmals auf Anträge anzuwenden, die nach dem 4. November 2011 bei der zuständigen Finanzbehörde eingegangen sind.

(2) [1]§ 89 Absatz 2 Satz 4 in der am 1. Januar 2017 geltenden Fassung ist erstmals auf nach dem 31. Dezember 2016 bei der zuständigen Finanzbehörde eingegangene Anträge auf Erteilung einer verbindlichen Auskunft anzuwenden. [2]§ 89 Absatz 3 Satz 2 in der am 23. Juli 2016 geltenden Fassung ist erstmals auf nach dem 22. Juli 2016 bei der zuständigen Finanzbehörde eingegangene Anträge auf Erteilung einer einheitlichen verbindlichen Auskunft anzuwenden.

§ 26 Kontenabrufmöglichkeit und Kontenwahrheit

(1) § 93 Absatz 7 Satz 1 Nummer 2 der Abgabenordnung in der am 31. Dezember 2011 geltenden Fassung ist für Veranlagungszeiträume vor 2012 weiterhin anzuwenden.

(2) [1]§ 93 Absatz 7 Satz 1 Nummer 4 bis 4b und Satz 2 zweiter Halbsatz der Abgabenordnung in der am 25. Juni 2017 geltenden Fassung ist ab dem 1. Januar 2018 anzuwenden. [2]Bis zum 31. Dezember 2017 ist § 93 Absatz 7 der Abgabenordnung in der am 24. Juni 2017 geltenden Fassung weiter anzuwenden.

(3) [1] § 93 Absatz 7 Satz 2 erster Halbsatz sowie § 93b Absatz 1a und 2 der Abgabenordnung in der am 25. Juni 2017 geltenden Fassung sind ab dem 1. Januar 2020 anzuwenden. [2] Bis zum 31. Dezember 2019 ist § 93 Absatz 7 Satz 2 Halbsatz 1 sowie § 93b Absatz 2 der Abgabenordnung in der am 24. Juni 2017 geltenden Fassung weiter anzuwenden.

(4) § 154 Absatz 2 bis 2c der Abgabenordnung in der am 25. Juni 2017 geltenden Fassung ist erstmals auf nach dem 31. Dezember 2017 begründete Geschäftsbeziehungen anzuwenden.

(5) Für Geschäftsbeziehungen zu Kreditinstituten im Sinne des § 154 Absatz 2 Satz 1 der Abgabenordnung in der am 25. Juni 2017 geltenden Fassung, die vor dem 1. Januar 2018 begründet worden sind und am 1. Januar 2018 noch bestehen, gilt Folgendes:

1. [1] Kreditinstitute haben bis zum 31. Dezember 2019 für den Kontoinhaber, jeden anderen Verfügungsberechtigten und jeden wirtschaftlich Berechtigten im Sinne des Geldwäschegesetzes
   a) die Adresse,
   b) bei natürlichen Personen das Geburtsdatum sowie
   c) die in § 154 Absatz 2a Satz 1 der Abgabenordnung in der am 25. Juni 2017 geltenden Fassung genannten Daten

   in den Aufzeichnungen nach § 154 Absatz 2 bis 2c der Abgabenordnung in der am 25. Juni 2017 geltenden Fassung und in dem nach § 93b Absatz 1 und 1a der Abgabenordnung in der am 25. Juni 2017 geltenden Fassung zu führenden Dateisystem zu erfassen. [2] § 154 Absatz 2a Satz 3 der Abgabenordnung in der am 25. Juni 2017 geltenden Fassung ist entsprechend anzuwenden.
2. [1] Teilen der Vertragspartner oder gegebenenfalls für ihn handelnde Personen dem Kreditinstitut die nach § 154 Absatz 2a Satz 1 Nummer 1 der Abgabenordnung in der am 25. Juni 2017 geltenden Fassung zu erfassende Identifikationsnummer einer betroffenen Person bis zum 31. Dezember 2019 nicht mit und hat das Kreditinstitut die Identifikationsnummer dieser Person auch nicht aus anderem Anlass rechtmäßig erfasst, hat es sie bis zum 30. Juni 2020 in einem maschinellen Verfahren beim Bundeszentralamt für Steuern zu erfragen. [2] § 154 Absatz 2b Satz 2 und 3 der Abgabenordnung in der am 25. Juni 2017 geltenden Fassung gilt entsprechend.
3. [1] Soweit das Kreditinstitut die nach § 154 Absatz 2a der Abgabenordnung in der am 25. Juni 2017 geltenden Fassung zu erhebenden Daten auf Grund unzureichender Mitwirkung des Vertragspartners und gegebenenfalls für ihn handelnder Personen bis zum 30. Juni 2020 nicht ermitteln kann, hat es dies auf dem Konto festzuhalten. [2] In diesem Fall hat das Kreditinstitut dem Bundeszentralamt für Steuern die betroffenen Konten sowie die hierzu nach § 154 Absatz 2 der Abgabenordnung in der am 25. Juni 2017 geltenden Fassung erhobenen Daten bis zum 30. September 2020 mitzuteilen.
4. § 154 Absatz 2d der Abgabenordnung in der am 25. Juni 2017 geltenden Fassung bleibt unberührt.

§ 27 Elektronische Datenübermittlung an Finanzbehörden

(1) [1] § 72a Absatz 1 bis 3, § 87a Absatz 6, die §§ 87b bis 87e und 150 Absatz 6 der Abgabenordnung in der am 1. Januar 2017 geltenden Fassung sind erstmals anzuwenden, wenn Daten nach dem 31. Dezember 2016 auf Grund gesetzlicher Vorschriften nach amtlich vorgeschriebenem Datensatz über amtlich bestimmte Schnittstellen an Finanzbehörden zu übermitteln sind oder freiwillig übermittelt werden. [2] Für Daten im Sinne des Satzes 1, die vor dem 1. Januar 2017 zu übermitteln sind oder freiwillig übermittelt werden, sind § 150 Absatz 6 und 7 der Abgabenordnung und die Vorschriften der Steuerdaten-Übermittlungsverordnung in der jeweils am 31. Dezember 2016 geltenden Fassung weiter anzuwenden.

(2) § 72a Absatz 4, die §§ 93c, 93d und 171 Absatz 10a sowie die §§ 175b und 203a der Abgabenordnung in der am 1. Januar 2017 geltenden Fassung sind erstmals anzuwenden, wenn steuerliche Daten eines Steuerpflichtigen für Besteuerungszeiträume nach 2016 oder Besteuerungszeitpunkte nach dem 31. Dezember 2016 auf Grund gesetzlicher Vorschriften von einem Dritten als mitteilungspflichtiger Stelle elektronisch an Finanzbehörden zu übermitteln sind.

(3) § 175b Absatz 4 der Abgabenordnung in der am 25. Juni 2017 geltenden Fassung ist erstmals anzuwenden, wenn Daten im Sinne des § 93c der Abgabenordnung der Finanzbehörde nach dem 24. Juni 2017 zugehen.

(4) [1]Den Zeitpunkt der erstmaligen Anwendung des § 138 Absatz 1b Satz 2 der Abgabenordnung in der am 1. Januar 2020 geltenden Fassung bestimmt das Bundesministerium der Finanzen im Einvernehmen mit den obersten Finanzbehörden der Länder durch ein im Bundessteuerblatt zu veröffentlichendes Schreiben. [2]Bis zu diesem Zeitpunkt sind die Auskünfte im Sinne des § 138 Absatz 1b Satz 1 der Abgabenordnung nach amtlich vorgeschriebenem Vordruck zu erteilen.

(5) § 175b Absatz 4 der Abgabenordnung in der am 6. Dezember 2024 geltenden Fassung ist erstmals auf Verwaltungsakte anzuwenden, die nach dem 5. Dezember 2024 erlassen worden sind.

§ 28 Elektronische Bekanntgabe von Verwaltungsakten

[1]§ 87a Absatz 7 und 8, die §§ 122a und 169 Absatz 1 der Abgabenordnung in der am 1. Januar 2017 geltenden Fassung sind erstmals auf Verwaltungsakte anzuwenden, die nach dem 31. Dezember 2016 erlassen worden sind. [2]§ 8 Absatz 4 Satz 4 gilt entsprechend.

§ 29 Abweichende Festsetzung von Steuern aus Billigkeitsgründen

§ 163 der Abgabenordnung in der am 1. Januar 2017 geltenden Fassung ist für nach dem 31. Dezember 2016 getroffene Billigkeitsmaßnahmen auch dann anzuwenden, wenn sie Besteuerungszeiträume oder Besteuerungszeitpunkte betreffen, die vor dem 1. Januar 2017 abgelaufen oder eingetreten sind.

§ 30 Ordnungsvorschrift für die Buchführung und für Aufzeichnungen mittels elektronischer Aufzeichnungssysteme

(1) [1]Die §§ 146a und 379 Absatz 1 Satz 1 und Absatz 4 der Abgabenordnung in der am 29. Dezember 2016 geltenden Fassung sowie § 379 Absatz 5 und 6 der Abgabenordnung in der am 25. Juni 2017 geltenden Fassung sind erstmals für Kalenderjahre nach Ablauf des 31. Dezember 2019 anzuwenden. [2]Die Mitteilung nach § 146a Absatz 4 der Abgabenordnung in der am 29. Dezember 2016 geltenden Fassung ist für elektronische Aufzeichnungssysteme, die der Steuerpflichtige vor dem 1. Januar 2020 angeschafft hat, bis zum 31. Januar 2020 zu erstatten.

(2) [1]§ 146b der Abgabenordnung in der am 29. Dezember 2016 geltenden Fassung ist nach Ablauf des 31. Dezember 2017 anzuwenden. [2]§ 146b Absatz 2 Satz 2 der Abgabenordnung ist in der am 29. Dezember 2016 geltenden Fassung vor dem 1. Januar 2020 mit der Maßgabe anzuwenden, dass keine Datenübermittlung über die einheitliche Schnittstelle verlangt werden kann oder dass diese auf einem maschinell auswertbaren Datenträger nach den Vorgaben der einheitlichen Schnittstelle zur Verfügung gestellt werden muss. [3]§ 146b Absatz 1 Satz 2 der Abgabenordnung in der am 29. Dezember 2016 geltenden Fassung ist erstmals für Kalenderjahre nach Ablauf des 31. Dezember 2019 anzuwenden.

(3) Wurden Registrierkassen nach dem 25. November 2010 und vor dem 1. Januar 2020 angeschafft, die den Anforderungen des BMF-Schreibens vom 26. November 2010 (BStBl. I S. 1342) entsprechen und die bauartbedingt nicht aufrüstbar sind, so dass sie die Anforderungen des § 146a der Abgabenordnung nicht erfüllen, dürfen diese Registrierkas-

sen bis zum 31. Dezember 2022 abweichend von den § 146a und § 379 Absatz 1 Satz 1 und Absatz 4 der Abgabenordnung weiter verwendet werden.

§ 31 Länderbezogener Bericht multinationaler Unternehmensgruppen

[1] § 138a Absatz 1, 2, 3, 6 und 7 der Abgabenordnung in der am 24. Dezember 2016 geltenden Fassung ist erstmals für Wirtschaftsjahre anzuwenden, die nach dem 31. Dezember 2015 beginnen. [2] § 138a Absatz 4 und 5 der Abgabenordnung in der am 24. Dezember 2016 geltenden Fassung ist erstmals für Wirtschaftsjahre anzuwenden, die nach dem 31. Dezember 2016 beginnen. [3] § 138a Absatz 2 der Abgabenordnung in der am 29. Dezember 2020 geltenden Fassung ist auf alle offenen Fälle anzuwenden.

§ 32 Mitteilungspflicht über Beziehungen zu Drittstaat-Gesellschaften

(1) [1] § 138 Absatz 2 bis 5, § 138b und § 379 Absatz 2 Nummer 1d der Abgabenordnung in der am 25. Juni 2017 geltenden Fassung sind erstmals auf mitteilungspflichtige Sachverhalte anzuwenden, die nach dem 31. Dezember 2017 verwirklicht worden sind. [2] Auf Sachverhalte, die vor dem 1. Januar 2018 verwirklicht worden sind, ist § 138 Absatz 2 und 3 der Abgabenordnung in der am 24. Juni 2017 geltenden Fassung weiter anzuwenden.

(2) [1] Inländische Steuerpflichtige im Sinne des § 138 Absatz 2 Satz 1 der Abgabenordnung in der am 25. Juni 2017 geltenden Fassung, die vor dem 1. Januar 2018 erstmals unmittelbar oder mittelbar einen beherrschenden oder bestimmenden Einfluss auf die gesellschaftsrechtlichen, finanziellen oder geschäftlichen Angelegenheiten einer Drittstaat-Gesellschaft im Sinne des § 138 Absatz 3 der Abgabenordnung in der am 25. Juni 2017 geltenden Fassung ausüben konnten, haben dies dem für sie nach den §§ 18 bis 20 der Abgabenordnung zuständigen Finanzamt mitzuteilen, wenn dieser Einfluss auch noch am 1. Januar 2018 fortbesteht. [2] § 138 Absatz 5 der Abgabenordnung in der am 25. Juni 2017 geltenden Fassung gilt in diesem Fall entsprechend.

(3) § 138 Absatz 2 und 5 der Abgabenordnung in der am 29. Dezember 2020 geltenden Fassung ist auf alle offenen Fälle anzuwenden.

§ 33 Mitteilungspflicht bei Steuergestaltungen

(1) § 102 Absatz 4 Satz 3 und die §§ 138d bis 138k der Abgabenordnung in der am 1. Januar 2020 geltenden Fassung sind ab dem 1. Juli 2020 in allen Fällen anzuwenden, in denen das nach § 138f Absatz 2 der Abgabenordnung in der am 1. Januar 2020 geltenden Fassung maßgebliche Ereignis nach dem 30. Juni 2020 eingetreten ist.

(2) Wurde der erste Schritt einer mitteilungspflichtigen grenzüberschreitenden Steuergestaltung nach dem 24. Juni 2018 und vor dem 1. Juli 2020 umgesetzt, sind § 102 Absatz 4 Satz 3 und die §§ 138d bis 138k der Abgabenordnung in der am 1. Januar 2020 geltenden Fassung ab dem 1. Juli 2020 mit der Maßgabe anzuwenden, dass die Mitteilung abweichend von § 138f Absatz 2 der Abgabenordnung in der am 1. Januar 2020 geltenden Fassung innerhalb von zwei Monaten nach dem 30. Juni 2020 zu erstatten ist.

(3) § 379 Absatz 2 Nummer 1e bis 1g sowie Absatz 7 der Abgabenordnung in der am 1. Januar 2020 geltenden Fassung ist ab dem 1. Juli 2020 in allen Fällen anzuwenden, in denen das nach § 138f Absatz 2 der Abgabenordnung in der am 1. Januar 2020 geltenden Fassung maßgebliche Ereignis nach dem 30. Juni 2020 eingetreten ist.

(4) [1] Das Bundesministerium der Finanzen erstattet dem Finanzausschuss des Deutschen Bundestages jährlich zum 1. Juni, erstmals zum 1. Juni 2021, Bericht über

1. die Anzahl der im vorangegangenen Kalenderjahr beim Bundeszentralamt für Steuern eingegangenen Mitteilungen über grenzüberschreitende Steuergestaltungen,
2. die Fallgestaltungen, deren Prüfung Anlass dafür war,
   a) dem Bundeskabinett im vorangegangenen Kalenderjahr eine Gesetzesinitiative vorzuschlagen,

b) ein im Bundessteuerblatt zu veröffentlichendes Schreiben des Bundesministeriums der Finanzen oder einen im Bundessteuerblatt zu veröffentlichenden gleichlautenden Erlass der obersten Finanzbehörden der Länder im vorangegangenen Kalenderjahr zu erlassen oder zu ändern.

2 In den Fällen von Satz 1 Nummer 2 ist die Fallgestaltung im Bericht abstrakt zu beschreiben.

(5) Das Bundesministerium der Finanzen wird ermächtigt, zur zeitnahen Umsetzung unionsrechtlicher Bestimmungen hinsichtlich der Fristen zur Mitteilung grenzüberschreitender Steuergestaltungen durch ein im Bundessteuerblatt zu veröffentlichendes Schreiben von den Absätzen 1 und 2 abweichende Bestimmungen zu treffen.

(6) § 138e Absatz 3 Satz 6 bis 8 und § 138h Absatz 2 Satz 1 der Abgabenordnung in der Fassung des Artikels 1 des Gesetzes vom 12. Juli 2022 (BGBl. I S. 1142) sind in allen bei Inkrafttreten dieser Vorschriften anhängigen Verfahren anzuwenden.

§ 34 Vorabverständigungsverfahren

1 § 89a der Abgabenordnung in der am 9. Juni 2021 geltenden Fassung ist erstmals auf Anträge anzuwenden, die nach dem 8. Juni 2021 bei der zuständigen Behörde eingegangen sind. 2 § 178a der Abgabenordnung in der Fassung des Gesetzes vom 13. Dezember 2006 (BGBl. I S. 2878) ist letztmals auf Anträge anzuwenden, die am 8. Juni 2021 bei der zuständigen Behörde eingegangen sind.

§ 35 Abrufverfahren bei Steuermessbeträgen und Zerlegungsbescheiden

1 § 184 Absatz 3 Satz 2 und § 188 Absatz 1 Satz 2 der Abgabenordnung finden erstmals für die Steuermessbeträge und Zerlegungsbescheide Anwendung, die für Realsteuern des Jahres 2025 maßgeblich sind. 2 Für Zwecke der Grundsteuer findet § 188 Absatz 1 Satz 2 der Abgabenordnung erst Anwendung, wenn die technischen und organisatorischen Voraussetzungen für den elektronischen Abruf erfüllt sind, spätestens aber ab dem 1. Januar 2025.

§ 36 Sonderregelungen auf Grund der Corona-Pandemie

(1) § 149 Absatz 3 der Abgabenordnung in der am 19. Februar 2021 geltenden Fassung ist für den Besteuerungszeitraum 2019 mit der Maßgabe anzuwenden, dass an die Stelle des letzten Tages des Monats Februar 2021 der 31. August 2021 und an die Stelle des 31. Juli 2021 der 31. Dezember 2021 tritt; § 149 Absatz 4 der Abgabenordnung bleibt unberührt.

(2) 1 Abweichend von § 233a Absatz 2 Satz 1 der Abgabenordnung in der am 19. Februar 2021 geltenden Fassung beginnt der Zinslauf für den Besteuerungszeitraum 2019 am 1. Oktober 2021. 2 In den Fällen des § 233a Absatz 2 Satz 2 der Abgabenordnung in der am 19. Februar 2021 geltenden Fassung beginnt der Zinslauf für den Besteuerungszeitraum 2019 am 1. Mai 2022.

(3) Für die Besteuerungszeiträume 2020 bis 2024 sind die §§ 109, 149, 152 und 233a der Abgabenordnung in der am 23. Juni 2022 geltenden Fassung mit folgenden Maßgaben anzuwenden:

1. In § 109 Absatz 2 Satz 1 Nummer 1 und § 149 Absatz 3 und 4 Satz 1 und 3 der Abgabenordnung tritt jeweils an die Stelle des letzten Tags des Monats Februar des zweiten auf den Besteuerungszeitraum folgenden Kalenderjahres
   a) für den Besteuerungszeitraum 2020 der 31. August 2022,
   b) für den Besteuerungszeitraum 2021 der 31. August 2023,
   c) für den Besteuerungszeitraum 2022 der 31. Juli 2024,
   d) für den Besteuerungszeitraum 2023 der 31. Mai 2025 und
   e) für den Besteuerungszeitraum 2024 der 30. April 2026.

2. In § 109 Absatz 2 Satz 2 und § 149 Absatz 3 und 4 Satz 5 der Abgabenordnung tritt jeweils an die Stelle des 31. Juli des zweiten auf den Besteuerungszeitraum folgenden Kalenderjahres
   a) für den Besteuerungszeitraum 2020 der 31. Januar 2023,
   b) für den Besteuerungszeitraum 2021 der 31. Januar 2024,
   c) für den Besteuerungszeitraum 2022 der 31. Dezember 2024,
   d) für den Besteuerungszeitraum 2023 der 31. Oktober 2025 und
   e) für den Besteuerungszeitraum 2024 der 30. September 2026.
3. In § 149 Absatz 2 Satz 1 der Abgabenordnung tritt an die Stelle der Angabe „sieben Monate"
   a) für die Besteuerungszeiträume 2020 und 2021 die Angabe „zehn Monate",
   b) für den Besteuerungszeitraum 2022 die Angabe „neun Monate" und
   c) für den Besteuerungszeitraum 2023 die Angabe „acht Monate".
4. In § 149 Absatz 2 Satz 2 der Abgabenordnung tritt an die Stelle der Angabe „des siebten Monats"
   a) für die Besteuerungszeiträume 2020 und 2021 die Angabe „des zehnten Monats",
   b) für den Besteuerungszeitraum 2022 die Angabe „des neunten Monats" und
   c) für den Besteuerungszeitraum 2023 die Angabe „des achten Monats".
5. In § 152 Absatz 2 Nummer 1 der Abgabenordnung tritt an die Stelle der Angabe „14 Monaten"
   a) für die Besteuerungszeiträume 2020 und 2021 die Angabe „20 Monaten",
   b) für den Besteuerungszeitraum 2022 die Angabe „19 Monaten",
   c) für den Besteuerungszeitraum 2023 die Angabe „17 Monaten" und
   d) für den Besteuerungszeitraum 2024 die Angabe „16 Monaten".
6. In § 152 Absatz 2 Nummer 2 der Abgabenordnung tritt an die Stelle der Angabe „19 Monaten"
   a) für die Besteuerungszeiträume 2020 und 2021 die Angabe „25 Monaten",
   b) für den Besteuerungszeitraum 2022 die Angabe „24 Monaten",
   c) für den Besteuerungszeitraum 2023 die Angabe „22 Monaten" und
   d) für den Besteuerungszeitraum 2024 die Angabe „21 Monaten".
7. In § 233a Absatz 2 Satz 1 der Abgabenordnung tritt an die Stelle der Angabe „15 Monate"
   a) für die Besteuerungszeiträume 2020 und 2021 die Angabe „21 Monate",
   b) für den Besteuerungszeitraum 2022 die Angabe „20 Monate",
   c) für den Besteuerungszeitraum 2023 die Angabe „18 Monate" und
   d) für den Besteuerungszeitraum 2024 die Angabe „17 Monate".
8. In § 233a Absatz 2 Satz 2 der Abgabenordnung tritt an die Stelle der Angabe „23 Monate"
   a) für die Besteuerungszeiträume 2020 und 2021 die Angabe „29 Monate",
   b) für den Besteuerungszeitraum 2022 die Angabe „28 Monate",
   c) für den Besteuerungszeitraum 2023 die Angabe „26 Monate" und
   d) für den Besteuerungszeitraum 2024 die Angabe „25 Monate".

§ 37 Modernisierung der Außenprüfung

(1) Die durch Artikel 3 des Gesetzes vom 20. Dezember 2022 (BGBl. I S. 2730) geänderten Vorschriften der Abgabenordnung sind auf alle am 1. Januar 2023 anhängigen Verfahren anzuwenden, soweit in den Absätzen 2 bis 5 nichts anderes bestimmt ist.

(2) [1] § 3 Absatz 4 Nummer 3a, § 18 Absatz 1 Nummer 5, § 153 Absatz 4, § 162 Absatz 3, § 171 Absatz 4, § 180 Absatz 1a, § 181 Absatz 1 Satz 4, § 197 Absatz 5, § 199 Absatz 2 Satz 2 und 3, die §§ 200a, 202 Absatz 1 Satz 4 und Absatz 3 sowie § 204 Absatz 2 der Abgabenordnung in der am 1. Januar 2023 geltenden Fassung sind vorbehaltlich des Absatzes 3 erstmals auf Steuern und Steuervergütungen anzuwenden, die nach

dem 31. Dezember 2024 entstehen. [2]Für Steuern und Steuervergütungen, die vor dem 1. Januar 2025 entstehen, sind § 162 Absatz 3, § 171 Absatz 4 sowie § 204 der Abgabenordnung in der am 31. Dezember 2022 geltenden Fassung vorbehaltlich des Absatzes 3 weiterhin anzuwenden. [3]Die Sätze 1 und 2 gelten für gesonderte Feststellungen von Besteuerungsgrundlagen entsprechend.

(3) [1]§ 3 Absatz 4 Nummer 3a, § 18 Absatz 1 Nummer 5, § 153 Absatz 4, § 162 Absatz 3, § 180 Absatz 1a, § 181 Absatz 1 Satz 4, § 199 Absatz 2 Satz 2 und 3, § 200a Absatz 1 bis 3 und 6, § 202 Absatz 1 Satz 4 und Absatz 3 sowie § 204 Absatz 2 der Abgabenordnung in der am 1. Januar 2023 geltenden Fassung sind abweichend von Absatz 2 auch für Steuern und Steuervergütungen anzuwenden, die vor dem 1. Januar 2025 entstehen, wenn für diese Steuern und Steuervergütungen nach dem 31. Dezember 2024 eine Prüfungsanordnung nach § 196 der Abgabenordnung bekanntgegeben wurde. [2]Satz 1 gilt für gesonderte Feststellungen von Besteuerungsgrundlagen entsprechend.

(4) [1]§ 146 Absatz 2c der Abgabenordnung in der am 1. Januar 2025 geltenden Fassung ist vorbehaltlich des Satzes 3 erstmals auf Steuern und Steuervergütungen anzuwenden, die nach dem 31. Dezember 2024 entstehen. [2]Für Steuern und Steuervergütungen, die vor dem 1. Januar 2025 entstehen, ist § 146 Absatz 2c der Abgabenordnung in der am 1. Januar 2023 geltenden Fassung vorbehaltlich des Satzes 3 weiterhin anzuwenden. [3]§ 146 Absatz 2c der Abgabenordnung in der am 1. Januar 2025 geltenden Fassung ist für Steuern und Steuervergütungen, die vor dem 1. Januar 2025 entstehen, abweichend von Satz 2 auch für Steuern und Steuervergütungen anzuwenden, die vor dem 1. Januar 2025 entstehen, wenn für diese Steuern und Steuervergütungen nach dem 31. Dezember 2024 eine Prüfungsanordnung nach § 196 der Abgabenordnung bekanntgegeben wurde. [4]Die Sätze 1 bis 3 gelten für gesonderte Feststellungen von Besteuerungsgrundlagen entsprechend.

(5) [1]Die durch Artikel 3 Nummer 2 und 5 des Gesetzes vom 23. Oktober 2024 (BGBl. 2024 I Nr. 323) geänderten §§ 90 und 162 Absatz 4 der Abgabenordnung sind ab dem 1. Januar 2025 anzuwenden. [2]Bis zum 31. Dezember 2024 ist die am 31. Dezember 2022 geltende Fassung weiterhin anzuwenden.

[bis 31.12.2029:
§ 38 Erprobung alternativer Prüfungsmethoden

(1) [1]Soweit im Rahmen einer Außenprüfung eines Steuerpflichtigen nach den §§ 193 bis 202 der Abgabenordnung die Wirksamkeit eines von ihm eingesetzten Steuerkontrollsystems hinsichtlich der erfassten Steuerarten oder Sachverhalte überprüft wurde und kein oder nur ein unbeachtliches steuerliches Risiko für die in § 149 Absatz 3 der Abgabenordnung genannten Steuern und gesonderten Feststellungen besteht, kann die Finanzbehörde im Benehmen mit dem Bundeszentralamt für Steuern dem Steuerpflichtigen auf Antrag unter dem Vorbehalt des Widerrufs für die nächste Außenprüfung nach § 193 Absatz 1 der Abgabenordnung Beschränkungen von Art und Umfang der Ermittlungen unter der Voraussetzung verbindlich zusagen, dass keine Änderungen der Verhältnisse eintreten. [2]Der Steuerpflichtige hat Veränderungen des Kontrollsystems zu dokumentieren und sie der Finanzbehörde unverzüglich schriftlich oder elektronisch mitzuteilen.

(2) [1]Ein Steuerkontrollsystem umfasst alle innerbetrieblichen Maßnahmen, die gewährleisten, dass

1. die Besteuerungsgrundlagen zutreffend aufgezeichnet und berücksichtigt werden sowie
2. die hierauf entfallenden Steuern fristgerecht und vollständig abgeführt werden.

[2]Das Steuerkontrollsystem muss die steuerlichen Risiken laufend abbilden.

(3) [1]Systemprüfungen von Steuerkontrollsystemen und daraufhin nach Absatz 1 Satz 1 zugesagte Erleichterungen sind von den Landesfinanzbehörden bis zum 30. April 2029 zu evaluieren. [2]Die obersten Finanzbehörden der Länder haben die Ergebnisse der Evaluierung dem Bundesministerium der Finanzen bis zum 30. Juni 2029 mitzuteilen.]

§ 39 Übergangs- und Anwendungsbestimmungen anlässlich der steuerverfahrensrechtlichen Umsetzung der Reform des Personengesellschaftsrechts

(1) § 152 Absatz 4 Satz 3 und § 181 Absatz 2 Satz 2 Nummer 1 und 4 der Abgabenordnung in der am 1. Januar 2024 geltenden Fassung sind erstmals auf Feststellungserklärungen anzuwenden, die nach dem 31. Dezember 2023 einzureichen sind; eine Verlängerung der Feststellungserklärungsfrist nach § 109 der Abgabenordnung ist hierbei nicht zu berücksichtigen.

(2) Wird die Feststellungserklärung für eine rechtsfähige Personenvereinigung nach dem 31. Dezember 2023 und vor dem 1. Januar 2026 durch eine Person im Sinne des § 181 Absatz 2 Satz 2 Nummer 1 oder 4 der Abgabenordnung in der am 31. Dezember 2023 geltenden Fassung abgegeben, ist die rechtsfähige Personenvereinigung von ihrer Erklärungspflicht nach § 181 Absatz 2 Satz 2 Nummer 1 der Abgabenordnung in der am 1. Januar 2024 geltenden Fassung befreit.

(3) Bei einer rechtsfähigen Personenvereinigung können Verwaltungsakte und Mitteilungen, die nach der Abgabenordnung und den Steuergesetzen mit der gesonderten und einheitlichen Feststellung zusammenhängen, nach dem 31. Dezember 2023 und vor dem 1. Januar 2026 abweichend von § 183 Absatz 1 bis 3 der Abgabenordnung in der am 1. Januar 2024 geltenden Fassung auch nach Maßgabe des § 183 der Abgabenordnung in der am 31. Dezember 2023 geltenden Fassung dem Empfangsbevollmächtigten wirksam bekannt gegeben werden.

(4) [1] Wird gegen einen vor dem 1. Januar 2024 wirksam gewordenen Bescheid über die gesonderte und einheitliche Feststellung von Besteuerungsgrundlagen Einspruch eingelegt, bestimmt sich die Einspruchsbefugnis nach § 352 der Abgabenordnung in der am 31. Dezember 2023 geltenden Fassung. [2] Das Gleiche gilt, wenn der eine rechtsfähige Personenvereinigung betreffende Feststellungsbescheid nach dem 31. Dezember 2023 und vor dem 1. Januar 2026 nach Maßgabe von Absatz 3 dem Empfangsbevollmächtigten nach § 183 der Abgabenordnung in der bis zum 31. Dezember 2023 geltenden Fassung bekannt gegeben worden ist. [3] Ist über den Einspruch gegen einen vor dem 1. Januar 2024 wirksam gewordenen Bescheid nach dem 31. Dezember 2023 zu entscheiden, richtet sich das weitere Verfahren nach den ab dem 1. Januar 2024 geltenden Vorschriften der Abgabenordnung.

(5) Wurde über das Vermögen einer Personenvereinigung vor dem 1. Januar 2024 das Insolvenzverfahren eröffnet, sind für Feststellungszeiträume und Feststellungszeitpunkte vor dem 1. Januar 2024 § 152 Absatz 4 Satz 3, § 181 Absatz 2 Satz 2 Nummer 1, die §§ 183 und 352 der Abgabenordnung in der am 31. Dezember 2023 geltenden Fassung weiterhin anzuwenden.

(6) [1] Soweit für eine Körperschaft im Sinne des § 14b Absatz 1 Satz 2 der Abgabenordnung in der am 1. Januar 2024 geltenden Fassung vor dem 1. Januar 2024 Verwaltungsakte ergangen sind, wirken diese Verwaltungsakte ab dem 1. Januar 2024 auch gegenüber der Körperschaft. [2] Ab dem 1. Januar 2024 bestimmt sich das weitere Verfahren nach den ab dem 1. Januar 2024 geltenden Vorschriften der Abgabenordnung. [3] Die Sätze 1 und 2 gelten für Verwaltungsakte, die nach dem 31. Dezember 2023 und vor dem 1. Januar 2026 abweichend von § 14b der Abgabenordnung noch nach dem am 31. Dezember 2023 geltenden Recht bekannt gegeben wurden, entsprechend. [4] Ist über einen Einspruch gegen einen vor dem 1. Januar 2024 wirksam gewordenen Verwaltungsakt nach dem 31. Dezember 2023 zu entscheiden, richtet sich das weitere Verfahren nach den ab dem 1. Januar 2024 geltenden Vorschriften der Abgabenordnung; dasselbe gilt für Einsprüche, die gegen Verwaltungsakte im Sinne des Satzes 3 eingelegt wurden.

(7) § 14b Absatz 1 Satz 1 der Abgabenordnung in der am 6. Dezember 2024 geltenden Fassung ist in allen Fällen anzuwenden, in denen der Anspruch aus dem Steuerschuldverhältnis nach dem 5. Dezember 2024 entstanden ist.

[*ab 1.1.2027:*
§ 40 Aufbewahrungsfristen bestimmter Steuerpflichtiger

[1] § 147a Absatz 1 der Abgabenordnung in der am 1. Januar 2027 geltenden Fassung ist erstmals für den Veranlagungszeitraum 2027 anzuwenden. 2Soweit Steuerpflichtige die Voraussetzungen des § 147a Absatz 1 Satz 1 der Abgabenordnung in der bis zum 31. Dezember 2026 geltenden Fassung im Veranlagungszeitraum 2026 oder früher erfüllen, ist § 147a Absatz 1 Satz 1 der Abgabenordnung in der bis zum 31. Dezember 2026 geltenden Fassung bis zum Auslaufen der Aufbewahrungsfrist nach § 147a Absatz 1 Satz 4 der Abgabenordnung weiter anzuwenden, soweit der Steuerpflichtige nicht § 147a Absatz 1 Satz 1 der Abgabenordnung in der am 1. Januar 2027 geltenden Fassung ab dem Veranlagungszeitraum 2027 erfüllt.]

Art. 97a Überleitungsregelungen aus Anlaß der Herstellung der Einheit Deutschlands

§ 1 Zuständigkeit

(1) [1] Für vor dem 1. Januar 1991 nach dem Recht der Bundesrepublik Deutschland oder der Deutschen Demokratischen Republik entstandene Besitz- und Verkehrsteuern, Zulagen und Prämien, auf die Abgabenrecht Anwendung findet, und dazugehörige steuerliche Nebenleistungen, bleiben die nach den bisher geltenden Vorschriften einschließlich der Vorschriften der Einzelsteuergesetze örtlich zuständigen Finanzbehörden weiterhin zuständig. [2] Dies gilt auch für das Rechtsbehelfsverfahren.

(2) [1] Würde durch einen Wechsel der örtlichen Zuständigkeit eine Finanzbehörde in dem in Artikel 3 des Einigungsvertrages genannten Gebiet für die gesonderte Feststellung nach § 180 Abs. 1 Nr. 1 der Abgabenordnung, für die gesonderte und einheitliche Feststellung nach der Anteilsbewertungsverordnung vom 19. Januar 1977 (BGBl. I S. 171) oder für die Besteuerung nach dem Vermögen zuständig, bleibt abweichend von § 26 Satz 1 der Abgabenordnung letztmals für Feststellungen zum 1. Januar 1998 oder für die Vermögensteuer des Kalenderjahrs 1998 die nach den bisherigen Verhältnissen zuständige Finanzbehörde insoweit zuständig. [2] Dies gilt auch für das Rechtsbehelfsverfahren.

§ 2 Überleitungsbestimmungen für die Anwendung der Abgabenordnung in dem in Artikel 3 des Einigungsvertrages genannten Gebiet

Für die Anwendung der Abgabenordnung in dem in Artikel 3 des Einigungsvertrages genannten Gebiet gilt folgendes:

1. Verfahren, die beim Wirksamwerden des Beitritts anhängig sind, werden nach den Vorschriften der Abgabenordnung zu Ende geführt, soweit in den nachfolgenden Vorschriften nichts anderes bestimmt ist.
2. Fristen, deren Lauf vor dem Wirksamwerden des Beitritts begonnen hat, werden nach den Vorschriften der Abgabenordnung der Deutschen Demokratischen Republik (AO 1990) vom 22. Juni 1990 (Sonderdruck Nr. 1428 des Gesetzblattes) sowie des Einführungsgesetzes zur Abgabenordnung der Deutschen Demokratischen Republik vom 22. Juni 1990 (Sonderdruck Nr. 1428 des Gesetzblattes) berechnet, soweit in den nachfolgenden Vorschriften nichts anderes bestimmt ist.
3. § 152 ist erstmals auf Steuererklärungen anzuwenden, die nach dem Wirksamwerden des Beitritts einzureichen sind; eine Verlängerung der Steuererklärungsfrist ist hierbei nicht zu berücksichtigen.
4. [1] Die Vorschriften über die Aufhebung und Änderung von Verwaltungsakten sind erstmals anzuwenden, wenn nach dem Wirksamwerden des Beitritts ein Verwaltungsakt aufgehoben oder geändert wird. [2] Dies gilt auch dann, wenn der aufzuhebende oder zu ändernde Verwaltungsakt vor dem Wirksamwerden des Beitritts erlassen worden ist.

[3]Auf vorläufige Steuerbescheide nach § 100 Abs. 1 der Abgabenordnung (AO) der Deutschen Demokratischen Republik in der Fassung vom 18. September 1970 (Sonderdruck Nr. 681 des Gesetzblattes) ist § 165 Abs. 2, auf Steuerbescheide nach § 100 Abs. 2 der Abgabenordnung (AO) der Deutschen Demokratischen Republik in der Fassung vom 18. September 1970 (Sonderdruck Nr. 681 des Gesetzblattes) ist § 164 Abs. 2 und 3 anzuwenden.

5. [1]Die Vorschriften über die Festsetzungsverjährung gelten für die Festsetzung sowie für die Aufhebung und Festsetzung von Steuern, Steuervergütungen und, soweit für steuerliche Nebenleistungen eine Festsetzungsverjährung vorgesehen ist, von steuerlichen Nebenleistungen, die nach dem Wirksamwerden des Beitritts entstehen. [2]Für vorher entstandene Ansprüche sind die Vorschriften der Abgabenordnung der Deutschen Demokratischen Republik (AO 1990) vom 22. Juni 1990 (Sonderdruck Nr. 1428 des Gesetzblattes) sowie des Einführungsgesetzes zur Abgabenordnung der Deutschen Demokratischen Republik vom 22. Juni 1990 (Sonderdruck Nr. 1428 des Gesetzblattes) über die Verjährung und über die Ausschlußfristen weiter anzuwenden, soweit sie für die Festsetzung einer Steuer, Steuervergütung oder steuerlichen Nebenleistung, für die Aufhebung oder Änderung einer solchen Festsetzung oder für die Geltendmachung von Erstattungsansprüchen von Bedeutung sind; Nummer 9 Satz 2 bis 4 bleibt unberührt. [3]Sätze 1 und 2 gelten sinngemäß für die gesonderte Feststellung von Besteuerungsgrundlagen sowie für die Festsetzung, Zerlegung und Zuteilung von Steuermeßbeträgen. [4]Bei der Einheitsbewertung tritt an die Stelle des Zeitpunkts der Entstehung des Steueranspruchs der Zeitpunkt, auf den die Hauptfeststellung, die Fortschreibung, die Nachfeststellung oder die Aufhebung eines Einheitswertes vorzunehmen ist.
6. §§ 69 bis 76 und 191 Abs. 3 bis 5 sind anzuwenden, wenn der haftungsbegründende Tatbestand nach dem Wirksamwerden des Beitritts verwirklicht worden ist.
7. [1]Bei der Anwendung des § 141 Abs. 1 Nr. 3 tritt an die Stelle des Wirtschaftswerts der Ersatzwirtschaftswert (§ 125 des Bewertungsgesetzes). [***ab 1.1.2025:*** [2]Satz 1 ist letztmals für gesonderte Feststellungen auf den 1. Januar 2024 anzuwenden.]
8. [1]Die Vorschriften über verbindliche Zusagen auf Grund einer Außenprüfung (§§ 204 bis 207) sind anzuwenden, wenn die Schlußbesprechung nach dem Wirksamwerden des Beitritts stattfindet oder, falls eine solche nicht erforderlich ist, wenn dem Steuerpflichtigen der Prüfungsbericht nach dem Wirksamwerden des Beitritts zugegangen ist. [2]Hat die Schlußbesprechung nach dem 30. Juni 1990 und vor dem Wirksamwerden des Beitritts stattgefunden oder war eine solche nicht erforderlich und ist der Prüfungsbericht dem Steuerpflichtigen nach dem 30. Juni 1990 und vor dem Wirksamwerden des Beitritts zugegangen, sind die bisherigen Vorschriften der Abgabenordnung der Deutschen Demokratischen Republik (AO 1990) vom 22. Juni 1990 (Sonderdruck Nr. 1428 des Gesetzblattes) sowie des Einführungsgesetzes zur Abgabenordnung der Deutschen Demokratischen Republik vom 22. Juni 1990 (Sonderdruck Nr. 1428 des Gesetzblattes) über verbindliche Zusagen auf Grund einer Außenprüfung weiter anzuwenden.
9. [1]Die Vorschriften über die Zahlungsverjährung gelten für alle Ansprüche im Sinne des § 228 Satz 1, deren Verjährung gemäß § 229 nach dem Wirksamwerden des Beitritts beginnt. [2]Liegen die Voraussetzungen des Satzes 1 nicht vor, so sind für die Ansprüche weiterhin die Vorschriften der Abgabenordnung der Deutschen Demokratischen Republik (AO 1990) vom 22. Juni 1990 (Sonderdruck Nr. 1428 des Gesetzblattes) sowie des Einführungsgesetzes zur Abgabenordnung der Deutschen Demokratischen Republik vom 22. Juni 1990 (Sonderdruck Nr. 1428 des Gesetzblattes) über die Verjährung und Ausschlußfristen anzuwenden. [3]Die Verjährung wird jedoch ab Wirksamwerden des Beitritts nur noch nach den §§ 230 und 231 gehemmt und unterbrochen. [4]Auf die nach § 231 Abs. 3 beginnende neue Verjährungsfrist sind die §§ 228 bis 232 anzuwenden.

10. [1]Zinsen entstehen für die Zeit nach dem Wirksamwerden des Beitritts nach den Vorschriften der Abgabenordnung. [2]Die Vorschriften des § 233a über die Verzinsung von Steuernachforderungen und Steuererstattungen sind erstmals für Steuern anzuwenden, die nach dem 31. Dezember 1990 entstehen.[3]Ist eine Steuer über den Tag des Wirksamwerdens des Beitritts hinaus zinslos gestundet worden, so gilt dies als Verzicht auf Zinsen im Sinne des § 234 Abs. 2. [4]Die Vorschriften des § 239 Abs. 1 über die Festsetzungsfrist gelten in allen Fällen, in denen die Festsetzungsfrist auf Grund dieser Vorschrift nach dem Wirksamwerden des Beitritts beginnt.
11. § 240 ist erstmals auf Säumniszuschläge anzuwenden, die nach dem Wirksamwerden des Beitritts verwirkt werden.
12. Wird ein Verwaltungsakt angefochten, der vor dem Wirksamwerden des Beitritts wirksam geworden ist, bestimmt sich die Zulässigkeit des außergerichtlichen Rechtsbehelfs nach den bisherigen Vorschriften; ist über den Rechtsbehelf nach dem Wirksamwerden des Beitritts zu entscheiden, richten sich die Art des außergerichtlichen Rechtsbehelfs sowie das weitere Verfahren nach den neuen Vorschriften.
13. [1]Eine vor dem Wirksamwerden des Beitritts begonnene Maßnahme der Zwangsvollstreckung ist nach dem bisherigen Recht zu erledigen. [2]Werden weitere selbständige Maßnahmen zur Fortsetzung der bereits begonnenen Zwangsvollstreckung nach dem Wirksamwerden des Beitritts eingeleitet, gelten die Vorschriften der Abgabenordnung. [3]Als selbständige Maßnahme gilt auch die Verwertung eines gepfändeten Gegenstandes.

§ 3 Festsetzungsverjährung und D-Markbilanzgesetz

(1) [1]Bei Steuerpflichtigen, die nach dem D-Markbilanzgesetz vom 31. August 1990 in der Fassung vom 28. Juli 1994 (BGBl. I S. 1842) eine Eröffnungsbilanz für den 1. Juli 1990 aufzustellen haben, beträgt die Festsetzungsfrist insoweit abweichend von § 169 Abs. 2 Satz 1 Nr. 2 der Abgabenordnung für Steuern vom Einkommen, die nach dem 30. Juni 1990 und vor dem 1. Januar 1993 entstehen, sechs Jahre. [2]Soweit diese Steuern leichtfertig verkürzt worden sind, beträgt die Festsetzungsfrist abweichend von § 169 Abs. 2 Satz 2 der Abgabenordnung sieben Jahre.

(2) Für Gesellschaften und Gemeinschaften, für die Einkünfte nach § 180 Abs. 1 Nr. 2 Buchstabe a der Abgabenordnung einheitlich und gesondert festzustellen sind, gilt Absatz 1 für die Feststellungsfrist sinngemäß.

(3) Die Festsetzungsfrist für Haftungsbescheide, denen die in den Absätzen 1 und 2 genannten Steueransprüche zugrunde liegen, beträgt abweichend von § 191 Abs. 3 Satz 2 der Abgabenordnung sechs Jahre, in den Fällen des § 70 der Abgabenordnung bei Steuerhinterziehung zehn Jahre, bei leichtfertiger Steuerverkürzung sieben Jahre, in den Fällen des § 71 der Abgabenordnung zehn Jahre.

§ 4 Verrechnung der für das zweite Halbjahr 1990 gezahlten Vermögensteuer

Die nach der Verordnung vom 27. Juni 1990 (GBl. I Nr. 41 S. 618) in der zusammengefaßten Steuerrate für das zweite Halbjahr 1990 gezahlte Vermögensteuer ist in der Jahreserklärung 1990 innerhalb der Steuerrate mit der Körperschaftsteuer und Gewerbesteuer der in Kapitalgesellschaften umgewandelten ehemaligen volkseigenen Kombinate, Betriebe und Einrichtungen zu verrechnen.

§ 5 *(aufgehoben)*

Art. 98 Verweisungen

Soweit in Rechtsvorschriften auf Vorschriften verwiesen wird, die durch dieses Gesetz aufgehoben werden, treten an deren Stelle die entsprechenden Vorschriften der Abgabenordnung.

Art. 99 Ermächtigungen

(1) Das Bundesministerium der Finanzen wird ermächtigt, durch Rechtsverordnung in den Fällen, in denen Verbrauchsteuergesetze für verbrauchsteuerpflichtige Waren Steuerbefreiungen, Steuerermäßigungen oder sonstige Steuervergünstigungen unter der Bedingung vorsehen, daß diese Waren einer besonderen Bestimmung zugeführt werden, zur Sicherung des Steueraufkommens und zur Vereinfachung des Verfahrens anzuordnen, daß

1. die Steuer nur bedingt entsteht; bei einer Steuerermäßigung gilt dies in Höhe des Unterschiedes zwischen dem vollen und dem ermäßigten Steuersatz,
2. eine bedingte Steuer außer in sonst gesetzlich bestimmten Fällen auch unbedingt wird, wenn
   a) die verbrauchsteuerpflichtige Ware entgegen Rechtsvorschriften über das Verfahren der Steueraufsicht vorenthalten oder entzogen wird,
   b) eine befristete Erlaubnis für die Inanspruchnahme einer Steuervergünstigung erlischt, hinsichtlich der in diesem Zeitpunkt beim Inhaber der Erlaubnis noch vorhandenen Bestände an von ihm steuerbegünstigt bezogenen verbrauchsteuerpflichtigen Waren.

(2) Rechtsverordnungen nach Absatz 1 und andere Rechtsverordnungen, die auf Grund der in diesem Gesetz enthaltenen Ermächtigungen auf dem Gebiet der Verbrauchsteuern und Finanzmonopole (Artikel 20 bis 32) erlassen werden, bedürfen, außer wenn sie die Biersteuer betreffen, nicht der Zustimmung des Bundesrates.

Art. 100 *(aufgehoben)*

Art. 101 Berlin-Klausel *(gegenstandslos)*

Art. 102 Inkrafttreten

(1) Dieses Gesetz tritt am 1. Januar 1977 in Kraft, soweit nichts anderes bestimmt ist.

(2) § 17 Abs. 3 des Finanzverwaltungsgesetzes in der Fassung des Artikels 1 Nr. 7 Buchstabe b, Artikel 11, Artikel 17 Nr. 13 Buchstabe c, Artikel 97 § 19 und Artikel 99 treten am Tage nach der Verkündung in Kraft.

(3) Artikel 14 Nr. 1 Buchstabe a gilt erstmals für die Vermögensteuer des Kalenderjahres 1975.

Sachverzeichnis

Die fett gedruckten Zahlen bezeichnen die Paragraphen,
die mageren die Randnummern

Sachverzeichnis

Sachverzeichnis

fette Zahlen = §§